CODICI
COORDINATI

2023

Maurizio Santise

CODICE CIVILE

Codice di procedura civile e leggi complementari

Sesta edizione

2023

Richiami al Corpus Iuris Civilis
e alle Institutiones di Gaio

a cura di COSIMO CASCIONE e FABIANA TUCCILLO

G. Giappichelli Editore

G. GIAPPICHELLI EDITORE - TORINO
VIA PO, 21 - TEL. 011-81.53.111
http://www.giappichelli.it

ISBN/EAN 978-88-7524-555-9

Stampa: Stamperia Artistica Nazionale S.p.A. - Torino

A mia figlia Giorgia P.

PREFAZIONE ALLA VI EDIZIONE

Avere a disposizione una raccolta aggiornata e coordinata delle norme che interessano il settore civile rappresenta un'esigenza imprescindibile non solo per gli operatori del diritto, ma per tutti coloro che si avvicinano allo studio della materia o a esperienze concorsuali. In quest'ottica si è cercato quindi di predisporre un testo nel quale il Codice civile è riportato alla sua naturale essenza: un *corpus* iuris unitario, nel quale i singoli articoli in esso contenuti sono letti come parti di un grandioso progetto codificatorio, che va scoperto nella sua intimità e talora anche nelle sue contraddizioni, reali o apparenti che siano.

Ogni articolo, infatti, al di là del freddo dato testuale, nasconde una sua storia e una sua *ratio* ispiratrice, che possono essere colte solo indagando il disegno complessivo del legislatore, senza tralasciare le leggi complementari.

Lo studio del Codice civile e delle leggi complementari rappresenta allora il primo passo per scoprire la natura e i limiti di un istituto giuridico, nella consapevolezza che non ci può essere contributo dottrinario, pronuncia giurisdizionale o elaborato concorsuale, che non abbia come punto di partenza questo dato legislativo.

La Sesta edizione del *Codice coordinato di diritto civile* contiene nuovi rinvii normativi sistematici, un indice sistematico e analitico implementato, ed è aggiornato a tutte le più recenti novità normative che hanno, in particolare, interessato le norme fondamentali del diritto civile e del diritto processuale, quali, ad esempio, il codice civile, il codice di procedura civile, il codice del consumo, il t.u.b. e il t.u.f.

Il *Codice* è, inoltre, aggiornato al d.l. 24 febbraio 2023, n. 13 e ai d.lg. 7 marzo 2023, n. 26 e 10 marzo 2023, n. 28.

Nella Sesta edizione del *Codice coordinato di diritto civile* è, inoltre, stata confermata l'importante novità della traduzione in italiano delle Fonti del diritto romano riportate in appendice a cura dei Prof. Cosimo Cascione e Fabiana Tuccillo.

PREFAZIONE ALLA V EDIZIONE

Avere a disposizione una raccolta aggiornata e coordinata delle norme che interessano il settore civile rappresenta un'esigenza imprescindibile non solo per gli operatori del diritto, ma per tutti coloro che si avvicinano allo studio della materia o a esperienze concorsuali. In quest'ottica si è cercato quindi di predisporre un testo nel quale il Codice Civile è riportato alla sua naturale essenza: un *corpus iuris* unitario, nel quale i singoli articoli in esso contenuti sono letti come parti di un grandioso progetto codificatorio, che va scoperto nella sua intimità e talora anche nelle sue contraddizioni, reali o apparenti che siano. Ogni articolo, infatti, al di là del freddo dato testuale, nasconde una sua storia e una sua *ratio* ispiratrice, che possono essere colte solo indagando il disegno complessivo del legislatore, senza tralasciare le leggi complementari.

Lo studio del Codice Civile e delle leggi complementari rappresenta allora il primo passo per scoprire la natura e i limiti di un istituto giuridico, nella consapevolezza che non ci può essere contributo dottrinario, pronuncia giurisdizionale o elaborato concorsuale, che non abbia come punto di partenza questo dato legislativo.

La V edizione viene pubblicata in piena pandemia da Covid-19: coerentemente è stata quindi inserita una nuova Sezione espressamente dedicata a "Diritto e Covid-19" che registra le recenti novità intervenute in materia, come ad esempio, da ultimo, il d.l. 22 aprile 2021, n. 52 (*Misure urgenti per la graduale ripresa delle attività economiche e sociali nel rispetto delle esigenze di contenimento della diffusione dell'epidemia da COVID-19*).

Il Codice è inoltre aggiornato alle recentissime sentenze della Corte cost. 30 aprile 2021, n. 84, che ha esteso "il diritto al silenzio" anche nei confronti della Banca d'Italia e della Consob, dichiarando l'illegittimità costituzionale dell'art. 187-*quinquiesdecies* del d.lg. 24 febbraio 1998, n. 58 (T.U.F.).

Risultano, inoltre, inserite, tra le altre, le seguenti novità:

– l. 29 gennaio 2021, n. 6, conv. in legge, con modif., del d.l. 18 dicembre 2020, n. 172, recante ulteriori disposizioni urgenti per fronteggiare i rischi sanitari connessi (in materia di vaccinazione e consenso);

– d.l. 14 gennaio 2021, n. 2, Ulteriori disposizioni urgenti in materia di contenimento e prevenzione dell'emergenza epidemiologica da COVID-19 e di svolgimento delle elezioni per l'anno 2021 conv., con modif., dalla l. 12 marzo 2021, n. 29;

– l. cost. 21 ottobre 2020, n. 1, sul taglio del numero dei parlamentari;

– d.l. 8 aprile 2020, n. 23, conv., con modif., dalla l. 5 giugno 2020, n. 40 (in materia di crisi di impresa e codice civile con riferimento al diritto societario).

Nella V edizione del Codice civile non mancano neanche stavolta i preziosi riferimenti al diritto romano curati dal Prof. Cosimo Cascione e dalla Prof.ssa Fabiana Tuccillo e la traduzione delle Fonti del diritto romano riportate in appendice a cura della Prof.ssa Fabiana Tuccillo.

M.S.

Napoli, maggio 2021

PREFAZIONE ALLA IV EDIZIONE

La Quarta edizione del Codice coordinato di diritto civile, oltre a contenere gli interventi normativi già inseriti nel volume integrativo del 2018, è aggiornato alle ultime novità legislative.

L'edizione 2019 registra le recenti novità intervenute e, in particolare, la l. 11 gennaio 2018, n. 4, con cui è stato modificato il codice civile (art. 463-bis "sospensione della successione"), il d.lg. 18 maggio 2018, n. 54, che ha modificato la disciplina delle procedure concorsuali, il d.lg. 21 maggio 2018, n. 62, con cui è stato modificato il Codice del turismo (d.lg. n. 79/2011) ed il Codice del consumo (d.lg. n. 206/2005), il d.lg. 10 agosto 2018, n. 101, con cui è stato modificato il Codice della privacy (d.lg. n. 196/2003), la l. 1° dicembre 2018, n. 132, con cui stata modificata la disciplina dell'usura, la l. 11 febbraio 2019, n. 12 recante disposizioni urgenti in materia di sostegno e semplificazione per le imprese e per la pubblica amministrazione, il d.lg. 20 febbraio 2019, n. 15 con cui è stato modificato il Codice della proprietà industriale (d.lg. n. 30/2005) e l. 12 aprile 2019, n. 31 (Disposizioni in materia di azioni di classe).

Anche quest'anno l'auspicio è che il codice possa essere un valido strumento di ausilio per gli operatori del diritto e per coloro che devono sostenere le temute prove nei concorsi nelle magistrature e nelle avvocature.

La fisionomia del Codice è rimasta in ogni caso quella tradizionale di uno strumento operativo aggiornato e facile da consultare, che si propone di offrire al lettore un orizzonte non circoscritto alla singola norma giuridica, ma aperto anche al confronto storico e sistematico con le ulteriori previsioni della disciplina di riferimento, pur nella consapevolezza della non semplice armonia del contesto giuridico nazionale e di quello sovranazionale.

In tal senso, non mancano neanche stavolta i preziosi riferimenti al diritto romano curati dal Prof. Cosimo Cascione e dalla Prof.ssa Fabiana Tuccillo, indispensabili per cogliere l'origine, il significato e l'evoluzione storica delle principali norme del Codice civile. Questa IV edizione presenta, inoltre, l'importante novità della traduzione in italiano delle fonti del diritto romano riportate nel fascicolo allegato.

Intendo, infine, rivolgere un sincero ringraziamento a un gruppo di giovani giuristi che, ancora una volta, ha profuso un lodevole impegno nella realizzazione dell'opera, dando prova di serietà e competenza.

M.S.

Napoli, aprile 2019

PREFAZIONE ALLA III EDIZIONE

Anche in questa terza edizione, come ormai di consueto, si è cercato di rispettare l'originaria idea di predisporre un testo nel quale il Codice Civile è riportato alla sua naturale essenza: un *corpus iuris* unitario, nel quale i singoli articoli in esso contenuti sono letti come parti di un grandioso progetto codificatorio, che va scoperto nella sua intimità e talora anche nelle sue contraddizioni, reali o apparenti che siano. Ogni articolo, infatti, al di là del freddo dato testuale, nasconde una sua storia e una sua *ratio* ispiratrice, che possono essere colte solo indagando il disegno complessivo del legislatore, senza tralasciare le leggi complementari.

In un quadro legislativo sempre più turbolento, l'edizione 2017 registra le recenti novità intervenute e, in particolare, la l. 20 maggio 2016, n. 76, con cui sono state regolamentate le unioni civili tra persone dello stesso sesso e disciplinate le convivenze, la l. 8 marzo 2017, n. 24, recante Disposizioni in materia di sicurezza delle cure e della persona assistita, nonché in materia di responsabilità professionale degli esercenti le professioni sanitarie, il d.lg. 19 gennaio 2017, n. 3 con cui è stata data attuazione alla direttiva 2014/104/UE del Parlamento europeo e del Consiglio, del 26 novembre 2014, relativa alle azioni per il risarcimento del danno per violazioni delle disposizioni del diritto della concorrenza degli Stati membri e dell'Unione europea e il d.lg. 15 marzo 2017, n. 3 di attuazione della direttiva 2014/26/UE sulla gestione collettiva dei diritti d'autore e dei diritti connessi e sulla concessione di licenze multiterritoriali per i diritti su opere musicali per l'uso online nel mercato interno.

Anche quest'anno il testo si è avvalso dei preziosi apporti del Prof. Cosimo Cascione e della dott.ssa Fabiana Tuccillo, che hanno curato i riferimenti al diritto romano.

È doveroso poi ringraziare l'Editore, che ha creduto e crede in questa esaltante avventura, che ha richiesto una vera e propria task force di persone sempre pronte a rispondere con garbo e professionalità alle domande e alle esigenze del sottoscritto.

M.S.

Napoli, maggio 2017

PREFAZIONE ALLA II EDIZIONE

In questa seconda edizione, si è cercato di rispettare l'originaria idea di predisporre un testo nel quale il Codice Civile è riportato alla sua naturale essenza: un *corpus iuris* unitario, nel quale i singoli articoli in esso contenuti sono letti come parti di un grandioso progetto codificatorio, che va scoperto nella sua intimità e talora anche nelle sue contraddizioni, reali o apparenti che siano. Ogni articolo, infatti, al di là del freddo dato testuale, nasconde una sua storia e una sua *ratio* ispiratrice, che possono essere colte solo indagando il disegno complessivo del legislatore, senza tralasciare le leggi complementari.

In un quadro legislativo sempre più turbolento, l'edizione 2016 del Codice Coordinato di Diritto Civile registra le recenti novità intervenute e, in particolare, l'art. 2929 bis c.c., con cui è stato introdotto l'*espropriazione di beni oggetto di vincoli di indisponibilità o di alienazioni a titolo gratuito*, la l. 44/2015, che ha modificato la disciplina del prestito vitalizio ipotecario, il d.lg. 180/2015 (cd. *bail in*), l'art. 10 bis dello Statuto del contribuente sull'abuso del diritto, introdotto con il d.lg. 128/2015, n. 212, l'art. 1, co. 75-81, l. 208/2015 (cd. Legge di stabilità 2016) sul leasing abitativo e da ultimo il d.l. 3 maggio 2016, n. 59, che ha introdotto il pegno mobiliare non possessorio e il finanziamento alle imprese garantito da trasferimento di bene immobile sospensivamente condizionato, che mette in crisi l'art. 2744 c.c.

Anche quest'anno il testo si è avvalso dei preziosi apporti del Prof. Cosimo Cascione e della dott.ssa Fabiana Tuccillo, che hanno curato in particolare (ma non solo) i riferimenti al diritto romano.

È doveroso poi ringraziare l'Editore, che ha creduto e crede in questa esaltante avventura, che ha richiesto una vera e propria task force di persone sempre pronte a rispondere con garbo e professionalità alle domande e alle esigenze del sottoscritto.

Un sincero ringraziamento per la proficua collaborazione a questa seconda edizione va, inoltre, ai dottori Mattia Caputo, Luisa d'Elia, Alessia Stadio, Ester Ricciardelli, Marika Quaranta.

M.S.

Napoli, maggio 2016

PREFAZIONE ALLA I EDIZIONE

Avere a disposizione una raccolta aggiornata e coordinata delle norme che interessano il settore civile rappresenta un'esigenza imprescindibile non solo per gli operatori del diritto, ma per tutti coloro che si avvicinano allo studio della materia o a esperienze concorsuali.

Si è cercato quindi di predisporre un testo nel quale il Codice civile è riportato alla sua naturale essenza: un *corpus iuris* unitario, nel quale i singoli articoli in esso contenuti sono letti come parti di un grandioso progetto codificatorio, che va scoperto nella sua intimità e talora anche nelle sue contraddizioni, reali o apparenti che siano. Ogni articolo, infatti, al di là del freddo dato testuale, nasconde una sua storia e una sua *ratio* ispiratrice, che possono essere colte solo indagando il disegno complessivo del legislatore.

Lo studio del Codice civile rappresenta allora il primo passo per scoprire la natura e i limiti di un istituto giuridico, nella consapevolezza che non ci può essere contributo dottrinario, pronuncia giurisdizionale o elaborato concorsuale, che non abbia come punto di partenza questo dato legislativo.

A tal fine gli articoli sono rappresentati divisi in commi, per i quali si usa la numerazione romana tra parentesi quadre, es.: [I], [II] ecc.

In corsivo sono stampati i testi non più vigenti degli articoli interi (in tal caso è in corsivo anche la rubrica) o delle parti di articolo abrogate: i dati sulla soppressione delle norme si ricavano dalle note, richiamate da un asterisco*. Nelle note si possono trovare anche norme collegate. Nei rinvii il segno // serve a passare da una legge all'altra. I rinvii a semplici numeri, senza altra indicazione, si riferiscono allo stesso testo di legge. Nei richiami commi e numeri degli articoli sono stampati in apice con numerazione araba, es. $11^{n. 1}$, 25^{2}. In grassetto sono evidenziate, oltre alle suddivisioni della legge (libri, titoli e capi), le rubriche degli articoli e le parti del testo normativo che hanno un particolare rilievo. I richiami inseriti nel testo tra [parentesi quadre] sono in carattere tondo quando la norma è evocata per un rinvio analogico o sistematico, in sottolineato quando invece essa esprime un contrasto con l'articolo in questione, il comma specifico o il periodo cui è apposto il riferimento, in sottolineato e corsivo, se esprime solo una differenza di disciplina. I rinvii storici sono evidenziati, subito dopo il testo normativo, con un simbolo (➔), che rimanda all'appendice "Fonti di Diritto romano" che si trova allegata al Volume e al Codice civile del Regno d'Italia che è disponibile sul sito *www.giappichelli.it*.

Nessun commento, né dottrinario, né giurisprudenziale, è aggiunto ai testi normativi (vigenti o storici) e alla citazione delle sentenze della Corte costituzionale. L'opera rispetta i criteri di cui al r.d. 15 ottobre 1925, n. 1860 e, dunque, può essere utilizzato per i pubblici concorsi.

Il testo si è avvalso del prezioso apporto del Prof. Cosimo Cascione, che ha curato in particolare (ma non solo) i riferimenti al diritto romano.

Un sincero ringraziamento per la proficua collaborazione va, inoltre, ai dottori Lucrezia Baruffo, Dario Berrino, Valentina Cosenza, Ivana Genduso, Paola Giacalone, Marco Ingenito, Francesca Loffredo, Annalisa Malafronte, Sara Menna, Annalisa Petrosino, Fabrizia Pignalosa, Isabella Nardi, Valentina Pappa Monteforte, Marco Salzano de Luna.

AVVERTENZE

Gli articoli sono rappresentati divisi in commi, per i quali si usa la numerazione romana tra parentesi quadre, es.: [I], [II] ecc.

In corsivo sono stampati i testi non più vigenti degli articoli interi (in tal caso è in corsivo anche la rubrica) o delle parti di articolo abrogate: i dati sulla soppressione delle norme si ricavano dalle note, richiamate da un asterisco*. Nelle note si possono trovare anche norme collegate. Nei rinvii il segno // serve a passare da una legge all'altra. I rinvii a semplici numeri, senza altra indicazione, si riferiscono allo stesso testo di legge. Nei richiami commi e numeri degli articoli sono stampati in apice con numerazione araba, es. $11^{n. 1}$, 25^{2}. In grassetto sono evidenziate, oltre alle suddivisioni della legge (libri, titoli e capi), le rubriche degli articoli e le parti del testo normativo che hanno un particolare rilievo.

I richiami inseriti nel testo tra [parentesi quadre] sono in carattere tondo quando la norma è evocata per un rinvio analogico o sistematico, in sottolineato quando invece essa esprime un contrasto con l'articolo in questione, il comma specifico o il periodo cui è apposto il riferimento, in sottolineato e corsivo, se esprime solo una differenza di disciplina.

Hanno collaborato alla VI Edizione:

Mattia Caputo (Magistrato ordinario)
Clara Chirico (Magistrato ordinario)
Miriana Greco (Magistrato ordinario)
Giannicola Paladino (Magistrato ordinario)
Riccardo Sabato (Magistrato ordinario)

ABBREVIAZIONI UTILIZZATE

art.	=	articolo/i
att.	=	Disposizioni di attuazione
att. CPC.	=	Disposizioni di attuazione del codice di procedura civile
CC.	=	Codice civile 1942
CC. 1865	=	Codice civile 1865
CE	=	Comunità Europea
Cedu	=	Convenzione Europea dei diritti dell'uomo
CNav.	=	Codice della navigazione 1942
co.	=	comma
Conv.	=	Convenzione
conv.	=	convertito
Corte cost.	=	Corte costituzionale della Repubblica italiana
Cost.	=	Costituzione della Repubblica italiana 1948
CP.	=	Codice penale 1930
CPA.	=	Codice processo amministrativo
CPC.	=	Codice di Procedura Civile
CPP.	=	Codice di Procedura Penale
d.l.	=	decreto legge
d.lg.	=	Decreto legislativo
d.lg.c.p.s.	=	Decreto legislativo del Capo provvisorio dello Stato
d.lgs.lt.	=	Decreto legislativo luogotenenziale
d.m.	=	Decreto ministeriale
d.P.R.	=	Decreto del Presidente della Repubblica
disp. prel. CC.	=	disposizioni sulla legge in generale
l.	=	Legge
l. fall.	=	legge fallimentare r.d. 16 marzo 1942, n. 267
l. not.	=	legge notarile 16/2/1913, n. 89
modif.	=	modifiche
n.	=	numero/i
r.d.l.	=	Regio decreto legislativo
ratif.	=	ratificato/a
sent.	=	sentenza
trans.	=	Disposizioni transitorie
TU	=	Testo unico
UE	=	Unione Europea

Inst.	=	Institutiones Iustiniani
D.	=	Digesta Iustiniani Augusti
Codex	=	Codex Iustinianus
Nov.	=	Novellae
Gai	=	Gai Institutiones

INDICE SISTEMATICO

PARTE I
CODICE CIVILE

LIBRO PRIMO – **DELLE PERSONE E DELLA FAMIGLIA**

pag.

LIBRO SECONDO – **DELLE SUCCESSIONI**

pag.

LIBRO TERZO – **DELLA PROPRIETÀ**

LIBRO QUARTO – **DELLE OBBLIGAZIONI**

LIBRO QUINTO – **DEL LAVORO**

LIBRO SESTO – **DELLA TUTELA DEI DIRITTI**

PARTE V
LEGGI COMPLEMENTARI

Sezione I
AFFILIAZIONE COMMERCIALE

Sezione II
ASSICURAZIONE

Sezione III
SALUTE E LIBERTÀ DI AUTODETERMINAZIONE

Sezione IV
BANCHE CREDITO E FINANZA

pag.

Sezione VIII
CONTRATTI PUBBLICI

Sezione IX
CORRUZIONE

Sezione X
DANNO NON PATRIMONIALE

Sezione XI
DOCUMENTO INFORMATICO

Sezione XII
EDILIZIA E URBANISTICA

Sezione XVI
LAVORO

Sezione XVII
LEASING FINANZIARIO E INTERNAZIONALE

Sezione XVIII
LOCAZIONI

pag.

Sezione XIX
NEGOZIAZIONE ASSISTITA

Sezione XX
PARCHEGGI

Sezione XXI
PERSONE GIURIDICHE

Sezione XXV

SANZIONI AMMINISTRATIVE

Sezione XXVI

STATO CIVILE

Sezione XXVII

SEPARAZIONE PATRIMONIALE

Costituzione della Repubblica Italiana

PRINCIPI FONDAMENTALI

Art. 1 [3 prot. 1 Cedu // 39, 40, 44 Carta di Nizza // 21 Dich. univ. diritti dell'uomo // 25 Patto int. diritti civili e politici]. – L'Italia è una Repubblica democratica [139 Cost.], fondata sul lavoro [4, 35-40 Cost.].

La sovranità appartiene al popolo, che la esercita nelle forme e nei limiti della Costituzione (1) [56, 57, 50, 71, 75, 138, 132, 133 Cost.].

(1) 1^2 e 5^2 d.lg. n. 33/2013.

Art. 2 [4, 5, 8, 12 Cedu // 2, 36 Carta di Nizza // 1, 3 e 6 Dich. univ. diritti dell'uomo // 6 Patto int. diritti civili e politici]. – La Repubblica riconosce e garantisce i diritti inviolabili dell'uomo [4^2 TUE // 53 Carta di Nizza], sia come singolo, sia nelle **formazioni sociali** (1) ove si svolge la sua personalità, e richiede l'adempimento dei doveri inderogabili di solidarietà politica, economica e sociale (2) [1175, 1375, 2034 CC.].

(1) 30^3, 31 // 14, 252, 316, 330^2, 333, 337-sexies, 342-bis, 342-ter, 406, 408, 410^2, 411^2, 417, 426 CC. // 609-quater$^{1, n. 2, 2}$, $609^{4, n. 2-septies}$ CP. // $199^{3, lett. a)}$, 681 CPP.

(2) 1^2 e 5^2 d.lg. n. 33/2013.

Art. 3 [14 Cedu, 5 prot. 7 Cedu, 1 prot. 12 Cedu // 1, 20, 21, 23 Carta di Nizza // 1, 2, 7, 23, 26 Dich. univ. diritti dell'uomo // 3, 20, 25 e 26 Patto int. diritti civili e politici]. – Tutti i cittadini hanno pari dignità sociale e sono eguali davanti alla legge, senza distinzione di sesso [29, 37^1, 51 Cost.], di razza, di lingua [6, 9^1 Cost.], di religione [8, 19, 20 Cost.], di opinioni politiche [21, 22, 48 Cost. // 18^2, $21^{3, 4 e 6}$, 49, 54, 98^3 Cost. // XII disp. trans. e finale], di condizioni personali e sociali.

È compito della Repubblica rimuovere gli ostacoli di ordine economico e sociale, che, limitando di fatto la libertà e la uguaglianza dei cittadini, impediscono il pieno sviluppo della persona umana e l'effettiva partecipazione di tutti i lavoratori all'organizzazione politica, economica e sociale del Paese.

Art. 4 [1 // 15, 16, 27-32 Carta di Nizza // 2, 4, 20 Carta sociale europea // 23 Dich. univ. diritti dell'uomo]. – La Repubblica riconosce a tutti i cittadini il diritto al lavoro e promuove le condizioni che rendano effettivo questo diritto [1 Cost. // d.lg. n. 5/2010 // l. n. 300/1970].

Ogni cittadino ha il dovere di svolgere, secondo le proprie possibilità e la propria scelta, una attività o una funzione che concorra al progresso materiale o spirituale della società.

Art. 5. – La Repubblica, una e indivisibile, riconosce e promuove le autonomie locali [114, 118 Cost. // l. n. 56/2014]; attua nei servizi che dipendono dallo Stato il più ampio decentramento amministrativo; adegua i principi ed i metodi della sua legislazione alle esigenze dell'autonomia e del decentramento.

Art. 6 [22 Carta di Nizza // 27 Patto int. diritti civili e politici]. – La Repubblica tutela con apposite norme le minoranze linguistiche.

Art. 7. – Lo Stato e la Chiesa cattolica sono, ciascuno nel proprio ordine, indipendenti e sovrani.

I loro rapporti sono regolati dai Patti Lateranensi. Le modificazioni dei Patti, accettate dalle due parti, non richiedono procedimento di revisione costituzionale.

Art. 8 [22 Carta di Nizza // 27 Patto int. diritti civili e politici]. – Tutte le confessioni religiose sono egualmente libere davanti alla legge [3 Cost.].

Le confessioni religiose diverse dalla cattolica hanno diritto di organizzarsi [18 Cost.] secondo i propri statuti, in quanto non contrastino con l'ordinamento giuridico italiano.

I loro rapporti con lo Stato sono regolati per legge sulla base di intese con le relative rappresentanze.

Art. 9 [22 Carta di Nizza // 27 Dich. univ. diritti dell'uomo]. – La Repubblica promuove lo sviluppo della cultura [33, 34 Cost.] e la ricerca scientifica e tecnica.

Tutela il paesaggio [2, 32 Cost.] e il patrimonio storico e artistico della Nazione.

Tutela l'ambiente, la biodiversità e gli ecosistemi, anche nell'interesse delle future generazioni. La legge dello Stato disciplina i modi e le forme di tutela degli animali (1).

(1) Comma aggiunto dall'art. 1, co. 1, l. cost. 11/2/2022, n. 1. Ai sensi dell'art. 3, co. 1, della medesima legge, la legge dello Stato che disciplina i modi e le forme di tutela degli animali, di cui al presente articolo, come modificato dalla l. cost. n. 1, cit., si applica alle regioni a statuto speciale e alle Province autonome di Trento e di Bolzano nei limiti delle competenze legislative ad esse riconosciute dai rispettivi statuti.

Art. 10 [16 Cedu, 4 prot. 4 Cedu, 1 prot. 7 Cedu // 18, 19 Carta di Nizza // 14 Dich. univ. diritti dell'uomo // 13 Patto int. diritti civili e politici]. – L'ordinamento giuridico italiano si conforma alle norme del diritto internazionale generalmente riconosciute.

La condizione giuridica dello straniero è regolata dalla legge in conformità delle norme e dei trattati internazionali.

Lo straniero, al quale sia impedito nel suo paese l'effettivo esercizio delle libertà democratiche garantite dalla Costituzione italiana, ha diritto d'asilo nel territorio della Repubblica, secondo le condizioni stabilite dalla legge.

Non è ammessa l'estradizione dello straniero per reati politici (1).

(1) La l. cost. 21/6/1967, n. 1, ha disposto che l'ult. co. dell'art. 10 e l'ult. co. dell'art. 26 Cost. non si applicano ai delitti di genocidio.

• D.lg. n. 286/1998.

Art. 11 [20 Patto int. diritti civili e politici // l. n. 234/2012]. – L'Italia ripudia la guerra come strumento di offesa alla libertà degli altri popoli e come mezzo di risoluzione delle controversie internazionali; consente, in condizioni di parità con gli altri Stati, alle limitazioni di sovranità necessarie ad un ordinamento che assicuri la pace e la giustizia fra le Nazioni (TUE, TFUE); promuove e favorisce le organizzazioni internazionali rivolte a tale scopo.

Art. 12. – La bandiera della Repubblica è il tricolore italiano: verde, bianco e rosso, a tre bande verticali di eguali dimensioni.

PARTE PRIMA
DIRITTI E DOVERI DEI CITTADINI

TITOLO I
RAPPORTI CIVILI

Art. 13 [5, 8 Cedu // 4-6 Carta di Nizza // 9 Dich. univ. diritti dell'uomo // 9 Patto int. diritti civili e politici]. – La libertà personale è inviolabile.

Non è ammessa forma alcuna di detenzione, di ispezione o perquisizione personale, né qualsiasi altra restrizione della libertà personale, se non per atto motivato dall'autorità giudiziaria e nei soli casi e modi previsti dalla legge.

In casi eccezionali di necessità ed urgenza, indicati tassativamente dalla legge, l'autorità di pubblica sicurezza può adottare provvedimenti provvisori, che devono essere comunicati entro quarantotto ore all'autorità giudiziaria e, se questa non li convalida nelle successive quarantotto ore, si intendono revocati e restano privi di ogni effetto.

È punita ogni violenza fisica e morale sulle persone comunque sottoposte a restrizioni di libertà.

La legge stabilisce i limiti massimi della carcerazione preventiva.

Art. 14 [8 Cedu // 7 Carta di Nizza]. – Il domicilio è inviolabile.

Non vi si possono eseguire ispezioni o perquisizioni o sequestri se non nei casi e modi stabiliti dalla legge secondo le garanzie prescritte per la tutela della libertà personale.

Gli accertamenti e le ispezioni per motivi di sanità e di incolumità pubblica o a fini economici e fiscali sono regolati da leggi speciali.

Art. 15 [8 Cedu // 7 Carta di Nizza // 12 Dich. univ. diritti dell'uomo // 17 Patto int. diritti civili e politici]. – La libertà e la segretezza della corrispondenza e di ogni altra forma di comunicazione sono inviolabili.

La loro limitazione può avvenire soltanto per atto motivato dell'autorità giudiziaria con le garanzie stabilite dalla legge.

Art. 16 [2 prot. 4 Cedu // 45 Carta di Nizza // 13 Dich. univ. diritti dell'uomo // 12 Patto int. diritti civili e politici]. – Ogni cittadino può circolare e soggiornare liberamente in qualsiasi parte del territorio nazionale [120 Cost.], salvo le limitazioni che la legge stabilisce in via generale per motivi di sanità o di sicurezza. Nessuna restrizione può essere determinata da ragioni politiche.

Ogni cittadino è libero di uscire dal territorio della Repubblica [35^3 Cost.] e di rientrarvi, salvo gli obblighi di legge.

Art. 17 [11 Cedu // 12 Carta di Nizza // 20 Dich. univ. diritti dell'uomo // 21 Patto int. diritti civili e politici]. – I cittadini hanno diritto di riunirsi pacificamente e senz'armi.

Per le riunioni, anche in luogo aperto al pubblico, non è richiesto preavviso.

Delle riunioni in luogo pubblico deve essere dato preavviso alle autorità, che possono vietarle soltanto per comprovati motivi di sicurezza o di incolumità pubblica.

Art. 18 [11 Cedu // 12 Carta di Nizza // 20 Dich. univ. diritti dell'uomo // 22 Patto int. diritti civili e politici]. – I cittadini hanno diritto di associarsi liberamente [29 e 33, 38, 39 e 45, 8 e 20, 49 Cost.], senza autorizzazione, per fini che non sono vietati ai singoli dalla legge penale.

Sono proibite le associazioni segrete e quelle che perseguono, anche indirettamente, scopi politici mediante organizzazioni di carattere militare.

Art. 19 [9 Cedu // 10 Carta di Nizza // 18 Dich. univ. diritti dell'uomo // 18 Patto int. diritti civili e politici]. – Tutti hanno diritto di professare liberamente la propria fede religiosa in qualsiasi forma, individuale o associata, di farne propaganda e di esercitarne in privato o in pubblico il culto, purché non si tratti di riti contrari al buon costume.

Art. 20 [9 Cedu]. – Il carattere ecclesiastico e il fine di religione o di culto d'una associazione [18 Cost.] od istituzione non possono essere causa di speciali limitazioni legislative, né di speciali gravami fiscali per la sua costituzione, capacità giuridica e ogni forma di attività.

Art. 21 [2 // 8, 10 Cedu // 7, 8, 11 Carta di Nizza // 16 TFUE // 21 Carta sociale europea // 19 Dich. univ. diritti dell'uomo // 18 e 19 Patto int. diritti civili e politici]. – Tutti hanno diritto di manifestare liberamente il proprio pensiero con la parola, lo scritto e ogni altro mezzo di diffusione.

La stampa non può essere soggetta ad autorizzazioni o censure.

Si può procedere a sequestro soltanto per atto motivato dell'autorità giudiziaria nel caso di delitti, per i quali la legge sulla stampa espressamente lo autorizzi, o nel caso di violazione delle norme che la legge stessa prescriva per l'indicazione dei responsabili.

In tali casi, quando vi sia assoluta urgenza e non sia possibile il tempestivo intervento dell'autorità giudiziaria, il sequestro della stampa periodica può essere eseguito da ufficiali di polizia giudiziaria, che devono immediatamente, e non mai oltre ventiquattro ore, fare denunzia all'autorità giudiziaria. Se questa non lo convalida nelle ventiquattro ore successive, il sequestro si intende revocato e privo d'ogni effetto.

La legge può stabilire, con norme di carattere generale, che siano resi noti i mezzi di finanziamento della stampa periodica.

Sono vietate le pubblicazioni a stampa, gli spettacoli e tutte le altre manifestazioni contrarie al buon costume. La legge stabilisce provvedimenti adeguati a prevenire e a reprimere le violazioni.

Art. 22 [6, 15 Dich. univ. diritti dell'uomo // 16 Patto int. diritti civili e politici]. – Nessuno può essere privato, per motivi politici, della capacità giuridica, della cittadinanza [l. n. 91/1992 // 22-24 TFUE], del nome.

Art. 23. – Nessuna prestazione personale [52 Cost.] o patrimoniale [53 Cost.] può essere imposta se non in base alla legge.

Art. 24 [111 // 6, 13 Cedu // 47, 48 Carta di Nizza // 7 e 8 Dich. univ. diritti dell'uomo]. – Tutti possono agire in giudizio per la tutela dei propri diritti e interessi legittimi [7 CPA.]. La difesa è diritto inviolabile in ogni stato e grado del procedimento.

Sono assicurati ai non abbienti, con appositi istituti, i mezzi per agire e difendersi davanti ad ogni giurisdizione.

La legge determina le condizioni e i modi per la riparazione degli errori giudiziari (1).

(1) D.P.R. n. 115/2002 // l. n. 117/1988.

Art. 25 [7 Cedu // 49 Carta di Nizza // 11^2 Dich. univ. diritti dell'uomo // 6, 11, 15 Patto int. diritti civili e politici]. – Nessuno può essere distolto dal giudice naturale precostituito per legge.

Nessuno può essere punito se non in forza di una legge [70 e ss. // $120^{1,3,5}$ // CEDU // TUE] che sia entrata in vigore prima del fatto commesso.

Nessuno può essere sottoposto a misure di sicurezza se non nei casi previsti dalla legge.

Art. 26. – L'estradizione del cittadino può essere consentita soltanto ove sia espressamente prevista dalle convenzioni internazionali.

Non può in alcun caso essere ammessa per reati politici (1).

(1) La l. cost. 21/6/1967, n. 1, ha disposto che l'ult. co. dell'art. 10 e l'ult. co. dell'art. 26 Cost. non si applicano ai delitti di genocidio.

Art. 27 [3-5 Cedu, 1 prot. 4 Cedu, 1 e 2 prot. 6 Cedu, 1 prot. 13 Cedu // 2, 48 e 50 Carta di Nizza // 5 e 11 Dich. univ. diritti dell'uomo // 6, 7, 10, 11 e 14 Patto int. diritti civili e politici]. – La responsabilità penale è personale.

L'imputato non è considerato colpevole sino alla condanna definitiva.

Le pene non possono consistere in trattamenti contrari al senso di umanità e devono tendere alla rieducazione del condannato.

Non è ammessa la pena di morte (1).

(1) Articolo modificato dall'art. 1 della l. cost. 2/10/2007, n. 1.
Il testo originario dell'articolo era il seguente:
«La responsabilità penale è personale.
L'imputato non è considerato colpevole sino alla condanna definitiva.
Le pene non possono consistere in trattamenti contrari al senso di umanità e devono tendere alla rieducazione del condannato.
Non è ammessa la pena di morte, se non nei casi previsti dalle leggi militari di guerra».

Art. 28. – I funzionari e i dipendenti dello Stato e degli enti pubblici sono direttamente responsabili, secondo le leggi penali, civili e amministrative, degli atti compiuti in violazione di diritti. In tali casi la responsabilità civile si estende allo Stato e agli enti pubblici (1).

(1) D.P.R. n. 3/1957.

TITOLO II
RAPPORTI ETICO-SOCIALI

Art. 29 [30, 31 // 8, 12 Cedu, 5 prot. 7 Cedu // 9 e 33 Carta di Nizza // 16 Dich. univ. diritti dell'uomo // 23 Patto int. diritti civili e politici]. – La Repubblica riconosce i diritti della famiglia come società naturale fondata sul matrimonio.

Il matrimonio è ordinato sull'eguaglianza morale e giuridica dei coniugi [3 Cost.], con i limiti stabiliti dalla legge a garanzia dell'unità familiare (1).

(1) Si confrontino, però, gli art. 30^{3}, 31 // 8 Cedu // 252, 316, 330^{2}, 333, 337-sexies, 342-bis, 342-ter, 406, 408, 410^{2}, 411^{2}, 417, 426 // 609-quater$^{1, \text{n. } 2, 2}$, $609^{4, \text{n. } 2\text{-septies}}$ CP. // $199^{3, \text{lett. a)}}$, 681 CPP.

Art. 30 [14 e 24 Carta di Nizza]. – È dovere e diritto dei genitori, mantenere, istruire ed educare i figli, anche se nati fuori del matrimonio.

Nei casi di incapacità dei genitori, la legge provvede a che siano assolti i loro compiti.

La legge assicura ai figli nati **fuori** dal matrimonio ogni tutela giuridica e sociale, compatibile con i diritti dei membri della **famiglia legittima**.

La legge detta le norme e i limiti per la ricerca della paternità.

Art. 31. – La Repubblica agevola con misure economiche e altre provvidenze la formazione della famiglia e l'adempimento dei compiti relativi, con particolare riguardo alle famiglie numerose.

Protegge la maternità e l'infanzia e la gioventù, favorendo gli istituti necessari a tale scopo.

Art. 32 [3 e 35 Carta di Nizza]. – La Repubblica tutela la salute [9 Cost.] come fondamentale diritto dell'individuo e interesse della collettività, e garantisce cure gratuite agli indigenti.

Nessuno può essere obbligato a un determinato trattamento sanitario se non per disposizione di legge. La legge non può in nessun caso violare i limiti imposti dal rispetto della persona umana.

Art. 33 [13 Carta di Nizza]. – L'arte e la scienza [9 Cost.] sono libere e libero ne è l'insegnamento.

La Repubblica detta le norme generali sull'istruzione ed istituisce scuole statali per tutti gli ordini e gradi.

Enti e privati hanno il diritto di istituire scuole ed istituti di educazione, senza oneri per lo Stato.

La legge, nel fissare i diritti e gli obblighi delle scuole non statali che chiedono la parità, deve assicurare ad esse piena libertà e ai loro alunni un trattamento scolastico equipollente a quello degli alunni di scuole statali.

È prescritto un esame di Stato per la ammissione ai vari ordini e gradi di scuole o per la conclusione di essi e per l'abilitazione all'esercizio professionale.

Le istituzioni di alta cultura, università ed accademie, hanno il diritto di darsi ordinamenti autonomi nei limiti stabiliti dalle leggi dello Stato.

Art. 34 [9 // 2 prot. 1 Cedu // 14 Carta di Nizza // 26 Dich. univ. diritti dell'uomo // 9 Cost.]. – La scuola è aperta a tutti.

L'istruzione inferiore, impartita per almeno otto anni, è obbligatoria e gratuita.

I capaci e meritevoli, anche se privi di mezzi, hanno diritto di raggiungere i gradi più alti degli studi.

La Repubblica rende effettivo questo diritto con borse di studio, assegni alle famiglie ed altre provvidenze, che devono essere attribuite per concorso.

TITOLO III
RAPPORTI ECONOMICI

Art. 35 [27, 29, 30 e 32 Carta di Nizza // 23 Dich. univ. diritti dell'uomo]. – La Repubblica tutela il lavoro in tutte le sue forme ed applicazioni. Cura la formazione e l'elevazione professionale dei lavoratori.

Promuove e favorisce gli accordi e le organizzazioni internazionali intesi ad affermare e regolare i diritti del lavoro.

Riconosce la libertà di emigrazione [16 Cost.], salvo gli obblighi stabiliti dalla legge nell'interesse generale, e tutela il lavoro italiano all'estero.

Art. 36 [31 Carta di Nizza // 23 e 24 Dich. univ. diritti dell'uomo]. – Il lavoratore ha diritto ad una retribuzione proporzionata alla quantità e qualità del suo lavoro e in ogni caso sufficiente ad assicurare a sé e alla famiglia un'esistenza libera e dignitosa.

La durata massima della giornata lavorativa è stabilita dalla legge.

Il lavoratore ha diritto al riposo settimanale e a ferie annuali retribuite, e non può rinunziarvi.

Art. 37 [23 Carta di Nizza // 7, 8, 15, 20 e 27 Carta sociale europea // 23 Dich. univ. diritti dell'uomo]. – La donna lavoratrice ha gli stessi diritti e, a parità di lavoro, le stesse retribuzioni che spettano al lavoratore [3 Cost. // d.lg. n. 5/2010 // l. n. 300/1970]. Le condizioni di lavoro devono consentire l'adempimento della sua essenziale funzione familiare e assicurare alla madre e al bambino una speciale e adeguata protezione.

La legge stabilisce il limite minimo di età per il lavoro salariato.

La Repubblica tutela il lavoro dei minori con speciali norme e garantisce ad essi, a parità di lavoro, il diritto alla parità di retribuzione.

Art. 38 [26 e 34 Carta di Nizza // 25 Dich. univ. diritti dell'uomo]. – Ogni cittadino inabile al lavoro e sprovvisto dei mezzi necessari per vivere ha diritto al mantenimento e all'assistenza sociale.

I lavoratori hanno diritto che siano preveduti ed assicurati mezzi adeguati alle loro esigenze di vita in caso di infortunio, malattia, invalidità e vecchiaia, disoccupazione involontaria.

Gli inabili ed i minorati hanno diritto all'educazione e all'avviamento professionale.

Ai compiti previsti in questo articolo provvedono organi ed istituti predisposti o integrati dallo Stato.

L'assistenza privata è libera.

Art. 39 [28 Carta di Nizza // 23 Dich. univ. diritti dell'uomo]. – L'organizzazione sindacale è libera [14 l. n. 300/1970].

Ai sindacati non può essere imposto altro obbligo se non la loro registrazione presso uffici locali o centrali, secondo le norme di legge.

È condizione per la registrazione che gli statuti dei sindacati sanciscano un ordinamento interno a base democratica.

I sindacati registrati hanno personalità giuridica. Possono, rappresentati unitariamente in proporzione dei loro iscritti, stipulare contratti collettivi di lavoro con efficacia obbligatoria per tutti gli appartenenti alle categorie alle quali il contratto si riferisce.

Art. 40. – Il diritto di sciopero [l. n. 146/1990] si esercita nell'ambito delle leggi che lo regolano.

Art. 41 [16 e 38 Carta di Nizza // 3[1, lett. b)], 34 e ss., 101-109, 119[1], 120 TFUE]. – L'iniziativa economica privata è libera.

Non può svolgersi in contrasto con l'utilità sociale o in modo da recare danno alla salute, all'ambiente (1), alla sicurezza, alla libertà, alla dignità umana.

La legge determina i programmi e i controlli opportuni perché l'attività economica pubblica e privata possa essere indirizzata e coordinata a fini sociali e ambientali (2).

(1) Le parole «alla salute, all'ambiente,» sono state inserite dopo la parola: «danno» dall'art. 2, co. 1, lett. a), l. cost. 11/2/2022, n. 1.

(2) Le parole «e ambientali», sono state aggiunte dall'art. 2, co. 1, lett. b), l. cost. 11/2/2022, n. 1.

Art. 42 [1 prot. 1 Cedu // 17 Carta di Nizza // 17 Dich. univ. diritti dell'uomo]. – La proprietà è pubblica o privata. I beni economici appartengono allo Stato, ad enti o a privati.

La proprietà privata è riconosciuta e garantita dalla legge, che ne determina i modi di acquisto, di godimento e i limiti allo scopo di assicurarne la **funzione sociale** e di renderla accessibile a tutti.

La proprietà privata può essere, nei casi preveduti dalla legge, e salvo indennizzo, espropriata per motivi d'interesse generale [834, 835 CC. // d.P.R. n. 327/2001].

La legge stabilisce le norme ed i limiti della successione legittima e testamentaria e i diritti dello Stato sulle eredità.

Art. 43. – A fini di utilità generale la legge può riservare originariamente o trasferire, mediante espropriazione e salvo indennizzo, allo Stato, ad enti pubblici o a comunità di lavoratori o di utenti, determinate imprese o categorie di imprese, che si riferiscano a servizi pubblici essenziali o a fonti di energia o a situazioni di monopolio ed abbiano carattere di preminente interesse generale.

Art. 44. – Al fine di conseguire il razionale sfruttamento del suolo e di stabilire equi rapporti sociali, la legge impone obblighi e vincoli alla proprietà terriera privata, fissa limiti alla sua estensione secondo le regioni e le zone agrarie, promuove ed impone la bonifica delle terre, la trasformazione del latifondo e la ricostituzione delle unità produttive; aiuta la piccola e la media proprietà.

La legge dispone provvedimenti a favore delle zone montane.

Art. 45. – La Repubblica riconosce la funzione sociale della cooperazione a carattere di mutualità e senza fini di speculazione privata. La legge ne promuove e favorisce l'incremento con i mezzi più idonei e ne assicura, con gli opportuni controlli, il carattere e le finalità.

La legge provvede alla tutela e allo sviluppo dell'artigianato.

Art. 46. – Ai fini della elevazione economica e sociale del lavoro e in armonia con le esigenze della produzione, la Repubblica riconosce il diritto dei lavoratori a collaborare, nei modi e nei limiti stabiliti dalle leggi, alla gestione delle aziende.

Art. 47. – La Repubblica incoraggia e tutela il risparmio in tutte le sue forme; disciplina, coordina e controlla l'esercizio del credito.

Favorisce l'accesso del risparmio popolare alla proprietà dell'abitazione, alla proprietà diretta coltivatrice e al diretto e indiretto investimento azionario nei grandi complessi produttivi del Paese.

TITOLO IV
RAPPORTI POLITICI

Art. 48 [3 prot. 1 Cedu // 39, 40 Carta di Nizza // 21 Dich. univ. diritti dell'uomo // 25 Patto int. diritti civili e politici]. – Sono elettori tutti i cittadini, uomini e donne, che hanno raggiunto la maggiore età.

Il voto è personale ed eguale [3 Cost.], libero e segreto. Il suo esercizio è **dovere civico** [*5 del d.lg. n. 33/2013*].

La legge stabilisce requisiti e modalità per l'esercizio del diritto di voto dei cittadini residenti all'estero e ne assicura l'effettività. A tale fine è istituita una circoscrizione Estero per l'elezione delle Camere, alla quale sono assegnati seggi nel numero stabilito da norma costituzionale e secondo criteri determinati dalla legge (1).

Il diritto di voto non può essere limitato se non per incapacità civile o per effetto di sentenza penale irrevocabile o nei casi di indegnità morale indicati dalla legge.

(1) Comma introdotto dalla l. cost. 17/1/2000, n. 1.
L'art. 3 della l. cost. 23/1/2001, n. 1, ha, inoltre, disposto, in via transitoria, quanto segue:
«1. In sede di prima applicazione della presente l. cost. ai sensi del terzo comma dell'art. 48 della Costituzione, la stessa legge che stabilisce le modalità di attribuzione dei seggi assegnati alla circoscrizione Estero stabilisce, altresì, le modificazioni delle norme per l'elezione delle Camere conseguenti alla variazione del numero dei seggi assegnati alle circoscrizioni del territorio nazionale.
2. In caso di mancata approvazione della legge di cui al comma 1, si applica la disciplina costituzionale anteriore».

Art. 49. – Tutti i cittadini hanno diritto di associarsi liberamente [18 Cost.] in partiti per concorrere con metodo democratico a determinare la politica nazionale.

Art. 50 [44 Carta di Nizza // 21 Dich. univ. diritti dell'uomo]. – Tutti i cittadini possono rivolgere petizioni alle Camere per chiedere provvedimenti legislativi o esporre comuni necessità [1 Cost. // 227, 228 TFUE].

Art. 51 [21 Dich. univ. diritti dell'uomo // 25 Patto int. diritti civili e politici]. – Tutti i cittadini dell'uno o dell'altro sesso possono accedere agli uffici pubblici e alle cariche elettive in condizioni di eguaglianza [3 Cost.], secondo i requisiti stabiliti dalla legge. A tale fine la Repubblica promuove con appositi provvedimenti le pari opportunità tra donne e uomini (1).

La legge può, per l'ammissione ai pubblici uffici e alle cariche elettive, parificare ai cittadini gli italiani non appartenenti alla Repubblica.

Chi è chiamato a funzioni pubbliche elettive ha diritto di disporre del tempo necessario al loro adempimento e di conservare il suo posto di lavoro (1).

(1) Periodo finale inserito dall'art. 1 della l. cost. 30/5/2003, n. 1.
Il testo originario del co. 1 era il seguente:
«Tutti i cittadini dell'uno o dell'altro sesso possono accedere agli uffici pubblici e alle cariche elettive in condizioni di eguaglianza, secondo i requisiti stabiliti dalla legge».

Art. 52. – La difesa della Patria è sacro dovere [23 Cost.] del cittadino.

Il servizio militare è obbligatorio nei limiti e modi stabiliti dalla legge. Il suo adempimento non pregiudica la posizione di lavoro del cittadino, né l'esercizio dei diritti politici.

L'ordinamento delle Forze armate si informa allo spirito democratico della Repubblica.

Art. 53. – Tutti sono tenuti [23 Cost.] a concorrere alle spese pubbliche in ragione della loro **capacità contributiva**.

Il sistema tributario è informato a **criteri di progressività**.

Art. 54. – Tutti i cittadini hanno il dovere di essere fedeli alla Repubblica e di osservarne la Costituzione e le leggi.

I cittadini cui sono affidate funzioni pubbliche hanno il dovere di adempierle, con disciplina ed onore, prestando giuramento nei casi stabiliti dalla legge.

PARTE SECONDA
ORDINAMENTO DELLA REPUBBLICA

TITOLO I
IL PARLAMENTO

Sezione I
Le Camere

Art. 55. – Il Parlamento si compone della Camera dei deputati e del Senato della Repubblica.

Il Parlamento si riunisce in seduta comune dei membri delle due Camere nei soli casi stabiliti dalla Costituzione [64[2], 83, 91, 90, 135 Cost.].

Art. 56 [3 prot. 1 Cedu // 39, 40 Carta di Nizza // 21 Dich. univ. diritti dell'uomo] (1). – La Camera dei deputati è eletta a suffragio universale e diretto [1 Cost.].

Il numero dei deputati è di [quattrocento], [otto] dei quali eletti nella circoscrizione Estero (2).

Sono eleggibili [d.lg. n. 235/2012 // 65, 84, 104, 135 Cost.] a deputati tutti gli elettori che nel giorno delle elezioni hanno compiuto i venticinque anni di età.

La ripartizione dei seggi tra le circoscrizioni, fatto salvo il numero dei seggi assegnati alla circoscrizione Estero, si effettua dividendo il numero degli abitanti della Repubblica, quale risulta dall'ultimo censimento generale della popolazione, per [trecentonovantadue] e distribuendo i seggi in proporzione alla popolazione di ogni circoscrizione, sulla base dei quozienti interi e dei più alti resti (2).

(1) Articolo sostituito dapprima dall'art. 1 della l. cost. 9/2/1963, n. 2.
Il testo originario dell'articolo era il seguente:
«La Camera dei deputati è eletta a suffragio universale e diretto, in ragione di un deputato per ottantamila abitanti o per frazione superiore a quarantamila.
Sono eleggibili a deputati tutti gli elettori che nel giorno delle elezioni hanno compiuto i venticinque anni di età».
In seguito, l'art. 1 della l. cost. 23/1/2001, n. 1, ha modificato l'art. 56. Il testo dell'art. 56, come sostituito dalla l. cost. 9/2/1963, n. 2, era il seguente:
«La Camera dei deputati è eletta a suffragio universale e diretto.
Il numero dei deputati è di seicentotrenta.
Sono eleggibili a deputati tutti gli elettori che nel giorno della elezione hanno compiuto i venticinque anni di età.
La ripartizione dei seggi tra le circoscrizioni si effettua dividendo il numero degli abitanti della Repubblica, quale risulta dall'ultimo censimento generale della popolazione, per seicentotrenta e distribuendo i seggi in proporzione alla popolazione di ogni circoscrizione, sulla base dei quozienti interi e dei più alti resti».
L'art. 3 della l. cost. 23/1/2001, n. 1, ha, inoltre, disposto, in via transitoria, quanto segue:
«1. In sede di prima applicazione della presente l. cost. ai sensi del terzo comma dell'art. 48 della Costituzione, la stessa legge che stabilisce le modalità di attribuzione dei seggi assegnati alla circoscrizione Estero stabilisce, altresì, le modificazioni delle norme per l'elezione delle Camere conseguenti alla variazione del numero dei seggi assegnati alle circoscrizioni del territorio nazionale.
2. In caso di mancata approvazione della legge di cui al comma 1, si applica la disciplina costituzionale anteriore».

(2) Comma così modificato dalla l. cost. 19/10/2020, n. 1, la quale ha disposto (con l'art. 4, co. 1) che le presenti modifiche si applicano a decorrere dalla data del primo scioglimento o della prima cessazione delle Camere successiva alla data di entrata in vigore della suddetta legge costituzionale e comunque non prima che siano decorsi sessanta giorni dalla predetta data di entrata in vigore. Il testo dell'articolo nella versione originaria era il seguente:
«La Camera dei deputati è eletta a suffragio universale e diretto.
Il numero dei deputati è di seicentotrenta, dodici dei quali eletti nella circoscrizione Estero.
Sono eleggibili a deputati tutti gli elettori che nel giorno delle elezioni hanno compiuto i venticinque anni di età. La ripartizione dei seggi tra le circoscrizioni, fatto salvo il numero dei seggi assegnati alla circoscrizione Estero, si effettua dividendo il numero degli abitanti della Repubblica, quale risulta dall'ultimo censimento generale della popolazione, per seicentodiciotto e distribuendo i seggi in proporzione alla popolazione di ogni circoscrizione, sulla base dei quozienti interi e dei più alti resti».

Art. 57 [3 prot. 1 Cedu // 39, 40 Carta di Nizza // 21 Dich. univ. diritti dell'uomo] (1). – Il Senato della Repubblica è eletto a base regionale, salvi i seggi assegnati alla circoscrizione Estero [1 Cost.].

Il numero dei senatori elettivi è di [duecento], [quattro] dei quali eletti nella circoscrizione Estero (2).

Nessuna Regione [o Provincia autonoma] può avere un numero di senatori inferiore a [tre]; il Molise ne ha due, la Valle d'Aosta uno (2).

[La ripartizione dei seggi tra le Regioni o le Province autonome, previa applicazione delle disposizioni del precedente comma, si effettua in proporzione alla loro popolazione, quale risulta dall'ultimo censimento generale, sulla base dei quozienti interi e dei più alti resti] (2).

(1) Articolo dapprima sostituito dall'art. 2 della l. cost. 9/2/1963, n. 2, poi modificato una prima volta dall'art. 2 della l. cost. 27/12/1963, n. 3, e modificato una seconda volta dall'art. 2 dalla l. cost. 23/1/2001, n. 1.
Il testo dell'articolo nella versione originaria era il seguente:
«Il Senato della Repubblica è eletto a base regionale.
A ciascuna Regione è attribuito un senatore per duecentomila abitanti o per frazione superiore a centomila.
Nessuna Regione può avere un numero di senatori inferiore a sei. La Valle d'Aosta ha un solo senatore».
Il testo dell'art. 57 come sostituito dall'art. 2 della l. n. 2/1963 così disponeva:

«Il Senato della Repubblica è eletto a base regionale.
Il numero dei senatori elettivi è di trecentoquindici.
Nessuna Regione può avere un numero di senatori inferiore a sette. La Valle d'Aosta uno.
La ripartizione dei seggi tra le Regioni, previa applicazione delle disposizioni del precedente comma, si effettua in proporzione alla popolazione delle regioni, quale risulta dall'ultimo censimento generale, sulla base di quozienti interi e dei più alti resti».
L'art. 57 è stato poi modificato dalla l. cost. 23/1/2001, n. 1. Il testo dell'art. 57, come modificato dalla l. cost. 27/12/1963, n. 3, era il seguente:
«Il Senato della Repubblica è eletto a base regionale.
Il numero dei senatori elettivi è di trecentoquindici.
Nessuna Regione può avere un numero di senatori inferiore a sette; il Molise ne ha due, la Valle d'Aosta uno.
La ripartizione dei seggi fra le Regioni, previa applicazione delle disposizioni del precedente comma, si effettua in proporzione alla popolazione delle Regioni, quale risulta dall'ultimo censimento generale, sulla base dei quozienti interi e dei più alti resti».
L'art. 3 della l. cost. 23/1/2001, n. 1, ha, inoltre, disposto, in via transitoria, quanto segue:
«1. In sede di prima applicazione della presente l. cost. ai sensi del terzo comma dell'art. 48 della Costituzione, la stessa legge che stabilisce le modalità di attribuzione dei seggi assegnati alla circoscrizione Estero stabilisce, altresì, le modificazioni delle norme per l'elezione delle Camere conseguenti alla variazione del numero dei seggi assegnati alle circoscrizioni del territorio nazionale.
2. In caso di mancata approvazione della legge di cui al comma 1, si applica la disciplina costituzionale anteriore».

(2) Comma così modificato dalla l. cost. 19/10/2020, n. 1, la quale ha disposto (con l'art. 4, co. 1) che le presenti modifiche si applicano a decorrere dalla data del primo scioglimento o della prima cessazione delle Camere successiva alla data di entrata in vigore della suddetta legge costituzionale e comunque non prima che siano decorsi sessanta giorni dalla predetta data di entrata in vigore. Il testo dell'articolo nella versione originaria era il seguente:
«Il Senato della Repubblica è eletto a base regionale, salvi i seggi assegnati alla circoscrizione Estero.
Il numero dei senatori elettivi è di trecentoquindici, sei dei quali eletti nella circoscrizione Estero.
Nessuna Regione può avere un numero di senatori inferiore a sette; il Molise ne ha due, la Valle d'Aosta uno.
La ripartizione dei seggi tra le Regioni, fatto salvo il numero dei seggi assegnati alla circoscrizione Estero, previa applicazione delle disposizioni del precedente comma, si effettua in proporzione alla popolazione delle Regioni, quale risulta dall'ultimo censimento generale, sulla base dei quozienti interi e dei più alti resti».

Art. 58. – I senatori sono eletti a suffragio universale e diretto (1).

Sono eleggibili [d.lg. n. 235/2012 // 65, 84, 104, 135 Cost.] a senatori gli elettori che hanno compiuto il quarantesimo anno.

(1) Le parole «dagli elettori che hanno superato il venticinquesimo anno di età» sono state soppresse dall'art. 1 l. cost. 18/10/2021, n. 1.

Art. 59. – È senatore di diritto e a vita, salvo rinunzia, chi è stato Presidente della Repubblica.

Il Presidente della Repubblica può nominare senatori a vita cinque cittadini che hanno illustrato la Patria per altissimi meriti nel campo sociale, scientifico, artistico e letterario. [Il numero complessivo dei senatori in carica nominati dal Presidente della Repubblica non può in alcun caso essere superiore a cinque] (1).

(1) Alinea introdotto dalla l. cost. 19/10/2020, n. 1.

Art. 60. – La Camera dei deputati e il Senato della Repubblica sono eletti per cinque anni.

La durata di ciascuna Camera non può essere prorogata se non per legge e soltanto in caso di guerra [15 Cedu // 78, 87[9] Cost. // 61 Cost.] (1).

(1) Articolo sostituito dall'art. 3 della l. cost. 9/2/1963, n. 2.
Il testo originario dell'articolo era il seguente:
«La Camera dei deputati è eletta per cinque anni, il Senato della Repubblica per sei.
La durata di ciascuna Camera non può essere prorogata se non per legge e soltanto in caso di guerra».

Art. 61. – Le elezioni delle nuove Camere hanno luogo entro settanta giorni dalla fine delle precedenti. La prima riunione ha luogo non oltre il ventesimo giorno dalle elezioni.

Finché non siano riunite le nuove Camere sono prorogati i poteri delle precedenti [60 Cost.].

Art. 62. – Le Camere si riuniscono di diritto il primo giorno non festivo di febbraio e di ottobre.

Ciascuna Camera può essere convocata in via straordinaria per iniziativa del suo Presidente o del Presidente della Repubblica o di un terzo dei suoi componenti.

Quando si riunisce in via straordinaria una Camera, è convocata di diritto anche l'altra.

Art. 63. – Ciascuna Camera elegge fra i suoi componenti il Presidente e l'Ufficio di presidenza.

Quando il Parlamento si riunisce in seduta comune [64[2], 83, 91, 90, 135 Cost.], il Presidente e l'Ufficio di presidenza sono quelli della Camera dei deputati.

Art. 64. – Ciascuna Camera adotta il proprio regolamento a maggioranza assoluta dei suoi componenti.

Le sedute sono pubbliche: tuttavia ciascuna delle due Camere e il Parlamento a Camere riunite possono deliberare di adunarsi in seduta segreta.

Le deliberazioni di ciascuna Camera e del Parlamento non sono valide se non è presente la maggioranza dei loro componenti, e se non sono adottate a maggioranza dei presenti, salvo che la Costituzione prescriva una maggioranza speciale.

I membri del Governo, anche se non fanno parte delle Camere, hanno diritto, e se richiesti obbligo, di assistere alle sedute. Devono essere sentiti ogni volta che lo richiedono.

Art. 65. – La legge determina i casi di ineleggibilità e di incompatibilità con l'ufficio di deputato o di senatore.

Nessuno può appartenere contemporaneamente alle due Camere.

Art. 66. – Ciascuna Camera giudica dei titoli di ammissione dei suoi componenti e delle cause sopraggiunte di ineleggibilità e di incompatibilità.

Art. 67. – Ogni membro del Parlamento rappresenta la Nazione ed esercita le sue funzioni senza vincolo di mandato.

Art. 68 [86[1], 90, 96, 122[4] // 392, 75[3] CPP. // 159 CP. // 163 CPC.]. – I membri del Parlamento non possono essere chiamati a rispondere delle opinioni espresse [21 Cost.] e dei voti dati nell'esercizio delle loro funzioni.

Senza autorizzazione della Camera alla quale appartiene, nessun membro del Parlamento può essere sottoposto a perquisizione personale o domiciliare, né può essere arrestato o altrimenti privato della libertà personale, o mantenuto in detenzione, salvo che in esecuzione di una sentenza irrevocabile di condanna, ovvero se sia colto nell'atto di commettere un delitto per il quale è previsto l'arresto obbligatorio in flagranza.

Analoga autorizzazione è richiesta per sottoporre i membri del Parlamento ad intercettazioni, in qualsiasi forma, di conversazioni o comunicazioni e a sequestro di corrispondenza (1).

(1) Articolo sostituito dall'art. 1 della l. cost. 29/10/1993, n. 3.
Il testo originario dell'articolo era il seguente:
«I membri del Parlamento non possono essere perseguiti per le

opinioni espresse e per i voti dati nell'esercizio delle loro funzioni.
Senza autorizzazione della Camera alla quale appartiene, nessun membro del Parlamento può essere sottoposto a procedimento penale; né può essere arrestato, o altrimenti privato della libertà personale, o sottoposto a perquisizione personale o domiciliare, salvo che sia colto nell'atto di commettere un delitto per il quale è obbligatorio il mandato o l'ordine di cattura.
Eguale autorizzazione è richiesta per trarre in arresto o mantenere in detenzione un membro del Parlamento in esecuzione di una sentenza anche irrevocabile».

Art. 69. – I membri del Parlamento ricevono una indennità stabilita dalla legge.

Sezione II
La formazione delle leggi

Art. 70. – La funzione legislativa è esercitata collettivamente dalle due Camere.

Art. 71 [21 Dich. univ. diritti dell'uomo]. – L'iniziativa delle leggi appartiene al Governo, a ciascun membro delle Camere ed agli organi ed enti ai quali sia conferita da legge costituzionale [99^3, 121^2 Cost.].

Il popolo esercita l'iniziativa delle leggi, mediante la proposta, da parte di almeno cinquantamila elettori, di un progetto redatto in articoli [1 Cost.] (1).

(1) Art. 48 della l. n. 352/1970. La proposta, da parte di almeno 50 mila elettori, dei progetti di legge ai sensi dell'art. 71^2 Cost., deve essere presentata, corredata delle firme degli elettori proponenti, al Presidente di una delle due Camere. Spetta a tale Camera provvedere alla verifica ed al computo delle firme dei richiedenti al fine di accertare la regolarità della richiesta. Possono essere proponenti i cittadini iscritti nelle liste elettorali, previste dal testo-unico 20/3/1967, n. 223, e coloro che siano muniti di una delle sentenze di cui al primo ed all'ultimo comma dell'art. 45 del testo anzidetto.
Art. 49 della l. n. 352/1970. La proposta deve contenere il progetto redatto in articoli, accompagnato da una relazione che ne illustri le finalità e le norme. Si applicano, per ciò che riguarda le firme dei proponenti, la loro autenticazione e i certificati da allegare alla proposta, le disposizioni degli art. 7 e 8. I fogli recanti le firme debbono riprodurre a stampa il testo del progetto ed essere vidimati secondo il disposto dell'art. 7. Non sono validi i fogli che siano stati vidimati oltre sei mesi prima della presentazione della proposta. Se il testo del progetto supera le tre facciate di ogni foglio, esso va contenuto in un foglio unito a quello contenente le firme, in modo che non possa esserne distaccato, e da vidimarsi contemporaneamente a quello.

Art. 72. – Ogni disegno di legge, presentato ad una Camera è, secondo le norme del suo regolamento, esaminato da una commissione e poi dalla Camera stessa, che l'approva articolo per articolo e con votazione finale.

Il regolamento stabilisce procedimenti abbreviati per i disegni di legge dei quali è dichiarata l'urgenza.

Può altresì stabilire in quali casi e forme l'esame e l'approvazione dei disegni di legge sono deferiti a commissioni, anche permanenti, composte in modo da rispecchiare la proporzione dei gruppi parlamentari. Anche in tali casi, fino al momento della sua approvazione definitiva, il disegno di legge è rimesso alla Camera, se il Governo o un decimo dei componenti della Camera o un quinto della commissione richiedono che sia discusso e votato dalla Camera stessa oppure che sia sottoposto alla sua approvazione finale con sole dichiarazioni di voto. Il regolamento determina le forme di pubblicità dei lavori delle commissioni.

La procedura normale di esame e di approvazione diretta da parte della Camera è sempre adottata per i disegni di legge in materia costituzionale ed elettorale e per quelli di delegazione legislativa, di autorizzazione a ratificare trattati internazionali, di approvazione di bilanci e consuntivi.

Art. 73. – Le leggi sono promulgate dal Presidente della Repubblica entro un mese dall'approvazione.

Se le Camere, ciascuna a maggioranza assoluta dei propri componenti, ne dichiarano l'urgenza, la legge è promulgata nel termine da essa stabilito.

Le leggi sono pubblicate subito dopo la promulgazione ed entrano in vigore il quindicesimo giorno successivo alla loro pubblicazione, salvo che le leggi stesse stabiliscano un termine diverso.

Art. 74. – Il Presidente della Repubblica, prima di promulgare la legge, può con messaggio motivato alle Camere chiedere una nuova deliberazione.

Se le Camere approvano nuovamente la legge, questa deve essere promulgata.

Art. 75 [1, 132, 133, 138 Cost. // 21 Dich. univ. diritti dell'uomo]. – È indetto referendum popolare per deliberare l'abrogazione, totale o parziale, di una legge o di un atto avente valore di legge, quando lo richiedono cinquecentomila elettori o cinque Consigli regionali.

Non è ammesso il referendum per le leggi tributarie e di bilancio, di amnistia e di indulto, di autorizzazione a ratificare trattati internazionali.

Hanno diritto di partecipare al referendum tutti i cittadini chiamati ad eleggere la Camera dei deputati.

La proposta soggetta a referendum è approvata se ha partecipato alla votazione la maggioranza degli aventi diritto, e se è raggiunta la maggioranza dei voti validamente espressi.

La legge determina le modalità di attuazione del referendum (1) (2) (3).

(1) L. n. 352/1970.

(2) Art. 8 del d.lg. n. 267/2000.

(3) Art. 2 della l. cost. n. 1/1953. Spetta alla Corte costituzionale giudicare se le richieste di referendum abrogativo presentate a norma dell'art. 75 Cost. siano ammissibili ai sensi del co. 2 dell'articolo stesso. Le modalità di tale giudizio saranno stabilite dalla legge che disciplinerà lo svolgimento del referendum popolare.

Art. 76. – L'esercizio della funzione legislativa non può essere delegato al Governo se non con determinazione di principi e criteri direttivi e soltanto per tempo limitato e per oggetti definiti.

Art. 77. – Il Governo non può, senza delegazione delle Camere, emanare decreti che abbiano valore di legge ordinaria.

Quando, in casi straordinari di necessità e d'urgenza, il Governo adotta, sotto la sua responsabilità, provvedimenti provvisori con forza di legge, deve il giorno stesso presentarli per la conversione alle Camere che, anche se sciolte, sono appositamente convocate e si riuniscono entro cinque giorni.

I decreti perdono efficacia sin dall'inizio, se non sono convertiti in legge entro sessanta giorni dalla loro pubblicazione. Le Camere possono tuttavia regolare con legge i rapporti giuridici sorti sulla base dei decreti non convertiti.

Art. 78 [87^9, 60^2 Cost.]. – Le Camere deliberano lo stato di guerra e conferiscono al Governo i poteri necessari.

Art. 79. – L'amnistia e l'indulto sono concessi con legge deliberata a maggioranza dei due terzi dei componenti di ciascuna Camera, in ogni suo articolo e nella votazione finale.

La legge che concede l'amnistia o l'indulto stabilisce il termine per la loro applicazione.

In ogni caso l'amnistia e l'indulto non possono applicarsi ai reati commessi successivamente alla presentazione del disegno di legge (1).

(1) Articolo sostituito dall'art. 1 della l. cost. 6/3/1992, n. 1.
Il testo originario dell'articolo era il seguente:

«L'amnistia e l'indulto sono concessi dal Presidente della Repubblica su legge di delegazione delle Camere.
Non possono applicarsi ai reati commessi successivamente alla proposta di delegazione».

Art. 80. – Le Camere autorizzano con legge la ratifica dei trattati internazionali che sono di natura politica, o prevedono arbitrati o regolamenti giudiziari, o importano variazioni del territorio od oneri alle finanze o modificazioni di leggi.

Art. 81. – Lo Stato assicura l'equilibrio tra le entrate e le spese del proprio bilancio, tenendo conto delle fasi avverse e delle fasi favorevoli del ciclo economico.

Il ricorso all'indebitamento è consentito solo al fine di considerare gli effetti del ciclo economico e, previa autorizzazione delle Camere adottata a maggioranza assoluta dei rispettivi componenti, al verificarsi di eventi eccezionali.

Ogni legge che importi nuovi o maggiori oneri provvede ai mezzi per farvi fronte.

Le Camere ogni anno approvano con legge il bilancio e il rendiconto consuntivo presentati dal Governo.

L'esercizio provvisorio del bilancio non può essere concesso se non per legge e per periodi non superiori complessivamente a quattro mesi.

Il contenuto della legge di bilancio, le norme fondamentali e i criteri volti ad assicurare l'equilibrio tra le entrate e le spese dei bilanci e la sostenibilità del **debito del complesso delle pubbliche amministrazioni** sono stabiliti con legge approvata a **maggioranza assoluta** dei componenti di ciascuna Camera, nel rispetto dei princìpi definiti con legge costituzionale (1).

(1) Articolo sostituito dall'art. 1 della l. cost. 20/4/2012, n. 1.
Il testo originario dell'articolo era il seguente:
«Le Camere approvano ogni anno i bilanci e il rendiconto consuntivo presentati dal Governo.
L'esercizio provvisorio del bilancio non può essere concesso se non per legge e per periodi non superiori complessivamente a quattro mesi.
Con la legge di approvazione del bilancio non si possono stabilire nuovi tributi e nuove spese.
Ogni altra legge che importi nuove e maggiori spese deve indicare i mezzi per farvi fronte».
L'art. 5 della l. cost. 20/4/2012, n. 1, ha, inoltre, disposto quanto segue:
«1. La legge di cui all'art. 81, sesto comma, della Costituzione, come sostituito dall'art. 1 della presente l. cost., disciplina, per il complesso delle pubbliche amministrazioni, in particolare:
a) le verifiche, preventive e consuntive, sugli andamenti di finanza pubblica;
b) l'accertamento delle cause degli scostamenti rispetto alle previsioni, distinguendo tra quelli dovuti all'andamento del ciclo economico, all'inefficacia degli interventi e agli eventi eccezionali;
c) il limite massimo degli scostamenti negativi cumulati di cui alla lettera b) del presente comma corretti per il ciclo economico rispetto al prodotto interno lordo, al superamento del quale occorre intervenire con misure di correzione;
d) la definizione delle gravi recessioni economiche, delle crisi finanziarie e delle gravi calamità naturali quali eventi eccezionali, ai sensi dell'art. 81, secondo comma, della Costituzione, come sostituito dall'art. 1 della presente l. cost., al verificarsi dei quali sono consentiti il ricorso all'indebitamento non limitato a tenere conto degli effetti del ciclo economico e il superamento del limite massimo di cui alla lettera c) del presente comma sulla base di un piano di rientro;
e) l'introduzione di regole sulla spesa che consentano di salvaguardare gli equilibri di bilancio e la riduzione del rapporto tra debito pubblico e prodotto interno lordo nel lungo periodo, in coerenza con gli obiettivi di finanza pubblica;
f) l'istituzione presso le Camere, nel rispetto della relativa autonomia costituzionale, di un organismo indipendente al quale attribuire compiti di analisi e verifica degli andamenti di finanza pubblica e di valutazione dell'osservanza delle regole di bilancio;
g) le modalità attraverso le quali lo Stato, nelle fasi avverse del ciclo economico o al verificarsi degli eventi eccezionali di cui alla lettera d) del presente comma, anche in deroga all'art. 119 della Costituzione, concorre ad assicurare il finanziamento, da parte degli altri livelli di governo, dei livelli essenziali delle prestazioni e delle funzioni fondamentali inerenti ai diritti civili e sociali.
2. La legge di cui al comma 1 disciplina altresì:
a) il contenuto della legge di bilancio dello Stato;
b) la facoltà dei Comuni, delle Province, delle Città metropolitane, delle Regioni e delle Province autonome di Trento e di Bolzano di ricorrere all'indebitamento, ai sensi dell'art. 119, sesto comma, secondo periodo, della Costituzione, come modificato dall'art. 4 della presente l. cost.;
c) le modalità attraverso le quali i Comuni, le Province, le Città metropolitane, le Regioni e le Province autonome di Trento e di Bolzano concorrono alla sostenibilità del debito del complesso delle pubbliche amministrazioni.
3. La legge di cui ai commi 1 e 2 è approvata entro il 28 febbraio 2013.
4. Le Camere, secondo modalità stabilite dai rispettivi regolamenti, esercitano la funzione di controllo sulla finanza pubblica con particolare riferimento all'equilibrio tra entrate e spese nonché alla qualità e all'efficacia della spesa delle pubbliche amministrazioni».
L'art. 6 della l. cost. 20/4/2012, n. 1, stabilisce che le disposizioni della medesima l. cost. si applicano a decorrere dall'esercizio finanziario relativo all'anno 2014.

Art. 82. – Ciascuna Camera può disporre inchieste su materie di pubblico interesse.

A tale scopo nomina fra i propri componenti una commissione formata in modo da rispecchiare la proporzione dei vari gruppi. La commissione di inchiesta procede alle indagini e agli esami con gli stessi poteri e le stesse limitazioni della autorità giudiziaria.

TITOLO II
IL PRESIDENTE DELLA REPUBBLICA
[59, 62, 74, 87, 88, 92, 126 Cost.]

Art. 83. – Il Presidente della Repubblica è eletto dal Parlamento in seduta comune dei suoi membri.

All'elezione partecipano tre delegati per ogni Regione eletti dal Consiglio regionale in modo che sia assicurata la rappresentanza delle minoranze. La Valle d'Aosta ha un solo delegato.

L'elezione del Presidente della Repubblica ha luogo per scrutinio segreto a maggioranza di due terzi della assemblea. Dopo il terzo scrutinio è sufficiente la maggioranza assoluta.

Art. 84. – Può essere eletto Presidente della Repubblica ogni cittadino che abbia compiuto cinquanta anni di età e goda dei diritti civili e politici.

L'ufficio di Presidente della Repubblica è incompatibile con qualsiasi altra carica. L'assegno e la dotazione del Presidente sono determinati per legge.

Art. 85. – Il Presidente della Repubblica è eletto per sette anni.

Trenta giorni prima che scada il termine, il Presidente della Camera dei deputati convoca in seduta comune il Parlamento e i delegati regionali, per eleggere il nuovo Presidente della Repubblica.

Se le Camere sono sciolte, o manca meno di tre mesi alla loro cessazione, la elezione ha luogo entro quindici giorni dalla riunione delle Camere nuove. Nel frattempo sono prorogati i poteri del Presidente in carica.

Art. 86. – Le funzioni del Presidente della Repubblica, in ogni caso che egli non possa adempierle, sono esercitate dal Presidente del Senato.

In caso di impedimento permanente o di morte o di dimissioni del Presidente della Repubblica, il Presidente della Camera dei deputati indice la elezione del nuovo Presidente della Repubblica entro quindici giorni, salvo il maggior termine previsto se le Camere sono sciolte o manca meno di tre mesi alla loro cessazione.

Art. 87. – Il Presidente della Repubblica è il Capo dello Stato e rappresenta l'unità nazionale.

Può inviare messaggi alle Camere.

Indice le elezioni delle nuove Camere e ne fissa la prima riunione.

Autorizza la presentazione alle Camere dei disegni di legge di iniziativa del Governo.

Promulga le leggi ed emana i decreti aventi valore di legge e i regolamenti (17 l. n. 400/1988).

Indice il referendum popolare nei casi previsti dalla Costituzione.

Nomina, nei casi indicati dalla legge, i funzionari dello Stato.

Accredita e riceve i rappresentanti diplomatici, ratifica i trattati internazionali, previa, quando occorra, l'autorizzazione delle Camere.

Ha il comando delle Forze armate, presiede il Consiglio supremo di difesa costituito secondo la legge, dichiara lo stato di guerra deliberato dalle Camere [78, 60^2 Cost.].

Presiede il Consiglio superiore della magistratura. Può concedere grazia e commutare le pene. Conferisce le onorificenze della Repubblica.

Art. 88. – Il Presidente della Repubblica può, sentiti i loro Presidenti, sciogliere le Camere o anche una sola di esse.

Non può esercitare tale facoltà negli ultimi sei mesi del suo mandato, salvo che essi coincidano in tutto o in parte con gli ultimi sei mesi della legislatura (1).

(1) Comma sostituito dall'art. 1 della l. cost. 4/11/1991, n. 1.
Il testo originario del comma era il seguente:
«Non può esercitare tale facoltà negli ultimi sei mesi del suo mandato».

Art. 89. – Nessun atto del Presidente della Repubblica è valido se non è controfirmato dai ministri proponenti, che ne assumono la responsabilità.

Gli atti che hanno valore legislativo e gli altri indicati dalla legge sono controfirmati anche dal Presidente del Consiglio dei ministri.

Art. 90 [68, 96, 122^4]. – Il Presidente della Repubblica non è responsabile degli atti compiuti nell'esercizio delle sue funzioni, tranne che per alto tradimento o per attentato alla Costituzione.

In tali casi è messo in stato di accusa dal Parlamento in seduta comune, a maggioranza assoluta dei suoi membri.

Art. 91. – Il Presidente della Repubblica, prima di assumere le sue funzioni, presta giuramento di fedeltà alla Repubblica e di osservanza della Costituzione dinanzi al Parlamento in seduta comune.

TITOLO III
IL GOVERNO

Sezione I
Il Consiglio dei ministri

Art. 92. – Il Governo della Repubblica è composto del Presidente del Consiglio e dei ministri, che costituiscono insieme il Consiglio dei ministri.

Il Presidente della Repubblica nomina il Presidente del Consiglio dei ministri e, su proposta di questo, i ministri (1).

(1) Art. 1 della l. n. 400/1988 (Gli organi del Governo Formula di giuramento) 1. Il Governo della Repubblica è composto del Presidente del Consiglio dei ministri e dei ministri, che costituiscono insieme il Consiglio dei ministri. 2. Il decreto di nomina del Presidente del Consiglio dei ministri è da lui controfirmato, insieme ai decreti di accettazione delle dimissioni del precedente Governo. 3. Il Presidente del Consiglio dei ministri e i ministri, prima di assumere le funzioni, prestano giuramento nelle mani del Presidente della Repubblica con la seguente formula: "Giuro di essere fedele alla Repubblica, di osservare lealmente la Costituzione e le leggi e di esercitare le mie funzioni nell'interesse esclusivo della nazione".

Art. 93. – Il Presidente del Consiglio dei ministri e i ministri, prima di assumere le funzioni, prestano giuramento nelle mani del Presidente della Repubblica.

Art. 94. – Il Governo deve avere la fiducia delle due Camere.

Ciascuna Camera accorda o revoca la fiducia mediante mozione motivata e votata per appello nominale.

Entro dieci giorni dalla sua formazione il Governo si presenta alle Camere per ottenerne la fiducia.

Il voto contrario di una o di entrambe le Camere su una proposta del Governo non importa obbligo di dimissioni.

La mozione di sfiducia deve essere firmata da almeno un decimo dei componenti della Camera e non può essere messa in discussione prima di tre giorni dalla sua presentazione (1).

(1) Art. 2 della l. n. 400/1988.

Art. 95. – Il Presidente del Consiglio dei ministri dirige la politica generale del Governo e ne è responsabile [96 Cost. // 2043 CC.]. Mantiene l'unità di indirizzo politico ed amministrativo, promovendo e coordinando l'attività dei ministri.

I ministri sono responsabili collegialmente degli atti del Consiglio dei ministri, e individualmente degli atti dei loro dicasteri.

La legge provvede all'ordinamento della Presidenza del Consiglio e determina il numero, le attribuzioni e l'organizzazione dei ministeri.

Art. 96 [68, 122^4]. – Il Presidente del Consiglio dei ministri ed i ministri, anche se cessati dalla carica, sono sottoposti, per i reati commessi nell'esercizio delle loro funzioni, alla giurisdizione ordinaria, previa autorizzazione del Senato della Repubblica o della Camera dei deputati, secondo le norme stabilite con legge costituzionale (1).

(1) Articolo sostituito dall'art. 1 della l. cost. 16/1/1989, n. 1.
Il testo originario era il seguente:
«Il Presidente del Consiglio dei ministri e i ministri sono posti in stato d'accusa dal Parlamento in seduta comune per reati commessi nell'esercizio delle loro funzioni».

Sezione II
La Pubblica Amministrazione

Art. 97 [41 Carta di Nizza // 21 Dich. univ. diritti dell'uomo]. – Le pubbliche amministrazioni, in coerenza con l'ordinamento dell'Unione europea, assicurano **l'equilibrio dei bilanci e la sostenibilità del debito pubblico** [81 u.c.] (1).

I pubblici uffici sono organizzati secondo disposizioni di legge, in modo che siano assicurati il **buon andamento** e la **imparzialità** dell'amministrazione (2) (3).

Nell'ordinamento degli uffici sono determinate le sfere di competenza, le attribuzioni e le responsabilità proprie dei funzionari (4).

Agli impieghi nelle pubbliche amministrazioni si accede mediante **concorso**, salvo i casi stabiliti dalla legge (5).

(1) Comma inserito dall'art. 2 della l. cost. 20/4/2012, n. 1.
L'art. 6 della l. cost. 20/4/2012, n. 1, stabilisce che le disposizioni

della medesima l. cost. si applicano a decorrere dall'esercizio finanziario relativo all'anno 2014.

(2) L. n. 241/1990.

(3) Art. 1[2] e 5[2] del d.lg. n. 33/2013.

(4) Art. 28 Cost. // d.P.R. n. 3/1957.

(5) Art. 35, 63 del d.lg. 30/3/2001, n. 165.

Art. 98. – I pubblici impiegati sono al servizio esclusivo della Nazione.

Se sono membri del Parlamento, non possono conseguire promozioni se non per anzianità.

Si possono con legge stabilire limitazioni al diritto d'iscriversi ai partiti politici per i magistrati, i militari di carriera in servizio attivo, i funzionari ed agenti di polizia, i rappresentanti diplomatici e consolari all'estero.

Sezione III
Gli organi ausiliari

Art. 99. – Il Consiglio nazionale dell'economia e del lavoro è composto, nei modi stabiliti dalla legge, di esperti e di rappresentanti delle categorie produttive, in misura che tenga conto della loro importanza numerica e qualitativa.

È organo di consulenza delle Camere e del Governo per le materie e secondo le funzioni che gli sono attribuite dalla legge.

Ha l'iniziativa legislativa e può contribuire alla elaborazione della legislazione economica e sociale secondo i principi ed entro i limiti stabiliti dalla legge (1).

(1) L. n. 936/1986.

Art. 100. – Il Consiglio di Stato è organo di consulenza giuridico-amministrativa (1) e di tutela della giustizia nell'amministrazione [103 Cost. // 6 CPA.].

La Corte dei conti esercita il controllo preventivo di legittimità sugli atti del Governo, e anche quello successivo sulla gestione del bilancio dello Stato. Partecipa, nei casi e nelle forme stabilite dalla legge, al controllo sulla gestione finanziaria degli enti a cui lo Stato contribuisce in via ordinaria. Riferisce direttamente alle Camere sul risultato del riscontro eseguito.

La legge assicura l'indipendenza dei due istituti e dei loro componenti di fronte al Governo.

(1) Art. 17[25] della l. n. 127/1997 «Il parere del Consiglio di Stato è richiesto in via obbligatoria: a) per l'emanazione degli atti normativi del Governo e dei singoli ministri, ai sensi dell'articolo 17 della legge 23 agosto 1988, n. 400, nonché per l'emanazione di testi unici; b) per la decisione dei ricorsi straordinari al Presidente della Repubblica; c) sugli schemi generali di contratti-tipo, accordi e convenzioni predisposti da uno o più ministri».

TITOLO IV
LA MAGISTRATURA

Sezione I
Ordinamento giurisdizionale

Art. 101. – La giustizia è amministrata in nome del popolo. I giudici sono soggetti soltanto alla legge.

Art. 102. – La funzione giurisdizionale è esercitata da magistrati ordinari istituiti e regolati dalle norme sull'ordinamento giudiziario.

Non possono essere istituiti giudici straordinari o giudici speciali. Possono soltanto istituirsi presso gli organi giudiziari ordinari sezioni specializzate per determinate materie, anche con la partecipazione di cittadini idonei estranei alla magistratura.

La legge regola i casi e le forme della partecipazione diretta del popolo all'amministrazione della giustizia.

Art. 103. – Il Consiglio di Stato e gli altri organi di giustizia amministrativa hanno giurisdizione per la tutela nei confronti della pubblica amministrazione degli interessi legittimi e, in particolari materie indicate dalla legge, anche dei diritti soggettivi [7 CPA.].

La Corte dei conti ha giurisdizione nelle materie di contabilità pubblica e nelle altre specificate dalla legge.

I tribunali militari in tempo di guerra hanno la giurisdizione stabilita dalla legge. In tempo di pace hanno giurisdizione soltanto per i reati militari commessi da appartenenti alle Forze armate.

Art. 104. – La magistratura costituisce un ordine autonomo e indipendente da ogni altro potere.

Il Consiglio superiore della magistratura è presieduto dal Presidente della Repubblica.

Ne fanno parte di diritto il primo presidente e il procuratore generale della Corte di cassazione.

Gli altri componenti sono eletti per due terzi da tutti i magistrati ordinari tra gli appartenenti alle varie categorie, e per un terzo dal Parlamento in seduta comune tra professori ordinari di università in materie giuridiche ed avvocati dopo quindici anni di esercizio.

Il Consiglio elegge un vicepresidente fra i componenti designati dal Parlamento.

I membri elettivi del Consiglio durano in carica quattro anni e non sono immediatamente rieleggibili.

Non possono, finché sono in carica, essere iscritti, negli albi professionali, né far parte del Parlamento o di un Consiglio regionale.

Art. 105. – Spettano al Consiglio superiore della magistratura, secondo le norme dell'ordinamento giudiziario, le assunzioni, le assegnazioni ed i trasferimenti, le promozioni e i provvedimenti disciplinari nei riguardi dei magistrati.

Art. 106. – Le nomine dei magistrati hanno luogo per concorso.

La legge sull'ordinamento giudiziario può ammettere la nomina, anche elettiva, di magistrati onorari per tutte le funzioni attribuite a giudici singoli.

Su designazione del Consiglio superiore della magistratura possono essere chiamati all'ufficio di consiglieri di cassazione, per meriti insigni, professori ordinari di università in materie giuridiche e avvocati che abbiano quindici anni di esercizio e siano iscritti negli albi speciali per le giurisdizioni superiori.

Art. 107. – I magistrati sono inamovibili. Non possono essere dispensati o sospesi dal servizio né destinati ad altre sedi o funzioni se non in seguito a decisione del Consiglio superiore della magistratura, adottata o per i motivi e con le garanzie di difesa stabilite dall'ordinamento giudiziario o con il loro consenso.

Il Ministro della giustizia ha facoltà di promuovere l'azione disciplinare. I magistrati si distinguono fra loro soltanto per diversità di funzioni.

Il pubblico ministero gode delle garanzie stabilite nei suoi riguardi dalle norme sull'ordinamento giudiziario.

Art. 108. – Le norme sull'ordinamento giudiziario e su ogni magistratura sono stabilite con legge.

La legge assicura l'indipendenza dei giudici delle giurisdizioni speciali, del pubblico ministero presso di esse, e degli estranei che partecipano all'amministrazione della giustizia.

Art. 109. – L'autorità giudiziaria dispone direttamente della polizia giudiziaria.

Art. 110. – Ferme le competenze del Consiglio superiore della magistratura, spettano al Ministro della giustizia l'organizzazione e il funzionamento dei servizi relativi alla giustizia.

Sezione II
Norme sulla giurisdizione

Art. 111 [24 // 6, 13 Cedu, 2-4 prot. 7 Cedu // 47, 48, 50 Carta di Nizza // 7-11 Dich. univ. diritti dell'uomo // 14 Patto int. diritti civili e politici]. – La giurisdizione si attua mediante il giusto processo regolato dalla legge [24 Cost.] (1).

Ogni processo si svolge nel contraddittorio tra le parti, in condizioni di parità, davanti a giudice terzo e imparziale [101 CPC. // 2 CPA.]. La legge ne assicura la ragionevole durata [l. n. 89/2001] (1).

Nel processo penale, la legge assicura che la persona accusata di un reato sia, nel più breve tempo possibile, informata riservatamente della natura e dei motivi dell'accusa elevata a suo carico; disponga del tempo e delle condizioni necessari per preparare la sua difesa; abbia la facoltà, davanti al giudice, di interrogare o di far interrogare le persone che rendono dichiarazioni a suo carico, di ottenere la convocazione e l'interrogatorio di persone a sua difesa nelle stesse condizioni dell'accusa e l'acquisizione di ogni altro mezzo di prova a suo favore; sia assistita da un interprete se non comprende o non parla la lingua impiegata nel processo (1).

Il processo penale è regolato dal principio del contraddittorio nella formazione della prova. La colpevolezza dell'imputato non può essere provata sulla base di dichiarazioni rese da chi, per libera scelta, si è sempre volontariamente sottratto all'interrogatorio da parte dell'imputato o del suo difensore (1).

La legge regola i casi in cui la formazione della prova non ha luogo in contraddittorio per consenso dell'imputato o per accertata impossibilità di natura oggettiva o per effetto di provata condotta illecita (1).

Tutti i provvedimenti giurisdizionali devono essere motivati.

Contro le sentenze e contro i provvedimenti sulla libertà personale, pronunciati dagli organi giurisdizionali ordinari o speciali, è sempre ammesso ricorso in cassazione per violazione di legge. Si può derogare a tale norma soltanto per le sentenze dei tribunali militari in tempo di guerra.

Contro le decisioni del Consiglio di Stato e della Corte dei conti il ricorso in cassazione è ammesso per i soli motivi inerenti alla giurisdizione.

(1) Comma introdotto dalla l. cost. 23/11/1999, n. 2.
Si riporta di seguito l'art. 2 della l. cost. 23/11/1999, n. 2:
«1. La legge regola l'applicazione dei principi contenuti nella presente l. cost. ai procedimenti penali in corso alla data della sua entrata in vigore».

• Art. 65 del r.d. n. 12/1941 (l. sull'ordinamento giudiziario) Attribuzioni della corte suprema di cassazione "1. La corte suprema di cassazione, quale organo supremo della giustizia, assicura l'esatta osservanza e l'uniforme interpretazione della legge, l'unità del diritto oggettivo nazionale, il rispetto dei limiti delle diverse giurisdizioni; regola i conflitti di competenza e di attribuzioni, ed adempie gli altri compiti ad essa conferiti dalla legge. 2. La corte suprema di cassazione ha sede in Roma ed ha giurisdizione su tutto il territorio del regno, dell'impero e su ogni altro territorio soggetto alla sovranità dello Stato".

Art. 112. – Il pubblico ministero ha l'obbligo di esercitare l'azione penale.

Art. 113. – Contro gli atti della pubblica amministrazione è sempre ammessa la tutela giurisdizionale dei diritti e degli interessi legittimi dinanzi agli organi di giurisdizione ordinaria o amministrativa [1, 2, 29, 30, 31, 32, 34, 55, 56, 112, 121, 122, 123 CPA.].

Tale tutela giurisdizionale non può essere esclusa o limitata a particolari mezzi di impugnazione o per determinate categorie di atti.

La legge determina quali organi di giurisdizione possono annullare gli atti della pubblica amministrazione nei casi e con gli effetti previsti dalla legge stessa.

TITOLO V
LE REGIONI, LE PROVINCE, I COMUNI

Art. 114. – La Repubblica è costituita dai Comuni [2 TUEL], dalle Province, dalle Città metropolitane [l. n. 56/2014], dalle Regioni e dallo Stato [5 Cost.].

I Comuni, le Province, le Città metropolitane e le Regioni sono enti autonomi con propri statuti, poteri e funzioni secondo i principi fissati dalla Costituzione.

Roma è la capitale della Repubblica. La legge dello Stato disciplina il suo ordinamento (1).

(1) Articolo sostituito dall'art. 1 della l. cost. 18/10/2001, n. 3.
Il testo originario dell'articolo era il seguente:
«La Repubblica si riparte in Regioni, Provincie e Comuni».

Art. 115. *– Le regioni sono costituite in enti autonomi con propri poteri e funzioni secondo i principi fissati nella Costituzione.**

* L'art. 115 è stato abrogato dall'art. 9, co. 2, l. cost. 18/10/2001, n. 3.

Art. 116. – Il Friuli Venezia Giulia, la Sardegna, la Sicilia, il Trentino-Alto Adige/Südtirol e la Valle d'Aosta/Vallée d'Aoste dispongono di forme e condizioni particolari di autonomia, secondo i rispettivi statuti speciali adottati con legge costituzionale.

La Regione Trentino-Alto Adige/Südtirol è costituita dalle Province autonome di Trento e di Bolzano.

Ulteriori forme e condizioni particolari di autonomia, concernenti le materie di cui al terzo comma dell'articolo 117 e le materie indicate dal secondo comma del medesimo articolo alle lettere l), limitatamente all'organizzazione della giustizia di pace, n) e s), possono essere attribuite ad altre Regioni, con legge dello Stato, su iniziativa della Regione interessata, sentiti gli enti locali, nel rispetto dei principi di cui all'articolo 119. La legge è approvata dalle Camere a maggioranza assoluta dei componenti, sulla base di intesa fra lo Stato e la Regione interessata (1).

(1) Articolo sostituito dall'art. 2 della l. cost. 18/10/2001, n. 3.
Il testo originario dell'articolo era il seguente:
«Alla Sicilia, alla Sardegna, al Trentino-Alto Adige, al Friuli-Venezia Giulia e alla Valle d'Aosta sono attribuite forme e condizioni particolari di autonomia, secondo statuti speciali adottati con leggi costituzionali».
Si riporta di seguito l'art. 10, recante disposizioni transitorie, della l. cost. 18/10/2001, n. 3:
«1. Sino all'adeguamento dei rispettivi statuti, le disposizioni della presente l. cost. si applicano anche alle Regioni a statuto speciale ed alle province autonome di Trento e di Bolzano per le parti in cui prevedono forme di autonomia più ampie rispetto a quelle già attribuite».

Art. 117 [l. n. 234/2012]. – La potestà legislativa è esercitata dallo Stato e dalle Regioni nel rispetto della Costituzione, nonché dei vincoli derivanti dall'ordinamento comunitario [4³ TUE] e dagli obblighi internazionali.

Lo Stato ha legislazione esclusiva nelle seguenti materie:

a) politica estera e rapporti internazionali dello Stato; rapporti dello Stato con l'Unione europea; diritto di asilo e condizione giuridica dei cittadini di Stati non appartenenti all'Unione europea;

b) immigrazione;

c) rapporti tra la Repubblica e le confessioni religiose;

d) difesa e Forze armate; sicurezza dello Stato; armi, munizioni ed esplosivi;

e) moneta, tutela del risparmio e mercati finanziari; tutela della concorrenza [3[1, lett. b)], 34 e ss., 101-109, 119[1], 120 TFUE]; sistema valutario; sistema tributario e contabile dello Stato; armonizzazione dei bilanci pubblici; perequazione delle risorse finanziarie;

f) organi dello Stato e relative leggi elettorali; referendum statali; elezione del Parlamento europeo;

g) ordinamento e organizzazione amministrativa dello Stato e degli enti pubblici nazionali;

h) ordine pubblico e sicurezza, ad esclusione della polizia amministrativa locale;

i) cittadinanza, stato civile e anagrafi;

l) giurisdizione e norme processuali; ordinamento civile e penale; giustizia amministrativa;

m) determinazione dei livelli essenziali delle prestazioni concernenti i diritti civili e sociali che devono essere garantiti su tutto il territorio nazionale;

n) norme generali sull'istruzione;

o) previdenza sociale;

p) legislazione elettorale, organi di governo e funzioni fondamentali di Comuni, Province e Città metropolitane;

q) dogane, protezione dei confini nazionali e profilassi internazionale;

r) pesi, misure e determinazione del tempo; coordinamento informativo statistico e informatico dei dati dell'amministrazione statale, regionale e locale; opere dell'ingegno;

s) tutela dell'ambiente, dell'ecosistema e dei beni culturali.

Sono materie di legislazione concorrente quelle relative a: rapporti internazionali e con l'Unione europea delle Regioni; commercio con l'estero; tutela e sicurezza del lavoro; istruzione, salva l'autonomia delle istituzioni scolastiche e con esclusione della istruzione e della formazione professionale; professioni; ricerca scientifica e tecnologica e sostegno all'innovazione per i settori produttivi; tutela della salute; alimentazione; ordinamento sportivo; protezione civile; governo del territorio; porti e aeroporti civili; grandi reti di trasporto e di navigazione; ordinamento della comunicazione; produzione, trasporto e distribuzione nazionale dell'energia; previdenza complementare e integrativa; coordinamento della finanza pubblica e del sistema tributario; valorizzazione dei beni culturali e ambientali e promozione e organizzazione di attività culturali; casse di risparmio, casse rurali, aziende di credito a carattere regionale; enti di credito fondiario e agrario a carattere regionale. Nelle materie di legislazione concorrente spetta alle Regioni la potestà legislativa, salvo che per la determinazione dei principi fondamentali, riservata alla legislazione dello Stato.

Spetta alle Regioni la potestà legislativa in riferimento ad ogni materia non espressamente riservata alla legislazione dello Stato.

Le Regioni e le Province autonome di Trento e di Bolzano, nelle materie di loro competenza, partecipano alle decisioni dirette alla formazione degli atti normativi comunitari e provvedono all'attuazione e all'esecuzione degli accordi internazionali e degli atti dell'Unione europea, nel rispetto delle norme di procedura stabilite da legge dello Stato, che disciplina le modalità di esercizio del potere sostitutivo in caso di inadempienza [29[1], 40 e 43 l. n. 234/2012].

La potestà regolamentare spetta allo Stato nelle materie di legislazione esclusiva, salva delega alle Regioni. La potestà regolamentare spetta alle Regioni [121[2 e 4], 123 Cost.] in ogni altra materia. I Comuni [6 TUEL], le Province e le Città metropolitane hanno potestà regolamentare in ordine alla disciplina dell'organizzazione e dello svolgimento delle funzioni loro attribuite.

Le leggi regionali rimuovono ogni ostacolo che impedisce la piena parità degli uomini e delle donne nella vita sociale, culturale ed economica e promuovono la parità di accesso tra donne e uomini alle cariche elettive.

La legge regionale ratifica le intese della Regione con altre Regioni per il migliore esercizio delle proprie funzioni, anche con individuazione di organi comuni.

Nelle materie di sua competenza la Regione può concludere accordi con Stati e intese con enti territoriali interni ad altro Stato, nei casi e con le forme disciplinati da leggi dello Stato (1).

(1) Articolo sostituito originariamente dall'art. 3 della l. cost. 18/10/2001, n. 3.
Il testo originario dell'articolo era il seguente:
«La Regione emana per le seguenti materie norme legislative nei limiti dei principi fondamentali stabiliti dalle leggi dello Stato, sempreché le norme stesse non siano in contrasto con l'interesse nazionale e con quello di altre Regioni: ordinamento degli uffici e degli enti amministrativi dipendenti dalla Regione; circoscrizioni comunali;
polizia locale urbana e rurale;
fiere e mercati;
beneficenza pubblica ed assistenza sanitaria ed ospedaliera;
istruzione artigiana e professionale e assistenza scolastica;
musei e biblioteche di enti locali;
urbanistica;
turismo ed industria alberghiera;
tranvie e linee automobilistiche di interesse regionale;
viabilità, acquedotti e lavori pubblici di interesse regionale;
navigazione e porti lacuali;
acque minerali e termali;
cave e torbiere;
caccia;
pesca nelle acque interne;
agricoltura e foreste;
artigianato;
altre materie indicate da leggi costituzionali.
Le leggi della Repubblica possono demandare alla Regione il potere di emanare norme per la loro attuazione».
Si riporta di seguito l'art. 11, recante disposizioni transitorie, della l. cost. 18/10/2001, n. 3:
«1. Sino alla revisione delle norme del titolo I della parte seconda della Costituzione, i regolamenti della Camera dei deputati e del Senato della Repubblica possono prevedere la partecipazione di rappresentanti delle Regioni, delle Province autonome e degli enti locali alla Commissione parlamentare per le questioni regionali.
2. Quando un progetto di legge riguardante le materie di cui al terzo comma dell'art. 117 e all'art. 119 della Costituzione contenga disposizioni sulle quali la Commissione parlamentare per le questioni regionali, integrata ai sensi del comma 1, abbia espresso parere contrario o parere favorevole condizionato all'introduzione di modificazioni specificamente formulate, e la Commissione che ha svolto l'esame in sede referente non vi si sia adeguata, sulle corrispondenti parti del progetto di legge l'Assemblea delibera a maggioranza assoluta dei suoi componenti».
In seguito, l'art. 3 della l. cost. 20/4/2012, n. 1, ha modificato l'art. 117 come segue:
a) al co. 2, lett. e), dopo le parole: "sistema tributario e contabile dello Stato;" sono inserite le seguenti: "armonizzazione dei bilanci pubblici";
b) al co. 3, primo periodo, le parole: "armonizzazione dei bilanci pubblici e" sono soppresse.
L'art. 6 della l. cost. 20/4/2012, n. 1, stabilisce che le disposizioni della medesima l. cost. si applicano a decorrere dall'esercizio finanziario relativo all'anno 2014.

• Art. 5[2] del d.lg. n. 33/2013.

Art. 118. – Le funzioni amministrative sono attribuite [5 TUE] ai Comuni [5 Cost.] salvo che, per assicurarne l'esercizio unitario, siano conferite a Province, Città metropolitane, Regioni e Stato, sulla base dei principi di **sussidiarietà**, differenziazione e adeguatezza.

I Comuni, le Province e le Città metropolitane sono titolari di funzioni amministrative proprie e di quelle conferite con legge statale o regionale, secondo le rispettive competenze.

La legge statale disciplina forme di coordinamento fra Stato e Regioni nelle materie di cui alle lettere b) e h) del secondo comma dell'articolo 117, e disciplina inoltre forme di intesa e coordinamento nella materia della tutela dei beni culturali [116³, 117⁵, 120² Cost.].

Stato, Regioni, Città metropolitane, Province e Comuni favoriscono l'autonoma iniziativa dei cittadini, singoli e associati, per lo svolgimento di attività di interesse generale, sulla base del principio di sussidiarietà (1).

(1) L'art. 118 è stato sostituito dall'art. 4 della l. cost. 18/10/2001, n. 3.
Il testo originario dell'articolo era il seguente:
«Spettano alla Regione le funzioni amministrative per le materie elencate nel precedente articolo, salvo quelle di interesse esclusivamente locale, che possono essere attribuite dalle leggi della Repubblica alle Province, ai Comuni o ad altri enti locali.
Lo Stato può con legge delegare alla Regione l'esercizio di altre funzioni amministrative.
La Regione esercita normalmente le sue funzioni amministrative delegandole alle Province, ai Comuni o ad altri enti locali, o valendosi dei loro uffici».

• Art. 1² del d.lg. n. 33/2013.

Art. 119 (1). – I Comuni, le Province, le Città metropolitane e le Regioni hanno autonomia finanziaria di entrata e di spesa, nel rispetto dell'equilibrio dei relativi bilanci, e concorrono ad assicurare l'osservanza dei vincoli economici e finanziari derivanti dall'ordinamento dell'Unione europea (2).

I Comuni, le Province, le Città metropolitane e le Regioni hanno risorse autonome. Stabiliscono e applicano tributi ed entrate propri, in armonia con la Costituzione e secondo i principi di coordinamento della finanza pubblica e del sistema tributario. Dispongono di compartecipazioni al gettito di tributi erariali riferibile al loro territorio.

La legge dello Stato istituisce un fondo perequativo, senza vincoli di destinazione, per i territori con minore capacità fiscale per abitante.

Le risorse derivanti dalle fonti di cui ai commi precedenti consentono ai Comuni, alle Province, alle Città metropolitane e alle Regioni di finanziare integralmente le funzioni pubbliche loro attribuite.

Per promuovere lo sviluppo economico, la coesione e la solidarietà sociale, per rimuovere gli squilibri economici e sociali, per favorire l'effettivo esercizio dei diritti della persona, o per provvedere a scopi diversi dal normale esercizio delle loro funzioni, lo Stato destina risorse aggiuntive ed effettua interventi speciali in favore di determinati Comuni, Province, Città metropolitane e Regioni (3).

I Comuni, le Province, le Città metropolitane e le Regioni hanno un proprio patrimonio, attribuito secondo i princìpi generali determinati dalla legge dello Stato. Possono ricorrere all'indebitamento solo per finanziare spese di investimento, con la contestuale definizione di piani di ammortamento e a condizione che per il complesso degli enti di ciascuna Regione sia rispettato l'equilibrio di bilancio. È esclusa ogni garanzia dello Stato sui prestiti dagli stessi contratti (4).

(1) Articolo dapprima sostituito dall'art. 5 della l. cost. 18/10/2001, n. 3.
Il testo originario dell'articolo era il seguente:
«Le Regioni hanno autonomia finanziaria nelle forme e nei limiti stabiliti da leggi della Repubblica, che la coordinano con la finanza dello Stato, delle Provincie e dei Comuni.
Alle Regioni sono attribuiti tributi propri e quote di tributi erariali, in relazione ai bisogni delle Regioni per le spese necessarie ad adempiere le loro funzioni normali.
Per provvedere a scopi determinati, e particolarmente per valorizzare il Mezzogiorno e le Isole, lo Stato assegna per legge a singole Regioni contributi speciali.
La Regione ha un proprio demanio e patrimonio, secondo le modalità stabilite con legge della Repubblica».
Si riporta di seguito l'art. 11, recante disposizioni transitorie, della l. cost. 18/10/2001, n. 3:
«1. Sino alla revisione delle norme del titolo I della parte seconda della Costituzione, i regolamenti della Camera dei deputati e del Senato della Repubblica possono prevedere la partecipazione di rappresentanti delle Regioni, delle Province autonome e degli enti locali alla Commissione parlamentare per le questioni regionali.
2. Quando un progetto di legge riguardante le materie di cui al terzo comma dell'art. 117 e all'art. 119 della Costituzione contenga disposizioni sulle quali la Commissione parlamentare per le questioni regionali, integrata ai sensi del comma 1, abbia espresso parere contrario o parere favorevole condizionato all'introduzione di modificazioni specificamente formulate, e la Commissione che ha svolto l'esame in sede referente non vi si sia adeguata, sulle corrispondenti parti del progetto di legge l'Assemblea delibera a maggioranza assoluta dei suoi componenti».

(2) Comma modificato dall'art. 4 della l. cost. 20/4/2012, n. 1. Il testo era il seguente:
«I Comuni, le Province, le Città metropolitane e le Regioni hanno autonomia finanziaria di entrata e di spesa».

(3) Comma modificato dall'art. 4 della l. cost. 20/4/2012, n. 1. Il testo era il seguente:
«I Comuni, le Province, le Città metropolitane e le Regioni hanno un proprio patrimonio, attribuito secondo i principi generali determinati dalla legge dello Stato. Possono ricorrere all'indebitamento solo per finanziare spese di investimento. È esclusa ogni garanzia dello Stato sui prestiti dagli stessi contratti».

(4) L'art. 6 della l. cost. 20/4/2012, n. 1, stabilisce che le disposizioni della medesima l. cost. si applicano a decorrere dall'esercizio finanziario relativo all'anno 2014.

Art. 120. – La Regione non può istituire dazi di importazione o esportazione o transito tra le Regioni, né adottare provvedimenti che ostacolino in qualsiasi modo la libera circolazione delle persone e delle cose tra le Regioni [16 Cost. // 45 Carta di Nizza], né limitare l'esercizio del diritto al lavoro in qualunque parte del territorio nazionale.

Il Governo può sostituirsi (1) a organi delle Regioni, delle Città metropolitane, delle Province e dei Comuni nel caso di mancato rispetto di norme e trattati internazionali o della normativa comunitaria oppure di pericolo grave per l'incolumità e la sicurezza pubblica, ovvero quando lo richiedono la tutela dell'unità giuridica o dell'unità economica e in particolare la tutela dei livelli essenziali delle prestazioni concernenti i diritti civili e sociali, prescindendo dai confini territoriali dei governi locali. La legge definisce le procedure atte a garantire che i poteri sostitutivi siano esercitati nel rispetto del principio di sussidiarietà e del principio di leale collaborazione (2).

(1) Art. 8 della l. n. 131/2003 (Attuazione dell'articolo 120 della Costituzione sul potere sostitutivo) 1. Nei casi e per le finalità previsti dall'articolo 120, secondo comma, della Costituzione, il Presidente del Consiglio dei ministri, su proposta del Ministro competente per materia, anche su iniziativa delle Regioni o degli enti locali, assegna all'ente interessato un congruo termine per adottare i provvedimenti dovuti o necessari; decorso inutilmente tale termine, il Consiglio dei ministri, sentito l'organo interessato, su proposta del Ministro competente o del Presidente del Consiglio dei ministri, adotta i provvedimenti necessari, anche normativi, ovvero nomina un apposito commissario. Alla riunione del Consiglio dei ministri partecipa il Presidente della Giunta regionale della Regione interessata al provvedimento. 2. Qualora l'esercizio del potere sostitutivo si renda necessario al fine di porre rimedio alla violazione della normativa comunitaria, gli atti ed i provvedimenti di cui al comma 1 sono adottati su proposta del Presidente del Consiglio dei ministri o del Ministro per le politiche comunitarie e del Ministro competente per materia. L'articolo 11 della legge 9 marzo 1989, n. 86, è abrogato. 3. Fatte salve le competenze delle Regioni a statuto speciale, qualora l'esercizio dei poteri sostitutivi riguardi Comuni, Province o Città metropolitane, la nomina del commissario deve tenere conto dei principi di sussidiarietà e di leale collaborazione. Il commissario provvede, sentito il Consiglio delle autonomie locali qualora tale organo sia stato istituito. 4. Nei casi di assoluta urgenza, qualora l'intervento sostitutivo non sia

procrastinabile senza mettere in pericolo le finalità tutelate dall'articolo 120 della Costituzione, il Consiglio dei ministri, su proposta del Ministro competente, anche su iniziativa delle Regioni o degli enti locali, adotta i provvedimenti necessari, che sono immediatamente comunicati alla Conferenza Stato-Regioni o alla Conferenza Stato-Città e autonomie locali, allargata ai rappresentanti delle Comunità montane, che possono chiederne il riesame. 5. I provvedimenti sostitutivi devono essere proporzionati alle finalità perseguite. 6. Il Governo può promuovere la stipula di intese in sede di Conferenza Stato-Regioni o di Conferenza unificata, dirette a favorire l'armonizzazione delle rispettive legislazioni o il raggiungimento di posizioni unitarie o il conseguimento di obiettivi comuni; in tale caso è esclusa l'applicazione dei commi 3 e 4 dell'articolo 3 del decreto legislativo 28 agosto 1997, n. 281. Nelle materie di cui all'articolo 117, terzo e quarto comma, della Costituzione non possono essere adottati gli atti di indirizzo e di coordinamento di cui all'articolo 8 della legge 15 marzo 1997, n. 59, e all'articolo 4 del decreto legislativo 31 marzo 1998, n. 112.

(2) L'art. 120 è stato sostituito dall'art. 6 della l. cost. 18/10/2001, n. 3.
Il testo originario dell'articolo era il seguente:
«La Regione non può istituire dazi d'importazione o esportazione o transito fra le Regioni.
Non può adottare provvedimenti che ostacolino in qualsiasi modo la libera circolazione delle persone e delle cose fra le Regioni.
Non può limitare il diritto dei cittadini di esercitare in qualunque parte del territorio nazionale la loro professione, impiego o lavoro».

Art. 121. – Sono organi della Regione: il Consiglio regionale, la Giunta e il suo Presidente.

Il Consiglio regionale esercita le potestà legislative attribuite alla Regione e le altre funzioni conferitegli dalla Costituzione e dalle leggi. Può fare proposte di legge alle Camere.

La Giunta regionale è l'organo esecutivo delle Regioni.

Il Presidente della Giunta rappresenta la Regione; dirige la politica della Giunta e ne è responsabile; promulga le leggi ed emana i regolamenti regionali; dirige le funzioni amministrative delegate dallo Stato alla Regione, conformandosi alle istruzioni del Governo della Repubblica (1).

(1) Articolo modificato dall'art. 1 della l. cost. 22/11/1999, n. 1.
Il testo originario dell'articolo era il seguente:
«Sono organi della Regione: il Consiglio regionale, la Giunta e il suo presidente. Il Consiglio regionale esercita le potestà legislative e regolamentari attribuite alla Regione e le altre funzioni conferitegli dalla Costituzione e dalle leggi. Può fare proposte di legge alle Camere.
La Giunta regionale è l'organo esecutivo delle Regioni.
Il Presidente della Giunta rappresenta la Regione; promulga le leggi ed i regolamenti regionali, dirige le funzioni amministrative delegate dallo Stato alla Regione, conformandosi alle istruzioni del Governo centrale».

Art. 122. – Il sistema di elezione e i casi di ineleggibilità e di incompatibilità del Presidente e degli altri componenti della Giunta regionale nonché dei consiglieri regionali sono disciplinati con legge della Regione nei limiti dei principi fondamentali stabiliti con legge della Repubblica, che stabilisce anche la durata degli organi elettivi.

Nessuno può appartenere contemporaneamente a un Consiglio o a una Giunta regionale e ad una delle Camere del Parlamento, ad un altro Consiglio o ad altra Giunta regionale, ovvero al Parlamento europeo.

Il Consiglio elegge tra i suoi componenti un Presidente e un ufficio di presidenza.

I consiglieri regionali non possono essere chiamati a rispondere delle opinioni espresse e dei voti dati nell'esercizio delle loro funzioni.

Il Presidente della Giunta regionale, salvo che lo statuto regionale disponga diversamente, è eletto a suffragio universale e diretto. Il Presidente eletto nomina e revoca i componenti della Giunta (1).

(1) Articolo sostituito dall'art. 2 della l. cost. 22/11/1999, n. 1.
Il testo originario dell'articolo era il seguente:
«Il sistema d'elezione, il numero e i casi di ineleggibilità e di incompatibilità dei consiglieri regionali sono stabiliti con legge della Repubblica.
Nessuno può appartenere contemporaneamente a un Consiglio regionale e ad una delle Camere del Parlamento o ad un altro Consiglio regionale.
Il Consiglio elegge nel suo seno un presidente e un ufficio di presidenza per i propri lavori.
I consiglieri regionali non possono essere chiamati a rispondere delle opinioni espresse e dei voti dati nell'esercizio delle loro funzioni.
Il Presidente ed i membri della Giunta sono eletti dal Consiglio regionale tra i suoi componenti».
Si riporta di seguito l'art. 5, recante disposizioni transitorie, della l. cost. 22/11/1999, n. 1:
«1. Fino alla data di entrata in vigore dei nuovi statuti regionali e delle nuove leggi elettorali ai sensi del primo comma dell'art. 122 della Costituzione, come sostituito dall'art. 2 della presente l. cost., l'elezione del Presidente della Giunta regionale è contestuale al rinnovo dei rispettivi Consigli regionali e si effettua con le modalità previste dalle disposizioni di legge ordinaria vigenti in materia di elezione dei Consigli regionali. Sono candidati alla Presidenza della Giunta regionale i capilista delle liste regionali. È proclamato eletto Presidente della Giunta regionale il candidato che ha conseguito il maggior numero di voti validi in ambito regionale. Il Presidente della Giunta regionale fa parte del Consiglio regionale. È eletto alla carica di consigliere il candidato alla carica di Presidente della Giunta regionale che ha conseguito un numero di voti validi immediatamente inferiore a quello del candidato proclamato eletto Presidente. L'Ufficio centrale regionale riserva, a tal fine, l'ultimo dei seggi eventualmente spettanti alle liste circoscrizionali collegate con il capolista della lista regionale proclamato alla carica di consigliere, nell'ipotesi prevista al numero 3) del tredicesimo comma dell'art. 15 della legge 17 febbraio 1968, n. 108, introdotto dal comma 2 dell'art. 3 della legge 23 febbraio 1995, n. 43; o, altrimenti, il seggio attribuito con il resto o con la cifra elettorale minore, tra quelli delle stesse liste, in sede di collegio unico regionale per la ripartizione dei seggi circoscrizionali residui. Qualora tutti i seggi spettanti alle liste collegate siano stati assegnati con quoziente intero in sede circoscrizionale, l'Ufficio centrale regionale procede all'attribuzione di un seggio aggiuntivo, del quale si deve tenere conto per la determinazione della conseguente quota percentuale di seggi spettanti alle liste di maggioranza in seno al Consiglio regionale.
2. Fino alla data di entrata in vigore dei nuovi statuti regionali si osservano le seguenti disposizioni:
a) entro dieci giorni dalla proclamazione, il Presidente della Giunta regionale nomina i componenti della Giunta, fra i quali un Vicepresidente, e può successivamente revocarli;
b) nel caso in cui il Consiglio regionale approvi a maggioranza assoluta una mozione motivata di sfiducia nei confronti del Presidente della Giunta regionale, presentata da almeno un quinto dei suoi componenti e messa in discussione non prima di tre giorni dalla presentazione, entro tre mesi si procede all'indizione di nuove elezioni del Consiglio e del Presidente della Giunta. Si procede parimenti a nuove elezioni del Consiglio e del Presidente della Giunta in caso di dimissioni volontarie, impedimento permanente o morte del Presidente».

Art. 123 (1). – Ciascuna Regione ha uno statuto che, in armonia con la Costituzione, ne determina la forma di governo e i principi fondamentali di organizzazione e funzionamento. Lo statuto regola l'esercizio del diritto di iniziativa e del referendum su leggi e provvedimenti amministrativi della Regione e la pubblicazione delle leggi e dei regolamenti regionali.

Lo statuto è approvato e modificato dal Consiglio regionale con legge approvata a maggioranza assoluta dei suoi componenti, con due deliberazioni successive adottate ad intervallo non minore di due mesi. Per tale legge non è richiesta l'apposizione del visto da parte del Commissario del Governo. Il Governo della Repubblica può promuovere la questione di legittimità costituzionale sugli statuti regionali dinanzi alla Corte costituzionale entro trenta giorni dalla loro pubblicazione.

Lo statuto è sottoposto a referendum popolare qualora entro tre mesi dalla sua pubblicazione ne faccia richiesta un cinquantesimo degli elettori della Regione o un quinto dei componenti il Consiglio regionale. Lo statuto sottoposto a referendum non è promulgato se non è approvato dalla maggioranza dei voti validi.

In ogni Regione, lo statuto disciplina il Consiglio delle autonomie locali, quale organo di consultazione fra la Regione e gli enti locali (2).

(1) Articolo sostituito dapprima dall'art. 3 della l. cost. 22/11/1999, n. 1. Il testo originario dell'articolo era il seguente:
«Ogni Regione ha uno statuto il quale, in armonia con la Costituzione e con le leggi della Repubblica, stabilisce le norme relative all'organizzazione interna della Regione. Lo statuto regola l'esercizio del diritto di iniziativa e del referendum su leggi e provvedimenti amministrativi della Regione e la pubblicazione delle leggi e dei regolamenti regionali.
Lo statuto è deliberato dal Consiglio regionale a maggioranza assoluta dei suoi componenti, ed è approvato con legge della Repubblica».
(2) Comma inserito dall'art. 7 della l. cost. 18/10/2001, n. 3.

Art. 124. *– Un commissario del Governo, residente nel capoluogo di regione, soprintende alle funzioni amministrative esercitate dallo Stato e le coordina con quelle esercitate dalle Regioni.**

* Articolo abrogato dall'art. 9, co. 2, l. cost. 18/10/2001, n. 3.

Art. 125. – Nella Regione sono istituiti organi di giustizia amministrativa di primo grado, secondo l'ordinamento stabilito da legge della Repubblica. Possono istituirsi sezioni con sede diversa dal capoluogo della Regione (1).

(1) Il co. 1 dell'art. 125 è stato abrogato dall'art. 9, co. 2, l. cost. 18/10/2001, n. 3.
Il testo originario dell'articolo era il seguente:
«Il controllo di legittimità sugli atti amministrativi della Regione è esercitato, in forma decentrata, da un organo dello Stato, nei modi e nei limiti stabiliti da leggi della Repubblica. La legge può in determinati casi ammettere il controllo di merito, al solo effetto di promuovere, con richiesta motivata, il riesame della deliberazione da parte del Consiglio regionale.
Nella Regione sono istituiti organi di giustizia amministrativa di primo grado, secondo l'ordinamento stabilito da legge della Repubblica. Possono istituirsi sezioni con sede diversa dal capoluogo della Regione».
• Art. 138 TUEL.

Art. 126. – Con decreto motivato del Presidente della Repubblica sono disposti lo scioglimento del Consiglio regionale e la rimozione del Presidente della Giunta che abbiano compiuto atti contrari alla Costituzione o gravi violazioni di legge. Lo scioglimento e la rimozione possono altresì essere disposti per ragioni di sicurezza nazionale. Il decreto è adottato sentita una Commissione di deputati e senatori costituita, per le questioni regionali, nei modi stabiliti con legge della Repubblica.

Il Consiglio regionale può esprimere la sfiducia nei confronti del Presidente della Giunta mediante mozione motivata, sottoscritta da almeno un quinto dei suoi componenti e approvata per appello nominale a maggioranza assoluta dei componenti. La mozione non può essere messa in discussione prima di tre giorni dalla presentazione.

L'approvazione della mozione di sfiducia nei confronti del Presidente della Giunta eletto a suffragio universale e diretto, nonché la rimozione, l'impedimento permanente, la morte o le dimissioni volontarie dello stesso comportano le dimissioni della Giunta e lo scioglimento del Consiglio. In ogni caso i medesimi effetti conseguono alle dimissioni contestuali della maggioranza dei componenti il Consiglio (1).

(1) Articolo sostituito dall'art. 4 della l. cost. 22/11/1999, n. 1.
Il testo originario dell'articolo era il seguente:
«Il Consiglio regionale può essere sciolto, quando compia atti contrari alla Costituzione o gravi violazioni di legge, o non corrisponda all'invito del Governo di sostituire la Giunta o il Presidente, che abbiano compiuto analoghi atti o violazioni.
Può essere sciolto quando, per dimissioni o per impossibilità di formare una maggioranza, non sia in grado di funzionare.
Può essere altresì sciolto per ragioni di sicurezza nazionale.
Lo scioglimento è disposto con decreto motivato del Presidente della Repubblica, sentita una Commissione di deputati e senatori costituita, per le questioni regionali, nei modi stabiliti con legge della Repubblica.
Col decreto di scioglimento è nominata una Commissione di tre cittadini eleggibili al Consiglio regionale, che indice le elezioni entro tre mesi e provvede all'ordinaria amministrazione di competenza della Giunta e agli atti improrogabili, da sottoporre alla ratifica del nuovo Consiglio».
Si riporta di seguito l'art. 11, recante disposizioni transitorie, della l. cost. 18/10/2001, n. 3:
«1. Sino alla revisione delle norme del titolo I della parte seconda della Costituzione, i regolamenti della Camera dei deputati e del Senato della Repubblica possono prevedere la partecipazione di rappresentanti delle Regioni, delle Province autonome e degli enti locali alla Commissione parlamentare per le questioni regionali.
2. Quando un progetto di legge riguardante le materie di cui al terzo comma dell'art. 117 e all'art. 119 della Costituzione contenga disposizioni sulle quali la Commissione parlamentare per le questioni regionali, integrata ai sensi del comma 1, abbia espresso parere contrario o parere favorevole condizionato all'introduzione di modificazioni specificamente formulate, e la Commissione che ha svolto l'esame in sede referente non vi si sia adeguata, sulle corrispondenti parti del progetto di legge l'Assemblea delibera a maggioranza assoluta dei suoi componenti».
• Artt. 141 e 143 TUEL.

Art. 127. – Il Governo, quando ritenga che una legge regionale ecceda la competenza della Regione, può promuovere la questione di legittimità costituzionale dinanzi alla Corte costituzionale entro sessanta giorni dalla sua pubblicazione.

La Regione, quando ritenga che una legge o un atto avente valore di legge dello Stato o di un'altra Regione leda la sua sfera di competenza, può promuovere la questione di legittimità costituzionale dinanzi alla Corte costituzionale entro sessanta giorni dalla pubblicazione della legge o dell'atto avente valore di legge (1).

(1) Articolo sostituito dall'art. 8 della l. cost. 18/10/2001, n. 3.
Il testo originario dell'articolo era il seguente:
«Ogni legge approvata dal Consiglio regionale è comunicata al Commissario che, salvo il caso di opposizione da parte del Governo, deve vistarla nel termine di trenta giorni dalla comunicazione.
La legge è promulgata nei dieci giorni dalla apposizione del visto ed entra in vigore non prima di quindici giorni dalla sua pubblicazione. Se una legge è dichiarata urgente dal Consiglio regionale, e il Governo della Repubblica lo consente, la promulgazione e l'entrata in vigore non sono subordinate ai termini indicati.
Il Governo della Repubblica, quando ritenga che una legge approvata dal Consiglio regionale ecceda la competenza della Regione o contrasti con gli interessi nazionali o con quelli di altre Regioni, la rinvia al Consiglio regionale nel termine fissato per l'apposizione del visto.
Ove il Consiglio regionale la approvi di nuovo a maggioranza assoluta dei suoi componenti, il Governo della Repubblica può, nei quindici giorni dalla comunicazione, promuovere la questione di legittimità davanti alla Corte costituzionale, o quella di merito per contrasto di interessi davanti alle Camere. In caso di dubbio, la Corte decide di chi sia la competenza».

Art. 128. *– Le Provincie e i Comuni sono enti autonomi nell'ambito dei principi fissati da leggi generali della Repubblica, che ne determinano le funzioni.**

* Articolo abrogato dall'art. 9, co. 2, l. cost. 18/10/2001, n. 3.

Art. 129. – Le Provincie e i Comuni sono anche circoscrizioni di decentramento statale e regionale.

*Le circoscrizioni provinciali possono essere suddivise in circondari con funzioni esclusivamente amministrative per un ulteriore decentramento.**

* Articolo abrogato dall'art. 9, co. 2, l. cost. 18/10/2001, n. 3.

Art. 130. – Un organo della Regione, costituito nei modi stabiliti da legge della Repubblica, esercita, anche in forma decentrata, il controllo di legittimità sugli atti delle Provincie, dei Comuni e degli altri enti locali.

*In casi determinati dalla legge può essere esercitato il controllo di merito, nella forma di richiesta motivata agli enti deliberanti di riesaminare la loro deliberazione.**

* Articolo abrogato dall'art. 9, co. 2, l. cost. 18/10/2001, n. 3.

• Art. 138 TUEL.

Art. 131. – Sono costituite le seguenti Regioni:
Piemonte;
Valle d'Aosta;
Lombardia;
Trentino-Alto Adige;
Veneto;
Friuli-Venezia Giulia;
Liguria;
Emilia-Romagna;
Toscana;
Umbria;
Marche;
Lazio;
Abruzzi;
Molise;
Campania;
Puglia;
Basilicata;
Calabria;
Sicilia;
Sardegna (1).

(1) Articolo modificato dalla l. cost. 27/12/1963, n. 3, che ha disposto la costituzione del Molise come regione a sé stante.

Art. 132 [21 Dich. univ. diritti dell'uomo]. – Si può, con legge costituzionale, sentiti i Consigli regionali, disporre la fusione di Regioni esistenti o la creazione di nuove Regioni con un minimo di un milione di abitanti, quando ne facciano richiesta tanti Consigli comunali che rappresentino almeno un terzo delle popolazioni interessate, e la proposta sia approvata con referendum dalla maggioranza delle popolazioni stesse [1 Cost.].

Si può, con l'approvazione della maggioranza delle popolazioni della Provincia o delle Province interessate e del Comune o dei Comuni interessati espressa mediante referendum e con legge della Repubblica, sentiti i Consigli regionali, consentire che Province e Comuni, che ne facciano richiesta, siano staccati da una Regione e aggregati ad un'altra (1).

(1) Articolo modificato dall'art. 9, co. 1, l. cost. 18/10/2001, n. 3.
Il testo originario dell'articolo era il seguente:
«Si può, con l. cost., sentiti i Consigli regionali, disporre la fusione di Regioni esistenti o la creazione di nuove Regioni con un minimo di un milione di abitanti, quando ne facciano richiesta tanti Consigli comunali che rappresentino almeno un terzo delle popolazioni interessate, e la proposta sia approvata con referendum dalla maggioranza delle popolazioni stesse.
Si può, con referendum e con legge della Repubblica, sentiti i Consigli regionali, consentire che Provincie e Comuni, che ne facciano richiesta, siano staccati da una Regione ed aggregati ad un'altra».

Art. 133 [21 Dich. univ. diritti dell'uomo]. – Il mutamento delle circoscrizioni provinciali e la istituzione di nuove Province nell'ambito di una Regione sono stabiliti con leggi della Repubblica, su iniziativa dei Comuni, sentita la stessa Regione.

La Regione, sentite le popolazioni interessate [1 Cost.], può con sue leggi istituire nel proprio territorio nuovi Comuni e modificare le loro circoscrizioni e denominazioni.

TITOLO VI
GARANZIE COSTITUZIONALI

Sezione I
La Corte costituzionale
[l. cost. n. 1/1953 e l. cost. n. 87/1953]

Art. 134. – La Corte costituzionale giudica:

sulle controversie relative alla legittimità costituzionale delle leggi e degli atti, aventi forza di legge, dello Stato e delle Regioni [127[1] Cost.] (1);

sui conflitti di attribuzione tra i poteri dello Stato e su quelli tra lo Stato e le Regioni, e tra le Regioni (2);

sulle accuse promosse contro il Presidente della Repubblica, a norma della Costituzione (3).

(1) Art. 1 della l. n. 1/1948, 3 e 23-36 della l. n. 87/1953.

(2) Art. 37-42 della l. n. 87/1953.

(3) L'ultimo capoverso è stato così modificato dall'art. 2 della l. cost. 16/1/1989, n. 1.
Il testo originario era il seguente: «sulle accuse promosse contro il Presidente della Repubblica ed i Ministri, a norma della Costituzione».

Art. 135. – La Corte costituzionale è composta di quindici giudici nominati per un terzo dal Presidente della Repubblica, per un terzo dal Parlamento in seduta comune e per un terzo dalle supreme magistrature ordinaria ed amministrative.

I giudici della Corte costituzionale sono scelti fra i magistrati anche a riposo delle giurisdizioni superiori ordinaria ed amministrative, i professori ordinari di università in materie giuridiche e gli avvocati dopo venti anni di esercizio.

I giudici della Corte costituzionale sono nominati per nove anni, decorrenti per ciascuno di essi dal giorno del giuramento, e non possono essere nuovamente nominati (1).

Alla scadenza del termine il giudice costituzionale cessa dalla carica e dall'esercizio delle funzioni.

La Corte elegge tra i suoi componenti, secondo le norme stabilite dalla legge, il Presidente, che rimane in carica per un triennio, ed è rieleggibile, fermi in ogni caso i termini di scadenza dall'ufficio di giudice.

L'ufficio di giudice della Corte è incompatibile con quello di membro del Parlamento, di un Consiglio regionale, con l'esercizio della professione di avvocato e con ogni carica ed ufficio indicati dalla legge.

Nei giudizi d'accusa contro il Presidente della Repubblica intervengono, oltre i giudici ordinari della Corte, sedici membri tratti a sorte da un elenco di cittadini aventi i requisiti per l'eleggibilità a senatore, che il Parlamento compila ogni nove anni mediante elezione con le stesse modalità stabilite per la nomina dei giudici ordinari (2).

(1) Art. 26 della l. n. 20/1962. Composizione dei Collegio giudicante Ai giudizi di accusa partecipano tutti i giudici della Corte, ordinari e aggregati, che non siano legittimamente impediti. Il Collegio giudicante deve, in ogni caso, essere costituito da almeno ventuno giudici, dei quali i giudici aggregati devono essere in maggioranza. Il giudice che non sia intervenuto ad una udienza non può partecipare alle udienze successive. Chiuso il dibattimento, la Corte si riunisce in Camera di consiglio senza interruzione con la presenza dei giudici ordinari ed aggregati interventi a tutte le udienze in cui si è svolto il giudizio. I giudici ordinari e aggregati che costituiscono il Collegio giudicante continuano a farne parte

sino all'esaurimento del giudizio, anche se sia sopravvenuta la scadenza del loro incarico.

(2) L'art. 135 è stato sostituito dall'art. 1 della l. cost. 22/11/1967, n. 2. L'ult. co., inoltre, è stato modificato dall'art. 2 della l. cost. 16/1/1989, n. 1.
Il testo dell'articolo nella versione originaria era il seguente:
«La Corte costituzionale è composta di quindici giudici nominati per un terzo dal Presidente della Repubblica, per un terzo dal Parlamento in seduta comune e per un terzo dalle supreme magistrature ordinaria ed amministrative.
I giudici della Corte costituzionale sono scelti tra i magistrati anche a riposo delle giurisdizioni superiori ordinaria ed amministrative, i professori ordinari di università in materie giuridiche e gli avvocati dopo venti anni d'esercizio.
La Corte elegge il presidente fra i suoi componenti.
I giudici sono nominati per dodici anni, si rinnovano parzialmente secondo le norme stabilite dalla legge e non sono immediatamente rieleggibili.
L'ufficio di giudice della Corte è incompatibile con quello di membro del Parlamento o d'un Consiglio regionale, con l'esercizio della professione d'avvocato e con ogni carica ed ufficio indicati dalla legge. Nei giudizi d'accusa contro il Presidente della Repubblica e contro i Ministri intervengono, oltre i giudici ordinari della Corte, sedici membri eletti, all'inizio di ogni legislatura, dal Parlamento in seduta comune tra i cittadini aventi i requisiti per l'eleggibilità a senatore».
Il testo dell'art. 135 come sostituito dalla l. cost. 22/11/1967, n. 2, identico per i primi sei commi al testo vigente, all'ultimo comma così disponeva:
«Nei giudizi d'accusa contro il Presidente della Repubblica e contro i Ministri intervengono, oltre i giudici ordinari della Corte, sedici membri tratti a sorte da un elenco di cittadini aventi i requisiti per l'eleggibilità a senatore, che il Parlamento compila ogni nove anni mediante elezione con le stesse modalità stabilite per la nomina dei giudici ordinari».

Art. 136. – Quando la Corte dichiara l'illegittimità costituzionale di una norma di legge o di un atto avente forza di legge, la norma cessa di avere efficacia dal giorno successivo alla pubblicazione della decisione (30[3] della l. n. 87/1953).

La decisione della Corte è pubblicata e comunicata alle Camere ed ai Consigli regionali interessati, affinché, ove lo ritengano necessario, provvedano nelle forme costituzionali (1).

(1) Artt. 18 e 19 della l. n. 87/1953.

Art. 137. – Una legge costituzionale stabilisce le condizioni, le forme, i termini di proponibilità dei giudizi di legittimità costituzionale, e le garanzie d'indipendenza dei giudici della Corte.

Con legge ordinaria sono stabilite le altre norme necessarie per la costituzione e il funzionamento della Corte.

Contro le decisioni della Corte costituzionale non è ammessa alcuna impugnazione.

Sezione II
Revisione della Costituzione. Leggi costituzionali

Art. 138 [71 Cost. // 21 Dich. univ. diritti dell'uomo]. – Le leggi di revisione della Costituzione e le altre leggi costituzionali sono adottate da ciascuna Camera con due successive deliberazioni ad intervallo non minore di tre mesi, e sono approvate a maggioranza assoluta dei componenti di ciascuna Camera nella seconda votazione.

Le leggi stesse sono sottoposte a referendum popolare [1 Cost.] quando, entro tre mesi dalla loro pubblicazione, ne facciano domanda un quinto dei membri di una Camera o cinquecentomila elettori o cinque Consigli regionali. La legge sottoposta a referendum non è promulgata se non è approvata dalla maggioranza dei voti validi [75 Cost.].

Non si fa luogo a referendum se la legge è stata approvata nella seconda votazione da ciascuna delle Camere a maggioranza di due terzi dei suoi componenti.

Art. 139. – La forma repubblicana [1 Cost.] non può essere oggetto di revisione costituzionale.

DISPOSIZIONI TRANSITORIE E FINALI

I. – Con l'entrata in vigore della Costituzione il Capo provvisorio dello Stato esercita le attribuzioni di Presidente della Repubblica e ne assume il titolo.

II. – Se alla data della elezione del Presidente della Repubblica non sono costituiti tutti i Consigli regionali, partecipano alla elezione soltanto i componenti delle due Camere.

III. – Per la prima composizione del Senato della Repubblica sono nominati senatori, con decreto del Presidente della Repubblica, i deputati dell'Assemblea Costituente che posseggono i requisiti di legge per essere senatori e che:

sono stati presidenti del Consiglio dei ministri o di Assemblee legislative;

hanno fatto parte del disciolto Senato;

hanno avuto almeno tre elezioni compresa quella all'Assemblea Costituente; sono stati dichiarati decaduti nella seduta della Camera dei deputati del 9 novembre 1926;

hanno scontato la pena della reclusione non inferiore a cinque anni in seguito a condanna del tribunale speciale fascista per la difesa dello Stato.

Sono nominati altresì senatori, con decreto del Presidente della Repubblica, i membri del disciolto Senato che hanno fatto parte della Consulta Nazionale.

Al diritto di essere nominati senatori si può rinunciare prima della firma del decreto di nomina. L'accettazione della candidatura alle elezioni politiche implica rinuncia al diritto di nomina a senatore.

IV. – Per la prima elezione del Senato il Molise è considerato come Regione a sé stante, con il numero dei senatori che gli compete in base alla sua popolazione.

V. – La disposizione dell'articolo 80 della Costituzione, per quanto concerne i trattati internazionali che importano oneri alle finanze o modificazioni di legge, ha effetto dalla data di convocazione delle Camere.

VI. – Entro cinque anni dall'entrata in vigore della Costituzione si procede alla **revisione degli organi speciali di giurisdizione attualmente esistenti**, salvo le giurisdizioni del Consiglio di Stato, della Corte dei conti e dei Tribunali militari.

Entro un anno dalla stessa data si provvede con legge al riordinamento del Tribunale supremo militare in relazione all'articolo 111.

VII. – Fino a quando non sia emanata la nuova legge sull'ordinamento giudiziario in conformità con la Costituzione, continuano ad osservarsi le norme dell'ordinamento vigente.

Fino a quando non entri in funzione la Corte costituzionale, la decisione delle controversie indicate nell'articolo 134 ha luogo nelle forme e nei limiti delle norme preesistenti all'entrata in vigore della Costituzione (1).

(1) L'art. 7 della l. cost. 22/12/1967, n. 2, ha abrogato l'ult. co. della VII disposizione transitoria e finale che così recitava: «I giudici della Corte costituzionale nominati nella prima composizione della Corte stessa non sono soggetti alla parziale rinnovazione e durano in carica dodici anni».

VIII. – Le elezioni dei Consigli regionali e degli organi elettivi delle amministrazioni provinciali sono indette entro un anno dall'entrata in vigore della Costituzione.

Leggi della Repubblica regolano per ogni ramo della pubblica amministrazione il passaggio delle funzioni statali attribuite alle Regioni. Fino a quando non sia provveduto al riordinamento e alla distribuzione delle funzioni amministrative fra gli enti locali, restano alle Provincie ed ai Comuni le funzioni che esercitano attualmente e le altre di cui le Regioni deleghino loro l'esercizio.

Leggi della Repubblica regolano il passaggio alle Regioni di funzionari e dipendenti dello Stato, anche delle amministrazioni centrali, che sia reso necessario dal nuovo ordinamento. Per la formazione dei loro uffici le Regioni devono, tranne che in casi di necessità, trarre il proprio personale da quello dello Stato e degli enti locali.

IX. – La Repubblica, entro tre anni dall'entrata in vigore della Costituzione, adegua le sue leggi alle esigenze delle autonomie locali e alla competenza legislativa attribuita alle Regioni.

X. – Alla Regione del Friuli-Venezia Giulia, di cui all'articolo 116, si applicano provvisoriamente le norme generali del Titolo V della parte seconda, ferma restando la tutela delle minoranze linguistiche in conformità con l'articolo 6.

XI. – Fino a cinque anni dall'entrata in vigore della Costituzione si possono, con leggi costituzionali, formare altre Regioni, a modificazione dell'elenco di cui all'articolo 131, anche senza il concorso delle condizioni richieste dal primo comma dell'articolo 132, fermo rimanendo tuttavia l'obbligo di sentire le popolazioni interessate (1).

(1) Il termine di cui alla XI disposizione transitoria e finale è stato prorogato al 31/12/1963 dalla l. cost. 18/3/1958, n. 1.

XII. – È vietata la riorganizzazione, sotto qualsiasi forma, del disciolto partito fascista.

In deroga all'articolo 48, sono stabilite con legge, per non oltre un quinquennio dalla entrata in vigore della Costituzione, limitazioni temporanee al diritto di voto e alla eleggibilità per i capi responsabili del regime fascista.

XIII. – I membri e i discendenti di Casa Savoia non sono elettori e non possono ricoprire uffici pubblici né cariche elettive.

Agli ex re di Casa Savoia, alle loro consorti e ai loro discendenti maschi sono vietati l'ingresso e il soggiorno nel territorio nazionale.

I beni, esistenti nel territorio nazionale, degli ex re di Casa Savoia, delle loro consorti e dei loro discendenti maschi, sono avocati allo Stato. I trasferimenti e le costituzioni di diritti reali sui beni stessi, che siano avvenuti dopo il 2 giugno 1946, sono nulli (1).

(1) La l. cost. 23/10/2002, n. 1 ha stabilito che i commi primo e secondo della XIII disposizione transitoria e finale della Costituzione esauriscono i loro effetti a decorrere dalla data di entrata in vigore della stessa l. cost. (10/11/2002).

XIV. – I titoli nobiliari non sono riconosciuti.

I predicati di quelli esistenti prima del 28 ottobre 1922 valgono come parte del nome. L'Ordine mauriziano è conservato come ente ospedaliero e funziona nei modi stabiliti dalla legge.

La legge regola la soppressione della Consulta araldica.

XV. – Con l'entrata in vigore della Costituzione si ha per convertito in legge il decreto legislativo luogotenenziale 25 giugno 1944, n. 151, sull'ordinamento provvisorio dello Stato.

XVI. – Entro un anno dalla entrata in vigore della Costituzione si procede alla revisione e al coordinamento con essa delle precedenti leggi costituzionali che non siano state finora esplicitamente o implicitamente abrogate.

XVII. – L'Assemblea Costituente sarà convocata dal suo Presidente per deliberare, entro il 31 gennaio 1948, sulla legge per la elezione del Senato della Repubblica, sugli statuti regionali speciali e sulla legge per la stampa.

Fino al giorno delle elezioni delle nuove Camere, l'Assemblea Costituente può essere convocata, quando vi sia necessità di deliberare nelle materie attribuite alla sua competenza dagli articoli 2, primo e secondo comma, e 3, comma primo e secondo, del decreto legislativo 16 marzo 1946, n. 98.

In tale periodo le Commissioni permanenti restano in funzione. Quelle legislative rinviano al Governo i disegni di legge, ad esse trasmessi, con eventuali osservazioni e proposte di emendamenti.

I deputati possono presentare al Governo interrogazioni con richiesta di risposta scritta.

L'Assemblea Costituente, agli effetti di cui al secondo comma del presente articolo, è convocata dal suo Presidente su richiesta motivata del Governo o di almeno duecento deputati.

XVIII. – La presente Costituzione è promulgata dal Capo provvisorio dello Stato entro cinque giorni dalla sua approvazione da parte dell'Assemblea Costituente, ed entra in vigore il 1° gennaio 1948.

Il testo della Costituzione è depositato nella sala comunale di ciascun Comune della Repubblica per rimanervi esposto, durante tutto l'anno 1948, affinché ogni cittadino possa prenderne cognizione.

La Costituzione, munita del sigillo dello Stato, sarà inserita nella Raccolta ufficiale delle leggi e dei decreti della Repubblica.

Disposizioni sulla legge in generale approvate preliminarmente al Codice civile con r.d. 16 marzo 1942, n. 262

(G.U. 4 aprile 1942, n. 79, ed. straord.)

Capo I
Delle fonti del diritto

1. Indicazione delle fonti. – [I] Sono fonti del diritto [1 CNav.]:

1) le leggi [2, 10-15 // 70-77, 80, 81^{3}, 87^{4-5}, 117, 138 Cost.];

2) i regolamenti [3, 4 // 87^{5}, 121 Cost.// 1 CNav.];

3) *le norme corporative* [5-7 // 1 CNav.]*;

4) gli usi [8, 9 // 11, 161, 230-bis, 770, 781, 892, 893, 896 CC. // 1 CNav.].

➔ **Gai 1.1-7, Inst. 1.2.9.**

* Disposizione da ritenersi abrogata a seguito della soppressione dell'ordinamento corporativo: r.d.l. 9/8/1943, n. 721.

2. Leggi. – [I] La formazione delle leggi [$1^{1, n. 1}$] e l'emanazione degli atti del Governo aventi forza di legge [76, 77 Cost.] sono disciplinate da leggi di carattere costituzionale [70-74, 87^{4-6}, 117, 118, 138 Cost.].

➔ **Gai 1.1-7, D. 1.3.1.**

3. Regolamenti (1). – [I] Il potere regolamentare [4] del Governo [875 Cost.] è disciplinato da leggi di carattere costituzionale.

[II] Il potere regolamentare di altre autorità [64, 121, 123, 128 Cost. // 30, 62, 81 CNav.] è esercitato nei limiti delle rispettive competenze, in conformità delle leggi particolari [4, 101 //117, 118 Cost.].

(1) V. art. 17 della l. 23/8/1988, n. 400; cfr. art. 1 della l. 24/11/2000, n. 340; art. 1, 2, 5, 8, 12, 18 della l. 29/7/2003, n. 229.

4. Limiti della disciplina regolamentare. – [I] I regolamenti [3] non possono contenere norme contrarie alle disposizioni delle leggi [2].

[II] I regolamenti emanati a norma del secondo comma dell'articolo 3 non possono nemmeno dettare norme contrarie a quelle dei regolamenti emanati dal Governo [3].

***5. Norme corporative**.** – *[I] Sono norme corporative* [$1^{1, n. 3}$, 6, 7, 10^{2}, 11^{2}, 13] *le ordinanze corporative, gli accordi economici collettivi, i contratti collettivi di lavoro e le sentenze della magistratura del lavoro nelle controversie collettive.*

* Disposizione da ritenersi abrogata a seguito della soppressione dell'ordinamento corporativo disposta con r.d.l. 9/8/1943, n. 721. Con d.lgs.lt. 23/11/1944, n. 369, sono state soppresse le organizzazioni sindacali fasciste.

***6. Formazione ed efficacia delle norme corporative**.** – *[I] La formazione e l'efficacia delle norme corporative [5] sono disciplinate nel codice civile* [2063-2081 CC.] *e in leggi particolari.*

* Disposizione da ritenersi abrogata a seguito della soppressione dell'ordinamento corporativo disposta con r.d.l. 9/8/1943, n. 721.

***7. Limiti della disciplina corporativa**.** – *[I] Le norme corporative [5] non possono derogare alle disposizioni imperative delle leggi e dei regolamenti.*

* Disposizione da ritenersi abrogata a seguito della soppressione dell'ordinamento corporativo disposta con r.d.l. 9/8/1943, n. 721.

8. Usi. – [I] Nelle materie regolate dalle leggi [2] e dai regolamenti [3] gli usi hanno efficacia solo in quanto sono da essi richiamati [230-bis^{6}, 770, 896, 1181-1183, 1187, 1214, 1217, 1269, 1283, 1326-1327, 1333, 1336, 1340, 1368, 1374, 1454, 1457, 1492, 1496-1498, 1510, 1512, 1517, 1520, 1527-1528, 1530, 1535, 1550, 1562, 1566, 1569, 1574, 1592, 1605, 1609, 1612, 1616, 1646, 1657-1658, 1665, 1687, 1709, 1712, 1732-1733, 1736, 1739-1740, 1749, 1753, 1755-1756, 1825, 1831, 1834, 1838, 1845, 1847, 1855, 2078, 2109, 2110, 2118, 2120, 2130, 2139, 2143, 2147-2148, 2151, 2152-2153, 2155-2156, 2163, 2164, 2172-2173, 2178, 2183, 2187, 2225, 2232-2233, 2240, 2243, 2245 CC. // 1 CNav.].

[II] Le norme corporative prevalgono sugli usi, anche se richiamati dalle leggi e dai regolamenti, salvo che in esse sia diversamente disposto [2078 CC.]*.

➔ **CComm. 1882 – art. 1 // D. 1.3.32 pr.-1, D. 1.3.33.**

* Disposizione da ritenersi abrogata a seguito della soppressione dell'ordinamento corporativo disposta con r.d.l. 9/8/1943, n. 721.

9. Raccolte di usi (1). – [I] Gli usi pubblicati nelle raccolte ufficiali degli enti e degli organi a ciò autorizzati si presumono esistenti fino a prova contraria [2727 CC.].

(1) Per gli usi generali, v. d.lg.c.p.s. 27/1/1947, n. 152, modificato con l. 13/3/1950, n. 115. Per gli usi provinciali v. r.d. 20/9/1934, n. 2011. Sul Comitato consultivo nazionale per la formulazione di proposte per la revisione delle raccolte provinciali degli usi v. d.m. Industria 16 maggio 2000. Le camere di commercio, singolarmente o in forma associata, svolgono in particolare le funzioni e i compiti relativi alla: «raccolta degli usi e delle consuetudini»: art. 2.2, lett. m), l. 29/12/1993, n. 580, come sostituito dall'art. 1.2 del d.lg. 15/2/2010, n. 23.

Capo II
Dell'applicazione della legge in generale

10. Inizio dell'obbligatorietà delle leggi e dei regolamenti. – [I] Le leggi [$1^{1, n. 1}$, $2^{1, n. 2}$] e i regolamenti [3] divengono obbligatori nel decimoquinto giorno successivo a quello della loro pubblicazione [733 Cost.], salvo che sia altrimenti disposto (1).

*[II] Le norme corporative divengono obbligatorie nel giorno successivo a quello della pubblicazione, salvo che in esse sia altrimenti disposto**.

➔ **CC. 1865 – art. 1 d.prel.**

(1) V. anche art. 15.5 della l. 23/08/1988, n. 400: «Le modifiche eventualmente apportate al decreto-legge in sede di conversione hanno efficacia dal giorno successivo a quello della pubblicazione della legge di conversione, salvo che quest'ultima non disponga diversamente. Esse sono elencate in allegato alla legge».

• V. art. 7 del d.P.R. 28/12/1985, n. 1092.

* Disposizione da ritenersi abrogata a seguito della soppressione dell'ordinamento corporativo: r.d.l. 9/8/1943, n. 721.

11. Efficacia della legge nel tempo. – [I] La legge non dispone che per l'avvenire: essa non ha effetto retroattivo [25^{2} Cost. // 1, 2^{1}, $\underline{2}^{2-4}$ CP.] (1).

[II] I contratti collettivi di lavoro [39⁴ Cost. // 2067-2081 CC.] possono stabilire per la loro efficacia, una data anteriore alla pubblicazione, purché non preceda quella della stipulazione.

➔ CC. 1865 – art. 2 d.prel.

(1) Sull'efficacia nel tempo delle norme tributarie v. l. 27/7/2000, n. 212 art. 3.

12. Interpretazione della legge. – [I] Nell'applicare la legge non si può ad essa attribuire altro senso che quello fatto palese dal significato proprio delle parole secondo la connessione di esse, e dalla intenzione del legislatore [1362-1371 CC.] (1).

[II] Se una controversia non può essere decisa con una precisa disposizione, si ha riguardo alle disposizioni che regolano casi simili o materie analoghe [14]; se il caso rimane ancora dubbio, si decide secondo i principi generali dell'ordinamento giuridico dello Stato [1-10, 29, 35, 36, 41, 42, 45 Cost.].

➔ CC. 1865 – art. 3 d.prel. // D. 50.16.6.1, D. 1.3.12.

(1) L'art. 1.4 della l. 10/10/1990, n. 287 dispone che l'interpretazione delle norme contenute nel titolo primo della legge stessa «è effettuata in base ai principi dell'ordinamento delle Comunità europee in materia di disciplina della concorrenza».

13. Esclusione dell'applicazione analogica delle norme corporative*. – *[I] Le norme corporative non possono essere applicate a casi simili o a materie analoghe a quelli da esse contemplati.*

* Disposizione da ritenersi abrogata a seguito della soppressione dell'ordinamento corporativo: r.d.l. 9/8/1943, n. 721.

14. Applicazione delle leggi penali ed eccezionali. – [I] Le leggi penali e quelle che fanno eccezione a regole generali o ad altre leggi non si applicano oltre i casi e i tempi in esse considerati [12 // 25 Cost. // 1, 2, 200¹ CP.].

➔ CC. 1865 – art. 4 d.prel. // D. 1.3.16.

15. Abrogazione delle leggi. – [I] Le leggi non sono abrogate che da leggi posteriori per dichiarazione espressa del legislatore, o per incompatibilità tra le nuove disposizioni e le precedenti o perché la nuova legge regola l'intera materia già regolata dalla legge anteriore [75, 134, 136 Cost. // 2 CP.].

➔ CC. 1865 – art. 5 d.prel. // D. 50.16.102.

16. Trattamento dello straniero (1). – [I] Lo straniero è ammesso a godere dei diritti civili attribuiti al cittadino a condizione di reciprocità e salve le disposizioni contenute in leggi speciali [6 CC // 2, 3, 10² Cost.].

[II] Questa disposizione vale anche per le persone giuridiche [11-13 CC.] straniere [2507-2510 CC.].

➔ CC. 1865 – art. 3.

(1) V. l. 5/2/1992, n. 91. V. anche l'art. 219 della l. 19/5/1975, n. 151. V. poi d.lg. 25/7/1998, n. 286, TU sull'immigrazione e sulla condizione dello straniero, come modificato dal d.lg. 19/10/1998, n. 380, dal d.lg. 13/4/1999, n. 113 e dalla l. 30/7/2002, n. 189 e attuato dal d.P.R. 31/8/1999, n. 394. Sugli apolidi: Conv. New York 28/9/1954, ratif. con l. 1/2/1962, n. 306, art. 7. Sui rifugiati: Conv. Ginevra 28/7/1951, ratif. con l. 24/7/1954, n. 722 art. 7. Sulla cittadinanza europea: Trattato sul funzionamento dell'UE (ex Trattato CE Roma 25/3/1957), art. 20¹˒², art. 49, art. 56, art. 63. Sul diritto internazionale privato si v. *infra* le indicazioni normative a piè dell'art. 17.

17. Legge regolatrice dello stato e della capacità delle persone e dei rapporti di famiglia*. – *[I] Lo stato e la capacità delle persone e i rapporti di famiglia sono regolati dalla legge dello Stato al quale esse appartengono. [II] Tuttavia uno straniero, se compie nella Repubblica un atto per il quale sia incapace secondo la sua legge nazionale, è considerato capace se per tale atto secondo la legge italiana sia capace il cittadino, salvo che si tratti di rapporti di famiglia, di successione per causa di morte, di donazioni, ovvero di atti di disposizione di immobili situati all'estero.*

➔ CC. 1865 – art. 6 d.prel.

* Articolo abrogato dall'art. 73 della l. 31/5/1995, n. 218, come sostituito da ultimo dall'art. 10 del d.l. 23/10/1996, n. 542, conv., con modif., nella l. 23/12/1996, n. 649. Per l'entrata in vigore del nuovo diritto internazionale privato, v. art. 74. Per la disciplina transitoria v. art. 72 della l. 31/5/1995, n. 218.

18. Legge regolatrice dei rapporti personali tra coniugi*. – *[I] I rapporti personali tra coniugi di diversa cittadinanza sono regolati dall'ultima legge nazionale che sia stata loro comune durante il matrimonio o, in mancanza di essa, dalla legge nazionale del marito al tempo della celebrazione del matrimonio.*

➔ CC. 1865 – art. 6 d.prel.

* Articolo abrogato dall'art. 73 della l. 31/5/1995, n. 218, come sostituito da ultimo dall'art. 10 del d.l. 23/10/1996, n. 542, conv., con modif., nella l. 23/12/1996, n. 649. La Corte cost., con sent. n. 71/1987, aveva dichiarato la parziale incostituzionalità di tale articolo «nella parte in cui, per il caso di mancanza di legge nazionale comune ai coniugi, stabilisce che si applica la legge nazionale del marito al tempo del matrimonio».

19. Legge regolatrice dei rapporti patrimoniali tra coniugi*. – *[I] I rapporti patrimoniali tra coniugi sono regolati dalla legge nazionale del marito al tempo della celebrazione del matrimonio. [II] Il cambiamento di cittadinanza dei coniugi non influisce sui rapporti patrimoniali, salve le convenzioni tra i coniugi in base alla nuova legge nazionale comune».*

* Articolo abrogato dall'art. 73 della l. 31/5/1995, n. 218, come sostituito da ultimo dall'art. 10 del d.l. 23/10/1996, n. 542, conv., con modif., in l. 23/12/1996, n. 649. Con riferimento a controversie cui era applicabile il previgente regime, la Corte cost., con sent. 4/7/2006, n. 254, ha dichiarato l'illegittimità costituzionale del co. 1.

20. Legge regolatrice dei rapporti tra genitori e figli*. – *[I] I rapporti tra genitori e figli sono regolati dalla legge nazionale del padre, ovvero da quella della madre se soltanto la maternità è accertata o se soltanto la madre ha legittimato il figlio. [II] I rapporti tra adottante e adottato sono regolati dalla legge nazionale dell'adottante al tempo dell'adozione.*

➔ CC. 1865 – art. 6 d.prel.

* Articolo abrogato dall'art. 73 della l. 31/5/1995, n. 218, come sostituito da ultimo dall'art. 10 del d.l. 23/10/1996, n. 542, conv., con modif., in l. 23/12/1996, n. 649. La Corte cost., con sent. 10/12/1987, n. 477, aveva dichiarato l'illegittimità costituzionale del primo comma «nella parte in cui, con riferimento all'ipotesi che siano noti entrambi i genitori e manchi una legge nazionale ad essi comune, sancisce la prevalenza della legge nazionale del padre».

21. Legge regolatrice della tutela*. – *[I] La tutela e gli altri istituti di protezione degli incapaci sono regolati dalla legge nazionale dell'incapace.*

➔ CC. 1865 – art. 6 d.prel.

* Articolo abrogato dall'art. 73 della l. 31/5/1995, n. 218, come sostituito da ultimo dall'art. 10 del d.l. 23/10/1996, n. 542, conv., con modif., in l. 23/12/1996, n. 649.

22. Legge regolatrice del possesso, della proprietà e degli altri diritti sulle cose*. – *[I] Il possesso, la proprietà e gli altri diritti sulle cose mobili e immobili sono regolati dalla legge del luogo nel quale le cose si trovano.*

➔ CC. 1865 – art. 7 d.prel.

* Articolo abrogato dall'art. 73 della l. 31/5/1995, n. 218, come sostituito da ultimo dall'art. 10 del d.l. 23/10/1996, n. 542, conv., con modif., in l. 23/12/1996, n. 649. Per la normativa relativa ai diritti reali su navi e aeromobili v. CNav. 6.

23. Legge regolatrice delle successioni per causa di morte*. – *[I] Le successioni per causa di morte sono regolate, ovunque siano i beni, dalla legge dello Stato al quale apparteneva, al momento della morte, la persona della cui eredità si tratta.*

➔ CC. 1865 – art. 8, 9 d.prel.

* Articolo abrogato dall'art. 73 della l. 31/5/1995, n. 218, come sostituito da ultimo dall'art. 10 del d.l. 23/10/1996, n. 542, conv., con modif., in l. 23/12/1996, n. 649.

24. Legge regolatrice delle donazioni*. – *[I] Le donazioni sono regolate dalla legge nazionale del donante.*

➔ CC. 1865 – art. 9 d.prel.

* Articolo abrogato dall'art. 73 della l. 31/5/1995, n. 218, come sostituito da ultimo dall'art. 10 del d.l. 23/10/1996, n. 542, conv., con modif., in l. 23/12/1996, n. 649.

25. Legge regolatrice delle obbligazioni*. – *[I] Le obbligazioni che nascono da contratto sono regolate dalla legge nazionale dei contraenti, se è comune; altrimenti da quella del luogo nel quale il contratto è stato conchiuso. È salva in ogni caso la diversa volontà delle parti. [II] Le obbligazioni non contrattuali sono regolate dalla legge del luogo ove è avvenuto il fatto dal quale esse derivano.*

➔ CC. 1865 – art. 8 d.prel.

* Articolo abrogato dall'art. 73 della l. 31/5/1995, n. 218, come sostituito da ultimo dall'art. 10 del d.l. 23/10/1996, n. 542, conv., con modif., in l. 23/12/1996, n. 649. Sulla responsabilità dell'armatore della nave e dell'esercente dell'aeromobile v. 7 CNav.; sulle altre obbligazioni: 12, 13 CNav.; sul contratto di lavoro marittimo e aereo: 8 CNav.

26. Legge regolatrice della forma degli atti*. – *[I] La forma degli atti tra vivi e degli atti di ultima volontà è regolata dalla legge del luogo nel quale l'atto è compiuto o da quella che regola la sostanza dell'atto, ovvero dalla legge nazionale del disponente o da quella dei contraenti, se è comune. [II] Le forme di pubblicità degli atti di costituzione, di trasmissione e di estinzione dei diritti sulle cose sono regolate dalla legge del luogo in cui le cose stesse si trovano.*

➔ CC. 1865 – art. 8 d.prel.

* Articolo abrogato dall'art. 73 della l. 31/5/1995, n. 218, come sostituito da ultimo dall'art. 10 del d.l. 23/10/1996, n. 542, conv., con modif., in l. 23/12/1996, n. 649.

27. Legge regolatrice del processo*. – *[I] La competenza e la forma del processo sono regolate dalla legge del luogo in cui il processo si svolge.*

➔ CC. 1865 – art. 10 d.prel.

* Articolo abrogato dall'art. 73 della l. 31/5/1995, n. 218, come sostituito da ultimo dall'art. 10 del d.l. 23/10/1996, n. 542, conv., con modif., in l. 23/12/1996, n. 649. Per il diritto della navigazione v. 14 CNav.

28. Efficacia delle leggi penali e di polizia*. – *[I] Le leggi penali e quelle di polizia e di sicurezza pubblica obbligano tutti coloro che si trovano nel territorio dello Stato.*

➔ CC. 1865 – art. 11 d.prel.

* Articolo abrogato dall'art. 73 della l. 31/5/1995, n. 218, come sostituito da ultimo dall'art. 10 del d.l. 23/10/1996, n. 542, conv., con modif., in l. 23/12/1996, n. 649.

29. Apolidi*. – *[I] Se una persona non ha cittadinanza, si applica la legge del luogo dove risiede in tutti i casi nei quali, secondo le disposizioni che precedono, dovrebbe applicarsi la legge nazionale.*

* Articolo abrogato dall'art. 73 della l. 31/5/1995, n. 218, come sostituito da ultimo dall'art. 10 del d.l. 23/10/1996, n. 542, conv., con modif., in l. 23/12/1996, n. 649.

30. Rinvio ad altra legge*. – *[I] Quando, ai termini degli articoli precedenti, si deve applicare una legge straniera, si applicano le disposizioni della legge stessa senza tener conto del rinvio da essa fatto ad altra legge.*

* Articolo abrogato dall'art. 73 della l. 31/5/1995, n. 218, come sostituito da ultimo dall'art. 10 del d.l. 23/10/1996, n. 542, conv., con modif., in l. 23/12/1996, n. 649.

31. Limiti derivanti dall'ordine pubblico e dal buon costume*. – *[I] Nonostante le disposizioni degli articoli precedenti, in nessun caso le leggi e gli atti di uno Stato estero, gli ordinamenti e gli atti di qualunque istituzione o ente, o le private disposizioni e convenzioni possono aver effetto nel territorio dello Stato, quando siano contrari all'ordine pubblico o al buon costume. [II] L'ordine corporativo fa parte integrante dell'ordine pubblico.*

➔ CC. 1865 – art. 12 d.prel.

* Articolo abrogato dall'art. 73 della l. 31/5/1995, n. 218, come sostituito da ultimo dall'art. 10 del d.l. 23/10/1996, n. 542, conv., con modif., in l. 23/12/1996, n. 649. Il co. 2 si riteneva già abrogato dall'art. 3 del d.lgs.lgt. 14/09/1944, n. 287.

Parte I
CODICE CIVILE

R.d. 16 marzo 1942, n. 262

(G.U. 4 aprile 1942, n. 79 e 79 *bis*, ed. straord.)

Approvazione del testo del Codice civile

LIBRO PRIMO
DELLE PERSONE E DELLA FAMIGLIA

TITOLO I
DELLE PERSONE FISICHE

1. Capacità giuridica. – [I] La capacità giuridica si acquista dal momento della nascita [11, 13, 89, 350, 778¹ // 2, 3, 22 Cost.] (1).

[II] I diritti che la legge riconosce a favore del **concepito** sono subordinati all'evento della nascita [254, 320, 462, 687, 715, 784, 1411, 2645-ter // 2, 3, 29, 30, 32 Cost.] (2).

➔ **CC. 1865 – art. 1 // Codex 6.29.3, D. 1.5.14, D. 1.5.26, D. 5.4.3, D. 35.2.9.1, D. 50.16.129.**

(1) In tema di riconoscimento di persone giuridiche private, d.P.R. 10/2/2000, n. 361. In tema di riconoscimento della capacità giuridica agli stranieri, art. 16 preleggi; art. 2 del d.lg. 268/1998.

(2) Gli art. 1 del r.d.l. 20/1/1944, n. 25 e 3 del d.lg. 14/9/1944, n. 287 hanno abrogato l'originario co. 3 dell'articolo, che recitava: «Le limitazioni alla capacità giuridica derivanti dall'appartenenza a determinate razze sono stabilite da leggi speciali».

• L. 22/5/1978, n. 194, Norme per la tutela sociale della maternità e sull'interruzione volontaria della gravidanza. L'art. 1 recita: «Lo Stato garantisce il diritto alla procreazione cosciente e responsabile, riconosce il valore sociale della maternità e tutela la vita umana **dal suo inizio»**. L'art. 4: «Per l'interruzione volontaria della gravidanza entro i primi novanta giorni, la donna che accusi circostanze per le quali la prosecuzione della gravidanza, il parto o la maternità comporterebbero un **serio pericolo per la sua salute fisica o psichica**, in relazione o al suo stato di salute, o alle sue **condizioni economiche, o sociali o familiari**, o alle **circostanze** in cui è avvenuto il concepimento, o a previsioni di anomalie o malformazioni del **concepito**, si rivolge ad un consultorio pubblico istituito ai sensi dell'art. 2, lett. a), l. 29/7/1975, n. 405, o a una struttura socio-sanitaria a ciò abilitata dalla regione, o a un medico di sua fiducia». L'art. 7, co. 3: «Quando sussiste la possibilità di **vita autonoma del feto**, l'interruzione della gravidanza può essere praticata solo nel caso di cui alla lettera a) dell'art. 6 e il medico che esegue l'intervento deve adottare ogni misura idonea a salvaguardare la vita del feto».

• Art. 1 della l. 19/2/2004, n. 40: «Al fine di favorire la soluzione dei problemi riproduttivi derivanti dalla sterilità o dalla infertilità umana è consentito il ricorso alla procreazione medicalmente assistita, alle condizioni e secondo le modalità previste dalla presente legge, che assicura i diritti di tutti i soggetti coinvolti, compreso il **concepito**».

2. Maggiore età. Capacità di agire (1). – [I] La maggiore età è fissata al compimento del diciottesimo anno [48¹ Cost.]. Con la maggiore età si acquista la capacità di compiere tutti gli atti per i quali non sia stabilita una età diversa [84², 90, 165, 244⁶, 250⁵, 291, 336-bis, 390, 394, 397, 428, 591, 774, 923 e ss., 934 e ss., 1176, 1389, 1425, 1426, 2294, 2505, 2642, 2-quinquies d.lg. 196/2003 // 85, 97, 120, 121 CP.] (2).

[II] Sono salve le leggi speciali che stabiliscono un'età inferiore in materia di capacità a prestare il proprio lavoro [324, 375 // 901 CNav.]. In tal caso il minore è abilitato all'esercizio dei diritti e delle azioni che dipendono dal contratto di lavoro (3).

➔ **CC. 1865 – art. 240, 323, 1105.**

(1) Articolo così sostituito dall'art. 1 della l. 8/3/1975, n. 39. Il testo previgente stabiliva: «La maggiore età è fissata al compimento del ventunesimo anno. Con la maggiore età si acquista la capacità di compiere tutti gli atti per i quali non sia stabilita un'età diversa».

(2) Art. 108 della l. 22/4/1941, n. 633: «l'autore che abbia compiuto sedici anni di età ha la capacità di compiere tutti gli atti giuridici relativi alle opere da lui create e di esercitare le azioni che ne derivano».

(3) Art. 24, co. 20, d.l. 6/7/2011, n. 98, conv. in l. 15/7/2011, n. 111: «È vietato consentire la partecipazione ai giochi pubblici con vincita in denaro ai minori di anni diciotto».

• L. 17/11/1967, n. 977, Tutela del lavoro dei bambini e degli adolescenti.

• D.P.R. 20/4/1994, n. 365, Autorizzazione all'impiego di minori in lavori nel settore dello spettacolo.

• D.lg. 9/11/1994, n. 556, In materia di tutela del lavoro minorile, delle lavoratrici madri e dei lavoratori a domicilio.

3. Capacità in materia di lavoro*. – *Il minore che ha compiuto gli anni diciotto può prestare il proprio lavoro, stipulare i relativi contratti ed esercitare i diritti e le azioni che ne dipendono, salve le leggi speciali che stabiliscono un'età inferiore.*

* Articolo abrogato dall'art. 2 della l. 8/3/1975, n. 39.

4. Commorienza. – [I] Quando un effetto giuridico dipende dalla sopravvivenza di una persona a un'altra e non consta quale di esse sia morta prima, tutte si considerano morte nello stesso momento [58 ss., 462, 791¹, 2697, 2728] (1).

➔ **CC. 1865 – art. 924.**

(1) L. 29/12/1993, n. 578, Norme per l'accertamento e la certificazione di morte.

5. Atti di disposizione del proprio corpo. – [I] Gli atti di disposizione del proprio corpo sono vietati quando cagionino una diminuzione permanente della integrità fisica, o quando siano altrimenti contrari alla legge [579 CP.] all'ordine pubblico o al buon costume [1343, 1418 // 2, 32 Cost.] (1).

➔ **D. 9.2.13 pr.**

(1) Conv. per la salvaguardia dei Diritti dell'Uomo e delle Libertà fondamentali.

• L. 26/6/1967, n. 458, Trapianto del rene tra persone viventi. Art. 1: «In deroga al divieto di cui all'art. 5 del Codice civile, è ammesso disporre a titolo gratuito del rene al fine del trapianto tra persone viventi. La deroga è consentita ai genitori, ai figli, ai fratelli germani o non germani del paziente che siano maggiorenni, purché siano rispettate le modalità previste dalla presente legge.
Solo nel caso che il paziente non abbia i consanguinei di cui al precedente comma o nessuno di essi sia idoneo o disponibile, la deroga può essere consentita anche per altri parenti e per donatori estranei».

• Art. 1 della l. 14/4/1982, n. 164, Norme in materia di rettificazione di attribuzione di sesso: «la rettificazione si fa in forza di sentenza del tribunale passata in giudicato che attribuisca ad una persona sesso diverso da quello enunciato nell'atto di nascita **a seguito di intervenute modificazioni dei suoi caratteri sessuali**».

• L. 1/4/1999, n. 91, Disposizioni in materia di prelievi e di trapianti di organi e di tessuti (G.U. 15/4/1999, n. 87). Vd. Parte V, Sezione III.

• Art. 4[1] della l. 6/3/2001, n. 52, Riconoscimento del Registro nazionale italiano dei donatori di midollo osseo: «La donazione di midollo osseo è un atto volontario e gratuito ai sensi dell'art. 3, co. 1, l. 4/5/1990, n. 107».

• L. 21/10/2005, n. 219, Nuova disciplina delle attività trasfusionali e della produzione nazionale degli emoderivati.

• Art. 1 della l. 19/9/2012, n. 167, Norme per consentire il trapianto parziale di polmone, pancreas e intestino tra persone viventi: «In deroga al divieto di cui all'art. 5 CC., è ammesso disporre a titolo gratuito di parti di polmone, pancreas e intestino al fine esclusivo del trapianto tra persone viventi».

• Art. 1 della l. 19/9/2012, n. 167: «In deroga al divieto di cui all'art. 5 CC., è ammesso disporre a titolo gratuito di parti di polmone, pancreas e intestino al fine esclusivo del trapianto tra persone viventi».

6. Diritto al nome. – [I] Ogni persona ha diritto al nome [2, 22, 30 Cost.] che le è per legge attribuito [7, 143-bis, 156-bis, 262, 299, 2292, 2314, 2326, 2563] (1).

[II] Nel nome si comprendono il prenome e il cognome [XIV[2] disp. trans. Cost.].

[III] Non sono ammessi cambiamenti, aggiunte o rettifiche al nome, se non nei casi e con le formalità dalla legge indicati [455].

(1) Artt. 8 e 14 Conv. per la salvaguardia dei Diritti dell'Uomo e delle Libertà fondamentali. Art. 7 Carta di Nizza. Art. 24 Patto internazionale dei diritti civili e politici.

• Art. 5, co. 2, l. 1/12/1970, n. 898, Disciplina dei casi di scioglimento del matrimonio.

• Art. 27, co. 1, l. 4/5/1983, n. 184, Diritto del minore ad una famiglia.

• L. 28/3/1991, n. 114, Norme per il ripristino dei nomi e dei cognomi modificati durante il regime fascista nei territori annessi all'Italia con le l. 26/9/1920, n. 1322, e 19/12/1920, n. 1778.

• D.lg. 29/3/1992, n. 119, Disciplina del cambiamento delle generalità per la protezione di coloro che collaborano con la giustizia.

• Artt. 29, 33, 34, 35, 36, 49, co. 1, lett. p), 84. d.P.R. 3/11/2000, n. 396, Regolamento per la revisione e la semplificazione dell'ordinamento dello stato civile.

• D.lg. 30/6/2003, n. 196, Codice in materia di protezione dei dati personali.

• Art. 1, co. 10, l. 20/5/2016, Regolamentazione delle unioni civili tra persone dello stesso sesso e disciplina delle convivenze.

7. Tutela del diritto al nome. – [I] La persona, alla quale si contesti il diritto all'uso del proprio nome o che possa risentire pregiudizio dall'uso che altri indebitamente ne faccia, può chiedere giudizialmente la cessazione del fatto lesivo [700 CPC.], salvo il risarcimento dei danni [2043, 2056, 2059] (1).

[II] L'autorità giudiziaria può ordinare che la sentenza sia pubblicata in uno o più giornali [120 CPC.].

(1) L. 22/4/1941, n. 633, Protezione del diritto d'autore e di altri diritti connessi al suo esercizio, art. 20, 23.

• D.lg. 30/6/2003, n. 196, Codice in materia di protezione dei dati personali.

➔ **Codex 9.25.1.**

8. Tutela del nome per ragioni familiari. – [I] Nel caso previsto dall'articolo precedente, l'azione può essere promossa anche da chi, pur non portando il nome contestato o indebitamente usato, abbia alla tutela del nome un interesse fondato su ragioni familiari degne d'essere protette.

9. Tutela dello pseudonimo. – [I] Lo pseudonimo, usato da una persona in modo che abbia acquistato l'importanza del nome [602[2]], può essere tutelato ai sensi dell'articolo 7 (1).

(1) Art. 8, 21 della l. 22/4/1941, n. 633, Protezione del diritto d'autore e di altri diritti connessi al suo esercizio.

• Art. 49, co. 1, lett. q), d.P.R. 3/11/2000, n. 396, Regolamento per la revisione e la semplificazione dell'ordinamento dello stato civile.

10. Abuso dell'immagine altrui. – [I] Qualora l'immagine di una persona o dei genitori, del coniuge o dei figli sia stata esposta o pubblicata fuori dei casi in cui l'esposizione o la pubblicazione è dalla legge consentita, ovvero con pregiudizio al decoro o alla reputazione della persona stessa o dei detti congiunti, l'autorità giudiziaria, su richiesta dell'interessato, può disporre che cessi l'abuso, salvo il risarcimento dei danni [2043, 2056, 2059] (1).

(1) Art. 96, 97 della l. 22/4/1941, n. 633, Protezione del diritto d'autore e di altri diritti connessi al suo esercizio.

• D.lg. 30/6/2003, n. 196, Codice in materia di protezione dei dati personali.

• D.lg. 10/2/2005, n. 30, Codice della proprietà industriale.

TITOLO II
DELLE PERSONE GIURIDICHE

Capo I
Disposizioni generali

11. Persone giuridiche pubbliche. – [I] Le province e i comuni, nonché gli enti pubblici riconosciuti come persone giuridiche godono dei diritti secondo le leggi e gli usi osservati come diritto pubblico [822, 824, 826, 830, 831, _1322_, 863[2], 2093 // 5, 28, 97, 113, 114 ss. Cost.] (1).

➔ **CC. 1865 – art. 2.**

(1) Art. 4 della l. 20/3/1975, n. 70 L.: «Salvo quanto previsto negli art. 2 e 3, nessun nuovo ente pubblico può essere istituito o riconosciuto se non per legge».

• Art. 18, co. 9, l. 22/12/1984, n. 887, Disposizioni per la formazione del bilancio annuale e pluriennale dello Stato (legge finanziaria 1985): «È autorizzata per l'anno finanziario 1985 la spesa di lire 200 milioni, da iscrivere nello stato di previsione del Ministero dell'agricoltura e delle foreste, per i conferimenti da effettuare per la partecipazione alla costituzione, nella forma di **società per azioni con personalità di diritto pubblico**, dell'Agenzia prevista dall'art. 1 del regolamento 17 luglio 1984, n. 2262/84, del Consiglio delle Comunità europee, concernente misure speciali nel settore dell'olio di oliva».

• Art. 1, co. 1-ter, l. 7/8/1990, n. 241, Nuove norme in materia di procedimento amministrativo e di diritto di accesso ai documenti amministrativi.

• Art. 2 del d.lg. 30/3/2001, n. 165.

• Art. 1[3] del d.lg. 8/6/2001, n. 231, Disciplina della responsabilità amministrativa delle persone giuridiche, delle società e delle associazioni anche prive di personalità giuridica.

• D.lg. 24/3/2006, n. 155, Disciplina dell'impresa sociale.

• Art. 1, 2, co. 15 *ter*, 25, 26, 27, 28, 29, 30, 31, 32, 33, 34, d.lg. 12/4/2006, n. 163.

• Art. 1[1,2] della l. 31/12/2009, n. 196, Legge di contabilità e finanza pubblica.

• Art. 298 del l. 2/8/2008, n. 130, Ratifica ed esecuzione del Trattato di Lisbona che modifica il Trattato sull'UE e il Trattato che istituisce la CE e alcuni atti connessi, con atto finale, protocolli e dichiarazioni, fatto a Lisbona il 13/12/2007: «Nell'assolvere i loro compiti le istituzioni, organi e organismi dell'Unione si basano su un'amministrazione europea aperta, efficace ed indipendente».

• Art. 4, co. 13, secondo periodo, d.l. 6/7/2012, n. 95 conv., con modificazioni, in l. 7/8/2012, n. 135 – Disposizioni urgenti per la revisione della spesa pubblica con invarianza dei servizi ai cittadini (spending review): «Le disposizioni del presente articolo e le altre disposizioni, anche di carattere speciale, in materia di società a totale o parziale partecipazione pubblica, si interpreta nel senso che, ove non diversamente stabilito e salvo deroghe espresse, si applicano comunque la disciplina del codice civile in materia di società di capitali».

12. Persone giuridiche private*. – *[I] Le associazioni, le fondazioni e le altre istituzioni di carattere privato acquistano la personalità giuridica mediante il riconoscimento concesso con decreto del Presidente della Repubblica. [II] Per determinate categorie di enti che esercitano la loro attività nell'ambito della provincia, il Governo può delegare ai prefetti la facoltà di riconoscerli con loro decreto* (1).

* Articolo abrogato dall'art. 11 del d.P.R. 10/2/2000, n. 361.

(1) Art. 1, co. 2, 3, d.lg. 8/6/2001, n. 231, Disciplina della responsabilità amministrativa delle persone giuridiche, delle società e delle associazioni anche prive di personalità giuridica.

13. Società. – [I] Le società sono regolate dalle disposizioni contenute nel libro V [2200, 2247 ss., 2331, 2436, 2523] (1).

(1) Art. 2, co. 15 *ter*, d.lg. 12/4/2006, n. 163.

• Art. 113, co. 5, d.lg. 18/8/2000, n. 267, TU delle leggi sull'ordinamento degli enti locali.

• Art. 4, co. 13, secondo periodo, d.l. 6/7/2012, n. 95 conv., con modif., in l. 7/8/2012, n. 135 – Disposizioni urgenti per la revisione della spesa pubblica con invarianza dei servizi ai cittadini (spending review): «Le disposizioni del presente articolo e le altre disposizioni, anche di carattere speciale, in materia di società a totale o parziale partecipazione pubblica, si interpreta nel senso che, ove non diversamente stabilito e salvo deroghe espresse, si applicano comunque la disciplina del codice civile in materia di società di capitali».

Capo II
Delle associazioni e delle fondazioni

14. Atto costitutivo. – [I] Le associazioni [*36*, *1100 ss.*, *1117 ss.*, 1332, 1420, 1446, 1459, 1466, *2247* // 2, 18, 19 C] e le fondazioni [769, 1324, *1334*, 2447-bis, 2901, 2645-ter] devono essere costituite con atto pubblico [1350, 2699].

[II] La fondazione può essere disposta anche con testamento [*473*, 587, *600*, 647, *786*, *1322* // 3 att.] (1).

(1) D.lg. 17/5/1999, n. 153, in tema di fondazioni bancarie.

15. Revoca dell'atto costitutivo della fondazione. – [I] L'atto di fondazione può essere revocato dal fondatore fino a quando non sia intervenuto il riconoscimento, ovvero il fondatore non abbia fatto iniziare l'attività dell'opera da lui disposta.

[II] La facoltà di revoca non si trasmette agli eredi [679].

16. Atto costitutivo e statuto. Modificazioni. – [I] L'atto costitutivo e lo statuto devono contenere la denominazione dell'ente [7], l'indicazione dello scopo [27^1, 28^1], del patrimonio e della sede [46, 2299], nonché le norme sull'ordinamento e sulla amministrazione [25, 1387]. Devono anche determinare, quando trattasi di associazioni, i diritti e gli obblighi degli associati e le condizioni della loro ammissione; e, quando trattasi di fondazioni, i criteri e le modalità di erogazione delle rendite.

[II] L'atto costitutivo e lo statuto possono inoltre contenere le norme relative alla estinzione dell'ente [27] e alla devoluzione del patrimonio [31], e, per le fondazioni, anche quelle relative alla loro trasformazione [28] (1).

(1) L'articolo recava un co. 3 abrogato dall'art. 11 del d.P.R. 10/2/2000, n. 361, che recitava: «Le modificazioni dell'atto costitutivo e dello statuto devono essere approvate dall'autorità governativa nelle forme indicate nell'articolo 12».

➔ D. 3.4.1.1.

17. Acquisto di immobili e accettazione di donazioni, eredità e legati*. – *[I] La persona giuridica non può acquistare beni immobili, né accettare donazioni, o eredità né consentire legati senza l'autorizzazione governativa. [II] Senza questa autorizzazione, l'acquisto e l'accettazione non hanno effetto* [600, 786].

➔ D. 34.5.20(21).

* Articolo abrogato dall'art. 13 della l. 15/5/1997, n. 127, come sostituito dall'art. 1 della l. 22/6/2000, n. 192, le cui disposizioni, ai sensi del successivo co. 2, «si applicano anche alle acquisizioni deliberate o verificatesi in data anteriore a quella di entrata in vigore» della suddetta legge.

18. Responsabilità degli amministratori. – [I] Gli amministratori sono responsabili [22, 25^3, 29] verso l'ente secondo le norme del mandato [1710 ss., 2392]. È però esente da responsabilità quello degli amministratori il quale non abbia partecipato all'atto che ha causato il danno, salvo il caso in cui, essendo a cognizione che l'atto si stava per compiere, egli non abbia fatto constare del proprio dissenso [2260^2, 2392^3] (1).

(1) D.lg. 8/6/2001, n. 231, Disciplina della responsabilità amministrativa delle persone giuridiche, delle società e delle associazioni anche prive di personalità giuridica.

• Art. 16 del d.lg. 9/4/2008, n. 81 in materia di tutela della salute e della sicurezza nei luoghi di lavoro.

19. Limitazioni del potere di rappresentanza. – [I] Le limitazioni del potere di rappresentanza, che non risultano dal registro indicato nell'articolo 33 (1), non possono essere opposte ai terzi, salvo che si provi che essi ne erano a conoscenza [1387, 1396, 2207^2, 2298, 2384 // *67^4 att.*].

(1) L'art. 33 è stato abrogato dall'art. 11 del d.P.R. 10/2/2000, n. 361. Il registro delle persone giuridiche è ora previsto e regolato dagli art. 1-4 del d.P.R. 10/2/2000, n. 361.

20. Convocazione dell'assemblea delle associazioni. – [I] L'assemblea delle associazioni deve essere convocata dagli amministratori una volta l'anno per l'approvazione del bilancio [2364^2].

[II] L'assemblea deve essere inoltre convocata quando se ne ravvisa la necessità o quando ne è fatta richiesta motivata da almeno un decimo degli associati. In questo ultimo caso, se gli amministratori non vi provvedono, la convocazione può essere ordinata dal presidente del tribunale [2367 // 8 att.].

21. Deliberazioni dell'assemblea. – [I] Le deliberazioni dell'assemblea sono prese a maggioranza di voti e con la presenza di almeno la metà degli associati. In seconda convocazione la deliberazione è valida qualunque sia il numero degli intervenuti [*1105^2*, *1108*, *1136*]. Nelle deliberazioni di approvazione del bilancio e in quelle che riguardano la loro responsabilità gli amministratori non hanno voto [67^5 att. // 2373^3 CC.].

[II] Per modificare l'atto costitutivo e lo statuto, se in essi non è altrimenti disposto, occorrono la presenza di almeno tre quarti degli associati e il voto favorevole della maggioranza dei presenti [2365].

[III] Per deliberare lo scioglimento dell'associazione e la devoluzione del patrimonio occorre il voto favorevole di almeno tre quarti degli associati [11 att.].

22. Azioni di responsabilità contro gli amministratori. – [I] Le azioni di responsabilità contro gli amministratori delle associazioni per fatti da loro compiuti sono deliberate dall'assemblea e sono esercitate dai nuovi amministratori o dai liquidatori [2393, $2941^{n. 7}$].

23. Annullamento e sospensione delle deliberazioni. – [I] Le deliberazioni dell'assemblea contrarie alla legge, all'atto costitutivo o allo statuto possono essere annullate su istanza degli organi dell'ente, di qualunque associato o del pubblico ministero [1109, 1137, 2377^{2} // 69 ss. CPC.].

[II] L'annullamento della deliberazione non pregiudica i diritti acquistati dai terzi di buona fede in base ad atti compiuti in esecuzione della deliberazione medesima [1445, 2377^{7}].

[III] Il presidente del tribunale o il giudice istruttore, sentiti gli amministratori dell'associazione, può sospendere, su istanza di colui che ha proposto l'impugnazione, la esecuzione della deliberazione impugnata, quando sussistono gravi motivi [1109^{2}, 1137^{2}]. Il decreto di sospensione deve essere motivato ed è notificato agli amministratori.

[IV] L'esecuzione delle deliberazioni contrarie all'ordine pubblico o al buon costume può essere sospesa anche dall'autorità governativa [9 att.].

24. Recesso ed esclusione degli associati. – [I] La qualità di associato non è trasmissibile, salvo che la trasmissione sia consentita dall'atto costitutivo o dallo statuto [*1103*, *1111*, 2284, 2322].

[II] L'associato può sempre recedere dall'associazione se non ha assunto l'obbligo di farne parte per un tempo determinato. La dichiarazione di recesso deve essere comunicata per iscritto agli amministratori e ha effetto con lo scadere dell'anno in corso, purché sia fatta almeno tre mesi prima [2285].

[III] L'esclusione d'un associato non può essere deliberata dall'assemblea che per gravi motivi [404 ss., 414 ss.]; l'associato può ricorrere all'autorità giudiziaria entro sei mesi dal giorno in cui gli è stata notificata la deliberazione [2286].

[IV] Gli associati, che abbiano receduto o siano stati esclusi o che comunque abbiano cessato di appartenere all'associazione, non possono ripetere i contributi versati, né hanno alcun diritto sul patrimonio dell'associazione.

25. Controllo sull'amministrazione delle fondazioni. – [I] L'autorità governativa esercita il controllo e la vigilanza sull'amministrazione delle fondazioni; provvede alla nomina e alla sostituzione degli amministratori o dei rappresentanti, quando le disposizioni contenute nell'atto di fondazione non possono attuarsi; annulla, sentiti gli amministratori, con provvedimento definitivo, le deliberazioni contrarie a norme imperative, all'atto di fondazione, all'ordine pubblico o al buon costume; può sciogliere l'amministrazione e nominare un commissario straordinario, qualora gli amministratori non agiscano in conformità dello statuto e dello scopo della fondazione o della legge [23, 634, $1354^{1,}$ 2031^{2}, 2035^{2}].

[II] L'annullamento della deliberazione non pregiudica i diritti acquistati dai terzi di buona fede in base ad atti compiuti in esecuzione della deliberazione medesima [232, 1445, 2377^{7}, 2391^{3}].

[III] Le azioni contro gli amministratori per fatti riguardanti la loro responsabilità devono essere autorizzate dall'autorità governativa e sono esercitate dal commissario straordinario, dai liquidatori o dai nuovi amministratori [18, 22, 23].

26. Coordinamento di attività e unificazione di amministrazione. – [I] L'autorità governativa può disporre il coordinamento dell'attività di più fondazioni ovvero l'unificazione della loro amministrazione, rispettando, per quanto è possibile, la volontà del fondatore [283].

27. Estinzione della persona giuridica. – [I] Oltre che per le cause previste nell'atto costitutivo e nello statuto [16], la persona giuridica si estingue quando lo scopo è stato raggiunto o è divenuto impossibile [*1111*, $2272^{n. 2}$, $2484^{n. 2}$].

[II] Le associazioni si estinguono inoltre quando tutti gli associati sono venuti a mancare [$2272^{n. 4}$] (1).

(1) L'articolo recava un co. 3 abrogato dall'art. 11 del d.P.R. 10/2/2000, n. 361. Il testo recitava: «L'estinzione è dichiarata dall'autorità governativa, su istanza di qualunque interessato o anche d'ufficio».

28. Trasformazione delle fondazioni. – [I] Quando lo scopo è esaurito o divenuto impossibile o di scarsa utilità, o il patrimonio è divenuto insufficiente, l'autorità governativa, anziché dichiarare estinta la fondazione, può provvedere alla sua trasformazione allontanandosi il meno possibile dalla volontà del fondatore [16, 2500-octies].

[II] La trasformazione non è ammessa quando i fatti che vi darebbero luogo sono considerati nell'atto di fondazione [162] come causa di estinzione della persona giuridica e di devoluzione dei beni a terze persone [21^{3}, 31, 32].

[III] Le disposizioni del primo comma di questo articolo e dell'articolo 26 non si applicano alle fondazioni destinate a vantaggio soltanto di una o più famiglie determinate [692, 698, 699].

29. Divieto di nuove operazioni. – [I] Gli amministratori non possono compiere nuove operazioni, appena è stato loro comunicato il provvedimento che dichiara l'estinzione della persona giuridica [27] o il provvedimento con cui l'autorità, a norma di legge, ha ordinato lo scioglimento dell'associazione, o appena è stata adottata dall'assemblea la deliberazione di scioglimento dell'associazione medesima [213, *1129^{8}*] (1). Qualora trasgrediscano a questo divieto, assumono responsabilità personale e solidale [18, 1292 ss., 2279, 2449].

(1) D.l. 16/5/1994, n. 293 conv., con modif., in l. 15/7/1994, n. 444 – Disciplina della proroga degli organi amministrativi. Art. 3, Proroga degli organi – Regime degli atti: «1. Gli organi amministrativi non ricostituiti nel termine di cui all'art. 2 sono prorogati per non più di quarantacinque giorni, decorrenti dal giorno della scadenza del termine medesimo. 2. Nel periodo in cui sono prorogati, gli organi scaduti possono adottare esclusivamente gli atti di ordinaria amministrazione, nonché gli atti urgenti e indifferibili con indicazione specifica dei motivi di urgenza e indifferibilità. 3. Gli atti non rientranti fra quelli indicati nel co. 2, adottati nel periodo di proroga, sono nulli».

30. Liquidazione. – [I] Dichiarata l'estinzione della persona giuridica o disposto lo scioglimento dell'associazione, si procede alla liquidazione del patrimonio secondo le norme di attuazione del codice [11-21 att.].

31. Devoluzione dei beni. – [I] I beni della persona giuridica, che restano dopo esaurita la liquidazione, sono devoluti in conformità dell'atto costitutivo o dello statuto [16].

[II] Qualora questi non dispongano, se trattasi di fondazione, provvede l'autorità governativa, attribuendo i beni ad altri enti che hanno fini analoghi; se trattasi di associazione, si osservano le deliberazioni della assemblea che ha stabilito lo scioglimento [21^{3}] e, quando anche queste mancano, provvede nello stesso modo l'autorità governativa.

[III] I creditori che durante la liquidazione non hanno fatto valere il loro credito possono chiedere il pagamento a coloro ai quali i beni sono stati devoluti, entro l'anno dalla chiusura della liquidazione [2964 ss.], in proporzione e nei limiti di ciò che hanno ricevuto [2312, 2324, 2495^{2}].

➔ D. 47.22.3 pr.

32. Devoluzione dei beni con destinazione particolare. – [I] Nel caso di trasformazione o di scioglimento di un ente, al quale sono stati donati o lasciati beni con destinazione a scopo diverso da quello proprio dell'ente, l'autorità governativa devolve tali beni, con lo stesso onere, ad altre persone giuridiche che hanno fini analoghi.

*33. **Registrazione delle persone giuridiche****. – *[I] In ogni provincia è istituito un pubblico registro delle persone giuridiche. [II] Nel registro devono indicarsi la data dell'atto costitutivo e quella del decreto di riconoscimento, la denominazione, lo scopo, il patrimonio, la durata, qualora sia stata determinata, la sede della persona giuridica e il cognome e il nome degli amministratori con la menzione di quelli ai quali è attribuita la rappresentanza. [III] La registrazione può essere disposta anche d'ufficio. [IV] Gli amministratori di un'associazione o di una fondazione non registrata, benché riconosciuta, rispondono personalmente e solidalmente, insieme con la persona giuridica, delle obbligazioni assunte.*

* Articolo abrogato dall'art. 11 del d.P.R. 10/2/2000, n. 361.
• Art. 3 del d.P.R. 10/2/2000, n. 361.

*34. **Registrazione di atti****. – *[I] Nel registro devono iscriversi anche le modificazioni dell'atto costitutivo e dello statuto, dopo che sono state approvate dall'autorità governativa, il trasferimento della sede e l'istituzione di sedi secondarie, la sostituzione degli amministratori con indicazione di quelli ai quali spetta la rappresentanza, le deliberazioni di scioglimento, i provvedimenti che ordinano lo scioglimento o dichiarano l'estinzione, il cognome e il nome dei liquidatori. [II] Se l'iscrizione non ha avuto luogo, i fatti indicati non possono essere opposti ai terzi, a meno che si provi che questi ne erano a conoscenza.*

* Articolo abrogato dall'art. 11 del d.P.R. 10/2/2000, n. 361.
• Art. 4 del d.P.R. 10/2/2000, n. 361.

35. Disposizione penale (1). – [I] Gli amministratori e i liquidatori che non richiedono le iscrizioni prescritte, sono puniti con l'ammenda (2) da 10 euro a 516 euro.

(1) Articolo così modificato dall'art. 11 del d.P.R. 10/2/2000, n. 361. Il testo precedente recitava: «[I] Gli amministratori e i liquidatori che non richiedono le iscrizioni prescritte dagli articoli 33 e 34, nel termine e secondo le modalità stabiliti dalle norme di attuazione del codice, sono puniti con l'ammenda da lire ventimila a 1 milione».
(2) Ora sanzione amministrativa, ai sensi dell'art. 32 della l. 24/11/1981, n. 689.

Capo III
Delle associazioni non riconosciute e dei comitati

36. Ordinamento e amministrazione delle associazioni non riconosciute. – [I] L'ordinamento interno e l'amministrazione delle associazioni non riconosciute come persone giuridiche [39 Cost.] sono regolati dagli accordi degli associati [*11*, *14*^{2}, 1321, 1322, 1332].

[II] Le dette associazioni possono stare in giudizio nella persona di coloro ai quali, secondo questi accordi, è conferita la presidenza o la direzione [41^2, 1387 // 41 Cost. // 78 CPC.].

37. Fondo comune. – [I] I contributi degli associati e i beni acquistati con questi contributi costituiscono il fondo comune dell'associazione [38, 42, 167, 528 ss., 600, 786, 1135^4, 2645 *ter*]. Finché questa dura, i singoli associati non possono chiedere la divisione del fondo comune, né pretenderne la quota in caso di recesso [244].

38. Obbligazioni. – [I] Per le obbligazioni assunte dalle persone che rappresentano l'associazione i terzi possono far valere i loro diritti sul fondo comune [37, 170, 2615]. Delle obbligazioni stesse rispondono anche personalmente [2740] e solidalmente [1292 ss.] le persone che hanno agito in nome e per conto dell'associazione [41, 2267, 2268, 2270^2, 2291, 2317, 2320, 2331^2, 2509-bis, 2615].

39. Comitati. – [I] I comitati di soccorso o di beneficenza e i comitati promotori di opere pubbliche, monumenti, esposizioni, mostre, festeggiamenti e simili sono regolati dalle disposizioni seguenti, salvo quanto è stabilito nelle leggi speciali.

40. Responsabilità degli organizzatori. – [I] Gli organizzatori e coloro che assumono la gestione dei fondi raccolti sono responsabili personalmente [2740] e solidalmente [1292 ss.] della conservazione dei fondi e della loro destinazione allo scopo annunziato [42, 167 // 646 CP.].

41. Responsabilità dei componenti. Rappresentanza in giudizio. – [I] Qualora il comitato non abbia ottenuto la personalità giuridica, i suoi componenti rispondono personalmente e solidalmente delle obbligazioni assunte [38, 2267, 2268, 2270^2, 2291, 2317, 2320, 2331^2, 2509-*bis*, 2615]. I sottoscrittori sono tenuti soltanto a effettuare le oblazioni promesse.

[II] Il comitato può stare in giudizio nella persona del presidente [36^2, 1387 // 754 CPC.].

42. Diversa destinazione dei fondi. – [I] Qualora i fondi raccolti siano insufficienti allo scopo, o questo non sia più attuabile, o, raggiunto lo scopo, si abbia un residuo di fondi, l'autorità governativa stabilisce la devoluzione dei beni, se questa non è stata disciplinata al momento della costituzione [31, 32].

42 bis. Trasformazione, fusione e scissione (1). – Se non è espressamente escluso dall'atto costitutivo o dallo statuto, le associazioni riconosciute e non riconosciute e le fondazioni di cui al presente titolo possono operare reciproche trasformazioni, fusioni o scissioni.

La trasformazione produce gli effetti di cui all'articolo 2498. L'organo di amministrazione deve predisporre una relazione relativa alla situazione patrimoniale dell'ente in via di trasformazione contenente l'elenco dei creditori, aggiornata a non più di centoventi giorni precedenti la delibera di trasformazione, nonché la relazione di cui all'articolo 2500-sexies, secondo comma. Si applicano inoltre gli articoli 2499, 2500, 2500-bis, 2500-ter, secondo comma, 2500-quinquies e 2500-nonies, in quanto compatibili.

Alle fusioni e alle scissioni si applicano, rispettivamente, le disposizioni di cui alle sezioni II e III del capo X, titolo V, libro V, in quanto compatibili.

Gli atti relativi alle trasformazioni, alle fusioni e alle scissioni per i quali il libro V prevede l'iscrizione nel Registro delle imprese sono iscritti nel Registro delle Persone Giuridiche ovvero, nel caso di enti del Terzo settore, nel Registro unico nazionale del Terzo settore.

(1) Inserito dall'art. 98, co. 1, d.lg. 3/7/2017, n. 117.

TITOLO III
DEL DOMICILIO E DELLA RESIDENZA

43. Domicilio e residenza. – [I] Il domicilio di una persona è nel luogo in cui essa ha stabilito la sede principale dei suoi affari e interessi [343, 354, 456, 1182^2, 1510 // 14 Cost. // 18, 139 CPC. // 614, 615-bis CP. // 156 CPP.].

[II] La residenza è nel luogo in cui la persona ha la dimora abituale [94, 144 // 18, 139 CPC. // 169 CPP.].

➔ **CC. 1865 – art. 16 // Codex 10.40.7.1, D. 50.1.31.**

44. Trasferimento della residenza e del domicilio. – [I] Il trasferimento della residenza non può essere opposto ai terzi di buona fede, se non è stato denunciato nei modi prescritti dalla legge [1386 // 31 att. // 16 Cost.].

[II] Quando una persona ha nel medesimo luogo il domicilio e la residenza e trasferisce questa altrove, di fronte ai terzi di buona fede si considera trasferito pure il domicilio, se non si è fatta una diversa dichiarazione nell'atto in cui è stato denunciato il trasferimento della residenza.

➔ **CC. 1865 – art. 17 // D. 50.1.20.**

45. Domicilio dei coniugi, del minore e dell'interdetto (1). – [I] Ciascuno dei coniugi ha il proprio domicilio nel luogo in cui ha stabilito la sede principale dei propri affari o interessi.

[II] Il minore ha il domicilio nel luogo di residenza della famiglia [144, 145, 146] o quello del tutore [343]. Se i genitori sono separati [150] o il loro matrimonio è stato annullato [117, 129-*bis*] o sciolto o ne sono cessati gli effetti civili [14] o comunque non hanno la stessa residenza, il minore ha il domicilio del genitore con il quale **convive** [342-*bis*, 343-*ter*, 417 // 29 Cost. // 384, 609-*ter*, 649 CP. // 199 CPP.] (2).

[III] L'interdetto [414] ha il domicilio del tutore [343, 424].

➔ **CC. 1865 – art. 18 // D. 23.2.5, D. 50.1.3, D. 50.1.4, D. 50.1.22.1.**

(1) Articolo così sostituito dall'art. 1 della l. 19/5/1975, n. 151.

(2) L. 28/3/2001, n. 149, modif. alla l. 4/5/1983, n. 184, recante "Disciplina dell'adozione e dell'affidamento dei minori", nonché al titolo VIII del libro primo del codice civile.

• Art. 76^2 del d.P.R. 30/5/2002, n. 115, TU delle disposizioni legislative e regolamentari in materia di spese di giustizia.

• Art. 5 della l. 19/2/2004, n. 40, Norme in materia di procreazione medicalmente assistita.

• Art. 129 del d.lg. 7/9/2005, n. 209, Codice delle assicurazioni private.

• Direttiva 2004/38 CE.

• Art. 8 Cedu.

46. Sede delle persone giuridiche. – [I] Quando la legge fa dipendere determinati effetti dalla residenza o dal domicilio, per le persone giuridiche si ha riguardo al luogo in cui è stabilita la loro sede [16, 191 // 145 CPC.].

[II] Nei casi in cui la sede stabilita ai sensi dell'articolo 16 o la sede risultante dal registro è diversa da quella effettiva, i terzi possono considerare come sede della persona giuridica anche questa ultima.

47. Elezione di domicilio. – [I] Si può eleggere domicilio speciale per determinati atti o affari [103, $2839^{2, n. 2}$, 2890 // 30, 141, 366, 480, $543^{2, n. 3}$ CPC.].

[II] Questa elezione deve farsi espressamente per iscritto [1350].

➔ **CC. 1865 – art. 19 // D. 50.1.5.**

TITOLO IV
DELL'ASSENZA E DELLA DICHIARAZIONE DI MORTE PRESUNTA

Capo I
Dell'assenza

48. Curatore dello scomparso. – [I] Quando una persona non è più comparsa nel luogo del suo ultimo domicilio [43, 45] o dell'ultima sua residenza [43^2, 45] e non se ne hanno più notizie, il tribunale dell'ultimo domicilio o dell'ultima residenza, su istanza degli interessati o dei presunti successori legittimi [565] o del pubblico ministero [69 CPC.], può nominare un curatore che rappresenti la persona in giudizio o nella formazione degli inventari e dei conti e nelle liquidazioni o divisioni in cui sia interessata, e può dare gli altri provvedimenti necessari alla conservazione del patrimonio dello scomparso [721 CPC. // 206 ss., 834 ss. CNav.].

[II] Se vi è un legale rappresentante [320, 374, 375, 392, 404, 415 // 747 CPC.] non si fa luogo alla nomina del curatore. Se vi è un procuratore [1703], il tribunale provvede soltanto per gli atti che il medesimo non può fare.

➔ **CC. 1865 – art. 20, 21 // D. 23.2.10, D. 26.1.6.4.**

49. Dichiarazione di assenza. – [I] Trascorsi due anni dal giorno a cui risale l'ultima notizia, i presunti successori legittimi [565] e chiunque ragionevolmente creda di avere sui beni dello scomparso diritti dipendenti dalla morte di lui possono domandare al tribunale competente, secondo l'articolo precedente, che ne sia dichiarata l'assenza [722, 723, 724 CPC.].

➔ **CC. 1865 – art. 22.**

50. Immissione nel possesso temporaneo dei beni. – [I] Divenuta eseguibile la sentenza che dichiara l'assenza [730 CPC.], il tribunale, su istanza di chiunque vi abbia interesse [1421 // 100 CPC.] o del pubblico ministero [69 CPC.], ordina l'apertura degli atti di ultima volontà dell'assente [587], se vi sono.

[II] Coloro che sarebbero eredi testamentari [592] o legittimi [565], se l'assente fosse morto nel giorno a cui risale l'ultima notizia di lui, o i loro rispettivi eredi [479] possono domandare l'immissione nel possesso temporaneo dei beni [1140 ss. // 725 CPC.].

[III] I legatari [588], i donatari [769] e tutti quelli ai quali spetterebbero diritti dipendenti dalla morte dell'assente possono domandare di essere ammessi all'esercizio temporaneo di questi diritti.

[IV] Coloro che per effetto della morte dell'assente sarebbero liberati da obbligazioni possono essere temporaneamente esonerati dall'adempimento di esse, salvo che si tratti delle obbligazioni alimentari previste dall'articolo 434 [632].

[V] Per ottenere l'immissione nel possesso, l'esercizio temporaneo dei diritti o la liberazione temporanea dalle obbligazioni si deve dare cauzione nella somma determinata dal tribunale [119, 725^3 CPC.]; se taluno non sia in grado di darla, il tribunale può stabilire altre cautele, avuto riguardo alla qualità delle persone e alla loro parentela con l'assente [63^4 // 119, 725 CPC.].

➔ **CC. 1865 – art. 26, 27.**

51. Assegno alimentare a favore del coniuge dell'assente (1). – [I] Il coniuge dell'assente, oltre ciò che gli spetta per effetto del regime patrimoniale dei coniugi [171^4, 191] e per titolo di successione [540], può ottenere dal tribunale, in caso di bisogno [438, 1448], un assegno alimentare da determinarsi secondo le condizioni della famiglia e l'entità del patrimonio dell'assente [433, 438, 1173].

➔ **CC. 1865 – art. 26.**

(1) Articolo così sostituito dall'art. 2 della l. 19/5/1975, n. 151.

52. Effetti della immissione nel possesso temporaneo. – [I] L'immissione nel possesso temporaneo dei beni [50] deve essere preceduta dalla formazione dell'inventario dei beni [769 ss. CPC.].

[II] Essa attribuisce a coloro che l'ottengono e ai loro successori l'amministrazione dei beni dell'assente, la rappresentanza di lui in giudizio [75 CPC.] e il godimento delle rendite dei beni nei limiti stabiliti nell'articolo seguente [725 CPC.].

➔ **CC. 1865 – art. 28, 29, 35.**

53. Godimento dei beni. – [I] Gli ascendenti, i discendenti [74, 75, 78] e il coniuge immessi nel possesso temporaneo dei beni [50] ritengono a loro profitto la totalità delle rendite. Gli altri devono riservare all'assente il terzo delle rendite [725 CPC.].

➔ **CC. 1865 – art. 30, 31.**

54. Limiti alla disponibilità dei beni. – [I] Coloro che hanno ottenuto l'immissione nel possesso temporaneo dei beni [50] non possono alienarli [822, 823, 824, 825, $826^{2,3}$, 828, 1470], ipotecarli [2808 ss.] o sottoporli a pegno [2784 ss.], se non per necessità o utilità evidente [2028 ss.] riconosciuta dal tribunale [374, 375].

[II] Il tribunale nell'autorizzare questi atti [$405^{5, n. 4}$, 427], dispone circa l'uso e l'impiego delle somme ricavate [376^{2}].

➔ **CC. 1865 – art. 29.**

55. Immissione di altri nel possesso temporaneo. – [I] Se durante il possesso temporaneo taluno prova di avere avuto, al giorno a cui risale l'ultima notizia dell'assente, un diritto prevalente o uguale a quello del possessore, può escludere questo dal possesso o farvisi associare; ma non ha diritto ai frutti [821] se non dal giorno della domanda giudiziale [1148].

56. Ritorno dell'assente o prova della sua esistenza. – [I] Se durante il possesso temporaneo l'assente ritorna o è provata l'esistenza di lui, cessano gli effetti della dichiarazione di assenza, salva, se occorre, l'adozione di provvedimenti per la conservazione del patrimonio a norma dell'articolo 48.

[II] I possessori temporanei dei beni devono restituirli; ma fino al giorno della loro costituzione in mora [1219] continuano a godere i vantaggi attribuiti dagli articoli 52 e 53, e gli atti compiuti ai sensi dell'articolo 54 restano irrevocabili.

[III] Se l'assenza è stata volontaria e non è giustificata, l'assente perde il diritto di farsi restituire le rendite riservategli dalla norma dell'articolo 53.

57. Prova della morte dell'assente. – [I] Se durante il possesso temporaneo è provata la morte dell'assente, la successione si apre a vantaggio di coloro che al momento della morte erano suoi eredi o legatari [456].

[II] Si applica anche in questo caso la disposizione del secondo comma dell'articolo precedente.

Capo II
Della dichiarazione di morte presunta

58. Dichiarazione di morte presunta dell'assente. – [I] Quando sono trascorsi dieci anni dal giorno a cui risale l'ultima notizia dell'assente [49] il tribunale competente secondo l'art. 48, su istanza del pubblico ministero [69, 726 CPC.] o di taluna delle persone indicate nei capoversi dell'articolo 50, può con sentenza dichiarare presunta la morte dell'assente nel giorno a cui risale l'ultima notizia [191, 620^{3} // 114 att.].

[II] In nessun caso la sentenza può essere pronunziata se non sono trascorsi nove anni dal raggiungimento della maggiore età dell'assente.

[III] Può essere dichiarata la morte presunta anche se sia mancata la dichiarazione di assenza.

➔ **CC. 1865 – art. 36, 38.**

59. Termine per la rinnovazione dell'istanza. – L'istanza, quando è stata rigettata, non può essere riproposta prima che siano decorsi almeno due anni.

60. Altri casi di dichiarazione di morte presunta. – [I] Oltre che nel caso indicato nell'articolo 58, può essere dichiarata la morte presunta nei casi seguenti:

1) quando alcuno è scomparso in operazioni belliche alle quali ha preso parte, sia nei corpi armati, sia al seguito di essi, o alle quali si è comunque trovato presente, senza che si abbiano più notizie di lui, e sono trascorsi due anni dall'entrata in vigore del trattato di pace o, in mancanza di questo, tre anni dalla fine dell'anno in cui sono cessate le ostilità;

2) quando alcuno è stato fatto prigioniero dal nemico, o da questo internato o comunque trasportato in paese straniero, e sono trascorsi due anni dall'entrata in vigore del trattato di pace, o, in mancanza di questo, tre anni dalla fine dell'anno in cui sono cessate le ostilità, senza che si siano avute notizie di lui dopo l'entrata in vigore del trattato di pace ovvero dopo la cessazione delle ostilità;

3) quando alcuno è scomparso per un infortunio e non si hanno più notizie di lui, dopo due anni dal giorno dell'infortunio o, se il giorno non è conosciuto, dopo due anni dalla fine del mese o, se neppure il mese è conosciuto, dalla fine dell'anno in cui l'infortunio è avvenuto [206, 209 CNav.].

61. Data della morte presunta. – [I] Nei casi previsti dai numeri 1 e 3 dell'articolo precedente, la sentenza [730 CPC.] determina il giorno e possibilmente l'ora a cui risale la scomparsa nell'operazione bellica o nell'infortunio, e nel caso indicato dal numero 2 il giorno a cui risale l'ultima notizia.

[II] Qualora non possa determinarsi l'ora, la morte presunta si ha per avvenuta alla fine del giorno indicato [4].

62. Condizioni e forme della dichiarazione di morte presunta. – [I] La dichiarazione di morte presunta nei casi indicati dall'articolo 60 può essere domandata quando non si è potuto procedere agli accertamenti richiesti dalla legge per la compilazione dell'atto di morte.

[II] Questa dichiarazione è pronunziata con sentenza del tribunale [730 CPC.] su istanza del pubblico ministero [69 CPC.] o di alcuna delle persone indicate nei capoversi dell'articolo 50.

[III] Il tribunale, qualora non ritenga di accogliere l'istanza di dichiarazione di morte presunta, può dichiarare l'assenza dello scomparso.

63. Effetti della dichiarazione di morte presunta dell'assente. – [I] Divenuta eseguibile la sentenza indicata nell'art. 58, coloro che ottennero l'immissione nel possesso temporaneo dei beni dell'assente [49] o i loro successori [536, 565, 587, 588] possono disporre liberamente dei beni [54, 822-826, 828, 1322].

[II] Coloro ai quali fu concesso l'esercizio temporaneo dei diritti o la liberazione temporanea dalle obbligazioni di cui all'articolo 50 conseguono l'esercizio definitivo dei diritti o la liberazione definitiva dalle obbligazioni [1218, 1230 ss.].

[III] Si estinguono inoltre le obbligazioni alimentari indicate nel quarto comma dell'articolo 50 [433, 448].

[IV] In ogni caso cessano le cauzioni [119 CPC.] e le altre cautele che sono state imposte.

64. Immissione nel possesso e inventario. – [I] Se non v'è stata immissione nel possesso temporaneo dei beni, gli aventi diritto indicati nei capoversi dell'articolo 50 o i loro successori conseguono il pieno esercizio dei diritti loro spettanti, quando è diventata eseguibile la sentenza menzionata nell'articolo 58.

[II] Coloro che prendono possesso dei beni devono fare precedere l'inventario dei beni [769 CPC.].

[III] Parimenti devono far precedere l'inventario dei beni coloro che succedono per effetto della dichiarazione di morte presunta nei casi indicati dall'articolo 60 [50^2, 72].

➔ **CC. 1865 – art. 38.**

65. Nuovo matrimonio del coniuge (1). – Divenuta eseguibile la sentenza che dichiara la morte presunta [730 CPC.], il coniuge può contrarre nuovo matrimonio [68, 149, 117^3].

(1) V. art. 1, co. 5, l. 20/5/2016, n. 76, Regolamentazione delle unioni civili tra persone dello stesso sesso e disciplina delle convivenze, che dispone: «La sussistenza di una delle cause impeditive di cui al comma 4 comporta la nullità dell'unione civile tra persone dello stesso sesso. All'unione civile tra persone dello stesso sesso si applicano gli articoli 65 e 68, nonché le disposizioni di cui agli articoli 119, 120, 123, 125, 126, 127, 128, 129 e 129-bis del codice civile».

66. Prova dell'esistenza della persona di cui è stata dichiarata la morte presunta. – [I] La persona di cui è stata dichiarata la morte presunta, se ritorna o ne è provata l'esistenza, ricupera i beni nello stato in cui si trovano e ha diritto di conseguire il prezzo di quelli alienati, quando esso sia tuttora dovuto, o i beni nei quali sia stato investito.

[II] Essa ha altresì diritto di pretendere l'adempimento delle obbligazioni [1218] considerate estinte ai sensi del secondo comma dell'articolo 63.

[III] Se è provata la data della sua morte, il diritto previsto nel primo comma di questo articolo compete a coloro che a quella data sarebbero stati suoi eredi o legatari. Questi possono inoltre pretendere l'adempimento delle obbligazioni considerate estinte [1218] ai sensi del secondo comma dell'articolo 63 per il tempo anteriore alla data della morte.

[IV] Sono salvi in ogni caso gli effetti delle prescrizioni [2934 ss.] e delle usucapioni [1158 ss.].

➔ **CC. 1865 – art. 39, 41.**

67. Dichiarazione di esistenza o accertamento della morte. – La dichiarazione di esistenza della persona di cui è stata dichiarata la morte presunta e l'accertamento della morte possono essere sempre fatti, su richiesta del pubblico ministero [69 CPC.] o di qualunque interessato [100 CPC.], in contraddittorio di tutti coloro che furono parti nel giudizio in cui fu dichiarata la morte presunta [726 CPC.].

➔ **CC. 1865 – art. 39, 41.**

68. Nullità del nuovo matrimonio (1). – [I] Il matrimonio contratto a norma dell'articolo 65 è nullo [1418 ss.], qualora la persona della quale fu dichiarata la morte presunta ritorni o ne sia accertata l'esistenza.

[II] Sono salvi gli effetti civili del matrimonio dichiarato nullo [128].

[III] La nullità non può essere pronunziata nel caso in cui è accertata la morte, anche se avvenuta in una data posteriore a quella del matrimonio.

(1) V. art. 1, co. 5, l. 20/5/2016, n. 76, Regolamentazione delle unioni civili tra persone dello stesso sesso e disciplina delle convivenze, che dispone: «La sussistenza di una delle cause impeditive di cui al comma 4 comporta la nullità dell'unione civile tra persone dello stesso sesso. All'unione civile tra persone dello stesso sesso si applicano gli articoli 65 e 68, nonché le disposizioni di cui agli articoli 119, 120, 123, 125, 126, 127, 128, 129 e 129-bis del codice civile».

Capo III
Delle ragioni eventuali che competono alla persona di cui si ignora l'esistenza o di cui è stata dichiarata la morte presunta

69. Diritti spettanti alla persona di cui si ignora l'esistenza. – Nessuno è ammesso a reclamare un diritto in nome della persona di cui si ignora l'esistenza, se non prova [2697] che la persona esisteva quando il diritto è nato.

➔ **CC. 1865 – art. 42.**

70. Successione alla quale sarebbe chiamata la persona di cui si ignora l'esistenza. – [I] Quando s'apre una successione alla quale sarebbe chiamata in tutto o in parte una persona di cui s'ignora l'esistenza, la successione è devoluta a coloro ai quali sarebbe spettata in mancanza della detta persona salvo il diritto di rappresentazione [467 ss.].

[II] Coloro ai quali è devoluta la successione devono innanzi tutto procedere all'inventario dei beni [470 // 769 CPC.], e devono dare cauzione [1179 // 725 CPC.].

➔ **CC. 1865 – art. 43.**

71. Estinzione dei diritti spettanti alla persona di cui si ignora l'esistenza. – [I] Le disposizioni degli articoli precedenti non pregiudicano la petizione di eredità [533 ss.] né gli altri diritti spettanti alla persona di cui s'ignora l'esistenza o ai suoi eredi o aventi causa, salvi gli effetti della prescrizione [2934 ss.] o della usucapione [1158 ss.].

[II] La restituzione dei frutti non è dovuta se non dal giorno della costituzione in mora [821, 1219].

72. Successione a cui sarebbe chiamata la persona della quale è stata dichiarata la morte presunta. – [I] Quando s'apre una successione [456] alla quale sarebbe chiamata in tutto o in parte una persona di cui è stata dichiarata la morte presunta [58 ss.], coloro ai quali, in sua mancanza, è devoluta la successione devono innanzi tutto procedere all'inventario dei beni [769 CPC.].

73. Estinzione dei diritti spettanti alla persona di cui è stata dichiarata la morte presunta. – [I] Se la persona di cui è stata dichiarata la morte presunta ritorna o ne è provata l'esistenza al momento dell'apertura della successione, essa o i suoi eredi o aventi causa possono esercitare la petizione di eredità [533] e far valere ogni altro diritto, ma non possono recuperare i beni se non nello stato in cui si trovano [2037], e non possono ripetere che il prezzo di quelli alienati, quando è ancora dovuto, o i beni nei quali esso è stato investito [66], salvi gli effetti della prescrizione [2934 ss.] o dell'usucapione [1158 ss.].

[II] Si applica la disposizione del secondo comma dell'articolo 71.

TITOLO V
DELLA PARENTELA E DELL'AFFINITÀ

74. Parentela (1). – La parentela è il vincolo tra le persone che discendono da uno stesso stipite [77], sia nel caso in cui la filiazione [231 ss.] è avvenuta all'interno del matrimonio, sia nel caso in cui è avvenuta al di fuori di esso [convivenza], sia nel caso in cui il figlio è adottivo (2). Il vincolo di parentela non sorge nei casi di adozione di persone maggiori di età, di cui agli articoli 291 e seguenti [258].

➔ **CC. 1865 – art. 46 // Gai 1.156, D. 38.10.1 pr., D. 38.10.10.2.**

(1) L'articolo che recitava: «La parentela è il vincolo tra le persone che discendono da uno stesso stipite» è stato così modificato dall'art. 1 della l. 10/12/2012, n. 219.

(2) L. 4/5/1983, n. 184, Adozione.

75. Linee della parentela. – Sono parenti in linea retta le persone di cui l'una discende dall'altra; in linea collaterale quelle che, pur avendo uno stipite comune, non discendono l'una dall'altra.

➔ **CC. 1865 – art. 50.**

76. Computo dei gradi. – [I] Nella linea retta si computano altrettanti gradi quante sono le generazioni, escluso lo stipite.

[II] Nella linea collaterale i gradi si computano dalle generazioni, salendo da uno dei parenti fino allo stipite comune e da questo discendendo all'altro parente, sempre restando escluso lo stipite.

➔ **CC. 1865 – art. 49, 51 // D. 38.10.10.9-10.**

77. Limite della parentela. – La legge non riconosce il vincolo di parentela oltre il sesto grado [572 co. 2], salvo che per alcuni effetti specialmente determinati [87, 251, 258, 417, 433[1, n. 3]].

➔ **CC. 1865 – art. 48 // D. 38.10.4 pr.**

78. Affinità. – [I] L'affinità [87, 230-*bis*, 251, 406, 417, 429, 433, 434, 1916, 2122, 2399] è il vincolo tra un coniuge e i parenti dell'altro coniuge [*258*].

[II] Nella linea e nel grado in cui taluno è parente d'uno dei due coniugi, egli è affine dell'altro coniuge.

[III] L'affinità non cessa per la morte, anche senza prole, del coniuge da cui deriva, salvo che per alcuni effetti specialmente determinati. Cessa se il matrimonio è dichiarato nullo [68, 117], salvi gli effetti di cui all'articolo 87, n. 4.

➔ **CC. 1865 – art. 52 // D. 38.10.4.3, 5.**

TITOLO VI
DEL MATRIMONIO (1)

(1) Art. 16 Dichiarazione. Universale dei diritti dell'uomo (New York 10/12/1948): «[I] Uomini e donne in età adatta hanno il diritto di sposarsi e di fondare una famiglia, senza alcuna limitazione di razza, cittadinanza o religione. Essi hanno eguali diritti riguardo al matrimonio, durante il matrimonio e all'atto del suo scioglimento. [II] Il matrimonio potrà essere concluso soltanto con il libero e pieno consenso dei futuri coniugi. [III] La famiglia è il nucleo naturale e fondamentale della società e ha diritto ad essere protetta dalla società e dallo Stato».

• Art. 12 CEDU: (Roma, 4/11/1950) Diritto al matrimonio: «A partire dall'età minima per contrarre matrimonio, l'uomo e la donna hanno il diritto di sposarsi e di fondare una famiglia secondo le leggi nazionali che regolano l'esercizio di tale diritto».

• Art. 9 Carta dei diritti fondamentali dell'UE: «Diritto di sposarsi e di costituire una famiglia – Il diritto di sposarsi e il diritto di costituire una famiglia sono garantiti secondo le leggi nazionali che ne disciplinano l'esercizio».

• In merito alle unioni tra persone dello stesso sesso, v. anche Corte cost., 11/6/2014, n. 170 che ha dichiarato «l'illegittimità costituzionale degli artt. 2 e 4 della legge 14 aprile 1982, n. 164 (Norme in materia di rettificazione di attribuzione di sesso), nella parte in cui non prevedono che la sentenza di rettificazione dell'attribuzione di sesso di uno dei coniugi, che provoca lo scioglimento del matrimonio o la cessazione degli effetti civili conseguenti alla trascrizione del matrimonio, consenta, comunque, ove entrambi lo richiedano, di mantenere in vita un rapporto di coppia giuridicamente regolato con altra forma di convivenza registrata, che tuteli adeguatamente i diritti ed obblighi della coppia medesima, con le modalità da statuirsi dal legislatore», nonché ha dichiarato: «l'illegittimità costituzionale dell'art. 31, comma 6, del decreto legislativo 1° settembre 2011, n. 150 (Disposizioni complementari al codice di procedura civile in materia di riduzione e semplificazione dei procedimenti civili di cognizione, ai sensi dell'articolo 54 della legge 18 giugno 2009, n. 69), nella parte in cui non prevede che la sentenza di rettificazione dell'attribuzione di sesso di uno dei coniugi, che determina lo scioglimento del matrimonio o la cessazione degli effetti civili conseguenti alla trascrizione del matrimonio celebrato con rito religioso, consenta, comunque, ove entrambi lo richiedano, di mantenere in vita un rapporto di coppia giuridicamente regolato con altra forma di convivenza registrata, che tuteli i diritti ed obblighi della coppia medesima, con le modalità da statuirsi dal legislatore».

Si veda anche: Belgio (l. 13/2/2003); Danimarca (l. 7/6/2012); Finlandia (l. 28/11/2014); Francia (l. 17/5/2013 n. 2013-404); Islanda (l. 12/6/2010); Lussemburgo (l. 18/6/2014); Norvegia (l. 11/6/2008); Olanda (l. 21/12/2000, n. 9); Portogallo (l. 8/1/2010); Regno unito (l. 17/7/2013 per Inghilterra e Galles; l. 5/2/2014 per la Scozia); Spagna (l. 30/6/2005, n. 13/2005); Svezia (l. 1/5/2009).

• L. 20/5/2016, n. 76, art. 1.

• D.p.c.m. 23/7/2014, n. 144.

Capo I
Della promessa di matrimonio

79. Effetti. – [I] La promessa di matrimonio [29 Cost.] non obbliga a contrarlo né ad eseguire ciò che si fosse convenuto per il caso di non adempimento [80, 81, 1987] (1).

➔ **CC. 1865 – art. 53 // D. 23.1.1, D. 23.1.2.**

(1) V. art. 26 della l. 31/5/1995, n. 218, Riforma del sistema italiano di diritto internazionale privato: «(Promessa di matrimonio). – 1. La promessa di matrimonio e le conseguenze della sua violazione sono regolate dalla legge nazionale comune dei nubendi o, in mancanza, dalla legge italiana».

80. Restituzione dei doni. – [I] Il promittente può domandare la restituzione dei doni fatti a causa della promessa di matrimonio [785, 770[2]], se questo non è stato contratto [2058].

[II] La domanda non è proponibile dopo un anno dal giorno in cui s'è avuto il rifiuto di celebrare il matrimonio o dal giorno della morte di uno dei promittenti [2964 ss.].

81. Risarcimento dei danni (1). – [I] La promessa di matrimonio fatta vicendevolmente per atto pubblico [2699 ss.] o per scrittura privata [2702 ss.] da una persona maggiore di età [2[1]] o dal minore ammesso a contrarre matrimonio a norma dell'articolo 84, oppure risultante dalla richiesta della pubblicazione [96], obbliga il promittente che senza giusto motivo [1175, 1206, 1220, 1373, 1460[2]] ricusi di eseguirla a risarcire il danno cagionato all'altra parte per le spese fatte e per le obbligazioni contratte a causa di quella promessa [*129-bis, 834[1], 843, 924, 925, 944, 1032[2], 1038, 1053, 1127[4], 1150,* 1173, *1223, 1328, 1337, 1381, 1660[2, 3], 2037[2], 2041, 2043, 2045, 2047[2]*] Il danno è risarcito entro il limite in cui le spese e le obbligazioni corrispondono alla condizione delle parti (2).

[II] Lo stesso risarcimento è dovuto dal promittente che con la propria colpa ha dato giusto motivo al rifiuto dell'altro.

[III] La domanda non è proponibile dopo un anno dal giorno del rifiuto di celebrare il matrimonio [2964 ss.].

➔ **CC. 1865 – art. 54.**

(1) Rubrica così modificata dall'art. 3[1] della l. 19/5/1975, n. 151, Riforma del diritto di famiglia.

(2) Comma così modificato dall'art. 3[1] della l. 19/5/1975, n. 151, Riforma del diritto di famiglia: Il testo previgente stabiliva: *La promessa di matrimonio, fatta vicendevolmente per atto pubblico o per scrittura privata da persona maggiore di età o dal minore auto-*

rizzato da chi deve dare l'assenso per la celebrazione del matrimonio, oppure risultante dalla richiesta della pubblicazione, obbliga il promittente che senza giusto motivo ricusi di eseguirla a risarcire il danno cagionato all'altra parte per le spese fatte e per le obbligazioni contratte a causa di quella promessa. Il danno è risarcito entro il limite in cui le spese e le obbligazioni corrispondono alla condizione delle parti.

Capo II
Del matrimonio celebrato davanti a ministri del culto cattolico e del matrimonio celebrato davanti a ministri dei culti ammessi nello Stato

82. Matrimonio celebrato davanti a ministri del culto cattolico. – [I] Il matrimonio celebrato davanti a un ministro del culto cattolico è regolato in conformità del Concordato con la Santa Sede [7 Cost.] e delle leggi speciali sulla materia (1).

(1) Art. 8, co. 1, l. 25/3/1985, n. 121, Ratifica ed esecuzione dell'accordo, con protocollo addizionale, firmato a Roma il 18/2/1984, che apporta modificazioni al Concordato Lateranense dell'11/2/1929, tra la Repubblica Italiana e la Santa Sede: «[I] Sono riconosciuti gli effetti civili ai matrimoni contratti secondo le norme del diritto canonico, a condizione che l'atto relativo sia trascritto nei registri dello stato civile, previe pubblicazioni nella casa comunale. Subito dopo la celebrazione, il parroco o il suo delegato spiegherà ai contraenti gli effetti civili del matrimonio, dando lettura degli articoli del codice civile riguardanti i diritti e i doveri dei coniugi, e redigerà quindi, in doppio originale, l'atto di matrimonio, nel quale potranno essere inserite le dichiarazioni dei coniugi consentite secondo la legge civile. La Santa Sede prende atto che la trascrizione non potrà avere luogo: a) quando gli sposi non rispondano ai requisiti della legge civile circa l'età richiesta per la celebrazione; b) quando sussiste fra gli sposi un impedimento che la legge civile considera inderogabile. La trascrizione è tuttavia ammessa quando, secondo la legge civile, l'azione di nullità o di annullamento non potrebbe essere più proposta. La richiesta di trascrizione è fatta, per iscritto, dal parroco del luogo dove il matrimonio è stato celebrato, non oltre i cinque giorni dalla celebrazione. L'ufficiale dello stato civile, ove sussistano le condizioni per la trascrizione, la effettua entro ventiquattro ore dal ricevimento dell'atto e ne dà notizia al parroco. Il matrimonio ha effetti civili dal momento della celebrazione, anche se l'ufficiale dello stato civile, per qualsiasi ragione, abbia effettuato la trascrizione oltre il termine prescritto. La trascrizione può essere effettuata anche posteriormente su richiesta dei due contraenti, o anche di uno di essi, con la conoscenza e senza l'opposizione dell'altro, sempre che entrambi abbiano conservato ininterrottamente lo stato libero dal momento della celebrazione a quello della richiesta di trascrizione, e senza pregiudizio dei diritti legittimamente acquisiti dai terzi».

83. Matrimonio celebrato davanti a ministri dei culti ammessi nello Stato. – [I] Il matrimonio celebrato davanti a ministri dei culti ammessi nello Stato è regolato dalle disposizioni del capo seguente [3[1], 8 Cost.], salvo quanto è stabilito nella legge speciale concernente tale matrimonio [107, 149[2]] (1).

(1) 11 della l. 24/6/1929, n. 1159, Disposizioni sull'esercizio dei culti ammessi nello stato e sul matrimonio celebrato davanti ai ministri dei culti medesimi: «Al matrimonio celebrato davanti al ministro di un culto ammesso nello stato e debitamente trascritto nei registri dello stato civile si applicano, anche per quanto riguarda le domande di nullità, tutte le disposizioni riflettenti il matrimonio celebrato davanti all'ufficiale dello stato civile».

• 25 ss. del r.d. 28/2/1930, n. 289, Norme per l'attuazione della l. 24/6/1929, n. 1159, sui culti ammessi nello Stato e per il coordinamento di essa con le altre leggi dello Stato.

• V. l. 11/8/1984, n. 449, Norme per la regolazione dei rapporti tra lo Stato e le chiese rappresentate dalla Tavola valdese, in particolare art. 11 della l. 22/11/1988, n. 516, Norme per la regolazione dei rapporti tra lo Stato e l'Unione italiana delle Chiese cristiane avventiste del 7° giorno, in particolare art. 18 della l. 22/11/1988, n. 517, Norme per la regolazione dei rapporti tra lo Stato e le Assemblee di Dio in Italia, in particolare art. 12 della l. 8/3/1989, n. 101, Norme per la regolazione dei rapporti tra lo Stato e l'Unione delle Comunità ebraiche italiane, in particolare art. 14 della l. 12/4/1995, n. 116 Norme per la regolazione dei rapporti tra lo stato e l'unione cristiana evangelica battista d'Italia (UCEBI), in particolare art. 10 della l. 29/11/1995, n. 520 Norme per la regolazione dei rapporti tra lo Stato e la Chiesa Evangelica Luterana in Italia (CELI), in particolare art. 13 della l. 30/7/2012, n. 126, Norme per la regolazione dei rapporti tra lo Stato e la Sacra arcidiocesi ortodossa d'Italia ed Esarcato per l'Europa Meridionale, in attuazione dell'art. 8, co. 3, Cost., in particolare art. 9 della l. 30/7/2012, n. 127, Norme per la regolazione dei rapporti tra lo Stato e la Chiesa di Gesù Cristo dei Santi degli ultimi giorni, in attuazione dell'art. 8, co. 3, Cost., in particolare art. 14 della l. 30/7/2012, n. 128, Norme per la regolazione dei rapporti tra lo Stato e la Chiesa apostolica in Italia, in attuazione dell'art. 8, co. 3, Cost., in particolare art. 13 della l. 31/12/2012, n. 245, Norme per la regolazione dei rapporti tra lo Stato e l'Unione Buddhista Italiana, in attuazione dell'art. 8, co. 3, Cost. l. 31/12/2012, n. 246, Norme per la regolazione dei rapporti tra lo Stato e l'Unione Induista Italiana, Sanatana Dharma Samgha, in attuazione dell'art. 8, co. 3, Cost., in particolare art. 9.

Capo III
Del matrimonio celebrato davanti all'ufficiale dello stato civile

Sezione I
Delle condizioni necessarie per contrarre matrimonio

84. Età (1). – [I] I minori di età [2[1]] non possono contrarre matrimonio [102, 117[2]].

[II] Il tribunale [38 att.], su istanza dell'interessato, accertata la sua maturità psico-fisica e la fondatezza delle ragioni addotte, sentito il pubblico ministero, i genitori o il tutore, può con decreto emesso in camera di consiglio ammettere per gravi motivi al matrimonio chi abbia compiuto i sedici anni [90, 165, 183[1], 390 // 737 ss. CPC.] (2).

[III] Il decreto è comunicato al pubblico ministero, agli sposi, ai genitori e al tutore.

[IV] Contro il decreto può essere proposto reclamo, con ricorso alla corte d'appello, nel termine perentorio di dieci giorni dalla comunicazione [87, 89 // 737-739 CPC.].

[V] La corte d'appello decide con ordinanza non impugnabile, emessa in camera di consiglio [87[6]].

[VI] Il decreto acquista efficacia quando è decorso il termine previsto nel quarto comma, senza che sia stato proposto reclamo [87[6] // 741 CPC.].

➔ **CC. 1865 – art. 55, 68 // Codex 5.60.3.**

(1) Articolo così sostituito dall'art. 4 della l. 19/5/1975, n. 151, Riforma del diritto di famiglia. Il testo previgente disponeva: «[I] Non possono contrarre matrimonio l'uomo che non ha compiuto gli anni sedici, la donna che non ha compiuto gli anni quattordici. [II] Il Re o le autorità a ciò delegate possono per gravi motivi accordare dispensa, ammettendo al matrimonio l'uomo che ha compito gli anni quattordici e la donna che ha compiuto gli anni dodici».

(2) V. art. 1, co. 2, l. 20/5/2016, n. 76, Regolamentazione delle unioni civili tra persone dello stesso sesso e disciplina delle convivenze, che dispone: «Due persone maggiorenni dello stesso sesso costituiscono un'unione civile mediante dichiarazione di fronte all'ufficiale di stato civile ed alla presenza di due testimoni».

85. Interdizione per infermità di mente (1). – [I] Non può contrarre matrimonio l'interdetto per infermità di mente [102, 116[1,2], 119, 120, **411**, 414].

[II] Se l'istanza di interdizione è soltanto promossa [417 ss.], il pubblico ministero può chiedere che si sospenda la celebrazione del matrimonio [104]; in tal caso la celebrazione non può aver luogo finché la sentenza che ha pronunziato sull'istanza non sia passata in giudicato [324 CPC.].

➔ **CC. 1865 – art. 61 // D. 50.17.40, Gai 3.106, D. 23.2.16.2, D. 50.17.40.**

(1) V. art. 1, co. 4, lett. b) l. 20/5/2016, n. 76, Regolamentazione delle unioni civili tra persone dello stesso sesso e disciplina delle convivenze che dispone: «Sono cause impeditive per la costituzione dell'unione civile tra persone dello stesso sesso: b) l'interdizione di una delle parti per infermità di mente; se l'istanza d'interdizione è soltanto promossa, il pubblico ministero può chiedere che si sospenda la costituzione dell'unione civile; in tal caso il procedimento non può aver luogo finché la sentenza che ha pronunziato sull'istanza non sia passata in giudicato».

86. Libertà di stato. – [I] Non può contrarre matrimonio chi è vincolato da un matrimonio [65, 68, 102[1, 3, 4], 116[2], 117[1, 5], 124, 149 // 556 CP.] o da un'unione civile tra persone dello stesso sesso precedente (1).

➔ **CC. 1865 – art. 56.**

(1) Articolo così modificato dall'art. 1, co. 32, l. 20/5/2016, n. 76, Regolamentazione delle unioni civili tra persone dello stesso sesso e disciplina delle convivenze. Il testo previgente stabiliva: «*Non può contrarre matrimonio chi è vincolato da un matrimonio precedente*».

• L. 1/12/1970, n. 898, Disciplina dei casi di scioglimento del matrimonio.

• V. art. 1, co. 4, lett. a), l. 20/5/2016, n. 76, Regolamentazione delle unioni civili tra persone dello stesso sesso e disciplina delle convivenze che dispone: «Sono cause impeditive per la costituzione dell'unione civile tra persone dello stesso sesso: a) la sussistenza, per una delle parti, di un vincolo matrimoniale o di un'unione civile tra persone dello stesso sesso».

• V. art. 1, co. 57, lett. a), l. 20/5/2016, n. 76, Regolamentazione delle unioni civili tra persone dello stesso sesso e disciplina della convivenza che dispone: «Il contratto di convivenza è affetto da nullità insanabile che può essere fatta valere da chiunque vi abbia interesse se concluso: a) in presenza di un vincolo matrimoniale, di un'unione civile o di un altro contratto di convivenza».

• Art. 51 del d.P.R. 3/11/2000, n. 396, Regolamento per la revisione e la semplificazione dell'ordinamento dello stato civile, a norma dell'art. 2, co. 12, l. 15/5/1997, n. 127: «Dichiarazioni – [I] Chi richiede la pubblicazione deve dichiarare il nome, il cognome, la data e il luogo di nascita, la cittadinanza degli sposi; il luogo di loro residenza, la loro libertà di stato; se tra gli sposi esiste un qualche impedimento di parentela, di affinità, di adozione o di affiliazione, a termini dell'art. 87 CC., se gli sposi hanno già contratto precedente matrimonio; se alcuno degli sposi si trova nelle condizioni indicate negli art. 85 e 88 CC. [II] L'ufficiale dello stato civile deve verificare l'esattezza della dichiarazione di cui al co. 1 e può acquisire d'ufficio eventuali documenti che ritenga necessari per provare l'inesistenza di impedimenti alla celebrazione del matrimonio».

• L. 19/11/1984, n. 950, Ratifica ed esecuzione della conv. relativa al rilascio di un certificato matrimoniale e della Conv. sulla legge applicabile ai cognomi e ai nomi, adottate a Monaco il 5/9/1980, in particolare v. art. 4.

87. Parentela, affinità, adozione *e affiliazione* * (1). – [I] Non possono contrarre matrimonio fra loro [116[2], 117[1, 4]] (2):

1) gli ascendenti e i discendenti in linea retta [75, 101], *legittimi o naturali*** (3);

2) i fratelli e le sorelle germani, consanguinei o uterini [75, 77, 101];

3) lo zio e la nipote, la zia e il nipote [75, 77];

4) gli affini in linea retta [78]; il divieto sussiste anche nel caso in cui l'affinità deriva da matrimonio dichiarato nullo [117] o sciolto o per il quale è stata pronunziata la cessazione degli effetti civili [101];

5) gli affini in linea collaterale in secondo grado [77, 78[2]];

6) l'adottante, l'adottato e i suoi discendenti [291 ss.] (4);

7) i figli adottivi della stessa persona [294];

8) l'adottato e i figli dell'adottante [300[2]];

9) l'adottato e il coniuge dell'adottante, l'adottante e il coniuge dell'adottato [300[2]].

➔ **CC. 1865 – art. 58-60, 68 // Inst. 1.10.1, Codex 5.4.19, Gai 1.62.**

*[II] I divieti contenuti nei numeri 6), 7), 8) e 9) sono applicabili all'affiliazione****(5).

*[III] I divieti contenuti nei numeri 2) e 3) si applicano anche se il rapporto dipende da filiazione naturale [250 ss.]*****.

[IV] Il tribunale, su ricorso degli interessati, con decreto emesso in camera di consiglio [38 att.], sentito il pubblico ministero, può autorizzare il matrimonio nei casi indicati dai numeri 3 e 5, anche se si tratti di affiliazione *o di filiazione naturale******. L'autorizzazione può essere accordata anche nel caso indicato dal numero 4, quando l'affinità deriva da un matrimonio dichiarato nullo [117[4]] (6).

[V] Il decreto è notificato agli interessati e al pubblico ministero.

[VI] Si applicano le disposizioni dei commi quarto, quinto e sesto dell'articolo 84.

* Le parole in corsivo sono state soppresse dall'art. 1, co. 1, lett a), d.lg. 28/12/2013, n. 154, Revisione delle disposizioni vigenti in materia di filiazione, a norma dell'art. 2 della l. 10/12/2012, n. 219, a decorrere dal 7/2/2014 ai sensi di quanto disposto dall'art. 108, co. 1 del medesimo d.lg. n. 154/2013.

(1) Articolo così sostituito dall'art. 5 della l. 19/5/1975, n. 151. Il testo previgente disponeva: «[I] Non possono contrarre matrimonio tra loro: 1) gli ascendenti e i discendenti in linea retta, legittimi o naturali; 2) i fratelli e le sorelle germani, consanguinei o uterini; 3) lo zio e la nipote, la zia e il nipote; 4) gli affini in linea retta; il divieto sussiste anche nel caso in cui l'affinità deriva da matrimonio dichiarato nullo o sciolto o per il quale è stata pronunziata la cessazione degli effetti civili; 5) gli affini in linea collaterale in secondo grado; 6) l'adottante, l'adottato e i suoi discendenti; 7) i figli adottivi della stessa persona; 8) l'adottato e i figli dell'adottante; 9) l'adottato e il coniuge dell'adottante, l'adottante e il coniuge dell'adottato. [II] I divieti contenuti nei numeri 6), 7), 8) e 9) sono applicabili all'affiliazione. [III] I divieti contenuti nei numeri 2) e 3) si applicano anche se il rapporto dipende da filiazione naturale. [IV] Il tribunale, su ricorso degli interessati, con decreto emesso in camera di consiglio, sentito il pubblico ministero, può autorizzare il matrimonio nei casi indicati dai numeri 3, 5, 6, 7, 8 e 9, anche se si tratti di affiliazione o di filiazione naturale (6) L'autorizzazione può essere accordata anche nel caso indicato dal numero 4, quando l'affinità deriva da un matrimonio dichiarato nullo».

** Le parole in corsivo sono state soppresse dall'art. 1, co. 1, lett b), d.lg. 28/12/2013, n. 154, Revisione delle disposizioni vigenti in materia di filiazione, a norma dell'art. 2 della l. 10/12/2012, n. 219, a decorrere dal 7/2/2014 ai sensi di quanto disposto dall'art. 108, co. 1, del medesimo d.lg. n. 154/2013.

(2) V. art. 1, co. 4, lett. c), l. 20/5/2016, n. 76, Regolamentazione delle unioni civili tra persone dello stesso sesso e disciplina delle convivenze che dispone: «Sono cause impeditive per la costituzione dell'unione civile tra persone dello stesso sesso:

c) la sussistenza tra le parti dei rapporti di cui all'articolo 87, primo comma, del codice civile; non possono altresì contrarre unione civile tra persone dello stesso sesso lo zio e il nipote e la zia e la nipote; si applicano le disposizioni di cui al medesimo articolo 87».

(3) Art. 1, co. 11, l. 10/11/2012, n. 219, Disposizioni in materia di riconoscimento dei figli naturali: Nel codice civile, le parole: "figli legittimi" e "figli naturali", ovunque ricorrono, sono sostituite dalla seguente: "figli".

(4) Cfr. art. 27 della l. 4/5/1983, n. 184, Diritto del minore ad una famiglia: «[I] Per effetto dell'adozione l'adottato acquista lo stato di figlio legittimo degli adottanti, dei quali assume e trasmette il cognome. [II] Se l'adozione è disposta nei confronti della moglie separata, ai sensi dell'art. 25 co. 5, l'adottato assume il cognome della famiglia di lei. [III] Con l'adozione cessano i rapporti dell'adottato verso la famiglia d'origine, salvi i divieti matrimoniali. Ta-

CODICE CIVILE

le articolo è stato successivamente modificato dal d.lg. 28/12/2013, n. 154, Revisione delle disposizioni vigenti in materia di filiazione, a norma dell'art. 2 della l. 10/12/2012, n. 219, che all'art. 100[1, lett. o)] dispone: all'art. 27, co. 1, la parola: "legittimo" è sostituita dalle seguenti: "nato nel matrimonio"».

*** Comma abrogato dall'art. 1, co. 1, lett. c), d.lg. 28/12/2013, n. 154, Revisione delle disposizioni vigenti in materia di filiazione, a norma dell'art. 2 della l. 10/12/2012, n. 219, a decorrere dal 7/2/2014 ai sensi di quanto disposto dall'art. 108, co. 1, del medesimo d.lg. n. 154/2013.

(5) Cfr. l. 4/5/1983, n. 184, Diritto del minore ad una famiglia, in particolare v. art. 77 che ha disposto l'abrogazione degli art. 404-413 CC. che disciplinavano l'istituto dell'affiliazione.

**** Comma abrogato dall'art. 1, co. 1, lett. d), d.lg. 28/12/2013, n. 154, Revisione delle disposizioni vigenti in materia di filiazione, a norma dell'art. 2 della l. 10/12/2012, n. 219, a decorrere dal 7/2/2014 ai sensi di quanto disposto dall'art. 108, co. 1, del medesimo d.lg. n. 154/2013.

***** Le parole in corsivo sono state soppresse dall'art. 1, co. 1, lett. e), d.lg. 28/12/2013, n. 154, Revisione delle disposizioni vigenti in materia di filiazione, a norma dell'art. 2 della l. 10/12/2012, n. 219, a decorrere dal 7/2/2014 ai sensi di quanto disposto dall'art. 108, co. 1 del medesimo d.lg. n. 154/2013.

(6) Comma così sostituito dall'art. 78, co. 1, l. 4/5/1983, n. 184. Il testo previgente disponeva: «[IV] Il tribunale, su ricorso degli interessati, con decreto emesso in camera di consiglio, sentito il pubblico ministero, può autorizzare il matrimonio nei casi indicati dai numeri 3, 5, 6, 7, 8 e 9, anche se si tratti di affiliazione o di filiazione naturale L'autorizzazione può essere accordata anche nel caso indicato dal numero 4, quando l'affinità deriva da un matrimonio dichiarato nullo».

88. Delitto (1). – [I] Non possono contrarre matrimonio tra loro le persone delle quali l'una è stata condannata per omicidio consumato o tentato sul coniuge dell'altra [101, 116², 117¹ // 56, 575 CP. // 533 CPP.].

[II] Se ebbe luogo soltanto rinvio a giudizio [429 CPP.] ovvero fu ordinata la cattura, si sospende la celebrazione del matrimonio fino a quando non è pronunziata sentenza di proscioglimento [469, 529 ss. CPP.].

(1) V. art. 1, co. 4, lett. d), l. 20/5/2016, n. 76, Regolamentazione delle unioni civili tra persone dello stesso sesso e disciplina delle convivenze che dispone: «Sono cause impeditive per la costituzione dell'unione civile tra persone dello stesso sesso: d) la condanna definitiva di un contraente per omicidio consumato o tentato nei confronti di chi sia coniugato o unito civilmente con l'altra parte; se è stato disposto soltanto rinvio a giudizio ovvero sentenza di condanna di primo o secondo grado ovvero una misura cautelare la costituzione dell'unione civile tra persone dello stesso sesso è sospesa sino a quando non è pronunziata sentenza di proscioglimento».

➔ **CC. 1865 – art. 62.**

89. Divieto temporaneo di nuove nozze (1). – [I] Non può contrarre matrimonio la donna [116², 140], se non dopo trecento giorni dallo scioglimento [149], dall'annullamento [117] o dalla cessazione degli effetti civili del precedente matrimonio. Sono esclusi dal divieto i casi in cui lo scioglimento o la cessazione degli effetti civili del precedente matrimonio siano stati pronunciati in base all'articolo 3, numero 2, lettere b) ed f), della legge 1 dicembre 1970, n. 898, e nei casi il matrimonio sia stato dichiarato nullo per impotenza, anche soltanto a generare, di uno dei coniugi (2).

[II] Il tribunale con decreto emesso in camera di consiglio [38²,³ att.], sentito il pubblico ministero, può autorizzare il matrimonio quando è inequivocabilmente escluso lo stato di gravidanza o se risulta da sentenza passata in giudicato che il marito non ha convissuto con la moglie nei trecento giorni precedenti lo scioglimento, l'annullamento o la cessazione degli effetti civili del matrimonio. Si applicano le disposizioni dei commi quarto, quinto e sesto dell'articolo 84 e del comma quinto dell'articolo 87.

[III] Il divieto cessa dal giorno in cui la gravidanza è terminata.

➔ **CC. 1865 – art. 57 // D. 3.2.10 pr.-1, D. 3.2.11.2.**

(1) Articolo così sostituito dall'art. 6 della l. 19/5/1975, n. 151 Riforma del diritto di famiglia. Il testo previgente disponeva: «Non può contrarre matrimonio la donna, se non dopo trecento giorni dallo scioglimento o dall'annullamento del matrimonio precedente, eccettuato il caso in cui il matrimonio è stato dichiarato nullo ai sensi dell'art. 123».

(2) Comma così modificato dall'art. 22 della l. 6/3/1987, n. 74, Nuove norme sulla disciplina dei casi di scioglimento di matrimonio. Il testo previgente disponeva: «Non può contrarre matrimonio la donna, se non dopo trecento giorni dallo scioglimento o dall'annullamento del precedente matrimonio, eccettuato il caso in cui il matrimonio è stato dichiarato nullo ai sensi dell'art. 122, per l'impotenza, anche soltanto di generare, di uno dei coniugi».

90. Assistenza del minore (1). – [I] Con il decreto di cui all'articolo 84 il tribunale [38 att.] o la corte d'appello nominano, se le circostanze lo esigono [165], un curatore speciale che assista il minore [2] nella stipulazione delle convenzioni matrimoniali [162 ss.].

➔ **CC. 1865 – art. 70.**

(1) Articolo così sostituito dall'art. 7 della l. 19/5/1975, n. 151 Riforma del diritto di famiglia. Il testo previgente disponeva: «[I] Il minore non può contrarre matrimonio senza l'assenso della persona che esercita su di lui la patria potestà o la tutela. [II] abrogato ex art. 3 l. n. 39/1975. [III] L'assenso, quando non è dato personalmente davanti all'ufficiale dello stato civile cui si domanda la pubblicazione, deve risultare da atto pubblico o da scrittura privata autenticata, dove si indichi tanto lo sposo al quale si dà l'assenso, quanto l'altro. [IV] Quando è negato l'assenso, il matrimonio può essere autorizzato per gravi motivi dal procuratore generale presso la corte d'appello. [V] Il procuratore generale può nominare un curatore che assista il minore nella stipulazione delle convenzioni matrimoniali».

• In precedenza, l'art. 3 della l. 8/3/1975, n. 39, Attribuzione della maggiore età ai cittadini che hanno compiuto il diciottesimo anno e modificazione di altre norme relative alla capacità di agire e al diritto di elettorato, aveva disposto l'abrogazione dell'art. 90² CC., che disponeva: «Per il matrimonio del minore emancipato è necessario l'assenso del curatore, quando questi è uno dei genitori».

***91. Diversità di razza e di nazionalità**.** – *[I] I matrimoni tra persone appartenenti a razze diverse sono soggetti alle limitazioni poste dalle leggi speciali. [II] Le leggi speciali determinano anche le condizioni che devono osservarsi per i matrimoni dei cittadini italiani con persone di nazionalità straniera.*

* Articolo abrogato dall'art. 1 del r.d.l. 20/1/1944, n. 25 e dall'art. 3 del d.lgs.lt. 14/9/1944, n. 287.

***92. Matrimonio del Re Imperatore e dei Principi Reali**.** – *[I] Le disposizioni degli articoli 84, 87, numeri 3, 5, 6, 7, 8, 9 e dell'art. 90, quarto comma, non sono applicabili al Re Imperatore e alla Famiglia Reale. [II] Per la validità dei matrimoni dei Principi e delle Principesse Reali è richiesto l'assenso del Re Imperatore.*

* Articolo da ritenersi abrogato per incompatibilità con la forma di Governo prevista nella Costituzione. V. art. 1 Cost.

Sezione II
Delle formalità preliminari del matrimonio (1)

(1) V. art. 50 ss. del d.P.R. 3/11/2000, n. 396, Regolamento per la revisione e la semplificazione dell'ordinamento dello stato civile.

93. Pubblicazione. – [I] La celebrazione del matrimonio dev'essere preceduta dalla pubblicazione fatta a cura dell'ufficiale dello stato civile [96, 100, 101, 115^2, 116^3, 134, 135, 138] (1).

[II] La pubblicazione consiste nella affissione alla porta della casa comunale di un atto dove si indica il nome, il cognome, la professione, il luogo di nascita e la residenza degli sposi, se essi siano maggiori o minori di età nonché il luogo dove intendono celebrare il matrimonio. L'atto deve anche indicare il nome del padre e il nome e il cognome della madre degli sposi, salvi i casi in cui la legge vieta questa menzione.*

(1) V. d.P.R. 3/11/2000, n. 396, Regolamento per la revisione e la semplificazione dell'ordinamento dello stato civile, in particolare il Titolo VIII – Della celebrazione del matrimonio – art. 50-62.

* Comma abrogato dall'art. 110, co. 3 del d.P.R. 3/11/2000, n. 396, Regolamento per la revisione e la semplificazione dell'ordinamento dello stato civile.

94. Luogo della pubblicazione. – [I] La pubblicazione [93] deve essere richiesta [96] all'ufficiale dello stato civile del comune dove uno degli sposi ha la residenza [43^2] ed è fatta nei comuni di residenza degli sposi [106] (1).

[II] Se la residenza non dura da un anno, la pubblicazione deve farsi anche nel comune della precedente residenza. [III] L'ufficiale dello stato civile cui si domanda la pubblicazione provvede a chiederla agli ufficiali degli altri comuni nei quali la pubblicazione deve farsi. Essi devono trasmettere all'ufficiale dello stato civile richiedente il certificato dell'eseguita pubblicazione.*

➔ **CC. 1865 – art. 71.**

(1) V. art. 53 del d.P.R. 3/11/2000, n. 396, Regolamento per la revisione e la semplificazione dell'ordinamento dello stato civile: «Casi particolari – [I] Se gli sposi risiedono in comuni diversi, l'ufficiale dello stato civile cui è stata chiesta la pubblicazione provvede a richiederla anche all'ufficiale dello stato civile del comune in cui risiede l'altro sposo. [II] Quando uno degli sposi ha la residenza all'estero, l'ufficiale dello stato civile cui ne è fatta richiesta in Italia fa eseguire la pubblicazione alla competente autorità diplomatica o consolare nei modi previsti dall'art. 11, co. 3, d.P.R. 5/1/1967, n. 200. Se invece la richiesta di pubblicazione viene fatta alla competente autorità diplomatica o consolare, quest'ultima la trasmette, in esenzione da ogni onere, all'ufficiale dello stato civile del comune di residenza attuale in Italia di uno degli sposi. [III] Nel caso previsto nel co. 2, il capo dell'ufficio diplomatico o consolare, una volta eseguita la pubblicazione, può richiedere la celebrazione del matrimonio all'ufficiale dello stato civile del comune, in Italia, nel quale gli sposi eventualmente intendano contrarre matrimonio, avvalendosi della facoltà di cui all'art. 109 CC. [IV] Gli uffici cui è richiesta la pubblicazione sono tenuti, quando questa è stata eseguita, a trasmettere senza indugio all'autorità richiedente il certificato di eseguita pubblicazione».

* Commi abrogati dall'art. 110, co. 3, d.P.R. 3/11/2000, n. 396, Regolamento per la revisione e la semplificazione dell'ordinamento dello stato civile.

95. Durata della pubblicazione*. – *[I] L'atto di pubblicazione resta affisso alla porta della casa comunale almeno per otto giorni, comprendenti due domeniche successive.*

* Articolo abrogato dall'art. 1103 del d.P.R. 3/11/2000, n. 396, Regolamento per la revisione e la semplificazione dell'ordinamento dello stato civile.

96. Richiesta della pubblicazione. – [I] La richiesta della pubblicazione [81, 94] deve farsi da ambedue gli sposi o da persona che ne ha da essi ricevuto speciale incarico [115, 135] (1).

➔ **CC. 1865 – art. 73.**

(1) V. art. 50 del d.P.R. n. 3/11/2000, n. 396, Regolamento per la revisione e la semplificazione dell'ordinamento dello stato civile: «Richiesta presentata da procuratore speciale – [I] Se la richiesta della pubblicazione di matrimonio è fatta da persona che, a termini dell'art. 96 CC. ne ha avuto dagli sposi speciale incarico, questo deve risultare nei modi indicati nell'art. 12, co. 7. [2] Quando l'incarico è stato conferito a chi esercita la potestà o la tutela, basta la semplice dichiarazione orale del richiedente di avere ricevuto l'incarico».

• V., nell'ipotesi di matrimonio concordatario l'art. 6 della l. 27/5/1929, n. 847, Disposizioni per l'applicazione del Concordato dell'11/2/1929 fra la S. Sede e l'Italia, nella parte relativa al matrimonio, il cui secondo comma dispone: «[II] La richiesta delle pubblicazioni, oltre che dalle persone indicate nell'art. 73 CC. [ora 96 CC.], deve esser fatta anche dal parroco, davanti al quale il matrimonio sarà celebrato».

97. Documenti per la pubblicazione* (1). – *[I] Chi richiede la pubblicazione deve presentare all'ufficiale dello stato civile un estratto per riassunto dell'atto di nascita di entrambi gli sposi, nonché ogni altro documento necessario a provare la libertà degli sposi* [86] (2). *[II] Coloro che esercitano o hanno esercitato la potestà [316, 317-bis] debbono dichiarare all'ufficiale di stato civile al quale viene rivolta la richiesta di pubblicazione [94], sotto la propria personale responsabilità, che gli sposi non si trovano in alcuna delle condizioni che impediscono il matrimonio a norma dell'articolo 87, di cui debbono prendere conoscenza attraverso la lettura chiara e completa fatta dall'ufficiale di stato civile, con ammonizione delle conseguenze penali delle dichiarazioni mendaci. [III] La dichiarazione prevista al comma precedente è resa e sottoscritta dinanzi all'ufficiale di stato civile ed autenticata dallo stesso. Si applicano le disposizioni degli articoli 20, 24 e 26 della legge 4 gennaio 1968, n. 15. [IV] In difetto della dichiarazione prevista nel secondo comma, l'ufficiale di stato civile accerta d'ufficio, esclusivamente mediante esame dell'atto integrale di nascita, l'assenza di impedimento di parentela o di affinità a termini e per gli effetti di cui all'articolo 87. [V] Qualora i richiedenti non presentino i documenti necessari, l'ufficiale di stato civile provvede su loro domanda a richiederli.*

* Articolo abrogato dall'art. 110^3 del d.P.R. 3/11/2000, n. 396, Regolamento per la revisione e la semplificazione dell'ordinamento dello stato civile. In passato, l'articolo era stato era stato modificato, dall'art. 8 della l. 19/5/1975, n. 151, sulla riforma del diritto di famiglia e ancora prima dalla l. 19/5/1971, n. 423.

(1) V. art. 51 del d.P.R. n. 3/11/2000, n. 396, Regolamento per la revisione e la semplificazione dell'ordinamento dello stato civile: «Dichiarazioni – [I] Chi richiede la pubblicazione deve dichiarare il nome, il cognome, la data e il luogo di nascita, la cittadinanza degli sposi; il luogo di loro residenza, la loro libertà di stato; se tra gli sposi esiste un qualche impedimento di parentela, di affinità, di adozione o di affiliazione, a termini dell'art. 87 CC., se gli sposi hanno già contratto precedente matrimonio; se alcuno degli sposi si trova nelle condizioni indicate negli art. 85 e 88 CC. [II] L'ufficiale dello stato civile deve verificare l'esattezza della dichiarazione di cui al co. 1 e può acquisire d'ufficio eventuali documenti che ritenga necessari per provare l'inesistenza di impedimenti alla celebrazione del matrimonio».
V. anche art. 52-56 del d.P.R. n. 3/11/2000, n. 396, Regolamento per la revisione e la semplificazione dell'ordinamento dello stato civile.

(2) V. l'articolo unico della l. 10/2/1982, n. 34, Modifica delle annotazioni da riportare negli estratti per riassunto degli atti di nascita: «[I] Le annotazioni concernenti gli atti di matrimonio di cui è stata pronunciata la nullità con sentenza eseguibile nello Stato, gli atti di matrimonio per i quali la corte di appello ha emesso i provvedimenti previsti nell'art. 17 della l. 27/5/1929, n. 847, e gli atti di matrimonio celebrati dinanzi ad un ministro del culto cattolico per i quali è stata pronunciata sentenza di annullamento della trascrizione non debbono essere riportate nell'estratto per riassunto dell'atto di nascita. [II] L'estratto rilasciato per la richiesta di pubblicazione ai sensi dell'art. 97 CC. deve contenere le annotazioni di cui al comma precedente e la menzione che esso è rilasciato ai fini delle pubblicazioni matrimoniali».

98. Rifiuto della pubblicazione. – [I] L'ufficiale dello stato civile che non crede di poter procedere alla pubblicazione rilascia un certificato coi motivi del rifiuto [112, 136, 138].

[II] Contro il rifiuto è dato ricorso al tribunale, che provvede in camera di consiglio [112^3 // 737 CPC.], sentito il pubblico ministero.

➔ CC. 1865 – art. 75.

99. Termine per la celebrazione del matrimonio. – [I] Il matrimonio non può essere celebrato prima del quarto giorno dopo compiuta la pubblicazione [95, 109, 138] (1).

[II] Se il matrimonio non è celebrato nei centottanta giorni successivi, la pubblicazione si considera come non avvenuta [111^5].

➔ CC. 1865 – art. 76, 77.

(1) Art. 57 del d.P.R. 3/11/2000, n. 396, Regolamento per la revisione e la semplificazione dell'ordinamento dello stato civile: «Celebrazione del matrimonio) – [I] Trascorsi i tre giorni successivi alla pubblicazione di cui all'art. 99 CC. senza che sia stata fatta alcuna opposizione, l'ufficiale dello stato civile può procedere alla celebrazione del matrimonio. [II] Fra i documenti registrati di seguito all'atto di matrimonio, l'ufficiale dello stato civile, che procede alla celebrazione o che richiede per questa altro ufficiale, inserisce negli archivi di cui all'art. 10 anche i certificati attestanti che la pubblicazione è stata eseguita e che non è stata notificata alcuna opposizione».

100. Riduzione del termine e omissione della pubblicazione (1). – [I] Il tribunale [38 att.], su istanza degli interessati, con decreto non impugnabile emesso in camera di consiglio [50-bis^2, 737 ss., CPC.], sentito il pubblico ministero, può ridurre, per gravi motivi, il termine della pubblicazione [95]. In questo caso la riduzione del termine è dichiarata nella pubblicazione (2).

[II] Può anche autorizzare, con le stesse modalità, per cause gravissime, l'omissione della pubblicazione [93], quando gli sposi davanti al cancelliere dichiarano sotto la propria responsabilità che nessuno degli impedimenti stabiliti dagli articoli 85, 86, 87, 88 e 89 si oppone al matrimonio (3) (4).

[III] Il cancelliere deve far precedere alla dichiarazione la lettura di detti articoli e ammonire i dichiaranti sull'importanza della loro attestazione e sulla gravità delle possibili conseguenze (4).

*[IV] Quando è stata autorizzata l'omissione della pubblicazione, gli sposi, per essere ammessi alla celebrazione del matrimonio, devono presentare all'ufficiale dello stato civile, insieme col decreto di autorizzazione, gli atti previsti dall'articolo 97**.

(1) Articolo così sostituito dall'art. 9 della l. 19/5/1975, n. 151, Riforma del diritto di famiglia.

(2) V. art. 54, co. 1, d.P.R. 3/11/2000, n. 396: «Attività d'ufficio – [I] Ricevuta la richiesta della pubblicazione, l'ufficiale dello stato civile redige processo verbale in cui indica l'identità delle persone comparse, la richiesta a lui fatta, le dichiarazioni degli sposi o di chi li rappresenta, la documentazione acquisita, la durata della pubblicazione o se essa è stata abbreviata o dispensata. Provvede quindi, all'affissione con atto separato sul quale annota l'eventuale riduzione dei termini della pubblicazione».

(3) Art. 58 del d.P.R. n. 3/11/2000, n. 396, Regolamento per la revisione e la semplificazione dell'ordinamento dello stato civile: «Omissione della pubblicazione – [I] Quando è stata autorizzata l'omissione della pubblicazione, ai sensi dell'art. 100, co. 1, CC., gli sposi, per essere ammessi alla celebrazione del matrimonio, devono presentare all'ufficiale dello stato civile il provvedimento di autorizzazione previsto dall'art. 52, co. 1, e rendere la dichiarazione di cui all'art. 51, co. 1».

(4) Commi 2 e 3 così sostituiti dall'art. 137 del d.lg. 19/2/1998, n. 51, recante l'istituzione del giudice unico, con effetto, dal 2/6/1999. Il testo previgente disponeva: «[II] Può; anche autorizzare, con le stesse modalità, per cause gravissime, l'omissione della pubblicazione, quando venga presentato un atto di notorietà con il quale quattro persone, ancorché parenti degli sposi, dichiarano con giuramento, davanti al pretore del mandamento di uno degli sposi, di ben conoscerli, indicando esattamente il nome e cognome, la professione e la residenza dei medesimi e dei loro genitori, e assicurano sulla loro coscienza che nessuno degli impedimenti stabiliti dagli articoli 85, 86, 87, 88 e 89 si oppone al matrimonio. [III] Il pretore deve far precedere all'atto di notorietà la lettura di detti articoli e ammonire i dichiaranti sull'importanza della loro attestazione e sulla gravità delle possibili conseguenze».

* Comma abrogato dall'art. 110, co. 3, d.P.R. 3/11/2000, n. 396, Regolamento per la revisione e la semplificazione dell'ordinamento dello stato civile.

101. Matrimonio in imminente pericolo di vita. – [I] Nel caso di imminente pericolo di vita di uno degli sposi, l'ufficiale dello stato civile del luogo può procedere alla celebrazione del matrimonio senza pubblicazione [93] e senza l'assenso al matrimonio, se questo è richiesto, purché gli sposi prima giurino che non esistono tra loro impedimenti non suscettibili di dispensa [84, 86 $87^{n. 1, 2 e 4}$, 88] (1).

[II] L'ufficiale dello stato civile dichiara nell'atto di matrimonio il modo con cui ha accertato l'imminente pericolo di vita [204, 834 CNav.] (2).

(1) L'assenso al matrimonio non è più richiesto a seguito della sostituzione dell'art. 90 per effetto dell'art. 7 della l. 19/5/1975, n. 151, Riforma del diritto di famiglia.

(2) V. art. 65 del d.P.R. 3/11/2000, n. 396, Regolamento per la revisione e la semplificazione dell'ordinamento dello stato civile: «Imminente pericolo di vita – [I] Se il matrimonio, nell'imminente pericolo di vita di uno degli sposi, è celebrato durante un viaggio marittimo o aereo, si osservano, rispettivamente, le disposizioni degli art. 204, 205, 207, 208, 210 e 834 del codice della navigazione. [II] Per la trascrizione degli atti o dei processi verbali relativi a matrimoni celebrati nelle ipotesi previste nel co. 1 è competente l'ufficiale dello stato civile del comune di residenza degli sposi, al quale la capitaneria di porto o il comandante dell'aeroporto, se l'approdo o l'atterraggio avviene in Italia, o l'autorità diplomatica o consolare, se l'approdo o l'atterraggio avviene all'estero, trasmette copia dei relativi atti consegnati dal comandante della nave o dell'aereo».

Sezione III
Delle opposizioni al matrimonio (1)

(1) V. art. 59-62 del d.P.R. 3/11/2000, n. 396, Regolamento per la revisione e la semplificazione dell'ordinamento dello stato civile.

102. Persone che possono fare opposizione (1). – [I] I genitori e, in mancanza loro, gli altri ascendenti e i collaterali entro il terzo grado [76] possono fare opposizione al matrimonio dei loro parenti per qualunque causa che osti alla sua celebrazione [84 ss., 104^2].

[II] Se uno degli sposi è soggetto a tutela [343 ss.] o a cura [390 ss., 424], il diritto di fare opposizione compete anche al tutore o al curatore.

[III] Il diritto di opposizione compete anche al coniuge della persona che vuole contrarre un altro matrimonio [86].

[IV] Quando si tratta di matrimonio in contravvenzione all'articolo 89, il diritto di opposizione spetta anche, se il precedente matrimonio fu sciolto [149], ai parenti del precedente marito [75, 77] e, se il matrimonio fu dichiarato nullo [117 ss.], a colui col quale il matrimonio era stato contratto e ai parenti di lui.

[V] Il pubblico ministero deve sempre fare opposizione al matrimonio [69 CPC.], se sa che vi osta un impedimento o se gli consta l'infermità di mente di uno degli sposi, nei confronti del quale, a causa dell'età, non possa essere promossa l'interdizione [85, 416].

➔ CC. 1865 – art. 82-87.

(1) V., in particolare, art. 59 del d.P.R. 3/11/2000, n. 396, Regolamento per la revisione e la semplificazione dell'ordinamento dello stato civile: «Opposizione del pubblico ministero e di altri soggetti legittimati – [I] L'ufficiale dello stato civile, se conosce che osta al matrimonio un impedimento che non è stato dichiarato, deve immediatamente informare il procuratore della Repubblica, affinché questi possa proporre opposizione al matrimonio. [II] L'atto di opposizione deve essere proposto con ricorso al presidente del tribunale del luogo dove è stata eseguita la pubblicazione che fissa con decreto la comparizione delle parti davanti al collegio per una data compresa tra i tre e i dieci giorni da quella di presentazione del ricorso e dispone che ricorso e decreto siano comunicati al procuratore della Repubblica e siano notificati, a cura del ricorrente, entro il giorno precedente a quello fissato per la comparizione, ai nubendi e all'ufficiale dello stato civile del comune nel quale il matrimonio deve essere celebrato o a quello che ha rilasciato l'autorizzazione o il nulla osta per la celebrazione del matrimonio davanti a un ministro di culto. [III] Il tribunale, sentite le parti ed acquisiti senza particolari formalità gli elementi del caso, decide con decreto motivato avente efficacia immediata, indipendentemente dall'eventuale reclamo. [IV] Se l'opposizione è stata proposta da chi ne ha facoltà, per causa ammessa dalla legge, il presidente del tribunale può, con proprio decreto, ove ne sussista la opportunità, sospendere la celebrazione del matrimonio sino a che sia stata rimossa la opposizione».

103. Atto di opposizione. – [I] L'atto di opposizione deve dichiarare la qualità che attribuisce all'opponente il diritto di farla, le cause dell'opposizione, e contenere l'elezione di domicilio [47] nel comune dove siede il tribunale nel cui territorio si deve celebrare il matrimonio.

*[II] L'atto deve essere notificato nella forma della citazione agli sposi e all'ufficiale dello stato civile del comune nel quale il matrimonio deve essere celebrato** (1).

➔ CC. 1865 – art. 88.

* Comma abrogato dall'art. 110, co. 3, d.P.R. 3/11/2000, n. 396, Regolamento per la revisione e la semplificazione dell'ordinamento dello stato civile.

(1) Cfr. art. 59, co. 2, d.P.R. 3/11/2000, n. 396, *sub* art. 102 CC.

104. Effetti dell'opposizione. – *[I] L'opposizione fatta da chi ne ha facoltà, per causa ammessa dalla legge, sospende la celebrazione del matrimonio sino a che con sentenza passata in giudicato sia rimossa l'opposizione** (1).

[II] Se l'opposizione è respinta, l'opponente, che non sia un ascendente o il pubblico ministero [102], può essere condannato al risarcimento dei danni [1226, 2043].

➔ CC. 1865 – art. 91.

* Comma abrogato dall'art. 110,co. 3, d.P.R. 3/11/2000, n. 396.

(1) Cfr. art. 59, co. 4, d.P.R. 3/11/2000, n. 396, *sub* art. 102 CC.

105. Matrimonio del Re Imperatore e dei Principi reali*. – *[I] Le disposizioni di questa sezione e della precedente non si applicano al Re Imperatore e alla Famiglia reale.*

* Articolo da ritenersi abrogato a seguito della mutata forma istituzionale dello Stato. V. art. 1 Cost.

Sezione IV
Della celebrazione del matrimonio

106. Luogo della celebrazione. – [I] Il matrimonio deve essere celebrato pubblicamente nella casa comunale [109, 110] davanti all'ufficiale dello stato civile [113] al quale fu fatta la richiesta di pubblicazione [93, 94, 95, 109, 137, 138 // 116[2] att. // 204 CNav.].

➔ CC. 1865 – art. 93.

107. Forma della celebrazione (1). – [I] Nel giorno indicato dalle parti l'ufficiale dello stato civile, alla presenza di due testimoni [137[2]], anche se parenti [74], dà lettura agli sposi degli articoli 143, 144 e 147; riceve da ciascuna delle parti personalmente [111], l'una dopo l'altra, la dichiarazione che esse si vogliono prendere rispettivamente in marito e in moglie, e di seguito dichiara che esse sono unite in matrimonio [137, 138].

[II] L'atto di matrimonio deve essere compilato immediatamente dopo la celebrazione [130, 138] (2).

➔ CC. 1865 – art. 94.

(1) Articolo così sostituito dall'art. 10 della l. 19/5/1975, n. 15, Riforma del diritto di famiglia. Il testo previgente disponeva: «[I] Nel giorno indicato dalle parti l'ufficiale dello stato civile, alla presenza di due testimoni, anche se parenti, dà lettura agli sposi degli articoli 143, 144 e 147; riceve da ciascuna delle parti personalmente, l'una dopo l'altra, la dichiarazione che esse si vogliono prendere rispettivamente in marito e in moglie, e di seguito dichiara che esse sono unite in matrimonio. [II] L'atto di matrimonio deve essere compilato immediatamente dopo la celebrazione».

• V. art. 1, co. 2, l. 20/5/2016, n. 76, Regolamentazione delle unioni civili tra persone dello stesso sesso e disciplina delle convivenze, che dispone: «Due persone maggiorenni dello stesso sesso costituiscono un'unione civile mediante dichiarazione di fronte all'ufficiale di stato civile ed alla presenza di due testimoni».

(2) V. d.P.R. n. 3/11/2000, n. 396, Regolamento per la revisione e la semplificazione dell'ordinamento dello stato civile: in particolare, gli art. 12 (Modalità di redazione degli atti), 63 (Iscrizioni e trascrizioni) e 64 (Contenuto dell'atto di matrimonio). Quest'ultimo articolo, in particolare, dispone: «[I] L'atto di matrimonio deve specificamente indicare: a) il nome e il cognome, il luogo e la data di nascita, la cittadinanza e la residenza degli sposi; il nome, il cognome, il luogo e la data di nascita e la residenza dei testimoni. b) la data della eseguita pubblicazione o il decreto di autorizzazione alla omissione, salvo il caso di cui all'art. 101 CC. c) il decreto di autorizzazione quando ricorra alcuno degli impedimenti di legge, salvo il caso di cui all'art. 101 CC. d) la menzione dell'avvenuta lettura agli sposi degli art. 143, 144 e 147 CC. e) la dichiarazione degli sposi di volersi prendere rispettivamente in marito e in moglie. f) il luogo della celebrazione del matrimonio nei casi previsti dagli art. 101 e 110 CC., ed il motivo del trasferimento dell'ufficiale dello stato civile in detto luogo. g) la dichiarazione fatta dall'ufficiale dello stato civile che gli sposi sono uniti in matrimonio. [II] Quando contemporaneamente alla celebrazione del matrimonio gli sposi dichiarano di riconoscere figli naturali, la dichiarazione è inserita nell'atto stesso di matrimonio. Ugualmente si provvede nel caso di scelta del regime di separazione dei beni o di scelta della legge applicabile ai loro rapporti patrimoniali ai sensi dell'art. 30, co. 1, l. 31/5/1995, n. 218».

108. Inapponibilità di termini e condizioni. – [I] La dichiarazione degli sposi di prendersi rispettivamente in marito e in moglie non può [160] essere sottoposta né a termine [1184], né a condizione [1353].

[II] Se le parti aggiungono un termine o una condizione, l'ufficiale dello stato civile non può procedere alla celebrazione del matrimonio [138]. Se ciò nonostante il matrimonio è celebrato, il termine e la condizione si hanno per non apposti.

➔ CC. 1865 – art. 95.

109. Celebrazione in un comune diverso (1). – [I] Quando vi è necessità o convenienza di celebrare il matrimonio in un comune diverso da quello indicato nell'articolo 106, l'ufficiale dello stato civile, trascorso il termine stabilito nel primo comma dell'articolo 99, richiede per iscritto l'ufficiale del luogo dove il matrimonio si deve celebrare.

[II] La richiesta è menzionata nell'atto di celebrazione [107, 130] e in esso inserita. Nel giorno successivo alla celebrazione del matrimonio, l'ufficiale davanti al quale esso fu

CODICE CIVILE

celebrato invia, per la trascrizione, copia autentica dell'atto all'ufficiale da cui fu fatta la richiesta [130, 137¹, 138].

➔ CC. 1865 – art. 96.

(1) V. art. 67 del d.P.R. n. 3/11/2000, n. 396, Regolamento per la revisione e la semplificazione dell'ordinamento dello stato civile: «Matrimonio celebrato da altro ufficiale – [I] L'ufficiale dello stato civile che, valendosi della facoltà concessa dall'art. 109 CC., richiede un altro ufficiale per la celebrazione del matrimonio, deve esprimere nella richiesta il motivo di necessità o di convenienza che lo ha indotto a fare la richiesta stessa. [II] I documenti sono tenuti dall'ufficiale richiedente per essere poi inseriti negli archivi di cui all'art. 10, con le modalità di cui all'art. 21, co. 1». V. anche art. 53 e 63 del d.P.R. n. 396/2000 cit.

110. Celebrazione fuori della casa comunale. – [I] Se uno degli sposi, per infermità o per altro impedimento giustificato all'ufficio dello stato civile, è nell'impossibilità di recarsi alla casa comunale [106], l'ufficiale si trasferisce col segretario nel luogo in cui si trova lo sposo impedito, e ivi, alla presenza di quattro testimoni [107¹], procede alla celebrazione del matrimonio secondo l'articolo 107 [137, 138].

➔ CC. 1865 – art. 97.

111. Celebrazione per procura (1). – [I] I militari e le persone che per ragioni di servizio si trovano al seguito delle forze armate possono, in tempo di guerra, celebrare il matrimonio per procura [287].

[II] La celebrazione del matrimonio per procura può anche farsi se uno degli sposi risiede all'estero e concorrono gravi motivi da valutarsi dal tribunale nella cui circoscrizione risiede l'altro sposo. L'autorizzazione è concessa con decreto non impugnabile emesso in camera di consiglio, sentito il pubblico ministero [737 ss. CPC.].

[III] La procura deve contenere la indicazione della persona con la quale il matrimonio si deve contrarre [107].

[IV] La procura deve essere fatta per atto pubblico [2699]; i militari e le persone al seguito delle forze armate, in tempo di guerra, possono farla nelle forme speciali ad essi consentite (2).

[V] Il matrimonio non può essere celebrato quando sono trascorsi centottanta giorni da quello in cui la procura è stata rilasciata [99²].

[VI] La coabitazione, anche temporanea, dopo la celebrazione del matrimonio, elimina gli effetti della revoca della procura, ignorata dall'altro coniuge al momento della celebrazione [1396].

(1) Articolo così sostituito dall'art. 11 della l. 19/5/1975, n. 151, Riforma del diritto di famiglia. Il testo previgente disponeva: «Celebrazione per procura – [I] I militari e le persone che per ragioni di servizio si trovano al seguito delle forze armate possono, in tempo di guerra, celebrare il matrimonio per procura. [II] La celebrazione del matrimonio per procura può anche farsi quando uno degli sposi risiede fuori del Regno e concorrono gravi motivi, da valutarsi dal procuratore generale presso la corte di appello nella cui circoscrizione l'altro sposo risiede. [III] La procura deve contenere l'indicazione della persona con la quale il matrimonio si deve contrarre. [IV] La procura deve essere fatta per atto pubblico; i militari e le persone al seguito delle forze armate, in tempo di guerra, possono farla nelle forme speciali ad essi consentite. [V] Il matrimonio non può più essere celebrato quando sono trascorsi centottanta giorni da quello in cui la procura fu rilasciata. [VI] La coabitazione, anche temporanea, dopo la celebrazione del matrimonio, elimina gli effetti della revoca della procura, ignorata dall'altro coniuge al momento della celebrazione».

(2) V. r.d. 8/7/1938, n. 1415, Approvazione dei testi della legge di guerra e della legge di neutralità, in particolare l'art. 120 (Procura a contrarre matrimonio civile), secondo cui: «[I] Gli appartenenti alle forze armate dello Stato e le persone al seguito di queste, che si trovano nella zona delle operazioni, i componenti l'equipaggio delle navi da guerra e i militari comunque imbarcati sulle navi stesse possono contrarre matrimonio civile per procura. [II] La procura a contrarre matrimonio civile è ricevuta, in forma pubblica, da una delle persone investite delle funzioni di ufficiale di stato civile a norma dell'art. 112 e soltanto per le persone, per le quali esse possono esercitare le funzioni stesse. [III] La procura deve essere speciale, ed è redatta alla presenza di due testimoni aventi i requisiti preveduti dal secondo comma dell'art. 113, con l'osservanza, per quanto è possibile, delle leggi sull'ordinamento del notariato e sugli archivi notarili. [IV] La procura deve, in ogni caso, contenere, oltre quanto è prescritto dal terzo comma dell'art. 113, l'indicazione del nome e cognome, dell'età e del luogo di nascita di chi rilascia la procura, dell'altro sposo e del mandatario. [V] L'atto di procura a contrarre matrimonio civile è trasmesso, per il tramite del ministero dal quale dipende l'ufficiale che ha redatto la procura, all'ufficiale di stato civile, che deve celebrare il matrimonio. [VI] La nullità della procura per difetti formali di essa non può farsi valere decorsi i tre mesi da quando chi rilascia la procura non si trovi più nella zona delle operazioni, o sia sbarcato in un porto nazionale». Cfr. anche art. 121 (Procura a contrarre matrimonio secondo il rito cattolico) e 122 (Procura a contrarre matrimonio secondo il rito di uno dei culti ammessi nello Stato).

• V. !. 23/4/1942, n. 456, Forma degli atti di procura a contrarre matrimonio per i prigionieri di guerra.

112. Rifiuto della celebrazione. – [I] L'ufficiale dello stato civile non può rifiutare la celebrazione del matrimonio se non per una causa ammessa dalla legge [84 ss., 93 ss., 98, 138, 1218].

[II] Se la rifiuta, deve rilasciare un certificato con l'indicazione dei motivi [98, 138].

[III] Contro il rifiuto è dato ricorso al tribunale, che provvede in camera di consiglio, sentito il pubblico ministero [737 ss. CPC.].

➔ CC. 1865 – art. 98.

113. Matrimonio celebrato davanti a un apparente ufficiale dello stato civile. – [I] Si considera celebrato davanti all'ufficiale dello stato civile il matrimonio che sia stato celebrato dinanzi a persona la quale, senza avere la qualità di ufficiale dello stato civile, ne esercitava pubblicamente le funzioni, a meno che entrambi gli sposi, al momento della celebrazione, abbiano saputo che la detta persona non aveva tale qualità [534, 1153, 1189, 1415 // 116² att.].

114. Matrimonio del Re Imperatore e dei Principi Reali*. – *[I] Nei matrimoni del Re Imperatore e della Famiglia Reale l'ufficiale dello stato civile è il presidente del Senato. [II] Il Re Imperatore determina il luogo della celebrazione, la quale può anche farsi per procura. In questo caso non si applicano le norme dell'art. 111.*

* Articolo da ritenersi abrogato a seguito della mutata forma istituzionale dello Stato. V. art. 1 della Cost.

Sezione V
Del matrimonio dei cittadini in paese straniero e degli stranieri nello Stato

115. Matrimonio del cittadino all'estero. – [I] Il cittadino è soggetto alle disposizioni contenute nella sezione prima di questo capo [84 ss.], anche quando contrae matrimonio in paese straniero secondo le forme ivi stabilite [*17, 26 prel.*] (1).

*[II] La pubblicazione deve anche farsi nello Stato a norma degli articoli 93, 94 e 95. Se il cittadino non risiede nello Stato, la pubblicazione si fa nel comune dell'ultimo domicilio** (2).

➔ CC. 1865 – art. 100.

(1) V. art. 27 ss. della l. 31/5/1995, n. 218, Riforma del sistema italiano di diritto internazionale privato; in particolare, l'art. 28 (Forma del matrimonio) dispone: «[I] Il matrimonio è valido, quanto alla forma, se è considerato tale dalla legge del luogo di celebrazio-

ne o dalla legge nazionale di almeno uno dei coniugi al momento della celebrazione o dalla legge dello Stato di comune residenza in tale momento».

• V. art. 16, 19 e 63 del d.P.R. 3/11/2000, n. 396, Regolamento per la revisione e la semplificazione dell'ordinamento dello stato civile. L'art. 16, (Matrimonio celebrato all'estero), dispone: «[I] Il matrimonio all'estero, quando gli sposi sono entrambi cittadini italiani o uno di essi è cittadino italiano e l'altro è cittadino straniero, può essere celebrato innanzi all'autorità diplomatica o consolare competente, oppure innanzi all'autorità locale secondo le leggi del luogo. In quest'ultimo caso una copia dell'atto è rimessa a cura degli interessati all'autorità diplomatica o consolare»; l'art. 19 (Trascrizioni), dispone: «[I] Su richiesta dei cittadini stranieri residenti in Italia possono essere trascritti, nel comune dove essi risiedono, gli atti dello stato civile che li riguardano formati all'estero. Tali atti devono essere presentati unitamente alla traduzione in lingua italiana e alla legalizzazione, ove prescritta, da parte della competente autorità straniera. [II] Possono altresì essere trascritti gli atti dei matrimoni celebrati fra cittadini stranieri dinanzi all'autorità diplomatica o consolare straniera in Italia, se ciò è consentito dalle convenzioni vigenti in materia con il Paese cui detta autorità appartiene [III] L'ufficiale dello stato civile può rilasciare copia integrale dell'atto trascritto a richiesta degli interessati; l'art. 63, invece, prevede la trascrizione degli atti dei matrimoni celebrati all'estero».

• V. art. 12-18 del d.lg. 3/2/2011, n. 71, Ordinamento e funzioni degli uffici consolari.

• V. l. 19/11/1984, n. 950, Ratifica ed esecuzione della conv. relativa al rilascio di un certificato matrimoniale e della Conv. sulla legge applicabile ai cognomi e ai nomi, adottate a Monaco il 5/9/1980.

* Comma abrogato dall'art. 110, co. 3, d.P.R. 3/11/2000, n. 396, Regolamento per la revisione e la semplificazione dell'ordinamento dello stato civile.

(2) V. art. 53 del d.P.R. 3/11/2000, n. 396, cit. *sub* nota (1) art. 94 CC.

116. Matrimonio dello straniero nello Stato (1). – [I] Lo straniero che vuole contrarre matrimonio nello Stato deve presentare all'ufficiale dello stato civile una dichiarazione dell'autorità competente del proprio paese, dalla quale risulti che giusta le leggi a cui è sottoposto nulla osta al matrimonio [*17 prel.*], nonché un documento attestante la regolarità del soggiorno nel territorio italiano (2).

[II] Anche lo straniero è tuttavia soggetto alle disposizioni contenute negli articoli 85, 86, 87, numeri 1, 2 e 4, 88 e 89.

[III] Lo straniero che ha domicilio o residenza [43] nello Stato deve inoltre far fare la pubblicazione secondo le disposizioni di questo codice [93 ss.].

➔ **CC. 1865 – art. 102, 103.**

(1) V. art. 1, co. 19, l. 20/5/2016, n. 76, Regolamentazione delle unioni civili tra persone dello stesso sesso e disciplina delle convivenze, che dispone: «All'unione civile tra persone dello stesso sesso si applicano le disposizioni di cui al titolo XIII del libro primo del codice civile, nonché gli articoli 116, primo comma, 146, 2647, 2653, primo comma, numero 4), e 2659 del codice civile».

(2) La Corte cost., con sent. 25/7/2011, n. 245, ha dichiarato l'illegittimità costituzionale dell'art. 116, co. 1, CC., come modificato dall'art. 1 co. 15, l. 15/7/2009, n. 94 (Disposizioni in materia di sicurezza pubblica), limitatamente alle parole «nonché un documento attestante la regolarità del soggiorno nel territorio italiano».

• Cfr. art. 20, 27 e 28 della l. 31/5/2995, n. 218, Riforma del sistema italiano di diritto internazionale privato.

• V. art. 66 del d.P.R. 3/11/2000, n. 396, cit.: «Casi particolari – [I] Nella ipotesi in cui lo sposo non conosce la lingua italiana nonché in quelle in cui è sordo, muto, o comunque impedito a comunicare, l'ufficiale dello stato civile celebra il matrimonio o con l'ausilio di un interprete o avvalendosi di mezzi idonei per rivolgere allo sposo le domande, riceverne le risposte e dargli comunicazione delle disposizioni contenute negli art. 143, 144 e 147 CC. e della dichiarazione di unione degli sposi in matrimonio. [II] Nei di cui al co. 1 l'ufficiale dello stato civile fa menzione nell'atto dei mezzi usati per la celebrazione del matrimonio».

Sezione VI
Della nullità del matrimonio (1)

(1) Art. 224 della l. 19/5/1975, n. 151, Riforma del diritto di famiglia, secondo cui: «Le cause di invalidità dei matrimoni celebrati anteriormente all'entrata in vigore della presente legge e le relative azioni sono regolate dalle disposizioni anteriori».

• In relazione allo scioglimento del rapporto per morte o divorzio v. gli art. 149 ss. CC. e l. 1/12/1970, n. 898.

• In merito all'efficacia ed esecutività delle sentenze di nullità del matrimonio pronunciate dai tribunali v. art. 8, co. 2, l. 25/3/1985, n. 121, Ratifica ed esecuzione dell'accordo, con protocollo addizionale, firmato a Roma il 18/2/1984, che apporta modificazioni al Concordato lateranense dell'11/2/1929, tra la Repubblica italiana e la Santa Sede e l'art. 17 della l. 27/5/1929, n. 847, Disposizioni per l'applicazione del Concordato dell'11/2/1929 fra la S. Sede e l'Italia, nella parte relativa al matrimonio.

• V. art. 4 della l. 14/4/1982, n. 164, **Norme in materia di rettificazione di attribuzione di sesso**: «La sentenza di rettificazione attribuzione di sesso non ha effetto retroattivo. Essa provoca lo scioglimento del matrimonio o la cessazione degli effetti civili conseguenti alla trascrizione del matrimonio celebrato con rito religioso. Si applicano le disposizioni del codice civile e della l. 1/12/1970, n. 898, e successive modificazioni. Tale disposizione è stata sostanzialmente riprodotta nell'art. 31, co. 6, d.lg. 1/9/2011, n. 150, Disposizioni complementari al codice di procedura civile in materia di riduzione e semplificazione dei procedimenti civili di cognizione. Tuttavia, la Corte Costituzionale, con sent. 11/6/2014, n. 170 ha dichiarato l'illegittimità costituzionale degli art. 2 e 4 della l. 14/4/1982, n. 164, nella parte in cui non prevedono che la sentenza di rettificazione dell'attribuzione di sesso di uno dei coniugi, che provoca lo scioglimento del matrimonio o la cessazione degli effetti civili conseguenti alla trascrizione del matrimonio, consenta, comunque, ove entrambi lo richiedano, di mantenere in vita un rapporto di coppia giuridicamente regolato con altra forma di convivenza registrata, che tuteli adeguatamente i diritti ed obblighi della coppia medesima, con le modalità da statuirsi dal legislatore». Con la stessa pronuncia, la Corte ha inoltre dichiarato, in via consequenziale, l'illegittimità costituzionale dell'art. 31, co. 6, d.lg. 1/9/2011, n. 150.

117. Matrimonio contratto con violazione degli articoli 84, 86, 87 e 88 (1). – [I] Il matrimonio contratto con violazione degli articoli 86 [124 // 556 CP.], 87 e 88 può essere impugnato dai coniugi, dagli ascendenti prossimi, dal pubblico ministero [125 // 69, 70 CPC.] e da tutti coloro che abbiano per impugnarlo un interesse legittimo e attuale [127, 128, 191, 785[2,3], 1421, 1441 // 100 CPC.] (2).

[II] Il matrimonio contratto con violazione dell'articolo 84 può essere impugnato dai coniugi, da ciascuno dei genitori e dal pubblico ministero [117[1], 1441, 357 // 69, 70 CPC.]. La relativa azione di annullamento può essere proposta personalmente dal minore [75[2] CPC.] non oltre un anno dal raggiungimento della maggiore età [2, 2964]. La domanda, proposta dal genitore o dal pubblico ministero, deve essere respinta ove, anche in pendenza del giudizio, il minore abbia raggiunto la maggiore età ovvero vi sia stato concepimento o procreazione e in ogni caso sia accertata la volontà del minore di mantenere in vita il vincolo matrimoniale.

[III] Il matrimonio contratto dal coniuge dell'assente non può essere impugnato finché dura l'assenza [49, 51, 65, 68, *86*].

[IV] Nei casi in cui si sarebbe potuta accordare l'autorizzazione ai sensi del quarto comma dell'articolo 87, il matrimonio non può essere impugnato dopo un anno dalla celebrazione [2964].

[V] La disposizione del primo comma del presente articolo si applica anche nel caso di nullità del matrimonio previsto dall'articolo 68 (3).

➔ **CC. 1865 – art. 55, 56, 58, 59, 60, 62, 104, 113 // D. 23.2.4.**

CODICE CIVILE

(1) Articolo così sostituito dall'art. 12 della l. 19/5/1975, n. 151, Riforma del diritto di famiglia. Il testo previgente disponeva: «[I] Il matrimonio contratto con violazione degli articoli 84, 86, 87 e 88 può essere impugnato dagli sposi, dagli ascendenti prossimi, dal pubblico ministero e da tutti coloro che abbiano per impugnarlo un interesse legittimo e attuale. [II] Il matrimonio contratto dal coniuge dell'assente non può essere impugnato finché dura l'assenza. [III] Nei casi in cui si sarebbe potuta accordare la dispensa sensi dell'ultimo comma dell'art. 87, il matrimonio non può essere impugnato dopo sei mesi dalla celebrazione».

(2) V. art. 4 della l. 14/4/1982, n. 164, Norme in materia di rettificazione di attribuzione di sesso, cit. *sub* nota (1) della sezione VI, Della nullità del matrimonio.

(3) V. art. 491, lett. g), d.P.R. 3/11/2000, n. 396, Regolamento per la revisione e la semplificazione dell'ordinamento dello stato civile.

(4) V. art. 1, co. 57, l. 20/5/2016, n. 76.

118. Difetto di età*. – *[I] Il matrimonio contratto da persone, delle quali anche una sola non è pervenuta all'età fissata nel primo comma dell'art. 84, non può essere impugnato quando è trascorso un mese dal raggiungimento di tale età. [II] Non può neppure essere impugnato per difetto di età della moglie, quando la moglie è rimasta incinta.*

* Articolo abrogato dall'art. 13 della l. 19/5/1975, n. 151, Riforma del diritto di famiglia.

119. Interdizione (1). – [I] Il matrimonio di chi è stato interdetto per infermità di mente [85, 414] può essere impugnato dal tutore, dal pubblico ministero [125 // 69, 70 CPC.] e da tutti coloro che abbiano un interesse legittimo [117, 127] se, al tempo del matrimonio, vi era già sentenza di interdizione [421] passata in giudicato [324 CPC.], ovvero se la interdizione è stata pronunziata posteriormente ma l'infermità esisteva al tempo del matrimonio [427[4], 428]. Può essere impugnato, dopo revocata l'interdizione [429], anche dalla persona che era interdetta [85, 414].

[II] L'azione non può essere proposta se, dopo revocata l'interdizione, vi è stata coabitazione per un anno [120[2], 122[4], 123[2], 125, 2964].

➔ **CC. 1865 – art. 61, 112.**

(1) Articolo così sostituito dall'art. 14 della l. 19/5/1975, n. 151, Riforma del diritto di famiglia. Il testo previgente disponeva: «[I] Il matrimonio di chi è stato interdetto per infermità di mente può essere impugnato dal tutore o dal pubblico ministero, se, al tempo del matrimonio, vi era già sentenza di interdizione passata in giudicato, ovvero se l'interdizione fu pronunziata posteriormente, ma l'infermità esisteva al tempo del matrimonio. Può essere impugnato, dopo revocata l'interdizione, anche dalla persona che era interdetta. [II] L'azione non può essere proposta, se dopo revocata l'interdizione vi è stata coabitazione per un mese».

• V. art. 1, co. 5, l. 20/5/2016, n. 76, Regolamentazione delle unioni civili tra persone dello stesso sesso e disciplina delle convivenze, che dispone: «La sussistenza di una delle cause impeditive di cui al comma 4 comporta la nullità dell'unione civile tra persone dello stesso sesso. All'unione civile tra persone dello stesso sesso si applicano gli articoli 65 e 68, nonché le disposizioni di cui agli articoli 119, 120, 123, 125, 126, 127, 128, 129 e 129-bis del codice civile».

120. Incapacità di intendere o di volere (1). – [I] Il matrimonio può essere impugnato [127] da quello dei coniugi che, quantunque non interdetto [85, 102[5], 119], provi di essere stato incapace di intendere o di volere [428], per qualunque causa, anche transitoria, al momento della celebrazione del matrimonio [591[1, n. 3], 775].

[II] L'azione non può essere proposta se vi è stata coabitazione per un anno [2964] dopo che il coniuge incapace ha recuperato la pienezza delle facoltà mentali [119[2], 122[4], 123[2]].

(1) Articolo così sostituito dall'art. 15 della l. 19/5/1975, n. 151, Riforma del diritto di famiglia. Il testo previgente disponeva: «(Infermità di mente) – [I] Il matrimonio può essere impugnato da quello degli sposi che, quantunque non interdetto, provi di essere stato incapace d'intendere o di volere, per qualunque causa, anche transitoria, al momento della celebrazione del matrimonio. [II] L'azione non può essere proposta se vi è stata coabitazione per un mese dopo che lo sposo ha ricuperato la pienezza delle facoltà mentali».

• V. art. 1, co. 5, l. 20/5/2016, n. 76, Regolamentazione delle unioni civili tra persone dello stesso sesso e disciplina delle convivenze, che dispone: «La sussistenza di una delle cause impeditive di cui al comma 4 comporta la nullità dell'unione civile tra persone dello stesso sesso. All'unione civile tra persone dello stesso sesso si applicano gli articoli 65 e 68, nonché le disposizioni di cui agli articoli 119, 120, 123, 125, 126, 127, 128, 129 e 129-bis del codice civile».

• V. art. 1, co. 7, l. 20/5/2016, n. 76, Regolamentazione delle unioni civili tra persone dello stesso sesso e disciplina delle convivenze, che dispone: «L'unione civile può essere impugnata dalla parte il cui consenso è stato estorto con violenza o determinato da timore di eccezionale gravità determinato da cause esterne alla parte stessa. Può essere altresì impugnata dalla parte il cui consenso è stato dato per effetto di errore sull'identità della persona o di errore essenziale su qualità personali dell'altra parte. L'azione non può essere proposta se vi è stata coabitazione per un anno dopo che è cessata la violenza o le cause che hanno determinato il timore ovvero sia stato scoperto l'errore. L'errore sulle qualità personali è essenziale qualora, tenute presenti le condizioni dell'altra parte, si accerti che la stessa non avrebbe prestato il suo consenso se le avesse esattamente conosciute e purché l'errore riguardi [120]: a) l'esistenza di una malattia fisica o psichica, tale da impedire lo svolgimento della vita comune; b) le circostanze di cui all'articolo 122, terzo comma, numeri 2), 3) e 4), del codice civile».

121. Mancanza di assenso*. – *[I] Il matrimonio contratto senza l'assenso prescritto dall'art. 90 può essere impugnato dalla persona della quale era richiesto l'assenso e da quello degli sposi per il quale l'assenso era necessario. [II] L'azione non può essere proposta quando il matrimonio è stato espressamente o tacitamente approvato dalla persona della quale era richiesto l'assenso, o quando sono trascorsi tre mesi dalla notizia del contratto matrimonio. [III] Parimenti l'azione non può essere proposta dallo sposo a cui l'assenso era necessario, quando è trascorso un mese dal raggiungimento della sua maggiore età.*

* Articolo abrogato dall'art. 16 della l. 19/5/1975, n. 151, Riforma del diritto di famiglia.

122. Violenza ed errore (1). – [I] Il matrimonio può essere impugnato [127] da quello dei coniugi il cui consenso è stato estorto con violenza [129, 1427, 1434] o determinato da timore di eccezionale gravità derivante da cause esterne allo sposo.

[II] Il matrimonio può altresì essere impugnato da quello dei coniugi il cui consenso è stato dato per effetto di errore sull'identità della persona o di errore essenziale su qualità personali dell'altro coniuge [1427, 1429[1 n. 3]].

[III] L'errore sulle qualità personali è essenziale qualora, tenute presenti le condizioni dell'altro coniuge, si accerti che lo stesso non avrebbe prestato il suo consenso se le avesse esattamente conosciute [1429[1 n. 3]] e purché l'errore riguardi:

1) l'esistenza di una malattia fisica o psichica o di una anomalia o deviazione sessuale, tali da impedire lo svolgimento della vita coniugale [89[1]];

2) l'esistenza di una sentenza di condanna per delitto non colposo alla reclusione non inferiore a cinque anni, salvo il caso di intervenuta riabilitazione prima della celebrazione del matrimonio [178-181 CP.]. L'azione di annullamento non può essere proposta prima che la sentenza sia divenuta irrevocabile [648, 650 CPP.];

3) la dichiarazione di delinquenza abituale o professionale [102, 103, 105 CP.];

4) la circostanza che l'altro coniuge sia stato condannato per delitti concernenti la prostituzione [600-bis CP.] (2) a pena non inferiore a due anni. L'azione di annullamento non può essere proposta prima che la condanna sia divenuta irrevocabile;

5) lo stato di gravidanza causato da persona diversa dal soggetto caduto in errore, purché vi sia stato disconoscimento ai sensi dell'articolo 233, se la gravidanza è stata portata a termine.

[IV] L'azione non può essere proposta se vi è stata coabitazione per un anno dopo che siano cessate la violenza o le cause che hanno determinato il timore ovvero sia stato scoperto l'errore [119^2, 120^2, 123^2, 2964 // $70^{n.2}$ 72^3 CPC.].

➔ CC. 1865 – art. 105-107.

(1) Articolo così sostituito dall'art. 17 della l. 19/5/1975, n. 151, Riforma del diritto di famiglia. Il testo previgente disponeva: «[I] Il matrimonio può essere impugnato da quello degli sposi il cui consenso è stato estorto con violenza o è escluso per effetto di errore. [II] L'errore sulle qualità dell'altro coniuge non è causa di nullità del matrimonio se non quando si risolve in errore sull'identità della persona. [III] L'azione non può essere proposta se vi è stata coabitazione per un mese dopo che lo sposo ha riacquistato la sua piena libertà o conosciuto l'errore».

• V. art. 1, co. 7, l. 20/5/2016, n. 76, Regolamentazione delle unioni civili tra persone dello stesso sesso e disciplina delle convivenze, che dispone: «L'unione civile può essere impugnata dalla parte il cui consenso è stato estorto con violenza o determinato da timore di eccezionale gravità determinato da cause esterne alla parte stessa. Può essere altresì impugnata dalla parte il cui consenso è stato dato per effetto di errore sull'identità della persona o di errore essenziale su qualità personali dell'altra parte. L'azione non può essere proposta se vi è stata coabitazione per un anno dopo che è cessata la violenza o le cause che hanno determinato il timore ovvero sia stato scoperto l'errore. L'errore sulle qualità personali è essenziale qualora, tenute presenti le condizioni dell'altra parte, si accerti che la stessa non avrebbe prestato il suo consenso se le avesse esattamente conosciute e purché l'errore riguardi [120]: a) l'esistenza di una malattia fisica o psichica, tale da impedire lo svolgimento della vita comune; b) le circostanze di cui all'articolo 122, terzo comma, numeri 2), 3) e 4), del codice civile».

(2) V. art. 3-6 della l. 20/2/1958, n. 75, Abolizione della regolamentazione della prostituzione e lotta contro lo sfruttamento della prostituzione altrui; l. 3/8/1998, n. 269, Norme contro lo sfruttamento della prostituzione, della pornografia, del turismo sessuale in danno di minori, quali nuove forme di riduzione in schiavitù; l. 11/8/2003, n. 228, Misure contro la tratta di persone; l. 1/10/2012, n. 172, Ratifica ed esecuzione della Conv. del Consiglio d'Europa per la protezione dei minori contro lo sfruttamento e l'abuso sessuale, fatta a Lanzarote il 25 ottobre 2007, nonché norme di adeguamento dell'ordinamento interno.

123. Simulazione (1). – [I] Il matrimonio può essere impugnato da ciascuno dei coniugi quando gli sposi abbiano convenuto di non adempiere agli obblighi e di non esercitare i diritti da esso discendenti [108, 143, 160, 1414, 116^1 att.].

[II] L'azione non può essere proposta decorso un anno dalla celebrazione del matrimonio ovvero nel caso in cui i contraenti abbiano convissuto come coniugi successivamente alla celebrazione medesima [119^2, 120^2, 122^4, 2964].

➔ D. 23.2.30.

(1) Articolo così sostituito dall'art. 18 della l. 19/5/1975, n. 151, Riforma del diritto di famiglia. Il testo previgente disponeva: «(Impotenza) – [I] L'impotenza perpetua, così assoluta come relativa, quando è anteriore al matrimonio, può essere proposta come causa di nullità dall'uno e dall'altro coniuge. [II] L'impotenza di generare può essere proposta come causa di nullità del matrimonio solo se uno dei coniugi manca di organi necessari per la generazione. L'azione spetta all'altro coniuge, purché non abbia avuto conoscenza di questo difetto prima del matrimonio, e non può essere proposta trascorsi tre mesi da quando egli ne abbia avuto conoscenza».

• V. art. 1, co. 5, l. 20/5/2016, n. 76, Regolamentazione delle unioni civili tra persone dello stesso sesso e disciplina delle convivenze, che dispone: «La sussistenza di una delle cause impeditive di cui al comma 4 comporta la nullità dell'unione civile tra persone dello stesso sesso. All'unione civile tra persone dello stesso sesso si applicano gli articoli 65 e 68, nonché le disposizioni di cui agli articoli 119, 120, 123, 125, 126, 127, 128, 129 e 129-bis del codice civile».

124. Vincolo di precedente matrimonio (1). – [I] Il coniuge può in qualunque tempo impugnare il matrimonio [86, 117 // 556 CP.] o l'unione civile tra persone dello stesso sesso dell'altro coniuge; se si oppone la nullità del primo matrimonio, tale questione deve essere preventivamente giudicata [34, 295 CPC.].

(1) Articolo così modificato dall'art. 1, co. 33, l. 20/5/2016, n. 76, Regolamentazione delle unioni civili tra persone dello stesso sesso e disciplina delle convivenze. Il testo previgente disponeva: «[I] Il coniuge può in qualunque tempo impugnare il matrimonio dell'altro coniuge; se si oppone la nullità del primo matrimonio, tale questione deve essere preventivamente giudicata».

125. Azione del pubblico ministero (1). – [I] L'azione di nullità non può essere promossa dal pubblico ministero [70 CPC.] dopo la morte di uno dei coniugi [117].

➔ CC. 1865 – art. 114.

(1) V. art. 1, co. 5, l. 20/5/2016, n. 76, Regolamentazione delle unioni civili tra persone dello stesso sesso e disciplina delle convivenze, che dispone: «La sussistenza di una delle cause impeditive di cui al comma 4 comporta la nullità dell'unione civile tra persone dello stesso sesso. All'unione civile tra persone dello stesso sesso si applicano gli articoli 65 e 68, nonché le disposizioni di cui agli articoli 119, 120, 123, 125, 126, 127, 128, 129 e 129-bis del codice civile».

126. Separazione dei coniugi in pendenza del giudizio. – [I] Quando è proposta domanda di nullità del matrimonio, il tribunale può, su istanza di uno dei coniugi, ordinare la loro separazione temporanea durante il giudizio [146, 151, 232^2, 234^2]; può ordinarla anche d'ufficio, se ambedue i coniugi o uno di essi sono minori [2] o interdetti [414] (1).

➔ CC. 1865 – art. 115.

(1) V. art. 19 della l. 27/5/1929, n. 847, "Disposizioni per l'applicazione del Concordato dell'11 febbraio 1929 fra la S. Sede e l'Italia, nella parte relativa al matrimonio", ai sensi del quale: «Le disposizioni del codice civile relative alla separazione dei coniugi restano ferme anche per i matrimoni celebrati davanti un ministro del culto cattolico, quando siano stati trascritti. [II] In pendenza del giudizio di nullità davanti i tribunali ecclesiastici, può essere richiesta al tribunale civile la separazione temporanea dei coniugi a norma dell'art. 115 CC. [ora art. 126 CC.]. La domanda può essere proposta dal pubblico ministero, se ambedue i coniugi o uno di essi sia minore di età. La sentenza di separazione, quando sia passata in cosa giudicata, è comunicata all'autorità ecclesiastica».

• V. art. 1, co. 5, l. 20/5/2016, n. 76, Regolamentazione delle unioni civili tra persone dello stesso sesso e disciplina delle convivenze, che dispone: «La sussistenza di una delle cause impeditive di cui al comma 4 comporta la nullità dell'unione civile tra persone dello stesso sesso. All'unione civile tra persone dello stesso sesso si applicano gli articoli 65 e 68, nonché le disposizioni di cui agli articoli 119, 120, 123, 125, 126, 127, 128, 129 e 129-bis del codice civile».

127. Intrasmissibilità dell'azione (1). – [I] L'azione per impugnare il matrimonio non si trasmette agli eredi se non quando il giudizio è già pendente alla morte dell'attore.

➔ CC. 1865 – art. 114.

(1) V. art. 1, co. 5, l. 20/5/2016, n. 76, Regolamentazione delle unioni civili tra persone dello stesso sesso e disciplina delle convivenze, che dispone: «La sussistenza di una delle cause impeditive di cui al comma 4 comporta la nullità dell'unione civile tra persone dello stesso sesso. All'unione civile tra persone dello stesso sesso si applicano gli articoli 65 e 68, nonché le disposizioni di cui agli articoli 119, 120, 123, 125, 126, 127, 128, 129 e 129-bis del codice civile».

128. Matrimonio putativo (1). – [I] Se il matrimonio è dichiarato nullo [68, 117, 119, 120, 122, 123, 124], gli effetti del matrimonio valido si producono, in favore dei coniugi, fino alla sentenza che pronunzia la nullità [584, 785], quando i coniugi stessi lo hanno contratto in buona fede [1147], oppure quando il loro consenso è stato estorto con violenza o determinato da timore di eccezionale gravità derivante da cause esterne agli sposi [122] (2).

[II] Il matrimonio dichiarato nullo ha gli effetti del matrimonio valido [238] rispetto ai figli [231, 232] (3).

[III] Se le condizioni indicate nel primo comma si verificano per uno solo dei coniugi, gli effetti valgono soltanto in favore di lui e dei figli [139, 315 ss., 584, 785].

[IV] Il matrimonio dichiarato nullo, contratto in malafede da entrambi i coniugi ha gli effetti del matrimonio valido rispetto ai figli nati o concepiti durante lo stesso, salvo che la nullità dipenda da incesto [87, 251 // 564 CP.] (4).

[V] Nell'ipotesi di cui al quarto comma, rispetto ai figli si applica l'articolo 251 (5).

➔ CC. 1865 – art. 116, 197.

(1) Articolo modificato dall'art. 1, co. 11, l 10/12/2012, n. 219, Disposizioni in materia di riconoscimento dei figli naturali, in virtù del quale: «Nel codice civile, le parole: "figli legittimi" e "figli naturali", ovunque ricorrono, sono sostituite dalla seguente: "figli"».

• L'articolo, in precedenza, era stato modificato dall'art. 19 della l. 19/5/1975, n. 151, Riforma del diritto di famiglia. Il testo originario disponeva: «[I] Il matrimonio dichiarato nullo, quando è stato contratto in buona fede, ha rispetto ai coniugi, fino alla sentenza che pronunzia la nullità, gli effetti del matrimonio valido. [II] Gli effetti del matrimonio valido si producono anche rispetto ai figli nati o concepiti durante il matrimonio dichiarato nullo, nonché rispetto ai figli nati prima dal matrimonio che sono stati riconosciuti anteriormente alla sentenza che dichiara la nullità. [III] Se uno solo dei coniugi è stato in buona fede, gli effetti valgono soltanto in favore di lui e dei figli. [IV] Se entrambi i genitori sono stati in mala fede, i figli nati o concepiti durante il matrimonio hanno lo stato di figli naturali riconosciuti, nei casi in cui il riconoscimento è consentito».

• V. art. 1, co. 5, l. 20/5/2016, n. 76, Regolamentazione delle unioni civili tra persone dello stesso sesso e disciplina delle convivenze, che dispone: «La sussistenza di una delle cause impeditive di cui al comma 4 comporta la nullità dell'unione civile tra persone dello stesso sesso. All'unione civile tra persone dello stesso sesso si applicano gli articoli 65 e 68, nonché le disposizioni di cui agli articoli 119, 120, 123, 125, 126, 127, 128, 129 e 129-bis del codice civile».

(2) V. art. 18 della l. 27/5/1929, n. 847, "Disposizioni per l'applicazione del Concordato dell'11 febbraio 1929 fra la Santa Sede e l'Italia, nella parte relativa al matrimonio", in virtù del quale la disposizione dell'art. 128 CC. è applicabile anche nel caso di annullamento della trascrizione del matrimonio, e in quello in cui venga resa esecutiva, dalla competente Corte d'Appello, la sentenza che dichiari la nullità del matrimonio celebrato davanti al ministro del culto cattolico.

(3) Comma sostituito dall'art. 2, co. 1, lett. a), d.lg. 28/12/2013, n. 154, Revisione delle disposizioni vigenti in materia di filiazione. Per il testo precedente del co. 2, vedi nota (1). Ai sensi dell'art. 108 del d.lg. n. 154/2013, la modifica entra in vigore a partire dal 7/2/2014.

(4) L'art. 225 della l. 19/5/1975, n. 151, Riforma del diritto di famiglia, ha disposto che: «[I] Nel caso previsto dal penultimo comma dell'art. 128 CC. il figlio acquista lo stato di figlio legittimo anche se il matrimonio è stato dichiarato nullo anteriormente alla data di entrata in vigore della presente legge».

• L'art. 2, co.1, lett. b), d.lg. 28/12/2013, n. 154, Revisione delle disposizioni vigenti in materia di filiazione, ha sostituito le parole "la nullità dipenda da bigamia o incesto" con le parole "la nullità dipenda da incesto". Ai sensi dell'art. 108 del d.lg. n. 154/2013, la modifica entra in vigore a partire dal 7/2/2014.

(5) Comma così sostituito dall'art. 2, co. 1, lett. c), d.lg. 28/12/2013, n. 154, Revisione delle disposizioni vigenti in materia di filiazione. Il testo precedente disponeva: «Nell'ipotesi di cui al comma precedente, i figli nei cui confronti non si verifichino gli effetti del matrimonio valido, hanno lo stato di figli naturali riconosciuti, nei casi in cui il riconoscimento è consentito». Ai sensi dell'art. 108 del d.lg. n. 154/2013, la modifica entra in vigore a partire dal 7/2/2014.

129. Diritti dei coniugi in buona fede (1). – [I] Quando le condizioni del matrimonio putativo [128] si verificano rispetto ad ambedue i coniugi, il giudice può disporre a carico di uno di essi e per un periodo non superiore a tre anni l'obbligo di corrispondere somme periodiche di denaro, in proporzione alle sue sostanze, a favore dell'altro, ove questi non abbia adeguati redditi propri [156] e non sia passato a nuove nozze (2).

[II] Per i provvedimenti che il giudice adotta riguardo ai figli, si applica l'articolo 155 [337-bis ss.] (3).

➔ CC. 1865 – art. 116.

(1) Articolo così sostituito dall'art. 20 della l. 19/5/1975, n. 151, Riforma del diritto di famiglia. Il testo originario disponeva: «Effetti del matrimonio annullato per violenza – [I] Nel caso in cui il consenso del coniuge è stato estorto con violenza, gli effetti indicati nell'articolo precedente valgono rispetto al coniuge che ha subito la violenza e ai figli; valgono anche rispetto all'altro coniuge, se concorrono le condizioni previste dall'articolo precedente».

• V. art. 1, co. 5, l. 20/5/2016, n. 76, Regolamentazione delle unioni civili tra persone dello stesso sesso e disciplina delle convivenze, che dispone: «La sussistenza di una delle cause impeditive di cui al comma 4 comporta la nullità dell'unione civile tra persone dello stesso sesso. All'unione civile tra persone dello stesso sesso si applicano gli articoli 65 e 68, nonché le disposizioni di cui agli articoli 119, 120, 123, 125, 126, 127, 128, 129 e 129-bis del codice civile».

(2) V. anche art. 5, co. 6-10, l. 1/12/1970, n. 898, Disciplina dei casi di scioglimento del matrimonio, il quale dispone: «[VI] Con la sentenza che pronuncia lo scioglimento o la cessazione degli effetti civili del matrimonio, il tribunale, tenuto conto delle condizioni dei coniugi, delle ragioni della decisione, del contributo personale ed economico dato da ciascuno alla conduzione familiare ed alla formazione del patrimonio di ciascuno o di quello comune, del reddito di entrambi, e valutati tutti i suddetti elementi anche in rapporto alla durata del matrimonio, dispone l'obbligo per un coniuge di somministrare periodicamente a favore dell'altro un assegno quando quest'ultimo non ha mezzi adeguati o comunque non può procurarseli per ragioni oggettive [VII] La sentenza deve stabilire anche un criterio di adeguamento automatico dell'assegno, almeno con riferimento agli indici di svalutazione monetaria. Il tribunale può, in caso di palese iniquità, escludere la previsione con motivata decisione. [VIII] Su accordo delle parti la corresponsione può avvenire in unica soluzione ove questa sia ritenuta equa dal tribunale. In tal caso non può essere proposta alcuna successiva domanda di contenuto economico. [IX] I coniugi devono presentare all'udienza di comparizione avanti al presidente del tribunale la dichiarazione personale dei redditi e ogni documentazione relativa ai loro redditi e al loro patrimonio personale e comune. In caso di contestazioni il tribunale dispone indagini sui redditi, sui patrimoni e sull'effettivo tenore di vita, valendosi, se del caso, anche della polizia tributaria. [X] L'obbligo di corresponsione dell'assegno cessa se il coniuge, al quale deve essere corrisposto, passa a nuove nozze».

(3) L'art. 5 del d.lg. 28/12/2013, n. 154, Revisione delle disposizioni vigenti in materia di filiazione, ha modificato l'art. 155 CC. con un rinvio al Capo II Titolo IX del codice civile.

129 bis. Responsabilità del coniuge in mala fede e del terzo (1). – [I] Il coniuge al quale sia imputabile la nullità del matrimonio [68, 117, 119, 120, 122, 123, 124] è tenuto a corrispondere all'altro coniuge in buona fede, qualora il matrimonio sia annullato, una congrua indennità [156, 834[1], 843, 924, 925, 944, 1032[2], 1038, 1053, 1127[4], 1150, 1173, 1328, 1337, 1381, 1660[2, 3], 2037[2], 2041, 2045, 2047[2]], anche in mancanza di prova del danno sofferto [139, 2043]. L'indennità deve comunque comprendere una somma corrispondente al mantenimento per tre anni. È tenuto altresì a prestare gli alimenti al coniuge in buona fede, sempre che non vi siano altri obbligati [433].

[II] Il terzo al quale sia imputabile la nullità del matrimonio è tenuto a corrispondere al coniuge in buona fede, se il matrimonio è annullato, l'indennità prevista nel comma precedente.

[III] In ogni caso il terzo che abbia concorso con uno dei coniugi nel determinare la nullità del matrimonio è solidalmente responsabile [1292 ss.] con lo stesso per il pagamento dell'indennità.

➔ CC. 1865 – art. 116, 127.

(1) Articolo inserito dall'art. 21 della l. 19/5/1975, n. 151, Riforma del diritto di famiglia.

• V. art. 1, co. 5, l. 20/5/2016, n. 76, Regolamentazione delle unioni civili tra persone dello stesso sesso e disciplina delle convivenze, che dispone: «La sussistenza di una delle cause impeditive di cui al comma 4 comporta la nullità dell'unione civile tra persone dello stesso sesso. All'unione civile tra persone dello stesso sesso si applicano gli articoli 65 e 68, nonché le disposizioni di cui agli articoli 119, 120, 123, 125, 126, 127, 128, 129 e 129-bis del codice civile».

Sezione VII
Delle prove della celebrazione del matrimonio

130. Atto di celebrazione del matrimonio. – [I] Nessuno può reclamare il titolo di coniuge e gli effetti del matrimonio, se non presenta l'atto di celebrazione estratto dai registri dello stato civile [107, 109, 162[2]].

[II] Il possesso di stato [131], quantunque allegato da ambedue i coniugi, non dispensa dal presentare l'atto di celebrazione [132[2]].

➔ CC. 1865 – art. 117, 118.

131. Possesso di stato. – [I] Il possesso di stato, conforme all'atto di celebrazione del matrimonio, sana ogni difetto di forma [130, 132, 236, 237, 238].

➔ CC. 1865 – art. 119.

132. Mancanza dell'atto di celebrazione. – [I] Nel caso di distruzione o di smarrimento dei registri dello stato civile l'esistenza del matrimonio può essere provata a norma dell'articolo 452 (1).

[II] Quando vi sono indizi che per dolo o per colpa del pubblico ufficiale o per un caso di forza maggiore l'atto di matrimonio non è stato inserito nei registri a ciò destinati, la prova dell'esistenza del matrimonio è ammessa, sempre che risulti in modo non dubbio un conforme possesso di stato [131, 240].

➔ CC 1865 – art. 121.

(1) V. art. 50 e ss. del d.P.R. 3/11/2000, n. 396, Regolamento per la revisione e la semplificazione dell'ordinamento dello stato civile.

133. Prova della celebrazione risultante da sentenza penale. – [I] Se la prova della celebrazione del matrimonio risulta da sentenza penale [654 CPP.], l'iscrizione della sentenza nel registro dello stato civile assicura al matrimonio, dal giorno della sua celebrazione, tutti gli effetti riguardo tanto ai coniugi quanto ai figli.

➔ CC. 1865 – art. 122.

Sezione VIII
Disposizioni penali (1)

(1) V. l. 24/11/1981, n. 689, modif. al sistema penale; in particolare, l'art. 32 (Sostituzione della sanzione amministrativa pecuniaria alla multa o alla ammenda), che dispone: «[I] Non costituiscono reato e sono soggette alla sanzione amministrativa del pagamento di una somma di denaro tutte le violazioni per le quali è prevista la sola pena della multa o dell'ammenda, salvo quanto disposto, per le violazioni finanziarie, dall'art. 39. [II] La disposizione del precedente comma non si applica ai reati in esso previsti che, nelle ipotesi aggravate, siano punibili con pena detentiva, anche se alternativa a quella pecuniaria. [III] La disposizione del primo comma non si applica, infine, ai delitti in esso previsti che siano punibili a querela».

134. Omissione di pubblicazione. – [I] Sono puniti con l'ammenda (1) da 41 euro a 206 euro (2) gli sposi e l'ufficiale dello stato civile che hanno celebrato matrimonio senza che la celebrazione sia stata preceduta dalla prescritta pubblicazione [93 ss.].

➔ CC. 1865 – art. 123.

(1) Ora sanzione amministrativa, ai sensi dell'art. 32 della l. 24/11/1981, n. 689.

(2) Importi così aumentati ex art. 113 e 114 della l. 24/11/1981, n. 689. l'art. 113 (Aumento delle pene pecuniarie) dispone: «Le pene pecuniarie comminate per i reati previsti dal codice penale o dalle leggi speciali, nonché le sanzioni pecuniarie comminate per le infrazioni previste dal codice di procedura penale, aumentate per effetto della l. 12/7/1961, n. 603, sono moltiplicate per cinque. [II] Sono altresì moltiplicate per cinque le pene pecuniarie comminate per reati previsti da leggi entrate in vigore dopo il 21/10/1947 e prima della l. 12/7/1961, n. 603. [III] Le pene pecuniarie comminate per reati previsti da leggi entrate in vigore dopo la l. 12/7/1961, n. 603, e fino al 31/12/1970 sono moltiplicate per tre. [IV] Quelle comminate per reati previsti da leggi entrate in vigore dopo il 31/12/1970 e fino al 31/12/1975, ad eccezione delle leggi in materia di imposte dirette e di tasse ed imposte indirette sugli affari, sono moltiplicate per due. [V] Quando, tenuto conto degli aumenti previsti nei commi precedenti, la legge stabilisce la pena dell'ammenda inferiore nel minimo a lire quattromila o nel massimo a lire diecimila, i limiti edittali sono elevati rispettivamente a lire diecimila e a lire venticinquemila».
L'art. 114 (Aumento delle sanzioni amministrative pecuniarie) dispone: «[I] Le disposizioni dell'articolo precedente si applicano a tutte le sanzioni amministrative pecuniarie originariamente previste come sanzioni penali. [II] Le altre sanzioni amministrative pecuniarie inferiori nel minimo a euro 20 o nel massimo a euro 50 sono elevate, rispettivamente, a euro 20 e a euro 50. [III] Le disposizioni dei precedenti commi si applicano anche alle violazioni finanziarie».

135. Pubblicazione senza richiesta o senza documenti*. – *[I] È punito con l'ammenda* (1) *da 20 euro a 103 euro* (2) *l'ufficiale dello stato civile che ha proceduto alla pubblicazione di un matrimonio senza la richiesta di cui all'articolo 96 o quando manca alcuno dei documenti prescritti dal primo comma dell'articolo 97.*

➔ CC. 1865 – art. 125.

* L'art. 97 è stato abrogato dall'art. 110, co. 3, d.P.R. 3/11/2000, n. 396, Regolamento per la revisione e la semplificazione dell'ordinamento dello stato civile. V., ora, art. 51 del d.P.R. n. 3/11/2000, n. 396, Regolamento per la revisione e la semplificazione dell'ordinamento dello stato civile, nota (1) *sub* art. 97.

(1) V. nota (1) *sub* art. 134.

(2) V. nota (2) *sub* art. 134.

136. Impedimenti conosciuti dall'ufficiale dello stato civile. – [I] L'ufficiale dello stato civile che procede alla celebrazione del matrimonio, quando vi osta qualche impedimento o divieto di cui egli ha notizia [84 ss., 98], è punito con l'ammenda (1) da 51 euro a 309 euro (2).

(1) V. nota (1) *sub* art. 134.

(2) V. nota (2) *sub* art. 134.

137. Incompetenza dell'ufficiale dello stato civile. Mancanza dei testimoni. – [I] È punito con l'ammenda (1) da 30 euro a 206 euro (2) l'ufficiale dello stato civile che ha celebrato un matrimonio per cui non era competente [106, 109].

[II] La stessa pena (1) si applica all'ufficiale dello stato civile che ha proceduto alla celebrazione di un matrimonio senza la presenza dei testimoni [107, 110 // 116[2] att.].

(1) V. nota (1) *sub* art. 134.

(2) V. nota (2) *sub* art. 134.

138. Altre infrazioni. – [I] È punito con l'ammenda (1) stabilita nell'articolo 135 l'ufficiale dello stato civile che in qualunque modo contravviene alle disposizioni degli articoli 93, 95 (2), 98, 99, 106, 107, 108, 109, 110 e 112 o commette qualsiasi altra infrazione per cui non sia stabilita una pena speciale in questa sezione.

➔ **CC. 1865 – art. 126.**

(1) V. nota (1) *sub* art. 134.

(2) L'art. 95 è stato abrogato dall'art. 110[3] del d.P.R. 3/11/2000, n. 396, Regolamento per la revisione e la semplificazione dell'ordinamento dello stato civile.

139. Cause di nullità note a uno dei coniugi (1). – [I] Il coniuge il quale, conoscendo prima della celebrazione una causa di nullità del matrimonio [117 ss.], l'abbia lasciata ignorare all'altro [129-*bis*], è punito, se il matrimonio è annullato, con l'ammenda (2) da 41 euro a 206 euro (3).

➔ **CC. 1865 – art. 127.**

(1) Articolo così sostituito dall'art. 22 della l. 19/5/1975, n. 151, Riforma del diritto di famiglia. Il testo previgente disponeva: «[I] Il coniuge il quale, conoscendo prima della celebrazione una causa di nullità del matrimonio, l'abbia lasciata ignorare all'altro, è punito, se il matrimonio è annullato, con l'ammenda da lire mille a lire cinquemila. L'altro coniuge ha diritto a una congrua indennità, anche se non dà la prova specifica del danno sofferto».

(2) V. nota (1) *sub* art. 134.

(3) V. nota (2) *sub* art. 134.

140. Inosservanza del divieto temporaneo di nuove nozze (1). – [I] La donna che contrae matrimonio contro il divieto dell'articolo 89, l'ufficiale che lo celebra e l'altro coniuge sono puniti con l'ammenda (2) da 20 euro a 82 euro (3).

➔ **CC. 1865 – art. 57, 128 // D. 3.2.1.**

(1) Articolo così sostituito dall'art. 23 della l. 19/5/1975, n. 151, Riforma del diritto di famiglia. Il testo previgente disponeva: «Inosservanza del lutto vedovile – [I] La donna che contrae matrimonio contro il divieto dell'art. 89, l'ufficiale che lo celebra e l'altro coniuge sono puniti con l'ammenda da lire cinquecento a lire duemila».

(2) V. nota (1) *sub* art. 134.

(3) V. nota (2) *sub* art. 134.

141. Competenza. – [I] I reati previsti nei precedenti articoli sono di competenza del tribunale (1).

➔ **CC. 1865 – art. 129.**

(1) V. art. 13 ss. della l. 24/11/1981, n. 689, in virtù dei quali le fattispecie di cui agli art. 134 e ss. CC. non integrano più reati, essendo applicabili solo sanzioni amministrative.

• V. anche nota (1) *sub* art. 134.

142. Limiti d'applicazione delle precedenti disposizioni. – [I] Le disposizioni della presente sezione si applicano quando i fatti ivi contemplati non costituiscono reato più grave (1).

(1) V. nota (1) *sub* art. 141.

Capo IV
Dei diritti e dei doveri che nascono dal matrimonio (1)

(1) V. art. 29, 30 e 31 Cost.

• V. art. 29 della l. 31/5/1995, n. 218, Riforma del sistema italiano di diritto internazionale privato, che dispone: «Rapporti personali tra coniugi – [I] I rapporti personali tra coniugi sono regolati dalla legge nazionale comune. [II] I rapporti personali tra coniugi aventi diverse cittadinanze o più cittadinanze comuni sono regolati dalla legge dello Stato nel quale la vita matrimoniale è prevalentemente localizzata».

143. Diritti e doveri reciproci dei coniugi (1). – [I] Con il matrimonio il marito e la moglie acquistano gli stessi diritti e assumono i medesimi doveri [107[1], 151[2], 160, 315-*bis*, 316 // 29, 30 Cost.].

[II] Dal matrimonio deriva l'obbligo reciproco alla fedeltà [151], all'assistenza morale e materiale [146[1]], alla collaborazione nell'interesse della famiglia e alla coabitazione [330[2], 333, 342-bis, 342-ter // 570 CP.] (2).

[III] Entrambi i coniugi sono tenuti, ciascuno in relazione alle proprie sostanze e alla propria capacità di lavoro professionale o casalingo, a contribuire ai bisogni della famiglia [146[3], 186[1, lett. c)], 193[2], 316-*bis*].

➔ **CC. 1865 – art. 130, 132, 220.**

(1) Articolo così sostituito dall'art. 24 della l. 19/5/1975, n. 151, Riforma del diritto di famiglia. Il testo previgente disponeva: «(Doveri reciproci dei coniugi). [I] Il matrimonio impone ai coniugi l'obbligo reciproco della coabitazione, della fedeltà e dell'assistenza».

(2) V. art. 1, co. 11, l. 20/5/2016, n. 76, Regolamentazione delle unioni civili tra persone dello stesso sesso e disciplina delle convivenze, che dispone: «Con la costituzione dell'unione civile tra persone dello stesso sesso le parti acquistano gli stessi diritti e assumono i medesimi doveri; dall'unione civile deriva l'obbligo reciproco all'assistenza morale e materiale e alla coabitazione. Entrambe le parti sono tenute, ciascuna in relazione alle proprie sostanze e alla propria capacità di lavoro professionale e casalingo, a contribuire ai bisogni comuni».

143 bis. Cognome della moglie (1). – [I] La moglie aggiunge al proprio cognome quello del marito [6] e lo conserva durante lo stato vedovile, fino a che passi a nuove nozze [156-bis, 328] (2).

(1) Articolo inserito dall'art. 25 della l. 19/5/1975, n. 151, Riforma del diritto di famiglia.

(2) V. in caso di divorzio art. 5, co. 2, 3 e 4, l. 1/2/1970, n. 898, Disciplina dei casi di scioglimento del matrimonio, come modificato dall'art. 9 della l. 6/3/1987, n. 74. Tale articolo dispone: «[II] La donna perde il cognome che aveva aggiunto al proprio a seguito del matrimonio. [III] Il tribunale, con la sentenza con cui pronuncia lo scioglimento o la cessazione degli effetti civili del matrimonio, può autorizzare la donna che ne faccia richiesta a conservare il cognome del marito aggiunto al proprio quando sussista un interesse suo o dei Figli meritevole di tutela. [IV] La decisione di cui al comma precedente può essere modificata con successiva sentenza, per motivi di particolare gravità, su istanza di una delle parti».

• V. art. 24 della l. 31/5/1995, n. 218, Riforma del sistema italiano di diritto internazionale privato, che dispone: «Diritti della personalità – [I] L'esistenza ed il contenuto dei diritti della personalità sono regolati dalla legge nazionale del soggetto; tuttavia i diritti che derivano da un rapporto di famiglia sono regolati dalla legge applicabile a tale rapporto. [II] Le conseguenze della violazione dei diritti di cui al co. 1 sono regolate dalla legge applicabile alla responsabilità per fatti illeciti».

143 ter. Cittadinanza della moglie.* – *[I] La moglie conserva la cittadinanza italiana, salvo sua espressa rinunzia, anche se per effetto del matrimonio o del mutamento di cittadinanza da parte del marito assume una cittadinanza straniera.*

* Articolo inserito dall'art. 25 della l. 19/5/1975, n. 151, Riforma del diritto di famiglia, e successivamente abrogato dall'art. 26, co. 1, l. 5/2/1992, n. 91, Nuove norme sulla cittadinanza.

144. Indirizzo della vita familiare e residenza della famiglia (1). – [I] I coniugi concordano tra loro l'indirizzo della vita familiare e fissano la residenza della famiglia secondo le esigenze di entrambi e quelle preminenti della famiglia stessa [43 // 29 Cost.].

[II] A ciascuno dei coniugi spetta il potere di attuare l'indirizzo concordato [107].

➔ **CC. 1865 – art. 18, 131.**

(1) Articolo così sostituito dall'art. 26 della l. 19/5/1975, n. 151, Riforma del diritto di famiglia. Il testo previgente disponeva: «Potestà maritale – [I] Il marito è il capo della famiglia; la moglie segue la condizione civile di lui, ne assume il cognome ed è obbligata ad accompagnarlo dovunque egli crede opportuno di fissare la sua residenza».

• V. art. 1, co. 12, l. 20/5/2016, n. 76, Regolamentazione delle unioni civili tra persone dello stesso sesso e disciplina delle convivenze, che dispone: «Le parti concordano tra loro l'indirizzo della vita familiare e fissano la residenza comune; a ciascuna delle parti spetta il potere di attuare l'indirizzo concordato».

145. Intervento del giudice (1). – [I] In caso di disaccordo ciascuno dei coniugi può chiedere, senza formalità, l'intervento del giudice il quale, sentite le opinioni espresse dai coniugi e, [per quanto opportuno,] dai figli conviventi che abbiano compiuto gli anni dodici o anche di età inferiore ove capaci di discernimento, tenta di raggiungere una soluzione concordata (2).

[II] Ove questa non sia possibile e il disaccordo concerna la fissazione della residenza o altri affari essenziali, il giudice, qualora ne sia richiesto espressamente da uno o entrambi i coniugi, adotta la soluzione che ritiene più adeguata all'interesse dei figli e alle esigenze dell'unità e della vita della famiglia (3).

[III] In caso di inadempimento all'obbligo di contribuire ai bisogni della famiglia previsto dall'articolo 143, il giudice, su istanza di chiunque vi ha interesse, provvede ai sensi dell'articolo 316-bis (4).

(1) Articolo così sostituito dall'art. 27 della l. 19/5/1975, n. 151.

(2) Comma modificato dall'art. 1, co. 1, lett. a), d.lg. 10/10/2022, n. 149 che ha soppresso le parole "per quanto opportuno" e ha sostituito le parole: "gli anni dodici o anche di età inferiore ove capaci di discernimento" alle parole: "il sedicesimo anno" (ai sensi dell'art. 52 del d.lg. n. 149/2022, il citato decreto legislativo entra in vigore il giorno successivo a quello della sua pubblicazione nella GU). Per la disciplina transitoria v. art. 35 del d.lg. n. 149/2022, come da ultimo modificato dall'art. 1, co. 380, lett. a), l. 29/12/2022, n. 197, che prevede che: «1. Le disposizioni del presente decreto, salvo che non sia diversamente disposto, hanno effetto a decorrere dal 28 febbraio 2023 e si applicano ai procedimenti instaurati successivamente a tale data. Ai procedimenti pendenti alla data del 28 febbraio 2023 si applicano le disposizioni anteriormente vigenti.».

(3) Comma così sostituito dall'art. 1, co. 1, lett. b), d.lg. 10/10/2022, n. 149 (ai sensi dell'art. 52 del d.lg. n. 149/2022, il citato decreto legislativo entra in vigore il giorno successivo a quello della sua pubblicazione nella GU). Per la disciplina transitoria v. art. 35 del d.lg. n. 149/2022, come da ultimo modificato dall'art. 1, co. 380, lett. a), l. 29/12/2022, n. 197, che prevede che: «1. Le disposizioni del presente decreto, salvo che non sia diversamente disposto, hanno effetto a decorrere dal 28 febbraio 2023 e si applicano ai procedimenti instaurati successivamente a tale data. Ai procedimenti pendenti alla data del 28 febbraio 2023 si applicano le disposizioni anteriormente vigenti.». Si riporta il testo anteriore alla suddetta modificazione: «Ove questa non sia possibile e il disaccordo concerna la fissazione della residenza o altri affari essenziali, il giudice, qualora ne sia richiesto espressamente e congiuntamente dai coniugi, adotta, con provvedimento non impugnabile, la soluzione che ritiene più adeguata alle esigenze dell'unità e della vita della famiglia».

(4) Comma inserito dall'art. 1, co. 1, lett. c), n. 1, d.lg. 10/10/2022, n. 149 (ai sensi dell'art. 52 del d.lg. n. 149/2022, il citato decreto legislativo entra in vigore il giorno successivo a quello della sua pubblicazione nella GU). Per la disciplina transitoria v. art. 35 del d.lg. n. 149/2022, come da ultimo modificato dall'art. 1, co. 1, lett. a), l. 29/12/2022, n. 197, che prevede che: «1. Le disposizioni del presente decreto, salvo che non sia diversamente disposto, hanno effetto a decorrere dal 28 febbraio 2023 e si applicano ai procedimenti instaurati successivamente a tale data. Ai procedimenti pendenti alla data del 28 febbraio 2023 si applicano le disposizioni anteriormente vigenti.».

146. Allontanamento dalla residenza familiare (1). – [I] Il diritto all'assistenza morale e materiale previsto dall'articolo 143 è sospeso nei confronti del coniuge che, allontanatosi senza giusta causa dalla residenza familiare [144], rifiuta di tornarvi [570 CP.].

[II] La proposizione della domanda di separazione [150, 151, 158] o di annullamento [117] o di scioglimento o di cessazione degli effetti civili del matrimonio [149] costituisce giusta causa di allontanamento dalla residenza familiare [*143², 144, 330, 333*].

[III] Il giudice [38² att.] può, secondo le circostanze, ordinare il sequestro [670 ss. CPC.] dei beni del coniuge [179, 215 ss.] allontanatosi, nella misura atta a garantire l'adempimento degli obblighi previsti dagli articoli 143, terzo comma, e 147.

➔ **CC. 1865 – art. 133.**

(1) Articolo così sostituito dall'art. 28 della l. 19/5/1975, n. 151 Riforma del diritto di famiglia. Il testo previgente disponeva: «Abbandono del domicilio coniugale – [I] L'obbligazione del marito di provvedere al mantenimento della moglie è sospesa quando questa, allontanatasi senza giusta causa dal domicilio coniugale, rifiuta di ritornarvi. [II] Può inoltre l'autorità giudiziaria, secondo le circostanze, ordinare a profitto del marito e della prole il sequestro temporaneo di parte dei frutti dei beni parafernali».

• V. art. 1, co. 19, l. 20/5/2016, n. 76, Regolamentazione delle unioni civili tra persone dello stesso sesso e disciplina delle convivenze, che dispone: «All'unione civile tra persone dello stesso sesso si applicano le disposizioni di cui al titolo XIII del libro primo del codice civile, nonché gli articoli 116, primo comma, 146, 2647, 2653, primo comma, numero 4), e 2659 del codice civile».

147. Doveri verso i figli (1). – [I] Il matrimonio impone ad ambedue i coniugi l'obbligo di mantenere, istruire, educare e assistere moralmente i figli, nel rispetto delle loro capacità, inclinazioni naturali e aspirazioni, secondo quanto previsto dall'articolo 315 bis [107, 146³, 148, 155, 261, 279, 316, 316-bis, 330, 333, 337-ter // 30 e 31 Cost. // 570, 571 e 572 CP.].

(1) Articolo così sostituito dall'art. 3 del d.lg. 28/12/2013, n. 154 Revisione delle disposizioni vigenti in materia di filiazione, a decorrere dal 7/2/2014. Il testo previgente disponeva: «Il matrimonio impone ad ambedue i coniugi l'obbligo di mantenere, istruire ed educare la prole tenendo conto delle capacità, dell'inclinazione naturale e delle aspirazioni dei figli». L'articolo era stato precedentemente sostituito dall'art. 29 della l. 19/5/1975, n. 151, Riforma

del diritto di famiglia e ancora prima dal d.lgs.lt. 14/9/1944, n. 287, Provvedimenti relativi alla riforma della legislazione civile. Il testo originario disponeva: «[I] Il matrimonio impone ad ambedue i coniugi l'obbligazione di mantenere, educare e istruire la prole. [II] L'educazione e l'istruzione devono essere conformi ai principi della morale e al sentimento nazionale fascista».

148. Concorso negli oneri (1). – [I] I coniugi devono adempiere l'obbligo di cui all'articolo 147, secondo quanto previsto dall'articolo 316-bis.

➔ **CC. 1865 – art. 138, 145, 220.**

(1) Articolo così sostituito dall'art. 4 del d.lg. 28/12/2013, n. 154, Revisione delle disposizioni vigenti in materia di filiazione, a decorrere dal 7/2/2014. Il testo previgente disponeva: «[I] I coniugi devono adempiere l'obbligazione prevista nell'articolo precedente in proporzione alle rispettive sostanze e secondo la loro capacità di lavoro professionale o casalingo. Quando i genitori non hanno mezzi sufficienti, gli altri ascendenti legittimi o naturali, in ordine di prossimità, sono tenuti a fornire ai genitori stessi i mezzi necessari, affinché possano adempiere i loro doveri nei confronti dei figli. [II] In caso di inadempimento il presidente del tribunale, su istanza di chiunque vi ha interesse, sentito l'inadempiente ed assunte informazioni, può ordinare con decreto che una quota dei redditi dell'obbligato, in proporzione agli stessi, sia versata direttamente all'altro coniuge o a chi sopporta le spese per il mantenimento, l'istruzione e l'educazione della prole. [III] Il decreto, notificato agli interessati ed al terzo debitore, costituisce titolo esecutivo, ma le parti ed il terzo debitore possono proporre opposizione nel termine di venti giorni dalla notifica. [IV] L'opposizione è regolata dalle norme relative all'opposizione al decreto di ingiunzione in quanto applicabili. [V] Le parti ed il terzo debitore possono sempre chiedere, con le forme del processo ordinario, la modificazione e la revoca del provvedimento». L'articolo era stato precedentemente sostituito dall'art. 30 della l. 19/5/1975, n. 151, Riforma del diritto di famiglia. Il testo originario disponeva: «L'obbligazione di mantenere, educare e istruire la prole spetta al padre e alla madre, in proporzione delle loro sostanze, computati nel contributo della madre i frutti della dote. [II] Quando i genitori non hanno mezzi sufficienti, tale obbligazione spetta agli altri ascendenti in ordine di prossimità».

Capo V
Dello scioglimento del matrimonio e della separazione dei coniugi (1)

(1) V. l. 10/6/1985, n. 301, Adesione alla Conv. sul riconoscimento dei divorzi e delle separazioni personali, adottata all'Aja il 1/6/1970.

• V. art. 31 e 32 della l. 31/5/1985, n. 218, Riforma del sistema italiano di diritto internazionale privato. L'art. 31 dispone: Separazione personale e scioglimento del matrimonio «[I] La separazione personale e lo scioglimento del matrimonio sono regolati dalla legge nazionale comune dei coniugi al momento della domanda di separazione o di scioglimento del matrimonio; in mancanza si applica la legge dello Stato nel quale la vita matrimoniale risulta prevalentemente localizzata. [II] La separazione personale e lo scioglimento del matrimonio, qualora non siano previsti dalla legge straniera applicabile, sono regolati dalla legge italiana. L'art. 32 dispone: Giurisdizione in materia di nullità, annullamento, separazione personale e scioglimento del matrimonio – [I] In materia di nullità e di annullamento del matrimonio, di separazione personale e di scioglimento del matrimonio, la giurisdizione italiana sussiste, oltre che nei casi previsti dall'art. 3, anche quando uno dei coniugi è cittadino italiano o il matrimonio è stato celebrato in Italia».

• Cfr. Regolamento (CE) n. 2201/2003 del Consiglio, del 27/11/2003, relativo alla competenza, al riconoscimento e all'esecuzione delle decisioni in materia matrimoniale e in materia di responsabilità genitoriale, che abroga il Regolamento (CE) n. 1347/2000; Regolamento (UE) n. 1259/2010 del Consiglio, del 20/12/2010, relativo all'attuazione di una cooperazione rafforzata nel settore della legge applicabile al divorzio e alla separazione personale; Decisione 2010/405/UE del Consiglio, del 12/7/2010, che autorizza una cooperazione rafforzata nel settore del diritto applicabile in materia di divorzio e di separazione legale.

• V. l. 1/12/1970, n. 898, Disciplina dei casi di scioglimento del matrimonio.

• V. anche art. 63, co. 1, n. 1, lett. g-ter), d.P.R. 3/11/2000, n. 396, Regolamento per la revisione e la semplificazione dell'ordinamento dello stato civile che prevede l'iscrizione nei registri dello stato civile degli accordi di separazione personale, di scioglimento o di cessazione degli effetti civili del matrimonio ricevuti dall'ufficiale dello stato civile, nonché di modifica delle condizioni di separazione o di divorzio.

149. Scioglimento del matrimonio (1). – [I] Il matrimonio si scioglie con la morte di uno dei coniugi e negli altri casi previsti dalla legge [65, 68] (2).

[II] Gli effetti civili del matrimonio celebrato con rito religioso, ai sensi dell'articolo 82 o dell'articolo 83, e regolarmente trascritto (3), cessano alla morte di uno dei coniugi e negli altri casi previsti dalla legge [191].

➔ **CC. 1865 – art. 148 // Codex 8.38(39).2, D. 24.2.1.**

(1) Articolo così sostituito dall'art. 31 della l. 19/5/1975, n. 151, Riforma del diritto di famiglia. Il testo previgente disponeva: «Scioglimento del matrimonio – [I] Il matrimonio non si scioglie che con la morte di uno dei coniugi. [II] La moglie, durante lo stato vedovile, conserva il cognome del marito».

(2) V. l. 1/12/1970, n. 898, Disciplina dei casi di scioglimento del matrimonio.

• V. art. 4 della l. 14/4/1982, n. 164, Norme in materia di rettificazione di attribuzione di sesso, che dispone: «La sentenza di rettificazione di attribuzione di sesso non ha effetto retroattivo. Essa provoca lo scioglimento del matrimonio o la cessazione degli effetti civili conseguenti alla trascrizione del matrimonio celebrato con rito religioso. Si applicano le disposizioni del codice civile e della l. 1/12/1970, n. 898, e successive modificazioni».
Sulla dichiarazione di illegittimità costituzionale del presente articolo, v. Corte cost., 11/6/2014, n. 170, già citata sub Titolo VI Libro I CC.

(3) V. nota (1) *sub* art. 82.

150. Separazione personale (1). – [I] È ammessa la separazione personale dei coniugi [126, 156, 156-bis, 191^{1}, $284^{1, n. 3}$, 548, 585 // $70^{1, n. 2}$, 706 ss. CPC.].

[II] La separazione può essere giudiziale o consensuale [151, 158, 232, 234 // 706, 711 CPC.] (2).

[III] Il diritto di chiedere la separazione giudiziale o l'omologazione di quella consensuale spetta esclusivamente ai coniugi.

➔ **CC. 1865 – art. 148, 149.**

(1) Articolo così sostituito dall'art. 32 della l. 19/5/1975, n. 151, Riforma del diritto di famiglia. Il testo previgente disponeva: «[I] è ammessa la separazione personale dei coniugi. Il diritto di chiederla spetta ai coniugi nei soli casi determinati dalla legge».

• V. anche art. 226 della l. 19/5/1975, n. 151, cit., che dispone: «[I] Le disposizioni sulla separazione personale, comprese quelle di natura patrimoniale, si applicano anche ai matrimoni anteriori e ai giudizi in corso al momento dell'entrata in vigore della presente legge. [II] Nel provvedere sulle domande di revisione delle disposizioni patrimoniali a norma della presente legge, il giudice deve tener conto anche degli accordi intervenuti fra le parti in sede di separazione consensuale omologata anteriormente all'entrata in vigore della presente legge».

(2) Cfr. art. 3, n. 2, lett. b), 1 e 2 della l. 1/12/1970, n. 898 Disciplina dei casi di scioglimento del matrimonio, anche per uno specifico riferimento alla separazione di fatto.

151. Separazione giudiziale (1). – [I] La separazione può essere chiesta quando si verificano, anche indipendentemente dalla volontà di uno o di entrambi i coniugi, fatti tali da rendere intollerabile la prosecuzione della convivenza [342-bis,

342-ter] o da recare grave pregiudizio alla educazione della prole [706 ss. CPC.] (2).

[II] Il giudice, pronunziando la separazione, dichiara, ove ne ricorrano le circostanze, e ne sia richiesto, a quale dei coniugi sia addebitabile la separazione [548², 585²], in considerazione del suo comportamento contrario ai doveri che derivano dal matrimonio [143², 147, 156].

➔ CC. 1865 – art. 150.

(1) Articolo così sostituito dall'art. 33 della l. 19/5/1975, n. 151, Riforma del diritto di famiglia. Il testo previgente disponeva: «Cause di separazione personale – [I] La separazione può essere chiesta per causa di adulterio, di volontario abbandono, eccessi, sevizie, minacce o ingiurie gravi. [II] Non è ammessa l'azione di separazione per adulterio del marito, se non quando concorrono circostanze tali che il fatto costituisca un'ingiuria grave alla moglie».

• V. art. 1, co. 24, l. 20/5/2016, n. 76, Regolamentazione delle unioni civili tra persone dello stesso sesso e disciplina delle convivenze, che dispone: «L'unione civile si scioglie, inoltre, quando le parti hanno manifestato anche disgiuntamente la volontà di scioglimento dinanzi all'ufficiale dello stato civile. In tale caso la domanda di scioglimento dell'unione civile è proposta decorsi tre mesi dalla data della manifestazione di volontà di scioglimento dell'unione».

(2) V. anche art. 1 e 2 della l. 1/12/1970, n. 898, Disciplina dei casi di scioglimento del matrimonio.

*152. **Separazione per condanna penale****. – [I] La separazione può essere anche chiesta contro il coniuge che è stato condannato alla pena dell'ergastolo o della reclusione per un tempo superiore ai cinque anni, ovvero è stato sottoposto all'interdizione perpetua dai pubblici uffici, tranne il caso in cui la condanna o l'interdizione è anteriore al matrimonio e l'altro coniuge ne è consapevole.*

* Articolo abrogato dall'art. 34 della l. 19/5/1975, n. 151 Riforma del diritto di famiglia.

*153. **Separazione per non fissata residenza****. – [I] La moglie può chiedere la separazione quando il marito, senza giusto motivo, non fissa una residenza, o, avendone i mezzi, ricusa di fissarla in modo conveniente alla sua condizione.*

* Articolo abrogato dall'art. 34 della l. 19/5/1975, n. 151, Riforma del diritto di famiglia.

154. Riconciliazione (1). – [I] La riconciliazione tra i coniugi comporta l'abbandono della domanda di separazione personale già proposta [157].

➔ CC. 1865 – art. 153.

(1) Articolo così sostituito dall'art. 35 della l. 19/5/1975, n. 151 Riforma del diritto di famiglia. Il testo previgente disponeva: «[I] La riconciliazione estingue il diritto di chiedere la separazione; essa importa anche l'abbandono della domanda che sia stata proposta».

155. Provvedimenti riguardo ai figli (1). – [I] In caso di separazione, riguardo ai figli, si applicano le disposizioni contenute nel Capo II del titolo IX [337-bis ss.].

➔ CC. 1865 – art. 145, 154.

(1) Articolo sostituito, da ultimo, dall'art. 5 del d.lg. 28/12/2013, n. 154, Revisione delle disposizioni vigenti in materia di filiazione, a decorrere dal 7/2/2014. Il testo previgente, oggi sostanzialmente trasfuso nell'art. 337 ter, disponeva: «[I] Anche in caso di separazione personale dei genitori il figlio minore ha il diritto di mantenere un rapporto equilibrato e continuativo con ciascuno di essi, di ricevere cura, educazione e istruzione da entrambi e di conservare rapporti significativi con gli ascendenti e con i parenti di ciascun ramo genitoriale. [II] Per realizzare la finalità indicata dal primo comma, il giudice che pronuncia la separazione personale dei coniugi adotta i provvedimenti relativi alla prole con esclusivo riferimento all'interesse morale e materiale di essa. Valuta prioritariamente la possibilità che i figli minori restino affidati a entrambi i genitori oppure stabilisce a quale di essi i figli sono affidati, determina i tempi e le modalità della loro presenza presso ciascun genitore, fissando altresì la misura e il modo con cui ciascuno di essi deve contribuire al mantenimento, alla cura, all'istruzione e all'eduzione dei figli. Prende atto, se non contrari all'interesse dei figli, degli accordi intervenuti tra i genitori. Adotta ogni altro provvedimento relativo alla prole. [III] La potestà genitoriale è esercitata da entrambi i genitori. Le decisioni di maggiore interesse per i figli relative all'istruzione, all'educazione e alla salute sono assunte di comune accordo tenendo conto delle capacità, dell'inclinazione naturale e delle aspirazioni dei figli. In caso di disaccordo la decisione è rimessa al giudice. Limitatamente alle decisioni su questioni di ordinaria amministrazione, il giudice può stabilire che i genitori esercitino la potestà separatamente. [IV] Salvo accordi diversi liberamente sottoscritti dalle parti, ciascuno dei genitori provvede al mantenimento dei figli in misura proporzionale al proprio reddito; il giudice stabilisce, ove necessario, la corresponsione di un assegno periodico al fine di realizzare il principio di proporzionalità, da determinare considerando: 1) le attuali esigenze del figlio; 2) il tenore di vita goduto dal figlio in costanza di convivenza con entrambi i genitori; 3) i tempi di permanenza presso ciascun genitore; 4) le risorse economiche di entrambi i genitori; 5) la valenza economica dei compiti domestici e di cura assunti da ciascun genitore. [V] L'assegno è automaticamente adeguato agli indici ISTAT in difetto di altro parametro indicato dalle parti o dal giudice. [VI] Ove le informazioni di carattere economico fornite dai genitori non risultino sufficientemente documentate, il giudice dispone un accertamento della polizia tributaria sui redditi e sui beni oggetto della contestazione, anche se intestati a soggetti diversi».

L'articolo era stato così sostituito dall'art. 1 della l. 8/2/2006, n. 54 Disposizioni in materia di separazione dei genitori e affidamento condiviso dei figli. Il testo precedentemente in vigore era il seguente: «[I] Il giudice che pronunzia la separazione dichiara a quale dei coniugi i figli sono affidati e adotta ogni altro provvedimento relativo alla prole, con esclusivo riferimento all'interesse morale e materiale di essa. [II] In particolare il giudice stabilisce la misura e il modo con cui l'altro coniuge deve contribuire al mantenimento, all'istruzione e all'educazione dei figli, nonché le modalità di esercizio dei suoi diritti nei rapporti con essi. [III] Il coniuge cui sono affidati i figli, salva diversa disposizione del giudice, ha l'esercizio esclusivo della potestà su di essi; egli deve attenersi alle condizioni determinate dal giudice. Salvo che sia diversamente stabilito, le decisioni di maggiore interesse per i figli sono adottate da entrambi i coniugi. Il coniuge cui i figli non siano affidati ha il diritto e il dovere di vigilare sulla loro istruzione ed educazione e può ricorrere al giudice quando ritenga che siano state assunte decisioni pregiudizievoli al loro interesse. [IV] L'abitazione nella casa familiare spetta di preferenza, e ove sia possibile, al coniuge cui vengono affidati i figli. [V] Il giudice dà inoltre disposizioni circa l'amministrazione dei beni dei figli e, nell'ipotesi che l'esercizio della potestà sia affidato ad entrambi i genitori, il concorso degli stessi al godimento dell'usufrutto legale. [VI] In ogni caso il giudice può per gravi motivi ordinare che la prole sia collocata presso una terza persona o, nella impossibilità, in un istituto di educazione. [VII] Nell'emanare i provvedimenti relativi all'affidamento dei figli e al contributo al loro mantenimento, il giudice deve tener conto dell'accordo fra le parti: i provvedimenti possono essere diversi rispetto alle domande delle parti o al loro accordo, ed emessi dopo l'assunzione di mezzi di prova dedotti dalle parti o disposti d'ufficio dal giudice. [VIII] I coniugi hanno diritto di chiedere in ogni tempo la revisione delle disposizioni concernenti l'affidamento dei figli, l'attribuzione dell'esercizio della potestà su di essi e le disposizioni relative alla misura e alle modalità del contributo».

L'articolo era stato così modificato dall'art. 36 della l. 19/5/1975, n. 151, Riforma del diritto di famiglia. Al riguardo, la Corte cost., con sent. 19/7/1989, n. 454 aveva dichiarato l'illegittimità costituzionale del co. 4 «nella parte in cui non prevede la trascrizione del provvedimento giudiziale di assegnazione della abitazione nella casa familiare al coniuge affidatario della prole, ai fini della opponibilità ai terzi».

Il testo originario dell'articolo, invece, prevedeva: «[I] Il tribunale che pronuncia la separazione dichiara quale dei coniugi deve tenere presso di sé i figli e provvedere al loro mantenimento, alla loro educazione e istruzione. [II] Se uno dei coniugi è di razza non ariana, il tribunale dispone, salvo gravi motivi, che i figli considerati di razza ariana siano affidati al coniuge di razza ariana. [III] In ogni caso il tribunale può per gravi motivi ordinare che la prole sia collocata in un istituto di educazione o presso una terza persona. [IV] Qualunque sia la persona a cui i figli sono affidati, il padre e la madre conservano il diritto di vigilare la loro educazione». Il co. 2 era stato abrogato dall'art. 1 del r.d.l. 20/1/1944, n. 25, Disposizioni per la reintegrazione nei diritti civili e politici dei cittadini italiani e stranieri già dichiarati di razza ebraica o considerati di razza ebraica, conv., senza modificazioni, dalla l. 5/5/1949, n. 178 (abrogazione confermata dall'art. 3, co. 3, d.lgs.lt. 14/9/1944, n. 287).

155 bis. Affidamento a un solo genitore e opposizione all'affidamento condiviso*. – *[I] Il giudice può disporre l'affidamento dei figli ad uno solo dei genitori qualora ritenga con provvedimento motivato che l'affidamento all'altro sia contrario all'interesse del minore. [II] Ciascuno dei genitori può, in qualsiasi momento, chiedere l'affidamento esclusivo quando sussistono le condizioni indicate al primo comma. Il giudice, se accoglie la domanda, dispone l'affidamento esclusivo al genitore istante, facendo salvi, per quanto possibile, i diritti del minore previsti dal primo comma dell'articolo 155. Se la domanda risulta manifestamente infondata, il giudice può considerare il comportamento del genitore istante ai fini della determinazione dei provvedimenti da adottare nell'interesse dei figli, rimanendo ferma l'applicazione dell'articolo 96 del codice di procedura civile **.*

* Articolo abrogato dall'art. 106, co. 1, lett. a), d.lg. 28/12/2013, n. 154, Revisione delle disposizioni vigenti in materia di filiazione, a decorrere dal 7/2/2014. La disposizione era stata inserita dall'art. 1 della l. 8/2/2006, n. 54, Disposizioni in materia di separazione dei genitori e affidamento condiviso dei figli.

** Cfr. il testo abrogato con l'attuale formulazione dell'art. 337 quater, co. 1 e 2.

155 ter. Revisione delle disposizioni concernenti l'affidamento dei figli*. – *[I] I genitori hanno diritto di chiedere in ogni tempo la revisione delle disposizioni concernenti l'affidamento dei figli, l'attribuzione dell'esercizio della potestà su di essi e delle eventuali disposizioni relative alla misura e alla modalità del contributo **.*

* Articolo abrogato dall'art. 106, co. 1, lett. a), d.lg. 28/12/2013, n. 154, Revisione delle disposizioni vigenti in materia di filiazione, a decorrere dal 7/2/2014. La disposizione era stata inserita dall'art. 1 della l. 8/2/2006, n. 54, Disposizioni in materia di separazione dei genitori e affidamento condiviso dei figli.

** Cfr. il testo abrogato con l'attuale formulazione dell'art. 337-quinquies.

155 quater. Assegnazione della casa familiare e prescrizioni in tema di residenza*. – *[I] Il godimento della casa familiare è attribuito tenendo prioritariamente conto dell'interesse dei figli. Dell'assegnazione il giudice tiene conto nella regolazione dei rapporti economici tra i genitori, considerato l'eventuale titolo di proprietà. Il diritto al godimento della casa familiare viene meno nel caso che l'assegnatario non abiti o cessi di abitare stabilmente nella casa familiare o conviva more uxorio o contragga nuovo matrimonio. Il provvedimento di assegnazione e quello di revoca sono trascrivibili e opponibili a terzi ai sensi dell'articolo 2643.*

[II] Nel caso in cui uno dei coniugi cambi la residenza o il domicilio, l'altro coniuge può chiedere, se il mutamento interferisce con le modalità dell'affidamento, la ridefinizione degli accordi o dei provvedimenti adottati, ivi compresi quelli economici **.

* Articolo abrogato dall'art. 106, co. 1, lett. a), d.lg. 28/12/2013, n. 154, Revisione delle disposizioni vigenti in materia di filiazione, a decorrere dal 7/2/2014. La disposizione era stata inserita dall'art. 1 della l. 8/2/2006, n. 54, Disposizioni in materia di separazione dei genitori e affidamento condiviso dei figli.

** Cfr. il testo abrogato con l'attuale formulazione dell'art. 337 sexies.

155 quinquies. Disposizioni in favore dei figli maggiorenni*. – *[I] Il giudice, valutate le circostanze, può disporre in favore dei figli maggiorenni non indipendenti economicamente il pagamento di un assegno periodico. Tale assegno, salvo diversa determinazione del giudice, è versato direttamente all'avente diritto. [II] Ai figli maggiorenni portatori di handicap grave ai sensi dell'articolo 3, comma 3, della legge 5 febbraio 1992, n. 104, si applicano integralmente le disposizioni previste in favore dei figli minori**.*

* Articolo abrogato dall'art. 106, co. 1, lett. a), d.lg. 28/12/2013, n. 154, Revisione delle disposizioni vigenti in materia di filiazione, a decorrere dal 7/2/2014. La disposizione era stata inserita dall'art. 1 della l. 8/2/2006, n. 54, Disposizioni in materia di separazione dei genitori e affidamento condiviso dei figli.

** Cfr. il testo abrogato con l'attuale formulazione dell'art. 337 septies.

155 sexies. Poteri del giudice e ascolto del minore*. – *[I] Prima dell'emanazione, anche in via provvisoria, dei provvedimenti di cui all'articolo 155, il giudice può assumere, ad istanza di parte o d'ufficio, mezzi di prova. Il giudice dispone, inoltre, l'audizione del figlio minore che abbia compiuto gli anni dodici e anche di età inferiore ove capace di discernimento.*

*[II] Qualora ne ravvisi l'opportunità, il giudice, sentite le parti e ottenuto il loro consenso, può rinviare l'adozione dei provvedimenti di cui all'articolo 155 per consentire che i coniugi, avvalendosi di esperti, tentino una mediazione per raggiungere un accordo, con particolare riferimento alla tutela dell'interesse morale e materiale dei figli**.*

* Articolo abrogato dall'art. 106, co. 1, lett. a), d.lg. 28/12/2013, n. 154, Revisione delle disposizioni vigenti in materia di filiazione, a decorrere dal 7/2/2014. La disposizione era stata inserita dall'art. 1 della l. 8/2/2006, n. 54, Disposizioni in materia di separazione dei genitori e affidamento condiviso dei figli.

** Cfr. il testo abrogato con l'attuale formulazione dell'art. 337-octies.

156. Effetti della separazione sui rapporti patrimoniali tra i coniugi (1). – [I] Il giudice, pronunziando la separazione, stabilisce a vantaggio del coniuge cui non sia addebitabile la separazione [151²] il diritto di ricevere dall'altro coniuge quanto è necessario al suo mantenimento, qualora egli non abbia adeguati redditi propri [548¹, 585¹].

[II] L'entità di tale somministrazione è determinata in relazione alle circostanze e ai redditi dell'obbligato (2).

[III] Resta fermo l'obbligo di prestare gli alimenti di cui agli articoli 433 e seguenti [438].

[IV] Il giudice che pronunzia la separazione può imporre al coniuge di prestare idonea garanzia [1179] reale [2784, 2808] o personale [1936] se esiste il pericolo che egli possa sottrarsi all'adempimento degli obblighi previsti dai precedenti commi e dall'articolo 155 (3).

[V] La sentenza costituisce titolo per l'iscrizione dell'ipoteca giudiziale ai sensi dell'articolo 2818.

[VI] In caso di inadempienza, su richiesta dell'avente diritto, il giudice può disporre il sequestro di parte dei beni del coniuge obbligato [671 CPC.] e ordinare ai terzi, tenuti a corrispondere anche periodicamente somme di danaro all'obbligato, che una parte di esse venga versata direttamente agli aventi diritto [316-bis] (4).

[VII] Qualora sopravvengano giustificati motivi il giudice, su istanza di parte, può disporre la revoca o la modifica dei provvedimenti di cui ai commi precedenti [710 CPC.] (5).

➔ **CC. 1865 – art. 145.**

(1) Articolo così sostituito dall'art. 37 della l. 19/5/1975, n. 151, Riforma del diritto di famiglia. Il testo previgente disponeva: «Effetti della separazione – [I] Il coniuge, che non ha colpa nella separazione personale, conserva i diritti inerenti alla sua qualità di coniuge che non sono incompatibili con lo stato di separazione. [II] Il coniuge, per colpa del quale è stata pronunziata la separazione, non ha diritto che agli alimenti. Egli incorre nella perdita di tutti gli utili che l'altro coniuge gli ha concessi col contratto di matrimonio, anche se sono stati stipulati con reciprocità. [III] Il tribunale può altresì privarlo, in tutto o in parte, dell'usufrutto legale che ad esso spetti sui beni dei figli minori. [IV] Se la sentenza di separazione è pronunziata per colpa di ambedue i coniugi, ciascuno di essi incorre nella perdita indicata nel secondo comma, e il tribunale, secondo le circostanze, dà le disposizioni opportune per l'usufrutto legale. [V] Il tribunale, secondo le circostanze, può anche vietare alla moglie l'uso del cognome del marito». Al riguardo, la Corte costituzionale, con sent. 4/5/1966, n. 46 aveva dichiarato l'illegittimità dell'art. 156^{1} «nella parte in cui pone a carico del marito, in regime di separazione consensuale senza colpa di nessuno dei coniugi, l'obbligo di somministrare alla moglie tutto ciò che è necessario ai bisogni della vita, indipendentemente dalle condizioni economiche di costei»; successivamente, con sent. 24/6/1970, n. 128 aveva dichiarato l'illegittimità costituzionale dell'art. 156^{5} «nella parte in cui esclude la pretesa della moglie a non usare il cognome del marito, in regime di separazione per colpa di quest'ultimo, nel caso che da quell'uso possa derivarle un pregiudizio»; infine, con sent. 4/4/1974, n. 99, aveva dichiarato l'illegittimità costituzionale dell'art. 156^{1}, «nella parte in cui, disponendo che per i coniugi consensualmente separati perduri l'obbligo reciproco di fedeltà, non limita quest'ultimo al dovere di astenersi da quei comportamenti che, per il concorso di determinate circostanze, siano idonei a costituire ingiuria grave all'altro coniuge».

(2) Art. 5 e 6 della l. 1/12/1970, n. 898, Disciplina dei casi di scioglimento del matrimonio.

(3) Art. 8 della l. 1/12/1970, n. 898, Disciplina dei casi di scioglimento del matrimonio.

(4) La Corte cost., con sent. 12/5/1983, n. 144 ha dichiarato l'illegittimità costituzionale del presente comma «nella parte in cui non prevede che le disposizioni ivi contenute si applichino a favore dei figli di coniugi consensualmente separati».

• La Corte costituzionale, con sent. 14/1/1987, n. 5 ha dichiarato l'illegittimità costituzionale del presente comma «nella parte in cui non prevede che le disposizioni ivi contenute si applichino ai coniugi separati consensualmente».

• La Corte costituzionale, con sent. 23/6/1994, n. 278 ha dichiarato l'illegittimità costituzionale del presente comma «nella parte in cui non prevede che il giudice istruttore possa adottare nel corso della causa di separazione il provvedimento di ordinare ai terzi debitori del coniuge obbligato al mantenimento di versare una parte delle somme direttamente agli aventi diritto».

• La Corte costituzionale, con sent. 10/7/1996, n. 258 ha dichiarato l'illegittimità costituzionale del presente comma «nella parte in cui non prevede che il giudice istruttore possa adottare, nel corso della causa di separazione, il provvedimento di sequestro di parte dei beni del coniuge obbligato al mantenimento».

(5) V. art. 23 della l. 6/3/1987, n. 74, Nuove norme sulla disciplina dei casi di scioglimento di matrimonio.

156 bis. Cognome della moglie (1). – [I] Il giudice, pronunziando la separazione, stabilisce a vantaggio del coniuge cui non sia addebitabile la separazione [151^{2}] il diritto di ricevere dall'altro coniuge quanto è necessario al suo mantenimento, qualora egli non abbia adeguati redditi propri [548^{1}, 585^{1}].

[II] L'entità di tale somministrazione è determinata in relazione alle circostanze e ai redditi dell'obbligato.

[III] Resta fermo l'obbligo di prestare gli alimenti di cui agli articoli 433 e seguenti [438^{2}] (2).

[IV] Qualora sopravvengano giustificati motivi il giudice, su istanza di parte, può disporre la revoca o la modifica dei provvedimenti di cui ai commi precedenti [710 CPC.].

(1) Articolo così sostituito dall'art. 37 della l. 19/5/1975, n. 151.

(2) Gli originari co. IV, V, VI sono abrogati dall'art. 1, co. 2, lett. a), d.lg. 10/10/2022, n. 149 (ai sensi dell'art. 52 del d.lg. n. 149/2022, il citato decreto legislativo entra in vigore il giorno successivo a quello della sua pubblicazione nella GU). Per la disciplina transitoria v. art. 35 del d.lg. n. 149/2022, come da ultimo modificato dall'art. 1, co. 38, lett. a), l. 29/12/2022, n. 197, che prevede che: «1. Le disposizioni del presente decreto, salvo che non sia diversamente disposto, hanno effetto a decorrere dal 28 febbraio 2023 e si applicano ai procedimenti instaurati successivamente a tale data. Ai procedimenti pendenti alla data del 28 febbraio 2023 si applicano le disposizioni anteriormente vigenti.». Si riporta il testo anteriore alla suddetta modificazione: «Il giudice che pronunzia la separazione può imporre al coniuge di prestare idonea garanzia reale o personale se esiste il pericolo che egli possa sottrarsi all'adempimento degli obblighi previsti dai precedenti commi e dall'articolo 155. – La sentenza costituisce titolo per l'iscrizione dell'ipoteca giudiziale ai sensi dell'articolo 2818. – In caso di inadempienza, su richiesta dell'avente diritto, il giudice può disporre il sequestro di parte dei beni del coniuge obbligato e ordinare ai terzi, tenuti a corrispondere anche periodicamente somme di danaro all'obbligato, che una parte di esse venga versata direttamente agli aventi diritto». Precedentemente la Corte cost., con sent. 31/5/1983, n. 144 ha dichiarato l'illegittimità costituzionale dell'originario co. 6 «nella parte in cui non prevede che le disposizioni ivi contenute si applichino a favore dei figli di coniugi consensualmente separati» e successivamente con sent. 19/1/1987, n. 5 «nella parte in cui non prevede che le disposizioni ivi contenute si applichino ai coniugi consensualmente separati»; e con sent. 6/7/1994, n. 278 «nella parte in cui non prevede che il giudice istruttore possa adottare, nel corso della causa di separazione, il provvedimento di ordinare ai terzi debitori del coniuge obbligato al mantenimento, di versare una parte delle somme direttamente agli aventi diritto» e, ancora, con sent. 19/7/1996, n. 258 «nella parte in cui non prevede che il giudice istruttore possa adottare, nel corso della causa di separazione, il provvedimento di sequestro di parte dei beni del coniuge obbligato al mantenimento».

(2) V. art. 5, co. 2-4, l. 1/12/1970, n. 898, Disciplina dei casi di scioglimento del matrimonio.

157. Cessazione degli effetti della separazione (1). – [I] I coniugi possono di comune accordo far cessare gli effetti della sentenza di separazione, senza che sia necessario l'intervento del giudice, con una espressa dichiarazione o con un comportamento non equivoco che sia incompatibile con lo stato di separazione [154].

[II] La separazione può essere pronunziata nuovamente soltanto in relazione a fatti e comportamenti intervenuti dopo la riconciliazione.

➔ CC. 1865 – art. 153, 157.

(1) Articolo così sostituito dall'art. 39 della l. 19/5/1975, n. 151, Riforma del diritto di famiglia. Il testo previgente disponeva: «[I] I coniugi possono di comune accordo far cessare gli effetti della sentenza di separazione con un'espressa dichiarazione o col fatto della coabitazione, senza che sia necessario l'intervento dell'autorità giudiziaria».

158. Separazione consensuale (1). – [I] La separazione per il solo consenso dei coniugi non ha effetto senza l'omologazione del giudice [150 // 711 CPC.] (2).

[II] Quando l'accordo dei coniugi relativamente all'affidamento e al mantenimento dei figli è in contrasto con l'interesse di questi il giudice riconvoca i coniugi indicando ad essi le modificazioni da adottare nell'interesse dei figli e, in caso di inidonea soluzione, può rifiutare allo stato l'omologazione [155, 337-ter].*

➔ CC. 1865 – art. 158.

(1) Articolo così sostituito dall'art. 40 della l. 19/5/1975, n. 151, riforma del diritto di famiglia. Il testo previgente disponeva: «[I] La separazione per il solo consenso dei coniugi non ha effetto senza l'omologazione del tribunale».

• La Corte cost., con sent. 10/2/1988, n. 186, ha dichiarato l'illegittimità costituzionale dell'art. 158 «nella parte in cui non prevede che il decreto di omologazione della separazione consensuale costituisce titolo per l'iscrizione dell'ipoteca giudiziale ai sensi dell'art. 2818 del codice civile».

(2) V. art. 23 della l. 6/3/1987, n. 74, Nuove norme sulla disciplina dei casi di scioglimento di matrimonio.

* Il co. 2 è abrogato dall'art. 1, co. 2, lett. b), d.lg. 10/10/2022, n. 149 (ai sensi dell'art. 52 del d.lg. n. 149/2022, il citato decreto legislativo entra in vigore il giorno successivo a quello della sua pubblicazione nella GU). Per la disciplina transitoria v. art. 35 del d.lg. n. 149/2022, come da ultimo modificato dall'art. 1, co. 380, lett. a), l. 29/12/2022, n. 197, che prevede che: «1. Le disposizioni del presente decreto, salvo che non sia diversamente disposto, hanno effetto a decorrere dal 28 febbraio 2023 e si applicano ai procedimenti instaurati successivamente a tale data. Ai procedimenti pendenti alla data del 28 febbraio 2023 si applicano le disposizioni anteriormente vigenti.». Si riporta il testo anteriore alla suddetta modificazione: «Quando l'accordo dei coniugi relativamente all'affidamento e al mantenimento dei figli è in contrasto con l'interesse di questi il giudice riconvoca i coniugi indicando ad essi le modificazioni da adottare nell'interesse dei figli e, in caso di inidonea soluzione, può rifiutare allo stato l'omologazione».

Capo VI
Del regime patrimoniale della famiglia (1)

(1) V. art. 30 della l. 31/5/1995, n. 218, Riforma del sistema italiano di diritto internazionale privato, che dispone: «Rapporti patrimoniali tra coniugi – [I] I rapporti patrimoniali tra coniugi sono regolati dalla legge applicabile ai loro rapporti personali. I coniugi possono tuttavia convenire per iscritto che i loro rapporti patrimoniali sono regolati dalla legge dello Stato di cui almeno uno di essi è cittadino o nel quale almeno uno di essi risiede. [II] L'accordo dei coniugi sul diritto applicabile è valido se è considerato tale dalla legge scelta o da quella del luogo in cui l'accordo è stato stipulato. [III] Il regime dei rapporti patrimoniali fra coniugi regolato da una legge straniera è opponibile ai terzi solo se questi ne abbiano avuto conoscenza o lo abbiano ignorato per loro colpa. Relativamente ai diritti reali su beni immobili, l'opponibilità è limitata ai casi in cui siano state rispettate le forme di pubblicità prescritte dalla legge dello Stato in cui i beni si trovano».

Sezione I
Disposizioni generali

159. Del regime patrimoniale legale tra i coniugi (1). – [I] Il regime patrimoniale legale della famiglia, in mancanza di diversa convenzione stipulata a norma dell'articolo 162, è costituito dalla comunione dei beni regolata dalla sezione III del presente capo (2).

➔ **CC. 1865 – art. 1378.**

(1) Articolo così sostituito dall'art. 41 della l. 19/5/1975, n. 151, Riforma del diritto di famiglia. Il testo previgente disponeva: «Rapporti patrimoniali tra coniugi – [I] I rapporti patrimoniali tra coniugi sono regolati dalle convenzioni delle parti e dalla legge».

(2) V. art. 227 ss. della l. 19/5/1975, n. 151, Riforma del diritto di famiglia. In particolare, l'art. 228 prevede: «[I] Le famiglie già costituite alla data di entrata in vigore della presente legge, decorso il termine di due anni dalla detta data, sono assoggettate al regime della comunione legale per i beni acquistati successivamente alla data medesima a meno che entro lo stesso termine uno dei coniugi non manifesti volontà contraria in un atto ricevuto da notaio o dall'ufficiale dello stato civile del luogo in cui fu celebrato il matrimonio. [II] Entro lo stesso termine i coniugi possono convenire che i beni acquistati anteriormente alla data indicata nel primo comma siano assoggettati al regime della comunione, salvi i diritti dei terzi. [III] Gli atti di cui al presente articolo compresi i trasferimenti eventuali e conseguenti di diritti sono esenti da imposte e tasse e gli onorari professionali ad essi relativi sono ridotti alla metà. Essi non possono essere opposti a terzi se non sono annotati a margine dell'atto di matrimonio».

L'art. 1 del d.l. 9/9/1977, n. 688, conv. dalla l. 31/10/1977, n. 804, ha poi prorogato sino al 15/1/1978 il termine previsto dall'art. 228.

• V. art. 1, co. 13, l. 20/5/2016, n. 76, Regolamentazione delle unioni civili tra persone dello stesso sesso e disciplina delle convivenze, che dispone: «Il regime patrimoniale dell'unione civile tra persone dello stesso sesso, in mancanza di diversa convenzione patrimoniale, è costituito dalla comunione dei beni. In materia di forma, modifica, simulazione e capacità per la stipula delle convenzioni patrimoniali si applicano gli articoli 162, 163, 164 e 166 del codice civile. Le parti non possono derogare né ai diritti né ai doveri previsti dalla legge per effetto dell'unione civile. Si applicano le disposizioni di cui alle sezioni II, III, IV, V e VI del capo VI del titolo VI del libro primo del codice civile».

• V. art. 8, 9 e 9-bis della l. 1/12/1970, n. 898, Disciplina dei casi di scioglimento del matrimonio.

160. Diritti inderogabili (1). – [I] Gli sposi non possono derogare né ai diritti né ai doveri previsti dalla legge per effetto del matrimonio [143[3], 147, 148].

➔ **CC. 1865 – art. 1379.**

(1) Articolo così sostituito dall'art. 42 della l. 19/5/1975, n. 151, Riforma del diritto di famiglia. Il testo previgente disponeva: «[I] Gli sposi non possono derogare né ai diritti che spettano al capo della famiglia, né a quelli che la legge attribuisce all'uno o all'altro coniuge».

161. Riferimento generico a leggi o agli usi. – [I] Gli sposi non possono pattuire in modo generico che i loro rapporti patrimoniali siano in tutto o in parte regolati da leggi alle quali non sono sottoposti (1) o dagli usi [1 disp. prel. CC.], ma devono enunciare in modo concreto il contenuto dei patti con i quali intendono regolare questi loro rapporti [210].

➔ **CC. 1865 – art. 1381.**

(1) V. art. 30 della l. 31/5/1995, n. 218, cit. nella nota (1) *sub* capo VI – Del regime patrimoniale della famiglia.

• V. art. 64, co. 2, d.P.R. 3/11/2000, n. 396, Regolamento per la revisione e la semplificazione dell'ordinamento dello stato civile; in merito al contenuto dell'atto di matrimonio, l'articolo in questione dispone che quando contemporaneamente alla celebrazione del matrimonio gli sposi scelgono la legge applicabile ai loro rapporti patrimoniali ai sensi dell'art. 30, co. 1, l. 31/5/1995, n. 218, la dichiarazione è inserita nell'atto stesso di matrimonio. Cfr. anche l'art. 69, co. 1, lett. b), d.P.R. 3/11/2000, n. 396 cit., per l'annotazione nell'atto di matrimonio.

162. Forma delle convenzioni matrimoniali (1). – [I] Le convenzioni matrimoniali [90, 159, 165, 166, 167, 210, 215] debbono essere stipulate per atto pubblico [2699] sotto pena di nullità [1350, 1418, 2725].

[II] La scelta del regime di separazione può anche essere dichiarata nell'atto di celebrazione del matrimonio [107[2], 130, 215].

[III] Le convenzioni possono essere stipulate in ogni tempo, ferme restando le disposizioni dell'articolo 194. *Dopo la celebrazione del matrimonio possono essere mutate soltanto previa autorizzazione del giudice**.

[IV] Le convenzioni matrimoniali non possono essere opposte ai terzi quando a margine dell'atto di matrimonio non risultano annotati la data del contratto, il notaio rogante e le generalità dei contraenti, ovvero la scelta di cui al secondo comma [2647, 2685] (2).

➔ **CC. 1865 – art. 1382, 1385, 1433[2].**

(1) Articolo così sostituito dall'art. 43 della l. 19/5/1975, n. 151, Riforma del diritto di famiglia. Il testo previgente disponeva: «Forma delle convenzioni matrimoniali e loro immutabilità – [I] Le convenzioni matrimoniali devono essere stipulate per atto pubblico sotto pena di nullità. [II] Non possono essere mutate dopo la celebra-

zione del matrimonio. [III] Possono essere stipulate dopo la celebrazione del matrimonio nei casi previsti dalla legge, purché non alterino le convenzioni matrimoniali già stabilite».

* La seconda parte di questo comma è stata abrogata dall'art. 1 della l. 10/4/1981, n. 142, modif. ad alcune norme relative alle convenzioni tra coniugi. V. anche l'art. 2, co. 1, l. n. 142, cit. che dispone: «[I] L'autorizzazione del giudice è prevista soltanto per il mutamento, dopo la celebrazione del matrimonio, di convenzioni matrimoniali stipulate per atto pubblico prima dell'entrata in vigore della presente legge».

• V. art. 1, co. 13, l. 20/5/2016, n. 76, Regolamentazione delle unioni civili tra persone dello stesso sesso e disciplina delle convivenze, che dispone: «Il regime patrimoniale dell'unione civile tra persone dello stesso sesso, in mancanza di diversa convenzione patrimoniale, è costituito dalla comunione dei beni. In materia di forma, modifica, simulazione e capacità per la stipula delle convenzioni patrimoniali si applicano gli articoli 162, 163, 164 e 166 del codice civile. Le parti non possono derogare né ai diritti né ai doveri previsti dalla legge per effetto dell'unione civile. Si applicano le disposizioni di cui alle sezioni II, III, IV, V e VI del capo VI del titolo VI del libro primo del codice civile».

(2) V. art. 64, co. 2, d.P.R. 3/11/2000, n. 396, Regolamento per la revisione e la semplificazione dell'ordinamento dello stato civile; in merito al contenuto dell'atto di matrimonio, l'articolo in questione dispone che quando contemporaneamente alla celebrazione del matrimonio gli sposi dichiarano di scegliere il regime di separazione dei beni, la dichiarazione è inserita nell'atto stesso di matrimonio.

• V. art. 69, co. 1, lett. b), d.P.R. 3/11/2000, n. 396, Regolamento per la revisione e la semplificazione dell'ordinamento dello stato civile; che prevede l'annotazione nell'atto di matrimonio delle «delle convenzioni matrimoniali, delle relative modificazioni, delle sentenze di omologazione di cui all'articolo 163 del codice civile, delle sentenze di separazione giudiziale dei beni di cui all'articolo 193 del codice civile, e della scelta della legge applicabile ai loro rapporti patrimoniali ai sensi dell'articolo 30, comma 1, della legge 31 maggio 1995, n. 218».

163. Modifica delle convenzioni (1). – [I] Le modifiche delle convenzioni matrimoniali [167, 210, 215, 1321, 1372], anteriori o successive al matrimonio, non hanno effetto se l'atto pubblico [2699] non è stipulato col consenso di tutte le persone che sono state parti nelle convenzioni medesime, o dei loro eredi [768-*septies*].

[II] Se uno dei coniugi muore dopo aver consentito con atto pubblico alla modifica delle convenzioni, questa produce i suoi effetti [1329²] se le altre parti esprimono anche successivamente il loro consenso, salva l'omologazione del giudice. L'omologazione può essere chiesta da tutte le persone che hanno partecipato alla modificazione delle convenzioni o dai loro eredi.

[III] Le modifiche convenute e la sentenza di omologazione hanno effetto rispetto ai terzi solo se ne è fatta annotazione in margine all'atto del matrimonio [162⁴, 34-bis att.] (2).

[IV] L'annotazione deve inoltre essere fatta a margine della trascrizione delle convenzioni matrimoniali ove questa sia richiesta a norma degli articoli 2643 e seguenti [34-bis² att.].

➔ CC. 1865 – art. 1383, 1384.

(1) Articolo così sostituito dall'art. 44 della l. 19/5/1975, n. 151, Riforma del diritto di famiglia. Il testo previgente disponeva: «Mutazioni delle convenzioni matrimoniali prima del matrimonio – [I] Le mutazioni delle convenzioni matrimoniali prima del matrimonio non hanno effetto se non sono fatte per atto pubblico, alla presenza e col simultaneo consenso di tutte le persone che sono state parti nel contratto di matrimonio. [II] Ogni mutazione è senza effetto rispetto ai terzi, se in margine o in calce dell'originale del contratto di matrimonio non è stata fatta annotazione indicante l'atto che contiene la mutazione. [III] L'annotazione deve inoltre essere fatta sulla copia del contratto di matrimonio rimessa al pubblico archivio a cura del notaio che lo ha ricevuto, e anche su quella presentata per la trascrizione, se il contratto di matrimonio è stato trascritto».

• V. art. 1, co. 13, l. 20/5/2016, n. 76, Regolamentazione delle unioni civili tra persone dello stesso sesso e disciplina delle convivenze, che dispone: «Il regime patrimoniale dell'unione civile tra persone dello stesso sesso, in mancanza di diversa convenzione patrimoniale, è costituito dalla comunione dei beni. In materia di forma, modifica, simulazione e capacità per la stipula delle convenzioni patrimoniali si applicano gli articoli 162, 163, 164 e 166 del codice civile. Le parti non possono derogare né ai diritti né ai doveri previsti dalla legge per effetto dell'unione civile: Si applicano le disposizioni di cui alle sezioni II, III, IV, V e VI del capo VI del titolo VI del libro primo del codice civile».

(2) V. nota (2) *sub* art. 162.

164. Simulazione delle convenzioni matrimoniali (1). – [I] È consentita ai terzi la prova [2697 ss.] della simulazione delle convenzioni matrimoniali [1415², 1417].

[II] Le controdichiarazioni scritte possono aver effetto nei confronti di coloro tra i quali sono intervenute, solo se fatte con la presenza ed il simultaneo consenso di tutte le persone che sono state parti nelle convenzioni matrimoniali [1414²].

➔ CC. 1865 – art. 1384.

(1) Articolo così sostituito dall'art. 45 della l. 19/5/1975, n. 151, Riforma del diritto di famiglia. Il testo previgente disponeva: «Controdichiarazioni – [I] Non è ammessa alcuna prova della simulazione delle convenzioni matrimoniali, anche se risulta da controdichiarazioni scritte. [II] Queste possono avere effetto limitatamente a coloro tra i quali sono intervenute, solo se fatte con la presenza e il simultaneo consenso di tutte le persone che sono state parti nel contratto di matrimonio. La Corte costituzionale, con sent. 10/12/1970, aveva dichiarato l'illegittimità dell'articolo «nella parte in cui non ammette i terzi a provare la simulazione delle convenzioni matrimoniali».

• V. nota (2) *sub* art. 163.

165. Capacità del minore (1). – [I] Il minore [2] ammesso a contrarre matrimonio [84²] è pure capace di prestare il consenso per tutte le relative convenzioni matrimoniali [162, 774], le quali sono valide se egli è assistito dai genitori esercenti la responsabilità genitoriale [316] (2) su di lui o dal tutore [343, 357] o dal curatore speciale nominato a norma dell'articolo 90 [392³].

➔ CC. 1865 – art. 1388 // Gai 3.107.

(1) Articolo così sostituito dall'art. 46 della l. 19/5/1975, n. 151, Riforma del diritto di famiglia. Il testo previgente disponeva: «[I] Il minore capace di contrarre matrimonio è pure capace di prestare il consenso per tutte le stipulazioni e le donazioni che possono farsi nel relativo contratto, le quali sono valide se egli è stato assistito dal genitore esercente la patria potestà, dal tutore o dal curatore speciale nominato a norma dell'ultimo comma dell'articolo 90».
L'articolo era stato così modificato dall'art. 4 della l. 8/3/1975, n. 39, Attribuzione della maggiore età ai cittadini che hanno compiuto il diciottesimo anno e modificazione di altre norme relative alla capacità di agire e al diritto di elettorato.
Il testo originario dell'articolo disponeva: «[I] Il minore capace di contrarre matrimonio è pure capace di prestare il consenso per tutte le stipulazioni e le donazioni che possono farsi nel relativo contratto, le quali sono valide se egli è stato assistito dal genitore esercente la patria potestà, dal tutore, dal curatore, se si tratta di minore emancipato, o dal curatore speciale nominato a norma dell'ultimo comma dell'art. 90. [II] Il minore emancipato deve essere assistito dal curatore anche nel caso in cui non occorre l'assenso di questo per la validità del matrimonio».

(2) L'art. 6 del d.lg. 28/12/2013, n. 154, Revisione delle disposizioni vigenti in materia di filiazione ha disposto che la parola "potestà" fosse sostituita da "responsabilità genitoriale", con decorrenza dal 7/2/2014.

166. Capacità dell'inabilitato (1). – [I] Per la validità delle stipulazioni e delle donazioni [774], fatte nel contratto di matrimonio dall'inabilitato [415] o da colui contro il quale è stato promosso giudizio di inabilitazione [417], è necessaria l'assistenza del curatore già nominato [419^{3}, 424]. Se questi non è stato ancora nominato, si provvede alla nomina di un curatore speciale [90].

(1) V. nota (2) *sub* art. 163.

166 bis. Divieto di costituzione di dote (1). – [I] È nulla ogni convenzione che comunque tenda [1344] alla costituzione di beni in dote [118 e 199 att.] (2).

(1) Articolo inserito dall'art. 47 della l. 19/5/1975, n. 151, Riforma del diritto di famiglia.

(2) V. art. 227 della l. 19/5/1975, n. 151, Riforma del diritto di famiglia, secondo cui: «[I] Le doti e i patrimoni familiari costituiti prima dell'entrata in vigore della presente legge continuano ad essere disciplinati dalle norme anteriori».

Sezione II
Del fondo patrimoniale (1)

(1) Intitolazione così sostituita dall'art. 48 della l. 19/5/1975, n. 151, Riforma del diritto di famiglia.

• V. anche art. 227 della l. 19/5/1975, n. 151, Riforma del diritto di famiglia, già citato in nota (2) *sub* art. 166-bis.

• V. art. 1, co. 13, l. 20/5/2016, n. 76, Regolamentazione delle unioni civili tra persone dello stesso sesso e disciplina delle convivenze, che dispone: «Il regime patrimoniale dell'unione civile tra persone dello stesso sesso, in mancanza di diversa convenzione patrimoniale, è costituito dalla comunione dei beni. In materia di forma, modifica, simulazione e capacità per la stipula delle convenzioni patrimoniali si applicano gli articoli 162, 163, 164 e 166 del codice civile. Le parti non possono derogare né ai diritti né ai doveri previsti dalla legge per effetto dell'unione civile. Si applicano le disposizioni di cui alle sezioni II, III, IV, V e VI del capo VI del titolo VI del libro primo del codice civile».

167. Costituzione del fondo patrimoniale (1). – [I] Ciascuno o ambedue i coniugi, per atto pubblico [2699], o un terzo [771, 774, 809], anche per testamento [587, 588^{2}, 649], possono costituire un fondo patrimoniale [2901], destinando determinati beni, immobili [$812^{1\,e\,2}$, 812^{3}, 2647] o mobili iscritti in pubblici registri [815, 2685], o titoli di credito [1992 ss.], a far fronte ai bisogni della famiglia [143^{3}, $162^{1\,e\,4}$, 2447-bis ss. 2645-ter // 32 att.] (2).

[II] La costituzione del fondo patrimoniale per atto tra vivi, effettuata dal terzo, si perfeziona con l'accettazione dei coniugi [785^{1}, 1326]. L'accettazione può essere fatta con atto pubblico posteriore [782^{2}].

[III] La costituzione può essere fatta anche durante il matrimonio [162^{3}].

[IV] I titoli di credito devono essere vincolati rendendoli nominativi [2021 ss.] con annotazione del vincolo o in altro modo idoneo [2024].

(1) Articolo così sostituito dall'art. 49 della l. 19/5/1975, n. 151, Riforma del diritto di famiglia. Il testo previgente disponeva: «Costituzione del patrimonio familiare – [I] Possono essere costituiti in patrimonio familiare determinati beni immobili o titoli di credito. [II] La costituzione del patrimonio familiare importa la inalienabilità dei beni e la destinazione dei frutti a vantaggio della famiglia. [III] La costituzione può essere fatta, anche durante il matrimonio, da uno o da entrambi i coniugi per atto pubblico, ovvero da un terzo per atto pubblico o per testamento».

(2) V. l. 16/10/1989, n. 364, Ratifica ed esecuzione della Conv. sulla legge applicabile ai trusts e sul loro riconoscimento, adottata a L'Aja il 1/7/1985.

168. Impiego ed amministrazione del fondo (1). – [I] La proprietà dei beni costituenti il fondo patrimoniale spetta ad entrambi i coniugi, salvo che sia diversamente stabilito nell'atto di costituzione.

[II] I frutti [820] dei beni costituenti il fondo patrimoniale sono impiegati per i bisogni della famiglia [167^{1}, 324^{2}].

[III] L'amministrazione dei beni costituenti il fondo patrimoniale è regolata dalle norme relative all'amministrazione della comunione legale [180 ss.].

(1) Articolo così sostituito dall'art. 50 della l. 19/5/1975, n. 151, Riforma del diritto di famiglia. Il testo previgente disponeva: «Patrimonio familiare costituito da un terzo – [I] Se la costituzione è fatta da un terzo, che non si è riservata la proprietà dei beni immobili o dei titoli, questa proprietà spetta al coniuge al quale è stata attribuita e, in mancanza di attribuzione, ad entrambi i coniugi. [II] Coloro che costituiscono il patrimonio familiare sono tenuti a garantire i beni assegnati. [III] Salvo patto speciale, la garanzia non si estende ai vizi della cosa, a meno che il costituente li abbia in mala fede taciuti».

169. Alienazione dei beni del fondo (1). – [I] Se non è stato espressamente consentito nell'atto di costituzione, non si possono alienare [1379], ipotecare, dare in pegno o comunque vincolare beni del fondo patrimoniale [326^{1}] se non con il consenso di entrambi i coniugi e, se vi sono figli minori, con l'autorizzazione concessa dal giudice [$38^{2\,e\,3}$ att.], con provvedimento emesso in camera di consiglio [737 CPC.], nei soli casi di necessità od utilità evidente [32 att.].

(1) Articolo così sostituito dall'art. 51 della l. 19/5/1975, n. 151, Riforma del diritto di famiglia. Il testo previgente disponeva: «Efficacia del vincolo – [I] L'atto di costituzione del patrimonio familiare deve essere trascritto se riguarda beni immobili. [II] I titoli di credito devono essere vincolati rendendoli nominativi con annotazione del vincolo o in altro modo idoneo. [III] L'inalienabilità dei beni costituenti il patrimonio familiare non è opponibile ai creditori, il cui diritto è sorto anteriormente alla trascrizione dell'atto o alla costituzione del vincolo sui titoli di credito. [IV] Se la costituzione è fatta da un terzo, l'inalienabilità è opponibile ai creditori del coniuge al quale è attribuita la proprietà dei beni».

170. Esecuzione sui beni e sui frutti (1). – [I] L'esecuzione sui beni del fondo e sui frutti di essi non può aver luogo per debiti che il creditore conosceva essere stati contratti per scopi estranei ai bisogni della famiglia [326^{2}, 2740] (2).

(1) Articolo così sostituito dall'art. 52 della l. 19/5/1975, n. 151, Riforma del diritto di famiglia. Il testo previgente disponeva: «Alienazione dei beni ed esecuzione sui frutti – [I] Il tribunale può autorizzare in caso di necessità l'alienazione dei beni costituenti il patrimonio familiare, la cui proprietà appartenga a uno dei coniugi o ad entrambi. Può altresì autorizzare l'alienazione in caso di utilità evidente, determinando le modalità per il reimpiego del prezzo. [II] L'esecuzione sui frutti dei beni costituenti il patrimonio familiare non può aver luogo per debiti che il creditore conosceva essere stati contratti per scopi estranei ai bisogni della famiglia».

(2) V. anche art. 46, co. 1, n. 3, r.d. 16/3/1942, n. 267, Disciplina del fallimento, del concordato preventivo, dell'amministrazione controllata e della liquidazione coatta amministrativa, come modificato dal d.lg. 9/1/2006, n. 5, secondo cui non sono compresi nel fallimento, tra gli altri, «i frutti derivanti dall'usufrutto legale sui beni dei figli, i beni costituiti in fondo patrimoniale e i frutti di essi, salvo quanto è disposto dall'articolo 170 del codice civile».

171. Cessazione del fondo (1). – [I] La destinazione del fondo termina a seguito dell'annullamento [117] o dello scioglimento [149] o della cessazione degli effetti civili del matrimonio (2).

[II] Se vi sono figli minori il fondo dura fino al compimento della maggiore età [2] dell'ultimo figlio. In tale caso il giudice [38 att.] può dettare, su istanza di chi vi abbia interesse, norme per l'amministrazione del fondo [168].

[III] Considerate le condizioni economiche dei genitori e dei figli ed ogni altra circostanza, il giudice può altresì attribuire ai figli, in godimento o in proprietà, una quota dei beni del fondo.

[IV] Se non vi sono figli, si applicano le disposizioni sullo scioglimento della comunione legale [191 ss.].

(1) Articolo così sostituito dall'art. 53 della l. 19/5/1975, n. 151, Riforma del diritto di famiglia. Il testo previgente disponeva: «Accettazione del patrimonio familiare costituito da un terzo – [I] La costituzione del patrimonio familiare per atto tra vivi, quando non è fatta da uno dei coniugi, è perfetta con l'accettazione del coniuge o dei coniugi contemplati nell'atto costitutivo. [II] L'accettazione può essere fatta con atto pubblico posteriore. In questo caso la costituzione non è perfetta se non nel momento in cui l'atto di accettazione è notificato al costituente».

(2) V. art. 5 della l. 1/12/1970, Disciplina dei casi di scioglimento del matrimonio.

172. Riduzione*. – *[I] La costituzione dei beni in patrimonio familiare, fatta da un terzo, è soggetta a riduzione se al tempo della morte del costituente si riconosce che i beni eccedono la porzione di cui il costituente poteva disporre secondo le norme stabilite in materia di successioni.*

* Articolo abrogato dall'art. 54 della l. 19/5/1975, n. 151, Riforma del diritto di famiglia.

173. Amministrazione*. – *[I] L'amministrazione dei beni che costituiscono il patrimonio familiare spetta al coniuge che ne ha la proprietà. [II] Se la proprietà appartiene ad entrambi i coniugi ovvero a persona diversa da questi, l'amministrazione spetta al coniuge designato dal costituente o, in mancanza di designazione, al marito. [III] Il coniuge, che amministra i beni di cui la proprietà spetta ad altri, è tenuto alle obbligazioni che sono a carico dell'usufruttuario.*

* Articolo abrogato dall'art. 54 della l. 19/5/1975, n. 151, Riforma del diritto di famiglia.

174. Sostituzione del coniuge amministratore*. – *[I] Qualora il coniuge a cui spetta l'amministrazione non sia in grado di attendervi convenientemente ovvero trascuri di provvedere con i frutti dei beni all'interesse della famiglia, il tribunale può affidare l'amministrazione all'altro coniuge o anche ad altra persona idonea scelta preferibilmente tra i prossimi parenti.*

* Articolo abrogato dall'art. 54 della l. 19/5/1975, n. 151, Riforma del diritto di famiglia.

175. Cessazione del vincolo*. – *[I] Il vincolo sui beni costituenti il patrimonio familiare cessa con lo scioglimento del matrimonio, se non vi sono figli o se questi hanno tutti raggiunto la maggiore età. [II] In caso diverso il vincolo dura fino al compimento della maggiore età dell'ultimo figlio. Tuttavia, se alla morte del coniuge proprietario dei beni, questi fanno parte della quota di legittima, l'autorità giudiziaria, qualora ricorrano ragioni di necessità o di utilità evidente per i figli maggiorenni, può disporre che sia parzialmente sciolto il vincolo, così che i detti figli conseguano la parte loro spettante sulla quota di legittima.*

* Articolo abrogato dall'art. 54 della l. 19/5/1975, n. 151, Riforma del diritto di famiglia.

176. Amministrazione dopo lo scioglimento del matrimonio*. – *[I] Nel caso previsto dal secondo comma dell'articolo precedente, se mancano disposizioni del costituente, l'amministrazione spetta al coniuge superstite. [II] Se mancano entrambi i genitori e non è stata fatta alcuna designazione dal costituente o dal coniuge superstite, l'amministrazione spetta al maggiore dei figli, salvo che per le ragioni indicate nell'art. 174 il tribunale ritenga di affidarla a un altro dei figli. [III] Se nessuno dei figli ha raggiunto la maggiore età o è emancipato, l'amministratore è nominato dall'autorità giudiziaria.*

* Articolo abrogato dall'art. 54 della l. 19/5/1975, n. 151, Riforma del diritto di famiglia.

Sezione III
Della comunione legale (1)

(1) Intitolazione così sostituita dall'art. 55 della l. 19/5/1975, n. 151, Riforma del diritto di famiglia. L'intitolazione previgente era la seguente: *Della dote*.

• V. art. 1, co. 13, l. 20/5/2016, n. 76, Regolamentazione delle unioni civili tra persone dello stesso sesso e disciplina delle convivenze, che dispone: «Il regime patrimoniale dell'unione civile tra persone dello stesso sesso, in mancanza di diversa convenzione patrimoniale, è costituito dalla comunione dei beni. In materia di forma, modifica, simulazione e capacità per la stipula delle convenzioni patrimoniali si applicano gli articoli 162, 163, 164 e 166 del codice civile. Le parti non possono derogare né ai diritti né ai doveri previsti dalla legge per effetto dell'unione civile. Si applicano le disposizioni di cui alle sezioni II, III, IV, V e VI del capo VI del titolo VI del libro primo del codice civile».

• V. art. 228 della l. 19/5/1975, n. 151, Riforma del diritto di famiglia già cit. nella nota (2) *sub* art. 159.

177. Oggetto della comunione (1). – [I] Costituiscono oggetto della comunione [*11 ss.*, 159, *1100 ss.*, *1117*, 1321, 2659[1, n. 1]]:

a) gli acquisti compiuti dai due coniugi insieme o separatamente durante il matrimonio, ad esclusione di quelli relativi ai beni personali [179, 185];

b) i frutti [820] dei beni propri di ciascuno dei coniugi, percepiti e non consumati allo scioglimento della comunione [191];

c) i proventi dell'attività separata di ciascuno dei coniugi se, allo scioglimento della comunione [191], non siano stati consumati;

d) le aziende [2555 ss.] gestite da entrambi i coniugi e costituite dopo il matrimonio [181, 182[2], 191[2]].

[II] Qualora si tratti di aziende appartenenti ad uno dei coniugi anteriormente al matrimonio ma gestite da entrambi, la comunione concerne solo gli utili e gli incrementi.

➔ CC. 1865 – art. 1433, 1436.

(1) Articolo così sostituito dall'art. 56 della l. 19/5/1975, n. 151 Riforma del diritto di famiglia. Il testo previgente prevedeva: «Concetto della dote – [I] La dote consiste in quei beni che la moglie o altri per essa apporta espressamente a questo titolo al marito per sostenere i pesi del matrimonio».

178. Beni destinati all'esercizio di impresa (1). – [I] I beni destinati all'esercizio dell'impresa di uno dei coniugi costituita dopo il matrimonio e gli incrementi dell'impresa costituita anche precedentemente si considerano oggetto della comunione solo se sussistono al momento dello scioglimento di questa [177[1, lett. b) e c)], 191].

➔ CC. 1865 – art. 1436.

(1) Articolo così sostituito dall'art. 57 della l. 19/5/1975, n. 151, Riforma del diritto di famiglia. Il testo previgente prevedeva: «Costituzione durante il matrimonio – [I] La dote può essere costituita o aumentata anche durante il matrimonio sia dagli estranei sia dalla moglie».

179. Beni personali (1). – [I] Non costituiscono oggetto della comunione e sono beni personali del coniuge [185, 217]:

a) i beni di cui, prima del matrimonio, il coniuge era proprietario [832 ss.] o rispetto ai quali era titolare di un diritto reale di godimento [952 ss.];

b) i beni acquisiti successivamente al matrimonio per effetto di donazione [769, 782[2]] o successione [456, 459], quando nell'atto di liberalità [782] o nel testamento [587] non è specificato che essi sono attribuiti alla comunione;

c) i beni di **uso strettamente personale** di ciascun coniuge ed i loro accessori [210[2], 2647];

d) i beni che servono all'esercizio della professione [2094, 2222, 2730] del coniuge, tranne quelli destinati alla conduzione di un'azienda facente parte della comunione [$177^{1, \text{lett. d}), 2}$, 210^2, 2647];

e) i beni ottenuti a titolo di risarcimento del danno [2043 ss.] nonché la pensione attinente alla perdita parziale o totale della capacità lavorativa [210^2, 2647];

f) i beni **acquisiti con il prezzo del trasferimento dei beni personali** sopraelencati o col loro scambio, purché ciò sia espressamente dichiarato all'atto dell'acquisto [2730, 2647^1].

[II] L'acquisto di beni immobili [812], o di beni mobili elencati nell'articolo 2683, effettuato dopo il matrimonio, è escluso dalla comunione, ai sensi delle lettere c), d) ed f) del precedente comma, **quando tale esclusione risulti dall'atto di acquisto se di esso sia stato parte anche l'altro coniuge**.

(1) Articolo così sostituito dall'art. 58 della l. 19/5/1975, n. 151 Riforma del diritto di famiglia. Il testo previgente prevedeva: «Beni futuri – [I] La costituzione di dote non può comprendere i beni futuri».

180. Amministrazione dei beni della comunione (1). – [I] L'amministrazione dei beni della comunione [177] e la rappresentanza in giudizio per gli atti ad essa relativi spettano disgiuntamente ad entrambi i coniugi [210^3, 1105].

[II] Il compimento degli atti eccedenti l'ordinaria amministrazione, nonché la stipula dei contratti con i quali si concedono o si acquistano diritti personali di godimento [1572] e la rappresentanza in giudizio per le relative azioni spettano congiuntamente ad entrambi i coniugi [181, 182, 210^3 // 102 CPC.].

➔ CC. 1865 – art. 1438.

(1) Articolo così sostituito dall'art. 59 della l. 19/5/1975, n. 151 Riforma del diritto di famiglia. Il testo previgente prevedeva: «Garanzia della dote – [I] Coloro che costituiscono la dote sono tenuti a garantire i beni assegnati in dote. [II] Salvo patto speciale, la garanzia non si estende ai vizi della cosa, a meno che il costituente li abbia in mala fede taciuti».

181. Rifiuto di consenso (1). – [I] Se uno dei coniugi rifiuta il consenso per la stipulazione di un atto di straordinaria amministrazione o per gli altri atti per cui il consenso è richiesto [180^2], l'altro coniuge può rivolgersi al giudice [38^2 att.] per ottenere l'autorizzazione nel caso in cui la stipulazione dell'atto è necessaria nell'interesse della famiglia o dell'azienda che a norma della lettera d) dell'articolo 177 fa parte della comunione.

(1) Articolo così sostituito dall'art. 60 della l. 19/5/1975, n. 151 Riforma del diritto di famiglia. Il testo previgente prevedeva: «Garanzia della dote – [I] Coloro che costituiscono la dote sono tenuti a garantire i beni assegnati in dote. [II] Salvo patto speciale, la garanzia non si estende ai vizi della cosa, a meno che il costituente li abbia in mala fede taciuti».

182. Amministrazione affidata ad uno solo dei coniugi (1). – [I] In caso di lontananza [48] o di altro impedimento [146, 342-ter, 415] di uno dei coniugi l'altro, in mancanza di procura [1392] del primo risultante da atto pubblico [2699] o da scrittura privata autenticata [2703], può compiere, previa autorizzazione del giudice [38^2 att.] e con le cautele eventualmente da questo stabilite, gli atti necessari per i quali è richiesto, a norma dell'articolo 180, il consenso di entrambi i coniugi.

[II] Nel caso di gestione comune di azienda [$177^{1, \text{lett d) e } 2}$], uno dei coniugi può essere delegato dall'altro al compimento di tutti gli atti necessari all'attività dell'impresa [2204].

➔ CC. 1865 – art. 1435.

(1) Articolo così sostituito dall'art. 61 della l. 19/5/1975, n. 151 Riforma del diritto di famiglia. Il testo previgente prevedeva: «Dote in danaro, in beni mobili o immobili stimati – [I] Se la dote o parte di essa consiste in una somma di danaro o in cose mobili stimate nell'atto della costituzione, il marito ne acquista la proprietà e diviene debitore della somma o del prezzo attribuito alle cose mobili, salvo che la stima di queste sia fatta con la dichiarazione che non v'è trasferimento di proprietà. [II] Se la dote o parte di essa consiste in beni immobili, la stima non ne trasferisce la proprietà al marito senza un'espressa dichiarazione».

183. Esclusione dall'amministrazione (1). – [I] Se uno dei coniugi è minore [2] o non può amministrare [404, 415, 427] ovvero se ha male amministrato [193], l'altro coniuge può chiedere al giudice di escluderlo dall'amministrazione.

[II] Il coniuge privato dell'amministrazione può chiedere al giudice di esservi reintegrato, se sono venuti meno i motivi che hanno determinato la esclusione [429].

[III] La esclusione opera di diritto riguardo al coniuge interdetto [414] e permane sino a quando non sia cessato lo stato di interdizione [429 // 33 att.].

(1) Articolo così sostituito dall'art. 62 della l. 19/5/1975, n. 151 Riforma del diritto di famiglia. Il testo previgente prevedeva: «Acquisto d'immobile con danaro dotale – [I] L'immobile acquistato col danaro dotale non diviene dotale, che quando nell'atto di costituzione della dote è stata stipulata la condizione dell'impiego. [II] Lo stesso è dell'immobile dato in pagamento della dote costituita in danaro».

184. Atti compiuti senza il necessario consenso (1). – [I] Gli atti compiuti da un coniuge senza il necessario consenso dell'altro coniuge [180^2] e da questo non convalidati [1444] sono **annullabili** [1398, 1425, 1427 ss., 1441] se riguardano beni immobili [812] o beni mobili elencati nell'articolo 2683.

[II] L'azione può essere proposta dal coniuge il cui consenso era necessario entro un anno dalla data in cui ha avuto conoscenza dell'atto [2964] e in ogni caso entro un anno dalla data di trascrizione [2643 ss.]. Se l'atto non sia stato trascritto e quando il coniuge non ne abbia avuto conoscenza prima dello scioglimento della comunione [191] l'azione non può essere proposta oltre l'anno dallo scioglimento stesso.

[III] Se gli atti riguardano beni mobili diversi da quelli indicati nel primo comma, il coniuge che li ha compiuti senza il consenso dell'altro [180^2] è obbligato su istanza di quest'ultimo a ricostituire la comunione nello stato in cui era prima del compimento dell'atto o, qualora ciò non sia possibile [1153], al pagamento dell'equivalente secondo i valori correnti all'epoca della ricostituzione della comunione [192^2, 2058].

(1) Articolo così sostituito dall'art. 63 della l. 19/5/1975, n. 151 Riforma del diritto di famiglia. Il testo previgente prevedeva: «Amministrazione ed azioni relative alla dote) – [I] Quando la moglie conserva la proprietà dei beni dotali, il marito da solo ne ha l'amministrazione durante il matrimonio e ha diritto di riscuoterne i frutti. [II] Tuttavia può convenirsi, nel contratto di matrimonio o nell'atto di costituzione di dote fatto durante il matrimonio, che la moglie riceva annualmente una parte delle rendite dotali per le sue minute spese e pei bisogni della sua persona. [III] Il marito ha facoltà di agire contro i debitori e i possessori della dote, di esigere la restituzione dei capitali e di far valere ogni altro diritto relativo ai beni dotali. [IV] Quando però la controversia ha per oggetto il diritto spettante alla moglie sui beni stessi, il giudizio deve svolgersi anche in contraddittorio della moglie. [V] Gli atti esecutivi sui beni dotali devono farsi in confronto di entrambi i coniugi».

185. Amministrazione dei beni personali del coniuge (1). – [I] All'amministrazione dei beni che non rientrano nella comunione o nel fondo patrimoniale si applicano le disposizioni dei commi secondo, terzo e quarto dell'articolo 217.

(1) Articolo così sostituito dall'art. 64 della l. 19/5/1975, n. 151 Riforma del diritto di famiglia. Il testo previgente prevedeva: «Amministrazione in caso di impedimento del marito. [I] In caso di lontananza o di altro impedimento del marito, la moglie può essere autorizzata dal tribunale ad amministrare i beni dotali e ad esercitare i diritti spettanti al marito per l'articolo precedente».

186. Obblighi gravanti sui beni della comunione (1). – [I] I beni della comunione rispondono [210[3]]:

a) di tutti i pesi ed oneri gravanti su di essi al momento dell'acquisto;

b) di tutti i carichi dell'amministrazione;

c) delle spese per il mantenimento della famiglia e per l'istruzione e l'educazione dei figli [147, 315-bis, 316-bis] e di ogni obbligazione contratta dai coniugi, anche separatamente, nell'interesse della famiglia;

d) di ogni obbligazione contratta congiuntamente dai coniugi [192[1]].

(1) Articolo così sostituito dall'art. 65 della l. 19/5/1975, n. 151 Riforma del diritto di famiglia. Il testo previgente prevedeva: «Cauzione – [I] Salvo quanto è disposto per l'ipoteca legale, il marito non è tenuto a dare cauzione per la dote che riceve, se non vi è stato obbligato nell'atto di costituzione dotale. [II] Se tuttavia durante il matrimonio è sopraggiunto nel patrimonio del marito un mutamento che ponga in pericolo la dote, il tribunale, su istanza della moglie o di colui che ha costituito la dote o ne è debitore, può ordinare le cautele opportune per la sicurezza della dote».

187. Obbligazioni contratte dai coniugi prima del matrimonio (1). – [I] I beni della comunione [177], salvo quanto disposto nell'articolo 189, non rispondono delle obbligazioni contratte da uno dei coniugi prima del matrimonio [189[2]].

(1) Articolo così sostituito dall'art. 66 della l. 19/5/1975, n. 151 Riforma del diritto di famiglia. Il testo previgente prevedeva: «Alienazione della dote – [I] Se non è stato espressamente consentito nell'atto di costituzione della dote, non si possono durante il matrimonio alienare od obbligare i beni e le ragioni dotali, e neppure si possono ridurre o restringere le ragioni medesime, se non col consenso del marito e della moglie e con l'autorizzazione per decreto del tribunale, nei soli casi di necessità o utilità evidente».

188. Obbligazioni derivanti da donazioni o successioni (1). – [I] I beni della comunione [177], salvo quanto disposto nell'articolo 189, non rispondono delle obbligazioni da cui sono gravate le donazioni e le successioni conseguite dai coniugi durante il matrimonio e non attribuite alla comunione [179[1, lett. b)]].

(1) Articolo così sostituito dall'art. 67 della l. 19/5/1975, n. 151 Riforma del diritto di famiglia. Il testo previgente prevedeva: «Esecuzione sui frutti – [I] L'esecuzione sui frutti dei beni dotali non può aver luogo per debiti che il creditore conosceva essere stati contratti dal marito per scopi estranei ai bisogni della famiglia».

189. Obbligazioni contratte separatamente dai coniugi (1). – [I] I beni della comunione [177], fino al valore corrispondente alla quota del coniuge obbligato, rispondono, quando i creditori non possono soddisfarsi sui beni personali, delle obbligazioni contratte, dopo il matrimonio, da uno dei coniugi per il compimento di atti eccedenti l'ordinaria amministrazione senza il necessario consenso dell'altro [180[2], 184, 2740].

[II] I creditori particolari di uno dei coniugi, anche se il credito è sorto anteriormente al matrimonio [187], possono soddisfarsi in via sussidiaria [190, 1944[2], 2268] sui beni della comunione, fino al valore corrispondente alla quota del coniuge obbligato. Ad essi, se chirografari, sono preferiti i creditori della comunione [192[2], 2741].

(1) Articolo così sostituito dall'art. 68 della l. 19/5/1975, n. 151 Riforma del diritto di famiglia. Il testo previgente prevedeva: «Permuta e vendita. Impiego del prezzo – [I] Se è autorizzata la permuta di beni dotali, il bene ricevuto in permuta diviene dotale, ed è dotale anche l'eventuale supplemento in danaro, che si deve come tale impiegare. [II] Si deve, parimenti impiegare come dotale il prezzo ricavato dalla vendita di beni dotali, autorizzata per motivi di evidente utilità. [III] In ambedue i casi il tribunale provvede a che il prezzo sia impiegato nel modo da esso stabilito».

190. Responsabilità sussidiaria dei beni personali (1). – [I] I creditori possono agire in via sussidiaria [189[2]] sui beni personali [179] di ciascuno dei coniugi, nella misura della metà del credito, quando i beni della comunione non sono sufficienti a soddisfare i debiti su di essa gravanti [1294, 2740[2]].

(1) Articolo così sostituito dall'art. 69 della l. 19/5/1975, n. 151 Riforma del diritto di famiglia. Il testo previgente prevedeva: «Nullità dell'alienazione della dote – [I] Il marito può durante il matrimonio far dichiarare nulla l'alienazione o l'obbligazione della dote che non sia stata permessa nell'atto di costituzione o autorizzata dal tribunale. Uguale diritto spetta alla moglie anche dopo sciolto il matrimonio. [II] L'altro contraente non può pretendere di essere rimborsato di ciò che ha pagato in forza del contratto dichiarato nullo se non nei limiti in cui ciò che ha pagato si è rivolto a vantaggio della moglie o della famiglia. Il marito, però, è tenuto per i danni verso colui col quale ha contrattato, se nel contratto non ha dichiarato che il bene era dotale. [III] La dichiarazione di nullità dell'alienazione o dell'obbligazione non può essere chiesta dal terzo contraente».

191. Scioglimento della comunione (1). – [I] La comunione si scioglie [1111, 2647] per la dichiarazione di assenza [48] o di morte presunta [58] di uno dei coniugi, per l'annullamento [117 ss.], per lo scioglimento o per la cessazione degli effetti civili del matrimonio [149] (2), per la separazione personale [150, 151, 158], per la separazione giudiziale dei beni [193], per mutamento convenzionale del regime patrimoniale [163], per il fallimento di uno dei coniugi (3).

[II] Nel caso di separazione personale, la comunione tra i coniugi si scioglie nel momento in cui il presidente del tribunale autorizza i coniugi a vivere separati, ovvero alla data di sottoscrizione del processo verbale di separazione consensuale dei coniugi dinanzi al presidente, purché omologato. L'ordinanza con la quale i coniugi sono autorizzati a vivere separati è comunicata all'ufficiale dello stato civile ai fini dell'annotazione dello scioglimento della comunione (4).

[III] Nel caso di azienda [2555] di cui alla lettera d) dell'articolo 177, lo scioglimento della comunione può essere deciso, per accordo dei coniugi, osservata la forma prevista dall'articolo 162.

➔ **CC. 1865 – art. 153, 1441.**

(1) Articolo così sostituito dall'art. 70 della l. 19/5/1975, n. 151 Riforma del diritto di famiglia. Il testo previgente prevedeva: «Esecuzione sui beni dotali dopo lo scioglimento del matrimonio – [I] Sciolto il matrimonio, si può procedere sui beni che costituivano la dote anche per le obbligazioni contratte dalla moglie durante il matrimonio».

(2) V. art. 3 della l. 1/12/1970, n. 898, Disciplina dei casi di scioglimento del matrimonio.

(3) V. r.d. 16/3/1942, n. 267, Disciplina del fallimento, del concordato preventivo e della liquidazione coatta amministrativa; in particolare, gli art. 1 (Imprese soggette al fallimento e al concordato preventivo), 5 (stato d'insolvenza) e 16 (Sentenza dichiarativa di fallimento) secondo il quale lo scioglimento della comunione legale si perfeziona con la sentenza dichiarativa del fallimento e gli effetti dalla data di deposito della stessa presso la cancelleria del giudice che l'ha pronunciata mentre gli effetti nei confronti dei terzi si producono dalla data di iscrizione della stessa nel Registro delle Imprese.

(4) Comma inserito dalla dall'art. 2, l. 6/5/2015, n. 55. Ai sensi del successivo art. 3: «Le disposizioni ... si applicano ai procedimenti in corso alla data di entrata in vigore della presente legge, anche nei casi in cui il procedimento di separazione che ne costituisce il presupposto risulti ancora pendente alla medesima data».

192. Rimborsi e restituzioni (1). – [I] Ciascuno dei coniugi è tenuto a rimborsare alla comunione le somme prelevate dal patrimonio comune per fini diversi dall'adempimento delle obbligazioni previste dall'articolo 186 [177[1, lett. b) e c)], 178].

[II] È tenuto altresì a rimborsare il valore dei beni di cui all'articolo 189, a meno che, trattandosi di atto di straordinaria amministrazione da lui compiuto, dimostri che l'atto stesso sia stato vantaggioso per la comunione o abbia soddisfatto una necessità della famiglia.

[III] Ciascuno dei coniugi può richiedere la restituzione delle somme prelevate dal patrimonio personale [179$^{1, \text{lett. a)-e)}}$, 177$^{1, \text{lett. a)}}$, 179$^{1, \text{lett. f)}}$] ed impiegate in spese ed investimenti del patrimonio comune.

[IV] I rimborsi e le restituzioni si effettuano al momento dello scioglimento della comunione [191]; tuttavia il giudice può autorizzarli in un momento anteriore se l'interesse della famiglia lo esige o lo consente.

[V] Il coniuge che risulta creditore può chiedere di prelevare beni comuni sino a concorrenza del proprio credito. In caso di dissenso si applica il quarto comma. I prelievi si effettuano sul denaro, quindi sui mobili e infine sugli immobili [725^{2}].

(1) Articolo così sostituito dall'art. 71 della l. 19/5/1975, n. 151, Riforma del diritto di famiglia. Il testo previgente prevedeva: «Obbligazioni del marito riguardo alla dote – [I] Riguardo ai beni dotali il marito è tenuto a tutte le obbligazioni che sono a carico dell'usufruttuario, ed è responsabile delle prescrizioni incorse e delle usucapioni compiute».

193. Separazione giudiziale dei beni (1). – [I] La separazione giudiziale dei beni può essere pronunziata in caso di interdizione [414 ss.] o di inabilitazione [415 ss.] di uno dei coniugi o di cattiva amministrazione della comunione [183].

[II] Può altresì essere pronunziata quando il disordine degli affari di uno dei coniugi o la condotta da questi tenuta nell'amministrazione dei beni [183] mette in pericolo gli interessi dell'altro o della comunione o della famiglia, oppure quando uno dei coniugi non contribuisce ai bisogni di questa in misura proporzionale alle proprie sostanze e capacità di lavoro [143^{3}, 147, 148, 316 bis].

[III] La separazione può essere chiesta da uno dei coniugi o dal suo legale rappresentante.

[IV] La sentenza che pronunzia la separazione retroagisce al giorno in cui è stata proposta la domanda ed ha l'effetto di instaurare il regime di separazione dei beni regolato nella sezione V del presente capo [215 ss.], salvi i diritti dei terzi.

[V] La sentenza è annotata a margine dell'atto di matrimonio [107^{2}] e sull'originale delle convenzioni matrimoniali [162, 2647] (2).

➔ CC. 1865 – art. 1442.

(1) Articolo così sostituito dall'art. 72 della l. 19/5/1975, n. 151, Riforma del diritto di famiglia. Il testo previgente prevedeva: «Beni di proprietà della moglie – [I] Se la dote consiste in beni di cui la moglie ha conservato la proprietà, il marito o i suoi eredi sono tenuti a restituirli senza dilazione, sciolto che sia il matrimonio».

(2) V. nota (2) *sub* art. 162.

194. Divisione dei beni della comunione (1). – [I] La divisione dei beni della comunione legale si effettua ripartendo in parti eguali l'attivo e il passivo [210^{3}, **713 ss., 1111 ss.** // 784 ss. CPC.].

[II] Il giudice, in relazione alle necessità della prole e all'affidamento di essa, può costituire a favore di uno dei coniugi l'usufrutto [**324 ss., 978 ss.**] su una parte dei beni spettanti all'altro coniuge [194^{1} // 38^{1} att.].

➔ CC. 1865 – art. 1440.

(1) Articolo così sostituito dall'art. 73 della l. 19/5/1975, n. 151, Riforma del diritto di famiglia. Il testo previgente prevedeva: «Beni di proprietà del marito – [I] Se la dote consiste in beni di cui il marito è divenuto proprietario, la restituzione non può domandarsi che un anno dopo lo scioglimento del matrimonio».

195. Prelevamento dei beni mobili (1). – [I] Nella divisione [194] i coniugi o i loro eredi hanno diritto di prelevare [192] i beni mobili [812^{3}] che appartenevano ai coniugi stessi prima della comunione [179$^{1 \text{ lett. a}}$] o che sono ad essi pervenuti durante la medesima per successione o donazione [179$^{1 \text{ lett. b}}$]. In mancanza di prova contraria si presume [2727 ss.] che i beni mobili facciano parte della comunione.

➔ CC 1865 – art. 1437, 1445^{1}.

(1) Articolo così sostituito dall'art. 74 della l. 19/5/1975, n. 151, Riforma del diritto di famiglia. Il testo previgente prevedeva: «Mobili consumati con l'uso – [I] Se i mobili, la cui proprietà è restata alla moglie, si sono consumati con l'uso e senza colpa del marito, egli non è tenuto a restituire che i rimanenti e nello stato in cui si trovano».

196. Ripetizione del valore in caso di mancanza delle cose da prelevare (1). – [I] Se non si trovano i beni mobili [812^{3}] che il coniuge o i suoi eredi hanno diritto di prelevare a norma dell'articolo precedente essi possono ripeterne il valore, provandone l'ammontare anche per notorietà, salvo che la mancanza di quei beni sia dovuta a consumazione per uso o perimento o per altra causa non imputabile all'altro coniuge [184].

➔ CC. 1865 – art. 1445.

(1) Articolo così sostituito dall'art. 75 della l. 19/5/1975, n. 151 Riforma del diritto di famiglia. Il testo previgente prevedeva: «Mobili che la moglie può ritenere – [I] La moglie può ritenere, in ogni caso, la biancheria e ciò che serve all'ordinario suo abbigliamento, detratto però il valore di questi oggetti, quando sono stati originariamente dati con stima».

197. Limiti al prelevamento nei riguardi dei terzi (1). – [I] Il prelevamento autorizzato dagli articoli precedenti non può farsi, a pregiudizio dei terzi, qualora la proprietà individuale dei beni non risulti da atto avente data certa. È fatto salvo al coniuge o ai suoi eredi il diritto di regresso sui beni della comunione spettanti all'altro coniuge nonché sugli altri beni di lui [621, 622 CPC.].

➔ CC. 1865 – art. 1446.

(1) Articolo così sostituito dall'art. 76 della l. 19/5/1975, n. 151, Riforma del diritto di famiglia. Il testo previgente prevedeva: «Responsabilità del marito per la mancata esazione della dote – [I] Se il matrimonio si scioglie dopo dieci anni dalla scadenza dei termini stabiliti per il pagamento della dote e la moglie non ne era la debitrice, essa o i suoi eredi possono ripeterla dal marito o dagli eredi di lui, a meno che si provi che la mancata esazione non è dipesa da colpa del marito».

198. Frutti della dote. Alimenti alla vedova*. – *[I] I frutti della dote decorrono di diritto, a favore di coloro ai quali la dote deve essere restituita, dal giorno dello scioglimento del matrimonio. [II] La moglie, tuttavia, per l'anno successivo allo scioglimento del matrimonio, può esigere dall'eredità del marito, in luogo dei frutti della dote, il proprio mantenimento in congrua misura. [III] Se non vi è stata costituzione di dote, la moglie ha diritto alla somministrazione degli alimenti per l'anno successivo allo scioglimento del matrimonio. [IV] In ogni caso l'eredità del marito deve fornire, durante un anno, l'abitazione alla moglie, che non sia separata per propria colpa.*

* Articolo abrogato dall'art. 77 della l. 19/5/1975, n. 151, Riforma del diritto di famiglia.

199. Divisione dei frutti*. – *[I] Quando il matrimonio è sciolto, i frutti della dote, naturali o civili, si dividono fra il coniuge superstite e gli eredi dell'altro in proporzione di quanto è durato il matrimonio nell'ultimo anno o nell'ultimo periodo di maturazione o di scadenza dei frutti, se questo periodo è superiore all'anno. [II] L'anno o il periodo si computa dal giorno corrispondente a quello del matrimonio.*

* Articolo abrogato dall'art. 77 della l. 19/5/1975, n. 151, Riforma del diritto di famiglia.

200. Locazioni*. – *[I] Se il bene dotale fu locato durante il matrimonio dal solo marito, si osserva quanto è stabilito per le locazioni fatte dall'usufruttuario.*

* Articolo abrogato dall'art. 77 della l. 19/5/1975, n. 151, Riforma del diritto di famiglia.

201. Spese e miglioramenti*. – *[I] Le norme dettate in materia di usufrutto sono applicabili per il rimborso delle spese e per i miglioramenti fatti dal marito nei beni dotali.*

* Articolo abrogato dall'art. 77 della l. 19/5/1975, n. 151, Riforma del diritto di famiglia.

202. Casi di separazione*. – *[I] La separazione della dote è disposta giudizialmente su domanda della moglie, quando questa è in pericolo di perderla, ovvero quando il disordine degli affari del marito lascia temere che i beni di lui non siano sufficienti a soddisfare i diritti della moglie o che i frutti della dote siano distratti dalla loro destinazione. È inoltre disposta nel caso di separazione personale pronunziata per colpa del marito. [II] Se la separazione è pronunziata per colpa di entrambi i coniugi, l'autorità giudiziaria ha facoltà di ordinare la separazione della dote. [III] La separazione stragiudiziale è nulla.*

* Articolo abrogato dall'art. 77 della l. 19/5/1975, n. 151, Riforma del diritto di famiglia.

203. Inefficacia della separazione*. – *[I] La separazione della dote ordinata dall'autorità giudiziaria rimane senza effetto, se la sentenza non è notificata, entro sessanta giorni dalla sua pubblicazione e non è eseguita, entro sessanta giorni dal suo passaggio in giudicato, mediante atto pubblico col reale soddisfacimento dei diritti spettanti alla moglie sino alla concorrenza dei beni del marito, o se, almeno in questo ultimo termine, la moglie non ha proposto e proseguito le relative istanze.*

* Articolo abrogato dall'art. 77 della l. 19/5/1975, n. 151, Riforma del diritto di famiglia.

204. Retroattività della sentenza. Spese per la restituzione*. – *[I] La sentenza che pronunzia la separazione è retroattiva sino al giorno della domanda. [II] Le spese per la restituzione della dote sono a carico del marito.*

* Articolo abrogato dall'art. 77 della l. 19/5/1975, n. 151, Riforma del diritto di famiglia.

205. Divieto ai creditori della moglie di chiedere la separazione*. – *[I] I creditori della moglie non possono senza il consenso di questa chiedere la separazione della dote.*

* Articolo abrogato dall'art. 77 della l. 19/5/1975, n. 151, Riforma del diritto di famiglia.

206. Azioni concesse ai creditori del marito*. – *[I] I creditori del marito possono impugnare con l'azione revocatoria, quando ne ricorrono gli estremi, la separazione della dote; e possono intervenire in giudizio per opporsi alla domanda di separazione.*

* Articolo abrogato dall'art. 77 della l. 19/5/1975, n. 151, Riforma del diritto di famiglia.

207. Obblighi della moglie*. – *[I] La moglie che ha ottenuto la separazione della dote rimane soggetta agli obblighi stabiliti dagli articoli 145, secondo comma, e 147.*

* Articolo abrogato dall'art. 77 della l. 19/5/1975, n. 151, Riforma del diritto di famiglia.

208. Diritti della moglie*. – *[I] La moglie che ha ottenuto la separazione della dote ne ha la libera amministrazione. [II] La dote rimane inalienabile, e le somme che la moglie riceve in soddisfazione di essa sono dotali e si devono impiegare con l'autorizzazione giudiziale. [III] Nel caso in cui occorre provvedere a norma dell'art. 187, il tribunale può autorizzare l'alienazione anche se il marito non consente.*

* Articolo abrogato dall'art. 77 della l. 19/5/1975, n. 151, Riforma del diritto di famiglia.

209. Cessazione degli effetti della separazione*. – *[I] Per volontà di entrambi i coniugi e dopo decreto di autorizzazione del tribunale la dote può essere riconsegnata al marito. La riconsegna deve essere fatta per atto pubblico, e dalla data di questo cessano gli effetti della separazione della dote. [II] I creditori della moglie possono impugnare con l'azione revocatoria, quando ne ricorrono gli estremi, la riconsegna della dote.*

* Articolo abrogato dall'art. 77 della l. 19/5/1975, n. 151, Riforma del diritto di famiglia.

Sezione IV
Della comunione convenzionale (1)

(1) Intitolazione così sostituita dall'art. 78 della l. 19/5/1975, n. 151, Riforma del diritto di famiglia. L'intitolazione previgente era la seguente: *Dei beni parafernali*.

• V. art. 1, co. 13, l. 20/5/2016, n. 76, Regolamentazione delle unioni civili tra persone dello stesso sesso e disciplina delle convivenze, che dispone: «Il regime patrimoniale dell'unione civile tra persone dello stesso sesso, in mancanza di diversa convenzione patrimoniale, è costituito dalla comunione dei beni. In materia di forma, modifica, simulazione e capacità per la stipula delle convenzioni patrimoniali si applicano gli articoli 162, 163, 164 e 166 del codice civile. Le parti non possono derogare né ai diritti né ai doveri previsti dalla legge per effetto dell'unione civile. Si applicano le disposizioni di cui alle sezioni II, III, IV, V e VI del capo VI del titolo VI del libro primo del codice civile».

210. Modifiche convenzionali alla comunione legale dei beni (1). – [I] I coniugi possono, mediante convenzione stipulata a norma dell'articolo 162 [2647], modificare il regime della comunione legale dei beni [177 ss.] purché i patti non siano in contrasto con le disposizioni dell'articolo 161 [160, 166-bis].

[II] I beni indicati alle lettere c), d) ed e) dell'articolo 179 non possono essere compresi nella comunione convenzionale.

[III] Non sono derogabili le norme della comunione legale relative all'amministrazione dei beni della comunione [180] e all'uguaglianza delle quote limitatamente ai beni che formerebbero oggetto della comunione legale [194].

➔ CC. 1865 – art. 1440.

(1) Articolo così sostituito dall'art. 79 della l. 19/5/1975, n. 151 Riforma del diritto di famiglia. Il testo previgente prevedeva: «Concetto di beni parafernali – [I] Si considerano parafernali i beni della moglie che non sono stati costituiti in patrimonio familiare o in dote o in comunione».

211. Obbligazioni dei coniugi contratte prima del matrimonio (1). – [I] I beni della comunione rispondono delle obbligazioni contratte da uno dei coniugi prima del matrimonio limitatamente al valore dei beni di proprietà del coniuge stesso prima del matrimonio che, in base a convenzione stipulata a norma dell'articolo 162, sono entrati a far parte della comunione dei beni.

(1) Articolo così sostituito dall'art. 80 della l. 19/5/1975, n. 151 Riforma del diritto di famiglia. Il testo previgente prevedeva: «Contributo della moglie ai pesi del matrimonio – [I] La moglie che ha

beni parafernali contribuisce ai pesi del matrimonio nella misura stabilita dalle convenzioni matrimoniali o, in mancanza di esse, dall'art. 148».

212. Amministrazione e godimento dei beni parafernali*. – *[I] La moglie ha il godimento e l'amministrazione dei beni parafernali. [II] Se al marito è stata conferita la procura ad amministrare tali beni, con l'obbligo di render conto dei frutti, egli è tenuto verso la moglie come qualunque altro procuratore. [III] Se il marito ha goduto i beni parafernali senza procura e la moglie non ha fatto opposizione con atto scritto, ovvero se il marito li ha goduti con procura ma senza l'obbligo di render conto dei frutti, egli e i suoi eredi, a richiesta della moglie o allo scioglimento del matrimonio, sono tenuti a consegnare i frutti esistenti e non rispondono per quelli già consumati.*

* Articolo abrogato dall'art. 81 della l. 19/5/1975, n. 151, Riforma del diritto di famiglia.

213. Obbligazioni del marito*. – *[I] Il marito che gode i beni parafernali è soggetto a tutte le obbligazioni dell'usufruttuario.*

* Articolo abrogato dall'art. 81 della l. 19/5/1975, n. 151, Riforma del diritto di famiglia.

214. Obbligazioni della moglie per il godimento dei beni del marito*. – *[I] Le disposizioni degli articoli 212 e 213 si applicano anche al caso in cui la moglie ha avuto l'amministrazione e il godimento dei beni del marito.*

* Articolo abrogato dall'art. 81 della l. 19/5/1975, n. 151, Riforma del diritto di famiglia.

Sezione V
Del regime di separazione dei beni (1)

(1) Intitolazione così sostituita dall'art. 82 della l. 19/5/1975, n. 151, Riforma del diritto di famiglia. L'intitolazione previgente era la seguente: *Della comunione dei beni tra coniugi.*

• V. art. 1, co. 13, l. 20/5/2016, n. 76, Regolamentazione delle unioni civili tra persone dello stesso sesso e disciplina delle convivenze, che dispone: «Il regime patrimoniale dell'unione civile tra persone dello stesso sesso, in mancanza di diversa convenzione patrimoniale, è costituito dalla comunione dei beni. In materia di forma, modifica, simulazione e capacità per la stipula delle convenzioni patrimoniali si applicano gli articoli 162, 163, 164 e 166 del codice civile. Le parti non possono derogare né ai diritti né ai doveri previsti dalla legge per effetto dell'unione civile. Si applicano le disposizioni di cui alle sezioni II, III, IV, V e VI del capo VI del titolo VI del libro primo del codice civile».

215. Separazione dei beni (1). – [I] I coniugi possono convenire che ciascuno di essi conservi la titolarità esclusiva dei beni acquistati durante il matrimonio [$162^{2, 3}$, 2647].

(1) Articolo così sostituito dall'art. 83 della l. 19/5/1975, n. 151, Riforma del diritto di famiglia. Il testo previgente prevedeva: «Comunione degli utili e degli acquisti – [I] Non è permesso agli sposi di contrarre altra comunione universale di beni, fuorché quella degli utili e degli acquisti. Tale comunione può essere stabilita anche se v'è costituzione di dote, ferma in ogni caso l'inalterabilità delle precedenti convenzioni».

216. Fonti del regolamento della comunione*. – *[I] Gli sposi possono stabilire patti speciali per la comunione; in mancanza di questi patti, si applicano le disposizioni relative alla comunione in generale. [II] In ogni caso si osservano le disposizioni seguenti.*

* Articolo abrogato dall'art. 88 della l. 19/5/1975, n. 151, Riforma del diritto di famiglia.

217. Amministrazione e godimento dei beni (1). – [I] Ciascun coniuge ha il godimento e l'amministrazione dei beni di cui è titolare esclusivo.

[II] Se ad uno dei coniugi è stata conferita la procura ad amministrare i beni dell'altro [182, 1392] con l'obbligo di rendere conto dei frutti, egli è tenuto verso l'altro coniuge secondo le regole del mandato [185, 1703 ss.].

[III] Se uno dei coniugi ha amministrato i beni dell'altro con procura senza l'obbligo di rendere conto dei frutti, egli ed i suoi eredi, a richiesta dell'altro coniuge o allo scioglimento o alla cessazione degli effetti civili del matrimonio [149], sono tenuti a consegnare i frutti esistenti e non rispondono per quelli consumati [185].

[IV] Se uno dei coniugi, nonostante l'opposizione dell'altro, amministra i beni di questo o comunque compie atti relativi a detti beni risponde dei danni [2043] e della mancata percezione dei frutti [185].

(1) Articolo così sostituito dall'art. 85 della l. 19/5/1975, n. 151, Riforma del diritto di famiglia. Il testo previgente prevedeva: «Oggetto della comunione – [I] Sono oggetto della comunione il godimento dei beni mobili e immobili, presenti e futuri, dei coniugi e, inoltre, gli acquisti fatti durante la comunione dall'uno o dall'altro coniuge a qualunque titolo, tranne quelli derivanti da donazione o da successione ovvero fatti col prezzo dell'alienazione della cosa già appartenente in proprio a uno dei coniugi, purché in quest'ultimo caso ciò risulti espressamente dall'atto di acquisto».

218. Obbligazioni del coniuge che gode dei beni dell'altro coniuge (1). – [I] Il coniuge che gode dei beni dell'altro coniuge [217] è soggetto a tutte le obbligazioni dell'usufruttuario [1001 ss.].

(1) Articolo così sostituito dall'art. 86 della l. 19/5/1975, n. 151, Riforma del diritto di famiglia. Il testo previgente prevedeva: «Effetti della comunione – [I] La comunione si opera di diritto anche quando nell'atto di acquisto non ne è fatta menzione. [II] Ciascuno dei coniugi, trattandosi di immobili, ha facoltà di fare eseguire la relativa trascrizione nei registri immobiliari».

219. Prova della proprietà dei beni (1). – [I] Il coniuge può provare con ogni mezzo [950^2] nei confronti dell'altro la proprietà esclusiva di un bene [179, 197].

[II] I beni di cui nessuno dei coniugi può dimostrare la proprietà esclusiva [2728] sono di proprietà indivisa per pari quota di entrambi i coniugi.

(1) Articolo così sostituito dall'art. 87 della l. 19/5/1975, n. 151, Riforma del diritto di famiglia. Il testo previgente prevedeva: «Partecipazione agli utili. [I] Il patto, col quale si stabilisce che i coniugi parteciperanno in parti disuguali agli utili ovvero che il superstite preleverà una porzione di essi, non è considerato come una liberalità soggetta alle regole delle donazioni. [II] Non può tuttavia stipularsi che uno dei coniugi deve contribuire nel passivo per una parte maggiore di quella che egli fosse per avere nell'attivo della comunione».

220. Amministrazione della comunione*. – *[I] Solo il marito può amministrare i beni della comunione e stare in giudizio per le azioni riguardanti la medesima; ma non può, salvo che a titolo oneroso, alienare o ipotecare i beni la cui proprietà cade nella comunione.*

* Articolo abrogato dall'art. 88 della l. 19/5/1975, n. 151, Riforma del diritto di famiglia.

221. Locazioni*. – *[I] Alle locazioni fatte dal marito dei beni della moglie, il godimento dei quali cade nella comunione, sono applicabili le regole stabilite per le locazioni fatte dall'usufruttuario.*

* Articolo abrogato dall'art. 88 della l. 19/5/1975, n. 151, Riforma del diritto di famiglia.

222. Amministrazione affidata alla moglie*. *– [I] In caso di lontananza o di altro impedimento del marito, la moglie può essere autorizzata dal tribunale, quando è necessario nell'interesse della comunione dei beni, ad assumere temporaneamente l'amministrazione di questi beni e, nei casi di necessità o utilità evidente, può anche essere autorizzata a compiere atti di alienazione, con le cautele che il tribunale creda di stabilire.*

* Articolo abrogato dall'art. 88 della l. 19/5/1975, n. 151, Riforma del diritto di famiglia.

223. Obblighi gravanti sui beni della comunione*. *– [I] I beni della comunione rispondono di tutti i pesi e oneri gravanti su di essi al momento dell'acquisto, di tutti i carichi dell'amministrazione, anche rispetto ai beni il cui godimento cade in comunione, delle spese per il mantenimento della famiglia e degli obblighi di alimenti dovuti per legge dall'uno o dall'altro coniuge.*

* Articolo abrogato dall'art. 88 della l. 19/5/1975, n. 151, Riforma del diritto di famiglia.

224. Obbligazioni contratte dal marito e dalla moglie*. *– [I] I beni della comunione rispondono anche di tutte le obbligazioni del marito successive alla costituzione della comunione, e di quelle contratte dalla moglie nello stesso periodo ai sensi dell'articolo precedente. [II] Non rispondono, invece, delle obbligazioni, sia del marito sia della moglie, anteriori alla costituzione della comunione, restando ai creditori la facoltà di agire sui beni del loro debitore, anche se il godimento di essi è stato conferito nella comunione.*

* Articolo abrogato dall'art. 88 della l. 19/5/1975, n. 151, Riforma del diritto di famiglia.

225. Scioglimento della comunione*. *– [I] La comunione si scioglie per la morte o per la dichiarazione di assenza di uno dei coniugi, per la separazione personale e per la separazione giudiziale dei beni.*

* Articolo abrogato dall'art. 88 della l. 19/5/1975, n. 151, Riforma del diritto di famiglia.

226. Separazione giudiziale dei beni*. *– [I] La separazione giudiziale dei beni può essere pronunziata nel caso di inabilitazione del marito o di cattiva amministrazione della comunione. Può altresì essere pronunziata quando il disordine degli affari del marito mette in pericolo gli interessi della moglie o il marito non provvede a un congruo mantenimento della famiglia. [II] Sono applicabili le disposizioni degli articoli 204 e 205. [III] La separazione stragiudiziale è nulla.*

* Articolo abrogato dall'art. 88 della l. 19/5/1975, n. 151, Riforma del diritto di famiglia.

227. Divisione dei beni della comunione*. *– [I] Avvenuto lo scioglimento della comunione, l'attivo e il passivo si dividono tra i coniugi in parti eguali, salvo che le convenzioni matrimoniali stabiliscano una diversa proporzione. [II] Tuttavia, la moglie o i suoi eredi hanno sempre la facoltà di rinunziare alla comunione o di accettarla col beneficio dell'inventario, uniformandosi a quanto è stabilito in materia di successioni per la rinunzia alle eredità o per l'accettazione delle medesime col beneficio dell'inventario e sotto le sanzioni ivi previste.*

* Articolo abrogato dall'art. 88 della l. 19/5/1975, n. 151, Riforma del diritto di famiglia.

228. Prelevamento di beni mobili*. *– [I] Nella divisione della comunione i coniugi o i loro eredi, anche in caso di rinunzia o di accettazione col beneficio d'inventario, hanno diritto di prelevare i beni mobili, che loro appartenevano prima della comunione o che sono loro pervenuti durante la medesima per successione o donazione. [II] Con la convenzione che istituisce la comunione i coniugi devono fare una descrizione autentica dei loro beni mobili presenti, ed eguale descrizione devono pure fare di quei beni che venissero a loro durante la comunione per successione o per donazione. [III] In mancanza di tali descrizioni o di altro atto autentico, i beni mobili esistenti nella comunione al momento dello scioglimento si presumono della comunione medesima.*

* Articolo abrogato dall'art. 88 della l. 19/5/1975, n. 151, Riforma del diritto di famiglia.

229. Ripetizione del valore in caso di mancanza delle cose da prelevare*. *– [I] Se non si trovano i beni mobili che la moglie e i suoi eredi hanno diritto di prelevare a norma dell'articolo precedente, essi possono ripeterne il valore, provandone l'ammontare anche per notorietà, salvo che la mancanza di quei beni sia dovuta a consumazione per uso o perimento per altra causa non imputabile al marito.*

* Articolo abrogato dall'art. 88 della l. 19/5/1975, n. 151, Riforma del diritto di famiglia.

230. Limiti al prelevamento nei riguardi dei terzi*. *– [I] Il prelevamento autorizzato dagli articoli precedenti non può farsi, a pregiudizio dei terzi, in mancanza di descrizione o di altro titolo di proprietà avente data certa. è tuttavia salvo alla moglie o ai suoi eredi il diritto di regresso sulla porzione che della comunione spetta al marito e anche sugli altri beni di lui.*

* Articolo abrogato dall'art. 88 della l. 19/5/1975, n. 151, Riforma del diritto di famiglia.

Sezione VI
Dell'impresa familiare (1)

(1) V. art. 1, co. 13, l. 20/5/2016, n. 76, Regolamentazione delle unioni civili tra persone dello stesso sesso e disciplina delle convivenze, che dispone: «Il regime patrimoniale dell'unione civile tra persone dello stesso sesso, in mancanza di diversa convenzione patrimoniale, è costituito dalla comunione dei beni. In materia di forma, modifica, simulazione e capacità per la stipula delle convenzioni patrimoniali si applicano gli articoli 162, 163, 164 e 166 del codice civile. Le parti non possono derogare né ai diritti né ai doveri previsti dalla legge per effetto dell'unione civile. Si applicano le disposizioni di cui alle sezioni II, III, IV, V e VI del capo VI del titolo VI del libro primo del codice civile».

230 bis. Impresa familiare (1). – [I] Salvo che sia configurabile un diverso rapporto [2094, 2251 ss., 2549], il familiare che presta in modo continuativo la sua attività di lavoro nella famiglia o nell'impresa [2082] familiare ha diritto al mantenimento secondo la condizione patrimoniale della famiglia e partecipa agli utili dell'impresa familiare ed ai beni acquistati con essi nonché agli incrementi dell'azienda, anche in ordine all'avviamento, in proporzione alla quantità e qualità del lavoro prestato [36 Cost.]. Le decisioni concernenti l'impiego degli utili e degli incrementi nonché quelle inerenti alla gestione straordinaria, agli indirizzi produttivi e alla cessazione dell'impresa sono adottate, a maggioranza, dai familiari che partecipano alla impresa stessa. I familiari partecipanti alla impresa che non hanno la piena capacità di agire sono rappresentati nel voto da chi esercita la responsabilità genitoriale (2) su di essi [316] (3).

[II] Il lavoro della donna è considerato equivalente a quello dell'uomo [37 Cost.] (4).

[III] Ai fini della disposizione di cui al primo comma si intende come familiare il coniuge, i parenti entro il terzo grado, gli affini entro il secondo [76 ss.]; per impresa [2082] familiare quella cui collaborano il coniuge, i parenti entro il terzo grado, gli affini entro il secondo [art. 177[1, lett. d), 2]].

[IV] Il diritto di partecipazione di cui al primo comma è intrasferibile, salvo che il trasferimento avvenga a favore di familiari indicati nel comma precedente col consenso di tutti i partecipi. Esso può essere liquidato in danaro alla cessazione, per qualsiasi causa, della prestazione del lavoro, ed altresì in caso di alienazione dell'azienda. Il pagamento può avvenire in più annualità, determinate, in difetto di accordo, dal giudice.

[V] In caso di divisione ereditaria [713 ss.] o di trasferimento dell'azienda [2556] i partecipi di cui al primo comma hanno diritto di prelazione sulla azienda. Si applica, nei limiti in cui è compatibile, la disposizione dell'articolo 732.

[VI] Le comunioni tacite familiari [*2140*]* nell'esercizio dell'agricoltura sono regolate dagli usi che non contrastino con le precedenti norme [8 disp. prel. CC.].

(1) Articolo inserito dall'art. 89 della l. 19/5/1975, n. 151, Riforma del diritto di famiglia.

(2) Ai sensi dell'art. 105 del d.lg. 28/12/2013, n. 154, Revisione delle disposizioni vigenti in materia di filiazione, a decorrere dal 7/2/2014, «la parola: "potestà" riferita alla potestà genitoriale, le parole: "potestà genitoriale", ovunque presenti, in tutta la legislazione vigente, sono sostituite dalle seguenti: "responsabilità genitoriale"».

(3) In merito all'assicurazione obbligatoria contro infortuni sul lavoro e malattie professionali per i familiari partecipanti all'impresa familiare, v. art. 4, co. 1, n. 6, d.P.R. 30/6/1965, n. 1124, TU delle disposizioni per l'assicurazione obbligatoria contro gli infortuni sul lavoro e le malattie professionali (sul punto, in particolare, la Corte costituzionale, con sent. 25/11/1987, n. 476, ha dichiarato «l'illegittimità costituzionale dell'art. 4, comma primo, n. 6, d.P.R. 30 giugno 1965, n. 1124 (T.U. delle disposizioni per l'assicurazione obbligatoria contro gli infortuni sul lavoro e le malattie professionali) nella parte in cui non ricomprende tra le persone assicurate i familiari partecipanti all'impresa familiare indicati nell'art. 230-bis cod. civ. che prestano opera manuale od opera a questa assimilata ai sensi del precedente n. 2».

• Sull'impresa familiare coltivatrice v. art. 48 della l. 3/5/1982, n. 203, Norme sui contratti agrari. Sull'impresa artigiana, v. art. 4, co. 2, n. 3, l. 8/8/1985, n. 443, Legge-quadro per l'artigianato. Sulle attività agrituristiche, v. art. 2[2] della l. 20/2/2006, n. 96, Disciplina dell'agriturismo.

(4) V. art. 14 della l. 9/12/1977, n. 903, Parità di trattamento tra uomini e donne in materia di lavoro, che dispone: «[I] Alle lavoratrici autonome che prestino lavoro continuativo nell'impresa familiare è riconosciuto il diritto di rappresentare l'impresa negli organi statutari delle cooperative, dei consorzi e di ogni altra forma associativa». V. anche d.lg. 11/4/2006, n. 198, Codice delle pari opportunità tra uomo e donna, a norma dell'art. 6 della l. 28/11/2005, n. 246; d.lg. 25/1/2010, n. 5, Attuazione della direttiva 2006/54/CE relativa al principio delle pari opportunità e della parità di trattamento fra uomini e donne in materia di occupazione e impiego.

* Articolo abrogato.

230 ter. Diritti del convivente (1) – [I] Al convivente di fatto che presti stabilmente la propria opera all'interno dell'impresa dell'altro convivente spetta una partecipazione agli utili dell'impresa familiare ed ai beni acquistati con essi nonché agli incrementi dell'azienda, anche in ordine all'avviamento, commisurata al lavoro prestato. Il diritto di partecipazione non spetta qualora tra i conviventi esista un rapporto di società o di lavoro subordinato.

(1) Articolo aggiunto dall'art. 1, co. 46, l. 20/5/2016, n. 76, Regolamentazione delle unioni civili tra persone dello stesso sesso e disciplina delle convivenze.

TITOLO VII

DELLO STATO DI FIGLIO (1)

(1) Rubrica così sostituita, a decorrere dal 7/2/2014, dall'art. 7, co. 1, d.lg. 28/12/2013, n. 154, Revisione delle disposizioni vigenti in materia di filiazione, a norma dell'art. 2 della l. 10/12/2012, n. 219.

La rubrica previgente era la seguente: *«Della filiazione»*.

Precedentemente alle modif. introdotte, il presente Titolo era suddiviso nei seguenti Capi e Sezioni:

Capo I – Della filiazione legittima.

Sezione I Dello stato di figlio legittimo (art. 231-235).

Sezione II Delle prove della filiazione legittima (art. 236-243).

Sezione III Dell'azione di disconoscimento e delle azioni di contestazione e di reclamo della legittimità (art. 244-249).

Capo II – Della filiazione naturale e della legittimazione (art. 250-290).

Sezione I Della filiazione naturale.

– § 1 Del riconoscimento dei figli naturali (art. 250-268).

– § 2 Della dichiarazione giudiziale di paternità e della maternità naturale (art. 269-279).

Sezione II Della legittimazione dei figli naturali (art. 280-290).

• V. l 10/12/2012, n. 219, Disposizioni in materia di riconoscimento dei figli naturali, che ha innovato la disciplina della filiazione. L'art. 1[11] della legge dispone: «Nel codice civile, le parole: "figli legittimi" e "figli naturali", ovunque ricorrono, sono sostituite dalla seguente: "figli"». Inoltre, l'art. 2 di tale legge ha delegato il Governo alla revisione delle disposizioni vigenti in materia di filiazione, disponendo che: «[I] Il Governo è delegato ad adottare, entro dodici mesi dalla data di entrata in vigore della presente legge, uno o più decreti legislativi di modifica delle disposizioni vigenti in materia di filiazione e di dichiarazione dello stato di adottabilità per eliminare ogni discriminazione tra i figli, anche adottivi, nel rispetto dell'art. 30 della Costituzione, osservando, oltre ai principi di cui agli art. 315 e 315-bis CC., come rispettivamente sostituito e introdotto dall'art. 1 della presente legge, i seguenti principi e criteri direttivi: a) sostituzione, in tutta la legislazione vigente, dei riferimenti ai "figli legittimi" e ai "figli naturali" con riferimenti ai "figli", salvo l'utilizzo delle denominazioni di "figli nati nel matrimonio" o di "figli nati fuori del matrimonio" quando si tratta di disposizioni a essi specificamente relative; b) modificazione del titolo VII del libro primo del codice civile, in particolare: 1) sostituendo la rubrica del titolo VII con la seguente: "Dello stato di figlio"; 2) sostituendo la rubrica del capo I con la seguente: "Della presunzione di paternità"; 3) trasponendo nel nuovo capo I i contenuti della sezione I del capo I; 4) trasponendo i contenuti della sezione II del capo I in un nuovo capo II, avente la seguente rubrica: "Delle prove della filiazione"; 5) trasponendo i contenuti della sezione III del capo I in un nuovo capo III, avente la seguente rubrica: "Dell'azione di disconoscimento e delle azioni di contestazione e di reclamo dello stato di figlio"; 6) trasponendo i contenuti del paragrafo 1 della sezione I del capo II in un nuovo capo IV, avente la seguente rubrica: "Del riconoscimento dei figli nati fuori del matrimonio"; 7) trasponendo i contenuti del paragrafo 2 della sezione I del capo II in un nuovo capo V, avente la seguente rubrica: «Della dichiarazione giudiziale della paternità e della maternità»; 8) abrogando le disposizioni che fanno riferimento alla legittimazione; c) ridefinizione della disciplina del possesso di stato e della prova della filiazione prevedendo che la filiazione fuori del matrimonio può essere giudizialmente accertata con ogni mezzo idoneo; d) estensione della presunzione di paternità del marito rispetto ai figli comunque nati o concepiti durante il matrimonio e ridefinizione della disciplina del disconoscimento di paternità, con riferimento in particolare all'art. 235, co. 1, n. 1), 2) e 3), CC., nel rispetto dei principi costituzionali; e) modificazione della disciplina del riconoscimento dei figli nati fuori del matrimonio con la previsione che: 1) la disciplina attinente all'inserimento del figlio riconosciuto nella famiglia dell'uno o dell'altro genitore sia adeguata al principio dell'unificazione dello stato di figlio, demandando esclusivamente al giudice la valutazione di compatibilità di cui all'art. 30, co. 3, Cost.; 2) il principio dell'inammissibilità del riconoscimento di cui all'art. 253 CC. sia esteso a tutte le ipotesi in cui il riconoscimento medesimo è in contrasto con lo stato di figlio riconosciuto o giudizialmente dichiarato; f) modificazione degli art. 244, 264 e 273 CC. prevedendo l'abbassamento dell'età del minore dal sedicesimo al quattordicesimo anno di età; g) modificazione della disciplina dell'impugnazione del riconoscimento con la limitazione dell'imprescrittibilità dell'azione solo per il figlio e con l'introduzione di un termine di decadenza per l'esercizio dell'azione da parte degli altri legittimati; h) unificazione delle disposizioni che disciplinano i diritti e i doveri dei genitori nei confronti dei figli nati nel matrimonio e dei figli nati fuori del matrimonio, delineando la nozione di responsabilità genitoriale quale aspetto dell'esercizio della potestà genitoriale; i) disciplina delle modalità di esercizio del diritto all'ascolto del minore che abbia adeguata capacità di discernimento, precisando che, ove l'ascolto sia previsto nell'ambito di procedimenti giurisdizionali, ad esso provvede il presidente del tribunale o il giudice delegato; l) adeguamento della disciplina delle successioni e delle donazioni al principio di unicità dello stato di figlio, prevedendo, anche in relazione ai giudizi pendenti, una disciplina che assicuri la produzione degli effetti successori riguardo ai parenti anche per gli aventi causa del figlio naturale premorto o deceduto nelle more del riconoscimento e conseguentemente l'estensione delle azioni di petizione di cui agli art. 533 ss. CC.; m) adattamento e riordino dei criteri di cui agli art. 33, 34, 35 e 39 della l. 31/5/1995, n. 218, concernenti l'individuazione, nell'ambito del sistema di diritto internazionale privato, della legge applicabile, anche con la determinazione di eventuali norme di applicazione necessaria in attuazione del principio dell'unificazione dello stato di figlio; n) specificazione della nozione di abbandono morale e materiale dei figli con riguardo alla provata irrecuperabilità delle capacità genitoriali in un tempo ragionevole da parte dei genitori, fermo restando che le condizioni di indigenza dei genitori o del genitore esercente la potestà genitoriale non possono essere ostacolo all'esercizio del diritto del minore alla propria famiglia; o) previsione della segnalazione ai comuni, da parte dei tribunali per i minorenni, delle situazioni di indigenza di nuclei familiari che, ai sensi della l. 4/5/1983, n. 184, richiedano interventi di sostegno per consentire al minore di essere educato nell'ambito della propria famiglia, nonché previsione di controlli che il tribunale per i minorenni effettua sulle situazioni segnalate agli enti locali; p) previsione della legittimazione degli ascendenti a far valere il diritto di mantenere rapporti significativi con i nipoti minori. [II] Il decreto o i decreti legislativi di cui al co. 1 provvedono, altresì, a effettuare, apportando le occorrenti modificazioni e integrazioni normative, il necessario coordinamento con le norme da essi recate delle disposizioni per l'attuazione del codice civile e disposizioni transitorie, di cui al r.d. 30/3/1942, n. 318, e delle altre norme vigenti in materia, in modo da assicurare il rispetto dei principi e criteri direttivi di cui al citato co. 1 del presente articolo. [III] Il decreto o i decreti legislativi di cui al co. 1 sono adottati su proposta del Presidente del Consiglio dei Ministri, del Ministro dell'interno, del Ministro della giustizia, del Ministro per le pari opportunità e del Ministro o Sottosegretario di Stato alla Presidenza del Consiglio dei Ministri delegato per le politiche per la famiglia. Sugli schemi approvati dal Consiglio dei Ministri esprimono il loro parere le Commissioni parlamentari competenti entro due mesi dalla loro trasmissione alle Camere. Decorso tale termine, i decreti legislativi sono emanati anche in mancanza dei pareri. Qualora il termine per l'espressione dei pareri parlamentari, di cui al presente comma, scada nei trenta giorni che precedono la scadenza del termine previsto dal co. 1 o successivamente, quest'ultimo termine è prorogato di sei mesi. [IV] Entro un anno dalla data di entrata in vigore di ciascun decreto legislativo adottato ai sensi del co. 1, il Governo può adottare decreti integrativi o correttivi, nel rispetto dei principi e criteri direttivi di cui al citato co. 1 e delle disposizioni del co. 2 e con la procedura prevista dal co. 3».

• V. art. 30 Cost.

• V. art. 33 ss. della l. 31/5/1995, n. 218, Riforma del sistema italiano di diritto internazionale privato. In particolare, l'art. 33, a seguito delle modif. introdotte dall'art. 101 del d.lg. n. 154/2013 cit., dispone: «Filiazione – [I] Lo stato di figlio è determinato dalla legge nazionale del figlio o, se più favorevole, dalla legge dello Stato di cui uno dei genitori è cittadino, al momento della nascita. [II] La legge individuata ai sensi del co. 1 regola i presupposti e gli effetti dell'accertamento e della contestazione dello stato di figlio; qualora la legge così individuata non permetta l'accertamento o la contestazione dello stato di figlio si applica la legge italiana. [III] Lo stato di figlio, acquisito in base alla legge nazionale di uno dei genitori, non può essere contestato che alla stregua di tale legge; se tale legge non consente la contestazione si applica la legge italiana. [IV] Sono di applicazione necessaria le norme del diritto italiano che sanciscono l'unicità dello stato di figlio».

• V. art. 8 della l. 19/2/2004, n. 40, Norme in materia di procreazione medicalmente assistita, che dispone: «Stato giuridico del nato – [I] I nati a seguito dell'applicazione delle tecniche di procreazione medicalmente assistita hanno lo stato di figli nati nel matrimonio o di figli riconosciuti della coppia che ha espresso la volontà di ricorrere alle tecniche medesime ai sensi dell'art. 6».

Capo I
Della presunzione di paternità (1)

(1) Rubrica così sostituita dall'art. 7, co. 2, d.lg. 28/12/2013, n. 154, cit. La rubrica previgente era la seguente: *Della filiazione legittima.* L'art. 7, co. 3, d.lg. 28/12/2013, n. 154, cit. ha inoltre soppresso le parole: "*Sezione I. Dello stato di figlio legittimo*".

231. Paternità del marito (1). – [I] Il marito è padre del figlio concepito [1[2]] o nato [1[1]] durante il matrimonio [82, 83, 84 ss., 232, *235*, **236**, 239[2, 3], 243-bis, 315] (2).

➔ CC. 1865 – art. 159 // D. 2.4.5.

(1) Articolo così sostituito, a partire dal 7/2/2014, dall'art. 8 del d.lg. 28/12/2013, n. 154, cit. Il testo previgente disponeva: «Il marito è padre del figlio concepito durante il matrimonio».

(2) In merito al presupposto costituito dal matrimonio produttivo di effetti civili, v. per il matrimonio canonico gli art. 9 e ss. della l. 27/5/1929, n. 847; per il matrimonio celebrato dinanzi al ministro di un culto diverso da quello cattolico, gli art. 7 ss. della l. 24/6/1929, n. 1159.

232. Presunzione di concepimento durante il matrimonio (1). – [I] Si presume [2727 ss.] concepito durante il matrimonio il figlio nato quando non sono ancora trascorsi trecento giorni [462] dalla data dell'annullamento [117 ss. // 324 CPC.], dello scioglimento [149] o della cessazione degli effetti civili del matrimonio (2).

[II] La presunzione non opera decorsi trecento giorni dalla pronuncia di separazione giudiziale [151], o dalla omologazione di separazione consensuale [158], ovvero dalla data della comparizione dei coniugi avanti al giudice quando gli stessi sono stati autorizzati a vivere separatamente nelle more del giudizio di separazione [707, 711 CPC.] o dei giudizi previsti nel comma precedente [126, 234[2]] (3).

➔ CC. 1865 – art. 153, 160 // D. 1.5.12, D. 38.16.3.11.

(1) Articolo così sostituito dall'art. 90 della l. 19/5/1975, n. 151, Riforma del diritto di famiglia. Il testo originario prevedeva: «Presunzione di concepimento durante il matrimonio – [I] Si presume concepito durante il matrimonio il figlio nato quando sono trascorsi centottanta giorni dalla celebrazione del matrimonio e non sono ancora trascorsi trecento giorni dallo scioglimento o annullamento di esso».

(2) Comma così sostituito, a partire dal 7/2/2014, dall'art. 9 del d.lg. 28/12/2013, n. 154, cit. Il testo previgente disponeva: «Si presume concepito durante il matrimonio il figlio nato quando sono trascorsi centottanta giorni dalla celebrazione del matrimonio e non sono ancora trascorsi trecento giorni dalla data dell'annullamento, dello scioglimento o della cessazione degli effetti civili del matrimonio».

• Anche l. 1/12/1970, n. 898, Disciplina dei casi di scioglimento del matrimonio.

(3) V. anche art. 19 della l. 27/5/1929, n. 847.

***233. Nascita del figlio prima dei centottanta giorni**.** – *[I] Il figlio nato prima che siano trascorsi centottanta giorni dalla celebrazione del matrimonio* [107] *è reputato legittimo se uno dei coniugi, o il figlio stesso, non ne disconoscono la paternità* [232, *235*, *238*, 243-bis].

➔ CC. 1865 – art. 160, 161.

* Articolo abrogato, a decorrere dal 7/2/2014, dall'art. 106 del d.lg. 28/12/2013, n. 154, cit. L'articolo era stato sostituito dall'art. 91 della l. 19/5/1975, n. 151, Riforma del diritto di famiglia. Il testo originario prevedeva: «[I] Il figlio nato prima che siano trascorsi centottanta giorni dalla celebrazione del matrimonio è reputato legittimo se il marito non ne disconosce la paternità. [II] Il discono-

scimento non può aver luogo nei casi seguenti: 1) quando il marito era consapevole della gravidanza prima del matrimonio; 2) quando risulta dall'atto di nascita che la dichiarazione fu fatta dal marito o da un suo procuratore speciale».

234. Nascita del figlio dopo i trecento giorni (1). – [I] Ciascuno dei coniugi e i loro eredi possono provare che il figlio, nato dopo i trecento giorni dall'annullamento [117 ss. // 324 CPC.], dallo scioglimento [149] o dalla cessazione degli effetti civili del matrimonio (2), è stato concepito durante il matrimonio [232[1]].

[II] Possono analogamente provare il concepimento durante la convivenza quando il figlio sia nato dopo i trecento giorni dalla pronuncia di separazione giudiziale [151], o dalla omologazione di separazione consensuale [158], ovvero dalla data di comparizione dei coniugi avanti al giudice quando gli stessi sono stati autorizzati a vivere separatamente nelle more del giudizio di separazione [707, 711 CPC.] o dei giudizi previsti nel comma precedente [126, 232[2]].

[III] In ogni caso il figlio può provare di essere stato concepito durante il matrimonio [238, 239, 249] (3).

➔ **CC. 1865 – art. 160, 169.**

(1) Articolo così sostituito dall'art. 92 della l. 19/5/1975, n. 151, Riforma del diritto di famiglia. Il testo originario prevedeva: «[I] La legittimità del figlio nato dopo trecento giorni dallo scioglimento o annullamento del matrimonio può essere sempre contestata».

(2) V. anche l. 1/12/1970, n. 898, Disciplina dei casi di scioglimento del matrimonio.

(3) Comma così sostituito, a partire dal 7/2/2014, dall'art. 10 del d.lg. 28/12/2013, n. 154, cit. Il testo previgente disponeva: «In ogni caso il figlio può proporre azione per reclamare lo stato di legittimo».

235. Disconoscimento di paternità* (1). – *[I] L'azione per il disconoscimento di paternità del figlio concepito durante il matrimonio è consentita solo nei casi seguenti: 1) se i coniugi non hanno coabitato nel periodo compreso fra il trecentesimo ed il centottantesimo giorno prima della nascita; 2) se durante il tempo predetto il marito era affetto da impotenza, anche se soltanto di generare* [122[3]]; *3) se nel detto periodo la moglie ha commesso adulterio o ha tenuto celata al marito la propria gravidanza e la nascita del figlio. In tali casi il marito è ammesso a provare che il figlio presenta caratteristiche genetiche o del gruppo sanguigno incompatibili con quelle del presunto padre, o ogni altro fatto tendente ad escludere la paternità. [II] La sola dichiarazione della madre non esclude la paternità. [III] L'azione di disconoscimento può essere esercitata anche dalla madre o dal figlio* [244] *che ha raggiunto la maggiore età in tutti i casi in cui può essere esercitata dal padre.*

➔ **CC. 1865 – art. 160, 162, 164, 165.**

* Articolo abrogato, a partire dal 7/2/2014, dall'art. 106 del d.lg. 28/12/2013, n. 154, cit. L'articolo era stato sostituito dall'art. 93 della l. 19/5/1975, n. 151, Riforma del diritto di famiglia. Il testo originario prevedeva: «[I] Il marito può disconoscere il figlio concepito durante il matrimonio soltanto nei casi seguenti: 1) se nel tempo decorso dal trecentesimo al centottantesimo giorno prima della nascita egli era nella fisica impossibilità di coabitare con la moglie per causa di allontanamento o per altro fatto; 2) se durante il tempo predetto egli era affetto da impotenza, anche se questa fosse soltanto impotenza di generare; 3) se durante lo stesso periodo egli viveva legalmente separato dalla moglie anche per effetto di provvedimento temporaneo del magistrato, salvo che siavi stata tra i coniugi riunione anche soltanto temporanea; 4) se nel detto periodo la moglie ha commesso adulterio e ha tenuto celato al marito la propria gravidanza e la nascita del figlio. In questo caso il marito è ammesso a provare ogni altro fatto tendente a escludere la paternità. [II] La sola dichiarazione della madre non esclude la paternità.

La Corte cost., con sent. 21/6/2006, n. 266 aveva dichiarato l'illegittimità costituzionale dell'art. 235, co. 1, n. 3, CC., nella parte in cui, ai fini dell'azione di disconoscimento della paternità, subordina l'esame delle prove tecniche, da cui risulta «che il figlio presenta caratteristiche genetiche o del gruppo sanguigno incompatibili con quelle del presunto padre», alla previa dimostrazione dell'adulterio della moglie».

(1) V. ora, sul disconoscimento di paternità, l'art. 243-bis.

Capo II
Delle prove della filiazione (1)

(1) Capo inserito, a decorrere dal 7/2/2014, dall'art. 7, co. 4, d.lg. 28/12/2013, n. 154, cit. Nel presente Capo II sono stati trasposti i contenuti della previgente Sezione II (rubricata *Delle prove della filiazione legittima*) del capo I del titolo VII del libro primo del codice civile.

236. Atto di nascita e possesso di stato (1). – [I] La filiazione si prova con l'atto di nascita iscritto nei registri dello stato civile [238, 241, *242**, 315, 449, 451] (2).

[II] Basta, in mancanza di questo titolo, il possesso continuo dello stato di figlio [237, 241].

➔ **CC. 1865 – art. 170, 171.**

(1) Articolo così modificato, a decorrere dal 7/2/2014, dall'art. 11 del d.lg. 28/12/2013, cit., che, in particolare ha soppresso le parole "legittima" e "legittimo". Il testo previgente disponeva: *[I] La filiazione legittima si prova con l'atto di nascita iscritto nei registri dello stato civile. [II] Basta, in mancanza di questo titolo, il possesso continuo dello stato di figlio legittimo.*

* Articolo abrogato.

(2) V. art. 10 ss. e 29 ss. del d.P.R. 3/11/2000, n. 396, Regolamento per la revisione e la semplificazione dell'ordinamento dello stato civile, a norma dell'art. 2, co. 12, l. 15/5/1997, n. 127.

237. Fatti costitutivi del possesso di stato. – [I] Il possesso di stato [131, 236[2]] risulta da una serie di fatti che nel loro complesso valgano a dimostrare le relazioni di filiazione e di parentela [74] fra una persona e la famiglia a cui essa pretende di appartenere [238, 241, 243 bis, 270].

[II] In ogni caso devono concorrere i seguenti fatti:

che il genitore abbia trattato la persona come figlio ed abbia provveduto in questa qualità al mantenimento, all'educazione e al collocamento di essa [315-bis, 316, 316 bis];

che la persona sia stata costantemente considerata come tale nei rapporti sociali;

che sia stata riconosciuta in detta qualità dalla famiglia [317-bis] (1).

➔ **CC. 1865 – art. 172.**

(1) Comma così sostituito, a decorrere dal 7/2/2014, dall'art. 12 del d.lg. 28/12/2013, n. 154, cit. Il testo previgente disponeva: «[II] In ogni caso devono concorrere i seguenti fatti: che la persona abbia sempre portato il cognome del padre che essa pretende di avere; che il padre l'abbia trattata come figlio e abbia provveduto in questa qualità al mantenimento, alla educazione e al collocamento di essa; che sia stata costantemente considerata come tale nei rapporti sociali; che sia stata riconosciuta in detta qualità dalla famiglia. [III] La Corte costituzionale, con sentenza 21 dicembre 2016, n. 286, pubblicata in G.U. n. 52 del 28 dicembre 2016, ha dichiarato l'illegittimità costituzionale della norma desumibile dal presente articolo nella parte in cui non consente ai coniugi, di comune accordo, di trasmettere ai figli, al momento della nascita, anche il cognome materno».

238. Irreclamabilità di uno stato di figlio contrario a quello attribuito dall'atto di nascita (1). – [I] Salvo quanto disposto dagli articoli 128, 234, 239, 240 e 244, nessuno può reclamare uno stato contrario a quello che gli attribuiscono l'atto di nascita di figlio nato nel matrimonio e il possesso di stato conforme all'atto stesso [236, 237] (2).

[II] *Parimenti non si può contestare la legittimità di colui il quale ha un possesso di stato conforme all'atto di nascita**.

➔ **CC. 1865 – art. 173.**

(1) Rubrica così modificata, a decorrere dal 7/2/2014, dall'art. 13, co. 1, lett. a), d.lg. 28/12/2013, n. 154, cit. La rubrica previgente era la seguente: Atto di nascita conforme al possesso di stato. L'articolo in precedenza era stato sostituito dall'art. 94 della l. 19/5/1975, n. 151, Riforma del diritto di famiglia. Il testo originario disponeva: «[I] Salvo quanto è disposto nell'articolo seguente, nessuno può reclamare uno stato contrario a quello che gli attribuiscono l'atto di nascita di figlio legittimo e il possesso di stato conforme all'atto stesso. [II] Parimenti non si può contestare la legittimità di colui il quale ha un possesso di stato conforme all'atto di nascita».

(2) Comma così modificato, a decorrere dal 7/2/2014, dall'art. 13, co. 1, lett. a), d.lg. 28/12/2013, n. 154, cit., che ha sostituito le parole: «233, 234, 235 e 239», con le parole: «234, 239, 240 e 244» e dall'art. 105, co. 2, d.lg. 28/12/2013, n. 154, cit., in virtù del quale le parole: "figli legittimi" o le parole: "figlio legittimo", ovunque presenti, in tutta la legislazione vigente sono sostituite dalle seguenti: "figli nati nel matrimonio" o dalle seguenti: "figlio nato nel matrimonio".

* Comma abrogato, a decorrere dal 7/2/2014, dall'art. 13, co. 1, lett. c), d.lg. 28/12/2013, n. 154, cit.

239. Reclamo dello stato di figlio (1). – [I] Qualora si tratti di supposizione di parto o di sostituzione di neonato [566, 567, 568 CP.], il figlio può reclamare uno stato diverso [238, 240, 249].

[II] L'azione di reclamo dello stato di figlio può essere esercitata anche da chi è nato nel matrimonio ma fu iscritto come figlio di ignoti [240, 345], salvo che sia intervenuta sentenza di adozione [313] (2).

[III] L'azione può inoltre essere esercitata per reclamare uno stato di figlio conforme alla presunzione di paternità [231, 232] da chi è stato riconosciuto [250 ss., 253] in contrasto con tale presunzione e da chi fu iscritto in conformità di altra presunzione di paternità.

[IV] L'azione può, altresì, essere esercitata per reclamare un diverso stato di figlio [315] quando il precedente è stato comunque rimosso.

➔ **CC. 1865 – art. 174.**

(1) Articolo così sostituito, a decorrere dal 7/2/2014, dall'art. 14 del d.lg. 28/12/2013, n. 154, cit. Il testo previgente disponeva: «Supposizione di parto o sostituzione di neonato. [I] Qualora si tratti di supposizione di parto o di sostituzione di neonato, ancorché vi sia un atto di nascita conforme al possesso di stato, il figlio può reclamare uno stato diverso, dando la prova della filiazione anche a mezzo di testimoni nei limiti e secondo le regole dell'articolo. [II] Parimenti si può contestare la legittimità del figlio dando anche a mezzo di testimoni, nei limiti e secondo le regole sopra indicati, la prova della supposizione o della sostituzione predette».

(2) V. 29, co. 5, 30, 38 del d.P.R. 3/11/2000, n. 396, Regolamento per la revisione e la semplificazione dell'ordinamento dello stato civile, a norma dell'art. 2, co. 12, l. 15/5/1997, n. 127.

• V. l. 4/5/1983, n. 184, Diritto del minore ad una famiglia, in particolare gli art. 25 ss., come modificati dalla l. 28/3/2001, n. 149 e dal d.lg. 28/12/2013, n. 154.

240. Contestazione dello stato di figlio (1). – [I] Lo stato di figlio può essere contestato [248] nei casi di cui al primo e secondo comma dell'articolo 239 [238] (2).

➔ **CC. 1865 – art. 120.**

(1) Articolo così sostituito, a decorrere dal 7/2/2014, dall'art. 15 del d.lg. 28/12/2013, n. 154, cit. Il testo previgente disponeva: «Mancanza dell'atto di matrimonio. [I] La legittimità del figlio di due persone, che hanno pubblicamente vissuto come marito e moglie e sono morte ambedue, non può essere contestata per il solo motivo che manchi la prova della celebrazione del matrimonio, qualora la stessa legittimità sia provata da un possesso di stato che non sia in opposizione con l'atto di nascita».

(2) V. art. 33 della l. 31/5/1995, n. 218, Riforma del sistema italiano di diritto internazionale privato, già citato in nota (1) *sub* Titolo VII. Dello stato di figlio.

241. Prova in giudizio (1). – [I] Quando mancano l'atto di nascita e il possesso di stato [236, 237], la prova della filiazione può darsi in giudizio con ogni mezzo [239 // 244 CPC.] (2).

[II] *Questa prova non può essere ammessa che quando vi è un principio di prova per iscritto* [*242**, 2724$^{1, n. 1}$], *ovvero quando le presunzioni* [2727, 2728] *e gli indizi sono abbastanza gravi da determinare l'ammissione della prova***.

➔ **CC. 1865 – art. 174.**

(1) Rubrica sostituita, a decorrere dal 7/2/2014, dall'art. 16, co. 1, lett. a), d.lg. 28/12/2013, n. 154, cit. La rubrica precedente era la seguente: Prova con testimoni.

(2) Comma così sostituito, a decorrere dal 7/2/2014, dall'art. 16, co. 1, lett. b), d.lg. 28/12/2013, n. 154, cit. Il testo previgente disponeva: «Quando mancano l'atto di nascita e il possesso di stato, o quando il figlio fu iscritto sotto falsi nomi o come nato da genitori ignoti, la prova della filiazione può darsi col mezzo di testimoni».

* Articolo abrogato.

** Comma abrogato, a decorrere dal 7/2/2014, dall'art. 16, co. 1, lett. c), d.lg. 28/12/2013, n. 154, cit.

242. Principio di prova per iscritto**. – *[I] Il principio di prova per iscritto* [241, 2724$^{1, n. 1}$] *risulta dai documenti di famiglia, dai registri e dalle carte private del padre o della madre, dagli atti pubblici e privati provenienti da una delle parti che sono impegnate nella controversia o da altra persona, che, se fosse in vita, avrebbe interesse nella controversia.*

➔ **CC. 1865 – art. 175.**

* Articolo abrogato a decorrere dal 7/2/2014, dall'art. 106, co. 1, lett. a), d.lg. 28/12/2013, n. 154, cit.

243. Prova contraria**. – *[I] La prova contraria può darsi con tutti i mezzi atti a dimostrare che il reclamante* [249] *non è figlio della donna che egli pretende di avere per madre, oppure che non è figlio del marito della madre* [231 ss.], *quando risulta provata la maternità.*

➔ **CC. 1865 – art. 176.**

* Articolo abrogato, a decorrere dal 7/2/2014, dall'art. 106, co. 1, lett. a), d.lg. 28/12/2013, n. 154, cit.

243 bis. Disconoscimento di paternità (1). – [I] L'azione di disconoscimento di paternità del figlio nato nel matrimonio può essere esercitata dal marito, dalla madre e dal figlio medesimo [235, 244 ss.] (2).

[II] Chi esercita l'azione è ammesso a provare che non sussiste rapporto di filiazione tra il figlio e il presunto padre [231 ss.].

[III] La sola dichiarazione della madre non esclude la paternità.

(1) Articolo inserito, a decorrere dal 7/2/2014, dall'art. 17 del d.lg. 28/12/2013, n. 154, cit.

(2) V., in merito ad una ipotesi in cui è vietato il disconoscimento di paternità, l'art. 9 della l. 19/2/2004, n. 40, Norme in materia di procreazione medicalmente assistita che dispone: «Divieto del disconoscimento della paternità e dell'anonimato della madre – [I]

Qualora si ricorra a tecniche di procreazione medicalmente assistita di tipo eterologo in violazione del divieto di cui all'art. 4, co. 3, il coniuge o il convivente il cui consenso è ricavabile da atti concludenti non può esercitare l'azione di disconoscimento della paternità nei casi previsti dall'art. 235, co. 1, n. 1) e 2), CC., né l'impugnazione di cui all'art. 263 dello stesso codice. [II] La madre del nato a seguito dell'applicazione di tecniche di procreazione medicalmente assistita non può dichiarare la volontà di non essere nominata, ai sensi dell'art. 30, co. 1, del regolamento di cui al d.P.R. 3/11/2000, n. 396. [III] In caso di applicazione di tecniche di tipo eterologo in violazione del divieto di cui all'art. 4, co. 3, il donatore di gameti non acquisisce alcuna relazione giuridica parentale con il nato e non può far valere nei suoi confronti alcun diritto né essere titolare di obblighi».
V. anche Corte costituzionale, sent. 10/6/2014, n. 162, che ha dichiarato l'illegittimità costituzionale dell'art. 4, co. 3, l. 19/2/2004, n. 40 (Norme in materia di procreazione medicalmente assistita), nella parte in cui stabilisce per la coppia di cui all'art. 5, co. 1 della medesima legge, il divieto del ricorso a tecniche di procreazione medicalmente assistita di tipo eterologo, qualora sia stata diagnosticata una patologia che sia causa di sterilità od infertilità assolute ed irreversibili. La Corte, con la medesima pronuncia, ha conseguentemente dichiarato l'illegittimità costituzionale anche dell'art. 9, co. 1 e 3, l. n. 40/2004, limitatamente alle parole "in violazione del divieto di cui all'art. 4, comma 3".

Capo III
Dell'azione di disconoscimento e delle azioni di contestazione e di reclamo dello stato di figlio (1)

(1) Capo inserito, a decorrere dal 7/2/2014, dall'art. 7, co. 5, d.lg. 28/12/2013, n. 154, cit. Nel presente Capo III sono stati trasposti i contenuti della previgente Sezione III (rubricata *Dell'azione di disconoscimento e delle azioni di contestazione e di reclamo di legittimità*) del capo I del titolo VII del libro primo del codice civile.

244. Termini dell'azione di disconoscimento (1). – [I] L'azione di disconoscimento della paternità [238, 253] da parte della madre deve essere proposta nel termine di sei mesi [245, 2964] dalla nascita del figlio ovvero dal giorno in cui è venuta a conoscenza dell'impotenza di generare del marito al tempo del concepimento.

[II] Il marito può disconoscere il figlio nel termine di un anno che decorre dal giorno della nascita quando egli si trovava al tempo di questa nel luogo in cui è nato il figlio; se prova di aver ignorato la propria impotenza di generare ovvero l'adulterio della moglie al tempo del concepimento, il termine decorre dal giorno in cui ne ha avuto conoscenza.

[III] Se il marito non si trovava nel luogo in cui è nato il figlio il giorno della nascita il termine, di cui al secondo comma, decorre dal giorno del suo ritorno o dal giorno del ritorno nella residenza familiare [144] se egli ne era lontano. In ogni caso, se egli prova di non aver avuto notizia della nascita in detti giorni, il termine decorre dal giorno in cui ne ha avuto notizia.

[IV] Nei casi previsti dal primo e dal secondo comma l'azione non può essere, comunque, proposta oltre cinque anni dal giorno della nascita (2).

[V] L'azione di disconoscimento della paternità può essere proposta dal figlio che ha raggiunto la maggiore età [2]. L'azione è imprescrittibile riguardo al figlio.

[VI] L'azione può essere altresì promossa da un curatore speciale nominato dal giudice, assunte sommarie informazioni, su istanza del figlio minore che ha compiuto i quattordici anni ovvero del pubblico ministero o dell'altro genitore, quando si tratti di figlio di età inferiore.

➔ **CC. 1865 – art. 166.**

(1) Articolo così sostituito, a decorrere dal 7/2/2014, dall'art. 18 del d.lg. 28/12/2013, n. 154, cit. Il testo previgente disponeva: «[I] L'azione di disconoscimento della paternità da parte della madre deve essere proposta nel termine di sei mesi dalla nascita del figlio. [II] Il marito può disconoscere il figlio nel termine di un anno che decorre dal giorno della nascita quando egli si trovava al tempo di questa nel luogo in cui è nato il figlio; dal giorno del suo ritorno nel luogo in cui è nato il figlio o in cui è la residenza familiare se egli ne era lontano. In ogni caso, se egli prova di non aver avuto notizia della nascita in detti giorni, il termine decorre dal giorno in cui ne ha avuto notizia. [III] L'azione di disconoscimento della paternità può essere proposta dal figlio, entro un anno dal compimento della maggiore età o dal momento in cui viene successivamente a conoscenza dei fatti che rendono ammissibile il disconoscimento. [IV] L'azione può essere altresì promossa da un curatore speciale nominato dal giudice, assunte sommarie informazioni, su istanza del figlio minore che ha compiuto i sedici anni, o del pubblico ministero quando si tratta di minore di età inferiore».
L'articolo era già stato sostituito dall'art. 95 della l. 19/5/1975, n. 151, Riforma del diritto di famiglia, e dall'art. 81 della l. 4/5/1983, n. 184 Diritto del minore ad una famiglia, che aveva modificato il co. 4. Il testo originario dell'articolo prevedeva: «[I] L'azione di disconoscimento, tanto nel caso dell'art. 233 quanto nel caso dell'art. 235, deve essere proposta dal marito nel termine di tre mesi che decorrono: dal giorno della nascita, quando egli si trovava al tempo di questa nel luogo in cui è nato il figlio; dal giorno del suo ritorno nel luogo in cui è nato il figlio o in cui è il domicilio coniugale, se egli era lontano. [II] In ogni caso, se egli prova di non aver avuto notizia della nascita in detti giorni, il termine decorre dal giorno in cui ha avuto questa notizia».
Erano inoltre intervenute la sent. della Corte cost. 14/5/1999, n. 170 che aveva dichiarato l'illegittimità costituzionale del co. 1, «nella parte in cui non prevede che il termine per la proposizione dell'azione di disconoscimento della paternità, nell'ipotesi di impotenza solo di generare di cui al numero 2) dell'art. 235 dello stesso codice, decorra per la moglie dal giorno in cui essa sia venuta a conoscenza dell'impotenza di generare del marito» e la sent. 6/5/1985, n. 134 che aveva dichiarato l'illegittimità del co. 2 «nella parte in cui non dispone, per il caso previsto dal n. 3 dell'art. 235 dello stesso codice, che il termine dell'azione di disconoscimento decorra dal giorno in cui il marito sia venuto a conoscenza dell'adulterio della moglie». La stessa Corte, inoltre, con sent. 14/5/1999, n. 170, aveva dichiarato l'illegittimità costituzionale dello stesso co. 2 «nella parte in cui non prevede che il termine per la proposizione dell'azione di disconoscimento della paternità, nell'ipotesi di impotenza solo di generare, contemplata nel numero 2) dell'art. 235 dello stesso codice, decorra per il marito dal giorno in cui esso sia venuto a conoscenza della propria impotenza di generare».

(2) L'art. 104, co. 9, d.lg. 28/12/2013, n. 154, cit., dispone: «[IX] Fermi gli effetti del giudicato formatosi prima dell'entrata in vigore della l. 10/12/2012, n. 219, i termini per proporre l'azione di disconoscimento di paternità, previsti dal co. 4 dell'art. 244 CC., decorrono dal giorno dell'entrata in vigore del presente decreto legislativo».

245. Sospensione del termine (1). – [I] Se la parte interessata a promuovere l'azione di disconoscimento di paternità si trova in stato di interdizione per infermità di mente [414] ovvero versa in condizioni di abituale grave infermità di mente, che lo renda incapace di provvedere ai propri interessi [404, 415], la decorrenza del termine indicato nell'articolo 244 è sospesa [2941, 2942, 2964] nei suoi confronti, sino a che duri lo stato di interdizione o durino le condizioni di abituale grave infermità di mente [429].

[II] Quando il figlio si trova in stato di interdizione ovvero versa in condizioni di abituale grave infermità di mente, che lo renda incapace di provvedere ai propri interessi, l'azione può essere altresì promossa da un curatore speciale nominato dal giudice, assunte sommarie informazioni, su istanza del pubblico ministero, del tutore, o dell'altro genitore. Per gli altri legittimati l'azione può essere proposta dal tutore o, in mancanza di questo, da un curatore speciale, previa autorizzazione del giudice.

(1) Articolo così sostituito, a decorrere dal 7/2/2014, dall'art. 19 del d.lg. 28/12/2013, n. 154, cit. Il testo previgente disponeva: «[I] Se la parte interessata a promuovere l'azione di disconoscimento

della paternità si trova in stato di interdizione per infermità di mente, la decorrenza del termine indicato nell'articolo precedente è sospesa, nei suoi confronti, sino a che dura lo stato di interdizione. L'azione può tuttavia essere promossa dal tutore».
L'articolo era già stato sostituito dall'art. 96 della l. 19/5/1975, n. 151, Riforma del diritto di famiglia. Il testo originario prevedeva: «Sospensione del termine – [I] Se il marito si trova in istato di interdizione per infermità mentale, la decorrenza del termine indicato nell'articolo precedente è sospesa fino a che dura lo stato di interdizione».
La Corte costituzionale, con sent. 25/11/2011, n. 322, aveva dichiarato l'illegittimità costituzionale dell'articolo, «nella parte in cui non prevedeva che la decorrenza del termine indicato nell'art. 244 c.c. è sospesa anche nei confronti del soggetto che, sebbene non interdetto, versi in condizione di abituale grave infermità di mente, che lo renda incapace di provvedere ai propri interessi, sino a che duri tale stato di incapacità naturale».

246. Trasmissibilità dell'azione (1). – [I] Se il presunto padre [231] o la madre titolari dell'azione di disconoscimento di paternità sono morti senza averla promossa, ma prima che sia decorso il termine previsto dall'articolo 244, sono ammessi ad esercitarla in loro vece i discendenti o gli ascendenti [74, 87]; il nuovo termine decorre dalla morte del presunto padre o della madre, o dalla nascita del figlio se si tratta di figlio postumo o dal raggiungimento della maggiore età da parte di ciascuno dei discendenti.

[II] Se il figlio titolare dell'azione di disconoscimento di paternità è morto senza averla promossa sono ammessi ad esercitarla in sua vece il coniuge o i discendenti nel termine di un anno che decorre dalla morte del figlio o dal raggiungimento della maggiore età da parte di ciascuno dei discendenti.

[III] Si applicano il sesto comma dell'articolo 244 e l'articolo 245.

➔ **CC. 1865 – art. 167.**

(1) Articolo così sostituito, a decorrere dal 7/2/2014, dall'art. 19 del d.lg. 28/12/2013, n. 154, cit. Il testo previgente disponeva: «[I] Se il titolare dell'azione di disconoscimento della paternità muore senza averla promossa, ma prima che ne sia decorso il termine, sono ammessi ad esercitarla in sua vece: 1) nel caso di morte del presunto padre o della madre, i discendenti e gli ascendenti; il nuovo termine decorre dalla morte del presunto padre o della madre, o dalla nascita del figlio se si tratta di figlio postumo; 2) nel caso di morte del figlio, il coniuge o i discendenti; il nuovo termine decorre dalla morte del figlio o dal raggiungimento della maggiore età da parte di ciascuno dei discendenti».
L'articolo era già stato sostituito dall'art. 97 della l. 19/5/1975, n. 151, Riforma del diritto di famiglia. Il testo originario prevedeva: «[I] Se il marito muore senza aver promosso l'azione, ma prima che sia decorso il termine, i discendenti o gli ascendenti sono ammessi ad esercitarla, ma devono proporla entro tre mesi dalla morte del marito o dalla nascita del figlio, se si tratta di un figlio postumo».

247. Legittimazione passiva (1). – [I] Il presunto padre, la madre ed il figlio sono litisconsorti necessari nel giudizio di disconoscimento [102 CPC.].

[II] Se una delle parti è minore [2] o interdetta [414], l'azione è proposta in contraddittorio con un curatore nominato dal giudice davanti al quale il giudizio deve essere promosso [78^2 CPC.].

[III] Se una delle parti è un minore emancipato [390] o un maggiore inabilitato [415, 424, 404], l'azione è proposta contro la stessa assistita da un curatore parimenti nominato dal giudice [392, 424 // 78^2 CPC.].

[IV] Se il presunto padre o la madre o il figlio sono morti l'azione si propone nei confronti delle persone indicate nell'articolo precedente o, in loro mancanza, nei confronti di un curatore parimenti nominato dal giudice [78^2 CPC.].

(1) Articolo così sostituito dall'art. 98 della l. 19/5/1975, n. 151, Riforma del diritto di famiglia. Il testo previgente prevedeva: «[I] L'azione è proposta contro il figlio, se è maggiore d'età, e, se è minore o interdetto, in contraddittorio di un curatore nominato dal tribunale davanti al quale il giudizio è promosso. Nel caso di minore emancipato o di maggiore inabilitato l'azione è proposta contro il figlio assistito da un curatore parimenti nominato dal tribunale. [II] Nel giudizio deve in tutti i casi essere chiamata la madre».

248. Legittimazione all'azione di contestazione dello stato di figlio. Imprescrittibilità (1). – [I] L'azione di contestazione dello stato di figlio [117, 234, 239, 240] spetta a chi dall'atto di nascita [236] del figlio risulti suo genitore e a chiunque vi abbia interesse [100 CPC.] (2).

[II] L'azione è imprescrittibile [2934^2].

[III] Quando l'azione è proposta nei confronti di persone premorte o minori [2] o altrimenti incapaci, si osservano le disposizioni dell'articolo precedente [247].

[IV] Nel giudizio devono essere chiamati entrambi i genitori [102 CPC.].

[V] Si applicano il sesto comma dell'articolo 244 e il secondo comma dell'articolo 245 (3).

➔ **CC. 1865 – art. 177, 178.**

(1) Rubrica così sostituita, a decorrere dal 7/2/2014, dall'art. 20, co. 1, lett a), d.lg. 28/12/2013, n. 154, cit. La rubrica previgente era la seguente: *Legittimazione all'azione di contestazione della legittimità. Imprescrittibilità*.
L'articolo era già stato sostituito dall'art. 99 della l. 19/5/1975, n. 151, Riforma del diritto di famiglia. Il testo originario prevedeva: «[I] L'azione per contestare la legittimità, sia essa fondata sulla nullità del matrimonio ovvero sulla supposizione di parto o sulla sostituzione di neonato ovvero sulla nascita del figlio dopo trecento giorni dallo scioglimento o annullamento del matrimonio, spetta a chi dall'atto di nascita del figlio risulti suo genitore e a chiunque vi abbia interesse. [II] L'azione è imprescrittibile. [III] Nel caso in cui l'azione sia proposta contro il figlio minore o altrimenti incapace, si osservano le disposizioni dell'articolo precedente. [IV] Nel giudizio devono essere chiamati entrambi i genitori».

(2) Comma così sostituito, a decorrere dal 7/2/2014, dall'art. 20, co. 11, lett. b), d.lg. 28/12/2013, n. 154, cit. Il testo previgente disponeva: «[I] L'azione per contestare la legittimità, spetta a chi dall'atto di nascita del figlio risulti suo genitore e a chiunque vi abbia interesse».

(3) Comma inserito, a decorrere dal 7/2/2014, dall'art. 20, co. 1, lett. c), d.lg. 28/12/2013, n. 154, cit.

• V. anche art. 33 della l. 31/5/1995, n. 218, Riforma del sistema italiano di diritto internazionale privato, già citato sub Titolo VII. Dello stato di figlio.

249. Legittimazione all'azione di reclamo dello stato di figlio. Imprescrittibilità (1). – [I] L'azione per reclamare lo stato di figlio spetta al medesimo [239].

[II] L'azione è imprescrittibile [2934^2].

[III] Quando l'azione è proposta nei confronti di persone premorte o minori o altrimenti incapaci, si osservano le disposizioni dell'articolo 247 [121 att.].

[IV] Nel giudizio devono essere chiamati entrambi i genitori [102 CPC.].

[V] Si applicano il sesto comma dell'articolo 244 e il secondo comma dell'articolo 245.

(1) Articolo così sostituito, a decorrere dal 7/2/2014, dall'art. 21 del d.lg. 28/12/2013, n. 154, cit. Il testo previgente disponeva: «Reclamo della legittimità. [I] L'azione per reclamare lo stato legittimo spetta al figlio; ma, se egli non l'ha promossa ed è morto in età minore o nei cinque anni dopo aver raggiunto la maggiore età, può essere promossa dai discendenti di lui. Essa deve essere proposta contro entrambi i genitori, e, in loro mancanza, contro i loro eredi. [II] L'azione è imprescrittibile riguardo al figlio».

Capo IV
Del riconoscimento dei figli nati fuori dal matrimonio (1)

(1) Il presente Capo, a decorrere dal 7/2/2014, ha sostituito, ai sensi dell'art. 7, co. 8, d.lg. 28/12/2013, n. 154, cit., la rubrica del paragrafo 1 della Sezione I del capo II del libro primo. Inoltre, l'art. 7, co. 6 e 7, d.lg. 28/12/2013, n. 154, cit., ha soppresso le seguenti parole: "*Capo II. Della filiazione naturale e della legittimazione*" e "*Sezione I. Della filiazione naturale*".

• V. art. 35 e 37 della l. 31/5/1995, Riforma del sistema italiano di diritto internazionale privato. L'art. 35, come modificato dal d.lg. 28/12/2013, n. 154, cit., dispone: «Riconoscimento di figlio – [I] Le condizioni per il riconoscimento del figlio sono regolate dalla legge nazionale del figlio al momento della nascita, o se più favorevole, dalla legge nazionale del soggetto che fa il riconoscimento, nel momento in cui questo avviene; se tali leggi non prevedono il riconoscimento si applica la legge italiana. [II] La capacità del genitore di fare il riconoscimento è regolata dalla sua legge nazionale. [III] La forma del riconoscimento è regolata dalla legge dello Stato in cui esso è fatto o da quella che ne disciplina la sostanza». L'art. 37, invece, dispone: «Giurisdizione in materia di filiazione – [I] In materia di filiazione e di rapporti personali fra genitori e figli la giurisdizione italiana sussiste, oltre che nei casi previsti rispettivamente dagli art. 3 e 9, anche quando uno dei genitori o il figlio è cittadino italiano o risiede in Italia».

250. Riconoscimento (1). – [I] Il figlio nato fuori del matrimonio può essere riconosciuto, nei modi previsti dall'articolo 254, dalla madre e dal padre, anche se già uniti in matrimonio con altra persona all'epoca del concepimento [30^3 Cost.]. Il riconoscimento può avvenire tanto congiuntamente quanto separatamente [235].

[II] Il riconoscimento del figlio che ha compiuto i quattordici anni non produce effetto senza il suo assenso [273^2].

[III] Il riconoscimento del figlio che non ha compiuto i quattordici anni non può avvenire senza il consenso dell'altro genitore che abbia già effettuato il riconoscimento.

[IV] Il consenso non può essere rifiutato se risponde all'interesse del figlio. Il genitore che vuole riconoscere il figlio, qualora il consenso dell'altro genitore sia rifiutato, ricorre al giudice competente il quale, assunta ogni opportuna informazione e disposto l'ascolto del minore, adotta eventuali provvedimenti temporanei e urgenti al fine di instaurare la relazione, salvo che la difesa del convenuto non sia palesemente fondata. Con la sentenza che tiene luogo del consenso mancante (2908), il giudice adotta i provvedimenti opportuni in relazione all'affidamento e al mantenimento del minore ai sensi dell'articolo 315-bis e al suo cognome ai sensi dell'articolo 262 (2).

[V] Il riconoscimento non può essere fatto dai genitori che non abbiano compiuto il sedicesimo anno di età, salvo che il giudice li autorizzi, valutate le circostanze e avuto riguardo all'interesse del figlio [*284*[1, n. 1]] (2).

➔ CC. 1865 – art. 159-161, 179.

(1) Articolo così sostituito dall'art. 1, co. 2, l. 10/12/2012, n. 219, Disposizioni in materia di riconoscimento dei figli naturali. Il testo previgente, risultante dalle modif. adottate dall'art. 102 della l. 19/5/1975, n. 151, prevedeva: «[I] Il figlio naturale può essere riconosciuto, nei modi previsti dall'articolo 254, dal padre e dalla madre, anche se già uniti in matrimonio con altra persona all'epoca del concepimento. Il riconoscimento può avvenire tanto congiuntamente quanto separatamente. [II] Il riconoscimento del figlio che ha compiuto i sedici anni non produce effetto senza il suo assenso. [III] Il riconoscimento del figlio che non ha compiuto i sedici anni non può avvenire senza il consenso dell'altro genitore che abbia già effettuato il riconoscimento. [IV] Il consenso non può essere rifiutato ove il riconoscimento risponda all'interesse del figlio. Se vi è opposizione, su ricorso del genitore che vuole effettuare il riconoscimento, sentito il minore in contraddittorio con il genitore che si oppone e con l'intervento del pubblico ministero, decide il tribunale con sentenza che, in caso di accoglimento della domanda, tiene luogo del consenso mancante. [V] Il riconoscimento non può essere fatto dai genitori che non abbiano compiuto il sedicesimo anno di età».
Il testo originario dell'articolo era il seguente: «[I] Il figlio naturale può essere riconosciuto dal padre e dalla madre tanto congiuntamente quanto separatamente. [II] Il riconoscimento non può essere fatto dal padre che non ha raggiunto i diciotto anni e dalla madre che non ha raggiunto i quattordici anni, a meno che avvenga in occasione del loro matrimonio».

* V. art. 12 della l. 1/12/1970, n. 898, Disciplina dei casi di scioglimento del matrimonio, che dispone: «[I] Le disposizioni del codice civile in tema di riconoscimento del figlio nato fuori del matrimonio si applicano, per quanto di ragione, anche nel caso di scioglimento o di cessazione degli effetti civili del matrimonio».

• V. art. 35 della l. 31/5/1995, n. 218, Riforma del sistema italiano di diritto internazionale privato, che dispone: «[I] Le condizioni per il riconoscimento del figlio sono regolate dalla legge nazionale del figlio al momento della nascita, o se più favorevole, dalla legge nazionale del soggetto che fa il riconoscimento, nel momento in cui questo avviene; se tali leggi non prevedono il riconoscimento si applica la legge italiana. [II] La capacità del genitore di fare il riconoscimento è regolata dalla sua legge nazionale. [III] La forma del riconoscimento è regolata dalla legge dello Stato in cui esso è fatto o da quella che ne disciplina la sostanza».

(2) Comma sostituito dall'art. 1, co. 3, d.lg. 10/10/2022, n. 149 (ai sensi dell'art. 52 del d.lg. n. 149/2022, il citato decreto legislativo entra in vigore il giorno successivo a quello della sua pubblicazione nella GU). Per la disciplina transitoria v. art. 35 del d.lg. n. 149/2022, come da ultimo modificato dall'art. 1, co. 380, lett. a), l. 29/12/2022, n. 197, che prevede che: «1. Le disposizioni del presente decreto, salvo che non sia diversamente disposto, hanno effetto a decorrere dal 28 febbraio 2023 e si applicano ai procedimenti instaurati successivamente a tale data. Ai procedimenti pendenti alla data del 28 febbraio 2023 si applicano le disposizioni anteriormente vigenti.». Si riporta il testo anteriore alla suddetta modificazione: «Il consenso non può essere rifiutato se risponde all'interesse del figlio. Il genitore che vuole riconoscere il figlio, qualora il consenso dell'altro genitore sia rifiutato, ricorre al giudice competente, che fissa un termine per la notifica del ricorso all'altro genitore. Se non viene proposta opposizione entro trenta giorni dalla notifica, il giudice decide con sentenza che tiene luogo del consenso mancante; se viene proposta opposizione, il giudice, assunta ogni opportuna informazione, dispone l'audizione del figlio minore che abbia compiuto i dodici anni, o anche di età inferiore, ove capace di discernimento, e assume eventuali provvedimenti provvisori e urgenti al fine di instaurare la relazione, salvo che l'opposizione non sia palesemente fondata. Con la sentenza che tiene luogo del consenso mancante, il giudice assume i provvedimenti opportuni in relazione all'affidamento e al mantenimento del minore ai sensi dell'articolo 315-bis e al suo cognome ai sensi dell'articolo 262».

251. Autorizzazione al riconoscimento (1). – [I] Il figlio nato da persone, tra le quali esiste un vincolo di parentela in linea retta all'infinito o in linea collaterale nel secondo grado [74, 76], ovvero un vincolo di affinità [78] in linea retta [75], può essere riconosciuto previa autorizzazione del giudice **avuto riguardo all'interesse del figlio e alla necessità di evitare allo stesso qualsiasi pregiudizio.**

[II] Il riconoscimento di una persona minore di età [2] è autorizzato dal giudice (2).

➔ CC. 1865 – art. 180.

(1) Articolo così sostituito dall'art. 1, co. 3, l. 10/12/2012, n. 219, Disposizioni in materia di riconoscimento dei figli naturali. Il testo previgente, risultante dalle modif. adottate dall'art. 103 della l. 19/5/1975, n. 151, prevedeva: «Riconoscimento di figli incestuosi – [I] I figli nati da persone, tra le quali esiste un vincolo di parentela anche soltanto naturale, in linea retta all'infinito o in linea collaterale nel secondo grado, ovvero un vincolo di affinità in linea retta, non possono essere riconosciuti dai loro genitori, **salvo che questi al tempo del concepimento ignorassero il vincolo esistente tra di loro o che sia stato dichiarato nullo il matrimonio**

da cui deriva l'affinità. Quando uno solo dei genitori è stato in buona fede, il riconoscimento del figlio può essere fatto solo da lui. [II] Il riconoscimento è autorizzato dal giudice, avuto riguardo all'interesse del figlio ed alla necessità di evitare allo stesso qualsiasi pregiudizio».

Il testo originario dell'articolo prevedeva: «I figli nati da persone, tra le quali esiste un vincolo di parentela anche soltanto naturale, in linea retta all'infinito o in linea collaterale nel secondo grado, ovvero un vincolo di affinità in linea retta, non possono essere riconosciuti dai loro genitori, salvo che questi al tempo del concepimento ignorassero il vincolo esistente tra di loro. Quando uno solo dei genitori è stato in buona fede, il riconoscimento del figlio può essere fatto solo da lui».

(2) L'art. 22 del d.lg. 28/12/2013, n. 154, cit., ha sostituito, a decorrere dal 7/2/2014, le parole: "tribunale per i minorenni", con la parola: "giudice".

252. Affidamento del figlio nato fuori del matrimonio e suo inserimento nella famiglia del genitore (1). – [I] Qualora il figlio nato fuori del matrimonio (2) di uno dei coniugi sia riconosciuto durante il matrimonio il giudice, valutate le circostanze, decide in ordine all'affidamento del minore e adotta ogni altro provvedimento a tutela del suo interesse morale e materiale.

[II] L'eventuale inserimento del figlio nato fuori del matrimonio nella famiglia legittima di uno dei genitori può essere autorizzato dal giudice [38 att.] qualora ciò non sia contrario all'interesse del minore e sia accertato il consenso dell'altro coniuge convivente e degli altri figli che abbiano compiuto il sedicesimo anno di età e siano conviventi [2, 30[3] e 31 Cost. // 8 CEDU // 330[2], 333, 337-sexies, 342-bis, 342-ter, 408, 417, 426, 1023 // 609-quater[1, n. 2 e 2], e 609-septies[4, n. 2] CP. // 199[3, lett. a)] e 681 CPP.], nonché dell'altro genitore che abbia effettuato il riconoscimento [250, 317 bis]. In questo caso il giudice [38 att.] stabilisce le condizioni cui ciascun genitore deve attenersi (3).

[III] Qualora il figlio (4) sia riconosciuto anteriormente al matrimonio, il suo inserimento nella famiglia (4) è subordinato al consenso dell'altro coniuge, a meno che il figlio fosse già convivente con il genitore all'atto del matrimonio o l'altro coniuge conoscesse l'esistenza del figlio (4).

[IV] È altresì richiesto il consenso dell'altro genitore (5) che abbia effettuato il riconoscimento [317-bis[2]].

[V] In caso di disaccordo tra i genitori, ovvero di mancato consenso degli altri figli conviventi, la decisione è rimessa al giudice tenendo conto dell'interesse dei minori. Prima dell'adozione del provvedimento, il giudice dispone l'ascolto dei figli minori che abbiano compiuto gli anni dodici e anche di età inferiore ove capaci di discernimento (6).

➔ CC. 1865 – art. 183.

(1) Rubrica sostituita, a decorrere dal 7/2/2014, dall'art. 23, co. 1, lett. a), d.lg. 28/12/2013, n. 154. La rubrica precedente disponeva: Affidamento del figlio naturale e suo inserimento nella famiglia legittima.

• Articolo sostituito dall'art. 104 della l. 19/5/1975, n. 151, Riforma del diritto di famiglia.

L'art. 7 della l. 1/12/1970, Disciplina dei casi di scioglimento del matrimonio, aveva già disposto la modifica del co. 2, con la seguente previsione: «I figli adulterini possono essere riconosciuti anche dal genitore che, al tempo del concepimento, era unito in matrimonio, qualora il matrimonio sia sciolto per effetto della morte dell'altro coniuge ovvero per pronuncia di scioglimento o di cessazione degli effetti civili conseguenti alla trascrizione del matrimonio celebrato con rito religioso.

Il testo originario disponeva: Riconoscimento di figli adulterini – [I] I figli adulterini possono essere riconosciuti dal genitore che al tempo del concepimento non era unito in matrimonio. [II] Possono essere riconosciuti anche dal genitore che al tempo del concepimento era unito in matrimonio, qualora il matrimonio sia sciolto per effetto della morte dell'altro coniuge. [III] Se in conseguenza del matrimonio sciolto vi sono figli legittimi o legittimati o loro discendenti legittimi, il riconoscimento non ha effetto se non dal giorno in cui è ammesso con decreto reale, previo parere del consiglio di Stato. Il riconoscimento non può essere ammesso se i figli legittimi o legittimati non hanno raggiunto la maggiore età e se non sono stati sentiti. [IV] Se il genitore muore dopo la presentazione dell'istanza e prima dell'emanazione del decreto, gli effetti di questo risalgono alla data della morte. Se il riconoscimento è contenuto in un testamento, l'istanza per la concessione del decreto può essere fatta dal figlio o dal suo rappresentante legale non oltre un anno dalla pubblicazione del testamento».

(2) L'art. 23, co. 1, lett. b), d.lg. 28/12/2013, n. 154, cit., ha sostituito, a decorrere dal 7/2/2014, la parola: «naturale» con le parole: «nato fuori del matrimonio».

(3) L'art. 23[1, lett. c)] del d.lg. 28/12/2013, n. 154, cit., ha sostituito, a decorrere dal 7/2/2014, la parola: "naturale" con le parole: "nato fuori del matrimonio"; le parole: "e dei figli legittimi" con le parole: "convivente e degli altri figli" le parole: "genitore naturale" con la parola: "genitore"; e ha sostituito l'ultimo periodo che disponeva: «In questo caso il giudice stabilisce le condizioni che il genitore cui il figlio è affidato deve osservare e quelle cui deve attenersi l'altro genitore».

(4) L'art. 23, co. 1, lett. d), d.lg. 28/12/2013, n. 154, cit., ha soppresso, a decorrere dal 7/2/2014, le parole "legittima" e "naturale".

(5) L'art. 23, co. 1, lett. e), d.lg. 28/12/2013, n. 154, cit., ha soppresso, a decorrere dal 7/2/2014, ha soppresso la parola "naturale".

(6) Comma inserito, a decorrere dal 7/2/2014, dall'art. 23, co. 1, lett. f), d.lg. 28/12/2013, n. 154, cit.

253. Inammissibilità del riconoscimento (1). – [I] In nessun caso è ammesso un riconoscimento in contrasto con lo stato di figlio (2) in cui la persona si trova [231 ss., 269, *280**, 315].

➔ CC. 1865 – art. 159.

(1) Articolo così sostituito dall'art. 105 della l. 19/5/1975, n. 151, Riforma del diritto di famiglia. Il testo originario disponeva: «Inammissibilità di riconoscimento in contrasto con lo stato di figlio legittimo – [I] In nessun caso è ammesso un riconoscimento in contrasto con lo stato di figlio legittimo in cui la persona si trova».

(2) L'art. 24 del d.lg. 28/12/2013, n. 154, cit., ha soppresso, a decorrere dal 7/2/2014, le parole "*legittimo o legittimato*".

* Articolo abrogato.

254. Forma del riconoscimento (1). – [I] Il riconoscimento del figlio nato fuori del matrimonio (2) è fatto nell'atto di nascita, oppure con una apposita dichiarazione, posteriore alla nascita o al concepimento [1[2]], davanti ad un ufficiale dello stato civile *o davanti al giudice tutelare* [344] (3) o in un atto pubblico [2699] o in un testamento [256, 587[2]], qualunque sia la forma di questo [601] (4).

[II] *La domanda di legittimazione di un figlio naturale presentata al giudice o la dichiarazione della volontà di legittimarlo espressa dal genitore in un atto pubblico o in un testamento importa riconoscimento, anche se la legittimazione non abbia luogo**.

➔ CC. 1865 – art. 181.

(1) Articolo dapprima sostituito dall'art. 106 della l. 19/5/1975, n. 151, Riforma del diritto di famiglia.

Il testo originario disponeva: «[I] Il riconoscimento del figlio naturale è fatto nell'atto di nascita, oppure con un'apposita dichiarazione, posteriore alla nascita o al concepimento, davanti a un ufficiale dello stato civile o davanti al giudice tutelare, o in un atto pubblico o in un testamento, qualunque sia la forma di questo. [II] La domanda di legittimazione di un figlio naturale presentata alla corte d'appello o la dichiarazione della volontà di legittimarlo espressa dal genitore in un atto pubblico o in un testamento importa riconoscimento, anche se la legittimazione non abbia luogo».

(2) L'art. 25 del d.lg. 28/12/2013, n. 154, cit., ha sostituito, a de-

correrre dal 7/2/2014, la parola "*naturale*" con le parole: "nato fuori del matrimonio".

(3) Parole abrogate dall'art. 138 del d.lg. 19/2/1998, n. 51, Norme in materia di istituzione del giudice unico di primo grado.

(4) V. art. 28 ss. del d.P.R. 3/11/2000, n. 396, Regolamento per la revisione e la semplificazione dell'ordinamento dello stato civile.

• V. anche art. 30 del d.lg. 3/2/2011, n. 71, Ordinamento e funzioni degli uffici consolari, come modificato dal d.lg. n. 154/2013, cit., che dispone: «Riconoscimento dei figli nati fuori del matrimonio – [I] Il capo dell'ufficio consolare riceve la dichiarazione di riconoscimento del figlio nato fuori del matrimonio di cui all'art. 254 CC. Quando ricorrono i presupposti previsti dall'art. 262 CC., il capo dell'ufficio consolare riceve altresì le domande relative al cognome del figlio nato fuori del matrimonio e le trasmette al giudice competente».

* Comma abrogato dall'art. 25, co. 1, lett. b), d.lg. 28/12/2013, n. 154, cit., a decorrere dal 7/2/2014.

255. Riconoscimento di un figlio premorto. – [I] Può anche aver luogo il riconoscimento del figlio premorto, in favore dei suoi discendenti *legittimi e dei suoi figli naturali riconosciuti* [282]*.

* Le parole in corsivo sono state abrogate, a decorrere dal 7/2/2014, dall'art. 26 del d.lg. 28/12/2013, n. 154, cit.

256. Irrevocabilità del riconoscimento (1). – [I] Il riconoscimento è irrevocabile. Quando è contenuto in un testamento [254, 587[2]] ha effetto dal giorno della morte del testatore, anche se il testamento è stato revocato [679].

(1) Articolo così sostituito dall'art. 107 della l. 19/5/1975, n. 151, Riforma del diritto di famiglia. Il testo originario prevedeva: «Irrevocabilità del riconoscimento – [I] Il riconoscimento è irrevocabile. Se è contenuto in un testamento, ha effetto dal tempo della morte del testatore, anche se il testamento è stato revocato. [II] Nell'ipotesi preveduta dal secondo comma dell'art. 252 il riconoscimento contenuto in un testamento ha effetto solo se lo scioglimento del matrimonio era già avvenuto nel tempo in cui il testamento fu fatto».

257. Clausole limitatrici. – [I] È nulla ogni clausola diretta a limitare gli effetti del riconoscimento.

258. Effetti del riconoscimento (1). – [I] Il riconoscimento produce effetti riguardo al genitore da cui fu fatto [250[1], 317-bis, 433[n. 2, 3], 467, 578, 687] e riguardo ai parenti di esso [74] (2).

[II] L'atto di riconoscimento di uno solo dei genitori non può contenere indicazioni relative all'altro genitore. Queste indicazioni, qualora siano state fatte, sono senza effetto.

[III] Il pubblico ufficiale che le riceve e l'ufficiale dello stato civile che le riproduce sui registri dello stato civile [449 ss.] sono puniti con l'ammenda (3) da 20 euro a 82 euro. Le indicazioni stesse devono essere cancellate.

➔ **CC. 1865 – art. 182.**

(1) Articolo così sostituito dall'art. 108 della l. 19/5/1975, n. 151, Riforma del diritto di famiglia. L'articolo previgente disponeva: «[I] Il riconoscimento non ha effetto che riguardo a quello dei genitori da cui fu fatto. [II] L'atto di riconoscimento di uno solo dei genitori non può contenere indicazioni relative all'altro genitore. Queste indicazioni, qualora siano state fatte, sono senza effetto. [III] Il pubblico ufficiale che le riceve e l'ufficiale dello stato civile che le riproduce sui registri dello stato civile sono puniti con l'ammenda da lire cinquecento a lire duemila. Le indicazioni devono essere cancellate».

(2) Comma così sostituito dall'art. 1, co. 4, l. 10/12/2012, n. 219. Il testo precedente disponeva: «Il riconoscimento non produce effetti che riguardo al genitore da cui fu fatto, salvo i casi previsti dalla legge».

(3) Ora sanzione amministrativa, ai sensi dell'art. 32 della l. 24/11/1981, n. 689, modif. al sistema penale.

259. Introduzione del figlio naturale nella casa coniugale*. – *[I] Il figlio naturale di uno dei coniugi, riconosciuto durante il matrimonio, non può essere introdotto nella casa coniugale se non col consenso dell'altro coniuge, salvo che questi abbia già dato il suo assenso al riconoscimento.*

* Articolo abrogato dall'art. 109 della l. 19/5/1975, n. 151, Riforma del diritto di famiglia.

260. Poteri dei genitori*. – *[I] Il genitore che ha riconosciuto il figlio naturale ha rispetto a lui i diritti derivanti dalla patria potestà, tranne l'usufrutto legale. [II] Se il riconoscimento è fatto dai due genitori, congiuntamente o separatamente, i diritti derivanti dalla patria potestà sono esercitati dal padre. In caso di morte del padre, di lontananza o di altro impedimento che renda a lui impossibile l'esercizio dei diritti derivanti dalla patria potestà, e nel caso di decadenza da tali diritti secondo le norme del titolo IX di questo libro, questi diritti sono esercitati dalla madre. [III] Se l'interesse del figlio lo esige, il tribunale può attribuire alla madre, invece che al padre, l'esercizio dei diritti derivanti dalla patria potestà; può altresì limitare l'esercizio di questi diritti, ovvero escludere dall'esercizio di essi, in casi gravi, tutti e due i genitori.*

* Articolo abrogato dall'art. 109 della l. 19/5/1975, n. 151, Riforma del diritto di famiglia.

261. Diritti e doveri derivanti al genitore dal riconoscimento*. – *[I] Il riconoscimento comporta da parte del genitore l'assunzione di tutti i doveri e di tutti i diritti che egli ha nei confronti dei figli.*

* Articolo abrogato, a decorrere dal 7/2/2014, dall'art. 106 del d.lg. 28/12/2013, n. 154, cit. La disposizione era stata in precedenza sostituita dall'art. 110 della l. 19/5/1975, n. 151, Riforma del diritto di famiglia. Il testo originario dell'articolo disponeva: «Obblighi dei genitori verso il figlio – [I] Il genitore naturale è tenuto a mantenere il figlio riconosciuto, a educarlo e ad istruirlo conformemente a quanto è prescritto dall'art. 147. Se il riconoscimento è fatto da entrambi i genitori, essi devono contribuire alle spese in proporzione delle loro rispettive sostanze».

262. Cognome del figlio nato fuori del matrimonio (1). – [I] Il figlio (2) assume il cognome [6] del genitore che per primo lo ha riconosciuto. Se il riconoscimento è stato effettuato contemporaneamente da entrambi i genitori il figlio assume il cognome del padre (3).

[II] Se la filiazione nei confronti del padre è stata accertata [269] o riconosciuta successivamente al riconoscimento da parte della madre, il figlio può assumere il cognome del padre aggiungendolo, anteponendolo o sostituendolo a quello della madre [6[3]] (4).

[III] Se la filiazione nei confronti del genitore è stata accertata o riconosciuta successivamente all'attribuzione del cognome da parte dell'ufficiale dello stato civile, si applica il primo e il secondo comma del presente articolo; il figlio può mantenere il cognome precedentemente attribuitogli, ove tale cognome sia divenuto autonomo segno della sua identità personale, aggiungendolo, anteponendolo o sostituendolo al cognome del genitore che per primo lo ha riconosciuto o al cognome dei genitori in caso di riconoscimento da parte di entrambi (5).

[IV] Nel caso di minore età del figlio, il giudice decide circa l'assunzione del cognome del genitore, previo ascolto del figlio minore, che abbia compiuto gli anni dodici e anche di età inferiore ove capace di discernimento [315-bis[3], 38, 51 att.] (6).

➔ **CC. 1865 – art. 185.**

(1) Articolo così sostituito dall'art. 111 della l. 19/5/1975, n. 151, Riforma del diritto di famiglia. Il testo originario prevedeva: «[I] Il

figlio naturale assume il cognome del genitore che lo ha riconosciuto, o quello del padre, se congiuntamente o separatamente è stato riconosciuto da entrambi i genitori».

La Corte cost., con sent. 23/7/1996, n. 297 ha dichiarato l'illegittimità costituzionale del presente articolo «nella parte in cui non prevede che il figlio naturale, nell'assumere il cognome del genitore che lo ha riconosciuto, possa ottenere dal giudice il riconoscimento del diritto a mantenere, anteponendolo o, a sua scelta, aggiungendolo a questo, il cognome precedentemente attribuitogli con atto formalmente legittimo, ove tale cognome sia divenuto autonomo segno distintivo della sua identità personale».

• Rubrica modificata, a decorrere dal 7/2/2014, dall'art. 27, co. 1, lett. a), d.lg. 28/12/2013, n. 154, cit., che ha aggiunto dopo la parola "figlio" le parole: "nato fuori del matrimonio".

• La Corte costituzionale, con sent. 21/12/2016, n. 286, ha dichiarato l'illegittimità costituzionale della norma desumibile dal presente articolo nella parte in cui non consente ai coniugi, di comune accordo, di trasmettere ai figli, al momento della nascita, anche il cognome materno.

(2) L'art. 27, co. 1, lett. b), d.lg. 28/12/2013, n. 154, cit., ha soppresso, ovunque presente, la parola: "naturale".

(3) La Corte costituzionale, con sent. 21/12/2016, n. 286, ha dichiarato, in via consequenziale, ai sensi dell'art. 27 della l. 11/3/1953, n. 87 (Norme sulla costituzione e sul funzionamento della Corte costituzionale), l'illegittimità costituzionale del presente comma, nella parte in cui non consente ai genitori, di comune accordo, di trasmettere al figlio, al momento della nascita, anche il cognome materno.

(4) Comma modificato, a decorrere dal 7/2/2014, dall'art. 27, co. 1, lett. c), d.lg. 28/12/2013, n. 154. Il testo precedente recitava: «[II] Se la filiazione nei confronti del padre è stata accertata o riconosciuta successivamente al riconoscimento da parte della madre, il figlio può assumere il cognome del padre aggiungendolo o sostituendolo a quello della madre».

(5) Comma inserito, a decorrere dal 7/2/2014, dall'art. 27 del d.lg. 28/12/2013, n. 154, cit.

(6) L'art. 27, co. 1, lett. e), d.lg. 28/12/2013, n. 154, cit., ha sostituito, a decorrere dal 7/2/2014, alle parole "*l'assunzione del cognome del padre*" le parole: "l'assunzione del cognome del genitore, previo ascolto del figlio minore, che abbia compiuto gli anni dodici e anche di età inferiore ove capace di discernimento".

• V. nota (4) *sub* art. 254.

263. Impugnazione del riconoscimento per difetto di veridicità (1). – [I] Il riconoscimento [250] può essere impugnato [268] per difetto di veridicità dall'autore del riconoscimento (2), da colui che è stato riconosciuto e da chiunque vi abbia interesse [100 CPC.].

[II] L'azione è imprescrittibile riguardo al figlio [248, 249, 2934²].

[III] L'azione di impugnazione da parte dell'autore del riconoscimento deve essere proposta nel termine di un anno che decorre dal giorno dell'annotazione del riconoscimento sull'atto di nascita [254]. Se l'autore del riconoscimento prova di aver ignorato la propria impotenza al tempo del concepimento, il termine decorre dal giorno in cui ne ha avuto conoscenza [244² ᵉ ³]; nello stesso termine, la madre che abbia effettuato il riconoscimento è ammessa a provare di aver ignorato l'impotenza del presunto padre [244¹]. L'azione non può essere comunque proposta oltre cinque anni dall'annotazione del riconoscimento [244⁴] (2).

[IV] L'azione di impugnazione da parte degli altri legittimati deve essere proposta nel termine di cinque anni che decorrono dal giorno dell'annotazione del riconoscimento sull'atto di nascita. Si applica l'articolo 245.

➔ CC. 1865 – art. 188.

(1) Articolo così sostituito, a decorrere dal 7/2/2014, dall'art. 28 del d.lg. 28/12/2013, n. 154, cit. Il testo previgente disponeva: «[I] Il riconoscimento può essere impugnato per difetto di veridicità dall'autore del riconoscimento, da colui che è stato riconosciuto e da chiunque vi abbia interesse. [II] L'impugnazione è ammessa anche dopo la legittimazione. [III] L'azione è imprescrittibile».

• V., in merito ad una ipotesi in cui è vietata l'impugnazione prevista dal presente articolo, l'art. 9 della l. 19/2/2004, n. 40, Norme in materia di procreazione medicalmente assistita, già citato nella nota (2) *sub* art. 243 bis.

(2) La Corte costituzionale, con sent. n. 133 depositata il 25/6/2021 (in G.U. n. 26 del 30/6/2021), ha dichiarato l'illegittimità costituzionale dell'art. 263, co. 3, CC., come modificato dall'art. 28, co. 1, d.lg. 28/12/2013, n. 154 (Revisione delle disposizioni vigenti in materia di filiazione, a norma dell'art. 2 della l. 10/12/2012, n. 219), nella parte in cui non prevede che, per l'autore del riconoscimento, il termine annuale per proporre l'azione di impugnazione decorra dal giorno in cui ha avuto conoscenza della non paternità.

264. Impugnazione da parte del figlio minore (1). – [I] L'impugnazione del riconoscimento per difetto di veridicità [263] può essere altresì promossa da un curatore speciale nominato dal giudice [274⁴, 279³, 321 // 78, 79 CPC.], assunte sommarie informazioni, su istanza del figlio minore che ha compiuto quattordici anni, ovvero del pubblico ministero [69 CPC.] o dell'altro genitore che abbia validamente riconosciuto il figlio, quando si tratti di figlio di età inferiore (2).

(1) Articolo così sostituito, a decorrere dal 7/2/2014, dall'art. 29 del d.lg. 28/12/2013, n. 154, cit. Il testo previgente disponeva: «Impugnazione da parte del riconosciuto. [I] Colui che è stato riconosciuto non può, durante la minore età o lo stato d'interdizione per infermità di mente, impugnare il riconoscimento. [II] Tuttavia il giudice, con provvedimento in camera di consiglio su istanza del pubblico ministero o del tutore o dell'altro genitore che abbia validamente riconosciuto il figlio o del figlio stesso che abbia compiuto il sedicesimo anno di età, può dare l'autorizzazione per impugnare il riconoscimento, nominando un curatore speciale».
L'articolo era stato in precedenza sostituito dall'art. 112 della l. 19/5/1975, n. 151, Riforma del diritto di famiglia. Il testo originario disponeva: «[I] Colui che è stato riconosciuto non può, durante la minore età o lo stato di interdizione, impugnare il riconoscimento. [II] Tuttavia il tribunale con provvedimento in camera di consiglio, su istanza del pubblico ministero o del minore che abbia raggiunto i sedici anni di età, può dare l'autorizzazione per impugnare il riconoscimento, nominando un curatore speciale».

(2) V. art. 74 della l. 4/5/1983, n. 184, Diritto del minore ad una famiglia che dispone: «[I] Gli ufficiali di stato civile trasmettono immediatamente al competente tribunale per i minorenni comunicazione, sottoscritta dal dichiarante, dell'avvenuto riconoscimento da parte di persona coniugata di un figlio nato fuori del matrimonio non riconosciuto dall'altro genitore. [II] Il tribunale dispone l'esecuzione di opportune indagini per accertare la veridicità del riconoscimento. [III] Nel caso in cui vi siano fondati motivi per ritenere che ricorrano gli estremi dell'impugnazione del riconoscimento il tribunale per i minorenni assume, anche d'ufficio, i provvedimenti di cui all'art. 264 co. 2, CC.».

265. Impugnazione per violenza. – [I] Il riconoscimento [250] può essere impugnato per violenza [1434 ss.] dall'autore del riconoscimento entro un anno dal giorno in cui la violenza è cessata.

[II] Se l'autore del riconoscimento è minore, l'azione può essere promossa entro un anno dal conseguimento dell'età maggiore [2, 267, 2964].

266. Impugnazione del riconoscimento per effetto di interdizione giudiziale. – [I] Il riconoscimento può essere impugnato per l'incapacità che deriva da interdizione giudiziale [414 ss., **428**] dal rappresentante dell'interdetto e, dopo la revoca dell'interdizione [429], dall'autore del riconoscimento, entro un anno dalla data della revoca [267, 2964].

267. Trasmissibilità dell'azione. – [I] Nei casi indicati dagli articoli 265 e 266, se l'autore del riconoscimento è morto senza aver promosso l'azione, ma prima che sia scaduto il termine, l'azione può essere promossa dai discendenti, dagli ascendenti [75, 77] o dagli eredi [246, 270].

[II] Nel caso indicato dal primo comma dell'articolo 263, se l'autore del riconoscimento è morto senza aver promosso l'azione, ma prima che sia decorso il termine previsto dal terzo comma dello stesso articolo, sono ammessi ad esercitarla in sua vece i discendenti o gli ascendenti, entro un anno decorrente dalla morte dell'autore del riconoscimento o dalla nascita del figlio se si tratta di figlio postumo o dal raggiungimento della maggiore età da parte di ciascuno dei discendenti (1).

[III] Se il figlio riconosciuto è morto senza aver promosso l'azione di cui all'articolo 263, sono ammessi ad esercitarla in sua vece il coniuge o i discendenti nel termine di un anno che decorre dalla morte del figlio riconosciuto o dal raggiungimento della maggiore età da parte di ciascuno dei discendenti (1).

[IV] La morte dell'autore del riconoscimento o del figlio riconosciuto non impedisce l'esercizio dell'azione da parte di coloro che ne hanno interesse, nel termine di cui al quarto comma dell'articolo 263 (1).

[V] Si applicano il sesto comma dell'articolo 244 e l'articolo 245 (1).

(1) Commi [II] [III] [IV] e [V] aggiunti, a decorrere dal 7/2/2014, dall'art. 30 del d.lg. 28/12/2013, n. 154. L'art. 104, co. 10 dello stesso decreto ha inoltre previsto che: «[X] Fermi gli effetti del giudicato formatosi prima dell'entrata in vigore della l. 10/12/2012, n. 219, nel caso di riconoscimento di figlio annotato sull'atto di nascita prima dell'entrata in vigore del presente decreto legislativo, i termini per proporre l'azione di impugnazione, previsti dall'art. 263 e dai co. 2, 3 e 4 dell'art. 267 CC., decorrono dal giorno dell'entrata in vigore del medesimo decreto legislativo».

268. Provvedimenti in pendenza del giudizio. – [I] Quando è impugnato il riconoscimento [263, 264, 265, 266], il giudice può dare, in pendenza del giudizio, i provvedimenti che ritenga opportuni nell'interesse del figlio (1).

(1) V. art. 48 del d.P.R. 3/11/2000, n. 396 che dispone: «Impugnazioni dell'atto di riconoscimento – [I] La sentenza passata in giudicato che accoglie l'impugnazione dell'atto di riconoscimento è comunicata, a cura del procuratore della Repubblica, o è notificata, a cura degli interessati, all'ufficiale dello stato civile che ne fa annotazione nell'atto di nascita. [II] Nel caso di rigetto dell'impugnazione, qualora questa sia stata annotata nell'atto di nascita, la sentenza è parimenti comunicata o notificata all'ufficiale dello stato civile affinché annoti, di seguito alle precedenti annotazioni, anche il rigetto dell'impugnazione. [III] La dichiarazione giudiziale di paternità o maternità naturale, dopo il passaggio in giudicato, è comunicata, a cura del procuratore della Repubblica, o è notificata dagli interessati, all'ufficiale dello stato civile che ne fa annotazione nell'atto di nascita».

Capo V
Della dichiarazione giudiziale della paternità e della maternità (1)

(1) Il presente Capo, a decorrere dal 7/2/2014, ha sostituito, ai sensi dell'art. 7, co. 9, d.lg. 28/12/2013, n. 154, cit., la rubrica del paragrafo 2 della Sezione I del capo II del libro primo. La rubrica previgente era la seguente: "*§ 2 – Della dichiarazione giudiziale della paternità e della maternità naturale*".

• Cfr. art. 30, co. 3 e 4, Cost.

269. Dichiarazione giudiziale di paternità e maternità (1). – [I] La paternità e la maternità (2) possono essere giudizialmente dichiarate nei casi in cui il riconoscimento è ammesso [250 ss., 253].

[II] La prova della paternità e della maternità può essere data con ogni mezzo [30^4 Cost.].

[III] La maternità è dimostrata provando l'identità di colui che si pretende essere figlio e di colui che fu partorito dalla donna, la quale si assume essere madre (3).

[IV] La sola dichiarazione della madre e la sola esistenza di rapporti tra la madre e il preteso padre all'epoca del concepimento non costituiscono prova della paternità.

(1) Articolo così sostituito dall'art. 113 della l. 19/5/1975, n. 151, Riforma del diritto di famiglia. Il testo previgente disponeva: «Dichiarazione giudiziale di paternità – [I] La paternità naturale non può essere giudizialmente dichiarata che nei casi seguenti: 1) quando la madre e il presunto padre hanno notoriamente convissuto come coniugi nel tempo a cui risale il concepimento; 2) quando la paternità risulta indirettamente da sentenza civile o penale ovvero da non equivoca dichiarazione scritta di colui al quale si attribuisce la paternità; 3) quando v'è stato ratto o violenza carnale nel tempo che corrisponde a quello del concepimento; 4) quando v'è possesso di stato di figlio naturale».

(2) L'art. 30 del d.lg. 28/12/2013, n. 154, cit., ha soppresso, a decorrere dal 7/2/2014, la parola "naturale".

(3) V. l. 19/2/2004, n. 40, Norme in materia di procreazione medicalmente assistita. V. l'art. 4, co. 3, l. n. 40/2004, **sul divieto di ricorso a tecniche di procreazione medicalmente assistita di tipo eterologo** e la sent. della Corte Cost. 10/6/2014, n. 162 che ha dichiarato «l'illegittimità costituzionale dell'art. 4 nella parte in cui stabilisce per la coppia di cui all'art. 5 co. 1, della medesima legge, il divieto del ricorso a tecniche di procreazione medicalmente assistita di tipo eterologo, qualora sia stata diagnosticata una patologia che sia causa di sterilità o infertilità assolute ed irreversibili». Cfr. anche, sul **divieto di surrogazione di maternità** l'art. 12, co. 6, l. 19/2/2004, n. 40, cit. che dispone: «[VI] Chiunque, in qualsiasi forma, realizza, organizza o pubblicizza la commercializzazione di gameti o di embrioni o la surrogazione di maternità è punito con la reclusione da tre mesi a due anni e con la multa da 600.000 a un milione di euro».

270. Legittimazione attiva e termine (1). – [I] L'azione per ottenere che sia dichiarata giudizialmente la paternità o la maternità (2) è imprescrittibile riguardo al figlio [2934^2].

[II] Se il figlio muore prima di avere iniziato l'azione, questa può essere promossa dai discendenti (3), entro due anni dalla morte.

[III] L'azione promossa dal figlio, se egli muore, può essere proseguita dai discendenti [legittimi, legittimati o naturali riconosciuti] (4).

[IV] Si applica l'articolo 245 (5).

(1) Articolo così sostituito dall'art. 114 della l. 19/5/1975, n. 151, Riforma del diritto di famiglia. Il testo previgente disponeva: «Fatti costitutivi del possesso di stato – [I] Il possesso di stato di figlio naturale risulta da più fatti i quali nel loro complesso costituiscono grave indizio della relazione di filiazione tra una persona e colui al quale la paternità è attribuita. [II] In ogni caso devono concorrere i seguenti fatti: che la persona sia stata trattata come figlio da colui che essa reclama per padre naturale e che questi abbia, come tale, provveduto al mantenimento, alla educazione e al collocamento di essa; che essa sia stata costantemente considerata come tale nei rapporti sociali».

(2) L'art. 31, co. 1, lett. a), d.lg. 28/12/2013, n. 154, cit., ha soppresso, a decorrere dal 7/2/2014, la parola "*naturale*".

(3) L'art. 31, co. 1, lett. b), d.lg. 28/12/2013, n. 154, cit., ha soppresso, a decorrere dal 7/2/2014, le parole: "legittimi, legittimati o naturali riconosciuti".

(4) L'art. 31 del d.lg. 28/12/2013, n. 154, cit., non ha indicato tra le abrogazioni le parole segnalate tra parentesi.

(5) Comma inserito, a decorrere dal 7/2/2014, dall'art. 31, co. 1, lett. c), d.lg. 28/12/2013, n. 154, cit.

271. Legittimazione attiva e termine*. – *[I] L'azione per ottenere che sia dichiarata giudizialmente la paternità naturale può essere promossa dal figlio entro i due anni dal raggiungimento della maggiore età o, nel caso indicato nel secondo comma dell'articolo 252, dalla data dello scioglimento del matrimonio per effetto della morte del coniuge, se lo* *scioglimento avviene successivamente al raggiungimento della maggiore età. Se egli muore prima di tale termine, l'azione può essere promossa dai discendenti legittimi di lui. [II] Nei casi preveduti dal n. 2 dell'articolo 269 l'azione può essere promossa anche dopo la scadenza del termine indicato nel comma precedente, entro i due anni dal giorno in cui è passata in giudicato la sentenza o è stato scoperto il documento contenente la dichiarazione di paternità. [III] L'azione già promossa dal figlio, se egli muore, non può essere proseguita che dai suoi discendenti legittimi.*

* Articolo abrogato dall'art. 115 della l. 19/5/1975, n. 151, Riforma del diritto di famiglia.

272. Dichiarazione giudiziale di maternità*. – *[I] La maternità può essere dichiarata giudizialmente anche fuori dei casi previsti dall'art. 269. [II] Essa è dimostrata provando l'identità di colui che si pretende essere il figlio e colui che fu partorito dalla donna, la quale si assume esserne la madre. [III] L'azione può essere proposta dal figlio e, dopo la morte di lui, dai suoi discendenti legittimi, se egli è morto in età minore o prima di cinque anni dal raggiungimento della maggiore età. [IV] L'azione è imprescrittibile riguardo al figlio.*

* Articolo abrogato dall'art. 115 della l. 19/5/1975, n. 151, Riforma del diritto di famiglia.

273. Azione nell'interesse del minore o dell'interdetto (1). – [I] L'azione per ottenere che sia giudizialmente dichiarata la paternità o la maternità [269, 271, 272] può essere promossa, nell'interesse del minore, dal genitore che esercita la responsabilità genitoriale prevista dall'articolo 316 o dal tutore [357] (2). Il tutore però deve chiedere l'autorizzazione del giudice [374 // 38[2] att.], il quale può anche nominare un curatore speciale [782 CPC.].

[II] Occorre il consenso del figlio per promuovere o per proseguire l'azione se egli ha compiuto l'età di quattordici anni [250[2]] (3).

[III] Per l'interdetto l'azione può essere promossa dal tutore [424] previa autorizzazione del giudice.

(1) Articolo così sostituito dall'art. 116 della l. 19/5/1975, n. 151, Riforma del diritto di famiglia.

(2) L'art. 32, co. 1, lett. a), d.lg. 28/12/2013, n. 154, cit., ha soppresso, a decorrere dal 7/2/2014, [dopo le parole paternità e maternità] la parola "naturale" ed ha sostituito, la parola "potestà" con le parole "responsabilità genitoriale".

(3) L'art. 32, co. 1, lett. b), d.lg. 28/12/2013, n. 154, cit., ha sostituito, a decorrere dal 7/2/2014, la parola "sedici" con la parola: "quattordici".

274. Ammissibilità dell'azione (1). – [I] L'azione per la dichiarazione giudiziale di paternità o di maternità naturale [269] è ammessa solo quando concorrono specifiche circostanze tali da farla apparire giustificata [279[2]] (2).

[II] Sull'ammissibilità il tribunale [38 att.] decide in camera di consiglio con decreto motivato [737 CPC.], su ricorso di chi intende promuovere l'azione [270], sentiti il pubblico ministero e le parti e assunte le informazioni del caso. Contro il decreto si può proporre reclamo con ricorso alla corte d'appello, che pronuncia anche essa in camera di consiglio.

[III] L'inchiesta sommaria compiuta dal tribunale ha luogo senza alcuna pubblicità e deve essere mantenuta segreta. Al termine della inchiesta gli atti e i documenti della stessa sono depositati in cancelleria ed il cancelliere deve darne avviso alle parti le quali, entro quindici giorni dalla comunicazione di detto avviso, hanno facoltà di esaminarli e di depositare memorie illustrative.

[IV] Il tribunale, anche prima di ammettere l'azione, può, se trattasi di minore o d'altra persona incapace [414 ss.], nominare un curatore speciale che la rappresenti in giudizio [78 CPC.].

(1) Articolo così sostituito dall'art. 2 della l. 23/11/1971, n. 1047, Proroga dei termini per la dichiarazione di paternità e modificazione dell'art. 274 CC. Il testo previgente disponeva: «[I] L'azione per la dichiarazione giudiziale di paternità o di maternità naturale è ammessa solo quando concorrono indizi tali da farla apparire giustificata. [II] Sull'ammissibilità il tribunale decide in camera di consiglio con decreto, su ricorso di chi intende promuovere l'azione, sentiti il pubblico ministero e le parti personalmente, qualora compaiano, e assunte le informazioni del caso. Il decreto non è soggetto a reclamo. [III] L'inchiesta sommaria compiuta dal tribunale ha luogo senza alcuna pubblicità e deve essere mantenuta segreta. [IV] Il tribunale, anche prima di ammettere l'azione, può, se trattasi di minore o d'altra persona incapace, nominare un curatore speciale che la rappresenti in giudizio».

• La Corte cost., con sent. 10/2/2006, n. 50 ha dichiarato l'illegittimità costituzionale del presente articolo.

(2) Comma così sostituito dall'art. 117 della l. 19/5/1975, n. 151, Riforma del diritto di famiglia.

• La Corte cost., con sent. 20/7/1990, n. 341 ha dichiarato l'illegittimità costituzionale del presente comma «nella parte in cui, se si tratta di minore infrasedicenne, non prevede che l'azione promossa dal genitore esercente la potestà sia ammessa solo quando sia ritenuta dal giudice rispondente all'interesse del figlio».

275. Pena in caso di inammissibilità*. – *[I] Il tribunale, se dichiara inammissibile l'azione, può condannare l'istante al pagamento di una pena pecuniaria da lire trecento a lire cinquemila.*

* Articolo abrogato dall'art. 118 della l. 19/5/1975, n. 151, Riforma del diritto di famiglia.

276. Legittimazione passiva (1). – [I] La domanda per la dichiarazione di paternità o di maternità (2) deve essere proposta nei confronti del presunto genitore o, in sua mancanza, nei confronti dei suoi eredi [247]. In loro mancanza, la domanda deve essere proposta nei confronti di un curatore nominato dal giudice davanti al quale il giudizio deve essere promosso.

[II] Alla domanda può contraddire chiunque vi abbia interesse [100 CPC.].

➔ CC. 1865 – art. 191.

(1) Articolo così sostituito dall'art. 1, co. 5, l. 10/12/2012, n. 219, Disposizioni in materia di riconoscimento dei figli naturali. Il testo originario prevedeva: «[I] La domanda per la dichiarazione di paternità o di maternità naturale deve essere proposta nei confronti del presunto genitore o, in mancanza di lui, nei confronti dei suoi eredi. [II] Alla domanda può contraddire chiunque vi abbia interesse».

(2) L'art. 33 del d.lg. 28/12/2013, n. 154, cit., ha soppresso, a decorrere dal 7/2/2014, la parola "naturale".

277. Effetti della sentenza. – [I] La sentenza che dichiara la filiazione (1) produce gli effetti del riconoscimento [258 ss.].

[II] Il giudice può anche dare i provvedimenti che stima utili per l'affidamento, il mantenimento, l'istruzione e l'educazione del figlio e per la tutela degli interessi patrimoniali di lui [147] (2).

➔ CC. 1865 – art. 192.

(1) L'art. 34 del d.lg. 28/12/2013, n. 154, cit., ha soppresso, a decorrere dal 7/2/2014, la parola "naturale".

(2) Comma sostituito inizialmente dall'art. 119 della l. 19/5/1975, n. 151, Riforma del diritto di famiglia e successivamente modificato dall'art. 34 del d.lg. 28/12/2013, n. 154, cit., che, dopo le parole: "che stima utili per" ha aggiunto: "l'affidamento".

Il testo originario prevedeva: Il giudice può anche dare i provvedimenti che stima utili per l'allevamento, l'educazione e l'istruzione del figlio e per la tutela degli interessi patrimoniali di lui.

278. Autorizzazione all'azione (1). – [I] Nei casi di figlio nato da persone, tra le quali esiste un vincolo di parentela in linea retta all'infinito o in linea collaterale nel secondo grado [75], ovvero un vincolo di affinità in linea retta [78], l'azione per ottenere che sia giudizialmente dichiarata la paternità o la maternità non può essere promossa senza previa autorizzazione ai sensi dell'articolo 251.

➔ **CC. 1865 – art. 189, 193.**

(1) L'art. 35 del d.lg. 28/12/2013, n. 154, ha sostituito il presente articolo, a decorrere dal 7/2/2014. Il testo precedente disponeva: «Indagini sulla paternità o maternità – [I] Le indagini sulla paternità o sulla maternità non sono ammesse nei casi in cui, a norma dell'articolo 251, il riconoscimento dei figli incestuosi è vietato. [II] Possono essere ammesse dal giudice quando vi è stato ratto o violenza carnale nel tempo che corrisponde a quello del concepimento».
L'articolo era stato in precedenza sostituito dall'art. 120 della l. 19/5/1975, n. 151, Riforma del diritto di famiglia. Il testo originario prevedeva: «Divieto di indagini sulla paternità o maternità – [I] Non sono ammesse le indagini sulla paternità e sulla maternità nei casi in cui il riconoscimento è vietato. [II] Le indagini sono escluse anche nei casi in cui, per l'art. 251 e per il terzo comma dell'art. 252, è ammissibile il riconoscimento».
La Corte cost., con sent. 28/11/2002, n. 494 aveva dichiarato l'illegittimità costituzionale del co. 1 nella parte in cui escludeva «la dichiarazione giudiziale della paternità e della maternità naturali e le relative indagini, nei casi in cui, a norma dell'art. 251, primo comma, del codice civile, il riconoscimento dei figli incestuosi è vietato».

279. Responsabilità per il mantenimento e l'educazione (1). – [I] In ogni caso in cui non può proporsi l'azione per la dichiarazione giudiziale di paternità o di maternità [251, 269], il figlio nato fuori del matrimonio può agire per ottenere il mantenimento, l'istruzione e l'educazione [580, 594]. Il figlio nato fuori del matrimonio se maggiorenne e in stato di bisogno può agire per ottenere gli alimenti [433] a condizione che il diritto al mantenimento di cui all'articolo 315-bis, sia venuto meno (2).

[II] L'azione è ammessa previa autorizzazione del giudice ai sensi dell'articolo 251 (3).

[III] L'azione può essere promossa nell'interesse del figlio minore da un curatore speciale [782 CPC.] nominato dal giudice su richiesta del pubblico ministero o del genitore che esercita la responsabilità genitoriale [34 att.] (4).

(1) Articolo così sostituito dall'art. 121 della l. 19/5/1975, n. 151, Riforma del diritto di famiglia. Il testo previgente prevedeva: «Alimenti – [I] Nei casi previsti dall'articolo precedente e in ogni altro caso in cui non possa più proporsi l'azione per la dichiarazione giudiziale di paternità, il figlio naturale può agire per ottenere gli alimenti: 1) se la paternità o la maternità risulta indirettamente da sentenza civile o penale; 2) se la paternità o la maternità dipende da un matrimonio dichiarato nullo; 3) se la paternità o la maternità risulta da una non equivoca dichiarazione scritta dei genitori».

(2) L'art. 36 del d.lg. 28/12/2013, n. 154, cit., ha sostituito, a decorrere dal 7/2/2014, la parola "naturale", ovunque presente, dalle parole: "nato fuori del matrimonio"; e dopo le parole: "per ottenere gli alimenti" ha inserito le parole: "a condizione che il diritto al mantenimento di cui all'articolo 315-bis, sia venuto meno".

(3) Comma sostituito, a decorrere dal 7/2/2014, dall'art. 36 del d.lg. 28/12/2013, n. 154, cit. Il testo precedente recitava: «L'azione è ammessa previa autorizzazione del giudice ai sensi dell'articolo 274».

(4) L'art. 36 del d.lg. 28/12/2013, n. 154, cit., ha sostituito, a decorrere dal 7/2/2014, alla parola: "potestà" le parole: "responsabilità genitoriale".

Sezione II
Della legittimazione dei figli naturali*

* Sezione abrogata, a decorrere dal 7/2/2014, dall'art. 1, co. 10, d.lg. 10/12/2012, n. 219, Disposizioni in materia di riconoscimento dei figli naturali.

280. Legittimazione*. – *[I] La legittimazione attribuisce a colui che è nato fuori del matrimonio la qualità di figlio legittimo. [II] Essa avviene per susseguente matrimonio dei genitori del figlio naturale o per provvedimento del giudice* (1).

➔ **CC. 1865 – art. 194.**

* Articolo abrogato dall'art. 1, co. 10, della l. 10/12/2012, n. 219, cit. L'articolo era stato precedentemente sostituito dall'art. 122 della l. 19/5/1975, n. 151, Riforma del diritto di famiglia. Il testo originario disponeva: «[I] La legittimazione attribuisce a colui che è nato fuori di matrimonio la qualità di figlio legittimo. [II] Essa avviene per susseguente matrimonio contratto dai genitori del figlio naturale o per decreto reale».

(1) V. art. 34 della l. 31/5/1995, n. 218, Riforma del sistema italiano di diritto internazionale privato, abrogato dall'art. 106, co. 1, lett. c), d.lg. 28/12/2013, n. 154, Revisione delle disposizioni vigenti in materia di filiazione. L'art. 34 disponeva: «Legittimazione – [I] La legittimazione per susseguente matrimonio è regolata dalla legge nazionale del figlio nel momento in cui essa avviene o dalla legge nazionale di uno dei genitori nel medesimo momento. [II] Negli altri casi, la legittimazione è regolata dalla legge dello Stato di cui è cittadino, al momento della domanda, il genitore nei cui confronti il figlio viene legittimato. Per la legittimazione destinata ad avere effetto dopo la morte del genitore legittimante, si tiene conto della sua cittadinanza al momento della morte».

281. Divieto di legittimazione*. – *[I] Non possono essere legittimati i figli che non possono essere riconosciuti.*

➔ **CC. 1865 – art. 195.**

* Articolo abrogato dall'art. 1, co. 10, l. 10/12/2012, n. 219, cit. L'articolo era stato precedentemente sostituito dall'art. 123 della l. 19/5/1975, n. 151, Riforma del diritto di famiglia. Il testo originario disponeva: «Divieto della legittimazione – [I] Né per susseguente matrimonio né per decreto reale possono essere legittimati i figli che non possono essere riconosciuti».

282. Legittimazione dei figli premorti*. – *[I] La legittimazione dei figli premorti può anche aver luogo in favore dei loro discendenti legittimi e dei loro figli naturali riconosciuti.*

➔ **CC. 1865 – art. 196.**

* Articolo abrogato dall'art. 1, co. 10, l. 10/12/2012, n. 219, cit.

283. Effetti e decorrenza della legittimazione per susseguente matrimonio*. – *[I] I figli legittimati per susseguente matrimonio acquistano i diritti dei figli legittimi dal giorno del matrimonio, se sono stati riconosciuti da entrambi i genitori nell'atto di matrimonio o anteriormente, oppure dal giorno del riconoscimento se questo è avvenuto dopo il matrimonio.*

➔ **CC. 1865 – art. 197.**

* Articolo abrogato dall'art. 1, co. 10, l. 10/12/2012, n. 219, cit. L'articolo era stato precedentemente sostituito dall'art. 124 della l. 19/5/1975, n. 151, Riforma del diritto di famiglia. Il testo originario disponeva: «[I] I figli legittimati per susseguente matrimonio acquistano i diritti dei figli legittimi dal giorno del matrimonio, se sono stati riconosciuti da ambedue i genitori nell'atto stesso del matrimonio o anteriormente, oppure dal giorno del riconoscimento, se questo è avvenuto dopo il matrimonio, ferma la disposizione dell'art. 252 circa la decorrenza degli effetti del riconoscimento, se questo è stato ammesso con decreto reale».

284. Legittimazione per provvedimento del giudice*. – *[I] La legittimazione può essere concessa con provvedimento del giudice soltanto se corrisponde agli interessi del figlio ed inoltre se concorrono le seguenti condizioni: 1) che sia domandata dai genitori stessi o da uno di essi e che il genitore abbia compiuto l'età indicata nel quinto comma dell'articolo 250; 2) che per il genitore vi sia l'impossibilità o un gravissimo ostacolo a legittimare il figlio per susseguente matrimonio; 3) che vi sia l'assenso dell'altro coniuge se il richiedente è unito in matrimonio e non è legalmente separato; 4) che vi sia il consenso del figlio legittimando se ha compiuto gli anni sedici, o dell'altro genitore o del curatore speciale, se il figlio è minore degli anni sedici, salvo che il figlio sia già riconosciuto. [II] La legittimazione può essere chiesta anche in presenza di figli legittimi o legittimati. In tal caso il presidente del tribunale deve ascoltare i figli legittimi o legittimati, se di età superiore ai sedici anni.*

➔ **CC. 1865 – art. 198.**

* Articolo abrogato dall'art. 1, co. 10, l. 10/12/2012, n. 219, cit. L'articolo era stato precedentemente sostituito dall'art. 125 della l. 19/5/1975, n. 151, Riforma del diritto di famiglia. Il testo originario disponeva: «Condizioni per la legittimazione per decreto reale – [I] La legittimazione può essere concessa con decreto reale quando concorrono le seguenti condizioni: 1) che sia domandata dai genitori stessi o da uno di essi e che il genitore richiedente abbia raggiunto l'età indicata nel secondo comma dell'art. 250; 2) che il genitore il quale la domanda non abbia figli legittimi o legittimati per susseguente matrimonio né discendenti da essi; 3) che per il genitore vi sia l'impossibilità o almeno un gravissimo ostacolo a legittimare il figlio per susseguente matrimonio; 4) che vi sia l'assenso dell'altro coniuge, se il richiedente è unito in matrimonio». La Corte costituzionale, con sent. 17/7/1974, n. 237, aveva dichiarato l'illegittimità costituzionale dell'art. 284, n. 2 «nella parte in cui esclude che la legittimazione per decreto del Presidente della Repubblica possa essere concessa quando, esistendo i soggetti ivi indicati, gli stessi siano maggiorenni e abbiano dato il loro assenso».

285. Condizioni per la legittimazione dopo la morte dei genitori*. – *[I] Se uno dei genitori ha espresso in un testamento o in un atto pubblico la volontà di legittimare i figli naturali, questi possono, dopo la morte di lui, domandare la legittimazione se sussisteva la condizione prevista nel numero 2 dell'articolo precedente. [II] In questo caso la domanda deve essere comunicata agli ascendenti, discendenti e coniuge o, in loro mancanza, a due tra i prossimi parenti del genitore entro il quarto grado.*

* Articolo abrogato dall'art. 1, co. 10, l. 10/12/2012, n. 219, cit. L'articolo era stato precedentemente sostituito dall'art. 126 della l. 19/5/1975, n. 151, Riforma del diritto di famiglia. Il testo originario disponeva: «Condizioni per la legittimazione dopo la morte del genitore – [I] Se uno dei genitori ha espresso in un testamento o in un atto pubblico la volontà, di legittimare i figli naturali, questi possono, dopo la morte di lui, domandare la legittimazione, sempre che al tempo della morte concorrano le condizioni stabilite dai numeri 2 e 3 dell'articolo precedente. [II] In questo caso la domanda deve essere comunicata a due tra i prossimi parenti del genitore entro il quarto grado».

286. Legittimazione domandata dall'ascendente*. – *[I] La domanda di legittimazione di un figlio naturale riconosciuto può in caso di morte del genitore essere fatta da uno degli ascendenti legittimi di lui, se il genitore non ha comunque espressa una volontà in contrasto con quella di legittimare.*

* Articolo abrogato dall'art. 1, co. 10, l. 10/12/2012, n. 219, cit.

287. Legittimazione in base alla procura per il matrimonio*. – *[I] Nei casi in cui è consentito di celebrare il matrimonio per procura, quando concorrono le condizioni per la legittimazione per susseguente matrimonio, la legittimazione dei figli naturali con provvedimento del giudice può essere domandata in base alla procura a contrarre il matrimonio, se questo non poté essere celebrato per la sopravvenuta morte del mandante. [II] Quando i figli non sono stati riconosciuti, per domandarne la legittimazione è necessario che dalla procura risulti la volontà di riconoscerli o di legittimarli.*

* Articolo abrogato dall'art. 1, co. 10, l. 10/12/2012, n. 219, cit. L'articolo era stato precedentemente sostituito dall'art. 127 della l. 19/5/1975, n. 151, Riforma del diritto di famiglia. Il testo originario disponeva: «Legittimazione in base alla procura per il matrimonio – [I] Nei casi in cui è consentito di celebrare il matrimonio per procura, se concorrono le condizioni per la legittimazione per susseguente matrimonio, la legittimazione dei figli naturali per decreto reale può essere domandata in base alla procura a contrarre il matrimonio, se questo non poté essere celebrato per la sopravvenuta morte del mandante».

288. Procedura*. – *[I] La domanda di legittimazione accompagnata dai documenti giustificativi deve essere diretta al presidente del tribunale nella cui circoscrizione il richiedente ha la residenza. [II] Il tribunale, sentito il pubblico ministero, accerta la sussistenza delle condizioni stabilite negli articoli precedenti e delibera, in camera di consiglio, sulla domanda di legittimazione. [III] Il pubblico ministero e la parte possono, entro venti giorni dalla comunicazione, proporre reclamo alla corte d'appello. Questa, richiamati gli atti dal tribunale, delibera in camera di consiglio, sentito il pubblico ministero. [IV] In ogni caso la sentenza che accoglie la domanda è annotata in calce all'atto di nascita del figlio.*

➔ **CC. 1865 – art. 200.**

* Articolo abrogato dall'art. 1, co. 10, l. 10/12/2012, n. 219, cit. L'articolo era stato precedentemente sostituito dall'art. 128 della l. 19/5/1975, n. 151, Riforma del diritto di famiglia. Il testo originario disponeva: «Procedura – [I] La domanda di legittimazione, accompagnata dai documenti giustificativi, deve essere presentata alla corte di appello nel cui distretto il richiedente ha residenza. [II] La corte, sentito il pubblico ministero, dichiara in camera di consiglio se concorrono, secondo i casi, le condizioni stabilite dagli articoli 284, 285, 286 e 287, e conseguentemente se si può o non si può concedere la legittimazione. [III] Quando la corte di appello dichiara che non si può concedere la legittimazione, il richiedente può proporre reclamo alla corte di cassazione. Questa, richiamati gli atti dalla corte di appello, delibera in camera di consiglio, sentito il pubblico ministero, e, se accoglie il ricorso, dichiara che si può concedere la legittimazione. [IV] Quando è stato deliberato che si può concedere la legittimazione, il pubblico ministero presso la corte di appello o presso la corte di cassazione trasmette la deliberazione, con i relativi documenti e con le informazioni assunte di ufficio, al Ministro di grazia e giustizia, il quale, udito il parere del consiglio di Stato sulla convenienza della legittimazione, ne fa relazione al Re. [V] Se il Re concede la legittimazione, il decreto reale è trasmesso alla corte di appello, trascritto in apposito registro e annotato in calce all'atto di nascita del figlio».

289. Azioni esperibili dopo la legittimazione*. – *[I] La legittimazione per provvedimento del giudice non impedisce l'azione ordinaria per la contestazione dello stato di figlio legittimato per la mancanza delle condizioni indicate nel numero 1 dell'articolo 284, negli articoli 285, 286 e 287, ferma restando la disposizione dell'articolo 263. [II] Se manca la condizione indicata nel numero 3 dell'articolo 284 la contestazione può essere promossa soltanto dal coniuge del quale è mancato l'assenso.*

* Articolo abrogato dall'art. 1, co. 10, l. 10/12/2012, n. 219, cit. L'articolo era stato precedentemente sostituito dall'art. 129 della l. 19/5/1975, n. 151, Riforma del diritto di famiglia. Il testo originario disponeva: «Impugnazioni – [I] Contro il decreto reale che concede la legittimazione è ammesso ricorso di legittimità al consiglio di Stato in sede giurisdizionale, ma il giudizio di legittimità non può

riguardare le condizioni stabilite dagli articoli 284, 285, 286 e 287. La deliberazione della corte di appello o della corte cassazione, che ha dichiarato l'esistenza di tali condizioni, non impedisce in giudizio ordinario davanti all'autorità giudiziaria la contestazione sullo stato di figlio legittimato per mancanza delle condizioni indicate nei numeri 1 e 2 dell'art. 284 o di quelle particolari indicate negli articoli 285, 286 e 287, ferma restando la disposizione dell'art. 263. [II] Se manca la condizione indicata nel n. 4 dell'articolo 284, la contestazione può essere promossa soltanto dal coniuge del quale era richiesto l'assenso».

290. Effetti e decorrenza della legittimazione per provvedimento del giudice*. – *[I] La legittimazione per provvedimento del giudice produce gli stessi effetti della legittimazione per susseguente matrimonio, ma soltanto dalla data del provvedimento e nei confronti del genitore riguardo al quale la legittimazione è stata concessa. [II] Se il provvedimento interviene dopo la morte del genitore, gli effetti risalgono alla data della morte, purché la domanda di legittimazione non sia stata presentata dopo un anno da tale data.*

* Articolo abrogato dall'art. 1, co. 10, l. 10/12/2012, n. 219, cit. L'articolo era stato precedentemente sostituito dall'art. 129 della l. 19/5/1975, n. 151, Riforma del diritto di famiglia. Il testo originario disponeva: «Effetti e decorrenza della legittimazione per decreto reale – [I] La legittimazione per decreto reale produce gli stessi effetti della legittimazione per susseguente matrimonio, ma soltanto dalla data del decreto e nei confronti del genitore, riguardo al quale la legittimazione è stata concessa. [II] Se il decreto interviene dopo la morte del genitore, gli effetti della legittimazione risalgono alla data della morte, purché la domanda di legittimazione non sia stata proposta dopo un anno da quella data».

TITOLO VIII
DELL'ADOZIONE DI PERSONE MAGGIORI DI ETÀ (1)

(1) Intitolazione così sostituita dall'art. 58 della l. 4/5/1983, n. 184, Diritto del minore ad una famiglia.

• In materia di adozione dei minori, v. l. 4/5/1983, n. 184, cit.; Conv. di Strasburgo 24/4/1967, Conv. europea in materia di adozione di minori, ratif. con l. 22/5/1974, n. 357; d.m. 24/2/2004, n. 91, Regolamento recante modalità di attuazione e organizzazione della banca di dati relativa ai minori dichiarati adottabili, istituita dall'art. 40 della l. 28/3/2001, n. 149.

• In tema di adozione di minori stranieri, v. l. 31/12/1998, n. 476, Ratifica ed esecuzione della Conv. per la tutela dei minori e la cooperazione in materia di adozione internazionale, fatta a L'Aja il 29/5/1993. modif. alla l. 4/5/1983, n. 184, in tema di adozione di minori stranieri.

• V. art. 38-42 della l. 31/5/1995, n. 218, Riforma del sistema italiano di diritto internazionale privato. In particolare, l'art. 38 dispone: «Adozione – [I] I presupposti, la costituzione e la revoca dell'adozione sono regolati dal diritto nazionale dell'adottante o degli adottanti se comune o, in mancanza, dal diritto dello Stato nel quale gli adottanti sono entrambi residenti, ovvero da quello dello Stato nel quale la loro vita matrimoniale è prevalentemente localizzata, al momento dell'adozione. Tuttavia si applica il diritto italiano quando è richiesta al giudice italiano l'adozione di un minore, idonea ad attribuirgli lo stato di figlio [II] è in ogni caso salva l'applicazione della legge nazionale dell'adottando maggiorenne per la disciplina dei consensi che essa eventualmente richieda».

Capo I
Dell'adozione di persone maggiori di età e dei suoi effetti (1)

(1) Intitolazione così sostituita dall'art. 58 della l. 4/5/1983, n. 184, Diritto del minore ad una famiglia.

• V. art. 60 della l. 4/5/1983, n. 184, cit., che dispone: [I] Le disposizioni di cui al capo I del titolo VIII del libro I del codice civile non si applicano alle persone minori di età.

291. Condizioni (1). – [I] L'adozione è permessa [687] alle persone che non hanno discendenti [*legittimi o legittimati*] (2) [231, *280 ss.**], che hanno compiuto gli anni trentacinque e che superano almeno di diciotto anni l'età di coloro che essi intendono adottare [87[1, n. 6], 1023].

[II] Quando eccezionali circostanze lo consigliano, il tribunale [312 // 35 att.] può autorizzare l'adozione se l'adottante ha raggiunto almeno l'età di trent'anni, ferma restando la differenza di età di cui al comma precedente.

➔ CC. 1865 – art. 202 // Inst. 1.11.4, Inst. 1.11.10, D. 1.7.15.2, D. 1.7.40.1.

(1) Articolo così sostituito dall'art. 1 della l. 5/6/1967, n. 431. Il testo originario prevedeva: «Condizioni – [I] L'adozione è permessa alle persone che non hanno discendenti legittimi o legittimati, che hanno compiuto i cinquanta anni e che superano almeno di diciotto anni l'età di coloro che essi intendono adottare. [II] Quando eccezionali circostanze lo consigliano, la corte di appello può autorizzare l'adozione se l'adottante ha raggiunto almeno l'età di anni quaranta e se la differenza di età tra l'adottante e l'adottando è di almeno sedici anni».

• La Corte costituzionale, con sent. 19/5/1988, n. 557, ha dichiarato l'illegittimità costituzionale del presente articolo «nella parte in cui non consente l'adozione a persone che abbiano discendenti legittimi o legittimati maggiorenni e consenzienti».

• La Corte costituzionale, con sent. 20/7/2004, n. 245 ha dichiarato l'illegittimità costituzionale del presente articolo «nella parte in cui non prevede che l'adozione di maggiorenni non possa essere pronunciata in presenza di figli naturali, riconosciuti dall'adottante, minorenni o, se maggiorenni, non consenzienti».

(2) V. l'art. 1, co. 11, l. 10/12/2012, n. 219, Disposizioni in materia di riconoscimento dei figli naturali che dispone: «le parole: "figli legittimi" e "figli naturali", ovunque ricorrono, sono sostituite dalla seguente: "figli".

• V. l'art. 105, co. 2 e 4, d.lg. 28/12/2013, n. 154, che dispone: «Sostituzione termini – [II] Le parole: "figli legittimi" o le parole: "figlio legittimo", ovunque presenti, in tutta la legislazione vigente sono sostituite dalle seguenti: "figli nati nel matrimonio" o dalle seguenti: "figlio nato nel matrimonio". [IV] Le parole: "figli legittimati", "figlio legittimato", "legittimato", "legittimati" ovunque presenti in tutta la legislazione vigente, sono soppresse».

* Articolo abrogato.

292. Divieto di adozione per diversità di razza*. – *[I] L'adozione non è permessa tra cittadini di razza ariana e persone di razza diversa. [II] Il Re o le autorità a ciò delegate possono accordare dispensa dall'osservanza di questa disposizione.*

* Articolo abrogato dall'art. 1 del r.d.l. 20/1/1944, n. 25, Disposizioni per la reintegrazione nei diritti civili e politici dei cittadini italiani e stranieri già dichiarati di razza ebraica o considerati di razza ebraica, e dall'art. 3, co. 3, d.lgs.lt. 14/9/1944, n. 287, Provvedimenti relativi alla riforma della legislazione civile.

293. Divieto d'adozione di figli (1). – [I] I figli (2) non possono essere adottati dai loro genitori (3).

[II] Non può tuttavia essere dichiarata la nullità della adozione se, al momento in cui questa avvenne, la qualità di figlio naturale dell'adottato non risultava da riconoscimento o da dichiarazione giudiziale. [III] Se l'adottato è un figlio naturale non riconoscibile, può essere sempre dichiarata la nullità dell'adozione.*

➔ CC. 1865 – art. 205.

(1) Articolo così sostituito dall'art. 131 della l. 19/5/1975, n. 151, Riforma del diritto di famiglia. Il testo originario prevedeva: «Divieto di adozione dei figli nati fuori del matrimonio – [I] I figli nati fuori del matrimonio non possono essere adottati dai loro genitori. [II] Non può tuttavia essere dichiarata la nullità dell'adozione se, al

momento in cui questa avvenne, la qualità di figlio naturale dell'adottato non risultava da riconoscimento o da dichiarazione giudiziale. [III] Il riconoscimento posteriore all'adozione non ha effetto se non ai fini della legittimazione. [IV] Se l'adottato è un figlio naturale non riconoscibile, del quale la filiazione risulta in uno dei modi indicati nell'art. 279, può essere sempre dichiarata la nullità dell'adozione».

(2) L'art. 37 del d.lg. 28/12/2013, n. 154, cit., ha soppresso, a decorrere dal 7/2/2014, dalla rubrica e dal primo comma, le parole "nati fuori del matrimonio".

(3) V. art. 55 della l. 4/5/1983, n. 184, cit.

* Comma abrogato dall'art. 67 della l. 4/5/1983, n. 184, cit.

294. Pluralità di adottati o di adottanti. – [I] È ammessa l'adozione di più persone, anche con atti successivi (1).

[II] Nessuno può essere adottato da più di una persona, salvo che i due adottanti siano marito e moglie (2).

➔ CC. 1865 – art. 204.

(1) Comma così sostituito dall'art. 2 della l. 5/6/1967, n. 431, modif. al titolo VIII del libro I del Codice civile "Dell'adozione" ed inserimento del nuovo capo III con il titolo "Dell'adozione speciale". Il testo previgente disponeva: «[I] Nessuno può avere più figli adottivi se non sono adottati col medesimo atto».

(2) V. art. 55 della l. 4/5/1983, n. 184, cit.

295. Adozione da parte del tutore. – [I] Il tutore non può adottare la persona della quale ha avuto la tutela, se non dopo che sia stato approvato il conto della sua amministrazione [385, 386], sia stata fatta la consegna dei beni e siano state estinte le obbligazioni risultanti a suo carico o data idonea garanzia per il loro adempimento (1).

➔ CC. 1865 – art. 207.

(1) V. art. 55 della l. 4/5/1983, n. 184, cit.

296. Consenso per l'adozione. – [I] Per l'adozione si richiede il consenso dell'adottante e dell'adottando [297, 298, 311 ss.].

[II] Se l'adottando non ha compiuto la maggiore età il consenso è dato dal suo legale rappresentante.*

*[III] Se l'adottando ha compiuto gli anni dodici, deve essere personalmente sentito**.*

➔ CC. 1865 – art. 208.

* Comma abrogato dall'art. 67 della l. 4/5/1983, n. 184, cit. Il co. II era stato così modificato dall'art. 5 della l. 8/3/1975, n. 39, Attribuzione della maggiore età ai cittadini che hanno compiuto il diciottesimo anno e modificazione di altre norme relative alla capacità di agire e al diritto di elettorato. Il testo originario prevedeva: «[II] Se l'adottando non ha compiuto gli anni diciotto, il consenso è dato dal suo legale rappresentante; se ha compiuto gli anni diciotto, ma non ancora gli anni ventuno, il rappresentante legale deve dare il suo assenso».

** Comma abrogato dall'art. 67 della l. 4/5/1983, n. 184, cit.

297. Assenso del coniuge o dei genitori (1). – [I] Per l'adozione è necessario l'assenso dei genitori dell'adottando e l'assenso del coniuge dell'adottante e dell'adottando, se coniugati e non legalmente separati [150, 311²].

[II] Quando è negato l'assenso previsto dal primo comma, il tribunale, sentiti gli interessati, su istanza dell'adottante, può, ove ritenga il rifiuto ingiustificato o contrario all'interesse dell'adottando [312ⁿ. ²], pronunziare ugualmente l'adozione, salvo che si tratti dell'assenso dei genitori esercenti la responsabilità genitoriale [316] (2) o del coniuge, se convivente, dell'adottante o dell'adottando. Parimenti il tribunale può pronunziare l'adozione quando è impossibile ottenere l'assenso per incapacità [414] o irreperibilità delle persone chiamate ad esprimerlo.

➔ CC. 1865 – art. 208.

(1) Articolo così sostituito dall'art. 132 della l. 19/5/1975, n. 151, Riforma del diritto di famiglia. Il testo previgente disponeva: «[I] Se l'adottando o l'adottante sono coniugati, è sempre necessario l'assenso del coniuge. [II] È necessario altresì l'assenso dei genitori dell'adottando».

(2) L'art. 37 del d.lg. 28/12/2013, n. 154, cit., ha sostituito, a decorrere dal 7/2/2014, la parola: "potestà", con le parole: "responsabilità genitoriale".

298. Decorrenza degli effetti della adozione*. – *[I] L'adozione produce i suoi effetti dalla data del decreto* (1) *che la pronunzia [309, 310*, 313]* (2). *[II] Finché il decreto* (1) *non è emanato, tanto l'adottante quanto l'adottando possono revocare il loro consenso [296]. [III] Se l'adottante muore dopo la prestazione del consenso e prima della emanazione del decreto* (1), *si può procedere al compimento degli atti necessari per l'adozione. [IV] Gli eredi dell'adottante possono presentare al tribunale memorie e osservazioni per opporsi all'adozione. [V] Se l'adozione è ammessa, essa produce i suoi effetti dal momento della morte dell'adottante.*

➔ CC. 1865 – art. 217.

* Articolo abrogato.

(1) V. art. 313 CC.

(2) V. anche art. 3 della l. 5/6/1967, n. 431, modif. al titolo VIII del libro I del Codice civile "Dell'adozione" ed inserimento del nuovo capo III con il titolo "Dell'adozione speciale", che ha sostituito alla competenza della Corte d'appello quella del tribunale nel cui circondario l'adottante ha la residenza.

299. Cognome dell'adottato (1). – [I] L'adottato assume il cognome dell'adottante e lo antepone al proprio [6, 262].

[II] Nel caso in cui la filiazione sia stata accertata o riconosciuta [250 ss.] successivamente all'adozione si applica il primo comma (2).

[III] Se l'adozione è compiuta da coniugi, l'adottato assume il cognome del marito (3).

[IV] Se l'adozione è compiuta da una donna maritata, l'adottato, che non sia figlio del marito, assume il cognome della famiglia di lei.

(1) Articolo così sostituito dall'art. 61 della l. 4/5/1983, n. 184, cit. Il testo previgente disponeva: «[I] L'adottato assume il cognome dell'adottante e lo aggiunge al proprio. [II] L'adottato che sia figlio naturale non riconosciuto dai propri genitori assume solo il cognome dell'adottante. Il riconoscimento successivo all'adozione non fa assumere all'adottato il cognome del genitore che lo ha riconosciuto, salvo che l'adozione sia successivamente revocata. [III] Se l'adozione è compiuta da entrambi i coniugi, l'adottato assume il cognome del marito. [IV] Se l'adozione è compiuta da una donna maritata, l'adottato, che non sia figlio del marito, assume il cognome della famiglia di lei».

• La Corte costituzionale, con sent. 21/12/2016, n. 286, pubblicata in G.U. 28/12/2016, n. 52, ha dichiarato l'illegittimità costituzionale della norma desumibile dal presente articolo nella parte in cui non consente ai coniugi, di comune accordo, di trasmettere ai figli, al momento della nascita, anche il cognome materno.

(2) Comma sostituito, a decorrere dal 7/2/2014, dall'art. 38 del d.lg. 28/12/2013, n. 154, cit. Il testo precedente prevedeva: «[II] L'adottato che sia figlio naturale non riconosciuto dai propri genitori assume solo il cognome dell'adottante. Il riconoscimento successivo all'adozione non fa assumere all'adottato il cognome del genitore che lo ha riconosciuto, salvo che l'adozione sia successivamente revocata. Il figlio naturale che sia stato riconosciuto dai propri genitori e sia successivamente adottato, assume il cognome dell'adottante».

• La Corte costituzionale, con sent. 11/5/2001, n. 120, aveva dichiarato l'illegittimità costituzionale di tale comma, nella parte in cui non prevedeva «che, qualora sia figlio naturale non riconosciuto dai propri genitori, l'adottato possa aggiungere al cognome dell'adottante anche quello originariamente attribuitogli».

(3) La Corte cost. con sent. 21/12/2016, n. 286, pubblicata in G.U. 28/12/2016, n. 52, ha dichiarato, in via consequenziale, ai sensi dell'art. 27 della l. 11/3/1953, n. 87 (Norme sulla costituzione e sul funzionamento della Corte costituzionale), l'illegittimità costituzionale del presente comma, nella parte in cui non consente ai coniugi, in caso di adozione compiuta da entrambi, di attribuire, di comune accordo, anche il cognome materno al momento dell'adozione.

300. Diritti e doveri dell'adottato. – [I] L'adottato conserva tutti i diritti e i doveri verso la sua famiglia di origine [315 ss.], salve le eccezioni stabilite dalla legge [87 n. 6, 9].

[II] L'adozione non induce alcun rapporto civile tra l'adottante e la famiglia dell'adottato né tra l'adottato e i parenti dell'adottante, salve le eccezioni stabilite dalla legge [87 n. 6, 9, 433, 436, 468, 567] (1).

➔ CC. 1865 – art. 212.

(1) V. art. 55 della l. 4/5/1983, n. 184, cit.
La Corte cost. 28/3/2022, n. 79, ha dichiarato l'illegittimità costituzionale dell'art. 55 della l. 4/5/1983, n. 184 (Diritto del minore ad una famiglia), nella parte in cui, mediante rinvio al presente comma, prevede che l'adozione in casi particolari non induce alcun rapporto civile tra l'adottato e i parenti dell'adottante.

301. Potestà e amministrazione dei beni dell'adottato*. – *[I] La potestà sull'adottato e il relativo esercizio spettano all'adottante. [II] L'adottante ha l'obbligo di mantenere l'adottato, di istruirlo ed educarlo conformemente a quanto prescritto dall'articolo 147. [III] Se l'adottato ha beni propri, l'amministrazione di essi, durante la minore età dell'adottato, spetta all'adottante, il quale non ne ha l'usufrutto legale, ma può impiegarne le rendite per le spese di mantenimento, istruzione ed educazione del minore, con l'obbligo di investirne l'eccedenza in modo fruttifero. Si applicano le disposizioni dell'articolo 382.*

* Articolo abrogato dall'art. 67 della l. 4/5/1983, n. 184, cit. L'articolo era stato così sostituito dall'art. 133 della l. 19/5/1975, n. 151, Riforma del diritto di famiglia. Il testo originario prevedeva: «Patria potestà e amministrazione dei beni – [I] La patria potestà sull'adottato spetta all'adottante. [II] Questi ha l'obbligo di mantenere l'adottato, di educarlo e di istruirlo conformemente a quanto è prescritto dell'art. 147. [III] Se la moglie adotta il figlio del proprio marito, l'esercizio della patria potestà spetta al marito».

302. Inventario*. – *[I] L'adottante deve fare l'inventario dei beni dell'adottato minorenne e trasmetterlo al giudice tutelare entro un mese dalla data del decreto di adozione. Si osservano, in quanto applicabili, le disposizioni contenute nella sezione III del capo I del titolo X di questo libro. [II] L'adottante che omette di fare l'inventario nel termine stabilito o fa un inventario infedele può essere privato dell'amministrazione dei beni dal giudice tutelare, salvo l'obbligo del risarcimento dei danni.*

* Articolo abrogato dall'art. 67 della l. 4/5/1983, n. 184, cit.

303. Cessazione della potestà dell'adottante*. – *[I] Se cessa l'esercizio da parte dell'adottante o degli adottanti della potestà, il tribunale, su istanza dello adottato, dei suoi parenti o affini o del pubblico ministero, o anche d'ufficio, può dare i provvedimenti opportuni circa la cura della persona dell'adottato, la sua rappresentanza e l'amministrazione dei suoi beni, anche se ritiene conveniente che l'esercizio della potestà sia ripreso dai genitori.*

* Articolo abrogato dall'art. 67 della l. 4/5/1983, n. 184, cit. L'articolo era stato così sostituito dall'art. 134 della l. 19/5/1975, n. 151, Riforma del diritto di famiglia. Il testo originario prevedeva: «Cessazione della patria potestà dell'adottante – [I] Se cessa la patria potestà dell'adottante, il giudice tutelare, su istanza dell'adottato, dei suoi parenti o affini o del pubblico ministero, o anche d'ufficio, può dare i provvedimenti opportuni circa la cura della persona dell'adottato, la sua rappresentanza e l'amministrazione dei suoi beni, anche se ritiene conveniente che l'esercizio della patria potestà sia ripreso dai genitori».

304. Diritti di successione. – [I] La adozione non attribuisce all'adottante alcun diritto di successione.

[II] I diritti dell'adottato nella successione dell'adottante sono regolati dalle norme contenute nel libro II [468, 536, 567] (1).

➔ CC. 1865 – art. 210.

(1) V. art. 55 della l. 4/5/1983, n. 184, cit.

305. Revoca dell'adozione. – [I] L'adozione si può revocare soltanto nei casi preveduti dagli articoli seguenti [35², 127 att.].

306. Revoca per indegnità dell'adottato. – [I] La revoca dell'adozione può essere pronunziata dal tribunale [35² att.] su domanda dell'adottante, quando l'adottato abbia attentato alla vita di lui o del suo coniuge, dei suoi discendenti o ascendenti, ovvero si sia reso colpevole verso loro di delitto punibile con pena restrittiva della libertà personale [18 CP.] non inferiore nel minimo a tre anni.

[II] Se l'adottante muore in conseguenza dell'attentato, la revoca dell'adozione può essere chiesta da coloro ai quali si devolverebbe l'eredità in mancanza dell'adottato e dei suoi discendenti.

307. Revoca per indegnità dell'adottante (1). – [I] Quando i fatti previsti dall'articolo precedente sono stati compiuti dall'adottante contro l'adottato, oppure contro il coniuge o i discendenti o gli ascendenti di lui, la revoca può essere pronunziata su domanda dell'adottato.

(1) Articolo così sostituito dall'art. 62 della l. 4/5/1983, n. 184, cit. Il testo previgente disponeva: «[I] Quando i fatti previsti nell'articolo precedente sono stati compiuti dall'adottante contro l'adottato, oppure contro il coniuge o i discendenti o gli ascendenti di lui, la revoca può essere pronunziata su domanda dell'adottato, o, se questi è minore, su istanza del pubblico ministero. In questo caso il tribunale, sentito il giudice tutelare, può dare i provvedimenti opportuni circa la cura della persona del minore, la sua rappresentanza e l'amministrazione dei beni, anche se ritiene conveniente che l'esercizio della patria potestà sia ripreso dai genitori».

308. Revoca promossa dal pubblico ministero*. – *[I] La revoca dell'adozione può essere promossa dal pubblico ministero per ragioni di buon costume.*

* Articolo abrogato dall'art. 67 della l. 4/5/1983, n. 184, cit.

309. Decorrenza degli effetti della revoca. – [I] Gli effetti dell'adozione [298, 299] cessano quando passa in giudicato la sentenza di revoca [37² att.].

[II] Se tuttavia la revoca è pronunziata dopo la morte dell'adottante per fatto imputabile all'adottato, l'adottato e i suoi discendenti sono esclusi dalla successione dell'adottante [463 ss.].

310. Cessazione degli effetti dell'adozione*. – *[I] Gli effetti dell'adozione cessano: 1) per matrimonio tra le persone legate dal vincolo di adozione; 2) per legittimazione del figlio adottivo da parte dell'adottante; 3) per riconoscimento del figlio adottivo da parte dell'adottante.*

* Articolo abrogato dall'art. 67 della l. 4/5/1983, n. 184, cit. L'articolo era stato così sostituito dall'art. 135 della l. 19/5/1975, n. 151, Riforma del diritto di famiglia. Il testo originario prevedeva: «[I] Gli effetti dell'adozione cessano: 1) per matrimonio tra le persone legate dal vincolo di adozione; 2) per legittimazione del figlio adottivo da parte dell'adottante».

Capo II
Delle forme dell'adozione di persone di maggiore età (1)

(1) Intitolazione così sostituita dall'art. 63 della l. 4/5/1983, n. 184, Diritto del minore ad una famiglia.

311. Manifestazione del consenso. – [I] Il consenso dell'adottante e dell'adottando o del legale rappresentante [296, 297] di questo deve essere manifestato personalmente al presidente del tribunale nel cui circondario l'adottante ha la residenza [43] (1).

[II] In caso di grave impedimento il detto presidente può delegare il presidente del tribunale a ricevere il consenso delle persone indicate nel comma precedente o a sentire l'adottando nel caso previsto nell'ultimo comma dell'art. 296.*

[III] L'assenso delle persone indicate negli articoli 296 e 297 può essere dato da persona munita di procura speciale rilasciata per atto pubblico [2699] o per scrittura privata autenticata [2702, 2703].

➔ **CC. 1865 – art. 213.**

(1) L'art. 3 della l. 5/6/1967, n. 431, cit., ha modificato il co. 1 del presente articolo e soppresso l'originario co. 2. Il testo previgente del comma era il seguente: «[I] Il consenso dell'adottante e dell'adottando o del legale rappresentante di questo deve essere manifestato personalmente al presidente della corte di appello nel cui distretto l'adottante ha residenza».

* Comma abrogato dall'art. 3 della l. 5/6/1967, n. 431, modif. al titolo VIII del libro I del Codice civile "Dell'adozione" ed inserimento del nuovo capo III con il titolo "Dell'adozione speciale".

312. Accertamenti del tribunale (1). – [I] Il tribunale, assunte le opportune informazioni, verifica:

1) se tutte le condizioni della legge sono state adempiute;
2) se l'adozione conviene all'adottando.

➔ **CC. 1865 – art. 215.**

(1) Articolo così sostituito dall'art. 64 della l. 4/5/1983, n. 184, cit. Il testo previgente disponeva: «Accertamenti della corte di appello – [I] La corte, assunte le opportune informazioni e sentiti i genitori dell'adottante, verifica: 1) se tutte le condizioni della legge sono state adempiute; 2) se colui che vuole adottare ha buona fama; 3) se l'adozione conviene all'adottando».

313. Provvedimento del tribunale (1). – [I] Il tribunale, in camera di consiglio [737 CPC.], sentito il pubblico ministero [738 CPC.] e omessa ogni altra formalità di procedura, provvede con sentenza decidendo di far luogo o non far luogo alla adozione [298].

[II] L'adottante, il pubblico ministero [740 CPC.], l'adottando, entro trenta giorni dalla comunicazione, possono proporre impugnazione avanti la Corte d'appello, che decide in camera di consiglio, sentito il pubblico ministero [739 CPC.].

➔ **CC. 1865 – art. 216.**

(1) Articolo così sostituito dall'art. 30 della l. 28/3/2001, n. 149, modif. alla l. 4/5/1983, n. 184, recante "Disciplina dell'adozione e dell'affidamento dei minori", nonché al titolo VIII del libro primo del codice civile.
L'articolo era stato già modificato dall'art. 65 della l. 4/5/1983, n. 184, e disponeva: «Provvedimento del tribunale [I] Il tribunale, in camera di consiglio, sentito il pubblico ministero e omessa ogni altra formalità di procedura, provvede con decreto motivato decidendo di far luogo o non far luogo alla adozione. [II] L'adottante, il pubblico ministero, l'adottando, entro trenta giorni dalla comunicazione, possono impugnare il decreto del tribunale con reclamo alla corte di appello, che decide in camera di consiglio, sentito il pubblico ministero.
L'articolo nella sua formulazione originaria prevedeva: Provvedimento della corte di appello – [I] La corte, in camera di consiglio, sentito il pubblico ministero e omessa ogni altra formalità di procedura, senza esprimere i motivi, pronunzia in questi termini: si fa luogo o non si fa luogo all'adozione».

314. Pubblicità (1). – [I] La sentenza definitiva che pronuncia l'adozione è trascritta a cura del cancelliere del tribunale competente, entro il decimo giorno successivo a quello della relativa comunicazione, da effettuarsi non oltre cinque giorni dal deposito, da parte del cancelliere del giudice dell'impugnazione, su apposito registro e comunicata all'ufficiale di stato civile per l'annotazione a margine dell'atto di nascita dell'adottato [37 att.].

[II] Con la procedura di cui al primo comma deve essere altresì trascritta ed annotata la sentenza di revoca della adozione, passata in giudicato [324 CPC.].

[III] L'autorità giudiziaria può inoltre ordinare la pubblicazione della sentenza che pronuncia l'adozione o della sentenza di revoca nei modi che ritiene opportuni [120 CPC.].

➔ **CC. 1865 – art. 214, 218, 219.**

(1) Articolo così sostituito dall'art. 31 della l. 28/3/2001, n. 149, modif. alla l. 4/5/1983, n. 184, recante "Disciplina dell'adozione e dell'affidamento dei minori", nonché al titolo VIII del libro primo del codice civile.
In precedenza, l'art. 66 della l. 4/5/1983, n. 184, cit., aveva modificato i co. 1 e 2 dell'art. 314 prevedendo: «[I] Il decreto che pronuncia l'adozione, divenuto definitivo, è trascritto a cura del cancelliere del tribunale competente, entro il decimo giorno successivo a quello della relativa comunicazione, da effettuarsi non oltre cinque giorni dal deposito, da parte del cancelliere del giudice dell'impugnazione, su apposito registro e comunicato all'ufficiale di stato civile per l'annotazione a margine dell'atto di nascita dell'adottato. [II] Con la procedura di cui al comma precedente deve essere altresì trascritta ed annotata la sentenza di revoca della adozione, passata in giudicato».
L'articolo nella sua formulazione originaria prevedeva: «[I] Il decreto che pronunzia l'adozione deve essere iscritto in apposito registro, a cura del cancelliere, il quale nei dieci giorni successivi deve comunicarne copia all'ufficiale dello stato civile per l'annotazione in margine all'atto di nascita dell'adottato e a quello dell'adottante. [II] Parimenti deve essere iscritta e annotata la sentenza di revoca dell'adozione entro trenta giorni dal giorno in cui è passata in giudicato. A questo effetto la parte interessata deve presentare copia autentica della sentenza al cancelliere della corte di appello che ha pronunziato l'adozione e agli ufficiali dello stato civile competenti. [III] L'autorità giudiziaria può inoltre ordinare la pubblicazione del decreto che pronunzia l'adozione o della sentenza di revoca nei modi che ritiene opportuni».

Capo III
*Dell'adozione speciale**

* Il presente capo, inserito dall'art. 4 della l. 5/6/1967, n. 431, cit., è stato abrogato dall'art. 67 della l. 4/5/1983, n. 184, cit.

314/2. Requisiti degli adottanti*. – *[I] L'adozione speciale è permessa ai coniugi uniti in matrimonio da almeno cinque anni tra i quali non sussiste separazione personale neppure di fatto e che sono fisicamente e moralmente idonei ad educare, istruire ed in grado di mantenere i minori che intendono adottare. [II] L'età degli adottanti deve superare di almeno venti o di non più di quarantacinque anni l'età dell'adottando.*

* V. *sub* Capo III.

314/3. Requisiti degli adottandi*. – *[I] L'adozione speciale è consentita a favore dei minori dichiarati in stato di adottabilità ai sensi degli articoli seguenti. [II] Sono consentite più adozioni speciali con atto singolo o con più atti successivi.*

* V. *sub* Capo III.

314/4. Condizioni per lo stato di adottabilità*. – *[I] Su istanza del pubblico ministero, degli istituti di cui al comma seguente e di chiunque ne abbia interesse, sono dichiarati in stato di adottabilità dal tribunale per i minorenni del distretto nel quale si trovano i minori di età inferiore agli anni otto privi di assistenza materiale e morale da parte dei genitori o dei parenti tenuti a provvedervi, purché la mancanza di assistenza non sia dovuta a forza maggiore.*

* V. *sub* Capo III.

314/5. Denuncia della situazione di abbandono*. – *[I] Chiunque ha la facoltà di segnalare all'autorità pubblica situazioni di abbandono di minori di anni otto. [II] I pubblici ufficiali, nonché gli organi scolastici, debbono riferire al più presto al tribunale per i minorenni, tramite il giudice tutelare che trasmette gli atti con relazione informativa, sulle condizioni di ogni minore in situazione di abbandono di cui vengano comunque a conoscenza. [III] Le istituzioni pubbliche o private di protezione o assistenza all'infanzia trasmettono trimestralmente al giudice tutelare del luogo ove hanno sede l'elenco dei ricoverati o assistiti. Il giudice tutelare, assunte le necessarie informazioni, riferisce al tribunale per i minorenni sulle condizioni di quelli fra i ricoverati o assistiti che risultano in situazione di abbandono, specificandone i motivi.*

* V. *sub* Capo III.

314/6. Accertamenti sulla situazione di abbandono*. – *[I] Il tribunale per i minorenni, appena ricevuta l'informativa di cui all'articolo precedente, dispone d'urgenza approfonditi accertamenti sui precedenti dei minori, sulle loro condizioni giuridiche e di fatto, sull'ambiente in cui hanno vissuto e vivono. [II] Nei casi previsti dal primo o dal secondo comma dell'articolo precedente il tribunale può ordinare il ricovero del minore in idoneo istituto e disporre ogni altro opportuno provvedimento temporaneo nell'interesse, del minore ivi compresa, occorrendo, la sospensione della patria potestà.*

* V. *sub* Capo III.

314/7. Dichiarazione dello stato di adottabilità di minori con genitori sconosciuti o deceduti*. – *[I] Quando dalle indagini previste dall'articolo precedente non risulta l'esistenza di genitori legittimi o di genitori naturali che hanno riconosciuto il minore o la cui paternità o maternità è stata dichiarata giudizialmente, né l'esistenza di parenti tenuti agli alimenti o disposti ad occuparsi convenientemente del minore, il tribunale per i minorenni provvede a dichiarare lo stato di adottabilità del minore.*

* V. *sub* Capo III.

314/8. Procedura per lo stato di adottabilità di minori con genitori o parenti conosciuti ed esistenti*. – *[I] Quando attraverso le indagini effettuate consta l'esistenza dei genitori o dei parenti tenuti agli alimenti indicati nell'articolo precedente e ne è nota la residenza, il presidente del tribunale per i minorenni con decreto motivato fissa la loro comparizione, entro un congruo termine, dinanzi a sé o ad un giudice da lui delegato. [II] Nel caso in cui i genitori o i parenti risiedano fuori dalla circoscrizione del tribunale per i minorenni che procede, la loro audizione può essere delegata al tribunale per i minorenni del luogo della loro residenza. [III] In caso di residenza all'estero è delegata l'autorità consolare competente. [IV] Udite le dichiarazioni dei genitori o dei parenti, il presidente del tribunale per i minorenni o il giudice delegato, ove ne ravvisi l'opportunità, impartisce con decreto motivato ai genitori o ai parenti prescrizioni idonee a garantire l'assistenza morale, il mantenimento, l'istruzione e l'educazione del minore, stabilendo al tempo stesso periodici accertamenti da eseguirsi direttamente o avvalendosi del giudice tutelare o di persone esperte o di istituti specializzati. Il decreto è notificato a coloro cui le prescrizioni si rivolgono. [V] Il presidente o il giudice da lui delegato può, altresì, chiedere al pubblico ministero di promuovere l'azione per la corresponsione degli alimenti a carico di chi vi è tenuto per legge e, al tempo stesso, dispone, ove d'uopo, provvedimenti temporanei ai sensi del secondo comma dell'articolo 314/6.*

* V. *sub* Capo III.

314/9. Convocazione dei genitori e parenti irreperibili*. – *[I] Nel caso in cui i genitori e i parenti tenuti agli alimenti sono irreperibili, il tribunale per i minorenni provvede alla loro convocazione ai sensi dell'articolo 140 del Codice di procedura civile e dispone, altresì, la pubblicazione di un avviso di ricerca su uno o più giornali del luogo di ultima residenza degli stessi.*

* V. *sub* Capo III.

314/10. Sospensione del procedimento dello stato di adottabilità*. – *[I] Quando dalle indagini effettuate risulta che è in corso un giudizio per la dichiarazione giudiziale della paternità o della maternità, il presidente del tribunale per i minorenni o il giudice delegato dispone, con le modalità previste dall'articolo 314/8, la comparizione delle persone nei confronti delle quali è stata chiesta la dichiarazione e, dopo averle sentite, rimette gli atti al tribunale per i minorenni che, ove lo ritenga opportuno nell'interesse del minore, può ordinare la sospensione del procedimento di dichiarazione di adottabilità per il tempo necessario. [II] Analoga sospensione può essere disposta dal tribunale per i minorenni quando da particolari circostanze emerse dalle indagini effettuate risulta che la sospensione può riuscire utile nell'interesse del minore. In tal caso la sospensione è disposta per un periodo non superiore ad un anno, eventualmente prorogabile.*

* V. *sub* Capo III.

314/11. Dichiarazione dello stato di adottabilità per i minori con genitori o parenti conosciuti ed esistenti*. – *[I] A conclusione delle indagini e degli accertamenti previsti dagli articoli precedenti, ove risulti la situazione di abbandono di cui all'articolo 314/4, lo stato di adottabilità del minore è dichiarato dal tribunale per i minorenni quando: 1) i genitori e i parenti convocati ai sensi degli articoli 314/8 e 314/9 non si sono presentati senza giustificato motivo; 2) l'audizione dei medesimi ha dimostrato il persistere della mancanza di assistenza morale e materiale e la impossibilità di ovviarvi; 3) le prescrizioni impartite ai sensi dell'articolo 314/8 sono rimaste inadempiute. [II] La dichiarazione dello stato di adottabilità del minore è disposta dal tribunale per i minorenni in camera di consiglio con decreto motivato, udito il pubblico ministero nonché il rappresentante dell' istituto presso cui il minore è ricoverato o la persona cui egli è affidato. Deve essere, parimenti, udito il tutore ove esista. [III] Il decreto è notificato per esteso al pubblico ministero, ai genitori, ai parenti tenuti agli alimenti e al tutore con contestuale avviso agli stessi del loro diritto di proporre opposizione nelle forme e nei termini di cui agli articoli 314/12 e seguenti.*

* V. *sub* Capo III.

314/12. Opposizione alla dichiarazione dello stato di adottabilità*. – *[I] L'opposizione al provvedimento che dichiara lo stato di adottabilità è proposta al tribunale per i minorenni con ricorso contenente una succinta esposizione dei motivi dell'opposizione ed è depositato nella cancelleria dello stesso tribunale entro trenta giorni dalla notifica del provvedimento. [II] L'opposizione può essere proposta dalle persone indicate nel terzo comma dell'articolo precedente.*

* V. *sub* Capo III.

314/13. Giudizio sull'opposizione*. – *[I] A seguito della opposizione il presidente del tribunale per i minorenni nomina un curatore speciale del minore e fissa con decreto l'udienza di comparizione innanzi al tribunale da tenersi entro tre mesi dal deposito del ricorso, disponendo la notifica del decreto di comparizione al ricorrente ed al curatore speciale del minore nonché la convocazione per l'udienza fissata delle persone o del rappresentante dell'istituto che abbiano in ricovero il minore. [II] All'udienza fissata il tribunale per i minorenni sente il ricorrente, le persone convocate, nonché quelle indicate dalle parti e, quindi, sulle conclusioni di queste e del pubblico ministero, ove non occorra ulteriore istruttoria, decide immediatamente dando lettura del dispositivo della sentenza.*

* V. *sub* Capo III.

314/14. Impugnazioni*. – *[I] La sentenza è notificata d'ufficio, nel testo integrale, all'opponente ed al curatore speciale del minore i quali hanno diritto di proporre appello davanti alla sezione speciale della corte d'appello nei trenta giorni dalla notifica. Eguale diritto compete al pubblico ministero. [II] Valgono nel giudizio d'appello, per quanto applicabili, le norme di cui all'articolo precedente. [III] La sentenza di appello è impugnabile con ricorso per cassazione nel termine di trenta giorni. Non è richiesto deposito per multa.*

* V. *sub* Capo III.

314/15. Trascrizione della dichiarazione definitiva dello stato di adottabilità*. – *[I] La dichiarazione definitiva dello stato di adottabilità è trascritta, a cura del cancelliere del tribunale per i minorenni, su apposito registro conservato presso la cancelleria del tribunale stesso. [II] La trascrizione deve essere effettuata entro il decimo giorno successivo a quello della comunicazione che il decreto o la sentenza sono divenuti definitivi.*

* V. *sub* Capo III.

314/16. Sospensione della patria potestà*. – *[I] Durante lo stato di adottabilità è sospeso l'esercizio della patria potestà. [II] Il tribunale per i minorenni nomina un tutore, ove già non esista, e adotta gli ulteriori provvedimenti nell'interesse del minore.*

* V. *sub* Capo III.

314/17. Cessazione dello stato di adottabilità*. – *[I] Lo stato di adottabilità cessa per adozione o per compimento dell'ottavo anno di età; comunque permane, per tre anni, anche oltre l'ottavo anno, dalla data in cui sia divenuto definitivo il provvedimento che lo pronuncia. [II] Nei casi di sospensione del procedimento indicato nell'articolo 314/10, lo stato di adottabilità è protratto in un periodo pari a quello della sospensione.*

* V. *sub* Capo III.

314/18. Revoca dello stato di adottabilità*. – *[I] Lo stato di adottabilità cessa altresì per revoca, nell'interesse del minore, quando è stato pronunciato nelle forme di cui all'articolo 314/7. [II] Nel caso in cui non sia intervenuto l'affidamento preadottivo, la revoca è pronunciata dal tribunale per i minorenni d'ufficio o su istanza del pubblico ministero, oppure dei genitori. [III] Il provvedimento di revoca è dato con la procedura della decisione in camera di consiglio sentito il pubblico ministero. [IV] Nel caso in cui sia avvenuto l'affidamento preadottivo, lo stato di adottabilità può essere revocato dal tribunale per i minorenni ad istanza del pubblico ministero, con le modalità stabilite dall'articolo 314/13, sentiti anche i coniugi affidatari. [V] La dichiarazione di revoca è trascritta sul registro di cui all'articolo 314/15.*

* V. *sub* Capo III.

314/19. Azione revocatoria dello stato di adottabilità*. – *[I] Quando lo stato di adottabilità è pronunciato con sentenza, è ammesso il ricorso per revocazione a norma dell'articolo 395 del Codice di procedura civile. [II] L'azione non è esperibile se è intervenuta dichiarazione di adozione.*

* V. *sub* Capo III.

314/20. Affidamento preadottivo*. – *[I] La domanda per adottare con adozione speciale un minore per il quale è diventata definitiva la dichiarazione di adottabilità, deve essere presentata da entrambi i coniugi richiedenti al tribunale per i minorenni del distretto ove il minore si trova. La domanda può fare menzione espressa del minore che i richiedenti intendono adottare. [II] Il tribunale per i minorenni, previo accertamento dei requisiti di cui all'articolo 314/2, anche nel caso di più domande da esaminare comparativamente, nell'interesse preminente del minore, sentito il pubblico ministero e, ove esistano, gli ascendenti degli adottanti, omessa ogni altra formalità di procedura, dispone l'affidamento preadottivo e ne determina le modalità. [III] Il provvedimento dell'affidamento preadottivo è pronunciato dal tribunale in camera di consiglio ed è trascritto entro tre giorni dalla pronuncia sul registro di cui all'articolo 314/15. [IV] Il tribunale per i minorenni vigila sul buon andamento dell'affidamento preadottivo direttamente o avvalendosi del giudice tutelare oppure di persone esperte o di istituti specializzati.*

* V. *sub* Capo III.

314/21. Revoca dell'affidamento preadottivo*. – *[I] L'affidamento preadottivo è revocato dal tribunale per i minorenni d'ufficio o su istanza del pubblico ministero o del tutore oppure delle persone o degli istituti di cui all'ultimo comma del precedente articolo, quando vengono meno le circostanze che lo hanno determinato o quando il minore rivela gravi difficoltà di ambientamento nella famiglia dei coniugi affidatari, oppure quando i coniugi stessi recedono dalla domanda di adozione.*

* V. *sub* Capo III.

314/22. Impugnative dei provvedimenti relativi all'affidamento preadottivo*. – *[I] I provvedimenti del tribunale per i minorenni, relativi all'affidamento preadottivo ed alla sua revoca, sono emessi con decreto motivato, in camera di consiglio, sentito il pubblico ministero. [II] Avverso tali provvedimenti possono proporre ricorso alla sezione per i minorenni della corte di appello, il pubblico ministero, il tutore e i presentatori della domanda di adozione speciale o dell'istanza di revoca. Il ricorso si propone entro trenta giorni dalla comunicazione del provvedimento. [III] La corte di appello decide in camera di consiglio sentiti il ricorrente, i presentatori della domanda di adozione speciale o della domanda di revoca, il pubblico ministero, il tutore, gli istituti o le persone incaricate della vigilanza.*

* V. *sub* Capo III.

314/23. Proroga della durata dello stato di adottabilità*. – *[I] In caso di revoca dell'affidamento preadottivo, i termini di efficacia dello stato di adottabilità previsti dall'articolo 314/17, sono prorogati per un periodo di durata pari a quello dell'affidamento preadottivo revocato.*

* V. *sub* Capo III.

314/24. Dichiarazione di adozione speciale*. – *[I] Il tribunale per i minorenni che ha dichiarato lo stato di adottabilità, decorso un anno dall'affidamento, sentiti i coniugi adottanti, il pubblico ministero e la persona o gli istituti che hanno esercitato la vigilanza nel periodo preadottivo, nonché il tutore e il giudice tutelare, dopo aver verificato che ricorrano tutte le condizioni previste dal presente capo, omessa ogni altra formalità di procedura, provvede sull'adozione con decreto in camera di consiglio, decidendo di fare luogo o di non fare luogo all'adozione. [II] D'ufficio, o su domanda dei coniugi affidatari, ove non contrasti con l'interesse del minore, il tribunale con ordinanza motivata può prorogare di un anno il termine di cui al primo comma del presente articolo. [III] Se uno dei coniugi muore o diviene incapace durante l'affidamento preadottivo, l'adozione può essere egualmente disposta ad istanza dell'altro coniuge. [IV] Quando la domanda di adozione viene proposta da coniugi che hanno discendenti legittimi o legittimati, il termine di cui al primo comma del presente articolo non può essere inferiore a tre anni e quello di cui al secondo comma può essere prorogato fino a due anni. Se i discendenti hanno superato gli anni 14 devono essere sentiti.*

* V. *sub* Capo III.

314/25. Impugnativa del decreto di adozione speciale*. – *[I] I coniugi adottanti, il pubblico ministero ed il tutore entro trenta giorni dalla comunicazione, possono impugnare il decreto del tribunale con reclamo alla sezione per i minorenni della Corte di appello che decide in camera di consiglio, sentito il pubblico ministero. [II] Il provvedimento che pronuncia l'adozione speciale, divenuto definitivo, entro il decimo giorno successivo a quello della comunicazione, è trascritto nel registro di cui all'articolo 314/15 e comunicato all'ufficio dello stato civile per l'annotazione a margine dell'atto di nascita.*

* V. *sub* Capo III.

314/26. Effetti dell'adozione speciale*. – *[I] Per effetto dell'adozione speciale l'adottato acquista lo stato di figlio legittimo degli adottanti, dei quali assume e trasmette il cognome. L'adozione speciale non instaura rapporti di parentela tra l'adottato e i parenti collaterali degli adottanti. [II] Con l'adozione speciale cessano i rapporti dell'adottato verso la famiglia di origine salvi i divieti matrimoniali e le norme penali fondate sul rapporto di parentela.*

* V. *sub* Capo III.

314/27. Revocatoria dell'adozione speciale*. – *[I] Il provvedimento che pronuncia l'adozione speciale può essere revocato quando ricorrano i motivi previsti nei numeri 1, 2 e 6 dell'articolo 395 del Codice di procedura civile. [II] L'istanza di revocazione può essere presentata dal pubblico ministero o dai genitori dell'adottato entro sei mesi dalla data in cui abbiano avuto conoscenza delle circostanze che sono poste a base dell'istanza di revocazione. [III] Sull'istanza di revocazione provvede la Corte di cassazione uditi gli adottanti e, ove del caso, l'adottato. [IV] Il relativo provvedimento è iscritto nell'apposito registro di cui all'articolo 314/15 e annotato a margine dell'atto di nascita.*

* V. *sub* Capo III.

314/28. Certificati anagrafici*. – *[I] Salvi i casi in cui per legge è richiesta la copia integrale dell'atto di nascita, qualunque attestazione di stato civile riferita all'adottato deve essere rilasciata con la sola indicazione del nuovo cognome e con l'esclusione di qualsiasi indicazione relativa alla paternità o alla maternità del minore e dell'annotazione di cui all'ultimo comma dell'articolo 314/25.*

* V. *sub* Capo III.

TITOLO IX
DELLA RESPONSABILITÀ GENITORIALE E DEI DIRITTI E DOVERI DEL FIGLIO (1)

(1) Rubrica così sostituita, a decorrere dal 7/2/2014, dall'art. 7, co. 10, d.lg. 28/12/2013, n. 154, Revisione delle disposizioni vigenti in materia di filiazione. Il testo in vigore prima di tale sostituzione era il seguente: «*Della potestà dei genitori e dei diritti e doveri del figlio*».
La medesima rubrica era già stata modificata dall'art. 136 della l. 19/5/1975, n. 151, Riforma del diritto di famiglia e dall'art. 1, co. 6, l. 10/12/2012, n. 219, Disposizioni in materia di riconoscimento dei figli naturali. Il testo previgente era il seguente: "*Della potestà dei genitori*".

Capo I
Dei diritti e doveri del figlio (1)

(1) Capo inserito, a decorrere dal 7/2/2014, dall'art. 7, co. 11, d.lg. 28/12/2013, n. 154, cit.

315. Stato giuridico della filiazione (1). – [I] Tutti i figli hanno **lo stesso stato giuridico** [74 // 2, 3, 29 e 30 Cost.] (2).

➔ CC. 1865 – art. 139, 220, 221.

(1) Articolo così sostituito dall'art. 1[7] della l. 10/12/2012, n. 219 cit. Il testo previgente disponeva: «Doveri del figlio verso i genitori – [I] Il figlio deve rispettare i genitori e deve contribuire, in relazione alle proprie sostanze e al proprio reddito, al mantenimento della famiglia finché convive con essa. Il contenuto della disposizione previgente è oggi confluito nell'art. 315-bis[4]».
L'articolo era stato in precedenza modificato dall'art. 137 della l. 19/5/1975, n. 151, cit. Il testo originario prevedeva: «Doveri del figlio verso i genitori – [I] Il figlio, di qualunque età sia, deve onorare e rispettare i genitori».
(2) V. art. 8 della l. 19/2/2004, n. 40, Norme in materia di procreazione medicalmente assistita che dispone: «Stato giuridico del nato – [I] I nati a seguito dell'applicazione delle tecniche di procreazione medicalmente assistita hanno lo stato di figli nati nel matrimonio o di figli riconosciuti della coppia che ha espresso la volontà di ricorrere alle tecniche medesime ai sensi dell'art. 6».

• V. art. 33 della l. 31/5/1995, n. 218, Riforma del sistema italiano di diritto internazionale privato, che dispone: «Filiazione – [I] Lo stato di figlio è determinato dalla legge nazionale del figlio o, se più favorevole, dalla legge dello Stato di cui uno dei genitori è cittadino, al momento della nascita. [II] La legge individuata ai sensi del co. 1 regola i presupposti e gli effetti dell'accertamento e della contestazione dello stato di figlio; qualora la legge così individuata non permetta l'accertamento o la contestazione dello stato di figlio si applica la legge italiana. [III] Lo stato di figlio, acquisito in base alla legge nazionale di uno dei genitori, non può essere contestato che alla stregua di tale legge; se tale legge non consente la contestazione si applica la legge italiana. [IV] Sono di applicazione necessaria le norme del diritto italiano che sanciscono l'unicità dello stato di figlio».

315 bis. Diritti e doveri del figlio (1). – [I] Il figlio ha diritto di essere mantenuto, educato, istruito e assistito moralmente dai genitori, nel rispetto delle sue capacità, delle sue inclinazioni naturali e delle sue aspirazioni [147, 337-ter] (2).

[II] Il figlio ha diritto di crescere in famiglia e di mantenere rapporti significativi con i parenti [317-bis].

[III] Il figlio minore che abbia compiuto gli anni dodici, e anche di età inferiore ove capace di discernimento, ha diritto di essere ascoltato in tutte le questioni e le procedure che lo riguardano [155-*sexies*, 316[3], 336-bis].

[IV] Il figlio [300] deve rispettare i genitori e deve contribuire, in relazione alle proprie capacità, alle proprie sostanze e al proprio reddito, al mantenimento della famiglia finché convive con essa [433].

(1) Articolo inserito dall'art. 1, co. 8, l. 10/12/2012, n. 219, cit.

(2) V. art. 6, co. 1, l. 1/12/1970, n. 898, Disciplina dei casi di scioglimento del matrimonio, che dispone: «[I] L'obbligo, ai sensi degli art. 315-bis e 316-bis CC., di mantenere, educare ed istruire i figli nati o adottati durante il matrimonio di cui sia stato pronunciato lo scioglimento o la cessazione degli effetti civili, permane anche nel caso di passaggio a nuove nozze di uno o di entrambi i genitori».

316. Responsabilità genitoriale (1). – [I] Entrambi i genitori hanno la responsabilità genitoriale che è esercitata di comune accordo [317] tenendo conto delle capacità, delle inclinazioni naturali e delle aspirazioni del figlio [147 // 29 e 30 Cost.]. I genitori di comune accordo stabiliscono la residenza abituale del minore [144] e adottano le scelte relative alla sua istruzione ed educazione (2).

[II] In caso di contrasto su questioni di particolare importanza, tra le quali quelle relative alla residenza abituale e all'istituto scolastico del figlio minorenne, ciascuno dei genitori può ricorrere senza formalità al giudice indicando i provvedimenti che ritiene più idonei (3).

[III] Il giudice [38 att.], sentiti i genitori e disposto l'ascolto del figlio minore che abbia compiuto gli anni dodici e anche di età inferiore ove capace di discernimento [315-bis[3], 336-bis, 337-octies],*.]* tenta di raggiungere una soluzione concordata e, ove questa non sia possibile, adotta la soluzione che ritiene più adeguata all'interesse del figlio (4).

[IV] Il genitore che ha riconosciuto [250] il figlio esercita la responsabilità genitoriale su di lui [261]. Se il riconoscimento del figlio, nato fuori del matrimonio, è fatto dai genitori, l'esercizio della responsabilità genitoriale spetta ad entrambi.

[V] Il genitore che non esercita la responsabilità genitoriale vigila sull'istruzione, sull'educazione e sulle condizioni di vita del figlio [147, 155, 337 ter[3], 337 quater].

➔ CC. 1865 – art. 46, 220, 227.

(1) Articolo così sostituito, a decorrere dal 7/2/2014, dall'art. 39 del d.lg. 28/12/2013, n. 154. Il testo previgente era il seguente: «Esercizio della potestà dei genitori – [I] Il figlio è soggetto alla potestà dei genitori sino all'età maggiore o alla emancipazione. [II] La potestà è esercitata di comune accordo da entrambi i genitori. [III] In caso di contrasto su questioni di particolare importanza ciascuno dei genitori può ricorrere senza formalità al giudice indicando i provvedimenti che ritiene più idonei. [IV] Se sussiste un incombente pericolo di un grave pregiudizio per il figlio, il padre può adottare i provvedimenti urgenti ed indifferibili. [V] Il giudice, sentiti i genitori ed il figlio, se maggiore degli anni quattordici, suggerisce le determinazioni che ritiene più utili nell'interesse del figlio e dell'unità familiare. Se il contrasto permane il giudice attribuisce il potere di decisione a quello dei genitori che, nel singolo caso, ritiene il più idoneo a curare l'interesse del figlio».
L'articolo era stato in precedenza modificato dall'art. 138 della l. 19/5/1975, n. 151, cit. Il testo originario prevedeva: «Esercizio della patria potestà – [I] Il figlio è soggetto alla potestà dei genitori sino all'età maggiore o all'emancipazione. Questa potestà è esercitata dal padre. Dopo la morte del padre e negli altri casi stabiliti dalla legge essa è esercitata dalla madre».

• V. art. 36 della l. 31/5/1995, n. 218, Riforma del sistema italiano di diritto internazionale privato, che dispone: «Rapporti tra genitori e figli – [I] I rapporti personali e patrimoniali tra genitori e figli, compresa la responsabilità genitoriale, sono regolati dalla legge nazionale del figlio».

• V. art. 36 bis della l. n. 218/1995, cit., che dispone: «[I] Nonostante il richiamo ad altra legge, si applicano in ogni caso le norme del diritto italiano che: a) attribuiscono ad entrambi i genitori la responsabilità genitoriale; b) stabiliscono il dovere di entrambi i genitori di provvedere al mantenimento del figlio; c) attribuiscono al giudice il potere di adottare provvedimenti limitativi o ablativi della responsabilità genitoriale in presenza di condotte pregiudizievoli per il figlio».

• V. art. 12 della l. 22/5/1978, n. 194, Norme per la tutela sociale della maternità e sull'interruzione volontaria della gravidanza che dispone: «[I] La richiesta di interruzione della gravidanza secondo le procedure della presente legge è fatta personalmente dalla donna. [II] Se la donna è di età inferiore ai diciotto anni, per l'interruzione della gravidanza è richiesto l'assenso di chi esercita sulla donna stessa la responsabilità genitoriale o la tutela. [III] Tuttavia, nei primi novanta giorni, quando vi siano seri motivi che impediscano o sconsiglino la consultazione delle persone esercenti la responsabilità genitoriale o la tutela, oppure queste, interpellate, rifiutino il loro assenso o esprimano pareri tra loro difformi, il consultorio o la struttura socio-sanitaria, o i medico di fiducia, espleta i compiti e le procedure di cui all'art. 5 e rimette entro sette giorni dalla richiesta una relazione, corredata del proprio parere, al giudice tutelare del luogo in cui esso opera. Il giudice tutelare, entro cinque giorni, sentita la donna e tenuto conto della sua volontà, delle ragioni che adduce e della relazione trasmessagli, può autorizzare la donna, con atto non soggetto a reclamo, a decidere la interruzione della gravidanza. [IV] Qualora il medico accerti l'urgenza dell'intervento a causa di un grave pericolo per la salute della minore di diciotto anni, indipendentemente dall'assenso di chi esercita la responsabilità genitoriale o la tutela e senza adire il giudice tutelare, certifica l'esistenza delle condizioni che giustificano l'interruzione della gravidanza. Tale certificazione costituisce titolo per ottenere in via d'urgenza l'intervento e, se necessario, il ricovero. [V] Ai fini dell'interruzione della gravidanza dopo i primi novanta giorni, si applicano anche alla minore di diciotto anni le procedure di cui all'art. 7, indipendentemente dall'assenso di chi esercita la responsabilità genitoriale o la tutela».

(2) Comma modificato dall'art. 1, co. 4, lett. a), n. 1, d.lg. 10/10/2022, n. 149 che ha aggiunto le parole "e adottano le scelte relative alla sua istruzione ed educazione" (ai sensi dell'art. 52 del d.lg. n. 149/2022, il citato decreto legislativo entra in vigore il giorno successivo a quello della sua pubblicazione nella GU). Per la disciplina transitoria v. art. 35 del d.lg. n. 149/2022, come da ultimo modificato dall'art. 1, co. 380, lett. a), l. 29/12/2022, n. 197, che prevede che: «1. Le disposizioni del presente decreto, salvo che non sia diversamente disposto, hanno effetto a decorrere dal 28 febbraio 2023 e si applicano ai procedimenti instaurati successivamente a tale data. Ai procedimenti pendenti alla data del 28 febbraio 2023 si applicano le disposizioni anteriormente vigenti.».

(3) Comma modificato dall'art. 1, 4, lett. a), n. 2, d.lg. 10/10/2022, n. 149 che ha inserito le parole ", tra le quali quelle relative alla residenza abituale e all'istituto scolastico del figlio minorenne," dopo le parole "su questioni di particolare importanza" (ai sensi dell'art. 52 del d.lg. n. 149/2022, il citato decreto legislativo entra in vigore il giorno successivo a quello della sua pubblicazione nella GU). Per la disciplina transitoria v. art. 35 del d.lg. n. 149/2022, come da ultimo modificato dall'art. 1, co. 380, lett. a), l. 29/12/2022, n. 197, che prevede che: «1. Le disposizioni del presente decreto, salvo che non sia diversamente disposto, hanno effetto a decorrere dal 28 febbraio 2023 e si applicano ai procedimenti instaurati successivamente a tale data. Ai procedimenti pendenti alla data del 28 febbraio 2023 si applicano le disposizioni anteriormente vigenti.».

(4) Comma modificato dall'art. 1, co. 4, lett. a), n. 3, d.lg. 10/10/2022, n. 149 che ha sostituito le parole "tenta di raggiungere una soluzione concordata e, ove questa non sia possibile, adotta la soluzione che ritiene più adeguata all'interesse del figlio" alle parole "suggerisce le determinazioni che ritiene più utili nell'interesse del figlio e dell'unità familiare. Se il contrasto permane il giudice attribuisce il potere di decisione a quello dei genitori che, nel singolo caso, ritiene il più idoneo a curare l'interesse del figlio" (ai sensi dell'art. 52 del d.lg. n. 149/2022, il citato decreto legislativo entra in vigore il giorno successivo a quello della sua pubblicazione nella GU). Per la disciplina transitoria v. art. 35 del d.lg. n. 149/2022, come da ultimo modificato

CODICE CIVILE

dall'art. 1, co. 380, lett. a), l. 29/12/2022, n. 197, che prevede che: «1. Le disposizioni del presente decreto, salvo che non sia diversamente disposto, hanno effetto a decorrere dal 28 febbraio 2023 e si applicano ai procedimenti instaurati successivamente a tale data. Ai procedimenti pendenti alla data del 28 febbraio 2023 si applicano le disposizioni anteriormente vigenti.».

316 bis. Concorso nel mantenimento (1). – [I] I genitori devono adempiere i loro obblighi nei confronti dei figli in proporzione alle rispettive sostanze e secondo la loro capacità di lavoro professionale o casalingo [**143**[3], 147, **148**, 337-ter[4]] (2). Quando i genitori non hanno mezzi sufficienti, gli altri ascendenti, in ordine di prossimità, sono tenuti a fornire ai genitori stessi i mezzi necessari affinché possano adempiere i loro doveri nei confronti dei figli.

[II] In caso di inadempimento il presidente del tribunale o il giudice da lui designato, su istanza di chiunque vi ha interesse, sentito l'inadempiente ed assunte informazioni, può ordinare con decreto che una quota dei redditi dell'obbligato, in proporzione agli stessi, sia versata direttamente all'altro genitore o a chi sopporta le spese per il mantenimento, l'istruzione e l'educazione della prole (3).

[III] Il decreto, notificato agli interessati ed al terzo debitore, costituisce titolo esecutivo, ma le parti ed il terzo debitore possono proporre opposizione nel termine di venti giorni dalla notifica.

[IV] L'opposizione è regolata dalle norme che disciplinano il procedimento relativo allo stato delle persone, ai minorenni e alle famiglie (4).

[V] Le parti ed il terzo debitore possono sempre chiedere, con le medesime forme [del processo ordinario], la modificazione e la revoca del provvedimento (5).

(1) Articolo inserito, a decorrere dal 7/2/2014, dall'art. 40 del d.lg. 28/12/2013, n. 154 cit.

(2) V. nota (2) *sub* art. 315-bis e nota (2) *sub* art. 316.

(3) Comma modificato dall'art. 1, co. 4, lett. b), n. 1,d.lg. 10/10/2022, n. 149, che ha aggiunto le parole "o il giudice da lui designato" dopo le parole "In caso di inadempimento il presidente del tribunale" (ai sensi dell'art. 52 del d.lg. n. 149/2022, il citato decreto legislativo entra in vigore il giorno successivo a quello della sua pubblicazione nella GU). Per la disciplina transitoria v. art. 35 del d.lg. n. 149/2022, come da ultimo modificato dall'art. 1, co. 380, lett. a), l. 29/12/2022, n. 197, che prevede che: «1. Le disposizioni del presente decreto, salvo che non sia diversamente disposto, hanno effetto a decorrere dal 28 febbraio 2023 e si applicano ai procedimenti instaurati successivamente a tale data. Ai procedimenti pendenti alla data del 28 febbraio 2023 si applicano le disposizioni anteriormente vigenti.».

(4) Comma modificato dall'art. 14, lett. b), n. 2, d.lg. 10/10/2022, n. 149, che ha sostituito le parole "che disciplinano il procedimento relativo allo stato delle persone, ai minorenni e alle famiglie" alle parole "relative all'opposizione al decreto di ingiunzione, in quanto applicabili" (ai sensi dell'art. 52 del d.lg. n. 149/2022, il citato decreto legislativo entra in vigore il giorno successivo a quello della sua pubblicazione nella GU). Per la disciplina transitoria v. art. 35 del d.lg. n. 149/2022, come da ultimo modificato dall'art. 1, co. 380, lett. a), l. 29/12/2022, n. 197, che prevede che: «1. Le disposizioni del presente decreto, salvo che non sia diversamente disposto, hanno effetto a decorrere dal 28 febbraio 2023 e si applicano ai procedimenti instaurati successivamente a tale data. Ai procedimenti pendenti alla data del 28 febbraio 2023 si applicano le disposizioni anteriormente vigenti.».

(5) Comma modificato dall'art. 1, co. 4, lett. b), n. 3, d.lg. 10/10/2022, n. 149, che ha aggiunto la parola "medesime" e ha soppresso le parole "del processo ordinario" (ai sensi dell'art. 52 del d.lg. n. 149/2022, il citato decreto legislativo entra in vigore il giorno successivo a quello della sua pubblicazione nella GU). Per la disciplina transitoria v. art. 35 del d.lgs. n. 149/2022, come da ultimo modificato dall'art. 1, co. 380, lett. a), l. 29/12/2022, n. 197, che prevede che: «1. Le disposizioni del presente decreto, salvo che non sia diversamente disposto, hanno effetto a decorrere dal 28 febbraio 2023 e si applicano ai procedimenti instaurati successivamente a tale data. Ai procedimenti pendenti alla data del 28 febbraio 2023 si applicano le disposizioni anteriormente vigenti.».

317. Impedimento di uno dei genitori (1). – [I] Nel caso di lontananza, di incapacità [414] o di altro impedimento che renda impossibile ad uno dei genitori l'esercizio della responsabilità genitoriale [19, 32, 34 CP.] (2), questa è esercitata in modo esclusivo dall'altro.

[II] La responsabilità genitoriale di entrambi i genitori non cessa a seguito di separazione [150 ss.], scioglimento [149], cessazione degli effetti civili, annullamento [117 ss.], nullità del matrimonio; il suo esercizio, in tali casi, è regolato dal capo II del presente titolo (3).

➔ **CC. 1865 – art. 46.**

(1) Articolo così sostituito dall'art. 139 della l. 19/5/1975, n. 151, cit. Il testo originario prevedeva: «Impedimento del padre – [I] Nel caso di lontananza o d'altro impedimento che renda impossibile al padre l'esercizio della patria potestà, questa è esercitata dalla madre».

(2) L'art. 41, co. 1, lett. a), d.lg. 28/12/2013, n. 154, cit., ha sostituito, a decorrere dal 7/2/2014, alla parola "potestà", le parole: "responsabilità genitoriale".

(3) Comma sostituito, a decorrere dal 7/2/2014, dall'art. 41[1, lett. b)] del d.lg. 28/12/2013, n. 154. Il testo precedente disponeva: «[II] La potestà comune dei genitori non cessa quando, a seguito di separazione, di scioglimento, di annullamento o di cessazione degli effetti civili del matrimonio, i figli vengono affidati ad uno di essi. L'esercizio della potestà è regolato, in tali casi, secondo quanto disposto nell'articolo 155».

317 bis. Rapporti con gli ascendenti (1). – [I] Gli ascendenti [74] hanno diritto di mantenere rapporti significativi con i nipoti minorenni [315-bis[2]].

[II] L'ascendente al quale è impedito l'esercizio di tale diritto può ricorrere al giudice del luogo di residenza abituale del minore affinché siano adottati i provvedimenti più idonei nell'esclusivo interesse del minore. Si applica l'articolo 336, secondo comma.

(1) Articolo così sostituito, a decorrere dal 7/2/2014, dall'art. 42 del d.lg. 28/12/2013, n. 154, cit. Il testo previgente, che era stato inserito dall'art. 140 della l. 19/5/1975, n. 151 cit., disponeva: «Esercizio della potestà. [I] Al genitore che ha riconosciuto il figlio naturale spetta la potestà su di lui. [II] Se il riconoscimento è fatto da entrambi i genitori, l'esercizio della potestà spetta congiuntamente ad entrambi qualora siano conviventi. Si applicano le disposizioni dell'articolo 316. Se i genitori non convivono l'esercizio della potestà spetta al genitore col quale il figlio convive ovvero, se non convive con alcuno di essi, al primo che ha fatto il riconoscimento. Il giudice, nell'esclusivo interesse del figlio, può disporre diversamente; può anche escludere dall'esercizio della potestà entrambi i genitori, provvedendo alla nomina di un tutore. [III] Il genitore che non esercita la potestà ha il potere di vigilare sulla istruzione, sull'educazione e sulle condizioni di vita del figlio minore».

318. Abbandono della casa del genitore (1). – [I] Il figlio, sino alla maggiore età [2] o all'emancipazione [390 ss.], non può abbandonare la casa dei genitori o del genitore che esercita su di lui la responsabilità genitoriale [316] né la dimora da essi assegnatagli. Qualora se ne allontani senza permesso, i genitori possono richiamarlo [358[2]] ricorrendo, se necessario, al giudice tutelare [344 // 45 att.] (2).

➔ **CC. 1865 – art. 221.**

(1) Articolo dapprima sostituito dall'art. 141 della l. 19/5/1975, n. 151, cit. Il testo originario prevedeva: «Abbandono della casa paterna – [I] Il figlio non può abbandonare la casa paterna o quella che il padre gli ha destinata. Qualora se ne allontani senza permesso, il padre può richiamarlo, ricorrendo, se è necessario, al giudice tutelare».

(2) L'art. 43 del d.lg. 28/12/2013, n. 154, cit., ha modificato la disposizione inserendo, a decorrere dal 7/2/2014, dopo le parole: "Il figlio" le parole: "sino alla maggiore età o all'emancipazione,", e ha sostituito alla parola "potestà", le parole: "responsabilità genitoriale".

319. Cattiva condotta del figlio*. – *[I] Il padre che non riesce a frenare la cattiva condotta del figlio, può, salva l'applicazione delle norme contenute nelle leggi speciali, collocarlo in un istituto di correzione, con l'autorizzazione del presidente del tribunale. [II] L'autorizzazione può essere chiesta anche verbalmente. Il presidente del tribunale, assunte informazioni, provvede con decreto senza formalità di atti e senza dichiarare i motivi. [III] Contro il decreto del presidente del tribunale è ammesso ricorso al presidente della corte di appello, il quale provvede sentito il pubblico ministero.*

➔ **CC. 1865 – art. 222, 223.**

* Articolo abrogato dall'art. 142 della l. 19/5/1975, n. 151, cit.

320. Rappresentanza e amministrazione (1). – [I] I genitori congiuntamente [316], o quello di essi che esercita in via esclusiva la responsabilità genitoriale [155, 316⁴, 317, 337-ter³] (2), rappresentano [1387] i figli nati e nascituri, fino alla maggiore età [2] o all'emancipazione [390] (3) in tutti gli atti civili e ne amministrano i beni [165, 334, 465, 643]. Gli atti di ordinaria amministrazione, esclusi i contratti con i quali si concedono o si acquistano diritti personali di godimento [1380, 1571, 1615], possono essere compiuti disgiuntamente da ciascun genitore.

[II] Si applicano, in caso di disaccordo o di esercizio difforme dalle decisioni concordate, le disposizioni dell'articolo 316.

[III] I genitori non possono alienare [777 // 733 CPC.], ipotecare o dare in pegno [2784, 2808] i beni pervenuti al figlio a qualsiasi titolo, anche a causa di morte, accettare o rinunziare ad eredità [471, 519] o legati [649, 650], accettare donazioni [356, 782, 784], procedere allo scioglimento di comunioni [313 ss., 1111 ss.], contrarre mutui [1813] o locazioni ultranovennali [374⁴, 1572] o compiere altri atti eccedenti la ordinaria amministrazione né promuovere, transigere [1965] o compromettere in arbitri [806 CPC.] giudizi relativi a tali atti, se non per necessità o utilità evidente del figlio dopo autorizzazione del giudice tutelare [322, 344 // 43, 45 att. // 747 CPC.].

[IV] I capitali non possono essere riscossi senza autorizzazione del giudice tutelare, il quale ne determina l'impiego [344, 374ⁿ.², 394 // 45 att.].

[V] L'esercizio di una impresa commerciale non può essere continuato se non con l'autorizzazione del giudice tutelare (4).

[VI] Se sorge conflitto di interessi patrimoniali tra i figli soggetti alla stessa responsabilità genitoriale (2), o tra essi e i genitori o quello di essi che esercita in via esclusiva la responsabilità genitoriale (2), il giudice tutelare nomina ai figli un curatore speciale [321, 394⁴ // 78 CPC.]. Se il conflitto sorge tra i figli e uno solo dei genitori esercenti la responsabilità genitoriale (2), la rappresentanza dei figli spetta esclusivamente all'altro genitore [45 att.].

➔ **CC. 1865 – art. 224, 225, 227, 1059¹.**

(1) Articolo sostituito dall'art. 143 della l. 19/5/1975, n. 151, cit. Il testo previgente disponeva: «Rappresentanza e amministrazione – [I] Il padre rappresenta i figli nati e nascituri in tutti gli atti civili e ne amministra i beni. [II] Egli tuttavia non può alienare, ipotecare, dare in pegno i beni del figlio, rinunziare a eredità, accettare donazioni o legati soggetti a pesi e condizioni, chiedere divisioni, contrarre in nome di lui mutui, locazioni oltre il novennio o compiere altri atti eccedenti i limiti dell'ordinaria amministrazione, né transigere o promuovere giudizi relativi a tali atti, se non per necessità o utilità evidente del figlio stesso e dopo autorizzazione del giudice tutelare. [III] I capitali non possono essere riscossi senza autorizzazione del giudice tutelare, il quale ne determina l'impiego. [IV] L'esercizio di un'impresa commerciale non può essere continuato se non con l'autorizzazione del tribunale, su parere del giudice tutelare. Questi può consentire l'esercizio provvisorio dell'impresa, fino a quando il tribunale abbia deliberato sull'istanza. [V] Se sorge conflitto d'interessi tra figli soggetti alla stessa patria potestà o tra essi e il padre, il giudice tutelare nomina ai figli un curatore speciale».

(2) L'art. 44 del d.lg. 28/12/2013, n. 154, cit., a decorrere dal 7/2/2014, ha sostituito alla parola "potestà", le parole: "responsabilità genitoriale".

(3) L'art. 44 del d.lg. 28/12/2013, n. 154, a decorrere dal 7/2/2014, dopo le parole: "i figli nati e nascituri" ha inserito le parole: "fino alla maggiore età o all'emancipazione".

(4) Comma sostituito dall'art. 1, co 4, lett. c), d.lg. 10/10/2022, n. 149 (ai sensi dell'art. 52 del d.lg. n. 149/2022, il citato decreto legislativo entra in vigore il giorno successivo a quello della sua pubblicazione nella GU). Per la disciplina transitoria v. art. 35 del d.lg. n. 149/2022, come da ultimo modificato dall'art. 1, co. 380, lett. a), l. 29/12/2022, n. 197, che prevede che: «1. Le disposizioni del presente decreto, salvo che non sia diversamente disposto, hanno effetto a decorrere dal 28 febbraio 2023 e si applicano ai procedimenti instaurati successivamente a tale data. Ai procedimenti pendenti alla data del 28 febbraio 2023 si applicano le disposizioni anteriormente vigenti.». Si riporta il testo anteriore alla suddetta modificazione: «L'esercizio di una impresa commerciale [2195, 2198] non può essere continuato se non con l'autorizzazione del tribunale [38 att.] su parere del giudice tutelare [344 // 2081 trans.]. Questi può consentire l'esercizio provvisorio dell'impresa, fino a quando il tribunale abbia deliberato sulla istanza [2198, 2294]».

321. Nomina di un curatore speciale (1). – [I] In tutti i casi in cui i genitori congiuntamente [316], o quello di essi che esercita in via esclusiva [155, 316⁴, 317, 337-ter³] la responsabilità genitoriale (2), non possono o non vogliono compiere uno o più atti di interesse del figlio, eccedenti l'ordinaria amministrazione, il giudice [38 att.], su richiesta del figlio stesso, del pubblico ministero [69 CPC.] o di uno dei parenti [77] che vi abbia interesse, e sentiti i genitori, può nominare al figlio un curatore speciale [78 CPC.] autorizzandolo al compimento di tali atti [395 // 45 att.].

➔ **CC. 1865 – art. 224, 226.**

(1) Articolo così sostituito dall'art. 144 della l. 19/5/1975, n. 151, cit. Il testo previgente disponeva: «Accettazione di eredità e donazioni – [I] Se il padre non può o non vuole accettare le eredità devolute ai figli nati o nascituri e le donazioni ad essi fatte, le eredità e le donazioni possono essere accettate, previa autorizzazione del giudice tutelare, dalla madre o da qualunque ascendente. [II] Quando manca l'accettazione della madre o dell'ascendente, il tribunale, su richiesta del figlio stesso o di alcuno dei parenti o anche su istanza del pubblico ministero, può autorizzare l'accettazione, premessa la nomina di un curatore speciale e sentito il padre».

(2) L'art. 45 del d.lg. 28/12/2013, n. 154, ha sostituito, a decorrere dal 7/2/2014, alla parola "potestà", le parole: "responsabilità genitoriale".

322. Inosservanza delle disposizioni precedenti (1). – [I] Gli atti compiuti senza osservare le norme dei precedenti articoli del presente titolo possono essere annullati [323², 377, 1425, 1441] su istanza dei genitori esercenti la responsabilità genitoriale [316] (2) o del figlio o dei suoi eredi o aventi causa.

➔ **CC. 1865 – art. 227.**

(1) Articolo così sostituito dall'art. 145 della l. 19/5/1975, n. 151, cit. Il testo previgente disponeva: «Inosservanza delle disposizioni precedenti – [I] Gli atti compiuti senza osservare le norme dei precedenti articoli possono essere annullati su istanza del padre o del figlio o dei suoi eredi o aventi causa».

(2) L'art. 46 del d.lg. 28/12/2013, n. 154, a decorrere dal 7/2/2014, ha sostituito alla parola "*potestà*", le parole: "responsabilità genitoriale".

CODICE CIVILE

323. Atti vietati ai genitori (1). – [I] I genitori esercenti la responsabilità genitoriale [316, 317] (2) sui figli non possono, neppure all'asta pubblica [503, 534, 733 CPC.], rendersi acquirenti direttamente o per interposta persona [599[2]] dei beni e dei diritti del minore [378, 779, 1261, 1471[n. 3]].

[II] Gli atti compiuti in violazione del divieto previsto nel comma precedente possono essere annullati su istanza del figlio o dei suoi eredi o aventi causa [322, 1425, 1441].

[III] I genitori esercenti la responsabilità genitoriale (2) non possono diventare cessionari di alcuna ragione o credito verso il minore [378, 1260 ss.].

➔ CC. 1865 – art. 1457[2].

(1) Articolo così sostituito dall'art. 146 della l. 19/5/1975, n. 151, cit. Il testo previgente disponeva: «Atti vietati al genitore. [I] Il genitore esercente la patria potestà non può, neppure all'asta pubblica, rendersi acquirente direttamente o per interposta persona dei beni e dei diritti del minore. [II] Gli atti compiuti in violazione di questo divieto possono essere annullati su istanza del figlio o dei suoi eredi o aventi causa. [III] Il genitore esercente la patria potestà non può neppure diventare cessionario di alcuna ragione o credito verso il minore».

(2) L'art. 47 del d.lg. 28/12/2013, n. 154, cit., a decorrere dal 7/2/2014, ha sostituito alla parola "*potestà*", le parole: "responsabilità genitoriale".

324. Usufrutto legale (1). – [I] I genitori esercenti la responsabilità genitoriale [316, 327] (2) hanno in comune l'usufrutto [**261**, 325, 334, 335, 465, 978, 1002[3]] dei beni del figlio, fino alla maggiore età [2] o all'emancipazione [390 ss.] (3).

[II] I frutti percepiti sono destinati al mantenimento della famiglia e all'istruzione ed educazione dei figli [143[2], 147, 148, 315-bis[4]].

[III] Non sono soggetti ad usufrutto legale [465]:

1) i beni acquistati dal figlio con i proventi del proprio lavoro;

2) i beni lasciati o donati [769 ss.] al figlio per intraprendere una carriera, un'arte o una professione;

3) i beni lasciati o donati [769 ss.] con la condizione [633, 1353] che i genitori esercenti la responsabilità genitoriale (2) o uno di essi non ne abbiano l'usufrutto: la condizione però non ha effetto per i beni spettanti al figlio a titolo di legittima [536, 537];

4) i beni pervenuti al figlio per eredità [456 ss.], legato [649 ss.] o donazione [769 ss.] e accettati nell'interesse del figlio contro la volontà dei genitori esercenti la responsabilità genitoriale [321] (2). Se uno solo di essi era favorevole all'accettazione, l'usufrutto legale spetta esclusivamente a lui.

➔ CC. 1865 – art. 220, 224, 229, 234.

(1) Articolo così sostituito dall'art. 147 della l. 19/5/1975, n. 151, cit. Il testo previgente disponeva: «Usufrutto legale – [I] Il padre ha l'usufrutto dei beni del figlio finché esercita la patria potestà, salvo quanto è disposto nell'art. 328. [II] Non sono soggetti ad usufrutto legale: 1) i beni acquistati dal figlio in occasione o per esercizio di milizia, ufficio, impiego, professione o arte o in altro modo separatamente col proprio lavoro o con la propria industria; 2) i beni lasciati o donati al figlio per intraprendere una carriera, un'arte o una professione; 3) i beni lasciati o donati con la condizione che il padre non ne abbia l'usufrutto: la condizione però non ha effetto pei beni spettanti al figlio a titolo di legittima; 4) i beni pervenuti al figlio per eredità, legato o donazione e accettati nell'interesse del figlio contro la volontà del padre».

(2) L'art. 48, co. 1, lett. a), d.lg. 28/12/2013, n. 154, cit., ha sostituito, a decorrere dal 7/2/2014, alla parola "potestà", le parole: "responsabilità genitoriale".

(3) L'art. 48, co. 1, lett. b), d.lg. 28/12/2013, n. 154, ha inserito, a decorrere dal 7/2/2014, dopo le parole: "dei beni del figlio", le parole: "fino alla maggiore età o all'emancipazione".

325. Obblighi inerenti all'usufrutto legale (1). – [I] Gravano sull'usufrutto legale gli obblighi propri dell'usufruttuario [324, 1001 ss.].

➔ CC. 1865 – art. 230.

(1) Articolo così sostituito dall'art. 148 della l. 19/5/1975, n. 151, cit. Il testo previgente disponeva: «Obblighi inerenti all'usufrutto legale – [I] Gravano sull'usufrutto legale, oltre gli obblighi propri dell'usufruttuario, le spese di mantenimento, istruzione ed educazione del figlio».

326. Inalienabilità dell'usufrutto legale. Esecuzione sui frutti (1). – [I] L'usufrutto legale non può essere oggetto di alienazione [980, 1470], di pegno [2784] o di ipoteca [2808, 2810[n. 2]] né di esecuzione da parte dei creditori [2910 ss.].

[II] L'esecuzione sui frutti dei beni del figlio da parte dei creditori dei genitori o di quello di essi che ne è titolare esclusivo non può aver luogo per debiti che il creditore conosceva essere stati contratti per scopi estranei ai bisogni della famiglia [170, 188].

(1) Articolo così sostituito dall'art. 149 della l. 19/5/1975, n. 151, cit. Il testo previgente disponeva: «Inalienabilità dell'usufrutto legale. Esecuzione sui frutti. [I] L'usufrutto legale non può essere oggetto di alienazione, di pegno o d'ipoteca, né di esecuzione da parte dei creditori. [II] L'esecuzione sui frutti dei beni del figlio da parte dei creditori del padre non può aver luogo per debiti che il creditore conosceva essere stati contratti per scopi estranei ai bisogni della famiglia».

327. Usufrutto legale di uno solo dei genitori (1). – [I] Il genitore che esercita in modo esclusivo la responsabilità genitoriale [155, 316[4 e 5], 317, 337-ter[3]] (2) è il solo titolare dell'usufrutto legale [320, 324, 465].

➔ CC. 1865 – art. 231.

(1) Articolo così sostituito dall'art. 150 della l. 19/5/1975, n. 151, cit. Il testo previgente disponeva: «Usufrutto legale della madre – [I] I precedenti articoli sono applicabili alla madre che esercita la patria potestà. [II] L'usufrutto legale passa alla madre anche quando la patria potestà è esercitata dal padre, se questi è escluso dall'usufrutto per cause a lui personali».

(2) L'art. 49 del d.lg. 28/12/2013, n. 154, cit., ha sostituito, a decorrere dal 7/2/2014, alla parola "potestà", le parole: "responsabilità genitoriale".

328. Nuove nozze (1). – [I] Il genitore che passa a nuove nozze conserva l'usufrutto legale [324], con l'obbligo tuttavia di accantonare in favore del figlio quanto risulti eccedente rispetto alle spese per il mantenimento, l'istruzione e l'educazione di questo ultimo [147, *301[3]**].

➔ CC. 1865 – art. 232.

(1) Articolo così sostituito dall'art. 151 della l. 19/5/1975, n. 151, cit. Il testo previgente disponeva: «[I] L'usufrutto legale cessa col passaggio del genitore a nuove nozze».

* Articolo abrogato.

329. Godimento dei beni dopo la cessazione dell'usufrutto legale. – [I] Cessato l'usufrutto legale, se il genitore ha continuato a godere i beni del figlio convivente con esso senza procura ma senza opposizione, o anche con procura ma senza l'obbligo di rendere conto dei frutti, egli o i suoi eredi non sono tenuti che a consegnare i frutti esistenti al tempo della domanda [217, 1148].

➔ CC. 1865 – art. 234.

330. Decadenza dalla responsabilità genitoriale sui figli (1). – [I] Il giudice può pronunziare la decadenza dalla responsabilità genitoriale [$32^{2\text{ e }3}$, 34 CP.] quando il genitore viola o trascura i doveri ad essa inerenti [147 // 30 Cost. // 570 CP.] o abusa dei relativi poteri [320, 323, 324 // 571, 572 CP.] con grave pregiudizio del figlio [332, 333].

[II] In tale caso, per gravi motivi, il giudice può ordinare l'allontanamento del figlio dalla residenza familiare [333 // 38, 51 att.] ovvero l'allontanamento del genitore o convivente [252, 333, 337-sexies, 342-bis, 342-ter, 408, 417, 426, 1023 // 2, 30 e 31 Cost. // 8 CEDU // 609-quater$^{1,\text{ n. }2\text{ e }2,}$ e 609-septies$^{4,\text{ n. }2}$ CP. // $199^{3,\text{ lett. a)}}$ e 681 CPP.] che maltratta o abusa del minore [342-bis, 342-ter] (2).

➔ **CC. 1865 – art. 227.**

(1) Articolo così sostituito dall'art. 152 della l. 19/5/1975, n. 151, cit. Il testo previgente disponeva: «Decadenza dalla patria potestà – [I] Il tribunale può pronunziare la decadenza dalla patria potestà quando il genitore viola o trascura con grave pregiudizio del figlio i doveri ad essa inerenti».

• L'art. 50 del d.lg. 28/12/2013, n. 154, cit., ha previsto, a decorrere dal 7/2/2014, nella rubrica e nel testo, la sostituzione della parola «*potestà*» con le parole: «responsabilità genitoriale».

(2) Comma così modificato dall'art. 37, co. 1, l. 28/3/2001, n. 149, modif. alla l. 4/5/1983, n. 184, recante Disciplina dell'adozione e dell'affidamento dei minori, nonché al titolo VIII del libro primo del codice civile. Il testo originario prevedeva: «[II] In tale caso, per gravi motivi, il giudice può ordinare l'allontanamento del figlio dalla residenza familiare».

331. Passaggio della patria potestà alla madre*. *– [I] Quando, pronunziata la decadenza, l'esercizio della patria potestà passa alla madre, il tribunale può in speciali circostanze impartire disposizioni alle quali la madre deve attenersi. Il tribunale può anche ordinare che il figlio venga allontanato dalla casa paterna.*

* Articolo abrogato dall'art. 153 della l. 19/5/1975, n. 151, cit.

332. Reintegrazione nella responsabilità genitoriale (1). – [I] Il giudice [38, 51 att.] può reintegrare nella responsabilità genitoriale il genitore che ne è decaduto [330], quando, cessate le ragioni per le quali la decadenza è stata pronunciata, è escluso ogni pericolo di pregiudizio per il figlio [336].

(1) Articolo così sostituito dall'art. 154 della l. 19/5/1975, n. 151, cit. Il testo previgente disponeva: «Reintegrazione nella patria potestà – [I] Il tribunale può reintegrare nella patria potestà il genitore che ne è decaduto, quando, cessate le ragioni per le quali la decadenza fu pronunziata, è escluso ogni pericolo di pregiudizio per il figlio».

• L'art. 51 del d.lg. 28/12/2013, n. 154, ha previsto, a decorrere dal 7/2/2014, nella rubrica e nel testo, la sostituzione della parola "*potestà*" con le parole: le parole: "responsabilità genitoriale".

333. Condotta del genitore pregiudizievole ai figli (1). – [I] Quando la condotta di uno o di entrambi i genitori non è tale da dare luogo alla pronuncia di decadenza prevista dall'articolo 330, ma appare comunque pregiudizievole al figlio, il giudice [38, 51 att.], secondo le circostanze, può adottare i provvedimenti convenienti e può anche disporre l'allontanamento di lui dalla residenza familiare ovvero l'allontanamento del genitore o convivente [252, 330^{2}, 337-sexies, 342-bis, 342-ter, 408, 417, 426, 1023 // 2, 30 e 31 Cost. // 8 CEDU // 609-quater$^{1,\text{ n. }2\text{ e }2,}$ e 609-septies$^{4,\text{ n. }2}$ CP. // $199^{3,\text{ lett. a)}}$ e 681 CPP.] che maltratta o abusa del minore [330^{2}, 336] (2).

[II] Tali provvedimenti sono revocabili in qualsiasi momento [742 CPC.].

(1) Articolo così sostituito dall'art. 155 della l. 19/5/1975, n. 151, cit. Il testo previgente disponeva: «Condotta del genitore pregiudizievole al figlio – [I] Quando la condotta del genitore non è tale da dar luogo alla pronunzia, di decadenza prevista dall'art. 330, ma appare comunque pregiudizievole al figlio, il tribunale può, secondo le circostanze, adottare i provvedimenti convenienti all'interesse del figlio e può anche disporre l'allontanamento di lui dalla casa paterna».

(2) Comma così modificato dall'art. 372 della l. 28/3/2001, n. 149, cit. Il testo precedente disponeva: «[I] Quando la condotta di uno o di entrambi i genitori non è tale da dare luogo alla pronuncia di decadenza prevista dall'art. 330, ma appare comunque pregiudizievole al figlio, il giudice, secondo le circostanze può adottare i provvedimenti convenienti e può anche disporre l'allontanamento di lui dalla residenza familiare».

334. Rimozione dall'amministrazione (1). – [I] Quando il patrimonio del minore è male amministrato, il tribunale [38, 51 att.] può stabilire le condizioni a cui i genitori devono attenersi nell'amministrazione [337] o può rimuovere entrambi o uno solo di essi dall'amministrazione stessa [320], e privarli, in tutto o in parte, dell'usufrutto legale [324, 336].

[II] L'amministrazione è affidata ad un curatore [78 CPC.], se è disposta la rimozione di entrambi i genitori.

➔ **CC. 1865 – art. 221, 227.**

(1) Articolo così sostituito dall'art. 156 della l. 19/5/1975, n. 151, cit. Il testo previgente disponeva: «[I] Se il patrimonio del minore è male amministrato, il tribunale può stabilire le condizioni a cui il genitore deve attenersi nell'amministrazione o può rimuoverlo dall'amministrazione stessa e privarlo anche, in tutto o in parte, dell'usufrutto legale. [II] Disposta la rimozione, l'amministrazione è affidata all'altro genitore e, se questi manca o non può esercitarla, a un curatore».

335. Riammissione nell'esercizio dell'amministrazione. – [I] Il genitore rimosso dall'amministrazione [334] ed eventualmente privato dell'usufrutto legale [324] può essere riammesso dal tribunale [38^{1}, 51 att.] nell'esercizio dell'una e nel godimento dell'altro, quando sono cessati i motivi che hanno provocato il provvedimento [336].

336. Legittimazione ad agire (1) (2). – [I] I provvedimenti indicati negli articoli precedenti sono adottati su ricorso dell'altro genitore, dei parenti, del curatore speciale se già nominato o del pubblico ministero [69 CPC.] e, quando si tratta di revocare deliberazioni anteriori, anche del genitore interessato.

*[II] Il tribunale [38 att.] provvede in camera di consiglio [737 CPC.], assunte informazioni e sentito il pubblico ministero [738^{2} CPC.]; dispone, inoltre, l'ascolto del figlio minore che abbia compiuto gli anni dodici e anche di età inferiore ove capace di discernimento [336 bis]. Nei casi in cui il provvedimento è richiesto contro il genitore, questi deve essere sentito (3). [III] In caso di urgente necessità il tribunale può adottare, anche di ufficio, provvedimenti temporanei nell'interesse del figlio [330^{2}, 333] *.*

[IV] I genitori e il minore sono assistiti da un difensore (4).

(1) Articolo così sostituito dall'art. 157 della l. 19/5/1975, n. 151, cit. Il testo previgente disponeva: «Procedimento – [I] I provvedimenti indicati negli articoli precedenti sono adottati su ricorso della madre, dei parenti o del pubblico ministero e, quando si tratta di revocare deliberazioni anteriori, anche del genitore interessato. [II] Il tribunale provvede in camera di consiglio, assunte informazioni e sentito il pubblico ministero. Nei casi in cui il provvedimento è richiesto contro il genitore, questi deve essere sentito. [III] In caso di urgente necessità il giudice tutelare può adottare, anche d'ufficio, provvedimenti temporanei nell'interesse del figlio, riferendone al pubblico ministero».

• Per la disciplina transitoria v. art. 12 del d.l. 1/7/2002, n. 126, conv. In l. 2/8/2002, n. 175, che dispone: «In via transitoria e fino alla emanazione di nuove disposizioni che regolano i procedimenti di cui all'art. 336 CC., e comunque non oltre il 30 giugno 2003, ai medesimi procedimenti continuano ad applicarsi le disposizioni processuali vigenti anteriormente alla data di entrata in vigore del d.l.

24/4/2001, n. 150, conv., con modif., dalla l. 23/6/2001, n. 240». Tale termine è stato prorogato: – al 30/6/2004 dall'art. 15 del d.l. 24/6/2003, n. 147, conv. In l. 1/8/2003, n. 200; – al 30/6/2005 dall'art. 2 del d.l. 24/6/2004, n. 158, conv. In l. 27/7/2004, n. 188; – al 30/6/2006 dall'art. 8² del d.l. 30/6/2005, n. 115, conv. In l. 17/8/2005, n. 168; – al 30/6/2007 dall'art. 1² della l. 12/7/2006, n. 228.

• Comma modificato dall'art. 1, co. 4, lett. d), n. 1, d.lg. 10/10/2022, n. 149 che ha inserito le parole ", del curatore speciale se già nominato" dopo le parole "dei parenti" (ai sensi dell'art. 52 del d.lg. n. 149/2022, il citato decreto legislativo entra in vigore il giorno successivo a quello della sua pubblicazione nella GU). Per la disciplina transitoria v. art. 35 del d.lg. n. 149/2022, cit., che prevede che: «1. Le disposizioni del presente decreto, salvo che non sia diversamente disposto, hanno effetto a decorrere dal 30 giugno 2023 e si applicano ai procedimenti instaurati successivamente a tale data. Ai procedimenti pendenti alla data del 30 giugno 2023 si applicano le disposizioni anteriormente vigenti».

(2) Rubrica modificata dall'art. 1, co. 4, lett. d), n. 4, d.lg. 10/10/2022, n. 149.

(3) Comma così sostituito, a decorrere dal 7/2/2014 dall'art. 52 del d.lg. 28/12/2013, n. 154, cit. Il testo precedente prevedeva: «[II] Il tribunale provvede in camera di consiglio, assunte informazioni e sentito il pubblico ministero. Nei casi in cui il provvedimento è richiesto contro il genitore, questi deve essere sentito».

* Gli originari co. 2 e 3 sono abrogati dall'art. 1, co. 4, lett. d), n. 2, d.lg. 10/10/2022, n. 149 (ai sensi dell'art. 52 del d.lg. n. 149/2022, il citato decreto legislativo entra in vigore il giorno successivo a quello della sua pubblicazione nella GU). Per la disciplina transitoria v. art. 35 del d.lg. n. 149/2022, come da ultimo modificato dall'art. 1, co. 380, lett. a), l. 29/12/2022, n. 197, che prevede che: «1. Le disposizioni del presente decreto, salvo che non sia diversamente disposto, hanno effetto a decorrere dal 28 febbraio 2023 e si applicano ai procedimenti instaurati successivamente a tale data. Ai procedimenti pendenti alla data del 28 febbraio 2023 si applicano le disposizioni anteriormente vigenti.». Si riporta il testo anteriore alla suddetta modificazione: «Il tribunale provvede in camera di consiglio, assunte informazioni e sentito il pubblico ministero; dispone, inoltre, l'ascolto del figlio minore che abbia compiuto gli anni dodici e anche di età inferiore ove capace di discernimento. Nei casi in cui il provvedimento è richiesto contro il genitore, questi deve essere sentito. – In caso di urgente necessità il tribunale può adottare, anche di ufficio, provvedimenti temporanei nell'interesse del figlio». Precedentemente l'originario secondo comma era stato sostituito dall'art. 52 del d.lg. 28/12/2013, n. 154. Il testo precedente recitava: «Il tribunale provvede in camera di consiglio, assunte informazioni e sentito il pubblico ministero. Nei casi in cui il provvedimento è richiesto contro il genitore, questi deve essere sentito». Ai sensi dell'art. 108, d.lg. n. 154/2013, la modifica è entrata in vigore a partire dal 7 febbraio 2014.

(4) Comma dapprima aggiunto dall'art. 373 della l. 28/3/2001, n. 149, modif. alla l. 4/5/1983, n. 184, recante "Disciplina dell'adozione e dell'affidamento dei minori", nonché al titolo VIII del libro primo del codice civile, e successivamente modificato dall'art. 29, co. 9 d.P.R. 30/5/2002, n. 115, TU delle disposizioni legislative e regolamentari in materia di spese di giustizia, che ha abrogato le parole "anche a spese dello Stato nei casi previsti dalla legge" che erano previste dopo la parola "difensore".

• Comma modificato dall'art. 1, co. 4, lett. d), n. 3, d.lg. 10/10/2022, n. 149 che ha sostituito le parole "I genitori" alle parole "Per i provvedimenti di cui ai commi precedenti, i genitori" (ai sensi dell'art. 52 del d.lg. n. 149/2022, il citato decreto legislativo entra in vigore il giorno successivo a quello della sua pubblicazione nella GU). Per la disciplina transitoria v. art. 35 del d.lg. n. 149/2022, come da ultimo modificato dall'art. 1, co. 380, lett. a), l. 29/12/2022, n. 197, che prevede che: «1. Le disposizioni del presente decreto, salvo che non sia diversamente disposto, hanno effetto a decorrere dal 28 febbraio 2023 e si applicano ai procedimenti instaurati successivamente a tale data. Ai procedimenti pendenti alla data del 28 febbraio 2023 si applicano le disposizioni anteriormente vigenti.». Il presente comma era dapprima stato aggiunto dall'art. 373 della l. 28/3/2001, n. 149 e successivamente modificato dall'art. 299 del d.P.R. 30/5/2002, n. 115, che aveva abrogato le parole "anche a spese dello Stato nei casi previsti dalla legge" che figuravano dopo la parola "difensore".

336 bis. Ascolto del minore (1). – *[I] Il minore che abbia compiuto gli anni dodici e anche di età inferiore ove capace di discernimento è ascoltato dal presidente del tribunale o dal giudice delegato nell'ambito dei procedimenti nei quali devono essere adottati provvedimenti che lo riguardano [315-bis³, 316³, 336², 337-octies // 111¹ e ² Cost.] (2). Se l'ascolto è in contrasto con l'interesse del minore, o manifestamente superfluo, il giudice non procede all'adempimento dandone atto con provvedimento motivato.*

[II] L'ascolto è condotto dal giudice, anche avvalendosi di esperti o di altri ausiliari. I genitori, anche quando parti processuali del procedimento, i difensori delle parti, il curatore speciale del minore, se già nominato, ed il pubblico ministero, sono ammessi a partecipare all'ascolto se autorizzati dal giudice, al quale possono proporre argomenti e temi di approfondimento prima dell'inizio dell'adempimento.

[III] Prima di procedere all'ascolto il giudice informa il minore della natura del procedimento e degli effetti dell'ascolto.

[IV] Dell'adempimento è redatto processo verbale nel quale è descritto il contegno del minore, ovvero è effettuata registrazione audio video.

(1) Articolo inserito, a decorrere dal 7/2/2014 dall'art. 53 del d.lg. 28/12/2013, n. 154, cit. poi abrogato dall'art. 1, co. 4, lett. e), d.lg. 10/10/2022, n. 149 (ai sensi dell'art. 52 del d.lgs. n. 149/2022, il citato decreto legislativo entra in vigore il giorno successivo a quello della sua pubblicazione nella GU). Per la disciplina transitoria v. art. 35 del d.lgs. n. 149/2022, come da ultimo modificato dall'art. 1, co. 380, lett. a), l. 29/12/2022, n. 197, che prevede che: «1. Le disposizioni del presente decreto, salvo che non sia diversamente disposto, hanno effetto a decorrere dal 28 febbraio 2023 e si applicano ai procedimenti instaurati successivamente a tale data. Ai procedimenti pendenti alla data del 28 febbraio 2023 si applicano le disposizioni anteriormente vigenti.». Il presente articolo era stato inserito dall'art. 53, d.lg. 28/12/2013, n. 154. Ai sensi dell'art. 108, d.lg. n. 154/2013, la modifica è entrata in vigore a partire dal 7/2/2014.

(2) V. art. 12 Conv. Sui diritti del fanciullo, fatta a New York il 20/11/1989 (l. 27/5/1991, n. 176, Ratifica ed esecuzione della conv. Sui diritti del fanciullo) che dispone: «[I] Gli Stati parti garantiscono al fanciullo capace di discernimento il diritto di esprimere liberamente la sua opinione su ogni questione che lo interessa, le opinioni del fanciullo essendo debitamente prese in considerazione tenendo conto della sua età e del suo grado di maturità. [II] A tal fine, si darà in particolare al fanciullo la possibilità di essere ascoltato in ogni procedura giudiziaria o amministrativa che lo concerne, sia direttamente, sia tramite un rappresentante o un organo appropriato, in maniera compatibile con le regole di procedura della legislazione nazionale».

• V. art. 6 Conv. Europea sull'esercizio dei diritti dei fanciulli, fatta a Strasburgo il 25/1/1996 (l. 20/3/2003, n. 77, Ratifica ed esecuzione della Conv. Europea sull'esercizio dei diritti dei fanciulli) che dispone: «Processo decisionale – [I] Nelle procedure che interessano un fanciullo, l'autorità giudiziaria, prima di adottare qualsiasi decisione deve: a) esaminare se dispone di informazioni sufficienti in vista di prendere una decisione nell'interesse superiore del fanciullo e se del caso, ottenere informazioni supplementari in particolare da parte di coloro che hanno responsabilità di genitore; b) quando il fanciullo è considerato dal diritto interno come avente un discernimento sufficiente, l'autorità giudiziaria: – si accerta che il fanciullo abbia ricevuto ogni informazione pertinente; – consulta personalmente il fanciullo, se del caso, e se necessario in privato, direttamente o attraverso altre persone o organi, nella forma che riterrà più appropriata tenendo conto del discernimento del fanciullo, a meno che ciò non sia manifestamente in contrasto con gli interessi superiori dello stesso; – consente al fanciullo di esprimere la sua opinione; c) tenere debitamente conto dell'opinione espressa da quest'ultimo».

337. Vigilanza del giudice tutelare (1). – [I] Il giudice tutelare [344] deve vigilare sull'osservanza delle condizioni che il tribunale abbia stabilito per l'esercizio della responsabilità genitoriale [316, 333] (2) e per l'amministrazione dei beni [334].

(1) Articolo così sostituito dall'art. 158 della l. 19/5/1975, n. 151, cit. Il testo previgente prevedeva: «[I] Il giudice tutelare deve vigilare sull'osservanza delle condizioni che il tribunale abbia stabilite per l'esercizio della patria potestà e per l'amministrazione dei beni».

(2) L'art. 54 del d.lg. 28/12/2013, n. 154, cit., ha sostituito, a decorrere dal 7/2/2014, alla parola "potestà", le parole: "responsabilità genitoriale".

Capo II
Esercizio della responsabilità genitoriale a seguito di separazione, scioglimento, cessazione degli effetti civili, annullamento, nullità del matrimonio ovvero all'esito di procedimenti relativi ai figli nati fuori del matrimonio (1)

(1) Capo inserito dall'art. 7 del d.lg. 28/12/2013, n. 154, cit., a decorrere dal 7/2/2014.

• V. art. 6, co. 2, l. 1/12/1970, n. 898, Disciplina dei casi di scioglimento del matrimonio, che dispone: «[II] Il Tribunale che pronuncia lo scioglimento o la cessazione degli effetti civili del matrimonio applica, riguardo ai figli, le disposizioni contenute nel capo II, del titolo IX, del libro primo, del codice civile».

337 bis. Ambito di applicazione (1). – [I] In caso di separazione, scioglimento, cessazione degli effetti civili, annullamento, nullità del matrimonio e nei procedimenti relativi ai figli nati fuori del matrimonio si applicano le disposizioni del presente capo [155] (2).

➔ **CC. 1865 – art. 145, 154.**

(1) Articolo inserito, a decorrere dal 7/2/2014, dall'art. 55 del d.lg. 28/12/2013, n. 154.

(2) V. art. 6 del d.l. 12/9/2014, n. 132, Misure urgenti di degiurisdizionalizzazione ed altri interventi per la definizione dell'arretrato in materia di processo civile, conv. in l. 10/11/2014, n. 162. In particolare i co. I e II dell'articolo prevedono: «Conv. di negoziazione assistita da uno o più avvocati per le soluzioni consensuali di separazione personale, di cessazione degli effetti civili o di scioglimento del matrimonio, di modifica delle condizioni di separazione o di divorzio – [I] La Conv. di negoziazione assistita da almeno un avvocato per parte può essere conclusa tra coniugi al fine di raggiungere una soluzione consensuale di separazione personale, di cessazione degli effetti civili del matrimonio, di scioglimento del matrimonio nei casi di cui all'art. 3, co. 1, n. 2), lett. b), l. 1/12/1970, n. 898, e successive modificazioni, di modifica delle condizioni di separazione o di divorzio. [II] In mancanza di figli minori, di figli maggiorenni incapaci o portatori di handicap grave ai sensi dell'art. 3, co. 3, l. 5/2/1992, n. 104, ovvero economicamente non autosufficienti, l'accordo raggiunto a seguito di Conv. di negoziazione assistita è trasmesso al procuratore della Repubblica presso il tribunale competente il quale, quando non ravvisa irregolarità, comunica agli avvocati il nullaosta per gli adempimenti ai sensi del co. 3. In presenza di figli minori, di figli maggiorenni incapaci o portatori di handicap grave ovvero economicamente non autosufficienti, l'accordo raggiunto a seguito di Conv. di negoziazione assistita deve essere trasmesso entro il termine di dieci giorni al procuratore della Repubblica presso il tribunale competente, il quale, quando ritiene che l'accordo risponde all'interesse dei figli, lo autorizza. Quando ritiene che l'accordo non risponde all'interesse dei figli, il procuratore della Repubblica lo trasmette, entro cinque giorni, al presidente del tribunale, che fissa, entro i successivi trenta giorni, la comparizione delle parti e provvede senza ritardo. All'accordo autorizzato si applica il co. 3».

337 ter. Provvedimenti riguardo ai figli (1). – [I] Il figlio minore ha il diritto di mantenere un rapporto equilibrato e continuativo con ciascuno dei genitori, di ricevere cura, educazione, istruzione e assistenza morale da entrambi e di conservare rapporti significativi con gli ascendenti e con i parenti [74] di ciascun ramo genitoriale [315-bis, 317-bis // 30 Cost.].

[II] Per realizzare la finalità indicata dal primo comma, nei procedimenti di cui all'articolo 337-bis, il giudice adotta i provvedimenti relativi alla prole con esclusivo riferimento all'interesse morale e materiale di essa [147, 158]. Valuta **prioritariamente** la possibilità che **i figli minori restino affidati a entrambi i genitori oppure stabilisce a quale di essi i figli sono affidati,** determina i tempi e le modalità della loro presenza presso ciascun genitore, fissando altresì la misura e il modo con cui ciascuno di essi deve contribuire al mantenimento, alla cura, all'istruzione e all'educazione dei figli [148, 316-bis] (2). Prende atto, se non contrari all'interesse dei figli, degli accordi intervenuti tra i genitori, in particolare qualora raggiunti all'esito di un percorso di mediazione familiare (3). Adotta ogni altro provvedimento relativo alla prole, ivi compreso, in caso di temporanea impossibilità di affidare il minore ad uno dei genitori, l'affidamento familiare. All'attuazione dei provvedimenti relativi all'affidamento della prole provvede il giudice del merito e, nel caso di affidamento familiare, anche d'ufficio. A tal fine copia del provvedimento di affidamento è trasmessa, a cura del pubblico ministero, al giudice tutelare.

[III] La responsabilità genitoriale è esercitata da entrambi i genitori [316]. Le decisioni di maggiore interesse per i figli relative all'istruzione, all'educazione, alla salute e alla scelta della residenza abituale del minore sono assunte di comune accordo tenendo conto delle capacità, dell'inclinazione naturale e delle aspirazioni dei figli. In caso di disaccordo la decisione è rimessa al giudice. Limitatamente alle decisioni su questioni di ordinaria amministrazione, il giudice può stabilire che i genitori esercitino la responsabilità genitoriale separatamente. Qualora il genitore non si attenga alle condizioni dettate, il giudice valuterà detto comportamento anche al fine della modifica delle modalità di affidamento.

[IV] Salvo accordi diversi liberamente sottoscritti dalle parti, ciascuno dei genitori provvede al mantenimento dei figli in misura proporzionale al proprio reddito [316-*bis*]; il giudice stabilisce, ove necessario, la corresponsione di un assegno periodico al fine di realizzare il principio di proporzionalità, da determinare considerando:

1) le attuali esigenze del figlio;

2) il tenore di vita goduto dal figlio in costanza di convivenza con entrambi i genitori;

3) i tempi di permanenza presso ciascun genitore;

4) le risorse economiche di entrambi i genitori;

5) la valenza economica dei compiti domestici e di cura assunti da ciascun genitore.

[V] L'assegno è automaticamente adeguato agli indici ISTAT in difetto di altro parametro indicato dalle parti o dal giudice.

[VI] Ove le informazioni di carattere economico fornite dai genitori non risultino sufficientemente documentate, il giudice dispone un accertamento della polizia tributaria sui redditi e sui beni oggetto della contestazione, anche se intestati a soggetti diversi.

➔ **CC. 1865 – art. 145, 154.**

(1) Articolo inserito, a decorrere dal 7/2/2014, dall'art. 55 del d.lg. 28/12/2013, n. 154. In realtà, in tale articolo è stato riprodotto, sia pure con alcune modifiche, il contenuto del previgente art. 155 CC.

(2) Cfr. l. 8/2/2006, n. 54, Disposizioni in materia di separazione dei genitori e affidamento condiviso dei figli, in particolare, gli art. 1 e 4.

(3) V. art. 6 del d.l. 12/9/2014, n. 132, Misure urgenti di degiurisdizionalizzazione ed altri interventi per la definizione dell'arretrato in materia di processo civile, conv. con modificazioni dalla l. 10/11/2014, n. 162. In particolare, i co. 1, 2 e 3 che dispongono: «Conv. di negoziazione assistita da uno o più avvocati per le soluzioni consensuali

di separazione personale, di cessazione degli effetti civili o di scioglimento del matrimonio, di modifica delle condizioni di separazione o di divorzio – [I] La Conv. di negoziazione assistita da almeno un avvocato per parte può essere conclusa tra coniugi al fine di raggiungere una soluzione consensuale di separazione personale, di cessazione degli effetti civili del matrimonio, di scioglimento del matrimonio nei casi di cui all'art. 3, co. 1, n. 2), lett. b), l. 1/12/1970, n. 898, e successive modificazioni, di modifica delle condizioni di separazione o di divorzio. [II] In mancanza di figli minori, di figli maggiorenni incapaci o portatori di handicap grave ai sensi dell'art. 3, co. 3, l. 5/2/1992, n. 104, ovvero economicamente non autosufficienti, l'accordo raggiunto a seguito di Conv. di negoziazione assistita è trasmesso al procuratore della Repubblica presso il tribunale competente il quale, quando non ravvisa irregolarità, comunica agli avvocati il nullaosta per gli adempimenti ai sensi del co. 3. In presenza di figli minori, di figli maggiorenni incapaci o portatori di handicap grave ovvero economicamente non autosufficienti, l'accordo raggiunto a seguito di Conv. di negoziazione assistita deve essere trasmesso entro il termine di dieci giorni al procuratore della Repubblica presso il tribunale competente, il quale, quando ritiene che l'accordo risponde all'interesse dei figli, lo autorizza. Quando ritiene che l'accordo non risponde all'interesse dei figli, il procuratore della Repubblica lo trasmette, entro cinque giorni, al presidente del tribunale, che fissa, entro i successivi trenta giorni, la comparizione delle parti e provvede senza ritardo. All'accordo autorizzato si applica il co. 3. [III] L'accordo raggiunto a seguito della Conv. produce gli effetti e tiene luogo dei provvedimenti giudiziali che definiscono, nei casi di cui al co. 1, i procedimenti di separazione personale, di cessazione degli effetti civili del matrimonio, di scioglimento del matrimonio e di modifica delle condizioni di separazione o di divorzio. Nell'accordo si dà atto che gli avvocati hanno tentato di conciliare le parti e le hanno informate della possibilità di esperire la mediazione familiare e che gli avvocati hanno informato le parti dell'importanza per il minore di trascorrere tempi adeguati con ciascuno dei genitori. L'avvocato della parte è obbligato a trasmettere, entro il termine di dieci giorni, all'ufficiale dello stato civile del Comune in cui il matrimonio fu iscritto o trascritto, copia, autenticata dallo stesso, dell'accordo munito delle certificazioni di cui all'art. 5». Comma modificato dall'art. 1, co. 5, lett. a), d.lg. 10/10/2022, n. 149 che ha inserito le parole ", in particolare qualora raggiunti all'esito di un percorso di mediazione familiare" dopo le parole "degli accordi intervenuti tra i genitori" e le parole "o su richiesta del pubblico ministero" sono state aggiunte in fine al quinto periodo e soppresso il sesto periodo (ai sensi dell'art. 52 del d.lg. n. 149/2022, il citato decreto legislativo entra in vigore il giorno successivo a quello della sua pubblicazione nella GU). Per la disciplina transitoria v. art. 35 del d.lg. n. 149/2022, come da ultimo modificato dall'art. 1, co. 380, lett. a), l. 29/12/2022, n. 197, che prevede che: «1. Le disposizioni del presente decreto, salvo che non sia diversamente disposto, hanno effetto a decorrere dal 28 febbraio 2023 e si applicano ai procedimenti instaurati successivamente a tale data. Ai procedimenti pendenti alla data del 28 febbraio 2023 si applicano le disposizioni anteriormente vigenti.».

337 quater. Affidamento a un solo genitore e oppsizione all'affidamento condiviso (1). – [I] Il giudice può disporre l'affidamento dei figli ad uno solo dei genitori qualora ritenga con provvedimento motivato che l'affidamento all'altro sia contrario all'interesse del minore.

[II] Ciascuno dei genitori può, in qualsiasi momento, chiedere l'affidamento esclusivo quando sussistono le condizioni indicate al primo comma. Il giudice, se accoglie la domanda, dispone l'affidamento esclusivo al genitore istante, facendo salvi, per quanto possibile, i diritti del minore previsti dal primo comma dell'articolo 337 ter. Se la domanda risulta manifestamente infondata, il giudice può considerare il comportamento del genitore istante ai fini della determinazione dei provvedimenti da adottare nell'interesse dei figli, rimanendo ferma l'applicazione dell'articolo 96 del codice di procedura civile.

[III] Il genitore cui sono affidati i figli in via esclusiva, salva diversa disposizione del giudice, ha l'esercizio esclusivo della responsabilità genitoriale su di essi [316]; egli deve attenersi alle condizioni determinate dal giudice. Salvo che non sia diversamente stabilito, le decisioni di maggiore interesse per i figli sono adottate da entrambi i genitori. Il genitore cui i figli non sono affidati ha il diritto ed il dovere di vigilare sulla loro istruzione ed educazione e può ricorrere al giudice quando ritenga che siano state assunte decisioni pregiudizievoli al loro interesse.

➔ **CC. 1865 – art. 154.**

(1) Articolo inserito, a decorrere dal 7/2/2014, dall'art. 55 del d.lg. 28/12/2013, n. 154. In realtà, in tale articolo è stato riprodotto, sia pure con alcune modifiche, il contenuto del previgente art. 155 bis CC.

337 quinquies. Revisione delle disposizioni concernenti l'affidamento dei figli (1). – [I] I genitori hanno diritto di chiedere in ogni tempo la revisione delle disposizioni concernenti l'affidamento dei figli, l'attribuzione dell'esercizio della responsabilità genitoriale su di essi e delle eventuali disposizioni relative alla misura e alla modalità del contributo [156^{6} // 710 CPC.] (2).

(1) Articolo inserito, a decorrere dal 7/2/2014, dall'art. 55 del d.lg. 28/12/2013, n. 154. In realtà, in tale articolo è stato riprodotto, sia pure con alcune modifiche, il contenuto del previgente art. 155 ter CC.

(2) V. anche art. 9 della l. 1/12/1970, n. 898, Disciplina dei casi di scioglimento del matrimonio, in particolare il co. 1 che dispone: «[I] Qualora sopravvengono giustificati motivi dopo la sentenza che pronuncia lo scioglimento o la cessazione degli effetti civili del matrimonio, il Tribunale, in camera di consiglio e, per i provvedimenti relativi ai figli, con la partecipazione del pubblico ministero, può, su istanza di parte, disporre la revisione delle disposizioni concernenti l'affidamento dei figli e di quelle relative alla misura e alle modalità dei contributi da corrispondere ai sensi degli art. 5 e 6». Cfr. art. 1, co. 42-43, l. 20/5/2016, n. 76.

337 sexies. Assegnazione della casa familiare e prescrizioni in tema di residenza (1). – [I] Il godimento della casa familiare è attribuito tenendo prioritariamente conto dell'interesse dei figli [*1022, 1023*] (2). Dell'assegnazione il giudice tiene conto nella regolazione dei rapporti economici tra i genitori, considerato l'eventuale titolo di proprietà. Il diritto al godimento della casa familiare viene meno nel caso che l'assegnatario non abiti o cessi di abitare stabilmente nella casa familiare o conviva more uxorio [252, 330^{2}, 333, 342-bis, 342-ter, 408, 417, 426, 1023 // 2, 30 e 31 Cost. // 8 CEDU // 609-quater$^{1, n. 2 e 2}$ e 609-septies$^{4, n. 2}$ CP. // $199^{3, lett. a)}$ e 681 CPP.] o contragga nuovo matrimonio. Il provvedimento di assegnazione e quello di revoca sono trascrivibili e opponibili a terzi ai sensi dell'articolo 2643.

[II] In presenza di figli minori, ciascuno dei genitori è obbligato a comunicare all'altro, entro il termine perentorio di trenta giorni, l'avvenuto cambiamento di residenza o di domicilio [43]. La mancata comunicazione obbliga al risarcimento del danno eventualmente verificatosi a carico del coniuge o dei figli per la difficoltà di reperire il soggetto.

(1) Articolo inserito, a decorrere dal 7/2/2014, dall'art. 55 del d.lg. 28/12/2013, n. 154. In realtà, in tale articolo è stato riprodotto, sia pure con alcune modifiche, il contenuto del previgente art. 155-quater CC.

(2) V. art. 6, co. 6, l. 1/12/1970, n. 898, Disciplina dei casi di scioglimento del matrimonio, che dispone: «[VI] L'abitazione nella casa familiare spetta di preferenza al genitore cui vengono affidati i figli o con il quale i figli convivono oltre la maggiore età. In ogni caso ai fini dell'assegnazione il giudice dovrà valutare le condizioni economiche dei coniugi e le ragioni della decisione e favorire il coniuge più debole. L'assegnazione, in quanto trascritta, è opponibile al terzo acquirente ai sensi dell'art. 1599 CC».

• Art. 1, co. 42-43, l. 20/5/2016, n. 76.

337 septies. Disposizioni in favore dei figli maggiorenni (1). – [I] Il giudice, valutate le circostanze, può disporre in favore dei figli maggiorenni non indipendenti economicamente il pagamento di un assegno periodico. Tale assegno, salvo diversa determinazione del giudice, è versato direttamente all'avente diritto.

[II] Ai figli maggiorenni portatori di handicap grave si applicano integralmente le disposizioni previste in favore dei figli minori [37 att.] (2).

(1) Articolo inserito, a decorrere dal 7/2/2014, dall'art. 55 del d.lg. 28/12/2013, n. 154. In realtà, in tale articolo è stato riprodotto, sia pure con alcune modifiche, il contenuto del previgente art. 155-quinquies CC.

(2) V. art. 3^3 della l. 5/2/1992, n. 104, Legge-quadro per l'assistenza, l'integrazione sociale e i diritti delle persone handicappate «[III] Qualora la minorazione, singola o plurima, abbia ridotto l'autonomia personale, correlata all'età, in modo da rendere necessario un intervento assistenziale permanente, continuativo e globale nella sfera individuale o in quella di relazione, la situazione assume connotazione di gravità. Le situazioni riconosciute di gravità determinano priorità nei programmi e negli interventi dei servizi pubblici».

337 octies. Poteri del giudice e ascolto del minore (1) *. – *[I] Prima dell'emanazione, anche in via provvisoria, dei provvedimenti di cui all'articolo 337-ter, il giudice può assumere, ad istanza di parte o d'ufficio, mezzi di prova. Il giudice dispone, inoltre, l'ascolto del figlio minore che abbia compiuto gli anni dodici e anche di età inferiore ove capace di discernimento [315-bis^3, 336-bis // 111$^{1 e 2}$ Cost.] (2). Nei procedimenti in cui si omologa o si prende atto di un accordo dei genitori, relativo alle condizioni di affidamento dei figli, il giudice non procede all'ascolto se in contrasto con l'interesse del minore o manifestamente superfluo. [II] Qualora ne ravvisi l'opportunità, il giudice, sentite le parti e ottenuto il loro consenso, può rinviare l'adozione dei provvedimenti di cui all'articolo 337-ter per consentire che i coniugi, avvalendosi di esperti, tentino una mediazione per raggiungere un accordo, con particolare riferimento alla tutela dell'interesse morale e materiale dei figli.*

(1) Articolo inserito, a decorrere dal 7/2/2014, dall'art. 55 del d.lg. 28/12/2013, n. 154. In realtà, in tale articolo è stato riprodotto, sia pure con alcune modifiche, il contenuto del previgente art. 155-sexies CC.

* Articolo abrogato dall'art. 1, co. 5, lett. b), d.lg. 10/10/2022, n. 149 (ai sensi dell'art. 52 del d.lgs. n. 149/2022, il citato decreto legislativo entra in vigore il giorno successivo a quello della sua pubblicazione nella GU). Per la disciplina transitoria v. art. 35 del d.lg. n. 149/2022, come da ultimo modificato dall'art. 1, co. 380, lett. a), l. 29/12/2022, n. 197, che prevede che: «1. Le disposizioni del presente decreto, salvo che non sia diversamente disposto, hanno effetto a decorrere dal 28 febbraio 2023 e si applicano ai procedimenti instaurati successivamente a tale data. Ai procedimenti pendenti alla data del 28 febbraio 2023 si applicano le disposizioni anteriormente vigenti.».

(2) V. nota (2) *sub* art. 336 bis.

338. Condizioni imposte alla madre superstite*. – *[I] Il padre può per testamento, per atto pubblico o per scrittura privata autenticata stabilire condizioni alla madre superstite per l'educazione dei figli e per l'amministrazione dei beni. [II] La madre, che non voglia accettare le condizioni, può domandare di essere dispensata dall'osservanza di esse; e il tribunale provvede in camera di consiglio, assunte informazioni e sentito il pubblico ministero e, se possibile, i parenti sino al terzo grado.*

* Articolo abrogato dall'art. 159 della l. 19/5/1975, n. 151, cit.
V. anche art. 235 della l. 19/5/1975, n. 151, cit. che dispone: «[I] Dall'entrata in vigore della presente legge cessano di avere efficacia le condizioni stabilite dal padre ai sensi dell'abrogato art. 338 CC. per l'educazione dei figli e per l'amministrazione dei beni e non possono essere iniziate o proseguite azioni per l'inosservanza delle suddette condizioni. [II] Dalla stessa data il curatore del nascituro cessa di diritto dal suo ufficio».

339. Curatore del nascituro*. – *[I] Se alla morte del marito la moglie si trova incinta, il tribunale, su istanza di chiunque vi abbia interesse o del pubblico ministero, può nominare un curatore per la protezione del nascituro e, occorrendo, per l'amministrazione dei beni di lui.*

* Articolo abrogato dall'art. 159 della l. 19/5/1975, n. 151, cit.

340. Nuove nozze della madre*. – *[I] La madre, che vuole passare a nuove nozze, deve darne notizia al tribunale prima che sia celebrato il matrimonio. Il tribunale, assunte le informazioni del caso e sentito il pubblico ministero, delibera se l'amministrazione dei beni possa esserle conservata, oppure stabilisce condizioni riguardo all'amministrazione stessa e all'educazione dei figli. [II] In caso d'inosservanza della precedente disposizione la madre perde di diritto l'amministrazione e il marito è responsabile in solido dell'amministrazione esercitata in passato e di quella in seguito indebitamente conservata. [III] Il tribunale, su istanza del pubblico ministero o dei parenti o anche d'ufficio, qualora non creda di riammettere la madre nell'amministrazione dei beni, delibera sulle condizioni da osservare per l'educazione dei figli e sulla nomina di un curatore ai loro beni. [IV] L'ufficiale dello stato civile, che celebra o trascrive il matrimonio della vedova, deve informarne il procuratore del Re entro dieci giorni dalla celebrazione o dalla trascrizione.*

* Articolo abrogato dall'art. 159 della l. 19/5/1975, n. 151, cit.

341. Responsabilità del nuovo marito*. – *[I] Quando la madre è mantenuta nell'amministrazione dei beni o vi è riammessa, il marito s'intende sempre ad essa associato in quell'amministrazione e ne diviene responsabile in solido.*

* Articolo abrogato dall'art. 159 della l. 19/5/1975, n. 151, cit.

342. Nuove nozze del genitore non ariano*. – *[I] Il genitore di razza non ariana, che abbia figli considerati di razza ariana, se passa a nuove nozze con persona di razza pure non ariana, perde la patria potestà sui figli stessi, e la tutela dei medesimi è affidata di preferenza ad uno degli avi di razza ariana.*

* Articolo abrogato dall'art. 1 del r.d.l. 20/1/1944, n. 25, Disposizioni per la reintegrazione nei diritti civili e politici dei cittadini italiani e stranieri già dichiarati di razza ebraica o considerati di razza ebraica. Abrogazione poi confermata dall'art. 3, co. 3, d.lgs.lt. 14/9/1944, n. 287, Provvedimenti relativi alla riforma della legislazione civile.

TITOLO IX BIS
ORDINI DI PROTEZIONE CONTRO GLI ABUSI FAMILIARI (1)

(1) Titolo inserito dall'art. 2 della l. 4/4/2001, n. 154 (Misure contro la violenza nelle relazioni familiari).

• V. art. 24 del d.lg. 11/4/2006, n. 198, Codice delle pari opportunità tra uomo e donna che dispone: Violenza nelle relazioni familiari – [I] Per il contrasto alla violenza nelle relazioni familiari si applicano le disposizioni di cui alla l. 4/4/2001, n. 154.

342 bis. Ordini di protezione contro gli abusi familiari (1). – [I] Quando la condotta del coniuge o di altro **convivente** [252, 330^2, 333, 337-sexies, 342-ter, 408, 417, 426, 1023 // 2, 30 e 31 Cost. // 8 CEDU // 609-quater$^{1, n. 2 e 2}$, e 609-septies$^{4, n. 2}$ CP. // 199$^{3, lett. a)}$, 681 CPP.] è causa di grave pregiudizio all'integrità fisica o morale ovvero alla libertà dell'altro coniuge [151] o convivente, il giudice, su istanza di parte [736-bis, 737 ss. CPC.], può adottare con decreto uno o più dei provvedimenti di cui all'articolo 342-ter.

(1) Articolo inserito dall'art. 2 della l. 4/4/2001, n. 154, cit., e suc-

CODICE CIVILE

cessivamente modificato dall'art. 1 della l. 6/11/2003, n. 304, Modifica all'art. 342 bis CC., in materia di ordini di protezione contro gli abusi familiari. Il testo previgente disponeva: «Quando la condotta del coniuge o di altro convivente è causa di grave pregiudizio all'integrità fisica o morale ovvero alla libertà dell'altro coniuge o convivente, il giudice, qualora il fatto non costituisca reato perseguibile d'ufficio, su istanza di parte, può adottare con decreto uno o più dei provvedimenti di cui all'articolo 342-ter».

• V. art. 6 della l. 4/4/2001, n. 154, cit., che per i casi di violazione dei provvedimenti di cui al presente articolo prevede: «Sanzione penale – [I] Chiunque elude l'ordine di protezione previsto dall'art. 342-ter CC., ovvero un provvedimento di eguale contenuto assunto nel procedimento di separazione personale dei coniugi o nel procedimento di scioglimento o di cessazione degli effetti civili del matrimonio è punito con la pena stabilita dall'art. 388, co. 1, CP. Si applica altresì l'ultimo comma del medesimo art. 388 CP.».

342 ter. Contenuto degli ordini di protezione (1). – [I] Con il decreto di cui all'articolo 342-bis il giudice ordina al coniuge o convivente [252, 330², 333, 337-sexies, 342-bis, 408, 417, 426, 1023 // 2, 30 e 31 Cost. // 8 Cedu // 609-quater¹, n. 2, e 2, e 609-septies⁴ n.2 CP. // 199³ lett. a) e 681 CPP.], che ha tenuto la condotta pregiudizievole, la cessazione della stessa condotta e dispone l'allontanamento dalla casa familiare del coniuge o del convivente che ha tenuto la condotta pregiudizievole prescrivendogli altresì, ove occorra, di non avvicinarsi ai luoghi abitualmente frequentati dall'istante, ed in particolare al luogo di lavoro, al domicilio [43] della famiglia d'origine, ovvero al domicilio di altri prossimi congiunti [74 ss.] o di altre persone ed in prossimità dei luoghi di istruzione dei figli della coppia, salvo che questi non debba frequentare i medesimi luoghi per esigenze di lavoro.

[II] Il giudice può disporre, altresì, ove occorra l'intervento dei servizi sociali del territorio o di un centro di mediazione familiare, nonché delle associazioni che abbiano come fine statutario il sostegno e l'accoglienza di donne e minori o di altri soggetti vittime di abusi e maltrattati; il pagamento periodico di un assegno a favore delle persone conviventi che, per effetto dei provvedimenti di cui al primo comma, rimangono prive di mezzi adeguati [433 ss.], fissando modalità e termini di versamento e prescrivendo, se del caso, che la somma sia versata direttamente all'avente diritto dal datore di lavoro dell'obbligato, detraendola dalla retribuzione allo stesso spettante.

[III] Con il medesimo decreto il giudice, nei casi di cui ai precedenti commi, stabilisce la durata dell'ordine di protezione, che decorre dal giorno dell'avvenuta esecuzione dello stesso. Questa non può essere superiore a un anno e può essere prorogata, su istanza di parte, soltanto se ricorrano gravi motivi per il tempo strettamente necessario (2).

[IV] Con il medesimo decreto il giudice determina le modalità di attuazione. Ove sorgano difficoltà o contestazioni in ordine all'esecuzione, lo stesso giudice provvede con decreto ad emanare i provvedimenti più opportuni per l'attuazione, ivi compreso l'ausilio della forza pubblica e dell'ufficiale sanitario.

(1) Articolo inserito dall'art. 2 della l. 4/4/2001, n. 154, cit.

• V. art. 1, co. 14, l. 20/5/2016, n. 76, Regolamentazione delle unioni civili tra persone dello stesso sesso e disciplina delle convivenze, che dispone: «Quando la condotta della parte dell'unione civile è causa di grave pregiudizio all'integrità fisica o morale ovvero alla libertà dell'altra parte, il giudice, su istanza di parte, può adottare con decreto uno o più dei provvedimenti di cui all'articolo 342-ter del codice civile».

(2) La durata dell'ordine di protezione è stata portata da sei mesi ad un anno, dall'art. 10 del d.l. 23/2/2009, n. 11, Misure urgenti in materia di sicurezza pubblica e di contrasto alla violenza sessuale, nonché in tema di atti persecutori, conv. in l. 23/4/2009, n. 38.

TITOLO X
DELLA TUTELA E DELL'EMANCIPAZIONE

Capo I
Della tutela dei minori

343. Apertura della tutela. – [I] Se entrambi i genitori sono morti o per altre cause [19, 32, 34 CP.] non possono esercitare la responsabilità genitoriale (1), si apre la tutela presso il tribunale del circondario dove è la sede principale degli affari e interessi del minore [452 // 129 trans. // 24 CPC.] (2).

[II] Se il tutore è domiciliato o trasferisce il domicilio in altro circondario, la tutela può essere ivi trasferita con decreto del tribunale (3).

➔ CC. 1865 – art. 47, 241, 248, 249.

(1) L'art. 56 del d.lg. 28/12/2013, n. 154, ha sostituito alle parole "potestà dei genitori", le parole "responsabilità genitoriale". Ai sensi dell'art. 108 del d.lg. n. 154/2013, la modifica entra in vigore a partire dal 7/2/2014.

(2) Comma così modificato dapprima dall'art. 146 della l. 24/11/1981, n. 689 e successivamente dall'art. 139, lett. a), d.lg. 19/2/1998, n. 51.

(3) Comma così modificato dall'art. 139, lett. b), d.lg. n. 51, cit.

Sezione I
Del giudice tutelare

344. Funzioni del giudice tutelare. – [I] Presso ogni tribunale il giudice tutelare soprintende alle tutele e alle curatele ed esercita le altre funzioni affidategli dalla legge (1).

[II] Il giudice tutelare può chiedere l'assistenza degli organi della pubblica amministrazione e di tutti gli enti i cui scopi corrispondono alle sue funzioni [43 ss. att.].

➔ CC. 1865 – art. 249-263.

(1) Comma così modificato dall'art. 140 del d.lg. 19/2/1998, n. 51.

Sezione II
Del tutore e del protutore

345. Denunzie al giudice tutelare. – [I] L'ufficiale dello stato civile, che riceve la dichiarazione di morte di una persona la quale ha lasciato figli in età minore ovvero la dichiarazione di nascita di un figlio di genitori ignoti, e il notaio, che procede alla pubblicazione di un testamento contenente la designazione di un tutore o di un protutore [620], devono darne notizia al giudice tutelare entro dieci giorni.

[II] Il cancelliere, entro quindici giorni dalla pubblicazione o dal deposito in cancelleria, deve dare notizia al giudice tutelare delle decisioni dalle quali derivi l'apertura di una tutela.

[III] I parenti entro il terzo grado [76] devono denunziare al giudice tutelare il fatto da cui deriva l'apertura della tutela entro dieci giorni da quello in cui ne hanno avuto notizia. La denunzia deve essere fatta anche dalla persona designata quale tutore o protutore entro dieci giorni da quello in cui ha avuto notizia della designazione.

➔ CC. 1865 – art. 250.

346. Nomina del tutore e del protutore. – Il giudice tutelare, appena avuta notizia del fatto da cui deriva l'apertura della tutela, procede alla nomina del tutore e del protutore [348, 354, 360, 389].

➔ CC. 1865 – art. 264.

347. Tutela di più fratelli (1). – [I] È nominato un solo tutore a più fratelli e sorelle, salvo che particolari circostanze consiglino la nomina di più tutori. Se vi è conflitto di interessi tra i minori soggetti alla stessa tutela, il giudice tutelare nomina ai minori un curatore speciale [320⁶].

➔ **CC. 1865 – art. 245, 246.**

(1) Articolo così sostituito dall'art. 160 della l. 19/5/1975, n. 151.

348. Scelta del tutore. – [I] Il giudice tutelare nomina tutore la persona designata dal genitore che ha esercitato per ultimo la responsabilità genitoriale [316]. La designazione può essere fatta per testamento [587²], per atto pubblico o per scrittura privata autenticata (1).

[II] Se manca la designazione ovvero se gravi motivi si oppongono alla nomina della persona designata, la scelta del tutore avviene preferibilmente tra gli ascendenti o tra gli altri prossimi parenti o affini del minore, i quali, in quanto sia opportuno, devono essere sentiti.

[III] Il giudice, prima di procedere alla nomina del tutore, dispone l'ascolto del minore che abbia compiuto gli anni dodici e anche di età inferiore ove capace di discernimento (2).

[IV] In ogni caso la scelta deve cadere su persona idonea all'ufficio, di ineccepibile condotta, la quale dia affidamento di educare e istruire il minore conformemente a quanto è prescritto nell'articolo 147 [393] (3).

➔ **CC. 1865 – art. 241, 242, 244, 245.**

(1) Comma così modificato dall'art. 146 della l. 24/11/1981, n. 689. L'art. 57 del d.lg. 28/12/2013, n. 154, ha sostituito alle parole "potestà dei genitori", le parole "responsabilità genitoriale". Ai sensi dell'art. 108 del d.lg. n. 154/2013, la modifica entra in vigore a partire dal 7/2/2014.

(2) Comma sostituito dall'art. 57 del d.lg. 28/12/2013, n. 154. Il testo recitava: «Il giudice, prima di procedere alla nomina del tutore, deve anche sentire il minore che abbia raggiunto l'età di anni sedici». Ai sensi dell'art. 108 del d.lg. n. 154/2013, la modifica entra in vigore a partire dal 7/2/2014.

(3) Seguiva un quinto comma, in tema di scelta del tutore di cittadino di razza ariana, abrogato dall'art. 1 del r.d.l. 20/1/1944, n. 25 e 33 del d.lgs.lt. 14/9/1944, n. 287.

349. Giuramento del tutore. – Il tutore, prima di assumere l'ufficio, presta davanti al giudice tutelare giuramento di esercitarlo con fedeltà e diligenza [353].

350. Incapacità all'ufficio tutelare. – [I] Non possono essere nominati tutori e, se sono stati nominati, devono cessare dall'ufficio [393, 407 // 129 trans.]:

1) coloro che non hanno la libera amministrazione del proprio patrimonio;

2) coloro che sono stati esclusi dalla tutela per disposizione scritta del genitore il quale per ultimo ha esercitato la responsabilità genitoriale (1) [316];

3) coloro che hanno o sono per avere o dei quali gli ascendenti, i discendenti o il coniuge hanno o sono per avere col minore una lite, per effetto della quale può essere pregiudicato lo stato del minore o una parte notevole del patrimonio di lui;

4) coloro che sono incorsi nella perdita della responsabilità genitoriale (1) [316 // 541 CP.] o nella decadenza [330] da essa, o sono stati rimossi da altra tutela (2);

5) il fallito che non è stato cancellato dal registro dei falliti.

5-bis) coloro che versano nelle ulteriori condizioni di incapacità previste dalla legge (3).

➔ **CC. 1865 – art. 268, 269.**

(1) L'art. 58 del d.lg. 28/12/2013, n. 154, ha sostituito alle parole "potestà dei genitori", le parole: "responsabilità genitoriale". Ai sensi dell'art. 108 del d.lg. n. 154/2013, la modifica entra in vigore a partire dal 7/2/2014.

(2) Numero così modificato dall'art. 146 della l. 24/11/1981, n. 689.

(3) Numero aggiunto dall'art. 1, co. 6, d.lg. 10/10/2022, n. 149 (ai sensi dell'art. 52 del d.lg. n. 149/2022, il citato decreto legislativo entra in vigore il giorno successivo a quello della sua pubblicazione nella GU). Per la disciplina transitoria v. art. 35 del d.lg. n. 149/2022, come da ultimo modificato dall'art. 1, co. 380, lett. a), l. 29/12/2022, n. 197, che prevede che: «1. Le disposizioni del presente decreto, salvo che non sia diversamente disposto, hanno effetto a decorrere dal 28 febbraio 2023 e si applicano ai procedimenti instaurati successivamente a tale data. Ai procedimenti pendenti alla data del 28 febbraio 2023 si applicano le disposizioni anteriormente vigenti.».

351. Dispensa dall'ufficio tutelare. – [I] Sono dispensati dall'ufficio di tutore:

1) I principi della Famiglia reale, salve le disposizioni che regola la tutela dei principi della stessa Famiglia;*

2) il Presidente del Consiglio dei Ministri;

3) i membri del Sacro Collegio;

4) i Presidenti delle Assemblee legislative;

5) i Ministri Segretari di Stato.

[II] Le persone indicate nei numeri 2, 3, 4 e 5 possono far noto al giudice tutelare che non intendono valersi della dispensa.

➔ **CC. 1865 – art. 272.**

* Norma da ritenersi abrogata a seguito della entrata in vigore della Costituzione Italiana.

352. Dispensa su domanda. – [I] Hanno diritto di essere dispensati su loro domanda dall'assumere o dal continuare l'esercizio della tutela [353]:

1) i grandi ufficiali dello Stato non compresi nell'articolo precedente;

2) gli arcivescovi, i vescovi e i ministri del culto aventi cura d'anime;

3) (1);

4) i militari in attività di servizio;

5) chi ha compiuto gli anni sessantacinque;

6) chi ha più di tre figli minori;

7) chi esercita altra tutela;

8) chi è impedito di esercitare la tutela da infermità permanente;

9) chi ha missione dal Governo fuori dello Stato o risiede per ragioni di pubblico servizio fuori della circoscrizione del tribunale dove è costituita la tutela.

➔ **CC. 1865 – art. 273.**

(1) Numero abrogato dall'art. 161 della l. 19/5/1975, n. 151.

353. Domanda di dispensa. – [I] La domanda di dispensa per le cause indicate nell'articolo precedente deve essere presentata al giudice tutelare prima della prestazione del giuramento, salvo che la causa di dispensa sia sopravvenuta.

[II] Il tutore è tenuto ad assumere e a mantenere l'ufficio fino a quando la tutela non sia stata conferita ad altra persona.

➔ **CC. 1865 – art. 271, 275.**

354. Tutela affidata a enti di assistenza. – [I] La tutela dei minori, che non hanno nel luogo del loro domicilio parenti conosciuti o capaci di esercitare l'ufficio di tutore, può essere deferita dal giudice tutelare a un ente di assistenza nel comune dove ha domicilio il minore o all'ospizio in cui questi è ricoverato [402]. L'amministrazione dell'ente o dell'ospizio delega uno dei propri membri a esercitare le funzioni di tutela [355²].

[II] È tuttavia in facoltà del giudice tutelare di nominare un tutore al minore quando la natura o l'entità dei beni o altre circostanze lo richiedono.

➔ CC. 1865 – art. 248.

355. Protutore. – [I] Sono applicabili al protutore le disposizioni stabilite per il tutore in questa sezione [383, 384, 387].

[II] Non si nomina il protutore nei casi contemplati nel primo comma dell'articolo 354.

➔ CC. 1865 – art. 264-267.

356. Donazione o disposizione testamentaria a favore del minore. – [I] Chi fa una donazione o dispone con testamento a favore di un minore, anche se questi è soggetto alla responsabilità genitoriale, può nominargli un curatore speciale per l'amministrazione dei beni donati o lasciati [366] (1).

[II] Se il donante o il testatore non ha disposto altrimenti, il curatore speciale deve osservare le forme stabilite dagli articoli 374 e 375 per il compimento di atti eccedenti l'ordinaria amministrazione.

[III] Si applica in ogni caso al curatore speciale l'articolo 384.

➔ CC. 1865 – art. 247.

(1) Comma così modificato dall'art. 146 della l. 24/11/1981, n. 689. L'art. 59 del d.lg. 28/12/2013, n. 154, ha sostituito alle parole "potestà dei genitori", le parole "responsabilità genitoriale". Ai sensi dell'art. 108 del d.lg. n. 154/2013, la modifica entra in vigore a partire dal 7/2/2014.

Sezione III
Dell'esercizio della tutela

357. Funzioni del tutore. – [I] Il tutore ha la **cura** della persona del minore [371, *394*, *404*, *409*, 2048], lo rappresenta in **tutti** gli atti civili [1387] e ne amministra i beni [362 ss.].

➔ CC. 1865 – art. 277 // D. 26.1.1 pr.-1, D. 26.7.27.

358. Doveri del minore. – [I] Il minore deve rispetto e obbedienza al tutore [315]. Egli non può abbandonare la casa o l'istituto al quale è stato destinato, senza il permesso del tutore.

[II] Qualora se ne allontani senza permesso, il tutore ha diritto di richiamarvelo, ricorrendo, se è necessario, al giudice tutelare [318].

➔ CC. 1865 – art. 280.

359. Cattiva condotta del minore*.

* Articolo abrogato dall'art. 162 della l. 19/5/1975, n. 151.

360. Funzioni del protutore. – [I] Il protutore [346, 355] rappresenta il minore nei casi in cui l'interesse di questo è in opposizione con l'interesse del tutore [380].

[II] Se anche il protutore si trova in opposizione d'interessi col minore, il giudice tutelare nomina un curatore speciale [782 CPC.].

[III] Il protutore è tenuto a promuovere la nomina di un nuovo tutore nel caso in cui il tutore è venuto a mancare o ha abbandonato l'ufficio. Frattanto egli ha cura della persona del minore, lo rappresenta e può fare tutti gli atti conservativi e gli atti urgenti di amministrazione [382²].

➔ CC. 1865 – art. 266.

361. Provvedimenti urgenti. – [I] Prima che il tutore o il protutore abbia assunto le proprie funzioni, spetta al giudice tutelare di dare, **sia d'ufficio** sia su richiesta del **pubblico ministero**, di un parente o di un affine del minore, i provvedimenti urgenti che possono occorrere per la cura del minore o per conservare e amministrare il patrimonio [43 att.]. Il giudice può procedere, occorrendo, all'apposizione dei sigilli [752 CPC.], nonostante qualsiasi dispensa.

362. Inventario. – [I] Il tutore, nei dieci giorni successivi a quello in cui ha avuto legalmente notizia della sua nomina, deve procedere all'inventario dei beni del minore, nonostante qualsiasi dispensa [363 ss. // 461 att. // 769 ss. CPC.].

[II] L'inventario deve essere compiuto nel termine di trenta giorni, salva al giudice tutelare la facoltà di prorogare il termine se le circostanze lo esigono.

➔ CC. 1865 – art. 281.

363. Formazione dell'inventario (1). – [I] L'inventario si fa col ministero del cancelliere del tribunale o di un notaio a ciò delegato dal giudice tutelare, con l'intervento del protutore e, se è possibile, anche del minore che abbia compiuto gli anni sedici, e con l'assistenza di due testimoni scelti preferibilmente fra i parenti o gli amici della famiglia [461 att.].

[II] Il giudice può consentire che l'inventario sia fatto senza ministero di cancelliere o di notaio, se il valore presumibile del patrimonio non eccede 7,75 euro.

[III] L'inventario è depositato presso il tribunale.

[IV] Nel verbale di deposito il tutore e il protutore ne dichiarano con giuramento la sincerità [48 att.].

➔ CC. 1865 – art. 282.

(1) Articolo così modificato dall'art. 141 del d.lg. 19/2/1998, n. 51.

364. Contenuto dell'inventario. – Nell'inventario si indicano gli immobili, i mobili, i crediti e i debiti e si descrivono le carte, note e scritture relative allo stato attivo e passivo del patrimonio, osservando le formalità stabilite nel codice di procedura civile [769 ss. CPC.].

➔ CC. 1865 – art. 283.

365. Inventario di aziende (1). – [I] Se nel patrimonio del minore esistono aziende commerciali o agricole, si procede con le forme usate nel commercio o nell'economia agraria alla formazione dell'inventario dell'azienda, con l'assistenza e l'intervento delle persone indicate nell'articolo 363. Questi particolari inventari sono pure depositati presso il tribunale e il loro riepilogo è riportato nell'inventario generale.

➔ CC. 1865 – art. 284.

(1) Articolo così modificato dall'art. 141 del d.lg. 19/2/1998, n. 51.

366. Beni amministrati da curatore speciale. – [I] Il tutore deve comprendere nell'inventario generale del patrimonio del minore anche i beni, la cui amministrazione è stata deferita a un curatore speciale [356]. Se questi ha formato un inventario particolare di tali beni, deve rimetterne copia al tutore, il quale lo unirà all'inventario generale.

[II] Il curatore deve anche comunicare al tutore copia dei conti periodici della sua amministrazione, salvo che il disponente lo abbia esonerato.

367. Dichiarazione di debiti o crediti del tutore. – [I] Il tutore, che ha debiti, crediti o altre ragioni verso il minore, deve esattamente dichiararli prima della chiusura dell'inventario. Il cancelliere o il notaio hanno l'obbligo di interpellarlo al riguardo.

[II] Nel caso d'inventario senza opera di cancelliere o di notaio, il tutore è interpellato dal giudice tutelare all'atto del deposito.

[III] In ogni caso si fa menzione dell'interpellazione e della dichiarazione del tutore nell'inventario o nel verbale di deposito [368].

➔ **CC. 1865 – art. 285.**

368. Omissione della dichiarazione. – [I] Se il tutore, conoscendo il suo credito o le sue ragioni, espressamente interpellato non li ha dichiarati, decade da ogni suo diritto.

[II] Qualora, sapendo di essere debitore, non abbia dichiarato fedelmente il proprio debito, può essere rimosso dalla tutela [384].

➔ **CC. 1865 – art. 286.**

369. Deposito di titoli e valori. – [I] Il tutore deve depositare il denaro, i titoli di credito al portatore [2003] e gli oggetti preziosi esistenti nel patrimonio del minore presso un istituto di credito [251 disp. trans.] designato dal giudice tutelare, salvo che questi disponga diversamente per la loro custodia.

[II] Non è tenuto a depositare le somme occorrenti per le spese urgenti di mantenimento e di educazione del minore e per le spese di amministrazione.

➔ **CC. 1865 – art. 287.**

370. Amministrazione prima dell'inventario. – Prima che sia compiuto l'inventario, l'amministrazione del tutore deve limitarsi agli affari che non ammettono dilazione [361].

➔ **CC. 1865 – art. 289.**

371. Provvedimenti circa l'educazione e l'amministrazione. – [I] Compiuto l'inventario, il giudice tutelare, su proposta del tutore e sentito il protutore, delibera:

1) sul luogo dove il minore deve essere cresciuto e sul suo avviamento agli studi o all'esercizio di un'arte, mestiere o professione, **disposto l'ascolto dello stesso minore** che abbia compiuto gli anni dieci e anche di età inferiore ove capace di discernimento e richiesto, quando opportuno, l'avviso dei parenti prossimi (1);

2) sulla spesa annua occorrente per il mantenimento e la istruzione del minore e per l'amministrazione del patrimonio, fissando i modi d'impiego del reddito eccedente;

3) sulla convenienza di continuare ovvero alienare o liquidare le aziende commerciali, che si trovano nel patrimonio del minore, e sulle relative modalità e cautele.

[II] Nel caso in cui il giudice stimi evidentemente utile per il minore la continuazione dell'esercizio dell'impresa, il tutore deve domandare l'autorizzazione del tribunale [38 att.; 208 trans.]. In pendenza della deliberazione del tribunale il giudice tutelare può consentire l'esercizio provvisorio dell'impresa [3205, 2198 // 382 att.].

➔ **CC. 1865 – art. 278, 291, 299 // CComm. –1882 art. 12[1].**

(1) L'art. 60 del d.lg. 28/12/2013, n. 154, ha sostituito il presente numero. Il testo precedente recitava: «1) sul luogo dove il minore deve essere allevato e sul suo avviamento agli studi o all'esercizio di un'arte, mestiere o professione, sentito lo stesso minore se ha compiuto gli anni dieci, e richiesto, quando è opportuno, l'avviso dei parenti prossimi e del comitato di patronato dei minorenni». Ai sensi dell'art. 108 del d.lg. n. 154/2013, la modifica entra in vigore a partire dal 7/2/2014.

372. Investimento di capitali. – [I] I capitali del minore devono, previa autorizzazione del giudice tutelare, essere dal tutore investiti:

1) in titoli dello Stato o garantiti dallo Stato;

2) nell'acquisto di beni immobili posti nello Stato;

3) in mutui garantiti da idonea ipoteca sopra beni posti nello Stato, o in obbligazioni emesse da pubblici istituti autorizzati a esercitare il credito fondiario;

4) in depositi fruttiferi presso le casse postali o presso altre casse di risparmio o monti di credito su pegno. Il giudice, sentito il tutore e il protutore, può autorizzare il deposito presso altri istituti di credito [251 trans.], ovvero, per motivi particolari, un investimento diverso da quelli sopra indicati [451 att.].

373. Titoli al portatore. – Se nel patrimonio del minore si trovano titoli al portatore, il tutore deve farli convertire in nominativi [1999], salvo che il giudice tutelare disponga che siano depositati in cauta custodia [451 att.].

➔ **CC. 1865 – art. 298.**

374. Autorizzazione del giudice tutelare (1). – Il tutore non può senza l'autorizzazione del giudice tutelare:

1) acquistare beni, eccettuati i mobili necessari per l'uso del minore, per l'economia domestica e per l'amministrazione del patrimonio;

2) alienare beni, eccettuati i frutti e i mobili soggetti a facile deterioramento;

3) riscuotere capitali;

4) costituire pegni o ipoteche, ovvero consentire alla cancellazione di ipoteche o allo svincolo di pegni;

5) assumere obbligazioni, salvo che queste riguardino le spese necessarie per il mantenimento del minore e per l'ordinaria amministrazione del suo patrimonio;

6) accettare eredità o rinunciarvi, accettare donazioni o legati soggetti a pesi o a condizioni, procedere a divisioni;

7) fare compromessi e transazioni o accettare concordati;

8) fare contratti di locazione di immobili oltre il novennio o che in ogni caso si prolunghino oltre un anno dopo il raggiungimento della maggiore età;

9) promuovere giudizi, salvo che si tratti di denunzie di nuova opera o di danno temuto, di azioni possessorie o di sfratto e di azioni per riscuotere frutti o per ottenere provvedimenti conservativi.

(1) Articolo sostituito dall'art. 1, co. 7, lett. a), d.lg. 10/10/2022, n. 149 (ai sensi dell'art. 52 del d.lgs. n. 149/2022, il citato decreto legislativo entra in vigore il giorno successivo a quello della sua pubblicazione nella GU). Per la disciplina transitoria v. art. 35 del d.lgs. n. 149/2022, come da ultimo modificato dall'art. 1, co. 380, lett. a), l. 29/12/2022, n. 197, che prevede che: «1. Le disposizioni del presente decreto, salvo che non sia diversamente disposto, hanno effetto a decorrere dal 28 febbraio 2023 e si applicano ai procedimenti instaurati successivamente a tale data. Ai procedimenti pendenti alla data del 28 febbraio 2023 si applicano le disposizioni anteriormente vigenti.». Si riporta il testo anteriore alla suddetta modificazione: «Il tutore non può senza l'autorizzazione del giudice tutelare [377, *405, 409* // 452 att.]:
1) acquistare beni, eccettuati i mobili necessari per l'uso del minore, per l'economia domestica e per l'amministrazione del patrimonio;
2) riscuotere capitali, consentire alla cancellazione di ipoteche o allo svincolo di pegni, assumere obbligazioni, salvo che queste riguardino le spese necessarie per il mantenimento del minore e per l'ordinaria amministrazione del suo patrimonio;
3) accettare eredità [471] o rinunciarvi [519], accettare donazioni o legati soggetti a pesi o a condizioni;
4) fare contratti di locazione d'immobili oltre il novennio [2643 n. 8] o che in ogni caso si prolunghino oltre un anno dopo il raggiungimento della maggiore età;
5) promuovere giudizi, salvo che si tratti di denunzie di nuova opera o di danno temuto [1171, 1172], di azioni possessorie [1168-1170] o di sfratto [657 ss. CPC.] e di azioni per riscuotere frutti o per ottenere provvedimenti conservativi [670 ss., 692 ss., 700 ss. CPC.]».

➔ **CC. 1865 – art. 296, 1059[1].**

*375. **Autorizzazione del tribunale***. – *[I] Il tutore non può senza l'autorizzazione del tribunale* [732 CPC.]*: 1) alienare beni, eccettuati i frutti e i mobili soggetti a facile deterioramento* [376]*; 2) costituire pegni o ipoteche; 3) procedere a divisioni o promuovere i relativi giudizi; 4) fare compromessi e transazioni o accettare concordati. [II] L'autorizzazione è data su parere del giudice tutelare* [377].

* Articolo abrogato dall'art. 1, co. 7, lett. b), d.lg. 10/10/2022, n. 149 (ai sensi dell'art. 52 del d.lgs. n. 149/2022, il citato decreto legislativo entra in vigore il giorno successivo a quello della sua pubblicazione nella GU). Per la disciplina transitoria v. art. 35 del d.lg. n. 149/2022, come da ultimo modificato dall'art. 1, co. 380, lett. a), l. 29/12/2022, n. 197, che prevede che: «1. Le disposizioni del presente decreto, salvo che non sia diversamente disposto, hanno effetto a decorrere dal 28 febbraio 2023 e si applicano ai procedimenti instaurati successivamente a tale data. Ai procedimenti pendenti alla data del 28 febbraio 2023 si applicano le disposizioni anteriormente vigenti.».

➔ **CC. 1865 – art. 296, 301[2].**

376. Vendita di beni. – [I] Nell'autorizzare la vendita di beni, il giudice tutelare determina se debba farsi all'incanto o a trattative private, fissandone in ogni caso il prezzo minimo [733 c.p.c.] e stabilendo il modo di erogazione o di reimpiego del prezzo (1).

*[II] Quando nel dare l'autorizzazione il tribunale non ha stabilito il modo di erogazione o di reimpiego del prezzo, lo stabilisce il giudice tutelare [377; 451 att.]**.

(1) Comma modificato dall'art. 1, co. 7, lett. c), n. 1, d.lg. 10/10/2022, n. 149 che ha sostituito le parole "il giudice tutelare" alle parole "il tribunale" e ha aggiunto in fine le parole "e stabilendo il modo di erogazione o di reimpiego del prezzo" (ai sensi dell'art. 52 del d.lg. n. 149/2022, il citato decreto legislativo entra in vigore il giorno successivo a quello della sua pubblicazione nella GU). Per la disciplina transitoria v. art. 35 del d.lgs. n. 149/2022, come da ultimo modificato dall'art. 1, co. 380, lett. a), l. 29/12/2022, n. 197, che prevede che: «1. Le disposizioni del presente decreto, salvo che non sia diversamente disposto, hanno effetto a decorrere dal 28 febbraio 2023 e si applicano ai procedimenti instaurati successivamente a tale data. Ai procedimenti pendenti alla data del 28 febbraio 2023 si applicano le disposizioni anteriormente vigenti.».

* Comma abrogato dall'art. 1, co. 7, lett. c), n. 2, d.lg. 10/10/2022, n. 149 che ha sostituito le parole "il giudice tutelare" alle parole "il tribunale" e ha aggiunto in fine le parole "e stabilendo il modo di erogazione o di reimpiego del prezzo" (ai sensi dell'art. 52 del d.lg. n. 149/2022, il citato decreto legislativo entra in vigore il giorno successivo a quello della sua pubblicazione nella GU). Per la disciplina transitoria v. art. 35 del d.lg. n. 149/2022, come da ultimo modificato dall'art. 1, co. 380, lett. a), l. 29/12/2022, n. 197, che prevede che: «1. Le disposizioni del presente decreto, salvo che non sia diversamente disposto, hanno effetto a decorrere dal 28 febbraio 2023 e si applicano ai procedimenti instaurati successivamente a tale data. Ai procedimenti pendenti alla data del 28 febbraio 2023 si applicano le disposizioni anteriormente vigenti.»

➔ **CC. 1865 – art. 297.**

377. Atti compiuti senza l'osservanza delle norme dei precedenti articoli. – Gli atti compiuti senza osservare le norme dei precedenti articoli possono essere annullati su istanza del tutore o del minore o dei suoi eredi o aventi causa [322, *412, 427*, 1425 ss.].

378. Atti vietati al tutore e al protutore. – [I] Il tutore e il protutore non possono, neppure all'asta pubblica, rendersi acquirenti direttamente o per interposta persona dei beni e dei diritti del minore [323, 1471[n. 3]].

[II] Non possono prendere in locazione i beni del minore senza l'autorizzazione e le cautele fissate dal giudice tutelare.

[III] Gli atti compiuti in violazione di questi divieti possono essere annullati su istanza delle persone indicate nell'articolo precedente, ad eccezione del tutore e del protutore che li hanno compiuti [1425 ss.].

[IV] Il tutore e il protutore non possono neppure diventare cessionari di alcuna ragione o credito verso il minore [323].

➔ **CC. 1865 – art. 300, 1457[3].**

379. Gratuità della tutela. – [I] L'ufficio tutelare è gratuito [1803[2], *1710*].

[II] Il giudice tutelare tuttavia, considerando l'entità del patrimonio e le difficoltà dell'amministrazione, può assegnare al tutore un'equa indennità [2045]. Può altresì, se particolari circostanze lo richiedono, sentito il protutore, autorizzare il tutore a farsi coadiuvare nell'amministrazione, sotto la sua personale responsabilità, da una o più persone stipendiate.

➔ **CC. 1865 – art. 295.**

380. Contabilità dell'amministrazione. – [I] Il tutore deve tenere regolare contabilità della sua amministrazione e renderne conto ogni anno al giudice tutelare [461 att.].

[II] Il giudice può sottoporre il conto annuale all'esame del protutore e di qualche prossimo parente o affine del minore.

381. Cauzione. – [I] Il giudice tutelare, tenuto conto della particolare natura ed entità del patrimonio, può imporre al tutore di prestare una cauzione [50[5], 515, 647[2], 1002[3], 1179, 2387], determinandone l'ammontare e le modalità [131 trans.].

[II] Egli può anche liberare il tutore in tutto o in parte dalla cauzione che avesse prestata.

➔ **CC. 1865 – art. 292, 293.**

382. Responsabilità del tutore e del protutore. – [I] Il tutore deve amministrare il patrimonio del minore con la diligenza del buon padre di famiglia [384, 1176]. Egli risponde verso il minore di ogni danno a lui cagionato violando i propri doveri.

[II] Nella stessa responsabilità incorre il protutore per ciò che riguarda i doveri del proprio ufficio.

Sezione IV
Della cessazione del tutore dall'ufficio

383. Esonero dall'ufficio. – Il giudice tutelare può sempre esonerare il tutore dall'ufficio, qualora l'esercizio di esso sia al tutore soverchiamente gravoso e vi sia altra persona atta a sostituirlo [45[2] att. // 129[2] trans.].

384. Rimozione e sospensione del tutore. – [I] Il giudice tutelare può rimuovere dall'ufficio il tutore che si sia reso colpevole di negligenza [382] o abbia abusato dei suoi poteri, o si sia dimostrato inetto nell'adempimento di essi, o sia divenuto immeritevole dell'ufficio per atti anche estranei alla tutela, ovvero sia divenuto insolvente [393].

[II] Il giudice non può rimuovere il tutore se non dopo averlo sentito o citato; può tuttavia sospenderlo dall'esercizio della tutela nei casi che non ammettono dilazione [45[2] att. // 129[2] trans.].

➔ **CC. 1865 – art. 271.**

Sezione V
Del rendimento del conto finale

385. Conto finale. – Il tutore che cessa dalle funzioni deve fare subito la consegna dei beni e deve presentare nel termine di due mesi il conto finale dell'amministrazione al giudice tutelare [263 CPC.]. Questi può concedere una proroga [46[1] att.].

➔ **CC. 1865 – art. 302, 305.**

386. Approvazione del conto. – [I] Il giudice tutelare invita il protutore, il minore divenuto maggiore o emancipato [390], ovvero, secondo le circostanze, il nuovo rappresentante legale a esaminare il conto e a presentare le loro osservazioni.

[II] Se non vi sono osservazioni, il giudice che non trova nel conto irregolarità o lacune lo approva; in caso contrario nega l'approvazione [45[1] att.].

[III] Qualora il conto non sia stato presentato o sia impugnata la decisione del giudice tutelare, provvede l'autorità giudiziaria nel contraddittorio degli interessati [45[3] att.].

➔ **CC. 1865 – art. 306.**

387. Prescrizione delle azioni relative alla tutela. – [I] Le azioni del minore contro il tutore e quelle del tutore contro il minore relative alla tutela si prescrivono in cinque anni dal compimento della maggiore età o dalla morte del minore [2941[n. 3]]. Se il tutore ha cessato dall'ufficio e ha presentato il conto prima della maggiore età o della morte del minore, il termine decorre dalla data del provvedimento col quale il giudice tutelare pronunzia sul conto stesso [386].

[II] Le disposizioni di quest'articolo non si applicano all'azione per il pagamento del residuo che risulta dal conto definitivo.

➔ **CC. 1865 – art. 309.**

388. Divieto di convenzioni prima dell'approvazione del conto. – [I] Nessuna convenzione tra il tutore e il minore divenuto maggiore può aver luogo prima che sia decorso un anno dall'approvazione del conto della tutela [596, 779] (1).

[II] La convenzione può essere annullata su istanza del minore o dei suoi eredi o aventi causa [1425 ss.].

➔ **CC. 1865 – art. 307[2].**

(1) Comma così modificato dall'art. 32 della l. 9/1/2004, n. 6. Il testo recitava: «Nessuna convenzione tra il tutore e il minore divenuto maggiore può aver luogo prima dell'approvazione del conto della tutela».

389. Registro delle tutele. – [I] Nel registro delle tutele, istituito presso ogni giudice tutelare, sono iscritti a cura del cancelliere l'apertura e la chiusura della tutela, la nomina, l'esonero e la rimozione del tutore e del protutore, le risultanze degli inventari e dei rendiconti e tutti i provvedimenti che portano modificazione nello stato personale o patrimoniale del minore [47 ss. att.].

[II] Dell'apertura e della chiusura della tutela il cancelliere dà comunicazione entro dieci giorni all'ufficiale dello stato civile per l'annotazione in margine all'atto di nascita del minore (1).

➔ **CC. 1865 – art. 343.**

(1) V. d.P.R. 3/11/2000, n. 396.

Capo II
Dell'emancipazione

390. Emancipazione di diritto. – Il minore è **di diritto** emancipato col matrimonio [84[2]].

➔ **CC. 1865 – art. 310 // Gai 1.132.**

391. Emancipazione con provvedimento del giudice tutelare*.

➔ **CC. 1865 – art. 311.**

* Articolo abrogato dall'art. 6 della l. 8/3/1975, n. 39.

392. Curatore dell'emancipato (1). – [I] Curatore del minore sposato con persona maggiore di età è il coniuge.

[II] Se entrambi i coniugi sono minori di età, il giudice tutelare può nominare un unico curatore, scelto preferibilmente fra i genitori.

[III] Se interviene l'annullamento per una causa diversa dall'età, o lo scioglimento o la cessazione degli effetti civili del matrimonio o la separazione personale, il giudice tutelare nomina curatore uno dei genitori, se idoneo all'ufficio, o, in mancanza, altra persona. Nel caso in cui il minore contrae successivamente matrimonio, il curatore lo assiste altresì negli atti previsti nell'articolo 165.

➔ **CC. 1865 – art. 314.**

(1) Articolo così sostituito dall'art. 7 della l. 8/3/1975, n. 39. Il testo precedente recitava: «[I] Il giudice tutelare nomina un curatore al minore emancipato. [II] Se il minore ha genitori, è curatore il genitore al quale spetterebbe l'esercizio della patria potestà se il minore non fosse emancipato. [III] Se il minore è la donna maritata, essa ha per curatore il marito ovvero il curatore o il tutore del marito. [IV] Se è vedova ovvero legalmente separata, ha per curatore il padre o la madre; in loro mancanza, il giudice tutelare le nomina un curatore. La stessa disposizione si applica nel caso di separazione di beni».

393. Incapacità o rimozione del curatore. – Sono applicabili al curatore le disposizioni degli articoli *348 ultimo comma**, 350 e 384 [1292 trans.].

* L'art. 348, ult. co. è stato abrogato dall'art. 1 del r.d.l. 20/1/1944, n. 25 e dall'art. 33 del d.lg. 14/9/1944, n. 287.

394. Capacità dell'emancipato. – [I] L'emancipazione conferisce al minore la capacità di compiere gli atti che non eccedono l'ordinaria amministrazione [320, 357, 397[3], 404 // 747, 807[2] CPC.].

[II] Il minore emancipato può con l'assistenza del curatore riscuotere i capitali sotto la condizione di un idoneo impiego e può stare in giudizio sia come attore sia come convenuto.

[III] Per gli altri atti eccedenti la ordinaria amministrazione [374, 427], oltre il consenso del curatore [395], è necessaria l'autorizzazione del giudice tutelare [45 att.]. *Per gli atti indicati nell'articolo 375 l'autorizzazione, se curatore non è il genitore, deve essere data dal tribunale su parere del giudice tutelare* (1) [45[2] att.].

[IV] Qualora nasca conflitto di interessi fra il minore e il curatore, è nominato un curatore speciale a norma dell'ultimo comma dell'articolo 320 [396 // 45 att.].

[1] Periodo soppresso dall'art. 1, co. 8, lett. a), d.lg. 10/10/2022, n. 149 (ai sensi dell'art. 52 del d.lg. n. 149/2022, il citato decreto legislativo entra in vigore il giorno successivo a quello della sua pubblicazione nella GU). Per la disciplina transitoria v. art. 35 del d.lg. n. 149/2022, come da ultimo modificato dall'art. 1, co. 380, lett. a), l. 29/12/2022, n. 197, che prevede che: «1. Le disposizioni del presente decreto, salvo che non sia diversamente disposto, hanno effetto a decorrere dal 28 febbraio 2023 e si applicano ai procedimenti instaurati successivamente a tale data. Ai procedimenti pendenti alla data del 28 febbraio 2023 si applicano le disposizioni anteriormente vigenti.».

➔ **CC. 1865 – art. 317-319, 1059[5], 1743[1].**

395. Rifiuto del consenso da parte del curatore. – Nel caso in cui il curatore rifiuta il suo consenso, il minore può ricorrere al giudice tutelare, il quale, se stima ingiustificato il rifiuto, nomina un curatore speciale per assistere il minore nel compimento dell'atto, *salva, se occorre, l'autorizzazione del tribunale* (1) [45 att.].

➔ **CC. 1865 – art. 320.**

(1) Parole soppresse dall'art. 1, co. 8, lett. b), d.lg. 10/10/2022, n. 149 (ai sensi dell'art. 52 del d.lg. n. 149/2022, il citato decreto legislativo entra in vigore il giorno successivo a quello della sua pubblicazione nella GU). Per la disciplina transitoria v. art. 35 del d.lg. n. 149/2022, come da ultimo modificato dall'art. 1, co. 380, lett. a), l. 29/12/2022, n. 197, che prevede che: «1. Le disposizioni del presente decreto, salvo che non sia diversamente disposto, hanno effetto a decorrere dal 28 febbraio 2023 e si applicano ai procedimenti instaurati successivamente a tale data. Ai procedimenti pendenti alla data del 28 febbraio 2023 si applicano le disposizioni anteriormente vigenti.».

396. Inosservanza delle precedenti norme. – [I] Gli atti compiuti senza osservare le norme stabilite nell'articolo 394 possono essere annullati su istanza del minore o dei suoi eredi o aventi causa [1425 ss.].

[II] Sono applicabili al curatore le disposizioni dell'articolo 378.

➔ CC. 1865 – art. 322, 1301.

397. Emancipato autorizzato all'esercizio di un'impresa commerciale. – [I] Il minore emancipato può esercitare un'impresa commerciale [320, 371, 425] senza l'assistenza del curatore, se è autorizzato dal giudice tutelare, previo parere del giudice tutelare e sentito il curatore [2198 // 208 trans.] (1).

[II] L'autorizzazione può essere revocata dal giudice tutelare su istanza del curatore o d'ufficio sentito il minore emancipato (2).

[III] Il minore emancipato, che è autorizzato all'esercizio di una impresa commerciale, può compiere da solo gli atti che eccedono l'ordinaria amministrazione, anche se estranei all'esercizio dell'impresa [394, 774].

➔ CComm. 1882 – art. 9^1, 11.

(1) Comma modificato dall'art. 1, co. 8, lett. c), n. 1, d.lg. 10/10/2022, n. 149 che ha sostituito le parole "se è autorizzato dal giudice tutelare, sentito il curatore" alle parole ", se è autorizzato dal tribunale, previo parere del giudice tutelare e sentito il curatore" (ai sensi dell'art. 52 del d.lg. n. 149/2022, il citato decreto legislativo entra in vigore il giorno successivo a quello della sua pubblicazione nella GU). Per la disciplina transitoria v. art. 35 del d.lg. n. 149/2022, come da ultimo modificato dall'art. 1, co. 380, lett. a), l. 29/12/2022, n. 197, che prevede che: «1. Le disposizioni del presente decreto, salvo che non sia diversamente disposto, hanno effetto a decorrere dal 28 febbraio 2023 e si applicano ai procedimenti instaurati successivamente a tale data. Ai procedimenti pendenti alla data del 28 febbraio 2023 si applicano le disposizioni anteriormente vigenti.».

(2) Comma modificato dall'art. 1, co. 8, lett. c), n. 2, d.lg. 10/10/2022, n. 149 che ha sostituito le parole "dal giudice tutelare su istanza del curatore o d'ufficio sentito il minore emancipato" alle "dal tribunale su istanza del curatore o d'ufficio, previo, in entrambi i casi, il parere del giudice tutelare e sentito il minore emancipato" (ai sensi dell'art. 52 del d.lg. n. 149/2022, il citato decreto legislativo entra in vigore il giorno successivo a quello della sua pubblicazione nella GU). Per la disciplina transitoria v. art. 35 del d.lg. n. 149/2022, come da ultimo modificato dall'art. 1, co. 380, lett. a), l. 29/12/2022, n. 197, che prevede che: «1. Le disposizioni del presente decreto, salvo che non sia diversamente disposto, hanno effetto a decorrere dal 28 febbraio 2023 e si applicano ai procedimenti instaurati successivamente a tale data. Ai procedimenti pendenti alla data del 28 febbraio 2023 si applicano le disposizioni anteriormente vigenti.».

398. Revoca dell'emancipazione*.

* Articolo abrogato dall'art. 6 della l. 8/3/1975, n. 39.

399. Pubblicità*.

* Articolo abrogato dall'art. 6 della l. 8/3/1975, n. 39.

TITOLO XI
DELL'AFFILIAZIONE E DELL'AFFIDAMENTO

400. Norme regolatrici dell'assistenza dei minori. – L'assistenza dei minori è regolata, oltre che dalle leggi speciali, dalle norme del presente titolo [424 // 31^2 Cost.].

401. Limiti di applicazione delle norme. – [I] Le disposizioni del presente titolo si applicano anche ai minori che sono figli di genitori non conosciuti, ovvero figli di genitori che si trovino nell'impossibilità di provvedere al loro mantenimento (1).

[II] Le stesse disposizioni si applicano ai minori ricoverati in un istituto di pubblica assistenza o assistiti da questo per il mantenimento, l'educazione o la rieducazione, ovvero in istato di abbandono materiale o morale.

(1) L'art. 61 del d.lg. 28/12/2013, n. 154, ha sostituito alle parole: "figli naturali riconosciuti dalla sola madre che si trovi" con le parole: "figli di genitori che si trovino"; e la parola: "allevamento" con la parola: "mantenimento". Ai sensi dell'art. 108 del d.lg. n. 154/2013, la modifica entra in vigore a partire dal 7/2/2014.

• Comma così sostituito dall'art. 8 della l. 8/3/1975, n. 39.

402. Poteri tutelari spettanti agli istituti di assistenza. – [I] L'istituto di pubblica assistenza esercita i poteri tutelari sul minore ricoverato o assistito, secondo le norme del titolo X, capo I di questo libro [343 ss.], fino a quando non si provveda alla nomina di un tutore [348], e in tutti i casi nei quali l'esercizio della responsabilità genitoriale (1) o della tutela sia impedito. Resta salva la facoltà del giudice tutelare di deferire la tutela all'ente di assistenza o all'ospizio, ovvero di nominare un tutore a norma dell'articolo 354 (2).

[II] Nel caso in cui il genitore riprenda l'esercizio della responsabilità genitoriale, l'istituto deve chiedere al giudice tutelare di fissare eventualmente limiti o condizioni a tale esercizio.

➔ CC. 1865 – art. 248.

(1) L'art. 62 del d.lg. 28/12/2013, n. 154, ha sostituito alle parole: "potestà dei genitori", le parole: "responsabilità genitoriale". Ai sensi dell'art. 108 del d.lg. n. 154/2013, la modifica entra in vigore a partire dal 7/2/2014.

(2) Comma così modificato dall'art. 146 della l. 24/11/1981, n. 689.

403. Intervento della pubblica autorità a favore dei minori. – [I] Quando il minore è moralmente o materialmente abbandonato o si trova esposto, nell'ambiente familiare, a grave pregiudizio e pericolo per la sua incolumità psico-fisica e vi è dunque emergenza di provvedere (1), la pubblica autorità, a mezzo degli organi di protezione dell'infanzia, lo colloca in luogo sicuro, sino a quando si possa provvedere in modo definitivo alla sua protezione.

[II] La pubblica autorità che ha adottato il provvedimento emesso ai sensi del primo comma ne dà immediato avviso orale al pubblico ministero presso il tribunale per i minorenni, nella cui circoscrizione il minore ha la sua residenza abituale; entro le ventiquattro ore successive al collocamento del minore in sicurezza, con l'allontanamento da uno o da entrambi i genitori o dai soggetti esercenti la responsabilità genitoriale, trasmette al pubblico ministero il provvedimento corredato di ogni documentazione utile e di sintetica relazione che descrive i motivi dell'intervento a tutela del minore (2).

[III] Il pubblico ministero, entro le successive settantadue ore, se non dispone la revoca del collocamento, chiede al tribunale per i minorenni la convalida del provvedimento; a tal fine può assumere sommarie informazioni e disporre eventuali accertamenti. Con il medesimo ricorso il pubblico ministero può formulare richieste ai sensi degli articoli 330 e seguenti (2).

[IV] Entro le successive quarantotto ore il tribunale per i minorenni, con decreto del presidente o del giudice da lui delegato, provvede sulla richiesta di convalida del provvedimento, nomina il curatore speciale del minore e il giudice relatore e fissa l'udienza di comparizione delle parti innanzi a questo entro il termine di quindici giorni. Il decreto è immediatamente comunicato al pubblico ministero e all'autorità che ha adottato il provvedimento a cura della cancelleria. Il ricorso e il decreto sono notificati entro quarantotto ore agli esercenti la responsabilità genitoriale e al curatore speciale a cura del pubblico ministero che a tal fine può avvalersi della polizia giudiziaria (2).

[V] All'udienza il giudice relatore interroga liberamente le parti e può assumere informazioni; procede inoltre all'ascolto del minore direttamente e, ove ritenuto necessario, con l'ausilio di un esperto (2).

[VI] Entro i quindici giorni successivi il tribunale per i minorenni, in composizione collegiale, pronuncia decreto con cui conferma, modifica o revoca il decreto di convalida, può adottare provvedimenti nell'interesse del minore e qualora siano state proposte istanze ai sensi degli articoli 330 e seguenti dà le disposizioni per l'ulteriore corso del procedimento. Il decreto è immediatamente comunicato alle parti a cura della cancelleria (2).

[VII] Entro il termine perentorio di dieci giorni dalla comunicazione del decreto il pubblico ministero, gli esercenti la responsabilità genitoriale e il curatore speciale possono proporre reclamo alla corte d'appello ai sensi dell'articolo 739 del codice di procedura civile. La corte d'appello provvede entro sessanta giorni dal deposito del reclamo (2).

[VIII] Il provvedimento emesso dalla pubblica autorità perde efficacia se la trasmissione degli atti da parte della pubblica autorità, la richiesta di convalida da parte del pubblico ministero e i decreti del tribunale per i minorenni non intervengono entro i termini previsti. In questo caso il tribunale per i minorenni adotta i provvedimenti temporanei e urgenti nell'interesse del minore (2).

[IX] Qualora il minore sia collocato in comunità di tipo familiare, quale ipotesi residuale da applicare in ragione dell'accertata esclusione di possibili soluzioni alternative, si applicano le norme in tema di affidamento familiare (2).

(1) Le parole "Quando il minore è moralmente o materialmente abbandonato o si trova esposto, nell'ambiente familiare, a grave pregiudizio e pericolo per la sua incolumità psico-fisica e vi è dunque emergenza di provvedere" sono state sostituite alle parole "Quando il minore è moralmente o materialmente abbandonato o è allevato in locali insalubri o pericolosi, oppure da persone per negligenza, immoralità, ignoranza o per altri motivi incapaci di provvedere alla educazione di lui," dall'art. 1, co. 27, lett. a), l. 26/11/2021, n. 206. Ai sensi del co. 37 del medesimo articolo, la presente disposizione si applica ai procedimenti instaurati a decorrere dal centottantesimo giorno successivo alla data di entrata in vigore della l. n. 206, cit.

(2) Comma aggiunto dall'art. 1, co. 27, lett. b), l. 26/11/2021, n. 206. Ai sensi del co. 37 del medesimo articolo, la presente disposizione si applica ai procedimenti instaurati a decorrere dal centottantesimo giorno successivo alla data di entrata in vigore della l. n. 206, cit.

TITOLO XII
DELLE MISURE DI PROTEZIONE DELLE PERSONE PRIVE IN TUTTO OD IN PARTE DI AUTONOMIA (1)

(1) Rubrica introdotta dall'art. 2 della l. 9/1/2004, n. 6, entrata in vigore dopo 60 giorni dalla pubblicazione nella G.U. 19/1/2004, n. 14.

• Art. 1 della l. 9/1/2004, n. 6: la presente legge ha la finalità di tutelare, con la minore limitazione possibile della capacità di agire, le persone prive in tutto e in parte di autonomia nell'espletamento delle funzioni della vita quotidiana, mediante interventi di sostegno temporaneo o permanente.

Capo I
Dell'amministrazione di sostegno

404. Amministrazione di sostegno. – La persona [1, 2, 11] che, per effetto di una infermità [428] ovvero di una menomazione **fisica** [*414*, *415*] o psichica [414, 415], si trova nella impossibilità [414], **anche** parziale o temporanea [415], di provvedere ai propri interessi, può essere assistita da un amministratore di sostegno, nominato dal giudice tutelare del luogo in cui questa ha la residenza o il domicilio.

➔ **CC. 1865 – art. 324.**

405. Decreto di nomina dell'amministratore di sostegno. Durata dell'incarico e relativa pubblicità. – Il giudice tutelare provvede entro sessanta giorni dalla data di presentazione della richiesta alla nomina dell'amministratore di sostegno con **decreto motivato** immediatamente esecutivo, su ricorso di uno dei soggetti indicati nell'articolo 406.

Il decreto che riguarda **un minore non emancipato** può essere emesso solo nell'ultimo anno della sua minore età e diventa esecutivo a decorrere dal momento in cui la maggiore età è raggiunta.

Se l'interessato è un **interdetto** o un **inabilitato**, il decreto è esecutivo dalla pubblicazione della sentenza di revoca dell'interdizione o dell'inabilitazione.

Qualora ne sussista la necessità, il giudice tutelare adotta anche d'ufficio i provvedimenti urgenti per la cura della persona interessata e per la conservazione e l'amministrazione del suo patrimonio. Può procedere alla nomina di un amministratore di sostegno provvisorio indicando gli atti che è autorizzato a compiere.

Il decreto di nomina dell'amministratore di sostegno **deve** contenere l'indicazione:

1) delle generalità della persona beneficiaria e dell'amministratore di sostegno;

2) della durata dell'incarico, che può essere anche a tempo indeterminato;

3) **dell'oggetto dell'incarico e degli atti che l'amministratore di sostegno ha il potere di compiere in nome e per conto del beneficiario**;

4) degli atti che il beneficiario può compiere solo con l'assistenza dell'amministratore di sostegno;

5) dei limiti, anche periodici, delle spese che l'amministratore di sostegno può sostenere con utilizzo delle somme di cui il beneficiario ha o può avere la disponibilità;

6) della periodicità con cui l'amministratore di sostegno deve riferire al giudice circa l'attività svolta e le condizioni di vita personale e sociale del beneficiario.

Se la durata dell'incarico è a tempo determinato, il giudice tutelare può prorogarlo con decreto motivato pronunciato anche d'ufficio prima della scadenza del termine.

Il decreto di apertura dell'amministrazione di sostegno, il decreto di chiusura ed ogni altro provvedimento assunto dal giudice tutelare nel corso dell'amministrazione di sostegno devono essere immediatamente annotati a cura del cancelliere nell'apposito registro.

Il decreto di apertura dell'amministrazione di sostegno e il decreto di chiusura devono essere comunicati, entro dieci giorni, all'ufficiale dello stato civile per le annotazioni in margine all'atto di nascita del beneficiario. Se la durata dell'incarico è a tempo determinato, le annotazioni devono essere cancellate alla scadenza del termine indicato nel decreto di apertura o in quello eventuale di proroga.

406. Soggetti. – Il ricorso per l'istituzione dell'amministrazione di sostegno può essere proposto **dallo stesso soggetto beneficiario** [417, *417²*], anche se minore, interdetto (414) o inabilitato [415], ovvero da uno dei soggetti indicati nell'articolo 417.

Se il ricorso concerne persona interdetta o inabilitata il medesimo è presentato congiuntamente all'istanza di revoca dell'interdizione o dell'inabilitazione [429] davanti al giudice competente per quest'ultima.

I responsabili dei servizi sanitari e sociali direttamente impegnati nella cura e assistenza della persona, ove a conoscenza di fatti tali da rendere opportuna l'apertura del procedimento di amministrazione di sostegno, sono tenuti a proporre al giudice tutelare il ricorso di cui all'articolo 407 o a fornirne comunque notizia al pubblico ministero.

407. Procedimento (1). – Il ricorso per l'istituzione dell'amministrazione di sostegno deve indicare le generalità del beneficiario, la sua dimora abituale [43²], le ragioni per cui si richiede la nomina dell'amministratore di sostegno, il nominativo ed il domicilio [43¹], se conosciuti dal ricorrente, del coniuge, dei discendenti, degli ascendenti, dei fratelli e dei conviventi del beneficiario.

Il giudice tutelare deve sentire personalmente la persona cui il procedimento si riferisce recandosi, ove occorra, nel luogo in cui questa si trova e deve tener conto, **compatibilmente con gli interessi e le esigenze di protezione della persona, dei bisogni e delle richieste di questa**.

Il giudice tutelare [344] provvede, assunte le necessarie informazioni e sentiti i soggetti di cui all'articolo 406; in caso di mancata comparizione provvede comunque sul ricorso. Dispone altresì, **anche d'ufficio**, gli accertamenti di natura medica e tutti gli altri mezzi istruttori utili ai fini della decisione.

Il giudice tutelare può, in ogni tempo, modificare o integrare, **anche d'ufficio**, le decisioni assunte con il decreto di nomina dell'amministratore di sostegno [413].

In ogni caso, nel procedimento di nomina dell'amministratore di sostegno interviene il pubblico ministero (408).

(1) La Corte Cost., con sent. n. 4 del 19/1/2007 ha statuito che: È manifestamente infondata, in riferimento agli art. 2 e 3 Cost., la questione di legittimità costituzionale degli artt. 407 e 410 c.c., nella parte in cui non subordinano al consenso dell'interessato l'attivazione della misura dell'amministrazione di sostegno e il compimento dei singoli atti gestionali, o comunque non attribuiscono efficacia paralizzante al suo dissenso in ordine a tale attivazione e al compimento di tali atti.

408. Scelta dell'amministratore di sostegno. – La scelta dell'amministratore di sostegno avviene **con esclusivo riguardo alla cura ed agli interessi della persona del beneficiario**. L'amministratore di sostegno può essere designato dallo stesso interessato, **in previsione della propria eventuale futura incapacità**, mediante atto pubblico [2699] o scrittura privata autenticata [2703]. In mancanza, ovvero in presenza di gravi motivi, il giudice tutelare [344] può designare con decreto motivato un amministratore di sostegno diverso. Nella scelta, il giudice tutelare preferisce, ove possibile, il coniuge che non sia separato legalmente, la persona stabilmente convivente, il padre, la madre, il figlio o il fratello o la sorella, il parente [74] entro il quarto grado [76] ovvero il soggetto designato dal genitore superstite con testamento [587³], atto pubblico o scrittura privata autenticata (1).

Le designazioni di cui al primo comma possono essere **revocate** dall'autore con le stesse forme [1350 ss.].

Non possono ricoprire le funzioni di amministratore di sostegno gli operatori dei servizi pubblici o privati che hanno in cura o in carico il beneficiario [406³].

Il giudice tutelare, quando ne ravvisa l'opportunità, e nel caso di designazione dell'interessato quando ricorrano gravi motivi, può chiamare all'incarico di amministratore di sostegno anche altra persona idonea, ovvero uno dei soggetti di cui al titolo II al cui legale rappresentante ovvero alla persona che questi ha facoltà di delegare con atto depositato presso l'ufficio del giudice tutelare, competono tutti i doveri e tutte le facoltà previste nel presente capo.

(1) V. art. 1, co. 15, l. 20/5/2016, n. 76, Regolamentazione delle unioni civili tra persone dello stesso sesso e disciplina delle convivenze, che dispone: «Nella scelta dell'amministratore di sostegno il giudice tutelare preferisce, ove possibile, la parte dell'unione civile tra persone dello stesso sesso. L'interdizione o l'inabilitazione possono essere promosse anche dalla parte dell'unione civile, la quale può presentare istanza di revoca quando ne cessa la causa».

409. Effetti dell'amministrazione di sostegno. – Il beneficiario conserva la capacità di agire [2, 428] per tutti gli atti che non richiedono la rappresentanza esclusiva o l'assistenza necessaria dell'amministratore di sostegno.

Il beneficiario dell'amministrazione di sostegno può **in ogni caso** compiere gli atti necessari a soddisfare le esigenze della propria vita quotidiana.

410. Doveri dell'amministratore di sostegno. – Nello svolgimento dei suoi compiti l'amministratore di sostegno deve tener conto dei **bisogni** e delle aspirazioni del beneficiario.

L'amministratore di sostegno **deve tempestivamente informare il beneficiario** circa gli atti da compiere nonché il giudice tutelare in caso di **dissenso con il beneficiario stesso**. In caso di contrasto, di scelte o di atti dannosi ovvero di negligenza nel perseguire l'interesse o nel soddisfare i bisogni o le richieste del beneficiario, questi, il pubblico ministero o gli altri soggetti di cui all'articolo 406 possono ricorrere al giudice tutelare, che adotta con decreto motivato gli opportuni provvedimenti.

L'amministratore di sostegno non è tenuto a continuare nello svolgimento dei suoi compiti oltre dieci anni, ad eccezione dei casi in cui tale incarico è rivestito dal coniuge, dalla persona stabilmente convivente, dagli ascendenti o dai discendenti.

411. Norme applicabili all'amministrazione di sostegno (1). – Si applicano all'amministratore di sostegno, in quanto compatibili, le disposizioni di cui agli articoli da 349 a 353 e da 374 a 388. *I provvedimenti di cui agli articoli 375 e 376 sono emessi dal giudice tutelare* (2).

All'amministratore di sostegno si applicano altresì, in quanto compatibili, le disposizioni degli articoli 596, 599 e 779.

Sono in ogni caso valide le disposizioni testamentarie e le convenzioni in favore dell'amministratore di sostegno che sia parente entro il quarto grado del beneficiario, ovvero che sia coniuge o persona che sia stata chiamata alla funzione in quanto con lui stabilmente convivente.

Il giudice tutelare, nel provvedimento con il quale nomina l'amministratore di sostegno, o successivamente, può disporre che determinati effetti, limitazioni [85-119, 591²] o decadenze, previsti da disposizioni di legge per l'interdetto o l'inabilitato, si estendano al beneficiario dell'amministrazione di sostegno, avuto riguardo all'interesse del medesimo ed a quello tutelato dalle predette disposizioni. Il provvedimento è assunto con decreto motivato a seguito di ricorso che può essere presentato anche dal beneficiario direttamente.

(1) Articolo inserito dall'art. 3, co. 1, l. 9/1/2004, n. 6, che ha inserito l'intero Capo in testa al titolo XII. Questo articolo, fino all'abrogazione *ex* art. 77 della l. 4/5/1983, n. 184 era parte del titolo XI.

(2) Periodo soppresso dall'art. 1, co. 9, d.lg. 10/10/2022, n. 149 (ai sensi dell'art. 52 del d.lgs. n. 149/2022, il citato decreto legislativo entra in vigore il giorno successivo a quello della sua pubblicazione nella GU). Per la disciplina transitoria v. art. 35 del d.lg. n.

149/2022, come da ultimo modificato dall'art. 1, co. 380, lett. a), l. 29/12/2022, n. 197, che prevede che: «1. Le disposizioni del presente decreto, salvo che non sia diversamente disposto, hanno effetto a decorrere dal 28 febbraio 2023 e si applicano ai procedimenti instaurati successivamente a tale data. Ai procedimenti pendenti alla data del 28 febbraio 2023 si applicano le disposizioni anteriormente vigenti.».

412. Atti compiuti dal beneficiario o dall'amministratore di sostegno in violazione di norme di legge o delle disposizioni del giudice. – Gli atti compiuti dall'amministratore di sostegno in violazione di disposizioni di legge, od in eccesso rispetto all'oggetto dell'incarico [405[3, n. 3]] o ai poteri conferitigli dal giudice, possono essere annullati [1441] su istanza dell'amministratore di sostegno, del pubblico ministero, del beneficiario o dei suoi eredi ed aventi causa.

Possono essere parimenti annullati su istanza dell'amministratore di sostegno, del beneficiario, o dei suoi eredi ed aventi causa, gli atti compiuti personalmente dal beneficiario in violazione delle disposizioni di legge o di quelle contenute nel decreto che istituisce l'amministrazione di sostegno.

Le azioni relative si prescrivono nel termine di cinque anni [1442]. Il termine decorre dal momento in cui è cessato lo stato di sottoposizione all'amministrazione di sostegno.

413. Revoca dell'amministrazione di sostegno. – Quando il beneficiario, l'amministratore di sostegno, il pubblico ministero o taluno dei soggetti di cui all'articolo 406, ritengono che si siano determinati i presupposti per la cessazione dell'amministrazione di sostegno, o per la sostituzione dell'amministratore, rivolgono istanza motivata al giudice tutelare.

L'istanza è comunicata al beneficiario ed all'amministratore di sostegno.

Il giudice tutelare provvede con decreto motivato, acquisite le necessarie informazioni e disposti gli opportuni mezzi istruttori.

Il giudice tutelare provvede altresì, anche d'ufficio, alla dichiarazione di cessazione dell'amministrazione di sostegno quando questa si sia rivelata inidonea a realizzare la piena tutela del beneficiario. In tale ipotesi, se ritiene che si debba promuovere giudizio di interdizione o di inabilitazione, ne informa il pubblico ministero, affinché vi provveda. In questo caso l'amministrazione di sostegno cessa con la nomina del tutore o del curatore provvisorio ai sensi dell'articolo 419, ovvero con la dichiarazione di interdizione o di inabilitazione.

Capo II
Della interdizione, della inabilitazione e della incapacità naturale

414. Persone che possono essere interdette (1). – Il maggiore di età [2] e il minore emancipato [390], i quali si trovano in condizioni di **abituale infermità di mente** [*404*, *415*] che li rende incapaci di **provvedere ai propri interessi,** sono interdetti [85, 119, 193, 245, 417 ss., 429, 2949[n. 1] // 40 att. // 643 CP. // 712 CPC.] quando ciò è necessario per assicurare la loro adeguata protezione.

➔ **CC. 1865 – art. 324 // D. 27.10.1 pr., D. 27.10.2.**

(1) Articolo così sostituito dall'art. 42 della l. 9/1/2004, n. 6. Il testo precedente recitava: «Persone che devono essere interdette. [I] Il maggiore di età e il minore emancipato, i quali si trovano in condizioni di abituale infermità di mente che li rende incapaci di provvedere ai propri interessi, devono essere interdetti».

415. Persone che possono essere inabilitate. – Il maggiore di età infermo di mente, lo stato del quale non è talmente grave da far luogo all'interdizione, può essere inabilitato [116, 193, 417 ss., 429].

Possono anche essere inabilitati coloro che, per prodigalità [776[2]] o per abuso abituale di bevande alcooliche o di stupefacenti, espongono sé o la loro famiglia a gravi pregiudizi economici.

Possono infine essere inabilitati il sordo (1) e il cieco dalla nascita o dalla prima infanzia, se non hanno ricevuto un'educazione sufficiente, salva l'applicazione dell'articolo 414 quando risulta che essi sono del tutto incapaci di provvedere ai propri interessi (2).

➔ **CC. 1865 – art. 339[1], 340.**

(1) L'espressione "sordo" è stata sostituita al termine "sordomuto" dall'art. 1 della l. 20/2/2006, n. 95.

(2) V. art. 1 della l. 3/2/1975, n. 18.

416. Interdizione e inabilitazione nell'ultimo anno di minore età. – Il minore non emancipato [390] può essere interdetto o inabilitato nell'ultimo anno della sua minore età [6922 // 40 att.]. L'interdizione o l'inabilitazione ha effetto dal giorno in cui il minore raggiunge l'età maggiore [421 // 40 att.].

➔ **CC. 1865 – art. 325.**

417. Istanza d'interdizione o di inabilitazione. – L'interdizione e la inabilitazione possono essere promosse dalle persone indicate negli articoli 414 e 415, dal coniuge, dalla persona **stabilmente convivente** [45[2], 342-*bis*, 342-*ter*, // 29 C. // 384, 609-*ter*, 649 CP. // 199 CPP.] (1), dai parenti entro il quarto grado, dagli affini entro il secondo grado, dal tutore o curatore ovvero dal pubblico ministero [406, 418 // 69, 712 ss. CPC.].

Se l'interdicendo o l'inabilitando si trova sotto la responsabilità genitoriale o ha per curatore uno dei genitori, l'interdizione o l'inabilitazione non può essere promossa che su istanza del genitore medesimo o del pubblico ministero [*406[1]*, // 69, 712 ss. CPC.] (2).

(1) Le parole da "possono" a "convivente" sono state sostituite alle parole "possono essere promosse dal coniuge" dall'art. 5 della l. 9/1/2004, n. 6.

• V. art. 1, co. 15, l. 20/5/2016, n. 76, Regolamentazione delle unioni civili tra persone dello stesso sesso e disciplina delle convivenze, che dispone: «Nella scelta dell'amministratore di sostegno il giudice tutelare preferisce, ove possibile, la parte dell'unione civile tra persone dello stesso sesso. L'interdizione o l'inabilitazione possono essere promosse anche dalla parte dell'unione civile, la quale può presentare istanza di revoca quando ne cessa la causa».

(2) Comma così modificato dall'art. 146 della l. 24/11/1981, n. 689. L'art. 63 del d.lg. 28/12/2013, n. 154, ha sostituito alle parole "potestà dei genitori", le parole "responsabilità genitoriale". Ai sensi dell'art. 108 del d.lg. n. 154/2013, la modifica entra in vigore a partire dal 7/2/2014.

418. Poteri dell'autorità giudiziaria. – Promosso il giudizio d'interdizione, può essere dichiarata **anche d'ufficio** [407[4]] l'inabilitazione per infermità di mente [415].

Se nel corso del giudizio d'inabilitazione si rivela l'esistenza delle condizioni richieste per l'interdizione, il pubblico ministero [69 CPC.] fa istanza al tribunale di pronunziare l'interdizione, e il tribunale provvede nello stesso giudizio, premessa l'istruttoria necessaria [40 att.].

Se nel corso del giudizio di interdizione o di inabilitazione appare opportuno applicare l'amministrazione di sostegno [404], il giudice, **d'ufficio [407[4]]** o ad istanza di parte, dispone la trasmissione del procedimento al giudice tutelare. In tal caso il giudice competente per l'interdizione o per l'inabilitazione può adottare i provvedimenti urgenti di cui al quarto comma dell'articolo 405 (1).

(1) Comma aggiunto dall'art. 6 della l. 9/1/2004, n. 6.

419. Mezzi istruttori e provvedimenti provvisori. – [I] Non si può pronunziare l'interdizione o l'inabilitazione senza che si sia proceduto all'esame dell'interdicendo o dell'inabilitando [714 CPC.].

[II] Il giudice [40 att.] può in questo esame farsi assistere da un consulente tecnico [61 CPC.]. Può anche d'ufficio disporre i mezzi istruttori utili ai fini del giudizio, interrogare i parenti prossimi dell'interdicendo o inabilitando e assumere le necessarie informazioni.

[III] Dopo l'esame, qualora sia ritenuto opportuno, può essere nominato un tutore provvisorio all'interdicendo o un curatore provvisorio all'inabilitando [420, 422 // 714, 716 CPC.].

➔ **CC. 1865 – art. 327.**

420. Internamento definitivo in manicomio*.

* Articolo abrogato dall'art. 11 della l. 13/5/1978, n. 180.

421. Decorrenza degli effetti della interdizione e dell'inabilitazione. – [I] L'interdizione e l'inabilitazione producono i loro effetti dal giorno della **pubblicazione** della sentenza [427], salvo il caso previsto dall'articolo 416.

➔ **CC. 1865 – art. 328.**

422. Cessazione del tutore e del curatore provvisorio. – Nella sentenza che rigetta l'istanza d'interdizione o d'inabilitazione, può disporsi che il tutore o il curatore provvisorio rimanga in ufficio fino a che la sentenza non sia passata in giudicato [324 CPC.].

423. Pubblicità. – [I] Il decreto di nomina del tutore o del curatore provvisorio [419³ // 717 CPC.] e la sentenza d'interdizione o d'inabilitazione [421] devono essere immediatamente annotati a cura del cancelliere nell'apposito registro e comunicati entro dieci giorni all'ufficiale dello stato civile per le annotazioni in margine all'atto di nascita [430 // 42 att. // 604ⁿ· ² CPP.].

➔ **CC. 1865 – art. 344.**

424. Tutela dell'interdetto e curatela dell'inabilitato. – [I] Le disposizioni sulla tutela dei minori [343 ss.] e quelle sulla curatela dei minori emancipati [390 ss.] si applicano rispettivamente alla tutela degli interdetti e alla curatela degli inabilitati [32 CP.].

[II] Le stesse disposizioni si applicano rispettivamente anche nei casi di nomina del tutore provvisorio dell'interdicendo e del curatore provvisorio dell'inabilitando a norma dell'articolo 419. Per l'interdicendo non si nomina il protutore provvisorio.

[III] Nella scelta del tutore dell'interdetto e del curatore dell'inabilitato il giudice tutelare individua di preferenza la persona più idonea all'incarico tra i soggetti, e con i criteri, indicati nell'articolo 408 (1).

➔ **CC. 1865 – art. 329, 330, 1059⁵.**

(1) Comma così sostituito dall'art. 7 della l. 9/1/2004, n. 6. Il testo precedentemente in vigore recitava: «Nella scelta del tutore dell'interdetto e del curatore dell'inabilitato il giudice tutelare deve preferire il coniuge maggiore di età che non sia separato legalmente, il padre, la madre, un figlio maggiore di età o la persona eventualmente designata dal genitore superstite con testamento, atto pubblico o scrittura privata autenticata».

425. Esercizio dell'impresa commerciale da parte dell'inabilitato. – [I] L'inabilitato può continuare l'esercizio dell'impresa commerciale [397] soltanto se autorizzato dal giudice tutelare (1). L'autorizzazione può essere subordinata alla nomina di un institore [2203 ss.].

(1) Comma modificato dall'art. 1, co. 10, d.lg. 10/10/2022, n. 149 che ha sostituito le parole "soltanto se autorizzato dal giudice tutelare" alle parole "soltanto se autorizzato dal tribunale su parere del giudice tutelare" (ai sensi dell'art. 52 del d.lg. n. 149/2022, il citato decreto legislativo entra in vigore il giorno successivo a quello della sua pubblicazione nella GU). Per la disciplina transitoria v. art. 35 del d.lg. n. 149/2022, come da ultimo modificato dall'art. 1, co. 27, lett. a), l. 29/12/2022, n. 197, che prevede che: «1. Le disposizioni del presente decreto, salvo che non sia diversamente disposto, hanno effetto a decorrere dal 28 febbraio 2023 e si applicano ai procedimenti instaurati successivamente a tale data. Ai procedimenti pendenti alla data del 28 febbraio 2023 si applicano le disposizioni anteriormente vigenti.».

426. Durata dell'ufficio. – [I] Nessuno è tenuto a continuare nella tutela dell'interdetto o nella curatela dell'inabilitato oltre dieci anni, ad eccezione del coniuge, della persona stabilmente convivente (1), degli ascendenti o dei discendenti.

➔ **CC. 1865 – art. 333.**

(1) Le parole "della persona stabilmente convivente," sono state inserite dall'art. 8 della l. 9/1/2004, n. 6.

427. Atti compiuti dall'interdetto e dall'inabilitato. – [I] Nella sentenza che pronuncia l'interdizione o l'inabilitazione, o in successivi provvedimenti dell'autorità giudiziaria, può stabilirsi che taluni atti di ordinaria amministrazione possano essere compiuti dall'interdetto senza l'intervento ovvero con l'assistenza del tutore, o che taluni atti eccedenti l'ordinaria amministrazione possano essere compiuti dall'inabilitato senza l'assistenza del curatore [405⁵, ⁿⁿ· ³ ᵉ ⁴] (1).

[II] Gli atti compiuti dall'interdetto dopo la sentenza di interdizione possono essere **annullati** [1425, 1418², 1325ⁿ· ¹] su istanza del tutore, dell'interdetto o dei suoi eredi o aventi causa [119, 266, 471, 774, 1425]. Sono del pari annullabili gli atti compiuti dall'interdetto dopo la nomina del tutore provvisorio [419³], qualora alla nomina segua la sentenza d'interdizione.

[III] Possono essere **annullati** [1425, 1418ᶜᵒ· ², 1325ⁿ· ¹] su istanza dell'inabilitato o dei suoi eredi o aventi causa gli atti eccedenti l'ordinaria amministrazione fatti dall'inabilitato, senza l'osservanza delle prescritte formalità, dopo la sentenza di inabilitazione o dopo la nomina del curatore provvisorio [419³], qualora alla nomina sia seguita l'inabilitazione [776].

[IV] Per gli atti compiuti dall'interdetto prima della sentenza d'interdizione o prima della nomina del tutore provvisorio si applicano le disposizioni dell'articolo seguente.

➔ **CC. 1865 – art. 335, 336, 341, 1301.**

(1) Comma premesso dall'art. 9 della l. 9/1/2004, n. 6.

428. Atti compiuti da persona incapace d'intendere o di volere. – [I] Gli atti [1324] compiuti da persona che, sebbene non interdetta, si provi essere stata per qualsiasi causa, anche transitoria, incapace d'intendere o di volere al momento in cui gli atti sono stati compiuti, possono essere annullati [775, 1191, 1425, 1441] su istanza della persona medesima o dei suoi eredi o aventi causa, se ne risulta un grave pregiudizio all'autore [120, 591²· ⁿ· ³, 1425 ss. // 613 CP.].

[II] L'annullamento dei contratti non può essere pronunziato se non quando, per il pregiudizio che sia derivato o possa derivare alla persona incapace d'intendere o di volere o per la qualità del contratto o altrimenti, risulta la malafede dell'altro contraente [1425].

[III] L'azione si prescrive nel termine di cinque anni dal giorno in cui l'atto o il contratto è stato compiuto [1442].

[IV] Resta salva ogni diversa disposizione di legge [120, 591ⁿ· ³, 775 // 130 trans.].

➔ **CC. 1865 – art. 336, 1301.**

429. Revoca dell'interdizione e dell'inabilitazione. – [I] Quando cessa la causa dell'interdizione o dell'inabilitazione, queste possono essere revocate su istanza del coniuge, dei parenti entro il quarto grado o degli affini entro il secondo grado, del tutore dell'interdetto, del curatore dell'inabilitato o su istanza del pubblico ministero [42 att. // 69, 720 CPC.] (1).

[II] Il giudice tutelare deve vigilare per riconoscere se la causa dell'interdizione o dell'inabilitazione continui. Se ritiene che sia venuta meno, deve informarne il pubblico ministero.

[III] Se nel corso del giudizio per la revoca dell'interdizione o dell'inabilitazione appare opportuno che, successivamente alla revoca, il soggetto sia assistito dall'amministratore di sostegno, il tribunale, d'ufficio o ad istanza di parte, dispone la trasmissione degli atti al giudice tutelare (2).

➔ CC. 1865 – art. 338, 342.

(1) V. art. 1[15] della l. 20/5/2016, n. 76, Regolamentazione delle unioni civili tra persone dello stesso sesso e disciplina delle convivenze, che dispone: «Nella scelta dell'amministratore di sostegno il giudice tutelare preferisce, ove possibile, la parte dell'unione civile tra persone dello stesso sesso. L'interdizione o l'inabilitazione possono essere promosse anche dalla parte dell'unione civile, la quale può presentare istanza di revoca quando ne cessa la causa».

(2) Comma aggiunto dall'art. 10 della l. 9/1/2004, n. 6.

430. Pubblicità. – [I] Alla sentenza di revoca dell'interdizione o dell'inabilitazione si applica l'articolo 423.

431. Decorrenza degli effetti della sentenza di revoca. – [I] La sentenza che revoca l'interdizione o l'inabilitazione produce i suoi effetti appena passata in giudicato [324 CPC.].

[II] Tuttavia gli atti compiuti dopo la pubblicazione della sentenza di revoca non possono essere impugnati se non quando la revoca è esclusa con sentenza passata in giudicato.

432. Inabilitazione nel giudizio di revoca dell'interdizione. – [I] L'autorità giudiziaria che, pur riconoscendo fondata l'istanza di revoca dell'interdizione, non crede che l'infermo abbia riacquistato la piena capacità, può revocare l'interdizione e dichiarare inabilitato l'infermo medesimo.

[II] Si applica anche in questo caso il primo comma dell'articolo precedente.

[III] Gli atti non eccedenti l'ordinaria amministrazione, compiuti dall'inabilitato dopo la pubblicazione della sentenza che revoca l'interdizione, possono essere impugnati solo quando la revoca è esclusa con sentenza passata in giudicato.

TITOLO XIII
DEGLI ALIMENTI (1)

(1) V. art. 1, co. 19, l. 20/5/2016, n. 76, Regolamentazione delle unioni civili tra persone dello stesso sesso e disciplina delle convivenze, che dispone: «All'unione civile tra persone dello stesso sesso si applicano le disposizioni di cui al titolo XIII del libro primo del codice civile, nonché gli articoli 116, primo comma, 146, 2647, 2653, primo comma, numero 4), e 2659 del codice civile».

433. Persone obbligate (1). – [I] All'obbligo di prestare gli alimenti sono tenuti, nell'ordine [2, 29 Cost.]:

1) il coniuge [129-*bis*, 156[3]];

2) i figli, anche adottivi, e, in loro mancanza, i discendenti prossimi (2);

3) i genitori e, in loro mancanza, gli ascendenti prossimi; gli adottanti; (3);

4) i generi e le nuore;

5) il suocero e la suocera;

6) i fratelli e le sorelle germani o unilaterali, con precedenza dei germani sugli unilaterali [439].

➔ CC. 1865 – art. 1933, 139, 140, 142, 1097 // D. 24.3.22.8, D. 25.3.5.1.

(1) Articolo così sostituito dall'art. 168 della l. 19/5/1975, n. 151.

(2) L'art. 64 del d.lg. 28/12/2013, n. 154, ha sostituito il numero. Il testo prevedeva: «2) i figli legittimi o legittimati o naturali o adottivi, e, in loro mancanza, i discendenti prossimi, anche naturali;». Ai sensi dell'art. 108 del d.lg. n. 154 del 2013, la modifica entra in vigore a partire dal 7/2/2014.

(3) L'art. 64 del d.lg. 28/12/2013, n. 154, ha sostituito il numero. Il testo prevedeva: «3) i genitori e, in loro mancanza, gli ascendenti prossimi, anche naturali; gli adottanti;». Ai sensi dell'art. 108 del d.lg. n. 154/2013, la modifica entra in vigore a partire dal 7/2/2014.

434. Cessazione dell'obbligo tra affini. – [I] L'obbligazione alimentare del suocero e della suocera e quella del genero e della nuora cessano:

1) quando la persona che ha diritto agli alimenti è passata a nuove nozze (1);

2) quando il coniuge, da cui deriva l'affinità, e i figli nati dalla sua unione con l'altro coniuge e i loro discendenti sono morti.

➔ CC. 1865 – art. 140.

(1) Art. 5, co. 10, l. 1/12/1970, n. 898: L'obbligo di corresponsione dell'assegno cessa se il coniuge, al quale deve essere corrisposto, passa a nuove nozze.

CODICE CIVILE

435. Obbligo dei genitori e dei figli naturali*.

* Articolo abrogato dall'art. 169 della l. 19/5/1975, n. 151.

436. Obbligo tra adottante e adottato (1). – [I] L'adottante [291] deve gli alimenti al figlio adottivo con precedenza sui genitori di lui [433[n. 3]] (2).

➔ CC. 1865 – art. 142, 211.

(1) Articolo così sostituito dall'art. 170 della l. 19/5/1975, n. 151.

(2) L'art. 65 del d.lg. 28/12/2013, n. 154, ha soppresso le parole: "legittimi o naturali". Ai sensi dell'art. 108 del d.lg. n. 154/2013, la modifica entra in vigore a partire dal 7/2/2014.

437. Obbligo del donatario. – Il donatario [769 ss.] è tenuto, con precedenza su ogni altro obbligato, a prestare gli alimenti al donante, a meno che si tratti di donazione fatta in riguardo di un matrimonio [785] o di una donazione rimuneratoria [438[3], 770, 801, 805].

➔ CC. 1865 – art. 1097.

438. Misura degli alimenti. – [I] Gli alimenti possono essere chiesti solo da chi versa in stato di bisogno [1448] e non è in grado di provvedere al proprio mantenimento (*art. 5[6] L. 898/1975*).

[II] Essi devono essere assegnati in proporzione del bisogno di chi li domanda e delle condizioni economiche di chi deve somministrarli. Non devono tuttavia superare quanto sia necessario per la vita dell'alimentando, avuto però riguardo alla sua posizione sociale [660 // 570 CP.] (1).

[III] Il donatario non è tenuto oltre il valore della donazione tuttora esistente nel suo patrimonio.

➔ CC. 1865 – art. 438 // D. 25.3.5.19.

(1) Art. 12-sexies della l. 1/12/1970, n. 898.

439. Misura degli alimenti tra fratelli e sorelle. – [I] Tra fratelli e sorelle gli alimenti sono dovuti nella misura dello stretto necessario.

[II] Possono comprendere anche le spese per l'educazione e l'istruzione se si tratta di minore (1).

➔ CC. 1865 – art. 141.

(1) Comma così sostituito dall'art. 9 della l. 8/3/1975, n. 39.

440. Cessazione, riduzione e aumento. – [I] Se dopo l'assegnazione degli alimenti mutano le condizioni economiche di chi li somministra o di chi li riceve, l'autorità giudiziaria provvede per la cessazione, la riduzione o l'aumento, secondo le circostanze. Gli alimenti possono pure essere ridotti per la condotta disordinata o riprovevole dell'alimentato.

[II] Se, dopo assegnati gli alimenti, consta che uno degli obbligati di grado anteriore è in condizione di poterli somministrare, l'autorità giudiziaria non può liberare l'obbligato di grado posteriore se non quando abbia imposto all'obbligato di grado anteriore di somministrare gli alimenti.

➔ CC. 1865 – art. 144.

441. Concorso di obbligati. – [I] Se più persone sono obbligate nello stesso grado alla prestazione degli alimenti, tutte devono concorrere alla prestazione stessa, ciascuna in proporzione delle proprie condizioni economiche [446 // 2, 29 Cost.].

[II] Se le persone chiamate in grado anteriore alla prestazione non sono in condizioni di sopportare l'onere in tutto o in parte, l'obbligazione stessa è posta in tutto o in parte a carico delle persone chiamate in grado posteriore.

[III] Se gli obbligati non sono concordi sulla misura, sulla distribuzione e sul modo di somministrazione degli alimenti, provvede l'autorità giudiziaria secondo le circostanze.

➔ CC. 1865 – art. 145.

442. Concorso di aventi diritto. – Quando più persone hanno diritto agli alimenti nei confronti di un medesimo obbligato, e questi non è in grado di provvedere ai bisogni di ciascuna di esse, l'autorità giudiziaria dà i provvedimenti opportuni, tenendo conto della prossimità della parentela e dei rispettivi bisogni, e anche della possibilità che taluno degli aventi diritto abbia di conseguire gli alimenti da obbligati di grado ulteriore.

443. Modo di somministrazione degli alimenti. – [I] Chi deve somministrare gli alimenti ha la **scelta** di adempiere questa obbligazione o mediante un assegno alimentare corrisposto in periodi anticipati, o accogliendo e mantenendo nella propria casa colui che vi ha diritto [1285].

[II] L'autorità giudiziaria può però, secondo le circostanze, determinare il modo di somministrazione [1287].

[III] In caso di urgente necessità l'autorità giudiziaria può altresì porre temporaneamente l'obbligazione degli alimenti a carico di uno solo tra quelli che vi sono obbligati, salvo il regresso verso gli altri [1299].

➔ CC. 1865 – art. 145.

444. Adempimento della prestazione alimentare. – L'assegno alimentare prestato secondo le modalità stabilite non può essere nuovamente richiesto, qualunque uso l'alimentando ne abbia fatto.

445. Decorrenza degli alimenti. – Gli alimenti sono dovuti dal giorno della domanda giudiziale o dal giorno della costituzione in mora dell'obbligato [1219], quando questa costituzione sia entro sei mesi seguita dalla domanda giudiziale.

446. Assegno provvisorio. – Finché non sono determinati definitivamente il modo e la misura degli alimenti, il presidente del tribunale può, sentita l'altra parte, ordinare un assegno in via provvisoria ponendolo, nel caso di concorso di più obbligati, a carico anche di uno solo di essi, salvo il regresso verso gli altri (1).

(1) Comma così modificato dall'art. 142 del d.lg. 19/2/1998, n. 51.

447. Inammissibilità di cessione e di compensazione. – [I] Il credito alimentare non può essere ceduto [1260, 1236, 1261 1321, 1966].

[II] L'obbligato agli alimenti non può opporre all'altra parte la compensazione [1241, 1242, 1246 n. 5], neppure quando si tratta di prestazioni arretrate.

448. Cessazione per morte dell'obbligato. – L'obbligo degli alimenti cessa con la morte dell'obbligato, anche se questi li ha somministrati in esecuzione di sentenza [50, 63].

448 bis. Cessazione per decadenza dell'avente diritto dalla responsabilità genitoriale sui figli (1). – [I] Il figlio, anche adottivo, e, in sua mancanza, i discendenti prossimi non sono tenuti all'adempimento dell'obbligo di prestare gli alimenti al genitore nei confronti del quale è stata pronunciata la decadenza dalla responsabilità genitoriale (2) e, per i fatti che non integrano i casi di indegnità di cui all'articolo 463, possono escluderlo dalla successione.

(1) Articolo inserito dall'art. 1 della l. 10/12/2012, n. 219.

(2) L'art. 66 del d.lg. 28/12/2013, n. 154, ha sostituito, nella rubrica e nel testo, la parola: "potestà" con le parole: "responsabilità genitoriale". Ai sensi dell'art. 108 del d.lg. n. 154/2013, la modifica entra in vigore a partire dal 7/2/2014.

TITOLO XIV
DEGLI ATTI DELLO STATO CIVILE

449. Registri dello stato civile. – I registri dello stato civile sono tenuti in ogni comune in conformità delle norme contenute nella legge sull'ordinamento dello stato civile (1).

(1) V. art. 10 ss. del d.P.R. 3/11/2000, n. 396.

450. Pubblicità dei registri dello stato civile. – [I] I registri dello stato civile sono pubblici.

[II] Gli ufficiali dello stato civile devono rilasciare gli estratti e i certificati che vengono loro domandati con le indicazioni dalla legge prescritte.

[III] Essi devono altresì compiere negli atti affidati alla loro custodia le indagini domandate dai privati.

➔ CC. 1865 – art. 362.

451. Forza probatoria degli atti. – [I] Gli atti dello stato civile fanno prova, fino a querela di falso [221 CPC.], di ciò che l'ufficiale pubblico attesta essere avvenuto alla sua presenza o da lui compiuto.

[II] Le dichiarazioni dei comparenti fanno fede fino a prova contraria.

[III] Le indicazioni estranee all'atto non hanno alcun valore.

➔ CC. 1865 – art. 363.

452. Mancanza, distruzione o smarrimento di registri. – [I] Se non si sono tenuti i registri o sono andati distrutti o smarriti o se, per qualunque altra causa, manca in tutto o in parte la registrazione dell'atto, la prova della nascita o della morte può essere data con ogni mezzo.

[II] In caso di mancanza, di distruzione totale o parziale, di alterazione o di occultamento accaduti per dolo del richiedente, questi non è ammesso alla prova consentita nel comma precedente.

➔ CC. 1865 – art. 364.

453. Annotazione. – Nessuna annotazione può essere fatta sopra un atto già iscritto nei registri se non è disposta per legge ovvero non è ordinata dall'autorità giudiziaria.

454. Rettificazioni*.

* Articolo abrogato dall'art. 1103 del d.P.R. 3/11/2000, n. 396. Il testo recitava: «[I] La rettificazione degli atti dello stato civile si fa in forza di sentenza del tribunale passata in giudicato, con la quale si ordina all'ufficiale dello stato civile di rettificare un atto esistente nei registri o di ricevere un atto omesso o di rinnovare un atto smarrito o distrutto. [II] Le sentenze devono essere trascritte nei registri».

455. Efficacia della sentenza di rettificazione. – [I] La sentenza di rettificazione non può essere opposta a quelli che non concorsero a domandare la rettificazione, ovvero non furono parti in giudizio o non vi furono regolarmente chiamati.

LIBRO SECONDO
DELLE SUCCESSIONI

TITOLO I
DISPOSIZIONI GENERALI SULLE SUCCESSIONI (1)

(1) Art. 42, co. 4, Cost.: «La legge stabilisce le norme ed i limiti della successione legittima e testamentaria e i diritti dello Stato sulle eredità».

• Art. 17 Carta dei diritti fondamentali dell'UE 2010/C 83/02: «Diritto di proprietà. [I] Ogni persona ha il diritto di godere della proprietà dei beni che ha acquisito legalmente, di usarli, di disporne e di lasciarli in eredità. Nessuna persona può essere privata della proprietà se non per causa di pubblico interesse, nei casi e nei modi previsti dalla legge e contro il pagamento in tempo utile di una giusta indennità per la perdita della stessa. L'uso dei beni può essere regolato dalla legge nei limiti imposti dall'interesse generale».

• Art. 171 CP.: «Morte del reo dopo la condanna. [I] La morte del reo, avvenuta dopo la condanna, estingue la pena».

• Art. 46-50 della l. 31/5/1995, n. 218, Diritto internazionale privato, Regolamento (UE) in materia di successioni 4/7/2012, n. 650.

Capo I
Dell'apertura della successione, della delazione e dell'acquisto dell'eredità

456. Apertura della successione. – [I] La successione si apre al momento della morte [4, 58], nel luogo dell'ultimo domicilio del defunto [57, 72, 620 ss. // 52-53 att. // 22, 747 CPC.] (1).

➔ **CC. 1865 – art. 923 // D. 29.2.27, D. 29.3.2.4.-4a.**

(1) D.P.R. n. 396/2000 art. 71 ss.

• Regolamento (UE) in materia di successioni Reg. 4/7/2012, n. 650 art. 20: «applicazione universale. [I] La legge designata dal presente regolamento si applica anche ove non sia quella di uno Stato membro.»; art. 21: «Criterio generale. [I] Salvo quanto diversamente previsto dal presente regolamento, la legge applicabile all'intera successione è quella dello Stato in cui il defunto aveva la propria residenza abituale al momento della morte. [II] Se, in via eccezionale, dal complesso delle circostanze del caso concreto risulta chiaramente che al momento della morte, il defunto aveva collegamenti manifestamente più stretti da uno Stato diverso da quello la cui legge sarebbe applicabile ai sensi del paragrafo 1, la legge applicabile alla successione è la legge di tale altro stato.»; art. 22: «Scelta di legge. [I] Una persona può scegliere come legge che regola la sua intera successione la legge dello Stato di cui ha la cittadinanza la legge dello Stato di cui ha la cittadinanza al momento della scelta o al momento della morte. Una persona con più di una cittadinanza può scegliere la legge di uno qualsiasi degli Stati di cui ha la cittadinanza al momento della scelta o al momento della morte. [II] La scelta di legge deve essere effettuata in modo espresso a mezzo di dichiarazione resa nella forma di una disposizione a causa di morte o risultare dalle clausole di tale disposizione. [III] La validità sostanziale dell'atto con cui è stata fatta la scelta di legge è disciplinata dalla legge scelta. [IV] La modifica o la revoca della scelta di legge devono soddisfare le condizioni di forma previste per la modifica o la revoca di una disposizione a causa di morte».

• Diritto Internazionale privato l. 31/5/1995, n. 218 art. 46: «Successione per causa di morte. [I] La successione per causa di morte è regolata dalla legge nazionale del soggetto della cui eredità si tratta, al momento della morte. [II] Il soggetto della cui eredità si tratta può sottoporre, con dichiarazione espressa in forma testamentaria, l'intera successione alla legge dello Stato in cui risiede. La scelta non ha effetto se al momento della morte il dichiarante non risiedeva più in tale Stato. Nell'ipotesi di successione di un cittadino italiano, la scelta non pregiudica i diritti che la legge italiana attribuisce ai legittimari residenti in Italia al momento della morte della persona della cui successione si tratta».

457. Delazione dell'eredità. – [I] L'eredità si devolve per legge [565 ss.] o per testamento [587 ss. // 42 Cost.].

[II] Non si fa luogo alla successione legittima se non quando manca, in tutto o in parte, quella testamentaria.

[III] Le disposizioni testamentarie [553 ss.] non possono pregiudicare i diritti che la legge riserva ai legittimari [536 ss.].

➔ **CC. 1865 – art. 720 // D. 50.16.151, D. 50.17.7, D. 29.2.39.**

458. Divieto di patti successori. – [I] Fatto salvo quanto disposto dagli articoli 768-bis e seguenti, è nulla [590, 1418] ogni convenzione con cui taluno dispone [624, 626, 1173, 1376] della propria successione [587, 679, 1348]. È del pari nullo ogni atto col quale taluno dispone [$1429^{n.\ 4}$] dei diritti che gli possono spettare su una successione non ancora aperta, o rinunzia [526, 1321, 1324,] ai medesimi [557^2, 563, 589, 635, 1412, 1920^2, 2122, 2284, 2355-bis^3, 2469^2] (1).

➔ **CC. 1865 – art. 954; 1045^2; 1118^2; 1380; 1460 // D. 18.4.1, D. 34.4.4, Codex 8.38(39).4.**

(1) Regolamento (UE) in materia di successioni Reg. 4/7/2012, n. 650 art. 25: «Patti successori. [I] Un patto successorio avente a oggetto la successione di una sola persona è disciplinato, per quanto riguarda l'ammissibilità, la validità sostanziale e gli effetti vincolanti tra le parti, comprese le condizioni di scioglimento, dalla legge che, in forza del presente regolamento, sarebbe stata applicabile alla successione di tale persona se questa fosse deceduta il giorno della conclusione del patto. [II] Un patto successorio avente a oggetto la successione di più persone è ammissibile solo se è ammissibile in base a ciascuna delle leggi che, in forza del presente regolamento, avrebbero regolato la successione di ciascuna di tali persone se esse fossero decedute il giorno della conclusione del patto. Un patto successorio ammissibile ai sensi del primo comma del presente paragrafo è disciplinato, per quanto riguarda la validità sostanziale e gli effetti vincolanti tra le parti, comprese le condizioni per il suo scioglimento, dalla legge con la quale presenta il collegamento più stretto tra quelli menzionati al primo comma del presente paragrafo. [III] In deroga ai paragrafi 1 e 2, le parti possono scegliere come legge regolatrice del loro patto successorio, per quanto riguarda l'ammissibilità, la validità sostanziale e gli effetti vincolanti tra le parti, comprese le condizioni per il suo scioglimento, la legge che la persona o una delle persone della cui successione si tratta avrebbe potuto scegliere ai sensi dell'articolo 22, alle condizioni ivi indicate».

459. Acquisto dell'eredità. – [I] L'eredità si acquista con l'accettazione [320, 321, 374, 470, 478, 481, 485^2, 487, 527,

586 // 35 l. n. 267/1924]. L'effetto dell'accettazione [460] risale [475[2]] al momento nel quale si è aperta la successione [456, 1146].

➔ **CC. 1865 – art. 933[1] // Gai 2.152, D. 29.2.54.**

460. Poteri del chiamato prima dell'accettazione. – [I] Il chiamato [479] all'eredità [48, 49, 1140, 1146] può esercitare [476] le azioni possessorie [1168 ss., 1171, 1172 // 703 CPC.] a tutela dei beni ereditari, senza bisogno di materiale apprensione [485, 486, 487].

[II] Egli inoltre può compiere atti conservativi [669-bis CPC.], di vigilanza e di amministrazione temporanea [486], e può farsi autorizzare dall'autorità giudiziaria [747[1], 747[2], 748 CPC.] a vendere i beni che non si possono conservare o la cui conservazione importa grave dispendio.

[III] Non può il chiamato compiere gli atti indicati nei commi precedenti, quando si è provveduto alla nomina di un curatore dell'eredità a norma dell'articolo 528 [700, 703[4], 705, 710].

➔ **CC. 1865 – art. 926, 964 // D. 41.2.23 pr.**

461. Rimborso delle spese sostenute dal chiamato. – [I] Se il chiamato rinunzia alla eredità [519], le spese sostenute per gli atti indicati dall'articolo precedente sono a carico dell'eredità [511, 712].

Capo II
Della capacità di succedere

462. Capacità delle persone fisiche. – [I] Sono capaci di succedere [1] tutti coloro che sono nati o concepiti [467] al tempo dell'apertura [456] della successione [4, 70, 411[2, 3], 463, 473, 596, 597, 598, 599, 784].

[II] Salvo prova contraria, si presume concepito al tempo dell'apertura della successione chi è nato entro i trecento giorni dalla morte della persona della cui successione si tratta [232].

[III] Possono inoltre ricevere per testamento i figli di una determinata persona vivente al tempo della morte del testatore, benché non ancora concepiti [643, 674, 687, 715, 784] (1).

➔ **CC. 1865 – art. 723, 724, 764 // D. 38.16.3.11.**

(1) Regolamento (UE) in materia di successioni Reg. (UE) 4/7/2012, n. 650 art. 23, co. 1, 2, lett. c).

• Diritto internazionale privato:
a) l. 18/12/1984, n. 975 art. 1 ss.;
b) l. 31/5/1995, n. 218 art. 46 ss.

Capo III
Dell'indegnità

463. Casi d'indegnità. – [I] È escluso [462, 534] dalla successione [306, 309, 466, 468, 683 // 609-novies CP.] come indegno:

1) chi ha volontariamente ucciso [575 ss. CP.] o tentato di uccidere [56 CP.] la persona della cui successione si tratta, o il coniuge, o un discendente, o un ascendente della medesima, purché non ricorra alcuna delle cause che escludono la punibilità a norma della legge penale [45 ss. CP.];

2) chi ha commesso, in danno di una di tali persone, un fatto al quale la legge dichiara applicabili le disposizioni sull'omicidio [801 // 397, 579[2, 3], 580[2], 609-novies CP.];

3) chi ha denunziato una di tali persone per reato punibile (1) con l'ergastolo [22 CP.] o con la reclusione per un tempo non inferiore nel minimo a tre anni [23 CP.], se la denunzia è stata dichiarata calunniosa [368 CP.] in giudizio penale; ovvero ha testimoniato contro le persone medesime imputate dei predetti reati, se la testimonianza è stata dichiarata, nei confronti di lui, falsa [372 CP.] in giudizio penale [801];

3-bis) Chi, essendo decaduto dalla potestà genitoriale nei confronti della persona della cui successione si tratta a norma dell'articolo 330, non è stato reintegrato nella potestà alla data di apertura della successione della medesima [34 CP.] (2);

4) chi ha indotto con dolo [1439] o violenza [1434] la persona, della cui successione si tratta, a fare, revocare o mutare il testamento, o ne l'ha impedita [624, 679];

5) chi ha soppresso, celato o alterato il testamento dal quale la successione sarebbe stata regolata [490 CP.];

6) chi ha formato un testamento falso [491 CP.] o ne ha fatto scientemente uso [431 // 489, 491, 609-novies[1, n. 3] CP.] (3).

➔ **CC. 1865 – art. 725, 766 // D. 48.20.7.4, Codex 6.34.2, Codex 6.35.10.1, Nov. 115.3, Nov. 118.3, D. 34.9.3.**

(1) Le parole "con la morte," che seguivano dopo la parola "punibile" sono state soppresse dall'art. 11, co. 1, lett. b), l. n. 137/2005. Tuttavia per la perdita di efficacia del riferimento alla pena di morte a seguito dell'abolizione di tale pena v. art. 9 c.p.

2) Numero inserito dall'art. 11, co. 1, lett. c), l. n. 137/2005. Ai sensi dell'art. 105, d.lg. 28/12/2013, n. 154, le parole: "potestà genitoriale", ovunque presenti, in tutta la legislazione vigente, sono sostituite dalle parole: "responsabilità genitoriale". Ai sensi dell'art. 108 del d.lg. n. 154/2013, tale modifica è entrata in vigore a partire dal 7/2/2014.

(3) Regolamento (UE) in materia di successioni Reg. (UE) 4/7/2012, n. 650 art. 23, co. 1, 2, lett. d).

463 bis. Sospensione dalla successione. – Sono sospesi dalla successione il coniuge, anche legalmente separato, nonché la parte dell'unione civile indagati per l'omicidio volontario o tentato nei confronti dell'altro coniuge o dell'altra parte dell'unione civile, fino al decreto di archiviazione [409 c.p.p.] o alla sentenza definitiva di proscioglimento [529 ss. c.p.p.]. In tal caso si fa luogo alla nomina di un curatore ai sensi dell'articolo 528. In caso di condanna o di applicazione della pena su richiesta delle parti, ai sensi dell'articolo 444 del codice di procedura penale, il responsabile è escluso dalla successione ai sensi dell'articolo 463 del presente codice [537-bis c.p.p.].

Le disposizioni di cui al primo comma si applicano anche nei casi di persona indagata per l'omicidio volontario o tentato nei confronti di uno o entrambi i genitori, del fratello o della sorella.

Il pubblico ministero, compatibilmente con le esigenze di segretezza delle indagini, comunica senza ritardo alla cancelleria del tribunale del circondario in cui si è aperta la successione l'avvenuta iscrizione nel registro delle notizie di reato, ai fini della sospensione di cui al presente articolo (1).

(1) Il presente articolo è stato inserito dall'art. 5 della l. 11/1/2018, n. 4 con decorrenza dal 16/2/2018.

464. Restituzione di frutti. – [I] L'indegno è obbligato a restituire [1148] i frutti [820] che gli sono pervenuti dopo l'apertura della successione [456, 534, 535, 1148, 1150].

➔ **CC. 1865 – art. 726, 727, 766 // D. 34.9.17.**

465. Indegnità del genitore. – [I] Colui che è escluso per indegnità dalla successione [463] non ha sui beni della medesima, che siano devoluti ai suoi figli [467], i diritti di usufrutto [324, 327] o di amministrazione [320] che la legge accorda ai genitori [334, 321].

➔ **CC. 1865 – art. 728.**

466. Riabilitazione dell'indegno. – [I] Chi è incorso nell'indegnità [463] è ammesso a succedere quando la persona, della cui successione si tratta, ve lo ha espressamente abilitato con atto pubblico [2699] o con un testamento [587^{2}, 590, 679].

[II] Tuttavia l'indegno non espressamente abilitato [463], se è stato contemplato [466^{1}] nel testamento quando il testatore conosceva la causa dell'indegnità, è ammesso a succedere nei limiti della disposizione testamentaria [679, 1444].

→ **CC. 1865 – art. 726, 766 // D. 34.4.4.**

Capo IV
Della rappresentazione

467. Nozione. – [I] La rappresentazione [70, 462^{1}] fa subentrare i discendenti nel luogo e nel grado del loro ascendente [564^{3}, 740], in tutti i casi in cui questi non può [4, 70, 463, 480, 481, 487, 536] o non vuole accettare l'eredità [459, 519, 522, 523] o il legato [649].

[II] Si ha rappresentazione nella successione testamentaria [674, 675] quando il testatore non ha provveduto [688] per il caso in cui l'istituto non possa o non voglia accettare l'eredità o il legato [688 ss.], e sempre che non si tratti di legato di usufrutto [678] o di altro diritto di natura personale [1021] (1).

→ **CC. 1865 – art. 728, 729, 731, 734, 748, 890^{2}, 947, 948 // Gai 3.7.**

(1) Adozione l. 4/5/1983, n. 184 art. 27.

• Regolamento (UE) in materia di successioni Reg. (UE) 4/7/2012, n. 650 art. 23, co. 1, 2, lett. b), h).

468. Soggetti. – (1). – [I] La rappresentazione ha luogo, nella linea retta [75], a favore dei discendenti dei figli anche adottivi [291 ss.] (2), e, nella linea collaterale [75], a favore dei discendenti dei fratelli e delle sorelle del defunto.

[II] I discendenti possono succedere per rappresentazione anche se hanno rinunziato [479^{3}, 519 ss.] all'eredità della persona in luogo della quale subentrano [740], o sono incapaci [592 ss.] o indegni di succedere [463] rispetto a questa.

(1) La Corte cost., con sentenza 14/4/1969, n. 79 ha dichiarato l'illegittimità costituzionale del presente articolo «limitatamente alla parte in cui esclude dalla rappresentazione il figlio naturale di chi, figlio o fratello del *de cuius*, non potendo o non volendo accettare, non lasci o non abbia discendenti legittimi».

(2) L'art. 68, d.lg. 28/12/2013, n. 154, ha sostituito le parole: "legittimi, legittimati e adottivi" con le parole: "anche adottivi"; e ha soppresso le parole: "nonché dei discendenti dei figli naturali del defunto,". Ai sensi dell'art. 108, d.lg. n. 154/2013, la modifica è entrata in vigore a partire dal 7/2/2014.

→ **CC. 1865 – art. 728, 732, 735 // Nov. 118.1, 3.**

469. Estensione del diritto di rappresentazione. Divisione. – [I] La rappresentazione ha luogo in infinito, siano uguali o disuguali il grado dei discendenti e il loro numero in ciascuna stirpe [726, 731, 740].

[II] La rappresentazione ha luogo anche nel caso di unicità di stirpe [536^{3}, 564^{3}].

[III] Quando vi è rappresentazione, la divisione si fa per stirpi [726].

[IV] Se uno stipite ha prodotto più rami, la suddivisione avviene per stirpi anche in ciascun ramo, e per capi tra i membri del medesimo ramo.

→ **CC. 1865 – art. 730, 733, 736, 741.**

Capo V
Dell'accettazione dell'eredità

Sezione I
Disposizioni generali

470. Accettazione pura e semplice e accettazione col beneficio d'inventario. – [I] L'eredità può essere accettata [459, 474, 475$^{2, 3}$, 527, 586, 637, 1324, 1334, 2648, 2685] puramente e semplicemente [475, 476] o col beneficio d'inventario [484 ss.].

[II] L'accettazione col beneficio d'inventario può farsi nonostante qualunque divieto [1418] del testatore [634, 703^{5}].

→ **CC. 1865 – art. 929, 956.**

471. Eredità devolute a minori o interdetti. – [I] Non si possono [1418] accettare le eredità devolute ai minori [2, 320] e agli interdetti [414, 411^{4}], se non col beneficio d'inventario [484, 489], osservate le disposizioni degli articoli 321 [*si legga 320*] e 374.

→ **CC. 1865 – art. 226, 930.**

472. Eredità devolute a minori emancipati o a inabilitati. – [I] I minori emancipati [390, 397^{3}] e gli inabilitati non possono [1418] accettare le eredità, se non col beneficio d'inventario [484, 489], osservate le disposizioni dell'articolo 394.

→ **CC. 1865 – art. 931.**

473. Eredità devolute a persone giuridiche o ad associazioni, fondazioni ed enti non riconosciuti. – [I] L'accettazione delle eredità devolute alle persone giuridiche [11 ss.] o ad associazioni, fondazioni ed enti non riconosciuti [36] non può farsi che col beneficio d'inventario [484, 476, 489].

[II] Il presente articolo non si applica alle società [2247 ss.].

→ **CC. 1865 – art. 932.**

474. Modi di accettazione. – L'accettazione può essere espressa [475] o tacita [476] (1).

→ **CC. 1865 – art. 934^{1} // Gai 2.167.**

(1) Reg. UE 4/7/2012, n. 650, art. 28.

475. Accettazione espressa. – [I] L'accettazione è espressa quando in un atto pubblico [2699] o in una scrittura privata [2702], il chiamato all'eredità [1387, 2028, 2900 //35 l. fall.] ha dichiarato di accettarla [1324, 1334] oppure ha assunto il titolo di erede [524, 2648^{2}] (1).

[II] È nulla [108, 257, 520, 702^{2}] la dichiarazione di accettare sotto condizione [1353] o a termine [637].

[III] Parimenti è nulla la dichiarazione di accettazione parziale di eredità [520].

→ **CC. 1865 – art. 934^{2} // D. 29.2.51.2, D. 50.17.77.**

(1) Reg. UE 4/7/2012, n. 650 art. 28.

• Art 35 Legge Fallimentare: «Le riduzioni di crediti, le transazioni, i compromessi, le rinunzie alle liti, le ricognizioni di diritti di terzi, la cancellazione di ipoteche, la restituzione di pegni, lo svincolo delle cauzioni, l'accettazione di eredità e donazioni e gli atti di straordinaria amministrazione sono effettuate dal curatore, previa autorizzazione del comitato dei creditori.

Nel richiedere l'autorizzazione del comitato dei creditori, il curatore formula le proprie conclusioni anche sulla convenienza della proposta.

Se gli atti suddetti sono di valore superiore a cinquantamila euro e

in ogni caso per le transazioni, il curatore ne informa previamente il giudice delegato, salvo che gli stessi siano già stati autorizzati dal medesimo ai sensi dell'art. 104-ter, co. 8.
Il limite di cui al co. 2 può essere adeguato con decreto del Ministro della giustizia».

476. Accettazione tacita. – L'accettazione è tacita [1324] quando il chiamato all'eredità compie un atto [2648[3]] che presuppone necessariamente la sua volontà di accettare e che non avrebbe il diritto di fare [460] se non nella qualità di erede [477, 478, 482, 483, 485, 487] (1).

➔ **CC. 1865 – art. 934[3] // Gai 2.166, D. 29.2.20 pr.**

(1) Reg. UE 4/7/2012, n. 650, art. 28.

477. Donazione, vendita e cessione dei diritti di successione. – La donazione [769], la vendita [765, 1470, 1542] o la cessione [1260], che il chiamato all'eredità faccia dei suoi diritti di successione a un estraneo o a tutti gli altri chiamati o ad alcuno di questi, importa accettazione [476] dell'eredità.

➔ **CC. 1865 – art. 936 // Inst. 2.19.7.**

478. Rinunzia che importa accettazione. – La rinunzia [519] ai diritti di successione, qualora sia fatta verso corrispettivo [1470] o a favore [769] di alcuni soltanto dei chiamati, importa accettazione [476, 519[2]].

➔ **CC. 1865 – art. 937.**

479. Trasmissione del diritto di accettazione. – [I] Se il chiamato all'eredità [460] muore senza averla accettata [525], il diritto di accettarla [139 att.] si trasmette agli eredi [27].

[II] Se questi non sono d'accordo per accettare o rinunziare, colui che accetta l'eredità acquista tutti i diritti e soggiace a tutti i pesi ereditari [475[3], 674], mentre vi rimane estraneo chi ha rinunziato.

[III] La rinunzia all'eredità propria del trasmittente include rinunzia all'eredità che al medesimo è devoluta [468[2], 519].

➔ **CC. 1865 – art. 932, 939, 941.**

480. Prescrizione. – [I] Il diritto di accettare l'eredità si prescrive [2964] in dieci anni [481, 2934, 2935, 2936, 2938, 2942 // 252 att.].

[II] Il termine decorre dal giorno dell'apertura della successione [456] e, in caso d'istituzione condizionale [1[2], 633, 688], dal giorno in cui si verifica la condizione [1359, 2935]. In caso di accertamento giudiziale della filiazione [269] il termine decorre dal passaggio in giudicato della sentenza che accerta la filiazione stessa.

[III] Il termine non corre per i chiamati ulteriori, se vi è stata accettazione da parte di precedenti chiamati e successivamente il loro acquisto ereditario è venuto meno [481, 646].

➔ **CC. 1865 – art. 943 // Gai 2.167.**

481. Fissazione di un termine per l'accettazione. – Chiunque vi ha interesse [480[3], 649, 674, 700 // 100 CPC.] può chiedere che l'autorità giudiziaria [749 CPC.] fissi un termine [2964] entro il quale il chiamato [471, 472, 473] dichiari se accetta [475] o rinunzia [519] all'eredità. Trascorso questo termine senza che abbia fatto la dichiarazione, il chiamato perde il diritto di accettare [487[3], 488, 650, 702[3]].

➔ **CC. 1865 – art. 951 // Gai 2.167.**

482. Impugnazione per violenza o dolo. – [I] L'accettazione dell'eredità si può impugnare quando è effetto di violenza [1434, 1435] o di dolo [526, 1427, 1435 ss., 1439].

[II] L'azione si prescrive [2934] in cinque anni dal giorno in cui è cessata la violenza o è stato scoperto il dolo [526, 761].

➔ **CC. 1865 – art. 942 // D. 4.2.21.5, D. 4.3.40, D. 29.2.85.**

483. Impugnazione per errore. – [I] L'accettazione dell'eredità non si può impugnare se viziata da errore [1433].

[II] Tuttavia, se si scopre un testamento [587] del quale non si aveva notizia al tempo dell'accettazione, l'erede non è tenuto a soddisfare i legati [649, 752] scritti in esso oltre il valore dell'eredità, o con pregiudizio della porzione legittima [536 ss.] che gli è dovuta. Se i beni ereditari non bastano a soddisfare tali legati, si riducono proporzionalmente anche i legati scritti in altri testamenti. Se alcuni legatari sono stati già soddisfatti per intero, contro di loro è data azione di regresso.

[III] L'onere di provare il valore dell'eredità incombe all'erede [2697].

➔ **CC. 1865 – art. 942 // Codex 6.31.4.**

Sezione II
Del beneficio d'inventario

484. Accettazione col beneficio d'inventario. – [I] L'accettazione col beneficio di inventario [320[3], 374[1, n. 3], 394[3], 411[4], 424[1], 428, 470-473, 557[3], 703[5], 1203[1, n. 4], 2830, 2941[1, n. 5]] si fa mediante dichiarazione [1324, 1334, 2699], ricevuta da un notaio o dal cancelliere del tribunale del circondario in cui si è aperta la successione [456], e inserita nel registro delle successioni conservato nello stesso tribunale [52, 53 att.] (1).

[II] Entro un mese dall'inserzione, la dichiarazione deve essere trascritta, a cura del cancelliere, presso l'ufficio dei registri immobiliari del luogo in cui si è aperta la successione [456, 495, 507[2], 509[2], 2644, 2648, 2650].

[III] La dichiarazione deve essere preceduta o seguita dall'inventario [1324], nelle forme prescritte dal codice di procedura civile [494, 511 // 769-777 CPC. // 161, 192 att. CPC.].

[IV] Se l'inventario è fatto prima della dichiarazione, nel registro deve pure menzionarsi la data in cui esso è stato compiuto.

[V] Se l'inventario è fatto dopo la dichiarazione, l'ufficiale pubblico che lo ha redatto deve, nel termine di un mese, far inserire nel registro l'annotazione della data in cui esso è stato compiuto [495] (2).

➔ **CC. 1865 – art. 955, 957.**

(1) Il co. 1 è stato così sostituito dall'art. 143 del d.lg. 19/2/1998, n. 51.
(2) R.d. 16/3/1942, n. 267 – art. 11, 12, 35, 42.

485. Chiamato all'eredità che è nel possesso di beni. – [I] Il chiamato all'eredità, quando a qualsiasi titolo è nel possesso [1140] di beni ereditari, deve fare l'inventario entro tre mesi dal giorno dell'apertura della successione [456] o della notizia della devoluta eredità. Se entro questo termine lo ha cominciato ma non è stato in grado di completarlo, può ottenere dal tribunale del luogo in cui si è aperta la successione [51-bis att.] una proroga che, salvo gravi circostanze, non deve eccedere i tre mesi [749[5], 774 CPC.] (1).

[II] Trascorso tale termine senza che l'inventario sia stato compiuto, il chiamato all'eredità è considerato erede puro e semplice [459, 476, 527, 586].

[III] Compiuto l'inventario, il chiamato che non abbia ancora fatto la dichiarazione a norma dell'articolo 484 ha un termine di quaranta giorni da quello del compimento dell'inventario medesimo, per deliberare se accetta [470] o rinunzia all'eredità [519]. Trascorso questo termine senza che abbia deliberato, è considerato erede puro e semplice [459, 476, 527, 586].

➔ CC. 1865 – art. 952, 59-961, 964[1].

(1) Il co. 1 è stato così modificato dall'art. 144 del d.lg. 19/2/1998, n. 51.

486. Poteri. – [I] Durante i termini stabiliti dall'articolo precedente per fare l'inventario e per deliberare, il chiamato [487], oltre che esercitare i poteri indicati nell'articolo 460, può stare in giudizio come convenuto per rappresentare l'eredità.

[II] Se non compare, l'autorità giudiziaria nomina un curatore [528, 705, 1387] all'eredità affinché la rappresenti in giudizio [782, 780 CPC.].

➔ CC. 1865 – art. 964.

487. Chiamato all'eredità che non è nel possesso di beni. – [I] Il chiamato all'eredità che non è nel possesso [1140] di beni ereditari, può fare la dichiarazione di accettare col beneficio d'inventario [484], fino a che il diritto di accettare non è prescritto [480].

[II] Quando ha fatto la dichiarazione, deve compiere l'inventario [769 CPC.] nel termine di tre mesi dalla dichiarazione, salva la proroga accordata dall'autorità giudiziaria a norma dell'articolo 485; in mancanza, è considerato erede puro e semplice [473, 476, 2964].

[III] Quando ha fatto l'inventario non preceduto da dichiarazione d'accettazione, questa deve essere fatta nei quaranta giorni successivi al compimento dell'inventario [481]; in mancanza il chiamato perde il diritto di accettare l'eredità [473, 519, 524, 525].

➔ CC. 1865 – art. 962.

488. Dichiarazione in caso di termine fissato dall'autorità giudiziaria. – [I] Il chiamato all'eredità, che non è nel possesso di beni ereditari [485], qualora gli sia assegnato un termine a norma dell'articolo 481, deve, entro detto termine, compiere anche l'inventario; se fa la dichiarazione e non l'inventario, è considerato erede puro e semplice [476, 2964].

[II] L'autorità giudiziaria può accordare una dilazione [749 CPC.].

489. Incapaci. – [I] I minori [2], gli interdetti [414] e gli inabilitati [415] non s'intendono decaduti dal beneficio d'inventario [471, 472], se non al compimento di un anno dalla maggiore età [2] o dal cessare dello stato d'interdizione o d'inabilitazione [431], qualora entro tale termine non si siano conformati alle norme della presente sezione [480, 481, 484-494, 2964].

➔ CC. 1865 – art. 963.

490. Effetti del beneficio d'inventario. – [I] L'effetto del beneficio d'inventario consiste nel tener distinto il patrimonio del defunto da quello dell'erede [2740^2, 2830, $2941^{1, n. 5}$].

Conseguentemente:

1) l'erede conserva verso l'eredità tutti i diritti e tutti gli obblighi che aveva verso il defunto [1253, 1295], tranne quelli che si sono estinti per effetto della morte [448, 1014, 1072];

2) l'erede non è tenuto al pagamento dei debiti ereditari [752, 1253, 2645-ter, 2858] e dei legati oltre il valore dei beni a lui pervenuti [497, 507, $1203^{1, n. 4}$];

3) i creditori dell'eredità e i legatari hanno preferenza sul patrimonio ereditario di fronte ai creditori dell'erede [495, 499, 502]. Essi però non sono dispensati dal domandare la separazione dei beni, secondo le disposizioni del capo seguente [512 ss.], se vogliono conservare questa preferenza anche nel caso che l'erede decada dal beneficio d'inventario [493, 494, 505, 564] o vi rinunzi [512^3] (1).

➔ CC. 1865 – art. 968.

(1) R.d. 16/3/1942, n. 267 – art. 121.

491. Responsabilità dell'erede nell'amministrazione. – [I] L'erede con beneficio d'inventario non risponde dell'amministrazione dei beni ereditari se non per colpa grave [496, 531, 1176].

➔ CC. 1865 – art. 970.

492. Garanzia. – [I] Se i creditori o altri aventi interesse lo richiedono, l'erede deve dare idonea garanzia [1179 // 119, 750 CPC.] per il valore dei beni mobili [812] compresi nell'inventario, per i frutti [820] degli immobili e per il prezzo dei medesimi che sopravanzi al pagamento dei creditori ipotecari.

➔ CC. 1865 – art. 975.

493. Alienazione dei beni ereditari senza autorizzazione. – [I] L'erede decade dal beneficio d'inventario [490, 494, 505, 509, 564], se aliena [713 ss., 1197, 1470, 1552] o sottopone a pegno [2784] o ipoteca [2808] beni ereditari, o transige [1965] relativamente a questi beni senza l'autorizzazione giudiziaria e senza osservare le forme prescritte dal codice di procedura civile [747, 748 CPC.].

[II] Per i beni mobili l'autorizzazione non è necessaria trascorsi cinque anni dalla dichiarazione di accettare con beneficio d'inventario [499, 502^3].

➔ CC. 1865 – art. 973, 974.

494. Omissioni o infedeltà nell'inventario. – [I] Dal beneficio d'inventario decade [490, 493, 505, 509, 564] l'erede che ha omesso in mala fede di denunziare nell'inventario beni appartenenti all'eredità [762], o che ha denunziato in mala fede, nell'inventario stesso, passività non esistenti [484, 527].

➔ CC. 1865 – art. 953.

495. Pagamento dei creditori e legatari. – [I] Trascorso un mese dalla trascrizione prevista nell'articolo 484 o dall'annotazione disposta nello stesso articolo per il caso che l'inventario sia posteriore alla dichiarazione, l'erede, quando creditori o legatari [649] non si oppongono [498] ed egli non intende promuovere la liquidazione a norma dell'articolo 503, paga i creditori e i legatari a misura che si presentano, salvi i loro diritti di poziorità [499, 503, 2741, 2830].

[II] Esaurito l'asse ereditario, i creditori rimasti insoddisfatti hanno soltanto diritto di regresso contro i legatari, ancorché di cosa determinata appartenente al testatore, nei limiti del valore del legato [313, 671].

[III] Tale diritto si prescrive in tre anni dal giorno dell'ultimo pagamento salvo che il credito sia anteriormente prescritto [2934, 2946].

➔ CC. 1865 – art. 976.

496. Rendimento del conto. – [I] L'erede ha l'obbligo di rendere conto [263, 266 CPC.] della sua amministrazione [491] ai creditori e ai legatari, i quali possono fare assegnare un termine all'erede [488, 500 // 749 CPC. // 109, 178 att. CPC.].

➔ CC. 1865 – art. 971.

497. Mora nel rendimento del conto. – [I] L'erede non può essere costretto al pagamento con i propri beni [$1203^{1, n. 4}$, $490^{2, n. 2}$], se non quando è stato costituito in mora [496, 1219] a presentare il conto e non ha ancora soddisfatto a quest'obbligo [$490^{2, n. 2}$, 494, 752 ss.].

[II] Dopo la liquidazione del conto [263 CPC.], non può essere costretto al pagamento con i propri beni se non fino alla concorrenza delle somme di cui è debitore.

➔ **CC. 1865 – art. 969.**

498. Liquidazione dell'eredità in caso di opposizione. – [I] Qualora entro il termine indicato nell'articolo 495 gli sia stata notificata opposizione da parte di creditori o di legatari [530^2, 2906^2, 2943], l'erede non può eseguire pagamenti [502], ma deve provvedere alla liquidazione dell'eredità [503] nell'interesse di tutti i creditori e legatari [499, 502, 503, 2741].

[II] A tal fine egli, non oltre un mese dalla notificazione dell'opposizione [137 CPC.], deve, a mezzo di un notaio del luogo dell'aperta successione, invitare i creditori e i legatari a presentare, entro un termine stabilito dal notaio stesso e non inferiore a giorni trenta [504], le dichiarazioni di credito [505, 507, 509, 2964 // 779^2 CPC.].

[III] L'invito è spedito per raccomandata ai creditori e ai legatari dei quali è noto il domicilio o la residenza [501, 506, 530^2 // 52^3 att.] ed è pubblicato nel *foglio degli annunzi legali della provincia** (1).

➔ **C.C. 1865 – art. 976^1.**

* Disposizione da ritenersi parzialmente abrogata a seguito della soppressione dei fogli degni annunzi legali con la l. 21/11/2000, n. 340 – art. 31, co. 3 – «[1] A decorrere dal novantesimo giorno successivo alla data in vigore della presente legge, i fogli degli annunzi legali delle province sono aboliti [...]. [3] Quando disposizioni vigenti prevedono la pubblicazione nel foglio degli annunzi legali come unica forma di pubblicità, la pubblicazione è effettuata nella Gazzetta Ufficiale».

(1) Legge notarile, l. 16/2/1913, n. 89 – art. 1, co. 3.

• Regolamento notarile, r.d. 10/9/1914, n. 1326 – art. 2.

499. Procedura di liquidazione. – [I] Scaduto il termine entro il quale devono presentarsi le dichiarazioni di credito [498], l'erede provvede, con l'assistenza del notaio, a liquidare le attività ereditarie facendosi autorizzare alle alienazioni necessarie [493 // 747, 748 CPC.]. Se l'alienazione ha per oggetto beni sottoposti a privilegio [2745] o a ipoteca [2784, 2808,], i privilegi non si estinguono [105^7 l. fall.], e le ipoteche [2882] non possono essere cancellate [105^7 l. fall.] sino a che l'acquirente non depositi il prezzo nel modo stabilito dal giudice o non provveda al pagamento dei creditori collocati nello stato di graduazione previsto dal comma seguente [2885] (1).

[II] L'erede forma, sempre con l'assistenza del notaio, lo stato di graduazione [502 // 778 CPC.]. I creditori sono collocati secondo i rispettivi diritti di prelazione. Essi sono preferiti ai legatari [649, 495^3, 502^3]. Tra i creditori non aventi diritto a prelazione [2741] l'attivo ereditario è ripartito in proporzione dei rispettivi crediti [495, 501].

[III] Qualora, per soddisfare i creditori, sia **necessario** comprendere nella liquidazione anche l'oggetto di un legato di specie [495, 649 // 747^3 CPC.] sulla somma che residua **dopo il pagamento dei creditori** il legatario di specie è preferito agli altri legatari (2).

(1) Legge fallimentare, r.d.l. 16/3/1942, n. 267 – art. 1057 – «Vendita dell'azienda, di rami, di beni e rapporti in blocco. (VII) I privilegi e le garanzie di qualsiasi tipo, da chiunque prestate o comunque esistenti a favore del cedente, conservano la loro validità e il loro grado a favore del cessionario».

(2) Legge notarile, l. 16/2/1913, n. 89 – art. 1, co. 3.

• Regolamento notarile, r.d. 10/9/1914, n. 1326 – art. 2.

500. Termine per la liquidazione. – L'autorità giudiziaria, su istanza di alcuno dei creditori o legatari, può assegnare un termine [749 CPC.] all'erede per liquidare le attività ereditarie e per formare lo stato di graduazione [488, 496, 502, 505 // 742, 742-bis, 749 CPC.].

501. Reclami. – Compiuto lo stato di graduazione [499^2], il notaio ne dà avviso con raccomandata ai creditori e legatari di cui è noto il domicilio o la residenza, e provvede alla pubblicazione di un estratto dello stato nel *foglio degli annunzi legali della provincia**. Trascorsi senza reclami [504 // 102, 360, 778 CPC.] trenta giorni dalla data di questa pubblicazione, lo stato di graduazione diviene definitivo [502] (1).

* Disposizione da ritenersi parzialmente abrogata a seguito della soppressione dei fogli degni annunzi legali con la l. 21/11/2000, n. 340 – art. 31, co. 3 (vedi in calce all'art. 498).

(1) Legge notarile, l. 16/2/1913, n. 89 – art. 1, co. 3.

• Regolamento notarile, r.d. 10/9/1914, n. 1326 – art. 2.

502. Pagamento dei creditori e dei legatari. – [I] Divenuto definitivo lo stato di graduazione [501] o passata in giudicato la sentenza [324 CPC.] che pronunzia sui reclami [778^3 CPC.], l'erede deve soddisfare i creditori e i legatari in conformità dello stato medesimo.

[II] Questo costituisce titolo esecutivo contro l'erede [565, 586 // 474 CPC.].

[III] La collocazione dei crediti condizionali non impedisce il pagamento dei creditori posteriori, sempre che questi diano cauzione [1179].

[IV] I creditori e i legatari che non si sono presentati hanno azione contro l'erede solo nei limiti della somma che residua dopo il pagamento dei creditori e dei legatari collocati nello stato di graduazione [508^3]. Questa azione si prescrive [2946] in tre anni dal giorno in cui lo stato è divenuto definitivo o è passata in giudicato la sentenza che ha pronunziato sui reclami, salvo che il credito sia anteriormente prescritto [495^3, 2934].

➔ **C.C. 1865 – art. 977.**

503. Liquidazione promossa dall'erede. – [I] Anche quando non vi è opposizione di creditori o di legatari, l'erede può valersi della procedura di liquidazione prevista dagli articoli precedenti [495 // 132 att.].

[II] Il pagamento fatto a creditori privilegiati o ipotecari non impedisce all'erede di valersi di questa procedura [498^1, 505^3].

504. Liquidazione nel caso di più eredi. – [I] Se vi sono più eredi con beneficio d'inventario [510], ciascuno può promuovere la liquidazione [503]; ma deve convocare i propri coeredi davanti al notaio nel termine che questi ha stabilito per la dichiarazione dei crediti [498^{2-3}, 501, 505 // 102 CPC.]. I coeredi che non si presentano sono rappresentati nella liquidazione dal notaio (1).

(1) Legge notarile, l. 16/2/1913, n. 89 – art. 1, co. 3.

• Regolamento notarile, r.d.l. 10/9/1914 n. 1326 – art. 2.

505. Decadenza dal beneficio. – [I] L'erede che, in caso di opposizione, non osserva le norme stabilite dall'articolo 498 o non compie la liquidazione o lo stato di graduazione nel termine stabilito dall'articolo 500, decade dal beneficio d'inventario [488, 490, 493, 494, 495, 509, 564, 2964].

[II] Parimenti decade dal beneficio d'inventario l'erede che, nel caso previsto dall'articolo 503, dopo l'invito ai creditori di presentare le dichiarazioni di credito, esegue pagamenti prima che sia definita la procedura di liquidazione o non osserva il termine che gli è stato prefisso a norma dell'articolo 500.

[III] La decadenza non si verifica quando si tratta di pagamenti a favore di creditori privilegiati o ipotecari [503²].

[IV] In ogni caso la decadenza dal beneficio d'inventario può essere fatta valere solo dai creditori del defunto e dai legatari [488, 490³ 493, 494 // 779 CPC.].

506. Procedure individuali. – [I] Eseguita la pubblicazione prescritta dal terzo comma dell'articolo 498, non possono essere promosse **procedure esecutive** a istanza dei creditori [495, 649, 2910 // 671 CPC.]. Possono tuttavia essere continuate quelle in corso, ma la parte di prezzo che residua dopo il pagamento dei creditori privilegiati e ipotecari deve essere distribuita in base allo stato di graduazione previsto dall'articolo 499.

[II] I crediti a termine diventano esigibili [1183, 1186]. Resta tuttavia il beneficio del termine, quando il credito è munito di garanzia reale su beni la cui alienazione non si renda necessaria ai fini della liquidazione, e la garanzia stessa è idonea ad assicurare il soddisfacimento integrale del credito.

[III] Dalla data di pubblicazione dell'invito ai creditori previsto dal terzo comma dell'articolo 498 è sospeso il decorso degli interessi dei crediti chirografari [1282]. I creditori tuttavia hanno diritto, compiuta la liquidazione, al collocamento degli interessi sugli eventuali residui [429³ CPC.] (1).

(1) Legge fallimentare, r.d.l. 16/3/1942, n. 267 – art. 51-54 – in particolare art. 51: «Divieto di azioni esecutive e cautelari individuali. (I) Salvo diversa disposizione della legge, dal giorno della dichiarazione di fallimento nessuna azione individuale, esecutiva o cautelare, anche per crediti maturati durante il fallimento, può essere iniziata o proseguita sui beni compresi nel fallimento».

507. Rilascio dei beni ai creditori e ai legatari. – [I] L'erede, non oltre un mese dalla scadenza del termine stabilito per presentare le dichiarazioni di credito [498], **se non ha provveduto ad alcun atto di liquidazione**, può rilasciare tutti i beni ereditari a favore dei creditori e dei legatari [508, 509³ 1324, 1334, 1977 // 160 l. fall.] (1).

[II] A tal fine l'erede deve, nelle forme indicate dall'articolo 498, dare avviso ai creditori e ai legatari dei quali è noto il domicilio o la residenza [43]; deve iscrivere la dichiarazione di rilascio nel registro delle successioni [52, 53 att.], annotarla, in margine alla trascrizione prescritta dal secondo comma dell'articolo 484, e trascriverla presso gli uffici dei registri immobiliari dei luoghi in cui si trovano gli immobili ereditari [2643, 2663, 2687] e presso gli uffici dove sono registrati i beni mobili [815, 2695].

[III] Dal momento in cui è trascritta la dichiarazione di rilascio, gli atti di disposizione dei beni ereditari compiuti dall'erede sono senza effetto rispetto ai creditori e ai legatari [509³, 2644, 2649²].

[IV] L'erede deve consegnare i beni al curatore nominato secondo le norme dell'articolo seguente. Eseguita la consegna, egli resta liberato da ogni responsabilità per i debiti ereditari.

(1) Legge fallimentare, r.d.l. 16/3/1942, n. 267, in particolare art.:

- 31: «Gestione della procedura. (I) Il curatore ha l'amministrazione del patrimonio fallimentare e compie tutte le operazioni della procedura sotto la vigilanza del giudice delegato e del comitato dei creditori, nell'ambito delle funzioni ad esso attribuite [...]»;
- 44: «Atti compiuti dal fallito dopo la dichiarazione di fallimento. (I) Tutti gli atti compiuti dal fallito ed i pagamenti da lui eseguiti dopo la dichiarazione di fallimento sono inefficaci rispetto ai creditori. (II) Sono egualmente inefficaci i pagamenti ricevuti dal fallito dopo la sentenza dichiarativa di fallimento [...]»;
- 167 «Amministrazione dei beni durante la procedura. (1) Durante la procedura di concordato, il debitore conserva l'amministrazione dei suoi beni e l'esercizio dell'impresa, sotto la vigilanza del commissario giudiziale [...]»;
- 182 «Provvedimenti in caso di cessione dei beni. (I) Se il concordato consiste nella cessione dei beni e non dispone diversamente, il tribunale nomina nel decreto di omologazione uno o più liquidatori e un comitato di tre o cinque creditori per assistere alla liquidazione e determina le altre modalità della liquidazione [...]».

508. Nomina del curatore. – [I] Trascritta la dichiarazione di rilascio, il **tribunale** [51-bis att. // 747 CPC.] del luogo dell'aperta successione [456] su istanza dell'erede o di uno dei creditori o legatari, o anche d'ufficio, nomina un curatore, perché provveda alla liquidazione secondo le norme degli articoli 498 e seguenti [528, 1387].

Il decreto di nomina del curatore è iscritto nel registro delle successioni [52, 53 att.] (1).

[II] Le attività che residuano, pagate le spese della curatela e soddisfatti i creditori e i legatari collocati nello stato di graduazione [499], spettano all'erede, salva l'azione dei creditori e legatari, che non si sono presentati, nei limiti determinati dal terzo comma dell'articolo 502.

(1) Il co. 1 è stato modificato dall'art. 144 del d.lg. 19/2/1998, n. 51. Testo previgente: «(I) Trascritta la dichiarazione di rilascio, il **pretore** del luogo dell'apertura della successione, su istanza dell'erede o di uno dei creditori o legatari, o anche d'ufficio, nomina un curatore, perché provveda alla liquidazione secondo le norme degli articoli 498 e seguenti».

509. Liquidazione proseguita su istanza dei creditori o legatari. – [I] Se, dopo la scadenza del termine stabilito per presentare le dichiarazioni di credito [498], l'erede incorre nella decadenza dal beneficio d'inventario [493, 494, 505], ma nessuno dei creditori o legatari la fa valere [505³ // 779 CPC.], il **tribunale** [51-bis att.] del luogo dell'aperta successione [456 // 747 CPC.], su istanza di uno dei creditori o legatari, sentiti l'erede e coloro che hanno presentato le dichiarazioni di credito, può nominare un curatore con l'incarico di provvedere alla liquidazione dell'eredità secondo le norme degli articoli 499 e seguenti (1).

[II] Dopo la nomina del curatore, la decadenza dal beneficio non può più essere fatta valere.

[III] Il decreto di nomina del curatore è iscritto nel registro delle successioni [52, 53 att.], annotato a margine della trascrizione prescritta dal secondo comma dell'articolo 484, e trascritto negli uffici dei registri immobiliari dei luoghi dove si trovano gli immobili ereditari [507³, 2643, 2645, 2649, 2663] e negli uffici dove sono registrati i beni mobili [507³, 2649, 2663, 2683, 2687, 2695].

[IV] L'erede perde l'amministrazione dei beni ed è tenuto a consegnarli al curatore [507⁴ // 31, 167 l. fall.]. (2) Gli atti di disposizione che l'erede compie dopo trascritto il decreto di nomina del curatore sono senza effetto rispetto ai creditori e ai legatari [507³, 2644, 2645, 2649 // 44 l. fall.] (3).

(1) Il co. 1 è stato modificato dall'art. 144 del d.lg. 19/2/1998, n. 51. Testo previgente «(1) Se, dopo la scadenza del termine stabilito per presentare le dichiarazioni di credito, l'erede incorre nella decadenza dal beneficio d'inventario, ma nessuno dei creditori o legatari la fa valere, il **pretore** del luogo dell'aperta successione, su istanza di uno dei creditori o legatari, sentiti l'erede e coloro che hanno presentato le dichiarazioni di credito, può nominare un curatore con l'incarico di provvedere alla liquidazione dell'eredità secondo le norme degli articoli 499 e seguenti. Dopo la nomina del curatore, la decadenza dal beneficio non può più essere fatta valere».

(2) Legge fallimentare, r.d.l. 16/3/1942, n. 267 – art. 31 – «Gestione della procedura. (1) Il curatore ha l'amministrazione del patrimonio fallimentare e compie tutte le operazioni della procedura sotto la vigilanza del giudice delegato e del comitato dei creditori, nell'ambito delle funzioni ad esso attribuite [...]».

- Legge fallimentare, r.d.l. 16/3/1942, n. 267 – art. 167 – «Amministra-

CODICE CIVILE

zione dei beni durante la procedura. (I) Durante la procedura di concordato, il debitore conserva l'amministrazione dei suoi beni e l'esercizio dell'impresa, sotto la vigilanza del commissario giudiziale [...]».

(3) Legge fallimentare, r.d.l. 16/3/1942, n. 267 – art. 44 – «Atti compiuti dal fallito dopo la dichiarazione di fallimento. (I) Tutti gli atti compiuti dal fallito ed i pagamenti da lui eseguiti dopo la dichiarazione di fallimento sono inefficaci rispetto ai creditori. (II) Sono egualmente inefficaci i pagamenti ricevuti dal fallito dopo la sentenza dichiarativa di fallimento [...]».

510. Accettazione o inventario fatti da uno dei chiamati. – L'accettazione con beneficio d'inventario fatta da uno dei **chiamati** [470, 519] giova a tutti gli altri [470, 484, 488], anche se l'inventario è compiuto da un chiamato diverso da quello che ha fatto la dichiarazione.

➔ C.C. 1865 – art. 958.

511. Spese. – Le spese dell'apposizione dei sigilli, dell'inventario e di ogni altro atto dipendente dall'accettazione con beneficio d'inventario [484] sono a carico dell'eredità [461, 712].

➔ CC. 1865 – art. 978.

Capo VI
Della separazione dei beni del defunto da quelli dell'erede

512. Oggetto della separazione. – [I] La separazione [515] dei beni del defunto da quelli dell'erede assicura il soddisfacimento [2471], con i beni del defunto [484, 2786, 2808], dei creditori di lui [512, 515, 1936, 2028, 2900, 2034] e dei legatari [514^{3}] che l'hanno esercitata, a preferenza dei creditori dell'erede [$490^{1,\,n.\,3}$, 505, 2758^{3}, 2772^{5}].

[II] Il diritto alla separazione spetta anche ai creditori o legatari che hanno altre garanzie sui beni del defunto.

[III] La separazione non impedisce ai creditori e ai legatari che l'hanno esercitata, di soddisfarsi anche sui beni propri dell'erede [490].

➔ CC. 1865 – art. 1032, 2054, 2055.

513. Separazione contro i legatari di specie. – [I] I creditori del defunto possono esercitare la separazione anche rispetto ai beni che formano oggetto di legato di specie [649].

514. Rapporti tra creditori separatisti e non separatisti. – [I] I creditori e i legatari che hanno esercitato la separazione hanno diritto di soddisfarsi sui beni separati a preferenza dei creditori e dei legatari che non l'hanno esercitata, quando il valore della parte di patrimonio non separata sarebbe stato sufficiente a soddisfare i creditori e i legatari non separatisti.

[II] Fuori di questo caso, i creditori e i legatari non separatisti possono concorrere con coloro che hanno esercitato la separazione; ma, se parte del patrimonio non è stata separata il valore di questa si aggiunge al prezzo dei beni separati per determinare quanto spetterebbe a ciascuno dei concorrenti, e quindi si considera come attribuito integralmente ai creditori e ai legatari non separatisti [54 att.].

[III] Quando la separazione è esercitata da creditori e legatari, i creditori sono preferiti ai legatari. La preferenza è anche accordata, nel caso previsto dal comma precedente, ai creditori non separatisti di fronte ai legatari separatisti [756].

Restano salve in ogni caso le cause di prelazione [2741, 2784, 2808].

515. Cessazione della separazione. – [I] L'erede può impedire o far cessare la separazione pagando i creditori e i legatari, e dando cauzione [1179, 1936, 2786, 2808 // 119, 750 CPC.] per il pagamento di quelli il cui diritto è sospeso da condizione o sottoposto a termine oppure è contestato [11 l. fall.].

➔ CC. 1865 – art. 2064.

516. Termine per l'esercizio del diritto alla separazione. – [I] Il diritto alla separazione [517, 518] deve essere esercitato entro il termine di tre mesi dall'apertura della successione [456, 460, 517, 518, 2964, 2968 // 749 CPC.].

➔ CC. 1865 – art. 2057.

517. Separazione riguardo ai mobili. – [I] Il diritto alla separazione riguardo ai mobili [812, 2575] si esercita mediante domanda giudiziale.

[II] La domanda si propone con ricorso al tribunale [51-bis att.] del luogo dell'aperta successione [456], il quale ordina l'inventario [769 CPC.], se non è ancora fatto, e dà le disposizioni necessarie per la conservazione dei beni stessi.

[III] Riguardo ai mobili già alienati dall'erede, il diritto alla separazione comprende soltanto il prezzo non ancora pagato [518].

➔ CC. 1865 – art. 2059.

518. Separazione riguardo agli immobili. – [I] Riguardo agli immobili [812] e agli altri beni capaci d'ipoteca [516, 2810], il diritto alla separazione si esercita mediante l'iscrizione del credito o del legato sopra ciascuno dei beni stessi. L'iscrizione si esegue nei modi stabiliti per iscrivere le ipoteche [2827], indicando il nome del defunto e quello dell'erede, se è conosciuto, e dichiarando che l'iscrizione stessa viene presa a titolo di separazione dei beni. Per tale iscrizione non è necessario esibire il titolo [2839].

[II] Le iscrizioni a titolo di separazione, anche se eseguite in tempi diversi, prendono tutte il grado della prima e prevalgono sulle trascrizioni ed iscrizioni contro l'erede o il legatario, anche se anteriori [2852, 2872].

Alle iscrizioni a titolo di separazione sono applicabili le norme sulle ipoteche [2808].

➔ CC. 1865 – art. 2062, 2065.

Capo VII
Della rinunzia all'eredità

519. Dichiarazione di rinunzia. – [I] La rinunzia [479] all'eredità deve farsi con dichiarazione [320^{3}, $374^{1,\,n.\,3}$, 394^{3}, 411, 424^{1}, 462, 467, 481, 525, 552] ricevuta da un notaio [1324, 1334, $1350^{1,\,n.\,13}$, 1708^{2}, 1414^{3}, // 48 l.not.] o dal cancelliere del tribunale del circondario in cui si è aperta la successione, e inserita nel registro delle successioni [456, 476, 480, 481 // 52, 133 att.].

[II] La rinunzia fatta gratuitamente [477, 478] a favore di tutti coloro ai quali si sarebbe devoluta la quota del rinunziante non ha effetto finché, a cura di alcuna delle parti, non siano osservate le forme indicate nel comma precedente [461, $485^{2\text{-}3}$, 487^{3}, 527, 650, 674, 2643, 2662^{1}].

➔ CC. 1865 – art. 937-944 // D. 29.2.95.

520. Rinunzia condizionata, a termine o parziale. – [I] È nulla la rinunzia fatta sotto condizione [1353] o a termine [1184] o solo per parte [108, 257, $475^{2\text{-}3}$, 637, 702^{2}].

➔ D. 29.2.2.

521. Retroattività della rinunzia. – [I] Chi rinunzia all'eredità è considerato come se non vi fosse mai stato chiamato [459, 522, 524, 525].

[II] Il rinunziante può tuttavia ritenere la donazione [769] o domandare il legato [649] a lui fatto sino alla concorrenza della porzione disponibile [556], salve le disposizioni degli articoli 551 e 552.

➔ CC. 1865 – art. 891, 945.

522. Devoluzione nelle successioni legittime. – [I] Nelle successioni legittime la parte di colui che rinunzia si accresce [674, 676] a coloro che avrebbero concorso col rinunziante [521, 582], salvo il diritto di rappresentazione [467] e salvo il disposto dell'ultimo comma dell'articolo 571. Se il rinunziante è solo, l'eredità si devolve a coloro ai quali spetterebbe nel caso che egli mancasse.

➔ CC. 1865 – art. 946, 947.

523. Devoluzione nelle successioni testamentarie. – [I] Nelle successioni testamentarie, se il testatore non ha disposto una sostituzione [688] e se non ha luogo il diritto di rappresentazione [467], la parte del rinunziante si accresce ai coeredi a norma dell'articolo 674, ovvero si devolve agli eredi legittimi a norma dell'articolo 677.

➔ CC. 1865 – art. 948.

524. Impugnazione della rinunzia da parte dei creditori. – [I] Se taluno rinunzia [480, 481, 478, 487], benché senza frode, a un'eredità con danno dei suoi creditori, questi possono farsi autorizzare [2652$^{1\ n.\ 1}$] ad accettare la eredità in nome e luogo del rinunziante, al solo scopo di soddisfarsi sui beni ereditari fino alla concorrenza dei loro crediti [557, 1203$^{n.\ 2\text{-}3}$, 2900, 2901].

Il diritto dei creditori si prescrive [2946] in cinque anni dalla rinunzia [2934].

➔ CC. 1865 – art. 949.

525. Revoca della rinunzia. – [I] Fino a che il diritto di accettare l'eredità non è prescritto [480] contro i chiamati che vi hanno rinunziato [521], questi possono sempre accettarla [474, 485^{2}, 527], se non è già stata acquistata da altro dei chiamati [586, 674], senza pregiudizio delle ragioni acquistate da terzi sopra i beni dell'eredità [477, 478, 479, 649].

➔ CC. 1865 – art. 933, 950.

526. Impugnazione per violenza o dolo. – [I] La rinunzia all'eredità si può impugnare solo se è l'effetto di violenza o di dolo [482, 483^{1}, 1434, 1435, 1439, 1428].

[II] L'azione si prescrive in cinque anni dal giorno in cui è cessata la violenza o è stato scoperto il dolo [1442].

➔ D. 4.2.21.5, D. 4.3.9.1.

527. Sottrazione di beni ereditari. – [I] I chiamati all'eredità, che hanno sottratto o nascosto beni spettanti all'eredità stessa, decadono dalla facoltà di rinunziarvi e si considerano eredi puri e semplici nonostante la loro rinunzia [476, 485, 494, 586].

Capo VIII
Dell'eredità giacente

528. Nomina del curatore. – [I] Quando il chiamato non ha accettato l'eredità [460] e non è nel possesso di beni ereditari, il tribunale [51-bis att.] del circondario in cui si è aperta la successione, su istanza delle persone interessate o anche d'ufficio, nomina un curatore dell'eredità [460^{3}, 641, 643, 700 ss., 1387, 2830 // 134 att.].

[II] Il decreto di nomina del curatore, a cura del cancelliere, è pubblicato per estratto nel foglio degli annunzi legali della provincia e iscritto nel registro delle successioni [52, 53 att. // 781 ss. CPC. // 193 att. CPC.] (1).

➔ CC. 1865 – art. 980, 981 // D. 1.8.1 pr., D. 50.16.178.1, D. 46.1.22, D. 42.4.8.

(1) L. 24 novembre, n. 340 art. 31 «[I] A decorrere dal novantesimo giorno successivo alla data di entrata in vigore della presente legge, i fogli degli annunzi legali delle province sono aboliti. [...] [III] Quando disposizioni vigenti prevedono la pubblicazione nel foglio degli annunzi legali come unica forma di pubblicità, la pubblicazione è effettuata nella Gazzetta Ufficiale».

529. Obblighi del curatore. – [I] Il curatore è tenuto a procedere all'inventario dell'eredità [777 ss. CPC.], a esercitarne e promuoverne le ragioni, a rispondere alle istanze proposte contro la medesima, ad amministrarla, a depositare presso le casse postali o presso un istituto di credito designato dal tribunale [51-bis att.] il danaro che si trova nell'eredità o si ritrae dalla vendita dei mobili o degli immobili [783 CPC.], e, da ultimo, a rendere conto della propria amministrazione [370, 531 // 782, 783 CPC.] (1).

➔ CC. 1865 – art. 982.

(1) Legge Fallimentare art. 12, co. 3 «[III] Nel caso previsto dall'art. 528 del c.c., la procedura prosegue in confronto del curatore dell'eredità giacente e nel caso previsto dall'art. 641 del c.c. nei confronti dell'amministratore nominato a norma dell'art. 642 dello stesso codice».

530. Pagamento dei debiti ereditari. – [I] Il curatore può provvedere al pagamento dei debiti ereditari e dei legati, previa autorizzazione del tribunale [51-bis att. // 782 CPC.].

[II] Se però alcuno dei creditori o dei legatari fa opposizione, il curatore non può procedere ad alcun pagamento, ma deve provvedere alla liquidazione dell'eredità secondo le norme degli articoli 498 e seguenti [506^{1}, 134 att. // 783 CPC.].

531. Inventario, amministrazione e rendimento dei conti. – [I] Le disposizioni della sezione II del capo V di questo titolo [484 ss.], che riguardano l'inventario, l'amministrazione e il rendimento di conti da parte dell'erede con beneficio d'inventario, sono comuni al curatore dell'eredità giacente, esclusa la limitazione della responsabilità per colpa [491, 1176].

➔ CC. 1865 – art. 983.

532. Cessazione della curatela per accettazione dell'eredità. – [I] Il curatore cessa dalle sue funzioni quando l'eredità è stata accettata [470, 480, 519, 586, 1729 // 742 CPC.].

Capo IX
Della petizione di eredità

533. Nozione. – [I] L'erede [460, 476, 528, 1387, 2900] può chiedere il riconoscimento della sua qualità ereditaria contro chiunque possiede [948] tutti o parte dei beni ereditari a titolo di erede o senza titolo alcuno, allo scopo di ottenere la restituzione dei beni medesimi [71, 73, 2652$^{1,\ n.\ 7)}$, 2690$^{1,\ n.\ 4)}$].

[II] L'azione è imprescrittibile [2934 // 9^{2}, 22$^{1,\ n.\ 1)}$ CPC.], salvi gli effetti dell'usucapione [1158 ss.] rispetto ai singoli beni.

➔ CC. 1865 – art. 40, 926 // D. 5.3.9, D. 5.3.10 pr.-1.

534. Diritti dei terzi. – [I] L'erede può agire anche contro gli aventi causa [1542] da chi possiede a titolo di erede o senza titolo.

[II] Sono salvi i diritti acquistati, per effetto di convenzioni a titolo oneroso con l'erede apparente [649], dai terzi i quali provino di avere contrattato in buona fede [1147[3], 1153, 1189].

[III] La disposizione del comma precedente non si applica ai beni immobili e ai beni mobili iscritti nei pubblici registri [815], se l'acquisto a titolo di erede [2648] e l'acquisto dall'erede apparente non sono stati trascritti anteriormente alla trascrizione dell'acquisto da parte dell'erede o del legatario vero, o alla trascrizione della domanda giudiziale contro l'erede apparente [2652[1, nn. 7, 8)], 2690[1, n. 4)]].

535. Possessore di beni ereditari. – [I] Le disposizioni in materia di possesso si applicano anche al possessore di beni ereditari, per quanto riguarda la restituzione dei frutti, le spese, i miglioramenti e le addizioni [1147 ss., 1152].

[II] Il possessore in buona fede, che ha alienato pure in buona fede una cosa dell'eredità, è solo obbligato a restituire all'erede il prezzo o il corrispettivo ricevuto. Se il prezzo o il corrispettivo è ancora dovuto, l'erede subentra nel diritto di conseguirlo [1153 ss., 1203[1, n. 5)], 2037, 2038].

[III] È possessore in buona fede [1147[3]] colui che ha acquistato il possesso dei beni ereditari, ritenendo per errore di essere erede. La buona fede non giova se l'errore dipende da colpa grave [1147[2]].

➔ **CC. 1865 – art. 933 // D. 5.3.28.**

Capo X
Dei legittimari

Sezione I
Dei diritti riservati ai legittimari

536. Legittimari. – [I] Le persone a favore delle quali la legge riserva [549, 550, 553, 564] una quota di eredità o altri diritti [540[2], 548[2], 580, 585[2], 594] nella successione sono: il coniuge, i figli, gli ascendenti.

[II] Ai figli sono equiparati gli adottivi [291 ss.].

[III] A favore dei discendenti dei figli, i quali vengono alla successione in luogo di questi [467], la legge riserva gli stessi diritti che sono riservati ai figli.

➔ **CC. 1865 – art. 737, 806 // Inst. 2.18 pr., Inst. 2.18.6.**

537. Riserva a favore dei figli [legittimi o naturali] (1). – [I] Salvo quanto disposto dall'articolo 542, se il genitore lascia un figlio solo, [legittimo o naturale,] (1) a questi è riservata la metà del patrimonio.

[II] Se i figli sono più, è loro riservata la quota dei due terzi, da dividersi in parti uguali tra tutti i figli [, legittimi o naturali,] (1).

*[III]**.

➔ **CC. 1865 – art. 805.**

(1) Le parole tra parentesi quadre sono state soppresse dall'art. 71 del d.lg. 28/12/2013, n. 154.

* Comma abrogato dal d.lg. 28/12/2013, n. 154.

538. Riserva a favore degli ascendenti [legittimi] (1) (2). – [I] Se chi muore non lascia figli [legittimi né naturali], ma ascendenti [legittimi], a favore di questi è riservato un terzo del patrimonio, salvo quanto disposto dall'articolo 544 (2).

[II] In caso di pluralità di ascendenti, la riserva è ripartita tra i medesimi secondo i criteri previsti dall'articolo 569 [568].

(1) Art. così sostituito dall'art. 174 della l. 19/5/1975, n. 151 e da ultimo modificato dall'art. 72 del d.lg. 28/12/2013, n. 154.

(2) Le parole tra parentesi quadre sono state soppresse dall'art. 72 del d.lg. 28/12/2013, n. 154. Ma v. art. 1, co. 11, l. 10/12/2012, n. 219 che in precedenza aveva disposto che «nel codice civile, le parole: "figli legittimi" e "figli naturali", ovunque ricorrono, sono sostituite dalla seguente: "figli"».

➔ **CC. 1865 – art. 807.**

*539**.

* Articolo abrogato dall'art. 175 della l. 19/5/1975, n. 151.

540. Riserva a favore del coniuge. – [I] A favore del coniuge è riservata la metà del patrimonio dell'altro coniuge, salve le disposizioni dell'articolo 542 per il caso di concorso con i figli [548, 584].

[II] Al coniuge [548, 584] anche quando concorra con altri chiamati, sono riservati [588[2], 649, 661] i diritti di abitazione [1022, 1024, 1026, 2648, 2657] sulla casa adibita a residenza familiare [144] e di uso [1021, 1024, 1026] sui mobili che la corredano, se di proprietà del defunto o comuni [177 ss., 1100 ss.]. Tali diritti gravano sulla porzione disponibile e, qualora questa non sia sufficiente, per il rimanente sulla quota di riserva del coniuge ed eventualmente sulla quota riservata ai figli [537, 544, 549].

➔ **CC. 1865 – art. 809.**

*541**.

* Articolo abrogato dall'art. 177 della l. 19/5/1975, n. 151.

542. Concorso di coniuge e figli. – [I] Se chi muore lascia, oltre al coniuge, un solo figlio, a quest'ultimo è riservato un terzo del patrimonio ed un altro terzo spetta al coniuge.

[II] Quando i figli sono più di uno, ad essi è complessivamente riservata la metà del patrimonio e al coniuge spetta un quarto del patrimonio del defunto. La divisione tra tutti i figli è effettuata in parti uguali [581].

*[III]**.

* Comma abrogato dal d.lg. 28/12/2013, n. 154.

*543**.

* Articolo abrogato dall'art. 179 della l. 19/5/1975, n. 151.

544. Concorso di ascendenti [legittimi] (1) **e coniuge.** – [I] Quando chi muore non lascia figli, ma ascendenti [legittimi] (1) e il coniuge, a quest'ultimo è riservata la metà del patrimonio, ed agli ascendenti un quarto.

[II] In caso di pluralità di ascendenti, la quota di riserva ad essi attribuita ai sensi del precedente comma è ripartita tra i medesimi secondo i criteri previsti dall'articolo 569.

(1) La parola tra parentesi quadre, è stata soppressa dall'art. 74 del d.lg. 28/12/2013, n. 154.

*545**.

* Articolo abrogato dall'art. 181 della l. 19/5/1975, n. 151.

*546**.

* Articolo abrogato dall'art. 181 della l. 19/5/1975, n. 151.

*547**.

* Articolo abrogato dall'art. 181 della l. 19/5/1975, n. 151.

548. Riserva a favore del coniuge separato. – [I] Il coniuge cui non è stata addebitata la separazione con sentenza passata in giudicato [324 CPC.], ai sensi del secondo comma dell'articolo 151, ha gli stessi diritti successori del coniuge non separato [157, 585].

[II] Il coniuge cui è stata addebitata la separazione [151] con sentenza passata in giudicato [324 CPC.] ha diritto soltanto ad un assegno vitalizio [649, 1277, 1872] se al momento dell'apertura della successione godeva degli alimenti [433, 447, 448 // 545 CPC.] a carico del coniuge deceduto. L'assegno è commisurato alle sostanze ereditarie e alla qualità e al numero degli eredi legittimi, e non è comunque di entità superiore a quella della prestazione alimentare goduta [553 ss., 564^{1}, 662]. La medesima disposizione si applica nel caso in cui la separazione sia stata addebitata ad entrambi i coniugi (1).

(1) L. 1/12/1970, n. 898 – art. 5, co. 6, 9 bis.

549. Divieto di pesi o condizioni sulla quota dei legittimari. – [I] Il testatore non può imporre [457^{3}, 553 ss., 634, 1418] pesi [356, 647, 649, 688, 700] o condizioni [634] sulla quota spettante ai legittimari [540^{2}], salva l'applicazione delle norme contenute nel titolo IV di questo libro [550, 551, 588^{2}, 692, $713^{2,3}$, 733, 734, 735].

➔ **CC. 1865 – art. 808.**

550. Lascito eccedente la porzione disponibile. – [I] Quando il testatore dispone di un usufrutto [978 ss., 1021, 1022] o di una rendita vitalizia [1872] il cui reddito eccede quello della porzione disponibile [556], i legittimari [536, 588^{2}, 649], ai quali è stata assegnata la nuda proprietà della disponibile o di parte di essa, hanno la scelta [481, 549, 1285, 1324, 1334, 2946] o di eseguire tale disposizione o di abbandonare [519] la nuda proprietà della porzione disponibile [$1350^{1, n. 5}$, 2643, 2648, 2657]. Nel secondo caso il legatario, conseguendo la disponibile abbandonata, non acquista la qualità di erede.

[II] La stessa scelta spetta ai legittimari quando il testatore ha disposto della nuda proprietà di una parte eccedente la disponibile.

[III] Se i legittimari sono più, occorre l'accordo di tutti perché la disposizione testamentaria abbia esecuzione.

[IV] Le stesse norme si applicano anche se dell'usufrutto, della rendita o della nuda proprietà è stato disposto con donazione [769, 796].

➔ **CC. 1865 – art. 810.**

551. Legato in sostituzione di legittima. – [I] Se a un legittimario [536] è lasciato un legato in sostituzione della legittima [549, 633, 649, 650, 651, 653] egli può rinunziare [467, 1324, $1350^{1, n. 5}$, $2643^{1, n. 5}$, 2655, 2934, 2946] al legato e chiedere la legittima.

[II] Se preferisce di conseguire il legato [649], perde il diritto di chiedere un supplemento [540^{2}], nel caso che il valore del legato sia inferiore a quello della legittima, e non acquista la qualità di erede [588]. Questa disposizione non si applica quando il testatore ha espressamente attribuito al legittimario, la facoltà di chiedere il supplemento [551^{1}, 552, 533 ss., 588^{2}].

[III] Il legato in sostituzione della legittima grava sulla porzione indisponibile [556]. Se però il valore del legato eccede quello della legittima spettante al legittimario, per l'eccedenza il legato grava sulla disponibile.

552. Donazioni e legati in conto di legittima. – [I] Il legittimario [536] che rinunzia all'eredità [519 ss.], quando non si ha rappresentazione [467, 564^{3}], può sulla disponibile ritenere le donazioni o conseguire i legati a lui fatti [521^{2}]; ma quando non vi è stata espressa dispensa dall'imputazione [564], se per integrare la legittima spettante agli eredi è necessario ridurre le disposizioni testamentarie [554] o le donazioni [533, 554, 555, 564, 724], restano salve le assegnazioni, fatte dal testatore sulla disponibile che non sarebbero soggette a riduzione se il legittimario accettasse l'eredità, e si riducono le donazioni e i legati fatti a quest'ultimo.

➔ **CC. 1865 – art. 1003.**

Sezione II

Della reintegrazione della quota riservata ai legittimari (1)

(1) Legge tavolare – l. 28/3/1929, n. 499 – art. 13-15.
Cfr. art. 1, co. 21, l. 20/5/2016, n. 76.

553. Riduzione delle porzioni degli eredi legittimi in concorso con legittimari. – [I] Quando sui beni lasciati dal defunto si apre in tutto o in parte la successione legittima [457, 565 ss.], nel concorso di legittimari [536, 540] con altri successibili, le porzioni che spetterebbero a questi ultimi si riducono, [1418 ss.] proporzionalmente [554, 555, 558, 748 quater^{3}] nei limiti in cui è necessario per integrare la quota riservata ai legittimari [540^{2}, 735^{2}, 737], i quali però devono imputare a questa ai sensi dell'articolo 564, quanto hanno ricevuto dal defunto in virtù di donazioni [809] o di legati [552, 564^{2}].

➔ **CC. 1865 – art. 811.**

554. Riduzione delle disposizioni testamentarie. – [I] Le disposizioni testamentarie eccedenti la quota di cui il defunto poteva disporre [536 ss., 556] sono soggette a riduzione [559, 550] nei limiti della quota medesima [558^{2}, 2946, $2652^{1, n. 8}$, $2690^{1, n. 5}$] (1).

➔ **CC. 1865 – art. 821, 1791.**

(1) Imposta successioni e donazioni: d.lg. 31/10/1990, n. 346 – art. 43 del d.l. 3/10/2006, n. 262 – art. 2, co. 47-53.

555. Riduzione delle donazioni. – [I] Le donazioni [769 ss., 809], il cui valore eccede la quota della quale il defunto poteva disporre [536 ss., 556], sono soggette a riduzione [563] fino alla quota medesima [559, 562, 563^{4}, 735, 1158, 1159 1414 ss., $2652^{1, n. 8}$, $2690^{1, n. 5}$, 2946 // 135 att.].

[II] Le donazioni non si riducono [558^{2}] se non dopo esaurito il valore dei beni di cui è stato disposto per testamento [554, 1923^{2}].

➔ **CC. 1865 – art. 1091, 1093, 1791 // D. 31.87.3.**

556. Determinazione della porzione disponibile. – [I] Per determinare l'ammontare della quota di cui il defunto poteva disporre [737] si forma una massa di tutti i beni che appartenevano al defunto al tempo della morte, detraendone i debiti. Si riuniscono quindi i beni [741-744, 768-quater^{3} // 135^{2} att.] di cui sia stato disposto a titolo di donazione [562, 737], secondo il loro valore determinato in base alle regole dettate negli articoli 747 a 750, e sull'asse così formato si calcola la quota di cui il defunto poteva disporre.

➔ **CC. 1865 – art. 822.**

557. Soggetti che possono chiedere la riduzione. – [I] La riduzione delle donazioni [769, 809] e delle disposizioni lesive della porzione di legittima [536, 556] non può essere domandata [456, 470, 620 ss., 649, $2652^{1, n. 8}$, $2690^{1, n. 5}$, 2946] che dai legittimari [536^{3}] e dai loro eredi o aventi causa [564, 649, 769, 1542, 2900].

[II] Essi non possono rinunziare a questo diritto, finché vive il donante, né con dichiarazione espressa, né prestando il loro assenso alla donazione [458].

[III] I donatari e i legatari non possono chiedere la riduzione, né approfittarne. Non possono chiederla né approfittarne nemmeno i creditori del defunto, se il legittimario avente diritto alla riduzione ha accettato con il beneficio d'inventario [484 ss., 2900].

➔ CC. 1865 – art. 972, 1092 // Codex 3.28.35.1, Codex 3.29.5.

558. Modo di ridurre le disposizioni testamentarie. – [I] La riduzione delle disposizioni testamentarie avviene proporzionalmente senza distinguere tra eredi e legatari [553, 554].

[II] Se il testatore ha dichiarato che una sua disposizione deve avere effetto a preferenza delle altre [555², 1920³], questa disposizione non si riduce, se non in quanto il valore delle altre non sia sufficiente a integrare la quota riservata ai legittimari [536 ss.].

➔ CC. 1865 – art. 824, 825.

559. Modo di ridurre le donazioni. – Le donazioni [769, 809] si riducono cominciando dall'ultima e risalendo via via alle anteriori [552, 555, 558²].

➔ CC. 1865 – art. 1093.

560. Riduzione del legato o della donazione d'immobili. – [I] Quando oggetto del legato [649] o della donazione [769, 809] da ridurre è un immobile [812 ss., 922 ss.], la riduzione si fa separando dall'immobile medesimo la parte occorrente per integrare la quota riservata, se ciò può avvenire comodamente [718, 720, 746].

[II] Se la separazione non può farsi comodamente [720] e il legatario o il donatario ha nell'immobile una eccedenza maggiore del quarto [720] della porzione disponibile, l'immobile si deve lasciare per intero nell'eredità, salvo il diritto di conseguire il valore della porzione disponibile [556]. Se l'eccedenza non supera il quarto, il legatario o il donatario può ritenere tutto l'immobile, compensando in danaro i legittimari.

[III] Il legatario o il donatario che è legittimario può ritenere tutto l'immobile, purché il valore di esso non superi l'importo della porzione disponibile [556] e della quota che gli spetta come legittimario [536 ss.].

➔ CC. 1865 – art. 826.

561. Restituzione degli immobili. – [I] Gli immobili restituiti in conseguenza della riduzione [560] sono liberi da ogni peso [978, 1021, 1022, 1571] o ipoteca [2808 ss.] di cui il legatario o il donatario può averli gravati, salvo il disposto del n. 8 dell'articolo 2652. I pesi e le ipoteche restano efficaci se la riduzione è domandata dopo venti anni dalla trascrizione della donazione [563⁴], salvo in questo caso l'obbligo del donatario di compensare in denaro i legittimari in ragione del conseguente minor valore dei beni, purché la domanda sia stata proposta entro dieci anni dall'apertura della successione. Le stesse disposizioni si applicano per i mobili iscritti in pubblici registri [815, 2683, 2901¹˒ ⁿ· ⁵] (1).

[II] I frutti sono dovuti a decorrere dal giorno della domanda giudiziale.

➔ CC. 1865 – art. 1094, 1095.

(1) Il co. 1 è stato modificato dal d.l. 14/3/2005 – art. 2, co. 4 novies, lett. a). Testo previgente «(I) Gli immobili restituiti in conseguenza della riduzione sono liberi da ogni peso o ipoteca di cui il legatario o il donatario può averli gravati, salvo il disposto del n. 8 dell'art. 2652. La stessa disposizione si applica per i mobili iscritti in pubblici registri».

• L. Tavolare 28/3/1929 n. 499 – art. 7, co. 2 – «(I) L'opponibilità ai terzi delle cause di invalidità o inefficacia di una intavolazione, sulla quale siano stati conseguiti ulteriori diritti tavolari, è regolata dagli articoli 61 e seguenti della legge generale sui libri fondiari. (II) Non sono perciò applicabili, in quanto si riferiscano a tali diritti, le disposizioni del codice civile incompatibili con dette norme, e in particolare gli articoli 534, 561, 563, 1445 e 2652, salvo quanto è disposto dall'articolo 20 della legge generale sui libri fondiari circa l'annotazione delle domande di impugnativa».

562. Insolvenza del donatario soggetto a riduzione. – [I] Se la cosa donata è perita [748³] per causa imputabile al donatario o ai suoi aventi causa [470 ss., 564, 649 ss.] o se la restituzione della cosa donata non può essere richiesta contro l'acquirente [563, 809], e il donatario è in tutto o in parte insolvente, il valore della donazione che non si può recuperare dal donatario si detrae dalla massa ereditaria [556], ma restano impregiudicate le ragioni di credito del legittimario e dei donatari antecedenti contro il donatario insolvente [1299¹].

563. Azione contro gli aventi causa dai donatari soggetti a riduzione. – [I] Se i donatari [470, 649] contro i quali è stata pronunziata la riduzione hanno alienato a terzi gli immobili donati [769, 809] e **non sono trascorsi venti anni** [2946 ss., 2964 ss.] **dalla trascrizione della donazione**, il legittimario, **premessa l'escussione dei beni del donatario** [562], può chiedere ai successivi acquirenti, nel modo e nell'ordine in cui si potrebbe chiederla ai donatari medesimi, la restituzione degli immobili [557², 1322, 2652¹˒ ⁿ· ⁸] (1).

[II] L'azione per ottenere la restituzione deve proporsi secondo l'ordine di data delle alienazioni, cominciando dall'ultima. Contro i terzi acquirenti può anche essere richiesta, entro il termine di cui al primo comma, la restituzione dei beni mobili, oggetto della donazione, salvi gli effetti del possesso di buona fede [1153 ss.] (2).

[III] Il terzo acquirente può liberarsi dall'obbligo di restituire in natura le cose donate pagando l'equivalente in danaro [135 att.].

[IV] [11 disp. prel. CC.] Salvo il disposto del numero 8) dell'articolo 2652, il decorso del termine di cui al primo comma e di quello di cui all'articolo 561, primo comma, è **sospeso** [2941, 2943] nei confronti del **coniuge** [548¹] **e dei parenti in linea retta del donante** [320, 456] che abbiano **notificato** [137 CPC.] e **trascritto** [2657], nei confronti del donatario e dei suoi aventi causa, un **atto stragiudiziale** di opposizione [1334, 1335] alla donazione [809]. Il diritto dell'opponente è **personale** [467 ss.] **e rinunziabile** [458², 557², 2934, 2964, 2655, 2657]. L'opposizione perde effetto se non è rinnovata prima che siano trascorsi venti anni dalla sua trascrizione [2847] (3).

➔ CC. 1865 – art. 1096.

(1) Il co. 1 è stato prima modificato dal d.l. 14/3/2005, n. 35 – art. 2, co. 4 novies, lett. a), n. 2 – conv. in l. 14/5/2005, n. 80 – e, successivamente, dal d.l. 28/12/2005, n. 263 – art. 3, co. 1, lett. a). Testo previgente alla l. n. 263/2005: «(I) Se i donatari contro i quali è stata pronunziata la riduzione hanno alienato a terzi gli immobili donati e non sono trascorsi venti anni dalla donazione, il legittimario, premessa l'escussione dei beni del donatario, può chiedere ai successivi acquirenti, nel modo e nell'ordine in cui si potrebbe chiederla ai donatari medesimi, la restituzione degli immobili».
Testo previgente al d.l. n. 35/2005: «(I) Se i donatari contro i quali è stata pronunziata la riduzione hanno alienato a terzi gli immobili donati, il legittimario, premessa l'escussione dei beni del donatario, può chiedere ai successivi acquirenti, nel modo e nell'ordine in cui si potrebbe chiederla ai donatari medesimi, la restituzione degli immobili».

(2) Il co. 2 è stato modificato dal d.l. 14/3/2005, n. 35 – art. 2, co. 4 novies, lett. a), n. 2 – conv. in l. 14/5/2005, n. 80.
Testo previgente: «(II) L'azione per ottenere la restituzione deve proporsi secondo l'ordine di data delle alienazioni, cominciando

dall'ultima. Contro i terzi acquirenti può anche essere richiesta la restituzione dei beni mobili, oggetto della donazione, salvi gli effetti del possesso di buona fede».

(3) Il co. 4 è stato prima modificato dal d.l. 14/3/2005, n. 35 – art. 2, co. 4 novies, lett. a), n. 2 – conv. in l. 14/5/2005, n. 80 – e, successivamente, dal d.l. 28/12/2005, n. 263 – art. 3, co. 1, lett. a). Testo previgente: «(IV) Salvo il disposto del numero 8) dell'art. 2652, il decorso del termine di cui al primo comma e di quello di cui all'art. 561, primo comma, è sospeso nei confronti del coniuge e dei parenti in linea retta del donante che abbiano notificato e trascritto, nei confronti del donatario, un atto stragiudiziale di opposizione alla donazione. Il diritto dell'opponente è personale e rinunziabile. L'opposizione perde effetto se non è rinnovata prima che siano trascorsi venti anni dalla sua trascrizione».

• Legge Tavolare, l. 28/3/1929, n. 499 – art. 7, co. 2 – «(II) Non sono perciò applicabili, in quanto si riferiscano a tali diritti, le disposizioni del codice civile incompatibili con dette norme, e in particolare gli articoli 534, 561, 563, 1445 e 2652, salvo quanto è disposto dall'articolo 20 della legge generale sui libri fondiari circa l'annotazione delle domande di impugnativa».

564. Condizioni per l'esercizio dell'azione di riduzione. – [I] Il legittimario [536] che non ha accettato l'eredità col beneficio d'inventario [484 ss.] non può chiedere la riduzione delle donazioni e dei legati [553 ss.], salvo che le donazioni [769, 809] e i legati [649], siano stati fatti a persone chiamate come coeredi, ancorché abbiano rinunziato all'eredità [519 ss.]. Questa disposizione non si applica all'erede che ha accettato col beneficio d'inventario e che ne è decaduto [485, 493, 494, 505].

[II] In ogni caso il legittimario [536], che domanda la riduzione di donazioni [555] o di disposizioni testamentarie [554], deve imputare [737] alla sua porzione legittima le donazioni [769, 809] e i legati [649] a lui fatti, salvo che ne sia stato espressamente dispensato [552, 768-quater[3] // 135[2] att.].

[III] Il legittimario che succede per rappresentazione [467] deve anche imputare le donazioni [769, 809] e i legati [649] fatti, senza espressa dispensa, al suo ascendente.

[IV] La dispensa non ha effetto a danno dei donatari anteriori.

[V] Ogni cosa che, secondo le regole contenute nel capo II del titolo IV di questo libro, è esente da collazione, è pure esente da imputazione [737 ss., 742[3], 744, 770[2]].

➔ CC. 1865 – art. 1026 // Inst. 2.18.6, D. 5.2.25 pr., Codex 3.28.35.2.

TITOLO II
DELLE SUCCESSIONI LEGITTIME

565. Categorie dei successibili. – [I] Nella successione legittima [48, 49, 457] l'eredità si devolve al coniuge (581), ai discendenti [231, 250, 566, 567, 573, 580], agli ascendenti [568, 569, 571, 582], ai collaterali [570, 571, 572], agli altri parenti e allo Stato [586], nell'ordine e secondo le regole stabilite nel presente titolo.

➔ CC. 1865 – art. 721, 742.

Capo I
Della successione dei parenti

566. Successione dei figli. – [I] Al padre ed alla madre succedono i figli [231, 250, 269, 537, 567, 573], in parti uguali [687].

➔ CC. 1865 – art. 736.

567. Successione dei figli adottivi. – [I] Ai figli [250, 269, 537, 566, 573] sono equiparati gli adottivi [291, 298, 304, 309, 314].

[II] I figli adottivi [300, 304, 309] sono estranei alla successione dei parenti dell'adottante.

➔ CC. 1865 – art. 737 // Codex 5.27.10 pr.

568. Successione dei genitori. – [I] A colui che muore senza lasciare prole, né fratelli o sorelle o loro discendenti, succedono il padre e la madre in eguali porzioni, o il genitore che sopravvive [538, 578].

➔ CC. 1865 – art. 738.

569. Successione degli ascendenti. – [I] A colui che muore senza lasciare prole, né genitori, né fratelli o sorelle o loro discendenti [467], succedono per una metà gli ascendenti della linea paterna e per l'altra metà gli ascendenti della linea materna [538, 544, 582].

[II] Se però gli ascendenti non sono di eguale grado [76], l'eredità è devoluta al più vicino [75] senza distinzione di linea.

➔ CC. 1865 – art. 739.

570. Successione dei fratelli e delle sorelle. – [I] A colui che muore senza lasciare prole, né genitori, né altri ascendenti [467], succedono i fratelli e le sorelle in parti uguali [582].

[II] I fratelli e le sorelle unilaterali conseguono però la metà della quota che conseguono i germani.

➔ CC. 1865 – art. 741.

571. Concorso di genitori o ascendenti con fratelli e sorelle. – [I] Se coi genitori o con uno soltanto di essi concorrono fratelli e sorelle germani del defunto, tutti sono ammessi alla successione del medesimo per capi, purché in nessun caso la quota, in cui succedono i genitori o uno di essi, sia minore della metà [538, 556].

[II] Se vi sono fratelli e sorelle unilaterali, ciascuno di essi consegue la metà della quota che consegue ciascuno dei germani o dei genitori, salva in ogni caso la quota della metà in favore di questi ultimi [582].

[III] Se entrambi i genitori non possono [463] o non vogliono [521] venire alla successione e vi sono ulteriori ascendenti, a questi ultimi si devolve, nel modo determinato dall'articolo 569, la quota che sarebbe spettata a uno dei genitori in mancanza dell'altro.

➔ CC. 1865 – art. 740.

572. Successione di altri parenti. – [I] Se alcuno muore senza lasciare prole, né genitori, né altri ascendenti, né fratelli o sorelle o loro discendenti, la successione si apre a favore del parente o dei parenti prossimi, senza distinzione di linea [75, 76].

[II] La successione non ha luogo tra i parenti oltre il sesto grado [77, 586].

➔ CC. 1865 – art. 722, 742 // Inst. 3.5.5.

573. Successione dei figli nati fuori del matrimonio. – [I] Le disposizioni relative alla successione dei figli nati fuori del matrimonio si applicano quando la filiazione è stata riconosciuta o giudizialmente dichiarata [250, 269, 277], salvo quanto è disposto dall'articolo 580 [594].

➔ CC. 1865 – art. 743.

574*.

* Articolo abrogato *ex* art. 187, l. 19/5/1975, n. 151.

575.*

* Articolo abrogato ex art. 187, l. 19/5/1975, n. 151.

576.*

* Articolo abrogato ex art. 187, l. 19/5/1975, n. 151.

577.*

* Articolo dichiarato incostituzionale sent. n. 79/1969.

578.*

* Articolo abrogato dal d.lg. 28/12/2013, n. 154.

579.*

* Articolo abrogato dal d.lg. 28/12/2013, n. 154.

580. Diritti dei figli nati fuori del matrimonio non riconoscibili. – Ai figli nati fuori del matrimonio aventi diritto al mantenimento, all'istruzione e alla educazione, a norma dell'articolo 279, spetta un assegno vitalizio [433, 1272] pari all'ammontare della rendita della quota di eredità alla quale avrebbero diritto, se la filiazione fosse stata dichiarata [269] o riconosciuta [251].

I figli nati fuori del matrimonio hanno diritto di ottenere su loro richiesta la capitalizzazione dell'assegno loro spettante a norma del comma precedente, in denaro, ovvero, a scelta degli eredi legittimi, in beni ereditari.

➔ **CC. 1865 – art. 752.**

Capo II
Della successione del coniuge

581. Concorso del coniuge con i figli. – [I] Quando con il coniuge concorrono figli, il coniuge ha diritto alla metà dell'eredità [540^2, 584, 661], se alla successione concorre un solo figlio, e ad un terzo negli altri casi [542, 583, 737] (1).

(1) L. 1/12/1970, n. 898 art. 9-bis.

➔ **CC. 1865 – art. 753, 812.**

582. Concorso del coniuge con ascendenti, fratelli e sorelle. – [I] Al coniuge sono devoluti i due terzi dell'eredità se egli concorre con ascendenti o con fratelli e sorelle anche se unilaterali, ovvero con gli uni e con gli altri. In quest'ultimo caso la parte residua è devoluta agli ascendenti, ai fratelli e alle sorelle, secondo le disposizioni dell'articolo 571, salvo in ogni caso agli ascendenti il diritto a un quarto dell'eredità [544].

➔ **CC. 1865 – art. 754, 755, 813.**

583. Successione del solo coniuge. – [I] In mancanza di figli [231 ss., 250 ss., 269 ss.], di ascendenti, di fratelli o sorelle, al coniuge si devolve tutta l'eredità [540^2].

➔ **CC. 1865 – art. 755, 814 // Codex 6.18.1.**

584. Successione del coniuge putativo. – [I] Quando il matrimonio è stato dichiarato [2909] nullo [128] dopo la morte di uno dei coniugi, al coniuge superstite di buona fede spetta la quota attribuita al coniuge dalle disposizioni che precedono. Si applica altresì la disposizione del secondo comma dell'articolo 540 [581].

[II] Egli è però escluso dalla successione, quando la persona della cui eredità si tratta è legata da valido matrimonio al momento della morte [65, 68, 139, 463, 519].

585. Successione del coniuge separato. – [I] Il coniuge cui non è stata addebitata [151^2 // 329 CPC.] la separazione con sentenza passata in giudicato [324 CPC.] ha gli stessi diritti successori del coniuge non separato [548, 581].

[II] Nel caso in cui al coniuge sia stata addebitata la separazione con sentenza passata in giudicato, si applicano le disposizioni del secondo comma dell'articolo 548.

➔ **CC. 1865 – art. 757.**

Capo III
Della successione dello Stato (1)

(1) Diritto internazionale privato.

• L. 18/12/1984, n. 975 art. 1 ss.

• L. 30/5/1995, n. 218 art. 49: «Successione dello Stato. [I] Quando la legge, applicabile alla successione, in mancanza di successibili, non attribuisce la successione allo Stato, i beni ereditari esistenti in Italia sono devoluti allo Stato italiano».

• Regolamento (UE) in materia di successioni.

• Reg (UE) 4/7/2012, n. 650 art. 33.

586. Acquisto dei beni da parte dello Stato. – [I] In mancanza di altri successibili, l'eredità è devoluta allo Stato [479, 565, 572, 588^2 // 42 Cost.]. L'acquisto si opera di diritto senza bisogno di accettazione [459] e non può farsi luogo a rinunzia [50, 519, 827, 828].

[II] Lo Stato non risponde dei debiti ereditari e dei legati oltre il valore dei beni acquistati [490$^{n. 2}$].

➔ **CC. 1865 – art. 758.**

TITOLO III
DELLE SUCCESSIONI TESTAMENTARIE (1)

(1) Art. 42 Cost.

• Diritto internazionale privato – l. 18/12/1984, n. 975 art. 1 ss. – l. 30/5/1995, n. 218 art. 46: «[II] Il soggetto della cui eredità si tratta può sottoporre, con dichiarazione espressa in forma testamentaria, l'intera successione alla legge dello Stato in cui risiede. La scelta non ha effetto se al momento della morte il dichiarante non risiedeva più in tale Stato. Nell'ipotesi di successone di un cittadino italiano, la scelta non pregiudica i diritti che la legge italiana attribuisce ai legittimari residenti in Italia al momento della morte della persona della cui successione si tratta».

• Testamento internazionale – l. 27/11/1990, n. 387.

Capo I
Disposizioni generali

587. Testamento (1). – [I] Il testamento [589, 623, 1324, 1334] è un atto revocabile [679 ss.] con il quale taluno dispone, per il tempo in cui avrà cessato di vivere, di tutte le proprie sostanze o di parte di esse [14^2, 167, 588, 631, 632, 733, 734, 965, 978, 1058, 1349, 1869, 1872, 1920, 2735, 2821].

[II] Le disposizioni di carattere non patrimoniale [14^2, 250, 254, 256, 348, 355, 356, 424^3, 466^1, 620^6, 629, 700, 1920, 1921, 2735], che la legge consente siano contenute in un testamento, hanno efficacia, se contenute in un atto che ha la forma del testamento [601 ss.], anche se manchino disposizioni di carattere patrimoniale.

➔ **CC. 1865 – art. 759 // D. 28.1.1.**

(1) Cremazione e dispersione ceneri – d.P.R. 30/3/2001, n. 130 art. 3.

• Polizia mortuaria – d.P.R. 10/9/1990, n. 285.

• Trapianto organi – l. 1/4/1999, n. 91; d.m. 8/4/2000, n. 409800.

588. Disposizioni a titolo universale e a titolo particolare. – [I] Le disposizioni testamentarie, qualunque sia l'espressione o la denominazione usata dal testatore, sono a titolo universale [633, 637, 647] e attribuiscono la qualità di erede [459, 470 ss., 625 ss., 752 ss., 1141², 1146, 1399³], se comprendono l'universalità [674¹] o una quota [674²] dei beni del testatore. Le altre disposizioni sono a titolo particolare [631², 632, 1920²] e attribuiscono la qualità di legatario [649, 756].

[II] L'indicazione di beni determinati o di un complesso di beni non esclude che la disposizione sia a titolo universale, quando risulta [1362 ss.] che il testatore ha inteso assegnare quei beni come quota del patrimonio [651, 686, 734, 735, 763].

➔ CC. 1865 – art. 760, 827.

589. Testamento congiuntivo o reciproco. – [I] Non si può fare testamento da due o più persone nel medesimo atto, né a vantaggio di un terzo, né con disposizione reciproca [458, 590, 635].

➔ CC. 1865 – art. 761, 852.

590. Conferma ed esecuzione volontaria di disposizioni testamentarie nulle. – [I] La nullità [606², 687] della disposizione testamentaria [606 // 137 att.], da qualunque causa dipenda, non può essere fatta valere da chi, conoscendo la causa della nullità, ha, dopo la morte del testatore, confermato la disposizione o dato ad essa volontaria esecuzione [458, 591² n. ², 596, 599, 627, 631¹, 632¹, 635, 651, 692, 799, 1421, 1423, 1444, 1933, 2034, 2126, 2940].

➔ CC. 1865 – art. 1311.

Capo II
Della capacità di disporre per testamento (1)

(1) Diritto internazionale privato.

• L. 18/12/1984, n. 975 art. 1 ss.

• L. 31/5/1985, n. 218 art. 47: «Capacità di testare. [I] La capacità di disporre per testamento, di modificarlo o di revocarlo è regolata dalla legge nazionale del disponente al momento del testamento, della modifica o della revoca».

591. Casi d'incapacità (1). – [I] Possono disporre [42 l. n. 267/1942] per testamento tutti coloro che non sono stati dichiarati incapaci dalla legge. [1, 2 // 32 CP.].

[II] Sono incapaci di testare:

1) coloro che non hanno compiuto la maggiore età; [2¹, 2963 // 155, 390, 397 CPC.];

2) gli interdetti [421, 427, 431] per infermità di mente; [404, 414 ss., 415 // 32 CP.];

3) quelli che, sebbene non interdetti, si provi essere stati, per qualsiasi causa, anche transitoria, incapaci di intendere o di volere nel momento in cui fecero testamento [120, 428, 775].

[III] Nei casi d'incapacità preveduti dal presente articolo il testamento può essere impugnato da chiunque vi ha interesse. [100 CPC.] L'azione si prescrive [2953] nel termine di cinque anni dal giorno in cui è stata data esecuzione alle disposizioni testamentarie [428, 620, 621, 623, 775, 1425²].

➔ CC. 1865 – art. 762, 763 // D. 28.1.2.

(1) Regolamento (UE) in materia di successioni.

• Reg. (UE) 4/7/2012, n. 650 art. 26.

Capo III
Della capacità di ricevere per testamento

592.*

* Articolo dichiarato costituzionalmente illegittimo con sent. n. 205/1970.

➔ CC. 1865 – art. 764, 768.

593.*

* Articolo dichiarato costituzionalmente illegittimo con sent. n. 205/1970.

594. Assegno ai figli nati fuori del matrimonio non riconoscibili (1) (2). – [I] Gli eredi, i legatari e i donatari sono tenuti, in proporzione a quanto hanno ricevuto, a corrispondere ai figli nati fuori dal matrimonio (1) di cui all'articolo 279 un assegno vitalizio [433, 1277, 1872] nei limiti stabiliti dall'articolo 580, se il genitore non ha disposto per donazione o testamento in favore dei figli medesimi. Se il genitore ha disposto in loro favore, essi possono rinunziare alla disposizione e chiedere l'assegno [467].

➔ CC. 1865 – art. 764.

(1) La parola "naturali" è stata sostituita dalle parole "nati fuori dal matrimonio" dall'art. 83 del d.l. 83 del d.lg. 28/12/2013, n. 154. Ma v. art. 1¹¹ della l. 10/12/2012, n. 219 che in precedenza aveva già disposto la sostituzione delle parole "figli legittimi" e "figli naturali" con la parola "figli".

(2) Articolo così sostituito dall'art. 195 della l. 19/5/1975, n. 151.

• L. 19/5/1975, n. 151 art. 237.

595.*

* Articolo dichiarato costituzionalmente illegittimo con sent. n. 205/1970.

596. Incapacità del tutore e del protutore. – [I] Sono nulle [674] le disposizioni testamentarie della persona sottoposta a tutela in favore del tutore, se fatte dopo la nomina di questo [346] e prima che sia approvato il conto [386 // 263 CPC.] o sia estinta l'azione per il rendimento del conto medesimo [387], quantunque il testatore sia morto dopo l'approvazione. Questa norma si applica anche al protutore, se il testamento è fatto nel tempo in cui egli sostituiva il tutore [360, 378⁴, 590, 599, 799].

[II] Sono però valide le disposizioni fatte in favore del tutore o del protutore che è ascendente, discendente, fratello, sorella o coniuge del testatore [411², ³].

➔ CC. 1865 – art. 764, 769.

597. Incapacità del notaio, dei testimoni e dell'interprete. – [I] Sono nulle le disposizioni a favore del notaio o di altro ufficiale che ha ricevuto il testamento pubblico [603, 609, 611, 616, 617], ovvero a favore di alcuno dei testimoni o dell'interprete intervenuti al testamento medesimo [590, 599].

➔ CC. 1865 – art. 771.

598. Incapacità di chi ha scritto o ricevuto il testamento segreto. – [I] Sono nulle le disposizioni a favore della persona che ha scritto il testamento segreto [604], salvo che siano approvate di mano dello stesso testatore o nell'atto della consegna [605]. Sono pure nulle le disposizioni a favore del notaio a cui il testamento segreto è stato consegnato in plico non sigillato [590, 599, 604, 605].

➔ CC. 1865 – art. 772.

599. Persone interposte (1). – [I] Le disposizioni testamentarie a vantaggio delle persone incapaci indicate dagli articoli 592, 593, 595, 596, 597 e 598 sono nulle anche se fatte sotto nome d'interposta persona (1) [411^{2}, 590, 627^{3}, 2729].

[II] Sono reputate [2728^{2}] persone interposte il padre, la madre, i discendenti e il coniuge della persona incapace, anche se chiamati congiuntamente con l'incapace [779 // $28^{n. 3}$, 60 l. n. 89/1913].

(1) La Corte costituzionale con sent. n. 205/1970 ha dichiarato l'illegittimità costituzionale del presente comma nella parte in cui si riferisce agli art. 592 e 593, e con sent. 20/12/1979, n. 153, nella parte in cui richiama l'art. 595.

➔ CC. 1865 – art. 773.

600. – [I] Le disposizioni a favore di un ente non riconosciuto non hanno efficacia, se entro un anno dal giorno in cui il testamento è eseguibile non è fatta l'istanza per ottenere il riconoscimento. [II] Fino a quando l'ente non è costituito possono essere promossi gli opportuni provvedimenti conservativi.*

* Articolo abrogato dall'art. 13 della l. 15/5/1997, n. 127.

Capo IV
Della forma dei testamenti

Sezione I
Dei testamenti ordinari (1)

(1) Diritto internazionale privato.

• L. 18/12/1984, n. 975 art. 1 ss.

• L. 31/5/1995, n. 218 art. 48: «Forma del testamento. [I] Il testamento è valido, quanto alla forma, se è considerato tale dalla legge dello Stato nel quale il testatore ha disposto, ovvero dalla legge dello Stato di cui il testatore, al momento del testamento o della morte, era cittadino o della legge dello Stato in cui aveva il domicilio o la residenza».

• Regolamento (UE) in materia di successioni.

• Reg. (UE) 4/7/2012, n. 650 art. 27.

601. Forme (1). – [I] Le forme ordinarie di testamento sono il testamento olografo [602] e il testamento per atto di notaio. [$2724^{n. 3}$, 2725].

[II] Il testamento per atto di notaio è pubblico [603] o segreto [604, 605, 607, 685].

➔ CC. 1865 – art. 774, 776.

(1) Testamento internazionale.

• L. 29/11/1990, n. 387.

602. Testamento olografo (1). – [I] Il testamento olografo [620, 623, 2702] deve essere scritto per intero, datato e sottoscritto di mano del testatore [606, 684, 685 // 493-bis^{2} CP.].

[II] La sottoscrizione deve essere posta alla fine delle disposizioni. Se anche non è fatta indicando nome e cognome [6], è tuttavia valida quando designa con certezza la persona del testatore.

[III] La data [2704] deve contenere l'indicazione del giorno, mese e anno. La prova della non verità della data è ammessa soltanto quando si tratta di giudicare della capacità del testatore [591], della priorità di data tra più testamenti [680, 682] o di altra questione da decidersi in base al tempo del testamento [651, 656, 657, 658].

➔ CC. 1865 – art. 775.

(1) Registro generale testamenti:

• l. 25/5/1981, n. 307 art. 4 – d.P.R. 18/12/1984, n. 956 art. 2.

603. Testamento pubblico (1). – [I] Il testamento pubblico [2699] è ricevuto dal notaio in presenza di due testimoni [597, 623 // 743 CPC. // 26^{2}, 50, 60 l. n. 89/1913].

[II] Il testatore [1387], in presenza dei testimoni [606^{2}], dichiara al notaio la sua volontà, la quale è ridotta in iscritto a cura del notaio stesso. Questi dà lettura del testamento al testatore in presenza dei testimoni. Di ciascuna di tali formalità è fatta menzione nel testamento [606].

[III] Il testamento deve indicare il luogo [26^{2} l. n. 89/1913], la data del ricevimento [606^{2}] e l'ora della sottoscrizione, ed essere sottoscritto dal testatore, dai testimoni e dal notaio. Se il testatore non può sottoscrivere, o può farlo solo con grave difficoltà, deve dichiararne la causa e il notaio deve menzionare questa dichiarazione prima della lettura dell'atto [609, 622, 623].

[IV] Per il testamento del muto [57 l. n. 89/1913], sordo [56 l. n. 89/1913] o sordomuto [57 l. n. 89/1913] si osservano le norme stabilite dalla legge notarile per gli atti pubblici di queste persone. Qualora il testatore sia incapace anche di leggere, devono intervenire quattro testimoni.

➔ CC. 1865 – art. 777-780, 787.

(1) Copia autentica del testamento pubblico – l. 16/2/1913, n. 89 art. 67, 68, 69; r.d. 10/9/1914, n. 1326 art. 86, co. 4; d.P.R. 26/4/1986, n. 131 art. 74, 76; Tab. art. 4; d.P.R. 28/12/2000, n. 445 art. 18; CPC. Art. 743, co. 2.

• Registro generale testamenti. – l. 25/5/1981, n. 307 art. 4; d.P.R. 18/12/1984, n. 956 art. 2.

• Legge sui ciechi – l. 3/2/1975, n. 18 art. 3, 4.

• Ordinamento consolare – d.lg. 3/2/2011, n. 71 art. 28.

• Regolamento (UE) in materia di successioni; Reg. (UE) 4/7/2012, n. 650 art. 59.

604. Testamento segreto (1). – [I] Il testamento segreto può essere scritto dal testatore o da un terzo [598]. Se è scritto dal testatore deve essere sottoscritto da lui alla fine delle disposizioni [606^{1}]; se è scritto in tutto o in parte da altri, o se è scritto con mezzi meccanici, deve portare la sottoscrizione del testatore anche in ciascun mezzo foglio, unito o separato [606^{1}, 607].

[II] Il testatore che sa leggere ma non sa scrivere, o che non ha potuto apporre la sottoscrizione quando faceva scrivere le proprie disposizioni, deve altresì dichiarare al notaio, che riceve il testamento, di averlo letto ed aggiungere la causa che gli ha impedito di sottoscriverlo: di ciò si fa menzione nell'atto di ricevimento [605].

[III] Chi non sa o non può leggere non può fare testamento segreto.

➔ CC. 1865 – art. 782, 784, 785.

(1) Legge sui ciechi – l. 3/2/1975, n. 18 art. 2.

• Registro generale testamenti – l. 25/5/1981, n. 307 art. 4; d.P.R. 18/12/1984, n. 956 art. 2.

605. Formalità del testamento segreto. – [I] La carta su cui sono stese le disposizioni o quella che serve da involto deve essere sigillata con impronta, in guisa che il testamento non si possa aprire né estrarre senza rottura o alterazione [621].

[II] Il testatore, in presenza di due testimoni, consegna [608, 685] personalmente al notaio [26^{2} L. n. 89/1913] la carta così sigillata, o la fa sigillare nel modo sopra indicato in presenza del notaio [598] e dei testimoni, e dichiara che in questa carta è contenuto il suo testamento. Il testatore, se è muto o sordomuto, deve scrivere tale dichiarazione in presenza dei testimoni e deve pure dichiarare per iscritto di aver letto il testamento, se questo è stato scritto da altri [598, 604].

[III] Sulla carta in cui dal testatore è scritto o involto il testamento, o su un ulteriore involto predisposto dal notaio e da lui debitamente sigillato, si scrive l'atto di ricevimento [2699] nel quale si indicano il fatto della consegna e la dichiarazione del testatore, il numero e l'impronta dei sigilli, e l'assistenza dei testimoni a tutte le formalità.

[IV] L'atto deve essere sottoscritto dal testatore, dai testimoni e dal notaio.

[V] Se il testatore non può, per qualunque impedimento, sottoscrivere l'atto della consegna, si osserva quel che è stabilito circa il testamento per atto pubblico [603]. Tutto ciò deve essere fatto di seguito e senza passare ad altri atti [607, 608, 621] (1).

➔ CC. 1865 – art. 783, 786.

(1) Legge sui ciechi – l. 3/2/1975, n. 18 art. 2.

• Registro generale testamenti – l. 25/5/1981, n. 307 art. 4; d.P.R. 18/12/1984, n. 956 art. 2.

606. Nullità del testamento per difetto di forma. – [I] Il testamento è nullo [619] quando manca l'autografia o la sottoscrizione nel caso di testamento olografo [602], ovvero manca la redazione per iscritto, da parte del notaio, delle dichiarazioni del testatore o la sottoscrizione dell'uno o dell'altro, nel caso di testamento per atto di notaio [603, 604^1, 605^4, 607 // 137 att.].

[II] Per ogni altro difetto di forma il testamento può essere annullato [1441 ss.] su istanza di chiunque vi ha interesse [100 CPC.]. L'azione di annullamento si prescrive nel termine di cinque anni [2953] dal giorno in cui è stata data esecuzione alle disposizioni testamentarie [534, 590, 591, 624, 1444, 1445].

607. Validità del testamento segreto come olografo. – [I] Il testamento segreto, che manca di qualche requisito suo proprio [604, 605, 606], ha effetto come testamento olografo, qualora di questo abbia i requisiti [602, 685, 1424 // 137 att.].

608. Ritiro di testamento segreto od olografo (1). – [I] Il testamento segreto [604, 605] e il testamento olografo [602] che è stato depositato [620] possono dal testatore essere ritirati in ogni tempo dalle mani del notaio presso il quale si trovano [685].

[II] A cura del notaio si redige verbale della restituzione; il verbale è sottoscritto dal testatore, da due testimoni e dal notaio; se il testatore non può sottoscrivere, se ne fa menzione.

[III] Quando il testamento è depositato in un pubblico archivio [614, 617^2], il verbale è redatto dall'archivista e sottoscritto dal testatore, dai testimoni e dall'archivista medesimo [610^2, 614, 617^2].

[IV] Della restituzione del testamento si prende nota in margine o in calce all'atto di consegna o di deposito [608^2].

(1) Registro generale testamenti – l. 25/5/1981, n. 307 art. 4, co. 1, n. 6, 19, co. 3; d.P.R. 18/12/1984, n. 956 art. 2.

Sezione II
Dei testamenti speciali

609. Malattie contagiose, calamità pubbliche o infortuni. – [I] Quando il testatore non può valersi delle forme ordinarie [601, 602, 604], perché si trova in luogo dove domina una malattia reputata contagiosa, o per causa di pubblica calamità o d'infortunio, il testamento è valido se ricevuto da un notaio, dal giudice di pace del luogo, dal sindaco o da chi ne fa le veci, o da un ministro di culto, in presenza di due testimoni di età non inferiore a sedici anni [597].

[II] Il testamento è redatto e sottoscritto da chi lo riceve; è sottoscritto anche dal testatore e dai testimoni. Se il testatore o i testimoni non possono sottoscrivere, se ne indica la causa [603^3, 610, 619].

➔ CC. 1865 – art. 789.

610. Termine di efficacia. – [I] Il testamento ricevuto nel modo indicato dall'articolo precedente perde la sua efficacia tre mesi dopo la cessazione della causa che ha impedito al testatore di valersi delle forme ordinarie [601].

[II] Se il testatore muore nell'intervallo, il testamento deve essere depositato, appena è possibile, nell'archivio notarile del luogo in cui è stato ricevuto [608, 613, 614].

➔ CC. 1865 – art. 790.

611. Testamento a bordo di nave. – [I] Durante il viaggio per mare [616] il testamento può essere ricevuto [612] a bordo della nave dal comandante di essa [615, 619 // 171$^{1, n. 5}$, 174, 203, 296 CNav.].

[II] Il testamento del comandante può essere ricevuto da colui che lo segue immediatamente in ordine di servizio [321, 322 CNav.].

➔ CC. 1865 – art. 791, 792.

612. Forme. – [I] Il testamento indicato dall'articolo precedente è redatto in doppio originale [613] alla presenza di due testimoni e deve essere sottoscritto dal testatore, dalla persona che lo ha ricevuto [613] e dai testimoni; se il testatore o i testimoni non possono sottoscrivere, si deve indicare il motivo che ha impedito la sottoscrizione.

[II] Il testamento è conservato tra i documenti di bordo ed è annotato sul giornale di bordo ovvero sul giornale nautico e sul ruolo d'equipaggio [616 // 5, 171, 174, 203, 296, 321, 322 CNav.].

➔ CC. 1865 – art. 793, 794, 795.

613. Consegna. – [I] Se la nave approda a un porto estero in cui vi sia un'autorità consolare, il comandante [616] è tenuto a consegnare all'autorità medesima uno degli originali [612] del testamento e una copia dell'annotazione fatta sul giornale di bordo ovvero sul giornale nautico e sul ruolo di equipaggio [614].

[II] Al ritorno della nave nella Repubblica i due originali del testamento o quello non depositato durante il viaggio, devono essere consegnati all'autorità marittima locale insieme con la copia della predetta annotazione.

[III] Della consegna si rilascia dichiarazione, di cui si fa cenno in margine all'annotazione sopraindicata [614].

➔ CC. 1865 – art. 796.

614. Verbale di consegna. – [I] L'autorità marittima o consolare locale deve redigere verbale della consegna del testamento [610, 613] e trasmettere il verbale e gli atti ricevuti al Ministero della marina o al Ministero delle comunicazioni secondo che il testamento sia stato ricevuto a bordo di una nave della marina militare o di una nave della marina mercantile. Il Ministero ordina il deposito di uno degli originali nel suo archivio, e trasmette l'altro all'archivio notarile del luogo del domicilio o dell'ultima residenza del testatore [43, 608, 617, 685].

➔ CC. 1865 – art. 797.

615. Termine di efficacia. – [I] Il testamento fatto durante il viaggio per mare [616], nella forma stabilita dagli articoli 611 e seguenti, perde la sua efficacia tre mesi dopo lo sbarco del testatore in un luogo dove è possibile fare testamento nelle forme ordinarie [601 ss., 618].

➔ CC. 1865 – art. 798.

616. Testamento a bordo di aeromobile. – [I] Al testamento fatto a bordo di un aeromobile durante il viaggio si applicano le disposizioni degli articoli 611 a 615.

[II] Il testamento è ricevuto dal comandante, in presenza di uno o, quando è possibile, di due testimoni [597 // 772, 888 CNav.].

[III] Le attribuzioni delle autorità marittime a norma degli articoli 613 e 614 spettano alle autorità aeronautiche.

[IV] Il testamento è annotato sul giornale di rotta [772, 888 CNav.].

617. Testamento dei militari e assimilati. – [I] Il testamento dei militari e delle persone al seguito delle forze armate dello Stato [618] può essere ricevuto da un ufficiale o da un cappellano militare o da un ufficiale della Croce rossa, in presenza di due testimoni; esso deve essere sottoscritto dal testatore, dalla persona che lo ha ricevuto e dai testimoni. Se il testatore o i testimoni non possono sottoscrivere, si deve indicare il motivo che ha impedito la sottoscrizione [619].

[II] Il testamento deve essere al più presto trasmesso al quartiere generale e da questo al Ministero competente, che ne ordina il deposito nell'archivio notarile del luogo del domicilio o dell'ultima residenza [43, 614, 685] del testatore.

➔ CC. 1865 – art. 799, 801 // Gai 2.109.

618. Casi e termini d'efficacia. – [I] Nella forma speciale stabilita dall'articolo precedente possono testare soltanto coloro i quali, appartenendo a corpi o servizi mobilitati o comunque impegnati in guerra, si trovano in zona di operazioni belliche o sono prigionieri presso il nemico, e coloro che sono acquartierati o di presidio fuori della Repubblica o in luoghi dove siano interrotte le comunicazioni.

[II] Il testamento perde la sua efficacia tre mesi dopo il ritorno del testatore in un luogo dove è possibile far testamento nelle forme ordinarie [601 ss., 615].

➔ CC. 1865 – art. 802, 803.

619. Nullità. – [I] I testamenti previsti in questa sezione sono nulli [1418] quando manca la redazione in iscritto della dichiarazione del testatore ovvero la sottoscrizione [609, 612] della persona autorizzata a riceverla o del testatore [590].

[II] Per gli altri difetti di forma si osserva il disposto del secondo comma dell'articolo 606 [137 att.].

➔ CC. 1865 – art. 804.

Sezione III
Della pubblicazione dei testamenti olografi e dei testamenti segreti

620. Pubblicazione del testamento olografo. – [I] Chiunque è in possesso di un testamento olografo [602] deve presentarlo a un notaio per la pubblicazione, appena ha notizia della morte del testatore.

[II] Chiunque crede di avervi interesse [100 CPC.] può chiedere, con ricorso [125 CPC.] al tribunale [51-bis att.] del circondario in cui si è aperta la successione [456], che sia fissato un termine per la presentazione [749 CPC.].

[III] Il notaio [621] procede alla pubblicazione del testamento in presenza di due testimoni, redigendo nella forma degli atti pubblici un verbale nel quale descrive lo stato del testamento, ne riproduce il contenuto e fa menzione della sua apertura, se è stato presentato chiuso con sigillo. Il verbale è sottoscritto dalla persona che presenta il testamento, dai testimoni e dal notaio. Ad esso sono uniti la carta in cui è scritto il testamento, vidimata in ciascun mezzo foglio dal notaio e dai testimoni, e l'estratto dell'atto di morte del testatore o copia del provvedimento che ordina l'apertura degli atti di ultima volontà dell'assente [60] o della sentenza che dichiara la morte presunta [50, 58, 63, 622 // 7 att.].

[IV] Nel caso in cui il testamento è stato depositato dal testatore presso un notaio, la pubblicazione è eseguita dal notaio depositario [623, 685].

[V] Avvenuta la pubblicazione, il testamento olografo ha esecuzione.

[VI] Per giustificati motivi, su istanza [125 CPC.] di chiunque vi ha interesse, il tribunale [51-bis att.] può disporre che periodi o frasi di carattere non patrimoniale [587^2] siano cancellati dal testamento e omessi nelle copie che fossero richieste, salvo che l'autorità giudiziaria ordini il rilascio di copia integrale [743 CPC. // 198, 491 CP.].

➔ CC. 1865 – art. 912, 913, 914.

621. Pubblicazione del testamento segreto. – [I] Il testamento segreto [604, 605] deve essere aperto e pubblicato dal notaio appena gli perviene la notizia della morte del testatore [623]. Chiunque crede di avervi interesse [100, 125 CPC.] può chiedere, con ricorso al tribunale del circondario in cui si è aperta la successione [456], che sia fissato un termine per l'apertura e la pubblicazione [7 att. // 749 CPC.].

[II] Si applicano le disposizioni del terzo comma dell'articolo 620 [622, 623].

➔ CC. 1865 – art. 915.

622. Comunicazione dei testamenti alla pretura. – [I] Il notaio deve trasmettere alla cancelleria del tribunale (1), nella cui giurisdizione si è aperta la successione [456], copia in carta libera dei verbali previsti dagli articoli 620 e 621 e del testamento pubblico [603 // 55 att.].

(1) Le parole "del tribunale" sono state sostituite alle parole "della pretura" dall'art. 148 del d.lg. 19/2/1998, n. 51.

623. Comunicazioni agli eredi e legatari. – [I] Il notaio che ha ricevuto un testamento pubblico [603 // 743 CPC.], appena gli è nota la morte del testatore, o, nel caso di testamento olografo [602] o segreto [604], dopo la pubblicazione [620, 621], comunica l'esistenza del testamento agli eredi e legatari di cui conosce il domicilio o la residenza [43 // 7 att.].

Capo V
Dell'istituzione di erede e dei legati

Sezione I
Disposizioni generali

624. Violenza, dolo, errore. – [I] La disposizione testamentaria può essere impugnata [$463^{1\ n.\ 4}$, 482, $2652^{1\ nn.\ 7/8}$] da chiunque vi abbia interesse [100 CPC.] quando è l'effetto di errore [625, 1428 ss.], di violenza [1434], o di dolo [1427, 1439, 1440].

[II] L'errore sul motivo [626], sia esso di fatto o di diritto, è causa di **annullamento** della disposizione testamentaria, quando il motivo **risulta dal testamento** ed è il **solo che ha determinato il testatore a disporre** [458, 647, 659, 787, 788, 794, 1429].

[III] L'azione si prescrive in cinque anni [1442, 2953] dal giorno in cui si è avuta notizia della violenza, del dolo o dell'errore [1442, $2652^{1,\ n.7/8}$, $2690^{1,\ n.\ 4/5}$] (1).

➔ CC. 1865 – art. 828.

(1) Imposta successioni e donazioni – d.lg. 31/10/1990, n. 346, art. 43 e d.l. 3/10/2006, n. 262 – art. 2, co. 47/53.

625. Erronea indicazione dell'erede o del legatario o della cosa che forma oggetto della disposizione. – [I] Se la persona dell'erede o del legatario è stata erroneamente indicata [1433], la disposizione ha effetto, quando dal contesto del testamento o altrimenti risulta in modo non equivoco quale persona il testatore voleva nominare [628, 631].

[II] La disposizione ha effetto anche quando la cosa che forma oggetto della disposizione è stata erroneamente indicata o descritta, ma è certo a quale cosa il testatore intendeva riferirsi [632].

➔ CC. 1865 – art. 836.

626. Motivo illecito. – Il motivo illecito [624] rende **nulla** la disposizione testamentaria, quando risulta dal testamento ed è il solo che ha determinato il testatore a disporre [624², 634, 647³, 648², 787, 788, 794, 1345, 1418] (1).

(1) Legge notarile – 16/2/1913, n. 89 – art. 28.

627. Disposizione fiduciaria. – [I] Non è ammessa azione in giudizio per accertare che le disposizioni fatte a favore di persona dichiarata nel testamento sono soltanto apparenti e che in realtà riguardano altra persona, anche se espressioni del testamento possono indicare o far presumere che si tratta di persona interposta.

[II] Tuttavia la persona dichiarata nel testamento, se ha spontaneamente eseguito la disposizione fiduciaria [590, 799, 2034] trasferendo i beni alla persona voluta dal testatore, non può agire per la ripetizione, salvo che sia un incapace [1933², 2034, 2039, 2126, 2940].

[III] Le disposizioni di questo articolo non si applicano al caso in cui l'istituzione o il legato sono impugnati come fatti per interposta persona a favore d'incapaci a ricevere [462, 596-599] (1).

➔ CC. 1865 – art. 829.

(1) Società fiduciarie – l. 23/11/1939, n. 1966.

628. Disposizione a favore di persona incerta. – [I] È nulla ogni disposizione fatta a favore di persona che sia indicata in modo da non poter essere determinata [625, 630, 631, 1346, 1920²] (1).

➔ CC. 1865 – art. 830.

(1) Legge Notarile – l. 16/2/1913, n. 89 – art. 28.

629. Disposizioni a favore dell'anima. – [I] Le disposizioni a favore dell'anima sono valide qualora siano determinati i beni o possa essere determinata la somma da impiegarsi a tale fine [587²].

[II] Esse si considerano come un onere a carico dell'erede o del legatario, e si applica l'articolo 648 [647, 676², 677²].

[III] Il testatore [587] può designare una persona che curi l'esecuzione della disposizione, anche nel caso in cui manchi un interessato a richiedere l'adempimento [700] (1).

➔ CC. 1865 – art. 831.

(1) Legge Notarile – l. 16/2/1913, n. 89 – art. 28.

• Imposta successioni e donazioni – d.lg. 31/10/1990, n. 346 – art. 46; d.l. 3/10/2006, n. 262 – art. 2, co. 47/53.

630. Disposizioni a favore dei poveri. – [I] Le disposizioni a favore dei poveri e altre simili, espresse genericamente, senza che si determini l'uso o il pubblico istituto a cui beneficio sono fatte, s'intendono fatte in favore dei poveri del luogo in cui il testatore aveva il domicilio [43] al tempo della sua morte, e i beni sono devoluti all'ente comunale di assistenza [647, 631²].

[II] La precedente disposizione si applica anche quando la persona incaricata dal testatore di determinare l'uso o il pubblico istituto non può o non vuole accettare l'incarico [631, 1349, 1473] (1).

➔ CC. 1865 – art. 832.

(1) Attribuzione di competenze ai Comuni – d.P.R. 24/6/1977, n. 616 – art. 25, co. 1: «Tutte le funzioni amministrative relative all'organizzazione ed alla erogazione dei servizi di assistenza e di beneficienza, di cui ai precedenti articoli 22 e 23, sono attribuiti ai comuni ai sensi dell'art. 118, primo comma, della Costituzione».

631. Disposizioni rimesse all'arbitrio del terzo. – [I] È nulla [590] ogni disposizione testamentaria con la quale si fa dipendere dall'**arbitrio** di un terzo l'indicazione dell'erede o del legatario, ovvero la determinazione della quota di eredità [632, 733].

[II] Tuttavia è valida la disposizione a titolo particolare in favore di persona da scegliersi dall'onerato o da un terzo [588¹, 1473] tra più persone determinate dal testatore o appartenenti a famiglie o categorie di persone da lui determinate, ed è pure valida la disposizione a titolo particolare a favore di uno tra più enti [600, 630¹, 630² // 3¹ att.] determinati del pari dal testatore. Se sono indicate più persone in modo alternativo e non è stabilito chi deve fare la scelta, questa si considera lasciata all'onerato [699, 778, 356].

[III] Se l'onerato o il terzo non può o non vuole fare la scelta, questa è fatta con decreto dal presidente del tribunale del luogo in cui si è aperta la successione [456, 664³], dopo avere assunto le opportune informazioni [751 CPC. // 111 Cost.] (1).

➔ CC. 1865 – art. 834.

(1) Legge Notarile.

• L. 16/2/1913, n. 89 – art. 28.

632. Determinazione di legato per arbitrio altrui. – [I] È nulla la disposizione [590] che lascia al **mero arbitrio** dell'onerato o di un terzo [664², 1349, 1437] di determinare l'oggetto o la quantità del legato [631].

[II] Sono validi i legati fatti a titolo di rimunerazione per i servizi prestati al testatore [770], anche se non ne sia indicato l'oggetto o la quantità [664] (1).

➔ CC. 1865 – art. 834, 835.

(1) Legge Notarile – l. 16/2/1913, n. 89 – art. 28.

Sezione II

Delle disposizioni condizionali, a termine e modali

633. Condizione sospensiva o risolutiva. – [I] Le disposizioni a titolo universale o particolare [588, 649] possono farsi sotto condizione sospensiva o risolutiva [480², 549, 634, 638, 642, 643, 646, 1353, 1382, 2659², 2660² n. 6, 2662 // 139 att.] (1).

➔ C.C. 1865 – art. 848.

(1) Imposta sui redditi – d.P.R. 22/12/1986, n. 917 – art. 187.

• Imposta successioni e donazioni – d.lg. 31/10/1990, n. 346 – art. 44; d.l. 3/10/2006, n. 262 – art. 2, co. 47/53.

634. Condizioni impossibili o illecite. – [I] Nelle disposizioni testamentarie si considerano **non apposte** [635, 636², 637, 647, 794, 1354] le condizioni impossibili e quelle contrarie a norme imperative [549], all'ordine pubblico o al buon costume [5, 23, 25, 1343, 1354², 2031², 2035] salvo quanto è stabilito dall'articolo 626 (1).

➔ CC. 1865 – art. 849.

(1) Legge Notarile – l. 16/2/1913, n. 89 – art. 28.

• Imposta successioni e donazioni – d.lg. 31/10/1990, n. 346 – art. 44.

635. Condizione di reciprocità. – [I] È **nulla** la disposizione a titolo universale o particolare [588] fatta dal testatore a condizione di essere a sua volta avvantaggiato nel testamento dell'erede o del legatario [458, 589, 590, 634] (1).

➔ CC. 1865 – art. 852.

(1) Legge Notarile – l. 16/2/1913, n. 89 – art. 28.

• Imposta successioni e donazioni – d.lg. 31/10/1990, n. 346 – art. 44.

636. Divieto di nozze. – [I] È illecita la condizione che impedisce le prime nozze o le ulteriori [634 // 138 att. // 2, 29 Cost.].

[II] Tuttavia il **legatario di usufrutto** [978 ss.] o di uso [1021], di abitazione [540², 1022] o di pensione, o di altra prestazione periodica [670] per il caso o per il tempo del celibato o della vedovanza, non può goderne che durante il celibato o la vedovanza (1).

➔ CC. 1865 – art. 852.

(1) Legge Notarile – l. 16/2/1913, n. 89 – art. 28.

637. Termine. – [I] Si considera **non apposto** [634] a una **disposizione a titolo universale** [588, 649] il termine dal quale l'effetto di essa deve cominciare o cessare [257, 692 ss., 953].

➔ CC. 1865 – art. 851.

638. Condizioni di non fare o di non dare. – [I] Se il testatore ha disposto sotto la condizione [633] che l'erede o il legatario non faccia o non dia qualche cosa per un tempo indeterminato, la disposizione si considera fatta sotto condizione risolutiva [639], salvo che dal testamento risulti una contraria volontà del testatore.

➔ CC. 1865 – art. 855.

639. Garanzia in caso di condizione risolutiva. – [I] Se la disposizione testamentaria è sottoposta a condizione risolutiva [633, 638], l'autorità giudiziaria [750 CPC.], qualora ne ravvisi l'opportunità, può imporre all'erede o al legatario di prestare idonea garanzia [641 // 119, 750³ CPC.] a favore di coloro ai quali l'eredità o il legato dovrebbe devolversi nel caso che la condizione si avverasse [640, 641² // 750 CPC.].

➔ CC. 1865 – art. 855.

640. Garanzia in caso di legato sottoposto a condizione sospensiva o a termine. – [I] Se a taluno è lasciato un legato sotto condizione sospensiva [633, 641] o dopo un certo tempo, l'onerato può essere costretto [750 CPC.] a dare idonea garanzia al legatario [639, 641 // 119, 750 CPC.] salvo che il testatore abbia diversamente disposto [641², 642, 707², 784³].

[II] La garanzia può essere imposta anche al legatario quando il legato è a termine finale [707, 953 // 119, 750 CPC.].

➔ CC. 1865 – art. 856.

641. Amministrazione in caso di condizione sospensiva o di mancata prestazione di garanzia. – [I] Qualora l'erede sia istituito sotto condizione sospensiva [633], finché questa condizione non si verifica o non è certo che non si può più verificare [1356], è dato all'eredità un amministratore [642 ss.] (1).

[II] Vale la stessa norma anche nel caso in cui l'erede o il legatario non adempie l'obbligo di prestare la garanzia prevista dai due articoli precedenti.

(1) Legge Fallimentare art. 12, co. 3: «[III] Nel caso previsto dall'art. 528 del c.c., la procedura prosegue in confronto del curatore dell'eredità giacente e nel caso previsto dall'art. 641 del c.c. nei confronti dell'amministratore nominato a norma dell'art. 642 dello stesso codice».

642. Persone a cui spetta l'amministrazione. – [I] L'amministrazione [460, 528 ss.] spetta alla persona a cui favore è stata disposta la sostituzione [688], ovvero al coerede o ai coeredi, quando tra essi e l'erede condizionale vi è il diritto di accrescimento [674 ss.].

[II] Se non è prevista la sostituzione o non vi sono coeredi a favore dei quali abbia luogo il diritto di accrescimento, l'amministrazione spetta al presunto erede legittimo [565 ss.].

[III] In ogni caso l'autorità giudiziaria [750 CPC.], quando concorrono giusti motivi, può provvedere altrimenti [643, 644 // 781 CPC.].

➔ CC. 1865 – art. 858, 859.

643. Amministrazione in caso di eredi nascituri. – [I] Le disposizioni dei due precedenti articoli si applicano anche nel caso in cui sia chiamato a succedere un non concepito, figlio di una determinata persona vivente [462³]. A questa spetta la rappresentanza del nascituro [356], per la tutela dei suoi diritti successori, anche quando l'amministratore dell'eredità è una persona diversa [784].

[II] Se è chiamato un concepito [462], l'amministrazione spetta al padre e alla madre [316, 715 // 747¹, 747² CPC.].

➔ CC. 1865 – art. 860.

644. Obblighi e facoltà degli amministratori. – [I] Agli amministratori indicati dai precedenti articoli sono comuni le regole che si riferiscono ai curatori dell'eredità giacente [528 ss. // 781 CPC.].

➔ CC. 1865 – art. 861.

645. Condizione sospensiva potestativa senza termine. – [I] Se la condizione apposta all'istituzione di erede o al legato è sospensiva potestativa e non è indicato il termine per l'adempimento gli interessati possono adire l'autorità giudiziaria perché fissi questo termine [1183 // 749 CPC.].

646. Retroattività della condizione. – [I] L'adempimento della condizione [1359] ha effetto retroattivo [456, 1360]; ma l'erede o il legatario, nel caso di condizione risolutiva, non è tenuto a restituire i frutti [820] se non dal giorno in cui la condizione si è verificata [1361²]. L'azione per la restituzione dei frutti si prescrive in cinque anni [464, 480², 2948, 2953].

647. Onere. – [I] Tanto all'istituzione di erede quanto al legato può essere apposto un onere [588, 629, 671, 676², 677²˒³, 690, 793, 1173, 1174].

[II] Se il testatore non ha diversamente disposto, l'autorità giudiziaria, qualora ne ravvisi l'opportunità, può imporre all'erede o al legatario gravato dall'onere una cauzione [1179 // 119, 750 CPC.].

[III] L'onere impossibile o illecito si considera non apposto [634, 794]; rende tuttavia nulla la disposizione, se ne ha costituito il solo motivo determinante [626].

648. Adempimento dell'onere. – [I] Per l'adempimento dell'onere può agire qualsiasi interessato [671, 703, 793^{3} // 100 CPC.].

[II] Nel caso d'inadempimento dell'onere, l'autorità giudiziaria [633] può pronunziare la risoluzione della disposizione testamentaria [646, 1453 ss., 1458^{2}, $2651^{1,\ n.\ 1)}$], se la risoluzione è stata prevista dal testatore, o se l'adempimento dell'onere ha costituito il solo motivo determinante della disposizione [793^{3}].

Sezione III
Dei legati

649. Acquisto del legato. – [I] Il legato si acquista [320^{3}, $374^{1,\ n.\ 3)}$, 394^{3}, 411, 424, 540^{2}, 548^{2}, 580, 585^{2}, 588, 594, 667, 669, 673, 2648^{2}] senza bisogno di accettazione [459], salva la facoltà di rinunziare [320^{3}, $374^{1,\ n.\ 3)}$, 394^{3}, 411, 424, 519^{1}, 521, 525, 526, 1324, 1334, $2643^{1,\ n.\ 5)}$, 2901, 2934, 2946].

[II] Quando oggetto del legato è la proprietà di una cosa determinata o altro diritto appartenente al testatore, la proprietà o il diritto si trasmette dal testatore al legatario al momento della morte del testatore [691, 697].

[III] Il legatario però deve [1173, 2934] domandare all'onerato [662] il possesso [1146^{2}] della cosa legata, anche quando ne è stato espressamente dispensato dal testatore.

➔ **CC. 1865 – art. 862, 863 // D. 8.6.19.1, D. 30.44.1, Codex 6.43.1.1.**

650. Fissazione di un termine per la rinunzia. – [I] Chiunque ha interesse [100 CPC.] può chiedere che l'autorità giudiziaria [749 CPC.] fissi un termine entro il quale il legatario dichiari se intende esercitare la facoltà di rinunziare [649]. Trascorso questo termine senza che abbia fatto alcuna dichiarazione, il legatario perde il diritto di rinunziare [481, 2964].

651. Legato di cosa dell'onerato o di un terzo. – [I] Il legato di cosa dell'onerato o di un terzo è nullo, salvo che dal testamento o da altra dichiarazione scritta dal testatore risulti che questi sapeva che la cosa legata apparteneva all'onerato [2932] o al terzo [652, 656]. In questo ultimo caso l'onerato è obbligato ad acquistare la proprietà della cosa dal terzo e a trasferirla al legatario [1180, 1411, 1478^{2}], ma è in sua facoltà di pagarne al legatario il giusto prezzo [657^{2}].

[II] Se però la cosa legata, pur appartenendo ad altri [1478] al tempo del testamento, si trova in proprietà del testatore al momento della sua morte, il legato è valido [656, 657].

➔ **CC. 1865 – art. 837, 838.**

652. Legato di cosa solo in parte del testatore. – [I] Se al testatore appartiene una parte della cosa legata [1100] o un diritto sulla medesima [952, 957, 978, 1021, 1023, 1027], il legato è valido solo relativamente a questa parte o a questo diritto, salvo che risulti la volontà del testatore di legare la cosa per intero, in conformità dell'articolo precedente [1480].

➔ **CC. 1865 – art. 839.**

653. Legato di cosa genericamente determinata. – [I] È valido [631^{1}, 632] il legato di cosa determinata solo nel genere [1178, 1378], anche se nessuna del genere ve n'era nel patrimonio del testatore al tempo del testamento e nessuna se ne trova al tempo della morte [654, 664, 666, 669^{2}].

➔ **CC. 1865 – art. 840.**

654. Legato di cosa non esistente nell'asse. – [I] Quando il testatore ha lasciato una sua cosa particolare [649], o una cosa determinata soltanto nel genere [1178, 1378] da prendersi dal suo patrimonio [653], il legato non ha effetto se la cosa non si trova nel patrimonio del testatore al tempo della sua morte [651, 686].

[II] Se la cosa si trova nel patrimonio del testatore al tempo della sua morte, ma non nella quantità determinata, il legato ha effetto per la quantità che vi si trova [652].

➔ **CC. 1865 – art. 841 // D. 31.8.2.**

655. Legato di cosa da prendersi da certo luogo. – [I] Il legato di cose da prendersi da certo luogo ha effetto soltanto se le cose vi si trovano, e per la parte che vi si trova; ha tuttavia effetto per l'intero quando, alla morte del testatore, le cose non vi si trovano, in tutto o in parte, perché erano state rimosse temporaneamente dal luogo in cui di solito erano custodite [686^{3}].

➔ **CC. 1865 – art. 842 // D. 30.108.10.**

656. Legato di cosa del legatario. – [I] Il legato di cosa che al tempo in cui fu fatto il testamento era già di proprietà del legatario è nullo, se la cosa si trova in proprietà di lui anche al tempo dell'apertura della successione [456].

[II] Se al tempo dell'apertura della successione la cosa si trova in proprietà del testatore, il legato è valido, ed è altresì valido se in questo tempo la cosa si trova in proprietà dell'onerato o di un terzo, e dal testamento [651^{1}] risulta che essa fu legata in previsione di tale avvenimento.

➔ **CC. 1865 – art. 838, 843^{1}.**

657. Legato di cosa acquistata dal legatario. – [I] Se il legatario, dopo la confezione del testamento, ha acquistato dal testatore, a titolo oneroso o a titolo gratuito, la cosa a lui legata, il legato è senza effetto in conformità dell'articolo 686 [656, 686^{3}].

[II] Se dopo la confezione del testamento la cosa legata è stata dal legatario acquistata, a titolo gratuito, dall'onerato o da un terzo [651, 663^{2}], il legato è senza effetto; se l'acquisto ha avuto luogo a titolo oneroso, il legatario ha diritto al rimborso del prezzo, qualora ricorrano le circostanze indicate dall'articolo 651 [$1203^{n.\ 5}$, 2825].

➔ **CC. 1865 – art. 843^{2} // Inst. 2.20.6.**

658. Legato di credito o di liberazione da debito. – [I] Il legato di un credito [1260] o di liberazione da un debito [1236, 1260] ha effetto per la sola parte del credito o del debito che sussiste al tempo della morte del testatore [447, 448, 551, 554, 649, 651, 1180, 1253, 1261, 1262, 1263^{1}, 1263^{2}, 1264, 1266^{1}, 1268, 1269, 1270^{2}, 1284, 1346, 1348, 1936].

[II] L'erede è soltanto tenuto a consegnare al legatario i titoli del credito legato che si trovavano presso il testatore [1237, 1262].

➔ **CC. 1865 – art. 844 // Inst. 2.20.13, Inst. 2.20.21, D. 34.3.3 pr., D. 34.3.24 pr.**

659. Legato a favore del creditore. – [I] Se il testatore, senza fare menzione del debito, fa un legato al suo creditore, il legato non si presume fatto per soddisfare il legatario del suo credito [651, 1197, 1198, 2034].

➔ **CC. 1865 – art. 845 // D. 34.3.11.**

660. Legato di alimenti. – [I] Il legato di alimenti, a favore di chiunque sia fatto, comprende le somministrazioni indicate dall'articolo 438, salvo che il testatore abbia altrimenti disposto [438, 440^{1}, $443^{1,2}$, 444, 446, 447, 548^{2}, 670^{2}, 1277, 1872^{2}] (1).

➔ **CC. 1865 – art. 846.**

(1) L. 1/12/1970, n. 898 // art. 9 bis.

661. Prelegato. – [I] Il legato a favore di uno dei coeredi e a carico di tutta l'eredità si considera come legato per l'intero ammontare [540, 554, 737, 1253].

662. Onere della prestazione del legato. – [I] Il testatore può porre la prestazione del legato a carico degli eredi ovvero a carico di uno o più legatari [671]. Quando il testatore non ha disposto, alla prestazione sono tenuti gli eredi [549, 553, 663, 671, 673].

[II] Su ciascuno dei diversi onerati il legato grava in proporzione della rispettiva quota ereditaria o del legato, se il testatore non ha diversamente disposto [663, 672, 752].

➔ **CC. 1865 – art. 868 // D. 31.33 pr.**

663. Legato imposto a un solo erede. – [I] Se l'obbligo di adempiere il legato è stato particolarmente imposto a uno degli eredi, questi solo è tenuto a soddisfarlo [483^{2}, 657, 752, 754, 1315].

[II] Se è stata legata una cosa propria di un coerede [651], i coeredi sono tenuti a compensarlo del valore di essa con danaro o con beni ereditari, in proporzione della loro quota ereditaria, quando non consta una contraria volontà del testatore.

➔ **CC. 1865 – art. 869 // D. 30.86.3.**

664. Adempimento del legato di genere. – [I] Nel legato di cosa determinata soltanto nel genere [653], la scelta, quando dal testatore non è affidata al legatario o a un terzo, spetta all'onerato. Questi è obbligato a dare cose di qualità non inferiore alla media [1178]; ma se nel patrimonio ereditario vi è una sola delle cose appartenenti al genere indicato, l'onerato non ha facoltà né può essere obbligato a prestarne un'altra, salvo espressa disposizione contraria del testatore [631^{1}, 653].

[II] Se la scelta è lasciata dal testatore al legatario o a un terzo, questi devono scegliere una cosa di media qualità; ma se cose del genere indicato si trovano nell'eredità, il legatario può scegliere la migliore [630, 1349, 1473].

Se il terzo non può o non vuole fare la scelta, questa è fatta a norma del terzo comma dell'articolo 631 [653, 656 // 751 CPC.].

➔ **CC. 1865 – art. 870-873 // Inst. 2.20.22.**

665. Scelta nel legato alternativo. – [I] Nel legato alternativo la scelta [666] spetta all'onerato, a meno che il testatore l'abbia lasciata al legatario o a un terzo [631^{1}, 653, 664, 1286].

➔ **CC. 1865 – art. 874.**

666. Trasmissione all'erede della facoltà di scelta. – [I] Tanto nel legato di genere [653, 654] quanto in quello alternativo [665], se l'onerato o il legatario a cui compete la scelta non ha potuto farla, la facoltà di scegliere si trasmette al suo erede [631^{3}].

[II] La scelta fatta è irretrattabile [1286^{2}].

➔ **CC. 1865 – art. 875 // Inst. 2.20.23.**

667. Accessioni della cosa legata. – [I] La cosa legata, con tutte le sue pertinenze [817 ss.], deve essere prestata al legatario nello stato in cui si trova al tempo della morte del testatore [818].

[II] Se è stato legato un fondo, sono comprese nel legato anche le costruzioni fatte nel fondo, sia che esistessero già al tempo della confezione del testamento, sia che non esistessero, salva in ogni caso l'applicabilità del secondo comma dell'articolo 686.

[III] Se il fondo [934] legato è stato accresciuto con acquisti posteriori, questi sono dovuti al legatario, purché siano contigui al fondo e costituiscano con esso una unità economica [846].

➔ **CC. 1865 – art. 847, 876.**

668. Adempimento del legato. – [I] Se la cosa legata è gravata da una servitù [1027 ss.], da un canone o da altro onere inerente al fondo, ovvero da una rendita fondiaria [1863, 1869], il peso ne è sopportato dal legatario [671, 754, 756, 1010, 1273].

[II] Se la cosa legata è vincolata per una rendita semplice [1863], un censo o altro debito dell'eredità, o anche di un terzo, l'erede è tenuto al pagamento delle annualità o degli interessi e della somma principale, secondo la natura del debito, qualora il testatore non abbia diversamente disposto [752, 756].

➔ **CC. 1865 – art. 878 // D. 30.39.5, D. 30.69.3.**

669. Frutti della cosa legata. – [I] Se oggetto del legato è una cosa fruttifera, appartenente al testatore al momento della sua morte, i frutti o gli interessi sono dovuti al legatario da questo momento.

[II] Se la cosa appartiene all'onerato o a un terzo [651], ovvero se si tratta di cosa determinata per genere [653] o quantità, i frutti [820] o gli interessi sono dovuti dal giorno della domanda giudiziale [163 CPC.] o dal giorno in cui la prestazione del legato è stata promessa, salvo che il testatore abbia diversamente disposto.

➔ **CC. 1865 – art. 865.**

670. Legato di prestazioni periodiche. – [I] Se è stata legata una somma di danaro [1277] o una quantità di altre cose fungibili, da prestarsi a termini periodici [447, 660, 1277], il primo termine decorre dalla morte del testatore, e il legatario acquista il diritto a tutta la prestazione dovuta per il termine in corso, ancorché fosse in vita soltanto al principio di esso. Il legato però non può esigersi se non dopo scaduto il termine [1869, 1872^{2}].

[II] Si può tuttavia esigere all'inizio del termine il legato a titolo di alimenti [445, 660].

➔ **CC. 1865 – art. 867 // D. 33.1.4.**

671. Legati e oneri a carico del legatario. – [I] Il legatario è tenuto all'adempimento del legato [662] e di ogni altro onere [647] a lui imposto entro i limiti del valore della cosa legata [497^{2}, 673^{2}, 756, 793, 2033, 2034].

672. Spese per la prestazione del legato. – [I] Le spese per la prestazione del legato sono a carico dell'onerato [662, 1196].

➔ CC. 1865 – art. 877.

673. Perimento della cosa legata. Impossibilità della prestazione. – [I] Il legato non ha effetto se la cosa legata è interamente perita durante la vita del testatore [649, 651].

[II] L'obbligazione dell'onerato si estingue se, dopo la morte del testatore, la prestazione è divenuta impossibile per causa a lui non imputabile [1221, 1256].

➔ CC. 1865 – art. 893.

Sezione IV
Del diritto di accrescimento

674. Accrescimento tra coeredi. – [I] Quando più eredi sono stati istituiti con uno stesso testamento nell'universalità dei beni [588], senza determinazione di parti o in parti uguali, anche se determinate, qualora uno di essi non possa [70, 72, 463, 480] o non voglia accettare [519] la sua parte si accresce agli altri [522, 523, 773^{2}, 1874, 2609].

[II] Se più eredi sono stati istituiti in una stessa quota, l'accrescimento ha luogo a favore degli altri istituiti nella quota medesima.

[III] L'accrescimento non ha luogo quando dal testamento risulta una diversa volontà del testatore [523, 688].

[IV] È salvo in ogni caso il diritto di rappresentazione [467].

➔ CC. 1865 – art. 879-881 // D. 28.5.60(59).3.

675. Accrescimento tra collegatari. – [I] L'accrescimento ha luogo anche tra più legatari [649] ai quali è stato legato uno stesso oggetto, salvo che dal testamento risulti una diversa volontà [691] e salvo sempre il diritto di rappresentazione [467, 678].

➔ CC. 1865 – art. 884.

676. Effetti dell'accrescimento. – [I] L'acquisto per accrescimento ha luogo di diritto [470, 519, 520].

[II] I coeredi o i legatari, a favore dei quali si verifica l'accrescimento, subentrano negli obblighi [647, 690, 752] a cui era sottoposto l'erede o il legatario mancante, salvo che si tratti di obblighi di carattere personale.

➔ CC. 1865 – art. 882, 887.

677. Mancanza di accrescimento. – [I] Se non ha luogo l'accrescimento, la porzione dell'erede mancante si devolve agli eredi legittimi [457^{2}, 523, 565 ss.], e la porzione del legatario mancante va a profitto dell'onerato [662, 678^{2}].

[II] Gli eredi legittimi [565 ss.] e l'onerato [662] subentrano negli obblighi [647, 690, 752] che gravavano sull'erede o sul legatario mancante, salvo che si tratti di obblighi di carattere personale.

[III] Le disposizioni precedenti si applicano anche nel caso di risoluzione di disposizioni testamentarie per inadempimento dell'onere [648^{2}].

➔ CC. 1865 – art. 883, 886.

678. Accrescimento nel legato di usufrutto. – [I] Quando a più persone è legato un usufrutto [467^{2}, 698, 978 ss.] in modo che tra di loro vi sia il diritto di accrescimento, l'accrescimento ha luogo anche quando una di esse viene a mancare dopo conseguito il possesso della cosa su cui cade l'usufrutto [979, 1015, 1026, 1874].

[II] Se non vi è diritto di accrescimento, la porzione del legatario mancante si consolida con la proprietà [$1014^{1,\ n.\ 2}$].

➔ CC. 1865 – art. 885.

Sezione V
Della revocazione delle disposizioni testamentarie

679. Revocabilità del testamento. – [I] Non si può in alcun modo rinunziare alla facoltà di revocare [458, 635] o mutare le disposizioni testamentarie [587]: ogni clausola o condizione contraria non ha effetto [$463^{1,\ n.\ 4}$].

➔ CC. 1865 – art. 916.

680. Revocazione espressa. – [I] La revocazione espressa [256, 466, 2735] può farsi soltanto con un nuovo testamento [601], o con un atto [1321, 1324, 1334] ricevuto da notaio [2699] in presenza di due testimoni, in cui il testatore personalmente dichiara di revocare, in tutto o in parte, la disposizione anteriore (1).

➔ CC. 1865 – art. 917, 919 // Gai 2.144.

(1) Legge Notarile art. 51, co. 2, n. 11): «per gli atti di ultima volontà, l'indicazione dell'ora in cui la sottoscrizione dell'atto avviene. Tale indicazione sarà pure fatta, quando le parti lo richiedano, o il notaro lo ritenga opportuno, negli altri atti».

681. Revocazione della revocazione. – [I] La revocazione totale o parziale di un testamento può essere a sua volta revocata [680] sempre con le forme stabilite dall'articolo precedente. In tal caso rivivono le disposizioni revocate.

➔ CC. 1865 – art. 919.

682. Testamento posteriore. – [I] Il testamento posteriore, che non revoca in modo espresso i precedenti, annulla in questi soltanto le disposizioni che sono con esso incompatibili.

➔ CC. 1865 – art. 920.

683. Testamento posteriore inefficace. – [I] La revocazione fatta con un testamento posteriore [601, 682] conserva la sua efficacia anche quando questo rimane senza effetto [1418] perché l'erede istituito o il legatario è premorto al testatore, o è incapace [596 ss.] o indegno [463], ovvero ha rinunziato all'eredità [519] o al legato [649].

➔ CC. 1865 – art. 918, 921.

684. Distruzione del testamento olografo. – [I] Il testamento olografo [602] distrutto, lacerato o cancellato, in tutto o in parte, si considera in tutto o in parte revocato, a meno che si provi [2725^{2}] che fu distrutto, lacerato o cancellato da persona diversa dal testatore [$461^{1\ n.\ 5)}$], ovvero si provi che il testatore non ebbe l'intenzione di revocarlo.

685. Effetti del ritiro del testamento segreto. – [I] Il ritiro del testamento segreto [602, 608, 1324], a opera del testatore, dalle mani del notaio o dell'archivista presso cui si trova depositato [608], non importa revocazione del testamento quando la scheda testamentaria può valere come testamento olografo [602, 607, 1424].

➔ CC. 1865 – art. 922.

686. Alienazione e trasformazione della cosa legata. – [I] L'alienazione [1329, 1331, 1351] che il testatore [1387] faccia della cosa legata o di parte di essa [952, 957, 978, 1021, 1022, 1032], anche mediante vendita con patto di riscatto [1500], revoca il legato [588², 653] riguardo a ciò che è stato alienato, anche quando l'alienazione è annullabile [1418] per cause diverse dai vizi del consenso [1394, 1425, 1427], ovvero la cosa ritorna in proprietà del testatore [651², 657].

[II] Lo stesso avviene se il testatore ha trasformato la cosa legata in un'altra, in guisa che quella abbia perduto la precedente forma e la primitiva denominazione.

[III] È ammessa la prova di una diversa volontà del testatore.

➔ CC. 1865 – art. 892.

687. Revocazione per sopravvenienza di figli. – [I] Le disposizioni a titolo universale o particolare [588], fatte da chi al tempo del testamento non aveva o ignorava di aver figli o discendenti [803], sono revocate di diritto [802] per l'esistenza o la sopravvenienza di un figlio o discendente del testatore, benché postumo, anche adottivo [291], ovvero per il riconoscimento di un figlio nato fuori del matrimonio [250 ss., 269].

[II] La revocazione ha luogo anche se il figlio è stato concepito al tempo del testamento.

[III] La revocazione non ha invece luogo qualora il testatore abbia provveduto al caso che esistessero o sopravvenissero figli o discendenti da essi.

[IV] Se i figli o discendenti non vengono alla successione [4, 463, 519] e non si fa luogo a rappresentazione [467], la disposizione ha il suo effetto.

➔ CC. 1865 – art. 888, 889 // Gai 2.138.

Capo VI
Delle sostituzioni

Sezione I
Della sostituzione ordinaria

688. Casi di sostituzione ordinaria. – [I] Il testatore può sostituire all'erede istituito [479, 691] altra persona [642, 689, 690, 691] per il caso che il primo non possa o non voglia [459, 463, 481, 519] accettare l'eredità [70, 72, 523, 642, 646, 674³, 795].

[II] Se il testatore ha disposto per uno solo di questi casi, si presume che egli si sia voluto riferire anche a quello non espresso, salvo che consti una sua diversa volontà [795].

➔ CC. 1865 – art. 895¹, 896 // Gai 3.174.

689. Sostituzione plurima. Sostituzione reciproca. – [I] Possono sostituirsi più persone a una sola e una sola a più.

[II] La sostituzione può anche essere **reciproca tra i coeredi istituiti** [691]. Se essi sono stati istituiti in parti disuguali, la proporzione fra le quote fissate nella prima istituzione si presume ripetuta anche nella sostituzione [674 ss.]. Se nella sostituzione insieme con gli istituiti è chiamata un'altra persona, la quota vacante viene divisa in parti uguali tra tutti i sostituiti.

➔ CC. 1865 – art. 895², 898 // Gai 3.175.

690. Obblighi dei sostituiti. – [I] I sostituiti devono adempiere gli obblighi imposti agli istituiti, a meno che una diversa volontà sia stata espressa dal testatore o si tratti di obblighi di carattere personale [647, 676², 677²].

➔ CC. 1865 – art. 897.

691. Sostituzione ordinaria nei legati. – Le norme stabilite in questa sezione si applicano anche ai legati [649 ss.].

Sezione II
Della sostituzione fedecommissaria (1)

(1) Imposta successioni e donazioni.

• D.lg. 31/10/1990, n. 346 art. 45.

• D.l. 3/10/2006, n. 262 – art. 2, co. 47/53.

692. Sostituzione fedecommissaria. – [I] Ciascuno dei genitori o degli altri ascendenti in linea retta o il coniuge dell'**interdetto** [404, 414, 415] possono istituire rispettivamente il figlio, il discendente, o il coniuge con l'obbligo di conservare e restituire [694] alla sua morte i beni anche costituenti la legittima [536, 549], a favore della persona o degli enti che, sotto la vigilanza del tutore, hanno avuto cura dell'interdetto medesimo [357, 404, 628, 696, 2660¹˒ ⁿ· ⁶].

[II] La stessa disposizione si applica nel caso del minore di età [2], se trovasi nelle condizioni di abituale infermità di mente tali da far presumere che nel termine indicato dall'articolo 416 interverrà la pronuncia di interdizione.

[III] Nel caso di pluralità di persone o enti di cui al primo comma i beni sono attribuiti proporzionalmente al tempo durante il quale gli stessi hanno avuto cura dell'interdetto.

[IV] La sostituzione è priva di effetto nel caso in cui l'**interdizione** sia negata [417] o il relativo procedimento non sia iniziato entro due anni dal raggiungimento della maggiore età del minore abitualmente infermo di mente. È anche priva di effetto nel caso di revoca dell'interdizione [429] o rispetto alle persone o agli enti che abbiano violato gli obblighi di assistenza.

[V] In ogni altro caso [1424] la sostituzione è nulla [549, 590, 692⁴, 1379, 2660¹˒ ⁿ· ⁶] (1).

➔ CC. 1865 – art. 899, 900.

(1) Articolo così sostituito dall'art. 197 della l. 19/5/1975, n. 151. Disposizione previgente: Limiti: «(I) È valida la disposizione con la quale il testatore impone al proprio figlio l'obbligo di conservare e restituire alla sua morte in tutto o in parte i beni costituenti la disponibile a favore di tutti i figli nati e nascituri dall'istituito o a favore di un ente pubblico. (II) È valida la ugualmente la disposizione che importa a carico di un fratello o di una sorella del testatore l'obbligo di conservare e restituire i beni ad essi lasciati a favore di tutti i figli nati e nascituri da essi o a favore di un ente pubblico. (III) In ogni altro caso la sostituzione è nulla. (IV) È parimenti nulla ogni disposizione con la quale il testatore proibisce all'erede di disporre per atto tra vivi o di ultima volontà dei beni ereditari».

• Adozione: l. 4/5/1983, n. 184, n. 27.

• Riforma del diritto di famiglia: l. 19/5/1975, n. 151 art. 238: «(I) La disposizione dell'art. 693 del codice civile si applica anche alle successioni apertesi prima dell'entrata in vigore della presente legge a meno che la nullità della sostituzione non sia stata pronunziata con sentenza passata in giudicato. (II) Salvo quanto previsto dal comma precedente, le sostituzioni fedecommissarie anteriori all'entrata in vigore della presente legge sono regolate dalle disposizioni anteriori».

• Legge Notarile: l. 16/2/1913, n. 89 // art. 28, 48.

693. Diritti e obblighi dell'istituito. – [I] L'istituito ha il godimento e la libera amministrazione dei beni che formano oggetto della sostituzione, e può stare in giudizio per tutte le azioni relative ai beni medesimi. Egli può altresì compiere tutte le innovazioni dirette ad una migliore utilizzazione dei beni.

[II] All'istituito sono comuni, in quanto applicabili, le norme concernenti l'usufruttuario [981, 1001², 1002, 1004, 1005, 1010] (1).

(1) Il co. 3 è stato abrogato dall'art. 198 della l. 19/5/1975 n. 151. Testo previgente: «(III) Se l'istituito trascura di osservare i propri obblighi, l'autorità giudiziaria può nominare, anche d'ufficio, un amministratore».

694. Alienazione dei beni. – [I] L'autorità giudiziaria [747, 748 CPC.] può consentire l'alienazione dei beni che formano oggetto della sostituzione [692] in caso di utilità evidente, disponendo il reimpiego delle somme ricavate [1398, 1399, 1418^1, 1425]. Può anche essere consentita, con le necessarie cautele, la costituzione di ipoteche sui beni medesimi a garanzia di crediti destinati a miglioramenti e trasformazioni fondiarie (1).

(1) Legge Notarile: l. 19/2/1913, n. 89 – art. 28.

• Regolamento Notarile: r.d. 10/9/1914, n. 1326 – art. 54.

695. Diritti dei creditori personali dell'istituito. – [I] creditori personali dell'istituito possono agire soltanto sui frutti dei beni che formano oggetto della sostituzione [2645-ter].

696. Devoluzione al sostituito. – [I] L'eredità si devolve al sostituito [692] al momento della morte dell'istituito [360^1, 384, 646].

[II] Se le persone o gli enti che hanno avuto cura dell'incapace muoiono o si estinguono prima della morte di lui, i beni o la porzione dei beni che spetterebbe loro è devoluta ai successori legittimi dell'incapace [565] (1).

(1) Articolo così sostituito dall'art. 199 della l. 19/5/1975, n. 151. Disposizione previgente: «(I) L'eredità si devolve al sostituito al momento della morte dell'istituito. (II) Se la sostituzione è a favore dei figli dell'istituito e questi muore senza lasciare prole, i beni si trasmettono ai sui successori legittimi o testamentari. (III) Se la sostituzione è a favore di un ente pubblico e questo si estingue prima della morte dell'istituito, questi acquista definitivamente la proprietà dei beni. (IV) Se l'istituito premuore al testatore o è incapace o è indegno o rinunzia l'eredità si devolve al sostituito, con effetto dalla morte del testatore».

697. Sostituzione fedecommissaria nei legati. – [I] Le norme stabilite in questa sezione sono applicabili anche ai legati [637, 649, 795].

698. Usufrutto successivo. – [I] La disposizione, con la quale è lasciato a più persone successivamente l'usufrutto [796, 978, 979, 1021, 1022, 1026], una rendita [1861, 1863, 1872 ss.] o un'annualità, ha valore soltanto a favore di quelli che alla morte del testatore si trovano primi chiamati a goderne [590, 692, 796].

➔ **CC. 1865 – art. 901.**

699. Premi di nuzialità, opere di assistenza e simili. – [I] È valida la disposizione testamentaria avente per oggetto l'erogazione periodica, in perpetuo o a tempo, di somme determinate per premi di nuzialità o di natalità, sussidi per l'avviamento a una professione o a un'arte, opere di assistenza o per altri fini di pubblica utilità, a favore di persone da scegliersi entro una determinata categoria o tra i discendenti di determinate famiglie.

[II] Tali annualità possono riscattarsi secondo le norme dettate in materia di rendita [28^3, 458, 462^3, 670, 698, 1869, 2821^2].

➔ **CC. 1865 – art. 902.**

Capo VII
Degli esecutori testamentari

700. Facoltà di nomina e di sostituzione (1). – [I] Il testatore può nominare [701] uno o più [708, 709] esecutori testamentari [587^2, 629^3] e, per il caso che alcuni o tutti non vogliano o non possano accettare [702], altro o altri in loro sostituzione [702, 710, 711 // 52^3 att.].

[II] Se sono nominati più esecutori testamentari, essi devono agire congiuntamente [708, 709^3], salvo che il testatore abbia diviso tra loro le attribuzioni, o si tratti di provvedimento urgente per la conservazione di un bene o di un diritto ereditario [2258].

[III] Il testatore può autorizzare l'esecutore testamentario a sostituire altri [701, 710] a se stesso, qualora egli non possa continuare nell'ufficio.

➔ **CC. 1865 – art. 903, 910.**

(1) Cremazione dispersione ceneri:

• D.P.R. 30/3/2001, n. 130 art. 3, co. 4, lett. d).

701. Persone capaci di essere nominate (1). – [I] Non possono essere nominati esecutori testamentari coloro che non hanno [428] la piena capacità di obbligarsi [390, 397^3, 409, 414, 415, 1425 // 42 l. 267/1942 // 32 CP.].

[II] Anche un erede o un legatario può essere nominato esecutore testamentario [706].

➔ **CC. 1865 – art. 904.**

(1) Legge fallimentare.

• R.d. 16/3/1942, n. 267 art. 42: «Beni del fallito. [1] La sentenza che dichiara il fallimento, priva dalla sua data il fallito dell'amministrazione e della disponibilità dei suoi beni esistenti alla data di dichiarazione di fallimento».

702. Accettazione e rinunzia alla nomina. – [I] L'accettazione [702^2, 1324] della nomina di esecutore testamentario o la rinunzia alla stessa [700] deve risultare da dichiarazione fatta nella cancelleria del tribunale (1) nella cui giurisdizione si è aperta la successione [456], e deve essere annotata nel registro delle successioni [52, 53 att.].

[II] L'accettazione non può essere sottoposta a condizione [633, 1353] o a termine [637, 1184].

[III] L'autorità giudiziaria, su istanza di qualsiasi interessato [749 CPC.], può assegnare all'esecutore un termine per l'accettazione [481], decorso il quale l'esecutore si considera rinunziante [650, 1399^4].

(1) Le parole "del tribunale" sono state sostituite alle parole "della pretura" dall'art. 148 del d.lg. 19/2/1998, n. 51.

703. Funzioni dell'esecutore testamentario. – [I] L'esecutore testamentario deve curare che siano esattamente eseguite [648^1] le disposizioni di ultima volontà del defunto [629^3, 706, 1387].

[II] A tal fine, salvo contraria volontà del testatore, egli deve amministrare la massa ereditaria, prendendo possesso dei beni che ne fanno parte [709].

[III] Il possesso [703^2] non può durare più di un anno dalla dichiarazione di accettazione [702], salvo che l'autorità giudiziaria, per motivi di evidente necessità, sentiti gli eredi, ne prolunghi la durata, che non potrà mai superare un altro anno.

[IV] L'esecutore deve amministrare come un buon padre di famiglia [1176, 2030] e può compiere tutti gli atti di gestione occorrenti. Quando è necessario [587, 651] alienare beni dell'eredità, ne chiede l'autorizzazione all'autorità giudiziaria, la quale provvede sentiti gli eredi [460, 519, 706^1 // 747 CPC.].

[V] Qualsiasi atto dell'esecutore testamentario non pregiudica [476] il diritto del chiamato a rinunziare all'eredità [519 ss.] o ad accettarla col beneficio d'inventario [484].

➔ **CC. 1865 – art. 906, $908^{3,4}$.**

704. Rappresentanza processuale. – [I] Durante la gestione dell'esecutore testamentario, le azioni relative all'eredità [533 ss.] devono essere proposte anche nei confronti dell'esecutore

[102 CPC.]. Questi ha facoltà d'intervenire [105 CPC.] nei giudizi promossi dall'erede e può esercitare le azioni relative allo esercizio del suo ufficio.

➔ CC. 1865 – art. 908[4].

705. Apposizione di sigilli e inventario. – [I] L'esecutore testamentario fa apporre i sigilli [752 ss. CPC.] quando tra i chiamati all'eredità vi sono minori [390], assenti [48 ss.], interdetti [390, 404, 411[4], 414, 415 // 32 CP.] o persone giuridiche [11 ss.].

[II] Egli in tal caso fa redigere l'inventario [769 CPC.] dei beni dell'eredità in presenza dei chiamati all'eredità o dei loro rappresentanti, o dopo averli invitati.

➔ CC. 1865 – art. 908[2].

706. Divisione da compiersi dall'esecutore testamentario. – [I] Il testatore può disporre che l'esecutore testamentario [1349], quando non è un erede o un legatario, proceda alla divisione [713] tra gli eredi dei beni dell'eredità. In questo caso si osserva il disposto dell'articolo 733 [734, 761, 763].

[II] Prima di procedere alla divisione l'esecutore testamentario deve sentire gli eredi.

707. Consegna dei beni all'erede. – [I] L'esecutore testamentario deve consegnare all'erede, che ne fa richiesta, i beni dell'eredità che non sono necessari all'esercizio del suo ufficio [703].

[II] Egli non può rifiutare tale consegna a causa di obbligazioni che debba adempiere conformemente alla volontà del testatore, o di legati condizionali [633 ss.] o a termine [637], se l'erede dimostra di averli già soddisfatti, od offre idonea garanzia [640, 1179] per l'adempimento delle obbligazioni, dei legati o degli oneri.

➔ CC. 1865 – art. 907.

708. Disaccordo tra più esecutori testamentari. – [I] Se gli esecutori che devono agire congiuntamente [700] non sono d'accordo circa un atto del loro ufficio, provvede l'autorità giudiziaria, sentiti, se occorre, gli eredi [700 // 750 CPC.].

709. Conto della gestione. – [I] L'esecutore testamentario deve rendere il conto [263 ss. CPC. // 109, 178 att. CPC.] della sua gestione al termine della stessa, e anche spirato l'anno dalla morte del testatore, se la gestione si prolunga oltre l'anno [703].

[II] Egli è tenuto, in caso di colpa [710, 2030[2]], al risarcimento dei danni verso gli eredi e verso i legatari [703[4], 1710[1], 1768[2], 2043 ss.].

[III] Gli esecutori testamentari, quando sono più [700], rispondono solidalmente [1292 ss., 2055] per la gestione comune [703[2], 2043 ss. // 22[1, n. 4] CPC.].

[IV] Il testatore non può esonerare l'esecutore testamentario dall'obbligo di rendere il conto o dalla responsabilità della gestione [109 att. CPC.].

➔ CC. 1865 – art. 9085.

710. Esonero dell'esecutore testamentario. – [I] Su istanza di ogni interessato [100 CPC.], l'autorità giudiziaria [750 CPC.] può esonerare l'esecutore testamentario dal suo ufficio per gravi irregolarità nell'adempimento dei suoi obblighi [703, 707, 709[2]], per inidoneità all'ufficio o per aver commesso azione che ne menomi la fiducia.

[II] L'autorità giudiziaria, prima di provvedere, deve sentire l'esecutore e può disporre opportuni accertamenti [750[4] CPC.].

711. Retribuzione. – [I] L'ufficio dell'esecutore testamentario è gratuito. Tuttavia il testatore può stabilire una retribuzione a carico dell'eredità [649].

712. Spese. – [I] Le spese fatte dall'esecutore testamentario per l'esercizio del suo ufficio sono a carico dell'eredità [461, 484, 511].

➔ CC. 1865 – art. 911.

TITOLO IV
DELLA DIVISIONE

Capo I
Disposizioni generali

713. Facoltà di domandare la divisione (1). – [I] I coeredi possono sempre domandare la divisione [230-bis[5], 724, 736, 757, 758, 1113, 1325[1, n. 1], 1350[1, n. 11], 1376, 2646, 2817 // 22, 747, 784 ss. CPC.].

[II] Quando però tutti gli eredi istituiti o alcuni di essi sono minori di età, il testatore può disporre che la divisione non abbia luogo prima che sia trascorso un anno dalla maggiore età dell'ultimo nato.

[III] Egli può anche disporre che la divisione dell'eredità o di alcuni beni di essa non abbia luogo prima che sia trascorso dalla sua morte un termine non eccedente il quinquennio [549, 715, 717, 1111[1, 2]].

[IV] Tuttavia in ambedue i casi l'autorità giudiziaria, qualora gravi circostanze lo richiedano, può, su istanza di uno o più coeredi, consentire che la divisione si effettui senza indugio o dopo un termine minore di quello stabilito dal testatore.

➔ CC. 1865 – art. 984 // D. 10.2.1 pr.

(1) Vincoli di indivisibilità agricoli:
- l. 3/6/1940, n. 1078;
- l. 14/8/1971, n. 817 art. 11, co. 1;
- l. 19/2/1992, n. 191;
- d.lg. 18/5/2001, n. 228 art. 5-bis, co. 4.

714. Godimento separato di parte dei beni. – [I] Può domandarsi [784 CPC.] la divisione anche quando uno o più coeredi hanno goduto separatamente parte dei beni ereditari, salvo che si sia verificata l'usucapione [1158 ss.] per effetto di possesso esclusivo [1102[2], 1164].

➔ CC. 1865 – art. 985.

715. Casi d'impedimento alla divisione (1). – [I] Se tra i chiamati alla successione vi è un concepito [462, 643], la divisione non può aver luogo prima della nascita del medesimo [643]. Parimenti la divisione non può aver luogo durante la pendenza di un giudizio sulla filiazione [244 ss., 250, 269 ss.] di colui che, in caso di esito favorevole del giudizio, sarebbe chiamato a succedere, né può aver luogo durante lo svolgimento della procedura amministrativa per l'ammissione del riconoscimento previsto dal quarto comma dell'art. 252 o per il riconoscimento dell'ente istituito erede.

[II] L'autorità giudiziaria può tuttavia autorizzare la divisione, fissando le opportune cautele.

[III] La disposizione del comma precedente si applica anche se tra i chiamati alla successione vi sono nascituri non concepiti [462[3]].

[IV] Se i nascituri non concepiti [747 CPC.] sono istituiti senza determinazione di quote, l'autorità giudiziaria può attribuire agli altri coeredi tutti i beni ereditari o parte di essi, secondo le circostanze, disponendo le opportune cautele nell'interesse dei nascituri [462[3], 643].

(1) Catasto – r.d. 8/12/1938, n. 2153 art. 41.

*716**.

* Articolo abrogato dall'art. 200 della l. 19/5/1975, n. 151.

717. Sospensione della divisione per ordine del giudice. – [I] L'autorità giudiziaria, su istanza di uno dei coeredi, può sospendere, per un periodo di tempo non eccedente i cinque anni, la divisione dell'eredità o di alcuni beni, qualora l'immediata sua esecuzione possa recare notevole pregiudizio al patrimonio ereditario [1111].

718. Diritto ai beni in natura. – [I] Ciascun coerede può chiedere la sua parte in natura dei beni mobili e immobili dell'eredità [733, 734], salve le disposizioni degli articoli seguenti [727, 1114 // 600 CPC.].

➔ **CC. 1865 – art. 987.**

719. Vendita dei beni per il pagamento dei debiti ereditari. – [I] Se i coeredi aventi diritto a più della metà dell'asse concordano nella necessità della vendita per il pagamento dei debiti e pesi ereditari [562 ss.], si procede [747 ss. CPC.] alla vendita all'incanto dei beni mobili e, se occorre, di quei beni immobili [788 CPC.] la cui alienazione rechi minor pregiudizio agli interessi dei condividenti [2646]. Quando concorre il consenso di tutte le parti, la vendita può seguire tra i soli condividenti e senza pubblicità, salvo che vi sia opposizione dei legatari o dei creditori.

➔ **CC. 1865 – art. 987.**

720. Immobili non divisibili (1). – [I] Se nell'eredità vi sono immobili non comodamente divisibili [560], o il cui frazionamento recherebbe pregiudizio alle ragioni della pubblica economia [722, 846, 2933] o dell'igiene, e la divisione dell'intera sostanza non può effettuarsi senza il loro frazionamento, essi devono preferibilmente essere compresi per intero, con addebito dell'eccedenza, nella porzione di uno dei coeredi aventi diritto alla quota maggiore, o anche nelle porzioni di più coeredi, se questi ne richiedono congiuntamente l'attribuzione. Se nessuno dei coeredi è a ciò disposto, si fa luogo alla vendita all'incanto [2646 // 748, 788 CPC.].

➔ **CC. 1865 – art. 988.**

(1) Vincoli di indivisibilità agricoli: l. 3/6/1940, n. 1078; l. 14/8/1971, n. 817 art. 11, co. 1; l. 19/2/1992, n. 191; d.lg. 18/5/2001, n. 228 art. 5-bis, co. 4.

721. Vendita degli immobili. – [I] I patti e le condizioni della vendita degli immobili, qualora non siano concordati dai condividenti [719^{2}], sono stabiliti dall'autorità giudiziaria [747, 788 CPC.].

➔ **CC. 1865 – art. 989.**

722. Beni indivisibili nell'interesse della produzione nazionale (1). – [I] In quanto non sia diversamente disposto dalle leggi speciali, le disposizioni dei due articoli precedenti si applicano anche nel caso in cui nell'eredità vi sono beni che la legge dichiara indivisibili nell'interesse della produzione nazionale [846].

(1) Vincoli di indivisibilità agricoli:
- l 3/6/1940, n. 1078;
- l. 14/8/1971, n. 817 art. 11, co. 1;
- l. 19/2/1992, n. 191;
- d.lg. 18/5/2001, n. 228 art. 5-bis, co. 4.

723. Resa dei conti. – [I] Dopo la vendita, se ha avuto luogo, dei mobili e degli immobili si procede ai conti [263 CPC.] che i condividenti si devono rendere, alla formazione dello stato attivo e passivo dell'eredità e alla determinazione delle porzioni ereditarie [726, 727] e dei conguagli [728] o rimborsi che si devono tra loro i condividenti [$2817^{1, n. 2}$].

➔ **CC. 1865 – art. 990.**

724. Collazione e imputazione. – [I] I coeredi tenuti a collazione [747], a norma del capo II di questo titolo [737 ss., 1115], conferiscono [725] tutto ciò che è stato loro donato [552, 769, 809].

[II] Ciascun erede deve imputare alla sua quota le somme di cui era debitore verso il defunto e quelle di cui è debitore verso i coeredi in dipendenza dei rapporti di comunione.

➔ **CC. 1865 – art. 991.**

725. Prelevamenti. – [I] Se i beni donati non sono conferiti in natura [746, 750], o se vi sono debiti da imputare alla quota di un erede a norma del secondo comma dell'articolo precedente, gli altri eredi prelevano dalla massa ereditaria beni in proporzione delle loro rispettive quote [1113^{4}].

[II] I prelevamenti, per quanto è possibile, si formano con oggetti della stessa natura e qualità di quelli che non sono stati conferiti in natura.

➔ **CC. 1865 – art. 992.**

726. Stima e formazione delle parti. – [I] Fatti i prelevamenti [725], si provvede [730] alla stima [733^{1}] di ciò che rimane nella massa, secondo il valore venale dei singoli oggetti [753].

[II] Eseguita la stima, si procede alla formazione [727] di tante porzioni quanti sono gli eredi o le stirpi condividenti in proporzione delle quote [469^{3}, 727].

➔ **CC. 1865 – art. 733, 933.**

727. Norme per la formazione delle porzioni. – [I] Salvo quanto è disposto dagli articoli 720 e 722, le porzioni devono essere formate [730], previa stima dei beni [726] comprendendo una quantità di mobili, immobili e crediti [757, 760] di eguale [729] natura [728] e qualità [760], in proporzione dell'entità di ciascuna quota [718, 1114 // 194 CPC.].

[II] Si deve tuttavia evitare, per quanto è possibile, il frazionamento delle biblioteche, gallerie e collezioni che hanno una importanza storica, scientifica o artistica [816].

➔ **CC. 1865 – art. 994.**

728. Conguagli in danaro. – [I] L'ineguaglianza in natura nelle quote ereditarie si compensa con un equivalente in danaro [$177^{1, lett. a)}$, 192, 723, 1197, 1230, 1277, $2817^{1, n. 2}$, 2834].

➔ **CC. 1865 – art. 975.**

729. Assegnazione o attribuzione delle porzioni. – [I] L'assegnazione delle porzioni eguali è fatta [730] mediante estrazione a sorte [1116]. Per le porzioni diseguali si procede mediante attribuzione. Tuttavia, rispetto a beni costituenti frazioni eguali di quote diseguali, si può procedere per estrazione a sorte [2646 // 789^{3} CPC.].

➔ **CC. 1865 – art. 996.**

730. Deferimento delle operazioni a un notaio. – [I] Le operazioni indicate negli articoli precedenti possono essere, col consenso di tutti i coeredi, deferite a un notaio. La nomina di questo, in mancanza di accordo, è fatta con decreto del tribunale [51-bis att.] del luogo dell'aperta successione [456 // 68, 786, 790, 791 CPC.].

[II] Qualora sorgano contestazioni nel corso delle operazioni, esse sono riservate e rimesse tutte insieme alla cognizione dell'autorità giudiziaria competente [22[1, n.1], 789 CPC.], che provvede con unica sentenza.

➔ CC. 1865 – art. 988, 996, 997.

731. Suddivisioni tra stirpi. – [I] Le norme sulla divisione dell'intero asse si osservano anche nelle suddivisioni tra i componenti di ciascuna stirpe [469].

➔ CC. 1865 – art. 998.

732. Diritto di prelazione. – [I] Il coerede [467, 479, 688], che vuol alienare [588[2], 734, 769, 978, 1197, 1500, 1523, 1542 ss., 1552, 1965] a un estraneo la sua quota o parte di essa, deve notificare [137 CPC.] la proposta di alienazione [1326], indicandone il prezzo, agli altri coeredi, i quali hanno diritto di prelazione [230-bis[5], 966, 1566, 2437-quater[3], 2441[3]]. Questo diritto deve essere esercitato nel termine [2964] di due mesi dall'ultima delle notificazioni. In mancanza della notificazione, i coeredi hanno diritto di riscattare [1324, 1334, 1350, 1502, 2946] la quota dall'acquirente e da ogni successivo avente causa, finché dura lo stato di comunione ereditaria.

[II] Se i coeredi che intendono esercitare il diritto di riscatto sono più, la quota è assegnata a tutti in parti uguali (1).

(1) D.lg. 22/1/2004, n. 42 – art. 60, 61.

• L. 8/8/1977, n. 513 – art. 28, co. 9, l. 24/12/1993, n. 560 – art. 1, co. 16, 20.

• L. 6/12/1991, n. 394 – art. 15.

• L. 20/5/1985, n. 222 – art. 37.

• L. 27/7/1978, n. 392 – art. 38-40, l. 9/12/1998, n. 431 – art. 3, co. 1, lett. g), 2.

• D.l. 25/9/2001, n. 351 – art. 1, co. 6-quater, 3, co. 5, 6, 14, 17.

• L. 26/5/1965, n. 590 – art. 8, l. 14/8/1971, n. 817 – art. 7.

733. Norme date dal testatore per la divisione. – [I] Quando il testatore ha stabilito particolari norme per formare le porzioni [727, 732, 735], queste norme sono vincolanti per gli eredi, salvo che l'effettivo valore dei beni non corrisponda alle quote stabilite dal testatore [718, 763[2]].

[II] Il testatore può disporre che la divisione si effettui secondo la stima di persona da lui designata che non sia erede o legatario [706, 726]: la divisione proposta da questa persona non vincola gli eredi, se l'autorità giudiziaria, su istanza di taluno di essi, la riconosce contraria alla volontà del testatore o manifestamente iniqua [718, 763, 1349].

734. Divisione fatta dal testatore. – [I] Il testatore può dividere i suoi beni tra gli eredi comprendendo nella divisione anche la parte non disponibile [536 ss., 556, 588, 718, 727, 728, 732, 735, 761, 763, 2648].

[II] Se nella divisione fatta dal testatore non sono compresi tutti i beni lasciati al tempo della morte, i beni in essa non compresi sono attribuiti conformemente alla legge [565], se non risulta una diversa volontà del testatore [763].

➔ CC. 1865 – art. 1044, 1046.

735. Preterizione di eredi e lesione di legittima. – [I] La divisione [768-bis] nella quale il testatore non abbia compreso qualcuno dei legittimari [536] o degli eredi istituiti [588] è nulla [553].

[II] Il coerede che è stato leso nella quota di riserva può esercitare l'azione di riduzione contro gli altri coeredi [554, 763, 767].

➔ CC. 1865 – art. 1047[1], 1048.

736. Consegna dei documenti. – [I] Compiuta la divisione, si devono rimettere a ciascuno dei condividenti i documenti relativi ai beni e diritti particolarmente loro assegnati [1477[3]].

[II] I documenti di una proprietà che è stata divisa rimangono a quello che ne ha la parte maggiore, con l'obbligo di comunicarli agli altri condividenti che vi hanno interesse, ogni qualvolta se ne faccia richiesta. Gli stessi documenti, se la proprietà è divisa in parti eguali, e quelli comuni all'intera eredità si consegnano alla persona scelta a tal fine da tutti gli interessati, la quale ha l'obbligo di comunicarli a ciascuno di essi, a ogni loro domanda. Se vi è contrasto nella scelta, la persona è determinata con decreto dal tribunale [51-bis att.] del luogo dell'aperta successione [456], su ricorso di alcuno degli interessati, sentiti gli altri.

➔ CC. 1865 – art. 999.

Capo II
Della collazione (1)

(1) Cfr. art. 1, co. 21, l. 20/5/2016, n. 76.

737. Soggetti tenuti alla collazione. – [I] I figli e i loro discendenti ed il coniuge che concorrono alla successione [459, 565] devono conferire [661, 748, 1923[2]] ai coeredi [470] tutto ciò che hanno ricevuto dal defunto per donazione [741, 742, 744, 745] direttamente [769] o indirettamente [210, 809, 1180, 1236, 1411] salvo che il defunto non li abbia da ciò dispensati [135[2] att.].

[II] La dispensa da collazione non produce effetto se non nei limiti della quota disponibile [556].

➔ CC. 1865 – art. 1001, 1002, 1008, 1014.

738. Limiti della collazione per il coniuge. – [I] Non sono soggette a collazione le donazioni di modico valore [783] fatte al coniuge.

739. Donazioni ai discendenti o al coniuge dell'erede. Donazioni a coniugi. – [I] L'erede non è tenuto a conferire le donazioni [769] fatte ai suoi discendenti o al coniuge, ancorché succedendo a costoro ne abbia conseguito il vantaggio.

[II] Se le donazioni [769] sono state fatte congiuntamente a coniugi di cui uno è discendente del donante, la sola porzione a questo donata è soggetta a collazione.

740. Donazioni fatte all'ascendente dell'erede. – [I] Il discendente che succede per rappresentazione [467 ss.] deve conferire **ciò che è stato donato all'ascendente**, anche nel caso in cui abbia **rinunziato** [519] all'eredità di questo (1).

➔ CC. 1865 – art. 1005.

(1) Articolo così sostituito dall'art. 203 della l. 19/5/1975, n. 151. Disposizione previgente: «(I) Il discendente che succede per rappresentazione deve conferire ciò che è stato donato all'ascendete, anche nel caso in cui abbia rinunziato all'eredità di questo. (II) Ai discendenti del figlio naturale che succedono per rappresentazione si applica il terzo comma dell'art. 738 anche per le donazioni fatte al loro ascendente».

741. Collazione di assegnazioni varie. – [I] È soggetto a collazione ciò che il defunto ha speso a favore dei suoi discendenti per assegnazioni fatte a causa di matrimonio, per avviarli all'esercizio di una attività produttiva o professionale, per soddisfare premi relativi a contratti di assicurazione sulla vita a loro favore [1920, 1923^2] o per pagare i loro debiti (1).

➔ CC. 1865 – art. 1007

(1) Articolo così sostituito dall'art. 204 della l. 19/5/1975, n. 151. Disposizione previgente: «(I) È soggetto a collazione ciò che il defunto ha speso per costituire la dote o fare altra assegnazione ai suoi nuovi discendenti per causa di matrimonio, per procurare loro un ufficio o un collocamento, per soddisfare premi relativi a contratti di assicurazione sulla vita a loro favore o per pagare i loro debiti. (II) Se il dotante ha pagato la dote al marito senza le sufficienti cautele la figlia dotata è solo tenuta a conferire l'azione verso il patrimonio del marito».

742. Spese non soggette a collazione. – [I] Non sono soggette a collazione le spese di mantenimento e di educazione [147] e quelle sostenute per malattia, né quelle ordinarie fatte per abbigliamento o per nozze [741, 809].

[II] Le spese per il corredo nuziale e quelle per l'istruzione artistica o professionale sono soggette a collazione solo per quanto eccedono notevolmente la misura ordinaria, tenuto conto delle condizioni economiche del defunto.

[III] Non sono soggette a collazione le liberalità previste dal secondo comma dell'articolo 770 (1).

➔ CC. 1865 – art. 1009.

(1) Legge fallimentare: r.d. 16/3/1942, n. 267 – art. 64: «Atti a titolo gratuito. (I) Sono privi di effetto rispetto ai creditori, se compiuti dal fallito nei due anni anteriori alla dichiarazione di fallimento, gli atti a titolo gratuito, esclusi i regali d'uso e gli atti compiuti in adempimento di un dovere morale o a scopo di pubblica utilità, in quanto la liberalità sia proporzionata al patrimonio del donante».

• Imposta successioni e donazioni: d.lg. 31/10/1990, n. 346 – art. 1, co. 4.

743. Società contratta con l'erede. – [I] Non è dovuta collazione di ciò che si è conseguito per effetto di società [2247 ss.] contratta senza frode [765, 1344] tra il defunto e alcuno dei suoi eredi, se le condizioni sono state regolate con atto di data certa [2704].

➔ CC. 1865 – art. 1011.

744. Perimento della cosa donata. – [I] Non è soggetta a collazione la cosa perita per causa non imputabile al donatario [1256].

➔ CC. 1865 – art. 1012.

745. Frutti e interessi. – [I] I frutti [820] delle cose e gli interessi sulle somme soggette a collazione non sono dovuti che dal giorno in cui si è aperta la successione [456].

➔ CC. 1865 – art. 1013.

746. Collazione d'immobili. – [I] La collazione di un bene immobile [748, 796] si fa o col rendere il bene in natura [1324, 1334, 1350$^{1, n. 5}$, 2645] o con l'imputarne [747] il valore alla propria porzione, **a scelta** [744] di chi conferisce [809].

[II] Se l'immobile è stato alienato o ipotecato, la collazione si fa soltanto con l'imputazione [1285 ss.] (1).

➔ CC. 1865 – art. 1015, 1016.

(1) Conformità catastale – l. 27/2/1985, n. 52 – art. 29, co. 1 bis.

• Urbanistica ed edilizia – l. 28/2/1985, n. 47 art. 40 – d.P.R. 6/6/2001, n. 380 – art. 30, 46, 47.

747. Collazione per imputazione. – [I] La collazione per imputazione [746, 750, 753] si fa avuto riguardo al valore dell'immobile [746] al tempo della aperta successione [456 // 135 att.].

➔ CC. 1865 – art. 1017.

748. Miglioramenti, spese e deterioramenti. – [I] In tutti i casi, si deve dedurre a favore del donatario il valore delle migliorie apportate al fondo nei limiti del loro valore al tempo dell'aperta successione [456, 1150].

[II] Devono anche computarsi a favore del donatario le spese straordinarie da lui sostenute per la conservazione della cosa, non cagionate da sua colpa [1150].

[III] Il donatario dal suo canto è obbligato per i deterioramenti che, per sua colpa, hanno diminuito il valore dell'immobile.

[IV] Il coerede che conferisce un immobile in natura [746] può ritenerne il possesso sino all'effettivo rimborso delle somme che gli sono dovute per spese e miglioramenti [748, 749, 975^2, 1006, 1011, 1152, 2040].

➔ CC. 1865 – art. 1018-1020, 1023.

749. Miglioramenti e deterioramenti dell'immobile alienato. – [I] Nel caso in cui l'immobile è stato alienato [746] dal donatario, i miglioramenti e i deterioramenti fatti dall'acquirente devono essere computati a norma dell'articolo precedente.

➔ CC. 1865 – art. 1021.

750. Collazione di mobili. – [I] La collazione dei mobili [751] si fa soltanto per imputazione [747], sulla base del valore che essi avevano al tempo dell'aperta successione [456, 556].

[II] Se si tratta di cose delle quali non si può far uso senza consumarle [995], e il donatario le ha già consumate, si determina il valore che avrebbero avuto secondo il prezzo corrente [1474] al tempo dell'aperta successione [456].

[III] Se si tratta di cose che con l'uso si deteriorano, il loro valore al tempo dell'aperta successione è stabilito con riguardo allo stato in cui si trovano.

[IV] La determinazione del valore dei titoli dello Stato, degli altri titoli di credito quotati in borsa e delle derrate e delle merci il cui prezzo corrente è stabilito dalle mercuriali [1474^3], si fa in base ai listini di borsa e alle mercuriali del tempo dell'aperta successione.

➔ CC. 1865 – art. 1015, 1024.

751. Collazione del danaro. – [I] La collazione del danaro donato si fa prendendo una minore quantità del danaro che si trova nell'eredità, secondo il valore legale della specie donata o di quella ad essa legalmente sostituita all'epoca dell'aperta successione [456, 1277].

[II] Quando tale danaro non basta e il donatario non vuole conferire altro denaro o titoli dello Stato, sono prelevati mobili o immobili ereditari, in proporzione delle rispettive quote [725].

➔ CC. 1865 – art. 1025.

Capo III
Del pagamento dei debiti

752. Ripartizione dei debiti ereditari tra gli eredi. – [I] I coeredi contribuiscono tra loro [1295] al pagamento dei debiti e pesi ereditari [754, 756] in proporzione delle loro quote ereditarie [753], salvo che il testatore abbia altrimenti disposto [546, 662, 663, 1010, 1295, 1315, 1318, 1319].

➔ CC. 1865 – art. 1027.

753. Immobili gravati da rendita redimibile. – [I] Ogni coerede, quando i beni immobili dell'eredità sono gravati con ipoteca da una prestazione di rendita redimibile [1865, 1869], può chiedere che gli immobili ne siano affrancati e resi liberi prima che si proceda alla formazione delle quote ereditarie. Se uno dei coeredi si oppone, decide l'autorità giudiziaria. Se i coeredi dividono l'eredità nello stato in cui si trova, l'immobile gravato deve stimarsi con gli stessi criteri con cui si stimano gli altri beni immobili [747], detratto dal valore di esso il capitale corrispondente alla prestazione, secondo le norme relative al riscatto della rendita [1866], salvo che esista un patto speciale intorno al capitale da corrispondersi per l'affrancazione.

[II] Alla prestazione della rendita è tenuto solo l'erede, nella cui quota cade detto immobile, con l'obbligo di garantire i coeredi.

➔ CC. 1865 – art. 1028.

754. Pagamento dei debiti e rivalsa. – [I] Gli eredi sono tenuti verso i creditori al pagamento dei debiti e pesi ereditari personalmente in proporzione [1295] della loro quota ereditaria [131, 663, 1010, 1294, 1315, 1316, 1560] e ipotecariamente per l'intero [2809^{2}]. Il coerede che ha pagato oltre la parte a lui incombente può ripetere dagli altri coeredi soltanto la parte per cui essi devono contribuire a norma dell'articolo 752, quantunque si sia fatto surrogare nei diritti dei creditori [755, 1201, 1203$^{1, n. 3}$, 1205, 1299].

[II] Il coerede conserva la facoltà di chiedere il pagamento del credito a lui personale e garantito da ipoteca, non diversamente da ogni altro creditore, detratta la parte che deve sopportare come coerede [752].

➔ CC. 1865 – art. 1029, 1030.

755. Quota di debito ipotecario non pagata da un coerede. – [I] In caso d'insolvenza di un coerede, la sua quota di debito ipotecario è ripartita in proporzione tra tutti gli altri coeredi [752, 754, 1299^{2}].

➔ CC. 1865 – art. 1031.

756. Esenzione del legatario dal pagamento dei debiti. – [I] Il legatario non è tenuto a pagare i debiti ereditari [495, 668, 752], salvo ai creditori l'azione ipotecaria sul fondo legato e l'esercizio del diritto di separazione [513 ss.]; ma il legatario che ha estinto il debito di cui era gravato il fondo legato subentra nelle ragioni del creditore contro gli eredi [663^{1}, 671, 668^{1}, 752, 1201, 1203$^{1, n. 5}$, 2866].

➔ CC. 1865 – art. 1033.

Capo IV
Degli effetti della divisione e della garanzia delle quote

757. Diritto dell'erede sulla propria quota. – [I] Ogni coerede è reputato solo e immediato successore in tutti i beni componenti la sua quota o a lui pervenuti dalla successione, anche per acquisto all'incanto [719, 720], e si considera come se non avesse mai avuto la proprietà degli altri beni ereditari [2646, 2825].

➔ CC. 1865 – art. 1034.

758. Garanzia tra coeredi. – [I] I coeredi si devono vicendevole garanzia [797] per le sole molestie ed evizioni derivanti da causa anteriore alla divisione [759, 760, 1483, 1484].

[II] La garanzia non ha luogo, se è stata esclusa con clausola espressa nell'atto di divisione, o se il coerede soffre l'evizione per propria colpa [1487].

➔ CC. 1865 – art. 1035.

759. Evizione subita da un coerede. – [I] Se alcuno dei coeredi subisce evizione [1483, 1484], il valore del bene evitto, calcolato al momento dell'evizione, deve essere ripartito tra tutti i coeredi ai fini della garanzia stabilita dall'articolo precedente, in proporzione del valore che i beni attribuiti a ciascuno di essi hanno al tempo dell'evizione e tenuto conto dello stato in cui si trovano al tempo della divisione.

[II] Se uno dei coeredi è insolvente, la parte per cui è obbligato deve essere ugualmente ripartita fra l'erede che ha sofferto l'evizione e tutti gli eredi solventi [755].

➔ CC. 1865 – art. 1036.

760. Inesigibilità di crediti. – [I] Non è dovuta garanzia per l'insolvenza del debitore di un credito assegnato a uno dei coeredi [727, 757, 1267], se l'insolvenza è sopravvenuta soltanto dopo che è stata fatta la divisione [1267].

[II] La garanzia della solvenza del debitore di una rendita [1861, 1864, 1868] è dovuta per i cinque anni successivi alla divisione.

➔ CC. 1865 – art. 1037.

Capo V
Dell'annullamento e della rescissione in materia di divisione

761. Annullamento per violenza o dolo. – [I] La divisione può essere annullata [768] quando è l'effetto di violenza [1434, 1435] o di dolo [1439].

[II] L'azione si prescrive in cinque anni dal giorno in cui è cessata la violenza o in cui il dolo è stato scoperto [1442].

➔ CC. 1865 – art. 1038^{1}.

762. Omissione di beni ereditari. – [I] L'omissione di uno o più beni dell'eredità [494] non dà luogo a nullità [1418] della divisione, ma soltanto a un supplemento della divisione stessa.

➔ CC. 1865 – art. 1038^{2}.

763. Rescissione per lesione. – [I] La divisione può essere rescissa quando taluno dei coeredi prova [2697] di essere stato leso oltre il quarto [588^{2}, 734, 735, 766, 767, 1448, 2652$^{1, n. 1}$].

[II] La rescissione è ammessa anche nel caso di divisione fatta dal testatore, quando il valore dei beni assegnati ad alcuno dei coeredi è inferiore di oltre un quarto all'entità della quota ad esso spettante [733].

[III] L'azione si prescrive in due anni dalla divisione [1449, 2652$^{1, n. 1}$].

➔ CC. 1865 – art. 1038^{2}, 1048.

764. Atti diversi dalla divisione. – [I] L'azione di rescissione [763, 767] è anche ammessa contro ogni altro atto che abbia per effetto di far cessare tra i coeredi la comunione dei beni ereditari [1448].

[II] L'azione non è ammessa [765] contro la transazione [1965] con la quale si è posta fine alle questioni insorte a causa della divisione o dell'atto fatto in luogo della medesima, ancorché non fosse al riguardo incominciata alcuna lite.

➔ CC. 1865 – art. 1039.

765. Vendita del diritto ereditario fatta al coerede. – [I] L'azione di rescissione [763] non è ammessa contro la vendita del diritto ereditario [477, 1448, 1542] fatta senza frode [743, 1344] a uno dei coeredi, a suo rischio e pericolo, da parte degli altri coeredi o di uno di essi.

➔ CC. 1865 – art. 1040.

766. Stima dei beni. – [I] Per conoscere se vi è lesione [763] si procede alla stima dei beni secondo il loro stato e valore al tempo della divisione.

➔ CC. 1865 – art. 1041.

767. Facoltà del coerede di dare il supplemento. – [I] Il coerede contro il quale è promossa l'azione di rescissione [763, 764] può troncarne il corso e impedire una nuova divisione, dando il supplemento della porzione ereditaria, in danaro o in natura, all'attore e agli altri coeredi che si sono a lui associati [1448, 1450].

➔ CC. 1865 – art. 1042.

768. Alienazione della porzione ereditaria. – [I] Il coerede che ha alienato la sua porzione o una parte di essa non è più ammesso a impugnare la divisione per dolo [1439] o violenza [1434, 761], se l'alienazione è seguita quando il dolo era stato scoperto o la violenza cessata [763].

[II] Il coerede non perde il diritto di proporre l'impugnazione [761], se la vendita è limitata a oggetti di facile deterioramento o di valore minimo in rapporto alla quota.

➔ CC. 1865 – art. 1043.

Capo V bis
Del patto di famiglia

768 bis. Nozione. – [I] È patto di famiglia il contratto [191^{2}, 458, <u>735</u>, 764, 1321] con cui, compatibilmente con le disposizioni in materia di impresa familiare [230-bis] e nel rispetto delle differenti tipologie societarie [2252, 2300, 2322, 2355, 2355-bis, 2469, 2470] l'imprenditore [178] trasferisce, in tutto o in parte, l'azienda [2112, 2555 ss., 2643, 2659], e il titolare di partecipazioni societarie trasferisce, in tutto o in parte, le proprie quote, ad uno o più discendenti.

768 ter. Forma. – [I] A pena di nullità il contratto deve essere concluso per atto pubblico [$320^{3,4,5}$, 371, $375^{1, n. 3}$, 387, 411, 424, 425, 732, 778, 782^{2}, $1350^{1, n. 13}$, 2294, 2424, 2565, 2643, 2659, 2699 // 747 CPC.].

768 quater. Partecipazione. – [I] Al contratto devono partecipare anche il coniuge e tutti coloro che sarebbero legittimari ove in quel momento si aprisse la successione nel patrimonio dell'imprenditore [462, 536, 548, 585].

[II] Gli assegnatari dell'azienda o delle partecipazioni societarie devono liquidare gli altri partecipanti al contratto [1180], ove questi non vi rinunzino [809] in tutto o in parte, con il pagamento di una somma corrispondente al valore delle quote previste dagli articoli 536 e seguenti; i contraenti possono convenire che la liquidazione, in tutto o in parte, avvenga in natura [1321, 1325, 1350, 2643].

[III] I beni assegnati con lo stesso contratto agli altri partecipanti non assegnatari dell'azienda, secondo il valore attribuito in contratto, sono imputati alle quote di legittima loro spettanti; l'assegnazione può essere disposta anche con successivo contratto che sia espressamente dichiarato collegato al primo e purché vi intervengano i medesimi soggetti che hanno partecipato al primo contratto o coloro che li abbiano sostituiti.

[IV] Quanto ricevuto dai contraenti [737] non è soggetto a collazione o a riduzione [553].

768 quinquies. Vizi del consenso. – [I] Il patto può essere impugnato dai partecipanti ai sensi degli articoli 1427 e seguenti.

[II] L'azione si prescrive nel termine di un anno [<u>1442^{1}</u>] (1).

(1) Articolo inserito dall'art. 2, co. 1, l. 14/2/2006, n. 55.

768 sexies. Rapporti con i terzi (1). – [I] All'apertura della successione dell'imprenditore, il coniuge e gli altri legittimari che non abbiano partecipato al contratto possono chiedere ai beneficiari del contratto stesso il pagamento della somma prevista dal secondo comma dell'articolo 768 quater, aumentata degli interessi legali.

[II] L'inosservanza delle disposizioni del primo comma costituisce motivo di impugnazione ai sensi dell'articolo 768 quinquies.

(1) Articolo inserito dall'art. 2, co. 1, l. 14/2/2006, n. 55.

768 septies. Scioglimento (1). – [I] Il contratto può essere sciolto [1372] o modificato dalle medesime persone che hanno concluso il patto di famiglia [1321] nei modi seguenti:

1) mediante diverso contratto, con le medesime caratteristiche e i medesimi presupposti di cui al presente capo;

2) mediante recesso [1373], se espressamente previsto nel contratto stesso e, necessariamente, attraverso dichiarazione agli altri contraenti certificata da un notaio [<u>1373</u>].

(1) Articolo inserito dall'art. 2, co. 1, l. 14/2/2006, n. 55.

768 octies. Controversie (1). – [I] Le controversie derivanti dalle disposizioni di cui al presente capo sono devolute preliminarmente a uno degli organismi di conciliazione previsti dall'articolo 38 del decreto legislativo 17 gennaio 2003, n. 5 (1).

(1) Articolo inserito dall'art. 2, co. 1, l. 14/2/2006, n. 55.

• Conciliazione e mediazione – d.lg. 4/3/2010, n. 28; d.m. 18/10/2010, n. 180.

TITOLO V
DELLE DONAZIONI (1)

(1) Conformità catastale – l. 27/2/1985, n. 52, art. 29, co. 1-bis.

• Diritto internazionale privato – l. 18/12/1984, n. 975, art. 1 ss.; l. 31/5/1995, n. 218 – art. 56 «Donazioni. [I] Le donazioni sono regolate dalla legge nazionale del donante al momento della donazione. (II) Il donante può, con dichiarazione espressa contestualmente alla donazione, sottoporre la donazione stessa alla legge dello Stato in cui egli risiede. (III) La donazione è valida, quanto alla forma, se è considerata tale dalla legge che ne regola la sostanza oppure dalla legge dello Stato nel quale l'atto è compiuto».

• Legge fallimentare – r.d. 16/3/1942, n. 267 – art. 42, 64, 167 co. 2.

• Legge Notarile – l. 16/2/1913, n. 89; art. 28, 48, 50.

• Urbanistica ed edilizia – l. 28/2/1985, n. 47; art. 40; d.P.R. 6/6/2001, n. 380; art. 30, 46, 47.

• Rinvii fiscali: d.P.R. 26/10/1972, n. 642; Tar. I; art. 1, 2; d.P.R. 26/4/1986, n. 131; art. 1; d.lg. 31/10/1990, n. 347; Tar. I; art. 1, 1-bis; d.P.R. 22/12/1986, n. 917; art. 10, co. 1, lett. g), i), l), 15, co. 1, lett. h), l), i-bis), 68, co. 6, 100, co. 2; d.P.R. 26/10/1972, n. 633; art. 2, co. 2, n. 4, 10, co. 1, n. 12; d.lg. 31/10/1990, n. 346; art. 55; d.l. 3/10/2006, n. 262; art. 2, co. 47-53.

Capo I
Disposizioni generali

769. Definizione. – [I] La donazione è il contratto [550[4], 555, 564[2], 737, 774, 782, 1321 ss., 1326, 1326[5], 1329, 1331, 1335, 1337, 1346, 1353, 1861, 1862[2], 1872[2], 2643, 2659, 2817] col quale, per spirito di liberalità, una parte arricchisce l'altra [320[3], 374[1, n. 3], 394, 411, 424, 437, 438[3], 441], disponendo a favore di questa di un suo diritto [832, 952, 957, 960, 978, 1021, 1022, 1024, 1058, 1260, 1376, 2643[1, n. 2 bis], 2645-*ter*] o assumendo verso la stessa un'obbligazione [772, 1173 ss., 1273, 1862[2] // 137 att.].

➔ **CC. 1865 – art. 1050 // D. 39.5.1 pr.**

770. Donazione rimuneratoria. – [I] È donazione anche la liberalità fatta per riconoscenza o in considerazione dei meriti del donatario o per speciale rimunerazione [437, 787, 797[1, n. 3], 805].

[II] Non costituisce donazione [80, 742[3], 771, 773-775, 797, 789, 798, 809, 2034] la liberalità che si suole fare in occasione di servizi resi [437, 769-812[3]] o comunque in conformità agli usi [437, 769-812[1]] (1).

➔ **CC. 1865 – art. 1051.**

(1) Legge Notarile – l. 16/2/1913, n. 89 art. 48.

771. Donazione di beni futuri. – [I] La donazione non può comprendere che i beni **presenti del donante** [774, 1348, 1472, 1478]. Se comprende beni **futuri**, è nulla rispetto a questi [1419, 1421 ss.], salvo che si tratti di frutti non ancora separati [820[2], 1419, 1472].

[II] Qualora oggetto della donazione sia una universalità di cose [816] e il donante ne conservi il godimento trattenendola presso di sé, si considerano comprese nella donazione anche le cose che vi si aggiungono successivamente, salvo che dall'atto risulti una diversa volontà (1).

➔ **CC. 1865 – art. 1064.**

(1) Legge Notarile – l. 16/2/1913, n. 89 art. 28.

772. Donazione di prestazioni periodiche. – [I] La donazione che ha per oggetto prestazioni periodiche si estingue alla morte del donante, salvo che risulti dall'atto una diversa volontà [846, 848].

773. Donazione a più donatari. – [I] La donazione fatta congiuntamente a favore di più donatari s'intende fatta per parti uguali, salvo che dall'atto risulti una diversa volontà.

[II] È valida la clausola con cui il donante dispone che, se uno dei donatari non può o non vuole accettare, la sua parte si accresca agli altri [674, 676] (1).

(1) Imposta successioni e donazioni: d.lg. 31/10/1990, n. 346; art. 56 del d.l. 3/10/2006, n. 262 art. 2, co. 47-53.

Capo II
Della capacità di disporre e di ricevere per donazione

774. Capacità di donare. – [I] Non possono fare donazione coloro che non hanno la piena capacità di disporre dei **propri** beni [2, 394, 397, 414, 415, 427]. È tuttavia valida la donazione fatta dal minore e dall'inabilitato nel loro contratto di matrimonio a norma degli articoli 165 e 166 [776, 785].

[II] Le disposizioni precedenti si applicano anche al minore emancipato autorizzato all'esercizio di una impresa commerciale [397, 2195, 2198] (1).

➔ **CC. 1865 – art. 1052 // D. 50.17.165.**

(1) Legge Notarile – l. 16/2/1913, n. 89 – art. 28.

775. Donazione fatta da persona incapace d'intendere o di volere. – [I] La donazione fatta da persona che, sebbene non interdetta [414], si provi essere stata per qualsiasi causa, anche transitoria, incapace di intendere o di volere **al momento in cui la donazione è stata fatta**, può essere annullata [120, 428, 591] su istanza del donante, dei suoi **eredi** o aventi causa [377, 428[1], 799].

[II] L'azione si prescrive [2953] in cinque anni dal giorno [2962] in cui la donazione è stata fatta [428[3], 799, 1442, 1443].

776. Donazione fatta dall'inabilitato. – [I] La donazione fatta dall'inabilitato [415, 774], anche **se anteriore** [427] **alla sentenza di inabilitazione** [421] **o alla nomina** del curatore provvisorio [419], può essere **annullata** [1442] **se** fatta dopo che **è stato promosso il giudizio** di inabilitazione [712 ss. CPC.].

[II] Il curatore dell'inabilitato per prodigalità [415[2]] può chiedere l'annullamento della donazione, anche se fatta nei sei mesi anteriori all'inizio del giudizio d'inabilitazione [427].

777. Donazioni fatte da rappresentanti di persone incapaci. – [I] Il padre [316[2], 320] e il tutore [374] non possono fare **donazioni** [770[2], 809] per la persona incapace [2, 424] da essi rappresentata [378].

[II] Sono consentite, con le forme abilitative richieste [375], le liberalità in occasione di nozze [785] a favore dei discendenti dell'interdetto o dell'inabilitato [165, 166, 774[2]] (1).

➔ **D. 26.7.22.**

(1) Legge Notarile – l. 16/2/1913, n. 89 art. 28.
• Regolamento notarile, r.d. 10/9/1914, n. 1326; art. 2.

778. Mandato a donare. – [I] È nullo il mandato [1418, 1703] con cui si attribuisce ad altri **la facoltà di designare la persona del donatario o di determinare l'oggetto della donazione**.

[II] È peraltro valida la donazione [1326, 1349[1], 1703] a favore di persona che un **terzo** sceglierà tra più persone designate dal donante o appartenenti a determinate categorie, o a favore di una persona giuridica tra quelle indicate dal donante stesso [631[1], 782, 1392].

[III] È del pari valida la donazione che ha per oggetto una cosa che un **terzo** determinerà tra più cose indicate dal donante o entro i limiti di valore [770] dal donante stesso stabiliti [1326, 1349[1], 1703] (1).

(1) Legge Notarile – l. 16/2/1913, n. 89 art. 28, 48, 50.

779. Donazione a favore del tutore o protutore. – [I] **È nulla** [799, 1418, 1421 ss.] **la donazione** [596[1]] a favore di chi è stato tutore o **protutore** [388, 392, 404, 411, 596[1]] del donante, **se fatta prima** che sia stato approvato il conto [386] o sia estinta l'azione per il rendimento del conto medesimo [323, 415, 590, 596[2], 1471[1, n. 3]].

[II] Si applicano le disposizioni dell'articolo 599 (1).

➔ **CC. 1865 – art. 1053, 1055.**

(1) Legge Notarile – l. 16/2/1913, n. 89 art. 28.

780. Donazione al figlio naturale non riconoscibile*.

➔ **CC. 1865 – art. 1053, 1055.**

* Articolo abrogato dall'art. 205 della l. 19/5/1975, n. 151; v. art. 239.

781. Donazione tra coniugi (1). – I coniugi non possono, durante il matrimonio, farsi l'uno all'altro alcuna liberalità, salve quelle conformi agli usi.

➔ **CC. 1865 – art. 1054.**

(1) Articolo dichiarato incostituzionale dalla sent. 27/6/1973, n. 91.

Capo III
Della forma e degli effetti della donazione

782. Forma della donazione (1). – [I] La donazione deve essere fatta per atto pubblico [2699], sotto pena di nullità [783, 799, 1350, 1418, 1420, 1875, 2725, 2739]. Se ha per oggetto cose mobili, essa non è valida che per quelle specificate con indicazione del loro valore nell'atto medesimo della donazione, ovvero in una nota a parte sottoscritta dal donante, dal donatario e dal notaio.

[II] L'accettazione [785] può essere fatta nell'atto stesso o con atto pubblico posteriore. In questo caso la donazione [769] non è perfetta se non dal momento in cui l'atto di accettazione è notificato [1326, 1326^5, 1329, 1331, 1333, 1335 // 137 CPC.] al donante.

[III] Prima che la donazione sia perfetta, tanto il donante quanto il donatario possono revocare la loro dichiarazione [1328].

➔ **CC. 1865 – art. 1056, 1070, 1943 // Inst. 2.7.2.**

(1) Antiriciclaggio e trasparenza cessioni: l. 12/8/1993, n. 310 art. 7; d.l. 21/3/1978, n. 59 art. 12.
• Conformità catastale: l. 27/2/1985, n. 52 art. 29, co. 1 bis.
• Diritto internazionale privato: l. 18/12/1984, n. 975 art. 1 ss.; l. 31/5/1995, n. 218 art. 56.
• Legge fallimentare: r.d. 16/3/1942, n. 267 art. 42; 64; 167, co. 2.
• Rendimento energetico nell'edilizia: d.lg. 19/8/2005, n. 192 art. 6.
• Urbanistica ed edilizia: l. 28/2/1985, n. 47 art. 40; d.P.R. 6/6/2001, n. 380 art. 30; 46; 47.

783. Donazioni di modico valore. – [I] La donazione di modico valore che ha per oggetto beni mobili è valida anche se manca l'atto pubblico [782], purché vi sia stata la tradizione [738, 781, 1153, 1376].

[II] La modicità deve essere valutata anche in rapporto alle condizioni economiche del donante.

784. Donazione a nascituri. – [I] La donazione può essere fatta anche a favore di chi è soltanto concepito [1, 462, 463, 2331], ovvero a favore dei figli di una determinata persona vivente al tempo della donazione, benché non ancora concepiti [462^2, 785].

[II] L'accettazione della donazione a favore di nascituri, benché non concepiti, è regolata dalle disposizioni degli articoli 320 e 321 [462, 463].

[III] Salvo diversa disposizione del donante, l'amministrazione dei beni donati spetta al donante o ai suoi eredi [643, 1357], i quali possono essere obbligati a prestare idonea garanzia [1179]. I frutti [820] maturati prima della nascita sono riservati al donatario se la donazione è fatta a favore di un nascituro già concepito. Se è fatta a favore di un non concepito, i frutti sono riservati al donante sino al momento della nascita del donatario [785^3].

➔ **CC. 1865 – art. 1059^4.**

785. Donazione in riguardo di matrimonio (1). – [I] La donazione fatta in riguardo di un determinato futuro matrimonio [165, 166, 437, 774, 777, 805, 1321, 1324, 1333, 1411^3, 2645], sia dagli sposi tra loro [80], sia da altri a favore di uno o di entrambi gli sposi o dei figli nascituri [784] da questi, si perfeziona senza bisogno che sia accettata [1411, 1672], ma non produce effetto [1353] finché non segua il matrimonio [437, 777, 805, 1324, 1334].

[II] L'annullamento del matrimonio [117 ss., 150] importa la nullità della donazione [1418, 1453]. Restano tuttavia salvi i diritti acquistati dai terzi di buona fede [1445] tra il giorno del matrimonio e il passaggio in giudicato [324 CPC.] della sentenza che dichiara la nullità del matrimonio. Il coniuge di buona fede [128] non è tenuto a restituire i frutti [820] percepiti anteriormente alla domanda di annullamento del matrimonio [805, 1148].

[III] La donazione in favore di figli nascituri [784] rimane efficace per i figli rispetto ai quali si verificano gli effetti del matrimonio putativo [128].

➔ **CC. 1865 – art. 1062, 1068^1.**

(1) Divorzio:
• l. 1/12/1970, n. 898.

***786*.** – [I] La donazione a favore di un ente non riconosciuto non ha efficacia, se entro un anno non è notificata al donante l'istanza per ottenere il riconoscimento. La notificazione produce gli effetti indicati dall'ultimo comma dell'articolo 782. [II] Salvo diversa disposizione del donante, i frutti maturati prima del riconoscimento sono riservati al donatario.*

* Articolo abrogato dall'art. 131 della l. 15/6/1997, n. 127.

787. Errore sul motivo della donazione. – [I] La donazione può essere impugnata per errore sul motivo, sia esso di fatto o di diritto, quando il motivo risulta dall'atto ed è il solo che ha determinato il donante a compiere la liberalità [624^2, 794, 1427 ss., 1428].

788. Motivo illecito. – [I] Il motivo illecito [626, 794] rende nulla la donazione quando risulta dall'atto ed è il solo che ha determinato il donante alla liberalità [634, 794, 1345, 1418].

789. Inadempimento o ritardo nell'esecuzione. – [I] Il donante, in caso d'inadempimento o di ritardo nell'eseguire la donazione, è responsabile soltanto per dolo o per colpa grave [798, 1218, 1223, 1224, 1225, 1229, 1710, 1768, 2697].

790. Riserva di disporre di cose determinate. – [I] Quando il donante si è riservata la facoltà di disporre di qualche oggetto [978, 1353, 1355] compreso nella donazione o di una determinata somma sui beni donati [793, 1353, 1355], e muore senza averne disposto, tale facoltà non può essere esercitata dagli eredi [796].

➔ **CC. 1865 – art. 1069.**

791. Condizione di riversibilità. – [I] Il donante può stipulare la riversibilità [792, 1353] delle cose donate, sia per il caso di premorienza del solo donatario, sia per il caso di premorienza del donatario e dei suoi discendenti.

[II] Nel caso in cui la donazione è fatta con generica indicazione della riversibilità, questa riguarda la premorienza, non solo del donatario, ma anche dei suoi discendenti.

[III] Non si fa luogo a riversibilità che a beneficio del solo donante. Il patto a favore di altri si considera non apposto.

➔ **CC. 1865 – art. 1071 // D. 39.5.1 pr.**

792. Effetti della riversibilità (1). – [I] Il patto di riversibilità [791] produce l'effetto di risolvere tutte le alienazioni dei beni donati e di farli ritornare al donante [1504] liberi da ogni peso o ipoteca, ad eccezione dell'ipoteca iscritta a garanzia della dote [166 bis] o di altre convenzioni matrimoniali, quando gli altri beni del coniuge donatario non sono sufficienti [560], e nel caso soltanto in cui la donazione è stata fatta con lo stesso contratto matrimoniale [162] da cui l'ipoteca risulta [948^{3}, 1158, 1159, 1353].

[II] È valido il patto per cui la riversione non deve pregiudicare la quota di riserva spettante al coniuge superstite [540] sul patrimonio del donatario, compresi in esso i beni donati [948^{3}].

➔ **CC. 1865 – art. 1072.**

(1) Riforma del diritto di famiglia:
• l. 19/5/1975, n. 151 art. 227: «[1] Le doti e i patrimoni familiari costituiti prima dell'entrata in vigore della presene legge continuano ad essere disciplinati dalle norme anteriori».

793. Donazione modale. – [I] La donazione può essere gravata da un onere [647, 676^{2}, $677^{2,\ 3}$, 773^{2}, 794, 797, 809, 1173, 1353, 1861].

[II] Il donatario è tenuto all'adempimento dell'onere entro i limiti del valore della cosa donata [438^{3}, 647, 671].

[III] Per l'adempimento dell'onere può agire, oltre il donante, qualsiasi interessato, anche durante la vita del donante stesso [648, 1174].

[IV] La risoluzione [1453, 1455, 1456] per inadempimento dell'onere, se preveduta nell'atto di donazione, può essere domandata dal donante o dai suoi eredi [648^{2}, $2652^{1,\ n.\ 1}$].

➔ **CC. 1865 – art. 1051, 1080.**

794. Onere illecito o impossibile. – [I] L'onere illecito o impossibile si considera non apposto; rende tuttavia nulla la donazione se ne ha costituito il solo motivo determinante [626, 634, 647^{3}, 648^{2}, 788, 793, 1256, 1418].

795. Divieto di sostituzione. – [I] Nelle donazioni non sono permesse le sostituzioni [688 ss.] se non nei casi e nei limiti stabiliti per gli atti di ultima volontà [688, 689, 690, 734, 735].

[II] La nullità delle sostituzioni non importa nullità della donazione [692, 793, 2643].

➔ **CC. 1865 – art. 1073.**

796. Riserva di usufrutto. – [I] È permesso al donante di riservare [790] l'usufrutto [978 ss., 1002, 1002^{3}, 1027] dei beni donati a proprio vantaggio, e dopo di lui a vantaggio di un'altra persona [769, 1411] o anche di più persone, ma non successivamente [689, 698, 774, 790].

➔ **CC. 1865 – art. 1074, 1076.**

797. Garanzia per evizione. – [I] Il donante [1266] è tenuto a garanzia verso il donatario, per l'evizione [758, 1483] che questi può soffrire delle cose donate, nei casi seguenti:

1) se ha espressamente promesso [798] la garanzia [758^{2}];

2) se l'evizione dipende dal dolo o dal fatto personale di lui [1487^{2}];

3) se si tratta di donazione che impone oneri al donatario [793], o di donazione rimuneratoria [770], nei quali casi la garanzia è dovuta fino alla concorrenza dell'ammontare degli oneri o dell'entità delle prestazioni ricevute dal donante [1547^{2}].

➔ **CC. 1865 – art. 1077.**

798. Responsabilità per vizi della cosa. – [I] Salvo patto speciale [$797^{1,\ n.\ 1}$], la garanzia del donante non si estende ai vizi della cosa [1490], a meno che il donante sia stato in dolo [789, 1490, 1494^{2}, 1710^{1}, 1762^{2}, 1812, 1821^{2}, 2030^{2}, 2043].

799. Conferma ed esecuzione volontaria di donazioni nulle. – [I] La nullità [627, 771, 775, 779, 780 // 137 att.] della donazione, da qualunque causa dipenda, non può essere fatta valere dagli eredi [590] o aventi causa [590] dal donante [377, 428, 775^{1}] che, conoscendo la causa della nullità, hanno, dopo la morte di lui, confermato la donazione o vi hanno dato volontaria esecuzione [590, 627^{2}, 1423, 1444, 1933^{2}, 2034].

➔ **CC. 1865 – art. 1311.**

Capo IV
Della revocazione delle donazioni

800. Cause di revocazione. – [I] La donazione [793, 809] può essere revocata [805, 806] per ingratitudine o per sopravvenienza di figli [687^{3}, 803, 1373^{1}, 1922^{2}].

➔ **CC. 1865 – art. 1078 // Inst. 2.7.2.**

801. Revocazione per ingratitudine (1). – [I] La domanda di revocazione [800, 806, 809, $2652^{1\ n.\ 1}$] per ingratitudine non può essere proposta che quando [787] il donatario ha commesso uno dei fatti previsti dai numeri 1, 2 e 3 dell'articolo 463, ovvero si è reso colpevole d'ingiuria [594 CP.] grave verso il donante o ha dolosamente arrecato grave pregiudizio al patrimonio di lui o gli ha rifiutato indebitamente gli alimenti dovuti ai sensi degli articoli 433 435 e 436 [437, 438].

➔ **CC. 1865 – art. 1081 // Codex 8.55(56).10 pr.-2.**

(1) Legge fallimentare:
• r.d. 16/3/1942, n. 267 art. 46.

802. Termini e legittimazione ad agire. – [I] La domanda di revocazione per causa d'ingratitudine [801, 2900] deve essere proposta dal donante o dai suoi eredi, contro il donatario o i suoi eredi, entro l'anno dal giorno in cui il donante è venuto a conoscenza del fatto che consente la revocazione [$2652^{1\ n.\ 1}$, 2964, 2966].

[II] Se il donatario si è reso responsabile di omicidio volontario [575 ss, CP.] in persona del donante o gli ha dolosamente impedito di revocare la donazione, il termine per proporre l'azione è di un anno dal giorno in cui gli eredi hanno avuto notizia della causa di revocazione [141 att.].

➔ **CC. 1865 – art. 1082.**

803. Revocazione per sopravvenienza di figli (1). – [I] Le donazioni fatte da chi non aveva o ignorava di avere figli o discendenti al tempo della donazione, possono [802] essere revocate [687] per la sopravvenienza o l'esistenza [231] di un figlio o discendente del donante [804]. Possono inoltre essere revocate per il riconoscimento di un figlio, salvo che si provi che al tempo della donazione il donante aveva notizia dell'esistenza del figlio [291, 687, 800].

[II] La revocazione può essere domandata anche se il figlio del donante era già concepito [462] al tempo della donazione [804, 806, 809].

➔ **CC. 1865 – art. 1078, 10831, 1085 // Codex 8.55(56).8.**

(1) Adozione: l. 4/5/1983, n. 184 art. 27.
• Legge fallimentare: r.d. 16/3/1942, n. 267 art. 46.

804. Termine per l'azione. – [I] L'azione di revocazione per sopravvenienza di figli deve essere proposta entro cinque anni dal giorno della nascita dell'ultimo figlio nato nel matrimonio o discendente ovvero della notizia dell'esistenza del figlio o discendente, ovvero dell'avvenuto riconoscimento del figlio nato fuori del matrimonio [250 ss., 802, 803, $2652^{1, n. 1}$, 2964 ss.].

[II] Il donante non può proporre o proseguire l'azione dopo la morte del figlio o del discendente.

➔ CC. 1865 – art. 1090.

805. Donazioni irrevocabili. – [I] Non possono revocarsi per causa d'ingratitudine [801], né per sopravvenienza di figli [803], le donazioni rimuneratorie [770] e quelle fatte in riguardo di un determinato matrimonio [742, 770^2, 785].

➔ CC. 1865 – art. 1087.

806. Inammissibilità della rinunzia preventiva. – [I] Non è valida la rinunzia preventiva alla revocazione della donazione per ingratitudine [801] o per sopravvenienza di figli [800, 803].

807. Effetti della revocazione. – [I] Revocata la donazione per ingratitudine [801] o sopravvenienza di figli [803], il donatario deve restituire i beni in natura, se essi esistono ancora, e i frutti [820] relativi, a partire dal giorno della domanda [1148].

[II] Se il donatario ha alienato i beni, deve restituirne il valore, avuto riguardo al tempo della domanda, e i frutti relativi, a partire dal giorno della domanda stessa [1148].

➔ CC. 1865 – art. 1089.

808. Effetti nei riguardi dei terzi. – [I] La revocazione per ingratitudine [801] o per sopravvenienza di figli [803] non pregiudica i terzi che hanno acquistato diritti anteriormente alla domanda, salvi gli effetti della trascrizione di questa [807, $2652^{1, n. 1, 5}$].

[II] Il donatario, che prima della trascrizione della domanda di revocazione ha costituito sui beni donati diritti reali che ne diminuiscono il valore, deve indennizzare il donante della diminuzione di valore sofferta dai beni stessi.

➔ CC. 1865 – art. 1088.

809. Norme sulle donazioni applicabili ad altri atti di liberalità. – [I] Le liberalità, anche se risultano da atti diversi da quelli previsti dall'articolo 769 [167, 210, 437, 771, 776, 777, 779, 787, 788, 793, 1180, 1236, 1237, 1268 ss., 1411, 1875, 1920, 1923, 2901], sono soggette alle stesse norme che regolano la revocazione delle donazioni per causa d'ingratitudine [801] e per sopravvenienza di figli [803] nonché a quelle sulla riduzione delle donazioni per integrare la quota dovuta ai legittimari [553, 554, 555, 563^3, 564^2, 737, 1922, 1923^2].

[II] Questa disposizione non si applica alle liberalità previste dal secondo comma dell'articolo 770 e a quelle che a norma dell'articolo 742 non sono soggette a collazione (1).

(1) Art. 1, co. 1, d.lg. 31/10/1990, n. 346 – Approvazione del testo unico delle disposizioni concernenti l'imposta sulle successioni e donazioni: L'imposta sulle successioni e donazioni si applica ai trasferimenti di beni e diritti per successione a causa di morte ed ai trasferimenti di beni e diritti per donazione o **altra liberalità** tra vivi.

LIBRO TERZO
DELLA PROPRIETÀ

TITOLO I
DEI BENI

Capo I
Dei beni in generale

810. Nozione. – Sono beni le cose che possono formare oggetto di diritti [814, 820, 821^1, 996, 1112, 1140 ss., 1260, 1378, 1542, 1615, 2555, 2575, 2584, 2592, 2593 // 624, 674 CP.] (1).

➔ CC. 1865 – art. 406 // D. 50.16.49.

(1) Capo III l. 22/4/1941, n. 633 Protezione del diritto d'autore e di altri diritti connessi al suo esercizio.

• D.lg. 30/6/2003, n. 196 Codice in materia di protezione dei dati personali.

• Art. 1-3 del d.lg. 2/1/2004, n. 42 Codice dei beni culturali e del paesaggio, ai sensi dell'art. 10 della l. 6/7/2002, n. 137.

• D.lg. 10/2/2005, n. 30 Codice della proprietà industriale.

• Art. 17 Carta dei diritti fondamentali dell'UE 2010/C 83/02: «Diritto di proprietà. [I] Ogni persona ha il diritto di godere della proprietà dei beni che ha acquisito legalmente, di usarli, di disporne e di lasciarli in eredità. Nessuna persona può essere privata della proprietà se non per causa di pubblico interesse, nei casi e nei modi previsti dalla legge e contro il pagamento in tempo utile di una giusta indennità per la perdita della stessa. L'uso dei beni può essere regolato dalla legge nei limiti imposti dall'interesse generale».

Sezione I
Dei beni nell'ordine corporativo

811. Disciplina corporativa* – *I beni sono sottoposti alla disciplina dell'ordinamento corporativo in relazione alla loro funzione economica e alle esigenze della produzione nazionale.*

* Articolo abrogato dall'art. 3 del d.lg. 14/9/1944, n. 287, recante provvedimenti relativi alla riforma della legislazione civile.

Sezione II
Dei beni immobili e mobili

812. Distinzione dei beni. – [I] Sono beni immobili [819, 2746] il suolo, le sorgenti e i corsi d'acqua, gli alberi, gli edifici e le altre costruzioni, anche se unite al suolo a scopo transitorio [934, 952, 1108^3], e in genere tutto ciò che naturalmente o artificialmente è incorporato al suolo (1).

[II] Sono reputati immobili i mulini, i bagni e gli altri edifici galleggianti quando sono saldamente assicurati alla riva o all'alveo o sono destinati ad esserlo in modo permanente per la loro utilizzazione [1350, 2643, 2810] (2).

[III] Sono mobili tutti gli altri beni [814, 815, 816, 923, 1153, 1766, 2784].

➔ CC. 1865 – art. 406-410, 412-414, 416, 417, 419.

(1) Art. 22 del r.d. 29/7/1927, n. 1443, recante norme per disciplinare la ricerca e la coltivazione delle miniere.

(2) D.P.R. 6/6/2001, n. 380 TU delle disposizioni legislative e regolamentari in materia edilizia.

813. Distinzione dei diritti. – [I] Salvo che dalla legge risulti diversamente, le disposizioni concernenti i beni immobili si applicano anche ai diritti reali che hanno per oggetto beni immobili [832, 952, 957, 978, 1021, 1022, 1027 ss., 2810] e alle azioni relative [555 CPC.]; le disposizioni concernenti i beni mobili si applicano a tutti gli altri diritti.

➔ CC. 1865 – art. 415, 418^1.

814. Energie (1). – [I] Si considerano beni mobili le energie naturali che hanno valore economico [812 // 614, 624, 674 CP.].

(1) Art. 1, 2, co. 2, lett. e) art. 22, r.d. 29/7/1927, n. 1443, recante norme per disciplinare la ricerca e la coltivazione delle miniere.

815. Beni mobili iscritti in pubblici registri (1). – [I] I beni mobili iscritti in pubblici registri [2683] sono soggetti alle disposizioni che li riguardano [507, 509, 534, 561, 812, 819, 1156, 1162, 1706, 1707, 2750, 2779, 2810, 2913, 2914[1, n. 1], 2915 // 146, 245, 753, 861 CNav.] e, in mancanza, alle disposizioni relative ai beni mobili.

(1) Art. 11 e 12 del r.d.l. 15/3/1927, n. 436 sulla disciplina dei contratti di compravendita degli autoveicoli ed istituzione del pubblico registro automobilistico presso le sedi dell'Automobile club d'Italia, e le relative disposizioni di attuazione approvate con r.d. 29/7/1927, n. 1814.

816. Universalità di mobili. – [I] È considerata universalità di mobili la pluralità di cose che appartengono alla **stessa persona** [939, 1072, 1014[1, n. 2], 1253] e hanno una **destinazione unitaria** [*457 ss.*, 727, 771[2], 812, *817*, 994, 1010, 1156, 1160, 1170, 2784, 2914[1, n. 3], *2559 ss.*].

[II] Le singole cose componenti l'universalità possono formare oggetto di separati atti e rapporti giuridici [818].

➔ **D. 41.3.30 pr.**

817. Pertinenze (1). – [I] Sono pertinenze [818] le cose destinate in modo **durevole** a servizio o ad ornamento di un'altra cosa [667, 983, 1477, 1617, 2810[1, n. 1], 2912].

[II] La destinazione può essere effettuata dal proprietario della cosa principale o da chi ha un diritto reale sulla medesima [959 // 29, 246, 247, 248, 862, 863 CNav.].

(1) Art. 23 del r.d. 29/7/1927, n. 1443, recante norme per disciplinare la ricerca e la coltivazione delle miniere.

• Art. 41-sexies della l. 17/8/1942, n. 1150 Legge urbanistica: «[I] Nelle nuove costruzioni ed anche nelle aree di pertinenza delle costruzioni stesse, debbono essere riservati appositi **spazi per parcheggi** in misura non inferiore ad un metro quadrato per ogni 10 metri cubi di costruzione. [II] Gli spazi per parcheggi realizzati in forza del primo comma non sono gravati da vincoli pertinenziali di sorta né da diritti d'uso a favore dei proprietari di altre unità immobiliari e sono trasferibili autonomamente da esse».

818. Regime delle pertinenze (1). – [I] Gli atti e i rapporti giuridici che hanno per oggetto la cosa principale comprendono anche le pertinenze [667, 1199[2], 1477, 2811, 2912], se non è diversamente disposto.

[II] Le pertinenze possono formare oggetto di separati atti o rapporti giuridici [816[2]].

[III] La cessazione della qualità di pertinenza non è opponibile ai terzi i quali abbiano anteriormente acquistato diritti sulla cosa principale [816, 819 // 247, 863 CNav.].

(1) Art. 41-sexies della l. 17/8/1942, n. 1150 Legge urbanistica: «[I] Nelle nuove costruzioni ed anche nelle aree di pertinenza delle costruzioni stesse, debbono essere riservati appositi spazi per parcheggi in misura non inferiore ad un metro quadrato per ogni 10 metri cubi di costruzione. [II] Gli spazi per parcheggi realizzati in forza del primo comma non sono gravati da vincoli pertinenziali di sorta né da diritti d'uso a favore dei proprietari di altre unità immobiliari e sono trasferibili autonomamente da esse».

• Vd. Parte V, Sezione XIX.

819. Diritti dei terzi sulle pertinenze. – [I] La destinazione di una cosa al servizio o all'ornamento di un'altra non pregiudica i diritti preesistenti su di essa a favore dei terzi [818]. Tali diritti non possono essere opposti ai terzi di buona fede se non risultano da scrittura avente data certa [2704] anteriore, quando la cosa principale è un bene immobile [812] o un bene mobile iscritto in pubblici registri [815, 2683 // 146, 245, 247, 248, 753, 861, 863 CNav.].

Sezione III
Dei frutti

820. Frutti naturali e frutti civili. – [I] Sono frutti naturali quelli che provengono direttamente dalla cosa, vi concorra o no l'opera dell'uomo, come i prodotti agricoli, la legna, i parti degli animali, i prodotti delle miniere, cave e torbiere [181, 375[1, n. 1], 464, 771, 807, 959, 984, 2757, 2763, 2764, 2776, 2791, 2865].

[II] Finché non avviene la separazione [821], i frutti formano parte della cosa [1477 // 516 CPC.]. Si può tuttavia disporre di essi come di cosa mobile futura [771[1], 1348, 1472 // 531 CPC.].

[III] Sono frutti civili quelli che si ritraggono dalla cosa come corrispettivo del godimento che altri ne abbia [1148, 1149]. Tali sono gli interessi dei capitali [1224, 1282, 1284, 1815], i canoni enfiteutici [960], le rendite vitalizie [1861, 1872] e ogni altra rendita, il corrispettivo delle locazioni [1571, 1587[1, n. 2], 1615].

➔ **CC. 1865 – art. 411, 443, 444.**

821. Acquisto dei frutti. – [I] I frutti naturali appartengono al proprietario della cosa che li produce [669, 1263, 1477, 1775, 1960], salvo che la loro proprietà sia attribuita ad altri [181, 820, 896, 959, 984, 1021, 1148, 1472, 1615, 1960, 2791]. In quest'ultimo caso la proprietà si acquista con la separazione [2912].

[II] Chi fa propri i frutti deve, nei limiti del loro valore, rimborsare colui che abbia fatto spese per la produzione e il raccolto [55, 984, 2041].

[III] I frutti civili si acquistano giorno per giorno, in ragione della durata del diritto [71, 1263[3], 1531, 1880].

➔ **CC. 1865 – art. 411, 443.**

Capo II
Dei beni appartenenti allo Stato, agli enti pubblici e agli enti ecclesiastici

822. Demanio pubblico. – Appartengono allo Stato (1) e fanno parte del demanio pubblico [1145] il lido del mare [942], la spiaggia, le rade e i porti; i fiumi, i torrenti [945], i laghi e le altre acque definite pubbliche dalle leggi in materia [2774 // 28, 29, 692 CNav.] (2); le opere destinate alla difesa nazionale [879].

Fanno parimenti parte del demanio pubblico, se appartengono allo Stato, le strade (3), le autostrade e le strade ferrate; gli aerodromi; gli acquedotti; gli immobili riconosciuti d'interesse storico, archeologico e artistico a norma delle leggi in materia (4); le raccolte dei musei, delle pinacoteche, degli archivi, delle biblioteche; e infine gli altri beni che sono dalla legge assoggettati al regime proprio del demanio pubblico [11, 823] (5).

➔ **CC. 1865 – art. 425-427, 457 // D. 1.8.4.1, D. 43.8.2.21, D. 43.8.3 pr., D. 43.12.1.2-3, D. 1.8.2.1.**

(1) Per quanto riguarda il demanio delle Regioni vedi l'art. 119, co. 4, Cost.; l'art. 57 della l. cost. 26/2/1948, n. 5, Statuto speciale per il Trentino-Alto Adige; gli art. 32 ss. del r.d.l. 15/5/1946, n. 455, Statuto della Regione siciliana; l'art. 14 della l. cost. 26/2/1948, n. 3, Statuto speciale per la Sardegna; l'art. 5 della l. cost. 26/2/1948, n. 4, Statuto speciale per la Valle d'Aosta; l'art. 55 della l. cost. 31/1/1963, n. 1, Statuto speciale della Regione Friuli-Venezia Giulia.

(2) V. il r.d. 11/11/1933, n. 1775, di approvazione del TU delle disposizioni di legge sulle acque e impianti elettrici.

(3) V. la l. 12/2/1958, n. 126, recante disposizioni per la classificazione e la sistemazione delle strade di uso pubblico.

(4) Per quanto riguarda la protezione delle bellezze naturali gli immobili di interesse storico, vedi la l. 29/6/1939, n. 1497, ed il relativo regolamento di esecuzione approvato con il r.d. 3/6/1940, n. 1357.

(5) V., anche, gli art. 3, 4, 5 del r.d. 23/5/1924, n. 827, di approvazione del regolamento per l'amministrazione del patrimonio e per la contabilità generale dello Stato. I beni culturali indicati nel presente articolo, appartenenti allo Stato, alle regioni, alle province, ai comuni, costituiscono il demanio storico, artistico, archivistico e bibliografico, sono assoggettati al regime proprio del demanio pubblico, ai sensi dell'art. 54 del d.lg. 29/10/1999, n. 490 e sono destinati al godimento pubblico ai sensi dell'art. 98 dello stesso decreto.

823. Condizione giuridica del demanio pubblico. – [I] I beni che fanno parte del demanio pubblico sono inalienabili [*1322*] e non possono formare oggetto di diritti a favore di terzi [1145, 1158], se non nei modi e nei limiti stabiliti dalle leggi che li riguardano [30 ss., 694 ss. CNav.].

[II] Spetta all'autorità amministrativa la tutela dei beni che fanno parte del demanio pubblico. Essa ha facoltà sia di procedere in via amministrativa, sia di valersi dei mezzi ordinari a difesa della proprietà [948-951] e del possesso [1168-1170] regolati dal presente codice.

➔ **CC. 1865 – art. 430 // D. 18.1.34.1.**

824. Beni delle province e dei comuni soggetti al regime dei beni demaniali. – [I] I beni della specie di quelli indicati dal secondo comma dell'articolo 822, se appartengono alle province o ai comuni, sono soggetti al regime del demanio pubblico [823].

[II] Allo stesso regime sono soggetti i cimiteri e i mercati comunali.

➔ **CC. 1865 – art. 425, 432.**

825. Diritti demaniali su beni altrui. – [I] Sono parimenti soggetti al regime del demanio pubblico [823] i diritti reali che spettano allo Stato, alle province e ai comuni su beni appartenenti ad altri soggetti, quando i diritti stessi sono costituiti per l'utilità di alcuno dei beni indicati dagli articoli precedenti o per il conseguimento di fini di pubblico interesse corrispondenti a quelli a cui servono i beni medesimi [119^4 Cost.].

826. Patrimonio dello Stato, delle province e dei comuni. – [I] I beni appartenenti allo Stato, alle province e ai comuni, i quali non siano della specie di quelli indicati dagli articoli precedenti, costituiscono il patrimonio dello Stato o, rispettivamente, delle province e dei comuni [828, 829].

[II] Fanno parte del patrimonio indisponibile [828^2, 1322, 1470] dello Stato le foreste che a norma delle leggi in materia costituiscono il demanio forestale dello Stato, le miniere, le cave e torbiere quando la disponibilità ne è sottratta al proprietario del fondo, le cose d'interesse storico, archeologico, paletnologico, paleontologico e artistico, da chiunque e in qualunque modo ritrovate nel sottosuolo, i beni costituenti la dotazione della Presidenza della Repubblica [843 C.], le caserme, gli armamenti, gli aeromobili militari [745 CNav.] e le navi da guerra.

[III] Fanno parte del patrimonio indisponibile dello Stato o, rispettivamente, delle province e dei comuni, secondo la loro appartenenza, gli edifici destinati a sede di uffici pubblici, con i loro arredi, e gli altri beni destinati a un pubblico servizio.

➔ **CC. 1865 – art. 425, 426, 428, 431, 432, 2114.**

827. Beni immobili vacanti. – [I] I beni immobili che non sono in proprietà di alcuno spettano al patrimonio dello Stato [826, 923, 1158, 1322, 1479].

828. Condizione giuridica dei beni patrimoniali. – [I] I beni che costituiscono il patrimonio dello Stato, delle province e dei comuni [826] sono soggetti alle regole particolari che li concernono e, in quanto non è diversamente disposto, alle regole del presente codice (1).

[II] I beni che fanno parte del patrimonio indisponibile [826] non possono essere sottratti alla loro destinazione, se non nei modi stabiliti dalle leggi che li riguardano.

➔ **CC. 1865 – art. 425, 430.**

(1) V. r.d. 23/5/1924, n. 827.

829. Passaggio di beni dal demanio al patrimonio. – [I] Il passaggio dei beni dal demanio pubblico al patrimonio dello Stato deve essere dichiarato dall'autorità amministrativa. Dell'atto deve essere dato annunzio nella Gazzetta Ufficiale della Repubblica.

[II] Per quanto riguarda i beni delle province e dei comuni, il provvedimento che dichiara il passaggio al patrimonio dev'essere pubblicato nei modi stabiliti per i regolamenti comunali e provinciali.

➔ **CC. 1865 – art. 425, 429.**

830. Beni degli enti pubblici non territoriali. – [I] I beni appartenenti agli enti pubblici non territoriali sono soggetti alle regole del presente codice, salve le disposizioni delle leggi speciali.

[II] Ai beni di tali enti che sono destinati a un pubblico servizio si applica la disposizione del secondo comma dell'articolo 828.

➔ **CC. 1865 – art. 425.**

831. Beni degli enti ecclesiastici ed edifici di culto. – [I] I beni degli enti ecclesiastici sono soggetti alle norme del presente codice, in quanto non è diversamente disposto dalle leggi speciali che li riguardano (1).

[II] Gli edifici destinati all'esercizio pubblico del culto cattolico, anche se appartengono a privati, non possono essere sottratti alla loro destinazione neppure per effetto di alienazione, fino a che la destinazione stessa non sia cessata in conformità delle leggi che li riguardano [7, 19 Cost.].

➔ **CC. 1865 – art. 425, 433, 434.**

(1) V. art. 9 ss. della l. 27/5/1929, n. 848; l. 20/5/1985, n. 222.

TITOLO II
DELLA PROPRIETÀ

Capo I
Disposizioni generali

832. Contenuto del diritto. – [I] Il proprietario ha diritto di godere [840^2, 959] e disporre delle cose in modo pieno [840] ed esclusivo [841], entro i limiti e con l'osservanza degli obblighi stabiliti dall'ordinamento giuridico [692, 833, 834, 835, 838, 840^2, 842, 843, 844, 869, 873 ss., 900 ss., 1117] (1).

➔ **CC. 1865 – art. 436 // Inst. 2.4.4.**

(1) Art.1 Protocollo addizionale n. 1 Cedu "Protezione della proprietà": Ogni persona fisica o giuridica ha diritto al rispetto dei suoi beni. Nessuno può essere privato della sua proprietà se non per causa di utilità pubblica e nelle condizioni previste dalla legge e dai principi generali del diritto internazionale. Le disposizioni Precedenti non portano pregiudizio al diritto degli Stati di mettere in vigore le leggi da essi ritenute necessarie per disciplinare l'uso dei

CODICE CIVILE

beni in modo conforme all'interesse generale o per assicurare il pagamento delle imposte o di altri contributi o delle ammende.

• Art. 8 Cedu: Ogni persona ha diritto al rispetto della sua vita privata e familiare, del suo **domicilio** e della sua corrispondenza.

• Art. 345 TFUE in Parte III.

• L. 20/11/2017, n. 168 in Parte XII.

833. Atti d'emulazione (1). – [I] Il proprietario non può fare atti i quali non abbiano altro scopo che quello di nuocere o recare molestia ad altri [1175, 1375, 1993^{2}, 2384^{1} // 2 Cost.].

➔ **CC. 1865 – art. 436.**

(1) Art. 17 Cedu. Art. 54 C. di Nizza.

834. Espropriazione per pubblico interesse. – [I] Nessuno può essere privato in tutto o in parte dei beni di sua proprietà, se non per causa di pubblico interesse, legalmente dichiarata, e contro il pagamento di una giusta indennità [838, 865 // 42^{3}, 43 Cost.].

[II] Le norme relative all'espropriazione per causa di pubblico interesse sono determinate da leggi speciali (1).

➔ **CC. 1865 – art. 438 // D. 50.17.55.**

(1) D.P.R. 8/5/2001, n. 327.

835. Requisizioni. – [I] Quando ricorrono gravi e urgenti necessità pubbliche, militari o civili, può essere disposta la requisizione dei beni mobili o immobili. Al proprietario è dovuta una giusta indennità.

[II] Le norme relative alle requisizioni sono determinate da leggi speciali.

836. Vincoli e obblighi temporanei. – [I] Per le cause indicate dall'articolo precedente l'autorità amministrativa, nei limiti e con le forme stabiliti da leggi speciali, può sottoporre a particolari vincoli od obblighi di carattere temporaneo le aziende commerciali e agricole [44 Cost.].

837. Ammassi. – [I] Allo scopo di regolare la distribuzione di determinati prodotti agricoli o industriali nell'interesse della produzione nazionale sono costituiti gli ammassi [2617].

[II] Le norme per il conferimento dei prodotti negli ammassi sono contenute in leggi speciali.

838. Espropriazione di beni che interessano la produzione nazionale o di prevalente interesse pubblico. – [I] Salve le disposizioni delle leggi penali e di polizia, *nonché le norme dell'ordinamento corporativo** e le disposizioni particolari concernenti beni determinati, quando il proprietario abbandona la conservazione, la coltivazione o l'esercizio di beni che interessano la produzione nazionale, in modo da nuocere gravemente alle esigenze della produzione stessa, può farsi luogo all'espropriazione dei beni da parte dell'autorità amministrativa, premesso il pagamento di una giusta indennità [56 att. // 499 ss. CP.].

[II] La stessa disposizione si applica se il deperimento dei beni ha per effetto di nuocere gravemente al decoro delle città o alle ragioni dell'arte, della storia o della sanità pubblica.

* Le disposizioni richiamanti le norme corporative devono ritenersi abrogate in seguito alla soppressione dell'ordinamento corporativo.

839. Beni d'interesse storico e artistico. – [I] Le cose di proprietà privata, immobili e mobili, che presentano interesse artistico, storico, archeologico o etnografico, sono sottoposte alle disposizioni delle leggi speciali [733 CP.] (1).

(1) V. d.lg. 22/1/2004, n. 42.

Capo II
Della proprietà fondiaria

Sezione I
Disposizioni generali

840. Sottosuolo e spazio sovrastante al suolo. – [I] La proprietà del suolo si estende al sottosuolo, con tutto ciò che vi si contiene, e il proprietario può fare qualsiasi escavazione od opera che non rechi danno al vicino. Questa disposizione non si applica a quanto forma oggetto delle leggi sulle miniere, cave e torbiere [826^{2}]. Sono del pari salve le limitazioni derivanti dalle leggi sulle antichità e belle arti [839], sulle acque, sulle opere idrauliche e da altre leggi speciali [714 ss. CNav.].

[II] Il proprietario del suolo non può opporsi ad attività di terzi che si svolgano a tale profondità nel sottosuolo o a tale altezza nello spazio sovrastante, che egli non abbia interesse ad escluderle.

➔ **CC. 1865 – art. 440, 447^{2}.**

841. Chiusura del fondo. – [I] Il proprietario può chiudere in qualunque tempo il fondo [832, 842, 843, 844, 1054, 1064 // 637 CP.].

➔ **CC. 1865 – art. 442 // D. 47.10.13.7.**

842. Caccia e pesca. – [I] Il proprietario di un fondo non può impedire che vi si entri per l'esercizio della caccia, a meno che il fondo sia chiuso nei modi stabiliti dalla legge sulla caccia o vi siano colture in atto suscettibili di danno [923].

[II] Egli può sempre opporsi a chi non è munito della licenza rilasciata dall'autorità.

[III] Per l'esercizio della pesca occorre il consenso del proprietario del fondo [923].

➔ **CC. 1865 – art. 442, 711, 712 // Inst. 2.1.12.**

843. Accesso al fondo. – [I] Il proprietario deve permettere l'accesso e il passaggio nel suo fondo, sempre che ne venga riconosciuta la necessità, al fine di costruire o riparare un muro o altra opera propria del vicino oppure comune [637 CP.].

[II] Se l'accesso cagiona danno, è dovuta un'adeguata indennità [1038, 1053, 2045].

[III] Il proprietario deve parimenti permettere l'accesso a chi vuole riprendere la cosa sua che vi si trovi accidentalmente o l'animale che vi si sia riparato sfuggendo alla custodia. Il proprietario può impedire l'accesso consegnando la cosa o l'animale [896^{3}].

➔ **D. 43.28.1 pr., D. 50.16.236.1.**

844. Immissioni. – [I] Il proprietario di un fondo non può impedire le immissioni di fumo o di calore, le esalazioni, i rumori, gli scuotimenti e simili propagazioni derivanti dal fondo del vicino, se non superano la **normale tollerabilità**, avuto anche riguardo alla condizione dei luoghi [890, 949, 1140, 1585, 2043, 2045 // 674 CP. // artt. 2, 32 Cost.// art. 8 CEDU].

[II] Nell'applicare questa norma l'autorità giudiziaria deve contemperare le esigenze della produzione con le ragioni della proprietà. Può tener conto della priorità di un determinato uso.

➔ **D. 8.5.8.5.**

845. Regole particolari per scopi di pubblico interesse. – [I] La proprietà fondiaria è soggetta a regole particolari per il conseguimento di scopi di pubblico interesse nei casi previsti dalle leggi speciali e dalle disposizioni contenute nelle sezioni seguenti.

Sezione II

Del riordinamento della proprietà rurale

846. Minima unità colturale*.

* Articolo abrogato dall'art. 5-bis del d.lg. 18/5/2001, n. 228, introdotto dall'art. 7 del d.lg. 29/3/2004, n. 99. Il testo recitava: «[I] Nei trasferimenti di proprietà nelle divisioni e nelle assegnazioni a qualunque titolo, aventi per oggetto terreni destinati a coltura o suscettibili di coltura, e nella costituzione o nei trasferimenti di diritti reali sui terreni stessi non deve farsi luogo a frazionamenti che non rispettino la minima unità colturale. [II] S'intende per minima unità colturale l'estensione di terreno necessaria e sufficiente per il lavoro di una famiglia agricola e, se non si tratta di terreno appoderato, per esercitare una conveniente coltivazione secondo le regole della buona tecnica agraria».

847. Determinazione della minima unità colturale*.

* Articolo abrogato dall'art. 5 bis del d.lg. 18/5/2001, n. 228, introdotto dall'art. 7 del d.lg. 29/3/2004, n. 99. Il testo precedente recitava: «[I] L'estensione della minima unità colturale sarà determinata distintamente per zone, avuto riguardo all'ordinamento produttivo e alla situazione demografica locale, con provvedimento dell'autorità amministrativa, da adottarsi sentite le associazioni professionali».

848. Sanzione dell'inosservanza*.

* Articolo abrogato dall'art. 5-bis del d.lg. 18/5/2001, n. 228, introdotto dall'art. 7 del d.lg. 29/3/2004, n. 99. Il testo precedente recitava: «[I] Gli atti compiuti contro il divieto dell'articolo 846 possono essere annullati dall'autorità giudiziaria, su istanza del pubblico ministero. [II] L'azione si prescrive in tre anni dalla data della trascrizione dell'atto».

849. Fondi compresi entro maggiori unità fondiarie. – [I] Indipendentemente dalla formazione del consorzio previsto dall'articolo seguente, il proprietario di terreni entro i quali sono compresi appezzamenti appartenenti ad altri, di estensione inferiore alla minima unità colturale, può domandare che gli sia trasferita la proprietà di questi ultimi [2932], pagandone il prezzo, allo scopo di attuare una migliore sistemazione delle unità fondiarie. In caso di contrasto decide l'autorità giudiziaria, sentite le *associazioni professionali** circa la sussistenza delle condizioni che giustificano la richiesta di trasferimento [57 att.].

* Le associazione professionali sono state soppresse con il d.lg. 23/11/1944, n. 369.

850. Consorzi a scopo di ricomposizione fondiaria. – [I] Quando più terreni contigui e inferiori alla minima unità colturale appartengono a diversi proprietari, può, su istanza di alcuno degli interessati o per iniziativa dell'autorità amministrativa, essere costituito un consorzio tra gli stessi proprietari, allo scopo di provvedere a una ricomposizione fondiaria idonea alla migliore utilizzazione dei terreni stessi [851-856].

[II] Per la costituzione del consorzio si applicano le norme stabilite per i consorzi di bonifica [851, 862].

851. Trasferimenti coattivi. – [I] Il consorzio indicato dall'articolo precedente può predisporre il piano di riordinamento.

[II] Per la migliore sistemazione delle unità fondiarie può procedersi a espropriazioni e a trasferimenti coattivi; può anche procedersi a rettificazioni di confini e ad arrotondamento di fondi.

852. Terreni esclusi dai trasferimenti. – [I] Dai trasferimenti coattivi previsti dall'articolo precedente sono esclusi:

1) gli appezzamenti forniti di casa di abitazione civile o colonica;

2) i terreni adiacenti ai fabbricati e costituenti dipendenze dei medesimi;

3) le aree fabbricabili;

4) gli orti, i giardini, i parchi;

5) i terreni necessari per piazzali o luoghi di deposito di stabilimenti industriali o commerciali;

6) i terreni soggetti a inondazioni, a scoscendimenti o ad altri gravi rischi;

7) i terreni che per la loro speciale destinazione, ubicazione o singolarità di coltura presentano caratteristiche di spiccata individualità.

853. Trasferimento dei diritti reali. – [I] Nei trasferimenti coattivi [851] le servitù prediali sono abolite, conservate o create in relazione alle esigenze della nuova sistemazione.

[II] Gli altri diritti reali di godimento sono trasferiti sui terreni assegnati in cambio e, qualora non siano costituiti su tutti i terreni dello stesso proprietario, sono trasferiti soltanto su una parte determinata del fondo assegnato in cambio, che corrisponda in valore ai terreni su cui esistevano.

[III] Le ipoteche che non siano costituite su tutti i terreni dello stesso proprietario sono trasferite sul fondo di nuova assegnazione per una quota corrispondente in valore ai terreni su cui erano costituite. In caso di espropriazione forzata dell'immobile gravato da ipoteca su una quota, l'immobile è espropriato per intero e il credito è collocato, secondo il grado dell'ipoteca, sulla parte del prezzo corrispondente alla quota soggetta all'ipoteca medesima.

854. Notifica e trascrizione del piano di riordinamento. – [I] Il piano di riordinamento dev'essere preventivamente portato a cognizione degli interessati, e contro di esso è ammesso reclamo in via amministrativa, nelle forme e nei termini stabiliti da leggi speciali.

[II] Il provvedimento amministrativo di approvazione definitiva del piano dev'essere trascritto presso l'ufficio dei registri immobiliari nella cui circoscrizione sono situati i beni [2645].

855. Effetti dell'approvazione del piano di riordinamento. – [I] Con l'approvazione del piano di riordinamento si operano i trasferimenti di proprietà e degli altri diritti reali; sono anche costituite le servitù imposte nel piano stesso.

856. Competenza dell'autorità giudiziaria. – [I] Nelle materie indicate dagli articoli 850 e seguenti è salva la competenza dell'autorità giudiziaria ordinaria per la tutela dei diritti degli interessati. L'autorità giudiziaria non può tuttavia con le sue decisioni provocare una revisione del piano di riordinamento [854], ma può procedere alla conversione e liquidazione in danaro dei diritti da essa accertati.

[II] Il credito relativo è privilegiato a norma delle leggi speciali.

Sezione III

Della bonifica integrale

857. Terreni soggetti a bonifica (1). – [I] Per il conseguimento di fini igienici, demografici, economici o di altri fini sociali possono essere dichiarati soggetti a bonifica i terreni che si trovano in un comprensorio [858, 860], in cui sono laghi, stagni, paludi e terre paludose, ovvero costituito da terreni montani dissestati nei riguardi idrogeologici e forestali, o da terreni estensivamente coltivati per gravi cause d'ordine fisico o sociale, i quali siano suscettibili di una radicale trasformazione dell'ordinamento produttivo [852, 866, 947[2]].

(1) R.d. 13/2/1933, n. 215 (Nuove norme per la bonifica integrale).

• L. 30/3/1933, n. 323 (Modifiche al piano finanziario della legge sulla bonifica integrale).

• L. 12/2/1942, n. 183 (Disposizioni integrative della legge sulla bonifica integrale).

• L. 30/7/1957, n. 667 (Autorizzazione della spesa di L. 50.000.000.000 per l'esecuzione di opere pubbliche di bonifica e modifica dell'art. 42 del r.d. 13/2/1933, n. 215). Questa legge è stata abrogata dall'art. 24 del d.l. 25/7/2008, n. 112.

• D.P.R. 24/7/1977, n. 616 (Attuazione della delega di cui all'art. 1 della l. 22/7/1975, n. 382).

• L. 7/2/1992, n. 140 (Interventi per la realizzazione di opera di rilevanza nazionale nel settore dell'irrigazione nonché per la concessione di mutui a tasso agevolato per operazioni di credito a sostegno della cooperazione agricola di rilevanza nazionale).

• Art. 66, co. 1, lett. c), d.l. 31/3/1998, n. 112 (Conferimento di funzioni e compiti amministrativi dello Stato alle regioni e agli enti locali, in attuazione del capo I della l. 15/3/1997, n. 59): «Sono attribuite, ai sensi dell'art. 4[2], della l. 15/3/1997, n. 59, ai comuni le funzioni relative a: [...] c) alla rilevazione dei consorzi di bonifica e degli oneri consortili gravanti sugli immobili».

858. Comprensorio di bonifica e piano delle opere (1). – [I] Il comprensorio di bonifica e il piano generale dei lavori e di attività coordinate [859 ss.] sono determinati e pubblicati a norma della legge speciale [852, 857, 1044].

(1) Art. 2 ss. del r.d. 13/2/1933, n. 215 (Nuove norme per la bonifica integrale).

859. Opere di competenza dello Stato (1). – [I] Il piano generale indicato dall'articolo precedente stabilisce quali opere di bonifica siano di competenza dello Stato [852, 860].

(1) Art. 2 del r.d. 13/2/1933, n. 215 (Nuove norme per la bonifica integrale).

860. Concorso dei proprietari nella spesa. – [I] I proprietari dei beni situati entro il perimetro del comprensorio sono obbligati a contribuire nella spesa necessaria per l'esecuzione, la manutenzione e l'esercizio delle opere in ragione del beneficio che traggono dalla bonifica [858, 864, 865].

861. Opere di competenza dei privati. – [I] I proprietari degli immobili indicati dall'articolo precedente sono obbligati a eseguire, in conformità del piano generale di bonifica e delle connesse direttive di trasformazione agraria, le opere di competenza privata che siano d'interesse comune a più fondi o d'interesse particolare a taluno di essi [862, 865, 868] (1).

(1) Art. 2, u. cpv., 8, 38 del r.d. 13/2/1033, n. 215 (Nuove norme per la bonifica integrale).

862. Consorzi di bonifica (1). – [I] All'esecuzione, alla manutenzione e all'esercizio delle opere di bonifica può provvedersi a mezzo di consorzi tra i proprietari interessati [850, 858, 863].

[II] A tali consorzi possono essere anche affidati l'esecuìzione, la manutenzione e l'esercizio delle altre opere d'interesse comune a più fondi o d'interesse particolare a uno di essi.

[III] I consorzi sono costituiti per decreto del Presidente della Repubblica (2) e, in mancanza dell'iniziativa privata, possono essere formati anche d'ufficio.

[IV] Essi sono persone giuridiche pubbliche [11] e svolgono la loro attività secondo le norme dettate dalla legge speciale.

(1) Art. 79 del r.d. 30/12/1923, n. 3267 (Riordinamento e riforma della legislazione in materia di boschi e di terreni montani): «[I] I proprietari di terreni vincolati possono riunirsi in consorzio al fine di provvedere al rimboschimento dei terreni stessi. [II] La formazione di tale consorzio può anche venire ordinata dall'Autorità giudiziaria, a norma dell'art. 659 del codice civile, quando dai lavori di rimboschimento possano derivare vantaggi ad altri proprietari. [III] I proprietari dissidenti hanno facoltà di esimersi da siffatto obbligo, cedendo i terreni al consorzio a prezzo di stia, nel qual caso è obbligatorio pel consorzio l'acquisto di essi. [IV] Ove questa facoltà non venga esercitata, i promotori del consorzio possono, nel caso che rappresentino almeno i quattro quinti dell'area del rimboschimento, procedere all'espropriazione dei terreni dei proprietari dissidenti, corrispondendo il prezzo che verrà stabilito nei modi previsti dall'art. 21».

• Art. 54 ss. del r.d. 13/2/1933, n. 215 (Nuove norme per la bonifica integrale).

• Art. 16-18 della l. 25/7/1952, n. 991 (Provvedimenti in favore dei territori montani).

• D.P.R. 23/7/1962, n. 947 (Norme sui Consorzi di bonifica, in attuazione della delega prevista dall'art. 31 della l. 2/6/1961, n. 454).

• D.P.R. 23/7/1962, n. 948 (Norme sugli Enti di sviluppo in attuazione della delega prevista dall'art. 32 della l. 2/6/1961, n. 454).

• Art. 2, co. 7, l. 2/4/2001, n. 136 (Disposizioni in materia di sviluppo, valorizzazione ed utilizzo del patrimonio immobiliare dello Stato, nonché altre disposizioni in materia di immobili pubblici): «Sono trasferiti a titolo gratuito ai consorzi di bonifica costituiti ai sensi dell'articolo 59 delle norme approvate con r.d. 13 febbraio 1933, n. 215, le aree ed i fabbricati demaniali sui quali, alla data di entrata in vigore della presente legge, risulti costituito il diritto di usufrutto a favore dei consorzi stessi».

• Art. 53, co. 3, d.lg. 3/4/2006, n. 152 (Norme in materia ambientale) «Alla realizzazione delle attività previste al comma 1 concorrono, secondo le rispettive competenze, lo Stato, le regioni a statuto speciale ed ordinario, le province autonome di Trento e di Bolzano, le province, i comuni e le comunità montane e i consorzi di bonifica e di irrigazione». Il co. 1 dispone: «Le disposizioni di cui alla presente sezione sono volte ad assicurare la tutela ed il risanamento del suolo e del sottosuolo, il risanamento idrogeologico del territorio tramite la prevenzione dei fenomeni di dissesto, la messa in sicurezza delle situazioni a rischio e la lotta alla desertificazione».

(2) Testo così modificato a seguito della mutata forma istituzionale dello Stato. Il testo originario recitava: «I consorzi sono costituiti per decreto reale ...».

➔ **CC. 1865 – art. 659.**

863. Consorzi di miglioramento fondiario (1). – [I] Nelle forme stabilite per i consorzi di bonifica [862] possono essere costituiti anche consorzi per l'esecuzione, la manutenzione e l'esercizio di opere di miglioramento fondiario comuni a più fondi e indipendenti da un piano generale di bonifica [914, 918, 921].

[II] Essi sono persone giuridiche private *[12]* Possono tuttavia assumere il carattere di persone giuridiche pubbliche [11] quando, per la loro vasta estensione territoriale o per la particolare importanza delle loro funzioni ai fini dell'incremento della produzione, sono riconosciuti di interesse nazionale con provvedimento dell'autorità amministrativa.

(1) Art. 71 del r.d. 13/2/1933, n. 215 (Nuove norme per la bonifica integrale).

864. Contributi consorziali (1). – [I] I contributi dei proprietari nella spesa di esecuzione, manutenzione ed esercizio delle opere di bonifica e di miglioramento fondiario sono esigibili con le norme e i privilegi stabiliti per l'imposta fondiaria [852, 860, 2775].

(1) Art. 21 del r.d. 13/2/1933, n. 215 (Nuove norme per la bonifica integrale).

865. Espropriazione per inosservanza degli obblighi (1). – [I] Quando l'inosservanza degli obblighi imposti ai proprietari [860, 861] risulta tale da compromettere l'attuazione del piano di bonifica, può farsi luogo all'espropriazione parziale o totale del fondo appartenente al proprietario inadempiente [834], osservate le disposizioni della legge speciale [852].

[II] L'espropriazione ha luogo a favore del consorzio, se questo ne fa richiesta, o, in mancanza, a favore di altra persona che si obblighi ad eseguire le opere offrendo opportune garanzie [1179].

(1) Art. 42 del r.d. 13/2/1933, n. 215 (Nuove norme per la bonifica integrale).

Sezione IV
Dei vincoli idrogeologici e delle difese fluviali

866. Vincoli per scopi idrogeologici e per altri scopi. – [I] Anche indipendentemente da un piano di bonifica [857, 858], i terreni di qualsiasi natura e destinazione possono essere sottoposti a vincolo idrogeologico, osservate le forme e le condizioni stabilite dalla legge speciale (1), al fine di evitare che possano con danno pubblico subire denudazioni, perdere la stabilità o turbare il regime delle acque.

[II] L'utilizzazione dei terreni e l'eventuale loro trasformazione, la qualità delle colture, il governo dei boschi e dei pascoli sono assoggettati, per effetto del vincolo, alle limitazioni stabilite dalle leggi in materia (2).

[III] Parimenti, a norma della legge speciale, possono essere sottoposti a limitazione nella loro utilizzazione i boschi che per la loro speciale ubicazione difendono terreni o fabbricati dalla caduta di valanghe, dal rotolamento dei sassi, dal sorrenamento e dalla furia dei venti, e quelli ritenuti utili per le condizioni igieniche locali (3).

(1) R.d. 30/12/1923, n. 3267 (Riordinamento e riforma della legislazione in materia di boschi e di terreni montani).

• R.d. 16/5/1926, n. 1126 (Approvazione del regolamento per l'applicazione del r.d. 30/12/1923, n. 3267, concernente il riordinamento e la riforma della legislazione in materia di boschi e di terreno montani).

• D.P.R. 15/1/1972, n. 11 (Trasferimento alle Regioni a statuto ordinario delle funzioni amministrative statali in materia di agricoltura e foreste, di caccia e di pesca nelle acque interne e dei relativi personali ed uffici).

• Art. 69, co. 4, d.P.R. 24/7/1977, n. 616 (Attuazione della delega di cui all'art. 1 della l. 22/7/1975, n. 382), che dispone: «Sono inoltre trasferite alle regioni le funzioni concernenti la sistemazione idrogeologica e la conservazione del suolo, le opere di manutenzione forestale per la difesa delle coste nonché le funzioni relative alla determinazione del vincolo idrogeologico di cui al regio decreto 30 dicembre 1923, n. 3267, ivi comprese quelle esercitate attualmente dalle camere di commercio. Per la realizzazione di opere di sistemazione idrogeologica e di difesa del suolo che interessino il territorio di due o più regioni, queste provvedono mediante intesa tra loro. Fermo restando quanto stabilito dall'art. 13 del regio decreto 30 dicembre 1923, n. 3267, restano fermi i vincoli idrogeologici attualmente vigenti fino a quando non sarà stabilita una nuova disciplina statale di principio».

• Art. 61 del d.lg. 3/4/2006, n. 152 (Norme in materia ambientale).

(2) Art. 7, 8, 9 del r.d. 30/12/1923, n. 3267, cit. sub (1).

(3) Art. 17 ss. del r.d. 30/12/1923, n. 3267, cit. sub (1).

867. Sistemazione e rimboschimento dei terreni vincolati. – [I] Al fine del rimboschimento e del rinsaldamento i terreni vincolati possono essere assoggettati a espropriazione [834], a occupazione temporanea o a sospensione dell'esercizio del pascolo, nei modi e con le forme stabiliti dalle leggi in materia (1).

(1) V. art. 75 ss. del r.d. 30/12/1923, n. 3267 (Riordinamento e riforma della legislazione in materia di boschi e di terreni montani).

• V. art. 69 del d.P.R. 24/7/1977, n. 616 (Attuazione della delega di cui all'art. 1 della l. 22/7/1975, n. 382).

868. Regolamento protettivo dei corsi d'acqua (1). – [I] I proprietari d'immobili situati in prossimità di corsi d'acqua che arrecano o minacciano danni all'agricoltura, ad abitati o a manufatti d'interesse pubblico sono obbligati, anche indipendentemente da un piano di bonifica, a contribuire all'esecuzione delle opere necessarie per il regolamento del corso d'acqua nelle forme stabilite dalle leggi speciali.

(1) R.d. 25/7/1904, n. 523 (TU delle disposizioni di legge intorno alle opere idrauliche delle diverse categorie).

Sezione V
Della proprietà edilizia

869. Piani regolatori (1). – [I] I proprietari di immobili nei comuni dove sono formati piani regolatori devono osservare le prescrizioni dei piani stessi nelle costruzioni e nelle riedificazioni o modificazioni delle costruzioni esistenti.

➔ **CC. 1865 – art. 4471.**

(1) Art. 86 ss. della l. 25/6/1865, n. 2359 (Espropriazione per causa di utilità pubblica).

• Art. 7 ss. della l. 17/8/1942, n. 1150 (Legge urbanistica).

• Art. 13 della l. 28/1/1977, n. 10 (Norme per la edificabilità dei suoli).

• D.P.R. 6/6/2001, n. 380 (TU delle disposizioni legislative e regolamentari in materia edilizia).

870. Comparti (1). – [I] Quando è prevista la formazione di comparti, costituenti unità fabbricabili con speciali modalità di costruzione e di adattamento, gli aventi diritto sugli immobili compresi nel comparto devono regolare i loro reciproci rapporti in modo da rendere possibile l'attuazione del piano. Possono anche riunirsi in consorzio per l'esecuzione delle opere. In mancanza di accordo, può procedersi all'espropriazione a norma delle leggi in materia.

(1) Art. 23 della l. 17/8/1942, n. 1150 (Legge urbanistica).

• Art. 13 della l. 28/1/1977, n. 10 (Norme per la edificabilità dei suoli).

871. Norme di edilizia e di ornato pubblico. – [I] Le regole da osservarsi nelle costruzioni sono stabilite dalla legge speciale [55 CNav.] e dai regolamenti edilizi comunali.

[II] La legge speciale stabilisce altresì le regole da osservarsi per le costruzioni nelle località sismiche (1).

(1) Art. 41-quinquies della l. 17/8/1942, n. 1150 (Legge urbanistica).

• Art. 4 del d.P.R. 6/6/2001, n. 380 (TU delle disposizioni legislative e regolamentari in materia edilizia).

• L. 25/11/1962, n. 1684 (Provvedimenti per l'edilizia, con particolari prescrizioni per le zone sismiche).

• L. 2/2/1974, n. 64 (Provvedimenti per le costruzioni con particolari prescrizioni per le zone sismiche).

• L. 9/1/1989, n. 13 (Disposizioni per favorire il superamento e l'eliminazione delle barriere architettoniche negli edifici privati).

• D.P.R. 24/7/1996, n. 503 (Regolamento recante norme per l'eliminazione delle barriere architettoniche negli edifici, spazi e servizi pubblici).

872. Violazione delle norme di edilizia. – [I] Le conseguenze di carattere amministrativo della violazione delle norme indicate dall'articolo precedente sono stabilite da leggi speciali.

[II] Colui che per effetto della violazione ha subito danno deve esserne risarcito, salva la facoltà di chiedere la riduzione in pristino quando si tratta della violazione delle norme contenute nella sezione seguente o da questa richiamate [949, 2043, 2933] (1).

(1) Art. 30 ss. del d.P.R. 6/6/2001, n. 380 (TU delle disposizioni legislative e regolamentari in materia edilizia).

• Art. 41 ss. della l. 28/2/1985, n. 47 (Norme in materia di controllo dell'attività urbanistico-edilizia, sanzioni, recupero e sanatoria delle opere edilizie).

Sezione VI
Delle distanze nelle costruzioni, piantagioni e scavi, e dei muri, fossi e siepi interposti tra i fondi

873. Distanze nelle costruzioni. – [I] Le costruzioni su fondi finitimi, se non sono unite o aderenti, devono essere tenute a distanza non minore di tre metri. Nei regolamenti locali può essere stabilita una distanza maggiore [875, 878, 879] (1).

➔ **CC. 1865 – art. 447, 570 ss.**

(1) Art. 41-quinquies e 41-septies della l. 17/8/1942, n. 1150 (Legge urbanistica).

• Art. 4 e 5 del d.m. 1/4/1968, n. 1404.

• Art. 9 del d.m. 2/4/1968, 1444.

• Art. 2-bis e 79, co. 2, d.P.R. 6/6/2001, n. 380 (TU delle disposizioni legislative e regolamentari in materia edilizia).

874. Comunione forzosa del muro sul confine. – [I] Il proprietario di un fondo contiguo al muro altrui può chiederne la comunione [875, 2742[3], 2932] per tutta l'altezza o per parte di essa [880], purché lo faccia per tutta l'estensione della sua proprietà [903]. Per ottenere la comunione deve pagare la metà del valore del muro, o della parte di muro resa comune, e la metà del valore del suolo su cui il muro è costruito. Deve inoltre eseguire le opere che occorrono per non danneggiare il vicino [876, 877, 879, 885, 888, 904].

➔ **CC. 1865 – art. 556.**

875. Comunione forzosa del muro che non è sul confine. – [I] Quando il muro si trova a una distanza dal confine minore di un metro e mezzo ovvero a distanza minore della metà di quella stabilita dai regolamenti locali [873], il vicino può chiedere la comunione del muro [874, 885, 903, 2742[3]] soltanto allo scopo di fabbricare contro il muro stesso, pagando, oltre il valore della metà del muro, il valore del suolo da occupare con la nuova fabbrica, salvo che il proprietario preferisca estendere il suo muro sino al confine [877, 879, 882, 904] (1).

[II] Il vicino che intende domandare la comunione deve interpellare preventivamente il proprietario se preferisca di estendere il muro al confine o di procedere alla sua demolizione. Questi deve manifestare la propria volontà entro il termine di giorni quindici e deve procedere alla costruzione o alla demolizione entro sei mesi dal giorno in cui ha comunicato la risposta [882].

➔ **CC. 1865 – art. 571.**

(1) Corte cost. 9/7/1959, n. 38.

876. Innesto nel muro sul confine. – [I] Se il vicino vuole servirsi del muro esistente sul confine solo per innestarvi un capo del proprio muro, non ha l'obbligo di renderlo comune a norma dell'articolo 874, ma deve pagare un'indennità per l'innesto.

877. Costruzioni in aderenza. – [I] Il vicino, senza chiedere la comunione del muro posto sul confine [874], può costruire sul confine stesso in aderenza, ma senza appoggiare la sua fabbrica a quella preesistente.

[II] Questa norma si applica anche nel caso previsto dall'articolo 875; il vicino in tal caso deve pagare soltanto il valore del suolo [904].

878. Muro di cinta. – [I] Il muro di cinta e ogni altro muro isolato che non abbia un'altezza superiore ai tre metri non è considerato per il computo della distanza indicata dall'articolo 873.

[II] Esso, quando è posto sul confine, può essere reso comune [874] anche a scopo d'appoggio, purché non preesista al di là un edificio a distanza inferiore ai tre metri [886, 892[u.c.]].

879. Edifici non soggetti all'obbligo delle distanze o a comunione forzosa (1). – [I] Alla comunione forzosa non sono soggetti gli edifici appartenenti al demanio pubblico [822, 873, 874, 875] e quelli soggetti allo stesso regime [824, 825], né gli edifici che sono riconosciuti di interesse storico, archeologico o artistico, a norma delle leggi in materia [839] (2). Il vicino non può neppure usare della facoltà concessa dall'articolo 877.

[II] Alle costruzioni che si fanno in confine con le piazze e le vie pubbliche non si applicano le norme relative alle distanze, ma devono osservarsi le leggi e i regolamenti che le riguardano.

➔ **CC. 1865 – art. 556[2], 572.**

(1) Art. 16 ss. del d.lg. 30/4/1992, n. 285 (Nuovo codice della strada).

• Art. 26 ss. del d.P.R. 16/12/1992, n. 495 (Regolamento di esecuzione e di attuazione del nuovo codice della strada).

• Art. 41-septies della l. 17/8/1942, n. 1150 (Legge urbanistica).

(2) D.lg. 22/1/2004, n. 42 (Codice dei beni culturali e del paesaggio, ai sensi dell'art. 10 della l. 6/7/2002, n. 137).

880. Presunzione di comunione del muro divisorio. – [I] Il muro che serve di divisione tra edifici si presume comune [881, 885] fino alla sua sommità e, in caso di altezze ineguali, fino al punto in cui uno degli edifici comincia ad essere più alto [874, 882, 886, 898, 903].

[II] Si presume parimenti comune il muro che serve di divisione tra cortili, giardini e orti o tra recinti nei campi [881].

➔ **CC. 1865 – art. 546, 547.**

881. Presunzione di proprietà esclusiva del muro divisorio. – [I] Si presume che il muro divisorio tra i campi, cortili, giardini od [880[2]] orti appartenga al proprietario del fondo verso il quale esiste il piovente e in ragione del piovente medesimo.

[II] Se esistono sporti, come cornicioni, mensole e simili, o vani che si addentrano oltre la metà della grossezza del muro, e gli uni e gli altri risultano costruiti col muro stesso, si presume che questo spetti al proprietario dalla cui parte gli sporti o i vani si presentano, anche se vi sia soltanto qualcuno di tali segni [897[3]].

[III] Se uno o più di essi sono da una parte, e uno o più dalla parte opposta, il muro è reputato comune [880]: in ogni caso la positura del piovente prevale su tutti gli altri indizi.

882. Riparazioni del muro comune. – [I] Le riparazioni e le ricostruzioni necessarie del muro comune sono a carico di tutti quelli che vi hanno diritto [875[3], 880, 881] e in proporzione del diritto di ciascuno [1104], salvo che la spesa sia stata cagionata dal fatto di uno dei partecipanti.

[II] Il comproprietario di un muro comune può esimersi dall'obbligo di contribuire nelle spese di riparazione e ricostruzione, rinunziando al diritto di comunione [1070, 1350[1, n. 5],

2643[1, n. 5]], purché il muro comune non sostenga un edificio di sua spettanza [883, 1123].

[III] La rinunzia non libera il rinunziante dall'obbligo delle riparazioni e ricostruzioni a cui abbia dato causa col fatto proprio [886].

883. Abbattimento di edificio appoggiato al muro comune. – [I] Il proprietario che vuole atterrare un edificio sostenuto da un muro comune può rinunziare alla comunione di questo [882[2]], ma deve farvi le riparazioni e le opere che la demolizione rende necessarie per evitare ogni danno al vicino.

➔ CC. 1865 – art. 550.

884. Appoggio e immissione di travi e catene nel muro comune. – [I] Il comproprietario di un muro comune può fabbricare appoggiandovi le sue costruzioni e può immettervi travi, purché le mantenga a distanza di cinque centimetri dalla superficie opposta, salvo il diritto dell'altro comproprietario di fare accorciare la trave fino alla metà del muro, nel caso in cui egli voglia collocare una trave nello stesso luogo, aprirvi un incavo o appoggiarvi un camino. Il comproprietario può anche attraversare il muro comune con chiavi e catene di rinforzo, mantenendo la stessa distanza. Egli è tenuto in ogni caso a riparare i danni causati dalle opere compiute.

[II] Non può fare incavi nel muro comune, né eseguirvi altra opera che ne comprometta la stabilità o che in altro modo lo danneggi [1120, 1122].

➔ CC. 1865 – art. 551, 552, 557.

885. Innalzamento del muro comune. – [I] Ogni comproprietario può alzare il muro comune, ma sono a suo carico tutte le spese di costruzione e conservazione della parte sopraedificata [875, 880, 903[2]]. Anche questa può dal vicino essere resa comune a norma dell'articolo 874.

[II] Se il muro non è atto a sostenere la sopraedificazione, colui che l'esegue è tenuto a ricostruirlo o a rinforzarlo a sue spese. Per il maggiore spessore che sia necessario, il muro deve essere costruito sul suolo proprio, salvo che esigenze tecniche impongano di costruirlo su quello del vicino. In entrambi i casi il muro ricostruito o ingrossato resta di proprietà comune, e il vicino deve essere indennizzato di ogni danno prodotto dall'esecuzione delle opere. Nel secondo caso il vicino ha diritto di conseguire anche il valore della metà del suolo occupato per il maggiore spessore.

[III] Qualora il vicino voglia acquistare la comunione della parte sopraelevata del muro, si tiene conto, nel calcolare il valore di questa, anche delle spese occorse per la ricostruzione o per il rafforzamento.

➔ CC. 1865 – art. 553, 554, 555.

886. Costruzione del muro di cinta. – [I] Ciascuno può costringere il vicino a contribuire per metà nella spesa di costruzione dei muri di cinta che separano le rispettive case, i cortili e i giardini posti negli abitati [880, 882, 888]. L'altezza di essi, se non è diversamente determinata dai regolamenti locali o dalla convenzione, deve essere di tre metri [878].

➔ CC. 1865 – art. 555, 559.

887. Fondi a dislivello negli abitati. – [I] Se di due fondi posti negli abitati uno è superiore e l'altro inferiore, il proprietario del fondo superiore deve sopportare per intero le spese di costruzione e conservazione del muro dalle fondamenta all'altezza del proprio suolo, ed entrambi i proprietari devono contribuire per tutta la restante altezza [882].

[II] Il muro deve essere costruito per metà sul terreno del fondo inferiore e per metà sul terreno del fondo superiore.

➔ CC. 1865 – art. 560.

888. Esonero dal contributo nelle spese. – [I] Il vicino si può esimere dal contribuire nelle spese di costruzione del muro di cinta o divisorio [1104], cedendo, senza diritto a compenso, la metà del terreno su cui il muro di separazione deve essere costruito [882, 886]. In tal caso il muro è di proprietà di colui che l'ha costruito, salva la facoltà del vicino di renderlo comune ai sensi dell'articolo 874, senza obbligo però di pagare la metà del valore del suolo su cui il muro è stato costruito.

➔ CC. 1865 – art. 561.

889. Distanze per pozzi, cisterne, fosse e tubi (1). – [I] Chi vuole aprire pozzi, cisterne, fosse di latrina o di concime presso il confine, anche se su questo si trova un muro divisorio, deve osservare la distanza di almeno due metri tra il confine e il punto più vicino del perimetro interno delle opere predette.

[II] Per i tubi d'acqua pura o lurida, per quelli di gas e simili e loro diramazioni deve osservarsi la distanza di almeno un metro dal confine.

[III] Sono salve in ogni caso le disposizioni dei regolamenti locali.

➔ CC. 1865 – art. 447[1], 573.

(1) Art. 218 ss. del r.d. 27/7/1934, n. 1265 (T.U. delle leggi sanitarie).

890. Distanze per fabbriche e depositi nocivi o pericolosi. – [I] Chi presso il confine, anche se su questo si trova un muro divisorio, vuole fabbricare forni, camini, magazzini di sale, stalle e simili, o vuol collocare materie umide o esplodenti o in altro modo nocive, ovvero impiantare macchinari, per i quali può sorgere pericolo di danni, deve osservare le distanze stabilite dai regolamenti e, in mancanza, quelle necessarie a preservare i fondi vicini da ogni danno alla solidità, salubrità e sicurezza [844 // 659, 674 CP.].

➔ CC. 1865 – art. 574.

891. Distanze per canali e fossi (1). – [I] Chi vuole scavare fossi o canali presso il confine, se non dispongono in modo diverso i regolamenti locali, deve osservare una distanza eguale alla profondità del fosso o canale. La distanza si misura dal confine al ciglio della sponda più vicina, la quale deve essere a scarpa naturale ovvero munita di opere di sostegno. Se il confine si trova in un fosso comune o in una via privata, la distanza si misura da ciglio a ciglio o dal ciglio al lembo esteriore della via [911].

➔ CC. 1865 – art. 575, 576.

(1) Art. 16 del d.lg. 30/4/1992, n. 285 (Nuovo codice della strada).

892. Distanze per gli alberi (1). – [I] Chi vuol piantare alberi presso il confine [893] deve osservare le distanze stabilite dai regolamenti e, in mancanza, dagli usi locali [895 // 7[n. 1] CPC.]. Se gli uni e gli altri non dispongono, devono essere osservate le seguenti distanze dal confine:

1) tre metri per gli alberi di alto fusto. Rispetto alle distanze, si considerano alberi di alto fusto quelli il cui fusto, semplice o diviso in rami, sorge ad altezza notevole, come sono i noci, i castagni, le querce, i pini, i cipressi, gli olmi, i pioppi, i platani e simili [898];

2) un metro e mezzo per gli alberi di non alto fusto. Sono reputati tali quelli il cui fusto, sorto ad altezza non superiore a tre metri, si diffonde in rami;

3) mezzo metro per le viti, gli arbusti, le siepi vive, le pian-

te da frutto di altezza non maggiore di due metri e mezzo.

[II] La distanza deve essere però di un metro, qualora le siepi siano di ontano, di castagno o di altre piante simili che si recidono periodicamente vicino al ceppo, e di due metri per le siepi di robinie.

[III] La distanza si misura dalla linea del confine alla base esterna del tronco dell'albero nel tempo della piantagione, o dalla linea stessa al luogo dove fu fatta la semina [894, 896].

[IV] Le distanze anzidette non si devono osservare se sul confine esiste un muro divisorio, proprio o comune [878, 880], purché le piante siano tenute ad altezza che non ecceda la sommità del muro.

➔ **CC. 1865 – art. 410, 447[1].**

(1) Corte cost. 3/3/1986, n. 39 e Corte cost. 23/2/1994, n. 54.

893. Alberi presso strade, canali e sul confine di boschi. – [I] Per gli alberi che nascono o si piantano nei boschi, sul confine con terreni non boschivi, o lungo le strade o le sponde dei canali, si osservano, trattandosi di bòschi, canali e strade di proprietà privata, i regolamenti (1) e, in mancanza, gli usi locali. Se gli uni e gli altri non dispongono, si osservano le distanze prescritte dall'articolo precedente [894].

➔ **CC. 1865 – art. 580.**

(1) Art. 29 del d.lg. 30/4/1992, n. 285 (Nuovo codice della strada).
• Art. 26 del d.P.R. 16/12/1992, n. 495 (Regolamento di esecuzione e di attuazione del nuovo codice della strada).

894. Alberi a distanza non legale (1). – [I] Il vicino può esigere che si estirpino gli alberi e le siepi che sono piantati o nascono a distanza minore di quelle indicate dagli articoli precedenti [892, 893, 899].

➔ **CC. 1865 – art. 581.**

(1) Corte cost. 3/3/1986, n. 39 e Corte cost. 23/2/1994, n. 54.

895. Divieto di ripiantare alberi a distanza non legale. – [I] Se si è acquistato il diritto di tenere alberi a distanza minore di quelle sopra indicate [1027], e l'albero muore o viene reciso o abbattuto, il vicino non può sostituirlo, se non osservando la distanza legale [892, 1072].

[II] La disposizione non si applica quando gli alberi fanno parte di un filare situato lungo il confine [899, 1072].

896. Recisione di rami protesi e di radici. – [I] Quegli sul cui fondo si protendono i rami degli alberi del vicino può in qualunque tempo costringerlo a tagliarli, e può egli stesso tagliare le radici che si addentrano nel suo fondo, salvi però in ambedue i casi i regolamenti e gli usi locali.

[II] Se gli usi locali non dispongono diversamente, i frutti naturalmente caduti dai rami protesi sul fondo del vicino appartengono al proprietario del fondo su cui sono caduti [821].

[III] Se a norma degli usi locali i frutti appartengono al proprietario dell'albero, per la raccolta di essi si applica il disposto dell'articolo 843.

➔ **CC. 1865 – art. 582.**

896 bis. Distanze minime per gli apiari (1). – [I] Gli apiari devono essere collocati a non meno di dieci metri da strade di pubblico transito e a non meno di cinque metri dai confini di proprietà pubbliche o private.

[II] Il rispetto delle distanze di cui al primo comma non è obbligatorio se tra l'apiario e i luoghi ivi indicati esistono dislivelli di almeno due metri o se sono interposti, senza soluzioni di continuità, muri, siepi o altri ripari idonei a non consentire il passaggio delle api. Tali ripari devono avere un'altezza di almeno due metri. Sono comunque fatti salvi gli accordi tra le parti interessate.

[III] Nel caso di accertata presenza di impianti industriali saccariferi, gli apiari devono rispettare una distanza minima di un chilometro dai suddetti luoghi di produzione.

(1) Articolo inserito dall'art. 8 della l. 24/12/2004, n. 313 (Disciplina dell'apicoltura), in vigore dal giorno 1/1/2005.

897. Comunione di fossi. – [I] Ogni fosso interposto tra due fondi si presume comune [898, 899].

[II] Si presume che il fosso appartenga al proprietario che se ne serve per gli scoli delle sue terre, o al proprietario del fondo dalla cui parte è il getto della terra o lo spurgo ammucchiatovi da almeno tre anni [881, 1095].

[III] Se uno o più di tali segni sono da una parte e uno o più dalla parte opposta, il fosso si presume comune.

➔ **CC. 1865 – art. 565-567.**

898. Comunione di siepi. – [I] Ogni siepe tra due fondi si presume comune ed è mantenuta a spese comuni, salvo che vi sia termine di confine o altra prova in contrario [880, 897, 899].

[II] Se uno solo dei fondi è recinto, si presume che la siepe appartenga al proprietario del fondo recinto, ovvero di quello dalla cui parte si trova la siepe stessa in relazione ai termini di confine esistenti.

➔ **CC. 1865 – art. 568.**

899. Comunione di alberi. – [I] Gli alberi sorgenti nella siepe comune sono comuni [895, 898].

[II] Gli alberi sorgenti sulla linea di confine si presumono comuni, salvo titolo o prova in contrario.

[III] Gli alberi che servono di limite o che si trovano nella siepe comune non possono essere tagliati, se non di comune consenso o dopo che l'autorità giudiziaria abbia riconosciuto la necessità o la convenienza del taglio [1105].

➔ **CC. 1865 – art. 569.**

Sezione VII
Delle luci e delle vedute

900. Specie di finestre. – [I] Le finestre o altre aperture sul fondo del vicino sono di due specie: luci, quando danno passaggio alla luce e all'aria, ma non permettono di affacciarsi sul fondo del vicino [901]; vedute o prospetti, quando permettono di affacciarsi e di guardare di fronte, obliquamente o lateralmente [902, 905 ss.].

➔ **CC. 1865 – art. 447[1].**

901. Luci. – [I] Le luci che si aprono sul fondo del vicino [900] devono:

1) essere munite di un'inferriata idonea a garantire la sicurezza del vicino e di una grata fissa in metallo le cui maglie non siano maggiori di tre centimetri quadrati;

2) avere il lato inferiore a una altezza non minore di due metri e mezzo dal pavimento o dal suolo del luogo al quale si vuole dare luce e aria, se esse sono al piano terreno, e non minore di due metri, se sono ai piani superiori;

3) avere il lato inferiore a una altezza non minore di due metri e mezzo dal suolo del fondo vicino, a meno che si tratti di locale che sia in tutto o in parte a livello inferiore al suolo del vicino e la condizione dei luoghi non consenta di osservare l'altezza stessa [902].

➔ **CC. 1865 – art. 584, 585.**

902. Apertura priva dei requisiti prescritti per le luci. – [I] L'apertura che non ha i caratteri di veduta o di prospetto [900] è considerata come luce, anche se non sono state osservate le prescrizioni indicate dall'articolo 901.

[II] Il vicino ha sempre il diritto di esigere che essa sia resa conforme alle prescrizioni dell'articolo predetto [2934].

➔ CC. 1865 – art. 584.

903. Luci nel muro proprio o nel muro comune. – [I] Le luci possono essere aperte dal proprietario del muro contiguo al fondo altrui.

[II] Se il muro è comune [880, 881], nessuno dei proprietari può aprire luci senza il consenso dell'altro [1108, 1120]; ma chi ha sopraelevato il muro comune può aprirle nella maggiore altezza a cui il vicino non abbia voluto contribuire [885].

➔ CC. 1865 – art. 586.

904. Diritto di chiudere le luci. – [I] La presenza di luci in un muro non impedisce al vicino di acquistare la comunione del muro medesimo [874] né di costruire in aderenza [875, 877].

[II] Chi acquista la comunione del muro non può chiudere le luci se ad esso non appoggia il suo edificio.

905. Distanza per l'apertura di vedute dirette e balconi. – [I] Non si possono aprire vedute dirette [900] verso il fondo chiuso o non chiuso e neppure sopra il tetto del vicino, se tra il fondo di questo e la faccia esteriore del muro in cui si aprono le vedute dirette non vi è la distanza di un metro e mezzo.

[II] Non si possono parimenti costruire balconi o altri sporti, terrazze, lastrici solari e simili, muniti di parapetto che permetta di affacciarsi sul fondo del vicino, se non vi è la distanza di un metro e mezzo tra questo fondo e la linea esteriore di dette opere.

[III] Il divieto cessa allorquando tra i due fondi vicini vi è una via pubblica [907].

➔ CC. 1865 – art. 587, 589.

906. Distanza per l'apertura di vedute laterali od oblique. – [I] Non si possono aprire vedute laterali od oblique [900] sul fondo del vicino se non si osserva la distanza di settantacinque centimetri, la quale deve misurarsi dal più vicino lato della finestra o dal più vicino sporto [907].

➔ CC. 1865 – art. 588.

907. Distanza delle costruzioni dalle vedute. – [I] Quando si è acquistato il diritto di avere vedute dirette [900] verso il fondo vicino [1027 ss.], il proprietario di questo non può fabbricare a distanza minore di tre metri, misurata a norma dell'articolo 905.

[II] Se la veduta diretta forma anche veduta obliqua, la distanza di tre metri deve pure osservarsi dai lati della finestra da cui la veduta obliqua si esercita [906].

[III] Se si vuole appoggiare la nuova costruzione al muro in cui sono le dette vedute dirette od oblique, essa deve arrestarsi almeno a tre metri sotto la loro soglia.

➔ CC. 1865 – art. 589, 590.

Sezione VIII
Dello stillicidio

908. Scarico delle acque piovane. – [I] Il proprietario deve costruire i tetti in maniera che le acque piovane scolino nel suo terreno e non può farle cadere nel fondo del vicino [844].

[II] Se esistono pubblici colatoi, deve provvedere affinché le acque piovane vi siano immesse con gronde o canali. Si osservano in ogni caso i regolamenti locali e le leggi sulla polizia idraulica.

➔ CC. 1865 – art. 591.

Sezione IX
Delle acque

909. Diritto sulle acque esistenti nel fondo. – [I] Il proprietario del suolo ha il diritto di utilizzare le acque in esso esistenti, salve le disposizioni delle leggi speciali per le acque pubbliche e per le acque sotterranee.

[II] Egli può anche disporne a favore d'altri, qualora non osti il diritto di terzi; ma, dopo essersi servito delle acque, non può divertirle in danno d'altri fondi.

➔ CC. 1865 – art. 540, 545.

910. Uso delle acque che limitano o attraversano un fondo*. – *[I] Il proprietario di un fondo limitato o attraversato da un'acqua non pubblica, che corre naturalmente e sulla quale altri non ha diritto, può, mentre essa trascorre, farne uso per l'irrigazione dei suoi terreni e per l'esercizio delle sue industrie, ma deve restituire le colature e gli avanzi al corso ordinario.*

* Articolo abrogato dall'art. 2, co. 1, d.P.R. 18/2/1999, n. 238 (Regolamento recante norme per l'attuazione di talune disposizioni della l. 5/1/1994, n. 36, in materia di risorse idriche).

➔ CC. 1865 – art. 543.

911. Apertura di nuove sorgenti e altre opere (1). – [I] Chi vuole aprire sorgenti, stabilire capi o aste di fonte e in genere eseguire opere per estrarre acque dal sottosuolo o costruire canali o acquedotti, oppure scavarne, profondarne o allargarne il letto, aumentarne o diminuirne il pendio o variarne la forma, deve, oltre le distanze stabilite nell'articolo 891, osservare le maggiori distanze ed eseguire le opere che siano necessarie per non recare pregiudizio ai fondi altrui, sorgenti, capi o aste di fonte, canali o acquedotti preesistenti e destinati all'irrigazione dei terreni o agli usi domestici o industriali [912, 918].

➔ CC. 1865 – art. 578[1].

(1) D.lg. 3/4/2006, n. 152 (Norme in materia ambientale).

912. Conciliazione di opposti interessi. – [I] Se sorge controversia tra i proprietari a cui un'acqua non pubblica può essere utile, l'autorità giudiziaria deve valutare l'interesse dei singoli proprietari nei loro rapporti e rispetto ai vantaggi che possono derivare all'agricoltura o all'industria dall'uso a cui l'acqua è destinata o si vuol destinare [911, 913, 1044].

[II] L'autorità giudiziaria può assegnare un'indennità ai proprietari che sopportino diminuzione del proprio diritto.

[III] In tutti i casi devono osservarsi le disposizioni delle leggi sulle acque e sulle opere idrauliche (1).

➔ CC. 1865 – art. 544, 578[2].

(1) R.d. 25/7/1904, n. 523 (TU delle disposizioni di legge intorno alle opere idrauliche delle diverse categorie).

• R.d. 11/12/1933, n. 1775 (TU delle disposizioni di legge sulle acque e impianti elettrici).

• L. 5/1/1994, n. 36 (Disposizioni in materia di risorse idriche).

CODICE CIVILE

913. Scolo delle acque. – [I] Il fondo inferiore è soggetto a ricevere le acque che dal fondo più elevato scolano naturalmente, senza che sia intervenuta l'opera dell'uomo [1094].

[II] Il proprietario del fondo inferiore non può impedire questo scolo, né il proprietario del fondo superiore può renderlo più gravoso [1043].

[III] Se per opere di sistemazione agraria dell'uno o dell'altro fondo si rende necessaria una modificazione del deflusso naturale delle acque, è dovuta un'indennità al proprietario del fondo a cui la modificazione stessa ha recato pregiudizio [1044].

➔ CC. 1865 – art. 536.

914. Consorzi per regolare il deflusso delle acque. – [I] Qualora per esigenze della produzione si debba provvedere a opere di sistemazione degli scoli, di soppressione di ristagni o di raccolta di acque, l'autorità amministrativa, su richiesta della maggioranza degli interessati o anche d'ufficio, può costituire un consorzio tra i proprietari dei fondi che traggono beneficio dalle opere stesse [863, 865, 918].

[II] Si applicano a tale consorzio le disposizioni del secondo e del terzo comma dell'articolo 921 [863, 865].

915. Riparazione di sponde e argini. – [I] Qualora le sponde o gli argini che servivano di ritegno alle acque siano stati in tutto o in parte distrutti o atterrati, ovvero per la naturale variazione del corso delle acque si renda necessario costruire nuovi argini o ripari, e il proprietario del fondo non provveda sollecitamente a ripararli o a costruirli, ciascuno dei proprietari che hanno sofferto o possono ricevere danno può provvedervi, previa autorizzazione del tribunale, che provvede in via d'urgenza [57-bis att. // 700 CPC.] (1).

[II] Le opere devono essere eseguite in modo che il proprietario del fondo, in cui esse si compiono, non ne subisca danno, eccetto quello temporaneo causato dall'esecuzione delle opere stesse [916, 917].

➔ CC. 1865 – art. 537.

(1) Comma così modificato dall'art. 149 del d.lg. 19/2/1998, n. 51, che ha sostituito la parola "pretore" con la parola "tribunale".

916. Rimozione degli ingombri. – [I] Le disposizioni dell'articolo precedente si applicano anche quando si tratta di togliere un ingombro formatosi sulla superficie di un fondo o in un fosso, rivo, colatoio o altro alveo, a causa di materie in essi impigliate, in modo che le acque danneggino o minaccino di danneggiare i fondi vicini [917].

➔ CC. 1865 – art. 538.

917. Spese per la riparazione, costruzione o rimozione. – [I] Tutti i proprietari, ai quali torna utile che le sponde e gli argini siano conservati o costruiti e gli ingombri rimossi, devono contribuire nella spesa in proporzione del vantaggio che ciascuno ne ritrae.

[II] Tuttavia, se la distruzione degli argini, la variazione delle acque o l'ingombro nei loro corsi deriva da colpa di alcuno dei proprietari, le spese di conservazione, di costruzione o di riparazione gravano esclusivamente su di lui, salvo in ogni caso il risarcimento dei danni.

➔ CC. 1865 – art. 539.

918. Consorzi volontari. – [I] Possono costituirsi in consorzio i proprietari di fondi vicini che vogliano riunire e usare in comune le acque defluenti dal medesimo bacino di alimentazione o da bacini contigui [863, 914, 921].

[II] L'adesione degli interessati e il regolamento del consorzio devono risultare da atto scritto [1350[1 n. 13], 1418, 2725].

[III] Il regolamento del consorzio è deliberato dalla maggioranza calcolata in base all'estensione dei terreni a cui serve l'acqua [1106].

➔ CC. 1865 – art. 657.

919. Scioglimento del consorzio. – [I] Lo scioglimento del consorzio non ha luogo se non quando è deliberato da una maggioranza eccedente i tre quarti, o quando, potendosi la divisione effettuare senza grave danno, essa è domandata da uno degli interessati [1111].

➔ CC. 1865 – art. 660.

920. Norme applicabili. – [I] Salvo quanto è disposto dagli articoli precedenti, si applicano ai consorzi volontari ivi indicati le norme stabilite per la comunione [1100 ss.].

➔ CC. 1865 – art. 661.

921. Consorzi coattivi. – [I] Nel caso indicato dall'articolo 918, il consorzio può anche essere costituito d'ufficio dall'autorità amministrativa, allo scopo di provvedere a una migliore utilizzazione delle acque.

[II] Per le forme di costituzione e il funzionamento si osservano le norme stabilite per i consorzi di miglioramento fondiario [863].

[III] Il consorzio può anche procedere all'espropriazione dei singoli diritti, mediante il pagamento delle dovute indennità [865, 914].

Capo III
Dei modi di acquisto della proprietà

922. Modi di acquisto. – [I] La proprietà si acquista per occupazione [923 ss., 938], per invenzione [927 ss., 932], per accessione [934 ss.], per specificazione [940], per unione o commistione [939], per usucapione [1158 ss.], per effetto di contratti [769, 1321, 1376 ss.], per successione a causa di morte [456 ss.] e negli altri modi stabiliti dalla legge [827, 851, 855, 1153, 1155, 1159, 1162 // 236, 240 CPC.] (1).

➔ CC. 1865 – art. 710.

(1) Art. 42 Cost.

• Art. 1 del Protocollo addizionale (firmato a Parigi il 20/3/1952) alla Convenzione per la salvaguardia dei diritti dell'uomo e delle libertà fondamentali firmata a Roma il 4/11/1950, ratificati in Italia con l. 4/8/1955, n. 848: «[I] Ogni persona fisica o giuridica ha diritto al rispetto dei suoi beni. Nessuno può essere privato della sua proprietà se non per causa di utilità pubblica e nelle condizioni previste dalla legge e dai principi generali del diritto internazionale. [II] Le disposizioni precedenti non portano pregiudizio al diritto degli Stati di emanare leggi da essi ritenute necessarie per disciplinare l'uso dei beni in modo conforme all'interesse generale o per assicurare il pagamento delle imposte o di altri contributi o delle ammende».

• Art. 5-bis, co. 7-bis, d.l. 11/7/1992, n. 333, conv., con modif., dalla l. 8/8/1992, n. 359: «In caso di occupazioni illegittime di suoli per causa di pubblica utilità, intervenute anteriormente al 30 settembre 1996, si applicano, per la liquidazione del danno, i criteri di determinazione dell'indennità di cui al comma 1, con esclusione della riduzione del 40 per cento. In tal caso l'importo del risarcimento è altresì aumentato del 10 per cento. Le disposizioni di cui al presente comma si applicano anche ai procedimenti in corso non definiti con sentenza passata in giudicato». (La Corte cost. con sent. 24/10/2007, n. 349 ha dichiarato l'illegittimità costituzionale di questo articolo).

• Art. 55 del d.P.R. 8/2/2001, n. 327, come modificato dall'art. 2, co. 89, l. 24/12/2007, n. 244: «[I] Nel caso di utilizzazione di un suolo edificabile per scopi di pubblica utilità, in assenza del valido ed efficace provvedimento di esproprio alla data del 30 settembre 1996, il risarcimento del danno è liquidato in misura pari al valore venale del bene».

• Art. 8, 37 ss., 42-bis, 43 del d.P.R. 8/8/2001, n. 327 (T.U. espropriazioni).

Sezione I
Dell'occupazione e dell'invenzione

923. Cose suscettibili di occupazione. – [I] Le cose mobili [812[3]] che non sono proprietà di alcuno si acquistano [922] con l'occupazione [827].

[II] Tali sono le cose abbandonate e gli animali che formano oggetto di caccia o di pesca [842] (1).

➔ **CC. 1865 – art. 416, 710, 711 // Inst. 2.1.47, Inst. 2.1.12, D. 41.1.1.1, D. 41.1.3, D. 41.2.1.1.**

(1) Art. 1, co. 1, l. 11/2/1992, n. 157 (Norme per la protezione della fauna selvatica omeoterma e per il prelievo venatorio): «La fauna selvatica è patrimonio indisponibile dello Stato ed è tutelata nell'interesse della comunità nazionale ed internazionale» e art. 12, co. 1, 6, l. cit., che dispone: «[I] L'attività venatoria si svolge per una concessione che lo Stato rilascia ai cittadini che la richiedano e che posseggano i requisiti previsti dalla presente legge. [...]. [VI] La fauna selvatica abbattuta durante l'esercizio venatorio nel rispetto delle disposizioni della presente legge appartiene a colui che l'ha cacciata».

924. Sciami di api. – [I] Il proprietario di sciami di api ha diritto d'inseguirli sul fondo altrui, ma deve indennità per il danno cagionato al fondo; se non li ha inseguiti entro due giorni o ha cessato durante due giorni d'inseguirli, può prenderli e ritenerli il proprietario del fondo [843, 2045].

➔ **CC. 1865 – art. 713 // D. 41.1.4.**

925. Animali mansuefatti. – [I] Gli animali mansuefatti possono essere inseguiti dal proprietario nel fondo altrui, salvo il diritto del proprietario del fondo a indennità per il danno [843, 2045 // 636 CP.].

[II] Essi appartengono a chi se ne è impossessato [923], se non sono reclamati entro venti giorni da quando il proprietario ha avuto conoscenza del luogo dove si trovano.

➔ **CC. 1865 – art. 442, 713 // D. 41.1.5.5.**

926. Migrazione di colombi, conigli e pesci. – [I] I conigli o pesci che passano ad un'altra conigliera o peschiera si acquistano dal proprietario di queste [923], purché non vi siano stati attirati con arte o con frode.

[II] La stessa norma si osserva per i colombi che passano ad altra colombaia, salve le diverse disposizioni di legge sui colombi viaggiatori.

➔ **CC. 1865 – art. 462 // D. 41.2.3.14.**

927. Cose ritrovate (1). – [I] Chi trova [1257] una cosa mobile deve restituirla al proprietario [931], e, se non lo conosce, deve consegnarla senza ritardo al sindaco [928] del luogo in cui l'ha trovata, indicando le circostanze del ritrovamento [930 // 647[1] CP. // 501 CNav.].

➔ **CC. 1865 – art. 708, 715 // D. 6.1.67.**

(1) Art. 1 della l. 18/5/1967, n. 401 (Istituzione di uffici oggetti rinvenuti negli aeroporti del territorio nazionale): «[I] In deroga a quanto stabilito dall'art. 927 e seguenti del codice civile, nell'ambito degli aeroporti sul territorio nazionale, possono essere istituiti con decreto del ministro per i trasporti e dell'aviazione civile, appositi uffici cui vengono consegnate le cose ritrovate, sia nelle aerostazioni, sia a bordo degli aeromobili in sosta. [II] Se si tratta di oggetti allo stato estero, essi devono essere custoditi in apposito locale, con la osservanza delle modalità previste dalle disposizioni doganali per i magazzini di proprietà privata, in quanto applicabili».

• Sul ritrovamento dei beni culturali v. art. 88-93 del d.lg. 22/1/2004, n. 42 (Codice dei beni culturali e del paesaggio, ai sensi dell'art. 10 della l. 6/7/2002, n. 137).

928. Pubblicazione del ritrovamento. – [I] Il sindaco rende nota la consegna [927] per mezzo di pubblicazione nell'albo pretorio del comune, da farsi per due domeniche successive e da restare affissa per tre giorni ogni volta [931 // 647[1, n. 1] CP.].

➔ **CC. 1865 – art. 716.**

929. Acquisto di proprietà della cosa ritrovata. – [I] Trascorso un anno dall'ultimo giorno della pubblicazione senza che si presenti il proprietario, la cosa oppure il suo prezzo, se le circostanze ne hanno richiesto la vendita, appartiene a chi l'ha trovata [922].

[II] Così il proprietario come il ritrovatore, riprendendo la cosa o ricevendo il prezzo, devono pagare le spese occorse [931, 1152 // 647[1, n. 1] CP.].

➔ **CC. 1865 – art. 708, 717.**

930. Premio dovuto al ritrovatore (1). – [I] Il proprietario [927] deve pagare a titolo di premio al ritrovatore, se questi lo richiede, il decimo della somma o del prezzo della cosa ritrovata.

[II] Se tale somma o prezzo eccede i 5,16 euro, il premio per il sovrappiù è solo del ventesimo.

[III] Se la cosa non ha valore commerciale, la misura del premio è fissata dal giudice secondo il suo prudente apprezzamento [931, 988].

➔ **CC. 1865 – art. 708, 718.**

(1) Art. 92-93 del d.lg. 22/1/2004, n. 42 (Codice dei beni culturali e del paesaggio, ai sensi dell'art. 10 della l. 6/7/2002, n. 137).

931. Equiparazione del possessore o detentore al proprietario. – [I] Agli effetti delle disposizioni contenute negli articoli 927 e seguenti, al proprietario sono equiparati, secondo le circostanze, il possessore e il detentore [1140].

➔ **CC. 1865 – art. 708.**

932. Tesoro. – [I] Tesoro è qualunque cosa mobile di pregio, nascosta o sotterrata, di cui nessuno può provare d'essere proprietario.

[II] Il tesoro appartiene al proprietario del fondo in cui si trova [826, 922, 959, 988 // 647 CP.]. Se il tesoro è trovato nel fondo altrui, purché sia stato scoperto per solo effetto del caso, spetta per metà al proprietario del fondo e per metà al ritrovatore. La stessa disposizione si applica se il tesoro è scoperto in una cosa mobile altrui.

[III] Per il ritrovamento degli oggetti d'interesse storico, archeologico, paletnologico, paleontologico e artistico, si osservano le disposizioni delle leggi speciali [826[2]] (1).

➔ **CC. 1865 – art. 714 // Inst. 2.1.39, D. 41.1.31.1.**

(1) Art. 90 ss. del d.lg. 22/1/2004, n. 42 (Codice dei beni culturali e del paesaggio, ai sensi dell'art. 10 della l. 6/7/2002, n. 137).

933. Rigetti del mare e piante sul lido. Relitti aeronautici. – [I] I diritti sopra le cose gettate in mare o sopra quelle che il mare rigetta e sopra le piante e le erbe che crescono lungo le rive del mare sono regolati dalle leggi speciali [510 ss. CNav.].

[II] Parimenti si osservano le leggi speciali per il ritrovamento di aeromobili e di relitti di aeromobili [993 ss. CNav.].

➔ CC. 1865 – art. 719.

Sezione II
Dell'accessione, della specificazione, dell'unione e della commistione

934. Opere fatte sopra o sotto il suolo. – [I] Qualunque piantagione, costruzione od opera esistente sopra o sotto il suolo appartiene al proprietario di questo [840, 922], salvo quanto è disposto dagli articoli 935, 936, 937 e 938 e salvo che risulti diversamente dal titolo o dalla legge [667^{2}, 953, 959^{2}, 975^{3}, 983, 986^{2}, $1150^{u.c.}$, 1593, 1069,2811, 2873^{3}].

➔ CC. 1865 – art. 446 // D. 41.1.7.10.

935. Opere fatte dal proprietario del suolo con materiali altrui. – [I] Il proprietario del suolo che ha fatto costruzioni, piantagioni od opere con materiali altrui deve pagarne il valore, se la separazione non è chiesta dal proprietario dei materiali, ovvero non può farsi senza che si rechi grave danno all'opera costruita o senza che perisca la piantagione [2041, 2042]. Deve inoltre, anche nel caso che si faccia la separazione, il risarcimento dei danni, se è in colpa grave [2043].

[II] In ogni caso la rivendicazione dei materiali [948] non è ammessa trascorsi sei mesi dal giorno in cui il proprietario ha avuto notizia della incorporazione [936^{5}, 937^{2}, 2964 ss.].

➔ CC. 1865 – art. 449 // D. 41.1.7.10.

936. Opere fatte da un terzo con materiali propri. – [I] Quando le piantagioni, costruzioni od opere sono state fatte da un terzo con suoi materiali, il proprietario del fondo ha diritto di ritenerle o di obbligare colui che le ha fatte a levarle.

[II] Se il proprietario preferisce di ritenerle, deve pagare a sua scelta il valore dei materiali e il prezzo della mano d'opera oppure l'aumento di valore recato al fondo [$1150^{u.c.}$, 2040, 2041].

[III] Se il proprietario del fondo domanda che siano tolte, esse devono togliersi a spese di colui che le ha fatte [2933]. Questi può inoltre essere condannato al risarcimento dei danni.

[IV] Il proprietario non può obbligare il terzo a togliere le piantagioni, costruzioni od opere, quando sono state fatte a sua scienza e senza opposizione o quando sono state fatte dal terzo in buona fede [1147, 1148].

[V] La rimozione non può essere domandata trascorsi sei mesi dal giorno in cui il proprietario ha avuto notizia dell'incorporazione [935^{2}, 937^{2}, $1150^{u.c.}$, 2964 ss.].

➔ CC. 1865 – art. 450 // D. 41.1.7.12.

937. Opere fatte da un terzo con materiali altrui. – [I] Se le piantagioni, costruzioni o altre opere sono state fatte da un terzo con materiali altrui, il proprietario di questi può rivendicarli, previa separazione a spese del terzo, se la separazione può ottenersi senza grave danno delle opere e del fondo.

[II] La rivendicazione non è ammessa trascorsi sei mesi dal giorno in cui il proprietario ha avuto notizia dell'incorporazione [935^{2}, 937^{2}, 2964 ss.].

[III] Nel caso che la separazione dei materiali non sia richiesta o che i materiali siano inseparabili, il terzo che ne ha fatto uso e il proprietario del suolo che sia stato in mala fede sono tenuti in solido [1292 ss.] al pagamento di una indennità pari al valore dei materiali stessi. Il proprietario dei materiali può anche esigere tale indennità dal proprietario del suolo, ancorché in buona fede, limitatamente al prezzo che da questo fosse ancora dovuto [2041]. Può altresì chiedere il risarcimento dei danni, tanto nei confronti del terzo che ne abbia fatto uso senza il suo consenso, quanto nei confronti del proprietario del suolo che in mala fede abbia autorizzato l'uso [2043].

➔ CC. 1865 – art. 451.

938. Occupazione di porzione di fondo attiguo. – [I] Se nella costruzione di un edificio si occupa in buona fede una porzione del fondo attiguo, e il proprietario di questo non fa opposizione entro tre mesi [2964] dal giorno in cui ebbe inizio la costruzione, l'autorità giudiziaria, tenuto conto delle circostanze, può attribuire al costruttore la proprietà dell'edificio e del suolo occupato [922, 2932]. Il costruttore è tenuto a pagare al proprietario del suolo il doppio del valore della superficie occupata, oltre il risarcimento dei danni.

➔ CC. 1865 – art. 452.

939. Unione e commistione. – [I] Quando più cose appartenenti a diversi proprietari sono state unite o mescolate in guisa da formare un sol tutto, ma sono separabili senza notevole deterioramento, ciascuno conserva la proprietà della cosa sua e ha diritto di ottenerne la separazione. In caso diverso, la proprietà ne diventa comune [922] in proporzione del valore delle cose spettanti a ciascuno.

[II] Quando però una delle cose si può riguardare come principale o è di molto superiore per valore, ancorché serva all'altra di ornamento, il proprietario della cosa principale acquista la proprietà del tutto. Egli ha l'obbligo di pagare all'altro il valore della cosa che vi è unita o mescolata; ma se la unione o la mescolanza è avvenuta senza il suo consenso ad opera del proprietario della cosa accessoria, egli non è obbligato a corrispondere che la somma minore tra l'aumento di valore apportato alla cosa principale e il valore della cosa accessoria [936^{2}].

[III] È inoltre dovuto il risarcimento dei danni in caso di colpa grave [2043].

➔ CC. 1865 – art. 464-466, 471, 472, 475.

940. Specificazione. – [I] Se taluno ha adoperato una materia che non gli apparteneva per formare una nuova cosa [686^{2}], possa o non possa la materia riprendere la sua prima forma, ne acquista la proprietà [922] pagando al proprietario il prezzo della materia, salvo che il valore della materia sorpassi notevolmente quello della mano d'opera. In quest'ultimo caso la cosa spetta al proprietario della materia, il quale deve pagare il prezzo della mano d'opera.

➔ CC. 1865 – art. 468-470 // Inst. 2.1.25.

941. Alluvione. – [I] Le unioni di terra e gli incrementi, che si formano successivamente e impercettibilmente nei fondi posti lungo le rive dei fiumi o torrenti, appartengono al proprietario del fondo, salvo quanto è disposto dalle leggi speciali [947^{2}, 2651].

➔ CC. 1865 – art. 453^{1} // Inst. 2.1.20.

942. Terreni abbandonati dalle acque correnti (1). – [I] I terreni abbandonati dalle acque correnti, che insensibilmente si ritirano da una delle rive portandosi sull'altra, appartengono al demanio pubblico, senza che il confinante della riva opposta possa reclamare il terreno perduto.

[II] Ai sensi del primo comma, si intendono per acque correnti i fiumi, i torrenti e le altre acque definite pubbliche dalle leggi in materia.

[III] Quanto stabilito al primo comma vale anche per i terreni abbandonati dal mare, dai laghi, dalle lagune e dagli stagni appartenenti al demanio pubblico [822].

➔ **CC. 1865 – 454.**

(1) Articolo così sostituito dall'art. 1 della l. 5/1/1994, n. 37 (Norme per la tutela ambientale delle aree demaniali dei fiumi, dei torrenti, dei laghi e delle altre acque). Il testo precedente recitava: «Terreno abbandonato dall'acqua corrente. [I] Il terreno abbandonato dall'acqua corrente, che insensibilmente si ritira da una delle rive portandosi sull'altra, appartiene al proprietario della riva scoperta, senza che il confinante della riva opposta possa reclamare il terreno perduto. [II] Questo diritto non ha luogo per i terreni abbandonati dal mare».

943. Laghi e stagni. – [I] Il terreno che l'acqua copre quando essa è all'altezza dello sbocco del lago o dello stagno appartiene al proprietario del lago o dello stagno, ancorché il volume dell'acqua venga a scemare.

[II] Il proprietario non acquista alcun diritto sopra la terra lungo la riva che l'acqua ricopre nei casi di piena straordinaria.

➔ **CC. 1865 – art. 455 // D. 41.1.12 pr.**

944. Avulsione. – [I] Se un fiume o torrente stacca per forza istantanea una parte considerevole e riconoscibile di un fondo contiguo al suo corso e la trasporta verso un fondo inferiore o verso l'opposta riva [945], il proprietario del fondo al quale si è unita la parte staccata ne acquista la proprietà. Deve però pagare all'altro proprietario un'indennità nei limiti del maggior valore recato al fondo dall'avulsione.

➔ **CC. 1865 – art. 456 // Inst. 2.1.21.**

945. Isole e unioni di terra. – [I] Le isole e unioni di terra che si formano nel letto dei fiumi o torrenti appartengono al demanio pubblico [822].

*[II] Se l'isola si è formata per avulsione, il proprietario del fondo, da cui è avvenuto il distacco, ne conserva la proprietà. [III] La stessa regola si osserva se un fiume o un torrente, formando un nuovo corso, attraversa e circonda il fondo o parte del fondo di un proprietario confinante, facendone un'isola**.

➔ **CC. 1865 – art. 457, 460 // Gai 2.72.**

* Commi abrogati dall'art. 2 della l. 5/1/1994, n. 37 (Norme per la tutela ambientale delle aree demaniali dei fiumi, dei torrenti, dei laghi e delle altre acque pubbliche).

946. Alveo abbandonato (1). – [I] Se un fiume o un torrente si forma un nuovo letto, abbandonando l'antico, il terreno abbandonato rimane assoggettato al regime proprio del demanio pubblico [822].

➔ **CC. 1865 – art. 461 // Inst. 2.1.23.**

(1) Articolo così sostituito dall'art. 3 della l. 5/1/1994, n. 37 (Norme per la tutela ambientale delle aree demaniali dei fiumi, dei torrenti, dei laghi e delle altre acque pubbliche). Il testo precedente recitava: «[I] Se un fiume o torrente si forma un nuovo letto, abbandonando l'antico, questo spetta ai proprietari confinanti con le due rive. Essi se lo dividono fino al mezzo del letto medesimo, secondo l'estensione della fronte del fondo di ciascuno».

947. Mutamenti del letto dei fiumi derivanti da regolamento del loro corso (1). – [I] Le disposizioni degli articoli 942, 945 e 946 si applicano ai terreni comunque abbandonati sia a seguito di eventi naturali che per fatti artificiali indotti dall'attività antropica, ivi comprendendo anche i terreni abbandonati per fenomeni di inalveamento.

[II] La disposizione dell'articolo 941 non si applica nel caso in cui le alluvioni derivano da regolamento del corso dei fiumi, da bonifiche [857] o da altri fatti artificiali indotti dall'attività antropica.

[III] In ogni caso è esclusa la sdemanializzazione tacita dei beni del demanio idrico.

(1) Articolo così sostituito dall'art. 4 della l. 5/1/1994, n. 37 (Norme per la tutela ambientale delle aree demaniali dei fiumi, dei torrenti, dei laghi e delle altre acque pubbliche). Il testo precedente recitava: «[I] Le disposizioni degli articoli 941, 942, 945 e 946 non si applicano nel caso in cui le alluvioni e i mutamenti nel letto dei fiumi derivano da regolamento del loro corso, da bonifiche o da altre simili cause».

Capo IV
Delle azioni a difesa della proprietà (1)

(1) V. art. 5 della l. 31/5/1995, n. 218 (Riforma del sistema italiano di diritto internazionale privato).

• V. art. 5 del d.lg. 4/4/2010, n. 28 (Attuazione dell'art. 60 della l. 18/6/2009, n. 69, in materia di mediazione finalizzata alla conciliazione delle controversie civili e commerciali).

948. Azione di rivendicazione (1). – [I] Il proprietario può rivendicare la cosa [823^{2}, 935^{2}, 1481, 1706, 1994, 2789] da chiunque la possiede o detiene [1140, 1153] e può proseguire l'esercizio dell'azione anche se costui, dopo la domanda, ha cessato, per fatto proprio, di possedere o detenere la cosa [$2653^{1\ n.\ 1}$]. In tal caso il convenuto è obbligato a ricuperarla per l'attore a proprie spese, o, in mancanza, a corrispondergliene il valore, oltre a risarcirgli il danno [1586^{2}, 2789].

[II] Il proprietario, se consegue direttamente dal nuovo possessore o detentore la restituzione della cosa, è tenuto a restituire al precedente possessore o detentore la somma ricevuta in luogo di essa.

[III] L'azione di rivendicazione non si prescrive [533^{2}, 935^{2}, 2934^{2}, 2946], salvi gli effetti dell'acquisto della proprietà da parte di altri per usucapione [1158, 1162, $2653^{1,\ n.\ 1}$ // 15, 21 CPC.].

➔ **CC. 1865 – art. 439, 2146 // D. 6.1.9.**

(1) Art. 8, 43, 53 del d.P.R. 8/6/2001, n. 327 (TU delle disposizioni legislative e regolamentari in materia di espropriazione per pubblica utilità).

• Art. 133 del d.lg. 2/7/2010, n. 104 (Attuazione dell'articolo 44 della l. 18/6/2009, n. 69, recante delega al Governo per il riordino del processo amministrativo).

949. Azione negatoria. – [I] Il proprietario può agire per far dichiarare l'inesistenza di diritti affermati da altri sulla cosa, quando ha motivo di temerne pregiudizio [1012^{2}, 1079, $2653^{1,\ n.\ 1}$].

[II] Se sussistono anche turbative o molestie, il proprietario può chiedere che se ne ordini la cessazione, oltre la condanna al risarcimento del danno [15, 21 CPC.].

➔ **D. 8.5.2.2, Gai 4.3.**

950. Azione di regolamento di confini. – [I] Quando il confine tra due fondi è incerto, ciascuno dei proprietari può chiedere che sia stabilito giudizialmente [15, 21 CPC.].

[II] Ogni mezzo di prova è ammesso.

[III] In mancanza di altri elementi, il giudice si attiene al confine delineato dalle mappe catastali.

➔ **D. 10.1.2 pr.-1.**

951. Azione per apposizione di termini. – [I] Se i termini tra fondi contigui mancano o sono diventati irriconoscibili, ciascuno dei proprietari ha diritto di chiedere che essi siano apposti o ristabiliti a spese comuni [7 CPC. // 631 CP.].

➔ **CC. 1865 – art. 441.**

TITOLO III
DELLA SUPERFICIE (1)

(1) V. art. 51 della l. 31/5/1995, n. 218 (Riforma del sistema italiano di diritto internazionale privato).

• V. art. 5 del d.lg. 4/3/2010, n. 28 (Attuazione dell'art. 60 della l. 18/6/2009, n. 69, in materia di mediazione finalizzata alla conciliazione delle controversie civili e commerciali).

952. Costituzione del diritto di superficie. – [I] Il proprietario può costituire il diritto di fare e mantenere al disopra del suolo una costruzione a favore di altri, che ne acquista la proprietà [934, 953 ss., 1350$^{1, n. 2}$, 2643$^{1, n. 2}$, 2810$^{1, n. 3}$, 2812^{3}, 2816].

[II] Del pari può alienare la proprietà della costruzione già esistente, separatamente dalla proprietà del suolo [953, 956, 1350$^{1, n. 2}$, 2643$^{1, n. 2}$] (1).

➔ **D. 43.17.3.7, Gai 2.73.**

(1) Art. 94 della l. 24/3/1989, n. 122, (Disposizioni in materia di parcheggi, programma triennale per le aree urbane maggiormente popolate nonché modificazioni di alcune norme del TU sulla disciplina della circolazione stradale, approvato con decreto del Presidente della Repubblica 15/6/1959, n. 39): «[IV] I comuni, previa determinazione dei criteri di cessione del diritto di superficie e su richiesta dei privati interessati o di imprese di costruzione o di società anche cooperative, possono prevedere, nell'ambito del programma urbano dei parcheggi, la realizzazione di parcheggi da destinare a pertinenza di immobili privati su aree comunali o nel sottosuolo delle stesse. Tale disposizione si applica anche agli interventi in fase di avvio o già avviati. La costituzione del diritto di superficie è subordinata alla stipula di una convenzione nella quale siano previsti: a) la durata della concessione del diritto di superficie per un periodo non superiore a novanta anni; b) il dimensionamento dell'opera ed il piano economico-finanziario previsti per la sua realizzazione; c) i tempi previsti per la progettazione esecutiva, la messa a disposizione delle aree necessarie e la esecuzione dei lavori; d) i tempi e le modalità per la verifica dello stato di attuazione nonché le sanzioni previste per gli eventuali inadempimenti».

• Art. 30 e 46 del d.P.R. 6/6/2001, n. 380 (TU delle disposizioni legislative e regolamentari in materia edilizia).

953. Costituzione a tempo determinato. – [I] Se la costituzione del diritto è stata fatta per un tempo determinato [952], allo scadere del termine il diritto di superficie si estingue e il proprietario del suolo diventa proprietario della costruzione [637, 934, 954].

➔ **D. 41.3.26, D. 43.18.1.3.**

954. Estinzione del diritto di superficie. – [I] L'estinzione del diritto di superficie per scadenza del termine importa l'estinzione dei diritti reali imposti dal superficiario [953]. I diritti gravanti sul suolo si estendono alla costruzione, salvo, per le ipoteche, il disposto del primo comma dell'articolo 2816.

[II] I contratti di locazione [1571], che hanno per oggetto la costruzione, non durano se non per l'anno in corso alla scadenza del termine [976, 999^{2} 1596, 1599].

[III] Il perimento della costruzione non importa, salvo patto contrario, la estinzione del diritto di superficie.

[IV] Il diritto di fare la costruzione sul suolo altrui si estingue [2651] per prescrizione [2946] per effetto del non uso protratto per venti anni [970, 1014$^{1, n. 1}$, 1073, 1166, 1353, 2816, 2934 ss.].

955. Costruzioni al disotto del suolo. – [I] Le disposizioni precedenti si applicano anche nel caso in cui è concesso il diritto di fare e mantenere costruzioni al disotto del suolo altrui [840, 934].

956. Divieto di proprietà separata delle piantagioni. – [I] Non può essere costituita o trasferita la proprietà delle piantagioni separatamente dalla proprietà del suolo [952] (1).

(1) Corte cost., ord. 31/5/1988 n. 598.

TITOLO IV
DELL'ENFITEUSI (1)

(1) L. 11/6/1925, n. 998 (conversione in legge del r.d.l. 15/7/1923, n. 1717, per la riforma delle disposizioni sulla affrancazione dei canoni, censi ed altre prestazioni perpetue).

• L. 22/7/1966, n. 607 (Norme in materia di enfiteusi e prestazioni fondiarie perpetue).

• L. 18/12/1970, n. 1138 (Nuove norme in materia di enfiteusi).

• L. 14/6/1974, n. 270 (Norme in materia di enfiteusi).

• Art. 5 del d.lg. 4/3/2010, n. 28 (Attuazione dell'art. 60 della l. 18/6/2009, n. 69, in materia di mediazione finalizzata alla conciliazione delle controversie civili e commerciali).

957. Disposizioni inderogabili. – [I] La enfiteusi, salvo che il titolo disponga altrimenti, è regolata dalle norme contenute negli articoli seguenti [1350$^{1, n. 2}$, 1162, 2643$^{1, n. 2}$, 2810$^{1, n. 4}$, 2812^{3}].

[II] Il titolo [587, 1158, 1350$^{1, n. 2}$, 2643$^{1, n. 2}$] non può tuttavia derogare alle norme contenute negli articoli 958 secondo comma, 961 secondo comma, *962**, 965, 968, 971 e 973 [977, 1108^{3}, 1376].

➔ **CC. 1865 – art. 1557.**

* L'art. 962 (Revisione del canone) è stato abrogato dall'art. 18 della l. 22/7/1966, n. 607 (Norme in materia di enfiteusi e prestazioni fondiarie perpetue). Il testo abrogato recitava: «[I] Decorsi almeno dieci anni dalla costituzione dell'enfiteusi, e successivamente dopo eguale periodo di tempo, le parti possono chiedere una revisione del canone [c.c. 1467], qualora questo sia divenuto troppo tenue o troppo gravoso in relazione al valore attuale del fondo. Tale valore determina senza tener conto dei miglioramenti arrecati dall'enfiteuta di deterioramenti dovuti a causa a lui imputabile. [II] La revisione non è ammessa, se il valore attuale del fondo non risulta almeno raddoppiato o ridotto a metà rispetto al valore iniziale o a quello accertato nella precedente revisione».

958. Durata. – [I] L'enfiteusi può essere perpetua o a tempo [2815^{2}].

[II] L'enfiteusi temporanea non può essere costituita per una durata inferiore ai venti anni [957^{2}, 965^{3}, 969, 975, 1077, 1078, 2815^{2}].

➔ **CC. 1865 – art. 1556 // D. 6.3.3.**

959. Diritti dell'enfiteuta. – [I] L'enfiteuta ha gli stessi diritti [1350$^{1, n. 2}$, 2643$^{1, n. 2}$, 2810$^{1, n. 4}$] che avrebbe il proprietario sui frutti del fondo [820 s.], sul tesoro [932] e relativamente alle utilizzazioni del sottosuolo in conformità delle disposizioni delle leggi speciali [840, 1058, 1077, 1078] (1).

[II] Il diritto dell'enfiteuta si estende alle accessioni [817 ss., 934 ss.].

➔ **CC. 1865 – art. 714, 1561 // D. 22.1.25.1.**

(1) R.d. 2/7/1927, n. 1443 e succ. modif. (Norme di carattere legislativo per disciplinare la ricerca e la coltivazione delle miniere nel Regno).

• D.P.R. 9/4/1959, n. 128 (Norme di polizia delle miniere e delle cave).

960. Obblighi dell'enfiteuta. – [I] L'enfiteuta ha l'obbligo [964, 972[1, n. 1], 1350[1, n. 2], 2643[1, n. 2] // 13 CPC.] di migliorare [975] il fondo e di pagare al concedente un canone periodico [820[3], 2948[1, n. 4]]. Questo può consistere in una somma di danaro ovvero in una quantità fissa di prodotti naturali [961, *962**, 2763] (1).

[II] L'enfiteuta non può pretendere remissione o riduzione del canone per qualunque insolita sterilità del fondo o perdita di frutti [1635, 1879[2]].

➔ **CC. 1865 – art. 1556, 1559 // Codex 4.66.1.**

* L'art. 962 (Revisione del canone) è stato abrogato dall'art. 18 della l. 22/7/1966, n. 607 (Norme in materia di enfiteusi e prestazioni fondiarie perpetue).

(1) Art. 1 della l. 22/7/1966, n. 607: «[I] I canoni enfiteutici perpetui o temporanei e le altre prestazioni fondiarie perpetue non possono comunque superare l'ammontare corrispondente al reddito dominicale del fondo sul quale gravano, determinato a norma del decreto-legge 4 aprile 1939, n. 589, convertito nella legge 29 giugno 1939, n. 976, rivalutato con il decreto legislativo del Capo provvisorio dello Stato 12 maggio 1947, n. 356. (La Corte costituzionale, con sent. 23 maggio 1997, n. 143, ha dichiarato l'illegittimità costituzionale di questo comma, nella parte in cui, per le **enfiteusi fondiarie costituite anteriormente al 28 ottobre 1941**, non prevede che il valore di riferimento per la determinazione del capitale per l'affrancazione delle stesse sia periodicamente aggiornato mediante l'applicazione di coefficienti di maggiorazione idonei a mantenere adeguata, con una ragionevole approssimazione, la corrispondenza con la effettiva realtà economica). [II] I canoni e le altre prestazioni stabiliti in misura superiore sono ridotti al limite di cui al precedente comma, previo computo, quanto a quelli consistenti in una quantità fissa di derrate, dell'equivalente in denaro in base ai prezzi correnti al momento della entrata in vigore della presente legge, e, quanto a quelli consistenti in una quota di derrate, della somma in denaro calcolata, in base ai detti prezzi sulla misura fissa corrispondente alla media delle quantità corrispondenti nell'ultimo quinquennio. [III] I canoni e le altre prestazioni stabiliti in misura inferiore non possono essere aumentati. [IV] L'affrancazione dei canoni e delle prestazioni si opera in ogni caso mediante il pagamento di una somma corrispondente a quindici volte il loro valore, come sopra determinato, previo computo, limitatamente a quelli in natura, dell'equivalente in denaro, determinato ai sensi del secondo comma (La Corte costituzionale, con sent. 23 maggio 1997, n. 143, ha dichiarato l'illegittimità costituzionale di questo comma, nella parte in cui, per le enfiteusi fondiarie costituite anteriormente al 28 ottobre 1941, non prevede che il valore di riferimento per la determinazione del capitale per l'affrancazione delle stesse sia periodicamente aggiornato mediante l'applicazione di coefficienti di maggiorazione idonei a mantenere adeguata, con una ragionevole approssimazione, la corrispondenza con la effettiva realtà economica). [V] Sono salve le condizioni di maggior favore per l'enfiteuta. [VI] Ai fini dell'applicazione del primo comma del presente articolo si fa riferimento alla qualifica catastale risultante al 30 giugno 1939». (La Corte costituzionale, con sent. 21/3/1969, n. 37, ha dichiarato l'illegittimità costituzionale dell'art. 1, limitatamente alla parte in cui comprende nella normativa anche i rapporti, che formano oggetto della legge, conclusi successivamente alla data del 28/10/1941).

• Art. 2 della l. 18/12/1970, n. 1138 (Nuove norme in materia di enfiteusi): «[I] Ai fini dell'applicazione del primo e del l'ultimo comma dell'art. 1 della L. 22 luglio 1966, n. 607, alle **enfiteusi rustiche costituite successivamente al 28 ottobre 1941**, si ha riguardo alla qualifica e alla classe catastale esistenti al momento della costituzione del rapporto. [II] Il concedente pertanto, ove ritenga che detta qualifica e classifica catastale non corrisponda no alla reale situazione del fondo alla data della costituzione del rapporto, può chiedere all'intendente di finanza di accertare la qualifica del fondo a quella data assumendo a proprio carico le relative spese. [III] In ogni caso il canone dei rapporti di enfiteusi costituiti successivamente al 23 ottobre 1941 non può risultare inferiore alla quindicesima parte dell'indennità di espropriazione determinata ai sensi delle leggi di riforma agraria 12 maggio 1950, n. 230 e 21 ottobre 1950, n. 841, e successive modificazioni e integrazioni». (Questo comma tre dell'art. 2 è stato aggiunto dall'art. 1, l. 14/6/1974, n. 270. La Corte costituzionale, con sent. 7/4/1988, n. 406, ha dichiarato l'illegittimità costituzionale dell'art. 1 cit., nella parte in cui non prevede che il valore di riferimento da esso prescelto per la determinazione del canone enfiteutico sia periodicamente aggiornato mediante l'applicazione di coefficienti di maggiorazione idonei a mantenere adeguata, con una ragionevole approssimazione, la corrispondenza con la effettiva realtà economica. La Corte costituzionale, con sent. 18/7/1973, n. 145, ha dichiarato l'illegittimità costituzionale dell'art. 2 della l. 18/12/1970, n. 1138, nella parte in cui non determina il valore dei capitali di affranco secondo i criteri stabiliti dall'art. 7 della l. 12/5/1950, n. 230, e dall'art. 18 della l. 21/10/1950, n. 841, nonché il correlativo valore dei canoni enfiteutici nella quindicesima parte di quegli stessi capitali).

• Art. 5 della l. 18/12/1970, n. 1138 (Nuove norme in materia di enfiteusi): «Il canone annuo delle **enfiteusi urbane ed edificatorie** non può essere superiore a quello fissato all'inizio del rapporto enfiteutico salva, **per i rapporti istituiti anteriormente al 28 ottobre 1941**, la rivalutazione di cui alla l. 1° luglio 1952, n. 701». (La Corte costituzionale, con sent. 6/3/1974, n. 53, ha dichiarato l'illegittimità costituzionale dell'articolo, limitatamente alla parte in cui comprende nella nuova normativa anche i rapporti di enfiteusi urbana ed edificatoria costituiti successivamente alla data del 28/10/1941. La stessa Corte, con sent. 20/5/2008, n. 160, ha dichiarato l'illegittimità costituzionale dell'articolo nella parte in cui, per le enfiteusi urbane costituite anteriormente al 28/10/1941, non prevede che il valore di riferimento per la determinazione del capitale per l'affrancazione delle stesse sia periodicamente aggiornato mediante l'applicazione di coefficienti di maggiorazione idonei a mantenerne adeguata, con una ragionevole approssimazione, la corrispondenza con la effettiva realtà economica.

961. Pagamento del canone. – [I] L'obbligo del pagamento del canone [2763, 2948] grava solidalmente [1292 ss.] su tutti i coenfiteusi e sugli eredi dell'enfiteuta finché dura la comunione.

[II] Nel caso in cui segua la divisione e il fondo venga goduto separatamente dagli enfiteuti o dagli eredi, ciascuno risponde per gli obblighi inerenti all'enfiteusi proporzionalmente al valore della sua porzione [957[2], 1295].

962. Revisione del canone*. – *[I] Decorsi almeno dieci anni dalla costituzione dell'enfiteusi, e successivamente dopo eguale periodo di tempo, le parti possono chiedere una revisione del canone [c.c. 1467], qualora questo sia divenuto troppo tenue o troppo gravoso in relazione al valore attuale del fondo. Tale valore determina senza tener conto dei miglioramenti arrecati dall'enfiteuta di deterioramenti dovuti a causa a lui imputabile. [II] La revisione non è ammessa, se il valore attuale del fondo non risulta almeno raddoppiato o ridotto a metà rispetto al valore iniziale o a quello accertato nella precedente revisione*.*

* Articolo abrogato dall'art. 18 della l. 22/7/1966, n. 607 (Norme in materia di enfiteusi e prestazioni fondiarie perpetue). V. Corte cost. 5/11/1984, n. 246.

963. Perimento totale o parziale del fondo. – [I] Quando il fondo enfiteutico perisce interamente, l'enfiteusi si estingue [975].

[II] Se è perita una parte notevole del fondo e il canone risulta sproporzionato al valore della parte residua, l'enfiteuta, secondo le circostanze, può chiedere una congrua riduzione del canone, o rinunziare al suo diritto, restituendo il fondo al concedente, salvo il diritto al rimborso dei miglioramenti sulla parte residua [975].

[III] La domanda di riduzione del canone e la rinunzia al

diritto non sono ammesse, decorso un anno dall'avvenuto perimento [2964 ss.].

[IV] Qualora il fondo sia assicurato e l'assicurazione sia fatta anche nell'interesse del concedente, l'indennità è ripartita tra il concedente e l'enfiteuta in proporzione del valore dei rispettivi diritti [1891].

[V] Nel caso di espropriazione per pubblico interesse [834], l'indennità si ripartisce a norma del comma precedente.

➔ CC. 1865 – art. 1560.

964. Imposte e altri pesi. – [I] Le imposte e gli altri pesi che gravano sul fondo [960, 967] sono a carico dell'enfiteuta, salve le disposizioni delle leggi speciali [1009].

[II] Se in virtù del titolo costitutivo sono a carico del concedente, tale obbligo non può eccedere l'ammontare del canone.

➔ CC. 1865 – art. 1558.

965. Disponibilità del diritto dell'enfiteuta. – [I] L'enfiteuta può disporre del proprio diritto, sia per atto tra vivi [769, 968, 1077, 1078, 1350[1, n. 2], 2643[1, n. 2]], sia per atto di ultima volontà [587, 649, 2648].

[II] Per l'alienazione del diritto dell'enfiteuta non è dovuta alcuna prestazione al concedente.

[III] Nell'atto costitutivo può essere vietato all'enfiteuta di disporre per atto tra vivi, in tutto o in parte, del proprio diritto, per un tempo non maggiore di venti anni [958[2], 1379].

[IV] Nel caso di alienazione compiuta contro tale divieto, l'enfiteuta non è liberato dai suoi obblighi verso il concedente ed è tenuto a questi solidalmente [1292 ss.] con l'acquirente [957[2], 958, 967, 980, 1024].

➔ CC. 1865 – art. 1562.

966. Prelazione a favore del concedente*. – *[I] In caso di vendita del diritto dell'enfiteuta, il concedente è preferito a parità di condizioni. L'enfiteuta deve notificare al concedente la proposta di alienazione, indicandone il prezzo; il concedente deve esercitare il suo diritto entro il termine di trenta giorni. In mancanza della notificazione, il concedente, entro un anno dalla notizia della vendita, può riscattare il diritto dall'acquirente e da ogni successivo avente causa. [II] Se i concedenti sono più e la prelazione non è esercitata da tutti congiuntamente, essa può esercitarsi per la totalità anche da uno solo, il quale subentra all'enfiteuta di fronte agli altri concedenti.*

* Articolo abrogato dall'art. 10 della l. 18/12/1970, n. 1138 (Nuove norme in materia di enfiteusi).

967. Diritti e obblighi dell'enfiteuta e del concedente in caso di alienazione. – [I] In caso di alienazione, il nuovo enfiteuta è obbligato solidalmente [1292 ss.] col precedente al pagamento dei canoni non soddisfatti [960, 964, 965].

[II] Il precedente enfiteuta non è liberato dai suoi obblighi, prima che sia stato notificato [137 CPC.] l'atto di acquisto al concedente [1264].

[III] In caso di alienazione del diritto del concedente, l'acquirente non può pretendere l'adempimento degli obblighi dell'enfiteuta prima che a questo sia stata notificata [137 CPC.] l'alienazione [1264].

968. Subenfiteusi. – [I] La subenfiteusi non è ammessa [957[2], 965].

➔ CC. 1865 – art. 1562[2].

969. Ricognizione. – [I] Il concedente può richiedere la ricognizione del proprio diritto da chi si trova nel possesso del fondo enfiteutico, un anno prima del compimento del ventennio [2720 // 13 CPC.].

[II] Per l'atto di ricognizione non è dovuta alcuna prestazione. Le spese dell'atto sono a carico del concedente [1870, 2720].

➔ CC. 1865 – art. 1563.

970. Prescrizione del diritto dell'enfiteuta. – [I] Il diritto dell'enfiteuta si prescrive [2934 ss.] per effetto del non uso protratto per venti anni [954[4] 958, 1014[1, n. 1], 1026, 1073, 1077, 1078, 1166, 2651, 2815[3], 2934, 2946 // 252 att.].

971. Affrancazione. – *[I] L'enfiteuta può affrancare il fondo dopo venti anni dalla costituzione dell'enfiteusi. [II] Nell'atto costitutivo può essere stabilito un termine superiore ai venti anni, ma non eccedente i quarant'anni. [III] Anche quando nell'atto costitutivo non è indicato alcun termine, se in esso è prestabilito un piano di miglioramento, l'enfiteuta non può procedere alla affrancazione prima che i miglioramenti siano stati compiuti**.

[IV] Se più sono gli enfiteuti, l'affrancazione può promuoversi anche da uno solo di essi, ma per la totalità. In questo caso l'affrancante subentra nei diritti del concedente verso gli altri enfiteuti, salva, a favore di questi, una riduzione proporzionale del canone.

[V] Se più sono i concedenti, l'affrancazione può effettuarsi per la quota che spetta a ciascun concedente.

[VI] L'affrancazione si opera mediante il pagamento di una somma [2815] risultante dalla capitalizzazione del canone annuo [960] sulla base dell'interesse legale (1) [1284]. Le modalità sono stabilite da leggi speciali [957[2] // 58 att.] (2).

➔ CC. 1865 – art. 1564.

* Commi abrogati dall'art. 10 della l. 18/12/1970, n. 1138 (Nuove norme in materia di enfiteusi).

(1) Art. 9 della l. 18/12/1970, n. 1138 (Nuove norme in materia di enfiteusi): «L'affrancazione del fondo si opera in ogni caso, anche quando si tratti di enfiteusi urbane o edificatorie, mediante il pagamento di una somma pari a 15 volte l'ammontare del canone».

(2) Corte cost. 15/3/1996, n. 74.

• Art. 1, co. 1, 4, l. 22/7/1966, n. 607 (Norme in materia di enfiteusi e prestazioni fondiarie perpetue). La Corte cost. (23/5/1997, n. 143) ha dichiarato l'illegittimità costituzionale dell'art. 1, co. 1, 4 nella parte in cui, per le enfiteusi fondiarie costituite anteriormente al 28/10/1941, non prevede che il valore di riferimento per la determinazione del capitale per l'affrancazione delle stesse sia periodicamente aggiornato mediante l'applicazione di coefficienti di maggiorazione idonei a mantenere adeguata, con una ragionevole approssimazione, la corrispondenza con la effettiva realtà economica.

• Art. 5 e 6 della l. 18/12/1970, n. 1138 (Nuove norme in materia di enfiteusi). La Corte cost. (20/5/2008, n. 160), ha dichiarato l'illegittimità costituzionale di questi articoli nella parte in cui, per le enfiteusi urbane costituite anteriormente al 28/10/1941, non prevedono che il valore di riferimento per la determinazione del capitale per l'affrancazione delle stesse sia periodicamente aggiornato mediante l'applicazione di coefficienti di maggiorazione idonei a mantenerne adeguata, con una ragionevole approssimazione, la corrispondenza con la effettiva realtà economica.

972. Devoluzione. – [I] Il concedente [971] può chiedere la devoluzione del fondo enfiteutico [975, 1077, 2653[1, n. 2], 2655[2], 2815[2]]:

1) se l'enfiteuta deteriora il fondo o non adempie all'obbligo di migliorarlo [960];

2) se l'enfiteuta è in mora nel pagamento di due annualità di canone [960, 1219]. La devoluzione non ha luogo se l'enfiteuta ha effettuato il pagamento dei canoni maturati

prima che sia intervenuta nel giudizio sentenza, ancorché di primo grado, che abbia accolto la domanda [1453[3], 2655[2]].

[II] La domanda di devoluzione [974, 2653[1, n. 2]] non preclude all'enfiteuta il diritto di affrancare, sempre che ricorrano le condizioni previste dall'articolo 971 *[...]** (1).

➔ **CC. 1865 – art. 1565.**

* Il secondo e il terzo periodo di questo comma, soppressi dall'art. 8 della l. 22/7/1966, n. 607 (Norme in materia di enfiteusi e prestazioni fondiarie perpetue), recitavano: «Tuttavia l'affrancazione non è ammessa, se la devoluzione è chiesta a norma del n. 1 del precedente comma e l'inadempimento è di considerevole gravità. In tal caso la domanda giudiziale di devoluzione prevale su quella di affrancazione anche se questa sia stata anteriormente proposta, purché non sia intervenuta sentenza, sebbene di primo grado, che abbia ammesso affrancazione».

(1) Art. 10, ultima parte, l. 18/12/1970, n. 1138 (Nuove norme in materia di enfiteusi): «Le domande di riscatto e di devoluzione esercitate dal concedente a norma dell'art. 972 del codice civile non precludono in nessun caso all'enfiteuta il diritto di affrancazione».

973. Clausola risolutiva espressa. – [I] La dichiarazione del concedente di valersi della clausola risolutiva espressa [1456] non impedisce l'esercizio del diritto di affrancazione [971] *[...]**.

➔ **CC. 1865 – art. 1565.**

* L'ultima parte dell'articolo, soppressa dall'art. 9 della l. 22/7/1966, n. 607 (Norme in materia di enfiteusi e prestazioni fondiarie perpetue), recitava: «eccettuato il caso in cui, a norma dell'articolo precedente, la domanda di devoluzione preclude l'affrancazione».

974. Diritti dei creditori dell'enfiteuta. – [I] I creditori dell'enfiteuta possono intervenire nel giudizio di devoluzione per conservare le loro ragioni [972, 2900 // 105 CPC.], valendosi all'uopo anche del diritto di affrancazione che spetti all'enfiteuta [971]; possono offrire il risarcimento dei danni e dare cauzione per l'avvenire.

[II] I creditori, che hanno iscritto ipoteca [2815] contro l'enfiteuta anteriormente alla trascrizione della domanda di devoluzione [2653[1, n. 2]] e ai quali questa non è stata notificata in tempo utile per poter intervenire, conservano il diritto di affrancazione anche dopo avvenuta la devoluzione.

➔ **CC. 1865 – art. 1565[2], 1567.**

975. Miglioramenti e addizioni (1). – [I] Quando cessa l'enfiteusi [958, 963, 970, 972], all'enfiteuta spetta il rimborso dei miglioramenti [985, 1078] nella misura dell'aumento di valore conseguito dal fondo per effetto dei miglioramenti stessi, quali sono accertati al tempo della riconsegna [1150, 1592, 2811, 2815].

[II] Se in giudizio è stata fornita qualche prova della sussistenza in genere dei miglioramenti, all'enfiteuta compete la ritenzione del fondo fino a quando non è soddisfatto il suo credito [748[4], 985, 1152].

[III] Per le addizioni fatte dall'enfiteuta, quando possono essere tolte senza nocumento del fondo, il concedente, se vuole ritenerle, deve pagarne il valore al tempo della riconsegna. Se le addizioni non sono separabili senza nocumento [934] e costituiscono miglioramento, si applica la disposizione del primo comma di questo articolo [986[3], 1593[2] // 157 att.].

➔ **CC. 1865 – art. 1566.**

(1) Art. 14 della l. 22/7/1966, n. 607 (Norme in materia di enfiteusi e prestazioni fondiarie perpetue): «Ai fini dell'applicazione della presente legge sono privi di efficacia usi, consuetudini e clausole contrattuali o di capitolati generali colonici, che prevedano la rinunzia o la limitazione del diritto del colono sulle migliorie da lui effettuate sul fondo del concedente».

976. Locazioni concluse dall'enfiteuta. – [I] Per le locazioni concluse dall'enfiteuta si applicano le norme dell'articolo 999 [954[2], 1571 ss., 1596, 1599].

977. Enfiteusi costituite dalle persone giuridiche. – [I] Le disposizioni contenute negli articoli precedenti si applicano anche alle enfiteusi costituite dalle persone giuridiche [11], salvo che sia disposto diversamente dalle leggi speciali [979[2]].

TITOLO V
DELL'USUFRUTTO, DELL'USO E DELL'ABITAZIONE

Capo I
Dell'usufrutto (1)

(1) V. art. 51 della l. 31/5/1995, n. 218 (Riforma del sistema italiano di diritto internazionale privato).

• V. art. 5 del d.lg. 4/3/2010, n. 28 (Attuazione dell'art. 60 della l. 18/6/2009, n. 69, in materia di mediazione finalizzata alla conciliazione delle controversie civili e commerciali).

Sezione I
Disposizioni generali

978. Costituzione. – [I] L'usufrutto è stabilito dalla legge [194[2], 324, 327] o dalla volontà dell'uomo [550, 587, 636[2], 649[2], 678, 698, 785, 796, 1000, 1078, 1350[1, n. 2], 2025, 2352, 2471-bis, 2561, 2643[1, n. 2], 2648, 2684[1, n. 2], 2810[1, n. 2], 2812, 2814, 2932]. Può anche acquistarsi per usucapione [1153, 1158 ss.].

➔ **CC. 1865 – art. 478 // Inst. 2.4.1.**

979. Durata. – [I] La durata dell'usufrutto non può eccedere la vita dell'usufruttuario [678, 698, 796, 1014, 2814].

[II] L'usufrutto costituito a favore di una persona giuridica non può durare più di trenta anni [11, 1014].

➔ **CC. 1865 – art. 478, 515, 518.**

980. Cessione dell'usufrutto. – [I] L'usufruttuario può cedere il proprio diritto [*1024*] per un certo tempo o per tutta la sua durata, se ciò non è vietato dal titolo costitutivo [326, 1002[2], 1078, 1265[2], 1350[1, n. 2], 1379, 2643[1, n. 2], 2810[2]].

[II] La cessione dev'essere notificata [137 CPC.] al proprietario; finché non sia stata notificata, l'usufruttuario è solidalmente [1292] obbligato con il cessionario verso il proprietario [1002].

➔ **CC. 1865 – art. 492.**

Sezione II
Dei diritti nascenti dall'usufrutto

981. Contenuto del diritto di usufrutto. – [I] L'usufruttuario ha diritto di godere della cosa, ma deve rispettarne la destinazione economica [693[2], 986, 996, 1015, 1060, 1615, 2561[2] // 15, 21 CPC.].

[II] Egli può trarre dalla cosa ogni utilità [820] che questa può dare [1998, 2350, 2352], fermi i limiti stabiliti in questo capo.

➔ **CC. 1865 – art. 476, 477 // D. 7.1.13.4, D. 7.1.13.5.**

982. Possesso della cosa. – [I] L'usufruttuario ha il diritto di conseguire il possesso [1140] della cosa di cui ha l'usufrutto [678], salvo quanto è disposto dall'articolo 1002.

➔ **CC. 1865 – art. 496[1] // D. 4.6.23.2, D. 7.6.3.**

983. Accessioni. – [I] L'usufrutto si estende a tutte le accessioni della cosa [817 ss., 934 ss., 1998].

[II] Se il proprietario dopo l'inizio dell'usufrutto, con il consenso dell'usufruttuario, ha fatto nel fondo costruzioni o piantagioni, l'usufruttuario è tenuto a corrispondere gli interessi [1284] sulle somme impiegate [1005[3], 1009]. La norma si applica anche nel caso in cui le costruzioni o piantagioni sono state fatte per disposizione della pubblica autorità.

➔ **D. 7.1.9.4.**

984. Frutti. – [I] I frutti naturali e i frutti civili [820, 821] spettano all'usufruttuario per la durata del suo diritto.

[II] Se il proprietario e l'usufruttuario si succedono nel godimento della cosa entro l'anno agrario o nel corso di un periodo produttivo di maggiore durata, l'insieme di tutti i frutti si ripartisce fra l'uno e l'altro in proporzione della durata del rispettivo diritto nel periodo stesso [150 att.].

[III] Le spese per la produzione e il raccolto sono a carico del proprietario e dell'usufruttuario nella proporzione indicata dal comma precedente ed entro i limiti del valore dei frutti [821[2]].

➔ **CC. 1865 – art. 479, 480, 481 // D. 7.1.27 pr., D. 7.1.68 pr., D. 7.4.13.**

985. Miglioramenti. – [I] L'usufruttuario ha diritto a un'indennità per i miglioramenti che sussistono al momento della restituzione della cosa [975, 986, 2811 // 157 att.].

[II] L'indennità si deve corrispondere nella minor somma tra l'importo della spesa e l'aumento di valore conseguito dalla cosa per effetto dei miglioramenti [1150[3], 1592].

[III] L'autorità giudiziaria, avuto riguardo alle circostanze [1176], può disporre che il pagamento della indennità prevista dai commi precedenti sia fatto ratealmente, imponendo in questo caso idonea garanzia [1511, 1179 // 119 CPC.].

➔ **CC. 1865 – art. 495 // D. 7.1.13.4.**

986. Addizioni. – [I] L'usufruttuario può eseguire addizioni che non alterino la destinazione economica della cosa [981].

[II] Egli ha diritto di toglierle alla fine dell'usufrutto, qualora ciò possa farsi senza nocumento della cosa, salvo che il proprietario preferisca ritenere le addizioni stesse. In questo caso deve essere corrisposta all'usufruttuario un'indennità pari alla minor somma tra l'importo della spesa e il valore delle addizioni al tempo della riconsegna [975[3], 1593 // 157 att.].

[III] Se le addizioni non possono separarsi senza nocumento della cosa [934] e costituiscono miglioramento di essa, si applicano le disposizioni relative ai miglioramenti [985].

➔ **CC. 1865 – art. 495[3] // D. 5.3.39.1, D. 6.1.38, D. 7.1.15 pr.**

987. Miniere, cave e torbiere. – [I] L'usufruttuario gode delle cave e torbiere [art. 117 Cost.] già aperte e in esercizio all'inizio dell'usufrutto. Non ha facoltà di aprirne altre senza il consenso del proprietario (1).

[II] Per le ricerche e le coltivazioni minerarie [826[2]] di cui abbia ottenuto il permesso, l'usufruttuario deve indennizzare il proprietario dei danni che saranno accertati alla fine dell'usufrutto.

[III] Se il permesso è stato ottenuto dal proprietario o da un terzo, questi devono all'usufruttuario un'indennità corrispondente al diminuito godimento del fondo durante l'usufrutto.

➔ **CC. 1865 – art. 494[2] // D. 7.1.13.5.**

(1) Art. 45 del r.d. 29/7/1927, n. 1443 (Norme di carattere legislativo per disciplinare la ricerca e la coltivazione delle miniere nel Regno): «[I] Le cave e le torbiere sono lasciate in disponibilità del proprietario del suolo. [II] Quando il proprietario non intraprenda la coltivazione della cava o torbiera o non dia ad essa sufficiente sviluppo, l'ingegnere capo del Distretto minerario può prefiggere un termine per l'inizio, la ripresa o la intensificazione dei lavori. Trascorso infruttuosamente il termine prefisso, l'ingegnere capo del Distretto minerario può dare la concessione della cava e della torbiera in conformità delle norme contenute nel titolo II del presente decreto, in quanto applicabili. Quando la concessione abbia per oggetto la coltivazione di torbiere interessanti la bonifica idraulica, sarà preventivamente inteso il competente Ufficio del genio civile. [III] Contro i provvedimenti dell'ingegnere capo del Distretto minerario, che conceda la coltivazione della cava o torbiera, è ammesso ricorso gerarchico al Ministro per l'industria e per il commercio, che decide sentito il Consiglio superiore delle miniere. [IV] Al proprietario è corrisposto il valore degli impianti, dei lavori utilizzabili e del materiale estratto disponibile presso la cava o la torbiera. [V] I diritti spettanti ai terzi sulla cava o sulla torbiera si risolvono sulle somme assegnate al proprietario a termini del comma precedente. [VI] Sono applicabili in ogni caso alle cave e alle torbiere le disposizioni degli artt. 29, 31 e 32. [VII] Quando dalla coltivazione di cave e torbiere derivi grave pericolo di dissesto idrogeologico, tale da comportare rischio per la sicurezza delle persone e degli insediamenti umani, la regione, salvo diversa disposizione regionale in materia, può prescrivere, con ordinanza del presidente indicante un termine, interventi di messa in sicurezza a carico del conduttore. In caso di non ottemperanza alle prescrizioni, la regione può, con deliberazione motivata della Giunta, disporre la revoca immediata dell'autorizzazione e l'acquisizione della cava al patrimonio indisponibile della regione. Qualora la cava faccia parte del patrimonio indisponibile della regione, la Giunta regionale dispone la revoca della concessione».

988. Tesoro. – [I] Il diritto dell'usufruttuario non si estende al tesoro che si scopra durante l'usufrutto, salve le ragioni che gli possono competere come ritrovatore [930, 932, 959].

➔ **CC. 1865 – art. 494[3].**

989. Boschi, filari e alberi sparsi di alto fusto. – [I] Se nell'usufrutto sono compresi boschi o filari cedui ovvero boschi o filari di alto fusto [892] destinati alla produzione di legna, l'usufruttuario può procedere ai tagli ordinari, curando il mantenimento dell'originaria consistenza dei boschi o dei filari e provvedendo, se occorre, alla loro ricostituzione [990] (1).

[II] Circa il modo, l'estensione, l'ordine e l'epoca dei tagli, l'usufruttuario è tenuto a uniformarsi, oltre che alle leggi e ai regolamenti forestali, alla pratica costante della regione [992, 993].

[III] Le stesse regole si applicano agli alberi di alto fusto sparsi per la campagna, destinati ad essere tagliati.

➔ **CC. 1865 – art. 485-487 // D. 7.1.48.1, D. 7.8.22 pr., D. 7.1.10.**

(1) Art. 2 del d.lg. 18/5/2001, n. 227 (Orientamento e modernizzazione del settore forestale, a norma dell'art. 7 della l. 5/3/2001, n. 57).

990. Alberi di alto fusto divelti, spezzati o periti. – [I] Gli alberi di alto fusto divelti, spezzati o periti per accidente spettano al proprietario. L'usufruttuario può servirsi di essi soltanto per le riparazioni che sono a suo carico [989, 1004, 1005].

➔ **CC. 1865 – art. 488 // D. 7.1.12 pr.**

991. Alberi fruttiferi. – [I] Gli alberi fruttiferi che periscono e quelli divelti o spezzati per accidente appartengono all'usufruttuario, ma questi ha l'obbligo di sostituirne altri [1014$^{1, n. 3}$, 1016].

➔ **CC. 1865 – art. 490 // D. 7.1.18.**

992. Pali per vigne e per altre coltivazioni. – [I] L'usufruttuario può prendere nei boschi i pali occorrenti per le vigne e per le altre coltivazioni che ne abbisognano, osservando sempre la pratica costante della regione [989^{2}, 993].

➔ **CC. 1865 – art. 489 // D. 7.1.9.7.**

993. Semenzai. – [I] L'usufruttuario può servirsi dei piantoni dei semenzai, ma deve osservare la pratica costante della regione [989^{2}, 992] per il tempo e il modo della estrazione e per la rimessa dei virgulti.

➔ **CC. 1865 – art. 491 // D. 7.1.9.6.**

994. Perimento delle mandre o dei greggi. – [I] Se l'usufrutto è stabilito sopra una mandra o un gregge [816], l'usufruttuario è tenuto a surrogare gli animali periti, fino alla concorrente quantità dei nati, dopo che la mandra o il gregge ha cominciato ad essere mancante del numero primitivo [996, 1645].

[II] Se la mandra o il gregge perisce interamente per causa non imputabile all'usufruttuario, questi non è obbligato verso il proprietario che a rendere conto delle pelli o del loro valore.

➔ **CC. 1865 – art. 512, 513 // D. 7.1.68.2, Inst. 2.1.38.**

995. Cose consumabili. – [I] Se l'usufrutto comprende cose consumabili [750^{2}], l'usufruttuario ha diritto di servirsene e ha l'obbligo di pagarne il valore al termine dell'usufrutto secondo la stima convenuta [1002].

[II] Mancando la stima, è in facoltà dell'usufruttuario di pagare le cose secondo il valore che hanno al tempo in cui finisce l'usufrutto o di restituirne altre in eguale qualità e quantità [1001, 1258].

➔ **CC. 1865 – art. 483 // Inst. 2.4.2.**

996. Cose deteriorabili. – [I] Se l'usufrutto comprende cose che, senza consumarsi in un tratto, si deteriorano a poco a poco [981, 1003$^{u.c.}$], l'usufruttuario ha diritto di servirsene secondo l'uso al quale sono destinate, e alla fine dell'usufrutto è soltanto tenuto a restituirle nello stato in cui si trovano [1001].

➔ **CC. 1865 – art. 484 // D. 7.9.9.3.**

997. Impianti, opifici e macchinari. – [I] Se l'usufrutto comprende impianti, opifici o macchinari che hanno una destinazione produttiva, l'usufruttuario è tenuto a riparare e a sostituire durante l'usufrutto le parti che si logorano, in modo da assicurare il regolare funzionamento delle cose suddette [2561^{2}]. Se l'usufruttuario ha sopportato spese che eccedono quelle delle ordinarie riparazioni [1004], il proprietario, al termine dell'usufrutto, è tenuto a corrispondergli una congrua indennità.

998. Scorte vive e morte. – [I] Le scorte vive [1641] e morte [1640] di un fondo devono essere restituite in eguale quantità [2163, 2169] e qualità. L'eccedenza o la deficienza di esse deve essere regolata in danaro, secondo il loro valore al termine dell'usufrutto.

999. Locazioni concluse dall'usufruttuario. – [I] Le locazioni concluse dall'usufruttuario, in corso al tempo della cessazione dell'usufrutto, purché constino da atto pubblico [2699] o da scrittura privata di data certa [2704] anteriore, continuano per la durata stabilita [1596, 1599], ma non oltre il quinquennio dalla cessazione dell'usufrutto.

[II] Se la cessazione dell'usufrutto avviene per la scadenza del termine stabilito, le locazioni non durano in ogni caso se non per l'anno [954^{2}], e, trattandosi di fondi rustici dei quali il principale raccolto è biennale o triennale, se non per il biennio o triennio che si trova in corso al tempo in cui cessa l'usufrutto [976, 1078 // 151 att.].

➔ **CC. 1865 – art. 493 // D. 7.1.12.2.**

1000. Riscossione di capitali. – [I] Per la riscossione di somme che rappresentano un capitale gravato d'usufrutto [1250, 1254, 1265^{2}], è necessario il concorso del titolare del credito [1188] e dell'usufruttuario. Il pagamento fatto a uno solo di essi non è opponibile all'altro, salve in ogni caso le norme relative alla cessione dei crediti [1260 ss.].

[II] Il capitale riscosso dev'essere investito in modo fruttifero e su di esso si trasferisce l'usufrutto. Se le parti non sono d'accordo sul modo d'investimento, provvede l'autorità giudiziaria [1998^{2}].

Sezione III
Degli obblighi nascenti dall'usufrutto

1001. Obbligo di restituzione. Misura della diligenza. – [I] L'usufruttuario deve restituire [1177] le cose che formano oggetto del suo diritto, al termine dell'usufrutto, salvo quanto è disposto dall'articolo 995 [218, 981, 996, 1002, 1004, 1008, 1015].

[II] Nel godimento della cosa egli deve usare la diligenza del buon padre di famiglia [1176^{1}].

➔ **CC. 1865 – art. 497^{1}, 1076 // Inst. 2.1.38, D. 7.1.9.2, D. 7.1.65 pr.**

1002. Inventario e garanzia. – [I] L'usufruttuario prende le cose nello stato in cui si trovano [982, 996].

[II] Egli è tenuto a fare a sue spese l'inventario dei beni, previo avviso al proprietario [218 // 769, 777 CPC.]. Quando l'usufruttuario è dispensato dal fare l'inventario, questo può essere richiesto dal proprietario a sue spese.

[III] L'usufruttuario deve inoltre dare idonea garanzia [218, 1003, 1179]. Dalla prestazione della garanzia sono dispensati [1015^{2}] i genitori che hanno l'usufrutto legale sui beni dei loro figli minori [324, 327]. Sono anche dispensati il venditore e il donante con riserva d'usufrutto [796]; ma, qualora questi cedano l'usufrutto, il cessionario è tenuto a prestare garanzia [980, 1015^{2}].

[IV] L'usufruttuario non può conseguire il possesso dei beni [982] prima di avere adempiuto agli obblighi su indicati.

➔ **CC. 1865 – art. 496^{1}, 497.**

1003. Mancanza o insufficienza della garanzia. – [I] Se l'usufruttuario non presta la garanzia a cui è tenuto [1002], si osservano le disposizioni seguenti:

gli immobili sono locati o messi sotto amministrazione, salva la facoltà all'usufruttuario di farsi assegnare per propria abitazione [1022] una casa compresa nell'usufrutto. L'amministrazione è affidata, con il consenso dell'usufruttuario, al proprietario o altrimenti a un terzo scelto di comune accordo tra proprietario e usufruttuario o, in mancanza di tale accordo, nominato dall'autorità giudiziaria [59 att.];

il danaro è collocato a interesse [1000^2];
i titoli al portatore [2003] si convertono in nominativi [2021] a favore del proprietario con il vincolo dell'usufrutto [1999, 2025], ovvero si depositano presso una terza persona, scelta dalle parti, o presso un istituto di credito, la cui designazione, in caso di dissenso, è fatta dall'autorità giudiziaria;
le derrate sono vendute e il loro prezzo è parimenti collocato a interesse [1000^2].

[II] In questi casi appartengono all'usufruttuario gli interessi dei capitali, le rendite, le pigioni e i fitti.

[III] Se si tratta di mobili i quali si deteriorano con l'uso [996], il proprietario può chiedere che siano venduti e ne sia impiegato il prezzo come quello delle derrate. L'usufruttuario può nondimeno domandare che gli siano lasciati i mobili necessari per il proprio uso.

➔ **CC. 1865 – art. 498, 499.**

1004. Spese a carico dell'usufruttuario. – [I] Le spese e, in genere, gli oneri relativi alla custodia, amministrazione e manutenzione ordinaria della cosa sono a carico dell'usufruttuario [990, 997].

[II] Sono pure a suo carico le riparazioni straordinarie [1005] rese necessarie dall'inadempimento degli obblighi di ordinaria manutenzione [997, 1015, 1025, 1576].

➔ **CC. 1865 – art. 501, 503 // Codex 3.33.7, D. 7.9.2, D. 7.1.65 pr.**

1005. Riparazioni straordinarie. – [I] Le riparazioni straordinarie sono a carico del proprietario [1004, 1006, 1150^1, 1576].

[II] Riparazioni straordinarie sono quelle necessarie ad assicurare la stabilità dei muri maestri e delle volte, la sostituzione delle travi, il rinnovamento, per intero o per una parte notevole, dei tetti, solai, scale, argini, acquedotti, muri di sostegno o di cinta.

[III] L'usufruttuario deve corrispondere al proprietario, durante l'usufrutto, l'interesse [1284] delle somme spese per le riparazioni straordinarie [983^2, 1009].

➔ **CC. 1865 – art. 503, 5041 // D. 7.1.7.2.**

1006. Rifiuto del proprietario alle riparazioni. – [I] Se il proprietario rifiuta di eseguire le riparazioni poste a suo carico o ne ritarda l'esecuzione senza giusto motivo, è in facoltà dell'usufruttuario di farle eseguire a proprie spese [1005]. Le spese devono essere rimborsate alla fine dell'usufrutto senza interesse. A garanzia del rimborso l'usufruttuario ha diritto di ritenere l'immobile riparato [748^4, 975^2, 1011, 1152, 1502^2, 2756^3 // 152 att.].

➔ **CC. 1865 – art. 502.**

1007. Rovina parziale di edificio accessorio. – [I] Le disposizioni dei due articoli precedenti si applicano anche nel caso in cui, per vetustà o caso fortuito, rovini soltanto in parte l'edificio che formava accessorio necessario del fondo soggetto a usufrutto [1018].

➔ **CC. 1865 – art. 505.**

1008. Imposte e altri pesi a carico dell'usufruttuario. – [I] L'usufruttuario è tenuto, per la durata del suo diritto, ai carichi annuali, come le imposte, i canoni, le rendite fondiarie e gli altri pesi che gravano sul reddito [1025].

[II] Per l'anno in corso al principio e alla fine dell'usufrutto questi carichi si ripartiscono tra il proprietario e l'usufruttuario in proporzione della durata del rispettivo diritto [984^2].

➔ **CC. 1865 – art. 506 // D. 7.1.27.3, D. 7.1.52.**

1009. Imposte e altri pesi a carico del proprietario. – [I] Al pagamento dei carichi imposti sulla proprietà durante l'usufrutto, salvo diverse disposizioni di legge, è tenuto il proprietario [964], ma l'usufruttuario gli deve corrispondere l'interesse [1284] della somma pagata [983^2, 1005^3].

[II] Se l'usufruttuario ne anticipa il pagamento, ha diritto di essere rimborsato del capitale alla fine dell'usufrutto [1010, 1011].

➔ **CC. 1865 – art. 507, 508.**

1010. Passività gravanti su eredità in usufrutto. – [I] L'usufruttuario di un'eredità [816] o di una quota di eredità [588] è obbligato a pagare per intero, o in proporzione della quota, le annualità e gli interessi dei debiti o dei legati da cui l'eredità stessa sia gravata [1009].

[II] Per il pagamento del capitale dei debiti o dei legati, che si renda necessario durante l'usufrutto, è in facoltà dell'usufruttuario di fornire la somma occorrente, che gli deve essere rimborsata senza interesse alla fine dell'usufrutto [1009^2, 1011].

[III] Se l'usufruttuario non può o non vuole fare questa anticipazione, il proprietario può pagare tale somma, sulla quale l'usufruttuario deve corrispondergli l'interesse [1284] durante l'usufrutto, o può vendere una porzione dei beni soggetti all'usufrutto fino alla concorrenza della somma dovuta.

[IV] Se per il pagamento dei debiti [752] si rende necessaria la vendita dei beni, questa è fatta d'accordo tra proprietario e usufruttuario, salvo ricorso all'autorità giudiziaria in caso di dissenso. L'espropriazione forzata deve seguire contro ambedue [102 CPC.].

➔ **CC. 1865 – art. 509 // D. 33.2.43, D. 35.2.69.**

1011. Ritenzione per le somme anticipate. – [I] Nelle ipotesi contemplate dal secondo comma dell'articolo 1009 e dal secondo comma dell'articolo 1010, l'usufruttuario ha diritto di ritenzione sui beni che sono in suo possesso fino alla concorrenza della somma a lui dovuta [748^4, 975^3, 1006, 1011, 1152, 1502^2, 2756^3 // 152 att.].

1012. Usurpazioni durante l'usufrutto e azioni relative alle servitù. – [I] Se durante l'usufrutto un terzo commette usurpazione sul fondo o altrimenti offende le ragioni del proprietario, l'usufruttuario è tenuto a fargliene denunzia e, omettendola, è responsabile dei danni che eventualmente siano derivati al proprietario [1168, 1586, 1777^2].

[II] L'usufruttuario può far riconoscere l'esistenza delle servitù a favore del fondo [1079] o la inesistenza di quelle che si pretende di esercitare sul fondo medesimo [949]; egli deve in questi casi chiamare in giudizio il proprietario [102, 106 CPC.].

➔ **CC. 1865 – art. 511 // D. 43.25.1.4.**

1013. Spese per le liti. – [I] Le spese delle liti [90 ss. CPC.] che riguardano tanto la proprietà quanto l'usufrutto sono sopportate dal proprietario e dall'usufruttuario in proporzione del rispettivo interesse.

➔ **CC. 1865 – art. 510.**

Sezione IV

Estinzione e modificazioni dell'usufrutto

1014. Estinzione dell'usufrutto. – [I] Oltre quanto è stabilito dall'articolo 979, l'usufrutto si estingue [328, $1350^{1,\ n.\ 5}$, $2643^{1,\ n.\ 5}$, 2651, 2814]:

1) per prescrizione [2934, 2936] per effetto del non uso durato per venti anni [954^4, 970, 1026, 1073, 1158, 1166^2, 2814];

2) per la riunione dell'usufrutto e della proprietà nella stessa persona [1072, 1253];

3) per il totale perimento della cosa su cui è costituito [1016-1019, 2814].

➔ **CC. 1865 – art. 515 // D. 7.2.3.2, D. 7.4.3.3, Inst. 2.4.3.**

1015. Abusi dell'usufruttuario. – [I] L'usufrutto può anche cessare per l'abuso [2814] che faccia l'usufruttuario del suo diritto alienando i beni o deteriorandoli [981] o lasciandoli andare in perimento per mancanza di ordinarie riparazioni [1004, 2561^{3}, 1218, 2058].

[II] L'autorità giudiziaria può, secondo le circostanze, ordinare che l'usufruttuario dia garanzia [119 CPC.], qualora ne sia esente [1002^{3}], o che i beni siano locati o posti sotto amministrazione a spese di lui, o anche dati in possesso al proprietario con l'obbligo di pagare annualmente all'usufruttuario, durante l'usufrutto, una somma determinata.

[III] I creditori dell'usufruttuario possono intervenire nel giudizio per conservare le loro ragioni, offrire il risarcimento dei danni e dare garanzia per l'avvenire [2900 // 105, 267 CPC.].

➔ **CC. 1865 – art. 516 // D. 39.2.9.5, D. 7.9.1.3.**

1016. Perimento parziale della cosa. – [I] Se una sola parte della cosa soggetta all'usufrutto perisce [1014$^{1,\ n.\ 3}$], l'usufrutto si conserva sopra ciò che rimane [1018].

➔ **CC. 1865 – art. 519 // D. 7.4.31.**

1017. Perimento della cosa per colpa o dolo di terzi. – [I] Se il perimento della cosa non è conseguenza di caso fortuito [2050], l'usufrutto si trasferisce sull'indennità [1019, 1020, 1128^{3}, 2742] dovuta dal responsabile del danno [1000].

1018. Perimento dell'edificio. – [I] Se l'usufrutto è stabilito sopra un fondo, del quale fa parte un edificio, e questo viene in qualsiasi modo a perire, l'usufruttuario ha diritto di godere dell'area e dei materiali [1016].

[II] La stessa disposizione si applica se l'usufrutto è stabilito soltanto sopra un edificio. In tal caso, però, il proprietario, se intende costruire un altro edificio, ha il diritto di occupare l'area e di valersi dei materiali, pagando all'usufruttuario, durante l'usufrutto, gli interessi [1284] sulla somma corrispondente al valore dell'area e dei materiali [1019, 2815].

➔ **CC. 1865 – art. 520 // Inst. 2.4.4, D. 7.4.5.2.**

1019. Perimento di cosa assicurata dall'usufruttuario. – [I] Se l'usufruttuario ha provveduto all'assicurazione della cosa o al pagamento dei premi per la cosa già assicurata, l'usufrutto si trasferisce sull'indennità [1017, 1020, 1128, 2742] dovuta dall'assicuratore [1000, 1901].

[II] Se è perito un edificio e il proprietario intende di ricostruirlo con la somma conseguita come indennità, l'usufruttuario non può opporsi. L'usufrutto in questo caso si trasferisce sull'edificio ricostruito. Se però la somma impiegata nella ricostruzione è maggiore di quella spettante in usufrutto, il diritto dell'usufruttuario sul nuovo edificio è limitato in proporzione di quest'ultima [1018, 2815, 2825].

1020. Requisizione o espropriazione. – [I] Se la cosa è requisita o espropriata per pubblico interesse [834], l'usufrutto si trasferisce sull'indennità relativa [1017, 1019, 1128, 2742] (1).

➔ **CC. 1865 – art. 438.**

(1) Art. 25 e 34 del d.P.R. 8/6/2001, n. 327 (TU delle disposizioni legislative e regolamentari in materia di espropriazione per pubblica utilità).

Capo II
Dell'uso e dell'abitazione

1021. Uso (1). – [I] Chi ha il diritto d'uso [540^{2}, 584^{1}, 636^{2}, 1153^{3}] di una cosa può servirsi di essa e, se è fruttifera, può raccogliere i frutti [820, 821] per quanto occorre ai bisogni suoi e della sua famiglia [1023, 1026, 1350$^{1,\ n.\ 4}$, 2643$^{1,\ n.}$ 4, 2648, 2812].

[II] I bisogni si devono valutare secondo la condizione sociale del titolare del diritto [438, 1022,].

➔ **CC. 1865 – art. 476, 521 // D. 7.8.12.1 // Inst. 2.5.1.**

(1) In materia di boschi v. art. 169 ss. del r.d. 30/12/1923, n. 3267.

• In materia di usi civici v. art. 66, co. 5, 6, 7, d.P.R. 24/7/1977, n. 616.

• In materia di parcheggi soggetti ad un vincolo pubblicistico di destinazione v. art. 18 della l. 6/8/1967, n. 765 (Modifiche ed integrazioni alla legge urbanistica 17/8/1942, n. 1150) a norma del quale: Alla l. 17/8/1942, n. 1150, dopo l'art. 41, è aggiunto il seguente art. 41-sexies: «Nelle nuove costruzioni ed anche nelle aree di pertinenza delle costruzioni stesse, debbono essere riservati appositi spazi per parcheggi in misura non inferiore ad un metro quadrato per ogni **venti** metri cubi di costruzione».

• In materia di parcheggi soggetti al vincolo pubblicistico di inscindibilità con l'unità immobiliare v. art. 2 della l. 24/3/1989, n. 122 (Disposizioni in materia di parcheggi, programma triennale per le aree urbane maggiormente popolate nonché modificazioni di alcune norme del testo unico sulla disciplina della circolazione stradale, approvato con decreto del Presidente della Repubblica 15/6/1959, n. 393) che ha così modificato l'art. 41-sexies «Nelle nuove costruzioni ed anche nelle aree di pertinenza delle costruzioni stesse, debbono essere riservati appositi spazi per parcheggi in misura non inferiore ad un metro quadrato per ogni **dieci** metri cubi di costruzione».

• Per la definitiva liberalizzazione del regime di circolazione e trasferimento delle aree destinate a parcheggio v. art. 12, co. 9, l. 28/12/2005, n. 246 (Semplificazione e riassetto normativo per l'anno 2005) che ha aggiunto all'art. 41-sexies un ulteriore co. 2 il quale «Gli spazi per parcheggi realizzati in forza del primo comma non sono gravati da vincoli pertinenziali di sorta né da diritti d'uso a favore dei proprietari di altre unità immobiliari e sono trasferibili autonomamente da esse».

• Art. 35, co. 11, l. 28/12/2001, n. 448 (Legge finanziaria 2002).

• Art. 5 del d.lg. 4/3/2010, n. 28 (Attuazione dell'art. 60 della l. 18/6/2009, n. 69, in materia di mediazione finalizzata alla conciliazione delle controversie civili e commerciali).

1022. Abitazione. – [I] Chi ha diritto di abitazione [540^{2}, 636^{2}, 1003, 1023, 1158, 1162, 1171, 1350$^{1,\ n.\ 4}$, 2643$^{1,\ n.\ 4}$, 2644, 2645, 2812, 2913] di una casa può abitarla limitatamente ai bisogni suoi e della sua famiglia. [1021^{2}, 1023].

➔ **CC. 1865 – art. 476, 522.**

1023. Ambito della famiglia. – [I] Nella famiglia [1021, 1022] si comprendono anche i figli nati dopo che è cominciato il diritto d'uso o d'abitazione, quantunque nel tempo in cui il diritto è sorto la persona non avesse contratto matrimonio. Si comprendono inoltre i figli adottivi [291 ss.] e i figli riconosciuti [250 ss.], anche se l'adozione o il riconoscimento sono seguiti dopo che il diritto era già sorto (1). Si comprendono infine le persone che convivono con il titolare del diritto per prestare a lui o alla sua famiglia i loro servizi [2240, 153 att.].

➔ **CC. 1865 – art. 523 // D. 7.8.4 pr.**

(1) Il secondo periodo del co. 1 è stato così sostituito dall'art. 90 del d.lg. 28/12/2013, n. 154 (Revisione delle disposizioni vigenti in materia di filiazione), in vigore dal 7/2/2014. Il testo previgente stabiliva: «Si comprendono inoltre i figli adottivi, i figli naturali riconosciuti e gli affiliati, anche se l'adozione, il riconoscimento o l'affiliazione sono seguiti dopo che il diritto era già sorto». La disciplina dell'affiliazione, contenuta negli art. 404-413 è stata abrogata dall'art. 77 della l. 4/5/1983, n. 184. Nel codice civile le parole "figli legittimi" e "figli naturali", ovunque ricorrenti, sono state sostituite dalla seguente parola: "figli", ai sensi dell'art. 1, co. 11, l. 10/12/2012, n. 219 (Disposizioni in materia di riconoscimento dei figli naturali). Per le disposizioni transitorie v. art. 104, d.lg. n. 154 cit.

1024. Divieto di cessione. – [I] I diritti di uso e di abitazione non si possono cedere o dare in locazione [965, 980, 999] (1).

➔ **CC. 1865 – art. 528 // Inst. 2.5 pr., Inst. 2.5.5, D. 7.8.11.**

(1) Art. 35, co. 11, l. 28/12/2001, n. 448 (Legge finanziaria 2002).

1025. Obblighi inerenti all'uso e all'abitazione. – [I] Chi ha l'uso di un fondo e ne raccoglie tutti i frutti o chi ha il diritto di abitazione e occupa tutta la casa è tenuto alle spese di coltura, alle riparazioni ordinarie [1004 ss., 1576, 1621] e al pagamento dei tributi come l'usufruttuario [1008] (1).

[II] Se non raccoglie che una parte dei frutti o non occupa che una parte della casa, contribuisce in proporzione di ciò che gode.

➔ **CC. 1865 – art. 527.**

(1) Art. 35, co. 11, l. 28/12/2001, n. 448 (Legge finanziaria 2002).

1026. Applicabilità delle norme sull'usufrutto. – [I] Le disposizioni relative all'usufrutto [978 ss.] si applicano, in quanto compatibili, all'uso e all'abitazione [1021, 1022].

➔ **CC. 1865 – art. 529.**

TITOLO VI
DELLE SERVITÙ PREDIALI

Capo I
Disposizioni generali

1027. Contenuto del diritto. – [I] La servitù prediale consiste nel peso imposto sopra un fondo per l'utilità [1028] di un altro fondo appartenente a diverso proprietario [853, 1072, $1350^{1, n. 4}$, $2643^{1, n. 4}$, 2812].

➔ **CC. 1865 – art. 531, 533 // D. 7.6.5 pr., D. 8.1.15 pr.-1, D. 8.2.26, D. 8.2.39, D. 8.4.1.1, D. 8.4.10, D. 8.5.5.**

1028. Nozione dell'utilità. – [I] L'utilità può consistere anche nella maggiore comodità o amenità del fondo dominante. Può del pari essere inerente alla destinazione industriale del fondo [1074].

➔ **CC. 1865 – art. 531 // D. 43.20.3 pr., D. 8.1.8 pr.**

1029. Servitù per vantaggio futuro. – [I] È ammessa la costituzione di una servitù per assicurare a un fondo un vantaggio futuro.

[II] È ammessa altresì a favore o a carico di un edificio da costruire o di un fondo da acquistare; ma in questo caso la costituzione non ha effetto se non dal giorno in cui l'edificio è costituito o il titolo è acquistato [1472].

➔ **D. 8.2.22, D. 8.2.23 pr.-1.**

1030. Prestazioni accessorie. – [I] Il proprietario del fondo servente non è tenuto a compiere alcun atto per rendere possibile l'esercizio della servitù da parte del titolare, salvo che la legge o il titolo non disponga altrimenti [1065, 1070].

➔ **D. 8.1.15 pr.-1, D. 8.5.6.2.**

1031. Costituzione delle servitù. – [I] Le servitù possono essere costituite coattivamente [1032] o volontariamente [1058]. Possono anche essere costituite per usucapione [1061, 1158] o per destinazione del padre di famiglia [1062].

➔ **CC. 1865 – art. 532, 629 // Inst. 2.3.4, D. 6.2.11.1, D. 8.3.1.2, D. 8.3.11, D. 8.3.34 pr., D. 8.4.5, D. 8.4.6.1, D. 8.4.16, D. 41.3.4.28(29).**

Capo II
Delle servitù coattive (1)

(1) Cfr. art. 3, l. 28/7/2016, n. 154 che dispone «1. I proprietari di strade private sono tenuti a consentire il passaggio di tubazioni per l'allacciamento alla rete del gas di utenze domestiche o aziendali, compresa l'installazione di contatori, nonché il passaggio di tubazioni per la trasmissione di energia geotermica. Ai fini del rispetto dell'obbligo di cui al presente comma, il sindaco del comune territorialmente competente, su richiesta degli interessati, autorizza l'esecuzione dei lavori di cui al primo periodo, tenendo in debita considerazione la stagionalità delle colture cui sono destinati i terreni agricoli adiacenti le strade private oggetto dei lavori, al fine di impedire o limitare gli eventuali danneggiamenti alle coltivazioni. L'applicazione delle disposizioni di cui al presente comma comporta l'obbligo di ripristino della strada nello stato antecedente il lavoro e l'eventuale risarcimento del danno causato dal medesimo lavoro alle coltivazioni e alle attrezzature di produzione».

1032. Modi di costituzione. – [I] Quando, in forza di legge [1033 ss.], il proprietario di un fondo ha il diritto di ottenere da parte del proprietario di un altro fondo la costituzione di una servitù, questa, in mancanza di contratto, è costituita con sentenza [$2643^{1, n. 4 e 14}$, 2932]. Può anche essere costituita con atto dell'autorità amministrativa nei casi specialmente determinati dalla legge [853, 855] (1).

[II] La sentenza stabilisce le modalità della servitù e determina l'indennità dovuta [1038, 1039, 1047, 1049, 1053].

[III] Prima del pagamento dell'indennità il proprietario del fondo servente può opporsi all'esercizio della servitù.

➔ **CC. 1865 – art. 616 // D. 10.2.22.3, D. 10.3.7.1, D. 10.3.18.**

(1) Art. 119 ss. del r.d. 11/12/1933, n. 1775: «Ogni proprietario è tenuto a dar passaggio per i suoi fondi alle condutture elettriche aeree o sotterranee che esegua chi ne abbia ottenuto permanentemente o temporaneamente l'autorizzazione dall'autorità competente».

• Art. 16 del d.lg. 30/4/1992, n. 285 (Nuovo codice della strada).

• Art. 91 e 92 del d.lg. 1/8/2003, n. 259 (Codice delle comunicazioni elettroniche).

• Art. 320 del d.lg. 15/3/2010, n. 66: «[I] In vicinanza delle opere e installazioni permanenti e semipermanenti di difesa, di segnalazione e riconoscimento costiero, delle basi navali, degli aeroporti, degli impianti e installazioni radar e radio, degli stabilimenti nei quali sono fabbricati, manipolati o depositati materiali bellici o sostanze pericolose, dei campi di esperienze e dei poligoni di tiro, il diritto di proprietà e di impresa può essere soggetto a limitazioni secondo le norme del presente capo. [II] Tali limitazioni sono stabilite nella durata massima di cinque anni, salvo quanto previsto dall'art. 331, e sono imposte nella misura direttamente e strettamente necessaria per il tipo di opere o di installazioni di difesa».

Sezione I

Dell'acquedotto e dello scarico coattivo

1033. Obbligo di dare passaggio alle acque. – [I] Il proprietario è tenuto a dare passaggio per i suoi fondi [1032] alle acque di ogni specie che si vogliono condurre da parte di chi ha, anche solo temporaneamente, il diritto di utilizzarle per i bisogni della vita o per usi agrari o industriali [1034, 1037, 1043, 1046, 1051].

[II] Sono esenti da questa servitù le case, i cortili, i giardini e le aie ad esse attinenti [1046].

➔ CC. 1865 – art. 598.

1034. Apertura di nuovo acquedotto. – [I] Chi ha diritto di condurre acque per il fondo altrui [1033] deve costruire il necessario acquedotto, ma non può far defluire le acque negli acquedotti già esistenti e destinati al corso di altre acque [1035, 1041].

[II] Il proprietario del fondo soggetto alla servitù può tuttavia impedire la costruzione, consentendo il passaggio nei propri acquedotti già esistenti, qualora ciò non rechi notevole pregiudizio alla condotta che si domanda. In tal caso al proprietario dell'acquedotto è dovuta un'indennità da determinarsi avuto riguardo all'acqua che s'introduce, al valore dell'acquedotto, alle opere che si rendono necessarie per il nuovo passaggio e alle maggiori spese di manutenzione.

[III] La facoltà indicata dal comma precedente non è consentita al proprietario del fondo servente nei confronti della pubblica amministrazione.

➔ CC. 1865 – art. 599.

1035. Attraversamento di acquedotti. – [I] Chi vuol condurre l'acqua per il fondo altrui può attraversare al disopra o al disotto gli acquedotti preesistenti, appartengano essi al proprietario del fondo o ad altri, purché esegua le opere necessarie a impedire ogni danno o alterazione degli acquedotti stessi [1046].

1036. Attraversamento di fiumi o di strade. – [I] Se per la condotta delle acque occorre attraversare strade pubbliche o corsi di acque pubbliche, si osservano le leggi e i regolamenti sulle strade e sulle acque [1046] (1).

➔ CC. 1865 – art. 601.

(1) Art. 25 del d.lg. 30/4/1992, n. 285 (Nuovo codice della strada).

• Art. 93 e 98 del r.d. 25/7/1904, n. 523 (TU delle disposizioni di legge intorno alle opere idrauliche delle diverse categorie).

• Art. 32-36, 55-84 della l. 20/3/1865, n. 2248 all. F (Legge sulle opere pubbliche).

1037. Condizioni per la costituzione della servitù. – [I] Chi vuol far passare le acque sul fondo altrui [1033] deve dimostrare che può disporre dell'acqua durante il tempo per cui chiede il passaggio; che la medesima è sufficiente per l'uso al quale si vuol destinare; che il passaggio richiesto è il più conveniente e il meno pregiudizievole al fondo servente, avuto riguardo alle condizioni dei fondi vicini, al pendio e alle altre condizioni per la condotta, per il corso e lo sbocco delle acque.

➔ CC. 1865 – art. 602.

1038. Indennità per l'imposizione della servitù. – [I] Prima di imprendere la costruzione dell'acquedotto [1034], chi vuol condurre acqua per il fondo altrui deve pagare il valore, secondo la stima, dei terreni da occupare, senza detrazione delle imposte e degli altri carichi inerenti al fondo, oltre l'indennità per i danni [843², 1032³, 1039, 1053, 2045], ivi compresi quelli derivanti dalla separazione in due o più parti o da altro deterioramento del fondo da intersecare.

[II] Per i terreni, però, che sono occupati soltanto per il deposito delle materie estratte e per il getto dello spurgo, non si deve pagare che la metà del valore del suolo, e sempre senza detrazione delle imposte e degli altri carichi inerenti; ma nei terreni medesimi il proprietario del fondo servente può fare piantagioni e rimuovere e trasportare le materie ammucchiate, purché tutto segua senza danno dell'acquedotto, del suo spurgo e della sua riparazione.

➔ CC. 1865 – art. 603.

1039. Indennità per il passaggio temporaneo. – [I] Qualora il passaggio delle acque sia domandato per un tempo non maggiore di nove anni, il pagamento dei valori e delle indennità indicati dall'articolo precedente è ristretto alla sola metà, ma con l'obbligo, scaduto il termine, di rimettere le cose nel primitivo stato.

[II] Il passaggio temporaneo può essere reso perpetuo prima della scadenza del termine mediante il pagamento dell'altra metà con gli interessi legali [1284] dal giorno in cui il passaggio è stato praticato; scaduto il termine, non si tiene più conto di ciò che è stato pagato per la concessione temporanea.

➔ CC. 1865 – art. 604.

1040. Uso dell'acquedotto. – [I] Chi possiede un acquedotto nel fondo altrui non può immettervi maggiore quantità d'acqua, se l'acquedotto non ne è capace o ne può venir danno al fondo servente.

[II] Se l'introduzione di una maggior quantità d'acqua esige nuove opere, queste non possono farsi, se prima non se ne determinano la natura e la qualità e non si paga la somma dovuta per il suolo da occupare e per i danni nel modo stabilito dall'articolo 1038.

[III] La stessa disposizione si applica anche quando per il passaggio attraverso un acquedotto occorre sostituire una tomba a un ponte-canale o viceversa.

➔ CC. 1865 – art. 605.

1041. Letto dell'acquedotto. – [I] È sempre in facoltà del proprietario del fondo servente di far determinare stabilmente il letto dell'acquedotto con l'apposizione di capisaldi o soglie da riportarsi a punti fissi. Se però di tale facoltà egli non ha fatto uso al tempo della concessione dell'acquedotto, deve sopportare la metà delle spese occorrenti [1034].

1042. Obblighi inerenti all'uso di corsi contigui a fondi altrui. – [I] Se un corso d'acqua impedisce ai proprietari dei fondi contigui l'accesso ai medesimi, o la continuazione dell'irrigazione o dello scolo delle acque, coloro che si servono di quel corso sono obbligati, in proporzione del beneficio che ne ritraggono, a costruire e a mantenere i ponti e i loro accessi sufficienti per un comodo e sicuro transito, come pure le botti sotterranee, i ponti-canali o altre opere simili per continuare l'irrigazione o lo scolo, salvi i diritti derivanti dal titolo o dall'usucapione [1158].

➔ CC. 1865 – art. 608.

1043. Scarico coattivo. – [I] Le disposizioni contenute negli articoli precedenti per il passaggio delle acque si applicano anche se il passaggio è domandato al fine di scaricare acque sovrabbondanti che il vicino non consente di ricevere nel suo fondo [913].

[II] Lo scarico può essere anche domandato per acque impure, purché siano adottate le precauzioni atte a evitare qualsiasi pregiudizio o molestia.

➔ CC. 1865 – art. 607.

1044. Bonifica. – [I] Ferme le disposizioni delle leggi sulla bonifica [858] (1) e sul vincolo forestale (2), il proprietario che intende prosciugare o bonificare le sue terre con fognature, con colmate o altri mezzi ha diritto, premesso il pagamento dell'indennità e col minor danno possibile, di condurre per fogne o per fossi le acque di scolo attraverso i fondi che separano le sue terre da un corso d'acqua o da qualunque altro colatoio [913[3]].

[II] Se il prosciugamento risulta in contrasto con gli interessi di coloro che utilizzano le acque provenienti dal fondo paludoso, e se gli opposti interessi non si possono conciliare con opportune opere che importino una spesa proporzionata allo scopo, l'autorità giudiziaria dà le disposizioni per assicurare l'interesse prevalente, avuto in ogni caso riguardo alle esigenze generali della produzione [912]. Se si fa luogo al prosciugamento, può essere assegnata una congrua indennità a coloro che al prosciugamento si sono opposti [858, 1046].

➔ CC. 1865 – art. 609, 612.

(1) R.d. 13/2/1933, n. 215 (Nuove norme per la bonifica integrale). V. (1) sub art. 857.

(2) R.d. 30/12/1923, n. 3267 (Riordinamento e riforma della legislazione in materia di boschi e di terreni montani).

1045. Utilizzazione di fogne o di fossi altrui. – [I] I proprietari dei fondi attraversati da fogne o da fossi altrui, o che altrimenti possono approfittare dei lavori fatti in forza dell'articolo precedente, hanno facoltà di servirsene per risanare i loro fondi, a condizione che non ne venga danno ai fondi già risanati e che essi sopportino le nuove spese occorrenti per modificare le opere già eseguite, affinché queste siano in grado di servire anche ai fondi attraversati, e inoltre sopportino una parte proporzionale delle spese già fatte e di quelle richieste per il mantenimento delle opere, le quali divengono comuni.

➔ CC. 1865 – art. 610.

1046. Norme per l'esecuzione delle opere. – [I] Nell'esecuzione delle opere indicate dagli articoli precedenti sono applicabili le disposizioni del secondo comma dell'articolo 1033 e degli articoli 1035 e 1036.

➔ CC. 1865 – art. 611.

Sezione II
Dell'appoggio e dell'infissione di chiusa

1047. Contenuto della servitù. – [I] Chi ha diritto di derivare acque da fiumi, torrenti, rivi, canali, laghi o serbatoi può, qualora sia necessario, appoggiare o infiggere una chiusa alle sponde, con l'obbligo però di pagare l'indennità e di fare e mantenere le opere atte ad assicurare i fondi da ogni danno [*910*, 1032].

➔ CC. 1865 – art. 613.

1048. Obblighi degli utenti. – [I] Nella derivazione e nell'uso delle acque a norma del precedente articolo, deve evitarsi tra gli utenti superiori e gli inferiori ogni vicendevole pregiudizio che possa provenire dallo stagnamento, dal rigurgito o dalla diversione delle acque medesime.

➔ CC. 1865 – art. 614.

Sezione III
Della somministrazione coattiva di acqua a un edificio o a un fondo

1049. Somministrazione di acqua a un edificio. – [I] Se a una casa o alle sue dipendenze manca l'acqua necessaria per l'alimentazione degli uomini o degli animali e per gli altri usi domestici, e non è possibile procurarla senza eccessivo dispendio, il proprietario del fondo vicino deve consentire che sia dedotta l'acqua di sopravanzo nella misura indispensabile per le necessità anzidette [1032].

[II] Prima che siano iniziati i lavori, deve pagarsi il valore dell'acqua, che si chiede di dedurre, calcolato per un'annualità. Si devono altresì sostenere tutte le spese per le opere di presa e di derivazione. Si applicano inoltre le disposizioni del primo comma dell'articolo 1038.

[III] In mancanza di convenzione, la sentenza determina le modalità della derivazione e l'indennità dovuta [1032[2], 2643[1] n. 4 e 14, 2932].

[IV] Qualora si verifichi un mutamento nelle condizioni originarie, la derivazione può essere soppressa su istanza dell'una o dell'altra parte [1082 ss.].

1050. Somministrazione di acqua a un fondo. – [I] Le norme stabilite dall'articolo precedente si applicano anche se il proprietario di un fondo non ha acqua per irrigarlo, quando le acque del fondo vicino consentono una parziale somministrazione, dopo soddisfatto ogni bisogno domestico, agricolo o industriale [1032].

[II] Le disposizioni di questo articolo e del precedente non si applicano nel caso in cui delle acque si dispone in forza di concessione amministrativa.

Sezione IV
Del passaggio coattivo

1051. Passaggio coattivo. – [I] Il proprietario, il cui fondo è circondato da fondi altrui, e che non ha uscita sulla via pubblica né può procurarsela senza eccessivo dispendio o disagio, ha diritto di ottenere il passaggio sul fondo vicino per la coltivazione e il conveniente uso del proprio fondo [843, 1032, 1053, 1055].

[II] Il passaggio si deve stabilire in quella parte per cui l'accesso alla via pubblica è più breve e riesce di minore danno al fondo sul quale è consentito. Esso può essere stabilito anche mediante sottopassaggio, qualora ciò sia preferibile, avuto riguardo al vantaggio del fondo dominante e al pregiudizio del fondo servente [1350[1, n. 4]].

[III] Le stesse disposizioni si applicano nel caso in cui taluno, avendo un passaggio sul fondo altrui, abbia bisogno ai fini suddetti di ampliarlo per il transito dei veicoli anche a trazione meccanica.

[IV] Sono esenti da questa servitù le case, i cortili, i giardini e le aie ad esse attinenti.

➔ D. 8.2.10, D. 11.7.12 pr., D. 33.2.15.1.

1052. Passaggio coattivo a favore di fondo non intercluso. – [I] Le disposizioni dell'articolo precedente si possono applicare anche se il proprietario del fondo ha un accesso alla via pubblica, ma questo è inadatto o insufficiente ai bisogni del fondo e non può essere ampliato.

[II] Il passaggio può essere concesso dall'autorità giudiziaria solo quando questa riconosce che la domanda risponde alle esigenze dell'agricoltura o dell'industria [1032, 2908] (1).

(1) La Corte Cost., con sent. 10/5/1999, n. 167 ha dichiarato l'illegittimità costituzionale del presente comma «nella parte in cui

non prevede che il passaggio coattivo di cui al primo comma possa essere concesso dall'autorità giudiziaria quando questa riconosca che la domanda risponde alle esigenze di accessibilità – di cui alla legislazione relativa ai portatori di handicap – degli edifici destinati ad uso abitativo».

1053. Indennità. – [I] Nei casi previsti dai due articoli precedenti è dovuta un'indennità proporzionata al danno cagionato dal passaggio [843^{2}, 1038, 1054, 2045].

[II] Qualora, per attuare il passaggio, sia necessario occupare con opere stabili o lasciare incolta una zona del fondo servente, il proprietario che lo domanda deve, prima d'imprendere le opere o d'iniziare il passaggio, pagare il valore della zona predetta nella misura stabilita dal primo comma dell'articolo 1038.

1054. Interclusione per effetto di alienazione o di divisione. – [I] Se il fondo è divenuto da ogni parte chiuso per effetto di alienazione a titolo oneroso, il proprietario ha diritto di ottenere dall'altro contraente il passaggio senza alcuna indennità [841, 1053 // 154 att.].

[II] La stessa norma si applica in caso di divisione [1111].

➔ **CC. 1865 – art. 595 // D. 33.2.15.1.**

1055. Cessazione dell'interclusione. – [I] Se il passaggio cessa di essere necessario [1051], può essere soppresso in qualunque tempo a istanza del proprietario del fondo dominante o del fondo servente. Quest'ultimo deve restituire il compenso ricevuto; ma l'autorità giudiziaria può disporre una riduzione della somma, avuto riguardo alla durata della servitù e al danno sofferto. Se l'indennità fu convenuta in annualità, la prestazione cessa dall'anno successivo.

➔ **CC. 1865 – art. 596.**

Sezione V
Dell'elettrodotto coattivo e del passaggio coattivo di linee teleferiche

1056. Passaggio di condutture elettriche (1). – [I] Ogni proprietario è tenuto a dare passaggio per i suoi fondi alle condutture elettriche, in conformità delle leggi in materia [714 ss. CNav.] (2).

(1) La Corte costituzionale, con sent. 6/2/2003, n. 44, ha dichiarato ammissibile la richiesta di referendum popolare per l'abrogazione del presente articolo e dell'art. 119 del r.d. n. 1775/1933; richiesta dichiarata legittima, con ordinanza del 9/12/2002, dall'Ufficio centrale per il referendum costituito presso la Corte di cassazione. Successivamente, con d.P.R. 9/4/2003, è stato indetto il referendum popolare per l'abrogazione delle suddette norme.

(2) Art. 119 ss. del r.d. 11/12/1933, n. 1775 (TU delle disposizioni di legge sulle acque e impianti elettrici).

- L. 13/12/1964, n. 1341 (Norme per la disciplina della costruzione e l'esercizio di linee elettriche aeree esterne).
- L. 28/6/1986, n. 339 (Nuove norme per la disciplina della costruzione e dell'esercizio di linee elettriche aeree esterne).
- Art. 90-95 del d.lg. 1/8/2003, n. 259 (Codice delle comunicazioni elettroniche).

1057. Passaggio di vie funicolari. – [I] Ogni proprietario è parimenti tenuto a lasciar passare sopra il suo fondo le gomene di vie funicolari aeree a uso agrario o industriale e a tollerare sul fondo le opere, i meccanismi e le occupazioni necessarie a tale scopo, in conformità delle leggi in materia.

Capo III
Delle servitù volontarie

1058. Modi di costituzione. – [I] Le servitù prediali possono essere costituite per contratto [1031, 1321, 1350$^{1,\ n.\ 4}$, 1376, 2643$^{1,\ n.\ 4}$] o per testamento [587, 649, 2648, 2812].

➔ **CC. 1865 – art. 616^{1} // Inst. 2.3.4, D. 7.1.19, D. 8.1.12, D. 8.4.8, D. 8.4.6.1.**

1059. Servitù concessa da uno dei comproprietari. – [I] La servitù concessa da uno dei comproprietari di un fondo indiviso non è costituita se non quando gli altri l'hanno anch'essi concessa unitamente o separatamente [1073^{5}, 1108^{3}].

[II] La concessione, però, fatta da uno dei comproprietari, indipendentemente dagli altri, obbliga il concedente e i suoi eredi o aventi causa a non porre impedimento all'esercizio del diritto concesso [1103, 1424].

➔ **CC. 1865 – art. 636 // D. 8.1.2, D. 8.3.11, D. 8.2.26, D. 8.2.27.1, D. 8.3.34 pr., D. 8.4.5.**

1060. Servitù costituite dal nudo proprietario. – [I] Il proprietario può, senza il consenso dell'usufruttuario, imporre sul fondo le servitù che non pregiudicano il diritto di usufrutto [978, 981, 1078].

➔ **CC. 1865 – art. 635 // D. 7.1.16, D. 7.1.15.7.**

Capo IV
Delle servitù acquistate per usucapione e per destinazione del padre di famiglia

1061. Servitù non apparenti. – [I] Le servitù non apparenti non possono acquistarsi per usucapione [1031, 1158 // 158 att.] o per destinazione del padre di famiglia [1062].

[II] Non apparenti sono le servitù quando non si hanno opere visibili e permanenti destinate al loro esercizio [1095].

➔ **CC. 1865 – art. 618, 630 // D. 8.1.14 pr.**

1062. Destinazione del padre di famiglia. – [I] La destinazione del padre di famiglia [1031, 1061] ha luogo quando consta, mediante qualunque genere di prova, che due fondi, attualmente divisi, sono stati posseduti dallo stesso proprietario, e che questi ha posto o lasciato le cose nello stato dal quale risulta la servitù.

[II] Se i due fondi cessarono di appartenere allo stesso proprietario, senza alcuna disposizione relativa alla servitù, questa s'intende stabilita attivamente e passivamente a favore e sopra ciascuno dei fondi separati [1072].

➔ **CC. 1865 – art. 632, 633 // D. 8.2.36, D. 33.3.1, D. 33.3.4.**

Capo V
Dell'esercizio delle servitù

1063. Norme regolatrici. – [I] La estensione e l'esercizio delle servitù [1932] sono regolati dal titolo e, in mancanza, dalle disposizioni seguenti.

➔ **CC. 1865 – art. 616.**

1064. Estensione del diritto di servitù. – [I] Il diritto di servitù comprende tutto ciò che è necessario per usarne.

[II] Se il fondo viene chiuso [841, 842], il proprietario deve lasciarne libero e comodo l'ingresso a chi ha un diritto di servitù che renda necessario il passaggio per il fondo stesso [843].

➔ **CC. 1865 – art. 639 // D. 8.4.11 pr.-1, D. 7.6.1.1, 4, D. 8.5.2.2.**

1065. Esercizio conforme al titolo o al possesso. – [I] Colui che ha un diritto di servitù non può usarne se non a norma del suo titolo o del suo possesso [1066, 1075, 1076]. Nel dubbio circa la estensione e le modalità di esercizio, la servitù deve ritenersi costituita in guisa da soddisfare il bisogno del fondo dominante col minor aggravio del fondo servente [1067, 1069].

➔ **CC. 1865 – art. 646, 647 // D. 8.1.9, D. 8.1.13.**

1066. Possesso delle servitù. – [I] Nelle questioni di possesso delle servitù [1140] si ha riguardo alla pratica dell'anno antecedente e, se si tratta di servitù esercitate a intervalli maggiori di un anno, si ha riguardo alla pratica dell'ultimo godimento.

➔ **D. 8.1.14 pr., D. 8.2.20.3-5, D. 8.2.32.1, D. 41.3.4.26(27).**

1067. Divieto di aggravare o di diminuire l'esercizio della servitù. – [I] Il proprietario del fondo dominante non può fare innovazioni che rendano più gravosa la condizione del fondo servente [1065, 1069].

[II] Il proprietario del fondo servente non può compiere alcuna cosa che tenda a diminuire l'esercizio della servitù o a renderlo più incomodo [1068].

➔ **CC. 1865 – art. 645, 646 // D. 8.2.20.3-5, D. 8.3.20.1, D. 11.7.2.8.**

1068. Trasferimento della servitù in luogo diverso (1). – [I] Il proprietario del fondo servente non può trasferire l'esercizio della servitù in luogo diverso da quello nel quale è stata stabilita originariamente [1067, 1071^{2}, 1074].

[II] Tuttavia, se l'originario esercizio è divenuto più gravoso per il fondo servente o se impedisce di fare lavori, riparazioni o miglioramenti, il proprietario del fondo servente può offrire al proprietario dell'altro fondo un luogo egualmente comodo per l'esercizio dei suoi diritti, e questi non può ricusarlo.

[III] Il cambiamento di luogo per l'esercizio della servitù si può del pari concedere su istanza del proprietario del fondo dominante, se questi prova che il cambiamento riesce per lui di notevole vantaggio e non reca danno al fondo servente [$1350^{1, n. 4}$, $2643^{1, n. 4}$].

[IV] L'autorità giudiziaria può anche disporre che la servitù sia trasferita su altro fondo del proprietario del fondo servente o di un terzo che vi acconsenta, purché l'esercizio di essa riesca egualmente agevole [1067] al proprietario del fondo dominante.

➔ **CC. 1865 – art. 645 // D. 8.1.9.**

(1) Per servitù di elettrodotto v. art. 122 della l. 11/12/1933, n. 1775 (TU delle disposizioni di legge sulle acque e impianti elettrici): «[I] L'imposizione della servitù di elettrodotto non determina alcuna perdita di proprietà o di possesso del fondo servente. [II] Le imposte prediali e gli altri pesi inerenti al fondo rimangono in tutto a carico del proprietario di esso. [III] Il proprietario non può in alcun modo diminuire l'uso della servitù o renderlo più incomodo. Del pari l'utente non può fare cosa alcuna che aggravi la servitù. [IV] Tuttavia, salvo le diverse pattuizioni che si siano stipulate all'atto della costituzione della servitù, il proprietario ha facoltà di eseguire sul suo fondo qualunque innovazione, costruzione o impianto, ancorché essi obblighino l'esercente dell'elettrodotto a rimuovere o collocare diversamente le condutture e gli appoggi, senza che per ciò sia tenuto ad alcun indennizzo o rimborso a favore dell'esercente medesimo. [V] In tali casi il proprietario, deve offrire all'esercente, in quanto sia possibile, altro luogo adatto all'esercizio della servitù. [VI] Il cambiamento di luogo per l'esercizio della servitù può essere parimenti richiesto dall'utente, se questo provi che esso riesce per lui di notevole vantaggio e non di danno al fondo».

1069. Opere sul fondo servente. – [I] Il proprietario del fondo dominante, nel fare le opere necessarie per conservare la servitù, deve scegliere il tempo e il modo che siano per recare minore incomodo al proprietario del fondo servente [843, 1064, 1065, 1067].

[II] Egli deve fare le opere a sue spese, salvo che sia diversamente stabilito dal titolo o dalla legge [1030].

[III] Se però le opere giovano anche al fondo servente, le spese sono sostenute in proporzione dei rispettivi vantaggi [1070].

➔ **CC. 1865 – art. 640, 641 // D. 8.1.10, D. 8.5.6.2.**

1070. Abbandono del fondo servente. – [I] Il proprietario del fondo servente, quando è tenuto in forza del titolo o della legge alle spese necessarie per l'uso o per la conservazione della servitù [1030, 1069^{3}], può sempre liberarsene, rinunziando alla proprietà del fondo servente a favore del proprietario del fondo dominante [1104, $1350^{1, n. 5}$, $2643^{1, n. 5}$].

[II] Nel caso in cui l'esercizio della servitù sia limitato a una parte del fondo, la rinunzia può limitarsi alla parte stessa.

➔ **CC. 1865 – art. 643 // D. 8.5.6.2.**

1071. Divisione del fondo dominante o del fondo servente. – [I] Se il fondo dominante viene diviso, la servitù è dovuta a ciascuna porzione, senza che però si renda più gravosa la condizione del fondo servente [1067].

[II] Se il fondo servente viene diviso e la servitù ricade su una parte determinata del fondo stesso, le altre parti sono liberate.

➔ **CC. 1865 – art. 644 // D. 8.3.13.1, D. 8.3.23.3, D. 8.3.25.**

Capo VI
Dell'estinzione delle servitù

1072. Estinzione per confusione. – [I] La servitù si estingue quando in una sola persona [1027] si riunisce la proprietà del fondo dominante con quella del fondo servente [$1014^{1, n. 2}$ 1062^{2}, 1253, 2862].

➔ **CC. 1865 – art. 664 // D. 8.1.18, D. 8.3.27, D. 8.6.1.**

1073. Estinzione per prescrizione. – [I] La servitù si estingue per prescrizione [2946] quando non se ne usa per venti anni [$954^{u.c.}$, 970, $1014^{1, n. 1}$, 1158, 1166^{2}, 2651, 2934 ss.].

[II] Il termine decorre dal giorno in cui si è cessato di esercitarla; ma, se si tratta di servitù negativa o di servitù per il cui esercizio non è necessario il fatto dell'uomo, il termine decorre dal giorno in cui si è verificato un fatto che ne ha impedito l'esercizio.

[III] Nelle servitù che si esercitano a intervalli, il termine decorre dal giorno in cui la servitù si sarebbe potuta esercitare e non ne fu ripreso l'esercizio.

[IV] Agli effetti dell'estinzione si computa anche il tempo per il quale la servitù non fu esercitata dai precedenti titolari.

[V] Se il fondo dominante appartiene a più persone in comune [1102], l'uso della servitù fatto da una di esse [1059, 2935] impedisce l'estinzione riguardo a tutte.

[VI] La sospensione [2941] o l'interruzione [2943] della

prescrizione [1166] a vantaggio di uno dei comproprietari giova anche agli altri [1310 // 252 att.].

➔ CC. 1865 – art. 666, 667, 671, 672 // D. 8.2.6, D. 8.3.35, D. 8.6.4.

1074. Impossibilità di uso e mancanza di utilità. – [I] L'impossibilità di fatto di usare della servitù e il venir meno dell'utilità della medesima non fanno estinguere la servitù, se non è decorso il termine indicato dall'articolo precedente [963, $1014^{n. 3}$, $2878^{n. 4}$].

➔ D. 8.5.6 pr., D. 8.6.14 pr., D. 8.6.20.

1075. Esercizio limitato della servitù. – [I] La servitù esercitata in modo da trarne un'utilità minore di quella indicata dal titolo si conserva per intero [1063, 1065 // 158^2 att.].

➔ D. 8.3.18, D. 8.6.2, D. 8.6.8.1, D. 8.6.9.

1076. Esercizio della servitù non conforme al titolo o al possesso. – [I] L'esercizio di una servitù in tempo diverso da quello determinato dal titolo o dal possesso non ne impedisce l'estinzione per prescrizione [1063, 1065, 1073, 1085 ss.].

➔ CC. 1865 – art. 670 // D. 8.6.10.1, D. 8.6.11 pr., D. 43.20.2, D. 43.20.5 pr.-1.

1077. Servitù costituite sul fondo enfiteutico. – [I] Le servitù costituite dall'enfiteuta sul fondo enfiteutico cessano quando l'enfiteusi si estingue per decorso del termine [958, 959], per prescrizione [970] o per devoluzione [972].

➔ CC. 1865 – art. 665.

1078. Servitù costituite a favore del fondo enfiteutico, *dotale o in usufrutto.** – [I] Le servitù costituite dall'enfiteuta a favore del fondo enfiteutico [965] non cessano con l'estinguersi dell'enfiteusi [975]. Lo stesso vale per le servitù costituite dall'usufruttuario a favore del fondo di cui ha l'usufrutto [981, 985] o dal marito a favore del fondo *dotale**. [184].

➔ CC. 1865 – art. 665.

* Art. 166-bis per il quale «è nulla ogni convenzione che comunque tenda alla costituzione dei beni in dote».

Capo VII
Delle azioni a difesa delle servitù

1079. Accertamento della servitù e altri provvedimenti di tutela. – [I] Il titolare della servitù può farne riconoscere in giudizio la esistenza contro chi ne contesta l'esercizio [949, 1012^2, $2653^{1, n. 1}$] e può far cessare gli eventuali impedimenti e turbative [1168, 1170, 1172]. Può anche chiedere la rimessione delle cose in pristino [2933], oltre il risarcimento dei danni [2043 // 15, 21 CPC.].

➔ D. 8.5.6.3, D. 8.5.1, D. 8.5.2 pr.-1, D. 8.5.4.2.

Capo VIII
Di alcune servitù in materia di acque

Sezione I
Della servitù di presa o di derivazione di acqua

1080. Presa d'acqua continua. – [I] Il diritto alla presa d'acqua continua si può esercitare in ogni istante [1084 ss.].

➔ CC. 1865 – art. 623 // D. 8.3.24, D. 43.20.1.2.

1081. Modulo d'acqua. – [I] Nelle servitù in cui è convenuta ed espressa una costante quantità di acqua, la quantità deve esprimersi in relazione al modulo [1083].

[II] Il modulo è l'unità di misura dell'acqua corrente.

[III] Esso è un corpo d'acqua che scorre nella costante quantità di cento litri al minuto secondo e si divide in decimi, centesimi e millesimi.

➔ CC. 1865 – art. 622.

1082. Forma della bocca e dell'edificio derivatore. – [I] Quando, per la derivazione di una data e costante quantità di acqua corrente, è stata determinata la forma della bocca e dell'edificio derivatore, le parti non possono chiederne la modificazione per eccedenza o deficienza d'acqua, salvo che l'eccedenza o la deficienza provenga da variazioni seguite nel canale dispensatore o nel corso delle acque in esso correnti.

[II] Se la forma non è stata determinata, ma la bocca e l'edificio derivatore sono stati costruiti e posseduti per cinque anni, non è neppure ammesso dopo tale tempo alcun reclamo delle parti per eccedenza o deficienza d'acqua, salvo nel caso di variazione seguita nel canale o nel corso delle acque.

[III] In mancanza di titolo o di possesso, la forma è determinata dall'autorità giudiziaria [1049^3].

➔ CC. 1865 – art. 620.

1083. Determinazione della quantità d'acqua. – [I] Quando la quantità di acqua non è stata determinata, ma la derivazione è stata fatta per un dato scopo, s'intende concessa la quantità necessaria per lo scopo medesimo, e chi vi ha interesse può in ogni tempo fare stabilire la forma della derivazione in modo che ne venga assicurato l'uso necessario e impedito l'eccesso [1065, 1081, 1082].

[II] Se però è stata determinata la forma della bocca e dell'edificio derivatore, o se, in mancanza di titolo, si è posseduta per cinque anni la derivazione in una data forma, non è ammesso reclamo delle parti, se non nel caso indicato dall'articolo precedente.

➔ CC. 1865 – art. 621.

1084. Norme regolatrici della servitù. – [I] Per l'esercizio della servitù di presa d'acqua [1080], quando non dispone il titolo o non è possibile riferirsi al possesso, si osservano gli usi locali.

[II] In mancanza di tali usi si osservano le disposizioni dei tre articoli seguenti.

1085. Tempo d'esercizio della servitù. – [I] Il diritto alla presa d'acqua si esercita, per l'acqua estiva, dall'equinozio di primavera a quello d'autunno; per l'acqua iemale, dall'equinozio d'autunno a quello di primavera.

[II] La distribuzione d'acqua per giorni e per notti si riferisce al giorno e alla notte naturali.

[III] L'uso delle acque nei giorni festivi è regolato dalle feste di precetto vigenti al tempo in cui l'uso fu convenuto o in cui si è incominciato a possedere [1076].

➔ CC. 1865 – art. 624.

1086. Distribuzione per ruota. – [I] Nelle distribuzioni per ruota il tempo che impiega l'acqua per giungere alla bocca di derivazione dell'utente si consuma a suo carico, e la coda dell'acqua appartiene a quello di cui cessa il turno [1087].

➔ CC. 1865 – art. 625.

1087. Acque sorgenti o sfuggite. – [I] Nei canali soggetti a distribuzioni per ruota le acque sorgenti o sfuggite, ma contenute nell'alveo del canale, non possono trattenersi o derivarsi da un utente che al tempo del suo turno [1086].

➔ **CC. 1865 – art. 626.**

1088. Variazione del turno tra gli utenti. – [I] Gli utenti dei medesimi canali possono variare o permutare tra loro il turno, purché tale cambiamento non rechi danno agli altri.

➔ **CC. 1865 – art. 627 // D. 43.20.5 pr.-1.**

1089. Acqua impiegata come forza motrice. – [I] Chi ha diritto di servirsi dell'acqua come forza motrice non può, senza espressa disposizione del titolo, impedirne o rallentarne il corso, procurandone il ribocco o ristagno [1048].

➔ **CC. 1865 – art. 628.**

1090. Manutenzione del canale. – [I] Nella servitù di presa o di condotta d'acqua [1080], quando il titolo non dispone altrimenti, il proprietario del fondo servente può domandare che il canale sia mantenuto convenientemente spurgato e le sue sponde siano tenute in stato di buona manutenzione a spese del proprietario del fondo dominante [916, 1069].

➔ **CC. 1865 – art. 642.**

1091. Obblighi del concedente fino al luogo di consegna dell'acqua. – [I] Se il titolo non dispone diversamente, il concedente dell'acqua di una fonte o di un canale è tenuto verso gli utenti a eseguire le opere ordinarie e straordinarie per la derivazione e condotta dell'acqua fino al punto in cui ne fa la consegna, a mantenere in buono stato gli edifici, a conservare l'alveo e le sponde della fonte o del canale, a praticare i consueti spurghi e a usare la dovuta diligenza, affinché la derivazione e la regolare condotta dell'acqua siano in tempi debiti effettuate [1030].

➔ **CC. 1865 – 649 // D. 43.21.1 pr., 6-7.**

1092. Deficienza dell'acqua. – [I] La deficienza dell'acqua deve essere sopportata da chi ha diritto di prenderla e di usarla nel tempo in cui la deficienza si verifica.

[II] Tra diversi utenti la deficienza dell'acqua deve essere sopportata prima da quelli che hanno titolo o possesso più recente, e tra utenti in parità di condizione dall'ultimo utente.

[III] Tuttavia l'autorità giudiziaria, con provvedimento in camera di consiglio [737 ss. CPC.], sentiti gli uffici tecnici competenti [60 att.], può modificare o limitare i turni di utilizzazione e dare le altre disposizioni necessarie in relazione alla quantità di acqua disponibile, agli usi e alle colture a cui l'acqua è destinata.

[IV] Il concedente dell'acqua è tenuto a una proporzionale diminuzione del corrispettivo per la deficienza dell'acqua verificatasi per causa naturale o per fatto altrui. Parimenti si fa luogo alle dovute indennità in conseguenza delle modificazioni o limitazioni di turni, che siano state disposte dall'autorità giudiziaria.

➔ **CC. 1865 – art. 650[1], 651, 652.**

1093. Riduzione della servitù. – [I] Se la servitù dà diritto di derivare acqua da un fondo e per fatti indipendenti dalla volontà del proprietario si verifica una diminuzione dell'acqua tale che essa non possa bastare alle esigenze del fondo servente, il proprietario di questo può chiedere una riduzione della servitù, avuto riguardo ai bisogni di ciascun fondo. In questo caso è dovuta una congrua indennità al proprietario del fondo dominante.

Sezione II

Della servitù degli scoli e degli avanzi di acqua

1094. Servitù attiva degli scoli. – [I] Gli scoli o acque colaticce derivanti dall'altrui fondo possono costituire oggetto di servitù a favore del fondo che li riceve, all'effetto di impedire la loro diversione [909, 913, 1098].

➔ **CC. 1865 – art. 637[1] // D. 39.3.21.**

1095. Usucapione della servitù attiva degli scoli. – [I] Nella servitù attiva degli scoli il termine per l'usucapione [1158] comincia a decorrere dal giorno in cui il proprietario del fondo dominante ha fatto sul fondo servente opere visibili e permanenti [1061] destinate a raccogliere e condurre i detti scoli a vantaggio del proprio fondo.

[II] Quando sul fondo servente è aperto un cavo destinato a raccogliere e condurre gli scoli, il regolare spurgo e la manutenzione delle sponde fanno presumere che il cavo sia opera del proprietario del fondo dominante, purché non vi sia titolo, segno o prova in contrario.

[III] Si reputa segno contrario l'esistenza sul cavo di opere costruite o mantenute dal proprietario del fondo in cui il cavo è aperto [1164].

➔ **CC. 1865 – art. 637[2], 638.**

1096. Diritti del proprietario del fondo servente. – [I] La servitù degli scoli non toglie al proprietario del fondo servente il diritto di usare liberamente dell'acqua a vantaggio del suo fondo, di cambiare la coltivazione di questo e di abbandonarne in tutto o in parte l'irrigazione.

➔ **CC. 1865 – art. 655.**

1097. Diritto agli avanzi d'acqua. – [I] Quando l'acqua è concessa, riservata o posseduta per un determinato uso, con restituzione al concedente o ad altri di ciò che ne sopravanza, tale uso non può variarsi a danno del fondo a cui la restituzione è dovuta [1098].

➔ **CC. 1865 – art. 653.**

1098. Divieto di deviare acque di scolo o avanzi d'acqua. – [I] Il proprietario del fondo vincolato alla restituzione degli scoli o degli avanzi di acqua [*910*, 1094, 1097] non può deviarne una parte qualunque adducendo di avervi introdotto una maggiore quantità di acqua viva o un diverso corpo, ma deve lasciarli discendere nella totalità a favore del fondo dominante [1069].

➔ **CC. 1865 – art. 654.**

1099. Sostituzione di acqua viva. – [I] Il proprietario del fondo soggetto alla servitù degli scoli o degli avanzi d'acqua può sempre liberarsi da tale servitù mediante la concessione e l'assicurazione al fondo dominante di un corpo d'acqua viva, la cui quantità è determinata dall'autorità giudiziaria, tenuto conto di tutte le circostanze [912].

➔ **CC. 1865 – art. 656.**

TITOLO VII

DELLA COMUNIONE

Capo I

Della comunione in generale

1100. Norme regolatrici (1). – [I] Quando la proprietà o altro diritto reale spetta in comune a più persone [713, 920, 939, 1103, 1111,], se il titolo o la legge [258 ss., 872 ss. CNav.] (2) non dispone diversamente [215], si applicano le norme seguenti [177 ss., 1292 ss., 1314 ss., 1350[1, n. 3], 2247, 2248, 2643[1, n. 3], 2684[1, n. 1], 2711, 2825].

➔ CC. 1865 – art. 673.

(1) Art. 51 ss. della l. 31/5/1995, n. 218 (Riforma del sistema italiano di diritto internazionale privato).

(2) Art. 20 del r.d. 29/6/1939, n. 1127 (Testo delle disposizioni legislative in materia di brevetti per invenzioni industriali).

• Art. 10, 115, 116, 117 della l. 22/4/1941, n. 633 (Protezione del diritto d'autore e di altri diritti connessi al suo esercizio); v. pure regolamento di esecuzione approvato con r.d. 18/5/1942, n. 1369.

• Art. 6 del d.lg. 10/2/2005, n. 30 (Codice della proprietà industriale, a norma dell'art. 15 della l. 12/12/2002, n. 273), in vigore dal 2 settembre 2010: «[I] Se un diritto di proprietà industriale appartiene a più soggetti, le facoltà relative sono regolate, salvo convenzioni in contrario, dalle disposizioni del codice civile relative alla comunione in quanto compatibili. [I bis] In caso di diritto appartenente a più soggetti, la presentazione della domanda di brevetto o di registrazione, la prosecuzione del procedimento di brevettazione o registrazione, la presentazione della domanda di rinnovo, ove prevista, il pagamento dei diritti di mantenimento in vita, la presentazione della traduzione in lingua italiana delle rivendicazioni di una domanda di brevetto europeo o del testo del brevetto europeo concesso o mantenuto in forma modificata o limitata e gli altri procedimenti di fronte all'Ufficio italiano brevetti e marchi possono essere effettuati da ciascuno di tali soggetti nell'interesse di tutti».

• Art. 69 ss. del d.lg. 6/9/2005, n. 206 (Codice del consumo, a norma dell'art. 7 della l. 29/7/2003, n. 229).

1101. Quote dei partecipanti. – [I] Le quote dei partecipanti alla comunione si presumono eguali [1103, 1118, 874, 932, 939, 2248, 2728].

[II] Il concorso dei partecipanti, tanto nei vantaggi [1103, 1105] quanto nei pesi [1104, 1123, 2263] della comunione, è in proporzione delle rispettive quote [2265 // 68 att.].

➔ CC. 1865 – art. 674 // D. 22.1.25 pr.

1102. Uso della cosa comune. – [I] Ciascun partecipante può servirsi della cosa comune, purché non ne alteri la destinazione e non impedisca agli altri partecipanti di farne parimenti uso secondo il loro diritto [1073, 1103, 2256 // 627 CP.]. A tal fine può apportare a proprie spese le modificazioni necessarie per il migliore godimento della cosa [1108].

[II] Il partecipante non può estendere il suo diritto sulla cosa comune in danno degli altri partecipanti, se non compie atti idonei a mutare il titolo del suo possesso [714, 1164].

➔ CC. 1865 – art. 675, 677 // D. 8.2.13 pr.-1, D. 8.2.19.1-2.

1103. Disposizione della quota (1). – [I] Ciascun partecipante può disporre del suo diritto e cedere ad altri il godimento [1102] della cosa nei limiti della sua quota [1059, 1101, 1104[3], 1113, 1379, 1478, 2825 // 873 CNav.].

[II] Per le ipoteche costituite da uno dei partecipanti si osservano le disposizioni contenute nel capo IV del titolo III del libro VI [1108[4], 2808, 2825 // 263, 872 CNav.].

➔ CC. 1865 – art. 679 // Codex 4.52.3.

(1) Art. 30 del d.P.R. 6/6/2001, n. 380 (TU delle disposizioni legislative e regolamentari in materia edilizia).

1104. Obblighi dei partecipanti. – [I] Ciascun partecipante deve contribuire nelle spese necessarie [1101[2]] per la conservazione e per il godimento della cosa comune e nelle spese deliberate dalla maggioranza a norma delle disposizioni seguenti [1105-1108], salva la facoltà di liberarsene con la rinunzia al suo diritto [882[2], 888, 1070, 1118[2], 1128 // 63 att.].

[II] La rinunzia non giova al partecipante che abbia anche tacitamente approvato la spesa.

[III] Il cessionario del partecipante è tenuto in solido [1292 ss.] con il cedente a pagare i contributi da questo dovuti e non versati.

➔ CC. 1865 – art. 676, 1723[1, n. 3] // D. 10.3.12, D. 39.2.32.

1105. Amministrazione. – [I] Tutti i partecipanti hanno diritto di concorrere nell'amministrazione della cosa comune [1073[5 e 6], 1101, 1106, 1110, 2257, 2347[1]].

[II] Per gli atti di ordinaria amministrazione le deliberazioni della maggioranza dei partecipanti, calcolata secondo il valore delle loro quote, sono obbligatorie per la minoranza dissenziente [918[3], 920, 1106 ss., 1109[1, n. 2], 1137 // 259, 872 CNav.].

[III] Per la validità delle deliberazioni della maggioranza si richiede che tutti i partecipanti siano stati preventivamente informati dell'oggetto della deliberazione [1109[1, n. 2]].

[IV] Se non si prendono i provvedimenti necessari per l'amministrazione della cosa comune o non si forma una maggioranza, ovvero se la deliberazione adottata non viene eseguita, ciascun partecipante può ricorrere alla autorità giudiziaria [899[2]]. Questa provvede in camera di consiglio [737 ss. CPC.] e può anche nominare un amministratore [1129, 2409 // 261, 872 CNav.] (1).

➔ CC. 1865 – art. 678.

(1) Corte cost. 27/11/1974, n. 267.

1106. Regolamento della comunione e nomina di amministratore. – [I] Con la maggioranza calcolata nel modo indicato dall'articolo precedente, può essere formato un regolamento per l'ordinaria amministrazione e per il miglior godimento della cosa comune [918[2, 3], 1107, 1138, 2257 ss.].

[II] Nello stesso modo l'amministrazione può essere delegata ad uno o più partecipanti, o anche a un estraneo, determinandosi i poteri e gli obblighi dell'amministratore [1129, 2257 ss.].

1107. Impugnazione del regolamento. – [I] Ciascuno dei partecipanti dissenzienti può impugnare davanti all'autorità giudiziaria il regolamento della comunione [1106, 1137] entro trenta giorni [2964] dalla deliberazione che lo ha approvato [1138[3]]. Per gli assenti il termine decorre dal giorno in cui è stata loro comunicata la deliberazione. L'autorità giudiziaria decide con unica sentenza sulle opposizioni proposte [1109].

[II] Decorso il termine indicato dal comma precedente senza che il regolamento sia stato impugnato, questo ha effetto anche per gli eredi e gli aventi causa dai singoli partecipanti.

1108. Innovazioni e altri atti eccedenti l'ordinaria amministrazione. – [I] Con deliberazione della maggioranza dei partecipanti che rappresenti almeno due terzi del valore complessivo della cosa comune, si possono disporre tutte le innovazioni dirette al miglioramento della cosa o a renderne più comodo o redditizio il godimento [1115], purché esse non pregiudichino il godimento di alcuno dei partecipanti [899, 903] e non importino una spesa eccessivamente gravosa [1109[1, n. 3], 1120, 1121 // 260, 872 CNav.].

[II] Nello stesso modo si possono compiere gli altri atti eccedenti l'ordinaria amministrazione, sempre che non risultino pregiudizievoli all'interesse di alcuno dei partecipanti [1109[1, n. 3]].

[III] È necessario il consenso di tutti i partecipanti per gli atti di alienazione o di costituzione di diritti reali sul fondo comune e per le locazioni di durata superiore a nove anni [812[1], 1350[1, n. 8], 1572, 2643[1, n. 8]].

[IV] L'ipoteca può essere tuttavia consentita dalla maggioranza indicata dal primo comma, qualora abbia lo scopo di garantire la restituzione delle somme mutuate per la ricostruzione o per il miglioramento della cosa comune [1103[2], 2825 // 260, 262, 872 CNav.].

➔ CC. 1865 – art. 677, 1723[1, n. 4] // D. 8.2.26.

1109. Impugnazione delle deliberazioni (1). – [I] Ciascuno dei componenti la minoranza dissenziente può impugnare [1137, 2377 // 23 CPC.] davanti all'autorità giudiziaria [1107] le deliberazioni della maggioranza [23, 899]:

1) nel caso previsto dal secondo comma dell'articolo 1105, se la deliberazione è gravemente pregiudizievole alla cosa comune;

2) se non è stata osservata la disposizione del terzo comma dell'articolo 1105;

3) se la deliberazione relativa a innovazioni o ad altri atti eccedenti l'ordinaria amministrazione è in contrasto con le norme del primo e del secondo comma dell'articolo 1108 [1137[2]].

[II] L'impugnazione deve essere proposta, sotto pena di decadenza [2964 ss.], entro trenta giorni dalla deliberazione. Per gli assenti il termine decorre dal giorno in cui è stata loro comunicata la deliberazione. In pendenza del giudizio, l'autorità giudiziaria può ordinare la sospensione del provvedimento deliberato [1137[2 e 3], 2378].

(1) Art. 117 della l. 22/4/1941, n. 633 (Protezione del diritto d'autore e di altri diritti connessi al suo esercizio): «[I] L'amministratore cura la gestione dei diritti di utilizzazione dell'opera. [II] Non può però autorizzare nuove edizioni, traduzioni o altre elaborazioni, nonché l'adattamento dell'opera alla cinematografia, alla radiodiffusione ed alla incisione su apparecchi meccanici, senza il consenso degli eredi rappresentanti la maggioranza per valore delle quote ereditarie, salvi i provvedimenti dell'Autorità giudiziaria a tutela della minoranza, secondo le norme del Codice civile in materia di comunione».

1110. Rimborso di spese. – [I] Il partecipante che, in caso di trascuranza degli altri partecipanti o dell'amministratore, ha sostenuto spese necessarie per la conservazione della cosa comune, ha diritto al rimborso [1104, 1108, 1134].

➔ Codex 8.10.4, D. 17.2.52.10.

1111. Scioglimento della comunione (1). – [I] Ciascuno dei partecipanti può sempre domandare [320[3], 375[1, n. 3] // 784 ss., 791-bis CPC.] lo scioglimento della comunione [919, 1054[2], 1112, 1350[1, n. 11], 1506, 2283, 2646, 2817[1, n. 2], 2825]; l'autorità giudiziaria può stabilire una congrua dilazione, in ogni caso non superiore a cinque anni, se l'immediato scioglimento può pregiudicare gli interessi degli altri [717].

[II] Il patto di rimanere in comunione per un tempo non maggiore di dieci anni è valido e ha effetto anche per gli aventi causa dai partecipanti. Se è stato stipulato per un termine maggiore, questo si riduce a dieci anni [713[3] // 260, 282 CNav.].

[III] Se gravi circostanze lo richiedono, l'autorità giudiziaria può ordinare lo scioglimento della comunione prima del tempo convenuto [713[4], 2646 // 784 CPC. // 260[2], 872 CNav.].

➔ CC. 1865 – art. 681, 984 // Codex 3.37.5, D. 8.2.26, D. 10.3.14.2-3.

(1) Art. 5 del d.lg. 4/3/2010, n. 28 (Attuazione dell'art. 60 della l. 18/6/2009, n. 69, in materia di mediazione finalizzata alla conciliazione delle controversie civili e commerciali).

1112. Cose non soggette a divisione. – [I] Lo scioglimento della comunione [1111] non può essere chiesto quando si tratta di cose che, se divise, cesserebbero di servire all'uso a cui sono destinate [720, 880, 1114, 1119] (1).

➔ CC. 1865 – art. 683.

(1) Art. 11 della l. 14/8/1971, n. 817 (Disposizioni per il rifinanziamento delle provvidenze per lo sviluppo della proprietà coltivatrice): «[I] I fondi acquistati con le agevolazioni creditizie concesse dallo Stato per la formazione o l'ampliamento della proprietà coltivatrice dopo l'entrata in vigore della presente legge sono soggetti per quindici anni a vincolo di indivisibilità. [II] Il suddetto vincolo deve essere espressamente menzionato nei nulla osta ispettoriali, nonché, a cura dei notai roganti, negli atti di acquisto e di mutuo, e trascritto nei pubblici registri immobiliari dai conservatori dei registri stessi. [III] Il vincolo di cui ai precedenti commi può essere peraltro revocato, a domanda degli interessati, con provvedimento dell'ispettorato dell'agricoltura competente per territorio, e successivamente al 30 giugno 1972 dagli organi competenti delle regioni, qualora, in caso di successione ereditaria, i fondi medesimi siano divisibili fra gli eredi, in quanto aventi caratteristiche o suscettività per realizzare imprese familiari efficienti sotto il profilo tecnico ed economico. Nella ipotesi contraria, si applicano le disposizioni dell'art. 720 del codice civile. [IV] Il suddetto vincolo può essere, altresì, revocato, secondo le modalità di cui al precedente comma, nel caso in cui sia mutata la destinazione agricola del fondo per effetto degli strumenti urbanistici vigenti a condizione che la porzione di terreno interessata sia tale da consentire l'efficiente prosecuzione dell'attività agricola sulla restante superficie. Il riscatto anticipato da parte dell'assegnatario avviene sulla base del valore attribuito al terreno all'epoca dell'assegnazione. [V] Contro il provvedimento dell'ispettorato che respinge la domanda dell'interessato, fino al trasferimento delle competenze alle regioni, è ammesso ricorso al Ministero dell'agricoltura e delle foreste nel termine di 30 giorni dalla comunicazione. [VI] È nullo qualsiasi atto compiuto in violazione del vincolo di indivisibilità».

1113. Intervento nella divisione e opposizione. – [I] I creditori [2808] e gli aventi causa [1021, 1022] da un partecipante [1103] possono intervenire [105, 267 CPC.] nella divisione a proprie spese, ma non possono impugnare la divisione già eseguita, a meno che abbiano notificato un'opposizione [784 CPC.] anteriormente alla divisione stessa e salvo sempre ad essi l'esperimento dell'azione revocatoria [2901 ss.] o dell'azione surrogatoria [2900].

[II] Nella divisione che ha per oggetto beni immobili [1350[1, n. 11]], l'opposizione, per l'effetto indicato dal comma precedente, deve essere trascritta prima della trascrizione dell'atto di divisione e, se si tratta di divisione giudiziale, prima della trascrizione della relativa domanda [2646, 2685].

[III] Devono essere chiamati a intervenire, perché la divisione abbia effetto nei loro confronti, i creditori iscritti e coloro che hanno acquistato diritti sull'immobile in virtù di atti soggetti a trascrizione e trascritti prima della trascrizione dell'atto di divisione o della trascrizione della domanda di divisione giudiziale [1506, 2646, 2685, 2825].

[IV] Nessuna ragione di prelevamento in natura per crediti nascenti dalla comunione può opporsi contro le persone indicate dal comma precedente, eccetto le ragioni di prelevamento nascenti da titolo anteriore alla comunione medesima, ovvero da collazione [737 ss., 2646].

➔ CC. 1865 – art. 680.

1114. Divisione in natura. – [I] La divisione ha luogo in natura [2283], se la cosa può essere comodamente divisa in parti corrispondenti alle quote dei partecipanti [718 ss., 1112, 1119, 1506[2]].

➔ CC. 1865 – art. 987, 994.

1115. Obbligazioni solidali dei partecipanti. – [I] Ciascun partecipante può esigere che siano estinte le obbligazioni in solido [1292] contratte per la cosa comune [1108], le quali siano scadute o scadano entro l'anno dalla domanda di divisione.

[II] La somma per estinguere le obbligazioni si preleva dal prezzo di vendita della cosa comune, e, se la divisione ha luogo in natura, si procede alla vendita di una congrua frazione della cosa, salvo diverso accordo tra i condividenti [599 CPC.].

[III] Il partecipante che ha pagato il debito in solido e non ha ottenuto rimborso concorre nella divisione per una maggiore quota corrispondente al suo diritto verso gli altri condividenti [1299].

1116. Applicabilità delle norme sulla divisione ereditaria. – [I] Alla divisione delle cose comuni si applicano le norme sulla divisione dell'eredità, in quanto non siano in contrasto con quelle sopra stabilite [713 ss., 757 ss., *846*, 920, 1350[1, n. 11]].

➔ CC. 1865 – art. 684, 1000.

Capo II
Del condominio negli edifici (1)

(1) Art. 205 ss. del r.d. 28/4/1938, n. 1165 (TU delle disposizioni sull'edilizia popolare ed economica).

• Art. 5 del d.lg. 4/3/2010, n. 28 (Attuazione dell'art. 60 della l. 18/6/2009, n. 69, in materia di mediazione finalizzata alla conciliazione delle controversie civili e commerciali).

1117. Parti comuni dell'edificio (1). – [I] Sono oggetto di proprietà comune dei proprietari delle singole unità immobiliari dell'edificio, anche se aventi diritto a godimento periodico e se non risulta il contrario dal titolo [1118 // 61, 62 att. // 7, 23 CPC.]:

1) tutte le parti dell'edificio necessarie all'uso comune, come il suolo su cui sorge l'edificio, le fondazioni, i muri maestri, i pilastri e le travi portanti, i tetti e i lastrici solari [1126], le scale, i portoni di ingresso, i vestiboli, gli anditi, i portici, i cortili e le facciate;

2) le aree destinate a parcheggio nonché i locali per i servizi in comune, come la portineria, incluso l'alloggio del portiere, la lavanderia, gli stenditoi e i sottotetti destinati, per le caratteristiche strutturali e funzionali, all'uso comune;

3) le opere, le installazioni, i manufatti di qualunque genere destinati all'uso comune, come gli ascensori, i pozzi, le cisterne, gli impianti idrici e fognari, i sistemi centralizzati di distribuzione e di trasmissione per il gas, per l'energia elettrica, per il riscaldamento ed il condizionamento dell'aria, per la ricezione radiotelevisiva e per l'accesso a qualunque altro genere di flusso informativo, anche da satellite o via cavo, e i relativi collegamenti fino al punto di diramazione ai locali di proprietà individuale dei singoli condomini, ovvero, in caso di impianti unitari, fino al punto di utenza, salvo quanto disposto dalle normative di settore in materia di reti pubbliche [1120, 1122, 1123, 1128, 1130[1, n. 2, 4], 1131, 1134, 1138] (2).

➔ CC. 1865 – art. 562.

(1) Articolo sostituito dall'art. 1 della l. 11/12/2012, n. 220 (Modifiche alla disciplina del condominio negli edifici), in vigore dal 18/6/2013. Il testo precedente recitava: «[I] Sono oggetto di proprietà comune dei proprietari dei diversi piani o porzioni di piani di un edificio, se il contrario non risulta dal titolo: 1) il suolo su cui sorge l'edificio, le fondazioni, i muri maestri, i tetti e i lastrici solari, le scale, i portoni d'ingresso, i vestiboli, gli anditi, i portici, i cortili e in genere tutte le parti dell'edificio necessarie all'uso comune; 2) i locali per la portineria e l'alloggio del portiere, per la lavanderia, per il riscaldamento centrale, per gli stenditoi e per altri simili servizi in comune; 3) le opere, le installazioni, i manufatti di qualunque genere che servono all'uso e al godimento comune, come gli ascensori, i pozzi, le cisterne, gli acquedotti e inoltre le fognature e i canali di scarico, gli impianti per l'acqua, per il gas, per l'energia elettrica, per il riscaldamento e simili, fino al punto di diramazione degli impianti ai locali di proprietà esclusiva dei singoli condomini».

(2) Art. 14 (Detrazioni fiscali per interventi di efficienza energetica) d.l. 4/6/2013, n. 63 (Disposizioni urgenti per il recepimento della Direttiva 2010/31/UE del Parlamento europeo e del Consiglio del 19 maggio 2010, sulla prestazione energetica nell'edilizia per la definizione delle procedure d'infrazione avviate dalla Commissione europea, nonché altre disposizioni in materia di coesione sociale), conv. in legge, con modif., dall'art. 1, co. 1, l. 3/8/2013, n. 90: «[I] Le disposizioni di cui all'articolo 1, comma 48, della legge 13 dicembre 2010, n. 220, e successive modificazioni, si applicano, nella misura del 65 per cento, anche alle spese sostenute dal 6 giugno 2013 al 31 dicembre 2015. [II] La detrazione di cui al comma 1 si applica, nella misura del 65 per cento, anche alle spese documentate e rimaste a carico del contribuente: a) per interventi relativi a **parti comuni degli edifici condominiali** di cui agli articoli 1117 e 1117 bis del codice civile o che interessino tutte le unità immobiliari di cui si compone il singolo condominio, sostenute dal 6 giugno 2013 al 31 dicembre 2015; b) per l'acquisto e la posa in opera delle schermature solari di cui all'allegato M al decreto legislativo 29 dicembre 2006, n. 311, sostenute dal 1° gennaio 2015 al 31 dicembre 2015, fino a un valore massimo della detrazione di 60.000 euro. [II bis] La detrazione di cui al comma 1 si applica altresì alle spese sostenute per l'acquisto e la posa in opera di impianti di climatizzazione invernale con impianti dotati di generatori di calore alimentati da biomasse combustibili, sostenute dal 1° gennaio 2015 al 31 dicembre 2015, fino a un valore massimo della detrazione di 30.000 euro. [III] La detrazione spettante ai sensi del presente articolo è ripartita in dieci quote annuali di pari importo. Si applicano, in quanto compatibili, le disposizioni di cui all'articolo 1, comma 24, della legge 24 dicembre 2007, n. 244, e successive modificazioni, e all'articolo 29, comma 6, del decreto-legge 29 novembre 2008, n. 185, convertito, con modificazioni, dalla legge 28 gennaio 2009, n. 2. [III bis] Al fine di effettuare il monitoraggio e la valutazione del risparmio energetico conseguito a seguito della realizzazione degli interventi di cui ai commi 1 e 2, l'Agenzia nazionale per le nuove tecnologie, l'energia e lo sviluppo economico sostenibile (ENEA) elabora le informazioni contenute nelle richieste di detrazione pervenute per via telematica e trasmette una relazione sui risultati degli interventi al Ministero dello sviluppo economico, al Ministero dell'economia e delle finanze, alle regioni e alle province autonome di Trento e di Bolzano, nell'ambito delle rispettive competenze territoriali. Nell'ambito di tale attività, l'ENEA predispone il costante aggiornamento del sistema di reportistica multi-anno delle dichiarazioni ai fini della detrazione fiscale di cui all'articolo 1, comma 349, della legge 27 dicembre 2006, n. 296, già attivo e assicura, su richiesta, il necessario supporto tecnico alle regioni e alle province autonome di Trento e di Bolzano».

1117 bis. Ambito di applicabilità (1). – [I] Le disposizioni del presente capo si applicano, in quanto compatibili, in tutti i casi in cui più unità immobiliari o più edifici ovvero più condominii di unità immobiliari o di edifici abbiano parti comuni ai sensi dell'articolo 1117 (2).

(1) Articolo aggiunto dall'art. 2 della l. 11/12/2012, n. 220 (Modifiche alla disciplina del condominio negli edifici), in vigore il 18/6/2013.

(2) Art. 14, co. 2 (Detrazioni fiscali per interventi di efficienza energetica) del d.l. 4/6/2013, n. 63 (Disposizioni urgenti per il recepimento della Direttiva 2010/31/UE del Parlamento europeo e del Consiglio del 19/5/2010, sulla prestazione energetica nell'edilizia per la definizione delle procedure d'infrazione avviate dalla Commissione europea, nonché altre disposizioni in materia

di coesione sociale), conv. in legge, con modif., dall'art. 1, co. 1, l. 3/8/2013, n. 90, riportato sub art. 1117.

1117 ter. Modificazioni delle destinazioni d'uso (1). – [I] Per soddisfare esigenze di interesse condominiale, l'assemblea, con un numero di voti che rappresenti i quattro quinti dei partecipanti al condominio e i quattro quinti del valore dell'edificio, può modificare la destinazione d'uso delle parti comuni.

[II] La convocazione dell'assemblea deve essere affissa per non meno di trenta giorni consecutivi nei locali di maggior uso comune o negli spazi a tal fine destinati e deve effettuarsi mediante lettera raccomandata o equipollenti mezzi telematici, in modo da pervenire almeno venti giorni prima della data di convocazione.

[III] La convocazione dell'assemblea, a pena di nullità, deve indicare le parti comuni oggetto della modificazione e la nuova destinazione d'uso.

[IV] La deliberazione deve contenere la dichiarazione espressa che sono stati effettuati gli adempimenti di cui ai precedenti commi.

[V] Sono vietate le modificazioni delle destinazioni d'uso che possono recare pregiudizio alla stabilità o alla sicurezza del fabbricato o che ne alterano il decoro architettonico [*1120*[4], 1138[1]].

(1) Articolo aggiunto dall'art. 2 della l. 11/12/2012, n. 220 (Modifiche alla disciplina del condominio negli edifici), in vigore dal 18/6/2013.

• Art. 10, co. 1, lett. c) e art. 22, co. 3, lett. a), d.P.R. 6/6/2001, n. 380 (TU delle disposizioni legislative e regolamentari in materia edilizia).

1117 quater. Tutela delle destinazioni d'uso (1). – [I] In caso di attività che incidono negativamente e in modo sostanziale sulle destinazioni d'uso delle parti comuni, l'amministratore o i condomini, anche singolarmente, possono diffidare l'esecutore e possono chiedere la convocazione dell'assemblea per far cessare la violazione, anche mediante azioni giudiziarie. L'assemblea delibera in merito alla cessazione di tali attività con la maggioranza prevista dal secondo comma dell'articolo 1136.

(1) Articolo aggiunto dall'art. 2 della l. 11/12/2012, n. 220 (Modifiche alla disciplina del condominio negli edifici), in vigore dal 18/6/2013.

1118. Diritti dei partecipanti sulle parti comuni (1). – [I] Il diritto di ciascun condomino sulle parti comuni, salvo che il titolo non disponga altrimenti, è proporzionale al valore dell'unità immobiliare che gli appartiene.

[II] Il condomino non può rinunziare al suo diritto sulle parti comuni [1104, 1121, 1123, 1138[4]].

[III] Il condomino non può sottrarsi all'obbligo di contribuire alle spese per la conservazione delle parti comuni, neanche modificando la destinazione d'uso della propria unità immobiliare, salvo quanto disposto da leggi speciali.

[IV] Il condomino può rinunciare all'utilizzo dell'impianto centralizzato di riscaldamento o di condizionamento, se dal suo distacco non derivano notevoli squilibri di funzionamento o aggravi di spesa per gli altri condomini. In tal caso il rinunziante resta tenuto a concorrere al pagamento delle sole spese per la manutenzione straordinaria dell'impianto e per la sua conservazione e messa a norma [1104, 1121, 1123].

(1) Articolo sostituito dall'art. 3 della l. 11/12/2012, n. 220 (Modifiche alla disciplina del condominio negli edifici), in vigore dal 18/6/2013. Il testo precedente recitava: «[I] Il diritto di ciascun condomino sulle cose indicate dall'articolo precedente è proporzionato al valore del piano o porzione di piano che gli appartiene, se il titolo non dispone altrimenti. [II] Il condomino non può, rinunziando al diritto sulle cose anzidette, sottrarsi al contributo nelle spese per la loro conservazione».

1119. Indivisibilità. – [I] Le parti comuni dell'edificio non sono soggette a divisione, a meno che la divisione possa farsi senza rendere più incomodo l'uso della cosa a ciascun condomino e con il consenso di tutti i partecipanti al condominio [1112, 1138[4] // 61, 62 att.] (1).

(1) Comma modificato dall'art. 4 l. 11/12/2012, n. 220 (Modifiche alla disciplina del condominio negli edifici), in vigore dal 18/6/2013, che ha inserito, in fine, le parole: «e con il consenso di tutti i partecipanti al condominio».

1120. Innovazioni (1). – [I] I condomini, con la maggioranza indicata dal quinto comma dell'articolo 1136, possono disporre tutte le innovazioni dirette al miglioramento o all'uso più comodo o al maggior rendimento delle cose comuni [1108, 1117, 1121, 1122, 1123].

[II] I condomini, con la maggioranza indicata dal secondo comma dell'articolo 1136, possono disporre le innovazioni che, nel rispetto della normativa di settore, hanno ad oggetto:

1) le opere e gli interventi volti a migliorare la sicurezza e la salubrità degli edifici e degli impianti;

2) le opere e gli interventi previsti per eliminare le barriere architettoniche, per il contenimento del consumo energetico degli edifici e per realizzare parcheggi destinati a servizio delle unità immobiliari o dell'edificio, nonché per la produzione di energia mediante l'utilizzo di impianti di cogenerazione, fonti eoliche, solari o comunque rinnovabili da parte del condominio o di terzi che conseguano a titolo oneroso un diritto reale o personale di godimento del lastrico solare o di altra idonea superficie comune [1122-bis] (2);

3) l'installazione di impianti centralizzati per la ricezione radiotelevisiva e per l'accesso a qualunque altro genere di flusso informativo, anche da satellite o via cavo, e i relativi collegamenti fino alla diramazione per le singole utenze, ad esclusione degli impianti che non comportano modifiche in grado di alterare la destinazione della cosa comune e di impedire agli altri condomini di farne uso secondo il loro diritto [1122-bis] (3).

[III] L'amministratore è tenuto a convocare l'assemblea entro trenta giorni dalla richiesta anche di un solo condomino interessato all'adozione delle deliberazioni di cui al precedente comma. La richiesta deve contenere l'indicazione del contenuto specifico e delle modalità di esecuzione degli interventi proposti. In mancanza, l'amministratore deve invitare senza indugio il condomino proponente a fornire le necessarie integrazioni.

[IV] Sono vietate le innovazioni che possano recare pregiudizio alla stabilità o alla sicurezza del fabbricato, che ne alterino il decoro architettonico o che rendano talune parti comuni dell'edificio [1117] inservibili all'uso o al godimento anche di un solo condomino [1108, *1117-ter*[5], 1121, 1123, 1138].

(1) Articolo modificato dall'art. 5 della l. 11/12/2012, n. 220 (Modifiche alla disciplina del condominio negli edifici), in vigore dal 18/6/2013, che ha inserito i commi due e tre.

(2) L'art. 1, co. 9, d.l. 23/12/2013, n. 145, aveva soppresso le parole: «per il contenimento del consumo energetico degli edifici». La modifica è decaduta in sede di conversione, avvenuta con l. 21/2/2014, n. 9. Il testo in vigore prima della conversione in legge del citato d.l. n. 145/2013, era il seguente: «2) le opere e gli interventi previsti per eliminare le barriere architettoniche e per realizzare parcheggi destinati a servizio delle unità immobiliari o dell'edificio, nonché per la produzione di energia mediante l'utilizzo di impianti di cogenerazione, fonti eoliche, solari o comunque rinnovabili da parte del condominio o di terzi che conseguano a titolo oneroso un diritto reale o personale di godimento del lastrico solare o di altra idonea superficie comune».

(3) Art. 9 della l. 24/3/1989, n. 122 (Disposizioni in materia di parcheggi, programma triennale per le aree urbane maggiormente popolate nonché modificazioni di alcune norme del testo unico sulla disciplina della circolazione stradale, approvato con d.P.R. 15/6/1959, n. 393): «[I] I proprietari di immobili possono realizzare nel sottosuolo degli stessi ovvero nei locali siti al piano terreno dei fabbricati parcheggi da destinare a pertinenza delle singole unità immobiliari, anche in deroga agli strumenti urbanistici ed ai regolamenti edilizi vigenti. Tali parcheggi possono essere realizzati, ad uso esclusivo dei residenti, anche nel sottosuolo di aree pertinenziali esterne al fabbricato, purché non in contrasto con i piani urbani del traffico, tenuto conto dell'uso della superficie sovrastante e compatibilmente con la tutela dei corpi idrici. Restano in ogni caso fermi i vincoli previsti dalla legislazione in materia paesaggistica ed ambientale ed i poteri attribuiti dalla medesima legislazione alle regioni e ai Ministeri dell'ambiente e per i beni culturali ed ambientali da esercitare motivatamente nel termine di 90 giorni. I parcheggi stessi, ove i piani urbani del traffico non siano stati redatti, potranno comunque essere realizzati nel rispetto delle indicazioni di cui al periodo precedente. [II] L'esecuzione delle opere e degli interventi previsti dal comma 1 è soggetta a denuncia di inizio attività. [III] Le deliberazioni che hanno per oggetto le opere e gli interventi di cui al comma 1 sono approvate salvo che si tratti di proprietà non condominiale dalla assemblea del condominio, in prima o in seconda convocazione, con la maggioranza prevista dall'articolo 1136, secondo comma, del codice civile. Resta fermo quanto disposto dagli articoli 1120, secondo comma, e 1121, terzo comma, del codice civile. [IV] I comuni, previa determinazione dei criteri di cessione del diritto di superficie e su richiesta dei privati interessati o di imprese di costruzione o di società anche cooperative, possono prevedere, nell'ambito del programma urbano dei parcheggi, la realizzazione di parcheggi da destinare a pertinenza di immobili privati su aree comunali o nel sottosuolo delle stesse. Tale disposizione si applica anche agli interventi in fase di avvio o già avviati. La costituzione del diritto di superficie è subordinata alla stipula di una convenzione nella quale siano previsti: a) la durata della concessione del diritto di superficie per un periodo non superiore a novanta anni; b) il dimensionamento dell'opera ed il piano economico-finanziario previsti per la sua realizzazione; c) i tempi previsti per la progettazione esecutiva, la messa a disposizione delle aree necessarie e la esecuzione dei lavori; d) i tempi e le modalità per la verifica dello stato di attuazione nonché le sanzioni previste per gli eventuali inadempimenti. [V] Fermo restando quanto previsto dall'articolo 41-sexies, della legge 17 agosto 1942, n. 1150, e successive modificazioni, e l'immodificabilità dell'esclusiva destinazione a parcheggio, la proprietà dei parcheggi realizzati a norma del comma 1 può essere trasferita, anche in deroga a quanto previsto nel titolo edilizio che ha legittimato la costruzione e nei successivi atti convenzionali, solo con contestuale destinazione del parcheggio trasferito a pertinenza di altra unità immobiliare sita nello stesso comune. I parcheggi realizzati ai sensi del comma 4 non possono essere ceduti separatamente dall'unità immobiliare alla quale sono legati da vincolo pertinenziale e i relativi atti di cessione sono nulli, ad eccezione di espressa previsione contenuta nella convenzione stipulata con il comune, ovvero quando quest'ultimo abbia autorizzato l'atto di cessione. [VI] Le opere e gli interventi di cui ai precedenti commi 1 e 4, nonché gli acquisti di immobili destinati a parcheggi, effettuati da enti o imprese di assicurazione sono equiparati, ai fini della copertura delle riserve tecniche, ad immobili ai sensi degli articoli 32 ed 86 della legge 22 ottobre 1986, n. 742».

• Art. 26, co. 5 (Progettazione, messa in opera ed esercizio di edifici e di impianti) della l. 9/1/1991, n. 10 (Norme per l'attuazione del Piano energetico nazionale in materia di uso razionale dell'energia, di risparmio energetico e di sviluppo delle fonti rinnovabili di energia): «[V] Per le innovazioni relative all'adozione di sistemi di termoregolazione e di contabilizzazione del calore e per il conseguente riparto degli oneri di riscaldamento in base al consumo effettivamente registrato, l'assemblea di condominio delibera con le maggioranze previste dal secondo comma dell'articolo 1120 del **codice civile**».

• Art. 78 (Deliberazioni sull'eliminazione delle barriere architettoniche – l. 9/1/1989 n. 13, art. 2) del d.P.R. 6/6/2001 n. 380 (TU delle disposizioni legislative e regolamentari in materia edilizia): «[I] Le deliberazioni che hanno per oggetto le innovazioni da attuare negli edifici privati dirette ad eliminare le barriere architettoniche di cui all'articolo 27, primo comma, della legge 30 marzo 1971, n. 118, ed all'articolo 1 del decreto del Presidente della Repubblica 24 luglio 1996, n. 503, nonché la realizzazione di percorsi attrezzati e la installazione di dispositivi di segnalazione atti a favorire la mobilità dei ciechi all'interno degli edifici privati, sono approvate dall'assemblea del condominio, in prima o in seconda convocazione, con le maggioranze previste dall'articolo 1136, secondo e terzo comma, del codice civile. [II] Nel caso in cui il condominio rifiuti di assumere, o non assuma entro tre mesi dalla richiesta fatta per iscritto, le deliberazioni di cui al comma 1, i portatori di handicap, ovvero chi ne esercita la tutela o la potestà di cui al titolo IX del libro primo del codice civile, possono installare, a proprie spese, servoscala nonché strutture mobili e facilmente rimovibili e possono anche modificare l'ampiezza delle porte d'accesso, al fine di rendere più agevole l'accesso agli edifici, agli ascensori e alle rampe delle autorimesse. [III] Resta fermo quanto disposto dagli articoli 1120, secondo comma, e 1121, terzo comma, del codice civile».

• Art. 30, co. 2 (Piani di recupero di iniziativa dei privati) della l. 5/8/1978, n. 457 (Norme per l'edilizia residenziale): «**In deroga agli articoli 1120, 1121 e 1136, quinto comma, del codice civile** gli interventi di recupero relativi ad un unico immobile composto da più unità immobiliari possono essere disposti dalla maggioranza dei condomini che comunque rappresenti almeno la metà del valore dell'edificio».

• Art. 123, co. 5 (Progettazione, messa in opera ed esercizio di edifici e di impianti – l. 9/1/1991, n. 10 art. 26) del d.P.R. 6/6/2001, n. 380 (TU delle disposizioni legislative e regolamentari in materia edilizia): «[V] Per le innovazioni relative all'adozione di sistemi di termoregolazione e di contabilizzazione del calore e per il conseguente riparto degli oneri di riscaldamento in base al consumo effettivamente registrato, l'assemblea di condominio decide a maggioranza, **in deroga agli articoli 1120 e 1136 del codice civile**».

• Art. 3, co. 5 bis, d.l. 28/4/2009, n. 39 (Interventi urgenti in favore delle popolazioni colpite dagli eventi sismici nella regione Abruzzo nel mese di aprile 2009 e ulteriori interventi urgenti di protezione civile), conv., con modif., dalla l. 24/6/2009, n. 77: «**In deroga agli articoli 1120, 1121 e 1136, quinto comma, del codice civile**, gli interventi di recupero relativi ad un unico immobile composto da più unità immobiliari possono essere disposti dalla maggioranza dei condomini che comunque rappresenti almeno la metà del valore dell'edificio. **In deroga all'articolo 1136, quarto comma, del codice civile**, gli interventi ivi previsti devono essere approvati con un numero di voti che rappresenti la maggioranza degli intervenuti e almeno un terzo del valore dell'edificio».

1121. Innovazioni gravose o voluttuarie. – [I] Qualora l'innovazione [1120] importi una spesa molto gravosa o abbia carattere voluttuario rispetto alle particolari condizioni e all'importanza dell'edificio, e consista in opere, impianti o manufatti suscettibili di utilizzazione separata, i condomini che non intendono trarne vantaggio sono esonerati da qualsiasi contributo nella spesa.

[II] Se l'utilizzazione separata non è possibile, l'innovazione non è consentita, salvo che la maggioranza dei condomini che l'ha deliberata o accettata intenda sopportarne integralmente la spesa.

[III] Nel caso previsto dal primo comma i condomini e i loro eredi o aventi causa possono tuttavia, in qualunque tempo, partecipare ai vantaggi dell'innovazione, contribuendo nelle spese di esecuzione e di manutenzione dell'opera [1108[1], 1118]. (1).

(1) Art. 9, co. 3, l. 24/3/1989, n. 122 (Disposizioni in materia di parcheggi, programma triennale per le aree urbane maggiormente popolate nonché modificazioni di alcune norme del TU sulla disciplina della circolazione stradale, approvato con decreto del Presidente della Repubblica 15/6/1959, n. 393): «[III] Le deliberazioni che hanno per oggetto le opere e gli interventi di cui al comma 1 sono approvate salvo che si tratti di proprietà non condominiale, dalla assemblea del condominio, in prima o in seconda convocazione, con la maggioranza prevista dall'articolo 1136, secondo comma, del codice civile. Resta fermo quanto disposto dagli articoli 1120, secondo comma, e **1121, terzo comma, del codice civile**».

• Art. 78 (Deliberazioni sull'eliminazione delle barriere architettoniche – l. 9/1/1989, n. 13, art. 2) del d.P.R. 6/6/2001, n. 380 (TU delle disposizioni legislative e regolamentari in materia edilizia): «[III] Resta fermo quanto disposto dagli articoli 1120, secondo comma, e **1121, terzo comma, del codice civile**».

• Art. 30, co. 2 (Piani di recupero di iniziativa dei privati) della l. 5/8/1978, n. 457 (Norme per l'edilizia residenziale), aggiunto dall'art. 15 della l. 17/2/1992, n. 179: «**In deroga** agli articoli 1120, **1121** e 1136, quinto comma, del codice civile gli interventi di recupero relativi ad un unico immobile composto da più unità immobiliari possono essere disposti dalla maggioranza dei condomini che comunque rappresenti almeno la metà del valore dell'edificio».

• Art. 3, co. 5-bis, d.l. 28/4/2009, n. 39 (Interventi urgenti in favore delle popolazioni colpite dagli eventi sismici nella regione Abruzzo nel mese di aprile 2009 e ulteriori interventi urgenti di protezione civile), conv., con modif., dalla l. 24/6/2009, n. 77: «In **deroga agli articoli 1120, 1121 e 1136, quinto comma, del codice civile**, gli interventi di recupero relativi ad un unico immobile composto da più unità immobiliari possono essere disposti dalla maggioranza dei condomini che comunque rappresenti almeno la metà del valore dell'edificio. **In deroga all'articolo 1136, quarto comma, del codice civile**, gli interventi ivi previsti devono essere approvati con un numero di voti che rappresenti la maggioranza degli intervenuti e almeno un terzo del valore dell'edificio».

1122. Opere su parti di proprietà o uso individuale (1). – [I] Nell'unità immobiliare di sua proprietà ovvero nelle parti normalmente destinate all'uso comune, che siano state attribuite in proprietà esclusiva o destinate all'uso individuale, il condomino non può eseguire opere che rechino danno alle parti comuni ovvero determinino pregiudizio alla stabilità, alla sicurezza o al decoro architettonico dell'edificio [1117, 1120[4], 1122 bis[1, 3], 1123, 1138].

[II] In ogni caso è data preventiva notizia all'amministratore che ne riferisce all'assemblea.

(1) Articolo sostituito dall'art. 6 della l. 11/12/2012, n. 220 (Modifiche alla disciplina del condominio negli edifici), in vigore dal 18/6/2013. Il testo precedente recitava: «Opere sulle parti dell'edificio di proprietà comune – [I] Ciascun condomino, nel piano o porzione di piano di sua proprietà, non può eseguire opere che rechino danno alle parti comuni dell'edificio».

1122 bis. Impianti non centralizzati di ricezione radiotelevisiva e di produzione di energia da fonti rinnovabili (1). – [I] Le installazioni di impianti non centralizzati [155-bis att.] per la ricezione radiotelevisiva e per l'accesso a qualunque altro genere di flusso informativo, anche da satellite o via cavo, e i relativi collegamenti fino al punto di diramazione per le singole utenze sono realizzati in modo da recare il minor pregiudizio alle parti comuni e alle unità immobiliari di proprietà individuale, preservando in ogni caso il decoro architettonico dell'edificio, salvo quanto previsto in materia di reti pubbliche.

[II] È consentita l'installazione di impianti per la produzione di energia da fonti rinnovabili destinati al servizio di singole unità del condominio sul lastrico solare, su ogni altra idonea superficie comune e sulle parti di proprietà individuale dell'interessato.

[III] Qualora si rendano necessarie modificazioni delle parti comuni, l'interessato ne dà comunicazione all'amministratore indicando il contenuto specifico e le modalità di esecuzione degli interventi. L'assemblea può prescrivere, con la maggioranza di cui al quinto comma dell'articolo 1136, adeguate modalità alternative di esecuzione o imporre cautele a salvaguardia della stabilità, della sicurezza o del decoro architettonico dell'edificio e, ai fini dell'installazione degli impianti di cui al secondo comma, provvede, a richiesta degli interessati, a ripartire l'uso del lastrico solare e delle altre superfici comuni, salvaguardando le diverse forme di utilizzo previste dal regolamento di condominio [1138 // 70 att.] o comunque in atto. L'assemblea, con la medesima maggioranza, può altresì subordinare l'esecuzione alla prestazione, da parte dell'interessato, di idonea garanzia per i danni eventuali.

[IV] L'accesso alle unità immobiliari di proprietà individuale deve essere consentito ove necessario per la progettazione e per l'esecuzione delle opere. Non sono soggetti ad autorizzazione gli impianti destinati alle singole unità abitative.

(1) Articolo aggiunto dall'art. 7 della l. 11/12/2012, n. 220 (Modifiche alla disciplina del condominio negli edifici), in vigore il 18/6/2013.

• Art. 1 della l. 6/5/1940, n. 554 (Disciplina dell'uso degli aerei esterni per audizioni radiofoniche): «[I] I proprietari di uno stabile o di un appartamento non possono opporsi alla installazione nella loro proprietà, di aerei esterni destinati al funzionamento di apparecchi radiofonici appartenenti agli abitanti degli stabili o appartamenti stessi, salvo quanto è disposto negli articoli 2 e 3; v. pure art. 3 della citata legge che dispone: [I] Il proprietario ha sempre facoltà di fare nel suo stabile qualunque lavoro o innovazione ancorché ciò importi la rimozione o il diverso collocamento dell'aereo, né per questo deve alcuna indennità all'utente dell'aereo stesso. [II] Egli dovrà in tal caso avvertire preventivamente il detto utente, al quale spetterà di provvedere a propria cura e spese alla rimozione o al diverso collocamento dell'aereo».

• Art. 209 (Installazione di antenne riceventi del servizio di radiodiffusione e di antenne per la fruizione di servizi di comunicazione elettronica) del d.lg. 1/8/2003, n. 259 (Codice delle comunicazioni elettroniche): «[I] I proprietari di immobili o di porzioni di immobili non possono opporsi alla installazione sulla loro proprietà di antenne appartenenti agli abitanti dell'immobile stesso destinate alla ricezione dei servizi di radiodiffusione e per la fruizione dei servizi radioamatoriali. [II] Le antenne, i relativi sostegni, cavi ed accessori non devono in alcun modo impedire il libero uso della proprietà, secondo la sua destinazione, né arrecare danno alla proprietà medesima od a terzi. [III] Si applicano all'installazione delle antenne l'articolo 91, nonché il settimo comma dell'articolo 92. [IV] Gli impianti devono essere realizzati secondo le norme tecniche emanate dal Ministero. [V] Nel caso di antenne destinate a servizi di comunicazione elettronica ad uso privato è necessario il consenso del proprietario o del condominio, cui è dovuta un'equa indennità che, in mancanza di accordo fra le parti, sarà determinata dall'autorità giudiziaria».

1122 ter. Impianti di videosorveglianza sulle parti comuni (1). – [I] Le deliberazioni concernenti l'installazione sulle parti comuni dell'edificio di impianti volti a consentire la videosorveglianza su di esse sono approvate dall'assemblea con la maggioranza di cui al secondo comma dell'articolo 1136 [1136[4]].

(1) Articolo aggiunto dall'art. 7 della l. 11/12/2012, n. 220 (Modifiche alla disciplina del condominio negli edifici), in vigore il 18/6/2013.

1123. Ripartizione delle spese. – [I] Le spese necessarie per la conservazione e per il godimento delle parti comuni dell'edificio [882, 1117, 1122], per la prestazione dei servizi nell'interesse comune e per le innovazioni [1120] deliberate dalla maggioranza sono sostenute dai condomini in misura proporzionale al valore della proprietà di ciascuno [1101], salvo diversa convenzione [1104, 1118, 1130[1, n. 3], 1134, 1135[1, n. 2], 1138 // 63, 68 att.].

[II] Se si tratta di cose destinate a servire i condomini in misura diversa, le spese sono ripartite in proporzione dell'uso che ciascuno può farne.

[III] Qualora un edificio abbia più scale, cortili, lastrici solari, opere o impianti destinati a servire una parte dell'intero fabbricato, le spese relative alla loro manutenzione sono a carico del gruppo di condomini che ne trae utilità [1124-1126 // 63, 68, 69 att.].

1124. Manutenzione e sostituzione delle scale e degli ascensori (1). – [I] Le scale e gli ascensori sono mantenuti e sostituiti dai proprietari delle unità immobiliari a cui servono

[CC. 1123]. La spesa relativa è ripartita tra essi, per metà in ragione del valore delle singole unità immobiliari e per l'altra metà esclusivamente in misura proporzionale all'altezza di ciascun piano dal suolo [68 att.] (2).

[II] Al fine del concorso nella metà della spesa, che è ripartita in ragione del valore, si considerano come piani le cantine, i palchi morti, le soffitte o camere a tetto e i lastrici solari [1126, 1127], qualora non siano di proprietà comune [68, 69 att.].

(1) Rubrica così sostituita dall'art. 8, co. 1, lett. b), l. 11/12/2012, n. 220 (Modifiche alla disciplina del condominio negli edifici), in vigore dal 18/6/2013. La rubrica precedente era la seguente: "Manutenzione e ricostruzione delle scale".

(2) Comma così sostituito dall'art. 8, co. 1, lett. a), l. 11/12/2012, n. 220 (Modifiche alla disciplina del condominio negli edifici), in vigore dal 18/6/2013. Il testo precedentemente in vigore era il seguente: «Le scale sono mantenute e ricostruite dai proprietari dei diversi piani a cui servono. La spesa relativa è ripartita tra essi, per metà in ragione del valore dei singoli piani o porzioni di piano, e per l'altra metà in misura proporzionale all'altezza di ciascun piano dal suolo».

➔ CC. 1865 – art. 562[4].

1125. Manutenzione e ricostruzione dei soffitti, delle volte e dei solai. – [I] Le spese per la manutenzione e ricostruzione dei soffitti, delle volte e dei solai sono sostenute in parti eguali dai proprietari dei due piani l'uno all'altro sovrastanti, restando a carico del proprietario del piano superiore la copertura del pavimento e a carico del proprietario del piano inferiore l'intonaco, la tinta e la decorazione del soffitto.

➔ CC. 1865 – art. 562[3].

1126. Lastrici solari di uso esclusivo. – [I] Quando l'uso dei lastrici solari o di una parte di essi non è comune a tutti i condomini [1117[1, n. 1], 1123], quelli che ne hanno l'uso esclusivo sono tenuti a contribuire per un terzo nella spesa delle riparazioni o ricostruzioni del lastrico: gli altri due terzi sono a carico di tutti i condomini dell'edificio o della parte di questo a cui il lastrico solare serve, in proporzione del valore del piano o della porzione di piano di ciascuno [68 ss. att.].

➔ CC. 1865 – art. 563.

1127. Costruzione sopra l'ultimo piano dell'edificio. – [I] Il proprietario dell'ultimo piano dell'edificio può elevare nuovi piani o nuove fabbriche, salvo che risulti altrimenti dal titolo. La stessa facoltà spetta a chi è proprietario esclusivo del lastrico solare [823, 952].

[II] La sopraelevazione non è ammessa se le condizioni statiche dell'edificio non la consentono.

[III] I condomini possono altresì opporsi alla sopraelevazione, se questa pregiudica l'aspetto architettonico dell'edificio ovvero diminuisce notevolmente l'aria o la luce dei piani sottostanti.

[IV] Chi fa la sopraelevazione deve corrispondere agli altri condomini un'indennità pari al valore attuale dell'area da occuparsi con la nuova fabbrica, diviso per il numero dei piani, ivi compreso quello da edificare, e detratto l'importo della quota a lui spettante. Egli è inoltre tenuto a ricostruire il lastrico solare [1126] di cui tutti o parte dei condomini avevano il diritto di usare.

➔ CC. 1865 – art. 564.

1128. Perimento totale o parziale dell'edificio. – [I] Se l'edificio perisce interamente o per una parte che rappresenti i tre quarti del suo valore, ciascuno dei condomini può richiedere la vendita all'asta del suolo e dei materiali, salvo che sia stato diversamente convenuto.

[II] Nel caso di perimento di una parte minore, l'assemblea dei condomini delibera [1136] circa la ricostruzione delle parti comuni dell'edificio [1117], e ciascuno è tenuto a concorrervi in proporzione dei suoi diritti sulle parti stesse [1104, 1123].

[III] L'indennità corrisposta per l'assicurazione [1882] relativa alle parti comuni [1117] è destinata alla ricostruzione di queste [1017, 1019, 1020, 2742].

[IV] Il condomino che non intende partecipare alla ricostruzione dell'edificio è tenuto a cedere [2932] agli altri condomini i suoi diritti, anche sulle parti di sua esclusiva proprietà, secondo la stima che ne sarà fatta, salvo che non preferisca cedere i diritti stessi ad alcuni soltanto dei condomini.

1129. Nomina, revoca ed obblighi dell'amministratore (1). – [I] Quando i condomini sono più di otto, se l'assemblea non vi provvede [1106, 1135[1, n. 1]], la nomina di un amministratore [1130, 1131] è fatta dall'autorità giudiziaria su ricorso di uno o più condomini o dell'amministratore dimissionario.

[II] Contestualmente all'accettazione della nomina e ad ogni rinnovo dell'incarico, l'amministratore comunica i propri dati anagrafici e professionali, il codice fiscale, o, se si tratta di società, anche la sede legale e la denominazione, il locale ove si trovano i registri di cui ai numeri 6) e 7) dell'articolo 1130, nonché i giorni e le ore in cui ogni interessato, previa richiesta all'amministratore, può prenderne gratuitamente visione e ottenere, previo rimborso della spesa, copia da lui firmata.

[III] L'assemblea può subordinare la nomina dell'amministratore alla presentazione ai condomini di una polizza individuale di assicurazione per la responsabilità civile per gli atti compiuti nell'esercizio del mandato.

[IV] L'amministratore è tenuto altresì ad adeguare i massimali della polizza se nel periodo del suo incarico l'assemblea deliberi lavori straordinari. Tale adeguamento non deve essere inferiore all'importo di spesa deliberato e deve essere effettuato contestualmente all'inizio dei lavori. Nel caso in cui l'amministratore sia coperto da una polizza di assicurazione per la responsabilità civile professionale generale per l'intera attività da lui svolta, tale polizza deve essere integrata con una dichiarazione dell'impresa di assicurazione che garantisca le condizioni previste dal periodo precedente per lo specifico condominio.

[V] Sul luogo di accesso al condominio o di maggior uso comune, accessibile anche ai terzi, è affissa l'indicazione delle generalità, del domicilio e dei recapiti, anche telefonici, dell'amministratore.

[VI] In mancanza dell'amministratore, sul luogo di accesso al condominio o di maggior uso comune, accessibile anche ai terzi, è affissa l'indicazione delle generalità e dei recapiti, anche telefonici, della persona che svolge funzioni analoghe a quelle dell'amministratore.

[VII] L'amministratore è obbligato a far transitare le somme ricevute a qualunque titolo dai condomini o da terzi, nonché quelle a qualsiasi titolo erogate per conto del condominio, su uno specifico conto corrente, postale o bancario, **intestato al condominio** [1, 1129[8, 12, n. 3], 1130[1, n. 6, 7], 1130 bis[1], 1135[n. 4], 2659[1, n. 1]]; ciascun condomino, per il tramite dell'amministratore, può chiedere di prendere visione ed estrarre copia, a proprie spese, della rendicontazione periodica.

[VIII] Alla cessazione dell'incarico l'amministratore è tenuto alla consegna di tutta la documentazione in suo possesso afferente al condominio e ai singoli condomini e ad eseguire le attività urgenti al fine di evitare pregiudizi agli interessi comuni senza diritto ad ulteriori compensi.

[IX] Salvo che sia stato espressamente dispensato dall'assemblea, l'amministratore è tenuto ad agire per la riscossione forzosa delle somme dovute dagli obbligati entro sei mesi dalla chiusura dell'esercizio nel quale il credito esigibile è compreso, anche ai sensi dell'articolo 63, primo comma, delle disposizioni per l'attuazione del presente codice.

[X] L'incarico di amministratore ha durata di un anno e si intende rinnovato per eguale durata. L'assemblea convocata per la revoca [1131[4]] o le dimissioni delibera in ordine alla nomina del nuovo amministratore.

[XI] La revoca dell'amministratore può essere deliberata in ogni tempo dall'assemblea [1136[4]], con la maggioranza prevista per la sua nomina oppure con le modalità previste dal regolamento di condominio. Può altresì essere disposta dall'autorità giudiziaria [64 att.], su ricorso di ciascun condomino, nel caso previsto dal quarto comma dell'articolo 1131, se non rende il conto della gestione, ovvero in caso di gravi irregolarità. Nei casi in cui siano emerse gravi irregolarità fiscali o di non ottemperanza a quanto disposto dal numero 3) del dodicesimo comma del presente articolo, i condomini, anche singolarmente, possono chiedere la convocazione dell'assemblea per far cessare la violazione e revocare il mandato all'amministratore. In caso di mancata revoca da parte dell'assemblea, ciascun condomino può rivolgersi all'autorità giudiziaria; in caso di accoglimento della domanda, il ricorrente, per le spese legali, ha titolo alla rivalsa nei confronti del condominio, che a sua volta può rivalersi nei confronti dell'amministratore revocato.

[XII] Costituiscono, tra le altre, gravi irregolarità:

1) l'omessa convocazione dell'assemblea per l'approvazione del rendiconto condominiale, il ripetuto rifiuto di convocare l'assemblea per la revoca e per la nomina del nuovo amministratore o negli altri casi previsti dalla legge;

2) la mancata esecuzione di provvedimenti giudiziari e amministrativi, nonché di deliberazioni dell'assemblea;

3) la **mancata apertura ed utilizzazione del conto di cui al settimo comma** [1, 1129[7, 8, 12, n. 4], 1130[1, n. 6, 7], 1130 bis[1], 1135[n. 4], 2659[1]];

4) la gestione secondo modalità che possono generare possibilità di confusione tra il **patrimonio del condominio** [1, 1129[7, 8, 12, n. 3], 1130[1, n. 6, 7, 8], 1130 bis[1], 1135[n. 4], 2659[1, n. 1]] e il patrimonio personale dell'amministratore o di altri condomini;

5) l'aver acconsentito, per un credito insoddisfatto, alla cancellazione delle formalità eseguite nei registri immobiliari a tutela dei diritti del condominio;

6) qualora sia stata promossa azione giudiziaria per la riscossione delle somme dovute al condominio, l'aver omesso di curare diligentemente l'azione e la conseguente esecuzione coattiva;

7) l'inottemperanza agli obblighi di cui all'articolo 1130, numeri 6), 7) e 9);

8) l'omessa, incompleta o inesatta comunicazione dei dati di cui al secondo comma del presente articolo.

[XIII] In caso di revoca da parte dell'autorità giudiziaria, l'assemblea non può nominare nuovamente l'amministratore revocato.

[XIV] L'amministratore, all'atto dell'accettazione della nomina e del suo rinnovo, deve specificare analiticamente, a pena di nullità della nomina stessa, l'importo dovuto a titolo di compenso per l'attività svolta.

[XV] Per quanto non disciplinato dal presente articolo si applicano le disposizioni di cui alla sezione I del capo IX del titolo III del libro IV [1703-1730].

[XVI] Il presente articolo si applica anche agli edifici di alloggi di edilizia popolare ed economica, realizzati o recuperati da enti pubblici a totale partecipazione pubblica o con il concorso dello Stato, delle regioni, delle province o dei comuni, nonché a quelli realizzati da enti pubblici non economici o società private senza scopo di lucro con finalità sociali proprie dell'edilizia residenziale pubblica.

(1) Articolo sostituito dall'art. 9 della l. 11/12/2012, n. 220 (Modifiche alla disciplina del condominio negli edifici), in vigore dal 18/6/2013. Il testo precedente recitava: «Nomina e revoca dell'amministratore – [I] Quando i condomini sono più di quattro, l'assemblea nomina un amministratore. Se l'assemblea non provvede, la nomina è fatta dall'autorità giudiziaria, su ricorso di uno o più condomini. [II] L'amministratore dura in carica un anno e può essere revocato in ogni tempo dall'assemblea. [III] Può altresì essere revocato dall'autorità giudiziaria, su ricorso di ciascun condomino, oltre che nel caso previsto dall'ultimo comma dell'articolo 1131, se per due anni non ha reso il conto della sua gestione, ovvero se vi sono fondati sospetti di gravi irregolarità. [IV] La nomina e la cessazione per qualunque causa dell'amministratore dall'ufficio sono annotate in apposito registro».

1130. Attribuzioni dell'amministratore (1). – [I] L'amministratore, oltre a quanto previsto dall'articolo 1129 e dalle vigenti disposizioni di legge, deve:

1) eseguire le deliberazioni dell'assemblea, convocarla annualmente per l'approvazione del rendiconto condominiale di cui all'articolo 1130 bis e curare l'osservanza del regolamento di condominio [1138];

2) disciplinare l'uso delle cose comuni [1117, 1117-ter] e la fruizione dei servizi nell'interesse comune, in modo che ne sia assicurato il miglior godimento a ciascuno dei condomini [1123];

3) riscuotere i contributi [1123, // 63 att.] ed erogare le spese occorrenti per la manutenzione ordinaria [1135[2]] delle parti comuni dell'edificio e per l'esercizio dei servizi comuni;

4) compiere gli atti conservativi relativi alle parti comuni dell'edificio;

5) eseguire gli adempimenti fiscali;

6) curare la tenuta del registro di anagrafe condominiale contenente le generalità dei singoli proprietari e dei titolari di diritti reali e di diritti personali di godimento, comprensive del codice fiscale e della residenza o domicilio, i dati catastali di ciascuna unità immobiliare, nonché ogni dato relativo alle condizioni di sicurezza delle parti comuni dell'edificio (2). Ogni variazione dei dati deve essere comunicata all'amministratore in forma scritta entro sessanta giorni. L'amministratore, in caso di inerzia, mancanza o incompletezza delle comunicazioni, richiede con lettera raccomandata le informazioni necessarie alla tenuta del registro di anagrafe. Decorsi trenta giorni, in caso di omessa o incompleta risposta, l'amministratore acquisisce le informazioni necessarie, addebitandone il costo ai responsabili [1, 1129[7, 8, 12, n. 3], 1130[1, n. 7, 8], 1130 bis[1], 1135[n. 4], 2659[1, n. 1]];

7) curare la tenuta del registro dei verbali delle assemblee, del registro di nomina e revoca dell'amministratore e del registro di contabilità. Nel registro dei verbali delle assemblee sono altresì annotate: le eventuali mancate costituzioni dell'assemblea, le deliberazioni nonché le brevi dichiarazioni rese dai condomini che ne hanno fatto richiesta; allo stesso registro è allegato il regolamento di condominio [1138], ove adottato. Nel registro di nomina e revoca dell'amministratore sono annotate, in ordine cronologico, le date della nomina e della revoca di ciascun amministratore del condominio, nonché gli estremi del decreto in caso di provvedimento giudiziale. Nel registro di contabilità sono annotati in ordine cronologico, entro trenta giorni da quello dell'effettuazione, i singoli movimenti in entrata ed in uscita. Tale registro può tenersi anche con modalità informatizzate [1, 1129[7, 8, 12, n. 3], 1130[1, n. 6, 8], 1130 bis[1], 1135[n. 4], 2659[1]];

8) conservare tutta la documentazione inerente alla propria gestione riferibile sia al rapporto con i condomini sia allo stato tecnico-amministrativo dell'edificio e del condominio [1, 1129[7, 8; 12, n. 3], 1130[1, n. 6, 7], 1130 bis[1], 1135[n. 4], 2659[1, n. 1]];

9) fornire al condomino che ne faccia richiesta attestazione relativa allo stato dei pagamenti degli oneri condominiali e delle eventuali liti in corso;

10) redigere il rendiconto condominiale annuale della gestione [1130-bis, 1135[1, n. 3]] e convocare l'assemblea per la relativa approvazione entro centottanta giorni.

(1) Articolo modificato dall'art. 10 della l. 11/12/2012, n. 220 (Modifiche alla disciplina del condominio negli edifici), in vigore dal 18/6/2013. Il testo precedente recitava: «[I] L'amministratore deve: 1) eseguire le deliberazioni dell'assemblea dei condomini e curare l'osservanza del regolamento di condominio; 2) disciplinare l'uso delle cose comuni e la prestazione dei servizi nell'interesse comune, in modo che ne sia assicurato il miglior godimento a tutti i condomini; 3) riscuotere i contributi ed erogare le spese occorrenti per la manutenzione ordinaria delle parti comuni dell'edificio e per l'esercizio dei servizi comuni; 4) compiere gli atti conservativi dei diritti inerenti alle parti comuni dell'edificio. [II] Egli, alla fine di ciascun anno, deve rendere il conto della sua gestione».

(2) L'art. 1, co. 9, lett. c), d.l. 23/12/2013, n. 145, conv., con modif., in l. 21/2/2014, n. 9, ha aggiunto le parole: "delle parti comuni dell'edificio".

1130 bis. Rendiconto condominiale (1). – [I] Il rendiconto condominiale contiene le voci di entrata e di uscita ed ogni altro dato inerente alla situazione patrimoniale del condominio, ai fondi disponibili ed alle eventuali riserve, che devono essere espressi in modo da consentire l'immediata verifica. Si compone di un registro di contabilità, di un riepilogo finanziario, nonché di una nota sintetica esplicativa della gestione con l'indicazione anche dei rapporti in corso e delle questioni pendenti. L'assemblea condominiale può, in qualsiasi momento o per più annualità specificamente identificate, nominare un revisore che verifichi la contabilità del condominio. La deliberazione è assunta con la maggioranza prevista per la nomina dell'amministratore e la relativa spesa è ripartita fra tutti i condomini sulla base dei millesimi di proprietà. I condomini e i titolari di diritti reali o di godimento sulle unità immobiliari possono prendere visione dei documenti giustificativi di spesa in ogni tempo ed estrarne copia a proprie spese. Le scritture e i documenti giustificativi devono essere conservati per dieci anni dalla data della relativa registrazione [1, 1129[7, 8, 12, n. 3], 1130[1, n. 6, 7, 8], 1135[n. 4], 2659[1]].

[II] L'assemblea può anche nominare, oltre all'amministratore, un consiglio di condominio composto da almeno tre condomini negli edifici di almeno dodici unità immobiliari. Il consiglio ha funzioni consultive e di controllo.

(1) Articolo inserito dall'art. 11 della l. 11/12/2012, n. 220 (Modifiche alla disciplina del condominio negli edifici), in vigore dal 18/6/2013.

1131. Rappresentanza. – [I] Nei limiti delle attribuzioni stabilite dall'articolo 1130 (1) o dei maggiori poteri conferitigli dal regolamento di condominio [1138] o dall'assemblea, l'amministratore ha la rappresentanza dei partecipanti e può agire in giudizio sia contro i condomini sia contro i terzi [1132, 1135].

[II] Può essere convenuto in giudizio per qualunque azione concernente le parti comuni [1117] dell'edificio; a lui sono notificati i provvedimenti dell'autorità amministrativa che si riferiscono allo stesso oggetto [65 att.].

[III] Qualora la citazione o il provvedimento abbia un contenuto che esorbita dalle attribuzioni dell'amministratore, questi è tenuto a darne senza indugio notizia all'assemblea dei condomini [1136[4]].

[IV] L'amministratore che non adempie a quest'obbligo può essere revocato [1129[11] // 64, 65 att.] ed è tenuto al risarcimento dei danni [1138[4]].

(1) L'art. 12 della l. 11/12/2012, n. 220 (Modifiche alla disciplina del condominio negli edifici), in vigore dal 18/6/2013, ha sostituito le parole "dall'articolo precedente" con le parole "dall'articolo 1130".

1132. Dissenso dei condomini rispetto alle liti. – [I] Qualora l'assemblea dei condomini abbia deliberato di promuovere una lite o di resistere a una domanda [1131, 1136[4] // 65 att.], il condomino dissenziente, con atto notificato all'amministratore, può separare la propria responsabilità in ordine alle conseguenze della lite per il caso di soccombenza. L'atto deve essere notificato entro trenta giorni da quello in cui il condomino ha avuto notizia della deliberazione.

[II] Il condomino dissenziente ha diritto di rivalsa per ciò che abbia dovuto pagare alla parte vittoriosa.

[III] Se l'esito della lite è stato favorevole al condominio, il condomino dissenziente che ne abbia tratto vantaggio è tenuto a concorrere nelle spese del giudizio che non sia stato possibile ripetere dalla parte soccombente [1138[4] // 90, 91 CPC.].

1133. Provvedimenti presi dall'amministratore. – [I] I provvedimenti presi dall'amministratore nell'ambito dei suoi poteri [1130, 1131] sono obbligatori per i condomini. Contro i provvedimenti dell'amministratore è ammesso ricorso all'assemblea, senza pregiudizio del ricorso all'autorità giudiziaria nei casi e nel termine previsti dall'articolo 1137.

1134. Gestione di iniziativa individuale (1). – [I] Il condomino che ha assunto la gestione delle parti comuni [1117, 1123] senza autorizzazione dell'amministratore o dell'assemblea non ha diritto al rimborso, salvo che si tratti di spesa urgente [1110, 1135[2]].

(1) Articolo modificato dall'art. 13 della l. 11/12/2012, n. 220 (Modifiche alla disciplina del condominio negli edifici), in vigore dal 18/6/2013. Il testo precedente recitava: «Spese fatte dal condomino – [I] Il condomino che ha fatto spese per le cose comuni senza autorizzazione dell'amministratore o dell'assemblea non ha diritto al rimborso, salvo che si tratti di spesa urgente».

1135. Attribuzioni dell'assemblea dei condomini. – [I] Oltre a quanto è stabilito dagli articoli precedenti, l'assemblea dei condomini provvede [1130[1, n. 1], 1136 // 66, 67 att.]:

1) alla conferma dell'amministratore e all'eventuale sua retribuzione [1129];

2) all'approvazione del preventivo delle spese occorrenti durante l'anno e alla relativa ripartizione tra i condomini [1123];

3) all'approvazione del rendiconto annuale dell'amministratore [1130[1n.1], 1130-bis] e all'impiego del residuo attivo della gestione;

4) alle opere di manutenzione straordinaria e alle innovazioni, costituendo obbligatoriamente un fondo speciale di importo pari all'ammontare dei lavori; se i lavori devono essere eseguiti in base a un contratto che ne prevede il pagamento graduale in funzione del loro progressivo stato di avanzamento, il fondo può essere costituito in relazione ai singoli pagamenti dovuti (1).

[II] L'amministratore non può ordinare lavori di manutenzione straordinaria, salvo che rivestano carattere urgente, ma in questo caso deve riferirne nella prima assemblea [1134].

[III] L'assemblea può autorizzare l'amministratore a partecipare e collaborare a progetti, programmi e iniziative territoriali promossi dalle istituzioni locali o da soggetti privati qualificati, anche mediante opere di risanamento di parti comuni degli immobili nonché di demolizione, ricostruzione e messa in sicurezza statica, al fine di favorire il recupero del patrimonio edilizio esistente, la vivibilità urbana, la sicurezza e la sostenibilità ambientale della zona in cui il condominio è ubicato (2).

(1) Comma sostituito dall'art. 13, co. 2, l. 11/12/2012, n. 220 (Modifiche alla disciplina del condominio negli edifici), in vigore dal 18/6/2013. Il testo precedente recitava: «4) alle opere di manutenzione straordinaria, costituendo, se occorre, un fondo speciale». Successivamente il presente numero è stato così modificato

dall'art. 1, co. 9,, d.l. 23/12/2013, n. 145, conv., con modif., in l. 21/2/2014, n. 9 che ha aggiunto: «se i lavori devono essere eseguiti in base a un contratto che ne prevede il pagamento graduale in funzione del loro progressivo stato di avanzamento, il fondo può essere costituito in relazione ai singoli pagamenti dovuti».

(2) Comma aggiunto dall'art. 13, co. 2, l. 11/12/2012, n. 220, in vigore dal 18/6/2013.

1136. Costituzione dell'assemblea e validità delle deliberazioni (1). – [I] L'assemblea in prima convocazione è regolarmente costituita con l'intervento di tanti condomini che rappresentino i due terzi del valore dell'intero edificio [67, 68 att.] e la maggioranza dei partecipanti al condominio.

[II] Sono valide le deliberazioni [21] approvate con un numero di voti che rappresenti la maggioranza degli intervenuti e almeno la metà del valore dell'edificio (2).

[III] Se l'assemblea in prima convocazione non può deliberare per mancanza di numero legale, l'assemblea in seconda convocazione delibera in un giorno successivo a quello della prima e, in ogni caso, non oltre dieci giorni dalla medesima. L'assemblea in seconda convocazione è regolarmente costituita con l'intervento di tanti condomini che rappresentino almeno un terzo del valore dell'intero edificio e un terzo dei partecipanti al condominio. La deliberazione è valida se approvata dalla maggioranza degli intervenuti con un numero di voti che rappresenti almeno un terzo del valore dell'edificio (2).

[IV] Le deliberazioni che concernono la nomina e la revoca dell'amministratore [1129] o le liti attive e passive relative a materie che esorbitano dalle attribuzioni dell'amministratore medesimo [1130, 1131[3]], le deliberazioni che concernono la ricostruzione dell'edificio [1128] o riparazioni straordinarie di notevole entità e le deliberazioni di cui agli articoli 1117-quater, 1120, secondo comma, 1122-ter nonché 1135, terzo comma, devono essere sempre approvate con la maggioranza stabilita dal secondo comma del presente articolo.

[V] Le deliberazioni di cui all'articolo 1120, primo comma, e all'articolo 1122-bis, terzo comma, devono essere approvate dall'assemblea con un numero di voti che rappresenti la maggioranza degli intervenuti ed almeno i due terzi del valore dell'edificio.

[VI] L'assemblea non può deliberare, se non consta che tutti gli aventi diritto sono stati regolarmente convocati (3).

[VII] Delle riunioni dell'assemblea si redige processo verbale da trascrivere nel registro tenuto dall'amministratore [1130[1, n. 7]].

(1) Articolo modificato dall'art. 14 della l. 11/12/2012, n. 220 (Modifiche alla disciplina del condominio negli edifici), in vigore dal 18/6/2013. Il testo precedente recitava: «[I] L'assemblea è regolarmente costituita con l'intervento di tanti condomini che rappresentino i due terzi del valore dell'intero edificio e i due terzi dei partecipanti al condominio. [II] Sono valide le deliberazioni approvate con un numero di voti che rappresenti la maggioranza degli intervenuti e almeno la metà del valore dell'edificio. [III] Se l'assemblea non può deliberare per mancanza di numero, l'assemblea di seconda convocazione delibera in un giorno successivo a quello della prima e, in ogni caso, non oltre dieci giorni dalla medesima; la deliberazione è valida se riporta un numero di voti che rappresenti il terzo dei partecipanti al condominio e almeno un terzo del valore dell'edificio. [IV] Le deliberazioni che concernono la nomina e la revoca dell'amministratore o le liti attive e passive relative a materie che esorbitano dalle attribuzioni dell'amministratore medesimo, nonché le deliberazioni che concernono la ricostruzione dell'edificio o riparazioni straordinarie di notevole entità devono essere sempre prese con la maggioranza stabilita dal secondo comma. [V] Le deliberazioni che hanno per oggetto le innovazioni previste dal primo comma dell'articolo 1120 devono essere sempre approvate con un numero di voti che rappresenti la maggioranza dei partecipanti al condominio e i due terzi del valore dell'edificio. [VI] L'assemblea non può deliberare, se non consta che tutti i condomini sono stati invitati alla riunione. [VII] Delle deliberazioni dell'assemblea si redige processo verbale da trascriversi in un registro tenuto dall'amministratore».

(2) Art. 9, co, 3, l. 24/3/1989, n. 122 (Disposizioni in materia di parcheggi, programma triennale per le aree urbane maggiormente popolate nonché modificazioni di alcune norme del TU sulla disciplina della circolazione stradale, approvato con d.P.R. 15/6/1959, n. 393): «[III] Le deliberazioni che hanno per oggetto le opere e gli interventi di cui al comma 1 sono approvate salvo che si tratti di proprietà non condominiale, dalla assemblea del condominio, in prima o in seconda convocazione, con la maggioranza prevista dall'**articolo 1136, secondo comma**, del codice civile. Resta fermo quanto disposto dagli articoli 1120, secondo comma, e 1121, terzo comma, del codice civile».

• Art. 78 (Deliberazioni sull'eliminazione delle barriere architettoniche – l. 9/1/1989 n. 13 art. 2) del d.P.R. 6/6/2001, n. 380 (TU delle disposizioni legislative e regolamentari in materia edilizia): «[I] Le deliberazioni che hanno per oggetto le innovazioni da attuare negli edifici privati dirette ad eliminare le barriere architettoniche di cui all'articolo 27, primo comma, della legge 30 marzo 1971, n. 118, ed all'articolo 1 del decreto del Presidente della Repubblica 24 luglio 1996, n. 503, nonché la realizzazione di percorsi attrezzati e la installazione di dispositivi di segnalazione atti a favorire la mobilità dei ciechi all'interno degli edifici privati, sono approvate dall'assemblea del condominio, in prima o in seconda convocazione, con le maggioranze previste dall'articolo **1136, secondo e terzo comma, del codice civile**».

• Art. 30, co. 2 (Piani di recupero di iniziativa dei privati) della l. 5/8/1978, n. 457 (Norme per l'edilizia residenziale): «In **deroga** agli articoli 1120, 1121 e **1136, quinto comma, del codice civile** gli interventi di recupero relativi ad un unico immobile composto da più unità immobiliari possono essere disposti dalla maggioranza dei condomini che comunque rappresenti almeno la metà del valore dell'edificio». Questo comma è stato aggiunto dall'art. 15 della l. 17/2/1992, n. 179.

• Art. 123, co. 5 (Progettazione, messa in opera ed esercizio di edifici e di impianti – l. 9/1/1991 n. 10 art. 26) del d.P.R. 6/6/2001, n. 380 (TU delle disposizioni legislative e regolamentari in materia edilizia): «Per le innovazioni relative all'adozione di sistemi di termoregolazione e di contabilizzazione del calore e per il conseguente riparto degli oneri di riscaldamento in base al consumo effettivamente registrato, l'assemblea di condominio decide a maggioranza, in **deroga agli articoli 1120 e 1136 del codice civile**».

• Art. 3, co. 5-bis, d.l. 28/4/2009, n. 39 (Interventi urgenti in favore delle popolazioni colpite dagli eventi sismici nella regione Abruzzo nel mese di aprile 2009 e ulteriori interventi urgenti di protezione civile), conv., con modif., dalla l. 24/6/2009, n. 77: «In **deroga** agli articoli 1120, 1121 e **1136, quinto comma, del codice civile**, gli interventi di recupero relativi ad un unico immobile composto da più unità immobiliari possono essere disposti dalla maggioranza dei condomini che comunque rappresenti almeno la metà del valore dell'edificio. In deroga all'articolo **1136, quarto comma**, del codice civile, gli interventi ivi previsti devono essere approvati con un numero di voti che rappresenti la maggioranza degli intervenuti e almeno un terzo del valore dell'edificio».

(3) Art. 10 (Partecipazione del conduttore all'assemblea dei condomini) della l. 27/6/1978, n. 392 (Disciplina delle locazioni di immobili urbani): «[I] Il conduttore ha diritto di voto, in luogo del proprietario dell'appartamento locatogli, nelle delibere dell'assemblea condominiale relative alle spese e alle modalità di gestione dei servizi di riscaldamento e di condizionamento d'aria. [II] Egli ha inoltre diritto di intervenire, senza diritto di voto, sulle delibere relative alla modificazione degli altri servizi comuni. [III] La disciplina di cui al primo comma si applica anche qualora si tratti di edificio non in condominio. [IV] In tale ipotesi i conduttori si riuniscono in apposita assemblea convocati dal proprietario dell'edificio o da almeno tre conduttori. [V] Si osservano, in quanto applicabili, le disposizioni del codice civile sull'assemblea dei condomini».

1137. Impugnazione delle deliberazioni dell'assemblea (1). – [I] Le deliberazioni prese dall'assemblea a norma degli articoli precedenti sono obbligatorie per tutti i condomini [1105].

[II] Contro le deliberazioni contrarie alla legge o al regolamento di condominio ogni condomino assente, dissenziente o astenuto può adire l'autorità giudiziaria chiedendone l'annullamento [23, 2377 // 71-quater att.] nel termine perentorio di trenta giorni, che decorre dalla data della deliberazione per i dissenzienti o astenuti e dalla data di comunicazione della deliberazione per gli assenti [1107, 1109, 1117 ter³, 1129¹⁴, 1138].

[III] L'azione di annullamento non sospende l'esecuzione della deliberazione, salvo che la sospensione sia ordinata dall'autorità giudiziaria.

[IV] L'istanza per ottenere la sospensione proposta prima dell'inizio della causa di merito non sospende né interrompe il termine per la proposizione dell'impugnazione della deliberazione. Per quanto non espressamente previsto, la sospensione è disciplinata dalle norme di cui al libro IV, titolo I, capo III, sezione I [*con l'esclusione dell'articolo 669-octies, sesto comma*] del codice di procedura civile (2).

(1) Articolo modificato dall'art. 15 della l. 11/12/2012, n. 220 (Modifiche alla disciplina del condominio negli edifici), in vigore dal 18/6/2013. Il testo precedente recitava: «[I] Le deliberazioni prese dall'assemblea a norma degli articoli precedenti sono obbligatorie per tutti i condomini. [II] Contro le deliberazioni contrarie alla legge o al regolamento di condominio ogni condomino dissenziente può fare ricorso all'autorità giudiziaria, ma il ricorso non sospende l'esecuzione del provvedimento, salvo che la sospensione sia ordinata dall'autorità stessa. [III] Il ricorso deve essere proposto, sotto pena di decadenza, entro trenta giorni, che decorrono dalla data della deliberazione per i dissenzienti e dalla data di comunicazione per gli assenti». La Corte cost., in riferimento al testo previgente, con sent. 2/2/1990, n. 49 aveva dichiarato l'illegittimità costituzionale dell'art. 1 l. 7 ottobre 1969, n. 742 «nella parte in cui non dispone che la sospensione feriale dei termini ivi prevista si applichi anche al termine di 30 giorni di cui all'art. 1137 del codice civile per l'impugnazione delle delibere dell'assemblea di condominio».

(2) Le parole ",con l'esclusione dell'articolo 669-octies, sesto comma" sono state soppresse dall'art. 1, co. 11, d.lg. 10/10/2022, n. 149 (ai sensi dell'art. 52 del d.lg. n. 149/2022, il citato decreto legislativo entra in vigore il giorno successivo a quello della sua pubblicazione nella GU). Per la disciplina transitoria v. art. 35 del d.lg. n. 149/2022, come da ultimo modificato dall'art. 1, co. 380, lett. a), l. 29/12/2022, n. 197, che prevede che: «1. Le disposizioni del presente decreto, salvo che non sia diversamente disposto, hanno effetto a decorrere dal 28 febbraio 2023 e si applicano ai procedimenti instaurati successivamente a tale data. Ai procedimenti pendenti alla data del 28 febbraio 2023 si applicano le disposizioni anteriormente vigenti.».

1138. Regolamento di condominio. – [I] Quando in un edificio il numero dei condomini è superiore a dieci, deve essere formato un regolamento [918³, 1106, 1130¹, ⁿ. ¹], il quale contenga le norme circa l'uso delle cose comuni [1117, 1122] e la ripartizione delle spese [1123], secondo i diritti e gli obblighi spettanti a ciascun condomino, nonché le norme per la tutela del decoro dell'edificio [1117-ter⁵, 1120⁴] e quelle relative all'amministrazione [1106 // 68, 70, 72, 155 att.].

[II] Ciascun condomino può prendere l'iniziativa per la formazione del regolamento di condominio o per la revisione di quello esistente.

[III] Il regolamento deve essere approvato dall'assemblea con la maggioranza stabilita dal secondo comma dell'articolo 1136 ed allegato al registro indicato dal numero 7) dell'articolo 1130. Esso può essere impugnato a norma dell'articolo 1107 [70, 72 att.] (1).

[IV] Le norme del regolamento non possono in alcun modo menomare i diritti di ciascun condomino [1118], quali risultano dagli atti di acquisto e dalle convenzioni, e in nessun caso possono derogare alle disposizioni degli articoli 1118, secondo comma, 1119, 1120, 1129, 1131, 1132, 1136 e 1137 [72, 155 att.].

[V] Le norme del regolamento non possono vietare di possedere o detenere animali domestici (2).

(1) Comma modificato dall'art. 16 della l. 11/12/2012, n. 220 (Modifiche alla disciplina del condominio negli edifici), in vigore dal 18/6/2013. Il testo recitava: «Il regolamento deve essere approvato dall'assemblea con la maggioranza stabilita dal secondo comma dell'articolo 1136 e trascritto nel registro indicato dall'ultimo comma dell'articolo 1129. Esso può essere impugnato a norma dell'articolo 1107».

(2) Comma aggiunto dall'art. 16 della l. 11/12/2012, n. 220 (Modifiche alla disciplina del condominio negli edifici), in vigore dal 18/6/2013.

1139. Rinvio alle norme sulla comunione. – [I] Per quanto non è espressamente previsto da questo capo si osservano le norme sulla comunione in generale [1100 ss. // 61-72, 155, 156 att.].

TITOLO VIII
DEL POSSESSO (1)

(1) V. art. 51 ss. della l. 31/5/1995, n. 218 (Riforma del sistema italiano di diritto internazionale privato).

Capo I
Disposizioni generali

1140. Possesso (1). – [I] Il possesso è il potere sulla cosa che si manifesta in un'attività corrispondente all'esercizio della proprietà [832 ss.;] o di altro diritto reale [952 ss., 957 ss., 978 ss., 982, 1027 ss., 1066, 1153³, 1158 // 646 CP.].

[II] Si può possedere direttamente o per mezzo di altra persona, che ha la detenzione della cosa [931, 1597, 1780].

➔ CC. 1865 – art. 685, 2115 // Gai 4.153, D. 41.2.1 pr., D. 41.2.3 pr., D. 41.2.9.

(1) Art. 167 della l. 22/4/1941, n. 633 (Protezione del diritto d'autore e di altri diritti connessi al suo esercizio), che dispone: «[I] I diritti di utilizzazione economica riconosciuti da questa legge possono anche essere fatti valere giudizialmente: a) da chi si trovi nel **possesso** legittimo **dei diritti** stessi; b) da chi possa agire in rappresentanza del titolare dei diritti».

• Art. 51 (Possesso e diritti reali) della l. 31/5/1995, n. 218 (Riforma del sistema italiano di diritto internazionale privato): «[I] Il possesso, la proprietà e gli altri diritti reali sui beni mobili ed immobili sono regolati dalla legge dello Stato in cui i beni si trovano. [II] La stessa legge ne regola l'acquisto e la perdita, salvo che in materia successoria e nei casi in cui l'attribuzione di un diritto reale dipenda da un rapporto di famiglia o da un contratto».

• Art. 30 ss. e 59, co. 2, lett. a), d.lg. 22/1/2004, n. 42 (Codice dei beni culturali e del paesaggio, ai sensi dell'art. 10 della l. 6/7/2002, n. 137).

* L'art. 22 delle preleggi è stato abrogato dall'art. 73 della l. 31/5/1995, n. 218 (Riforma del sistema italiano di diritto internazionale privato).

1141. Mutamento della detenzione in possesso. – [I] Si presume il possesso [2728] in colui che esercita il potere di fatto, quando non si prova che ha cominciato a esercitarlo semplicemente come detenzione [1168].

[II] Se alcuno ha cominciato ad avere la detenzione [1140²], non può acquistare il possesso finché il titolo non venga a essere mutato per causa proveniente da un terzo o in forza di opposizione da lui fatta contro il possessore [1102², 1164]. Ciò vale anche per i successori a titolo universale [588, 1146].

➔ CC. 1865 – art. 687, 2116 // D. 41.2.3.19-20, D. 41.2.19.1.

1142. Presunzione di possesso intermedio. – [I] Il possessore attuale che ha posseduto in tempo più remoto si presume che abbia posseduto anche nel tempo intermedio [2728].

➔ CC. 1865 – art. 691.

1143. Presunzione di possesso anteriore. – [I] Il possesso attuale non fa presumere il possesso anteriore, salvo che il possessore abbia un titolo a fondamento del suo possesso; in questo caso si presume che egli abbia posseduto dalla data del titolo [2728].

➔ **CC. 1865 – art. 692.**

1144. Atti di tolleranza. – [I] Gli atti compiuti con l'altrui tolleranza non possono servire di fondamento all'acquisto del possesso.

➔ **CC. 1865 – art. 688 // D. 41.2.41.**

1145. Possesso di cose fuori commercio (1). – [I] Il possesso delle cose di cui non si può acquistare la proprietà è senza effetto [822, 823, 828, 831, 2934].

[II] Tuttavia nei rapporti tra privati è concessa l'azione di spoglio [1168] rispetto ai beni appartenenti al pubblico demanio e ai beni delle province e dei comuni soggetti al regime proprio del demanio pubblico [822, 824].

[III] Se trattasi di esercizio di facoltà, le quali possono formare oggetto di concessione da parte della pubblica amministrazione, è data altresì l'azione di manutenzione [1170].

➔ **CC. 1865 – art. 690, 2114 // D. 41.2.30.1.**

(1) Per cose di interesse storico ed artistico v. d.lg. 22/1/2004, n. 42 (Codice dei beni culturali e del paesaggio, ai sensi dell'art. 10 della l. 6/7/2002, n. 137).

1146. Successione nel possesso. Accessione del possesso. – [I] Il possesso continua nell'erede con effetto dall'apertura della successione [456, 460, 1141^{2}].

[II] Il successore a titolo particolare può unire al proprio possesso quello del suo autore per goderne gli effetti [588, 649, 1148 ss.].

➔ **CC. 1865 – art. 693, 925 // Gai 4.151.**

1147. Possesso di buona fede. – [I] È possessore di buona fede chi possiede ignorando di ledere l'altrui diritto [113, 534^{2}, $535^{2,3}$, 1148, 1150, 1152, 1153, 1155, 1159, 1159-bis^{2}, 1160^{2}, 1161, 1162, 1189, 1415, 1445, 1599^{2}, 1994, 2033, 2756^{2}].

[II] La buona fede non giova se la ignoranza dipende da colpa grave.

[III] La buona fede è presunta e basta che vi sia stata al tempo dell'acquisto [2728].

➔ **CC. 1865 – art. 701, 702 // Codex 8.44(45).30.**

Capo II
Degli effetti del possesso

Sezione I
Dei diritti e degli obblighi del possessore nella restituzione della cosa

1148. Acquisto dei frutti. – [I] Il possessore di buona fede [1147] fa suoi i frutti naturali separati fino al giorno della domanda giudiziale [55 // 163^{4} CPC.] e i frutti civili [820, 821] maturati fino allo stesso giorno [56, 71^{2}, 329, 535, 1149, 1150, 1361^{2}]. Egli, fino alla restituzione della cosa, risponde verso il rivendicante [948] dei frutti percepiti dopo la domanda giudiziale [561^{2}, 807 // 163 CPC.] e di quelli che avrebbe potuto percepire dopo tale data, usando la diligenza di un buon padre di famiglia [1176^{1}, 2033].

➔ **CC. 1865 – art. 703, 1535^{2}.**

1149. Rimborso delle spese per la produzione e il raccolto dei frutti. – [I] Il possessore che è tenuto a restituire i frutti [820] indebitamente percepiti [1148, 1150^{4}, 1152], ha diritto al rimborso delle spese a norma del secondo comma dell'articolo 821 [535, 1282, 2033, 2040].

➔ **CC. 1865 – art. 703.**

1150. Riparazioni, miglioramenti e addizioni. – [I] Il possessore, anche se di mala fede, ha diritto al rimborso delle spese fatte per le riparazioni straordinarie [748^{2}, 1005, 1479^{3}].

[II] Ha anche diritto a indennità per i miglioramenti recati alla cosa, purché sussistano al tempo della restituzione [975, 985].

[III] L'indennità si deve corrispondere nella misura dell'aumento di valore conseguito dalla cosa per effetto dei miglioramenti, se il possessore è di buona fede [1147, 1502]; se il possessore è di mala fede, nella minor somma tra l'importo della spesa e l'aumento di valore [975, 985, 2040].

[IV] Se il possessore è tenuto alla restituzione dei frutti [1148, 1149, 1152], gli spetta anche il rimborso delle spese fatte per le riparazioni ordinarie, limitatamente al tempo per il quale la restituzione è dovuta.

[V] Per le addizioni fatte dal possessore sulla cosa si applica il disposto dell'articolo 936. Tuttavia, se le addizioni costituiscono miglioramento [934] e il possessore è di buona fede, è dovuta una indennità nella misura dell'aumento di valore conseguito dalla cosa [535, 1147, 2040 // 157 att.].

➔ **CC. 1865 – 704, 705.**

1151. Pagamento delle indennità. – [I] L'autorità giudiziaria, avuto riguardo alle circostanze, può disporre che il pagamento delle indennità previste dall'articolo precedente sia fatto ratealmente, ordinando, in questo caso, le opportune garanzie [985^{3}, 1152^{2}, 1179, 2040 // 119 CPC.].

➔ **CC. 1865 – art. 705.**

1152. Ritenzione a favore del possessore di buona fede (1). – [I] Il possessore di buona fede [1147] può ritenere la cosa [748^{4}, 975^{2}, 1006, 1011, 1502^{2}, 2040, 2756^{3}, 2864^{2}] finché non gli siano corrisposte le indennità dovute [1149, 1150^{2}], purché queste siano state domandate nel corso del giudizio di rivendicazione [948] e sia stata fornita una prova generica della sussistenza delle riparazioni e dei miglioramenti.

[II] Egli ha lo stesso diritto finché non siano prestate le garanzie ordinate dall'autorità giudiziaria nel caso previsto dall'articolo precedente [929 // 119 CPC.].

➔ **CC. 1865 – art. 706.**

(1) Art. 17 della l. 3/5/1982, n. 203 (Norme sui contratti agrari): «[I] Il locatore che ha eseguito le opere di cui al primo comma dell'articolo 16 può chiedere all'affittuario l'aumento del canone corrispondente alla nuova classificazione del fondo ai sensi dell'articolo 4 della l. 11/2/1971, n. 11, come modificato dall'articolo 18 della presente legge. [II] L'affittuario che ha eseguito le opere di cui al primo comma dell'articolo 16 ha diritto ad una indennità corrispondente all'aumento del valore di mercato conseguito dal fondo a seguito dei miglioramenti da lui effettuati e quale risultante al momento della cessazione del rapporto, con riferimento al valore attuale di mercato del fondo non trasformato. Le parti possono convenire la corresponsione di tale indennità anche prima della cessazione del rapporto. [III] Se non interviene accordo in ordine alla misura dell'indennità prevista dal comma precedente, essa è determinata, a richiesta di una delle parti, dall'ispettorato provinciale dell'agricoltura, la cui deliberazione, agli effetti dell'articolo 634 del codice di procedura civile, costituisce prova scritta del credito per l'indennità stessa. [IV] **All'affittuario compete la ritenzione del fondo** fino a quando non gli sia stata versata dal locatore l'indennità fissata dall'ispettorato oppure determinata con sentenza definitiva dall'autorità giudiziaria. [V] Nel caso di vendita

del fondo prima del pagamento all'affittuario della indennità di cui al comma precedente, il proprietario è tenuto a dichiarare, nell'atto di vendita, l'esistenza dell'obbligazione nei confronti dell'affittuario per effetto delle opere di cui al primo comma dell'articolo 16, restando in tale caso liberato dall'obbligazione stessa. [VI] Ove per l'espletamento delle opere di cui al primo comma dell'articolo 16 si rendano necessari permessi, concessioni, autorizzazioni da parte della pubblica amministrazione e nel caso in cui sia possibile ottenere finanziamenti pubblici, ai sensi delle norme vigenti in materia, per l'esecuzione delle opere stesse, l'affittuario può provvedere direttamente a proporre le relative istanze ed a percepire i finanziamenti, dandone comunicazione al locatore mediante lettera raccomandata con avviso di ricevimento. [VII] Le disposizioni del presente articolo si applicano anche per le opere di cui al primo comma dell'articolo 16 previste nel contratto e concordate dalle parti, o comunque eseguite in data anteriore all'entrata in vigore della presente legge (La Corte costituzionale, con sentenza 23 giugno 1988, n. 692, ha dichiarato l'illegittimità costituzionale del presente comma, nella parte in cui estende Il regime dei miglioramenti, delle addizioni e trasformazioni, statuito nell'articolo 17, agli affittuari che, in data anteriore all'entrata in vigore della legge, abbiano eseguito, senza l'osservanza delle procedure prescritte dalla legislazione precedente, opere migliorative, incrementative o trasformative non previste nel contratto o consentite dal concedente). [VIII] Al locatore che esegue le opere di cui al primo comma dell'articolo 16 sono estese le agevolazioni fiscali e creditizie previste dalle vigenti leggi in favore dell'affittuario. [IX] Nella determinazione dell'indennità di cui al secondo comma, i finanziamenti pubblici fatti propri dall'affittuario, che non abbia la qualifica di imprenditore agricolo e titolo principale, ai sensi dell'articolo 12 della legge 9 maggio 1975, n. 153, non sono computati».

• Art. 20 della l. 3/5/1982, n. 203 (Norme sui contratti agrari): «[I] Il giudice, con riguardo alle condizioni economiche del locatore, può disporre il pagamento rateale, entro cinque anni, della indennità di cui al secondo comma dell'art. 17 da corrispondersi dal locatore medesimo all'affittuario, ordinando comunque la prestazione di idonee garanzie e il pagamento degli interessi legali oltre al risarcimento del danno derivante dalla eventuale svalutazione monetaria intervenuta tra la data dell'accertamento del diritto e quella del pagamento della somma dovuta. [II] Se nel giudizio di cognizione o nel processo di esecuzione è fornita prova della sussistenza in generale delle opere di cui al primo comma dell'art. 16, **all'affittuario compete la ritenzione del fondo** fino a quando non sia stato soddisfatto il suo credito, salvo che il locatore non presti idonea garanzia da stabilirsi dall'autorità giudiziaria su istanza del locatore medesimo. [III] Le disposizioni di cui al primo comma si applicano anche nel caso di riconoscimento giudiziale o stragiudiziale di rimborsi di qualsiasi somma e di indennizzi per risoluzione del rapporto».

• Art. 15 della l. 11/2/1971, n. 11 (Nuova disciplina dell'affitto di fondi rustici): «[I] Il locatore che ha eseguito i miglioramenti può chiedere all'affittuario l'aumento del fitto corrispondente alla nuova classificazione del fondo in base all'articolo 4. (La Corte costituzionale, con sentenza 22 dicembre 1977, n. 153, ha dichiarato l'illegittimità costituzionale del presente comma, nella parte in cui non prevede un'adeguata revisione del canone per il caso di migliorie eseguite dal proprietario). [II] L'affittuario che ha eseguito i miglioramenti ha diritto ad una indennità corrispondente all'aumento di valore conseguito dal fondo e sussistente alla fine dell'affitto. La predetta indennità spetta anche in caso di anticipata risoluzione del rapporto. [III] Se non interviene accordo tra le parti, nei casi previsti dai precedenti commi è ammesso ricorso alla sezione specializzata agraria presso il tribunale competente per territorio, non oltre un anno dalla cessazione del contratto di affitto. [IV] Il giudice, con riguardo alle condizioni economiche del locatore, può disporre il pagamento rateale, entro cinque anni, della indennità da corrispondersi dal locatore medesimo all'affittuario, ordinando comunque la prestazione di idonee garanzie e il pagamento degli interessi legali. [V] Se in giudizio è stata fornita prova della sussistenza in generale dei miglioramenti all'affittuario compete la **ritenzione del fondo** fino a quando non è stato soddisfatto il suo credito o non siano state prestate idonee garanzie. [VI] Le disposizioni del presente articolo si applicano anche per i miglioramenti previsti nel contratto e concordati dalle parti o comunque eseguiti in data anteriore all'entrata in vigore della presente legge».

Sezione II
Del possesso di buona fede di beni mobili

1153. Effetti dell'acquisto del possesso (1). – [I] Colui al quale sono alienati beni mobili da parte di chi non ne è proprietario, ne acquista la proprietà [922] mediante il possesso [948, 1994, 2920], purché sia in buona fede [1147, 1154, 1155, 1415] al momento della consegna [1706] e sussista un titolo idoneo al trasferimento della proprietà [563[2], 769, 1155, 1161, 1192[2], 1470, 1552, 1599[2], 2919].

[II] La proprietà si acquista libera da diritti altrui sulla cosa, se questi non risultano dal titolo e vi è la buona fede dell'acquirente [2747, 2764, 2913].

[III] Nello stesso modo si acquistano i diritti di usufrutto [978], di uso [1021] e di pegno [2874, 2913].

➔ **CC. 1865 – art. 701, 707, 2117.**

(1) Art. 465 del d.lg. 1/9/1993, n. 385 (Testo Unico Bancario): «Fermo restando quanto disposto dall'art. 1153 del codice civile, il privilegio può essere esercitato anche nei confronti dei terzi che abbiano acquistato diritti sui beni che sono oggetto dello stesso dopo la trascrizione prevista dal comma 3. Nell'ipotesi in cui non sia possibile far valere il privilegio nei confronti del terzo acquirente, il privilegio si trasferisce sul corrispettivo».

• Art. 160, co. 4, d.lg. 12/4/2006, n. 163 (Codice dei contratti pubblici relativi a lavori, servizi e forniture in attuazione delle direttive 2004/17/CE e 2004/18/CE): «Fermo restando quanto previsto dall'articolo 1153 del codice civile, il privilegio può essere esercitato anche nei confronti dei terzi che abbiano acquistato diritti sui beni che sono oggetto dello stesso dopo la trascrizione prevista dal comma 3. Nell'ipotesi in cui non sia possibile far valere il privilegio nei confronti del terzo acquirente, il privilegio si trasferisce sul corrispettivo».

1154. Conoscenza dell'illegittima provenienza della cosa. – [I] A colui che ha acquistato conoscendo l'illegittima provenienza della cosa [1153], non giova l'erronea credenza che il suo autore o un precedente possessore ne sia divenuto proprietario.

1155. Acquisto di buona fede e precedente alienazione ad altri. – [I] Se taluno con successivi contratti aliena a più persone un bene mobile, quella tra esse che ne ha acquistato in buona fede [1147] il possesso è preferita alle altre, anche se il suo titolo è di data posteriore [922, 1153, 1265, 1380, 1991, 1999[1], 2644, 2784].

➔ **CC. 1865 – art. 1126.**

1156. Universalità di mobili e mobili iscritti in pubblici registri. – [I] Le disposizioni degli articoli precedenti non si applicano alle universalità di mobili [816, 1160, 2644] e ai beni mobili iscritti in pubblici registri [815, 1162, 2683 ss. // 146 ss., 753 ss. CNav.] (1).

➔ **CC. 1865 – art. 707.**

(1) Pubblico Registro Automobilistico v. r.d.l. 15/3/1927, n. 436, conv. in l. 19/2/1928, n. 510 e le relative disposizioni di attuazione e transitorie contenute nel r.d. 29/7/1927, n. 1814.

• D.lg. Capo Provvisorio dello Stato 22/1/1947, n. 340 (Riordinamento del Registro Navale Italiano).

• D.P.R. 2/3/1971, n. 285 (Approvazione del nuovo statuto del Registro aeronautico italiano).

• D.lg. 25/7/1997, n. 250 (Istituzione dell'Ente nazionale per l'aviazione civile).

1157. Possesso di titoli di credito. – [I] Gli effetti del possesso di buona fede dei titoli di credito sono regolati dal titolo V del libro IV [1147, 1994].

Sezione III
Dell'usucapione (1)

(1) Art. 53 della l. 31/5/1995, n. 218 (Riforma del sistema italiano di diritto internazionale privato).

1158. Usucapione dei beni immobili e dei diritti reali immobiliari. – [I] La proprietà dei beni immobili [812] e gli altri diritti reali di godimento [957, 958, 978, 1021, 1022, 1031] sui beni medesimi si acquistano [922, 948, 1014[1], 1061, 1073, 1164, 1422] in virtù del possesso [1140, 1163] continuato per venti anni [66[u.c.], 71, 73, 177, 192, 533, 714, 1143, 1159, 1166, 2643[1 n. 12 bis], 2651 // 158, 252 att.].

➔ CC. 1865 – art. 686, 710 // D. 41.3.3.

1159. Usucapione decennale. – [I] Colui che acquista in buona fede [1147] da chi non è proprietario un immobile [812], in forza di un titolo che sia idoneo [769, 1418, 1425, 1427] a trasferire la proprietà [922] e che sia stato debitamente trascritto [2643 ss.], ne compie l'usucapione in suo favore col decorso di dieci anni dalla data della trascrizione [1158].

[II] La stessa disposizione si applica nel caso di acquisto degli altri diritti reali di godimento sopra un immobile [1160].

➔ CC. 1865 – art. 701, 2137.

1159 bis. Usucapione speciale per la piccola proprietà rurale (1). – [I] La proprietà dei fondi rustici con annessi fabbricati situati in comuni classificati montani dalla legge (2) si acquista in virtù del possesso continuato per quindici anni [1158].

[II] Colui che acquista in buona fede [1147] da chi non è proprietario, in forza di un titolo che sia idoneo [1418, 1425, 1427] al trasferimento della proprietà [922] e che sia debitamente trascritto [2643 ss.], un fondo rustico con annessi fabbricati, situati in comuni classificati montani dalla legge, ne compie l'usucapione in suo favore col decorso di cinque anni dalla data di trascrizione [1158].

[III] La legge speciale stabilisce la procedura, le modalità e le agevolazioni per la regolarizzazione del titolo di proprietà (3).

[IV] Le disposizioni di cui ai commi precedenti si applicano anche ai fondi rustici con annessi fabbricati, situati in comuni non classificati montani dalla legge, aventi un reddito non superiore ai limiti fissati dalla legge speciale.

(1) Articolo inserito dall'art. 1 della l. 10/5/1976, n. 346 (Usucapione speciale per la piccola proprietà rurale).

• Art. 2, 1 della l. 10/5/1976, n. 346 (Usucapione speciale per la piccola proprietà rurale): «Le disposizioni dell'articolo 1159 bis del codice civile si applicano ai fondi rustici con annessi fabbricati situati in comuni classificati montani ai sensi della legge 3 dicembre 1971, n. 1102, qualunque siano la loro estensione ed il loro reddito, nonché ai fondi rustici con annessi fabbricati situati in comuni non classificati montani, quando il loro reddito dominicale iscritto in catasto ai sensi del regio decreto-legge 4 aprile 1939, n. 589, convertito nella legge 29 giugno 1939, n. 976, non supera complessivamente gli € 181,76».

(2) La classificazione in Comuni montani è prevista dalla l. 3/12/1971, n. 1102 (Nuove norme per lo sviluppo della montagna).

(3) Art. 3 della l. 10/5/1976, n. 346 (Usucapione speciale per la piccola proprietà rurale): «[I] Il riconoscimento della proprietà, quando ricorrono le condizioni e i requisiti previsti dall'articolo precedente, può essere richiesto con ricorso al pretore del luogo in cui è situato il fondo. Il ricorso deve contenere l'indicazione specifica dei documenti sui quali si fonda e dei mezzi di prova che si propongono ai fini dell'accertamento del possesso. [II] La richiesta è resa nota mediante affissione dell'istanza, per novanta giorni, all'albo del comune, in cui sono situati i fondi per i quali viene richiesto il riconoscimento del diritto di proprietà, e all'albo della pretura, ed è pubblicata per estratto, per una sola volta, nel Foglio degli annunzi legali della provincia. Nelle due pubblicazioni deve essere indicato il termine di novanta giorni per l'opposizione di cui al terzo comma del presente articolo. La pubblicazione nel Foglio degli annunzi legali della provincia deve essere fatta non oltre quindici giorni dalla data dell'avvenuta affissione nei due albi. L'istanza deve essere notificata a coloro che nei registri immobiliari figurano come titolari di diritti reali sull'immobile ed a coloro che, nel ventennio antecedente alla presentazione della stessa, abbiano trascritto contro l'istante o i suoi tanti causa domanda giudiziale non perenta diretta a rivendicare la proprietà o altri diritti reali di godimento sui fondi medesimi. [III] Contro la richiesta di riconoscimento è ammessa opposizione da parte di chiunque vi abbia interesse entro novanta giorni dalla scadenza del termine di affissione oppure dalla data di notifica di cui al comma precedente. [IV] Sull'opposizione il pretore giudica con sentenza nei limiti della propria competenza per valore. Tuttavia, quando il valore dei fondi cui l'opposizione si riferisce eccede tali limiti, il pretore rimette gli atti al tribunale competente. [V] Quando non è fatta opposizione, il pretore, raccolte, ove occorra, le prove indicate ed assunte le informazioni opportune, provvede con decreto, per il quale, in caso di accoglimento dell'istanza, si osservano le forme di pubblicità previste dal secondo comma. Contro tale decreto può essere proposta opposizione entro sessanta giorni dalla scadenza del termine di affissione, il pretore provvede ai sensi del comma precedente. [VI] Contro il decreto di rigetto il ricorrente può proporre reclamo, entro trenta giorni dalla comunicazione, mediante ricorso al tribunale, che provvede in camera di consiglio. [VII] Il decreto di accoglimento non opposto e la sentenza definitiva passata in cosa giudicata, ove contenga riconoscimento di proprietà, costituiscono titolo per la trascrizione ai sensi dell'art. 2651 del codice civile. [VIII] Sono salvi i diritti che i terzi di buona fede abbiano acquistato da colui che ha ottenuto il decreto o la sentenza di cui al comma precedente, purché l'acquisto abbia avuto luogo in base ad un atto trascritto o iscritto anteriormente alla trascrizione della domanda giudiziale con cui si faccia valere sull'immobile un diritto di proprietà od altro diritto reale». (A norma dell'art. 31, co. 1, l. 24/11/2000, n. 340, a decorrere dal novantesimo giorno successivo alla data di entrata in vigore della stessa legge sono aboliti i Fogli degli annunzi legali delle province).

1160. Usucapione delle universalità di mobili (1). – [I] L'usucapione di un'universalità di mobili [816, 2555] o di diritti reali di godimento sopra la medesima si compie in virtù del possesso continuato per venti anni [1156].

[II] Nel caso di acquisto in buona fede [1147] da chi non è proprietario, in forza di titolo idoneo [922], l'usucapione si compie con il decorso di dieci anni [1159, 1163 // 252 att.].

(1) Art. 53 della l. 31/5/1995, n. 218 (Riforma del sistema italiano di diritto internazionale privato): «L'usucapione di beni mobili è regolata dalla legge dello Stato in cui si trova il bene al compimento del termine prescritto».

1161. Usucapione dei beni mobili (1). – [I] In mancanza di titolo idoneo [922], la proprietà dei beni mobili [1153] e gli altri diritti reali di godimento sui beni medesimi si acquistano in virtù del possesso continuato per dieci anni, qualora il possesso sia stato acquistato in buona fede [1147].

[II] Se il possessore è di mala fede, l'usucapione si compie con il decorso di venti anni [1163, 1166 // 252 att.].

➔ CC. 1865 – art. 686.

(1) Art. 53 della l. 31/5/1995, n. 218 (Riforma del sistema italiano di diritto internazionale privato): «L'usucapione di beni mobili è regolata dalla legge dello Stato in cui si trova il bene al compimento del termine prescritto».

1162. Usucapione di beni mobili iscritti in pubblici registri (1). – [I] Colui che acquista in buona fede [1147] da chi non è proprietario un bene mobile iscritto in pubblici registri [815, 948, 1156 2683 // 146, 753 ss. CNav.], in forza di un titolo che sia idoneo a trasferire la proprietà [922] e che sia stato debitamente trascritto [2683], ne compie in suo favore l'usucapione col decorso di tre anni dalla data della trascrizione (2).

[II] Se non concorrono le condizioni previste dal comma precedente, l'usucapione si compie col decorso di dieci anni [1161^{2}].

[III] Le stesse disposizioni si applicano nel caso di acquisto degli altri diritti reali di godimento [957, 978, 1021, 1022, 1031].

➔ CC. 1865 – art. 707.

(1) Art. 53 della l. 31/5/1995, n. 218 (Riforma del sistema italiano di diritto internazionale privato): «L'usucapione di beni mobili è regolata dalla legge dello Stato in cui si trova il bene al compimento del termine prescritto».

(2) Per istituzione del Pubblico Registro Automobilistico, v. r.d.l. 15/3/1927, n. 436, conv. in l. 19/2/1928, n. 510 e le relative disposizioni di attuazione e transitorie contenute nel r.d. 29/7/1927, n. 1814.

1163. Vizi del possesso (1). – [I] Il possesso acquistato in modo violento o clandestino non giova per l'usucapione [1158, 1160, 1161, 1162, 1170] se non dal momento in cui la violenza o la clandestinità è cessata.

➔ D. 43.16.1.28, D. 41.2.6 pr., D. 47.8.6.

(1) Art. 1, co. 260, l. 27/12/2006, n. 296 (Legge finanziaria 2007): «Allo scopo di devolvere allo Stato i beni vacanti o derivanti da eredità giacenti, il Ministro della giustizia, di concerto con il Ministro dell'interno ed il Ministro dell'economia e delle finanze, determina, con decreto da emanare entro sei mesi dalla data di entrata in vigore della presente legge, i criteri per l'acquisizione dei dati e delle informazioni rilevanti per individuare i beni giacenti o vacanti nel territorio dello Stato. Al possesso esercitato sugli immobili vacanti o derivanti da eredità giacenti si applica la disposizione dell'articolo 1163 del codice civile sino a quando il terzo esercente attività corrispondente al diritto di proprietà o ad altro diritto reale non notifichi all'Agenzia del demanio di essere in possesso del bene vacante o derivante da eredità giacenti. Nella comunicazione inoltrata all'Agenzia del demanio gli immobili sui quali è esercitato il possesso corrispondente al diritto di proprietà o ad altro diritto reale devono essere identificati descrivendone la consistenza mediante la indicazione dei dati catastali».

1164. Interversione del possesso. – [I] Chi ha il possesso corrispondente all'esercizio di un diritto reale su cosa altrui non può usucapire la proprietà della cosa stessa, se il titolo del suo possesso non è mutato per causa proveniente da un terzo o in forza di opposizione da lui fatta contro il diritto del proprietario [1095, 1141^{2}]. Il tempo necessario per l'usucapione [1102^{2}, 1158-1162, 2653$^{1, n. 5}$] decorre dalla data in cui il titolo del possesso è stato mutato.

➔ CC. 1865 – art. 2118 // D. 41.2.3.19.

1165. Applicazione di norme sulla prescrizione. – [I] Le disposizioni generali sulla prescrizione [2934 ss.], quelle relative alle cause di sospensione [2941 ss.] e d'interruzione [1167, 2653$^{1, n. 5}$, 2943] e al computo dei termini [2962 ss.] si osservano, in quanto applicabili, rispetto all'usucapione [1166].

➔ CC. 1865 – art. 2119, 2120^{2}.

1166. Inefficacia delle cause di impedimento e di sospensione rispetto al terzo possessore. – [I] Nell'usucapione ventennale [1073, 1158, 1160, 1161^{2}] non hanno luogo, riguardo al terzo possessore di un immobile o di un diritto reale sopra un immobile, né l'impedimento derivante da condizione o da termine [2935], né le cause di sospensione indicate dall'articolo 2942.

[II] L'impedimento derivante da condizione o da termine e le cause di sospensione menzionate nel detto articolo non sono nemmeno opponibili al terzo possessore nella prescrizione per non uso [1073] dei diritti reali sui beni da lui posseduti [954^{4}, 970, 1014].

➔ CC. 1865 – art. 2121.

1167. Interruzione dell'usucapione per perdita di possesso. – [I] L'usucapione è interrotta [1165, 2945] quando il possessore è stato privato del possesso per oltre un anno.

[II] L'interruzione si ha come non avvenuta se è stata proposta l'azione diretta a ricuperare il possesso [1168] e questo è stato ricuperato [2653$^{1, n. 5}$].

➔ CC. 1865 – art. 2123, 2124 // D. 41.3.5, D. 41.3.2.

Capo III
Delle azioni a difesa del possesso (1)

(1) V. art. 5 ss. della l. 31/5/1995, n. 218 (Riforma del sistema italiano di diritto internazionale privato).

• V. l. 18/12/1984, n. 975 (Ratifica ed esecuzione della convenzione sulla legge applicabile alle obbligazioni contrattuali, con protocollo e due dichiarazioni comuni, adottata a Roma il 19/6/1980).

1168. Azione di reintegrazione (1). – [I] Chi è stato violentemente od occultamente spogliato del possesso [374$^{n. 5}$, 1012, 1145^{2}, 2789] può, entro l'anno dal sofferto spoglio, chiedere contro l'autore di esso la reintegrazione del possesso medesimo [460, 823^{2}, 1079, 1140^{2}, 1165, 1246$^{n. 1, 2}$, 1585, 1588 // 21^{2}, 669-bis ss., 703 CPC. // 634 CP.].

[II] L'azione è concessa altresì a chi ha la detenzione della cosa [1140^{2}, 1141, 1585^{2}], tranne il caso che l'abbia per ragioni di servizio o di ospitalità.

[III] Se lo spoglio è clandestino, il termine per chiedere la reintegrazione decorre dal giorno della scoperta dello spoglio [1170].

[IV] La reintegrazione deve ordinarsi dal giudice sulla semplice notorietà del fatto, senza dilazione [8$^{n. 1}$, 21^{2}, 703, 705 CPC. (2)].

➔ CC. 1865 – art. 689, 695, 696, 2146 // D. 43.16.1 pr.

(1) Corte cost. 3/2/1992, n. 25.

• Art. 133, co. 1, lett. g) (Materie di giurisdizione esclusiva) d.lg. 2/7/2010, n. 104 (Attuazione dell'art. 44 della l. 18/6/2009, n. 69, recante delega al governo per il riordino del processo amministrativo): «Sono devolute alla giurisdizione esclusiva del giudice amministrativo, salvo ulteriori previsioni di legge: a) le controversie in materia di: [...] g) le controversie aventi ad oggetto gli atti, i provvedimenti, gli accordi e i comportamenti, riconducibili, anche mediatamente, all'esercizio di un pubblico potere, delle pubbliche amministrazioni in materia di espropriazione per pubblica utilità, ferma restando la giurisdizione del giudice ordinario per quelle riguardanti la determinazione e la corresponsione delle indennità in conseguenza dell'adozione di atti di natura espropriativa o ablativa».

• Art. 43 e 53 del d.P.R. 8/6/2001, n. 327 (TU delle disposizioni legislative e regolamentari in materia di espropriazione per pubblica utilità).

(2) La Corte costituzionale con sent. 3/2/1992, n. 25 ha dichiarato l'illegittimità costituzionale dell'art. 705, co. 1, CPC., nella parte in cui subordina la proposizione del giudizio petitorio alla definizione della controversia possessoria e all'esecuzione della decisione nel caso che ne derivi o possa derivarne un pregiudizio irreparabile al convenuto.

1169. Reintegrazione contro l'acquirente consapevole dello spoglio. – [I] La reintegrazione si può domandare anche contro chi è nel possesso in virtù di un acquisto a titolo particolare, fatto con la conoscenza dell'avvenuto spoglio.

➔ **CC. 1865 – art. 708.**

1170. Azione di manutenzione (1). – [I] Chi è stato molestato nel possesso [460, 1145^{2}] di un immobile, di un diritto reale sopra un immobile [1079] o di un'universalità di mobili [816] può, entro l'anno dalla turbativa [1168], chiedere la manutenzione del possesso medesimo [1145^{3} // $8^{n.\,1}$, 21^{2}, 703 ss. CPC.].

[II] L'azione è data se il possesso dura da oltre un anno, continuo e non interrotto, e non è stato acquistato violentemente o clandestinamente. Qualora il possesso sia stato acquistato in modo violento o clandestino, l'azione può nondimeno esercitarsi, decorso un anno dal giorno in cui la violenza o la clandestinità è cessata [1168, 1585^{2}].

[III] Anche colui che ha subito uno spoglio non violento o clandestino può chiedere di essere rimesso nel possesso, se ricorrono le condizioni indicate dal comma precedente [1168].

➔ **CC. 1865 – art. 686, 694 // D. 43.17.1 pr.**

(1) Art. 133, co. 1, lett. g) (Materie di giurisdizione esclusiva) d.lg. 2/7/2010, n. 104 (Attuazione dell'art. 44 della l. 18/6/2009, n. 69, recante delega al governo per il riordino del processo amministrativo): «Sono devolute alla giurisdizione esclusiva del giudice amministrativo, salvo ulteriori previsioni di legge: a) le controversie in materia di: [...] g) le controversie aventi ad oggetto gli atti, i provvedimenti, gli accordi e i comportamenti, riconducibili, anche mediatamente, all'esercizio di un pubblico potere, delle pubbliche amministrazioni in materia di espropriazione per pubblica utilità, ferma restando la giurisdizione del giudice ordinario per quelle riguardanti la determinazione e la corresponsione delle indennità in conseguenza dell'adozione di atti di natura espropriativa o ablativa».

• Art. 43 e 53 del d.P.R. 8/6/2001, n. 327 (TU delle disposizioni legislative e regolamentari in materia di espropriazione per pubblica utilità).

TITOLO IX
DELLA DENUNZIA DI NUOVA OPERA E DI DANNO TEMUTO

1171. Denunzia di nuova opera. – [I] Il proprietario [$374^{n.\,5}$, 832], il titolare di altro diritto reale di godimento [978, 1021, 1022, 1027] o il possessore [1140 ss.], il quale ha ragione di temere che da una nuova opera, da altri intrapresa sul proprio come sull'altrui fondo, sia per derivare danno alla cosa che forma l'oggetto del suo diritto o del suo possesso, può denunziare all'autorità giudiziaria [$8^{n.\,1}$, 21^{2}, 688 CPC.] (1) la nuova opera, purché questa non sia terminata e non sia trascorso un anno dal suo inizio [2813].

[II] L'autorità giudiziaria, presa sommaria cognizione del fatto, può vietare la continuazione dell'opera, ovvero permetterla, ordinando le opportune cautele [1172]: nel primo caso, per il risarcimento del danno prodotto dalla sospensione dell'opera, qualora le opposizioni al suo proseguimento risultino infondate nella decisione del merito; nel secondo caso, per la demolizione o riduzione dell'opera e per il risarcimento del danno che possa soffrirne il denunziante, se questi ottiene sentenza favorevole, nonostante la permessa continuazione (2).

➔ **CC. 1865 – art. 698 // D. 39.1.1 pr.**

(1) Art. 133, co. 1, lett. g) (Materie di giurisdizione esclusiva) del d.lg. 2/7/2010, n. 104 (Attuazione dell'art. 44 della l. 18/6/2009, n. 69, recante delega al governo per il riordino del processo amministrativo): «Sono devolute alla giurisdizione esclusiva del giudice amministrativo, salvo ulteriori previsioni di legge: a) le controversie in materia di: [...] g) le controversie aventi ad oggetto gli atti, i provvedimenti, gli accordi e i comportamenti, riconducibili, anche mediatamente, all'esercizio di un pubblico potere, delle pubbliche amministrazioni in materia di espropriazione per pubblica utilità, ferma restando la giurisdizione del giudice ordinario per quelle riguardanti la determinazione e la corresponsione delle indennità in conseguenza dell'adozione di atti di natura espropriativa o ablativa».

• Art. 43 e 53 del d.P.R. 8/6/2001, n. 327 (TU delle disposizioni legislative e regolamentari in materia di espropriazione per pubblica utilità).

(2) Corte cost. 3/7/1963, n. 113.

1172. Denunzia di danno temuto. – [I] Il proprietario [$374^{n.\,5}$, 832], il titolare di altro diritto reale di godimento [978, 1021, 1022, 1027] o il possessore [1140 ss.], il quale ha ragione di temere che da qualsiasi edificio, albero o altra cosa sovrasti pericolo di un danno grave e prossimo alla cosa che forma l'oggetto del suo diritto o del suo possesso, può denunziare il fatto all'autorità giudiziaria [$8^{n.\,1}$, 21^{2}, 688 ss. CPC.] e ottenere, secondo le circostanze, che si provveda per ovviare al pericolo [823, 2813].

[II] L'autorità giudiziaria, qualora ne sia il caso, dispone idonea garanzia [1179] per i danni eventuali [1171 // 119 CPC.] (1).

➔ **CC. 1865 – art. 699 // D. 39.2.1, D. 39.2.2, D. 39.2.18 pr.**

(1) Art. 141 del r.d. 11/12/1933, n. 1175 (T.U. delle disposizioni di legge sulle acque e gli impianti elettrici): «[I] Le azioni possessorie e quelle di denuncia di nuova opera e di danno temuto nelle materie di cui all'articolo precedente non sono proponibili avverso provvedimenti e atti dell'autorità amministrativa. [II] In ogni altro caso esse sono proposte dinanzi al pretore competente per territorio. [III] Ove sia luogo ad appello, esso è proposto al rispettivo Tribunale delle acque pubbliche».

LIBRO QUARTO
DELLE OBBLIGAZIONI

TITOLO I
DELLE OBBLIGAZIONI IN GENERALE (1)

(1) Cfr. l. 18/12/1984, n. 975 (Ratifica ed esecuzione della convenzione sulla legge applicabile alle obbligazioni contrattuali, adottata a Roma il 19/6/1980; art. 57 della l. 31/5/1995, n. 218 (diritto internazionale provato); Reg. CE 17/6/2008, n. 593/2008 sulla legge applicabile alle obbligazioni contrattuali.

Capo I
Disposizioni preliminari

1173. Fonti delle obbligazioni [25 prel.]. – Le obbligazioni derivano da contratto [1218 ss., 1321 ss.], da fatto illecito [2043 ss.], o da ogni altro atto o fatto idoneo a produrle [433 ss., 1337, 1987, 2028 ss., 2033 ss., 2041 ss., 2126, 2332^{2}] in conformità dell'ordinamento giuridico [$4^{n.\,2}$ CPC.].

➔ **CC. 1865 – art. 1097 // Inst. 3.13.2, D. 44.7.1 pr., D. 44.7.3 pr., D. 44.7.52 pr.-10, Gai 3.88.**

1174. Carattere patrimoniale della prestazione. – La prestazione che forma oggetto dell'obbligazione deve essere suscettibile di valutazione economica e deve corrispondere a un interesse, anche non patrimoniale, del creditore [82, 144, 162, 163, 316, 648, 1256, 1384, 1411 ss., 1457, 1464 // *414, 949 CNav.*].

➔ **D. 40.7.9.2.**

1175. Comportamento secondo correttezza. – Il debitore e il creditore devono comportarsi secondo le regole della correttezza [833, 1183^{2}, 1206, 1227^{2}, 1337, 1338, 1358, 1375, 1460^{2}, 1686^{2}, 1690^{2}, 1710^{2}, 1746, 1759, 1800^{2}, 1805, 1914, 1993^{2}, 2106, 2384^{2}, 2598$^{n.\ 3}$ // 88 CPC.] (1).

(1) Articolo così modificato dall'art. 32 del d.lg. 14/9/1944, n. 287. **Art. 22, co. 5, l. n. 241/1990:** «L'acquisizione di documenti amministrativi da parte di soggetti pubblici, ove non rientrante nella previsione dell'art. 43^{2}, del TU delle disposizioni legislative e regolamentari in materia di documentazione amministrativa, di cui al decreto del Presidente della Repubblica 28/12/2000, n. 445, si informa **al principio di leale cooperazione istituzionale**».

• Art. 2 del d.l. 12/9/2014, n. 132, conv. in l. n. 162/2014.

• Art. 17 Cedu. Art. 54 C. di Nizza.

Capo II
Dell'adempimento delle obbligazioni

Sezione I
Dell'adempimento in generale

1176. Diligenza nell'adempimento. – [I] Nell'adempiere l'obbligazione il debitore deve usare la diligenza del buon padre di famiglia [382, 703^{4}, 1001^{2}, 1587, 1710^{1}, 1768^{1}, 1800^{3}, 1804^{1}, 2030, 2148^{2}, 2167^{2}, 2392, 2407].

[II] Nell'adempimento delle obbligazioni inerenti all'esercizio di un'attività professionale, la diligenza deve valutarsi con riguardo alla natura dell'attività esercitata [1838^{4}, 2104^{1}, 2145^{2}, 2174^{2}, 2224, 2236] (1).

(1) V. Parte V, Sez. III. Art. 3 del d.l. 13/9/2012, n. 1, conv., con modif., in l. n. 189/2012.

1177. Obbligazione di custodire. – L'obbligazione di consegnare una cosa determinata include quella di custodirla fino alla consegna [1477, 1718, 1768, 1770, 1804].

➔ **Gai 3.206-207.**

1178. Obbligazione generica. – Quando l'obbligazione ha per oggetto la prestazione di cose determinate soltanto nel genere, il debitore deve prestare cose di qualità non inferiore alla media [664, 1378].

➔ **D. 17.1.52, D. 33.6.4.**

1179. Obbligo di garanzia. – Chi è tenuto a dare una garanzia [492, 639, 640, 1186] senza che ne siano determinati il modo e la forma, può prestare a sua scelta un'idonea garanzia reale [2784, 2808] o personale [1943^{1}], ovvero altra sufficiente cautela.

1180. Adempimento del terzo. – [I] L'obbligazione può essere adempiuta da un terzo, anche contro la volontà del creditore, se questi non ha interesse a che il debitore esegua personalmente la prestazione [1674, 1717, 2232].

[II] Tuttavia il creditore può rifiutare l'adempimento offertogli dal terzo, se il debitore gli ha manifestato la sua opposizione [1236].

➔ **D. 3.5.38(39), D. 14.1.1.24, D. 40.7.39.5.**

1181. Adempimento parziale. – Il creditore può rifiutare un adempimento parziale anche se la prestazione è divisibile [1314 ss., 1464], salvo che la legge [423^{2}, 1193^{2}, 1208$^{n.\ 3}$, 1258, 1672, 2873^{2}, CPC.] o gli usi dispongano diversamente (1).

(1) V. art. 45, co. 2, r.d. 14/12/1933, n. 1669; art. 37, co. 2, r.d. 21/12/1933, n. 1736.

1182. Luogo dell'adempimento. – [I] Se il luogo nel quale la prestazione deve essere eseguita non è determinato dalla convenzione o dagli usi e non può desumersi dalla natura della prestazione [1774, 2094] o da altre circostanze, si osservano le norme che seguono [159 trans. // 20 CPC.].

[II] L'obbligazione di consegnare una cosa certa e determinata deve essere adempiuta nel luogo in cui si trovava la cosa quando l'obbligazione è sorta [1510^{1}, 1590^{4}, 1774].

[III] L'obbligazione avente per oggetto una somma di danaro deve essere adempiuta al domicilio [43, 44] che il creditore ha al tempo della scadenza [1219$^{n.\ 3}$, 1498, 1528, 1834^{2}, 1843^{2}, 2099^{1}]. Se tale domicilio è diverso da quello che il creditore aveva quando è sorta l'obbligazione e ciò rende più gravoso l'adempimento, il debitore, previa dichiarazione al creditore, ha diritto di eseguire il pagamento al proprio domicilio (1).

[IV] Negli altri casi l'obbligazione deve essere adempiuta al domicilio che il debitore ha al tempo della scadenza [159 trans.].

(1) V. art. 44 del r.d. 14/12/1933, n. 1669.

1183. Tempo dell'adempimento (1). – [I] Se non è determinato il tempo in cui la prestazione deve essere eseguita, il creditore può esigerla immediatamente [1175]. Qualora tuttavia, in virtù degli usi [1340] o per la natura della prestazione ovvero per il modo o il luogo dell'esecuzione, sia necessario un termine, questo, in mancanza di accordo delle parti, è stabilito dal giudice [1331, 1482^{2}, 1771^{2}, 1810, 1817^{1}].

[II] Se il termine per l'adempimento è rimesso alla volontà del debitore, spetta ugualmente al giudice di stabilirlo secondo le circostanze [1817^{2}]; se è rimesso alla volontà del creditore, il termine può essere fissato su istanza del debitore che intende liberarsi.

(1) Cfr. art. 1, co. 56, l. 20/5/2016, n. 76.

➔ **D. 50.17.14.**

1184. Termine. – Se per l'adempimento è fissato un termine, questo si presume a favore del debitore, qualora non risulti stabilito a favore del creditore o di entrambi [1563, 1771, 1816] (1).

➔ **D. 45.1.38.16, D. 45.1.41.1, D. 46.3.70, D. 50.17.12.**

(1) V. art. 46 del r.d. 14/12/1933, n. 1669.

1185. Pendenza del termine. – [I] Il creditore non può esigere la prestazione prima della scadenza, salvo che il termine sia stabilito esclusivamente a suo favore [1208$^{n.\ 4}$, 1771^{2}].

[II] Tuttavia il debitore non può ripetere [2034^{2}] ciò che ha pagato anticipatamente, anche se ignorava l'esistenza del termine. In questo caso però egli può ripetere, nei limiti della perdita subita, ciò di cui il creditore si è arricchito per effetto del pagamento anticipato [2041^{1}].

➔ **Inst. 3.15.2, D. 12.6.10.**

1186. Decadenza dal termine. – Quantunque il termine sia stabilito a favore del debitore, il creditore può esigere immediatamente la prestazione se il debitore è divenuto insolvente [1868] o ha diminuito, per fatto proprio, le garanzie che aveva date o non ha dato le garanzie che aveva promesse [1274, 1299, 1313, 1626, 1844^{2}, 1850, 1867, 1877, 2743].

1187. Computo del termine. – [I] Il termine fissato per l'adempimento delle obbligazioni è computato secondo le disposizioni dell'articolo 2963 (1).

[II] La disposizione relativa alla proroga del termine che scade in giorno festivo si osserva se non vi sono usi diversi (2).

[III] È salva in ogni caso una diversa pattuizione.

(1) V. art. 41 e 97 del r.d. 14/12/1933, n. 1669; art. 79 del r.d. 21/12/1933, n. 1736.
(2) V. art. 96 del r.d. n. 1669, cit. e art. 79 del r.d. n. 1736, cit.

1188. Destinatario del pagamento. – [I] Il pagamento deve essere fatto al creditore [1189, 1190] o al suo rappresentante [320^{4}, $374^{n.\ 2}$, 1387, 1752, 2213], ovvero **alla persona indicata dal creditore** [1269^{2}, 1744, 1777] o autorizzata dalla legge [494 CPC.] o dal giudice a riceverlo [1566].

[II] Il pagamento fatto a chi non era legittimato a riceverlo libera il debitore, se il creditore lo ratifica [1399] o se ne ha approfittato.

➔ **D. 13.7.11.5, D. 46.3.12.4, D. 46.3.49.**

1189. Pagamento al creditore apparente. – [I] Il debitore che esegue il pagamento a chi appare legittimato a riceverlo in base a circostanze univoche, è liberato se prova di essere stato in buona fede [1264^{2}, 1992^{2}].

[II] Chi ha ricevuto il pagamento è tenuto alla restituzione verso il vero creditore, secondo le regole stabilite per la ripetizione dell'indebito [2033 ss.].

➔ **D. 12.6.65.9.**

1190. Pagamento al creditore incapace. – Il pagamento fatto al creditore incapace di riceverlo [316, 320, 357, 374, 394, 424] non libera il debitore, se questi non prova che ciò che fu pagato è stato rivolto a vantaggio dell'incapace [1443].

1191. Pagamento eseguito da un incapace. – Il debitore che ha eseguito la prestazione dovuta non può impugnare il pagamento a causa della propria incapacità [428, 1933^{2}, 2034^{1}].

1192. Pagamento eseguito con cose altrui. – [I] Il debitore non può impugnare il pagamento eseguito con cose di cui non poteva disporre [1478], salvo che offra di eseguire la prestazione dovuta con cose di cui può disporre.

[II] Il creditore che ha ricevuto il pagamento in buona fede può impugnarlo, salvo il diritto al risarcimento del danno.

1193. Imputazione del pagamento. – [I] Chi ha più debiti della medesima specie verso la stessa persona può dichiarare, quando paga, quale debito intende soddisfare.

[II] In mancanza di tale dichiarazione, il pagamento deve essere imputato al debito scaduto; tra più debiti scaduti, a quello meno garantito; tra più debiti ugualmente garantiti, al più oneroso per il debitore; tra più debiti ugualmente onerosi, al più antico. Se tali criteri non soccorrono, l'imputazione è fatta proporzionalmente ai vari debiti [1249].

➔ **D. 46.3.1.**

1194. Imputazione del pagamento agli interessi. – [I] Il debitore non può imputare il pagamento al capitale, piuttosto che agli interessi e alle spese, senza il consenso del creditore [1960].

[II] Il pagamento fatto in conto di capitale e d'interessi deve essere imputato prima agli interessi [1199^{2}].

➔ **Codex 8.42(43).1.**

1195. Quietanza con imputazione. – Chi, avendo più debiti, accetta una quietanza nella quale il creditore ha dichiarato di imputare il pagamento a uno di essi, non può pretendere un'imputazione diversa, se non vi è stato dolo [1439^{1}] o sorpresa da parte del creditore.

1196. Spese del pagamento. – Le spese del pagamento sono a carico del debitore [204^{2}, 672, 1215, 1245, 1475, 1774^{2}, 1781].

1197. Prestazione in luogo dell'adempimento. – [I] Il debitore non può liberarsi eseguendo una prestazione diversa da quella dovuta, anche se di valore uguale o maggiore, salvo che il creditore consenta. In questo caso l'obbligazione si estingue quando la diversa prestazione è eseguita [1198, 1230] (1).

[II] Se la prestazione consiste nel trasferimento della proprietà o di un altro diritto, il debitore è tenuto alla garanzia per l'evizione e per i vizi della cosa secondo le norme della vendita [1483 ss., 1490 ss.], salvo che il creditore preferisca esigere la prestazione originaria e il risarcimento del danno.

[III] In ogni caso non rivivono le garanzie prestate dai terzi.

➔ **D. 12.1.2.1.**

(1) V. art. 67, co. 1, n. 2, r.d. 16/3/1942, n. 267.

1198. Cessione di un credito in luogo dell'adempimento. – [I] Quando in luogo dell'adempimento è ceduto un credito [1260], l'obbligazione si estingue con la riscossione del credito, se non risulta una diversa volontà delle parti [2928].

[II] È salvo quanto è disposto dal secondo comma dell'articolo 1267.

➔ **Codex 4.15.5.**

1199. Diritto del debitore alla quietanza. – [I] Il creditore che riceve il pagamento [1188] **deve**, a richiesta e a spese del debitore, rilasciare quietanza e farne annotazione sul titolo, se questo non è restituito al debitore [1195, 1196, $1202^{2,\ n.\ 1}$, 1324, 1988, 2213^{2}, 2124, 2704^{3}, 2708, 2726, 2735^{1}, 2733^{2}] (1).

[II] Il rilascio di una quietanza per il capitale fa presumere il pagamento degli interessi [1194^{2}].

(1) V. art. 45 del r.d. 14/12/1933, n. 1669.

1200. Liberazione dalle garanzie. – Il creditore che ha ricevuto il pagamento deve consentire la liberazione dei beni dalle garanzie reali date per il credito e da ogni altro vincolo che comunque ne limiti la disponibilità [12082].

Sezione II
Del pagamento con surrogazione

1201. Surrogazione per volontà del creditore. – Il creditore, ricevendo il pagamento da un terzo [1180], può surrogarlo nei propri diritti [754, 2843]. La surrogazione deve essere fatta in modo espresso e contemporaneamente al pagamento [754].

1202. Surrogazione per volontà del debitore (1). – [I] Il debitore, che prende a mutuo una somma di danaro o altra cosa fungibile al fine di pagare il debito, può surrogare il mutuante nei diritti del creditore, anche senza il consenso di questo.

[II] La surrogazione ha effetto quando concorrono le seguenti condizioni:

1) che il mutuo e la quietanza risultino da atto avente data certa [2704];

2) che nell'atto di mutuo sia indicata espressamente la specifica destinazione della somma mutuata;

3) che nella quietanza si menzioni la dichiarazione del debitore circa la provenienza della somma impiegata nel pagamento. Sulla richiesta del debitore, il creditore non può rifiutarsi di inserire nella quietanza tale dichiarazione.

(1) Cfr. art. 120-quarter del d.lg. 1/9/1993, n. 385.

1203. Surrogazione legale. – [I] La surrogazione ha luogo di diritto nei seguenti casi:

1) a vantaggio di chi, essendo creditore, ancorché chirografario, paga un altro creditore che ha diritto di essergli preferito in ragione dei suoi privilegi [2745 ss.], del suo pegno [2784 ss.] o delle sue ipoteche [2808 ss.];

2) a vantaggio dell'acquirente di un immobile che, fino alla concorrenza del prezzo di acquisto, paga uno o più creditori a favore dei quali l'immobile è ipotecato [2866];

3) a vantaggio di colui che, essendo tenuto con altri o per altri al pagamento del debito, aveva interesse di soddisfarlo [1299, 1949] (1);

4) a vantaggio dell'erede con beneficio d'inventario [484 ss.], che paga con danaro proprio i debiti ereditari [$490^{n. 2}$];

5) negli altri casi stabiliti dalla legge [756, 1259, 1762, 1776, 1780^2, 1796^2, 1916, 2036^3, 2871] (1).

(1) V. art. 37, co. 3, r.d. 14/12/1933, n. 1669.

1204. Terzi garanti. – [I] La surrogazione contemplata nei precedenti articoli ha effetto anche contro i terzi che hanno prestato garanzia per il debitore.

[II] Se il credito è garantito da pegno, si osserva la disposizione del secondo comma dell'articolo 1263.

1205. Surrogazione parziale. – Se il pagamento è parziale [1181], il terzo surrogato e il creditore concorrono nei confronti del debitore in proporzione di quanto è loro dovuto, salvo patto contrario.

Sezione III
Della mora del creditore

1206. Condizioni. – Il creditore è in mora quando, senza motivo legittimo, non riceve il pagamento offertogli nei modi indicati dagli articoli seguenti o non compie quanto è necessario affinché il debitore possa adempiere l'obbligazione [1175 // 160 trans.].

➔ **D. 45.1.105, D. 46.3.72 pr.**

1207. Effetti. – [I] Quando il creditore è in mora, è a suo carico l'impossibilità della prestazione sopravvenuta per causa non imputabile al debitore [1256 ss., 1673]. Non sono più dovuti gli interessi [1282] né i frutti della cosa che non siano stati percepiti dal debitore.

[II] Il creditore è pure tenuto a risarcire i danni derivati dalla sua mora e a sostenere le spese per la custodia e la conservazione della cosa dovuta.

[III] Gli effetti della mora si verificano dal giorno dell'offerta [1208 ss.], se questa è successivamente dichiarata valida con sentenza passata in giudicato [324 CPC.] o se è accettata dal creditore.

1208. Requisiti per la validità dell'offerta. – [I] Affinché l'offerta sia valida è necessario:

1) che sia fatta al creditore capace di ricevere [1190] o a chi ha la facoltà di ricevere per lui [1188];

2) che sia fatta da persona che può validamente adempiere [1180, 1191];

3) che comprenda la totalità della somma o delle cose dovute, dei frutti o degli interessi e delle spese liquide, e una somma per le spese non liquide, con riserva di un supplemento, se è necessario;

4) che il termine sia scaduto, se stipulato in favore del creditore [1184];

5) che si sia verificata la condizione dalla quale dipende l'obbligazione [1353 ss.];

6) che l'offerta sia fatta alla persona del creditore o nel suo domicilio [1182];

7) che l'offerta sia fatta da un ufficiale pubblico a ciò autorizzato [1209 // 73 ss. att.].

[II] Il debitore può subordinare l'offerta al consenso del creditore necessario per liberare i beni dalle garanzie reali o da altri vincoli che comunque ne limitino la disponibilità [1200].

1209. Offerta reale e offerta per intimazione. – [I] Se l'obbligazione ha per oggetto danaro [1277], titoli di credito, ovvero cose mobili da consegnare al domicilio del creditore, l'offerta deve essere reale [731, 74 att. // 126 CPC.].

[II] Se si tratta invece di cose mobili da consegnare in luogo diverso, l'offerta consiste nell'intimazione al creditore di riceverle, fatta mediante atto a lui notificato nelle forme prescritte per gli atti di citazione [732, 75 att.; 137 ss. CPC.].

1210. Facoltà di deposito e suoi effetti liberatori. – [I] Se il creditore rifiuta di accettare l'offerta reale [1209^1] o non si presenta per ricevere le cose offertegli mediante intimazione [1209^2], il debitore può eseguire il deposito [77, 78 att.].

[II] Eseguito il deposito, quando questo è accettato dal creditore o è dichiarato valido con sentenza passata in giudicato [324 CPC.], il debitore non può più ritirarlo ed è liberato dalla sua obbligazione.

1211. Cose deperibili o di dispendiosa custodia (1). – [I] Se le cose non possono essere conservate o sono deteriorabili, oppure se le spese della loro custodia sono eccessive, il debitore, dopo l'offerta reale o l'intimazione di ritirarle, può farsi autorizzare dal tribunale a venderle nei modi stabiliti per le cose pignorate e a depositarne il prezzo [2797 // 529 ss. CPC.].

(1) Articolo così modificato dall'art. 150 del d.lg. 19/2/1998, n. 51.

1212. Requisiti del deposito. – [I] Per la validità del deposito è necessario:

1) che sia stato preceduto da un'intimazione notificata al creditore e contenente l'indicazione del giorno, dell'ora e del luogo in cui la cosa offerta sarà depositata [74^4 att.];

2) che il debitore abbia consegnato la cosa, con gli interessi e i frutti dovuti fino al giorno dell'offerta [1207], nel luogo indicato dalla legge o, in mancanza, dal giudice;

3) che sia redatto dal pubblico ufficiale un processo verbale da cui risulti la natura delle cose offerte, il rifiuto di riceverle da parte del creditore o la sua mancata comparizione, e infine il fatto del deposito [78 att. // 126 CPC.];

4) che, in caso di non comparizione del creditore, il processo verbale di deposito gli sia notificato con l'invito a ritirare la cosa depositata [73^1 att.].

[II] Il deposito che ha per oggetto somme di danaro può eseguirsi anche presso un istituto di credito [73^1, 76 att.; 251 trans.] (1).

(1) V. art. 48 del r.d. 14/12/1933, n. 1669.

1213. Ritiro del deposito. – [I] Il deposito non produce effetto se il debitore lo ritira prima che sia stato accettato dal creditore o prima che sia stato riconosciuto valido con sentenza passata in giudicato.

[II] Se, dopo l'accettazione del deposito o il passaggio in giudicato della sentenza che lo dichiara valido, il creditore consente che il debitore ritiri il deposito, egli non può più rivolgersi contro i condebitori e i fideiussori, né valersi dei privilegi, del pegno e delle ipoteche che garantivano il credito [2878].

1214. Offerta secondo gli usi e deposito. – Se il debitore ha offerto la cosa dovuta nelle forme d'uso anziché in quelle prescritte dagli articoli 1208 e 1209, gli effetti della mora [1210] si verificano dal giorno in cui egli esegue il deposito a norma dell'articolo 1212 [73^1, 77 att.], se questo è accettato dal creditore o è dichiarato valido con sentenza passata in giudicato.

1215. Spese. – Quando l'offerta reale e il deposito sono validi, le spese occorse sono a carico del creditore [1196].

1216. Intimazione di ricevere la consegna di un immobile. – [I] Se deve essere consegnato un immobile, l'offerta consiste nella intimazione al creditore di prenderne possesso. L'intimazione deve essere fatta nella forma prescritta dal secondo comma dell'articolo 1209 [73², 75 att. // 137 ss. CPC.].

[II] Il debitore, dopo l'intimazione al creditore, può ottenere dal giudice la nomina di un sequestratario. In questo caso egli è liberato dal momento in cui ha consegnato al sequestratario la cosa dovuta [79 att.].

1217. Obbligazioni di fare. – [I] Se la prestazione consiste in un fare, il creditore è costituito in mora mediante l'intimazione di ricevere la prestazione [1209²] o di compiere gli atti che sono da parte sua necessari per renderla possibile [1256² // 80 att.].

[II] L'intimazione può essere fatta nelle forme d'uso.

Capo III
Dell'inadempimento delle obbligazioni

1218. Responsabilità del debitore – Il debitore che non esegue esattamente la prestazione [1382] dovuta [1453] è tenuto al risarcimento del danno [1192, 1197, 1223], se non prova [1673, 1681, 1784, 1787, 1805, 2697] che l'inadempimento o il ritardo è stato determinato da impossibilità della prestazione derivante da causa a lui non imputabile [1176, 1221, 1223, 1229, 1256, 1257, 1337, 1557, 1588, 1673, 1681, 1693, 1821, 2037, 2175] (1).

(1) Art. 128-135 del d.lg. 206/2005, Codice del Consumo.

• Art. 43, 44, 45, 46, 47, 48, 49 del D.lg. 99/2011, Codice del turismo.

• Art. 3 del d.l. 13/9/2012, n. 1, conv., con modif., in l. n. 189/2012. Vd. Parte V, Sezione III.

• Art. 3, co. 6 bis, d.l. 23/2/2020, n. 6; art. 91 del d.l. 17/3/2020, n. 18 conv. in l. 24/4/2020, n. 27.

1219. Costituzione in mora (1). – Il debitore [1220, 2943] è costituito in mora mediante intimazione o richiesta fatta per iscritto [445, 497, 1282, 1308].

Non è necessaria la costituzione in mora:

1) quando il debito deriva da fatto illecito [2043];

2) quando il debitore ha dichiarato per iscritto di non volere eseguire l'obbligazione [1460];

3) quando è scaduto il termine [1182³, 1183, 1184], se la prestazione deve essere eseguita al domicilio [43] del creditore [1182]. Se il termine scade dopo la morte del debitore, gli eredi non sono costituiti in mora che mediante intimazione o richiesta fatta per iscritto, e decorsi otto giorni dall'intimazione o dalla richiesta [1222].

(1) Cfr. anche art. 3, co. 3, l. 18/6/1998, n. 192; art. 4 del d.lg. 9/10/2002, n. 231.

➔ **Codex 8.37(38).12, D. 13.1.8.1.**

1220. Offerta non formale. – Il debitore non può essere considerato in mora, se tempestivamente ha fatto offerta della prestazione dovuta [1208, 1460], anche senza osservare le forme indicate nella sezione III del precedente capo [1206, 1214], a meno che il creditore l'abbia rifiutata per un motivo legittimo [1181, 1222].

➔ **D. 46.3.30.**

1221. Effetti della mora sul rischio. – Il debitore che è in mora non è liberato per la sopravvenuta impossibilità della prestazione derivante da causa a lui non imputabile [673, 1218, 1256], se non prova [2697] che l'oggetto della prestazione sarebbe ugualmente perito presso il creditore [1805].

In qualunque modo sia perita o smarrita [1257] una cosa illecitamente sottratta, la perdita di essa non libera chi l'ha sottratta dall'obbligo di restituirne il valore.

➔ **D. 45.1.82.1.**

1222. Inadempimento di obbligazioni negative. – Le disposizioni sulla mora non si applicano alle obbligazioni di non fare [1219, 1220]; ogni fatto compiuto in violazione di queste costituisce di per sé inadempimento [1218].

➔ **D. 19.1.21.3.**

1223. Risarcimento del danno. – Il risarcimento del danno per l'inadempimento [1480, 1483] o per il ritardo (1) [1218] deve comprendere così la perdita subita dal creditore come il mancato guadagno [1518], in quanto ne siano conseguenza immediata e diretta [1382, 1385, 1453, 1494, 1515, 1516, 1526, 1662, 1696, 1905, 2057, 2058, 2059].

(1) Art. 2-bis della l. n. 241/1990, Legge sul procedimento amministrativo.

• Art. 30, co. 4, d.lg. n. 104/2010, Codice del processo amministrativo.

• Cfr. art. 6 del d.lg. 9/10/2002, n. 231.

• Art. 91 del d.l. 17/3/2020, n. 18 conv. in l. 24/4/2020, n. 27.

1224. Danni nelle obbligazioni pecuniarie (1). – Nelle obbligazioni che hanno per oggetto una somma di danaro [1277], sono dovuti dal giorno della mora gli interessi legali [820, 1282, 1284], anche se non erano dovuti precedentemente e anche se il creditore non prova di aver sofferto alcun danno [1382, 1219², n. 3, 1591] (2). Se prima della mora erano dovuti interessi in misura superiore a quella legale, gli interessi moratori sono dovuti nella stessa misura.

Al creditore che dimostra di aver subito un danno maggiore spetta l'ulteriore risarcimento. Questo non è dovuto se è stata convenuta la misura degli interessi moratori [1382].

➔ **CC. 1865 – art. 1231 // D. 22.1.32.2.**

(1) La Corte costituzionale, con sent. 3/4-26/5/1981, n. 76 (G.U. 3/6/1981, n. 151), ha dichiarato, fra l'altro, non fondata la questione di legittimità del presente articolo, in riferimento all'art. 3 Cost. La stessa Corte, con sent. 24/3-7/4/1988, n. 408 (G.U. 20/4/1988, n. 16 – Prima Serie speciale), ha dichiarato, tra l'altro: a) inammissibile la questione di legittimità del presente articolo, in riferimento all'art. 3 Cost., all'art. 36, co. 1, Cost., all'art. 38, co. 2, Cost. ed agli art. 97, 24 e 113 Cost.; b) non fondata, nei sensi di cui in motivazione, la questione di legittimità del co. 2 del presente articolo, in riferimento all'art. 3 Cost.; c) non fondata la questione di legittimità del co. 2 del presente articolo, in riferimento all'art. 3 Cost., all'art. 36, co. 1, Cost., all'art. 38, co. 2, Cost. ed agli art. 97, 24 e 113 Cost. Successivamente, con sent. 12-28/12/1990, n. 585 (G.U. 9/1/1991, n. 2 – Prima Serie speciale), ha dichiarato inammissibile la questione di legittimità del presente articolo, in riferimento agli art. 3, 24, 36, 38, 97 e 113 Cost.

(2) Vedi, anche, gli art. 55, n. 2, 56, n. 2, l. camb. (r.d. 14/12/1933, n. 1669) e gli art. 50, n. 2, e 51, n. 2, l. ass. (r.d. 21/12/1933, n. 1736).

• Art. 3 della l. n. 192/1998.

• Art. 5 del d.lg. n. 231/2001.

1225. Prevedibilità del danno. – Se l'inadempimento o il ritardo non dipende da dolo del debitore, il risarcimento è limitato al danno che poteva prevedersi nel tempo in cui è sorta l'obbligazione [2043].

1226. Valutazione equitativa del danno. – Se il danno non può essere provato nel suo preciso ammontare, è liquidato dal giudice con valutazione equitativa [433, 1349, 1371, 1374, 1384, 1448, 1450, 1467, 1468, 1526^{1}, 1660^{2}, 1664^{2}, 1733, 1738, 1748^{3}, 1751^{1}, 1755^{2}, 1815^{2}, 1934, 2045, 2047^{2}, 2058, 2109^{2}, 2118^{1}, 2187 // 2 C. // 113^{2}, 114, 339^{2} CPC. // 118 att. CPC. // 644 CP.] (1).

(1) Art. 140 bis, co. 12, d.lg. 6/9/2005 n. 206 – Codice del consumo.

• Art. 7, co. 1, d.lg. 9/1/2002, n. 231.

• Art. 13 del d.lg. 23/2/2000, n. 38.

• (Art. 139 del d.lg. 7/9/2005, n. 209.

• Art. 3, co. 3, d.l. 13/9/2012, n. 158 conv., con modif., In l. 8/11/2012, n. 189.

• Art. 2, co. 2, lett. e), d.lg. 6/9/2005, n. 2006.

1227. Concorso del fatto colposo del creditore [2056]. – [I] Se il fatto colposo del creditore ha concorso [40, 41 CP] a cagionare il danno, il risarcimento è diminuito secondo la gravità della colpa [2055^{3}] e l'entità delle conseguenze che ne sono derivate [535, 936, 1150, 1223, 2038, 2041].

[II] Il risarcimento non è dovuto per i danni che il creditore avrebbe potuto evitare usando l'ordinaria diligenza [1175, 1223, 1225] (1).

➔ D. 50.17.203.

(1) Art. 30, co. 3, d.lg. 2/7/2010, n. 104: «La domanda di risarcimento per lesione di interessi legittimi è proposta entro il termine di decadenza di centoventi giorni decorrente dal giorno in cui il fatto si è verificato ovvero dalla conoscenza del provvedimento se il danno deriva direttamente da questo. Nel determinare il risarcimento il giudice valuta tutte le circostanze di fatto e il comportamento complessivo delle parti e, comunque, esclude il risarcimento dei danni che si sarebbero potuti evitare usando l'ordinaria diligenza, anche attraverso l'esperimento degli strumenti di tutela previsti».

1228. Responsabilità per fatto degli ausiliari. – Salva diversa volontà delle parti, il debitore che nell'adempimento dell'obbligazione si vale dell'opera di terzi, risponde anche dei fatti dolosi o colposi di costoro [2049].

➔ art. 42 d.lg. n. 79/2011

1229. Clausole di esonero da responsabilità. – [I] È nullo [1418] qualsiasi patto che esclude o limita preventivamente la responsabilità del debitore [1228, 1341^{2}, *1346 ss.*, 1355, 1382, 2043, 2049] per dolo o per colpa grave [1490^{2}, 1579, 1681^{2}, 1694, 1713^{2}, 1785-quater, 1838^{4} // 641 CP.].

[II] È nullo altresì qualsiasi patto preventivo di esonero o di limitazione di responsabilità per i casi in cui il fatto del debitore o dei suoi ausiliari costituisca violazione di obblighi derivanti da norme di ordine pubblico [1580, 1681^{2}, 2087 // 31 prel.] (1).

➔ D. 16.3.1.7.

(1) Artt. 34, co. 2 e 36, co. 2, d.lg. 6/9/2005, n. 206.

Capo IV
Dei modi di estinzione delle obbligazioni diversi dall'adempimento

Sezione I
Della novazione

1230. Novazione oggettiva. – [I] L'obbligazione si **estingue** quando le parti sostituiscono all'obbligazione originaria una nuova obbligazione con **oggetto o titolo diverso** [1965^{2}, 1976, 2034].

[II] La volontà di estinguere l'obbligazione precedente deve risultare **in modo non equivoco** (1).

➔ CC. 1865 – art. 1236, 1267 // D. 46.2.1 pr.

(1) V. art. 66 del r.d. 14/12/1933, n. 1669; art. 58 del r.d. 21/12/1933, n. 1736.

1231. Modalità che non importano novazione. – [I] Il rilascio di un documento o la sua rinnovazione, l'apposizione o l'eliminazione di un termine [1183] e ogni altra modificazione accessoria dell'obbligazione non producono novazione [1823^{2}].

➔ Codex 8.41(42).8 pr.

1232. Privilegi, pegno e ipoteche. – [I] I privilegi, il pegno e le ipoteche del credito originario si estinguono, se le parti non convengono espressamente di mantenerli per il nuovo credito [1233, 2878].

➔ D. 46.2.18.

1233. Riserva delle garanzie nelle obbligazioni solidali. – [I] Se la novazione si effettua tra il creditore e uno dei debitori in solido con effetto liberatorio per tutti [1300], i privilegi, il pegno e le ipoteche del credito anteriore possono essere riservati soltanto sui beni del debitore che fa la novazione [1232].

1234. Inefficacia della novazione. – [I] La novazione è senza effetto, se non esisteva l'obbligazione originaria [1418 ss., 1939].

[II] Qualora l'obbligazione originaria derivi da un titolo annullabile [1425 ss., 1448], la novazione è valida se il debitore ha assunto validamente il nuovo debito conoscendo il vizio del titolo originario [1444^{2}].

➔ D. 45.1.91.6.

1235. Novazione soggettiva. – [I] Quando un nuovo **debitore** è sostituito a quello originario che viene liberato, si osservano le norme contenute nel capo VI di questo titolo [*1260*, 1268 ss.].

➔ Gai 3.176.

Sezione II
Della remissione

1236. Dichiarazione di remissione del debito. – [I] La dichiarazione del creditore di rimettere il debito estingue l'obbligazione quando è comunicata al debitore [1334], salvo che questi dichiari in un congruo termine di non volerne profittare [1301, 1333, 1411, 2034, 2113].

➔ D. 46.3.91, Gai 3.169.

1237. Restituzione volontaria del titolo. – [I] La restituzione volontaria del titolo originale del credito, fatta dal creditore al debitore, costituisce prova della liberazione [2726] anche rispetto ai condebitori in solido [1301].

[II] Se il titolo del credito è in forma pubblica [2699], la consegna volontaria della copia spedita in forma esecutiva [2714 // 475 CPC.] fa presumere [2727] la liberazione, salva la prova contraria.

➔ CC. 1865 – art. 1279 // Codex 8.42(43).18, D. 2.14.2.1.

1238. Rinunzia alle garanzie. – [I] La rinunzia alle garanzie dell'obbligazione non fa presumere la remissione del debito.

1239. Fideiussori. – [I] La remissione accordata al debitore principale libera i fideiussori [1936].

[II] La remissione accordata a uno dei fideiussori non libera gli altri che per la parte del fideiussore liberato. Tuttavia se gli altri fideiussori hanno consentito la liberazione, essi rimangono obbligati per l'intero.

➔ **D. 2.14.21.5.**

1240. Rinunzia a una garanzia verso corrispettivo. – [I] Il creditore che ha rinunziato, verso corrispettivo, alla garanzia prestata da un terzo deve imputare al debito principale quanto ha ricevuto, a beneficio del debitore e di coloro che hanno prestato garanzia per l'adempimento dell'obbligazione.

➔ **D. 46.1.15.1.**

Sezione III
Della compensazione

1241. Estinzione per compensazione. – [I] Quando due persone sono obbligate l'una verso l'altra, i due debiti si estinguono per le quantità corrispondenti, secondo le norme degli articoli che seguono (1).

➔ **CC. 1865 – art. 1285 // D. 16.2.1.**

(1) V. art. 56 del r.d. 16/3/1942, n. 267 e d.lg. 8/7/1999, n. 270.

• D.lg. 18/12/1997, n. 472 – Disposizioni generali in materia di sanzioni amministrative per le violazioni di norme tributarie, a norma dell'art. 3, co. 133, l. 23/12/1996, n. 662. Art. 23, Sospensione dei rimborsi e compensazione: 1. Nei casi in cui l'autore della violazione o i soggetti obbligati in solido, vantano un credito nei confronti dell'amministrazione finanziaria, il pagamento può essere sospeso se è stato notificato atto di contestazione o di irrogazione della sanzione, o provvedimento con il quale vengono accertati maggiori tributi, ancorché non definitivi. La sospensione opera nei limiti di tutti gli importi dovuti in base all'atto o alla decisione della commissione tributaria ovvero dalla decisione di altro organo.
2. In presenza di provvedimento definitivo, l'ufficio competente per il rimborso pronuncia la compensazione del debito.
3. I provvedimenti di cui ai co. 1 e 2, che devono essere notificati all'autore della violazione e ai soggetti obbligati in solido, sono impugnabili avanti alla commissione tributaria, che può disporne la sospensione ai sensi dell'art. 47 del d.lg. 31/12/1992, n. 546.
4. Se non sussiste giurisdizione delle commissioni tributarie, è ammessa azione avanti al tribunale, cui è rimesso il potere di sospensione.

1242. Effetti della compensazione. – [I] La compensazione estingue i due debiti dal giorno della loro coesistenza. Il giudice **non può rilevarla d'ufficio** [2938 // 35, 112 CPC.].

[II] La prescrizione [2934 ss.] non impedisce la compensazione, se non era compiuta quando si è verificata la coesistenza dei due debiti.

1243. Compensazione legale e giudiziale. – [I] La compensazione si verifica solo tra due debiti che hanno per oggetto **una somma di danaro o una quantità di cose fungibili** dello stesso genere e che sono ugualmente **liquidi ed esigibili**.

[II] Se il debito opposto in compensazione non è liquido ma è di facile e pronta liquidazione, il giudice può dichiarare la compensazione per la parte del debito che riconosce esistente, e può anche sospendere la condanna [615 CPC.] per il credito liquido fino all'accertamento del credito opposto in compensazione [35 CPC.].

➔ **Gai 4.66.**

1244. Dilazione. – [I] La dilazione concessa gratuitamente dal creditore non è di ostacolo alla compensazione.

1245. Debiti non pagabili nello stesso luogo. – [I] Quando i due debiti non sono pagabili nello stesso luogo, si devono computare le spese del trasporto al luogo del pagamento [1196].

1246. Casi in cui la compensazione non si verifica. – [I] La compensazione si verifica qualunque sia il titolo dell'uno o dell'altro debito, eccettuati i casi:

1) di credito per la restituzione di cose di cui il proprietario sia stato ingiustamente spogliato [1168];

2) di credito per la restituzione di cose depositate [1766 ss.] o date in comodato [1803 ss.];

3) di credito dichiarato impignorabile [1923^1 // 545 CPC.];

4) di rinunzia alla compensazione fatta preventivamente dal debitore;

5) di divieto stabilito dalla legge [447^2, 1272^3, 2271] (1).

(1) V. art. 562 del r.d. 16/3/1942, n. 267.

1247. Compensazione opposta da terzi garanti. – [I] Il fideiussore può opporre in compensazione il debito che il creditore ha verso il debitore principale [1945].

[II] Lo stesso diritto spetta al terzo che ha costituito un'ipoteca [2859, 2870] o un pegno.

1248. Inopponibilità della compensazione. – [I] Il debitore, se ha accettato puramente e semplicemente la cessione che il creditore ha fatta delle sue ragioni a un terzo [1264], non può opporre al cessionario la compensazione che avrebbe potuto opporre al cedente [1272^3, 2805].

[II] La cessione non accettata dal debitore, ma a questo notificata [1264], impedisce la compensazione dei crediti sorti posteriormente alla notificazione.

1249. Compensazione di più debiti. – [I] Quando una persona ha verso un'altra più debiti compensabili [1853], si osservano per la compensazione le disposizioni del secondo comma dell'articolo 1193.

1250. Compensazione rispetto ai terzi. – [I] La compensazione non si verifica in pregiudizio dei terzi che hanno acquistato diritti di usufrutto o di pegno su uno dei crediti [658, 1254].

1251. Garanzie annesse al credito. – [I] Chi ha pagato un debito mentre poteva invocare la compensazione non può più valersi, in pregiudizio dei terzi, dei privilegi e delle garanzie a favore del suo credito, salvo che abbia ignorato l'esistenza di questo per giusti motivi.

1252. Compensazione volontaria. – [I] Per volontà delle parti può aver luogo compensazione anche se non ricorrono le condizioni previste dagli articoli precedenti [1321, 1322, 2034].

[II] Le parti possono anche stabilire preventivamente le condizioni di tale compensazione.

Sezione IV
Della confusione

1253. Effetti della confusione. – [I] Quando le qualità di creditore e di debitore si riuniscono nella stessa persona, l'obbligazione si estingue, e i terzi che hanno prestato garanzia per il debitore sono liberati [2034].

➔ **CC. 1865 – art. 1296 // D. 18.4.2.18, D. 46.3.107.**

1254. Confusione rispetto ai terzi. – [I] La confusione non opera in pregiudizio dei terzi che hanno acquistato diritti di usufrutto o di pegno sul credito [1250].

1255. Riunione delle qualità di fideiussore e di debitore. – [I] Se nella medesima persona si riuniscono le qualità di fideiussore [1936] e di debitore principale, la fideiussione resta in vita, purché il creditore vi abbia interesse [1939].

Sezione V
Dell'impossibilità sopravvenuta per causa non imputabile al debitore

1256. Impossibilità definitiva e impossibilità temporanea. – [I] La obbligazione si estingue quando, per una causa non imputabile al debitore, la prestazione diventa impossibile [673, 1218, 1672, 1463 ss., 2228, 2034].

[II] Se l'impossibilità è solo temporanea, il debitore, finché essa perdura, non è responsabile del ritardo nell'adempimento [1219]. Tuttavia l'obbligazione si estingue se l'impossibilità perdura fino a quando, in relazione al titolo dell'obbligazione [1173] o alla natura dell'oggetto [1174], il debitore non può più essere ritenuto obbligato a eseguire la prestazione ovvero il creditore non ha più interesse a conseguirla [1174].

➔ **D. 46.3.107.**

1257. Smarrimento di cosa determinata. – [I] La prestazione che ha per oggetto una cosa determinata si considera divenuta impossibile anche quando la cosa è smarrita senza che possa esserne provato il perimento.

[II] In caso di successivo ritrovamento della cosa, si applicano le disposizioni del secondo comma dell'articolo precedente.

1258. Impossibilità parziale. – [I] Se la prestazione è divenuta impossibile solo in parte, il debitore si libera dall'obbligazione eseguendo la prestazione per la parte che è rimasta possibile [1181, 1464, 1672].

[II] La stessa disposizione si applica quando, essendo dovuta una cosa determinata, questa ha subito un deterioramento, o quando residua alcunché dal perimento totale della cosa [994^{2}, 996].

1259. Subingresso del creditore nei diritti del debitore. – [I] Se la prestazione che ha per oggetto una cosa determinata è divenuta impossibile, in tutto o in parte, il creditore subentra nei diritti spettanti al debitore in dipendenza del fatto che ha causato l'impossibilità [1203], e può esigere dal debitore la prestazione di quanto questi abbia conseguito a titolo di risarcimento [1780^{2}].

Capo V
Della cessione dei crediti

1260. Cedibilità dei crediti (1). – [I] Il creditore può trasferire a titolo oneroso o gratuito il suo credito [1198, 2059], anche senza il consenso del debitore, purché il credito non abbia carattere strettamente personale [447, *1243*] o il trasferimento non sia vietato dalla legge [323, 378, 1198, 1470, 1471, 1823] (2).

[II] Le parti possono escludere la cedibilità del credito; ma il patto non è opponibile al cessionario, se non si prova che egli lo conosceva al tempo della cessione.

➔ **CC. 1865 – art. 1538 // Gai 2.38-39, Codex 8.41(42).1.**

(1) V. sulla cessione dei crediti verso la pubblica amministrazione, art. 9 della l. 20/3/1865, n. 2248, all. E (Allegato E).

(2) V. sulla cessione degli stipendi, salari e pensioni dei dipendenti dalle Pubbliche Amministrazioni d.P.R. 5/1/1950, n. 180; v. sulla cessione dei crediti di impresa l. 21/2/1991, n. 52; v. sulla cartolarizzazione dei crediti, l. 30/4/1999, n. 130.

(3) V. sulla cessione delle somme dovute dallo Stato artt. 69 e 70 del r.d. 18/11/1923, n. 2440.

1261. Divieti di cessione. – [I] I magistrati dell'ordine giudiziario, i funzionari delle cancellerie e segreterie giudiziarie, gli ufficiali giudiziari, gli avvocati, i procuratori, i patrocinatori e i notai non possono, neppure per interposta persona, rendersi cessionari di diritti sui quali è sorta contestazione davanti l'autorità giudiziaria di cui fanno parte o nella cui giurisdizione esercitano le loro funzioni, sotto pena di nullità e dei danni.

[II] La disposizione del comma precedente non si applica alle cessioni di azioni ereditarie tra coeredi, né a quelle fatte in pagamento di debiti o per difesa di beni posseduti dal cessionario.

1262. Documenti probatori del credito. – [I] Il cedente deve consegnare al cessionario i documenti probatori del credito che sono in suo possesso [1477^{3}].

[II] Se è stata ceduta solo una parte del credito, il cedente è tenuto a dare al cessionario una copia autentica dei documenti.

1263. Accessori del credito. – [I] Per effetto della cessione, il credito è trasferito al cessionario con i privilegi, con le garanzie personali [1936] e reali [2843] e con gli altri accessori (1).

[II] Il cedente non può trasferire al cessionario, senza il consenso del costituente, il possesso della cosa ricevuta in pegno; in caso di dissenso, il cedente rimane custode del pegno [1204^{2}].

[III] Salvo patto contrario, la cessione non comprende i frutti scaduti [821^{3}] (2).

➔ **D. 18.4.6.**

(1) V. art. 25 del r.d. 14/12/1933, n. 1669.

(2) V. art. 58 del d.lg. 1/9/1993, n. 385.

1264. Efficacia della cessione riguardo al debitore ceduto. – [I] La cessione ha **effetto** nei confronti del debitore ceduto **quando questi l'ha accettata o quando gli è stata notificata** [967^{2}, 1248^{2}, 1407^{1}, 1988, 2914$^{n. 2}$].

[II] Tuttavia, anche prima della notificazione, il debitore che paga al cedente non è liberato, **se il cessionario prova che il debitore medesimo era a conoscenza dell'avvenuta cessione** [1189, 2559].

1265. Efficacia della cessione riguardo ai terzi. – [I] Se il medesimo credito ha formato oggetto di più cessioni a persone diverse, prevale la cessione notificata per prima al debitore, o quella che è stata prima accettata dal debitore con atto di data certa [2704], ancorché essa sia di data posteriore [2559^{1}].

[II] La stessa norma si osserva quando il credito ha formato oggetto di costituzione di usufrutto o di pegno [1978, 2914].

1266. Obbligo di garanzia del cedente. – [I] Quando la cessione è a titolo oneroso, il cedente è tenuto a garantire **l'esistenza** del credito al tempo della cessione. La garanzia può essere esclusa per patto, ma il cedente resta sempre obbligato per il fatto proprio [1487^{2}].

[II] Se la cessione è a titolo gratuito, la garanzia è dovuta solo nei casi e nei limiti in cui la legge pone a carico del donante la garanzia per l'evizione [797].

1267. Garanzia della solvenza del debitore. – [I] **Il cedente non risponde della solvenza del debitore** (1), salvo che ne abbia assunto la garanzia [760, 1198, 1829, 1858, 2255]. In questo caso egli risponde nei limiti di quanto ha ricevuto; deve inoltre corrispondere gli interessi, rimborsare le spese della cessione e quelle che il cessionario abbia sopportate per escutere il debitore, e risarcire il danno. **Ogni patto diretto ad aggravare la responsabilità del cedente è senza effetto** [1410, 1419] (2).

[II] Quando il cedente ha garantito la solvenza del debitore, la garanzia cessa, **se la mancata realizzazione del credito per insolvenza del debitore è dipesa da negligenza del cessionario nell'iniziare o nel proseguire le istanze contro il debitore stesso** [1198, 1957].

(1) V. sulla disciplina della cessione dei crediti di impresa, art. 4 della l. 21/2/1991, n. 52, cit.

(2) V. art. 191 del r.d. 14/12/1933, n. 1669; art. 211 del r.d. 21/12/1933, n. 1736.

Capo VI
Della delegazione, dell'espromissione e dell'accollo

1268. Delegazione cumulativa. – [I] Se il debitore assegna al creditore un nuovo debitore, il quale si obbliga verso il creditore, il debitore originario **non è liberato dalla sua obbligazione**, salvo che il creditore dichiari **espressamente** [1937] di liberarlo [*1230^{2}*, 1274].

[II] Tuttavia il creditore che ha accettato l'obbligazione del terzo **non può rivolgersi al delegante, se prima non ha richiesto al delegato l'adempimento** [1530, 1408^{2}, 2356^{2}].

➔ **CC. 1865 – art. 1271 // D. 17.1.26.2, D. 46.2.11 pr.**

1269. Delegazione di pagamento. – [I] Se il debitore per eseguire il pagamento ha delegato un terzo, questi può obbligarsi verso il creditore, salvo che il debitore l'abbia vietato.

[II] Il terzo delegato per eseguire il pagamento non è tenuto ad accettare l'incarico, ancorché sia debitore del delegante [1188^{1}]. Sono salvi gli usi diversi.

➔ **D. 46.2.11 pr., Codex 8.41(42).7.**

1270. Estinzione della delegazione. – [I] Il delegante può revocare la delegazione, fino a quando il delegato non abbia assunto l'obbligazione in confronto del delegatario o non abbia eseguito il pagamento a favore di questo [1723].

[II] Il delegato può assumere l'obbligazione o eseguire il pagamento a favore del delegatario anche dopo la morte o la sopravvenuta incapacità del delegante [1330].

➔ **D. 46.3.18.**

1271. Eccezioni opponibili dal delegato. – [I] Il delegato può opporre al delegatario le eccezioni relative ai suoi rapporti con questo.

[II] Se le parti non hanno diversamente pattuito, **il delegato non può opporre al delegatario**, benché questi ne fosse stato a conoscenza, **le eccezioni che avrebbe potuto opporre al delegante**, salvo che sia nullo il rapporto tra delegante e delegatario [1409].

[III] Il delegato non può neppure opporre le eccezioni relative al rapporto tra il delegante e il delegatario, se ad esso le parti non hanno fatto espresso riferimento.

1272. Espromissione. – [I] Il terzo che, senza delegazione del debitore [1180, 1268^{1}], ne assume verso il creditore il debito, è obbligato in solido [1292 ss.] col debitore originario [1268^{2}], se il creditore non dichiara espressamente di liberare quest'ultimo.

[II] Se non si è convenuto diversamente, **il terzo non può opporre al creditore le eccezioni relative ai suoi rapporti col debitore originario** [1413].

[III] **Può opporgli invece le eccezioni che al creditore avrebbe potuto opporre il debitore originario**, se non sono personali a quest'ultimo e non derivano da fatti successivi all'espromissione. Non può opporgli la compensazione [1241] che avrebbe potuto opporre il debitore originario, quantunque si sia verificata prima dell'espromissione [1248^{1}, 1271 co. 3].

1273. Accollo (1). – [I] Se il debitore e un terzo convengono che questi assuma il debito dell'altro, il creditore **può aderire alla convenzione, rendendo irrevocabile la stipulazione a suo favore** [1411].

[II] L'adesione del creditore importa liberazione del debitore originario **solo se ciò costituisce condizione espressa della stipulazione o se il creditore dichiara espressamente di liberarlo** [1230, 1274^{3}, 1719, 2031, 2112^{2}, 2560^{2}].

[III] **Se non vi è liberazione del debitore, questi rimane obbligato in solido col terzo** [1292].

[IV] In ogni caso il terzo è obbligato verso il creditore che ha aderito alla stipulazione nei limiti in cui ha assunto il debito, e può opporre al creditore le eccezioni fondate sul contratto in base al quale l'assunzione è avvenuta [1413].

(1) Cfr. art. 47, co. 5, d.lg. 16/11/2015, n. 180 (attuazione direttiva 2014/59/CE c.d. Bail-in) per una deroga.

1274. Insolvenza del nuovo debitore. – [I] Il creditore che, in seguito a delegazione, ha liberato il debitore originario, non ha azione contro di lui se il delegato diviene insolvente, salvo che ne abbia fatto espressa riserva.

[II] Tuttavia, se il delegato era insolvente al tempo in cui assunse il debito in confronto del creditore, il debitore originario non è liberato (1272).

[III] Le medesime disposizioni si osservano quando il creditore ha aderito all'accollo stipulato a suo favore e la liberazione del debitore originario era condizione espressa della stipulazione.

1275. Estinzione delle garanzie. – [I] In tutti i casi nei quali il creditore libera il debitore originario, si estinguono le garanzie annesse al credito, se colui che le ha prestate non consente espressamente a mantenerle [1232, 2878].

➔ **D. 21.2.68.1.**

1276. Invalidità della nuova obbligazione. – [I] Se l'obbligazione assunta dal nuovo debitore verso il creditore è dichiarata **nulla** [1418] o **annullata** [1425], e il creditore aveva liberato il debitore originario, **l'obbligazione di questo rivive**, ma il creditore non può valersi delle garanzie prestate da terzi [1197, 2881].

Capo VII
Di alcune specie di obbligazioni

Sezione I
Delle obbligazioni pecuniarie

1277. Debito di somma di danaro. – [I] I debiti pecuniari si estinguono con moneta avente corso legale nello Stato al tempo del pagamento e per il suo valore nominale [429^{3}, 14 CPC.] (1).

[II] Se la somma dovuta era determinata in una moneta che non ha più corso legale al tempo del pagamento, questo deve farsi in moneta legale ragguagliata per valore alla prima.

➔ **D. 13.7.24.1, D. 46.3.102 pr.**

(1) V. sui limiti ai pagamenti per contanti, art. 1 del d.l. 3/5/1991, n. 143, conv. con modificazioni nella l. 5/7/1991, n. 197; v. d.lg. 21/11/2007, n. 231, emanato in attuazione della direttiva 2005/60/CE concernente la prevenzione dell'utilizzo del sistema finanziario a scopo di riciclaggio dei proventi di attività criminose e di finanziamento del terrorismo nonché della direttiva 2006/70/CE che ne reca misure di esecuzione; v. d.l. 31/5/2010, n. 78, conv. con modificazioni nella l. 30/7/2010, n. 122, contenente disposizioni di adeguamento alle norme comunitarie delle limitazioni all'uso del contante e dei titoli al portatore; v. d.l. 6/12/2011, n. 201, conv. in l. 22/12/2011, n. 214, contenente previsioni sui limiti all'utilizzo del contante e per la tracciabilità dei pagamenti.

➔ CComm. 1882 – art. 39.

1278. Debito di somma di monete non aventi corso legale. – [I] Se la somma dovuta è determinata in una moneta non avente corso legale nello Stato, il debitore ha facoltà di pagare in moneta legale, al corso del cambio nel giorno della scadenza e nel luogo stabilito per il pagamento [1182].

1279. Clausola di pagamento effettivo in monete non aventi corso legale. – [I] La disposizione dell'articolo precedente non si applica, se la moneta non avente corso legale nello Stato è indicata con la clausola «effettivo» o altra equivalente, salvo che alla scadenza dell'obbligazione non sia possibile procurarsi tale moneta (1).

(1) V. art. 47 del r.d. 14/12/1933, n. 1669; art. 39 del r.d. 21/12/1933, n. 1736.

1280. Debito di specie monetaria avente valore intrinseco. – [I] Il pagamento deve farsi con una specie di moneta avente valore intrinseco, se così è stabilito dal titolo costitutivo del debito, sempreché la moneta avesse corso legale al tempo in cui l'obbligazione fu assunta.

[II] Se però la moneta non è reperibile, o non ha più corso, o ne è alterato il valore intrinseco, il pagamento si effettua con moneta corrente che rappresenti il valore intrinseco che la specie monetaria dovuta aveva al tempo in cui l'obbligazione fu assunta.

1281. Leggi speciali. – [I] Le norme che precedono si osservano in quanto non siano in contrasto con i principi derivanti da leggi speciali.

[II] Sono salve le disposizioni particolari concernenti i pagamenti da farsi fuori del territorio dello Stato.

1282. Interessi nelle obbligazioni pecuniarie. – [I] I crediti liquidi ed esigibili di somme di danaro producono **interessi di pieno diritto** [1499, 1714], salvo che la legge [506, 1207, 1815, 2033, 2036, 2151, 2154] o il titolo stabiliscano diversamente [506[3], 2033[1] // 161 trans.].

[II] Salvo patto contrario, i crediti per fitti [1639] e pigioni [1587[n. 2]] non producono interessi se non dalla costituzione in mora [1219].

[III] Se il credito ha per oggetto rimborso di spese fatte per cose da restituire, non decorrono interessi per il periodo di tempo in cui chi ha fatto le spese abbia goduto della cosa senza corrispettivo e senza essere tenuto a render conto del godimento.

➔ CComm. 1882 – art. 41.

1283. Anatocismo. – [I] In mancanza di **usi contrari** [1823, 1852], gli interessi scaduti possono produrre interessi solo dal giorno della **domanda giudiziale** o per effetto di convenzione posteriore alla loro scadenza, e sempre che si tratti di interessi dovuti almeno per sei mesi [162 trans.// 8 preleggi] (1).

➔ CC. 1865 – art. 1232.

(1) V., sull'anatocismo nei rapporti bancari, art. 120 del d.lg. 1/9/1993, n. 385, come modificato da ultimo con l. 27/12/2013, n. 147, pubblicata in G.U. in data 27/12/2013.

• D.m. 7/12/2016 (G.U. 14/12/2016, n. 291), tasso allo 0,1% (decorrenza 1.1.2017).

• Cfr. delibera CICR 3/8/2016, n. 343, art. 3 (Regime degli interessi) «nelle operazioni indicate dall'art. 2, co. 1, ivi compresi i finanziamenti a valere su carte di credito, gli interessi debitori maturati non possono produrre interessi, sakvo quelli di mora. 2. Agli interessi moratori si applicano le disposizioni del codice civile. 3. Nei rapporti di conto corrente o di conto di pagamento è assicurata la stessa periodicità, comunque non inferiore a un anno, nel conteggio degli interessi creditori e debitori. Gli interessi sono conteggiati il 31 dicembre di ciascun anno e, comunque, il conteggio è effettuato il 31 dicembre»; art. 4 «(interessi maturati in relazione alle aperture di credito regolate in conto corrente e conto di pagamento e agli sconfinamenti) 1. Il presente articolo si applica: a) alle aperture di credito regolate in conto corrente di cui all'art. 2, comma 1, lettera a), del decreto del Ministero dell'economia e delle finanze 30 giugno 2012, n. 644 (...), e a quelle regolate in conto di pagamento anche quando la disponibilità sul conto, nella forma di cui all'art. 1842 del c.c., sia generata da operazioni di anticipo su crediti e documenti; b) agli sconfinamneti di cui all'art. 2, comma 1, lett. b), c), e d), del medesimo decreto del M.e.f. 30 giugno 2012, n. 644, quali definiti dall'art. 1, comma 1, lett. d) del decreto anzidetto. 2. Ai contratti di apertura di credito che vengono stipultai e si esauriscono nel corso di uno stess anno solare si applica il solo comma 7. 3. Gli interessi debitori maturatu sono contabilizzati separatamente rispetto alla sorte capitale. Il saldo periodico della sorte capitale produce interessi nel rispetto di quanto stabilito dal presente articolo. 4. Gli interessi debitori divengono esigibili il 1° marzo dell'anno successivo a quello in cui sono maturati. Al cliente deve comunque essere assicurato un periodo di trenta giorni dal ricevimento delle comunicazioni previste ai sensi dell'art. 119 o 129-quater, comma 1, lettera b), del TUB prima che gli interessi maturati divengano esigibili. Il contratto può prevedere termini diversi, se a favore del cliente. 5. Ai sensi dell'art. 120, comma 2, lettera b), del TUB, il cliente può autorizzare, anche preventivamente, l'addebito degli interessi sul conto al momento in cui questi divengono esigibili; in questo caso la somma addebitata è considerata sorte capitale: l'autorizzazione è revocabile in ogni momento, purché prima che l'addebito abbia avuto luogo. 6. Il contratto può stabilire che, al momento in cui gli interessi sono esigibili, i fondi accreditati sul conto dell'intermediario e destinati ad affluire sul conto del cliente sul quale è regolato il finanziamento siano impiegati per estinguere il debito da interessi. 7. Fermo restando quanto disposto dall'art. 2, comma 3, in caso di chiusura definitiva del rapporto, gli interessi sono immediatamente esigibili. Il saldo relativo alla sorte capitale può produrre inteerssi, secondo quanto previsto dal contratto; quanto dovuto a titolo di interessi non produce ulteriori inteerssi»; art 117 TUB; art. 127, co. 1, TUB.

1284. Saggio degli interessi (1). – [I] Il saggio degli interessi legali è determinato in misura pari allo 0,5 per cento (2) in ragione d'anno. Il Ministro del tesoro, con proprio decreto pubblicato nella Gazzetta Ufficiale della Repubblica italiana non oltre il 15 dicembre dell'anno precedente a quello cui il saggio si riferisce, può modificarne annualmente la misura, sulla base del rendimento medio annuo lordo dei titoli di Stato di durata non superiore a dodici mesi e tenuto conto del tasso di inflazione registrato nell'anno. Qualora entro il 15 dicembre non sia fissata una nuova misura del saggio, questo rimane invariato per l'anno successivo [161[2] trans.] (3).

[II] Allo stesso saggio si computano gli interessi convenzionali, se le parti non ne hanno determinato la misura.

[III] Gli interessi superiori alla misura legale devono essere determinati per iscritto; altrimenti sono dovuti nella misura legale [1815[2], 2855] (4).

[IV] Se le parti non ne hanno determinato la misura, dal momento in cui è proposta domanda giudiziale il saggio degli interessi legali è pari a quello previsto dalla legislazione speciale relativa ai ritardi di pagamento nelle transazioni commerciali (5).

[V] La disposizione del quarto comma si applica anche all'atto con cui si promuove il procedimento arbitrale (6).

➔ CC. 1865 – art. 1831.

(1) Articolo così sostituito dall'art. 1 della l. 26/11/1990, n. 353.

(2) Con d.m. 11/12/2014 (G.U. 15/12/2014, n. 290) la misura del saggio degli interessi legali è fissata allo 0,5 per cento in ragione d'anno, con decorrenza dal 1/1/2015.

(3) Comma così sostituito dall'art. 2, co. 185 , l. 23/12/1996, n. 662. Il testo precedente recitava: «Il saggio degli interessi legali è del dieci per cento in ragione di anno».

(4) V. art. 5, co 2, r.d. 14/12/1933, n. 1669; art. 7 del r.d. 21/12/1933, n. 1736; art. 117, co. 4 e 7, d.lg. 1/9/1993, n. 385, in materia di contratti bancari; l. 7/3/1996, n. 108 in materia di usura.

(5) Comma aggiunto dall'art. 17 del d.l. 12/9/2014, n. 132, e modificato, in sede di conversione, dalla l. 10/11/2014, n. 162. Le disposizioni producono effetti rispetto ai procedimenti iniziati a decorrere dal trentesimo giorno successivo all'entrata in vigore della legge di conversione; v. d.lg. 9/10/2002, n. 231, di attuazione della direttiva 2000/35/CE relativa alla lotta contro i ritardi di pagamento nelle transazioni commerciali.

(6) Comma aggiunto dall'art. 17 del d.l. 12/9/2014, n. 132, conv., con modif., in l. 10/11/2014, n. 162. Le disposizioni producono effetti rispetto ai procedimenti iniziati a decorrere dal trentesimo giorno successivo all'entrata in vigore della legge di conversione.

Sezione II
Delle obbligazioni alternative

1285. Obbligazione alternativa. – [I] Il debitore di un'obbligazione alternativa si libera eseguendo una delle due prestazioni dedotte in obbligazione, ma non può costringere il creditore a ricevere parte dell'una e parte dell'altra [443, 651, 665, 1181].

➔ CC. 1865 – art. 1171, 1183 // D. 31.15.

1286. Facoltà di scelta. – [I] La scelta spetta al debitore [1184], se non è stata attribuita al creditore o ad un terzo [665].

[II] La scelta diviene irrevocabile con l'esecuzione di una delle due prestazioni, ovvero con la dichiarazione di scelta, comunicata all'altra parte, o ad entrambe se la scelta è fatta da un terzo [666].

[III] Se la scelta deve essere fatta da più persone, il giudice può fissare loro un termine. Se la scelta non è fatta nel termine stabilito, essa è fatta dal giudice [1349 // 81 att. // 749 CPC.].

➔ D. 45.1.112 pr.

1287. Decadenza dalla facoltà di scelta. – [I] Quando il debitore, condannato alternativamente a due prestazioni, non ne esegue alcuna nel termine assegnatogli dal giudice, la scelta spetta al creditore.

[II] Se la facoltà di scelta spetta al creditore e questi non l'esercita nel termine stabilito o in quello fissatogli dal debitore, la scelta passa a quest'ultimo.

[III] Se la scelta è rimessa a un terzo e questi non la fa nel termine assegnatogli, essa è fatta dal giudice [631^3, 664^3, 134^9 // 81 att.].

1288. Impossibilità di una delle prestazioni. – [I] L'obbligazione alternativa si considera semplice, se una delle due prestazioni non poteva formare oggetto di obbligazione [1346 ss.] o se è divenuta impossibile per causa non imputabile ad alcuna delle parti [1256 ss.].

➔ D. 13.4.2.3, D. 46.3.72.4.

1289. Impossibilità colposa di una delle prestazioni. – [I] Quando la scelta spetta al debitore, l'obbligazione alternativa diviene semplice, se una delle due prestazioni diventa impossibile anche per causa a lui imputabile. Se una delle due prestazioni diviene impossibile per colpa del creditore, il debitore è liberato dall'obbligazione, qualora non preferisca eseguire l'altra prestazione e chiedere il risarcimento dei danni.

[II] Quando la scelta spetta al creditore, il debitore è liberato dall'obbligazione, se una delle due prestazioni diviene impossibile per colpa del creditore, salvo che questi preferisca esigere l'altra prestazione e risarcire il danno. Se dell'impossibilità deve rispondere il debitore, il creditore può scegliere l'altra prestazione o esigere il risarcimento del danno.

1290. Impossibilità sopravvenuta di entrambe le prestazioni. – [I] Qualora entrambe le prestazioni siano divenute impossibili e il debitore debba rispondere riguardo a una di esse, egli deve pagare l'equivalente di quella che è divenuta impossibile per l'ultima, se la scelta spettava a lui. Se la scelta spettava al creditore, questi può domandare l'equivalente dell'una o dell'altra.

1291. Obbligazione con alternativa multipla. – [I] Le regole stabilite in questa sezione si osservano anche quando le prestazioni dedotte in obbligazione sono più di due.

Sezione III
Delle obbligazioni in solido

1292. Nozione della solidarietà. – [I] L'obbligazione è in solido quando più debitori **sono obbligati tutti per la medesima prestazione** [1944, 2267, 2291, 2312], in modo che **ciascuno può essere costretto all'adempimento per la totalità e l'adempimento da parte di uno libera gli altri**; oppure quando tra più creditori ciascuno ha diritto di chiedere l'adempimento dell'intera obbligazione e l'adempimento conseguito da uno di essi libera il debitore verso tutti i creditori [1268^2, 1296, 1944^2, 2268, 2304, 2313, 2461].

➔ Inst. 3.16 pr., D. 45.2.3.1.

1293. Modalità varie dei singoli rapporti. – [I] La solidarietà non è esclusa dal fatto che i singoli debitori siano tenuti ciascuno con modalità diverse [1268^2, 1944^2, 1408^2, 2268], o il debitore comune sia tenuto con modalità diverse di fronte ai singoli creditori.

➔ Inst. 3.16.2, D. 45.2.2.

1294. Solidarietà tra condebitori. – [I] **I condebitori sono tenuti in solido** [1854, 2055 // 97, 814 CPC.], **se dalla legge o dal titolo non risulta diversamente** [190, 441, 443^3, 754, 961^2, 1682, 1948, 2670^2].

➔ CC. 1865 – art. 1188; CComm. 1882 – art. 40.

1295. Divisibilità tra gli eredi. – [I] Salvo patto contrario, **l'obbligazione si divide tra gli eredi di uno dei condebitori o di uno dei creditori in solido, in proporzione delle rispettive quote** [752, 754^1 // 63 att.].

1296. Scelta del creditore per il pagamento. – [I] Il debitore ha la scelta di pagare all'uno o all'altro dei creditori in solido, quando non è stato prevenuto da uno di essi con domanda giudiziale.

➔ D. 45.2.16.

1297. Eccezioni personali. – [I] Uno dei debitori in solido non può opporre al creditore le eccezioni personali agli altri debitori [1945].

[II] A uno dei creditori in solido il debitore non può opporre le eccezioni personali agli altri creditori.

➔ D. 45.2.19.

1298. Rapporti interni tra debitori o creditori solidali. – [I] Nei **rapporti interni** l'obbligazione in solido **si divide** tra i diversi debitori o tra i diversi creditori, salvo che sia stata contratta nell'interesse esclusivo di alcuno di essi.

[II] Le parti di ciascuno **si presumono uguali**, se non risulta diversamente [2263].

1299. Regresso tra condebitori. – [I] Il debitore in solido che ha pagato l'intero debito (1) **può ripetere** dai condebitori soltanto la parte di ciascuno di essi.

[II] Se uno di questi è insolvente, la perdita si ripartisce per contributo tra gli altri condebitori, compreso quello che ha fatto il pagamento [754, 755].

[III] La stessa norma si applica qualora sia insolvente il condebitore nel cui esclusivo interesse l'obbligazione era stata assunta [1203 n. 3, 1952].

(1) V. art. 61, 62 del r.d. 16/3/1942, n. 267 (Legge Fallimentare).

1300. Novazione. – [I] La novazione [1230] tra il creditore e uno dei debitori in solido libera gli altri debitori. Qualora però si sia voluto limitare la novazione a uno solo dei debitori, gli altri non sono liberati che per la parte di quest'ultimo.

[II] Se convenuta tra uno dei creditori in solido e il debitore, la novazione ha effetto verso gli altri creditori solo per la parte del primo [1268 ss.].

1301. Remissione. – [I] La remissione [1236 ss.] a favore di uno dei debitori in solido libera anche gli altri debitori, salvo che il creditore abbia riservato il suo diritto verso gli altri, nel qual caso il creditore non può esigere il credito da questi, se non detratta la parte del debitore a favore del quale ha consentito la remissione.

[II] Se la remissione è fatta da uno dei creditori in solido, essa libera il debitore verso gli altri creditori solo per la parte spettante al primo.

➔ D. 46.4.16 pr.

1302. Compensazione. – [I] Ciascuno dei debitori in solido può opporre in compensazione [1241 ss.] il credito di un condebitore solo fino alla concorrenza della parte di quest'ultimo.

[II] A uno dei creditori in solido il debitore può opporre in compensazione ciò che gli è dovuto da un altro dei creditori, ma solo per la parte di questo.

➔ D. 45.2.10.

1303. Confusione. – [I] Se nella medesima persona si riuniscono le qualità di creditore e di debitore in solido, l'obbligazione degli altri debitori si estingue per la parte di quel condebitore [1253].

[II] Se nella medesima persona si riuniscono le qualità di debitore e di creditore in solido, l'obbligazione si estingue per la parte di questo [1253].

➔ D. 46.1.71 pr.

1304. Transazione. – [I] La transazione [1965 ss.] fatta dal creditore con uno dei debitori in solido non produce effetto nei confronti degli altri, se questi non dichiarano di volerne profittare.

[II] Parimenti, se è intervenuta tra uno dei creditori in solido e il debitore, la transazione non ha effetto nei confronti degli altri creditori, se questi non dichiarano di volerne profittare.

1305. Giuramento. – [I] Il giuramento [2736 ss.] sul debito e non sul vincolo solidale, deferito da uno dei debitori in solido al creditore o da uno dei creditori in solido al debitore, ovvero dal creditore a uno dei debitori in solido o dal debitore a uno dei creditori in solido, produce gli effetti seguenti:

il giuramento ricusato dal creditore o dal debitore, ovvero prestato dal condebitore o dal concreditore in solido, giova agli altri condebitori o concreditori;

il giuramento prestato dal creditore o dal debitore, ovvero ricusato dal condebitore o dal concreditore in solido, nuoce solo a chi lo ha deferito o a colui al quale è stato deferito [102 CPC.].

1306. Sentenza. – [I] La sentenza pronunziata tra il creditore e uno dei debitori in solido, o tra il debitore e uno dei creditori in solido [103, 332 CPC.], non ha effetto contro gli altri debitori o contro gli altri creditori [2909].

[II] Gli altri debitori possono opporla al creditore, salvo che sia fondata sopra ragioni personali al condebitore; gli altri creditori possono farla valere contro il debitore, salve le eccezioni personali che questi può opporre a ciascuno di essi.

1307. Inadempimento. – [I] Se l'adempimento dell'obbligazione è divenuto impossibile per causa imputabile a uno o più condebitori [1218], gli altri condebitori non sono liberati dall'obbligo solidale di corrispondere il valore della prestazione dovuta. Il creditore può chiedere il risarcimento del danno ulteriore al condebitore o a ciascuno dei condebitori inadempienti.

1308. Costituzione in mora. – [I] La costituzione in mora [1219] di uno dei debitori in solido non ha effetto riguardo agli altri, salvo il disposto dell'articolo 1310.

[II] La costituzione in mora del debitore da parte di uno dei creditori in solido giova agli altri.

1309. Riconoscimento del debito. – [I] Il riconoscimento del debito [1988] fatto da uno dei debitori in solido non ha effetto riguardo agli altri; se è fatto dal debitore nei confronti di uno dei creditori in solido, giova agli altri.

1310. Prescrizione. – [I] Gli atti con i quali il creditore interrompe la prescrizione contro uno dei debitori in solido, oppure **uno dei creditori in solido interrompe la prescrizione** [2943 ss.] contro il comune debitore, **hanno effetto riguardo agli altri debitori** o agli altri creditori [1308].

[II] La sospensione della prescrizione [2941 ss.] nei rapporti di uno dei debitori o di uno dei creditori in solido non ha effetto riguardo agli altri. Tuttavia il debitore che sia stato costretto a pagare ha regresso contro i condebitori liberati in conseguenza della prescrizione.

[III] La rinunzia alla prescrizione [2937] fatta da uno dei debitori in solido non ha effetto riguardo agli altri; fatta in confronto di uno dei creditori in solido, giova agli altri. Il condebitore che ha rinunziato alla prescrizione non ha regresso verso gli altri debitori liberati in conseguenza della prescrizione medesima.

1311. Rinunzia alla solidarietà. – [I] Il creditore che rinunzia alla solidarietà a favore di uno dei debitori conserva l'azione in solido contro gli altri [1313].

[II] Rinunzia alla solidarietà:

1) il creditore che rilascia a uno dei debitori quietanza per la parte di lui senza alcuna riserva;

2) il creditore che ha agito giudizialmente contro uno dei debitori per la parte di lui, se questi ha aderito alla domanda, o se è stata pronunciata una sentenza di condanna.

1312. Pagamento separato dei frutti o degli interessi. – [I] Il creditore che riceve, separatamente e senza riserva, la parte dei frutti o degli interessi che è a carico di uno dei debitori perde contro di lui l'azione in solido per i frutti o per gli interessi scaduti, ma la conserva per quelli futuri.

1313. Insolvenza di un condebitore in caso di rinunzia alla solidarietà. – [I] Nel caso di rinunzia del creditore alla solidarietà verso alcuno dei debitori, se uno degli altri è insolvente, la sua parte di debito è ripartita per contributo tra tutti i condebitori, compreso quello che era stato liberato dalla solidarietà [1311].

Sezione IV
Delle obbligazioni divisibili e indivisibili

1314. Obbligazioni divisibili. – [I] Se più sono i debitori o i creditori di una prestazione divisibile e l'obbligazione **non è solidale** [754, 1292], ciascuno dei creditori non può domandare il soddisfacimento del credito che per la sua parte, e **ciascuno dei debitori non è tenuto a pagare il debito che per la sua parte** [63 att. CC. // 11 CPC.].

1315. Limiti alla divisibilità tra gli eredi del debitore. – [I] Il beneficio della divisione non può essere opposto da quello tra gli eredi del debitore, che è stato incaricato di eseguire la prestazione o che è in possesso della cosa dovuta, se questa è certa e determinata.

1316. Obbligazioni indivisibili. – [I] L'obbligazione è indivisibile quando la prestazione ha per oggetto una cosa o un fatto che non è suscettibile di divisione per sua natura o per il modo in cui è stato considerato dalle parti contraenti [CP.].

1317. Disciplina delle obbligazioni indivisibili. – [I] Le obbligazioni indivisibili sono regolate dalle norme relative alle obbligazioni solidali [1292 ss.], in quanto applicabili, salvo quanto è disposto dagli articoli seguenti.

1318. Indivisibilità nei confronti degli eredi. – [I] L'indivisibilità opera anche nei confronti degli eredi del debitore o di quelli del creditore [1295].

1319. Diritto di esigere l'intero. – [I] Ciascuno dei creditori può esigere l'esecuzione della intera prestazione indivisibile [1772[2]]. Tuttavia l'erede del creditore, che agisce per il soddisfacimento dell'intero credito, deve dare cauzione a garanzia dei coeredi [1179].

1320. Estinzione parziale. – [I] Se uno dei creditori ha fatto remissione del debito [1236 ss.] o ha consentito a ricevere un'altra prestazione in luogo di quella dovuta [1197], il debitore non è liberato verso gli altri creditori. Questi tuttavia non possono domandare la prestazione indivisibile se non addebitandosi ovvero rimborsando il valore della parte di colui che ha fatto la remissione o che ha ricevuto la prestazione diversa.

[II] La medesima disposizione si applica in caso di transazione [1304], novazione [1300], compensazione [1302] e confusione [1303].

TITOLO II
DEI CONTRATTI IN GENERALE

Capo I
Disposizioni preliminari

1321. Nozione. – Il contratto è l'accordo di due o più parti per costituire, regolare o estinguere tra loro un rapporto giuridico patrimoniale [82, 144, 162, 163, 316, 648, 1256, 1384, 1411, 1457, 1464 // *414, 949 CNav.*].

➔ **Gai 3.137, D. 2.14.1.1-3.**

1322. Autonomia contrattuale. – [I] Le parti possono liberamente determinare il contenuto del contratto nei limiti imposti dalla legge [1339, 1679[1], 2597, 732].

[II] Le parti possono anche concludere contratti che non appartengano ai tipi aventi una disciplina particolare, purché siano diretti a realizzare interessi meritevoli di tutela secondo l'ordinamento giuridico [1325[1, n. 2]] (1).

➔ **D. 2.14.7.1-2.**

(1) Art. 1, co. 1 bis, l. n. 241/1990.

1323. Norme regolatrici dei contratti. – Tutti i contratti ancorché non appartengano ai tipi che hanno una disciplina particolare, sono sottoposti alle norme generali contenute in questo titolo.

1324. Norme applicabili agli atti unilaterali. – Salvo diverse disposizioni di legge [1987], le norme che regolano i contratti si osservano, in quanto compatibili, per gli atti unilaterali tra vivi aventi contenuto patrimoniale [428[1], 526, 1174, 1334, 1362, 1414[3], 1987, 2377, 2379].

Capo II
Dei requisiti del contratto

1325. Indicazione dei requisiti. – I requisiti del contratto [1418] sono:

1) l'accordo delle parti [1321, 1326 ss.];

2) la causa [1321, 1322, 1333, 1344, *1345*, 1411, 1418[2], 1895];

3) l'oggetto [1346 ss.];

4) la forma, quando risulta che è prescritta dalla legge sotto pena di nullità [1350, 1351, 1352, 1392, 2328, 2463].

Sezione I
Dell'accordo delle parti

1326. Conclusione del contratto. – [I] Il contratto è concluso nel momento in cui chi ha fatto la proposta ha conoscenza dell'accettazione dell'altra parte [1328, 1330, 1333, 1335, 1411].

[II] L'accettazione deve giungere al proponente nel termine da lui stabilito o in quello ordinariamente necessario secondo la natura dell'affare o secondo gli usi [1328[2]].

[III] Il proponente può ritenere efficace l'accettazione tardiva, purché ne dia immediatamente avviso all'altra parte [1175].

[IV] Qualora il proponente richieda per l'accettazione una forma determinata, l'accettazione non ha effetto se è data in forma diversa [1352].

[V] Un'accettazione non conforme alla proposta equivale a nuova proposta.

➔ **D. 45.1.137 pr.**

1327. Esecuzione prima della risposta dell'accettante. – [I] Qualora, su richiesta del proponente o per la natura dell'affare o secondo gli usi, la prestazione debba eseguirsi senza una preventiva risposta, il contratto è concluso nel tempo e nel luogo in cui ha avuto inizio l'esecuzione [art. 2, l. 18/6/1998, n. 192].

[II] L'accettante deve dare prontamente avviso all'altra parte della iniziata esecuzione e, in mancanza, è tenuto al risarcimento del danno.

1328. Revoca della proposta e dell'accettazione. – [I] La proposta può essere revocata finché il contratto non sia concluso [782^{3}, 1329, 1334, 1336^{2}, 1887, 1990]. Tuttavia, se l'accettante ne ha intrapreso in **buona fede [1175]** l'esecuzione prima di avere notizia della revoca, il proponente è tenuto a indennizzarlo [843, 924, 925, 1038, 1053, 2045, 2047^{2}] delle spese e delle perdite subìte per l'iniziata esecuzione del contratto [*1337*].

[II] L'accettazione può essere revocata, purché la revoca giunga a conoscenza del proponente prima dell'accettazione [1326, 1329, 1335, 1336].

1329. Proposta irrevocabile. – [I] Se il proponente si è obbligato a mantenere ferma la proposta per un certo tempo, la revoca è senza effetto [782^{4}, 1183, 1324,1326^{2}, *1331*, 1333, 1334, *1351*, 1406, 1425^{2}, 1887, *1987*, 2643].

[II] Nell'ipotesi prevista dal comma precedente, la morte o la sopravvenuta incapacità del proponente non toglie efficacia alla proposta, salvo che la natura dell'affare o altre circostanze escludano tale efficacia [1330].

1330. Morte o incapacità dell'imprenditore. – La proposta o l'accettazione, quando è fatta dall'imprenditore nell'esercizio della sua impresa, non perde efficacia se l'imprenditore muore o diviene incapace [428] prima della conclusione del contratto, salvo che si tratti di piccoli imprenditori o che diversamente risulti dalla natura dell'affare o da altre circostanze.

1331. Opzione. – [I] Quando le parti convengono che una di esse rimanga vincolata alla propria dichiarazione e l'altra abbia facoltà di accettarla o meno, la dichiarazione della prima si considera quale proposta irrevocabile per gli effetti previsti dall'articolo 1329 [1321, *1329*, *1351*, 1406, 2441, 2932].

[II] Se per l'accettazione non è stato fissato un termine, questo può essere stabilito dal giudice [1183].

1332. Adesione di altre parti al contratto. – Se ad un contratto possono aderire altre parti e non sono determinate le modalità dell'adesione, questa deve essere diretta all'organo che sia stato costituito per l'attuazione del contratto o, in mancanza di esso a tutti i contraenti originari.

1333. Contratto con obbligazioni del solo proponente. – [I] La proposta diretta a concludere un contratto da cui derivino obbligazioni solo per il proponente [785,1070, 1272, 1236, 1268, 1272, 1273, 1322, 1329, $1425^{n.\ 2}$, 1958, *1987*, *2821*] è irrevocabile appena giunge a conoscenza della parte alla quale è destinata [1305].

[II] Il destinatario può rifiutare [*1411*] la proposta nel termine richiesto dalla natura dell'affare o dagli usi. In mancanza di tale rifiuto il contratto è concluso [1236, 1399, 1468].

1334. Efficacia degli atti unilaterali. – Gli atti unilaterali [1324, 1328^{1}, 1328^{2}, *1333*, 1414^{3}] producono effetto dal momento in cui pervengono a conoscenza della persona alla quale sono destinati.

1335. Presunzione di conoscenza. – La proposta, l'accettazione [1326], la loro revoca [1328] e ogni altra dichiarazione diretta a una determinata persona si reputano conosciute nel momento in cui giungono all'indirizzo del destinatario [1333, 1334], se questi non prova di essere stato, senza sua colpa, nell'impossibilità di averne notizia.

1336. Offerta al pubblico. – [I] L'offerta al pubblico, quando contiene gli estremi essenziali del contratto alla cui conclusione è diretta, vale come proposta [1326, *1333*, *1987*, *1989*], salvo che risulti diversamente dalle circostanze o dagli usi.

[II] La revoca dell'offerta, se è fatta nella stessa forma dell'offerta o in forma equipollente, è efficace anche in confronto di chi non ne ha avuto notizia [1328].

1337. Trattative e responsabilità precontrattuale. – Le parti, nello svolgimento delle trattative e nella formazione del contratto, devono comportarsi secondo buona fede [1175, *1218*, 1366, 1338, 1440, 1358, 2043 // 88 CPC.] (1).

(1) Art. 2, co. 2, lett. e) (trasparenza), art. 5 ss., art. 48 ss., art. 67-septies decies, co. 4, d.lg. 6/9/2005, n. 206.

• Art. 34-36 del d.lgs. n. 79/2011, art. 116 e 117 TUB, art. 21, 23 TUF, 123, 124 TUB, art. 131 e 132 bis d.lg. n. 209/2005.

• Art. 94, 102, 112 TUF e art. 116 TUB.

1338. Conoscenza delle cause d'invalidità. – La parte che, conoscendo o dovendo conoscere l'esistenza di una causa di invalidità [1418, 1425 ss.] del contratto, non ne ha dato notizia all'altra parte è tenuta a risarcire il danno da questa risentito per avere confidato, senza sua colpa, nella validità del contratto [1175, 1337, 1398, 1439, 1710^{2}, 1759^{1}, 1770^{1}, 1812, 1821, 1892, 1971, 2043 // art. 4^{3} d.lg. n. 28/2010].

1339. Inserzione automatica di clausole. – Le clausole, i prezzi di beni o di servizi, imposti dalla legge *o da norme corporative**, sono di diritto inseriti nel contratto, anche in sostituzione delle clausole difformi apposte dalle parti [1321, 1322, *1340*, 1374, 1419^{2}, 1679^{2}, 1815^{2}, 1932^{2}, 2077, 2597, 2936].

* Le norme corporative sono state abrogate con r.d.l. 9/8/1943, n. 721.

• Art. 4 del d.lg. n. 28/2010.

1340. Clausole d'uso. – Le clausole d'uso s'intendono inserite nel contratto, se non risulta che non sono state volute dalle parti [1368, 1374].

1341. Condizioni generali di contratto. – [I] Le condizioni generali di contratto [1340, 1342, 1679, 2211] predisposte da uno dei contraenti sono efficaci nei confronti dell'altro, se al momento della conclusione del contratto questi le ha conosciute o avrebbe dovuto conoscerle usando l'ordinaria diligenza [1176, 1370].

[II] In ogni caso non hanno effetto, se non sono specificamente approvate per iscritto, le condizioni che stabiliscono, a favore di colui che le ha predisposte, limitazioni di responsabilità [1229], facoltà di recedere dal contratto [1373] o di sospenderne l'esecuzione [1461], ovvero sanciscono a carico dell'altro contraente decadenze [2965], limitazioni alla facoltà di opporre eccezioni [1462], restrizioni alla libertà contrattuale nei rapporti coi terzi, tacita proroga o rinnovazione del contratto, clausole compromissorie [808 CPC.] o deroghe alla competenza dell'autorità giudiziaria (1).

(1) Cfr. art. 118 del d.lg. 1/9/1993, n. 385.

• Cfr. art. 33-37, 141, co. 4, d.lg. 6/9/2005, n. 206.

• Cfr. art. 45, All. I del d.lg. 23/5/2011, n. 79.

1342. Contratto concluso mediante moduli o formulari. – [I] Nei contratti conclusi mediante la sottoscrizione di moduli o formulari, predisposti per disciplinare in maniera uniforme determinati rapporti contrattuali, le clausole aggiunte al modulo o al formulario prevalgono su quelle del modulo o del formulario qualora siano incompatibili con esse, anche se queste ultime non sono state cancellate.

[II] Si osserva inoltre la disposizione del secondo comma dell'articolo precedente (1).

(1) Cfr. art. 34, co. 5, d.lg. 6/9/2005, n. 206.

Sezione II

Della causa del contratto

1343. Causa illecita. – La causa è illecita [1322, 1418] quando è contraria a norme imperative, all'ordine pubblico o al buon costume [634, 1322, 1344, 1345, 1354, 1418, 2035, 2744].

➔ Codex 2.3.6.

1344. Contratto in frode alla legge. – Si reputa altresì illecita la causa quando il contratto costituisce il mezzo per eludere l'applicazione di una norma imperativa (1).

➔ D. 1.3.29.

(1) D.P.R. n. 600/1974, Disposizioni comuni in materia di accertamento delle imposte sui redditi, art. 37-bis, Disposizioni antielusive: «1. Sono inopponibili all'amministrazione finanziaria gli atti, i fatti e i negozi, anche collegati tra loro, privi di valide ragioni economiche, diretti ad **aggirare** obblighi o divieti previsti dall'ordinamento tributario e ad ottenere riduzioni di imposte o rimborsi, altrimenti indebiti. 2. L'amministrazione finanziaria disconosce i vantaggi tributari conseguiti mediante gli atti, i fatti e i negozi di cui al comma 1, applicando le imposte determinate in base alle disposizioni eluse, al netto delle imposte dovute per effetto del comportamento inopponibile all'amministrazione. [...] 8. Le norme tributarie che, allo scopo di contrastare comportamenti elusivi, limitano deduzioni, detrazioni, crediti d'imposta o altre posizioni soggettive altrimenti ammesse dall'ordinamento tributario, possono essere **disapplicate** qualora il contribuente dimostri che nella particolare fattispecie tali effetti elusivi non potevano verificarsi. A tal fine il contribuente deve presentare istanza al direttore regionale delle entrate competente per territorio, descrivendo compiutamente l'operazione e indicando le disposizioni normative di cui chiede la disapplicazione». (*Omissis*).

• Art. 10-bis della l. 27/07/2000, 212 (Disciplina dell'abuso del diritto o elusione fiscale), in Parte V, Sez. VII, n. 2.

1345. Motivo illecito. – Il contratto è illecito quando le parti si sono determinate a concluderlo **esclusivamente** per un motivo illecito **comune** ad entrambe [624², 626, 647³, 787, 788, 1418²].

Sezione III

Dell'oggetto del contratto

1346. Requisiti (1). – L'oggetto del contratto [1325¹, n. ³] deve essere possibile, lecito, determinato o determinabile [1285 co.2, 1348, 1349, 1429¹, n. ¹, 1472, 1474, 1531, 1560², 1657, 1709, 1938, 2099, 2787³ CC., art. 6¹ l. n. 192/1998].

➔ D. 50.17.185.

(1) Art. 1, co. 1 e 2, d.l. 3/5/2016, n. 59, conv., con modif., dalla l. 30/6/2016, n. 119.

1347. Possibilità sopravvenuta dell'oggetto. – Il contratto sottoposto a condizione sospensiva [1353] o a termine [1184, 1185] è valido, se la prestazione inizialmente impossibile diviene possibile prima dell'avveramento della condizione o della scadenza del termine.

➔ D. 45.1.83.5.

1348. Cose future (1). – La prestazione di cose future [820², 1029, 1260,1472, 1478, 1938, 2823, 2937²] può essere dedotta in contratto, salvi i particolari divieti della legge [458, 771¹].

➔ D. 18.1.8 pr.

(1) Art. 1, co. 1 e 2, d.l. 3/5/2016, n. 59, conv., con modif., dalla l. 30/6/2016, n. 119.

1349. Determinazione dell'oggetto. – [I] Se la determinazione della prestazione dedotta in contratto è deferita a un terzo e non risulta che le parti vollero rimettersi al suo mero arbitrio, il terzo deve procedere con equo apprezzamento [631, 632, 664, 706, 733, 778, 1286, 1287, 1387, 1473, 2264, 2603⁴]. Se manca la determinazione del terzo o se questa è manifestamente iniqua o erronea, la determinazione è fatta dal giudice [113 CPC.].

[II] La determinazione rimessa al mero arbitrio del terzo non si può impugnare se non provando la sua mala fede. Se manca la determinazione del terzo e le parti non si accordano per sostituirlo, il contratto è nullo [1418].

[III] Nel determinare la prestazione il terzo deve tener conto anche delle condizioni generali della produzione a cui il contratto eventualmente abbia riferimento.

Sezione IV

Della forma del contratto (1)

(1) Art. 2, co. 2, lett. e) (trasparenza), art. 35, co. 1, d.lg. 6/9/2005, n. 206.

1350. Atti che devono farsi per iscritto. – [I] Devono farsi per atto pubblico [2699 ss.] o per scrittura privata [2702 ss.], sotto pena di nullità:

1) i contratti che trasferiscono la proprietà di beni immobili [769, 812, 1470, 1537, 1543, 1552, 2328, 2463, 2725², 2643¹, n. ¹, 2645];

2) i contratti che costituiscono, modificano o trasferiscono il diritto di usufrutto [978 ss.] su beni immobili, il diritto di superficie [952 ss.], il diritto del concedente e dell'enfiteuta [957 ss., 2643¹, n. ², 2645];

3) i contratti che costituiscono la comunione [1100 ss.] di diritti indicati dai numeri precedenti [2643¹, n. 2, 3, 2645];

4) i contratti che costituiscono o modificano le servitù prediali [1027 ss.], il diritto di uso su beni immobili e il diritto di abitazione [1021 ss., 2643¹, n. ⁴];

5) gli atti di rinunzia ai diritti indicati dai numeri precedenti [1070, *1236*, 2643¹, n. ⁵];

6) i contratti di affrancazione del fondo enfiteutico [971, 2643¹, n. ⁷];

7) i contratti di anticresi [1960 ss., 2643¹, n. ¹²];

8) i contratti di locazione [1571] di beni immobili per una durata superiore a nove anni [1571, 1607, 2643¹, n. ⁸] (1);

9) i contratti di società [2247 ss.] o di associazione [2594 ss.] con i quali si conferisce il godimento di beni immobili o di altri diritti reali immobiliari per un tempo eccedente i nove anni o per un tempo indeterminato [2643¹, n. ¹⁰];

10) gli atti che costituiscono rendite perpetue [1861 ss.] o vitalizie [1872 ss.], salve le disposizioni relative alle rendite dello Stato [1871] (2);

11) gli atti di divisione di beni immobili e di altri diritti reali immobiliari [713, 1111, 2646];

12) le transazioni [1965 ss.] che hanno per oggetto controversie relative ai rapporti giuridici menzionati nei numeri precedenti [2643¹, n. ¹³];

13) gli altri atti specialmente indicati dalla legge [14, 47, 162, 484, 519, 601 ss., 782, 1284³, 1341², 2125, 1392, 1403, 1503³, 1543¹, 1978¹, 2096, 2328, 2504, 2603, 2821, 2879, 2882 // 807, 808 CPC. // 237, 249, 328, 565, 852, 857, 1027 CNav. // art. 2 l. n. 192/1998 // art. 23 TUF (3).

(1) V. art. 41 della l. 3/5/1982, n. 203.

(2) V. l. 6/8/1966, n. 651 e d.P.R. 30/12/2003, n. 398.

(3) V. art. 117 del d.lg. 1/9/1993, n. 385.

• Art. 17 del r.d. n. 2440/1923.

• Art. 32, co. 14, d.lg. n. 50/2016, in Parte V, Sez. VIII, n. 3.

• Art. 1 l. n. 431/1988.

• Art. 49 e 71 cod. cons.

• Art. 1399 c.c.

1351. Contratto preliminare. – Il contratto preliminare [*769*, *1337*, 1218, *1331*, 2775-bis, *2932*] è nullo [1418], se non è fatto nella stessa forma che la legge prescrive per il contratto definitivo [1392, 1403] (1).

(1) Art. 40, co. 2, l. 28/2/1985, n. 47: «**Gli atti tra vivi aventi per oggetto diritti reali**, esclusi quelli di costituzione, modificazione ed estinzione di diritti di garanzia o di servitù, relativi ad edifici o loro parti sono **nulli** e non possono essere rogati se da essi non risultano, per dichiarazione dell'alienante, gli estremi della licenza o della concessione ad edificare o della concessione rilasciata in sanatoria ai sensi dell'art. 31 ovvero se agli stessi non viene allegata la copia per il richiedente della relativa domanda, munita degli estremi dell'avvenuta presentazione, ovvero copia autentica di uno degli esemplari della domanda medesima, munita degli estremi dell'avvenuta presentazione e non siano indicati gli estremi dell'avvenuto versamento delle prime due rate dell'oblazione cui al co. 6 dell'art. 35. Per le opere iniziate anteriormente al 2/9/1967, in luogo degli estremi della licenza edilizia può essere prodotta una dichiarazione sostitutiva di atto notorio, rilasciata dal proprietario o altro avente titolo, ai sensi e per gli effetti dell'art. 4 della l. 4/1/1968, n. 15, attestante che l'opera risulti iniziata in data anteriore al 1/9/1967. Tale dichiarazione può essere ricevuta e inserita nello stesso atto, ovvero in documento separato da allegarsi all'atto medesimo».

• Art. 46 del d.P.R. n 380/2001, Testo unico delle disposizioni legislative e regolamentari in materia edilizia: «Nullità degli atti giuridici relativi ad edifici la cui costruzione abusiva sia iniziata dopo il 17 marzo 1985.

1. Gli atti tra vivi, sia in forma pubblica, sia in forma privata, aventi per oggetto trasferimento o costituzione o scioglimento della comunione di diritti reali, relativi ad edifici, o loro parti, la cui costruzione è iniziata dopo il 17 marzo 1985, sono nulli e non possono essere stipulati ove da essi non risultino, per dichiarazione dell'alienante, gli estremi del permesso di costruire o del permesso in sanatoria. Tali disposizioni non si applicano agli atti costitutivi, modificativi o estintivi di diritti reali di garanzia o di servitù.

2. Nel caso in cui sia prevista, ai sensi dell'articolo 38, l'irrogazione di una sanzione soltanto pecuniaria, ma non il rilascio del permesso in sanatoria, agli atti di cui al comma 1 deve essere allegata la prova dell'integrale pagamento della sanzione medesima.

3. La sentenza che accerta la nullità degli atti di cui al comma 1 non pregiudica i diritti di garanzia o di servitù acquisiti in base ad un atto iscritto o trascritto anteriormente alla trascrizione della domanda diretta a far accertare la nullità degli atti.

4. Se la mancata indicazione in atto degli estremi non sia dipesa dalla insussistenza del permesso di costruire al tempo in cui gli atti medesimi sono stati stipulati, essi possono essere confermati anche da una sola delle parti mediante atto successivo, redatto nella stessa forma del precedente, che contenga la menzione omessa.

5. Le nullità di cui al presente articolo non si applicano agli atti derivanti da procedure esecutive immobiliari, individuali o concorsuali. L'aggiudicatario, qualora l'immobile si trovi nelle condizioni previste per il rilascio del permesso di costruire in sanatoria, dovrà presentare domanda di permesso in sanatoria entro centoventi giorni dalla notifica del decreto emesso dalla autorità giudiziaria.

5-bis. Le disposizioni del presente articolo si applicano anche agli interventi edilizi realizzati mediante denuncia di inizio attività ai sensi dell'articolo 23, comma 01, qualora nell'atto non siano indicati gli estremi della stessa».

• Artt. 24 e 26 del d.P.R. n 380/2001, Testo unico delle disposizioni legislative e regolamentari in materia edilizia.

1352. Forme convenzionali. – Se le parti hanno convenuto [1321, 1322] per iscritto di adottare una determinata forma per la futura conclusione di un contratto, si presume che la forma sia stata voluta per la validità di questo [2725].

Capo III
Della condizione nel contratto

1353. Contratto condizionale. – Le parti possono subordinare l'efficacia o la risoluzione del contratto o di un singolo patto a un avvenimento futuro e incerto [108, 475^{2}, 520, 633, 637, 638, *647-648*, *662-663*, 702^{2}, 791, *793-794*, *1183-1187*, 1354, 1465^{4}, 1521, 1757, 1938, 2010, 2655^{4}, 2659^{2}, 2668^{3}, 2852].

➔ **D. 19.2.20 pr., Codex 4.37.6.**

1354. Condizioni illecite o impossibili. – [I] È nullo [1418, 1419] il contratto al quale è apposta una condizione, sospensiva o risolutiva, contraria a norme imperative, all'ordine pubblico o al buon costume [108, 634, 791, 1343, 2035].

[II] La condizione impossibile rende nullo il contratto se è sospensiva [1347]; se è risolutiva, si ha come non apposta [634].

[III] Se la condizione illecita o impossibile è apposta a un patto singolo del contratto, si osservano, riguardo all'efficacia del patto [1367], le disposizioni dei commi precedenti, fermo quanto è disposto dall'articolo 1419.

➔ **D. 44.7.31, D. 45.1.61.**

1355. Condizione meramente potestativa. – È nulla [1418] l'alienazione di un diritto o l'assunzione di un obbligo subordinata a una condizione sospensiva che la faccia dipendere dalla **mera** volontà dell'alienante o, rispettivamente, da quella del debitore [645, 1322] (1).

➔ **D. 44.7.8.**

(1) Art. 33, co. 2, lett. v), d.lg. 6/9/2005, n. 206: «[II] Si presumono vessatorie fino a prova contraria le clausole che hanno per oggetto o per effetto, di [lett. v] prevedere l'alienazione di un diritto o l'assunzione di un obbligo come subordinati ad una **condizione sospensiva dipendente dalla mera volontà** del professionista a fronte di un'obbligazione immediatamente efficace del consumatore. **È fatto salvo il disposto dell'articolo 1355 del codice civile**».

1356. Pendenza della condizione. – [I] In pendenza della condizione sospensiva l'acquirente di un diritto può compiere atti conservativi [641, 1168 ss., 1357, 2901 // 670 ss., 700 CPC.].

[II] L'acquirente di un diritto sotto condizione risolutiva può, in pendenza di questa, esercitarlo, ma l'altro contraente può compiere atti conservativi.

1357. Atti di disposizione in pendenza della condizione. – Chi ha un diritto subordinato a condizione sospensiva o risolutiva può disporne in pendenza di questa; ma gli effetti di ogni atto di disposizione sono subordinati alla stessa condizione.

➔ **D. 46.2.14.1, D. 46.3.16.**

1358. Comportamento delle parti nello stato di pendenza. – Colui che si è obbligato o che ha alienato un diritto sotto condizione sospensiva, ovvero lo ha acquistato sotto condizione risolutiva, deve, in pendenza della condizione, comportarsi secondo buona fede per conservare integre le ragioni dell'altra parte [1175, 1337, 1375].

1359. Avveramento della condizione. – La condizione si considera avverata qualora sia mancata per causa imputabile alla parte che aveva interesse contrario all'avveramento di essa [1175, 1208$^{1, n. 5}$, 1375].

➔ **D. 50.17.161.**

1360. Retroattività della condizione. – [I] Gli effetti dell'avveramento della condizione retroagiscono al tempo in cui è stato concluso il contratto, salvo che, per volontà delle parti o per la natura del rapporto, gli effetti del contratto o della risoluzione debbano essere riportati a un momento diverso [646].

[II] Se però la condizione risolutiva è apposta a un contratto ad esecuzione continuata o periodica, l'avveramento di essa, **in mancanza di patto contrario**, non ha effetto riguardo alle prestazioni già eseguite [1361, 1373, 1458, 1465^4].

1361. Atti di amministrazione. – [I] L'avveramento della condizione [1359] non pregiudica la validità degli atti di amministrazione compiuti dalla parte a cui, in pendenza della condizione stessa, spettava l'esercizio del diritto.

[II] Salvo diverse disposizioni di legge o diversa pattuizione, i frutti percepiti sono dovuti dal giorno in cui la condizione si è avverata [646].

Capo IV
Dell'interpretazione del contratto [1374]

1362. Intenzione dei contraenti. – [I] Nell'interpretare il contratto si deve indagare quale sia stata la **comune intenzione delle parti** e **non** limitarsi al senso letterale delle parole [12 prel., 1324].

[II] Per determinare la comune intenzione delle parti, si deve valutare il loro comportamento complessivo anche posteriore alla conclusione del contratto [1326] (1).

(1) Art. 1, co. 1 bis e 11 della l. 7/8/1990, n. 241.

1363. Interpretazione complessiva delle clausole. – Le clausole del contratto si interpretano le une per mezzo delle altre, attribuendo a ciascuna il senso che risulta dal complesso dell'atto.

1364. Espressioni generali. – Per quanto generali siano le espressioni usate nel contratto, questo non comprende che gli oggetti sui quali le parti si sono proposte di contrattare.

1365. Indicazioni esemplificative. – Quando in un contratto si è espresso un caso al fine di spiegare un patto, non si presumono esclusi i casi non espressi, ai quali, secondo ragione, può estendersi lo stesso patto.

1366. Interpretazione di buona fede. – Il contratto deve essere interpretato secondo buona fede [1175, 1328, 1337, 1358, 1375].

1367. Conservazione del contratto. – Nel dubbio, il contratto o le singole clausole devono interpretarsi nel senso in cui possono avere qualche effetto, anziché in quello secondo cui non ne avrebbero alcuno [1424].

➔ D. 34.5.12(13).

1368. Pratiche generali interpretative. – [I] Le clausole ambigue s'interpretano secondo ciò che si pratica generalmente nel luogo in cui il contratto è stato concluso.

[II] Nei contratti in cui una delle parti è un imprenditore [2082], le clausole ambigue s'interpretano secondo ciò che si pratica generalmente nel luogo in cui è la sede dell'impresa.

➔ D. 50.17.34.

1369. Espressioni con più sensi. – Le espressioni che possono avere più sensi devono, nel dubbio, essere intese nel senso più conveniente alla natura e all'oggetto del contratto.

➔ D. 50.17.67.

1370. Interpretazione contro l'autore della clausola. – Le clausole inserite nelle condizioni generali di contratto [1341] o in moduli o formulari [1342] predisposti da uno dei contraenti s'interpretano, nel dubbio, a favore dell'altro [1366] (1).

➔ D. 2.14.39, D. 18.1.21.

(1) Art. 35, co. 2, d.lg. 6/9/2005, n. 206.

1371. Regole finali (1). – Qualora, **nonostante l'applicazione delle norme contenute in** questo **capo** [1362 ss.], il contratto rimanga oscuro, esso deve essere inteso nel senso meno gravoso per l'obbligato [1184, 1286], se è a **titolo gratuito**, e nel senso che realizzi **l'equo** contemperamento degli interessi delle parti [1374], se è a titolo oneroso.

(1) L'art. 3 del d.lgs.lt. 14/9/1944, n. 287, ha abrogato l'originario co. 2 che recitava: «La comune intenzione delle parti deve essere interpretata nel senso più conforme ai principi dell'ordine corporativo».

Capo V
Degli effetti del contratto

Sezione I
Disposizioni generali

1372. Efficacia del contratto. – [I] Il contratto ha forza di legge tra le parti. Non può essere sciolto che per mutuo consenso [1321] o per cause ammesse dalla legge [1399^3, 1569, 1596^2, 1616, 1671, 1723, 1750^2, 1771^1, 1810, 1834, 1843^3, 1855, 2118, 1899, 182 septies l. fall.]

[II] Il contratto non produce effetto rispetto ai terzi [1379, 1381] che nei casi previsti dalla legge [1333, 1411, 1478].

1373. Recesso unilaterale (1). – [I] Se a una delle parti è attribuita la facoltà di recedere dal contratto, tale facoltà può essere esercitata finché il contratto non abbia avuto un principio di esecuzione [1671, 1723^2, 1734, 1738, 2119, 2227, 2237].

[II] Nei contratti a esecuzione continuata o periodica, tale facoltà può essere esercitata anche successivamente [1464, 1569, 1596^2, 1660, 1616, 1627,1674, 1810, 1898, 1750^2, 1734, 1738, 1771^1, 1810, 1834, 1843^3, 1855, 1899^1, 2118], ma il recesso non ha effetto per le prestazioni già eseguite o in corso di esecuzione [1671, 2227].

[III] Qualora sia stata stipulata la prestazione di un corrispettivo per il recesso, questo ha effetto quando la prestazione è eseguita [1386, 2227, 2237].

[IV] È salvo in ogni caso il patto contrario.

➔ D. 2.14.58.

(1) L. 7/8/1990, n. 241, art. 1, co. 1-bis: «La pubblica amministrazione, nell'adozione di atti di natura non autoritativa, agisce secondo le norme di diritto privato salvo che la legge disponga diversamente. Art. 21-sexies: Il recesso unilaterale dai contratti della pubblica amministrazione è ammesso nei casi previsti dalla legge o dal contratto».

• Art. 33, co. 2, lett. g), h), d.lg. 6/9/2005, n. 206. Vd. Parte V, Sezione VII.

• D.lg. 12/4/2006, n. 163, art. 134, 136. Vd. Parte V, Sezione VIII.

• Art. 1, co. 13, d.l. 6/7/2012, n. 95, conv. nella l. 7/8/2012, n. 135 Disposizioni urgenti per la revisione della spesa pubblica con invarianza dei servizi ai cittadini, nonché misure di rafforzamento patrimoniale delle imprese del settore bancario: «Le amministrazioni pubbliche che abbiano validamente stipulato un autonomo contratto di fornitura o di servizi **hanno diritto di recedere in qualsiasi tempo dal contratto**, previa formale comunicazione all'appaltatore con preavviso non inferiore a quindici giorni e previo pagamento delle prestazioni già eseguite oltre al decimo delle prestazioni non ancora eseguite, nel caso in cui, tenuto conto anche dell'importo dovuto per le prestazioni non ancora eseguite, i parametri delle convenzioni stipulate da Consip S.p.A. ai sensi dell'art. 26, co. 1, l. 23/12/1999, n. 488 successivamente alla stipula del predetto contratto siano migliorativi rispetto a quelli del contratto stipulato e l'appaltatore non acconsenta ad una modifica, delle condizioni economiche tale da rispettare il limite di cui all'art. 26, co. 3, l. 23/12/1999, n. 488. Ogni patto contrario alla presente disposizione è nullo. Il diritto di recesso si inserisce automaticamente nei contratti in corso ai sensi dell'art. 1339 c.c., anche in deroga alle eventuali clausole difformi apposte dalle parti. Nel caso di mancato esercizio del detto diritto di recesso l'amministrazione pubblica ne dà comunicazione alla Corte dei conti, entro il 30 giugno di ogni anno, ai fini del controllo successivo sulla gestione del bilancio e del patrimonio di cui all'art. 3, co. 4, l. 14/1/1994, n. 20».

• Art. 52-59 del d.lg. 6/9/2005, n. 206.

• Art. 118, 125 ter TUB.

• Art. 73 e 74 cod. cons.

• Art. 6, co. 2, l.n. 192/1998

• Art. 30 TUF.

• Art. 172 e 177 cod. ass.

1374. Integrazione del contratto. – Il contratto obbliga le parti non solo a quanto è nel medesimo espresso, ma anche a tutte le conseguenze che ne derivano secondo la legge [1339, 1375, 1384, 1498^{2}, 1510, 1681], o, in mancanza, secondo gli usi [1340 // 8 prel.] e l'equità [433, 1226, 1349, 1371, 1375, 1384, 1385, 1448, 1450, 1467, 1468, 1526^{1}, 1660^{2}, 1664^{2}, 1733, 1738, 1748^{3}, 1751^{1}, 1755^{2}, 1815^{2}, 1934, 2045, 2047^{2}, 2109^{2}, 2118^{1}, 2187 // 2 Cost. // 113^{2}, 114, 339^{2} CPC. // 118 att. CPC. // 644 CP.] (1).

(1) V. art. 67, co. 3 della l. n. 267/1942.

• Art. 9 della l. 18/6/1998, n. 192, Disciplina della subfornitura nelle attività produttive: «Abuso di dipendenza economica. 1. È vietato l'abuso da parte di una o più imprese dello stato di dipendenza economica nel quale si trova, nei suoi o nei loro riguardi, una impresa cliente o fornitrice. Si considera dipendenza economica la situazione in cui una impresa sia in grado di determinare, nei rapporti commerciali con un'altra impresa, un eccessivo squilibrio di diritti e di obblighi. La dipendenza economica è valutata tenendo conto anche della reale possibilità per la parte che abbia subìto l'abuso di reperire sul mercato alternative soddisfacenti.
2. L'abuso può anche consistere nel rifiuto di vendere o nel rifiuto di comprare, nella imposizione di condizioni contrattuali ingiustificatamente gravose o discriminatorie, nella interruzione arbitraria delle relazioni commerciali in atto.
3. Il patto attraverso il quale si realizzi l'abuso di dipendenza economica è nullo. Il giudice ordinario competente conosce delle azioni in materia di abuso di dipendenza economica, comprese quelle inibitorie e per il risarcimento dei danni. 3-bis. Ferma restando l'eventuale applicazione dell'articolo 3 della legge 10 ottobre 1990, n. 287, l'Autorità garante della concorrenza e del mercato può, qualora ravvisi che un abuso di dipendenza economica abbia rilevanza per la tutela della concorrenza e del mercato, anche su segnalazione di terzi ed a seguito dell'attivazione dei propri poteri di indagine ed esperimento dell'istruttoria, procedere alle diffide e sanzioni previste dall'articolo 15 della legge 10 ottobre 1990, n. 287, nei confronti dell'impresa o delle imprese che abbiano commesso detto abuso. In caso di violazione diffusa e reiterata della disciplina di cui al decreto legislativo 9 ottobre 2002, n. 231, posta in essere ai danni delle imprese, con particolare riferimento a quelle piccole e medie, l'abuso si configura a prescindere dall'accertamento della dipendenza economica».

• Art. 62 della l. 18/6/1998, n. 192, Disciplina della subfornitura nelle attività produttive: «[I] È nullo il patto tra subfornitore e committente che riservi ad uno di essi la facoltà di modificare unilateralmente una o più clausole del contratto di subfornitura. Sono tuttavia validi gli accordi contrattuali che consentano al committente di precisare, con preavviso ed entro termini e limiti contrattualmente prefissati, le quantità da produrre ed i tempi di esecuzione della fornitura. [II] È nullo il patto che attribuisca ad una delle parti di un contratto di subfornitura ad esecuzione continuata o periodica la facoltà di recesso senza congruo preavviso. [III] È nullo il patto con cui il subfornitore disponga, a favore del committente e senza congruo corrispettivo, di diritti di privativa industriale o intellettuale».

• Art. 7 del d.lg. 9/10/2002, n. 231, Attuazione della direttiva 2000/35/CE relativa alla lotta contro i ritardi di pagamento nelle transazioni commerciali: «1. Le clausole relative al termine di pagamento, al saggio degli interessi moratori o al risarcimento per i costi di recupero, a qualunque titolo previste o introdotte nel contratto, sono nulle quando risultano gravemente inique in danno del creditore. Si applicano gli articoli 1339 e 1419, secondo comma, del codice civile. 2. Il giudice dichiara, anche d'ufficio, la nullità della clausola avuto riguardo a tutte le circostanze del caso, tra cui il grave scostamento dalla prassi commerciale in contrasto con il principio di buona fede e correttezza, la natura della merce o del servizio oggetto del contratto, l'esistenza di motivi oggettivi per derogare al saggio degli interessi legali di mora, ai termini di pagamento o all'importo forfettario dovuto a titolo di risarcimento per i costi di recupero. 3. Si considera gravemente iniqua la clausola che esclude l'applicazione di interessi di mora. Non è ammessa prova contraria. 4. Si presume che sia gravemente iniqua la clausola che esclude il risarcimento per i costi di recupero di cui all'articolo 6. 5. Nelle transazioni commerciali in cui il debitore è una pubblica amministrazione è nulla la clausola avente ad oggetto la predeterminazione o la modifica della data di ricevimento della fattura. La nullità è dichiarata d'ufficio dal giudice».

• D.lg. 6/9/2005, n. 206, Codice del consumo, art. 2, 33, co. 1: «nel contratto concluso tra il consumatore ed il professionista si considerano vessatorie le clausole che, malgrado la buona fede, determinano a carico del consumatore un significativo squilibrio dei diritti e degli obblighi, derivanti dal contratto».

• Art. 2, co. 2, lett. c-bis), e) e art. 34, co. 2, d.lg. 6/9/2005, n. 206.

• Art. 117, co. 8, d.lg. 385/1993.

• Art. 2, co. 37, l. 481/1995.

• Art. 23, co. 1, d.lg. 58/1998.

1375. Esecuzione di buona fede. – Il contratto deve essere eseguito secondo buona fede [833, 1175, 1328, 1337, 1358, 1366, 1375, 1391, 1418^{1}, 1419, 1460, 1993^{2}, 2384^{2} // 2, 111 Cost.] (1).

(1) Art. 17 Cedu. Art. 54 C. di Nizza.

• Art. 2, co. 2, lett. c-bis), e), d.lg. 6/9/2005, n. 206.

1376. Contratto con effetti reali. – Nei contratti che hanno per oggetto il trasferimento della proprietà di una cosa determinata [1377, *1378*], la costituzione o il trasferimento di un diritto reale ovvero il trasferimento di un altro diritto, la proprietà o il diritto si trasmettono e si acquistano per effetto del consenso delle parti legittimamente manifestato [*783*, 1465 co.1, 1470, 1472, 1476$^{n.\ 2}$, 1153, 1265, 1478, *1548*, *1556*, *1766*, *1798*, *1803*, *1813*, *2003*, *2011*, *2022*, *2644*, *2786*, *2800*, *2808*^{2}].

1377. Trasferimento di una massa di cose. – Quando oggetto del trasferimento è una determinata massa di cose, anche se omogenee, si applica la disposizione dell'articolo precedente, ancorché, per determinati effetti, le cose debbano essere numerate, pesate o misurate [1537].

1378. Trasferimento di cosa determinata solo nel genere. – Nei contratti che hanno per oggetto il trasferimento di cose determinate solo nel genere [1178, 1351, 1376, 1472, 1478], la proprietà si trasmette con l'individuazione fatta d'accordo tra le parti o nei modi da esse stabiliti [1465^{3}]. Trattandosi di cose che devono essere trasportate da un luogo a un altro, l'individuazione avviene anche mediante la consegna al vettore [1678 ss.] o allo spedizioniere [1737 ss.].

1379. Divieto di alienazione. – Il divieto di alienare stabilito per contratto ha effetto solo tra le parti, e non è valido [1418] se non è contenuto entro convenienti limiti di tempo [965^{3}] e se non risponde a un apprezzabile interesse di una delle parti [980^{1}, 1174, 1175, 1260^{2}, 1501, 1566, 2355 bis, 2596].

1380. Conflitto tra più diritti personali di godimento. – [I] Se, con successivi contratti, una persona concede a diversi contraenti un diritto personale di godimento [*978 ss.*, *1027*, 1571 ss.] relativo alla stessa cosa, il godimento spetta al contraente che per primo lo ha conseguito [1155, 1265, 1991].

[II] Se nessuno dei contraenti ha conseguito il godimento, è preferito quello che ha il titolo di data certa [2704] anteriore.

[III] Sono salve le norme relative agli effetti della trascrizione [2644 ss.].

1381. Promessa dell'obbligazione o del fatto del terzo. – Colui che ha promesso l'obbligazione o il fatto di un terzo è tenuto a indennizzare [834^{1}, 843, 924, 925, 944, 1032^{2}, 1038, 1053, 1127^{4}, 1150, 1328, 1660^{2}, 2037^{2}, 2041, 2045, 2047^{2}] l'altro contraente, se il terzo rifiuta di obbligarsi o non compie il fatto promesso [1372, *1411*, *1478*, 1936, *1987*].

➔ D. 45.1.38.1-2.

Sezione II
Della clausola penale e della caparra

1382. Effetti della clausola penale. – [I] La clausola [1376], con cui si conviene che, in caso d'inadempimento o di ritardo nell'adempimento [1218], uno dei contraenti è tenuto a una determinata prestazione, ha l'effetto di **limitare** il risarcimento alla prestazione promessa, se non è stata convenuta la risarcibilità del **danno ulteriore** [*1179*, 1223, *1385^{3}*].

[II] La penale è dovuta **indipendentemente** dalla prova del danno [*1223*] (1).

➔ Inst. 3.15.7.

(1) Art. 33, co. 2, lett. f, d.lg. 6/9/2005, n. 206, Codice del Consumo.

• Art. 3 della l. n. 386/1990 e art. 3 della l. n. 192/1998.

1383. Divieto di cumulo. – Il creditore non può domandare insieme la prestazione principale e la penale, se questa non è stata stipulata per il semplice ritardo [2041].

1384. Riduzione della penale. – La penale **può** essere diminuita **equamente** [*1242^{1}*, *1442^{4}*, *1449^{2}*, *1460^{1}*, *1495^{3}*, 1526^{2}, *1667^{3}*, *1944^{2}*, *1947^{1}*, *2938*, *2969* // *99*, 112 CPC.] dal giudice, se l'obbligazione principale è stata eseguita in parte ovvero se l'ammontare della penale è manifestamente eccessivo, avuto sempre riguardo all'interesse che il creditore aveva all'adempimento [1174, 1175, 1256^{2}, 1337, 1359, 1366, 1374, 1375, **1385** // 163 trans.].

1385. Caparra confirmatoria. – [I] Se al momento della conclusione del contratto una parte dà all'altra, a titolo di caparra, una somma di danaro o una quantità di altre cose fungibili, la caparra, in caso di adempimento, deve essere restituita o imputata alla prestazione dovuta [1194, 1174, 1175, 1374, 1375, *1376*, 1384] (1).

[II] Se la parte che ha dato la caparra è inadempiente, l'altra può **recedere** dal contratto [1373], ritenendo la caparra; se inadempiente è invece la parte che l'ha ricevuta, l'altra può recedere dal contratto ed esigere il doppio della caparra [1386 // 164 trans.].

[III] Se però la parte che non è inadempiente preferisce domandare l'esecuzione o la risoluzione [1453 ss.] del contratto, il risarcimento del danno è regolato dalle norme generali [1223 ss. // 164 trans.] (2).

➔ Inst. 3.23 pr.

(1) Art. 48, co. 1, d.lg. 12/4/2006, n. 163: «Le stazioni appaltanti prima di procedere all'apertura delle buste delle offerte presentate, richiedono ad un numero di offerenti non inferiore al 10 per cento delle offerte presentate, arrotondato all'unità superiore, scelti con sorteggio pubblico, di comprovare, entro dieci giorni dalla data della richiesta medesima, il possesso dei requisiti di capacità economico-finanziaria e tecnico-organizzativa, eventualmente richiesti nel bando di gara, presentando la documentazione indicata in detto bando o nella lettera di invito. Le stazioni appaltanti, in sede di controllo, verificano il possesso del requisito di qualificazione per eseguire lavori attraverso il casellario informatico di cui all'art. 7, co. 10, ovvero attraverso il sito del Ministero delle infrastrutture e dei trasporti per i contratti affidati a contraente generale; per i fornitori e per i prestatori di servizi la verifica del possesso del requisito di cui all'art. 42, co. 1, lett. a), del presente codice è effettuata tramite la Banca dati nazionale dei contratti pubblici di cui all'art. 6-bis del presente Codice. Quando tale prova non sia fornita, ovvero non confermi le dichiarazioni contenute nella domanda di partecipazione o nell'offerta, le stazioni appaltanti procedono all'esclusione del concorrente dalla gara, all'escussione della relativa **cauzione provvisoria** e alla segnalazione del fatto all'Autorità per i provvedimenti di cui all'art. 6, co. 11. L'Autorità dispone altresì la sospensione da uno a dodici mesi dalla partecipazione alle procedure di affidamento. Si veda anche art. 75».

(2) Art. 33, co. 2, lett. e), d.lg. 6/9/2005, n. 206, Codice del Consumo.

1386. Caparra penitenziale. – [I] Se nel contratto è stipulato il diritto di recesso per una [1373] o per entrambe le parti, la caparra ha la sola funzione di corrispettivo del recesso [*1382*, *1385*, 1373^{3}].

[II] In questo caso, il recedente perde la caparra data o deve restituire il doppio di quella che ha ricevuta.

Capo VI
Della rappresentanza

1387. Fonti della rappresentanza. – Il potere di rappresentanza è conferito dalla legge [48, 320, 357, 360, 392, 404, 424, 643, 587, *778*, 1188, 1269 // 78 CPC.] ovvero dall'interessato [1321, 1324, 1334, 1389, 1392, 1396, 1708, 1722, 1723, 1724, 1726, 1717].

1388. Contratto concluso dal rappresentante. – Il contratto concluso dal rappresentante in nome e nell'interesse del rappresentato, nei limiti delle facoltà conferitegli [19], produce direttamente effetto nei confronti del rappresentato [1398, 1704, 1705].

1389. Capacità del rappresentante e del rappresentato. – [I] Quando la rappresentanza è conferita dall'interessato, per la validità del contratto concluso dal rappresentante basta che questi abbia la capacità di intendere e di volere [2, 428, 1425^{2}], avuto riguardo alla natura e al contenuto del contratto stesso, sempre che sia legalmente capace il rappresentato [1425^{1}].

[II] In ogni caso, per la validità del contratto concluso dal rappresentante è necessario che il contratto non sia vietato al rappresentato [1261, 1401, 1471].

1390. Vizi della volontà. – Il contratto è annullabile [1427 ss., 1441 ss.] se è viziata la volontà del rappresentante [1389]. Quando però il vizio riguarda elementi predeterminati dal rappresentato, il contratto è annullabile solo se era viziata la volontà di questo [1391, 1427, 1441].

1391. Stati soggettivi rilevanti. – [I] Nei casi in cui è rilevante lo stato di buona o di mala fede [1147], di scienza o d'ignoranza di determinate circostanze, si ha riguardo alla persona del rappresentante, salvo che si tratti di elementi predeterminati dal rappresentato.

[II] In nessun caso il rappresentato che è in mala fede può giovarsi dello stato d'ignoranza o di buona fede del rappresentante.

1392. Forma della procura. – La procura non ha effetto se non è conferita con le forme prescritte per il contratto che il rappresentante deve concludere [1324, 1334, 1350, 1351, 1396, 1399, 1403, 1722[1, n. 4] // 83[2] CPC.].

1393. Giustificazione dei poteri del rappresentante. – Il terzo che contratta col rappresentante può sempre esigere che questi giustifichi i suoi poteri e, se la rappresentanza risulta da un atto scritto, che gliene dia una copia da lui firmata.

1394. Conflitto d'interessi. – Il contratto concluso dal rappresentante in conflitto d'interessi col rappresentato può essere annullato [1441 ss.] su domanda del rappresentato, se il conflitto era conosciuto o riconoscibile dal terzo.

1395. Contratto con se stesso. – [I] È annullabile [1441 ss.] il contratto che il rappresentante conclude con se stesso, in proprio o come rappresentante di un'altra parte, a meno che il rappresentato lo abbia autorizzato specificatamente ovvero il contenuto del contratto sia determinato in modo da escludere la possibilità di conflitto d'interessi [*778*, 1394, 1735].

[II] L'impugnazione può essere proposta soltanto dal rappresentato [1471].

1396. Modificazione ed estinzione della procura. – [I] Le modificazioni e la revoca [1373] della procura devono essere portate a conoscenza dei terzi con mezzi idonei [1392, 1903 // 85 CPC.]. In mancanza, esse non sono opponibili ai terzi, se non si prova che questi le conoscevano al momento della conclusione del contratto [19, 2207, 2266[3], 2298].

[II] Le altre cause di estinzione del potere di rappresentanza conferito dall'interessato [1722, 1727 ss.] non sono opponibili ai terzi che le hanno senza colpa ignorate [2377[1], 2384, 2385[n. 5]].

1397. Restituzione del documento della rappresentanza. – Il rappresentante è tenuto a restituire il documento dal quale risultano i suoi poteri, quando questi sono cessati.

1398. Rappresentanza senza potere. – Colui che ha contrattato come rappresentante senza averne i poteri o eccedendo i limiti delle facoltà conferitegli, è responsabile del danno che il terzo contraente ha sofferto per avere confidato senza sua colpa nella validità del contratto [1175, 1337, 1338, 1890[2]] (1).

(1) V. art. 11 del r.d. 14/12/1933, n. 1669; art. 14 del r.d. 21/12/1933, n. 1736.

1399. Ratifica. – [I] Nell'ipotesi prevista dall'articolo precedente, il contratto può essere ratificato dall'interessato [1890, 2822[2]], con la osservanza delle forme prescritte per la conclusione di esso [1392].

[II] La ratifica ha **effetto retroattivo**, ma sono salvi i diritti dei terzi [1445].

[III] Il terzo e colui che ha contrattato come rappresentante possono d'accordo sciogliere il contratto prima della ratifica [1372].

[IV] Il terzo contraente può invitare l'interessato a pronunziarsi sulla ratifica assegnandogli un termine [481, 650, 1454, 1712[2], 2643], scaduto il quale, nel silenzio, la ratifica s'intende negata [1712[2]].

[V] La facoltà di ratifica si trasmette agli eredi.

1400. Speciali forme di rappresentanza. – Le speciali forme di rappresentanza nelle imprese agricole e commerciali sono regolate dal libro V [2138, 2150, 2203 ss.].

Capo VII
Del contratto per persona da nominare

1401. Riserva di nomina del contraente. – Nel momento della conclusione del contratto [1326] una parte può riservarsi la facoltà di nominare successivamente la persona che deve acquistare i diritti e assumere gli obblighi nascenti dal contratto stesso [769, 1387, *1351*, *1406*, *1411* // 583 CPC.].

1402. Termine e modalità della dichiarazione di nomina. – [I] La dichiarazione di nomina [1203, 1286, 1324, 1334, 1353] deve essere comunicata all'altra parte nel termine di tre giorni dalla stipulazione del contratto [2964 // 579[3] CPC.], se le parti non hanno stabilito un termine diverso.

[II] La dichiarazione non ha effetto se non è accompagnata dall'accettazione della persona nominata [1399] o se non esiste una procura anteriore al contratto.

1403. Forme e pubblicità. – [I] La dichiarazione di nomina e la procura o l'accettazione della persona nominata non hanno effetto se non rivestono la stessa forma che le parti hanno usata per il contratto, anche se non prescritta dalla legge [1392].

[II] Se per il contratto è richiesta a determinati effetti una forma di pubblicità [2643 ss.], deve agli stessi effetti essere resa pubblica anche la dichiarazione di nomina, con l'indicazione dell'atto di procura o dell'accettazione della persona nominata.

1404. Effetti della dichiarazione di nomina. – Quando la dichiarazione di nomina è stata validamente fatta, la persona nominata acquista i diritti e assume gli obblighi derivanti dal contratto con effetto dal momento in cui questo fu stipulato.

1405. Effetti della mancata dichiarazione di nomina. – Se la dichiarazione di nomina non è fatta validamente nel termine stabilito dalla legge o dalle parti, il contratto produce i suoi effetti fra i contraenti originari [1762[1], 2964 // 583[2] CPC.].

Capo VIII
Della cessione del contratto

1406. Nozione. – [I] Ciascuna parte può sostituire a sé un terzo nei rapporti derivanti da un contratto con prestazioni corrispettive [769, 1333], se queste non sono state ancora eseguite, purché l'altra parte vi consenta [*1260*, *1406*, *1411*, 1594, 1624, *1656*, *1804*[2], 2112, 2149, 2558 // 378, 394 CNav.] (1).

(1) Art. 37, co. 9 e 118 del d.lg. 12/4/2006, n. 163.
• Art. 6 e 36 l.n. 392/1978.

1407. Forma. – [I] Se una parte ha consentito preventivamente che l'altra sostituisca a sé un terzo nei rapporti derivanti dal contratto, la sostituzione è efficace nei suoi confronti dal momento in cui le è stata notificata o in cui essa l'ha accettata [1264[1]].

[II] Se tutti gli elementi del contratto risultano da un documento nel quale è inserita la clausola «all'ordine» o altra equivalente, la girata del documento produce la sostituzione del giratario nella posizione del girante.

1408. Rapporti fra contraente ceduto e cedente. – [I] Il cedente è liberato dalle sue obbligazioni verso il contraente ceduto dal momento in cui la sostituzione diviene efficace nei confronti di questo [1272, 1273, 1407].

[II] Tuttavia il contraente ceduto, se ha dichiarato di non liberare il cedente, può agire contro di lui qualora il cessionario non adempia le obbligazioni assunte.

[III] Nel caso previsto dal comma precedente, il contraente ceduto deve dare notizia al cedente dell'inadempimento del cessionario, entro quindici giorni da quello in cui l'inadempimento si è verificato; in mancanza è tenuto al risarcimento del danno.

1409. Rapporti fra contraente ceduto e cessionario. – Il contraente ceduto può opporre al cessionario tutte le eccezioni derivanti dal contratto, ma non quelle fondate su altri rapporti col cedente, salvo che ne abbia fatto espressa riserva al momento in cui ha consentito alla sostituzione.

1410. Rapporti fra cedente e cessionario. – [I] Il cedente è tenuto a garantire la validità del contratto [1266].

[II] Se il cedente assume la garanzia dell'adempimento del contratto, egli risponde come un fideiussore per le obbligazioni del contraente ceduto [1267, 1942, 1944^{1}].

Capo IX
Del contratto a favore di terzi

1411. Contratto a favore di terzi. – [I] È valida la stipulazione **a favore** di un terzo [1273, 1321, *1334*, 1773, 1875, 1920, 1936, 2643], qualora lo stipulante vi abbia **interesse** [1174, *1180*, *1333*, *1381*, *1401*, *1406*, *1987*].

[II] Salvo patto contrario, il terzo acquista il **diritto** contro il promittente per effetto della stipulazione [1705^{2}]. Questa però può essere revocata o modificata dallo stipulante [1324, 1334], finché il terzo non abbia dichiarato, anche in confronto del promittente, di volerne profittare.

[III] In caso di revoca della stipulazione o di rifiuto del terzo di profittarne (649), la prestazione rimane a beneficio dello stipulante, salvo che diversamente risulti dalla volontà delle parti o dalla natura del contratto

1412. Prestazione al terzo dopo la morte dello stipulante. – [I] Se la prestazione deve essere fatta al terzo dopo la morte dello stipulante, questi può revocare il beneficio anche con una disposizione testamentaria [587, 679] e quantunque il terzo abbia dichiarato di volerne profittare, salvo che, in quest'ultimo caso, lo stipulante abbia rinunciato per iscritto al potere di revoca [1921].

[II] La prestazione deve essere eseguita a favore degli eredi del terzo se questi premuore allo stipulante, purché il beneficio non sia stato revocato o lo stipulante non abbia disposto diversamente [*458*].

1413. Eccezioni opponibili dal promittente al terzo. – Il promittente può opporre al terzo le eccezioni fondate sul contratto dal quale il terzo deriva il suo diritto, ma non quelle fondate su altri rapporti tra promittente e stipulante [1272, 1273^{4}, 1409].

Capo X
Della simulazione (1)

1414. Effetti della simulazione tra le parti. – [I] Il contratto simulato non produce effetto tra le parti [123, 164, 1415, 1418^{2}, 2332, *2934*].

[II] Se le parti hanno voluto concludere un contratto diverso da quello apparente, ha effetto tra esse il contratto dissimulato [2934], purché ne sussistano i requisiti di sostanza [771, 782, 779^{1},1325, 1346] e di forma [1350].

[III] Le precedenti disposizioni si applicano anche agli atti unilaterali destinati a una persona determinata [1324, 1334], che siano simulati per accordo tra il dichiarante e il destinatario.

➔ **D. 18.1.55.**

(1) D.P.R. n. 600/1974, Disposizioni comuni in materia di accertamento delle imposte sui redditi, art. 37, co. 3, Controllo delle dichiarazioni: In sede di rettifica o di accertamento d'ufficio sono imputati al contribuente i redditi di cui appaiono titolari altri soggetti quando sia dimostrato, anche sulla base di presunzioni gravi, precise e concordanti, che egli ne è l'effettivo possessore per interposta persona.

1415. Effetti della simulazione rispetto ai terzi. – [I] La simulazione non può essere opposta né dalle parti contraenti, né dagli aventi causa o dai creditori del simulato alienante, ai terzi che in buona fede [1147^{3}] hanno acquistato diritti dal titolare apparente, salvi gli effetti della trascrizione della domanda di simulazione [2652$^{n. 4}$].

[II] I terzi possono far valere la simulazione in confronto delle parti, quando essa pregiudica i loro diritti [164^{1}].

1416. Rapporti con i creditori. – [I] La simulazione non può essere opposta dai contraenti ai creditori del titolare apparente che in buona fede hanno compiuto atti di esecuzione sui beni che furono oggetto del contratto simulato [2910 ss.].

[II] I creditori del simulato alienante possono far valere la simulazione che pregiudica i loro diritti, e, nel conflitto con i creditori chirografari del simulato acquirente, sono preferiti a questi, se il loro credito è anteriore all'atto simulato.

1417. Prova della simulazione. – La prova per testimoni [2721 ss.] della simulazione è ammissibile senza limiti, se la domanda è proposta da creditori o da terzi e, qualora sia diretta a far valere l'illiceità del contratto dissimulato [1343 ss., 1354], anche se è proposta dalle parti.

Capo XI
Della nullità del contratto

1418. Cause di nullità del contratto. – [I] Il contratto è nullo quando è contrario a norme imperative, salvo che la legge disponga diversamente [1471^{2}, 2098, 2126, 2332^{2}].

[II] Producono nullità del contratto la mancanza di uno dei requisiti indicati dall'articolo 1325, l'illiceità della causa [1343], la illiceità dei motivi nel caso indicato dall'articolo 1345 e la mancanza nell'oggetto dei requisiti stabiliti dall'articolo 1346.

[III] Il contratto è altresì nullo negli altri casi stabiliti dalla legge [160, 162, 458, 778, 779, 785^{2}, 788, 794, 1276, 1341^{2}, 1354, 1355, 1462, 1471$^{1, n. 1 e 2}$, 1472^{2}, 1895, 1904, 1963, 1972, 2103^{2}, 2115, 2265, 2332, 2379, 2744] (1).

➔ **Inst. 3.19.24, D. 2.14.1.1-3, D. 2.14.7.4, D. 45.1.26, Codex 1.14.5 pr.**

(1) Art. 40, co. 2, l. n. 47/1985, in Parte V, Sez. XII, n. 3.

• Art. 38 T.U. imposta di registro: 1. La nullità o l'annullabilità dell'atto non dispensa dall'obbligo di chiedere la registrazione e di pagare la relativa imposta. 2. L'imposta assolta a norma del comma 1 deve essere restituita, per la parte eccedente la misura fissa, quando l'atto sia dichiarato nullo o annullato, per causa non imputabile alle parti, con sentenza passata in giudicato e non sia suscettibile di ratifica, convalida o conferma.

• L. 7/8/1990, n. 241, Legge sul procedimento amministrativo, art. 21-septies, Nullità del provvedimento: «È nullo il provvedimento amministrativo che manca degli elementi essenziali, che è viziato da difetto assoluto di attribuzione, che è stato adottato in violazione o elusione del giudicato, nonché negli altri casi espressamente previsti dalla legge».

• Cfr. art. 127, co. 2, d.lg. 1/9/1993, n. 385.

• Cfr. art. 23 del d.lg. 24/2/1998 n. 58.

• Cfr. art. 6, 9 della l. 18/6/1998, n. 192.

• L. n. 431/1998, Disciplina delle locazioni e del rilascio degli immobili adibiti ad uso abitativo, art. 13, Patti contrari alla legge: «1. È nulla ogni pattuizione volta a determinare un importo del canone di locazione superiore a quello risultante dal contratto scritto e registrato. 2. Nei casi di nullità di cui al co. 1 il conduttore, con azione proponibile nel termine di sei mesi dalla riconsegna dell'immobile locato, può chiedere la restituzione delle somme corrisposte in misura superiore al canone risultante dal contratto scritto e registrato. 3. È nulla ogni pattuizione volta a derogare ai limiti di durata del contratto stabiliti dalla presente legge. 4. Per i contratti di cui al co. 3 dell'art. 2 è nulla ogni pattuizione volta ad attribuire al locatore un canone superiore a quello massimo definito, per immobili aventi le medesime caratteristiche e appartenenti alle medesime tipologie, dagli accordi definiti in sede locale. Per i contratti stipulati in base al co. 1 dell'art. 2, sono nulli, ove in contrasto con le disposizioni della presente legge, qualsiasi obbligo del conduttore nonché qualsiasi clausola o altro vantaggio economico o normativo diretti ad attribuire al locatore un canone superiore a quello contrattualmente stabilito. 5. Nei casi di nullità di cui al co. 4 il conduttore, con azione proponibile nel termine di sei mesi dalla riconsegna dell'immobile locato, può richiedere la restituzione delle somme indebitamente versate. Nei medesimi casi il conduttore può altresì richiedere, con azione proponibile dinanzi al pretore, che la locazione venga ricondotta a condizioni conformi a quanto previsto dal co. 1 dell'art. 2 ovvero dal co. 3 dell'art. 2. Tale azione è altresì consentita nei casi in cui il locatore ha preteso l'instaurazione di un rapporto di locazione di fatto, in violazione di quanto previsto dall'art. 1, co. 4, e nel giudizio che accerta l'esistenza del contratto di locazione il pretore determina il canone dovuto, che non può eccedere quello definito ai sensi del co. 3 dell'art. 2 ovvero quello definito ai sensi dell'art. 5, co. 2 e 3, nel caso di conduttore che abiti stabilmente l'alloggio per i motivi ivi regolati; nei casi di cui al presente periodo il pretore stabilisce la restituzione delle somme eventualmente eccedenti. 6. I riferimenti alla registrazione del contratto di cui alla presente legge non producono effetti se non vi è obbligo di registrazione del contratto stesso».

• Art. 2, co. 3-bis. d.lg. n. 165/2001, TU pubblico impiego.

• Art. 7 del d.lg. 9/10/2002, n. 231.

• Cfr. art. 2 del d.lg. 20/6/2005 n. 122.

• L. 30/12/2004, n. 311, art. 1, co. 346: «I contratti di locazione, o che comunque costituiscono diritti relativi di godimento, di unità immobiliari ovvero di loro porzioni, comunque stipulati, sono nulli se, ricorrendone i presupposti, non sono registrati».

• D.lg. 6/9/2005, n. 206, Codice del consumo, art. 36, co. 1, Nullità di protezione: «Le clausole considerate vessatorie ai sensi degli art. 33 e 34 sono nulle mentre il contratto rimane valido per il resto».

• Cfr. art. 67-septies decies, co.4, d.lg. 6/9/2005 n. 206.

• Art. 134 cod. cons.

• Art. 46 d.P.R. n. 380/2001.

1419. Nullità parziale. – [I] La nullità parziale di un contratto o la nullità di singole clausole importa la nullità dell'intero contratto, se risulta che i contraenti non lo avrebbero concluso senza quella parte del suo contenuto che è colpita dalla nullità [652, 655, 1341², 1354³, *1480*, 2265].

[II] La nullità di singole clausole non importa la nullità del contratto, quando le clausole nulle sono sostituite di diritto da norme imperative [1339, 1501, 1573, 1679⁴, 1815², 1932², 1962², 2066², 2077², 2115³] (1).

➔ **D. 45.1.1.5.**

(1) D.lg. 6/9/2005, n. 206, Codice del consumo, Art. 36, co. 1, Nullità di protezione: «Le clausole considerate vessatorie ai sensi degli art. 33 e 34 sono nulle mentre il contratto rimane valido per il resto».

• Cfr. art. 120-ter del d.lg. 1/9/1993, n. 385.

1420. Nullità del contratto plurilaterale. – Nei contratti con più di due parti, in cui le prestazioni di ciascuna sono dirette al conseguimento di uno scopo comune, la nullità che colpisce il vincolo di una sola delle parti non importa nullità del contratto, salvo che la partecipazione di essa debba, secondo le circostanze, considerarsi essenziale [1419, 1446, 1459, 1466].

1421. Legittimazione all'azione di nullità. – Salvo diverse disposizioni di legge [1903], la nullità può essere fatta valere da chiunque vi ha interesse [100 CPC.] e può essere rilevata d'ufficio dal giudice [1384, 1385, 1419, 1424, 2379// 99, 112, 183⁴ e 384³ CPC.] (1).

(1) Cfr. art. 127, co. 2, d.lg. 1/9/1993, n. 385.

• Cfr. art. 23, co. 2, d.lg. 24/2/1998, n. 58.

• Cfr. art. 9, co. 3, l. 18/6/1998, n. 192.

• Cfr. art. 2 del d.lg. 20/6/2005, n. 122.

• D.lg. 6/9/2005, n. 206, Codice del consumo, art. 36, co. 3, Nullità di protezione: «La nullità opera soltanto **a vantaggio del consumatore** e può essere rilevata d'ufficio dal giudice».

• Art. 167, n. 2, d.lgs. n. 209/2005.

1422. Imprescrittibilità dell'azione di nullità. – L'azione per far dichiarare la nullità [2652ⁿ· ⁶] non è soggetta a prescrizione [1414], salvi gli effetti dell'usucapione [1158 ss.] e della prescrizione delle azioni di ripetizione [2033 ss.].

1423. Inammissibilità della convalida. – Il contratto nullo non può essere convalidato [*1444*], se la legge non dispone diversamente [590, 799, 2035, 2126, 2332⁵, 2377⁸, 2652⁶, 2804 quater// 214, 215 CPC.] (1).

➔ **D. 50.17.29.**

(1) Art. 13, co. 5, l. n. 431/1998, Disciplina delle locazioni, in Parte V, Sez. XVIII, n. 2.

• Art. 2, co. 1, l. n. 192/1998, Disciplina della subfornitura nelle attività produttive, in Parte V, Sez. VII, n. 1.

• L. 30/12/2004, n. 311, art. 1, co. 346: «I contratti di locazione, o che comunque costituiscono diritti relativi di godimento, di unità immobiliari ovvero di loro porzioni, comunque stipulati, sono nulli se, ricorrendone i presupposti, non sono registrati».

1424. Conversione del contratto nullo. – Il contratto nullo può produrre gli effetti di un contratto diverso, del quale contenga i requisiti di sostanza [1325, 1346] e di forma [1350], qualora, avuto riguardo allo scopo perseguito dalle parti, debba ritenersi che esse lo avrebbero voluto se avessero conosciuto la nullità [607, 1175, 1367, 1375, 2701].

Capo XII
Dell'annullabilità del contratto

Sezione I
Dell'incapacità

1425. Incapacità delle parti. – [I] Il contratto è annullabile se una delle parti era legalmente incapace di contrattare [2, 84, 85, 322, 323, 414, 415, 427, 591, 775, 1234², 1276, 1441 ss., 1462, 1471ⁿ· ³⁻⁴].

[II] È parimenti annullabile, quando ricorrono le condizioni stabilite dall'articolo 428, il contratto stipulato da persona incapace d'intendere o di volere [129, 428, 1191, 1389].

1426. Raggiri usati dal minore. – Il contratto non è annullabile, se il minore ha con raggiri occultato la sua minore età [2]; ma la semplice dichiarazione da lui fatta di essere maggiorenne non è di ostacolo all'impugnazione del contratto [609-sexies CP.].

Sezione II

Dei vizi del consenso

1427. Errore, violenza e dolo. – Il contraente, il cui consenso fu dato per errore [1428, 1429, 1431], estorto con violenza [1434 ss.] o carpito con dolo [1439], può chiedere l'annullamento del contratto [1441 ss.] secondo le disposizioni seguenti [122, 624$^{1, 2}$].

1428. Rilevanza dell'errore. – L'errore è causa di annullamento del contratto quando è essenziale [1429] ed è riconoscibile dall'altro contraente [1431].

1429. Errore essenziale. – [I] L'errore è essenziale:

1) quando cade sulla natura o sull'oggetto del contratto [1322];

2) quando cade sull'identità dell'oggetto della prestazione [1346] ovvero sopra una qualità dello stesso che, secondo il comune apprezzamento o in relazione alle circostanze, deve ritenersi determinante del consenso;

3) quando cade sull'identità [1222] o sulle qualità della persona dell'altro contraente, sempre che l'una o le altre siano state determinanti del consenso [1223];

4) quando, trattandosi di errore di diritto, è stato la ragione unica o principale del contratto [624^2, 787, 1969, 2732].

➔ D. 12.1.18 pr., D. 18.1.9 pr., 2, D. 30.4 pr.

1430. Errore di calcolo. – L'errore di calcolo non dà luogo ad annullamento del contratto, ma solo a rettifica, tranne che, concretandosi in errore sulla quantità, sia stato determinante del consenso [1429, 1432].

➔ Codex 2.5.1.

1431. Errore riconoscibile. – L'errore si considera riconoscibile quando in relazione al contenuto, alle circostanze del contratto ovvero alla qualità dei contraenti, una persona di normale diligenza [1176^1] avrebbe potuto rilevarlo.

➔ D. 18.1.9 pr., 2.

1432. Mantenimento del contratto rettificato. – La parte in errore non può domandare l'annullamento del contratto se, prima che ad essa possa derivarne pregiudizio, l'altra offre di eseguirlo in modo conforme al contenuto e alle modalità del contratto che quella intendeva concludere [1430].

1433. Errore nella dichiarazione o nella sua trasmissione. – Le disposizioni degli articoli precedenti si applicano anche al caso in cui l'errore cade sulla dichiarazione, o in cui la dichiarazione è stata inesattamente trasmessa dalla persona o dall'ufficio che ne era stato incaricato [2706].

1434. Violenza. – La violenza è causa di annullamento del contratto, anche se esercitata da un terzo [122, 265, 482, 526, 624 // 610 CP.].

1435. Caratteri della violenza. – La violenza deve essere di tal natura da far impressione sopra una persona sensata e da farle temere di esporre sé o i suoi beni a un male ingiusto e notevole. Si ha riguardo, in questa materia, all'età, al sesso e alla condizione delle persone [1438].

➔ D. 4.2.5.

1436. Violenza diretta contro terzi. – [I] La violenza è causa di annullamento del contratto anche quando il male minacciato riguarda la persona o i beni del coniuge del contraente o di un discendente o ascendente di lui.

[II] Se il male minacciato riguarda altre persone, l'annullamento del contratto è rimesso alla prudente valutazione delle circostanze da parte del giudice (1).

(1) Per la persona o i beni dell'altra parte dell'unione civile costituita dal contraente o da un discendente o ascendente di lui v. art. 1, co. 16, l. 20/5/2016, n. 76.

1437. Timore riverenziale. – Il solo timore riverenziale non è causa di annullamento del contratto.

1438. Minaccia di far valere un diritto. – La minaccia di far valere un diritto può essere causa di annullamento del contratto solo quando è diretta a conseguire vantaggi ingiusti [610, 612 CP.].

1439. Dolo. – [I] Il dolo è causa di annullamento del contratto [1195] quando i raggiri usati da uno dei contraenti sono stati tali che, senza di essi, l'altra parte non avrebbe contrattato [1892].

[II] Quando i raggiri sono stati usati da un terzo, il contratto è annullabile se essi erano noti al contraente che ne ha tratto vantaggio.

➔ D. 4.3.1.2-3, D. 4.3.8, D. 19.1.6.9.

1440. Dolo incidente. – Se i raggiri non sono stati tali da determinare il consenso, il contratto è valido, benché senza di essi sarebbe stato concluso a condizioni diverse [640 CP.]; ma il contraente in mala fede risponde dei danni [1337].

Sezione III

Dell'azione di annullamento

1441. Legittimazione. – [I] L'annullamento del contratto può essere domandato solo dalla parte nel cui interesse è stabilito dalla legge.

[II] L'incapacità del condannato in istato di interdizione legale [32 CP.] può essere fatta valere da chiunque vi ha interesse [119, 591, 1421].

1442. Prescrizione. – [I] L'azione di annullamento si prescrive in cinque anni [428^3, 761^2, 775^2].

[II] Quando l'annullabilità dipende da vizio del consenso [1427 ss.] o da incapacità legale [1425 ss.], il termine decorre dal giorno in cui è cessata la violenza, è stato scoperto l'errore o il dolo, è cessato lo stato d'interdizione o d'inabilitazione [429], ovvero il minore ha raggiunto la maggiore età [2].

[III] Negli altri casi il termine decorre dal giorno della conclusione del contratto [428^3, 775^2, 1422].

[IV] L'annullabilità può essere opposta dalla parte convenuta per l'esecuzione del contratto, anche se è prescritta l'azione per farla valere [1449^2].

1443. Ripetizione contro il contraente incapace. – Se il contratto è annullato per incapacità [1425] di uno dei contraenti, questi non è tenuto a restituire all'altro la prestazione ricevuta se non nei limiti in cui è stata rivolta a suo vantaggio [1190, 2039].

1444. Convalida. – [I] Il contratto annullabile può essere convalidato dal contraente al quale spetta l'azione di annullamento, mediante un atto che contenga la menzione del contratto e del motivo di annullabilità, e la dichiarazione che s'intende convalidarlo [184].

[II] Il contratto è pure convalidato, se il contraente al quale spettava l'azione di annullamento vi ha dato volontariamente esecuzione conoscendo il motivo di annullabilità [1234^2].

[III] La convalida non ha effetto, se chi l'esegue non è in condizione di concludere validamente il contratto [1425].

1445. Effetti dell'annullamento nei confronti dei terzi. – L'annullamento che non dipende da incapacità legale non pregiudica i diritti acquistati a titolo oneroso dai terzi di buona fede, salvi gli effetti della trascrizione della domanda di annullamento [232, 252,1452, 1458^{2}, 2377^{7}, 2652$^{n. 6}$, 2690$^{n. 3}$ // 165 trans.].

1446. Annullabilità nel contratto plurilaterale. – Nei contratti indicati dall'articolo 1420 l'annullabilità che riguarda il vincolo di una sola delle parti non importa annullamento del contratto, salvo che la partecipazione di questa debba, secondo le circostanze, considerarsi essenziale.

Capo XIII
Della rescissione del contratto

1447. Contratto concluso in istato di pericolo. – [I] Il contratto con cui una parte ha assunto obbligazioni a condizioni inique, per la necessità, nota alla controparte, di salvare sé o altri dal pericolo attuale di un danno grave alla persona [2045], può essere rescisso sulla domanda della parte che si è obbligata.

[II] Il giudice nel pronunciare la rescissione, può, secondo le circostanze, assegnare un equo compenso all'altra parte per l'opera prestata [2041] (1).

(1) Cfr. art. 2, co. 2, lett. e), art. 33, co. 1, art. 34, co. 1, d.lg. 6/9/2005, n. 206.

1448. Azione generale di rescissione per lesione. – [I] Se vi è sproporzione tra la prestazione di una parte e quella dell'altra, e la sproporzione è dipesa dallo stato di bisogno di una parte, del quale l'altra ha approfittato per trarne vantaggio [644 CP.], la parte danneggiata può domandare la rescissione del contratto [1964, 2922^{2}].

[II] L'azione non è ammissibile se la lesione non eccede la metà del valore che la prestazione eseguita o promessa dalla parte danneggiata aveva al tempo del contratto.

[III] La lesione deve perdurare fino al tempo in cui la domanda è proposta.

[IV] Non possono essere rescissi per causa di lesione i contratti aleatori [765, 1469, 1970].

[V] Sono salve le disposizioni relative alla rescissione della divisione [763 ss. // 166 trans.] (1).

(1) Cfr. art. 2, co. 2, lett. e), art. 33, co. 1, art. 34, co. 1, d.lg. 6/9/2005, n. 206.

1449. Prescrizione. – [I] L'azione di rescissione si prescrive in un anno dalla conclusione del contratto [1326]; ma se il fatto costituisce reato, si applica l'ultimo comma dell'articolo 2947.

[II] La rescindibilità del contratto non può essere opposta in via di eccezione quando l'azione è prescritta [1442^{4}].

1450. Offerta di modificazione del contratto. – Il contraente contro il quale è domandata la rescissione può evitarla offrendo una modificazione del contratto sufficiente per ricondurlo ad equità [1467^{3}].

1451. Inammissibilità della convalida. – Il contratto rescindibile non può essere convalidato [1423, 1444].

1452. Effetti della rescissione rispetto ai terzi. – La rescissione del contratto non pregiudica i diritti acquistati dai terzi, salvi gli effetti della trascrizione della domanda di rescissione [1445, 1458^{2}, 2652$^{n. 1}$, 2690$^{n. 1}$].

Capo XIV
Della risoluzione del contratto

Sezione I
Della risoluzione per inadempimento

1453. Risolubilità del contratto per inadempimento. – [I] Nei contratti con prestazioni corrispettive, quando uno dei contraenti non adempie le sue obbligazioni, l'altro può a sua scelta chiedere l'adempimento [2930 ss.] o la risoluzione del contratto [2907, 2908], salvo, in ogni caso, il risarcimento del danno [1218, 1223 ss.].

[II] La risoluzione può essere domandata anche quando il giudizio è stato promosso per ottenere l'adempimento; ma non può più chiedersi l'adempimento quando è stata domandata la risoluzione.

[III] Dalla data della domanda di risoluzione l'inadempiente non può più adempiere la propria obbligazione.

1454. Diffida ad adempiere. – [I] Alla parte inadempiente l'altra può intimare per iscritto di adempiere in un congruo termine, con dichiarazione che, decorso inutilmente detto termine, il contratto s'intenderà senz'altro risoluto [1662^{2}, 1901^{3}].

[II] Il termine non può essere inferiore a quindici giorni, salvo diversa pattuizione delle parti o salvo che, per la natura del contratto o secondo gli usi, risulti congruo un termine minore.

[III] Decorso il termine senza che il contratto sia stato adempiuto, questo è risoluto di diritto.

1455. Importanza dell'inadempimento. – Il contratto non si può risolvere se l'inadempimento di una delle parti ha scarsa importanza [243, 1522^{2}, 1525, 1564, 1565, 1668^{2}, 1901, 2286], avuto riguardo all'interesse dell'altra.

1456. Clausola risolutiva espressa. – [I] I contraenti possono convenire espressamente che il contratto si risolva nel caso che una determinata obbligazione non sia adempiuta secondo le modalità stabilite.

[II] In questo caso, la risoluzione si verifica di diritto [1517] quando la parte interessata dichiara all'altra che intende valersi della clausola risolutiva [1455, 1457^{2}].

1457. Termine essenziale per una delle parti. – [I] Se il termine fissato per la prestazione di una delle parti deve considerarsi essenziale nell'interesse dell'altra [1256^{2}], questa, salvo patto o uso contrario, se vuole esigerne l'esecuzione nonostante la scadenza del termine, deve darne notizia all'altra parte entro tre giorni.

[II] In mancanza, il contratto s'intende risoluto di diritto anche se non è stata espressamente pattuita la risoluzione [1456^{2}].

1458. Effetti della risoluzione. – [I] La risoluzione del contratto per inadempimento ha effetto retroattivo tra le parti, salvo il caso di contratti ad esecuzione continuata o periodica, riguardo ai quali l'effetto della risoluzione non si estende alle prestazioni già eseguite [1360^{2}, 1373^{2}].

[II] La risoluzione, anche se è stata espressamente pattuita [1456], non pregiudica i diritti acquistati dai terzi, salvi gli effetti della trascrizione della domanda di risoluzione [1360, 1415, 1445, 1467, 1901^{1}, 2652$^{n. 1}$ // 165 trans. // 111 CPC.].

1459. Risoluzione nel contratto plurilaterale. – Nei contratti indicati dall'articolo 1420 l'inadempimento di una delle parti non importa la risoluzione del contratto rispetto alle altre, salvo che la prestazione mancata debba, secondo le circostanze, considerarsi essenziale.

1460. Eccezione d'inadempimento. – [I] Nei contratti con prestazioni corrispettive, ciascuno dei contraenti può rifiutarsi di adempiere la sua obbligazione, se l'altro non adempie o non offre di adempiere contemporaneamente la propria [1901], salvo che termini diversi per l'adempimento siano stati stabiliti dalle parti o risultino dalla natura del contratto [1565].

[II] Tuttavia non può rifiutarsi l'esecuzione se, avuto riguardo alle circostanze, il rifiuto è contrario alla buona fede [1375].

1461. Mutamenti nelle condizioni patrimoniali dei contraenti. – Ciascun contraente può sospendere l'esecuzione della prestazione da lui dovuta, se le condizioni patrimoniali dell'altro sono divenute tali da porre in evidente pericolo il conseguimento della controprestazione, salvo che sia prestata idonea garanzia [*1186*, *1429* n. 3, 1822, 1956, 1959 [1] // 169 trans.].

1462. Clausola limitativa della proponibilità di eccezioni. – [I] La clausola con cui si stabilisce che una delle parti non può opporre eccezioni al fine di evitare o ritardare la prestazione dovuta, non ha effetto per le eccezioni di nullità [1418 ss.], di annullabilità [1425 ss.] e di rescissione [1447 ss.] del contratto [1230, 1236, 1241, 1463, 1965, 2934].

[II] Nei casi in cui la clausola è efficace, il giudice, se riconosce che concorrono gravi motivi, può tuttavia sospendere la condanna, imponendo, se del caso, una cauzione [167 trans.].

Sezione II
Dell'impossibilità sopravvenuta

1463. Impossibilità totale. – Nei contratti con prestazioni corrispettive, la parte liberata per la sopravvenuta impossibilità della prestazione dovuta [1256] non può chiedere la controprestazione, e deve restituire quella che abbia già ricevuta, secondo le norme relative alla ripetizione dell'indebito [673 [2], 1207, 1221, 1672, 2033 ss., 2228] (1).

➔ **D. 19.1.50.**

(1) Art. 28 del d.l. 2/3/2020, n. 9 non convertito in legge ed abrogato dall'art. 1, co. 2, l. 24/4/2020, n. 27 – **Rimborso titoli di viaggio e pacchetti turistici.** *1. Ai sensi e per gli effetti dell'articolo 1463 del codice civile, ricorre la sopravvenuta impossibilità della prestazione dovuta in relazione ai contratti di trasporto aereo, ferroviario, marittimo, nelle acque interne o terrestre stipulati:*
a) dai soggetti nei confronti dei quali è stata disposta la quarantena con sorveglianza attiva ovvero la permanenza domiciliare fiduciaria con sorveglianza attiva da parte dell'autorità sanitaria competente, in attuazione dei provvedimenti adottati ai sensi dell'articolo 3 del decreto-legge 23 febbraio 2020, n. 6, con riguardo ai contratti di trasporto da eseguirsi nel medesimo periodo di quarantena o permanenza domiciliare;
b) dai soggetti residenti, domiciliati o destinatari di un provvedimento di divieto di allontanamento nelle aree interessate dal contagio, come individuate dai decreti adottati dal Presidente del Consiglio dei ministri ai sensi dell'articolo 3 del decreto-legge 23 febbraio 2020, n. 6, con riguardo ai contratti di trasporto da eseguirsi nel periodo di efficacia dei predetti decreti;
c) dai soggetti risultati positivi al virus COVID-19 per i quali è disposta la quarantena con sorveglianza attiva ovvero la permanenza domiciliare fiduciaria con sorveglianza attiva da parte dell'autorità sanitaria competente ovvero il ricovero presso le strutture sanitarie, con riguardo ai contratti di trasporto da eseguirsi nel medesimo periodo di permanenza, quarantena o ricovero;
d) dai soggetti che hanno programmato soggiorni o viaggi con partenza o arrivo nelle aree interessate dal contagio come individuate dai decreti adottati dal Presidente del Consiglio dei ministri ai sensi dell'articolo 3 del decreto-legge 23 febbraio 2020, n. 6, con riguardo ai contratti di trasporto da eseguirsi nel periodo di efficacia dei predetti decreti;
e) dai soggetti che hanno programmato la partecipazione a concorsi pubblici o procedure di selezione pubblica, a manifestazioni o iniziative di qualsiasi natura, a eventi e a ogni forma di riunione in luogo pubblico o privato, anche di carattere culturale, ludico, sportivo e religioso, anche se svolti in luoghi chiusi aperti al pubblico, annullati, sospesi o rinviati dalle autorità competenti in attuazione dei provvedimenti adottati ai sensi dell'articolo 3 del decreto-legge 23 febbraio 2020, n. 6, con riguardo ai contratti di trasporto da eseguirsi nel periodo di efficacia dei predetti provvedimenti;
f) dai soggetti intestatari di titolo di viaggio, acquistati in Italia, avente come destinazione Stati esteri, dove sia impedito o vietato lo sbarco, l'approdo o l'arrivo in ragione della situazione emergenziale epidemiologica da COVID-19.
2. I soggetti di cui al comma 1 comunicano al vettore il ricorrere di una delle situazioni di cui al medesimo comma 1 allegando il titolo di viaggio e, nell'ipotesi di cui alla lettera e), la documentazione attestante la programmata partecipazione ad una delle manifestazioni, iniziative o eventi indicati nella medesima lettera e). Tale comunicazione è effettuata entro trenta giorni decorrenti:
a) dalla cessazione delle situazioni di cui al comma 1, lettere da a) a d);
b) dall'annullamento, sospensione o rinvio del corso o della procedura selettiva, della manifestazione, dell'iniziativa o dell'evento, nell'ipotesi di cui al comma 1, lettera e);
c) dalla data prevista per la partenza, nell'ipotesi di cui al comma 1, lettera f).
3. Il vettore, entro quindici giorni dalla comunicazione di cui al comma 2, procede al rimborso del corrispettivo versato per il titolo di viaggio ovvero all'emissione di un voucher di pari importo da utilizzare entro un anno dall'emissione.
4. Le disposizioni di cui ai commi 2 e 3 trovano applicazione anche nei casi in cui il titolo di viaggio sia stato acquistato per il tramite di un'agenzia di viaggio.
5. I soggetti di cui al comma 1 possono esercitare, ai sensi dell'articolo 41 del decreto legislativo 23 maggio 2011, n. 79, il diritto di recesso dai contratti di pacchetto turistico da eseguirsi nei periodi di ricovero, di quarantena con sorveglianza attiva, di permanenza domiciliare fiduciaria con sorveglianza attiva ovvero di durata dell'emergenza epidemiologica da COVID-19 nelle aree interessate dal contagio come individuate dai decreti adottati dal Presidente del Consiglio dei ministri ai sensi dell'articolo 3 del decreto-legge 23 febbraio 2020, n. 6. In caso di recesso, l'organizzatore può offrire al viaggiatore un pacchetto sostitutivo di qualità equivalente o superiore, può procedere al rimborso nei termini previsti dai commi 4 e 6 dell'articolo 41 del citato decreto legislativo 23 maggio 2011, n. 79, oppure può emettere un voucher, da utilizzare entro un anno dalla sua emissione, di importo pari al rimborso spettante.
6. In relazione alle ipotesi disciplinate dall'articolo 1, comma 2, lettera f), del decreto-legge 23 febbraio 2020, n. 6, il rimborso può essere effettuato anche mediante l'emissione di un voucher di pari importo da utilizzare entro un anno dall'emissione.
7. Nei casi di cui ai commi 5 e 6, il vettore procede al rimborso del corrispettivo versato per il titolo di viaggio in favore dell'organizzatore ovvero all'emissione di un voucher di pari importo da utilizzare entro un anno dall'emissione.
8. Le disposizioni di cui al presente articolo costituiscono, ai sensi dell'articolo 17 della legge del 31 maggio 1995, n. 218 e dell'articolo 9 del regolamento (CE) n. 593/2008 del Parlamento europeo e del Consiglio, del 17 giugno 2008, norme di applicazione necessaria.
9. Alla sospensione dei viaggi ed iniziative d'istruzione disposta dal 23 febbraio al 15 marzo ai sensi degli articoli 1 e 2 del decreto-legge 23 febbraio 2020, n. 6, e dei conseguenti provvedimenti attuativi, si applica quanto previsto dall'articolo 41, comma 4, del decreto legislativo 23 maggio 2011, n. 79, in ordine al diritto di recesso del viaggiatore prima dell'inizio del pacchetto di viaggio nonché l'articolo 1463 del codice civile. Il rimborso può essere effettuato anche mediante l'emissione di un voucher di pari importo da utilizzare entro un anno dall'emissione.

• **artt. 88 e 88-bis del d.l. 17/3/2020, n. 18 convertiti dall'art. 1, co. 1 della l. 24/4/2020, n. 27** – Art. 88-bis. Rimborso di titoli di viaggio, di soggiorno e di pacchetti turistici. *1. Ai sensi e per gli effetti dell'articolo 1463 del codice civile, ricorre la sopravvenuta impossibilità della prestazione dovuta in relazione ai contratti di*

trasporto aereo, ferroviario, marittimo, nelle acque interne o terrestre, ai contratti di soggiorno e ai contratti di pacchetto turistico stipulati:
a) dai soggetti nei confronti dei quali è stata disposta la quarantena con sorveglianza attiva ovvero la permanenza domiciliare fiduciaria con sorveglianza attiva da parte dell'autorità sanitaria competente, in attuazione dei provvedimenti adottati ai sensi dell'articolo 3 del decreto-legge 23 febbraio 2020, n. 6, convertito, con modificazioni, dalla legge 5 marzo 2020, n. 13, e dell'articolo 2 del decreto-legge 25 marzo 2020, n. 19, con riguardo ai contratti da eseguire nel medesimo periodo di quarantena o permanenza domiciliare;
b) dai soggetti residenti, domiciliati o destinatari di un provvedimento di divieto di allontanamento nelle aree interessate dal contagio, come individuate dai decreti adottati dal Presidente del Consiglio dei ministri ai sensi dell'articolo 3 del decreto-legge 23 febbraio 2020, n. 6, convertito, con modificazioni, dalla legge 5 marzo 2020, n. 13, e dell'articolo 2 del decreto-legge 25 marzo 2020, n. 19, con riguardo ai contratti da eseguire nel periodo di efficacia dei predetti decreti;
c) dai soggetti risultati positivi al virus COVID-19 per i quali è disposta la quarantena con sorveglianza attiva ovvero la permanenza domiciliare fiduciaria con sorveglianza attiva da parte dell'autorità sanitaria competente ovvero il ricovero presso le strutture sanitarie, con riguardo ai contratti da eseguire nel medesimo periodo di permanenza, quarantena o ricovero;
d) dai soggetti che hanno programmato soggiorni o viaggi con partenza o arrivo nelle aree interessate dal contagio come individuate dai decreti adottati dal Presidente del Consiglio dei ministri ai sensi dell'articolo 3 del decreto-legge 23 febbraio 2020, n. 6, convertito, con modificazioni, dalla legge 5 marzo 2020, n. 13, e dell'articolo 2 del decreto-legge 25 marzo 2020, n. 19, con riguardo ai contratti da eseguire nel periodo di efficacia dei predetti decreti;
e) dai soggetti che hanno programmato la partecipazione a concorsi pubblici o procedure di selezione pubblica, a manifestazioni o iniziative di qualsiasi natura, a eventi e a ogni forma di riunione in luogo pubblico o privato, anche di carattere culturale, ludico, sportivo e religioso, anche se svolti in luoghi chiusi aperti al pubblico, annullàti, sospesi o rinviati dalle autorità competenti in attuazione dei provvedimenti adottati ai sensi dell'articolo 3 del decreto-legge 23 febbraio 2020, n. 6, convertito, con modificazioni, dalla legge 5 marzo 2020, n. 13, e dell'articolo 2 del decreto-legge 25 marzo 2020, n. 19, con riguardo ai contratti da eseguire nel periodo di efficacia dei predetti provvedimenti;
f) dai soggetti intestatari di titolo di viaggio o acquirenti di pacchetti turistici, acquistati in Italia, aventi come destinazione Stati esteri, dove sia impedito o vietato lo sbarco, l'approdo o l'arrivo in ragione della situazione emergenziale epidemiologica da COVID-19.
2. I soggetti di cui al comma 1 comunicano al vettore o alla struttura ricettiva o all'organizzatore di pacchetti turistici il ricorrere di una delle situazioni di cui al medesimo comma 1 allegando la documentazione comprovante il titolo di viaggio o la prenotazione di soggiorno o il contratto di pacchetto turistico e, nell'ipotesi di cui alla lettera e) del comma 1, la documentazione attestante la programmata partecipazione ad una delle manifestazioni, iniziative o eventi indicati nella medesima lettera e). Tale comunicazione è effettuata entro trenta giorni decorrenti:
a) dalla cessazione delle situazioni di cui al comma 1, lettere da a) a d);
b) dall'annullamento, sospensione o rinvio del concorso o della procedura selettiva, della manifestazione, dell'iniziativa o dell'evento, nell'ipotesi di cui al comma 1, lettera e);
c) dalla data prevista per la partenza, nell'ipotesi di cui al comma 1, lettera f).
3. Il vettore o la struttura ricettiva, entro trenta giorni dalla comunicazione di cui al comma 2, procedono al rimborso del corrispettivo versato per il titolo di viaggio e per il soggiorno ovvero all'emissione di un voucher di pari importo da utilizzare entro un anno dall'emissione.
4. In relazione ai contratti stipulati dai soggetti di cui al comma 1, il diritto di recesso può essere esercitato dal vettore, previa comunicazione tempestiva all'acquirente, quando le prestazioni non possono essere eseguite in ragione di provvedimenti adottati dalle autorità nazionali, internazionali o di Stati esteri, a causa dell'emergenza epidemiologica da COVID-19. In tali casi il vettore ne da' tempestiva comunicazione all'acquirente e, entro i successivi trenta giorni, procede al rimborso del corrispettivo versato per il titolo di viaggio oppure all'emissione di un voucher di pari importo da utilizzare entro un anno dall'emissione.
5. Le strutture ricettive che hanno sospeso o cessato l'attività, in tutto o in parte, a causa dell'emergenza epidemiologica da COVID-19 possono offrire all'acquirente un servizio sostitutivo di qualità equivalente, superiore o inferiore con restituzione della differenza di prezzo, oppure procedere al rimborso del prezzo o, altrimenti, possono emettere un voucher, da utilizzare entro un anno dalla sua emissione, di importo pari al rimborso spettante.
6. I soggetti di cui al comma 1 possono esercitare, ai sensi dell'articolo 41 del codice di cui al decreto legislativo 23 maggio 2011, n. 79, il diritto di recesso dai contratti di pacchetto turistico da eseguire nei periodi di ricovero, di quarantena con sorveglianza attiva, di permanenza domiciliare fiduciaria con sorveglianza attiva ovvero di durata dell'emergenza epidemiologica da COVID-19 nelle aree interessate dal contagio come individuate dai decreti adottati dal Presidente del Consiglio dei ministri ai sensi dell'articolo 3 del decreto-legge 23 febbraio 2020, n. 6, convertito, con modificazioni, dalla legge 5 marzo 2020, n. 13, o negli Stati dove è impedito o vietato lo sbarco, l'approdo o l'arrivo in ragione della situazione emergenziale epidemiologica da COVID-19. In tali casi l'organizzatore, in alternativa al rimborso previsto dall'articolo 41, commi 4 e 6, del codice di cui al decreto legislativo 23 maggio 2011, n. 79, può offrire al viaggiatore un pacchetto sostitutivo di qualità equivalente o superiore o inferiore con restituzione della differenza di prezzo oppure può procedere al rimborso o, altrimenti, può emettere, anche per il tramite dell'agenzia venditrice, un voucher, da utilizzare entro un anno dalla sua emissione, di importo pari al rimborso spettante. In deroga all'articolo 41, comma 6, del decreto legislativo 23 maggio 2011, n. 79, il rimborso è corrisposto e il voucher è emesso appena ricevuti i rimborsi o i voucher dai singoli fornitori di servizi e comunque non oltre sessanta giorni dalla data prevista di inizio del viaggio.
7. Gli organizzatori di pacchetti turistici possono esercitare, ai sensi dell'articolo 41, comma 5, lettera b), del codice di cui al decreto legislativo 23 maggio 2011, n. 79, il diritto di recesso dai contratti stipulati con i soggetti di cui al comma 1, dai contratti di pacchetto turistico aventi come destinazione Stati esteri ove sia impedito o vietato lo sbarco, l'approdo o l'arrivo in ragione dell'emergenza epidemiologica da COVID-19, e comunque quando l'esecuzione del contratto è impedita, in tutto o in parte, da provvedimenti adottati a causa di tale emergenza dalle autorità nazionali, internazionali o di Stati esteri. In tali casi l'organizzatore, in alternativa al rimborso previsto dall'articolo 41, commi 5 e 6, del decreto legislativo 23 maggio 2011, n. 79, può offrire al viaggiatore un pacchetto sostitutivo di qualità equivalente o superiore o inferiore con restituzione della differenza di prezzo oppure può procedere al rimborso o, altrimenti, può emettere, anche per il tramite dell'agenzia venditrice, un voucher, da utilizzare entro un anno dalla sua emissione, di importo pari al rimborso spettante. In deroga all'articolo 41, comma 6, del decreto legislativo 23 maggio 2011, n. 79, il rimborso è corrisposto e il voucher è emesso appena ricevuti i rimborsi o i voucher dai singoli fornitori di servizi e comunque non oltre sessanta giorni dalla data prevista di inizio del viaggio.
8. Per la sospensione dei viaggi e delle iniziative di istruzione disposta in ragione dello stato di emergenza deliberato dal Consiglio dei ministri il 31 gennaio 2020, si applica l'articolo 1463 del codice civile nonché quanto previsto dall'articolo 41, comma 4, del codice di cui al decreto legislativo 23 maggio 2011, n. 79, in ordine al diritto di recesso del viaggiatore prima dell'inizio del pacchetto di viaggio. Il rimborso può essere effettuato dall'organizzatore anche mediante l'emissione di un voucher di pari importo in favore del proprio contraente, da utilizzare entro un anno dall'emissione. In deroga all'articolo 41, comma 6, del decreto legislativo 23 maggio 2011, n. 79, l'organizzatore corrisponde il rimborso o emette il voucher appena ricevuti i rimborsi o i voucher dai singoli fornitori di servizi e comunque non oltre sessanta giorni dalla data prevista di inizio del viaggio. È sempre corrisposto il rimborso con restituzione della somma versata, senza emissione di voucher, quando il viaggio o l'iniziativa di istruzione riguarda la scuola dell'infanzia o le classi terminali della scuola primaria e della scuola secondaria di primo e secondo grado. Sono fatti salvi, con effetto per l'anno scolastico 2020/2021, i rapporti instaurati alla data del 24 febbraio 2020 dagli istituti scolastici committenti con gli organizzatori aggiudicatari. Nell'ambito degli stessi rapporti con ciascun or-

ganizzatore, gli istituti scolastici committenti possono modificare le modalità di svolgimento di viaggi, iniziative, scambi, gemellaggi, visite e uscite didattiche comunque denominate, anche riguardo alle classi di studenti, ai periodi, alle date e alle destinazioni.
9. Nei casi di cui ai commi 6, 7 e 8, il vettore e la struttura ricettiva procedono al rimborso del corrispettivo versato in favore del soggetto dal quale hanno ricevuto il pagamento oppure all'emissione in suo favore di un voucher di pari importo da utilizzare entro un anno dall'emissione.
10. Le disposizioni del presente articolo trovano applicazione anche nei casi in cui il titolo di viaggio o il soggiorno o il pacchetto turistico siano stati acquistati o prenotati per il tramite di un'agenzia di viaggio o di un portale di prenotazione, anche in deroga alle condizioni pattuite.
11. Fuori dei casi previsti dai commi da 1 a 7, per tutti i rapporti inerenti ai contratti di cui al presente articolo e instaurati con effetto dall'11 marzo 2020 al 30 settembre 2020 nell'intero territorio nazionale, anche per le prestazioni da rendere all'estero e per le prestazioni in favore di contraenti provenienti dall'estero, quando le prestazioni non siano rese a causa degli effetti derivanti dallo stato di emergenza epidemiologica da COVID-19, la controprestazione già ricevuta può essere restituita mediante un voucher di pari importo valido per un anno dall'emissione.
12. L'emissione dei voucher previsti dal presente articolo assolve i correlativi obblighi di rimborso e non richiede alcuna forma di accettazione da parte del destinatario.
13. Le disposizioni del presente articolo costituiscono norme di applicazione necessaria ai sensi dell'articolo 17 della legge 31 maggio 1995, n. 218, e dell'articolo 9 del regolamento (CE) n. 593/2008 del Parlamento europeo e del Consiglio, del 17 giugno 2008.

1464. Impossibilità parziale. – Quando la prestazione di una parte è divenuta solo parzialmente impossibile [1258], l'altra parte ha diritto a una corrispondente riduzione della prestazione da essa dovuta, e può anche recedere dal contratto qualora non abbia un interesse apprezzabile all'adempimento parziale [1181].

1465. Contratto con effetti traslativi o costitutivi. – [I] Nei contratti che trasferiscono la proprietà di una cosa determinata ovvero costituiscono o trasferiscono diritti reali [1376], il perimento della cosa per una causa non imputabile all'alienante non libera l'acquirente dall'obbligo di eseguire la controprestazione, ancorché la cosa non gli sia stata consegnata.

[II] La stessa disposizione si applica nel caso in cui l'effetto traslativo o costitutivo sia differito fino allo scadere di un termine (1).

[III] Qualora oggetto del trasferimento sia una cosa determinata solo nel genere, l'acquirente non è liberato dall'obbligo di eseguire la controprestazione, se l'alienante ha fatto la consegna o se la cosa è stata individuata [1378, 1523].

[IV] L'acquirente è in ogni caso liberato dalla sua obbligazione, se il trasferimento era sottoposto a condizione sospensiva e l'impossibilità è sopravvenuta prima che si verifichi la condizione [1360²].

(1) Art. 63 del d.lg. 6/9/2005, n. 206.

1466. Impossibilità nel contratto plurilaterale. – Nei contratti indicati dall'articolo 1420 l'impossibilità della prestazione di una delle parti non importa scioglimento del contratto rispetto alle altre, salvo che la prestazione mancata debba, secondo le circostanze, considerarsi essenziale.

Sezione III
Dell'eccessiva onerosità

1467. Contratto con prestazioni corrispettive. – [I] Nei contratti a esecuzione continuata o periodica ovvero a esecuzione differita, se la prestazione di una delle parti è divenuta eccessivamente onerosa per il verificarsi di avvenimenti straordinari e imprevedibili, la parte che deve tale prestazione può domandare la risoluzione del contratto, con gli effetti stabiliti dall'articolo 1458 [168 trans.].

[II] La risoluzione non può essere domandata se la sopravvenuta onerosità rientra nell'alea normale del contratto.

[III] La parte contro la quale è domandata la risoluzione può evitarla offrendo di modificare equamente le condizioni del contratto [1623, 1664] (1).

(1) Cfr. art. 2, co. 2, lett. e), art. 33, co. 1, art. 34, co. 1, d.lg. 6/9/2005, n. 206.

1468. Contratto con obbligazioni di una sola parte. – Nell'ipotesi prevista dall'articolo precedente, se si tratta di un contratto nel quale una sola delle parti ha assunto obbligazioni [1333], questa può chiedere una riduzione della sua prestazione ovvero una modificazione nelle modalità di esecuzione, sufficienti per ricondurla ad equità.

1469. Contratto aleatorio. – Le norme degli articoli precedenti [1467 ss.] non si applicano ai contratti aleatori per loro natura [1879, 1882, 1933] o per volontà delle parti [1448⁴, 1472²].

Capo XIV bis
Dei contratti del consumatore

1469 bis. Contratti del consumatore (1). – [I] Le disposizioni del presente titolo si applicano ai contratti del consumatore, ove non derogate dal codice del consumo o da altre disposizioni più favorevoli per il consumatore.

(1) L'art. 142 del d.lg. 6/9/2005, n. 206 ha sostituito gli art. da 1469-bis a 1469-sexies con il solo art. 1469-bis, con effetto dal 23/10/2005. V. ora gli art. 33-37 del d.lg. n. 206, cit. Il testo previgente recitava: «Clausole vessatorie nel contratto tra professionista e consumatore. [I] Nel contratto concluso tra il consumatore ed il professionista si considerano vessatorie le clausole che, malgrado la buona fede, determinano a carico del consumatore un significativo squilibrio dei diritti e degli obblighi derivanti dal contratto. [II] In relazione al contratto di cui al primo comma, il consumatore è la persona fisica che agisce per scopi estranei all'attività imprenditoriale o professionale eventualmente svolta. Il professionista è la persona fisica o giuridica, pubblica o privata, che, nel quadro della sua attività imprenditoriale o professionale, utilizza il contratto di cui al primo comma. [III] Si presumono vessatorie fino a prova contraria le clausole che hanno per oggetto o per effetto di: 1) escludere o limitare la responsabilità del professionista in caso di morte o danno alla persona del consumatore, risultante da un fatto o da un'omissione del professionista; 2) escludere o limitare le azioni o i diritti del consumatore nei confronti del professionista o di un'altra parte in caso di inadempimento totale o parziale o di adempimento inesatto da parte del professionista; 3) escludere o limitare l'opponibilità da parte del consumatore della compensazione di un debito nei confronti del professionista con un credito vantato nei confronti di quest'ultimo; 4) prevedere un impegno definitivo del consumatore mentre l'esecuzione della prestazione del professionista è subordinata ad una condizione il cui adempimento dipende unicamente dalla sua volontà; 5) consentire al professionista di trattenere una somma di denaro versata dal consumatore se quest'ultimo non conclude il contratto o ne recede, senza prevedere il diritto del consumatore di esigere dal professionista il doppio della somma corrisposta se è quest'ultimo a non concludere il contratto oppure a recedere; 6) imporre al consumatore, in caso di inadempimento o di ritardo nell'adempimento, il pagamento di una somma di denaro a titolo di risarcimento, clausola penale o altro titolo equivalente d'importo manifestamente eccessivo; 7) riconoscere al solo professionista e non anche al consumatore la facoltà di recedere dal contratto, nonché consentire al professionista di trattenere anche solo in parte la somma versata dal consumatore a titolo di corrispettivo per prestazioni non ancora adempiute, quando sia il professionista a recedere dal contratto; 8) consentire al professionista di recedere da contratti a tempo indeterminato senza un ragionevole preavviso, tranne nel caso di giusta causa; 9) stabilire un termine

eccessivamente anticipato rispetto alla scadenza del contratto per comunicare la disdetta al fine di evitare la tacita proroga o rinnovazione; 10) prevedere l'estensione dell'adesione del consumatore a clausole che non ha avuto la possibilità di conoscere prima della conclusione del contratto; 11) consentire al professionista di modificare unilateralmente le clausole del contratto, ovvero le caratteristiche del prodotto o del servizio da fornire, senza un giustificato motivo indicato nel contratto stesso; 12) stabilire che il prezzo dei beni o dei servizi sia determinato al momento della consegna o della prestazione; 13) consentire al professionista di aumentare il prezzo del bene o del servizio senza che il consumatore possa recedere se il prezzo finale è eccessivamente elevato rispetto a quello originariamente convenuto; 14) riservare al professionista il potere di accertare la conformità del bene venduto o del servizio prestato a quello previsto nel contratto o conferirgli il diritto esclusivo d'interpretare una clausola qualsiasi del contratto; 15) limitare la responsabilità del professionista rispetto alle obbligazioni derivanti dai contratti stipulati in suo nome dai mandatari o subordinare l'adempimento delle suddette obbligazioni al rispetto di particolari formalità; 16) limitare o escludere l'opponibilità dell'eccezione d'inadempimento da parte del consumatore; 17) consentire al professionista di sostituire a sé un terzo nei rapporti derivanti dal contratto, anche nel caso di preventivo consenso del consumatore, qualora risulti diminuita la tutela dei diritti di quest'ultimo; 18) sancire a carico del consumatore decadenze, limitazioni della facoltà di opporre eccezioni, deroghe alla competenza dell'autorità giudiziaria, limitazioni all'allegazione di prove, inversioni o modificazioni dell'onere della prova, restrizioni alla libertà contrattuale nei rapporti con i terzi; 19) stabilire come sede del foro competente sulle controversie località diversa da quella di residenza o domicilio elettivo del consumatore; 20) prevedere l'alienazione di un diritto o l'assunzione di un obbligo come subordinati ad una condizione sospensiva dipendente dalla mera volontà del professionista a fronte di un'obbligazione immediatamente efficace del consumatore. È fatto salvo il disposto dell'articolo 1355. [IV] Se il contratto ha ad oggetto la prestazione di servizi finanziari a tempo indeterminato il professionista può, in deroga ai numeri 8) e 11) del terzo comma: 1) recedere, qualora vi sia un giustificato motivo, senza preavviso, dandone immediata comunicazione al consumatore; 2) modificare, qualora sussista un giustificato motivo, le condizioni del contratto, preavvisando entro un congruo termine il consumatore, che ha diritto di recedere dal contratto. [V] Se il contratto ha ad oggetto la prestazione di servizi finanziari il professionista può modificare, senza preavviso, semprechè vi sia un giustificato motivo in deroga ai numeri 12) e 13) del terzo comma, il tasso di interesse o l'importo di qualunque altro onere relativo alla prestazione finanziaria originariamente convenuti, dandone immediata comunicazione al consumatore che ha diritto di recedere dal contratto. [VI] I numeri 8), 11), 12) e 13) del terzo comma non si applicano ai contratti aventi ad oggetto valori mobiliari, strumenti finanziari ed altri prodotti o servizi il cui prezzo è collegato alle fluttuazioni di un corso e di un indice di borsa o di un tasso di mercato finanziario non controllato dal professionista, nonché la compravendita di valuta estera, di assegni di viaggio o di vaglia postali internazionali emessi in valuta estera. [VII] I numeri 12) e 13) del terzo comma non si applicano alle clausole di indicizzazione dei prezzi, ove consentite dalla legge, a condizione che le modalità di variazione siano espressamente descritte».

1469 ter. Accertamento della vessatorietà delle clausole.*

* L'art. 142 del d.lg. 6/9/2005, n. 206 ha sostituito gli art. da 1469-bis a 1469-sexies con il solo art. 1469-bis, con effetto dal 23/10/2005. Il testo previgente recitava: «[I] La vessatorietà di una clausola è valutata tenendo conto della natura del bene o del servizio oggetto del contratto e facendo riferimento alle circostanze esistenti al momento della sua conclusione ed alle altre clausole del contratto medesimo o di un altro collegato o da cui dipende. [II] La valutazione del carattere vessatorio della clausola non attiene alla determinazione dell'oggetto del contratto, né all'adeguatezza del corrispettivo dei beni e dei servizi, purché tali elementi siano individuati in modo chiaro e comprensibile. [III] Non sono vessatorie le clausole che riproducono disposizioni di legge ovvero che siano riproduttive di disposizioni o attuative di principi contenuti in convenzioni internazionali delle quali siano parti contraenti tutti gli Stati membri dell'Unione europea o l'Unione europea. [IV] Non sono vessatorie le clausole o gli elementi di clausola che siano stati oggetto di trattativa individuale. [V] Nel contratto concluso mediante sottoscrizione di moduli o formulari predisposti per disciplinare in maniera uniforme determinati rapporti contrattuali, incombe sul professionista l'onere di provare che le clausole, o gli elementi di clausola, malgrado siano dal medesimo unilateralmente predisposti, siano stati oggetto di specifica trattativa con il consumatore».

1469 quater. Forma e interpretazione.*

* L'art. 142 del d.lg. 6/9/2005, n. 206 ha sostituito gli art. da 1469-bis a 1469-sexies con il solo art. 1469-bis, con effetto dal 23/10/2005. Il testo previgente recitava: «[I] Nel caso di contratti di cui tutte le clausole o talune clausole siano proposte al consumatore per iscritto, tali clausole devono sempre essere redatte in modo chiaro e comprensibile. [II] In caso di dubbio sul senso di una clausola, prevale l'interpretazione più favorevole al consumatore. [III] La disposizione di cui al secondo comma non si applica nei casi di cui all'articolo 1469 sexies».

1469 quinquies. Inefficacia.*

* L'art. 142 del d.lg. 6/9/2005, n. 206 ha sostituito gli art. da 1469-bis a 1469-sexies con il solo art. 1469-bis, con effetto dal 23/10/2005. Il testo previgente recitava: «[I] Le clausole considerate vessatorie ai sensi degli articoli 1469-bis e 1469-ter sono inefficaci mentre il contratto rimane efficace per il resto. [II] Sono inefficaci le clausole che, quantunque oggetto di trattativa, abbiano per oggetto o per effetto di: 1) escludere o limitare la responsabilità del professionista in caso di morte o danno alla persona del consumatore, risultante da un fatto o da un'omissione del professionista; 2) escludere o limitare le azioni del consumatore nei confronti del professionista o di un'altra parte in caso di inadempimento totale o parziale o di adempimento inesatto da parte del professionista; 3) prevedere l'adesione del consumatore come estesa a clausole che non ha avuto, di fatto, la possibilità di conoscere prima della conclusione del contratto. [III] L'inefficacia opera soltanto a vantaggio del consumatore e può essere rilevata d'ufficio dal giudice. [IV] Il venditore ha diritto di regresso nel confronti del fornitore per i danni che ha subito in conseguenza della declaratoria d'inefficacia delle clausole dichiarate abusive. [V] È inefficace ogni clausola contrattuale che, prevedendo l'applicabilità al contratto di una legislazione di un Paese extracomunitario, abbia l'effetto di privare il consumatore della protezione assicurata dal presente capo, laddove il contratto presenti un collegamento più stretto con il territorio di uno Stato membro dell'Unione europea».

1469 sexies. Azione inibitoria.*

* L'art. 142 del d.lg. 6/9/2005, n. 206 ha sostituito gli art. da 1469-bis a 1469-sexies con il solo art. 1469 bis, con effetto dal 23/10/2005. Il testo previgente recitava: «[I] Le associazioni rappresentative dei consumatori e dei professionisti e le camere di commercio, industria, artigianato e agricoltura, possono convenire in giudizio il professionista o l'associazione di professionisti che utilizzano o che raccomandano l'utilizzo di condizioni generali di contratto e richiedere al giudice competente che inibisca l'uso delle condizioni di cui sia accertata l'abusività ai sensi del presente capo. [II] L'inibitoria può essere concessa, quando ricorrono giusti motivi di urgenza, ai sensi degli articoli 669-bis e seguenti del codice di procedura civile. [III] Il giudice può ordinare che il provvedimento sia pubblicato in uno o più giornali, di cui uno almeno a diffusione nazionale».

TITOLO III
DEI SINGOLI CONTRATTI

Capo I
Della vendita

Sezione I
Disposizioni generali

1470. Nozione. – [I] La vendita [*769*, *1333*, 1371, 1376,

1379, 1465, 1555, *1987*] è il contratto [1327, $1350^{n. 1-2}$] che ha per oggetto [1346] il trasferimento della proprietà [832, *1140*] di una cosa [5, 810, 816, 817, 822 ss., 1519-bis ss., 1542, 2565, 2573] o il trasferimento [1184, 1286, 1353, 1378, 1472, 1478] di un altro diritto [952, 965, 980, *1024*, 1103, 1198, 1260, *1261*, 1406, 2015, 2322, *2357*, *2784*, *2808*] verso il corrispettivo [*1548*] di un prezzo [1199, 1277 ss., 1349, 1473, 1476, 1498, 1528, *1552*, *1556*, *1766*, *1803*, *1813*, *2784*] (1).

➔ **D. 18.1.1.2, D. 18.1.65.**

(1) Conv. di Vienna del 1980, entrata in vigore in Italia il 1/1/1988 (l. 11/12/1985, n. 765), che ha sostituito la precedente Conv. dell'Aja del 1964.

• D.lg. 6/9/2005, n. 206, "Codice del consumo", aggiornato ad opera del d.lg. 2/8/2007, n. 146 (G.U. 6/9/2007, n. 207) recante "attuazione della direttiva 2005/29/CE relativa alle pratiche commerciali sleali tra imprese e consumatori nel mercato interno, nonché, da ultimo, ad opera del d.lg. 23/10/2007, n. 221 (G.U. 29/11/2007, n. 278).

• Art. 1 della l. 26/6/1967, n. 458, "Trapianto del rene tra persone viventi".

• Art. 107 della l. 22/4/1941, n. 633, "Protezione del diritto d'autore e di altri diritti connessi al suo esercizio".

• Art. 46 del d.P.R. 6/6/2001, n. 380, "Testo Unico in materia edilizia".

1471. Divieti speciali di comprare. – [I] Non possono essere compratori nemmeno all'asta pubblica [579], né direttamente né per interposta persona [1260, 1261, 1389, 2233^{3}]:

1) gli amministratori dei beni dello Stato, dei comuni, delle province o degli altri enti pubblici, rispetto ai beni affidati alla loro cura;

2) gli ufficiali pubblici, rispetto ai beni che sono venduti per loro ministero [534, 570, 576 CPC.];

3) coloro che per legge o per atto della pubblica autorità amministrano beni altrui [320], rispetto ai beni medesimi [320, 323, 357, 378, 424 ss., 641-643, 779 // 78 CPC.];

4) i mandatari [1703], rispetto ai beni che sono stati incaricati di vendere, salvo il disposto dell'articolo 1395 [1735].

[II] Nei primi due casi l'acquisto è nullo [1418, 1421]; negli altri è annullabile [1425, 1441 ss.].

1472. Vendita di cose future. – [I] Nella vendita che ha per oggetto una cosa futura [*771*, 820^{2}, 1029, 1178, 1348, 1351, 1376, 1478, 1938, 2823], l'acquisto della proprietà si verifica non appena la cosa viene ad esistenza [1353, *1665*, 1669, *1671*, *1673*, 2645 *bis*, $2659^{1, n. 4, 2}$, 2668^{3}, 2817, 2823]. Se oggetto della vendita sono gli alberi o i frutti di un fondo, la proprietà si acquista quando gli alberi sono tagliati o i frutti sono separati [820, 821].

[II] Qualora le parti non abbiano voluto concludere un contratto aleatorio [1448^{4}, 1467, 1469], la vendita è nulla [$1325^{n. 2}$, 1418], se la cosa non viene ad esistenza [1453, 1463, 2655] (1).

➔ **D. 18.1.8 pr., D. 18.1.8.1.**

(1) Art. 312 della l. 28/2/1985, n. 47, "Urbanistica ed edilizia".

• 1, co. 1-bis, l. n. 241/1990.

• Art. 30, 46, 47 del d.P.R. 6/6/2001, n. 680, "Testo unico in materia edilizia".

• Art. 1 del d.l. 3/5/2016, n. 59, conv., con modif., dalla l. 30/6/2016, n. 119, *Pegno mobiliare non possessorio*, in Parte V, Sez. IV, n. 12.

1473. Determinazione del prezzo affidata a un terzo. – [I] Le parti possono affidare la determinazione del prezzo a un terzo, eletto nel contratto o da eleggere posteriormente [1349, 1474^{3}].

[II] Se il terzo non vuole o non può accettare l'incarico, ovvero le parti non si accordano per la sua nomina o per la sua sostituzione, la nomina, su richiesta di una delle parti, è fatta dal presidente del tribunale del luogo in cui è stato concluso il contratto [82, 170 att.].

1474. Mancanza di determinazione espressa del prezzo. – [I] Se il contratto ha per oggetto cose che il venditore vende abitualmente e le parti non hanno determinato il prezzo [1470], né hanno convenuto il modo di determinarlo, né esso è stabilito per atto della pubblica autorità [1339], si presume che le parti abbiano voluto riferirsi al prezzo normalmente praticato dal venditore.

[II] Se si tratta di cose aventi un prezzo di borsa o di mercato, il prezzo si desume dai listini o dalle mercuriali del luogo in cui deve essere eseguita la consegna o da quelli della piazza più vicina [1515, 1518, 1696, 1735].

[III] Qualora le parti abbiano inteso riferirsi al giusto prezzo, si applicano le disposizioni dei commi precedenti; e, quando non ricorrono i casi da essi previsti, il prezzo, in mancanza di accordo, è determinato da un terzo, nominato a norma del secondo comma dell'articolo precedente [1561] (1).

(1) Art. 33, co. 2, lett. l), n), o), d.lg. 6/9/2005, n. 206, "Codice del consumo".

1475. Spese della vendita. – [I] Le spese del contratto di vendita e le altre accessorie [1510^{2}] sono a carico del compratore, se non è stato pattuito diversamente [1196, 1479, 1493, 1502, 1536, 1554, 2670].

§ 1 – *Delle obbligazioni del venditore*

1476. Obbligazioni principali del venditore. – [I] Le obbligazioni principali del venditore [1544] sono:

1) quella di consegnare la cosa al compratore [1177, 1182^{2}, 1183, 1470, 1472, 1477, 1510, 1516, 1527];

2) quella di fargli acquistare la proprietà della cosa o il diritto, se l'acquisto non è effetto immediato del contratto [1285, 1356-1358, 1376-1378, 1447, 1453, 1463, 1467, 1472, 1478, 1483, 1520, 1523, 2643, 2659^{4}];

3) quella di garantire il compratore dall'evizione [1483 ss., 1497] e dai vizi della cosa [1374, 1490 ss., 1669] (1).

➔ **D. 18.6.8 pr., D. 19.4.1 pr.**

(1) Art. 72 del r.d. 16/3/1942, n. 267, l. fall.

• Art. 129 ss. del d.lg. 6/9/2005, n. 206, "Codice del consumo".

• Art. 63 del d.lg. 6/9/2005, n. 206.

1477. Consegna della cosa. – [I] La cosa deve essere consegnata [1189 ss., 1523, 1529, 1541 // 178 trans.] nello stato in cui si trovava al momento della vendita [1177, 1182, 1476].

[II] Salvo diversa volontà delle parti, la cosa deve essere consegnata [1178, 1183, 1378, 1465, 1510, 1528] insieme con gli accessori, le pertinenze [817] e i frutti [820] dal giorno della vendita [818, 821].

[III] Il venditore deve pure consegnare i titoli e i documenti relativi alla proprietà e all'uso della cosa venduta [1182, 1262, 1527] (1).

(1) Art. 6 del d.lg. 19/8/2005, n. 192, "Rendimento energetico nell'edilizia".

• Art. 11, co. 2, d.P.R. 6/6/2001, n. 380, "Urbanistica ed edilizia".

• Art. 129 del d.lg. 6/9/2005, n. 206.

1478. Vendita di cosa altrui. – [I] Se al momento del contratto [1326, 1453] la cosa venduta non era di proprietà del venditore [458, 1103, 2659], questi è obbligato a procurarne l'acquisto al compratore [771, 1178, 1348, 1351, 1356, 1357, 1358, 1360, 1472, $1476^{n. 2}$].

[II] Il compratore diventa proprietario nel momento in cui il venditore acquista la proprietà dal titolare di essa [651, 1479, 2817, 2822 // 171 trans.] (1).

➔ D. 18.1.28.

(1) Art. 40 del d.lg. 19/8/2005, n. 192, "Rendimento energetico nell'edilizia".

• Art. 40 della l. 28/2/1985, n. 47, "Urbanistica ed edilizia".

1479. Buona fede del compratore. – [I] Il compratore può chiedere la risoluzione del contratto [1223, 1229, 1453], se, quando l'ha concluso, ignorava [1337] che la cosa non era di proprietà del venditore [1103, 1192], e se frattanto il venditore non gliene ha fatto acquistare la proprietà [1153, 1265, 1478, 1480, 1488, 1489, 2644].

[II] Salvo il disposto dell'articolo 1223 [1483], il venditore è tenuto a restituire all'acquirente il prezzo pagato, anche se la cosa è diminuita di valore o è deteriorata; deve inoltre rimborsargli le spese e i pagamenti legittimamente fatti per il contratto [1475, 1493]. Se la diminuzione di valore o il deterioramento derivano da un fatto del compratore, dall'ammontare suddetto si deve detrarre l'utile che il compratore ne ha ricavato.

[III] Il venditore è inoltre tenuto a rimborsare al compratore le spese necessarie e utili fatte per la cosa, e, se era in mala fede, anche quelle voluttuarie [1150, 1482, 1483, 1488 // att. 171].

1480. Vendita di cosa parzialmente di altri. – [I] Se la cosa che il compratore riteneva di proprietà del venditore era solo in parte di proprietà altrui [1103, 1314, 1479, 1484, 1488, 1489,], il compratore può chiedere la risoluzione del contratto e il risarcimento del danno a norma dell'articolo precedente, quando deve ritenersi, secondo le circostanze, che non avrebbe acquistato la cosa senza quella parte di cui non è divenuto proprietario [1419, 1484]; altrimenti può solo ottenere una riduzione del prezzo, oltre al risarcimento del danno [1223, 1488, 1489 // 171 att.].

1481. Pericolo di rivendica. – [I] Il compratore può sospendere il pagamento del prezzo [1498], quando ha ragione di temere che la cosa o una parte di essa possa essere rivendicata [948] da terzi, salvo che il venditore presti idonea garanzia [1460, 1482, 1488, 1489].

[II] Il pagamento non può essere sospeso se il pericolo era noto al compratore al tempo della vendita [1460², 1489²].

➔ D. 18.6.19(18).1.

1482. Cosa gravata da garanzie reali o da altri vincoli. – [I] Il compratore può altresì sospendere il pagamento del prezzo [1498], se la cosa venduta risulta gravata da garanzie reali [2784 ss., 2808 ss.] o da vincoli derivanti da pignoramento [491 ss. CPC.] o da sequestro [670 ss.], non dichiarati dal venditore e dal compratore stesso ignorati [1460].

[II] Egli può inoltre far fissare dal giudice un termine [1454] alla scadenza del quale, se la cosa non è liberata, il contratto è risolto con obbligo del venditore di risarcire il danno ai sensi dell'articolo 1479.

[III] Se l'esistenza delle garanzie reali o dei vincoli sopra indicati era nota al compratore, questi non può chiedere la risoluzione [1453] del contratto, e il venditore è tenuto verso di lui solo per il caso di evizione [1483, 1488, 2866].

1483. Evizione totale della cosa. – [I] Se il compratore [797, 1197², 1476¹, ⁿ· ³, 1553, 2254, 2921, 2927] subisce l'evizione totale della cosa per effetto di diritti che un terzo ha fatti valere su di essa [758, 759], il venditore è tenuto a risarcirlo del danno [1223, 2033] a norma dell'articolo 1479 [1453, 1478, 1482, 1488, 1489, 1862].

[II] Egli deve inoltre corrispondere al compratore il valore dei frutti che questi sia tenuto a restituire a colui dal quale è evitto, le spese [1475] che egli abbia fatte per la denunzia della lite [1485 // 106, 269 CPC.] e quelle che abbia dovuto rimborsare all'attore [1225, 1475, 1484, 1487, 2921²].

➔ D. 21.2.8.

1484. Evizione parziale. – [I] In caso di evizione parziale della cosa, si osservano le disposizioni dell'articolo 1480 e quella del secondo comma dell'articolo precedente [1553, 2921].

1485. Chiamata in causa del venditore. – [I] Il compratore convenuto da un terzo che pretende di avere diritti sulla cosa venduta, deve chiamare in causa il venditore [1483 // 106, 269 CPC.]. Qualora non lo faccia e sia condannato con sentenza passata in giudicato [324 CPC.], perde il diritto alla garanzia, se il venditore prova che esistevano ragioni sufficienti per far respingere la domanda.

[II] Il compratore che ha spontaneamente riconosciuto il diritto del terzo perde il diritto alla garanzia [1478, 1488, 1489], se non prova che non esistevano ragioni sufficienti per impedire l'evizione.

1486. Responsabilità limitata del venditore. – [I] Se il compratore ha evitato la evizione della cosa mediante il pagamento di una somma di danaro, il venditore può liberarsi da tutte le conseguenze della garanzia col rimborso della somma pagata, degli interessi e di tutte le spese [1483, 1488, 1489, 2866].

1487. Modificazione o esclusione convenzionale della garanzia. – [I] I contraenti possono aumentare [1382] o diminuire [1229] gli effetti della garanzia [758²] e possono altresì pattuire che il venditore non sia soggetto a garanzia alcuna [1488].

[II] Quantunque sia pattuita l'esclusione della garanzia, il venditore è sempre tenuto per l'evizione derivante da un fatto suo proprio [797²]. **È nullo ogni patto contrario** [1229, 1266, 1375, 1476, 1485, 1489].

1488. Effetti dell'esclusione della garanzia. – [I] Quando è esclusa la garanzia [1229], non si applicano le disposizioni degli articoli 1479 e 1480; se si verifica l'evizione, il compratore può pretendere dal venditore soltanto la restituzione del prezzo pagato e il rimborso delle spese.

[II] Il venditore è esente [1229, 1487²] anche da questo obbligo quando la vendita è stata convenuta a rischio e pericolo del compratore [1448⁴, 1469, 1489, 1490].

1489. Cosa gravata da oneri o da diritti di godimento di terzi. – [I] Se la cosa venduta è gravata da oneri o da diritti reali [952, 957, 978, 1021, 1022, 1027] o personali [1599, 1600] non apparenti [869, 1061] che ne diminuiscono il libero godimento e non sono stati dichiarati nel contratto [1479], il compratore che non ne abbia avuto conoscenza può domandare la risoluzione del contratto [1453] oppure una riduzione del prezzo secondo la disposizione dell'articolo 1480.

[II] Si osservano inoltre, in quanto applicabili, le disposizioni degli articoli 1481, 1485, 1486, 1487 e 1488.

1490. Garanzia per i vizi della cosa venduta. – [I] Il venditore [1197, 1476¹, ⁿ· ³, 2254] è tenuto a garantire che la cosa venduta sia immune da vizi [798, 1491] che la rendano inidonea all'uso a cui è destinata o ne diminuiscano in modo apprezzabile il valore [1476¹, ⁿ· ³, 1477, 1491, 1495, 1497, 1512, 1578, 1667, 1698, 2226, 2254, 2922] (1).

CODICE CIVILE

[II] Il patto con cui si esclude o si limita la garanzia non ha effetto, se il venditore ha in mala fede taciuto al compratore i vizi della cosa [1229, 1488, 1491, 1579, 1812].

➔ D. 19.1.13 pr.

(1) Art. 35, co. 1, lett. c), Conv. di Vienna dell'11/4/1980.
• Art. 129 del d.lg. 6/9/2005, n. 206.

1491. Esclusione della garanzia. – [I] Non è dovuta la garanzia [1490] se al momento del contratto il compratore conosceva i vizi della cosa; parimenti non è dovuta, se i vizi erano facilmente riconoscibili, salvo, in questo caso, che il venditore abbia dichiarato che la cosa era esente da vizi [1511, 1578, 1579 // 129[3]-134 cod. cons.]

➔ D. 21.1.1.2.

1492. Effetti della garanzia. – [I] Nei casi indicati dall'articolo 1490 il compratore può domandare a sua scelta la risoluzione del contratto [1453] ovvero la riduzione del prezzo, salvo che, per determinati vizi, gli usi escludano la risoluzione [1668].

[II] La scelta è irrevocabile quando è fatta con la domanda giudiziale [1286, 1453].

[III] Se la cosa consegnata è perita in conseguenza dei vizi, il compratore ha diritto alla risoluzione del contratto; se invece è perita per caso fortuito o per colpa del compratore, o se questi l'ha alienata o trasformata, egli non può domandare che la riduzione del prezzo (1).

➔ D. 44.2.25.1.

(1) Art. 130 del d.lg. 6/9/2005, n. 206, "Codice del consumo".

1493. Effetti della risoluzione del contratto. – [I] In caso di risoluzione del contratto il venditore deve restituire il prezzo e rimborsare al compratore le spese e i pagamenti legittimamente fatti per la vendita [1475, 1479].

[II] Il compratore deve restituire la cosa, se questa non è perita in conseguenza dei vizi.

1494. Risarcimento del danno. – [I] In ogni caso il venditore è tenuto verso il compratore al risarcimento del danno [1223], se non prova di avere ignorato senza colpa i vizi della cosa [1578, 1812, 1821].

[II] Il venditore deve altresì risarcire al compratore i danni derivati dai vizi della cosa [1578[2], 1812, 1821] (1).

(1) Art. 94, 95, 123 del d.lg. 6/9/2005, "Codice del consumo".

1495. Termini e condizioni per l'azione. – [I] Il compratore decade dal diritto alla garanzia [2964], se non denunzia i vizi al venditore entro otto giorni dalla scoperta [1511], salvo il diverso termine stabilito dalle parti [2965] o dalla legge [1490, 1511, 1512, 1522, 1745[1]].

[II] La denunzia non è necessaria se il venditore ha riconosciuto l'esistenza del vizio o l'ha occultato [2964].

[III] L'azione si prescrive [1497, 2946], in ogni caso, in un anno dalla consegna; ma il compratore che sia convenuto per l'esecuzione del contratto, può sempre far valere la garanzia [1442, 1449], purché il vizio della cosa sia stato denunziato entro otto giorni dalla scoperta e prima del decorso dell'anno dalla consegna [1497, 1522, 1667, 2943, *2946*// 172 att.] (1).

(1) Art. 132 del d.lg. 6/9/2005, n. 206, "Codice del consumo".

1496. Vendita di animali. – [I] Nella vendita di animali la garanzia per i vizi è regolata dalle leggi speciali o, in mancanza, dagli usi locali. Se neppure questi dispongono, si osservano le norme che precedono [1490 ss.].

1497. Mancanza di qualità. – [I] Quando la cosa venduta non ha le qualità promesse ovvero quelle essenziali per l'uso a cui è destinata, il compratore ha diritto di ottenere la risoluzione del contratto secondo le disposizioni generali sulla risoluzione per inadempimento [1453 ss.], purché il difetto di qualità ecceda i limiti di tolleranza stabiliti dagli usi [1429[1, n. 2]].

[II] Tuttavia il diritto di ottenere la risoluzione è soggetto alla decadenza e alla prescrizione stabilite dall'articolo 1495 [172 att.].

§ 2 – *Delle obbligazioni del compratore*

1498. Pagamento del prezzo. – [I] Il compratore è tenuto a pagare il prezzo [1470] nel termine e nel luogo fissati dal contratto.

[II] In mancanza di pattuizione e salvi gli usi diversi, il pagamento deve avvenire al momento della consegna e nel luogo [1510] dove questa si esegue [1477, 1528].

[III] Se il prezzo non si deve pagare al momento della consegna [1499], il pagamento si fa al domicilio [43] del venditore [1182[3]].

➔ D. 19.1.11.2, D. 19.4.1 pr.

1499. Interessi compensativi sul prezzo. – [I] Salvo diversa pattuizione, qualora la cosa venduta e consegnata al compratore produca frutti o altri proventi [1477[2]], decorrono gli interessi sul prezzo, anche se questo non è ancora esigibile [1224, 1282[1]].

➔ D. 19.1.13.20, Codex 4.32.2.

§ 3 – *Del riscatto convenzionale*

1500. Patto di riscatto. – [I] Il venditore può riservarsi il diritto [1197, 1331, *1401*, 1406, 1501, 1503, 2653[1, n. 3]] di riavere la proprietà della cosa venduta mediante la restituzione del prezzo e i rimborsi stabiliti dalle disposizioni che seguono [1331, 1353, 1356-1359, 1373, 1502 ss., 1604, 1963, 2744 // 173 att.].

[II] Il patto di restituire un prezzo superiore a quello stipulato per la vendita è nullo per l'eccedenza [1286, 1419].

➔ D. 19.5.12.

1501. Termini. – [I] Il termine [2964] per il riscatto [1500, 1604] non può essere maggiore di due anni nella vendita di beni mobili [1510 ss.] e di cinque anni in quella di beni immobili [732, 1502, 1537 ss.]. Se le parti stabiliscono un termine maggiore, esso si riduce a quello legale [1374, 1419, 2964].

[II] Il termine stabilito dalla legge è perentorio e non si può prorogare.

1502. Obblighi del riscattante. – [I] Il venditore che esercita il diritto di riscatto [732] è tenuto a rimborsare al compratore il prezzo, le spese e ogni altro pagamento legittimamente fatto per la vendita [1475], le spese per le riparazioni necessarie e, nei limiti dell'aumento, quelle che hanno aumentato il valore della cosa [1150, 1500].

[II] Fino al rimborso delle spese necessarie e utili, il compratore ha diritto di ritenere la cosa [748[4], 975[5], 1006, 1152]. Il giudice tuttavia, per il rimborso delle spese utili, può accordare una dilazione disponendo, se occorrono, le opportune cautele [1151, 1179].

1503. Esercizio del riscatto. – [I] Il venditore decade dal diritto di riscatto, se entro il termine fissato [1501, 2964] non comunica al compratore [1504, 1509] la dichiarazione [1324,

1334] di riscatto e non gli corrisponde le somme liquide dovute per il rimborso del prezzo, delle spese e di ogni altro pagamento legittimamente fatto per la vendita.

[II] Se il compratore rifiuta di ricevere il pagamento di tali rimborsi, il venditore decade dal diritto di riscatto, qualora non ne faccia offerta reale [1208, 1209] entro otto giorni dalla scadenza del termine [1206 ss.].

[III] Nella vendita di beni immobili la dichiarazione di riscatto deve essere fatta per iscritto, sotto pena di nullità [177[1, lett. a)], 1350[1, n. 13], 2653[1, n. 3], 2654, 2691, 2725].

1504. Effetti del riscatto rispetto ai subacquirenti. – [I] Il venditore che ha legittimamente esercitato il diritto di riscatto nei confronti del compratore [1502, 1503] può ottenere il rilascio della cosa **anche dai successivi acquirenti**, purché il patto sia ad essi opponibile [732, 792, 2645, 2653[n. 3]].

[II] Se l'alienazione è stata notificata al venditore, il riscatto deve essere esercitato in confronto del terzo acquirente.

1505. Diritti costituiti dal compratore sulla cosa. – [I] Il venditore che ha esercitato il diritto di riscatto riprende la cosa [177[1, lett. a)]] esente dai pesi e dalle ipoteche da cui sia stata gravata [2653[n. 3]]; ma è tenuto a mantenere le locazioni fatte senza frode, purché abbiano data certa [2704] e siano state convenute per un tempo non superiore ai tre anni [1599, 1604].

1506. Riscatto di parte indivisa. – [I] In caso di vendita con patto di riscatto di una parte indivisa di una cosa, il comproprietario che chiede la divisione [713, 1111] deve proporre la domanda anche in confronto del venditore [1113].

[II] Se la cosa non è comodamente divisibile [720] e si fa luogo all'incanto [576 CPC.], il venditore che non ha esercitato il riscatto anteriormente all'aggiudicazione decade da tale diritto, anche se aggiudicatario sia lo stesso compratore.

1507. Vendita congiuntiva di cosa indivisa. – [I] Se più persone hanno venduto congiuntamente, mediante un solo contratto, una cosa indivisa, ciascuna può esercitare il diritto di riscatto solo sopra la quota che le spettava.

[II] La medesima disposizione si osserva se il venditore ha lasciato più eredi [1295].

[III] Il compratore, nei casi sopra espressi, può esigere che tutti i venditori o tutti i coeredi esercitino congiuntamente il diritto di riscatto dell'intera cosa; se essi non si accordano, il riscatto può esercitarsi soltanto da parte di colui o di coloro che offrono di riscattare la cosa per intero.

1508. Vendita separata di cosa indivisa. – [I] Se i comproprietari di una cosa non l'hanno venduta congiuntamente e per intero, ma ciascuno ha venduto la sola sua quota, essi possono separatamente esercitare il diritto di riscatto sopra la quota che loro spettava, e il compratore non può valersi della facoltà prevista dall'ultimo comma dell'articolo precedente [1509].

1509. Riscatto contro gli eredi del compratore. – [I] Qualora il compratore abbia lasciato più eredi, il diritto di riscatto si può esercitare contro ciascuno di essi [1503] solo per la parte che gli spetta [1314], anche quando la cosa venduta è tuttora indivisa [1295, 1508].

[II] Se l'eredità è stata divisa e la cosa venduta è stata assegnata a uno degli eredi, il diritto di riscatto non può esercitarsi contro di lui che per la totalità.

Sezione II
Della vendita di cose mobili

§ 1 – *Disposizioni generali*

1510. Luogo della consegna. – [I] In mancanza di patto o di uso contrario, la consegna della cosa deve avvenire nel luogo dove questa si trovava [1209, 1498] al tempo della vendita, se le parti ne erano a conoscenza [1182[2]], ovvero nel luogo dove il venditore aveva il suo domicilio [43] o la sede dell'impresa [2196, 2197].

[II] Salvo patto o uso contrario, se la cosa venduta deve essere trasportata da un luogo all'altro [1511], il venditore si libera dall'obbligo della consegna rimettendo la cosa [1378] al vettore [1678 ss.] o allo spedizioniere [1737 ss.]; le spese del trasporto sono a carico del compratore [1196, 1475] (1).

(1) Art. 63 del d.lg. n. 206/2005.

1511. Denunzia nella vendita di cose da trasportare. – [I] Nella vendita di cose da trasportare da un luogo a un altro [1378, 1510], il termine [1495[1]] per la denunzia dei vizi e dei difetti di qualità apparenti decorre dal giorno del ricevimento [1491, 1495 // 172 att.].

1512. Garanzia di buon funzionamento. – [I] Se il venditore ha garantito per un tempo determinato il buon funzionamento della cosa venduta [1490, 1497, 1698, 2226], il compratore, salvo patto contrario, deve denunziare al venditore [1745, 2212] il difetto di funzionamento entro trenta giorni dalla scoperta, sotto pena di decadenza [2964 ss.]. L'azione si prescrive in sei mesi dalla scoperta [1495].

[II] Il giudice, secondo le circostanze, può assegnare al venditore un termine per **sostituire o riparare la cosa in modo da assicurarne il buon funzionamento**, salvo il risarcimento dei danni [1223 ss., *1476*, *1477*, *1668*] (1).

[III] Sono salvi gli usi i quali stabiliscono che la garanzia di buon funzionamento è dovuta anche in mancanza di patto espresso [174 trans.].

(1) Art. 129, 130 del d.lg. 6/09/2005, Codice del consumo.

1513. Accertamento dei difetti. – [I] In caso di divergenza sulla qualità o condizione della cosa, il venditore o il compratore possono chiederne la verifica nei modi stabiliti dall'articolo 696 del codice di procedura civile. Il giudice, su istanza della parte interessata, può ordinare il deposito [77 att.] o il sequestro [670 CPC.] della cosa stessa, nonché la vendita per conto di chi spetta [1515, 1516], determinandone le condizioni [1718].

[II] La parte che non ha chiesto la verifica della cosa, deve, in caso di contestazione, provarne rigorosamente l'identità e lo stato.

1514. Deposito della cosa venduta. – [I] Se il compratore non si presenta per ricevere la cosa acquistata, il venditore può depositarla, per conto e a spese del compratore medesimo, in un locale di pubblico deposito [77 att.], oppure in altro locale idoneo determinato dal tribunale del luogo in cui la consegna doveva essere fatta [1510].

[II] Il venditore deve dare al compratore pronta notizia del deposito eseguito [1210] (1).

(1) Articolo così modificato dall'art. 150 del d.lg. 19/2/1998, n. 51, il quale ha sostituito la parola "pretore" con la parola "tribunale".

1515. Esecuzione coattiva per inadempimento del compratore. – [I] Se il compratore non adempie l'obbligazione di pagare il prezzo [1498, 1513, 1516], il venditore può far vendere senza ritardo la cosa per conto e a spese di lui [1796, 2762].

[II] La vendita è fatta all'incanto a mezzo di una persona autorizzata a tali atti [83 att.] o, in mancanza di essa nel luogo in cui la vendita deve essere eseguita, a mezzo di un ufficiale giudiziario. Il venditore deve dare tempestiva notizia al compratore del giorno, del luogo e dell'ora in cui la vendita sarà eseguita.

[III] Se la cosa ha un prezzo corrente, stabilito per atto della pubblica autorità [*o da norme corporative*]*, ovvero risultante da listini di borsa o da mercuriali [1474, 1696], la vendita può essere fatta senza incanto [576 CPC.], al prezzo corrente, a mezzo delle persone indicate nel comma precedente o di un commissario [1735] nominato dal tribunale. In tal caso il venditore deve dare al compratore pronta notizia della vendita [1518] (1).

[IV] Il venditore ha diritto alla differenza tra il prezzo convenuto e il ricavo netto della vendita, oltre al risarcimento del maggior danno [1223, 1536, 1551, 1789, 1796].

* Le disposizioni richiamanti le norme corporative devono ritenersi abrogate in seguito alla soppressione dell'ordinamento corporativo.

(1) Comma così modificato dall'art. 150 del d.lg. 19/2/1998, n. 51, che ha sostituito la parola "pretore" con la parola "tribunale".

1516. Esecuzione coattiva per inadempimento del venditore. – [I] Se la vendita ha per oggetto cose fungibili che hanno un prezzo corrente a norma del terzo comma dell'articolo precedente, e il venditore non adempie la sua obbligazione [1476], il compratore può fare acquistare senza ritardo le cose, a spese del venditore, a mezzo di una delle persone indicate nel secondo e terzo comma dell'articolo precedente [83 att.]. Dell'acquisto il compratore deve dare pronta notizia al venditore [1533, 1536, 1551].

[II] Il compratore ha diritto alla differenza tra l'ammontare della spesa occorsa per l'acquisto e il prezzo convenuto, oltre al risarcimento del maggior danno [1223, 1518, 1536, 1551].

1517. Risoluzione di diritto. – [I] La risoluzione ha luogo di diritto a favore del contraente che, prima della scadenza del termine stabilito, abbia offerto all'altro, nelle forme di uso [1214], la consegna della cosa [1477] o il pagamento del prezzo [1498], se l'altra parte non adempie la propria obbligazione [1460].

[II] La risoluzione di diritto ha luogo pure a favore del venditore, se, alla scadenza del termine stabilito per la consegna, il compratore, la cui obbligazione di pagare il prezzo non sia scaduta, non si presenta per ricevere la cosa preventivamente offerta, ovvero non l'accetta [1206].

[III] Il contraente che intende valersi della risoluzione disposta dal presente articolo deve darne comunicazione all'altra parte entro otto giorni dalla scadenza del termine; in mancanza di tale comunicazione, si osservano le disposizioni generali sulla risoluzione per inadempimento [1453 ss.].

1518. Normale determinazione del risarcimento. – [I] Se la vendita ha per oggetto una cosa che ha un prezzo corrente a norma del terzo comma dell'articolo 1515, e il contratto si risolve per l'inadempimento di una delle parti [1517], il risarcimento è costituito dalla differenza tra il prezzo convenuto e quello corrente nel luogo e nel giorno in cui si doveva fare la consegna [1223], salva la prova di un maggior danno [1474, 1515, 1516].

[II] Nella vendita a esecuzione periodica, la liquidazione del danno si determina sulla base dei prezzi correnti nel luogo e nel giorno fissati per le singole consegne.

1519. Restituzione di cose non pagate. – [I] Se la vendita è stata fatta senza dilazione per il pagamento del prezzo, il venditore, in mancanza di pagamento, può riprendere il possesso delle cose vendute, finché queste si trovano presso il compratore, purché la domanda sia proposta entro quindici giorni dalla consegna e le cose si trovino nello stato in cui erano al tempo della consegna stessa [1458] (1).

[II] Il diritto di riprendere il possesso delle cose non si può esercitare in pregiudizio dei privilegi previsti dagli articoli 2764 e 2765, salvo che si provi che il creditore, al tempo della introduzione di esse nella casa o nel fondo locato ovvero nel fondo concesso a mezzadria o a colonia, conosceva che il prezzo era ancora dovuto.

[III] La disposizione del comma precedente si applica anche a favore dei creditori del compratore che abbiano sequestrato o pignorato le cose, a meno che si provi che essi, al momento del sequestro o del pignoramento, conoscevano che il prezzo era ancora dovuto.

(1) V. art. 75 del r.d. 16/3/1942, n. 267, l. fallimentare.

§ 1 bis – *Della vendita dei beni di consumo* (1)

(1) Paragrafo inserito *ex* art. 1 del d.lg. 2/2/2002, n. 24, successivamente abrogato dall'art. 146 del d.lg. 6/9/2005, n. 206, Codice del consumo.

1519 bis. Ambito di applicazione e definizioni*.

* Articolo abrogato dall'art. 146, co. 1, lett. s), d.lg. 6/9/2005, n. 206. V. nota al paragrafo 1-bis. Il testo dell'articolo era il seguente: «[I] Il presente paragrafo disciplina taluni aspetti dei contratti di vendita e delle garanzie concernenti i beni di consumo. A tali fini ai contratti di vendita sono equiparati i contratti di permuta e di somministrazione nonché quelli di appalto, di opera e tutti gli altri contratti comunque finalizzati alla fornitura di beni di consumo da fabbricare o produrre.

[II] Ai fini del presente paragrafo si intende per:

a) consumatore: qualsiasi persona fisica che, nei contratti di cui al comma primo, agisce per scopi estranei all'attività imprenditoriale o professionale eventualmente svolta;

b) beni di consumo: qualsiasi bene mobile, anche da assemblare, tranne:

1) i beni oggetto di vendita forzata o comunque venduti secondo altre modalità dalle autorità giudiziarie, anche mediante delega ai notai;

2) l'acqua e il gas, quando non confezionati per la vendita in un volume delimitato o in quantità determinata;

3) l'energia elettrica;

c) venditore: qualsiasi persona fisica o giuridica pubblica o privata che, nell'esercizio della propria attività imprenditoriale o professionale, utilizza i contratti di cui al comma primo;

d) produttore: il fabbricante di un bene di consumo, l'importatore del bene di consumo nel territorio della Unione europea o qualsiasi altra persona che si presenta come produttore apponendo sul bene di consumo il suo nome, marchio o altro segno distintivo;

e) garanzia convenzionale ulteriore: qualsiasi impegno di un venditore o di un produttore, assunto nei confronti del consumatore senza costi supplementari, di rimborsare il prezzo pagato, sostituire, riparare, o intervenire altrimenti sul bene di consumo, qualora esso non corrisponda alle condizioni enunciate nella dichiarazione di garanzia o nella relativa pubblicità;

f) riparazione: nel caso di difetto di conformità, il ripristino del bene di consumo per renderlo conforme al contratto di vendita.

Le disposizioni del presente paragrafo si applicano alla vendita di beni di consumo usati, tenuto conto del tempo del pregresso utilizzo, limitatamente ai difetti non derivanti dall'uso normale della cosa».

1519 ter. Conformità al contratto*.

* Articolo abrogato dall'art. 146, co. 1, lett. s), d.lg. 6/9/2005, n. 206. V. nota al paragrafo 1-bis. Il testo dell'articolo era il seguente: «[I] Il venditore ha l'obbligo di consegnare al consumatore beni conformi al contratto di vendita. [II] Si presume che i beni di consumo siano conformi al contratto se, ove pertinenti, coesistono le seguenti circostanze:

a) sono idonei all'uso al quale servono abitualmente beni dello stesso tipo;

b) sono conformi alla descrizione fatta dal venditore e possiedono le qualità del bene che il venditore ha presentato al consumatore come campione o modello;

c) presentano la qualità e le prestazioni abituali di un bene dello stesso tipo, che il consumatore può ragionevolmente aspettarsi, tenuto conto della natura del bene e, se del caso, delle dichiarazioni pubbliche sulle caratteristiche specifiche dei beni fatte al riguardo dal venditore, dal produttore o dal suo agente o rappre-

sentante, in particolare nella pubblicità o sull'etichettatura;
d) sono altresì idonei all'uso particolare voluto dal consumatore e che sia stato da questi portato a conoscenza del venditore al momento della conclusione del contratto e che il venditore abbia accettato anche per fatti concludenti.
[III] Non vi è difetto di conformità se, al momento della conclusione del contratto, il consumatore era a conoscenza del difetto o non poteva ignorarlo con l'ordinaria diligenza o se il difetto di conformità deriva da istruzioni o materiali forniti dal consumatore.
[IV] Il venditore non è vincolato dalle dichiarazioni pubbliche di cui al comma secondo, lettera c), quando, in via anche alternativa, dimostra che:
a) non era a conoscenza della dichiarazione e non poteva conoscerla con l'ordinaria diligenza;
b) la dichiarazione è stata adeguatamente corretta entro il momento della conclusione del contratto in modo da essere conoscibile al consumatore;
c) la decisione di acquistare il bene di consumo non è stata influenzata dalla dichiarazione.
[V] Il difetto di conformità che deriva dall'imperfetta installazione del bene di consumo è equiparato al difetto di conformità del bene quando l'installazione è compresa nel contratto di vendita ed è stata effettuata dal venditore o sotto la sua responsabilità. Tale equiparazione si applica anche nel caso in cui il prodotto, concepito per essere installato dal consumatore, sia da questo installato in modo non corretto a causa di una carenza delle istruzioni di installazione».

1519 quater. Diritti del consumatore.*

* Articolo abrogato dall'art. 146, co. 1, lett. s), d.lg. 6/9/2005, n. 206. V. nota al paragrafo 1-bis. Il testo dell'articolo era il seguente:
«[I] Il venditore è responsabile nei confronti del consumatore per qualsiasi difetto di conformità esistente al momento della consegna del bene.
[II] In caso di difetto di conformità, il consumatore ha diritto al ripristino, senza spese, della conformità del bene mediante riparazione o sostituzione, a norma dei commi terzo, quarto, quinto e sesto, ovvero ad una riduzione adeguata del prezzo o alla risoluzione del contratto, conformemente ai commi settimo, ottavo e nono.
[III] Il consumatore può chiedere, a sua scelta, al venditore di riparare il bene o di sostituirlo, senza spese in entrambi i casi, salvo che il rimedio richiesto sia oggettivamente impossibile o eccessivamente oneroso rispetto all'altro.
[IV] Ai fini di cui al comma terzo è da considerare eccessivamente oneroso uno dei due rimedi se impone al venditore spese irragionevoli in confronto all'altro, tenendo conto:
a) del valore che il bene avrebbe se non vi fosse difetto di conformità;
b) dell'entità del difetto di conformità; c) dell'eventualità che il rimedio alternativo possa essere esperito senza notevoli inconvenienti per il consumatore.
[V] Le riparazioni o le sostituzioni devono essere effettuate entro un congruo termine dalla richiesta e non devono arrecare notevoli inconvenienti al consumatore, tenendo conto della natura del bene e dello scopo per il quale il consumatore ha acquistato il bene.
[VI] Le spese di cui ai commi secondo e terzo si riferiscono ai costi indispensabili per rendere conformi i beni, in particolare modo con riferimento alle spese effettuate per la spedizione, per la mano d'opera e per i materiali.
[VII] Il consumatore può richiedere, a sua scelta, una congrua riduzione del prezzo o la risoluzione del contratto ove ricorra una delle seguenti situazioni:
a) la riparazione e la sostituzione sono impossibili o eccessivamente onerose;
b) il venditore non ha provveduto alla riparazione o alla sostituzione del bene entro il termine congruo di cui al comma sesto;
c) la sostituzione o la riparazione precedentemente effettuata ha arrecato notevoli inconvenienti al consumatore.
[VIII] Nel determinare l'importo della riduzione o la somma da restituire si tiene conto dell'uso del bene.
[IX] Dopo la denuncia del difetto di conformità, il venditore può offrire al consumatore qualsiasi altro rimedio disponibile, con i seguenti effetti:
a) qualora il consumatore abbia già richiesto uno specifico rimedio, il venditore resta obbligato ad attuarlo, con le necessarie conseguenze in ordine alla decorrenza del termine congruo di cui al comma sesto, salvo accettazione da parte del consumatore del rimedio alternativo proposto;
b) qualora il consumatore non abbia già richiesto uno specifico rimedio, il consumatore deve accettare la proposta o respingerla scegliendo un altro rimedio ai sensi del presente articolo.
Un difetto di conformità di lieve entità per il quale non è stato possibile o è eccessivamente oneroso esperire i rimedi della riparazione o della sostituzione, non dà diritto alla risoluzione del contratto».

1519 quinquies. Diritto di regresso.*

* Articolo abrogato dall'art. 146, co. 1, lett. s), d.lg. 6/9/2005, n. 206. V. nota al paragrafo 1-bis. Il testo dell'articolo era il seguente:
«[I] Il venditore finale, quando è responsabile nei confronti del consumatore a causa di un difetto di conformità imputabile ad un'azione o ad un'omissione del produttore, di un precedente venditore della medesima catena contrattuale distributiva o di qualsiasi altro intermediario, ha diritto di regresso, salvo patto contrario o rinuncia, nei confronti del soggetto o dei soggetti responsabili facenti parte della suddetta catena distributiva.
[II] Il venditore finale che abbia ottemperato ai rimedi esperiti dal consumatore, può agire, entro un anno dall'esecuzione della prestazione, in regresso nei confronti del soggetto o dei soggetti responsabili per ottenere la reintegrazione di quanto prestato».

1519 sexies. Termini.*

* Articolo abrogato dall'art. 146, co. 1, lett. s), d.lg. 6/9/2005, n. 206. V. nota al paragrafo 1-bis. Il testo dell'articolo era il seguente:
«[I] Il venditore è responsabile, a norma dell'articolo 1519-quater, quando il difetto di conformità si manifesta entro il termine di due anni dalla consegna del bene.
[II] Il consumatore decade dai diritti previsti dall'articolo 1519-quater, comma secondo, se non denuncia al venditore il difetto di conformità entro il termine di due mesi dalla data in cui ha scoperto il difetto. La denuncia non è necessaria se il venditore ha riconosciuto l'esistenza del difetto o l'ha occultato.
[III] Salvo prova contraria, si presume che i difetti di conformità che si manifestano entro sei mesi dalla consegna del bene esistessero già a tale data, a meno che tale ipotesi sia incompatibile con la natura del bene o con la natura del difetto di conformità.
[IV] L'azione diretta a far valere i difetti non dolosamente occultati dal venditore si prescrive, in ogni caso, nel termine di ventisei mesi dalla consegna del bene; il consumatore, che sia convenuto per l'esecuzione del contratto, può tuttavia far valere sempre i diritti di cui all'articolo 1519-quater, comma secondo, purché il difetto di conformità sia stato denunciato entro due mesi dalla scoperta e prima della scadenza del termine di cui al periodo precedente».

1519 septies. Garanzia convenzionale.*

* Articolo abrogato dall'art. 146, co. 1, lett. s), d.lg. 6/9/2005, n. 206. V. nota al paragrafo 1-bis. Il testo dell'articolo era il seguente:
«[I] La garanzia convenzionale vincola chi la offre secondo le modalità indicate nella dichiarazione di garanzia medesima o nella relativa pubblicità.
[II] La garanzia deve, a cura di chi la offre, almeno indicare:
a) la specificazione che il consumatore è titolare dei diritti previsti dal presente paragrafo e che la garanzia medesima lascia impregiudicati tali diritti;
b) in modo chiaro e comprensibile l'oggetto della garanzia e gli elementi essenziali necessari per farla valere, compresi la durata e l'estensione territoriale della garanzia, nonché il nome o la ditta e il domicilio o la sede di chi la offre.
[III] A richiesta del consumatore, la garanzia deve essere disponibile per iscritto o su altro supporto duraturo a lui accessibile.
[IV] La garanzia deve essere redatta in lingua italiana con caratteri non meno evidenti di quelli di eventuali altre lingue.
[V] Una garanzia non rispondente ai requisiti di cui ai commi secondo, terzo e quarto rimane comunque valida e il consumatore può continuare ad avvalersene ed esigerne l'applicazione».

1519 octies. Carattere imperativo delle disposizioni.*

* Articolo abrogato dall'art. 146, co. 1, lett. s), d.lg. 6/9/2005, n. 206. V. nota al paragrafo 1-bis. Il testo dell'articolo era il seguente:

«[I] È nullo ogni patto, anteriore alla comunicazione al venditore del difetto di conformità, volto ad escludere o limitare, anche in modo indiretto, i diritti riconosciuti dal presente paragrafo. La nullità può essere fatta valere solo dal consumatore e può essere rilevata d'ufficio dal giudice.

[II] Nel caso di beni usati, le parti possono limitare la durata della responsabilità di cui all'articolo 1519-sexies, comma primo, ad un periodo di tempo in ogni caso non inferiore ad un anno.

[III] È nulla ogni clausola contrattuale che, prevedendo l'applicabilità al contratto di una legislazione di un paese extracomunitario, abbia l'effetto di privare il consumatore della protezione assicurata dal presente paragrafo, laddove il contratto presenti uno stretto collegamento con il territorio di uno Stato membro dell'Unione europea».

1519 nonies. Tutela in base ad altre disposizioni*.

* Articolo abrogato dall'art. 146, co. 1, lett. s), d.lg. 6/9/2005, n. 206. V. nota al paragrafo 1-bis. Il testo dell'articolo era il seguente: «[I] Le disposizioni del presente paragrafo non escludono né limitano i diritti che sono attribuiti al consumatore da altre norme dell'ordinamento giuridico».

§ 2 – *Della vendita con riserva di gradimento, a prova, a campione*

1520. Vendita con riserva di gradimento. – [I] Quando si vendono cose con riserva di gradimento da parte del compratore, la vendita non si perfeziona [1326] fino a che il gradimento non sia comunicato al venditore [1334, 1372, 1355, 1376].

[II] Se l'esame della cosa deve farsi presso il venditore, questi è liberato, qualora il compratore non vi proceda nel termine stabilito dal contratto o dagli usi, o, in mancanza, in un termine congruo fissato dal venditore.

[III] Se la cosa si trova presso il compratore e questi non si pronunzia nel termine sopra indicato, la cosa si considera di suo gradimento.

➔ D. 18.6.1 pr.-1.

1521. Vendita a prova. – [I] La vendita a prova si presume fatta sotto la condizione sospensiva [1353 ss.] che la cosa abbia le qualità pattuite o sia idonea all'uso a cui è destinata.

[II] La prova si deve eseguire nel termine e secondo le modalità stabiliti dal contratto o dagli usi.

1522. Vendita su campione e su tipo di campione. – [I] Se la vendita è fatta su campione, s'intende che questo deve servire come esclusivo paragone per la qualità della merce, e in tal caso qualsiasi difformità attribuisce al compratore il diritto alla risoluzione del contratto [1453].

[II] Qualora, però, dalla convenzione o dagli usi risulti che il campione deve servire unicamente a indicare in modo approssimativo la qualità, si può domandare la risoluzione soltanto se la difformità dal campione sia notevole [1455, $1760^{1,\ n.\ 2}$].

[III] In ogni caso l'azione è soggetta alla decadenza e alla prescrizione stabilite dall'articolo 1495 [172 trans.].

§ 3 – *Della vendita con riserva della proprietà*

1523. Passaggio della proprietà e dei rischi. – [I] Nella vendita a rate con riserva della proprietà [1524], il compratore acquista la proprietà della cosa col pagamento dell'ultima rata di prezzo [1376, 1465], ma assume i rischi dal momento della consegna [649, 651, 668, 754, 832, 1353, 1356, 1358, 1360, 1406, 1465, 1476^{2}, 2054, 2659^{2}, 2668^{3}, 2817 // 646 CPC.] (1).

(1) Art. 73 del r.d. 16/3/1942, n. 267, l. fall.

• D.l. 12/9/2014, n. 133 conv., con modif., dalla l. 11/11/2014, n. 164, Misure urgenti per l'apertura dei cantieri, la realizzazione delle opere pubbliche, la digitalizzazione del Paese, la semplificazione burocratica, l'emergenza del dissesto idrogeologico e per la ripresa delle attività produttive (cd. sblocca Italia). Art. 23, Disciplina dei contratti di godimento in funzione della successiva alienazione di immobili: «1. I contratti, diversi dalla locazione finanziaria, che prevedono l'immediata concessione del godimento di un immobile, con diritto per il conduttore di acquistarlo entro un termine determinato imputando al corrispettivo del trasferimento la parte di canone indicata nel contratto, sono trascritti ai sensi dell'articolo 2645-bis codice civile. La trascrizione produce anche i medesimi effetti di quella di cui all'articolo 2643, comma primo, numero 8) del codice civile. 1-bis. Le parti definiscono in sede contrattuale la quota dei canoni imputata al corrispettivo che il concedente deve restituire in caso di mancato esercizio del diritto di acquistare la proprietà dell'immobile entro il termine stabilito. 2. Il contratto si risolve in caso di mancato pagamento, anche non consecutivo, di un numero minimo di canoni, determinato dalle parti, non inferiore ad un ventesimo del loro numero complessivo. 3. Ai contratti di cui al comma 1 si applicano gli articoli 2668, quarto comma, 2775-bis e 2825-bis del codice civile. Il termine triennale previsto dal comma terzo dell'articolo 2645-bis del codice civile è elevato a tutta la durata del contratto e comunque ad un periodo non superiore a dieci anni. Si applicano altresì le disposizioni degli articoli da 1002 a 1007 nonché degli articoli 1012 e 1013 del codice civile, in quanto compatibili. In caso di inadempimento si applica l'articolo 2932 del codice civile. 4. Se il contratto di cui al comma 1 ha per oggetto un'abitazione, il divieto di cui all'articolo 8 del decreto legislativo 20 giugno 2005, n. 122, opera fin dalla concessione del godimento. 5. In caso di risoluzione per inadempimento del concedente, lo stesso deve restituire la parte dei canoni imputata al corrispettivo, maggiorata degli interessi legali. In caso di risoluzione per inadempimento del conduttore, il concedente ha diritto alla restituzione dell'immobile ed acquisisce interamente i canoni a titolo di indennità, se non è stato diversamente convenuto nel contratto. 6. In caso di fallimento del concedente il contratto prosegue, fatta salva l'applicazione dell'articolo 67, terzo comma, lettera c), del regio decreto 16 marzo 1942, n. 267, e successive modificazioni. In caso di fallimento del conduttore, si applica l'articolo 72 del regio decreto 16 marzo 1942, n. 267, e successive modificazioni; se il curatore si scioglie dal contratto, si applicano le disposizioni di cui al comma 5 – omissis».

1524. Opponibilità della riserva di proprietà nei confronti di terzi. – [I] La riserva della proprietà è opponibile ai creditori del compratore, solo se risulta da atto scritto avente data certa [$1325^{n.\ 4}$, 2704] anteriore al pignoramento [1523, 2915 // 491 CPC.].

[II] Se la vendita ha per oggetto macchine e il prezzo è superiore a 15,49 euro, la riserva della proprietà è opponibile anche al terzo acquirente, purché il patto di riservato dominio sia trascritto in apposito registro tenuto nella cancelleria del tribunale nella giurisdizione del quale è collocata la macchina [2762], e questa, quando è acquistata dal terzo, si trovi ancora nel luogo dove la trascrizione è stata eseguita [2659^{2}, 2668^{3} // 84, 175, 254, 255 att.].

[III] Sono salve le disposizioni relative ai beni mobili iscritti in pubblici registri [2683 ss.] (1).

(1) D.l. 12/9/2014, n. 133 conv., con modificazioni, dalla l. 11/11/2014 n. 164, Misure urgenti per l'apertura dei cantieri, la realizzazione delle opere pubbliche, la digitalizzazione del Paese, la semplificazione burocratica, l'emergenza del dissesto idrogeologico e per la ripresa delle attività produttive (cd. sblocca Italia). Art. 23, vd. sub art. 1523.

1525. Inadempimento del compratore. – [I] Nonostante patto contrario, il mancato pagamento di una sola rata, che non superi l'ottava parte del prezzo, non dà luogo alla risoluzione del contratto [1455], e il compratore conserva il beneficio del termine relativamente alle rate successive [1186, 1456, 1523 // 176 trans.].

1526. Risoluzione del contratto. – [I] Se la risoluzione del contratto ha luogo per l'inadempimento del compratore, il venditore deve restituire le rate riscosse [1523], salvo il diritto a un equo compenso per l'uso della cosa, oltre al risarcimento del danno [1223, 1458].

[II] Qualora si sia convenuto che le rate pagate restino acquisite al venditore a titolo d'indennità [1382], il giudice, secondo le circostanze, può ridurre l'indennità convenuta [1384].

[III] La stessa disposizione si applica nel caso in cui il contratto sia configurato come locazione [1331, 1351, 2645-*bis*], e sia convenuto che, al termine di esso, la proprietà della cosa sia acquisita al conduttore per effetto del pagamento dei canoni pattuiti [176 att.] (1).

(1) Art. 109, co. 2, lett. a), d.P.R. 22/12/1986, n. 917: «Ai fini della determinazione dell'esercizio di competenza:
a) i corrispettivi delle cessioni si considerano conseguiti, e le spese di acquisizione dei beni si considerano sostenute, alla data della consegna o spedizione per i beni mobili e della stipulazione dell'atto per gli immobili e le aziende, ovvero, se diversa e successiva, alla data in cui si verifica l'effetto traslativo o costitutivo della proprietà o di altro diritto reale. Non si tiene conto delle clausole di riserva della proprietà. La locazione con clausola di trasferimento della proprietà vincolante per ambedue le parti è assimilata alla vendita con riserva di proprietà».

§ 4 – *Della vendita su documenti e con pagamento contro documenti*

1527. Consegna. – [I] Nella vendita su documenti, il venditore si libera dall'obbligo della consegna rimettendo al compratore il titolo rappresentativo della merce [1792, 1996] e gli altri documenti stabiliti dal contratto o, in mancanza, dagli usi [1477].

1528. Pagamento del prezzo. – [I] Salvo patto o usi contrari, il pagamento del prezzo e degli accessori deve eseguirsi nel momento e nel luogo in cui avviene la consegna dei documenti indicati dall'articolo precedente [1498].

[II] Quando i documenti sono regolari, il compratore non può rifiutare il pagamento del prezzo adducendo eccezioni relative alla qualità e allo stato delle cose [490], a meno che queste risultino già dimostrate [1460].

1529. Rischi. – [I] Se la vendita ha per oggetto cose in viaggio, e tra i documenti consegnati al compratore è compresa la polizza di assicurazione per i rischi del trasporto [1889], sono a carico del compratore i rischi a cui si trova esposta la merce dal momento della consegna al vettore [1510, 1891, 1895].

[II] Questa disposizione non si applica se il venditore al tempo del contratto era a conoscenza della perdita o dell'avaria della merce, e le ha in mala fede taciute al compratore.

1530. Pagamento contro documenti a mezzo di banca. – [I] Quando il pagamento del prezzo deve avvenire a mezzo di una banca, il venditore non può rivolgersi al compratore se non dopo il rifiuto opposto dalla banca stessa e constatato all'atto della presentazione dei documenti nelle forme stabilite dagli usi [1268², 1527].

[II] La banca che ha confermato il credito al venditore può opporgli solo le eccezioni derivanti dall'incompletezza o irregolarità dei documenti e quelle relative al rapporto di conferma del credito [1271].

§ 5 – *Della vendita a termine di titoli di credito*

1531. Interessi, dividendi e diritto di voto. – [I] Nella vendita a termine di titoli di credito [1992], gli interessi e i dividendi esigibili dopo la conclusione del contratto e prima della scadenza del termine, se riscossi dal venditore, sono accreditati al compratore [821, 1263].

[II] Qualora la vendita abbia per oggetto titoli azionari, il diritto di voto spetta al venditore fino al momento della consegna [1550 // 177 trans.] (1).

(1) V. art. 76 del r.d. 16/3/1942, n. 267, l. fallimentare.

1532. Diritto di opzione. – [I] Il diritto di opzione [1550, 2441] inerente ai titoli venduti a termine spetta al compratore.

[II] Il venditore, qualora il compratore gliene faccia richiesta in tempo utile, deve mettere il compratore in grado di esercitare il diritto di opzione, oppure deve esercitarlo per conto del compratore, se questi gli ha fornito i fondi necessari.

[III] In mancanza di richiesta da parte del compratore, il venditore deve curare la vendita dei diritti di opzione per conto del compratore, a mezzo di un agente di cambio o di un istituto di credito [1550, 1838 // 251 att.].

1533. Estrazione per premi o rimborsi. – [I] Se i titoli venduti a termine sono soggetti a estrazione per premi o rimborsi, i diritti e gli oneri derivanti dall'estrazione spettano al compratore, qualora la conclusione del contratto sia anteriore al giorno stabilito per l'inizio dell'estrazione [1550, 1998].

[II] Il venditore, al solo effetto indicato dal comma precedente, deve comunicare per iscritto al compratore una distinta numerica dei titoli almeno un giorno prima dell'inizio dell'estrazione.

[III] In mancanza di tale comunicazione, il compratore ha facoltà di acquistare, a spese del venditore, i diritti spettanti a una quantità corrispondente di titoli, dandone comunicazione al venditore prima dell'inizio della estrazione [1550].

1534. Versamenti richiesti sui titoli. – [I] Il compratore deve fornire al venditore, almeno due giorni prima della scadenza, le somme necessarie per eseguire i versamenti richiesti sui titoli non liberati [1550, 2356].

1535. Proroga dei contratti a termine. – [I] Se alla scadenza del termine le parti convengono di prorogare l'esecuzione del contratto, è dovuta la differenza tra il prezzo originario e quello corrente nel giorno della scadenza, salva l'osservanza degli usi diversi.

1536. Inadempimento. – [I] In caso di inadempimento della vendita a termine di titoli, si osservano le norme degli articoli 1515 e 1516, salva, per i contratti di borsa, l'applicazione delle leggi speciali.

Sezione III
Della vendita di cose immobili

1537. Vendita a misura. – [I] Quando un determinato immobile [812] è venduto con l'indicazione della sua misura e per un prezzo stabilito in ragione di un tanto per ogni unità di misura, il compratore ha diritto a una riduzione, se la misura effettiva dell'immobile è inferiore a quella indicata nel contratto [166 att.].

[II] Se la misura risulta superiore a quella indicata nel contratto, il compratore deve corrispondere il supplemento del prezzo, ma ha facoltà di recedere dal contratto [1539] qualora l'eccedenza oltrepassi la ventesima parte della misura dichiarata [1373, 1377, 1430, 1538, 1539, 1540, 1541 // 166 att.].

➔ **D. 18.1.40.2.**

1538. Vendita a corpo. – [I] Nei casi in cui il prezzo [1277,

1278] è determinato in relazione al corpo dell'immobile e non alla sua misura, sebbene questa sia stata indicata, non si fa luogo a diminuzione o a supplemento di prezzo, salvo che la misura reale sia inferiore o superiore di un ventesimo rispetto a quella indicata nel contratto [1540].

[II] Nel caso in cui dovrebbe pagarsi un supplemento di prezzo, il compratore ha la scelta di recedere dal contratto [1539] o di corrispondere il supplemento [1430, 1541].

1539. Recesso dal contratto. – [I] Quando il compratore esercita il diritto di recesso [1372, 1373] il venditore è tenuto a restituire il prezzo e a rimborsare le spese del contratto [1475].

1540. Vendita cumulativa di più immobili. – [I] Se due o più immobili sono stati venduti con lo stesso contratto per un solo e medesimo prezzo [1277, 1278], con l'indicazione della misura di ciascuno di essi, e si trova che la quantità è minore nell'uno e maggiore nell'altro, se ne fa la compensazione fino alla debita concorrenza; il diritto al supplemento o alla diminuzione del prezzo spetta in conformità delle disposizioni sopra stabilite [1537, 1538].

1541. Prescrizione. – [I] Il diritto del venditore al supplemento e quello del compratore alla diminuzione del prezzo o al recesso dal contratto si prescrivono in un anno dalla consegna dell'immobile [178 trans.].

Sezione IV
Della vendita di eredità

1542. Garanzia. – [I] Chi vende un'eredità [477, 765, 1376] senza specificarne gli oggetti [448, *1021*, *1022*, *1872*] non è tenuto a garantire che la propria qualità di erede [458, 477, 478, *537*^{2}, 557^{2}, 588, 674, 676, 732, *734*, 765, *782*^{1}, 1448^{4}, 1547].

➔ D. 18.4.13.

1543. Forme. – [I] La vendita di una eredità deve farsi per atto scritto, sotto pena di nullità [816, 2725].

[II] Il venditore è tenuto a prestarsi agli atti che sono necessari da parte sua per rendere efficace, di fronte ai terzi, la trasmissione di ciascuno dei diritti compresi nell'eredità [1350, 1547, 2657].

1544. Obblighi del venditore. – [I] Se il venditore ha percepito i frutti di qualche bene o riscosso qualche credito ereditario, ovvero ha venduto [769] qualche bene dell'eredità, è tenuto a rimborsarne il compratore, salvo patto contrario [765].

1545. Obblighi del compratore. – [I] Il compratore deve rimborsare il venditore di quanto questi ha pagato per debiti e pesi dell'eredità [754] e deve corrispondergli quanto gli sarebbe dovuto dall'eredità medesima, salvo che sia convenuto diversamente [752, 1273].

1546. Responsabilità per debiti ereditari. – [I] Il compratore [769], se non vi è patto contrario, è obbligato [1273] in solido [1292 ss.] col venditore a pagare i debiti ereditari [737, 754, 1545, 2112, 2560].

1547. Altre forme di alienazione di eredità. – [I] Le disposizioni precedenti si applicano alle altre forme di alienazione di un'eredità a titolo oneroso [1197, 1542, 1543, 1861, 1872, 1965, 2247, 2342, 2464].

[II] Nelle alienazioni a titolo gratuito la garanzia è regolata dall'articolo 797.

Capo II
Del riporto

1548. Nozione. – [I] Il riporto è il contratto per il quale il riportato trasferisce in proprietà [*1376*, 1766, 1803, 1813, *1846*] al riportatore titoli di credito [1992, 2346^{1}, 2410] di una data specie per un determinato prezzo, e il riportatore assume l'obbligo di trasferire al riportato, alla scadenza del termine stabilito [1551], la proprietà di altrettanti titoli della stessa specie, verso rimborso del prezzo, che può essere aumentato o diminuito nella misura convenuta [1500].

1549. Perfezione del contratto. – [I] Il contratto si perfeziona con la consegna dei titoli.

1550. Diritti accessori e obblighi inerenti ai titoli. – [I] I diritti accessori e gli obblighi inerenti ai titoli dati a riporto spettano al riportato. Si applicano le disposizioni degli articoli 1531, 1532, 1533 e 1534.

[II] Il diritto di voto [2351], salvo patto contrario, spetta al riportatore [1531^{2} // 177 trans].

1551. Inadempimento. – [I] In caso di inadempimento di una delle parti, si osservano le disposizioni degli articoli 1515 e 1516, salva per i contratti di borsa l'applicazione delle leggi speciali [1536, l. fall. 76].

[II] Se entrambe le parti non adempiono le proprie obbligazioni nel termine stabilito, il riporto cessa di avere effetto, e ciascuna parte ritiene ciò che ha ricevuto al tempo della stipulazione del contratto.

Capo III
Della permuta

1552. Nozione. – [I] La permuta è il contratto che ha per oggetto il reciproco trasferimento della proprietà di cose, o di altri diritti, da un contraente all'altro.

➔ Gai 3.141, D. 19.4.1.2.

1553. Evizione. – [I] Il permutante, se ha sofferto l'evizione e non intende riavere la cosa data, ha diritto al valore della cosa evitta, secondo le norme stabilite per la vendita [1483 ss.], salvo in ogni caso il risarcimento del danno [1223].

➔ Codex 4.64.1.

1554. Spese della permuta. – [I] Salvo patto contrario, le spese della permuta e le altre accessorie sono a carico di entrambi i contraenti in parti uguali [1475].

1555. Applicabilità delle norme sulla vendita. – [I] Le norme stabilite per la vendita [1470 ss.] si applicano alla permuta, in quanto siano con questa compatibili.

Capo IV
Del contratto estimatorio

1556. Nozione. – [I] Con il contratto estimatorio una parte consegna una o più cose mobili all'altra e questa si obbliga a pagare il prezzo, salvo che restituisca le cose nel termine stabilito [1289].

➔ D. 19.3.1 pr.

1557. Impossibilità di restituzione. – [I] Chi ha ricevuto le cose non è liberato dall'obbligo di pagarne il prezzo, se la restituzione di esse nella loro integrità è divenuta impossibile per causa a lui non imputabile.

1558. Disponibilità delle cose. – [I] Sono validi gli atti di disposizione compiuti da chi ha ricevuto le cose; ma i suoi creditori non possono sottoporle a pignoramento [491, 513, 543 CPC.] o a sequestro [670, 671 CPC.] finché non ne sia stato pagato il prezzo.

[II] Colui che ha consegnato le cose non può disporne fino a che non gli siano restituite.

Capo V
Della somministrazione

1559. Nozione. – [I] La somministrazione è il contratto con il quale una parte si obbliga, verso corrispettivo di un prezzo [1561 ss.], a eseguire, a favore dell'altra, prestazioni periodiche o continuative di cose [1560, 1677] (1).

(1) Per la disciplina del fallimento art. 74 del r.d. 16/3/1942, n. 267; circa il credito al consumo nella somministrazione art. 121 del d.lg. 1/9/1993, n. 385; per l'indicazione nel contratto, a pena di nullità, dei costi relativi alla sicurezza sul lavoro v. art. 7, co. 3 ter, d.lg. 19/9/1994, n. 626, art. 26, co. 5, d.lg. 9/4/2008, n. 81.

1560. Entità della somministrazione. – [I] Qualora non sia determinata l'entità della somministrazione, si intende pattuita quella corrispondente al normale fabbisogno della parte che vi ha diritto, avuto riguardo al tempo della conclusione del contratto [1326].

[II] Se le parti hanno stabilito soltanto il limite massimo e quello minimo per l'intera somministrazione o per le singole prestazioni, spetta all'avente diritto alla somministrazione di stabilire, entro i limiti suddetti, il quantitativo dovuto.

[III] Se l'entità della somministrazione deve determinarsi in relazione al fabbisogno ed è stabilito un quantitativo minimo, l'avente diritto alla somministrazione è tenuto per la quantità corrispondente al fabbisogno se questo supera il minimo stesso.

1561. Determinazione del prezzo. – [I] Nella somministrazione a carattere periodico, se il prezzo deve essere determinato secondo le norme dell'articolo 1474, si ha riguardo al tempo della scadenza delle singole prestazioni e al luogo in cui queste devono essere eseguite.

1562. Pagamento del prezzo. – [I] Nella somministrazione a carattere periodico il prezzo è corrisposto all'atto delle singole prestazioni e in proporzione di ciascuna di esse.

[II] Nella somministrazione a carattere continuativo il prezzo è pagato secondo le scadenze d'uso.

1563. Scadenza delle singole prestazioni. – [I] Il termine stabilito per le singole prestazioni si presume pattuito nell'interesse di entrambe le parti [1184].

[II] Se l'avente diritto alla somministrazione ha la facoltà di fissare la scadenza delle singole prestazioni, egli deve comunicarne la data al somministrante con un congruo preavviso.

1564. Risoluzione del contratto. – [I] In caso d'inadempimento di una delle parti relativo a singole prestazioni, l'altra può chiedere la risoluzione del contratto, se l'inadempimento ha una notevole importanza *[1455]* ed è tale da menomare la fiducia nell'esattezza dei successivi adempimenti [1453].

1565. Sospensione della somministrazione. – [I] Se la parte che ha diritto alla somministrazione è inadempiente e l'inadempimento è di lieve entità, il somministrante non può sospendere l'esecuzione del contratto [1459] senza dare congruo preavviso [1455, 1460, 1845].

1566. Patto di preferenza. – [I] Il patto [1341²] con cui l'avente diritto alla somministrazione si obbliga a dare la preferenza al somministrante nella stipulazione di un successivo contratto per lo stesso oggetto, è valido purché la durata dell'obbligo non ecceda il termine di cinque anni. Se è convenuto un termine maggiore, questo si riduce a cinque anni [1341, 2596].

[II] L'avente diritto alla somministrazione deve comunicare al somministrante le condizioni propostegli da terzi e il somministrante deve dichiarare, sotto pena di decadenza, nel termine stabilito o, in mancanza, in quello richiesto dalle circostanze o dagli usi, se intende valersi del diritto di preferenza [179 trans.].

1567. Esclusiva a favore del somministrante. – [I] Se nel contratto è pattuita la clausola di esclusiva a favore del somministrante, l'altra parte non può ricevere da terzi prestazioni della stessa natura, né, salvo patto contrario, può provvedere con mezzi propri alla produzione delle cose che formano oggetto del contratto [1568, 1743].

1568. Esclusiva a favore dell'avente diritto alla somministrazione. – [I] Se la clausola di esclusiva è pattuita [1341] a favore dell'avente diritto alla somministrazione, il somministrante non può compiere nella zona per cui la esclusiva è concessa e per la durata del contratto, né direttamente né indirettamente, prestazioni della stessa natura di quelle che formano oggetto del contratto.

[II] L'avente diritto alla somministrazione, che assume l'obbligo di promuovere, nella zona assegnatagli, la vendita delle cose di cui ha l'esclusiva, risponde dei danni [1223] in caso di inadempimento a tale obbligo, anche se ha eseguito il contratto rispetto al quantitativo minimo che sia stato fissato [1743].

1569. Contratto a tempo indeterminato. – [I] Se la durata della somministrazione non è stabilita, ciascuna delle parti può recedere dal contratto [1373], dando preavviso nel termine pattuito o in quello stabilito dagli usi o, in mancanza, in un termine congruo avuto riguardo alla natura della somministrazione.

1570. Rinvio. – [I] Si applicano alla somministrazione, in quanto compatibili con le disposizioni che precedono, anche le regole che disciplinano il contratto a cui corrispondono le singole prestazioni [1677].

Capo VI
Della locazione

Sezione I
Disposizioni generali

1571. Nozione. – [I] La locazione è il contratto [1350^1, n. 8^] col quale una parte [320³] si obbliga a far godere all'altra una cosa mobile o immobile per un dato tempo [1573, 1574], verso un determinato corrispettivo [180², 378, 820, 954, 1380, 1572, 1639, 1803, 2948^1, n. 3^// 180 trans.] (1).

➔ **D. 19.2.2 pr., D. 18.1.65, D. 19.5.22.**

(1) D.l. 12/9/2014, n. 133 conv., con modif., dalla l 11/11/2014, n. 164, Misure urgenti per l'apertura dei cantieri, la realizzazione delle opere pubbliche, la digitalizzazione del Paese, la semplificazione burocratica, l'emergenza del dissesto idrogeologico e per la ripresa delle attività produttive (cd. sblocca Italia). Art. 23, Disciplina dei contratti di godimento in funzione della successiva alienazione di immobili: «1. I contratti, diversi dalla locazione finanziaria, che prevedono l'immediata concessione del godimento di un im-

CODICE CIVILE

mobile, con diritto per il conduttore di acquistarlo entro un termine determinato imputando al corrispettivo del trasferimento la parte di canone indicata nel contratto, sono trascritti ai sensi dell'articolo 2645-bis codice civile. La trascrizione produce anche i medesimi effetti di quella di cui all'articolo 2643, comma primo, numero 8) del codice civile. 1-bis. Le parti definiscono in sede contrattuale la quota dei canoni imputata al corrispettivo che il concedente deve restituire in caso di mancato esercizio del diritto di acquistare la proprietà dell'immobile entro il termine stabilito. 2. Il contratto si risolve in caso di mancato pagamento, anche non consecutivo, di un numero minimo di canoni, determinato dalle parti, non inferiore ad un ventesimo del loro numero complessivo. 3. Ai contratti di cui al comma 1 si applicano gli articoli 2668, quarto comma, 2775-bis e 2825-bis del codice civile. Il termine triennale previsto dal comma terzo dell'articolo 2645-bis del codice civile è elevato a tutta la durata del contratto e comunque ad un periodo non superiore a dieci anni. Si applicano altresì le disposizioni degli articoli da 1002 a 1007 nonché degli articoli 1012 e 1013 del codice civile, in quanto compatibili. In caso di inadempimento si applica l'articolo 2932 del codice civile. 4. Se il contratto di cui al comma 1 ha per oggetto un'abitazione, il divieto di cui all'articolo 8 del decreto legislativo 20 giugno 2005, n. 122, opera fin dalla concessione del godimento. 5. In caso di risoluzione per inadempimento del concedente, lo stesso deve restituire la parte dei canoni imputata al corrispettivo, maggiorata degli interessi legali. In caso di risoluzione per inadempimento del conduttore, il concedente ha diritto alla restituzione dell'immobile ed acquisisce interamente i canoni a titolo di indennità, se non è stato diversamente convenuto nel contratto. 6. In caso di fallimento del concedente il contratto prosegue, fatta salva l'applicazione dell'articolo 67, terzo comma, lettera c), del regio decreto 16 marzo 1942, n. 267, e successive modificazioni. In caso di fallimento del conduttore, si applica l'articolo 72 del regio decreto 16 marzo 1942, n. 267, e successive modificazioni; se il curatore si scioglie dal contratto, si applicano le disposizioni di cui al comma 5 – omissis».

• Art. 13 della l. n. 431/1998, v. sub art. 1418.

1572. Locazioni e anticipazioni eccedenti l'ordinaria amministrazione. – [I] Il contratto di locazione per una durata superiore a nove anni [1571, 1607] è atto eccedente l'ordinaria amministrazione [180^{2}, 320^{3}, $374^{1, n. 4}$, 394, 411, $1350^{1, n. 8}$, $2643^{1, n. 8}$].

[II] Sono altresì atti eccedenti l'ordinaria amministrazione le anticipazioni del corrispettivo della locazione per una durata superiore a un anno [1605] (1).

(1) Art. 2 ter del d.l. 19/6/1974, n. 236, conv., con modif., nella l. 12/8/1974, n. 351.

1573. Durata della locazione. – [I] Salvo diverse norme di legge [1607, 1628, 1629, 1800], la locazione non può stipularsi per un tempo eccedente i trenta anni [2923, $2643^{1, n. 8}$]. Se stipulata per un periodo più lungo o in perpetuo, è ridotta al termine suddetto [1339, 1574].

1574. Locazione senza determinazione di tempo. – [I] Quando le parti non hanno determinato la durata della locazione [1616], questa s'intende convenuta [1573, 1596, 1597, 1600, 1616, 1630, 1800]:

1) se si tratta di case senza arredamento di mobili o di locali per l'esercizio di una professione, di una industria o di un commercio, per la durata di un anno, salvi gli usi locali;

2) se si tratta di camere o di appartamenti mobiliati, per la durata corrispondente all'unità di tempo a cui è commisurata la pigione;

3) se si tratta di cose mobili, per la durata corrispondente all'unità di tempo a cui è commisurato il corrispettivo;

4) se si tratta di mobili forniti dal locatore per l'arredamento di un fondo urbano, per la durata della locazione del fondo stesso [2923].

1575. Obbligazioni principali del locatore. – [I] Il locatore deve:

1) consegnare al conduttore la cosa locata in buono stato di manutenzione [1177, 1590, 1617];

2) mantenerla in istato da servire all'uso convenuto [1576, 1581, 1582, 1584];

3) garantirne il pacifico godimento durante la locazione [1585 ss.].

➔ D. 19.2.15 pr.

1576. Mantenimento della cosa in buono stato locativo. – [I] Il locatore deve eseguire, durante la locazione, tutte le riparazioni necessarie [$1575^{1, n. 2}$, 1583], eccettuate quelle di piccola manutenzione che sono a carico del conduttore [1577, 1609, 1621, 2153, 2764].

[II] Se si tratta di cose mobili, le spese di conservazione e di ordinaria manutenzione sono, salvo patto contrario, a carico del conduttore.

1577. Necessità di riparazioni. – [I] Quando la cosa locata abbisogna di riparazioni che non sono a carico del conduttore [$1575^{1, n. 2}$, 1576], questi è tenuto a darne avviso al locatore.

[II] Se si tratta di riparazioni urgenti, il conduttore può eseguirle direttamente, salvo rimborso, purché ne dia contemporaneamente avviso al locatore [1583].

1578. Vizi della cosa locata. – [I] Se al momento della consegna la cosa locata [2254^{2}] è affetta da vizi che ne diminuiscono in modo apprezzabile l'idoneità all'uso pattuito [1490, 1491, 1667, 1698, 2226], il conduttore può domandare la risoluzione del contratto o una riduzione del corrispettivo, salvo che si tratti di vizi da lui conosciuti o facilmente riconoscibili [1490, 1580].

[II] Il locatore è tenuto a risarcire al conduttore i danni derivati da vizi della cosa, se non prova di avere senza colpa ignorato i vizi stessi al momento della consegna [1494, 1581, 1812, 1821].

➔ D. 19.2.19.1.

1579. Limitazioni convenzionali della responsabilità. – [I] Il patto con cui si esclude o si limita la responsabilità [1229^{1}] del locatore per i vizi della cosa non ha effetto, se il locatore li ha in mala fede taciuti al conduttore oppure se i vizi sono tali da rendere impossibile il godimento della cosa [$1575^{1, n. 2}$, 1490^{2}, 1580, 1581].

1580. Cose pericolose per la salute. – [I] Se i vizi della cosa o di parte notevole di essa espongono a serio pericolo la salute [32 Cost.] del conduttore o dei suoi familiari o dipendenti, il conduttore può ottenere la risoluzione del contratto, anche se i vizi gli erano noti, nonostante qualunque rinunzia [1229^{2}, 1578, 1579, 1581].

1581. Vizi sopravvenuti. – [I] Le disposizioni degli articoli precedenti [1577 e ss.] si osservano, in quanto applicabili, anche nel caso di vizi della cosa sopravvenuti nel corso della locazione.

1582. Divieto d'innovazione. – [I] Il locatore non può compiere sulla cosa innovazioni che diminuiscano il godimento da parte del conduttore [$1575^{1, n. 2}$].

1583. Mancato godimento per riparazioni urgenti. – [I] Se nel corso della locazione la cosa abbisogna di riparazioni che non possono differirsi fino al termine del contratto, il conduttore deve tollerarle anche quando importano privazione del godimento di parte della cosa locata [1576, 1577, 1584^{2}].

1584. Diritti del conduttore in caso di riparazioni. – [I] Se l'esecuzione delle riparazioni si protrae per oltre un sesto della durata della locazione e, in ogni caso, per oltre venti giorni, il conduttore ha diritto a una riduzione del corrispettivo, proporzionata all'intera durata delle riparazioni stesse e all'entità del mancato godimento [1583].

[II] Indipendentemente dalla sua durata, se l'esecuzione delle riparazioni rende inabitabile quella parte della cosa che è necessaria per l'alloggio del conduttore e della sua famiglia, il conduttore può ottenere, secondo le circostanze, lo scioglimento del contratto [1622].

➔ D. 19.2.15.2.

1585. Garanzia per molestie. – [I] Il locatore è tenuto a garantire il conduttore dalle molestie che diminuiscono l'uso o il godimento della cosa, arrecate da terzi che pretendono di avere diritti sulla cosa medesima [949[2], 1575[1, n. 3], 1586].

[II] Non è tenuto a garantirlo dalle molestie di terzi che non pretendono di avere diritti, salva al conduttore la facoltà di agire contro di essi in nome proprio [844, 1168[2], 2254].

1586. Pretese da parte di terzi. – [I] Se i terzi che arrecano le molestie pretendono di avere diritti sulla cosa locata, il conduttore è tenuto a darne pronto avviso al locatore, sotto pena del risarcimento dei danni [1012, 1575[1, n. 3], 1585, 1777[2]].

[II] Se i terzi agiscono in via giudiziale, il locatore è tenuto a assumere la lite, qualora sia chiamato nel processo. Il conduttore deve esserne estromesso con la semplice indicazione del locatore, se non ha interesse a rimanervi [1485 // 106, 108 CPC.].

1587. Obbligazioni principali del conduttore. – [I] Il conduttore deve:

1) prendere in consegna la cosa e osservare la diligenza del buon padre di famiglia [1176[1]] nel servirsene per l'uso determinato nel contratto o per l'uso che può altrimenti presumersi dalle circostanze (1);

2) dare il corrispettivo nei termini convenuti (2).

(1) V. art. 80 della l. 27/7/1978, n. 392.
(2) V. art. 5 della l. n. 392, cit.

1588. Perdita e deterioramento della cosa locata. – [I] Il conduttore risponde della perdita e del deterioramento [1592[2]] della cosa che avvengono nel corso della locazione, anche se derivanti da incendio [1589, 1611], qualora non provi che siano accaduti per causa a lui non imputabile [1218 ss., 1256 ss., 1587, 2281].

[II] È pure responsabile della perdita e del deterioramento cagionati da persone che egli ha ammesse, anche temporaneamente, all'uso o al godimento della cosa [1592[2], 1594].

➔ D 19.2.11.1.

1589. Incendio di cosa assicurata. – [I] Se la cosa distrutta o deteriorata per incendio era stata assicurata dal locatore o per conto di questo [1588, 1891], la responsabilità del conduttore verso il locatore è limitata alla differenza tra l'indennizzo corrisposto dall'assicuratore e il danno effettivo [1223, 1611].

[II] Quando si tratta di cosa mobile stimata [1908] e l'assicurazione è stata fatta per valore uguale alla stima, cessa ogni responsabilità del conduttore in confronto del locatore, se questi è indennizzato dall'assicuratore [1916].

[III] Sono salve in ogni caso le norme concernenti il diritto di surrogazione dell'assicuratore [1916].

1590. Restituzione della cosa locata. – [I] Il conduttore deve restituire [1591] la cosa al locatore nello stato medesimo in cui l'ha ricevuta, in conformità della descrizione che ne sia stata fatta dalle parti, salvo il deterioramento o il consumo risultante dall'uso della cosa in conformità del contratto [1575[1, n. 1], 2281].

[II] In mancanza di descrizione, si presume che il conduttore abbia ricevuto la cosa in buono stato di manutenzione [1575[1, n. 1]].

[III] Il conduttore non risponde del perimento o del deterioramento dovuti a vetustà [1609].

[IV] Le cose mobili si devono restituire nel luogo dove sono state consegnate [1182].

1591. Danni per ritardata restituzione. – [I] Il conduttore in mora [1219 ss.] a restituire la cosa [1590] è tenuto a dare al locatore il corrispettivo convenuto fino alla riconsegna, salvo l'obbligo di risarcire il maggior danno [1223, 1224 // 382 CNav.].

1592. Miglioramenti. – [I] Salvo disposizioni particolari della legge o degli usi, il conduttore non ha diritto a indennità per i miglioramenti apportati alla cosa locata. Se però vi è stato il consenso del locatore, questi è tenuto a pagare un'indennità corrispondente alla minor somma tra l'importo della spesa e il valore del risultato utile al tempo della riconsegna [975, 985[2]] (1).

[II] Anche nel caso in cui il conduttore non ha diritto a indennità, il valore dei miglioramenti può compensare i deterioramenti che si sono verificati senza colpa grave del conduttore [1223, 1588, 1593, 1632, 1633, 1651] (2).

(1) V. art. 34 e 45, co. 3, l. 27/7/1978, n. 392.
(2) Art. 33, co. 2, d.l. n. 327/2001.

1593. Addizioni. – [I] Il conduttore che ha eseguito addizioni sulla cosa locata ha diritto di toglierle alla fine della locazione qualora ciò possa avvenire senza nocumento della cosa, salvo che il proprietario preferisca ritenere le addizioni stesse. In tal caso questi deve pagare al conduttore un'indennità pari alla minor somma tra l'importo della spesa e il valore delle addizioni al tempo della riconsegna [986[2], 1592].

[II] Se le addizioni non sono separabili senza nocumento della cosa e ne costituiscono un miglioramento, si osservano le norme dell'articolo precedente [986[3]].

➔ D. 19.2.19.4.

1594. Sublocazione o cessione della locazione. – [I] Il conduttore, salvo patto contrario, ha facoltà di sublocare la cosa locatagli [1624, 1649, 1804], ma non può cedere il contratto senza il consenso del locatore [1406, 1588[2]] (1).

[II] Trattandosi di cosa mobile, la sublocazione deve essere autorizzata dal locatore o consentita dagli usi [378].

➔ Codex 4.65.6.

(1) V. art. 2 e 36 della l. 27/7/1978, n. 392.

1595. Rapporti tra il locatore e il subconduttore. – [I] Il locatore, senza pregiudizio dei suoi diritti verso il conduttore, ha azione diretta contro il subconduttore per esigere il prezzo della sublocazione, di cui questi sia ancora debitore al momento della domanda giudiziale, e per costringerlo ad adempiere tutte le altre obbligazioni derivanti dal contratto di sublocazione [1594, 2764].

[II] Il subconduttore non può opporgli pagamenti anticipati, salvo che siano stati fatti secondo gli usi locali [1605].

[III] Senza pregiudizio delle ragioni del subconduttore verso il sublocatore, la nullità o la risoluzione del contratto di locazione ha effetto anche nei confronti del sub conduttore [1445, 1458], e la sentenza pronunciata tra locatore e conduttore ha effetto anche contro di lui [2909].

1596. Fine della locazione per lo spirare del termine. – [I] La locazione per un tempo determinato dalle parti cessa con lo spirare del termine [954, 976, 999], senza che sia necessaria la disdetta.

[II] La locazione senza determinazione di tempo non cessa, se prima della scadenza stabilita a norma dell'articolo 1574 una delle parti non comunica all'altra disdetta nel termine fissato [1373] [*dalle norme corporative o, in mancanza, in quello determinato*]* dalle parti o dagli usi.

* Le disposizioni richiamanti le norme corporative devono ritenersi abrogate in seguito alla soppressione dell'ordinamento corporativo.

1597. Rinnovazione tacita del contratto. – [I] La locazione si ha per rinnovata se, scaduto il termine di essa, il conduttore rimane ed è lasciato nella detenzione della cosa locata o se, trattandosi di locazione a tempo indeterminato [1574], non è stata comunicata la disdetta a norma dell'articolo precedente [1596^{2} // 382 CNav.].

[II] La nuova locazione è regolata dalle stesse condizioni della precedente, ma la sua durata è quella stabilita per le locazioni a tempo indeterminato [1574].

[III] Se è stata data licenza, il conduttore non può opporre la tacita rinnovazione, salvo che consti la volontà del locatore di rinnovare il contratto [1598] (1).

(1) V. art. 80 del r.d. 16/3/1942, n. 267.

1598. Garanzie della locazione. – [I] Le garanzie prestate da terzi non si estendono alle obbligazioni derivanti da proroghe della durata del contratto [1597, 1941].

1599. Trasferimento a titolo particolare della cosa locata. – [I] Il contratto di locazione è opponibile al terzo acquirente [1602, 1603], se ha data certa [2704] anteriore all'alienazione della cosa [954^{2}, 976, 999^{1}, 1601, 2160, 2812].

[II] La disposizione del comma precedente non si applica alla locazione di beni mobili non iscritti in pubblici registri, se l'acquirente ne ha conseguito il possesso in buona fede [1147^{1}, 1153^{2}, *1158*, *1159*].

[III] Le locazioni di beni immobili non trascritte non sono opponibili al terzo acquirente, se non nei limiti di un novennio dall'inizio della locazione [$2643^{1, n. 8}$, 2644, 2923].

[IV] L'acquirente è in ogni caso tenuto a rispettare la locazione, se ne ha assunto l'obbligo verso l'alienante [1505, 1600, 2923].

➔ D. 19.2.25.1.

1600. Detenzione anteriore al trasferimento. – [I] Se la locazione non ha data certa [2704], ma la detenzione del conduttore è anteriore al trasferimento, l'acquirente non è tenuto a rispettare [1599, 1602] la locazione che per una durata corrispondente a quella stabilita per le locazioni a tempo indeterminato [1574].

1601. Risarcimento del danno al conduttore licenziato. – [I] Se il conduttore è stato licenziato dall'acquirente perché il contratto di locazione non aveva data certa [1604] anteriore al trasferimento, il locatore è tenuto a risarcirgli il danno [1223 ss., 1603].

1602. Effetti dell'opponibilità della locazione al terzo acquirente. – [I] Il terzo acquirente tenuto a rispettare la locazione [1599, 1600, 1603] subentra, dal giorno del suo acquisto, nei diritti e nelle obbligazioni derivanti dal contratto di locazione [1406].

1603. Clausola di scioglimento del contratto in caso di alienazione. – [I] Se si è convenuto che il contratto possa sciogliersi in caso di alienazione della cosa locata [1599, 2923^{5}], l'acquirente che vuole valersi di tale facoltà deve dare licenza al conduttore rispettando il termine di preavviso stabilito dal secondo comma dell'articolo 1596. In tal caso al conduttore licenziato non spetta il risarcimento dei danni, salvo patto contrario [1601, 1625, 2923] (1).

(1) Art. 7 della l. 27/7/1978, n. 392 sancisce la nullità di questa clausola.

1604. Vendita della cosa locata con patto di riscatto. – [I] Il compratore con patto di riscatto [1500 ss.] non può esercitare la facoltà di licenziare il conduttore [1603] fino a che il suo acquisto non sia divenuto irrevocabile con la scadenza del termine fissato per il riscatto [1501].

1605. Liberazione o cessione del corrispettivo della locazione. – [I] La liberazione o la cessione del corrispettivo della locazione non ancora scaduto non può opporsi al terzo acquirente della cosa locata, se non risulta da atto scritto avente data certa [2704] anteriore al trasferimento [2918, 2924]. Si può in ogni caso opporre il pagamento anticipato eseguito in conformità degli usi locali [2812^{3}].

[II] Se la liberazione o la cessione è stata fatta per un periodo eccedente i tre anni e non è stata trascritta [$2643^{1, n. 9}$, 2644], può essere opposta solo entro i limiti di un triennio; se il triennio è già trascorso, può essere opposta solo nei limiti dell'anno in corso nel giorno del trasferimento [2812^{4}, 2918, 2924].

1606. Estinzione del diritto del locatore. – [I] Nei casi in cui il diritto del locatore sulla cosa locata si estingue con effetto retroattivo, le locazioni da lui concluse aventi data certa [2704] sono mantenute, purché siano state fatte senza frode e non eccedano il triennio [1360, 1445, 1458].

[II] Sono salve le diverse disposizioni di legge.

Sezione II
Della locazione di fondi urbani

1607. Durata massima della locazione di case. – [I] La locazione di una casa per abitazione può essere convenuta per tutta la durata della vita dell'inquilino e per due anni successivi alla sua morte [$1350^{1, n. 8}$, 1572, 1573, 1614, $2643^{1, n. 8}$].

1608. Garanzie per il pagamento della pigione. – [I] Nelle locazioni di case non mobiliate l'inquilino può essere licenziato se non fornisce la casa di mobili sufficienti [2764] o non presta altre garanzie idonee ad assicurare il pagamento della pigione [1587].

1609. Piccole riparazioni a carico dell'inquilino. – [I] Le riparazioni di piccola manutenzione, che a norma dell'articolo 1576 devono essere eseguite dall'inquilino a sue spese [1621], sono quelle dipendenti da deterioramenti prodotti dall'uso, e non quelle dipendenti da vetustà o da caso fortuito [1590, 1807, 2764].

[II] Le suddette riparazioni, in mancanza di patto, sono determinate dagli usi locali.

1610. Spurgo di pozzi e di latrine. – [I] Lo spurgo dei pozzi e delle latrine è a carico del locatore (1).

(1) V. art. 9 della l. 27/7/1978, n. 392che ha posto questo obbligo a carico del conduttore.

1611. Incendio di casa abitata da più inquilini. – [I] Se si tratta di casa occupata da più inquilini, tutti sono responsabili verso il locatore del danno prodotto dall'incendio [1588, 1589], proporzionatamente al valore della parte occupata. Se nella casa abita anche il locatore, si detrae dalla somma dovuta una quota corrispondente alla parte da lui occupata [1589].

[II] La disposizione del comma precedente non si applica se si prova che l'incendio è cominciato dall'abitazione di uno degli inquilini, ovvero se alcuno di questi prova che l'incendio non è potuto cominciare nella sua abitazione.

1612. Recesso convenzionale del locatore. – [I] Il locatore che si è riservata la facoltà di recedere dal contratto [1373] per abitare egli stesso nella casa locata deve dare licenza motivata nel termine stabilito dagli usi locali.

1613. Facoltà di recesso degli impiegati pubblici. – [I] Gli impiegati delle pubbliche amministrazioni possono, nonostante patto contrario, recedere dal contratto [1373] nel caso di trasferimento, purché questo non sia stato disposto su loro domanda.

[II] Tale facoltà si esercita mediante disdetta motivata, e il recesso ha effetto dal secondo mese successivo a quello in corso alla data della disdetta.

1614. Morte dell'inquilino. – [I] Nel caso di morte dell'inquilino, se la locazione deve ancora durare per più di un anno ed è stata vietata la sublocazione [1594], gli eredi possono recedere dal contratto [1373] entro tre mesi dalla morte (1).

[II] Il recesso si deve esercitare mediante disdetta comunicata con preavviso non inferiore a tre mesi [1627].

(1) V. art. 6 e 37 della l. 27/7/1978, n. 392.

Sezione III
Dell'affitto

§ 1 – *Disposizioni generali*

1615. Gestione e godimento della cosa produttiva. – [I] Quando la locazione ha per oggetto il godimento di una cosa produttiva, mobile o immobile, l'affittuario deve curarne la gestione in conformità della destinazione economica della cosa [1618, 1619] e dell'interesse della produzione [1617, 1620 // 41 Cost.]. A lui spettano i frutti [820, 821] e le altre utilità della cosa (1).

(1) Art. 1, co. 9-septies, d.l. 7/2/1985, n. 12, (conv. nella l. 5/4/1985, n. 118), «si ha locazione d'immobile, e non affitto d'azienda, in tutti i casi in cui l'attività alberghiera sia stata iniziata dal conduttore».

1616. Affitto senza determinazione di tempo. – [I] Se le parti non hanno determinato la durata dell'affitto, ciascuna di esse può recedere dal contratto [1373] dando all'altra un congruo preavviso [1596].

[II] Sono salve [*le norme corporative*]* e gli usi che dispongano diversamente [1625].

* Le disposizioni richiamanti le norme corporative devono ritenersi abrogate in seguito alla soppressione dell'ordinamento corporativo.

1617. Obblighi del locatore. – [I] Il locatore è tenuto a consegnare la cosa, con i suoi accessori e le sue pertinenze [817], in istato da servire all'uso e alla produzione a cui è destinata [1575 n. 1, 1615].

1618. Inadempimenti dell'affittuario. – [I] Il locatore può chiedere la risoluzione del contratto [1455], se l'affittuario non destina al servizio della cosa i mezzi necessari per la gestione di essa, se non osserva le regole della buona tecnica [1176^2], ovvero se muta stabilmente la destinazione economica della cosa [1615, 1653] (1).

(1) Ora per l'affitto di fondi rustici, l'art. 16 della l. 3/5/1982, n. 203.

1619. Diritto di controllo. – [I] Il locatore può accertare in ogni tempo, anche con accesso in luogo, se l'affittuario osserva gli obblighi che gli incombono [1618, 1662].

1620. Incremento della produttività della cosa. – [I] L'affittuario può prendere le iniziative atte a produrre un aumento di reddito della cosa, purché esse non importino obblighi per il locatore [1632] o non gli arrechino pregiudizio, e siano conformi all'interesse della produzione [1592, 1615].

1621. Riparazioni. – [I] Il locatore è tenuto ad eseguire a sue spese, durante l'affitto, le riparazioni straordinarie. Le altre sono a carico dell'affittuario [1576, 2153, 2764].

1622. Perdite determinate da riparazioni. – [I] Se l'esecuzione delle riparazioni che sono a carico del locatore determina per l'affittuario una perdita superiore al quinto del reddito annuale o, nel caso di affitto non superiore a un anno, al quinto del reddito complessivo, l'affittuario può domandare una riduzione del fitto in ragione della diminuzione del reddito oppure, secondo le circostanze, lo scioglimento del contratto [1584].

1623. Modificazioni sopravvenute del rapporto contrattuale. – [I] Se, in conseguenza di una disposizione di legge, [*di una norma corporativa*]* o di un provvedimento dell'autorità riguardanti la gestione produttiva, il rapporto contrattuale risulta notevolmente modificato in modo che le parti ne risentano rispettivamente una perdita e un vantaggio, può essere richiesto un aumento o una diminuzione del fitto ovvero, secondo le circostanze, lo scioglimento del contratto [1467 // 79 l. fall.].

[II] Sono salve le diverse disposizioni della legge [*della norma corporativa*]*, o del provvedimento dell'autorità.

* Le disposizioni richiamanti le norme corporative devono ritenersi abrogate in seguito alla soppressione dell'ordinamento corporativo.

1624. Divieto di subaffitto. Cessione dell'affitto. – [I] L'affittuario non può subaffittare la cosa senza il consenso del locatore [1594].

[II] La facoltà di cedere l'affitto comprende quella di subaffittare; la facoltà di subaffittare non comprende quella di cedere l'affitto (1).

(1) Il d.lgs.lt. 5/4/1945, n. 156, ha vietato, per i fondi rustici, la cessione del contratto e il subaffitto. Il divieto è ribadito dall'art. 21 della l. 11/2/1971, n. 11 (con l'eccezione dell'art. 12, co. 3).

1625. Clausola di scioglimento del contratto in caso di alienazione. – [I] Se si è convenuto che l'affitto possa sciogliersi in caso di alienazione [1603], l'acquirente che voglia dare licenza all'affittuario deve osservare la disposizione dell'articolo 1616.

[II] Quando l'affitto ha per oggetto un fondo rustico, la licenza deve essere data col preavviso di sei mesi e ha effetto per la fine dell'anno agrario in corso alla scadenza del termine di preavviso.

1626. Incapacità o insolvenza dell'affittuario. – [I] L'affitto si scioglie per l'interdizione [414 ss.], l'inabilitazione [415 ss.] o l'insolvenza dell'affittuario, salvo che al locatore sia prestata idonea garanzia [1179] per l'esatto adempimento degli obblighi dell'affittuario.

1627. Morte dell'affittuario. – [I] Nel caso di morte dell'affittuario, il locatore e gli eredi dell'affittuario possono, entro tre mesi dalla morte, recedere dal contratto [1373] mediante disdetta comunicata all'altra parte con preavviso di sei mesi [1614].

[II] Se l'affitto ha per oggetto un fondo rustico, la disdetta ha effetto per la fine dell'anno agrario in corso alla scadenza del termine di preavviso [1625].

§ 2 – *Dell'affitto di fondi rustici*

1628. Durata minima dell'affitto*. – *[I] Se le norme corporative stabiliscono un periodo minimo di durata del contratto, l'affitto di un fondo rustico stipulato per una durata inferiore si estende al periodo minimo così stabilito.*

* Articolo **implicitamente** abrogato dall'art. 22 della l. 3/5/1982, n. 203.
V. l. 12/6/1962, n. 567, e successive modificazioni. Sull'affitto a conduttore non coltivatore diretto v. l. 22/7/1966, n. 606, come modificata dalla l. 11/2/1971, n. 11, nonché art. 22 ss. della l. 3/5/1982, n. 203.

1629. Fondi destinati al rimboschimento. – [I] L'affitto di fondi rustici destinati al rimboschimento può essere stipulato per un termine massimo di novantanove anni.

1630. Affitto senza determinazione di tempo. – [I] L'affitto a tempo indeterminato [1616] di un fondo soggetto a rotazione di colture si reputa stipulato per il tempo necessario affinché l'affittuario possa svolgere e portare a compimento il normale ciclo di avvicendamento delle colture praticate nel fondo (1).

[II] Se il fondo non è soggetto ad avvicendamento di colture, l'affitto si reputa fatto per il tempo necessario alla raccolta dei frutti.

[III] L'affitto non cessa se prima della scadenza una delle parti non ha dato disdetta con preavviso di sei mesi (2).

[IV] [Sono salve le diverse disposizioni delle norme corporative (3)].

(1) L. 22/7/1966, n. 606 e art. 17 della l. 11/2/1971, n. 11.

(2) Seguiva un co. 4 divenuto inoperante con r.d.l. 9/8/1943, n. 721.

(3) Ma v. art. 1 e 22 della l. n. 203/1982.

1631. Estensione del fondo. – [I] Per l'affitto a misura, oppure a corpo con indicazione della misura, nel caso di eccesso o di difetto dell'estensione del fondo rispetto alla misura indicata, i diritti e le obbligazioni delle parti sono determinati secondo le norme contenute nel capo della vendita [1537].

1632. Miglioramenti*. – *[I] Se una parte intende compiere sul fondo affittato determinati miglioramenti che non ne trasformino profondamente l'ordinamento produttivo, e l'altra si oppone, il giudice, sentite le parti, può autorizzarne l'esecuzione qualora nei modi e nelle forme stabilite dalla legge speciale, l'autorità competente riconosca che i miglioramenti sono di sicura utilità per il fondo e per la produzione. Il giudice assegna un congruo termine perché i miglioramenti siano eseguiti. [II] Quando i miglioramenti sono stati proposti dall'affittuario, l'autorizzazione non può essere concessa se non risulta la sua capacità tecnica ed economica per eseguirli, o se egli è stato inadempiente agli obblighi contrattuali, ovvero se la durata ulteriore della locazione non consente all'affittuario di godere per un congruo periodo l'incremento del reddito che i miglioramenti sono destinati a produrre. [III] Se l'affittuario è autorizzato a eseguire i miglioramenti, il locatore, entro un termine perentorio fissato dal giudice, puòdichiarare di compierli a sue spese; in tal caso egli subentra all'affittuario negli obblighi stabiliti dal provvedimento di autorizzazione.*

* Articolo abrogato dall'art. 29 della l. 11/2/1971, n. 11. Per la nuova disciplina dei miglioramenti v. art. 16 ss. della l. 3/5/1982, n. 203.

1633. Diritti derivanti dall'esecuzione dei miglioramenti*. – *[I] Il locatore che ha eseguito i miglioramenti ha diritto di aumentare il fitto in proporzione dell'incremento del reddito fondiario che ne è derivato, tenuto conto degli eventuali contributi dello Stato o degli enti pubblici, con decorrenza dal tempo in cui l'incremento si è verificato. [II] L'affittuario che ha eseguito i miglioramenti ha diritto a una indennità corrispondente all'aumento di valore conseguito dal fondo e sussistente alla fine dell'affitto. L'indennitànon può essere superiore al quarto dell'ammontare complessivo del corrispettivo per l'intera durata dell'affitto. [III] Il giudice, con riguardo alle condizioni economiche del locatore, puòdisporre il pagamento rateale dell'indennità, ordinando, se del caso, la prestazione di idonee garanzie. Salvo diverso accordo delle parti, il pagamento non può essere frazionato per un tempo eccedente i dieci anni.*

* Articolo abrogato dall'art. 29 della l. 11/2/1971, n. 11. V. inoltre art. 15 della stessa legge.

1634. Inderogabilità*. – *[I] Le disposizioni dei due articoli precedenti sono irrevocabili.*

* Articolo **tacitamente** abrogato dall'art. 29 della l. 11/2/1971, n. 11. Il testo recitava: «Le disposizioni dei due articoli precedenti sono inderogabili».

1635. Perdita fortuita dei frutti negli affitti pluriennali. – [I] Se, durante l'affitto convenuto per più anni, almeno la metà dei frutti di un anno non ancora separati perisce per caso fortuito, l'affittuario può domandare una riduzione del fitto, salvo che la perdita trovi compenso nei precedenti raccolti [1636] (1).

[II] Qualora la perdita non trovi compenso nei precedenti raccolti, la riduzione è determinata alla fine dell'affitto, eseguito il conguaglio con i frutti raccolti in tutti gli anni decorsi. Il giudice può dispensare provvisoriamente l'affittuario dal pagamento di una parte del fitto in proporzione della perdita sofferta.

[III] La riduzione non può mai eccedere la metà del fitto.

[IV] In ogni caso si deve tener conto degli indennizzi che l'affittuario abbia conseguiti o possa conseguire in relazione alla perdita sofferta.

[V] Al perimento è equiparata la mancata produzione dei frutti (2).

(1) L'art. 12 della l. 12/6/1962, n. 567, ammette la riduzione in caso di sperimento o mancata produzione di un terzo dei frutti; sulla determinazione delle percentuali di riduzione, v. art. 5 della l. n. 11/1971.

(2) Ma v. art. 16-19 della l. n. 203/1982.

1636. Perdita fortuita dei frutti negli affitti annuali. – [I] Se l'affitto ha la durata di un solo anno, e si è verificata la perdita per caso fortuito di almeno la metà (1) dei frutti, l'affittuario può essere esonerato dal pagamento di una parte del fitto, in misura non superiore alla metà.

(1) Ma v. art. 16-19 della l. n. 203/1982.

1637. Accollo di casi fortuiti. – [I] L'affittuario può, con patto espresso, assumere il rischio dei casi fortuiti ordinari [1643]. Sono reputati tali i fortuiti che, avuto riguardo ai luoghi e a ogni altra circostanza, le parti potevano ragionevolmente ritenere probabili (1).

[II] È nullo il patto col quale l'affittuario si assoggetta ai casi fortuiti straordinari.

(1) Per l'incidenza di avversità atmosferiche o calamità naturali, art. 5 della l. 11/2/1971, n. 11.

1638. Espropriazione per pubblico interesse. – [I] In caso di espropriazione per pubblico interesse [834] (1) o di occupazione temporanea del fondo locato, l'affittuario ha diritto di ottenere dal locatore la parte d'indennità a questo corrisposta per i frutti non percepiti o per il mancato raccolto.

(1) L'intera materia è stata ridisciplinata dal d.P.R. 8/5/2001, n. 327, la cui entrata in vigore è fissata dal d.l. 20/6/2002, n. 122, conv., con modif., in l. 1/8/2002, n. 185, al 30/6/2003. La normativa prevede a favore del coltivatore diretto costretto ad abbandonare il fondo, oggetto di espropriazione per interventi di edilizia abitativa una indennità pari a quella spettante al proprietario.

1639. Canone di affitto. – [I] Il fitto può consistere anche in una quota ovvero in una quantità fissa o variabile dei frutti del fondo locato (1).

(1) L'art. 1 della l. 10/12/1973, n. 814, dispone che: «nell'affitto di fondo rustico il canone è determinato e corrisposto in denaro» e stabilisce le modalità di determinazione del canone. V. ora art. 8 ss. della l. n. 203/1982.

1640. Scorte morte. – [I] Le scorte morte costituenti la dotazione del fondo, che sono state consegnate all'affittuario all'inizio dell'affitto, con determinazione della specie, qualità e quantità, devono, anche se stimate, essere restituite al locatore alla fine dell'affitto, nella stessa specie, qualità e quantità e, se si tratta di scorte fisse, come macchinari e attrezzi, nello stesso stato d'uso. L'eccedenza o la deficienza deve essere regolata in danaro, secondo il valore corrente al tempo della riconsegna. La dotazione necessaria non può essere distratta e deve essere mantenuta secondo le esigenze delle colture e la pratica dei luoghi.

[II] La disposizione del comma precedente si applica anche se, all'inizio dell'affitto, l'affittuario ha depositato la somma che rappresenti il valore delle scorte presso il locatore, salvo l'obbligo di questo di restituirla al tempo della riconsegna delle scorte.

[III] Se le scorte sono state consegnate con la sola indicazione del valore, l'affittuario ne acquista la proprietà, e, alla fine dell'affitto, deve restituire il valore ricevuto o scorte in natura per un corrispondente valore, determinato secondo il prezzo corrente, al tempo della riconsegna, ovvero parte dell'uno e parte delle altre [1645[3]].

[IV] Sono salve [*le diverse disposizioni delle norme corporative o*]* le diverse pattuizioni delle parti (1).

* Le disposizioni richiamanti le norme corporative devono ritenersi abrogate in seguito alla soppressione dell'ordinamento corporativo.

(1) Art. 35 della l. 3/5/1982, n. 203.

1641. Scorte vive. – [I] Quando il bestiame da lavoro o da allevamento, costituente la dotazione del fondo, è stato in tutto o in parte fornito dal locatore, si osservano le disposizioni degli articoli seguenti, salvi [*le norme corporative o*]* i patti diversi.

* Le disposizioni richiamanti le norme corporative devono ritenersi abrogate in seguito alla soppressione dell'ordinamento corporativo.

1642. Proprietà del bestiame consegnato. – [I] Qualora il bestiame consegnato all'affittuario sia stato determinato con indicazione della specie, del numero, del sesso, della qualità, dell'età e del peso, anche se ne è stata fatta stima, la proprietà di esso rimane al locatore. Tuttavia l'affittuario può disporre dei singoli capi, ma deve mantenere nel fondo la dotazione necessaria [1645].

1643. Rischio della perdita del bestiame. – [I] Il rischio della perdita del bestiame è a carico dell'affittuario dal momento in cui questi lo ha ricevuto, se non è stato diversamente pattuito [1637].

1644. Accrescimenti e frutti del bestiame. – [I] L'affittuario fa suoi i parti e gli altri frutti del bestiame, l'accrescimento e ogni altro provento che ne deriva [1615].

[II] Il letame però deve essere impiegato esclusivamente nella coltivazione del fondo.

1645. Riconsegna del bestiame. – [I] Nel caso previsto dall'articolo 1642, al termine del contratto l'affittuario deve restituire bestiame corrispondente per specie, numero, sesso, qualità, età e peso a quello ricevuto. Se vi sono differenze di qualità o di quantità contenute nei limiti in cui esse possano ammettersi avuto riguardo ai bisogni della coltivazione del fondo, l'affittuario deve restituire bestiame di uguale valore. Se vi è eccedenza o deficienza nel valore del bestiame, ne è fatto conguaglio in danaro tra le parti, secondo il valore al tempo della riconsegna.

[II] La disposizione del comma precedente si applica anche se, all'inizio dell'affitto, l'affittuario ha depositato presso il locatore la somma che rappresenta il valore del bestiame.

[III] Si applica altresì la disposizione del terzo comma dell'articolo 1640.

[IV] Sono salvi [*le disposizioni delle norme corporative e*]* i patti diversi.

* Le disposizioni richiamanti le norme corporative devono ritenersi abrogate in seguito alla soppressione dell'ordinamento corporativo.

1646. Rapporti fra gli affittuari uscente e subentrante. – [I] L'affittuario uscente deve mettere a disposizione di chi gli subentra nella coltivazione i locali opportuni e gli altri comodi occorrenti per i lavori dell'anno seguente; il nuovo affittuario deve lasciare al precedente i locali opportuni e gli altri comodi occorrenti per il consumo dei foraggi e per le raccolte che restano da fare.

[II] Per l'ulteriore determinazione dei rapporti tra l'affittuario uscente e l'affittuario subentrante si osservano [*le disposizioni delle norme corporative e, in mancanza,*]*.

* Le disposizioni richiamanti le norme corporative devono ritenersi abrogate in seguito alla soppressione dell'ordinamento corporativo.

§ 3 – *Dell'affitto a coltivatore diretto*

1647. Nozione. – [I] Quando l'affitto ha per oggetto un fondo che l'affittuario coltiva col lavoro prevalentemente proprio o di persone della sua famiglia (1) [2083], si applicano le norme che seguono [*sempre che il fondo non superi i limiti di estensione che, per singole zone e colture, possono essere determinati dalle norme corporative*]* [1654, 2079, 2751-bis[n. 4]] (2).

(1) Art. 1 della l. 25/6/1949, n. 353, e art. 25 della l. 11/2/1971, n. 11.

* Le disposizioni richiamanti le norme corporative devono ritenersi abrogate in seguito alla soppressione dell'ordinamento corporativo.

(2) Sulla nozione di coltivatore diretto v. art. 1, co. 3, l. 25/6/1949, n. 353; art. 25 della l. 11/2/1971, n. 11; art. 6 e 7 della l. 3/5/1982, n. 203. Per le relative controversie v. art. 409 CPC. e art. 46 e 47 della l. 3/5/1982, n. 203. Sulla misura del canone v. l. 12/6/1962, n. 567, così come modificata ad opera della l. 11/2/1971, n. 11, e dall'art. 8 ss. della l. 3/5/1982, n. 203. Sulla durata del contratto v. art. 1 ss. della l. 3/5/1982, n. 203.

1648. Casi fortuiti ordinari. – [I] Il giudice, con riguardo alle condizioni economiche dell'affittuario, può disporre il pagamento rateale del fitto se per un caso fortuito ordinario, le cui conseguenze l'affittuario ha assunte a suo carico, si verifica la perdita di almeno la metà dei frutti del fondo [1637, 1654] (1).

(1) Sulla nullità del patto di assunzione di un rischio per fortuito ordinario, che incida su più di un terzo della produzione, cfr. art. 11 della l. 12/6/1962, n. 567.

1649. Subaffitto. – [I] Se il locatore consente il subaffitto, questo è considerato come locazione diretta tra il locatore e il nuovo affittuario [1594, 1654] (1).

(1) Per la nullità del subaffitto v. art. 21 della l. 3/5/1982, n. 203.

1650. Morte dell'affittuario*.

* Articolo abrogato dall'art. 29 della l. 11/2/1971, n. 11. Il testo recitava: «Nel caso di morte dell'affittuario, fermo quanto è disposto dall'articolo 1627, il locatore può sostituirsi immediatamente agli eredi nella conduzione del fondo. In tal caso egli ha diritto di prelevare sul raccolto le spese erogate». L'art. 2 della l. 28/3/1957, n. 244, dispone che: «nel caso di morte dell'affittuario coltivatore diretto, il contratto continua con il coniuge e con gli altri eredi legittimi sempreché siano coltivatori diretti e dispongano di forza lavorativa che costituisca almeno un terzo di quella necessaria per le normali esigenze di coltivazione del fondo».

1651. Miglioramenti*.

* Articolo abrogato dall'art. 29 della l. 11/2/1971, n. 11. Per la nuova disciplina dei miglioramenti v. art. 16 ss. della l. 3/5/1982, n. 203.

1652. Anticipazioni all'affittuario. – [I] Qualora l'affittuario non possa provvedere altrimenti, il locatore è tenuto ad anticipargli le sementi e le materie fertilizzanti e antiparassitarie necessarie per la coltivazione del fondo.

[II] Il credito del locatore produce interessi in misura corrispondente al saggio legale [1284, 1654].

1653. Sostituzione del locatore all'affittuario*.

* Articolo abrogato dall'art. 29 della l. 11/2/1971, n. 11. Il testo recitava: «[I] Qualora, per mancanza di mezzi dell'affittuario, si verifichino nella coltivazione deficienze tali che possano compromettere il raccolto, il locatore, dopo averne dato preavviso all'affittuario, può sostituirsi a lui nell'esecuzione dei lavori necessari e urgenti, salvo il diritto di prelevare sul raccolto le spese erogate, e senza pregiudizio dell'applicabilità dell'art. 1618».

1654. Inderogabilità*. – *[I] Le disposizioni che precedono sono inderogabili.*

* Articolo **tacitamente** abrogato dall'art. 2922 della l. 11/2/1971, n. 11.

Capo VII
Dell'appalto

1655. Nozione. – [I] L'appalto [*1472*, 1656, 1703, *2222 ss.*, *2229*] è il contratto col quale una parte assume, con organizzazione [2082] dei mezzi necessari [1658, 1663] e con gestione a proprio rischio [1664, 1667, 1672, 1673], il compimento di un'opera [1655 ss., 1673] o di un servizio [1677] verso un corrispettivo in danaro [*769*, 1326, 1360², 1373², 1453, 1458², 1657, 1664 ss., 1677, 2222, 2931 // 237, 852 CNav. // 33^2, lett. l), n), o)^ cod. cons.] (1).

(1) Art. 26, co. 5, d.lg. 9/4/2008, n. 81.

• Art. 17 della l. 5/12/1986, n. 856, "Norme per la ristrutturazione della flotta pubblica e interventi per l'armamento privato": «1. Il Ministro della marina mercantile, in deroga agli articoli 316 e seguenti del codice della navigazione, può autorizzare l'armatore ad appaltare ad imprese nazionali o straniere che abbiano un raccomandatario o un rappresentante in Italia, servizi complementari di camera, servizi di cucina o servizi generali a bordo delle navi adibite a crociera. Per i mezzi navali che eseguono lavori in mare al di fuori delle acque territoriali italiane, oltre che per i servizi già indicati per le navi da crociera, può essere concessa analoga autorizzazione anche per i servizi di officina, cantiere e assimilati».

• Conv. di Bruxelles 23/4/1970, Conv. internazionale relativa ai contratti di viaggio (CCV), ratif. con l. n. 77/1084.

• Sulla distinzione dalla somministrazione di lavoro, art. 29 del d.lg. 10/9/2003, n. 276, come modificato dall'art. 6 del d.lg. 6/10/2004, n. 251.

• Sugli appalti pubblici d.lg. 12/4/2006, n. 163, modificato con d.lg. 26/1/2007, n. 6, con d.lg. 31/7/2007, n. 113, con d.lg. 11/9/2008, n. 152, con d.lg. 20/3/2010, n. 53, e con d.lg. 15/11/2011, n. 208. Sul regolamento recante il capitolato generale d'appalto dei lavori pubblici, d.m. Lavori pubblici 19/4/2000, n. 145, in G.U. 7/1/2000, n. 131.

• Sulle norme per la sicurezza degli impianti, l. 5/3/1990, n. 46 e art. 4 e 6 della l. 5/1/1996, n. 25.

1656. Subappalto. – [I] L'appaltatore non può dare in subappalto l'esecuzione dell'opera o del servizio, se non è stato autorizzato dal committente [*1594*, 1273, *1624*, *1649*, 1670, 1674] (1).

(1) Art. 26, co. 5, d.lg. 9/4/2008, n. 81.

• Sul subappalto negli appalti pubblici, art. 118 del d.lg. 12/4/2006, n. 163, come modificato dall'art. 3 del d.lg. 31/7/2007, n. 113 e dall'art. 2 del d.lg. 11/9/2008, n. 152.

1657. Determinazione del corrispettivo. – [I] Se le parti non hanno determinato la misura del corrispettivo né hanno stabilito il modo di determinarla, essa è calcolata con riferimento alle tariffe esistenti o agli usi; in mancanza, è determinata dal giudice [2225].

1658. Fornitura della materia. – [I] La materia necessaria a compiere l'opera deve essere fornita dall'appaltatore, se non è diversamente stabilito dalla convenzione o dagli usi [2223].

1659. Variazioni concordate del progetto. – [I] L'appaltatore non può apportare variazioni alle modalità convenute dell'opera se il committente non le ha autorizzate.

[II] L'autorizzazione si deve provare per iscritto [2725].

[III] Anche quando le modificazioni sono state autorizzate, l'appaltatore, se il prezzo dell'intera opera è stato determinato globalmente, non ha diritto a compenso per le variazioni o per le aggiunte, salvo diversa pattuizione.

1660. Variazioni necessarie del progetto. – [I] Se per l'esecuzione dell'opera a regola d'arte è necessario apportare variazioni al progetto e le parti non si accordano, spetta al giudice di determinare le variazioni da introdurre e le correlative variazioni del prezzo.

[II] Se l'importo delle variazioni supera il sesto del prezzo complessivo convenuto, l'appaltatore può recedere dal contratto e può ottenere, secondo le circostanze, un'equa indennità.

[III] Se le variazioni sono di notevole entità, il committente può recedere dal contratto ed è tenuto a corrispondere un equo indennizzo.

1661. Variazioni ordinate dal committente. – [I] Il committente può apportare variazioni al progetto, purché il loro ammontare non superi il sesto del prezzo complessivo convenuto. L'appaltatore ha diritto al compenso per i maggiori lavori eseguiti, anche se il prezzo dell'opera era stato determinato globalmente.

[II] La disposizione del comma precedente non si applica quando le variazioni, pur essendo contenute nei limiti suddetti, importano notevoli modificazioni della natura dell'opera o dei quantitativi nelle singole categorie di lavori previste nel contratto per l'esecuzione dell'opera medesima.

1662. Verifica nel corso di esecuzione dell'opera. – [I] Il committente ha diritto di controllare lo svolgimento dei lavori e di verificarne a proprie spese lo stato.

[II] Quando, nel corso dell'opera, si accerta che la sua esecuzione non procede secondo le condizioni stabilite dal contratto e a regola d'arte, il committente può fissare un congruo termine entro il quale l'appaltatore si deve conformare a tali condizioni; trascorso inutilmente il termine stabilito, il contratto è risoluto, salvo il diritto del committente al risarcimento del danno [1454, 2224].

1663. Denuncia dei difetti della materia. – [I] L'appaltatore è tenuto a dare pronto avviso al committente dei difetti della materia da questo fornita, se si scoprono nel corso dell'opera e possono comprometterne la regolare esecuzione.

1664. Onerosità o difficoltà dell'esecuzione. – [I] Qualora per effetto di circostanze imprevedibili si siano verificati aumenti o diminuzioni nel costo dei materiali o della mano d'opera, tali da determinare un aumento o una diminuzione superiori al decimo del prezzo complessivo convenuto, l'appaltatore o il committente possono chiedere una revisione del prezzo medesimo. La revisione può essere accordata solo per quella differenza che eccede il decimo [1467] (1).

[II] Se nel corso dell'opera si manifestano difficoltà di esecuzione derivanti da cause geologiche, idriche e simili, non previste dalle parti, che rendano notevolmente più onerosa la prestazione dell'appaltatore, questi ha diritto a un equo compenso [1467].

(1) Art. 133 del d.lg. 12/4/2006, n. 163.

1665. Verifica e pagamento dell'opera. – [I] Il committente, prima di ricevere la consegna, ha diritto di verificare l'opera compiuta [1666¹].

[II] La verifica deve esser fatta dal committente appena l'appaltatore lo mette in condizione di poterla eseguire.

[III] Se, nonostante l'invito fattogli dall'appaltatore, il committente tralascia di procedere alla verifica senza giusti motivi, ovvero non ne comunica il risultato entro un breve termine, l'opera si considera accettata.

[IV] Se il committente riceve senza riserve la consegna dell'opera, questa si considera accettata ancorché non si sia proceduto alla verifica [1666²].

[V] Salvo diversa pattuizione o uso contrario, l'appaltatore ha diritto al pagamento del corrispettivo quando l'opera è accettata dal committente [181 trans.].

1666. Verifica e pagamento di singole partite. – [I] Se si tratta di opera da eseguire per partite, ciascuno dei contraenti può chiedere che la verifica avvenga per le singole partite. In tal caso l'appaltatore può domandare il pagamento in proporzione dell'opera eseguita.

[II] Il pagamento fa presumere l'accettazione della parte di opera pagata; non produce questo effetto il versamento di semplici acconti [181 trans.] (1).

(1) Art. 141, co. 9, d.lg. 12/4/2006, n. 163.

1667. Difformità e vizi dell'opera. – [I] L'appaltatore è tenuto alla garanzia per le difformità e i vizi dell'opera [1490, 1668]. La garanzia non è dovuta se il committente ha accettato l'opera e le difformità o i vizi erano da lui conosciuti o erano riconoscibili, purché, in questo caso, non siano stati in mala fede taciuti dall'appaltatore.

[II] Il committente deve, a pena di decadenza, denunziare all'appaltatore le difformità o i vizi entro sessanta giorni dalla scoperta. La denunzia non è necessaria se l'appaltatore ha riconosciuto le difformità o i vizi o se li ha occultati.

[III] L'azione contro l'appaltatore si prescrive in due anni dal giorno della consegna dell'opera. Il committente convenuto per il pagamento può sempre far valere la garanzia, purché le difformità o i vizi siano stati denunziati entro sessanta giorni dalla scoperta e prima che siano decorsi i due anni dalla consegna [181 trans.].

1668. Contenuto della garanzia per difetti dell'opera. – [I] Il committente può chiedere che le difformità o i vizi siano eliminati a spese dell'appaltatore, oppure che il prezzo sia proporzionalmente diminuito, salvo il risarcimento del danno nel caso di colpa dell'appaltatore [1223, 1455].

[II] Se però le difformità o i vizi dell'opera sono tali da renderla del tutto inadatta alla sua destinazione, il committente può chiedere la risoluzione del contratto [2226³ // 181 trans.].

1669. Rovina e difetti di cose immobili. – [I] Quando si tratta di edifici o di altre cose immobili destinate per la loro natura a lunga durata, se, nel corso di dieci anni dal compimento, l'opera, per vizio del suolo o per difetto della costruzione, rovina in tutto o in parte, ovvero presenta evidente pericolo di rovina o gravi difetti, l'appaltatore è responsabile nei confronti del committente e dei suoi aventi causa, purché sia fatta la denunzia entro un anno dalla scoperta [2053].

[II] Il diritto del committente si prescrive in un anno dalla denunzia.

1670. Responsabilità dei subappaltatori. – [I] L'appaltatore, per agire in regresso nei confronti dei subappaltatori, deve, sotto pena di decadenza, comunicare ad essi la denunzia entro sessanta giorni dal ricevimento.

1671. Recesso unilaterale dal contratto. – [I] Il committente può recedere dal contratto [1660³], anche se è stata iniziata l'esecuzione dell'opera o la prestazione del servizio [1373], purché tenga indenne l'appaltatore delle spese sostenute, dei lavori eseguiti e del mancato guadagno [1372, 2227].

1672. Impossibilità di esecuzione dell'opera. – [I] Se il contratto si scioglie perché l'esecuzione dell'opera è divenuta impossibile in conseguenza di una causa non imputabile ad alcuna delle parti [1464], il committente deve pagare la parte dell'opera già compiuta, nei limiti in cui è per lui utile, in proporzione del prezzo pattuito per l'opera intera [1675, 2228].

1673. Perimento o deterioramento della cosa. – [I] Se, per causa non imputabile ad alcuna delle parti, l'opera perisce o è deteriorata prima che sia accettata dal committente o prima che il committente sia in mora a verificarla [1207¹], il perimento o il deterioramento è a carico dell'appaltatore, qualora questi abbia fornito la materia.

[II] Se la materia è stata fornita in tutto o in parte dal committente, il perimento o il deterioramento dell'opera è a suo carico per quanto riguarda la materia da lui fornita, e per il resto è a carico dell'appaltatore.

1674. Morte dell'appaltatore. – [I] Il contratto di appalto non si scioglie per la morte dell'appaltatore, salvo che la considerazione della sua persona sia stata motivo determinante del contratto [1675]. Il committente può sempre recedere dal contratto, se gli eredi dell'appaltatore non danno affidamento per la buona esecuzione dell'opera o del servizio (1).

(1) Art. 81 del r.d. 16/3/1942, n. 267.

1675. Diritti e obblighi degli eredi dell'appaltatore. – [I] Nel caso di scioglimento del contratto per morte dell'appaltatore, il committente è tenuto a pagare agli eredi il valore delle opere eseguite, in ragione del prezzo pattuito, e a rimborsare le spese sostenute per l'esecuzione del rimanente, ma solo nei limiti in cui le opere eseguite e le spese sostenute gli sono utili [1672].

[II] Il committente ha diritto di domandare la consegna, verso una congrua indennità, dei materiali preparati e dei piani in via di esecuzione, salve le norme che proteggono le opere dell'ingegno [2578].

1676. Diritti degli ausiliari dell'appaltatore verso il committente. – [I] Coloro che, alle dipendenze dell'appaltatore, hanno dato la loro attività per eseguire l'opera o per prestare il servizio possono proporre azione diretta [1595, 1705^{2}] contro il committente per conseguire quanto è loro dovuto, fino alla concorrenza del debito che il committente ha verso l'appaltatore nel tempo in cui essi propongono la domanda [2900 // 14 preleggi].

1677. Prestazione continuativa o periodica di servizi. – [I] Se l'appalto ha per oggetto prestazioni continuative o periodiche di servizi, si osservano, in quanto compatibili, le norme di questo capo e quelle relative al contratto di somministrazione [1559 ss.].

Capo VIII
Del trasporto

Sezione I
Disposizioni generali

1678. Nozione. – [I] Col contratto di trasporto il vettore [1510] si obbliga, verso corrispettivo [2761^{1}], a trasferire persone [1681 ss.] o cose [1683 ss.] da un luogo a un altro [$2195^{1,\ n.\ 3}$, 2951 // *414*, *949* CNav.] (1).

(1) L. 27/12/1977, n. 1084, in vigore dal 4/10/1979, che ratifica la Conv. internazionale firmata a Bruxelles il 23/4/1970 (CCV).

1679. Pubblici servizi di linea. – [I] Coloro [2951^{4}] che per concessione amministrativa esercitano servizi di linea per il trasporto di persone o di cose sono obbligati [*1321*, *1322*, 1339] ad accettare le richieste di trasporto che siano compatibili con i mezzi ordinari dell'impresa [2597], secondo le condizioni generali stabilite o autorizzate nell'atto di concessione e rese note al pubblico [1341, 1342, 2951].

[II] I trasporti devono eseguirsi secondo l'ordine delle richieste; in caso di più richieste simultanee, deve essere preferita quella di percorso maggiore.

[III] Se le condizioni generali ammettono speciali concessioni, il vettore è obbligato ad applicarle a parità di condizioni a chiunque ne faccia richiesta.

[IV] Salve le speciali concessioni ammesse dalle condizioni generali, qualunque deroga alle medesime è nulla, e alla clausola difforme è sostituita la norma delle condizioni generali [1339, 1419^{2}, 2951].

1680. Limiti di applicabilità delle norme. – [I] Le disposizioni di questo capo si applicano anche ai trasporti per via d'acqua o per via d'aria e a quelli ferroviari e postali, in quanto non siano derogate dal codice della navigazione e dalle leggi speciali.

Sezione II
Del trasporto di persone

1681. Responsabilità del vettore. – [I] Salva la responsabilità per il ritardo e per l'inadempimento nell'esecuzione del trasporto [1218 ss.], il vettore risponde dei sinistri che colpiscono la persona del viaggiatore durante il viaggio e della perdita o dell'avaria delle cose che il viaggiatore porta con sé, se non prova di avere adottato tutte le misure idonee a evitare il danno [1693, 1694, 2050, 2951 // 396, 409 CNav.].

[II] Sono nulle le clausole che limitano la responsabilità del vettore per i sinistri che colpiscono il viaggiatore [1229^{2}, 1694].

[III] Le norme di questo articolo si osservano anche nei contratti di trasporto gratuito [413, 414, 415 CNav.].

1682. Responsabilità del vettore nei trasporti cumulativi. – [I] Nei trasporti cumulativi ciascun vettore risponde nell'ambito del proprio percorso [1294, 1681, 1700].

[II] Tuttavia il danno per il ritardo o per l'interruzione del viaggio si determina in ragione dell'intero percorso [1294].

Sezione III
Del trasporto di cose

1683. Indicazioni e documenti che devono essere forniti al vettore. – [I] Il mittente [1741] deve indicare con esattezza al vettore il nome del destinatario e il luogo di destinazione, la natura, il peso, la quantità e il numero delle cose da trasportare e gli altri estremi necessari per eseguire il trasporto [1684 // 419, 964 CNav.].

[II] Se per l'esecuzione del trasporto occorrono particolari documenti, il mittente deve rimetterli al vettore all'atto in cui consegna le cose da trasportare.

[III] Sono a carico del mittente i danni che derivano dall'omissione o dalla inesattezza delle indicazioni o dalla mancata consegna o irregolarità dei documenti.

1684. Lettera di vettura e ricevuta di carico. – [I] Su richiesta del vettore, il mittente deve rilasciare una lettera di vettura [1687] con la propria sottoscrizione, contenente le indicazioni enunciate nell'articolo precedente e le condizioni convenute per il trasporto.

[II] Su richiesta del mittente, il vettore deve rilasciare un duplicato della lettera di vettura con la propria sottoscrizione o, se non gli è stata rilasciata lettera di vettura, una ricevuta di carico, con le stesse indicazioni [1685].

[III] Salvo contrarie disposizioni di legge, il duplicato della lettera di vettura e la ricevuta di carico possono essere rilasciate con la clausola «all'ordine» [1691, 1996, 2008 ss.].

1685. Diritti del mittente. – [I] Il mittente può sospendere il trasporto e chiedere la restituzione delle cose, ovvero ordinarne la consegna a un destinatario diverso da quello originariamente indicato o anche disporre diversamente [1510], salvo l'obbligo di rimborsare le spese e di risarcire i danni derivanti dal contrordine [1684^{2}, 1686, 1687, 1725, 1734, 1738, 2227, 2237 // 433, 450, 955 CNav.].

[II] Qualora dal vettore sia stato rilasciato al mittente un duplicato della lettera di vettura o una ricevuta di carico [1684^{2}], il mittente non può disporre delle cose consegnate per il trasporto, se non esibisce al vettore il duplicato o la ricevuta per farvi annotare le nuove indicazioni [1691, 1996]. Queste devono essere sottoscritte dal vettore.

[III] Il mittente non può disporre delle cose trasportate dal momento in cui esse sono passate a disposizione del destinatario [1378, 1687, 1689].

1686. Impedimenti e ritardi nell'esecuzione del trasporto. – [I] Se l'inizio o la continuazione del trasporto sono impediti [1256, 1463] o soverchiamente ritardati per causa non imputabile al vettore, questi deve chiedere immediatamente istruzioni al mittente [1685], provvedendo alla custodia delle cose consegnategli.

[II] Se le circostanze rendono impossibile la richiesta di istruzioni al mittente o se le istruzioni non sono attuabili, il vettore può depositare le cose a norma dell'articolo 1514 [77 att.], o, se sono soggette a rapido deterioramento, può farle vendere a norma dell'articolo 1515. Il vettore deve informare prontamente il mittente del deposito o della vendita [83 att.].

[III] Il vettore ha diritto al rimborso delle spese. Se il trasporto è stato iniziato, egli ha diritto anche al pagamento del prezzo in proporzione del percorso compiuto [1672, 1690], salvo che la interruzione del trasporto sia dovuta alla perdita totale delle cose derivante da caso fortuito [1690, 2228].

1687. Riconsegna delle merci. – [I] Il vettore deve mettere le cose trasportate a disposizione del destinatario nel luogo, nel termine e con le modalità indicati dal contratto o, in mancanza, dagli usi [1690, 2951].

[II] Se la riconsegna non deve eseguirsi presso il destinatario, il vettore deve dargli prontamente avviso dell'arrivo delle cose trasportate [1177, 1691[2]].

[III] Se dal mittente è stata rilasciata una lettera di vettura [1684], il vettore deve esibirla al destinatario [1685].

1688. Termine di resa. – [I] Il termine di resa, quando sono indicati più termini parziali, è determinato dalla somma di questi.

1689. Diritti del destinatario. – [I] I diritti nascenti dal contratto di trasporto verso il vettore spettano al destinatario dal momento in cui, arrivate le cose a destinazione o scaduto il termine in cui sarebbero dovute arrivare, il destinatario ne richiede la riconsegna al vettore [1411, 1685[3], 1691[3]].

[II] Il destinatario non può esercitare i diritti nascenti dal contratto se non verso pagamento al vettore dei crediti derivanti dal trasporto [2761[1]] e degli assegni da cui le cose trasportate sono gravate [1692]. Nel caso in cui l'ammontare delle somme dovute sia controverso, il destinatario deve depositare la differenza contestata presso un istituto di credito [1692, 1702 // 251 trans.].

1690. Impedimenti alla riconsegna. – [I] Se il destinatario è irreperibile ovvero rifiuta o ritarda a chiedere la riconsegna delle cose trasportate, il vettore deve domandare immediatamente istruzioni al mittente e si applicano le disposizioni dell'articolo 1686.

[II] Se sorge controversia tra più destinatari o circa il diritto del destinatario alla riconsegna o circa l'esecuzione di questa, ovvero se il destinatario ritarda a ricevere le cose trasportate, il vettore può depositarle a norma dell'articolo 1514 o, se sono soggette a rapido deterioramento, può farle vendere a norma dell'articolo 1515 per conto dell'avente diritto. Il vettore deve informare prontamente il mittente del deposito o della vendita [77, 83 att. // 450 CNav.].

1691. Lettera di vettura o ricevuta di carico all'ordine. – [I] Se il vettore ha rilasciato al mittente un duplicato della lettera di vettura all'ordine o la ricevuta di carico all'ordine [1684[3]], i diritti nascenti dal contratto verso il vettore si trasferiscono mediante girata del titolo [1685, 1996, 2009 ss.].

[II] In tal caso il vettore è esonerato dall'obbligo di dare avviso dell'arrivo delle cose trasportate [1687[2]], salvo che sia stato indicato un domiciliatario nel luogo di destinazione, e l'indicazione risulti dal duplicato della lettera di vettura o dalla ricevuta di carico.

[III] Il possessore del duplicato della lettera di vettura all'ordine o della ricevuta di carico all'ordine deve restituire il titolo al vettore all'atto della riconsegna delle cose trasportate.

1692. Responsabilità del vettore nei confronti del mittente. – [I] Il vettore che esegue la riconsegna al destinatario senza riscuotere i propri crediti o gli assegni da cui è gravata la cosa, o senza esigere il deposito della somma controversa [1689[2]], è responsabile verso il mittente dell'importo degli assegni dovuti al medesimo e non può rivolgersi a quest'ultimo per il pagamento dei propri crediti, salva l'azione verso il destinatario [2951].

1693. Responsabilità per perdita e avaria. – [I] Il vettore è responsabile della perdita e dell'avaria [1696] delle cose consegnategli per il trasporto, dal momento in cui le riceve a quello in cui le riconsegna al destinatario, se non prova che la perdita o l'avaria è derivata da caso fortuito, dalla natura o dai vizi delle cose stesse o del loro imballaggio, o dal fatto del mittente o da quello del destinatario [1218, 1681, 1694, 1701].

[II] Se il vettore accetta le cose da trasportare senza riserve, si presume che le cose stesse non presentino vizi apparenti d'imballaggio [1698, 1701].

1694. Presunzioni di fortuito. – [I] Sono valide le clausole che stabiliscono presunzioni di caso fortuito per eventi che normalmente, in relazione ai mezzi e alle condizioni del trasporto, dipendono da caso fortuito [1681, 1693, 2698 // 182 trans.].

1695. Calo naturale. – [I] Per le cose che, data la loro particolare natura, sono soggette durante il trasporto a diminuzione nel peso o nella misura, il vettore risponde solo delle diminuzioni che oltrepassano il calo naturale, a meno che il mittente o il destinatario provi che la diminuzione non è avvenuta in conseguenza della natura delle cose o che per le circostanze del caso non poteva giungere alla misura accertata [1787].

[II] Si deve tener conto del calo separatamente per ogni collo.

1696. Limiti al risarcimento del danno per perdita o avaria delle cose trasportate (1). – [I] Il danno derivante da perdita o da avaria si calcola secondo il prezzo corrente delle cose trasportate nel luogo e nel tempo della riconsegna.

[II] Il risarcimento dovuto dal vettore non può essere superiore a 1 euro per ogni chilogrammo di peso lordo della merce perduta o avariata nei trasporti nazionali terrestri e all'importo di cui all'articolo 23, paragrafo 3, della Convenzione relativa al contratto di trasporto internazionale di merci su strada, con Protocollo, firmata a Ginevra il 19 maggio 1956, ratificata ai sensi della legge 6 dicembre 1960, n. 1621, nei trasporti internazionali terrestri, ovvero ai limiti previsti dalle convenzioni internazionali o dalle leggi nazionali applicabili per i trasporti aerei, marittimi, fluviali e ferroviari, sempre che ricorrano i presupposti ivi previsti per il sorgere della responsabilità del vettore.

[III] Nel caso in cui il trasporto sia effettuato per il tramite di più mezzi vettoriali di natura diversa e non sia possibile distinguere in quale fase del trasporto si sia verificato il danno, il risarcimento dovuto dal vettore non può in ogni caso essere superiore a 1 euro per ogni chilogrammo di peso lordo della merce perduta o avariata nei trasporti nazionali e a 3 euro per ogni chilogrammo di peso lordo della merce perduta o avariata nei trasporti internazionali.

[IV] Le disposizioni dei commi primo, secondo e terzo non sono derogabili a favore del vettore se non nei casi e con le modalità previsti dalle leggi speciali e dalle convenzioni internazionali applicabili.

[V] Il vettore non può avvalersi della limitazione della responsabilità prevista a suo favore dal presente articolo ove sia fornita la prova che la perdita o l'avaria della merce sono stati determinati da dolo o colpa grave del vettore o dei suoi dipendenti e preposti, ovvero di ogni altro soggetto di cui egli si sia avvalso per l'esecuzione del trasporto, quando tali soggetti abbiano agito nell'esercizio delle loro funzioni.

(1) Articolo, così sostituito, dall'art. 30-bis, co. 1, lett. a), d.l. 6/11/2021, n. 152, conv., con modif. in l. 29/12/2021, n. 233. Il testo dell'articolo, come modificato dall'art. 10, co. 1, d.lg. 21/11/2005, n. 286, era il seguente: «Calcolo del danno in caso di perdita o di avaria. – Il danno derivante da perdita o da avaria si calcola secondo il prezzo corrente delle cose trasportate nel luogo e nel tempo della riconsegna – Il risarcimento dovuto dal vettore non può essere superiore a un euro per ogni chilogrammo di peso lordo della merce perduta o avariata nei trasporti nazionali ed all'importo di cui

all'articolo 23, comma 3, della Convenzione per il trasporto stradale di merci, ratificata con legge 6 dicembre 1960, n. 1621, e successive modificazioni, nei trasporti internazionali. – La previsione di cui al comma precedente non è derogabile a favore del vettore se non nei casi e con le modalità previste dalle leggi speciali e dalle convenzioni internazionali applicabili – Il vettore non può avvalersi della limitazione della responsabilità prevista a suo favore dal presente articolo ove sia fornita la prova che la perdita o l'avaria della merce sono stati determinati da dolo o colpa grave del vettore o dei suoi dipendenti e preposti, ovvero di ogni altro soggetto di cui egli si sia avvalso per l'esecuzione del trasporto, quando tali soggetti abbiano agito nell'esercizio delle loro funzioni».

1697. Accertamento della perdita e dell'avaria. – [I] Il destinatario ha diritto di fare accertare a sue spese, prima della riconsegna, l'identità e lo stato delle cose trasportate.

[II] Se la perdita o l'avaria esiste, il vettore deve rimborsargli le spese.

[III] Salvo diverse disposizioni della legge, la perdita e l'avaria si accertano nei modi stabiliti dall'articolo 696 del codice di procedura civile.

1698. Estinzione dell'azione nei confronti del vettore. – [I] Il ricevimento senza riserve delle cose trasportate col pagamento di quanto è dovuto al vettore [1689^{2}] estingue le azioni derivanti dal contratto, tranne il caso di dolo o colpa grave del vettore. Sono salve le azioni [2951] per perdita parziale o per avaria non riconoscibili al momento della riconsegna, purché in quest'ultimo caso il danno sia denunziato appena conosciuto e non oltre otto giorni dopo il ricevimento [1681 // 182 trans.].

1699. Trasporto con rispedizione della merce. – [I] Se il vettore si obbliga di far proseguire le cose trasportate, oltre le proprie linee, per mezzo di vettori successivi, senza farsi rilasciare dal mittente una lettera di vettura [1684] diretta fino al luogo di destinazione, si presume che egli assuma, per il trasporto oltre le proprie linee, gli obblighi di uno spedizioniere [1737 ss.].

1700. Trasporto cumulativo. – [I] Nei trasporti che sono assunti cumulativamente da più vettori successivi con unico contratto, i vettori rispondono in solido [1292 ss.] per l'esecuzione del contratto dal luogo originario di partenza fino al luogo di destinazione [1682].

[II] Il vettore chiamato a rispondere di un fatto non proprio può agire in regresso contro gli altri vettori, singolarmente o cumulativamente. Se risulta che il fatto dannoso è avvenuto nel percorso di uno dei vettori, questi è tenuto al risarcimento integrale; in caso contrario, al risarcimento sono tenuti tutti i vettori in parti proporzionali ai percorsi, esclusi quei vettori che provino che il danno non è avvenuto nel proprio percorso [1701].

1701. Diritto di accertamento dei vettori successivi. – [I] I vettori successivi hanno diritto di far dichiarare, nella lettera di vettura o in atto separato, lo stato delle cose da trasportare al momento in cui sono loro consegnate [1700]. In mancanza di dichiarazione, si presume che le abbiano ricevute in buono stato e conformi alla lettera di vettura [1693^{2}].

1702. Riscossione dei crediti da parte dell'ultimo vettore. – [I] L'ultimo vettore rappresenta i vettori precedenti per la riscossione dei rispettivi crediti che nascono dal contratto di trasporto [1689] e per l'esercizio del privilegio sulle cose trasportate [2761^{1}].

[II] Se egli omette tale riscossione o l'esercizio del privilegio, è responsabile verso i vettori precedenti per le somme loro dovute, salva l'azione contro il destinatario [1692].

Capo IX
Del mandato

Sezione I
Disposizioni generali

1703. Nozione. – [I] Il mandato è il contratto [1129^{15}, 1188, *1556*, *1754*, *2028*, 2041, 2212, 2735, 2900 // 77 CPC. // 494 CP.] col quale una parte si obbliga a compiere uno o più atti giuridici per conto dell'altra [2032].

➔ **Gai 3.155, D. 17.1.1 pr., D. 17.1.2 pr.**

1704. Mandato con rappresentanza. – [I] Se al mandatario è stato conferito il potere di agire in nome del mandante, si applicano anche le norme del capo VI del titolo II di questo libro [1131, 1305, 1387 ss.].

1705. Mandato senza rappresentanza. – [I] Il mandatario che agisce in proprio nome acquista i diritti e assume gli obblighi derivanti dagli atti compiuti con i terzi, anche se questi hanno avuto conoscenza del mandato [1305].

[II] I terzi non hanno alcun rapporto col mandante. Tuttavia il mandante, sostituendosi al mandatario, **può esercitare i diritti di credito** derivanti dall'esecuzione del mandato [1706^{1}, 1707], salvo che ciò possa pregiudicare i diritti attribuiti al mandatario dalle disposizioni degli articoli che seguono [1721].

1706. Acquisti del mandatario. – [I] Il mandante può **rivendicare** [948] le cose mobili acquistate per suo conto dal mandatario che ha agito in nome proprio [1705], salvi i diritti acquistati dai terzi per effetto del possesso di buona fede [1153 ss.].

[II] Se le cose acquistate dal mandatario sono beni immobili o beni mobili iscritti in pubblici registri [812 ss.], il mandatario **è obbligato a ritrasferirle** al mandante. In caso d'inadempimento, si osservano le norme relative all'esecuzione dell'obbligo di contrarre [2652$^{n. 2}$, 2690$^{n. 1}$, 2932 // 183 trans.].

1707. Creditori del mandatario. – [I] I creditori del mandatario non possono far valere le loro ragioni sui beni che, in esecuzione del mandato, il mandatario ha acquistati in nome proprio, purché, trattandosi di beni mobili o di crediti, il mandato risulti da scrittura avente data certa [2704] anteriore al pignoramento, ovvero, trattandosi di beni immobili o di beni mobili iscritti in pubblici registri, sia anteriore al pignoramento la trascrizione dell'atto di ritrasferimento o della domanda giudiziale diretta a conseguirlo [2915^{2} // 183 trans.].

1708. Contenuto del mandato. – [I] Il mandato comprende non solo gli atti per i quali è stato conferito, ma anche quelli che sono necessari al loro compimento.

[II] Il mandato generale non comprende gli atti che eccedono l'ordinaria amministrazione, se non sono indicati espressamente (1).

(1) Art. 12 del r.d. 14/12/1933, n. 1669; art. 15 del r.d. 21/12/1933, n. 1736.

1709. Presunzione di onerosità. – [I] Il mandato si presume oneroso [1725]. La misura del compenso, se non è stabilita dalle parti, è determinata in base alle tariffe professionali o agli usi; in mancanza è determinata dal giudice [1733, 1740].

➔ **D. 17.1.1.4.**

§ 1 – *Delle obbligazioni del mandatario*

1710. Diligenza del mandatario. – [I] Il mandatario è tenuto a eseguire il mandato [1130, 1131, 1133, 1856^1, 2030, 2392^1, 2407^1] con la diligenza del buon padre di famiglia [1176^1]; ma se il mandato è gratuito, la responsabilità per colpa è valutata con minor rigore [1768^2].

[II] Il mandatario è tenuto a rendere note al mandante le circostanze sopravvenute che possono determinare la revoca [1723 ss.] o la modificazione del mandato.

1711. Limiti del mandato. – [I] Il mandatario non può eccedere i limiti fissati nel mandato. L'atto che esorbita dal mandato resta a carico del mandatario [1717], se il mandante non lo ratifica [1398, 1399, 1712^2].

[II] Il mandatario può discostarsi dalle istruzioni ricevute qualora circostanze ignote al mandante, e tali che non possano essergli comunicate in tempo, facciano ragionevolmente ritenere che lo stesso mandante avrebbe dato la sua approvazione.

➔ D. 17.1.5 pr.-2.

1712. Comunicazione dell'eseguito mandato. – [I] Il mandatario deve senza ritardo comunicare al mandante l'esecuzione del mandato.

[II] Il ritardo del mandante a rispondere dopo aver ricevuto tale comunicazione, per un tempo superiore a quello richiesto dalla natura dell'affare o dagli usi, importa approvazione, anche se il mandatario si è discostato dalle istruzioni o ha ecceduto i limiti del mandato [1711].

1713. Obbligo di rendiconto. – [I] Il mandatario deve rendere al mandante il conto del suo operato e rimettergli tutto ciò che ha ricevuto a causa del mandato [1130^2 // 263-266 CPC. // 109, 178 att. CPC.].

[II] La dispensa preventiva dall'obbligo di rendiconto non ha effetto nei casi in cui il mandatario deve rispondere per dolo o per colpa grave [1229].

1714. Interessi sulle somme riscosse. – [I] Il mandatario deve corrispondere al mandante gli interessi legali [1284] sulle somme riscosse per conto del mandante stesso, con decorrenza dal giorno in cui avrebbe dovuto fargliene la consegna o la spedizione ovvero impiegarle secondo le istruzioni ricevute.

1715. Responsabilità per le obbligazioni dei terzi. – [I] In mancanza di patto contrario [1736], il mandatario che agisce in proprio nome [1705] non risponde verso il mandante dell'adempimento delle obbligazioni assunte dalle persone con le quali ha contrattato, tranne il caso che l'insolvenza di queste gli fosse o dovesse essergli nota all'atto della conclusione del contratto.

1716. Pluralità di mandatari. – [I] Salvo patto contrario, il mandato conferito a più persone designate a operare congiuntamente non ha effetto, se non è accettato da tutte.

[II] Se nel mandato non è dichiarato che i mandatari devono agire congiuntamente, ciascuno di essi può concludere l'affare [2203^3]. In questo caso il mandante, appena avvertito della conclusione, deve darne notizia agli altri mandatari; in mancanza è tenuto a risarcire i danni derivanti dall'omissione o dal ritardo.

[III] Se più mandatari hanno comunque operato congiuntamente, essi sono obbligati in solido [1292 ss.] verso il mandante.

1717. Sostituto del mandatario. – [I] Il mandatario che, nell'esecuzione del mandato, sostituisce altri a se stesso, senza esservi autorizzato o senza che ciò sia necessario per la natura dell'incarico, risponde dell'operato della persona sostituita [1856^2].

[II] Se il mandante aveva autorizzato la sostituzione senza indicare la persona, il mandatario risponde soltanto quando è in colpa nella scelta [1710].

[III] Il mandatario risponde delle istruzioni che ha impartite al sostituto.

[IV] Il mandante può agire direttamente contro la persona sostituita dal mandatario.

1718. Custodia delle cose e tutela dei diritti del mandante. – [I] Il mandatario deve provvedere alla custodia delle cose che gli sono state spedite per conto del mandante e tutelare i diritti di quest'ultimo di fronte al vettore, se le cose presentano segni di deterioramento o sono giunte con ritardo [1693 ss.].

[II] Se vi è urgenza, il mandatario può procedere alla vendita delle cose a norma dell'articolo 1515 [83 att.].

[III] Di questi fatti, come pure del mancato arrivo della merce, egli deve dare immediato avviso al mandante.

[IV] Le disposizioni di questo articolo si applicano anche se il mandatario non accetta l'incarico conferitogli dal mandante, sempre che tale incarico rientri nell'attività professionale del mandatario.

§ 2 – *Delle obbligazioni del mandante*

1719. Mezzi necessari per l'esecuzione del mandato. – [I] Il mandante, salvo patto contrario, è tenuto a somministrare al mandatario i mezzi necessari per l'esecuzione del mandato e per l'adempimento delle obbligazioni che a tal fine il mandatario ha contratte in proprio nome [1705 ss.].

1720. Spese e compenso del mandatario. – [I] Il mandante deve rimborsare al mandatario le anticipazioni, con gli interessi legali [1284] dal giorno in cui sono state fatte [2031], e deve pagargli il compenso che gli spetta [2756^3, 2761^2].

[II] Il mandante deve inoltre risarcire i danni che il mandatario ha subiti a causa dell'incarico.

➔ D. 17.1.27.4.

1721. Diritto del mandatario sui crediti. – [I] Il mandatario ha diritto di soddisfarsi sui crediti pecuniari sorti dagli affari che ha conclusi, con precedenza sul mandante e sui creditori di questo [1705^2].

§ 3 – *Dell'estinzione del mandato*

1722. Cause di estinzione. – [I] Il mandato si estingue:

1) per la scadenza del termine o per il compimento, da parte del mandatario [1712], dell'affare per il quale è stato conferito;

2) per revoca [1373] da parte del mandante [1723 ss.];

3) per rinunzia del mandatario [1727];

4) per la morte, l'interdizione [414 ss.] o l'inabilitazione [415 ss.] del mandante o del mandatario. Tuttavia il mandato che ha per oggetto il compimento di atti relativi all'esercizio di un'impresa non si estingue, se l'esercizio dell'impresa è continuato, salvo il diritto di recesso delle parti o degli eredi [184 trans.] (1).

(1) Art. 22, co. 3, r.d. 14/12/1933, n. 1669; art. 15 e 26 del r.d. 21/12/1933, n. 1736; art. 78 del r.d. 16/3/1942, n. 267.

1723. Revocabilità del mandato. – [I] Il mandante può revocare il mandato [1725]; ma, se era stata pattuita l'irrevocabilità, risponde dei danni, salvo che ricorra una giusta causa.

[II] Il mandato conferito anche nell'interesse del mandatario o di terzi non si estingue per revoca da parte del mandante, salvo che sia diversamente stabilito o ricorra una giusta causa di revoca [2259[1]]; non si estingue per la morte o per la sopravvenuta incapacità [1425] del mandante (1).

(1) Art. 223 del r.d. 14/12/1933, n. 1669; art. 15 del r.d. 21/12/1933, n. 1736; art. 78 del r.d. 16/3/1942, n. 267.

1724. Revoca tacita. – [I] La nomina di un nuovo mandatario per lo stesso affare o il compimento di questo da parte del mandante importano revoca del mandato, e producono effetto dal giorno in cui sono stati comunicati al mandatario [1334, 1335].

1725. Revoca del mandato oneroso. – [I] La revoca del mandato oneroso [1709], conferito per un tempo determinato o per un determinato affare, obbliga il mandante a risarcire i danni [1223 ss.], se è fatta prima della scadenza del termine o del compimento dell'affare, salvo che ricorra una giusta causa.

[II] Se il mandato è a tempo indeterminato, la revoca obbliga il mandante al risarcimento, qualora non sia dato un congruo preavviso, salvo che ricorra una giusta causa.

1726. Revoca del mandato collettivo. – [I] Se il mandato è stato conferito da più persone con unico atto e per un affare d'interesse comune, la revoca non ha effetto qualora non sia fatta da tutti i mandanti, salvo che ricorra una giusta causa [2609[2]].

1727. Rinunzia del mandatario. – [I] Il mandatario che rinunzia senza giusta causa al mandato deve risarcire i danni [1223 ss.] al mandante. Se il mandato è a tempo indeterminato, il mandatario che rinunzia senza giusta causa è tenuto al risarcimento, qualora non abbia dato un congruo preavviso.

[II] In ogni caso la rinunzia deve essere fatta in modo e in tempo tali che il mandante possa provvedere altrimenti, salvo il caso d'impedimento grave da parte del mandatario.

➔ D. 17.1.27.2.

1728. Morte o incapacità del mandante o del mandatario. – [I] Quando il mandato si estingue per morte o per incapacità sopravvenuta [1425] del mandante, il mandatario che ha iniziato l'esecuzione deve continuarla, se vi è pericolo nel ritardo.

[II] Quando il mandato si estingue per morte o per sopravvenuta incapacità [1425] del mandatario, i suoi eredi ovvero colui che lo rappresenta o lo assiste, se hanno conoscenza del mandato, devono avvertire prontamente il mandante e prendere intanto nell'interesse di questo i provvedimenti richiesti dalle circostanze.

➔ D. 17.1.27.3.

1729. Mancata conoscenza della causa di estinzione. – [I] Gli atti che il mandatario ha compiuti prima di conoscere l'estinzione del mandato sono validi nei confronti del mandante o dei suoi eredi [1396[2]].

1730. Estinzione del mandato conferito a più mandatari. – [I] Salvo patto contrario, il mandato conferito a più persone designate a operare congiuntamente si estingue anche se la causa di estinzione concerne uno solo dei mandatari.

Sezione II
Della commissione

1731. Nozione. – [I] Il contratto di commissione è un mandato [1703 ss.] che ha per oggetto l'acquisto o la vendita di beni per conto del committente e in nome del commissionario [532 CPC.] (1).

(1) Art. 78 del r.d. 16/3/1942, n. 267.

1732. Operazioni a fido. – [I] Il commissionario si presume autorizzato a concedere dilazioni di pagamento in conformità degli usi del luogo in cui compie l'operazione, se il committente non ha disposto altrimenti.

[II] Se il commissionario concede dilazioni di pagamento, malgrado il divieto del committente o quando non è autorizzato dagli usi, il committente può esigere da lui il pagamento immediato, salvo il diritto del commissionario di far propri i vantaggi che derivano dalla concessa dilazione [1711[1]].

[III] Il commissionario che ha concesso dilazioni di pagamento deve indicare al committente la persona del contraente e il termine concesso; altrimenti l'operazione si considera fatta senza dilazione e si applica il disposto del comma precedente.

1733. Misura della provvigione. – [I] La misura della provvigione spettante al commissionario, se non è stabilita dalle parti, si determina secondo gli usi del luogo in cui è compiuto l'affare [1709, 1740]. In mancanza di usi provvede il giudice secondo equità [2225, 2233].

1734. Revoca della commissione. – [I] Il committente può revocare [1373[2]] l'ordine di concludere l'affare fino a che il commissionario non l'abbia concluso. In tal caso spetta al commissionario una parte della provvigione, che si determina tenendo conto delle spese sostenute e dell'opera prestata [1720, 1725, 1733, 1738].

1735. Commissionario contraente in proprio. – [I] Nella commissione di compera o di vendita di titoli, divise o merci aventi un prezzo corrente che risulti nei modi indicati dal terzo comma dell'articolo 1515, se il committente non ha diversamente disposto, il commissionario può fornire al prezzo suddetto le cose che deve comprare, o può acquistare per sé le cose che deve vendere, salvo, in ogni caso, il suo diritto alla provvigione [1395[1]].

[II] Anche quando il committente ha fissato il prezzo, il commissionario che acquista per sé non può praticare un prezzo inferiore a quello corrente nel giorno in cui compie l'operazione, se questo è superiore al prezzo fissato dal committente; e il commissionario che fornisce le cose che deve comprare non può praticare un prezzo superiore a quello corrente, se questo è inferiore al prezzo fissato dal committente.

1736. Star del credere. – [I] Il commissionario che, in virtù di patto o di uso, è tenuto allo «star del credere» risponde nei confronti del committente per l'esecuzione dell'affare [1715]. In tal caso ha diritto, oltre che alla provvigione, a un compenso o a una maggiore provvigione, la quale, in mancanza di patto, si determina secondo gli usi del luogo in cui è compiuto l'affare [1733]. In mancanza di usi, provvede il giudice secondo equità.

Sezione III
Della spedizione

1737. Nozione (1). – [I] Il contratto di spedizione è un mandato con il quale lo spedizioniere assume l'obbligo di concludere in nome proprio e per conto del mandante o, se dotato di poteri di rappresentanza, in nome e per conto del mandante, uno o più contratti di trasporto con uno o più vettori e di compiere le operazioni accessorie.

(1) Articolo, così sostituito, dall'art. 30-bis, co. 1, lett. b), d.l. 6/11/2021, n. 152, conv., con modif. in l. 29/12/2021, n. 233. Il testo dell'articolo, era il seguente: «Nozione. – Il contratto di spedizione è un mandato col quale lo spedizioniere assume l'obbligo di concludere, in nome proprio e per conto del mandante, un contratto di trasporto e di compiere le operazioni accessorie».

1738. Revoca. – [I] Finché lo spedizioniere non abbia concluso il contratto di trasporto col vettore, il mittente può revocare l'ordine di spedizione, rimborsando lo spedizioniere delle spese sostenute e corrispondendogli un equo compenso per l'attività prestata [1671, 1685², 1725, 1734, 2227, 2237].

1739. Obblighi dello spedizioniere (1). – [I] Nell'esecuzione del mandato lo spedizioniere è tenuto a osservare le istruzioni del mandante.

[II] Lo spedizioniere non ha l'obbligo di provvedere all'assicurazione delle cose spedite, salva espressa richiesta del mandante.

(1) Articolo, così sostituito, dall'art. 30-bis, co. 1, lett. c), d.l. 6/11/2021, n. 152, conv., con modif. in l. 29/12/2021, n. 233. Il testo dell'articolo, era il seguente: «Obblighi dello spedizioniere. – Nella scelta della via, del mezzo e delle modalità di trasporto della merce, lo spedizioniere è tenuto a osservare le istruzioni del committente e, in mancanza, a operare secondo il migliore interesse del medesimo. – Salvo che gli sia stato diversamente ordinato e salvi gli usi contrari, lo spedizioniere non ha obbligo di provvedere all'assicurazione delle cose spedite. – I premi, gli abbuoni e i vantaggi di tariffa ottenuti dallo spedizioniere devono essere accreditati al committente, salvo patto contrario».

1740. Diritti dello spedizioniere. – [I] La misura della retribuzione dovuta allo spedizioniere per l'esecuzione dell'incarico si determina, in mancanza di convenzione, secondo le tariffe professionali o, in mancanza, secondo gli usi del luogo in cui avviene la spedizione [1657, 1709, 1733, 1755², 2225, 2233, 2756³, 2761²⁻⁴, 2951].

[II] Le spese anticipate e i compensi per le prestazioni accessorie eseguite dallo spedizioniere sono liquidati sulla base dei documenti giustificativi, a meno che il rimborso e i compensi siano stati preventivamente convenuti in una somma globale unitaria [2951].

1741. Spedizioniere vettore (1). [I] Lo spedizioniere che con mezzi propri o altrui assume l'esecuzione del trasporto, in tutto o in parte, ha gli obblighi e i diritti del vettore.

[II] Nell'ipotesi di perdita o avaria delle cose spedite, si applica l'articolo 1696.

(1) Articolo, così sostituito, dall'art. 30-bis, co. 1, lett. d), d.l. 6/11/2021, n. 152, conv., con modif. in l. 29/12/2021, n. 233. Il testo dell'articolo, era il seguente: «Spedizioniere vettore. – Lo spedizioniere che con mezzi propri o altrui assume l'esecuzione del trasporto in tutto o in parte, ha gli obblighi e i diritti del vettore».

Capo X
Del contratto di agenzia

1742. Nozione. – [I] Col contratto di agenzia una parte assume stabilmente l'incarico di promuovere, per conto dell'altra, verso retribuzione, la conclusione di contratti in una zona determinata [1752, 2195ⁿ. ⁵ // 290 CNav.] (1).

[II] Il contratto deve essere provato per iscritto. Ciascuna parte ha diritto di ottenere dall'altra un documento dalla stessa sottoscritto che riproduca il contenuto del contratto e delle clausole aggiuntive. Tale diritto è irrinunciabile (2).

(1) Per il divieto di stipulare contratti di agenzia da parte di chi non è iscritto nell'apposito ruolo, v. art. 9 della l. 3/5/1985, n. 204.

(2) Comma dapprima inserito dall'art. 1 del d.lg. 10/9/1991, n. 303 e poi così sostituito dall'art. 1 del d.lg. 15/2/1999, n. 65. Il comma era così formulato; «Ciascuna parte ha il diritto di ottenere dall'altra una copia del contratto dalla stessa sottoscritto».

• Art. 74 del d.lg. n. 59/2010: «1. Per l'attività di agente o rappresentante di commercio è soppresso il ruolo di cui all'articolo 2 della legge 3 maggio 1985, n. 204. 2. L'attività di cui al comma 1 è soggetta a segnalazione certificata di inizio di attività da presentare alla Camera di commercio, industria, artigianato e agricoltura per il tramite dello sportello unico del comune competente per territorio ai sensi dell'articolo 19 della legge 7 agosto 1990, n. 241, corredata delle autocertificazioni e delle certificazioni attestanti il possesso dei requisiti prescritti (2). 3. La Camera di commercio, industria, artigianato e agricoltura verifica il possesso dei requisiti da parte degli esercenti l'attività di cui al comma 1 e iscrive i relativi dati nel registro delle imprese, se l'attività è svolta in forma di impresa, oppure nel repertorio delle notizie economiche e amministrative (REA) previsto dall'articolo 8 della legge 29 dicembre 1993, n. 580, e dall'articolo 9 del decreto del Presidente della Repubblica 7 dicembre 1995, n. 581, e successive modificazioni, assegnando la relativa qualifica. 4. Ai fini del riconoscimento dei requisiti per l'accesso all'attività, all'articolo 5, comma 1, della legge 3 maggio 1985, n. 204, le lettere a), b) e d) sono soppresse e alla lettera c) la parola: «fallito» è soppressa. 5. Fermo restando quanto disposto dall'articolo 8 della legge 29 dicembre 1993, n. 580, e dal decreto del Presidente della Repubblica 7 dicembre 1995, n. 581, le iscrizioni previste dal presente decreto per i soggetti diversi dalle imprese, sono effettuate in una apposita sezione del REA ed hanno effetto dichiarativo del possesso dei requisiti abilitanti all'esercizio della relativa attività professionale. 6. Ad ogni effetto di legge, i richiami al ruolo contenuti nella legge 3 maggio 1985, n. 204, si intendono riferiti alle iscrizioni previste dal presente articolo nel registro delle imprese o nel repertorio delle notizie economiche e amministrative (REA)».

1743. Diritto di esclusiva. – [I] Il preponente non può valersi contemporaneamente di più agenti nella stessa zona e per lo stesso ramo di attività [1748], né l'agente può assumere l'incarico di trattare nella stessa zona e per lo stesso ramo gli affari di più imprese in concorrenza tra loro [1754, 1567 ss.].

1744. Riscossioni. – [I] L'agente non ha facoltà di riscuotere i crediti del preponente [1188]. Se questa facoltà gli è stata attribuita [2210², 2213²], egli non può concedere sconti o dilazioni senza speciale autorizzazione [1732].

1745. Rappresentanza dell'agente. – [I] Le dichiarazioni che riguardano la esecuzione del contratto concluso per il tramite dell'agente e i reclami relativi alle inadempienze contrattuali [1495, 2226] sono validamente fatti all'agente [1512, 1752, 1903, 2212].

[II] L'agente può chiedere i provvedimenti cautelari [670, 670 CPC.] nell'interesse del preponente e presentare i reclami che sono necessari per la conservazione dei diritti spettanti a quest'ultimo.

1746. Obblighi dell'agente. – [I] Nell'esecuzione dell'incarico l'agente deve tutelare gli interessi del preponente e agire con lealtà e buona fede [1175, 1176, 1375]. In particolare, deve adempiere l'incarico affidatogli in conformità delle istruzioni ricevute [1711] e fornire al preponente le informazioni riguardanti le condizioni del mercato nella zona assegnatagli, e ogni altra informazione utile per valutare la convenienza dei singoli affari [1759]. È nullo ogni patto contrario [1418, 1419] (1).

[II] Egli deve altresì osservare gli obblighi che incombono al commissionario [1731 ss.] ad eccezione di quelli di cui all'articolo 1736, in quanto non siano esclusi dalla natura del contratto di agenzia (2).

[III] È vietato il patto che ponga a carico dell'agente una

responsabilità, anche solo parziale, per l'inadempimento del terzo [1229]. È però consentito eccezionalmente alle parti di concordare di volta in volta la concessione di una apposita garanzia da parte dell'agente, purché ciò avvenga con riferimento a singoli affari, di particolare natura ed importo, individualmente determinati; l'obbligo di garanzia assunto dall'agente non sia di ammontare più elevato della provvigione che per quell'affare l'agente medesimo avrebbe diritto a percepire; sia previsto per l'agente un apposito corrispettivo (3).

(1) Comma così sostituito dall'art. 2 del d.lg. 15/2/1999, n. 65. Il comma era così formulato: «L'agente deve adempiere l'incarico affidatogli in conformità delle istruzioni ricevute e fornire al preponente le informazioni riguardanti le condizioni del mercato nella zona assegnatagli, e ogni altra informazione utile per valutare la convenienza dei singoli affari».

(2) Comma così modificato dall'art. 281 della l. 21/12/1999, n. 526.

(3) Comma inserito dall'art. 282 della l. n. 526, cit.

1747. Impedimento dell'agente. – [I] L'agente che non è in grado di eseguire l'incarico affidatogli deve dare immediato avviso al preponente [1175]. In mancanza è obbligato al risarcimento del danno [1223, 1727²].

1748. Diritti dell'agente (1). – [I] Per tutti gli affari conclusi durante il contratto l'agente ha diritto alla provvigione quando l'operazione è stata conclusa per effetto del suo intervento [1749², 1751-bis, 1755].

[II] La provvigione è dovuta anche per gli affari conclusi dal preponente con terzi che l'agente aveva in precedenza acquisito come clienti per affari dello stesso tipo o appartenenti alla zona o alla categoria o gruppo di clienti riservati all'agente, salvo che sia diversamente pattuito [1743].

[III] L'agente ha diritto alla provvigione sugli affari conclusi dopo la data di scioglimento del contratto se la proposta è pervenuta al preponente o all'agente in data antecedente o gli affari sono conclusi entro un termine ragionevole dalla data di scioglimento del contratto e la conclusione è da ricondurre prevalentemente all'attività da lui svolta [1326, 1357]; in tali casi la provvigione è dovuta solo all'agente precedente, salvo che da specifiche circostanze risulti equo ripartire la provvigione tra gli agenti intervenuti.

[IV] Salvo che sia diversamente pattuito, la provvigione spetta all'agente dal momento e nella misura in cui il preponente ha eseguito o avrebbe dovuto eseguire la prestazione in base al contratto concluso con il terzo [1733, 1755², 1757]. La provvigione spetta all'agente, al più tardi, inderogabilmente dal momento e nella misura in cui il terzo ha eseguito o avrebbe dovuto eseguire la prestazione qualora il preponente avesse eseguito la prestazione a suo carico [1742, 1749, 1755].

[V] Se il preponente e il terzo si accordano per non dare, in tutto o in parte esecuzione al contratto, l'agente ha diritto, per la parte ineseguita, ad una provvigione ridotta nella misura determinata dagli usi o, in mancanza, dal giudice secondo equità.

[VI] L'agente è tenuto a restituire le provvigioni riscosse solo nella ipotesi e nella misura in cui sia certo che il contratto tra il terzo e il preponente non avrà esecuzione per cause non imputabili al preponente. È nullo [1418, 1756] ogni patto più sfavorevole all'agente.

[VII] L'agente non ha diritto al rimborso delle spese di agenzia [1719, 1756].

(1) Articolo dapprima modificato dall'art. 2 del d.lg. 10/9/1991, n. 303 e poi così sostituito dall'art. 3 del d.lg. 15/2/1999, n. 65. Il testo era il seguente: «Diritti dell'agente ed obblighi del preponente.
[I] L'agente ha diritto alla provvigione solo per gli affari che hanno avuto regolare esecuzione. Se l'affare ha avuto esecuzione parziale, la provvigione spetta all'agente in proporzione della parte eseguita.
[II] La provvigione è dovuta anche per gli affari conclusi direttamente dal preponente, che devono avere esecuzione nella zona riservata all'agente, salvo che sia diversamente pattuito.
[III] L'agente ha diritto alla provvigione sugli affari conclusi anche dopo lo scioglimento del contratto se la conclusione è effetto soprattutto dell'attività da lui svolta.
[IV] L'agente non ha diritto al rimborso delle spese di agenzia.
[V] Il preponente deve porre a disposizione dell'agente la documentazione necessaria relativa ai beni o servizi trattati e fornire all'agente le informazioni necessarie all'esecuzione del contratto; in particolare avvertire l'agente, entro un termine ragionevole, non appena preveda che il volume delle operazioni commerciali sarà notevolmente inferiore a quello che l'agente avrebbe potuto normalmente attendersi. Il preponente deve inoltre informare l'agente, entro un termine ragionevole, dell'accettazione o del rifiuto e della mancata esecuzione di un affare procuratogli.
[VI] Il preponente consegna all'agente un estratto conto delle provvigioni dovute al più tardi l'ultimo giorno del mese successivo al trimestre nel corso del quale esse sono state acquisite. L'estratto conto indica gli elementi essenziali in base ai quali è stato effettuato il calcolo delle provvigioni. Entro il medesimo termine le provvigioni liquidate devono essere effettivamente pagate all'agente.
[VII] L'agente ha diritto di esigere che gli siano fornite tutte le informazioni, in particolare un estratto dei libri contabili, necessarie per verificare l'importo delle provvigioni liquidate».

1749. Obblighi del preponente (1). – [I] Il preponente, nei rapporti con l'agente, deve agire con lealtà e buona fede [1746]. Egli deve mettere a disposizione dell'agente la documentazione necessaria relativa ai beni o servizi trattati e fornire all'agente le informazioni necessarie all'esecuzione del contratto: in particolare avvertire l'agente, entro un termine ragionevole, non appena preveda che il volume delle operazioni commerciali sarà notevolmente inferiore a quello che l'agente avrebbe potuto normalmente attendersi. Il preponente deve inoltre informare l'agente, entro un termine ragionevole, dell'accettazione o del rifiuto e della mancata esecuzione di un affare procuratogli.

[II] Il preponente consegna all'agente un estratto conto delle provvigioni dovute al più tardi l'ultimo giorno del mese successivo al trimestre nel corso del quale esse sono maturate. L'estratto conto indica gli elementi essenziali in base ai quali è stato effettuato il calcolo delle provvigioni. Entro il medesimo termine le provvigioni liquidate devono essere effettivamente pagate all'agente.

[III] L'agente ha diritto di esigere che gli siano fornite tutte le informazioni necessarie per verificare l'importo delle provvigioni liquidate ed in particolare un estratto dei libri contabili.

[IV] È nullo [1418, 1419] ogni patto contrario alle disposizioni del presente articolo.

(1) Articolo così sostituito dall'art. 4 del d.lg. 15/2/1999, n. 65. Il testo era il seguente: «Mancata esecuzione del contratto. [I] La provvigione spetta all'agente anche per gli affari che non hanno avuto esecuzione per causa imputabile al preponente. [II] Se il preponente e il terzo si accordano per non dare, in tutto o in parte, esecuzione al contratto, l'agente ha diritto, per la parte ineseguita, ad una provvigione ridotta nella misura determinata [dalle norme corporative, o] dagli usi o, in mancanza, dal giudice secondo equità».

1750. Durata del contratto o recesso (1). – [I] Il contratto di agenzia a tempo determinato che continui ad essere eseguito dalle parti successivamente alla scadenza del termine si trasforma in contratto a tempo indeterminato.

[II] Se il contratto di agenzia è a tempo indeterminato, ciascuna delle parti può recedere [1373, 2118] dal contratto stesso dandone preavviso all'altra entro un termine stabilito [2121].

[III] Il termine di preavviso non può comunque essere inferiore ad un mese per il primo anno di durata del contratto, a due mesi per il secondo anno iniziato, a tre mesi per il terzo anno iniziato, a quattro mesi per il quarto anno, a cinque mesi per il quinto anno e a sei mesi per il sesto anno e per tutti gli anni successivi.

[IV] Le parti possono concordare termini di preavviso di maggiore durata, ma il preponente non può osservare un termine inferiore a quello posto a carico dell'agente.

[V] Salvo diverso accordo tra le parti, la scadenza del termine di preavviso deve coincidere con l'ultimo giorno del mese di calendario.

(1) Articolo così sostituito dall'art. 3 del d.lg. 10/9/1991, n. 303. Il testo recitava: «Recesso dal contratto. [I] Se il contratto di agenzia è a tempo indeterminato, ciascuna delle parti può recedere dal contratto, dandone preavviso all'altra nel termine stabilito [dalle norme corporative, o] dagli usi. [II] Il termine di preavviso può essere sostituito dal pagamento di una corrispondente indennità».

1751. Indennità in caso di cessazione del rapporto (1). – [I] All'atto della cessazione del rapporto il preponente è tenuto a corrispondere all'agente un'indennità se ricorrono le seguenti condizioni [2120] (2):

l'agente abbia procurato nuovi clienti al preponente o abbia sensibilmente sviluppato gli affari con i clienti esistenti e il preponente riceva ancora sostanziali vantaggi derivanti dagli affari con tali clienti;

il pagamento di tale indennità sia equo, tenuto conto di tutte le circostanze del caso, in particolare delle provvigioni [1748] che l'agente perde e che risultano dagli affari con tali clienti.

[II] L'indennità non è dovuta:

quando il preponente risolve [1453] il contratto per un'inadempienza imputabile [1218] all'agente, la quale, per la sua gravità, non consenta la prosecuzione anche provvisoria del rapporto;

quando l'agente recede [1750] dal contratto, a meno che il recesso sia giustificato da circostanze attribuibili al preponente o da circostanze attribuibili all'agente, quali età, infermità o malattia, per le quali non può più essergli ragionevolmente chiesta la prosecuzione dell'attività [1747];

quando, ai sensi di un accordo con il preponente, l'agente cede ad un terzo i diritti e gli obblighi che ha in virtù del contratto d'agenzia [1406].

[III] L'importo dell'indennità non può superare una cifra equivalente ad un'indennità annua calcolata sulla base della media annuale delle retribuzioni riscosse dall'agente negli ultimi cinque anni e, se il contratto risale a meno di cinque anni, sulla media del periodo in questione.

[IV] La concessione dell'indennità non priva comunque l'agente del diritto all'eventuale risarcimento dei danni.

[V] L'agente decade [2964-2969] dal diritto all'indennità prevista dal presente articolo se, nel termine di un anno dallo scioglimento del rapporto, omette di comunicare al preponente l'intenzione di far valere i propri diritti.

[VI] Le disposizioni di cui al presente articolo sono inderogabili a svantaggio dell'agente.

[VII] L'indennità è dovuta anche se il rapporto cessa per morte dell'agente (3).

(1) Articolo così sostituito dall'art. 4 del d.lg. 10/9/1991, n. 303.

(2) Alinea così sostituito dall'art. 51 del d.lg. 15/2/1999, n. 65. Il testo recitava: «All'atto della cessazione del rapporto il preponente è tenuto a corrispondere all'agente un'indennità se ricorra almeno una delle seguenti condizioni:».

(3) Comma aggiunto dall'art. 52 del d.lg. n. 65, cit.

1751 bis. Patto di non concorrenza (1). – [I] Il patto che limita la concorrenza da parte dell'agente dopo lo scioglimento del contratto deve farsi per iscritto [2125, 2596]. Esso deve riguardare la medesima zona, clientela e genere di beni o servizi per i quali era stato concluso il contratto di agenzia e la sua durata non può eccedere i due anni successivi all'estinzione del contratto.

[II] L'accettazione del patto di non concorrenza comporta, in occasione della cessazione del rapporto, la corresponsione all'agente commerciale di una indennità di natura non provvigionale [1748]. L'indennità va commisurata alla durata, non superiore a due anni dopo l'estinzione del contratto, alla natura del contratto di agenzia e all'indennità di fine rapporto [1751]. La determinazione della indennità in base ai parametri di cui al precedente periodo è affidata alla contrattazione tra le parti tenuto conto degli accordi economici nazionali di categoria. In difetto di accordo l'indennità è determinata dal giudice in via equitativa anche con riferimento:

1) alla media dei corrispettivi riscossi dall'agente in pendenza di contratto ed alla loro incidenza sul volume d'affari complessivo nello stesso periodo;

2) alle cause di cessazione del contratto di agenzia;

3) all'ampiezza della zona assegnata all'agente;

4) all'esistenza o meno del vincolo di esclusiva per un solo preponente (2).

(1) Articolo inserito dall'art. 5 del d.lg. 10/9/1991, n. 303.

(2) Comma aggiunto dall'art. 23, co. 1, l. 29/12/2000, n. 422, in attuazione dell'art. 20 della Direttiva 86/653/CEE. V. inoltre art. 23, co. 2, della l. cit., che così dispone «2. Le disposizioni di cui al comma 1 si applicano esclusivamente agli agenti che esercitano in forma individuale, di società di persone o di società di capitali, con un solo socio, nonché, ove previsto da accordi economici nazionali di categoria, a società di capitali costituite esclusivamente o prevalentemente da agenti commerciali. Le disposizioni di cui al comma 1 acquistano efficacia dal 1° giugno 2001».

1752. Agente con rappresentanza. – [I] Le disposizioni del presente capo si applicano anche nell'ipotesi in cui all'agente è conferita dal preponente la rappresentanza [1387] per la conclusione dei contratti [1745, 1753].

1753. Agenti di assicurazione. – [I] Le disposizioni di questo capo sono applicabili anche agli agenti di assicurazione, in quanto non siano derogate [*dalle norme corporative o*]* dagli usi e in quanto siano compatibili con la natura dell'attività assicurativa [1903] (1).

* Le disposizioni richiamanti le norme corporative devono ritenersi abrogate in seguito alla soppressione dell'ordinamento corporativo.

(1) V. d.lg. 7/9/2005, n. 209.

Capo XI
Della mediazione

1754. Mediatore. – [I] È mediatore [1173, *1321*] colui che mette in relazione due o più parti per la conclusione di un affare, senza essere legato ad alcuna di esse da rapporti di collaborazione, di dipendenza o di rappresentanza [1742, 1761].

1755. Provvigione. – [I] Il mediatore ha diritto alla provvigione da ciascuna delle parti [2950], se l'affare [1351] è concluso per effetto del suo intervento [1173].

[II] La misura della provvigione e la proporzione in cui questa deve gravare su ciascuna delle parti, in mancanza di patto, di tariffe professionali o di usi, sono determinate dal giudice secondo equità [1657, 1709, 1733, 1740, 2099, 2225, 2233] (1).

(1) Art. 6 della l. 3/2/1989, n. 39.

1756. Rimborso delle spese. – [I] Salvo patti o usi contrari, il mediatore ha diritto al rimborso delle spese nei confronti della persona per incarico della quale sono state eseguite anche se l'affare non è stato concluso [1719, 1748].

CODICE CIVILE

1757. Provvigione nei contratti condizionali o invalidi. – [I] Se il contratto è sottoposto a condizione sospensiva, il diritto alla provvigione sorge nel momento in cui si verifica la condizione [1353 ss., 1360[1]].

[II] Se il contratto è sottoposto a condizione risolutiva, il diritto alla provvigione non viene meno col verificarsi della condizione [1353 ss.].

[III] La disposizione del comma precedente si applica anche quando il contratto è annullabile [1425 ss.] o rescindibile [1447 ss.], se il mediatore non conosceva la causa d'invalidità.

1758. Pluralità di mediatori. – [I] Se l'affare è concluso per l'intervento di più mediatori, ciascuno di essi ha diritto a una quota della provvigione [1755 ss.].

1759. Responsabilità del mediatore. – [I] Il mediatore deve comunicare alle parti le circostanze a lui note, relative alla valutazione e alla sicurezza dell'affare, che possono influire sulla conclusione di esso [1176[2], 1710[2], 1746[1], 1749].

[II] Il mediatore risponde dell'autenticità della sottoscrizione delle scritture e dell'ultima girata dei titoli trasmessi per il suo tramite [2008 ss.] (1).

(1) Art. 2 della l. n. 39/1989: «1. Presso ciascuna camera di commercio, industria, artigianato e agricoltura è istituito un ruolo degli agenti di affari in mediazione, nel quale devono iscriversi coloro che svolgono o intendono svolgere l'attività di mediazione, anche se esercitata in modo discontinuo o occasionale. 2. Il ruolo è distinto in tre sezioni: una per gli agenti immobiliari, una per gli agenti merceologici ed una per gli agenti muniti di mandato a titolo oneroso, salvo ulteriori distinzioni in relazione a specifiche attività di mediazione da stabilire con il regolamento di cui all'art. 11. 3. Per ottenere l'iscrizione nel ruolo gli interessati devono: a) essere cittadini italiani o cittadini di uno degli Stati membri della Comunità economica europea, ovvero stranieri residenti nel territorio della Repubblica italiana e avere raggiunto la maggiore età; b) avere il godimento dei diritti civili; c) risiedere nella circoscrizione della camera di commercio, industria, artigianato e agricoltura nel cui ruolo intendono iscriversi; d) aver assolto agli impegni derivanti dalle norme relative agli obblighi scolastici vigenti al momento della loro età scolare; e) avere conseguito un diploma di scuola secondaria di secondo grado, avere frequentato un corso di formazione ed avere superato un esame diretto ad accertare l'attitudine e la capacità professionale dell'aspirante in relazione al ramo di mediazione prescelto, oppure avere conseguito il diploma di scuola secondaria di secondo grado ed avere effettuato un periodo di pratica di almeno dodici mesi continuativi con l'obbligo di frequenza di uno specifico corso di formazione professionale. Le modalità e le caratteristiche del titolo di formazione, dell'esame e quelle della tenuta del registro dei praticanti sono determinate con decreto del Ministro dell'industria, del commercio e dell'artigianato; (6) (7) f) salvo che non sia intervenuta la riabilitazione, non essere stati sottoposti a misure di prevenzione, divenute definitive, a norma delle leggi 27 dicembre 1956, n. 1423; 10 febbraio 1962, n. 57; 31 maggio 1965, n. 575; 13 settembre 1982, n. 646; non essere incorsi in reati puniti con la reclusione ai sensi dell'art. 116 del regio decreto 21 dicembre 1933, n. 1736, e successive modificazioni; non essere interdetti o inabilitati, falliti, condannati per delitti contro la pubblica amministrazione, l'amministrazione della giustizia, la fede pubblica, l'economia pubblica, l'industria ed il commercio, ovvero per delitto di omicidio volontario, furto, rapina, estorsione, truffa, appropriazione indebita, ricettazione, emissione di assegni a vuoto e per ogni altro delitto non colposo per il quale la legge commini la pena della reclusione non inferiore, nel minimo, a due anni e, nel massimo, a cinque anni. 4. L'iscrizione al ruolo deve essere richiesta anche se l'attività viene esercitata in modo occasionale o discontinuo, da coloro che svolgono, su mandato a titolo oneroso, attività per la conclusione di affari relativi ad immobili od aziende".

• Art. 9 l. n. 39/1989: «1. Le commissioni provinciali istituite ai sensi dell'art. 3 del decreto del Presidente della Repubblica 6 novembre 1960, n. 1926, continuano ad esercitare la propria attività fino alla nomina delle commissioni di cui all'art. 7. 2. Nella prima applicazione della presente legge le commissioni provinciali provvedono ad iscrivere nel nuovo ruolo tutti gli agenti di affari in mediazione che, all'atto dell'entrata in vigore della presente legge, risultano iscritti nei ruoli costituiti in base alla legge 21 marzo 1958, n. 253. 3. Fino all'insediamento della commissione centrale di cui all'art. 4 le materie e le modalità di esame sono stabilite dal Ministero dell'industria, del commercio e dell'artigianato, sentite le organizzazioni sindacali nazionali del commercio, dell'industria, dell'agricoltura e delle categorie interessate».

1760. Obblighi del mediatore professionale. – [I] Il mediatore professionale [2082] in affari su merci o su titoli deve [1764]:

1) conservare i campioni delle merci vendute sopra campione [1522], finché sussista la possibilità di controversia sull'identità della merce;

2) rilasciare al compratore una lista firmata dei titoli negoziati, con l'indicazione della serie e del numero;

3) annotare su apposito libro [2214 ss.] gli estremi essenziali del contratto che si stipula col suo intervento e rilasciare alle parti copia da lui sottoscritta di ogni annotazione.

1761. Rappresentanza del mediatore. – [I] Il mediatore può essere incaricato da una delle parti di rappresentarla negli atti relativi all'esecuzione del contratto concluso con il suo intervento [1752, 1754].

1762. Contraente non nominato. – [I] Il mediatore che non manifesta a un contraente il nome dell'altro risponde dell'esecuzione del contratto [1405] e, quando lo ha eseguito, subentra nei diritti verso il contraente non nominato [1203 ss.].

[II] Se dopo la conclusione del contratto il contraente non nominato si manifesta all'altra parte o è nominato dal mediatore, ciascuno dei contraenti può agire direttamente contro l'altro, ferma restando la responsabilità del mediatore.

1763. Fideiussione del mediatore. – [I] Il mediatore può prestare fideiussione per una delle parti [1936 ss.].

1764. Sanzioni. – [I] Il mediatore che non adempie gli obblighi imposti dall'articolo 1760 è punito con l'ammenda (1) da 5 euro a 516 euro [26 CP.] (2).

[II] Nei casi più gravi può essere aggiunta la sospensione dalla professione fino a sei mesi [35 CP.].

[III] Alle stesse pene è soggetto il mediatore che presta la sua attività nell'interesse di persona notoriamente insolvente (3) o della quale conosce lo stato d'incapacità.

(1) Ora sanzione amministrativa, ai sensi dell'art. 32 della l. 24/11/1981, n. 689.

(2) Art. 114, co. 1, l. 24/11/1981, n. 689.

• Art. 8 della l. 3/2/1989, n. 38.

(3) Art. 52 del r.d. 16/3/1942, n. 267, "Legge fallimentare".

1765. Leggi speciali. – [I] Sono salve le disposizioni delle leggi speciali (1).

(1) L. 29/5/1967, n. 402, "Ordinamento della professione degli agenti di cambio".

• L. 12/3/1968, n. 478, "Ordinamento della professione di mediatore marittimo" (ed il relativo regolamento di esecuzione emanato con d.P.R. 4/1/1973, n. 66).

• Art. 16 della l. 7/3/1996, n. 108, "Disposizioni in materia di usura" (e relativo regolamento di attuazione emanato con d.P.R. 28/7/2000 n. 287).

• D.lg. 24/2/1998, n. 58, "Testo unico delle disposizioni in materia d'intermediazione finanziaria, ai sensi degli artt. 8 – 21 l. 6 febbraio 1996, n. 52".

• L. 28/3/2001, n. 135 "Riforma della legislazione nazionale del turismo".

Capo XII
Del deposito

Sezione I
Del deposito in generale

1766. Nozione. – [I] Il deposito è il contratto col quale una parte riceve [*1376*, 1548, 1803, 1813, 2784] dall'altra una cosa mobile [812, 816, 817, 1209[1]] con l'obbligo di custodirla [1177] e di restituirla in natura [1768-1771].

➔ D. 16.3.1 pr.

1767. Presunzione di gratuità. – [I] Il deposito si presume gratuito [1266[2], *1709*, 1768[2], 1781], salvo che dalla qualità professionale del depositario o da altre circostanze si debba desumere una diversa volontà delle parti [1266[1], 1467[1]].

1768. Diligenza nella custodia. – [I] Il depositario deve usare nella custodia la diligenza del buon padre di famiglia [1176[1], 1177, 1218, *2051*].

[II] Se il deposito è gratuito, la responsabilità per colpa è valutata con minor rigore [1710, 1812, 1821, 2030].

➔ D. 44.7.1.5.

1769. Responsabilità del depositario incapace. – [I] Il depositario incapace è responsabile della conservazione della cosa nei limiti in cui può essere tenuto a rispondere per fatti illeciti [2046, 2024]. In ogni caso il depositante ha diritto di conseguire la restituzione della cosa finché questa si trova presso il depositario; altrimenti può pretendere il rimborso di ciò che sia stato rivolto a vantaggio di quest'ultimo [2039, 2041 ss.].

1770. Modalità della custodia. – [I] Il depositario non può servirsi della cosa depositata né darla in deposito ad altri, senza il consenso del depositante [1656, 1782, 1804[2]].

[II] Se circostanze urgenti lo richiedono, il depositario può esercitare la custodia in modo diverso da quello convenuto, dandone avviso al depositante appena è possibile.

1771. Richiesta di restituzione e obbligo di ritirare la cosa. – [I] Il depositario deve restituire la cosa [1246[n. 2]] appena il depositante la richiede [1183, 1373[2], 1834], salvo che sia convenuto un termine nell'interesse del depositario [1772, 1774, 1775, 1777[1]].

[II] Il depositario può richiedere in qualunque tempo che il depositante riprenda la cosa, salvo che sia convenuto un termine nell'interesse del depositante [1184]. Anche se non è stato convenuto un termine, il giudice può concedere al depositante un termine congruo per ricevere la cosa [1183[2]].

1772. Pluralità di depositanti e di depositari. – [I] Se più sono i depositanti di una cosa ed essi non si accordano circa la restituzione, questa deve farsi secondo le modalità stabilite dall'autorità giudiziaria.

[II] La stessa norma si applica quando a un solo depositante succedono più eredi, se la cosa non è divisibile [1314 ss., 1319].

[III] Se più sono i depositari, il depositante ha facoltà di chiedere la restituzione a quello tra essi che detiene la cosa. Questi deve darne pronta notizia agli altri.

1773. Terzo interessato nel deposito. – [I] Se la cosa è stata depositata anche nell'interesse di un terzo e questi ha comunicato al depositante e al depositario la sua adesione [1411], il depositario non può liberarsi restituendo la cosa al depositante senza il consenso del terzo [1798].

1774. Luogo di restituzione e spese relative. – [I] Salvo diversa convenzione, la restituzione della cosa deve farsi nel luogo in cui doveva essere custodita [1182].

[II] Le spese per la restituzione sono a carico del depositante.

➔ D. 16.3.12 pr.

1775. Restituzione dei frutti. – [I] Il depositario è obbligato a restituire i frutti della cosa che egli abbia percepiti [821[1]].

1776. Obblighi dell'erede del depositario. – [I] L'erede del depositario, il quale ha alienato in buona fede la cosa che ignorava essere tenuta in deposito, è obbligato soltanto a restituire il corrispettivo ricevuto. Se questo non è stato ancora pagato, il depositante subentra nel diritto dell'alienante [1203 ss.].

1777. Persona a cui deve essere restituita la cosa. – [I] Il depositario deve restituire la cosa al depositante o alla persona indicata per riceverla [1188, 1836], e non può esigere che il depositante provi di esserne proprietario [1778 ss.].

[II] Se è convenuto in giudizio da chi rivendica la proprietà della cosa [948] o pretende di avere diritti su di essa, deve, sotto pena del risarcimento del danno, denunziare la controversia al depositante, e può ottenere di essere estromesso dal giudizio indicando la persona del medesimo [1012, 1586 // 106 CPC.]. In questo caso egli può anche liberarsi dall'obbligo di restituire la cosa, depositandola, nei modi stabiliti dal giudice, a spese del depositante [109 CPC.].

➔ D. 16.3.26 pr.

1778. Cosa proveniente da reato. – [I] Il depositario, se scopre che la cosa proviene da un reato e gli è nota la persona alla quale è stata sottratta, deve denunziarle il deposito fatto presso di sé [379, 648, 709 CP.].

[II] Il depositario è liberato se restituisce la cosa al depositante decorsi dieci giorni [2964] dalla denunzia senza che gli sia stata notificata opposizione [2906].

➔ D. 16.3.31.1.

1779. Cosa propria del depositario. – [I] Il depositario è liberato da ogni obbligazione, se risulta che la cosa gli appartiene e che il depositante non ha su di essa alcun diritto [1253 ss.].

1780. Perdita non imputabile della detenzione della cosa. – [I] Se la detenzione della cosa è tolta al depositario in conseguenza di un fatto a lui non imputabile, egli è liberato dall'obbligazione di restituire la cosa [1256 ss.], ma deve, sotto pena di risarcimento del danno, denunziare immediatamente al depositante il fatto per cui ha perduto la detenzione [1777[2]].

[II] Il depositante ha diritto di ricevere ciò che, in conseguenza del fatto stesso, il depositario abbia conseguito, e subentra nei diritti spettanti a quest'ultimo [1259].

➔ Inst. 3.14.3.

1781. Diritti del depositario. – [I] Il depositante è obbligato a rimborsare il depositario delle spese fatte per conservare la cosa, a tenerlo indenne delle perdite cagionate dal deposito e a pagargli il compenso pattuito [1802, 2756, 2761[3]].

1782. Deposito irregolare. – [I] Se il deposito ha per oggetto una quantità di danaro o di altre cose fungibili, con facoltà per il depositario di servirsene, questi ne acquista la proprietà ed è tenuto a restituirne altrettante della stessa specie e qualità [1777, 1834].

[II] In tal caso si osservano, in quanto applicabili, le norme relative al mutuo [1813 ss.].

➔ D. 19.2.31.

Sezione II
Del deposito in albergo

1783. Responsabilità per le cose portate in albergo (1). – [I] Gli albergatori sono responsabili di ogni deterioramento, distruzione o sottrazione delle cose portate dal cliente in albergo.

[II] Sono considerate cose portate in albergo:

1) le cose che vi si trovano durante il tempo nel quale il cliente dispone dell'alloggio;

2) le cose di cui l'albergatore, un membro della sua famiglia o un suo ausiliario assumono la custodia, fuori dell'albergo, durante il periodo di tempo in cui il cliente dispone dell'alloggio;

3) le cose di cui l'albergatore, un membro della sua famiglia o un suo ausiliario assumono la custodia sia nell'albergo, sia fuori dell'albergo, durante un periodo di tempo ragionevole, precedente o successivo a quello in cui il cliente dispone dell'alloggio.

[III] La responsabilità di cui al presente articolo è limitata al valore di quanto sia deteriorato, distrutto o sottratto, sino all'equivalente di cento volte il prezzo di locazione dell'alloggio per giornata.

(1) Articolo così sostituito dall'art. 3 della l. 10/6/1978, n. 316. Il testo recitava: «Responsabilità per le cose consegnate. [I] Gli albergatori sono obbligati come depositari per le cose che i clienti hanno consegnate loro in custodia».

1784. Responsabilità per le cose consegnate e obblighi dell'albergatore (1). – [I] La responsabilità dell'albergatore è illimitata:

1) quando le cose gli sono state consegnate in custodia;

2) quando ha rifiutato di ricevere in custodia cose che aveva l'obbligo di accettare.

[II] L'albergatore ha l'obbligo di accettare le carte-valori, il danaro contante e gli oggetti di valore; egli può rifiutarsi di riceverli soltanto se si tratti di oggetti pericolosi o che, tenuto conto della importanza e delle condizioni di gestione dell'albergo, abbiano valore eccessivo o natura ingombrante.

[III] L'albergatore può esigere che la cosa consegnatagli sia contenuta in un involucro chiuso o sigillato.

(1) Articolo così sostituito dall'art. 3 della l. 10/6/1978, n. 316. Il testo originario recitava: «Responsabilità per le cose portate in albergo. [I] L'albergatore risponde della sottrazione, della perdita o del deterioramento delle cose portate dai clienti nell'albergo e a lui non consegnate, fino al limite massimo di lire duecentomila. [II] La responsabilità dell'albergatore è illimitata: 1) se il danno è imputabile a colpa grave sua, dei membri della sua famiglia o dei suoi ausiliari; 2) se egli ha rifiutato di ricevere in custodia le cose del cliente senza giusti motivi. Si considerano giusti motivi di rifiuto l'eccessivo valore della cosa relativamente all'importanza dell'albergo, e la sua natura ingombrante rispetto alla capacità dei locali. [III] In ogni caso l'albergatore è esente da responsabilità, se prova che la sottrazione, la perdita o il deterioramento sono dovuti a colpa grave del cliente, delle persone da lui dipendenti o di coloro che lo visitano o l'accompagnano, oppure se la perdita o il deterioramento sono dovuti alla natura o al vizio della cosa, o a caso fortuito. [IV] È nullo ogni patto tendente a escludere o a diminuire la responsabilità prevista dai commi precedenti».

1785. Limiti di responsabilità (1). – [I] L'albergatore non è responsabile quando il deterioramento, la distruzione o la sottrazione sono dovuti:

1) al cliente, alle persone che l'accompagnano, che sono al suo servizio o che gli rendono visita;

2) a forza maggiore;

3) alla natura della cosa.

(1) Articolo così sostituito dall'art. 3 della l. 10/6/1978, n. 316. Il testo originario recitava: «Obbligo di denuncia del danno. [I] Fuori del caso indicato dal n. 1 del secondo comma dell'articolo precedente, la responsabilità dell'albergatore è esclusa, se il cliente non gli denunzia il danno appena ne ha avuto conoscenza».

1785 bis. Responsabilità per colpa dell'albergatore (1). – [I] L'albergatore è responsabile, senza che egli possa invocare il limite previsto dall'ultimo comma dell'articolo 1783, quando il deterioramento, la distruzione o la sottrazione delle cose portate dal cliente in albergo sono dovuti a colpa sua, dei membri della sua famiglia o dei suoi ausiliari.

(1) Articolo inserito dall'art. 3 della l. 10/6/1978, n. 316.

1785 ter. Obbligo di denuncia del danno (1). – [I] Fuori del caso previsto dall'articolo 1785 bis, il cliente non potrà valersi delle precedenti disposizioni se, dopo aver constatato il deterioramento, la distruzione o la sottrazione, denunci il fatto all'albergatore con ritardo ingiustificato.

(1) Articolo inserito dall'art. 3 della l. 10/6/1978, n. 316.

1785 quater. Nullità (1). – [I] Sono nulli i patti o le dichiarazioni tendenti ad escludere o a limitare preventivamente la responsabilità dell'albergatore.

(1) Articolo inserito dall'art. 3 della l. 10/6/1978, n. 316.

1785 quinquies. Limiti di applicazione (1). – [I] Le disposizioni della presente sezione non si applicano ai veicoli, alle cose lasciate negli stessi, né agli animali vivi.

(1) Articolo inserito dall'art. 3 della l. 10/6/1978, n. 316.

1786. Stabilimenti e locali assimilati agli alberghi. – [I] Le norme di questa sezione si applicano anche agli imprenditori di case di cura, stabilimenti di pubblici spettacoli [1784²], stabilimenti balneari, pensioni, trattorie, carrozze letto e simili.

Sezione III
Del deposito nei magazzini generali

1787. Responsabilità dei magazzini generali. – [I] I magazzini generali sono responsabili della conservazione delle merci depositate, a meno che si provi che la perdita, il calo [1695] o l'avaria, è derivata da caso fortuito, dalla natura delle merci ovvero da vizi di esse o dell'imballaggio [1218] (1).

(1) R.d.l. 1/7/1926, n. 2290, conv. in l. 9/6/1927, n. 1158.
• R.d. 16/1/1927, n. 126.
• L. 12/5/1930, n. 685.
• R.d. 17/3/1938, n. 726.
• D.lg. 9/9/1990, n. 376.

1788. Diritti del depositante. – [I] Il depositante ha diritto d'ispezionare le merci depositate e di ritirare i campioni d'uso.

1789. Vendita delle cose depositate. – [I] I magazzini generali, previo avviso al depositante, possono procedere alla vendita delle merci, quando, al termine del contratto, le merci non sono ritirate o non è rinnovato il deposito, ovvero, trattandosi di deposito a tempo indeterminato, quando è decorso un anno dalla data del deposito, e in ogni caso quando le merci sono minacciate di deperimento. Per la vendita si osservano le modalità stabilite dall'articolo 1515 [83 att.].

[II] Il ricavato della vendita, dedotte le spese e quanto altro spetta ai magazzini generali, deve essere tenuto a disposizione degli aventi diritto.

1790. Fede di deposito. – [I] I magazzini generali, a richiesta del depositante, devono rilasciare una fede di deposito [1996] delle merci depositate.

[II] La fede di deposito deve indicare:

1) il cognome e il nome o la ditta [2563 ss.] e il domicilio [43] del depositante;

2) il luogo del deposito;

3) la natura e la quantità delle cose depositate e gli altri estremi atti a individuarle;

4) se per la merce sono stati pagati i diritti doganali e se essa è stata assicurata (1).

(1) Art. 13 del r.d.l. 1/7/1926, n. 2290; art. 5 ss. del r.d. 17/3/1938, n. 726; art. 17 ss. del r.d. 17/6/1938, n. 856.

1791. Nota di pegno. – [I] Alla fede di deposito [1790] è unita la nota di pegno, sulla quale sono ripetute le indicazioni richieste dall'articolo precedente.

[II] La fede di deposito e la nota di pegno devono essere staccate da un unico registro a matrice, da conservarsi presso i magazzini.

1792. Intestazione e circolazione dei titoli. – [I] La fede di deposito [1790] e la nota di pegno [1791] possono intestarsi al nome del depositante o di un terzo da questo designato, e sono trasferibili, sia congiuntamente sia separatamente, mediante girata [2009 ss.].

1793. Diritti del possessore. – [I] Il possessore della fede di deposito [1790] unita alla nota di pegno [1791] ha diritto alla riconsegna delle cose depositate [1777, 1996, 2000]; egli ha altresì diritto di richiedere che, a sue spese, le cose depositate siano divise in più partite e che per ogni partita gli sia rilasciata una fede di deposito distinta con la nota di pegno in sostituzione del titolo complessivo.

[II] Il possessore della sola nota di pegno [1791] ha diritto di pegno sulle cose depositate [2784 ss.].

[III] Il possessore della sola fede di deposito [1790] non ha diritto alla riconsegna delle cose depositate, se non osserva le condizioni indicate dall'articolo 1795; egli può valersi della facoltà concessa dall'articolo 1788.

1794. Prima girata della nota di pegno. – [I] La prima girata [1792, 2009 ss.] della sola nota di pegno [1791] deve indicare l'ammontare del credito e degli interessi [1282] nonché la scadenza. La girata corredata delle dette indicazioni deve essere trascritta sulla fede di deposito e controfirmata dal giratario.

[II] La girata della nota di pegno [1791] che non indica l'ammontare del credito vincola, a favore del possessore di buona fede [1147[1], 1994], tutto il valore delle cose depositate. Rimane tuttavia salva al titolare o al terzo possessore della fede di deposito [1790], che abbia pagato una somma non dovuta, l'azione di rivalsa nei confronti del diretto contraente e del possessore di mala fede della nota di pegno [1791].

1795. Diritti del possessore della sola fede di deposito. – [I] Il possessore della sola fede di deposito [1790] può ritirare le cose depositate anche prima della scadenza del debito per cui furono costituite in pegno, depositando presso i magazzini generali la somma dovuta alla scadenza al creditore pignoratizio [1771].

[II] Sotto la responsabilità dei magazzini generali, quando si tratta di merci fungibili, il possessore della sola fede di deposito [1790] può ritirare anche parte delle merci, depositando presso i magazzini generali una somma proporzionale all'ammontare del debito garantito dalla nota di pegno [1791] e alla quantità delle merci ritirate.

1796. Diritti del possessore della nota di pegno insoddisfatto. – [I] Il possessore della nota di pegno [1791], che non sia stato soddisfatto alla scadenza e che abbia levato il protesto a norma della legge cambiaria, può far vendere le cose depositate in conformità dell'articolo 1515, decorsi otto giorni da quello della scadenza (1).

[II] Il girante che ha pagato volontariamente il possessore della nota di pegno [1791] è surrogato nei diritti di questo [1203 ss.], e può procedere alla vendita delle cose depositate decorsi otto giorni dalla scadenza [1515 // 83 att.].

(1) Art. 68 ss. del r.d. 14/12/1933, n. 1669.

1797. Azione nei confronti dei giranti. – [I] Il possessore della nota di pegno [1791] non può agire contro il girante, se prima non ha proceduto alla vendita del pegno [1796].

[II] I termini per esercitare l'azione di regresso contro i giranti sono quelli stabiliti dalla legge cambiaria e decorrono dal giorno in cui è avvenuta la vendita delle cose depositate.

[III] Il possessore della nota di pegno [1791] decade dall'azione di regresso contro i giranti, se alla scadenza non leva il protesto o se, entro quindici giorni dal protesto, non fa istanza per la vendita delle cose depositate [1796].

[IV] Egli conserva tuttavia l'azione contro i giranti della fede di deposito [1790] e contro il debitore. Quest'azione si prescrive in tre anni [2934 ss.].

Capo XIII
Del sequestro convenzionale

1798. Nozione. – [I] Il sequestro convenzionale è il contratto col quale due o più persone affidano a un terzo una cosa o una pluralità di cose, rispetto alla quale sia nata tra esse controversia, perché la custodisca e la restituisca a quella a cui spetterà quando la controversia sarà definita [1773, 2906 // 670 CPC.].

1799. Obblighi, diritti e poteri del sequestratario. – [I] Gli obblighi, i diritti e i poteri del sequestratario sono determinati dal contratto; in mancanza, si osservano le disposizioni seguenti.

1800. Conservazione e alienazione dell'oggetto del sequestro. – [I] Il sequestratario, per la custodia delle cose affidategli, è soggetto alle norme del deposito [1768 ss.].

[II] Se vi è imminente pericolo di perdita o di grave deterioramento delle cose mobili affidategli, il sequestratario può alienarle, dandone pronta notizia agli interessati.

[III] Qualora la natura delle cose lo richieda, egli ha pure l'obbligo di amministrarle. In questo caso si applicano le norme del mandato [1703 ss.].

[IV] Il sequestratario non può consentire locazioni per durata superiore a quella stabilita per le locazioni a tempo indeterminato [1574].

1801. Liberazione del sequestratario. – [I] Prima che la controversia sia definita, il sequestratario non può essere liberato che per accordo delle parti o per giusti motivi.

1802. Compenso e rimborso delle spese al sequestratario. – [I] Il sequestratario ha diritto a compenso, se non si è pattuito diversamente. Egli ha pure diritto al rimborso delle spese e di ogni altra erogazione fatta per la conservazione e per l'amministrazione della cosa [1781, 2761[3]].

Capo XIV
Del comodato

1803. Nozione. – [I] Il comodato è il contratto col quale una parte consegna [*1376*, 1548, 1766, 1813, 2784] all'altra una cosa mobile o immobile, affinché se ne serva per un tempo o per un uso determinato, con l'obbligo di restituire la stessa cosa ricevuta.

[II] Il comodato è essenzialmente gratuito [*1709*, 1767].

➔ Inst. 3.14.2, D. 13.6.8.

1804. Obbligazioni del comodatario. – [I] Il comodatario è tenuto a custodire [1177] e a conservare la cosa con la diligenza del buon padre di famiglia [1176^{1}, 1805^{1}]. Egli non può servirsene che per l'uso determinato dal contratto o dalla natura della cosa [1805^{2}].

[II] Non può concedere a un terzo il godimento della cosa senza il consenso del comodante.

[III] Se il comodatario non adempie gli obblighi suddetti, il comodante può chiedere l'immediata restituzione della cosa, oltre al risarcimento del danno [1819, 1820].

➔ D. 13.6.18 pr., Inst. 3.14.2.

1805. Perimento della cosa. – [I] Il comodatario è responsabile se la cosa perisce per un caso fortuito a cui poteva sottrarla sostituendola con la cosa propria, o se, potendo salvare una delle due cose, ha preferito la propria.

[II] Il comodatario che impiega la cosa per un uso diverso o per un tempo più lungo di quello a lui consentito, è responsabile della perdita avvenuta per causa a lui non imputabile, qualora non provi che la cosa sarebbe perita anche se non l'avesse impiegata per l'uso diverso o l'avesse restituita a tempo debito [1221^{1}].

➔ Inst. 3.14.2.

1806. Stima. – [I] Se la cosa è stata stimata al tempo del contratto, il suo perimento è a carico del comodatario, anche se avvenuto per causa a lui non imputabile.

1807. Deterioramento per effetto dell'uso. – [I] Se la cosa si deteriora per solo effetto dell'uso per cui è stata consegnata e senza colpa del comodatario, questi non risponde del deterioramento.

➔ D. 13.6.10 pr.

1808. Spese per l'uso della cosa e spese straordinarie. – [I] Il comodatario non ha diritto al rimborso delle spese sostenute per servirsi della cosa.

[II] Egli però ha diritto di essere rimborsato delle spese straordinarie sostenute per la conservazione della cosa, se queste erano necessarie e urgenti [2756].

1809. Restituzione. – [I] Il comodatario è obbligato a restituire la cosa [$1246^{n. 2}$] alla scadenza del termine convenuto o, in mancanza di termine, quando se ne è servito **in conformità del contratto** [1810 // 29 Cost.].

[II] Se però, durante il termine convenuto o prima che il comodatario abbia cessato di servirsi della cosa, sopravviene un urgente e impreveduto bisogno al comodante, questi può esigerne la restituzione immediata.

1810. Comodato senza determinazione di durata. – [I] Se non è stato convenuto un termine [1183] né questo risulta dall'uso a cui la cosa doveva essere destinata [1809], il comodatario è tenuto a restituirla non appena il comodante la richiede [1771].

1811. Morte del comodatario. – [I] In caso di morte del comodatario, il comodante, benché sia stato convenuto un termine [1809], può esigere dagli eredi la immediata restituzione della cosa.

1812. Danni al comodatario per vizi della cosa. – [I] Se la cosa comodata ha vizi tali che rechino danno a chi se ne serve, il comodante è tenuto al risarcimento qualora, conoscendo i vizi della cosa, non ne abbia avvertito il comodatario [798, 1821].

➔ D. 13.6.18.3.

Capo XV
Del mutuo

1813. Nozione. – [I] Il mutuo [1202] è il contratto col quale una parte consegna [*1376*, 1548, 1766, 1803, 1813, *1822*, 2784] all'altra una determinata quantità di danaro [1277] o di altre cose fungibili [*1803*], e l'altra si obbliga a restituire altrettante cose della stessa specie e qualità [320^{3}, 374, 1373^{2}, 1458^{1}, 1782, 1815, 1818, 1820, 1821, 2740] (1).

➔ Gai 3.90, D. 12.1.2 pr.

(1) Sui prestiti partecipativi per l'innovazione e lo sviluppo delle piccole imprese, nei quali un parte del corrispettivo è commisurata al risultato economico dell'impresa finanziata, art. 35 della l. 5/10/1991, n. 317.

• Sulla estinzione anticipata dei mutui immobiliari, sulla cd. portabilità del mutuo, sull'estinzione dell'ipoteca, art. 7, 8, 8-bis, 13^{8} sexies ss. del d.l. 31/1/2007, n. 7, conv. in l. 2/4/2007, n. 40.

• Sui contratti di assicurazione connessi all'erogazione di mutui immobiliari, art. 28, co. 1-2, d.l. 24/1/2012, n. 1, conv. in l. 24/3/2012, n. 27.

1814. Trasferimento della proprietà. – [I] Le cose date a mutuo passano in proprietà del mutuatario [*1766*, 1782, *1803*].

1815. Interessi. – [I] Salvo diversa volontà delle parti, il mutuatario deve corrispondere gli interessi al mutuante [1277 ss., 1820]. Per la determinazione degli interessi si osservano le disposizioni dell'articolo 1284.

[II] Se sono convenuti interessi usurari [644^{3}CP.] (1), la clausola è nulla e non sono dovuti interessi [1339, 1419 // 185 trans.] (2).

➔ D. 12.6.26.1.

(1) Art. 2, co. 4, l. n. 108/1996.

(2) Comma così sostituito dall'art. 4 della l. 7/3/1996, n. 108. Il testo recitava: «Se sono convenuti interessi usurari, la clausola è nulla e gli interessi sono dovuti solo nella misura legale».

1816. Termine per la restituzione fissato dalle parti. – [I] Il termine per la restituzione si presume stipulato a favore di entrambe le parti e, se il mutuo è a titolo gratuito, a favore del mutuatario [1184].

1817. Termine per la restituzione fissato dal giudice. – [I] Se non è fissato un termine per la restituzione, questo è stabilito dal giudice, avuto riguardo alle circostanze [1183^{1}].

[II] Se è stato convenuto che il mutuatario paghi solo quando potrà, il termine per il pagamento è pure fissato dal giudice [1183^{2}].

1818. Impossibilità o notevole difficoltà di restituzione. – [I] Se sono state mutuate cose diverse dal danaro, e la restituzione è divenuta impossibile o notevolmente difficile per causa non imputabile al debitore [1256], questi è tenuto a pagarne il valore, avuto riguardo al tempo e al luogo in cui la restituzione si doveva eseguire.

1819. Restituzione rateale. – [I] Se è stata convenuta la restituzione rateale delle cose mutuate e il mutuatario non adempie l'obbligo del pagamento anche di una sola rata, il mutuante può chiedere, secondo le circostanze, l'immediata restituzione dell'intero [1186, 1804^{3}, 1820].

1820. Mancato pagamento degli interessi. – [I] Se il mutuatario non adempie l'obbligo del pagamento degli interessi, il mutuante può chiedere la risoluzione del contratto [1453 ss.].

1821. Danni al mutuatario per vizi delle cose. – [I] Il mutuante è responsabile del danno cagionato al mutuatario per i vizi delle cose date a prestito, se non prova di averli ignorati senza colpa [1494].

[II] Se il mutuo è gratuito, il mutuante è responsabile solo nel caso in cui, conoscendo i vizi, non ne abbia avvertito il mutuatario [1812].

1822. Promessa di mutuo. – [I] Chi ha promesso di dare a mutuo [*1813*] può rifiutare l'adempimento della sua obbligazione, se le condizioni patrimoniali dell'altro contraente sono divenute tali da rendere notevolmente difficile la restituzione, e non gli sono offerte idonee garanzie [1461].

Capo XVI
Del conto corrente

1823. Nozione. – [I] Il conto corrente è il contratto col quale le parti si obbligano ad annotare in un conto i crediti derivanti da reciproche rimesse [1260], considerandoli inesigibili e indisponibili fino alla chiusura del conto [1831, 1851, 1852].

[II] Il saldo del conto è esigibile alla scadenza stabilita [1831]. Se non è richiesto il pagamento, il saldo si considera quale prima rimessa di un nuovo conto e il contratto s'intende rinnovato a tempo indeterminato [1833].

1824. Crediti esclusi dal conto corrente. – [I] Sono esclusi dal conto corrente i crediti che non sono suscettibili di compensazione [1243, 1246].

[II] Qualora il contratto intervenga tra imprenditori [2082 ss.], s'intendono esclusi dal conto i crediti estranei alle rispettive imprese.

1825. Interessi. – [I] Sulle rimesse decorrono gli interessi nella misura stabilita dal contratto o dagli usi ovvero, in mancanza, in quella legale [1282, 1284].

1826. Spese e diritti di commissione. – [I] L'esistenza del conto corrente non esclude i diritti di commissione [1731] e il rimborso delle spese per le operazioni che danno luogo alle rimesse. Tali diritti sono inclusi nel conto, salvo convenzione contraria [1857].

1827. Effetti dell'inclusione nel conto. – [I] L'inclusione di un credito nel conto corrente non esclude l'esercizio delle azioni ed eccezioni relative all'atto da cui il credito deriva.

[II] Se l'atto è dichiarato nullo [1418 ss.], annullato [1425 ss.], rescisso [1447 ss.] o risoluto [1453 ss.], la relativa partita si elimina dal conto.

1828. Efficacia della garanzia dei crediti iscritti. – [I] Se il credito incluso nel conto è assistito da una garanzia reale [1960 ss., 2784 ss., 2808 ss.] o personale [1936 ss.], il correntista ha diritto di valersi della garanzia per il saldo esistente a suo favore alla chiusura del conto e fino alla concorrenza del credito garantito.

[II] La stessa disposizione si applica se per il credito esiste un coobbligato solidale [1292].

1829. Crediti verso terzi. – [I] Se non risulta una diversa volontà delle parti, l'inclusione nel conto di un credito verso un terzo si presume fatta con la clausola «salvo incasso». In tale caso, se il credito non è soddisfatto, il ricevente ha la scelta di agire per la riscossione o di eliminare la partita dal conto reintegrando nelle sue ragioni colui che ha fatto la rimessa. Può eliminare la partita dal conto anche dopo avere infruttuosamente esercitato le azioni contro il debitore [1267, 1857].

1830. Sequestro o pignoramento del saldo. – [I] Se il creditore di un correntista ha sequestrato [2905 // 670 CPC.] o pignorato [2917 // 543 CPC.] l'eventuale saldo del conto spettante al suo debitore, l'altro correntista non può, con nuove rimesse, pregiudicare le ragioni del creditore [2917]. Non si considerano nuove rimesse quelle fatte in dipendenza di diritti sorti prima del sequestro o del pignoramento [1250].

[II] Il correntista presso cui è stato eseguito il sequestro o il pignoramento deve darne notizia all'altro. Ciascuno di essi può recedere dal contratto [1373, 1833].

1831. Chiusura del conto. – [I] La chiusura del conto con la liquidazione del saldo è fatta alle scadenze stabilite dal contratto o dagli usi e, in mancanza, al termine di ogni semestre, computabile dalla data del contratto [1823, 1833^{3}].

1832. Approvazione del conto. – [I] L'estratto conto trasmesso da un correntista all'altro s'intende approvato, se non è contestato nel termine pattuito o in quello usuale, o altrimenti nel termine che può ritenersi congruo secondo le circostanze [1857].

[II] L'approvazione del conto non preclude il diritto di impugnarlo per errori di scritturazione o di calcolo, per omissioni o per duplicazioni [2162 // 266 CPC.]. L'impugnazione deve essere proposta, sotto pena di decadenza [2964 ss.], entro sei mesi dalla data di ricezione [1353] dell'estratto conto relativo alla liquidazione di chiusura, che deve essere spedito per mezzo di raccomandata [1857].

1833. Recesso dal contratto. – [I] Se il contratto è a tempo indeterminato [1823^{2}, 1831], ciascuna delle parti può recedere dal contratto [1373^{3}, 1823, 1830] a ogni chiusura del conto, dandone preavviso almeno dieci giorni prima [1855].

[II] In caso d'interdizione [414 ss.], d'inabilitazione [415 ss.], d'insolvenza o di morte di una delle parti, ciascuna di queste o gli eredi hanno diritto di recedere dal contratto (1).

[III] Lo scioglimento del contratto impedisce l'inclusione nel conto di nuove partite, ma il pagamento del saldo non può richiedersi che alla scadenza del periodo stabilito dall'articolo 1831.

(1) V. art. 78 del r.d. 16/3/1942, n. 267.

Capo XVII
Dei contratti bancari

Sezione I
Dei depositi bancari

1834. Depositi di danaro. – [I] Nei depositi di una somma di danaro presso una banca [1852, 2195$^{n.4}$], questa ne acquista la proprietà [1782, 1813] ed è obbligata a restituirla nella stessa specie monetaria [1278], alla scadenza del termine convenuto ovvero a richiesta del depositante [1183, 1771], con la osservanza del periodo di preavviso stabilito dalle parti o dagli usi [1283, 1782, 1852].

CODICE CIVILE

[II] Salvo patto contrario, i versamenti e i prelevamenti si eseguono alla sede della banca presso la quale si è costituito il rapporto [1182, 1843].

1835. Libretto di deposito a risparmio. – [I] Se la banca rilascia un libretto di deposito a risparmio, i versamenti e i prelevamenti si devono annotare sul libretto.

[II] Le annotazioni sul libretto, firmate dall'impiegato della banca che appare addetto al servizio [2210], fanno piena prova nei rapporti tra banca e depositante [2702].

[III] È nullo ogni patto contrario.

1836. Legittimazione del possessore. – [I] Se il libretto di deposito è pagabile al portatore [167], la banca che senza dolo o colpa grave adempie la prestazione nei confronti del possessore è liberata, anche se questi non è il depositante [1777, 1992, 2003].

[II] La stessa disposizione si applica nel caso in cui il libretto di deposito pagabile al portatore sia intestato al nome di una determinata persona [167, 2002] o in altro modo contrassegnato.

[III] Sono salve le disposizioni delle leggi speciali (1).

(1) V. anche d.lg. 21/11/2007, n. 231, art. 49, co. 12-14.

1837. Libretti in favore dei minori*.

* Articolo abrogato dall'art. 11 della l. 8/3/1975, n. 39. Il testo recitava: «[I] Il minore che ha compiuto diciotto anni può validamente effettuare depositi a risparmio e fare prelevamenti sui medesimi, salva l'opposizione del suo legale rappresentante. [II] Il libretto di deposito a risparmio rilasciato al minore deve essere nominativo. [III] Sono salve le disposizioni delle leggi speciali».

1838. Deposito di titoli in amministrazione. – [I] La banca che assume il deposito di titoli in amministrazione deve custodire i titoli, esigerne gli interessi o i dividendi, verificare i sorteggi per l'attribuzione di premi o per il rimborso di capitale, curare le riscossioni per conto del depositante, e in generale provvedere alla tutela dei diritti inerenti ai titoli. Le somme riscosse devono essere accreditate al depositante.

[II] Se per i titoli depositati si deve provvedere al versamento di decimi [2344, 2489, 2491] o si deve esercitare un diritto di opzione [2441], la banca deve chiedere in tempo utile istruzioni al depositante e deve eseguirle, qualora abbia ricevuto i fondi all'uopo occorrenti. In mancanza di istruzioni, i diritti di opzione devono essere venduti per conto del depositante a mezzo di un agente di cambio [1532].

[III] Alla banca spetta un compenso nella misura stabilita dalla convenzione o dagli usi, nonché il rimborso delle spese necessarie da essa fatte [1848].

[IV] È nullo il patto col quale si esonera la banca dall'osservare, nella amministrazione dei titoli, l'ordinaria diligenza [1176^2, 1229].

Sezione II
Del servizio bancario delle cassette di sicurezza

1839. Cassette di sicurezza. – [I] Nel servizio delle cassette di sicurezza, la banca risponde verso l'utente per l'idoneità e la custodia dei locali e per l'integrità della cassetta, salvo il caso fortuito.

1840. Apertura della cassetta. – [I] Se la cassetta è intestata a più persone, l'apertura di essa è consentita singolarmente a ciascuno degli intestatari [1314], salvo diversa pattuizione [1292, 1317].

[II] In caso di morte dell'intestatario o di uno degli intestatari, la banca che ne abbia ricevuto comunicazione non può consentire l'apertura della cassetta se non con l'accordo di tutti gli aventi diritto o secondo le modalità stabilite dall'autorità giudiziaria [1772] (1).

(1) V. anche d.lg. 31/10/1990, n. 346, art. 48, co. 6 e 7.

1841. Apertura forzata della cassetta (1). – [I] Quando il contratto è scaduto, la banca, previa intimazione all'intestatario e decorsi sei mesi dalla data della medesima, può chiedere al tribunale l'autorizzazione ad aprire la cassetta. L'intimazione può farsi anche mediante raccomandata con avviso di ricevimento.

[II] L'apertura si esegue con l'assistenza di un notaio all'uopo designato e con le cautele che il tribunale ritiene opportune [68 CPC.].

[III] Il tribunale può dare le disposizioni necessarie per la conservazione degli oggetti rinvenuti e può ordinare la vendita di quella parte di essi che occorra al soddisfacimento di quanto è dovuto alla banca per canoni e spese [73-bis att.].

(1) Articolo così modificato dall'art. 150 del d.lg. 19/2/1998, n. 51.

Sezione III
Dell'apertura di credito bancario

1842. Nozione. – [I] L'apertura di credito bancario è il contratto col quale la banca si obbliga a tenere a disposizione dell'altra parte una somma di danaro per un dato periodo di tempo o a tempo indeterminato [1284^3, 1376, 1782, 1813, 1822, 1845 // 475 CPC.].

1843. Utilizzazione del credito. – [I] Se non è convenuto altrimenti, l'accreditato può utilizzare in più volte il credito, secondo le forme di uso, e può con successivi versamenti ripristinare la sua disponibilità [1852].

[II] Salvo patto contrario, i prelevamenti e i versamenti si eseguono presso la sede della banca dove è costituito il rapporto [1182^3, 1834].

1844. Garanzia. – [I] Se per l'apertura di credito è data una garanzia reale [1956, 1960 ss.] o personale [1936 ss., 2784 ss., 2808 ss.], questa non si estingue prima della fine del rapporto per il solo fatto che l'accreditato cessa di essere debitore della banca [1938, 2852].

[II] Se la garanzia diviene insufficiente [1186], la banca può chiedere un supplemento di garanzia o la sostituzione del garante [1943]. Se l'accreditato non ottempera alla richiesta, la banca può ridurre il credito proporzionalmente al diminuito valore della garanzia o recedere [1373] dal contratto [1461, 1850, 1867, 1877, 2743].

1845. Recesso dal contratto. – [I] Salvo patto contrario, la banca non può recedere dal contratto prima della scadenza del termine [1373], se non per giusta causa [1186].

[II] Il recesso sospende immediatamente [1324, 1334, 1565] l'utilizzazione del credito, ma la banca deve concedere un termine di almeno quindici giorni per la restituzione delle somme utilizzate e dei relativi accessori.

[III] Se l'apertura di credito è a tempo indeterminato, ciascuna delle parti può recedere dal contratto, mediante preavviso nel termine stabilito dal contratto, dagli usi o, in mancanza, in quello di quindici giorni.

Sezione IV
Dell'anticipazione bancaria

1846. Disponibilità delle cose date in pegno. – [I] Nell'anticipazione bancaria su pegno di titoli o di merci [2784 ss.], la banca non può disporre delle cose ricevute in pegno, se ha rilasciato un documento nel quale le cose stesse sono individuate [1851, 2792]. Il patto contrario deve essere provato per iscritto [1350[1, n. 13], 1848, 1851, 2725, 2790, 2792].

1847. Assicurazione delle merci. – [I] La banca deve provvedere per conto del contraente [1891] all'assicurazione delle merci date in pegno, se, per la natura, il valore o l'ubicazione di esse, l'assicurazione [1474] risponde alle cautele d'uso [2790].

1848. Spese di custodia. – [I] La banca, oltre al corrispettivo dovutole, ha diritto al rimborso delle spese [1838[3]] occorse per la custodia delle merci e dei titoli [1838, 2790], salvo che ne abbia acquistato la disponibilità [1846, 1851].

1849. Ritiro dei titoli o delle merci. – [I] Il contraente, anche prima della scadenza del contratto, può ritirare in parte i titoli o le merci dati in pegno [2799], previo rimborso proporzionale delle somme anticipate e delle altre somme spettanti alla banca secondo la disposizione dell'articolo precedente, salvo che il credito residuo risulti insufficientemente garantito [1795, 1850].

1850. Diminuzione della garanzia. – [I] Se il valore della garanzia diminuisce almeno di un decimo rispetto a quello che era al tempo del contratto, la banca può chiedere al debitore un supplemento di garanzia nei termini d'uso [1849], con la diffida che, in mancanza, si procederà alla vendita dei titoli o delle merci dati in pegno [1461, 1844[2], 1867, 1877, 1943, 2743]. Se il debitore non ottempera alla richiesta, la banca può procedere alla vendita a norma del secondo e quarto comma dell'articolo 2797.

[II] La banca ha diritto al rimborso immediato del residuo non soddisfatto col ricavato della vendita.

1851. Pegno irregolare a garanzia di anticipazione. – [I] Se, a garanzia di uno o più crediti, sono vincolati depositi di danaro, merci o titoli che non siano stati individuati o per i quali sia stata conferita alla banca la facoltà di disporre [1846], la banca deve restituire solo la somma o la parte delle merci o dei titoli che eccedono l'ammontare dei crediti garantiti. La eccedenza è determinata in relazione al valore delle merci o dei titoli al tempo della scadenza dei crediti [1848] (1).

(1) Art. 48-bis del d.lg. 1/9/1993, n. 385 (TUB), Finanziamento alle imprese garantito da trasferimento di bene immobile sospensivamente condizionato, in Parte V, Sez. IV, n. 1.

Sezione V
Delle operazioni bancarie in conto corrente

1852. Disposizione da parte del correntista. – [I] Qualora il deposito [1834 ss.], l'apertura di credito [1842] o altre operazioni bancarie siano regolate in conto corrente, il correntista può disporre in qualsiasi momento delle somme risultanti a suo credito [1823], salva l'osservanza del termine di preavviso eventualmente pattuito.

1853. Compensazione tra i saldi di più rapporti o più conti. – [I] Se tra la banca e il correntista esistono più rapporti o più conti, ancorché in monete differenti [1278], i saldi attivi e passivi si compensano [1241] reciprocamente, salvo patto contrario [1246[n. 2,4]].

1854. Conto corrente intestato a più persone. – [I] Nel caso in cui il conto sia intestato a più persone, con facoltà per le medesime di compiere operazioni anche separatamente, gli intestatari sono considerati creditori o debitori in solido dei saldi del conto [1292 ss.].

1855. Operazione a tempo indeterminato. – [I] Se l'operazione regolata in conto corrente è a tempo indeterminato, ciascuna delle parti può recedere dal contratto [1373], dandone preavviso nel termine stabilito dagli usi o, in mancanza, entro quindici giorni [1833].

1856. Esecuzione d'incarichi. – [I] La banca risponde secondo le regole del mandato [1703 ss.] per l'esecuzione d'incarichi ricevuti dal correntista o da altro cliente [1710].

[II] Se l'incarico deve eseguirsi su una piazza dove non esistono filiali della banca, questa può incaricare dell'esecuzione un'altra banca o un suo corrispondente [1717].

1857. Norme applicabili. – [I] Alle operazioni regolate in conto corrente si applicano le norme degli articoli 1826, 1829 e 1832.

Sezione VI
Dello sconto bancario

1858. Nozione. – [I] Lo sconto è il contratto col quale la banca, previa deduzione dell'interesse [1282, 1815], anticipa al cliente l'importo di un credito verso terzi non ancora scaduto, mediante la cessione, salvo buon fine, del credito stesso [1260, 1267].

1859. Sconto di cambiali. – [I] Se lo sconto avviene mediante girata di cambiale o di assegno bancario [2009 ss.], la banca, nel caso di mancato pagamento, oltre ai diritti derivanti dal titolo, ha anche il diritto alla restituzione della somma anticipata (1).

[II] Sono salve le norme delle leggi speciali relative alla cessione della provvista nello sconto di tratte non accettate o munite di clausole «senza accettazione» (2).

(1) V. art. 66 del r.d. 14/12/1933, n. 1669.

(2) V. r.d.l. 21/9/1933, n. 1345, conv., con modif., in l. 15/1/1934, n. 48.

1860. Sconto di tratte documentate. – [I] La banca che ha scontato tratte documentate ha sulla merce lo stesso privilegio del mandatario [2761] finché il titolo rappresentativo [1527, 1996] è in suo possesso [1530, 1721, 2761[2]].

Capo XVIII
Della rendita perpetua

1861. Nozione. – [I] Col contratto di rendita perpetua [1350[1, n. 10], 1448[4]] una parte conferisce all'altra il diritto di esigere in perpetuo [1865] la prestazione periodica di una somma di danaro [1260, 1267, 1378] o di una certa quantità di altre cose fungibili [2948[1, n. 1]], quale corrispettivo dell'alienazione di un immobile [1862, 1863] o della cessione di un capitale [668, 670, 698, 699, 1008, 1260, 1862, 1863, 2817[1, n. 1] // 13[2], 553[2] CPC.].

[II] La rendita perpetua può essere costituita anche quale onere della alienazione gratuita di un immobile o della cessione gratuita di un capitale [793].

1862. Norme applicabili. – [I] L'alienazione dell'immobile, se fatta a titolo oneroso, è soggetta alle norme stabilite per la vendita [1470, 1474].

[II] L'alienazione o la cessione fatta a titolo gratuito è soggetta alle norme stabilite per la donazione [769, 773].

1863. Rendita fondiaria e rendita semplice. – [I] È fondiaria [668] la rendita costituita mediante alienazione di un immobile [2817[n. 1]]. È semplice quella costituita mediante cessione di un capitale [1864].

1864. Garanzia della rendita semplice. – [I] La rendita semplice [1863] deve essere garantita con ipoteca [2808] sopra un immobile [1869, 2827]; altrimenti il capitale è ripetibile [1863, 2808, *699*, *2834*].

1865. Diritto di riscatto della rendita perpetua. – [I] La rendita perpetua è redimibile a volontà del debitore [699, 753, 1324, 1334, 1373^{2}], nonostante qualunque convenzione contraria [1866 ss., 1879].

[II] Le parti possono tuttavia convenire che il riscatto non possa eseguirsi durante la vita del beneficiario o prima di un certo termine, il quale non può eccedere i dieci anni nella rendita semplice e i trenta anni nella rendita fondiaria [1863].

[III] Può anche stipularsi che il debitore non esegua il riscatto senza averne dato preavviso al beneficiario. Il termine di preavviso non può eccedere l'anno.

[IV] Se sono convenuti termini più lunghi, essi si riducono nei limiti sopra stabiliti [1869].

1866. Esercizio del riscatto. – [I] Il riscatto [732] della rendita semplice e della rendita fondiaria [753, 1865] si effettua mediante il pagamento della somma che risulta dalla capitalizzazione della rendita annua sulla base dell'interesse legale [1284].

[II] Le modalità del riscatto sono stabilite dalle leggi speciali.

1867. Riscatto forzoso. – [I] Il debitore di una rendita perpetua può essere costretto al riscatto [1453, 1458^{1}, 1868]:

1) se è in mora [1219] nel pagamento di due annualità di rendita [1868, $2948^{1,\ n.\ 2}$];

2) se non ha dato al creditore le garanzie promesse, o se, venendo a mancare quelle già date, non ne sostituisce altre di uguale sicurezza [1186, 1461, 1844, 1850, 1877, 1886, 2743];

3) se, per effetto di alienazione [769 ss., 1470 ss.] o di divisione [713 ss.], il fondo su cui è garantita la rendita [1864] è diviso fra più di tre persone.

1868. Riscatto per insolvenza del debitore. – [I] Si fa pure luogo al riscatto della rendita, nel caso d'insolvenza del debitore [760], salvo che, essendo stato alienato il fondo su cui era garantita la rendita [1864], l'acquirente se ne sia assunto il debito [1273] o si dichiari pronto ad assumerlo.

1869. Altre prestazioni perpetue. – [I] Le disposizioni degli articoli 1864, 1865, 1866, 1867 e 1868 si applicano a ogni altra annua prestazione perpetua costituita a qualsiasi titolo, anche per atto di ultima volontà [587, *698*, 699].

1870. Ricognizione. – [I] Il debitore della rendita o di ogni altra prestazione annua che debba o possa durare oltre i dieci anni deve fornire a proprie spese al titolare, se questi lo richiede, un nuovo documento [2720], trascorsi nove anni dalla data del precedente [969, 1988, 2720, 2944, 2966 // 186 trans.].

1871. Rendite dello Stato. – [I] Le disposizioni di questo capo non si applicano alle rendite emesse dallo Stato.

Capo XIX
Della rendita vitalizia

1872. Modi di costituzione. – [I] La rendita vitalizia [698, 1260, 1277, 1469 // 13^{2}, 553^{2} CPC.] può essere costituita [$1350^{1,\ n.10}$] a titolo oneroso [1882], mediante alienazione di un bene mobile o immobile [1862] o mediante cessione di capitale [2057].

[II] La rendita vitalizia può essere costituita anche per donazione [769, 772, 796] o per testamento [550, 587, 670, 698], e in questo caso si osservano le norme stabilite dalla legge per tali atti [$2948^{1,\ n.\ 1}$].

1873. Determinazione della durata. – [I] La rendita vitalizia può costituirsi per la durata della vita del beneficiario o di altra persona [1876].

[II] Essa può costituirsi anche per la durata della vita di più persone [1870, 1874].

1874. Costituzione a favore di più persone. – [I] Se la rendita è costituita a favore di più persone [1873], la parte spettante al creditore premorto si accresce a favore degli altri, salvo patto contrario [674, 773, 2609].

1875. Costituzione a favore di un terzo. – [I] La rendita vitalizia costituita a favore di un terzo [809, 1411 ss.], quantunque importi per questo una liberalità, non richiede le forme stabilite per la donazione [782 ss., 809].

1876. Rendita costituita su persone già defunte. – [I] Il contratto è nullo, se la rendita è costituita per la durata della vita di persona, che, al tempo del contratto, aveva già cessato di vivere [$1325^{1,\ n.\ 2}$, 1418, 1873, 1895].

1877. Risoluzione del contratto di vitalizio oneroso. – [I] Il creditore di una rendita vitalizia costituita a titolo oneroso può chiedere la risoluzione del contratto [1453 ss.], se il promittente non gli dà o diminuisce le garanzie pattuite [1186, 1461, 1844, 1850, $1867^{1,\ n.\ 2}$, 1943^{2}, 2743].

1878. Mancanza di pagamento delle rate scadute. – [I] In caso di mancato pagamento delle rate di rendita scadute [$2948^{1,\ n.\ 1}$], il creditore della rendita, anche se è lo stesso stipulante, non può domandare la risoluzione del contratto [1453 ss.], ma può far sequestrare [670 ss. CPC.] e vendere [501 ss. CPC.] i beni del suo debitore affinché col ricavato della vendita si faccia l'impiego di una somma sufficiente ad assicurare il pagamento della rendita.

1879. Divieto di riscatto e onerosità sopravvenuta. – [I] Il debitore della rendita, salvo patto contrario, non può liberarsi dal pagamento della rendita stessa offrendo il rimborso del capitale, anche se rinunzia alla ripetizione delle annualità pagate [1865].

[II] Egli è tenuto a pagare la rendita per tutto il tempo per il quale è stata costituita, per quanto gravosa sia divenuta la sua prestazione [1469].

1880. Modalità del pagamento della rendita. – [I] La rendita vitalizia costituita mediante contratto è dovuta al creditore in proporzione del numero dei giorni vissuti da colui sulla vita del quale è costituita.

[II] Se però è stato convenuto di pagarla a rate anticipate, ciascuna rata si acquista dal giorno in cui è scaduta [821, $2948^{1,\ n.\ 1}$].

1881. Sequestro o pignoramento della rendita. – [I] Quando la rendita vitalizia è costituita a titolo gratuito [1872^{2}], si può disporre che essa non sia soggetta a pignoramento [545 CPC.] o a sequestro [670 ss. CPC.] entro i limiti del bisogno alimentare del creditore [438, $1246^{1,\ n.\ 3}$, 1878].

Capo XX
Dell'assicurazione

Sezione I
Disposizioni generali

1882. Nozione. – [I] L'assicurazione è il contratto [1266, 1326, 1448^{4}, 14672, 1469, 1453, 1888, 1895] col quale l'assicuratore, verso pagamento di un premio [2952^{1}], si obbliga a rivalere l'assicurato, entro i limiti convenuti, del danno ad esso prodotto da un sinistro [1900, 1904 ss.], ovvero a pagare un capitale o una rendita [1872 ss.] al verificarsi di un evento attinente alla vita umana [1919, 1927, 2952] (1).

(1) Art. 165 del d.lg. 7/9/2005, n. 209.Vd. Parte V, Sezione II.

1883. Esercizio delle assicurazioni. – [I] L'impresa di assicurazione [2195[n. 4]] non può essere esercitata che da un istituto di diritto pubblico o da una società per azioni e con l'osservanza delle norme stabilite dalle leggi speciali (1).

(1) D.lg. 7/9/2005, n. 209. Vd. Parte V, Sezione II.

1884. Assicurazioni mutue. – [I] Le assicurazioni mutue sono disciplinate dalle norme del presente capo, in quanto compatibili con la specialità del rapporto [2546 ss.].

1885. Assicurazioni contro i rischi della navigazione. – [I] Le assicurazioni contro i rischi della navigazione sono disciplinate dalle norme del presente capo per quanto non è regolato dal codice della navigazione [446 ss., 514 ss. CNav.].

1886. Assicurazioni sociali. – [I] Le assicurazioni sociali sono disciplinate dalle leggi speciali. In mancanza si applicano le norme del presente capo.

1887. Efficacia della proposta. – [I] La proposta scritta diretta all'assicuratore rimane ferma [1329[1]] per il termine di quindici giorni, o di trenta giorni quando occorre una visita medica. Il termine decorre dalla data della consegna o della spedizione della proposta [1932].

1888. Prova del contratto. – [I] Il contratto di assicurazione deve essere provato per iscritto [1967, 2725].

[II] L'assicuratore è obbligato a rilasciare al contraente la polizza di assicurazione o altro documento da lui sottoscritto [187 att.].

[III] L'assicuratore è anche tenuto a rilasciare, a richiesta e a spese del contraente, duplicati o copie della polizza; ma in tal caso può esigere la presentazione o la restituzione dell'originale [187 att.].

1889. Polizze all'ordine e al portatore. – [I] Se la polizza di assicurazione è all'ordine o al portatore, il suo trasferimento importa trasferimento del credito verso l'assicuratore, con gli effetti della cessione [2003, 2011].

[II] Tuttavia l'assicuratore è liberato se senza dolo o colpa grave adempie la prestazione nei confronti del giratario o del portatore della polizza, anche se questi non è l'assicurato [1992[2]].

[III] In caso di smarrimento, furto o distruzione della polizza all'ordine, si applicano le disposizioni relative all'ammortamento dei titoli all'ordine [2016 ss. // 187 att.].

1890. Assicurazione in nome altrui. – [I] Se il contraente stipula l'assicurazione in nome altrui senza averne il potere, l'interessato può ratificare il contratto anche dopo la scadenza o il verificarsi del sinistro [1399].

[II] Il contraente è tenuto personalmente ad osservare gli obblighi derivanti dal contratto fino al momento in cui l'assicuratore ha avuto notizia della ratifica o del rifiuto di questa [1399, 1891].

[III] Egli deve all'assicuratore i premi del periodo in corso nel momento in cui l'assicuratore ha avuto notizia del rifiuto della ratifica.

1891. Assicurazione per conto altrui o per conto di chi spetta. – [I] Se l'assicurazione è stipulata per conto altrui [1890] o per conto di chi spetta, il contraente deve adempiere gli obblighi derivanti dal contratto, salvi quelli che per loro natura non possono essere adempiuti che dall'assicurato [1411].

[II] I diritti derivanti dal contratto spettano all'assicurato, e il contraente, anche se in possesso della polizza, non può farli valere senza espresso consenso dell'assicurato medesimo.

[III] All'assicurato sono opponibili le eccezioni che si possono opporre al contraente in dipendenza del contratto.

[IV] Per il rimborso dei premi pagati all'assicuratore e delle spese del contratto, il contraente ha privilegio sulle somme dovute dall'assicuratore nello stesso grado dei crediti per spese di conservazione [2756].

1892. Dichiarazioni inesatte e reticenze con dolo o colpa grave. – [I] Le dichiarazioni inesatte e le reticenze del contraente, relative a circostanze tali che l'assicuratore non avrebbe dato il suo consenso o non lo avrebbe dato alle medesime condizioni se avesse conosciuto il vero stato delle cose, sono causa di annullamento [1441 ss.] del contratto quando il contraente ha agito con dolo o con colpa grave [1893, 1894].

[II] L'assicuratore decade [2964 ss.] dal diritto d'impugnare il contratto se, entro tre mesi dal giorno in cui ha conosciuto l'inesattezza della dichiarazione o la reticenza, non dichiara al contraente di volere esercitare l'impugnazione.

[III] L'assicuratore ha diritto ai premi relativi al periodo di assicurazione in corso al momento in cui ha domandato l'annullamento e, in ogni caso, al premio convenuto per il primo anno. Se il sinistro si verifica prima che sia decorso il termine indicato dal comma precedente, egli non è tenuto a pagare la somma assicurata.

[IV] Se l'assicurazione riguarda più persone o più cose, il contratto è valido per quelle persone o per quelle cose alle quali non si riferisce la dichiarazione inesatta o la reticenza [1932] (1).

(1) Vd. Art. 4, co. 3, d.lg. n. 29/2010.

1893. Dichiarazioni inesatte e reticenze senza dolo o colpa grave. – [I] Se il contraente ha agito senza dolo o colpa grave, le dichiarazioni inesatte e le reticenze non sono causa di annullamento del contratto, ma l'assicuratore può recedere dal contratto stesso, mediante dichiarazione da farsi all'assicurato nei tre mesi dal giorno in cui ha conosciuto l'inesattezza della dichiarazione o la reticenza [1892, 1894].

[II] Se il sinistro si verifica prima che l'inesattezza della dichiarazione o la reticenza sia conosciuta dall'assicuratore, o prima che questi abbia dichiarato di recedere dal contratto, la somma dovuta è ridotta in proporzione della differenza tra il premio convenuto e quello che sarebbe stato applicato se si fosse conosciuto il vero stato delle cose [1932].

1894. Assicurazione in nome o per conto di terzi. – [I] Nelle assicurazioni in nome o per conto di terzi, se questi hanno conoscenza dell'inesattezza delle dichiarazioni o delle reticenze relative al rischio, si applicano a favore dell'assicuratore le disposizioni degli articoli 1892 e 1893 [1391, 1932].

1895. Inesistenza del rischio. – [I] Il contratto è nullo [1418 ss.] se il rischio non è mai esistito o ha cessato di esistere prima della conclusione del contratto [1325[n. 2]].

1896. Cessazione del rischio durante l'assicurazione. – [I] Il contratto si scioglie [1453 ss.] se il rischio cessa di esistere dopo la conclusione del contratto stesso, ma l'assicuratore ha diritto al pagamento dei premi finché la cessazione del rischio non gli sia comunicata o non venga altrimenti a sua conoscenza. I premi relativi al periodo di assicurazione in corso al momento della comunicazione o della conoscenza sono dovuti per intero.

[II] Qualora gli effetti dell'assicurazione debbano avere inizio in un momento posteriore alla conclusione del contratto e il rischio cessi nell'intervallo, l'assicuratore ha diritto al solo rimborso delle spese.

1897. Diminuzione del rischio. – [I] Se il contraente comunica all'assicuratore mutamenti che producono una diminuzione del rischio tale che, se fosse stata conosciuta al momento della conclusione del contratto, avrebbe portato alla stipulazione di un premio minore, l'assicuratore, a decorrere dalla scadenza del premio o della rata di premio successiva alla comunicazione suddetta, non può esigere che il minor premio, ma ha facoltà di recedere dal contratto entro due mesi dal giorno in cui è stata fatta la comunicazione.

[II] La dichiarazione di recesso dal contratto ha effetto dopo un mese [1932 // 187 att.].

1898. Aggravamento del rischio. – [I] Il contraente ha l'obbligo di dare immediato avviso all'assicuratore dei mutamenti che aggravano il rischio in modo tale che, se il nuovo stato di cose fosse esistito e fosse stato conosciuto dall'assicuratore al momento della conclusione del contratto, l'assicuratore non avrebbe consentito l'assicurazione o l'avrebbe consentita per un premio più elevato [1926].

[II] L'assicuratore può recedere dal contratto, dandone comunicazione per iscritto all'assicurato entro un mese dal giorno in cui ha ricevuto l'avviso o ha avuto in altro modo conoscenza dell'aggravamento del rischio.

[III] Il recesso dell'assicuratore ha effetto immediato se l'aggravamento è tale che l'assicuratore non avrebbe consentito l'assicurazione; ha effetto dopo quindici giorni, se l'aggravamento del rischio è tale che per l'assicurazione sarebbe stato richiesto un premio maggiore.

[IV] Spettano all'assicuratore i premi relativi al periodo di assicurazione in corso al momento in cui è comunicata la dichiarazione di recesso.

[V] Se il sinistro si verifica prima che siano trascorsi i termini per la comunicazione e per l'efficacia del recesso, l'assicuratore non risponde qualora l'aggravamento del rischio sia tale che egli non avrebbe consentito la assicurazione se il nuovo stato di cose fosse esistito al momento del contratto; altrimenti, la somma dovuta è ridotta, tenuto conto del rapporto tra il premio stabilito nel contratto e quello che sarebbe stato fissato se il maggiore rischio fosse esistito al tempo del contratto stesso [1932 // 187 att.].

1899. Durata dell'assicurazione. – [I] L'assicurazione ha effetto dalle ore ventiquattro del giorno della conclusione del contratto alle ore ventiquattro dell'ultimo giorno della durata stabilita nel contratto stesso. L'assicuratore, in alternativa ad una copertura di durata annuale, può proporre una copertura di durata poliennale a fronte di una riduzione del premio rispetto a quello previsto per la stessa copertura dal contratto annuale. In questo caso, se il contratto supera i cinque anni, l'assicurato, trascorso il quinquennio, ha facoltà di recedere dal contratto con preavviso di sessanta giorni e con effetto dalla fine dell'annualità nel corso della quale la facoltà di recesso è stata esercitata (1).

[II] Il contratto può essere tacitamente prorogato una o più volte, ma ciascuna proroga tacita non può avere una durata superiore a due anni [1932 // 187 att.].

[III] Le norme del presente articolo non si applicano alle assicurazioni sulla vita [1919 ss.].

(1) Periodo così sostituito dall'art. 21, co. 3, l. 23/7/2009, n. 99. Ai sensi del successivo co. 4 del medesimo art. 21, tale disposizione si applica ai contratti stipulati successivamente alla data di entrata in vigore della stessa legge. Il testo precedente l'ultima riforma recitava: «In caso di durata poliennale, l'assicurato ha facoltà di recedere annualmente dal contratto senza oneri e con preavviso di sessanta giorni». Precedentemente lo stesso periodo era stato modificato dall'art. 54 del d.l. 31/1/2007, n. 7, conv., con modif., in l. 2/4/2007, n. 40, come modificato in sede di conversione e successivamente rettificato con Errata corrige in G.U. 7/4/2007, n. 82. Ai sensi del medesimo art. 54 tali disposizioni entravano in vigore per i contratti stipulati dalla data di entrata in vigore della legge di conversione del medesimo decreto. Per i contratti stipulati antecedentemente a tale data, la facoltà di cui al secondo periodo poteva essere esercitata a condizione che il contratto di assicurazione fosse stato in vita per almeno tre anni. Il testo del periodo precedentemente al d.l. n. 7/2007, cit., era il seguente: «Se questa supera i dieci anni, le parti, trascorso il decennio e nonostante patto contrario, hanno facoltà di recedere dal contratto, con preavviso di sei mesi, che può darsi anche mediante raccomandata». Ai sensi del successivo art. 55 d.l. n. 7, cit. «Le clausole in contrasto con le prescrizioni del [medesimo] articolo sono nulle e non comportano la nullità del contratto, fatta salva la facoltà degli operatori di adeguare le clausole vigenti alla data di entrata in vigore del [medesimo] decreto entro i successivi sessanta giorni, ovvero, limitatamente al comma 4, entro i successivi centottanta giorni». V. inoltre disposizioni di cui al successivo art. 8-bis del d.l. n. 7, cit., che così recita: «Nell'ambito dei rapporti assicurativi e bancari è fatto assoluto divieto di addebitare al cliente spese relative alla predisposizione, produzione, spedizione, o altre spese comunque denominate, relative alle comunicazioni di cui [all'articolo 5 del medesimo decreto]».

1900. Sinistri cagionati con dolo o con colpa grave dell'assicurato o dei dipendenti. – [I] L'assicuratore non è obbligato per i sinistri cagionati da dolo o da colpa grave del contraente, dell'assicurato o del beneficiario, salvo patto contrario per i casi di colpa grave [1917].

[II] L'assicuratore è obbligato per il sinistro cagionato da dolo o da colpa grave delle persone del fatto delle quali l'assicurato deve rispondere [2047, 2048].

[III] Egli è obbligato altresì, nonostante patto contrario, per i sinistri conseguenti ad atti del contraente, dell'assicurato o del beneficiario, compiuti per dovere di solidarietà umana o nella tutela degli interessi comuni all'assicuratore [1914^3].

1901. Mancato pagamento del premio. – [I] Se il contraente non paga il premio o la prima rata di premio stabilita dal contratto, l'assicurazione resta sospesa fino alle ore ventiquattro del giorno in cui il contraente paga quanto è da lui dovuto [1460].

[II] Se alle scadenze convenute il contraente non paga i premi successivi, l'assicurazione resta sospesa dalle ore ventiquattro del quindicesimo giorno dopo quello della scadenza [1460].

[III] Nelle ipotesi previste dai due commi precedenti il contratto è risoluto di diritto [1453 ss.] se l'assicuratore, nel termine di sei mesi dal giorno in cui il premio o la rata sono scaduti, non agisce per la riscossione; l'assicuratore ha diritto soltanto al pagamento del premio relativo al periodo di assicurazione in corso e al rimborso delle spese. La presente norma non si applica alle assicurazioni sulla vita [1919 ss., 1924, 1932 // 187 att.].

1902. Fusione, concentrazione e liquidazione coatta amministrativa. – [I] La fusione e la concentrazione di aziende tra più imprese assicuratrici non sono cause di scioglimento del contratto di assicurazione. Il contratto continua con l'impresa assicuratrice che risulta dalla fusione o che incorpora le imprese preesistenti. Per i trasferimenti di portafoglio si osservano le leggi speciali.

[II] Nel caso di liquidazione coatta amministrativa dell'impresa assicuratrice, il contratto di assicurazione si scioglie nei modi e con gli effetti stabiliti dalle leggi speciali anche per ciò che riguarda il privilegio a favore della massa degli assicurati [187 att.].

1903. Agenti di assicurazione. – [I] Gli agenti autorizzati a concludere contratti di assicurazione possono compiere gli atti concernenti le modificazioni e la risoluzione dei contratti medesimi, salvi i limiti contenuti nella procura che sia pubblicata nelle forme richieste dalla legge [1753] (1).

[II] Possono inoltre promuovere azioni ed essere convenuti in giudizio in nome dell'assicuratore, per le obbligazioni dipendenti dagli atti compiuti nell'esecuzione del loro mandato, davanti l'autorità giudiziaria del luogo in cui ha sede l'agenzia presso la quale è stato concluso il contratto [1932 // 187 att. // 77 CPC.].

(1) D.lg. 7/9/2005, n. 209.

Sezione II
Dell'assicurazione contro i danni

1904. Interesse all'assicurazione. – [I] Il contratto di assicurazione contro i danni è nullo [1418 ss.] se, nel momento in cui l'assicurazione deve avere inizio, non esiste un interesse dell'assicurato al risarcimento del danno [1895].

1905. Limiti del risarcimento. – [I] L'assicuratore è tenuto a risarcire, nei modi e nei limiti stabiliti dal contratto, il danno sofferto dall'assicurato in conseguenza del sinistro [1223].

[II] L'assicuratore risponde del profitto sperato solo se si è espressamente obbligato.

1906. Danni cagionati da vizio della cosa. – [I] Salvo patto contrario, l'assicuratore non risponde dei danni prodotti da vizio intrinseco della cosa assicurata, che non gli sia stato denunziato.

[II] Se il vizio ha aggravato il danno, l'assicuratore, salvo patto contrario, risponde del danno nella misura in cui sarebbe stato a suo carico, qualora il vizio non fosse esistito.

1907. Assicurazione parziale. – [I] Se l'assicurazione copre solo una parte del valore che la cosa assicurata aveva nel tempo del sinistro, l'assicuratore risponde dei danni in proporzione della parte suddetta, a meno che non sia diversamente convenuto.

1908. Valore della cosa assicurata. – [I] Nell'accertare il danno non si può attribuire alle cose perite o danneggiate un valore superiore a quello che avevano al tempo del sinistro.

[II] Il valore delle cose assicurate può essere tuttavia stabilito al tempo della conclusione del contratto, mediante stima accettata per iscritto dalle parti.

[III] Non equivale a stima la dichiarazione di valore delle cose assicurate contenuta nella polizza o in altri documenti.

[IV] Nell'assicurazione dei prodotti del suolo il danno si determina in relazione al valore che i prodotti avrebbero avuto al tempo della maturazione o al tempo in cui ordinariamente si raccolgono.

1909. Assicurazione per somma eccedente il valore delle cose. – [I] L'assicurazione per una somma che eccede il valore reale della cosa assicurata non è valida [1441 ss.] se vi è stato dolo da parte dell'assicurato; l'assicuratore, se è in buona fede, ha diritto ai premi del periodo di assicurazione in corso.

[II] Se non vi è stato dolo da parte del contraente, il contratto ha effetto fino alla concorrenza del valore reale della cosa assicurata, e il contraente ha diritto di ottenere per l'avvenire una proporzionale riduzione del premio.

1910. Assicurazione presso diversi assicuratori. – [I] Se per il medesimo rischio sono contratte separatamente più assicurazioni presso diversi assicuratori, l'assicurato deve dare avviso di tutte le assicurazioni a ciascun assicuratore [1911].

[II] Se l'assicurato omette dolosamente di dare l'avviso, gli assicuratori non sono tenuti a pagare l'indennità.

[III] Nel caso di sinistro, l'assicurato deve darne avviso a tutti gli assicuratori a norma dell'articolo 1913, indicando a ciascuno il nome degli altri. L'assicurato può chiedere a ciascun assicuratore l'indennità dovuta secondo il rispettivo contratto, purché le somme complessivamente riscosse non superino l'ammontare del danno.

[IV] L'assicuratore che ha pagato ha diritto di regresso contro gli altri per la ripartizione proporzionale in ragione delle indennità dovute secondo i rispettivi contratti. Se un assicuratore è insolvente, la sua quota viene ripartita fra gli altri assicuratori (1).

(1) V. art. 5, co. 2, r.d. 16/3/1942, n. 267.

1911. Coassicurazione. – [I] Qualora la medesima assicurazione o l'assicurazione di rischi relativi alle stesse cose sia ripartita tra più assicuratori per quote determinate, ciascun assicuratore è tenuto al pagamento dell'indennità assicurata soltanto in proporzione della rispettiva quota, anche se unico è il contratto sottoscritto da tutti gli assicuratori [1910].

1912. Terremoto, guerra, insurrezione, tumulti popolari. – [I] Salvo patto contrario, l'assicuratore non è obbligato per i danni determinati da movimenti tellurici, da guerra, da insurrezione o da tumulti popolari.

1913. Avviso all'assicuratore in caso di sinistro. – [I] L'assicurato deve dare avviso del sinistro all'assicuratore o all'agente autorizzato a concludere il contratto [1903], entro tre giorni da quello in cui il sinistro si è verificato o l'assicurato ne ha avuto conoscenza. Non è necessario l'avviso, se l'assicuratore o l'agente autorizzato alla conclusione del contratto interviene entro il detto termine alle operazioni di salvataggio o di constatazione del sinistro [1914].

[II] Nelle assicurazioni contro la mortalità del bestiame l'avviso, salvo patto contrario, deve essere dato entro ventiquattro ore.

1914. Obbligo di salvataggio. – [I] L'assicurato deve fare quanto gli è possibile per evitare o diminuire il danno [1227[2], 1915].

[II] Le spese fatte a questo scopo dall'assicurato sono a carico dell'assicuratore, in proporzione del valore assicurato rispetto a quello che la cosa aveva nel tempo del sinistro, anche se il loro ammontare, unitamente a quello del danno, supera la somma assicurata, e anche se non si è raggiunto lo scopo, salvo che l'assicuratore provi che le spese sono state fatte inconsideratamente [1932 // 187 att.].

[III] L'assicuratore risponde dei danni materiali direttamente derivati alle cose assicurate dai mezzi adoperati dall'assicurato per evitare o diminuire i danni del sinistro, salvo che egli provi che tali mezzi sono stati adoperati inconsideratamente [1900[3]].

[IV] L'intervento dell'assicuratore per il salvataggio delle cose assicurate e per la loro conservazione non pregiudica i suoi diritti [1913[1]].

[V] L'assicuratore che interviene al salvataggio deve, se richiesto dall'assicurato, anticiparne le spese o concorrere in proporzione del valore assicurato.

1915. Inadempimento dell'obbligo di avviso o di salvataggio. – [I] L'assicurato che dolosamente non adempie l'obbligo dell'avviso o del salvataggio perde il diritto all'indennità [1914].

[II] Se l'assicurato omette colposamente di adempiere tale obbligo, l'assicuratore ha diritto di ridurre l'indennità in ragione del pregiudizio sofferto [1932 // 187 att.].

1916. Diritto di surrogazione dell'assicuratore (1). – [I] L'assicuratore che ha pagato l'indennità è surrogato, fino alla concorrenza dell'ammontare di essa, nei diritti dell'assicurato verso i terzi responsabili [1203].

[II] Salvo il caso di dolo, la surrogazione non ha luogo se il danno è causato dai figli, (2) dagli ascendenti, da altri parenti o da affini dell'assicurato stabilmente con lui conviventi o da domestici (3).

[III] L'assicurato è responsabile verso l'assicuratore del pregiudizio arrecato al diritto di surrogazione [1589].

[IV] Le disposizioni di questo articolo si applicano anche alle assicurazioni contro gli infortuni sul lavoro e contro le disgrazie accidentali.

(1) La Corte cost., con sent. 18/7/1991, n. 356 ha dichiarato l'illegittimità costituzionale del presente articolo «nella parte in cui consente all'assicuratore di avvalersi, nell'esercizio del diritto di surrogazione nei confronti del terzo responsabile, anche delle somme da questi dovute all'assicurato a titolo di risarcimento del danno biologico».

(2) L'art. 91 del d.lg. 28/12/2013, n. 154, ha soppresso le parole "dagli affiliati,". Ai sensi dell'art. 108 del d.lg. n. 154/2013, la modifica entra in vigore a partire dal 7/2/2014.

(3) La Corte cost., con sent. 21/5/1975, n. 117 ha dichiarato l'illegittimità costituzionale del presente comma «nella parte in cui non annovera, tra le persone nei confronti delle quali non è ammessa surrogazione, il coniuge dell'assicurato».

1917. Assicurazione della responsabilità civile (1). – [I] Nell'assicurazione della responsabilità civile l'assicuratore è obbligato a tenere indenne l'assicurato di quanto questi, in conseguenza del fatto accaduto durante il tempo dell'assicurazione, deve pagare a un terzo [1218, 2043], in dipendenza della responsabilità dedotta nel contratto. Sono esclusi i danni derivanti da fatti dolosi [1900].

[II] L'assicuratore ha facoltà, previa comunicazione all'assicurato, di pagare direttamente al terzo danneggiato l'indennità dovuta, ed è obbligato al pagamento diretto se l'assicurato lo richiede [2767].

[III] Le spese sostenute per resistere all'azione del danneggiato contro l'assicurato sono a carico dell'assicuratore nei limiti del quarto della somma assicurata. Tuttavia, nel caso che sia dovuta al danneggiato una somma superiore al capitale assicurato, le spese giudiziali si ripartiscono tra assicuratore e assicurato in proporzione del rispettivo interesse [1932].

[IV] L'assicurato, convenuto dal danneggiato, può chiamare in causa l'assicuratore [1932 // 106 CPC.].

(1) D.lg. 7/5/2005, n. 209.

1918. Alienazione delle cose assicurate. – [I] L'alienazione delle cose assicurate non è causa di scioglimento del contratto di assicurazione (1).

[II] L'assicurato, che non comunica all'assicuratore l'avvenuta alienazione e all'acquirente l'esistenza del contratto di assicurazione, rimane obbligato a pagare i premi che scadono posteriormente alla data dell'alienazione.

[III] I diritti e gli obblighi dell'assicurato passano all'acquirente, se questi, avuta notizia dell'esistenza del contratto di assicurazione, entro dieci giorni dalla scadenza del primo premio successivo all'alienazione, non dichiara all'assicuratore, mediante raccomandata, che non intende subentrare nel contratto. Spettano in tal caso all'assicuratore i premi relativi al periodo di assicurazione in corso.

[IV] L'assicuratore, entro dieci giorni da quello in cui ha avuto notizia dell'avvenuta alienazione, può recedere dal contratto con preavviso di quindici giorni, che può essere dato anche mediante raccomandata.

[V] Se è stata emessa una polizza all'ordine o al portatore [1889], nessuna notizia dell'alienazione deve essere data all'assicuratore, e così questo ultimo come l'acquirente non possono recedere dal contratto.

(1) Art. 171 del d.lg. 7/9/2005, n. 209.

Sezione III
Dell'assicurazione sulla vita

1919. Assicurazione sulla vita propria o di un terzo. – [I] L'assicurazione può essere stipulata sulla vita propria o su quella di un terzo.

[II] L'assicurazione contratta per il caso di morte di un terzo non è valida se questi o il suo legale rappresentante non dà il consenso alla conclusione del contratto. Il consenso deve essere provato per iscritto [2725].

1920. Assicurazione a favore di un terzo. – [I] È valida l'assicurazione sulla vita a favore di un terzo [1411 ss.].

[II] La designazione del beneficiario può essere fatta nel contratto di assicurazione, o con successiva dichiarazione scritta comunicata all'assicuratore, o per testamento [587]; essa è efficace anche se il beneficiario è determinato solo genericamente. Equivale a designazione l'attribuzione della somma assicurata fatta nel testamento a favore di una determinata persona.

[III] Per effetto della designazione il terzo acquista un diritto proprio ai vantaggi dell'assicurazione [1411[2]].

1921. Revoca del beneficio. – [I] La designazione del beneficiario è revocabile con le forme con le quali può essere fatta a norma dell'articolo precedente. La revoca non può tuttavia farsi dagli eredi dopo la morte del contraente, né dopo che, verificatosi l'evento, il beneficiario ha dichiarato di voler profittare del beneficio [1411[2]].

[II] Se il contraente ha rinunziato per iscritto al potere di revoca, questa non ha effetto dopo che il beneficiario ha dichiarato al contraente di voler profittare del beneficio. La rinuncia del contraente e la dichiarazione del beneficiario devono essere comunicate per iscritto all'assicuratore [188 att.].

1922. Decadenza dal beneficio. – [I] La designazione del beneficiario, anche se irrevocabile, non ha effetto qualora il beneficiario attenti alla vita dell'assicurato [801].

[II] Se la designazione è irrevocabile ed è stata fatta a titolo di liberalità, essa può essere revocata nei casi previsti dall'articolo 800 [188 att.].

1923. Diritti dei creditori e degli eredi. – [I] Le somme dovute dall'assicuratore al contraente o al beneficiario non possono essere sottoposte ad azione esecutiva [491 ss. CPC.] o cautelare [670 ss. CPC.].

[II] Sono salve, rispetto ai premi pagati, le disposizioni relative alla revocazione degli atti compiuti in pregiudizio dei creditori [2901 ss.] e quelle relative alla collazione [737 ss.], all'imputazione [747] e alla riduzione [555 ss.] delle donazioni.

1924. Mancato pagamento dei premi. – [I] Se il contraente non paga il premio relativo al primo anno, l'assicuratore può agire per l'esecuzione del contratto nel termine di sei mesi dal giorno in cui il premio è scaduto. La disposizione si applica anche se il premio è ripartito in più rate, fermo restando il disposto dei primi due commi dell'articolo 1901; in tal caso il termine decorre dalla scadenza delle singole rate.

[II] Se il contraente non paga i premi successivi nel termine di tolleranza previsto dalla polizza o, in mancanza, nel termine di venti giorni dalla scadenza, il contratto è risoluto di diritto [1453 ss.], e i premi pagati restano acquisiti all'assicuratore, salvo che sussistano le condizioni per il riscatto dell'assicurazione o per la riduzione della somma assicurata [1925].

1925. Riscatto e riduzione della polizza. – [I] Le polizze di assicurazione devono regolare i diritti di riscatto e di riduzione della somma assicurata, in modo tale che l'assicurato sia in grado, in ogni momento, di conoscere quale sarebbe il valore di riscatto o di riduzione dell'assicurazione.

1926. Cambiamento di professione dell'assicurato. – [I] I cambiamenti di professione o di attività dell'assicurato non fanno cessare gli effetti dell'assicurazione, qualora non aggravino il rischio in modo tale che, se il nuovo stato di cose fosse esistito al tempo del contratto, l'assicuratore non avrebbe consentito l'assicurazione [1898].

[II] Qualora i cambiamenti siano di tale natura che, se il nuovo stato di cose fosse esistito al tempo del contratto, l'assicuratore avrebbe consentito l'assicurazione per un premio più elevato, il pagamento della somma assicurata è ridotto in proporzione del minor premio convenuto in confronto di quello che sarebbe stato stabilito.

[III] Se l'assicurato dà notizia dei suddetti cambiamenti all'assicuratore, questi, entro quindici giorni, deve dichiarare se intende far cessare gli effetti del contratto ovvero ridurre la somma assicurata o elevare il premio.

[IV] Se l'assicuratore dichiara di voler modificare il contratto in uno dei due sensi su indicati, l'assicurato, entro quindici giorni successivi, deve dichiarare se intende accettare la proposta.

[V] Se l'assicurato dichiara di non accettare, il contratto è risoluto, salvo il diritto dell'assicuratore al premio relativo al periodo di assicurazione in corso e salvo il diritto dell'assicurato al riscatto. Il silenzio dell'assicurato vale come adesione alla proposta dell'assicuratore.

[VI] Le comunicazioni e dichiarazioni previste dai commi precedenti possono farsi anche mediante raccomandata [1932 // 187 att.].

1927. Suicidio dell'assicurato. – [I] In caso di suicidio dell'assicurato, avvenuto prima che siano decorsi due anni dalla stipulazione del contratto, l'assicuratore non è tenuto al pagamento delle somme assicurate, salvo patto contrario.

[II] L'assicuratore non è nemmeno obbligato se, essendovi stata sospensione del contratto per mancato pagamento dei premi [1901, 1924], non sono decorsi due anni dal giorno in cui la sospensione è cessata.

Sezione IV
Della riassicurazione

1928. Prova. – [I] I contratti generali di riassicurazione relativi a una serie di rapporti assicurativi devono essere provati per iscritto [2725].

[II] I rapporti di riassicurazione in esecuzione dei contratti generali e i contratti di riassicurazione per singoli rischi possono essere provati secondo le regole generali [2697 ss.].

1929. Efficacia del contratto. – [I] Il contratto di riassicurazione non crea rapporti tra l'assicurato e il riassicuratore, salve le disposizioni delle leggi speciali sul privilegio a favore della massa degli assicurati (1).

(1) V. d.lg. 7/9/2005, n. 209.

1930. Diritto del riassicurato in caso di liquidazione coatta amministrativa. – [I] In caso di liquidazione coatta amministrativa del riassicurato, il riassicuratore deve pagare integralmente l'indennità dovuta al riassicurato, salva la compensazione con i premi e gli altri crediti [124 ss. // 1187 trans.] (1).

(1) Art. 194 ss. nonché 56 e 201 del r.d. 16/3/1942, n. 267.

1931. Compensazione dei crediti e debiti. – [I] In caso di liquidazione coatta amministrativa dell'impresa del riassicuratore o del riassicurato, i debiti e i crediti che, alla fine della liquidazione, risultano dalla chiusura dei conti relativi a più contratti di riassicurazione, si compensano di diritto [1241 ss. // 187 att.] (1).

(1) Art. 1930 e art. 194 ss. nonché 56 e 201 del r.d. 16/3/1942, n. 267.

Sezione V
Disposizioni finali

1932. Norme inderogabili. – [I] Le disposizioni degli articoli 1887, 1892, 1893, 1894, 1897, 1898, 1899 secondo comma, 1901, 1903 secondo comma, 1914 secondo comma, 1915 secondo comma, 1917 terzo e quarto comma e 1926 non possono essere derogate se non in senso più favorevole all'assicurato.

[II] Le clausole che derogano in senso meno favorevole all'assicurato sono sostituite di diritto dalle corrispondenti disposizioni di legge [1339, 1419²].

Capo XXI
Del giuoco e della scommessa

1933. Mancanza di azione. – [I] Non compete azione per il pagamento di un debito di giuoco o di scommessa [*1418, 2033*], anche se si tratta di giuoco o di scommessa non proibiti [1934 // 718-723 CP.] (1).

[II] Il perdente tuttavia non può ripetere quanto abbia spontaneamente [2034²] pagato dopo l'esito di un giuoco o di una scommessa in cui non vi sia stata alcuna frode [590, 627², 799, 1191, 1440, 2126, 2940]. La ripetizione è ammessa in ogni caso se il perdente è un incapace [414, 1191, 2934] (2).

(1) L. 2/8/1992, n. 528 "Ordinamento del gioco e del lotto e misure per il personale del lotto", e relativo regolamento introdotto con d.P.R. 16/9/1996, n. 560.

(2) Art. 23, co. 5, d.lg. 24/2/1948, n. 58 (TUF). Vd. Parte V, Sezione IV.

1934. Competizioni sportive. – [I] Sono eccettuati dalla norma del primo comma dell'articolo precedente, anche rispetto alle persone che non vi prendono parte, i giuochi che addestrano al maneggio delle armi, le corse di ogni specie e ogni altra competizione sportiva [1173 ss.].

[II] Tuttavia il giudice può rigettare o ridurre la domanda, qualora ritenga la posta eccessiva [1384].

1935. Lotterie autorizzate. – [I] Le lotterie danno luogo ad azione in giudizio, qualora siano state legalmente autorizzate [1448, 1469, 1472, 1872, 1882] (1).

(1) D.P.R. 26/10/2001, n. 430 Regolamento concernente la revisione organica della disciplina dei concorsi e delle operazioni a premio, nonché delle manifestazioni di sorte locali, ai sensi dell'art. 19, co. 4, l. 27/12/1997, n. 449.

Capo XXII
Della fideiussione

Sezione I
Disposizioni generali

1936. Nozione. – [I] È fideiussore colui che, obbligandosi personalmente verso il creditore, garantisce l'adempimento di un'obbligazione altrui [320^3, *769*, 1255, 1333, 1411, 1763, 2358, 2483 // *119* CPC.].

[II] La fideiussione è efficace anche se il debitore non ne ha conoscenza [1180^2, *1469*, 1469-bis, 1950^1] (1).

➔ D. 46.1.30.

(1) D.lg. 21/5/2004, n. 170, "Contratti di garanzia finanziaria".
• Art. 28 ss. del r.d. 21/12/1993, n. 1736, "Legge assegni".
• Art. 35 ss. del r.d. 14/12/1993, n. 1669, "Legge cambiaria".
• Art. 135, co. 2, 142, co. 4, r.d. 16/3/1942, n. 267, "Legge fallimentare".
• Art. 3, co. 1, lett. a), d.l. 6/9/2005, n. 206.

1937. Manifestazione della volontà. – [I] La volontà di prestare fideiussione deve essere espressa [1230^2].

1938. Fideiussione per obbligazioni future o condizionali. – [I] La fideiussione può essere prestata anche per un'obbligazione condizionale [1353] o futura [820^2, 1029, 1472, 1478, 1956, 1958, 2823] con la previsione, in questo ultimo caso, dell'importo massimo garantito [1953] (1).

➔ D. 46.1.6.2.

(1) Articolo così sostituito dall'art. 10, co. 1, l. 17/2/1992, n. 154.
• Art. 2 e 3 del d.lg. 20/6/2005, n. 122, "Tutela dei diritti degli acquirenti da immobili da costruire". Vd. Parte V, Sezione VII.
• Art. 1, co. 1, 2 e 3, d.l. 3/5/2016, n. 59, conv., con modif., dalla l. 30/6/2016, n. 119 (Pegno mobiliare non possessorio).

1939. Validità della fideiussione. – [I] La fideiussione non è valida se non è valida [1325$^{1, n. 2}$, 1418] l'obbligazione principale [1253, 1255, 1941], salvo che sia prestata per un'obbligazione assunta da un incapace [1425, 1945, 1950^4] (1).

(1) Art. 37, co. 2, r.d. 14/12/1933, n. 1669, "Legge cambiaria".

1940. Fideiussore del fideiussore. – [I] La fideiussione può essere prestata così per il debitore principale, come per il suo fideiussore [1948].

1941. Limiti della fideiussione. – [I] La fideiussione non può eccedere ciò che è dovuto dal debitore, né può essere prestata a condizioni più onerose [1598, 1942, 1945, 2784, 2808].

[II] Può prestarsi per una parte soltanto del debito o a condizioni meno onerose.

[III] La fideiussione eccedente il debito o contratta a condizioni più onerose è valida nei limiti dell'obbligazione principale [1939] (1).

➔ D. 46.1.8.6.

(1) Art. 4 del d.m. 14/12/2006, n. 410, "Obbligazioni bancarie garantite".

1942. Estensione della fideiussione. – [I] Salvo patto contrario, la fideiussione si estende a tutti gli accessori del debito principale, nonché alle spese per la denunzia al fideiussore della causa promossa contro il debitore principale e alle spese successive [1941].

1943. Obbligazione di prestare fideiussione. – [I] Il debitore obbligato a dare un fideiussore [1179] deve presentare persona capace, che possieda beni sufficienti a garantire la obbligazione e che abbia o elegga domicilio nella giurisdizione della corte di appello in cui la fideiussione si deve prestare [1850 // 189 att.].

[II] Quando il fideiussore è divenuto insolvente, deve esserne dato un altro, tranne che la fideiussione sia stata prestata dalla persona voluta dal creditore [1844^2, 2743].

➔ D. 2.8.2 pr.-1.

Sezione II
Dei rapporti tra creditore e fideiussore

1944. Obbligazione del fideiussore. – [I] Il fideiussore [1948] è obbligato in solido [1292 ss.] col debitore principale al pagamento del debito [1410^2, 1952, 1953, 2971].

[II] Le parti però possono convenire che il fideiussore non sia tenuto a pagare prima dell'escussione del debitore principale. In tal caso, il fideiussore, che sia convenuto dal creditore e intenda valersi del beneficio dell'escussione, deve indicare i beni del debitore principale da sottoporre ad esecuzione [2268, 2868].

[III] Salvo patto contrario, il fideiussore è tenuto ad anticipare le spese necessarie (1).

(1) Art. 55, co. 3, 16/3/1942, n. 267, l. fall.
• Art. 3, co. 4, d.lg. 20/6/2005, n. 122, T.A.I.C.

1945. Eccezioni opponibili dal fideiussore. – [I] Il fideiussore può opporre contro il creditore tutte le eccezioni che spettano al debitore principale [1239, 1253, 1255, 1297, 1306, 2805], salva quella derivante dall'incapacità [1247^1, 1939, 1941].

➔ D. 46.1.32.

1946. Fideiussione prestata da più persone. – [I] Se più persone hanno prestato fideiussione per un medesimo debitore e a garanzia di un medesimo debito, ciascuna di esse è obbligata per l'intero debito [1239^2, 1294, 1954], salvo che sia stato pattuito il beneficio della divisione [1947].

1947. Beneficio della divisione. – [I] Se è stato stipulato il beneficio della divisione [1946], ogni fideiussore che sia convenuto per il pagamento dell'intero debito può esigere che il creditore riduca l'azione alla parte da lui dovuta.

[II] Se alcuno dei fideiussori era insolvente al tempo in cui un altro ha fatto valere il beneficio della divisione, questi è obbligato per tale insolvenza in proporzione della sua quota, ma non risponde delle insolvenze sopravvenute [1299^2] (1).

(1) Art. 5, co. 2, r.d. 16/3/1942, n. 267, l. fall.

1948. Obbligazione del fideiussore del fideiussore. – [I] Il fideiussore del fideiussore [1940] non è obbligato verso il creditore, se non nel caso in cui il debitore principale e tutti i fideiussori di questo siano insolventi, o siano liberati perché incapaci (1).

(1) Art. 1947 e art. 5, co. 2, r.d. 16/3/1942, n. 267, l. fall.

Sezione III
Dei rapporti tra fideiussore e debitore principale

1949. Surrogazione del fideiussore nei diritti del creditore. – [I] Il fideiussore che ha pagato il debito è surrogato nei diritti che il creditore aveva contro il debitore [1203$^{1, n. 3}$, 1204, 1951, 1955].

➔ D. 46.1.36.

1950. Regresso contro il debitore principale. – [I] Il fideiussore che ha pagato [1180] ha regresso contro il debitore principale [2871], benché questi non fosse consapevole della prestata fideiussione [1936^{2}, 1951 ss.].

[II] Il regresso comprende il capitale, gli interessi e le spese che il fideiussore ha fatte dopo che ha denunziato al debitore principale le istanze proposte contro di lui.

[III] Il fideiussore inoltre ha diritto agli interessi legali [1284] sulle somme pagate dal giorno del pagamento. Se il debito principale produceva interessi in misura superiore al saggio legale [1284^{3}], il fideiussore ha diritto a questi fino al rimborso del capitale [1224^{1}].

[IV] Se il debitore è incapace [1939], il regresso del fideiussore è ammesso solo nei limiti di ciò che sia stato rivolto a suo vantaggio [1190, 2041 ss.] (1).

(1) Art. 63 del r.d. 16/3/1942, n. 267, l. fall.

1951. Regresso contro più debitori principali. – [I] Se vi sono più debitori principali obbligati in solido [1292], il fideiussore che ha garantito per tutti ha regresso contro ciascuno [1950] per ripetere integralmente ciò che ha pagato [2871^{1}].

1952. Divieto di agire contro il debitore principale. – [I] Il fideiussore non ha regresso contro il debitore principale [1950] se, per avere omesso di denunziargli il pagamento fatto, il debitore ha pagato ugualmente il debito.

[II] Se il fideiussore ha pagato senza averne dato avviso al debitore principale, questi può opporgli le eccezioni che avrebbe potuto opporre al creditore principale all'atto del pagamento [1485].

[III] In entrambi i casi è fatta salva al fideiussore l'azione per la ripetizione contro il creditore [2033].

1953. Rilievo del fideiussore. – [I] Il fideiussore, anche prima di aver pagato, può agire contro il debitore perché questi gli procuri la liberazione o, in mancanza, presti le garanzie necessarie per assicurargli il soddisfacimento delle eventuali ragioni di regresso [1179], nei casi seguenti:

1) quando è convenuto in giudizio per il pagamento [106, 269 CPC.];

2) quando il debitore è divenuto insolvente (1);

3) quando il debitore si è obbligato di liberarlo dalla fideiussione entro un tempo determinato;

4) quando il debito è divenuto esigibile per la scadenza del termine [1957];

5) quando sono decorsi cinque anni, e l'obbligazione principale non ha un termine, purché essa non sia di tal natura da non potersi estinguere prima di un tempo determinato [1183].

(1) Art. 5, co. 2, r.d. 16/3/1942, n. 267, l. fall.

Sezione IV
Dei rapporti tra più fideiussori

1954. Regresso contro gli altri fideiussori. – [I] Se più persone hanno prestato fideiussione per un medesimo debitore e per un medesimo debito, il fideiussore che ha pagato ha regresso contro gli altri fideiussori [1946] per la loro rispettiva porzione [1299^{1}]. Se uno di questi è insolvente, si osserva la disposizione del secondo comma dell'articolo 1299.

➔ **D. 46.1.17.**

Sezione V
Dell'estinzione della fideiussione

1955. Liberazione del fideiussore per fatto del creditore. – [I] La fideiussione si estingue quando, per fatto del creditore, non può avere effetto la surrogazione del fideiussore nei diritti [1949], nel pegno [2784 ss.], nelle ipoteche [2808 ss.] e nei privilegi [2745 ss.] del creditore [2869, 2926].

1956. Liberazione del fideiussore per obbligazione futura. – [I] Il fideiussore per un'obbligazione futura [1938, 1958] è liberato se il creditore, senza speciale autorizzazione del fideiussore, ha fatto credito al terzo, pur conoscendo che le condizioni patrimoniali di questo erano divenute tali da rendere notevolmente più difficile il soddisfacimento del credito [1461, 1844, 1850, 1877, 1959, 2743].

[II] Non è valida la preventiva rinuncia del fideiussore ad avvalersi della liberazione (1).

(1) Comma aggiunto dall'art. 10, co. 2, l. 17/2/1992, n. 154, "Norme per la trasparenza delle operazioni e dei servizi bancari e finanziari".

1957. Scadenza dell'obbligazione principale. – [I] Il fideiussore rimane obbligato anche dopo la scadenza dell'obbligazione principale, purché il creditore entro sei mesi abbia proposto le sue istanze contro il debitore e le abbia con diligenza continuate [1198^{2}, 1267^{2}].

[II] La disposizione si applica anche al caso in cui il fideiussore ha espressamente limitato la sua fideiussione allo stesso termine dell'obbligazione principale.

[III] In questo caso però l'istanza contro il debitore deve essere proposta entro due mesi.

[IV] L'istanza proposta contro il debitore interrompe la prescrizione anche nei confronti del fideiussore [1310, 2943 ss. // 190 att.].

Capo XXIII
Del mandato di credito

1958. Effetti del mandato di credito. – [I] Se una persona si obbliga verso un'altra [1327, 1333], che le ha conferito l'incarico [1710, *1711^{2}*, *1712-1715*, 1716, *1717^{1}*, *1718*, *1719*, *1720*, *1722$^{1, n. 3, 4}$*, *1723*], a fare credito a un terzo, in nome e per conto proprio, quella che ha dato l'incarico risponde come fideiussore [1936] di un debito futuro [1938, 1944, 1956].

[II] Colui che ha accettato l'incarico non può rinunziarvi [1959], ma chi l'ha conferito può revocarlo, salvo l'obbligo di risarcire il danno all'altra parte [1223, *1469*].

1959. Sopravvenuta insolvenza del mandante o del terzo. – [I] Se, dopo l'accettazione dell'incarico, le condizioni patrimoniali di colui che lo ha conferito o del terzo sono divenute tali da rendere notevolmente più difficile il soddisfacimento del credito, colui che ha accettato l'incarico non può essere costretto ad eseguirlo [1461].

[II] Si applica inoltre la disposizione dell'articolo 1956.

Capo XXIV
Dell'anticresi

1960. Nozione. – [I] L'anticresi è il contratto [1350$^{n. 7}$, 2643$^{n. 12}$] col quale il debitore o un terzo si obbliga a consegnare un immobile al creditore a garanzia del credito, affinché il creditore ne percepisca i frutti [821], imputandoli agli interessi, se dovuti, e quindi al capitale [1194].

1961. Obblighi del creditore anticretico. – [I] Il creditore, se non è stato convenuto diversamente, è obbligato a pagare i tributi e i pesi annui dell'immobile ricevuto in anticresi.

[II] Egli ha l'obbligo di conservare, amministrare e coltivare il fondo da buon padre di famiglia [1176^{1}]. Le spese relative devono essere prelevate dai frutti.

[III] Il creditore, se vuole liberarsi da tali obblighi, può, in ogni tempo, restituire l'immobile al debitore, purché non abbia rinunziato a tale facoltà [1070].

1962. Durata dell'anticresi. – [I] L'anticresi dura finché il creditore sia stato interamente soddisfatto del suo credito, anche se il credito o l'immobile dato in anticresi sia divisibile, salvo che sia stata stabilita la durata.

[II] In ogni caso l'anticresi non può avere una durata superiore a dieci anni [191 trans.].

[III] Se è stato stipulato un termine maggiore, questo si riduce al termine suddetto.

1963. Divieto del patto commissorio. – [I] È nullo qualunque patto, anche posteriore alla conclusione del contratto, con cui si conviene che la proprietà dell'immobile passi al creditore nel caso di mancato pagamento del debito [2744] (1).

(1) Art. 6, co. 6, d.lg. n. 70/2004, in tema di garanzia finanziaria, in Parte V, Sez. IV, n. 8.

• Art. 48-bis del d.lg. 1/9/1993, n. 385 (TUB), *Finanziamento alle imprese garantito da trasferimento di bene immobile sospensivamente condizionato*, in Parte V, Sez. IV, n. 1.

1964. Compensazione dei frutti con gli interessi. – [I] Salva la disposizione dell'articolo 1448, è valido il patto col quale le parti convengono che i frutti si compensino con gli interessi in tutto o in parte. In tal caso il debitore può in ogni tempo estinguere il suo debito e rientrare nel possesso dell'immobile [192 trans.].

Capo XXV
Della transazione

1965. Nozione. – [I] La transazione è il contratto [1350$^{n. 12}$, 2643$^{n. 13}$] col quale le parti, facendosi reciproche concessioni, pongono fine a una lite già incominciata o prevengono una lite che può sorgere tra loro [*732*, 764, 1304, 1350$^{1, n. 12}$, 1966, 1967, 2643$^{1, n. 13}$, 2684$^{1, n. 4}$].

[II] Con le reciproche concessioni si possono creare, modificare o estinguere anche rapporti diversi [1476$^{1, n. 3}$] da quello che ha formato oggetto della pretesa e della contestazione delle parti [1976].

➔ CC. del 1965 – art. 1764 // D. 2.15.1.

1966. Capacità a transigere e disponibilità dei diritti. – [I] Per transigere le parti devono avere la capacità di disporre dei diritti che formano oggetto della lite [180^{2}, 320^{3}, 375$^{1, n. 4}$, 493, 2393^{5} // 747 CPC.].

[II] La transazione è nulla [1418] se tali diritti, per loro natura o per espressa disposizione di legge, sono sottratti alla disponibilità delle parti [2113^{1} // 806 CPC.].

1967. Prova. – [I] La transazione deve essere provata per iscritto, fermo il disposto del n. 12 dell'articolo 1350 [1392, 2643$^{1, n. 13}$, 2657, 2671, 2725] (1).

(1) Art. 40 della l. 28/2/1985, n. 47.

• Art. 30, 46, 47 del d.P.R. 6/6/2001, n. 380.

1968. Transazione sulla falsità di documenti. – [I] La transazione nei giudizi civili di falso [221 ss. CPC.] non produce alcun effetto, se non è stata omologata dal tribunale, sentito il pubblico ministero [70$^{1, n. 5}$].

1969. Errore di diritto. – [I] La transazione non può essere annullata per errore di diritto [1429$^{1, n. 4}$] relativo alle questioni che sono state oggetto di controversia tra le parti.

1970. Lesione. – [I] La transazione non può essere impugnata per causa di lesione [764^{2}, 1447 ss.].

1971. Transazione su pretesa temeraria. – [I] Se una delle parti era consapevole della temerarietà della sua pretesa [96 CPC.], l'altra può chiedere l'annullamento della transazione [1425 ss., 1441 ss.].

➔ CC. del 1965 – art. 1774.

1972. Transazione su un titolo nullo. – [I] È nulla [1418] la transazione relativa a un contratto illecito [1343, 1346], ancorché le parti abbiano trattato della nullità di questo.

[II] Negli altri casi in cui la transazione è stata fatta relativamente a un titolo nullo, l'annullamento [1441] di essa può chiedersi solo dalla parte che ignorava la causa di nullità del titolo [1230 ss., 1423].

1973. Annullabilità per falsità di documenti. – [I] È annullabile [1425-1427, 1441 ss.] la transazione fatta, in tutto o in parte, sulla base di documenti che in seguito sono stati riconosciuti falsi [395$^{1, n. 1}$ CPC.].

➔ Codex 2.4.42.

1974. Annullabilità per cosa giudicata. – [I] È pure annullabile [1427, 1441 ss.] la transazione fatta su lite già decisa con sentenza passata in giudicato [2909 // 324 CPC.], della quale le parti o una di esse non avevano notizia [395$^{1, n. 5}$ CPC.].

1975. Annullabilità per scoperta di documenti. – [I] La transazione che le parti hanno conclusa generalmente sopra tutti gli affari che potessero esservi tra loro non può impugnarsi per il fatto che posteriormente una di esse [1441] venga a conoscenza di documenti che le erano ignoti al tempo della transazione, salvo che questi siano stati occultati dall'altra parte [1439].

[II] La transazione è annullabile [1427, 1441 ss.], quando non riguarda che un affare determinato e con documenti posteriormente scoperti si prova che una delle parti non aveva alcun diritto [395$^{1, n. 3}$ CPC.].

➔ Codex 2.4.19.

1976. Risoluzione della transazione per inadempimento. – [I] La risoluzione della transazione per inadempimento [1453 ss.] non può essere richiesta se il rapporto preesistente è stato estinto per novazione [1230 ss.], salvo che il diritto alla risoluzione sia stato espressamente stipulato [1456].

Capo XXVI
Della cessione dei beni ai creditori

1977. Nozione. – [I] La cessione dei beni ai creditori è il contratto col quale il debitore incarica i suoi creditori o alcuni di essi di liquidare tutte o alcune sue attività e di ripartirne tra loro il ricavato in soddisfacimento dei loro crediti (1).

(1) Art. 182 del r.d. 16/3/1942, n. 267.

1978. Forma. – [I] La cessione dei beni si deve fare per iscritto, sotto pena di nullità [1350, 2649, 2687].

[II] Se tra i beni ceduti esistono crediti, si osservano le disposizioni degli articoli 1264 e 1265.

1979. Poteri dei creditori cessionari. – [I] L'amministrazione dei beni ceduti spetta ai creditori cessionari. Questi possono esercitare tutte le azioni di carattere patrimoniale relative ai beni medesimi [193 trans.].

1980. Effetti della cessione. – [I] Il debitore non può disporre dei beni ceduti.

[II] I creditori anteriori alla cessione che non vi hanno partecipato possono agire esecutivamente anche su tali beni.

[III] I creditori cessionari, se la cessione ha avuto per oggetto solo alcune attività del debitore, non possono agire esecutivamente sulle altre attività prima di aver liquidato quelle cedute [193 trans.].

1981. Spese. – [I] I creditori che hanno concluso il contratto o vi hanno aderito [1332] devono anticipare le spese necessarie per la liquidazione e hanno il diritto di prelevarne l'importo sul ricavato di essa.

1982. Riparto. – [I] I creditori devono ripartire tra loro le somme ricavate in proporzione dei rispettivi crediti, salve le cause di prelazione [2741]. Il residuo spetta al debitore [193 trans.] (1).

(1) Art. 48 bis del d.lg. 1/9/1993, n. 385 (TUB), *Finanziamento alle imprese garantito da trasferimento di bene immobile sospensivamente condizionato*, in Parte V, Sez. IV, n. 1.

1983. Controllo del debitore. – [I] Il debitore ha diritto di controllare la gestione e di averne il rendiconto alla fine della liquidazione, o alla fine di ogni anno se la gestione dura più di un anno [263-266 CPC. // 109, 178 att. CPC.].

[II] Se è stato nominato un liquidatore, questi deve rendere il conto anche al debitore [193 trans.].

1984. Liberazione del debitore. – [I] Se non vi è patto contrario, il debitore è liberato verso i creditori solo dal giorno in cui essi ricevono la parte loro spettante sul ricavato della liquidazione, e nei limiti di quanto hanno ricevuto [193 trans.].

1985. Recesso dal contratto. – [I] Il debitore può recedere dal contratto offrendo il pagamento del capitale e degli interessi a coloro con i quali ha contrattato o che hanno aderito alla cessione [1332]. Il recesso ha effetto dal giorno del pagamento.

[II] Il debitore è tenuto al rimborso delle spese di gestione [193 trans.].

1986. Annullamento e risoluzione del contratto. – [I] La cessione può essere annullata [1425] se il debitore, avendo dichiarato di cedere tutti i suoi beni, ha dissimulato parte notevole di essi, ovvero se ha occultato passività o ha simulato passività inesistenti (1).

[II] La cessione può essere risoluta per inadempimento secondo le regole generali [1453 ss.].

(1) Art. 138 del r.d. 16/3/1942, n. 267.

TITOLO IV
DELLE PROMESSE UNILATERALI

1987. Efficacia delle promesse. – [I] La promessa unilaterale di una prestazione non produce **effetti obbligatori** fuori dei casi ammessi dalla legge [14, 649, 785, 1236, 1322, *1325*[1, n. 2], *1329*, *1333*, 1411, *1418*[2], 1822, 1872, 1988, 1989, 1992, 2821, 2890].

➔ D. 50.12.1.1.

1988. Promessa di pagamento e ricognizione di debito. – [I] La promessa di pagamento o la ricognizione di un debito dispensa colui a favore del quale è fatta dall'onere di provare il rapporto fondamentale [*810 ss.*, 969, *1199*, 1309, 1870, 2720, *2732*, *2734*, 2935, 2944, 2968]. L'esistenza di questo si presume fino a prova contraria [2944].

1989. Promessa al pubblico. – [I] Colui che, rivolgendosi al pubblico, promette una prestazione a favore di chi si trovi in una determinata situazione o compia una determinata azione, è **vincolato** dalla promessa non appena questa è resa pubblica [*1336*, 2721].

[II] Se alla promessa non è apposto un termine, o questo non risulta dalla natura o dallo scopo della medesima, il vincolo del promittente cessa, qualora entro l'anno dalla promessa non gli sia stato comunicato l'avveramento della situazione o il compimento dell'azione prevista nella promessa.

1990. Revoca della promessa. – [I] La promessa può essere revocata prima della scadenza del termine indicato dall'articolo precedente solo per **giusta causa** [2119, 2237, 2259, 2275, 2285, 2383, 2400, 2456, 2487[4], 2558], purché la revoca sia resa pubblica nella stessa forma della promessa o in forma equivalente [1336[2], 1396].

[II] In nessun caso la revoca può avere effetto se la situazione prevista nella promessa si è già verificata o se l'azione è già stata compiuta.

1991. Cooperazione di più persone. – [I] Se l'azione è stata compiuta da più persone separatamente, oppure se la situazione è comune a più persone, la prestazione promessa, quando è unica, spetta a colui che per primo ne ha dato notizia al promittente.

TITOLO V
DEI TITOLI DI CREDITO

Capo I
Disposizioni generali

1992. Adempimento della prestazione. – [I] Il possessore di un titolo di credito ha diritto alla prestazione in esso indicata verso presentazione del titolo, purché sia legittimato nelle forme prescritte dalla legge [*1325*[1, n. 2], *1418*[2], 2003, 2008, 2021].

[II] Il debitore, che senza dolo o colpa grave adempie la prestazione nei confronti del possessore, è liberato anche se questi non è il titolare del diritto [1189[1], 1836, 1889[2], 2006[3]].

1993. Eccezioni opponibili. – [I] Il debitore può opporre al possessore del titolo soltanto le eccezioni a questo personali, le eccezioni di forma, quelle che sono fondate sul contesto letterale del titolo, nonché quelle che dipendono da falsità della propria firma, da difetto di capacità [2, 404, 414, 415, 428] o di rappresentanza [1387] al momento dell'emissione, o dalla mancanza delle condizioni necessarie per l'esercizio dell'azione [1271, 1272[2]].

[II] Il debitore può opporre al possessore del titolo le eccezioni fondate sui rapporti personali con i precedenti possessori, soltanto se, nell'acquistare il titolo, il possessore ha agito intenzionalmente a danno del debitore medesimo [2014[2]] (1).

(1) V. art. 21 e 65 del r.d. 14/12/1933, n. 1669.
• Art. 25 e 27 del r.d. 21/12/1933, n. 1736.

1994. Effetti del possesso di buona fede. – [I] Chi ha acquistato in buona fede il possesso di un titolo di credito [1147[1], 1153], in conformità delle norme che ne disciplinano la circolazione [2003, 2008, 2021], non è soggetto a rivendicazione [948].

1995. Trasferimento dei diritti accessori. – [I] Il trasferimento del titolo di credito comprende anche i diritti accessori che sono ad esso inerenti (1).

(1) V. art. 18 del r.d. 14/11/1933, n. 1669.
• Art. 20 del r.d. 21/12/1933, n. 1736.

1996. Titoli rappresentativi. – [I] I titoli rappresentativi di merci attribuiscono al possessore il diritto alla consegna delle merci che sono in essi specificate, il possesso delle medesime e il potere di disporne mediante trasferimento del titolo [1691, 1791 // 463³, 961² CNav.].

1997. Efficacia dei vincoli sul credito. – [I] Il pegno [2784 ss.], il sequestro [670 ss. CPC.], il pignoramento [491 ss. CPC.] e ogni altro vincolo sul diritto menzionato in un titolo di credito o sulle merci da esso rappresentate non hanno effetto se non si attuano sul titolo [2014, 2024 ss.].

1998. Titoli con diritto a premi. – [I] Nel caso di usufrutto [978 ss.] di titoli di credito [2025] il godimento dell'usufruttuario si estende ai premi e alle altre utilità aleatorie prodotte dal titolo [983].

[II] Il premio è investito a norma dell'articolo 1000.

[III] Nel pegno di titoli di credito [2784 ss.] la garanzia non si estende ai premi e alle altre utilità aleatorie prodotte dal titolo.

1999. Conversione dei titoli. – [I] I titoli di credito al portatore [2003] possono essere convertiti dall'emittente in titoli nominativi [2021], su richiesta e a spese del possessore.

[II] Salvo il caso in cui la convertibilità sia stata espressamente esclusa dall'emittente, i titoli nominativi possono essere convertiti in titoli al portatore, su richiesta e a spese dell'intestatario che dimostri la propria identità e la propria capacità a norma del secondo comma dell'articolo 2022.

2000. Riunione e frazionamento dei titoli. – [I] I titoli di credito emessi in serie possono essere riuniti in un titolo multiplo, su richiesta e a spese del possessore.

[II] I titoli di credito multipli possono essere frazionati in più titoli di taglio minore (1).

(1) V. art. 87 del r.d. 29/3/1942, n. 239.

2001. Rinvio a disposizioni speciali. – [I] Le norme di questo titolo si applicano in quanto non sia diversamente disposto da altre norme di questo codice o di leggi speciali.

[II] I titoli del debito pubblico, i biglietti di banca e gli altri titoli equivalenti sono regolati da leggi speciali (1).

(1) V. r.d. 28/4/1910, n. 204.
• R.d. 19/2/1911, n. 298.
• L. 6/8/1966, n. 651; d.P.R. 30/12/2003, n. 398.

2002. Documenti di legittimazione e titoli impropri. – [I] Le norme di questo titolo non si applicano ai documenti che servono solo a identificare l'avente diritto alla prestazione [1836], o a consentire il trasferimento del diritto senza l'osservanza delle forme proprie della cessione [1889].

Capo II
Dei titoli al portatore

2003. Trasferimento del titolo e legittimazione del possessore. – [I] Il trasferimento del titolo al portatore si opera con la consegna del titolo [1994].

[II] Il possessore del titolo al portatore è legittimato all'esercizio del diritto in esso menzionato in base alla presentazione del titolo [1992].

2004. Limitazione della libertà di emissione. – [I] Il titolo di credito contenente l'obbligazione di pagare una somma di danaro non può essere emesso al portatore se non nei casi stabiliti dalla legge.

2005. Titolo deteriorato. – [I] Il possessore di un titolo deteriorato che non sia più idoneo alla circolazione, ma sia tuttora sicuramente identificabile, ha diritto di ottenere dall'emittente un titolo equivalente, verso la restituzione del primo e il rimborso delle spese.

2006. Smarrimento e sottrazione del titolo. – [I] Salvo disposizioni di leggi speciali, non è ammesso l'ammortamento dei titoli al portatore smarriti o sottratti.

[II] Tuttavia chi denunzia all'emittente lo smarrimento o la sottrazione d'un titolo al portatore e gliene fornisce la prova ha diritto alla prestazione e agli accessori della medesima, decorso il termine di prescrizione del titolo [2946].

[III] Il debitore che esegue la prestazione a favore del possessore del titolo prima del termine suddetto è liberato, salvo che si provi che egli conoscesse il vizio del possesso del presentatore.

[IV] Se i titoli smarriti o sottratti sono azioni al portatore [2346 ss.], il denunziante può essere autorizzato dal tribunale, previa cauzione, se del caso, a esercitare i diritti inerenti alle azioni anche prima del termine di prescrizione, fino a quando i titoli non vengano presentati da altri.

[V] È salvo, in ogni caso, l'eventuale diritto del denunziante verso il possessore del titolo.

2007. Distruzione del titolo. – [I] Il possessore del titolo al portatore, che ne provi la distruzione, ha diritto di chiedere all'emittente il rilascio di un duplicato o di un titolo equivalente.

[II] Le spese sono a carico del richiedente.

[III] Se la prova della distruzione non è raggiunta, si osservano le disposizioni dell'articolo precedente (1).

(1) V. art. 17 del r.d. 14/12/1933, n. 1669.
• Art. 19 del r.d. 21/12/1933, n. 1736.

Capo III
Dei titoli all'ordine

2008. Legittimazione del possessore. – [I] Il possessore di un titolo all'ordine è legittimato all'esercizio del diritto in esso menzionato in base a una serie continua di girate [1992].

2009. Forma della girata. – [I] La girata deve essere scritta sul titolo e sottoscritta dal girante.

[II] È valida la girata anche se non contiene l'indicazione del giratario (1).

[III] La girata al portatore vale come girata in bianco (2).

(1) V. art. 17, co. 2, r.d. 14/12/1933, n. 1669.
• Art. 19 del r.d. 21/12/1933, n. 1736.
(2) V. art. 163 del r.d. 14/12/1933, n. 1669.
• Art. 18 del r.d. 21/12/1933, n. 1736.

2010. Girata condizionale o parziale. – [I] Qualsiasi condizione apposta alla girata si ha come non scritta (1).

[II] È nulla [1418] la girata parziale (2).

(1) V. art. 16, co. 1, r.d. 14/12/1933, n. 1669.
• Art. 18, co. 1, r.d. 21/12/1933, n. 1736.
(2) V. art. 162 del r.d. 14/12/1933, n. 1669.
• Art. 182 del r.d. 21/12/1933.

2011. Effetti della girata. – [I] La girata trasferisce tutti i diritti inerenti al titolo [1995] (1).

[II] Se il titolo è girato in bianco, il possessore può riempire la girata col proprio nome o con quello di altra persona, ovvero può girare di nuovo il titolo o trasmetterlo a un terzo senza riempire la girata o senza apporne una nuova (1).

(1) V. art. 18 del r.d. 14/12/1933, n. 1669.
• Art. 20 del r.d. 21/12/1933, n. 1736.

2012. Obblighi del girante. – [I] Salvo diversa disposizione di legge [1797] o clausola contraria risultante dal titolo, il girante non è obbligato per l'inadempimento della prestazione da parte dell'emittente (1).

(1) V. art. 19 del r.d. 14/12/1933, n. 1669.

2013. Girata per incasso o per procura. – [I] Se alla girata è apposta una clausola che importa conferimento di una procura per incasso, il giratario può esercitare tutti i diritti inerenti al titolo, ma non può girare il titolo, fuorché per procura (1).

[II] L'emittente può opporre al giratario per procura soltanto le eccezioni opponibili al girante.

[III] L'efficacia della girata per procura non cessa per la morte o per la sopravvenuta incapacità del girante.

(1) V. art. 22 del r.d. 14/12/1933, n. 1669.
• Art. 21, 26 del r.d. 21/12/1933, n. 1736.
• Art. 14 del r.d. 29/3/1942, n. 239.

2014. Girata a titolo di pegno. – [I] Se alla girata è apposta una clausola che importa costituzione di pegno, il giratario può esercitare tutti i diritti inerenti al titolo, ma la girata da lui fatta vale solo come girata per procura (1).

[II] L'emittente non può opporre al giratario in garanzia le eccezioni fondate sui propri rapporti personali col girante, a meno che il giratario, ricevendo il titolo, abbia agito intenzionalmente a danno dell'emittente.

(1) V. art. 23 del r.d. 14/12/1933, n. 1669.

2015. Cessione del titolo all'ordine. – [I] L'acquisto di un titolo all'ordine con un mezzo diverso dalla girata produce gli effetti della cessione [1263 ss.] (1).

(1) V. art. 24 del r.d. 14/12/1933, n. 1669; art. 27 del r.d. 21/12/1933, n. 1736.

2016. Procedura d'ammortamento. – [I] In caso di smarrimento, sottrazione o distruzione del titolo, il possessore può farne denunzia al debitore e chiedere l'ammortamento del titolo con ricorso al presidente del tribunale del luogo in cui il titolo è pagabile (1).

[II] Il ricorso deve indicare i requisiti essenziali del titolo e, se si tratta di titolo in bianco [2009[3], 2011[2]], quelli sufficienti a identificarlo.

[III] Il presidente del tribunale, premessi gli opportuni accertamenti sulla verità dei fatti e sul diritto del possessore, pronunzia con decreto l'ammortamento e autorizza il pagamento del titolo dopo trenta giorni dalla data di pubblicazione del decreto nella Gazzetta Ufficiale della Repubblica, purché nel frattempo non sia fatta opposizione dal detentore. Se alla data della pubblicazione il titolo non è ancora scaduto, il termine per il pagamento decorre dalla data della scadenza.

[IV] Il decreto deve essere notificato al debitore e pubblicato nella Gazzetta Ufficiale della Repubblica a cura del ricorrente.

[V] Nonostante la denunzia, il pagamento fatto al detentore prima della notificazione del decreto libera il debitore.

(1) V. art. 89 ss. del r.d. 14/12/1933, n. 1669.
• Art. 69 ss. del r.d. 21/12/1933, n. 1736.

2017. Opposizione del detentore. – [I] L'opposizione del detentore deve essere proposta davanti al tribunale che ha pronunziato l'ammortamento, con citazione da notificarsi al ricorrente e al debitore.

[II] L'opposizione non è ammissibile senza il deposito del titolo presso la cancelleria del tribunale.

[III] Se l'opposizione è respinta, il titolo è consegnato a chi ha ottenuto l'ammortamento.

2018. Diritti del ricorrente durante il termine per l'opposizione. – [I] Durante il termine stabilito dall'articolo 2016, il ricorrente può compiere tutti gli atti che tendono a conservare i suoi diritti, e, se il titolo è scaduto o pagabile a vista, può esigerne il pagamento mediante cauzione o chiedere il deposito giudiziario della somma.

2019. Effetti dell'ammortamento. – [I] Trascorso senza opposizione il termine indicato dall'articolo 2016, il titolo non ha più efficacia, salve le ragioni del detentore verso chi ha ottenuto l'ammortamento.

[II] Chi ha ottenuto l'ammortamento, su presentazione del decreto e di un certificato del cancelliere del tribunale comprovante che non fu interposta opposizione, può esigere il pagamento o, qualora il titolo sia in bianco o non sia ancora scaduto, può ottenere un duplicato.

2020. Leggi speciali. – [I] Le norme di questa sezione si applicano ai titoli all'ordine regolati da leggi speciali in quanto queste non dispongano diversamente.

Capo IV
Dei titoli nominativi

2021. Legittimazione del possessore. – [I] Il possessore di un titolo nominativo è legittimato all'esercizio del diritto in esso menzionato per effetto dell'intestazione a suo favore contenuta nel titolo e nel registro dell'emittente [1992].

2022. Trasferimento. – [I] Il trasferimento del titolo nominativo si opera mediante l'annotazione del nome dell'acquirente sul titolo e nel registro dell'emittente o col rilascio di un nuovo titolo intestato al nuovo titolare. Del rilascio deve essere fatta annotazione nel registro (1).

[II] Colui che chiede l'intestazione del titolo a favore di un'altra persona, o il rilascio di un nuovo titolo ad essa intestato, deve provare la propria identità e la propria capacità di disporre, mediante certificazione di un notaio o di un agente di cambio. Se l'intestazione o il rilascio è richiesto dall'acquirente, questi deve esibire il titolo e dimostrare il suo diritto mediante atto autentico.

[III] Le annotazioni nel registro e sul titolo sono fatte a cura e sotto la responsabilità dell'emittente.

[IV] L'emittente che esegue il trasferimento nei modi indicati dal presente articolo è esonerato da responsabilità, salvo il caso di colpa.

(1) V. art. 2 del r.d. 29/3/1942, n. 239.

2023. Trasferimento mediante girata. – [I] Salvo diverse disposizioni della legge, il titolo nominativo può essere trasferito anche mediante girata [2009] autenticata da un notaio o da un agente di cambio (1).

[II] La girata deve essere datata e sottoscritta dal girante e contenere l'indicazione del giratario. Se il titolo non è interamente liberato, è necessaria anche la sottoscrizione del giratario.

[III] Il trasferimento mediante girata non ha efficacia nei confronti dell'emittente fino a che non ne sia fatta annotazione nel registro. Il giratario che si dimostra possessore del titolo in base a una serie continua di girate ha diritto di ottenere l'annotazione del trasferimento nel registro dell'emittente.

(1) Per il trasferimento delle azioni, v. art. 2 e 12 del r.d. 29/3/1942, n. 239.

2024. Vincoli sul credito. – [I] Nessun vincolo sul credito produce effetti nei confronti dell'emittente e dei terzi, se non risulta da una corrispondente annotazione sul titolo e nel registro [1997] (1).

[II] Per l'annotazione si osserva il disposto del secondo comma dell'articolo 2022.

(1) Art. 2 e 12 del r.d. 29/3/1942, n. 239.

2025. Usufrutto. – [I] Chi ha l'usufrutto [978 ss.] del credito menzionato in un titolo nominativo ha diritto di ottenere un titolo separato da quello del proprietario.

2026. Pegno. – [I] La costituzione in pegno [2784 ss.] di un titolo nominativo può farsi anche mediante consegna del titolo, girato con la clausola «in garanzia» o altra equivalente [2014] (1).

[II] Il giratario in garanzia non può trasmettere ad altri il titolo se non mediante girata per procura [2013].

(1) Art. 3 del r.d. 29/3/1942, n. 239.

2027. Ammortamento. – [I] In caso di smarrimento, sottrazione o distruzione del titolo, l'intestatario o il giratario di esso può farne denunzia all'emittente e chiedere l'ammortamento del titolo in conformità delle norme relative ai titoli all'ordine [2016 ss.].

[II] In caso di smarrimento, sottrazione o distruzione di azioni nominative, durante il termine stabilito dall'articolo 2016 il ricorrente può esercitare i diritti inerenti alle azioni, salva, se del caso, la prestazione di una cauzione [2018].

[III] L'ammortamento estingue il titolo, ma non pregiudica le ragioni del detentore verso chi ha ottenuto il nuovo titolo [2019].

TITOLO VI
DELLA GESTIONE DI AFFARI

2028. Obbligo di continuare la gestione. – [I] Chi, senza esservi obbligato [1173, *1703*], assume **scientemente** la gestione di un affare altrui, è tenuto a continuarla e a condurla a termine finché l'interessato **non sia in grado di provvedervi da se stesso**.

[II] L'obbligo di continuare la gestione sussiste anche se l'interessato muore prima che l'affare sia terminato, finché l'erede possa provvedere direttamente.

➔ **D. 3.5.19(20).**

2029. Capacità del gestore. – [I] Il gestore deve avere la capacità di contrattare [2, 1425].

2030. Obbligazioni del gestore. – [I] Il gestore è soggetto alle stesse obbligazioni che deriverebbero da un mandato [1703 ss.].

[II] Tuttavia il giudice, in considerazione delle circostanze che hanno indotto il gestore ad assumere la gestione, può **moderare** il risarcimento dei danni ai quali questi sarebbe tenuto per effetto della sua colpa [*404*, *414*, *415*, *789*, *798*, 1223 ss., 1710, 1768^{2}, 1812, 1821^{2}].

2031. Obblighi dell'interessato. – [I] Qualora la gestione sia stata utilmente iniziata, l'interessato **deve** adempiere le obbligazioni che il gestore ha assunte in nome di lui, deve tenere indenne il gestore di quelle assunte dal medesimo in nome proprio e rimborsargli tutte le spese necessarie o utili con gli interessi [1284] dal giorno in cui le spese stesse sono state fatte [1720, *1890*, 1987].

[II] Questa disposizione non si applica agli atti di gestione eseguiti contro il divieto dell'interessato, eccetto che tale divieto sia contrario alla legge, all'ordine pubblico o al buon costume [23^{1}, 25^{1}, 1343, 1354^{1}, 2035].

➔ **D. 3.5.18(19).4.**

2032. Ratifica dell'interessato. – [I] La ratifica [1399] dell'interessato produce, relativamente alla gestione, gli effetti che sarebbero derivati da un mandato [1703 ss.], anche se la gestione è stata compiuta da persona che credeva di gestire un affare proprio.

TITOLO VII
DEL PAGAMENTO DELL'INDEBITO

2033. Indebito oggettivo. – [I] Chi ha eseguito un pagamento non dovuto [*1173*, 1418, 1425, 1427, 1447, 1448, 1463, 1467] ha diritto di ripetere ciò che ha pagato [1185^{2}, 1463, 1952^{2}, 2039, *2041*, *2946*]. Ha inoltre diritto ai frutti [820 ss.] e agli interessi [1284] dal giorno del pagamento, se chi lo ha ricevuto era in mala fede, oppure, se questi era in buona fede [1147], dal giorno della domanda [1224, 1219, 2934].

➔ **D. 12.6.7.**

2034. Obbligazioni naturali. – (1) [I] Non è ammessa la ripetizione di quanto è stato spontaneamente prestato [*1191*] in esecuzione di **doveri morali** o **sociali** [*769*, *770*, 1180, 1197, *1230*, *1236*, *1241*, 1252, *1253*, *1256*, 1260, *1268 ss.*, *1965*, *1988*, 2231], salvo che la prestazione sia stata eseguita da un incapace.

[II] I doveri indicati dal comma precedente, e ogni altro per cui la legge non accorda azione ma esclude la ripetizione di ciò che è stato **spontaneamente** pagato, non producono altri effetti [590, 627^{2}, 799, 1185^{2}, 1933^{2}, 2035, 2321, 2433^{4}, 2940].

➔ **D. 46.1.16.4.**

➔ **CC. 1865 – art. 1237.**

(1) V. art. 64, co. 2 del r.d. 16/3/ 1942, n. 267.

2035. Prestazione contraria al buon costume. – [I] Chi ha eseguito una prestazione per uno scopo che, anche da parte sua, costituisca offesa al buon costume non può ripetere quanto ha pagato [5, 23^{4}, 25^{1}, 634, 1343, 1354^{1}, 1418^{2}, 2034^{2}].

➔ **D. 12.7.5 pr.**

2036. Indebito soggettivo. – [I] Chi ha pagato **un debito altrui**, credendosi **debitore** in base a un **errore scusabile**, può ripetere ciò che ha pagato, sempre che il creditore non si sia privato in buona fede [1147] del titolo o delle garanzie del credito [1237, 1188, 1189].

[II] Chi ha ricevuto l'indebito è anche tenuto a restituire i frutti [820 ss.] e gli interessi [1284] dal giorno del pagamento, se era in mala fede, o dal giorno della domanda [1219, 2934], se era in buona fede [1147].

[III] Quando la ripetizione non è ammessa, colui che ha pagato subentra nei diritti del creditore [$1203^{1,\ n.\ 5}$].

➔ **D. 12.6.19.1.**

2037. Restituzione di cosa determinata. – [I] Chi ha ricevuto indebitamente una cosa determinata è tenuto a restituirla.

[II] Se la cosa è perita, anche per caso fortuito [1218, 1256^{1}], chi l'ha ricevuta in mala fede è tenuto a corrispondere il valore [*1224*]; se la cosa è soltanto deteriorata, colui che l'ha data può chiedere l'equivalente, oppure la restituzione e un'indennità per la diminuzione di valore [1224].

[III] Chi ha ricevuto la cosa in buona fede [1147] non risponde del perimento o del deterioramento di essa, ancorché dipenda da fatto proprio, se non nei limiti del suo arricchimento [2041].

2038. Alienazione della cosa ricevuta indebitamente. – [I] Chi, avendo ricevuto la cosa in buona fede [1147], l'ha alienata prima di conoscere l'obbligo di restituirla è tenuto a restituire il corrispettivo conseguito. Se questo è ancora dovuto, colui che ha pagato l'indebito subentra nel diritto dell'alienante [535^{2}, 1203$^{1, n. 5}$]. Nel caso di alienazione **a titolo gratuito**, il terzo acquirente è obbligato, nei limiti del suo arricchimento [2041], verso colui che ha pagato l'indebito [2901$^{1, n. 2}$].

[II] Chi ha alienato la cosa ricevuta in mala fede, o dopo aver conosciuto l'obbligo di restituirla, è obbligato a restituirla in natura o a corrisponderne il valore. Colui che ha pagato l'indebito può però esigere il corrispettivo dell'alienazione e può anche agire direttamente per conseguirlo. Se l'alienazione è stata fatta a titolo gratuito, l'acquirente, qualora l'alienante sia stato inutilmente escusso, è obbligato, nei limiti dell'arricchimento [2041], verso colui che ha pagato l'indebito.

2039. Indebito ricevuto da un incapace. – [I] L'incapace che ha ricevuto l'indebito, anche in mala fede, non è tenuto che nei limiti in cui ciò che ha ricevuto è stato rivolto a suo vantaggio [1190, 1443, 1769, 1950^{4}, 2033, 2041].

2040. Rimborso di spese e di miglioramenti. – [I] Colui al quale è restituita la cosa è tenuto a rimborsare il possessore delle spese e dei miglioramenti, a norma degli articoli 1149, 1150, 1151 e 1152.

TITOLO VIII
DELL'ARRICCHIMENTO SENZA CAUSA

2041. Azione generale di arricchimento. – [I] Chi, senza una giusta causa [1173, 1325$^{1, n. 2}$, 1333, 1987, 2034, 2043], si è arricchito a danno di un'altra persona è tenuto, nei limiti dell'arricchimento, a indennizzare quest'ultima della correlativa diminuzione patrimoniale [31^{3}, 535, 821^{2}, 935, 936, 939, 940, 1223, 1443, 1769, 1776, 2037^{3}, 2038^{2,3}, 2043, 2126].

[II] Qualora l'arricchimento abbia per oggetto una cosa determinata, colui che l'ha ricevuta è tenuto a restituirla in natura, se sussiste al tempo della domanda.

➔ Art. 191 d.lgs. n. 267/2000 // D. 12.6.14.

2042. Carattere sussidiario dell'azione. – [I] L'azione di arricchimento non è proponibile quando il danneggiato può esercitare un'altra azione [948, 1218, 2932] per farsi indennizzare [2045] del pregiudizio subito.

TITOLO IX
DEI FATTI ILLECITI

2043. Risarcimento per fatto illecito (1). – Qualunque fatto doloso o colposo che cagiona ad altri un danno ingiusto, obbliga colui che ha commesso il fatto a risarcire il danno [7, 10, 129-bis, 834^{1}, 872^{2}, 924, 925, 935^{2}, 939^{3}, 944, 948, 949, 1032^{2}, 1038, 1053, 1223, 1227^{2}, 1127^{4}, 1150, 1328, 1337, 1381, 1440, 1494^{2}, 1660^{2}, 2037^{2}, 2041, 2395, 2504-quater, 2600, 2818, 2947 // 198 CP. // 22 ss. CPP. // 55, 60, 642, 96, 278, 614-bis, 709-ter$^{2, n. 4}$ CPC. // 26^{2}, 11$^{4, lett. e)}$, 30 CPA.] (2).

[I] Non è responsabile chi cagiona il danno per legittima difesa di sé o di altri (52 c.p.).

[II] Nei casi di cui all'articolo 52, commi secondo, terzo e quarto, del codice penale, la responsabilità di chi ha compiuto il fatto è esclusa (3).

[III] Nel caso di cui all'articolo 55, secondo comma, del codice penale, al danneggiato è dovuta una indennità la cui misura è rimessa all'equo apprezzamento del giudice, tenuto altresì conto della gravità, delle modalità realizzative e del contributo causale della condotta posta in essere dal danneggiato (3).

➔ CC. del 1865 – art. 1830 // D. 9.2.3, D. 9.2.52.2.

(1) Art. 18, u.c., l. 20/5/1970, n. 300; art. 156 della l. 22/4/1941, n. 633; art. 8, co. 3, d.lg. 9/10/2002, n. 231; art. 140, co. 7, d.lg. 6/9/2005, n. 206; 124, co. 2, e 131, co. 2, d.lg. 10/2/2005, n. 30.

(2) In tema di responsabilità per danno da prodotto difettoso v. art. 114 del d.lg. 6/9/2005, n. 206; in tema di danno ambientale v. art. 300 del d.lg. 3/4/2006, n. 152; in tema di assicurazione obbligatoria della responsabilità civile v. gli art. 170-172 del d.lg. 7/9/2005, n. 209; in tema di risarcimento del danno derivante da violazione del diritto alla concorrenza v. d.lg. 19/1/2017, n. 3.

- Art. 3, co. 1, d.l. 13/9/2012, n. 158 conv., con modif., in l. 8/11/2012, n. 189 (danni punitivi).
- Art. 125 del d.lg. 10/2/2005, n. 30.
- Art. 12 della l. 8/2/1948, n. 47.
- Art. 4 del d.l. 22/9/2006, n. 259 conv., con modif., In l. 20/11/2006, n. 281.
- Art. 187-undecies, co. 2, d.lg. 24/2/1998, n. 58.
- D.lg. 15/1/2016, nn. 7 e 8.
- Art. 70 disp. att. c.c.
- Art. 96 c.p.c.
- Art. 709-ter c.p.c.
- Art. 614-bis c.p.c.
- Art. 26 c.p.a.
- Art. 114, co. 4, lett. e), c.p.a.
- Art. 2044 – Legittima difesa.

(3) Comma aggiunto dall'art. 7, co. 1, l. 26/4/2019, n. 36.

2044. Legittima difesa. – [I] Non è responsabile chi cagiona il danno per legittima difesa di sé o di altri (52 c.p.).

[II] Nei casi di cui all'articolo 52, commi secondo, terzo e quarto, del codice penale, la responsabilità di chi ha compiuto il fatto è esclusa (1).

[III] Nel caso di cui all'articolo 55, secondo comma, del codice penale, al danneggiato è dovuta una indennità la cui misura è rimessa all'equo apprezzamento del giudice, tenuto altresì conto della gravità, delle modalità realizzative e del contributo causale della condotta posta in essere dal danneggiato (1).

(1) Comma aggiunto dall'art. 7, co. 1, l. 26/4/2019, n. 36.

➔ D. 9.2.5 pr.

2045. Stato di necessità. – Quando chi ha compiuto il fatto dannoso vi è stato costretto dalla necessità di salvare sé o altri dal pericolo attuale di un danno grave alla persona [1447], e il pericolo non è stato da lui volontariamente causato né era altrimenti evitabile [54 CP.], al danneggiato è dovuta un'indennità [834^{1}, 843, 924, 925, 944, 1032^{2}, 1038, 1053, 1127^{4}, 1150, 1328, 1381, 1660$^{2, 3}$, 2037^{2}, 2041, 2047^{2}], la cui misura è rimessa all'equo apprezzamento del giudice [194 trans. // 113 CPC.] (1).

➔ D. 9.2.49.1.

(1) Art. 2 del r.d. n. 773/1931; 32 della l. n. 833/1978; 54 del d.lg. n. 267/2000.

2046. Imputabilità del fatto dannoso. – Non risponde delle conseguenze dal fatto dannoso chi non aveva la capacità d'intendere o di volere [428] al momento in cui lo ha commesso [2047 // 85 ss. CP.], a meno che lo stato d'incapacità derivi da sua colpa.

2047. Danno cagionato dall'incapace. – [I] In caso di danno cagionato da persona incapace di intendere o di volere [2046 // 185 ss. CP.], il risarcimento è dovuto da chi è tenuto alla sorveglianza dell'incapace, salvo che provi di non aver potuto impedire il fatto.

[II] Nel caso in cui il danneggiato non abbia potuto ottenere il risarcimento da chi è tenuto alla sorveglianza, il giudice, in considerazione delle condizioni economiche delle parti, può condannare l'autore del danno a una equa indennità [834^{1}, 843, 924, 925, 944, 1032^{2}, 1038, 1053, 1127^{4}, 1150, 1328, 1381, $1660^{2,3}$, 2037^{2}, 2041, 2045 // 113 CPC.].

➔ D. 9.2.5.2.

2048. Responsabilità dei genitori, dei tutori, dei precettori e dei maestri d'arte. – [I] Il padre e la madre, o il tutore, sono responsabili del danno [2056 ss. // 190 CP.] cagionato dal fatto illecito dei figli minori non emancipati [316] o delle persone soggette alla tutela [343, 414], che abitano con essi. La stessa disposizione si applica all'affiliante (1).

[II] I precettori e coloro che insegnano un mestiere o un'arte sono responsabili del danno [2056] cagionato dal fatto illecito dei loro allievi e apprendisti [2130] nel tempo in cui sono sotto la loro vigilanza.

[III] Le persone indicate dai commi precedenti sono liberate dalla responsabilità soltanto se provano di non aver potuto impedire il fatto.

(1) Art. 61 della l. n. 312/1980, Disciplina della responsabilità patrimoniale del personale direttivo, docente, educativo e non docente: «La responsabilità patrimoniale del personale direttivo, docente, educativo e non docente della scuola materna, elementare, secondaria ed artistica dello Stato e delle istituzioni educative statali per danni arrecati direttamente all'Amministrazione in connessione a comportamenti degli alunni è limitata ai soli casi di dolo o colpa grave nell'esercizio della vigilanza sugli alunni stessi. La limitazione di cui al comma precedente si applica anche alla responsabilità del predetto personale verso l'Amministrazione che risarcisca il terzo dei danni subiti per comportament degli alunni sottoposti alla vigilanza.
Salvo rivalsa nei casi di dolo o colpa grave, l'Amministrazione si surroga al personale medesimo nelle responsabilità civili derivanti da azioni giudiziarie promosse da terzi».
• V. art. 77 della l. 4/5/1983, n. 184.

2049. Responsabilità dei padroni e dei committenti. – I padroni e i committenti [2082 ss.] sono responsabili per i danni [2056 ss.] arrecati dal fatto illecito dei loro domestici e commessi nell'esercizio delle incombenze a cui sono adibiti.

2050. Responsabilità per l'esercizio di attività pericolose. – Chiunque cagiona danno ad altri nello svolgimento di un'attività pericolosa, per sua natura o per la natura dei mezzi adoperati [965 CNav.], è tenuto al risarcimento [2056 ss. // 678 CP.], se non prova di avere adottato tutte le misure idonee a evitare il danno [1681, 2054].

➔ D. 9.2.11 pr.

2051. Danno cagionato da cose in custodia. – Ciascuno è responsabile del danno [2056 ss.] cagionato dalle cose che ha in custodia, salvo che provi il caso fortuito [1218, 1256^{1}, _1770_. 2052, 2053// 675 CPC.].

➔ CC. del 1965 – art. 1153.

2052. Danno cagionato da animali. – Il proprietario di un animale o chi se ne serve per il tempo in cui lo ha in uso, è responsabile dei danni [2056 ss.] cagionati dall'animale, sia che fosse sotto la sua custodia, sia che fosse smarrito o fuggito [672 CP.], salvo che provi il caso fortuito [1218, 1256^{1}].

➔ D. 9.2.5.2.

2053. Rovina di edificio. – Il proprietario di un edificio o di altra costruzione è responsabile dei danni [2056 ss.] cagionati dalla loro rovina, salvo che provi che questa non è dovuta a difetto di manutenzione o a vizio di costruzione [1669 // 676 CP.].

2054. Circolazione di veicoli (1). – [I] Il conducente di un veicolo senza guida di rotaie è obbligato a risarcire il danno [2056 ss.] prodotto a persone o a cose dalla circolazione del veicolo, se non prova di aver fatto tutto il possibile per evitare il danno [1227, 2047^{2}, 2050, 2947^{2}].

[II] Nel caso di scontro tra veicoli si presume, fino a prova contraria, che ciascuno dei conducenti abbia concorso ugualmente a produrre il danno subito dai singoli veicoli [2055] (2).

[III] Il proprietario del veicolo, o, in sua vece, l'usufruttuario [978 ss.] o l'acquirente con patto di riservato dominio [1523 ss.], è responsabile in solido [1292] col conducente, se non prova che la circolazione del veicolo è avvenuta contro la sua volontà.

[IV] In ogni caso le persone indicate dai commi precedenti sono responsabili dei danni derivati da vizi di costruzione o da difetto di manutenzione del veicolo [2053].

(1) V. d.lg. 7/9/2005, n. 209, art. 122, 123.

(2) La Corte cost., con sent. 29/12/1972, n. 205 ha dichiarato l'illegittimità costituzionale del presente comma «limitatamente alla parte in cui nel caso di scontro tra veicoli esclude che la presunzione di egual concorso dei conducenti operi anche se uno dei veicoli non abbia riportato danni».

2055. Responsabilità solidale. – [I] Se il fatto dannoso è imputabile a più persone, tutte sono obbligate in solido [1292] al risarcimento del danno [1294 // 187^{2} CP.].

[II] Colui che ha risarcito il danno ha regresso contro ciascuno degli altri, nella misura determinata dalla gravità della rispettiva colpa e dalla entità delle conseguenze che ne sono derivate [1227, 1299].

[III] Nel dubbio, le singole colpe si presumono uguali [1298, 1299, 2054].

➔ D. 9.2.51 pr.-1.

2056. Valutazione dei danni. – [I] Il risarcimento dovuto al danneggiato si deve determinare secondo le disposizioni degli articoli 1223, 1226 e 1227 (1).

[II] Il lucro cessante è valutato dal giudice con equo apprezzamento delle circostanze del caso [113 CPC.].

➔ D. 9.2.11 pr., D. 9.2.33 pr.-1.

(1) Per la determinazione del danno cagionato dall'esercente la professione sanitaria nell'ambito dello svolgimento della propria attività professionale v. inoltre art. 3, co. 1, d.l. 13/9/2012, n. 158, conv. in l. 8/11/2012, n. 189.

2057. Danni permanenti. – Quando il danno alle persone ha carattere permanente la liquidazione può essere fatta dal giudice, tenuto conto delle condizioni delle parti e della natura del danno, sotto forma di una rendita vitalizia [1872 ss.]. In tal caso il giudice dispone le opportune cautele [194 trans.].

2058. Risarcimento in forma specifica. – [I] Il danneggiato può chiedere la reintegrazione in forma specifica qualora sia in tutto o in parte possibile [1843] (1).

[II] Tuttavia il giudice può disporre che il risarcimento avvenga solo per equivalente, se la reintegrazione in forma specifica risulta eccessivamente onerosa per il debitore [194 trans.].

(1) V. art. 311 del d.lg. 3/4/2006, n. 152.

2059. Danni non patrimoniali. – Il danno non patrimoniale deve essere risarcito solo nei casi determinati dalla legge [185 ss., 544-ter, 598, 612-bis[1] CP. // 89, 892, 120 CPC. // 643 CPP.] (1).

(1) Art. 12 della l. n. 47/1948: Nel caso di diffamazione commessa col mezzo della stampa, la persona offesa può chiedere, oltre il risarcimento dei danni ai sensi dell'art. 185 del Codice penale, una somma a titolo di riparazione. La somma è determinata in relazione alla gravità dell'offesa ed alla diffusione dello stampato.

• Art. 125 del d.lg. 10/2/2005 n. 30: «[I] Il risarcimento dovuto al danneggiato è liquidato secondo le disposizioni degli articoli 1223, 1226 e 1227 del codice civile, tenuto conto di tutti gli aspetti pertinenti, quali le conseguenze economiche negative, compreso il mancato guadagno, del titolare del diritto leso, i benefici realizzati dall'autore della violazione e, nei casi appropriati, elementi diversi da quelli economici, come il danno morale arrecato al titolare del diritto dalla violazione. [II] La sentenza che provvede sul risarcimento dei danni può farne la liquidazione in una somma globale stabilita in base agli atti della causa e alle presunzioni che ne derivano. In questo caso il lucro cessante è comunque determinato in un importo non inferiore a quello dei canoni che l'autore della violazione avrebbe dovuto pagare, qualora avesse ottenuto una licenza dal titolare del diritto leso. [III] In ogni caso il titolare del diritto leso può chiedere la restituzione degli utili realizzati dall'autore della violazione, in alternativa al risarcimento del lucro cessante o nella misura in cui essi eccedono tale risarcimento».
Art. 4 del d.l. 22/9/2006, n. 259, conv. in la l. 20/11/2006, n. 281, Disposizioni urgenti per il riordino della normativa in tema di intercettazioni telefoniche: «A titolo di riparazione può essere richiesta all'autore della pubblicazione degli atti o dei documenti di cui al co. 2 dell'art. 240 del codice di procedura penale, al direttore responsabile e all'editore, in solido fra loro, una somma di denaro determinata in ragione di cinquanta centesimi per ogni copia stampata, ovvero da 50.000 a 1.000.000 di euro secondo l'entità del bacino di utenza ove la diffusione sia avvenuta con mezzo radiofonico, televisivo o telematico. In ogni caso, l'entità della riparazione non può essere inferiore a 10.000 euro. 2. L'azione può essere proposta da parte di coloro a cui i detti atti o documenti fanno riferimento. L'azione si prescrive nel termine di cinque anni dalla data della pubblicazione. Agli effetti della prova della corrispondenza degli atti o dei documenti pubblicati con quelli di cui al co. 2 dell'art. 240 del codice di procedura penale fa fede il verbale di cui al co. 6 dello stesso articolo. Si applica l'art. 25 del d.lg. 1/9/2011, n. 150. 3. L'azione è esercitata senza pregiudizio di quanto il Garante per la protezione dei dati personali possa disporre ove accerti o inibisca l'illecita diffusione di dati o di documenti, anche a seguito dell'esercizio di diritti da parte dell'interessato. 4. Qualora sia promossa per i medesimi fatti di cui al co. 1 anche l'azione per il risarcimento del danno, il giudice tiene conto, in sede di determinazione e liquidazione dello stesso, della somma corrisposta ai sensi del co. 1».

• Art. 15 del d.lg. 30/6/2003, n. 196.

• Art. 44, co. 7, d.lg. 25/7/1998, n. 286.

• Art. 2, co. 1, l. 13/4/1988, n. 117.

• Art. 2, co. 1, l. 24/3/2001, n. 89.

• Art. 158, co. 3, l. 22/4/1941, n. 633.

• Artt. 138 e 139, co. 2, d.lg. 7/9/2005, n. 209, come modif. d.l. 24/1/2012, n. 1, conv., con modif., in l. 24/3/2012, n. 27 (danno biologico e esistenziale).

• Art. 47 del d.lg. 23/5/2011, n. 79 (danno da vacanza rovinata).

• Art. 5 del d.p.r. 3/3/2009, n. 37 (danno morale).

• Art. 1 del d.p.r. 30/10/2009, n. 181 (danno biologico e morale).

LIBRO QUINTO
DEL LAVORO

TITOLO I
DELLA DISCIPLINA DELLE ATTIVITÀ PROFESSIONALI

Capo I
Disposizioni generali

2060. Del lavoro (1). – [I] Il lavoro è tutelato in tutte le sue forme organizzative ed esecutive, intellettuali, tecniche e manuali [35 Cost.].

(1) Articolo così modificato dall'art. 3, co. 2, d.lg. 14/9/1944, n. 287. Il testo previgente recitava: «il lavoro è tutelato in tutte le sue forme organizzative ed esecutive, intellettuali, tecniche e manuali, secondo i principi della carta del lavoro».

2061. Ordinamento delle categorie professionali. – [I] L'ordinamento delle categorie professionali è stabilito dalle leggi [2229], dai regolamenti, dai provvedimenti dell'autorità governativa e dagli statuti delle associazioni professionali [2067].

2062. Esercizio professionale delle attività economiche. – [I] L'esercizio professionale delle attività economiche [2082, 2247 // 41 Cost.] è disciplinato dalle leggi, dai regolamenti *e dalle norme corporative**.

* Riferimento da ritenersi abrogato a seguito della soppressione dell'ordinamento corporativo: r.d.l. 9/8/1943, n. 721.

Capo II
Delle ordinanze corporative e degli accordi economici collettivi*

* Le disposizioni contenute in questo capo sono da ritenersi abrogate a seguito della soppressione dell'ordinamento corporativo con r.d.l. 9/8/1943, n. 721. In virtù dell'art. 43 del d.lgs.lt. 23/11/1944, n. 369, sulla soppressione delle organizzazioni sindacali fasciste, «per i rapporti collettivi ed individuali restano in vigore, salvo le successive modifiche, le norme contenute nei contratti collettivi, negli accordi economici, nelle sentenze della Magistratura del lavoro e delle ordinanze corporative». In virtù della l. 14/7/1959, n. 741 sui minimi di trattamento economico e normativo dei lavoratori è stata conferita delega al Governo per emanare norme giuridiche, aventi forza di legge, al fine di assicurare minimi inderogabili di trattamento economico e normativo nei confronti di tutti gli appartenenti ad una medesima categoria (art. 1). V. anche l. 1/*10*/1960 n. 1027, recante modifiche della l. 14/7/1959, n. 741. Per la contrattazione collettiva in materia di pubblico impiego si veda art. 40 ss. del d.lg. 30/3/2001, n. 165.

2063. Oggetto. – [I] Le ordinanze corporative [prel. 5] per il coordinamento della produzione e degli scambi possono avere per oggetto:

1) la disciplina unitaria della produzione;

2) il regolamento dei rapporti tra determinate categorie professionali;

3) le tariffe per le prestazioni e per i beni di consumo offerti al pubblico in condizioni di privilegio.

[II] Le materie indicate nel n. 2 possono anche, nei casi e nei modi stabiliti dalla legge, formare oggetto di accordi economici collettivi tra le associazioni professionali che rappresentano le categorie interessate.

2064. Formazione e pubblicazione. – [I] La formazione e la pubblicazione delle ordinanze corporative e degli accordi economici collettivi sono regolate dalle leggi speciali.

2065. Efficacia. – [I] Le ordinanze corporative e gli accordi economici collettivi hanno efficacia per tutti coloro che esercitano la loro attività nel ramo di produzione regolato dalle ordinanze e dagli accordi medesimi.

2066. Inderogabilità. – [I] I contratti individuali non possono derogare alle ordinanze corporative e agli accordi economici collettivi, salvo che questi lo consentano.

[II] Le clausole dei contratti individuali, difformi dalle norme inderogabili contenute nelle ordinanze e negli accordi previsti nel presente capo, sono sostituite di diritto dalle norme suddette [1339].

[III] La disposizione del comma precedente non si applica ai contratti stipulati prima dell'entrata in vigore dell'ordinanza corporativa o dell'accordo economico collettivo. L'ordinanza e l'accordo possono tuttavia stabilire che le norme in essi contenute si applichino anche ai contratti ad esecuzione continuata o periodica in corso, per la parte non ancora eseguita.

Capo III
Del contratto collettivo di lavoro e delle norme equiparate*

* Le disposizioni contenute in questo capo, da ritenersi abrogate a seguito della soppressione dell'ordinamento corporativo avvenuta con *r.d.l. 9/8/1943, n. 721*, si applicano in quanto compatibili ai cc.dd. contratti collettivi di diritto comune. V. anche nota sub capo 2.

2067. Soggetti. – [I] I contratti collettivi di lavoro sono stipulati dalle associazioni professionali [39 Cost. // 509 CP.] (1).

(1) Cfr. d.lgs.lt. 23/11/1944, n. 369. Per i contratti collettivi nel pubblico impiego v. art. 40 del d.lg. 30/3/2001, n. 165 e per gli accordi collettivi in materia di contratti agrari v. art. 45, co. 3, l. 3/3/1982, n. 203.

2068. Rapporti di lavoro sottratti a contratto collettivo. – [I] Non possono essere regolati da contratto collettivo i rapporti di lavoro, in quanto siano disciplinati con atti della pubblica autorità in conformità della legge (1).

[II] Sono altresì sottratti alla disciplina del contratto collettivo i rapporti di lavoro concernenti prestazioni di carattere personale o domestico [2240 ss.] (2).

(1) V. per i rapporti di pubblico impiego art. 40 del d.lg. 30/3/2001, n. 165.

(2) La Corte cost. con sent. 9/4/1969, n. 68 ha dichiarato costituzionalmente illegittimo questo comma nella parte in cui dispone che sono sottratti alla disciplina del contratto collettivo i rapporti di lavoro concernenti prestazioni di carattere domestico.

2069. Efficacia. – [I] Il contratto collettivo deve contenere l'indicazione della categoria d'imprenditori e di prestatori di lavoro, ovvero delle imprese o dell'impresa, a cui si riferisce, e del territorio dove ha efficacia [2071].

[II] In mancanza di tali indicazioni il contratto collettivo è obbligatorio per tutti gli imprenditori e i prestatori di lavoro rappresentati dalle associazioni stipulanti [2075] (1).

(1) Per l'estensione dell'efficacia dei contratti collettivi di diritto comune v. art. 36 della l. 20/5/1970, n. 300 e art. 8 della l. 18/12/1973, n. 877. Per i contratti collettivi di diritto comune recepiti in leggi delegate v. l. 14/7/1959, n. 741, nonché, per la loro inderogabilità, l'art. 2113 CC.

2070. Criteri di applicazione. – [I] L'appartenenza alla categoria professionale, ai fini dell'applicazione del contratto collettivo, si determina secondo l'attività effettivamente esercitata dall'imprenditore [2082, 2195 // 39[1] Cost.].

[II] Se l'imprenditore esercita distinte attività aventi carattere autonomo, si applicano ai rispettivi rapporti di lavoro le norme dei contratti collettivi corrispondenti alle singole attività (1).

[III] Quando il datore di lavoro esercita non professionalmente un'attività organizzata, si applica il contratto collettivo che regola i rapporti di lavoro relativi alle imprese che esercitano la stessa attività.

(1) La Corte cost. con sent. 26/6/1969, n. 105 ha dichiarato non fondata la questione di legittimità costituzionale dell'art. 2070, co. 1 e 2, CC. (criteri di applicazione del contratto collettivo), proposta, in riferimento all'art. 39, co. 1, Cost.

2071. Contenuto. – [I] Il contratto collettivo deve contenere le disposizioni occorrenti, secondo la natura del rapporto, per dare esecuzione alle norme di questo codice concernenti la disciplina del lavoro, i diritti e gli obblighi degli imprenditori e dei prestatori di lavoro [2072[3]] (1).

[II] Deve inoltre indicare le qualifiche e le rispettive mansioni dei prestatori di lavoro appartenenti alla categoria a cui si riferisce la disciplina collettiva.

[III] Deve infine contenere la determinazione della sua durata [2074].

(1) Articolo così modificato dall'art. 3, co. 2, l d.lgs.lt. 14/9/1944, n. 287. Il testo previgente recitava «Il lavoro è tutelato in tutte le sue forme organizzative ed esecutive, intellettuali, tecniche e manuali, secondo i principi della carta del lavoro».

2072. Deposito e pubblicazione*. – *[I] Il deposito e la pubblicazione del contratto collettivo sono regolati dalle leggi speciali. [II] Prima della pubblicazione l'autorità governativa deve accertare che ricorrano le condizioni richieste per la validità del contratto collettivo. [III] La pubblicazione può essere rifiutata, se il contratto collettivo non contiene le disposizioni e le indicazioni richieste dall'art. 2071, salvo che le parti si siano obbligate a integrarlo con successivi patti da stipularsi entro un termine stabilito. Se i patti integrativi non sono stipulati nel termine, può essere adita la magistratura del lavoro per la formazione delle disposizioni integrative. [IV] Contro il rifiuto di pubblicazione è ammesso ricorso alla magistratura del lavoro a norma delle leggi speciali.*

* Articolo abrogato a seguito della soppressione dell'ordinamento corporativo: r.d.l. 9/8/1943, n. 721. V. anche art. 4254 CPC.

2073. Denunzia*. – *[I] La denunzia del contratto collettivo deve farsi almeno tre mesi prima della scadenza. [II] Se, avvenuta la denunzia, le associazioni professionali non hanno, un mese prima della scadenza, provveduto alla stipulazione e al deposito del nuovo contratto collettivo, ed è rimasto infruttuoso l'esperimento di conciliazione previsto nell'art. 412 del codice di procedura civile, può essere adita la magistratura del lavoro per la formazione di nuove condizioni di lavoro.*

* V. nota *sub* art. 2072.

2074. Efficacia dopo la scadenza*. – *[I] Il contratto collettivo, anche quando è stato denunziato, continua a produrre i suoi effetti dopo la scadenza, fino a che sia intervenuto un nuovo regolamento collettivo.*

* V. nota *sub* art. 2072. V. anche art. 7, co. 2, l. 14/7/1959, n. 741.

2075. Efficacia nel caso di variazioni nell'inquadramento*. – *[I] Il contratto collettivo conserva efficacia nei confronti della categoria alla quale si riferisce, anche se la rappresentanza legale di questa, per effetto di variazioni nell'inqua-*

dramento, spetta ad altra associazione. [II] Questa ha però facoltà di denunziare il contratto collettivo indipendentemente dal termine fissato per la scadenza di esso.

* V. nota *sub* art. 2072.

2076. Contratto collettivo annullabile*. *– [I] Il contratto collettivo annullabile conserva efficacia fino a che intervenga una sentenza di annullamento passata in giudicato. [II] La domanda di annullamento è proposta davanti la magistratura del lavoro dalle associazioni interessate o dal pubblico ministero. [III] La domanda deve essere proposta, sotto pena di decadenza, entro sei mesi dalla pubblicazione del contratto collettivo.*

* V. nota *sub* art. 2072.

2077. Efficacia del contratto collettivo sul contratto individuale (1). – [I] I contratti individuali di lavoro tra gli appartenenti alle categorie alle quali si riferisce il contratto collettivo devono uniformarsi alle disposizioni di questo [2113].

[II] Le clausole difformi dei contratti individuali, preesistenti o successivi al contratto collettivo, sono sostituite di diritto da quelle del contratto collettivo, salvo che contengano speciali condizioni più favorevoli ai prestatori di lavoro [1339, 1419², 2113].

(1) V. art. 7, co. 2, l. 14/7/1959, n. 741.

2078. Efficacia degli usi. – [I] In mancanza di disposizioni di legge e di contratto collettivo si applicano gli usi. Tuttavia gli usi più favorevoli ai prestatori di lavoro prevalgono sulle norme dispositive di legge.

[II] Gli usi non prevalgono sui contratti individuali di lavoro [1, 8 prel.] (1).

(1) V. art. 17 del r.d.l. 13/11/1924, n. 1825.

2079. Rapporti di associazione agraria e di affitto a coltivatore diretto. – [I] La disciplina del contratto collettivo di lavoro si applica anche ai rapporti di associazione agraria regolati dal capo II del titolo II [2141 ss.] ed a quelli di affitto a coltivatore diretto del fondo [1647].

[II] Tuttavia in questi rapporti il contratto collettivo non deve contenere norme relative al salario, all'orario di lavoro, alle ferie, al periodo di prova, od altre che contrastino con la natura dei rapporti medesimi.

2080. Colonia parziaria e affitto con obbligo di miglioria. – [I] Nei contratti individuali di colonia parziaria [2164 ss.] e di affitto a coltivatore diretto [1647 ss.], con obbligo di miglioria, conservano efficacia le clausole difformi dalle disposizioni del contratto collettivo stipulato durante lo svolgimento del rapporto.

2081. Norme equiparate al contratto collettivo*. *– [I] Le disposizioni sul contratto collettivo di lavoro contenute in questo capo valgono, in quanto applicabili, per le altre norme corporative che disciplinano rapporti di lavoro.*

* V. nota *sub* art. 2072.

TITOLO II
DEL LAVORO NELL'IMPRESA

Capo I
Dell'impresa in generale

Sezione I
Dell'imprenditore

2082. Imprenditore. – [I] È imprenditore chi esercita professionalmente una attività economica organizzata al fine della produzione o dello scambio di beni o di servizi [1330, 1368, 1655, 1722n. 4, 1824, 2070, 2135, 2195 e 2710].

➔ **CComm. 1882 – art. 8.**

2083. Piccoli imprenditori (1). – [I] Sono piccoli imprenditori i coltivatori diretti del fondo [1647], gli artigiani, i piccoli commercianti e coloro che esercitano un'attività professionale organizzata prevalentemente con il lavoro proprio e dei componenti della famiglia [2139, 2202, 2214³, 2221].

➔ **CComm. 1882 – art. 5.**

(1) Cfr. art. 1, co. 2, r.d. 16/3/1942, n. 267, nonché art. 2 e 3 della l. 8/8/1985, n. 443 e per i limiti dimensionali art. 4 l. cit.

2084. Condizioni per l'esercizio dell'impresa (1). – [I] La legge determina le categorie d'imprese il cui esercizio è subordinato a concessione o autorizzazione amministrativa.

[I] Le altre condizioni per l'esercizio delle diverse categorie d'imprese sono stabilite dalla legge *e dalle norme corporative**.

(1) V. art. 19 della l. 7/8/1990, n. 241 in vigore dal 12/11/2014.

* Riferimento da ritenersi abrogato a seguito della soppressione dell'ordinamento corporativo: r.d.l. 9/8/1943, n. 721.

2085. Indirizzo della produzione. – [I] Il controllo sull'indirizzo della produzione e degli scambi in relazione all'interesse unitario dell'economia nazionale è esercitato dallo Stato, nei modi previsti dalla legge *e dalle norme corporative**.

[II] La legge stabilisce altresì i casi e i modi nei quali si esercita la vigilanza dello Stato sulla gestione delle imprese [41³ e 43 Cost.].

* Riferimento da ritenersi abrogato a seguito della soppressione dell'ordinamento corporativo: r.d.l. 9/8/1943, n. 721.

2086. Gestione dell'impresa (1). – [I] L'imprenditore è il capo dell'impresa e da lui dipendono gerarchicamente i suoi collaboratori [2094 ss.] (2). L'imprenditore, che operi in forma societaria o collettiva, ha il dovere di istituire un assetto organizzativo, amministrativo e contabile adeguato alla natura e alle dimensioni dell'impresa, anche in funzione della rilevazione tempestiva della crisi dell'impresa e della perdita della continuità aziendale, nonché di attivarsi senza indugio per l'adozione e l'attuazione di uno degli strumenti previsti dall'ordinamento per il superamento della crisi e il recupero della continuità aziendale (3).

(1) La rubrica "Gestione dell'impresa" sostituisce quella precedente "Direzione e gerarchia dell'impresa" ex art. 375, co. 1, d.lg. 12/1/2019, n. 14.

(2) La Corte cost. con sent. 9/3/1989, n. 103, ha dichiarato non fondata la questione di legittimità costituzionale degli art. 2086, 2087, 2095, 2099, 2103 CC., in riferimento all'art. 41 Cost.
V. anche art. 19 ss. della l. 20/5/1970, n. 300.

(3) Le parole "L'imprenditore, che operi in forma societaria o collettiva, ha il dovere di istituire un assetto organizzativo, amministrativo e contabile adeguato alla natura e alle dimensioni dell'impresa, anche in funzione della rilevazione tempestiva della crisi dell'impresa e della perdita della continuità aziendale, nonché' di attivarsi senza indugio per l'adozione e l'attuazione di uno degli strumenti previsti dall'ordinamento per il superamento della crisi e il recupero della continuità aziendale" sono state introdotte dall'art. 375, co. 1, d.lg. 12/1/2019, n. 14.

2087. Tutela delle condizioni di lavoro. – [I] L'imprenditore è tenuto ad adottare nell'esercizio dell'impresa le misure che, secondo la particolarità del lavoro, l'esperienza e la tecnica, sono necessarie a tutelare l'integrità fisica e la personalità morale dei prestatori di lavoro [437 e 451 CP. // 41² Cost.] (1).

(1) V. art. 9 della l. 20/5/1970, n. 300. V. anche d.lg. 9/4/2008 n. 81, di attuazione dell'art. 1 della l. 3/8/2007, n. 123, in materia di tutela della salute e della sicurezza nei luoghi di lavoro e art. 12 e 13 del d.lg. 23/2/2000, n. 38. Infine, cfr. Corte cost., che, con sent. 9/3/1989, n. 103, ha dichiarato non fondata la questione di legittimità costituzionale degli art. 2086, 2087, 2095, 2099, 2103 CC., in riferimento all'art. 41 Cost.

2088. Responsabilità dell'imprenditore*. – *[I] L'imprenditore deve uniformarsi nell'esercizio dell'impresa ai principi dell'ordinamento corporativo e agli obblighi che ne derivano e risponde verso lo Stato dell'indirizzo della produzione e degli scambi, in conformità della legge e delle norme corporative.*

* Articolo da ritenersi abrogato a seguito della soppressione dell'ordinamento corporativo: r.d.l. 9/8/1943, n. 721.

2089. Inosservanza degli obblighi dell'imprenditore*. – [I] Se l'imprenditore non osserva gli obblighi imposti dall'ordinamento corporativo nell'interesse della produzione, in modo da determinare grave danno all'economia nazionale, gli organi corporativi, dopo aver compiuto le opportune indagini e richiesto all'imprenditore i chiarimenti necessari, possono disporre la trasmissione degli atti al pubblico ministero presso la corte d'appello di cui fa parte la magistratura del lavoro competente per territorio, perché promuova eventualmente i provvedimenti indicati nell'articolo 2091.

* Articolo da ritenersi abrogato a seguito della soppressione dell'ordinamento corporativo: r.d.l. 9/8/1943, n. 721.

2090. Procedimento*. – *[I] Il presidente della magistratura del lavoro, ricevuta la istanza del pubblico ministero, fissa il giorno per la comparizione dell'imprenditore e assegna un termine entro il quale egli deve presentare le sue deduzioni. [II] La magistratura del lavoro decide in camera di consiglio, sentiti il pubblico ministero e l'imprenditore. Può anche, prima di decidere, sentire l'associazione professionale alla quale appartiene l'imprenditore, assumere le informazioni e compiere le indagini che ritiene necessarie. [III] Contro la sentenza della magistratura del lavoro l'imprenditore e il pubblico ministero possono proporre ricorso per cassazione a norma dell'articolo 426 del codice di procedura civile.*

* Articolo da ritenersi abrogato a seguito della soppressione dell'ordinamento corporativo: r.d.l. 9/8/1943, n. 721.

2091. Sanzioni*. – *[I] La magistratura del lavoro, se accerta che l'inosservanza perdura, fissa un termine entro il quale l'imprenditore deve uniformarsi agli obblighi suddetti. [II] Qualora l'imprenditore non vi ottemperi nel termine fissato, la magistratura del lavoro può ordinare la sospensione dell'esercizio dell'impresa o, se la sospensione è tale da recare pregiudizio all'economia nazionale, può nominare un amministratore che assuma la gestione dell'impresa, scegliendolo fra le persone designate dall'imprenditore, se riconosciute idonee, e determinandone i poteri e la durata. [III] Se si tratta di società, la magistratura del lavoro, anziché nominare un amministratore, può assegnare un termine entro il quale la società deve provvedere a sostituire gli amministratori in carica con altre persone riconosciute idonee.*

* Articolo da ritenersi abrogato a seguito della soppressione dell'ordinamento corporativo: r.d.l. 9/8/1943, n. 721.

2092. Sanzioni previste da leggi speciali*. – *[I] Le disposizioni dei tre articoli precedenti non si applicano nei casi in cui per le trasgressioni commesse dall'imprenditore le leggi speciali prevedono particolari sanzioni a di lui carico.*

* Articolo da ritenersi abrogato a seguito della soppressione dell'ordinamento corporativo: r.d.l. 9/8/1943, n. 721.

2093. Imprese esercitate da enti pubblici (1). – [I] Le disposizioni di questo libro si applicano agli enti pubblici inquadrati nelle associazioni professionali [2201].

[II] Agli enti pubblici non inquadrati si applicano le disposizioni di questo libro, limitatamente alle imprese da essi esercitate (2).

[III] Sono salve le diverse disposizioni della legge [2221 // 409$^{n. 4}$ CPC.].

(1) V. l. 29/1/1992, n. 35 sulla trasformazione degli enti pubblici economici in società per azioni.

(2) V. art. 37 della l. 20/5/1970, n. 300.

Sezione II
Dei collaboratori dell'imprenditore

2094. Prestatore di lavoro subordinato (1). – [I] È prestatore di lavoro subordinato chi si obbliga mediante retribuzione a collaborare nell'impresa, prestando il proprio lavoro intellettuale o manuale alle dipendenze e sotto la direzione dell'imprenditore [2086, 2095, 2104, 2238^{2}, 2239 // 36 Cost.].

(1) V., in tema di subordinazione nel lavoro a domicilio, art. 1, co. 2, l. 18/12/1973, n. 877 e, in tema di telelavoro, l'accordo interconfederale 9/6/2004, di recepimento dell'accordo quadro europeo 16/7/2002.

➔ CC. 1865 – art. 1627 n. 1.

2095. Categorie dei prestatori di lavoro. – [I] I prestatori di lavoro subordinato si distinguono in dirigenti, quadri, impiegati e operai (1).

[II] Le leggi speciali *e le norme corporative**, in relazione a ciascun ramo di produzione e alla particolare struttura dell'impresa, determinano i requisiti di appartenenza alle indicate categorie [95 e 96 att.] (2).

(1) Articolo così sostituito dall'art. 1 della l. 13/5/1985, n. 190 (Riconoscimento quadri intermedi). La vecchia formulazione disponeva «I prestatori di lavoro subordinato si distinguono in dirigenti amministrativi o tecnici, impiegati e operai».

* Riferimento da ritenersi abrogato a seguito della soppressione dell'ordinamento corporativo: r.d.l. 9/8/1943, n. 721.

(2) In ambito UE si vedano direttive 89/48/CEE del 21/12/1988 e 92/51/CEE del 18/6/1992 e successive modif.

Sezione III
Del rapporto di lavoro (1) [195 att. // 409 ss. CPC.]

➔ CC. 1865 – art. 1570.

(1) R.d.l. 13/11/1924, n. 1825, conv. in l. 18/3/1926, n. 562, in tema di contratto di impiego privato; art. 4 della l. 23/3/1981, n. 91, in tema di rapporto di lavoro sportivo; d.lg. 19/12/1994, n. 758, in tema di disciplina sanzionatoria; art. 1 del d.l. 1/10/1996, n. 510, conv. in l. 28/11/1996, n. 608, in tema di lavoro socialmente utile; art. 16 della l. 24/6/1997, n. 196, in tema di apprendistato; art. 19 ss. della l. 6/3/1998, n. 40, in materia di lavoro dello straniero; d.lg. 30/3/2001, n. 165, in tema di lavoro alle dipendenze della p.a.

§ 1 – *Della costituzione del rapporto di lavoro* (1)

(1) V. anche l. 12/3/1999, n. 68 e d.P.R. 7/7/2000, n. 442, in tema di collocamento ordinario.

2096. Assunzione in prova. – [I] Salvo diversa disposizione *delle norme corporative**, l'assunzione del prestatore di lavoro per un periodo di prova deve risultare da atto scritto [1350$^{n. 13}$, 2241, 2725].

[II] L'imprenditore e il prestatore di lavoro sono rispettivamente tenuti a consentire e a fare l'esperimento che forma oggetto del patto di prova.

[III] Durante il periodo di prova ciascuna delle parti può recedere dal contratto [1373], senza l'obbligo di preavviso o d'indennità (1). Se però la prova è stabilita per un tempo minimo necessario, la facoltà di recesso non può esercitarsi prima della scadenza del termine (2).

[IV] Compiuto il periodo di prova, l'assunzione diviene definitiva e il servizio prestato si computa nell'anzianità del prestatore di lavoro [2120].

* Riferimento da ritenersi abrogato a seguito della soppressione dell'ordinamento corporativo: r.d.l. 9/8/1943, n. 721.

(1) V. anche art. 10 della l. 15/7/1966, n. 604.

(2) V. Corte cost. 22/12/1980, n. 189 che ha dichiarato l'illegittimità del comma in esame nella parte in cui non riconosce il diritto alla indennità di anzianità di cui agli art. 2120 e 2121 stesso codice, al lavoratore assunto con patto di prova nel caso di recesso dal contratto durante il periodo di prova medesimo e Corte cost. 4/12/2000, n. 541 nella parte in cui ha dichiarato non fondata la questione di legittimità costituzionale dell'art. 10 della l. 15/7/1966, n. 604 (Norme sui licenziamenti individuali) e dell'art. 2096 CC. sollevata, in riferimento agli art. 2, 3, 24, 35 e 38 Cost.

2097. Durata del contratto di lavoro*. – *[I] Il contratto di lavoro si reputa a tempo indeterminato, se il termine non risulta dalla specialità del rapporto o da atto scritto. [II] In quest'ultimo caso l'apposizione del termine è priva di effetto, se è fatta per eludere le disposizioni che riguardano il contratto a tempo indeterminato. [III] Se la prestazione di lavoro continua dopo la scadenza del termine e non risulta una contraria volontà delle parti, il contratto si considera a tempo indeterminato. [IV] Salvo diversa disposizione delle norme corporative se il contratto di lavoro è stato stipulato per una durata superiore a cinque anni, o a dieci se si tratta di dirigenti, il prestatore di lavoro può recedere da esso trascorso il quinquennio o il decennio, osservata la disposizione dell'articolo 2118.*

*Articolo abrogato dall'art. 9 della l. 18/4/1962, n. 230. V. sul punto il d.lg. 6/9/2001, n. 368, in tema di lavoro a tempo determinato.

➔ CC. 1865 – art. 1628.

2098. Violazione delle norme sul collocamento dei prestatori di lavoro. – [I] Il contratto di lavoro stipulato senza l'osservanza delle disposizioni concernenti la disciplina della domanda e dell'offerta di lavoro può essere annullato, salva l'applicazione delle sanzioni penali [2126].

[II] La domanda di annullamento è proposta dal pubblico ministero, su denunzia dell'ufficio di collocamento, entro un anno dalla data dell'assunzione del prestatore di lavoro [2964 ss.].

§ 2 – *Dei diritti e degli obblighi delle parti*

2099. Retribuzione. – [I] La retribuzione del prestatore di lavoro può essere stabilita a tempo o a cottimo [2100, 2101] e deve essere corrisposta nella misura determinata *dalle norme corporative**, con le modalità e nei termini in uso nel luogo in cui il lavoro viene eseguito [2751-bis$^{n. 1}$, 2955$^{n. 2}$, 2956$^{n. 1}$ // 545 CPC. //36, 37 Cost.].

[II] In mancanza di *norme corporative o di** accordo tra le parti, la retribuzione è determinata dal giudice, *tenuto conto, ove occorra, del parere delle associazioni professionali***.

[III] Il prestatore di lavoro può anche essere retribuito in tutto o in parte con partecipazione agli utili o ai prodotti, con provvigione o con prestazioni in natura [2102, 2121^{2}].

* Riferimento da ritenersi abrogato a seguito della soppressione dell'ordinamento corporativo: r.d.l. 9/8/1943, n. 721.

** Parte da ritenersi abrogata a seguito della soppressione delle associazioni professionali con d.lg. 25/11/1944, n. 369.

2100. Obbligatorietà del cottimo. – [I] Il prestatore di lavoro deve essere retribuito secondo il sistema del cottimo quando, in conseguenza dell'organizzazione del lavoro, è vincolato all'osservanza di un determinato ritmo produttivo, o quando la valutazione della sua prestazione è fatta in base al risultato delle misurazioni dei tempi di lavorazione [2101, 2127, 2131] (1).

*[II] Le norme corporative determinano i rami di produzione e i casi in cui si verificano le condizioni previste nel comma precedente e stabiliscono i criteri per la formazione delle tariffe**.

(1) V. anche art. 8 della l. 18/12/1973, n. 877, in tema di tutela del lavoro a domicilio.

* Comma da ritenersi abrogato a seguito della soppressione dell'ordinamento corporativo: r.d.l. 9/8/1943, n. 721.

2101. Tariffe di cottimo. – *[I] Le norme corporative possono stabilire che le tariffe di cottimo non divengano definitive se non dopo un periodo di esperimento**.

[II] Le tariffe possono essere sostituite o modificate soltanto se intervengono mutamenti nelle condizioni di esecuzione del lavoro, e in ragione degli stessi. In questo caso la sostituzione o la variazione della tariffa non diviene definitiva se non dopo il periodo di esperimento stabilito dalle norme corporative**.

[III] L'imprenditore deve comunicare preventivamente ai prestatori di lavoro i dati riguardanti gli elementi costitutivi della tariffa di cottimo, le lavorazioni da eseguirsi e il relativo compenso unitario. Deve altresì comunicare i dati relativi alla quantità di lavoro eseguita e al tempo impiegato.

* Comma da ritenersi abrogato a seguito della soppressione dell'ordinamento corporativo: r.d.l. 9/8/1943, n. 721.

** Parte da ritenersi abrogata a seguito della soppressione dell'ordinamento corporativo: r.d.l. 9/8/1943, n. 721.

2102. Partecipazione agli utili. – [I] Se *le norme corporative o** la convenzione non dispongono diversamente, la partecipazione agli utili [2099] spettante al prestatore di lavoro [2121, 2349, 2554^{2}] è determinata in base agli utili netti dell'impresa, e, per le imprese soggette alla pubblicazione del bilancio, in base agli utili netti risultanti dal bilancio [2423, 2454, 2478-bis, 2519] regolarmente approvato e pubblicato [2433, 2435].

* Riferimento da ritenersi abrogato a seguito della soppressione dell'ordinamento corporativo: r.d.l. 9/8/1943, n. 721.

2103. Prestazione del lavoro (1). – [I] Il lavoratore deve essere adibito alle mansioni per le quali è stato assunto o a quelle corrispondenti all'inquadramento superiore che abbia successivamente acquisito ovvero a mansioni riconducibili allo stesso livello e categoria legale di inquadramento delle ultime effettivamente svolte.

[II] In caso di modifica degli assetti organizzativi aziendali che incide sulla posizione del lavoratore, lo stesso può essere assegnato a mansioni appartenenti al livello di inquadramento inferiore purché rientranti nella medesima categoria legale.

[III] Il mutamento di mansioni è accompagnato ove necessario, dall'assolvimento dell'obbligo formativo, il cui mancato adempimento non determina comunque la nullità dell'atto di assegnazione delle nuove mansioni.

[IV] Ulteriori ipotesi di assegnazione di mansioni appartenenti al livello di inquadramento inferiore, purché rientranti nella medesima categoria legale, possono essere previste dai contratti collettivi.

[V] Nelle ipotesi di cui al secondo e al quarto comma, il

mutamento di mansioni è comunicato per iscritto, a pena di nullità, e il lavoratore ha diritto alla conservazione del livello di inquadramento e del trattamento retributivo in godimento, fatta eccezione per gli elementi retributivi collegati a particolari modalità di svolgimento della precedente prestazione lavorativa.

[VI] Nelle sedi di cui all'articolo 2113, quarto comma, o avanti alle commissioni di certificazione, possono essere stipulati accordi individuali di modifica delle mansioni, della categoria legale e del livello di inquadramento e della relativa retribuzione, nell'interesse del lavoratore alla conservazione dell'occupazione, all'acquisizione di una diversa professionalità o al miglioramento delle condizioni di vita. Il lavoratore può farsi assistere da un rappresentante dell'associazione sindacale cui aderisce o conferisce mandato o da un avvocato o da un consulente del lavoro.

[VII] Nel caso di assegnazione a mansioni superiori il lavoratore ha diritto al trattamento corrispondente all'attività svolta e l'assegnazione diviene definitiva, salvo diversa volontà del lavoratore, ove la medesima non abbia avuto luogo per ragioni sostitutive di altro lavoratore in servizio, dopo il periodo fissato dai contratti collettivi o, in mancanza, dopo sei mesi continuativi.

[VIII] Il lavoratore non può essere trasferito da un'unità produttiva ad un'altra se non per comprovate ragioni tecniche, organizzative e produttive.

[IX] Salvo che ricorrano le condizioni di cui al secondo e al quarto comma e fermo quanto disposto al sesto comma, ogni patto contrario è nullo.

(1) Articolo così sostituito ad opera dell'art. 3, co. 1, d.lg. 15/6/2015, n. 81. Il testo previgente così disponeva: «Il prestatore di lavoro deve essere adibito alle mansioni per le quali è stato assunto [96 att.] o a quelle corrispondenti alla categoria superiore che abbia successivamente acquisito ovvero a mansioni equivalenti alle ultime effettivamente svolte, senza alcuna diminuzione della retribuzione. Nel caso di assegnazione a mansioni superiori il prestatore ha diritto al trattamento corrispondente all'attività svolta [36 Cost.], e l'assegnazione stessa diviene definitiva, ove la medesima non abbia avuto luogo per sostituzione di lavoratore assente con diritto alla conservazione del posto, dopo un periodo fissato dai contratti collettivi, e comunque non superiore a tre mesi. Egli non può essere trasferito da una unità produttiva ad una altra se non per comprovate ragioni tecniche, organizzative e produttive. Ogni patto contrario è nullo».

2104. Diligenza del prestatore di lavoro. – [I] Il prestatore di lavoro deve usare la diligenza richiesta dalla natura della prestazione dovuta, dall'interesse dell'impresa e da quello superiore della produzione nazionale [1176^2].

[II] Deve inoltre osservare le disposizioni per l'esecuzione e per la disciplina del lavoro impartite dall'imprenditore e dai collaboratori di questo dai quali gerarchicamente dipende [2086, 2094, 2106].

2105. Obbligo di fedeltà. – [I] Il prestatore di lavoro non deve trattare affari, per conto proprio o di terzi, in concorrenza con l'imprenditore, né divulgare notizie attinenti all'organizzazione e ai metodi di produzione dell'impresa, o farne uso in modo da poter recare ad essa pregiudizio [2106, 2125].

2106. Sanzioni disciplinari. – [I] L'inosservanza delle disposizioni contenute nei due articoli precedenti può dar luogo alla applicazione di sanzioni disciplinari, secondo la gravità dell'infrazione *e in conformità delle norme corporative** [1175 // 96 e 97 att.] (1).

* Riferimento da ritenersi abrogato a seguito della soppressione dell'ordinamento corporativo: r.d.l. 9/8/1943, n. 721.

(1) V. art. 7 della l. 20/5/1970, n. 300 e art. 55 ss. del d.lg. 30/3/2001, n. 165 (TU pubblico impiego).

2107. Orario di lavoro. – [I] La durata giornaliera e settimanale della prestazione di lavoro non può superare i limiti stabiliti dalle leggi speciali (1) *o dalle norme corporative** [362 Cost.].

(1) V. art. 3 ss. del d.lg. 8/4/2003, n. 66. In particolare l'art. 19, co. 2 dispone che dalla data di entrata in vigore del presente decreto legislativo sono abrogate tutte le disposizioni legislative e regolamentari nella materia disciplinata dal decreto legislativo medesimo, salve le disposizioni espressamente richiamate e le disposizioni aventi carattere sanzionatorio.

* Riferimento da ritenersi abrogato a seguito della soppressione dell'ordinamento corporativo: r.d.l. 9/8/1943, n. 721.

2108. Lavoro straordinario e notturno. – [I] In caso di prolungamento dell'orario normale, il prestatore di lavoro deve essere compensato per le ore straordinarie con un aumento di retribuzione rispetto a quella dovuta per il lavoro ordinario.

[II] Il lavoro notturno non compreso in regolari turni periodici deve essere parimenti retribuito con una maggiorazione rispetto al lavoro diurno.

[III] I limiti entro i quali sono consentiti il lavoro straordinario e quello notturno, la durata di essi e la misura della maggiorazione sono stabiliti dalla legge (1) *o dalle norme corporative**.

(1) V. art. 5 e 11 ss. del d.lg. 8/4/2003, n. 66 e nota (1) *sub* art. 2107.

* Riferimento da ritenersi abrogato a seguito della soppressione dell'ordinamento corporativo: r.d.l. 9/8/1943, n. 721.

2109. Periodo di riposo (1). – [I] Il prestatore di lavoro ha diritto ad un giorno di riposo ogni settimana di regola in coincidenza con la domenica [36^3 Cost.].

[II] Ha anche diritto, *dopo un anno di ininterrotto servizio* (2), ad un periodo annuale di ferie retribuito, possibilmente continuativo, nel tempo che l'imprenditore stabilisce, tenuto conto delle esigenze dell'impresa e degli interessi del prestatore di lavoro. La durata di tale periodo è stabilita dalla legge *dalle norme corporative**, dagli usi o secondo equità [98 att.].

[III] L'imprenditore deve preventivamente comunicare al prestatore di lavoro il periodo stabilito per il godimento delle ferie.

[IV] Non può essere computato nelle ferie il periodo di preavviso indicato nell'articolo 2118.

(1) La Corte cost. con sent. 22/12/1980, n. 189, ha dichiarato costituzionalmente illegittimo l'articolo in oggetto nella parte in cui non prevede che la malattia insorta nel periodo feriale ne sospenda il decorso, nonché laddove non prevede il diritto a ferie retribuite anche per il lavoratore assunto in prova in caso di recesso dal contratto durante il periodo di prova medesimo. In tema di ferie v. anche art. 9 e 10 del d.lg. 8/4/2003, n. 66.

(2) La Corte cost. con sent. 10/5/1963, n. 66 ha dichiarato costituzionalmente illegittima la norma nel prevedere tale condizione.

* Riferimento da ritenersi abrogato a seguito della soppressione dell'ordinamento corporativo: r.d.l. 9/8/1943, n. 721.

2110. Infortunio, malattia, gravidanza, puerperio. – [I] In caso di infortunio, di malattia, di gravidanza o di puerperio, se la legge *o le norme corporative** non stabiliscono forme equivalenti di previdenza o di assistenza, è dovuta al prestatore di lavoro la retribuzione o un'indennità nella misura e per il tempo determinati dalle leggi speciali (1) *dalle norme corporative**, dagli usi o secondo equità [2111^2 //98 att. // 38 Cost.].

[II] Nei casi indicati nel comma precedente, l'imprenditore ha diritto di recedere dal contratto a norma dell'articolo 2118, decorso il periodo stabilito dalla legge *dalle norme corporative** dagli usi o secondo equità (2).

[III] Il periodo di assenza dal lavoro per una delle cause anzidette deve essere computato nell'anzianità di servizio [2120].

* Riferimento da ritenersi abrogato a seguito della soppressione dell'ordinamento corporativo: r.d.l. 9/8/1943, n. 721.

(1) V. in tema di tutela della maternità e della paternità d.lg. 26/3/2001, n. 151.

(2) La Corte cost. con sent. 5/4/1984, n. 90 ha dichiarato non fondata la questione di legittimità costituzionale dell'art. 2110, co. 2, CC. «nella parte in cui esclude, in caso di carcerazione preventiva del lavoratore, la sospensione del rapporto di lavoro subordinato fino alla sentenza definitiva» in riferimento agli art. 3, co. 1, e 27, co. 2, Cost.

2111. Servizio militare (1). – [I] La chiamata alle armi per adempiere agli obblighi di leva risolve il contratto di lavoro *salvo diverse disposizioni delle norme corporative**.

[II] In caso di richiamo alle armi, si applicano le disposizioni del primo e del terzo comma dell'articolo precedente [52^2 Cost.] (2).

(1) V. in tema di servizio sostitutivo civile l'art. 6 della l. 8/7/1998, n. 230.

* Riferimento da ritenersi abrogato a seguito della soppressione dell'ordinamento corporativo: r.d.l. 9/8/1943, n. 721.

(2) V. anche l. 10/6/1940, n. 653 per gli impiegati privati e l. 3/5/1955, n. 370 per gli impiegati pubblici.

2112. Mantenimento dei diritti dei lavoratori in caso di trasferimento d'azienda (1). – [I] In caso di trasferimento d'azienda, il rapporto di lavoro continua con il cessionario ed il lavoratore conserva tutti i diritti che ne derivano [2558].

[II] Il cedente ed il cessionario sono obbligati, in solido, per tutti i crediti che il lavoratore aveva al tempo del trasferimento. Con le procedure di cui agli articoli 410 e 411 del codice di procedura civile il lavoratore può consentire la liberazione del cedente dalle obbligazioni derivanti dal rapporto di lavoro.

[III] Il cessionario è tenuto ad applicare i trattamenti economici e normativi previsti dai contratti collettivi nazionali, territoriali ed aziendali vigenti alla data del trasferimento, fino alla loro scadenza, salvo che siano sostituiti da altri contratti collettivi applicabili all'impresa del cessionario.

[IV] L'effetto di sostituzione si produce esclusivamente fra contratti collettivi del medesimo livello.

[V] Ferma restando la facoltà di esercitare il recesso ai sensi della normativa in materia di licenziamenti, il trasferimento d'azienda non costituisce di per sé motivo di licenziamento. Il lavoratore, le cui condizioni di lavoro subiscono una sostanziale modifica nei tre mesi successivi al trasferimento d'azienda, può rassegnare le proprie dimissioni con gli effetti di cui all'articolo 2119, primo comma.

[VI] Ai fini e per gli effetti di cui al presente articolo si intende per trasferimento d'azienda qualsiasi operazione che, in seguito a cessione contrattuale o fusione, comporti il mutamento nella titolarità di un'attività economica organizzata, con o senza scopo di lucro, preesistente al trasferimento e che conserva nel trasferimento la propria identità a prescindere dalla tipologia negoziale o dal provvedimento sulla base del quale il trasferimento è attuato ivi compresi l'usufrutto o l'affitto di azienda. Le disposizioni del presente articolo si applicano altresì al trasferimento di parte dell'azienda, intesa come articolazione funzionalmente autonoma di un'attività economica organizzata, identificata come tale dal cedente e dal cessionario al momento del suo trasferimento (2).

[VII] Nel caso in cui l'alienante stipuli con l'acquirente un contratto di appalto la cui esecuzione avviene utilizzando il ramo d'azienda oggetto di cessione, tra appaltante e appaltatore opera un regime di solidarietà di cui all'articolo 29, comma 2, del decreto legislativo 10 settembre 2003, n. 276 (3).

(1) Articolo dapprima sostituito dall'art. 1 del d.lg. 2/2/2001, n. 18, attuativo della direttiva 98/50/CE, che modifica la direttiva 77/187/CEE, e, successivamente, modificato dall'art. 32 del d.lg. 10/9/2003, n. 276, con decorrenza dal 1/7/2001.
Il testo precedente alla modifica del 2001 disponeva «In caso di trasferimento d'azienda, il rapporto di lavoro continua con l'acquirente ed il lavoratore conserva tutti i diritti che ne derivano. L'alienante e l'acquirente sono obbligati, in solido, per tutti i crediti che il lavoratore aveva al tempo del trasferimento. Con le procedure di cui agli articoli 410 e 411 del codice di procedura civile il lavoratore può consentire la liberazione dell'alienante dalle obbligazioni derivanti dal rapporto di lavoro. L'acquirente è tenuto ad applicare i trattamenti economici e normativi, previsti dai contratti collettivi anche aziendali vigenti alla data del trasferimento, fino alla loro scadenza, salvo che siano sostituiti da altri contratti collettivi applicabili all'impresa dell'acquirente. Le disposizioni di quest'articolo si applicano anche in caso di usufrutto o di affitto dell'azienda».
Si veda anche l'art. 47 della l. 29/12/1990, n. 428 (legge comunitaria per il 1990) che dispone «1. Quando si intenda effettuare, ai sensi dell'articolo 2112 del codice civile, un trasferimento d'azienda in cui sono complessivamente occupati più di quindici lavoratori, anche nel caso in cui il trasferimento riguardi una parte d'azienda, ai sensi del medesimo articolo 2112, il cedente ed il cessionario devono darne comunicazione per iscritto almeno venticinque giorni prima che sia perfezionato l'atto da cui deriva il trasferimento o che sia raggiunta un'intesa vincolante tra le parti, se precedente, alle rispettive rappresentanze sindacali unitarie, ovvero alle rappresentanze sindacali aziendali costituite, a norma dell'articolo 19 della legge 20 maggio 1970, n. 300, nelle unità produttive interessate, nonché ai sindacati di categoria che hanno stipulato il contratto collettivo applicato nelle imprese interessate al trasferimento. In mancanza delle predette rappresentanze aziendali, resta fermo l'obbligo di comunicazione nei confronti dei sindacati di categoria comparativamente più rappresentativi e può essere assolto dal cedente e dal cessionario per il tramite dell'associazione sindacale alla quale aderiscono o conferiscono mandato. L'informazione deve riguardare: a) la data o la data proposta del trasferimento; b) i motivi del programmato trasferimento d'azienda; c) le sue conseguenze giuridiche, economiche e sociali per i lavoratori; d) le eventuali misure previste nei confronti di questi ultimi. 2. Su richiesta scritta delle rappresentanze sindacali o dei sindacati di categoria, comunicata entro sette giorni dal ricevimento della comunicazione di cui al comma 1, il cedente e il cessionario sono tenuti ad avviare, entro sette giorni dal ricevimento della predetta richiesta, un esame congiunto con i soggetti sindacali richiedenti. La consultazione si intende esaurita qualora, decorsi dieci giorni dal suo inizio, non sia stato raggiunto un accordo. 3. Il mancato rispetto, da parte del cedente o del cessionario, degli obblighi previsti dai commi 1 e 2 costituisce condotta antisindacale ai sensi dell'articolo 28 della legge 20 maggio 1970, n. 300. 4. Gli obblighi d'informazione e di esame congiunto previsti dal presente articolo devono essere assolti anche nel caso in cui la decisione relativa al trasferimento sia stata assunta da altra impresa controllante. La mancata trasmissione da parte di quest'ultima delle informazioni necessarie non giustifica l'inadempimento dei predetti obblighi. 4-bis. Nel caso in cui sia stato raggiunto un accordo circa il mantenimento, anche parziale, dell'occupazione, l'articolo 2112 del codice civile trova applicazione nei termini e con le limitazioni previste dall'accordo medesimo qualora il trasferimento riguardi aziende: a) delle quali sia stato accertato lo stato di crisi aziendale, ai sensi dell'articolo 2, quinto comma, lettera c), della legge 12 agosto 1977, n. 675; b) per le quali sia stata disposta l'amministrazione straordinaria, ai sensi del decreto legislativo 8 luglio 1999, n. 270, in caso di continuazione o di mancata cessazione dell'attività. b-bis) per le quali vi sia stata la dichiarazione di apertura della procedura di concordato preventivo; b-ter) per le quali vi sia stata l'omologazione dell'accordo di ristrutturazione dei debiti. 5. Qualora il trasferimento riguardi imprese nei confronti delle quali vi sia stata dichiarazione di fallimento, omologazione di concordato preventivo consistente nella cessione dei beni, emanazione del provvedimento di liquidazione coatta amministrativa ovvero di sottoposizione all'amministrazione straordinaria, nel caso in cui la continuazione dell'attività non sia stata disposta o sia cessata nel corso della consultazione di cui ai precedenti commi sia stato raggiunto un accordo circa il mantenimento anche parziale dell'occupazione, ai lavoratori il cui rapporto di lavoro continua con l'acquirente non trova applicazione l'articolo 2112 del codice civile, salvo che dall'accordo risultino condizioni di miglior fa-

vore. Il predetto accordo può altresì prevedere che il trasferimento non riguardi il personale eccedentario e che quest'ultimo continui a rimanere, in tutto i in parte, alle dipendenze dell'alienante. 6. I lavoratori che non passano alle dipendenze dell'acquirente, dell'affittuario o del subentrante hanno diritto di precedenza nelle assunzioni che questi ultimi effettuino entro un anno dalla data del trasferimento, ovvero entro il periodo maggiore stabilito dagli accordi collettivi. Nei confronti dei lavoratori predetti, che vengano assunti dall'acquirente, dall'affittuario o dal subentrante in un momento successivo al trasferimento d'azienda, non trova applicazione l'articolo 2112 del codice civile».

Cfr. anche l'art. 31 del d.lg. 30/3/2001, n. 165 che dispone «1. Fatte salve le disposizioni speciali, nel caso di trasferimento o conferimento di attività, svolte da pubbliche amministrazioni, enti pubblici o loro aziende o strutture, ad altri soggetti, pubblici o privati, al personale che passa alle dipendenze ditali soggetti si applicano l'articolo 2112 del codice civile e si osservano le procedure di informazione e di consultazione di cui all'articolo 47, commi da 1 a 4, della legge 29 dicembre 1990, n. 428».

(2) Comma sostituito dall'art. 32, co. 1, d.lg. 10/9/2003, n. 276.

(3) Comma aggiunto dall'art. 32, co. 2, d.lg. 10/9/2003, n. 276.

2113. Rinunzie e transazioni (1). – [I] Le rinunzie [1236 // 36³ Cost.] e le transazioni [1965], che hanno per oggetto diritti del prestatore di lavoro derivanti da disposizioni inderogabili della legge e dei contratti o accordi collettivi concernenti i rapporti di cui all'articolo 409 del codice di procedura civile, non sono valide (2).

[II] L'impugnazione deve essere proposta, a pena di decadenza [2964], entro sei mesi dalla data di cessazione del rapporto o dalla data della rinunzia o della transazione, se queste sono intervenute dopo la cessazione medesima.

[III] Le rinunzie e le transazioni di cui ai commi precedenti possono essere impugnate con qualsiasi atto scritto, anche stragiudiziale, del lavoratore idoneo a renderne nota la volontà.

[IV] Le disposizioni del presente articolo non si applicano alla conciliazione intervenuta ai sensi degli articoli 185, 410, 411, 412-ter e 412-quater (3) del codice di procedura civile [197 att.].

(1) Articolo così sostituito dall'art. 6 della l. 11/8/1973, n. 533. Il testo originario prevedeva: «Le rinunzie e le transazioni, che hanno per oggetto diritti del prestatore di lavoro derivanti da disposizioni inderogabili della legge o da norme corporative, non sono valide. L'impugnazione deve essere proposta, a pena di decadenza, entro tre mesi dalla cessazione del rapporto o dalla data della rinunzia o della transazione, se queste sono intervenute dopo la cessazione medesima. Resta salva, in caso di controversia, l'applicazione degli articoli 185, 430 e 431 del codice di procedura civile».

(2) Cfr. art. 68 del d.lg. 6/10/2004, n. 251.

(3) La parte di questo comma che va da "ai sensi" a "412 quater" è stata introdotta ad opera dell'art. 31, co. 7, l. 4/11/2010, n. 183, sostituendola alle parole "ai sensi degli artt. 185, 410 e 411".

§ 3 – *Della previdenza e dell'assistenza*

2114. Previdenza ed assistenza obbligatorie (1). – [I] Le leggi speciali *e le norme corporative** determinano i casi e le forme di previdenza e di assistenza obbligatorie e le contribuzioni e prestazioni relative [2115, 2116 // 38 Cost.].

(1) V. art. 442 ss. CPC. in materia di controversie previdenziali e assistenziali.

* Riferimento da ritenersi abrogato a seguito della soppressione dell'ordinamento corporativo: r.d.l. 9/8/1943, n. 721.

2115. Contribuzioni. – [I] Salvo diverse disposizioni della legge *o delle norme corporative** l'imprenditore e il prestatore di lavoro contribuiscono in parti eguali alle istituzioni di previdenza e di assistenza [2753, 2754].

[II] L'imprenditore è responsabile del versamento del contributo, anche per la parte che è carico del prestatore di lavoro, salvo il diritto di rivalsa secondo le leggi speciali [2116].

[III] È nullo qualsiasi patto diretto ad eludere gli obblighi relativi alla previdenza o all'assistenza [1418, 1419²].

* Riferimento da ritenersi abrogato a seguito della soppressione dell'ordinamento corporativo: r.d.l. 9/8/1943, n. 721.

2116. Prestazioni (1). – [I] Le prestazioni indicate nell'articolo 2114 sono dovute al prestatore di lavoro, anche quando l'imprenditore non ha versato regolarmente i contributi dovuti alle istituzioni di previdenza e di assistenza, salvo diverse disposizioni delle leggi speciali *o delle norme corporative**.

[II] Nei casi in cui, secondo tali disposizioni, le istituzioni di previdenza e di assistenza, per mancata o irregolare contribuzione, non sono tenute a corrispondere in tutto o in parte le prestazioni dovute, l'imprenditore è responsabile del danno che ne deriva al prestatore di lavoro [1218, 2946, 2751-bis n. 1].

(1) V. d.lg. 23/2/2000, n. 38 (Disposizioni in materia di assicurazione contro gli infortuni e le malattie professionali).

* Riferimento da ritenersi abrogato a seguito della soppressione dell'ordinamento corporativo: r.d.l. 9/8/1943, n. 721.

2117. Fondi speciali per la previdenza e l'assistenza (1). – [I] I fondi speciali per la previdenza e l'assistenza che l'imprenditore abbia costituiti, anche senza contribuzione dei prestatori di lavoro, non possono essere distratti dal fine al quale sono destinati e non possono formare oggetto di esecuzione da parte dei creditori dell'imprenditore o del prestatore di lavoro [2123, 2429, 2740 // 513, 545 CPC.].

(1) Per la disciplina dei fondi pensione v. d.lg. 21/4/1993, n. 124 e d.lg. 5/12/2005, n. 252.

§ 4 – *Dell'estinzione del rapporto di lavoro*

2118. Recesso dal contratto a tempo indeterminato. – [I] Ciascuno dei contraenti può recedere dal contratto di lavoro a tempo indeterminato, dando il preavviso nel termine e nei modi stabiliti *dalle norme corporative**, dagli usi o secondo equità [2109⁴, 2110², 2121, 2244 // 98 att.] (1).

[II] In mancanza di preavviso, il recedente è tenuto verso l'altra parte a un'indennità equivalente all'importo della retribuzione che sarebbe spettata per il periodo di preavviso [2119].

[III] La stessa indennità è dovuta dal datore di lavoro nel caso di cessazione del rapporto per morte del prestatore di lavoro [2122] (2).

* Riferimento da ritenersi abrogato a seguito della soppressione dell'ordinamento corporativo: r.d.l. 9/8/1943, n. 721.

(1) Cfr. l. 15/7/1966, n. 604 e 11/5/1990, n. 108, nonché art. 35 del d.lg. 11/4/2006, n. 198 per il divieto di licenziamento delle lavoratrici per causa di matrimonio e art. 54 del d.lg. 26/3/2001, n. 151 per il divieto di licenziamento delle lavoratrici madri.

(2) Per l'obbligo di corrispondere l'indennità alla parte dell'unione civile v. art. 1, co. 18, l. 20/5/2016, n. 76.

2119. Recesso per giusta causa. – [I] Ciascuno dei contraenti può recedere dal contratto [1373] prima della scadenza del termine, se il contratto è a tempo determinato, o senza preavviso, se il contratto è a tempo indeterminato, qualora si verifichi una causa che non consenta la prosecuzione anche provvisoria, del rapporto [2244]. Se il contratto è a tempo indeterminato, al prestatore di lavoro che recede, per giusta causa compete l'indennità indicata nel secondo comma dell'articolo precedente (1).

[II] Non costituisce giusta causa di risoluzione del contratto la liquidazione coatta amministrativa dell'impresa. Gli effetti della liquidazione giudiziale sui rapporti di lavoro sono regolati dal codice della crisi e dell'insolvenza (2).

(1) V. art. 4 della l. 15/8/1949, n. 533 e art. 1 della l. 15/7/1966, n. 604, nonché da ultimo art. 30, co. 3, l. 4/11/2010, n. 183.

(2) Comma così sostituito dall'art. 376 del d.lg. 12/1/2019, n. 14; la precedente formulazione prevedeva che "Non costituisce giusta causa di risoluzione del contratto il fallimento dell'imprenditore o la liquidazione coatta amministrativa dell'azienda". Il d.lg. 12/1/2019, n. 14, come modificato dal d.l. 8/4/2020, n. 23, ha disposto (con l'art. 389, co. 1) la proroga dell'entrata in vigore della modifica del co. 2 del presente articolo dal 15/8/2020 al 1/9/2021.

2120. Disciplina del trattamento di fine rapporto (1). – [I] In ogni caso di cessazione del rapporto di lavoro subordinato, il prestatore di lavoro ha diritto ad un trattamento di fine rapporto. Tale trattamento si calcola sommando per ciascun anno di servizio una quota pari e comunque non superiore all'importo della retribuzione dovuta per l'anno stesso divisa per 13,5. La quota è proporzionalmente ridotta per le frazioni di anno, computandosi come mese intero le frazioni di mese uguali o superiori a 15 giorni (2).

[II] Salvo diversa previsione dei contratti collettivi la retribuzione annua, ai fini del comma precedente, comprende tutte le somme, compreso l'equivalente delle prestazioni in natura, corrisposte in dipendenza del rapporto di lavoro, a titolo non occasionale e con esclusione di quanto è corrisposto a titolo di rimborso spese.

[III] In caso di sospensione della prestazione di lavoro nel corso dell'anno per una delle cause di cui all'articolo 2110, nonché in caso di sospensione totale o parziale per la quale sia prevista l'integrazione salariale, deve essere computato nella retribuzione di cui al primo comma l'equivalente della retribuzione a cui il lavoratore avrebbe avuto diritto in caso di normale svolgimento del rapporto di lavoro (3).

[IV] Il trattamento di cui al precedente primo comma, con esclusione della quota maturata nell'anno, è incrementato, su base composta, al 31 dicembre di ogni anno, con l'applicazione di un tasso costituito dall'1,5 per cento in misura fissa e dal 75 per cento dell'aumento dell'indice dei prezzi al consumo per le famiglie di operai ed impiegati, accertato dall'ISTAT, rispetto al mese di dicembre dell'anno precedente.

[V] Ai fini della applicazione del tasso di rivalutazione di cui al comma precedente per frazioni di anno, l'incremento dell'indice ISTAT è quello risultante nel mese di cessazione del rapporto di lavoro rispetto a quello di dicembre dell'anno precedente. Le frazioni di mese uguali o superiori a quindici giorni si computano come mese intero.

[VI] Il prestatore di lavoro, con almeno otto anni di servizio presso lo stesso datore di lavoro, può chiedere, in costanza di rapporto di lavoro, una anticipazione non superiore al 70 per cento sul trattamento cui avrebbe diritto nel caso di cessazione del rapporto alla data della richiesta.

[VII] Le richieste sono soddisfatte annualmente entro i limiti del 10 per cento degli aventi titolo, di cui al precedente comma, e comunque del 4 per cento del numero totale dei dipendenti.

[VIII] La richiesta deve essere giustificata dalla necessità di:

a) eventuali spese sanitarie per terapie e interventi straordinari riconosciuti dalle competenti strutture pubbliche (4);

b) acquisto della prima casa di abitazione per sé o per i figli, documentato con atto notarile (5).

[IX] L'anticipazione può essere ottenuta una sola volta nel corso del rapporto di lavoro e viene detratta, a tutti gli effetti, dal trattamento di fine rapporto.

[X] Nell'ipotesi di cui all'articolo 2122 la stessa anticipazione è detratta dall'indennità prevista dalla norma medesima.

[XI] Condizioni di miglior favore possono essere previste dai contratti collettivi o da atti individuali. I contratti collettivi possono altresì stabilire criteri di priorità per l'accoglimento delle richieste di anticipazione.

(1) Testo così modificato dall'art. 1 della l. 29/5/1982, n. 297. Il testo previgente così statuiva: «In caso di cessazione del contratto a tempo indeterminato, è dovuta al prestatore di lavoro un'indennità proporzionale agli anni di servizio, salvo il caso di licenziamento per di lui colpa o di dimissioni volontarie. Le norme corporative possono tuttavia stabilire che l'indennità sia dovuta anche in caso di dimissioni volontarie, determinandone le condizioni e le modalità. L'ammontare dell'indennità è determinato dalle norme corporative, dagli usi o secondo equità, in base all'ultima retribuzione e in relazione alla categoria alla quale appartiene il prestatore di lavoro. Sono salve le norme corporative che stabiliscono forme equivalenti di previdenza».
V. anche d.lg. 5/12/2005, n. 252, sul finanziamento delle forme pensionistiche complementari attraverso il conferimento del T.F.R., nonché d.lg. 17/8/1999, n. 299 (Trasformazione in titoli del T.F.R.) per l'attribuzione ai fondi pensione di strumenti finanziari aventi valore corrispondente all'accantonamento annuale del T.F.R.

(2) In punto di legittimazione attiva v. anche l. 1/12/1970, n. 898 sul diritto del coniuge ad una percentuale del T.F.R. percepito dall'altro coniuge in caso di cessazione degli effetti civili del matrimonio. In ordine alla legittimazione passiva v. art. 2 ss. della l. 29/5/1982, n. 297 per il caso di insolvenza del datore di lavoro.

(3) La Corte cost., con sent. 14/7/1988, n. 802, ha dichiarato non fondata la questione di legittimità costituzionale dell'art. 2120, co. 3, CC., modificato dalla l. 29/5/1982, n. 297 (Disciplina del trattamento di fine rapporto e norme in materia pensionistica), nella parte in cui non prevede il servizio militare di leva tra i periodi di sospensione della prestazione di lavoro computabili nel calcolo del trattamento di fine rapporto, sollevata, in relazione all'art. 52, co. 2, Cost.

(4) V. art. 5 della l. 8/3/2000, n. 53, nonché art. 5 del d.lg. 26/3/2001, n. 151 per l'anticipazione del T.F.R. ai fini delle spese da sostenere in corso di congedi parentali, familiari e formativi.

(5) La Corte cost. con sent. 5/4/1991, n. 142, ha dichiarato costituzionalmente illegittima tale lettera nella parte in cui non prevede la concessione della anticipazione nell'ipotesi di acquisto in corso, ma dimostrato con mezzi idonei.

2121. Computo dell'indennità di mancato preavviso (1). – [I] L'indennità di cui all'articolo 2118 deve calcolarsi computando le provvigioni, i premi di produzione, le partecipazioni agli utili o ai prodotti ed ogni altro compenso di carattere continuativo, con esclusione di quanto è corrisposto a titolo di rimborso spese.

[II] Se il prestatore di lavoro è retribuito in tutto o in parte con provvigioni, con premi di produzione o con partecipazioni, l'indennità suddetta è determinata sulla media degli emolumenti degli ultimi tre anni di servizio o del minor tempo di servizio prestato.

[III] Fa parte della retribuzione anche l'equivalente del vitto e dell'alloggio dovuto al prestatore di lavoro.

(1) Testo così sostituito dall'art. 1 della l. 29/5/1982, n. 297. Il testo previgente disponeva: «Le indennità di cui agli articoli 2118 e 2120 devono calcolarsi computando le provvigioni, i premi di produzione, le partecipazioni agli utili o ai prodotti e ogni altro compenso di carattere continuativo, con esclusione di quanto è corrisposto a titolo di rimborso di spese. Se il prestatore di lavoro è retribuito in tutto o in parte con provvigioni, con premi di produzione o con partecipazioni, le indennità suddette sono determinate sulla media degli emolumenti degli ultimi tre anni di servizio o del minor tempo di servizio prestato. Fa parte della retribuzione anche l'equivalente del vitto e dell'alloggio dovuto al prestatore di lavoro».

2122. Indennità in caso di morte. – [I] In caso di morte del prestatore di lavoro, le indennità indicate dagli articoli 2118 e 2120 devono corrispondersi al coniuge [548, 585], ai figli e se vivevano a carico del prestatore di lavoro ai parenti entro il terzo grado [74, 76] e agli affini entro il secondo grado [78, 1751] (1).

[II] La ripartizione delle indennità, se non vi è accordo tra gli aventi diritto, deve farsi secondo il bisogno di ciascuno.

[III] In mancanza delle persone indicate nel primo comma,

le indennità sono attribuite secondo le norme della successione legittima [565 ss.] (2).

[IV] È nullo [1418] ogni patto anteriore alla morte del prestatore di lavoro circa l'attribuzione e la ripartizione delle indennità [458].

(1) La Corte cost. con sent. 22/7/1985, n. 213 ha dichiarato non fondata la questione di legittimità costituzionale dell'art. 2122, co. 1, CC., in riferimento all'art. 3 Cost.

• Per l'obbligo di corrispondere l'indennità anche alla parte dell'unione civile v. art. 1, co. 18, l. 20/5/2016, n. 76.

(2) La Corte cost. con sent. 19/1/1972, n. 8 ha dichiarato l'illegittimità costituzionale di tale comma, nella parte in cui esclude che il lavoratore subordinato, in mancanza delle persone indicate nel primo comma, possa disporre per testamento delle indennità di cui allo stesso articolo.

2123. Forme di previdenza. – [I] Salvo patto contrario, l'imprenditore che ha compiuto volontariamente atti di previdenza può dedurre dalle somme da lui dovute a norma degli articoli 2110, 2111 e 2120 quanto il prestatore di lavoro ha diritto di percepire per effetto degli atti medesimi [1751].

[II] Se esistono fondi di previdenza formati con il contributo dei prestatori di lavoro, questi hanno diritto alla liquidazione della propria quota, qualunque sia la causa della cessazione del contratto.

2124. Certificato di lavoro. – [I] Se non è obbligatorio il libretto di lavoro, all'atto della cessazione del contratto, qualunque ne sia la causa, l'imprenditore deve rilasciare un certificato con l'indicazione del tempo durante il quale il prestatore di lavoro è stato occupato alle sue dipendenze e delle mansioni esercitate [2133, 2246] (1).

(1) V. d.lg. 19/12/2002, n. 297 che ha ridefinito gli obblighi di comunicazione al sistema informativo lavoro.

2125. Patto di non concorrenza. – [I] Il patto con il quale si limita lo svolgimento dell'attività del prestatore di lavoro, per il tempo successivo alla cessazione del contratto, è nullo se non risulta da atto scritto [1350 n. 13, 2725], se non è pattuito un corrispettivo a favore del prestatore di lavoro e se il vincolo non è contenuto entro determinati limiti di oggetto, di tempo e di luogo.

[II] La durata del vincolo non può essere superiore a cinque anni, se si tratta di dirigenti, e a tre anni negli altri casi. Se è pattuita una durata maggiore, essa si riduce nella misura suindicata [2105, 2557, 2596 // 198 att.].

§ 5 – *Disposizioni finali*

2126. Prestazione di fatto con violazione di legge. – [I] La nullità o l'annullamento del contratto di lavoro non produce effetto per il periodo in cui il rapporto ha avuto esecuzione, salvo che la nullità derivi dall'illiceità dell'oggetto o della causa [1343 ss., 1346, 2035, 2332].

[II] Se il lavoro è stato prestato con violazione di norme poste a tutela del prestatore di lavoro, questi ha in ogni caso diritto alla retribuzione [2098] (1).

(1) La Corte cost. con sent. 31/3/1995, n. 101 ha dichiarato non fondata la questione di legittimità costituzionale degli art. 2126 e 2129 CC., sollevata, in riferimento all'art. 97 Cost.

2127. Divieto d'interposizione nel lavoro a cottimo. – [I] È vietato all'imprenditore di affidare ai propri dipendenti lavori a cottimo da eseguirsi da prestatori di lavoro assunti e retribuiti direttamente dai dipendenti medesimi [2100].

[II] In caso di violazione di tale divieto, l'imprenditore risponde direttamente, nei confronti dei prestatori di lavoro assunti dal proprio dipendente, degli obblighi derivanti dai contratti di lavoro da essi stipulati.

2128. Lavoro a domicilio. – [I] Ai prestatori di lavoro a domicilio si applicano le disposizioni di questa sezione, in quanto compatibili con la specialità del rapporto (1).

(1) V. l. 18/12/1973, n. 877, modificata da l. 16/12/1980, n. 858 e dal d.lg. 9/9/1994, n. 566, sulla disciplina del lavoro a domicilio.

2129. Contratto di lavoro per i dipendenti da enti pubblici. – [I] Le disposizioni di questa sezione si applicano ai prestatori di lavoro dipendenti da enti pubblici salvo che il rapporto sia diversamente regolato dalla legge [att. 98^3] (1).

(1) Cfr. art. 37 della l. 20/5/1970, n. 300 e Corte cost. 31/3/1995, n. 101 *sub* (1) art. 2126, nonché per il rapporto alle dipendenze della p.a. d.lg. 30/3/2001, n. 165.

Sezione IV
Del tirocinio

2130. Durata del tirocinio. – [I] Il periodo di tirocinio non può superare i limiti stabiliti *dalle norme corporative o** dagli usi [35^2 Cost. //195 ss. att.].

* Riferimento da ritenersi abrogato a seguito della soppressione dell'ordinamento corporativo: r.d.l. 9/8/1943, n. 721.

2131. Retribuzione. – [I] La retribuzione dell'apprendista non può assumere la forma del salario a cottimo [2099, 2100].

2132. Istruzione professionale. – [I] L'imprenditore deve permettere che l'apprendista frequenti i corsi per la formazione professionale e deve destinarlo soltanto ai lavori attinenti alla specialità professionale a cui si riferisce il tirocinio.

2133. Attestato di tirocinio. – [I] Alla cessazione del tirocinio, l'apprendista, per il quale non è obbligatorio il libretto di lavoro, ha diritto di ottenere un attestato del tirocinio compiuto [2124].

2134. Norme applicabili al tirocinio. – [I] Al tirocinio si applicano le disposizioni della sezione precedente, in quanto siano compatibili con la specialità del rapporto e non siano derogate da disposizioni delle leggi speciali (1) *o da norme corporative**.

(1) In tema di licenziamenti v. art. 10 della l. 15/7/1966, n. 604; in tema di apprendistato d.lg. 14/9/2011, n. 177.

* Riferimento da ritenersi abrogato a seguito della soppressione dell'ordinamento corporativo: r.d.l. 9/8/1943, n. 721.

Capo II
Dell'impresa agricola

Sezione I
Disposizioni generali

2135. Imprenditore agricolo (1). – [I] È imprenditore agricolo chi esercita una delle seguenti attività: coltivazione del fondo, selvicoltura, allevamento di animali e attività connesse (2).

[II] Per coltivazione del fondo, per selvicoltura e per allevamento di animali si intendono le attività dirette alla cura e allo sviluppo di un ciclo biologico o di una fase necessaria del ciclo stesso, di carattere vegetale o animale, che utilizzano o possono utilizzare il fondo, il bosco o le acque dolci, salmastre o marine (3).

[III] Si intendono comunque connesse le attività, esercitate dal medesimo imprenditore agricolo, dirette alla manipolazione, conservazione, trasformazione, commercializzazione e valorizzazione che abbiano ad oggetto prodotti ottenuti prevalentemente dalla coltivazione del fondo o del bosco o dall'allevamento di animali, nonché le attività dirette alla fornitura di beni o servizi mediante l'utilizzazione prevalente di attrezzature o risorse dell'azienda normalmente impiegate nell'attività agricola esercitata, ivi comprese le attività di valorizzazione del territorio e del patrimonio rurale e forestale, ovvero di ricezione ed ospitalità come definite dalla legge (4).

➔ **CComm. 1882 – art. 3, 5.**

(1) Il presente articolo è stato così sostituito dall'art. 1 del d.lg. 18/5/2001, n. 228, con decorrenza dal 1/7/2001. Il testo precedente disponeva: «È imprenditore agricolo chi esercita un'attività diretta alla coltivazione del fondo, alla silvicultura, all'allevamento del bestiame e attività connesse. Si reputano connesse le attività dirette alla trasformazione o all'alienazione dei prodotti agricoli, quando rientrano nell'esercizio normale dell'agricoltura».

(2) V. art. 4-bis del d.lg. 18/5/2001, n. 228 per la qualifica di "giovane imprenditore agricolo" per la qualifica di imprenditore agricolo e l'art. 1 del d.lg. 29/3/2004, n. 99 per quella di "imprenditore agricolo professionale".

(3) V. art. 9 del d.lg 30/4/1998, n. 173 per la qualifica di imprenditore agricolo di coloro che praticano l'allevamento di equini, nonché l'art. 9 del d.lg. 18/5/2001, n. 227 per le "cooperative e consorzi che esercitano attività selvicolturali"e, infine, l'art. 2 del d.lg 18/5/2001, n. 226 per quella di "imprenditore ittico". Per le "società agricole" v. art. 2 del d.lg. 29/3/2004, n. 99.

(4) V. per l'agriturismo art. 29, all. 1, d.lg. 23/5/2011, n. 79.

2136. Inapplicabilità delle norme sulla registrazione. – [I] Le norme relative alla iscrizione nel registro delle imprese non si applicano agli imprenditori agricoli, salvo quanto è disposto dall'articolo 2200 [2188 ss.].

2137. Responsabilità dell'imprenditore agricolo. – [I] L'imprenditore, anche se esercita l'impresa sul fondo altrui, è soggetto agli obblighi stabiliti dalla legge *e dalle norme corporative** concernenti l'esercizio dell'agricoltura.

* Riferimento da ritenersi abrogato a seguito della soppressione dell'ordinamento corporativo: r.d.l. 9/8/1943, n. 721.

2138. Dirigenti e fattori di campagna. – [I] I poteri dei dirigenti preposti all'esercizio dell'impresa agricola e quelli dei fattori di campagna, se non sono determinati per iscritto dal preponente, sono regolati *dalle norme corporative e, in mancanza**, dagli usi.

* Riferimento da ritenersi abrogato a seguito della soppressione dell'ordinamento corporativo: r.d.l. 9/8/1943, n. 721.

2139. Scambio di mano d'opera o di servizi. – [I] Tra piccoli imprenditori agricoli [2083] è ammesso lo scambio di mano d'opera o di servizi secondo gli usi [2098].

2140. Comunioni tacite familiari*. – *Le comunioni tacite familiari nell'esercizio dell'agricoltura sono regolate dagli usi.*

➔ **CC. 1865 – art. 1697.**

* Articolo abrogato dall'art. 205 della l. 19/5/1975, n. 151. V. adesso art. 230-bis CC.

Sezione II
Della mezzadria (1)

(1) L'art. 3 della l. 15/9/1964, n. 756 ha vietato la stipulazione di nuovi contratti di mezzadria. V. anche art. 25 ss. per la conversione in affitto e art. 45, co. 2, l. 3/5/1982, n. 203.

2141. Nozione. – [I] Nella mezzadria il concedente ed il mezzadro, in proprio e quale capo di una famiglia colonica [2142, 2150], si associano per la coltivazione di un podere e per l'esercizio delle attività connesse [2135] al fine di dividerne a metà i prodotti e gli utili. È valido tuttavia il patto con il quale taluni prodotti si dividono in proporzioni diverse [2155, 2156, 2187] (1).

➔ **CC. 1865 – art. 1647 –1648 – 1661[1].**

(1) La Corte cost. con sent. 18/7/1973, n. 149 ha dichiarato non fondata la questione di legittimità costituzionale degli art. 2141, 2142 e 2150 CC. e dell'art. 7 della l. 15/9/1964, n. 756.

2142. Famiglia colonica (1). – [I] La composizione della famiglia colonica non può volontariamente essere modificata senza il consenso del concedente, salvi i casi di matrimonio, di adozione e di riconoscimento di figli. La composizione e le variazioni della famiglia colonica devono risultare dal libretto colonico [2161] (2).

(1) Articolo così modificato dall'art. 11, co. 1, l. 10/12/2012, n. 219 nella parte in cui ha sostituito all'espressione "figli naturali" quella di "figli".

(2) Cfr. l'art. 7 della l. 15/9/1964 n. 756 e l'art. 48 della l. 3/3/1982, n. 203.

2143. Mezzadria a tempo indeterminato. – [I] La mezzadria a tempo indeterminato s'intende convenuta per la durata di un anno agrario, *salvo diverse disposizioni delle norme corporative**, e si rinnova tacitamente di anno in anno, se non è stata comunicata disdetta almeno sei mesi prima della scadenza nei modi fissati *dalle norme corporative**, dalla convenzione o dagli usi [1630 // 409[n. 2] CPC.] (1).

➔ **CC. 1865 – art. 1651, 1664.**

* Riferimento da ritenersi abrogato a seguito della soppressione dell'ordinamento corporativo: r.d.l. 9/8/1943, n. 721.

(1) V. art. 14 della l. 15/9/1964, n. 756 per la proroga dei contratti di mezzadria in corso alla data del 23/12/1964, estesa anche ai contratti instaurati di fatto posteriormente alla legge citata dall'art. 5-ter del d.l. 5/7/1971, n. 432, conv. in l. 4/8/1971, n. 592.

2144. Mezzadria a tempo determinato. – [I] La mezzadria a tempo determinato non cessa di diritto alla scadenza del termine.

[II] Se non è comunicata disdetta a norma dell'articolo precedente, il contratto s'intende rinnovato di anno in anno (1).

(1) V. art. 14 della l. 15/9/1964, n. 756 e art. 5-ter del d.l. 5/7/1971, n. 432, conv. in l. 4/8/1971, n. 592.

2145. Diritti ed obblighi del concedente. – [I] Il concedente conferisce il godimento del podere, dotato di quanto occorre per l'esercizio dell'impresa e di un'adeguata casa per la famiglia colonica [2146, 2154, 2765].

[II] La direzione dell'impresa spetta al concedente, il quale deve osservare le norme della buona tecnica agraria [2086, 2147, 2155 e 2169] (1).

➔ **CC. 1865 – art. 1651 – 1658[1] – 1659.**

(1) Cfr. art. 6 della l. 15/9/1964, n. 756 per la collaborazione del mezzadro nella direzione dell'impresa del concedente.

2146. Conferimento delle scorte. – [I] Le scorte vive e morte sono conferite dal concedente e dal mezzadro in parti uguali, salvo diversa disposizione *delle norme corporative**, della convenzione o degli usi.

[II] Le scorte conferite divengono comuni in proporzione dei rispettivi conferimenti [2163] (1).

➔ **CC. 1865 – art. 1654[1], 1656.**

* Riferimento da ritenersi abrogato a seguito della soppressione

dell'ordinamento corporativo: r.d.l. 9/8/1943, n. 721.

(1) In tema di consegna e riconsegna delle scorte vive disponeva la l. 29/5/1956, n. 500, abrogata dal d.lg. 13/12/2010, n. 212.

2147. Obblighi del mezzadro. – [I] Il mezzadro è obbligato a prestare, secondo le direttive del concedente [2145²] e le necessità della coltivazione, il lavoro proprio e quello della famiglia colonica.

[II] È a carico del mezzadro, salvo diverse disposizioni *delle norme corporative**, della convenzione o degli usi, la spesa della mano d'opera eventualmente necessaria per la normale coltivazione del podere.

➔ **CC. 1865 – art. 1661²⁻³.**

* Riferimento da ritenersi abrogato a seguito della soppressione dell'ordinamento corporativo: r.d.l. 9/8/1943, n. 721.

2148. Obblighi di residenza e di custodia. – [I] Il mezzadro ha l'obbligo di risiedere stabilmente nel podere con la famiglia colonica [2145].

[II] Egli deve custodire il podere e mantenerlo in normale stato di produttività. Egli deve altresì custodire e conservare le altre cose affidategli dal concedente, con la diligenza del buon padre di famiglia, e non può, senza il consenso del concedente o salvo uso contrario, svolgere attività a suo esclusivo profitto o compiere prestazioni a favore di terzi [1176, 1618, 1768, 2167, 2174].

➔ **CC. 1865 – art. 1658¹, 1659, 1661²⁻³.**

2149. Divieto di subconcessione (1). – [I] Il mezzadro non può cedere la mezzadria, né affidare ad altri la coltivazione del podere, senza il consenso del concedente [1594, 1624].

➔ **CC. 1865 – art. 1649¹.**

(1) V. d.lg. 5/4/1945, n. 156 sul divieto di subaffitto dei fondi rustici.

2150. Rappresentanza della famiglia colonica. – [I] Nei rapporti relativi alla mezzadria il mezzadro rappresenta [1387], nei confronti del concedente, i componenti della famiglia colonica (1).

[II] Le obbligazioni contratte dal mezzadro nell'esercizio della mezzadria sono garantite dai suoi beni e da quelli comuni della famiglia colonica. I componenti della famiglia colonica non rispondono con i loro beni, se non hanno prestato espressa garanzia.

(1) Cfr. art. 48, co. 1, l. 3/5/1982, n. 203.

2151. Spese per la coltivazione. – [I] Le spese per la coltivazione del podere e per l'esercizio delle attività connesse, escluse quelle per la mano d'opera previste dall'articolo 2147, sono a carico del concedente e del mezzadro in parti eguali, se non dispongono diversamente *le norme corporative**, la convenzione o gli usi.

[II] Se il mezzadro è sfornito di mezzi propri, il concedente deve anticipare senza interesse sino alla scadenza dell'anno agrario in corso, le spese indicate nel comma precedente, salvo rivalsa mediante prelevamento sui prodotti e sugli utili (1).

➔ **CC. 1865 – art. 1657, 1658¹, 1659, 1661²⁻³.**

* Riferimento da ritenersi abrogato a seguito della soppressione dell'ordinamento corporativo: r.d.l. 9/8/1943, n. 721.

(1) Cfr. art. 5 della l. 15/9/1964, n. 756 che adesso dispone «Le spese per la coltivazione del podere e per l'esercizio delle attività connesse, ivi comprese quelle per l'impiego e la manutenzione dei mezzi meccanici ed escluse quelle per la mano d'opera, previste dall'articolo 2147 del Codice civile, sono a carico del concedente e del mezzadro in parti uguali. Se il mezzadro è sfornito di mezzi propri il concedente deve anticipare senza interessi sino alla scadenza dell'anno agrario le spese indicate nel precedente comma».

2152. Miglioramenti (1). – [I] Il concedente che intende compiere miglioramenti sul podere deve valersi del lavoro dei componenti della famiglia colonica che siano forniti della necessaria capacità lavorativa, e questi sono tenuti a prestarlo verso compenso.

[II] La misura del compenso, se non è stabilita *dalle norme corporative**dalla convenzione o dagli usi, è determinata dal giudice, sentite, ove occorra, le associazioni professionali (2) e tenuto conto dell'eventuale incremento di reddito realizzato dal mezzadro [2169].

(1) Cfr. art. 8 della l. 15/9/1964, n. 756 per il regime delle innovazioni apportate dal mezzadro al fondo.

* Riferimento da ritenersi abrogato a seguito della soppressione dell'ordinamento corporativo: r.d.l. 9/8/1943, n. 721.

(2) Cfr. d.lgs.lt. 23/11/1944, n. 369 sulla soppressione delle associazioni professionali.

2153. Riparazioni di piccola manutenzione. – [I] Salvo diverse disposizioni *delle norme corporative**, della convenzione o degli usi, sono a carico del mezzadro le riparazioni di piccola manutenzione della casa colonica e degli strumenti di lavoro di cui egli e la famiglia colonica si servono [1576, 1577, 1621, 2765].

➔ **CC. 1865 – art. 1659².**

* Riferimento da ritenersi abrogato a seguito della soppressione dell'ordinamento corporativo: r.d.l. 9/8/1943, n. 721.

2154. Anticipazioni di carattere alimentare alla famiglia colonica. – [I] Se la quota dei prodotti spettante al mezzadro, per scarsezza del raccolto a lui non imputabile, non è sufficiente ai bisogni alimentari della famiglia colonica, e questa non è in grado di provvedervi, il concedente deve somministrare senza interesse il necessario per il mantenimento della famiglia colonica, salvo rivalsa mediante prelevamento sulla parte dei prodotti e degli utili spettanti al mezzadro (1).

[II] Il giudice, con riguardo alle circostanze, può disporre il rimborso rateale.

(1) Cfr. art 5, co. 2, l. 15/9/1964, n. 756 sulla ripartizione dei prodotti tra mezzadro e concedente.

2155. Raccolta e divisione dei prodotti (1). – [I] Il mezzadro non può iniziare le operazioni di raccolta senza il consenso del concedente ed è obbligato a custodire i prodotti sino alla divisione.

[II] I prodotti sono divisi in natura sul fondo con l'intervento delle parti [2156, 2157]*.

[III] Salvo diverse disposizioni *delle norme corporative**, della convenzione o degli usi, il mezzadro deve trasportare ai magazzini del concedente la quota a questo assegnata nella divisione [2169].

➔ **CC. 1865 – art. 1648 – 1660.**

(1) Cfr. art. 4 della l. 15/9/1964, n. 756 sulla ripartizione dei prodotti nella mezzadria.

* Riferimento da ritenersi abrogato a seguito della soppressione dell'ordinamento corporativo: r.d.l. 9/8/1943, n. 721.

2156. Vendita dei prodotti (1). – [I] La vendita dei prodotti, che in conformità degli usi non si dividono in natura, è fatta dal concedente previo accordo col mezzadro e, in mancanza, sulla base del prezzo di mercato.

[II] La divisione si effettua sul ricavato della vendita, dedotte le spese.

➔ CC. 1865 – art. 1650.

(1) Cfr. art. 4 della l. 15/9/1964, n. 756 quanto alla vendita dei prodotti.

2157. Diritto di preferenza del concedente. – [I] Il mezzadro, nella vendita dei prodotti assegnatigli in natura, deve, a parità di condizioni, preferire il concedente [2156, 2169].

2158. Morte di una delle parti (1). – [I] La mezzadria non si scioglie per la morte del concedente [2168, 2179].

[II] In caso di morte del mezzadro la mezzadria si scioglie alla fine dell'anno agrario in corso, salvo che tra gli eredi del mezzadro vi sia persona idonea a sostituirlo ed i componenti della famiglia colonica si accordino nel designarla.

[III] Se la morte del mezzadro è avvenuta negli ultimi quattro mesi dell'anno agrario, i componenti della famiglia colonica possono chiedere che la mezzadria continui sino alla fine dell'anno successivo, purché assicurino la buona coltivazione del podere. La richiesta deve essere fatta entro due mesi dalla morte del mezzadro, o, se ciò non è possibile, prima dell'inizio del nuovo anno agrario.

[IV] In tutti i casi se il podere non è coltivato con la dovuta diligenza, il concedente può fare eseguire a sue spese i lavori necessari, salvo rivalsa mediante prelevamento sui prodotti e sugli utili [2147].

➔ CC. 1865 – art. 1653.

(1) V. art. 49 della l. 3/5/1982, n. 203.

2159. Scioglimento del contratto. – [I] Salve le norme generali sulla risoluzione dei contratti per inadempimento, ciascuna delle parti può chiedere lo scioglimento del contratto quando si verificano fatti tali da non consentire la prosecuzione del rapporto [1453 ss.].

➔ CC. 1865 – art. 1649², 1652¹.

2160. Trasferimento del diritto di godimento del fondo. – [I] Se viene trasferito il diritto di godimento del fondo, la mezzadria continua nei confronti di chi subentra al concedente, salvo che il mezzadro, entro un mese dalla notizia del trasferimento, dichiari di recedere dal contratto. In tal caso il recesso ha effetto alla fine dell'anno agrario in corso o di quello successivo, se non è comunicato almeno tre mesi prima della fine dell'anno agrario in corso.

[II] I crediti e i debiti del concedente verso il mezzadro risultanti dal libretto colonico [2161] (1) passano a chi subentra nel godimento del fondo, salva per i debiti la responsabilità sussidiaria dell'originario concedente.

(1) Cfr. l'art. 7 della l. 15/9/1964 n. 756 e l'art. 48 della l. 3/5/1982, n. 203.

2161. Libretto colonico. – [I] Il concedente deve istituire un libretto colonico da tenersi in due esemplari, uno per ciascuna delle parti [2162].

[II] Il concedente deve annotare di volta in volta su entrambi gli esemplari i crediti e i debiti delle parti relativi alla mezzadria, con indicazione della data e del fatto che li ha determinati.

[III] Le annotazioni devono, alla fine dell'anno agrario, essere sottoscritte per accettazione dal concedente e dal mezzadro.

[IV] Il mezzadro deve presentare il libretto colonico al concedente per le annotazioni e per i saldi annuali.

➔ CC. 1865 – art. 1662¹⁻², 1663.

2162. Efficacia probatoria del libretto colonico. – [I] Le annotazioni eseguite sui due esemplari del libretto colonico fanno prova a favore e contro ciascuno dei contraenti, se il mezzadro non ha reclamato entro novanta giorni dalla consegna del libretto fattagli dal concedente [2964 ss.] (1).

[II] Se una delle parti non presenta il proprio libretto, fa fede quello presentato.

[III] In ogni caso le annotazioni delle partite fanno prova contro chi le ha scritte [2707].

[IV] Con la sottoscrizione delle parti alla chiusura annuale del conto colonico, questo s'intende approvato. Le risultanze del conto possono essere impugnate soltanto per errori materiali, omissioni, falsità e duplicazioni di partite entro novanta giorni dalla consegna del libretto al mezzadro [2964 ss.].

➔ CC. 1865 – art. 1662, 1663.

(1) La Corte cost., con sent. 16/12/1971, n. 198, ha dichiarato non fondata la questione di legittimità costituzionale dell'art. 2162.

2163. Assegnazione delle scorte al termine della mezzadria. – [I] Salvo diverse disposizioni *delle norme corporative**, della convenzione o degli usi, l'assegnazione delle scorte al termine della mezzadria deve farsi secondo le norme seguenti:

1) se si tratta di scorte vive [1641], secondo la specie, il sesso, il numero, la qualità e il peso, ovvero, in mancanza di tali determinazioni, secondo il valore, tenuto conto della differenza di esso tra il tempo del conferimento e quello della riconsegna;

2) se si tratta di scorte morte [1640] circolanti, per quantità e qualità, valutando le eccedenze e le diminuzioni in base ai prezzi di mercato nel tempo della riconsegna (1);

3) se si tratta di scorte morte fisse, per specie, quantità, qualità e stato di uso.

* Riferimento da ritenersi abrogato a seguito della soppressione dell'ordinamento corporativo: r.d.l. 9/8/1943, n. 721.

(1) In tema di consegna e riconsegna delle scorte vive disponeva la l. 29/5/1956, n. 500 abrogata dal d.lg. 13/12/2010, n. 212.

Sezione III
Della colonia parziaria (1)

(1) Cfr. art. 9-12 della l. 15/9/1964, n. 756 e art. 25 ss. della l. 3/5/1982, n. 203.

2164. Nozione. – [I] Nella colonia parziaria [2080] il concedente ed uno o più coloni si associano per la coltivazione di un fondo e per l'esercizio delle attività connesse [2135²], al fine di dividerne i prodotti e gli utili.

[II] La misura della ripartizione dei prodotti e degli utili è stabilita *dalle norme corporative** dalla convenzione o dagli usi.

* Riferimento da ritenersi abrogato a seguito della soppressione dell'ordinamento corporativo: r.d.l. 9/8/1943, n. 721.

➔ CC. 1865 – art. 1647, 1648, 1661¹.

2165. Durata. – [I] La colonia parziaria è contratta per il tempo necessario affinché il colono possa svolgere e portare a compimento un ciclo normale di rotazione delle colture praticate nel fondo (1).

[II] Se non si fa luogo a rotazione di colture, la colonia non può avere una durata inferiore a due anni [1630, 2143].

➔ CC. 1865 – art. 1651, 1664¹.

(1) Cfr. art. 14, co. 2, l. 15/9/1964, n. 756 quanto alla proroga dei contratti in corso.

2166. Obblighi del concedente. – [I] Il concedente deve consegnare il fondo in istato di servire alla produzione alla quale è destinato [2145].

➔ **CC. 1865 – art. 1655[1].**

2167. Obblighi del colono. – [I] Il colono deve prestare il lavoro proprio secondo le direttive del concedente e le necessità della coltivazione [2147] (1).

[II] Egli deve custodire il fondo e mantenerlo in normale stato di produttività; deve altresì custodire e conservare le altre cose affidategli dal concedente con la diligenza del buon padre di famiglia [1176[1], 1618, 2148, 2174].

➔ **CC. 1865 – art. 1658[1],1659.**

(1) V. art. 12 della l. 15/9/1964, n. 756.

2168. Morte di una delle parti. – [I] La colonia parziaria non si scioglie per la morte del concedente [2158[1]].

[II] In caso di morte del colono, si applicano a favore degli eredi di questo le disposizioni del secondo, terzo e quarto comma dell'articolo 2158 [2179].

➔ **CC. 1865 – art. 1653.**

2169. Rinvio (1). – [I] Sono applicabili alla colonia parziaria le norme dettate per la mezzadria negli articoli 2145, secondo comma, 2147, secondo comma, 2149, 2151, secondo comma, 2152, 2155, 2156, 2157, 2159, 2160 e 2163, nonché quelle concernenti la tenuta e l'efficacia probatoria del libretto colonico [2161, 2162], qualora le parti l'abbiano d'accordo istituito.

➔ **CC. 1865 – art. 1657, 1661[2-3], 1662, 1663.**

(1) V. art. 12 della l. 15/9/1964, n. 756.

Sezione IV
Della soccida

§ 1 – *Disposizioni generali*

2170. Nozione. – [I] Nella soccida il soccidante e il soccidario si associano per l'allevamento e lo sfruttamento di una certa quantità di bestiame e per l'esercizio delle attività connesse, al fine di ripartire l'accrescimento del bestiame e gli altri prodotti e utili che ne derivano [2181, 2184, 2187 // 195 att.].

[II] L'accrescimento consiste tanto nei parti sopravvenuti, quanto nel maggior valore intrinseco che il bestiame abbia al termine del contratto [2178].

➔ **CC. 1865 – art. 1665.**

§ 2 – *Della soccida semplice*

➔ **CC. 1865 – art. 1666, 1667, 1695.**

2171. Nozione. – [I] Nella soccida semplice il bestiame è conferito dal soccidante [2181[2]].

[II] La stima del bestiame all'inizio del contratto non ne trasferisce la proprietà al soccidario.

[III] La stima deve indicare il numero, la razza, la qualità, il sesso, il peso e l'età del bestiame e il relativo prezzo di mercato. La stima serve di base per determinare il prelevamento a cui ha diritto il soccidante alla fine del contratto, a norma dell'articolo 2181.

➔ **CC. 1865 – art. 1669, 1670.**

2172. Durata del contratto. – [I] Se nel contratto non è stabilito un termine, la soccida ha la durata di tre anni [2176 e 2181].

[II] Alla scadenza del termine il contratto non cessa di diritto, e la parte che non intende rinnovarlo deve darne disdetta [1373] almeno sei mesi prima della scadenza o nel maggior termine fissato *dalle norme corporative** dalla convenzione o dagli usi.

[III] Se non è data disdetta, il contratto s'intende rinnovato di anno in anno.

➔ **CC. 1865 – art. 1681, 1694.**

* Riferimento da ritenersi abrogato a seguito della soppressione dell'ordinamento corporativo: r.d.l. 9/8/1943, n. 721.

2173. Direzione dell'impresa e assunzione di mano d'opera. – [I] La direzione dell'impresa spetta al soccidante, il quale deve esercitarla secondo le regole della buona tecnica dell'allevamento [1176[2]].

[II] La scelta di prestatori di lavoro, estranei alla famiglia del soccidario, deve essere fatta col consenso del soccidante, anche quando secondo la convenzione o gli usi la relativa spesa è posta a carico del soccidario.

➔ **CC. 1865 – art. 1680.**

2174. Obblighi del soccidario. – [I] Il soccidario deve prestare secondo le direttive del soccidante [2173], il lavoro occorrente per la custodia e l'allevamento del bestiame affidatogli, per la lavorazione dei prodotti e per il trasporto sino ai luoghi di ordinario deposito.

[II] Il soccidario deve usare la diligenza del buon allevatore [1176[2], 1618, 2148, 2167].

➔ **CC. 1865 – art. 1671, 1680.**

2175. Perimento del bestiame. – [I] Il soccidario non risponde del bestiame che provi essere perito per causa a lui non imputabile, ma deve rendere conto delle parti recuperabili [1218].

➔ **CC. 1865 – art. 1672, 1674, 1675, 1688, 1691.**

2176. Reintegrazione del bestiame conferito. – [I] Nella soccida stipulata per un tempo non inferiore a tre anni, qualora durante la prima metà del periodo contrattuale perisca la maggior parte del bestiame inizialmente conferito, per causa non imputabile al soccidario, questi può chiederne la reintegrazione con altri capi di valore intrinseco eguale a quello che i capi periti avevano all'inizio del contratto, tenuto conto del numero, della razza, della qualità, del sesso, del peso e dell'età.

[II] Se il soccidante non provvede alla reintegrazione, il soccidario può recedere dal contratto [1283].

2177. Trasferimento dei diritti sul bestiame. – [I] Se la proprietà o il godimento del bestiame dato a soccida viene trasferito ad altri, il contratto non si scioglie, e i crediti e i debiti del soccidante, derivanti dalla soccida, passano all'acquirente in proporzione della quota acquistata, salva per i debiti la responsabilità sussidiaria del soccidante.

[II] Se il trasferimento riguarda la maggior parte del bestiame, il soccidario può, nel termine di un mese da quando ha avuto conoscenza del trasferimento, recedere dal contratto con effetto dalla fine dell'anno in corso [2160].

➔ **CC. 1865 – art. 1678.**

2178. Accrescimenti, prodotti, utili e spese. – [I] Gli accrescimenti [2170[2]], i prodotti, gli utili e le spese si dividono tra le parti secondo le proporzioni stabilite *dalle norme corporative**, dalla convenzione o dagli usi [prel. 8].

[II] È nullo il patto per il quale il soccidario debba sopportare nella perdita una parte maggiore di quella spettantegli nel guadagno.

➔ CC. 1865 – art. 1676, 1677, 1693.

* Riferimento da ritenersi abrogato a seguito della soppressione dell'ordinamento corporativo: r.d.l. 9/8/1943, n. 721.

2179. Morte di una delle parti. – [I] La soccida non si scioglie per la morte del soccidante [2158, 2168].

[II] In caso di morte del soccidario si osservano, in quanto applicabili, nei riguardi degli eredi le disposizioni del secondo, terzo e quarto comma dell'articolo 2158.

2180. Scioglimento del contratto. – [I] Salve le norme generali sulla risoluzione dei contratti per inadempimento [1453 ss.], ciascuna delle parti può chiedere lo scioglimento del contratto, quando si verificano fatti tali da non consentire la prosecuzione del rapporto [2159].

➔ CC. 1865 – art. 1682.

2181. Prelevamento e divisione al termine del contratto. – [I] Al termine del contratto le parti procedono a nuova stima del bestiame.

[II] Il soccidante preleva, d'accordo con il soccidario, un complesso di capi che, avuto riguardo al numero, alla razza, al sesso, al peso, alla qualità e all'età, sia corrispondente alla consistenza del bestiame apportato all'inizio della soccida [2171 3]. Il di più si divide a norma dell'articolo 2178.

[III] Se non vi sono capi sufficienti ad eguagliare la stima iniziale, il soccidante prende quelli che rimangono.

➔ CC. 1865 – art. 1683.

§ 3 – *Della soccida parziaria* (1)

➔ CC. 1865 – art. 1666.

(1) V. art. 25, co. 2, l. 3/5/1982, n. 203 per la conversione in affitto.

2182. Conferimento del bestiame. – [I] Nella soccida parziaria il bestiame è conferito da entrambi i contraenti nelle proporzioni convenute [2171 1].

[II] Essi divengono comproprietari del bestiame in proporzione del rispettivo conferimento [2171 2].

➔ CC. 1865 – art. 1684.

2183. Reintegrazione del bestiame conferito. – [I] Nella soccida stipulata per un tempo non inferiore a tre anni, qualora durante la prima metà del periodo contrattuale perisca per causa non imputabile al soccidario la maggior parte del bestiame inizialmente conferito, e i contraenti non si accordino per la reintegrazione, ciascuno di essi ha diritto di recedere dal contratto [1373].

[II] Salvo diverso accordo delle parti, il recesso ha effetto con la fine dell'anno in corso.

[III] Il bestiame rimasto è diviso fra le parti nella proporzione indicata nell'articolo 2184.

[IV] Se è convenuto che nella divisione del bestiame da farsi alla scadenza del contratto sia attribuita ad uno dei contraenti una quota maggiore di quella corrispondente al suo conferimento, tale quota deve essere ridotta in rapporto alla minor durata della soccida.

2184. Divisione del bestiame, dei prodotti e degli utili. – [I] Gli accrescimenti, i prodotti, gli utili, le spese e, al termine del contratto, il bestiame conferito si dividono nella proporzione stabilita *dalle norme corporative**, dalla convenzione o dagli usi.

* Riferimento da ritenersi abrogato a seguito della soppressione dell'ordinamento corporativo: r.d.l. 9/8/1943, n. 721.

➔ CC. 1865 – art. 1685, 1689, 1690, 1692.

2185. Rinvio. – [I] Per quanto non è disposto dagli articoli precedenti, si applicano alla soccida parziaria le disposizioni relative alla soccida semplice [2172, 2175, 2177, 2179, 2181].

➔ CC. 1865 – art. 1686.

§ 4 – *Della soccida con conferimento di pascolo* (1)

(1) V. art. 25, co. 2, l. 3/5/1982, n. 203 per la conversione in affitto.

2186. Nozione e norme applicabili. – [I] Si ha rapporto di soccida anche quando il bestiame è conferito dal soccidario e il soccidante conferisce il terreno per il pascolo.

[II] In tal caso il soccidario ha la direzione dell'impresa e al soccidante spetta il controllo della gestione.

[III] Si osservano inoltre le disposizioni dell'articolo 2184 e, in quanto applicabili, quelle dettate per la soccida semplice [2172, 2174, 2179, 2180].

➔ CC. 1865 – art. 1666, 1687, 1692.

Sezione V
Disposizione finale

2187. Usi. – [I] Nei rapporti di associazione agraria regolati delle sezioni II, III e IV di questo capo, per quanto non è espressamente disposto, si applicano, in mancanza di convenzione, gli usi [1374 //195 ss. att.].

➔ CC. 1865 – art. 1666, 1668.

Capo III
Delle imprese commerciali e delle altre imprese soggette a registrazione

Sezione I
Del registro delle imprese (1)

➔ CComm. 1882 – art. 24.

(1) V. art. 8 della l. 29/12/1993, n. 580, come sostituito dall'art. 1, co. 10, d.lg. 15/2/2010, n. 23 che dispone: «1. È istituito presso la camera di commercio l'ufficio del registro delle imprese di cui all'articolo 2188 del codice civile.
2. (*omissis*).
3. L'ufficio provvede alla tenuta del registro delle imprese in conformità agli articoli 2188, e seguenti, del codice civile, nonché alle disposizioni della presente legge e al regolamento di cui al comma 6 del presente articolo, sotto la vigilanza di un giudice delegato dal presidente del tribunale del capoluogo di provincia. 4. (*omissis*). 5. L'iscrizione nelle sezioni speciali ha funzione di certificazione anagrafica di pubblicità notizia, oltre agli effetti previsti dalle leggi speciali. 6. (*omissis*)». V. anche d.P.R. 7/12/1995, n. 581 per il regolamento del registro delle imprese.

2188. Registro delle imprese. – [I] È istituito il registro delle imprese per le iscrizioni previste dalla legge [2136, 2195, 2202].

[II] Il registro è tenuto dall'ufficio del registro delle imprese sotto la vigilanza di un giudice delegato dal presidente del tribunale.

[III] Il registro è pubblico [99 att.].

2189. Modalità dell'iscrizione (1). – [I] Le iscrizioni nel registro sono eseguite su domanda sottoscritta dall'interessato [2190, 2194].

[II] Prima di procedere all'iscrizione, l'ufficio del registro deve accertare l'autenticità della sottoscrizione e il concorso delle condizioni richieste dalla legge per l'iscrizione [2330³, 2566].

[III] Il rifiuto dell'iscrizione deve essere comunicato con raccomandata al richiedente. Questi può ricorrere entro otto giorni al giudice del registro, che provvede con decreto [2192, 2330].

(1) V. art. 9 del d.l. 31/1/2007, n. 7, conv. in l. 2/2/2007, n. 40, che prevede la "Comunicazione unica per la nascita dell'impresa".

2190. Iscrizione d'ufficio. – [I] Se un'iscrizione obbligatoria non è stata richiesta, l'ufficio del registro invita mediante raccomandata l'imprenditore a richiederla entro un congruo termine. Decorso inutilmente il termine assegnato, il giudice del registro può ordinarla con decreto [2194, 2195].

2191. Cancellazione d'ufficio. – [I] Se una iscrizione è avvenuta senza che esistano le condizioni richieste dalla legge, il giudice del registro, sentito l'interessato, ne ordina con decreto la cancellazione.

2192. Ricorso contro il decreto del giudice del registro. – [I] Contro il decreto del giudice del registro emesso a norma degli articoli precedenti, l'interessato, entro quindici giorni dalla comunicazione, può ricorrere al tribunale dal quale dipende l'ufficio del registro.

[II] Il decreto che pronunzia sul ricorso deve essere iscritto d'ufficio nel registro.

2193. Efficacia dell'iscrizione. – [I] I fatti dei quali la legge prescrive l'iscrizione se non sono stati iscritti, non possono essere opposti ai terzi da chi è obbligato a richiederne l'iscrizione, a meno che questi provi che i terzi ne abbiano avuto conoscenza [2207, 2298, 2300, 2384].

[II] L'ignoranza dei fatti dei quali la legge prescrive l'iscrizione non può essere opposta dai terzi dal momento in cui l'iscrizione è avvenuta.

[III] Sono salve le disposizioni particolari della legge.

2194. Inosservanza dell'obbligo di iscrizione. – [I] Salvo quanto disposto dagli articoli 2626 e 2634 (1), chiunque omette di richiedere l'iscrizione nei modi e nel termine stabiliti dalla legge, è punito con l'ammenda (2) da lire ventimila [€ 10] a lire un milione [€ 516] (3).

(1) Il testo dell'art. 2626 anteriore alla modifica apportata dal d.lg. 11/4/2002, n. 6 disponeva: «Agli amministratori, ai sindaci, ai liquidatori e ai preposti all'esercizio di sede secondaria nel territorio dello Stato di società costituite all'estero che omettono di fare, nel termine stabilito, all'ufficio del registro delle imprese una denunzia, una comunicazione o un deposito, a cui sono dalla legge obbligati, o li eseguono o li fanno eseguire in modo incompiuto, nei casi in cui detta pubblicazione è prescritta dal codice, si applica la sanzione amministrativa del pagamento di una somma da lire centomila a lire due milioni. La stessa sanzione si applica al notaio nei casi in cui l'obbligo della denunzia, della comunicazione, del deposito o della pubblicazione è posto dalla legge anche a di lui carico. Il testo dell'art. 2634 anteriore alla modifica apportata dal d.lg. 11/4/2002, n. 6 disponeva Il rappresentante comune degli obbligazionisti, che omette di richiedere l'iscrizione della sua nomina nel registro delle imprese nei termini previsti dall'art. 2417, è punito con l'ammenda da lire cinquecento a lire cinquemila».

(2) Cfr. adesso art. 32 della l. 24/11/1981, n. 689, sulla sostituzione della sanzione amministrativa pecuniaria alla multa e all'ammenda.

(3) Importi elevati ad opera degli art. 113 e 114 della l. 24/11/1981, n. 689.

Sezione II
Dell'obbligo di registrazione

2195. Imprenditori soggetti a registrazione. – [I] Sono soggetti all'obbligo dell'iscrizione nel registro delle imprese [2188 ss.] gli imprenditori che esercitano:

1) un'attività industriale diretta alla produzione di beni o di servizi;

2) un'attività intermediaria nella circolazione dei beni;

3) un'attività di trasporto per terra [1678], per acqua o per aria;

4) un'attività bancaria [1834 ss.] o assicurativa [1882] (1);

5) altre attività ausiliarie delle precedenti [1742, 1754].

[II] Le disposizioni della legge che fanno riferimento alle attività e alle imprese commerciali si applicano, se non risulta diversamente, a tutte le attività indicate in questo articolo e alle imprese che le esercitano.

➔ **CComm. 1882 – art. 3, 6.**

(1) Per le imprese di assicurazione v. art. 14, co. 3, d.lg. 7/9/2005, n. 209.

2196. Iscrizione dell'impresa. – [I] Entro trenta giorni dall'inizio dell'impresa l'imprenditore che esercita un'attività commerciale [2195] deve chiedere l'iscrizione all'ufficio del registro delle imprese nella cui circoscrizione stabilisce la sede, indicando:

1) il cognome e il nome, il nome del padre (1), la cittadinanza *e la razza**;

2) la ditta [2563];

3) l'oggetto dell'impresa;

4) la sede dell'impresa;

5) il cognome e il nome degli institori [2203 ss.] e procuratori [2209].

*[II] All'atto della richiesta l'imprenditore deve depositare la sua firma autografa e quelle dei suoi institori e procuratori***.

[III] L'imprenditore deve inoltre chiedere l'iscrizione delle modificazioni relative agli elementi suindicati e della cessazione dell'impresa entro trenta giorni da quello in cui le modificazioni o la cessazione si verificano [2194].

(1) Cfr. art. 2 e 3 della l. 31/10/1955, n. 1064 che dispongono rispettivamente «L'indicazione della paternità e della maternità sarà altresì omessa in ogni altro atto, dichiarazione, denunzia o documento in cui sia prescritta dalle norme vigenti al momento della approvazione della presente legge, e nei quali la persona sia indicata per fine diverso da quello relativo all'esercizio di doveri o diritti derivanti dallo stato di legittimità o di filiazione» e «Nei casi di cui agli articoli precedenti dovrà sempre essere indicato il luogo e la data di nascita».

* Riferimento abrogato dall'art. 3 del d.lgs.lt. 14/9/1944, n. 287.

** Comma abrogato dall'art. 33, co. 1, l. 24/11/2000, n. 340.

2197. Sedi secondarie. – [I] L'imprenditore che istituisce nel territorio dello Stato sedi secondarie con una rappresentanza stabile deve, entro trenta giorni, chiederne l'iscrizione all'ufficio del registro delle imprese del luogo dove è la sede principale dell'impresa [2194].

[II] Nello stesso termine la richiesta deve essere fatta all'ufficio del luogo nel quale è istituita la sede secondaria, indicando altresì la sede principale, e il cognome e il nome del rappresentante preposto alla sede secondaria [2203²]. *Il rappresentante deve depositare presso il medesimo ufficio la sua firma autografa**.

[III] La disposizione del secondo comma si applica anche all'imprenditore che ha all'estero la sede principale dell'impresa.

[IV] L'imprenditore che istituisce sedi secondarie con rappresentanza stabile all'estero deve, entro trenta giorni, chiederne l'iscrizione all'ufficio del registro nella cui circoscrizione si trova la sede principale [2194].

* Parte abrogata dall'art. 33, co. 1, l. 24/11/2000, n. 340.

2198. Minori, interdetti e inabilitati. – [I] I provvedimenti di autorizzazione all'esercizio di un'impresa commerciale [2195] da parte di un minore emancipato [397] o di un inabilitato [425 // 199 att.] o nell'interesse di un minore non emancipato [320^5, 371] o di un interdetto [424] e i provvedimenti con i quali l'autorizzazione viene revocata devono essere comunicati senza indugio a cura del cancelliere all'ufficio del registro delle imprese per l'iscrizione.

➔ CComm. 1882 – art. 9^2.

2199. Indicazione dell'iscrizione. – [I] L'imprenditore deve indicare negli atti e nella corrispondenza, che si riferiscono all'impresa, il registro presso il quale è iscritto [100^3 att.].

2200. Società. – [I] Sono soggette all'obbligo dell'iscrizione nel registro delle imprese le società costituite secondo uno dei tipi regolati nei capi III e seguenti del titolo V e le società cooperative [2511 ss.], anche se non esercitano un'attività commerciale (1).

[II] L'iscrizione delle società nel registro delle imprese è regolata dalle disposizioni dei titoli V e VI [2250, 2296, 2297, 2317, 2330, 2331, 2463, 2523].

➔ CComm. 1882 – art. 8.

(1) V. anche art. 23 del d.l. 18/10/2012, n. 179, conv. in l. 17/12/2012, n. 221, per le società di mutuo soccorso.

2201. Enti pubblici. – [I] Gli enti pubblici che hanno per oggetto esclusivo o principale una attività commerciale sono soggetti all'obbligo dell'iscrizione nel registro delle imprese.

➔ CComm. 1882 – art. 7.

2202. Piccoli imprenditori. – [I] Non sono soggetti all'obbligo dell'iscrizione nel registro delle imprese i piccoli imprenditori [2083] (1).

(1) Cfr. art. 1, co. 2, r.d. 16/3/1942, n. 267.

Sezione III
Disposizioni particolari per le imprese commerciali

§ 1 – *Della rappresentanza*

2203. Preposizione institoria. – [I] È institore colui che è preposto dal titolare all'esercizio di un'impresa commerciale [2195 // 290 CNav.].

[II] La preposizione può essere limitata all'esercizio di una sede secondaria o di un ramo particolare dell'impresa [2197].

[III] Se sono preposti più institori, questi possono agire disgiuntamente, salvo che nella procura sia diversamente disposto [1716^2, 2257].

2204. Poteri dell'institore. – [I] L'institore può compiere tutti gli atti pertinenti all'esercizio dell'impresa a cui è preposto, salve le limitazioni contenute nella procura [2206^2]. Tuttavia non può alienare o ipotecare i beni immobili del preponente, se non è stato a ciò espressamente autorizzato.

[II] L'institore può stare in giudizio in nome del preponente per le obbligazioni dipendenti da atti compiuti nell'esercizio dell'impresa a cui è preposto [77^2 CPC.].

2205. Obblighi dell'institore. – [I] Per le imprese o le sedi secondarie alle quali è preposto, l'institore è tenuto, insieme con l'imprenditore, all'osservanza delle disposizioni riguardanti l'iscrizione nel registro delle imprese [2196 ss.] e la tenuta delle scritture contabili [2214 ss.].

2206. Pubblicità della procura. – [I] La procura con sottoscrizione del preponente autenticata deve essere depositata per l'iscrizione presso il competente ufficio del registro delle imprese [2196, 2197].

[II] In mancanza dell'iscrizione, la rappresentanza si reputa generale e le limitazioni di essa non sono opponibili ai terzi, se non si prova che questi le conoscevano al momento della conclusione dell'affare [2193].

2207. Modificazione e revoca della procura. – [I] Gli atti con i quali viene successivamente limitata o revocata la procura devono essere depositati, per l'iscrizione nel registro delle imprese, anche se la procura non fu pubblicata [1396].

[II] In mancanza dell'iscrizione, le limitazioni o la revoca non sono opponibili ai terzi, se non si prova che questi le conoscevano al momento della conclusione dell'affare [19, 2193, 2298, 2383, 2384 // 289 CNav.].

2208. Responsabilità personale dell'institore. – [I] L'institore è personalmente obbligato se omette di far conoscere al terzo che egli tratta per il preponente; tuttavia il terzo può agire anche contro il preponente per gli atti compiuti dall'institore, che siano pertinenti all'esercizio dell'impresa a cui è preposto [2204].

2209. Procuratori. – [I] Le disposizioni degli articoli 2206 e 2207 si applicano anche ai procuratori, i quali, in base a un rapporto continuativo, abbiano il potere di compiere per l'imprenditore gli atti pertinenti all'esercizio dell'impresa [2204], pur non essendo preposti ad esso (1).

(1) V. art. 409, n. 3, CPC. per le controversie di lavoro.

2210. Poteri dei commessi dell'imprenditore. – [I] I commessi dell'imprenditore, salve le limitazioni contenute nell'atto di conferimento della rappresentanza, possono compiere gli atti che ordinariamente comporta la specie delle operazioni di cui sono incaricati [1835].

[II] Non possono tuttavia esigere il prezzo delle merci delle quali non facciano la consegna [2213], né concedere dilazioni o sconti che non sono d'uso, salvo che siano a ciò espressamente autorizzati [1732, 1744, 2211].

2211. Poteri di deroga alle condizioni generali di contratto. – [I] I commessi, anche se autorizzati a concludere contratti in nome dell'imprenditore, non hanno il potere di derogare alle condizioni generali di contratto o alle clausole stampate sui moduli dell'impresa, se non sono muniti di una speciale autorizzazione scritta [1341, 1342].

2212. Poteri dei commessi relativi agli affari conclusi. – [I] Per gli affari da essi conclusi, i commessi dell'imprenditore sono autorizzati a ricevere per conto di questo le dichiarazioni che riguardano l'esecuzione del contratto e i reclami relativi alle inadempienze contrattuali.

[II] Sono altresì legittimati a chiedere i provvedimenti cautelari nell'interesse dell'imprenditore [670 CPC.].

2213. Poteri dei commessi preposti alla vendita. – [I] I commessi preposti alla vendita nei locali dell'impresa possono esigere il prezzo delle merci da essi vendute, salvo che alla riscossione sia palesemente destinata una cassa speciale [1188, 1199, 2210].

[II] Fuori dei locali dell'impresa non possono esigere il prezzo, se non sono autorizzati o se non consegnano quietanza firmata dall'imprenditore.

§ 2 – *Delle scritture contabili*

2214. Libri obbligatori e altre scritture contabili. – [I] L'imprenditore che esercita un'attività commerciale deve tenere il libro giornale e il libro degli inventari [2215, 2216, 2217, 2421 // 634 CPC.].

[II] Deve altresì tenere le altre scritture che siano richieste dalla natura e dalle dimensioni dell'impresa [att. 200] e conservare ordinatamente per ciascun affare gli originali delle lettere, dei telegrammi e delle fatture ricevute, nonché le copie delle lettere, dei telegrammi e delle fatture spedite [2220, 2709, 2710, 2711] (1).

[III] Le disposizioni di questo paragrafo non si applicano ai piccoli imprenditori [2083].

➔ **CComm. 1882 – art. 21, 22.**

(1) V. art. 86, 160 n. 1, 216 n. 2 e 217 del r.d. 16/3/1942, n. 267.

2215. Modalità di tenuta delle scritture contabili (1). – [I] I libri contabili, prima di essere messi in uso, devono essere numerati progressivamente in ogni pagina e, qualora sia previsto l'obbligo della bollatura o della vidimazione, devono essere bollati in ogni foglio dall'ufficio del registro delle imprese o da un notaio secondo le disposizioni delle leggi speciali [2421 // att. 200]. L'ufficio del registro o il notaio deve dichiarare nell'ultima pagina dei libri il numero dei fogli che li compongono [2710].

[II] Il libro giornale e il libro degli inventari devono essere numerati progressivamente e non sono soggetti a bollatura né a vidimazione.

➔ **CComm. 1882 – art. 23.**

(1) Articolo così sostituito dall'art. 8 della l. 18/10/2001, n. 383. Il testo previgente disponeva: «Il libro giornale e il libro degli inventari, prima di essere messi in uso, devono essere numerati progressivamente in ogni pagina e bollati in ogni foglio dall'ufficio del registro delle imprese o da un notaio secondo le disposizioni delle leggi speciali. L'ufficio del registro o il notaio deve dichiarare nell'ultima pagina dei libri il numero dei fogli che li compongono».

2215 bis. Documentazione informatica (1). – [I] I libri, i repertori, le scritture e la documentazione la cui tenuta è obbligatoria per disposizione di legge o di regolamento o che sono richiesti dalla natura o dalle dimensioni dell'impresa possono essere formati e tenuti con strumenti informatici.

[II] Le registrazioni contenute nei documenti di cui al primo comma debbono essere rese consultabili in ogni momento con i mezzi messi a disposizione dal soggetto tenutario e costituiscono informazione primaria e originale da cui è possibile effettuare, su diversi tipi di supporto, riproduzioni e copie per gli usi consentiti dalla legge.

[III] Gli obblighi di numerazione progressiva e di vidimazione previsti dalle disposizioni di legge o di regolamento per la tenuta dei libri, repertori e scritture sono assolti, in caso di tenuta con strumenti informatici, mediante apposizione, almeno una volta all'anno, della marcatura temporale e della firma digitale dell'imprenditore o di altro soggetto dal medesimo delegato (2).

[IV] Qualora per un anno non siano state eseguite registrazioni, la firma digitale e la marcatura temporale devono essere apposte all'atto di una nuova registrazione e da tale apposizione decorre il periodo annuale di cui al terzo comma (2).

[V] I libri, i repertori e le scritture tenuti con strumenti informatici, secondo quanto previsto dal presente articolo, hanno l'efficacia probatoria di cui agli articoli 2709 e 2710 del codice civile.

[VI] Per i libri e per i registri la cui tenuta è obbligatoria per disposizione di legge o di regolamento di natura tributaria, il termine di cui al terzo comma opera secondo le norme in materia di conservazione digitale contenute nelle medesime disposizioni (3).

(1) Articolo introdotto dall'art. 16, co. 12-bis, d.l. 29/11/2008, n. 185 conv. in l. 28/1/2009, n. 2.

(2) Comma sostituito dall'art. 6, co. 2, lett. f-quater), n. 1, d.l. 13/5/2011, n. 70 conv. in l. 12/7/2011, n. 106. Il testo previgente disponeva: «Gli obblighi di numerazione progressiva, vidimazione e gli altri obblighi previsti dalle disposizioni di legge o di regolamento per la tenuta dei libri, repertori e scritture, ivi compreso quello di regolare tenuta dei medesimi, sono assolti, in caso di tenuta con strumenti informatici, mediante apposizione, ogni tre mesi a far data dalla messa in opera, della marcatura temporale e della firma digitale dell'imprenditore, o di altro soggetto dal medesimo delegato, inerenti al documento contenente le registrazioni relative ai tre mesi precedenti. 4. Qualora per tre mesi non siano state eseguite registrazioni, la firma digitale e la marcatura temporale devono essere apposte all'atto di una nuova registrazione, e da tale apposizione decorre il periodo trimestrale di cui al terzo comma» sono stati così sostituite dal d.l. 13/5/2011, n. 70.

(3) Comma aggiunto dall'art. 6, co. 2, lett. f-quater), n. 2, d.l. 13/5/2011, n. 70 conv. in l. 12/7/2011, n. 106.

2216. Contenuto del libro giornale (1). – [I] Il libro giornale deve indicare giorno per giorno le operazioni relative all'esercizio dell'impresa [2710].

➔ **CComm. 1882 – art. 21[1].**

(1) Articolo sostituito dall'art. 8, n. 1, l. 30/12/1991, n. 413 e poi modificato dall'art. 7-bis, co. 1, d.l. 10/6/1994, n. 357, conv. in l. 8/8/1994, n. 489. Il testo originario disponeva «Il libro giornale deve indicare giorno per giorno le operazioni relative all'esercizio dell'impresa e deve essere annualmente vidimato dall'ufficio del registro delle imprese o da un notaio».

2217. Redazione dell'inventario. – [I] L'inventario [365] deve redigersi all'inizio dell'esercizio dell'impresa [769 ss. CPC.] e successivamente ogni anno, e deve contenere l'indicazione e la valutazione delle attività e delle passività relative all'impresa, nonché delle attività e delle passività dell'imprenditore estranee alla medesima.

[II] L'inventario si chiude con il bilancio e con il conto dei profitti e delle perdite il quale deve dimostrare con evidenza e verità gli utili conseguiti o le perdite subite. Nelle valutazioni di bilancio l'imprenditore deve attenersi ai criteri stabiliti per i bilanci delle società per azioni, in quanto applicabili [2425].

[III] L'inventario deve essere sottoscritto dall'imprenditore entro tre mesi dal termine per la presentazione della dichiarazione dei redditi ai fini delle imposte dirette (1).

➔ **CComm. 1882 – art. 21[2].**

(1) Comma sostituito dall'art. 8, n. 2, l. 30/12/1991, n. 413 e poi modificato dall'art. 7-bis, co. 2, d.l. 10/6/1994, n. 357, conv. in l. 8/8/1994, n. 489. Il testo originario disponeva *L'inventario deve essere sottoscritto dall'imprenditore e presentato entro tre mesi all'ufficio del registro delle imprese o a un notaio per la vidimazione.* Il testo in vigore dal 1/1/1992 al 10/8/1994 disponeva invece *L'inventario deve essere sottoscritto dall'imprenditore e presentato entro tre mesi dal termine per la presentazione della dichiarazione dei redditi ai fini delle imposte dirette all'ufficio del registro delle imprese o ad un notaio per la vidimazione.*

2218. Bollatura facoltativa (1). – [I] L'imprenditore può far bollare nei modi indicati nell'articolo 2215 gli altri libri da lui tenuti.

(1) Articolo sostituito dall'art. 7-bis, co. 3, d.l. 10/6/1994, n. 357, conv. in l. 8/8/1994, n. 489. Il testo originario disponeva «L'imprenditore può far bollare e vidimare nei modi indicati negli articoli 2215 e 2216 gli altri libri da lui tenuti».

2219. Tenuta della contabilità. – [I] Tutte le scritture devono essere tenute secondo le norme di un'ordinata contabilità senza spazi in bianco, senza interlinee e senza trasporti in margine. Non vi si possono fare abrasioni e, se è necessaria qualche cancellazione, questa deve eseguirsi in modo che le parole cancellate siano leggibili [2710].

➔ **CComm. 1882 – art. 25.**

2220. Conservazione delle scritture contabili. – [I] Le scritture devono essere conservate per dieci anni dalla data dell'ultima registrazione [2312^4].

[II] Per lo stesso periodo devono conservarsi le fatture, le lettere e i telegrammi ricevuti e le copie delle fatture, delle lettere e dei telegrammi spediti.

[III] Le scritture e documenti di cui al presente articolo possono essere conservati sotto forma di registrazioni su supporti di immagini, sempre che le registrazioni corrispondano ai documenti e possano in ogni momento essere rese leggibili con mezzi messi a disposizione dal soggetto che utilizza detti supporti (1).

➔ **CComm. 1882 – art. 26.**

(1) Comma aggiunto dall'art. 7-bis, co. 4, d.l. 10/6/1994, n. 357, conv. in l. 8/8/1994, n. 489.

§ 3 – *Dell'insolvenza*

2221. Fallimento e concordato preventivo**. – *[I] Gli imprenditori che esercitano un'attività commerciale, esclusi gli enti pubblici e i piccoli imprenditori, sono soggetti in caso di insolvenza alle procedure del fallimento e del concordato preventivo salve le disposizioni delle leggi speciali* [2083, 2195, 2201].

* Articolo abrogato a far data dall'entrata in vigore del d.lg. 12/1/2019, n. 14. Tale disposizione, ai sensi dell'art. 389, co. 1, d.lg. cit., come da ultimo modificato dall'art. 5 del d.l. 8/4/2020, n. 23, conv., con modif., in l. 5/6/2020, n. 40, entra in vigore il 1/9/2021.

• V. art. 2, 5 e 160 del r.d. 16/3/1942, n. 267, nonché d.lg. 8/07/1999, n. 270. V. anche sentenza della Corte cost. 16/06/1970, n. 94, con cui è stata dichiarata non fondata la questione di legittimità costituzionale degli art. 2221 CC. e 1 del r.d. 16/3/1942, n. 267 in relazione all'art. 3 Cost.

TITOLO III
DEL LAVORO AUTONOMO

Capo I
Disposizioni generali

➔ **CC. 1865 – art. 1570.**

2222. Contratto d'opera. – [I] Quando una persona si obbliga a compiere verso un corrispettivo un'opera o un servizio, con lavoro prevalentemente proprio e senza vincolo di subordinazione nei confronti del committente, si applicano le norme di questo capo, salvo che il rapporto abbia una disciplina particolare nel libro IV [1655 ss.].

➔ **CC. 1865 – art. 1627 n. 1.**

2223. Prestazione della materia. – [I] Le disposizioni di questo capo si osservano anche se la materia è fornita dal prestatore d'opera, purché le parti non abbiano avuto prevalentemente in considerazione la materia, nel qual caso si applicano le norme sulla vendita [1470 ss., 1658].

➔ **CC. 1865 – art. 1634.**

2224. Esecuzione dell'opera. – [I] Se il prestatore d'opera non procede all'esecuzione dell'opera secondo le condizioni stabilite dal contratto e a regola d'arte [1176^2], il committente può fissare un congruo termine, entro il quale il prestatore d'opera deve conformarsi a tali condizioni [1454].

[II] Trascorso inutilmente il termine fissato, il committente può recedere dal contratto, salvo il diritto al risarcimento dei danni [1662].

2225. Corrispettivo. – [I] Il corrispettivo, se non è convenuto dalle parti e non può essere determinato secondo le tariffe professionali o gli usi, è stabilito dal giudice in relazione al risultato ottenuto e al lavoro normalmente necessario per ottenerlo [1657, 1709, 1755].

2226. Difformità e vizi dell'opera. – [I] L'accettazione espressa o tacita dell'opera libera il prestatore d'opera dalla responsabilità per difformità o per vizi della medesima, se all'atto dell'accettazione questi erano noti al committente o facilmente riconoscibili, purché in questo caso non siano stati dolosamente occultati [1665, 1667].

[II] Il committente deve, a pena di decadenza denunziare le difformità e i vizi occulti [1490] al prestatore d'opera entro otto giorni dalla scoperta [1495, 1745, 2212]. L'azione si prescrive entro un anno dalla consegna [201 att.].

[III] I diritti del committente nel caso di difformità o di vizi dell'opera sono regolati dall'articolo 1668 [2946].

2227. Recesso unilaterale dal contratto. – [I] Il committente può recedere dal contratto [1373], ancorché sia iniziata l'esecuzione dell'opera, tenendo indenne il prestatore d'opera delle spese, del lavoro eseguito e del mancato guadagno [1671].

➔ **CC. 1865 – art. 1641.**

2228. Impossibilità sopravvenuta dell'esecuzione dell'opera. – [I] Se l'esecuzione dell'opera diventa impossibile per causa non imputabile ad alcuna delle parti, il prestatore d'opera ha diritto ad un compenso per il lavoro prestato in relazione all'utilità della parte dell'opera compiuta [1464, 1672].

➔ **CC. 1865 – art. 1635, 1637.**

Capo II
Delle professioni intellettuali [202 att.] (1)

➔ **CC. 1865 – art. 1570.**

(1) V. anche d.lg. 2/2/2006, n. 30 recante «Ricognizione dei principi fondamentali in materia di professioni, ai sensi dell'articolo 1 della legge 5 giugno 2003, n. 131».

2229. Esercizio delle professioni intellettuali (1). – [I] La legge determina le professioni intellettuali per l'esercizio delle quali è necessaria l'iscrizione in appositi albi o elenchi [2231].

[II] L'accertamento dei requisiti per l'iscrizione negli albi o negli elenchi, la tenuta dei medesimi e il potere disciplinare sugli iscritti sono demandati alle associazioni professionali (2), sotto la vigilanza dello Stato, salvo che la legge disponga diversamente [33^2 Cost.].

CODICE CIVILE

[III] Contro il rifiuto dell'iscrizione o la cancellazione dagli albi o elenchi, e contro i provvedimenti disciplinari che importano la perdita o la sospensione del diritto all'esercizio della professione è ammesso ricorso in via giurisdizionale nei modi e nei termini stabiliti dalle leggi speciali.

(1) L'art. 2 della l. 23/11/1939, n. 1815 prevedeva «È vietato costituire, esercire o dirigere, sotto qualsiasi forma diversa da quella di cui al precedente articolo, società, istituti, uffici, agenzie od enti, i quali abbiano lo scopo di dare anche gratuitamente, ai propri consociati od ai terzi, prestazioni di assistenza o consulenza in materia tecnica, legale, commerciale, amministrativa, contabile o tributaria». Tale disposizione è stata abrogata dall'art. 24 della l. 7/8/1997, n. 266. Adesso viene consentita la costituzione di società tra professionisti in qualsiasi modello societario, come previsto dall'art. 10, co. 3, l. 12/11/2011, n. 183 e relativo regolamento, emanato con d.m. Giustizia 8/2/2013, n. 334.

• V., per la professione forense, r.d.l. 27/11/1933, n. 1578, nonché l. 31/12/2012, n. 247.

(2) Cfr. d.lgs.lt. 23/11/1944 n. 382 recante "Norme sui Consigli degli ordini e collegi e sulle Commissioni centrali professionali".

2230. Prestazione d'opera intellettuale. – [I] Il contratto che ha per oggetto una prestazione d'opera intellettuale è regolato dalle norme seguenti e, in quanto compatibili con queste e con la natura del rapporto, dalle disposizioni del capo precedente [202 att.].

[II] Sono salve le disposizioni delle leggi speciali.

2231. Mancanza d'iscrizione. – [I] Quando l'esercizio di un'attività professionale è condizionato all'iscrizione in un albo o elenco, la prestazione eseguita da chi non è iscritto non gli dà azione per il pagamento della retribuzione [1933, 2034, 2041, 2126].

[II] La cancellazione dall'albo o elenco risolve il contratto in corso, salvo il diritto del prestatore d'opera al rimborso delle spese incontrate e a un compenso adeguato all'utilità del lavoro compiuto [1672, 2228, 2237].

2232. Esecuzione dell'opera. – [I] Il prestatore d'opera deve eseguire personalmente l'incarico assunto [1176]. Può tuttavia valersi, sotto la propria direzione e responsabilità, di sostituti e ausiliari [1228], se la collaborazione di altri è consentita dal contratto o dagli usi e non è incompatibile con l'oggetto della prestazione [1717].

2233. Compenso. – [I] Il compenso, se non è convenuto dalle parti e non può essere determinato secondo le tariffe o gli usi, è determinato dal giudice, sentito il parere dell'associazione professionale a cui il professionista appartiene [1657, 1709, 1755, 2225, 2751-bis$^{n. 2}$, 2956$^{n. 2}$].

[II] In ogni caso la misura del compenso deve essere adeguata all'importanza dell'opera e al decoro della professione (1).

[III] Sono nulli [1418], se non redatti in forma scritta, i patti conclusi tra gli avvocati ed i praticanti abilitati con i loro clienti che stabiliscono i compensi professionali (2).

(1) Cfr., per il passato, art. 2, co. 2, l. 21/2/1963, n. 244 in tema di prestazioni medico-chirurgiche, abrogato dal d.l. 25/6/2008, n. 112, conv., con modif., dalla l. 6/8/2008, n. 133.

(2) Comma sostituito dall'art. 2, co. 2-bis, d.l. 4/7/2006, n. 233, conv., con modificazioni, nella l. 4/8/2006, n. 248. Il testo previgente era «Gli avvocati, i procuratori e i patrocinatori, non possono, neppure per interposta persona, stipulare con i loro clienti alcun patto relativo ai beni che formano oggetto delle controversie affidate al loro patrocinio, sotto pena di nullità e dei danni». V. adesso art. 13 della l. 31/12/2012, n. 247 in tema di conferimento dell'incarico e compenso nella professione forense.

2234. Spese e acconti. – [I] Il cliente, salvo diversa pattuizione, deve anticipare al prestatore d'opera le spese occorrenti al compimento dell'opera e corrispondere, secondo gli usi, gli acconti sul compenso.

2235. Divieto di ritenzione. – [I] Il prestatore d'opera non può ritenere le cose e i documenti ricevuti, se non per il periodo strettamente necessario alla tutela dei propri diritti secondo le leggi professionali [2961].

2236. Responsabilità del prestatore di opera. – [I] Se la prestazione implica la soluzione di problemi tecnici di speciale difficoltà, il prestatore d'opera non risponde dei danni, se non in caso di dolo o di colpa grave [1176, 1218].

2237. Recesso. – [I] Il cliente può recedere dal contratto [1373], rimborsando al prestatore d'opera le spese sostenute e pagando il compenso per l'opera svolta [1671, 2227, 2231^2].

[II] Il prestatore d'opera può recedere dal contratto per giusta causa [2119]. In tal caso egli ha diritto al rimborso delle spese fatte e al compenso per l'opera svolta, da determinarsi con riguardo al risultato utile che ne sia derivato al cliente [1672, 1685, 1725, 1738, 2228, 2231].

[III] Il recesso del prestatore d'opera deve essere esercitato in modo da evitare pregiudizio al cliente.

2238. Rinvio. – [I] Se l'esercizio della professione costituisce elemento di un'attività organizzata in forma di impresa, si applicano anche le disposizioni del titolo II.

[II] In ogni caso se l'esercente una professione intellettuale impiega sostituti o ausiliari, si applicano le disposizioni delle sezioni II, III, IV, del capo I del titolo II [2094 ss.].

TITOLO IV
DEL LAVORO SUBORDINATO IN PARTICOLARI RAPPORTI

Capo I
Disposizioni generali

2239. Norme applicabili. – [I] I rapporti di lavoro subordinato che non sono inerenti all'esercizio di un'impresa sono regolati dalle disposizioni delle sezioni II, III, IV del capo I del titolo II, in quanto compatibili con la specialità del rapporto [2094 ss. // 98^2 att.] (1).

(1) V. sent. Corte cost. 26/5/1995, n. 193 che ha dichiarato infondata la questione di legittimità costituzionale della presente norma in relazione agli art. 3 e 37 Cost.

Capo II
Del lavoro domestico (1)

(1) V. anche l. 2/2/1958, n. 339 per i rapporti di lavoro domestico di almeno 4 ore giornaliere, d.P.R. 31/12/1971, n. 1403 per l'obbligo delle assicurazioni sociali ed infine accordo di Strasburgo del 24/11/1969, ratif. con l. 18/5/1973, n. 304 in tema di collocamento alla pari.

2240. Norme applicabili. – [I] Il rapporto di lavoro che ha per oggetto la prestazione di servizi di carattere domestico [1023, 1916] è regolato dalle disposizioni di questo capo e, in quanto più favorevoli al prestatore di lavoro, dalla convenzione e dagli usi [2068 // 203 att.].

2241. Periodo di prova. – [I] Il patto di prova si presume per i primi otto giorni [2096].

2242. Vitto, alloggio e assistenza. – [I] Il prestatore di lavoro ammesso alla convivenza familiare ha diritto, oltre alla retribuzione in danaro (1), al vitto, all'alloggio [2121] e, per le infermità di breve durata, alla cura e all'assistenza medica (2).

[II] Le parti devono contribuire alle istituzioni di previdenza e di assistenza, nei casi e nei modi stabiliti dalla legge [2114] (3).

(1) Cfr. art. 1 della l. 27/12/1953, n. 940 sulla corresponsione della tredicesima mensilità al personale addetto ai servizi domestici abrogato dal d.lg. 13/12/2010, 212.

(2) Cfr. Corte cost. 15/7/1969, n. 135, che ha dichiarato non fondata la questione di legittimità costituzionale dell'art. 2242, co. 1, sollevata in riferimento agli art. 3 e 38 Cost.

(3) V. d.P.R. 31/12/1971, n. 1403 il quale ha concesso ai lavoratori addetti ai servizi domestici e familiari le prestazioni dell'assicurazione contro le malattie «nei limiti, secondo le norme e con le modalità stabilite per i lavoratori del settore commercio».

2243. Periodo di riposo (1). – [I] Il prestatore di lavoro, oltre al riposo settimanale secondo gli usi, ha diritto *dopo un anno di ininterrotto servizio* (2), ad un periodo di ferie retribuito, che non può essere inferiore a otto giorni [2109 // 36 Cost.].

(1) V. adesso art. 7 del d.lg. 8/4/2003, n. 66.

(2) La Corte costituzionale, con sent. 27/2/1969, n. 16, ha dichiarato l'illegittimità costituzionale dell'art. 2243 c.c. limitatamente all'inciso "dopo un anno di ininterrotto servizio" con riferimento all'art. 36 Cost.

2244. Recesso. – [I] Al contratto di lavoro domestico sono applicabili le norme sul recesso volontario [1373] e per giusta causa, stabilite negli articoli 2118 e 2119 (1).

[II] Il periodo di preavviso non può essere inferiore a otto giorni o, se l'anzianità di servizio è superiore a due anni, a quindici giorni (2).

(1) V. ora art. 4, co. 1, l. 11/5/1990, n. 108.

(2) V. ora art. 16 della l. 2/2/1958, n. 339.

2245. Indennità di anzianità. – [I] In caso di cessazione del contratto è dovuta al prestatore di lavoro un'indennità proporzionale agli anni di servizio, *salvo il caso di licenziamento per colpa di lui o di dimissioni volontarie* (1).

[II] L'ammontare dell'indennità è determinata sulla base dell'ultima retribuzione in danaro, nella misura di otto giorni per ogni anno di servizio (2).

[III] Se gli usi lo stabiliscono, l'indennità è dovuta anche nel caso di dimissioni volontarie*.

(1) Tale inciso risulta implicitamente modificato dall'art. 17 della l. 2/2/1958, n. 339, che ha riconosciuto il diritto all'indennità di anzianità in caso di licenziamento o di dimissioni. Inoltre, la Corte cost. con sent. 4/5/1972, n. 85, ha poi dichiarato l'illegittimità costituzionale dell'art. 17 nella parte in cui esclude il diritto all'indennità di anzianità in caso di licenziamento in tronco.

(2) Comma implicitamente modificato dall'art. 17 della l. 2/2/1958, n. 339.

* Comma implicitamente abrogato dall'art. 17 della l. 2/2/1958, n. 339.

2246. Certificato di lavoro. – [I] Alla cessazione del contratto il prestatore di lavoro ha diritto al rilascio di un certificato che attesti la natura delle mansioni disimpegnate e il periodo di servizio prestato [2124].

TITOLO V
DELLE SOCIETÀ

Capo I
Disposizioni generali

2247. Contratto di società (1). – [I] Con il contratto [2328, 2463] di società due o più persone conferiscono beni o servizi [2253, 2342, 2464] per l'esercizio in comune di **un'attività economica** [2082] allo scopo di dividerne gli utili (2).

➔ **Gai 3.148.**

(1) Rubrica così sostituita dall'art. 1 del d.lg. 3/3/1993, n. 88.

(2) Sul divieto di distribuzione degli utili nelle società sportive dilettantistiche, v. art. 90, co. 18, l. 27/12/2002, n. 289, come sostituito dall'art. 4, co. 6-ter, d.l. 22/3/2004, n. 72, conv. in l. 21/5/2004, n. 128; nelle organizzazioni esercenti un'impresa sociale, v. art. 3 del d.lg. 24/3/2006, n. 155.

2248. Comunione a scopo di godimento. – [I] La comunione costituita o mantenuta al solo scopo del godimento di una o più cose è regolata dalle norme del titolo VII del libro III [1100 ss., *2247*].

2249. Tipi di società. – [I] Le società che hanno per oggetto l'esercizio di un'attività commerciale [2195] devono costituirsi secondo uno dei tipi regolati nei capi III e seguenti di questo titolo [1322].

[II] Le società che hanno per oggetto l'esercizio di un'attività diversa [2135, 2229] sono regolate dalle disposizioni sulla società semplice [2251-2290], a meno che i soci abbiano voluto costituire la società secondo uno degli altri tipi regolati nei capi III e seguenti di questo titolo.

[III] Sono salve le disposizioni riguardanti le società cooperative [2511 ss.] e quelle delle leggi speciali che per l'esercizio di particolari categorie di imprese prescrivono la costituzione della società secondo un determinato tipo (1).

(1) V., d.lg. 1/9/1993, n. 385, art. 14 e 128-septies, per lo svolgimento dell'attività bancaria e di mediatore creditizio; d.lg. 24/2/1998, n. 58, art. 19 per l'esercizio professionalenei confronti del pubblico dei servizi e delle attività di investimento da parte delle SIM, art. 34 per l'esercizio del servizio di gestione collettiva del risparmio da parte delle SGR, art. 43 per la costituzione di SICAV, art. 80 per l'esercizio dell'attività di gestione accentrata di strumenti finanziari; d.lg. 7/9/2005, n. 209, art. 14, per l'esercizio dell'attività assicurativa; l. 23/3/1981, n. 91, art. 10, per lo svolgimento di attività sportive professionistiche.

2250. Indicazione negli atti e nella corrispondenza (1). – [I] Negli atti e nella corrispondenza delle società soggette all'obbligo dell'iscrizione nel registro delle imprese [2200] devono essere indicati la sede della società e l'ufficio del registro delle imprese presso il quale questa è iscritta e il numero di iscrizione.

[II] Il capitale delle società per azioni, in accomandita per azioni e a responsabilità limitata deve essere negli atti e nella corrispondenza indicato secondo la somma effettivamente versata e quale risulta esistente dall'ultimo bilancio.

[III] Dopo lo scioglimento delle società previste dal primo comma [2308, 2323, 2484] deve essere espressamente indicato negli atti e nella corrispondenza che la società è in liquidazione [2487, 2630].

[IV] Negli atti e nella corrispondenza delle società per azioni ed (2) a responsabilità limitata deve essere indicato se queste hanno un unico socio [2447-quinquies, 2497-bis, 2508[4]] (3).

[V] Gli atti delle società costituite secondo uno dei tipi regolati nei capi V, VI e VII del presente titolo, per i quali è obbligatoria l'iscrizione o il deposito, possono essere altresì pubblicati in apposita sezione del registro delle imprese in altra lingua ufficiale delle Comunità europee, con traduzione giurata di un esperto (4).

[VI] In caso di discordanza con gli atti pubblicati in lingua italiana, quelli pubblicati in altra lingua ai sensi del quinto comma non possono essere opposti ai terzi, ma questi possono avvalersene, salvo che la società dimostri che essi erano a conoscenza della loro versione in lingua italiana (4).

[VII] Le società di cui al quinto comma che dispongono di uno spazio elettronico destinato alla comunicazione collegato ad una rete telematica ad accesso pubblico forniscono, attraverso tale mezzo, tutte le informazioni di cui al primo, secondo, terzo e quarto comma (4).

(1) Articolo così sostituito dall'art. 1 del d.P.R. 29/12/1969, n. 1127.

(2) Le parole "per azioni ed" sono state inserite dall'art. 6, co. 3, d.lg. 6/2/2004, n. 37.

(3) Comma aggiunto dall'art. 2 del d.lg. 3/3/1993, n. 88.

(4) Comma aggiunto dall'art. 42, co. 1, l. 7/7/2009, n. 88 (Legge comunitaria 2008).

Capo II
Della società semplice

Sezione I
Disposizioni generali

2251. Contratto sociale. – [I] Nella società semplice [204 trans.] il contratto non è soggetto a forme speciali, salve quelle richieste dalla natura dei beni conferiti [1350[n. 1, 9]].

2252. Modificazioni del contratto sociale. – [I] Il contratto sociale può essere modificato soltanto con il consenso di tutti i soci, se non è convenuto diversamente [2500-ter[1], 2502[1]].

Sezione II
Dei rapporti tra i soci

2253. Conferimenti. – [I] Il socio è obbligato a eseguire i conferimenti determinati nel contratto sociale [2247, 2286, 2342].

[II] Se i conferimenti non sono determinati, si presume che i soci siano obbligati a conferire, in parti eguali tra loro, quanto è necessario per il conseguimento dell'oggetto sociale.

2254. Garanzia e rischi dei conferimenti. – [I] Per le cose conferite in proprietà la garanzia dovuta dal socio e il passaggio dei rischi sono regolati dalle norme sulla vendita [1465, 1483 ss., 1529, 2286[3]].

[II] Il rischio delle cose conferite in godimento resta a carico del socio che le ha conferite [2281, 2286[2]]. La garanzia per il godimento è regolata dalle norme sulla locazione [1578 ss., 1585 ss., 2342[3], 2440, 2463[5]].

2255. Conferimento di crediti. – [I] Il socio che ha conferito un credito risponde della insolvenza del debitore, nei limiti indicati dall'articolo 1267 per il caso di assunzione convenzionale della garanzia [2342, 2440].

2256. Uso illegittimo delle cose sociali. – [I] Il socio non può servirsi, senza il consenso degli altri soci, delle cose appartenenti al patrimonio sociale per fini estranei a quelli della società [2248].

2257. Amministrazione disgiuntiva (1). – [I]. L'istituzione degli assetti di cui all'articolo 2086, secondo comma, spetta esclusivamente agli amministratori. Salvo diversa pattuizione, l'amministrazione della società spetta a ciascuno dei soci disgiuntamente dagli altri (1).

[II]. Se l'amministrazione spetta disgiuntamente a più soci, ciascun socio amministratore ha diritto di opporsi all'operazione che un altro voglia compiere, prima che sia compiuta.

[III]. La maggioranza dei soci, determinata secondo la parte attribuita a ciascun socio negli utili, decide sull'opposizione.

(1) Comma sostituito dall'art. 40, co. 1, d.lg. 26/10/2020, n. 147. Ai sensi dell'art. 42, co. 1, del citato decreto la presente disposizione entra in vigore il 20/11/2020. Il testo del comma, come da ultimo sostituito dall'art. 377, co. 1, d.lg. 12/1/2019, n. 14 era il seguente: «La gestione dell'impresa si svolge nel rispetto della disposizione di cui all'articolo 2086, secondo comma, e spetta esclusivamente agli amministratori, i quali compiono le operazioni necessarie per l'attuazione dell'oggetto sociale. Salvo diversa pattuizione, l'amministrazione della società spetta a ciascuno dei soci disgiuntamente dagli altri». Tale modifica, ai sensi dell'art. 389, co. 2, d.lg. n. 14, cit., entrava in vigore il trentesimo giorno successivo alla pubblicazione nella Gazzetta Ufficiale del presente decreto (16/3/2019). Il testo del comma precedentemente alla sostituzione era il seguente: «Salvo diversa pattuizione, l'amministrazione della società spetta a ciascuno dei soci disgiuntamente dagli altri». V. art. 2475, co. 3, CC. e art. 37 del d.lg. 17/1/2003, n. 5.

2258. Amministrazione congiuntiva (1). – [I] Se l'amministrazione spetta congiuntamente a più soci, è necessario il consenso di tutti i soci amministratori per il compimento delle operazioni sociali.

[II] Se è convenuto che per l'amministrazione o per determinati atti sia necessario il consenso della maggioranza, questa si determina a norma dell'ultimo comma dell'articolo precedente.

[III] Nei casi preveduti da questo articolo, i singoli amministratori non possono compiere da soli alcun atto, salvo che vi sia urgenza di evitare un danno alla società.

(1) V. art. 2475, co. 3, CC.

2259. Revoca della facoltà di amministrare. – [I] La revoca dell'amministratore nominato con il contratto sociale non ha effetto se non ricorre una giusta causa [1723[2]].

[II] L'amministratore nominato con atto separato è revocabile secondo le norme sul mandato [1723 ss.].

[III] La revoca per giusta causa può in ogni caso essere chiesta giudizialmente [2409, 2476 //700 CPC.] da ciascun socio.

2260. Diritti e obblighi degli amministratori. – [I] I diritti e gli obblighi degli amministratori sono regolati dalle norme sul mandato [1710 ss.].

[II] Gli amministratori sono solidalmente responsabili verso la società [1292 ss.] per l'adempimento degli obblighi ad essi imposti dalla legge e dal contratto sociale. Tuttavia la responsabilità non si estende a quelli che dimostrino di essere esenti da colpa [18, 2392[3], 2476[1]].

2261. Controllo dei soci. – [I] I soci che non partecipano alla amministrazione hanno diritto di avere dagli amministratori notizia dello svolgimento degli affari sociali, di consultare i documenti relativi all'amministrazione [2476[2]] e di ottenere il rendiconto [1713] quando gli affari per cui fu costituita la società sono stati compiuti.

[II] Se il compimento degli affari sociali dura oltre un anno, i soci hanno diritto di avere il rendiconto dell'amministrazione al termine di ogni anno, salvo che il contratto stabilisca un termine diverso.

2262. Utili. – [I] Salvo patto contrario, ciascun socio ha diritto di percepire la sua parte di utili dopo l'approvazione del rendiconto [2303, 2350, 2433].

2263. Ripartizione dei guadagni e delle perdite. – [I] Le parti spettanti ai soci nei guadagni e nelle perdite si presumono proporzionali ai conferimenti [2346[4], 2468[2]]. Se il valore dei conferimenti non è determinato dal contratto, esse si presumono eguali [2265].

[II] La parte spettante al socio che ha conferito la propria opera, se non è determinata dal contratto, è fissata dal giudice secondo equità [2295[n. 7], 2500-quater[2]].

[III] Se il contratto determina soltanto la parte di ciascun socio nei guadagni, nella stessa misura si presume che debba determinarsi la partecipazione alle perdite [2265].

➔ **D. 17.2.29 pr.**

2264. Partecipazione ai guadagni e alle perdite rimessa alla determinazione di un terzo. – [I] La determinazione della parte di ciascun socio nei guadagni e nelle perdite può essere rimessa ad un terzo [1349, 2603[4]].

[II] La determinazione del terzo può essere impugnata soltanto nei casi previsti dall'articolo 1349 e nel termine di tre mesi dal giorno in cui il socio, che pretende di esserne leso, ne ha avuto comunicazione [2964 ss.]. La impugnazione non può essere proposta dal socio che ha volontariamente eseguito la determinazione del terzo [1444].

2265. Patto leonino. – [I] È nullo [1418, 1419[1]] il patto con il quale uno o più soci sono esclusi da ogni partecipazione agli utili o alle perdite [2263, 2348[2], 2553].

➔ **D. 17.2.29.2.**

Sezione III
Dei rapporti con i terzi

2266. Rappresentanza della società. – [I] La società acquista diritti e assume obbligazioni per mezzo dei soci che ne hanno la rappresentanza [1387] e sta in giudizio nella persona dei medesimi [2278[2]].

[II] In mancanza di diversa disposizione del contratto, la rappresentanza spetta a ciascun socio amministratore [2257-2258] e si estende a tutti gli atti che rientrano nell'oggetto sociale [2298, 2384, 2475-*bis*].

[III] Le modificazioni e l'estinzione dei poteri di rappresentanza sono regolate dall'art. 1396.

2267. Responsabilità per le obbligazioni sociali. – [I] I creditori della società possono far valere i loro diritti sul patrimonio sociale [2268]. Per le obbligazioni sociali [2266] rispondono inoltre personalmente [2740] e solidalmente [1292 ss.] i soci che hanno agito in nome e per conto della società [2266] e, salvo patto contrario, gli altri soci [38, 41[1], 2291, 2297, 2313, 2317].

[II] Il patto deve essere portato a conoscenza dei terzi con mezzi idonei; in mancanza, la limitazione della responsabilità o l'esclusione della solidarietà non è opponibile a coloro che non ne hanno avuto conoscenza.

2268. Escussione preventiva del patrimonio sociale. – [I] Il socio richiesto del pagamento di debiti sociali può domandare, anche se la società è in liquidazione [2274 ss.], la preventiva escussione del patrimonio sociale [2304, 2461[1]], indicando i beni sui quali il creditore possa agevolmente soddisfarsi [1944[2], 2304].

2269. Responsabilità del nuovo socio. – [I] Chi entra a far parte di una società già costituita risponde con gli altri soci per le obbligazioni sociali anteriori all'acquisto della qualità di socio [2500-*sexies*[4]].

2270. Creditore particolare del socio. – [I] Il creditore particolare del socio, finché dura la società, può far valere i suoi diritti sugli utili spettanti al debitore [2262] e compiere atti conservativi [2905, 2910 ss.] sulla quota spettante a quest'ultimo nella liquidazione [2282, 2283].

[II] Se gli altri beni del debitore sono insufficienti a soddisfare i suoi crediti, il creditore particolare del socio può inoltre chiedere in ogni tempo [2305, 2537, 2614] la liquidazione della quota del suo debitore [2288[2], 2352, 2471]. La quota deve essere liquidata [2289] entro tre mesi dalla domanda, salvo che sia deliberato lo scioglimento della società [2272].

2271. Esclusione della compensazione. – [I] Non è ammessa compensazione [1241, 1246[n. 5]] fra il debito che un terzo ha verso la società e il credito che egli ha verso un socio.

Sezione IV
Dello scioglimento della società

2272. Cause di scioglimento (1). – [I] La società si scioglie:

1) per il decorso del termine [2273, 2285, 2303];

2) per il conseguimento dell'oggetto sociale o per la sopravvenuta impossibilità di conseguirlo [27[1]];

3) per la volontà di tutti i soci [1372, 2252, 2284];

4) quando viene a mancare la pluralità dei soci, se nel termine di sei mesi questa non è ricostituita [27[2], 2323, 2522[3]];

5) per le altre cause previste dal contratto sociale [2284].

➔ **D. 17.2.63.10.**

(1) V. art. 2308, 2323, 2484 CC. L'art. 382, co. 1 del d.lg. 12/1/2019, n. 14, come modificato dall'art. 39, co. 2, d.lg. 26/10/2020, n. 147, dispone che al co. 1, dopo il numero 5) è aggiunto il seguente: «5-bis) per l'apertura della procedura di liquidazione controllata». Ai sensi dell'art. 389, co. 1, d.lg. n. 14, cit., come sostituito dall'art. 5, co. 1, d.l. 8/4/2020, n. 23, conv., con modif., in l. 5/6/2020, n. 40, la presente disposizione entra in vigore il 1/9/2021. V. anche l'art. 42, co. 1, d.lg. n. 147, cit., che così dispone: «Il presente decreto entra in vigore alla data di cui all'articolo 389, comma 1, del decreto legislativo 12 gennaio 2019, n. 14, ad eccezione delle disposizioni di cui agli articoli 37, commi 1 e 2, e 40».

2273. Proroga tacita. – [I] La società è tacitamente prorogata a tempo indeterminato [2285[1]] quando, decorso il tempo per cui fu contratta, i soci continuano a compiere le operazioni sociali [2307[3]].

2274. Poteri degli amministratori dopo lo scioglimento. – [I] Avvenuto lo scioglimento della società [2272], i soci amministratori conservano il potere di amministrare [29, 2486], limitatamente agli affari urgenti, fino a che siano presi i provvedimenti necessari per la liquidazione [2275 ss.].

2275. Liquidatori. – [I] Se il contratto non prevede il modo di liquidare il patrimonio sociale e i soci non sono d'accordo nel determinarlo, la liquidazione è fatta da uno o più liquidatori [2257-2258], nominati con il consenso di tutti i soci o, in caso di disaccordo, dal presidente del tribunale [2309, 2487[3]].

[II] I liquidatori possono essere revocati per volontà di tutti i soci e in ogni caso dal tribunale per giusta causa su domanda di uno o più soci [2259, 2487[4]].

2276. Obblighi e responsabilità dei liquidatori. – [I] Gli obblighi e la responsabilità dei liquidatori sono regolati dalle disposizioni stabilite per gli amministratori [2260], in quanto non sia diversamente disposto dalle norme seguenti [2279] o dal contratto sociale [2489].

2277. Inventario. – [I] Gli amministratori devono consegnare ai liquidatori i beni e i documenti sociali e presentare ad essi il conto della gestione relativo al periodo successivo all'ultimo rendiconto [2261, 2487-*bis*[3]].

[II] I liquidatori devono prendere in consegna i beni e i documenti sociali, e redigere, insieme con gli amministratori, l'inventario dal quale risulti lo stato attivo e passivo del patrimonio sociale [2217 //769 ss. CPC.]. L'inventario deve essere sottoscritto dagli amministratori e dai liquidatori [2489].

2278. Poteri dei liquidatori. – [I] I liquidatori possono compiere [2257, 2258] gli atti necessari [2489[1]] per la liquidazione e, se i soci non hanno disposto diversamente, possono vendere anche in blocco i beni sociali e fare transazioni e compromessi [2489].

[II] Essi rappresentano la società anche in giudizio [2266].

2279. Divieto di nuove operazioni. – [I] I liquidatori non possono intraprendere nuove operazioni [2278]. Contravvenendo a tale divieto, essi rispondono personalmente [2740] e solidalmente [1292 ss.] per gli affari intrapresi [29, 2489].

2280. Pagamento dei debiti sociali. – [I] I liquidatori non possono ripartire tra i soci, neppure parzialmente, i beni sociali, finché non siano pagati i creditori della società o non siano accantonate le somme necessarie per pagarli [2491].

[II] Se i fondi disponibili risultano insufficienti per il pagamento dei debiti sociali, i liquidatori possono chiedere ai soci i versamenti ancora dovuti sulle rispettive quote [2491[1]] e, se occorre, le somme necessarie, nei limiti della rispettiva responsabilità [2267] e in proporzione della parte di ciascuno nelle perdite [2263]. Nella stessa proporzione si ripartisce tra i soci il debito del socio insolvente [1299[2], 2615[2]].

2281. Restituzione dei beni conferiti in godimento. – [I] I soci che hanno conferito beni in godimento [2254] hanno diritto di riprenderli nello stato in cui si trovano [1590]. Se i beni sono periti o deteriorati per causa imputabile agli amministratori, i soci hanno diritto al risarcimento del danno a carico del patrimonio sociale [2043], salva l'azione contro gli amministratori.

2282. Ripartizione dell'attivo (1). – [I] Estinti i debiti sociali, l'attivo residuo è destinato al rimborso dei conferimenti [2263[2]]. L'eventuale eccedenza è ripartita tra i soci in proporzione della parte di ciascuno nei guadagni [2263].

[II] L'ammontare dei conferimenti non aventi per oggetto somme di danaro è determinato secondo la valutazione che ne è stata fatta nel contratto [2253, 2295[n. 6]] o, in mancanza, secondo il valore che essi avevano nel momento in cui furono eseguiti.

(1) L'art. 382, co. 1, d.lg. 12/1/2019, n. 14, come modificato dall'art. 39, co. 2, d.lg. 26/10/2020, n. 147, dispone la sostituzione del presente comma con il seguente: «È escluso di diritto il socio nei confronti del quale è stata aperta o al quale è stata estesa la procedura di liquidazione giudiziale o di liquidazione controllata». Ai sensi dell'art. 389, co. 1, d.lg. n. 14, cit., come sostituito dall'art. 5, co. 1 del d.l. 8/4/2020, n. 23, conv., con modif., in l. 5/6/2020, n. 40, la presente disposizione entra in vigore il 1/9/2021. V. anche l'art. 42, co. 1, d.lg. n. 147, cit., che così dispone: «Il presente decreto entra in vigore alla data di cui all'articolo 389, comma 1, del decreto legislativo 12 gennaio 2019, n. 14, ad eccezione delle disposizioni di cui agli articoli 37, commi 1 e 2, e 40».

2283. Ripartizione di beni in natura. – [I] Se è convenuto che la ripartizione dei beni sia fatta in natura, si applicano le disposizioni sulla divisione delle cose comuni [718 ss., 1114 ss., 2817[n. 2]].

Sezione V
Dello scioglimento del rapporto sociale limitatamente a un socio

2284. Morte del socio. – [I] Salvo contraria disposizione del contratto sociale [458, 2272[n. 5], 2469[1]], in caso di morte di uno dei soci [2322[1]], gli altri devono liquidare la quota agli eredi [2289, 2534], a meno che preferiscano sciogliere la società [2272[n. 3]] ovvero continuarla con gli eredi stessi e questi vi acconsentano.

2285. Recesso del socio. – [I] Ogni socio può recedere [1373] dalla società quando questa è contratta a tempo indeterminato [2273, 2328[2, n. 13], 2473[2]] o per tutta la vita di uno dei soci.

[II] Può inoltre recedere nei casi previsti nel contratto sociale ovvero quando sussiste una giusta causa [2437].

[III] Nei casi previsti nel primo comma il recesso deve essere comunicato agli altri soci con un preavviso di almeno tre mesi [24[2], 2307[3], 2293, 2315].

2286. Esclusione (1). – [I] L'esclusione di un socio può avere luogo per gravi inadempienze [24[3], 1455] delle obbligazioni che derivano dalla legge o dal contratto sociale [2253, 2301, 2320], nonché per l'interdizione, l'inabilitazione del socio [414 ss., 208[2] trans.] o per la sua condanna ad una pena che importa l'interdizione, anche temporanea, dai pubblici uffici [p. 32].

[II] Il socio che ha conferito nella società la propria opera [2263[2]] o il godimento di una cosa [2254[2]] può altresì essere escluso per la sopravvenuta inidoneità a svolgere l'opera conferita o per il perimento della cosa dovuto a causa non imputabile agli amministratori [2281].

[III] Parimenti può essere escluso il socio che si è obbligato con il conferimento a trasferire la proprietà di una cosa, se questa è perita prima che la proprietà sia acquistata alla società [1465, 2254[1]].

(1) V. art. 2473-*bis*, 2531, 2533 CC.

2287. Procedimento di esclusione. – [I] L'esclusione è deliberata dalla maggioranza dei soci, non computandosi nel numero di questi il socio da escludere, ed ha effetto decorsi trenta giorni dalla data della comunicazione al socio escluso.

[II] Entro questo termine il socio escluso può fare opposizione davanti al tribunale [24[3], 2533[3]], il quale può sospendere l'esecuzione.

[III] Se la società si compone di due soci, l'esclusione di uno di essi è pronunciata dal tribunale, su domanda dell'altro.

2288. Esclusione di diritto. – [I] È escluso di diritto il socio nei confronti del quale sia stata aperta o estesa la procedura di liquidazione giudiziale secondo il codice della crisi e dell'insolvenza (1).

[II] Parimenti è escluso di diritto il socio nei cui confronti un suo creditore particolare abbia ottenuto la liquidazione della quota a norma dell'articolo 2270.

(1) Comma così sostituito dall'art. 382, co. 1, d.lg. 12/1/2019, n. 14; la precedente formulazione prevedeva che «È escluso di diritto il socio che sia dichiarato fallito». Ai sensi dell'art. 389, co. 1, d.lg. n. 14, cit., come sostituito dall'art. 5, co. 1, d.l. 8/4/2020, n. 23, conv., con modif., in l. 5/6/2020, n. 40, la presente disposizione entra in vigore il 1/9/2021.

2289. Liquidazione della quota del socio uscente. – [I] Nei casi in cui il rapporto sociale si scioglie limitatamente a un socio [2284-2286], questi o i suoi eredi hanno diritto soltanto ad una somma di danaro che rappresenti il valore della quota.

[II] La liquidazione della quota è fatta in base alla situazione patrimoniale della società nel giorno in cui si verifica lo scioglimento.

[III] Se vi sono operazioni in corso, il socio o i suoi eredi partecipano agli utili e alle perdite inerenti alle operazioni medesime.

[IV] Salvo quanto è disposto nell'articolo 2270, il pagamento della quota spettante al socio deve essere fatto entro sei mesi dal giorno in cui si verifica lo scioglimento del rapporto [2307, 2535].

2290. Responsabilità del socio uscente o dei suoi eredi. – [I] Nei casi in cui il rapporto sociale si scioglie limitatamente a un socio [2284-2286], questi o i suoi eredi sono responsabili verso i terzi per le obbligazioni sociali [2267] fino al giorno in cui si verifica lo scioglimento [2536] (1).

[II] Lo scioglimento deve essere portato a conoscenza dei terzi con mezzi idonei; in mancanza non è opponibile ai terzi che lo hanno senza colpa ignorato.

(1) V. art. 147, co. 2, r.d. 16/3/1942, n. 267.

Capo III
Della società in nome collettivo

2291. Nozione. – [I] Nella società in nome collettivo tutti i soci rispondono solidalmente [1292] e illimitatamente per le obbligazioni sociali [2304, 2500-*quinquies*] (1).

[II] Il patto contrario non ha effetto nei confronti dei terzi [2267, 2297].

(1) V. art. 147 del r.d. 16/3/1942, n. 267.

2292. Ragione sociale. – [I] La società in nome collettivo agisce sotto una ragione sociale costituita dal nome di uno o più soci con l'indicazione del rapporto sociale [2563, 2567].

[II] La società può conservare nella ragione sociale il nome del socio receduto o defunto, se il socio receduto o gli eredi del socio defunto vi consentono [207 trans.].

2293. Norme applicabili. – [I] La società in nome collettivo è regolata dalle norme di questo capo e, in quanto queste non dispongano, dalle norme del capo precedente [2251 ss.].

2294. Incapace. – [I] La partecipazione di un incapace alla società in nome collettivo è subordinata in ogni caso all'osservanza delle disposizioni degli articoli 320, 371, 397, 424 e 425 [208 trans.].

2295. Atto costitutivo. – [I] L'atto costitutivo della società deve indicare:

1) il cognome e il nome, il luogo e la data di nascita, il domicilio, la cittadinanza dei soci [2328[2, n. 1], 2463[2, n. 1]] (1);

2) la ragione sociale [2292];

3) i soci che hanno l'amministrazione e la rappresentanza della società [2298];

4) la sede della società [2250, 2296 //19 CPC.] e le eventuali sedi secondarie [2299];

5) l'oggetto sociale;

6) i conferimenti di ciascun socio, il valore ad essi attribuito e il modo di valutazione [2253 ss.];

7) le prestazioni a cui sono obbligati i soci di opera [2263[2], 2500-*quater*[2]];

8) le norme secondo le quali gli utili devono essere ripartiti e la quota di ciascun socio negli utili e nelle perdite [2263 ss.];

9) la durata della società [2307].

(1) I riferimenti alla paternità e alla razza che originariamente figuravano nel numero sono stati soppressi, rispettivamente, con l. 31/10/1955, n. 1064, e con d.lgs.lt. 14/9/1944, n. 287.

2296. Pubblicazione (1). – [I] L'atto costitutivo della società, con sottoscrizione autenticata [2703] dei contraenti, o una copia autentica di esso se la stipulazione è avvenuta per atto pubblico [2699], deve entro trenta giorni [2330, 2463[3]] essere depositato per l'iscrizione, a cura degli amministratori [2630], presso l'ufficio del registro delle imprese (2) [2188 ss. //99 ss. att.] nella cui circoscrizione è stabilita la sede sociale [2297].

[II] Se gli amministratori non provvedono al deposito nel termine indicato nel comma precedente, ciascun socio può provvedervi a spese della società, o far condannare gli amministratori ad eseguirlo.

[III] Se la stipulazione è avvenuta per atto pubblico, è obbligato ad eseguire il deposito anche il notaio [2330[1]].

(1) V. l'articolo unico l. 13/3/1980, n. 73, come sostituito dall'art. 6 del d.lg. 29/12/1992, n. 516.

(2) V. l. 29/12/1993, n. 580 e d.P.R. 7/12/1995, n. 581.

2297. Mancata registrazione. – [I] Fino a quando la società non è iscritta nel registro delle imprese [99 att.], i rapporti tra la società e i terzi, ferma restando la responsabilità illimitata e solidale di tutti i soci [2291], sono regolati dalle disposizioni relative alla società semplice [2266-2290].

[II] Tuttavia si presume che ciascun socio che agisce per la società abbia la rappresentanza sociale, anche in giudizio. I patti che attribuiscono la rappresentanza ad alcuno soltanto dei soci o che limitano i poteri di rappresentanza non sono opponibili ai terzi, a meno che si provi che questi ne erano a conoscenza.

2298. Rappresentanza della società. – [I] L'amministratore che ha la rappresentanza della società può compiere tutti gli atti che rientrano nell'oggetto sociale, salve le limitazioni che risultano dall'atto costitutivo o dalla procura. Le limitazioni non sono opponibili ai terzi, se non sono iscritte nel registro delle imprese o se non si prova che i terzi ne hanno avuto conoscenza [19, 2193, 2384[2], 2475-bis[2]] (1).

(1) Seguiva un secondo comma abrogato dall'art. 33, co. 1, l. 24/11/2000, n. 340, il cui testo recitava: «Gli amministratori che hanno la rappresentanza sociale devono, entro quindici giorni dalla notizia della nomina, depositare presso l'ufficio del registro delle imprese le loro firme autografe».

2299. Sedi secondarie. – [I] Un estratto dell'atto costitutivo deve essere depositato per l'iscrizione presso l'ufficio del registro delle imprese [99 att.] del luogo in cui la società istituisce sedi secondarie [2295[n.4]] con una rappresentanza stabile, entro trenta giorni dall'istituzione delle medesime [2197[2]].

[II] L'estratto deve indicare l'ufficio del registro presso il quale è iscritta la società e la data dell'iscrizione.

*[III]Presso l'ufficio del registro in cui è iscritta la sede secondaria deve essere altresì depositata la firma autografa del rappresentante preposto all'esercizio della sede medesima**.

[IV] L'istituzione di sedi secondarie deve essere denunciata per la iscrizione nello stesso termine anche all'ufficio del registro del luogo dove è iscritta la società [2330[4], 2630].

* L'originario co. 3 è stato abrogato dall'art. 33, co. 1, l. 24/11/2000, n. 340.

2300. Modificazioni dell'atto costitutivo. – [I] Gli amministratori [2630] devono richiedere nel termine di trenta giorni all'ufficio del registro delle imprese [99 att.] l'iscrizione delle modificazioni dell'atto costitutivo [2252] e degli altri fatti relativi alla società, dei quali è obbligatoria l'iscrizione [2436].

[II] Se la modificazione dell'atto costitutivo risulta da deliberazione dei soci, questa deve essere depositata in copia autentica.

[III] Le modificazioni dell'atto costitutivo, finché non sono iscritte, non sono opponibili ai terzi, a meno che si provi che questi ne erano a conoscenza [2193 //211 trans.].

2301. Divieto di concorrenza. – [I] Il socio non può, senza il consenso degli altri soci, esercitare per conto proprio o altrui un'attività concorrente [2595 ss.] con quella della società, né partecipare come socio illimitatamente responsabile [2291, 2318, 2452] ad altra società concorrente [2390].

[II] Il consenso si presume, se l'esercizio dell'attività o la partecipazione ad altra società preesisteva al contratto sociale, e gli altri soci ne erano a conoscenza.

[III] In caso d'inosservanza delle disposizioni del primo comma la società ha diritto al risarcimento del danno, salva l'applicazione dell'articolo 2286.

2302. Scritture contabili. – [I] Gli amministratori devono tenere i libri e le altre scritture contabili prescritti dall'articolo 2214 [2312, 2421, 2478, 200 trans.].

2303. Limiti alla distribuzione degli utili. – [I] Non può farsi luogo a ripartizione di somme tra soci se non per utili realmente conseguiti [2262, 2321, 2433², 2478 bis⁴, 2627].

[II] Se si verifica una perdita del capitale sociale [2295^n. 6], non può farsi luogo a ripartizione di utili fino a che il capitale non sia reintegrato o ridotto in misura corrispondente [2433³, 2478-bis⁵].

2304. Responsabilità dei soci. – [I] I creditori sociali, anche se la società è in liquidazione [2309 ss.], non possono pretendere il pagamento dai singoli soci, se non dopo l'escussione del patrimonio sociale [2268, 2297¹, 2461¹].

2305. Creditore particolare del socio. – [I] Il creditore particolare del socio, finché dura la società [2308], non può chiedere la liquidazione della quota del socio debitore [2270, 2297¹, 2307, 2537, 2614].

2306. Riduzione di capitale. – [I] La deliberazione di riduzione di capitale, mediante rimborso ai soci delle quote pagate o mediante liberazione di essi dall'obbligo di ulteriori versamenti, può essere eseguita soltanto dopo tre mesi dal giorno dell'iscrizione nel registro delle imprese [99 att.], purché entro questo termine nessun creditore sociale anteriore all'iscrizione abbia fatto opposizione [2445, 2482, 2629 //211 trans.].

[II] Il tribunale, nonostante l'opposizione, può disporre che l'esecuzione abbia luogo, previa prestazione da parte della società di un'idonea garanzia [1179].

2307. Proroga della società. – [I] Il creditore particolare del socio può fare opposizione alla proroga della società, entro tre mesi dalla iscrizione della deliberazione di proroga nel registro delle imprese [99 att.].

[II] Se l'opposizione è accolta, la società deve, entro tre mesi dalla notificazione della sentenza, liquidare la quota del socio debitore dell'opponente [2289].

[III] In caso di proroga tacita [2273] ciascun socio può sempre recedere dalla società [1373], dando preavviso a norma dell'articolo 2285, e il creditore particolare del socio può chiedere la liquidazione della quota del suo debitore a norma dell'articolo 2270 [211 trans.].

2308. Scioglimento della società. – [I] La società si scioglie [2250³], oltre che per le cause indicate dall'articolo 2272, per provvedimento dell'autorità governativa nei casi stabiliti dalla legge e per l'apertura della procedura di liquidazione giudiziale (1).

(1) Comma così sostituito dall'art. 382, co. 2, d.lg. 12/1/2019, n. 14; la precedente formulazione prevedeva che «La società si scioglie, oltre che per le cause indicate dall'articolo 2272, per provvedimento dell'autorità governativa nei casi stabiliti dalla legge, e, salvo che abbia per oggetto un'attività non commerciale, per la dichiarazione di fallimento». Ai sensi dell'art. 389, co. 1, d.lg. n. 14, cit., come sostituito dall'art. 5, co. 1, d.l. 8/4/2020, n. 23, conv., con modif., in l. 5/6/2020, n. 40, la presente disposizione entra in vigore il 1/9/2021.

2309. Pubblicazione della nomina dei liquidatori (1). – [I] La deliberazione dei soci o la sentenza che nomina i liquidatori e ogni atto successivo che importa cambiamento nelle persone dei liquidatori devono essere, entro trenta giorni dalla notizia della nomina, depositati in copia autentica a cura dei liquidatori medesimi per l'iscrizione presso l'ufficio del registro delle imprese [2487-bis, 2630].

(1) Articolo così modificato dall'art. 33, co. 1, l. 24/11/2000, n. 340, che ha soppresso il co. 2, il cui testo recitava: «I liquidatori devono altresì depositare presso lo stesso ufficio le loro firme autografe».

2310. Rappresentanza della società in liquidazione. – [I] Dalla iscrizione della nomina dei liquidatori la rappresentanza della società, anche in giudizio, spetta ai liquidatori [2278, 2279, 2298, 2489].

2311. Bilancio finale di liquidazione e piano di riparto. – [I] Compiuta la liquidazione, i liquidatori devono redigere il bilancio finale e proporre ai soci il piano di riparto.

[II] Il bilancio, sottoscritto dai liquidatori, e il piano di riparto devono essere comunicati mediante raccomandata ai soci, e s'intendono approvati se non sono stati impugnati nel termine di due mesi dalla comunicazione [2492, 2493,2964 ss.].

[III] In caso d'impugnazione del bilancio e del piano di riparto, il liquidatore può chiedere che le questioni relative alla liquidazione siano esaminate separatamente da quelle relative alla divisione, alle quali il liquidatore può restare estraneo.

[IV] Con l'approvazione del bilancio i liquidatori sono liberati di fronte ai soci [2493, 2633 //218 trans.].

2312. Cancellazione della società. – [I] Approvato il bilancio finale di liquidazione [2311], i liquidatori devono chiedere la cancellazione della società dal registro delle imprese.

[II] Dalla cancellazione della società [2495²] i creditori sociali che non sono stati soddisfatti possono far valere i loro crediti nei confronti dei soci e, se il mancato pagamento è dipeso da colpa dei liquidatori, anche nei confronti di questi [2324].

[III] Le scritture contabili [2302] e i documenti che non spettano ai singoli soci sono depositati presso la persona designata dalla maggioranza.

[IV] Le scritture contabili [2302] e i documenti devono essere conservati per dieci anni a decorrere dalla cancellazione della società dal registro delle imprese.

Capo IV
Della società in accomandita semplice

2313. Nozione. – [I] Nella società in accomandita semplice i soci accomandatari [2318] rispondono solidalmente [1292 ss.] e illimitatamente per le obbligazioni sociali, e i soci accomandanti [2320] rispondono limitatamente alla quota conferita [2253, 2553].

[II] Le quote di partecipazione dei soci non possono essere rappresentate da azioni [2452].

2314. Ragione sociale. – [I] La società agisce sotto una ragione sociale costituita dal nome di almeno uno dei soci accomandatari, con l'indicazione di società in accomandita semplice, salvo il disposto del secondo comma dell'articolo 2292 [2564, 2567].

[II] L'accomandante, il quale consente che il suo nome sia compreso nella ragione sociale, risponde di fronte ai terzi illimitatamente e solidalmente [1292 ss.] con i soci accomandatari per le obbligazioni sociali [2320].

2315. Norme applicabili. – [I] Alla società in accomandita semplice si applicano le disposizioni relative alla società in nome collettivo [2291-2312], in quanto siano compatibili con le norme seguenti [2293].

2316. Atto costitutivo. – [I] L'atto costituivo [2295] deve indicare i soci accomandatari e i soci accomandanti [2455].

2317. Mancata registrazione. – [I] Fino a quando la società non è iscritta nel registro delle imprese [99 att.], ai rapporti fra la società e i terzi si applicano le disposizioni dell'articolo 2297 [2266-2290].

[II] Tuttavia per le obbligazioni sociali i soci accomandanti rispondono limitatamente alla loro quota [2313^{1}], salvo che abbiano partecipato alle operazioni sociali [2320].

2318. Soci accomandatari. – [I] I soci accomandatari hanno i diritti e gli obblighi dei soci della società in nome collettivo.

[II] L'amministrazione della società può [2455^{2}] essere conferita soltanto a soci accomandatari [2323^{2}].

2319. Nomina e revoca degli amministratori. – [I] Se l'atto costitutivo non dispone diversamente, per la nomina degli amministratori e per la loro revoca nel caso indicato nel secondo comma dell'articolo 2259 sono necessari il consenso dei soci accomandatari e l'approvazione di tanti soci accomandanti che rappresentino la maggioranza del capitale da essi sottoscritto.

2320. Soci accomandanti. – [I] I soci accomandanti non possono compiere atti di amministrazione, né trattare o concludere affari in nome della società [2317^{2}], se non in forza di procura speciale per singoli affari. Il socio accomandante che contravviene a tale divieto assume responsabilità illimitata e solidale [1292 ss.] verso i terzi per tutte le obbligazioni sociali [2291-2314^{2}] (1) e può essere escluso a norma dell'articolo 2286.

[II] I soci accomandanti possono tuttavia prestare la loro opera sotto la direzione degli amministratori e, se l'atto costitutivo lo consente, dare autorizzazioni e pareri per determinate operazioni e compiere atti di ispezione e di sorveglianza.

[III] In ogni caso essi hanno diritto di avere comunicazione annuale del bilancio e del conto dei profitti e delle perdite, e di controllarne l'esattezza, consultando i libri e gli altri documenti della società [2261].

(1) V. art. 147 del r.d. 16/3/1942, n. 267.

2321. Utili percepiti in buona fede. – [I] I soci accomandanti non sono tenuti alla restituzione degli utili riscossi in buona fede secondo il bilancio regolarmente approvato [2433^{4}].

2322. Trasferimento della quota. – [I] La quota di partecipazione del socio accomandante è trasmissibile per causa di morte [2284, 2469].

[II] Salvo diversa disposizione dell'atto costitutivo, la quota può essere ceduta, con effetto verso la società, con il consenso dei soci che rappresentano la maggioranza del capitale [2252].

2323. Cause di scioglimento. – [I] La società si scioglie [2250^{3}], oltre che per le cause previste nell'articolo 2308 [2272], quando rimangono soltanto soci accomandanti o soci accomandatari, sempreché nel termine di sei mesi non sia stato sostituito il socio che è venuto meno [$2272^{n.4}$].

[II] Se vengono a mancare tutti gli accomandatari, per il periodo indicato dal comma precedente gli accomandanti nominano un amministratore provvisorio per il compimento degli atti di ordinaria amministrazione [2386^{5}]. L'amministratore provvisorio non assume la qualità di socio accomandatario [2318, 2458].

2324. Diritti dei creditori sociali dopo la liquidazione. – [I] Salvo il diritto previsto dal secondo comma dell'articolo 2312 nei confronti degli accomandatari e dei liquidatori, i creditori sociali che non sono stati soddisfatti nella liquidazione della società possono far valere i loro crediti anche nei confronti degli accomandanti, limitatamente alla quota di liquidazione [2311, 2495^{2}].

Capo V
Società per azioni (1)

(1) Il presente capo comprendente gli art. 2325-2451 è stato interamente sostituito dall'art. 1 del d.lg. 17/1/2003, n. 6. Il previgente capo era intitolato "Delle società per azioni".

Sezione I
Disposizioni generali

2325. Responsabilità (1). – [I] Nella società per azioni per le obbligazioni sociali risponde soltanto la società con il suo patrimonio.

[II] In caso di insolvenza della società, per le obbligazioni sociali sorte nel periodo in cui le azioni sono appartenute ad una sola persona, questa risponde illimitatamente quando i conferimenti non siano stati effettuati secondo quanto previsto dall'articolo 2342 o fin quando non sia stata attuata la pubblicità prescritta dall'articolo 2362.

(1) Articolo così sostituito dall'art. 1 del d.lg. 17/1/2003, n. 6. Il testo originario recitava: «Nozione. [I] Nella società per azioni per le obbligazioni sociali risponde soltanto la società con il suo patrimonio. [II] Le quote di partecipazione dei soci sono rappresentate da azioni». Le norme precedentemente dettate dal co. 2 dell'articolo sono ora disciplinate dall'art. 2346, co. 1, CC. introdotto dal d.lg. n. 6/2003.

2325 bis. Società che fanno ricorso al mercato del capitale di rischio (1). – [I] Ai fini dell'applicazione del presente titolo (2), sono società che fanno ricorso al mercato del capitale di rischio le società con azioni quotate in mercati regolamentati (3) o diffuse fra il pubblico in misura rilevante [111-bis att.].

[II] Le norme di questo titolo si applicano alle società con azioni (4) quotate in mercati regolamentati in quanto non sia diversamente disposto da altre norme di questo codice o di leggi speciali.

(1) Articolo inserito dall'art. 1 del d.lg. 17/1/2003, n. 6.

(2) La parola "titolo" è stata sostituita alla parola "capo"dall'art. 1 del d.lg. 17/1/2003, n. 6, come modificato dall'art. 5, co. 1, lett. a), d.lg. 6/2/2004, n. 37.

(3) V. Avviso di rettifica in G.U. 4/7/2003, n. 153.

(4) Le parole "Le norme di questo titolo si applicano alle società con azioni" sono state sostituite alle parole "Le norme di questo capo si applicano alle società emittenti di azioni" dall'art. 1 del d.lg. n. 6, cit., come modificato dall'art. 5, co. 1, lett. b), d.lg. n. 37, cit.

2326. Denominazione sociale. – [I] La denominazione sociale, in qualunque modo formata, deve contenere l'indicazione di società per azioni.

2327. Ammontare minimo del capitale (1). – [I] La società per azioni deve costituirsi con un capitale non inferiore a cinquantamila euro [2445^{1}, 2447^{1}].

(1) Articolo modificato, da ultimo, dall'art. 20 del d.l. 24/6/2014, n. 91, conv., con modif., in l. 11/8/2014, n. 116. Originariamente, ai sensi dell'art. 4 del d.lg. 24/6/1998, n. 213, il capitale non doveva essere inferiore a 200 milioni di lire, cifra che era stata portata a 120 mila euro dall'art. 1 del d.lg. 17/1/2003, n. 6.

2328. Atto costitutivo (1). – [I] La società può essere costituita per contratto o per atto unilaterale [2325^{2}, 2342^{2-4}, 2362, 2463^{1}].

[II] L'atto costitutivo deve essere redatto per atto pubblico [2699] e deve indicare:

1) il cognome e il nome o la denominazione, la data e il luogo di nascita o lo Stato (2) di costituzione, il domicilio o la sede, la cittadinanza dei soci e degli eventuali promotori, nonché il numero delle azioni assegnate a ciascuno di essi;

2) la denominazione e il comune [111-ter att.] ove sono poste la sede della società e le eventuali sedi secondarie;

3) l'attività che costituisce l'oggetto sociale;

4) l'ammontare del capitale sottoscritto e di quello versato [2327, 2342];

5) il numero e l'eventuale valore nominale delle azioni, le loro caratteristiche e le modalità di emissione e circolazione [2354, 2355];

6) il valore attribuito ai crediti e beni conferiti in natura [2343 ss.];

7) le norme secondo le quali gli utili devono essere ripartiti;

8) i benefici eventualmente accordati ai promotori o ai soci fondatori [2340, 2341];

9) il sistema di amministrazione adottato [2380 ss.], il numero degli amministratori e i loro poteri, indicando quali tra essi hanno la rappresentanza della società;

10) il numero dei componenti il collegio sindacale [2397];

11) la nomina dei primi amministratori [2389[1]] e sindaci [2402] ovvero dei componenti del consiglio di sorveglianza (3) e, quando previsto, del soggetto incaricato di effettuare la revisione legale dei conti (4);

12) l'importo globale, almeno approssimativo, delle spese per la costituzione poste a carico della società;

13) la durata della società ovvero, se la società è costituita a tempo indeterminato, il periodo di tempo, comunque non superiore ad un anno, decorso il quale il socio potrà recedere [2473[2]].

[III] Lo statuto contenente le norme relative al funzionamento della società, anche se forma oggetto di atto separato, costituisce parte integrante dell'atto costitutivo. In caso di contrasto tra le clausole dell'atto costitutivo e quelle dello statuto prevalgono le seconde.

(1) Articolo sostituito dall'art. 1 del d.lg. 17/1/2003, n. 6. Il testo dell'articolo, come modificato dall'art. 1 del d.P.R. 10/2/1986, n. 30, recitava: «[I] La società deve costituirsi per atto pubblico. L'atto costitutivo deve indicare: 1) il cognome ed il nome, il luogo e la data di nascita, il domicilio e la cittadinanza dei soci e degli eventuali promotori, nonché il numero delle azioni sottoscritte da ciascuno di essi; 2) la denominazione, la sede della società e le eventuali sedi secondarie; 3) l'oggetto sociale; 4) l'ammontare del capitale sottoscritto e versato; 5) il valore nominale e il numero delle azioni e se queste sono nominative o al portatore; 6) il valore dei crediti e dei beni conferiti in natura; 7) le norme secondo le quali agli utili devono essere ripartiti; 8) la partecipazione agli utili eventualmente accordata ai promotori o ai soci fondatori; 9) il numero degli amministratori e i loro poteri, indicando quali tra essi hanno la rappresentanza della società; 10) il numero dei componenti il collegio sindacale; 11) la durata della società; 12) l'importo globale, almeno approssimativo, delle spese per la costituzione poste a carico della società. [II] Lo statuto contenente le norme relative al funzionamento della società, anche se forma oggetto di atto separato, si considera parte integrante dell'atto costitutivo e deve essere a questo allegato».

(2) Le parole "lo Stato" sono state inserite dall'art. 1 del d.lg. 17/1/2003, n. 6, come modificato dall'art. 5, co. 1, lett. c), d.lg. 6/2/2004, n. 37.

(3) Le parole "ovvero dei componenti del consiglio di sorveglianza" sono state inserite dall'art. 1 del d.lg. n. 6, cit., come modificato dall'art. 5, co. 1, lett. c), d.lg. n. 37, cit.

(4) L'art. 37, co. 1, d.lg. 27/1/2010, n. 39 ha sostituito le parole "al quale è demandato il controllo contabile" con le parole "incaricato di effettuare la revisione legale dei conti".

2329. Condizioni per la costituzione (1). – [I] Per procedere alla costituzione della società è necessario:

1) che sia sottoscritto per intero il capitale sociale;

2) che siano rispettate le previsioni degli articoli 2342, 2343 e 2343-ter relative ai conferimenti (2);

3) che sussistano le autorizzazioni e le altre condizioni richieste dalle leggi speciali per la costituzione della società, in relazione al suo particolare oggetto [223-quater trans. CC.].

(1) Articolo sostituito dall'art. 1 del d.lg. 17/1/2003, n. 6. Il testo dell'articolo, come modificato dall'art. 2 del d.P.R. 10/2/1986, n. 30, recitava: «Per procedere alla costituzione della società è necessario: 1) che sia sottoscritto per intero il capitale sociale; 2) che siano versati presso un istituto di credito almeno i tre decimi dei conferimenti in danaro; 3) che sussistano le autorizzazioni governative e le altre condizioni richieste dalle leggi speciali per la costituzione della società, in relazione al suo particolare oggetto. Le somme depositate a norma del n. 2 del comma precedente non possono essere consegnate agli amministratori se non provano l'avvenuta iscrizione della società nel registro delle imprese. L'istituto di credito è responsabile nei confronti della società e dei terzi per l'inosservanza del presente divieto. 3. Se entro un anno dal deposito l'iscrizione non ha avuto luogo, le somme di cui al comma precedente devono essere restituite ai sottoscrittori».

(2) Numero così modificato dall'art. 1, co. 1, d.lg. 4/8/2008, n. 142, che ha inserito le parole "e 2343-ter".

2330. Deposito dell'atto costitutivo e iscrizione della società (1). – [I] Il notaio che ha ricevuto l'atto costitutivo deve [2436] (2) depositarlo entro venti giorni [2296[1-3]] presso l'ufficio del registro delle imprese nella cui circoscrizione è stabilita la sede sociale, allegando i documenti comprovanti la sussistenza delle condizioni previste dall'articolo 2329 [2343[1]].

[II] Se il notaio o gli amministratori non provvedono al deposito nel termine indicato nel comma precedente, ciascun socio può provvedervi a spese della società.

[III] L'iscrizione della società nel registro delle imprese è richiesta contestualmente al deposito dell'atto costitutivo. L'ufficio del registro delle imprese, verificata la regolarità formale della documentazione, iscrive la società nel registro.

[IV] Se la società istituisce sedi secondarie, si applica l'articolo 2299.

(1) Articolo sostituito dall'art. 1 del d.lg. 17/1/2003, n. 6. Il testo dell'articolo, come modificato dall'art. 3 del d.P.R. 10/2/1986, n. 30, e successivamente dall'art. 32 della l. 24/11/2000, n. 340, recitava: «[I] Il notaio che ha ricevuto l'atto costitutivo deve depositarlo entro trenta giorni presso l'ufficio del registro delle imprese nella cui circoscrizione è stabilita la sede sociale, allegando i documenti comprovanti l'avvenuto versamento dei decimi in danaro e, per i conferimenti di beni in natura o di crediti, la relazione indicata nell'articolo 2343, nonché le eventuali autorizzazioni richieste per la costituzione della società. [II] Se il notaio o gli amministratori non provvedono al deposito dell'atto costitutivo e degli allegati nel termine indicato nel comma precedente, ciascun socio può provvedervi a spese della società o far condannare gli amministratori ad eseguirlo. [III] L'iscrizione della società nel registro delle imprese è richiesta contestualmente al deposito dell'atto imprese, verificata la regolarità formale della documentazione, iscrive la società nel registro. – Tutti i termini previsti in disposizioni speciali con riferimento all'omologazione dell'atto costitutivo decorrono dalla data dell'iscrizione nel registro delle imprese. [IV] Se la società istituisce sedi secondarie, si applica l'articolo 2299».

(2) V. art. 138-*bis*, co. 2, l. 16/2/1913, n. 89, introdotto dall'art. 32 della l. 24/11/2000, n. 340.

2330 bis. Pubblicazione dell'atto costitutivo*.
(*Omissis*).

* Il presente articolo non trova più riscontro nella nuova formulazione numerica del Capo V adottata dall'art. 1 del d.lg. 17/1/2003, n. 6. L'articolo era stato abrogato dall'art. 33 della l. 24/11/2000, n. 340. Dapprima era così formulato: «[I] L'atto costitutivo e lo statuto devono essere pubblicati nel Bollettino ufficiale delle società per azioni e a responsabilità limitata. [II] Nel medesimo Bollettino deve essere fatta menzione del deposito, presso l'ufficio del registro delle imprese, della relazione indicata nell'articolo 2343».

2331. Effetti dell'iscrizione (1). – [I] Con l'iscrizione nel registro [2330] la società acquista la personalità giuridica.

[II] Per le operazioni compiute in nome della società prima dell'iscrizione [784, 1398] sono illimitatamente e solidalmente responsabili verso i terzi coloro che hanno agito. Sono altresì solidalmente e illimitatamente responsabili il socio unico fondatore e quelli tra i soci che nell'atto costitutivo o con atto separato hanno deciso, autorizzato o consentito il compimento dell'operazione.

[III] Qualora successivamente all'iscrizione la società abbia approvato un'operazione prevista dal precedente comma [1399], è responsabile anche la società ed essa è tenuta a rilevare coloro che hanno agito.

[IV] Le somme depositate a norma del secondo comma dell'articolo 2342 non possono essere consegnate agli amministratori se non provano l'avvenuta iscrizione della società nel registro. Se entro novanta giorni dalla stipulazione dell'atto costitutivo o dal rilascio delle autorizzazioni previste dal numero 3) dell'articolo 2329 l'iscrizione non ha avuto luogo, esse sono restituite ai sottoscrittori e l'atto costitutivo perde efficacia.

[V] Prima dell'iscrizione nel registro è vietata l'emissione delle azioni ed esse, salvo l'offerta pubblica di sottoscrizione ai sensi dell'articolo 2333, non possono costituire oggetto di una offerta al pubblico di prodotti finanziari (2).

(1) Articolo così sostituito dall'art. 1 del d.lg. 17/1/2003, n. 6. Il testo dell'articolo era il seguente: «[I] Con l'iscrizione nel registro la società acquista la personalità giuridica. [II] Per le operazioni compiute in nome della società prima dell'iscrizione sono illimitatamente e solidalmente responsabili verso i terzi coloro che hanno agito. [III] L'emissione e la vendita delle azioni prima dell'iscrizione della società sono nulle».

(2) Le parole "offerta al pubblico di prodotti finanziari» sono state sostituite alle parole "sollecitazione all'investimento" dall'art. 5, co. 1, d.lg. 28/3/2007, n. 51, con effetto a decorrere dal 24/4/2007.

2332. Nullità della società (1). – [I] Avvenuta l'iscrizione nel registro delle imprese [1418 ss.], la nullità della società può essere pronunciata soltanto nei seguenti casi:

1) mancata stipulazione dell'atto costitutivo nella forma dell'atto pubblico;

2) illiceità dell'oggetto sociale;

3) mancanza nell'atto costitutivo di ogni indicazione riguardante la denominazione della società, o i conferimenti, o l'ammontare del capitale sociale o l'oggetto sociale.

[II] La dichiarazione di nullità non pregiudica l'efficacia degli atti compiuti in nome della società dopo l'iscrizione nel registro delle imprese.

[III] I soci non sono liberati dall'obbligo di conferimento fino a quando non sono soddisfatti i creditori sociali.

[IV] La sentenza che dichiara la nullità nomina i liquidatori.

[V] La nullità non può essere dichiarata quando la causa di essa è stata eliminata e di tale eliminazione è stata data pubblicità con iscrizione nel registro delle imprese.

[VI] Il dispositivo della sentenza che dichiara la nullità deve essere iscritto, a cura degli amministratori o dei liquidatori nominati ai sensi del quarto comma, nel registro delle imprese.

(1) Articolo così sostituito dall'art. 1 del d.lg. 17/1/2003, n. 6. Il testo dell'articolo così come sostituito dapprima dall'art. 3 del d.P.R. 29/12/1969, n. 1127 e successivamente modificato dall'art. 32 della l. 24/11/2000, n. 340 era il seguente: «[I] Avvenuta l'iscrizione nel registro delle imprese, la nullità della società può essere pronunciata soltanto nei seguenti casi: 1) mancanza dell'atto costitutivo; 2) mancata stipulazione dell'atto costitutivo nella forma di atto pubblico; 3) (abrogato); 4) illiceità o contrarietà all'ordine pubblico dell'oggetto sociale; 5) mancanza nell'atto costitutivo o nello statuto di ogni indicazione riguardante la denominazione della società, o i conferimenti, o l'ammontare del capitale sottoscritto o l'oggetto sociale; 6) inosservanza della diposizione di cui all'articolo 2329 n. 2; 7) incapacità di tutti i soci fondatori; 8) mancanza della pluralità dei fondatori. [II] La dichiarazione di nullità non pregiudica l'efficacia degli atti compiuti in nome della società dopo l'iscrizione nel registro delle imprese. [III] I soci non sono liberati dall'obbligo dei conferimenti fino a quando non sono soddisfatti i creditori sociali. [IV] La sentenza che dichiara la nullità nomina i liquidatori. [V] La nullità non può essere dichiarata quando la causa di essa è stata eliminata per effetto di una modificazione dell'atto costitutivo iscritta nel registro delle imprese».

Sezione II
Della costituzione per pubblica sottoscrizione

2333. Programma e sottoscrizione delle azioni (1). – [I] La società può essere costituita anche per mezzo di pubblica sottoscrizione sulla base di un programma che ne indichi l'oggetto e il capitale, le principali disposizioni dell'atto costitutivo e dello statuto, l'eventuale partecipazione che i promotori si riservano agli utili e il termine entro il quale deve essere stipulato l'atto costitutivo.

[II] Il programma con le firme autenticate dei promotori, prima di essere reso pubblico, deve essere depositato presso un notaio.

[III] Le sottoscrizioni delle azioni devono risultare da atto pubblico o da scrittura privata autenticata. L'atto deve indicare il cognome e il nome o la denominazione, il domicilio o la sede del sottoscrittore, il numero delle azioni sottoscritte e la data della sottoscrizione.

(1) Articolo così sostituito dall'art. 1 del d.lg. 17/1/2003, n. 6. Il testo dell'articolo era il seguente: «[I] La società può essere costituita anche per mezzo di pubblica sottoscrizione sulla base di un programma che ne indichi l'oggetto e il capitale, le principali disposizioni dell'atto costitutivo, l'eventuale partecipazione che i promotori si riservano agli utili e il termine entro il quale deve essere stipulato l'atto costitutivo. [II] Il programma con le firme autenticate dei promotori, prima di essere reso pubblico, deve essere depositato presso un notaio. [III] Le sottoscrizioni delle azioni devono risultare da atto pubblico o da scrittura privata autenticata. L'atto deve indicare il cognome e il nome, il domicilio o la sede del sottoscrittore, il numero delle azioni sottoscritte e la data della sottoscrizione».

2334. Versamenti e convocazione dell'assemblea dei sottoscrittori (1). – [I] Raccolte le sottoscrizioni, i promotori, con raccomandata o nella forma prevista nel programma, devono assegnare ai sottoscrittori un termine non superiore a trenta giorni (2) per fare il versamento prescritto dal secondo comma dell'articolo 2342.

[II] Decorso inutilmente questo termine, è in facoltà dei promotori di agire contro i sottoscrittori morosi o di scioglierli dall'obbligazione assunta. Qualora i promotori si avvalgano di quest'ultima facoltà, non può procedersi alla costituzione della società prima che siano collocate le azioni che quelli avevano sottoscritte.

[III] Salvo che il programma stabilisca un termine diverso, i promotori, nei venti giorni successivi al termine fissato per il versamento prescritto dal primo comma del presente articolo, devono convocare l'assemblea dei sottoscrittori mediante raccomandata, da inviarsi a ciascuno di essi almeno dieci giorni prima di quello fissato per l'assemblea, con l'indicazione delle materie da trattare.

(1) Articolo così sostituito dall'art. 1 del d.lg. 17/1/2003, n. 6. Il testo dell'articolo era il seguente: «[I] Raccolte le sottoscrizioni, i promotori, con raccomandata o nella forma prevista nel programma, devono assegnare ai sottoscrittori un termine non superiore ad un mese per fare il versamento prescritto dal n. 2 dell'articolo 2329. [II] Decorso inutilmente questo termine, è in facoltà dei promotori di agire contro i sottoscrittori morosi o di scioglierli dall'obbligazione assunta. Qualora i promotori si avvalgano di quest'ultima facoltà, non può procedersi alla costituzione della società prima che siano collocate le azioni che quelli avevano sottoscritte. [III] Salvo che il programma stabilisca un termine diverso, i promo-

tori, nei venti giorni successivi al termine fissato per il versamento prescritto dal n. 2 dell'articolo 2329, devono convocare l'assemblea dei sottoscrittori mediante raccomandata, da inviarsi a ciascuno di essi almeno dieci giorni prima di quello fissato per l'assemblea, con l'indicazione delle materie da trattare».

(2) V. Avviso di rettifica in G.U. 4/7/2003, n. 153.

2335. Assemblea dei sottoscrittori (1). – [I] L'assemblea dei sottoscrittori:

1) accerta l'esistenza delle condizioni richieste per la costituzione della società;

2) delibera sul contenuto dell'atto costitutivo e dello statuto;

3) delibera sulla riserva di partecipazione agli utili fatta a proprio favore dai promotori;

4) nomina gli amministratori ed i sindaci ovvero i componenti del consiglio di sorveglianza (2) e, quando previsto, il soggetto incaricato di effettuare la revisione legale dei conti (3).

[II] L'assemblea è validamente costituita con la presenza della metà dei sottoscrittori.

[III] Ciascun sottoscrittore ha diritto a un voto, qualunque sia il numero delle azioni sottoscritte, e per la validità delle deliberazioni si richiede il voto favorevole della maggioranza dei presenti.

[IV] Tuttavia per modificare le condizioni stabilite nel programma è necessario il consenso di tutti i sottoscrittori.

(1) Articolo così sostituito dall'art. 1 del d.lg. 17/1/2003, n. 6. Il testo dell'articolo era il seguente: «[I] L'assemblea dei sottoscrittori: 1) accerta l'esistenza delle condizioni richieste per la costituzione della società; 2) delibera sul contenuto dell'atto costitutivo; 3) delibera sulla riserva di partecipazione agli utili fatta a proprio favore dai promotori; 4) nomina gli amministratori e i membri del collegio sindacale. [II] L'assemblea è validamente costituita con la presenza della metà dei sottoscrittori. [III] Ciascun sottoscrittore ha diritto a un voto, qualunque sia il numero delle azioni sottoscritte, e per la validità delle deliberazioni si richiede il voto favorevole della maggioranza dei presenti. [IV] Tuttavia per modificare le condizioni stabilite nel programma è necessario il consenso di tutti i sottoscrittori».

(2) Le parole "ed i sindaci ovvero i componenti del consiglio di sorveglianza" sono state sostituite alle parole ", i membri del collegio sindacale" dall'art. 5, co. 1, lett.d), d.lg. 6/2/2004, n. 37 che ha modificato l'art. 1 del d.lg. 17/1/2003, n. 6.

(3) L'art. 37 co. 2, d.lg. 27/1/2010, n. 39 ha sostituito le parole "cui è demandato il controllo contabile" con le parole "incaricato di effettuare la revisione legale dei conti".

2336. Stipulazione e deposito dell'atto costitutivo (1). – [I] Eseguito quanto è prescritto nell'articolo precedente, gli intervenuti all'assemblea, in rappresentanza anche dei sottoscrittori assenti, stipulano l'atto costitutivo, che deve essere depositato per l'iscrizione nel registro delle imprese a norma dell'articolo 2330.

(1) Articolo così sostituito dall'art. 1 del d.lg. 17/1/2003, n. 6. Il testo dell'articolo era il seguente: «[I] Eseguito quanto è prescritto nell'articolo precedente, gli intervenuti all'assemblea, in rappresentanza anche dei sottoscrittori assenti, stipulano l'atto costitutivo, che deve essere depositato per l'iscrizione nel registro delle imprese a norma dell'articolo 2330».

Sezione III
Dei promotori e dei soci fondatori

2337. Promotori (1). – [I] Sono promotori coloro che nella costituzione per pubblica sottoscrizione hanno firmato il programma a norma del secondo comma dell'articolo 2333.

(1) V. nota al Capo V.

2338. Obbligazioni dei promotori (1). – [I] I promotori sono solidalmente responsabili verso i terzi per le obbligazioni assunte per costituire la società.

[II] La società è tenuta a rilevare i promotori dalle obbligazioni assunte e a rimborsare loro le spese sostenute, sempre che siano state necessarie per la costituzione della società o siano state approvate dall'assemblea.

[III] Se per qualsiasi ragione la società non si costituisce, i promotori non possono rivalersi verso i sottoscrittori delle azioni.

(1) V. nota al Capo V.

2339. Responsabilità dei promotori (1). – [I] I promotori sono solidalmente responsabili verso la società e verso i terzi:

1) per l'integrale sottoscrizione del capitale sociale e per i versamenti richiesti per la costituzione della società;

2) per l'esistenza dei conferimenti in natura in conformità della relazione giurata indicata nell'articolo 2343;

3) per la veridicità delle comunicazioni da essi fatte al pubblico per la costituzione della società.

[II] Sono del pari solidalmente responsabili verso la società e verso i terzi coloro per conto dei quali i promotori hanno agito.

(1) V. nota al Capo V.

2340. Limiti dei benefici riservati ai promotori (1). – [I] I promotori possono riservarsi nell'atto costitutivo, indipendentemente dalla loro qualità di soci, una partecipazione non superiore complessivamente a un decimo degli utili netti risultanti dal bilancio e per un periodo massimo di cinque anni.

[II] Essi non possono stipulare a proprio vantaggio altro beneficio.

(1) V. nota al Capo V.

2341. Soci fondatori (1). – [I] La disposizione del primo comma dell'articolo 2340 si applica anche ai soci che nella costituzione simultanea o in quella per pubblica sottoscrizione stipulano l'atto costitutivo.

(1) Articolo così sostituito dall'art. 1 del d.lg. 17/1/2003, n. 6. Il testo dell'articolo era il seguente: «[I] Le disposizioni dell'articolo precedente si applicano anche ai soci che nella costituzione simultanea o in quella per pubblica sottoscrizione stipulano l'atto costitutivo».

Sezione III bis
Dei patti parasociali

2341 bis. Patti parasociali (1). – [I] I patti, in qualunque forma stipulati, che al fine di stabilizzare gli assetti proprietari o il governo della società:

a) hanno per oggetto l'esercizio del diritto di voto nelle società per azioni o nelle società che le controllano;

b) pongono limiti al trasferimento delle relative azioni o delle partecipazioni in società che le controllano;

c) hanno per oggetto o per effetto l'esercizio anche congiunto di un'influenza dominante su tali società, non possono avere durata superiore a cinque anni e si intendono stipulati per questa durata anche se le parti hanno previsto un termine maggiore; i patti sono rinnovabili alla scadenza.

[II] Qualora il patto non preveda un termine di durata, ciascun contraente ha diritto di recedere con un preavviso di centottanta giorni (2).

[III] Le disposizioni di questo articolo non si applicano ai patti strumentali ad accordi di collaborazione nella produzione o nello scambio di beni o servizi e relativi a società interamente possedute dai partecipanti all'accordo.

(1) Articolo inserito dall'art. 1 del d.lg. 17/1/2003, n. 6.
• V. art. 122-123 del d.lg. 24/2/1998, n. 58.

(2) V. Avviso di rettifica in G.U. 4/7/2003, n. 153.

2341 ter. Pubblicità dei patti parasociali (1). – [I] Nelle società che fanno ricorso al mercato del capitale di rischio i patti parasociali devono essere comunicati alla società e dichiarati in apertura di ogni assemblea. La dichiarazione deve essere trascritta nel verbale e questo deve essere depositato presso l'ufficio del registro delle imprese.

[II] In caso di mancanza della dichiarazione prevista dal comma precedente i possessori delle azioni cui si riferisce il patto parasociale non possono esercitare il diritto di voto e le deliberazioni assembleari adottate con il loro voto determinante sono impugnabili a norma dell'articolo 2377.

(1) Articolo inserito dall'art. 1 del d.lg. 17/1/2003, n. 6.

• V. art. 122 del d.lg. 24/2/1998, n. 58.

Sezione IV
Dei conferimenti

2342. Conferimenti (1). – [I] Se nell'atto costitutivo non è stabilito diversamente, il conferimento deve farsi in danaro.

[II] Alla sottoscrizione dell'atto costitutivo deve essere versato presso una banca [2464[4]] almeno il venticinque per cento dei conferimenti in danaro o, nel caso di costituzione con atto unilaterale, il loro intero ammontare.

[III] Per i conferimenti di beni in natura e di crediti si osservano le disposizioni degli articoli 2254 e 2255. Le azioni corrispondenti a tali conferimenti devono essere integralmente liberate al momento della sottoscrizione [2464[5]].

[IV] Se viene meno la pluralità dei soci, i versamenti ancora dovuti devono essere effettuati entro novanta giorni.

[V] Non possono formare oggetto di conferimento le prestazioni di opera o di servizi [2464[6]].

(1) Articolo così sostituito dall'art. 1 del d.lg. 17/1/2003, n. 6. Il testo dell'articolo, come sostituito dall'art. 5 del d.P.R. 10/2/1986, n. 30, era il seguente: «[I] Se nell'atto costitutivo non è stabilito diversamente, il conferimento deve farsi in danaro. Per i conferimenti di beni in natura e di crediti si osservano le disposizioni degli articoli 2254 e 2255. Le azioni corrispondenti a tali conferimenti devono essere integralmente liberate al momento della sottoscrizione. [II] Non possono formare oggetto di conferimento le prestazioni di opera o di servizi».

2343. Stima dei conferimenti di beni in natura e di crediti (1). – [I] Chi conferisce beni in natura o crediti deve presentare la relazione giurata di un esperto designato dal tribunale [2465[1]] nel cui circondario ha sede la società, contenente la descrizione dei beni o dei crediti conferiti, l'attestazione che il loro valore è almeno pari a quello ad essi attribuito ai fini della determinazione del capitale sociale e dell'eventuale soprapprezzo e i criteri di valutazione seguiti. La relazione deve essere allegata all'atto costitutivo.

[II] L'esperto risponde dei danni causati alla società, ai soci e ai terzi. Si applicano le disposizioni dell'articolo 64 del codice di procedura civile.

[III] Gli amministratori devono, nel termine di centottanta giorni dalla iscrizione della società, controllare le valutazioni contenute nella relazione indicata nel primo comma e, se sussistano fondati motivi, devono procedere alla revisione della stima. Fino a quando le valutazioni non sono state controllate, le azioni corrispondenti ai conferimenti sono inalienabili e devono restare depositate presso la società.

[IV] Se risulta che il valore dei beni o dei crediti conferiti era inferiore di oltre un quinto a quello per cui avvenne il conferimento, la società deve proporzionalmente ridurre il capitale sociale, annullando le azioni che risultano scoperte. Tuttavia il socio conferente può versare la differenza in danaro o recedere dalla società; il socio recedente ha diritto alla restituzione del conferimento, qualora sia possibile in tutto o in parte in natura. L'atto costitutivo può prevedere, salvo in ogni caso quanto disposto dal quinto comma dell'articolo 2346, che per effetto dell'annullamento delle azioni disposto nel presente comma si determini una loro diversa ripartizione tra i soci.

(1) Articolo così sostituito dall'art. 1 del d.lg. 17/1/2003, n. 6. Il testo dell'articolo era il seguente: «[I] Chi conferisce beni in natura o crediti deve presentare la relazione giurata di un esperto designato dal presidente del tribunale, contenente la descrizione dei beni o dei crediti conferiti, il valore a ciascuno di essi attribuito, i criteri di valutazione seguiti nonché l'attestazione che il valore attribuito non è inferiore al valore nominale, aumentato dell'eventuale soprapprezzo, delle azioni emesse a fronte del conferimento. La relazione deve essere allegata all'atto costitutivo. [II] All'esperto nominato dal presidente del tribunale si applicano le disposizioni dell'articolo 64 del codice di procedura civile. [III] Gli amministratori e i sindaci devono, nel termine di sei mesi dalla costituzione della società, controllare le valutazioni contenute nella relazione indicata nel primo comma e, se sussistano fondati motivi, devono procedere alla revisione della stima. Fino a quando le valutazioni non sono state controllate, le azioni corrispondenti ai conferimenti sono inalienabili e devono restare depositate presso la società. [IV] Se risulta che il valore dei beni o dei crediti conferiti era inferiore di oltre un quinto a quello per cui avvenne il conferimento, la società deve proporzionalmente ridurre il capitale sociale, annullando le azioni che risultano scoperte. Tuttavia il socio conferente può versare la differenza in danaro o recedere dalla società».

2343 bis. Acquisto della società da promotori, fondatori, soci e amministratori (1). – [I] L'acquisto da parte della società, per un corrispettivo pari o superiore al decimo del capitale sociale, di beni o di crediti dei promotori, dei fondatori, dei soci o degli amministratori, nei due anni dalla iscrizione della società nel registro delle imprese, deve essere autorizzato dall'assemblea ordinaria.

[II] L'alienante deve presentare la relazione giurata di un esperto designato dal tribunale nel cui circondario ha sede la società ovvero la documentazione di cui all'articolo 2343-ter primo e secondo comma (2) contenente la descrizione dei beni o dei crediti, il valore a ciascuno di essi attribuito, i criteri di valutazione seguiti, nonché l'attestazione che tale valore non è inferiore al corrispettivo, che deve comunque essere indicato.

[III] La relazione deve essere depositata nella sede della società durante i quindici giorni che precedono l'assemblea. I soci possono prenderne visione. Entro trenta giorni dall'autorizzazione il verbale dell'assemblea, corredato dalla relazione dell'esperto designato dal tribunale ovvero dalla documentazione di cui all'articolo 2343-ter (3), deve essere depositato a cura degli amministratori presso l'ufficio del registro delle imprese.

[IV] Le disposizioni del presente articolo non si applicano agli acquisti che siano effettuati a condizioni normali nell'ambito delle operazioni correnti della società né a quelli che avvengono nei mercati regolamentati o sotto il controllo dell'autorità giudiziaria o amministrativa.

[V] In caso di violazione delle disposizioni del presente articolo gli amministratori e l'alienante sono solidalmente responsabili per i danni causati alla società, ai soci ed ai terzi.

(1) Articolo così sostituito dall'art. 1 del d.lg. 17/1/2003, n. 6. Il testo dell'articolo, come inserito dapprima dall'art. 7 del d.P.R. 10/2/1986, n. 30 e successivamente modificato dall'art. 33 della l. 24/11/2000, n. 340, era il seguente: «[I] L'acquisto da parte della società, per un corrispettivo pari o superiore al decimo del capitale sociale, di beni o di crediti dei promotori, dei fondatori, dei soci o degli amministratori, nei due anni dalla iscrizione della società nel registro delle imprese, deve essere autorizzato dall'assemblea ordinaria. [II] L'alienante deve presentare la relazione giurata di un esperto designato dal presidente del tribunale contenente la descrizione dei beni o dei crediti, il valore a ciascuno di essi attribuito, i criteri di valutazione seguiti, nonché l'attestazione che tale valore non è inferiore al corrispettivo, che deve comunque essere

indicato. [III] La relazione deve essere depositata nella sede della società durante i quindici giorni che precedono l'assemblea. I soci possono prenderne visione. Entro trenta giorni dall'autorizzazione il verbale dell'assemblea, corredato dalla relazione dell'esperto designato dal presidente del tribunale, deve essere depositato a cura degli amministratori presso l'ufficio del registro delle imprese. [IV] Le disposizioni del presente articolo non si applicano agli acquisti che siano effettuati a condizioni normali nell'ambito delle operazioni correnti della società né a quelli che avvengono in borsa o sotto il controllo dell'autorità giudiziaria o amministrativa».

(2) L'art. 20 del d.l. 24/6/2014 n. 91, conv., con modif., in l. 11/8/2014, n. 116, ha inserito, dopo le parole "di un esperto designato dal tribunale nel cui circondario ha sede la società", le parole "ovvero la documentazione di cui all'articolo 2343-ter primo e secondo comma".

(3) L'art. 20 del d.l. 24/6/2014, n. 91, conv., con modif., in l. 11/8/2014, n. 116, ha inserito, dopo le parole "dell'esperto designato dal tribunale" le parole: "ovvero dalla documentazione di cui all'articolo 2343-ter".

2343 ter. Conferimento di beni in natura o crediti senza relazione di stima (1). – [I] Nel caso di conferimento di valori mobiliari ovvero di strumenti del mercato monetario non è richiesta la relazione di cui all'articolo 2343, primo comma, se il valore ad essi attribuito ai fini della determinazione del capitale sociale e dell'eventuale sovrapprezzo è pari o inferiore al prezzo medio ponderato al quale sono stati negoziati su uno o più mercati regolamentati nei sei mesi precedenti il conferimento.

[II] Fuori dai casi in cui è applicabile il primo comma, non è altresì richiesta la relazione di cui all'articolo 2343, primo comma, qualora il valore attribuito, ai fini della determinazione del capitale sociale e dell'eventuale sovrapprezzo, ai beni in natura o crediti conferiti sia pari o inferiore:

a) al fair value iscritto nel bilancio dell'esercizio precedente quello nel quale è effettuato il conferimento a condizione che il bilancio sia sottoposto a revisione legale e la relazione del revisore non esprima rilievi in ordine alla valutazione dei beni oggetto del conferimento, ovvero;

b) al valore risultante da una valutazione riferita ad una data precedente di non oltre sei mesi il conferimento e conforme ai principi e criteri generalmente riconosciuti per la valutazione dei beni oggetto del conferimento, a condizione che essa provenga da un esperto indipendente da chi effettua il conferimento, dalla società e dai soci che esercitano individualmente o congiuntamente il controllo sul soggetto conferente o sulla società medesima, dotato di adeguata e comprovata professionalità (2).

[III] Chi conferisce beni o crediti ai sensi del primo e secondo comma presenta la documentazione dalla quale risulta il valore attribuito ai conferimenti e la sussistenza, per i conferimenti di cui al secondo comma, delle condizioni ivi indicate. La documentazione è allegata all'atto costitutivo.

[IV] L'esperto di cui al secondo comma, lettera b), risponde dei danni causati alla società, ai soci e ai terzi.

[V] Ai fini dell'applicazione del secondo comma, lettera a), per la definizione di "fair value" si fa riferimento ai principi contabili internazionali adottati dall'Unione europea (3).

(1) Articolo inserito dall'art. 1, co. 2, d.lg. 4/8/2008, n. 142.

(2) Comma sostituito dall'art. 1 del d.lg. 29/11/2010, n. 224. Il testo precedente recitava: «Non è altresì richiesta la relazione di cui all'articolo 2343, primo comma, qualora il valore attribuito, ai fini della determinazione del capitale sociale e dell'eventuale sovrapprezzo, ai beni in natura o crediti conferiti, diversi da quelli di cui al primo comma, corrisponda: a) al valore equo ricavato da un bilancio approvato da non oltre un anno, purché sottoposto a revisione legale e a condizione che la relazione del revisore non esprima rilievi in ordine alla valutazione dei beni oggetto del conferimento, ovvero b) al valore equo risultante dalla valutazione, precedente di non oltre sei mesi il conferimento e conforme ai principi e criteri generalmente riconosciuti per la valutazione dei beni oggetto del conferimento, effettuata da un esperto indipendente da chi effettua il conferimento e dalla società e dotato di adeguata e comprovata professionalità».

(3) Comma inserito dall'art. 1 del d.lg. 29/11/2010, n. 224.

2343 quater. Fatti eccezionali o rilevanti che incidono sulla valutazione (1). – [I] Gli amministratori verificano, nel termine di trenta giorni dalla iscrizione della società, se, nel periodo successivo a quello di cui all'articolo 2343-ter, primo comma, sono intervenuti fatti eccezionali che hanno inciso sul prezzo dei valori mobiliari o degli strumenti del mercato monetario conferiti in modo tale da modificare sensibilmente il valore di tali beni alla data di iscrizione della società nel registro delle imprese, comprese le situazioni in cui il mercato dei valori o strumenti non è più liquido. Gli amministratori verificano altresì nel medesimo termine se, successivamente al termine dell'esercizio cui si riferisce il bilancio di cui alla lettera a) del secondo comma dell'articolo 2343-ter, o alla data della valutazione di cui alla lettera b) del medesimo comma, si sono verificati fatti nuovi rilevanti tali da modificare sensibilmente il valore dei beni o dei crediti conferiti alla data di iscrizione della società nel registro delle imprese, nonché i requisiti di professionalità ed indipendenza dell'esperto che ha reso la valutazione di cui all'articolo 2343-ter, secondo comma, lettera b) (2).

[II] Qualora gli amministratori ritengano che siano intervenuti i fatti di cui al primo comma, ovvero ritengano non idonei i requisiti di professionalità e indipendenza dell'esperto che ha reso la valutazione di cui all'articolo 2343-ter, secondo comma, lettera b), si procede, su iniziativa degli amministratori, ad una nuova valutazione ai sensi e per gli effetti dell'articolo 2343 (3).

[III] Fuori dai casi di cui al secondo comma, è depositata per l'iscrizione nel registro delle imprese, nel medesimo termine di cui al primo comma, una dichiarazione degli amministratori contenente le seguenti informazioni:

a) la descrizione dei beni o dei crediti conferiti per i quali non si è fatto luogo alla relazione di cui all'articolo 2343, primo comma;

b) il valore ad essi attribuito, la fonte di tale valutazione e, se del caso, il metodo di valutazione;

c) la dichiarazione che tale valore è almeno pari a quello loro attribuito ai fini della determinazione del capitale sociale e dell'eventuale sovrapprezzo;

d) la dichiarazione che non sono intervenuti fatti eccezionali o rilevanti che incidono sulla valutazione di cui alla lettera b);

e) la dichiarazione di idoneità dei requisiti di professionalità e indipendenza dell'esperto di cui all'articolo 2343-ter, secondo comma, lettera b).

[IV] Fino all'iscrizione della dichiarazione le azioni sono inalienabili e devono restare depositate presso la società [2343^3].

(1) Articolo inserito dall'art. 1, co. 2, d.lg. 4/8/2008, n. 142.

(2) Comma sostituito dall'art. 1 del d.lg. 29/11/2010, n. 224. Il testo recitava: «Gli amministratori verificano, nel termine di trenta giorni dalla iscrizione della società, se, nel periodo successivo a quello di cui all'articolo 2343-ter, primo comma, sono intervenuti fatti eccezionali che hanno inciso sul prezzo dei valori mobiliari o degli strumenti del mercato monetario conferiti in modo tale da modificare sensibilmente il valore di tali beni alla data effettiva del conferimento, comprese le situazioni in cui il mercato dei valori o strumenti non è più liquido, ovvero se, successivamente al termine dell'esercizio cui si riferisce il bilancio di cui alla lettera a) del secondo comma dell'articolo 2343-ter, o alla data della valutazione di cui alla lettera b) del medesimo comma si sono verificati fatti nuovi rilevanti tali da modificare sensibilmente il valore equo dei beni o dei crediti conferiti. Gli amministratori verificano altresì nel medesimo termine i requisiti di professionalità ed indipendenza dell'esperto che ha reso la valutazione di cui all'articolo 2343-ter, secondo comma, lettera b)».

(3) Comma sostituito dall'art. 1 del d.lg. 29/11/2010, n. 224. Il testo recitava: «Qualora gli amministratori ritengano che siano intervenuti i fatti di cui al primo comma ovvero ritengano non idonei i requisiti di professionalità e indipendenza dell'esperto che ha reso la valutazione di cui all'articolo 2343-ter, secondo comma, lettera b), procedono ad una nuova valutazione. Si applica in tal caso l'articolo 2343».

2344. Mancato pagamento delle quote (1). – [I] Se il socio non esegue i pagamenti dovuti, decorsi quindici giorni dalla pubblicazione di una diffida nella Gazzetta Ufficiale della Repubblica, gli amministratori, se non ritengono utile promuovere azione per l'esecuzione del conferimento, offrono le azioni agli altri soci, in proporzione alla loro partecipazione (2), per un corrispettivo non inferiore ai conferimenti ancora dovuti. In mancanza di offerte possono far vendere le azioni a rischio e per conto del socio, a mezzo di una banca o di un intermediario autorizzato alla negoziazione in mercati regolamentati (2).

[II] Qualora la vendita non possa aver luogo per mancanza di compratori, gli amministratori possono dichiarare decaduto il socio, trattenendo le somme riscosse, salvo il risarcimento dei maggiori danni.

[III] Le azioni non vendute, se non possono essere rimesse in circolazione entro l'esercizio in cui fu pronunziata la decadenza del socio moroso, devono essere estinte con la corrispondente riduzione del capitale.

[IV] Il socio in mora nei versamenti non può esercitare il diritto di voto.

(1) Articolo così sostituito dall'art. 1 del d.lg. 17/1/2003, n. 6. Il testo dell'articolo recitava: «[I] Se il socio non esegue il pagamento delle quote dovute, gli amministratori, decorsi quindici giorni dalla pubblicazione di una diffida nella Gazzetta Ufficiale della Repubblica, possono far vendere le azioni a suo rischio e per suo conto, a mezzo di un agente di cambio o di un istituto di credito. [II] Qualora la vendita non possa aver luogo per mancanza di compratori, gli amministratori possono dichiarare decaduto il socio, trattenendo le somme riscosse, salvo il risarcimento dei maggiori danni. [III] Le azioni non vendute, se non possono essere rimesse in circolazione entro l'esercizio in cui fu pronunziata la decadenza del socio moroso, devono essere estinte con la corrispondente riduzione del capitale. [IV] Il socio in mora nei versamenti non può esercitare il diritto di voto».

(2) Le parole "alla loro partecipazione" sono state sostituite alle parole "della loro partecipazione" e le parole "in mercati regolamentati" sono state sostituite alle parole "nei mercati regolamentati" dall'art. 5, co. 1,lett. e), d.lg. 6/2/2004, n. 37.

2345. Prestazioni accessorie (1). – [I] Oltre l'obbligo dei conferimenti, l'atto costitutivo può stabilire l'obbligo dei soci di eseguire prestazioni accessorie non consistenti in danaro, determinandone il contenuto, la durata, le modalità e il compenso, e stabilendo particolari sanzioni per il caso di inadempimento. Nella determinazione del compenso devono essere osservate le norme applicabili ai rapporti aventi per oggetto le stesse prestazioni.

[II] Le azioni alle quali è connesso l'obbligo delle prestazioni anzidette devono essere nominative e non sono trasferibili senza il consenso degli amministratori [2341-bis$^{1,\ \text{lett. b)}}$, 2343^{3}, 2343-quater^{4}, 2355-bis].

[III] Se non è diversamente disposto dall'atto costitutivo, gli obblighi previsti in questo articolo non possono essere modificati senza il consenso di tutti i soci.

(1) V. nota al Capo V.

Sezione V
Delle azioni e di altri strumenti finanziari partecipativi

2346. Emissione delle azioni (1). – [I] La partecipazione sociale è rappresentata da azioni; salvo diversa disposizione di leggi speciali lo statuto può escludere l'emissione dei relativi titoli o prevedere l'utilizzazione di diverse tecniche di legittimazione e circolazione [2355].

[II] Se determinato nello statuto, il valore nominale di ciascuna azione corrisponde ad una frazione del capitale sociale; tale determinazione deve riferirsi senza eccezioni a tutte le azioni emesse dalla società.

[III] In mancanza di indicazione del valore nominale delle azioni [2446^{3}], le disposizioni che ad esso si riferiscono si applicano con riguardo al loro numero in rapporto al totale delle azioni emesse.

[IV] A ciascun socio è assegnato un numero di azioni proporzionale alla parte del capitale sociale sottoscritta e per un valore non superiore a quello del suo conferimento. Lo statuto (2) può prevedere una diversa assegnazione delle azioni [2468^{2}].

[V] In nessun caso il valore dei conferimenti può essere complessivamente inferiore all'ammontare globale del capitale sociale [2420-bis^{2}].

[VI] Resta salva la possibilità che la società, a seguito dell'apporto da parte dei soci o di terzi anche di opere o servizi, emetta strumenti finanziari forniti di diritti patrimoniali o anche (3) di diritti amministrativi, escluso il voto nell'assemblea generale degli azionisti. In tal caso lo statuto ne disciplina le modalità e condizioni di emissione, i diritti che conferiscono, le sanzioni in caso di inadempimento delle prestazioni e, se ammessa, la legge di circolazione.

(1) Articolo così sostituito dall'art. 1 del d.lg. 17/1/2003, n. 6. Il testo dell'articolo recitava: «[I] Le azioni non possono emettersi per somma inferiore al loro valore nominale».

(2) Le parole "Lo statuto" sono state sostituite alle parole "L'atto costitutivo" dall'art. 7 del d.lg. 28/11/2004, n. 310.

(3) V. Avviso di rettifica in G.U. 4/7/2003, n. 153.

2347. Indivisibilità delle azioni (1). – [I] Le azioni sono indivisibili. Nel caso di comproprietà di un'azione, i diritti dei comproprietari devono essere esercitati da un rappresentante comune nominato secondo le modalità previste dagli articoli 1105 e 1106 [2468^{5}].

[II] Se il rappresentante comune non è stato nominato, le comunicazioni e le dichiarazioni fatte dalla società a uno dei comproprietari sono efficaci nei confronti di tutti.

[III] I comproprietari dell'azione rispondono solidalmente delle obbligazioni da essa derivanti.

(1) Articolo così sostituito dall'art. 1 del d.lg. 17/1/2003, n. 6. Il testo dell'articolo recitava: «[I] Le azioni sono indivisibili. Nel caso di comproprietà di un'azione, i diritti dei comproprietari devono essere esercitati da un rappresentante comune. [II] Se il rappresentante comune non è stato nominato, le comunicazioni e le dichiarazioni fatte dalla società a uno dei comproprietari sono efficaci nei confronti di tutti. [III] I comproprietari dell'azione rispondono solidalmente delle obbligazioni da essa derivanti».

2348. Categorie di azioni (1). – [I] Le azioni devono essere di uguale valore e conferiscono ai loro possessori uguali diritti.

[II] Si possono tuttavia creare, con lo statuto o con successive modificazioni di questo, categorie di azioni [2350^{2}, 2351$^{2\text{-}4}$] fornite di diritti diversi anche per quanto concerne la incidenza delle perdite. In tal caso la società, nei limiti imposti dalla legge [2265], può liberamente determinare il contenuto delle azioni delle varie categorie.

[III] Tutte le azioni appartenenti ad una medesima categoria conferiscono uguali diritti.

(1) Articolo così sostituito dall'art. 1 del d.lg. 17/1/2003, n. 6. Il testo dell'articolo recitava: «[I] Le azioni devono essere di uguale valore e conferiscono ai loro possessori uguali diritti. [II] Si possono tuttavia creare categorie di azioni fornite di diritti diversi, con l'atto costitutivo o con successive modificazioni di questo».

2349. Azioni e strumenti finanziari a favore dei prestatori di lavoro (1). – [I] Se lo statuto lo prevede, l'assemblea straordinaria può deliberare l'assegnazione di utili [2441[8]] ai prestatori di lavoro dipendenti delle società o di società controllate (2) mediante l'emissione, per un ammontare corrispondente agli utili stessi, di speciali categorie di azioni da assegnare individualmente ai prestatori di lavoro, con norme particolari riguardo alla forma, al modo di trasferimento ed ai diritti spettanti agli azionisti. Il capitale sociale deve essere aumentato in misura corrispondente.

[II] L'assemblea straordinaria può altresì deliberare l'assegnazione ai prestatori di lavoro (3) dipendenti della società o di società controllate di strumenti finanziari, diversi dalle azioni, forniti di diritti patrimoniali o anche di (3) diritti amministrativi, escluso il voto nell'assemblea generale degli azionisti. In tal caso possono essere previste norme particolari riguardo alle condizioni di esercizio dei diritti attribuiti, alla possibilità di trasferimento ed alle eventuali cause di decadenza o riscatto.

(1) Articolo così sostituito dall'art. 1 del d.lg. 17/1/2003, n. 6. Il testo dell'articolo recitava: «[I] In caso di assegnazione straordinaria di utili ai prestatori di lavoro dipendenti dalla società, possono essere emesse, per un ammontare corrispondente agli utili stessi, speciali categorie di azioni da assegnare individualmente ai prestatori di lavoro, con norme particolari riguardo alla forma, al modo di trasferimento ed ai diritti spettanti agli azionisti. [II] Il capitale sociale deve essere aumentato in misura corrispondente».

(2) V. Avviso di rettifica in G.U. 4/1/2003, n. 153.

(3) Le parole "prestatori di lavoro" e le parole "anche di" sono state inserite dall'art. 5, co. 1, lett. f), d.lg. 6/2/2004, n. 37.

2350. Diritto agli utili e alla quota di liquidazione (1). – [I] Ogni azione attribuisce il diritto a una parte proporzionale degli utili netti e del patrimonio netto risultante dalla liquidazione, salvi i diritti stabiliti a favore di speciali categorie di azioni [2265].

[II] Fuori dai casi di cui all'articolo 2447-bis, la società può emettere azioni fornite di diritti patrimoniali correlati ai risultati dell'attività sociale in un determinato settore. Lo statuto stabilisce i criteri di individuazione dei costi e ricavi imputabili al settore, le modalità di rendicontazione, i diritti attribuiti a tali azioni, nonché le eventuali (2) condizioni e modalità di conversione in azioni di altra categoria.

[III] Non possono essere pagati dividendi ai possessori delle azioni previste dal precedente comma se non nei limiti degli utili risultanti dal bilancio della società.

(1) Articolo così sostituito dall'art. 1 del d.lg. 17/1/2003, n. 6. Il testo dell'articolo recitava: «[I] Ogni azione attribuisce il diritto a una parte proporzionale degli utili netti e del patrimonio netto risultante dalla liquidazione, salvi i diritti stabiliti a favore di speciali categorie di azioni a norma degli articoli precedenti».

(2) Le parole "le eventuali" sono state sostituite alle parole "l'eventuali" dall'art. 5, co. 1, lett.,g), d.lg. 6/2/2004, n. 37.

2351. Diritto di voto (1). – [I] Ogni azione attribuisce il diritto di voto.

[II] Salvo quanto previsto dalle leggi speciali, lo statuto può prevedere la creazione di azioni senza diritto di voto (2), con diritto di voto limitato a particolari argomenti, con diritto di voto subordinato al verificarsi di particolari condizioni non meramente potestative. Il valore di tali azioni non può complessivamente superare la metà del capitale sociale [2369[5]].

[III] Lo statuto può altresì prevedere che, in relazione alla quantità delle azioni possedute da uno stesso soggetto, il diritto di voto sia limitato a una misura massima o disporne scaglionamenti (3).

[IV] Salvo quanto previsto dalle leggi speciali (4), lo statuto può prevedere la creazione di azioni con diritto di voto plurimo anche per particolari argomenti o subordinato al verificarsi di particolari condizioni non meramente potestative. Ciascuna azione a voto plurimo può avere fino a un massimo di tre voti (3).

[V] Gli strumenti finanziari di cui agli articoli 2346, sesto comma, e 2349, secondo comma, possono essere dotati del diritto di voto su argomenti specificamente indicati e in particolare può essere ad essi riservata, secondo modalità stabilite dallo statuto, la nomina di un componente indipendente del consiglio di amministrazione o del consiglio di sorveglianza o di un sindaco. Alle persone così nominate si applicano le medesime norme previste per gli altri componenti dell'organo cui partecipano [2383[1], 2400[1], 2409-novies[3], 2409-duodecies[2]].

(1) Articolo così sostituito dall'art. 1 del d.lg. 17/1/2003, n. 6. Il testo dell'articolo recitava: «[I] Ogni azione attribuisce il diritto di voto. [II] L'atto costitutivo può tuttavia stabilire che le azioni privilegiate nella ripartizione degli utili e nel rimborso del capitale allo scioglimento della società abbiano diritto di voto soltanto nelle deliberazioni previste nell'articolo 2365. Le azioni con voto limitato non possono superare la metà del capitale sociale. [III] Non possono emettersi azioni a voto plurimo».

(2) Per le azioni risparmio, v. art. 145 ss. del d.lg. 24/2/1998, n. 58.

(3) L'art. 20, co. 8-bis, d.l. 24/6/2014, n. 91, conv., con modif., in l. 11/8/2014 n. 116, in sede di conversione, ha modificato i commi terzo e quarto, che recitavano: «[III] Lo statuto delle società che non fanno ricorso al mercato del capitale di rischio può prevedere che, in relazione alla quantità di azioni possedute da uno stesso soggetto, il diritto di voto sia limitato ad una misura massima o disporne scaglionamenti. [IV] Non possono emettersi azioni a voto plurimo».

(4) V. art. 127-quinquies e 127-sexies del d.lg. 24/2/1998, n. 58.

2352. Pegno, usufrutto e sequestro delle azioni (1). – [I] Nel caso di pegno o usufrutto sulle azioni, il diritto di voto spetta, salvo convenzione contraria, al creditore pignoratizio o all'usufruttuario. Nel caso di sequestro delle azioni il diritto di voto è esercitato dal custode [2471-bis].

[II] Se le azioni attribuiscono un diritto di opzione, questo spetta al socio ed al medesimo sono attribuite le azioni in base ad esso sottoscritte. Qualora il socio non provveda almeno tre giorni prima della scadenza al versamento delle somme necessarie per l'esercizio del diritto di opzione e qualora gli altri soci non si offrano di acquistarlo, questo deve essere alienato per suo conto a mezzo banca od intermediario autorizzato alla negoziazione nei mercati regolamentati.

[III] Nel caso di aumento del capitale sociale ai sensi dell'articolo 2442, il pegno, l'usufrutto o il sequestro si estendono alle azioni di nuova emissione.

[IV] Se sono richiesti versamenti sulle azioni, nel caso di pegno, il socio deve provvedere al versamento delle somme necessarie almeno tre giorni prima della scadenza; in mancanza il creditore pignoratizio può vendere le azioni nel modo stabilito dal secondo comma del presente articolo. Nel caso di usufrutto, l'usufruttuario deve provvedere al versamento, salvo il suo diritto alla restituzione al termine dell'usufrutto.

[V] Se l'usufrutto spetta a più persone, si applica il secondo comma dell'articolo 2347.

[VI] Salvo che dal titolo o dal provvedimento del giudice risulti diversamente, i diritti amministrativi diversi da quelli previsti nel presente articolo spettano, nel caso di pegno o di usufrutto, sia al socio sia al creditore pignoratizio o all'usufruttuario; nel caso di sequestro sono esercitati dal custode.

(1) Articolo così sostituito dall'art. 1 del d.lg. 17/1/2003, n. 6. Il testo dell'articolo recitava: «[I] Nel caso di pegno o di usufrutto sulle azioni, il diritto di voto spetta, salvo Conv. contraria, al creditore pignoratizio o all'usufruttuario. [II] Se le azioni attribuiscono un diritto di opzione, questo spetta al socio. Qualora il socio non provveda almeno tre giorni prima della scadenza al versamento delle

somme necessarie per l'esercizio del diritto di opzione, questo deve essere alienato per conto del socio medesimo a mezzo di un agente di cambio o di un istituto di credito. [III] Se sono richiesti versamenti sulle azioni, nel caso di pegno, il socio deve provvedere al versamento delle somme necessarie almeno tre giorni prima della scadenza; in mancanza, il creditore pignoratizio può vendere le azioni nel modo stabilito dal comma precedente. Nel caso di usufrutto, l'usufruttuario deve provvedere al versamento, salvo il suo diritto alla restituzione al termine dell'usufrutto. [IV] Se l'usufrutto spetta a più persone, si applica il secondo comma dell'articolo 2347».

2353. Azioni di godimento (1). – [I] Salvo diversa disposizione dello statuto, le azioni di godimento attribuite ai possessori delle azioni rimborsate [2445] non danno diritto di voto nell'assemblea. Esse concorrono nella ripartizione degli utili che residuano dopo il pagamento delle azioni non rimborsate di un dividendo pari all'interesse legale e, nel caso di liquidazione, nella ripartizione del patrimonio sociale residuo dopo il rimborso delle altre azioni al loro valore nominale.

(1) Articolo così sostituito dall'art. 1 del d.lg. 17/1/2003, n. 6. Il testo dell'articolo recitava: «[I] Salvo diversa disposizione dell'atto costitutivo, le azioni di godimento attribuite ai possessori delle azioni rimborsate non danno diritto di voto nell'assemblea. Esse concorrono nella ripartizione degli utili che residuano dopo il pagamento alle azioni non rimborsate di un dividendo pari all'interesse legale e, in caso di liquidazione, nella ripartizione del patrimonio sociale residuo dopo il rimborso delle altre azioni al loro valore nominale».

2354. Titoli azionari (1). – [I] I titoli possono essere nominativi o al portatore, a scelta del socio, se lo statuto o le leggi speciali non stabiliscono (2) diversamente.

[II] Finché le azioni non siano interamente liberate, non possono essere emessi titoli al portatore.

[III] I titoli azionari devono indicare:

1) la denominazione e la sede della società;

2) la data dell'atto costitutivo e della sua iscrizione e l'ufficio del registro delle imprese dove la società è iscritta;

3) il loro valore nominale o, se si tratta di azioni senza valore nominale, il numero complessivo delle azioni emesse, nonché l'ammontare del capitale sociale;

4) l'ammontare dei versamenti parziali sulle azioni non interamente liberate;

5) i diritti e gli obblighi particolari ad essi inerenti.

[IV] I titoli azionari devono essere sottoscritti da uno degli amministratori. È valida la sottoscrizione mediante riproduzione meccanica della firma.

[V] Le disposizioni di questo articolo si applicano anche ai certificati provvisori che si distribuiscono ai soci prima dell'emissione dei titoli definitivi.

[VI] Sono salve le disposizioni delle leggi speciali in tema di strumenti finanziari negoziati o destinati alla negoziazione nelle sedi di negoziazione [2355[5], 2370[2]] (3).

[VII] Lo statuto può assoggettare le azioni alla disciplina prevista dalle leggi speciali di cui al precedente comma [2355[5], 2370[2], 2525[5]].

(1) Articolo così sostituito dall'art. 1 del d.lg. 17/1/2003, n. 6. Il testo dell'articolo, come modificato dall'art. 33 della l. 24/11/2000, n. 340, recitava: «[I] Le azioni devono indicare: 1) la denominazione, la sede e la durata della società; 2) la data dell'atto costitutivo e della sua iscrizione, e l'ufficio del registro delle imprese dove la società è iscritta; 3) il loro valore nominale e l'ammontare del capitale sociale; 4) l'ammontare dei versamenti parziali sulle azioni non interamente liberate; 5) i diritti e gli obblighi particolari ad esse inerenti. [II] Le azioni devono essere sottoscritte da uno degli amministratori. È valida la sottoscrizione mediante riproduzione meccanica della firma, purché autenticata [III] Le disposizioni di questo articolo si applicano anche ai certificati provvisori che si distribuiscono ai soci prima dell'emissione dei titoli definitivi».

(2) La parola "stabiliscono" è stata sostituita alla parola "stabiliscano" dall'art. 5, co. 1, lett. h), d.lg. 6/2/2004, n. 37.

(3) Le parole "nelle sedi di negoziazione" sono state così sostituite a quelle "nei mercati regolamentati", con decorenza 24/9/2016, ad opera dell'art. 4, co. 2, d.lg. 12/8/2016, n. 176. Ai sensi dell'art. 5, co. 2, d.lgs. cit., fino alla data di applicazione delle disposizioni attuative della direttiva 2014/65/UE e di adeguamento al regolamento (UE) n. 600/2014, la locuzione "sedi di negoziazione" si riferisce ai mercati regolamentati e ai sistemi multilaterali di negoziazione.

2355. Circolazione delle azioni (1). – [I] Nel caso di mancata emissione dei titoli azionari il trasferimento delle azioni ha effetto nei confronti della società dal momento dell'iscrizione nel libro dei soci.

[II] Le azioni al portatore si trasferiscono con la consegna del titolo.

[III] Il trasferimento delle azioni nominative si opera mediante girata autenticata da un notaio o da altro soggetto secondo quanto previsto dalle leggi speciali. Il giratario che si dimostra possessore in base a una serie continua di girate ha diritto di ottenere l'annotazione del trasferimento nel libro dei soci, ed è comunque legittimato ad esercitare i diritti sociali [2023[3]]; resta salvo l'obbligo della società, previsto dalle leggi speciali, di aggiornare il libro dei soci.

[IV] Il trasferimento delle azioni nominative con mezzo diverso dalla girata si opera a norma dell'articolo 2022.

[V] Nei casi previsti ai commi sesto e settimo dell'articolo 2354, il trasferimento si opera mediante scritturazione sui conti destinati a registrare i movimenti degli strumenti finanziari; in tal caso, se le azioni sono nominative, si applica il terzo comma e la scritturazione sul conto equivale alla girata.

(1) Articolo così sostituito dall'art. 1 del d.lg. 17/1/2003, n. 6. Il testo dell'articolo recitava: «Azioni nominative e al portatore – [I] Le azioni possono essere nominative o al portatore, a scelta dell'azionista, se l'atto costitutivo non stabilisce che devono essere nominative. [II] Le azioni non possono essere al portatore, finché non siano interamente liberate. [III] L'atto costitutivo può sottoporre a particolari condizioni l'alienazione delle azioni nominative».

2355 bis. Limiti alla circolazione delle azioni (1). – [I] Nel caso di azioni nominative ed in quello di mancata emissione dei titoli azionari, lo statuto può sottoporre a particolari condizioni il loro trasferimento e può, per un periodo non superiore a cinque anni dalla costituzione della società o dal momento in cui il divieto viene introdotto, vietarne il trasferimento [2469[2]].

[II] Le clausole dello statuto che subordinano il trasferimento delle azioni al mero gradimento di organi sociali o di altri soci [2469[2]] sono inefficaci se non prevedono, a carico della società o degli altri soci, un obbligo di acquisto oppure il diritto di recesso dell'alienante; resta ferma l'applicazione dell'articolo 2357. Il corrispettivo dell'acquisto o rispettivamente la quota di liquidazione sono determinati secondo le modalità e nella misura previste dall'articolo 2437-ter.

[III] La disposizione del precedente comma si applica in ogni ipotesi di clausole che sottopongono a particolari condizioni il trasferimento a causa di morte delle azioni, salvo che sia previsto il gradimento e questo sia concesso.

[IV] Le limitazioni al trasferimento delle azioni devono risultare dal titolo.

(1) Articolo inserito dall'art. 1 del d.lg. 17/1/2003, n. 6.

2356. Responsabilità in caso di trasferimento di azioni non liberate (1). – [I] Coloro che hanno trasferito azioni non liberate sono obbligati in solido con gli acquirenti per l'ammontare dei versamenti ancora dovuti, per il periodo di tre anni dall'annotazione del trasferimento nel libro dei soci [2472].

[II] Il pagamento non può essere ad essi domandato se non nel caso in cui la richiesta al possessore dell'azione sia rimasta infruttuosa.

(1) Articolo così sostituito dall'art. 1 del d.lg. 17/1/2003, n. 6. Il testo dell'articolo recitava: «[I] Coloro che hanno trasferito azioni non liberate sono obbligati solidalmente con gli acquirenti per l'ammontare dei versamenti ancora dovuti, per il periodo di tre anni dal trasferimento. [II] Il pagamento non può essere ad essi domandato se non nel caso in cui la richiesta al possessore dell'azione sia rimasta infruttuosa».

2357. Acquisto delle proprie azioni (1). – [I] La società non può acquistare azioni proprie [2474] se non nei limiti degli utili distribuibili e delle riserve disponibili risultanti dall'ultimo bilancio regolarmente approvato. Possono essere acquistate soltanto azioni interamente liberate [2359-bis[1]].

[II] L'acquisto deve essere autorizzato dall'assemblea [2364], la quale ne fissa le modalità, indicando in particolare il numero massimo di azioni da acquistare, la durata, non superiore ai diciotto mesi, per la quale l'autorizzazione è accordata, il corrispettivo minimo ed il corrispettivo massimo [2359-bis[2]].

[III] Il valore nominale delle azioni acquistate a norma del primo e secondo comma dalle società che fanno ricorso al mercato del capitale di rischio non può eccedere la quinta parte del capitale sociale, tenendosi conto a tal fine anche delle azioni possedute da società controllate (2).

[IV] Le azioni acquistate in violazione dei commi precedenti debbono essere alienate secondo modalità da determinarsi dall'assemblea, entro un anno dal loro acquisto. In mancanza, deve procedersi senza indugio al loro annullamento e alla corrispondente riduzione del capitale [2446]. Qualora l'assemblea non provveda, gli amministratori e i sindaci devono chiedere che la riduzione sia disposta dal tribunale secondo il procedimento previsto dall'articolo 2446, secondo comma.

[V] Le disposizioni del presente articolo si applicano anche agli acquisti fatti per tramite di società fiduciaria o per interposta persona.

(1) V. nota al Capo V.

(2) Comma sostituito dall'art. 7, co. 3-sexies, d.l. 10/2/2009, n. 5, conv., con modif., dalla l. 9/4/2009, n. 33. Il testo precedente, recitava: «Il valore nominale delle azioni acquistate a norma del primo e secondo comma dalle società che fanno ricorso al mercato del capitale di rischio non può eccedere la decima parte del capitale sociale, tenendosi conto a tale fine anche delle azioni possedute da società controllate». Precedentemente lo stesso comma era stato sostituito dall'art. 1 co. 3, d.lg. 4/8/2008, n. 142. Il testo anteriore a questa modifica, recitava: «In nessun caso il valore nominale delle azioni acquistate a norma dei commi precedenti può eccedere la decima parte del capitale sociale, tenendosi conto a tal fine anche delle azioni possedute da società controllate».

2357 bis. Casi speciali di acquisto delle proprie azioni (1). – [I] Le limitazioni contenute nell'articolo 2357 non si applicano quando l'acquisto di azioni proprie avvenga:

1) in esecuzione di una deliberazione dell'assemblea di riduzione del capitale [2445], da attuarsi mediante riscatto e annullamento di azioni;

2) a titolo gratuito, sempre che si tratti di azioni interamente liberate;

3) per effetto di successione universale o di fusione o scissione;

4) in occasione di esecuzione forzata per il soddisfacimento di un credito della società, sempre che si tratti di azioni interamente liberate [2359-quater[1]].

[II] Se il valore nominale delle azioni proprie supera il limite della quinta parte del capitale per effetto di acquisti avvenuti a norma dei numeri 2), 3) e 4) del primo comma del presente articolo, si applica per l'eccedenza il penultimo comma dell'articolo 2357, ma il termine entro il quale deve avvenire l'alienazione è di tre anni (2).

(1) V. nota al Capo V.

(2) Comma sostituito dall'art. 7, co. 3-sexies, d.l. 10/2/2009, n. 5, conv., con modif., dalla l. 9/4/2009, n. 33. Il testo precedente, recitava: «Se il valore nominale delle azioni proprie supera il limite della decima parte del capitale per effetto di acquisti avvenuti a norma dei numeri 2), 3) e 4) del primo comma del presente articolo, si applica per l'eccedenza il penultimo comma dell'articolo 2357, ma il termine entro il quale deve avvenire l'alienazione è di tre anni».

2357 ter. Disciplina delle proprie azioni (1). – [I] Gli amministratori non possono disporre delle azioni acquistate a norma dei due articoli precedenti se non previa autorizzazione dell'assemblea [2364], la quale deve stabilire le relative modalità. A tal fine possono essere previste, nei limiti stabiliti dal primo e secondo comma dell'articolo 2357, operazioni successive di acquisto ed alienazione.

[II] Finché le azioni restano in proprietà della società, il diritto agli utili e il diritto di opzione sono attribuiti proporzionalmente alle altre azioni. Il diritto di voto è sospeso, ma le azioni proprie sono tuttavia computate ai fini del calcolo delle maggioranze e delle quote richieste per la costituzione e per le deliberazioni dell'assemblea. Nelle società che fanno ricorso al mercato del capitale di rischio il computo delle azioni proprie è disciplinato dall'articolo 2368, terzo comma (2).

[III] L'acquisto di azioni proprie comporta una riduzione del patrimonio netto di eguale importo, tramite l'iscrizione nel passivo del bilancio di una specifica voce, con segno negativo (3).

(1) V. nota al Capo V.

(2) Comma sostituito dall'art. 1 del d.lg. 29/11/2010, n. 224. Il testo precedente recitava: «Finché le azioni restano in proprietà della società, il diritto agli utili e il diritto di opzione sono attribuiti proporzionalmente alle altre azioni; l'assemblea può tuttavia, alle condizioni previste dal primo e secondo comma dell'articolo 2357, autorizzare l'esercizio totale o parziale del diritto di opzione. Il diritto di voto è sospeso, ma le azioni proprie sono tuttavia computate nel capitale ai fini del calcolo delle quote richieste per la costituzione e per le deliberazioni dell'assemblea».

(3) Comma sostituito dall'art. 6 del d.lg. 18/8/2015, n. 139. Il testo precedente recitava: «Una riserva indisponibile pari all'importo delle azioni proprie iscritto all'attivo del bilancio deve essere costituita e mantenuta finché le azioni non siano trasferite o annullate».

2357 quater. Divieto di sottoscrizione delle proprie azioni (1). – [I] Salvo quanto previsto dall'articolo 2357-ter, secondo comma (2), la società non può sottoscrivere azioni proprie.

[II] Le azioni sottoscritte in violazione del divieto stabilito nel precedente comma si intendono sottoscritte e devono essere liberate dai promotori e dai soci fondatori o, in caso di aumento del capitale sociale, dagli amministratori. La presente disposizione non si applica a chi dimostri di essere esente da colpa.

[III] Chiunque abbia sottoscritto in nome proprio, ma per conto della società, azioni di quest'ultima è considerato a tutti gli effetti sottoscrittore per conto proprio. Della liberazione delle azioni rispondono solidalmente, a meno che dimostrino di essere esenti da colpa, i promotori, i soci fondatori e, nel caso di aumento del capitale sociale, gli amministratori.

(1) V. nota al Capo V.

(2) Le parole "secondo comma" sono state sostituite alle parole "comma secondo" dall'art. 1 del d.lg. 17/1/2003, n. 6, come modificato dall'art. 5, co. 1, lett. i), d.lg. 6/2/2004, n. 37.

2358. Altre operazioni sulle proprie azioni (1). – [I] La società non può, direttamente o indirettamente, accordare prestiti, né fornire garanzie per l'acquisto o la sottoscrizione delle proprie azioni [2474], se non alle condizioni previste dal presente articolo.

[II] Tali operazioni sono preventivamente autorizzate dall'assemblea straordinaria [2365].

[III] Gli amministratori della società predispongono una relazione che illustri, sotto il profilo giuridico ed economico, l'operazione, descrivendone le condizioni, evidenziando le ragioni e gli obiettivi imprenditoriali che la giustificano, lo specifico interesse che l'operazione presenta per la società, i rischi che essa comporta per la liquidità e la solvibilità della società ed indicando il prezzo al quale il terzo acquisirà le azioni. Nella relazione gli amministratori attestano altresì che l'operazione ha luogo a condizioni di mercato, in particolare per quanto riguarda le garanzie prestate e il tasso di interesse praticato per il rimborso del finanziamento, e che il merito di credito della controparte è stato debitamente valutato. La relazione è depositata presso la sede della società durante i trenta giorni che precedono l'assemblea. Il verbale dell'assemblea, corredato dalla relazione degli amministratori, è depositato entro trenta giorni per l'iscrizione nel registro delle imprese.

[IV] In deroga all'articolo 2357-ter, quando le somme o le garanzie fornite ai sensi del presente articolo sono utilizzate per l'acquisto di azioni detenute dalla società ai sensi dell'articolo 2357 e 2357-bis l'assemblea straordinaria autorizza gli amministratori a disporre di tali azioni con la delibera di cui al secondo comma. Il prezzo di acquisto delle azioni è determinato secondo i criteri di cui all'articolo 2437-ter, secondo comma. Nel caso di azioni negoziate in un mercato regolamentato il prezzo di acquisto è pari almeno al prezzo medio ponderato al quale le azioni sono state negoziate nei sei mesi che precedono la pubblicazione dell'avviso di convocazione dell'assemblea.

[V] Qualora la società accordi prestiti o fornisca garanzie per l'acquisto o la sottoscrizione delle azioni proprie a singoli amministratori della società o della controllante o alla stessa controllante ovvero a terzi che agiscono in nome proprio e per conto dei predetti soggetti, la relazione di cui al terzo comma attesta altresì che l'operazione realizza al meglio l'interesse della società.

[VI] L'importo complessivo delle somme impiegate e delle garanzie fornite ai sensi del presente articolo non può eccedere il limite degli utili distribuibili e delle riserve disponibili risultanti dall'ultimo bilancio regolarmente approvato, tenuto conto anche dell'eventuale acquisto di proprie azioni ai sensi dell'articolo 2357. Una riserva indisponibile pari all'importo complessivo delle somme impiegate e delle garanzie fornite è iscritta al passivo del bilancio.

[VII] La società non può, neppure per tramite di società fiduciaria, o per interposta persona, accettare azioni proprie in garanzia.

[VIII] Salvo quanto previsto dal comma sesto, le disposizioni del presente articolo non si applicano alle operazioni effettuate per favorire l'acquisto di azioni da parte di dipendenti della società o di quelli di società controllanti o controllate.

[IX] Resta salvo quanto previsto dagli articoli 2391-bis e 2501-bis.

(1) V. nota al Capo V.

• Articolo sostituito dall'art. 1, co. 4, d.lg. 4/8/2008, n. 142. Il testo precedente recitava: «[I] La società non può accordare prestiti, né fornire garanzie per l'acquisto o la sottoscrizione delle azioni proprie. [II] La società non può, neppure per tramite di società fiduciaria, o per interposta persona, accettare azioni proprie in garanzia. [III] Le disposizioni dei due commi precedenti non si applicano alle operazioni effettuate per favorire l'acquisto di azioni da parte di dipendenti della società o di quelli di società controllanti o controllate. In questi casi tuttavia le somme impiegate e le garanzie prestate debbono essere contenute nei limiti degli utili distribuibili regolarmente accertati e delle riserve disponibili risultanti dall'ultimo bilancio regolarmente approvato».

2359. Società controllate e società collegate (1). – [I] Sono considerate società controllate:

1) le società in cui un'altra società dispone della maggioranza dei voti esercitabili nell'assemblea ordinaria;

2) le società in cui un'altra società dispone di voti sufficienti per esercitare un'influenza dominante nell'assemblea ordinaria;

3) le società che sono sotto influenza dominante di un'altra società in virtù di particolari vincoli contrattuali con essa.

[II] Ai fini dell'applicazione dei numeri 1) e 2) del primo comma si computano anche i voti spettanti a società controllate, a società fiduciarie e a persona interposta: non si computano i voti spettanti per conto di terzi.

[III] Sono considerate collegate le società sulle quali un'altra società esercita un'influenza notevole. L'influenza si presume quando nell'assemblea ordinaria può essere esercitato almeno un quinto dei voti ovvero un decimo se la società ha azioni quotate in mercati regolamentati [2424-bis[2], 2497-sexies[1]] (2).

(1) V. nota al Capo V.

(2) Le parole "in mercati regolamentati" sono state sostituite alle parole "in borsa" dall'art. 8 del d.lg. 28/12/2004, n. 310.

2359 bis. Acquisto di azioni o quote da parte di società controllate (1). – [I] La società controllata non può acquistare azioni o quote della società controllante se non nei limiti degli utili distribuibili e delle riserve disponibili risultanti dall'ultimo bilancio regolarmente approvato. Possono essere acquistate soltanto azioni interamente liberate.

[II] L'acquisto deve essere autorizzato dall'assemblea [2364] a norma del secondo comma dell'articolo 2357.

[III] In nessun caso il valore nominale delle azioni acquistate a norma dei commi primo e secondo può eccedere la quinta parte del capitale della società controllante qualora questa sia una società che faccia ricorso al mercato del capitale di rischio, tenendosi conto a tal fine delle azioni possedute dalla medesima società controllante o dalle società da essa controllate (2).

[IV] Una riserva indisponibile, pari all'importo delle azioni o quote della società controllante iscritto all'attivo del bilancio deve essere costituita e mantenuta finché le azioni o quote non siano trasferite.

[V] La società controllata da altra società non può esercitare il diritto di voto nelle assemblee di questa.

[VI] Le disposizioni di questo articolo si applicano anche agli acquisti fatti per il tramite di società fiduciaria o per interposta persona.

(1) V. nota al Capo V.

(2) Comma sostituito dall'art. 1 del d.lg. 29/11/2010, n. 224. Il testo precedente recitava: «In nessun caso il valore nominale delle azioni o quote acquistate a norma dei commi precedenti può eccedere la decima parte del capitale della società controllante, tenendosi conto a tal fine delle azioni o quote possedute dalla medesima società controllante e dalle società da essa controllate».

2359 ter. Alienazione o annullamento delle azioni o quote della società controllante (1). – [I] Le azioni o quote acquistate in violazione dell'articolo 2359-bis devono essere alienate secondo modalità da determinarsi dall'assemblea entro un anno dal loro acquisto.

[II] In mancanza, la società controllante deve procedere senza indugio al loro annullamento e alla corrispondente riduzione del capitale, con rimborso secondo i criteri indicati dagli articoli 2437-ter e 2437-quater. Qualora l'assemblea non provveda, gli amministratori e i sindaci devono chiedere che la riduzione sia disposta dal tribunale secondo il procedimento previsto dall'articolo 2446, secondo comma.

(1) V. nota al Capo V.

2359 quater. Casi speciali di acquisto o di possesso di azioni o quote della società controllante (1). – [I] Le limitazioni dell'articolo 2359-bis non si applicano quando l'acquisto avvenga ai sensi dei numeri 2, 3 e 4 del primo comma dell'articolo 2357-bis.

[II] Le azioni o quote così acquistate, che superino il limite stabilito dal terzo comma dell'articolo 2359-bis, devono tuttavia essere alienate, secondo modalità da determinarsi dall'assemblea, entro tre anni dall'acquisto. Si applica il secondo comma dell'articolo 2359-ter.

[III] Se il limite indicato dal terzo comma dell'articolo 2359-bis è superato per effetto di circostanze sopravvenute, la società controllante, entro tre anni dal momento in cui si è verificata la circostanza che ha determinato il superamento del limite, deve procedere all'annullamento delle azioni o quote in misura proporzionale a quelle possedute da ciascuna società, con conseguente riduzione del capitale e con rimborso alle società controllate secondo i criteri indicati dagli articoli 2437-ter e 2437-quater. Qualora l'assemblea non provveda, gli amministratori e i sindaci devono chiedere che la riduzione sia disposta dal tribunale secondo il procedimento previsto dall'articolo 2446, secondo comma.

(1) V. nota al Capo V.

2359 quinquies. Sottoscrizione di azioni o quote della società controllante (1). – [I] La società controllata non può sottoscrivere azioni o quote della società controllante.

[II] Le azioni o quote sottoscritte in violazione del comma precedente si intendono sottoscritte e devono essere liberate dagli amministratori, che non dimostrino di essere esenti da colpa.

[III] Chiunque abbia sottoscritto in nome proprio, ma per conto della società controllata, azioni o quote della società controllante è considerato a tutti gli effetti sottoscrittore per conto proprio. Della liberazione delle azioni o quote rispondono solidalmente gli amministratori della società controllata che non dimostrino di essere esenti da colpa.

(1) V. nota al Capo V.

2360. Divieto di sottoscrizione reciproca di azioni (1). – [I] È vietato alle società di costituire o di aumentare il capitale mediante sottoscrizione reciproca di azioni, anche per tramite di società fiduciaria o per interposta persona.

(1) V. nota al Capo V.

2361. Partecipazioni (1). – [I] L'assunzione di partecipazioni in altre imprese, anche se prevista genericamente nello statuto, non è consentita, se per la misura e per l'oggetto della partecipazione ne risulta sostanzialmente modificato l'oggetto sociale determinato dallo statuto.

[II] L'assunzione di partecipazioni in altre imprese comportante una responsabilità illimitata per le obbligazioni delle medesime deve essere deliberata dall'assemblea; di tali partecipazioni gli amministratori danno specifica informazione nella nota integrativa del bilancio, indicando la denominazione, la sede legale e la forma giuridica di ciascun soggetto partecipato (2).

(1) Articolo sostituito dall'art. 1 del d.lg. 17/1/2003, n. 6, con effetto dal 1/1/2004. La legge ha modificato l'intero capo V, ed è stata poi modificata e integrata dal d.lg. 6/2/2004, n. 37, la cui disciplina transitoria è dettata dall'art. 6.

(2) Le parole ", indicando la denominazione, la sede legale e la forma giuridica di ciascun soggetto partecipato" sono state aggiunte, in fine, dall'art. 24, co. 2, lett. d), l. 23/12/2021, n. 238.

2362. Unico azionista (1). – [I] Quando le azioni risultano appartenere ad una sola persona o muta la persona dell'unico socio, gli amministratori devono depositare per l'iscrizione del registro delle imprese una dichiarazione contenente l'indicazione del cognome e nome o della denominazione, della data e del luogo di nascita o lo Stato (2) di costituzione, del domicilio o della sede e cittadinanza dell'unico socio [2325[2]].

[II] Quando si costituisce o ricostituisce la pluralità dei soci, gli amministratori ne devono depositare apposita dichiarazione per l'iscrizione nel registro delle imprese.

[III] L'unico socio o colui che cessa di essere tale può provvedere alla pubblicità prevista nei commi precedenti.

[IV] Le dichiarazioni degli amministratori previste dai precedenti commi devono essere depositate entro trenta giorni dall'iscrizione nel libro dei soci e devono indicare la data di iscrizione.

[V] I contratti della società con l'unico socio o le operazioni a favore dell'unico socio sono opponibili ai creditori della società solo se risultano dal libro delle adunanze e delle deliberazioni del consiglio di amministrazione o da atto scritto avente data certa anteriore al pignoramento.

(1) V. nota al Capo V.

(2) Le parole "lo Stato" sono state inserite dall'art. 1 del d.lg. 17/1/2003, n. 6, come modificato dall'art. 5, co. 1, lett. l), d.lg. 6/2/2004, n. 37.

Sezione VI
Dell'assemblea

2363. Luogo di convocazione dell'assemblea (1). – [I] L'assemblea è convocata nel comune dove ha sede la società, se lo statuto non dispone diversamente.

[II] L'assemblea è ordinaria o straordinaria [2479, 2479-bis].

(1) V. nota al Capo V.

2364. Assemblea ordinaria nelle società prive di consiglio di sorveglianza (1). – [I]. Nelle società prive di consiglio di sorveglianza, l'assemblea ordinaria:

1) approva il bilancio;

2) nomina e revoca gli amministratori; nomina i sindaci e il presidente del collegio sindacale e, quando previsto, il soggetto incaricato di effettuare la revisione legale dei conti (2);

3) determina il compenso degli amministratori e dei sindaci, se non è stabilito dallo statuto;

4) delibera sulla responsabilità degli amministratori e dei sindaci;

5) delibera sugli altri oggetti attribuiti dalla legge alla competenza dell'assemblea, nonché sulle autorizzazioni eventualmente richieste dallo statuto per il compimento di atti degli amministratori, ferma in ogni caso la responsabilità di questi per gli atti compiuti;

6) approva l'eventuale regolamento dei lavori assembleari.

[II]. L'assemblea ordinaria deve essere convocata almeno una volta l'anno, entro il termine stabilito dallo statuto e comunque non superiore a centoventi giorni dalla chiusura dell'esercizio sociale. Lo statuto può prevedere un maggior termine, comunque non superiore a centottanta giorni, nel caso di società tenute alla redazione del bilancio consolidato ovvero quando lo richiedono particolari esigenze relative alla struttura ed all'oggetto della società; in questi casi gli amministratori segnalano nella relazione prevista dall'articolo 2428 le ragioni della dilazione (3).

(1) Articolo sostituito dall'art. 1 del d.lg. 17/1/2003, n. 6, con effetto dal 1/1/2004. La legge ha modificato l'intero capo V, ed è stata poi modificata e integrata dal d.lg. 6/2/2004, n. 37, la cui disciplina transitoria è dettata dall'art. 6. V. nota al Capo V.

(2) Le parole «al quale è demandato il controllo contabile» sono state sostituite dalle parole «incaricato di effettuare la revisione

legale dei conti» dall'art. 37, co. 3, del d.lg. 27/1/2010, n. 39.

(3) La parola «ovvero» è stata sostituita alla parola «e» dall'art. 9 del d.lg. 28/12/2004, n. 310.

• Con riferimento alle misure straordinarie ed urgenti per contrastare l'emergenza epidemiologica da COVID-19, v. art. 106, co. 1 del d.l. 17/3/2020, n. 18, conv., con modif., in l. 24/4/2020, n. 27, che prevede che in deroga a quanto previsto dagli art. 2364, co. 2, e 2478-bis, c.c. o alle diverse disposizioni statutarie, l'assemblea ordinaria è convocata entro centottanta giorni dalla chiusura dell'esercizio. Ai sensi del co. 7 dell'art. 106 cit., le disposizioni del presente articolo si applicano alle assemblee convocate entro il 31/7/2020 ovvero entro la data, se successiva, fino alla quale è in vigore lo stato di emergenza sul territorio nazionale relativo al rischio sanitario connesso all'insorgenza della epidemia da COVID-19.

2364 bis. Assemblea ordinaria nelle società con consiglio di sorveglianza (1). – [I] Nelle società ove è previsto il consiglio di sorveglianza [2409-octies, 2409-duodecies], l'assemblea ordinaria:

1) nomina e revoca i consiglieri di sorveglianza [2409-duodecies[8]];

2) determina il compenso ad essi spettante, se non è stabilito nello statuto;

3) delibera sulla responsabilità dei consiglieri di sorveglianza;

4) delibera sulla distribuzione degli utili [2409-terdecies[1, lett. b)]];

5) nomina il soggetto incaricato di effettuare la revisione legale dei conti (2).

[II] Si applica il secondo comma dell'articolo 2364.

(1) V. nota al Capo V.

(2) Le parole "il revisore" sono state sostituite dalle parole "il soggetto incaricato di effettuare la revisione legale dei conti" dall'art. 37, co. 4, d.lg. 27/1/2010, n. 39.

2365. Assemblea straordinaria (1). – [I] L'assemblea straordinaria delibera sulle modificazioni dello statuto, sulla nomina, sulla sostituzione e sui poteri dei liquidatori [2487] e su ogni altra materia espressamente attribuita dalla legge alla sua competenza.

[II] Fermo quanto disposto dagli articoli 2420-ter e 2443, lo statuto può attribuire alla competenza dell'organo amministrativo o del consiglio di sorveglianza o del consiglio di gestione le deliberazioni concernenti la fusione nei casi previsti dagli articoli 2505 e 2505-bis, l'istituzione o la soppressione di sedi secondarie [2197], la indicazione di quali tra gli amministratori hanno la rappresentanza della società, la riduzione del capitale in caso di recesso del socio [2437 quater, 6], gli adeguamenti dello statuto a disposizioni normative, il trasferimento della sede sociale nel territorio nazionale. Si applica in ogni caso l'articolo 2436.

(1) V. nota al Capo V.

2366. Formalità per la convocazione (1). – [I] L'assemblea è convocata dall'amministratore unico, dal consiglio di amministrazione [2406] o dal consiglio di gestione mediante avviso contenente l'indicazione del giorno, dell'ora e del luogo dell'adunanza e l'elenco delle materie da trattare (2).

[II] L'avviso deve essere pubblicato nella Gazzetta Ufficiale della Repubblica o in almeno un quotidiano indicato nello statuto almeno quindici giorni prima di quello fissato per l'assemblea. Se i quotidiani indicati nello statuto hanno cessato le pubblicazioni, l'avviso deve essere pubblicato nella Gazzetta Ufficiale. Per le società che fanno ricorso al mercato del capitale di rischio, le modalità di pubblicazione dell'avviso sono definite dalle leggi speciali (3).

[III] Lo statuto delle società che non fanno ricorso al mercato del capitale di rischio può, in deroga al comma precedente, consentire la convocazione mediante avviso comunicato ai soci con mezzi che garantiscano la prova dell'avvenuto ricevimento almeno otto giorni prima dell'assemblea [2479-bis[1]].

[IV] In mancanza delle formalità previste per la convocazione, l'assemblea si reputa regolarmente costituita, quando è rappresentato l'intero capitale sociale e partecipa all'assemblea la maggioranza dei componenti degli organi amministrativi e di controllo [2479-bis[5]]. Tuttavia in tale ipotesi ciascuno dei partecipanti può opporsi alla discussione degli argomenti sui quali non si ritenga sufficientemente informato (4).

[V] Nell'ipotesi di cui al comma precedente, dovrà essere data tempestiva comunicazione delle deliberazioni assunte ai componenti degli organi amministrativi e di controllo non presenti.

(1) V. nota al Capo V.

(2) L'art. 1 del d.lg. 18/6/2012, n. 91 ha sostituito le parole "Salvo quanto previsto dalle leggi speciali per le società, diverse dalle società cooperative, che fanno ricorso ai mercato del capitale di rischio, l'assemblea è convocata dagli amministratori" con le parole "L'assemblea è convocata dall'amministratore unico, dal consiglio di amministrazione". Tale modifica si applica, ai sensi dell'art. 5 dello stesso d.lg., alle assemblee il cui avviso di convocazione sia pubblicato dopo il 1/1/2013. Precedentemente l'art. 1, co. 1, d.lg. 27/1/2010, n. 27, aveva inserito le parole: "Salvo quanto previsto dalle leggi speciali per le società, diverse dalle società cooperative, che fanno ricorso ai mercato del capitale di rischio,".

(3) L'art. 1, co. 1, d.lg. 27/1/2010, n. 27 ha aggiunto le parole "Per le società, diverse dalle società cooperative; che fanno ricorso al mercato del capitale di rischio, le modalità di pubblicazione dell'avviso sono definite dalle leggi speciali" poi modificate dall'art. 1 del d.lg. 18/6/2012, n. 91 che ha soppresso le parole ", diverse dalle società cooperative,". Tale ultima modifica si applica, ai sensi dell'art. 5 dello stesso d.lg., alle assemblee il cui avviso di convocazione sia pubblicato dopo il 1/1/2013. Inoltre, il periodo "Se i quotidiani indicati nello statuto hanno cessato le pubblicazioni, l'avviso deve essere pubblicato nella Gazzetta Ufficiale" era stato precedentemente aggiunto dall'art. 1 del d.lg. 17/1/2003, n. 6, come modificato dall'art. 5, co. 1, lett. m), d.lg. 6/2/2004, n. 37.

(4) L'art. 1, co. 1, d.lg. 27/1/2010, n. 27, ha sostituito la parola "suddette", con le parole "previste per la convocazione,".

2367. Convocazione su richiesta di soci (1). – [I] Gli amministratori o il consiglio di gestione devono convocare senza ritardo l'assemblea, quando ne è fatta domanda da tanti soci che rappresentino almeno il ventesimo del capitale sociale nelle società che fanno ricorso al mercato del capitale di rischio e il decimo del capitale sociale nelle altre o la minore percentuale prevista nello statuto, e nella domanda sono indicati gli argomenti da trattare (2).

[II] Se gli amministratori o il consiglio di gestione, oppure in loro vece i sindaci o il consiglio di sorveglianza o il comitato per il controllo sulla gestione, non provvedono, il tribunale, sentiti i componenti degli organi amministrativi e di controllo, ove il rifiuto di provvedere risulti ingiustificato, ordina con decreto la convocazione dell'assemblea, designando la persona che deve presiederla.

[III] La convocazione su richiesta di soci non è ammessa per argomenti sui quali l'assemblea delibera, a norma di legge, su proposta degli amministratori o sulla base di un progetto o di una relazione da essi predisposta [2446, 2501, 2506].

(1) V. nota al Capo V.

(2) Le parole: "almeno il decimo del capitale sociale" sono state sostituite dalle parole: "almeno il ventesimo del capitale sociale nelle società che fanno ricorso al mercato del capitale di rischio e il decimo del capitale sociale nelle altre" dall'art. 1, co. 2, d.lg. 27/1/2010, n. 27.

2368. Costituzione dell'assemblea e validità delle deliberazioni (1). – [I] L'assemblea ordinaria è regolarmente costituita quando è rappresentata almeno la metà del capitale sociale, escluse dal computo le azioni prive del diritto di voto nell'assemblea medesima [2351[2]]. Essa delibera a maggioranza assoluta, salvo che lo statuto richieda una maggioranza più elevata. Per la nomina alle cariche sociali lo statuto può stabilire norme particolari (2).

[II] L'assemblea straordinaria delibera con il voto favorevole di più della metà del capitale sociale, se lo statuto non richiede una maggioranza più elevata. Nelle società che fanno ricorso al mercato del capitale di rischio l'assemblea straordinaria è regolarmente costituita quando è rappresentata almeno la metà del capitale sociale o la maggiore percentuale prevista dallo statuto e delibera con il voto favorevole di almeno i due terzi del capitale rappresentato in assemblea (3).

[III] Salvo diversa disposizione di legge [2357-ter[2]] le azioni per le quali non può essere esercitato il diritto di voto [2344[4]] sono computate ai fini della regolare costituzione dell'assemblea. Le medesime azioni e quelle per le quali il diritto di voto non è stato esercitato a seguito della dichiarazione del soggetto al quale spetta il diritto di voto di astenersi per conflitto di interessi [2373[2]] non sono computate ai fini del calcolo della maggioranza e della quota di capitale richiesta per l'approvazione della deliberazione (4).

(1) V. nota al Capo V.

(2) Le parole: "con l'intervento di tanti soci che rappresentino» sono sostituite dalle parole "quando e rappresentata" dall'art. 1, co. 3, d.lg. 27/1/2010, n. 27.

(3) Comma modificato dall'art. 1, co. 3, d.lg. 27/1/2010, n. 27. Il testo precedente recitava: «L'assemblea straordinaria delibera con il voto favorevole di tanti soci che rappresentino più della metà del capitale sociale, se lo statuto non richiede una maggioranza più elevata. Nelle società che fanno ricorso al mercato del capitale di rischio l'assemblea straordinaria è regolarmente costituita con la presenza di tanti soci che rappresentino almeno la metà del capitale sociale o la maggiore percentuale prevista dallo statuto e delibera con il voto favorevole di almeno i due terzi del capitale rappresentato in assemblea».

(4) La parola "socio" è stata sostituita dalle parole "soggetto al quale spetta il diritto di voto" dall'art. 1, co. 3, d.lg. 27/1/2010, n. 27.

2369. Seconda convocazione e convocazioni successive (1). – [I] Se all'assemblea non è complessivamente rappresentata la parte di capitale richiesta dall'articolo precedente, l'assemblea deve essere nuovamente convocata. Salvo che lo statuto disponga diversamente, le assemblee delle società, diverse dalle società cooperative, che fanno ricorso al mercato del capitale di rischio, si tengono in unica convocazione alla quale si applicano, per l'assemblea ordinaria, le maggioranze indicate dal terzo e quarto comma, nonché dell'articolo 2368, primo comma, secondo periodo, e per l'assemblea straordinaria, le maggioranze previste dal settimo comma del presente articolo. Restano salve le disposizioni di legge o dello statuto che richiedono maggioranze più elevate per l'approvazione di talune deliberazioni (2).

[II] Nell'avviso di convocazione dell'assemblea può essere fissato il giorno per la seconda convocazione. Questa non può aver luogo nello stesso giorno fissato per la prima. Se il giorno per la seconda convocazione non è indicato nell'avviso, l'assemblea deve essere riconvocata entro trenta giorni dalla data della prima, e il termine stabilito dal secondo comma dell'articolo 2366 è ridotto ad otto giorni.

[III] In seconda convocazione l'assemblea ordinaria delibera sugli oggetti che avrebbero dovuto essere trattati nella prima, qualunque sia la parte di capitale rappresentata (3), e l'assemblea straordinaria è regolarmente costituita con la partecipazione di oltre un terzo del capitale sociale e delibera con il voto favorevole di almeno i due terzi del capitale rappresentato in assemblea.

[IV] Lo statuto può richiedere maggioranze più elevate, tranne che per l'approvazione del bilancio e per la nomina e la revoca delle cariche sociali.

[V] Nelle società che non fanno ricorso al mercato del capitale di rischio è necessario, anche in seconda convocazione, il voto favorevole di (4) più di un terzo del capitale sociale per le deliberazioni concernenti il cambiamento dell'oggetto sociale, la trasformazione della società, lo scioglimento anticipato, la proroga della società, la revoca dello stato di liquidazione, il trasferimento della sede sociale all'estero e l'emissione delle azioni di cui al secondo comma dell'articolo 2351 (5).

[VI] Lo statuto può prevedere eventuali ulteriori convocazioni dell'assemblea, alle quali si applicano le disposizioni del terzo, quarto e quinto comma.

[VII] Nelle società che fanno ricorso al mercato del capitale di rischio l'assemblea straordinaria è costituita, nelle convocazioni successive alla seconda, quando è rappresentato almeno un quinto del capitale sociale, salvo che lo statuto richieda una quota di capitale più elevata, e delibera con il voto favorevole di almeno i due terzi del capitale rappresentato in assemblea (6).

(1) V. nota al Capo V.

(2) Comma modificato dall'art. 1 del d.lg. 18/6/2012, n. 91. Il testo recitava: «Se all'assemblea non è complessivamente rappresentata la parte di capitale richiesta dall'articolo precedente, l'assemblea deve essere nuovamente convocata. Lo statuto delle società, diverse dalle società cooperative, che fanno ricorso al mercato del capitale di rischio può escludere il ricorso a convocazioni successive alla prima disponendo che all'unica convocazione si applichino, per l'assemblea ordinaria, le maggioranze indicate dal terzo e dal quarto comma, nonché dall'articolo 2368, primo comma, secondo periodo, e, per l'assemblea straordinaria, le maggioranze previste dal settimo comma del presente articolo». Tale modifica si applica, ai sensi dell'art. 5 dello stesso d.lg., alle assemblee il cui avviso di convocazione sia pubblicato dopo il 1/1/2013. Il comma era stato sostituito dall'art. 1, co. 4, d.lg. 27/1/2010, n. 27 e, precedentemente recitava: «Se i soci partecipanti all'assemblea non rappresentano complessivamente la parte di capitale richiesta dall'articolo precedente, l'assemblea deve essere nuovamente convocata».

(3) Le parole "dai soci partecipanti" sono state soppresse dall'art. 1, co. 4, d.lg. 27/1/2010, n. 27.

(4) Le parole "tanti soci che rappresentino" sono state soppresse dall'art. 1, co. 4, d.lg. 27/1/2010, n. 27.

(5) Le parole "e l'emissione delle azioni di cui al secondo comma dell'articolo 2351" sono state sostituite alle parole "e l'emissione di azioni privilegiate" dall'art. 1 del d.lg. 17/1/2003, n. 6, come modificato dall'art. 5, co. 1, lett. n), d.lg. 6/2/2004, n. 37.

(6) Ai sensi dell'art. 1, co. 4, d.lg. 27/1/2010, n. 27, le parole: "con la presenza di tanti soci che rappresentino" sono state sostituite dalle parole: "quando è rappresentato" e dopo le parole: "quota di capitale più elevata" sono state aggiunte le parole: ", e delibera con il voto favorevole di almeno i due terzi del capitale rappresentato in assemblea".

2370. Diritto d'intervento all'assemblea ed esercizio del voto (1). – [I] Possono intervenire [2418[1]] all'assemblea coloro ai quali spetta il diritto di voto.

[II] Lo statuto delle società le cui azioni non sono ammesse alla gestione accentrata, può richiedere il preventivo deposito delle azioni presso la sede sociale o presso le banche indicate nell'avviso di convocazione, fissando il termine entro il quale debbono essere depositate ed eventualmente prevedendo che non possano essere ritirate prima che l'assemblea abbia avuto luogo. Qualora le azioni emesse dalle società indicate al primo periodo siano diffuse fra il pubblico in misura rilevante il termine non può essere superiore a due giorni non festivi.

[III] Se le azioni sono nominative, le società di cui al secondo comma provvedono all'iscrizione nel libro dei soci di coloro che hanno partecipato all'assemblea o che hanno effettuato il deposito.

[IV] Lo statuto può consentire l'intervento all'assemblea [2388[1], 2404[1]] mediante mezzi di telecomunicazione ovvero l'espressione del voto per corrispondenza o in via elettronica. Chi esprime il voto per corrispondenza o in via elettronica si considera intervenuto all'assemblea.

[V] Resta fermo quanto previsto dalle leggi speciali in materia di legittimazione all'intervento e all'esercizio del diritto di voto nell'assemblea nonché in materia di aggiornamento del libro soci nelle società con azioni ammesse alla gestione accentrata.

(1) V. nota al Capo V.

• Articolo sostituito dall'art. 1, co. 5, d.lg. 27/1/2010, n. 27. Il testo precedente recitava: «[I] Possono intervenire all'assemblea gli azionisti cui spetta il diritto di voto. [II] Lo statuto può richiedere il preventivo deposito delle azioni o della relativa certificazione presso la sede sociale o le banche indicate nell'avviso di convocazione, fissando il termine entro il quale debbono essere depositate ed eventualmente prevedendo che non possano essere ritirate prima che l'assemblea abbia avuto luogo. Nelle società che fanno ricorso al mercato del capitale di rischio il termine non può essere superiore a due giorni non festivi e, nei casi previsti dai commi sesto e settimo dell'articolo 2354, il deposito è sostituito da una comunicazione dell'intermediario che tiene i relativi conti. [III] Se le azioni sono nominative, la società provvede all'iscrizione nel libro dei soci di coloro che hanno partecipato all'assemblea o che hanno effettuato il deposito, ovvero che risultino dalla comunicazione dell'intermediario di cui al comma precedente. [IV] Lo statuto può consentire l'intervento all'assemblea mediante mezzi di telecomunicazione o l'espressione del voto per corrispondenza. Chi esprime il voto per corrispondenza si considera intervenuto all'assemblea».

2371. Presidenza dell'assemblea (1). – [I] L'assemblea è presieduta dalla persona indicata nello statuto o, in mancanza, da quella eletta con il voto della maggioranza dei presenti. Il presidente è assistito da un segretario designato nello stesso modo. Il presidente dell'assemblea verifica la regolarità della costituzione, accerta l'identità e la legittimazione dei presenti, regola il suo svolgimento ed accerta i risultati delle votazioni; degli esiti di tali (2) accertamenti deve essere dato conto nel verbale.

[II] L'assistenza del segretario non è necessaria quando il verbale dell'assemblea è redatto da un notaio [2375[2], 2436].

(1) V. nota al Capo V.

(2) V. Errata-corrige in G.U. 4/7/2003, n. 153.

2372. Rappresentanza nell'assemblea (1). – [I] Coloro ai quali spetta il diritto di voto possono farsi rappresentare nell'assemblea [2388[3]] salvo che, nelle società che non fanno ricorso al mercato del capitale di rischio e nelle società cooperative, lo statuto disponga diversamente. La rappresentanza deve essere conferita per iscritto e i documenti relativi devono essere conservati dalla società [2479-bis[2], 2539] (2).

[II] Nelle società che fanno ricorso al mercato del capitale di rischio la rappresentanza può essere conferita solo per singole assemblee, con effetto anche per le successive convocazioni, salvo che si tratti di procura generale o di procura conferita da una società, associazione, fondazione o altro ente collettivo o istituzione ad un proprio dipendente.

[III] La delega non può essere rilasciata con il nome del rappresentante in bianco ed è sempre revocabile nonostante ogni patto contrario. Il rappresentante può farsi sostituire solo da chi sia espressamente indicato nella delega.

[IV] Se la rappresentanza è conferita ad una società, associazione, fondazione od altro ente collettivo o istituzione, questi possono delegare soltanto un proprio dipendente o collaboratore.

[V] La rappresentanza non può essere conferita né ai membri degli organi amministrativi o di controllo o ai dipendenti della società, né alle società da essa controllate o ai membri degli organi amministrativi o di controllo o ai dipendenti di queste.

[VI] La stessa persona non può rappresentare in assemblea più di venti soci o, se si tratta di società previste nel secondo comma di questo articolo, più di cinquanta soci se la società ha capitale non superiore a cinque milioni di euro, più di cento soci se la società ha capitale superiore a cinque milioni di euro e non superiore a venticinque milioni di euro, e più di duecento soci se la società ha capitale superiore a venticinque milioni di euro [2539[1]].

[VII] Le disposizioni del quinto e del sesto comma di questo articolo si applicano anche nel caso di girata delle azioni per procura.

[VIII] Le disposizioni del quinto e del sesto comma non si applicano alle società con azioni quotate nei mercati regolamentati diverse dalle società cooperative. Resta fermo quanto previsto dall'articolo 2539 (3).

(1) V. nota al Capo V.

(2) Comma sostituito dall'art. 1, co. 6, d.lg. 27/1/2010, n. 27. Il testo precedente recitava: «Salvo disposizione contraria dello statuto, i soci possono farsi rappresentare nell'assemblea. La rappresentanza deve essere conferita per iscritto e i documenti relativi devono essere conservati dalla società».

(3) Comma aggiunto dall'art. 1, co. 6, d.lg. 27/1/2010, n. 27.

2373. Conflitto d'interessi (1). – [I] La deliberazione approvata con il voto determinante di coloro (2) che abbiano, per conto proprio o di terzi, un interesse in conflitto con quello della società è impugnabile a norma dell'articolo 2377 qualora possa recarle danno [2479-ter[2]].

[II] Gli amministratori non possono votare nelle deliberazioni riguardanti la loro responsabilità. I componenti del consiglio di gestione non possono votare nelle deliberazioni riguardanti la nomina, la revoca o la responsabilità dei consiglieri di sorveglianza [2368[3]].

(1) V. nota al Capo V.

(2) L'art. 1, co. 7, d.lg. 27/1/2010, n. 27, ha sostituito le parole "di soci" con le parole: "di coloro".

2374. Rinvio dell'assemblea (1). – [I] I soci intervenuti che riuniscono un terzo del capitale rappresentato nell'assemblea, se dichiarano di non essere sufficientemente informati sugli oggetti posti in deliberazione, possono chiedere che l'assemblea sia rinviata a non oltre cinque giorni.

[II] Questo diritto non può esercitarsi che una sola volta per lo stesso oggetto.

(1) V. nota al Capo V.

2375. Verbale delle deliberazioni dell'assemblea (1). – [I] Le deliberazioni dell'assemblea devono constare da verbale sottoscritto dal presidente e dal segretario o dal notaio. Il verbale deve indicare la data dell'assemblea e, anche in allegato, l'identità dei partecipanti e il capitale rappresentato da ciascuno; deve altresì indicare le modalità e il risultato delle votazioni e deve consentire, anche per allegato, l'identificazione dei soci favorevoli, astenuti o dissenzienti. Nel verbale devono essere riassunte, su richiesta dei soci, le loro dichiarazioni pertinenti all'ordine del giorno.

[II] Il verbale dell'assemblea straordinaria deve essere redatto da un notaio [2371[2]].

[III] Il verbale deve essere redatto senza ritardo, nei tempi necessari per la tempestiva esecuzione degli obblighi di deposito o di pubblicazione [2436[1]].

(1) V. nota al Capo V.

2376. Assemblee speciali (1). – [I] Se esistono diverse categorie di azioni o strumenti finanziari che conferiscono diritti amministrativi, le deliberazioni dell'assemblea, che pregiudicano i diritti di una di esse, devono essere approvate anche dall'assemblea speciale degli appartenenti alla categoria interessata.

[II] Alle assemblee speciali si applicano le disposizioni relative alle assemblee straordinarie [2365, 2368², 2375²].

[III] Quando le azioni o gli strumenti finanziari sono ammessi al sistema di gestione accentrata la legittimazione all'intervento e al voto nella relativa assemblea è disciplinata dalle leggi speciali (2).

(1) V. nota al Capo V.

(2) Comma aggiunto dall'art. 1 del d.lg. 18/6/2012, n. 91. Tale modifica si applica, ai sensi dell'art. 5 dello stesso d.lg., alle assemblee il cui avviso di convocazione sia pubblicato dopo il 1/1/2013.

2377. Annullabilità delle deliberazioni (1). – [I] Le deliberazioni dell'assemblea, prese in conformità della legge e dell'atto sostitutivo, vincolano tutti i soci, ancorché non intervenuti o dissenzienti (2).

[II] Le deliberazioni che non sono prese in conformità della legge [2441] o dello statuto possono essere impugnate dai soci assenti, dissenzienti od astenuti, dagli amministratori, dal consiglio di sorveglianza e dal collegio sindacale [2479-ter¹].

[III] L'impugnazione può essere proposta dai soci quando possiedono tante azioni aventi diritto di voto con riferimento alla deliberazione che rappresentino, anche congiuntamente, l'uno per mille del capitale sociale nelle società che fanno ricorso al mercato del capitale di rischio e il cinque per cento nelle altre; lo statuto può ridurre o escludere questo requisito. Per l'impugnazione delle deliberazioni delle assemblee speciali queste percentuali sono riferite al capitale rappresentato dalle azioni della categoria.

[IV] I soci che non rappresentano la parte di capitale indicata nel comma precedente e quelli che, in quanto privi di voto, non sono legittimati a proporre l'impugnativa hanno diritto al risarcimento del danno loro cagionato dalla non conformità della deliberazione alla legge o allo statuto.

[V] La deliberazione non può essere annullata:

1) per la partecipazione all'assemblea di persone non legittimate, salvo che tale partecipazione sia stata determinante ai fini della regolare costituzione dell'assemblea a norma degli articoli 2368 e 2369;

2) per l'invalidità di singoli voti o per il loro errato conteggio, salvo che il voto invalido o l'errore di conteggio siano stati determinanti ai fini del raggiungimento della maggioranza richiesta;

3) per l'incompletezza o l'inesattezza del verbale, salvo che impediscano l'accertamento del contenuto, degli effetti e della validità della deliberazione.

[VI] L'impugnazione o la domanda di risarcimento del danno sono proposte nel termine di novanta giorni dalla data della deliberazione, ovvero, se questa è soggetta ad iscrizione nel registro delle imprese, entro novanta giorni dall'iscrizione o, se è soggetta solo a deposito presso l'ufficio del registro delle imprese, entro novanta giorni dalla data di questo (3).

[VII] L'annullamento della deliberazione ha effetto rispetto a tutti i soci ed obbliga gli amministratori, il consiglio di sorveglianza e il consiglio di gestione a prendere i conseguenti provvedimenti sotto la propria responsabilità. In ogni caso sono salvi i diritti acquistati in buona fede dai terzi in base ad atti compiuti in esecuzione della deliberazione.

[VIII] L'annullamento della deliberazione non può aver luogo, se la deliberazione impugnata è sostituita con altra presa in conformità della legge e dello statuto. In tal caso il giudice provvede sulle spese di lite, ponendole di norma a carico della società, e sul risarcimento dell'eventuale danno.

[IX] Restano salvi i diritti acquisiti dai terzi sulla base della deliberazione sostituita.

(1) V. nota al Capo V.

(2) Comma inserito dall'art. 1 del d.lg. 17/1/2003, n. 6, come modificato dall'art. 5, co. 1, lett.o), d.lg. 6/2/2004, n. 37.

(3) V. Avviso di rettifica in G.U. 4/7/2003, n. 153.

2378. Procedimento d'impugnazione (1). – [I] L'impugnazione è proposta con atto di citazione davanti al tribunale del luogo dove la società ha sede.

[II] Il socio o i soci opponenti devono dimostrarsi possessori al tempo dell'impugnazione del numero delle azioni previsto dal terzo comma (2) dell'articolo 2377. Fermo restando quanto disposto dall'articolo 111 del codice di procedura civile, qualora nel corso del processo venga meno a seguito di trasferimenti per atto tra vivi il richiesto numero delle azioni, il giudice, previa se del caso revoca del provvedimento di sospensione dell'esecuzione della deliberazione, non può pronunciare l'annullamento e provvede sul risarcimento dell'eventuale danno, ove richiesto.

[III] Con ricorso depositato contestualmente al deposito, anche in copia, della citazione, l'impugnante può chiedere la sospensione dell'esecuzione della deliberazione. In caso di eccezionale e motivata urgenza, il presidente del tribunale, omessa la convocazione della società convenuta, provvede sull'istanza con decreto motivato, che deve altresì contenere la designazione del giudice per la trattazione della causa di merito e la fissazione, davanti al giudice designato, entro quindici giorni, dell'udienza per la conferma, modifica o revoca dei provvedimenti emanati con il decreto, nonché la fissazione del termine per la notificazione alla controparte del ricorso e del decreto.

[IV] Il giudice designato per la trattazione della causa di merito, sentiti gli amministratori e sindaci, provvede valutando comparativamente il pregiudizio che subirebbe il ricorrente dalla esecuzione e quello che subirebbe la società dalla sospensione dell'esecuzione della deliberazione; può disporre in ogni momento che i soci opponenti prestino idonea garanzia per l'eventuale risarcimento dei danni. All'udienza, il giudice, ove lo ritenga utile, esperisce il tentativo di conciliazione eventualmente suggerendo le modificazioni da apportare alla deliberazione impugnata e, ove la soluzione appaia realizzabile, rinvia adeguatamente l'udienza.

[V] Tutte le impugnazioni relative alla medesima deliberazione, anche se separatamente proposte ed ivi comprese le domande proposte ai sensi del quarto comma (3) dell'articolo 2377, devono essere istruite congiuntamente e decise con unica sentenza. Salvo quanto disposto dal quarto comma del presente articolo, la trattazione della causa di merito ha inizio trascorso il termine stabilito nel sesto comma (4) dell'articolo 2377.

[VI] I dispositivi del provvedimento di sospensione e della sentenza che decide sull'impugnazione devono essere iscritti, a cura degli amministratori, nel registro delle imprese (5).

(1) V. nota al Capo V.

(2) Le parole "terzo comma" sono state sostituite alle parole "secondo comma" dall'art. 1 del d.lg. 17/1/2003, n. 6, come modificato dall'art. 5, co. 1, lett. p), n. 1, d.lg. 6/2/2004, n. 37.

(3) Le parole "quarto comma" sono state sostituite alle parole "terzo comma" dall'art. 1 del d.lg. n. 6, cit., come modificato dall'art. 5, co. 1, lett. p), n. 2, d.lg. n. 37, cit.

(4) Le parole "sesto comma" sono state sostituite alle parole "quinto comma" dall'art. 1 del d.lg. n. 6, cit., come modificato dall'art. 5, co. 1, lett. p), n. 2, d.lg. n. 37, cit.

(5) Comma aggiunto dall'art. 1 del d.lg. n. 6, cit., come modificato dall'art. 5, co. 1, lett. p), n. 3, d.lg. n. 37, cit.

2379. Nullità delle deliberazioni (1). – [I] Nei casi di mancata convocazione dell'assemblea, di mancanza del verbale e di impossibilità o illiceità dell'oggetto la deliberazione può essere impugnata da chiunque vi abbia interesse entro tre anni dalla sua iscrizione o deposito nel registro delle imprese, se la deliberazione vi è soggetta, o dalla trascrizione nel libro delle adunanze dell'assemblea, se la deliberazione non è soggetta né a iscrizione né a deposito. Possono essere impugnate senza limiti di tempo le deliberazioni che modificano l'oggetto sociale prevedendo attività illecite o impossibili [2479-ter[3]].

[II] Nei casi e nei termini previsti dal precedente comma l'invalidità può essere rilevata d'ufficio dal giudice.

[III] Ai fini di quanto previsto dal primo comma la convocazione non si considera mancante nel caso d'irregolarità dell'avviso, se questo proviene da un componente dell'organo di amministrazione o di controllo della società ed è idoneo a consentire a coloro che hanno diritto di intervenire di essere preventivamente (2) avvertiti della convocazione e della data dell'assemblea. Il verbale non si considera mancante se contiene la data della deliberazione e il suo oggetto ed è sottoscritto dal presidente dell'assemblea, o dal presidente del consiglio di amministrazione o del consiglio di sorveglianza e dal segretario o dal notaio [2375[1]].

[IV] Si applicano, in quanto compatibili, il settimo e ottavo comma dell'articolo 2377 (3).

(1) V. nota al Capo V.

(2) La parola "preventivamente" è stata sostituita alla parola "tempestivamente" dall'art. 1 del d.lg. 17/1/2003, n. 6, come modificato dall'art. 5, co. 1, lett. q), n. 1, d.lg. 6/2/2004, n. 37.

(3) Le parole "settimo e ottavo comma" sono state sostituite alle parole "sesto e settimo comma" dall'art. 1 del d.lg. n. 6, cit., come modificato dall'art. 5, co. 1, lett. q), n. 2, d.lg. n. 37, cit.

2379 bis. Sanatoria della nullità (1). – [I] L'impugnazione della deliberazione invalida per mancata convocazione non può essere esercitata da chi anche successivamente abbia dichiarato il suo assenso allo svolgimento dell'assemblea.

[II] L'invalidità della deliberazione per mancanza del verbale può essere sanata mediante verbalizzazione eseguita prima dell'assemblea successiva. La deliberazione ha effetto dalla data in cui è stata presa, salvi i diritti dei terzi che in buona fede ignoravano la deliberazione.

(1) V. nota al Capo V.

2379 ter. Invalidità delle deliberazioni di aumento o di riduzione del capitale e della emissione di obbligazioni (1). – [I] Nei casi previsti dall'articolo 2379 l'impugnativa dell'aumento di capitale, della riduzione del capitale ai sensi dell'articolo 2445 o della emissione di obbligazioni non può essere proposta dopo che siano trascorsi centottanta giorni dall'iscrizione della deliberazione nel registro delle imprese o, nel caso di mancata convocazione, novanta giorni dall'approvazione del bilancio dell'esercizio nel corso del quale la deliberazione è stata anche parzialmente eseguita.

[II] Nelle società che fanno ricorso al mercato del capitale di rischio l'invalidità della deliberazione di aumento del capitale non può essere pronunciata dopo che a norma dell'articolo 2444 sia stata iscritta nel registro delle imprese l'attestazione che l'aumento è stato anche parzialmente eseguito; l'invalidità della deliberazione di riduzione del capitale ai sensi dell'articolo 2445 o della deliberazione di emissione delle obbligazioni non può essere pronunciata dopo che la deliberazione sia stata anche parzialmente eseguita.

[III] Resta salvo il diritto al risarcimento del danno eventualmente spettante ai soci e ai terzi.

(1) V. nota al Capo V.

Sezione VI bis
Dell'amministrazione e del controllo

§ 1 – *Disposizioni generali*

2380. Sistemi di amministrazione e di controllo (1). – [I] Se lo statuto non dispone diversamente, l'amministrazione e il controllo della società sono regolati dai successivi paragrafi 2, 3 e 4.

[II] Lo statuto può adottare per l'amministrazione e per il controllo della società il sistema di cui al paragrafo 5, oppure quello di cui al paragrafo 6; salvo che la deliberazione disponga altrimenti, la variazione di sistema ha effetto alla data dell'assemblea convocata per l'approvazione del bilancio relativo all'esercizio successivo.

[III] Salvo che sia diversamente stabilito, le disposizioni che fanno riferimento agli amministratori si applicano a seconda dei casi al consiglio di amministrazione o al consiglio di gestione.

(1) V. nota al Capo V.

§ 2 – *Degli amministratori*

2380 bis. Amministrazione della società (1). – [I] La gestione dell'impresa si svolge nel rispetto della disposizione di cui all'articolo 2086, secondo comma, e spetta esclusivamente agli amministratori, i quali compiono le operazioni necessarie per l'attuazione dell'oggetto sociale (2).

[II] L'amministrazione della società può essere affidata anche a non soci [2475[1]].

[III] Quando l'amministrazione è affidata a più persone, queste costituiscono il consiglio di amministrazione.

[IV] Se lo statuto non stabilisce il numero degli amministratori, ma ne indica solamente un numero massimo e minimo, la determinazione spetta all'assemblea.

[V] Il consiglio di amministrazione sceglie tra i suoi componenti il presidente, se questi non è nominato dall'assemblea [2409-undecies, 2409-noviesdecies].

(1) V. nota al Capo V.

(2) Comma così sostituito dall'art. 377, co. 2 del d.lg. 12/1/2019, n. 14; la precedente formulazione prevedeva che «La gestione dell'impresa spetta esclusivamente agli amministratori, i quali compiono le operazioni necessarie per l'attuazione dell'oggetto sociale». Tale modifica, ai sensi dell'art. 389, co. 2, d.lg. n. 14, cit., entra in vigore il trentesimo giorno successivo alla pubblicazione nella Gazzetta Ufficiale del presente decreto (16/3/2019). Il testo del comma era il seguente: «La gestione dell'impresa spetta esclusivamente agli amministratori, i quali compiono le operazioni necessarie per l'attuazione dell'oggetto sociale». Il comma è stato, da ultimo modificato dall'art. 40, co. 2, d.lg. 26/10/2020, n. 147 che ha aggiunto, infine, il seguente periodo: «L'istituzione degli assetti di cui all'articolo 2086, secondo comma, spetta esclusivamente agli amministratori». Ai sensi dell'art. 42, co. 1, del citato decreto la presente disposizione entra in vigore il 20/11/2020.

2381. Presidente, comitato esecutivo e amministratori delegati (1). – [I] Salvo diversa previsione dello statuto, il presidente convoca il consiglio di amministrazione, ne fissa l'ordine del giorno, ne coordina i lavori e provvede affinché adeguate informazioni sulle materie iscritte all'ordine del giorno vengano fornite a tutti i consiglieri.

[II] Se lo statuto o l'assemblea lo consentono, il consiglio di amministrazione può delegare proprie attribuzioni ad un comitato esecutivo composto da alcuni dei suoi componenti, o ad uno o più dei suoi componenti.

[III] Il consiglio di amministrazione determina il contenuto, i limiti e le eventuali modalità di esercizio della delega; può sempre impartire direttive agli organi delegati e avocare a sé operazioni rientranti nella delega. Sulla base delle informazioni ricevute valuta l'adeguatezza dell'assetto organizzativo, amministrativo e contabile della società; quando elaborati, esamina i piani strategici, industriali e finanziari della società; valuta, sulla base della relazione degli organi delegati, il generale andamento della gestione [2392[2], 2409-novies[1]].

[IV] Non possono essere delegate le attribuzioni indicate negli articoli 2420-ter, 2423, 2443, 2446, 2447, 2501-ter e 2506-bis [2409-novies[1], 2544[1]].

[V] Gli organi delegati curano che l'assetto organizzativo, amministrativo e contabile sia adeguato alla natura e alle dimensioni dell'impresa e riferiscono al consiglio di amministrazione e al collegio sindacale, con la periodicità fissata dallo statuto e in ogni caso almeno ogni sei mesi (2), sul generale andamento della gestione e sulla sua prevedibile evoluzione nonché sulle operazioni di maggior rilievo, per le loro dimensioni o caratteristiche, effettuate dalla società e dalle sue controllate [2409-novies[1]].

[VI] Gli amministratori sono tenuti ad agire in modo informato; ciascun amministratore può chiedere agli organi delegati che in consiglio siano fornite informazioni relative alla gestione della società [2409-undecies[1], 2409-noviesdecies[1]].

(1) V. nota al Capo V.

(2) Le parole "sei mesi" sono state sostituite alle parole "centottanta giorni" dall'art. 1 del d.lg. 17/1/2003, n. 6, come modificato dall'art. 5, co. 1, lett. r), d.lg. 6/2/2004, n. 37.

2382. Cause di ineleggibilità e di decadenza (1). – [I] Non può essere nominato amministratore, e se nominato decade dal suo ufficio, l'interdetto, l'inabilitato, il fallito, o chi è stato condannato ad una pena che importa l'interdizione, anche temporanea, dai pubblici uffici o l'incapacità ad esercitare uffici direttivi [2387[1], 2399[1], 2409-undecies[1], 2409-duodecies[1], 2409-noviesdecies[1]].

(1) V. nota al Capo V.

2383. Nomina e revoca degli amministratori (1). – [I] La nomina degli amministratori spetta all'assemblea, fatta eccezione per i primi amministratori, che sono nominati nell'atto costitutivo, e salvo il disposto degli articoli 2351, 2449 e 2450. La nomina è in ogni caso preceduta dalla presentazione, da parte dell'interessato, di una dichiarazione circa l'inesistenza, a suo carico, delle cause di ineleggibilità previste dall'articolo 2382 e di interdizioni dall'ufficio di amministratore adottate nei suoi confronti in uno Stato membro dell'Unione europea (2).

[II] Gli amministratori non possono essere nominati per un periodo superiore a tre esercizi, e scadono alla data dell'assemblea convocata per l'approvazione del bilancio relativo all'ultimo esercizio della loro carica.

[III] Gli amministratori sono rieleggibili, salvo diversa disposizione dello statuto, e sono revocabili dall'assemblea in qualunque tempo, anche se nominati nell'atto costitutivo, salvo il diritto dell'amministratore al risarcimento dei danni, se la revoca avviene senza giusta causa [2400[2], 2409-duodecies[5]].

[IV] Entro trenta giorni dalla notizia della loro nomina gli amministratori devono chiederne l'iscrizione nel registro delle imprese indicando per ciascuno di essi il cognome e il nome, il luogo e la data di nascita, il domicilio e la cittadinanza, nonché a quali tra essi è attribuita la rappresentanza della società, precisando se disgiuntamente o congiuntamente [2409-undecies[1], 2475[2]].

[V] Le cause di nullità o di annullabilità della nomina degli amministratori che hanno la rappresentanza della società non sono opponibili ai terzi dopo l'adempimento della pubblicità di cui al quarto comma, salvo che la società provi che i terzi ne erano a conoscenza [2409-undecies[1], 2409-noviesdecies[1], 2475[2]].

(1) V. nota al Capo V.

(2) Comma modificato dall'art. 6, co. 2, d.lg. 8/11/2021, n. 183 che ha aggiunto, in fine, il seguente periodo «La nomina è in ogni caso preceduta dalla presentazione, da parte dell'interessato, di una dichiarazione circa l'inesistenza, a suo carico, delle cause di ineleggibilità previste dall'articolo 2382 e di interdizioni dall'ufficio di amministratore adottate nei suoi confronti in uno Stato membro dell'Unione europea.».

2384. Poteri di rappresentanza (1). – [I] Il potere di rappresentanza attribuito agli amministratori dallo statuto o dalla deliberazione di nomina è generale [2475-bis[1]].

[II] Le limitazioni ai poteri degli amministratori che risultano dallo statuto o da una decisione degli organi competenti non sono opponibili ai terzi, anche se pubblicate, salvo che si provi che questi abbiano intenzionalmente agito a danno della società [2409-undecies[1], 2409-noviesdecies[1], 2475-bis[2]].

(1) V. nota al Capo V.

2385. Cessazione degli amministratori (1). – [I] L'amministratore che rinunzia all'ufficio deve darne comunicazione scritta al consiglio d'amministrazione e al presidente del collegio sindacale. La rinunzia ha effetto immediato, se rimane in carica la maggioranza del consiglio di amministrazione, o, in caso contrario, dal momento in cui la maggioranza del consiglio si è ricostituita in seguito all'accettazione dei nuovi amministratori.

[II] La cessazione degli amministratori per scadenza del termine ha effetto dal momento in cui il consiglio di amministrazione è stato ricostituito.

[III] La cessazione degli amministratori dall'ufficio per qualsiasi causa deve essere iscritta entro trenta giorni nel registro delle imprese a cura del collegio sindacale [2409-undecies[1], 2409-noviesdecies[1]].

(1) V. nota al Capo V.

2386. Sostituzione degli amministratori (1). – [I] Se nel corso dell'esercizio vengono a mancare uno o più amministratori, gli altri provvedono a sostituirli con deliberazione approvata dal collegio sindacale, purché la maggioranza sia sempre costituita da amministratori nominati dall'assemblea. Gli amministratori così nominati restano in carica fino alla prossima assemblea.

[II] Se viene meno la maggioranza degli amministratori nominati dall'assemblea, quelli rimasti in carica devono convocare l'assemblea perché provveda alla sostituzione dei mancanti.

[III] Salvo diversa disposizione dello statuto o dell'assemblea, gli amministratori nominati ai sensi del comma precedente scadono insieme con quelli in carica all'atto della loro nomina.

[IV] Se particolari disposizioni dello statuto prevedono che a seguito della cessazione di taluni amministratori cessi l'intero consiglio, l'assemblea per la nomina del nuovo consiglio è convocata d'urgenza dagli amministratori rimasti in carica; lo statuto può tuttavia prevedere l'applicazione in tal caso di quanto disposto nel successivo comma.

[V] Se vengono a cessare l'amministratore unico o tutti gli amministratori, l'assemblea per la nomina dell'amministratore o dell'intero consiglio deve essere convocata d'urgenza dal collegio sindacale, il quale può compiere nel frattempo gli atti di ordinaria amministrazione [2409-noviesdecies[1]].

(1) V. nota al Capo V.

2387. Requisiti di onorabilità, professionalità e indipendenza (1). – [I] Lo statuto può subordinare l'assunzione della carica di amministratore al possesso di speciali requisiti di onorabilità, professionalità ed indipendenza, anche con riferimento ai requisiti al riguardo previsti da codici di comportamento redatti da associazioni di categoria o da società di gestione di mercati regolamentati. Si applica in tal caso l'articolo 2382.

[II] Resta salvo quanto previsto da leggi speciali in relazione all'esercizio di particolari attività [2409-undecies¹, 2409-noviesdecies¹].

(1) V. nota al Capo V.

2388. Validità delle deliberazioni del consiglio (1). – [I] Per la validità delle deliberazioni del consiglio di amministrazione è necessaria la presenza della maggioranza degli amministratori in carica, quando lo statuto non richiede un maggior numero di presenti. Lo statuto può prevedere che la presenza alle riunioni del consiglio avvenga anche mediante mezzi di telecomunicazione [2370⁴, 2404¹].

[II] Le deliberazioni del consiglio di amministrazione sono prese a maggioranza assoluta dei presenti, salvo diversa disposizione dello statuto.

[III] Il voto non può essere dato per rappresentanza.

[IV] Le deliberazioni che non sono prese in conformità della legge o dello statuto possono essere impugnate solo dal collegio sindacale e dagli amministratori assenti o dissenzienti entro novanta giorni dalla data della deliberazione; si applica in quanto compatibile l'articolo 2378. Possono essere altresì impugnate dai soci le deliberazioni lesive dei loro diritti; si applicano in tal caso, in quanto compatibili, gli articoli 2377 e 2378.

[V] In ogni caso sono salvi i diritti acquistati in buona fede dai terzi in base ad atti compiuti in esecuzione delle deliberazioni [2409-undecies², 2409-noviesdecies¹].

(1) V. nota al Capo V.

2389. Compensi degli amministratori (1). – [I] I compensi spettanti ai membri del consiglio di amministrazione e del comitato esecutivo sono stabiliti all'atto della nomina [2328², n. 11] o dall'assemblea [2364¹, n. 3].

[II] Essi possono essere costituiti in tutto o in parte da partecipazioni agli utili o dall'attribuzione del diritto di sottoscrivere a prezzo predeterminato azioni di futura emissione.

[III] La rimunerazione degli amministratori investiti di particolari cariche in conformità dello statuto è stabilita dal consiglio di amministrazione, sentito il parere del collegio sindacale. Se lo statuto lo prevede, l'assemblea può determinare un importo complessivo per la remunerazione di tutti gli amministratori, inclusi quelli investiti di particolari cariche [2409-noviesdecies¹].

(1) V. nota al Capo V.

2390. Divieto di concorrenza (1). – [I] Gli amministratori non possono assumere la qualità di soci illimitatamente responsabili in società concorrenti, né esercitare un'attività concorrente per conto proprio o di terzi, né essere amministratori o direttori generali in società concorrenti, salvo autorizzazione dell'assemblea [2364].

[II] Per l'inosservanza di tale divieto l'amministratore può essere revocato dall'ufficio e risponde dei danni [2409-undecies¹, 2409-noviesdecies¹].

(1) V. nota al Capo V.

2391. Interessi degli amministratori (1). – [I] L'amministratore deve dare notizia agli altri amministratori e al collegio sindacale di ogni interesse che, per conto proprio o di terzi, abbia in una determinata operazione della società, precisandone la natura, i termini, l'origine e la portata; se si tratta di amministratore delegato, deve altresì astenersi dal compiere l'operazione, investendo della stessa l'organo collegiale; se si tratta di amministratore unico, deve darne notizia anche alla prima assemblea utile [2475-ter] (2).

[II] Nei casi previsti dal precedente comma la deliberazione del consiglio di amministrazione deve adeguatamente motivare le ragioni e la convenienza per la società dell'operazione.

[III] Nei casi di inosservanza a quanto disposto nei due precedenti commi del presente articolo ovvero nel caso di deliberazioni del consiglio o del comitato esecutivo adottate con il voto determinante dell'amministratore interessato, le deliberazioni medesime, qualora possano recare danno alla società [2475-ter²], possono essere impugnate dagli amministratori e dal collegio sindacale entro novanta giorni dalla loro data; l'impugnazione non può essere proposta da chi ha consentito con il proprio voto alla deliberazione se sono stati adempiuti gli obblighi di informazione previsti dal primo comma. In ogni caso sono salvi i diritti acquistati in buona fede dai terzi in base ad atti compiuti in esecuzione della deliberazione.

[IV] L'amministratore risponde dei danni derivati alla società dalla sua azione od omissione.

[V] L'amministratore risponde altresì dei danni che siano derivati alla società dalla utilizzazione a vantaggio proprio o di terzi di dati, notizie o opportunità di affari appresi nell'esercizio del suo incarico [2409-undecies², 2409-noviesdecies¹].

(1) V. nota al Capo V.

(2) Le parole da ", se si tratta" alla fine del comma sono state aggiunte dall'art. 11 del d.lg. 28/12/2004, n. 310.

2391 bis. Operazioni con parti correlate (1). – [I] Gli organi di amministrazione delle società che fanno ricorso al mercato del capitale di rischio adottano, secondo principi generali indicati dalla Consob, regole che assicurano la trasparenza e la correttezza sostanziale e procedurale delle operazioni con parti correlate e li rendono noti nella relazione sulla gestione; a tali fini possono farsi assistere da esperti indipendenti, in ragione della natura, del valore o delle caratteristiche dell'operazione.

[II] I principi di cui al primo comma si applicano alle operazioni realizzate direttamente o per il tramite di società controllate e disciplinano le operazioni stesse in termini di competenza decisionale, di motivazione e di documentazione. L'organo di controllo vigila sull'osservanza delle regole adottate ai sensi del primo comma e ne riferisce nella relazione all'assemblea.

(1) Articolo inserito dall'art. 12 del d.lg. 28/12/2004, n. 310.

2392. Responsabilità verso la società (1). – [I] Gli amministratori devono adempiere i doveri ad essi imposti dalla legge e dallo statuto con la diligenza richiesta dalla natura dell'incarico e dalle loro specifiche competenze. Essi sono solidalmente responsabili verso la società dei danni derivanti dall'inosservanza di tali doveri, a meno che si tratti di attribuzioni proprie del comitato esecutivo o di funzioni in concreto attribuite ad uno o più amministratori [2476¹].

[II] In ogni caso gli amministratori, fermo quanto disposto dal comma terzo dell'articolo 2381, sono solidalmente responsabili se, essendo a conoscenza di fatti pregiudizievoli, non hanno fatto quanto potevano per impedirne il compimento o eliminarne o attenuarne le conseguenze dannose.

[III] La responsabilità per gli atti o le omissioni degli amministratori non si estende a quello tra essi che, essendo immune da colpa, abbia fatto annotare senza ritardo il suo dissenso nel libro delle adunanze e delle deliberazioni del consiglio, dandone immediata notizia per iscritto al presidente del collegio sindacale [2476[1]].

(1) V. nota al Capo V.

2393. Azione sociale di responsabilità (1). – [I] L'azione di responsabilità contro gli amministratori è promossa in seguito a deliberazione dell'assemblea [2364[1, n. 4]], anche se la società è in liquidazione.

[II] La deliberazione concernente la responsabilità degli amministratori può essere presa in occasione della discussione del bilancio, anche se non è indicata nell'elenco delle materie (2) da trattare, quando si tratta di fatti di competenza dell'esercizio cui si riferisce il bilancio.

[III] L'azione di responsabilità può anche essere promossa a seguito di deliberazione del collegio sindacale, assunta con la maggioranza dei due terzi dei suoi componenti (3).

[IV] L'azione può essere esercitata entro cinque anni dalla cessazione dell'amministratore dalla carica [2941[1, n. 7]].

[V] La deliberazione dell'azione di responsabilità importa la revoca dall'ufficio degli amministratori contro cui è proposta, purché sia presa con il voto favorevole di almeno un quinto del capitale sociale. In questo caso, l'assemblea provvede alla sostituzione degli amministratori (4).

[VI] La società può rinunziare all'esercizio dell'azione di responsabilità e può transigere, purché la rinunzia e la transazione siano approvate con espressa deliberazione dell'assemblea, e purché non vi sia il voto contrario di una minoranza di soci che rappresenti almeno il quinto del capitale sociale o, nelle società che fanno ricorso al mercato del capitale di rischio, almeno un ventesimo del capitale sociale, ovvero la misura prevista nello statuto per l'esercizio dell'azione sociale di responsabilità ai sensi dei commi primo e secondo dell'articolo 2393-bis [2407[3], 2409-decies[1], 2409-decies[4], 2409-noviesdecies[1]].

(1) V. nota al Capo V.

(2) V. Avviso di rettifica in G.U. 4/7/2003, n. 153.

(3) Comma inserito dall'art. 3, co. 1, lett. a), n. 1, l. 28/12/2005, n. 262.

(4) Comma così sostituito dall'art. 3, co. 1, lett. a), n. 2, l. n. 262, cit. Il testo del comma era il seguente: «La deliberazione dell'azione di responsabilità importa la revoca dall'ufficio degli amministratori contro cui è proposta, purché sia presa col voto favorevole di almeno un quinto del capitale sociale. In questo caso l'assemblea stessa provvede alla loro sostituzione».

2393 bis. Azione sociale di responsabilità esercitata dai soci (1). – [I] L'azione sociale di responsabilità può essere esercitata anche dai soci che rappresentino almeno un quinto del capitale sociale o la diversa misura prevista nello statuto, comunque non superiore al terzo.

[II] Nelle società che fanno ricorso al mercato del capitale di rischio, l'azione di cui al comma precedente può essere esercitata dai soci che rappresentino un quarantesimo (2) del capitale sociale o la minore misura prevista nello statuto.

[III] La società deve essere chiamata in giudizio e l'atto di citazione è ad essa notificato anche in persona del presidente del collegio sindacale.

[IV] I soci che intendono promuovere l'azione nominano, a maggioranza del capitale posseduto, uno o più rappresentanti comuni per l'esercizio dell'azione e per il compimento degli atti conseguenti.

[V] In caso di accoglimento della domanda, la società rimborsa agli attori le spese del giudizio e quelle sopportate nell'accertamento dei fatti che il giudice non abbia posto a carico dei soccombenti o che non sia possibile recuperare a seguito della loro escussione.

[VI] I soci che hanno agito possono rinunciare all'azione o transigerla; ogni corrispettivo per la rinuncia o transazione deve andare a vantaggio della società.

[VII] Si applica all'azione prevista dal presente articolo l'ultimo comma dell'articolo precedente [2409-noviesdecies[1]].

(1) V. nota al Capo V.

(2) Le parole "un quarantesimo" sono state sostituite alle parole "un ventesimo" dall'art. 3, co. 1, lett. b), l. 28/12/2005, n. 262.

2394. Responsabilità verso i creditori sociali (1). – [I] Gli amministratori rispondono verso i creditori sociali per l'inosservanza degli obblighi inerenti alla conservazione dell'integrità del patrimonio sociale.

[II] L'azione può essere proposta dai creditori quando il patrimonio sociale risulta insufficiente al soddisfacimento dei loro crediti.

[III] La rinunzia all'azione da parte della società non impedisce l'esercizio dell'azione da parte dei creditori sociali. La transazione può essere impugnata dai creditori sociali soltanto con l'azione revocatoria [2901] quando ne ricorrono gli estremi [2409-undecies[1], 2409-noviesdecies[1]].

(1) V. nota al Capo V.

2394 bis. Azioni di responsabilità nelle procedure concorsuali (1). – [I] In caso di fallimento, liquidazione coatta amministrativa e amministrazione straordinaria le azioni di responsabilità previste dai precedenti articoli spettano al curatore del fallimento, al commissario liquidatore e al commissario straordinario [2409-undecies[1], 2409-noviesdecies[1]].

(1) V. nota al Capo V.
• V. art. 146 del r.d. 16/3/1942, n. 267.

2395. Azione individuale del socio e del terzo (1). – [I] Le disposizioni dei precedenti articoli non pregiudicano il diritto al risarcimento del danno spettante al singolo socio o al terzo che sono stati direttamente danneggiati da atti colposi o dolosi degli amministratori [2043].

[II] L'azione può essere esercitata entro cinque anni dal compimento dell'atto che ha pregiudicato il socio o il terzo [2409-undecies[1], 2409-noviesdecies[1]].

(1) V. nota al Capo V.

2396. Direttori generali (1). – [I] Le disposizioni che regolano la responsabilità degli amministratori si applicano anche ai direttori generali nominati dall'assemblea o per disposizione dello statuto, in relazione ai compiti loro affidati, salve le azioni esercitabili in base al rapporto di lavoro con la società.

(1) V. nota al Capo V.

§ 3 – *Del collegio sindacale*

2397. Composizione del collegio (1). – [I] Il collegio sindacale si compone di tre o cinque membri effettivi, soci o non soci. Devono inoltre essere nominati due sindaci supplenti.

[II] Almeno un membro effettivo ed uno supplente devono essere scelti tra i revisori legali iscritti nell'apposito registro (2). I restanti membri, se non iscritti in tale registro, devono essere scelti fra gli iscritti negli albi professionali individuati con decreto del Ministro della giustizia (3), o fra i professori universitari di ruolo, in materie economiche o giuridiche [2477].

[III] Se lo statuto non dispone diversamente e se ricorrono le condizioni per la redazione del bilancio in forma abbreviata ai sensi dell'articolo 2435-bis, le funzioni del collegio sindacale sono esercitate da un sindaco unico, scelto tra i revisori legali iscritti nell'apposito registro. L'assemblea prov-

vede alla nomina del collegio sindacale, entro trenta giorni dall'approvazione del bilancio dal quale risulta che sono venute meno le condizioni per la redazione del bilancio in forma abbreviata. Scaduto il termine, provvede il tribunale su richiesta di qualsiasi soggetto interessato». Originariamente, il comma era stato inserito dall'art. 14, co. 14, l. 12/11/2011, n. 183, e recitava: «Per le società aventi ricavi o patrimonio netto inferiori a 1 milione di euro lo statuto può prevedere che l'organo di controllo sia composto da un sindaco unico, scelto tra i revisori legali iscritti nell'apposito registro.*

(1) V. nota al Capo V.

(2) Le parole "tra gli iscritti nel registro dei revisori contabili istituito presso il Ministero della giustizia" sono state sostituite dalle parole "tra i revisori legali iscritti nell'apposito registro" dall'art. 37, co. 5, d.lg. 27/1/2010, n. 39.

(3) V. l'art. 1 del d.m. 29/12/2004, n. 320 (G.U. 18/1/2005, n. 13), che individua i seguenti albi professionali: avvocati, dottori commercialisti, ragionieri e periti commerciali, consulenti del lavoro.

* Comma abrogato, in sede di conversione, dall'art. 35 del d.l. 9/2/2012, n. 5, conv., con modif., in l. 4/4/2012, n. 35.

2398. Presidenza del collegio (1). – [I] Il presidente del collegio sindacale è nominato dall'assemblea [2364[1, n.2], 2380-bis[5]].

(1) V. nota al Capo V.

2399. Cause d'ineleggibilità e di decadenza (1). – [I] Non possono essere eletti alla carica di sindaco e, se eletti, decadono dall'ufficio:

a) coloro che si trovano nelle condizioni previste dall'articolo 2382;

b) il coniuge, i parenti e gli affini entro il quarto grado degli amministratori della società, gli amministratori, il coniuge, i parenti e gli affini entro il quarto grado degli amministratori delle società da questa controllate, delle società che la controllano e di quelle sottoposte a comune controllo;

c) coloro che sono legati alla società o alle società da questa controllate o alle società che la controllano o a quelle sottoposte a comune controllo da un rapporto di lavoro o da un rapporto continuativo di consulenza o di prestazione d'opera retribuita, ovvero da altri rapporti di natura patrimoniale che ne compromettano l'indipendenza.

[II] La cancellazione o la sospensione dal registro dei revisori legali e delle società di revisione legale (2) e la perdita dei requisiti previsti dall'ultimo comma dell'articolo 2397 sono causa di decadenza dall'ufficio di sindaco.

[III] Lo statuto può prevedere altre cause di ineleggibilità o decadenza, nonché cause di incompatibilità e limiti e criteri per il cumulo degli incarichi.

(1) V. nota al Capo V.

(2) Le parole "dei revisori contabili" sono state sostituite dalle parole "dei revisori legali e delle società di revisione legale" dall'art. 37, co. 6, d.lg. 27/1/2010, n. 39.

2400. Nomina e cessazione dall'ufficio (1). – [I] I sindaci sono nominati per la prima volta nell'atto costitutivo e successivamente dall'assemblea, salvo il disposto degli articoli 2351, 2449 e 2450. Essi restano in carica per tre esercizi, e scadono alla data dell'assemblea convocata per l'approvazione del bilancio relativo al terzo esercizio della carica. La cessazione dei sindaci per scadenza del termine ha effetto dal momento in cui il collegio è stato ricostituito.

[II] I sindaci possono essere revocati solo per giusta causa. La deliberazione di revoca deve essere approvata con decreto dal tribunale, sentito l'interessato.

[III] La nomina dei sindaci, con l'indicazione per ciascuno di essi del cognome e del nome, del luogo e della data di nascita e del domicilio, e la cessazione dall'ufficio devono essere iscritte, a cura degli amministratori, nel registro delle imprese nel termine di trenta giorni.

[IV] Al momento della nomina dei sindaci e prima dell'accettazione dell'incarico, sono resi noti all'assemblea gli incarichi di amministrazione e di controllo da essi ricoperti presso altre società (2).

(1) V. nota al Capo V.

(2) Comma aggiunto dall'art. 2, co. 2, lett. a), l. 28/12/2005, n. 262.

2401. Sostituzione (1). – [I] In caso di morte, di rinunzia o di decadenza di un sindaco, subentrano i supplenti in ordine di età, nel rispetto dell'articolo 2397, secondo comma. I nuovi sindaci restano in carica fino alla prossima assemblea, la quale deve provvedere alla nomina dei sindaci effettivi e supplenti necessari per l'integrazione del collegio, nel rispetto dell'articolo 2397, secondo comma. I nuovi nominati scadono insieme con quelli in carica.

[II] In caso di sostituzione del presidente, la presidenza è assunta fino alla prossima assemblea dal sindaco più anziano.

[III] Se con i sindaci supplenti non si completa il collegio sindacale, deve essere convocata l'assemblea perché provveda all'integrazione del collegio medesimo.

(1) V. nota al Capo V.

2402. Retribuzione (1). – [I] La retribuzione annuale dei sindaci, se non è stabilita nello statuto, deve essere determinata dalla assemblea all'atto della nomina per l'intero periodo di durata del loro ufficio [2364[1, n. 3]].

(1) V. nota al Capo V.

2403. Doveri del collegio sindacale (1). – [I] Il collegio sindacale vigila sull'osservanza della legge e dello statuto, sul rispetto dei principi di corretta amministrazione ed in particolare sull'adeguatezza dell'assetto organizzativo, amministrativo e contabile adottato dalla società [2381[3-5]] e sul suo concreto funzionamento.

[II] Esercita inoltre il controllo contabile nel caso previsto dall'articolo 2409-bis, terzo comma.

(1) V. nota al Capo V.

2403 bis. Poteri del collegio sindacale (1). – [I] I sindaci possono in qualsiasi momento procedere, anche individualmente, ad atti di ispezione e di controllo.

[II] Il collegio sindacale può chiedere agli amministratori notizie, anche con riferimento a società controllate, sull'andamento delle operazioni sociali o su determinati affari. Può altresì scambiare informazioni con i corrispondenti organi delle società controllate in merito ai sistemi di amministrazione e controllo ed all'andamento generale dell'attività sociale.

[III] Gli accertamenti eseguiti devono risultare dal libro previsto dall'articolo 2421, primo comma, n. 5).

[IV] Nell'espletamento di specifiche operazioni di ispezione e di controllo i sindaci sotto la propria responsabilità ed a proprie spese possono avvalersi di propri dipendenti ed ausiliari che non si trovino in una delle condizioni previste dall'articolo 2399.

[V] L'organo amministrativo può rifiutare agli ausiliari e ai dipendenti dei sindaci l'accesso a informazioni riservate.

(1) V. nota al Capo V.

2404. Riunioni e deliberazioni del collegio (1). – [I] Il collegio sindacale deve riunirsi almeno ogni novanta giorni. La riunione può svolgersi, se lo statuto lo consente indicandone le modalità, anche con mezzi di telecomunicazione [2370[4], 2388[1]] (2).

[II] Il sindaco che, senza giustificato motivo, non partecipa durante un esercizio sociale a due riunioni del collegio decade dall'ufficio.

[III] Delle riunioni del collegio deve redigersi verbale, che viene trascritto nel libro previsto dall'articolo 2421, primo comma, n. 5), e sottoscritto dagli intervenuti.

[IV] Il collegio sindacale è regolarmente costituito con la presenza della maggioranza dei sindaci e delibera a maggioranza assoluta dei presenti. Il sindaco dissenziente ha diritto di fare iscrivere a verbale i motivi del proprio dissenso.

(1) V. nota al Capo V.

(2) V. Avviso di rettifica in G.U. 4/7/2003, n. 153.

2405. Intervento alle adunanze del consiglio di amministrazione e alle assemblee (1). – [I] I sindaci devono assistere alle adunanze del consiglio di amministrazione, alle assemblee e alle riunioni del comitato esecutivo.

[II] I sindaci, che non assistono senza giustificato motivo alle assemblee o, durante un esercizio sociale, a due adunanze consecutive del consiglio d'amministrazione o del comitato esecutivo, decadono dall'ufficio.

(1) V. nota al Capo V.

2406. Omissioni degli amministratori (1). – [I] In caso di omissione o di ingiustificato ritardo da parte degli amministratori, il collegio sindacale deve convocare l'assemblea ed eseguire le pubblicazioni prescritte dalla legge.

[II] Il collegio sindacale può altresì, previa comunicazione al presidente del consiglio di amministrazione, convocare l'assemblea qualora nell'espletamento del suo incarico ravvisi fatti censurabili di rilevante gravità e vi sia urgente necessità di provvedere.

(1) V. nota al Capo V.

2407. Responsabilità (1). – [I] I sindaci devono adempiere i loro doveri con la professionalità e la diligenza richieste dalla natura dell'incarico; sono responsabili della verità delle loro attestazioni e devono conservare il segreto sui fatti e sui documenti di cui hanno conoscenza per ragione del loro ufficio.

[II] Essi sono responsabili solidalmente con gli amministratori per i fatti o le omissioni di questi, quando il danno non si sarebbe prodotto se essi avessero vigilato in conformità degli obblighi della loro carica.

[III] All'azione di responsabilità contro i sindaci si applicano, in quanto compatibili, le disposizioni degli articoli 2393, 2393-bis, 2394, 2394-bis e 2395.

(1) V. nota al Capo V.

2408. Denunzia al collegio sindacale (1). – [I] Ogni socio può denunziare i fatti che ritiene censurabili al collegio sindacale, il quale deve tener conto della denunzia nella relazione all'assemblea.

[II] Se la denunzia è fatta da tanti soci che rappresentino un ventesimo del capitale sociale o un cinquantesimo nelle società che fanno ricorso al mercato del capitale di rischio, il collegio sindacale deve indagare senza ritardo sui fatti denunziati e presentare le sue conclusioni ed eventuali proposte all'assemblea; deve altresì, nelle ipotesi previste dal secondo comma dell'articolo 2406, convocare l'assemblea. Lo statuto può prevedere per la denunzia percentuali minori di partecipazione.

(1) V. nota al Capo V.

2409. Denunzia al tribunale (1). – [I] Se vi è fondato sospetto che gli amministratori, in violazione dei loro doveri, abbiano compiuto gravi irregolarità nella gestione che possono arrecare danno alla società o a una o più società controllate, i soci che rappresentano il decimo del capitale sociale o, nelle società che fanno ricorso al mercato del capitale di rischio, il ventesimo del capitale sociale possono denunziare i fatti al tribunale con ricorso notificato anche alla società. Lo statuto può prevedere percentuali minori di partecipazione.

[II] Il tribunale, sentiti in camera di consiglio gli amministratori e i sindaci, può ordinare l'ispezione dell'amministrazione della società a spese dei soci richiedenti, subordinandola, se del caso, alla prestazione di una cauzione. Il provvedimento è reclamabile.

[III] Il tribunale non ordina l'ispezione e sospende per un periodo determinato il procedimento se l'assemblea sostituisce gli amministratori e i sindaci con soggetti di adeguata professionalità, che si attivano senza indugio per accertare se le violazioni sussistono e, in caso positivo, per eliminarle, riferendo al tribunale sugli accertamenti e le attività compiute.

[IV] Se le violazioni denunziate sussistono ovvero se gli accertamenti e le attività compiute ai sensi del terzo comma risultano insufficienti alla loro eliminazione, il tribunale può disporre gli opportuni provvedimenti provvisori e convocare l'assemblea per le conseguenti deliberazioni. Nei casi più gravi può revocare gli amministratori ed eventualmente anche i sindaci e nominare un amministratore giudiziario, determinandone i poteri e la durata.

[V] L'amministratore giudiziario può proporre l'azione di responsabilità contro gli amministratori e i sindaci. Si applica l'ultimo comma dell'articolo 2393.

[VI] Prima della scadenza del suo incarico l'amministratore giudiziario rende conto al tribunale che lo ha nominato; convoca e presiede l'assemblea per la nomina dei nuovi amministratori e sindaci o per proporre, se del caso, la messa in liquidazione della società o la sua ammissione ad una procedura concorsuale.

[VII] I provvedimenti previsti da questo articolo possono essere adottati anche su richiesta del collegio sindacale, del consiglio di sorveglianza o del comitato per il controllo sulla (2) gestione, nonché, nelle società che fanno ricorso al mercato del capitale di rischio, del pubblico ministero; in questi casi le spese per l'ispezione sono a carico della società [92-94, 103 att.].

(1) V. nota al Capo V.

• V. art. 2476, co. 3, CC.

(2) V. Avviso di rettifica in G.U. 4/7/2003, n. 153.

§ 4 – *Della revisione legale dei conti*

2409 bis. Revisione legale dei conti (1). – [I] La revisione legale dei conti sulla società è esercitata da un revisore legale dei conti o da una società di revisione legale iscritti nell'apposito registro [2477].

[II] Lo statuto delle società che non siano tenute alla redazione del bilancio consolidato può prevedere che la revisione legale dei conti sia esercitata dal collegio sindacale. In tal caso il collegio sindacale è costituito da revisori legali iscritti nell'apposito registro.

(1) V. nota al Capo V.

• Articolo così sostituito dall'art. 37 del d.lg. 27/1/2010, n. 39. Il testo precedente recitava: «Controllo contabile – [I] Il controllo contabile sulla società è esercitato da un revisore contabile o da una società di revisione iscritti nel registro istituito presso il Ministero della giustizia. [II] Nelle società che fanno ricorso al mercato del capitale di rischio il controllo contabile è esercitato da una società di revisione iscritta nel registro dei revisori contabili, la quale, limitatamente a tali incarichi, è soggetta alla disciplina dell'attività di revisione prevista per le società con azioni quotate in mercati regolamentati ed alla vigilanza della Commissione nazionale per le società e la borsa. [III] Lo statuto delle società che non fanno ricorso al mercato del capitale di rischio e che non siano tenute alla redazione del bilancio consolidato può prevedere che il controllo contabile sia esercitato dal collegio sindacale. In tal caso il collegio sindacale è costituito da revisori contabili iscritti nel registro istituito presso il Ministero della giustizia».

2409 ter. Funzioni di controllo contabile.*

* Articolo abrogato dall'art. 37, co. 9, d.lg. 27/1/2010, n. 39. Il testo recitava: «Funzioni di controllo contabile – [I] Il revisore o la società incaricata del controllo contabile: a) verifica, nel corso dell'esercizio e con periodicità almeno trimestrale, la regolare tenuta della contabilità sociale e la corretta rilevazione nelle scritture contabili dei fatti di gestione; b) verifica se il bilancio di esercizio e, ove redatto, il bilancio consolidato corrispondono alle risultanze delle scritture contabili e degli accertamenti eseguiti e se sono conformi alle norme che li disciplinano; c) esprime con apposita relazione un giudizio sul bilancio di esercizio e sul bilancio consolidato, ove redatto. [II] La relazione comprende: a) un paragrafo introduttivo che identifica il bilancio sottoposto a revisione e il quadro delle regole di redazione applicate dalla società; b) una descrizione della portata della revisione svolta con l'indicazione dei principi di revisione osservati; c) un giudizio sul bilancio che indica chiaramente se questo è conforme alle norme che ne disciplinano la redazione e se rappresenta in modo veritiero e corretto la situazione patrimoniale e finanziaria e il risultato economico dell'esercizio; d) eventuali richiami di informativa che il revisore sottopone all'attenzione dei destinatari del bilancio, senza che essi costituiscano rilievi; e) un giudizio sulla coerenza della relazione sulla gestione con il bilancio. [III] Nel caso in cui il revisore esprima un giudizio sul bilancio con rilievi, un giudizio negativo o rilasci una dichiarazione di impossibilità di esprimere un giudizio, la relazione illustra analiticamente i motivi della decisione. [IV] La relazione è datata e sottoscritta dal revisore. [V] La relazione sul bilancio è depositata presso la sede della società a norma dell'articolo 2429. [VI] Il revisore o la società incaricata del controllo contabile può chiedere agli amministratori documenti e notizie utili al controllo e può procedere ad ispezioni; documenta l'attività svolta in apposito libro, tenuto presso la sede della società o in luogo diverso stabilito dallo statuto, secondo le disposizioni dell'articolo 2421, terzo comma». Il co. 2, 3, 3 4 dell'articolo ora abrogato, erano stati inseriti dall'art. 2, co. 1, d.lg. 2/2/2007, n. 32.

2409 quater. Conferimento e revoca dell'incarico.*

* Articolo abrogato dall'art. 37, co. 9, d.lg. 27/1/2010, n. 39. Il testo recitava: «Conferimento e revoca dell'incarico – [I] Salvo quanto disposto dal numero 11 del secondo comma dell'articolo 2328, l'incarico del controllo contabile è conferito dall'assemblea, sentito il collegio sindacale, la quale determina il corrispettivo spettante al revisore o alla società di revisione per l'intera durata dell'incarico. [II] L'incarico ha la durata di tre esercizi, con scadenza alla data dell'assemblea convocata per l'approvazione del bilancio relativo al terzo esercizio dell'incarico. [III] L'incarico può essere revocato solo per giusta causa, sentito il parere del collegio sindacale. La deliberazione di revoca deve essere approvata con decreto dal tribunale, sentito l'interessato».

2409 quinquies. Cause di ineleggibilità e di decadenza.*

* Articolo abrogato dall'art. 37, co. 9, d.lg. 27/1/2010, n. 39. Il testo recitava: «Cause di ineleggibilità e di decadenza – [I] Salvo quanto disposto dall'articolo 2409-bis, terzo comma, non possono essere incaricati del controllo contabile, e se incaricati decadono dall'ufficio, i sindaci della società o delle società da questa controllate, delle società che la controllano o di quelle sottoposte a comune controllo, nonché coloro che si trovano nelle condizioni previste dall'articolo 2399, primo comma. [II] Lo statuto può prevedere altre cause di ineleggibilità o di decadenza, nonché cause di incompatibilità; può prevedere altresì ulteriori requisiti concernenti la specifica qualificazione professionale del soggetto incaricato del controllo contabile. [III] Nel caso di società di revisione le disposizioni del presente articolo si applicano con riferimento ai soci della medesima ed ai soggetti incaricati della revisione». Ai sensi dell'art. 43, co. 1, lett. l), dello stesso d.lg. n. 39, il presente articolo continua ad essere applicato fino alla data di entrata in vigore dei regolamenti del Ministro dell'economia e delle finanze emanati ai sensi del decreto legislativo medesimo.

2409 sexies. Responsabilità.*

* Articolo abrogato dall'art. 37, co. 9, d.lg. 27/1/2010, n. 39. Il testo recitava: «Responsabilità – [I] I soggetti incaricati del controllo contabile sono sottoposti alle disposizioni dell'articolo 2407 e sono responsabili nei confronti della società, dei soci e dei terzi per i danni derivanti dall'inadempimento ai loro doveri. [II] Nel caso di società di revisione i soggetti che hanno effettuato il controllo contabile sono responsabili in solido con la società medesima. [III] L'azione si prescrive nel termine di cinque anni dalla cessazione dell'incarico».

2409 septies. Scambio di informazioni (1). – [I] Il collegio sindacale e i soggetti incaricati della revisione legale dei conti (2) si scambiano tempestivamente le informazioni rilevanti per l'espletamento dei rispettivi compiti [2381[6], 2403-bis[2]].

(1) V. nota al Capo V.

(2) Le parole "del controllo contabile" sono state sostituite dalle parole "della revisione legale dei conti" dall'art. 37, co. 10, d.lg. 27/1/2010, n. 39.

§ 5 – *Del sistema dualistico*

2409 octies. Sistema basato su un consiglio di gestione e un consiglio di sorveglianza (1). – [I] Lo statuto può prevedere che l'amministrazione ed il controllo siano esercitati da un consiglio di gestione e da un consiglio di sorveglianza in conformità alle norme seguenti.

(1) V. nota al Capo V.

2409 novies. Consiglio di gestione (1). – [I] La gestione dell'impresa si svolge nel rispetto della disposizione di cui all'articolo 2086, secondo comma, e spetta esclusivamente al consiglio di gestione, il quale compie le operazioni necessarie per l'attuazione dell'oggetto sociale [2380-bis[1]]. Può delegare proprie attribuzioni ad uno o più dei suoi componenti; si applicano in tal caso il terzo, quarto e quinto comma dell'articolo 2381.

[II] È costituito da un numero di componenti, anche non soci, non inferiore a due.

[III] Fatta eccezione per i primi componenti, che sono nominati nell'atto costitutivo, e salvo quanto disposto dagli articoli 2351, 2449 e 2450, la nomina dei componenti il consiglio di gestione spetta al consiglio di sorveglianza, previa determinazione del loro numero nei limiti stabiliti dallo statuto.

[IV] I componenti del consiglio di gestione non possono essere nominati consiglieri di sorveglianza, e restano in carica per un periodo non superiore a tre esercizi, con scadenza alla data della riunione del consiglio di sorveglianza convocato per l'approvazione del bilancio relativo all'ultimo esercizio della loro carica.

[V] I componenti del consiglio di gestione sono rieleggibili, salvo diversa disposizione dello statuto, e sono revocabili dal consiglio di sorveglianza in qualunque tempo, anche se nominati nell'atto costitutivo, salvo il diritto al risarcimento dei danni se la revoca avviene senza giusta causa.

[VI] Se nel corso dell'esercizio vengono a mancare uno o più componenti del consiglio di gestione, il consiglio di sorveglianza provvede senza indugio alla loro sostituzione.

(1) V. nota al Capo V.

• Periodo così sostituito dall'art. 377, co. 3, d.lg. 12/1/2019, n. 14; la precedente formulazione prevedeva che «La gestione dell'impresa spetta esclusivamente al consiglio di gestione, il quale compie le operazioni necessarie per l'attuazione dell'oggetto sociale». Tale modifica, ai sensi dell'art. 389, co. 2, d.lg. n. 14, cit., entra in vigore il trentesimo giorno successivo alla pubblicazione nella Gazzetta Ufficiale del presente decreto (16/3/2019). Il testo del periodo era il seguente: «La gestione dell'impresa spetta esclusivamente al consiglio di gestione, il quale compie le operazioni necessarie per l'attuazione dell'oggetto sociale». Il comma è stato, da ultimo modificato dall'art. 40, co. 3, d.lg. 26/10/2020, n. 147 che ha aggiunto, infine, il seguente periodo: «L'istituzione degli assetti di cui all'articolo 2086, secondo comma, spetta esclusivamente al consiglio di gestione». Ai sensi dell'art. 42, co. 1, del citato decreto la presente disposizione entra in vigore il 20/11/2020.

2409 decies. Azione sociale di responsabilità (1). – [I] L'azione di responsabilità contro i consiglieri di gestione è promossa dalla società o dai soci, ai sensi degli articoli 2393 e 2393-bis.

[II] L'azione sociale di responsabilità può anche essere proposta a seguito di deliberazione del consiglio di sorveglianza. La deliberazione è assunta dalla maggioranza dei componenti del consiglio di sorveglianza e, se è presa a maggioranza dei due terzi dei suoi componenti, importa la revoca dall'ufficio dei consiglieri di gestione contro cui è proposta, alla cui sostituzione provvede contestualmente lo stesso consiglio di sorveglianza.

[III] L'azione può essere esercitata dal consiglio di sorveglianza entro cinque anni dalla cessazione dell'amministratore dalla carica [2941[1, n. 7]].

[IV] Il consiglio di sorveglianza può rinunziare all'esercizio dell'azione di responsabilità e può transigerla, purché la rinunzia e la transazione siano approvate dalla maggioranza assoluta dei componenti del consiglio di sorveglianza e purché non si opponga la percentuale di soci indicata nell'ultimo comma dell'articolo 2393.

[V] La rinuncia all'azione da parte della società o del consiglio di sorveglianza non impedisce l'esercizio delle azioni previste dagli articoli 2393-bis, 2394 e 2394-bis.

(1) V. nota al Capo V.

2409 undecies. Norme applicabili (1). – [I] Al consiglio di gestione si applicano, in quanto compatibili, le disposizioni degli articoli 2380-bis, quinto comma, 2381, sesto comma, 2382, 2383, quarto e quinto comma, 2384, 2385, 2387, 2390, 2392, 2394, 2394-bis, 2395.

[II] Si applicano alle deliberazioni del consiglio di gestione gli articoli 2388 e 2391, e la legittimazione ad impugnare le deliberazioni spetta anche al consiglio di sorveglianza.

(1) V. nota al Capo V.

2409 duodecies. Consiglio di sorveglianza (1). – [I] Salvo che lo statuto non preveda un maggior numero, il consiglio di sorveglianza si compone di un numero di componenti, anche non soci, non inferiore a tre.

[II] Fatta eccezione per i primi componenti che sono nominati nell'atto costitutivo, e salvo quanto disposto dagli articoli 2351, 2449 e 2450, la nomina dei componenti il consiglio di sorveglianza spetta all'assemblea [2364-bis[1, n. 1]], previa determinazione del loro numero nei limiti stabiliti dallo statuto.

[III] I componenti del consiglio di sorveglianza restano in carica per tre esercizi e scadono alla data della successiva assemblea prevista dal secondo comma dell'articolo 2364-bis. La cessazione per scadenza del termine ha effetto dal momento in cui il consiglio di sorveglianza è stato ricostituito.

[IV] Almeno un componente effettivo del consiglio di sorveglianza deve essere scelto tra i revisori legali iscritti nell'apposito registro (2).

[V] I componenti del consiglio di sorveglianza sono rieleggibili, salvo diversa disposizione dello statuto, e sono revocabili dall'assemblea in qualunque tempo con deliberazione adottata con la maggioranza prevista dal quinto comma dell'articolo 2393 (3), anche se nominati nell'atto costitutivo, salvo il diritto al risarcimento dei danni, se la revoca avviene senza giusta causa.

[VI] Lo statuto, fatto salvo quanto previsto da leggi speciali in relazione all'esercizio di particolari attività, può subordinare l'assunzione della carica al possesso di particolari requisiti di onorabilità, professionalità e indipendenza.

[VII] Se nel corso dell'esercizio vengono a mancare uno o più componenti del consiglio di sorveglianza, l'assemblea provvede senza indugio alla loro sostituzione.

[VIII] Il presidente del consiglio di sorveglianza è eletto dall'assemblea.

[IX] Lo statuto determina i poteri del presidente del consiglio di sorveglianza.

[X] Non possono essere eletti alla carica di componente del consiglio di sorveglianza e, se eletti, decadono dall'ufficio:

a) coloro che si trovano nelle condizioni previste dall'articolo 2382;

b) i componenti del consiglio di gestione;

c) coloro che sono legati alla società o alle società da questa controllate o a quelle sottoposte a comune controllo da un rapporto di lavoro o da un rapporto continuativo di consulenza o di prestazione d'opera retribuita che ne compromettano l'indipendenza (4).

[XI] Lo statuto può prevedere altre cause di ineleggibilità o decadenza, nonché cause di incompatibilità e limiti e criteri per il cumulo degli incarichi.

(1) V. nota al Capo V.

(2) Le parole "gli iscritti nel registro dei revisori contabili istituito presso il Ministero della giustizia" sono state sostituite dalle parole "i revisori legali iscritti nell'apposito registro" dall'art. 37, co. 11, d.lg. 27/1/2010, n. 39.

(3) Le parole "dal quinto comma dell'articolo 2393" sono state sostituite alle parole "dal quarto comma dell'articolo 2393" dall'art. 3, co. 1, lett. c), l. 28/12/2005, n. 262.

(4) Lettera così sostituita dall'art. 13 del d.lg. 28/12/2004, n. 310.

2409 terdecies. Competenza del consiglio di sorveglianza (1). – [I] Il consiglio di sorveglianza:

a) nomina e revoca i componenti del consiglio di gestione; ne determina il compenso (2), salvo che la relativa competenza sia attribuita dallo statuto all'assemblea;

b) approva il bilancio di esercizio e, ove redatto, il bilancio consolidato;

c) esercita le funzioni di cui all'articolo 2403, primo comma;

d) promuove l'esercizio dell'azione di responsabilità nei confronti dei componenti del consiglio di gestione;

e) presenta la denunzia al tribunale di cui all'articolo 2409;

f) riferisce per iscritto almeno una volta all'anno all'assemblea sull'attività di vigilanza svolta, sulle omissioni e sui fatti censurabili rilevati;

f-bis) se previsto dallo statuto, delibera in ordine alle operazioni strategiche e ai piani (3), industriali e finanziari della società predisposti dal consiglio di gestione, ferma in ogni caso la responsabilità di questo per gli atti compiuti (4).

[II] Lo statuto può prevedere che in caso di mancata approvazione del bilancio o qualora lo richieda almeno un terzo dei componenti del consiglio di gestione o del consiglio di sorveglianza la competenza per l'approvazione del bilancio di esercizio sia attribuita all'assemblea.

[III] I componenti del consiglio (2) di sorveglianza devono adempiere i loro doveri con la diligenza richiesta dalla natura dell'incarico. Sono responsabili solidalmente con i componenti del consiglio di gestione per i fatti o le omissioni di questi quando il danno non si sarebbe prodotto se avessero vigilato in conformità degli obblighi della loro carica.

[IV] I componenti del consiglio di sorveglianza possono assistere alle adunanze del consiglio di gestione e devono partecipare alle assemblee.

(1) V. nota al Capo V.

(2) V. Avviso di rettifica in G.U. 4/7/2003, n. 153.

(3) Le parole "alle operazioni strategiche e ai piani" sono state sostituite alle parole "ai piani strategici" dall'art. 14 del d.lg. 28/12/2004, n. 310.

(4) Lettera aggiunta dall'art. 1 del d.lg. 17/1/2003, n. 6, come modificato dall'art. 5, co. 1, lett. s), d.lg. 6/2/2004, n. 37.

2409 quaterdecies. Norme applicabili (1). – [I] Al consiglio di sorveglianza ed ai suoi componenti si applicano, in quanto compatibili, gli articoli 2388, 2400, terzo e quarto (2) comma, 2402, 2403-bis, secondo e terzo comma, 2404, primo, terzo e quarto comma, 2406, 2408 e 2409-septies.

[II] Alla deliberazione del consiglio di sorveglianza con cui viene approvato il bilancio di esercizio si applica l'articolo 2434-bis ed essa può venire impugnata anche dai soci ai sensi dell'articolo 2377.

(1) V. nota al Capo V.

(2) Le parole "e quarto" sono state inserite dall'art. 2, co. 2, lett. b), l. 28/12/2005, n. 262.

2409 quinquiesdecies. Revisione legale (1). – [I] La revisione legale dei conti è svolta a norma dell'articolo 2409-bis, primo comma.

(1) Articolo sostituito dall'art. 37, co. 12, d.lg. 27/1/2010, n. 39. Il testo precedente recitava: «Controllo contabile – [I] Il controllo contabile è esercitato a norma degli articoli 2409-bis primo e secondo comma, 2409-ter, 2409-quater, 2409-quinquies, e 2409-sexies, in quanto compatibili».

§ 6 – *Del sistema monistico*

2409 sexiesdecies. Sistema basato sul consiglio di amministrazione e un comitato costituito al suo interno (1). – [I] Lo statuto può prevedere che l'amministrazione ed il controllo siano esercitati rispettivamente dal consiglio di amministrazione e da un comitato costituito al suo interno.

(1) V. nota al Capo V.

2409 septiesdecies. Consiglio di amministrazione (1). – [I] La gestione dell'impresa spetta esclusivamente al consiglio di amministrazione.

[II] Almeno un terzo dei componenti del consiglio di amministrazione deve essere in possesso dei requisiti di indipendenza stabiliti per i sindaci dall'articolo 2399, primo comma, e, se lo statuto lo prevede, di quelli al riguardo previsti da codici di comportamento redatti da associazioni di categoria o da società di gestione di mercati regolamentati.

[III] Al momento della nomina dei componenti del consiglio di amministrazione e prima dell'accettazione dell'incarico, sono resi noti all'assemblea gli incarichi di amministrazione e di controllo da essi ricoperti presso altre società (2).

(1) V. nota al Capo V.

(2) Comma aggiunto dall'art. 2, co. 2, lett. c), l. 28/12/2005, n. 262.

2409 octiesdecies. Comitato per il controllo sulla gestione (1). – [I] Salvo diversa disposizione dello statuto, la determinazione del numero e la nomina dei componenti del comitato per il controllo sulla gestione spetta al consiglio di amministrazione. Nelle società che fanno ricorso al mercato del capitale di rischio il numero dei componenti del comitato non può essere inferiore a tre.

[II] Il comitato è composto da amministratori in possesso dei requisiti di onorabilità e professionalità stabiliti dallo statuto e dei requisiti di indipendenza di cui all'articolo 2409-septiesdecies, che non siano membri del comitato esecutivo ed ai quali non siano attribuite deleghe o particolari cariche e comunque non svolgano, anche di mero fatto, funzioni attinenti alla gestione dell'impresa sociale o di società che la controllano o ne sono controllate.

[III] Almeno uno dei componenti del comitato per il controllo sulla gestione deve essere scelto fra i revisori legali iscritti nell'apposito registro (2).

[IV] In caso di morte, rinunzia revoca o decadenza di un componente del comitato per il controllo sulla gestione, il consiglio di amministrazione provvede senza indugio a sostituirlo scegliendolo tra gli altri amministratori in possesso dei requisiti previsti dai commi precedenti; se ciò non è possibile, provvede senza indugio a norma dell'articolo 2386 scegliendo persona provvista dei suddetti requisiti.

[V] Il comitato per il controllo sulla gestione:

a) elegge al suo interno, a maggioranza assoluta dei suoi membri, il presidente;

b) vigila sull'adeguatezza della struttura organizzativa della società, del sistema di controllo interno e del sistema amministrativo e contabile, nonché sulla sua idoneità a rappresentare correttamente i fatti di gestione;

c) svolge gli ulteriori compiti affidatigli dal consiglio di amministrazione con particolare riguardo ai rapporti con il soggetto incaricato di effettuare la revisione legale dei conti (3).

[VI] Al comitato per il controllo sulla gestione si applicano altresì, in quanto compatibili, gli articoli 2404, primo, terzo e quarto comma, 2405, primo comma, e 2408.

(1) V. nota al Capo V.

(2) Le parole "gli iscritti nel registro dei revisori contabili" sono state sostituite dalle parole "i revisori legali iscritti nell'apposito registro" dall'art. 37, co. 13, d.lg. 27/1/2010, n. 39.

(3) Le parole "i soggetti incaricati del controllo contabile" sono state sostituite dalle parole "il soggetto incaricato di effettuare la revisione legale dei conti" dall'art. 37, co. 14, d.lg. 27/1/2010, n. 39.

2409 noviesdecies. Norme applicabili e revisione legale (1). – [I] Al consiglio di amministrazione si applicano, in quanto compatibili, gli articoli da 2380-bis, 2381, 2382, 2383, 2384, 2385, 2386, 2387, 2388, 2389, 2390, 2391, 2392, 2393, 2393-bis, 2394, 2394-bis, 2395.

[II] La revisione legale dei conti è svolta ai sensi dell'articolo 2409-bis, primo comma (2).

(1) V. nota al Capo V.

• Rubrica così sostituita dall'art. 37, co. 15, d.lg. 27/1/2010, n. 39. Il testo precedente recitava: «Norme applicabili e controllo contabile».

(2) Comma sostituito dall'art. 37, co. 15, d.lg. 27/1/2010, n. 39. Il testo precedente recitava: «Il controllo contabile è esercitato a norma degli articoli 2409-bis primo e secondo comma, 2409-ter, 2409-quater, 2409-quinquies, 2409-sexies, 2409-septies, in quanto compatibili».

Sezione VII
Delle obbligazioni

2410. Emissione (1). – [I] Se la legge o lo statuto non dispongono diversamente [2364], l'emissione di obbligazioni è deliberata dagli amministratori.

[II] In ogni caso la deliberazione di emissione deve risultare da verbale redatto da notaio ed è depositata ed iscritta a norma dell'articolo 2436 [2420-ter[3]].

(1) V. nota al Capo V.

2411. Diritti degli obbligazionisti (1). – [I] Il diritto degli obbligazionisti alla restituzione del capitale ed agli interessi può essere, in tutto o in parte, subordinato alla soddisfazione dei diritti di altri creditori della società.

[II] I tempi e l'entità del pagamento degli interessi possono variare in dipendenza di parametri oggettivi anche relativi all'andamento economico della società.

[III] La disciplina della presente sezione (2) si applica inoltre agli strumenti finanziari, comunque denominati, che condizionano i tempi e l'entità del rimborso del capitale all'andamento economico della società.

(1) V. nota al Capo V.

(2) V. Avviso di rettifica in G.U. 4/7/2003, n. 153.

2412. Limiti all'emissione (1). – [I] La società può emettere obbligazioni al portatore o nominative per somma complessivamente non eccedente il doppio del capitale sociale, della riserva legale e delle riserve disponibili [2431] risultanti dall'ultimo bilancio approvato. I sindaci attestano il rispetto del suddetto limite.

[II] Il limite di cui al primo comma può essere superato se le obbligazioni emesse in eccedenza sono destinate alla sottoscrizione da parte di investitori professionali soggetti a vigilanza prudenziale a norma delle leggi speciali. In caso di successiva circolazione delle obbligazioni, chi le trasferisce risponde della solvenza della società nei confronti degli acquirenti che non siano investitori professionali [2483[2]].

[III] Non è soggetta al limite di cui al primo comma, e non rientra nel calcolo al fine del medesimo, l'emissione di obbligazioni garantite da ipoteca di primo grado su immobili di proprietà della società, sino a due terzi del valore degli immobili medesimi [2413[1], 2414[n. 5], 2414-bis[1], 2831[3]].

[IV] Al computo del limite di cui al primo comma concorrono gli importi relativi a garanzie comunque prestate dalla società per obbligazioni emesse da altre società, anche estere [2413[1]] (2).

[V] I commi primo e secondo non si applicano alle emissioni di obbligazioni destinate ad essere quotate in mercati regolamentati o in sistemi multilaterali di negoziazione ovvero di obbligazioni che danno il diritto di acquisire ovvero di sottoscrivere azioni [2413[1], 2420-bis] (3).

[VI] Quando ricorrono particolari ragioni che interessano l'economia nazionale, la società può essere autorizzata con provvedimento dell'autorità governativa, ad emettere obbligazioni per somma superiore a quanto previsto nel presente articolo, con l'osservanza dei limiti, delle modalità e delle cautele stabilite nel provvedimento stesso.

[VII] Restano salve le disposizioni di leggi speciali relative a particolari categorie di società e alle riserve di attività (4).

(1) V. nota al Capo V.

(2) Comma inserito dall'art. 11, co. 1, lett. a), l. 28/12/2005, n. 262.

(3) Comma così sostituito dall'art. 32, co. 26, d.l. 22/6/2012, n. 83, conv., con modif., in l. 7/8/2012, n. 134. Il testo precedente recitava: «Il primo e il secondo comma non si applicano all'emissione di obbligazioni effettuata da società con azioni quotate in mercati regolamentati, limitatamente alle obbligazioni destinate ad essere quotate negli stessi o in altri mercati regolamentati». Questo testo era già stato modificato dall'art. 1 del d.lg. 17/1/2003, n. 6 che aveva sostituito con le parole "con azioni" le parole "le cui azioni siano".

(4) Seguiva un comma, dapprima aggiunto dall'art. 15 del d.lg. 28/12/2004, n. 310, e successivamente abrogato 11, co. 1, lett. b), l. n. 262, cit. Il testo del comma era il seguente: «Le disposizioni del presente articolo si applicano anche alle obbligazioni emesse all'estero da società italiane ovvero da loro controllate o controllanti, se negoziate nello Stato, nei limiti stabiliti con regolamento del Ministro dell'economia e delle finanze e del Ministro della giustizia, da adottare ai sensi dell'articolo 17, comma 3, della legge 23/8/1988, n. 400, su proposta della Commissione nazionale per le società e la borsa; in questo caso la negoziazione ad opera di investitori professionali nei confronti di soggetti diversi deve, a pena di nullità, avvenire mediante consegna di un prospetto informativo contenente le informazioni stabilite dalla Commissione nazionale per le società e la borsa, anche quando la vendita avvenga su richiesta dell'acquirente».

2413. Riduzione del capitale (1). – [I] Salvo i casi previsti dal terzo, quarto e quinto comma dell'articolo 2412, la società che ha emesso obbligazioni non può ridurre volontariamente [2445] il capitale sociale o distribuire riserve se rispetto all'ammontare delle obbligazioni ancora in circolazione il limite di cui al primo comma dell'articolo medesimo non risulta più rispettato.

[II] Se la riduzione del capitale sociale è obbligatoria [2446, 2447], o le riserve diminuiscono in conseguenza di perdite, non possono distribuirsi utili sinché l'ammontare del capitale sociale, della riserva legale e delle riserve disponibili non eguagli la metà dell'ammontare delle obbligazioni in circolazione (2).

(1) V. nota al Capo V.

(2) Le parole da ", della riserva" alla fine sono state sostituite alle parole "e delle riserve non eguagli l'ammontare delle obbligazioni in circolazione" dall'art. 1 del d.lg. 17/1/2003, n. 6, modificato dall'art. 5, co. 1, lett. u), d.lg. 6/2/2004, n. 37.

2414. Contenuto delle obbligazioni (1). – [I] I titoli obbligazionari devono indicare [2420-bis[6]]:

1) la denominazione, l'oggetto e la sede della società, con l'indicazione dell'ufficio del registro delle imprese presso il quale la società è iscritta;

2) il capitale sociale e le riserve esistenti al momento dell'emissione;

3) la data della deliberazione di emissione e della sua iscrizione nel registro;

4) l'ammontare complessivo dell'emissione, il valore nominale di ciascun titolo, i diritti con essi attribuiti, il rendimento o i criteri per la sua determinazione e il modo di pagamento e di rimborso, l'eventuale subordinazione dei diritti degli obbligazionisti a quelli di altri creditori della società;

5) le eventuali garanzie da cui sono assistiti [2412[3]];

6) la data di rimborso del prestito e gli estremi dell'eventuale prospetto informativo (2).

(1) V. nota al Capo V.

(2) Numero inserito dall'art. 1 del d.lg. 17/1/2003, n. 6, come modificato dall'art. 5, co. 1, lett. v), d.lg. 6/2/2004, n. 37.

2414 bis. Costituzione delle garanzie (1). – [I] La deliberazione di emissione di obbligazioni che preveda la costituzione di garanzie reali a favore dei sottoscrittori deve designare un notaio che, per conto dei sottoscrittori, compia le formalità necessarie per la costituzione delle garanzie medesime [2412[3], 2831[3]].

[II] Qualora un azionista pubblico garantisca i titoli obbligazionari si applica il numero 5) dell'articolo 2414 (2).

[III] Le garanzie, reali e personali e di qualunque altra natura e le cessioni di credito in garanzia, che assistono i titoli obbligazionari possono essere costituite in favore dei sottoscrittori delle obbligazioni o anche di un loro rappresentante che sarà legittimato a esercitare in nome e per conto dei sottoscrittori tutti i diritti, sostanziali e processuali, relativi alle garanzie medesime (3).

(1) V. nota al Capo V.

(2) Comma aggiunto dall'art. 1 del d.lg. 17/1/2003, n. 6, come modificato dall'art. 5, co. 1, lett. z), d.lg. 6/2/2004, n. 37.

(3) Comma aggiunto dall'art. 13 del d.l. 12/9/2014, n. 133, conv., con modif., in l. 11/11/2014, n. 164.

2415. Assemblea degli obbligazionisti (1). – [I] L'assemblea degli obbligazionisti delibera:

1) sulla nomina e sulla revoca del rappresentante comune [2417];

2) sulle modificazioni delle condizioni del prestito;

3) sulla proposta di amministrazione controllata e di concordato;

4) sulla costituzione di un fondo per le spese necessarie alla tutela dei comuni interessi e sul rendiconto relativo;

5) sugli altri oggetti d'interesse comune degli obbligazionisti.

[II] L'assemblea è convocata dal consiglio di amministrazione, dal consiglio di gestione o dal rappresentante degli obbligazionisti, quando lo ritengono necessario, o quando ne è fatta richiesta da tanti obbligazionisti che rappresentino il ventesimo dei titoli emessi e non estinti [2447-octies[2]] (2).

[III] Si applicano all'assemblea degli obbligazionisti le disposizioni relative all'assemblea straordinaria dei soci e le sue deliberazioni sono iscritte, a cura del notaio che ha redatto il verbale, nel registro delle imprese. Per la validità delle deliberazioni sull'oggetto indicato nel primo comma, numero 2, è necessario anche in seconda convocazione il voto favorevole degli obbligazionisti che rappresentino la metà delle obbligazioni emesse e non estinte. Quando le obbligazioni sono ammesse al sistema di gestione accentrata la legittimazione all'intervento e al voto nell'assemblea degli obbligazionisti è disciplinata dalle leggi speciali [2447-octies[2]] (3).

[IV] La società, per le obbligazioni da essa eventualmente possedute, non può partecipare alle deliberazioni [2447-octies[2]].

[V] All'assemblea degli obbligazionisti possono assistere gli amministratori, i sindaci e i componenti del consiglio di gestione o di sorveglianza [2419, 2447-octies[2]] (4).

(1) V. nota al Capo V.

(2) L'art. 1 del d.lg. 18/6/2012, n. 91, ha sostituito le parole "dagli amministratori" con le parole; "dal consiglio di amministrazione, dal consiglio di gestione". Tale modifica si applica, ai sensi dell'art. 5 dello stesso d.lg., alle assemblee il cui avviso di convocazione sia pubblicato dopo il 1/1/2013.

(3) L'ultimo periodo è stato aggiunto dall'art. 1 del d.lg. 18/6/2012, n. 91. Tale modifica si applica, ai sensi dell'art. 5 dello stesso d.lg., alle assemblee il cui avviso di convocazione sia pubblicato dopo il 1°/1/2013.

(4) Comma sostituito dall'art. 1 del d.lg. 18/6/2012, n. 91. Il testo precedente recitava: «All'assemblea degli obbligazionisti possono assistere gli amministratori ed i sindaci». Tale modifica si applica, ai sensi dell'art. 5 dello stesso d.lg., alle assemblee il cui avviso di convocazione sia pubblicato dopo il 1/1/2013.

2416. Impugnazione delle deliberazioni dell'assemblea (1). – [I] Le deliberazioni prese dall'assemblea degli obbligazionisti sono impugnabili a norma degli articoli 2377 e 2379. Le percentuali previste dall'articolo 2377 sono calcolate con riferimento (2) all'ammontare del prestito obbligazionario e alla circostanza che le obbligazioni siano quotate in mercati regolamentati.

[II] L'impugnazione è proposta innanzi al tribunale, nella cui giurisdizione la società ha sede, in contraddittorio del rappresentante degli obbligazionisti [2447-octies[2]].

(1) V. nota al Capo V.

(2) Le parole "Le percentuali previste dall'articolo 2377 sono calcolate con riferimento" sono state sostituite alle parole "Le quote previste dall'articolo 2377 s'intendono riferite" dall'art. 1 del d.lg. 17/1/2003, n. 6, come modificato dall'art. 5, co. 1, lett. aa), d.lg. 6/2/2004, n. 37.

2417. Rappresentante comune (1). – [I] Il rappresentante comune può essere scelto al di fuori degli obbligazionisti e possono essere nominate anche le persone giuridiche autorizzate all'esercizio dei servizi di investimento nonché le società fiduciarie. Non possono essere nominati rappresentanti comuni degli obbligazionisti e, se nominati, decadono dall'ufficio, gli amministratori, i sindaci, i dipendenti della società debitrice e coloro che si trovano nelle condizioni indicate nell'articolo 2399.

[II] Se non è nominato dall'assemblea a norma dell'articolo 2415, il rappresentante comune è nominato con decreto dal tribunale su domanda di uno o più obbligazionisti o degli amministratori della società.

[III] Il rappresentante comune dura in carica per un periodo non superiore a tre esercizi sociali (2) e può essere rieletto. L'assemblea degli obbligazionisti ne fissa il compenso. Entro trenta giorni dalla notizia della sua nomina il rappresentante comune deve richiederne l'iscrizione nel registro delle imprese [2447-octies[3]].

(1) V. nota al Capo V.

(2) Le parole "a tre esercizi sociali" sono state sostituite alle parole "ad un triennio" dall'art. 1 del d.lg. 17/1/2003, n. 6, come modificato dall'art. 5, co. 1, lett. bb), d.lg. 6/2/2004, n. 37.

2418. Obblighi e poteri del rappresentante comune (1). – [I] Il rappresentante comune deve provvedere all'esecuzione delle deliberazioni dell'assemblea degli obbligazionisti, tutelare gli interessi comuni di questi nei rapporti con la società e assistere alle operazioni di sorteggio delle obbligazioni [2420]. Egli ha diritto di assistere all'assemblea dei soci.

[II] Per la tutela degli interessi comuni ha la rappresentanza processuale [2416[2]] degli obbligazionisti anche nell'amministrazione controllata, nel concordato preventivo, nel fallimento, nella liquidazione coatta amministrativa e nell'amministrazione straordinaria della società debitrice [2447-octies[3]].

(1) V. nota al Capo V.

2419. Azione individuale degli obbligazionisti (1). – [I] Le disposizioni degli articoli precedenti non precludono le azioni individuali degli obbligazionisti, salvo che queste siano incompatibili con le deliberazioni dell'assemblea previste dall'articolo 2415 [2447-octies[2]].

(1) V. nota al Capo V.

2420. Sorteggio delle obbligazioni (1). – [I] Le operazioni per l'estrazione a sorte delle obbligazioni devono farsi, a pena di nullità, alla presenza del rappresentante comune [2418[1]] o, in mancanza, di un notaio.

(1) V. nota al Capo V.

2420 bis. Obbligazioni convertibili in azioni (1). – [I] L'assemblea straordinaria può deliberare l'emissione di obbligazioni convertibili in azioni [2412[5]], determinando il rapporto di cambio e il periodo e le modalità della conversione. La deliberazione non può essere adottata se il capitale sociale non sia stato interamente versato [2438[1]].

[II] Contestualmente la società deve deliberare l'aumento del capitale sociale per un ammontare corrispondente alle azioni da attribuire in conversione. Si applicano, in quanto compatibili, le disposizioni del secondo, terzo, quarto e quinto comma dell'articolo 2346.

[III] Nel primo mese di ciascun semestre gli amministratori provvedono all'emissione delle azioni spettanti agli obbligazionisti che hanno chiesto la conversione nel semestre precedente. Entro il mese successivo gli amministratori devono depositare per l'iscrizione nel registro delle imprese un'attestazione dell'aumento del capitale sociale in misura corrispondente al valore nominale delle azioni emesse. Si applica la disposizione del secondo comma dell'articolo 2444.

[IV] Fino a quando non siano scaduti i termini fissati per la conversione, la società non può deliberare né la riduzione volontaria del capitale sociale [2445], né la modificazione delle disposizioni dello statuto concernenti la ripartizione degli utili, salvo che ai possessori di obbligazioni convertibili sia stata data la facoltà, mediante avviso depositato presso l'ufficio del registro delle imprese almeno novanta giorni prima della convocazione dell'assemblea, di esercitare il diritto di conversione nel termine di trenta giorni dalla pubblicazione [2503-bis[2]] (2).

[V] Nei casi di aumento del capitale mediante imputazione di riserve [2442] e di riduzione del capitale per perdite [2446, 2447], il rapporto di cambio è modificato in proporzione alla misura dell'aumento o della riduzione.

[VI] Le obbligazioni convertibili in azioni devono indicare in aggiunta a quanto stabilito nell'articolo 2414, il rapporto di cambio e le modalità della conversione.

(1) V. nota al Capo V.

(2) V. Avviso di rettifica in G.U. 4/7/2003, n. 153.

2420 ter. Delega agli amministratori (1). – [I] Lo statuto può attribuire agli amministratori la facoltà di emettere in una o più volte obbligazioni convertibili, fino ad un ammontare determinato e per il periodo massimo di cinque anni dalla data di iscrizione della società nel registro delle imprese. In tal caso la delega comprende anche quella relativa al corrispondente aumento del capitale sociale.

[II] Tale facoltà può essere attribuita anche mediante modificazione dello statuto, per il periodo massimo di cinque anni dalla data della deliberazione [2443].

[III] Si applica il secondo comma dell'articolo 2410 [2365[2], 2381[4]].

(1) V. nota al Capo V.

Sezione VIII
Dei libri sociali

2421. Libri sociali obbligatori (1). – [I] Oltre i libri e le altre scritture contabili prescritti nell'articolo 2214, la società deve tenere:

1) il libro dei soci, nel quale devono essere indicati distintamente per ogni categoria il numero delle azioni, il cognome e il nome dei titolari delle azioni nominative, i trasferimenti e i vincoli ad esse relativi e i versamenti eseguiti [2422[1], 2541[4]];

2) il libro delle obbligazioni, il quale deve indicare l'ammontare delle obbligazioni emesse e di quelle estinte, il cognome e il nome dei titolari delle obbligazioni nominative e i trasferimenti e i vincoli ad esse relativi [2422[2]];

3) il libro delle adunanze e delle deliberazioni delle assemblee, in cui devono essere trascritti anche i verbali redatti per atto pubblico [2422[1], 2422[2], 2541[4]];

4) il libro delle adunanze e delle deliberazioni del consiglio di amministrazione o del consiglio di gestione;

5) il libro delle adunanze e delle deliberazioni del collegio sindacale ovvero del consiglio di sorveglianza o del comitato per il controllo sulla gestione [2403-bis[3]];

6) il libro delle adunanze e delle deliberazioni del comitato esecutivo, se questo esiste;

7) il libro delle adunanze e delle deliberazioni delle assemblee degli obbligazionisti, se sono state emesse obbligazioni [2422[2]];

8) il libro degli strumenti finanziari emessi ai sensi dell'articolo 2447-sexies [2422[2]].

[II] I libri indicati nel primo comma, numeri 1), 2), 3), 4) e 8) sono tenuti a cura degli amministratori o dei componenti del consiglio di gestione, il libro indicato nel numero 5) a cura del collegio sindacale ovvero del consiglio di sorveglianza o del comitato per il controllo sulla gestione, il libro indicato nel numero 6) a cura del comitato esecutivo e il libro indicato nel numero 7) a cura del rappresentante comune degli obbligazionisti.

[III] I libri di cui al presente articolo, prima che siano messi in uso, devono essere numerati progressivamente in ogni pagina e bollati in ogni foglio a norma dell'articolo 2215.

(1) V. nota al Capo V.

2422. Diritto d'ispezione dei libri sociali (1). – [I] I soci hanno diritto di esaminare i libri indicati nel primo comma, numeri 1) e 3) dell'articolo 2421 e di ottenerne estratti a proprie spese [2545-bis[1]].

[II] Eguale diritto spetta al rappresentante comune degli obbligazionisti per i libri indicati nei numeri 2) e 3) dell'articolo 2421, e al rappresentante comune dei possessori di strumenti finanziari ed ai singoli possessori per il libro indicato al numero 8), ai singoli obbligazionisti per il libro indicato nel numero 7) dell'articolo medesimo.

(1) V. nota al Capo V.

Sezione IX
Del bilancio

2423. Redazione del bilancio (1). – [I] Gli amministratori [2381[4]] devono redigere il bilancio di esercizio, costituito dallo stato patrimoniale, dal conto economico, dal rendiconto finanziario (2) e dalla nota integrativa.

[II] Il bilancio deve essere redatto con chiarezza e deve rappresentare in modo veritiero e corretto la situazione patrimoniale e finanziaria della società e il risultato economico dell'esercizio.

[III] Se le informazioni richieste da specifiche disposizioni di legge non sono sufficienti a dare una rappresentazione veritiera e corretta, si devono fornire le informazioni complementari necessarie allo scopo.

[IV] Non occorre rispettare gli obblighi in tema di rilevazione, valutazione, presentazione e informativa quando la loro osservanza abbia effetti irrilevanti al fine di dare una rappresentazione veritiera e corretta. Rimangono fermi gli obblighi in tema di regolare tenuta delle scritture contabili. Le società illustrano nella nota integrativa i criteri con i quali hanno dato attuazione alla presente disposizione (3).

[V] Se, in casi eccezionali, l'applicazione di una disposizione degli articoli seguenti è incompatibile con la rappresentazione veritiera e corretta, la disposizione non deve essere applicata. La nota integrativa deve motivare la deroga e deve indicarne l'influenza sulla rappresentazione della situazione patrimoniale, finanziaria e del risultato economico. Gli eventuali utili derivanti dalla deroga devono essere iscritti in una riserva non distribuibile se non in misura corrispondente al valore recuperato [2429[2], 2478-bis].

[VI] Il bilancio deve essere redatto in unità di euro, senza cifre decimali, ad eccezione della nota integrativa che può essere redatta in migliaia di euro [2447-septies[2], 2490[1]].

(1) V. nota al Capo V.

(2) L'art. 6 del d.lg. 18/8/2015, n. 139, ha inserito, dopo le parole: «dal conto economico», le parole: «dal rendiconto finanziario». Le disposizioni del decreto entrano in vigore dal 1/1/2016 e si applicano ai bilanci relativi agli esercizi finanziari aventi inizio a partire da quella data.

(3) Comma inserito dall'art. 6 del d.lgs. 18/8/2015, n. 139.

2423 bis. Principi di redazione del bilancio (1). – [I] Nella redazione del bilancio devono essere osservati i seguenti principi:

1) la valutazione delle voci deve essere fatta secondo prudenza e nella prospettiva della continuazione dell'attività (2);

1-bis) la rilevazione e la presentazione delle voci è effettuata tenendo conto della sostanza dell'operazione o del contratto (3);

2) si possono indicare esclusivamente gli utili realizzati alla data di chiusura dell'esercizio;

3) si deve tener conto dei proventi e degli oneri di competenza dell'esercizio, indipendentemente dalla data dell'incasso o del pagamento;

4) si deve tener conto dei rischi e delle perdite di competenza dell'esercizio, anche se conosciuti dopo la chiusura di questo;

5) gli elementi eterogenei ricompresi nelle singole voci devono essere valutati separatamente;

6) i criteri di valutazione non possono essere modificati da un esercizio all'altro.

[II] Deroghe al principio enunciato nel numero 6) del comma precedente sono consentite in casi eccezionali. La nota integrativa deve motivare la deroga e indicarne l'influenza sulla rappresentazione della situazione patrimoniale e finanziaria e del risultato economico [2478-bis[1]].

(1) V. nota al Capo V.

(2) L'art. 6 del d.lg. 18/8/2015, n. 139, ha soppresso le parole «, nonché tenendo conto della funzione economica dell'elemento dell'attivo o del passivo considerato». Le disposizioni del decreto entrano in vigore dal 1/1/2016 e si applicano ai bilanci relativi agli esercizi finanziari aventi inizio a partire da quella data.

(3) Numero inserito dall'art. 6 del d.lg. n. 139/2015, cit.

2423 ter. Struttura dello stato patrimoniale e del conto economico. – [I] Salve le disposizioni di leggi speciali per le società che esercitano particolari attività, nello stato patrimoniale e nel conto economico devono essere iscritte separatamente, e nell'ordine indicato, le voci previste negli articoli 2424 e 2425.

[II] Le voci precedute da numeri arabi possono essere ulteriormente suddivise, senza eliminazione della voce complessiva e dell'importo corrispondente; esse possono essere raggruppate soltanto quando il raggruppamento, a causa del loro importo, è irrilevante ai fini indicati nel secondo comma dell'articolo 2423 o quando esso favorisce la chiarezza del bilancio. In questo secondo caso la nota integrativa deve contenere distintamente le voci oggetto di raggruppamento.

[III] Devono essere aggiunte altre voci qualora il loro contenuto non sia compreso in alcuna di quelle previste dagli articoli 2424 e 2425.

[IV] Le voci precedute da numeri arabi devono essere adattate quando lo esige la natura dell'attività esercitata.

[V] Per ogni voce dello stato patrimoniale e del conto economico deve essere indicato l'importo della voce corrispondente dell'esercizio precedente. Se le voci non sono comparabili, quelle relative all'esercizio precedente devono essere adattate; la non comparabilità e l'adattamento o l'impossibilità di questo devono essere segnalati e commentati nella nota integrativa.

[VI] Sono vietati i compensi di partite. Nei casi in cui la compensazione è ammessa dalla legge, sono indicati nella nota integrativa gli importi lordi oggetto di compensazione (1).

(1) Il periodo "Nei casi in cui la compensazione è ammessa dalla legge, sono indicati nella nota integrativa gli importi lordi oggetto di compensazione" è stato aggiunto, in fine, dall'art. 24, co. 2, lett. a), l. 23/12/2021, n. 238.

2424. Contenuto dello stato patrimoniale (1). – [I] Lo stato patrimoniale deve essere redatto in conformità al seguente schema.

Attivo:

A) Crediti verso soci per versamenti ancora dovuti, con separata indicazione della parte già richiamata.

B) Immobilizzazioni, con separata indicazione di quelle concesse in locazione finanziaria:

I – Immobilizzazioni immateriali:

1) costi di impianto e di ampliamento;

2) costi di sviluppo (2);

3) diritti di brevetto industriale e diritti di utilizzazione delle opere dell'ingegno;

4) concessioni, licenze, marchi e diritti simili;

5) avviamento;

6) immobilizzazioni in corso e acconti;

7) altre.

Totale.

II – Immobilizzazioni materiali:

1) terreni e fabbricati;

2) impianti e macchinario;

3) attrezzature industriali e commerciali;

4) altri beni;

5) immobilizzazioni in corso e acconti.

Totale.

III – Immobilizzazioni finanziarie, con separata indicazione, per ciascuna voce dei crediti, degli importi esigibili entro l'esercizio successivo:

1) partecipazioni in:

a) imprese controllate;

b) imprese collegate;

c) imprese controllanti;

d) imprese sottoposte al controllo delle controllanti (3);

d-bis) altre imprese (3);

2) crediti:

a) verso imprese controllate;

b) verso imprese collegate;

c) verso controllanti;

d) verso imprese sottoposte al controllo delle controllanti;

d-bis) verso altri (4);

3) altri titoli;

4) strumenti finanziari derivati attivi (5).

Totale.

Totale immobilizzazioni (B);

C) Attivo circolante:

I – Rimanenze:

1) materie prime, sussidiarie e di consumo;

2) prodotti in corso di lavorazione e semilavorati;

3) lavori in corso su ordinazione;

4) prodotti finiti e merci;

5) acconti.

Totale

II – Crediti, con separata indicazione, per ciascuna voce, degli importi esigibili oltre l'esercizio successivo:

1) verso clienti;

2) verso imprese controllate;

3) verso imprese collegate;

4) verso controllanti;

5) verso imprese sottoposte al controllo delle controllanti (6);

5-bis) crediti tributari (6);

5-ter) imposte anticipate (6);

5-quater) verso altri (6);

Totale.

III – Attività finanziarie che non costituiscono immobilizzazioni:

1) partecipazioni in imprese controllate;

2) partecipazioni in imprese collegate;

3) partecipazioni in imprese controllanti;

3-bis) partecipazioni in imprese sottoposte al controllo delle controllanti (7);

4) altre partecipazioni;

5) strumenti finanziari derivati attivi (7);

6) altri titoli.

Totale.

IV – Disponibilità liquide:

1) depositi bancari e postali;

2) assegni;

3) danaro e valori in cassa.
Totale.
Totale attivo circolante (C).
D) Ratei e risconti (8).
Passivo:
A) Patrimonio netto:
I – Capitale.
II – Riserva da soprapprezzo delle azioni.
III – Riserve di rivalutazione.
IV – Riserva legale.
V – Riserve statutarie.
VI – Altre riserve, distintamente indicate (9).
VII – Riserva per operazioni di copertura dei flussi finanziari attesi (9).
VIII – Utili (perdite) portati a nuovo (9).
IX – Utile (perdita) dell'esercizio (9).
X – Riserva negativa per azioni proprie in portafoglio (9).
Totale.
B) Fondi per rischi e oneri:
1) per trattamento di quiescenza e obblighi simili;
2) per imposte, anche differite (10);
3) strumenti finanziari derivati passivi (10);
4) altri (10);
Totale.
C) Trattamento di fine rapporto di lavoro subordinato.
D) Debiti, con separata indicazione, per ciascuna voce, degli importi esigibili oltre l'esercizio successivo:
1) obbligazioni;
2) obbligazioni convertibili;
3) debiti verso soci per finanziamenti;
4) debiti verso banche;
5) debiti verso altri finanziatori;
6) acconti;
7) debiti verso fornitori;
8) debiti rappresentati da titoli di credito;
9) debiti verso imprese controllate;
10) debiti verso imprese collegate;
11) debiti verso controllanti;
11-bis) debiti verso imprese sottoposte al controllo delle controllanti (11);
12) debiti tributari;
13) debiti verso istituti di previdenza e di sicurezza sociale;
14) altri debiti.
Totale.
E) Ratei e risconti (12).

[II] Se un elemento dell'attivo o del passivo ricade sotto più voci dello schema, nella nota integrativa deve annotarsi, qualora ciò sia necessario ai fini della comprensione del bilancio, la sua appartenenza anche a voci diverse da quella nella quale è iscritto.

[...] (13).

[III] È fatto salvo quanto disposto dall'articolo 2447-septies con riferimento ai beni e rapporti giuridici compresi nei patrimoni destinati ad uno specifico affare ai sensi della lettera a) del primo comma dell'articolo 2447-bis.

(1) V. nota al Capo V.

(2) L'art. 6 del d.lg. 18/8/2015, n. 139 ha sostituito le parole: "2) costi di ricerca, di sviluppo e di pubblicità" con le parole: "2) costi di sviluppo". Le disposizioni del decreto entrano in vigore dal 1/1/2016 e si applicano ai bilanci relativi agli esercizi finanziari aventi inizio a partire da quella data.

(3) L'art. 6 del d.lg. n. 139/2015 cit. ha sostituito le parole: "d) altre imprese" con le parole: "d) imprese sottoposte al controllo delle controllanti" e dopo la medesima lettera ha inserito: "d-bis) altre imprese".

(4) L'art. 6 del d.lg. n. 139/2015, cit. ha sostituito le parole: "2) crediti: a) verso imprese controllate; b) verso imprese collegate; c) verso controllanti; d) verso altri" con le parole: "2) crediti: a) verso imprese controllate; b) verso imprese collegate; c) verso controllanti; d) verso imprese sottoposte al controllo delle controllanti; d-bis) verso altri".

(5) L'art. 6 del d.lg. n. 139/2015 cit. ha sostituito le parole: 24) azioni proprie, con indicazioni anche del valore nominale complessivo" con le parole: "4) strumenti finanziari derivati attivi".

(6) L'art. 6 del d.lg. n. 139/2015, cit. ha sostituito le parole: «4-bis) crediti tributari; 4-ter) imposte anticipate; 5) verso altri;» con le parole: «5) verso imprese sottoposte al controllo delle controllanti; 5-bis) crediti tributari; 5-ter) imposte anticipate; 5-quater) verso altri».

(7) L'art. 6 del d.lg. n. 139/2015, cit. ha inserito, dopo le parole: "3) partecipazioni in imprese controllanti" le parole: "3-bis) partecipazioni in imprese sottoposte al controllo delle controllanti" e ha sostituito le parole: "5) azioni proprie, con indicazione anche del valore nominale complessivo;" con le parole: 25) strumenti finanziari derivati attivi".

(8) L'art. 6 del d.lg. n. 139/2015, cit. ha sostituito le parole: "D) Ratei e risconti, con separata indicazione del disaggio su prestiti" con le parole: "D) Ratei e risconti".

(9) L'art. 6 del d.lg. n. 139/2015, cit. ha sostituito le parole: "VI – Riserva per azioni proprie in portafoglio. VII – Altre riserve, distintamente indicate. VIII – Utili (perdite) portati a nuovo. IX – Utile (perdita) dell'esercizio." con le parole: "VI – Altre riserve, distintamente indicate. VII – Riserva per operazioni di copertura dei flussi finanziari attesi. VIII – Utili (perdite) portati a nuovo. IX – Utile (perdita) dell'esercizio. X – Riserva negativa per azioni proprie in portafoglio.".

(10) L'art. 6 del d.lg. n. 139/2015, cit. ha sostituito le parole: "2) per imposte, anche differite; 3) altri" con le parole: "2) per imposte, anche differite; 3) strumenti finanziari derivati passivi; 4) altri".

(11) Numero inserito dall'art. 6, d.lg. n. 139/2015, cit.

(12) L'art. 6 del d.lg. n. 139/2015, cit. ha sostituito le parole: "E) Ratei e risconti, con separata indicazione dell'aggio su prestiti." con le parole: "E) Ratei e risconti".

(13) Comma abrogato dall'art. 6 del d.lg. n. 139/2015, cit. Il testo recitava: «In calce allo stato patrimoniale devono risultare le garanzie prestate direttamente o indirettamente, distinguendosi fra fideiussioni, avalli, altre garanzie personali e garanzie reali, ed indicando separatamente, per ciascun tipo, le garanzie prestate a favore di imprese controllate e collegate, nonché di controllanti e di imprese sottoposte al controllo di queste ultime; devono inoltre risultare gli altri conti d'ordine».

2424 bis. Disposizioni relative a singole voci dello stato patrimoniale (1). – [I] Gli elementi patrimoniali destinati ad essere utilizzati durevolmente devono essere iscritti tra le immobilizzazioni.

[II] Le partecipazioni in altre imprese in misura non inferiore a quelle stabilite dal terzo comma dell'articolo 2359 si presumono immobilizzazioni.

[III] Gli accantonamenti per rischi ed oneri sono destinati soltanto a coprire perdite o debiti di natura determinata, di esistenza certa o probabile, dei quali tuttavia alla chiusura dell'esercizio sono indeterminati o l'ammontare o la data di sopravvenienza.

[IV] Nella voce: "trattamento di fine rapporto di lavoro subordinato" deve essere indicato l'importo calcolato a norma dell'articolo 2120.

[V] Le attività oggetto di contratti di compravendita con obbligo di retrocessione a termine devono essere iscritte nello stato patrimoniale del venditore.

[VI] Nella voce ratei e risconti attivi devono essere iscritti i proventi di competenza dell'esercizio esigibili in esercizi successivi, e i costi sostenuti entro la chiusura dell'esercizio ma di competenza di esercizi successivi. Nella voce ratei e risconti passivi devono essere iscritti i costi di competenza dell'esercizio esigibili in esercizi successivi e i proventi percepiti entro la chiusura dell'esercizio ma di competenza di esercizi successivi. Possono essere iscritte in tali voci soltanto quote di costi e proventi, comuni a due o più esercizi, l'entità dei quali vari in ragione del tempo [2478-bis[1]].

[VII] Le azioni proprie sono rilevate in bilancio a diretta riduzione del patrimonio netto, ai sensi di quanto disposto dal terzo comma dell'articolo 2357-ter (2).

(1) V. nota al Capo V.

(2) Comma inserito dall'art. 6 del d.lg. 18/8/2015, n. 139, Le disposizioni del decreto entrano in vigore dal 1/1/2016 e si applicano ai bilanci relativi agli esercizi finanziari aventi inizio a partire da quella data.

2425. Contenuto del conto economico (1). – [I] Il conto economico deve essere redatto in conformità al seguente schema:

A) Valore della produzione:

1) ricavi delle vendite e delle prestazioni;

2) variazioni delle rimanenze di prodotti in corso di lavorazione, semilavorati e finiti;

3) variazioni dei lavori in corso su ordinazione;

4) incrementi di immobilizzazioni per lavori interni;

5) altri ricavi e proventi, con separata indicazione dei contributi in conto esercizio.

Totale.

B) Costi della produzione:

6) per materie prime, sussidiarie, di consumo e di merci;

7) per servizi;

8) per godimento di beni di terzi;

9) per il personale:

a) salari e stipendi;

b) oneri sociali;

c) trattamento di fine rapporto;

d) trattamento di quiescenza e simili;

e) altri costi;

10) ammortamenti e svalutazioni:

a) ammortamento delle immobilizzazioni immateriali;

b) ammortamento delle immobilizzazioni materiali;

c) altre svalutazioni delle immobilizzazioni;

d) svalutazioni dei crediti compresi nell'attivo circolante e delle disponibilità liquide;

11) variazioni delle rimanenze di materie prime, sussidiarie, di consumo e merci;

12) accantonamenti per rischi;

13) altri accantonamenti;

14) oneri diversi di gestione.

Totale.

Differenza tra valore e costi della produzione (A – B).

C) Proventi e oneri finanziari:

15) proventi da partecipazioni, con separata indicazione di quelli relativi ad imprese controllate e collegate e di quelli relativi a controllanti e a imprese sottoposte al controllo di queste ultime (2);

16) altri proventi finanziari:

a) da crediti iscritti nelle immobilizzazioni, con separata indicazione di quelli da imprese controllate e collegate e di quelli da controllanti e da imprese sottoposte al controllo di queste ultime (3);

b) da titoli iscritti nelle immobilizzazioni che non costituiscono partecipazioni;

c) da titoli iscritti nell'attivo circolante che non costituiscono partecipazioni;

d) proventi diversi dai precedenti, con separata indicazione di quelli da imprese controllate e collegate e di quelli da controllanti e da imprese sottoposte al controllo di queste ultime (4);

17) interessi e altri oneri finanziari, con separata indicazione di quelli verso imprese controllate e collegate e verso controllanti;

17-bis) utili e perdite su cambi.

Totale (15 + 16 – 17 + – 17-bis).

D) Rettifiche di valore di attività e passività finanziarie (5):

18) rivalutazioni:

a) di partecipazioni;

b) di immobilizzazioni finanziarie che non costituiscono partecipazioni;

c) di titoli iscritti all'attivo circolante che non costituiscono partecipazioni;

d) di strumenti finanziari derivati (6).

19) svalutazioni:

a) di partecipazioni;

b) di immobilizzazioni finanziarie che non costituiscono partecipazioni;

c) di titoli iscritti nell'attivo circolante che non costituiscono partecipazioni.

d) di strumenti finanziari derivati (6).

Totale delle rettifiche (18 – 19).

Risultato prima delle imposte (A – B + – C + – D);

20) imposte sul reddito dell'esercizio, correnti, differite e anticipate;

21) utile (perdite) dell'esercizio (7).

(1) V. nota al Capo V.

(2) L'art. 6 del d.lg. 18/8/2015, n. 139 ha inserito, in fine, le parole: "e di quelli relativi a controllanti e a imprese sottoposte al controllo di queste ultime". Le disposizioni del decreto entrano in vigore dal 1/1/2016 e si applicano ai bilanci relativi agli esercizi finanziari aventi inizio a partire da quella data.

(3) L'art. 6 del d.lg. n. 139/2015, cit. ha inserito in fine le parole: "e da imprese sottoposte al controllo di queste ultime".

(4) L'art. 6 del d.lg.n. 139/2015, cit. ha inserito in fine le parole: "e da imprese sottoposte al controllo di queste ultime".

(5) L'art. 6, d.lg. n. 139/2015, cit. ha sostituito le parole: "D) Rettifiche di valore di attività finanziarie:" sono sostituite dalle seguenti: "D) Rettifiche di valore di attività e passività finanziarie:".

(6) L'art. 6 del d.lg.n. 139/2015, cit. ha inserito la lett. d).

(7) L'art. 6 del d.lg.n. 139/2015, cit. ha sostituito le parole: "E) Proventi e oneri straordinari: 20) proventi, con separata indicazione delle plusvalenze da alienazioni i cui ricavi non sono iscrivibili al n. 5); 21) oneri, con separata indicazione delle minusvalenze da alienazioni, i cui effetti contabili non sono iscrivibili al n. 14), e delle imposte relative a esercizi precedenti. Totale delle partite straordinarie (20-21). Risultato prima delle imposte (A – B+ – C+ – D+ – E); 22) imposte sul reddito dell'esercizio, correnti, differite e anticipate; 23) utile (perdite) dell'esercizio", con le parole: "Risultato prima delle imposte (A – B+ – C+ – D); 20) imposte sul reddito dell'esercizio, correnti, differite e anticipate; 21) utile (perdite) dell'esercizio".

2425 bis. Iscrizione dei ricavi, proventi, costi ed oneri (1). – [I] I ricavi e i proventi, i costi e gli oneri devono essere indicati al netto dei resi, degli sconti, abbuoni e premi, nonché delle imposte direttamente connesse con la vendita dei prodotti e la prestazione dei servizi.

[II] I ricavi e i proventi, i costi e gli oneri relativi ad operazioni in valuta devono essere determinati al cambio corrente alla data nella quale la relativa operazione è compiuta.

[III] I proventi e gli oneri relativi ad operazioni di compravendita con obbligo di retrocessione a termine, ivi compresa la differenza tra prezzo a termine e prezzo a pronti, devono essere iscritti per le quote di competenza dell'esercizio.

[IV] Le plusvalenze derivanti da operazioni di compravendita con locazione finanziaria al venditore sono ripartite in funzione della durata del contratto di locazione [2478-bis[1]] (2).

(1) V. nota al Capo V.

(2) Comma aggiunto dall'art. 16 del d.lg. 28/12/2004, n. 310.

2425 ter. Rendiconto finanziario (1). – [I] Dal rendiconto finanziario risultano, per l'esercizio a cui è riferito il bilancio e per quello precedente, l'ammontare e la composizione delle disponibilità liquide, all'inizio e alla fine dell'esercizio, ed i flussi finanziari dell'esercizio derivanti dall'attività operativa, da quella di investimento, da quella di finanziamento, ivi comprese, con autonoma indicazione, le operazioni con i soci.

(1) Articolo inserito dall'art. 6 del d.lg. 18/8/2015, n. 139. Le disposizioni del decreto entrano in vigore dal 1/1/2016 e si applicano ai bilanci relativi agli esercizi finanziari aventi inizio a partire da quella data.

2426. Criteri di valutazioni (1). – [I] Nelle valutazioni devono essere osservati i seguenti criteri:

1) le immobilizzazioni sono iscritte al costo di acquisto o di produzione. Nel costo di acquisto si computano anche i costi accessori. Il costo di produzione comprende tutti i costi direttamente imputabili al prodotto. Può comprendere anche altri costi, per la quota ragionevolmente imputabile al prodotto, relativi al periodo di fabbricazione e fino al momento dal quale il bene può essere utilizzato; con gli stessi criteri possono essere aggiunti gli oneri relativi al finanziamento della fabbricazione, interna o presso terzi; le immobilizzazioni rappresentate da titoli sono rilevate in bilancio con il criterio del costo ammortizzato, ove applicabile (2);

2) il costo delle immobilizzazioni, materiali e immateriali, la cui utilizzazione è limitata nel tempo deve essere sistematicamente ammortizzato in ogni esercizio in relazione con la loro residua possibilità di utilizzazione. Eventuali modifiche dei criteri di ammortamento e dei coefficienti applicati devono essere motivate nella nota integrativa;

3) l'immobilizzazione che, alla data della chiusura dell'esercizio, risulti durevolmente di valore inferiore a quello determinato secondo i numeri 1) e 2) deve essere iscritta a tale minore valore. Il minor valore non può essere mantenuto nei successivi bilanci se sono venuti meno i motivi della rettifica effettuata; questa disposizione non si applica a rettifiche di valore relative all'avviamento (3).

Per le immobilizzazioni consistenti in partecipazioni in imprese controllate o collegate che risultino iscritte per un valore superiore a quello derivante dall'applicazione del criterio di valutazione previsto dal successivo numero 4) o, se non vi sia obbligo di redigere il bilancio consolidato, al valore corrispondente alla frazione di patrimonio netto risultante dall'ultimo bilancio dell'impresa partecipata, la differenza dovrà essere motivata nella nota integrativa;

4) le immobilizzazioni consistenti in partecipazioni in imprese controllate o collegate possono essere valutate, con riferimento ad una o più tra dette imprese, anziché secondo il criterio indicato al numero 1), per un importo pari alla corrispondente frazione del patrimonio netto risultante dall'ultimo bilancio delle imprese medesime, detratti i dividendi ed operate le rettifiche richieste dai principi di redazione del bilancio consolidato nonché quelle necessarie per il rispetto dei principi indicati negli articoli 2423 e 2423-bis.

Quando la partecipazione è iscritta per la prima volta in base al metodo del patrimonio netto, il costo di acquisto superiore al valore corrispondente del patrimonio netto riferito alla data di acquisizione o (4) risultante dall'ultimo bilancio dell'impresa controllata o collegata può essere iscritto nell'attivo, purché ne siano indicate le ragioni nella nota integrativa. La differenza, per la parte attribuibile a beni ammortizzabili o all'avviamento, deve essere ammortizzata.

Negli esercizi successivi le plusvalenze, derivanti dall'applicazione del metodo del patrimonio netto, rispetto al valore indicato nel bilancio dell'esercizio precedente sono iscritte in una riserva non distribuibile;

5) i costi di impianto e di ampliamento e i costi di sviluppo aventi utilità pluriennale possono essere iscritti nell'attivo con il consenso, ove esistente, del collegio sindacale. I costi di impianto e ampliamento devono essere ammortizzati entro un periodo non superiore a cinque anni. I costi di sviluppo sono ammortizzati secondo la loro vita utile; nei casi eccezionali in cui non è possibile stimarne attendibilmente la vita utile, sono ammortizzati entro un periodo non superiore a cinque anni. Fino a che l'ammortamento dei costi di impianto e ampliamento e di sviluppo non è completato possono essere distribuiti dividendi solo se residuano riserve disponibili sufficienti a coprire l'ammontare dei costi non ammortizzati (5);

6) l'avviamento può essere iscritto nell'attivo con il consenso, ove esistente, del collegio sindacale, se acquisito a titolo oneroso, nei limiti del costo per esso sostenuto.

L'ammortamento dell'avviamento è effettuato secondo la sua vita utile; nei casi eccezionali in cui non è possibile stimarne attendibilmente la vita utile, è ammortizzato entro un periodo non superiore a dieci anni. Nella nota integrativa è fornita una spiegazione del periodo di ammortamento dell'avviamento (6);

7) il disaggio e l'aggio su prestiti sono rilevati secondo il criterio stabilito dal numero 8) (7);

8) i crediti e i debiti sono rilevati in bilancio secondo il criterio del costo ammortizzato, tenendo conto del fattore temporale e, per quanto riguarda i crediti, del valore di presumibile realizzo (8);

8-bis) le attività e passività monetarie in valuta sono iscritte al cambio a pronti alla data di chiusura dell'esercizio; i conseguenti utili o perdite su cambi devono essere imputati al conto economico e l'eventuale utile netto è accantonato in apposita riserva non distribuibile fino al realizzo. Le attività e passività in valuta non monetarie devono essere iscritte al cambio vigente al momento del loro acquisto (9);

9) le rimanenze, i titoli e le attività finanziarie che non costituiscono immobilizzazioni sono iscritti al costo di acquisto o di produzione, calcolato secondo il numero 1), ovvero al valore di realizzazione desumibile dall'andamento del mercato, se minore; tale minor valore non può essere mantenuto nei successivi bilanci se ne sono venuti meno i motivi. I costi di distribuzione non possono essere computati nel costo di produzione;

10) il costo dei beni fungibili può essere calcolato col metodo della media ponderata o con quelli: "primo entrato, primo uscito" o: "ultimo entrato, primo uscito"; se il valore così ottenuto differisce in misura apprezzabile dai costi correnti alla chiusura dell'esercizio, la differenza deve essere indicata, per categoria di beni, nella nota integrativa;

11) i lavori in corso su ordinazione possono essere iscritti sulla base dei corrispettivi contrattuali maturati con ragionevole certezza;

11-bis) gli strumenti finanziari derivati, anche se incorporati in altri strumenti finanziari, sono iscritti al fair value. Le variazioni del fair value sono imputate al conto economico oppure, se lo strumento copre il rischio di variazione dei flussi finanziari attesi di un altro strumento finanziario o di un'operazione programmata, direttamente ad una riserva positiva o negativa di patrimonio netto; tale riserva è imputata al conto economico nella misura e nei tempi corrispondenti al verificarsi o al modificarsi dei flussi di cassa dello strumento coperto o al verificarsi dell'operazione oggetto di copertura. Gli elementi oggetto di copertura contro il rischio di variazioni dei tassi di interesse o dei tassi di cambio o dei prezzi di mercato o contro il rischio di credito sono valutati simmetricamente allo strumento derivato di copertura; si considera sussistente la copertura in presenza, fin dall'inizio, di stretta e documentata correlazione tra le caratteristiche dello strumento o dell'operazione coperti e quelle dello strumento di copertura. Non sono distribuibili gli utili che derivano dalla valutazione al fair value degli strumenti finanziari derivati non utilizzati o non necessari per la copertura. Le riserve di patrimonio che derivano dalla valutazione al fair value di derivati utilizzati a copertura dei flussi finanziari attesi di un altro strumento finanziario o di un'operazione programmata non sono considerate nel computo del patrimonio netto per le finalità di cui agli articoli 2412, 2433, 2442, 2446 e 2447 e, se positive, non sono disponibili e non sono utilizzabili a copertura delle perdite (10);

*12)**.

[II] Ai fini della presente Sezione, per la definizione di "strumento finanziario", di "attività finanziaria" e "passività finanziaria", di "strumento finanziario derivato", di "costo ammortizzato", di "fair value", di "attività monetaria" e "passività monetaria", "parte correlata" e "modello e tecnica di valutazione generalmente accettato" si fa riferimento ai principi contabili internazionali adottati dall'Unione europea (11).

[III] Ai fini dell'applicazione delle disposizioni del primo comma, numero 11-bis), sono considerati strumenti finanziari derivati anche quelli collegati a merci che conferiscono all'una o all'altra parte contraente il diritto di procedere alla liquidazione del contratto per contanti o mediante altri strumenti finanziari, ad eccezione del caso in cui si verifichino contemporaneamente le seguenti condizioni:

a) il contratto sia stato concluso e sia mantenuto per soddisfare le esigenze previste dalla società che redige il bilancio di acquisto, di vendita o di utilizzo delle merci;

b) il contratto sia stato destinato a tale scopo fin dalla sua conclusione;

c) si prevede che il contratto sia eseguito mediante consegna della merce (11).

[IV] Il fair value è determinato con riferimento:

a) al valore di mercato, per gli strumenti finanziari per i quali è possibile individuare facilmente un mercato attivo; qualora il valore di mercato non sia facilmente individuabile per uno strumento, ma possa essere individuato per i suoi componenti o per uno strumento analogo, il valore di mercato può essere derivato da quello dei componenti o dello strumento analogo;

b) al valore che risulta da modelli e tecniche di valutazione generalmente accettati, per gli strumenti per i quali non sia possibile individuare facilmente un mercato attivo; tali modelli e tecniche di valutazione devono assicurare una ragionevole approssimazione al valore di mercato (11).

[V] Il fair value non è determinato se l'applicazione dei criteri indicati al quarto comma non dà un risultato attendibile (11).

(1) V. nota al Capo V.

(2) L'art. 6 del d.lg. 18/8/2015, n. 139, ha inserito dopo le parole: "interna o presso terzi;" le parole: "le immobilizzazioni rappresentate da titoli sono rilevate in bilancio con il criterio del costo ammortizzato, ove applicabile". Le disposizioni del decreto entrano in vigore dal 1/1/2016 e si applicano ai bilanci relativi agli esercizi finanziari aventi inizio a partire da quella data.

(3) L'art. 6 del d.lg. n. 139/2015, cit. ha sostituito la parola: "; questo" con le parole: ". Il minor valore" e dopo le parole: "rettifica effettuata" ha aggiunto: "; questa disposizione non si applica a rettifiche di valore relative all'avviamento".

(4) L'art. 6 del d.lg. n. 139/2015, cit. ha inserito dopo le parole: "superiore al valore corrispondente del patrimonio netto" le parole: "riferito alla data di acquisizione o".

(5) L'art. 6 del d.lg. n. 139/2015, cit. ha sostituito il numero. Il testo recitava: «i costi di impianto e di ampliamento, i costi di ricerca, di sviluppo e di pubblicità aventi utilità pluriennale possono essere iscritti nell'attivo con il consenso, ove esistente, del collegio sindacale e devono essere ammortizzati entro un periodo non superiore a cinque anni. Fino a che l'ammortamento non è completato possono essere distribuiti dividendi solo se residuano riserve disponibili sufficienti a coprire l'ammontare dei costi non ammortizzati».

(6) L'art. 6 del d.lg. n. 139/2015, cit. ha sostituito le parole: "e deve essere ammortizzato entro un periodo di cinque anni. È tuttavia consentito ammortizzare sistematicamente l'avviamento in un periodo di durata superiore, purché esso non superi la durata per l'utilizzazione di questo attivo e ne sia data adeguata motivazione nella nota integrativa;" con le parole: ". L'ammortamento dell'avviamento è effettuato secondo la sua vita utile; nei casi eccezionali in cui non è possibile stimarne attendibilmente la vita utile, è ammortizzato entro un periodo non superiore a dieci anni. Nella nota integrativa è fornita una spiegazione del periodo di ammortamento dell'avviamento;".

(7) L'art. 6 del d.lg. n. 139/2015, cit. ha sostituito il numero. Il testo precedente recitava: «il disaggio su prestiti deve essere iscritto nell'attivo e ammortizzato in ogni esercizio per il periodo di durata del prestito».

(8) L'art. 6 del d.lg. n. 139/2015, cit. ha sostituito il numero. Il testo precedente recitava: «i crediti devono essere iscritti secondo il valore presumibile di realizzazione».

(9) L'art. 6 del d.lg. n. 139/2015, cit. ha sostituito il numero. Il testo precedente recitava: «le attività e le passività in valuta, ad eccezione delle immobilizzazioni, devono essere iscritte al tasso di cambio a pronti alla data di chiusura dell'esercizio ed i relativi utili e perdite su cambi devono essere imputati al conto economico e l'eventuale utile netto deve essere accantonato in apposita riserva non distribuibile fino al realizzo. Le immobilizzazioni materiali, immateriali e quelle finanziarie, costituite da partecipazioni, rilevate al costo (2) in valuta devono essere iscritte al tasso di cambio al momento del loro acquisto o a quello inferiore alla data di chiusura dell'esercizio se la riduzione debba giudicarsi durevole». Il numero era già stato modificato dall'art. 17 del d.lg. 28/12/2004, n. 310.

(10) L'art. 6 del d.lg. n. 139/2015, cit. ha inserito il numero.

* Numero abrogato dall'art. 6 del d.lg. n. 139/2015, cit. Il testo recitava: «le attrezzature industriali e commerciali, le materie prime, sussidiarie e di consumo, possono essere iscritte nell'attivo ad un valore costante qualora siano costantemente rinnovate, e complessivamente di scarsa importanza in rapporto all'attivo di bilancio, sempreché non si abbiano variazioni sensibili nella loro entità, valore e composizione».

(11) Comma inserito dall'art. 6 del d.lg. n. 139/2015, cit.

2427. Contenuto della nota integrativa (1). – [I]. La nota integrativa deve indicare, oltre a quanto stabilito da altre disposizioni:

1) i criteri applicati nella valutazione delle voci del bilancio, nelle rettifiche di valore e nella conversione dei valori non espressi all'origine in moneta avente corso legale nello Stato;

2) i movimenti delle immobilizzazioni, specificando per ciascuna voce: il costo; le precedenti rivalutazioni, ammortamenti e svalutazioni; le acquisizioni, gli spostamenti da una ad altra voce, le alienazioni avvenuti nell'esercizio; le rivalutazioni, gli ammortamenti e le svalutazioni effettuati nell'esercizio; il totale delle rivalutazioni riguardanti le immobilizzazioni esistenti alla chiusura dell'esercizio;

3) la composizione delle voci: "costi di impianto e di ampliamento" e costi di sviluppo (2), nonché le ragioni della iscrizione ed i rispettivi criteri di ammortamento;

3-bis) la misura e le motivazioni delle riduzioni di valore applicate alle immobilizzazioni materiali e (3) immateriali (4), facendo a tal fine esplicito riferimento al loro concorso alla futura produzione di risultati economici, alla loro prevedibile durata utile e, per quanto rilevante (5), al loro valore di mercato, segnalando altresì le differenze rispetto a quelle operate negli esercizi precedenti ed evidenziando la loro influenza sui risultati economici dell'esercizio (6);

4) le variazioni intervenute nella consistenza delle altre voci dell'attivo e del passivo; in particolare, per le voci del patrimonio netto, per i fondi e per il trattamento di fine rapporto, la formazione e le utilizzazioni;

5) l'elenco delle partecipazioni, possedute direttamente o per tramite di società fiduciaria o per interposta persona, in imprese controllate e collegate, indicando per ciascuna la denominazione, la sede, il capitale, l'importo del patrimonio netto, l'utile o la perdita dell'ultimo esercizio, la quota posseduta e il valore attribuito in bilancio o il corrispondente credito;

6) distintamente per ciascuna voce, l'ammontare dei crediti e dei debiti di durata residua superiore a cinque anni, e dei debiti assistiti da garanzie reali su beni sociali, con specifica indicazione della natura delle garanzie e con specifica ripartizione secondo le aree geografiche;

CODICE CIVILE

6-bis) eventuali effetti significativi delle variazioni nei cambi valutari verificatesi successivamente alla chiusura dell'esercizio;

6-ter) distintamente per ciascuna voce, l'ammontare dei crediti e dei debiti relativi ad operazioni che prevedono l'obbligo per l'acquirente di retrocessione a termine;

7) la composizione delle voci "ratei e risconti attivi" e "ratei e risconti passivi" e della voce "altri fondi" dello stato patrimoniale (7), nonché la composizione della voce "altre riserve";

7-bis) le voci di patrimonio netto devono essere analiticamente indicate, con specificazione in appositi prospetti della loro origine, possibilità di utilizzazione e distribuibilità, nonché della loro avvenuta utilizzazione nei precedenti esercizi;

8) l'ammontare degli oneri finanziari imputati nell'esercizio ai valori iscritti nell'attivo dello stato patrimoniale, distintamente per ogni voce;

9) l'importo complessivo degli impegni, delle garanzie e delle passività potenziali non risultanti dallo stato patrimoniale, con indicazione della natura delle garanzie reali prestate; gli impegni esistenti in materia di trattamento di quiescenza e simili, nonché gli impegni assunti nei confronti di imprese controllate, collegate, nonché controllanti e imprese sottoposte al controllo di quest'ultime sono distintamente indicati (8);

10) la ripartizione dei ricavi delle vendite e delle prestazioni secondo categorie di attività e secondo aree geografiche (9);

11) l'ammontare dei proventi da partecipazioni, indicati nell'articolo 2425, numero 15), diversi dai dividendi;

12) la suddivisione degli interessi ed altri oneri finanziari, indicati nell'articolo 2425, n. 17), relativi a prestiti obbligazionari, a debiti verso banche, e altri;

13) l'importo e la natura dei singoli elementi di ricavo o di costo di entità o incidenza eccezionali (10);

14) un apposito prospetto contenente:

a) la descrizione delle differenze temporanee che hanno comportato la rilevazione di imposte differite e anticipate, specificando l'aliquota applicata e le variazioni rispetto all'esercizio precedente, gli importi accreditati o addebitati a conto economico oppure a patrimonio netto, le voci escluse dal computo e le relative motivazioni;

b) l'ammontare delle imposte anticipate contabilizzato in bilancio attinenti a perdite dell'esercizio o di esercizi precedenti e le motivazioni dell'iscrizione, l'ammontare non ancora contabilizzato e le motivazioni della mancata iscrizione;

15) il numero medio dei dipendenti, ripartito per categoria;

16) l'ammontare dei compensi, delle anticipazioni e dei crediti concessi agli spettanti agli amministratori ed ai sindaci, cumulativamente per ciascuna categoria, precisando il tasso d'interesse, le principali condizioni e gli importi eventualmente rimborsati, cancellati o oggetto di rinuncia, nonché gli impegni assunti per loro conto per effetto di garanzie di qualsiasi tipo prestate, precisando il totale per ciascuna categoria (11);

16-bis) salvo che la società sia inclusa in un ambito di consolidamento e le informazioni siano contenute nella nota integrativa del relativo bilancio consolidato, l'importo totale dei corrispettivi spettanti al revisore legale o alla società di revisione legale per la revisione legale dei conti annuali, l'importo totale dei corrispettivi di competenza per gli altri servizi di verifica svolti, l'importo totale dei corrispettivi di competenza per i servizi di consulenza fiscale e l'importo totale dei corrispettivi di competenza per altri servizi diversi dalla revisione contabile (12);

17) il numero e il valore nominale di ciascuna categoria di azioni della società e il numero e il valore nominale delle nuove azioni della società sottoscritte durante l'esercizio;

18) le azioni di godimento, le obbligazioni convertibili in azioni, i warrants, le opzioni e i titoli o valori simili emessi dalla società, specificando il loro numero e i diritti che essi attribuiscono (13);

19) il numero e le caratteristiche degli altri strumenti finanziari emessi dalla società, con l'indicazione dei diritti patrimoniali e partecipativi che conferiscono e delle principali caratteristiche delle operazioni relative;

19-bis) i finanziamenti effettuati dai soci alla società, ripartiti per scadenze e con la separata indicazione di quelli con clausola di postergazione rispetto agli altri creditori;

20) i dati richiesti dal terzo comma dell'articolo 2447-septies con riferimento ai patrimoni destinati ad uno specifico affare ai sensi della lettera a) del primo comma dell'articolo 2447-bis;

21) i dati richiesti dall'articolo 2447-decies, ottavo comma;

22) le operazioni di locazione finanziaria che comportano il trasferimento al locatario della parte prevalente dei rischi e dei benefici inerenti ai beni che ne costituiscono oggetto, sulla base di un apposito prospetto dal quale risulti il valore attuale delle rate di canone non scadute quale determinato utilizzando tassi di interesse pari all'onere finanziario effettivo inerenti i singoli contratti, l'onere finanziario effettivo attribuibile ad essi e riferibile all'esercizio, l'ammontare complessivo al quale i beni oggetto di locazione sarebbero stati iscritti alla data di chiusura dell'esercizio qualora fossero stati considerati immobilizzazioni, con separata indicazione di ammortamenti, rettifiche e riprese di valore che sarebbero stati inerenti all'esercizio;

22-bis) le operazioni realizzate con parti correlate, precisando l'importo, la natura del rapporto e ogni altra informazione necessaria per la comprensione del bilancio relativa a tali operazioni, qualora le stesse non siano state concluse a normali condizioni di mercato. Le informazioni relative alle singole operazioni possono essere aggregate secondo la loro natura, salvo quando la loro separata evidenziazione sia necessaria per comprendere gli effetti delle operazioni medesime sulla situazione patrimoniale e finanziaria e sul risultato economico della società (14) (15);

22-ter) la natura e l'obiettivo economico di accordi non risultanti dallo stato patrimoniale, con indicazione del loro effetto patrimoniale, finanziario ed economico, a condizione che i rischi e i benefici da essi derivanti siano significativi e l'indicazione degli stessi sia necessaria per valutare la situazione patrimoniale e finanziaria e il risultato economico della società (14);

22-quater) la natura e l'effetto patrimoniale, finanziario ed economico dei fatti di rilievo avvenuti dopo la chiusura dell'esercizio (16);

22-quinquies) il nome e la sede legale dell'impresa che redige il bilancio consolidato dell'insieme più grande di imprese di cui l'impresa fa parte in quanto impresa controllata, nonché il luogo in cui è disponibile la copia del bilancio consolidato (16);

22-sexies) il nome e la sede legale dell'impresa che redige il bilancio consolidato dell'insieme più piccolo di imprese di cui l'impresa fa parte in quanto impresa controllata nonché il luogo in cui è disponibile la copia del bilancio consolidato (16);

22-septies) la proposta di destinazione degli utili o di copertura delle perdite (16).

[II] Le informazioni in nota integrativa relative alle voci dello stato patrimoniale e del conto economico sono presentate secondo l'ordine in cui le relative voci sono indicate nello stato patrimoniale e nel conto economico (17).

(1) V. nota al Capo V.

(2) L'art. 6 del d.lg. 18/8/2015, n. 139, ha sostituito le parole: ": 'costi di ricerca, di sviluppo e di pubblicità'" con le parole: "costi di sviluppo". Le disposizioni del decreto entrano in vigore dal 1/1/2016 e si applicano ai bilanci relativi agli esercizi finanziari aventi inizio a partire da quella data.

(3) Le parole "materiali e" sono state inserite dall'art. 18, co. 1a), d.lg. 28/12/2004, n. 310.

(4) Le parole "di durata indeterminata" che figuravano dopo la parola "immateriali" sono state soppresse dall'art. 18, co. 1b), d.lg. n. 310, cit.

(5) La parola "rilevante" è stata sostituita alla parola "determinabile" dall'art. 18, co. 1c), d.lg. n. 310, cit.

(6) Le parole "e sugli indicatori di redditività di cui sia stata data comunicazione" che figuravano dopo la parola "esercizio" sono state soppresse dall'art. 18, co. 1d), d.lg. n. 310, cit.

(7) L'art. 6 del d.lg. n. 139/2015, cit. ha soppresso, dopo le parole: "stato patrimoniale", le parole: ", quando il loro ammontare sia apprezzabile".

(8) L'art. 6 del d.lg. n. 139/2015, cit. ha sostituito il n. 9). Il testo precedente recitava: «gli impegni non risultanti dallo stato patrimoniale; le notizie sulla composizione e natura di tali impegni e dei conti d'ordine, la cui conoscenza sia utile per valutare la situazione patrimoniale e finanziaria della società, specificando quelli relativi a imprese controllate, collegate, controllanti e a imprese sottoposte al controllo di queste ultime».

(9) L'art. 6 del d.lg. n. 139/2015, cit. ha soppresso le parole: "se significativa,".

(10) L'art. 6 del d.lg. n. 139/2015, cit., ha sostituito il numero. Il testo precedente recitava: «la composizione delle voci: "proventi straordinari" e: "oneri straordinari" del conto economico, quando il loro ammontare sia apprezzabile».

(11) L'art. 6 del d.lg. n. 139/2015, cit. ha inserito, dopo le parole: "l'ammontare dei compensi", le parole: ", delle anticipazioni e dei crediti concessi agli" e dopo le parole: "ciascuna categoria" sono inserite le seguenti: ", precisando il tasso d'interesse, le principali condizioni e gli importi eventualmente rimborsati, cancellati o oggetto di rinuncia, nonché gli impegni assunti per loro conto per effetto di garanzie di qualsiasi tipo prestate, precisando il totale per ciascuna categoria".

(12) Numero aggiunto dall'art. 37, co. 16, d.lg. 27/1/2010, n. 39.

(13) L'art. 6 del d.lg. n. 139/2015, cit. ha inserito, dopo le parole: "obbligazioni convertibili in azioni" le parole: ", i warrants, le opzioni".

(14) Numero aggiunto dall'art. 1 del d.lg. 3/11/2008, n. 173.

(15) L'art. 6 del d.lg. n. 139/2015, cit. ha soppresso, dopo le parole: "qualora le stesse", le parole: "siano rilevanti e".

(16) Numero aggiunto dall'art. 6 del d.lg. n. 139/2015, cit.

(17) Comma aggiunto dall'art. 1 del d.lg. 3/11/2008, n. 173 e poi sostituito dall'art. 6 del d.lg. n. 139/2015, cit. Il testo recitava: «Ai fini dell'applicazione del primo comma, numeri 22-bis) e 22-ter), e degli articoli 2427-bis e 2428, terzo comma, numero 6-bis), per le definizioni di "strumento finanziario", "strumento finanziario derivato", "fair value", "parte correlata" e "modello e tecnica di valutazione generalmente accettato" si fa riferimento ai principi contabili internazionali adottati dall'Unione europea».

2427 bis. Informazioni relative al valore equo "fair value" degli strumenti finanziari (1). – 1. Nella nota integrativa sono indicati:

1) per ciascuna categoria di strumenti finanziari derivati:

a) il loro fair value;

b) informazioni sulla loro entità e sulla loro natura, compresi i termini e le condizioni significative che possono influenzare l'importo, le scadenze e la certezza dei flussi finanziari futuri (2);

b-bis) gli assunti fondamentali su cui si basano i modelli e le tecniche di valutazione, qualora il fair value non sia stato determinato sulla base di evidenze di mercato (2);

b-ter) le variazioni di valore iscritte direttamente nel conto economico, nonché quelle imputate alle riserve di patrimonio netto (2);

b-quater) una tabella che indichi i movimenti delle riserve di fair value avvenuti nell'esercizio.

2) per le immobilizzazioni finanziarie iscritte a un valore superiore al loro fair value, con esclusione delle partecipazioni in società controllate e collegate ai sensi dell'articolo 2359 e delle partecipazioni in joint venture:

a) il valore contabile e il fair value delle singole attività, o di appropriati raggruppamenti di tali attività;

b) i motivi per i quali il valore contabile non è stato ridotto, inclusa la natura degli elementi sostanziali sui quali si basa il convincimento che tale valore possa essere recuperato.

*2.**.

*3.**.

*4.**.

*5.**.

(1) Articolo inserito dall'art. 1 del d.lg. 30/12/2003, n. 394, con decorrenza dal 1/1/2005. Successivamente l'art. 6 del d.lg. 18/8/2015, n. 139 ha modificato la rubrica sostituendo alle parole: "valore equo «fair value»" le parole: "fair value". Le disposizioni del d.lg. n. 139/2015, entrano in vigore dal 1/1/2016 e si applicano ai bilanci relativi agli esercizi finanziari aventi inizio a partire da quella data.

(2) L'art. 6 del d.lg. n. 139/2015, cit. ha inserito, dopo le parole: "b) informazioni sulla loro entità e sulla loro natura" le parole: ", compresi i termini e le condizioni significative che possono influenzare l'importo, le scadenze e la certezza dei flussi finanziari futuri; b-bis) gli assunti fondamentali su cui si basano i modelli e le tecniche di valutazione, qualora il fair value non sia stato determinato sulla base di evidenze di mercato; b-ter) le variazioni di valore iscritte direttamente nel conto economico, nonché quelle imputate alle riserve di patrimonio netto; b-quater) una tabella che indichi i movimenti delle riserve di fair value avvenuti nell'esercizio".

* Il secondo, terzo e quarto comma sono stati abrogati dall'art. 6 del d.lg. n. 139/2015, cit. Il quinto era stato abrogato dall'art. 1 del d.lg. 3/11/2008, n. 173. Il testo recitava: «2. Ai fini dell'applicazione delle disposizioni del comma 1, sono considerati strumenti finanziari derivati anche quelli collegati a merci che conferiscono all'una o all'altra parte contraente il diritto di procedere alla liquidazione del contratto per contanti o mediante altri strumenti finanziari, ad eccezione del caso in cui si verifichino contemporaneamente le seguenti condizioni: a) il contratto sia stato concluso e sia mantenuto per soddisfare le esigenze previste dalla società che redige il bilancio di acquisto, di vendita o di utilizzo delle merci; b) il contratto sia stato destinato a tale scopo fin dalla sua conclusione; c) si prevede che il contratto sia eseguito mediante consegna della merce. 3. Il fair value è determinato con riferimento: a) al valore di mercato, per gli strumenti finanziari per i quali è possibile individuare facilmente un mercato attivo; qualora il valore di mercato non sia facilmente individuabile per uno strumento, ma possa essere individuato per i suoi componenti o per uno strumento analogo, il valore di mercato può essere derivato da quello dei componenti o dello strumento analogo; b) al valore che risulta da modelli e tecniche di valutazione generalmente accettati, per gli strumenti per i quali non sia possibile individuare facilmente un mercato attivo; tali modelli e tecniche di valutazione devono assicurare una ragionevole approssimazione al valore di mercato. 4. Il fair value non è determinato se l'applicazione dei criteri indicati al comma precedente non dà un risultato attendibile. 5. Ai fini dell'applicazione del presente articolo e dell'articolo 2428, comma 2, numero 6-bis) per la definizione di strumento finanziario, di strumento finanziario derivato, di fair value e di modello e tecnica di valutazione generalmente accettato, si fa riferimento ai principi contabili riconosciuti in ambito internazionale e compatibili con la disciplina in materia dell'Unione europea».

2428. Relazione sulla gestione (1). – [I] Il bilancio deve essere corredato da una relazione degli amministratori contenente un'analisi fedele, equilibrata ed esauriente della situazione della società e dell'andamento e del risultato della gestione (2), nel suo complesso e nei vari settori in cui essa ha operato, anche attraverso imprese controllate, con particolare riguardo ai costi, ai ricavi e agli investimenti, nonché una descrizione dei principali rischi e incertezze cui la società è esposta (3).

[II] L'analisi di cui al primo comma è coerente con l'entità e la complessità degli affari della società e contiene, nella misura necessaria alla comprensione della situazione della società e dell'andamento e del risultato della sua gestione, gli indicatori di risultato finanziari e, se del caso, quelli non finanziari pertinenti all'attività specifica della società, comprese le informazioni attinenti all'ambiente e al personale. L'analisi contiene, ove opportuno, riferimenti agli importi riportati nel bilancio e chiarimenti aggiuntivi su di essi (4).

[III] Dalla relazione devono in ogni caso risultare:

1) le attività di ricerca e di sviluppo;

2) i rapporti con imprese controllate, collegate, controllanti e imprese sottoposte al controllo di queste ultime;

3) il numero e il valore nominale sia delle azioni proprie sia delle azioni o quote di società controllanti possedute dalla società, anche per tramite di società fiduciaria o per interposta persona, con l'indicazione della parte di capitale corrispondente;

4) il numero e il valore nominale sia delle azioni proprie sia delle azioni o quote di società controllanti acquistate o alienate dalla società, nel corso dell'esercizio, anche per tramite di società fiduciaria o per interposta persona, con l'indicazione della corrispondente parte di capitale, dei corrispettivi e dei motivi degli acquisti e delle alienazioni;

*5) **;

6) l'evoluzione prevedibile della gestione;

6-bis) in relazione all'uso da parte della società di strumenti finanziari e se rilevanti per la valutazione della situazione patrimoniale e finanziaria e del risultato economico dell'esercizio:

a) gli obiettivi e le politiche della società in materia di gestione del rischio finanziario, compresa la politica di copertura per ciascuna principale categoria di operazioni previste;

b) l'esposizione della società al rischio di prezzo, al rischio di credito, al rischio di liquidità e al rischio di variazione dei flussi finanziari (5).

[IV]. Dalla relazione deve inoltre risultare l'elenco delle sedi secondarie della società.

(1) V. nota al Capo V.

(2) Le parole "contenente un'analisi fedele, equilibrata ed esauriente della situazione della società e dell'andamento e del risultato della gestione" sono state sostituite alle parole "sulla situazione della società e sull'andamento della gestione" dall'art. 1, co. 1, lett. a), d.lg. 2/2/2007, n. 32. Ai sensi dell'art. 5 del medesimo decreto le presenti disposizioni si applicano ai bilanci relativi agli esercizi aventi inizio dalla data successiva a quella della sua entrata in vigore [12/4/2007].

(3) Le parole ", nonché una descrizione dei principali rischi e incertezze cui la società è esposta" sono state aggiunte dall'art. 1, co. 1, lett. b), d.lg. n. 32, cit., con decorrenza indicata sub nt. 2.

(4) Comma inserito dall'art. 1, co. 1, lett. c), d.lg. n. 32, cit., con decorrenza indicata sub nt. 2.

* L'art. 6 del d.lg. 18/8/2015, n. 139, ha soppresso il numero. Il testo recitava: "5) i fatti di rilievo avvenuti dopo la chiusura dell'esercizio;". Le disposizioni del decreto entrano in vigore dal 1/1/2016 e si applicano ai bilanci relativi agli esercizi finanziari aventi inizio a partire da quella data.

(5) Numero aggiunto dall'art. 3 del d.lg. 30/12/2003, n. 394, con decorrenza dal 1/1/2005.

• Seguiva un comma abrogato dall'art. 2, co. 1, d.lg. 6/11/2007, n. 195. Il testo del comma, come sostituito dall'art. 1 del d.lg. 17/1/2003, n. 6 e rettificato con Errata-corrige in G.U. 4/7/2003, n. 153, era il seguente: «Entro tre mesi dalla fine del primo semestre dell'esercizio gli amministratori delle società con azioni quotate in mercati regolamentati devono trasmettere al collegio sindacale una relazione sull'andamento della gestione, redatta secondo i criteri stabiliti dalla Commissione nazionale per le società e la borsa con regolamento pubblicato nella Gazzetta Ufficiale della Repubblica italiana. La relazione deve essere pubblicata nei modi e nei termini stabiliti dalla Commissione stessa con il regolamento anzidetto».

2429. Relazione dei sindaci e deposito del bilancio (1). – [I] Il bilancio deve essere comunicato dagli amministratori al collegio sindacale e al soggetto incaricato della revisione legale dei conti (2), con la relazione, almeno trenta giorni prima di quello fissato per l'assemblea che deve discuterlo.

[II] Il collegio sindacale deve riferire all'assemblea sui risultati dell'esercizio sociale e sull'attività svolta nell'adempimento dei propri doveri, e fare le osservazioni e le proposte in ordine al bilancio e alla sua approvazione, con particolare riferimento all'esercizio della deroga di cui all'articolo 2423, quarto comma (3).

[III] Il bilancio, con le copie integrali dell'ultimo bilancio delle società controllate e un prospetto riepilogativo dei dati essenziali dell'ultimo bilancio delle società collegate, deve restare depositato in copia nella sede della società, insieme con le relazioni degli amministratori, dei sindaci e del soggetto incaricato della revisione legale dei conti (4), durante i quindici giorni che precedono l'assemblea, e finché sia approvato. I soci possono prenderne visione.

[IV] Il deposito delle copie dell'ultimo bilancio delle società controllate prescritto dal comma precedente può essere sostituito, per quelle incluse nel consolidamento, dal deposito di un prospetto riepilogativo dei dati essenziali dell'ultimo bilancio delle medesime [2478-bis[1]].

(1) V. nota al Capo V.

(2) L'art. 37, co. 17, d.lg. 27/1/2010, n. 39, ha inserito dopo le parole: "al collegio sindacale" le parole: "e al soggetto incaricato della revisione legale dei conti".

(3) L'art. 37, co. 17, d.lg. 27/1/2010, n. 39 ha soppresso il secondo periodo del comma che recitava: «Il collegio sindacale, se esercita il controllo contabile, redige anche la relazione prevista dall'articolo 2409-ter». Tale periodo, ai sensi dell'art. 2, co. 2, d.lg. 2/2/2007, n. 32, aveva sostituito il precedente che recitava: «Analoga relazione è predisposta dal soggetto incaricato del controllo contabile».

(4) Le parole "del controllo contabile" sono state sostituite dalle parole "della revisione legale dei conti" dall'art. 37, co. 17, d.lg. 27/1/2010, n. 39.

2430. Riserva legale (1). – [I] Dagli utili netti annuali deve essere dedotta una somma corrispondente almeno alla ventesima parte di essi per costituire una riserva, fino a che questa non abbia raggiunto il quinto del capitale sociale.

[II] La riserva deve essere reintegrata a norma del comma precedente se viene diminuita per qualsiasi ragione.

[III] Sono salve le disposizioni delle leggi speciali [2478-bis[1], 2463[5]].

(1) V. nota al Capo V.

2431. Soprapprezzo delle azioni (1). – [I] Le somme percepite dalla società per l'emissione di azioni ad un prezzo superiore al loro valore nominale, ivi comprese quelle derivate dalla conversione di obbligazioni, non possono essere distribuite fino a che la riserva legale non abbia raggiunto il limite stabilito dall'articolo 2430 [2478-bis[1]].

(1) V. nota al Capo V.

2432. Partecipazione agli utili (1). – [I] Le partecipazioni agli utili eventualmente spettanti ai promotori, ai soci fondatori e agli amministratori [2340, 2341, 2389[2]] sono computate sugli utili netti risultanti dal bilancio, fatta deduzione della quota di riserva legale.

(1) V. nota al Capo V.

2433. Distribuzione degli utili ai soci. – [I] La deliberazione sulla distribuzione degli utili [2262, 2350] è adottata dall'assemblea che approva il bilancio [2364] ovvero, qualora il bilancio sia approvato dal consiglio di sorveglianza, dall'assemblea convocata a norma dell'articolo 2364-bis, secondo comma.

[II] Non possono essere pagati dividendi sulle azioni, se non per utili realmente conseguiti e risultanti dal bilancio regolarmente approvato.

[III] Se si verifica una perdita del capitale sociale, non può farsi luogo a ripartizione di utili fino a che il capitale non sia reintegrato o ridotto in misura corrispondente [2446, 2447, 2482-bis, 2482-ter].

[IV] I dividendi erogati in violazione delle disposizioni del presente articolo non sono ripetibili, se i soci li hanno riscossi in buona fede in base a bilancio regolarmente approvato, da cui risultano utili netti corrispondenti [2321, 2478].

2433 bis. Acconti sui dividendi – [I] La distribuzione di acconti sui dividendi è consentita solo alle società il cui bilancio è assoggettato per legge a revisione legale dei conti, secondo il regime previsto dalle leggi speciali per gli enti di interesse pubblico [2627] (1).

[II] La distribuzione di acconti sui dividendi deve essere prevista dallo statuto ed è deliberata dagli amministratori dopo il rilascio da parte del soggetto incaricato di effettuare la revisione legale dei conti (2) di un giudizio positivo [2464] sul bilancio dell'esercizio precedente e la sua approvazione.

[III] Non è consentita la distribuzione di acconti sui dividendi quando dall'ultimo bilancio approvato risultino perdite relative all'esercizio o a esercizi precedenti.

[IV] L'ammontare degli acconti sui dividendi non può superare la minor somma tra l'importo degli utili conseguiti dalla chiusura dell'esercizio precedente, diminuito delle quote che dovranno essere destinate a riserva per obbligo legale o statutario, e quello delle riserve disponibili.

[V] Gli amministratori deliberano la distribuzione di acconti sui dividendi sulla base di un prospetto contabile e di una relazione, dai quali risulti che la situazione patrimoniale, economica e finanziaria della società consente la distribuzione stessa. Su tali documenti deve essere acquisito il parere del soggetto incaricato della revisione legale dei conti (3).

[VI] Il prospetto contabile, la relazione degli amministratori e il parere del soggetto incaricato della revisione legale dei conti (3) debbono restare depositati in copia nella sede della società fino all'approvazione del bilancio dell'esercizio in corso. I soci possono prenderne visione.

[VII] Ancorché sia successivamente accertata l'inesistenza degli utili di periodo risultanti dal prospetto, gli acconti sui dividendi erogati in conformità con le altre disposizioni del presente articolo non sono ripetibili se i soci li hanno riscossi in buona fede.

(1) Le parole "al controllo da parte di società di revisione iscritte all'albo speciale" sono state sostituite dalle parole "a revisione legale dei conti, secondo il regime previsto dalle leggi speciali per gli enti di interesse pubblico" dall'art. 37, co. 18, d.lg. 27/1/2010, n. 39.

(2) Le parole "della società di revisione" sono state sostituite dalle parole "del soggetto incaricato di effettuare la revisione legale dei conti" dall'art. 37 del d.lg. 27/1/2010, n. 39.

(3) Le parole "del controllo contabile" sono state sostituite dalle parole "della revisione legale dei conti" dall'art. 37, co. 18, d.lg. 27/1/2010, n. 39.

2434. Azione di responsabilità. – [I] L'approvazione del bilancio non implica liberazione degli amministratori [2392], dei direttori generali [2396], dei dirigenti preposti alla redazione dei documenti contabili societari (1) e dei sindaci [2407] per le responsabilità incorse nella gestione sociale [2364, 2393, 2393-bis].

(1) Le parole "dei dirigenti preposti alla redazione dei documenti contabili societari" sono state inserite dall'art. 15, co. 1, lett. a), l. 28/12/2005, n. 262.

2434 bis. Invalidità della deliberazione di approvazione del bilancio. – [I] Le azioni previste dagli articoli 2377 e 2379 non possono essere proposte nei confronti delle deliberazioni di approvazione del bilancio dopo che è avvenuta l'approvazione del bilancio dell'esercizio successivo.

[II] La legittimazione ad impugnare la deliberazione di approvazione del bilancio su cui il soggetto incaricato di effettuare la revisione legale dei conti ha emesso un giudizio privo di rilievi (1) spetta a tanti soci che rappresentino almeno il cinque per cento del capitale sociale.

[III] Il bilancio dell'esercizio nel corso del quale viene dichiarata l'invalidità di cui al comma precedente tiene conto delle ragioni di questa.

(1) Le parole "il revisore non ha formulato rilievi" sono state sostituite dalle parole "il soggetto incaricato di effettuare la revisione legale dei conti ha emesso un giudizio privo di rilievi" dall'art. 37, co. 19, d.lg. 27/1/2010, n. 39.

2435. Pubblicazione del bilancio e dell'elenco dei soci e dei titolari di diritti su azioni. – [I] Entro trenta giorni dall'approvazione una copia del bilancio, corredata dalle relazioni previste dagli articoli 2428 e 2429 e dal verbale di approvazione dell'assemblea [2364] o del consiglio di sorveglianza [2409-terdecies], deve essere, a cura degli amministratori [2630], depositata presso l'ufficio del registro delle imprese o spedita al medesimo ufficio a mezzo di lettera raccomandata.

[II] Entro trenta giorni dall'approvazione del bilancio le società non aventi azioni quotate in mercati regolamentati sono tenute altresì a depositare per l'iscrizione nel registro delle imprese l'elenco dei soci riferito alla data di approvazione del bilancio, con l'indicazione del numero delle azioni possedute, nonché dei soggetti diversi dai soci che sono titolari di diritti o beneficiari di vincoli sulle azioni medesime. L'elenco deve essere corredato dall'indicazione analitica delle annotazioni effettuate nel libro dei soci a partire dalla data di approvazione del bilancio dell'esercizio precedente.

2435 bis. Bilancio in forma abbreviata (1). – [I] Le società, che non abbiano emesso titoli negoziati in mercati regolamentati (2), possono redigere il bilancio in forma abbreviata quando, nel primo esercizio o, successivamente, per due esercizi consecutivi, non abbiano superato due dei seguenti limiti:

1) totale dell'attivo dello stato patrimoniale: 4.400.000 euro (3);

2) ricavi delle vendite e delle prestazioni: 8.800.000 euro (4);

3) dipendenti occupati in media durante l'esercizio: 50 unità.

[II] Nel bilancio in forma abbreviata lo stato patrimoniale comprende solo le voci contrassegnate nell'articolo 2424 con lettere maiuscole e con numeri romani; le voci A e D dell'attivo possono essere comprese nella voce CII; la voce E del passivo può essere compresa nella voce D; nelle voci CII dell'attivo e D del passivo devono essere separatamente indicati i crediti e i debiti esigibili oltre l'esercizio successivo. Le società che redigono il bilancio in forma abbreviata sono esonerate dalla redazione del rendiconto finanziario (5).

[III] Nel conto economico del bilancio in forma abbreviata le seguenti voci previste dall'articolo 2425 possono essere tra loro raggruppate:

voci A2 e A3
voci B9(c), B9(d), B9(e)
voci B10(a), B10(b), B10(c)
voci C16(b) e C16(c)
voci D18(a), D18(b), D18(c), D18(d)
voci D19(a), D19(b), D19(c), , D19(d) (6).
[...] (7).

[IV] Fermo restando le indicazioni richieste dal terzo, quarto e quinto comma dell'articolo 2423, dal secondo, quinto e sesto comma dell'articolo 2423-ter, dal secondo comma dell'articolo 2424, dal primo comma, numeri 4) e 6), dell'articolo 2426, la nota integrativa fornisce le indicazioni richieste dal primo comma dell'articolo 2427, numeri 1), 2), 6), per quest'ultimo limitatamente ai soli debiti senza indicazione della ripartizione geografica, 8), 9), 13), 15), per quest'ultimo anche omettendo la ripartizione per categoria, 16), 22-bis), 22-ter), per quest'ultimo anche omettendo le indicazioni riguardanti gli effetti patrimoniali, finanziari ed economici, 22-quater), 22-sexies), per quest'ultimo anche omettendo l'indicazione del luogo in cui è disponibile la copia del bilancio consolidato, nonché dal primo comma dell'articolo 2427-bis, numero 1) (8).

[V] Le società possono limitare l'informativa richiesta ai sensi dell'articolo 2427, primo comma, numero 22-bis, alle operazioni realizzate direttamente o indirettamente con i loro maggiori azionisti ed a quelle con i membri degli organi di amministrazione e controllo, nonché con le imprese in cui la società stessa detiene una partecipazione (9).

[VI] Qualora le società indicate nel primo comma forniscano nella nota integrativa le informazioni richieste dai numeri 3) e 4) dell'articolo 2428, esse sono esonerate dalla redazione della relazione sulla gestione.

[VII] Le società che redigono il bilancio in forma abbreviata, in deroga a quanto disposto dall'articolo 2426, hanno la facoltà di iscrivere i titoli al costo di acquisto, i crediti al valore di presumibile realizzo e i debiti al valore nominale (10).

[VIII] Le società che a norma del presente articolo redigono il bilancio in forma abbreviata devono redigerlo in forma ordinaria quando per il secondo esercizio consecutivo abbiano superato due dei limiti indicati nel primo comma.

(1) V. nota al Capo V.

(2) V. Avviso di rettifica in G.U. 4/7/2003, n. 153.

(3) Le parole "3.650.000 euro" sono state sostituite alle parole "3.125.000 euro" e le parole "7.300.000 euro" sono state sostituite alle parole "6.250.000 euro" dall'art. 11 del d.lg. 7/11/2006, n. 285. Successivamente l'art. 1 d.lg. 3 novembre 2008 n. 173 ha sostituito le parole "4.400.000 euro" alle parole «3.65.000 euro» e le parole "8.800.000 euro" alle parole "7.300.000 euro".

(4) Le parole «3.650.000 euro" sono state sostituite alle parole "3.125.000 euro" e le parole "7.300.000 euro" sono state sostituite alle parole "6.250.000 euro" dall'art. 11 del d.lg. 7/11/2006, n. 285. Successivamente l'art. 1 del d.lg. 3/11/2008, n. 173 ha sostituito le parole "4.400.000 euro" alle parole "3.65.000 euro" e le parole "8.800.000 euro" alle parole "7.300.000 euro".

(5) L'art. 6, d.lg. 18/8/2015, n. 139, ha soppresso le parole: "dalle voci BI e BII dell'attivo devono essere detratti in forma esplicita gli ammortamenti e le svalutazioni;" sono soppresse e dopo le parole: "esigibili oltre l'esercizio successivo." ha aggiunto le parole: "Le società che redigono il bilancio in forma abbreviata sono esonerate dalla redazione del rendiconto finanziario". Le disposizioni del decreto entrano in vigore dal 1/1/2016 e si applicano ai bilanci relativi agli esercizi finanziari aventi inizio a partire da quella data.

(6) L'art. 6 del d.lg. n. 139/2015, cit., ha inserito, dopo le parole: "voci D18(a), D18(b), D18(c)", le parole: ", D18(d)" e dopo le parole: "voci D19(a), D19(b), D19(c)" sono inserite le seguenti: ", D19(d)".

(7) Seguiva un comma, abrogato dall'art. 6 del d.lg. n. 139/2015, cit. Il testo era il seguente: «Nel conto economico del bilancio in forma abbreviata nella voce E20 non è richiesta la separata indicazione delle plusvalenze e nella voce E21 non è richiesta la separata indicazione delle minusvalenze e delle imposte relative a esercizi precedenti».

(8) Le parole: ", quinto e sesto comma dell'articolo 2423-ter," sono state sostituite alle parole: "e quinto comma dell'articolo 2423-ter," dall'art. 24, co. 2, lett. c), l. 23/12/2021, n. 238. Il comma era stato precedentemente sostituito dall'art. 6 del d.lg. n. 139/2015, cit. Il testo previgente era il seguente: «Nella nota integrativa sono omesse le indicazioni richieste dal numero 10 dell'articolo 2426 e dai numeri 2), 3), 7), 9), 10), 12), 13), 14), 15), 16) e 17) dell'articolo 2427 e dal numero 1) del comma 1 dell'articolo 2427-bis; le indicazioni richieste dal numero 6) dell'articolo 2427 sono riferite all'importo globale dei debiti iscritti in bilancio». Tale testo era stato modificato dall'art. 2 d.lg. 30/12/2003, n. 394 che aveva inserito le parole: «e dal numero 1) del comma 1 dell'articolo 2427-bis».

(9) Comma aggiunto dall'art. 1 del d.lg. 3/11/2008 n. 173. L'art. 6 del d.lg. n. 139/2015, cit. ha sostituito alle parole "limitare alla natura e all'obiettivo economico le informazioni richieste ai sensi dell'articolo 2427, primo comma, numero 22-ter" con le parole: "con le imprese in cui la società stessa detiene una partecipazione".

(10) Comma inserito dall'art. 6 del d.lg. n. 139/2015.

2435 ter. Bilancio delle micro-imprese (1). – [I] Sono considerate micro-imprese le società di cui all'articolo 2435-bis che nel primo esercizio o, successivamente, per due esercizi consecutivi, non abbiano superato due dei seguenti limiti:

1) totale dell'attivo dello stato patrimoniale: 175.000 euro;

2) ricavi delle vendite e delle prestazioni: 350.000 euro;

3) dipendenti occupati in media durante l'esercizio: 5 unità.

[II] Fatte salve le norme del presente articolo, gli schemi di bilancio e i criteri di valutazione delle micro-imprese sono determinati secondo quanto disposto dall'articolo 2435-bis. Le micro-imprese sono esonerate dalla redazione:

1) del rendiconto finanziario;

2) della nota integrativa quando in calce allo stato patrimoniale risultino le informazioni previste dal primo comma dell'articolo 2427, numeri 9) e 16);

3) della relazione sulla gestione: quando in calce allo stato patrimoniale risultino le informazioni richieste dai numeri 3) e 4) dell'articolo 2428.

[III] Non sono applicabili le disposizioni di cui al quinto comma dell'articolo 2423 e al numero 11-bis del primo comma dell'articolo 2426.

[IV] Le società che si avvalgono delle esenzioni previste del presente articolo devono redigere il bilancio, a seconda dei casi, in forma abbreviata o in forma ordinaria quando per il secondo esercizio consecutivo abbiano superato due dei limiti indicati nel primo comma.

[V] Agli enti di investimento e alle imprese di partecipazione finanziaria non si applicano le disposizioni previste dal presente articolo, dal sesto comma dell'articolo 2435-bis e dal secondo comma dell'articolo 2435-bis con riferimento alla facoltà di comprendere la voce D dell'attivo nella voce CII e la voce E del passivo nella voce D (2).

(1) Articolo inserito dall'art. 6 del d.lg. 18/8/2015, n. 139. Le disposizioni del decreto entrano in vigore dal 1/1/2016 e si applicano ai bilanci relativi agli esercizi finanziari aventi inizio a partire da quella data.

(2) Comma aggiunto dall'art. 24, co. 2, lett. c), l. 23/12/2021, n. 238.

Sezione X
Delle modificazioni dello statuto

2436. Deposito, iscrizione e pubblicazione delle modificazioni. – [I] Il notaio che ha verbalizzato la deliberazione di modifica dello statuto, entro trenta giorni, verificato l'adempimento delle condizioni stabilite dalla legge, ne richiede l'iscrizione nel registro delle imprese [2188, 2488] contestualmente al deposito e allega le eventuali autorizzazioni richieste [2330].

[II] L'ufficio del registro delle imprese, verificata la regolarità formale della documentazione, iscrive la delibera nel registro [2188, 2488].

[III] Se il notaio ritiene non adempiute le condizioni stabilite dalla legge, ne dà comunicazione tempestivamente, e comunque non oltre il termine previsto dal primo comma del presente articolo, agli amministratori. Gli amministratori, nei trenta giorni successivi, possono convocare l'assemblea [2365, 2366] per gli opportuni provvedimenti oppure ricorrere al tribunale per il provvedimento di cui ai successivi commi; in mancanza la deliberazione è definitivamente inefficace.

[IV] Il tribunale, verificato l'adempimento delle condizioni richieste dalla legge e sentito il pubblico ministero, ordina l'iscrizione nel registro delle imprese [2188, 2488] con decreto soggetto a reclamo.

[V] La deliberazione non produce effetti se non dopo l'iscrizione.

[VI] Dopo ogni modifica dello statuto deve esserne depositato nel registro delle imprese il testo integrale nella sua redazione aggiornata [2193].

2437. Diritto di recesso. – [I] Hanno diritto di recedere [2343, 2355-bis, 2437, 2437-quinquies, 2497-quater] per tutte o parte delle loro azioni, i soci che non hanno concorso alle deliberazioni riguardanti:

a) la modifica della clausola dell'oggetto sociale [2328], quando consente un cambiamento significativo dell'attività della società;

b) la trasformazione [2498] della società;

c) il trasferimento della sede sociale all'estero (1);

d) la revoca dello stato di liquidazione [2369, 2487-ter];

e) l'eliminazione di una o più cause di recesso previste dal successivo comma ovvero dallo statuto;

f) la modifica dei criteri di determinazione del valore dell'azione in caso di recesso [2437-ter];

g) le modificazioni dello statuto concernenti i diritti di voto o di partecipazione [2348, 2350, 2351].

[II] Salvo che lo statuto disponga diversamente, hanno diritto di recedere i soci che non hanno concorso all'approvazione delle deliberazioni riguardanti:

a) la proroga del termine;

b) l'introduzione o la rimozione di vincoli alla circolazione dei titoli azionari [2355-bis, 2437-sexies].

[III] Se la società è costituita a tempo indeterminato e le azioni non sono quotate in un mercato regolamentato il socio può recedere con il preavviso di almeno centottanta giorni; lo statuto può prevedere un termine maggiore, non superiore ad un anno.

[IV] Lo statuto delle società che non fanno ricorso al mercato del capitale di rischio può prevedere ulteriori cause di recesso.

[V] Restano salve le disposizioni dettate in tema di recesso per le società soggette ad attività di direzione e coordinamento [2497ss.].

[VI] È nullo ogni patto volto ad escludere o rendere più gravoso l'esercizio del diritto di recesso nelle ipotesi previste dal primo comma del presente articolo.

(1) Lettera soppressa dall'art. 51, co. 1, d.lg. 2/3/2023, n. 19. Ai sensi dell'art. 56, co. 2, del medesimo decreto, il citato art. 51 si applica a decorrere dalla data di entrata in vigore del decreto. La società che ha trasferito la sede statutaria all'estero prima di tale data mantenendo l'iscrizione nel registro delle imprese continua a essere regolata dalla legge italiana e, ai fini della giurisdizione e della legge applicabile, la sua sede si considera ubicata presso il registro delle imprese presso il quale ha mantenuto l'iscrizione.

2437 bis. Termini e modalità di esercizio. – [I] Il diritto di recesso [1324, 1334, 1353, 2532] è esercitato mediante lettera raccomandata che deve essere spedita entro quindici giorni dall'iscrizione nel registro delle imprese della delibera che lo legittima, con l'indicazione delle generalità del socio recedente, del domicilio per le comunicazioni inerenti al procedimento, del numero e della categoria delle azioni per le quali il diritto di recesso viene esercitato. Se il fatto che legittima il recesso è diverso da una deliberazione, esso è esercitato entro trenta giorni dalla sua conoscenza da parte del socio.

[II] Le azioni per le quali è esercitato il diritto di recesso non possono essere cedute e devono essere depositate presso la sede sociale.

[III] Il recesso non può essere esercitato e, se già esercitato, è privo di efficacia [1353], se, entro novanta giorni, la società revoca la delibera che lo legittima ovvero se è deliberato lo scioglimento della società [2484].

2437 ter. Criteri di determinazione del valore delle azioni. – [I] Il socio ha diritto alla liquidazione delle azioni per le quali esercita il recesso.

[II] Il valore di liquidazione delle azioni è determinato dagli amministratori [2380-bis], sentito il parere del collegio sindacale [2403] e del soggetto incaricato della revisione legale dei conti (1), tenuto conto della consistenza patrimoniale della società e delle sue prospettive reddituali, nonché dell'eventuale valore di mercato delle azioni.

[III] Il valore di liquidazione delle azioni quotate in mercati regolamentati è determinato facendo (2) riferimento alla media aritmetica dei prezzi di chiusura nei sei mesi che precedono la pubblicazione ovvero ricezione dell'avviso di convocazione dell'assemblea [2366] le cui deliberazioni legittimano il recesso. Lo statuto delle società con azioni quotate in mercati regolamentati può prevedere che il valore di liquidazione sia determinato secondo i criteri indicati dai commi 2 e 4 del presente articolo, fermo restando che in ogni caso tale valore non può essere inferiore al valore che sarebbe dovuto in applicazione del criterio indicato dal primo periodo del presente comma (3).

[IV] Lo statuto può stabilire criteri diversi di determinazione del valore di liquidazione, indicando gli elementi dell'attivo e del passivo del bilancio che possono essere rettificati rispetto ai valori risultanti dal bilancio, unitamente ai criteri di rettifica, nonché altri elementi suscettibili di valutazione patrimoniale da tenere in considerazione.

[V] I soci hanno diritto di conoscere la determinazione del valore di cui al secondo comma del presente articolo nei quindici giorni precedenti alla data fissata per l'assemblea; ciascun socio ha diritto di prenderne visione e di ottenerne copia a proprie spese.

[VI] In caso di contestazione da proporre contestualmente alla dichiarazione di recesso il valore di liquidazione è determinato entro novanta giorni dall'esercizio del diritto di recesso tramite relazione giurata di un esperto nominato dal tribunale, che provvede anche sulle spese, su istanza della parte più diligente; si applica in tal caso il primo comma dell'articolo 1349.

(1) Le parole "revisione contabile" sono state sostituite dalle parole "revisione legale dei conti" dall'art. 37, co. 20, d.lg. 27/1/2010, n. 39.

(2) L'art. 20, co. 3, d.l. 24/6/2014 n. 91, conv., con modif., in l. 11/8/2014, n. 116, ha soppresso la parola "esclusivo".

(3) L'art. 20, co. 3, d.l. 24/6/2014 n. 91, conv., con modif., in l. 11/8/2014, n. 116, ha aggiunto, in fine, le parole "Lo statuto delle società con azioni quotate in mercati regolamentati può prevedere che il valore di liquidazione sia determinato secondo i criteri indicati dai commi 2 e 4 del presente articolo, fermo restando che in ogni caso tale valore non può essere inferiore al valore che sarebbe dovuto in applicazione del criterio indicato dal primo periodo del presente comma".

2437 quater. Procedimento di liquidazione. – [I] Gli amministratori offrono in opzione le azioni del socio recedente agli altri soci in proporzione al numero delle azioni possedute. Se vi sono obbligazioni convertibili [2420-bis], il diritto di opzione [2441] spetta anche ai possessori di queste, in concorso con i soci, sulla base del rapporto di cambio.

[II] L'offerta di opzione è depositata presso il registro delle imprese [2188, 2488] entro quindici giorni dalla determinazione definitiva del valore di liquidazione. Per l'esercizio del diritto di opzione deve essere concesso un termine non inferiore a trenta giorni dal deposito dell'offerta.

[III] Coloro che esercitano il diritto di opzione, purché ne facciano contestuale richiesta, hanno diritto di prelazione nell'acquisto delle azioni che siano rimaste non optate.

[IV] Qualora i soci non acquistino in tutto o in parte le azioni del recedente, gli amministratori possono collocarle presso terzi; nel caso di azioni quotate in mercati regolamentati, il loro collocamento avviene mediante offerta nei mercati medesimi.

[V] In caso di mancato collocamento ai sensi delle disposizioni dei commi precedenti entro centottanta giorni dalla comunicazione del recesso (1), le azioni del recedente vengono rimborsate mediante acquisto da parte della società utilizzando riserve disponibili anche in deroga a quanto previsto dal terzo comma dell'articolo 2357.

[VI] In assenza di utili e riserve disponibili, deve essere convocata l'assemblea straordinaria per deliberare la riduzione del capitale sociale, ovvero lo scioglimento della società.

[VII] Alla deliberazione di riduzione del capitale sociale si applicano le disposizioni del comma secondo, terzo e quarto dell'articolo 2445; ove l'opposizione sia accolta la società si scioglie.

(1) Le parole "entro centottanta giorni dalla comunicazione del recesso" sono state inserite dall'art. 1 del d.lg. 17/1/2003, n. 6, come modificato dall'art. 5, co. 1, lett. cc), d.lg. 6/2/2004, n. 37.

2437 quinquies. Disposizioni speciali per le società con azioni quotate in mercati regolamentati. – [I] Se le azioni sono quotate in mercati regolamentati hanno diritto di recedere i soci che non hanno concorso alla deliberazione che comporta l'esclusione dalla quotazione.

2437 sexies. Azioni riscattabili. – [I] Le disposizioni degli articoli 2437-ter e 2437-quater si applicano, in quanto compatibili, alle azioni o categorie di azioni per le quali lo statuto prevede un potere di riscatto da parte della società o dei soci. Resta salva in tal caso l'applicazione della disciplina degli articoli 2357 e 2357-bis.

2438. Aumento di capitale. – [I] Un aumento di capitale non può essere eseguito fino a che le azioni precedentemente emesse non siano interamente liberate.

[II] In caso di violazione del precedente comma, gli amministratori sono solidalmente responsabili [1292] per i danni arrecati ai soci ed ai terzi. Restano in ogni caso salvi gli obblighi assunti con la sottoscrizione delle azioni emesse in violazione del precedente comma.

2439. Sottoscrizione e versamenti. – [I] Salvo quanto previsto nel quarto comma dell'articolo 2342, i sottoscrittori delle azioni di nuova emissione devono, all'atto della sottoscrizione, versare alla società almeno il venticinque per cento del valore nominale delle azioni sottoscritte [2342]. Se è previsto un soprapprezzo [2441], questo deve essere interamente versato all'atto della sottoscrizione.

[II] Se l'aumento di capitale non è integralmente sottoscritto entro il termine che, nell'osservanza di quelli stabiliti dall'articolo 2441, secondo e terzo comma, deve risultare dalla deliberazione, il capitale è aumentato di un importo pari alle sottoscrizioni raccolte soltanto se la deliberazione medesima lo abbia espressamente previsto.

2440. Conferimenti di beni in natura e di crediti (1). – [I] Se l'aumento di capitale avviene mediante conferimento di beni in natura o di crediti si applicano le disposizioni degli articoli 2342, terzo e quinto comma, e 2343.

[II] L'aumento di capitale mediante conferimento di beni in natura o di crediti può essere sottoposto, su decisione degli amministratori, alla disciplina di cui agli articoli 2343-ter e 2343-quater.

[III] Ai fini dell'applicazione dell'articolo 2343-ter, primo comma, rileva il periodo di negoziazione di sei mesi precedenti la data alla quale si riferisce la relazione degli amministratori redatta ai sensi dell'articolo 2441, sesto comma. Il conferimento è eseguito entro sessanta giorni da tale data, ovvero entro novanta giorni qualora l'aumento sia deliberato da una società che fa ricorso al mercato del capitale di rischio.

[IV] Qualora trovi applicazione l'articolo 2343-ter, secondo comma, il conferimento è eseguito, nel caso di cui alla lettera a), entro il termine dell'esercizio successivo a quello cui si riferisce il bilancio, ovvero, nel caso di cui alla lettera b), entro sei mesi dalla data cui si riferisce la valutazione.

[V] La verifica prevista dall'articolo 2343-quater, primo comma, è eseguita dagli amministratori nel termine di trenta giorni dall'esecuzione del conferimento ovvero, se successiva, dalla data di iscrizione nel registro delle imprese della deliberazione di aumento del capitale. La dichiarazione di cui all'articolo 2343-quater, terzo comma, è allegata all'attestazione prevista dall'articolo 2444.

[VI] Qualora siano conferiti beni in natura o crediti valutati ai sensi dell'articolo 2343-ter, secondo comma, nel termine indicato al quinto comma uno o più soci che rappresentino, e che rappresentavano alla data della delibera di aumento del capitale, almeno il ventesimo del capitale sociale, nell'ammontare precedente l'aumento medesimo, possono richiedere che si proceda, su iniziativa degli amministratori, ad una nuova valutazione ai sensi e per gli effetti dell'articolo 2343; la domanda dei soci non ha effetto qualora gli amministratori all'esito della verifica prevista dal quinto comma procedano ai sensi dell'articolo 2343-quater, secondo comma.

(1) Articolo sostituito dall'art. 1 del d.lg. 29/11/2010, n. 224. Il testo recitava: «[I]. Se l'aumento di capitale avviene mediante conferimento di beni in natura o di crediti si applicano le disposizioni degli articoli 2342, terzo e quinto comma, 2343, 2343 ter, e 2343 quater. [II]. La dichiarazione di cui all'articolo 2343-quater è allegata all'attestazione di cui all'articolo 2444». Precedentemente l'art. 1, co. 5, d.lg. 4/8/2008, n. 142 aveva aggiunto, al primo comma, in fine, le parole "2343 ter, e 2343 quater" ed aveva inserito il secondo comma.

2440 bis. Aumento di capitale delegato liberato mediante conferimenti di beni in natura e di crediti senza relazione di stima**.

* Articolo abrogato dall'art. 1 del d.lg. 29/11/2010, n. 224. Il testo, precedentemente inserito dall'art. 1, co. 6, d.lg. 4/8/2008, n. 142, recitava: «[I] Nel caso sia attribuita agli amministratori la facoltà di cui all'articolo 2443, secondo comma, e sia deliberato il conferimento di beni in natura o crediti valutati in conformità dell'articolo 2343-ter, gli amministratori, espletata la verifica di cui all'articolo 2343-quater, primo comma, depositano per l'iscrizione nel registro delle imprese, in allegato al verbale della deliberazione di aumento del capitale, una dichiarazione con i contenuti di cui all'articolo 2343-quater, terzo comma, dalla quale risulti la data della delibera di aumento del capitale. [II] Entro trenta giorni dall'iscrizione della dichiarazione di cui al primo comma i soci che rappresentano, e che rappresentavano alla data della delibera di aumento del capitale, almeno il ventesimo del capitale sociale, nell'ammontare precedente l'aumento medesimo, possono richiedere la presentazione di una nuova valutazione. Si applica in tal caso l'articolo 2343. Il conferimento non può essere eseguito fino al decorso del predetto termine e, se del caso, alla presentazione della nuova valutazione. [III] Qualora non sia richiesta la nuova valutazione, gli amministratori depositano per l'iscrizione nel registro delle imprese congiuntamente all'attestazione di cui all'articolo 2444 la dichiarazione che non sono intervenuti, successivamente alla data della dichiarazione di cui al secondo comma, i fatti o le circostanze di cui all'articolo 2343-quater, primo comma».

2441. Diritto di opzione (1). – [I] Le azioni di nuova emissione e le obbligazioni convertibili in azioni devono essere offerte in opzione ai soci in proporzione al numero delle azioni possedute. Se vi sono obbligazioni convertibili il diritto di opzione spetta anche ai possessori di queste, in concorso con i soci, sulla base del rapporto di cambio.

[II] L'offerta di opzione deve essere depositata presso l'ufficio del registro delle imprese e contestualmente resa nota mediante un avviso pubblicato sul sito internet della società, con modalità atte a garantire la sicurezza del sito medesimo, l'autenticità dei documenti e la certezza della data di pubblicazione, o, in mancanza, mediante deposito presso la sede della società. Per l'esercizio del diritto di opzione deve essere concesso un termine non inferiore a quattordici giorni dalla pubblicazione dell'offerta nel sito internet della società con le modalità sopra descritte, o, in mancanza, dall'iscrizione dell'offerta nel registro delle imprese (2).

[III] Coloro che esercitano il diritto di opzione, purché ne facciano contestuale richiesta, hanno diritto di prelazione nell'acquisto delle azioni e delle obbligazioni convertibili in azioni che siano rimaste non optate. Se le azioni sono quotate in mercati regolamentati o negoziate in sistemi multilaterali di negoziazione, i diritti di opzione non esercitati devono essere offerti nel mercato regolamentato o nel sistema multilaterale di negoziazione dagli amministratori, per conto della società, entro il mese successivo alla scadenza del termine stabilito a norma del secondo comma, per almeno due sedute, salvo che i diritti di opzione siano già stati integralmente venduti (3).

[IV] Il diritto di opzione non spetta per le azioni di nuova emissione che, secondo la deliberazione di aumento del capitale, devono essere liberate mediante conferimenti in natura. Nelle società con azioni quotate in mercati regolamentati o negoziate in sistemi multilaterali di negoziazione lo statuto può altresì escludere il diritto di opzione nei limiti del dieci per cento del capitale sociale preesistente, a condizione che il prezzo di emissione corrisponda al valore di mercato delle azioni e ciò sia confermato in apposita relazione da un revisore legale o da una società di revisione legale. Le ragioni dell'esclusione o della limitazione nonché i criteri adottati per la determinazione del prezzo di emissione devono risultare da apposita relazione degli amministratori, depositata presso la sede sociale e pubblicata nel sito internet della società entro il termine della convocazione dell'assemblea, salvo quanto previsto dalle leggi speciali (4).

[V] Quando l'interesse della società lo esige, il diritto di opzione può essere escluso o limitato con la deliberazione di aumento di capitale (5).

[VI] Le proposte di aumento di capitale sociale con esclusione o limitazione del diritto di opzione, ai sensi del primo periodo del quarto comma o del quinto comma del presente articolo, devono essere illustrate dagli amministratori con apposita relazione, dalla quale devono risultare le ragioni dell'esclusione o della limitazione, ovvero, qualora l'esclusione derivi da un conferimento in natura, le ragioni di questo e in ogni caso i criteri adottati per la determinazione del prezzo di emissione. La relazione deve essere comunicata dagli amministratori al collegio sindacale o al consiglio di sorveglianza e al soggetto incaricato della revisione legale dei conti (6) almeno trenta giorni prima di quello fissato per l'assemblea. Entro quindici giorni il collegio sindacale deve esprimere il proprio parere sulla congruità del prezzo di emissione delle azioni. Il parere del collegio sindacale e, nell'ipotesi prevista dal quarto comma, la relazione giurata dell'esperto designato dal Tribunale ovvero la documentazione indicata dall'articolo 2343-ter, terzo comma, devono restare depositati nella sede della società durante i quindici giorni che precedono l'assemblea e finché questa non abbia deliberato; i soci possono prenderne visione (7). La deliberazione determina il prezzo di emissione delle azioni in base al valore del patrimonio netto, tenendo conto, per le azioni quotate in mercati regolamentati, anche dell'andamento delle quotazioni nell'ultimo semestre.

[VII] Non si considera escluso né limitato il diritto di opzione qualora la deliberazione di aumento di capitale preveda che le azioni di nuova emissione siano sottoscritte da banche, da enti o società finanziarie soggetti al controllo della Commissione nazionale per le società e la borsa ovvero da altri soggetti autorizzati all'esercizio dell'attività di collocamento di strumenti finanziari, con obbligo di offrirle agli azionisti della società, con operazioni di qualsiasi tipo, in conformità con i primi tre commi del presente articolo. Nel periodo di detenzione delle azioni offerte agli azionisti e comunque fino a quando non sia stato esercitato il diritto di opzione, i medesimi soggetti non possono esercitare il diritto di voto. Le spese dell'operazione sono a carico della società e la deliberazione di aumento del capitale deve indicarne l'ammontare.

[VIII] Con deliberazione dell'assemblea presa con la maggioranza richiesta per le assemblee straordinarie può essere escluso il diritto di opzione per le azioni di nuova emissione, se queste sono offerte in sottoscrizione ai dipendenti della società o di società che la controllano o che sono da essa controllate (8).

(1) V. nota al Capo V.

(2) Comma sostituito dall'art. 20 del d.l. 24/6/2014, n. 91 conv., con modif., in l. 11/8/2014, n. 116. Il testo precedente recitava: «L'offerta di opzione deve essere depositata presso l'ufficio del registro delle imprese. Salvo quanto previsto dalle leggi speciali per le società con azioni quotate in mercati regolamentati, per l'esercizio del diritto di opzione deve essere concesso un termine non inferiore a trenta giorni dalla pubblicazione dell'offerta». Successivamente l'art. 44, co. 4, lett. a), d.l. 16/7/2020, n. 76, conv., con modif., in l. 11/9/2020, n. 120, in sede di conversione, con entrata in vigore il 15/9/2020, ha così sostituito l'ultimo periodo del presente comma. Il testo precedente era il seguente: «Per l'esercizio del diritto di opzione deve essere concesso un termine non inferiore a quindici giorni dalla pubblicazione dell'offerta».

(3) V. Avviso di rettifica in G.U. 4/7/2003, n. 153. L'art. 19 del d.lg. 28/12/2004, n. 310 ha sostituito alla parola «sui» la parola «in». Successivamente le parole «per almeno cinque riunioni, entro il mese successivo alla scadenza del termine stabilito a norma del secondo comma» sono state sostituite dalle parole «entro il mese successivo alla scadenza del termine stabilito a norma del secondo comma, per almeno cinque sedute, salvo che i diritti di opzione siano già stati integralmente venduti» dall'art. 2 del d.lg. 11/10/2012, n. 184. Da ultimo, le parole «o negoziate in sistemi multilaterali di negoziazione» e le parole «o nel sistema multilaterale di negoziazione» sono state inserite e le parole «due sedute» sono state sostituite alle parole «cinque sedute» dall'art. 44, co. 4, lett. b), d.l. 16/7/2020, n. 76, conv., con modif., in l. 11/9/2020, n. 120, in sede di conversione, con entrata in vigore il 15/9/2020.

(4) V. Avviso di rettifica in G.U. 4/7/2003, n. 153. Successivamente le parole «dal revisore legale o dalla società di revisione legale», che l'art. 37, co. 21 del d.lg. 27/1/2010, n. 39, aveva sostituito alle parole «dalla società incaricata della revisione contabile», sono state ora sostituite dalle parole «da un revisore legale o da una società di revisione legale» dall'art. 2 del d.lg. 11/10/2012, n. 184. Da ultimo, l'art. 44, co. 4, lett. c), d.l. 16/7/2020, n. 76, conv., con modif. in l. 11/9/2020, n. 120, con entrata in vigore il 15/9/2020, ha aggiunto, in sede di conversione, le parole «o negoziate in sistemi multilaterali di negoziazione» e le parole «Le ragioni dell'esclusione o della limitazione nonché i criteri adottati per la determinazione del prezzo di emissione devono risultare da apposita relazione degli amministratori, depositata presso la sede sociale e pubblicata nel sito internet della società entro il termine della convocazione dell'assemblea, salvo quanto previsto dalle leggi speciali». Vedi, inoltre, quanto disposto dall'art. 44, co. 3, d.l. n. 76/2020, cit.

(5) L'art. 2 del d.lg. 11/10/2012, n. 184, ha soppresso le parole: «, approvata da tanti soci che rappresentino oltre la metà del capitale sociale, anche se la deliberazione è presa in assemblea di convocazione successiva alla prima», poste al termine del comma. Ai sensi dell'art. 12, co. 11, d.l. 29/11/2008, n. 185, conv., con modif., in l. 28/1/2009, n. 2, «le deliberazioni previste dall'articolo 2441, quinto comma, e dall'articolo 2443, secondo comma, del codice civile sono assunte con le stesse maggioranze previste per le deliberazioni di aumento di capitale dagli articoli 2368 e 2369 del codice civile. I termini stabiliti per le operazioni della specie ai sensi del codice civile e del d.lg. 24 febbraio 1998, n. 58, sono ridotti della metà».

(6) Le parole "del controllo contabile" sono state sostituite dalle parole "della revisione legale dei conti" dall'art. 37, co. 21 del d.lg. 27/1/2010, n. 39.

(7) L'art. 1 del d.lg. 29/11/2010, n. 224 ha sostituito le parole "Il parere del collegio sindacale e la relazione giurata dell'esperto designato dal tribunale nell'ipotesi prevista dal quarto comma devono restare depositati nella sede della società durante i quindici giorni che precedono l'assemblea e finché questa non abbia deliberato; i soci possono prenderne visione", con le parole "Il parere del collegio sindacale e, nell'ipotesi prevista dal quarto comma, la relazione giurata dell'esperto designato dal Tribunale ovvero la documentazione indicata dall'articolo 2343-ter, terzo comma, devono restare depositati nella sede della società durante i quindici giorni che precedono l'assemblea e finché questa non abbia deliberato; i soci possono prenderne visione".

• Le parole «in mercati regolamentati» sono state sostituite alle parole «in borsa» dall'art. 19, co. 1b), d.lg. n. 310, cit.

(8) Comma modificato dall'art. 2 del d.lg. 11/10/2012, n. 184. Il testo recitava: «Con deliberazione dell'assemblea presa con la maggioranza richiesta per le assemblee straordinarie può essere escluso il diritto di opzione limitatamente a un quarto delle azioni di nuova emissione, se queste sono offerte in sottoscrizione ai dipendenti della società o di società che la controllano o che sono da essa controllate. L'esclusione dell'opzione in misura superiore al quarto deve essere approvata con la maggioranza prescritta nel quinto comma».

2442. Passaggio di riserve a capitale. – [I] L'assemblea può aumentare il capitale, imputando a capitale le riserve e gli altri fondi iscritti in bilancio in quanto disponibili.

[II] In questo caso le azioni di nuova emissione devono avere le stesse caratteristiche di quelle in circolazione [2438], e devono essere assegnate gratuitamente agli azionisti in proporzione di quelle da essi già possedute [2349, 2420-bis[5]].

[III] L'aumento di capitale può attuarsi anche mediante aumento del valore nominale delle azioni in circolazione.

2443. Delega agli amministratori. – [I] Lo statuto può attribuire agli amministratori [2380-bis, 2409-novies, 2409-septiesdecies] la facoltà di aumentare in una o più volte il capitale fino ad un ammontare determinato e per il periodo massimo di cinque anni dalla data dell'iscrizione della società nel registro delle imprese [2330]. Tale facoltà può prevedere anche l'adozione delle deliberazioni di cui al quarto e quinto comma dell'articolo 2441; in questo caso si applica in quanto compatibile il sesto comma dell'articolo 2441 e lo statuto determina i criteri cui gli amministratori devono attenersi.

[II] La facoltà di cui al secondo periodo del precedente comma può essere attribuita anche mediante modificazione dello statuto (1), per il periodo massimo di cinque anni dalla data della deliberazione.

[III] Il verbale della deliberazione degli amministratori di aumentare il capitale deve essere redatto da un notaio e deve essere depositato e iscritto a norma dall'articolo 2436 [2626].

[IV] Se agli amministratori è attribuita la facoltà di adottare le deliberazioni di cui all'articolo 2441, quarto comma, qualora essi decidano di deliberare l'aumento di capitale con conferimenti di beni in natura o di crediti senza la relazione dell'esperto di cui all'articolo 2343, avvalendosi delle disposizioni contenute nell'articolo 2343-ter, il conferimento non può avere efficacia, salvo che consti il consenso di tutti i soci, prima del decorso del termine di trenta giorni dall'iscrizione nel registro delle imprese della deliberazione di aumento, contenente anche le dichiarazioni previste nelle lettere a), b), c) ed e), di cui all'articolo 2343-quater, terzo comma. Entro detto termine uno o più soci che rappresentano, e che rappresentavano alla data della delibera di aumento del capitale, almeno il ventesimo del capitale sociale, nell'ammontare precedente l'aumento medesimo, possono richiedere che si proceda, su iniziativa degli amministratori, ad una nuova valutazione ai sensi e per gli effetti di cui all'articolo 2343. In mancanza di tale domanda, gli amministratori depositano per l'iscrizione nel registro delle imprese unitamente all'attestazione di cui all'articolo 2444 la dichiarazione prevista all'articolo 2343-quater, terzo comma, lettera d) (2).

(1) L'art. 2 del d.lg. 11/10/2012, n. 184, ha soppresso le parole: ", approvata con la maggioranza prevista dal quinto comma dell'articolo 2441".

(2) Comma inserito dall'art. 1 del d.lg. 29/11/2010, n. 224.

2444. Iscrizione nel registro delle imprese. – [I] Nei trenta giorni dall'avvenuta sottoscrizione delle azioni di nuova emissione gli amministratori devono depositare [2630] per l'iscrizione nel registro delle imprese [2188, 2488] un'attestazione che l'aumento del capitale è stato eseguito.

[II] Fino a che l'iscrizione nel registro non sia avvenuta, l'aumento del capitale non può essere menzionato negli atti della società [2550].

2445. Riduzione del capitale sociale. – [I] La riduzione del capitale sociale può aver luogo sia mediante liberazione dei soci dall'obbligo dei versamenti ancora dovuti [2344], sia mediante rimborso del capitale ai soci, nei limiti ammessi dagli articoli 2327 e 2413.

[II] L'avviso di convocazione dell'assemblea deve indicare le ragioni e le modalità della riduzione. Nel caso di società cui si applichi l'articolo 2357, terzo comma, la riduzione deve comunque effettuarsi con modalità tali che le azioni proprie eventualmente possedute dopo la riduzione non eccedano la quinta parte del capitale sociale (1).

[III] La deliberazione può essere eseguita soltanto dopo novanta giorni dal giorno dell'iscrizione nel registro delle imprese [2188], purché entro questo termine [2964] nessun creditore sociale anteriore all'iscrizione abbia fatto opposizione.

[IV] Il tribunale, quando ritenga infondato il pericolo di pregiudizio per i creditori oppure la società abbia prestato idonea garanzia, dispone che l'operazione (2) abbia luogo nonostante l'opposizione [163 CPC.].

(1) Comma sostituito dall'art. 7, co. 3-sexies, d.l. 10/2/2009, n. 5, conv., con modif., dalla l. 9/4/2009, n. 33. Il testo precedente, recitava: «L'avviso di convocazione dell'assemblea deve indicare le ragioni e le modalità della riduzione. Nel caso di società cui si applichi l'articolo 2357, terzo comma, la riduzione deve comunque effettuarsi con modalità tali che le azioni proprie eventualmente possedute dopo la riduzione non eccedano la decima parte del capitale sociale». L'art. 1, co. 7, d.lg. 4/8/2008, n. 142, aveva sostituito, nel testo precedente del presente comma, le parole "Nel caso di società cui si applichi l'articolo 2357, terzo comma, la riduzione" alle parole "La riduzione".

(2) Le parole "l'operazione" sono state sostituite alle parole "la riduzione" dall'art. 1 del d.lg. 17/1/2003, n. 6, modif. dall'art. 5, co. 1, lett. dd), d.lg. 6/2/2004, n. 37.

2446. Riduzione del capitale per perdite (1). – [I] Quando risulta che il capitale è diminuito di oltre un terzo in conseguenza di perdite [2413, 2420-bis[5], 2433[3]], gli amministratori [2381] o il consiglio di gestione, e nel caso di loro inerzia il collegio sindacale [2406] ovvero il consiglio di sorveglianza, devono senza indugio [2631] convocare l'assemblea [2365] per gli opportuni provvedimenti. All'assemblea deve essere sottoposta una relazione [2428] sulla situazione patrimoniale della società, con le osservazioni del collegio sindacale o del comitato per il controllo sulla gestione. La relazione e le osservazioni devono restare depositate in copia nella sede della società durante gli otto giorni che precedono l'assemblea, perché i soci possano prenderne visione. Nell'assemblea gli amministratori devono dare conto dei fatti di rilievo avvenuti dopo la redazione della relazione.

[II] Se entro l'esercizio successivo la perdita non risulta diminuita a meno di un terzo, l'assemblea ordinaria o il consiglio di sorveglianza che approva il bilancio di tale esercizio deve ridurre il capitale in proporzione delle perdite accertate.

In mancanza gli amministratori e i sindaci o il consiglio di sorveglianza devono chiedere al tribunale che venga disposta la riduzione del capitale in ragione delle perdite risultanti dal bilancio. Il tribunale provvede, sentito il pubblico ministero, con decreto soggetto a reclamo, che deve essere iscritto nel registro delle imprese a cura degli amministratori.

[III] Nel caso in cui le azioni emesse dalla società siano senza valore nominale, lo statuto, una sua modificazione ovvero una deliberazione adottata con le maggioranze previste per l'assemblea straordinaria possono prevedere che la riduzione del capitale di cui al precedente comma sia deliberata dal consiglio di amministrazione. Si applica in tal caso l'articolo 2436.

(1) In tema di misure urgenti per garantire la continuità delle imprese colpite dall'emergenza Covid-19, v. art. 6 del d.l. 8/4/2020, n. 23, conv., con modif., in l. 5/6/2020, n. 40, ai sensi del quale: «a decorrere dalla data di entrata in vigore del presente decreto e fino alla data del 31 dicembre 2020 per le fattispecie verificatesi nel corso degli esercizi chiusi entro la predetta data non si applicano gli articoli 2446, commi secondo e terzo, 2447, 2482-bis, commi quattro, quinto e sesto, e 2482-ter del codice civile. Per lo stesso periodo non opera la causa di scioglimento della società per riduzione o perdita del capitale sociale di cui agli articoli 2484, primo comma, numero 4), e 2545-duodecies del codice civile».

2447. Riduzione del capitale sociale al di sotto del limite legale (1). – [I] Se, per la perdita di oltre un terzo del capitale, questo si riduce al disotto del minimo stabilito dall'articolo 2327, gli amministratori o il consiglio di gestione e, in caso di loro inerzia, il consiglio di sorveglianza devono senza indugio [2631] convocare l'assemblea [2365, 2366, 2406] per deliberare la riduzione del capitale ed il contemporaneo aumento [2441] del medesimo ad una cifra non inferiore al detto minimo, o la trasformazione della società [2498 ss.].

(1) Con riferimento alle misure connesse all'emergenza epidemiologica da Covid-19, v. le disposizioni temporanee in materia di riduzione di capitale di cui all'art. 6 del d.l. 8/4/2020, n. 23, conv., con modif., in l. 5/6/2020, n. 40, come sostituito dall'art. 1, co. 266, della l. 30/12/2020, n. 178 (legge di bilancio 2021).

Sezione XI
Dei patrimoni destinati ad uno specifico affare

2447 bis. Patrimoni destinati ad uno specifico affare. – [I] La società può:

a) costituire uno o più patrimoni [167, 484, 528, 2645-ter] ciascuno dei quali destinato in via esclusiva ad uno specifico affare;

b) convenire che nel contratto relativo al finanziamento di uno specifico affare al rimborso totale o parziale del finanziamento medesimo siano destinati i proventi dell'affare stesso, o parte di essi [2447-decies].

[II] Salvo quanto disposto in leggi speciali, i patrimoni destinati ai sensi della lettera *a*) del primo comma non possono essere costituiti per un valore complessivamente superiore al dieci per cento del patrimonio netto della società e non possono comunque essere costituiti per l'esercizio di affari attinenti ad attività riservate in base alle leggi speciali.

2447 ter. Deliberazione costitutiva del patrimonio destinato. – [I] La deliberazione che ai sensi della lettera *a*) del primo comma dell'articolo 2447-bis destina un patrimonio ad uno specifico affare deve indicare:

a) l'affare al quale è destinato il patrimonio;

b) i beni e i rapporti giuridici compresi in tale patrimonio;

c) il piano economico-finanziario da cui risulti la congruità del patrimonio rispetto alla realizzazione dell'affare, le modalità e le regole relative al suo impiego, il risultato che si intende perseguire e le eventuali garanzie offerte ai terzi;

d) gli eventuali apporti di terzi, le modalità di controllo sulla gestione e di partecipazione ai risultati dell'affare;

e) la possibilità di emettere strumenti finanziari di partecipazione all'affare, con la specifica indicazione dei diritti che attribuiscono;

f) la nomina di un revisore legale o di una società di revisione legale per la revisione dei conti dell'affare, quando la società non è già assoggettata alla revisione legale (1);

g) le regole di rendicontazione dello specifico affare.

[II] Salvo diversa disposizione dello statuto, la deliberazione di cui al presente articolo è adottata dall'organo amministrativo (2) a maggioranza assoluta dei suoi componenti.

(1) Lettera sostituita dall'dall'art. 37, co. 22, d.lg. 27/1/2010, n. 39. Il testo precedente recitava: «la nomina di una società di revisione per il controllo contabile sull'andamento dell'affare, quando la società non è già assoggettata alla revisione contabile da parte di una società di revisione ed emette titoli sul patrimonio diffusi tra il pubblico in misura rilevante ed offerti ad investitori non professionali».

(2) Le parole "dall'organo amministrativo" sono state sostituite alle parole "dal consiglio di amministrazione o di gestione" dall'art. 1 del d.lg. n. 6, cit.

2447 quater. Pubblicità della costituzione del patrimonio destinato. – [I] La deliberazione prevista dal precedente articolo deve essere depositata e iscritta a norma dell'articolo 2436.

[II] Nel termine di sessanta giorni dall'iscrizione della deliberazione nel registro delle imprese i creditori sociali anteriori all'iscrizione possono fare opposizione. Il tribunale, nonostante l'opposizione, può disporre che la deliberazione sia eseguita previa prestazione da parte della società di idonea garanzia.

2447 quinquies. Diritti dei creditori. – [I] Decorso il termine di cui al secondo comma del precedente articolo ovvero dopo l'iscrizione nel registro delle imprese del provvedimento del tribunale ivi previsto, i creditori della società non possono far valere alcun diritto sul patrimonio destinato allo specifico affare né, salvo che per la parte spettante alla società, sui frutti o proventi da esso derivanti.

[II] Qualora nel patrimonio siano compresi immobili o beni mobili iscritti in pubblici registri, la disposizione del precedente comma non si applica fin quando la destinazione allo specifico affare non è trascritta nei rispettivi registri [2644].

[III] Qualora la deliberazione prevista dall'articolo 2447-ter non disponga diversamente, per le obbligazioni contratte in relazione allo specifico affare la società risponde nei limiti del patrimonio ad esso destinato. Resta salva tuttavia la responsabilità illimitata della società per le obbligazioni derivanti da fatto illecito.

[IV] Gli atti compiuti in relazione allo specifico affare debbono recare espressa menzione del vincolo di destinazione; in mancanza ne risponde la società con il suo patrimonio residuo.

2447 sexies. Libri obbligatori e altre scritture contabili. – [I] Con riferimento allo specifico affare cui un patrimonio è destinato ai sensi della lettera *a*) del primo comma dell'articolo 2447-bis, gli amministratori [2380-bis, 2409-novies, 2409-septiesdecies] (1) tengono separatamente i libri e le scritture contabili prescritti dagli articoli 2214 e seguenti. Qualora siano emessi strumenti finanziari, la società deve altresì tenere un libro indicante le loro caratteristiche, l'ammontare di quelli emessi e di quelli estinti, le generalità dei titolari degli strumenti nominativi e i trasferimenti e i vincoli ad essi relativi.

(1) Le parole "o il consiglio di gestione" che figuravano dopo le parole "gli amministratori" sono state soppresse dall'art. 1 del d.lg. 17/1/2003, n. 6, come modificato dall'art. 5, co. 1, lett. ff), d.lg. 6/2/2004, n. 37.

2447 septies. Bilancio. – [I] I beni e i rapporti compresi nei patrimoni destinati ai sensi della lettera *a*) del primo comma dell'articolo 2447-bis sono distintamente indicati nello stato patrimoniale della società [2424].

[II] Per ciascun patrimonio destinato gli amministratori redigono un separato rendiconto, allegato al bilancio, secondo quanto previsto dagli articoli 2423 e seguenti.

[III] Nella nota integrativa del bilancio della società gli amministratori devono illustrare il valore e la tipologia dei beni e dei rapporti giuridici compresi in ciascun patrimonio destinato, ivi inclusi quelli apportati da terzi, i criteri adottati per la imputazione degli elementi comuni di costo e di ricavo, nonché il corrispondente regime della responsabilità.

[IV] Qualora la deliberazione costitutiva del patrimonio destinato preveda una responsabilità illimitata della società per le obbligazioni contratte in relazione allo specifico affare, l'impegno da ciò derivante deve risultare in calce allo stato patrimoniale [2424] e formare oggetto di valutazione secondo criteri da illustrare nella nota integrativa [2427].

2447 octies. Assemblee speciali. – [I] Per ogni categoria di strumenti finanziari previsti dalla lettera *e*) del primo comma dell'articolo 2447-ter l'assemblea dei possessori [2376] delibera:

1) sulla nomina e sulla revoca dei rappresentanti comuni di ciascuna categoria, con funzione di controllo sul regolare andamento dello specifico affare, e sull'azione di responsabilità nei loro confronti;

2) sulla costituzione di un fondo per le spese necessarie alla tutela dei comuni interessi dei possessori degli strumenti finanziari e sul rendiconto relativo;

3) sulle modificazioni dei diritti attribuiti dagli strumenti finanziari;

4) sulle controversie con la società e sulle relative transazioni e rinunce;

5) sugli altri oggetti di interesse comune a ciascuna categoria di strumenti finanziari.

[II] Alle assemblee speciali si applicano le disposizioni contenute negli articoli 2415, secondo, terzo, quarto e quinto comma, 2416 e 2419.

[III] Al rappresentante comune si applicano gli articoli 2417 e 2418.

2447 nonies. Rendiconto finale. – [I] Quando si realizza ovvero è divenuto impossibile l'affare cui è stato destinato un patrimonio ai sensi della lettera *a*) del primo comma dell'articolo 2447-bis, gli amministratori [2365, 2380-bis, 2409-novies, 2409-septiesdecies] (1) redigono un rendiconto finale che, accompagnato da una relazione dei sindaci [2403] e del soggetto incaricato della revisione legale dei conti (2), deve essere depositato presso l'ufficio del registro delle imprese [2189, 2655].

[II] Nel caso in cui non siano state integralmente soddisfatte le obbligazioni contratte per lo svolgimento dello specifico affare cui era destinato il patrimonio, i relativi creditori possono chiederne la liquidazione mediante lettera raccomandata da inviare alla società entro novanta giorni dal deposito di cui al comma precedente. In tale caso, si applicano esclusivamente le disposizioni sulla liquidazione delle società di cui al capo VIII del presente titolo, in quanto compatibili [2484 ss.] (3).

[III] Sono comunque salvi, con riferimento ai beni e rapporti compresi nel patrimonio destinato, i diritti dei creditori previsti dall'articolo 2447-quinquies.

[IV] La deliberazione costitutiva del patrimonio destinato può prevedere anche altri casi di cessazione della destinazione del patrimonio allo specifico affare. In tali ipotesi ed in quella di fallimento della società si applicano le disposizioni del presente articolo.

(1) Le parole "o il consiglio di gestione" che figuravano dopo le parole "gli amministratori" sono state soppresse dall'art. 1 del d.lg. 17/1/2003, n. 6, come modificato dall'art. 5, co. 1, d.lg. 6/2/2004, n. 37.

(2) Le parole "revisione contabile" sono state sostituite dalle parole "revisione legale dei conti" dall'art. 37, co. 23, d.lg. 27/1/2010, n. 39.

(3) Periodo così sostituito dall'art. 20 del d.lg. 28/12/2004, n. 310.

2447 decies. Finanziamento destinato ad uno specifico affare. – [I] Il contratto relativo al finanziamento di uno specifico affare ai sensi della lettera *b*) del primo comma dell'articolo 2447-bis può prevedere che al rimborso totale o parziale del finanziamento siano destinati, in via esclusiva, tutti o parte dei proventi dell'affare stesso.

[II] Il contratto deve contenere:

a) una descrizione dell'operazione che consenta di individuarne lo specifico oggetto; le modalità ed i tempi di realizzazione; i costi previsti ed i ricavi attesi;

b) il piano finanziario dell'operazione, indicando la parte coperta dal finanziamento e quella a carico della società;

c) i beni strumentali necessari alla realizzazione dell'operazione;

d) le specifiche garanzie che la società offre in ordine all'obbligo di esecuzione del contratto e di corretta e tempestiva realizzazione dell'operazione;

e) i controlli che il finanziatore, o soggetto da lui delegato, può effettuare sull'esecuzione dell'operazione;

f) la parte dei proventi destinati al rimborso del finanziamento e le modalità per determinarli;

g) le eventuali garanzie che la società presta per il rimborso di parte del finanziamento;

h) il tempo massimo di rimborso, decorso il quale nulla più è dovuto al finanziatore.

[III] I proventi dell'operazione costituiscono patrimonio separato da quello della società [2740, 2741], e da quello relativo ad ogni altra operazione di finanziamento effettuata ai sensi della presente disposizione, a condizione:

a) che copia del contratto sia depositata per l'iscrizione presso l'ufficio del registro delle imprese [2188, 2741];

b) che la società adotti sistemi di incasso e di contabilizzazione idonei ad individuare in ogni momento i proventi dell'affare ed a tenerli separati dal restante patrimonio della società.

[IV] Alle condizioni di cui al comma precedente, sui proventi, sui frutti di essi e degli investimenti eventualmente effettuati in attesa del rimborso al finanziatore, non sono ammesse azioni da parte dei creditori sociali; alle medesime condizioni, delle obbligazioni nei confronti del finanziatore risponde esclusivamente il patrimonio separato, salva (1) l'ipotesi di garanzia parziale di cui al secondo comma, lettera *g*).

[V] I creditori della società, sino al rimborso del finanziamento, o alla scadenza del termine di cui al secondo comma, lettera *h*) sui beni strumentali destinati alla realizzazione dell'operazione possono esercitare esclusivamente azioni conservative a tutela dei loro diritti.

[VI] Se il fallimento della società impedisce la realizzazione o la continuazione dell'operazione cessano le limitazioni di cui al comma precedente, ed il finanziatore ha diritto di insinuazione al passivo per il suo credito, al netto delle somme di cui ai commi terzo e quarto.

[VII] Fuori dall'ipotesi di cartolarizzazione previste dalle leggi vigenti, il finanziamento non può essere rappresentato da titoli destinati alla circolazione.

[VIII] La nota integrativa alle voci di bilancio relative ai proventi di cui al terzo comma, ed ai beni di cui al quarto comma, deve contenere l'indicazione della destinazione dei proventi e dei vincoli relativi ai beni.

(1) La parola "salva" è stata sostituita alla parola "tranne" dall'art. 1 del d.lg. 17/1/2003, n. 6, come modificato dall'art. 5, co. 1, lett. hh), d.lg. 6/2/2004, n. 37.

Sezione XII

2448. Effetti della pubblicazione nel registro delle imprese. – [I] Gli atti per i quali il codice prescrive l'iscrizione o il deposito nel registro delle imprese sono opponibili ai terzi soltanto dopo tale pubblicazione, a meno che la società provi che i terzi ne erano a conoscenza.

[II] Per le operazioni compiute entro il quindicesimo giorno dalla pubblicazione di cui al comma precedente, gli atti non sono opponibili ai terzi che provino di essere stati nella impossibilità di averne conoscenza.

Sezione XIII
Delle società con partecipazione dello Stato o di enti pubblici

2449. Società con partecipazione dello Stato o di enti pubblici (1). – [I] Se lo Stato o gli enti pubblici hanno partecipazioni in una società per azioni che non fa ricorso al mercato del capitale di rischio, lo statuto può ad essi conferire la facoltà di nominare un numero di amministratori e sindaci, ovvero componenti del consiglio di sorveglianza, proporzionale alla partecipazione al capitale sociale.

[II] Gli amministratori e i sindaci o i componenti del consiglio di sorveglianza nominati a norma del primo comma possono essere revocati soltanto dagli enti che li hanno nominati. Essi hanno i diritti e gli obblighi dei membri nominati dall'assemblea. Gli amministratori non possono essere nominati per un periodo superiore a tre esercizi e scadono alla data dell'assemblea convocata per l'approvazione del bilancio relativo all'ultimo esercizio della loro carica.

[III] I sindaci, ovvero i componenti del consiglio di sorveglianza, restano in carica per tre esercizi e scadono alla data dell'assemblea convocata per l'approvazione del bilancio relativo al terzo esercizio della loro carica.

[IV] Alle società che fanno ricorso al capitale di rischio si applicano le disposizioni del sesto comma dell'articolo 2346. Il consiglio di amministrazione può altresì proporre all'assemblea, che delibera con le maggioranze previste per l'assemblea ordinaria, che i diritti amministrativi previsti dallo statuto a favore dello Stato o degli enti pubblici siano rappresentati da una particolare categoria di azioni. A tal fine è in ogni caso necessario il consenso dello Stato o dell'ente pubblico a favore del quale i diritti amministrativi sono previsti.

(1) Articolo modificato dall'art. 13, co. 1, l. 25/2/2008, n. 34. Il testo precedentemente in vigore, era il seguente: «[I] Se lo Stato o gli enti pubblici hanno partecipazioni in una società per azioni, lo statuto può ad essi conferire la facoltà di nominare uno o più amministratori o sindaci ovvero componenti del consiglio di sorveglianza. [II] Gli amministratori e i sindaci o i componenti del consiglio di sorveglianza nominati a norma del comma precedente possono essere revocati soltanto dagli enti che li hanno nominati. [III] Essi hanno i diritti e gli obblighi dei membri nominati dall'assemblea. [IV] Sono salve le disposizioni delle leggi speciali». Vedi anche il secondo comma dell'art. 13 della stessa l. n. 34/2008, che recita: «Il consiglio di amministrazione, nelle società che ricorrono al capitale di rischio e nelle quali sia prevista la nomina di amministratori ai sensi dell'articolo 2449 del codice civile, nel testo vigente anteriormente alla data di entrata in vigore della presente legge, adegua lo statuto entro otto mesi da tale data, prevedendo che i diritti amministrativi siano rappresentati da strumenti finanziari, non trasferibili e condizionati alla persistenza della partecipazione dello Stato o dell'ente pubblico, ai sensi dell'articolo 2346, sesto comma, del codice civile. Scaduto il predetto termine di otto mesi, perdono efficacia le disposizioni statuarie non conformi alle disposizioni dell'articolo 2449, come sostituito dal comma 1».

2450. Amministratori e sindaci nominati dallo Stato o da enti pubblici*.

* Articolo abrogato dall'art. 3, co. 1, d.l. 15/2/2007, n. 10, conv., con modif., in l. 6/4/2007, n. 46, con effetto a decorrere dal 16/2/2007. Il testo dell'articolo, come sostituito dall'art. 1 del d.lg. 17/1/2003, n. 6, era il seguente: «Le disposizioni dell'articolo precedente si applicano anche nel caso in cui la legge o lo statuto attribuisca allo Stato o a enti pubblici, anche in mancanza di partecipazione azionaria, la nomina di uno o più amministratori o sindaci o componenti del consiglio di sorveglianza, salvo che la legge disponga diversamente. - Qualora uno o più sindaci siano nominati dallo Stato, il presidente del collegio sindacale deve essere scelto tra essi».

Sezione XIV
Delle società di interesse nazionale

2451. Norme applicabili. – [I] Le disposizioni di questo capo si applicano anche alle società per azioni d'interesse nazionale, compatibilmente con le disposizioni delle leggi speciali che stabiliscono per tali società una particolare disciplina circa la gestione sociale, la trasferibilità delle azioni, il diritto di voto e la nomina degli amministratori, dei sindaci e dei dirigenti.

Capo VI
Della società in accomandita per azioni

2452. Responsabilità e partecipazioni. – [I] Nella società in accomandita per azioni [2250] i soci accomandatari rispondono solidalmente [1292] e illimitatamente [2740] per le obbligazioni sociali [2301], e i soci accomandanti sono obbligati nei limiti della quota di capitale sottoscritta. Le quote di partecipazione dei soci sono rappresentate da azioni.

2453. Denominazione sociale. – [I] La denominazione della società è costituita dal nome di almeno uno dei soci accomandatari, con l'indicazione di società in accomandita per azioni.

2454. Norme applicabili. – [I] Alla società in accomandita per azioni sono applicabili le norme relative alla società per azioni [2325], in quanto compatibili con le disposizioni seguenti.

2455. Soci accomandatari. – [I] L'atto costitutivo deve indicare i soci accomandatari.

[II] I soci accomandatari sono di diritto amministratori [2318^2] e sono soggetti agli obblighi degli amministratori [2380-bis] della società per azioni [2368, 2369].

2456. Revoca degli amministratori. – [I] La revoca degli amministratori deve essere deliberata con la maggioranza prescritta per le deliberazioni dell'assemblea straordinaria della società per azioni.

[II] Se la revoca avviene senza giusta causa, l'amministratore revocato ha diritto al risarcimento dei danni [2383].

2457. Sostituzione degli amministratori. – [I] L'assemblea con la maggioranza indicata nell'articolo precedente provvede a sostituire l'amministratore che, per qualunque causa, ha cessato dal suo ufficio [2383]. Nel caso di pluralità di amministratori, la nomina deve essere approvata dagli amministratori rimasti in carica [2380-bis].

[II] Il nuovo amministratore assume la qualità di socio accomandatario dal momento dell'accettazione della nomina.

2458. Cessazione dall'ufficio di tutti i soci amministratori. – [I] In caso di cessazione dall'ufficio di tutti gli amministratori, la società si scioglie se nel termine di centottanta giorni non si è provveduto alla loro sostituzione e i sostituti non hanno accettato la carica.

[II] Per questo periodo il collegio sindacale nomina un amministratore provvisorio per il compimento degli atti di ordinaria amministrazione. L'amministratore provvisorio non assume la qualità di socio accomandatario [2323].

2459. Sindaci, consiglio di sorveglianza e azione di responsabilità. – [I] I soci accomandatari non hanno diritto di voto per le azioni ad essi spettanti nelle deliberazioni dell'assemblea che concernono la nomina e la revoca dei sindaci [2400, 2401] ovvero dei componenti del consiglio di sorveglianza e l'esercizio dell'azione di responsabilità [2409-sexiesdecies ss.].

2460. Modificazioni dell'atto costitutivo. – [I] Le modificazioni dell'atto costitutivo [2436] devono essere approvate dall'assemblea con le maggioranze prescritte per l'assemblea straordinaria della società per azioni [2368, 2369, 2376] e devono inoltre essere approvate da tutti i soci accomandatari [2455].

2461. Responsabilità degli accomandatari verso i terzi. – [I] La responsabilità dei soci accomandatari verso i terzi è regolata dall'articolo 2304.

[II] Il socio accomandatario che cessa dall'ufficio di amministratore non risponde per le obbligazioni della società sorte posteriormente all'iscrizione nel registro delle imprese della cessazione dall'ufficio.

Capo VII
Della società a responsabilità limitata

Sezione I
Disposizioni generali

2462. Responsabilità. – [I] Nella società a responsabilità limitata per le obbligazioni sociali risponde soltanto la società con il suo patrimonio.

[II] In caso di insolvenza della società, per le obbligazioni sociali sorte nel periodo in cui l'intera partecipazione è appartenuta ad una sola persona, questa risponde illimitatamente quando i conferimenti non siano stati effettuati secondo quanto previsto dall'articolo 2464, o fin quando non sia stata attuata la pubblicità prescritta dall'articolo 2470.

2463. Costituzione. – [I] La società può essere costituita con contratto [1332] o con atto unilaterale [1324].

[II] L'atto costitutivo deve essere redatto per atto pubblico [2699] e deve indicare:

1) il cognome e il nome o la denominazione, la data e il luogo di nascita o lo Stato (1) di costituzione, il domicilio o la sede, la cittadinanza di ciascun socio;

2) la denominazione, contenente l'indicazione di società a responsabilità limitata, e il comune ove sono poste la sede della società e le eventuali sedi secondarie;

3) l'attività che costituisce l'oggetto sociale;

4) l'ammontare del capitale, non inferiore a diecimila euro (2482) sottoscritto e di quello versato;

5) i conferimenti di ciascun socio e il valore attribuito crediti [2255] (2) e ai beni conferiti in natura;

6) la quota di partecipazione di ciascun socio;

7) le norme relative al funzionamento della società, indicando quelle concernenti l'amministrazione, la rappresentanza;

8) le persone cui è affidata l'amministrazione e l'eventuale soggetto incaricato di effettuare la revisione legale dei conti (3);

9) l'importo globale, almeno approssimativo, delle spese (4) per la costituzione poste a carico della società.

[III] Si applicano alla società a responsabilità limitata le disposizioni degli articoli 2329, 2330, 2331, 2332 e 2341.

[IV] L'ammontare del capitale può essere determinato in misura inferiore a euro diecimila, pari almeno a un euro. In tal caso i conferimenti devono farsi in denaro e devono essere versati per intero alle persone cui è affidata l'amministrazione (5).

[V] La somma da dedurre dagli utili netti risultanti dal bilancio regolarmente approvato, per formare la riserva prevista dall'articolo 2430, deve essere almeno pari a un quinto degli stessi, fino a che la riserva non abbia raggiunto, unitamente al capitale, l'ammontare di diecimila euro. La riserva così formata può essere utilizzata solo per imputazione a capitale [2481-ter] e per copertura di eventuali perdite [2482-bis]. Essa deve essere reintegrata a norma del presente comma se viene diminuita per qualsiasi ragione (5).

(1) Le parole "lo Stato" sono state inserite dall'art. 3 del d.lg. 17/1/2003, n. 6, come modificato dall'art. 5, co. 1, lett. ii), d.lg. 6/2/2004, n. 37.

(2) Leggasi: ai crediti.

(3) Le parole "gli eventuali soggetti incaricati del controllo contabile" sono state sostituite dalle parole "l'eventuale soggetto incaricato di effettuare la revisione legale dei conti" dall'art. 37, co. 24, d.lg. 27/1/2010, n. 39.

(4) Leggasi: delle spese.

(5) Comma aggiunto dall'art. 9, co. 15-ter, d.l. 28/6/2013, n. 76, conv., con modif., in l. 9/8/2013, n. 99.

2463 bis. Società a responsabilità limitata semplificata (1). – [I] La società a responsabilità limitata semplificata può essere costituita con contratto [1332] o atto unilaterale [1324] da persone fisiche (2).

[II] L'atto costitutivo deve essere redatto per atto pubblico [2699] in conformità al modello standard tipizzato con decreto del Ministro della giustizia, di concerto con il Ministro dell'economia e delle finanze e con il Ministro dello sviluppo economico, e deve indicare:

1) il cognome, il nome, la data, il luogo di nascita, il domicilio, la cittadinanza di ciascun socio;

2) la denominazione sociale contenente l'indicazione di società a responsabilità limitata semplificata e il comune ove sono poste la sede della società e le eventuali sedi secondarie;

3) l'ammontare del capitale sociale, pari almeno ad 1 euro e inferiore all'importo di 10.000 euro previsto all'articolo 2463, secondo comma, numero 4), sottoscritto e interamente versato alla data della costituzione. Il conferimento deve farsi in denaro ed essere versato all'organo amministrativo;

4) i requisiti previsti dai numeri 3), 6), 7), 8) del secondo comma dell'articolo 2463;

5) luogo e data di sottoscrizione;

6) gli amministratori (3).

[III] Le clausole del modello standard tipizzato sono inderogabili (4).

[IV] La denominazione di società a responsabilità limitata semplificata, l'ammontare del capitale sottoscritto e versato, la sede della società e l'ufficio del registro delle imprese presso cui questa è iscritta devono essere indicati negli atti, nella corrispondenza della società e nello spazio elettronico destinato alla comunicazione collegato con la rete telematica ad accesso pubblico (5).

[V] Salvo quanto previsto dal presente articolo, si applicano alla società a responsabilità limitata semplificata le disposizioni del presente capo in quanto compatibili.

(1) Articolo inserito dall'art. 3 del d.l. 24/1/2012, n. 1, e modificato, in sede di conversione, dalla l. 24/3/2012, n. 27.

(2) L'art. 9, co. 13, d.l. 28/6/2013, n. 76, conv., con modif., in l. 9/8/2013, n. 99, ha soppresso le parole: "che non abbiano compiuto i trentacinque anni di età alla data della costituzione".

(3) L'art. 9, co. 13, d.l. n. 76/2013, cit., conv., con modif., in l. 9/8/2013, n. 99, ha soppresso le parole: "i quali devono essere scelti tra i soci".

(4) Comma inserito dall'art. 9, co. 13, d.l. n. 76/2013, cit., conv., con modif., in l. 9/8/2013, n. 99.

(5) Seguiva un comma soppresso dall'art. 9, co. 13, d.l. 76/2013, cit., conv., con modif., in l. 9/8/2013, n. 99. Il testo recitava: «È fatto divieto di cessione delle quote a soci non aventi i requisiti di età di cui al primo comma e l'eventuale atto è conseguentemente nullo».

Sezione II
Dei conferimenti e delle quote

2464. Conferimenti. – [I] Il valore dei conferimenti non può essere complessivamente inferiore all'ammontare globale del capitale sociale.

[II] Possono essere conferiti tutti gli elementi dell'attivo suscettibili di valutazione economica.

[III] Se nell'atto costitutivo non è stabilito diversamente, il conferimento deve farsi in danaro.

[IV] Alla sottoscrizione dell'atto costitutivo deve essere versato all'organo amministrativo nominato nell'atto costitutivo (1) almeno il venticinque per cento dei conferimenti in danaro e l'intero soprapprezzo o, nel caso di costituzione con atto unilaterale, il loro intero ammontare. I mezzi di pagamento sono indicati nell'atto (1). Il versamento può essere sostituito dalla stipula, per un importo almeno corrispondente, di una polizza di assicurazione o di una fideiussione (2) bancaria con le caratteristiche determinate con decreto del Presidente del Consiglio dei Ministri; in tal caso il socio può in ogni momento sostituire la polizza o la fideiussione (2) con il versamento del corrispondente importo in danaro.

[V] Per i conferimenti di beni in natura e di crediti [2465] si osservano le disposizioni degli articoli 2254 e 2255. Le quote corrispondenti a tali conferimenti devono essere integralmente liberate al momento della sottoscrizione.

[VI] Il conferimento può anche avvenire mediante la prestazione di una polizza di assicurazione o di una fideiussione bancaria con cui vengono garantiti, per l'intero valore ad essi assegnato, gli obblighi assunti dal socio aventi per oggetto la prestazione d'opera o di servizi a favore della società [2465, 2481]. In tal caso, se l'atto costitutivo lo prevede, la polizza o la fideiussione possono essere sostituite dal socio con il versamento a titolo di cauzione del corrispondente importo in danaro presso la società.

[VII] Se viene meno la pluralità dei soci, i versamenti ancora dovuti devono essere effettuati nei novanta giorni [2470].

(1) L'art. 9, co. 15-bis, d.l. 28/6/2013, n. 76, conv., con modif., in l. 9/8/2013, n. 99, ha sostituito le parole: "presso una banca" con le parole "all'organo amministrativo nominato nell'atto costitutivo" e inserito le parole: "I mezzi di pagamento sono indicati nell'atto".

(2) V. Errata-corrige in G.U. 4/7/2003, n. 153.

2465. Stima dei conferimenti di beni in natura e di crediti. – [I] Chi conferisce beni in natura o crediti deve presentare la relazione giurata di un revisore legale o di una società di revisione legali iscritti nell'apposito registro [2343[1]] (1). La relazione, che deve contenere la descrizione dei beni o crediti conferiti, l'indicazione dei criteri di valutazione adottati e l'attestazione che il loro valore è almeno pari a quello ad essi attribuito ai fini della determinazione del capitale sociale e dell'eventuale soprapprezzo, deve essere allegata all'atto costitutivo.

[II] La disposizione del precedente comma si applica in caso di acquisto [2343-bis] da parte della società, per un corrispettivo pari o superiore al decimo del capitale sociale, di beni o di crediti dei soci fondatori, dei soci e degli amministratori, nei due anni dalla iscrizione della società nel registro delle imprese. In tal caso l'acquisto, salvo diversa disposizione dell'atto costitutivo, deve essere autorizzato con decisione dei soci a norma dell'articolo 2479.

[III] Nei casi previsti dai precedenti commi si applicano il secondo comma dell'articolo 2343 ed il quarto e quinto comma dell'articolo 2343-bis.

(1) Le parole "di un esperto o di una società di revisione iscritti nel registro dei revisori contabili o di una società di revisione iscritta nell'albo speciale" sono state sostituite dalle parole "di un revisore legale o di una società di revisione legali iscritti nell'apposito registro" dall'art. 37, co. 25, d.lg. 27/1/2010, n. 39.

2466. Mancata esecuzione dei conferimenti. – [I] Se il socio non esegue il conferimento nel termine prescritto, gli amministratori diffidano il socio moroso ad eseguirlo nel termine di trenta giorni.

[II] Decorso inutilmente questo termine gli amministratori, qualora non ritengano utile promuovere azione per l'esecuzione dei conferimenti dovuti, possono vendere agli altri soci in proporzione della loro partecipazione la quota del socio moroso. La vendita è effettuata a rischio e pericolo [1515, 1516] del medesimo per il valore risultante dall'ultimo bilancio approvato. In mancanza di offerte per l'acquisto, se l'atto costitutivo lo consente, la quota è venduta all'incanto [576 ss. CPC.].

[III] Se la vendita non può aver luogo per mancanza di compratori, gli amministratori escludono il socio [2286] trattenendo le somme riscosse. Il capitale deve essere ridotto [2482, 2482-bis] in misura corrispondente.

[IV] Il socio moroso non può partecipare alle decisioni dei soci.

[V] Le disposizioni dei precedenti commi si applicano anche nel caso in cui per qualsiasi motivo siano scadute o divengano inefficaci la polizza assicurativa o la garanzia bancaria prestate ai sensi dell'articolo 2464. Resta salva in tal caso la possibilità del socio di sostituirle con il versamento del corrispondente importo di danaro.

2467. Finanziamenti dei soci. – [I] Il rimborso dei finanziamenti dei soci a favore della società è postergato rispetto alla soddisfazione degli altri creditori (1).

[II] Ai fini del precedente comma s'intendono finanziamenti dei soci a favore della società quelli, in qualsiasi forma effettuati, che sono stati concessi in un momento in cui, anche in considerazione del tipo di attività esercitata dalla società, risulta un eccessivo squilibrio dell'indebitamento rispetto al patrimonio netto oppure in una situazione finanziaria della società nella quale sarebbe stato ragionevole un conferimento [2497-quinquies].

(1) L'art. 383 del d.lg. 12/1/2019, n. 14 ha soppresso le parole "e, se avvenuto nell'anno precedente la dichiarazione di fallimento della società, deve essere restituito". Tale disposizione, ai sensi dell'art. 389, co. 1, del d.lg. cit., come da ultimo modificato dall'art. 5 del d.l. 8/4/2020, n. 23, conv., con modif., in l. 5/6/2020, n. 40, entra in vigore il 1/9/2021.

• In tema di misure urgenti per garantire la continuità delle imprese colpite dall'emergenza covid-19, v. art. 8 del d.l. 8/4/2020, n. 23, conv., con modif., in l. 5/6/2020, n. 40, che prevede che: «Ai finanziamenti effettuati a favore delle società dalla data di entrata in vigore del presente decreto e sino alla data del 31 dicembre 2020 non si applicano gli articoli 2467 e 2497 quinquies del codice civile».

2468. Quote di partecipazione. – [I] Le partecipazioni dei soci non possono essere rappresentate da azioni né costituire oggetto di offerta al pubblico di prodotti finanziari (1).

[II] Salvo quanto disposto dal terzo (2) comma del presente articolo, i diritti sociali spettano ai soci in misura proporzionale alla partecipazione da ciascuno posseduta [2345, 2348]. Se l'atto costitutivo non prevede diversamente, le partecipazioni dei soci sono determinate in misura proporzionale al conferimento [2346].

[III] Resta salva la possibilità che l'atto costitutivo preveda l'attribuzione a singoli soci di particolari diritti riguardanti l'amministrazione della società o la distribuzione degli utili.

[IV] Salvo diversa disposizione dell'atto costitutivo e salvo in ogni caso quanto previsto dal primo comma dell'articolo 2473, i diritti previsti dal precedente comma possono essere modificati solo con il consenso di tutti i soci.

[V] Nel caso di comproprietà di una partecipazione, i diritti dei comproprietari devono essere esercitati da un rappresentante comune nominato secondo le modalità previste dagli articoli 1105 e 1106 [2347] (3).

(1) Le parole "offerta al pubblico di prodotti finanziari" sono state sostituite alle parole "sollecitazione all'investimento" dall'art. 5, co. 1, d.lg. 28/3/2007, n. 51, con effetto a decorrere dal 24/4/2007.

(2) V. Avviso di rettifica in G.U. 4/7/2003, n. 153.

(3) Seguiva un periodo soppresso dall'art. 21 del d.lg. 28/122004, n. 310.

2469. Trasferimento delle partecipazioni. – [I] Le partecipazioni sono liberamente trasferibili (1) per atto tra vivi [1376] e per successione a causa di morte, salvo contraria disposizione dell'atto costitutivo [2462, 2471].

[II] Qualora l'atto costitutivo preveda l'intrasferibilità delle partecipazioni [2465[3]] o ne subordini il trasferimento al gradimento di organi sociali, di soci [2468] o di terzi senza prevederne condizioni e limiti, o ponga condizioni o limiti che nel caso concreto impediscono il trasferimento a causa di morte [2355-bis], il socio o i suoi eredi possono esercitare il diritto di recesso ai sensi dell'articolo 2473. In tali casi l'atto costitutivo può stabilire un termine, non superiore a due anni dalla costituzione della società o dalla sottoscrizione della partecipazione, prima del quale il recesso non può essere esercitato.

(1) La parola "trasferibili" è stata sostituita alla parola "trasmissibili" dall'art. 3 del d.lg. 17/1/2003, n. 6, come modificato dall'art. 5, co. 1, lett. nn), d.lg. 6/2/2004, n. 37.

2470. Efficacia e pubblicità. – [I] Il trasferimento delle partecipazioni ha effetto di fronte alla società dal momento del deposito di cui al successivo comma (1).

[II] L'atto di trasferimento, con sottoscrizione autenticata, deve essere depositato entro trenta giorni, a cura del notaio autenticante, presso l'ufficio del registro delle imprese nella cui circoscrizione è stabilita la sede sociale. In caso di trasferimento a causa di morte il deposito è effettuato a richiesta dell'erede o del legatario verso presentazione della documentazione richiesta per l'annotazione nel libro dei soci dei corrispondenti trasferimenti in materia di società per azioni (2).

[III] Se la quota è alienata con successivi contratti a più persone, quella tra esse che per prima ha effettuato in buona fede l'iscrizione nel registro delle imprese è preferita alle altre, anche se il suo titolo è di data posteriore [1155, 2644[2]].

[IV] Quando l'intera partecipazione appartiene ad un solo socio o muta la persona dell'unico socio [2250[4], 2362], gli amministratori devono depositare per l'iscrizione nel registro (3) delle imprese una dichiarazione contenente l'indicazione del cognome e nome o della denominazione, della data e del luogo di nascita o lo Stato (4) di costituzione, del domicilio o della sede e cittadinanza dell'unico socio.

[V] Quando si costituisce o ricostituisce la pluralità dei soci, gli amministratori ne devono depositare apposita dichiarazione per l'iscrizione nel registro delle imprese.

[VI] L'unico socio o colui che cessa di essere tale può provvedere alla pubblicità prevista nei commi precedenti.

[VII] Le dichiarazioni degli amministratori previste dai commi quarto e quinto devono essere depositate entro trenta giorni dall'avvenuta variazione della compagine sociale (5).

(1) Le parole "del deposito di cui al", inserite dall'art. 16, co. 12-quater, d.l. 29/11/2008, n. 185, conv., con modif., nella l. 28/1/2009, n. 2, hanno sostituito le parole "dell'iscrizione nel libro dei soci secondo quanto previsto nel". Ai sensi del co. 12-undecies del medesimo art. 16 del d.l. 185/2008, conv., con modif., dalla l. n. 2/2009, le disposizioni entrano in vigore il sessantesimo giorno successivo alla data di entrata in vigore della legge di conversione del presente decreto. Entro tale termine, gli amministratori delle società a responsabilità limitata depositano, con esenzione da ogni imposta e tassa, apposita dichiarazione per integrare le risultanze del registro delle imprese con quelle del libro dei soci.

(2) Comma così modificato dall'art. 16, co. 12-quater, d.l. 29/11/2008, n. 185, conv., con modif., nella l. 28/1/2009, n. 2. Il testo precedente recitava: «L'atto di trasferimento, con sottoscrizione autenticata, deve essere depositato entro trenta giorni, a cura del notaio autenticante, presso l'ufficio del registro delle imprese nella cui circoscrizione è stabilita la sede sociale. L'iscrizione del trasferimento nel libro dei soci ha luogo, su richiesta dell'alienante o dell'acquirente, verso esibizione del titolo da cui risultino il trasferimento e l'avvenuto deposito. In caso di trasferimento a causa di morte il deposito e l'iscrizione sono effettuati a richiesta dell'erede o del legatario verso presentazione della documentazione richiesta per l'annotazione nel libro dei soci dei corrispondenti trasferimenti in materia di società per azioni». Ai sensi dell'art. 36 del d.l. 25/6/2008, n. 112, conv., con modif., dalla l. 6/8/2008, n. 133, l'atto di trasferimento può essere sottoscritto con firma digitale. Ai sensi del co. 12-undecies del medesimo art. 16 del d.l. n. 185/2008, conv., con modif., dalla l. n. 2/2009, le disposizioni entrano in vigore il sessantesimo giorno successivo alla data di entrata in vigore della legge di conversione del presente decreto. Entro tale termine, gli amministratori delle società a responsabilità limitata depositano, con esenzione da ogni imposta e tassa, apposita dichiarazione per integrare le risultanze del registro delle imprese con quelle del libro dei soci.

(3) Le parole "l'iscrizione nel registro" sono state sostituite alle parole "l'iscrizione del registro" dall'art. 3 del d.lg. 17/1/2003, n. 6, come modificato dall'art. 5, co. 1, lett. oo), d.lg. 6/2/2004, n. 37.

(4) Le parole "lo Stato" sono state inserite dall'art. 3 del d.lg. n. 6, cit., come modificato dall'art. 5, co. 1, lett. oo), d.lg. n. 37, cit.

(5) Comma così modificato dall'art. 16, co. 12-quater, d.l. 29/11/2008, n. 185 conv., con modif., nella l. 28/1/2009, n. 2. Il testo precedente recitava: «Le dichiarazioni degli amministratori previste dai precedenti quarto e quinto comma devono essere depositate entro trenta giorni dall'iscrizione nel libro dei soci e devono indicare la data di tale iscrizione». Ai sensi del co. 12-undecies del medesimo art. 16 del d.l. 185/2008, conv., con modif., dalla l. n. 2/2009, le disposizioni entrano in vigore il sessantesimo giorno successivo alla data di entrata in vigore della legge di conversione del presente decreto. Entro tale termine, gli amministratori delle società a responsabilità limitata depositano, con esenzione da ogni imposta e tassa, apposita dichiarazione per integrare le risultanze del registro delle imprese con quelle del libro dei soci.

2471. Espropriazione della partecipazione. – [I] La partecipazione può formare oggetto di espropriazione [2910]. Il pignoramento [491 ss., 543 ss. CPC.] si esegue mediante notificazione al debitore e alla società e successiva iscrizione nel registro delle imprese [2352] (1).

[II] L'ordinanza del giudice che dispone la vendita della partecipazione deve essere notificata alla società a cura del creditore.

[III] Se la partecipazione non è liberamente trasferibile e il creditore, il debitore e la società non si accordano sulla vendita della quota stessa, la vendita ha luogo all'incanto [576 ss. CPC.]; ma la vendita è priva di effetto se, entro dieci giorni dall'aggiudicazione, la società presenta un altro acquirente che offra lo stesso prezzo.

[IV] Le disposizioni del comma precedente si applicano anche in caso di fallimento di un socio.

(1) L'art. 16, co. 12-quinquies, d.l. 29/11/2008, n. 185, conv., con modif., nella l. 28/1/2009, n. 2, ha soppresso le parole: "Gli amministratori procedono senza indugio all'annotazione nel libro dei soci". Ai sensi del co. 12-undecies del medesimo art. 16 del d.l. 185/2008, conv., con modif., dalla l. n. 2/2009, le disposizioni entrano in vigore il sessantesimo giorno successivo alla data di entrata in vigore della legge di conversione del presente decreto. Entro tale termine, gli amministratori delle società a responsabilità limitata depositano, con esenzione da ogni imposta e tassa, apposita dichiarazione per integrare le risultanze del registro delle imprese con quelle del libro dei soci.

2471 bis. Pegno, usufrutto e sequestro della partecipazione. – [I] La partecipazione può formare oggetto di pegno [2790, 2792, 2793] usufrutto [981, 982, 1004, 1015] e sequestro [2905 ss.]. Salvo quanto disposto dal terzo comma dell'articolo che precede, si applicano le disposizioni dell'articolo 2352.

2472. Responsabilità dell'alienante per i versamenti ancora dovuti. – [I] Nel caso di cessione della partecipazione l'alienante è obbligato solidalmente [1292] con l'acquirente, per il periodo di tre anni dall'iscrizione del trasferimento nel registro delle imprese (1) [2470], per i versamenti ancora dovuti [2464, 2466].

[II] Il pagamento non può essere domandato all'alienante se non quando la richiesta al socio moroso è rimasta infruttuosa [1268[2], 1944[2]].

(1) Le parole "registro delle imprese" sono state sostituita alle parole "libro dei soci" dall'art. 16, co. 12-nonies, d.l. 29/11/2008, n. 185 conv., con modif., nella l. 28/1/2009, n. 2. Ai sensi del co. 12-undecies del medesimo art. 16 del d.l. n. 185/2008, conv., con modif., dalla l. 2/2009, le disposizioni entrano in vigore il sessantesimo giorno successivo alla data di entrata in vigore della legge di conversione del presente decreto. Entro tale termine, gli amministratori delle società a responsabilità limitata depositano, con esenzione da ogni imposta e tassa, apposita dichiarazione per integrare le risultanze del registro delle imprese con quelle del libro dei soci.

2473. Recesso del socio. – [I] L'atto costitutivo determina quando il socio può recedere dalla società e le relative modalità. In ogni caso il diritto di recesso compete ai soci che non hanno consentito al cambiamento dell'oggetto o del tipo di società [2498 ss.], alla sua fusione [2502] o scissione [2506] alla revoca dello stato di liquidazione [2437[1, lett. d)], 2487-ter] *al trasferimento della sede all'estero [2437[1, lett. c)]]* (1), alla eliminazione di una o più cause di recesso previste dall'atto costitutivo e al compimento di operazioni che comportano una sostanziale modificazione dell'oggetto della società [2361, 2437[1, lett. a)]] determinato nell'atto costitutivo o una rilevante modificazione dei diritti attribuiti ai soci a norma dell'articolo 2468, quarto comma. Restano salve le disposizioni in materia di recesso per le società soggette ad attività di direzione e coordinamento [2497-quater].

[II] Nel caso di società contratta a tempo indeterminato il diritto di recesso compete al socio in ogni momento e può essere esercitato con un preavviso di almeno centottanta giorni; l'atto costitutivo può prevedere un periodo di preavviso di durata maggiore purché non superiore ad un anno [2437].

[III] I soci che recedono dalla società hanno diritto di ottenere il rimborso della propria partecipazione in proporzione del patrimonio sociale [2437-ter]. Esso a tal fine è determinato tenendo conto del suo valore di mercato al momento della dichiarazione di recesso; in caso di disaccordo la determinazione è compiuta tramite relazione giurata di un esperto nominato dal tribunale, che provvede anche sulle spese, su istanza della parte più diligente; si applica in tal caso il primo comma dell'articolo 1349.

[IV] Il rimborso delle partecipazioni per cui è stato esercitato il diritto di recesso deve essere eseguito entro centottanta giorni dalla comunicazione del medesimo fatta alla società. Esso può avvenire anche mediante acquisto da parte degli altri soci proporzionalmente alle loro partecipazioni oppure da parte di un terzo concordemente individuato da soci medesimi. Qualora ciò non avvenga, il rimborso è effettuato utilizzando riserve disponibili [2474] o, in mancanza (2), corrispondentemente riducendo il capitale sociale; in quest'ultimo caso si applica l'articolo 2482 e, qualora sulla base di esso non risulti possibile il rimborso della partecipazione del socio receduto, la società viene posta in liquidazione.

[V] Il recesso [1324, 1334, 1353] non può essere esercitato e, se già esercitato, è privo di efficacia, se la società revoca la delibera che lo legittima ovvero se è deliberato lo scioglimento della società [2484[1, n. 5]].

(1) Le parole «al trasferimento della sede all'estero» sono state soppresse dall'art. 51, co. 2, d.lg. 2/3/2023, n. 19. Ai sensi dell'art. 56, co. 2, del medesimo decreto, il citato art. 51 si applica a decorrere dalla data di entrata in vigore del decreto. La società che ha trasferito la sede statutaria all'estero prima di tale data mantenendo l'iscrizione nel registro delle imprese continua a essere regolata dalla legge italiana e, ai fini della giurisdizione e della legge applicabile, la sua sede si considera ubicata presso il registro delle imprese presso il quale ha mantenuto l'iscrizione.

(2) Le parole ", in mancanza," sono state sostituite alle parole "in mancanza" dall'art. 3 del d.lg. 17/1/2003, n. 6, come modificato dall'art. 5, co. 1, lett. pp), d.lg. 6/2/2004, n. 37.

2473 bis. Esclusione del socio. – [I] L'atto costitutivo può prevedere specifiche ipotesi di esclusione [2286, 2466] per giusta causa del socio. In tal caso si applicano le disposizioni del precedente articolo, esclusa la possibilità del rimborso della partecipazione mediante riduzione del capitale sociale.

2474. Operazioni sulle proprie partecipazioni. – [I] In nessun caso la società può acquistare [2357 ss.] o accettare in garanzia partecipazioni proprie, ovvero accordare prestiti o fornire garanzia per il loro acquisto o la loro sottoscrizione [2358].

Sezione III
Dell'amministrazione della società e dei controlli

2475. Amministrazione della società. – [I] L'istituzione degli assetti di cui all'articolo 2086, secondo comma, spetta esclusivamente agli amministratori. Salvo diversa disposizione dell'atto costitutivo, l'amministrazione della società è affidata a uno o più soci nominati con decisione dei soci presa ai sensi dell'articolo 2479 (1).

[II] All'atto di nomina degli amministratori si applicano il quarto e quinto comma dell'articolo 2383.

[III] Quando l'amministrazione è affidata a più persone, queste costituiscono il consiglio di amministrazione [2380-bis]. L'atto costitutivo può tuttavia prevedere, salvo quanto disposto nell'ultimo comma del presente articolo, che l'amministrazione sia ad esse affidata disgiuntamente oppure congiuntamente; in tali casi si applicano, rispettivamente, gli articoli 2257 e 2258.

[IV] Qualora sia costituito un consiglio di amministrazione, l'atto costitutivo può prevedere che le decisioni siano adottate mediante consultazione scritta o sulla base del consenso espresso per iscritto. In tal caso dai documenti sottoscritti dagli amministratori devono risultare con chiarezza l'argomento oggetto della decisione ed il consenso alla stessa.

[V] La redazione del progetto di bilancio [2423] e dei progetti di fusione [2501-ter] o scissione [2506-bis], nonché le decisioni di aumento del capitale ai sensi dell'articolo 2481 sono in ogni caso di competenza dell'organo amministrativo [2381]. Si applica, in quanto compatibile, l'articolo 2381 (2).

(1) Comma sostituito dall'art. 40, co. 4 del d.lg. 26/10/2020, n. 147. Ai sensi dell'art. 42, co. 1, del citato decreto la presente disposizione entra in vigore il 20/11/2020. Il testo del comma, come da ultimo sostituito dall'art. 377, co. 4, d.lg. 12/1/2019, n. 14, era il seguente: «La gestione dell'impresa si svolge nel rispetto della disposizione di cui all'articolo 2086, secondo comma, e spetta esclusivamente agli amministratori, i quali compiono le operazioni necessarie per l'attuazione dell'oggetto sociale. Salvo diversa disposizione dell'atto costitutivo, l'amministrazione della società è affidata a uno o più soci nominati con decisione dei soci presa ai sensi dell'articolo 2479». Tale modifica, ai sensi dell'art. 389, co. 2, del d.lg. n. 14, cit., entrava in vigore il trentesimo giorno successivo alla pubblicazione nella Gazzetta Ufficiale del presente

decreto. Il testo del comma precedentemente alla sostituzione era il seguente: «Salvo diversa disposizione dell'atto costitutivo, l'amministrazione della società è affidata a uno o più soci nominati con decisione dei soci presa ai sensi dell'articolo 2479».

(2) Le parole da "Si applica" a "2381" sono state introdotte dall'art. 375, co. 5, d.lg. 12/1/2019, n. 14.

2475 bis. Rappresentanza della società. – [I] Gli amministratori hanno la rappresentanza generale della società [2384].

[II] Le limitazioni ai poteri degli amministratori che risultano dall'atto costitutivo o dall'atto di nomina, anche se pubblicate, non sono opponibili ai terzi, salvo che si provi che questi abbiano intenzionalmente agito a danno della società.

2475 ter. Conflitto di interessi. – [I] I contratti conclusi dagli amministratori che hanno la rappresentanza della società in conflitto di interessi, per conto proprio o di terzi, con la medesima possono essere annullati su domanda della società, se il conflitto era conosciuto o riconoscibile dal terzo [1394, 1395, 2475-bis].

[II] Le decisioni adottate dal consiglio di amministrazione con il voto determinante di un amministratore in conflitto di interessi con la società, qualora le cagionino un danno patrimoniale, possono essere impugnate entro novanta giorni dagli amministratori e, ove esistenti, dai soggetti previsti dall'articolo 2477. In ogni caso sono salvi i diritti acquistati in buona fede dai terzi in base ad atti compiuti in esecuzione della decisione.

2476. Responsabilità degli amministratori e controllo dei soci. – [I] Gli amministratori sono solidalmente responsabili [1292] verso la società dei danni derivanti dall'inosservanza dei doveri [1176] ad essi imposti dalla legge e dall'atto costitutivo per l'amministrazione della società [2394, 2394-bis]. Tuttavia la responsabilità non si estende a quelli che dimostrino di essere esenti da colpa e, essendo a cognizione che l'atto si stava per compiere, abbiano fatto constare del proprio dissenso.

[II] I soci che non partecipano all'amministrazione hanno diritto [2422] di avere dagli amministratori notizie sullo svolgimento degli affari sociali e di consultare, anche tramite professionisti di loro fiducia, i libri sociali ed i documenti relativi all'amministrazione [2261, 2320].

[III] L'azione di responsabilità [2491[1, n. 7]] contro gli amministratori è promossa da ciascun socio, il quale può altresì chiedere, in caso di gravi irregolarità nella gestione della società, che sia adottato provvedimento cautelare di revoca degli amministratori medesimi. In tal caso il giudice può subordinare il provvedimento alla prestazione di apposita cauzione.

[IV] In caso di accoglimento della domanda la società, salvo il suo diritto di regresso [1299] nei confronti degli amministratori, rimborsa agli attori le spese di giudizio e quelle da essi sostenute per l'accertamento dei fatti.

[V] Salvo diversa disposizione dell'atto costitutivo, l'azione di responsabilità contro gli amministratori può essere oggetto di rinuncia o transazione [1966] da parte della società, purché vi consenta [2479] una maggioranza dei soci rappresentante almeno i due terzi del capitale sociale e purché non si oppongano tanti soci che rappresentano almeno il decimo del capitale sociale. Gli amministratori rispondono verso i creditori sociali per l'inosservanza degli obblighi inerenti alla conservazione dell'integrità del patrimonio sociale. L'azione può essere proposta dai creditori quando il patrimonio sociale risulta insufficiente al soddisfacimento dei loro crediti. La rinunzia all'azione da parte della società non impedisce l'esercizio dell'azione da parte dei creditori sociali. La transazione può essere impugnata dai creditori sociali soltanto con l'azione revocatoria quando ne ricorrono gli estremi (1).

[VI] Le disposizioni dei precedenti commi non pregiudicano il diritto al risarcimento dei danni spettante al singolo socio o al terzo che sono stati direttamente danneggiati da atti dolosi o colposi degli amministratori.

[VII] Sono altresì solidalmente responsabili con gli amministratori, ai sensi dei precedenti commi, i soci che hanno intenzionalmente deciso o autorizzato il compimento di atti dannosi per la società, i soci o i terzi.

[VIII] L'approvazione del bilancio da parte dei soci non implica liberazione degli amministratori e dei sindaci per le responsabilità incorse nella gestione sociale.

(1) Le parole da "Gli amministratori" a "estremi" sono state introdotte dall'art. 378, co. 1, d.lg. 12/1/2019, n. 14.

2477. Sindaco e revisione legale dei conti (1). – [I] L'atto costitutivo può prevedere, determinandone le competenze e i poteri, ivi compresa la revisione legale dei conti, la nomina di un organo di controllo o di un revisore. Se lo statuto non dispone diversamente, l'organo di controllo è costituito da un solo membro effettivo (2).

*[II]**.

[III] La nomina dell'organo di controllo o del revisore è obbligatoria se la società:

a) è tenuta alla redazione del bilancio consolidato;

b) controlla una società obbligata alla revisione legale dei conti;

c) ha superato per due esercizi consecutivi almeno uno dei seguenti limiti: 1) totale dell'attivo dello stato patrimoniale: 2 milioni di euro; 2) ricavi delle vendite e delle prestazioni: 2 milioni di euro; 3) dipendenti occupati in media durante l'esercizio: 10 unità. L'obbligo di nomina dell'organo di controllo o del revisore di cui alla lettera c) del terzo comma cessa quando, per tre esercizi consecutivi, non è superato alcuno dei predetti limiti (3).

[IV] L'obbligo di nomina dell'organo di controllo o del revisore (4) di cui alla lettera c) del terzo comma cessa se, per due esercizi consecutivi, i predetti limiti non vengono superati.

[V] Nel caso di nomina di un organo di controllo, anche monocratico, si applicano le disposizioni sul collegio sindacale previste per le società per azioni (5).

[VI] L'assemblea che approva il bilancio in cui vengono superati i limiti indicati al (6) terzo comma deve provvedere, entro trenta giorni, alla nomina dell'organo di controllo o del revisore (7). Se l'assemblea non provvede, alla nomina provvede il tribunale su richiesta di qualsiasi soggetto interessato o su segnalazione del conservatore del registro delle imprese. Si applicano le disposizioni dell'articolo 2409 anche se la società è priva di organo di controllo (8).

1) Articolo così sostituito dall'art. 14, co. 13, l. 12/11/2011, n. 183, con entrata in vigore, ai sensi dell'art. art. 36 della stessa legge, a partire dal 1/1/2012. Il testo precedente recitava: «Collegio sindacale e revisione legale dei conti – [I] L'atto costitutivo può prevedere, determinandone le competenze e poteri, la nomina di un collegio sindacale o di un revisore. [II] La nomina del collegio sindacale è obbligatoria se il capitale sociale non è inferiore a quello minimo stabilito per le società per azioni. [III] La nomina del collegio sindacale è altresì obbligatoria se la società: a) è tenuta alla redazione del bilancio consolidato; b) controlla una società obbligata alla revisione legale dei conti; c) per due esercizi consecutivi ha superato due dei limiti indicati dal primo comma dell'articolo 2435-bis. [IV] L'obbligo di nomina del collegio sindacale di cui alla lettera c) del terzo comma cessa se, per due esercizi consecutivi, i predetti limiti non vengono superati. [V] Nei casi previsti dal secondo e terzo comma si applicano le disposizioni in tema di società per azioni; se l'atto costitutivo non dispone diversamente, la revisione legale dei conti è esercitata dal collegio sindacale. [VI] L'assemblea che approva il bilancio in cui vengono superati i limiti indicati al secondo e terzo comma deve provvedere, entro trenta giorni, alla nomina del collegio sindacale. Se l'assemblea non provvede, alla nomina provvede il tribunale su richiesta di qualsiasi soggetto interessato». Precedentemente lo stesso articolo era

stato sostituito dall'art. 37, co. 26, d.lg. 27/1/2010 n. 39. Il testo originario era: «Controllo legale dei conti – [I] L'atto costitutivo può prevedere, determinandone le competenze e poteri, la nomina di un collegio sindacale o di un revisore. [II] La nomina del collegio sindacale è obbligatoria se il capitale sociale non è inferiore a quello minimo stabilito per le società per azioni. [III] La nomina del collegio sindacale è altresì obbligatoria se per due esercizi consecutivi siano stati superati due dei limiti indicati dal primo comma dell'articolo 2435-bis. L'obbligo cessa se, per due esercizi consecutivi, due dei predetti limiti non vengono superati. [IV] Nei casi previsti dal secondo e terzo comma si applicano le disposizioni in tema di società per azioni; se l'atto costitutivo non dispone diversamente, il controllo contabile è esercitato dal collegio sindacale».

(2) Comma così sostituito dall'art. 35 del d.l. 9/2/2012, n. 5, conv., con modif., in l. 4/4/2012, n. 35. Il testo precedente recitava: «L'atto costitutivo può prevedere, determinandone le competenze e poteri, la nomina di un sindaco o di un revisore».

* Comma abrogato dall'art. 20 del d.l. 24/6/2014, n. 91, conv., con modif., in l. 11/8/2014, n. 116. Il testo recitava: «La nomina dell'organo di controllo o del revisore è obbligatoria se il capitale sociale non è inferiore a quello minimo stabilito per le società per azioni».

(3) Commi sostituiti dall'art. 379, co. 1, d.lg. 12/1/2019, n. 14; la precedente formulazione prevedeva che "La nomina dell'organo di controllo o del revisore (3) è (4) obbligatoria se la società: *a*) è tenuta alla redazione del bilancio consolidato; *b*) controlla una società obbligata alla revisione legale dei conti; *c*) per due esercizi consecutivi ha superato due dei limiti indicati dal primo comma dell'articolo 2435-bis".

(4) L'art. 35 del d.l. 9/2/2012, n. 5, conv., con modif., in l. 4/4/2012, n. 35, ha sostituito le parole "del sindaco" con le parole "dell'organo di controllo o del revisore".

(5) L'art. 20 del d.l. 24/6/2014, n. 91, conv., con modif., in l. 11/8/2014, n. 116, ha soppresso la parola "altresì".

(6) Comma così sostituito dall'art. 35 del d.l. 9/2/2012, n. 5, conv., con modif., in l. 4/4/2012, n. 35. Il testo precedente recitava: «Nei casi previsti dal secondo e terzo comma si applicano le disposizioni in tema di società per azioni; se l'atto costitutivo non dispone diversamente, la revisione legale dei conti è esercitata dal sindaco».

(7) L'art. 35 del d.l. 9/2/2012, n. 5, conv., con modif., in l. 4/4/2012, n. 35, ha sostituito le parole "del sindaco" con le parole "dell'organo di controllo o del revisore".

(8) Le parole da "o su segnalazione del conservatore del registro delle imprese" e "Si applicano le disposizioni dell'articolo 2409 anche se la società è priva di organo di controllo" sono state introdotte dall'art. 379, co. 2, d.lg. 12/1/2019, n. 14.

2478. Libri sociali obbligatori. – [I] Oltre i libri e le altre scritture contabili prescritti nell'articolo 2214, la società deve tenere:

*1)**;

2) il libro delle decisioni dei soci [2421$^{1, n. 3}$], nel quale sono trascritti senza indugio sia i verbali delle assemblee, anche se redatti per atto pubblico, sia le decisioni prese ai sensi del primo periodo del terzo comma dell'articolo 2479; la relativa documentazione è conservata dalla società;

3) il libro delle decisioni degli amministratori [2421$^{1, n. 4}$];

4) il libro delle decisioni del collegio sindacale nominato (1) ai sensi dell'articolo 2477 [2421$^{1, n. 5}$].

[II] I libri indicati nei numeri 2) e 3) del primo comma devono essere tenuti a cura degli amministratori; il libro indicato nel numero 4) del primo comma deve essere tenuto a cura dei sindaci (2).

[III] I contratti della società con l'unico socio o le operazioni a favore dell'unico socio sono opponibili ai creditori della società solo se risultano dal libro indicato nel numero 3 del primo comma o da atto scritto avente data certa anteriore al pignoramento [2709].

* Numero abrogato dall'art. 16, co. 12-septies, d.l. 29/11/2008, n. 185 conv., con modif., nella l. 28/1/2009, n. 2. Il testo recitava: «il libro dei soci, nel quale devono essere indicati il nome dei soci, la partecipazione di spettanza di ciascuno, i versamenti fatti sulle partecipazioni, nonché le variazioni nelle persone dei soci;». Ai sensi del co. 12-undecies del medesimo art. 16 del d.l. n. 185/2008, conv., con modif., dalla l. n. 2/2009, le disposizioni entrano in vigore il sessantesimo giorno successivo alla data di entrata in vigore della legge di conversione del presente decreto. Entro tale termine, gli amministratori delle società a responsabilità limitata depositano, con esenzione da ogni imposta e tassa, apposita dichiarazione per integrare le risultanze del registro delle imprese con quelle del libro dei soci.

(1) Le parole "o del revisore nominati" sono state sostituite dalle parole "nominato" dall'art. 37, co. 27, d.lg. 27/1/2010, n. 39.

(2) Comma modificato dall'art. 37, co. 27, d.lg. 27/1/2010, n. 39, che ha soppresso le parole "o del revisore", poste alla fine del comma. Precedentemente il comma era stato modificato dall'art. 16, co. 12-septies, d.l. 29/11/2008, n. 185, conv., con modif., nella l. 28/1/2009, n. 2. Il testo recitava: «I primi tre libri devono essere tenuti a cura degli amministratori e il quarto a cura dei sindaci o del revisore». Ai sensi del co. 12-undecies del medesimo art. 16 del d.l. n. 185/2008, conv., con modif., dalla l. n. 2/2009, le disposizioni entrano in vigore il sessantesimo giorno successivo alla data di entrata in vigore della legge di conversione del presente decreto. Entro tale termine, gli amministratori delle società a responsabilità limitata depositano, con esenzione da ogni imposta e tassa, apposita dichiarazione per integrare le risultanze del registro delle imprese con quelle del libro dei soci.

2478 bis. Bilancio e distribuzione degli utili ai soci. – [I] Il bilancio deve essere redatto con l'osservanza delle disposizioni di cui alla Sezione IX del Capo V del presente Libro [2423 ss.]. Esso è presentato ai soci entro il termine stabilito dall'atto costitutivo e comunque non superiore a centoventi giorni dalla chiusura dell'esercizio sociale, salva la possibilità di un maggior termine nei limiti ed alle condizioni previsti dal secondo comma dell'articolo 2364.

[II] Entro trenta giorni dalla decisione dei soci di approvazione del bilancio deve essere depositata presso l'ufficio del registro delle imprese [2188], a norma dell'articolo 2435, copia del bilancio approvato (1).

[III] La decisione dei soci che approva il bilancio decide sulla distribuzione degli utili ai soci.

[IV] Possono essere distribuiti esclusivamente gli utili realmente conseguiti e risultanti da bilancio regolarmente approvato [2433^{2}].

[V] Se si verifica una perdita del capitale sociale, non può farsi luogo a ripartizione (2) degli utili fino a che il capitale non sia reintegrato o ridotto in misura corrispondente [2433^{3}].

[VI] Gli utili erogati in violazione delle disposizioni del presente articolo non sono ripetibili se i soci li hanno riscossi in buona fede in base a bilancio regolarmente approvato, da cui risultano utili netti corrispondenti [2433^{4}].

(1) Comma modificato dall'art. 16, co. 12 octies, d.l. 29/11/2008, n. 185 conv., con modif., nella l. 28/1/2009, n. 2. Il testo recitava: «Entro trenta giorni dalla decisione dei soci di approvazione del bilancio devono essere depositati presso l'ufficio del registro delle imprese, a norma dell'articolo 2435, copia del bilancio approvato e l'elenco dei soci e degli altri titolari di diritti sulle partecipazioni sociali». Ai sensi del co. 12-undecies del medesimo art. 16 del d.l. 185/2008, conv., con modif., dalla l. n. 2/2009, le disposizioni entrano in vigore il sessantesimo giorno successivo alla data di entrata in vigore della legge di conversione del presente decreto. Entro tale termine, gli amministratori delle società a responsabilità limitata depositano, con esenzione da ogni imposta e tassa, apposita dichiarazione per integrare le risultanze del registro delle imprese con quelle del libro dei soci.

(2) La parola "ripartizione" è stata sostituita alla parola "distribuzione" dall'art. 3 del d.lg. 17/1/2003, n. 6, come modificato dall'art. 51, lett. rr), d.lg. 6/2/2004, n. 37.

Sezione IV
Delle decisioni dei soci

2479. Decisioni dei soci. – [I] I soci decidono sulle materie riservate alla loro competenza dall'atto costitutivo [2365], nonché sugli argomenti che uno o più amministratori o tanti soci che rappresentano almeno un terzo del capitale sociale sottopongono alla loro approvazione (1).

[II] In ogni caso sono riservate alla competenza dei soci:

1) l'approvazione del bilancio [2364, 2490], e la distribuzione degli utili [2433, 2478-bis];

2) la nomina, se prevista nell'atto costitutivo [2468], degli amministratori;

3) la nomina nei casi previsti dall'articolo 2477 dei sindaci e del presidente del collegio sindacale o del soggetto incaricato di effettuare la revisione legale dei conti (2);

4) le modificazioni dell'atto costitutivo [2364$^{1, n. 2}$, 2480 ss.];

5) la decisione di compiere operazioni che comportano una sostanziale modificazione dell'oggetto sociale determinato nell'atto costitutivo o una rilevante modificazione dei diritti dei soci.

[III] L'atto costitutivo può prevedere che le decisioni dei soci siano adottate mediante consultazione scritta o sulla base del consenso espresso per iscritto [2478]. In tal caso dai documenti sottoscritti dai soci devono risultare con chiarezza l'argomento oggetto della decisione ed il consenso alla stessa [2490].

[IV] Qualora nell'atto costitutivo non vi sia la previsione di cui al terzo comma e comunque (3) con riferimento alle materie indicate nei numeri 4) e 5) del secondo comma del presente articolo nonché nel caso previsto dal quarto comma dell'articolo 2482-bis (4) oppure quando lo richiedono uno o più amministratori o un numero di soci che rappresentano almeno un terzo del capitale sociale, le decisioni dei soci debbono essere adottate mediante deliberazione assembleare ai sensi dell'articolo 2479-bis.

[V] Ogni socio ha diritto di partecipare alle decisioni previste dal presente articolo ed il suo voto vale in misura proporzionale alla sua partecipazione.

[VI] Salvo diversa disposizione dell'atto costitutivo, le decisioni dei soci sono prese con il voto favorevole di una maggioranza che rappresenti almeno la metà del capitale sociale [2465, 2475] (5).

(1) Il segno grafico "." è stato sostituito al segno grafico ":" dall'art. 3 del d.lg. 17/1/2003, n. 6, come modificato dall'art. 5, co. 1, lett. ss), d.lg. 6/2/2004, n. 37.

(2) Le parole "del revisore" sono state sostituite dalle parole "del soggetto incaricato di effettuare la revisione legale dei conti" dall'art. 37, co. 28, d.lg. 27/1/2010, n. 39.

(3) La parola "comunque" è stata sostituita alle parole "in ogni caso" dall'art. 3 del d.lg. n. 6, cit., come modificato dall'art. 5, co. 1, lett. ss), d.lg. n. 37, cit.

(4) Le parole "nonché nel caso previsto dal quarto comma dell'articolo 2482-bis" sono state aggiunte dall'art. 3 del d.lg. n. 6, cit.

(5) Comma così sostituito dall'art. 3 del d.lg. n. 6, cit., come modificato dall'art. 5, co. 1, lett. ss), d.lg. n. 37, cit.

2479 bis. Assemblea dei soci. – [I] L'atto costitutivo determina i modi di convocazione dell'assemblea dei soci, tali comunque da assicurare la tempestiva informazione sugli argomenti da trattare [2374]. In mancanza la convocazione è effettuata mediante lettera raccomandata spedita ai soci almeno otto giorni [2366^{1}] prima dell'adunanza nel domicilio risultante dal registro delle imprese (1).

[II] Se l'atto costitutivo non dispone diversamente, il socio può farsi rappresentare in assemblea e la relativa documentazione è conservata secondo quanto prescritto dall'articolo 2478, primo comma, numero 2).

[III] Salvo diversa disposizione dell'atto costitutivo l'assemblea si riunisce presso la sede sociale [2363, 111-ter att.] ed è regolarmente costituita con la presenza di tanti soci che rappresentano almeno la metà del capitale sociale e delibera a maggioranza assoluta e, nei casi previsti dai numeri 4) e 5) del secondo comma dell'articolo 2479, con il voto favorevole dei soci che rappresentano almeno la metà del capitale sociale.

[IV] L'assemblea è presieduta dalla persona indicata nell'atto costitutivo o, in mancanza, da quella designata dagli intervenuti. Il presidente dell'assemblea verifica la regolarità della costituzione, accerta l'identità e la legittimazione dei presenti, regola il suo svolgimento ed accerta i risultati delle votazioni; degli esiti di tali accertamenti deve essere dato conto nel verbale [2370, 2371, 2375].

[V] In ogni caso la deliberazione s'intende adottata quando ad essa partecipa l'intero capitale sociale e tutti gli amministratori e sindaci sono presenti o informati della riunione e nessuno si oppone alla trattazione dell'argomento.

(1) Le parole "registro delle imprese" sono state sostituita alle parole "libro dei soci" dall'art. 16, co. 12-novies, d.l. 29/11/2008, n. 185, conv., con modif., nella l. 28/1/2009, n. 2. Ai sensi del co. 12-undecies del medesimo art. 16 del d.l. n. 185/2008, conv., con modif., dalla l. n. 2/2009, le disposizioni entrano in vigore il sessantesimo giorno successivo alla data di entrata in vigore della legge di conversione del presente decreto. Entro tale termine, gli amministratori delle società a responsabilità limitata depositano, con esenzione da ogni imposta e tassa, apposita dichiarazione per integrare le risultanze del registro delle imprese con quelle del libro dei soci.

2479 ter. Invalidità delle decisioni dei soci. – [I] Le decisioni dei soci che non sono prese in conformità della legge o dell'atto costitutivo possono essere impugnate dai soci che non vi hanno consentito [2377], da ciascun amministratore e dal collegio sindacale entro novanta giorni dalla loro trascrizione nel libro delle decisioni dei soci. Il tribunale, qualora ne ravvisi l'opportunità e ne sia fatta richiesta dalla società o da chi ha proposto l'impugnativa, può assegnare un termine non superiore a centottanta giorni per l'adozione di una nuova decisione idonea ad eliminare la causa di invalidità.

[II] Qualora possano recare danno alla società, sono impugnabili a norma del precedente comma le decisioni assunte con la partecipazione determinante di soci che hanno, per conto proprio o di terzi, un interesse in conflitto [2373] con quello della società.

[III] Le decisioni aventi oggetto illecito o impossibile e quelle prese in assenza assoluta di informazione possono essere impugnate da chiunque vi abbia interesse entro tre anni dalla trascrizione indicata nel primo periodo del primo comma. Possono essere impugnate senza limiti di tempo le deliberazioni che modificano l'oggetto sociale prevedendo attività impossibili o illecite [2379].

[IV] Si applicano, in quanto compatibili, gli articoli 2377, primo, quinto, settimo, ottavo e nono comma (1), 2378, 2379-bis, 2379-ter e 2434-bis.

(1) Le parole "primo, quinto, settimo, ottavo e nono comma" sono state sostituite alle parole "quarto, sesto, settimo e ottavo comma" dall'art. 3 del d.lg. 17/1/2003, n. 6, come modificato dall'art. 5, co. 1, lett. tt), d.lg. 6/2/2004, n. 37.

Sezione V
Delle modificazioni dell'atto costitutivo

2480. Modificazioni dell'atto costitutivo. – [I] Le modificazioni dell'atto costitutivo sono deliberate dall'assemblea dei soci a norma dell'articolo 2479-bis. Il verbale è redatto da notaio e si applica l'articolo 2436.

2481. Aumento di capitale. – [I] L'atto costitutivo può attribuire agli amministratori la facoltà di aumentare il capitale sociale, determinandone i limiti e le modalità di esercizio; la decisione degli amministratori, che deve risultare da verbale redatto senza indugio da notaio, deve essere depositata ed iscritta a norma dell'articolo 2436.

[II] La decisione di aumentare il capitale sociale [2438[1]] non può essere attuata fin quando i conferimenti precedentemente dovuti non sono stati integralmente eseguiti [2438[2], 2475].

2481 bis. Aumento di capitale mediante nuovi conferimenti. – [I] In caso di decisione di aumento del capitale sociale mediante nuovi conferimenti spetta ai soci il diritto di sottoscriverlo in proporzione delle partecipazioni da essi possedute [2441]. L'atto costitutivo può prevedere, salvo per il caso di cui all'articolo 2482-ter, che l'aumento di capitale possa essere attuato anche mediante offerta di quote di nuova emissione a terzi; in tal caso spetta ai soci che non hanno consentito alla decisione il diritto di recesso a norma dell'articolo 2473.

[II] La decisione di aumento di capitale prevede l'eventuale soprapprezzo e le modalità ed i termini entro i quali può essere esercitato il diritto di sottoscrizione. Tali termini non possono essere inferiori a trenta giorni dal momento in cui viene comunicato ai soci che l'aumento di capitale può essere sottoscritto [2441[2]]. La decisione può anche consentire, disciplinandone le modalità, che la parte dell'aumento di capitale non sottoscritta da uno o più soci sia sottoscritta dagli altri soci o da terzi [2441[3]].

[III] Se l'aumento di capitale non è integralmente sottoscritto nel termine stabilito dalla decisione, il capitale è aumentato di un importo pari alle sottoscrizioni raccolte soltanto se la deliberazione medesima lo abbia espressamente consentito [2439[2]].

[IV] Salvo quanto previsto dal secondo periodo del quarto comma e dal sesto comma dell'articolo 2464, i sottoscrittori dell'aumento di capitale devono, all'atto della sottoscrizione, versare alla società almeno il venticinque per cento della parte di capitale sottoscritta e, se previsto, l'intero soprapprezzo. Per i conferimenti di beni in natura o di crediti [2462, 2467] si applica quanto disposto dal quinto comma dell'articolo 2464.

[V] Se l'aumento di capitale è sottoscritto dall'unico socio, il conferimento in danaro deve essere integralmente versato all'atto della sottoscrizione.

[VI] Nei trenta giorni dall'avvenuta sottoscrizione gli amministratori devono depositare per l'iscrizione nel registro delle imprese un'attestazione che l'aumento di capitale è stato eseguito [2444[2]].

2481 ter. Passaggio di riserve a capitale. – [I] La società può aumentare il capitale imputando ad esso le riserve e gli altri fondi iscritti in bilancio in quanto disponibili [2430].

[II] In questo caso la quota di partecipazione di ciascun socio resta immutata [2481[2]].

2482. Riduzione del capitale sociale. – [I] La riduzione del capitale sociale può avere luogo, nei limiti previsti dal numero 4) dell'articolo 2463, mediante rimborso ai soci delle quote pagate [2352, 2464] o mediante liberazione di essi dall'obbligo dei versamenti ancora dovuti [2344, 2466].

[II] La decisione dei soci di ridurre [2445] il capitale sociale può essere eseguita soltanto dopo novanta giorni (1) dal giorno dell'iscrizione nel registro delle imprese della decisione medesima, purché entro questo termine nessun creditore sociale anteriore all'iscrizione abbia fatto opposizione [163 CPC.].

[III] Il tribunale, quando ritenga infondato il pericolo di pregiudizio per i creditori oppure la società abbia prestato un'idonea garanzia, dispone che l'esecuzione abbia luogo nonostante l'opposizione [1179, 2306, 2487-ter, 2503].

(1) Le parole "novanta giorni" sono state sostituite alle parole "tra mesi" dall'art. 3 del d.lg. 17/1/2003, n. 6, come modificato dall'art. 5, co. 1, lett. uu), d.lg. 6/2/2004, n. 37.

2482 bis. Riduzione del capitale per perdite. – [I] Quando risulta che il capitale è diminuito di oltre un terzo in conseguenza di perdite, gli amministratori devono senza indugio [2361] convocare l'assemblea dei soci per gli opportuni provvedimenti.

[II] All'assemblea deve essere sottoposta una relazione degli amministratori sulla situazione patrimoniale [2423 ss.] della società, con le osservazioni nei casi previsti dall'articolo 2477 del collegio sindacale o del soggetto incaricato di effettuare la revisione legale dei conti (1). Se l'atto costitutivo non prevede diversamente, copia della relazione e delle osservazioni deve essere depositata nella sede della società almeno otto giorni prima dell'assemblea, perché i soci possano prenderne visione [2446[1]].

[III] Nell'assemblea gli amministratori devono dare conto dei fatti di rilievo avvenuti dopo la redazione della relazione prevista nel precedente comma.

[IV] Se entro l'esercizio successivo la perdita non risulta diminuita a meno di un terzo, deve essere convocata l'assemblea per l'approvazione del bilancio e per la riduzione del capitale in proporzione delle perdite accertate (2). In mancanza gli amministratori e i sindaci o il soggetto incaricato di effettuare la revisione legale dei conti (3) nominati ai sensi dell'articolo 2477 devono chiedere al tribunale che venga disposta la riduzione del capitale in ragione delle perdite risultanti dal bilancio.

[V] Il tribunale, anche su istanza di qualsiasi interessato, provvede con decreto soggetto a reclamo, che deve essere iscritto nel registro delle imprese a cura degli amministratori.

[VI] Si applica, in quanto compatibile, l'ultimo comma dell'articolo 2446.

(1) Le parole "o del revisore" sono state sostituite dalle parole "o del soggetto incaricato di effettuare la revisione legale dei conti" dall'art. 37, co. 29, d.lg. 27/1/2010, n. 39.

(2) Le parole "deve essere convocata l'assemblea per l'approvazione del bilancio e per la riduzione del capitale in proporzione delle perdite accertate" sono state sostituite alle parole "l'assemblea convocata per l'approvazione del bilancio deve ridurre il capitale in proporzione delle perdite accertate" dall'art. 3 del d.lg. 17/1/2003, n. 6, come modificato dall'art. 5, co. 1, lett. vv), d.lg. 6/2/2004, n. 37.

(3) Le parole "o il revisore" sono state sostituite dalle parole "o il soggetto incaricato di effettuare la revisione legale dei conti" dall'art. 37, co. 29, d.lg. 27/1/2010, n. 39.
Con riferimento alle misure connesse all'emergenza epidemiologica da Covid-19, v. le disposizioni temporanee in materia di riduzione di capitale di cui all'art. 6 del d.l. 8/4/2020, n. 23, conv., con modif., in l. 5/6/2020, n. 40, come sostituito dall'art. 1, co. 266, l. 30/12/2020, n. 178 (legge di bilancio 2021).

2482 ter. Riduzione del capitale al disotto del minimo legale (1). – [I] Se, per la perdita di oltre un terzo del capitale, questo si riduce al disotto del minimo stabilito dal numero 4) dell'articolo 2463, gli amministratori devono senza indugio [2631] convocare l'assemblea per deliberare la riduzione del capitale ed il contemporaneo aumento [2481-bis] del medesimo ad una cifra non inferiore al detto minimo.

[II] È fatta salva la possibilità di deliberare la trasformazione della società [2498 ss.].

(1) Con riferimento alle misure connesse all'emergenza epidemiologica da Covid-19, v. le disposizioni temporanee in materia di riduzione di capitale di cui all'art. 6 del d.l. 8/4/2020, n. 23, conv., con modif., in l. 5/6/2020, n. 40, come sostituito dall'art. 1, co. 266, della l. 30/12/2020, n. 178 (legge di bilancio 2021).

2482 quater. Riduzione del capitale per perdite e diritti dei soci. – [I] In tutti i casi di riduzione del capitale per perdite è esclusa ogni modificazione delle quote di partecipazione e dei diritti spettanti ai soci.

2483. Emissione di titoli di debito. – [I] Se l'atto costitutivo

CODICE CIVILE

lo prevede, la società può emettere titoli di debito [2410, 2526]. In tal caso l'atto costitutivo attribuisce la relativa competenza ai soci [2479, 2479-bis] o agli amministratori [2475] determinando gli eventuali limiti, le modalità e le maggioranze necessarie per la decisione.

[II] I titoli emessi ai sensi del precedente comma possono essere sottoscritti soltanto da investitori professionali soggetti a vigilanza prudenziale a norma delle leggi speciali. In caso di successiva circolazione dei titoli di debito, chi li trasferisce risponde della solvenza [1936] della società nei confronti degli acquirenti che non siano investitori professionali ovvero soci della società medesima.

[III] La decisione di emissione dei titoli prevede le condizioni del prestito e le modalità del rimborso ed è iscritta a cura degli amministratori presso il registro delle imprese [2436]. Può altresì prevedere che, previo consenso della maggioranza dei possessori dei titoli [2415], la società possa modificare tali condizioni e modalità.

[IV] Restano salve le disposizioni di leggi speciali relative a particolari categorie di società e alle riserve di attività.

Capo VIII
Scioglimento e liquidazione delle società di capitali

2484. Cause di scioglimento. – [I] Le società per azioni, in accomandita per azioni e a responsabilità limitata si sciolgono [2250]:

1) per il decorso del termine [2545-duodecies];

2) per il conseguimento dell'oggetto sociale o per la sopravvenuta impossibilità di conseguirlo, salvo che l'assemblea, all'uopo convocata senza indugio, non deliberi le opportune modifiche statutarie [2437[1, lett. a)], 2473[1], 2487, 2545-duodecies];

3) per l'impossibilità di funzionamento o per la continuata inattività dell'assemblea [2545-duodecies];

4) per la riduzione del capitale al disotto del minimo legale, salvo quanto è disposto dagli articoli 2447 e 2482-ter [2487-ter];

5) nelle ipotesi previste dagli articoli 2437-quater e 2473 [2545-duodecies];

6) per deliberazione dell'assemblea [2487, 2545-duodecies];

7) per le altre cause previste dall'atto costitutivo o dallo statuto [2272[1, n. 5], 2484[4]].

7-bis) per l'apertura della procedura di liquidazione giudiziale e della liquidazione controllata (1).

*[I bis]**.

[II] La società inoltre si scioglie per le altre cause previste dalla legge; in queste ipotesi le disposizioni dei seguenti articoli si applicano in quanto compatibili.

[III] Gli effetti dello scioglimento si determinano, nelle ipotesi previste dai numeri 1), 2), 3), 4) e 5) del primo comma, alla data dell'iscrizione presso l'ufficio del registro delle imprese della dichiarazione con cui gli amministratori ne accertano la causa e, nell'ipotesi prevista dal numero 6) del medesimo comma, alla data dell'iscrizione della relativa deliberazione.

[IV] Quando l'atto costitutivo o lo statuto prevedono altre cause di scioglimento, essi devono determinare la competenza a deciderle od accertarle, e ad effettuare gli adempimenti pubblicitari di cui al precedente comma.

(1) Comma introdotto dall'art. 380 del d.lg. 12/1/2019, n. 14. Per l'entrata in vigore della presente disposizione v. l'art. 42, co. 1 del d.lg. n. 147, cit. che dispone che «Il presente decreto entra in vigore alla data di cui all'articolo 389, comma 1, del decreto legislativo 12 gennaio 2019, n. 14, ad eccezione delle disposizioni di cui agli articoli 37, commi 1 e 2, e 40» (1/9/2021).

* L'art. 3 del d.l. 24/1/2012, n. 1, aveva inserito il comma 1-bis, poi decaduto, in sede di conversione con l. 24/3/2012, n. 27. Il comma recitava: «La società semplificata a responsabilità limitata si scioglie, oltre che i motivi indicati nel primo comma, per il venir meno del requisito di età di cui all'articolo 2463-bis, in capo a tutti i soci».

2485. Obblighi degli amministratori. – [I] Gli amministratori devono senza indugio [2631] accertare il verificarsi di una causa di scioglimento e procedere agli adempimenti previsti dal terzo comma dell'articolo 2484. Essi, in caso di ritardo od omissione, sono personalmente e solidalmente responsabili [1292] per i danni subiti dalla società, dai soci, dai creditori sociali e dai terzi.

[II] Quando gli amministratori omettono gli adempimenti di cui al precedente comma, il tribunale, su istanza di singoli soci o amministratori ovvero dei sindaci, accerta il verificarsi della causa di scioglimento, con decreto che deve essere iscritto a norma del terzo comma dell'articolo 2484.

2486. Poteri degli amministratori. – [I] Al verificarsi di una causa di scioglimento e fino al momento della consegna di cui all'articolo 2487-bis, gli amministratori conservano il potere di gestire la società, ai soli fini della conservazione dell'integrità e del valore del patrimonio sociale [2384[1]].

[II] Gli amministratori sono personalmente e solidalmente [1292] responsabili dei danni arrecati alla società, ai soci, ai creditori sociali ed ai terzi, per atti od omissioni compiuti in violazione del precedente comma. Quando è accertata la responsabilità degli amministratori a norma del presente articolo, e salva la prova di un diverso ammontare, il danno risarcibile si presume pari alla differenza tra il patrimonio netto alla data in cui l'amministratore è cessato dalla carica o, in caso di apertura di una procedura concorsuale, alla data di apertura di tale procedura e il patrimonio netto determinato alla data in cui si è verificata una causa di scioglimento di cui all'articolo 2484, detratti i costi sostenuti e da sostenere, secondo un criterio di normalità, dopo il verificarsi della causa di scioglimento e fino al compimento della liquidazione. Se è stata aperta una procedura concorsuale e mancano le scritture contabili o se a causa dell'irregolarità delle stesse o per altre ragioni i netti patrimoniali non possono essere determinati, il danno è liquidato in misura pari alla differenza tra attivo e passivo accertati nella procedura (1).

(1) Le parole da "Quando è stata accertata" a "procedura" sono state introdotte dall'art. 378, co. 2, d.lg. 12/1/2019, n. 14.

2487. Nomina e revoca dei liquidatori; criteri di svolgimento della liquidazione. – [I] Salvo che nei casi previsti dai numeri 2), 4) e 6) del primo comma dell'articolo 2484 non abbia già provveduto l'assemblea e salvo che l'atto costitutivo o lo statuto non dispongano in materia, gli amministratori, contestualmente all'accertamento della causa di scioglimento, debbono convocare l'assemblea [2366] dei soci perché deliberi, con le maggioranze previste per le modificazioni dell'atto costitutivo o dello statuto, su:

a) il numero dei liquidatori e le regole di funzionamento del collegio in caso di pluralità di liquidatori [2257, 2258, 2380[3], 2475[3]];

b) la nomina dei liquidatori, con indicazione di quelli cui spetta la rappresentanza della società [2382, 2384, 2475-bis];

c) i criteri in base ai quali deve svolgersi la liquidazione; i poteri dei liquidatori, con particolare riguardo alla cessione dell'azienda sociale [2555 ss.], di rami di essa, ovvero anche di singoli beni o diritti, o blocchi di essi; gli atti necessari per la conservazione del valore dell'impresa, ivi compreso il suo esercizio provvisorio, anche di singoli rami, in funzione del migliore realizzo [2489].

[II] Se gli amministratori omettono la convocazione di cui

al comma precedente, il tribunale vi provvede su istanza di singoli soci o amministratori, ovvero dei sindaci, e, nel caso in cui l'assemblea non si costituisca o non deliberi, adotta con decreto le decisioni ivi previste.

[III] L'assemblea può sempre modificare, con le maggioranze richieste per le modificazioni dell'atto costitutivo o dello statuto, le deliberazioni di cui al primo comma.

[IV] I liquidatori possono essere revocati [2275] dall'assemblea o, quando sussiste una giusta causa, dal tribunale su istanza di soci, dei sindaci o del pubblico ministero [2409].

2487 bis. Pubblicità della nomina dei liquidatori ed effetti. – [I] La nomina dei liquidatori e la determinazione dei loro poteri, comunque avvenuta, nonché le loro modificazioni, devono essere iscritte, a loro cura, nel registro delle imprese.

[II] Alla denominazione sociale deve essere aggiunta l'indicazione trattarsi di società in liquidazione [2250^{3}].

[III] Avvenuta l'iscrizione di cui al primo comma gli amministratori cessano dalla carica e consegnano ai liquidatori i libri sociali, una situazione dei conti alla data di effetto dello scioglimento ed un rendiconto sulla loro gestione relativo al periodo successivo all'ultimo bilancio approvato. Di tale consegna viene redatto apposito verbale [2486^{1}, 2490^{4}].

2487 ter. Revoca dello stato di liquidazione. – [I] La società può in ogni momento [2492] revocare lo stato di liquidazione [$2437^{1,\ \text{lett. d)}}$, 2473^{1}], occorrendo previa eliminazione della causa di scioglimento, con deliberazione dell'assemblea presa con le maggioranze richieste per le modificazioni dell'atto costitutivo o dello statuto [2365]. Si applica l'articolo 2436.

[II] La revoca ha effetto solo dopo sessanta giorni dall'iscrizione nel registro delle imprese della relativa deliberazione, salvo che consti il consenso dei creditori della società o il pagamento dei creditori che non hanno dato il consenso. Qualora nel termine suddetto i creditori anteriori all'iscrizione abbiano fatto opposizione [163 CPC.], si applica l'ultimo comma dell'articolo 2445.

2488. Organi sociali. – [I] Le disposizioni sulle decisioni dei soci, sulle assemblee e sugli organi amministrativi e di controllo si applicano, in quanto compatibili, anche durante la liquidazione [2364^{5}].

2489. Poteri, obblighi e responsabilità dei liquidatori. – [I] Salvo diversa disposizione statutaria, ovvero adottata in sede di nomina, i liquidatori hanno il potere di compiere tutti gli atti utili per la liquidazione della società.

[II] I liquidatori debbono adempiere i loro doveri con la professionalità e diligenza richieste dalla natura dell'incarico [1176^{2}] e la loro responsabilità per i danni derivanti dall'inosservanza di tali doveri è disciplinata secondo le norme in tema di responsabilità degli amministratori [2392 ss., 2476, 2634].

2490. Bilanci in fase di liquidazione. – [I] I liquidatori devono redigere il bilancio e presentarlo, alle scadenze previste per il bilancio di esercizio della società [2364^{2}, 2478-bis], per l'approvazione all'assemblea o, nel caso previsto dal terzo comma dell'articolo 2479, ai soci. Si applicano, in quanto compatibili con la natura, le finalità e lo stato della liquidazione, le disposizioni degli articoli 2423 e seguenti.

[II] Nella relazione [2428] i liquidatori devono illustrare l'andamento, le prospettive, anche temporali, della liquidazione, ed i principi e criteri adottati per realizzarla.

[III] Nella nota integrativa [2427] i liquidatori debbono indicare e motivare i criteri di valutazione adottati.

[IV] Nel primo bilancio successivo alla loro nomina i liquidatori devono indicare le variazioni nei criteri di valutazione [2426] adottati rispetto all'ultimo bilancio approvato, e le ragioni e conseguenze di tali variazioni. Al medesimo bilancio deve essere allegata la documentazione consegnata dagli amministratori a norma del terzo comma dell'articolo 2487-bis, con le eventuali osservazioni dei liquidatori.

[V] Quando sia prevista una continuazione, anche parziale, dell'attività di impresa, le relative poste di bilancio devono avere una indicazione separata; la relazione deve indicare le ragioni e le prospettive della continuazione; la nota integrativa deve indicare e motivare i criteri di valutazione adottati.

[VI] Qualora per oltre tre anni consecutivi non venga depositato il bilancio di cui al presente articolo, la società è cancellata d'ufficio dal registro delle imprese con gli effetti previsti dall'articolo 2495.

2491. Poteri e doveri particolari dei liquidatori. – [I] Se i fondi disponibili risultano insufficienti per il pagamento dei debiti sociali, i liquidatori possono chiedere proporzionalmente ai soci i versamenti ancora dovuti [2342^{2}, 2344, 2464^{4}, 2466].

[II] I liquidatori non possono ripartire tra i soci acconti sul risultato della liquidazione [2433-bis], salvo che dai bilanci risulti che la ripartizione non incide sulla disponibilità di somme idonee alla integrale e tempestiva soddisfazione dei creditori sociali; i liquidatori possono condizionare la ripartizione alla prestazione da parte del socio di idonee garanzie.

[III] I liquidatori sono personalmente e solidalmente responsabili [1292] per i danni cagionati ai creditori sociali con la violazione delle disposizioni del comma precedente [2633].

2492. Bilancio finale di liquidazione. – [I] Compiuta la liquidazione, i liquidatori devono redigere il bilancio finale, indicando la parte spettante a ciascun socio o azione nella divisione dell'attivo.

[II] Il bilancio, sottoscritto dai liquidatori e accompagnato dalla relazione dei sindaci e del soggetto incaricato di effettuare la revisione legale dei conti, è depositato presso l'ufficio del registro delle imprese (1).

[III] Nei novanta giorni (2) successivi all'iscrizione dell'avvenuto deposito, ogni socio può proporre reclamo davanti al tribunale in contraddittorio dei liquidatori.

[IV] Entro i cinque giorni successivi alla presentazione del reclamo, il cancelliere comunica la notizia in via telematica, ai fini dell'annotazione, al competente ufficio del registro delle imprese (3).

[V] I reclami devono essere riuniti e decisi in unico giudizio, nel quale tutti i soci possono intervenire. La trattazione della causa ha inizio quando sia decorso il termine suddetto. La sentenza fa stato anche riguardo ai non intervenuti. Un estratto della sentenza definitiva che decide sul reclamo è trasmesso, entro cinque giorni, dal cancelliere al competente ufficio del registro delle imprese per la relativa annotazione (4).

(1) Le parole «della revisione contabile» sono state sostituite dalle parole «di effettuare la revisione legale dei conti» dall'art. 37, co. 30, d.lg. 27/1/2010, n. 39.

(2) V. Avviso di rettifica in G.U. 4/7/2003, n. 153.

(3) Comma inserito dall'art. 40, co. 12-ter, lett. a), n. 1, d.l. 16/7/2020, n. 76, conv., con modif,. in l. 11/9/2020, n. 120, con entrata in vigore il 15/9/2020.

(4) Periodo aggiunto dall'art. 40, co. 12-ter, lett. a), n. 2, d.l. 16/7/2020, n. 76, conv., con modif., in l. 11/9/2020, n. 120, con entrata in vigore il 15/9/2020.

2493. Approvazione tacita del bilancio. – [I] Decorso il termine di novanta giorni senza che siano stati proposti reclami, il bilancio finale di liquidazione s'intende approvato, e i liquidatori, salvi i loro obblighi relativi alla distribuzione dell'attivo risultante dal bilancio, sono liberati di fronte ai soci.

[II] Indipendentemente dalla decorrenza del termine, la

quietanza, rilasciata senza riserve all'atto del pagamento dell'ultima quota di riparto, importa approvazione del bilancio.

2494. Deposito delle somme non riscosse. – [I] Le somme spettanti ai soci, non riscosse entro novanta giorni dall'iscrizione dell'avvenuto deposito del bilancio a norma dell'articolo 2492, devono essere depositate presso una banca con l'indicazione del cognome e del nome del socio o dei numeri delle azioni, se queste sono al portatore [2496].

2495. Cancellazione della società. – [I] Approvato il bilancio finale di liquidazione, i liquidatori devono chiedere la cancellazione della società dal registro delle imprese, salvo quanto disposto dal secondo comma (1).

[II] Decorsi cinque giorni dalla scadenza del termine previsto dal terzo comma dell'articolo 2492, il conservatore del registro delle imprese iscrive la cancellazione della società qualora non riceva notizia della presentazione di reclami da parte del cancelliere (2).

[III] Ferma restando l'estinzione della società, dopo la cancellazione i creditori sociali non soddisfatti possono far valere i loro crediti nei confronti dei soci, fino alla concorrenza delle somme da questi riscosse in base al bilancio finale di liquidazione, e nei confronti dei liquidatori, se il mancato pagamento è dipeso da colpa di questi. La domanda, se proposta entro un anno dalla cancellazione, può essere notificata presso l'ultima sede della società.

(1) Le parole ", salvo quanto disposto dal secondo comma" sono state aggiunte dall'art. 40, co. 12-ter, lett. b), n. 1, d.l. 16/7/2020, n. 76, conv., con modif., in l. 11/9/2020, n. 120, con entrata in vigore il 15/9/2020.

(2) Comma inserito dall'art. 40, co. 12-ter, lett. b), n. 2, d.l. 16/7/2020, n. 76, conv., con modif., in l. 11/9/2020, n. 120, con entrata in vigore il 15/9/2020.

2496. Deposito dei libri sociali. – [I] Compiuta la liquidazione, la distribuzione dell'attivo o il deposito indicato nell'articolo 2494, i libri della società [2421, 2478] devono essere depositati e conservati per dieci anni presso l'ufficio del registro delle imprese [2188, 2220, 2312[4]]; chiunque può esaminarli, anticipando le spese.

Capo IX
Direzione e coordinamento di società

2497. Responsabilità. – [I] Le società o gli enti che, esercitando attività di direzione e coordinamento di società, agiscono nell'interesse imprenditoriale proprio o altrui in violazione dei principi di corretta gestione societaria e imprenditoriale delle società medesime, sono direttamente responsabili nei confronti dei soci di queste per il pregiudizio arrecato alla redditività ed al valore della partecipazione sociale, nonché nei confronti dei creditori sociali per la lesione cagionata all'integrità del patrimonio della società. Non vi è responsabilità quando il danno risulta mancante alla luce del risultato complessivo dell'attività di direzione e coordinamento ovvero integralmente eliminato anche a seguito di operazioni a ciò dirette (1).

[II] Risponde in solido chi abbia comunque preso parte al fatto lesivo e, nei limiti del vantaggio conseguito, chi ne abbia consapevolmente tratto beneficio.

[III] Il socio ed il creditore sociale possono agire contro la società o l'ente che esercita l'attività di direzione e coordinamento, solo se non sono stati soddisfatti dalla società soggetta alla attività di direzione e coordinamento.

[IV] Nel caso di liquidazione giudiziale, liquidazione coatta amministrativa e amministrazione straordinaria di società soggetta ad altrui direzione e coordinamento, l'azione spettante ai creditori di questa è esercitata dal curatore o dal commissario liquidatore o dal commissario straordinario (2).

(1) Ai sensi dell'art. 19 del d.l. 1/7/2009, n. 78, convertito in l. 3/8/2009, n. 102, il comma si interpreta nel senso che «per enti si intendono i soggetti giuridici collettivi, diversi dallo Stato, che detengono la partecipazione sociale nell'ambito della propria attività imprenditoriale ovvero per finalità di natura economica o finanziaria».

(2) Comma così sostituito dall'art. 382, co. 3, d.lg. 12/1/2019, n. 14; la precedente formulazione prevedeva che «Nel caso di fallimento, liquidazione coatta amministrativa e amministrazione straordinaria di società soggetta ad altrui direzione e coordinamento, l'azione spettante ai creditori di questa è esercitata dal curatore o dal commissario liquidatore o dal commissario straordinario». Tale disposizione, ai sensi dell'art. 389, co. 1, come da ultimo modificato dall'art. 5 del d.l. 8/4/2020, n. 23, conv., con modif., in l. 5/6/2020, n. 40, entrava in vigore il 1/9/2021. Successivamente l'art. 382 del d.lg. n. 14/2019 cit. stato interamente sostituito dall'art. 39, co. 2, d.lg. 26/10/2020, n. 147 a decorrere dal 1/9/2021, secondo quanto stabilito dall'art. 42, co. 1, d.lg. n. 147/2020 medesimo.

2497 bis. Pubblicità. – [I] La società deve indicare la società o l'ente alla cui attività di direzione e coordinamento è soggetta (1) negli atti e nella corrispondenza [2250], nonché mediante iscrizione, a cura degli amministratori, presso la sezione del registro delle imprese di cui al comma successivo.

[II] È istituita presso il registro delle imprese apposita sezione nella quale sono indicate le società o gli enti (2) che esercitano attività di direzione e coordinamento e quelle che vi sono soggette.

[III] Gli amministratori che omettono [2622] l'indicazione di cui al comma primo ovvero l'iscrizione di cui al comma secondo, o le mantengono quando la soggezione è cessata, sono responsabili dei danni che la mancata conoscenza di tali fatti abbia recato ai soci o ai terzi.

[IV] La società deve esporre, in apposita sezione della nota integrativa [2427], un prospetto riepilogativo dei dati essenziali dell'ultimo bilancio della società o dell'ente che esercita su di essa l'attività di direzione e coordinamento.

[V] Parimenti, gli amministratori devono indicare nella relazione sulla gestione [2428] i rapporti intercorsi con chi esercita l'attività di direzione e coordinamento e con le altre società che vi sono soggette, nonché l'effetto che tale attività ha avuto sull'esercizio dell'impresa sociale e sui suoi risultati.

(1) Le parole "la società o l'ente alla cui attività di direzione e coordinamento è soggetta" sono state sostituite alle parole "la propria soggezione all'altrui attività di direzione e coordinamento" dall'art. 5 del d.lg. 17/1/2003, n. 6, come modificato dall'art. 5, co. 1, lett. zz), d.lg. 6/2/2004, n. 37.

(2) Le parole "sono indicate le società o gli enti" sono state sostituite alle parole "sono indicati i soggetti" dall'art. 5 del d.lg. n. 6, cit.

2497 ter. Motivazione delle decisioni. – [I] Le decisioni delle società soggette ad attività di direzione e coordinamento, quando da questa influenzate, debbono essere analiticamente motivate e recare puntuale indicazione delle ragioni e degli interessi la cui valutazione ha inciso sulla decisione. Di esse viene dato adeguato conto nella relazione di cui all'articolo 2428.

2497 quater. Diritto di recesso. – [I] Il socio di società soggetta ad attività di direzione e coordinamento può recedere:

a) quando la società o l'ente che esercita attività di direzione e coordinamento ha deliberato una trasformazione [2498 ss.] che implica il mutamento del suo scopo sociale, ovvero ha deliberato una modifica del suo oggetto sociale consentendo l'esercizio di attività che alterino in modo sensibile e diretto le condizioni economiche e patrimoniali della società soggetta ad attività di direzione e coordinamento;

b) quando a favore del socio sia stata pronunciata, con decisione esecutiva, condanna di chi esercita attività di direzione e coordinamento ai sensi dell'articolo 2497; in tal caso il diritto di recesso può essere esercitato soltanto per l'intera partecipazione del socio;

c) all'inizio ed alla cessazione dell'attività di direzione e coordinamento, quando non si tratta di una società con azioni quotate in mercati regolamentati e ne deriva un'alterazione delle condizioni di rischio dell'investimento e non venga promossa un'offerta pubblica di acquisto.

[II] Si applicano, a seconda dei casi ed in quanto compatibili, le disposizioni previste per il diritto di recesso del socio nella società per azioni [2437 ss.] o in quella a responsabilità limitata [2437 ss.].

2497 quinquies. Finanziamenti nell'attività di direzione e coordinamento. – [I] Ai finanziamenti effettuati a favore della società da chi esercita attività di direzione e coordinamento nei suoi confronti o da altri soggetti ad essa sottoposti si applica l'articolo 2467.

2497 sexies. Presunzioni. – [I] Ai fini di quanto previsto nel presente capo, si presume salvo prova contraria che l'attività di direzione e coordinamento di società sia esercitata dalla società o ente tenuto al consolidamento dei loro bilanci o che comunque le controlla (1) ai sensi dell'articolo 2359 (2).

(1) Le parole "dalla società o ente tenuto al consolidamento dei loro bilanci o che comunque le controlla" sono state sostituite alle parole "dalle società o enti tenuti al consolidamento dei loro bilanci o che comunque le controllano" dall'art. 5 del d.lg. 17/1/2003, n. 6, modif. dall'art. 5, co. 1, lett. aaa), d.lg. 6/2/2004, n. 37.

(2) Seguiva un secondo comma soppresso dall'art. 5 del d.lg. n. 6, cit., come modificato dall'art. 5, co. 1, lett. aaa), d.lg. n. 37, cit.

2497 septies. Coordinamento fra società (1). – [I] Le disposizioni del presente capo si applicano altresì alla società o all'ente che, fuori dalle ipotesi di cui all'articolo 2497-sexies, esercita attività di direzione e coordinamento di società sulla base di un contratto con le società medesime o di clausole dei loro statuti.

(1) Articolo inserito dall'art. 5 del d.lg. 17/1/2003, n. 6, come modificato dall'art. 5, co. 1, lett. bbb), d.lg. 6/2/2004, n. 37.

Capo X
Della trasformazione, della fusione e della scissione

Sezione I
Della trasformazione

2498. Continuità dei rapporti giuridici. – [I] Con la trasformazione l'ente trasformato conserva i diritti e gli obblighi e prosegue in tutti i rapporti [2558] anche processuali dell'ente che ha effettuato la trasformazione.

2499. Limiti alla trasformazione. – [I] Può farsi luogo alla trasformazione anche in pendenza di procedura concorsuale, purché non vi siano incompatibilità con le finalità o lo stato della stessa [2487-ter].

2500. Contenuto, pubblicità ed efficacia dell'atto di trasformazione. – [I] La trasformazione [2369[5]] in società per azioni [2325 ss.], in accomandita per azioni o a responsabilità limitata [2462 ss.] deve risultare da atto pubblico, contenente le indicazioni previste dalla legge per l'atto di costituzione del tipo adottato.

[II] L'atto di trasformazione è soggetto alla disciplina prevista per il tipo adottato ed alle forme di pubblicità relative, nonché alla pubblicità richiesta per la cessazione dell'ente che effettua la trasformazione.

[III] La trasformazione ha effetto dall'ultimo degli adempimenti pubblicitari di cui al comma precedente [2500-quinquies[1]].

2500 bis. Invalidità della trasformazione. – [I] Eseguita la pubblicità di cui all'articolo precedente, l'invalidità [2377, 2379] dell'atto di trasformazione non può essere pronunciata.

[II] Resta salvo il diritto al risarcimento del danno eventualmente spettante ai partecipanti all'ente trasformato ed ai terzi danneggiati dalla trasformazione.

2500 ter. Trasformazione di società di persone. – [I] Salvo diversa disposizione del contratto sociale, la trasformazione di società di persone in società di capitali è decisa con il consenso della maggioranza dei soci determinata secondo la parte attribuita a ciascuno negli utili; in ogni caso al socio che non ha concorso alla decisione spetta il diritto di recesso [2285, 2289].

[II] Nei casi previsti dal precedente comma il capitale della società risultante dalla trasformazione deve essere determinato sulla base dei valori attuali degli elementi dell'attivo e del passivo e deve risultare da relazione di stima redatta a norma dell'articolo 2343 ovvero dalla documentazione di cui all'articolo 2343-ter ovvero, infine, nel caso di società a responsabilità limitata, dell'articolo 2465. Si applicano altresì, nel caso di società per azioni o in accomandita per azioni, il secondo, terzo e, in quanto compatibile, quarto comma dell'articolo 2343 ovvero, nelle ipotesi di cui al primo e secondo comma dell'articolo 2343-ter, il terzo comma del medesimo articolo (1).

(1) Comma sostituito dall'art. 20 del d.l. 24/6/2014, n. 91, conv., con modif., in l. 11/8/2014, n. 116.Il testo precedente recitava: «Nei casi previsti dal precedente comma il capitale della società risultante dalla trasformazione deve essere determinato sulla base dei valori attuali degli elementi dell'attivo e del passivo e deve risultare da relazione di stima redatta a norma dell'articolo 2343 o, nel caso di società a responsabilità limitata, dell'articolo 2465. Si applicano altresì, nel caso di società per azioni o in accomandita per azioni, il secondo, terzo e, in quanto compatibile, quarto comma dell'articolo 2343».

2500 quater. Assegnazione di azioni o quote. – [I] Nel caso previsto dall'articolo 2500-ter, ciascun socio ha diritto all'assegnazione di un numero di azioni o di una quota proporzionale alla sua partecipazione, salvo quanto disposto dai commi successivi.

[II] Il socio d'opera ha diritto all'assegnazione di un numero di azioni o di una quota in misura corrispondente alla partecipazione che l'atto costitutivo gli riconosceva precedentemente alla trasformazione o, in mancanza, d'accordo tra i soci ovvero, in difetto di accordo, determinata dal giudice secondo equità.

[III] Nelle ipotesi di cui al comma precedente, le azioni o quote assegnate agli altri soci si riducono proporzionalmente.

2500 quinquies. Responsabilità dei soci. – [I] La trasformazione non libera i soci a responsabilità illimitata dalla responsabilità per le obbligazioni sociali sorte prima degli adempimenti previsti dal terzo comma dell'articolo 2500, se non risulta che i creditori sociali hanno dato il loro consenso alla trasformazione.

[II] Il consenso si presume se i creditori, ai quali la deliberazione di trasformazione sia stata comunicata per raccomandata o con altri mezzi che garantiscano la prova dell'avvenuto ricevimento, non lo hanno espressamente negato nel termine di sessanta giorni dal ricevimento della comunicazione [2964].

2500 sexies. Trasformazione di società di capitali. – [I] Salvo diversa disposizione dello statuto, la deliberazione di trasformazione di società di capitali in società di persone è adottata con le maggioranze previste per le modifiche dello statuto [2365, 2437[1, lett. b)], 2473[1], 2479[2, n. 4]]. È comunque richiesto il consenso [1324] dei soci che con la trasformazione assumono responsabilità illimitata.

[II] Gli amministratori devono predisporre una relazione che illustri le motivazioni e gli effetti della trasformazione. Copia della relazione deve restare depositata presso la sede sociale durante i trenta giorni che precedono l'assemblea convocata per deliberare la trasformazione; i soci hanno diritto di prenderne visione e di ottenerne gratuitamente copia.

[III] Ciascun socio ha diritto all'assegnazione di una partecipazione proporzionale al valore della sua quota o delle sue azioni.

[IV] I soci che con la trasformazione assumono responsabilità illimitata, rispondono illimitatamente anche per le obbligazioni sociali sorte anteriormente alla trasformazione [2269].

2500 septies. Trasformazione eterogenea da società di capitali. – [I] Le società disciplinate nei capi V, VI, VII del presente titolo possono trasformarsi in consorzi [2602 ss.], società consortili [2615-ter], società cooperative [2511, 2522, 2525], comunioni di azienda, associazioni non riconosciute [14, 36 ss.] e fondazioni [14 ss., 1353].

[II] Si applica l'articolo 2500-sexies, in quanto compatibile.

[III] La deliberazione deve essere assunta con il voto favorevole dei due terzi degli aventi diritto, e comunque con il consenso [1321] dei soci che assumono responsabilità illimitata.

[IV] La deliberazione di trasformazione in fondazione produce gli effetti che il capo II del titolo II del Libro primo ricollega all'atto di fondazione o alla volontà del fondatore.

2500 octies. Trasformazione eterogenea in società di capitali. – [I] I consorzi [2602 ss.], le società consortili [2615-ter], le comunioni d'azienda, le associazioni riconosciute [36 ss.] e le fondazioni [14 ss.] possono trasformarsi in una delle società disciplinate nei capi V, VI e VII del presente titolo.

[II] La deliberazione di trasformazione deve essere assunta, nei consorzi, con il voto favorevole della maggioranza assoluta dei consorziati [2606, 2607, 2609]; nelle comunioni di aziende all'unanimità; nelle società consortili [2615-ter] e nelle associazioni con la maggioranza richiesta dalla legge o dall'atto costitutivo per lo scioglimento anticipato.

[III] La trasformazione di associazioni in società di capitali può essere esclusa dall'atto costitutivo o, per determinate categorie di associazioni, dalla legge; non è comunque ammessa per le associazioni che abbiano ricevuto contributi pubblici oppure liberalità e oblazioni del pubblico [223-octies att.] Il capitale sociale della società risultante dalla trasformazione è diviso in parti uguali fra gli associati, salvo diverso accordo tra gli stessi.

[IV] La trasformazione di fondazioni in società di capitali è disposta dall'autorità governativa, su proposta dell'organo competente. Le azioni o quote sono assegnate secondo le disposizioni dell'atto di fondazione o, in mancanza, dell'articolo 31.

2500 novies. Opposizione dei creditori. – [I] In deroga a quanto disposto dal terzo comma dell'articolo 2500, la trasformazione eterogenea ha effetto dopo sessanta giorni dall'ultimo degli adempimenti pubblicitari [2503] previsti dallo stesso articolo, salvo che consti il consenso dei creditori o il pagamento dei creditori che non hanno dato il consenso [2505-quater].

[II] I creditori possono, nel suddetto termine di sessanta giorni, fare opposizione [163 CPC.]. Si applica in tal caso l'ultimo comma dell'articolo 2445.

Sezione II
Della fusione delle società

2501. Forme di fusione. – [I] La fusione di più società può eseguirsi mediante la costituzione di una nuova società, o mediante l'incorporazione in una società di una o più altre.

[II] La partecipazione alla fusione non è consentita alle società in liquidazione [2484] che abbiano iniziato la distribuzione dell'attivo [2491[2]].

2501 bis. Fusione a seguito di acquisizione con indebitamento. – [I] Nel caso di fusione tra società, una delle quali abbia contratto debiti per acquisire il controllo dell'altra [2359], quando per effetto della fusione il patrimonio di quest'ultima viene a costituire garanzia generica o fonte di rimborso di detti debiti, si applica la disciplina del presente articolo.

[II] Il progetto di fusione di cui all'articolo 2501-ter deve indicare le risorse finanziarie previste per il soddisfacimento delle obbligazioni della società risultante dalla fusione.

[III] La relazione di cui all'articolo 2501-quinquies deve indicare le ragioni che giustificano l'operazione e contenere un piano economico e finanziario con indicazione della fonte delle risorse finanziarie e la descrizione degli obiettivi che si intendono raggiungere.

[IV] La relazione degli esperti di cui all'articolo 2501-sexies, attesta la ragionevolezza delle indicazioni contenute nel progetto di fusione ai sensi del precedente secondo comma.

[V] Al progetto deve essere allegata una (1) relazione del soggetto incaricato della revisione legale dei conti (2) della società obiettivo o della società acquirente.

[VI] Alle fusioni di cui al primo comma non si applicano le disposizioni degli articoli 2505 e 2505-bis.

(1) La parola "una" è stata inserita dall'art. 6 del d.lg. 17/1/2003, n. 6, come modificato dall'art. 5, co. 1, lett. ccc), d.lg. 6/2/2004, n. 37.

(2) Le parole "della società di revisione incaricata della revisione contabile obbligatoria" sono state sostituite dalle parole "del soggetto incaricato della revisione legale dei conti" dall'art. 37, co. 31, d.lg. 27/1/2010, n. 39.

2501 ter. Progetto di fusione. – [I] L'organo amministrativo [2257, 2258, 2381[4], 2475[5]] delle società partecipanti alla fusione redige un progetto di fusione, dal quale devono in ogni caso risultare:

1) il tipo, la denominazione o ragione sociale, la sede delle società partecipanti alla fusione;

2) l'atto costitutivo della nuova società risultante dalla fusione o di quella incorporante, con le eventuali modificazioni derivanti dalla fusione;

3) il rapporto di cambio delle azioni o quote, nonché l'eventuale conguaglio in danaro [2505];

4) le modalità di assegnazione delle azioni o delle quote della società che risulta dalla fusione o di quella incorporante [2505];

5) la data dalla quale tali azioni o quote partecipano agli utili [2504-bis[3], 2505[1], 2506-quater[1]];

6) la data a decorrere dalla quale le operazioni delle società partecipanti alla fusione sono imputate al bilancio della società che risulta dalla fusione o di quella incorporante [2504-bis[3], 2506-quater[1]];

7) il trattamento eventualmente riservato a particolari categorie di soci e ai possessori di titoli diversi dalle azioni;

8) i vantaggi particolari eventualmente proposti a favore dei soggetti cui compete l'amministrazione delle società partecipanti alla fusione.

[II] Il conguaglio in danaro indicato nel numero 3) del comma precedente non può essere superiore al dieci per cento del valore nominale delle azioni o delle quote assegnate [2505-quater].

[III] Il progetto di fusione è depositato per l'iscrizione nel registro delle imprese del luogo ove hanno sede le società partecipanti alla fusione. In alternativa al deposito presso il registro delle imprese il progetto di fusione è pubblicato nel sito Internet della società, con modalità atte a garantire la sicurezza del sito medesimo, l'autenticità dei documenti e la certezza della data di pubblicazione (1).

[IV] Tra l'iscrizione o la pubblicazione nel sito Internet (2) del progetto e la data fissata per la decisione in ordine alla fusione devono intercorrere almeno trenta giorni [2505-quater], salvo che i soci rinuncino al termine con consenso unanime [2344, 2351[2], 2420-bis, 2466[4], 2502-bis].

(1) Comma così sostituito dall'art. 1 del d.lg. 22/6/2012, n. 123. Il testo precedente recitava: «Il progetto di fusione è depositato per l'iscrizione nel registro delle imprese del luogo ove hanno sede le società partecipanti alla fusione».

(2) L'art. 1 del d.lg. 22/6/2012, n. 123, ha aggiunto, dopo la parola "iscrizione", le parole "o la pubblicazione nel sito Internet".

2501 quater. Situazione patrimoniale. – [I] L'organo amministrativo [2257, 2258, 2381[4], 2475[5]] delle società partecipanti alla fusione redige, con l'osservanza delle norme sul bilancio d'esercizio [2423 ss.], la situazione patrimoniale delle società stesse, riferita ad una data non anteriore di oltre centoventi giorni al giorno in cui il progetto di fusione è depositato nella sede della società ovvero pubblicato sul sito Internet di questa (1) [2505-bis[1]].

[II] La situazione patrimoniale può essere sostituita dal bilancio dell'ultimo esercizio, se questo è stato chiuso non oltre sei mesi prima del giorno del deposito o della pubblicazione indicato nel primo comma, ovvero, nel caso di società quotata in mercati regolamentati, dalla relazione finanziaria semestrale prevista dalle leggi speciali, purché non riferita ad una data antecedente sei mesi dal giorno di deposito o pubblicazione indicato al primo comma (2).

[III] La situazione patrimoniale non è richiesta se vi rinunciano all'unanimità i soci e i possessori di altri strumenti finanziari che attribuiscono il diritto di voto di ciascuna delle società partecipanti alla fusione (3).

(1) L'art. 1 del d.lg. 22/6/2012, n. 123, ha sostituito le parole "deve redigere" con la parola "redige" e ha aggiunto, dopo le parole: "nella sede della società" le parole "ovvero pubblicato sul sito Internet di questa".

(2) L'art. 1 del d.lg. 22/6/2012, n. 123, ha sostituito le parole "del giorno del deposito indicato nel primo comma" con le parole: "del giorno del deposito o della pubblicazione indicato nel primo comma, ovvero, nel caso di società quotata in mercati regolamentati, dalla relazione finanziaria semestrale prevista dalle leggi speciali, purché non riferita ad una data antecedente sei mesi dal giorno di deposito o pubblicazione indicato al primo comma".

(3) Comma aggiunto dall'art. 1 del d.lg. 22/6/2012, n. 123.

2501 quinquies. Relazione dell'organo amministrativo. – [I] L'organo amministrativo [2257, 2258, 2381[4], 2475[5]] delle società partecipanti alla fusione deve predisporre una relazione [2501-bis[3]] che illustri e giustifichi, sotto il profilo giuridico ed economico, il progetto di fusione e in particolare il rapporto di cambio delle azioni o delle quote.

[II] La relazione deve indicare i criteri di determinazione del rapporto di cambio. Nella relazione devono essere segnalate le eventuali difficoltà di valutazione.

[III] L'organo amministrativo segnala ai soci in assemblea e all'organo amministrativo delle altre società partecipanti alla fusione le modifiche rilevanti degli elementi dell'attivo e del passivo eventualmente intervenute tra la data in cui il progetto di fusione è depositato presso la sede della società ovvero pubblicato nel sito Internet di questa e la data della decisione sulla fusione (1).

[IV] La relazione di cui al primo comma non è richiesta se vi rinunciano all'unanimità i soci e i possessori di altri strumenti finanziari che attribuiscono il diritto di voto di ciascuna delle società partecipanti alla fusione (1).

(1) Comma aggiunto dall'art. 1 del d.lg. 22/6/2012, n. 123.

2501 sexies. Relazione degli esperti. – [I] Uno o più esperti per ciascuna società redigono (1) una relazione [2501-bis[4], 2503[1]] sulla congruità del rapporto di cambio delle azioni o delle quote, che indichi:

a) il metodo o i metodi seguiti per la determinazione del rapporto di cambio proposto e i valori risultanti dall'applicazione di ciascuno di essi;

b) le eventuali difficoltà di valutazione.

[II] La relazione deve contenere, inoltre, un parere sull'adeguatezza del metodo o dei metodi seguiti per la determinazione del rapporto di cambio e sull'importanza relativa attribuita a ciascuno di essi nella determinazione del valore adottato.

[III] L'esperto o gli esperti sono scelti tra i soggetti di cui al primo comma dell'articolo 2409-bis e, se la società incorporante o la società risultante dalla fusione è una società per azioni o in accomandita per azioni, sono designati dal tribunale del luogo in cui ha sede la società. Se la società è quotata in mercati regolamentati, l'esperto è scelto tra le società di revisione sottoposte alla vigilanza della Commissione Nazionale per le Società e la Borsa (2).

[IV] In ogni caso, le società partecipanti alla fusione possono congiuntamente richiedere al tribunale del luogo in cui ha sede la società risultante dalla fusione o quella incorporante la nomina di uno o più esperti comuni.

[V] Ciascun esperto ha diritto di ottenere dalle società partecipanti alla fusione tutte le informazioni e i documenti utili e di procedere ad ogni necessaria verifica.

[VI] L'esperto risponde dei danni causati alle società partecipanti alle fusioni, ai loro soci e ai terzi. Si applicano le disposizioni dell'articolo 64 del codice di procedura civile.

[VII] Ai soggetti di cui ai precedenti terzo e quarto comma è altresì affidata, in ipotesi di fusione di società di persone con società di capitali, la relazione di stima del patrimonio della società di persone a norma dell'articolo 2343.

[VIII] La relazione di cui al primo comma non è richiesta se vi rinunciano all'unanimità i soci e i possessori di altri strumenti finanziari che attribuiscono il diritto di voto di ciascuna società partecipante alla fusione (3) [2344].

(1) L'art. 1 del d.lg. 22/6/2012, n. 123, ha sostituito le parole "devono redigere" con la parola "redigono".

(2) L'art. 37, co. 32, d.lg. 27/1/2010, n. 39, ha modificato il secondo periodo del comma, che recitava: «Se la società è quotata in mercati regolamentati, l'esperto è scelto fra le società di revisione iscritte nell'apposito albo». Precedentemente il comma era stato sostituito dall'art. 6 del d.lg. 17/1/2003, n. 6, come modificato dall'art. 5, co. 1, lett. ddd), d.lg. 6/2/2004, n. 37.

(3) L'art. 1 del d.lg. 22/6/2012, n. 123, ha inserito, dopo le parole "i soci", le parole: "e i possessori di altri strumenti finanziari che attribuiscono il diritto di voto". Il comma è stato inserito dall'art. 1 del d.lg. 13/10/2009, n. 147. Per la disciplina transitoria, v. l'art. 2 dello stesso d.lg.

2501 septies. Deposito di atti. – [I] Devono restare depositati in copia nella sede delle società partecipanti alla fusione ovvero pubblicati sul sito Internet delle stesse (1), durante i trenta giorni che precedono la decisione in ordine alla fusione, salvo che i soci rinuncino al termine con consenso unanime, e finché la fusione sia decisa:

1) il progetto di fusione con le relazioni, ove redatte, (2) indicate negli articoli 2501-quinquies e 2501-sexies;

2) i bilanci degli ultimi tre esercizi delle società partecipanti alla fusione, con le relazioni dei soggetti cui compete l'amministrazione e la revisione legale (3);

3) le situazioni patrimoniali della società partecipanti alla fusione ove redatte a norma dell'articolo 2501-quater, primo comma, ovvero, nel caso previsto dall'articolo 2501-quater, secondo comma, la relazione finanziaria semestrale (4).

[II] I soci hanno diritto di prendere visione di questi documenti e di ottenerne gratuitamente copia. Su richiesta del socio le copie gli sono trasmesse telematicamente. La società non è tenuta a fornire copia dei documenti, qualora gli stessi siano stati pubblicati sul sito Internet della società dal quale sia possibile effettuarne liberamente copia o stampa (5).

(1) L'art. 1 del d.lg. 22/6/2012, n. 123, ha inserito dopo le parole: "nella sede delle società partecipanti alla fusione," le parole: "ovvero pubblicati sul sito Internet delle stesse,".

(2) L'art. 1 del d.lg. 22/6/2012, n. 123, ha sostituito le parole: "con le relazioni" con le parole: "con le relazioni, ove redatte".

(3) Le parole "il controllo contabile" sono state sostituite dalle parole "la revisione legale" dall'art. 37, co. 33, d.lg. 27/1/2010, n. 39.

(4) L'art. 1 del d.lg. 22/6/2012, n. 123, ha sostituito il numero 3. Il testo precedente recitava: «le situazioni patrimoniali delle società partecipanti alla fusione redatte a norma dell'articolo 2501-quater».

(5) L'art. 1 del d.lg. 22/6/2012, n. 123, ha aggiunto i seguenti periodi: "Su richiesta del socio le copie gli sono trasmesse telematicamente. La società non è tenuta a fornire copia dei documenti, qualora gli stessi siano stati pubblicati sul sito Internet della società dal quale sia possibile effettuarne liberamente copia o stampa".

2502. Decisione in ordine alla fusione. – [I] La fusione è decisa da ciascuna delle società che vi partecipano mediante approvazione del relativo progetto. Se l'atto costitutivo o lo statuto non dispongono diversamente, tale approvazione avviene, nelle società di persone, con il consenso della maggioranza dei soci determinata secondo la parte attribuita a ciascuno negli utili, salva la facoltà di recesso per il socio che non abbia consentito alla fusione e, nelle società di capitali, secondo le norme previste per la modificazione dell'atto costitutivo o statuto [2505[3]].

[II] La decisione di fusione può apportare al progetto di cui all'articolo 2501-ter solo le modifiche che non incidono sui diritti dei soci o dei terzi [2506-ter[5]].

2502 bis. Deposito e iscrizione della decisione di fusione. – [I] La deliberazione di fusione delle società previste nei capi V, VI e VII deve essere depositata per l'iscrizione nel registro delle imprese, insieme con i documenti indicati nell'articolo 2501-septies. Si applica l'articolo 2436.

[II] La decisione di fusione delle società previste nei capi II, III e IV deve essere depositata per l'iscrizione nell'ufficio del registro delle imprese, insieme con i documenti indicati nell'articolo 2501-septies; il deposito va effettuato a norma dell'articolo 2436 se la società risultante dalla fusione o quella incorporante è regolata dai capi V, VI, VII.

2503. Opposizione dei creditori. – [I] La fusione può essere attuata solo dopo sessanta giorni dall'ultima delle iscrizioni previste dall'articolo 2502-bis, salvo che consti il consenso dei creditori delle società che vi partecipano anteriori all'iscrizione o alla pubblicazione (1) prevista nel terzo comma dell'articolo 2501-ter, o il pagamento dei creditori che non hanno dato il consenso, ovvero il deposito delle somme corrispondenti [1938] presso una banca, salvo che la relazione di cui all'articolo 2501-sexies sia redatta, per tutte le società partecipanti alla fusione, da un'unica società di revisione la quale asseveri, sotto la propria responsabilità ai sensi del sesto comma dell'articolo 2501-sexies, che la situazione patrimoniale e finanziaria delle società partecipanti alla fusione rende non necessarie garanzie a tutela dei suddetti creditori [2501-bis[4]].

[II] Se non ricorre alcuna di tali eccezioni, i creditori indicati al comma precedente possono, nel suddetto termine di sessanta giorni, fare opposizione. Si applica in tal caso l'ultimo comma dell'articolo 2445 [2503-bis[1], 2506 ter[5]].

(1) L'art. 1 del d.lg. 22/6/2012, n. 123, ha inserito le parole "o alla pubblicazione" dopo le parole "anteriori all'iscrizione".

2503 bis. Obbligazioni. – [I] I possessori di obbligazioni [2410, 2420-bis, 2411[3]] delle società partecipanti alla fusione possono fare opposizione a norma dell'articolo 2503, salvo che la fusione sia approvata dall'assemblea degli obbligazionisti [2415].

[II] Ai possessori di obbligazioni convertibili deve essere data facoltà, mediante avviso da pubblicarsi nella Gazzetta Ufficiale della Repubblica italiana almeno novanta giorni prima della iscrizione del progetto di fusione, di esercitare il diritto di conversione nel termine di trenta giorni dalla pubblicazione dell'avviso.

[III] Ai possessori di obbligazioni convertibili che non abbiano esercitato la facoltà di conversione devono essere assicurati diritti equivalenti a quelli loro spettanti prima della fusione, salvo che la modificazione dei loro diritti sia stata approvata dall'assemblea prevista dall'articolo 2415.

2504. Atto di fusione. – [I] La fusione deve risultare da atto pubblico [2699].

[II] L'atto di fusione deve essere depositato per l'iscrizione, a cura del notaio o dei soggetti cui compete l'amministrazione della società risultante dalla fusione o di quella incorporante, entro trenta giorni, nell'ufficio del registro delle imprese dei luoghi ove è posta la sede delle società partecipanti alla fusione, di quella che ne risulta o della società incorporante.

[III] Il deposito relativo alla società risultante dalla fusione o di quella incorporante non può precedere quelli relativi alle altre società partecipanti alla fusione.

2504 bis. Effetti della fusione. – [I] La società che risulta dalla fusione o quella incorporante assumono i diritti e gli obblighi delle società partecipanti alla fusione, proseguendo in tutti i loro rapporti [2112], anche processuali, anteriori alla fusione [2498].

[II] La fusione ha effetto quando è stata eseguita l'ultima delle iscrizioni prescritte dall'articolo 2504. Nella fusione mediante incorporazione può tuttavia essere stabilita una data successiva.

[III] Per gli effetti ai quali si riferisce il primo comma dell'articolo 2501-ter, numeri 5) e 6), possono essere stabilite date anche anteriori.

[IV] Nel primo bilancio successivo alla fusione le attività e le passività sono iscritte ai valori risultanti dalle scritture contabili alla data di efficacia della fusione medesima; se dalla fusione emerge un disavanzo, esso deve essere imputato, ove possibile, agli elementi dell'attivo e del passivo delle società partecipanti alla fusione e, per la differenza e nel rispetto delle condizioni previste dal numero 6 dell'articolo 2426, ad avviamento. Quando si tratta di società che fa ricorso al mercato del capitale di rischio, devono altresì essere allegati alla nota integrativa prospetti contabili indicanti i valori attribuiti alle attività e passività delle società che hanno partecipato alla fusione e la relazione di cui all'articolo 2501-sexies. Se dalla fusione emerge un avanzo, esso è iscritto ad apposita voce del patrimonio netto, ovvero, quando sia dovuto a previsione di risultati economici sfavorevoli, in una voce dei fondi per rischi ed oneri (1).

[V] La fusione attuata mediante costituzione di una nuova società di capitali ovvero mediante incorporazione in una società di capitali non libera i soci a responsabilità illimitata dalla responsabilità per le obbligazioni delle rispettive società partecipanti alla fusione anteriori all'ulti-ma delle iscrizioni prescritte dall'articolo 2504, se non risulta che i creditori hanno dato il loro consenso.

(1) Periodo aggiunto dall'art. 23 del d.lg. 28/12/2004, n. 310.

2504 ter. Divieto di assegnazione di azioni o quote. – [I] La società che risulta dalla fusione non può assegnare azioni [2357-quater] o quote [2474] in sostituzione di quelle delle società partecipanti alla fusione possedute, anche per il tramite di società fiduciarie o di interposta persona, dalle società medesime [2357].

[II] La società incorporante non può assegnare azioni o quote in sostituzione di quelle delle società incorporate possedute, anche per il tramite di società fiduciaria o di interposta persona, dalle incorporate medesime o dalla società incorporante [2357-bis[1, n. 3]].

2504 quater. Invalidità della fusione. – [I] Eseguite le iscrizioni dell'atto di fusione a norma del secondo comma dell'articolo 2504, l'invalidità dell'atto di fusione non può essere pronunciata [2500-bis, 2332].

[II] Resta salvo il diritto al risarcimento del danno [2403] eventualmente spettante ai soci o ai terzi danneggiati dalla fusione (1).

(1) Cfr. art. 121 e 122 c.p.a.

2505. Incorporazione di società interamente possedute. – [I] Alla fusione per incorporazione di una società in un'altra che possiede tutte le azioni o le quote della prima non si applicano le disposizioni dell'articolo 2501-ter, primo comma, numeri 3), 4) e 5) e degli articoli 2501-quinquies e 2501-sexies.

[II] L'atto costitutivo o lo statuto può prevedere che la fusione per incorporazione di una società in un'altra che possiede tutte le azioni o le quote della prima sia decisa, con deliberazione risultante da atto pubblico, dai rispettivi organi amministrativi, sempre che siano rispettate, con riferimento a ciascuna delle società partecipanti alla fusione, le disposizioni dell'articolo 2501-ter, terzo e quarto comma, nonché, quanto alla società incorporante, quelle dell'articolo 2501-septies.

[III] I soci della società incorporante che rappresentano almeno il cinque per cento del capitale sociale possono in ogni caso, con domanda indirizzata alla società entro otto giorni dal deposito o dalla pubblicazione (1) di cui al terzo comma dell'articolo 2501 ter, chiedere che la decisione di approvazione della fusione da parte della incorporante medesima sia adottata a norma del primo comma dell'articolo 2502.

(1) L'art. 1 del d.lg. 22/6/2012, n. 123, ha inserito dopo le parole: "entro otto giorni dal deposito" le parole: "o dalla pubblicazione".

2505 bis. Incorporazione di società possedute al novanta per cento. – [I] Alla fusione per incorporazione di una o più società in un'altra che possiede almeno il novanta per cento delle loro azioni o quote non si applicano le disposizioni degli articoli 2501-quater, 2501-quinquies, 2501-sexies e 2501-septies (1), qualora venga concesso agli altri soci della società incorporata il diritto di far acquistare [1331] le loro azioni o quote [2420-bis] dalla società incorporante per un corrispettivo determinato alla stregua dei criteri previsti per il recesso [2437-ter, 2473[3]].

[II] L'atto costitutivo o lo statuto possono prevedere che la fusione per incorporazione di una o più società in un'altra che possiede almeno il novanta per cento delle loro azioni o quote sia decisa, quanto alla società incorporante, dal suo organo amministrativo [2365[2]], con deliberazione risultante da atto pubblico, sempre che siano rispettate le disposizioni dell'articolo 2501-septies, e che l'iscrizione o la pubblicazione prevista dall'articolo 2501-ter, terzo comma, sia fatta, per la società incorporante, almeno trenta giorni prima della data fissata per la decisione di fusione da parte della società incorporata (2).

[III] Si applica la disposizione di cui al terzo comma dell'articolo 2505.

(1) L'art. 1 del d.lg. 22/6/2012, n. 123, ha sostituito le parole: "dell'articolo 2501-sexies" con le parole: "degli articoli 2501-quater, 2501-quinquies, 2501-sexies e 2501-septies".
(2) L'art. 1 del d.lg. 22/6/2012, n. 123, ha sostituito le parole: "dell'articolo 2501-septies, primo comma, numeri 1) e 2)" con le parole: "dell'articolo 2501-septies", e le parole "l'iscrizione prevista" con le parole: "l'iscrizione o la pubblicazione prevista".

2505 ter. Effetti della pubblicazione degli atti del procedimento di fusione nel registro delle imprese. – [I] Alle iscrizioni nel registro delle imprese ai sensi degli articoli 2501-ter, 2502-bis e 2504 conseguono gli effetti previsti dall'articolo 2448.

2505 quater. Fusioni cui non partecipano società con capitale rappresentato da azioni. – [I] Se alla fusione non partecipano società regolate dai capi V e VI del presente titolo, né società cooperative per azioni, non si applicano le disposizioni degli articoli 2501, secondo comma, e 2501-ter, secondo comma; i termini di cui agli articoli 2501-ter, quarto comma, 2501-septies, primo comma, e 2503, primo comma, sono ridotti alla metà (1) [2487-ter, 2500-novies].

(1) Comma sostituito dall'art. 1 del d.lg. 13/10/2009, n. 147. Il testo precedente recitava: «Se alla fusione non partecipano società regolate dai capi V e VI del presente titolo, né società cooperative per azioni, non si applicano le disposizioni degli articoli 2501, secondo comma, e 2501-ter, secondo comma; le disposizioni dell'articolo 2501-sexies possono essere derogate con il consenso di tutti i soci delle società partecipanti alla fusione; i termini di cui agli articoli 2501-ter, quarto comma, 2501-septies, primo comma, e 2503, primo comma, sono ridotti alla metà». Per la disciplina transitoria, v. l'art. 2 dello stesso d.lg.

Sezione III
Della scissione delle società

2506. Forme di scissione. – [I] Con la scissione una società assegna l'intero suo patrimonio a più società, preesistenti o di nuova costituzione, o parte del suo patrimonio, in tal caso anche ad una sola società, e le relative azioni o quote ai suoi soci.

[II] È consentito un conguaglio in danaro, purché non superiore al dieci per cento del valore nominale delle azioni o quote attribuite. È consentito inoltre che, per consenso unanime [1321], ad alcuni soci non vengano distribuite azioni o quote (1) di una delle società beneficiarie della scissione, ma azioni o quote (1) della società scissa.

[III] La società scissa può, con la scissione, attuare il proprio scioglimento senza liquidazione, ovvero continuare la propria attività.

[IV] La partecipazione alla scissione non è consentita alle società in liquidazione che abbiano iniziato la distribuzione dell'attivo [2501[2]].

(1) Le parole "o quote" sono state inserite dall'art. 6 del d.lg. 17/1/2003, n. 6, come modificato dall'art. 5 del d.lg. 6/2/2004, n. 37.

2506.1. Scissione mediante scorporo (1). – [I] Con la scissione mediante scorporo una società assegna parte del suo patrimonio a una o più società di nuova costituzione e a sé stessa le relative azioni o quote a sé stessa, continuando la propria attività. La partecipazione alla scissione non è consentita alle società in liquidazione che abbiano iniziato la distribuzione dell'attivo.

(1) Articolo inserito dall'art. 51, co. 3, lett. a), d.lg. 2/3/2023, n. 19. Ai sensi dell'art. 56, co. 2, del medesimo decreto, il citato art. 51 si applica a decorrere dalla data di entrata in vigore del decreto. La società che ha trasferito la sede statutaria all'estero prima di tale data mantenendo l'iscrizione nel registro delle imprese continua a essere regolata dalla legge italiana e, ai fini della giurisdizione e della legge applicabile, la sua sede si considera ubicata presso il registro delle imprese presso il quale ha mantenuto l'iscrizione.

2506 bis. Progetto di scissione. – [I] L'organo amministrativo [2257, 2258, 2381[4], 2475[5]] delle società partecipanti alla scissione redige un progetto [2501-bis] dal quale devono risultare i dati indicati nel primo comma dell'articolo 2501-ter ed inoltre l'esatta descrizione degli elementi patrimoniali da assegnare a ciascuna delle società beneficiarie e dell'eventuale conguaglio in danaro.

[II] Se la destinazione di un elemento dell'attivo non è desumibile dal progetto, esso, nell'ipotesi di assegnazione dell'intero patrimonio della società scissa, è ripartito tra le società beneficiarie in proporzione della quota del patrimonio netto assegnato a ciascuna di esse, così come valutato ai fini della determinazione del rapporto di cambio; se l'assegnazione del patrimonio della società è solo parziale, tale elemento rimane in capo alla società trasferente.

[III] Degli elementi del passivo, la cui destinazione non è desumibile dal progetto, rispondono in solido, nel primo caso, le società beneficiarie, nel secondo la società scissa e le società beneficiarie. La responsabilità solidale è limitata al valore effettivo del patrimonio netto attribuito a ciascuna società beneficiaria [2740].

[IV] Dal progetto di scissione devono risultare i criteri di distribuzione delle azioni o quote delle società beneficiarie. Qualora il progetto preveda una attribuzione delle partecipazioni ai soci non proporzionale alla loro quota di partecipazione originaria, il progetto medesimo deve prevedere il diritto dei soci che non approvino la scissione di far acquistare [1331] le proprie partecipazioni per un corrispettivo determinato alla stregua dei criteri previsti per il recesso [2357-ter], indicando coloro a cui carico è posto l'obbligo di acquisto. Il progetto di scissione mediante scorporo non contiene i dati di cui ai numeri 3), 4), 5) e 7) dell'articolo 2501-ter, primo comma, né altro contenuto incompatibile con l'assegnazione delle azioni o quote delle società beneficiarie alla società stessa, anziché ai suoi soci (1).

[V] Il progetto di scissione è depositato per l'iscrizione nel registro delle imprese ovvero pubblicato sul sito Internet della società a norma dell'articolo 2501-ter, commi terzo e quarto (1).

(1) Il periodo da «Il progetto di scissione» a «anziché ai suoi soci» è stato aggiunto dall'art. 51, co. 3, lett. b), d.lg. 2/3/2023, n. 19. Ai sensi dell'art. 56, co. 2, del medesimo decreto, il citato art. 51 si applica a decorrere dalla data di entrata in vigore del decreto. La società che ha trasferito la sede statutaria all'estero prima di tale data mantenendo l'iscrizione nel registro delle imprese continua a essere regolata dalla legge italiana e, ai fini della giurisdizione e della legge applicabile, la sua sede si considera ubicata presso il registro delle imprese presso il quale ha mantenuto l'iscrizione.

(2) L'art. 1 del d.lg. 22/6/2012, n. 123, ha così sostituito il comma. Il testo precedente recitava: «Il progetto di scissione deve essere pubblicato a norma dell'ultimo comma dell'articolo 2501-ter».

2506 ter. Norme applicabili. – [I] L'organo amministrativo delle società partecipanti alla scissione redige la situazione patrimoniale e la relazione illustrativa in conformità agli articoli 2501-quater e 2501-quinquies.

[II] La relazione dell'organo amministrativo deve inoltre illustrare i criteri di distribuzione delle azioni o quote e deve indicare il valore effettivo [2506-quater[3]] del patrimonio netto assegnato alle società beneficiarie e di quello che eventualmente rimanga nella società scissa. Quando la scissione si realizza mediante aumento di capitale con conferimento di beni in natura o di crediti, la relazione dell'organo amministrativo menziona, ove prevista, l'elaborazione della relazione di cui all'articolo 2343 e il registro delle imprese presso il quale tale relazione è depositata (1).

[III] Si applica alla scissione l'articolo 2501-sexies; la situazione patrimoniale prevista dall'articolo 2501-quater e le relazioni previste dagli articoli 2501-quinquies e 2501-sexies, non sono richieste (2) quando la scissione avviene mediante la costituzione di una o più nuove società e non siano previsti criteri di attribuzione delle azioni o quote diversi da quello proporzionale o quando la scissione avviene mediante scorporo.

[IV] Con il consenso unanime dei soci e dei possessori di altri strumenti finanziari che danno diritto di voto [2346[6]] nelle società partecipanti alla scissione l'organo amministrativo può essere esonerato dalla redazione dei documenti previsti nei precedenti commi.

[V] Sono altresì applicabili alla scissione gli articoli 2501-septies, 2502, 2502-bis, 2503, 2503-bis, 2504, 2504-ter, 2504-quater, 2505 primo e secondo comma (3), 2505-bis e 2505-ter. Tutti i riferimenti alla fusione contenuti in detti articoli s'intendono riferiti anche alla scissione.

[VI] Alla scissione mediante scorporo non si applica il diritto di recesso previsto dagli articoli 2473 e 2502 (4).

(1) Il secondo periodo del comma, è stato aggiunto dall'art. 27 del l. 30/10/2014, n. 161.

(2) Le parole «o quando la scissione avviene mediante scorporo» sono stata inserite dall'art. 51, co. 3, lett. c), n. 1, d.lg. 2/3/2023, n. 19. Ai sensi dell'art. 56, co. 2, del medesimo decreto, il citato art. 51 si applica a decorrere dalla data di entrata in vigore del decreto. La società che ha trasferito la sede statutaria all'estero prima di tale data mantenendo l'iscrizione nel registro delle imprese continua a essere regolata dalla legge italiana e, ai fini della giurisdizione e della legge applicabile, la sua sede si considera ubicata presso il registro delle imprese presso il quale ha mantenuto l'iscrizione.

(3) La parola "2505," è stata inserita dall'art. 24 del d.lg. 28/12/2004, n. 310. Le parole "primo e secondo comma" sono state inserite dall'art. 1 del d.lg. 22/6/2012, n. 123.

(4) Le parole «o quando la scissione avviene mediante scorporo» sono stata inserite dall'art. 51, co. 3, lett. c), n. 1, d.lg. 2/3/2023, n. 19. Ai sensi dell'art. 56, co. 2, del medesimo decreto, il citato art. 51 si applica a decorrere dalla data di entrata in vigore del decreto. La società che ha trasferito la sede statutaria all'estero prima di tale data mantenendo l'iscrizione nel registro delle imprese continua a essere regolata dalla legge italiana e, ai fini della giurisdizione e della legge applicabile, la sua sede si considera ubicata presso il registro delle imprese presso il quale ha mantenuto l'iscrizione.

2506 quater. Effetti della scissione. – [I] La scissione ha effetto dall'ultima delle iscrizioni dell'atto di scissione nell'ufficio del registro delle imprese [2504] in cui sono iscritte le società beneficiarie; può essere tuttavia stabilita una data successiva, tranne che nel caso di scissione mediante costituzione di società nuove [2504-bis[2]]. Per gli effetti a cui si riferisce l'articolo 2501-ter, numeri 5) e 6), possono essere stabilite date anche anteriori. Si applica il quarto comma dell'articolo 2504-bis.

[II] Qualunque società beneficiaria può effettuare gli adempimenti pubblicitari relativi alla società scissa.

[III] Ciascuna società è solidalmente responsabile, nei limiti del valore effettivo del patrimonio netto ad essa assegnato o rimasto [2506-ter[2]], dei debiti della società scissa non soddisfatti dalla società cui fanno carico.

Capo XI
Delle società costituite all'estero

2507. Rapporti con il diritto comunitario. – [I] L'interpretazione ed applicazione delle disposizioni contenute nel presente capo è effettuata in base ai principi dell'ordinamento delle Comunità europee.

2508. Società estere con sede secondaria nel territorio dello Stato. – [I] Le società costituite all'estero, le quali stabiliscono nel territorio dello Stato una o più sedi secondarie con rappresentanza stabile, sono soggette, per ciascuna sede, alle disposizioni della legge italiana sulla pubblicità degli atti sociali. Esse devono inoltre pubblicare, secondo le medesime disposizioni, il cognome, il nome, la data e il luogo di nascita delle persone che le rappresentano stabilmente nel territorio dello Stato, con indicazione dei relativi poteri.

[II] Ai terzi che hanno compiuto operazioni con la sede secondaria non può essere opposto che gli atti pubblicati ai sensi dei commi precedenti sono difformi da quelli pubblicati nello Stato ove è situata la sede principale.

[III] Le società costituite all'estero sono altresì soggette, per quanto riguarda le sedi secondarie, alle disposizioni che regolano l'esercizio dell'impresa o che la subordinano all'osservanza di particolari condizioni.

[IV] Negli atti e nella corrispondenza delle sedi secondarie di società costituite all'estero devono essere contenute le indicazioni richieste dall'articolo 2250; devono essere altresì indicati l'ufficio del registro delle imprese presso la quale è iscritta la sede secondaria e il numero di iscrizione.

2508 bis. Registrazione e cancellazione telematica della sede secondaria di una società soggetta alla legge di uno Stato membro dell'Unione europea (1). – [I] L'atto istitutivo di sedi secondarie nel territorio dello Stato da parte di società di capitali soggette alla legge di uno Stato membro dell'Unione europea e gli atti di nomina dei soggetti che rappresentano stabilmente la società per le attività della sede secondaria, con l'indicazione dei relativi poteri, sono depositati, ai fini della loro iscrizione nel registro delle imprese, presso un notaio esercente in Italia con le modalità disciplinate dagli articoli 47-bis, 47-ter e 52-bis della legge 16 febbraio 1913, n. 89, anche con le modalità in videoconferenza di cui alle disposizioni di attuazione della direttiva (UE) 2019/1151 del Parlamento europeo e del Consiglio del 20 giugno 2019. Gli atti da depositare, ai fini della procedura di cui al periodo precedente, sono contenuti in duplicati informatici o copie informatiche rilasciate dal competente registro delle imprese delle quali è garantita, ai sensi del decreto legislativo 7 marzo 2005, n. 82, la provenienza dal medesimo registro e la conformità ai corrispondenti documenti o informazioni nello stesso iscritti. Il notaio può richiedere la presenza fisica delle parti, o di alcune di esse, se dubita dell'identità dei richiedenti o se rileva il mancato rispetto delle norme riguardanti la capacità di agire e la capacità dei richiedenti di rappresentare una società.

[II] Ai fini della registrazione delle sedi secondarie di cui al primo comma, sono forniti i seguenti dati:

a) l'indirizzo della sede secondaria;

b) l'attività della sede secondaria;

c) il registro di iscrizione della società;

d) il numero di iscrizione della società nel registro di cui al punto c);

e) la denominazione della società;

f) la forma legale della società;

g) l'ampiezza dei poteri dei soggetti che rappresentano stabilmente la società per le attività della sede secondaria;

h) gli estremi dell'atto costitutivo e, eventualmente, dello statuto ove presente come documento separato;

i) i dati personali dei legali rappresentanti della società;

l) i dati personali dei soggetti che rappresentano stabilmente la società per le attività della sede secondaria;

m) l'eventuale stato di liquidazione della società, i dati personali dei liquidatori e i poteri agli stessi conferiti, nonché l'eventuale conclusione della procedura di liquidazione;

n) la pendenza di una procedura di insolvenza o di altra procedura di ristrutturazione aziendale connessa a crisi aziendale della società;

o) la data di chiusura della sede secondaria.

[III] Ai medesimi fini di cui al secondo comma, sono altresì depositati:

a) la nomina, la cessazione o la revoca dei liquidatori;

b) la nomina, la cessazione o la revoca dei legali rappresentanti della società;

c) la nomina, la cessazione o la revoca dei soggetti che rappresentano stabilmente la società per le attività della sede secondaria;

d) l'ultimo bilancio di esercizio della società;

e) l'atto costitutivo e lo statuto, ove presente come documento separato, della società, e le relative modifiche;

f) una dichiarazione resa dai soggetti che rappresentano stabilmente la società per le attività della sede secondaria circa l'inesistenza, a loro carico, delle cause di ineleggibilità previste dall'articolo 2382 e di interdizioni dall'ufficio di amministratore adottate nei loro confronti in uno Stato membro dell'Unione europea.

[IV] La capacità di agire dei richiedenti e il loro potere di rappresentare la società sono verificate, mediante il sistema di interconnessione di cui all'articolo 22 della direttiva (UE) 2017/1132, dalle risultanze del registro delle imprese in cui è iscritta la società. Nel caso di indisponibilità del sistema di interconnessione, è utilizzato un certificato rilasciato dal competente registro da non oltre sei mesi. Se il potere rappresentativo deriva da una procura e questa non è acquisibile tramite il sistema di interconnessione di cui all'articolo 22 della direttiva (UE) 2017/1132, la procura è consegnata in originale al notaio.

[V] Se la registrazione della sede secondaria non può essere completata nel termine di dieci giorni dal momento della presentazione dei documenti e delle informazioni di cui al secondo, terzo e quarto comma, l'ufficio del registro delle imprese comunica ai richiedenti i motivi del ritardo.

[VI] Gli atti di cui al terzo comma e i documenti di cui al quarto comma redatti in una lingua straniera sono accompagnati dalla traduzione giurata.

[VII] Gli uffici del registro delle imprese comunicano, tramite il sistema di interconnessione di cui all'articolo 22 della direttiva (UE) 2017/1132, ai registri delle imprese di altri Stati membri in cui sono registrate sedi secondarie di società di capitali regolate dalla legge italiana, le modifiche ai seguenti elementi:

a) denominazione della società;

b) sede legale della società;

c) numero di iscrizione della società nel registro;

d) forma legale della società;

e) legali rappresentanti, con specificazione se in forma congiunta o disgiunta, amministratori, componenti degli organi di controllo o di supervisione;

f) bilanci societari.

[VIII] Ove siano destinatari della comunicazione di cui all'ottavo comma, in qualità di uffici di registrazione di una sede secondaria di società soggette alla legge di un altro Stato membro dell'Unione europea, gli uffici del registro delle imprese rilasciano attestazione di ricezione della comunicazione e provvedono senza ritardo all'iscrizione dei conseguenti aggiornamenti.

[IX] L'istanza con cui si richiede la registrazione della sede secondaria di una società di capitali soggetta alla legge di uno Stato membro dell'Unione europea ai sensi del primo comma, è sottoscritta elettronicamente da un notaio esercente nel territorio dello Stato. Gli adempimenti pubblicitari successivi alla registrazione possono essere assolti mediante firma elettronica qualificata o firma digitale da un amministratore della società o dallo stabile preposto.

(1) Articolo inserito dall'art. 6, co. 3, d.lg. 8/11/2021, n. 183.

2509. Società estere di tipo diverso da quelle nazionali. – [I] Le società costituite all'estero, che sono di tipo diverso da quelli regolati in questo codice, sono soggette alle norme della società per azioni, per ciò che riguarda gli obblighi relativi all'iscrizione degli atti sociali nel registro delle imprese e la responsabilità degli amministratori [2392 ss.].

2509 bis. Responsabilità in caso di inosservanza delle formalità. – [I] Fino all'adempimento delle formalità sopra indicate, coloro che agiscono in nome della società rispondono illimitatamente [2470] e solidalmente [1292] per le obbligazioni sociali [2331[2]].

2510. Società con prevalenti interessi stranieri. – [I] Sono salve le disposizioni delle leggi speciali che vietano o sottopongono a particolari condizioni l'esercizio di determinate attività da parte di società nelle quali siano rappresentati interessi stranieri.

Capo XI bis
Del trasferimento della sede all'estero

2510 bis. Trasferimento della sede all'estero (1). – [I] Il trasferimento all'estero della sede statutaria è posto in essere mediante trasformazione in conformità alle disposizioni che regolano le operazioni di trasformazione transfrontaliera e internazionale.

(1) Articolo inserito dall'art. 51, co. 2, d.lg. 2/3/2023, n. 19. Ai sensi dell'art. 56, co. 2, del medesimo decreto, il citato art. 51 si applica a decorrere dalla data di entrata in vigore del decreto. La società che ha trasferito la sede statutaria all'estero prima di tale data mantenendo l'iscrizione nel registro delle imprese continua a essere regolata dalla legge italiana e, ai fini della giurisdizione e della legge applicabile, la sua sede si considera ubicata presso il registro delle imprese presso il quale ha mantenuto l'iscrizione.

TITOLO VI
DELLE SOCIETÀ COOPERATIVE E DELLE MUTUE ASSICURATRICI

Capo I
Delle società cooperative

Sezione I
Disposizioni generali. Cooperative a mutualità prevalente

2511. Società cooperative (1). – [I] Le cooperative sono società a capitale variabile con scopo mutualistico iscritte presso l'albo delle società cooperative di cui all'articolo 2512, secondo comma, e all'articolo 223-sexiesdecies delle disposizioni per l'attuazione del presente codice [45 Cost.].

(1) Articolo modificato dall'art. 10, co. 1, l. 23/7/2009, n. 99, che ha aggiunto, dopo le parole "scopo mutualistico", le parole "iscritte presso l'albo delle società cooperative di cui all'articolo 2512, secondo comma, e all'articolo 223-sexiesdecies delle disposizioni per l'attuazione del presente codice".

2512. Cooperativa a mutualità prevalente. – [I] Sono società cooperative a mutualità prevalente, in ragione del tipo di scambio mutualistico, quelle che:

1) svolgono la loro attività prevalentemente in favore dei soci, consumatori o utenti di beni o servizi;

2) si avvalgono prevalentemente, nello svolgimento della loro attività, delle prestazioni lavorative dei soci;

3) si avvalgono prevalentemente, nello svolgimento della loro attività, degli apporti di beni o servizi da parte dei soci.

[II] Le società cooperative a mutualità prevalente si iscrivono in un apposito albo, presso il quale depositano annualmente i propri bilanci [223 duodecies[6] att.].

2513. Criteri per la definizione della prevalenza. – [I] Gli amministratori e i sindaci documentano la condizione di prevalenza di cui al precedente articolo nella nota integrativa al bilancio, evidenziando contabilmente i seguenti parametri:

a) i ricavi dalle vendite dei beni e dalle prestazioni di servizi verso i soci sono superiori al cinquanta per cento del totale dei ricavi delle vendite e delle prestazioni ai sensi dell'articolo 2425, primo comma, punto A1;

b) il costo del lavoro dei soci è superiore al cinquanta per cento del totale del costo del lavoro di cui all'articolo 2425, primo comma, punto B9 computate le altre forme di lavoro inerenti lo scopo mutualistico (1);

c) il costo della produzione per servizi ricevuti dai soci ovvero per beni conferiti dai soci è rispettivamente superiore al cinquanta per cento del totale dei costi dei servizi di cui all'articolo 2425, primo comma, punto B7, ovvero al costo delle merci o materie prime acquistate o conferite, di cui all'articolo 2425, primo comma, punto B6.

[II] Quando si realizzano contestualmente più tipi di scambio mutualistico, la condizione di prevalenza è documentata facendo riferimento alla media ponderata delle percentuali delle lettere precedenti.

[III] Nelle cooperative agricole la condizione di prevalenza sussiste quando la quantità o il valore dei prodotti conferiti dai soci è superiore al cinquanta per cento della quantità o del valore totale dei prodotti [111-septies att.].

(1) Le parole da "computate" alla fine della lettera sono state aggiunte dall'art. 25 del d.lg. 28/12/2004, n. 310.

2514. Requisiti delle cooperative a mutualità prevalente. – [I] Le cooperative a mutualità prevalente devono prevedere nei propri statuti:

a) il divieto di distribuire i dividendi in misura superiore all'interesse massimo dei buoni postali fruttiferi, aumentato di due punti e mezzo rispetto al capitale effettivamente versato;

b) il divieto di remunerare gli strumenti finanziari offerti in sottoscrizione ai soci cooperatori in misura superiore a due punti rispetto al limite massimo previsto per i dividendi;

c) il divieto di distribuire le riserve fra i soci cooperatori;

d) l'obbligo di devoluzione, in caso di scioglimento della società, dell'intero patrimonio sociale, dedotto soltanto il capitale sociale e i dividendi eventualmente maturati, ai fondi mutualistici per la promozione e lo sviluppo della cooperazione.

[II] Le cooperative deliberano l'introduzione e la soppressione [2545-octies] delle clausole di cui al comma precedente con le maggioranze previste per l'assemblea straordinaria [2365].

2515. Denominazione sociale. – [I] La denominazione sociale, in qualunque modo formata, deve contenere l'indicazione di società cooperativa.

[II] L'indicazione di cooperativa non può essere usata da società che non hanno scopo mutualistico [2511, 2545-quater].

*[III]**.

* Comma abrogato dall'art. 10, co. 5, l. 23/7/2009, n. 99. Il testo recitava: «Le società cooperative a mutualità prevalente devono indicare negli atti e nella corrispondenza il numero di iscrizione presso l'albo delle cooperative a mutualità prevalente».

2516. Rapporti con i soci. – [I] Nella costituzione e nell'esecuzione dei rapporti mutualistici deve essere rispettato il principio di parità di trattamento.

2517. Enti mutualistici. – [I] Le disposizioni del presente titolo non si applicano agli enti mutualistici diversi dalle società [45 Cost.].

2518. Responsabilità per le obbligazioni sociali. – [I] Nelle società cooperative per le obbligazioni sociali risponde soltanto la società con il suo patrimonio [2325, 24621].

2519. Norme applicabili. – [I] Alle società cooperative, per quanto non previsto dal presente titolo, si applicano in quanto compatibili le disposizioni sulla società per azioni [2325 ss.].

[II] L'atto costitutivo può prevedere che trovino applicazione, in quanto compatibili, le norme sulla società a responsabilità limitata [2462, 2522] nelle cooperative con un numero di soci cooperatori inferiore a venti ovvero con un attivo dello stato patrimoniale non superiore ad un milione di euro.

2520. Leggi speciali. – [I] Le cooperative regolate dalle leggi speciali sono soggette alle disposizioni del presente titolo, in quanto compatibili.

[II] La legge può prevedere la costituzione di cooperative destinate a procurare beni o servizi a soggetti appartenenti a particolari categorie anche di non soci.

Sezione II
Della costituzione

2521. Atto costitutivo. – [I] La società deve costituirsi per atto pubblico [1350[1, n. 13]].

[II] L'atto costitutivo stabilisce le regole per lo svolgimento dell'attività mutualistica e può prevedere che la società svolga la propria attività anche con terzi.

[III] L'atto costitutivo deve indicare:

1) il cognome e il nome o la denominazione [2515], il luogo e la data di nascita o di costituzione, il domicilio [43] o la sede, la cittadinanza dei soci [2522];

2) la denominazione, e il comune ove è posta la sede della società e le eventuali sedi secondarie [2515];

3) la indicazione specifica dell'oggetto sociale con riferimento ai requisiti e agli interessi dei soci;

4) la quota di capitale sottoscritta da ciascun socio [2524], i versamenti eseguiti e, se il capitale è ripartito in azioni, il loro valore nominale [2525];

5) il valore attribuito ai crediti e ai beni conferiti in natura;

6) i requisiti e le condizioni per l'ammissione dei soci e il modo e il tempo in cui devono essere eseguiti i conferimenti;

7) le condizioni per l'eventuale recesso [2532] o per la esclusione dei soci [2533];

8) le regole per la ripartizione degli utili e i criteri per la ripartizione dei ristorni [2545-quater];

9) le forme di convocazione dell'assemblea [2363], in quanto si deroga alle disposizioni di legge;

10) il sistema di amministrazione adottato, il numero degli amministratori e i loro poteri, indicando quali tra essi hanno la rappresentanza della società [2542];

11) il numero dei componenti del collegio sindacale;

12) la nomina dei primi amministratori e sindaci;

13) l'importo globale, almeno approssimativo, delle spese per la costituzione poste a carico delle società.

[IV] Lo statuto contenente le norme relative al funzionamento della società, anche se forma oggetto di atto separato, si considera parte integrante dell'atto costitutivo.

[V] I rapporti tra la società e i soci possono essere disciplinati da regolamenti che determinano i criteri e le regole inerenti allo svolgimento dell'attività mutualistica tra la società e i soci. I regolamenti, quando non costituiscono parte integrante dell'atto costitutivo, sono predisposti dagli amministratori e approvati dall'assemblea con le maggioranze previste per le assemblee straordinarie.

2522. Numero dei soci. – [I] Per costituire una società cooperativa è necessario che i soci siano almeno nove.

[II] Può essere costituita una società cooperativa da almeno tre soci quando i medesimi sono persone fisiche e la società adotta le norme della società a responsabilità limitata; nel caso di attività agricola possono essere soci anche le società semplici (1).

[III] Se successivamente alla costituzione il numero dei soci diviene inferiore a quello stabilito nei precedenti commi, esso deve essere integrato nel termine massimo di un anno, trascorso il quale la società si scioglie e deve essere posta in liquidazione.

[IV] La legge determina il numero minimo di soci necessario per la costituzione di particolari categorie di cooperative.

(1) Le parole da "; nel caso" alla fine del comma sono state aggiunte dall'art. 26 del d.lg. 28/12/2004, n. 310.

2523. Deposito dell'atto costitutivo e iscrizione della società. – [I] Il notaio che ha ricevuto l'atto costitutivo deve depositarlo entro venti giorni presso l'ufficio del registro delle imprese nella cui circoscrizione è stabilita la sede sociale, a norma dell'articolo 2330.

[II] Gli effetti dell'iscrizione e della nullità sono regolati rispettivamente dagli articoli 2331 e 2332.

2524. Variabilità del capitale. – [I] Il capitale sociale non è determinato in un ammontare prestabilito.

[II] Nelle società cooperative l'ammissione di nuovi soci, nelle forme previste dall'articolo 2528 non importa modificazione dell'atto costitutivo.

[III] La società può deliberare aumenti di capitale con modificazione dell'atto costitutivo nelle forme previste dagli articoli 2438 e seguenti.

[IV] L'esclusione o la limitazione del diritto di opzione può essere autorizzata dall'assemblea su proposta motivata degli amministratori [2411].

Sezione III
Delle quote e delle azioni

2525. Quote e azioni. – [I] Il valore nominale di ciascuna azione o quota non può essere inferiore a venticinque euro [2463, 2468] né per le azioni (1) superiore a cinquecento euro.

[II] Ove la legge non preveda diversamente, nelle società cooperative nessun socio può avere una quota superiore a centomila euro, né tante azioni il cui valore nominale superi tale somma.

[III] L'atto costitutivo, nelle società cooperative con più di cinquecento soci, può elevare il limite previsto nel precedente comma sino al due per cento del capitale sociale. Le azioni eccedenti tale limite possono essere riscattate o alienate nell'interesse del socio dagli amministratori e, comunque, i relativi diritti patrimoniali sono destinati a riserva indivisibile a norma dell'articolo 2545-ter.

[IV] I limiti di cui ai commi precedenti non si applicano nel caso di conferimenti di beni in natura o di crediti, nei casi previsti dagli articoli 2545-quinquies e 2545-sexies, e con riferimento ai soci diversi dalle persone fisiche ed ai sottoscrittori degli strumenti finanziari dotati di diritti di amministrazione.

[V] Alle azioni si applicano, in quanto compatibili, le disposizioni degli articoli 2346, 2347, 2348, 2349, 2354 e 2355. Tuttavia nelle azioni non è indicato l'ammontare del capitale né quello dei versamenti parziali sulle azioni non completamente liberate.

(1) Le parole "per le azioni" sono state inserite dall'art. 27 del d.lg. 28/12/2004, n. 310.

2526. Soci finanziatori e altri sottoscrittori di titoli di debito. – [I] L'atto costitutivo può prevedere l'emissione di strumenti finanziari, secondo la disciplina prevista per le società per azioni [2346[6], 2349[2], 2351[5]].

[II] L'atto costitutivo stabilisce i diritti patrimoniali o anche amministrativi (1) attribuiti ai possessori degli strumenti finanziari e le eventuali condizioni cui è sottoposto il loro trasferimento. I privilegi previsti nella ripartizione degli utili e nel rimborso del capitale non si estendono alle riserve indivisibili a norma dell'articolo 2545-ter. Ai possessori di strumenti finanziari non può, in ogni caso, essere attribuito più di un terzo dei voti spettanti all'insieme dei soci presenti ovvero rappresentati in ciascuna assemblea generale.

[III] Il recesso dei possessori di strumenti finanziari forniti del diritto di voto è disciplinato dagli articoli 2437 e seguenti.

[IV] La cooperativa cui si applicano le norme sulla società a responsabilità limitata può offrire in sottoscrizione strumenti privi di diritti di amministrazione solo a investitori qualificati (2).

(1) Le parole "i diritti patrimoniali o anche amministrativi" sono state sostituite alle parole "i diritti di amministrazione o patrimoniali" dall'art. 8 del d.lg. 17/1/2003, n. 6, come modificato dall'art. 5 del d.lg. 6/2/2004, n. 37.

(2) Ai sensi dell'art. 11, co. 3-bis, d.l. 23/12/2013, n. 145, conv.,

con modif., in l. 21/2/2014, n. 9, il comma si interpreta nel senso che, nelle cooperative cui si applicano le norme sulle società a responsabilità limitata, il limite all'emissione di strumenti finanziari si riferisce esclusivamente ai titoli di debito.

2527. Requisiti dei soci. – [I] L'atto costitutivo stabilisce i requisiti [2533] per l'ammissione dei nuovi soci e la relativa procedura, secondo criteri non discriminatori coerenti con lo scopo mutualistico e l'attività economica svolta.

[II] Non possono in ogni caso divenire soci quanti esercitano in proprio imprese in concorrenza con quella della cooperativa (1).

[III] L'atto costitutivo può prevedere, determinandone i diritti e gli obblighi, l'ammissione del nuovo socio cooperatore in una categoria speciale in ragione dell'interesse alla sua formazione ovvero del suo inserimento nell'impresa. I soci ammessi alla categoria speciale non possono in ogni caso superare un terzo del numero totale dei soci cooperatori. Al termine di un periodo comunque non superiore a cinque anni il nuovo socio è ammesso a godere i diritti che spettano agli altri soci cooperatori.

(1) Comma così sostituito dall'art. 28 del d.lg. 28/12/2004, n. 310.

2528. Procedura di ammissione e carattere aperto della società. – [I] L'ammissione di un nuovo socio è fatta con deliberazione degli amministratori su domanda dell'interessato. La deliberazione di ammissione deve essere comunicata all'interessato e annotata a cura degli amministratori nel libro dei soci.

[II] Il nuovo socio deve versare, oltre l'importo della quota o delle azioni, il soprapprezzo eventualmente determinato dall'assemblea in sede di approvazione del bilancio su proposta dagli amministratori.

[III] Il consiglio di amministrazione deve entro sessanta giorni motivare la deliberazione di rigetto della domanda di ammissione e comunicarla agli interessati.

[IV] Qualora la domanda di ammissione non sia accolta dagli amministratori, chi l'ha proposta può entro sessanta giorni dalla comunicazione del diniego chiedere che sull'istanza si pronunci l'assemblea, la quale delibera sulle domande non accolte, se non appositamente convocata, in occasione della sua prossima successiva convocazione.

[V] Gli amministratori nella relazione al bilancio illustrano le ragioni delle determinazioni assunte con riguardo all'ammissione dei nuovi soci.

2529. Acquisto delle proprie quote o azioni. – [I] L'atto costitutivo può autorizzare gli amministratori ad acquistare o rimborsare quote o azioni della società, purché sussistano le condizioni previste dal secondo comma dell'articolo 2545-quinquies e l'acquisto o il rimborso è fatto nei limiti degli utili distribuibili e delle riserve disponibili risultanti dall'ultimo bilancio regolarmente approvato [2357, 2358, 2474, 2537].

2530. Trasferibilità della quota o delle azioni. – [I] La quota o le azioni dei soci cooperatori non possono essere cedute con effetto verso la società, se la cessione non è autorizzata dagli amministratori.

[II] Il socio che intende trasferire la propria quota o le proprie azioni deve darne comunicazione agli amministratori con lettera raccomandata.

[III] Il provvedimento che concede o nega l'autorizzazione deve essere comunicato al socio entro sessanta giorni dal ricevimento della richiesta.

[IV] Decorso tale termine, il socio è libero di trasferire la propria partecipazione e la società deve iscrivere nel libro dei soci l'acquirente che abbia i requisiti previsti per divenire socio.

[V] Il provvedimento che nega al socio l'autorizzazione deve essere motivato. Contro il diniego il socio entro sessanta giorni dal ricevimento della comunicazione può proporre opposizione al tribunale.

[VI] Qualora l'atto costitutivo vieti la cessione della quota o delle azioni il socio può recedere [1324, 1334, 1373] dalla società, con preavviso di novanta giorni. Il diritto di recesso, in caso di divieto statutario di trasferimento della partecipazione, non può essere esercitato prima che siano decorsi due anni dall'ingresso del socio nella società [2355, 2355-bis, 2437 ss., 2469, 2473, 2532].

2531. Mancato pagamento delle quote o delle azioni. – [I] Il socio che non esegue in tutto o in parte il pagamento delle quote o delle azioni sottoscritte può, previa intimazione da parte degli amministratori, essere escluso a norma dell'articolo 2533 [2286, 2344, 2466, 2536].

2532. Recesso del socio. – [I] Il socio cooperatore può recedere dalla società nei casi previsti dalla legge e dall'atto costitutivo. Il recesso non può essere parziale.

[II] La dichiarazione di recesso [1324, 1334, 1373] deve essere comunicata con raccomandata alla società. Gli amministratori devono esaminarla entro sessanta giorni dalla ricezione. Se non sussistono i presupposti del recesso, gli amministratori devono darne immediata comunicazione al socio, che entro sessanta giorni dal ricevimento della comunicazione, può proporre opposizione innanzi il tribunale.

[III] Il recesso ha effetto per quanto riguarda il rapporto sociale dalla comunicazione del provvedimento di accoglimento della domanda. Ove la legge o l'atto costitutivo non preveda diversamente, per i rapporti mutualistici tra socio e società il recesso ha effetto con la chiusura dell'esercizio in corso, se comunicato tre mesi prima, e, in caso contrario, con la chiusura dell'esercizio successivo.

2533. Esclusione del socio. – [I] L'esclusione del socio [2535, 2536], oltre che nel caso indicato all'articolo 2531, può aver luogo:

1) nei casi previsti dall'atto costitutivo;

2) per gravi inadempienze delle obbligazioni che derivano dalla legge, dal contratto sociale, dal regolamento o dal rapporto mutualistico;

3) per mancanza o perdita dei requisiti previsti per la partecipazione alla società [2527];

4) nei casi previsti dall'articolo 2286;

5) nei casi previsti dell'articolo 2288, primo comma.

[II] L'esclusione deve essere deliberata dagli amministratori o, se l'atto costitutivo lo prevede, dall'assemblea.

[III] Contro la deliberazione di esclusione il socio può proporre opposizione al tribunale, nel termine di sessanta giorni dalla comunicazione.

[IV] Qualora l'atto costitutivo non preveda diversamente, lo scioglimento del rapporto sociale determina anche la risoluzione dei rapporti mutualistici pendenti.

2534. Morte del socio. – [I] In caso di morte del socio, gli eredi hanno diritto alla liquidazione della quota o al rimborso delle azioni secondo le disposizioni dell'articolo seguente.

[II] L'atto costitutivo può prevedere che gli eredi provvisti dei requisiti per l'ammissione alla società subentrino nella partecipazione del socio deceduto.

[III] Nell'ipotesi prevista dal secondo comma, in caso di pluralità di eredi, questi debbono nominare un rappresentante comune, salvo che la quota sia divisibile e la società consenta la divisione.

2535. Liquidazione della quota o rimborso delle azioni del socio uscente. – [I] La liquidazione della quota o il rimborso delle azioni ha luogo sulla base del bilancio dell'esercizio in cui si sono verificati il recesso [2532], l'esclusione [2533] o la morte del socio [2534].

[II] La liquidazione della partecipazione sociale, eventualmente ridotta in proporzione alle perdite imputabili al capitale, avviene sulla base dei criteri stabiliti nell'atto costitutivo. Salvo diversa disposizione, la liquidazione comprende anche il rimborso del soprapprezzo, ove versato, qualora sussista nel patrimonio della società e non sia stato destinato ad aumento gratuito del capitale ai sensi dell'articolo 2545-quinquies, terzo comma.

[III] Il pagamento deve essere fatto entro centottanta giorni dall'approvazione del bilancio. L'atto costitutivo può prevedere che, per la frazione della quota o le azioni assegnate al socio ai sensi degli articoli 2545-quinquies e 2545-sexies, la liquidazione o il rimborso, unitamente agli interessi legali, possa essere corrisposto in più rate entro un termine massimo di cinque anni.

2536. Responsabilità del socio uscente e dei suoi eredi. – [I] Il socio che cessa di far parte della società risponde verso questa per il pagamento dei conferimenti non versati, per un anno dal giorno in cui il recesso [2532], la esclusione [2533] o la cessione [2530] della quota si è verificata.

[II] Se entro un anno dallo scioglimento del rapporto associativo si manifesta l'insolvenza della società, il socio uscente è obbligato verso questa nei limiti di quanto ricevuto per la liquidazione della quota o per il rimborso delle azioni.

[III] Nello stesso modo e per lo stesso termine sono responsabili verso la società gli eredi del socio defunto.

2537. Creditore particolare del socio. – [I] Il creditore particolare del socio cooperatore, finché dura la società, non può agire esecutivamente sulla quota e sulle azioni del medesimo.

Sezione IV

Degli organi sociali

2538. Assemblea. – [I] Nelle assemblee hanno diritto di voto coloro che risultano iscritti da almeno novanta giorni nel libro dei soci.

[II] Ciascun socio cooperatore ha un voto, qualunque sia il valore della quota o il numero delle azioni possedute. L'atto costitutivo determina i limiti al diritto di voto degli strumenti finanziari offerti in sottoscrizione ai soci cooperatori [2526].

[III] Ai soci cooperatori persone giuridiche [2542] l'atto costitutivo può attribuire più voti, ma non oltre cinque, in relazione all'ammontare della quota oppure al numero dei loro membri [2531[4], 2548].

[IV] Nelle cooperative in cui i soci realizzano lo scopo mutualistico attraverso l'integrazione delle rispettive imprese o di talune fasi di esse, l'atto costitutivo può prevedere che il diritto di voto sia attribuito in ragione della partecipazione allo scambio mutualistico. Lo statuto stabilisce un limite per il voto plurimo per tali categorie di soci, in modo che nessuno di essi possa esprimere più del decimo dei voti in ciascuna assemblea generale. In ogni caso, ad essi non può essere attribuito più di un terzo dei voti spettanti all'insieme dei soci presenti o rappresentati in ciascuna assemblea generale.

[V] Le maggioranze richieste per la costituzione delle assemblee e per la validità delle deliberazioni sono determinate dall'atto costitutivo e sono calcolate secondo il numero dei voti spettanti ai soci.

[VI] L'atto costitutivo può prevedere che il voto venga espresso per corrispondenza, ovvero mediante altri mezzi di telecomunicazione. In tal caso l'avviso di convocazione deve contenere per esteso la deliberazione proposta. Se sono poste in votazione proposte diverse da quelle indicate nell'avviso di convocazione, i voti espressi per corrispondenza non si computano ai fini della regolare costituzione dell'assemblea.

2539. Rappresentanza nell'assemblea. – [I] Nelle cooperative disciplinate dalle norme sulla società per azioni ciascun socio può rappresentare sino ad un massimo di dieci soci.

[II] Il socio imprenditore individuale può farsi rappresentare nell'assemblea anche dal coniuge, dai parenti entro il terzo grado e dagli affini entro il secondo che collaborano all'impresa.

2540. Assemblee separate. – [I] L'atto costitutivo delle società cooperative può prevedere lo svolgimento di assemblee separate, anche rispetto a specifiche materie ovvero in presenza di particolari categorie di soci.

[II] Lo svolgimento di assemblee separate deve essere previsto quando la società cooperativa ha più di tremila soci e svolge la propria attività in più province ovvero se ha più di cinquecento soci e si realizzano più gestioni mutualistiche.

[III] L'atto costitutivo stabilisce il luogo, i criteri e le modalità di convocazione e di partecipazione all'assemblea generale dei soci delegati e assicura in ogni caso la proporzionale rappresentanza delle minoranze espresse dalle assemblee separate.

[IV] I delegati debbono essere soci [2539]. Alla assemblea generale possono assistere anche i soci che hanno preso parte alle assemblee separate.

[V] Le deliberazioni della assemblea generale possono essere impugnate ai sensi dell'articolo 2377 anche dai soci assenti e dissenzienti nelle assemblee separate quando, senza i voti espressi dai delegati delle assemblee separate irregolarmente tenute, verrebbe meno la maggioranza richiesta per la validità della deliberazione.

[VI] Le deliberazioni delle assemblee separate non possono essere autonomamente impugnate.

[VII] Le disposizioni del presente articolo non si applicano alle società cooperative con azioni ammesse alla quotazione in mercati regolamentati.

2541. Assemblee speciali dei possessori degli strumenti finanziari. – [I] Se sono stati emessi strumenti finanziari privi di diritto di voto [2526] l'assemblea speciale di ciascuna categoria delibera:

1) sull'approvazione delle deliberazioni dell'assemblea della società cooperativa che pregiudicano i diritti della categoria;

2) sull'esercizio dei diritti ad essa eventualmente attribuiti ai sensi dell'articolo 2526;

3) sulla nomina e sulla revoca dei rappresentanti comuni di ciascuna categoria e sull'azione di responsabilità nei loro confronti;

4) sulla costituzione di un fondo per le spese, necessario alla tutela dei comuni interessi dei possessori degli strumenti finanziari e sul rendiconto relativo;

5) sulle controversie con la società cooperativa e sulle relative transazioni e rinunce;

6) sugli altri oggetti di interesse comune a ciascuna categoria di strumenti finanziari.

[II] La assemblea speciale è convocata dagli amministratori della società cooperativa o dal rappresentante comune, quando lo ritengano necessario o quando almeno un terzo dei possessori degli strumenti finanziari ne faccia richiesta.

[III] Il rappresentante comune deve provvedere all'esecuzione delle deliberazioni dell'assemblea speciale e deve tutelare gli interessi comuni dei possessori degli strumenti finanziari nei rapporti con la società cooperativa.

[IV] Il rappresentante comune ha diritto di esaminare i libri di cui all'articolo 2421, numeri 1) e 3) e di ottenere estratti; ha altresì il diritto di assistere all'assemblea della società cooperativa e di impugnarne le deliberazioni.

2542. Consiglio di amministrazione. – [I] La nomina degli amministratori spetta all'assemblea fatta eccezione per i primi amministratori che sono nominati nell'atto costitutivo e salvo quanto disposto nell'ultimo comma del presente articolo.

[II] La maggioranza degli amministratori è scelta tra i soci cooperatori ovvero tra le persone indicate dai soci cooperatori persone giuridiche (1).

[III] L'atto costitutivo può prevedere che uno o più amministratori siano scelti tra gli appartenenti alle diverse categorie dei soci, in proporzione dell'interesse che ciascuna categoria ha nell'attività sociale. In ogni caso, ai possessori di strumenti finanziari [2526] non può essere attribuito il diritto di eleggere più di un terzo degli amministratori.

[IV] La nomina di uno o più amministratori può essere attribuita dall'atto costitutivo allo Stato o ad enti pubblici [2449]. In ogni caso, la nomina della maggioranza degli amministratori è riservata all'assemblea.

(1) Seguiva un originario co. 3 soppresso dall'art. 29 del d.lg. 28/12/2004, n. 310.

2543. Organo di controllo. – [I] La nomina del collegio sindacale è obbligatoria nei casi previsti dal secondo e terzo comma dell'articolo 2477, nonché quando la società emette strumenti finanziari non partecipativi [2397 ss., 2526].

[II] L'atto costitutivo può attribuire il diritto di voto nell'elezione dell'organo di controllo proporzionalmente alle quote o alle azioni possedute ovvero in ragione della partecipazione allo scambio mutualistico.

[III] I possessori degli strumenti finanziari dotati di diritti di amministrazione [2526] possono eleggere, se lo statuto lo prevede, nel complesso sino ad un terzo dei componenti dell'organo di controllo.

2544. Sistemi di amministrazione. – [I] Indipendentemente dal sistema di amministrazione adottato non possono essere delegati dagli amministratori, oltre le materie previste dall'articolo 2381, i poteri in materia di ammissione [2527], di recesso [2532] e di esclusione [2533] dei soci e le decisioni che incidono sui rapporti mutualistici con i soci.

[II] Se la cooperativa ha adottato il sistema di amministrazione di cui all'articolo 2409-octies, i possessori di strumenti finanziari [2526] non possono eleggere più di un terzo dei componenti del consiglio di sorveglianza [2409-duodecies] e più di un terzo dei componenti del consiglio di gestione [2409-novies]. I componenti del consiglio di sorveglianza eletti dai soci cooperatori devono essere scelti tra i soci cooperatori ovvero tra le persone indicate dai soci cooperatori persone giuridiche.

[III] Se la cooperativa ha adottato il sistema di amministrazione di cui all'articolo 2409-sexiesdecies agli amministratori eletti dai possessori di strumenti finanziari [2526], in misura comunque non superiore ad un terzo, non possono essere attribuite deleghe operative né gli stessi possono fare parte del comitato esecutivo.

2545. Relazione annuale sul carattere mutualistico della cooperativa. – [I] Gli amministratori e i sindaci della società, in occasione della approvazione del bilancio di esercizio debbono, nelle relazioni previste dagli articoli 2428 e 2429 indicare specificamente i criteri seguiti nella gestione sociale per il conseguimento dello scopo mutualistico.

2545 bis. Diritti dei soci. – [I] Nelle società cooperative cui si applica la disciplina della società per azioni, oltre a quanto stabilito dal primo comma dell'articolo 2422, i soci, quando almeno un decimo del numero complessivo lo richieda ovvero almeno un ventesimo quando la cooperativa ha più di tremila soci, hanno diritto di esaminare, attraverso un rappresentante, eventualmente assistito da un professionista di sua fiducia, il libro delle adunanze e delle deliberazioni del consiglio di amministrazione e il libro delle deliberazioni del comitato esecutivo, se esiste.

[II] I diritti di cui al comma precedente non spettano ai soci in mora per la mancata esecuzione dei conferimenti o inadempienti rispetto alle obbligazioni contratte con la società.

2545 ter. Riserve indivisibili. – [I] Sono indivisibili le riserve che per disposizione di legge o dello statuto non possono essere ripartite tra i soci, neppure in caso di scioglimento della società.

[II] Le riserve indivisibili possono essere utilizzate per la copertura di perdite solo dopo che sono esaurite le riserve che la società aveva destinato ad operazioni di aumento di capitale e quelle che possono essere ripartite tra i soci in caso di scioglimento della società.

2545 quater. Riserve legali, statutarie e volontarie. – [I] Qualunque sia l'ammontare del fondo di riserva legale [2430], deve essere a questo destinato almeno il trenta per cento degli utili netti annuali.

[II] Una quota degli utili netti annuali deve essere corrisposta ai fondi mutualistici per la promozione e lo sviluppo della cooperazione, nella misura e con le modalità previste dalla legge.

[III] L'assemblea determina, nel rispetto di quanto previsto dall'articolo 2545-quinquies, la destinazione degli utili non assegnati ai sensi del primo e secondo comma.

2545 quinquies. Diritto agli utili e alle riserve dei soci cooperatori. – [I] L'atto costitutivo indica le modalità e la percentuale massima di ripartizione dei dividendi tra i soci cooperatori.

[II] Possono essere distribuiti dividendi, acquistate proprie quote o azioni ovvero assegnate ai soci le riserve divisibili se il rapporto tra il patrimonio netto e il complessivo indebitamento della società è superiore ad un quarto. La condizione (1) non si applica nei confronti dei possessori di strumenti finanziari.

[III] L'atto costitutivo può autorizzare l'assemblea ad assegnare ai soci le riserve divisibili attraverso:

a) l'emissione degli strumenti finanziari di cui all'articolo 2526;

b) mediante aumento proporzionale delle quote sottoscritte e versate, o mediante l'emissione di nuove azioni, anche in deroga a quanto previsto dall'articolo 2525, nella misura massima complessiva del venti per cento del valore originario.

[IV] Le riserve divisibili, spettanti al socio in caso di scioglimento del rapporto, possono essere assegnate, se lo statuto non prevede diversamente, attraverso l'emissione di strumenti finanziari liberamente trasferibili e devono esserlo ove il rapporto tra il patrimonio netto e il complessivo indebitamento della società sia inferiore ad un quarto.

[V] Le disposizioni dei commi secondo e terzo non si applicano alle cooperative con azioni quotate in mercati regolamentati (2).

(1) Le parole "La condizione" sono state sostituite alle parole "Il divieto" dall'art. 30, co. 1a), d.lg. 28/12/2004, n. 310.

(2) Comma aggiunto dall'art. 30, co. 1b), d.lg. n. 310, cit.

2545 sexies. Ristorni. – [I] L'atto costitutivo determina i criteri di ripartizione dei ristorni ai soci proporzionalmente alla quantità e qualità degli scambi mutualistici.

[II] Le cooperative devono riportare separatamente nel bilancio i dati relativi all'attività svolta con i soci, distinguendo eventualmente le diverse gestioni mutualistiche.

[III] L'assemblea può deliberare la ripartizione dei ristorni a ciascun socio anche mediante aumento proporzionale delle rispettive quote o con l'emissione di nuove azioni, in deroga a quanto previsto dall'articolo 2525, ovvero mediante l'emissione di strumenti finanziari.

2545 septies. Gruppo cooperativo paritetico. – [I] Il contratto con cui più cooperative appartenenti anche a categorie diverse regolano, anche in forma consortile, la direzione e il coordinamento delle rispettive imprese deve indicare:

1) la durata;

2) la cooperativa o le cooperative cui è attribuita direzione del gruppo, indicandone i relativi poteri;

3) l'eventuale partecipazione di altri enti pubblici e privati;

4) i criteri e le condizioni di adesione e di recesso dal contratto;

5) i criteri di compensazione e l'equilibrio nella distribuzione dei vantaggi derivanti dall'attività comune.

[II] La cooperativa può recedere dal contratto senza che ad essa possano essere imposti oneri di alcun tipo qualora, per effetto dell'adesione al gruppo, le condizioni dello scambio risultino pregiudizievoli per i propri soci.

[III] Le cooperative aderenti ad un gruppo sono tenute a depositare in forma scritta l'accordo di partecipazione presso l'albo delle società cooperative.

Sezione V
Delle modificazioni dell'atto costitutivo

2545 octies. Perdita della qualifica di cooperativa a mutualità prevalente. – [I] La cooperativa perde la qualifica di cooperativa a mutualità prevalente quando, per due esercizi consecutivi, non rispetti la condizione di prevalenza, di cui all'articolo 2513, ovvero quando modifichi le previsioni statutarie di cui all'articolo 2514.

[II] In questo caso, sentito il parere del revisore esterno, ove presente, gli amministratori devono redigere un apposito bilancio, da notificarsi entro sessanta giorni dalla approvazione al Ministero delle attività produttive (1), al fine di determinare il valore effettivo dell'attivo patrimoniale da imputare alle riserve indivisibili. Il bilancio deve essere verificato senza rilievi da una società di revisione.

[III] Qualora la cooperativa abbia perso la qualifica di cooperativa a mutualità prevalente per il mancato rispetto della condizione di prevalenza di cui all'articolo 2513, l'obbligo di cui al secondo comma si applica soltanto nel caso in cui la cooperativa medesima modifichi le previsioni statutarie di cui all'articolo 2514 o abbia emesso strumenti finanziari (2).

[IV] In tutti i casi di perdita della citata qualifica, la cooperativa è tenuta a segnalare espressamente tale condizione attraverso gli strumenti di comunicazione informatica previsti dall'articolo 223-sexiesdecies delle disposizioni per l'attuazione del presente codice (2).

[V] Lo stesso obbligo sussiste per la cooperativa nel caso in cui le risultanze contabili relative al primo anno successivo alla perdita della detta qualifica evidenzino il rientro nei parametri della mutualità prevalente (2).

[VI] In seguito alle predette segnalazioni, l'amministrazione presso la quale è tenuto l'albo delle società cooperative provvede alla variazione della sezione di iscrizione all'albo medesimo senza alcun ulteriore onere istruttorio (2).

[VII] L'omessa o ritardata comunicazione della perdita della qualifica di cooperativa a mutualità prevalente è segnalata all'amministrazione finanziaria e comporta l'applicazione della sanzione amministrativa della sospensione semestrale di ogni attività dell'ente, intesa come divieto di assumere nuove eventuali obbligazioni contrattuali (2).

(1) Le parole "un apposito bilancio da notificarsi entro sessanta giorni dalla approvazione al Ministero delle attività produttive," sono state sostituite alle parole "il bilancio" dall'art. 31 del d.lg. 28/12/2004, n. 310.

(2) Comma aggiunto dall'art. 10, co. 8, l. 23/7/2009, n. 99.

2545 nonies. Modificazioni dell'atto costitutivo. – [I] Alle deliberazioni che importano modificazioni dell'atto costitutivo si applica l'articolo 2436.

[II] La fusione e la scissione di società cooperative sono disciplinate dal titolo V, capo X, sezione II e III.

2545 decies. Trasformazione. – [I] Le società cooperative diverse da quelle a mutualità prevalente possono deliberare, con il voto favorevole di almeno la metà dei soci della cooperativa, la trasformazione [2437, 2473, 2500-sexies, 2500-novies] in una società del tipo previsto dal titolo V, capi II, III, IV, V, VI e VII, o in consorzio [2602].

[II] Quando i soci sono meno di cinquanta, la deliberazione deve essere approvata con il voto favorevole dei due terzi di essi. Quando i soci sono più di diecimila, l'atto costitutivo può prevedere che la trasformazione sia deliberata con il voto favorevole dei due terzi dei votanti se all'assemblea sono presenti, personalmente o per delega, almeno il venti per cento dei soci.

[III] All'esito della trasformazione gli strumenti finanziari con diritto di voto [2526] sono convertiti in partecipazioni ordinarie, conservando gli eventuali privilegi.

2545 undecies. Devoluzione del patrimonio e bilancio di trasformazione. – [I] La deliberazione di trasformazione devolve il valore effettivo del patrimonio, dedotti il capitale versato e rivalutato e i dividendi non ancora distribuiti, eventualmente aumentato fino a concorrenza dell'ammontare minimo del capitale della nuova società, esistenti alla data di trasformazione, ai fondi mutualistici per la promozione e lo sviluppo della cooperazione.

[II] Alla proposta di deliberazione di trasformazione gli amministratori allegano una relazione giurata di un esperto designato dal tribunale nel cui circondario ha sede la società cooperativa [2500-sexies[2]], attestante il valore effettivo del patrimonio dell'impresa (1).

[III] L'assemblea non può procedere alla deliberazione di cui ai precedenti commi qualora la cooperativa non sia stata sottoposta a revisione da parte dell'autorità di vigilanza nell'anno precedente o, comunque, gli amministratori non ne abbiano fatto richiesta da almeno novanta giorni.

(1) Comma aggiunto dall'art. 32 del d.lg. 28/12/2004, n. 310.

2545 duodecies. Scioglimento. – [I] La società cooperativa si scioglie per le cause indicate ai numeri 1), 2), 3), 5), 6) e 7) dell'articolo 2484, nonché per la perdita del capitale sociale [2446, 2447, 2482-bis, 2482-ter, 2522, 2524].

2545 terdecies. Insolvenza. – [I] In caso di insolvenza della società, l'autorità governativa alla quale spetta il controllo sulla società dispone la liquidazione coatta amministrativa. Le cooperative che svolgono attività commerciale [2195] sono soggette anche a liquidazione giudiziale (1).

[II] La dichiarazione di fallimento preclude la liquidazione coatta amministrativa e il provvedimento di liquidazione coatta amministrativa preclude la dichiarazione di fallimento.

(1) Le parole da "Le cooperative" a "liquidazione giudiziale", introdotte dall'art. 381, co. 1, d.lg. 12/1/2019, n. 14, sostituiscono il precedente periodo "Le cooperative che svolgono attività commerciale sono soggette anche al fallimento". Tale disposizione, ai sensi dell'art. 389, co. 1, come da ultimo modificato dall'art. 5 del d.l. 8/4/2020, n. 23, conv., con modif., in l. 5/6/2020, n. 40, entra in vigore il 1/9/2021.

Sezione VI
Dei controlli

2545 quaterdecies. Controllo sulle società cooperative. – [I] Le società cooperative sono sottoposte alle autorizzazioni, alla vigilanza e agli altri controlli sulla gestione previsti dalle leggi speciali.

2545 quinquiesdecies. Controllo giudiziario. – [I] I fatti previsti dall'articolo 2409 possono essere denunciati al tribunale dai soci che siano titolari del decimo del capitale sociale ovvero da un decimo del numero complessivo dei soci, e, nelle società cooperative che hanno più di tremila soci, da un ventesimo dei soci.

[II] Il ricorso deve essere notificato a cura dei ricorrenti anche all'autorità di vigilanza.

[III] Il tribunale, sentiti in camera di consiglio gli amministratori, i sindaci e l'autorità di vigilanza, dichiara improcedibile il ricorso se per i medesimi fatti sia stato già nominato un ispettore o un commissario dall'autorità di vigilanza.

[IV] L'autorità di vigilanza dispone la sospensione del procedimento dalla medesima iniziato se il tribunale per i medesimi fatti ha nominato un ispettore o un amministratore giudiziario.

2545 sexiesdecies. Gestione commissariale. – [I] In caso di gravi irregolarità di funzionamento o fondati indizi di crisi delle società cooperative, l'autorità di vigilanza può revocare gli amministratori e i sindaci, e affidare la gestione della società ad un commissario, determinando i poteri e la durata. Ove l'importanza della società cooperativa lo richieda, l'autorità di vigilanza può nominare un vice commissario che collabora con il commissario e lo sostituisce in caso di impedimento (1).

[II] Al commissario possono essere conferiti per determinati atti anche i poteri dell'assemblea, ma le relative deliberazioni non sono valide senza l'approvazione dell'autorità di vigilanza (2).

[III] Se l'autorità di vigilanza accerta irregolarità nelle procedure di ammissione dei nuovi soci, può diffidare la società cooperativa e, qualora non si adegui, assumere i provvedimenti di cui al quarto comma (3).

[IV] Laddove vengano accertate una o più irregolarità suscettibili di specifico adempimento, l'autorità di vigilanza, previa diffida, può nominare un commissario, anche nella persona del legale rappresentante o di un componente dell'organo di controllo societario, che si sostituisce agli organi amministrativi dell'ente, limitatamente al compimento degli specifici adempimenti indicati (4).

(1) Le parole «di vigilanza» sono state sostituite alla parola «governativa» dall'art. 33 del d.lg. 28/12/2004, n. 310. Successivamente, l'art. 1, co. 936, lett. c), n. 1, l. 27/12/2017, n. 205, ha sostituito, al presente comma, le parole: «gravi irregolarità di funzionamento o fondati indizi di crisi» alle parole «irregolare funzionamento».

• L'art. 381, co. 2, d.lg. 12/1/2019, n. 14 dispone la sostituzione del primo periodo con il seguente: «Fuori dai casi di cui all'articolo 2545-septiesdecies, in caso di irregolare funzionamento della società cooperativa, l'autorità di vigilanza può revocare gli amministratori e i sindaci, affidare la gestione della società a un commissario, determinando i poteri e la durata, al fine di sanare le irregolarità riscontrate e, nel caso di crisi o insolvenza, autorizzarlo a domandare la nomina del collegio o del commissario per la composizione assistita della crisi stessa o l'accesso a una delle procedure regolatrici previste nel codice della crisi e dell'insolvenza». Tale disposizione, ai sensi dell'art. 389, co. 1, come da ultimo modificato dall'art. 5 del d.l. 8/4/2020, n. 23, conv., con modif., in l. 5/6/2020, n. 40, entra in vigore il 1/9/2021.

(2) Le parole «di vigilanza» sono state sostituite alla parola «governativa» dall'art. 33 del d.lg. 28/12/2004, n. 310.

(3) L'art. 1, com. 936, lett. c), n. 2, l. 27/12/2017, n. 205, ha sostituito, al presente comma, le parole: "di cui al quarto comma" alle parole "di cui ai commi precedenti".

(4) Comma aggiunto dall'art. 1, co. 936, lett. c), n. 3, l. 27/12/2017, n. 205.

2545 septiesdecies. Scioglimento per atto dell'autorità. – [I] L'autorità di vigilanza, con provvedimento da pubblicarsi nella Gazzetta Ufficiale e da iscriversi nel registro delle imprese [2188], può sciogliere le società cooperative e gli enti mutualistici che non perseguono lo scopo mutualistico o non sono in condizione di raggiungere gli scopi per cui sono stati costituiti o che per due anni consecutivi non hanno depositato il bilancio di esercizio o non hanno compiuto atti di gestione.

[II] Se vi è luogo a liquidazione, con lo stesso provvedimento sono nominati uno o più commissari liquidatori.

2545 octiesdecies. Sostituzione dei liquidatori. – [I] In caso di irregolarità o di eccessivo ritardo nello svolgimento della liquidazione ordinaria di una società cooperativa, l'autorità di vigilanza (1) può sostituire i liquidatori o, se questi sono stati nominati dall'autorità giudiziaria, può chiederne la sostituzione al tribunale.

[II] Fatti salvi i casi di liquidazione per i quali è intervenuta la nomina di un liquidatore da parte dell'autorità giudiziaria, l'autorità di vigilanza dispone la pubblicazione nella Gazzetta Ufficiale, per la conseguente cancellazione dal registro delle imprese, dell'elenco delle società cooperative e degli enti mutualistici in liquidazione ordinaria che non hanno depositato i bilanci di esercizio relativi agli ultimi cinque anni.

[III] Entro il termine perentorio di trenta giorni dalla pubblicazione i creditori e gli altri interessati possono presentare all'autorità di vigilanza (1) formale e motivata domanda intesa a consentire la prosecuzione della liquidazione. Trascorso il suddetto termine, a seguito di comunicazione da parte dell'autorità di vigilanza, il conservatore del registro delle imprese territorialmente competente provvede alla cancellazione della società cooperativa o dell'ente mutualistico dal registro medesimo.

(1) Le parole da "Fuori dai casi" a "insolvenza" sono state introdotte dall'art. 381, co. 2, d.lg. 12/1/2019, n. 14 e sostituiscono il precedente periodo che prevedeva "In caso di irregolare funzionamento delle società cooperative, l'autorità di vigilanza (1) può revocare gli amministratori e i sindaci, e affidare la gestione della società ad un commissario, determinando i poteri e la durata".

Capo II
Delle mutue assicuratrici

2546. Nozione. – [I] Nella società di mutua assicurazione le obbligazioni sono garantite dal patrimonio sociale [2325, 2462].

[II] I soci sono tenuti al pagamento dei contributi fissi o variabili, entro il limite massimo determinato dall'atto costitutivo.

[III] Nelle mutue assicuratrici non si può acquistare la qualità di socio, se non assicurandosi presso la società, e si perde la qualità di socio con l'estinguersi dell'assicurazione, salvo quanto disposto dall'articolo 2548.

2547. Norme applicabili. – [I] Le società di mutua assicurazione sono soggette alle autorizzazioni, alla vigilanza e agli altri controlli stabiliti dalle leggi speciali sull'esercizio dell'assicurazione, e sono regolate dalle norme stabilite per le società cooperative, in quanto compatibili con la loro natura.

2548. Conferimenti per la costituzione di fondi di garanzia. – [I] L'atto costitutivo può prevedere la costituzione di fondi di garanzia per il pagamento delle indennità, mediante speciali conferimenti da parte di assicurati o di terzi, attribuendo anche a questi ultimi la qualità di socio.

[II] L'atto costitutivo può attribuire a ciascuno dei soci sovventori più voti, ma non oltre cinque, in relazione all'ammontare del conferimento.

[III] I voti attribuiti ai soci sovventori, come tali, devono in ogni caso essere inferiori al numero dei voti spettanti ai soci assicurati.

[IV] I soci sovventori possono essere nominati amministratori. La maggioranza degli amministratori deve essere costituita da soci assicurati.

TITOLO VII
DELL'ASSOCIAZIONE IN PARTECIPAZIONE

2549. Nozione. – [I] Con il contratto [1326, 1372] di associazione in partecipazione l'associante attribuisce all'associato una partecipazione agli utili della sua impresa o di uno o più affari verso il corrispettivo di un determinato apporto [$1350^{1, n. 9}$, 2553, 2556, $2643^{1, n. 10}$].

[II] Nel caso in cui l'associato sia una persona fisica, l'apporto di cui al primo comma non può consistere, nemmeno in parte, in una prestazione di lavoro (1).

[...] (2).

(1) Comma così sostituito ad opera dell'art. 53, co. 1, lett. A), d.lg. 15/6/2015, n. 81. Il testo previgente, così come modificato ad opera dell'art. 1, co. 28, l. 28/6/2012, n. 92 era il seguente «Qualora l'apporto dell'associato consista anche in una prestazione di lavoro, il numero degli associati impegnati in una medesima attività non può essere superiore a tre, indipendentemente dal numero degli associanti, con l'unica eccezione nel caso in cui gli associati siano legati all'associante da rapporto coniugale, di parentela entro il terzo grado o di affinità entro il secondo. In caso di violazione del divieto di cui al presente comma, il rapporto con tutti gli associati il cui apporto consiste anche in una prestazione di lavoro si considera di lavoro subordinato a tempo indeterminato».

(2) Comma dapprima aggiunto ad opera dell'art. 1, co. 28, l. 28/6/2012, n. 92, come modificato ad opera dell'art. 7, co. 5, lett. A), n. 2 bis, d.l. 28/6/2013, n. 76 conv. in l. 9/8/2013, n. 99 e successivamente abrogato ad opera dell'art. 53, co. 1, lett. A), d.lg. 15/6/2015, n. 81.

2550. Pluralità di associazioni. – [I] Salvo patto contrario, l'associante non può attribuire partecipazioni per la stessa impresa o per lo stesso affare ad altre persone senza il consenso dei precedenti associati.

2551. Diritti ed obbligazioni dei terzi. – [I] I terzi acquistano diritti e assumono obbligazioni soltanto verso l'associante [2554].

2552. Diritti dell'associante e dell'associato. – [I] La gestione dell'impresa o dell'affare spetta all'associante [2554].

[II] Il contratto può determinare quale controllo possa esercitare l'associato sull'impresa o sullo svolgimento dell'affare per cui l'associazione è stata contratta [1703].

[III] In ogni caso l'associato ha diritto al rendiconto dell'affare compiuto, o a quello annuale della gestione se questa si protrae per più di un anno [2261, 2320^{3}, 2476].

2553. Divisione degli utili e delle perdite. – [I] Salvo patto contrario, l'associato partecipa alle perdite nella stessa misura in cui partecipa agli utili, ma le perdite che colpiscono l'associato non possono superare il valore del suo apporto [2313, 2265].

2554. Partecipazione agli utili e alle perdite. – [I] Le disposizioni degli articoli 2551 e 2552 si applicano anche al contratto di cointeressenza agli utili di una impresa senza partecipazione alle perdite, e al contratto con il quale un contraente attribuisce la partecipazione agli utili e alle perdite della sua impresa, senza il corrispettivo di un determinato apporto.

[II] Per le partecipazioni agli utili attribuite ai prestatori di lavoro resta salva la disposizione dell'articolo 2102.

TITOLO VIII
DELL'AZIENDA

Capo I
Disposizioni generali

2555. Nozione. – [I] L'azienda è il complesso dei beni organizzati dall'imprenditore [2082] per l'esercizio dell'impresa [$177^{1, lett. d)}$, 178, 365, 816// 670 CPC. // 508 CP.].

2556. Imprese soggette a registrazione. – [I] Per le imprese soggette a registrazione [2195, 2200] i contratti che hanno per oggetto il trasferimento della proprietà o il godimento dell'azienda [2562] devono essere provati per iscritto [2725], salva l'osservanza delle forme stabilite dalla legge per il trasferimento dei singoli beni che compongono l'azienda [1350, 2643, 2683] o per la particolare natura del contratto

[II] I contratti di cui al primo comma, in forma pubblica [2699] o per scrittura privata autenticata [2703], devono essere depositati per l'iscrizione nel registro delle imprese [2188], nel termine di trenta giorni, a cura del notaio rogante o autenticante (1).

(1) Comma così sostituito dall'art. 6 della l. 12/8/1993, n. 310.

2557. Divieto di concorrenza. – [I] Chi aliena l'azienda deve astenersi, per il periodo di cinque anni dal trasferimento, dall'iniziare una nuova impresa che per l'oggetto, l'ubicazione o altre circostanze sia idonea a sviare la clientela dell'azienda ceduta [2125, 2229 ss., 2596].

[II] Il patto di astenersi dalla concorrenza in limiti più ampi di quelli previsti dal comma precedente è valido, purché non impedisca ogni attività professionale dell'alienante. Esso non può eccedere la durata di cinque anni dal trasferimento [2596].

[III] Se nel patto è indicata una durata maggiore o la durata non è stabilita, il divieto di concorrenza vale per il periodo di cinque anni dal trasferimento [1339].

[IV] Nel caso di usufrutto [978, 2561] o di affitto [1615, 2562] dell'azienda il divieto di concorrenza disposto dal primo comma vale nei confronti del proprietario o del locatore per la durata dell'usufrutto o dell'affitto.

[V] Le disposizioni di questo articolo si applicano alle aziende agricole solo per le attività ad esse connesse [2135], quando rispetto a queste sia possibile uno sviamento di clientela.

2558. Successione nei contratti. – [I] Se non è pattuito diversamente, l'acquirente dell'azienda subentra nei contratti stipulati per l'esercizio dell'azienda stessa che non abbiano carattere personale [1406, $1722^{1, n. 4}$, 1902, 2112, 2610] (1).

[II] Il terzo contraente può tuttavia recedere dal contratto [1373] entro tre mesi dalla notizia del trasferimento, se sussiste una giusta causa, salvo in questo caso la responsabilità dell'alienante.

[III] Le stesse disposizioni si applicano anche nei confronti dell'usufruttuario e dell'affittuario per la durata dell'usufrutto e dell'affitto [2561, 2562].

(1) Per i contratti di locazione immobiliare v. art. 36 della l. 27/7/1978, n. 392. V. anche l'art. 58 del d.lg. 1/9/1993, n. 385.

- V. art. 132 della l. 22/4/1941, n. 633.
- V. art. 47 della l. 29/12/1990 n. 428.

2559. Crediti relativi all'azienda ceduta. – [I] La cessione dei crediti relativi all'azienda ceduta, anche in mancanza di notifica al debitore o di sua accettazione [1264, 1265], ha effetto, nei confronti dei terzi, dal momento dell'iscrizione del trasferimento nel registro delle imprese [2188]. Tuttavia il debitore ceduto è liberato se paga in buona fede all'alienante [1189].

[II] Le stesse disposizioni si applicano anche nel caso di usufrutto dell'azienda [2561], se esso si estende ai crediti relativi alla medesima.

2560. Debiti relativi all'azienda ceduta. – [I] L'alienante non è liberato dai debiti, inerenti all'esercizio dell'azienda ceduta, anteriori al trasferimento, se non risulta che i creditori vi hanno consentito.

[II] Nel trasferimento di un'azienda commerciale [2556] risponde dei debiti suddetti anche l'acquirente della azienda, se essi risultano dai libri contabili obbligatori [1546, 2112, 2214].

2561. Usufrutto dell'azienda. – [I] L'usufruttuario dell'azienda [985, 1015] deve esercitarla sotto la ditta che la contraddistingue [2563 ss.].

[II] Egli deve gestire l'azienda senza modificarne la destinazione [985] e in modo da conservare l'efficienza dell'organizzazione e degli impianti [997] e le normali dotazioni di scorte.

[III] Se non adempie a tale obbligo o cessa arbitrariamente dalla gestione dell'azienda, si applica l'articolo 1015.

[IV] La differenza tra le consistenze di inventario all'inizio e al termine dell'usufrutto è regolata in danaro, sulla base dei valori correnti al termine dell'usufrutto.

2562. Affitto dell'azienda. – [I] Le disposizioni dell'articolo precedente si applicano anche nel caso di affitto dell'azienda [1350[1, n. 8],1615 ss.].

Capo II
Della ditta e dell'insegna

2563. Ditta. – [I] L'imprenditore [2082] ha diritto all'uso esclusivo della ditta da lui prescelta.

[II] La ditta, comunque sia formata, deve contenere almeno il cognome o la sigla dell'imprenditore, salvo quanto è disposto dall'articolo 2565 [2292, 2566, 221 att.].

2564. Modificazione della ditta. – [I] Quando la ditta è uguale o simile a quella usata da altro imprenditore e può creare confusione [2598[1, n. 1]] per l'oggetto dell'impresa e per il luogo in cui questa è esercitata, deve essere integrata o modificata con indicazioni idonee a differenziarla [2568].

[II] Per le imprese commerciali [2195] l'obbligo dell'integrazione o modificazione spetta a chi ha iscritto la propria ditta nel registro delle imprese in epoca posteriore [2188, 2314].

2565. Trasferimento della ditta. – [I] La ditta non può essere trasferita separatamente dall'azienda.

[II] Nel trasferimento dell'azienda per atto tra vivi [2556] la ditta non passa all'acquirente senza il consenso dell'alienante.

[III] Nella successione nell'azienda per causa di morte la ditta si trasmette al successore, salvo diversa disposizione testamentaria.

2566. Registrazione della ditta. – [I] Per le imprese commerciali [2195], l'ufficio del registro delle imprese deve rifiutare l'iscrizione della ditta [2192, 2198], se questa non è conforme a quanto è prescritto dal secondo comma dell'articolo 2563 o, trattandosi di ditta derivata [2565], se non è depositata copia dell'atto in base al quale ha avuto luogo la successione nell'azienda [2189].

2567. Società. – [I] La ragione sociale e la denominazione delle società sono regolate dai titoli V e VI di questo libro [2292, 2314, 2326, 2453, 2463, 2515].

[II] Tuttavia si applicano anche ad esse le disposizioni dell'articolo 2564.

2568. Insegna. – [I] Le disposizioni del primo comma dell'articolo 2564 si applicano all'insegna.

Capo III
Del marchio

2569. Diritto di esclusività. – [I] Chi ha registrato nelle forme stabilite dalla legge un nuovo marchio idoneo a distinguere prodotti o servizi ha diritto di valersene in modo esclusivo per i prodotti o servizi per i quali è stato registrato (1).

[II] In mancanza di registrazione il marchio è tutelato a norma dell'articolo 2571.

(1) Comma così sostituito dall'art. 81 del d.lg. 4/12/1992, n. 480. Ma v. l'art. 246, co. 1, lett. z), d.lg. 10/2/2005, n. 30 che ha abrogato integralmente il d.lg. n. 480, cit. Il testo del comma anteriore alla modifica operata dal d.lg. n. 480, cit., era il seguente: «Chi ha registrato nelle forme stabilite dalla legge un nuovo marchio, costituito da un emblema o da una denominazione e destinato a distinguere merci od altri prodotti della propria impresa, ha diritto di valersene in modo esclusivo per le cose per le quali è stato registrato».

2570. Marchi collettivi (1). – [I] I soggetti che svolgono la funzione di garantire l'origine, la natura o la qualità di determinati prodotti o servizi possono ottenere la registrazione di marchi collettivi per concederne l'uso, secondo le norme dei rispettivi regolamenti, a produttori o commercianti.

(1) Articolo così sostituito dall'art. 82 del d.lg. 4/12/1992, n. 480. Ma v. l'art. 246, co. 1, lett. z), d.lg. 10/2/2005, n. 30 che ha abrogato integralmente il d.lg. n. 480, cit. Il testo dell'articolo anteriore alla modifica operata dal d.lg. n. 480, cit., era il seguente: «Gli enti e le associazioni legalmente riconosciuti possono ottenere la registrazione di marchi collettivi per le imprese dipendenti o associate, secondo le norme dei rispettivi statuti e delle leggi speciali».

2571. Preuso. – [I] Chi ha fatto uso di un marchio non registrato ha la facoltà di continuare ad usarne, nonostante la registrazione da altri ottenuta, nei limiti in cui anteriormente se ne è valso [2569[2]] (1).

(1) V. art. 28 e 68 del d.lg. 10/2/2005, n. 30.

2572. Divieto di soppressione del marchio. – [I] Il rivenditore può apporre il proprio marchio ai prodotti che mette in vendita, ma non può sopprimere il marchio del produttore.

2573. Trasferimento del marchio. – [I] Il marchio può essere trasferito o concesso in licenza per la totalità o per una parte dei prodotti o servizi per i quali è stato registrato, purché in ogni caso dal trasferimento o dalla licenza non derivi inganno in quei caratteri dei prodotti o servizi che sono essenziali nell'apprezzamento del pubblico (1).

[II] Quando il marchio è costituito da un segno figurativo, da una denominazione di fantasia o da una ditta derivata [2565], si presume che il diritto all'uso esclusivo di esso sia trasferito insieme con l'azienda.

(1) Comma così sostituito dall'art. 83 del d.lg. 4/12/1992, n. 480. Ma v. l'art. 246, co. 1, lett. z), d.lg. 10/2/2005, n. 30 che ha abrogato integralmente il d.lg. n. 480, cit. Il testo del comma anteriore alla modifica operata dal d.lg. n. 480, cit., era il seguente: «Il diritto esclusivo all'uso del marchio registrato può essere trasferito soltanto con l'azienda o con un ramo particolare di questa».

2574. Leggi speciali. – [I] Le condizioni per la registrazione dei marchi e degli atti di trasferimento dei medesimi, nonché gli effetti della registrazione sono stabiliti dalle leggi speciali (1).

(1) V. d.lg. 10/2/2005, n. 30.

TITOLO IX
DEI DIRITTI SULLE OPERE DELL'INGEGNO E SULLE INVENZIONI INDUSTRIALI

Capo I
Del diritto di autore sulle opere dell'ingegno letterarie e artistiche

2575. Oggetto del diritto. – [I] Formano oggetto del diritto di autore le opere dell'ingegno di carattere creativo che appartengono alle scienze, alla letteratura, alla musica, alle arti figurative, all'architettura, al teatro e alla cinematografia, qualunque ne sia il modo o la forma di espressione.

2576. Acquisto del diritto. – [I] Il titolo originario dell'acquisto del diritto di autore è costituito dalla creazione dell'opera, quale particolare espressione del lavoro intellettuale (1).

(1) V. art. 6 della l. 22/4/1941, n. 633.

2577. Contenuto del diritto. – [I] L'autore ha il diritto esclusivo di pubblicare l'opera e di utilizzarla economicamente in ogni forma e modo, nei limiti e per gli effetti fissati dalla legge [2581] (1).

[II] L'autore, anche dopo la cessione dei diritti previsti dal comma precedente, può rivendicare la paternità dell'opera e può opporsi a qualsiasi deformazione, mutilazione o altra modificazione dell'opera stessa, che possa essere di pregiudizio al suo onore o alla sua reputazione.

(1) V. art. 12, 13 e 20 della l. 22/4/1941, n. 633.

2578. Progetti di lavori. – [I] All'autore di progetti di lavori di ingegneria o di altri lavori analoghi che costituiscono soluzioni originali di problemi tecnici, compete, oltre il diritto esclusivo di riproduzione dei piani e disegni dei progetti medesimi, il diritto di ottenere un equo compenso da coloro che eseguono il progetto tecnico a scopo di lucro senza il suo consenso (1).

(1) V. art. 99 della l. 22/4/1941, n. 633.

2579. Interpreti ed esecutori. – [I] Agli artisti attori o interpreti di opere o composizioni drammatiche o letterarie, e agli artisti esecutori di opere o composizioni musicali, anche se le opere o composizioni sovraindicate sono in dominio pubblico, compete, nei limiti, per gli effetti e con le modalità fissati dalle leggi speciali (1), indipendentemente dall'eventuale retribuzione loro spettante per la recitazione, rappresentazione od esecuzione, il diritto ad un equo compenso nei confronti di chiunque diffonda o trasmetta per radio, telefono od altro apparecchio equivalente, ovvero incida, registri o comunque riproduca su dischi fonografici, pellicola cinematografica od altro apparecchio equivalente la suddetta recitazione, rappresentazione od esecuzione.

[II] Gli artisti attori od interpreti e gli artisti esecutori hanno diritto di opporsi alla diffusione, trasmissione o riproduzione della loro recitazione, rappresentazione od esecuzione che possa essere di pregiudizio al loro onore o alla loro reputazione.

(1) V. art. 80 ss. della l. 22/4/1941, n. 633.

2580. Soggetti del diritto. – [I] Il diritto di autore spetta all'autore ed ai suoi aventi causa nei limiti e per gli effetti fissati dalle leggi speciali (1).

(1) L'art. 12 della l. 8/3/1975, n. 39 ha abrogato l'originario co. 2 che figurava nel testo dell'articolo.

2581. Trasferimento dei diritti di utilizzazione. – [I] I diritti di utilizzazione sono trasferibili [2589].

[II] Il trasferimento per atto tra vivi deve essere provato per iscritto [2725] (1).

(1) V. art. 107 ss. della l. 22/4/1941, n. 633.

2582. Ritiro dell'opera dal commercio. – [I] L'autore, qualora concorrano gravi ragioni morali, ha diritto di ritirare l'opera dal commercio, salvo l'obbligo di indennizzare coloro che hanno acquistato i diritti di riprodurre, diffondere, eseguire, rappresentare o mettere in commercio l'opera medesima.

[II] Questo diritto è personale e intrasmissibile (1).

(1) V. art. 142 della l. 22/4/1941, n. 633.

2583. Leggi speciali. – [I] L'esercizio dei diritti contemplati in questo capo e la loro durata sono regolati dalle leggi speciali (1).

(1) V. l. 22/4/1941, n. 633.

Capo II
Del diritto di brevetto per invenzioni industriali

2584. Diritto di esclusività. – [I] Chi ha ottenuto un brevetto per un'invenzione industriale ha il diritto esclusivo di attuare l'invenzione e di disporne entro i limiti e alle condizioni stabilite dalla legge [2588, 2589].

[II] Il diritto si estende anche al commercio del prodotto a cui l'invenzione si riferisce (1).

(1) V. art. 5 del d.lg. 10/2/2005, n. 30.

2585. Oggetto del brevetto. – [I] Possono costituire oggetto di brevetto le nuove invenzioni atte ad avere una applicazione industriale, quali un metodo o un processo di lavorazione industriale, una macchina, uno strumento, un utensile o un dispositivo meccanico, un prodotto o un risultato industriale e l'applicazione tecnica di un principio scientifico, purché essa dia immediati risultati industriali.

[II] In quest'ultimo caso il brevetto è limitato ai soli risultati indicati dall'inventore.

2586. Brevetto per nuovi metodi o processi di fabbricazione. – [I] Il brevetto concernente un nuovo metodo o processo di fabbricazione industriale ne attribuisce al titolare l'uso esclusivo (1).

(1) L'art. 13 del d.lg. 19/3/1996, n. 198 ha abrogato il co. 2. Ma v. l'art. 246, co. 1, lett. ff), d.lg. 10/2/2005, n. 30 che ha abrogato integralmente il d.lg. n. 198, cit. Il testo del comma anteriore alla modifica operata dal d.lg. n. 198, cit., era il seguente: «Se il metodo o processo è diretto ad ottenere un prodotto industriale nuovo, il brevetto si estende anche al prodotto ottenuto, purché questo possa formare oggetto di brevetto».

2587. Brevetto dipendente da brevetto altrui. – [I] Il brevetto per invenzione industriale, la cui attuazione implica quella d'invenzioni protette da precedenti brevetti per invenzioni industriali ancora in vigore, non pregiudica i diritti dei titolari di questi ultimi, e non può essere attuato né utilizzato senza il consenso di essi.

[II] Sono salve le disposizioni delle leggi speciali (1).

(1) V. d.lg. 10/2/2005, n. 30.

2588. Soggetti del diritto. – [I] Il diritto di brevetto spetta all'autore dell'invenzione e ai suoi aventi causa (1).

(1) V. d.lg. 10/2/2005, n. 30.

2589. Trasferibilità. – [I] I diritti nascenti dalle invenzioni industriali, tranne il diritto di esserne riconosciuto autore, sono trasferibili [25772, 2581, 2590] (1).

(1) V. art 138 del d.lg. 10/2/2005, n. 30.

2590. Invenzione del prestatore di lavoro. – [I] Il prestatore di lavoro ha diritto di essere riconosciuto autore dell'invenzione fatta nello svolgimento del rapporto di lavoro.

[II] I diritti e gli obblighi delle parti relativi all'invenzione sono regolati dalle leggi speciali (1).

(1) V. art. 64 del d.lg. 10/2/2005, n. 30.

2591. Rinvio alle leggi speciali. – [I] Le condizioni e le modalità per la concessione del brevetto, l'esercizio dei diritti che ne derivano e la loro durata sono regolati dalle leggi speciali (1).

(1) V. d.lg. 10/2/2005, n. 30.

Capo III
Del diritto di brevetto per modelli di utilità e di registrazione per disegni e modelli

2592. Modelli di utilità. – [I] Chi, in conformità della legge, ha ottenuto un brevetto per una invenzione atta a conferire a macchine o parti di esse, strumenti, utensili od oggetti particolare efficacia o comodità di applicazione o d'impiego, ha il diritto esclusivo [2584] di attuare l'invenzione, di disporne e di fare commercio dei prodotti a cui si riferisce [2589] (1).

[II] Il brevetto per le macchine nel loro complesso non comprende la protezione delle singole parti.

(1) V. d.lg. 10/2/2005, n. 30.

2593. Modelli e disegni (1). – [I] Chi ha ottenuto una registrazione per un nuovo disegno o modello che abbia carattere individuale, ha il diritto esclusivo di utilizzarlo e di vietare a terzi di utilizzarlo senza il suo consenso, in conformità alle leggi speciali.

(1) Articolo sostituito dall'art. 21, co. 2, d.lg. 2/2/2001, n. 95. Ma v. l'art. 246, co. 1, lett. gg), d.lg. 10/2/2005, n. 30 che ha abrogato integralmente il d.lg. n. 95, cit. Il testo dell'articolo anteriore alla modifica era il seguente: «Art. 2593. (Modelli e disegni ornamentali). – Chi, in conformità della legge, ha ottenuto un brevetto per un nuovo disegno o modello destinato a dare a determinate categorie di prodotti industriali uno speciale ornamento, sia per la forma, sia per una particolare combinazione di linee o di colori, ha il diritto esclusivo di attuare il disegno o il modello, di disporne e di far commercio dei prodotti in cui il disegno o il modello è attuato».

2594. Norme applicabili (1). – [I] Ai diritti di brevetto e di registrazioni contemplati in questo capo, si applicano gli articoli 2588, 2589 e 2590. Le condizioni e le modalità per la concessione del brevetto e della registrazione, l'esercizio dei diritti che ne derivano e la loro durata sono regolati dalle leggi speciali.

(1) Articolo così sostituito dall'art. 21, co. 3, d.lg. 2/2/2001, n. 95. Ma v. l'art. 246, co. 1, lett. gg), d.lg. 10/2/2005, n. 30 che ha abrogato integralmente il d.lg. n. 95, cit. Il testo dell'articolo anteriore alla modifica era il seguente: «Ai diritti di brevetto contemplati in questo capo si applicano gli articoli 2588, 2589 e 2590. – Le condizioni e le modalità per la concessione del brevetto, l'esercizio dei diritti che ne derivano e la loro durata sono regolati dalle leggi speciali».

TITOLO X
DELLA DISCIPLINA DELLA CONCORRENZA E DEI CONSORZI

Capo I
Della disciplina della concorrenza

Sezione I
Disposizioni generali

2595. Limiti legali della concorrenza. – [I] La concorrenza deve svolgersi in modo da non ledere gli interessi dell'economia nazionale e nei limiti stabiliti dalla legge [2596, 2598 ss. // 41 Cost.] *[e dalle norme corporative]** (1).

* Le disposizioni richiamanti le norme corporative devono ritenersi abrogate in seguito alla soppressione dell'ordinamento corporativo.

(1) V. l. 10/10/1990, n. 287, recante norme per la tutela della concorrenza e del mercato.

2596. Limiti contrattuali della concorrenza. – [I] Il patto che limita la concorrenza deve essere provato per iscritto [1341[2], 2725]. Esso è valido se circoscritto ad una determinata zona o ad una determinata attività, e non può eccedere la durata di cinque anni [1379].

[II] Se la durata del patto non è determinata o è stabilita per un periodo superiore a cinque anni, il patto è valido per la durata di un quinquennio [1419[2], 1566, 2125, 2557 // 222 att.].

2597. Obbligo di contrattare nel caso di monopolio. – [I] Chi esercita un'impresa [2082] in condizione di monopolio legale ha l'obbligo di contrattare [2932] con chiunque richieda le prestazioni che formano oggetto dell'impresa, osservando la parità di trattamento [1679, 1680].

Sezione II
Della concorrenza sleale

2598. Atti di concorrenza sleale. – [I] Ferme le disposizioni che concernono la tutela dei segni distintivi [2563 ss., 2569 ss.] e dei diritti di brevetto [2584 ss.], compie atti di concorrenza sleale chiunque:

1) usa nomi o segni distintivi idonei a produrre confusione [2564] con i nomi o con i segni distintivi legittimamente usati da altri, o imita servilmente i prodotti di un concorrente, o compie con qualsiasi altro mezzo atti idonei a creare confusione con i prodotti e con l'attività di un concorrente;

2) diffonde notizie e apprezzamenti sui prodotti e sull'attività di un concorrente, idonei a determinarne il discredito, o si appropria di pregi dei prodotti o dell'impresa di un concorrente;

3) si vale direttamente o indirettamente di ogni altro mezzo non conforme ai principi della correttezza professionale e idoneo a danneggiare l'altrui azienda [1175, 2599, 2600].

2599. Sanzioni. – [I] La sentenza che accerta atti di concorrenza sleale ne inibisce la continuazione e dà gli opportuni provvedimenti affinché ne vengano eliminati gli effetti [2600].

2600. Risarcimento del danno. – [I] Se gli atti di concorrenza sleale sono compiuti con dolo o con colpa, l'autore è tenuto al risarcimento dei danni [2043].

[II] In tale ipotesi può essere ordinata la pubblicazione della sentenza [120 CPC.].

[III] Accertati gli atti di concorrenza, la colpa si presume [2727] (1).

(1) Direttive UE 104/2014 in Parte V, Sez. XXIV.

2601. Azione delle associazioni professionali. – [I] Quando gli atti di concorrenza sleale pregiudicano gli interessi di una categoria professionale, l'azione per la repressione della concorrenza sleale può essere promossa anche dalle associazioni professionali e dagli enti che rappresentano la categoria.

Capo II
Dei consorzi per il coordinamento della produzione e degli scambi

Sezione I
Disposizioni generali

2602. Nozione e norme applicabili (1). – [I] Con il contratto di consorzio più imprenditori [2082] istituiscono una organizzazione comune per la disciplina o per lo svolgimento di determinate fasi delle rispettive imprese.

[II] Il contratto di cui al precedente comma è regolato dalle norme seguenti, salve le diverse disposizioni delle leggi speciali.

(1) Articolo così sostituito dall'art. 1 della l. 10/5/1976, n. 377.

2603. Forma e contenuto del contratto. – [I] Il contratto deve essere fatto per iscritto sotto pena di nullità [1350[1, n. 13], 1414].

[II] Esso deve indicare:

1) l'oggetto e la durata [2604, 2611[1, n. 1]] del consorzio;

2) la sede dell'ufficio eventualmente costituito;

3) gli obblighi assunti e i contributi dovuti dai consorziati;

4) le attribuzioni e i poteri degli organi consortili anche in ordine alla rappresentanza in giudizio [2608];

5) le condizioni di ammissione di nuovi consorziati;

6) i casi di recesso e di esclusione [2609];

7) le sanzioni per l'inadempimento degli obblighi dei consorziati.

[III] Se il consorzio ha per oggetto il contingentamento della produzione o degli scambi, il contratto deve inoltre stabilire le quote dei singoli consorziati o i criteri per la determinazione di esse.

[IV] Se l'atto costitutivo deferisce la risoluzione di questioni relative alla determinazione delle quote ad una o più persone, le decisioni di queste possono essere impugnate innanzi all'autorità giudiziaria, se sono manifestamente inique od erronee, entro trenta giorni dalla notizia [1349, 2264, 2964 ss.].

2604. Durata del consorzio (1). – [I] In mancanza di determinazione della durata del contratto, questo è valido per dieci anni [2596, 2603[2, n. 1]].

(1) Articolo così sostituito dall'art. 2 della l. 10/5/1976, n. 377.

2605. Controllo sull'attività dei singoli consorziati. – [I] I consorziati devono consentire i controlli e le ispezioni da parte degli organi previsti dal contratto, al fine di accertare l'esatto adempimento delle obbligazioni assunte.

2606. Deliberazioni consortili. – [I] Se il contratto non dispone diversamente, le deliberazioni relative all'attuazione dell'oggetto del consorzio sono prese col voto favorevole della maggioranza dei consorziati [2604, 2607, 2611[n. 3,4]].

[II] Le deliberazioni che non sono prese in conformità alle disposizioni di questo articolo o a quelle del contratto possono essere impugnate [2377[2]] davanti all'autorità giudiziaria entro trenta giorni [2964 ss.]. Per i consorziati assenti il termine decorre dalla comunicazione o, se si tratta di deliberazione soggetta ad iscrizione, dalla data di questa.

2607. Modificazioni del contratto. – [I] Il contratto, se non è diversamente convenuto, non può essere modificato senza il consenso di tutti i consorziati.

[II] Le modificazioni devono essere fatte per iscritto sotto pena di nullità [1350[1, n. 13], 1418 ss.].

2608. Organi preposti al consorzio. – [I] La responsabilità verso i consorziati di coloro che sono preposti al consorzio è regolata dalle norme sul mandato [1710 ss., 2603[2, n. 4]].

2609. Recesso ed esclusione. – [I] Nei casi di recesso [1373] e di esclusione previsti dal contratto [2603[2, n. 6], 2610[2]], la quota di partecipazione del consorziato receduto o escluso si accresce proporzionalmente a quelle degli altri.

[II] Il mandato [1703] conferito dai consorziati per l'attuazione degli scopi del consorzio, ancorché dato con unico atto, cessa nei confronti del consorziato receduto o escluso [1726].

2610. Trasferimento dell'azienda. – [I] Salvo patto contrario, in caso di trasferimento a qualunque titolo dell'azienda l'acquirente subentra nel contratto di consorzio [2558].

[II] Tuttavia, se sussiste una giusta causa, in caso di trasferimento dell'azienda per atto fra vivi, gli altri consorziati possono deliberare, entro un mese dalla notizia dell'avvenuto trasferimento, l'esclusione dell'acquirente dal consorzio.

2611. Cause di scioglimento. – [I] Il contratto di consorzio si scioglie:

1) per il decorso del tempo stabilito per la sua durata [2603[2, n. 1], 2604];

2) per il conseguimento dell'oggetto o per l'impossibilità di conseguirlo [2272[1, n. 2], 2484[1, n. 2], 2603[2, n. 1]];

3) per volontà unanime dei consorziati [2607];

4) per deliberazione dei consorziati, presa a norma dell'articolo 2606, se sussiste una giusta causa;

5) per provvedimento dell'autorità governativa, nei casi ammessi dalla legge [2619];

6) per le altre cause previste nel contratto.

Sezione II
Dei consorzi con attività esterna

2612. Iscrizione nel registro delle imprese. – [I] Se il contratto prevede l'istituzione di un ufficio destinato a svolgere un'attività con i terzi un estratto del contratto deve, a cura degli amministratori, entro trenta giorni dalla stipulazione, essere depositato per l'iscrizione presso l'ufficio del registro delle imprese [2188] del luogo dove l'ufficio ha sede [2635].

[II] L'estratto deve indicare:

1) la denominazione e l'oggetto del consorzio e la sede dell'ufficio;

2) il cognome e il nome dei consorziati;

3) la durata del consorzio [2604];

4) le persone a cui vengono attribuite la presidenza, la direzione e la rappresentanza del consorzio ed i rispettivi poteri [2603[2, n. 4], 2613, 2615];

5) il modo di formazione del fondo consortile e le norme relative alla liquidazione.

[III] Del pari devono essere iscritte nel registro delle imprese le modificazioni del contratto concernenti gli elementi sopra indicati [2607].

2613. Rappresentanza in giudizio. – [I] I consorzi possono essere convenuti in giudizio in persona di coloro ai quali il contratto attribuisce la presidenza o la direzione, anche se la rappresentanza è attribuita ad altre persone [2612[2, n. 4]].

2614. Fondo consortile. – [I] I contributi dei consorziati e i beni acquistati con questi contributi costituiscono il fondo consortile [2615]. Per la durata del consorzio i consorziati non possono chiedere la divisione del fondo, e i creditori particolari dei consorziati non possono far valere i loro diritti sul fondo medesimo [2270, 2305].

2615. Responsabilità verso i terzi. – [I] Per le obbligazioni assunte in nome del consorzio dalle persone che ne hanno la rappresentanza [2612[n. 4]], i terzi possono far valere i loro diritti esclusivamente sul fondo consortile [38] (1).

[II] Per le obbligazioni assunte dagli organi del consorzio per conto dei singoli consorziati rispondono questi ultimi solidalmente col fondo consortile [1705]. In caso d'insolvenza nei rapporti tra i consorziati il debito dell'insolvente si ripartisce tra tutti in proporzione delle quote [1299, 2280].

(1) Comma così modificato dall'art. 3 della l. 10/5/1976, n. 377.

2615 bis. Situazione patrimoniale (1). – [I] Entro due mesi dalla chiusura dell'esercizio annuale le persone che hanno la direzione del consorzio redigono la situazione patrimoniale osservando le norme relative al bilancio di esercizio delle società per azioni e la depositano presso l'ufficio del registro delle imprese.

[II] Alle persone che hanno la direzione del consorzio sono applicabili gli articoli 2621 n. 1 e 2626 (2).

[III] Negli atti e nella corrispondenza del consorzio devono essere indicati la sede di questo, l'ufficio del registro delle imprese presso il quale esso è iscritto e il numero di iscrizione.

(1) Articolo inserito dall'art. 4 della l. 10/5/1976, n. 377.

(2) Il riferimento agli art. 2621 n. 1 e 2626 è da considerarsi inattuale a seguito della sostituzione dell'intero titolo XI del libro V operata dall'art. 1 del d.lg. 11/4/2002, n. 61. V. ora gli art. 2621, 2622 e 2630.

Sezione II bis
Società consortile

2615 ter. Società consortili (1). – [I] Le società previste nei capi III e seguenti del titolo V [2291 ss.] possono assumere come oggetto sociale gli scopi indicati nell'articolo 2602.

[II] In tal caso l'atto costitutivo può stabilire l'obbligo dei soci di versare contributi in denaro.

(1) Articolo inserito dall'art. 4 della l. 10/5/1976, n. 377.

Sezione III
Dei consorzi obbligatori

2616. Costituzione. – [I] Con provvedimento dell'autorità governativa *[, sentite le corporazioni interessate,]** può essere disposta, anche per zone determinate, la costituzione di consorzi obbligatori fra esercenti lo stesso ramo o rami similari di attività economica, qualora la costituzione stessa risponda alle esigenze dell'organizzazione della produzione [2602].

[II] Nello stesso modo, ricorrendo le condizioni di cui al comma precedente, possono essere trasformati in obbligatori i consorzi costituiti volontariamente.

* Le corporazioni sono state soppresse con r.d.l. 9/8/1943, n. 721.

2617. Consorzi per l'ammasso dei prodotti agricoli. – [I] Quando la legge prescrive l'ammasso di determinati prodotti agricoli [837], la gestione collettiva di questi è fatta per conto degli imprenditori interessati a mezzo di consorzi obbligatori, secondo le disposizioni delle leggi speciali.

Sezione IV
Dei controlli dell'autorità governativa

2618. Approvazione del contratto consortile. – [I] I contratti previsti nel presente capo, se sono tali da influire sul mercato generale dei beni in essi contemplati, sono soggetti ad approvazione da parte dell'autorità governativa *[, sentite le corporazioni interessate]**.

* Le corporazioni sono state soppresse con r.d.l. 9/8/1943, n. 721.

2619. Controllo sull'attività del consorzio. – [I] L'attività dei consorzi è sottoposta alla vigilanza dell'autorità governativa [2611 [1, n. 5]].

[II] Quando l'attività del consorzio risulta non conforme agli scopi per cui è stato costituito, l'autorità governativa può sciogliere gli organi del consorzio e affidare la gestione a un commissario governativo [2636] ovvero, nei casi più gravi, può disporre lo scioglimento del consorzio stesso.

2620. Estensione delle norme di controllo alle società. – [I] Le disposizioni di questa sezione si applicano anche alle società che si costituiscono per raggiungere gli scopi indicati nell'articolo 2602.

[II] L'autorità governativa può sempre disporre lo scioglimento della società, quando la costituzione di questa non abbia avuto l'approvazione prevista nell'articolo 2618.

TITOLO XI
DISPOSIZIONI PENALI IN MATERIA DI SOCIETÀ E DI CONSORZI (1)

(1) Il Titolo XI, comprendente gli art. da 2621 a 2642, è stato interamente sostituito dall'art. 1 del d.lg. 11/4/2002, n. 61. L'attuale formulazione del Titolo comprende gli art. da 2621 a 2641.

Capo I
Delle falsità

2621. False comunicazioni sociali (1). – [I] Fuori dai casi previsti dall'art. 2622, gli amministratori, i direttori generali, i dirigenti preposti alla redazione dei documenti contabili societari, i sindaci e i liquidatori, i quali, al fine di conseguire per sé o per altri un ingiusto profitto, nei bilanci, nelle relazioni o nelle altre comunicazioni sociali dirette ai soci o al pubblico, previste dalla legge, consapevolmente espongono fatti materiali rilevanti non rispondenti al vero ovvero omettono fatti materiali rilevanti la cui comunicazione è imposta dalla legge sulla situazione economica, patrimoniale o finanziaria della società o del gruppo al quale la stessa appartiene, in modo concretamente idoneo ad indurre altri in errore, sono puniti con la pena della reclusione da uno a cinque anni.

[II] La stessa pena si applica anche se le falsità o le omissioni riguardano beni posseduti o amministrati dalla società per conto di terzi.

(1) Articolo così sostituito dall'art. 9 della l. 27/5/2015, n. 69. Il testo recitava: «[I] Salvo quanto previsto dall'articolo 2622, gli amministratori, i direttori generali, i dirigenti preposti alla redazione dei documenti contabili societari, i sindaci e i liquidatori, i quali, con l'intenzione di ingannare i soci o il pubblico e al fine di conseguire per sé o per altri un ingiusto profitto, nei bilanci, nelle relazioni o nelle altre comunicazioni sociali previste dalla legge, dirette ai soci o al pubblico, espongono fatti materiali non rispondenti al vero ancorché oggetto di valutazioni ovvero omettono informazioni la cui comunicazione è imposta dalla legge sulla situazione economica, patrimoniale o finanziaria della società o del gruppo al quale essa appartiene, in modo idoneo ad indurre in errore i destinatari sulla predetta situazione, sono puniti con l'arresto fino a due anni. [II] La punibilità è estesa anche al caso in cui le informazioni riguardino beni posseduti o amministrati dalla società per conto di terzi. [III] La punibilità è esclusa se le falsità o le omissioni non alterano in modo sensibile la rappresentazione della situazione economica, patrimoniale o finanziaria della società o del gruppo al quale essa appartiene. La punibilità è comunque esclusa se le falsità o le omissioni determinano una variazione del risultato economico di esercizio, al lordo delle imposte, non superiore al 5 per cento o una variazione del patrimonio netto non superiore all'1 per cento. [IV] In ogni caso il fatto non è punibile se conseguenza di valutazioni estimative che, singolarmente considerate, differiscono in misura non superiore al 10 per cento da quella corretta. [V] Nei casi previsti dai commi terzo e quarto, ai soggetti di cui al primo comma sono irrogate la sanzione amministrativa da dieci a cento quote e l'interdizione dagli uffici direttivi delle persone giuridiche e delle imprese da sei mesi a tre anni, dall'esercizio dell'ufficio di amministratore, sindaco, liquidatore, direttore generale e dirigente preposto alla redazione dei documenti contabili societari, nonché da ogni altro ufficio con potere di rappresentanza della persona giuridica o dell'impresa». Precedentemente l'articolo era già stato sostituito dall'art. 30, co. 1, l. 28/12/2005, n. 262; il testo originario era il seguente: «[I] Salvo quanto previsto dall'articolo 2622, gli amministratori, i direttori generali, i sindaci e i liquidatori, i quali, con l'intenzione di ingannare i soci o il pubblico e al fine di conseguire per sé o per altri un ingiusto profitto, nei bilanci, nelle relazioni o nelle altre comunicazioni sociali previste dalla legge,

dirette ai soci o al pubblico, espongono fatti materiali non rispondenti al vero ancorché oggetto di valutazioni ovvero omettono informazioni la cui comunicazione è imposta dalla legge sulla situazione economica, patrimoniale, o finanziaria della società o del gruppo al quale essa appartiene, in modo idoneo ad indurre in errore i destinatari sulla predetta situazione, sono puniti con l'arresto fino a un anno e sei mesi. [II] La punibilità è estesa anche al caso in cui le informazioni riguardino beni posseduti od amministrati dalla società per conto di terzi. [III] La punibilità è esclusa se le falsità o le omissioni non alterano in modo sensibile la rappresentazione della situazione economica, patrimoniale o finanziaria della società o del gruppo al quale essa appartiene. La punibilità è comunque esclusa se le falsità o le omissioni determinano una variazione del risultato economico di esercizio, al lordo delle imposte, non superiore al 5 per cento o una variazione del patrimonio netto non superiore all'1 per cento. [IV] In ogni caso il fatto non è punibile se conseguenza di valutazioni estimative che, singolarmente considerate, differiscono in misura non superiore al 10 per cento da quella corretta».

2621 bis. Fatti di lieve entità (1). – [I] Salvo che costituiscano più grave reato, si applica la pena da sei mesi a tre anni di reclusione se i fatti di cui all'articolo 2621 sono di lieve entità, tenuto conto della natura e delle dimensioni della società e delle modalità o degli effetti della condotta.

[II] Salvo che costituiscano più grave reato, si applica la stessa pena di cui al comma precedente quando i fatti di cui all'articolo 2621 riguardano società che non superano i limiti indicati dal secondo comma dell'articolo 1 del regio decreto 16 marzo 1942, n. 267. In tale caso, il delitto è procedibile a querela della società, dei soci, dei creditori o degli altri destinatari della comunicazione sociale.

(1) Articolo inserito dall'art. 10 della l. 27/5/2015, n. 69.

2621 ter. Non punibilità per particolare tenuità (1). – Ai fini della non punibilità per particolare tenuità del fatto, di cui all'articolo 131-bis del codice penale, il giudice valuta, in modo prevalente, l'entità dell'eventuale danno cagionato alla società, ai soci o ai creditori conseguente ai fatti di cui agli articoli 2621 e 2621-bis.

(1) Articolo inserito dall'art. 10 della l. 27/5/2015, n. 69.

2622. False comunicazioni sociali in danno della società, dei soci o dei creditori (1). – [I] Gli amministratori, i direttori generali, i dirigenti preposti alla redazione dei documenti contabili societari, i sindaci e i liquidatori di società emittenti strumenti finanziari ammessi alla negoziazione in un mercato regolamentato italiano o di altro Paese dell'Unione europea, i quali, al fine di conseguire per sé o per altri un ingiusto profitto, nei bilanci, nelle relazioni o nelle altre comunicazioni sociali dirette ai soci o al pubblico consapevolmente espongono fatti materiali non rispondenti al vero ovvero omettono fatti materiali rilevanti la cui comunicazione è imposta dalla legge sulla situazione economica, patrimoniale o finanziaria della società o del gruppo al quale la stessa appartiene, in modo concretamente idoneo ad indurre altri in errore, sono puniti con la pena della reclusione da tre a otto anni.

[II] Alle società indicate nel comma precedente sono equiparate:

1) le società emittenti strumenti finanziari per i quali è stata presentata una richiesta di ammissione alla negoziazione in un mercato regolamentato italiano o di altro Paese dell'Unione europea;

2) le società emittenti strumenti finanziari ammessi alla negoziazione in un sistema multilaterale di negoziazione italiano;

3) le società che controllano società emittenti strumenti finanziari ammessi alla negoziazione in un mercato regolamentato italiano o di altro Paese dell'Unione europea;

4) le società che fanno appello al pubblico risparmio o che comunque lo gestiscono.

[III] Le disposizioni di cui ai commi precedenti si applicano anche se le falsità o le omissioni riguardano beni posseduti o amministrati dalla società per conto di terzi.

(1) Articolo così sostituito dall'art. 11 della l. 27/5/2015, n. 69. Il testo recitava: «False comunicazioni sociali in danno della società, dei soci o dei creditori [I] Gli amministratori, i direttori generali, i dirigenti preposti alla redazione dei documenti contabili societari, i sindaci e i liquidatori, i quali, con l'intenzione di ingannare i soci o il pubblico e al fine di conseguire per sé o per altri un ingiusto profitto, nei bilanci, nelle relazioni o nelle altre comunicazioni sociali previste dalla legge, dirette ai soci o al pubblico, esponendo fatti materiali non rispondenti al vero ancorché oggetto di valutazioni, ovvero omettendo informazioni la cui comunicazione è imposta dalla legge sulla situazione economica, patrimoniale o finanziaria della società o del gruppo al quale essa appartiene, in modo idoneo ad indurre in errore i destinatari sulla predetta situazione, cagionano un danno patrimoniale alla società, ai soci o ai creditori, sono puniti, a querela della persona offesa, con la reclusione da sei mesi a tre anni. [II] Si procede a querela anche se il fatto integra altro delitto, ancorché aggravato, a danno del patrimonio di soggetti diversi dai soci e dai creditori, salvo che sia commesso in danno dello Stato, di altri enti pubblici o delle Comunità europee. [III] Nel caso di società soggette alle disposizioni della parte IV, titolo III, capo II, del testo unico di cui al decreto legislativo 24 febbraio 1998, n. 58, e successive modificazioni, la pena per i fatti previsti al primo comma è da uno a quattro anni e il delitto è procedibile d'ufficio. [IV] La pena è da due a sei anni se, nelle ipotesi di cui al terzo comma, il fatto cagiona un grave nocumento ai risparmiatori. [V] Il nocumento si considera grave quando abbia riguardato un numero di risparmiatori superiore allo 0,1 per mille della popolazione risultante dall'ultimo censimento ISTAT ovvero se sia consistito nella distruzione o riduzione del valore di titoli di entità complessiva superiore allo 0,1 per mille del prodotto interno lordo. [VI] La punibilità per i fatti previsti dal primo e terzo comma è estesa anche al caso in cui le informazioni riguardino beni posseduti o amministrati dalla società per conto di terzi. [VII] La punibilità per i fatti previsti dal primo e terzo comma è esclusa se le falsità o le omissioni non alterano in modo sensibile la rappresentazione della situazione economica, patrimoniale o finanziaria della società o del gruppo al quale essa appartiene. La punibilità è comunque esclusa se le falsità o le omissioni determinano una variazione del risultato economico di esercizio, al lordo delle imposte, non superiore al 5 per cento o una variazione del patrimonio netto non superiore all'1 per cento. [VIII] In ogni caso il fatto non è punibile se conseguenza di valutazioni estimative che, singolarmente considerate, differiscono in misura non superiore al 10 per cento da quella corretta. [IX] Nei casi previsti dai commi settimo e ottavo, ai soggetti di cui al primo comma sono irrogate la sanzione amministrativa da dieci a cento quote e l'interdizione dagli uffici direttivi delle persone giuridiche e delle imprese da sei mesi a tre anni, dall'esercizio dell'ufficio di amministratore, sindaco, liquidatore, direttore generale e dirigente preposto alla redazione dei documenti contabili societari, nonché da ogni altro ufficio con potere di rappresentanza della persona giuridica o dell'impresa». L'articolo era già stato sostituito dall'art. 30, co. 2, l. 28/12/2005, n. 262. Il testo originario era il seguente: «False comunicazioni sociali in danno dei soci o dei creditori. [I] Gli amministratori, i direttori generali, i sindaci e i liquidatori, i quali, con l'intenzione di ingannare i soci o il pubblico e al fine di conseguire per sé o per altri un ingiusto profitto, nei bilanci, nelle relazioni o nelle altre comunicazioni sociali previste dalla legge, dirette ai soci o al pubblico, esponendo fatti materiali non rispondenti al vero ancorché oggetto di valutazioni, ovvero omettendo informazioni la cui comunicazione è imposta dalla legge sulla situazione economica, patrimoniale o finanziaria della società o del gruppo al quale essa appartiene, in modo idoneo ad indurre in errore i destinatari sulla predetta situazione, cagionano un danno patrimoniale ai soci o ai creditori sono puniti, a querela della persona offesa, con la reclusione da sei mesi a tre anni. [II] Si procede a querela anche se il fatto integra altro delitto, ancorché aggravato a danno del patrimonio di soggetti diversi dai soci e dai creditori, salvo che sia commesso in danno dello Stato, di altri enti pubblici o delle Comunità europee. [III] Nel caso di società soggette alle disposizioni della parte IV, titolo III, capo II, del decreto legislativo 24 febbraio 1998, n. 58, la pena per i fatti previsti al primo comma è da uno a quattro anni e il delitto è procedibile d'ufficio. [IV] La punibilità per i

fatti previsti dal primo e terzo comma è estesa anche al caso in cui le informazioni riguardino beni posseduti o amministrati dalla società per conto di terzi. [V] La punibilità per i fatti previsti dal primo e terzo comma è esclusa se le falsità o le omissioni non alterano in modo sensibile la rappresentazione della situazione economica, patrimoniale o finanziaria della società o del gruppo al quale essa appartiene. La punibilità è comunque esclusa se le falsità o le omissioni determinano una variazione del risultato economico di esercizio, al lordo delle imposte, non superiore al 5 per cento o una variazione del patrimonio netto non superiore all'1 per cento. [VI] In ogni caso il fatto non è punibile se conseguenza di valutazioni estimative che, singolarmente considerate, differiscono in misura non superiore al 10 per cento da quella corretta».

2623. Falso in prospetto*. *– [I] Chiunque, allo scopo di conseguire per sé o per altri un ingiusto profitto, nei prospetti richiesti ai fini della sollecitazione all'investimento o dell'ammissione alla quotazione nei mercati regolamentati, ovvero nei documenti da pubblicare in occasione delle offerte pubbliche di acquisto o di scambio, con la consapevolezza della falsità e l'intenzione di ingannare i destinatari del prospetto, espone false informazioni od occulta dati o notizie in modo idoneo ad indurre in errore i suddetti destinatari è punito, se la condotta non ha loro cagionato un danno patrimoniale, con l'arresto fino ad un anno. [II] Se la condotta di cui al primo comma ha cagionato un danno patrimoniale ai destinatari del prospetto, la pena è della reclusione da uno a tre anni.*

* Articolo abrogato dall'art. 342 della l. 28/12/2005, n. 262. V. ora art. 173-bis del d.lg. 24/2/1998, n. 58.

2624. Falsità nelle relazioni o nelle comunicazioni delle società di revisione*. *– [I] I responsabili della revisione i quali, al fine di conseguire per sé o per altri un ingiusto profitto, nelle relazioni o in altre comunicazioni, con la consapevolezza della falsità e l'intenzione di ingannare i destinatari delle comunicazioni, attestano il falso od occultano informazioni concernenti la situazione economica, patrimoniale o finanziaria della società, ente o soggetto sottoposto a revisione, in modo idoneo ad indurre in errore i destinatari delle comunicazioni sulla predetta situazione, sono puniti, se la condotta non ha loro cagionato un danno patrimoniale, con l'arresto fino a un anno. [II] Se la condotta di cui al primo comma ha cagionato un danno patrimoniale ai destinatari delle comunicazioni, la pena è della reclusione da uno a quattro anni.*

* Articolo abrogato dall'art. 37, co. 34, d.lg. 27/1/2010, n. 39.

2625. Impedito controllo. – [I] Gli amministratori che, occultando documenti o con altri idonei artifici, impediscono o comunque ostacolano lo svolgimento delle attività di controllo legalmente attribuite ai soci, o ad altri organi sociali, sono puniti con la sanzione amministrativa pecuniaria fino a 10.329 euro (1).

[II] Se la condotta ha cagionato un danno ai soci, si applica la reclusione fino ad un anno e si procede a querela della persona offesa.

[III] La pena è raddoppiata se si tratta di società con titoli quotati in mercati regolamentati italiani o di altri Stati dell'Unione europea o diffusi tra il pubblico in misura rilevante ai sensi dell'articolo 116 del testo unico di cui al decreto legislativo 24 febbraio 1998, n. 58 (2).

(1) Comma modificato dall'art. 37, co. 35, d.lg. 27/1/2010, n. 39 Il testo precedente recitava: «Gli amministratori che, occultando documenti o con altri idonei artifici, impediscono o comunque ostacolano lo svolgimento delle attività di controllo o di revisione legalmente attribuite ai soci, ad altri organi sociali o alle società di revisione, sono puniti con la sanzione amministrativa pecuniaria fino a 10.329 euro».

(2) Comma inserito dall'art. 392, lett. a), l. 28/12/2005, n. 262.

Capo II
Degli illeciti commessi dagli amministratori

2626. Indebita restituzione dei conferimenti (1). – Gli amministratori che, fuori dei casi di legittima riduzione del capitale sociale, restituiscono, anche simulatamente, i conferimenti ai soci o li liberano dall'obbligo di eseguirli, sono puniti con la reclusione fino ad un anno.

(1) Si riporta il testo previgente, nella versione risultante dalle modifiche da ultimo apportate dall'art. 33, co. 2, l. 24/11/2000, n. 340: «2626. Omissione ed esecuzione tardiva o incompiuta di denunzie, comunicazioni, depositi. – [I] Agli amministratori, ai sindaci, ai liquidatori e ai preposti all'esercizio di sede secondaria nel territorio dello Stato di società costituite all'estero che omettono di fare, nel termine stabilito, all'ufficio del registro delle imprese una denunzia, una comunicazione o un deposito, a cui sono dalla legge obbligati, o li eseguono o li fanno eseguire in modo incompiuto, ovvero omettono di richiedere una pubblicazione nel Bollettino ufficiale delle società per azioni e a responsabilità limitata, nei casi in cui detta pubblicazione è prescritta dal codice, si applica la sanzione amministrativa del pagamento di una somma da lire centomila a lire due milioni. [II] La stessa sanzione si applica al notaio nei casi in cui l'obbligo della denunzia, della comunicazione, del deposito o della pubblicazione è posto dalla legge anche a di lui carico».

2627. Illegale ripartizione degli utili e delle riserve (1). – [I] Salvo che il fatto non costituisca più grave reato, gli amministratori che ripartiscono utili o acconti su utili non effettivamente conseguiti o destinati per legge a riserva, ovvero che ripartiscono riserve, anche non costituite con utili, che non possono per legge essere distribuite, sono puniti con l'arresto fino ad un anno.

[II] La restituzione degli utili o la ricostituzione delle riserve prima del termine previsto per l'approvazione del bilancio estingue il reato.

(1) Si riporta il testo previgente, nella versione risultante dalle modifiche da ultimo apportate dall'art. 4, co. 1, d.lg. 29/12/1992, n. 516: «2627. Omissione delle indicazioni obbligatorie. Agli amministratori, ai direttori generali, ai liquidatori e ai preposti all'esercizio di sede secondaria nel territorio dello Stato di società costituite all'estero che contravvengono alle disposizioni degli articoli 2250 e 2506, quarto comma, si applica la sanzione amministrativa del pagamento di una somma da lire centomila a lire un milione».

2628. Illecite operazioni sulle azioni o quote sociali o della società controllante (1). – [I] Gli amministratori che, fuori dei casi consentiti dalla legge, acquistano o sottoscrivono azioni o quote sociali, cagionando una lesione all'integrità del capitale sociale o delle riserve non distribuibili per legge, sono puniti con la reclusione fino ad un anno.

[II] La stessa pena si applica agli amministratori che, fuori dei casi consentiti dalla legge, acquistano o sottoscrivono azioni o quote emesse dalla società controllante, cagionando una lesione del capitale sociale o delle riserve non distribuibili per legge.

[III] Se il capitale sociale o le riserve sono ricostituiti prima del termine previsto per l'approvazione del bilancio relativo all'esercizio in relazione al quale è stata posta in essere la condotta, il reato è estinto.

(1) Si riporta la versione previgente: 2628. Manovre fraudolente sui titoli della società. «Gli amministratori, i direttori generali, i sindaci e i liquidatori che diffondono notizie false o adoperano altri mezzi fraudolenti atti a cagionare nel pubblico mercato o nelle borse di commercio un aumento o una diminuzione del valore delle azioni della società o di altri titoli ad essa appartenenti, sono puniti con la reclusione da uno a cinque anni e con la multa non inferiore a lire tremila».

2629. Operazioni in pregiudizio dei creditori (1). – [I] Gli amministratori che, in violazione delle disposizioni di legge a tutela dei creditori, effettuano riduzioni del capitale sociale o fusioni con altra società o scissioni, cagionando danno ai creditori, sono puniti, a querela della persona offesa, con la reclusione da sei mesi a tre anni.

[II] Il risarcimento del danno ai creditori prima del giudizio estingue il reato.

(1) Si riporta la versione previgente, nella versione risultante dalle modifiche da ultimo apportate dall'art. 32, co. 1, d.P.R. 10/2/1986, n. 30: «2629. Valutazione esagerata dei conferimenti e degli acquisti della società. Sono puniti con la reclusione da uno a cinque anni e con la multa da lire quattrocentomila a quattro milioni:
1) i promotori ed i soci fondatori che nell'atto costitutivo esagerano fraudolentemente il valore dei beni in natura o dei crediti conferiti;
2) gli amministratori, i promotori, i fondatori e i soci che nel caso di acquisto di beni o di crediti da parte della società previsto nell'art. 2343 bis esagerano fraudolentemente il valore dei beni o dei crediti trasferiti;
3) gli amministratori e i soci conferenti che nel caso di aumento di capitale esagerano fraudolentemente il valore dei beni in natura o dei crediti conferiti;
4) gli amministratori che nel caso di trasformazione della società esagerano fraudolentemente il valore del patrimonio della società che si trasforma».

Capo III
Degli illeciti commessi mediante omissione

2629 bis. Omessa comunicazione del conflitto d'interessi (1). – L'amministratore o il componente del consiglio di gestione di una società con titoli quotati in mercati regolamentati italiani o di altro Stato dell'Unione europea o diffusi tra il pubblico in misura rilevante ai sensi dell'articolo 116 del testo unico di cui al decreto legislativo 24 febbraio 1998, n. 58, e successive modificazioni, ovvero di un soggetto sottoposto a vigilanza ai sensi del testo unico di cui al decreto legislativo 1° settembre 1993, n. 385, del citato testo unico di cui al decreto legislativo n. 58 del 1998, del decreto legislativo 7 settembre 2005, n. 209 (2), o del decreto legislativo 21 aprile 1993, n. 124, che viola gli obblighi previsti dall'articolo 2391, primo comma, è punito con la reclusione da uno a tre anni, se dalla violazione siano derivati danni alla società o a terzi.

(1) Articolo inserito dall'art. 311 della l. 28/12/2005, n. 262.

(2) Le parole "del decreto legislativo 7 settembre 2005, n. 209" sono state sostituite alle parole "della legge 12 agosto 1982, n. 576" dall'art. 6 del d.lg. 29/12/2006, n. 303.

2630. Omessa esecuzione di denunce, comunicazioni e depositi (1). – [I] Chiunque, essendovi tenuto per legge a causa delle funzioni rivestite in una società o in un consorzio, omette di eseguire, nei termini prescritti, denunce, comunicazioni o depositi presso il registro delle imprese, ovvero omette di fornire negli atti, nella corrispondenza e nella rete telematica le informazioni prescritte dall'articolo 2250, primo, secondo, terzo e quarto comma, è punito con la sanzione amministrativa pecuniaria da 103 euro a 1.032 euro. Se la denuncia, la comunicazione o il deposito avvengono nei trenta giorni successivi alla scadenza dei termini prescritti, la sanzione amministrativa pecuniaria è ridotta ad un terzo.

[II] Se si tratta di omesso deposito dei bilanci, la sanzione amministrativa pecuniaria è aumentata di un terzo.

(1) Articolo sostituito dall'art. 9 della l. 11/11/2011, n. 180. Il testo precedente recitava: «[I] Chiunque, essendovi tenuto per legge a causa delle funzioni rivestite in una società o in un consorzio, omette di eseguire, nei termini prescritti, denunce, comunicazioni o depositi presso il registro delle imprese, ovvero omette di fornire negli atti, nella corrispondenza e nella rete telematica le informazioni prescritte dall'articolo 2250, primo, secondo, terzo e quarto comma, è punito con la sanzione amministrativa pecuniaria da 206 euro a 2.065 euro. [II] Se si tratta di omesso deposito dei bilanci, la sanzione amministrativa pecuniaria è aumentata di un terzo». Precedentemente il primo comma era stato modificato dall'art. 42, comma 2, della l. 7 luglio 2009, n. 88 (Legge comunitaria 2008), che aveva inserito le parole: ", ovvero omette di fornire negli atti, nella corrispondenza e nella rete telematica le informazioni prescritte dall'articolo 2250, primo, secondo, terzo e quarto comma,».

2631. Omessa convocazione dell'assemblea (1). – [I] Gli amministratori e i sindaci che omettono di convocare l'assemblea dei soci nei casi previsti dalla legge o dallo statuto, nei termini ivi previsti, sono puniti con la sanzione amministrativa pecuniaria da 1.032 a 6.197 euro. Ove la legge o lo statuto non prevedano espressamente un termine, entro il quale effettuare la convocazione, questa si considera omessa allorché siano trascorsi trenta giorni dal momento in cui amministratori e sindaci sono venuti a conoscenza del presupposto che obbliga alla convocazione dell'assemblea dei soci.

[II] La sanzione amministrativa pecuniaria è aumentata di un terzo in caso di convocazione a seguito di perdite o per effetto di espressa legittima richiesta da parte dei soci.

(1) Si riporta il testo precedente: «2631. Conflitto d'interessi. – [I] L'amministratore, che, avendo in una determinata operazione per conto proprio o di terzi un interesse in conflitto con quello della società, non si astiene dal partecipare alla deliberazione del consiglio relativa all'operazione stessa, è punito con la multa da lire duemila a ventimila. [II] Se dalla deliberazione è derivato un pregiudizio alla società, si applica, oltre la multa, la reclusione fino a tre anni».

Capo IV
Degli altri illeciti, delle circostanze attenuanti e delle misure di sicurezza patrimoniali

2632. Formazione fittizia del capitale (1). – Gli amministratori e i soci conferenti che, anche in parte, formano od aumentano fittiziamente il capitale sociale mediante attribuzioni di azioni o quote in misura complessivamente superiore all'ammontare del capitale sociale, sottoscrizione reciproca di azioni o quote, sopravvalutazione rilevante dei conferimenti di beni in natura o di crediti ovvero del patrimonio della società nel caso di trasformazione, sono puniti con la reclusione fino ad un anno.

(1) Articolo così sostituito dall'art. 111-quinquies delle disp. att. CC., introdotto dall'art. 91, lett. f), d.lg. 17/1/2003, n. 6, afar data dal 1/1/2004. Si riporta la versione previgente, risultante dalle modifiche da ultimo apportate dall'art. 1, co. 1, d.lg. 1/4/2002, n. 61: «2632. Formazione fittizia del capitale. – Gli amministratori e i soci conferenti che, anche in parte, formano od aumentano fittiziamente il capitale della società mediante attribuzione di azioni o quote sociali per somma inferiore al loro valore nominale, sottoscrizione reciproca di azioni o quote, sopravvalutazione rilevante dei conferimenti di beni in natura o di crediti ovvero del patrimonio della società nel caso di trasformazione, sono puniti con la reclusione fino ad un anno».

2633. Indebita ripartizione dei beni sociali da parte dei liquidatori (1). – [I] I liquidatori che, ripartendo i beni sociali tra i soci prima del pagamento dei creditori sociali o dell'accantonamento delle somme necessario a soddisfarli, cagionano danno ai creditori, sono puniti, a querela della persona offesa, con la reclusione da sei mesi a tre anni.

[II] Il risarcimento del danno ai creditori prima del giudizio estingue il reato.

(1) Si riporta il testo precedente, nella versione risultante dalle modifiche da ultimo apportate dall'art. 210, co. 4, d.lg. 24/2/1998, n. 58: «2633. Irregolarità dei titoli azionari o obbligazionari. – [I] Gli amministratori delle società per azioni e in accomandita per azioni, che emettono azioni o certificati provvisori senza l'osservanza dell'art. 2354, oppure emettono obbligazioni in violazione dell'art. 2413, sono puniti con l'ammenda da lire cinquecento a cinquemila. [II] Gli amministratori che emettono obbligazioni convertibili senza le indicazioni prescritte nell'ultimo comma dell'articolo 2420 bis sono puniti con l'ammenda da lire 2 milioni a lire 10 milioni».

2634. Infedeltà patrimoniale (1). – [I] Gli amministratori, i direttori generali e i liquidatori, che, avendo un interesse in conflitto con quello della società, al fine di procurare a sé o ad altri un ingiusto profitto o altro vantaggio, compiono o concorrono a deliberare atti di disposizione dei beni sociali, cagionando intenzionalmente alla società un danno patrimoniale, sono puniti con la reclusione da sei mesi a tre anni.

[II] La stessa pena si applica se il fatto è commesso in relazione a beni posseduti o amministrati dalla società per conto di terzi, cagionando a questi ultimi un danno patrimoniale.

[III] In ogni caso non è ingiusto il profitto della società collegata o del gruppo, se compensato da vantaggi, conseguiti o fondatamente prevedibili, derivanti dal collegamento o dall'appartenenza al gruppo.

[IV] Per i delitti previsti dal primo e secondo comma si procede a querela della persona offesa.

(1) Si riporta il testo previgente: «2634. Rappresentante comune degli obbligazionisti. – Il rappresentante comune degli obbligazionisti, che omette di richiedere l'iscrizione della sua nomina nel registro delle imprese nei termini previsti dall'art. 2417, è punito con l'ammenda da lire cinquecento a lire cinquemila».

2635. Corruzione tra privati (1). – [I] Salvo che il fatto costituisca più grave reato, gli amministratori, i direttori generali, i dirigenti preposti alla redazione dei documenti contabili societari, i sindaci e i liquidatori, di società o enti privati che, anche per interposta persona, sollecitano o ricevono, per sé o per altri, denaro o altra utilità non dovuti, o ne accettano la promessa, per compiere o per omettere un atto in violazione degli obblighi inerenti al loro ufficio o degli obblighi di fedeltà, sono puniti con la reclusione da uno a tre anni. Si applica la stessa pena se il fatto è commesso da chi nell'ambito organizzativo della società o dell'ente privato esercita funzioni direttive diverse da quelle proprie dei soggetti di cui al precedente periodo.

[II] Si applica la pena della reclusione fino a un anno e sei mesi se il fatto è commesso da chi è sottoposto alla direzione o alla vigilanza di uno dei soggetti indicati al primo comma.

[III] Chi, anche per interposta persona, offre, promette o dà denaro o altra utilità non dovuti alle persone indicate nel primo e nel secondo comma, è punito con le pene ivi previste.

[IV] Le pene stabilite nei commi precedenti sono raddoppiate se si tratta di società con titoli quotati in mercati regolamentati italiani o di altri Stati dell'Unione europea o diffusi tra il pubblico in misura rilevante ai sensi dell'articolo 116 del testo unico delle disposizioni in materia di intermediazione finanziaria, di cui al decreto legislativo 24 febbraio 1998, n. 58, e successive modificazioni.

[V] *Si procede a querela della persona offesa, salvo che dal fatto derivi una distorsione della concorrenza nella acquisizione di beni o servizi**.

Fermo quanto previsto dall'articolo 2641, la misura della confisca per valore equivalente non può essere inferiore al valore delle utilità date, promesse o offerte.

(1) Articolo sostituito dall'art. 1, co. 76 della l. 6/11/2012, n. 190 e poi modificato dall'art. 3 del d.lg. 15/3/2017, n. 75. Il testo, che era stato modificato dall'art. 15, co. 1, lett. b), l. 28/12/2005, n. 262 e dall'art. 37, co. 36 del d.lg. 27/1/2010, n. 39, ed il cui co. 3 era stato inserito dall'art. 39 della l. n. 262, cit., recitava: «2635. Infedeltà a seguito di dazione o promessa di utilità. – [I] Gli amministratori, i direttori generali, i dirigenti preposti alla redazione dei documenti contabili societari, i sindaci e i liquidatori, i quali, a seguito della dazione o della promessa di utilità, compiono od omettono atti, in violazione degli obblighi inerenti al loro ufficio, cagionando nocumento alla società, sono puniti con la reclusione sino a tre anni. [II] La stessa pena si applica a chi dà o promette l'utilità. [III] La pena è raddoppiata se si tratta di società con titoli quotati in mercati regolamentati italiani o di altri Stati dell'Unione europea o diffusi tra il pubblico in misura rilevante ai sensi dell'articolo 116 del testo unico di cui al decreto legislativo 24 febbraio 1998 n. 58. [IV] Si procede a querela della persona offesa».

* La l. 9/1/2019, n. 3 ha disposto (con l'art. 1, co. 5, lett. a)) l'abrogazione del co. 5 dell'art. 2635.

2635 bis. Istigazione alla corruzione tra privati (1). – [I] Chiunque offre o promette denaro o altra utilità non dovuti agli amministratori, ai direttori generali, ai dirigenti preposti alla redazione dei documenti contabili societari, ai sindaci e ai liquidatori, di società o enti privati, nonché a chi svolge in essi un'attività lavorativa con l'esercizio di funzioni direttive, affinché compia od ometta un atto in violazione degli obblighi inerenti al proprio ufficio o degli obblighi di fedeltà, soggiace, qualora l'offerta o la promessa non sia accettata, alla pena stabilita nel primo comma dell'articolo 2635, ridotta di un terzo.

[II] La pena di cui al primo comma si applica agli amministratori, ai direttori generali, ai dirigenti preposti alla redazione dei documenti contabili societari, ai sindaci e ai liquidatori, di società o enti privati, nonché a chi svolge in essi attività lavorativa con l'esercizio di funzioni direttive, che sollecitano per sé o per altri, anche per interposta persona, una promessa o dazione di denaro o di altra utilità, per compiere o per omettere un atto in violazione degli obblighi inerenti al loro ufficio o degli obblighi di fedeltà, qualora la sollecitazione non sia accettata.

[III] *Si procede a querela della persona offesa**.

(1) Articolo inserito dall'art. 4 dal d.lg. 15/3/2017, n. 38.

* La l. 9/1/2019, n. 3 ha disposto (con l'art. 1, co. 5, lett. b)) l'abrogazione del co. 3 dell'art. 2635-bis.

2635 ter. Pene accessorie (1). – La condanna per il reato di cui all'articolo 2635, primo comma, importa in ogni caso l'interdizione temporanea dagli uffici direttivi delle persone giuridiche e delle imprese di cui all'articolo 32 bis del codice penale nei confronti di chi sia già stato condannato per il medesimo reato o per quello di cui all'articolo 2635 bis, secondo comma.

(1) Articolo inserito dall'art. 5 del d.lg. 15/3/2017, n. 38.

2636. Illecita influenza sull'assemblea (1). – Chiunque, con atti simulati o fraudolenti, determina la maggioranza in assemblea, allo scopo di procurare a sé o ad altri un ingiusto profitto, è punito con la reclusione da sei mesi a tre anni.

(1) Si riporta il testo nella versione previgente: «2636. Amministratori giudiziari e commissari governativi. – [I] Agli amministratori giudiziari previsti dagli articoli 2091 e 24094 nonché ai commissari governativi previsti dagli articoli 2543 e 2619 si applicano le pene stabilite dagli articoli 2621, 2622, 2623, 2624, 2626, 2627, 2628 e 2630, se commettono alcuno dei fatti in essi previsti. [II] Nel caso di mancata convocazione dell'assemblea a norma del quinto comma dell'art. 2409, all'amministratore giudiziario si applica la pena prevista dal secondo minima dell'art. 2630».

2637. Aggiotaggio (1). – Chiunque diffonde notizie false, ovvero pone in essere operazioni simulate o altri artifici concretamente idonei a provocare una sensibile alterazione del prezzo di strumenti finanziari non quotati o per i quali non è stata presentata una richiesta di ammissione alle negoziazioni in un mercato regolamentato (2), ovvero ad incidere in modo significativo sull'affidamento che il pubblico ripone nella stabilità patrimoniale di banche o di gruppi bancari, è punito con la pena della reclusione da uno a cinque anni.

(1) Si riporta la versione originaria dell'articolo: «2637. Interesse privato dell'amministratore giudiziario e del commissario governativo. – [I] Salvo che al fatto siano applicabili gli articoli 315, 317, 318, 319 e 323 del codice penale, l'amministratore giudiziario o il commissario governativo che, direttamente o per interposta persona o con atti simulati, prende interesse privato in qualsiasi atto della gestione a lui affidata, è punito con la reclusione da due a sei anni e con la multa non inferiore a lire duemila. [II] La condanna importa l'interdizione dai pubblici uffici».

(2) Le parole da "strumenti finanziari" a "mercato regolamentato," sono state sostituite alle parole "strumenti finanziari, quotati o non quotati," dall'art. 94 della l. 18/4/2005, n. 62 (legge comunitaria 2004).

2638. Ostacolo all'esercizio delle funzioni delle autorità pubbliche di vigilanza (1). – [I] Gli amministratori, i direttori generali, i dirigenti preposti alla redazione dei documenti contabili societari (2), i sindaci e i liquidatori di società o enti e gli altri soggetti sottoposti per legge alle autorità pubbliche di vigilanza, o tenuti ad obblighi nei loro confronti, i quali nelle comunicazioni alle predette autorità previste in base alla legge, al fine di ostacolare l'esercizio delle funzioni di vigilanza, espongono fatti materiali non rispondenti al vero, ancorché oggetto di valutazioni, sulla situazione economica, patrimoniale o finanziaria dei sottoposti alla vigilanza ovvero, allo stesso fine, occultano con altri mezzi fraudolenti, in tutto o in parte fatti che avrebbero dovuto comunicare, concernenti la situazione medesima, sono puniti con la reclusione da uno a quattro anni. La punibilità è estesa anche al caso in cui le informazioni riguardino beni posseduti o amministrati dalla società per conto di terzi.

[II] Sono puniti con la stessa pena gli amministratori, i direttori generali, i dirigenti preposti alla redazione dei documenti contabili societari (2), i sindaci e i liquidatori di società, o enti e gli altri soggetti sottoposti per legge alle autorità pubbliche di vigilanza o tenuti ad obblighi nei loro confronti, i quali, in qualsiasi forma, anche omettendo le comunicazioni dovute alle predette autorità, consapevolmente ne ostacolano le funzioni.

[III] La pena è raddoppiata se si tratta di società con titoli quotati in mercati regolamentati italiani o di altri Stati dell'Unione europea o diffusi tra il pubblico in misura rilevante ai sensi dell'articolo 116 del testo unico di cui al decreto legislativo 24 febbraio 1998, n. 58 (3).

(1) Si riporta la versione originaria: «2638. Accettazione di retribuzione non dovuta. – [I] L'amministratore giudiziario o il commissario governativo che riceve o pattuisce una retribuzione, in denaro o in altra forma, in aggiunta di quella legalmente attribuitagli, è punito con la reclusione da sei mesi a tre anni e con la multa da lire duemila a diecimila. [II] Nei casi più gravi può inoltre essere disposta l'interdizione dagli uffici direttivi delle persone giuridiche e delle imprese».

(2) Le parole "i dirigenti preposti alla redazione dei documenti contabili societari," sono state inserite dall'art. 151, lett. c), l. 28/12/2005, n. 262.

(3) Comma aggiunto dall'art. 39, co. 2, lett. c), l. n. 262, cit.

2639. Estensione delle qualifiche soggettive (1). – [I] Per i reati previsti dal presente titolo al soggetto formalmente investito della qualifica o titolare della funzione prevista dalla legge civile è equiparato sia chi è tenuto a svolgere la stessa funzione, diversamente qualificata, sia chi esercita in modo continuativo e significativo i poteri tipici inerenti alla qualifica o alla funzione.

[II] Fuori dei casi di applicazione delle norme riguardanti i delitti dei pubblici ufficiali contro la pubblica amministrazione, le disposizioni sanzionatorie relative agli amministratori si applicano anche a coloro che sono legalmente incaricati dall'autorità giudiziaria o dall'autorità pubblica di vigilanza di amministrare la società o i beni dalla stessa posseduti o gestiti per conto di terzi.

(1) Si riporta la versione previgente: «2639. Omessa consegna o deposito di cose detenute a causa dell'ufficio. – [I] L'amministratore giudiziario o il commissario governativo che non ottempera all'ordine dell'autorità di consegnare o depositare somme o altra cosa, da lui detenute a causa del suo ufficio, è punito con la reclusione da sei mesi a tre anni e con la multa fino a lire quindicimila. [II] Se il fatto avviene per colpa, si applica la reclusione fino a sei mesi o la multa fino a lire tremila».

2640. Circostanza attenuante (1). – Se i fatti previsti come reato agli articoli precedenti hanno cagionato un'offesa di particolare tenuità [131-bis CP.] la pena è diminuita.

(1) Si riporta il testo previgente: «2640. Circostanza aggravante. – Quando dai fatti previsti negli articoli 2621, 2622, 2623, 2628 e 2630, primo comma, deriva all'impresa un danno di gravità rilevante, la pena è aumentata fino alla metà».

2641. Confisca (1). – [I] In caso di condanna o di applicazione della pena su richiesta delle parti per uno dei reati previsti dal presente titolo è ordinata la confisca del prodotto o del profitto del reato e dei beni utilizzati per commetterlo.

[II] Quando non è possibile l'individuazione o l'apprensione dei beni indicati nel comma primo, la confisca ha ad oggetto una somma di denaro o beni di valore equivalente.

[III] Per quanto non stabilito nei commi precedenti si applicano le disposizioni dell'articolo 240 del codice penale.

(1) Si riporta la versione originaria dell'articolo, abrogata dall'art. 148 della l. 24 novembre 1981, n. 689: «2641. Pene accessorie. – La condanna alla pena della reclusione pronunziata a carico di amministratori, direttori generali, sindaci e liquidatori per delitti commessi nell'esercizio o a causa del loro ufficio, importa l'incapacità ad esercitare uffici direttivi presso qualsiasi impresa per un periodo di dieci anni, salve le altre pene accessorie previste dal capo III, titolo II, libro I del codice penale. Gli uffici direttivi a cui si riferisce l'incapacità preveduta nel comma precedente e nel secondo comma dell'art. 2638 sono quelli di amministratore, sindaco, liquidatore e direttore generale».

2642. Comunicazione della sentenza di condanna*. – *Ogni sentenza penale pronunziata a carico di amministratori, direttori generali, sindaci, liquidatori e commissari di qualsiasi impresa per delitti commessi nell'esercizio od a causa del loro ufficio è comunicata, a cura del cancelliere dell'autorità giudiziaria che ha emesso la sentenza, per gli eventuali provvedimenti, all'organo che esercita la funzione disciplinare sugli iscritti nell'albo professionale al quale essi appartengono.*

* Articolo abrogato dall'art. 1 del d.lg. 11/4/2002, n. 61.

LIBRO SESTO
DELLA TUTELA DEI DIRITTI

TITOLO I
DELLA TRASCRIZIONE

Capo I
Della trascrizione degli atti relativi ai beni immobili (1)

(1) Vedi art. 224 ss. att.; art. 138 ss. del d.lg. 10/2/2005, n. 30 (Codice della proprietà industriale); l. 27/2/1985, n. 52 (Norme in materia di pubblicità immobiliare).

2643. Atti soggetti a trascrizione. – [I] Si devono rendere [2645 ss., 2651 ss.] pubblici [1403] col mezzo della trascrizione [2644, 2648, 2657, 2658, 2663, 2679[n. 1]]:

1) i contratti che trasferiscono la proprietà di beni immobili [769, 785, 812, 1197, 1285, 1350, 1378, 1470, 1472, 1478, 1543[2], 1552, 2247, 2556, 2648, 2651, 2914];

2) i contratti che costituiscono, trasferiscono o modificano il diritto di usufrutto [978 ss.] su beni immobili, il diritto di superficie [952 ss.], i diritti del concedente e dell'enfiteuta [957 ss.];

2-bis) i contratti che trasferiscono, costituiscono o modificano i diritti edificatori comunque denominati, previsti da normative statali o regionali, ovvero da strumenti di pianificazione territoriale (1);

3) i contratti che costituiscono la comunione [1100 ss.] dei diritti menzionati nei numeri precedenti;

4) i contratti che costituiscono o modificano servitù prediali [1027 ss., 1058], il diritto di uso [1021] sopra beni immobili, il diritto di abitazione [1022, 1350n. 4, 2648, 2651];

5) gli atti tra vivi di rinunzia ai diritti menzionati nei numeri precedenti [507, 1040, 1070, 1104, 1350n. 5];

6) i provvedimenti con i quali nell'esecuzione forzata [2919 // 555, 574, 586, 590 CPC. // 164 att. CPC.] si trasferiscono la proprietà di beni immobili [812] o altri diritti reali immobiliari [952, 965, 980, 1021, 1022, 1027], eccettuato il caso di vendita seguita nel processo di liberazione degli immobili dalle ipoteche a favore del terzo acquirente [2889, 2896];

7) gli atti e le sentenze di affrancazione del fondo enfiteutico [971, 1350n. 6];

8) i contratti di locazione [1571 ss., 2923] di beni immobili che hanno durata superiore a nove anni [1350n. 8, 1599];

9) gli atti e le sentenze da cui risulta liberazione o cessione di pigioni o di fitti non ancora scaduti, per un termine maggiore di tre anni [1605, 2918, 2924];

10) i contratti di società [2247, 2291, 2313, 2325, 2328n. 6, 2452, 2463n. 5, 2511, 2521n. 5] e di associazione [14 ss., 2549 ss.] con i quali si conferisce il godimento di beni immobili o di altri diritti reali immobiliari, quando la durata della società o dell'associazione eccede i nove anni o è indeterminata [1350n. 9 // 231 att.];

11) gli atti di costituzione dei consorzi [862 ss., 2602 ss.] che hanno l'effetto indicato dal numero precedente [231 att.];

12) i contratti di anticresi [1350n. 7, 1960 ss. // 231 att.];

12-bis) gli accordi di mediazione che **accertano l'usucapione** con la sottoscrizione del processo verbale autenticata da un pubblico ufficiale a ciò autorizzato [969, 1158, 2944, 2966] (2).

13) le transazioni [1350n. 12, 1965 ss.] che hanno per oggetto controversie sui diritti menzionati nei numeri precedenti;

14) le sentenze che operano la costituzione, il trasferimento o la modificazione di uno dei diritti menzionati nei numeri precedenti [155-quater, 938, 1032, 1706², 2932 // l. n. 898/1970 art. 6⁶].

(1) Numero inserito dall'art. 5, co. 3, d.l. 13/5/2011, n. 70, conv., con modif., in l. 12/7/2011, n. 106.

(2) Numero inserito dall'art. 84-bis del d.l. 21/6/2013, n. 69, conv., con modif., in l. 9/8/2013, n. 98.

• **Art. 23 del d.l. 12/9/2014, n. 133**, Disciplina dei contratti di godimento in funzione della **successiva alienazione di immobili**: 1. I contratti, diversi dalla locazione finanziaria, che prevedono l'immediata concessione del godimento di un immobile, con diritto per il conduttore di acquistarlo entro un termine determinato imputando al corrispettivo del trasferimento la parte di canone indicata nel contratto, sono trascritti ai sensi dell'articolo 2645-bis codice civile. La trascrizione produce anche i medesimi effetti di quella di cui all'art. 2643, co. 1, n. 8), CC.

2644. Effetti della trascrizione. – [I] Gli atti enunciati nell'articolo precedente non hanno effetto riguardo ai terzi che a qualunque titolo hanno acquistato diritti sugli immobili in base a un atto trascritto [2659] o iscritto [2839] anteriormente alla trascrizione degli atti medesimi [2650].

[II] Seguita la trascrizione, non può avere effetto contro colui che ha trascritto alcuna trascrizione o iscrizione di diritti acquistati verso il suo autore, quantunque l'acquisto risalga a data anteriore [1353, 1914, 2812, 2817, 2848 // 225 att.].

2645. Altri atti soggetti a trascrizione. – [I] Deve del pari rendersi pubblico, agli effetti previsti dall'articolo precedente, ogni altro atto o provvedimento che produce in relazione a beni immobili o a diritti immobiliari taluno degli effetti dei contratti menzionati nell'articolo 2643, salvo che dalla legge risulti che la trascrizione non è richiesta o è richiesta a effetti diversi.

2645 bis. Trascrizione di contratti preliminari (1). – 1. I contratti preliminari [1331, 1351, 2652n.2, 2932] aventi ad oggetto la conclusione di taluno dei contratti di cui ai numeri 1), 2), 3) e 4) dell'articolo 2643, anche se sottoposti a condizione o relativi a edifici da costruire o in corso di costruzione, devono essere trascritti se risultano da atto pubblico o da scrittura privata con sottoscrizione autenticata o accertata giudizialmente.

2. La trascrizione del contratto definitivo o di altro atto che costituisca comunque esecuzione dei contratti preliminari di cui al comma 1, ovvero della sentenza che accoglie la domanda diretta ad ottenere l'esecuzione in forma specifica dei contratti preliminari predetti, prevale sulle trascrizioni ed iscrizioni eseguite contro il promittente alienante dopo la trascrizione del contratto preliminare (2).

3. Gli effetti della trascrizione del contratto preliminare cessano e si considerano come mai prodotti se entro un anno dalla data convenuta tra le parti per la conclusione del contratto definitivo, e in ogni caso entro tre anni dalla trascrizione predetta, non sia eseguita la trascrizione del contratto definitivo o di altro atto che costituisca comunque esecuzione del contratto preliminare o della domanda giudiziale di cui all'articolo 2652, primo comma, numero 2).

4. I contratti preliminari aventi ad oggetto porzioni di edifici da costruire o in corso di costruzione devono indicare, per essere trascritti, la superficie utile della porzione di edificio e la quota del diritto spettante al promissario acquirente relativa all'intero costruendo edificio espressa in millesimi.

5. Nel caso previsto nel comma 4 la trascrizione è eseguita con riferimento al bene immobile per la quota determinata secondo le modalità di cui al comma stesso. Non appena l'edificio viene ad esistenza gli effetti della trascrizione si producono rispetto alle porzioni materiali corrispondenti alle quote di proprietà predeterminate nonché alle relative parti comuni. L'eventuale differenza di superficie o di quota contenuta nei limiti di un ventesimo rispetto a quelle indicate nel contratto preliminare non produce effetti.

6. Ai fini delle disposizioni di cui al comma 5, si intende esistente l'edificio nel quale sia stato eseguito il rustico, comprensivo delle mura perimetrali delle singole unità, e sia stata completata la copertura.

(1) Articolo inserito dall'art. 3, co. 1, d.l. 31/12/1996, n. 669, conv., con modif., nella l. 28/2/1997, n. 30.

(2) Vedi gli art. 60-bis ss. dell'allegato al r.d. 28/3/1929, n. 499, come modificato dall'art. 34 della l. 24/11/2000, n. 340.

2645 ter. Trascrizione di atti di destinazione per la realizzazione di interessi meritevoli di tutela riferibili a persone con disabilità, a pubbliche amministrazioni, o ad altri enti o persone fisiche (1). – [I] Gli atti in forma pubblica con cui beni immobili o beni mobili iscritti in pubblici registri sono destinati, per un periodo non superiore a novanta anni o per la durata della vita della persona fisica beneficiaria, alla realizzazione di **interessi meritevoli di tutela** riferibili a persone con disabilità, a pubbliche amministrazioni, o ad altri enti o persone fisiche ai sensi dell'articolo 1322, secondo comma, possono essere trascritti al fine di rendere opponibile ai terzi il **vincolo di destinazione** [167]; per la realizzazione di tali interessi può agire, oltre al conferente, qualsiasi interessato anche durante la vita del conferente stesso. I beni conferiti e i loro frutti possono essere impiegati solo per la realizzazione del fine di destinazione e possono costituire oggetto di esecuzione, salvo quanto previsto dall'articolo 2915, primo comma, solo per debiti contratti per tale scopo.

(1) Articolo inserito, in sede di conversione, dall'art. 39-novies del d.l. 30/12/2005, n. 273, conv., con modif., in l. 23/2/2006, n. 51.

• Art. 13, lett. g), d.P.R. n. 600/1973, Disposizioni comuni in materia di accertamento delle imposte sui redditi: «Ai fini dell'accertamento sono obbligati alla tenuta di scritture contabili, secondo le disposizioni di questo titolo gli enti pubblici e privati diversi dalle società, soggetti all'imposta sul reddito delle persone giuridiche, nonché i trust, che non hanno per oggetto esclusivo o principale l'esercizio di attività commerciali».

• Art. 73, co. 1, d.P.R. n. 917/1986, TUIR: «1. Sono soggetti all'imposta sul reddito delle società:
a) le società per azioni e in accomandita per azioni, le società a responsabilità limitata, le società cooperative e le società di mutua assicurazione, nonché le società europee di cui al regolamento (CE) n. 2157/2001 e le società cooperative europee di cui al regolamento (CE) n. 1435/2003 residenti nel territorio dello Stato;
b) gli enti pubblici e privati diversi dalle società, nonché i trust, residenti nel territorio dello Stato, che hanno per oggetto esclusivo o principale l'esercizio di attività commerciali;
c) gli enti pubblici e privati diversi dalle società, i trust che non hanno per oggetto esclusivo o principale l'esercizio di attività commerciale nonché gli organismi di investimento collettivo del risparmio, residenti nel territorio dello Stato;
d) le società e gli enti di ogni tipo, compresi i trust, con o senza personalità giuridica, non residenti nel territorio dello Stato.».

• Art. 22, co. 1 e 36, co. 6, d.lg. n. 58/1998, T.U. in materia finanziaria, in Parte V, Sez. IV, n. 2.

• Art. 6, co. 9, d.lg. n. 252/2005, Disciplina delle forme pensionistiche complementari: «I fondi pensione sono titolari dei valori e delle disponibilità conferiti in gestione, restando peraltro in facoltà degli stessi di concludere, in tema di titolarità, diversi accordi con i gestori a ciò abilitati nel caso di gestione accompagnata dalla garanzia di restituzione del capitale. I valori e le disponibilità affidati ai gestori di cui al comma 1 secondo le modalità ed i criteri stabiliti nelle convenzioni costituiscono in ogni caso **patrimonio separato ed autonomo**, devono essere contabilizzati a valori correnti e non possono essere distratti dal fine al quale sono stati destinati, né formare oggetto di esecuzione sia da parte dei creditori dei soggetti gestori, sia da parte di rappresentanti dei creditori stessi, né possono essere coinvolti nelle procedure concorsuali che riguardano il gestore. Il fondo pensione è legittimato a proporre la domanda di rivendicazione di cui all'articolo 103 del regio decreto 16 marzo 1942, n. 267. Possono essere rivendicati tutti i valori conferiti in gestione, anche se non individualmente determinati o individuati ed anche se depositati presso terzi, diversi dal soggetto gestore. Per l'accertamento dei valori oggetto della domanda è ammessa ogni prova documentale, ivi compresi i rendiconti redatti dal gestore o dai terzi depositari».

• Art. 6 della l. n. 112/2016.

• Art. 13, co. 2, l. n. 383/2001.

2645 quater. Trascrizione di atti costitutivi di vincolo (1). – [I] Si devono trascrivere, se hanno per oggetto beni immobili, gli atti di diritto privato, i contratti e gli altri atti di diritto privato, anche unilaterali, nonché le convenzioni e i contratti con i quali vengono costituiti a favore dello Stato, della regione, degli altri enti pubblici territoriali ovvero di enti svolgenti un servizio di interesse pubblico, vincoli di uso pubblico o comunque ogni altro vincolo a qualsiasi fine richiesto dalle normative statali e regionali, dagli strumenti urbanistici comunali nonché dai conseguenti strumenti di pianificazione territoriale e dalle convenzioni urbanistiche a essi relative.

(1) Articolo inserito, in sede di conversione, dall'art. 6 del d.l. 2/3/2012, n. 16, conv., con modif., in l. 26/4/2012, n. 44.

2646. Trascrizione delle divisioni. – [I] Si devono trascrivere le divisioni [537³, 542³, 566², 713, 1111 ss.] che hanno per oggetto beni immobili [812], come pure i provvedimenti di aggiudicazione degli immobili divisi mediante incanto [719 // 788 CPC.], i provvedimenti di attribuzione delle quote tra condividenti e i verbali di estrazione a sorte delle quote [729].

[II] Si devono pure trascrivere la domanda di divisione giudiziale [784 CPC.] e l'atto di opposizione indicato dall'articolo 1113, per gli effetti ivi enunciati.

2647. Costituzione del fondo patrimoniale e separazione di beni (1). – [I] Devono essere trascritti, se hanno per oggetto beni immobili, la costituzione del fondo patrimoniale [167], le convenzioni matrimoniali che escludono i beni medesimi dalla comunione tra i coniugi [162, 210, 215], gli atti e i provvedimenti di scioglimento della comunione [191], gli atti di acquisto di beni personali a norma delle lettere c), d), e) ed f) dell'articolo 179, a carico, rispettivamente, dei coniugi titolari del fondo patrimoniale o del coniuge titolare del bene escluso o che cessa di far parte della comunione.

[II] Le trascrizioni previste dal precedente comma devono essere eseguite anche relativamente ai beni immobili che successivamente entrano a far parte del patrimonio familiare o risultano esclusi dalla comunione tra i coniugi.

[III] La trascrizione del vincolo derivante dal fondo patrimoniale costituito per testamento [167] deve essere eseguita d'ufficio dal conservatore contemporaneamente alla trascrizione dell'acquisto a causa di morte [2648].

(1) Articolo così sostituito dall'art. 206 della l. 19/5/1975, n. 151.

• V. art. 1, co. 19, l. 20/5/2016, n. 76, Regolamentazione delle unioni civili tra persone dello stesso sesso e disciplina delle convivenze, che dispone: «All'unione civile tra persone dello stesso sesso si applicano le disposizioni di cui al titolo XIII del libro primo del codice civile, nonché gli articoli 116, primo comma, 146, 2647, 2653, primo comma, numero 4), e 2659 del codice civile».

2648. Accettazione di eredità e acquisto di legato. – [I] Si devono trascrivere [2660] l'accettazione della eredità [470 ss.] che importi acquisto dei diritti enunciati nei numeri 1, 2 e 4 dell'articolo 2643 o liberazione dai medesimi e l'acquisto del legato che abbia lo stesso oggetto [649].

[II] La trascrizione dell'accettazione dell'eredità si opera in base alla dichiarazione del chiamato all'eredità, contenuta in un atto pubblico ovvero in una scrittura privata [475] con sottoscrizione autenticata o accertata giudizialmente [2657 // 215 ss. CPC.].

[III] Se il chiamato ha compiuto uno degli atti che importano accettazione tacita dell'eredità [476 ss.], si può richiedere la trascrizione sulla base di quell'atto, qualora esso risulti da sentenza, da atto pubblico o da scrittura privata con sottoscrizione autenticata o accertata giudizialmente [2657].

[IV] La trascrizione dell'acquisto del legato [649] si opera sulla base di un estratto autentico del testamento [2647, 2650, 2658].

2649. Cessione dei beni ai creditori. – [I] Deve essere trascritta, qualora comprenda beni immobili, la cessione che il debitore fa dei suoi beni ai creditori, perché questi procedano alla liquidazione dei medesimi e alla ripartizione del ricavato [1977 ss., 2687].

[II] Non hanno effetto, rispetto ai creditori, le trascrizioni o iscrizioni di diritti acquistati verso il debitore, se eseguite dopo che la cessione è stata trascritta.

2650. Continuità delle trascrizioni. – [I] Nei casi in cui, per le disposizioni precedenti, un atto di acquisto è soggetto a trascrizione, le successive trascrizioni o iscrizioni a carico dell'acquirente non producono effetto, se non è stato trascritto l'atto anteriore di acquisto [2646, 2647, 2655, 2665, 2688].

[II] Quando l'atto anteriore di acquisto è stato trascritto, le successive trascrizioni o iscrizioni producono effetto secondo il loro ordine rispettivo, salvo il disposto dell'articolo 2644.

[III] L'ipoteca legale a favore dell'alienante e quella a favore del condividente [2817 n.2, 2825], iscritte contemporaneamente alla trascrizione del titolo di acquisto o della divisione, prevalgono sulle trascrizioni o iscrizioni eseguite anteriormente contro l'acquirente o il condividente tenuto al conguaglio [2645, 2835].

2651. Trascrizione di sentenze. – [I] Si devono trascrivere le sentenze da cui risulta estinto per prescrizione [2934 ss.] o acquistato per usucapione [1158 ss.] ovvero in altro modo non soggetto a trascrizione [942, 944, 946, 1062] uno dei diritti indicati dai numeri 1, 2 e 4 dell'articolo 2643 (1).

(1) Vedi art. 3, co. 7, l. 10/5/1976, n. 346.

2652. Domande riguardanti atti soggetti a trascrizione. Effetti delle relative trascrizioni rispetto ai terzi. – [I] Si devono trascrivere, qualora si riferiscano ai diritti menzionati nell'articolo 2643, le domande giudiziali indicate dai numeri seguenti, agli effetti per ciascuna di esse previsti [225 ss. trans. // 96^2 CPC.]:

1) le domande di risoluzione dei contratti [1453, 1458^2] e quelle indicate dal secondo comma dell'articolo 648 e dall'ultimo comma dell'articolo 793, le domande di rescissione [763, 1447 ss.], le domande di revocazione delle donazioni [800 ss.], nonché quelle indicate dall'articolo 524.

Le sentenze che accolgono tali domande non pregiudicano i diritti acquistati dai terzi in base a un atto trascritto o iscritto anteriormente alla trascrizione della domanda;

2) le domande dirette a ottenere l'esecuzione in forma specifica dell'obbligo a contrarre [2932].

La trascrizione della sentenza che accoglie la domanda prevale sulle trascrizioni e iscrizioni eseguite contro il convenuto dopo la trascrizione della domanda;

3) le domande dirette a ottenere l'accertamento giudiziale [216 ss. CPC.] della sottoscrizione di scritture private [2702 ss.] in cui si contiene un atto soggetto a trascrizione o a iscrizione.

La trascrizione o l'iscrizione dell'atto contenuto nella scrittura produce effetto dalla data in cui è stata trascritta la domanda;

4) le domande dirette all'accertamento della simulazione [1414 ss.] di atti soggetti a trascrizione.

La sentenza che accoglie la domanda non pregiudica i diritti acquistati dai terzi di buona fede in base a un atto trascritto o iscritto anteriormente alla trascrizione della domanda;

5) le domande di revoca degli atti soggetti a trascrizione, che siano stati compiuti in pregiudizio dei creditori [2901] (1).

La sentenza che accoglie la domanda non pregiudica i diritti acquistati a titolo oneroso dai terzi di buona fede in base a un atto trascritto o iscritto anteriormente alla trascrizione della domanda;

6) le domande dirette a far dichiarare la nullità [1418 ss.] o a far pronunziare l'annullamento [1425 ss.] di atti soggetti a trascrizione e le domande dirette a impugnare la validità della trascrizione [2665].

Se la domanda è trascritta dopo cinque anni dalla data della trascrizione dell'atto impugnato, la sentenza che l'accoglie non pregiudica i diritti acquistati a qualunque titolo dai terzi di buona fede in base a un atto trascritto o iscritto anteriormente alla trascrizione della domanda [1423]. Se però la domanda è diretta a far pronunziare l'annullamento per una causa diversa dall'incapacità legale, la sentenza che l'accoglie non pregiudica i diritti acquistati dai terzi di buona fede in base a un atto trascritto o iscritto anteriormente alla trascrizione della domanda, anche se questa è stata trascritta prima che siano decorsi cinque anni dalla data della trascrizione dell'atto impugnato, purché in questo caso i terzi abbiano acquistato a titolo oneroso [1445 // 227 trans.];

7) le domande con le quali si contesta il fondamento di un acquisto a causa di morte.

Salvo quanto è disposto dal secondo e dal terzo comma dell'articolo 534, se la trascrizione della domanda è eseguita dopo cinque anni dalla data della trascrizione dell'acquisto, la sentenza che accoglie la domanda non pregiudica i terzi di buona fede che, in base a un atto trascritto o iscritto anteriormente alla trascrizione della domanda, hanno a qualunque titolo acquistato diritti da chi appare erede o legatario;

8) le domande di riduzione delle donazioni e delle disposizioni testamentarie per lesione di legittima [554 ss.].

Se la trascrizione è eseguita dopo dieci anni dall'apertura della successione, la sentenza che accoglie la domanda non pregiudica i terzi che hanno acquistato a titolo oneroso diritti in base a un atto trascritto o iscritto anteriormente alla trascrizione della domanda [227 trans.];

9) le domande di revocazione e quelle di opposizione di terzo contro le sentenze soggette a trascrizione per le cause previste dai numeri 1, 2, 3 e 6 dell'articolo 395 del codice di procedura civile e dal secondo comma dell'articolo 404 dello stesso codice.

Se la domanda è trascritta dopo cinque anni dalla trascrizione della sentenza impugnata, la sentenza che l'accoglie non pregiudica i diritti acquistati dai terzi di buona fede in base a un atto trascritto o iscritto anteriormente alla trascrizione della domanda [226, 227, 231 trans.];

9 bis) le domande di revocazione contro le sentenze soggette a trascrizione per le cause previste dall'articolo 391-quater del codice di procedura civile.

La sentenza che accoglie la domanda non pregiudica i diritti acquistati dai terzi di buona fede in base a un atto trascritto o iscritto anteriormente alla trascrizione della domanda (2).

[II] Alla domanda giudiziale è equiparato l'atto notificato con il quale la parte, in presenza di compromesso o di clausola compromissoria, dichiara all'altra la propria intenzione di promuovere il procedimento arbitrale, propone la domanda e procede, per quanto le spetta, alla nomina degli arbitri (3).

(1) Vedi art. 64 s. del r.d. 16/3/1942, n. 267.

(2) Numero inserito dall'art. 1, co. 13, lett. a), d.lg. 10/10/2022, n. 149 (ai sensi dell'art. 52 del d.lgs. n. 149/2022, il citato decreto legislativo entra in vigore il giorno successivo a quello della sua pubblicazione nella Gazzetta Ufficiale). Per la disciplina transitoria v. art. 35 del d.lgs. n. 149/2022, cit., che prevede che: «1. Le disposizioni del presente decreto, salvo che non sia diversamente disposto, hanno effetto a decorrere dal30 giugno 2023 e si applicano ai procedimenti instaurati successivamente a tale data. Ai procedimenti pendenti alla data del 30 giugno 2023 si applicano le disposizioni anteriormente vigenti».

(3) Comma aggiunto dall'art. 26, co. 1, l. 5/1/1994, n. 25.

2653. Altre domande e atti soggetti a trascrizione a diversi effetti. – [I] Devono **parimenti** essere trascritti [225 ss. trans.]:

1) le domande dirette a rivendicare la proprietà [948] o altri diritti reali di godimento [1079] su beni immobili e le domande dirette all'accertamento dei diritti stessi [949].

La sentenza pronunziata contro il convenuto indicato nella trascrizione della domanda ha effetto anche contro coloro che hanno acquistato diritti dal medesimo in base a un atto trascritto dopo la trascrizione della domanda;

2) la domanda di devoluzione del fondo enfiteutico [972, 973].

La pronunzia di devoluzione ha effetto anche nei confronti di coloro che hanno acquistato diritti dall'enfiteuta in base a un atto trascritto posteriormente alla trascrizione della domanda [974^2];

3) le domande e le dichiarazioni di riscatto [1500 ss.] nella vendita di beni immobili.

Se la trascrizione di tali domande o dichiarazioni è eseguita dopo sessanta giorni dalla scadenza del termine per l'esercizio del riscatto, restano salvi i diritti acquistati dai terzi dopo la scadenza del termine medesimo in base a un atto trascritto o iscritto anteriormente alla trascrizione della domanda o della dichiarazione;

4) le domande di separazione degli immobili dotali e quelle di scioglimento della comunione tra coniugi avente per oggetto beni immobili [166-bis, 191] (1).

La sentenza che pronunzia la separazione o lo scioglimento

non ha effetto a danno dei terzi che, anteriormente alla trascrizione della domanda, hanno validamente acquistato dal marito diritti relativi a beni dotali o a beni della comunione;

5) gli atti e le domande che interrompono il corso dell'usucapione di beni immobili [1165, 1167, 2943 ss.].

L'interruzione non ha effetto riguardo ai terzi che hanno acquistato diritti dal possessore in base a un atto trascritto o iscritto, se non dalla data della trascrizione dell'atto o della domanda [226, 231 trans.].

[II] Alla domanda giudiziale è equiparato l'atto notificato con il quale la parte, in presenza di compromesso o di clausola compromissoria, dichiara all'altra la propria intenzione di promuovere il procedimento arbitrale, propone la domanda e procede, per quanto le spetta, alla nomina degli arbitri (2).

(1) V. art. 1, co. 19, l. 20/5/2016, n. 76, Regolamentazione delle unioni civili tra persone dello stesso sesso e disciplina delle convivenze, che dispone: «All'unione civile tra persone dello stesso sesso si applicano le disposizioni di cui al titolo XIII del libro primo del codice civile, nonché gli articoli 116, primo comma, 146, 2647, 2653, primo comma, numero 4), e 2659 del codice civile».

(2) Comma aggiunto dall'art. 26, co. 2, l. 5/1/1994, n. 25.

2654. Annotazione di domande o atti soggetti a trascrizione. – [I] La trascrizione degli atti e delle domande indicati dai due articoli precedenti deve essere anche annotata in margine alla trascrizione o iscrizione, quando si riferisce a un atto trascritto o iscritto (1).

(1) Sui termini per le annotazioni, vedi art. 7 del d.lg. 31/10/1990, n. 347.

2655. Annotazione di atti e di sentenze. – [I] Qualora un atto trascritto o iscritto sia dichiarato nullo [1418 ss.] o sia annullato [1425 ss.], risoluto [1453 ss.], rescisso [1447 ss.] o revocato [2901 ss.] o sia soggetto a condizione risolutiva [1360], la dichiarazione di nullità e, rispettivamente, l'annullamento, la risoluzione, la rescissione, la revocazione, l'avveramento della condizione devono annotarsi in margine alla trascrizione o all'iscrizione dell'atto.

[II] Si deve del pari annotare, in margine alla trascrizione della relativa domanda, la sentenza di devoluzione del fondo enfiteutico [972].

[III] Se tali annotazioni non sono eseguite, non producono effetto le successive trascrizioni o iscrizioni a carico di colui che ha ottenuto la dichiarazione di nullità o l'annullamento, la risoluzione, la rescissione, la revoca o la devoluzione o a favore del quale si è avverata la condizione. Eseguita l'annotazione, le trascrizioni o iscrizioni già compiute hanno il loro effetto secondo l'ordine rispettivo [2650 // 225 trans.].

[IV] L'annotazione si opera in base alla sentenza o alla convenzione da cui risulta uno dei fatti sopra indicati; se si tratta di condizione, può eseguirsi in virtù della dichiarazione unilaterale del contraente in danno del quale la condizione stessa si è verificata (1).

(1) Vedi sub art. 2654.

2656. Forme per l'annotazione. – [I] L'annotazione si esegue secondo le norme stabilite dagli articoli seguenti per la trascrizione, in quanto applicabili.

2657. Titolo per la trascrizione. – [I] La trascrizione non si può eseguire se non in forza di sentenza [131 ss. CPC.], di atto pubblico [2699] o di scrittura privata con sottoscrizione autenticata [2703] o accertata giudizialmente [215 ss. CPC.].

[II] Le sentenze e gli atti seguiti in paese estero [796 ss. // 804 CPC.] devono essere legalizzati.

2658. Atti da presentare al conservatore. – [I] La parte che domanda la trascrizione del titolo deve presentarne al conservatore dei registri immobiliari copia autenticata, se si tratta di atti pubblici o di sentenze, e, se si tratta di scritture private, deve presentare l'originale, salvo che questo si trovi depositato in un pubblico archivio o negli atti di un notaio. In questo caso basta la presentazione di una copia autenticata dall'archivista o dal notaio, dalla quale risulti che la scrittura ha i requisiti indicati dall'articolo precedente.

[II]. Per la trascrizione di una domanda giudiziale occorre presentare copia autentica del documento che la contiene, munito della relazione di notifica alla controparte. Quando la domanda giudiziale si propone con ricorso, la parte che chiede la trascrizione presenta copia conforme dell'atto che la contiene munita di attestazione della data del suo deposito presso l'ufficio giudiziario (1).

(1) Periodo inserito dall'art. 1, co. 13, lett. b), d.lg. 10/10/2022, n. 149 (ai sensi dell'art. 52 del d.lgs. n. 149/2022, il citato decreto legislativo entra in vigore il giorno successivo a quello della sua pubblicazione nella GU). Per la disciplina transitoria v. art. 35 del d.lg. n. 149/2022, come da ultimo modificato dall'art. 1, co. 380, lett. a), l. 29/12/2022, n. 197, che prevede che: «1. Le disposizioni del presente decreto, salvo che non sia diversamente disposto, hanno effetto a decorrere dal 28 febbraio 2023 e si applicano ai procedimenti instaurati successivamente a tale data. Ai procedimenti pendenti alla data del 28 febbraio 2023 si applicano le disposizioni anteriormente vigenti.».

2659. Nota di trascrizione (1). – [I] Chi domanda la trascrizione di un atto tra vivi deve presentare al conservatore dei registri immobiliari, insieme con la copia del titolo, una nota in doppio originale, nella quale devono essere indicati:

1) il cognome ed il nome, il luogo e data di nascita e il numero di codice fiscale delle parti, nonché il regime patrimoniale delle stesse, se coniugate, secondo quanto risulta da loro dichiarazione resa nel titolo o da certificato dell'ufficiale di stato civile; la denominazione o la ragione sociale, la sede e il numero di codice fiscale delle **persone giuridiche**, delle **società** previste dai capi II, III e IV del titolo V del libro quinto e delle associazioni non riconosciute, con l'indicazione, per queste ultime e per le **società semplici**, anche delle generalità delle persone che le rappresentano secondo l'atto costitutivo. Per i **condominii** devono essere indicati l'eventuale denominazione, l'ubicazione e il codice fiscale [1, 2] (2);

2) il titolo di cui si chiede la trascrizione e la data del medesimo;

3) il cognome e il nome del pubblico ufficiale che ha ricevuto l'atto o autenticato le firme, o l'autorità giudiziaria che ha pronunziato la sentenza;

4) la natura e la situazione dei beni a cui si riferisce il titolo, con le indicazioni richieste dall'articolo 2826, nonché, nel caso previsto dall'articolo 2645-bis, comma 4, la superficie e la quota espressa in millesimi di cui a quest'ultima disposizione (3).

[II] Se l'acquisto, la rinunzia o la modificazione del diritto sono sottoposti a termine o a condizione, se ne deve fare menzione nella nota di trascrizione [2665]. Tale menzione non è necessaria se, al momento in cui l'atto si trascrive, la condizione sospensiva si è verificata o la condizione risolutiva è mancata ovvero il termine iniziale è scaduto.

(1) Articolo così sostituito dall'art. 1 della l. 27/2/1985, n. 52.

• V. art. 1, co. 19, l. 20/5/2016, n. 76, Regolamentazione delle unioni civili tra persone dello stesso sesso e disciplina delle convivenze, che dispone: «All'unione civile tra persone dello stesso sesso si applicano le disposizioni di cui al titolo XIII del libro primo del codice civile, nonché gli articoli 116, primo comma, 146, 2647, 2653, primo comma, numero 4), e 2659 del codice civile».

(2) L'art. 17 della l. 11/12/2012, n. 220, ha aggiunto, in fine al numero 1 del primo comma, le parole "Per i condominii devono essere indicati l'eventuale denominazione, l'ubicazione e il codice fiscale". Tale modifica è entrata in vigore il 18/6/2013.

(3) Numero così sostituito e successivamente così modificato, in sede di conversione, dall'art. 3, co. 2, d.l. 31/12/1996, n. 669, conv., con modif., nella l. 28/2/1997, n. 30.

2660. Trascrizione degli acquisti a causa di morte. – [I] Chi domanda la trascrizione di un acquisto a causa di morte deve presentare, oltre l'atto indicato dall'articolo 2648, il certificato di morte dell'autore della successione e una copia o un estratto autentico del testamento, se l'acquisto segue in base a esso [2657].

[II] Deve anche presentare una nota in doppio originale con le seguenti indicazioni (1):

1) il cognome e il nome, il luogo e la data di nascita dell'erede o legatario e del defunto (2);

2) la data di morte;

3) se la successione è devoluta per legge, il vincolo che univa all'autore il chiamato e la quota a questo spettante;

4) se la successione è devoluta per testamento, la forma e la data del medesimo, il nome del pubblico ufficiale che l'ha ricevuto o che l'ha in deposito;

5) la natura e la situazione dei beni con le indicazioni richieste dall'articolo 2826;

6) la condizione o il termine, qualora siano apposti alla disposizione testamentaria, salvo il caso contemplato dal secondo comma del precedente articolo, nonché la sostituzione fidecommissaria, qualora sia stata disposta a norma dell'articolo 692 [2662].

(1) Vedi art. 17 della l. 27/2/1985, n. 52, in tema di norme sul servizio ipotecario.

(2) Numero così sostituito dall'art. 2 della l. 27/1/1985, n. 52.

2661. Ulteriori trascrizioni in base allo stesso titolo. – [I] Quando si domanda la trascrizione di un acquisto a causa di morte e per la stessa successione è stato già trascritto altro acquisto in base allo stesso titolo, basta presentare l'atto di accettazione [470] se si tratta di acquisto a titolo di erede. Deve essere anche indicata la trascrizione anteriormente eseguita, se si tratta dello stesso ufficio, e, se si tratta di ufficio diverso, deve essere presentato il certificato della trascrizione medesima.

[II] Se chi ha trascritto anteriormente ha presentato un estratto [2718] del testamento, alla domanda di nuova trascrizione deve essere allegato, qualora occorra, un altro estratto o la copia dell'intero testamento.

2662. Trascrizione di acquisti a causa di morte in luogo di altri chiamati. – [I] Qualora l'acquisto a causa di morte si colleghi alla rinunzia [519 ss.] o alla morte di uno dei chiamati [479], chi domanda la trascrizione deve presentare il documento comprovante la morte o la rinunzia, facendone menzione nella nota.

[II] Se invece l'acquisto dipende da altra ragione che impedisce ad alcuno dei chiamati di succedere [70, 463], non è necessario esibire un documento che giustifichi la ragione stessa, ma il richiedente risponde dei danni, quando le sue dichiarazioni non corrispondono a verità.

[III] Qualora alcuna delle cause di impedimento sopra indicate si sia constatata dopo la trascrizione dell'acquisto a causa di morte, essa si annota in margine alla trascrizione stessa, purché risulti da regolare documento.

2663. Ufficio in cui deve farsi la trascrizione. – [I] La trascrizione deve essere fatta presso ciascun ufficio dei registri immobiliari nella cui circoscrizione sono situati i beni [484^2].

2664. Conservazione dei titoli. Trascrizione e restituzione della nota. – [I] Il conservatore dei registri immobiliari deve custodire negli archivi, in appositi volumi, i titoli che gli sono consegnati e deve inserire, con numerazione progressiva annuale, nella raccolta delle note costituente il registro particolare delle trascrizioni uno degli originali della nota, indicandovi il giorno della consegna del titolo e il numero d'ordine assegnato nel registro generale (1).

[II] Il conservatore deve restituire al richiedente uno degli originali della nota, nel quale deve certificare l'eseguita trascrizione con le indicazioni sopra accennate.

(1) Comma così sostituito dall'art. 3 della l. 27/2/1985, n. 52.

2665. Omissioni o inesattezze nelle note. – [I] L'omissione o l'inesattezza di alcuna delle indicazioni richieste nelle note menzionate negli articoli 2659 e 2660 non nuoce alla validità della trascrizione, eccetto che induca incertezza sulle persone, sul bene o sul rapporto giuridico, a cui si riferisce l'atto o, rispettivamente, la sentenza o la domanda.

2666. Limiti soggettivi dell'efficacia della trascrizione. – [I] La trascrizione, da chiunque si faccia, giova a tutti coloro che vi hanno interesse.

2667. Atti compiuti per persona incapace. – [I] I rappresentanti di persone incapaci e coloro che hanno prestato assistenza alle medesime devono curare che si esegua la trascrizione degli atti, delle sentenze o delle domande giudiziali che sono soggetti a trascrizione e rispetto ai quali essi hanno esercitato il loro ufficio [1425, 1426].

[II] La mancanza della trascrizione può anche essere opposta ai minori [2], agli interdetti [414 ss.] e a qualsiasi altro incapace [415 ss.], salvo ai medesimi il regresso contro i tutori, gli amministratori o i curatori che avevano l'obbligo della trascrizione.

[III] La mancanza della trascrizione non può essere opposta dalle persone che avevano l'obbligo di eseguirla per i propri rappresentati o amministrati, né dai loro eredi.

2668. Cancellazione della trascrizione. – [I] La cancellazione della trascrizione delle domande enunciate dagli articoli 2652 e 2653 [2654] e delle relative annotazioni si esegue quando è debitamente consentita dalle parti interessate ovvero è ordinata giudizialmente con sentenza passata in giudicato.

[II] Deve essere giudizialmente ordinata, qualora la domanda sia rigettata o il processo sia estinto per rinunzia o per inattività delle parti [306 ss.].

[III] Si deve cancellare l'indicazione della condizione [1353 ss.] o del termine [1184 ss.] negli atti trascritti, quando l'avveramento o la mancanza della condizione ovvero la scadenza del termine risulta da sentenza o da dichiarazione, anche unilaterale, della parte, in danno della quale la condizione sospensiva si è verificata o la condizione risolutiva è mancata ovvero il termine iniziale è scaduto.

[IV] Si deve cancellare la trascrizione dei contratti preliminari quando la cancellazione è debitamente consentita dalle parti interessate ovvero è ordinata giudizialmente con sentenza passata in giudicato (1).

(1) Comma aggiunto dall'art. 31-bis del d.l. 31/12/1996, n. 669, conv., con modif., nella l. 28/2/1997, n. 30.

2668 bis. Durata dell'efficacia della trascrizione della domanda giudiziale (1). – [I] La trascrizione della domanda giudiziale conserva il suo effetto per venti anni dalla sua data. L'effetto cessa se la trascrizione non è rinnovata prima che scada detto termine.

[II] Per ottenere la rinnovazione si presenta al conservatore una nota in doppio originale conforme a quella della precedente trascrizione, in cui si dichiara che si intende rinnovare la trascrizione originaria.

[III] In luogo del titolo si può presentare la nota precedente.

[IV] Il conservatore deve osservare le disposizioni dell'articolo 2664.

[V] Se al tempo della rinnovazione gli immobili a cui si riferisce il titolo risultano dai registri delle trascrizioni passati agli eredi o aventi causa di colui contro il quale venne eseguita la formalità, la rinnovazione deve essere fatta anche nei confronti degli eredi o aventi causa e la nota deve contenere le indicazioni stabilite dall'articolo 2659, se queste risultano dai registri medesimi.

(1) Articolo inserito dall'art. 62, co. 1, l. 18/6/2009, n. 69.

2668 ter. Durata dell'efficacia della trascrizione del pignoramento immobiliare e del sequestro conservativo sugli immobili (1). – [I] Le disposizioni di cui all'articolo 2668-bis si applicano anche nel caso di trascrizione del pignoramento immobiliare e del sequestro conservativo sugli immobili.

(1) Articolo inserito dall'art. 62, co. 2, l. 18/6/2009, n. 69.

2669. Trascrizione anteriore al pagamento dell'imposta di registro. – [I] La trascrizione può essere domandata, quantunque non sia stata ancora pagata l'imposta di registro a cui è soggetto il titolo, se si tratta di atto pubblico [2699 ss.] ricevuto nello Stato o di sentenza pronunziata da un'autorità giudiziaria dello Stato [131 ss. CPC.] (1).

(1) Seguiva un secondo comma abrogato dall'art. 30 della l. 27/1/1985, n. 52.

2670. Spese della trascrizione. – [I] Le spese della trascrizione devono essere anticipate da chi la domanda, salvo il diritto al rimborso verso l'interessato.

[II] Se più sono gli interessati, ciascuno di essi deve rimborsare la persona che ha eseguito la trascrizione della parte di spesa corrispondente alla quota per cui è interessato.

2671. Obbligo dei pubblici ufficiali. – [I] Il notaio o altro pubblico ufficiale che ha ricevuto o autenticato l'atto soggetto a trascrizione ha l'obbligo di curare che questa venga eseguita nel più breve tempo possibile, ed è tenuto al risarcimento dei danni in caso di ritardo, salva l'applicazione delle pene pecuniarie previste dalle leggi speciali, se lascia trascorrere trenta giorni dalla data dell'atto ricevuto o autenticato.

[II] Rimangono ferme le disposizioni delle leggi speciali che stabiliscono a carico di altre persone l'obbligo di richiedere la trascrizione di determinati atti e le relative sanzioni (1).

(1) Vedi sub art. 2296.

2672. Leggi speciali. – [I] Sono salve le disposizioni delle leggi speciali che richiedono la trascrizione di atti non contemplati dal presente capo e le altre disposizioni che non sono incompatibili con quelle contenute nel capo medesimo.

Capo II
Della pubblicità dei registri immobiliari e della responsabilità dei conservatori

2673. Obblighi del conservatore. – [I] Il conservatore dei registri immobiliari deve rilasciare a chiunque ne fa richiesta copia delle trascrizioni, delle iscrizioni e delle annotazioni, o il certificato che non ve ne è alcuna.

[II] Deve altresì permettere l'ispezione dei suoi registri nei modi e nelle ore fissati dalla legge (1).

[III] Il conservatore deve anche rilasciare copia dei documenti che sono depositati presso di lui in originale o i cui originali sono depositati negli atti di un notaio o in pubblico archivio fuori della circoscrizione del tribunale nella quale ha sede il suo ufficio.

(1) Comma così sostituito dall'art. 4 della l. 27/2/1985, n. 52.

2674. Divieto di rifiutare gli atti del proprio ufficio. – [I] Il conservatore può ricusare di ricevere le note e i titoli [2658 ss.], se non sono in carattere intelligibile e non può riceverli quando il titolo non ha i requisiti stabiliti dagli articoli 2657, 2660, primo comma, 2821, 2835 e 2837 o non è presentato con le modalità previste dall'articolo 2658 e quando la nota non contiene le indicazioni prescritte dagli articoli 2659, 2660 e 2839, numeri 1, 3, 4 e 7 (1).

[II] In ogni altro caso il conservatore non può ricusare o ritardare di ricevere la consegna dei titoli presentati e di eseguire le trascrizioni, iscrizioni o annotazioni richieste, nonché di spedire le copie o i certificati. Le parti possono fare stendere immediatamente verbale del rifiuto o del ritardo da un notaio o da un ufficiale giudiziario assistito da due testimoni (2).

(1) Comma così sostituito dall'art. 5 della l. 27/2/1985, n. 52.
(2) Comma così sostituito dall'art. 1 della l. 21/1/1983, n. 22.

2674 bis. Trascrizione e iscrizione con riserva e impugnazione (1). – [I] Al di fuori dei casi di cui al precedente articolo, qualora emergano gravi e fondati dubbi sulla trascrivibilità di un atto o sulla iscrivibilità di una ipoteca, il conservatore, su istanza della parte richiedente, esegue la formalità con riserva.

[II] La parte a favore della quale è stata eseguita la formalità con riserva deve proporre reclamo all'autorità giudiziaria.

(1) Articolo inserito dall'art. 7 della l. 27/2/1985, n. 52.

2675. Responsabilità del conservatore**. – *Il conservatore è responsabile dei danni derivati:*

1) dall'omissione, nei suoi registri, delle trascrizioni, delle iscrizioni e delle relative annotazioni, come pure degli errori incorsi in tali operazioni;

2) dall'omissione, nei suoi certificati, delle trascrizioni, iscrizioni o annotazioni, come pure degli errori incorsi nei medesimi, salvo che l'omissione o l'errore provenga da indicazioni insufficienti a lui non imputabili;

3) dalle cancellazioni indebitamente operate.

* Articolo abrogato dall'art. 2 della l. 21/1/1983, n. 22 (Disciplina delle responsabilità dei conservatori dei registri immobiliari).

2676. Diversità tra registri, copie e certificati (1). – [I] Nel caso di diversità tra i risultati dei registri e quelli delle copie o dei certificati rilasciati dal conservatore dei registri immobiliari, prevale ciò che risulta dai registri.

(1) Articolo così sostituito dall'art. 3 della l. 21/1/1983, n. 22.

2677. Orario per le domande di trascrizione e iscrizione (1). – [I] Il conservatore non può ricevere alcuna domanda di trascrizione o di iscrizione fuorché nelle ore, determinate dalla legge, nelle quali l'ufficio è aperto al pubblico.

(1) Articolo così sostituito dall'art. 9 della l. 27/2/1985, n. 52.

2678. Registro generale (1). – [I] Il conservatore è obbligato a tenere un registro generale d'ordine in cui giornalmente deve annotare, secondo l'ordine di presentazione, ogni titolo [2658] che gli è rimesso perché sia trascritto, iscritto o annotato.

[II] Questo registro deve indicare il numero d'ordine, il giorno della richiesta ed il relativo numero di presentazione, la persona dell'esibitore e le persone per cui la richiesta è fatta, i titoli presentati con la nota [2659 ss.], l'oggetto della richiesta, e cioè se questa è fatta per trascrizione, per iscrizione o per annotazione, e le persone riguardo alle quali la trascrizione, la iscrizione o l'annotazione si deve eseguire.

[III] Appena avvenuta l'accettazione del titolo e della nota, il conservatore ne deve dare ricevuta in carta libera all'esibitore, senza spesa; la ricevuta contiene l'indicazione del numero di presentazione.

(1) Articolo così sostituito dall'art. 10 della l. 27/2/1985, n. 52.

2679. Altri registri da tenersi dal conservatore (1). – [I] Oltre al registro generale, il conservatore deve tenere, nei modi previsti dall'articolo 2664, i registri particolari:

1) per le trascrizioni;

2) per le iscrizioni;

3) per le annotazioni [2655, 2831].

[II] Deve inoltre tenere gli altri registri che sono ordinati dalla legge.

(1) Articolo così sostituito dall'art. 11 della l. 27/2/1985, n. 52.

2680. Tenuta del registro generale d'ordine (1). – [I] Il registro generale deve essere vidimato in ogni foglio dal presidente o da un giudice del tribunale nella cui circoscrizione è stabilito l'ufficio, indicando nel relativo processo verbale il numero dei fogli e il giorno in cui sono stati vidimati (2).

[II] Questo registro deve essere scritto di seguito, senza spazi in bianco o interlinee e senza aggiunte. Le cancellature di parole devono essere approvate dal conservatore in fine di ciascun foglio con la sua firma e con l'indicazione del numero delle parole cancellate.

[III] Il registro, alla fine di ciascun giorno, deve essere chiuso con l'indicazione del numero dei titoli annotati e firmato dal conservatore.

[IV] In esso si deve rigorosamente osservare la serie delle date, dei fogli e dei numeri d'ordine.

(1) Articolo così sostituito dall'art. 12 della l. 27/2/1985, n. 52. Vedi art. 1, co. 278, l. 24/12/2007, n. 244 (legge finanziaria 2008).

(2) In deroga al presente comma v. art. 1, co. 279, l. n. 244, cit.

2681. Divieto di rimozione dei registri. – [I] I registri sopra indicati non possono essere rimossi dall'ufficio del conservatore, fuorché per ordine di una corte d'appello, qualora ne sia riconosciuta la necessità, e mediante le cautele determinate dalla stessa corte.

2682. Sanzioni contro il conservatore*. – *Il conservatore nell'esercizio delle sue incombenze è tenuto a conformarsi a tutte le disposizioni di questo titolo, nonché alle altre disposizioni che lo riguardano e, in caso di inosservanza, è soggetto a una pena pecuniaria fino a lire diecimila.*

* Articolo abrogato dall'art. 2 della l. 21/1/1983, n. 22.

Capo III
Della trascrizione degli atti relativi ad alcuni beni mobili

Sezione I
Della trascrizione relativamente alle navi, agli aeromobili e agli autoveicoli

2683. Beni per i quali è disposta la pubblicità. – [I] Devono essere resi pubblici col mezzo della trascrizione [2657 ss.], osservate le altre forme di pubblicità stabilite dalla legge [250 ss., 865 ss. CNav.], gli atti menzionati negli articoli seguenti, quando hanno per oggetto:

1) le navi e i galleggianti iscritti nei registri indicati dal codice della navigazione [146 ss. CNav.];

2) gli aeromobili iscritti nei registri indicati dallo stesso codice [753 ss. CNav.];

3) gli autoveicoli iscritti nel pubblico registro automobilistico (1).

(1) Vedi r.d.l. 15/3/1927, n. 436, conv. in l. 19/2/1928, n. 510, in tema di contratti di compravendita degli autoveicoli e istituzione del PRA; r.d. 29/7/1927, n. 1814. Vedi inoltre in tema di semplificazione dei relativi procedimenti d.p.R. 19/9/2000, n. 358.

2684. Atti soggetti a trascrizione. – [I] Sono soggetti alla trascrizione per gli effetti stabiliti dall'articolo 2644;

1) i contratti che trasferiscono la proprietà o costituiscono la comunione [865 ss. CNav.];

2) i contratti che costituiscono o modificano diritti di usufrutto [978 ss.] o di uso [1021 ss.] o che trasferiscono il diritto di usufrutto;

3) gli atti tra vivi di rinunzia ai diritti indicati dai numeri precedenti;

4) le transazioni [1965 ss.] che hanno per oggetto controversie sui diritti indicati dai numeri precedenti;

5) i provvedimenti con i quali nel giudizio di espropriazione si trasferiscono la proprietà o gli altri diritti menzionati nei numeri precedenti [664, 665, 1068 CNav.];

6) le sentenze che operano la costituzione, la modificazione o il trasferimento di uno dei diritti indicati dai numeri precedenti [2643].

2685. Altri atti soggetti a trascrizione (1). – [I] Si devono trascrivere le divisioni e gli altri atti menzionati nell'articolo 2646, la costituzione del fondo patrimoniale e gli altri atti menzionati nell'articolo 2647, l'accettazione dell'eredità e l'acquisto del legato che importano acquisto dei diritti indicati dai numeri 1 e 2 dell'articolo 2684 o liberazione dai medesimi.

[II] La trascrizione ha gli effetti stabiliti per i beni immobili [2644].

(1) Articolo così sostituito dall'art. 207 della l. 19/5/1975, n. 151.

2686. Sentenze. – [I] Devono essere trascritte, agli effetti dell'articolo 2644, le sentenze da cui risulta acquistato, modificato o estinto uno dei diritti indicati dai numeri 1 e 2 dell'articolo 2684, in forza di un titolo non trascritto.

2687. Cessione dei beni ai creditori. – [I] Deve essere trascritta, per gli effetti indicati dall'articolo 2649, la cessione che il debitore fa dei suoi beni ai creditori, perché questi procedano alla liquidazione dei medesimi e alla ripartizione del ricavato [1977 ss. // 231 trans.].

2688. Continuità delle trascrizioni. – [I] Nei casi in cui, per le disposizioni precedenti, un atto di acquisto è soggetto a trascrizione, le successive trascrizioni o iscrizioni non producono effetto se non è stato trascritto l'atto anteriore di acquisto.

[II] Quando l'atto anteriore di acquisto è stato trascritto, le successive trascrizioni o iscrizioni producono il loro effetto secondo l'ordine rispettivo, salvo il disposto dell'articolo 2644.

2689. Usucapione. – [I] Devono essere trascritte le sentenze da cui risulta acquistato per usucapione [1162] uno dei diritti indicati dai numeri 1 e 2 dell'articolo 2684.

2690. Domande relative ad atti soggetti a trascrizione. – [I] Devono essere trascritte, qualora si riferiscano ai diritti menzionati dall'articolo 2684:

1) le domande indicate dai numeri 1, 2, 3, 4 e 5 dell'articolo 2652 per gli effetti ivi disposti;

2) le domande dirette all'accertamento di uno dei contratti indicati dai numeri 1 e 2 dell'articolo 2684.

La trascrizione della sentenza che accoglie la domanda prevale sulle trascrizioni e iscrizioni eseguite contro il convenuto dopo la trascrizione della domanda;

3) le domande dirette a far dichiarare la nullità [1418 ss.] o a far pronunziare l'annullamento [1425 ss.] di atti soggetti a

trascrizione e le domande dirette a impugnare la validità della trascrizione.

La sentenza che accoglie la domanda non pregiudica i diritti acquistati a qualunque titolo dai terzi di buona fede in base a un atto trascritto o iscritto anteriormente alla trascrizione della domanda medesima, se questa è stata resa pubblica dopo tre anni dalla data della trascrizione dell'atto che si impugna. Se però la domanda è diretta a far pronunziare l'annullamento per una causa diversa dall'incapacità legale, la sentenza che l'accoglie non pregiudica i diritti acquistati dai terzi di buona fede in base a un atto trascritto o iscritto anteriormente alla trascrizione della domanda, anche se questa è stata trascritta prima che siano decorsi tre anni dalla data della trascrizione dell'atto impugnato, purché in questo caso i terzi abbiano acquistato a titolo oneroso [1445];

4) le domande con le quali si contesta il fondamento di un acquisto a causa di morte.

Salvo quanto è disposto dal secondo e dal terzo comma dell'articolo 534, se la domanda è trascritta dopo tre anni dalla data della trascrizione dell'atto impugnato, la sentenza che l'accoglie non pregiudica i terzi di buona fede che, in base a un atto trascritto o iscritto anteriormente alla trascrizione della domanda, hanno a qualunque titolo acquistato diritti da chi appare erede o legatario;

5) le domande di riduzione delle donazioni e delle disposizioni testamentarie per lesione di legittima [554 ss.].

Se la trascrizione è eseguita dopo tre anni dall'apertura della successione, la sentenza che accoglie la domanda non pregiudica i terzi che hanno acquistato a titolo oneroso diritti in base a un atto trascritto o iscritto anteriormente alla trascrizione della domanda;

6) le domande di revocazione e quelle di opposizione di terzo contro le sentenze soggette a trascrizione per le cause previste dai numeri 1, 2, 3 e 6 dell'articolo 395 del codice di procedura civile e dal secondo comma dell'articolo 404 dello stesso codice.

Se la domanda è trascritta dopo tre anni dalla trascrizione della sentenza impugnata, la sentenza che l'accoglie non pregiudica i diritti acquistati dai terzi di buona fede in base a un atto trascritto o iscritto anteriormente alla trascrizione della domanda.

6-bis) le domande indicate dal numero 9-bis dell'articolo 2652 per gli effetti ivi disposti.

La trascrizione della sentenza che accoglie la domanda prevale sulle trascrizioni e iscrizioni eseguite contro il convenuto dopo la trascrizione della domanda (1).

[II] Alla domanda giudiziale è equiparato l'atto notificato con il quale la parte, in presenza di compromesso o di clausola compromissoria, dichiara all'altra la propria intenzione di promuovere il procedimento arbitrale, propone la domanda e procede, per quanto le spetta, alla nomina degli arbitri (2).

(1) Numero inserito dall'art. 1, co. 13, d.lg. 10/10/2022, n. 149 (ai sensi dell'art. 52 del d.lg. n. 149/2022, il citato decreto legislativo entra in vigore il giorno successivo a quello della sua pubblicazione nella GU). Per la disciplina transitoria v. art. 35 del d.lg. n. 149/2022, come da ultimo modificato dall'art. 1, co. 380, lett. a), l. 29/12/2022, n. 197, che prevede che: «1. Le disposizioni del presente decreto, salvo che non sia diversamente disposto, hanno effetto a decorrere dal 28 febbraio 2023 e si applicano ai procedimenti instaurati successivamente a tale data. Ai procedimenti pendenti alla data del 28 febbraio 2023 si applicano le disposizioni anteriormente vigenti.».

(2) Comma aggiunto dall'art. 26, co. 3, l. 5/1/1994, n. 25.

2691. Altre domande e atti soggetti a trascrizione. – [I] Devono del pari trascriversi, quando si riferiscono ai beni menzionati nell'articolo 2683, le domande e gli atti indicati dai numeri 1, 3, 4 e 5 dell'articolo 2653, per gli effetti ivi disposti.

[II] Alla domanda giudiziale è equiparato l'atto notificato con il quale la parte, in presenza di compromesso o di clausola compromissoria, dichiara all'altra la propria intenzione di promuovere il procedimento arbitrale, propone la domanda e procede, per quanto le spetta, alla nomina degli arbitri (1).

(1) Comma aggiunto dall'art. 26, co. 4, l. 5/1/1994, n. 25.

2692. Annotazione della trascrizione delle domande e degli atti. – [I] La trascrizione delle domande e degli atti indicati dai due articoli precedenti dev'essere anche annotata secondo le modalità stabilite dall'articolo 2654.

[II] Si osservano inoltre le disposizioni del primo, terzo e quarto comma dell'articolo 2655 e quelle dell'articolo 2656.

2693. Trascrizione del pignoramento e del sequestro. – [I] Deve essere trascritto, dopo la notificazione, il provvedimento che ordina il sequestro conservativo [671 ss. CPC.] per gli effetti disposti dall'articolo 2906. Si deve trascrivere del pari l'atto di pignoramento per gli effetti disposti dagli articoli 2913, 2914, 2915 e 2916.

2694. Richiamo di altre leggi. – [I] Sono salve le disposizioni del codice della navigazione e delle leggi speciali che richiedono la trascrizione di atti non contemplati dal presente capo [238 ss., 250 ss., 271, 279 ss., 543, 624, 650, 652, 853 ss., 865 ss., 875, 1009, 1045, 1061, 1063 CNav.] e le altre disposizioni non incompatibili con quelle contenute nel capo medesimo.

2695. Forme e modalità della trascrizione. – [I] Le forme e le modalità delle trascrizioni previste in questo capo sono regolate dal codice della navigazione, per quanto riguarda le navi e gli aeromobili [CNav. 250 ss., 865 ss.], e dalla legge speciale per quanto riguarda gli autoveicoli (1).

[II] In mancanza, si osservano le norme concernenti la trascrizione degli atti relativi ai beni immobili, in quanto sono applicabili.

(1) Vedi sub art. 2683.

Sezione II

Della trascrizione relativamente ad altri beni mobili

2696. Rinvio. – [I] Per gli altri beni mobili per cui è disposta la trascrizione di determinati atti si osservano le disposizioni delle leggi che li riguardano.

TITOLO II

DELLE PROVE

Capo I
Disposizioni generali

2697. Onere della prova. – [I] Chi vuol far valere un diritto in giudizio [2728 // 99, 100 CPC.] deve provare i fatti che ne costituiscono il fondamento [115, 116 CPC. // 63, 64 CPA.].

[II] Chi eccepisce l'inefficacia di tali fatti ovvero eccepisce che il diritto si è modificato o estinto deve provare i fatti su cui l'eccezione si fonda (1).

(1) V. art. 2954 ss. sulle prescrizioni presuntive; 2054, co. 2 sullo scontro tra veicoli // art. 33, co. 2, d.lg. 6/9/2005 n. 206 (Codice del Consumo) in tema di clausole vessatorie; art. 120 in tema di prodotti difettosi // art. 143, co. 2, d.lg. 7/9/2005, n. 209 (Codice sulle assicurazioni private) in tema di denuncia congiunta di sinistro.

2698. Patti relativi all'onere della prova. – [I] Sono nulli [1418, 1419] i patti con i quali è invertito ovvero è modificato l'onere della prova, quando si tratta di diritti di cui le parti non possono disporre o quando l'inversione o la modificazione ha per effetto di rendere a una delle parti eccessivamente difficile l'esercizio del diritto.

Capo II
Della prova documentale

Sezione I
Dell'atto pubblico

2699. Atto pubblico. – [I] L'atto pubblico è il documento redatto, con le richieste formalità, da un notaio o da altro pubblico ufficiale autorizzato ad attribuirgli pubblica fede nel luogo dove l'atto è formato (1).

(1) Sull'ordinamento del notariato e degli archivi notarili v. art. 47 ss. della l. 16/2/1913, n. 89.

2700. Efficacia dell'atto pubblico. – [I] L'atto pubblico fa piena prova, fino a querela di falso [221 CPC.], della provenienza del documento dal pubblico ufficiale che lo ha formato [2699], nonché delle dichiarazioni delle parti e degli altri fatti che il pubblico ufficiale attesta avvenuti in sua presenza o da lui compiuti [178, 775 CNav.].

2701. Conversione dell'atto pubblico. – [I] Il documento formato da ufficiale pubblico incompetente o incapace ovvero senza l'osservanza delle formalità prescritte [2699], se è stato sottoscritto dalle parti, ha la stessa efficacia probatoria della scrittura privata [2702].

Sezione II
Della scrittura privata

2702. Efficacia della scrittura privata (1). – [I] La scrittura privata fa piena prova, fino a querela di falso [221 ss. CPC.], della provenienza delle dichiarazioni da chi l'ha sottoscritta, se colui contro il quale la scrittura è prodotta ne riconosce la sottoscrizione, ovvero se questa è legalmente considerata come riconosciuta [2703 // 214, 215 CPC. // 178, 775 CNav.].

(1) Vedi art. 21 del d.lg. 7/3/2005, n. 82.

2703. Sottoscrizione autenticata. – [I] Si ha per riconosciuta la sottoscrizione autenticata dal notaio o da altro pubblico ufficiale a ciò autorizzato (1).

[II] L'autenticazione consiste nell'attestazione da parte del pubblico ufficiale che la sottoscrizione è stata apposta in sua presenza. Il pubblico ufficiale deve previamente accertare la identità della persona che sottoscrive (2).

(1) Vedi d.P.R. 28/12/2000, n. 445 e art. 25 del d.lg. 7/3/2005, n. 82.

(2) Vedi l. 2/4/1943, n. 226, sulla rinuncia all'assistenza dei testimoni nella formazione di atti notarili di autenticazione delle sottoscrizioni.

2704. Data della scrittura privata nei confronti dei terzi. – [I] La data della scrittura privata della quale non è autenticata la sottoscrizione [2703] non è certa e computabile riguardo ai terzi, se non dal giorno in cui la scrittura è stata registrata o dal giorno della morte o della sopravvenuta impossibilità fisica di colui o di uno di coloro che l'hanno sottoscritta o dal giorno in cui il contenuto della scrittura è riprodotto in atti pubblici [2699] o, infine, dal giorno in cui si verifica un altro fatto che stabilisca in modo egualmente certo l'anteriorità della formazione del documento.

[II] La data della scrittura privata che contiene dichiarazioni unilaterali non destinate a persona determinata [1992] può essere accertata con qualsiasi mezzo di prova.

[III] Per l'accertamento della data nelle quietanze [1199] il giudice, tenuto conto delle circostanze, può ammettere qualsiasi mezzo di prova.

2705. Telegramma. – [I] Il telegramma ha l'efficacia probatoria della scrittura privata [2702], se l'originale consegnato all'ufficio di partenza è sottoscritto dal mittente, ovvero se è stato consegnato o fatto consegnare dal mittente medesimo, anche senza sottoscriverlo [634 CPC.].

[II] La sottoscrizione può essere autenticata da notaio [2703].

[III] Se l'identità della persona che ha sottoscritto l'originale del telegramma è stata accertata nei modi stabiliti dai regolamenti, è ammessa la prova contraria.

[IV] Il mittente può fare indicare nel telegramma se l'originale è stato firmato con o senza autenticazione.

2706. Conformità tra originale e riproduzione del telegramma. – [I] La riproduzione del telegramma consegnata al destinatario si presume, fino a prova contraria, conforme all'originale [151 CPC.].

[II] Il mittente, se ha fatto collazionare il telegramma secondo le disposizioni dei regolamenti, si presume esente da colpa per le divergenze verificatesi tra originale e riproduzione.

2707. Carte e registri domestici. – [I] Le carte e i registri domestici fanno prova contro chi li ha scritti [2162]:

1) quando enunciano espressamente un pagamento ricevuto;

2) quando contengono la menzione espressa che l'annotazione è stata fatta per supplire alla mancanza di titolo in favore di chi è indicato come creditore.

2708. Annotazione in calce, in margine o a tergo di un documento. – [I] L'annotazione fatta dal creditore in calce, in margine o a tergo di un documento rimasto in suo possesso fa prova, benché non sottoscritta da lui, se tende ad accertare la liberazione del debitore.

[II] Lo stesso valore ha l'annotazione fatta dal creditore in calce, in margine o a tergo di una quietanza o di un esemplare del documento del debito posseduto dal debitore [1199].

Sezione III
Delle scritture contabili delle imprese soggette a registrazione

2709. Efficacia probatoria contro l'imprenditore. – [I] I libri e le altre scritture contabili [2214 ss., 2421] delle imprese soggette a registrazione [2195] fanno prova contro l'imprenditore. Tuttavia chi vuol trarne vantaggio non può scinderne il contenuto [178 CNav.].

2710. Efficacia probatoria tra imprenditori. – [I] I libri bollati e vidimati nelle forme di legge [2214 ss.], quando sono regolarmente tenuti [2219], possono fare prova tra imprenditori [2082] per i rapporti inerenti all'esercizio dell'impresa.

2711. Comunicazione ed esibizione. – [I] La comunicazione integrale dei libri, delle scritture contabili e della corrispondenza può essere ordinata dal giudice solo nelle controversie relative allo scioglimento della società [2272], alla comunione dei beni [1100] e alla successione per causa di morte [456].

[II] Negli altri casi il giudice può ordinare, anche d'ufficio, che si esibiscano i libri per estrarne le registrazioni concernenti la controversia in corso [212^2 CPC.]. Può ordinare altresì l'esibizione di singole scritture contabili, lettere, telegrammi o fatture concernenti la controversia stessa [670 CPC.].

Sezione IV
Delle riproduzioni meccaniche

2712. Riproduzioni meccaniche. – [I] Le riproduzioni fotografiche, informatiche (1) o cinematografiche, le registrazioni fonografiche e, in genere, ogni altra rappresentazione meccanica di fatti e di cose formano piena prova dei fatti e delle cose rappresentate, se colui contro il quale sono prodotte non ne disconosce la conformità ai fatti o alle cose medesime [261 CPC.].

(1) La parola "informatiche" è stata inserita dall'art. 23 del d.lg. 7/3/2005, n. 82, e successivamente ribadita dall'art. 16 del d.lg. 30/12/2010, n. 235, che ha modificato l'art. 23 del d.lg. n. 82/2005, e ha introdotto l'art. 23-quater.

Sezione V
Delle taglie o tacche di contrassegno

2713. Taglie o tacche di contrassegno. – [I] Le taglie o tacche di contrassegno corrispondenti al contrassegno di riscontro formano piena prova tra coloro che usano provare in tal modo le somministrazioni che fanno o ricevono al minuto.

Sezione VI
Delle copie degli atti (1)

(1) Vedi art. 18 e ss. del d.P.R. 28/12/2000, n. 445 (TU documentazione amministrativa); art. 20 e ss. del d.lg. 7/3/2005, n. 82 (Codice dell'amministrazione digitale).

2714. Copie di atti pubblici. – [I] Le copie di atti pubblici spedite nelle forme prescritte da depositari pubblici autorizzati [743 CPC.] fanno fede come l'originale [2700 // 212^1 CPC.] (1).

[II] La stessa fede fanno le copie di copie di atti pubblici originali, spedite da depositari pubblici di esse, a ciò autorizzati [743 CPC.] (2).

(1) Vedi art. 23 del d.lg. 7/3/2005, n. 82 in tema di copie di atti e documenti amministrativi.

(2) Vedi art. 36 della l. 24/11/2000, n. 340 in tema di deposito e custodia di atti pubblici.

2715. Copie di scritture private originali depositate. – [I] Le copie delle scritture private depositate presso pubblici uffici e spedite da pubblici depositari autorizzati hanno la stessa efficacia della scrittura originale da cui sono estratte [2702 // 212^1, 215^2 CPC.] (1).

(1) Vedi sub art. 2714.

2716. Mancanza dell'atto originale o di copia depositata. – [I] In mancanza dell'originale dell'atto pubblico o di una copia di esso presso un pubblico depositario, le copie spedite in conformità dell'articolo 2714 fanno piena prova; ma se tali copie, o anche la copia esistente presso un pubblico depositario quando manca l'originale, presentano cancellature, abrasioni, intercalazioni o altri difetti esteriori, è rimesso al giudice di apprezzarne la efficacia probatoria [116 CPC.].

[II] In mancanza dell'originale scrittura privata, le copie di essa spedite in conformità dell'articolo 2715 fanno egualmente prova; ma se presentano cancellature, abrasioni, intercalazioni o altri difetti esteriori, è rimesso parimenti al giudice di apprezzarne l'efficacia probatoria. Resta in ogni caso salva la questione circa l'autenticità dell'originale mancante.

2717. Valore probatorio di altre copie. – [I] Le copie rilasciate da pubblici ufficiali fuori dei casi contemplati dagli articoli precedenti hanno l'efficacia di un principio di prova per iscritto [2724].

2718. Valore probatorio di copie parziali. – [I] Le copie parziali o le riproduzioni per estratto, rilasciate nella forma prescritta da pubblici ufficiali che ne sono depositari e sono debitamente autorizzati, fanno piena prova solo per quella parte dell'originale che riproducono letteralmente [212^1 CPC.].

2719. Copie fotografiche di scritture. – [I] Le copie fotografiche di scritture hanno la stessa efficacia delle autentiche, se la loro conformità con l'originale è attestata da pubblico ufficiale competente ovvero non è espressamente disconosciuta [212 CPC.].

Sezione VII
Degli atti di ricognizione o di rinnovazione

2720. Efficacia probatoria. – [I] L'atto di ricognizione [969, 1309, 1870] o di rinnovazione fa piena prova delle dichiarazioni contenute nel documento originale, se non si dimostra, producendo quest'ultimo, che vi è stato errore [1428 ss.] nella ricognizione o nella rinnovazione.

Capo III
Della prova testimoniale

2721. Ammissibilità: limiti di valore. – [I] La prova per testimoni dei contratti non è ammessa quando il valore dell'oggetto eccede 2,58 euro [233 trans. // 244 ss. CPC. // 63^3 CPA.].

[II] Tuttavia l'autorità giudiziaria può consentire la prova oltre il limite anzidetto, tenuto conto della qualità delle parti, della natura del contratto e di ogni altra circostanza.

2722. Patti aggiunti o contrari al contenuto di un documento. – [I] La prova per testimoni non è ammessa se ha per oggetto patti aggiunti o contrari al contenuto di un documento, per i quali si alleghi che la stipulazione è stata anteriore o contemporanea.

2723. Patti posteriori alla formazione del documento. – [I] Qualora si alleghi che, dopo la formazione di un documento, è stato stipulato un patto aggiunto o contrario al contenuto di esso, l'autorità giudiziaria può consentire la prova per testimoni soltanto se, avuto riguardo alla qualità delle parti, alla natura del contratto e a ogni altra circostanza, appare verosimile che siano state fatte aggiunte o modificazioni verbali.

2724. Eccezioni al divieto della prova testimoniale. – [I] La prova per testimoni è ammessa in ogni caso:

1) quando vi è un principio di prova per iscritto [241, 242]: questo è costituito da qualsiasi scritto, proveniente dalla persona contro la quale è diretta la domanda o dal suo rappresentante, che faccia apparire verosimile il fatto allegato;

2) quando il contraente è stato nell'impossibilità morale o materiale di procurarsi una prova scritta;

3) quando il contraente ha senza sua colpa perduto il documento che gli forniva la prova.

2725. Atti per i quali è richiesta la prova per iscritto o la forma scritta. – [I] Quando, secondo la legge o la volontà delle parti, un contratto deve essere provato per iscritto [1888, 1928, 1967, 2556], la prova per testimoni è ammessa soltanto nel caso indicato dal n. 3 dell'articolo precedente.

[II] La stessa regola si applica nei casi in cui la forma scritta è richiesta sotto pena di nullità [1350 ss.].

2726. Prova del pagamento e della remissione. – [I] Le norme stabilite per la prova testimoniale dei contratti si applicano anche al pagamento [1176 ss.] e alla remissione del debito [1236].

Capo IV
Delle presunzioni

2727. Nozione. – [I] Le presunzioni sono le conseguenze che la legge o il giudice trae da un fatto noto per risalire a un fatto ignorato.

2728. Prova contro le presunzioni legali. – [I] Le presunzioni legali dispensano da qualunque prova coloro a favore dei quali esse sono stabilite [4, 599, 1101, 1141, 1142, 11143, 1694].

[II] Contro le presunzioni sul fondamento delle quali la legge dichiara nulli certi atti o non ammette l'azione in giudizio non può essere data prova contraria, salvo che questa sia consentita dalla legge stessa [1218, 2047, 2048, 2050, 2052, 2053, 2054].

2729. Presunzioni semplici. – [I] Le presunzioni non stabilite dalla legge sono lasciate alla prudenza del giudice [116 CPC.], il quale non deve ammettere che presunzioni gravi, precise e concordanti [273 CPP.].

[II] Le presunzioni non si possono ammettere nei casi in cui la legge esclude la prova per testimoni [2721 ss.].

Capo V
Della confessione

2730. Nozione. – [I] La confessione è la dichiarazione che una parte fa della verità di fatti ad essa sfavorevoli e favorevoli all'altra parte.

[II] La confessione è giudiziale [2733 // 228 ss. CPC.] o stragiudiziale [2735].

2731. Capacità richiesta per la confessione. – [I] La confessione non è efficace se non proviene da persona capace di disporre del diritto, a cui i fatti confessati si riferiscono. Qualora sia resa da un rappresentante, è efficace solo se fatta entro i limiti e nei modi in cui questi vincola il rappresentato [2737].

2732. Revoca della confessione. – [I] La confessione non può essere revocata se non si prova che è stata determinata da errore di fatto o da violenza [1434].

2733. Confessione giudiziale. – [I] È giudiziale la confessione resa in giudizio [228 CPC.].

[II] Essa forma piena prova contro colui che l'ha fatta, purché non verta su fatti relativi a diritti non disponibili.

[III] In caso di litisconsorzio necessario [102 CPC.], la confessione resa da alcuni soltanto dei litisconsorti è liberamente apprezzata dal giudice [1309].

2734. Dichiarazioni aggiunte alla confessione. – [I] Quando alla dichiarazione indicata dall'articolo 2730 si accompagna quella di altri fatti o circostanze tendenti a infirmare l'efficacia del fatto confessato ovvero a modificarne o a estinguerne gli effetti, le dichiarazioni fanno piena prova nella loro integrità se l'altra parte non contesta la verità dei fatti o delle circostanze aggiunte. In caso di contestazione, è rimesso al giudice di apprezzare, secondo le circostanze, l'efficacia probatoria delle dichiarazioni.

2735. Confessione stragiudiziale. – [I] La confessione stragiudiziale fatta alla parte o a chi la rappresenta ha la stessa efficacia probatoria di quella giudiziale [1199]. Se è fatta a un terzo o se è contenuta in un testamento [587], è liberamente apprezzata dal giudice.

[II] La confessione stragiudiziale non può provarsi per testimoni, se verte su un oggetto per il quale la prova testimoniale non è ammessa dalla legge [2721 ss.].

Capo VI
Del giuramento

2736. Specie. – [I] Il giuramento è di due specie:

1) è decisorio [233 CPC.] quello che una parte deferisce all'altra per farne dipendere la decisione totale o parziale della causa [2960];

2) è suppletorio [240, 265 CPC.] quello che è deferito d'ufficio dal giudice a una delle parti al fine di decidere la causa quando la domanda o le eccezioni non sono pienamente provate, ma non sono del tutto sfornite di prova, ovvero quello che è deferito al fine di stabilire il valore della cosa domandata, se non si può accertarlo altrimenti [241 CPC.].

2737. Capacità delle parti. – [I] Per deferire o riferire il giuramento [233, 234 CPC.] si richiedono le condizioni indicate dall'articolo 2731.

2738. Efficacia. – [I] Se è stato prestato il giuramento deferito o riferito [233, 234 CPC.], l'altra parte non è ammessa a provare il contrario, né può chiedere la revocazione della sentenza qualora il giuramento sia stato dichiarato falso [395$^{n. 2}$ CPC.].

[II] Può tuttavia domandare il risarcimento dei danni nel caso di condanna penale per falso giuramento [371 CP.]. Se la condanna penale non può essere pronunziata perché il reato è estinto, il giudice civile può conoscere del reato al solo fine del risarcimento [198 CP.] (1).

[III] In caso di litisconsorzio necessario [102 CPC.], il giuramento prestato da alcuni soltanto dei litisconsorti è liberamente apprezzato dal giudice [1305].

(1) La Corte cost., con sent. 4/4/1996, n. 105 ha dichiarato l'illegittimità costituzionale del presente comma «nella parte in cui non prevede che il giudice civile possa conoscere del reato di falso giuramento al solo fine del risarcimento anche nel caso in cui la sentenza irrevocabile di assoluzione pronunziata nel giudizio penale non abbia efficacia di giudicato nei confronti del danneggiato».

2739. Oggetto. – [I] Il giuramento non può essere deferito o riferito per la decisione di cause relative a diritti di cui le parti non possono disporre, né sopra un fatto illecito [2043] o sopra un contratto per la validità del quale sia richiesta la forma scritta [1350], né per negare un fatto che da un atto pubblico risulti avvenuto alla presenza del pubblico ufficiale che ha formato l'atto stesso [2700].

[II] Il giuramento non può essere deferito che sopra un fatto proprio della parte a cui si deferisce o sulla conoscenza che essa ha di un fatto altrui e non può essere riferito qualora il fatto che ne è l'oggetto non sia comune a entrambe le parti.

TITOLO III
DELLA RESPONSABILITÀ PATRIMONIALE, DELLE CAUSE DI PRELAZIONE E DELLA CONSERVAZIONE DELLA GARANZIA PATRIMONIALE

Capo I
Disposizioni generali

2740. Responsabilità patrimoniale. – [I] Il debitore risponde dell'adempimento delle obbligazioni [1176, 1218] con tutti i suoi beni presenti e futuri [2150, 2741, 2901, 2910 // 46 l. fall.].

[II] Le limitazioni della responsabilità non sono ammesse se non nei casi stabiliti dalla legge [170, 187, 188, 326, 490n. 2, 625, 671, 2045, 2046, 2117, 2150, 2267, 2313, 2447 quinquies, 2645-ter // 514, 545 CPC. // 46 l. fall.].

2741. Concorso dei creditori e cause di prelazione. – [I] I creditori hanno eguale diritto di essere soddisfatti sui beni del debitore [2740 // 500 CPC.], salve le cause legittime di prelazione [495, 499, 514, 1982, 2901 // 528 CPC. // 52 l. fall.].

[II] Sono cause legittime di prelazione i privilegi [2745 ss.], il pegno [2784 ss.] e le ipoteche [2808 ss.].

2742. Surrogazione dell'indennità alla cosa. – [I] Se le cose soggette a privilegio [2745 ss.], pegno [2784 ss.] o ipoteca [2808 ss.] sono perite o deteriorate, le somme dovute dagli assicuratori per indennità della perdita o del deterioramento [1905 ss.] sono vincolate al pagamento dei crediti privilegiati, pignoratizi o ipotecari, secondo il loro grado [1882, 2815], eccetto che le medesime vengano impiegate a riparare la perdita o il deterioramento [553, 1017, 1019, 1020, 1128, 1259 // 1026 CNav.]. L'autorità giudiziaria può, su istanza degli interessati, disporre le opportune cautele per assicurare l'impiego delle somme nel ripristino o nella riparazione della cosa [1790n. 4, 1796].

[II] Gli assicuratori sono liberati qualora paghino dopo trenta giorni dalla perdita o dal deterioramento, senza che sia stata fatta opposizione [2906, 2964]. Quando però si tratta di immobili su cui gravano iscrizioni, gli assicuratori non sono liberati se non dopo che è decorso senza opposizione il termine di trenta giorni dalla notificazione ai creditori iscritti [2844] del fatto che ha dato luogo alla perdita o al deterioramento.

[III] Sono del pari vincolate al pagamento dei crediti suddetti le somme dovute per causa di servitù coattive [1032 ss.] o di comunione forzosa [874, 875, 1117] o di espropriazione per pubblico interesse [834 // 553, 1026 CNav.], osservate, per quest'ultima, le disposizioni della legge speciale (1).

(1) Vedi la l. 8/6/2001, n. 327, l. 25/6/1865, n. 2359, sulle espropriazioni per causa di pubblica utilità. In materia edilizia popolare vedi gli art. 46 e 47 del r.d. 28/4/1938 1165, e art. 21 e 22 della l. 2/7/1949, n. 408.

2743. Diminuzione della garanzia. – [I] Qualora la cosa data in pegno o sottoposta a ipoteca perisca [2742] o si deteriori, anche per caso fortuito, in modo da essere insufficiente alla sicurezza del creditore, questi può chiedere che gli sia prestata idonea garanzia su altri beni e, in mancanza, può chiedere l'immediato pagamento del suo credito [1186, 1844, 1850, 1867n. 2, 1877, 1943, 2795, 2813, 2864].

2744. Divieto del patto commissorio. – [I] È nullo [1418] il patto col quale si conviene che, in mancanza del pagamento del credito nel termine fissato, la proprietà della cosa ipotecata o data in pegno passi al creditore [1963]. Il patto è nullo anche se posteriore alla costituzione dell'ipoteca o del pegno [1963, 1851, 1982, 2666, 2787, 2796, 2798, 2804] (1).

➔ **D. 20.1.16.9.**

(1) Art. 6 del d.lg. n. 170/2004, in tema di garanzia finanziaria, in Parte V, Sez. IV, n. 8.

• Art. 48-bis del d.lg. 1/9/1993, n. 385 (TUB), Finanziamento alle imprese garantito da trasferimento di bene immobile sospensivamente condizionato, in Parte V, Sez. IV, n. 1.

• Art. 120 quinquiesdecies del d.lg. 1/9/1993, n. 385 (TUB).

• Art. 11-quaterdecies, co. 12, del d.l. n. 203/2005, convertito, con modificazioni, dalla l. n. 248/2005: «Il prestito vitalizio ipotecario ha per oggetto la concessione da parte di banche nonché di intermediari finanziari, di cui all'articolo 106 del testo unico di cui al decreto legislativo 1° settembre 1993, n. 385, e successive modificazioni, di finanziamenti a medio e lungo termine, con capitalizzazione annuale di interessi e di spese, riservati a persone fisiche con età superiore a sessanta anni compiuti, il cui rimborso integrale in un'unica soluzione può essere richiesto al momento della morte del soggetto finanziato ovvero qualora vengano trasferiti, in tutto o in parte, la proprietà o altri diritti reali o di godimento sull'immobile dato in garanzia o si compiano atti che ne riducano significativamente il valore, inclusa la costituzione di diritti reali di garanzia in favore di terzi che vadano a gravare sull'immobile».

Capo II
Dei privilegi

Sezione I
Disposizioni generali

2745. Fondamento del privilegio. – [I] Il privilegio [499, 1232, 1263, 1955, 2034, 2741] è accordato dalla legge in considerazione della causa del credito [234 att.]. La costituzione del privilegio può tuttavia dalla legge essere subordinata [2775] alla convenzione delle parti [2766]; può anche essere subordinata a particolari forme di pubblicità [2762, 2810].

2746. Distinzione dei privilegi. – [I] Il privilegio è generale o speciale. Il primo si esercita su tutti i beni mobili del debitore [2751 ss.], il secondo su determinati beni mobili [2755 ss.] o immobili [812, 2770 ss.].

2747. Efficacia del privilegio. – [I] Il privilegio generale non può esercitarsi in pregiudizio dei diritti spettanti ai terzi sui mobili che ne formano oggetto [1153], salvo quanto è disposto dagli articoli 2913, 2914, 2915 e 2916.

[II] Se la legge non dispone diversamente [2756², 2757³, 2760², 2761⁴, 2764⁶], il privilegio speciale sui mobili, sempre che sussista la particolare situazione alla quale è subordinato [2769], può esercitarsi in pregiudizio dei diritti acquistati dai terzi posteriormente al sorgere di esso.

2748. Efficacia del privilegio speciale rispetto al pegno e alle ipoteche. – [I] Se la legge non dispone altrimenti [2756, 2760], il privilegio speciale sui beni mobili non può esercitarsi in pregiudizio del creditore pignoratizio [2777, 2781, 2787 // 234 att.].

[II] I creditori che hanno privilegio sui beni immobili sono preferiti ai creditori ipotecari [2770, 2808] se la legge non dispone diversamente [2772, 2774, 2775-bis² // 234 att.].

2749. Estensione del privilegio. – [I] Il privilegio accordato al credito si estende alle spese ordinarie per l'intervento nel processo di esecuzione [2755, 2770 // 499 CPC.]. Si estende anche agli interessi dovuti per l'anno in corso alla data del pignoramento [491 CPC.] e per quelli dell'anno precedente.

[II] Gli interessi successivamente maturati hanno privilegio nei limiti della misura legale [1284] fino alla data della vendita [2788, 2855].

2750. Privilegi marittimi, aeronautici e privilegi stabiliti da leggi speciali. – [I] I privilegi sulla nave, sul nolo e sulle cose caricate e i privilegi sull'aeromobile, sul nolo e sulle cose caricate sono regolati dal codice della navigazione [548 ss., 1022 ss. CNav.].

[II] Ai privilegi previsti da leggi speciali si applicano le norme di questo capo, se non è diversamente disposto (1).

(1) Vedi art. 46 del d.lg. 1/9/1993, n. 385.

Sezione II
Dei privilegi sui mobili

§ 1 – *Dei privilegi generali sui mobili*

2751. Crediti per spese funebri, d'infermità, alimenti (1). – [I] Hanno privilegio generale sui mobili [2746], nell'ordine che segue, i crediti riguardanti [2782]:

1) le spese funebri necessarie secondo gli usi [2778n. 17];

2) le spese d'infermità [2778n. 17] fatte negli ultimi sei mesi della vita del debitore;

3) le somministrazioni di vitto, vesti e alloggio [2778n. 17], nei limiti della stretta necessità, fatte al debitore per lui e per la sua famiglia negli ultimi sei mesi;

4) i crediti di alimenti [2778n. 17] per gli ultimi tre mesi a favore delle persone alle quali gli alimenti sono dovuti per legge [433 // 545 CPC.].

(1) Articolo così sostituito dall'art. 1 della l. 29/7/1975, n. 426.

2751 bis. Crediti per retribuzioni e provvigioni, crediti dei coltivatori diretti, delle società od enti cooperativi e delle imprese artigiane (1). – [I] Hanno privilegio generale sui mobili [2746, 2776, 2777²] i crediti riguardanti:

1) le retribuzioni dovute, sotto qualsiasi forma, ai prestatori di lavoro subordinato [2099] e tutte le indennità dovute per effetto della cessazione del rapporto di lavoro [2120 ss.], nonché il credito del lavoratore per i danni conseguenti alla mancata corresponsione, da parte del datore di lavoro, dei contributi previdenziali ed assicurativi obbligatori [2116²] ed il credito per il risarcimento del danno subito per effetto di un licenziamento inefficace, nullo o annullabile (2) (3);

2) le retribuzioni dei professionisti e di ogni altro prestatore d'opera [intellettuale] (4) dovute per gli ultimi due anni di prestazione [2233];

3) le provvigioni derivanti dal rapporto di agenzia [1748] dovute per l'ultimo anno di prestazione e le indennità dovute per la cessazione del rapporto medesimo [1751];

4) i crediti del coltivatore diretto, sia proprietario che affittuario [1647], mezzadro [2141], colono [2164], soccidario [2170] o comunque compartecipante, per i corrispettivi della vendita dei prodotti, nonché i crediti del mezzadro o del colono indicati dall'articolo 2765;

5) i crediti dell'impresa artigiana, definita ai sensi delle disposizioni legislative vigenti, nonché delle società ed enti cooperativi di produzione e lavoro per i corrispettivi dei servizi prestati e della vendita dei manufatti (5);

5-bis) i crediti delle società cooperative agricole e dei loro consorzi per i corrispettivi della vendita dei prodotti (6);

5-ter) i crediti delle imprese fornitrici di lavoro temporaneo di cui alla legge 24 giugno 1997, n. 196, per gli oneri retributivi e previdenziali addebitati alle imprese utilizzatrici (7).

(1) Articolo inserito dall'art. 2 della l. 29/7/1975, n. 426.

(2) La Corte cost., con sent. 6/4/2004, n. 113 ha dichiarato l'illegittimità costituzionale del presente numero «nella parte in cui non munisce del privilegio generale sui mobili il credito del lavoratore subordinato per danni da demansionamento subiti a causa dell'illegittimo comportamento del datore di lavoro»; con sent. 29/5/2002, n. 220 «nella parte in cui non munisce del privilegio generale sui mobili il credito del lavoratore subordinato per danni conseguenti a malattia professionale, della quale sia responsabile il datore di lavoro»; con sent. 17/11/1983, n. 326 «nella parte in cui non munisce del privilegio generale, istituito dall'art. 2 l. 29 luglio 1975, n. 426, il credito del lavoratore subordinato per danni conseguenti ad infortunio sul lavoro, del quale sia responsabile il datore di lavoro, se e nei limiti in cui il creditore non sia soddisfatto dalla percezione delle indennità previdenziali e assistenziali dovute al lavoratore subordinato in dipendenza dello stesso infortunio».

(3) Vedi art. 5 della l. 3/4/2001, n. 142.

(4) La Corte cost., con sent. 29/1/1998, n. 1 ha dichiarato l'illegittimità costituzionale del presente numero limitatamente alla parola "intellettuale".

(5) Numero sostituito dall'art. 36 del d.l. 9/2/2012, n. 5, conv., con modif., in l. 4/4/2012, n. 35. Il testo precedente recitava: «i crediti dell'impresa artigiana e delle società od enti cooperativi di produzione e di lavoro, per i corrispettivi dei servizi prestati e della vendita dei manufatti».

(6) Numero aggiunto dall'art. 182 della l. 31/1/1992, n. 59.

(7) Numero aggiunto dall'art. 1172 della l. 23/12/2000, n. 388.

2752. Crediti per tributi diretti dello Stato, per imposta sul valore aggiunto e per tributi degli enti locali (1). – [I] Hanno privilegio generale sui mobili del debitore i crediti dello Stato per le imposte e le sanzioni dovute secondo le norme in materia di imposta sul reddito delle persone fisiche, imposta sul reddito delle persone giuridiche, imposta sul reddito delle società, imposta regionale sulle attività produttive ed imposta locale sui redditi (2).

[II] Hanno altresì privilegio generale sui mobili del debitore i crediti dello Stato per le imposte, le pene pecuniarie e le soprattasse dovute secondo le norme relative all'imposta sul valore aggiunto [2776, 2778n. 19].

[III] Hanno lo stesso privilegio, subordinatamente a quello dello Stato, i crediti per le imposte, tasse e tributi dei comuni e delle province previsti dalla legge per la finanza locale (3) e dalle norme relative all'imposta comunale sulla pubblicità e ai diritti sulle pubbliche affissioni [2778n. 20].

(1) Articolo così sostituito dall'art. 3 della l. 29/7/1975, n. 426.

(2) L'art. 23, co. 37, d.l. 6/7/2011, n. 98, conv., con modif., in l. 15/7/2011, n. 111, ha sostituito le parole: "per l'imposta sul reddito delle persone fisiche, per l'imposta sul reddito delle persone giuridiche, per l'imposta regionale sulle attività produttive e per l'imposta locale sui redditi, diversi da quelli indicati nel primo comma dell'articolo 2771, iscritti nei ruoli resi esecutivi nell'anno in cui il concessionario del servizio di riscossione procede o interviene nell'esecuzione e nell'anno precedente", con le parole: "per le imposte e le sanzioni dovute secondo le norme in materia di imposta sul reddito delle persone fisiche, imposta sul reddito delle persone giuridiche, imposta sul reddito delle società, imposta regionale sulle attività produttive ed imposta locale sui redditi". La disposizione si osserva anche per i crediti sorti anteriormente alla data di entrata in vigore del decreto citato. Precedentemente, le parole, "per l'imposta regionale sulle attività produttive" erano state inserite, con effetto a decorrere dal 3/10/2007, dall'art. 392 del d.l. 1/10/2007, n. 159, conv., con modif., in l. 29/11/2007, n. 222. Il comma era stato sostituito dall'art. 331a) del d.lg. 26/2/1999, n. 46.

• Seguiva un originario secondo comma abrogato dall'art. 331b) del d.lg. n. 46, cit.

(3) Ai sensi dell'art. 13, co. 13, d.l. 6/12/2011, n. 201, conv., con modif., in l. 22/12/2011, n. 214, ha disposto (con l'art. 13, co. 13) che il «riferimento alla "legge per la finanza locale" si intende effettuato a tutte disposizioni che disciplinano i singoli tributi comunali e provinciali».

2753. Crediti per contributi di assicurazione obbligatoria per l'invalidità, la vecchiaia e i superstiti (1). – [I] Hanno privilegio generale sui mobili del datore di lavoro i crediti derivanti dal mancato versamento dei contributi ad istituti, enti o fondi speciali, compresi quelli sostitutivi o integrativi, che gestiscono forme di assicurazione obbligatoria per l'invalidità la vecchiaia ed i superstiti [2114, 2778n. 1].

(1) Articolo così sostituito dall'art. 4 della l. 29/7/1975, n. 426.

2754. Crediti per contributi relativi ad altre forme di assicurazione (1). – [I] Hanno pure privilegio generale sui mobili del datore di lavoro i crediti per i contributi dovuti a istituti ed enti per forme di tutela previdenziale e assistenziale diverse da quelle indicate dal precedente articolo, nonché gli accessori, limitatamente al cinquanta per cento del loro ammontare, relativi a tali crediti ed a quelli indicati dal precedente articolo [2778n. 8].

(1) Articolo così sostituito dall'art. 4 della l. 29/7/1975, n. 426.

§ 2 – *Dei privilegi sopra determinati mobili*

2755. Spese per atti conservativi o di espropriazione. – [I] I crediti per spese di giustizia fatte per atti conservativi [2905 // CPC. 671] o per l'espropriazione di beni mobili [513 ss. CPC.] nell'interesse comune dei creditori hanno privilegio sui beni stessi [2777, 2905, 2910].

2756. Crediti per prestazioni e spese di conservazione e miglioramento. – [I] I crediti per le prestazioni e le spese relative alla conservazione o al miglioramento di beni mobili [1152] hanno privilegio sui beni stessi, purché questi si trovino ancora presso chi ha fatto le prestazioni o le spese [2778n. 4].

[II] Il privilegio ha effetto anche in pregiudizio dei terzi che hanno diritti sulla cosa, qualora chi ha fatto le prestazioni o le spese sia stato in buona fede.

[III] Il creditore può ritenere la cosa soggetta al privilegio finché non è soddisfatto del suo credito e può anche venderla secondo le norme stabilite per la vendita del pegno [2796 ss. // CPC. 502 // 53 l. fall.].

2757. Crediti per somministrazioni e lavori occorrenti per la produzione agricola. – [I] I crediti per le somministrazioni di sementi, di materie fertilizzanti e antiparassitarie e di acqua per irrigazione, come pure i crediti per lavori di coltivazione e di raccolta dell'annata agricola [821²] hanno privilegio sui frutti [820], alla cui produzione abbiano concorso [2778n. 5-6].

[II] Il privilegio si può esercitare finché i frutti si trovano nel fondo o nelle sue dipendenze.

[III] Si applica la disposizione del secondo comma dell'articolo 2756 [2742¹].

2758. Crediti per tributi indiretti (1). – [I] I crediti dello Stato per i tributi indiretti hanno privilegio sui mobili ai quali i tributi si riferiscono e sugli altri beni indicati dalle leggi relative, con l'effetto da esse stabilito [2772, 2778n. 7].

[II] Eguale privilegio hanno i crediti di rivalsa verso il cessionario ed il committente previsti dalle norme relative all'imposta sul valore aggiunto, sui beni che hanno formato oggetto della cessione o ai quali si riferisce il servizio.

[III] Il privilegio, per quanto riguarda l'imposta di successione, non ha effetto in pregiudizio dei creditori che hanno esercitato il diritto di separazione dei beni del defunto da quelli dell'erede [512 ss.].

(1) Articolo così sostituito dall'art. 5 della l. 29/7/1975, n. 426.

2759. Crediti per le imposte sul reddito (1). – [I] I crediti dello Stato per l'imposta sul reddito delle persone fisiche, sul reddito delle persone giuridiche e per l'imposta locale sui redditi, dovuta per i due anni anteriori a quello in cui si procede, hanno privilegio, limitatamente all'imposta o alla quota d'imposta imputabile al reddito d'impresa, sopra i mobili che servono all'esercizio di imprese commerciali [2195] e sopra le merci che si trovano nel locale adibito all'esercizio stesso o nell'abitazione dell'imprenditore [2778n. 7].

[II] Il privilegio si applica sui beni indicati nel comma precedente ancorché appartenenti a persona diversa dall'imprenditore, salvo che si tratti di beni rubati o smarriti, di merci affidate all'imprenditore per la lavorazione o di merci non ancora nazionalizzate munite di regolare bolletta doganale.

[III] Qualora l'accertamento del reddito iscritto a ruolo sia stato determinato sinteticamente ai fini dell'imposta sul reddito delle persone fisiche, la ripartizione proporzionale dell'imposta, prevista dal primo comma, viene effettuata sulla base dei redditi iscritti o iscrivibili ai fini dell'imposta locale sui redditi.

(1) Articolo così sostituito dall'art. 6 della l. 29/7/1975, n. 426.

2760. Crediti dell'albergatore. – [I] I crediti dell'albergatore per mercedi e somministrazioni verso le persone albergate hanno privilegio sulle cose da queste portate nell'albergo e nelle dipendenze e che continuano a trovarvisi [1783 ss.].

[II] Il privilegio ha effetto anche in pregiudizio dei terzi [2747] che hanno diritti sulle cose stesse, a meno che l'albergatore fosse a conoscenza di tali diritti al tempo in cui le cose sono state portate nell'albergo [2778n. 12].

2761. Crediti del vettore, dello spedizioniere, del mandatario, del depositario e del sequestratario (1). – [I] I crediti dipendenti dal contratto di trasporto e di spedizione e quelli per le spese d'imposta anticipate dal vettore o dallo spedizioniere hanno privilegio sulle cose trasportate o spedite finché queste rimangono presso di lui. Tale privilegio può essere esercitato anche su beni oggetto di un trasporto o di una spedizione diversi da quelli per cui è sorto il credito purché tali trasporti o spedizioni costituiscano esecuzione di un unico contratto per prestazioni periodiche o continuative. I crediti derivanti dall'esecuzione del mandato hanno privilegio sulle cose del mandante che il mandatario detiene per l'esecuzione del mandato. Qualora il mandatario abbia provveduto a pagare i diritti doganali per conto del mandante, il suo credito ha il privilegio di cui all'articolo 2752.

[II] I crediti derivanti dal deposito o dal sequestro convenzionale a favore del depositario e del sequestratario hanno parimenti privilegio sulle cose che questi detengono per effetto del deposito o del sequestro. Si applicano a questi privilegi le disposizioni del secondo e del terzo comma dell'articolo 2756.

(1) Articolo, così sostituito, dall'art. 30-bis, co. 1, lett. e), d.l. 6/11/2021, n. 152, conv., con modif. in l. 29/12/2021, n. 233. Il testo dell'articolo, era il seguente: «Crediti del vettore, del mandatario, del depositario e del sequestratario. – I crediti dipendenti dal contratto di trasporto e quelli per le spese d'imposta anticipate dal vettore hanno privilegio sulle cose trasportate finché queste rimangono presso di lui. – I crediti derivanti dall'esecuzione del mandato hanno privilegio sulle cose del mandante che il mandatario detiene per l'esecuzione del mandato. – I crediti derivanti dal deposito o dal sequestro convenzionale a favore del depositario e del sequestratario hanno parimenti privilegio sulle cose che questi detengono per effetto del deposito o del sequestro. - Si applicano a questi privilegi le disposizioni del secondo e del terzo comma dell'articolo 2756».

2762. Privilegio del venditore di macchine (1). – [I] Chi ha venduto macchine per un prezzo superiore a 15,49 euro ha privilegio per il prezzo non pagato sulle macchine vendute e consegnate, anche se sono incorporate o congiunte all'immobile di proprietà del compratore o di un terzo.

[II] Il privilegio è subordinato alla trascrizione dei documenti, dai quali la vendita e il credito risultano, nel registro indicato dal secondo comma dell'articolo 1524. La trascrizione è eseguita presso il tribunale nella giurisdizione del quale è collocata la macchina.

[III] Il privilegio dura per un triennio dalla data della vendita e ha effetto fino a quando la macchina si trova in possesso del compratore nel luogo dove è stata eseguita la trascrizione, salvo il caso di sottrazione fraudolenta.

[IV] Il privilegio stabilito in questo articolo spetta anche alle banche autorizzate all'esercizio di prestiti con garanzia sul macchinario, le quali abbiano anticipato al compratore il prezzo per l'acquisto. Il privilegio sussiste a condizione che il documento rilasciato a prova della sovvenzione indichi lo scopo, l'ammontare e la scadenza del credito, contenga l'esatta designazione della macchina soggetta al privilegio e sia trascritto a norma del secondo comma di questo articolo.

[V] Se il privilegio della banca concorre con quello del venditore, è preferito il creditore che ha trascritto per primo [2778n. 14].

(1) Vedi il d.m. 21/2/1973 sull'acquisto di nuove macchine ed utensili.

2763. Crediti per canoni enfiteutici. – [I] I crediti del concedente per il canone dovuto dall'enfiteuta per l'anno in corso e per il precedente [960, 972n. 2] hanno privilegio sui frutti [820] dell'anno e su quelli raccolti anteriormente, purché si trovino nel fondo o nelle sue dipendenze [2778n. 15].

2764. Crediti del locatore di immobili. – [I] Il credito delle pigioni e dei fitti [1571, 1587n.2, 1615, 1638, 1639] degli immobili ha privilegio sui frutti [820, 2878n. 16] dell'anno e su quelli raccolti anteriormente, nonché sopra tutto ciò che serve a fornire l'immobile o a coltivare il fondo locato.

[II] Il privilegio sussiste per il credito dell'anno in corso, dell'antecedente e dei successivi, se la locazione ha data certa [2704], e, in caso diverso, per quello dell'anno in corso e del susseguente.

[III] Lo stesso privilegio ha il credito dipendente da mancate riparazioni le quali siano a carico del conduttore [1576, 1609, 1621], il credito per i danni arrecati all'immobile locato, per la mancata restituzione delle scorte [1640 ss.] e ogni altro credito dipendente da inadempimento del contratto.

[IV] Il privilegio sui frutti sussiste finché si trovano nel fondo o nelle sue dipendenze. Esso si può far valere anche nei confronti del subconduttore.

[V] Il privilegio sulle cose che servono a fornire l'immobile locato o alla coltivazione del fondo sussiste pure se le cose appartengono al subconduttore, nei limiti in cui il locatore ha azione contro il medesimo [1595].

[VI] Il privilegio sulle cose che servono a fornire l'immobile locato ha luogo altresì nei confronti dei terzi, finché le cose si trovano nell'immobile, salvo che si provi che il locatore conoscesse il diritto del terzo al tempo in cui sono state introdotte [2728 ss.].

[VII] Qualora le cose che servono a fornire la casa o il fondo locato ovvero a coltivare il medesimo vengano asportate dall'immobile senza il consenso del locatore, questi conserva su di esse il privilegio, purché ne domandi il sequestro, nei modi stabiliti dal codice di procedura civile per il sequestro conservativo [671 ss. CPC.], entro il termine di trenta giorni dall'asportazione, se si tratta di mobili che servono a fornire o a coltivare il fondo rustico, e di quindici giorni, se si tratta di mobili che servono a fornire la casa. Restano salvi in ogni caso i diritti acquistati dopo l'asportazione dai terzi che ignoravano l'esistenza del privilegio [2778n. 16].

2765. Crediti derivanti dai contratti di mezzadria e di colonia. – [I] Colui che concede un fondo a mezzadria [2141 ss.] o a colonia [2164 ss.] e il mezzadro o il colono hanno, per i crediti derivanti dal contratto, privilegio sulla rispettiva parte dei frutti [820] e sulle cose che servono a coltivare o a fornire il fondo dato a mezzadria o a colonia.

[II] Il privilegio sui frutti sussiste finché questi si trovano nel fondo o nelle sue dipendenze.

[III] Si applicano le disposizioni degli ultimi tre commi dell'articolo 2764 [2125, 2751-bisn. 4, 2778n. 16] (1).

(1) Vedi art. 25 della l. 3/5/1982, n. 203 (Norme sui contratti agrari).

2766. Crediti degli istituti di credito agrario*. – *Gli istituti che esercitano il credito agrario hanno privilegio sui frutti del fondo per i mutui concessi per la conduzione dell'azienda agraria e per l'utilizzazione, manipolazione e trasformazione dei prodotti.*

Per i mutui concessi per acquisto di bestiame, di macchine e di attrezzi agricoli essi hanno eguale privilegio sulle cose acquistate con il danaro preso a mutuo.

A garanzia dei crediti indicati dai commi precedenti, nonché dei mutui per opere di miglioramento del fondo può essere inoltre costituito un privilegio sui frutti del fondo e sopra tutto ciò che serve a coltivare o a fornire il fondo stesso, limitatamente alla parte di valore che eccede l'ammontare dei crediti assistiti dal privilegio indicato dai due commi anzidetti.

I privilegi previsti da questo articolo sono regolati dalle leggi speciali.

* Articolo abrogato dall'art. 161 del d.lg. 1/9/1993, n. 385 (TUB). Vedi anche l'art. 44 del d.lg. n. 385 in materia di credito agrario.

2767. Crediti per risarcimento di danni contro l'assicurato. – [I] Nel caso di assicurazione della responsabilità civile [1917], il credito del danneggiato per il risarcimento ha privilegio sull'indennità dovuta dall'assicuratore [2778n. 11 // 235 att.] (1).

(1) Vedi art. 144 ss. del d.lg. 7/9/2005, n. 209 (Codice delle assicurazioni private).

2768. Crediti dipendenti da reato. – [I] Per i crediti dipendenti da reato hanno privilegio sulle cose sequestrate lo Stato e le altre persone indicate dal codice penale [188 ss. CP.], secondo le disposizioni del codice stesso e del codice di procedura penale [2778n. 10 // 488, 612 ss. CPP.].

2769. Sequestro della cosa soggetta a privilegio. – [I] Il creditore che ha privilegio su una cosa mobile, se ha fondati motivi di temere la rimozione della cosa dalla particolarFe situazione alla quale è subordinata la sussistenza del privilegio, può domandarne il sequestro conservativo [2905 // 671 CPC.].

Sezione III
Dei privilegi sopra gli immobili

2770. Crediti per atti conservativi o di espropriazione. – [I] I crediti per le spese di giustizia fatte per atti conservativi [2905 // 671 CPC.] o per l'espropriazione di beni immobili [555 CPC.] nell'interesse comune dei creditori sono privilegiati sul prezzo degli immobili stessi [2755, 2777, 2905].

[II] Del pari ha privilegio il credito dell'acquirente di un immobile per le spese fatte per la dichiarazione di liberazione dell'immobile dalle ipoteche [2777, 2889, 2890 // 792 ss. CPC.].

2771. Crediti per le imposte sui redditi immobiliari*. – *[I] I crediti dello Stato per l'imposta sul reddito delle persone fisiche, per l'imposta sul reddito delle persone giuridiche e per l'imposta locale sui redditi, limitatamente all'imposta o alla quota proporzionale di imposta imputabile ai redditi immobiliari, compresi quelli di natura fondiaria non determinabili catastalmente, sono privilegiati sopra gli immobili tutti del contribuente situati nel territorio del comune in cui il tributo si riscuote e sopra i frutti, i fitti e le pigioni degli stessi immobili, senza pregiudizio dei mezzi speciali di esecuzione autorizzati dalla legge. [II] Il privilegio previsto nel primo comma è limitato alle imposte iscritte nei ruoli resi esecutivi nell'anno in cui il concessionario del servizio di riscossione procede o interviene nell'esecuzione e nell'anno precedente. [III] Qualora l'accertamento del reddito iscritto a ruolo sia stato determinato sinteticamente ai fini dell'imposta sul reddito delle persone fisiche, la ripartizione proporzionale dell'imposta, prevista dal primo comma, viene effettuata sul-*

la base dei redditi iscritti o iscrivibili ai fini dell'imposta locale sui redditi.

* L'articolo, dopo essere stato modificato dalla l. 29/7/1975, n. 426 mirante ad adeguare il codice civile alla nuova riforma fiscale, e ulteriormente sostituito dall'art. 4 del d.lg. 26/2/1999, n. 46, è stato infine abrogato dall'art. 23, comma 38, d.l. 6/7/2011, n. 98, poi convertito nella l. 15/7/2011, n. 111 (Stabilizzazione finanziaria).

2772. Crediti per tributi indiretti (1). – [I] Hanno pure privilegio i crediti dello Stato per ogni tributo indiretto, nonché quelli derivanti dall'applicazione dell'imposta comunale sull'incremento di valore degli immobili, sopra gli immobili ai quali il tributo si riferisce [2780 n. 4 e 5].

[II] I crediti dello Stato, derivanti dall'applicazione dell'imposta sul valore aggiunto, hanno privilegio, in caso di responsabilità solidale del cessionario, sugli immobili che hanno formato oggetto della cessione o ai quali si riferisce il servizio prestato.

[III] Eguale privilegio hanno i crediti di rivalsa, verso il cessionario ed il committente, previsti dalle norme relative all'imposta sul valore aggiunto, sugli immobili che hanno formato oggetto della cessione o ai quali si riferisce il servizio.

[IV] Il privilegio non si può esercitare in pregiudizio dei diritti che i terzi hanno anteriormente acquistato sugli immobili.

[V] Per le imposte suppletive il privilegio non si può neppure esercitare in pregiudizio dei diritti acquistati successivamente dai terzi.

[VI] Lo stesso privilegio, per quanto riguarda l'imposta di successione, non ha effetto a danno dei creditori del defunto che hanno iscritto la loro ipoteca nei tre mesi dalla morte di lui, né ha effetto a danno dei creditori che hanno esercitato il diritto di separazione dei beni del defunto da quelli dell'erede.

(1) Articolo così sostituito dall'art. 8 della l. 29/7/1975, n. 426.

*2773. **Crediti dei comuni e delle province per tributi****. – *I crediti dei comuni e delle province per tributi previsti dalla legge per la finanza locale hanno privilegio sopra gli immobiliari quali i tributi stessi si riferiscono.*

Il privilegio non è opponibile ai terzi che hanno acquistato anteriormente diritti sugli immobili.

* Articolo abrogato dall'art. 9 della l. 29/7/1975, n. 426.

2774. Crediti per concessione di acque. – [I] I crediti dello Stato per i canoni dovuti dai concessionari di acque pubbliche o di acque derivate da canali demaniali ovvero per i lavori eseguiti d'ufficio sono privilegiati sugli impianti, in conformità delle leggi speciali [2780 n. 3].

[II] Tale privilegio, per quanto riguarda i canoni, non è opponibile ai terzi che hanno acquistato diritti sugli immobili anteriormente all'atto di concessione o, trattandosi di crediti per lavori, anteriormente al sorgere dei crediti stessi.

2775. Contributi per opere di bonifica e di miglioramento. – [I] I crediti per i contributi indicati dall'articolo 864 sono privilegiati sugli immobili che traggono beneficio dalle opere di bonifica o di miglioramento [2780 n. 2].

[II] La costituzione del privilegio per le opere di miglioramento è subordinata all'osservanza delle leggi speciali (1).

(1) V. art. 21 del r.d. 13/2/1933, n. 215, dichiarato incostituzionale dalla Corte cost. 26/2/1998, n. 26.

2775 bis. Credito per mancata esecuzione di contratti preliminari (1). – [I] Nel caso di mancata esecuzione del contratto preliminare trascritto ai sensi dell'articolo 2645-bis, i crediti del promissario acquirente che ne conseguono hanno privilegio speciale sul bene immobile oggetto del contratto preliminare, sempre che gli effetti della trascrizione non siano cessati al momento della risoluzione del contratto risultante da atto avente data certa, ovvero al momento della domanda giudiziale di risoluzione del contratto o di condanna al pagamento ovvero al momento della trascrizione del pignoramento o al momento dell'intervento nella esecuzione promossa da terzi [1351].

[II] Il privilegio non è opponibile ai creditori garantiti da ipoteca relativa a mutui erogati al promissario acquirente per l'acquisto del bene immobile nonché ai creditori garantiti da ipoteca ai sensi dell'articolo 2825-bis.

(1) Articolo inserito dall'art. 34 del d.l. 31/12/1996, n. 669, conv., con modif., nella l. 28/2/1997, n. 30.

2776. Collocazione sussidiaria sugli immobili (1). – [I] I crediti relativi al trattamento di fine rapporto nonché all'indennità di cui all'articolo 2118 sono collocati sussidiariamente, in caso di infruttuosa esecuzione sui mobili, sul prezzo degli immobili, con preferenza rispetto ai crediti chirografari.

[II] I crediti indicati dagli articoli 2751 e 2751-bis, ad eccezione di quelli indicati al precedente comma, ed i crediti per contributi dovuti a istituti, enti o fondi speciali, compresi quelli sostitutivi o integrativi, che gestiscono forme di assicurazione obbligatoria per l'invalidità, la vecchiaia ed i superstiti, di cui all'articolo 2753, sono collocati sussidiariamente, in caso di infruttuosa esecuzione sui mobili, sul prezzo degli immobili, con preferenza rispetto ai crediti chirografari, ma dopo i crediti indicati al primo comma.

[III] I crediti dello Stato indicati dal primo e (2) dal terzo comma dell'articolo 2752 sono collocati sussidiariamente, in caso di infruttuosa esecuzione sui mobili, sul prezzo degli immobili, con preferenza rispetto ai crediti chirografari, ma dopo i crediti indicati al comma precedente.

(1) Articolo così sostituito, da ultimo, dall'art. 1 della l. 29/5/1982, n. 297.

(2) L'art. 23, co. 39, d.l. 6/7/2011, n. 98, conv., con modif., in l. 15/7/2011, n. 111, ha inserito le parole: "dal primo e". La disposizione si osserva anche per i crediti sorti anteriormente alla data di entrata in vigore del decreto citato.

Sezione IV
Dell'ordine dei privilegi

2777. Preferenza delle spese di giustizia e di altri crediti (1). – [I] I crediti per spese di giustizia enunciati dagli articoli 2755 e 2770 sono preferiti ad ogni altro credito anche pignoratizio o ipotecario.

[II] Immediatamente dopo le spese di giustizia sono collocati i crediti aventi privilegio generale mobiliare di cui all'articolo 2751-bis nell'ordine seguente:

a) i crediti di cui all'articolo 2751-bis, numero 1;
b) i crediti di cui all'articolo 2751-bis, numeri 2 e 3;
c) i crediti di cui all'articolo 2751-bis, numeri 4 e 5 (2).

[III] I privilegi che le leggi speciali dichiarano preferiti ad ogni altro credito sono sempre posposti al privilegio per le spese di giustizia ed ai privilegi indicati nell'articolo 2751-bis (3).

(1) Articolo così sostituito dall'art. 11 della l. 29/7/1975, n. 426.

(2) Vedi art. 242-3 della l. 7/12/2000, n. 383, in tema di associazioni di promozione sociale.

(3) La Corte costituzionale, con sent. 18/6/1991, n. 287 ha dichiarato inammissibile la questione di legittimità del combinato disposto dell'art. 2748, co. 2 e degli art. 2776 e 2777, in riferimento all'art. 36 Cost.

2778. Ordine degli altri privilegi sui mobili (1). – [I] Salvo quanto è disposto dall'articolo 2777, nel concorso di crediti aventi privilegio generale o speciale sulla medesima cosa, la prelazione si esercita nell'ordine che segue:

1) i crediti per contributi ad istituti, enti o fondi speciali – compresi quelli sostitutivi o integrativi – che gestiscono forme di assicurazione obbligatoria per l'invalidità, la vecchiaia ed i superstiti, indicati dall'articolo 2753 (2);

2) i crediti per le imposte sui redditi immobiliari, indicati dall'articolo 2771, quando il privilegio si esercita separatamente sopra i frutti, i fitti e le pigioni degli immobili;

*3) i crediti degli istituti esercenti il diritto agrario, indicati dai primi due commi dell'art. 2766**;*

4) i crediti per prestazioni e spese di conservazione e miglioramento di beni mobili, indicati dall'articolo 2756;

5) i crediti per le mercedi dovute ai lavoratori impiegati nelle opere di coltivazione e di raccolta, indicate dall'articolo 2757;

6) i crediti per sementi e materie fertilizzanti e antiparassitarie e per somministrazione di acqua per irrigazione, nonché i crediti per i lavori di coltivazione e di raccolta indicati dall'articolo 2757. Qualora tali crediti vengano in concorso tra loro, sono preferiti quelli di raccolta, seguono quelli di coltivazione e, infine, gli altri crediti indicati dallo stesso articolo;

7) i crediti per i tributi indiretti, indicati dall'articolo 2758, salvo che la legge speciale accordi un diverso grado di preferenza, e i crediti per le imposte sul reddito, indicati dall'articolo 2759;

8) i crediti per contributi dovuti a istituti ed enti per forme di tutela previdenziale e assistenziale indicati dall'articolo 2754, nonché gli accessori, limitatamente al cinquanta per cento del loro ammontare, relativi a tali crediti ed a quelli indicati dal precedente n. 1 del presente articolo (2);

*9)**;*

10) i crediti dipendenti da reato, indicati dall'articolo 2768, sulle cose sequestrate, nei casi e secondo l'ordine stabiliti dal codice penale e dal codice di procedura penale;

11) i crediti per risarcimento, indicati dall'articolo 2767;

12) i crediti dell'albergatore, indicati dall'articolo 2760;

13) i crediti del vettore, del mandatario, del depositario e del sequestratario, indicati dall'articolo 2761;

14) i crediti del venditore di macchine o della banca per le anticipazioni del prezzo, indicati dall'articolo 2762;

15) i crediti per canoni enfiteutici, indicati dall'articolo 2763;

16) i crediti del locatore e i crediti del concedente dipendenti dai contratti di mezzadria e colonia, indicati rispettivamente dagli articoli 2764 e 2765;

17) i crediti per spese funebri, d'infermità, per somministrazioni ed alimenti, nell'ordine indicato dall'articolo 2751;

18) i crediti dello Stato per tributi diretti, indicati dal primo comma dell'articolo 2752;

19) i crediti dello Stato indicati dal terzo comma dell'articolo 2752;

20) i crediti degli enti locali per tributi, indicati dal quarto comma dell'articolo 2752.

(1) Articolo così sostituito dall'art. 12 della l. 29/7/1975, n. 426.

(2) L'art. 43 della d.l. 9/10/1989, n. 338, conv., con modif., nella l. 7/12/1989, n. 389, così dispone: «I crediti per premi dovuti all'INAIL, di cui al numero 8) del primo comma dell'articolo 2778 del codice civile, sono collocati, per l'intero ammontare, tra quelli indicati al numero 1) del primo comma del predetto articolo».

* Numero abrogato dall'art. 161 del d.lg. 1/9/1993, n. 385. V. anche l'art. 44 del d.lg. n. 385, cit., in materia di credito agrario e peschereccio.

** Numero abrogato dall'art. 161 del d.lg. n. 385, cit.

2779. Concorso dei privilegi con ipoteche sugli autoveicoli (1). – [I] Se i privilegi indicati dall'articolo precedente concorrono con le ipoteche sugli autoveicoli, menzionate nell'articolo 2810, queste sono posposte ai privilegi menzionati nei primi dieci numeri dell'articolo 2778 e sono preferite a tutti gli altri.

(1) Articolo così sostituito dall'art. 13 della l. 29/7/1975, n. 426.

2780. Ordine dei privilegi sugli immobili (1). – [I] Quando sul prezzo dello stesso immobile concorrono più crediti privilegiati, la prelazione ha luogo secondo l'ordine seguente:

1) i crediti per le imposte sui redditi immobiliari, indicati dall'articolo 2771;

2) i crediti per i contributi, indicati dall'articolo 2775;

3) i crediti dello Stato per le concessioni di acque, indicati dall'articolo 2774;

4) i crediti per i tributi indiretti, indicati dall'articolo 2772;

5) i crediti per l'imposta comunale sull'incremento di valore degli immobili (2).

5-bis) i crediti del promissario acquirente per mancata esecuzione dei contratti preliminari, indicati all'articolo 2775-bis (3).

(1) Articolo così sostituito dall'art. 14 della l. 29/7/1975, n. 426.

(2) Vedi art. 28 del d.P.R. 26/10/1972, n. 643.

(3) Numero aggiunto dall'art. 35 della d.l. 31/12/1996, n. 669, conv., con modif., nella l. 28/2/1997, n. 30.

2781. Concorso di privilegi speciali con crediti pignoratizi. – [I] Qualora con crediti assistiti da privilegio speciale concorra un credito garantito con pegno [2784 ss.] e uno dei privilegi debba essere preferito rispetto al pegno, tale privilegio prevale su quegli altri che devono essere posposti al pegno, anche se anteriori di grado [2748, 2778, 2787 // 234, 236 att.].

2782. Concorso di crediti egualmente privilegiati. – [I] I crediti egualmente privilegiati concorrono tra loro in proporzione del rispettivo importo.

[II] La stessa disposizione si osserva quando concorrono tra loro più crediti privilegiati ai quali le leggi speciali attribuiscono genericamente una prelazione su ogni altro credito [2777, 2780].

2783. Preferenza non determinata dalla legge. – [I] Quando dalla legge non risulta il grado di preferenza di un determinato privilegio speciale, esso prende grado dopo ogni altro privilegio speciale regolato nel codice [2778, 2780 // 234, 236 att.].

2783 bis. Crediti derivanti dall'applicazione dei prelievi di cui agli articoli 49 e 50 del trattato che istituisce la Comunità europea del carbone e dell'acciaio (1). – [I] I crediti derivanti dall'applicazione dei prelievi di cui agli articoli 49 e 50 del Trattato che istituisce la Comunità europea del carbone e dell'acciaio, nonché dalle relative maggiorazioni di mora, sono equiparati, ai fini dell'applicazione delle disposizioni del presente capo, ai crediti dello Stato per l'imposta sul valore aggiunto.

(1) Articolo inserito dall'art. 40 della l. 29/12/1990, n. 428 (legge comunitaria per il 1990).

2783 ter. Crediti dello Stato attinenti alle risorse proprie tradizionali di pertinenza del bilancio generale dell'Unione europea (1). – [I] I crediti dello Stato attinenti alle risorse proprie tradizionali di cui all'articolo 2, paragrafo 1, lettera a), della decisione n. 2007/436/CE/Euratom del Consiglio, del 7 giugno 2007, di pertinenza del bilancio generale dell'Unione europea sono equiparati, ai fini dell'applicazione delle disposizioni del presente capo, ai crediti dello Stato per l'imposta sul valore aggiunto.

(1) Articolo inserito dall'art. 9 del d.l. 2/3/2012, n. 16, conv., con modif., dalla l. 26/4/2012, n. 44.

Capo III
Del pegno

Sezione I
Disposizioni generali

2784. Nozione. – [I] Il pegno [1153, 1179, 1200, 1203[n.1], 1204, 1208, 1232, 1247, 1263, 1482, 1828, 2352, 2483, 2741, 2781] è costituito [2786, 2800, 2806] a garanzia dell'obbligazione dal debitore o da un terzo [1828, 2799] per il debitore [1997, 2026, 2910, 2911 // 237 att.].

[II] Possono essere dati in pegno i beni mobili [812], le universalità di mobili [816], i crediti e altri diritti aventi per oggetto beni mobili [54, 320, 326, 493, 813].

➔ D. 50.16.238.2.

2785. Rinvio a leggi speciali. – [I] Le disposizioni del presente capo non derogano alle leggi speciali concernenti casi e forme particolari di costituzione di pegno, né a quelle concernenti gli istituti autorizzati a fare prestiti sopra pegni [1794, 1844, 1846, 1851, 2014, 2026] (1).

(1) Sulla costituzione del pegno su prodotti agricoli vedi l. 24/7/1985, n. 401 e l. 27/3/2001, n. 122.

• D.lg. n. 70/2004 in tema di garanzia finanziaria, in Parte V, Sez. IV, n. 8.

• V., per il pegno mobiliare non possessorio, art. 1 del d.l. 3/5/2016, n. 49, conv. in l. 30/6/2016, n. 119, in Parte V, Sez. IV, n. 12.

Sezione II
Del pegno dei beni mobili

2786. Costituzione. – [I] Il pegno [2910] si **costituisce** con la **consegn**a al creditore della cosa o del documento che conferisce l'esclusiva disponibilità della cosa [1794, 1996, 1997, 2014, 2026, 2352, 2784, 2787, 2789, 2790] (1).

[II] La cosa o il documento possono essere anche consegnati a un terzo designato dalle parti o possono essere posti in custodia di entrambe, in modo che il costituente sia nell'impossibilità di disporne senza la cooperazione del creditore (1).

(1) V., per il pegno mobiliare non possessorio, art. 1, co. 3 e 4, d.l. 3/5/2016, n. 49, conv. in l. 30/6/2016, n. 119, in Parte V, Sez. IV, n. 12.
1) Art. 1 della l. 24/7/1985, n. 401, Norme sulla costituzione di pegno sui prosciutti a denominazione di origine tutelata, art. 1: «Il pegno sui prosciutti a denominazione d'origine tutelata può essere costituito dagli operatori qualificati come produttori dalle leggi sulla tutela della denominazione d'origine o dai relativi regolamenti di esecuzione, oltre che con le modalità previste dall'articolo 2786 del codice civile, con l'apposizione sulla coscia a cura del creditore pignoratizio, in qualunque fase della lavorazione, di uno speciale contrassegno indelebile e con la contestuale annotazione su appositi registri vidimati annualmente. Il contrassegno e le relative modalità di applicazione, i registri e la loro tenuta debbono essere conformi ai modelli ed alle previsioni approvati con decreto del Ministro dell'industria, del commercio e dell'artigianato su proposta dei consorzi incaricati della vigilanza sulla applicazione delle leggi sulla denominazione d'origine».

• Art. 46, co. 3, d.lg. 1/9/1993, n. 385: «L'opponibilità a terzi del privilegio sui beni è subordinata alla trascrizione, nel registro indicato nell'articolo 1524, secondo comma, del codice civile, dell'atto dal quale il privilegio risulta. La trascrizione deve effettuarsi presso i competenti uffici del luogo ove ha sede l'impresa finanziata e presso quelli del luogo ove ha sede o risiede il soggetto che ha concesso il privilegio».

• Art. 83-octies, co. 1, Costituzione di vincoli, d.lg. 24/2/1998, n. 58: «1. I vincoli di ogni genere sugli strumenti finanziari disciplinati dalla presente sezione, ivi compresi quelli previsti dalla normativa speciale sui titoli di debito pubblico, si costituiscono unicamente con le registrazioni in apposito conto tenuto dall'intermediario».

• Art. 18, Altri interventi, d.lg. 29/3/2004, n. 102: «1. Gli imprenditori agricoli, singoli o associati, per garantire l'adempimento delle obbligazioni contratte nell'esercizio dell'impresa agricola possono costituire in pegno, ai sensi dell'articolo 2806 del codice civile, anche le quote di produzione e i diritti di reimpianto della propria azienda. 2. Nelle ipotesi di cui al comma 1, in deroga a quanto previsto dall'articolo 2786 del codice civile, gli imprenditori agricoli continuano ad utilizzare le quote di produzione e i diritti di reimpianto».

• D.lg. n. 170/2004 in Parte V, Sez. IV, n. 8.

➔ D. 13.7.1 pr.

2787. Prelazione del creditore pignoratizio. – [I] Il creditore ha diritto di farsi pagare con prelazione sulla cosa ricevuta in pegno [2744, 2748, 2781, 2788, 2794, 2911 // 237 att.] (1).

[II] La prelazione non si può far valere se la cosa data in pegno non è rimasta in possesso del creditore o presso il terzo designato dalle parti [2786, 2789].

[III] Quando il credito garantito eccede la somma di 2,58 euro, la prelazione non ha luogo se il pegno non risulta da scrittura con data certa [1350[n.13], 2704, 2725], la quale contenga sufficiente indicazione del credito e della cosa [2800].

[IV] Se però il pegno risulta da polizza o da altra scrittura di enti che, debitamente autorizzati, compiono professionalmente operazioni di credito su pegno, la data della scrittura può essere accertata con ogni mezzo di prova.

(1) Art. 1, co. 4 e 5, d.l. 3/5/2016, n. 59, conv. in l. 30/6/2016, n. 119, pegno mobiliare non possessorio, in Parte V, Sez. IV, n. 12.

2788. Prelazione per il credito degli interessi. – [I] La prelazione ha luogo anche per gli interessi dell'anno in corso alla data del pignoramento [492, 518 CPC.] o, in mancanza di questo [502 CPC.], alla data della notificazione del precetto [479 ss. CPC.]. La prelazione ha luogo inoltre per gli interessi successivamente maturati, nei limiti della misura legale [1284], fino alla data della vendita [2796].

2789. Rivendicazione della cosa da parte del creditore pignoratizio. – [I] Il creditore che ha perduto il possesso [2786, 2787] della cosa ricevuta in pegno, oltre le azioni a difesa del possesso [1168 ss.], può anche esercitare l'azione di rivendicazione [948 ss.], se questa spetta al costituente [2900 // 81 CPC.].

2790. Conservazione della cosa e spese relative. – [I] Il creditore è tenuto a custodire la cosa ricevuta in pegno [1770], e risponde, secondo le regole generali, della perdita e del deterioramento di essa [1218 ss., 1760, 1780].

[II] Colui che ha costituito il pegno è tenuto al rimborso delle spese occorse per la conservazione della cosa [1780, 1848, 1961, 2756, 2794, 2802].

2791. Pegno di cosa fruttifera. – [I] Se è data in pegno una cosa fruttifera, il creditore, salvo patto contrario, ha la facoltà di fare suoi i frutti [820, 821, 1998], imputandoli prima alle spese e agli interessi e poi al capitale [2802].

2792. Divieto di uso e disposizione della cosa. – [I] Il creditore non può, senza il consenso del costituente, usare della cosa [1770], salvo che l'uso sia necessario per la conservazione di essa [1846, 2793]. Egli non può darla in pegno o concederne ad altri il godimento [1263, 1846, 1848, 2790].

[II] In ogni caso, deve imputare l'utile ricavato prima alle spese e agli interessi e poi al capitale.

2793. Sequestro della cosa. – [I] Se il creditore abusa della cosa data in pegno [2790, 2792], il costituente può domandarne il sequestro [2905 // 670 ss. CPC.].

2794. Restituzione della cosa. – [I] Colui che ha costituito il pegno non può esigerne la restituzione [374n.2], se non sono stati interamente pagati il capitale e gli interessi [2788, 2799] e non sono state rimborsate le spese relative al debito e al pegno [1204, 1849, 2787, 2790 // 544 CPC.].

[II] Se il pegno è stato costituito dal debitore e questi ha verso lo stesso creditore un altro debito sorto dopo la costituzione del pegno e scaduto prima che sia pagato il debito anteriore, il creditore ha soltanto il diritto di ritenzione a garanzia del nuovo credito.

➔ D. 13.7.3.

2795. Vendita anticipata. – [I] Se la cosa data in pegno si deteriora in modo da far temere che essa divenga insufficiente alla sicurezza del creditore [2802], questi, previo avviso a colui che ha costituito il pegno, può chiedere al giudice l'autorizzazione a vendere la cosa [1211, 2743, 2797 // 502 CPC.].

[II] Con il provvedimento che autorizza la vendita il giudice dispone anche circa il deposito del prezzo a garanzia del credito. Il costituente può evitare la vendita e farsi restituire il pegno, offrendo altra garanzia reale che il giudice riconosca idonea.

[III] Il costituente può del pari, in caso di deterioramento o di diminuzione di valore della cosa data in pegno, domandare al giudice l'autorizzazione a venderla oppure chiedere la restituzione del pegno, offrendo altra garanzia reale che il giudice riconosca idonea.

[IV] Il costituente può chiedere al giudice l'autorizzazione a vendere la cosa, qualora si presenti un'occasione favorevole. Con il provvedimento di autorizzazione il giudice dispone le condizioni della vendita e il deposito del prezzo [CPC. 530].

2796. Vendita della cosa. – [I] Il creditore per il conseguimento di quanto gli è dovuto può far vendere la cosa ricevuta in pegno secondo le forme stabilite dall'articolo seguente [2744, 2911 // 502 CPC.] (1).

➔ D. 13.7.8.5.

(1) Art. 1, co. 7ss, d.l. 3/5/2016, n. 59, conv., con modif., dalla l. 30/6/2016, n. 119, pegno mobiliare non possessorio, in Parte V, Sez. IV, n. 12.

2797. Forme della vendita. – [I] Prima di procedere alla vendita il creditore, a mezzo di ufficiale giudiziario, deve intimare al debitore di pagare il debito e gli accessori, avvertendolo che, in mancanza, si procederà alla vendita [1211, 2756, 2761]. L'intimazione deve essere notificata anche al terzo che abbia costituito il pegno.

[II] Se entro cinque giorni dall'intimazione [2964] non è proposta opposizione, o se questa è rigettata, il creditore può far vendere la cosa al pubblico incanto [534 CPC.], o, se la cosa ha un prezzo di mercato, anche a prezzo corrente [1515], a mezzo di persona autorizzata a tali atti. Se il debitore non ha residenza o domicilio eletto nel luogo di residenza del creditore, il termine per l'opposizione è determinato a norma dell'articolo 166 (1) del codice di procedura civile.

[III] Il giudice, sull'opposizione del costituente, può limitare la vendita a quella tra più cose date in pegno, il cui valore basti a pagare il debito [2795].

[IV] Per la vendita della cosa data in pegno le parti possono convenire forme diverse [2744].

(1) Ad opera della l. 14/7/1950, n. 581 il richiamo all'art. 166 CPC. va inteso all'art. 163-bis CPC.

2798. Assegnazione della cosa in pagamento. – [I] Il creditore può sempre domandare al giudice che la cosa gli venga assegnata in pagamento [2925 // 505 CPC.] fino alla concorrenza del debito, secondo la stima da farsi con perizia o secondo il prezzo corrente, se la cosa ha un prezzo di mercato [1474, 2744, 2925] (1).

(1) Art. 6, co. 6, d.lg. n. 70/2004, in tema di garanzia finanziaria, in Parte V, Sez. IV, n. 8.

• Art. 48-bis del d.lg. 1/9/1993, n. 385 (TUB), Finanziamento alle imprese garantito da trasferimento di bene immobile sospensivamente condizionato, in Parte V, Sez. IV, n. 1.

2799. Indivisibilità del pegno. – [I] Il pegno è indivisibile [1849, 2809] e garantisce il credito finché questo non è integralmente soddisfatto [2873], anche se il debito o la cosa data in pegno è divisibile [1849].

Sezione III
Del pegno di crediti e di altri diritti

2800. Condizioni della prelazione. – [I] Nel pegno di crediti la prelazione non ha luogo [1250], se non quando il pegno risulta da atto scritto [1350n.13, 2843] e la costituzione di esso è stata notificata al debitore del credito dato in pegno ovvero è stata da questo accettata [1264, 1265] con scrittura avente data certa [2704, 2725, 2784, 2787, 2791, 2917].

2801. Consegna del documento. – [I] Se il credito costituito in pegno risulta da un documento [2786], il costituente è tenuto a consegnarlo al creditore.

2802. Riscossione d'interessi e di prestazioni periodiche. – [I] Il creditore pignoratizio è tenuto a riscuotere gli interessi del credito o le altre prestazioni periodiche, imputandone l'ammontare in primo luogo alle spese e agli interessi e poi al capitale [1960, 1998, 2791]. Egli è tenuto a compiere gli atti conservativi del credito ricevuto in pegno [2790, 2795 // 237 att.].

2803. Riscossione del credito dato in pegno. – [I] Il creditore pignoratizio è tenuto a riscuotere, alla scadenza, il credito ricevuto in pegno e, se questo ha per oggetto danaro o altre cose fungibili, deve, a richiesta del debitore, effettuarne il deposito nel luogo stabilito d'accordo o altrimenti determinato dall'autorità giudiziaria. Se il credito garantito è scaduto, il creditore può ritenere del danaro ricevuto quanto basta per il soddisfacimento delle sue ragioni e restituire il residuo al costituente o, se si tratta di cose diverse dal danaro, può farle vendere o chiederne l'assegnazione secondo le norme degli articoli 2797 e 2798 [2744, 2804 // 237 att. // 502, 552 CPC.].

2804. Assegnazione o vendita del credito dato in pegno. – [I] Il creditore pignoratizio non soddisfatto può in ogni caso chiedere che gli sia assegnato in pagamento il credito ricevuto in pegno, fino a concorrenza del suo credito [2744, 2798, 2928] (1).

[II] Se il credito non è ancora scaduto, egli può anche farlo vendere nelle forme stabilite dall'articolo 2797.

(1) Art. 6, co. 6, d.lg. 70/2004, in tema di garanzia finanziaria, in Parte V, Sez. IV, n. 8.

• Art. 48-bis del d.lg. 1/9/1993, n. 385 (TUB), Finanziamento alle imprese garantito da trasferimento di bene immobile sospensivamente condizionato, in Parte V, Sez. IV, n. 1.

2805. Eccezioni opponibili dal debitore del credito dato in pegno. – [I] Il debitore del credito dato in pegno può opporre al creditore pignoratizio le eccezioni che gli spetterebbero contro il proprio creditore [1250, 1254, 1945, 2917].

[II] Se il debitore medesimo ha accettato senza riserve la costituzione del pegno, non può opporre al creditore pignoratizio la compensazione [1246$^{n.5}$, 1248] verificatasi anteriormente.

2806. Pegno di diritti diversi dai crediti. – [I] Il pegno di diritti diversi dai crediti si costituisce nella forma rispettivamente richiesta per il trasferimento dei diritti stessi [1350, 1351, 1392, 1399, 1403, 2725, 2784], fermo il disposto del terzo comma dell'articolo 2787.

[II] Sono salve le disposizioni delle leggi speciali.

2807. Norme applicabili al pegno di crediti. – [I] Per tutto ciò che non è regolato nella presente sezione si osservano, in quanto applicabili, le norme della sezione precedente [2786 ss.].

Capo IV
Delle ipoteche

Sezione I
Disposizioni generali

2808. Costituzione ed effetti dell'ipoteca. – [I] L'ipoteca [1203$^{n.1}$, 1232, 1482, 1855, 2741] attribuisce al creditore il diritto di espropriare, anche in confronto del terzo acquirente [518, 2858, 2910], i beni vincolati a garanzia del suo credito [555 ss. CPC.] e di essere soddisfatto con preferenza sul prezzo ricavato dall'espropriazione [1864, 2748, 2770, 2772, 2777, 2812, 2814, 2825, 2847, 2852, 2854, 2911, 2916 // 596 ss. CPC.].

[II] L'ipoteca può avere per oggetto beni del debitore [2829] o di un terzo [2868 ss.] e si costituisce [2847, 2881] mediante iscrizione nei registri immobiliari [2809, 2827].

[III] L'ipoteca è **legale** [2817], **giudiziale** [2818 ss.] o **volontaria** [2821 ss.].

2809. Specialità e indivisibilità dell'ipoteca. – [I] L'ipoteca deve essere iscritta su beni specialmente indicati e per una somma determinata in danaro [2826, 2838, 2839].

[II] Essa è indivisibile [2799] e sussiste per intero sopra tutti i beni vincolati, sopra ciascuno di essi e sopra ogni loro parte [853, 2811].

2810. Oggetto dell'ipoteca. – [I] Sono capaci d'ipoteca:

1) i beni immobili che sono in commercio con le loro pertinenze [812, 817];

2) l'usufrutto dei beni stessi [326, 978, 980, 2814];

3) il diritto di superficie [952, 2816];

4) il diritto dell'enfiteuta e quello del concedente sul fondo enfiteutico [957, 959, 2815].

[II] Sono anche capaci d'ipoteca le rendite dello Stato nel modo determinato dalle leggi relative al debito pubblico, e inoltre le navi [565 ss. CNav.], gli aeromobili [1027 ss. CNav.] e gli autoveicoli, secondo le leggi che li riguardano (1).

[III] Sono considerati ipoteche i privilegi iscritti sugli autoveicoli a norma della legge speciale [2779] (2).

(1) Sul debito pubblico vedi d.P.R. 30/12/2003, n. 398.

(2) Vedi art. 11 ss. del r.d. 29/7/1927, n. 1814.

2811. Miglioramenti e accessioni. – [I] L'ipoteca si estende ai miglioramenti, nonché alle costruzioni e alle altre accessioni [934 ss.] dell'immobile ipotecato, salve le eccezioni stabilite dalla legge [2816, 2873^{3}].

2812. Diritti costituiti sulla cosa ipotecata. – [I] Le servitù [1207 ss.] di cui sia stata trascritta la costituzione dopo l'iscrizione dell'ipoteca [2808] non sono opponibili al creditore ipotecario, il quale può far subastare la cosa come libera. La stessa disposizione si applica per i diritti di usufrutto, di uso e di abitazione [978 ss., 1021 ss.].

[II] Tali diritti si estinguono con la espropriazione del fondo [555 ss. CPC.] e i titolari sono ammessi a far valere le loro ragioni sul ricavato, con preferenza rispetto alle ipoteche iscritte posteriormente alla trascrizione dei diritti medesimi.

[III] Per coloro che hanno acquistato il diritto di superficie [952 ss.] o il diritto d'enfiteusi [957 ss.] sui beni soggetti all'ipoteca e hanno trascritto l'acquisto posteriormente all'iscrizione dell'ipoteca, si osservano le disposizioni relative ai terzi acquirenti [2858 ss.].

[IV] Le cessioni e le liberazioni di pigioni e di fitti non scaduti [1605], che non siano trascritte o siano inferiori al triennio, sono opponibili ai creditori ipotecari solo se hanno data certa anteriore al pignoramento e per un termine non superiore a un anno dal giorno del pignoramento [2924].

[V] Le cessioni e le liberazioni trascritte non sono opponibili ai creditori ipotecari anteriori alla trascrizione, se non per il termine stabilito dal comma precedente [238 trans.].

2813. Pericolo di danno alle cose ipotecate. – [I] Qualora il debitore o un terzo compia atti da cui possa derivare il perimento o il deterioramento dei beni ipotecati, il creditore può domandare all'autorità giudiziaria che ordini la cessazione di tali atti o disponga le cautele necessarie per evitare il pregiudizio della sua garanzia [1186, 2743].

2814. Ipoteca sull'usufrutto e sulla nuda proprietà. – [I] Le ipoteche costituite sull'usufrutto si estinguono col cessare di questo [1014 ss.]. Tuttavia, se la cessazione si verifica per rinunzia o per abuso da parte dell'usufruttuario [1015] ovvero per acquisto della nuda proprietà da parte del medesimo, l'ipoteca perdura fino a che non si verifichi l'evento che avrebbe altrimenti prodotto l'estinzione dell'usufrutto.

[II] Se la nuda proprietà è gravata da ipoteca, questa, avvenendo l'estinzione dell'usufrutto, si estende alla piena proprietà. Ma nei casi in cui, secondo la disposizione del comma precedente, perdura l'ipoteca costituita sull'usufrutto, l'estensione non pregiudica il credito garantito con l'ipoteca stessa.

2815. Ipoteca sul diritto del concedente e sul diritto dell'enfiteuta. – [I] Nel caso di affrancazione [971], le ipoteche gravanti sul diritto del concedente si risolvono sul prezzo dovuto per l'affrancazione; le ipoteche gravanti sul diritto dell'enfiteuta si estendono alla piena proprietà.

[II] Nel caso di devoluzione [972] o di cessazione dell'enfiteusi per decorso del termine [958], le ipoteche gravanti sul diritto dell'enfiteuta si risolvono sul prezzo dovuto per i miglioramenti, senza deduzione di quanto è dovuto al concedente per i canoni non soddisfatti. Il prezzo dei miglioramenti, se da atto scritto non risulta concordato con i creditori ipotecari, deve determinarsi giudizialmente, anche in contraddittorio dei medesimi. Le ipoteche gravanti sul diritto del concedente si estendono alla piena proprietà.

[III] Quando l'enfiteusi si estingue per prescrizione [970], si estinguono le ipoteche che gravano sul diritto dell'enfiteuta.

[IV] Se per causa diversa da quelle sopra indicate vengono a riunirsi in una medesima persona il diritto del concedente e il diritto dell'enfiteuta, le ipoteche gravanti sull'uno e sull'altro continuano a gravarli separatamente; ma se l'ipoteca grava soltanto sull'uno o sull'altro diritto, essa si estende alla piena proprietà.

2816. Ipoteca sul diritto di superficie. – [I] Le ipoteche che hanno per oggetto il diritto di superficie [952 ss.] si estinguono nel caso di devoluzione della superficie al proprietario del suolo per decorso del termine [954]. Se però il superficiario ha diritto a un corrispettivo, le ipoteche iscritte contro di lui si risolvono sul corrispettivo medesimo. Le ipoteche iscritte contro il proprietario del suolo non si estendono alla superficie.

[II] Se per altre cause si riuniscono nella medesima persona il diritto del proprietario del suolo e quello del superficiario, le ipoteche sull'uno e sull'altro diritto continuano a gravare separatamente i diritti stessi.

Sezione II
Dell'ipoteca legale

2817. Persone a cui compete (1). – [I] Hanno ipoteca legale:

1) l'alienante sopra gli immobili alienati per l'adempimento degli obblighi che derivano dall'atto di alienazione [2650^3, 2834];

2) i coeredi, i soci ed altri condividenti per il pagamento dei conguagli sopra gli immobili assegnati ai condividenti ai quali incombe tale obbligo [728, 2650^3, 2834];

3) lo Stato sopra i beni dell'imputato e della persona civilmente responsabile, secondo le disposizioni del codice penale [189 CP.] e del codice di procedura penale [316-320 CPP.] (2).

(1) Articolo così sostituito dall'art. 208 della l. 19/5/1975, n. 151.

(2) Numero ora privo di oggetto ai sensi dell'art. 218 coord. CPP. che ha sostituito l'ipoteca legale per illeciti penali con il sequestro conservativo.

Sezione III
Dell'ipoteca giudiziale

2818. Provvedimenti da cui deriva. – [I] Ogni sentenza che porta condanna al pagamento di una somma o all'adempimento di altra obbligazione ovvero al risarcimento dei danni da liquidarsi successivamente [278 CPC.] è titolo per iscrivere ipoteca sui beni del debitore [1565, 2828, 2830] (1).

[II] Lo stesso ha luogo per gli altri provvedimenti giudiziali ai quali la legge attribuisce tale effetto [2836 // 655 CPC.].

(1) Vedi art. 82 della l. 1/12/1970, n. 898 che disciplina i casi di scioglimento del matrimonio.

2819. Sentenze arbitrali. – [I] Si può iscrivere ipoteca in base al lodo degli arbitri, quando è stato reso esecutivo [2855 // 825 CPC.].

2820. Sentenze straniere. – [I] Si può parimenti iscrivere ipoteca in base alle sentenze pronunziate dalle autorità giudiziarie straniere, dopo che ne è stata dichiarata l'efficacia dall'autorità giudiziaria italiana, salvo che le convenzioni internazionali dispongano diversamente [797 CPC.].

Sezione IV
Dell'ipoteca volontaria

2821. Concessione d'ipoteca. – [I] L'ipoteca può essere concessa anche mediante dichiarazione unilaterale [$375^{n.2}$, 1334, 1987, 2800, 2808, 2868]. La concessione deve farsi per atto pubblico [2699 ss.] o per scrittura privata [2702 ss.], sotto pena di nullità [$1350^{n.13}$, 2725, 2882 // CNav. 41].

[II] Non può essere concessa per testamento [587, 639].

2822. Ipoteca su beni altrui. – [I] Se l'ipoteca è concessa da chi non è proprietario della cosa, l'iscrizione può essere validamente presa solo quando la cosa è acquistata dal concedente [1478, 2823, 2828].

[II] Se l'ipoteca è concessa da persona che agisce come rappresentante senza averne la qualità, l'iscrizione può essere validamente presa solo quando il proprietario ha ratificato la concessione [1398, 1399].

2823. Ipoteca su beni futuri. – [I] L'ipoteca su cosa futura può essere validamente iscritta solo quando la cosa è venuta a esistenza [458, 1348, 1472, 2822, 2828].

2824. Ipoteca iscritta in base a titolo annullabile. – [I] L'iscrizione d'ipoteca eseguita in virtù di un titolo annullabile [1425 ss.] rimane convalidata con la convalida del titolo [1444].

2825. Ipoteca su beni indivisi. – [I] La ipoteca costituita sulla propria quota da uno dei partecipanti alla comunione [1103] produce effetto rispetto a quei beni o a quella porzione di beni che a lui verranno assegnati nella divisione [757].

[II] Se nella divisione [1111 ss.] sono assegnati a un partecipante beni diversi da quello da lui ipotecato, l'ipoteca si trasferisce su questi altri beni, col grado derivante dall'originaria iscrizione e nei limiti del valore del bene in precedenza ipotecato, quale risulta dalla divisione, purché l'ipoteca sia nuovamente iscritta con la indicazione di detto valore entro novanta giorni dalla trascrizione della divisione medesima.

[III] Il trasferimento però non pregiudica le ipoteche iscritte contro tutti i partecipanti, né l'ipoteca legale spettante ai condividenti per i conguagli [$2817^{n.2}$].

[IV] I creditori ipotecari e i cessionari di un partecipante [1113], al quale siano stati assegnati beni diversi da quelli ipotecati o ceduti, possono far valere le loro ragioni anche sulle somme a lui dovute per conguagli o, qualora sia stata attribuita una somma di danaro in luogo di beni in natura, possono far valere le loro ragioni su tale somma, con prelazione determinata dalla data di iscrizione o di trascrizione dei titoli rispettivi, nel limite però del valore dei beni precedentemente ipotecati o ceduti.

[V] I debitori delle somme sono tuttavia liberati quando le abbiano pagate al condividente dopo trenta giorni da che la divisione è stata notificata ai creditori ipotecari o ai cessionari senza che da costoro sia stata fatta opposizione [2906].

2825 bis. Ipoteca sul bene oggetto di contratto preliminare (1). – [I] L'ipoteca iscritta su edificio o complesso condominiale, anche da costruire o in corso di costruzione, a garanzia di finanziamento dell'intervento edilizio ai sensi degli articoli 38 e seguenti del decreto legislativo 1° settembre 1993, n. 385, prevale sulla trascrizione anteriore dei contratti preliminari di cui all'articolo 2645-bis, limitatamente alla quota di debito derivante dal suddetto finanziamento che il promissario acquirente si sia accollata con il contratto preliminare o con altro atto successivo eventualmente adeguata ai sensi dell'articolo 39, comma 3, del citato decreto legislativo n. 385 del 1993. Se l'accollo risulta da atto successivo, questo è annotato in margine alla trascrizione del contratto preliminare.

(1) Articolo inserito dall'art. 33 del d.l. 31/12/1996, n. 669, conv., con modif., nella l. 28/2/1997, n. 30.

2826. Indicazioni dell'immobile ipotecato (1). – [I] Nell'atto di concessione dell'ipoteca l'immobile deve essere specificamente designato con l'indicazione della sua natura, del comune in cui si trova, nonché dei dati di identificazione catastale; per i fabbricati in corso di costruzione devono essere indicati i dati di identificazione catastale del terreno su cui insistono.

(1) Articolo così sostituito dall'art. 13 della l. 27/2/1985, n. 52.

Sezione V
Dell'iscrizione e rinnovazione delle ipoteche

§ 1 – *Dell'iscrizione*

2827. Luogo dell'iscrizione. – [I] L'ipoteca si iscrive nell'ufficio dei registri immobiliari del luogo in cui si trova l'immobile [2839].

2828. Immobili su cui può iscriversi l'ipoteca giudiziale. – [I] L'ipoteca giudiziale si può iscrivere su qualunque degli immobili [812 ss.] appartenenti al debitore e su quelli che gli pervengono successivamente alla condanna, a misura che egli li acquista.

2829. Iscrizione sui beni del defunto. – [I] L'iscrizione d'ipoteca sui beni di un defunto può eseguirsi con la semplice indicazione della sua persona, osservate per il resto le regole ordinarie. Se però risulta trascritto l'acquisto dei beni da parte degli eredi [2648], l'iscrizione deve eseguirsi contro costoro.

2830. Ipoteca giudiziale sui beni dell'eredità beneficiata e dell'eredità giacente. – [I] Se l'eredità è accettata con beneficio d'inventario [484 ss.] o se si tratta di eredità giacente [528 ss.], non possono essere iscritte ipoteche giudiziali [2818 ss.] sui beni ereditari, neppure in base a sentenze pronunziate anteriormente alla morte del debitore.

2831. Ipoteca a garanzia di obbligazioni all'ordine o al portatore. – [I] Le obbligazioni risultanti dai titoli all'ordine [2008 ss.] o al portatore [2003 ss.] possono essere garantite con ipoteca.

[II] Per i titoli all'ordine l'ipoteca è iscritta a favore dell'attuale possessore e si trasmette ai successivi possessori; questi non sono tenuti a effettuare l'annotazione prevista dall'articolo 2843.

[III] Per i titoli al portatore l'ipoteca a favore degli obbligazionisti è iscritta con l'indicazione dell'emittente, della data dell'atto di emissione, della serie, del numero e del valore delle obbligazioni emesse. In margine all'iscrizione deve essere annotato il nome del rappresentante degli obbligazionisti, appena questo sia nominato [2415, 2417, 2418]. Per l'annotazione deve presentarsi copia della deliberazione o del provvedimento giudiziale di nomina [2845].

2832. Iscrizione dell'ipoteca legale della moglie*. – *L'ipoteca legale spettante alla moglie deve essere iscritta nel termine di venti giorni a cura del marito e del notaio che ha ricevuto l'atto di costituzione della dote. Se l'ipoteca non è stata ristretta a determinati beni, il notaio deve far dichiarare dal marito la situazione dei beni a lui appartenenti, con le indicazioni stabilite dall'articolo 2826. L'iscrizione dell'ipoteca legale può essere richiesta, oltre che dalla moglie, anche da chi ha costituito la dote.*

* Articolo abrogato dall'art. 209 della l. 19/5/1975, n. 151.

2833. Responsabilità per mancata iscrizione*. – *Le persone obbligate a richiedere l'iscrizione dell'ipoteca legale secondo l'articolo precedente, se non adempiono tale obbligo nel termine stabilito, rispondono dei danni e incorrono in una pena pecuniaria estensibile fino a lire tremila.*

* Articolo abrogato dall'art. 209 della l. 19/5/1975, n. 151.

2834. Iscrizione dell'ipoteca legale dell'alienante e del condividente (1). – [I] Il conservatore dei registri immobiliari, nel trascrivere un atto di alienazione o di divisione, deve iscrivere d'ufficio l'ipoteca legale che spetta all'alienante o al condividente a norma dei numeri 1 e 2 dell'articolo 2817, a meno che gli sia presentato un atto pubblico o una scrittura privata con sottoscrizione autenticata o accertata giudizialmente, da cui risulti che gli obblighi sono stati adempiuti o che vi è stata rinunzia all'ipoteca da parte dell'alienante o del condividente.

(1) Articolo così sostituito dall'art. 4 della l. 21/1/1983, n. 22.

2835. Iscrizione in base a scrittura privata. – [I] Se il titolo per l'iscrizione risulta da scrittura privata [2702 ss.], la sottoscrizione di chi ha concesso l'ipoteca deve essere autenticata [2703] o accertata giudizialmente [214 ss. CPC.].

[II] Il richiedente deve presentare la scrittura originale o, se questa è depositata in pubblico archivio o negli atti d'un notaio, una copia autenticata, con la certificazione che ricorrono i requisiti innanzi indicati.

[III] L'originale o la copia rimane in deposito nell'ufficio dei registri immobiliari [2663].

2836. Iscrizione in base ad atto pubblico o a sentenza. – [I] Se il titolo per l'iscrizione risulta da un atto pubblico ricevuto nello Stato [2699 ss.] o da una sentenza [CPC. 131 ss.] o da altro provvedimento giudiziale ad essa parificato [CPC. 655], si deve presentare copia del titolo (1).

(1) Seguiva un originario co. 2 abrogato dall'art. 30 della l. 27/2/1985, n. 52.

2837. Atti formati all'estero. – [I] Gli atti formati in paese estero [804 CPC.] che si presentano per l'iscrizione devono essere legalizzati (1).

(1) Vedi sub art. 2657. V., inoltre, l'art. 33 del d.P.R. 28/12/2000, n. 445.

2838. Somma per cui l'iscrizione è eseguita. – [I] Se la somma di danaro non è altrimenti determinata negli atti in base ai quali è eseguita l'iscrizione o in atto successivo, essa è determinata dal creditore nella nota per la iscrizione [2839 n. 4].

[II] Qualora tra la somma enunciata nell'atto e quella enunciata nella nota vi sia divergenza, l'iscrizione ha efficacia per la somma minore.

2839. Formalità per l'iscrizione dell'ipoteca (1). – [I] Per eseguire l'iscrizione deve presentarsi il titolo costitutivo insieme con una nota sottoscritta dal richiedente in doppio originale.

[II] La nota deve indicare:

1) il cognome, il nome, il luogo e la data di nascita (2) e il numero di codice fiscale del creditore, del debitore e dell'eventuale terzo datore di ipoteca; la denominazione o la ragione sociale, la sede e il numero di codice fiscale delle persone giuridiche, delle società previste dai capi II, III e IV del titolo V del libro quinto e delle associazioni non riconosciute, con l'indicazione, per queste ultime e per le società semplici, anche delle generalità delle persone che le rappresentano secondo l'atto costitutivo.

Per le obbligazioni all'ordine [2008 ss.] o al portatore [2003 ss.] si devono osservare le norme dell'articolo 2831. Per le obbligazioni all'ordine si deve inoltre esibire il titolo al conservatore, il quale vi annota l'eseguita iscrizione dell'ipoteca. Per le obbligazioni al portatore si deve presentare copia dell'atto di emissione e del piano di ammortamento;

2) il domicilio eletto dal creditore nella circoscrizione del tribunale in cui ha sede l'ufficio dei registri immobiliari;

3) il titolo, la sua data e il nome del pubblico ufficiale che lo ha ricevuto o autenticato;

4) l'importo della somma per la quale l'iscrizione è presa [2838];

5) gli interessi e le annualità che il credito produce;

6) il tempo della esigibilità;

7) la natura e la situazione dei beni gravati, con le indicazioni prescritte dall'articolo 2826.

(1) Articolo così sostituito dall'art. 14 della l. 27/2/1985, n. 52.

(2) Vedi art. 108 del d.P.R. 3/11/2000, n. 396 in materia di revisione e semplificazione dell'ordinamento dello stato civile.

2840. Certificato dell'iscrizione. – [I] Eseguita l'iscrizione, il conservatore restituisce al richiedente uno degli originali della nota, certificando, in calce al medesimo, la data e il numero d'ordine dell'iscrizione.

[II] I titoli consegnati al conservatore sono custoditi secondo quanto è disposto dall'articolo 2664.

2841. Omissioni e inesattezze nei titoli o nelle note. – [I] L'omissione o l'inesattezza di alcune delle indicazioni nel titolo, in base al quale è presa l'iscrizione, o nella nota non nuoce alla validità dell'iscrizione, salvo che induca incertezza sulla persona del creditore o del debitore o sull'ammontare del credito ovvero sulla persona del proprietario del bene gravato, quando l'indicazione ne è necessaria, o sull'identità dei singoli beni gravati.

[II] Nel caso di altre omissioni o inesattezze, si può ordinare la rettificazione a istanza e a spese della parte interessata [2886^2].

2842. Variazione del domicilio eletto. – [I] È in facoltà del creditore, del suo mandatario o del suo erede o avente causa di variare il domicilio eletto nell'iscrizione, sostituendone un altro nella stessa circoscrizione.

[II] Il cambiamento deve essere annotato dal conservatore in margine o in calce all'iscrizione.

[III] La dichiarazione circa il cambiamento del domicilio deve risultare da atto ricevuto o autenticato da notaio e deve rimanere depositata nell'ufficio del conservatore.

2843. Annotazione di cessione, di surrogazione e di altri atti dispositivi del credito. – [I] La trasmissione o il vincolo dell'ipoteca per cessione [1260 ss.], surrogazione [1201 ss.], pegno [2800 ss.], postergazione di grado o costituzione in dote [166-bis] del credito ipotecario, nonché per sequestro [2905 s. // 671 ss. CPC.], pignoramento [492 ss. CPC.] o assegnazione [2925 ss. // 505 ss. CPC.] del credito medesimo si deve annotare in margine all'iscrizione della ipoteca.

[II] La trasmissione o il vincolo dell'ipoteca non ha effetto finché l'annotazione non sia stata eseguita. Dopo l'annotazione la iscrizione non si può cancellare senza il consenso dei titolari dei diritti indicati nella annotazione medesima [2879^2] e le intimazioni o notificazioni che occorrono in dipendenza dell'iscrizione devono essere loro fatte nel domicilio eletto.

[III] Per l'annotazione deve essere consegnata al conservatore copia del titolo e qualora questo sia una scrittura privata o un atto formato in paese estero, si applicano le disposizioni degli articoli 2835 e 2837 [2842 // 54 att.].

2844. Azioni e notificazioni. – [I] Le azioni a cui le iscrizioni possono dar luogo contro i creditori sono promosse davanti all'autorità giudiziaria competente, per mezzo di citazione [163 CPC.] da farsi alla persona in mani proprie o all'ultimo domicilio da essi eletto.

[II] La stessa disposizione si applica per ogni altra notificazione relativa alle dette iscrizioni.

[III] Se non è stata fatta elezione di domicilio o se è morta la persona ovvero è cessato l'ufficio presso cui si era eletto il domicilio, le citazioni e le notificazioni possono essere fatte all'ufficio presso il quale l'iscrizione è stata presa.

[IV] Se si tratta di giudizio promosso dal debitore contro il suo creditore per la riduzione dell'ipoteca [2872 ss.] o per la cancellazione totale o parziale dell'iscrizione [2884], il creditore deve essere citato nei modi ordinari stabiliti dal codice di procedura civile [163 ss. CPC.].

2845. Notificazioni relative a iscrizioni per obbligazioni all'ordine e al portatore. – [I] Se l'iscrizione è presa per obbligazioni risultanti da titoli all'ordine [2008 ss.], le citazioni e notificazioni previste dall'articolo precedente devono farsi nei confronti di chi ha preso l'iscrizione a norma degli articoli 2831 e 2839, salvo che dai registri risulti l'annotazione a favore di un possessore successivo.

[II] Se si tratta di obbligazioni al portatore [2003 ss., 2414 ss.], le citazioni e le notificazioni devono essere fatte al rappresentante degli obbligazionisti il cui nome è annotato in margine all'iscrizione [2831]. Le citazioni e le notificazioni devono essere iscritte nel registro delle imprese [2188 ss.] e pubblicate per estratto in un giornale quotidiano designato dall'autorità giudiziaria.

[III] Se manca per qualsiasi causa il rappresentante o il nome di lui non è stato annotato in margine alla iscrizione dell'ipoteca, le citazioni e le notificazioni sono fatte nei confronti di un curatore da nominarsi dall'autorità giudiziaria. Il decreto di nomina del curatore deve essere pubblicato con le modalità prescritte nel comma precedente.

2846. Spese d'iscrizione. – [I] Le spese d'iscrizione dell'ipoteca sono a carico del debitore, se non vi è patto contrario, ma devono essere anticipate dal richiedente.

§ 2 – *Della rinnovazione*

2847. Durata dell'efficacia dell'iscrizione (1). – [I] L'iscrizione conserva il suo effetto per venti anni dalla sua data. L'effetto cessa se l'iscrizione non è rinnovata [2850] prima che scada detto termine [240 trans.].

(1) In deroga al presente articolo, v. art. 138-sexies del d.l. 31/1/2007, n. 7, conv., con modif., in l. 2/4/2007, n. 40 in tema di semplificazione del procedimento di cancellazione dell'ipoteca per i mutui immobiliari.

2848. Nuova iscrizione dell'ipoteca. – [I] Nonostante il decorso del termine indicato dall'articolo precedente, il creditore può procedere a nuova iscrizione; in tal caso l'ipoteca prende grado dalla data della nuova iscrizione.

[II] La nuova iscrizione non può essere presa contro i terzi acquirenti dell'immobile ipotecato che hanno trascritto il loro titolo.

2849. Durata dell'ipoteca legale della moglie*. – *L'iscrizione dell'ipoteca legale della moglie conserva il suo effetto, senza che sia rinnovato, durante il matrimonio e per un anno successivo allo scioglimento del medesimo.*

* Articolo abrogato dall'art. 209 della l. 19/5/1975, n. 151.

2850. Formalità per la rinnovazione. – [I] Per ottenere la rinnovazione si presenta al conservatore una nota in doppio originale conforme a quella della precedente iscrizione, in cui si dichiari che s'intende rinnovare l'iscrizione originaria.

[II] In luogo del titolo si può presentare la nota precedente [2839].

[III] Il conservatore deve osservare le disposizioni dell'articolo 2840.

2851. Rinnovazione rispetto a beni trasferiti agli eredi o aventi causa. – [I] Se al tempo della rinnovazione gli immobili ipotecati risultano dai registri delle trascrizioni passati agli eredi del debitore o ai suoi aventi causa, la rinnovazione deve essere fatta anche nei confronti degli eredi o aventi causa e la nota deve contenere le indicazioni stabilite dall'articolo 2839, se queste risultano dai registri medesimi.

Sezione VI
Dell'ordine delle ipoteche

2852. Grado dell'ipoteca. – [I] L'ipoteca prende grado [2853] dal momento della sua iscrizione, anche se è iscritta per un

credito condizionale. La stessa norma si applica per i crediti che possano **eventualmente** nascere in dipendenza di un rapporto già esistente [2784 ss.].

2853. Richieste contemporanee d'iscrizione. – [I] Il numero d'ordine delle iscrizioni determina il loro grado. Nondimeno, se più persone presentano contemporaneamente la nota per ottenere iscrizione contro la stessa persona o sugli stessi immobili, le iscrizioni sono eseguite sotto lo stesso numero, e di ciò si fa menzione nella ricevuta spedita dal conservatore a ciascuno dei richiedenti [2854].

2854. Ipoteche iscritte nello stesso grado. – [I] I crediti con iscrizione ipotecaria dello stesso grado sugli stessi beni concorrono tra loro in proporzione dell'importo relativo.

2855. Estensione degli effetti della iscrizione. – [I] L'iscrizione del credito fa collocare nello stesso grado le spese dell'atto di costituzione d'ipoteca, quelle della iscrizione [2846] e rinnovazione [2847] e quelle ordinarie occorrenti per l'intervento nel processo di esecuzione. Per il credito di maggiori spese giudiziali le parti possono estendere l'ipoteca con patto espresso, purché sia presa la corrispondente iscrizione.

[II] Qualunque sia la specie d'ipoteca, l'iscrizione di un capitale che produce interessi fa collocare nello stesso grado gli interessi dovuti, purché ne sia enunciata la misura nell'iscrizione. La collocazione degli interessi è limitata alle due annate anteriori e a quella in corso al giorno del pignoramento [491 ss. CPC.], ancorché sia stata pattuita l'estensione a un maggior numero di annualità; le iscrizioni particolari prese per altri arretrati hanno effetto dalla loro data.

[III] L'iscrizione del capitale fa pure collocare nello stesso grado gli interessi maturati dopo il compimento dell'annata in corso alla data del pignoramento, però soltanto nella misura legale [1284] e fino alla data della vendita [241 att.].

2856. Surrogazione del creditore perdente. – [I] Il creditore che ha ipoteca sopra uno o più immobili, qualora si trovi perdente perché sul loro prezzo si è in tutto o in parte soddisfatto un creditore anteriore, la cui ipoteca si estendeva ad altri beni dello stesso debitore, può surrogarsi nell'ipoteca iscritta a favore del creditore soddisfatto, al fine di esercitare l'azione ipotecaria su questi altri beni con preferenza rispetto ai creditori posteriori alla propria iscrizione. Lo stesso diritto spetta ai creditori perdenti in seguito alla detta surrogazione.

[II] Questa disposizione si applica anche ai creditori perdenti per causa di privilegi immobiliari [2770 ss.].

2857. Limiti della surrogazione. – [I] La surrogazione non si può esercitare sui beni dati in ipoteca da un terzo, né sui beni alienati dal debitore, quando l'alienazione è stata trascritta anteriormente all'iscrizione del creditore perdente.

[II] Trattandosi di beni acquistati dal debitore posteriormente a detta iscrizione, se il creditore soddisfatto aveva esteso a essi la sua ipoteca giudiziale [2828], il creditore perdente può esercitare la surrogazione anche su tali beni.

[III] Per far valere il diritto alla surrogazione deve essere eseguita annotazione in margine alla ipoteca del creditore soddisfatto; per l'annotazione deve presentarsi al conservatore copia dello stato di graduazione dal quale risulta l'incapienza [2843].

Sezione VII
Degli effetti dell'ipoteca rispetto al terzo acquirente

2858. Facoltà del terzo acquirente. – [I] Il terzo acquirente dei beni ipotecati, che ha trascritto [2643 ss.] il suo titolo di acquisto e non è personalmente obbligato, se non preferisce pagare i creditori iscritti [2827 ss., 2852 ss.], può rilasciare [2861 ss.] i beni stessi ovvero liberarli dalle ipoteche, osservando le norme contenute nella sezione XII di questo capo [2889 ss.]. In mancanza, l'espropriazione segue contro di lui secondo le forme prescritte dal codice di procedura civile [242 att. // 602 ss. CPC.].

2859. Eccezioni opponibili dal terzo acquirente. – [I] Se la domanda diretta a ottenere la condanna del debitore è posteriore alla trascrizione del titolo del terzo acquirente, questi, ove non abbia preso parte al giudizio, può opporre al creditore procedente tutte le eccezioni non opposte dal debitore e quelle altresì che spetterebbero a questo dopo la condanna [2870].

[II] Le eccezioni suddette però non sospendono il corso dei termini stabiliti per la liberazione del bene dalle ipoteche [2889 ss. // att. 242].

2860. Capacità per il rilascio. – [I] Può procedere al rilascio [2861 ss.] soltanto chi ha la capacità di alienare [2, 320, 375, 394, 424, 428, 1425, 2858].

2861. Termine ed esecuzione del rilascio. – [I] Il rilascio dei beni ipotecati si esegue con dichiarazione alla cancelleria del tribunale competente per l'espropriazione [16 // 26 CPC.]. La dichiarazione deve essere fatta non oltre i dieci giorni dalla data del pignoramento.

[II] Il certificato della cancelleria attestante la dichiarazione deve, a cura del terzo, essere annotato in margine alla trascrizione dell'atto di pignoramento e deve essere notificato, entro cinque giorni dalla sua data, al creditore procedente.

[III] Sull'istanza di questo o di qualunque altro interessato, il tribunale provvede alla nomina di un amministratore, in confronto del quale prosegue il processo di espropriazione [555 ss. CPC.].

[IV] Il terzo rimane responsabile della custodia dell'immobile [559 ss. CPC.] fino alla consegna all'amministratore.

2862. Ipoteche e altri diritti reali a carico e a favore del terzo. – [I] Il rilascio non pregiudica le ipoteche, le servitù e gli altri diritti reali resi pubblici contro il terzo prima dell'annotazione del rilascio [2861].

[II] Le ipoteche, le servitù e gli altri diritti reali che già spettavano al terzo prima dell'acquisto riprendono efficacia dopo il rilascio o dopo la vendita all'incanto eseguita contro di lui [576 ss. CPC.].

[III] Del pari riprendono efficacia le servitù che al momento dell'iscrizione dell'ipoteca esistevano a favore del fondo ipotecato e a carico di altro fondo del terzo. Esse sono comprese nell'espropriazione del fondo ipotecato.

2863. Ricupero dell'immobile rilasciato e abbandono dell'esecuzione. – [I] Finché non sia avvenuta la vendita, il terzo può ricuperare l'immobile rilasciato, pagando i crediti iscritti [2852 ss.] e i loro accessori [2855], oltre le spese.

[II] Qualora la vendita sia avvenuta e, dopo pagati i creditori iscritti, vi sia un residuo del prezzo, questo spetta al terzo acquirente [510 CPC.].

[III] Il rilascio non ha effetto se il processo di esecuzione si estingue per rinunzia o per inattività delle parti [629 ss. CPC.].

2864. Danni causati dal terzo e miglioramenti. – [I] Il terzo è tenuto a risarcire i danni [2043 ss.] che da sua colpa grave sono derivati all'immobile in pregiudizio dei creditori iscritti [2827 ss.].

[II] Egli non può ritenere l'immobile per causa di miglioramenti [1152]; ma ha il diritto di far separare dal prezzo di vendita la parte corrispondente ai miglioramenti eseguiti dopo la trascrizione del suo titolo, fino a concorrenza del valore dei medesimi al tempo della vendita.

[III] Se il prezzo non copre il valore dell'immobile nello stato in cui era prima dei miglioramenti e insieme quello dei miglioramenti, esso deve dividersi in due parti proporzionali ai detti valori.

2865. Frutti dovuti dal terzo. – [I] I frutti [820] dell'immobile ipotecato sono dovuti dal terzo [1148] a decorrere dal giorno in cui è stato eseguito il pignoramento [CPC. 555 ss.].

[II] Nel caso di liberazione dell'immobile dalle ipoteche [2889 ss.] i frutti sono del pari dovuti dal giorno del pignoramento o, in mancanza di pignoramento, dal giorno della notificazione eseguita in conformità dell'articolo 2890.

2866. Diritti del terzo nei confronti del debitore e di altri terzi acquirenti. – [I] Il terzo che ha pagato i creditori iscritti ovvero ha rilasciato l'immobile o sofferto l'espropriazione ha ragione d'indennità verso il suo autore, anche se si tratta di acquisto a titolo gratuito [1483 ss.].

[II] Ha pure diritto di subingresso [1203] nelle ipoteche costituite a favore del creditore soddisfatto sugli altri beni del debitore; se questi sono stati acquistati da terzi, non ha azione che contro coloro i quali hanno trascritto il loro acquisto in data posteriore alla trascrizione del suo titolo. Per esercitare il subingresso deve fare eseguire la relativa annotazione in conformità dell'articolo 2843 [242 att.].

[III] Il subingresso non pregiudica l'esercizio del diritto di surrogazione stabilito dall'articolo 2856 a favore dei creditori che hanno un'iscrizione anteriore alla trascrizione del titolo del terzo acquirente.

2867. Terzo debitore di somma in dipendenza dell'acquisto. – [I] Se il terzo acquirente, che ha trascritto il suo titolo, è debitore, in dipendenza dell'acquisto, di una somma attualmente esigibile, la quale basti a soddisfare tutti i creditori iscritti contro il precedente proprietario, ciascuno di questi può obbligarlo al pagamento.

[II] Se il debito del terzo non è attualmente esigibile, o è minore o diverso da ciò che è dovuto ai detti creditori, questi, purché di comune accordo, possono egualmente richiedere che venga loro pagato, fino alla rispettiva concorrenza, ciò che il terzo deve nei modi e termini della sua obbligazione.

[III] Nell'uno e nell'altro caso l'acquirente non può evitare di pagare, offrendo il rilascio dell'immobile [2681], ma, eseguito il pagamento, l'immobile è liberato da ogni ipoteca, non esclusa quella che spetta all'alienante [2817 n. 1], e il terzo ha diritto di ottenere che si cancellino le relative iscrizioni [2882 ss.].

Sezione VIII

Degli effetti dell'ipoteca rispetto al terzo datore

2868. Beneficio di escussione. – [I] Chi ha costituito un'ipoteca a garanzia del debito altrui non può invocare il beneficio della preventiva escussione del debitore, se il beneficio non è stato convenuto [1944].

2869. Estinzione dell'ipoteca per fatto del creditore. – [I] L'ipoteca costituita dal terzo si estingue se, per fatto del creditore, non può avere effetto la surrogazione del terzo nei diritti, nel pegno, nelle ipoteche e nei privilegi del creditore [1203, 1949, 1955, 2926].

2870. Eccezioni opponibili dal terzo datore. – [I] Il terzo datore che non ha preso parte al giudizio diretto alla condanna del debitore può opporre al creditore le eccezioni indicate dall'articolo 2859 [1247].

2871. Diritti del terzo datore che ha pagato i creditori iscritti o ha sofferto l'espropriazione. – [I] Il terzo datore che ha pagato i creditori iscritti o ha sofferto l'espropriazione ha regresso contro il debitore. Se vi sono più debitori obbligati in solido [1292 ss.], il terzo che ha costituito l'ipoteca a garanzia di tutti ha regresso contro ciascuno per l'intero.

[II] Il terzo datore ha regresso contro i fideiussori [1936 ss.] del debitore. Ha inoltre regresso contro gli altri terzi datori per la loro rispettiva porzione [1299] e può esercitare, anche nei confronti dei terzi acquirenti, il subingresso previsto dal secondo comma dell'articolo 2866.

Sezione IX

Della riduzione delle ipoteche

2872. Modalità della riduzione. – [I] La riduzione delle ipoteche si opera riducendo la somma [2876] per la quale è stata presa l'iscrizione [2838] o restringendo l'iscrizione a una parte soltanto dei beni.

[II] Questa restrizione può aver luogo anche se l'ipoteca ha per oggetto un solo bene, qualora questo abbia parti distinte o tali che si possano comodamente distinguere [2873].

2873. Esclusione della riduzione. – [I] Non è ammessa domanda di riduzione riguardo alla quantità dei beni né riguardo alla somma, se la quantità dei beni o la somma è stata determinata per convenzione o per sentenza [2872].

[II] Tuttavia, se sono stati eseguiti pagamenti parziali [1181] così da estinguere almeno il quinto del debito originario, si può chiedere una riduzione proporzionale per quanto riguarda la somma [2799].

[III] Nel caso d'ipoteca iscritta su un edificio, il costituente che dopo l'iscrizione ha eseguito sopraelevazioni può chiedere che l'ipoteca sia ridotta, per modo che le sopraelevazioni ne restino esenti in tutto o in parte, osservato il limite stabilito dall'articolo 2876 per il valore della cautela [2811].

2874. Riduzione dell'ipoteca legale e dell'ipoteca giudiziale. – [I] Le ipoteche legali, eccettuate quelle indicate dai numeri 1 e 2 dell'articolo 2817, e le ipoteche giudiziali [2818 ss.] devono ridursi su domanda degli interessati, se i beni compresi nell'iscrizione hanno un valore che eccede la cautela da somministrarsi o se la somma determinata dal creditore nell'iscrizione [2838] eccede di un quinto quella che l'autorità giudiziaria dichiara dovuta.

2875. Eccesso nel valore dei beni. – [I] Si reputa che il valore dei beni ecceda la cautela da somministrarsi, se tanto alla data dell'iscrizione dell'ipoteca, quanto posteriormente, supera di un terzo l'importo dei crediti iscritti, accresciuto degli accessori a norma dell'articolo 2855.

2876. Limiti della riduzione. – [I] La riduzione si opera rispettando l'eccedenza del quinto per ciò che riguarda la somma del credito e l'eccedenza del terzo per ciò che riguarda il valore della cautela.

2877. Spese della riduzione. – [I] Le spese necessarie per eseguire la riduzione, anche se consentita dal creditore, sono sempre a carico del richiedente, a meno che la riduzione abbia luogo per eccesso nella determinazione del credito fatta dal creditore [2838], nel qual caso sono a carico di quest'ultimo.

[II] Se la riduzione è stata ordinata con sentenza, le spese del giudizio sono a carico del soccombente, salvo che siano compensate tra le parti [91 ss. CPC.].

Sezione X

Dell'estinzione delle ipoteche

2878. Cause di estinzione (1). – [I] L'ipoteca si estingue:

1) con la cancellazione dell'iscrizione [2882 ss.];

2) con la mancata rinnovazione dell'iscrizione entro il termine indicato dall'articolo 2847;

3) con l'estinguersi dell'obbligazione [1176 ss., 1230 ss.];

4) col perimento del bene ipotecato, salvo quanto è stabilito dall'articolo 2742;

5) con la rinunzia del creditore [2879];

6) con lo spirare del termine a cui l'ipoteca è stata limitata o col verificarsi della condizione risolutiva [1353];

7) con la pronunzia del provvedimento che trasferisce all'acquirente il diritto espropriato e ordina la cancellazione delle ipoteche [586 CPC.].

(1) In tema di semplificazione del procedimento di cancellazione dell'ipoteca per i mutui immobiliari, v. art. 138-sexies del d.l. 31/1/2007, n. 7, conv., con modif., in l. 2/4/2007, n. 40.

2879. Rinunzia all'ipoteca. – [I] La rinunzia del creditore all'ipoteca deve essere espressa e deve risultare da atto scritto, sotto pena di nullità.

[II] La rinunzia non ha effetto di fronte ai terzi che anteriormente alla cancellazione dell'ipoteca abbiano acquistato il diritto all'ipoteca medesima ed eseguito la relativa annotazione a termini dell'articolo 2843.

2880. Prescrizione rispetto a beni acquistati da terzi. – [I] Riguardo ai beni acquistati da terzi, l'ipoteca si estingue per prescrizione, indipendentemente dal credito, col decorso di venti anni dalla data della trascrizione del titolo di acquisto [2643 ss.], salve le cause di sospensione e d'interruzione [2934 ss.].

2881. Nuova iscrizione dell'ipoteca. – [I] Salvo diversa disposizione di legge [1276, 2926[2], 2927[2]], se la causa estintiva dell'obbligazione è dichiarata nulla o altrimenti non sussiste ovvero è dichiarata nulla la rinunzia fatta dal creditore all'ipoteca, e l'iscrizione non è stata conservata, si può procedere a nuova iscrizione e questa prende grado dalla sua data.

Sezione XI
Della cancellazione dell'iscrizione

2882. Formalità per la cancellazione. – [I] La cancellazione consentita dalle parti interessate deve essere eseguita dal conservatore in seguito a presentazione dell'atto contenente il consenso del creditore.

[II] Per quest'atto devono essere osservate le forme prescritte dagli articoli 2821, 2835 e 2837.

2883. Capacità per consentire la cancellazione. – [I] Chi non ha la capacità richiesta per liberare il debitore non può consentire la cancellazione dell'iscrizione, se non è assistito dalle persone il cui intervento è necessario per la liberazione [320, 374, 394, 424].

[II] Il rappresentante legale dell'incapace e ogni altro amministratore, anche se autorizzati a esigere il credito e a liberare il debitore, non possono consentire la cancellazione dell'iscrizione, ove il credito non sia soddisfatto.

2884. Cancellazione ordinata con sentenza. – [I] La cancellazione deve essere eseguita dal conservatore, quando è ordinata con sentenza passata in giudicato [2909 // 324 CPC.] o con altro provvedimento definitivo emesso dalle autorità competenti [2878[n. 7] // 586, 794 CPC.] (1).

(1) Vedi art. 1363 del r.d. 16/3/1942, n. 267.

2885. Cancellazione sotto condizione. – [I] Se è stato convenuto od ordinato che la cancellazione non debba aver luogo che sotto la condizione di nuova ipoteca, di nuovo impiego o sotto altra condizione, la cancellazione non può essere eseguita se non si fa constare al conservatore che la condizione è stata adempiuta.

2886. Formalità per la cancellazione. – [I] Chi richiede la cancellazione totale o parziale deve presentare al conservatore l'atto su cui la richiesta è fondata.

[II] La cancellazione di un'iscrizione o la rettifica deve essere eseguita in margine all'iscrizione medesima, con l'indicazione del titolo dal quale è stata consentita [2882] od ordinata [2884] e della data in cui si esegue, e deve portare la sottoscrizione del conservatore.

2887. Cancellazione delle ipoteche a garanzia dei titoli all'ordine. – [I] La cancellazione della ipoteca costituita a garanzia dell'obbligazione risultante da un titolo all'ordine [2008 ss., 2831] è consentita dal creditore risultante nei registri immobiliari e l'atto di consenso deve essere presentato al conservatore insieme con il titolo, il quale è restituito dopo che il conservatore vi ha eseguito l'annotazione della cancellazione (1).

[II] La cancellazione dell'ipoteca importa la perdita del diritto di regresso [2869] contro i giranti anteriori alla cancellazione medesima.

(1) Comma così sostituito dall'art. 15 della l. 27/2/1985, n. 52.

2888. Rifiuto di cancellazione. – [I] Qualora il conservatore rifiuti di procedere alla cancellazione di un'iscrizione, il richiedente può proporre reclamo all'autorità giudiziaria [2668, 2884 // 737 CPC.].

Sezione XII
Del modo di liberare i beni dalle ipoteche

2889. Facoltà di liberare i beni dalle ipoteche. – [I] Il terzo acquirente dei beni ipotecati, che ha trascritto il suo titolo e non è personalmente obbligato a pagare i creditori ipotecari, ha facoltà di liberare i beni da ogni ipoteca iscritta anteriormente alla trascrizione del suo titolo di acquisto [2858 // 244 att. //673, 679 CNav.].

[II] Tale facoltà spetta all'acquirente anche dopo il pignoramento [555 ss. CPC.], purché nel termine di trenta giorni [2892] proceda in conformità dell'articolo che segue.

2890. Notificazione. – [I] L'acquirente deve far notificare, per mezzo di ufficiale giudiziario, ai creditori iscritti [2827 ss.], nel domicilio da essi eletto [2844], e al precedente proprietario un atto nel quale siano indicati:

1) il titolo, la data del medesimo e la data della sua trascrizione;

2) la qualità e la situazione dei beni col numero del catasto o altra loro designazione, quale risulta dallo stesso titolo;

3) il prezzo stipulato o il valore da lui stesso dichiarato, se si tratta di beni pervenutigli a titolo lucrativo o di cui non sia stato determinato il prezzo [2893].

[II] In ogni caso, il prezzo o il valore dichiarato non può essere inferiore a quello stabilito come base degli incanti dal codice di procedura civile in caso di espropriazione [568 CPC.].

[III] Nell'atto della notificazione il terzo acquirente deve eleggere domicilio nel comune dove ha sede il tribunale competente per l'espropriazione [26 CPC.] e deve offrire di pagare il prezzo o il valore dichiarato.

[IV] Un estratto sommario della notificazione è inserito nel giornale degli annunzi giudiziari [792 CPC.].

2891. Diritto dei creditori di far vendere i beni. – [I] Entro il termine di quaranta giorni dalla notificazione indicata dall'articolo precedente [2892], qualunque dei creditori iscritti [2827 ss.] o dei relativi fideiussori [1936 ss.] ha diritto di richiedere l'espropriazione dei beni [795 CPC.] con ricorso al presidente del tribunale competente a norma del codice di procedura civile [792 CPC.], purché adempia le condizioni che seguono:

1) che la richiesta sia notificata al terzo acquirente nel domicilio da lui eletto a norma dell'articolo precedente e al proprietario anteriore;

2) che contenga la dichiarazione del richiedente di aumentare di un decimo il prezzo stipulato o il valore dichiarato;

3) che contenga l'offerta di una cauzione per una somma eguale al quinto del prezzo aumentato come sopra;

4) che l'originale e le copie della richiesta siano sottoscritti dal richiedente o da un suo procuratore munito di mandato speciale.

[II] L'omissione di alcuna di queste condizioni produce nullità della richiesta.

2892. Divieto di proroga dei termini. – [I] I termini fissati dal secondo comma dell'articolo 2889 e dal primo comma dell'articolo 2891 non possono essere prorogati.

2893. Mancata richiesta dell'incanto. – [I] Se l'incanto non è domandato nel tempo e nel modo prescritti dall'articolo 2891, il valore del bene rimane definitivamente stabilito nel prezzo che l'acquirente ha posto a disposizione dei creditori a norma dell'articolo 2890 n. 3.

[II] La liberazione del bene dalle ipoteche avviene dopo che è stato depositato il prezzo e si è provveduto nei modi indicati dal codice di procedura civile [793 CPC. ss.].

2894. Effetti del mancato deposito del prezzo. – [I] Se il terzo acquirente non deposita il prezzo entro il termine stabilito dall'articolo 792 del codice di procedura civile, la richiesta di liberazione del bene dalle ipoteche rimane senza effetto, salva la responsabilità del richiedente per i danni verso i creditori iscritti.

2895. Desistenza del creditore. – [I] La desistenza del creditore che ha richiesto l'incanto [2891] non può impedire l'espropriazione, a meno che vi consentano espressamente gli altri creditori iscritti [500 // 629 CPC.].

2896. Aggiudicazione al terzo acquirente. – [I] Se l'aggiudicazione segue a favore del terzo acquirente, il decreto di trasferimento [586 CPC.] deve essere annotato in margine alla trascrizione dell'atto di acquisto [2643 n. 6].

2897. Regresso dell'acquirente divenuto compratore all'incanto. – [I] Il terzo acquirente al quale è stato aggiudicato l'immobile ha regresso contro il venditore per il rimborso di ciò che eccede il prezzo stipulato nel contratto di vendita [2866].

2898. Beni non ipotecati per il credito per il quale si procede. – [I] Nel caso in cui il titolo d'acquisto del terzo acquirente comprende mobili e immobili [812 ss.], o comprende più immobili, gli uni ipotecati e gli altri liberi, ovvero non tutti gravati dalle stesse iscrizioni, situati nella giurisdizione dello stesso tribunale o in diverse giurisdizioni di tribunali, alienati per un unico prezzo ovvero per prezzi distinti, il prezzo di ciascun immobile assoggettato a particolari e separate iscrizioni deve dichiararsi nella notificazione, ragguagliato al prezzo totale espresso nel titolo.

[II] Il creditore che richiede l'espropriazione [2891] non può in nessun caso essere costretto a estendere la sua domanda ai mobili, o ad altri immobili, fuori di quelli che sono ipotecati per il suo credito, salvo il regresso del terzo acquirente contro il suo autore per il risarcimento del danno che venga a soffrire a causa della separazione dei beni compresi nell'acquisto e delle relative coltivazioni.

Sezione XIII
Della rinunzia e dell'astensione del creditore nell'espropriazione forzata

2899. Divieto di rinunzia a una ipoteca a danno di altro creditore. – [I] Il creditore, che ha ipoteca su vari immobili, dopo che gli è stata fatta la notificazione indicata dall'articolo 2890, se si tratta del processo di liberazione dalle ipoteche, o dopo la notificazione del provvedimento che dispone la vendita [569 CPC.], in caso di espropriazione, non può rinunziare [2879] alla sua ipoteca sopra uno di quegli immobili né astenersi dall'intervenire nel giudizio di espropriazione [563 ss. CPC.], qualora sia con ciò favorito un creditore a danno di altro creditore anteriormente iscritto [2852 ss.]; se egli rinunzia o si astiene, è responsabile dei danni, a meno che vi siano giusti motivi.

[II] La stessa disposizione si applica nel caso in cui la rinunzia o l'astensione favorisca un terzo acquirente a danno di un creditore con ipoteca anteriore o di un altro terzo acquirente che abbia un titolo anteriormente trascritto.

Capo V
Dei mezzi di conservazione della garanzia patrimoniale

Sezione I
Dell'azione surrogatoria

2900. Condizioni, modalità ed effetti. – [I] Il creditore, per assicurare che siano soddisfatte o conservate le sue ragioni, può esercitare i diritti e le azioni che spettano verso i terzi al proprio debitore e che questi trascura di esercitare [*1260* // 81 CPC.], purché i diritti e le azioni abbiano contenuto patrimoniale e non si tratti di diritti o di azioni che, per loro natura o per disposizione di legge, non possono essere esercitati se non dal loro titolare [524, 525, 802, 804, 974, 1015, 1113, 1201, 1259, 1416, 1780, 1796, 1916, 2036, 2789, 2856, 2866, 2871, 2939 // 511 CPC.].

[II] Il creditore, qualora agisca giudizialmente, deve citare anche il debitore al quale intende surrogarsi [102 CPC.].

Sezione II
Dell'azione revocatoria

2901. Condizioni. – [I] Il creditore [2740], anche se il credito è soggetto a condizione o a termine [1356], può domandare che siano dichiarati inefficaci nei suoi confronti gli atti di disposizione del patrimonio [167, 2645-ter] coi quali il debitore rechi pregiudizio alle sue ragioni [524, 1113, 2655, 2740, 2910], quando concorrono le seguenti condizioni:

1) che il debitore conoscesse il pregiudizio che l'atto arrecava alle ragioni del creditore o, trattandosi di atto anteriore al sorgere del credito, l'atto fosse dolosamente preordinato al fine di pregiudicarne il soddisfacimento;

2) che, inoltre, trattandosi di atto a titolo oneroso, il terzo fosse consapevole del pregiudizio e, nel caso di atto anteriore al sorgere del credito, fosse partecipe della dolosa preordinazione.

[II] Agli effetti della presente norma, le prestazioni di garanzia, anche per debiti altrui, sono considerate atti a titolo oneroso, quando sono contestuali al credito garantito.

[III] Non è soggetto a revoca l'adempimento di un debito scaduto [1183, 1186] (1).

[IV] L'inefficacia dell'atto non pregiudica i diritti acquistati a titolo oneroso dai terzi di buona fede, salvi gli effetti della trascrizione della domanda di revocazione [1923, 2600, 2652$^{n. 5}$ 2690 // 192, 195 CP.] (2).

(1) Vedi art. 65 del r.d. 16/3/1942, n. 267.
(2) Vedi art. 702 del r.d. n. 267, cit.

2902. Effetti. – [I] Il creditore, ottenuta la dichiarazione di inefficacia, può promuovere nei confronti dei terzi acquirenti le azioni esecutive [2910] o conservative [2905] sui beni che formano oggetto dell'atto impugnato.

[II] Il terzo contraente, che abbia verso il debitore ragioni di credito dipendenti dall'esercizio dell'azione revocatoria, non può concorrere sul ricavato dei beni che sono stati oggetto dell'atto dichiarato inefficace, se non dopo che il creditore è stato soddisfatto (1).

(1) Vedi art. 70 del r.d. 16/3/1942, n. 267.

2903. Prescrizione dell'azione. – [I] L'azione revocatoria si prescrive in cinque anni dalla data dell'atto [2934 ss.].

2904. Rinvio. – [I] Sono salve le disposizioni sull'azione revocatoria in materia fallimentare e in materia penale [192 ss. CP.] (1).

(1) Vedi art. 64 ss. del r.d. 16/3/1942, n. 267.

Sezione III
Del sequestro conservativo

2905. Sequestro nei confronti del debitore o del terzo. – [I] Il creditore può chiedere il sequestro conservativo dei beni del debitore, secondo le regole stabilite dal codice di procedura civile [671 ss. CPC.].

[II] Il sequestro può essere chiesto anche nei confronti del terzo acquirente dei beni del debitore, qualora sia stata proposta l'azione per far dichiarare l'inefficacia dell'alienazione [2901 ss.].

2906. Effetti. – [I] Non hanno effetto in pregiudizio del creditore sequestrante le alienazioni e gli altri atti che hanno per oggetto la cosa sequestrata, in conformità delle regole stabilite per il pignoramento [2913 ss.].

[II] Non ha parimenti effetto in pregiudizio del creditore opponente il pagamento eseguito dal debitore, qualora l'opposizione sia stata proposta nei casi e con le forme stabilite dalla legge [2742, 2825].

TITOLO IV
DELLA TUTELA GIURISDIZIONALE DEI DIRITTI

Capo I
Disposizioni generali

2907. Attività giurisdizionale. – [I] Alla tutela giurisdizionale dei diritti provvede l'autorità giudiziaria su domanda di parte [99 CPC.] e, quando la legge lo dispone, anche su istanza del pubblico ministero [23, 48, 50, 58, 62, 67, 85, 102, 117, 119, 125, 264, 307, 321, 336, 410, 417, 418, 429, 2098, 2409, 2487] o d'ufficio.

[II] La tutela giurisdizionale dei diritti, nell'interesse delle categorie professionali, è attuata su domanda delle associazioni legalmente riconosciute, nei casi determinati dalla legge e con le forme da questa stabilite [CPC. 409 ss.] (1).

(1) Comma inoperante in conseguenza dello scioglimento delle associazioni professionali obbligatorie operato dal d.lgs.lt. 23/11/1944, n. 369.

2908. Effetti costitutivi delle sentenze. – [I] Nei casi previsti dalla legge, l'autorità giudiziaria può costituire, modificare o estinguere rapporti giuridici, con effetto tra le parti, i loro eredi o aventi causa [117, 119, 120, 122, 123, 151, 193, 265, 266, 624, 648, 793, 801-804, 874, 875, 951, 971, 972, 1032, 1425, 1447, 1453, 2643$^{n. 14}$, 2932].

2909. Cosa giudicata. – [I] L'accertamento contenuto nella sentenza passata in giudicato fa stato a ogni effetto tra le parti, i loro eredi o aventi causa [1306, 1595, 1974, 2453 // 324 CPC.].

Capo II
Dell'esecuzione forzata

Sezione I
Dell'espropriazione

§ 1 – *Disposizioni generali*

2910. Oggetto dell'espropriazione. – [I] Il creditore, per conseguire quanto gli è dovuto, può fare espropriare i beni del debitore, secondo le regole stabilite dal codice di procedura civile [483 ss. CPC.].

[II] Possono essere espropriati anche i beni di un terzo quando sono vincolati a garanzia del credito [2858, 2868] o quando sono oggetto di un atto che è stato revocato perché compiuto in pregiudizio del creditore [2901 ss.].

2911. Beni gravati da pegno o ipoteca. – [I] Il creditore che ha pegno su beni del debitore non può pignorare altri beni del debitore medesimo, se non sottopone a esecuzione anche i beni gravati dal pegno. Non può parimenti, quando ha ipoteca, pignorare altri immobili, se non sottopone a pignoramento anche gli immobili gravati dall'ipoteca [502, 544 CPC.].

[II] La stessa disposizione si applica se il creditore ha privilegio speciale su determinati beni.

§ 2 – *Degli effetti del pignoramento*

2912. Estensione del pignoramento. – [I] Il pignoramento [491 ss., 513 ss., 555 ss. CPC.] comprende gli accessori, le pertinenze [817] e i frutti [820] della cosa pignorata.

2913. Inefficacia delle alienazioni del bene pignorato. – [I] Non hanno effetto in pregiudizio del creditore pignorante e dei creditori che intervengono nell'esecuzione [498 ss. CPC.] gli atti di alienazione dei beni sottoposti a pignoramento, salvi gli effetti del possesso di buona fede per i mobili non iscritti in pubblici registri [1153 ss.] (1).

(1) Vedi art. 44 del r.d. 16/3/1942, n. 267.

2914. Alienazioni anteriori al pignoramento. – [I] Non hanno effetto in pregiudizio del creditore pignorante e dei creditori che intervengono nell'esecuzione [498 ss. CPC.], sebbene anteriori al pignoramento:

1) le alienazioni di beni immobili [812] o di beni mobili iscritti in pubblici registri [815], che siano state trascritte successivamente al pignoramento;

2) le cessioni di crediti [1260 ss. // 547 CPC.] che siano state notificate al debitore ceduto o accettate dal medesimo successivamente al pignoramento;

3) le alienazioni di universalità di mobili [816] che non abbiano data certa [2704];

4) le alienazioni di beni mobili [812] di cui non sia stato trasmesso il possesso anteriormente al pignoramento, salvo che risultino da atto avente data certa [2704].

2915. Atti che limitano la disponibilità dei beni pignorati. – [I] Non hanno effetto in pregiudizio del creditore pignorante e dei creditori che intervengono nell'esecuzione [498 CPC.] gli atti che importano vincoli di indisponibilità [167, 210, 1980], se non sono stati trascritti prima del pignoramento, quando hanno per oggetto beni immobili o beni mobili iscritti in pubblici registri [2647, 2649, 2685, 2687, 2693], e, negli altri casi, se non hanno data certa [2704] anteriore al pignoramento [2929 *bis*].

[II] Non hanno del pari effetto in pregiudizio del creditore pignorante e dei creditori che intervengono nell'esecuzione gli atti e le domande per la cui efficacia rispetto ai terzi acquirenti la legge richiede la trascrizione [2652, 2653], se sono trascritti successivamente al pignoramento.

2916. Ipoteche e privilegi. – [I] Nella distribuzione della somma ricavata dall'esecuzione [509 ss. CPC.] non si tiene conto:

1) delle ipoteche [2808 ss.], anche se giudiziali [2818 ss.], iscritte dopo il pignoramento;

2) dei privilegi per la cui efficacia è necessaria l'iscrizione [2762], se questa ha luogo dopo il pignoramento;

3) dei privilegi per crediti sorti dopo il pignoramento.

2917. Estinzione del credito pignorato. – [I] Se oggetto del pignoramento è un credito [543 CPC.], l'estinzione di esso per cause verificatesi in epoca successiva al pignoramento non ha effetto in pregiudizio del creditore pignorante e dei creditori che intervengono nell'esecuzione [498 ss. CPC.].

2918. Cessioni e liberazioni di pigioni e di fitti. – [I] Le cessioni e le liberazioni di pigioni e di fitti non ancora scaduti per un periodo eccedente i tre anni non hanno effetto in pregiudizio del creditore pignorante e dei creditori che intervengono nell'esecuzione [498 ss. CPC.], se non sono trascritte anteriormente al pignoramento [1605, 2643$^{n. 9}$]. Le cessioni e le liberazioni per un tempo inferiore ai tre anni e le cessioni e le liberazioni superiori ai tre anni non trascritte non hanno effetto, se non hanno data certa [2074] anteriore al pignoramento e, in ogni caso, non oltre il termine di un anno dalla data del pignoramento.

§ 3 – *Effetti della vendita forzata e dell'assegnazione*

2919. Effetto traslativo della vendita forzata. – [I] La vendita forzata [503 ss. CPC.] trasferisce all'acquirente i diritti che sulla cosa spettavano a colui che ha subìto l'espropriazione, salvi gli effetti del possesso di buona fede [1153]. Non sono però opponibili all'acquirente diritti acquistati da terzi sulla cosa, se i diritti stessi non hanno effetto in pregiudizio del creditore pignorante [2913 ss.] e dei creditori intervenuti nell'esecuzione [498 ss. CPC.].

2920. Diritti di terzi sulla cosa mobile venduta. – [I] Se oggetto della vendita è una cosa mobile [812], coloro che avevano la proprietà o altri diritti reali su di essa, ma non hanno fatto valere le loro ragioni sulla somma ricavata dall'esecuzione [541 ss. CPC.], non possono farle valere nei confronti dell'acquirente di buona fede, né possono ripetere dai creditori la somma distribuita. Resta ferma la responsabilità del creditore procedente di mala fede per i danni e per le spese.

2921. Evizione. – [I] L'acquirente della cosa espropriata, se ne subisce l'evizione, può ripetere il prezzo non ancora distribuito, dedotte le spese, e, se la distribuzione è già avvenuta [510 CPC.], può ripeterne da ciascun creditore la parte che ha riscossa e dal debitore l'eventuale residuo, salva la responsabilità del creditore procedente per i danni e per le spese.

[II] Se l'evizione è soltanto parziale, l'acquirente ha diritto di ripetere una parte proporzionale del prezzo. La ripetizione ha luogo anche se l'aggiudicatario, per evitare l'evizione, ha pagato una somma di danaro.

[III] In ogni caso l'acquirente non può ripetere il prezzo nei confronti dei creditori privilegiati o ipotecari ai quali la causa di evizione non era opponibile.

2922. Vizi della cosa. Lesione. – [I] Nella vendita forzata non ha luogo la garanzia per i vizi della cosa [1490].

[II] Essa non può essere impugnata per causa di lesione [1448].

2923. Locazioni. – [I] Le locazioni [1571 ss.] consentite da chi ha subito l'espropriazione sono opponibili all'acquirente se hanno data certa [2704] anteriore al pignoramento [1599], salvo che, trattandosi di beni mobili, l'acquirente ne abbia conseguito il possesso in buona fede [1153].

[II] Le locazioni immobiliari eccedenti i nove anni che non sono state trascritte anteriormente al pignoramento [2643$^{n. 8}$] non sono opponibili all'acquirente, se non nei limiti di un novennio dall'inizio della locazione.

[III] In ogni caso l'acquirente non è tenuto a rispettare la locazione qualora il prezzo convenuto sia inferiore di un terzo al giusto prezzo o a quello risultante da precedenti locazioni.

[IV] Se la locazione non ha data certa [2704], ma la detenzione del conduttore è anteriore al pignoramento della cosa locata, l'acquirente non è tenuto a rispettare la locazione che per la durata corrispondente a quella stabilita per le locazioni a tempo indeterminato [1600].

[V] Se nel contratto di locazione è convenuto che esso possa risolversi in caso di alienazione, l'acquirente può intimare licenza al conduttore secondo le disposizioni dell'articolo 1603 (1).

(1) Vedi sub art. 1603.

2924. Cessioni e liberazioni di pigioni e di fitti. – [I] Le cessioni e le liberazioni di pigioni e di fitti non ancora scaduti non sono opponibili all'acquirente, salvo che si tratti di cessioni o di liberazioni eccedenti il triennio e trascritte anteriormente al pignoramento [2643$^{n. 9}$] o si tratti di anticipazioni fatte in conformità degli usi locali.

2925. Norme applicabili all'assegnazione forzata. – [I] Le norme concernenti la vendita forzata si applicano anche all'assegnazione forzata [505 ss. CPC.], salvo quanto è disposto negli articoli seguenti.

2926. Diritti dei terzi sulla cosa assegnata. – [I] Se l'assegnazione ha per oggetto beni mobili, i terzi che ne avevano la proprietà possono, entro il termine di sessanta giorni dall'assegnazione, rivolgersi contro l'assegnatario che ha ricevuto in buona fede il possesso [1147], al solo scopo di ripetere la somma corrispondente al suo credito soddisfatto con l'assegnazione. La stessa facoltà spetta ai terzi che avevano sulla cosa altri diritti reali, nei limiti del valore del loro diritto.

[II] L'assegnatario conserva le sue ragioni nei confronti del debitore, ma si estinguono le garanzie prestate da terzi.

2927. Evizione della cosa assegnata. – [I] L'assegnatario, se subisce l'evizione della cosa [1483], ha diritto di ripetere quanto ha pagato agli altri creditori, salva la responsabilità del creditore procedente per i danni e per le spese.

[II] L'assegnatario conserva le sue ragioni nei confronti del debitore espropriato, ma non le garanzie prestate da terzi.

2928. Assegnazione di crediti. – [I] Se oggetto dell'assegnazione è un credito [553 CPC.], il diritto dell'assegnatario verso il debitore che ha subito l'espropriazione non si estingue che con la riscossione del credito assegnato.

2929. Nullità del processo esecutivo. – [I] La nullità degli atti esecutivi [617 CPC.] che hanno preceduto la vendita o l'assegnazione non ha effetto riguardo all'acquirente o all'assegnatario, salvo il caso di collusione con il creditore procedente. Gli altri creditori non sono in nessun caso tenuti a restituire quanto hanno ricevuto per effetto dell'esecuzione.

Sezione I-bis

Dell'espropriazione di beni oggetto di vincoli di indisponibilità o di alienazioni a titolo gratuito (1)

(1) Sezione inserita dall'art. 12, co. 1, d.l. 27/6/2015, n. 83, convertito, con modificazioni, dalla l. 6/8/2015, n. 132.

2929 bis. Espropriazione di beni oggetto di vincoli di indisponibilità o di alienazioni a titolo gratuito (1). – [I] Il creditore che sia pregiudicato da un atto del debitore, di costituzione di vincolo di indisponibilità o di alienazione, che ha per oggetto beni immobili o mobili iscritti in pubblici registri, compiuto a **titolo gratuito** [769, 809, 768-bis, 1767, 1808] successivamente al sorgere del credito, può procedere, munito di titolo esecutivo, a esecuzione forzata, ancorché non abbia preventivamente ottenuto sentenza dichiarativa di inefficacia [2900], se trascrive il pignoramento nel termine di un anno dalla data in cui l'atto è stato trascritto. La disposizione di cui al presente comma si applica anche al creditore anteriore che, entro un anno dalla trascrizione dell'atto pregiudizievole, interviene nell'esecuzione da altri promossa.

[II] Quando il bene, per effetto o in conseguenza dell'atto, è stato trasferito a un terzo, il creditore promuove l'azione esecutiva nelle forme dell'espropriazione contro il terzo proprietario ed è preferito ai creditori personali di costui nella distribuzione del ricavato. Se con l'atto è stato riservato o costituito alcuno dei diritti di cui al primo comma dell'articolo 2812, il creditore pignora la cosa come libera nei confronti del proprietario. Tali diritti si estinguono con la vendita del bene e i terzi titolari sono ammessi a far valere le loro ragioni sul ricavato, con preferenza rispetto ai creditori cui i diritti sono opponibili. Il debitore, il terzo assoggettato a espropriazione e ogni altro interessato alla conservazione del vincolo possono proporre le opposizioni all'esecuzione di cui al titolo V del libro terzo del codice di procedura civile quando contestano la sussistenza dei presupposti di cui al primo comma o che l'atto abbia arrecato pregiudizio alle ragioni del creditore o che il debitore abbia avuto conoscenza del pregiudizio arrecato (2) [602 CPC.].

[III] L'azione esecutiva di cui al presente articolo non può esercitarsi in pregiudizio dei diritti acquistati a titolo onoreso dall'avente causa del contraente immediato, salvi gli effetti della trascrizione del pignoramento (3).

(1) Articolo inserito dall'art. 12 del d.l. 27/6/2015, n. 83, conv., con modif., dalla l. 6/8/2015, n. 132.

(2) Comma sostituito ad opera dell'art. 4, co. 1 bis, d.l. 3/5/2016, n. 59, conv., con modif., in l. 30/6/2016, n. 119. Il testo previgente così prevedeva: «*Quando il pregiudizio deriva da un atto di alienazione, il creditore promuove l'azione esecutiva nelle forme dell'espropriazione contro il terzo proprietario*».

(3) Comma così sostituito ad opera dell'art. 4, co. 1 bis, d.l. 30/5/2016, n. 59, conv., con modif., in l. 30/6/2016, n. 119. Il testo previgente così prevedeva: «*Il debitore, il terzo assoggettato a espropriazione e ogni altro interessato alla conservazione del vincolo possono proporre le opposizioni al'esecuzione di cui al titolo V del libro III del codice di procedura civile quando contestano la sussistenza dei presupposti di cui al primo comma, nonché la conoscenza da parte del debitore del pregiudizio che l'atto arrecava alle ragioni del creditore*».

Sezione II

Dell'esecuzione forzata in forma specifica

2930. Esecuzione forzata per consegna o rilascio. – [I] Se non è adempiuto l'obbligo di consegnare una cosa determinata, mobile o immobile, l'avente diritto può ottenere la consegna o il rilascio forzati a norma delle disposizioni del codice di procedura civile [605 ss. CPC.].

2931. Esecuzione forzata degli obblighi di fare. – [I] Se non è adempiuto un obbligo di fare, l'avente diritto può ottenere che esso sia eseguito a spese dell'obbligato nelle forme stabilite dal codice di procedura civile [612 ss. CPC.].

2932. Esecuzione specifica dell'obbligo di concludere un contratto. – [I] Se colui che è obbligato a concludere un contratto non adempie l'obbligazione [651^2, 849, 1351, 1679, 1706^2, 2597], l'altra parte, qualora sia possibile e non sia escluso dal titolo, può ottenere una sentenza che produca gli effetti del contratto non concluso [$2643^{n.\ 14}$, $2652^{n.\ 2}$, $2684^{n.\ 6}$, $2690^{n.\ 1}$, 2908].

[II] Se si tratta di contratti che hanno per oggetto il trasferimento della proprietà di una cosa determinata o la costituzione o il trasferimento di un altro diritto [1376], la domanda non può essere accolta, se la parte che l'ha proposta non esegue la sua prestazione [1208 ss.] o non ne fa offerta nei modi di legge, a meno che la prestazione non sia ancora esigibile.

2933. Esecuzione forzata degli obblighi di non fare. – [I] Se non è adempiuto un obbligo di non fare, l'avente diritto può ottenere che sia distrutto, a spese dell'obbligato, ciò che è stato fatto in violazione dell'obbligo [612 ss. CPC.].

[II] Non può essere ordinata la distruzione della cosa e l'avente diritto può conseguire solo il risarcimento dei danni, se la distruzione della cosa è di pregiudizio all'economia nazionale.

TITOLO V

DELLA PRESCRIZIONE E DELLA DECADENZA

Capo I
Della prescrizione

Sezione I

Disposizioni generali

2934. Estinzione dei diritti. – [I] Ogni diritto si estingue per prescrizione [1310, 1422, $2878^{n.\ 3}$, 2880, 2903, 2962, 2963, 2967], quando il titolare non lo esercita per il tempo determinato dalla legge [66, 71, 73, 192, 954, 970, 1014, 1073, 1165, 1242, 2651, 2654, 2880, 2903, 2940, 2946, 2967].

[II] Non sono soggetti alla prescrizione i diritti indisponibili [326, 1966, 2113] e gli altri diritti indicati dalla legge [5, 124, 248, 249, 263, 270, 533, 713, 823, 841, 902, 948, 986, 1111, 1145, 1422, 1865, 1869].

2935. Decorrenza della prescrizione. – La prescrizione comincia a decorrere dal giorno in cui il diritto può essere fatto valere (1).

(1) Con norma di interpretazione autentica, applicabile, quindi, in via retroattiva, l'art. 2, co. 61, d.l. 29/12/2010, conv., con modif., nella l. 26/2/2011, n. 10, ha stabilito che in ordine alle **operazioni bancarie regolate in conto corrente**, l'art. 2935 si interpreta nel senso che la prescrizione relativa ai diritti nascenti dall'annotazione in conto inizia a decorrere dal giorno dell'annotazione stessa. In ogni caso non si fa luogo alla restituzione degli importi

CODICE CIVILE

già versati alla data di entrata in vigore della legge di conversione del suddetto decreto.

• La Corte cost., con sent. 5/4/2012 n. 78, ha dichiarato l'illegittimità costituzionale dell'art. 2, co. 61, d.l. n. 225/2010 conv., con modif., nella l. 26/2/2011, n. 10 per essere in contrasto con il canone generale della ragionevolezza delle norme e con l'art. 117, co. 1, Cost., nella parte in cui impone la conformazione della legislazione interna ai vincoli derivanti dagli obblighi internazionali, perché in contrasto con la giurisprudenza della Corte europea dei diritti dell'uomo.

2936. Inderogabilità delle norme sulla prescrizione. – [I] È nullo ogni patto diretto a modificare la disciplina legale della prescrizione [1418, 1819, 2965].

➔ Codex 7.40.1.1.

2937. Rinunzia alla prescrizione. – [I] Non può rinunziare alla prescrizione chi non può disporre validamente del diritto [1310, 1966, 2939].

[II] Si può rinunziare alla prescrizione solo quando questa è compiuta [2946].

[III] La rinunzia può risultare da un fatto incompatibile con la volontà di valersi della prescrizione.

2938. Non rilevabilità d'ufficio. – [I] Il giudice non può rilevare d'ufficio la prescrizione non opposta [112 CPC.].

2939. Opponibilità della prescrizione da parte dei terzi. – [I] La prescrizione può essere opposta dai creditori e da chiunque vi ha interesse, qualora la parte non la faccia valere [2900]. Può essere opposta anche se la parte vi ha rinunziato [2937].

2940. Pagamento del debito prescritto. – [I] Non è ammessa la ripetizione di ciò che è stato spontaneamente pagato in adempimento di un debito prescritto [2034].

Sezione II
Della sospensione della prescrizione

2941. Sospensione per rapporti tra le parti. – [I] La prescrizione rimane sospesa [1073, 1165, 1310, 2880, 2952, 2964]:

1) tra i coniugi [159, 245];

2) tra chi esercita la responsabilità genitoriale di cui all'articolo 316 o i poteri a essa inerenti [261, 301, 409] e le persone che vi sono sottoposte (1);

3) tra il tutore e il minore [346 ss.] o l'interdetto [424] soggetti alla tutela, finché non sia stato reso e approvato il conto finale [386], salvo quanto è disposto dall'articolo 387 per le azioni relative alla tutela;

4) tra il curatore e il minore emancipato [391 ss.] o l'inabilitato [424];

5) tra l'erede e l'eredità accettata con beneficio d'inventario [484 ss.];

6) tra le persone i cui beni sono sottoposti per legge o per provvedimento del giudice alla amministrazione altrui e quelle da cui l'amministrazione è esercitata, finché non sia stato reso e approvato definitivamente il conto;

7) tra le persone giuridiche e i loro amministratori, finché sono in carica, per le azioni di responsabilità contro di essi [18, 2393] (2);

8) tra il debitore che ha dolosamente occultato l'esistenza del debito e il creditore, finché il dolo non sia stato scoperto [1310].

(1) L'art. 92 del d.lg. 28/12/2013, n. 154, ha sostituito alla parola: "potestà" le parole: "responsabilità genitoriale". Ai sensi dell'art. 108 del d.lg. n. 154/2013, la modifica entra in vigore a partire dal 7/2/2014. Il numero era stato già modificato dall'art. 210 della l. 19/5/1975, n. 151.

(2) La Corte cost., con sent. 24/7/1998, n. 322 ha dichiarato l'illegittimità costituzionale del presente numero «nella parte in cui non prevede che la prescrizione rimane sospesa tra la società in accomandita semplice ed i suoi amministratori, finché sono in carica, per le azioni di responsabilità contro di essi».

• La Corte cost., con sent. 11/12/2015, n. 262 ha dichiarato l'illegittimità costituzionale del presente numero «nella parte in cui non prevede che la prescrizione sia sospesa tra la società in nome collettivo e i suoi amministratori, finché sono in carica, per le azioni di responsabilità contro di essi».

2942. Sospensione per la condizione del titolare. – [I] La prescrizione rimane sospesa:

1) contro i minori non emancipati [316] e gli interdetti per infermità di mente [414 ss.], per il tempo in cui non hanno rappresentante legale e per sei mesi successivi alla nomina del medesimo o alla cessazione dell'incapacità;

2) in tempo di guerra, contro i militari in servizio e gli appartenenti alle forze armate dello Stato e contro coloro che si trovano per ragioni di servizio al seguito delle forze stesse, per il tempo indicato dalle disposizioni delle leggi di guerra (1).

(1) Vedi art. 130 ss. del r.d. 8/7/1938, n. 1415; v. altresì r.d.l. 3/1/1944, n. 1, e d.lgs.lt. 24/12/1944, n. 392.

Sezione III
Dell'interruzione della prescrizione

2943. Interruzione da parte del titolare. – [I] La prescrizione è interrotta [1073, 1165, 1310, 1310, 2880, 2964] dalla notificazione dell'atto con il quale si inizia un giudizio, sia questo di cognizione [163, 638 CPC.] ovvero conservativo [672, 688, 700, 703 CPC.] o esecutivo [480 CPC.].

[II] È pure interrotta dalla domanda proposta nel corso di un giudizio.

[III] L'interruzione si verifica anche se il giudice adito è incompetente [18 CPC.].

[IV] La prescrizione è inoltre interrotta da ogni altro atto che valga a costituire in mora il debitore [1219, 1957, 2944] e dall'atto notificato con il quale una parte, in presenza di compromesso o clausola compromissoria, dichiara la propria intenzione di promuovere il procedimento arbitrale, propone la domanda e procede, per quanto le spetta, alla nomina degli arbitri (1).

➔ Codex 2.55(56).5.3.

(1) Comma così sostituito dall'art. 25 della l. 5/1/1994, n. 25 in materia di arbitrato.

• V. art. 2125 del CC. del 1865.

2944. Interruzione per effetto di riconoscimento. – [I] La prescrizione è interrotta dal riconoscimento del diritto da parte di colui contro il quale il diritto stesso può essere fatto valere [1309, 1870, 1988, 2720, 2943, 2966].

➔ Codex 7.39.7.5a.

2945. Effetti e durata dell'interruzione. – [I] Per effetto della interruzione [1167, 1310] s'inizia un nuovo periodo di prescrizione.

[II] Se l'interruzione è avvenuta mediante uno degli atti indicati dai primi due commi dell'articolo 2943, la prescrizione non corre fino al momento in cui passa in giudicato la sentenza che definisce il giudizio [324 CPC.].

[III] Se il processo si estingue [306 CPC.], rimane fermo l'effetto interruttivo e il nuovo periodo di prescrizione comincia dalla data dell'atto interruttivo (1).

[IV] Nel caso di arbitrato la prescrizione non corre dal momento della notificazione dell'atto contenente la domanda di arbitrato sino al momento in cui il lodo che definisce il giudizio non è più impugnabile o passa in giudicato la sentenza resa sull'impugnazione (2).

(1) Per una deroga a quanto previsto da questo comma v. art. 1-bis del d.l. 17/3/1999, n. 64 conv., con modif., nella l. 14/5/1999, n. 134.

(2) Comma aggiunto dall'art. 25 della l. 5/1/1994, n. 25.

Sezione IV
Del termine della prescrizione

§ 1 – *Della prescrizione ordinaria*

2946. Prescrizione ordinaria. – [I] Salvi i casi in cui la legge dispone diversamente [954, 970, 1014, 1073, 1442, 1449], i diritti si estinguono per prescrizione con il decorso di dieci anni [248 trans.] (1).

(1) Vedi art. 83 della l. 27/7/2000, n. 212 in tema di statuto dei diritti del contribuente.

• Vedi per i diversi termini di prescrizione: sei mesi art. 1512, 2954 // 418, 438 CNav. // l. camb. (r.d. 14/12/1933, n. 1669) art. 94 // l. ass. (r.d. 21/12/1933, n. 1736) art. 75; un anno art. 265, 1449, 1495, 1497, 1522, 1541, 1669, 2226, 2849, 2950, 2951, 2952, 2955 // 383, 395, 418, 481, 487, 547, 573 CNav. // 94 l. camb. // 75 l. ass.; due anni art. 763, 1667, 2947, 2952 // 240, 373, 487, 500, 509, 513, 577, 855, 937, 992, 995 CNav.; tre anni art. 495, 502, 848, 2956 // 973 CNav.; cinque anni art. 387, 428, 524, 526, 591, 606, 609, 624, 646, 761, 775, 1442, 2903, 2947, 2948, 2949; nove anni art. 1870; venti anni art. 954, 970, 1014, n. 1, 1026, 1073, 2880.

§ 2 – *Delle prescrizioni brevi*

2947. Prescrizione del diritto al risarcimento del danno. – [I] Il diritto al risarcimento del danno derivante da fatto illecito si prescrive in cinque anni dal giorno in cui il fatto si è verificato [2043 ss.] (1).

[II] Per il risarcimento del danno prodotto dalla circolazione dei veicoli di ogni specie il diritto si prescrive in due anni [2054, 2767, 2952] (2).

[III] In ogni caso, se il fatto è considerato dalla legge come reato e per il reato è stabilita una prescrizione più lunga, questa si applica anche all'azione civile. Tuttavia, se il reato è estinto per causa diversa dalla prescrizione o è intervenuta sentenza irrevocabile nel giudizio penale, il diritto al risarcimento del danno si prescrive nei termini indicati dai primi due commi, con decorrenza dalla data di estinzione del reato [150 CP.] o dalla data in cui la sentenza è divenuta irrevocabile [576 CPP.].

(1) Vedi in tema di risarcimento del danno da prodotti difettosi art. 125 del d.lg. 6/9/2005, n. 206.

(2) Vedi in tema di responsabilità dello Stato per mancato recepimento dei provvedimenti comunitari art. 4, co. 43, l. 12/11/2011, n. 183, il cui testo recita: «La prescrizione del diritto al risarcimento del danno derivante da mancato recepimento nell'ordinamento dello Stato di direttive o altri provvedimenti obbligatori comunitari soggiace, in ogni caso, alla disciplina di cui all'articolo 2947 del codice civile e decorre dalla data in cui il fatto, dal quale sarebbero derivati i diritti se la direttiva fosse stata tempestivamente recepita, si è effettivamente verificato».

(3) L'art. 8, co. 6, d.l. 23/12/2013, n. 145, aveva modificato il comma. Il testo recitava: «Per il risarcimento del danno prodotto dalla circolazione dei veicoli di ogni specie il diritto si prescrive in due anni. In ogni caso il danneggiato decade dal diritto qualora la richiesta di risarcimento non venga presentata entro tre mesi dal fatto dannoso, salvo i casi di forza maggiore» La modifica è decaduta in sede di conversione, avvenuto con l. 21/2/2014, n. 10.

2948. Prescrizione di cinque anni. – [I] Si prescrivono in cinque anni:

1) le annualità delle rendite perpetue [1861] o vitalizie [1872];

1-bis) il capitale nominale dei titoli di Stato emessi al portatore (1);

2) le annualità delle pensioni alimentari [433 ss.];

3) le pigioni delle case, i fitti dei beni rustici e ogni altro corrispettivo di locazioni [1571, 1607, 1628];

4) gli interessi e, in generale, tutto ciò che deve pagarsi periodicamente ad anno o in termini più brevi (2);

5) le indennità spettanti per la cessazione del rapporto di lavoro [1751, 2118, 2120, 2121, 2122].

(1) Numero inserito dall'art. 2 della l. 12/8/1993, n. 313 e successivamente così modificato dall'art. 542 della l. 27/12/1997, n. 449.

(2) La Corte cost., con sent. 10/6/1966, n. 63 ha dichiarato l'illegittimità costituzionale del presente numero, unitamente agli art. 2955, n. 2 e art. 2956, n. 1, "limitatamente alla parte in cui consentono che la prescrizione del diritto alla retribuzione decorra durante il rapporto di lavoro".

2949. Prescrizione in materia di società. – [I] Si prescrivono in cinque anni i diritti che derivano dai rapporti sociali, se la società è iscritta nel registro delle imprese [2200].

[II] Nello stesso termine si prescrive l'azione di responsabilità che spetta ai creditori sociali verso gli amministratori nei casi stabiliti dalla legge [2394].

2950. Prescrizione del diritto del mediatore. – [I] Si prescrive in un anno il diritto del mediatore al pagamento della provvigione [1755].

2951. Prescrizione in materia di spedizione e di trasporto. – [I] Si prescrivono in un anno i diritti derivanti dal contratto di spedizione [1737, 1740] e dal contratto di trasporto [1678, 1681, 1692, 1698, 2761].

[II] La prescrizione si compie con il decorso di diciotto mesi se il trasporto ha inizio o termine fuori d'Europa.

[III] Il termine decorre dall'arrivo a destinazione della persona o, in caso di sinistro, dal giorno di questo, ovvero dal giorno in cui è avvenuta o sarebbe dovuta avvenire la riconsegna della cosa al luogo di destinazione [1687].

[IV] Si prescrivono parimenti in un anno dalla richiesta del trasporto i diritti verso gli esercenti pubblici servizi di linea indicati dall'articolo 1679.

2952. Prescrizione in materia di assicurazione. – [I] Il diritto al pagamento delle rate di premio si prescrive in un anno dalle singole scadenze [1882, 1901, 1930].

[II] Gli altri diritti derivanti dal contratto di assicurazione e dal contratto di riassicurazione si prescrivono in due anni dal giorno in cui si è verificato il fatto su cui il diritto si fonda, ad esclusione del contratto di assicurazione sulla vita i cui diritti si prescrivono in dieci anni (1).

[III] Nell'assicurazione della responsabilità civile [1917], il termine decorre dal giorno in cui il terzo ha richiesto il risarcimento all'assicurato o ha promosso contro di questo l'azione.

[IV] La comunicazione all'assicuratore della richiesta del terzo danneggiato o dell'azione da questo proposta sospende il corso della prescrizione [2941] finché il credito del danneggiato non sia divenuto liquido ed esigibile oppure il diritto del terzo danneggiato non sia prescritto [2947].

[V] La disposizione del comma precedente si applica all'azione del riassicurato verso il riassicuratore per il pagamento dell'indennità [1928 ss.].

(1) Comma sostituito dall'art. 22, co. 14, d.l. 18/10/2012, n. 179, e modificato in sede di conversione dalla l. 17/12/2012, n. 221. Il testo del d.l. prima della conversione, recitava: «Gli altri diritti derivanti dal contratto di assicurazione e dal contratto di riassicura-

zione si prescrivono in dieci anni dal giorno in cui si è verificato il fatto su cui il diritto si fonda». Il testo prima dell'intervento del d.l. era: «Gli altri diritti derivanti dal contratto di assicurazione e dal contratto di riassicurazione si prescrivono in due anni dal giorno in cui si è verificato il fatto su cui il diritto si fonda». Precedentemente il comma era già stato sostituito dall'art. 3, co. 2-ter, d.l. 28/8/2008, n. 134, conv., con modif., in l. 27/10/2008, n. 166. Il testo precedente a tale modifica recitava: «Gli altri diritti derivanti dal contratto di assicurazione si prescrivono in un anno e quelli derivanti dal contratto di riassicurazione in due anni dal giorno in cui si è verificato il fatto su cui il diritto si fonda».

2953. Effetti del giudicato sulle prescrizioni brevi. – [I] I diritti per i quali la legge stabilisce una prescrizione più breve di dieci anni, quando riguardo ad essi è intervenuta sentenza di condanna passata in giudicato [324 CPC.], si prescrivono con il decorso di dieci anni.

§ 3 – *Delle prescrizioni presuntive*

2954. Prescrizione di sei mesi. – [I] Si prescrive in sei mesi il diritto degli albergatori e degli osti per l'alloggio e il vitto che somministrano, e si prescrive nello stesso termine il diritto di tutti coloro che danno alloggio con o senza pensione.

2955. Prescrizione di un anno. – [I] Si prescrive in un anno il diritto:

1) degli insegnanti, per la retribuzione delle lezioni che impartiscono a mesi o a giorni o a ore;

2) dei prestatori di lavoro, per le retribuzioni corrisposte a periodi non superiori al mese [2099, 2956$^{n.1}$] (1);

3) di coloro che tengono convitto o casa di educazione e di istruzione, per il prezzo della pensione e dell'istruzione;

4) degli ufficiali giudiziari, per il compenso degli atti compiuti nella loro qualità;

5) dei commercianti, per il prezzo delle merci vendute a chi non ne fa commercio;

6) dei farmacisti, per il prezzo dei medicinali.

(1) Per una declaratoria di parziale illegittimità costituzionale di questo numero v. sub art. 2948.

2956. Prescrizione di tre anni. – [I] Si prescrive in tre anni il diritto:

1) dei prestatori di lavoro, per le retribuzioni corrisposte a periodi superiori al mese [2099] (1);

2) dei professionisti, per il compenso dell'opera prestata e per il rimborso delle spese correlative [2233 ss.];

3) dei notai, per gli atti del loro ministero;

4) degli insegnanti, per la retribuzione delle lezioni impartite a tempo più lungo di un mese [2955].

(1) Per una declaratoria di parziale illegittimità costituzionale di questo numero, v. sub art. 2948.

2957. Decorrenza delle prescrizioni presuntive. – [I] Il termine della prescrizione decorre [2935] dalla scadenza della retribuzione periodica o dal compimento della prestazione [2956$^{n.2}$, 2958].

[II] Per le competenze dovute agli avvocati, ai procuratori e ai patrocinatori legali il termine decorre dalla decisione della lite [324 CPC.], dalla conciliazione delle parti o dalla revoca del mandato [85 CPC.]; per gli affari non terminati, la prescrizione decorre dall'ultima prestazione.

2958. Corso della prescrizione. – [I] La prescrizione decorre anche se vi è stata continuazione di somministrazioni o di prestazioni [2954, 2955, 2956, 2957].

2959. Ammissioni di colui che oppone la prescrizione. – [I] L'eccezione è rigettata, se chi oppone la prescrizione nei casi indicati dagli articoli 2954, 2955 e 2956 ha comunque ammesso in giudizio che l'obbligazione non è stata estinta.

2960. Delazione di giuramento. – [I] Nei casi indicati dagli articoli 2954, 2955 e 2956, colui al quale la prescrizione è stata opposta può deferire all'altra parte il giuramento per accertare se si è verificata l'estinzione del debito [2736 ss. // 233 CPC.].

[II] Il giuramento può essere deferito al coniuge superstite e agli eredi o ai loro rappresentanti legali per dichiarare se hanno notizia dell'estinzione del debito [2739].

2961. Restituzione di documenti. – [I] I cancellieri, gli arbitri, gli avvocati, i procuratori e i patrocinatori legali sono esonerati dal rendere conto degli incartamenti relativi alle liti dopo tre anni da che queste sono state decise o sono altrimenti terminate [2235].

[II] Tale esonero si verifica, per gli ufficiali giudiziari, dopo due anni dal compimento degli atti ad essi affidati.

[III] Anche alle persone designate in questo articolo può essere deferito il giuramento perché dichiarino se ritengono o sanno dove si trovano gli atti o le carte [2960].

[IV] Si applica in questo caso il disposto dell'articolo 2959.

§ 4 – *Del computo dei termini*

2962. Compimento della prescrizione. – [I] In tutti i casi contemplati dal presente codice e dalle altre leggi, la prescrizione si verifica quando è compiuto l'ultimo giorno del termine [1073, 1165, 2934, 2963 // 248, 252 att.].

➔ **D. 44.7.1.6.**

2963. Computo dei termini di prescrizione. – [I] I termini di prescrizione contemplati dal presente codice e dalle altre leggi si computano secondo il calendario comune [1165, 2962 // 155 CPC. // 14 CP.].

[II] Non si computa il giorno nel corso del quale cade il momento iniziale del termine e la prescrizione si verifica con lo spirare dell'ultimo istante del giorno finale.

[III] Se il termine scade in giorno festivo, è prorogato di diritto al giorno seguente non festivo (1).

[IV] La prescrizione a mesi si verifica nel mese di scadenza e nel giorno di questo corrispondente al giorno del mese iniziale.

[V] Se nel mese di scadenza manca tale giorno, il termine si compie con l'ultimo giorno dello stesso mese [2934].

(1) In materia di ricorrenze festive vedi l. 27/5/1949, n. 260; l. 4/3/1958, n. 132 e l. 5/3/1977, n. 54.

Capo II
Della decadenza

2964. Inapplicabilità di regole della prescrizione. – [I] Quando un diritto deve esercitarsi entro un dato termine sotto pena di decadenza [117, 123, 244, 1171, 1286^{3}, 1402, 1501, 1503, 2264], non si applicano le norme relative all'interruzione della prescrizione [2943 ss.]. Del pari non si applicano le norme che si riferiscono alla sospensione [2941 ss.], salvo che sia disposto altrimenti [245, 489] (1).

➔ **Inst. 4.12 pr.**

(1) Vedi art. 24, 31, 80, 81, 117, 123, 244, 246, 252, 265, 481, 485, 487, 489, 498, 501, 505, 507, 516, 596, 600, 732, 786, 802, 875, 924, 929, 935, 938, 963, 1107, 1137, 1138, 1168, 1170, 1171, 1286, 1287, 1326, 1329, 1333, 1399, 1402, 1456, 1457, 1495, 1501, 1566, 1603, 1612, 1667, 1712, 1778, 1785, 1797, 1832, 1887, 1892, 1957, 2076, 2098, 2113, 2143, 2158, 2189, 2192,

2226, 2264, 2287, 2301, 2306, 2352, 2411, 2445, 2494, 2503, 2526, 2558, 2603, 2742, 2764, 2797, 2825, 2847, 2889, 2943.

2965. Decadenze stabilite contrattualmente. – [I] È nullo il patto [1418 ss.] con cui si stabiliscono termini di decadenza che rendono eccessivamente difficile a una delle parti l'esercizio del diritto [1341, 1495, 2698, 2936].

2966. Cause che impediscono la decadenza. – [I] La decadenza non è impedita se non dal compimento dell'atto previsto dalla legge o dal contratto. Tuttavia, se si tratta di un termine stabilito dal contratto o da una norma di legge relativa a diritti disponibili [2968], la decadenza può essere anche impedita [2967] dal riconoscimento [1309, 1870, 1988, 2720, 2944] del diritto proveniente dalla persona contro la quale si deve far valere il diritto soggetto a decadenza [1988, 2720].

2967. Effetto dell'impedimento della decadenza. – [I] Nei casi in cui la decadenza è impedita, il diritto rimane soggetto alle disposizioni che regolano la prescrizione [2934 ss.].

2968. Diritti indisponibili. – [I] Le parti non possono modificare la disciplina legale della decadenza [2936] né possono rinunziare alla decadenza medesima [2937], se questa è stabilita dalla legge in materia sottratta alla disponibilità delle parti [117, 119, 120, 122, 123, 244, 245, 246, 265, 266, 1501, 1966, 2189, 2192, 2330, 2411, 2446, 2889, 2891, 2892, 2966].

2969. Rilievo d'ufficio. – [I] La decadenza non può essere rilevata d'ufficio dal giudice [2938 // 112 CPC.], salvo che, trattandosi di materia sottratta alla disponibilità delle parti, il giudice debba rilevare le cause d'improponibilità dell'azione.

Disposizioni per l'attuazione del codice civile e disposizioni transitorie

R.d. 30 marzo 1942, n. 318

(G.U. 17 aprile 1942, n. 91, S.O.)

Capo I
Disposizioni di attuazione

Sezione I
Disposizioni relative al libro I

Art. 1.*

* L'articolo che recitava «L'esercizio delle facoltà attribuite all'autorità governativa nel titolo II del libro I del codice può dal Governo essere delegato in tutto o in parte ai prefetti per gli enti che esercitano la loro attività nell'ambito di una provincia» è stato abrogato dall'art. 11 del d.P.R. 10/2/2000, n. 361.

Art. 2.*

* L'articolo che recitava «La domanda per il riconoscimento di una persona giuridica deve essere accompagnata dalla copia autentica dell'atto costitutivo e dello statuto e da quegli altri documenti che possono, secondo le circostanze, servire a dimostrare lo scopo dell'ente ed i mezzi patrimoniali per provvedervi.
Il riconoscimento delle fondazioni può essere concesso dall'autorità governativa anche d'ufficio.» è stato abrogato dall'art. 11 del d.P.R. 10/2/2000, n. 361.

Art. 3. – Il notaio che interviene per la stipulazione di atti tra vivi ovvero per la pubblicazione di testamenti, con i quali si dispongono fondazioni o si fanno donazioni o lasciti in favore di enti da istituire, è obbligato a farne denunzia al prefetto entro trenta giorni.

La denunzia deve contenere gli estremi essenziali dell'atto, il testo letterale concernente la liberalità, l'indicazione degli eredi e della loro residenza.

Il prefetto è autorizzato a promuovere nei modi e nei casi stabiliti dalla legge, gli atti conservativi che reputa necessari per l'esecuzione della disposizione sia nei confronti degli eredi, sia nei confronti dei terzi.

Può anche chiedere al tribunale, in caso di urgenza o di necessità, la nomina di un amministratore provvisorio dei beni. Il tribunale provvede con decreto in camera di consiglio.

Art. 4.*

* L'articolo che recitava «La domanda per ottenere l'approvazione delle modificazioni dell'atto costitutivo e dello statuto deve essere accompagnata da una copia autentica della deliberazione relativa e dai documenti necessari per dimostrare l'osservanza delle condizioni prescritte dal secondo comma dell'articolo 21 del codice.
Gli amministratori della persona giuridica devono chiedere l'approvazione entro trenta giorni dalla deliberazione.» è stato abrogato dall'art. 11 del d.P.R. 10/2/2000, n. 361.

Art. 5. – La domanda per ottenere l'autorizzazione prevista nell'articolo 17 del codice deve essere presentata al prefetto della provincia in cui la persona giuridica ha la sua sede e accompagnata dai documenti necessari per dimostrare l'entità, le condizioni, l'opportunità dell'acquisto, nonché la destinazione dei beni.

Il prefetto raccoglie le opportune informazioni, sente, quando trattasi di atti di ultima volontà, coloro ai quali per successione sarebbero devoluti i beni lasciati alla persona giuridica, e, ove non sia delegato a concedere la chiesta autorizzazione, trasmette la domanda al ministero competente secondo l'attività che la persona giuridica svolge. In tal caso l'autorizzazione è data con decreto del presidente della Repubblica.

Durante il procedimento i rappresentanti della persona giuridica possono compiere gli atti che tendono a conservarne i diritti.

Art. 6. – L'acquisto di beni immobili in seguito a subastazione effettuata a carico di un debitore della persona giuridica non è soggetto alla necessità dell'autorizzazione. Tuttavia entro trenta giorni dall'acquisto i rappresentanti della persona giuridica devono darne comunicazione al prefetto.

Art. 7. – Il notaio che interviene per la stipulazione di atti tra vivi ovvero per la pubblicazione di testamenti, nei quali si dispongono donazioni o lasciti in favore di una persona giuridica, deve darne notizia entro trenta giorni al rappresentante della persona giuridica e al prefetto della provincia in cui questa ha la sua sede.

Art. 8. – La convocazione dell'assemblea delle associazioni deve farsi nelle forme stabilite dallo statuto e, se questo non dispone, mediante avviso personale che deve contenere l'ordine del giorno degli argomenti da trattare.

Se non è vietato dall'atto costitutivo o dallo statuto, gli associati possono farsi rappresentare nell'assemblea da altri associati mediante delega scritta anche in calce all'avviso di convocazione.

Art. 9. – Nell'ipotesi prevista dal quarto comma dell'articolo 23 del codice il provvedimento di sospensione deve essere comunicato agli amministratori, i quali possono entro quindici giorni proporre reclamo.

In tal caso l'autorità governativa, se non ritiene di revocare il provvedimento, ne dà comunicazione al pubblico ministero, il quale promuove l'azione di annullamento della deliberazione.

Art. 10.*

* L'articolo che recitava «Il provvedimento con il quale l'autorità governativa dichiara l'estinzione o dispone la trasformazione della persona giuridica è comunicato agli amministratori e al presidente del tribunale, il quale ne ordina l'iscrizione nel registro delle persone giuridiche.» è stato abrogato dall'art. 11 del d.P.R. 10/2/2000, n. 361.

Art. 11. – Quando la persona giuridica è dichiarata estinta o quando l'associazione è sciolta, il presidente del tribunale, su istanza degli amministratori, dei soci, dei creditori, del pubblico ministero o anche di ufficio, nomina uno o più commissari liquidatori, salvo che l'atto costitutivo o lo statuto non preveda una diversa forma di nomina e a questa si proceda entro un mese dal provvedimento. La preventiva designazione dei liquidatori nell'atto costitutivo o nello statuto non ha effetto.

Quando lo scioglimento dell'associazione è deliberato dall'assemblea, la nomina può essere fatta dall'assemblea medesima con la maggioranza prevista dall'articolo 21 del codice.

Possono essere nominati liquidatori anche gli amministratori uscenti.

In ogni caso la nomina fatta dall'assemblea o nelle forme previste nell'atto costitutivo o nello statuto deve essere comunicata immediatamente al presidente del tribunale.

Art. 12. – I liquidatori esercitano la loro funzione sotto la diretta sorveglianza del presidente del tribunale e si considerano ad ogni effetto di legge pubblici ufficiali. Essi possono essere revocati e sostituiti in ogni tempo anche di ufficio dallo stesso presidente con provvedimento non soggetto a reclamo.

I liquidatori deliberano a maggioranza.

Art. 13. – I liquidatori, entro quindici giorni della comunicazione avutane, devono procedere all'annotazione della loro nomina nel registro dove la persona giuridica è iscritta, e richiedere agli amministratori la consegna dei beni e delle scritture della persona giuridica. All'atto della consegna è redatto inventario, di cui è trasmessa copia al presidente del tribunale.

Se gli amministratori si rifiutano di procedere alla consegna, il presidente del tribunale autorizza il rilascio coattivo con decreto non soggetto a reclamo. In questo caso l'inventario è redatto dall'ufficiale giudiziario procedente.

Art. 14. – Entro trenta giorni dalla formazione dell'inventario i liquidatori, dopo avere determinato la consistenza dell'attivo e del passivo dell'ente, se riconoscono che il patrimonio non è sufficiente al pagamento integrale delle passività, devono iniziare la liquidazione generale dei beni nell'interesse di tutti i creditori, dandone avviso mediante annotazione nel registro delle persone giuridiche.

Il medesimo avviso deve essere dato nel caso in cui i liquidatori non ritengono di dover procedere alla liquidazione generale, essendovi eccedenza dell'attivo sul passivo.

In quest'ultimo caso i creditori dell'ente possono fare opposizione entro trenta giorni dall'annotazione chiedendo la liquidazione generale del patrimonio.

Le opposizioni si propongono davanti al presidente del tribunale. Contro il provvedimento di questo è ammesso reclamo davanti al presidente della corte nel termine di quindici giorni. Il provvedimento definitivo è annotato nel registro a cura dei liquidatori.

Art. 15. – Quando non sono intervenute opposizioni ai sensi dell'articolo precedente o queste sono state rigettate con provvedimento definitivo, i liquidatori provvedono a riscuotere i crediti dell'ente, a convertire in danaro, nei limiti in cui è necessario, i beni e a pagare i creditori a misura che si presentano.

I liquidatori possono provvedere al pagamento anche dei creditori il cui credito non è attualmente esigibile, e devono provvedere alle cautele necessarie per assicurare il pagamento dei creditori condizionali.

Soddisfatti i creditori, i liquidatori formano l'inventario dei beni residuati e rendono conto della gestione al presidente del tribunale.

Copia dell'inventario e del rendiconto approvato dal presidente del tribunale deve essere trasmessa all'autorità governativa.

I liquidatori distribuiscono i beni residuati a norma dell'articolo 31 del codice, provocando, quando è necessario, le disposizioni dell'autorità governativa.

Art. 16. – Quando è disposta la liquidazione generale del patrimonio dell'ente si osservano, in quanto applicabili, le disposizioni degli articoli 304, 308, 309, 310, 311, 312 e 313 del codice della crisi e dell'insolvenza (1).

(1) Le parole "304, 308, 309, 310, 311, 312 e 313 del codice della crisi e dell'insolvenza" sostituiscono le precedenti "201, 207, 208, 209, 210, 212 e 213 del regio decreto 16 marzo 1942, n. 267" *ex* art. 371, co. 1, d.lg. 12/1/2019, n. 14.

Art. 17. – I termini, che secondo le disposizioni richiamate nell'articolo precedente decorrono dalla data del provvedimento di liquidazione o di nomina dei liquidatori o dalla sua pubblicazione nella Gazzetta ufficiale, decorrono dalla data in cui è stato annotato nel registro il provvedimento che dispone la liquidazione generale della persona giuridica ai sensi del precedente articolo 14.

Art. 18. – La pubblicità del provvedimento che ordina la liquidazione e del bilancio finale di liquidazione si attua mediante annotazione nel registro delle persone giuridiche a cura dei liquidatori. Nei casi in cui le norme richiamate nell'articolo 16 richiedono il deposito di atti nella cancelleria del tribunale, il deposito si deve effettuare presso la cancelleria in cui è tenuto il registro delle persone giuridiche.

Art. 19. – Le attribuzioni, che secondo le norme sulla liquidazione coatta amministrativa sono demandate all'autorità che ha nominato il liquidatore, spettano al presidente del tribunale.

Art. 20. – Chiusa la liquidazione, il presidente del tribunale ordina la cancellazione dell'ente dal registro delle persone giuridiche.

*Il provvedimento di cancellazione è annotato d'ufficio nel registro a cura della cancelleria del tribunale**.

* Il comma è stato abrogato dall'art. 11 del d.P.R. 10/2/2000, n. 361.

Art. 21. – La competenza per i provvedimenti relativi alla liquidazione spetta al tribunale del capoluogo della provincia in cui è registrata la persona giuridica.

Art. 22.*

* L'articolo che recitava «Il registro delle persone giuridiche è istituito presso la cancelleria del tribunale di ogni capoluogo di provincia ed è tenuto sotto la diretta sorveglianza del presidente del tribunale.» è stato abrogato dall'art. 11 del d.P.R. 10/2/2000, n. 361.

Art. 23.*

* L'articolo che recitava «Il registro consta di due parti, l'una generale e l'altra analitica.
Nella prima parte del registro sono iscritte le persone giuridiche con la sola indicazione della loro denominazione.
L'iscrizione è contrassegnata da un numero d'ordine, ed è accompagnata dalla indicazione della data, del nome del richiedente, delle pagine riservate nella parte analitica alla stessa persona giuridica e del volume in cui sono contenuti lo statuto e l'atto costitutivo. Alla fine della parte generale il registro è munito di una rubrica alfabetica contenente il nome della persona giuridica, il numero della pagina in cui la stessa è iscritta e il riferimento alla parte analitica del registro.
Nella seconda parte del registro, distintamente per ogni persona giuridica, sono iscritti tutti gli elementi e i fatti indicati nel secondo comma dell'articolo 33 e nel primo comma dell'articolo 34 del codice.
Ogni iscrizione è contrassegnata da un numero d'ordine e deve contenere l'indicazione della data, del nome del richiedente, del volume in cui sono raccolti l'atto costitutivo e lo statuto e di quello dove sono raccolte le copie delle deliberazioni e dei provvedimenti iscritti nel registro.
Ad ogni persona giuridica è riservato nella seconda parte del registro un intero foglio costituito da due pagine contrapposte. Le iscrizioni successive si fanno nello stesso foglio. Quando il foglio

riservato per una persona giuridica è esaurito, le iscrizioni sono fatte in un foglio successivo. La continuazione deve risultare chiaramente dalla pagina esaurita.» è stato abrogato dall'art. 11 del d.P.R. 10/2/2000, n. 361.

Art. 24.*

* L'articolo che recitava «Le iscrizioni si eseguono nel registro tenuto nel capoluogo della provincia, nella quale è la sede della persona giuridica.
Al richiedente deve essere rilasciata ricevuta in carta libera della richiesta di iscrizione.» è stato abrogato dall'art. 11 del d.P.R. 10/2/2000, n. 361.

Art. 25.*

* L'articolo che recitava «Per ottenere l'iscrizione della persona giuridica, il richiedente deve presentare copia autentica in carta libera del decreto di riconoscimento, dell'atto costitutivo e dello statuto.
Quando il riconoscimento è avvenuto per decreto del presidente della Repubblica, è sufficiente l'esibizione del numero della Gazzetta ufficiale nel quale il decreto è stato pubblicato.
L'atto costitutivo e lo statuto rimangono depositati nella cancelleria e sono ordinati in volumi muniti di rubrica alfabetica.» è stato abrogato dall'art. 1 del d.P.R. 10/2/2000, n. 361.

Art. 26.*

* L'articolo che recitava «Per ottenere l'iscrizione dei fatti indicati nell'articolo 34 del codice, il richiedente deve presentare copia autentica in carta libera della deliberazione o del provvedimento da iscrivere.
Tali copie restano depositate in cancelleria e sono ordinate in volumi muniti di rubrica alfabetica.» è stato abrogato dall'art. 1 del d.P.R. 10/2/2000, n. 361.

Art. 27.*

* L'articolo che così recitava «L'obbligo di richiedere le iscrizioni nel registro delle persone giuridiche deve essere adempiuto dagli amministratori e dai liquidatori nel termine di giorni quindici.
Per le iscrizioni previste nell'articolo 33 del codice, il termine decorre dalla data di pubblicazione del decreto del presidente della Repubblica di riconoscimento nella Gazzetta ufficiale e, se il riconoscimento è concesso con decreto del prefetto, dalla data di comunicazione del provvedimento prefettizio.
Per gli amministratori, che al momento della pubblicazione o della comunicazione del decreto di riconoscimento non erano in carica, il termine decorre dal momento in cui essi hanno accettato la nomina.
Per le iscrizioni previste nell'articolo 34 del codice, il termine decorre, se trattasi di provvedimenti dell'autorità, dalla data della loro comunicazione, se di deliberazioni dell'ente o dei suoi organi dalla data delle medesime. Quando la deliberazione è soggetta ad approvazione dell'autorità governativa a norma dell'articolo 16 del codice, il termine decorre dalla data in cui l'approvazione è comunicata.» è stato abrogato dall'art. 1 del d.P.R. 10/2/2000, n. 361.

Art. 28.*

* L'articolo che recitava «La registrazione della persona giuridica prevista nell'articolo 33 del codice può essere richiesta da coloro che hanno fatto istanza per il riconoscimento.
La registrazione di ufficio prevista nel terzo comma dell'articolo 33 del codice può essere disposta dal pubblico ministero presso il tribunale dove è tenuto il registro.» è stato abrogato dall'art. 1 del d.P.R. 10/2/2000, n. 361.

Art. 29.*

* L'articolo che recitava «Il registro e i documenti relativi possono essere esaminati da chiunque ne fa richiesta.
La cancelleria deve rilasciare gli estratti e i certificati che sono richiesti.» è stato abrogato dall'art. 1 del d.P.R. 10/2/2000, n. 361.

Art. 30.*

* L'articolo che recitava «Il registro, prima di essere posto in uso, deve essere numerato e vidimato in ciascun foglio dal presidente del tribunale o da un giudice del tribunale delegato dal presidente con decreto da iscriversi nella prima pagina del registro.
Nell'ultima pagina del registro il presidente o il giudice delegato indica il numero dei fogli di cui è composto il registro.» è stato abrogato dall'art. 1 del d.P.R. 10/2/2000, n. 361.

Art. 31. – Il trasferimento della residenza si prova con la doppia dichiarazione fatta al comune che si abbandona e a quello dove s'intende fissare dimora abituale. Nella dichiarazione fatta al comune che si abbandona deve risultare il luogo in cui è fissata la nuova residenza.

Art. 32 (1). – Il pubblico ministero deve essere sempre sentito nei procedimenti di volontaria giurisdizione riguardanti il fondo patrimoniale.

(1) Articolo così sostituito dall'art. 213 della l. 19/5/1975, n. 151.

Art. 33 (1). – Nel caso previsto dall'articolo 183 del codice, il tribunale, in camera di consiglio, provvede con decreto, su istanza dell'altro coniuge, e sentito il pubblico ministero.

(1) Articolo così sostituito dall'art. 214 della l. 19/5/1975, n. 151.

Art. 34 (1). – Sulla domanda del figlio (2) per ottenere il mantenimento, l'istruzione e l'educazione di cui all'articolo 279, primo comma, del codice provvede il tribunale per i minorenni.

(1) Articolo così sostituito dall'art. 215 della l. 19/5/1975, n. 151.
(2) L'art. 1 della l. 10/12/2012, n. 219, ha disposto che nel codice civile, le parole "figli legittimi" e "figli naturali", ovunque ricorrano, siano sostituite dalla parola "figli".

Art. 34 bis (1). – Il notaio rogante deve, nel termine di trenta giorni dalla data del matrimonio o dalla data dell'atto pubblico di modifica delle convenzioni, ovvero di quella dell'omologazione nel caso previsto dal secondo comma dell'articolo 163 del codice, richiedere l'annotazione a margine dell'atto di matrimonio della convenzione matrimoniale dell'atto di modifica della stessa.

Nello stesso termine deve richiedere l'annotazione di cui all'ultimo comma dell'articolo 163 del codice.

(1) Articolo aggiunto dall'art. 216 della l. 19/5/1975, n. 151.

Art. 35 (1). – Il riconoscimento di cui al secondo comma dell'articolo 251 del codice è autorizzato dal tribunale per i minorenni se il figlio da riconoscere è minore.

Sulla domanda di legittimazione, di adozione e di revoca della adozione di minore di età provvede il tribunale per i minorenni.

(1) Articolo così sostituito dall'art. 217 della l. 19/5/1975, n. 151.

Art. 36 (1). – La rinunzia alla cittadinanza di cui all'articolo 143-ter del codice deve essere fatta dinanzi all'ufficiale di stato civile del luogo dove la rinunziante risiede, ed è trascritta nei registri di cittadinanza.

Qualora la rinunziante risieda all'estero, la rinunzia deve essere fatta dinanzi all'agente diplomatico o consolare del luogo di residenza. L'agente la trascrive in apposito registro e ne rimette immediatamente copia al Ministero dell'interno che ne cura, a mezzo dell'autorità competente, la trascrizione nei registri di cittadinanza.

(1) Articolo così sostituito dall'art. 218 della l. 19/5/1975, n. 151.

Art. 37 (1). – L'iscrizione nel registro previsto nell'articolo 314 del codice si esegue senza spese.

L'iscrizione della sentenza che revoca la adozione deve essere altresì annotata in margine all'iscrizione del decreto di adozione.

(1) Articolo così sostituito dall'art. 220 dalla l. 19/5/1975.

Art. 37 bis (1). – I figli maggiorenni portatori di handicap grave previsti dall'articolo 337-septies, secondo comma, del codice civile, sono coloro i quali siano portatori di handicap ai sensi dell'articolo 3, comma 3, della legge 5 febbraio 1992, n. 104.

(1) Articolo inserito dall'art. 96 del d.lg. 28/12/2013, n. 154 a decorrere dalla data di entrata in vigore del 7/2/2014.

Art. 38 (1). – [I] Sono di competenza del tribunale per i minorenni i procedimenti previsti dagli articoli 84, 90, 250, ultimo comma, 251, 317-bis, ultimo comma, 330, 332, 333, 334, 335 e 371, ultimo comma, del codice civile. Sono di competenza del tribunale ordinario i procedimenti previsti dagli articoli 330, 332, 333, 334 e 335 del codice civile, anche se instaurati su ricorso del pubblico ministero, quando è già pendente o è instaurato successivamente, tra le stesse parti, giudizio di separazione, scioglimento o cessazione degli effetti civili del matrimonio, ovvero giudizio ai sensi degli articoli 250, quarto comma, 268, 277, secondo comma, e 316 del codice civile, procedimento per la modifica delle condizioni dettate da precedenti provvedimenti a tutela del minore. In questi casi il tribunale per i minorenni, d'ufficio o su richiesta di parte, senza indugio e comunque entro il termine di quindici giorni dalla richiesta, adotta tutti gli opportuni provvedimenti temporanei e urgenti nell'interesse del minore e trasmette gli atti al tribunale ordinario, innanzi al quale il procedimento, previa riunione, continua. I provvedimenti adottati dal tribunale per i minorenni conservano la loro efficacia fino a quando sono confermati, modificati o revocati con provvedimento emesso dal tribunale ordinario. Il pubblico ministero della procura della Repubblica presso il tribunale per i minorenni, nei casi di trasmissione degli atti dal tribunale per i minorenni al tribunale ordinario, provvede alla trasmissione dei propri atti al pubblico ministero della procura della Repubblica presso il tribunale ordinario.

[II] Il tribunale per i minorenni è competente per il ricorso per l'irrogazione delle sanzioni in caso di inadempienze o violazioni, quando è già pendente o è instaurato successivamente, tra le stesse parti, un procedimento previsto dagli articoli 330, 332, 333, 334 e 335 del codice civile. Nei casi in cui è già pendente o viene instaurato autonomo procedimento per l'irrogazione delle sanzioni davanti al tribunale ordinario, quest'ultimo, d'ufficio o a richiesta di parte, senza indugio e comunque non oltre quindici giorni dalla richiesta, adotta tutti gli opportuni provvedimenti temporanei e urgenti nell'interesse del minore e trasmette gli atti al tribunale per i minorenni, innanzi al quale il procedimento, previa riunione, continua. I provvedimenti adottati dal tribunale ordinario conservano la loro efficacia fino a quando sono confermati, modificati o revocati con provvedimento emesso dal tribunale per i minorenni (2).

[III] Sono emessi dal tribunale ordinario i provvedimenti relativi ai minori per i quali non è espressamente stabilita la competenza di una diversa autorità giudiziaria. [Nei procedimenti in materia di affidamento e di mantenimento dei minori si applicano, in quanto compatibili, gli articoli 737 e seguenti del codice di procedura civile.] (3).

[IV]. Quando il tribunale per i minorenni procede ai sensi dell'articolo 737 del codice di procedura civile, il reclamo si propone davanti alla sezione di corte di appello per i minorenni (4).

(1) L'art. 1, co. 28, l. 26/11/2021, n. 206, ha sostituito l'attuale primo e secondo comma al precedente primo comma. Il testo del comma, così come modificato dall'art. 96 del d.lg. 28/12/2013, n. 154, era il seguente: «Sono di competenza del tribunale per i minorenni i provvedimenti contemplati dagli articoli 84, 90, 330, 332, 333, 334, 335 e 371, ultimo comma, del codice civile. Per i procedimenti di cui all'articolo 333 resta esclusa la competenza del tribunale per i minorenni nell'ipotesi in cui sia in corso, tra le stesse parti, giudizio di separazione o divorzio o giudizio ai sensi dell'articolo 316, del codice civile; in tale ipotesi per tutta la durata del processo la competenza, anche per i provvedimenti contemplati dalle disposizioni richiamate nel primo periodo, spetta al giudice ordinario. Sono, altresì, di competenza del tribunale per i minorenni i provvedimenti contemplati dagli articoli 251 e 317-bis del codice civile». Ai sensi del comma 37 del medesimo articolo, la presente disposizione si applica ai procedimenti instaurati a decorrere dal centottantesimo giorno successivo alla data di entrata in vigore della l. n. 206, cit. Successivamente il comma è stato modificato dall'art. 2, co. 1, lett. a), n. 1), d.lg. 10/10/2022, n. 149 che ha sostituito le parole: "procedimento per la modifica delle condizioni dettate da precedenti provvedimenti a tutela del minore" alle parole "dell'articolo 710 del codice di procedura civile e dell'articolo 9 della legge 1° dicembre 1970, n. 898" (ai sensi dell'art. 52 del d.lg. n. 149/2022, il citato decreto legislativo entra in vigore il giorno successivo a quello della sua pubblicazione nella GU). Per la disciplina transitoria v. art. 35 del d.lg. n. 149/2022, cit., che prevede che: «1. Le disposizioni del presente decreto, salvo che non sia diversamente disposto, hanno effetto a decorrere dal 30 giugno 2023 e si applicano ai procedimenti instaurati successivamente a tale data». Ai procedimenti pendenti alla data del 30 giugno 2023 si applicano le disposizioni anteriormente vigenti.

(2) L'art. 1, co. 28, l. 26/11/2021, n. 206, ha sostituito l'attuale primo e secondo comma al precedente primo comma. Il testo del comma, così come modificato dall'art. 96, d.lg. 28/12/2013, n. 154, era il seguente: «Sono di competenza del tribunale per i minorenni i provvedimenti contemplati dagli articoli 84, 90, 330, 332, 333, 334, 335 e 371, ultimo comma, del codice civile. Per i procedimenti di cui all'articolo 333 resta esclusa la competenza del tribunale per i minorenni nell'ipotesi in cui sia in corso, tra le stesse parti, giudizio di separazione o divorzio o giudizio ai sensi dell'arti, colo 316, del codice civile; in tale ipotesi per tutta la durata del processo la competenza, anche per i provvedimenti contemplati dalle disposizioni richiamate nel primo periodo, spetta al giudice ordinario. Sono, altresì, di competenza del tribunale per i minorenni i provvedimenti contemplati dagli articoli 251 e 317-bis del codice civile». Ai sensi del co. 37 del medesimo articolo, la presente disposizione si applica ai procedimenti instaurati a decorrere dal centottantesimo giorno successivo alla data di entrata in vigore della l. n. 206, cit.
Successivamente il presente comma è stato modificato dall'art. 2, co. 1, lett. a), n. 2), d.lg. 10/10/2022, n. 149 che ha sostituito le parole: «per l'irrogazione delle sanzioni in caso di inadempienze o violazioni,» alle parole: «previsto dall'articolo 709-ter del codice di procedura civile» e le parole: «per l'irrogazione delle sanzioni» alle parole: «previsto dall'articolo 709-ter del codice di procedura civile» (ai sensi dell'art. 52 del d.lg. n. 149/2022, il citato decreto legislativo entra in vigore il giorno successivo a quello della sua pubblicazione nella GU). Per la disciplina transitoria v. art. 35 d.lgs. n. 149/2022, cit., che prevede che: «1. Le disposizioni del presente decreto, salvo che non sia diversamente disposto, hanno effetto a decorrere dal 30 giugno 2023 e si applicano ai procedimenti instaurati successivamente a tale data». Ai procedimenti pendenti alla data del 30 giugno 2023 si applicano le disposizioni anteriormente vigenti».

(3) Comma modificato dall'art. 2, co. 1, lett. a), n. 3), d.lg. 10/10/2022, n. 149, che ha soppresso il secondo periodo, le parole erano le seguenti: «Nei procedimenti in materia di affidamento e di mantenimento dei minori si applicano, in quanto compatibili, gli articoli 737 e seguenti del codice di procedura civile.» (ai sensi dell'art. 52 del d.lg. n. 149/2022, il citato decreto legislativo entra in vigore il giorno successivo a quello della sua pubblicazione nella Gazzetta Ufficiale). Per la disciplina transitoria v. art. 35 del d.lg. n. 149/2022, cit., che prevede che: «1. Le disposizioni del presente decreto, salvo che non sia diversamente disposto, hanno effetto a decorrere dal 30 giugno 2023 e si applicano ai procedimenti instaurati successivamente a tale data». Ai procedimenti pendenti alla data del 30/6/2023 si applicano le disposizioni anteriormente vigenti.

(4) Articolo così sostituito dall'art. 2, co. 1, lett. a), n. 4), d.lg.

10/10/2022, n. 149 (ai sensi dell'art. 52 del d.lg. n. 149/2022, il citato decreto legislativo entra in vigore il giorno successivo a quello della sua pubblicazione nella GU). Per la disciplina transitoria v. art. 35 del d.lgs. n. 149/2022, cit., che prevede che: «1. Le disposizioni del presente decreto, salvo che non sia diversamente disposto, hanno effetto a decorrere dal 30 giugno 2023 e si applicano ai procedimenti instaurati successivamente a tale data. Ai procedimenti pendenti alla data del 30 giugno 2023 si applicano le disposizioni anteriormente vigenti». Si riporta il testo anteriore alla suddetta modificazione: «Fermo restando quanto previsto per le azioni di stato, il tribunale competente provvede in ogni caso in camera di consiglio, sentito il pubblico ministero, e i provvedimenti emessi sono immediatamente esecutivi, salvo che il giudice disponga diversamente. Quando il provvedimento è emesso dal tribunale per i minorenni, il reclamo si propone davanti alla sezione di corte di appello per i minorenni».

Art. 38 bis (1). – [I] [Quando la salvaguardia del minore è assicurata con idonei mezzi tecnici, quali l'uso di un vetro specchio unitamente ad impianto citofonico, i difensori delle parti, il curatore speciale del minore, se già nominato, ed il pubblico ministero possono seguire l'ascolto del minore, in luogo diverso da quello in cui egli si trova, senza chiedere l'autorizzazione del giudice prevista dall'articolo 336-bis, secondo comma, del codice civile] (1).

(1) Articolo inserito dall'art. 96 del d.lg. 28/12/013, n. 154. Ai sensi dell'art. 108 del d.lg. n. 154/2013, la modifica entra in vigore a partire dal 7/2014. Successivamente il presente articolo è stato abrogato dall'art. 2, co. 1, lett. b), d.lg. 10/10/2022, n. 149 (ai sensi dell'art. 52 del d.lg. n. 149/2022, il citato decreto legislativo entra in vigore il giorno successivo a quello della sua pubblicazione nella GU). Per la disciplina transitoria v. art. 35 del d.lg. n. 149/2022, cit., che prevede che: «1. Le disposizioni del presente decreto, salvo che non sia diversamente disposto, hanno effetto a decorrere dal 30 giugno 2023 e si applicano ai procedimenti instaurati successivamente a tale data». Ai procedimenti pendenti alla data del 30 giugno 2023 si applicano le disposizioni anteriormente vigenti.

Art. 38 ter (1). – [I] Nei procedimenti riguardanti l'affidamento dei minori e l'esercizio della responsabilità genitoriale non possono assumere l'incarico di tutore, curatore, curatore speciale, consulente tecnico d'ufficio o svolgere funzioni di assistente sociale coloro che rivestono, o hanno rivestito nei due anni antecedenti, cariche rappresentative in strutture o comunità pubbliche o private presso le quali sono inseriti i minori, o partecipano alla gestione delle medesime strutture, o prestano a favore di esse attività professionale, anche a titolo gratuito, o fanno parte degli organi sociali di società che le gestiscono.

[II] Il divieto previsto dal primo comma si applica anche a coloro il cui coniuge, parte dell'unione civile, convivente o parente entro il quarto grado svolge, o ha svolto nei due anni antecedenti, le funzioni di cui al primo comma.

(1) Articolo inserito dall'art. 2, co. 1, lett. c), d.lg. 10/10/2022, n. 149 (ai sensi dell'art. 52 del d.lgs. n. 149/2022, il citato decreto legislativo entra in vigore il giorno successivo a quello della sua pubblicazione nella GU). Per la disciplina transitoria v. art. 35 d.lgs. n. 149/2022, cit., che prevede che: «1. Le disposizioni del presente decreto, salvo che non sia diversamente disposto, hanno effetto a decorrere dal 30 giugno 2023 e si applicano ai procedimenti instaurati successivamente a tale data». Ai procedimenti pendenti alla data del 30/6/2023 si applicano le disposizioni anteriormente vigenti.

Art. 39*.

* L'articolo che recitava «L'omologazione prevista negli articoli 406 e 412 del codice è di competenza del tribunale per i minorenni.» è stato abrogato dall'art. 11 della l. 9/1/2004, n. 6.

Art. 40. – La domanda per l'interdizione del minore emancipato e quella per l'interdizione o la inabilitazione del minore nell'ultimo anno della minore età devono essere proposte davanti al tribunale per i minorenni.

Art. 41 (1). – [I] [*I provvedimenti previsti nell'articolo 145 del codice sono di competenza del tribunale del circondario del luogo in cui è stabilita la residenza familiare o, se questa manchi, del tribunale del luogo del domicilio di uno dei coniugi. Il tribunale provvede in composizione monocratica*].

(1) Articolo prima sostituito dall'art. 222 della l. 19/5/1975, n. 151, e poi nuovamente dall'art. 151 del d.lg. 19/2/1998, n. 51. Il testo precedentemente in vigore recitava: «[I] I provvedimenti previsti nell'articolo 145 del codice sono di competenza del pretore del mandamento del luogo in cui è stabilita la residenza familiare o, se questa manchi, del pretore del mandamento del luogo del domicilio di uno dei coniugi». Successivamente il presente articolo è stato abrogato dall'art. 2, co. 1, lett. d), d.lg. 10/10/2022, n. 149 (ai sensi dell'art. 52 del d.lgs. n. 149/2022, il citato decreto legislativo entra in vigore il giorno successivo a quello della sua pubblicazione nella GU). Per la disciplina transitoria v. art. 35 del d.lg. n. 149/2022, cit., che prevede che: «1. Le disposizioni del presente decreto, salvo che non sia diversamente disposto, hanno effetto a decorrere dal 30 giugno 2023 e si applicano ai procedimenti instaurati successivamente a tale data». Ai procedimenti pendenti alla data del 30/6/2023 si applicano le disposizioni anteriormente vigenti.

Art. 42. – I provvedimenti indicati nell'articolo 423 del codice e le sentenze di revoca previste nell'articolo 429 del codice stesso devono essere trasmessi in copia in carta libera, entro dieci giorni dalla pubblicazione, al giudice tutelare a cura del cancelliere dell'autorità giudiziaria che li ha pronunziati.

Art. 43. – I provvedimenti del giudice tutelare sono emessi con decreto.

Nei casi urgenti la richiesta di un provvedimento può essere fatta al giudice anche verbalmente.

Art. 44 (1). – Il giudice tutelare può convocare in qualunque momento il tutore, il protutore, il curatore e l'amministratore di sostegno allo scopo di chiedere informazioni, chiarimenti e notizie sulla gestione della tutela, della curatela o dell'amministrazione di sostegno, e di dare istruzioni inerenti agli interessi morali e patrimoniali del minore o del beneficiario.

(1) L'articolo che recitava «Il giudice tutelare può convocare in qualunque momento il tutore, il protutore e il curatore allo scopo di chiedere informazioni, chiarimenti e notizie sulla gestione della tutela o della curatela, e di dare istruzioni inerenti agli interessi morali e patrimoniali del minore.» è stato così sostituito dall'art. 12 della l. 9/1/2004, n. 6.

Art. 45. – La competenza a decidere dei reclami avverso i decreti del giudice tutelare spetta al tribunale ordinario quando si tratta dei provvedimenti indicati negli articoli 320, 321, 372, 373, 374, 376, *secondo comma*, 386, 394 e 395 del codice (1).

La competenza spetta al tribunale per i minorenni in tutti gli altri casi.

Nell'ipotesi prevista nell'articolo 386, ultimo comma, del codice l'autorità giudiziaria competente provvede in sede contenziosa.

(1) Comma così modificato dall'art. 2, co. 1, lett. e), d.lg. 10/10/2022, n. 149 che ha soppresso le parole: «, secondo comma» (ai sensi dell'art. 52 del d.lg. n. 149/2022, il citato decreto legislativo entra in vigore il giorno successivo a quello della sua pubblicazione nella GU). Per la disciplina transitoria v. art. 35 d.lgs. n. 149/2022, cit., che prevede che: «1. Le disposizioni del presente decreto, salvo che non sia diversamente disposto, hanno effetto a decorrere dal 30 giugno 2023 e si applicano ai procedimenti instaurati successivamente a tale data». Ai procedimenti pendenti alla data del 30/6/2023 si applicano le disposizioni anteriormente vigenti. codice l'autorità giudiziaria competente provvede in sede contenziosa.

Art. 46. – Tutti gli atti della procedura della tutela, compresi l'inventario, i conti annuali e il conto finale, sono esenti da tasse di bollo e di registro.

Sono dal pari esenti da tasse di bollo e di registro gli atti previsti nel titolo XI del libro I del codice.

Art. 46 bis (1). – Gli atti e i provvedimenti relativi ai procedimenti previsti dal titolo XII del libro primo del codice non sono soggetti all'obbligo di registrazione e sono esenti dal contributo unificato previsto dall'articolo 9 del testo unico delle disposizioni legislative e regolamentari in materia di spese di giustizia, di cui al decreto del Presidente della Repubblica 30 maggio 2002, n. 115.

(1) Articolo aggiunto dall'art. 13 della l. 9/1/2004, n. 6.

Art. 47 (1). – Presso l'ufficio del giudice tutelare sono tenuti un registro delle tutele dei minori e degli interdetti [343 ss., 414 ss. CC.], un registro delle curatele dei minori, dei minori emancipati e degli inabilitati [48-51; 400 ss., 414 ss. CC.] ed un registro delle amministrazioni di sostegno [404-413 CC.].

(1) Articolo così sostituito dall'art. 14 della l. 9/1/2004, n. 6. Il testo recitava: «[I] Presso l'ufficio del giudice tutelare sono tenuti un registro delle tutele dei minori e degli interdetti e un altro delle curatele dei minori emancipati e degli inabilitati». Successivamente così modificato dall'art. 2, co. 1, lett. f), d.lg. 10/10/2022, n. 149 che ha inserito le parole: "dei minori," dopo le parole «un registro delle curatele» (ai sensi dell'art. 52 del d.lg. n. 149/2022, il citato decreto legislativo entra in vigore il giorno successivo a quello della sua pubblicazione nella GU). Per la disciplina transitoria v. art. 35 del d.lg. n. 149/2022, cit., che prevede che: «1. Le disposizioni del presente decreto, salvo che non sia diversamente disposto, hanno effetto a decorrere dal 30 giugno 2023 e si applicano ai procedimenti instaurati successivamente a tale data». Ai procedimenti pendenti alla data del 30/6/2023 si applicano le disposizioni anteriormente vigenti.

Art. 48. – Nel registro delle tutele, in un capitolo speciale per ciascuna di esse, si devono annotare a cura del cancelliere:

il giorno in cui si è aperta la tutela;

la data e gli estremi essenziali della sentenza che ha pronunziato la interdizione se trattasi di interdetti;

il nome, il cognome, la condizione e il domicilio del tutore e del protutore, la data della loro nomina e della prestazione del giuramento da parte del tutore;

le risultanze dell'inventario e del conto annuale;

l'esonero e la rimozione del tutore o del protutore e in generale tutti i provvedimenti che portano modificazioni allo stato personale e patrimoniale della persona sottoposta a tutela;

la chiusura della tutela e la menzione del provvedimento che ne ha provocato la chiusura;

le risultanze del rendiconto definitivo.

Art. 49 (1). – Nel registro delle curatele, in un capitolo speciale per ciascuna di esse, si devono annotare a cura del cancelliere:

a) la data e gli estremi essenziali del provvedimento che concede l'emancipazione o della sentenza che pronuncia l'inabilitazione o del provvedimento che dispone la nomina del curatore del minore ai sensi dell'articolo 473-bis.7, secondo comma, del codice di procedura civile;

b) il nome, il cognome, la condizione, l'età e il domicilio del minore o della persona emancipata o inabilitata;

c) il nome, il cognome, la condizione e il domicilio del curatore nominato al minore, all'emancipato, o all'inabilitato;

d) la data del provvedimento che revoca la nomina del curatore del minore ai sensi dell'articolo 473-bis.7, secondo comma, del codice di procedura civile o l'emancipazione, o della sentenza che revoca l'inabilitazione.

(1) Articolo così sostituito dall'art. 2, co. 1, lett. g), d.lg. 10/10/2022, n. 149 (ai sensi dell'art. 52 del d.lg. n. 149/2022, il citato decreto legislativo entra in vigore il giorno successivo a quello della sua pubblicazione nella GU). Per la disciplina transitoria v. art. 35 del d.lg. n. 149/2022, cit., che prevede che: «1. Le disposizioni del presente decreto, salvo che non sia diversamente disposto, hanno effetto a decorrere dal 30 giugno 2023 e si applicano ai procedimenti instaurati successivamente a tale data». Ai procedimenti pendenti alla data del 30/6/2023 si applicano le disposizioni anteriormente vigenti. Si riporta il testo anteriore alla sostituzione: «Nel registro delle curatele [47], in un capitolo speciale per ciascuna di esse, si devono annotare a cura del cancelliere: la data e gli estremi essenziali del provvedimento che concede l'emancipazione o della sentenza che pronunzia la inabilitazione; il nome, il cognome, la condizione, l'età e il domicilio della persona emancipata o inabilitata; il nome, il cognome, la condizione e il domicilio del curatore nominato all'emancipato o all'inabilitato; la data del provvedimento che revoca l'emancipazione o della sentenza che revoca la inabilitazione.».

Art. 49 bis (1). – Nel registro delle amministrazioni di sostegno, in un capitolo speciale per ciascuna di esse, si devono annotare a cura del cancelliere:

1) la data e gli estremi essenziali del provvedimento che dispone l'amministrazione di sostegno, e di ogni altro provvedimento assunto dal giudice nel corso della stessa, compresi quelli emanati in via d'urgenza ai sensi dell'articolo 405 del codice;

2) le complete generalità della persona beneficiaria;

3) le complete generalità dell'amministratore di sostegno o del legale rappresentante del soggetto che svolge la relativa funzione, quando non si tratta di persona fisica;

4) la data e gli estremi essenziali del provvedimento che dispone la revoca o la chiusura dell'amministrazione di sostegno.

(1) Articolo aggiunto dall'art. 15 della l. 9/1/2004, n. 6.

Art. 50 (1). – Il cancelliere è responsabile della tenuta dei registri, che sono da lui numerati e vidimati prima di essere posti in uso.

(1) L'articolo che così recitava «Il giudice tutelare vigila sulla tenuta dei registri che sono da lui numerati e vidimati prima di essere posti in uso. Alla fine di ogni anno fa rapporto sulla tenuta medesima al procuratore della Repubblica.» è stato così sostituito dall'art. 152 del d.lg. 19/2/1998, n. 51.

Art. 51 (1). – [I] Nei registri delle tutele e delle curatele devono essere annotati, in capitoli speciali per ciascun minore, i provvedimenti emanati dal tribunale per i minorenni e dal tribunale ordinario ai sensi degli articoli 252, 262, 279, 316, 317-bis, 330, 332, 333, 334 e 335 del codice, e delle altre disposizioni della legge speciale che prevedono la nomina del tutore (2).

[II] A tal fine la cancelleria del tribunale che ha emesso il provvedimento deve trasmetterne copia in carta libera entro dieci giorni all'ufficio del giudice tutelare del luogo in cui il minore ha il domicilio per la prescritta annotazione (3).

(1) Articolo così sostituito dall'art. 223 della l. 19/5/1975, n. 151.

(2) Comma così sostituito dall'art. 2, co. 1, lett. h), d.lg. 10/10/2022, n. 149 (ai sensi dell'art. 52 del d.lg. n. 149/2022, il citato decreto legislativo entra in vigore il giorno successivo a quello della sua pubblicazione nella GU). Per la disciplina transitoria v. art. 35 del d.lg. n. 149/2022, cit., che prevede che: «1. Le disposizioni del presente decreto, salvo che non sia diversamente disposto, hanno effetto a decorrere dal 30 giugno 2023 e si applicano ai procedimenti instaurati successivamente a tale data». Ai procedimenti pendenti alla data del 30/6/2023 si applicano le disposizioni anteriormente vigenti. Si riporta il testo anteriore alla sostituzione: «Nel registro delle tutele devono essere annotati, in capitoli speciali per ciascun minore, i provvedimenti emanati dal tribunale per i minorenni ai sensi degli articoli 252, 262, 279, 316, 317-bis, 330, 332, 333, 334 e 335 del codice.».

(3) V. art. 69 della l. 4/5/1983, n. 184.

Sezione II
Disposizioni relative al libro II

Art. 51 bis (1). – I provvedimenti previsti negli articoli 485, primo comma, 508, primo comma, 509, primo comma, 517, secondo comma, 528, primo comma, 529, 530, primo comma, 620, secondo e sesto comma, 621, primo comma, 730, primo comma, e 736, secondo comma, del codice sono adottati dal tribunale in composizione monocratica.

(1) Articolo inserito dall'art. 153 del d.lg. 19/2/1998, n. 51.

Art. 52. – Presso la cancelleria di ogni tribunale è tenuto, a cura del cancelliere, il registro delle successioni (1).

In questo registro sono inseriti gli estremi degli atti e delle dichiarazioni indicati dalla legge. L'inserzione è fatta d'ufficio dal cancelliere, se si tratta di dichiarazioni da lui ricevute o di provvedimenti del tribunale (2); su istanza della parte e dietro produzione di copia autentica dell'atto, negli altri casi.

Il registro è diviso in tre parti. Nella prima sono registrati le dichiarazioni di accettazione dell'eredità con beneficio d'inventario e tutti gli atti e le indicazioni relativi al beneficio d'inventario e all'amministrazione e liquidazione delle eredità beneficiate, comprese le nomine del curatore previste dagli articoli 508 e 509 del codice e la menzione della pubblicazione dell'invito ai creditori per la presentazione delle dichiarazioni di credito. Nella seconda sono registrate le dichiarazioni di rinunzia all'eredità. Nella terza sono registrati i provvedimenti di nomina dei curatori delle eredità giacenti, nonché gli atti relativi alla curatela e le dichiarazioni di accettazione o di rinunzia degli esecutori testamentari.

Il registro deve essere alla fine munito di una rubrica alfabetica contenente l'indicazione del nome delle persone la cui successione si è aperta e il riferimento alla pagina nella quale sono contenute le diverse indicazioni.

(1) Il comma che recitava «Presso la cancelleria di ogni pretura è tenuto, a cura del cancelliere e sotto la sorveglianza del pretore, il registro delle successioni.» è stato così sostituito dall'art. 154 del d.lg. 19/2/1998, n. 51.

(2) La parola "pretore" è stata sostituita dalla parola "tribunale" per effetto dell'art. 154 del d.lg. 19/2/1998, n. 5.

Art. 53. – Il registro, prima di essere posto in uso, deve essere numerato e vidimato in ciascun foglio dal cancelliere. (1) Nell'ultima pagina il pretore indica il numero dei fogli di cui esso è composto.

Il registro può essere esaminato da chiunque ne faccia domanda e la cancelleria deve rilasciare gli estratti e i certificati che sono richiesti.

(1) La parola: "pretore" è stata sostituita dalla parola: "cancelliere" per effetto dell'art. 155 del d.lg. 19/2/1998, n. 51.

Art. 54. – I creditori e i legatari non separatisti, se hanno proposto domanda giudiziale allo scopo di far valere sugli immobili separati il diritto loro attribuito dal secondo comma dell'articolo 514 del codice, possono fare annotare tale domanda in margine all'iscrizione in separazione.

Eseguita l'annotazione della domanda di concorso, il vincolo della separazione non può cessare se non col consenso di coloro che hanno eseguito l'annotazione, salvo che la loro pretesa sia stata giudizialmente esclusa.

Art. 55. – Le copie dei verbali e dei testamenti, che sono trasmesse alla cancelleria del tribunale (1) secondo l'articolo 622 del codice, devono, a cura, del cancelliere, essere raccolte in appositi volumi e annotate in una rubrica alfabetica generale. Le copie possono essere esaminate da chiunque ne faccia richiesta.

(1) La parola "pretore" è stata sostituita dalla parola "tribunale" per effetto dell'art. 154 del d.lg. 19/2/1998, n. 5.

Sezione III
Disposizioni relative al libro III

Art. 56. – Il provvedimento dell'autorità amministrativa con il quale si dispone che si proceda all'espropriazione a norma dell'articolo 838 del codice è dato con decreto motivato del ministro competente. Il decreto deve contenere la designazione precisa del bene soggetto a espropriazione e deve essere notificato all'interessato, il quale può impugnarlo con ricorso al Consiglio di Stato.

Si osservano nell'espropriazione, in quanto applicabili, le norme della legge generale sull'espropriazione per pubblica utilità.

Art. 57. – Le azioni previste dagli articoli 848 e 849 del codice sono di competenza del tribunale, qualunque sia il valore della causa.

Nel caso regolato dall'articolo 849 il giudice fissa con ordinanza l'udienza per la comparizione del rappresentante dell'associazione professionale, il quale può delegare altra persona (1). Si osservano nel resto, in quanto applicabili, le disposizioni dettate dal codice di procedura civile per i consulenti tecnici.

(1) Le associazioni professionali sono state soppresse con il d.lg. 23/11/1944, n. 369.

Art. 57 bis (1). – L'autorizzazione prevista nell'articolo 915, primo comma, del codice è data dal tribunale in composizione monocratica.

(1) Articolo aggiunto dall'art. 157 del d.lg. 19/2/1998, n. 51.

Art. 58. – Le modalità e gli effetti dell'affrancazione del fondo enfiteutico sono regolati dalle disposizioni della legge 11/6/1925, n. 998 e del regio decreto 7 febbraio 1926, n. 426.

Il prezzo di affrancazione può essere corrisposto anche in titoli del debito pubblico consolidato di qualsiasi specie, osservate, per la determinazione del loro valore, le disposizioni dell'articolo 9 della legge anzidetta.

Le disposizioni del primo comma del presente articolo si applicano anche alla riduzione in misura fissa dei canoni enfiteutici, dei censi e di altre prestazioni perpetue consistenti in una quota di prodotti naturali.

Art. 59. – La domanda per la nomina dell'amministratore o per la designazione dell'istituto di credito nei casi previsti dall'articolo 1003 del codice, se non è proposta in corso di giudizio, si propone con ricorso al presidente del tribunale: nel caso di nomina dell'amministratore, al presidente del tribunale del luogo in cui si trovano gli immobili o si trova la parte più rilevante di essi.

Il presidente del tribunale provvede con decreto, sentita l'altra parte.

Contro tale provvedimento si può proporre reclamo al presidente della corte d'appello nel termine di dieci giorni dalla notificazione.

Art. 60. – Gli uffici tecnici che devono essere sentiti a norma del terzo comma dell'articolo 1092 del codice sono l'ufficio locale del genio civile e il locale ispettorato dell'agricoltura.

Art. 61. – Qualora un edificio o un gruppo di edifici appartenenti per piani o porzioni di piano a proprietari diversi si possa dividere in parti che abbiano le caratteristiche di edifici autonomi, il condominio può essere sciolto e i comproprietari di ciascuna parte possono costituirsi in condominio separato.

Lo scioglimento è deliberato dall'assemblea con la maggioranza prescritta dal secondo comma dell'articolo 1136 del codice, o è disposto dall'autorità giudiziaria su domanda di almeno un terzo dei comproprietari di quella parte dell'edificio della quale si chiede la separazione.

Art. 62. – La disposizione del primo comma dell'articolo precedente si applica anche se restano in comune con gli originari partecipanti alcune delle cose indicate dall'articolo 1117 del codice.

Qualora la divisione non possa attuarsi senza modificare lo stato delle cose e occorrano opere per la sistemazione diversa dei locali o delle dipendenze tra i condomini, lo scioglimento del condominio deve essere deliberato dall'assemblea con la maggioranza prescritta dal quinto comma dell'articolo 1136 del codice stesso.

Art. 63 (1). – Per la riscossione dei contributi in base allo stato di ripartizione approvato dall'assemblea, l'amministratore, senza bisogno di autorizzazione di questa, può ottenere un decreto di ingiunzione immediatamente esecutivo, nonostante opposizione, ed è tenuto a comunicare ai creditori non ancora soddisfatti che lo interpellino i dati dei condomini morosi.

I creditori non possono agire nei confronti degli obbligati in regola con i pagamenti, se non dopo l'escussione degli altri condomini.

In caso di mora nel pagamento dei contributi che si sia protratta per un semestre, l'amministratore può sospendere il condomino moroso dalla fruizione dei servizi comuni suscettibili di godimento separato.

Chi subentra nei diritti di un condomino è obbligato solidalmente con questo al pagamento dei contributi relativi all'anno in corso e a quello precedente.

Chi cede diritti su unità immobiliari resta obbligato solidalmente con l'avente causa per i contributi maturati fino al momento in cui è trasmessa all'amministratore copia autentica del titolo che determina il trasferimento del diritto.

(1) Articolo così sostituito dall'art. 18, co. 1, l. 11/12/2012, n. 220, in vigore dal 17/6/2013. Il testo in vigore fino al 16/6/2013 è il seguente «Per la riscossione dei contributi in base allo stato di ripartizione approvato dall'assemblea, l'amministratore può ottenere decreto d'ingiunzione immediatamente esecutivo, nonostante opposizione.
Chi subentra nei diritti di un condomino è obbligato, solidalmente con questo, al pagamento dei contributi relativi all'anno in corso e a quello precedente.
In caso di mora nel pagamento dei contributi, che si sia protratta per un semestre, l'amministratore, se il regolamento di condominio ne contiene l'autorizzazione, può sospendere al condomino moroso l'utilizzazione dei servizi comuni che sono suscettibili di godimento separato».

Art. 64 (1). – Sulla revoca dell'amministratore, nei casi indicati dall'undicesimo comma dell'articolo 1129 e dal quarto comma dell'articolo 1131 del codice, il tribunale provvede in camera di consiglio, con decreto motivato, sentito l'amministratore in contraddittorio con il ricorrente.

Contro il provvedimento del tribunale può essere proposto reclamo alla corte d'appello nel termine di dieci giorni dalla notificazione o dalla comunicazione.

(1) Articolo così sostituito dall'art. 19 della l.11/12/2012, n. 220, in vigore dal 17/6/2013. Il testo in vigore fino al 16/6/2013 è il seguente: «Sulla revoca dell'amministratore, nei casi indicati dal terzo comma dell'articolo 1129 e dall'ultimo comma dell'articolo 1131 del codice, il tribunale provvede in camera di consiglio, con decreto motivato, sentito l'amministratore medesimo.
Contro il provvedimento del tribunale può essere proposto reclamo alla corte d'appello nel termine di dieci giorni dalla notificazione».

Art. 65. – Quando per qualsiasi causa manca il legale rappresentante dei condomini, chi intende iniziare o proseguire una lite contro i partecipanti a un condominio può richiedere la nomina di un curatore speciale ai sensi dell'articolo 80 del codice di procedura civile.

Il curatore speciale deve senza indugio convocare l'assemblea dei condomini per avere istruzioni sulla condotta della lite.

Art. 66. – L'assemblea, oltre che annualmente in via ordinaria per le deliberazioni indicate dall'articolo 1135 del codice, può essere convocata in via straordinaria dall'amministratore quando questi lo ritiene necessario o quando ne è fatta richiesta da almeno due condomini che rappresentino un sesto del valore dell'edificio. Decorsi inutilmente dieci giorni dalla richiesta, i detti condomini possono provvedere direttamente alla convocazione.

In mancanza dell'amministratore, l'assemblea tanto ordinaria quanto straordinaria può essere convocata a iniziativa di ciascun condomino.

L'avviso di convocazione, contenente specifica indicazione dell'ordine del giorno, deve essere comunicato almeno cinque giorni prima della data fissata per l'adunanza in prima convocazione, a mezzo di posta raccomandata, posta elettronica certificata, fax o tramite consegna a mano, e deve contenere l'indicazione del luogo e dell'ora della riunione. In caso di omessa, tardiva o incompleta convocazione degli aventi diritto, la deliberazione assembleare è annullabile ai sensi dell'articolo 1137 del codice su istanza dei dissenzienti o assenti perché non ritualmente convocati (1).

L'assemblea in seconda convocazione non può tenersi nel medesimo giorno solare della prima (2).

L'amministratore ha facoltà di fissare più riunioni consecutive in modo da assicurare lo svolgimento dell'assemblea in termini brevi, convocando gli aventi diritto con un unico avviso nel quale sono indicate le ulteriori date ed ore di eventuale prosecuzione dell'assemblea validamente costituitasi (2).

(1) Il comma che recitava «L'avviso di convocazione deve essere comunicato ai condomini almeno cinque giorni prima della data fissata per l'adunanza.» è stato così sostituito dall'art. 20 della l. 11/12/2012, n. 220, in vigore dal 17/6/2013.

(2) Comma aggiunto dall'art. 20 della l. 11/12/2012, n. 220, a decorrere dal 17/6/2013.

Art. 67 (1). – Ogni condomino può intervenire all'assemblea anche a mezzo di rappresentante, munito di delega scritta. Se i condomini sono più di venti, il delegato non può rappresentare più di un quinto dei condomini e del valore proporzionale.

Qualora un'unità immobiliare appartenga in proprietà indivisa a più persone, queste hanno diritto a un solo rappresentante nell'assemblea, che è designato dai comproprietari interessati a norma dell'articolo 1106 del codice.

Nei casi di cui all'articolo 1117-bis del codice, quando i partecipanti sono complessivamente più di sessanta, ciascun condominio deve designare, con la maggioranza di cui all'articolo 1136, quinto comma, del codice, il proprio rappresentante all'assemblea per la gestione ordinaria delle parti comuni a più condominii e per la nomina dell'amministratore. In mancanza, ciascun partecipante può chiedere che l'autorità giudiziaria nomini il rappresentante del proprio condominio. Qualora alcuni dei condominii interessati non abbiano nominato il proprio rappresentante, l'autorità giudiziaria provvede alla nomina su ricorso anche di uno solo dei rappresentanti già nominati, previa diffida a provvedervi entro un congruo termine. La diffida ed il ricorso all'autorità giudiziaria sono notificati al condominio cui si riferiscono in persona dell'amministratore o, in mancanza, a tutti i condomini.

Ogni limite o condizione al potere di rappresentanza si considera non apposto. Il rappresentante risponde con le regole del mandato e comunica tempestivamente all'amministratore di ciascun condominio l'ordine del giorno e le decisioni assunte dall'assemblea dei rappresentanti dei condominii. L'amministratore riferisce in assemblea.

All'amministratore non possono essere conferite deleghe per la partecipazione a qualunque assemblea.

L'usufruttuario di un piano o porzione di piano dell'edificio esercita il diritto di voto negli affari che attengono all'ordinaria amministrazione e al semplice godimento delle cose e dei servizi comuni.

Nelle altre deliberazioni, il diritto di voto spetta ai proprietari, salvi i casi in cui l'usufruttuario intenda avvalersi del diritto di cui all'articolo 1006 del codice ovvero si tratti di lavori od opere ai sensi degli articoli 985 e 986 del codice. In tutti questi casi l'avviso di convocazione deve essere comunicato sia all'usufruttuario sia al nudo proprietario.

Il nudo proprietario e l'usufruttuario rispondono solidalmente per il pagamento dei contributi dovuti all'amministrazione condominiale.

(1) Articolo così sostituito dall'art. 21 della l. 11/12/2012, n. 220, in vigore dal 17/6/2013. Il testo in vigore fino al 16/6/2013 è il seguente: «Ogni condomino può intervenire all'assemblea anche a mezzo di rappresentante.
Qualora un piano o porzione di piano dell'edificio appartenga in proprietà indivisa a più persone, queste hanno diritto a un solo rappresentante nell'assemblea che è designato dai comproprietari interessati; in mancanza provvede per sorteggio il presidente.
L'usufruttuario di un piano o porzione di piano dell'edificio esercita il diritto di voto negli affari che attengono all'ordinaria amministrazione e al semplice godimento delle cose e dei servizi comuni.
Nelle deliberazioni che riguardano innovazioni, ricostruzioni od opere di manutenzione straordinaria delle parti comuni dell'edificio il diritto di voto spetta invece al proprietario».

Art. 68 (1). – Ove non precisato dal titolo ai sensi dell'articolo 1118, per gli effetti indicati dagli articoli 1123, 1124, 1126 e 1136 del codice, il valore proporzionale di ciascuna unità immobiliare è espresso in millesimi in apposita tabella allegata al regolamento di condominio.

Nell'accertamento dei valori di cui al primo comma non si tiene conto del canone locatizio, dei miglioramenti e dello stato di manutenzione di ciascuna unità immobiliare.

(1) Articolo così sostituito dall'art. 22 della l. 11/12/2012, n. 220, in vigore dal 17/6/2013. Il testo in vigore fino al 16/6/2013 è il seguente: «Per gli effetti indicati dagli articoli 1123, 1124, 1126 e 1136 del codice, il regolamento di condominio deve precisare il valore proporzionale di ciascun piano o di ciascuna porzione di piano spettante in proprietà esclusiva ai singoli condomini.
I valori dei piani o delle porzioni di piano, ragguagliati a quello dell'intero edificio, devono essere espressi in millesimi in apposita tabella allegata al regolamento di condominio.
Nell'accertamento dei valori medesimi non si tiene conto del canone locatizio, dei miglioramenti e dello stato di manutenzione di ciascun piano o di ciascuna porzione di piano».

Art. 69 (1). – I valori proporzionali delle singole unità immobiliari espressi nella **tabella millesimale** di cui all'articolo 68 possono essere rettificati o modificati all'unanimità. Tali valori possono essere rettificati o modificati, anche nell'interesse di un solo condomino, con la maggioranza prevista dall'articolo 1136, secondo comma, del codice, nei seguenti casi:

1) quando risulta che sono conseguenza di un errore;

2) quando, per le mutate condizioni di una parte dell'edificio, in conseguenza di sopraelevazione, di incremento di superfici o di incremento o diminuzione delle unità immobiliari, è alterato per più di un quinto il valore proporzionale dell'unità immobiliare anche di un solo condomino. In tal caso il relativo costo è sostenuto da chi ha dato luogo alla variazione.

Ai soli fini della revisione dei valori proporzionali espressi nella tabella millesimale allegata al regolamento di condominio ai sensi dell'articolo 68, può essere convenuto in giudizio unicamente il condominio in persona dell'amministratore. Questi è tenuto a darne senza indugio notizia all'assemblea dei condomini. L'amministratore che non adempie a quest'obbligo può essere revocato ed è tenuto al risarcimento degli eventuali danni.

Le norme di cui al presente articolo si applicano per la rettifica o la revisione delle tabelle per la ripartizione delle spese redatte in applicazione dei criteri legali o convenzionali.

(1) Articolo così sostituito dall'art. 23 della l. 11/12/2012, n. 220, in vigore dal 17/6/2013. Il testo in vigore fino al 16/6/2013 è il seguente: «I valori proporzionali dei vari piani o porzioni di piano possono essere riveduti o modificati, anche nell'interesse di un solo condominio, nei seguenti casi:
1) quando risulta che sono conseguenza di un errore;
2) quando, per le mutate condizioni di una parte dell'edificio, in conseguenza della sopraelevazione di nuovi piani, di espropriazione parziale o di innovazioni di vasta portata, è notevolmente alterato il rapporto originario tra i valori dei singoli piani o porzioni di piano».

Art. 70 (1). – Per le infrazioni al regolamento di condominio può essere stabilito, a titolo di sanzione, il pagamento di una somma fino ad euro 200 e, in caso di recidiva, fino ad euro 800. La somma è devoluta al fondo di cui l'amministratore dispone per le spese ordinarie.

(1) Articolo così sostituito dall'art. 24 della l. 11/12/2012, n. 220, in vigore dal 17/6/2013. Il testo in vigore fino al 16/6/2013 è il seguente: «Per le infrazioni al regolamento di condominio può essere stabilito, a titolo di sanzione, il pagamento di una somma fino a euro 0,052. La somma è devoluta al fondo di cui l'amministratore dispone per le spese ordinarie».

Art. 71. – Il registro indicato dal quarto comma dell'articolo 1129 e dal terzo comma dell'articolo 1138 del codice è tenuto presso l'associazione (1) dei proprietari di fabbricati.

(1) L'inciso "professionale" deve ritenersi abrogato per effetto del d.lgs.lt. 23/11/1944, n. 369.

Art. 71 bis (1). – Possono svolgere l'incarico di amministratore di condominio coloro:

a) che hanno il godimento dei diritti civili;

b) che non sono stati condannati per delitti contro la pubblica amministrazione, l'amministrazione della giustizia, la fede pubblica, il patrimonio o per ogni altro delitto non colposo per il quale la legge commina la pena della reclusione non inferiore, nel minimo, a due anni e, nel massimo, a cinque anni;

c) che non sono stati sottoposti a misure di prevenzione divenute definitive, salvo che non sia intervenuta la riabilitazione;

d) che non sono interdetti o inabilitati;

e) il cui nome non risulta annotato nell'elenco dei protesti cambiari;

f) che hanno conseguito il diploma di scuola secondaria di secondo grado;

g) che hanno frequentato un corso di formazione iniziale e svolgono attività di formazione periodica in materia di amministrazione condominiale.

I requisiti di cui alle lettere f) e g) del primo comma non sono necessari qualora l'amministratore sia nominato tra i condomini dello stabile.

Possono svolgere l'incarico di amministratore di condominio anche società di cui al titolo V del libro V del codice. In tal caso, i requisiti devono essere posseduti dai soci illimitatamente responsabili, dagli amministratori e dai dipendenti incaricati di svolgere le funzioni di amministrazione dei condominii a favore dei quali la società presta i servizi.

La perdita dei requisiti di cui alle lettere a), b), c), d) ed e) del primo comma comporta la cessazione dall'incarico. In tale evenienza ciascun condomino può convocare senza formalità l'assemblea per la nomina del nuovo amministratore.

A quanti hanno svolto attività di amministrazione di condominio per almeno un anno, nell'arco dei tre anni precedenti alla data di entrata in vigore della presente disposizione, è consentito lo svolgimento dell'attività di amministratore anche in mancanza dei requisiti di cui alle lettere f) e g) del primo comma. Resta salvo l'obbligo di formazione periodica.

(1) Articolo aggiunto dall'art. 25 della l. 11/12/2012, n. 220, in vigore dal 17/6/2013.

Art. 71 ter (1). – Su richiesta dell'assemblea, che delibera con la maggioranza di cui al secondo comma dell'articolo 1136 del codice, l'amministratore è tenuto ad attivare un sito internet del condominio che consenta agli aventi diritto di consultare ed estrarre copia in formato digitale dei documenti previsti dalla delibera assembleare. Le spese per l'attivazione e la gestione del sito internet sono poste a carico dei condomini.

(1) Articolo aggiunto dall'art. 25 della l 11/12/2012, n. 220, in vigore dal 17/6/2013.

Art. 71 quater (1). – [I] Per controversie in materia di condominio, ai sensi dell'articolo 5, comma 1, del decreto legislativo 4 marzo 2010, n. 28 (1), si intendono quelle derivanti dalla violazione o dall'errata applicazione delle disposizioni del libro III, titolo VII, capo II, del codice e degli articoli da 61 a 72 delle presenti disposizioni per l'attuazione del codice.

[II] *La domanda di mediazione deve essere presentata, a pena di inammissibilità, presso un organismo di mediazione ubicato nella circoscrizione del tribunale nella quale il condominio è situato**.

[III] Al procedimento è legittimato a partecipare l'amministratore secondo quanto previsto dall'articolo 5-ter del decreto legislativo 4 marzo 2010, n. 28 (2).

*[IV] Se i termini di comparizione davanti al mediatore non consentono di assumere la delibera di cui al terzo comma, il mediatore dispone, su istanza del condominio, idonea proroga della prima comparizione. [V] La proposta di mediazione deve essere approvata dall'assemblea con la maggioranza di cui all'articolo 1136, secondo comma, del codice. Se non si raggiunge la predetta maggioranza, la proposta si deve intendere non accettata. [VI] Il mediatore fissa il termine per la proposta di conciliazione di cui all'articolo 11 del decreto legislativo 4 marzo 2010, n. 28, tenendo conto della necessità per l'amministratore di munirsi della delibera assembleare***.

(1) Articolo inserito dall'art. 25, l. 11 dicembre 2012, n. 220. La modifica è entrata in vigore il 18 giugno 2013.

• Il riferimento va inteso rivolto all'art. 5, co. 1 bis, d.lg. 4/3/2010, n. 28, inserito dall'art. 84, co. 1, lett. b), d.l. 21/6/2013, n. 69, conv., con modif., dalla l. 9/8/2013, n. 98, in quanto il co. 1 dell'art. 5 è stato dichiarato costituzionalmente illegittimo con sentenza Corte Cost. 6/12/2012, n. 272.

* Comma abrogato dall'art. 2, co. 2, lett. a), d.lgs. 10 ottobre 2022, n. 149 (ai sensi dell'art. 52 d.lgs. n. 149/2022, il citato decreto legislativo entra in vigore il giorno successivo a quello della sua pubblicazione nella Gazzetta Ufficiale). Per la disciplina transitoria v. art. 35 d.lgs. n. 149/2022, cit., che prevede che: «1. Le disposizioni del presente decreto, salvo che non sia diversamente disposto, hanno effetto a decorrere dal 30 giugno 2023 e si applicano ai procedimenti instaurati successivamente a tale data». Ai procedimenti pendenti alla data del 30 giugno 2023 si applicano le disposizioni anteriormente vigenti».

(2) Comma così modificato dall'art. 2, co. 2, lett. b), d.lg. 10/10/2022, n. 149 che ha sostituito le parole: "secondo quanto previsto dall'articolo 5-ter del decreto legislativo 4 marzo 2010, n. 28" alle parole: ", previa delibera assembleare da assumere con la maggioranza di cui all'articolo 1136, secondo comma, del codice" (ai sensi dell'art. 52 del d.lg. n. 149/2022, il citato decreto legislativo entra in vigore il giorno successivo a quello della sua pubblicazione nella GU). Per la disciplina transitoria v. art. 35 del d.lgs. n. 149/2022, cit., che prevede che: «1. Le disposizioni del presente decreto, salvo che non sia diversamente disposto, hanno effetto a decorrere dal 30 giugno 2023 e si applicano ai procedimenti instaurati successivamente a tale data». Ai procedimenti pendenti alla data del 30/6/2023 si applicano le disposizioni anteriormente vigenti.

** Commi abrogati dall'art. 2, co. 2, lett. c), d.lg. 10/10/2022, n. 149 (ai sensi dell'art. 52 del d.lg. n. 149/2022, il citato decreto legislativo entra in vigore il giorno successivo a quello della sua pubblicazione nella GU). Per la disciplina transitoria v. art. 35 del d.lg. n. 149/2022, cit., che prevede che: «1. Le disposizioni del presente decreto, salvo che non sia diversamente disposto, hanno effetto a decorrere dal 30 giugno 2023 e si applicano ai procedimenti instaurati successivamente a tale data». Ai procedimenti pendenti alla data del 30/6/2023 si applicano le disposizioni anteriormente vigenti.

Art. 72. – I regolamenti di condominio non possono derogare alle disposizioni dei precedenti articoli 63, 66, 67 e 69 disp. att. c.c.

Sezione IV
Disposizioni relative al libro IV

Art. 73. – Gli atti di offerta reale e quelli di deposito previsti dagli articoli 1209, primo comma, 1212 e 1214 del codice, sono eseguiti da un notaio o da un ufficiale giudiziario.

Le offerte per intimazione, previste dagli articoli 1209, secondo comma, e 1216, primo comma, sono eseguite con atto di ufficiale giudiziario.

Art. 73 bis (1). – I provvedimenti previsti negli articoli 1211, 1514, primo comma, 1515, terzo comma, e 1841 del codice sono adottati dal tribunale in composizione monocratica.

(1) Articolo aggiunto dall'art. 158 del d.lg. 19/2/1998, n. 51.

Art. 74. – Il processo verbale dell'offerta reale deve essere redatto in conformità delle disposizioni dell'articolo 126 del codice di procedura civile e deve in particolare contenere la specificazione dell'oggetto dell'offerta e le dichiarazioni del creditore.

Quando l'offerta è accettata, il pubblico ufficiale esegue il pagamento e riceve le dichiarazioni del creditore per quietanza e per liberazione dalle garanzie.

Se il creditore non è presente all'offerta, il processo verbale deve essergli notificato nelle forme prescritte per la citazione.

L'intimazione prescritta dall'articolo 1212, n. 1, del codice, può essere fatta con lo stesso atto di notificazione del verbale dell'offerta. In ogni caso fra l'intimazione e il deposito deve trascorrere un termine non minore di giorni tre.

Art. 75. – L'atto di intimazione, nei casi previsti dagli articoli 1209, secondo comma, e 1216, primo comma, del codice, deve contenere l'indicazione del giorno, dell'ora e del luogo in cui il debitore intende procedere alla consegna delle cose mobili o al rilascio dell'immobile a favore del creditore, con rispetto di un intervallo non minore di giorni tre.

La mancata comparizione del creditore o il suo rifiuto di accettare l'offerta sono accertati con verbale redatto da un notaio o da un ufficiale giudiziario nel luogo, nel giorno e nell'ora indicati nell'atto di intimazione, con tutte le altre indicazioni prescritte dal primo comma dell'articolo precedente, e da tale giorno decorrono gli effetti della mora.

Art. 76. – I depositi che hanno per oggetto titoli di credito o somme di danaro debbono essere eseguiti presso la Cassa dei depositi e prestiti secondo le norme della legge speciale, oppure presso un istituto di credito.

Art. 77. – Il deposito di cose mobili diverse dal danaro e di titoli di credito, nei casi previsti dagli articoli 1210, primo comma, e 1214 del codice e in ogni altro caso in cui esso sia prescritto dalla legge o dal giudice ovvero sia voluto dalle parti, si esegue presso stabilimenti di pubblico deposito a norma delle leggi speciali.

Qualora non esistano stabilimenti di pubblico deposito nel luogo in cui deve essere eseguita la prestazione, o se ricorrono particolari ragioni, il pretore del luogo predetto, su ricorso della parte interessata, può autorizzare con decreto il deposito presso altro locale idoneo.

Art. 78. – Il pubblico ufficiale, che a norma dell'articolo 1210 del codice procede al deposito di danaro, di titoli di credito o di altre cose mobili, deve redigere processo verbale della relativa operazione in conformità del successivo articolo 1212, n. 3, e dell'articolo 126 del codice di procedura civile, e consegnarne copia al depositario, nonché al creditore comparso, se la richiede.

Se il creditore non è stato presente, deve essergli notificata copia del processo verbale nelle forme prescritte per gli atti di citazione.

Art. 79. – Il sequestratario dell'immobile, nel caso previsto dal secondo comma dell'articolo 1216 del codice, è nominato, se non vi è giudizio pendente, dal presidente del tribunale del luogo in cui si trova l'immobile.

Il presidente del tribunale provvede con decreto, sentito il creditore. Contro tale decreto è ammesso reclamo al presidente della corte di appello, entro dieci giorni dalla notificazione.

La consegna dell'immobile al sequestratario deve risultare da processo verbale redatto da un notaio o da un ufficiale giudiziario. Copia del processo verbale deve essere notificata al creditore che non sia stato presente.

Art. 80. – L'atto d'intimazione previsto dall'articolo 1217 del codice, se non è determinato il tempo in cui la prestazione deve essere eseguita, e in ogni caso se la prestazione medesima deve effettuarsi in località diversa dal domicilio del creditore, deve contenere l'indicazione del giorno, dell'ora e del luogo in cui il debitore intende eseguire la prestazione, col rispetto di un intervallo di almeno tre giorni, a meno che la natura del rapporto non imponga un intervallo minore.

Il mancato ricevimento della prestazione da parte del creditore nel giorno stabilito può essere accertato nelle forme di uso e da tale giorno decorrono gli effetti della mora.

Art. 81. – Nei casi previsti dagli articoli 1286, terzo comma, e 1287, terzo comma, del codice, l'istanza per la fissazione del termine entro il quale deve essere fatta la scelta e quella per la scelta della prestazione da parte del giudice si propongono, se non vi è giudizio pendente, davanti l'autorità giudiziaria del luogo in cui la prestazione deve eseguirsi, osservate le disposizioni previste rispettivamente dagli articoli 749 e 750 del codice di procedura civile.

Art. 82. – L'istanza per la nomina del terzo nei casi previsti dal secondo comma dell'articolo 1473 del codice, qualora non vi sia giudizio in corso, si propone con ricorso al presidente del tribunale del luogo in cui deve eseguirsi la consegna della cosa a norma dell'articolo 1510 del codice.

Il ricorso deve essere notificato alle altre parti interessate e al terzo. Il presidente del tribunale provvede con decreto; contro di questo è ammesso reclamo al primo presidente della corte di appello entro dieci giorni dalla notificazione.

La nomina deve cadere normalmente su persona esperta iscritta in albi o elenchi o ruoli istituiti a norma di legge.

Art. 83. – Sono autorizzati alle operazioni di vendita con o senza incanto a norma dell'articolo 1515 del codice, o alle operazioni di compra a norma del successivo articolo 1516:

1) gli agenti di cambio, per i valori pubblici e per i titoli di credito specificati nelle leggi sulle borse;

2) i mediatori in merci iscritti presso i consigli provinciali delle corporazioni per le merci e le derrate.

La vendita all'incanto deve essere annunziata con le forme di una pubblicità commerciale adeguata alla natura ed al valore delle cose poste in vendita.

Il verbale d'incanto è depositato nella cancelleria della pretura (1) del luogo in cui si è proceduto alla vendita.

Le operazioni di vendita senza incanto e quelle di compra devono essere documentate mediante certificato, fattura o fissato bollato, in doppio esemplare, uno dei quali è consegnato alla parte richiedente e l'altro, vistato da questa, è conservato dalla persona che ha eseguito l'incarico.

Il compenso dovuto alla persona predetta, se non esiste una tariffa approvata, è stabilito con decreto del pretore del luogo in cui l'incarico è stato eseguito.

(1) L'ufficio del pretore è stato soppresso dal d.lg. 19/2/1998, n. 51.

Art. 84. – Il contratto di vendita con riserva di proprietà di macchine per prezzo superiore a euro 15,49, deve essere iscritto agli effetti previsti dal secondo comma dell'articolo 1524 del codice, nel registro istituito presso la cancelleria del tribunale nella cui giurisdizione la macchina viene collocata.

Le sottoscrizioni delle parti devono essere autenticate, se il contratto non risulta da atto pubblico.

Sezione V
Disposizioni relative al libro V

Art. 85*.

* L'articolo che recitava «Gli organi corporativi, che a norma dall'articolo 2089 del codice possono denunciare al pubblico ministero l'inosservanza degli obblighi imposti dall'ordinamento corporativo nell'interesse della produzione, sono la corporazione, l'ispettorato corporativo e il consiglio provinciale delle corporazioni.
La denuncia deve essere trasmessa al pubblico ministero presso la corte d'appello della quale fa parte la magistratura del lavoro, che ha giurisdizione sul territorio in cui si trova la sede principale dell'impresa. Il pubblico ministero, prima di promuovere i provvedimenti contro l'imprenditore, può compiere le indagini occorrenti.
L'istanza del pubblico ministero corredata dei documenti è depositata nella cancelleria della magistratura del lavoro.» è stato implicitamente abrogato del r.d.l. 9/8/1943, n. 721.

Art. 86*.

* L'articolo che recitava «Il presidente della magistratura del lavoro fissa, con decreto in calce all'istanza, l'udienza collegiale per la comparizione dell'imprenditore, assegnandogli un termine entro il quale egli deve depositare nella cancelleria le proprie deduzioni insieme coi documenti che intende produrre a sua difesa.
Il termine di comparizione non può essere inferiore a dieci giorni.
Copia dell'istanza col decreto presidenziale è notificata a cura del cancelliere all'imprenditore. Copia del decreto e copia delle deduzioni dell'imprenditore sono comunicate al pubblico ministero.» è stato implicitamente abrogato dal r.d.l. 9/8/1943, n. 72.

Art. 87*.

* L'articolo che recitava «Per i provvedimenti previsti nell'articolo 2091 del codice la magistratura del lavoro è costituita a norma dell'articolo 14 della legge 3 aprile 1926, n. 563.» è stato implicitamente abrogato dal r.d.l. 9/8/1943, n. 721.

Art. 88*.

* L'articolo che recitava «L'imprenditore deve comparire personalmente. In caso di legittimo impedimento può essere autorizzato dal presidente della magistratura del lavoro a farsi rappresentare da un mandatario speciale. Il mandato può essere scritto in calce alla copia del decreto notificata all'imprenditore.» è stato implicitamente abrogato dal r.d.l. 9/8/1943, n. 721.

*Art. 89**.

* L'articolo che recitava «La magistratura del lavoro, se accerta che l'inosservanza non sussisteva o è cessata, dichiara che non vi è luogo a procedere. Se risulta che l'inosservanza perdura, stabilisce il termine entro il quale l'imprenditore deve uniformarsi agli obblighi impostigli dall'ordinamento corporativo.» è stato implicitamente abrogato dal r.d.l. 9/8/1943, n. 721.

*Art. 90**.

* L'articolo che recitava «Se l'imprenditore non ha ottemperato agli obblighi impostigli nel termine fissato a norma dell'articolo precedente, il pubblico ministero richiede alla magistratura del lavoro i provvedimenti previsti nel secondo e terzo comma dell'articolo 2091 del codice.
La procedura è regolata dagli articoli 85, terzo comma, 86, 87 e 88 di queste disposizioni.» è stato implicitamente abrogato dal r.d.l. 9/8/1943.

*Art. 91**.

* L'articolo che recitava «I provvedimenti previsti dai precedenti articoli 89 e 90 sono dati con sentenza.
La sentenza è notificata all'imprenditore nelle forme prescritte per l'istanza e comunicata al pubblico ministero.
Il dispositivo della sentenza che nomina un amministratore deve essere pubblicato, entro cinque giorni, a cura del cancelliere e a spese dell'imprenditore, nel foglio degli annunzi legali della provincia. La sentenza può stabilire altre forme di pubblicità.
Se la sentenza riguarda un'impresa commerciale o una società soggetta a registrazione, il dispositivo deve essere inoltre comunicato entro cinque giorni, a cura del cancelliere, all'ufficio del registro delle imprese per l'iscrizione. Fino all'attuazione del registro delle imprese l'iscrizione deve essere eseguita nel registro della società provvisoriamente mantenuto a norma dell'articolo 100 di queste disposizioni.» è stato abrogato dal r.d.l. 9/8/1943, n. 721.

Art. 92 (1). – Il decreto, previsto dall'articolo 2409 del codice, che nomina l'amministratore giudiziario nelle società di cui ai capi V, VI e VII (2) del titolo V del libro V del codice priva l'imprenditore, dalla sua data, dell'amministrazione della società nei limiti dei poteri conferiti all'amministratore giudiziario.

Salvo che il decreto disponga diversamente, l'amministratore giudiziario non può compiere atti eccedenti l'ordinaria amministrazione, senza l'autorizzazione del tribunale.

Entro i limiti dei poteri conferitigli, l'amministratore sta in giudizio nelle controversie, anche pendenti, relative alla gestione della società.

All'amministratore giudiziario possono essere attribuiti per determinati atti i poteri dell'assemblea. Le relative deliberazioni non sono efficaci senza l'approvazione del tribunale.

Il compenso dell'amministratore giudiziario è determinato dal tribunale.

(1) L'articolo che recitava «La sentenza che nomina l'amministratore incaricato di assumere la gestione dell'impresa priva l'imprenditore, dalla sua data, dell'amministrazione dell'impresa nei limiti dei poteri conferiti all'amministratore giudiziario.
Salvo che la sentenza disponga diversamente, l'amministratore giudiziario non può compiere atti eccedenti l'ordinaria amministrazione senza l'autorizzazione del presidente della magistratura del lavoro.
Entro i limiti dei poteri conferitigli l'amministratore sta in giudizio nelle controversie, anche in corso, relative alla gestione dell'impresa.
Se, trattandosi di società, sono conferiti all'amministratore per determinati atti anche i poteri dell'assemblea, le relative deliberazioni non sono efficaci senza l'approvazione del presidente della magistratura del lavoro.
Il compenso dell'amministratore è determinato dal presidente della magistratura del lavoro all'atto della nomina o successivamente.» è stato così sostituito, dall'art. 9 del d.lg. 17/1/2003, n. 6.

(2) Le parole "capi V, VI e VII" sostituiscono quelle "capi V e VI" *ex* art. 379, co. 4, d.lg. 12/1/2019, n. 14.

Art. 93. – L'amministratore giudiziario è, per quanto attiene all'esercizio delle sue funzioni, pubblico ufficiale.

Art. 94. – L'amministratore giudiziario deve adempiere ai doveri del proprio ufficio con la diligenza richiesta dalla natura del proprio ufficio e può essere revocato dal tribunale su richiesta dei soggetti legittimati a chiederne la nomina (1).

L'amministratore che cessa dal suo ufficio deposita nella cancelleria del tribunale del luogo, ove è la sede principale dell'impresa, il conto della gestione. L'avvenuto deposito è comunicato immediatamente alla società (2).

Il presidente del tribunale con decreto fissa l'udienza, in termine non inferiore a quindici giorni dal deposito, nella quale le parti possono presentare le loro osservazioni, e nomina un giudice per la procedura. Non sono ammesse contestazioni relative ai criteri tecnici della gestione nei limiti dei poteri conferiti all'amministratore.

Si applicano le disposizioni degli articoli 263, secondo comma, e seguenti del codice di procedura civile.

(1) Il comma che recitava «L'amministratore giudiziario deve adempiere con diligenza ai doveri del proprio ufficio e può essere revocato dalla magistratura del lavoro con decreto in ogni tempo, su richiesta del pubblico ministero o di chiunque vi abbia interesse.» è stato così sostituito.

(2) Il comma che recitava «L'amministratore che cessa dal suo ufficio deposita nella cancelleria del tribunale del luogo, ove è la sede principale dell'impresa, il conto della gestione. L'avvenuto deposito è comunicato immediatamente all'imprenditore.» è stato così sostituito dall'art. 9 del d.lg. 17/1/2003, n. 6.

Art. 95. – Quando le leggi (1) non dispongono, l'appartenenza alla categoria d'impiegato o di operaio è determinata dal regio decreto-legge 13 novembre 1924, n. 1825, convertito nella legge 18 marzo 1926, n. 562.

(1) Le norme corporative sono state abrogate dal r.d.l. 9/8/1943, n. 721.

Art. 96. – L'imprenditore deve far conoscere al prestatore di lavoro, al momento dell'assunzione, la categoria e la qualifica che gli sono assegnate in relazione alle mansioni per cui è stato assunto.

Le qualifiche dei prestatori di lavoro, nell'ambito di ciascuna delle categorie indicate nell'articolo 2095 del codice, possono essere stabilite e raggruppate per gradi secondo la loro importanza nell'ordinamento dell'impresa. Il prestatore di lavoro assume il grado gerarchico corrispondente alla qualifica e alle mansioni.

I contratti collettivi di lavoro possono stabilire che, nel caso di divergenza tra l'imprenditore e il prestatore di lavoro circa l'assegnazione della qualifica, l'accertamento dei fatti rilevanti per la determinazione della qualifica venga fatto da un collegio costituito da un funzionario dell'ispettorato corporativo (1), che presiede, e da un delegato di ciascuna delle associazioni (2) che rappresentano le categorie interessate.

Sui fatti rilevanti per la determinazione della qualifica che hanno formato oggetto dell'accertamento compiuto con tali forme, non sono ammesse nuove indagini o prove, salvo che l'accertamento sia viziato da errore manifesto.

(1) L'Ispettorato corporativo è stato sostituito dall'Ispettorato del lavoro dall'art. 6, d.lgt. 10/8/1945, n. 474.

(2) La parola "professionali" è stata soppressa con il d.lgs.lt. 23/11/1944, n. 369.

*Art. 97**.

* L'articolo che recitava «Nel caso previsto dall'articolo 2106 del codice, ai prestatori di lavoro addetti alle imprese esercitate da enti pubblici inquadrati sindacalmente, le sanzioni disciplinari stabilite nei regolamenti emanati dagli enti medesimi, si applicano so-

CODICE CIVILE

lo in quanto compatibili con le particolari disposizioni dei contratti collettivi a cui gli enti sono soggetti» è stato implicitamente abrogato dal r.d.l. 9/8/1943, n. 721.

Art. 98. – Nei rapporti d'impiego inerenti all'esercizio dell'impresa, in mancanza (1) di usi più favorevoli, per quanto concerne il trattamento cui ha diritto l'impiegato nei casi di infortunio, di malattia, di gravidanza o di puerperio, la durata del periodo feriale, del periodo di preavviso, la misura dell'indennità sostitutiva di questo e l'ammontare dell'indennità di anzianità in caso di cessazione del rapporto, si applicano le corrispondenti norme del regio decreto-legge 13 novembre 1924, n. 1825 convertito nella legge 18 marzo 1926, n. 562.

Le richiamate norme si applicano altresì ai rapporti d'impiego dei dipendenti di enti pubblici anche se non inquadrati sindacalmente, in quanto il rapporto non sia diversamente disciplinato da leggi o regolamenti speciali, nonché ai rapporti d'impiego non inerenti all'esercizio di un'impresa, in quanto non esistano convenzioni od usi più favorevoli al prestatore di lavoro.

(1) Le norme corporative sono state abrogate, quali fonti di diritto, dal r.d.l. 9/8/1943, n. 721.

Art. 99. – Le disposizioni relative all'istituzione del registro delle imprese previsto dall'articolo 2188 del codice saranno emanate con decreto del presidente della Repubblica (1). Tale decreto stabilirà altresì la data di attuazione del registro delle imprese, nonché le condizioni per l'iscrizione delle imprese individuali e sociali esistenti in tale momento.

(1) Testo così modificato a seguito della mutata forma istituzionale dello Stato.

Art. 100*.

* L'articolo che recitava «Fino all'attuazione del registro delle imprese gli atti di autorizzazione alla continuazione dell'esercizio di un'impresa commerciale nell'interesse di un minore o di un interdetto, gli atti di autorizzazione all'esercizio di una impresa commerciale da parte di un minore emancipato o di un inabilitato, i provvedimenti di revoca delle autorizzazioni stesse, le procure institorie le nomine di procuratori nonché gli atti e i fatti relativi alle società, per i quali il codice stabilisce l'iscrizione nel registro delle imprese, sono soggetti all'iscrizione nei registri di cancelleria presso il tribunale secondo le modalità stabilite dalle leggi anteriori.
Tuttavia il contenuto degli atti da iscrivere, i termini per l'iscrizione e gli effetti della medesima sono determinati dal codice.
Fino all'attuazione del registro delle imprese non sono soggetti a registrazione gli imprenditori individuali e gli enti pubblici che esercitano un'attività commerciale, salvo quanto disposto dal primo comma del presente articolo.
Non si applicano inoltre le disposizioni contenute nel secondo comma dell'articolo 2556 e nell'articolo 2559 del codice.» è stato abrogato dall'art. 111-sexies delle att. CC., aggiunto dall'art. 9 del d.lg. 17/1/2003, n. 6.

Art. 101*.

* L'articolo che recitava «Fino all'attuazione del registro delle imprese i depositi di atti o documenti, che secondo il codice devono eseguirsi presso l'ufficio del registro delle imprese, si eseguono presso la cancelleria del tribunale.
Le attribuzioni del giudice del registro spettano al presidente del tribunale o a un giudice da lui delegato.» è stato abrogato dall'art. 111-sexies delle att. CC., aggiunto dall'art. 9 del d.lg. 17/1/2003, n. 6.

Art. 101 bis (1). – Copia integrale o parziale di ogni atto per il quale è prescritta l'iscrizione o il deposito nel registro delle imprese deve essere rilasciata a chi ne faccia richiesta anche per corrispondenza, senza che il costo di tale copia possa eccedere il costo amministrativo.

(1) Articolo aggiunto dall'art. 20 del d.P.R. 29/12/1969, n. 1127.

Art. 101 ter (1). – Ai fini della pubblicità prescritta dagli articoli 2506 e 2507 del codice civile la società richiedente deve allegare agli atti e documenti ivi previsti la traduzione giurata in lingua italiana e deve indicare gli estremi della pubblicità attuata nello Stato ove è situata la sede principale. Dell'avvenuto deposito dei documenti deve essere fatta menzione nel Bollettino ufficiale delle società per azioni e a responsabilità limitata.

(1) Articolo aggiunto dall'art. 5 del d.lg. 29/12/1992, n. 516.

Art. 101 quater (1). – Le società soggette alla legislazione di un altro Stato appartenente alla Comunità economica europea, le quali stabiliscono nel territorio dello Stato più sedi secondarie con rappresentanza stabile, possono attuare la pubblicità dell'atto costitutivo, dello statuto e dei bilanci nell'ufficio del registro delle imprese di una soltanto delle sedi secondarie, depositando negli altri l'attestazione dell'eseguita pubblicità.

(1) Articolo aggiunto dall'art. 5 del d.lg. 29/12/1992, n. 516.

Art. 102 (1). – Le norme per la formazione del ruolo, per la nomina e per la disciplina dei revisori ufficiali dei conti e quelle per la vigilanza e per la disciplina dei sindaci delle società saranno emanate con decreto del presidente della Repubblica.

Fino all'entrata in vigore di tale decreto continueranno ad applicarsi le disposizioni anteriori.

(1) Testo così modificato a seguito della mutata forma istituzionale, dello Stato.

Art. 103. – I provvedimenti del tribunale previsti dall'articolo 2409 del codice sono disposti con decreto, il quale deve essere comunicato a cura del cancelliere, entro cinque giorni, all'ufficio del registro delle imprese per l'iscrizione (1).

(1) Il comma II che recitava «I provvedimenti del tribunale previsti dall'articolo 2409 del codice sono disposti con decreto, il quale deve essere comunicato a cura del cancelliere, entro cinque giorni, all'ufficio del registro delle imprese per l'iscrizione e, fino a che questo non sia istituito, alla cancelleria del tribunale per l'iscrizione nel registro delle società.» è stato così sostituito dall'art. 9 del d.lg. 17/1/2003, n. 6.

• Il comma III che recitava «L'amministratore giudiziario, nominato dal tribunale a norma dell'articolo 2409 del codice, è scelto possibilmente fra gli iscritti nel ruolo degli amministratori giudiziari. A lui si applicano gli articoli 92, 93 e 94 di queste disposizioni, intendendosi sostituiti nei poteri della magistratura del lavoro e del presidente della magistratura del lavoro rispettivamente quelli del tribunale e del presidente del tribunale.» è stato abrogato dall'art. 9 del d.lg. 17/1/2003, n. 6.

Art. 104 (1). – Il tribunale, prima di procedere alla nomina del rappresentante degli obbligazionisti prevista Dall'articolo 2417 del codice, deve sentire gli amministratori o il consiglio di gestione della società.

(1) L'articolo che recitava «Il presidente del tribunale, prima di procedere alla nomina del rappresentante degli obbligazionisti prevista dall'articolo 2417 del codice, deve sentire gli amministratori della società. Le funzioni di rappresentante degli obbligazionisti possono essere attribuite alle società fiduciarie.» è stato così sostituito dall'art. 9 del d.lg. 17/1/2003, n. 6.

Art. 105. – La liquidazione coatta amministrativa delle società cooperative è regolata dalle norme generali sulla liquidazione coatta amministrativa delle società, salvo che le leggi speciali dispongano diversamente.

Art. 106 (1). – Le norme degli articoli 92, 93 e 94 di queste disposizioni si applicano anche al commissario governativo incaricato della gestione della società cooperativa a norma dell'articolo 2545-sexiesdecies del codice, intendendosi sostituiti nei poteri del tribunale, per quanto riguarda le disposizioni dei precedenti articoli 92 e 94, primo comma, l'autorità governativa che ha nominato il commissario.

(1) L'articolo che recitava «Le norme degli articoli 92, 93 e 94 di queste disposizioni si applicano anche al commissario governativo incaricato della gestione della società cooperativa a norma dell'articolo 2543, intendendosi sostituiti nei poteri della magistratura del lavoro e del presidente della magistratura del lavoro, per quanto riguarda le disposizioni dei precedenti articoli 92 e 94, primo comma, l'autorità governativa che ha nominato il commissario.» è stato così sostituito dall'art. 9 del d.lg. 17/1/2003, n. 6.

Art. 107. – Alle mutue assicuratrici regolate da leggi speciali le disposizioni del capo II del titolo VI del libro V del codice si applicano in quanto compatibili con le leggi medesime.

Art. 108*.

* L'articolo che recitava «Fino all'attuazione del registro delle imprese l'iscrizione dei contratti di consorzio prevista dall'articolo 2612 del codice deve essere eseguita nel registro delle società presso la cancelleria del tribunale nella cui circoscrizione ha sede l'ufficio, e pubblicata nel foglio degli annunzi legali.
Per le modalità dell'iscrizione si osservano le norme stabilite per le società in quanto applicabili.
Al commissario governativo, nominato dall'autorità governativa in sostituzione degli organi del consorzio a norma dell'articolo 2619 del codice, si applica l'articolo 106 di queste disposizioni.» è stato abrogato dall'art. 111-sexies delle disp. att. CC., aggiunto dall'art. 9 del d.lg. 17/1/2003, n. 6.

Art. 109*.

* L'articolo che recitava «Per le società per azioni soggette al R.D.L. 25 ottobre 1941, n. 1148 e per la durata di tale decreto, non si applicano le disposizioni del libro V del codice relative alle azioni al portatore.» è stato abrogato dall'art. 111-sexies delle att. CC., aggiunto dall'art. 9 del d.lg. 17/1/2003, n. 6.

Art. 110. – La competenza dell'autorità governativa nell'esercizio dei poteri ad essa demandati dal libro V del codice è determinata dalle leggi speciali.

Art. 111. – Le norme per l'attuazione delle disposizioni contenute nelle sezioni III e IV del capo II del titolo X del libro V del codice saranno emanate con decreto del Presidente della Repubblica (1).

Fino all'entrata in vigore di tale decreto la disciplina dei consorzi obbligatori e i controlli dell'autorità governativa sui consorzi volontari continuano ad essere regolati dalle leggi anteriori.

(1) Testo così modificato a seguito della mutata forma istituzionale dello Stato.

Art. 111 bis (1). – La misura rilevante di cui all'articolo 2325-bis del codice è quella stabilita a norma dell'articolo 116 del decreto legislativo 24 febbraio 1998, n. 58. Nel caso previsto dall'articolo 2409-bis, secondo comma, del codice, si applicano alla società di revisione le disposizioni degli articoli 155, comma 2, 162, commi 1 e 2, 163, commi 1 e 4 del decreto legislativo n. 58 del 1998 (2).

Ai fini di cui all'articolo 2343-ter, per valori mobiliari e strumenti del mercato monetario si intendono quelli di cui all'articolo 1, commi 1-bis e 1-ter, del testo unico delle disposizioni in materia di intermediazione finanziaria, di cui al decreto legislativo 24 febbraio 1998, n. 58 (3).

(1) Articolo aggiunto dall'art. 9 del d.lg. 17/1/2003, n. 6.

(2) Il comma che recitava «La misura rilevante di cui all'articolo 2325-bis del codice è quella stabilita a norma dell'articolo 116 del decreto legislativo 24 febbraio 1998, n. 58, e risultante alla data del 1° gennaio 2004. Nel caso previsto dall'articolo 2409-bis, secondo comma, del codice, si applicano alla società di revisione le disposizioni degli articoli 155, comma 2, 162, commi 1 e 2, 163, commi 1 e 4 del decreto legislativo n. 58 del 1998.» è stato così modificato dall'art. 3 del d.lg. 11/10/2012, n. 184.

(3) Comma aggiunto dall'art. 2 del d.lg. 4/8/2008, n. 142.

Art. 111 ter (1). – Chi richiede l'iscrizione presso il registro delle imprese dell'atto costitutivo di una società deve indicarne nella domanda l'indirizzo, comprensivo della via e del numero civico, ove è posta la sua sede. In caso di successiva modificazione di tale indirizzo gli amministratori ne depositano apposita dichiarazione presso il registro delle imprese.

(1) Articolo aggiunto dall'art. 9 del d.lg. 17/1/2003, n. 6.

Art. 111 quater (1). – La società di revisione di cui all'articolo 2447-ter del codice è scelta tra quelle iscritte nell'albo speciale delle società di revisione tenuto dalla Commissione nazionale per le società e la borsa a norma delle leggi speciali.

(1) L'articolo che recitava «La società di revisione di cui all'articolo 2447-ter del codice è scelta tra quelle iscritte nell'albo speciale delle società di revisione tenuto dalla Commissione nazionale per le società e la borsa a norma delle leggi speciali; essa non può essere una persona fisica.» è stato aggiunto dall'art. 9 del d.lg. 17/1/2003, n. 6 e successivamente modificato dall'art. 5 del d.lg. 6/2/2004, n. 37.

Art. 111 quinquies (1). – Gli amministratori e i soci conferenti che, anche in parte, formano od aumentano fittiziamente il capitale sociale mediante attribuzioni di azioni o quote in misura complessivamente superiore all'ammontare del capitale sociale, sottoscrizione reciproca di azioni o quote, sopravvalutazione rilevante dei conferimenti di beni in natura o di crediti ovvero del patrimonio della società nel caso di trasformazione, sono puniti con la reclusione fino ad un anno.

(1) Articolo aggiunto dall'art. 9 del d.lg. 17/1/ 2003, n. 6 che sostituisce l'art. 2632 del codice civile.

Art. 111 sexies (1). – Gli articoli 100, 101, 108 e 109 sono abrogati.

(1) Articolo aggiunto dall'art. 9 del d.lg. 17/1/2003, n. 6.

Art. 111 septies (1). – Le cooperative sociali che rispettino le norme di cui alla legge 8 novembre 1991, n. 381, sono considerate, indipendentemente dai requisiti di cui all'articolo 2513 del codice, cooperative a mutualità prevalente. Le cooperative agricole che esercitano le attività di cui all'articolo 2135 del codice sono considerate cooperative a mutualità prevalente se soddisfano le condizioni di cui al terzo comma dell'articolo 2513 del codice. Le piccole società cooperative costituite ai sensi della legge 7/8/1997, n. 266, nel termine previsto all'articolo 223-duodecies del codice devono trasformarsi nella società cooperativa disciplinata dall'articolo 2522 del codice.

(1) Articolo aggiunto dall'art. 9 del d.lg. 17/1/2003, n. 6.

Art. 111 octies (1). – Sono investitori istituzionali destinati alle società cooperative quelli costituiti ai sensi della legge 25 febbraio 1985, n. 49, i fondi mutualistici e i fondi pensione costituiti da società cooperative.

(1) Articolo aggiunto dall'art. 9 del d.lg. 17/1/2003, n. 6.

Art. 111 nonies (1). – Le società di revisione di cui al secondo comma dell'articolo 2545-octies del codice sono quelle di cui al decreto legislativo 27 gennaio 1992, n. 88.

(1) Articolo aggiunto, dall'art. 9 del d.lg. 17/1/2003, n. 6.

Art. 111 decies (1). – Ferma restando la natura indivisibile delle riserve accantonate, non rilevano ai fini dell'obbligo di devoluzione previsto dall'articolo 17 della legge 23 dicembre 2000, n. 388, la modificazione delle clausole previste dall'articolo 26 del decreto legislativo Capo provvisorio dello Stato 14 dicembre 1947, n. 1577, ovvero la decadenza dai benefici fiscali per effetto della perdita del requisito della prevalenza come disciplinato dagli articoli 2512 e 2513 del codice.

Gli amministratori devono, tuttavia, redigere un bilancio ai sensi dell'articolo 2545-octies del codice.

(1) Articolo aggiunto dall'art. 9 del d.lg. 17/1/2003, n. 6.

Art. 111 undecies (1). – Il Ministro delle attività produttive, di concerto con il Ministro dell'economia e delle finanze, stabilisce, con proprio decreto, regimi derogatori al requisito della prevalenza, così come definiti dall'articolo 2513 del codice, in relazione alla struttura dell'impresa e del mercato in cui le cooperative operano, a specifiche disposizioni normative cui le cooperative devono uniformarsi e alla circostanza che la realizzazione del bene destinato allo scambio mutualistico richieda il decorso di un periodo di tempo superiore all'anno di esercizio.

(1) Articolo aggiunto dall'art. 9 del d.lg. 17/1/2003, n. 6.

Art. 111 duodecies (1). – Qualora tutti i loro soci illimitatamente responsabili, di cui all'articolo 2361, comma secondo, del codice, siano società per azioni, in accomandita per azioni o società a responsabilità limitata, le società in nome collettivo o in accomandita semplice devono redigere il bilancio secondo le norme previste per le società per azioni; esse devono inoltre redigere e pubblicare il bilancio consolidato come disciplinato dall'articolo 26 del decreto legislativo 9 aprile 1991, n. 127, ed in presenza dei presupposti ivi previsti.

Il primo comma si applica anche qualora i soci illimitatamente responsabili siano società di capitali soggette al diritto di un altro Stato membro dell'Unione europea o società soggette al diritto di un altro Stato assimilabili giuridicamente alle imprese a responsabilità limitata disciplinate dal diritto di uno Stato membro dell'Unione europea (2).

(1) Articolo aggiunto dall'art. 9 del d.lg. 17/1/2003, n. 6.

(2) Comma aggiunto dall'art. 24, co. 1, l. 23/12/2021, n. 238, a decorrere dal 1/2/2022 e con l'applicabilità prevista dall'art. 24, co. 4, della medesima l. n. 238/2021.

Art. 111 terdecies (1). – La deliberazione prevista dal secondo comma dell'articolo 2446 del codice è verbalizzata ed iscritta nel registro delle imprese a norma dell'articolo 2436 del codice.

(1) Articolo aggiunto dall'art. 9 del d.lg. 17/1/2003, n. 6 come modificato dall'art. 5 del d.lg. 6/2/2004, n. 37.

Art. 111 quaterdecies (1). – La durata del primo incarico di controllo contabile può coincidere con quello di revisione affidato alla stessa società.

(1) Articolo aggiunto dall'art. 35 del d.lg. 28/12/2004, n. 310.

Sezione VI
Disposizioni relative al libro VI

Art. 112.*

* L'articolo che recitava «All'applicazione della pena pecuniaria stabilita dall'articolo 2682 del codice provvede con decreto motivato il tribunale in camera di consiglio sentiti il conservatore e il pubblico ministero.
Contro il provvedimento del tribunale è ammesso reclamo alla corte d'appello, nel termine di dieci giorni dalla notificazione, da eseguirsi a cura del cancelliere.
Le stesse disposizioni si osservano per l'applicazione della pena pecuniaria stabilita dall'articolo 2833 del codice. In questo caso devono essere sentite, oltre il pubblico ministero, le persone che non hanno adempiuto all'obbligo di richiedere l'iscrizione.» è stato abrogato dall'art. 2 della l. 21/1/1983, n. 22.

Art. 113. – Il reclamo menzionato nell'articolo 2888 del codice si propone al tribunale, il quale provvede con decreto motivato in camera di consiglio, sentiti il conservatore e il pubblico ministero.

Contro il provvedimento che non accoglie la domanda il richiedente può proporre reclamo alla corte d'appello.

Il tribunale o la corte può ordinare che la domanda di cancellazione sia proposta nelle forme ordinarie in contraddittorio delle persone che ritiene abbiano interesse contrario alla cancellazione medesima.

Art. 113 bis (1). – Il conservatore, nel caso in cui non riceva i titoli e le note ai sensi dell'articolo 2674 del codice, indica sulle note i motivi del rifiuto e restituisce uno degli originali alla parte richiedente. La parte può avvalersi del procedimento stabilito nell'articolo 745 del codice di procedura civile.

Dello stesso procedimento la parte può avvalersi per il ritardo nel rilascio di certificati o di copie.

Il pubblico ministero comunica al Ministero di grazia e giustizia e al Ministero delle finanze la decisione adottata.

(1) Articolo aggiunto dall'art. 6 della l. 27/2/1985, n. 52.

Art. 113 ter (1). – Il reclamo previsto nell'articolo 2674-bis del codice si propone con ricorso, entro il termine perentorio di trenta giorni dalla esecuzione della formalità, davanti al tribunale nella cui circoscrizione è stabilita la conservatoria; entro lo stesso termine il ricorso deve essere notificato al conservatore, a pena di improcedibilità.

Il tribunale provvede in camera di consiglio, con decreto motivato, immediatamente esecutivo, sentiti il pubblico ministero, il conservatore e le parti interessate.

Contro il provvedimento del tribunale è consentito reclamo alla corte d'appello, con ricorso notificato, a pena di improcedibilità, anche al conservatore.

A margine della formalità eseguita con riserva il conservatore annota la proposizione del reclamo, il decreto immediatamente esecutivo del tribunale e il decreto definitivo.

Quando il reclamo non è proposto o è rigettato definitivamente, la formalità perde ogni effetto.

(1) Articolo aggiunto dall'art. 8 della l. 27/2/1985, n. 52.

Capo II
Disposizioni transitorie

Sezione I
Disposizioni relative al libro I

Art. 114. – La pronunzia di immissione nel possesso definitivo dei beni dell'assente, emessa a termini degli articoli 36 e 38 del codice del 1865, equivale a tutti gli effetti alla dichiarazione di morte presunta prevista nell'articolo 58 del nuovo codice.

Fino al 30 giugno 1942 non può essere dichiarata la morte presunta nell'ipotesi prevista nell'articolo 58 del nuovo codice, se non quando concorrono le condizioni indicate negli articoli 36 e 38 del codice 1865 per la pronunzia di immissione definitiva nei beni dell'assente.

Art. 115. – Il termine di tre mesi, previsto nel secondo comma dell'art. 14, L. 27 maggio 1929, n. 847, (1) è ridotto a un mese.

Il capo primo della legge suddetta è abrogato.

Art. 116. – L'impugnazione prevista nell'articolo 123, primo comma, del codice non può essere proposta dal coniuge impotente per i matrimoni anteriori al 1 luglio 1939.

I matrimoni che sono stati celebrati anteriormente al 1 luglio 1939 davanti ad un ufficiale dello stato civile incompetente o senza la presenza dei testimoni non si possono più impugnare.

Art. 117. – Se il matrimonio è stato annullato prima dell'1 luglio 1939 ed è stata riconosciuta la mala fede di entrambi i coniugi, i figli nati o concepiti durante il matrimonio possono acquistare lo stato di figli (1) riconosciuti ai sensi dell'articolo 128, ultimo comma, del codice con effetto dal giorno della domanda giudiziale proposta in contraddittorio dei genitori o dei loro eredi.

(1) L'art. 1 della l. 10/12/2012, n. 219, ha disposto che nel codice civile le parole "figli legittimi" e "figli naturali", ovunque ricorrano, siano sostituite dalla parola "figli".

Art. 118. – Gli atti di costituzione di dote aventi per oggetto beni futuri, stipulati prima dell'1 luglio 1939, conservano la loro efficacia anche rispetto ai beni che pervengono alla moglie dopo tale data.

Art. 119. – I lucri dotali in favore del coniuge sopravvivente, stipulati prima dell'1 luglio 1939, conservano la loro efficacia.

Conservano parimenti la loro efficacia le ipoteche iscritte a garanzia dei lucri medesimi.

Art. 120. – L'azione di disconoscimento di paternità è soggetta ai termini e alle cause di decadenza previsti nel nuovo codice, anche quando si tratta di impugnare la legittimità di figli nati prima dall'entrata in vigore dello stesso codice, sempre che l'azione non sia già estinta a norma delle disposizioni del codice del 1865.

Art. 121. – Le azioni di reclamo di stato di figlio, (1) spettanti agli eredi che non siano discendenti del figlio a norma dell'articolo 178 del codice del 1865, possono essere continuate quando la domanda è stata proposta prima dell'1 luglio 1939.

(1) L'art. 1 della l. 10/12/2012, n. 219, ha disposto che nel codice civile, le parole "figli legittimi" e "figli naturali", ovunque ricorrano, siano sostituite dalla parola "figli".

Art. 122. – Le disposizioni del codice relative al riconoscimento dei figli (1) si applicano anche ai figli nati o concepiti prima dell'1 luglio 1939.

Il riconoscimento di figli naturali, compiuto prima di tale data fuori dei casi in cui era ammesso secondo le leggi anteriori, non può essere annullato, se al momento in cui fu fatto concorrevano le condizioni per cui sarebbe ammissibile secondo le disposizioni del codice.

Tale riconoscimento vale anche agli effetti delle successioni aperte prima dell'1 luglio 1939, purché i diritti successori del figlio non siano stati esclusi con sentenza passata in giudicato o non sia intervenuta transazione tra le parti interessate o non siano trascorsi tre anni dall'apertura della successione senza che il figlio abbia fatto valere alcuna ragione ereditaria sui beni della successione.

(1) L'art. 1 della l. 10/12/2012, n. 219, ha disposto che nel codice civile, le parole "figli legittimi" e "figli naturali", ovunque ricorrano, siano sostituite dalla parola "figli".

Art. 123. – L'azione per la dichiarazione giudiziale di paternità può essere proposta dai figli nati prima dell'1 luglio 1939 solo nel caso in cui ricorrono le condizioni previste dall'articolo 189 del codice del 1865. L'azione può essere proposta, sempre che ricorrano tali condizioni, anche dai figli adulterini per i quali è ammessa dall'articolo 278 del nuovo codice (1).

I figli naturali che si trovano nelle condizioni previste nei numeri 1 e 4 dell'articolo 269 del codice, ma che non possono ottenere la dichiarazione giudiziale di paternità perché nati prima dell'1 luglio 1939, possono agire soltanto per ottenere gli alimenti (1).

Nei casi in cui l'azione per la dichiarazione giudiziale di paternità è ammessa secondo le norme del codice del 1865, essa è soggetta al termine stabilito dall'articolo 271 del nuovo codice.

Le disposizioni del codice relative alle forme dei giudizi per la dichiarazione giudiziale di paternità o di maternità naturale si applicano anche ai figli nati o concepiti prima dell'1 luglio 1939.

I giudizi relativi alla dichiarazione di paternità o di maternità (2) proposti prima dell'1 luglio 1939 non possono essere proseguiti se non è intervenuto il decreto contemplato dall'articolo 274 del codice stesso, salvo il caso che si sia già ottenuta una sentenza anche se interlocutoria.

(1) La Corte cost., con sent. 7-16/2/1963, n. 7 ha dichiarato l'illegittimità istituzionale del co. 1, e, in conseguenza, l'illegittimità costituzionale del co. 2 dell'art. 123 e del co. 2 dell'art. 136 trans.

(2) L'art. 1 della l. 10/12/2012, n. 219, ha disposto che nel codice civile, le parole "figli legittimi" e "figli naturali", ovunque ricorrano, siano sostituite dalla parola "figli".

Art. 124. – La disposizione dell'articolo 286 del codice è applicabile anche per la legittimazione dei figli (1), i cui genitori sono morti prima dell'1 luglio 1939.*

(1) L'art. 1 della l. 10/12/2012, n. 219, ha disposto che nel codice civile, le parole "figli legittimi" e "figli naturali", ovunque ricorrano, siano sostituite dalla parola "figli".

* Questo articolo è stato abrogato dall'art. 106, co. 1, lett. b), d.lg. 28/12/2013, n. 154.

Art. 125. – La disposizione dell'articolo 287 del codice è applicabile anche ai casi in cui era ammessa, secondo le leggi anteriori, la celebrazione del matrimonio per procura.*

* Questo articolo è stato abrogato dall'art. 106, o. 1, lett. b), d.lg. 28/12/2013, n. 154.

Art. 126. – La disposizione del secondo comma dell'articolo 293 del nuovo codice è applicabile anche alle adozioni costituite prima dell'1 luglio 1939, a meno che siano state già impugnate ai sensi dell'articolo 205 del codice del 1865.

Art. 127. – Le disposizioni del codice sulla revoca dell'adozione si applicano anche alle adozioni costituite prima dell'1 luglio 1939.

Art. 127 bis (1). – I divieti contenuti nei numeri 6, 7, 8 e 9 dell'articolo 87 del codice civile sono applicabili all'affiliazione.

(1) Articolo inserito dall'art. 96 del d.lg. 28/12/2013, n. 154 a decorrere dalla data di entrata in vigore del 7/2/2014.

Art. 128.*

* L'articolo che recitava «Se l'ipotesi prevista dall'articolo 342 del codice si è verificata prima dell'1 luglio 1939, il tribunale, su istanza del figlio medesimo o dei parenti o del pubblico ministero, può privare il genitore della patria potestà sui figli, quando risulta che egli impartisce ad essi una educazione non corrispondente ai fini nazionali, e può provvedere in conformità all'articolo 342 del codice.» deve ritenersi abrogato per effetto dell'abrogazione dell'art. 342, con l'art. 3 del d.lgs.lt. 14/9/1944, n. 287.

Art. 129. – Le norme del codice in materia di tutela e di curatela si applicano anche alle tutele e alle curatele che si sono aperte prima dell'1 luglio 1939.

Tuttavia i tutori, i protutori e i curatori già nominati conservano l'ufficio, salve le disposizioni degli articoli 383, 384, e 393 del codice, e sempre che non ricorrano cause d'incapacità previste dal codice stesso.

Art. 130. – La disposizione dell'articolo 428 del codice è applicabile anche se gli atti in essa contemplati sono stati compiuti prima dell'1 luglio 1939.

Art. 131. – Le ipoteche legali sui beni del tutore iscritte a norma degli articoli 292, 293 e 1969, n. 3, del codice del 1865 possono essere cancellate quando il tutore ne fa istanza al giudice tutelare, il quale, se ordina la cancellazione, provvede secondo l'articolo 381 del nuovo codice.

Sezione II
Disposizioni relative al libro II

Art. 132. – L'erede col beneficio d'inventario può promuovere la procedura di liquidazione ai sensi dell'articolo 503 del codice anche se l'accettazione è stata fatta prima del 21 aprile 1940.

Art. 133. – La rinuncia all'eredità o al legato, fatta dopo il 21 aprile 1940, produce tutti gli effetti previsti dal codice, ancorché si tratti di successione apertasi anteriormente a quella data.

Art. 134. – La disposizione dell'articolo 528 del codice è applicabile anche per le successioni apertesi prima del 21 aprile 1940, se il chiamato non ha ancora accettato e non è nel possesso di beni ereditari.

L'obbligo del curatore di procedere alla liquidazione dell'eredità giacente incombe anche sui curatori già nominati, se, in caso di opposizione dei creditori o legatari, il pretore ritiene opportuno disporre la liquidazione.

Art. 135. – Le norme sulla riduzione delle donazioni sono applicabili anche alle donazioni fatte anteriormente al 21 aprile 1940, purché la successione si sia aperta dopo. Tali donazioni sono soggette a riduzione, avuto riguardo alla misura dei diritti riservati ai legittimari stabilita dal codice.

La medesima disposizione si applica per le regole stabilite dal codice sulla collazione sull'imputazione e sulla riunione fittizia.

Tuttavia per le donazioni di beni mobili fatte anteriormente al 21 aprile 1940, si tiene conto del valore risultante dalla stima annessa all'atto di donazione.

Art. 136. – Le disposizioni degli articoli 580 e 594 del codice si applicano anche alle successioni apertesi prima del 21 aprile 1940, se i diritti dei figli (1) non riconoscibili o non riconosciuti non sono stati definiti con sentenza passata in giudicato o mediante convenzione.

Possono inoltre valersi delle disposizioni degli articoli 580 e 594 i figli (1) che si trovano nelle condizioni previste dai numeri 1 e 4 dell'articolo 269 del codice, ma che non possono ottenere la dichiarazione giudiziale di paternità perché nati anteriormente all'1 luglio 1939 (2).

I figli (1) indicati dal comma precedente hanno facoltà di chiedere l'assegno vitalizio anche per le successioni già aperte, ma non oltre cinque anni prima del 21 aprile 1940; l'assegno in questo caso deve essere calcolato con riguardo allo stato e al valore che i beni ereditari avevano a tale data.

(1) L'art. 1 della l. 10/12/2012, n. 219, ha disposto che nel codice civile, le parole "figli legittimi" e "figli naturali", ovunque ricorrano, siano sostituite dalla parola "figli".

(2) La Corte cost., con sent. 7-16/2/1963, n. 7 ha dichiarato l'illegittimità istituzionale dell'art. 123, co. 1 e, in conseguenza, l'illegittimità costituzionale del co. 2 del presente articolo.

Art. 137. – Non possono essere promosse né proseguite azioni per la dichiarazione di nullità, per vizio di forma, per incapacità a ricevere o per altre cause, di disposizioni testamentarie e di donazioni che sono valide secondo il codice. La nullità ammessa anche da questo non può essere pronunziata se non nei limiti da esso previsti.

Art. 138. – Le condizioni di vedovanza ammesse dall'ultimo comma dell'articolo 850 del codice del 1865, relative alle successioni apertesi prima del 21 aprile 1940, conservano la loro efficacia.

Art. 139. – I diritti derivanti da una disposizione testamentaria sotto condizione sospensiva si trasmettono agli eredi dell'onorato, se questi muore dopo il 21 aprile 1940 senza che la condizione si sia verificata.

Art. 140. – Ancorché la divisione sia stata già effettuata, si applica la norma dell'articolo 759 del codice, se l'evizione ha luogo dopo il 21 aprile 1940.

Art. 141. – Le norme sulla revocazione per ingratitudine sono applicabili alle donazioni anteriori, se la causa di revocazione si è verificata dopo il 21 aprile 1940. Tuttavia la norma del secondo comma dell'articolo 802 del codice è applicabile anche se la causa di revocazione è anteriore.

Sezione III
Disposizioni relative al libro III

Art. 142*.

* L'articolo che recitava «Le enfiteusi costituite sotto le leggi anteriori sono regolate dalle leggi medesime, salvo quanto è disposto negli articoli seguenti.» è stato abrogato dall'art. 18 dell'all. 22/7/1966, n. 607.

Art. 143*.

* L'articolo che recitava «Alle enfiteusi, che secondo le leggi del tempo in cui furono costituite importano l'indivisibilità degli obblighi da parte degli enfiteuti anche nel caso di divisione del fondo, la disposizione del secondo comma dell'articolo 961 del codice si applica solo quando, seguita la divisione, il godimento del fondo e il pagamento del canone sono avvenuti separatamente per la durata di un decennio.» è stato abrogato dall'art. 18 della l. 22/7/1966, n. 607, in materia di enfiteusi e prestazioni fondiarie perpetue.

Art. 144*.

* L'articolo che recitava «Per le enfiteusi costituite anteriormente al 28 ottobre 1941 la revisione del canone a norma dell'articolo 962 del codice non può essere chiesta se non trascorso un triennio dalla data anzidetta. In ogni caso, il nuovo canone non può, per effetto della prima revisione, essere superiore al doppio né inferiore alla metà del canone precedente.
Per determinare la differenza di valore ai fini della revisione del canone, si considera come valore iniziale quello che il fondo aveva al 21/8/1923, se l'enfiteusi è stata costituita anteriormente all'1/1/1919.
Qualora prima del decorso del triennio dal 28 ottobre 1941 sia proposta domanda di affrancazione, si procede, agli effetti della determinazione del prezzo dell'affrancazione stessa, alla revisione del canone, in conformità del primo comma del presente articolo.» è stato abrogato dall'art. 18 della l. 22/7/1966, n. 607.

Art. 145*.

* L'articolo che recitava «Sono aboliti dal 28 ottobre 1941 i laudemi di qualsiasi specie, che per convenzione, per legge o per consuetudine siano dovuti nelle enfiteusi costituite anteriormente all'1/1/1866, ma il concedente può chiedere che il canone sia aumentato di una somma pari alla trentesima parte del laudemio.
Se il titolo costitutivo, la legge o la consuetudine prevedono il pagamento di più laudemi di specie diversa, si ha riguardo, agli effet-

ti dell'aumento del canone, al laudemio di maggiore importo. Per la determinazione del laudemio si applica il secondo comma dell'articolo 11 della legge 11/6/1925, n. 998.» è stato abrogato dall'art. 18 della l. 22/7/1966, n. 607.

Art. 146.*

* L'articolo che recitava «Qualora il canone sia stato aumentato a norma dell'articolo precedente, non si aggiunge al prezzo di affrancazione l'indennità stabilita dal primo comma dell'articolo 11 della legge 11/6/1925, n. 998.» è stato abrogato dall'art. 18 della l. 22/7/1966, n. 607.

Art. 147.*

* L'articolo che recitava «La revisione ai sensi dell'articolo 144 può essere chiesta anche nel caso in cui il canone sia stato aumentato in conformità del primo comma dell'articolo 145, ma nella revisione si deve tener conto dell'aumento già disposto.» è stato abrogato dall'art. 18 della 22/7/1966, n. 607.

Art. 148.*

* L'articolo che recitava «Quando, secondo la legge del tempo in cui l'enfiteusi è stata costituita, al concedente spetta la prelazione in caso di vendita del diritto dell'enfiteuta, si applicano le disposizioni dell'articolo 966 del codice.» è stato abrogato dall'art. 18 della l. 22/7/1966, n. 607.

Art. 149.*

* L'articolo che recitava «Alle enfiteusi costituite sotto le leggi anteriori si applicano altresì le disposizioni del n. 2 e del secondo comma dell'articolo 972, nonché quelle degli articoli 973 e 974 del codice.» è stato abrogato dall'art. 18 della l. 22/7/1966, n. 607.

Art. 150. – Per l'acquisto dei frutti al termine dell'usufrutto se questo ha avuto inizio anteriormente al 28 ottobre 1941, si osserva il disposto dell'articolo 480 del codice del 1865.

Art. 151. – Le disposizioni dell'articolo 999 del codice si applicano anche alle locazioni concluse dall'usufruttuario anteriormente al 28 ottobre 1941.

Art. 152. – Il diritto di ritenzione ammesso dagli articoli 1006 e 1011 del codice spetta all'usufruttuario anche per le somme a lui dovute in dipendenza di anticipazioni effettuate prima del 28 ottobre 1941.

Art. 153. – La disposizione dell'articolo 1023 del codice si applica anche ai diritti di uso e di abitazione costituiti prima del 28 ottobre 1941.

Art. 154. – Se l'interclusione del fondo si è verificata per effetto di vendita anteriore al 28 ottobre 1941, il compratore non è tenuto a dare il passaggio senza indennità.

Art. 155. – Le disposizioni concernenti la revisione dei regolamenti di condominio e la trascrizione di essi si applicano anche ai regolamenti formati prima del 28 ottobre 1941.

Cessano di avere effetto le disposizioni dei regolamenti di condominio che siano contrarie alle norme richiamate nell'ultimo comma dell'articolo 1138 del codice e nell'articolo 72 di queste disposizioni.

Art. 155 bis (1). – L'assemblea, ai fini dell'adeguamento degli impianti non centralizzati di cui all'articolo 1122-bis, primo comma, del codice, già esistenti alla data di entrata in vigore del predetto articolo, adotta le necessarie prescrizioni con le maggioranze di cui all'articolo 1136, commi primo, secondo e terzo, del codice.

(1) Articolo aggiunto dall'art. 26 della l. 11/12/2012, n. 220, in vigore dal 17/6/2013.

Art. 156. – I condomini costituiti in forma di società cooperativa possono conservare tale forma di amministrazione.

Ai rapporti di condominio negli edifici di cooperative edilizie le quali godono del contributo dello Stato nel pagamento degli interessi sui mutui si applicano le disposizioni delle leggi speciali.

Art. 157. – Per i diritti spettanti al possessore, all'usufruttuario o all'enfiteuta a causa di riparazioni, di miglioramenti o di addizioni eseguite anteriormente al 28 ottobre 1941 si applicano le norme del codice del 1865, salvo quanto è stabilito dall'articolo 152 di queste disposizioni.

Art. 158. – Il termine per l'usucapione delle servitù discontinue apparenti comincia a decorrere dal 28 ottobre 1941.

La disposizione dell'articolo 1075 del codice si applica se la prescrizione del modo della servitù non si è compiuta prima del 28 ottobre 1941.

Sezione IV
Disposizioni relative al libro IV

Art. 159. – Il luogo in cui devono essere adempiute le obbligazioni che scadono dopo l'entrata in vigore del codice, si determina in conformità dell'articolo 1182 del codice stesso, anche se si tratta di obbligazioni sorte anteriormente.

Art. 160. – Le disposizioni del codice relative alla mora del creditore, all'inadempimento e alla mora del debitore si applicano anche se si tratta di obbligazione sorta prima dell'entrata in vigore del codice stesso, se l'offerta di pagamento sia stata compiuta ovvero l'inadempimento o la mora si sia verificato posteriormente.

Art. 161. – I crediti di somme di danaro che siano divenuti esigibili prima dell'entrata in vigore nel nuovo codice, producono, da questa data, interessi di pieno diritto, anche se tale effetto non si verificava secondo le disposizioni del codice del 1865.

Gli interessi legali che si maturano dopo la data predetta devono essere computati al saggio stabilito dall'articolo 1284 del nuovo codice.

Art. 162. – La disposizione dell'articolo 1283 del codice si applica anche se si tratta di obbligazioni sorte anteriormente all'entrata in vigore del codice stesso, quando gl'interessi sono dovuti per almeno sei mesi.

Art. 163. – Il giudice può ridurre la penale manifestamente eccessiva anche se il contratto sia stato concluso anteriormente all'entrata in vigore del codice e anche se il pagamento della penale sia stato giudizialmente domandato e il giudizio sia pendente alla data suddetta.

Art. 164. – Le disposizioni del secondo e terzo comma dell'articolo 1385 del codice si applicano anche se il contratto sia stato concluso anteriormente al giorno della entrata in vigore del codice stesso, e anche se a tale data sia stato già iniziato il giudizio e questo sia tuttora pendente.

Art. 165. – Gli effetti dell'annullamento o della risoluzione dei contratti rispetto ai terzi sono regolati dalle disposizioni del codice civile del 1865 se la domanda sia stata proposta anteriormente all'entrata in vigore del nuovo codice.

Art. 166. – Per le vendite immobiliari stipulate anteriormente all'entrata in vigore del codice, la rescissione a causa di lesione è regolata dalle disposizioni del codice del 1865.

Art. 167. – Le disposizioni dell'articolo 1462 del codice si applicano anche se la clausola ivi prevista sia inserita in un contratto stipulato prima del giorno dell'entrata in vigore del codice stesso, quando l'eccezione del debitore sia opposta dopo o, se proposta prima, il relativo giudizio sia ancora pendente alla data predetta.

Art. 168. – Le disposizioni relative agli effetti dell'eccessiva onerosità sopravvenuta si applicano anche per i contratti conclusi prima dell'entrata in vigore del codice se le circostanze e gli avvenimenti da cui deriva l'eccessiva onerosità si siano verificati dopo.

Art. 169. – Le disposizioni che regolano le conseguenze del sopravvenuto mutamento nelle condizioni patrimoniali del debitore si applicano anche quando si tratti di contratti anteriori all'entrata in vigore del codice, se il mutamento si avveri posteriormente.

Art. 170. – Le disposizioni del secondo comma dell'articolo 1473 del codice si applicano anche ai contratti di vendita conclusi anteriormente all'entrata in vigore del codice stesso, se il rifiuto o l'impedimento del terzo ad accettare l'incarico si verificano dopo.

Art. 171. – Le disposizioni degli articoli 1478, 1479 e 1480 del codice si applicano anche ai contratti di vendita conclusi anteriormente al giorno dell'entrata in vigore di esso, se a tale data non ne era stato domandato in giudizio l'annullamento.

Art. 172. – Le disposizioni che impongono la denuncia dei vizi o della mancanza di qualità della cosa venduta e stabiliscono i termini per farla, si applicano anche se il contratto sia stato concluso anteriormente all'entrata in vigore del codice, purché la consegna o il ricevimento della cosa abbiano avuto luogo posteriormente.

Art. 173. – Le disposizioni relative al riscatto convenzionale nel contratto di vendita, tranne quella del primo comma dell'articolo 1501, si applicano anche ai contratti conclusi anteriormente all'entrata in vigore del codice quando il diritto di riscatto venga esercitato posteriormente.

Art. 174. – Le disposizioni dell'articolo 1512 del codice si applicano ai contratti di vendita anteriori all'entrata in vigore di esso se il difetto di funzionamento sia scoperto posteriormente.

Art. 175. – Qualora secondo le leggi anteriori i contratti di vendita di cose mobili con riserva di proprietà fossero opponibili ai creditori o ai terzi aventi causa dal compratore indipendentemente dai requisiti prescritti dall'articolo 1524 del codice, le formalità relative, trattandosi di contratti conclusi anteriormente al giorno dell'entrata in vigore di esso, devono essere adempiute entro tre mesi dalla data medesima. In mancanza, la riserva di proprietà non può essere opposta ai creditori del compratore che abbiano pignorato la cosa e ai terzi aventi causa dal medesimo che abbiano acquistato diritti sulla cosa stessa posteriormente alla data anzidetta.

Art. 176. – Le disposizioni degli articoli 1525 e 1526 del codice si applicano ai contratti conclusi anteriormente al giorno dell'entrata in vigore di esso e anche se la risoluzione per inadempimento sia stata giudizialmente domandata e il giudizio sia tuttora pendente alla data suddetta.

Art. 177. – Le disposizioni degli articoli 1531, secondo comma, e 1550 secondo comma, del codice, relative all'esercizio del diritto di voto, si applicano anche ai contratti di vendita a termine o di riporto di titoli di credito, che siano in corso di esecuzione all'entrata in vigore del codice stesso.

Art. 178. – La prescrizione stabilita dall'articolo 1541 del codice si applica anche se si tratta di contratto di vendita anteriore alla data dell'entrata in vigore del codice stesso qualora la consegna dell'immobile sia stata eseguita posteriormente e al momento della consegna non sia già decorso il termine stabilito dall'articolo 1478 del codice del 1865.

Art. 179. – I patti di preferenza previsti dall'articolo 1566 del codice che alla data dell'entrata in vigore di questo devono ancora durare oltre cinque anni, sono validi nei limiti di un quinquennio computabile da tale data.

Le modalità per l'esercizio del diritto di preferenza stabilite dal secondo comma dell'articolo 1566 predetto, si osservano se l'esercizio medesimo ha luogo dopo l'entrata in vigore del codice, anche se il patto sia stato stipulato anteriormente.

Art. 180. – I rapporti di locazione in corso al giorno dell'entrata in vigore del nuovo codice sono regolati dal codice del 1865.

Tuttavia si applicano, con effetto da tale data, le disposizioni del nuovo codice dichiarate inderogabili, o che siano comunque di ordine pubblico, e tutte le altre che regolano fatti o situazioni non previste specificamente dalla legge anteriore.

Art. 181. – Le disposizioni degli articoli 1665, 1666, 1667 e 1668 del codice si applicano anche per i contratti anteriori, se l'opera o singole partite di essa siano compiute o comunque alla loro consegna si addivenga dopo l'entrata in vigore del codice stesso.

Art. 182. – Le disposizioni dell'articolo 1694 e della seconda parte dell'articolo 1698 del codice si osservano anche se il contratto sia anteriore all'entrata in vigore del codice stesso.

Art. 183. – Le disposizioni degli articoli 1706 e 1707 del codice si applicano anche se il mandato sia stato conferito anteriormente all'entrata in vigore del codice stesso.

Art. 184. – Le cause di estinzione del mandato [1722 CC.] sono regolate dal codice se si verificano dopo l'entrata in vigore di questo, anche se si tratta di mandato conferito anteriormente.

Art. 185. – La disposizione del secondo comma dell'articolo 1815 del codice si applica anche se il contratto di mutuo sia anteriore all'entrata in vigore del codice stesso.

Art. 186. – Il creditore di una rendita o di ogni altra prestazione annua costituita anteriormente all'entrata in vigore del nuovo codice, può pretendere dal debitore il rilascio di un nuovo documento secondo la disposizione dell'articolo 1870 del codice stesso, ma il termine di nove anni decorre dall'entrata in vigore di questo se non scada prima il termine di ventotto anni stabilito dall'articolo 2136 del codice del 1865.

Art. 187. – Le disposizioni degli articoli 1888, secondo comma e terzo comma, 1889, 1902, 1903, secondo comma, 1930 e 1931 del codice si applicano anche ai contratti in corso. Si applicano parimenti ai contratti suddetti le disposizioni degli articoli 1897, 1898 e 1926, quando le modificazioni del rischio da esse previste si verificano dopo l'entrata in vigore del codice, la disposizione del secondo comma dell'articolo 1899, se la proroga tacita non è già avvenuta anteriormente all'entrata in vigore medesima, le disposizioni dell'articolo 1901 relativamente ai premi che scadono dopo l'entrata in vigore medesima, le disposizioni degli articoli 1914, secondo comma, e 1915, secondo comma, per i sinistri verificatisi dopo l'entrata in vigore medesima.

Art. 188. – Le disposizioni dell'articolo 1921 del codice si applicano alle dichiarazioni di revoca posteriori all'entrata in vigore di esso, anche se il contratto di assicurazione sia stato concluso anteriormente.

Qualora i fatti che producono la decadenza del beneficiario o che autorizzano la revoca del beneficio si siano verificati dopo l'entrata in vigore predetta, si applicano le disposizioni dell'articolo 1922 del codice, anche se il contratto di assicurazione sia anteriore.

Art. 189. – Le disposizioni del primo comma dell'articolo 1943 del codice si osservano quando la presentazione del fideiussore avviene posteriormente all'entrata in vigore del codice stesso, anche se l'obbligazione di dare un fideiussore sia sorta anteriormente.

La disposizione del precedente comma non si applica se l'obbligazione di dare un fideiussore deriva da un contratto.

Art. 190. – La disposizione dell'articolo 1957 del codice si applica anche alle fideiussioni anteriori all'entrata in vigore del codice stesso se l'obbligazione principale scade dopo.

Se l'obbligazione è già scaduta, il termine di sei mesi stabilito dal primo comma dell'articolo 1957 decorre dall'entrata in vigore suddetta.

Art. 191. – La disposizione del secondo comma dell'articolo 1962 del codice si applica anche ai contratti di anticresi anteriori, ma il termine di dieci anni decorre dall'entrata in vigore del codice stesso.

Art. 192. – Il debitore può valersi della facoltà accordatagli dall'articolo 1964 del codice, anche se il contratto di anticresi sia anteriore all'entrata in vigore del codice stesso.

Art. 193. – Le disposizioni degli articoli 1979, 1980, 1982, 1983, 1984 e 1985 del codice si applicano anche ai contratti di cessione dei beni ai creditori, conclusi anteriormente all'entrata in vigore di esso.

Art. 194. – Le disposizioni degli articoli 2045, 2057 e 2058 del codice si applicano anche se i fatti da cui deriva la responsabilità del loro autore sono avvenuti anteriormente all'entrata in vigore del codice stesso.

Sezione V
Disposizioni relative al libro V

Art. 195. – Le disposizioni contenute nelle sezioni III e IV del capo I del titolo II del libro V del codice e quelle contenute nelle sezioni II, III, IV e V del capo II dello stesso titolo si applicano anche ai rapporti in corso al momento dell'entrata in vigore del codice, salvo quanto è stabilito negli articoli seguenti.

Art. 196. – Nei contratti di lavoro a tempo determinato in corso al giorno dell'entrata in vigore del codice, che devono ancora durare per un periodo superiore a quello indicato dall'ultimo comma dell'articolo 2097 del codice stesso, il prestatore di lavoro può recedere dal contratto, decorso il quinquennio o il decennio dal giorno suddetto.

Art. 197. – Le rinunzie e le transazioni successive alla cessazione del rapporto di lavoro previste dall'articolo 2113 del codice, che hanno avuto luogo nei tre mesi anteriori all'entrata in vigore del codice, sono impugnabili a norma dell'articolo medesimo, e il termine per l'impugnazione decorre dalla data predetta.

Art. 198. – I patti di non concorrenza previsti dall'articolo 2125 del codice, che al giorno dell'entrata in vigore del codice devono ancora durare per un periodo superiore a quello stabilito nell'articolo stesso, sono efficaci per il periodo previsto nella detta disposizione a decorrere dalla data predetta.

Art. 199. – L'inabilitato, che al giorno dell'entrata in vigore del codice esercita un'impresa commerciale, non può continuarla se non con l'autorizzazione prevista dall'articolo 425 del codice stesso. Questa autorizzazione produce effetto fino dal detto giorno qualora sia pubblicata, secondo le nuove disposizioni, entro tre mesi successivi.

Art. 200. – Le disposizioni del codice, relative alla tenuta delle scritture contabili e alla redazione del bilancio per gli imprenditori che esercitano un'attività commerciale e per le società soggette a registrazione, entreranno in vigore l'1/1/1943.

Fino a tale data le scritture contabili si considerano regolarmente tenute a tutti gli effetti previsti dal codice in quanto siano regolarmente tenute secondo le leggi anteriori.

Fino all'attuazione delle disposizioni relative al registro delle imprese, la numerazione, la bollatura e la vidimazione dei libri contabili prescritte dal codice saranno eseguite dal cancelliere del tribunale o della pretura, (1) o da un notaio secondo le leggi anteriori, e le relative richieste dovranno essere annotate nel registro dei libri di commercio istituito presso la cancelleria del tribunale a norma delle leggi anteriori.

(1) L'ufficio del pretore è stato soppresso dal d.lg. 19/2/1998, n. 51.

Art. 201. – Ai contratti d'opera, stipulati prima dell'entrata in vigore del codice non si applica la decadenza prevista nel secondo comma dell'articolo 2226 del codice, salvo che la consegna dell'opera avvenga posteriormente all'entrata in vigore del codice stesso.

Art. 202. – Le disposizioni contenute nel capo II del titolo III del libro V del codice si applicano anche ai rapporti di prestazione d'opera intellettuale in corso al giorno dell'entrata in vigore del codice stesso, salva l'osservanza delle leggi speciali.

Art. 203. – Le disposizioni contenute nel capo II del titolo IV del libro V del codice si applicano anche ai rapporti di lavoro domestico in corso al giorno dell'entrata in vigore del codice stesso.

Art. 204. – Le società civili a tempo determinato, esistenti al giorno dell'entrata in vigore del codice, continuano ad essere soggette alle leggi anteriori per la durata del contratto, purché questa risulti da atto scritto di data anteriore al 27 febbraio 1942.

Le società civili a tempo indeterminato e quelle, il cui termine di durata non risulta da atto scritto di data anteriore al 27 febbraio 1942, sono soggette alle norme del codice sulle società semplici a partire dall'1 luglio 1945. Tuttavia anche dopo tale data le obbligazioni sociali sorte antecedentemente alla data suddetta sono regolate dalle disposizioni delle leggi anteriori.

Alle società civili costituite in forma di società per azioni, esistenti al giorno dell'entrata in vigore del codice, si applicano le disposizioni relative a questo tipo di società.

Art. 205. – Le società commerciali e le società cooperative, esistenti al giorno dell'entrata in vigore del codice, ma non legalmente costituite secondo le leggi anteriori, devono adempiere, entro il 31 dicembre 1942, le formalità stabilite dal codice secondo le norme dettate dall'articolo 100 di queste disposizioni.

Art. 206. – Le società commerciali e le società cooperative, legalmente costituite al giorno dell'entrata in vigore del codice, devono provvedere ad uniformare l'atto costitutivo e lo statuto alle nuove disposizioni entro il 30/6/1945. Fino a questa data le disposizioni dell'atto costitutivo e dello statuto, in vigore al momento dell'attuazione del codice, conservano la loro efficacia, anche se non sono a questo conformi, salve le norme degli articoli seguenti.

Art. 207. – Non è necessario il consenso del socio receduto o degli eredi del socio defunto, richiesto dal secondo comma dell'articolo 2292 del codice, se il socio è receduto o defunto almeno un anno prima dell'entrata in vigore del codice stesso, ed il suo nome è stato conservato nella ragione sociale senza opposizione del socio receduto o degli eredi del socio defunto.

Art. 208. – L'incapace, che sia socio di una società in nome collettivo o socio accomandatario di una società in accomandita, deve ottenere le autorizzazioni previste dagli articoli 320, 371, 397, 424 e 425 del codice entro tre mesi dalla entrata in vigore di questo.

Se entro tale termine non sono state ottenute le autorizzazioni prescritte, l'incapace può essere escluso a norma dell'articolo 2286 del codice.

Art. 209. – Hanno immediata applicazione con l'entrata in vigore del codice, anche per le società esistenti a tale data, nonostante ogni contraria disposizione dell'atto costitutivo o dello statuto, gli articoli 2357 a 2362, 2367, 2373, 2377 a 2379, 2389, 2391 a 2396, 2398 a 2409, 2422 e 2446, nonché le disposizioni del titolo XI del libro V del codice.

Le società, che anteriormente al giorno dell'entrata in vigore del codice hanno investito in tutto o in parte il proprio capitale in difformità delle disposizioni degli articoli 2359 e 2360, devono uniformarsi alle disposizioni stesse entro il 30/6/1945.

Art. 210. – L'emissione di obbligazioni da parte di società per azioni, esistenti al giorno dell'entrata in vigore del codice, è regolata dalle nuove disposizioni.

Gli articoli 2415, 2416, 2417, 2418, 2419 e 2420 del codice si applicano anche alle obbligazioni emesse anteriormente alla suddetta data.

Art. 211. – Le modificazioni dell'atto costitutivo e dello statuto delle società commerciali e delle società cooperative, esistenti al giorno dell'entrata in vigore del codice, nonché la trasformazione e la fusione delle società stesse sono regolate dalle nuove disposizioni.

Art. 211 bis (1). – Il secondo periodo dell'articolo 2441, settimo comma, del codice non si applica alle azioni detenute, alla data del 7 marzo 1992, dai soggetti indicati nel medesimo comma, con obbligo di offrirle agli azionisti.

(1) Articolo aggiunto dall'art. 210 del d.lg. 19/2/1998, n. 51.

Art. 212. – Le azioni a voto plurimo, esistenti al 27 febbraio 1942, nonché quelle emesse a norma dell'ultimo comma, potranno essere conservate per tutta la durata della società emittente prevista dall'atto costitutivo o dalle modificazioni di questo anteriori alla data suindicata.

Dalla data predetta sono vietate anche per le società esistenti le emissioni di azioni a voto plurimo. Sono nulle altresì le deliberazioni con le quali si attribuisce alle azioni a voto plurimo esistenti un maggior numero di voti.

Le disposizioni del comma precedente non si applicano alle azioni a voto plurimo, emesse in occasione di aumenti di capitale deliberati prima dell'entrata in vigore del Codice e dirette a mantenere inalterato il rapporto tra le varie categorie di azioni.

Art. 213. – Salvo contraria disposizione dell'atto costitutivo o dello statuto, la durata dell'ufficio degli amministratori delle società esistenti al giorno dell'entrata in vigore del codice, resta regolata dalla legge anteriore sino al 30/6/1945. Gli amministratori in carica a questa data decadono dall'ufficio alla prima scadenza, per decorrenza del termine, di uno o più amministratori, successiva alla data stessa, salva la disposizione del secondo comma dell'articolo 2385 del codice.

Art. 214. – Le disposizioni dell'articolo 2387 del codice non si applicano agli amministratori in carica al giorno dell'entrata in vigore del codice stesso per la durata della loro nomina.

Art. 215. – Le società per azioni, che al giorno dell'entrata in vigore del codice hanno un capitale non inferiore a cinquecentomila lire, possono conservare la forma della società per azioni per il tempo stabilito per la loro durata antecedentemente al 27 febbraio 1942.

Le società per azioni, che al giorno dell'entrata in vigore del codice, hanno un capitale inferiore a cinquecentomila lire, e che entro il 30 giugno 1945 non abbiano provveduto a conformarsi a uno dei tipi sociali previsti dal codice, sono sciolte, e gli amministratori devono entro un mese convocare l'assemblea per le deliberazioni relative alla liquidazione secondo le norme stabilite dal codice stesso.

Art. 216. – Le società a garanzia limitata, esistenti al giorno dell'entrata in vigore del codice nella Venezia Giulia e Tridentina, a norma del regio decreto 4 novembre 1928, n. 2325 se non hanno provveduto a conformarsi al codice entro il 30 giugno 1945, sono soggette a decorrere dall'1 luglio 1945 alle nuove disposizioni sulle società a responsabilità limitata.

Art. 217. – Le società cooperative in nome collettivo e quelle per azioni, esistenti al giorno dell'entrata in vigore del codice, sono soggette alle disposizioni dettate dal codice stesso rispettivamente per le società cooperative a responsabilità illimitata e per le società cooperative a responsabilità limitata, salvo quanto disposto dagli articoli 206 e seguenti di queste disposizioni.

Le società cooperative in accomandita, esistenti al giorno dell'entrata in vigore del codice, che, entro il 30 giugno 1945 non abbiano provveduto a conformarsi al medesimo, devono essere poste in liquidazione.

Le disposizioni di questo articolo si applicano anche ai consorzi conservati in vigore nella Venezia Giulia e Tridentina a norma del primo comma dell'articolo 41 del regio decreto 4 novembre 1928, n. 2325.

Art. 218 (1). – Le società in liquidazione alla data del 1° gennaio 2004, sono liquidate secondo le leggi anteriori.

Le società in liquidazione dal 1° gennaio 2004, sono liquidate secondo le nuove disposizioni.

(1) L'articolo che recitava «Le società poste in liquidazione alla data del 1° gennaio 2004, sono liquidate secondo le leggi anteriori.
Le società poste in liquidazione dal 1° gennaio 2004, sono liquidate secondo le nuove disposizioni.» è stato così sostituito dall'art. 9 del d.lg. 17/1/2003, n. 6.

Art. 219. – I rapporti di associazione in partecipazione costituiti anteriormente all'entrata in vigore del codice sono regolati dalle leggi anteriori.

Art. 220. – La disposizione del secondo comma dell'articolo 2560 del codice non si applica ai trasferimenti di azienda anteriori all'entrata in vigore del codice.

Art. 221. – L'imprenditore deve, entro il 30 giugno 1945 uniformare alla disposizione dell'articolo 2563 del codice la ditta costituita anteriormente all'entrata in vigore del codice stesso.

Art. 222. – La disposizione dell'articolo 2596 del codice non si applica ai patti limitativi della concorrenza conclusi anteriormente al 27 febbraio 1942.

Tuttavia i patti limitativi della concorrenza, conclusi prima del 27 febbraio 1942 per tempo indeterminato, o che alla data di entrata in vigore del codice devono ancora durare per oltre cinque anni, hanno efficacia entro i limiti di un quinquennio da quest'ultima data.

Art. 223. – I contratti di consorzio previsti dal capo II del titolo X del libro V del codice, stipulati anteriormente all'entrata in vigore del codice stesso sono soggetti alle nuove disposizioni a partire dall'1 luglio 1945.

Entro il 30 giugno 1945 tali contratti devono essere uniformati alle disposizioni stesse: le relative deliberazioni sono prese con il voto favorevole della maggioranza dei consorziati e possono essere impugnate davanti l'autorità giudiziaria dai consorziati assenti o dissenzienti entro trenta giorni dalla data della deliberazione. In mancanza il consorzio è sciolto.

Art. 223 bis (1). – Le società di cui ai capi V, VI e VII del titolo V del libro V, del codice civile, iscritte nel registro delle imprese alla data del 1° gennaio 2004, devono uniformare l'atto costitutivo e lo statuto alle nuove disposizioni inderogabili entro il 30 settembre 2004.

Le decisioni di trasformazione della società a responsabilità limitata in società per azioni possono essere prese entro il 30 settembre 2004, anche in deroga a clausole statutarie, con il voto favorevole di una maggioranza che rappresenti più della metà del capitale sociale.

Le deliberazioni dell'assemblea straordinaria di mero adattamento dell'atto costitutivo e dello statuto a nuove disposizioni inderogabili possono essere assunte, entro il termine di cui al primo comma, a maggioranza semplice, qualunque sia la parte di capitale rappresentata in assemblea. Con la medesima maggioranza ed entro il medesimo termine possono essere assunte le deliberazioni dell'assemblea straordinaria aventi ad oggetto l'introduzione nello statuto di clausole che escludono l'applicazione di nuove disposizioni di legge, derogabili con specifica clausola statutaria; fino alla avvenuta adozione della modifica statutaria e comunque non oltre il 30 settembre 2004, per tali società resta in vigore la relativa disciplina statutaria e di legge vigente alla data del 31 dicembre 2003.

Le modifiche statutarie necessarie per l'attribuzione all'organo amministrativo, al consiglio di sorveglianza o al consiglio di gestione della competenza all'adeguamento dello statuto alle disposizioni di cui all'articolo 2365, secondo comma, del codice sono deliberate dall'assemblea straordinaria con le modalità e le maggioranze indicate nei commi precedenti.

Fino alla data indicata al primo comma, le previgenti disposizioni dell'atto costitutivo e dello statuto conservano la loro efficacia anche se non sono conformi alle disposizioni inderogabili del presente decreto.

Dalla data del 1° gennaio 2004 non possono essere iscritte nel registro delle imprese le società di cui ai capi V, VI e VII del titolo V del libro V del codice civile, anche se costituite anteriormente a detta data, che siano regolate da atto costitutivo e statuto non conformi al decreto medesimo. Si applica in tale caso l'articolo 2331, quarto comma, del codice.

Le società costituite anteriormente al 1° gennaio 2004 possono, in sede di costituzione o di modificazione dello statuto, adottare clausole statutarie conformi ai decreti legislativi attuativi della legge 3 ottobre 2001, n. 366. Tali clausole avranno efficacia a decorrere dal momento, successivo alla data del 1° gennaio 2004, in cui saranno iscritte nel registro delle imprese con contestuale deposito dello statuto nella sua nuova versione.

(1) Articolo aggiunto dall'art. 9 del d.lg. 17/1/2003, n. 6, come modificato dall'art. 5 del d.lg. 6/2/2004, n. 37.

Art. 223 ter (1). – Le società per azioni costituite prima del 1°/1/2004 con un capitale sociale inferiore a centoventimila euro possono conservare la forma della società per azioni per il tempo, stabilito antecedentemente alla data del 1° gennaio 2004, per la loro durata.

(1) Articolo aggiunto dall'art. 9 del d.lg. 17/1/2003, n. 6.

Art. 223 quater (1). – Nel caso in cui la legge prevede che le autorizzazioni di cui agli articoli 2329, numero 3), e 2436, secondo comma, del codice civile siano rilasciate successivamente alla stipulazione dell'atto costitutivo o, rispettivamente, alla deliberazione, i termini previsti dalle suddette disposizioni decorrono dal giorno in cui l'originale o la copia autentica del provvedimento di autorizzazione è stato consegnato al notaio.

L'autorità competente al rilascio delle autorizzazioni di cui al primo comma è altresì legittimata, qualora l'iscrizione nel registro delle imprese sia avvenuta nonostante la loro mancanza o invalidità, a proporre istanza per la cancellazione della società medesima dal registro. Il tribunale provvede, sentita la società, in camera di consiglio e nel caso di accoglimento dell'istanza si applica l'articolo 2332 del codice.

(1) Articolo aggiunto dall'art. 9 del d.lg. 17/1/2003, n. 6.

Art. 223 quinquies (1). – Tutti i termini previsti in disposizioni speciali con riferimento all'omologazione dell'atto costitutivo o di deliberazioni assembleari decorrono dalla data di iscrizione di tali atti nel registro delle imprese.

(1) Articolo aggiunto, a decorrere dal 1°/1/2004, dall'art. 9 del d.lg. 17/1/2003, n. 6.

Art. 223 sexies (1). – Le disposizioni degli articoli 2377, 2378, 2379, 2379-bis, 2379-ter e 2434-bis del codice civile si applicano anche alle deliberazioni anteriori alla data del 1° gennaio 2004, salvo che l'azione sia stata già proposta. Tuttavia se i termini scadono entro il 31 marzo 2004, le azioni per l'annullamento o la dichiarazione di nullità delle deliberazioni possono essere esercitate entro il 31 marzo 2004.

(1) Articolo aggiunto dall'art. 9 del d.lg. 17/1/2003, n. 6.

Art. 223 septies (1). – Se non diversamente disposto, le norme del codice civile che fanno riferimento agli amministratori e ai sindaci trovano applicazione, in quanto compatibili, anche ai componenti del consiglio di gestione e del consiglio di sorveglianza, per le società che abbiano adottato il sistema dualistico, e ai componenti del consiglio di amministrazione e ai componenti del comitato per il controllo sulla gestione, per le società che abbiano adottato il sistema monistico.

Ogni riferimento al collegio sindacale o ai sindaci presente nelle leggi speciali è da intendersi effettuato anche al consiglio di sorveglianza e al comitato per il controllo sulla gestione o ai loro componenti, ove compatibile con le specificità di tali organi.

(1) Articolo aggiunto dall'art. 9 del d.lg. 17/1/2003, n. 6.

Art. 223 octies (1). – La trasformazione prevista dall'articolo 2500-octies del codice civile è consentita alle associazioni e fondazioni costituite prima del 1°/1/2004 soltanto quando non comporta distrazione, dalle originarie finalità, di fondi o valori creati con contributi di terzi o in virtù di particolari regimi fiscali di agevolazione. Nell'ipotesi di fondi creati in virtù di particolari regimi fiscali di agevolazione, la trasformazione è consentita nel caso in cui siano previamente versate le relative imposte.

La trasformazione di cui al primo comma non è consentita alle fondazioni bancarie.

(1) Articolo aggiunto dall'art. 9 del d.lg. 17/1/2003, n. 6.

Art. 223 nonies (1). – I procedimenti previsti dall'articolo 2409 del codice, pendenti alla data del 1° gennaio 2004, proseguono secondo le norme anteriormente vigenti.

Il tribunale ha il potere di dichiarare cessata la materia del contendere, qualora le modifiche introdotte comportino la sanatoria delle irregolarità denunciate.

(1) Articolo aggiunto dall'art. 9 del d.lg. 17/1/2003, n. 6.

Art. 223 decies (1). – Gli articoli da 2415 a 2420 del codice civile si applicano anche alle obbligazioni emesse anteriormente al 1° gennaio 2004.

(1) Articolo aggiunto dall'art. 9 del d.lg. 17/1/2003, n. 6.

Art. 223 undecies (1). – I bilanci relativi ad esercizi chiusi prima del 1° gennaio 2004 sono redatti secondo le leggi anteriormente vigenti.

I bilanci relativi ad esercizi chiusi tra il 1° gennaio 2004 e il 30 settembre 2004 possono essere redatti secondo le leggi anteriormente vigenti o secondo le nuove disposizioni.

I bilanci relativi ad esercizi chiusi dopo la data del 30 settembre 2004 sono redatti secondo le nuove disposizioni.

(1) Articolo aggiunto dall'art. 9 del d.lg. 17/1/2003, n. 6.

Art. 223 duodecies (1). – Le società di cui al capo I del titolo VI del libro V del codice civile, iscritte nel registro delle imprese alla data del 1° gennaio 2004, devono uniformare l'atto costitutivo e lo statuto alle nuove disposizioni inderogabili entro il 31 marzo 2005 (2).

Le deliberazioni necessarie per l'adeguamento dell'atto costitutivo e dello statuto alle nuove disposizioni inderogabili possono essere adottate, in terza convocazione, a maggioranza semplice dei presenti.

L'articolo 2365, secondo comma, del codice civile, nella parte relativa all'adeguamento dello statuto a disposizioni normative, trova applicazione anche per l'adeguamento alle norme introdotte con i decreti legislativi attuativi della legge n. 366 del 2001. Le modifiche statutarie necessarie per l'attribuzione all'organo amministrativo, al consiglio di sorveglianza o al consiglio di gestione della competenza all'adeguamento dello statuto alle disposizioni di cui al presente decreto sono deliberate dall'assemblea straordinaria con le modalità e le maggioranze indicate nei commi precedenti.

Fino alla data indicata al primo comma le previgenti disposizioni dell'atto costitutivo e dello statuto conservano la loro efficacia anche se non sono conformi alle disposizioni inderogabili del presente decreto.

Dalla data del 1° gennaio 2004 non possono essere iscritte nel registro delle imprese le società di cui al capo I del titolo VI del libro V del codice, anche se costituite anteriormente a detta data, che siano regolate da atto costitutivo e statuto non conformi al decreto medesimo. Si applica in tale caso l'articolo 2331, quarto comma, del codice civile.

Le disposizioni fiscali di carattere agevolativo previste dalle leggi speciali si applicano soltanto alle cooperative a mutualità prevalente.

Conservano le agevolazioni fiscali le società cooperative e i loro consorzi che, con le modalità e le maggioranze previste per le deliberazioni assembleari dall'articolo 2538 del codice, adeguano i propri statuti alle disposizioni che disciplinano le società cooperative a mutualità prevalente entro il 31 marzo 2005 (3).

(1) Articolo aggiunto dall'art. 9 del d.lg. 17/1/2003, n. 6.

(2) Il comma che recitava «Le società di cui al capo I del titolo VI del libro V del codice civile, iscritte nel registro delle imprese alla data del 1° gennaio 2004, devono uniformare l'atto costitutivo e lo statuto alle nuove disposizioni inderogabili entro il 31 dicembre 2004.» è stato così modificato dall'art. 36 del d.lg. 28/12/2004, n. 310.

(3) Il comma che recitava «Conservano le agevolazioni fiscali le società cooperative e i loro consorzi che, con le modalità e le maggioranze previste per le deliberazioni assembleari dall'articolo 2538 del codice, adeguano i propri statuti alle disposizioni che disciplinano le società cooperative a mutualità prevalente entro il 31 dicembre 2004.» è stato così modificato dall'art. 19-ter del d.l. 9/11/2004, n. 266, conv. in l. con l. 27/12/2004, n. 306.

Art. 223 terdecies (1). – Alle banche popolari e alle banche di credito cooperativo si applica l'articolo 223-duodecies; il termine per l'adeguamento degli statuti alle nuove disposizioni inderogabili del codice civile è fissato al 30 giugno 2005. Entro lo stesso termine le banche cooperative provvedono all'iscrizione presso l'Albo delle società cooperative.

Ai consorzi agrari continuano ad applicarsi le norme vigenti alla data di entrata in vigore della legge n. 366 del 2001.

(1) L'articolo che recitava «Le banche di credito cooperativo che rispettino le norme delle leggi speciali sono considerate cooperative a mutualità prevalente.

Alle banche popolari, alle banche di credito cooperativo ed ai consorzi agrari continuano ad applicarsi le norme vigenti alla data di entrata in vigore della legge n. 366 del 2001.» è stato aggiunto dall'art. 9 del d.lg. 17/1/2003, n. 6 e poi così sostituito dall'art. 37 del d.lg. 28/12/2004, n. 310.

Art. 223 quaterdecies (1). – Nelle cooperative che hanno adottato e osservano le clausole previste dall'articolo 14 del decreto del Presidente della Repubblica 29 settembre 1973, n. 601, alla data del 1° gennaio 2004, la deliberazione di trasformazione deve devolvere il patrimonio in essere alla data di trasformazione, dedotti il capitale versato e rivalutato ed i dividendi non ancora distribuiti, eventualmente aumentato sino a concorrenza dell'ammontare minimo del capitale della nuova società, ai fondi mutualistici per la promozione e lo sviluppo della cooperazione.

(1) Articolo aggiunto dall'art. 9 del d.lg. 17/1/2003, n. 6.

Art. 223 quinquiesdecies (1). – Le cooperative che non hanno adottato le clausole previste dall'articolo 14 del decreto del Presidente della Repubblica 29 settembre 1973, n. 601, alla data del 1° gennaio 2004, possono deliberare la trasformazione in società lucrative con le maggioranze previste dall'articolo 2545-decies del codice senza che trovi applicazione la devoluzione del patrimonio ai fondi mutualistici.

In deroga all'articolo 2545-quater del codice civile, le cooperative di cui al primo comma, qualora non accedano ai benefici fiscali, devono destinare al fondo di riserva legale il venti per cento degli utili netti annuali.

L'obbligo di cui all'articolo 2545-undecies del codice si applica, salva la rinunzia ai benefici fiscali da parte della cooperativa, limitatamente alle riserve indivisibili accantonate ai sensi dell'articolo 2545-ter, primo comma, del codice dal 1° gennaio 2004.

(1) Articolo aggiunto dall'art. 9 del d.lg. 17/1/2003, n. 6, così come modificato dall'art. 5 del d.lg. 6/2/2004, n. 37.

Art. 223 sexiesdecies (1). – Entro il 30 giugno 2004, il Ministro delle attività produttive predispone un Albo delle società cooperative tenuto a cura del Ministero delle attività produttive, ove si iscrivono le cooperative a mutualità prevalente, e a tal fine consente di comunicare annualmente attraverso strumenti di comunicazione informatica le notizie di bilancio, anche ai fini della dimostrazione del possesso del requisito di cui all'articolo 2513 del codice, all'amministrazione presso la quale è tenuto l'albo. L'omessa comunicazione comporta l'applicazione della sanzione amministrativa della sospensione semestrale di ogni attività dell'ente, intesa come divieto di assumere nuove eventuali obbligazioni contrattuali. In una diversa sezione del medesimo Albo sono tenute ad iscriversi anche le cooperative diverse da quelle a mutualità prevalente (2).

Il Ministro delle attività produttive, di concerto con il Ministro dell'economia e delle finanze, adegua ogni tre anni, con proprio decreto le previsioni di cui all'articoli 2519 e 2525 del codice tenuto conto delle variazioni dell'indice nazionale generale annuo dei prezzi al consumo delle famiglie di operai e impiegati, calcolate dall'Istat.

(1) Articolo aggiunto dall'art. 9 del d.lg. 17/1/2003, n. 6.

(2) Il comma che recitava «Entro il 30 giugno 2004, il Ministro delle attività produttive predispone un Albo delle società cooperative tenuto a cura del Ministero delle attività produttive, ove si iscrivono le cooperative a mutualità prevalente, e a tal fine consente di depositare i bilanci attraverso strumenti di comunicazione informatica. In una diversa sezione del medesimo Albo sono tenute ad iscriversi anche le cooperative diverse da quelle a mutualità prevalente.» è stato così modificato dall'art. 10 della l. 23/7/2009, n. 99.

Art. 223 septiesdecies (1). – Fermo restando quanto previsto degli articoli 2545-septiesdecies e 2545-octiesdecies del codice, gli enti cooperativi che non hanno depositato i bilanci di esercizio da oltre cinque anni, qualora non risulti l'esistenza di valori patrimoniali immobiliari, sono sciolti senza nomina del liquidatore con provvedimento dell'autorità di vigilanza da iscriversi nel registro delle imprese. Entro il termine perentorio di trenta giorni dalla pubblicazione nella Gazzetta Ufficiale i creditori o gli altri interessati possono presentare formale e motivata domanda all'autorità governativa, intesa ad ottenere la nomina del commissario liquidatore; in mancanza, a seguito di comunicazione dell'autorità di vigilanza, il conservatore del registro delle imprese territorialmente competente provvede alla cancellazione della società cooperativa o dell'ente mutualistico dal registro medesimo.

(1) L'articolo che recitava «Fermo restando quanto previsto degli articoli 2545-septiesdecies e 2545-octiesdecies del codice, entro il 31 dicembre 2004 gli enti cooperativi che non hanno depositato i bilanci di esercizio da oltre cinque anni, qualora non risulti l'esistenza di valori patrimoniali immobiliari, sono sciolti senza nomina del liquidatore con provvedimento dell'autorità di vigilanza da iscriversi nel registro delle imprese. Entro il termine perentorio di trenta giorni dalla pubblicazione nella Gazzetta Ufficiale i creditori o gli altri interessati possono presentare formale e motivata domanda all'autorità governativa, intesa ad ottenere la nomina del commissario liquidatore; in mancanza, a seguito di comunicazione dell'autorità di vigilanza, il conservatore del registro delle imprese territorialmente competente provvede alla cancellazione della società cooperativa o dell'ente mutualistico dal registro medesimo.» è stato aggiunto dall'art. 9 del d.lg. 17/1/2003, n. 6. e poi così modificato dall'art. 10 della l. 23/7/2009, n. 99.

Art. 223 octiesdecies (1). – I bilanci relativi ad esercizi chiusi prima del 1° gennaio 2004 sono redatti secondo le leggi anteriormente vigenti.

I bilanci relativi ad esercizi chiusi tra la data del 1° gennaio 2004 e quella del 31 dicembre 2004 possono essere redatti secondo le leggi anteriormente vigenti o secondo le nuove disposizioni.

I bilanci relativi ad esercizi chiusi dopo la data del 31 dicembre 2004 sono redatti secondo le nuove disposizioni.

(1) Articolo aggiunto dall'art. 9 del d.lg. 17/1/2003, n. 6.

Art. 223 noviesdecies (1). – Le società cooperative poste in liquidazione prima del 1° gennaio 2004 sono liquidate secondo le leggi anteriori.

Le società cooperative poste in liquidazione dopo il 1° gennaio 2004 sono liquidate secondo le nuove disposizioni.

(1) Articolo aggiunto dall'art. 9 del d.lg. 17/1/2003, n. 6.

Art. 223 vicies (1). – I procedimenti riguardanti società cooperative previsti dall'articolo 2409 del codice, pendenti al 1° gennaio 2004, proseguono secondo le norme anteriormente vigenti.

(1) Articolo aggiunto dall'art. 9 del d.lg. 17/1/2003, n. 6.

Art. 223 vicies semel (1). – Il limite di cinque anni previsto dall'articolo 2341-bis si applica ai patti parasociali stipulati prima del 1° gennaio 2004 e decorre dalla medesima data.

(1) Articolo aggiunto dall'art. 9 del d.lg. 17/1/2003, n. 6.

Art. 223 vicies bis (1). – Qualora la fattispecie di cui al primo comma dell'articolo 2362 del codice sia precedente al 1° gennaio 2004, il termine ivi previsto decorre dalla sua data di entrata in vigore.

(1) Articolo aggiunto dall'art. 9 del d.lg. 17/1/2003, n. 6.

Art. 223 vicies ter (1). – Non si applica la lettera e) del primo comma dell'articolo 2437 del codice alla eliminazione delle cause di recesso, previste nel secondo comma del medesimo articolo, purché deliberata entro il 30 giugno 2004.

(1) Articolo aggiunto dall'art. 9 del d.lg. 17/1/2003, n. 6.

Sezione VI
Disposizioni relative al libro VI

Art. 224. – Salvo quanto è disposto dagli articoli seguenti, la trascrizione di un atto, eseguita in conformità delle leggi anteriori a effetti diversi da quelli stabiliti dal codice, produce gli effetti previsti dal codice stesso, a decorrere dal giorno dell'entrata in vigore di questo.

Art. 225. – Le disposizioni del codice che regolano gli effetti della omissione della trascrizione o dell'annotazione non si applicano agli atti anteriori all'entrata in vigore del codice stesso, per i quali la trascrizione non era richiesta secondo le leggi precedenti o era richiesta a effetti diversi.

Art. 226. – La trascrizione delle domande giudiziali prevista dagli articoli 2652 e 2653 del codice, anche se eseguita prima dell'entrata in vigore di questo, non pregiudica in nessun caso i diritti acquistati dai terzi prima di tale entrata in vigore, se essi erano fatti salvi dalle leggi anteriori.

Art. 227. – Le disposizioni del codice, secondo le quali la trascrizione di una domanda giudiziale eseguita oltre un certo termine non pregiudica i diritti acquistati dai terzi, non si applicano ai diritti che sono stati acquistati anteriormente all'entrata in vigore del codice stesso e che non erano fatti salvi dalle leggi anteriori, a meno che i diritti medesimi siano resi pubblici prima della trascrizione della domanda e il termine stabilito dal codice per la loro salvezza sia decorso dal giorno dell'entrata in vigore di questo.

Art. 228. – La trascrizione del testamento o del certificato di denunciata successione, eseguita a norma delle leggi anteriori, produce dal giorno dell'entrata in vigore del codice gli stessi effetti che questo attribuisce alla trascrizione dell'accettazione dell'eredità.

Art. 229. – Le disposizioni degli articoli 2650 e 2834 del codice relative all'ipoteca legale a favore del condividente non si applicano alle divisioni stipulate prima dell'entrata in vigore del codice stesso, ancorché trascritte successivamente.

Art. 230. – Salvo quanto è disposto dai successivi articoli 231 e 232, le norme del regio decreto 28 marzo 1929, n. 499, e della legge sui libri fondiari nel testo allegato al decreto medesimo, fino a che non sarà provveduto al loro coordinamento con le disposizioni del codice, continuano ad avere vigore nei territori delle nuove province, e in luogo delle disposizioni del codice del 1865 s'intendono richiamate le corrispondenti disposizioni del nuovo codice.

Art. 231. – Formano oggetto di annotazione, secondo le disposizioni della legge sui libri fondiari, anche:

1) gli atti menzionati dai numeri 10, 11 e 12 dell'articolo 2643 del codice agli effetti previsti dall'articolo 19 della legge sui libri fondiari;

2) gli atti di costituzione del patrimonio familiare agli effetti previsti dalle disposizioni del codice;

3) la cessione dei beni ai creditori agli effetti previsti dalle disposizioni del codice stesso;

4) le domande e gli atti indicati dagli articoli 2652 e 2653 del codice agli effetti disposti dagli articoli medesimi, in quanto non siano incompatibili con gli effetti stabiliti dalla legge sui libri fondiari.

Art. 232. – L'annotazione del vincolo dotale e della comunione dei beni tra coniugi prevista dall'articolo 19, lett. c) della legge sui libri fondiari o l'omissione dell'annotazione medesima produce dal giorno dell'entrata in vigore del codice gli effetti da questo stabiliti.

Art. 232 bis (1). – A decorrere dal 25 novembre 1973, la responsabilità per danni del conservatore dei registri immobiliari è regolata dalle norme relative agli impiegati civili dello Stato, salvo che per i rapporti definiti con sentenza passata in giudicato, con transazione, o comunque esauriti.

(1) Articolo aggiunto dall'art. 5 della l. 21/1/1983, n. 22.

Art. 233. – Le disposizioni del codice relative alle prove si applicano anche nei giudizi pendenti, se non è stata pronunziata sentenza definitiva, ancorché di primo grado.

La prova testimoniale per gli atti seguiti anteriormente all'entrata in vigore del codice rimane tuttavia ammissibile anche nei casi in cui non è da questo consentita, se essa poteva essere ammessa a norma del codice civile del 1865 o del codice di commercio del 1882.

Art. 234. – Le disposizioni del codice relative ai diritti dei creditori privilegiati, all'ordine dei privilegi e all'efficacia di questi rispetto al pegno, alle ipoteche e agli altri diritti reali si osservano anche per i privilegi sorti anteriormente all'entrata in vigore del codice stesso, se sono fatti valere posteriormente.

Art. 235. – La disposizione dell'articolo 2767 del codice si applica anche ai crediti per risarcimento sorti prima dell'entrata in vigore del codice stesso, se l'indennità dovuta dall'assicuratore non è stata ancora corrisposta.

Art. 236. – Quando un credito al quale le leggi speciali attribuiscono il privilegio del creditore pignoratizio viene in concorso con i crediti indicati dall'articolo 2778 del codice, esso è preferito a quelli di cui ai numeri 12 e seguenti dello stesso articolo e posposto agli altri.

Art. 237. – Se il pegno è stato costituito anteriormente all'entrata in vigore del codice le condizioni per l'efficacia della prelazione sono determinate dalle leggi anteriori.

Si osservano invece le disposizioni del codice per ciò che concerne i poteri e gli obblighi del creditore pignoratizio.

Continua tuttavia ad applicarsi la disposizione del secondo comma dell'articolo 1888 del codice del 1865 se il secondo credito è divenuto esigibile anteriormente all'entrata in vigore del nuovo codice.

Art. 238. – L'opponibilità ai creditori ipotecari dei diritti costituiti sulla cosa ipotecata e delle cessioni o liberazioni di pigioni o di fitti è regolata dalle disposizioni del codice, quantunque si tratti di diritti sorti o di cessioni o liberazioni effettuate anteriormente all'entrata in vigore del codice stesso, sempre che il pignoramento sia eseguito posteriormente.

Art. 239. – Le disposizioni dell'articolo 2825 del codice si applicano anche alle ipoteche costituite e alle cessioni effettuate anteriormente all'entrata in vigore del codice stesso, se la divisione ha luogo posteriormente.

Art. 240. – Le ipoteche iscritte prima dell'entrata in vigore del codice conservano la loro efficacia per venti anni dall'entrata in vigore del codice stesso, a meno che per la cessazione di tale efficacia, secondo le disposizioni del codice del 1865, rimanga a decorrere un termine più breve.

Art. 241. – La disposizione dell'ultimo comma dell'articolo 2855 del codice non si applica alle ipoteche iscritte prima dell'entrata in vigore del codice stesso. L'estensione degli effetti dell'iscrizione continua a essere regolata dalle leggi anteriori.

Art. 242. – Le disposizioni del codice, secondo le quali l'esercizio di determinate facoltà del terzo acquirente dell'immobile ipotecato è subordinato alla trascrizione del titolo, non si applicano a coloro il cui acquisto è anteriore all'entrata in vigore del codice stesso, se a norma del codice del 1865 la trascrizione non era a quell'effetto richiesta.

Art. 243. – Le disposizioni degli articoli 2872, secondo comma, e 2873, secondo e terzo comma, del codice si applicano anche alle ipoteche iscritte anteriormente all'entrata in vigore del codice stesso.

Art. 244. – Se il processo di liberazione dei beni dalle ipoteche è in corso all'entrata in vigore del codice, esso prosegue secondo le norme delle leggi anteriori, ma, per quanto concerne l'espropriazione, si osservano le disposizioni dell'articolo 222 delle norme di attuazione e transitorie relative al codice di procedura civile, approvate con regio decreto 18 dicembre 1941, n. 1368.

Art. 245. – Gli effetti del sequestro conservativo e del pignoramento eseguiti anteriormente all'entrata in vigore del nuovo codice sono determinati dalle disposizioni del codice del 1865.

Art. 246. – Le disposizioni dell'articolo 2932 del codice si applicano anche se l'obbligo di concludere il contratto è sorto anteriormente all'entrata in vigore del codice stesso, purché l'inadempimento si verifichi posteriormente.

Art. 247. – Cessano di avere effetto dalla data dell'entrata in vigore del codice le cause di sospensione della prescrizione che non sono da questo ammesse.

Art. 248. – Rimangono immutate le disposizioni vigenti circa il termine della prescrizione nei riguardi dei buoni del tesoro ordinari e pluriennali, dei titoli del debito pubblico, delle cartelle della sezione autonoma del credito comunale e provinciale, dei libretti postali di risparmio, dei buoni postali fruttiferi e di quelli della cassa depositi e prestiti.

Rimangono parimenti immutate le disposizioni delle leggi speciali che stabiliscono termini di prescrizione diversi da quello ordinario.

Capo III
Disposizioni generali e finali

Art. 249.*

* L'articolo che recitava «Nulla è innovato a quanto dispone la leg-

ge 2 luglio 1890, n. 6917, sullo stato delle persone della Famiglia reale.» deve ritenersi abrogato a seguito della mutata forma istituzionale dello Stato.

*Art. 250**.

* L'articolo che recitava «Nelle leggi speciali possono essere stabilite discriminazioni tra gli appartenenti a razze diverse da quella ariana ai fini di escludere in tutto o in parte le limitazioni poste nel codice per le persone di razza non ariana.» è stato abrogato dall'art. 3 del d.lgs.lt. 14/9/1944, n. 287.

Art. 251. – Quando nel codice o in queste disposizioni si fa riferimento a istituti di credito, in detta espressione s'intendono comprese, oltre l'istituto d'emissione, le imprese autorizzate e controllate, a norma delle leggi vigenti, dal Comitato interministeriale per il credito ed il risparmio.

*Tuttavia il deposito prescritto dal n. 2 dell'articolo 2329 deve essere eseguito presso l'istituto d'emissione**.

* Il comma è stato abrogato dall'art. 36 del d.P.R. 10/2/1986, n. 30.

Art. 252. – Quando per l'esercizio di un diritto ovvero per la prescrizione o per l'usucapione il codice stabilisce un termine più breve di quello stabilito dalle leggi anteriori, il nuovo termine si applica anche all'esercizio dei diritti sorti anteriormente e alle prescrizioni e usucapioni in corso, ma il nuovo termine decorre dall'1 luglio 1939 se esso è stabilito dal I libro del codice, dal 21 aprile 1940 se è stabilito dal II libro, dal 28 ottobre 1941 se è stabilito dal III libro e dall'entrata in vigore del codice stesso se è stabilito dagli altri libri, purché, a norma della legge precedente, non rimanga a decorrere un termine minore.

La stessa disposizione si applica in ogni altro caso in cui l'acquisto di un diritto è subordinato al decorso di un termine più breve di quello stabilito dalle leggi anteriori.

Art. 253. – Le trascrizioni e le annotazioni di vincolo previste dal codice e da queste disposizioni, quando si tratta di rendite del debito pubblico o di altri beni per i quali leggi speciali stabiliscano determinate forme di pubblicità, si eseguono con l'osservanza di dette leggi.

Art. 254. – I modelli dei registri delle persone giuridiche, delle legittimazioni per decreto del presidente della Repubblica, (1) delle adozioni, delle tutele e curatele, delle successioni e di quello previsto dal secondo comma dell'articolo 1524 del codice sono determinati con decreto del ministro di grazia e giustizia.

(1) Testo così modificato a seguito della mutata forma istituzionale dello Stato.

Art. 255. – Per la tenuta del registro previsto dal secondo comma dell'articolo 1524 del codice e per le formalità della trascrizione, si osservano, in quanto applicabili, le disposizioni degli articoli 2658, primo comma, 2659, 2664, 2673, 2677 e 2680, primo, secondo e quarto comma, del codice stesso.

Le trascrizioni devono essere eseguite giornalmente al momento della presentazione della nota e dell'atto da trascriversi.

Il numero d'ordine della trascrizione è quello progressivo del registro delle trascrizioni.

Il cancelliere deve formare un fascicolo per ogni trascrizione secondo le disposizioni stabilite per i fascicoli di cancelleria dall'articolo 36 del regio decreto 18 dicembre 1941, n. 1368.

Art. 256. – Quando nelle leggi e nei regolamenti sono richiamate le disposizioni del codice civile del 1865 e del codice di commercio del 1882 s'intendono richiamate le disposizioni corrispondenti del nuovo codice.

Parte II

CODICE DI PROCEDURA CIVILE

R.d. 28 ottobre 1940, n. 1143

(G.U. 28 ottobre 1940, n. 253, S.O.)

Approvazione del Codice di procedura civile

LIBRO PRIMO

DISPOSIZIONI GENERALI

TITOLO I

DEGLI ORGANI GIUDIZIARI

Capo I
Del giudice

Sezione I

Della giurisdizione e della competenza in generale

1. Giurisdizione dei giudici ordinari. – La giurisdizione civile, salvo speciali disposizioni di legge [25, 102, 103 Cost. // 585 CNav.], è esercitata dai giudici ordinari secondo le norme del presente codice [37 // 2907, 2908 CC.] (1).

(1) V. legge ordinamento giudiziario, art. 1 ss. del r.d. 30/1/1941, n. 12.

2. Inderogabilità convenzionale della giurisdizione*. – *La giurisdizione italiana non può essere convenzionalmente derogata a favore di una giurisdizione straniera, né di arbitri che pronuncino all'estero, salvo che si tratti di causa relativa ad obbligazioni tra stranieri o tra uno straniero e un cittadino non residente né domiciliato nella Repubblica e la deroga risulti da atto scritto.*

* L'articolo è stato abrogato dall'art. 73 della l. 31/5/1995, n. 218.

• V. artt. 3-5 della cit. l. n. 218/1995.

3. Pendenza di lite davanti a giudice straniero*. – *La giurisdizione italiana non è esclusa dalla pendenza davanti a un giudice straniero della medesima causa* [39] *o di altra con questa connessa* [31 ss., 40] (1).

* L'articolo è stato abrogato dall'art. 73 della l. 31/5/1995, n. 218.

(1) Con la l. 21/6/1971, n. 804 è stata ratificata e resa esecutiva in Italia la Convenzione internazionale ed annesso Protocollo firmato a Bruxelles il 27/9/1968, concernente la competenza giurisdizionale e le decisioni in materia civile e commerciale.

• V. artt. 7 e 72 della cit. l. n. 218/1995.

4. Giurisdizione rispetto allo straniero*. – *Lo straniero può essere convenuto davanti ai giudici della Repubblica:*

1) se quivi è residente o domiciliato [43 CC.], anche elettivamente [47 CC.], o vi ha un rappresentante [1387 CC.] che sia autorizzato a stare in giudizio a norma dell'articolo 77, oppure se ha accettato la giurisdizione italiana, salvo che la domanda sia relativa a beni immobili [812 CC.] situati all'estero;

2) se la domanda riguarda beni esistenti nella Repubblica o successioni ereditarie di cittadino italiano o aperte [456 ss. CC.] nella Repubblica, oppure obbligazioni [1173 ss. CC.] quivi sorte [1182 CC.] o da eseguirsi [1326 CC.];

3) se la domanda è connessa [31 ss.] con altra pendente davanti al giudice italiano, oppure riguarda provvedimenti cautelari [669 bis ss.] da eseguirsi nella Repubblica o relativi a rapporti dei quali il giudice italiano può conoscere [14 CNav.];

4) se, nel caso reciproco, il giudice dello Stato al quale lo straniero appartiene può conoscere delle domande proposte contro un cittadino italiano.

* L'articolo è stato abrogato dall'art. 73 della l. 31/5/1995, n. 218.

• V. art. 3, 10 e 72 della cit. l. n. 218/1995.

5. Momento determinante della giurisdizione e della competenza (1). – La giurisdizione e la competenza si determinano con riguardo alla legge vigente e allo stato di fatto esistente al momento della proposizione della domanda [163, 316, 414], e non hanno rilevanza rispetto ad esse i successivi mutamenti della legge o dello stato medesimo [25 Cost.] (2).

(1) Articolo così sostituito dall'art. 2 della l. 26/11/1990, n. 353.

(2) V. art. 8 della cit. l. n. 218/1995.

6. Inderogabilità convenzionale della competenza. – La competenza non può essere derogata per accordo delle parti, salvo che nei casi stabiliti dalla legge [28-30, 339, 360 // 3 e 4 l. n. 218/1995].

Sezione II

Della competenza per materia e valore

7. Competenza del giudice di pace (1). – Il giudice di pace è competente per le cause relative a beni mobili [812 CC.] di valore non superiore a diecimila euro [10] quando dalla legge non sono attribuite alla competenza di altro giudice.

Il giudice di pace è altresì competente per le cause di risarcimento del danno prodotto dalla circolazione di veicoli e di natanti, purché il valore della controversia non superi venticinquemila euro (2).

Il giudice di pace è inoltre competente, con il limite di valore di cui al secondo comma, per le cause di opposizione alle ingiunzioni di cui alla L. 24 novembre 1981, n. 689, salvo che con la sanzione pecuniaria sia stata anche applicata una sanzione amministrativa accessoria. Resta ferma la competenza del pretore in funzione di giudice del lavoro e per le cause di opposizione alle ingiunzioni in materia di previdenza ed assistenza obbligatorie.*

È competente qualunque ne sia il valore:

1) per le cause relative ad apposizione di termini [951 CC.] ed osservanza delle distanze stabilite dalla legge, dai regolamenti o dagli usi riguardo al piantamento degli alberi e delle siepi [892 ss. CC.];

2) per le cause relative alla misura ed alle modalità d'uso dei servizi di condominio di case;

3) per le cause relative a rapporti tra proprietari o detentori di immobili adibiti a civile abitazione in materia di immissioni [844 CC.] di fumo o di calore, esalazioni, rumori, scuotimenti e simili propagazioni che superino la normale tollerabilità;

3-bis) per le cause relative agli interessi o accessori da ritardato pagamento di prestazioni previdenziali o assistenziali;

4) *per le cause di opposizione alle sanzioni amministrative irrogate in base all'art. 75 del testo unico approvato con D.P.R. 9 ottobre 1990, n. 390 **.*

(1) Articolo così sostituito dall'art. 17 della l. 21/11/1991, n. 374, recante l'istituzione del giudice di pace, a decorrere dal 1/5/1995.

• Articolo aggiornato con le modif. introdotte dalla l. 18/6/2009, n. 69.

(2) Le parole "diecimila" e "venticinquemila", che sostituiscono quelle originariamente previste "cinquemila" e "ventimila" sono state introdotte dall'art. 3, co. 1, d.lg. 10/10/2022, n. 149.

* Questo comma è stato abrogato dall'art. 1 del d.l. 18/10/1995, n. 432, conv., con modif., nella l. 20/12/1995, n. 534. V. art. 22 bis della l. n. 689/1981 in materia di giudizio di opposizione ad ordinanza-ingiunzione.

** Questo numero è stato abrogato dall'art. 1 del d.l. 18/10/1995, n. 432, conv., con modif., nella l. 20/12/1995, n. 534.

8. Competenza del pretore*. – *Il pretore è competente per le cause, anche se relative a beni immobili, di valore non superiore a lire cinquanta milioni, in quanto non siano di competenza del giudice di pace [7].*

È competente, qualunque ne sia il valore [10]:

1) per le azioni possessorie [1168 ss. CC.], salvo il disposto dell'articolo 704, e per le denunce di nuova opera e di danno temuto, salvo il disposto dell'articolo 688, secondo comma;

2) per le cause relative ad apposizione di termini e osservanza delle distanze stabilite dalla legge, dai regolamenti o dagli usi riguardo al piantamento degli alberi e delle siepi;

3) per le cause [447 bis] relative a rapporti di locazione [1571 CC.] e di comodato [1803 CC.] di immobili urbani e per quelle di affitto di aziende, in quanto non siano di competenza delle sezioni specializzate agrarie;

4) per le cause relative alla misura e alle modalità di uso dei servizi di condominio di case.

* L'articolo è stato abrogato dal d.lg. 19/2/1998, n. 51, recante l'istituzione del giudice unico a decorrere dal 2/6/1999.

9. Competenza del tribunale (1). – Il tribunale è competente per tutte le cause che non sono di competenza di altro giudice.

Il tribunale è altresì esclusivamente competente per tutte le cause in materia di imposte e tasse (2), per quelle relative allo stato e alla capacità delle persone [38 e 45 disp. att. CC.] (3) e ai diritti onorifici, per la querela di falso [221 ss.], per l'esecuzione forzata e, in generale, per ogni causa di valore indeterminabile.

(1) Articolo così sostituito dal d.lg. 19/2/1998, n. 51, recante l'istituzione del giudice unico a decorrere dal 2/6/1999.

(2) V. art. 2 del d.lg. 31/12/1992, n. 546, che prevede l'attribuzione di tutte le controversie aventi ad oggetto tributi, di ogni genere e specie comunque denominati, alla giurisdizione tributaria.

(3) V. l. 1/12/1970, n. 898 in tema di Scioglimento del matrimonio.

10. Determinazione del valore. – Il valore della causa, ai fini della competenza, si determina dalla domanda [163, 183] a norma delle disposizioni seguenti.

A tale effetto le domande proposte nello stesso processo contro la medesima persona si sommano tra loro, e gli interessi scaduti [1282, 1284 CC.], le spese e i danni [1223 ss., 2043 ss. CC.], anteriori alla proposizione si sommano col capitale [31, 104].

11. Cause relative a quote di obbligazione tra più parti. – Se è chiesto da più persone o contro più persone [102, 103] l'adempimento per quote di un'obbligazione [1314 ss. CC.], il valore della causa si determina dall'intera obbligazione [10].

12. Cause relative a rapporti obbligatori, a locazioni e a divisioni. – Il valore delle cause relative all'esistenza, alla validità o alla risoluzione di un rapporto giuridico obbligatorio [1173 ss. CC.] si determina in base a quella parte del rapporto che è in contestazione [35].

(...).*

Il valore delle cause per divisione [784 ss. // 713, 1111 CC.] si determina da quello della massa attiva da dividersi [22].

* Il comma che recitava: «Nelle cause per finita locazione d'immobili il valore si determina in base all'ammontare del fitto o della pigione per un anno, ma se sorge controversia sulla continuazione della locazione, il valore si determina cumulando i fitti o le pigioni relativi al periodo controverso» è stato abrogato dall'art. 89 della l. 26/11/1990, n. 353.

13. Cause relative a prestazioni alimentari e a rendite. – Nelle cause per prestazioni alimentari periodiche [433 ss. CC.], se il titolo è controverso, il valore si determina in base all'ammontare delle somme dovute per due anni.

Nelle cause relative a rendite perpetue [1861 ss. CC. // 553^3], se il titolo è controverso, il valore si determina cumulando venti annualità; nelle cause relative a rendite temporanee o vitalizie [1872 ss. CC.], cumulando le annualità domandate fino a un massimo di dieci.

Le regole del comma precedente si applicano anche per determinare il valore delle cause relative al diritto del concedente [568^2 // 957 ss. CC.].

14. Cause relative a somme di danaro e a beni mobili. – Nelle cause relative a somme di danaro o a beni mobili [812 CC.], il valore si determina in base alla somma indicata o al valore dichiarato dall'attore; in mancanza di indicazione o dichiarazione, la causa si presume di competenza del giudice adito.

Il convenuto può contestare, ma soltanto nella prima difesa [38, 167, 319], il valore come sopra dichiarato o presunto; in tal caso il giudice decide, ai soli fini della competenza, in base a quello che risulta dagli atti e senza apposita istruzione.

Se il convenuto non contesta il valore dichiarato o presunto, questo rimane fissato, anche agli effetti del merito, nei limiti della competenza del giudice adito.

15. Cause relative a beni immobili (1). – Valore delle cause relative a beni immobili [812 CC.] è determinato moltiplicando il reddito dominicale del terreno e la rendita catastale del fabbricato alla data della proposizione della domanda è [568^1]:

per duecento per le cause relative alla proprietà [832 ss. CC.];

per cento per le cause relative all'usufrutto [978 ss. CC.], all'uso [1021 CC.], all'abitazione [1022 CC.], alla nuda proprietà e al diritto dell'enfiteuta [959 CC.];

per cinquanta con riferimento al fondo servente per le cause relative alle servitù [1027 ss. CC.].

Il valore delle cause per il regolamento di confini [15, 21 // 950 CC.] si desume dal valore della parte di proprietà controversa, se questa è determinata; altrimenti il giudice lo determina a norma del comma seguente.

Se per l'immobile all'atto della proposizione della domanda non risulta il reddito dominicale o la rendita catastale, il giudice determina il valore della causa secondo quanto emerge dagli atti, se questi non offrono elementi per la stima, ritiene la causa di valore indeterminabile [9^2].

(1) Articolo così sostituito dalla l. 30/7/1984, n. 399.

15 bis. Esecuzione forzata (1). – Per l'espropriazione forzata di cose mobili è competente il giudice di pace. Per l'espropriazione forzata di cose immobili e di crediti è competente il tribunale. Se cose mobili sono soggette all'espropriazione forzata insieme con l'immobile nel quale si trovano, per l'espropriazione è competente il tribunale anche relativamente ad esse. Per la consegna e il rilascio di cose nonché per l'esecuzione forzata degli obblighi di fare e di non fare è competente il tribunale.

(1) Articolo introdotto dal d.lg. 13/7/2017, n. 116 (Riforma della magistratura onoraria), in vigore dal 31/10/2025.

***16. Esecuzione forzata**. – *Per la consegna e il rilascio di cose* [605-611 // 2930 CC.] *e per l'espropriazione forzata* [2910 ss. CC.] *di cose mobili* [513-542] *e di crediti* [543-544] *è competente il pretore* [26, 484].

Per l'espropriazione forzata di cose immobili [555-598] *è competente il tribunale* [21, 26].

Se cose mobili sono soggette all'espropriazione forzata insieme con l'immobile nel quale si trovano [556], *per l'espropriazione è competente il tribunale anche relativamente ad esse.*

Per l'esecuzione forzata degli obblighi di fare e di non fare è competente il pretore [612 ss. // 2931 ss. CC.].

* L'articolo è stato abrogato dal d.lg. 19/2/1998, n. 51, recante l'istituzione del giudice unico, a decorrere dal 2/6/1999.

17. Cause relative all'esecuzione forzata. – Il valore delle cause di opposizione all'esecuzione forzata [27, 615] si determina dal credito per cui si procede: quello delle cause relative alle opposizioni proposte da terzi a norma dell'articolo 619, dal valore dei beni controversi; quello delle cause relative a controversie sorte in sede di distribuzione [512, 598], dal valore del maggiore dei crediti contestati.

Sezione III
Della competenza per territorio

18. Foro generale delle persone fisiche. – Salvo che la legge disponga altrimenti [20, 27, 413, 444, 637, 661, 669 ter, 669 quater, 669 quinquies, 688, 825, 828, 831 // 9, 161, 187 e 195 l. fall.], è competente il giudice del luogo in cui il convenuto ha la residenza o il domicilio [43 // $2196^{n.4}$ CC.], e, se questi sono sconosciuti, quello del luogo in cui il convenuto ha la dimora [139 // 43 CC.].

Se il convenuto non ha residenza, né domicilio, né dimora nello Stato o se la dimora è sconosciuta, è competente il giudice del luogo in cui risiede l'attore [142, 143].

19. Foro generale delle persone giuridiche e delle associazioni non riconosciute (1). – Salvo che la legge disponga altrimenti, qualora sia convenuta una persona giuridica [12, 13 CC.], è competente il giudice del luogo dove essa ha sede [16, 46, $2328^{n.2}$, $2463^{n.2}$, $2521^{n.2}$ CC.]. È competente altresì il giudice del luogo dove la persona giuridica ha uno stabilimento e un rappresentante autorizzato a stare in giudizio per l'oggetto della domanda [77 // 41 CC.].

Ai fini della competenza, le società non aventi personalità giuridica [2251, 2291, 2313 CC.], le associazioni non riconosciute e i comitati di cui agli articoli 36 ss. del codice civile hanno sede dove svolgono attività in modo continuativo [145].

(1) Articolo così modificato con r.d. 20/4/1942, n. 504.

20. Foro facoltativo per le cause relative a diritti di obbligazione. – Per le cause relative a diritti di obbligazione è anche competente il giudice del luogo in cui è sorta [1182, 1326 CC.] o deve eseguirsi [1327 CC.] l'obbligazione dedotta in giudizio [413, 444, 661].

21. Foro per le cause relative a diritti reali e ad azioni possessorie. – Per le cause relative a diritti reali su beni immobili [812 CC.], per le cause in materia di locazione [1571 ss. CC.] e comodato [1803 ss. CC.] di immobili e di affitto di aziende [2561, 2562, 1615, 2112^5 CC.] nonché per le cause relative ad apposizione di termini [951 CC.] ed osservanza delle distanze stabilite dalla legge, dai regolamenti o dagli usi riguardo al piantamento degli alberi e delle siepi [873 ss. CC.], è competente il giudice del luogo dove è posto l'immobile o l'azienda [2555 ss. CC.] (1). Qualora l'immobile sia compreso in più circoscrizioni giudiziarie, è competente il giudice della circoscrizione nella quale è compresa la parte soggetta a maggior tributo (2) verso lo Stato [568]; quando non è sottoposto a tributo, è competente ogni giudice nella cui circoscrizione si trova una parte dell'immobile.

Per le azioni possessorie [703 ss. // 1168 ss. CC.] e per la denuncia di nuova opera e di danno temuto [688 ss. // 1171, 1172 CC.] è competente il giudice del luogo nel quale è avvenuto il fatto denunciato.

(1) Periodo così sostituito dal d.lg. 19/2/1998, n. 51.

(2) Le imposte sui fabbricati sono state abrogate dall'art. 82 del d.P.R. 29/9/1973, n. 597 (IRPEF).

22. Foro per le cause ereditarie. – È competente il giudice del luogo dell'aperta successione [456 CC.] per le cause:

1) relative a petizione [533 CC.] o divisione di eredità [12, 784 // 713 ss. CC.] e per qualunque altra tra coeredi fino alla divisione [784 ss. CC.];

2) relative alla rescissione della divisione [763 CC.] e alla garanzia delle quote [758 CC.], purché proposte entro un biennio dalla divisione;

3) relative a crediti verso il defunto [752 CC.] o a legati dovuti dall'erede [662 CC.], purché proposte prima della divisione e in ogni caso entro un biennio dall'apertura della successione;

4) contro l'esecutore testamentario [700 ss. CC.], purché proposte entro i termini indicati nel numero precedente.

Se la successione si è aperta fuori della Repubblica, le cause suindicate sono di competenza del giudice del luogo in cui è posta la maggior parte dei beni situati nella Repubblica, o, in mancanza di questi, del luogo di residenza [43 CC.] del convenuto o di alcuno dei convenuti.

23. Foro per le cause tra soci e tra condomini. – Per le cause tra soci [2247 CC.] è competente il giudice del luogo dove ha sede la società [19 // 46 CC.]; per le cause tra condomini, ovvero tra condomini e condominio [1117 ss. CC.], il giudice del luogo dove si trovano i beni comuni o la maggior parte di essi (1).

Tale norma si applica anche dopo lo scioglimento della società (2) o del condominio, purché la domanda sia proposta entro un biennio dalla divisione.

(1) Le parole: "ovvero tra condomini e condominio", sono state aggiunte dall'art. 31 della l. 11/12/2012, n. 220, in vigore dal 17/6/2013.

(2) V. art. 2272, 2308, 2323, 2484, 2545 duodecies, 2545 septiesdecies.

24. Foro per le cause relative alle gestioni tutelari e patrimoniali. – Per le cause relative alla gestione di una tutela [343 ss., 424 ss. CC.] o di un'amministrazione patrimoniale [52, 168, 180 ss., 217, 528, 641, 642 CC.] conferita per legge o per provvedimento dell'autorità è competente il giudice del luogo d'esercizio della tutela o dell'amministrazione.

25. Foro della pubblica amministrazione. – Per le cause nelle quali è parte un'amministrazione dello Stato è competente, a norma delle leggi speciali sulla rappresentanza e difesa dello Stato in giudizio (1) e nei casi ivi previsti, il giudice del luogo dove ha sede l'ufficio dell'Avvocatura dello Stato [144], nel cui distretto si trova il giudice che sarebbe competente secondo le norme ordinarie [7 ss.]. Quando l'amministrazione è convenuta, tale distretto si determina con riguardo al giudice del luogo in cui è sorta o deve eseguirsi l'obbligazione o in cui si trova la cosa mobile o immobile oggetto della domanda [144].

(1) V. art. 6-7 del r.d. 30/10/1933, n. 1611; art. 10 della l. 3/4/1979, n. 103 e successive modificazioni sull'Avvocatura dello Stato.

26. Foro dell'esecuzione forzata. – Per l'esecuzione forzata su cose mobili [513 ss. // 812^3 CC.] o immobili [555 ss. //

812[1-2] CC.] è competente il giudice del luogo in cui le cose si trovano [16]. Se le cose immobili soggette all'esecuzione non sono interamente comprese nella circoscrizione di un solo tribunale, si applica l'art. 21.

Per l'esecuzione forzata su autoveicoli, motoveicoli e rimorchi è competente il giudice del luogo in cui il debitore ha la residenza, il domicilio, la dimora o la sede (1).

Per l'esecuzione forzata degli obblighi di fare e di non fare [612 ss. // 2931, 2933 CC.] è competente il giudice del luogo dove l'obbligo deve essere adempiuto [1182 CC.].

(1) Comma così sostituito dall'art. 19, co. 1, lett. a), d.l. 12/9/2014, n. 132, conv., con modif., dalla l. 10/11/2014, n. 162; per l'applicazione di tale disposizione, vedi l'art. 19, co. 6, del medesimo d.l. n. 132/2014.

26 bis. Foro relativo all'espropriazione forzata di crediti (1). – Quando il debitore è una delle pubbliche amministrazioni indicate dall'articolo 413, quinto comma, per l'espropriazione forzata di crediti è competente, salvo quanto disposto dalle leggi speciali, il giudice del luogo dove ha sede l'ufficio dell'Avvocatura dello Stato nel cui distretto il creditore ha la residenza, il domicilio, la dimora o la sede (2).

Fuori dei casi di cui al primo comma, per l'espropriazione forzata di crediti è competente il giudice del luogo in cui il debitore ha la residenza, il domicilio, la dimora o la sede.

(1) Articolo inserito dall'art. 19, co. 1, lett. b), d.l. 12/9/2014, n. 132 conv., con modif., dalla l. 10/11/2014, n. 162; per l'applicazione di tale disposizione, vedi l'art. 19, co. 6, del medesimo d.l. n. 132/2014.

(2) Le parole da "il giudice del luogo dove ha sede l'ufficio dell'Avvocatura dello Stato nel cui distretto il creditore ha la residenza, il domicilio o la dimora" sono state inserite con l'art. 1, co. 37, l. 26/11/2021, n. 206, e sostituiscono le precedenti "il giudice del luogo dove il terzo debitore ha la residenza, il domicilio, la dimora o la sede".

27. Foro relativo alle opposizioni all'esecuzione. – Per le cause di opposizione all'esecuzione forzata di cui agli artt. 615 e 619 è competente il giudice del luogo dell'esecuzione [17], salva la disposizione dell'art. 480 terzo comma [28, 618 bis].

Per le cause di opposizione a singoli atti esecutivi [617] è competente il giudice davanti al quale si svolge l'esecuzione.

28. Foro stabilito per accordo delle parti. – La competenza per territorio può essere derogata per accordo delle parti [6, 29], salvo che per le cause previste nei nn. 1, 2, 3 e 5 dell'art. 70, per i casi di esecuzione forzata [483 ss.], di opposizione alla stessa [27, 615 ss.], di procedimenti cautelari [669 bis] e possessori [703 ss.], di procedimenti in camera di consiglio [737 ss.] e per ogni altro caso in cui l'inderogabilità sia disposta espressamente dalla legge [25, 38, 413, 661, 747, 825 // 9 l. fall.].

29. Forma ed effetti dell'accordo delle parti. – L'accordo delle parti per la deroga della competenza territoriale [6, 18] deve riferirsi ad uno o più affari determinati e risultare da atto scritto [1341, 1342, 2725[1] CC.].

L'accordo non attribuisce al giudice designato competenza esclusiva quando ciò non è espressamente stabilito.

30. Foro del domicilio eletto. – Chi ha eletto domicilio a norma dell'art. 47 c.c. può essere convenuto davanti al giudice del domicilio stesso [141, 170, 319 // 58 disp. att.].

30 bis. Foro per le cause in cui sono parti i magistrati (1). – Le cause in cui sono comunque parti magistrati, che secondo le norme del presente capo sarebbero attribuite alla competenza di un ufficio giudiziario compreso nel distretto di corte d'appello in cui il magistrato esercita le proprie funzioni, sono di competenza del giudice, ugualmente competente per materia, che ha sede nel capoluogo del distretto di corte d'appello determinato ai sensi dell'articolo 11 del codice di procedura penale (2).

Se nel distretto determinato ai sensi del primo comma il magistrato è venuto ad esercitare le proprie funzioni successivamente alla sua chiamata in giudizio, è competente il giudice che ha sede nel capoluogo del diverso distretto di corte d'appello individuato ai sensi dell'articolo 11 del codice di procedura penale con riferimento alla nuova destinazione.

(1) La Corte cost. con sent. 12/11/2002, n. 444 ha dichiarato la **illegittimità** costituzionale, nella parte in cui si applica ai processi di esecuzione forzata promossi da o contro magistrati in servizio nel distretto di corte d'appello comprendente l'ufficio giudiziario competente ai sensi dell'art. 26 del CPC.

(2) La Corte cost. con sent. 25/5/2004, n. 147 ha stabilito l'illegittimità costituzionale dell'art. 30-bis, co. 1, CPC., il quale prevede una deroga alla competenza territoriale del giudice civile per le cause riguardanti magistrati, salvo che nella parte relativa alle azioni civili concernenti le restituzioni e il risarcimento del danno da reato, nei termini di cui all'art. 11 CPP.

Sezione IV
Delle modificazioni della competenza per ragione di connessione

31. Cause accessorie. – La domanda accessoria [39[2]] può essere proposta al giudice territorialmente competente [18 ss.] per la domanda principale affinché sia decisa nello stesso processo [40, 274, 274 bis], osservata, quanto alla competenza per valore, la disposizione dell'art. 10 secondo comma.

*Può tuttavia essere proposta allo stesso giudice anche se eccede la sua competenza per valore, qualora la competenza per la causa principale sia determinata per ragione di materia**.

* Comma abrogato dal d.lg. 19/2/1998, n. 51, recante l'istituzione del giudice unico, a decorrere dal 2/6/1999.

32. Cause di garanzia (1). – La domanda di garanzia può essere proposta al giudice competente per la causa principale affinché sia decisa nello stesso processo. Qualora essa ecceda la competenza per valore del giudice adito, questi rimette entrambe le cause al giudice superiore assegnando alle parti un termine perentorio per la riassunzione.

(1) Articolo così sostituito dal d.lg. 19/2/1998, n. 51, recante l'istituzione del giudice unico, a decorrere dal 2/6/1999. Il testo precedente così recitava: «*Può tuttavia essere proposta allo stesso giudice anche se eccede la sua competenza per valore, qualora la competenza per la causa principale sia determinata per ragione di materia*».

33. Cumulo soggettivo. – Le cause contro più persone che a norma degli articoli 18 e 19 dovrebbero essere proposte davanti a giudici diversi, se sono connesse per l'oggetto o per il titolo [40] possono essere proposte davanti al giudice del luogo di residenza o domicilio [43, 46 CC.] di una di esse, per essere decise nello stesso processo [103, 274].

34. Accertamenti incidentali. – Il giudice, se per legge [124 CC.] o per esplicita domanda di una delle parti è necessario decidere con efficacia di giudicato [324 // 2909 CC.] una questione pregiudiziale [295] che appartiene per materia o valore alla competenza di un giudice superiore, rimette tutta la causa a quest'ultimo, assegnando alle parti un termine perentorio [152, 153] per la riassunzione della causa davanti a lui [50, 307[3] // 125 disp. att.].

35. Eccezione di compensazione. – Quando è opposto in compensazione [1241 ss. CC.] un credito che è contestato ed eccede la competenza per valore [7 ss.] del giudice adito, questi, se la domanda è fondata su titolo non controverso o facilmente accertabile, può decidere su di essa e rimettere le parti al giudice competente per la decisione relativa all'eccezione di compensazione, subordinando, quando occorre, l'esecuzione della sentenza alla prestazione di una cauzione [119, 478]; altrimenti provvede a norma dell'articolo precedente.

36. Cause riconvenzionali. – Il giudice competente per la causa principale conosce anche delle domande riconvenzionali [167, 416] che dipendono dal titolo dedotto in giudizio dall'attore o da quello che già appartiene alla causa come mezzo di eccezione, purché non eccedano la sua competenza per materia o valore [7 ss.]; altrimenti applica le disposizioni dei due articoli precedenti.

Sezione V
Del difetto di giurisdizione, dell'incompetenza e della litispendenza

37. Difetto di giurisdizione (1). – Il difetto di giurisdizione del giudice ordinario nei confronti della pubblica amministrazione è rilevato, anche d'ufficio, in qualunque stato e grado del processo [41, 360 n. 1, 368, 374, 382, 386]. Il difetto di giurisdizione del giudice ordinario nei confronti del giudice amministrativo o dei giudici speciali [102, 103 Cost.] è rilevato anche d'ufficio nel giudizio di primo grado. Nei giudizi di impugnazione può essere rilevato solo se oggetto di specifico motivo, ma l'attore non può impugnare la sentenza per denunciare il difetto di giurisdizione del giudice da lui adito.

(1) Articolo così sostituito dall'art. 3, co. 2, d.lg. 10/10/2022, n. 149. La precedente formulazione prevedeva: «Il difetto di giurisdizione del giudice ordinario nei confronti della pubblica amministrazione o dei giudici speciali è rilevato, anche d'ufficio, in qualunque stato e grado del processo.».

38. Incompetenza (1). – L'incompetenza per materia, quella per valore e quella per territorio sono eccepite, a pena di decadenza, nella comparsa di risposta tempestivamente depositata. L'eccezione di incompetenza per territorio si ha per non proposta se non contiene l'indicazione del giudice che la parte ritiene competente.

Fuori dei casi previsti dall'articolo 28, quando le parti costituite aderiscono all'indicazione del giudice competente per territorio, la competenza del giudice indicato rimane ferma se la causa è riassunta entro tre mesi dalla cancellazione della stessa dal ruolo. L'incompetenza per materia, quella per valore e quella per territorio nei casi previsti dall'articolo 28 sono rilevate d'ufficio non oltre l'udienza di cui all'articolo 183. Le questioni di cui ai commi precedenti sono decise, ai soli fini della competenza, in base a quello che risulta dagli atti e, quando sia reso necessario dall'eccezione del convenuto o dal rilievo del giudice, assunte sommarie informazioni.

(1) Articolo così sostituito dalla l. 18/6/2009, n. 69 in vigore dal 4/7/2009 ed applicabile ai giudizi instaurati successivamente a tale data. Il testo precedente dell'articolo, come sostituito dalla l. 26/11/1990, n. 353, così disponeva: «38. *Incompetenza. – L'incompetenza per materia, quella per valore e quella per territorio nei casi previsti dall'articolo 28 sono rilevate, anche d'ufficio, non oltre la prima udienza di trattazione.*
L'incompetenza per territorio, fuori dei casi previsti dall'articolo 28, è eccepita a pena di decadenza nella comparsa di risposta. L'eccezione si ha per non proposta se non contiene l'indicazione del giudice che la parte ritiene competente. Quando le parti costituite aderiscono a tale indicazione, la competenza del giudice rimane ferma se la causa è riassunta entro tre mesi dalla cancellazione dal ruolo. Le questioni di cui ai commi precedenti sono decise ai soli fini della competenza, in base a quello che risulta dagli atti e, quando sia reso necessario dall'eccezione del convenuto o dal rilievo del giudice, assunte sommarie informazioni».

• La Corte cost., con sent. 8/2/2006, n. 41, ha dichiarato l'illegittimità del combinato disposto degli artt. 38 e 102 nella parte in cui, in ipotesi di litisconsorzio necessario, consente di ritenere improduttiva di effetti l'eccezione di incompetenza territoriale derogabile proposta non da tutti i litisconsorti convenuti.

39. Litispendenza e continenza di cause. – Se una stessa causa è proposta davanti a giudici diversi, quello successivamente adito, in qualunque stato e grado del processo, anche d'ufficio, dichiara con ordinanza la litispendenza [42, 43] e dispone la cancellazione della causa dal ruolo [279] (1).

Nel caso di continenza di cause, se il giudice preventivamente adito è competente anche per la causa proposta successivamente, il giudice di questa dichiara con ordinanza (2) la continenza e fissa un termine perentorio [152, 153] entro il quale le parti debbono riassumere la causa davanti al primo giudice [44, 50 // 125 disp. att.]. Se questi non è competente anche per la causa successivamente proposta, la dichiarazione della continenza e la fissazione del termine sono da lui pronunciate [42, 44].

La prevenzione è determinata dalla notificazione [137 ss.] della citazione [163] ovvero dal deposito del ricorso (3).

(1) Questo articolo è stato così sostituito dall'art. 45, co. 3, lett. a), l. 18/6/2009, n. 69. Il testo precedente così disponeva: «Se una stessa causa è proposta davanti a giudici diversi, quello successivamente adito, in qualunque stato e grado del processo, anche d'ufficio, dichiara con sentenza la litispendenza e dispone con ordinanza la cancellazione della causa dal ruolo».

(2) L'originaria parola "sentenza" è stata così sostituita dall'art. 45, co. 3, lett. b) della l. 18/6/2009 n. 69.

(3) Le parole: "ovvero dal deposito del ricorso" sono state così sostituite ad opera dell'art. 45, co. 3, lett. c), l. 18/6/2009, n. 69.

40. Connessione. – Se sono proposte davanti a giudici diversi più cause le quali, per ragione di connessione [31 ss.] possono essere decise in un solo processo [274], il giudice fissa con ordinanza (1) alle parti un termine perentorio [152, 153] per la riassunzione [50 // 125 disp. att.] della causa accessoria, davanti al giudice della causa principale [31], e negli altri casi davanti a quello preventivamente adito [39^3, 42, 45 // 125 disp. att.] (2).

La connessione non può essere eccepita dalle parti né rilevata d'ufficio dopo la prima udienza [183], e la rimessione non può essere ordinata quando lo stato della causa principale o preventivamente proposta non consente l'esauriente trattazione e decisione delle cause connesse [1040 CNav.]

Nei casi previsti negli artt. 31, 32, 34, 35 e 36, le cause, cumulativamente proposte o successivamente riunite, debbono essere trattate e decise col rito ordinario, salva l'applicazione del solo rito speciale quando una di tali cause rientri fra quelle indicate negli artt. 409 e 442 (3).

Qualora le cause connesse siano assoggettate a differenti riti speciali debbono essere trattate e decise col rito previsto per quella tra esse in ragione della quale viene determinata la competenza o, in subordine, col rito previsto per la causa di maggior valore (3).

Se la causa è stata trattata con un rito diverso da quello divenuto applicabile ai sensi del terzo comma, il giudice provvede a norma degli artt. 426, 427 e 439 (3). In caso di connessione ai sensi degli articoli 31, 32, 34, 35 e 36 tra causa sottoposta al rito semplificato di cognizione e causa sottoposta a rito speciale diverso da quello previsto dal primo periodo, le cause debbono essere trattate e decise con il rito semplificato di cognizione (4).

Se una causa di competenza del giudice di pace sia connessa per i motivi di cui agli articoli 31, 32, 34, 35 e 36 con altra causa di competenza (5) del tribunale, le relative domande possono essere proposte innanzi (5) al tribunale affinché siano decise nello stesso processo (6).

CODICE PROCEDURA CIVILE

Se le cause connesse ai sensi del sesto comma sono proposte davanti al giudice di pace e (5) al tribunale, il giudice di pace deve pronunziare anche d'ufficio la connessione a favore (5) del tribunale (6).

(1) La parola: "sentenza" è stata così sostituita dall'art. 45, co. 4 della l. 18/6/2009, n. 69.

(2) Comma aggiornato con le modif. introdotte dalla l. 18/6/2009, n. 69.

(3) Comma aggiunto dall'art. 5 della l. 26/11/1990, n. 353.

(4) Le parole "In caso di connessione ai sensi degli articoli 31, 32, 34, 35 e 36 tra causa sottoposta al rito semplificato di cognizione e causa sottoposta a rito speciale diverso da quello previsto dal primo periodo, le cause debbono essere trattate e decise con il rito semplificato di cognizione." Sono state aggiunte dall'art. 3, co. 2, d.lg. 10/10/2022, n. 149.

(5) Le parole "al pretore o" sono state soppresse dal d.lg. 19/2/1998, n. 51.

(6) Comma aggiunto dall'art. 19, co. 1, l. 21/11/1991, n. 374.

Sezione VI
Del regolamento di giurisdizione e di competenza

41. Regolamento di giurisdizione. – Finché la causa non sia decisa nel merito in primo grado [277], ciascuna parte può chiedere alle Sezioni unite della Corte di cassazione che risolvano le questioni di giurisdizione di cui all'art. 37 [374, 382]. L'istanza si propone con ricorso a norma degli artt. 364 ss., e produce gli effetti di cui all'art. 367.

La pubblica amministrazione che non è parte in causa può chiedere [368] in ogni stato e grado del processo che sia dichiarato dalle Sezioni unite della Corte di cassazione il difetto di giurisdizione [37] del giudice ordinario a causa dei poteri attribuiti dalla legge all'amministrazione stessa, finché la giurisdizione non sia stata affermata con sentenza passata in giudicato [324, 368].

42. Regolamento necessario di competenza (1). – L'ordinanza (2) che, pronunciando sulla competenza anche ai sensi degli articoli 39 e 40, non decide il merito della causa [277, 279] e i provvedimenti che dichiarano la sospensione del processo ai sensi dell'articolo 295 possono essere impugnati [323] soltanto con istanza di regolamento di competenza [47 // 187 disp. att.].

(1) Articolo aggiornato con le modif. introdotte dalla l. 18/6/2009, n. 69.

(2) L'originaria parola "sentenza" è stata così sostituita *ex* art. 45, co. 4, l. 18/6/2009, n. 69, in vigore dal 4/7/2009 ed applicabile ai giudizi instaurati successivamente a tale data *ex* art. 58, co. 1, della cit. l. n. 69/2009.

43. Regolamento facoltativo di competenza. – Il provvedimento (1) che ha pronunciato sulla competenza [38 ss.] insieme col merito [277, 279] può essere impugnato [323] (2) con l'istanza di regolamento di competenza [46, 47 // 187 disp. att.], oppure nei modi ordinari [323 ss.] quando insieme con la pronuncia sulla competenza si impugna quella sul merito.

La proposizione dell'impugnazione ordinaria non toglie alle altre parti la facoltà di proporre l'istanza di regolamento [47].

Se l'istanza di regolamento è proposta prima dell'impugnazione ordinaria, i termini per la proposizione di questa [325] riprendono a decorrere dalla comunicazione della ordinanza (3) che regola la competenza [49, 133, 136, 325]; se è proposta dopo, si applica la disposizione dell'articolo 48 [187 disp. att.].

(1) Le parole: "La sentenza" sono state così sostituite dall'art. 45, co. 5, lett. a), l. 18/6/2009, n. 69.

(2) L'originaria parola: "impugnata" è stata così sostituita dall'art. 45, co. 5, lett. a), l. 18/6/2009, n. 69.

(3) Le parole: "della sentenza" sono state così sostituite dall'art. 45, co. 5, lett. b), l. 18/6/2009, n. 69.

44. Efficacia della sentenza che pronuncia sulla competenza. – L'ordinanza (1) che, anche a norma degli articoli 39 e 40, dichiara l'incompetenza del giudice che l'ha pronunciata, se non è impugnata con la istanza di regolamento [47] rende incontestabile l'incompetenza dichiarata e la competenza del giudice in essa indicato se la causa è riassunta nei termini di cui all'art. 50 [125 disp. att.], salvo che si tratti di incompetenza per materia o di incompetenza per territorio nei casi previsti nell'articolo 28.

(1) La parola: "sentenza" è stata così modificata dall'art. 45, co. 4, l. 18/6/2009, n. 69.

45. Conflitto di competenza. – Quando, in seguito alla ordinanza (1) che dichiara la incompetenza del giudice adito per ragione di materia o per territorio nei casi di cui all'articolo 28, la causa nei termini di cui all'articolo 50 è riassunta davanti ad altro giudice [125 disp. att.], questi, se ritiene di essere a sua volta incompetente, richiede d'ufficio il regolamento di competenza [47⁴].

(1) La parola: "sentenza" è stata così modificata dall'art. 45, co. 4 l. 18/6/2009, n. 69.

46. Casi di inapplicabilità del regolamento di competenza. – Le disposizioni degli artt. 42 e 43 non si applicano nei giudizi davanti ai giudici di pace (1) [339³, 360].

(1) L'originaria parola "conciliatore" è stata così modificata dall'art. 39 della l. 21/11/1991, n. 374.

47. Procedimento del regolamento di competenza – L'istanza di regolamento di competenza [42, 43] si propone alla Corte di cassazione [375, 382] con ricorso sottoscritto dal procuratore [82, 83] o dalla parte, se questa si è costituita personalmente [86, 125].

Il ricorso deve essere notificato [330] alle parti che non vi hanno aderito entro il termine perentorio [152, 153] di trenta giorni dalla comunicazione della ordinanza (1) che abbia pronunciato sulla competenza o dalla notificazione dell'impugnazione ordinaria nel caso previsto nell'articolo 43 secondo comma. L'adesione delle parti può risultare anche dalla sottoscrizione del ricorso.

La parte che propone l'istanza deve depositare il ricorso, con i documenti necessari, nel termine perentorio di venti giorni dall'ultima notificazione alle altre parti (2).

Il regolamento d'ufficio è richiesto con ordinanza dal giudice, [*il quale dispone la rimessione del fascicolo d'ufficio alla cancelleria della Corte di cassazione*] (3).

Le parti, alle quali è notificato il ricorso o comunicata [136] l'ordinanza del giudice, possono, nei venti giorni successivi, depositare alla Corte (4) di cassazione scritture difensive e documenti [375].

(1) La parola: "sentenza" è stata così sostituita dall'art. 45, co. 4, l. 18/6/2009, n. 69.

(2) Comma così sostituito dall'art. 3, co. 3, d.lg. 10/10/2022, n. 149; la precedente formulazione era «La parte che propone l'istanza, nei cinque giorni successivi all'ultima notificazione del ricorso alle parti, deve chiedere ai cancellieri degli uffici davanti ai quali pendono i processi che i relativi fascicoli siano rimessi alla cancelleria della Corte di cassazione. Nel termine perentorio di venti giorni dalla stessa notificazione deve depositare nella cancelleria il ricorso con i documenti necessari.».

(3) Le parole ", il quale dispone la rimessione del fascicolo di ufficio alla cancelleria della Corte di cassazione" sono state soppresse dall'art. 3, co. 3, d.lg. 10/10/2022, n. 149.

(4) Le parole "nella cancelleria della Corte" sono state sostituite da quelle "alla Corte" dall'art. 3, co. 3, d.lg. 10/10/2022, n. 149.

48. Sospensione dei processi. – I processi relativamente ai quali è chiesto il regolamento di competenza [42 ss.] sono sospesi [295 ss.] dal giorno in cui è depositata innanzi al giudice davanti al quale pende la causa, a cura della parte, copia del ricorso notificato o è pronunciata l'ordinanza (1) che richiede il regolamento [43, 47 // 133-bis disp. att.].

Il giudice può autorizzare il compimento degli atti che ritiene urgenti [298].

(1) Le parole "presentata l'istanza al cancelliere a norma dell'articolo precedente o dalla pronuncia dell'ordinanza che richiede il regolamento" sono state sostituite da quelle "depositata innanzi al giudice davanti al quale pende la causa, a cura della parte, copia del ricorso notificato o è pronunciata l'ordinanza" dall'art. 3, co. 3, d.lg. 10/10/2022, n. 149.

49. Ordinanza (1) di regolamento di competenza. – *Il regolamento è pronunciato con ordinanza (1) in camera di consiglio [375] entro i venti giorni successivi alla scadenza del termine previsto nell'articolo 47, ultimo comma**.

L'ordinanza con cui (1) (2) la Corte di cassazione statuisce sulla competenza [382] dà i provvedimenti necessari per la prosecuzione del processo davanti al giudice che dichiara competente [50] e rimette, quando occorre, le parti in termini affinché provvedano alla loro difesa [310^2 // 125 disp. Att.].

(1) L'originaria parola "sentenza" è stata così sostituita *ex* art. 45, co. 4, l. 18/6/2009, n. 69, in vigore dal 4/7/2009 ed applicabile ai giudizi instaurati successivamente a tale data *ex* art. 58, co. 1 della cit. l. n. 69/2009.

* Comma abrogato dall'art. 3, co. 3, d.lg. 10/10/2022, n. 149.

(2) Le parole "Con l'ordinanza" sono state sostituite con quelle con "L'ordinanza con cui" ad opera dell'art. 3, co. 3, d.lg. 10/10/2022, n. 149.

50. Riassunzione della causa. – Se la riassunzione della causa davanti al giudice dichiarato competente [44, 49^2] avviene nel termine fissato nella ordinanza (1) dal giudice e, in mancanza, in quello di tre mesi (2) dalla comunicazione [136] dell'ordinanza di regolamento [375] o dell'ordinanza (1) che dichiara l'incompetenza del giudice adito [44] il processo continua davanti al nuovo giudice [392 // 125, 126 disp. att.].

Se la riassunzione non avviene nei termini su indicati, il processo si estingue [307, 310, 393].

(1) La parola: "sentenza" è stata così sostituita dall'art. 45, co. 6, lett. a), l. 18/6/2009, n. 69.

(2) Le originarie parole: "sei mesi" sono state così sostituite dall'art. 45, co. 6, lett. b), l. 18/6/2009, n. 69.

Sezione VI bis
Della composizione del tribunale (1)

(1) Sezione inserita dal d.lg. 19/2/1998, n. 51, a decorrere dal 2/6/1999.

50 bis. Cause nelle quali il tribunale giudica in composizione collegiale. – Il tribunale giudica in composizione collegiale:

1) nelle cause nelle quali è obbligatorio l'intervento del pubblico ministero, salvo che sia altrimenti disposto;

2) nelle cause di opposizione, impugnazione, revocazione e in quelle conseguenti a dichiarazioni tardive di crediti di cui al regio decreto 16 marzo 1942, n. 267, *[al decreto legge 30 gennaio 1979, n. 26, convertito con modificazioni dalla legge 3 aprile 1979, n. 95]** e alle altre leggi speciali disciplinanti la liquidazione coatta amministrativa;

3) nelle cause devolute alle sezioni specializzate [409$^{n. 2}$];

4) nelle cause di omologazione del concordato fallimentare e del concordato preventivo;

*5) nelle cause di impugnazione delle deliberazioni dell'assemblea e del consiglio di amministrazione, nonché nelle cause di responsabilità da chiunque promosse contro gli organi amministrativi e di controllo, i direttori generali, i dirigenti preposti alla redazione dei documenti contabili societari (1) e i liquidatori delle società, delle mutue assicuratrici e società cooperative, delle associazioni in partecipazione e dei consorzi**;*

*6) nelle cause di impugnazione dei testamenti e di riduzione per lesione di legittima**;*

7) nelle cause di cui alla legge 13 aprile 1988, n. 117.

7-bis) nelle cause di cui all'articolo 140-bis del codice del consumo, di cui al decreto legislativo 6 settembre 2005, n. 206 (2).

Il tribunale giudica altresì in composizione collegiale nei procedimenti in camera di consiglio disciplinati dagli articoli 737 e seguenti, salvo che sia altrimenti disposto [736 bis].

* Parole abrogate dal d.lg. 8/7/1999, n. 270.

(1) Le parole "i dirigenti preposti alla redazione dei documenti contabili societari" sono state inserite dalla l. 28/12/2005, n. 262.

(2) Numero inserito all'art. 2, co. 448, l. 24/12/2007, n. 244.

** I numeri 5) e 6) sono stati abrogati dall'art. 3, co. 4, d.lg. 10/10/2022, n. 149.

50 ter. Cause nelle quali il tribunale giudica in composizione monocratica (1). – Fuori dei casi previsti dall'articolo 50-bis, il tribunale giudica in composizione monocratica.

(1) Articolo inserito dal d.lg. 19/2/1998, n. 51, a decorrere dal 2/6/1999.

50 quater. Inosservanza delle disposizioni sulla composizione collegiale o monocratica del tribunale (1). – Le disposizioni di cui agli articoli 50 bis e 50 ter non si considerano attinenti alla costituzione del giudice. Alla nullità derivante dalla loro inosservanza si applica l'articolo 161, primo comma.

(1) Articolo inserito dal d.lg. 19/2/1998, n. 51, a decorrere dal 2/6/1999.

Sezione VII
Dell'astensione, della ricusazione e della responsabilità dei giudici

51. Astensione del giudice. – Il giudice ha l'obbligo di astenersi [78 disp. att.]:

1) se ha interesse nella causa o in altra vertente su identica questione di diritto;

2) se egli stesso o la moglie è parente fino al quarto grado [74 ss. CC.] o legato da vincoli di affiliazione (1), o è convivente o commensale abituale di una delle parti o di alcuno dei difensori;

3) se egli stesso o la moglie ha causa pendente o grave inimicizia o rapporti di credito o debito con una delle parti o alcuno dei suoi difensori;

4) se ha dato consiglio o prestato patrocinio [82] nella causa, o ha deposto in essa come testimone, oppure ne ha conosciuto come magistrato in altro grado del processo o come arbitro [810, 815] o vi ha prestato assistenza come consulente tecnico [61];

5) se è tutore [343 ss. CC.], curatore [392 CC.], amministratore di sostegno [404 ss. CC.] (2), procuratore, agente o datore di lavoro di una delle parti; se, inoltre, è amministratore o gerente di un ente, di un'associazione anche non riconosciuta [36 ss. CC.], di un comitato [39 CC.], di una società [2247 ss. CC.] o stabilimento che ha interesse nella causa.

In ogni altro caso in cui esistono gravi ragioni di convenienza, il giudice può richiedere al capo dell'ufficio l'autorizzazione ad astenersi; quando l'astensione riguarda il capo dell'ufficio, l'autorizzazione è chiesta al capo dell'ufficio superiore.

(1) La l. 4/5/1983, n. 184 ha soppresso l'istituto dell'affiliazione.

(2) Le parole "amministratore di sostegno" sono state inserite dalla l. 9/1/2004, n. 6.

52. Ricusazione del giudice. – Nei casi in cui è fatto obbligo al giudice di astenersi [51[1]], ciascuna delle parti può proporne la ricusazione mediante ricorso contenente i motivi specifici e i mezzi di prova.

Il ricorso, sottoscritto dalla parte o dal difensore [125], deve essere depositato in cancelleria due giorni prima dell'udienza, se al ricusante è noto il nome dei giudici che sono chiamati a trattare o decidere la causa, e prima dell'inizio della trattazione [183] o discussione [190 bis, 275] di questa nel caso contrario [54[2]].

La ricusazione sospende il processo [295 ss.].

53. Giudice competente. – Sulla ricusazione decide il presidente del tribunale se è ricusato un giudice di pace; il collegio se è ricusato uno dei componenti del tribunale o della corte (1).

La decisione è pronunciata con ordinanza non impugnabile [134, 177, 279], udito il giudice ricusato e assunte, quando occorre, le prove offerte.

(1) Comma così modificato dal d.lg. 19/2/1998, n. 51. Il testo precedente così recitava: «*Sulla ricusazione decide il pretore se è ricusato un giudice di pace e un vice pretore del mandamento; il presidente del tribunale se è ricusato un pretore della circoscrizione; il collegio se è ricusato uno dei componenti del tribunale o della corte*».

54. Ordinanza sulla ricusazione. – L'ordinanza che accoglie il ricorso designa il giudice che deve sostituire quello ricusato.

La ricusazione è dichiarata inammissibile, se non è stata proposta nelle forme e nei termini fissati nell'art. 52.

Il giudice, con l'ordinanza con cui dichiara inammissibile o rigetta la ricusazione, provvede sulle spese e può condannare la parte che l'ha proposta ad una pena pecuniaria non superiore a euro 250 (1).

Dell'ordinanza è data notizia [136] dalla cancelleria al giudice e alle parti, le quali debbono provvedere alla riassunzione [125 disp. att.] della causa nel termine perentorio [152] di sei mesi.

(1) Questo comma è stato così sostituito dall'art. 45, co. 7, l. 18/6/2009, n. 69. Il testo precedente così recitava: «L'ordinanza, che dichiara inammissibile o rigetta la ricusazione, provvede sulle spese e condanna la parte o il difensore che l'ha proposta a una pena pecuniaria non superiore a € 10».

55. Responsabilità civile del giudice*.

* Articolo abrogato dal d.P.R. 9/12/1987, n. 497.
V. Legge sulla responsabilità civile dei magistrati, 13/4/1988 n. 117.

56. Autorizzazione*.

* Articolo abrogato dal d.P.R. 9/12/1987, n. 497.
V. Legge sulla responsabilità civile dei magistrati, 13/4/1988 n. 117.

Capo II
Del cancelliere e dell'ufficiale giudiziario

57. Attività del cancelliere. – Il cancelliere documenta a tutti gli effetti, nei casi e nei modi previsti dalla legge, le attività proprie e quelle degli organi giudiziari e delle parti [28-46 disp. att.]

Egli assiste il giudice in tutti gli atti dei quali deve essere formato processo verbale [126, 130, 422 // 44 disp. att.].

Quando il giudice provvede per iscritto, salvo che la legge disponga altrimenti [119 disp. att.], il cancelliere stende la scrittura [44, 46 disp. att.] e vi appone la sua sottoscrizione dopo quella del giudice.

58. Altre attività del cancelliere. – Il cancelliere attende al rilascio di copie ed estratti autentici [743 ss. // 76, 100 disp. att. // 2714 CC.] dei documenti prodotti, all'iscrizione delle cause a ruolo [168, 347 // 71 disp. att.], alla formazione del fascicolo d'ufficio [168] e alla conservazione di quelli delle parti [169, 320 // 72 ss. disp. att.], alle comunicazioni [136, 170, 489 // 45 disp. att.] e alle notificazioni [137, 151, 170, 489] prescritte dalla legge o dal giudice, nonché alle altre incombenze che la legge gli attribuisce (1).

(1) V. art. 226, 267, 280, 292, 347, 377, 485, 520, 534, 744 CPC.

59. Attività dell'ufficiale giudiziario. – L'ufficiale giudiziario assiste il giudice in udienza [116 disp. att.], provvede all'esecuzione dei suoi ordini, esegue la notificazione degli atti [137 ss. // 47-51 disp. att.] e attende alle altre incombenze che la legge gli attribuisce [250, 492, 513, 534, 543, 555, 608, 613, 645, 733].

60. Responsabilità del cancelliere e dell'ufficiale giudiziario. – Il cancelliere e l'ufficiale giudiziario sono civilmente responsabili [28 Cost. // 2043 ss. CC.]:

1) quando, senza giusto motivo, ricusano di compiere gli atti che sono loro legalmente richiesti oppure omettono di compierli nel termine [328 CP.] che, su istanza di parte, è fissato dal giudice dal quale dipendono o dal quale sono stati delegati;

2) quando hanno compiuto un atto nullo con dolo o colpa grave [162[2]].

Capo III
Del consulente tecnico, del custode e degli altri ausiliari del giudice

61. Consulente tecnico (1). – Quando è necessario, il giudice può farsi assistere, per il compimento di singoli atti o per tutto il processo, da uno o più consulenti di particolare competenza tecnica [191 ss., 217, 259, 260, 424, 441, 445 // 419 CC.].

La scelta dei consulenti tecnici deve essere normalmente fatta tra le persone iscritte in albi speciali formati a norma delle disposizioni di attuazione al presente codice [13 ss. e 146 disp. att.].

(1) V. art. 49-57, 168, 170, 275 del d.P.R. 30/5/2002 n. 115, Patrocinio a spese dello Stato, Spese di giustizia ed indennità giudiziarie.

62. Attività del consulente. – Il consulente compie le indagini [194 // 90-92 disp. att.] che gli sono commesse dal giudice e fornisce, in udienza e in camera di consiglio, i chiarimenti che il giudice gli richiede a norma degli artt. 194 ss. e degli artt. 424 e 445 [90-92 disp. att.] (1).

(1) Il precedente riferimento agli art. 441 e 463 è stato così sostituito dalla l. 11/8/1973, n. 553, Controversie di lavoro.

63. Obbligo di assumere l'incarico e ricusazione del consulente. – Il consulente scelto tra gli iscritti in un albo ha l'obbligo [366 CP.] di prestare il suo ufficio [19 ss. disp. att.], tranne che il giudice riconosca che ricorre un giusto motivo di astensione [192].

Il consulente può essere ricusato dalle parti per i motivi indicati nell'art. 51.

Della ricusazione del consulente conosce il giudice che l'ha nominato [89 disp. att.].

64. Responsabilità del consulente. – Si applicano al consulente tecnico le disposizioni del codice penale relative ai periti [314, 366, 373 CP.].

In ogni caso, il consulente tecnico che incorre in colpa grave nell'esecuzione degli atti che gli sono richiesti, è punito con l'arresto fino a un anno o con l'ammenda fino a € 10.329 [179]. Si applica l'art. 35 del codice penale. In ogni caso è dovuto il risarcimento dei danni causati alle parti [2043 ss. CC. // 19 disp. att.] (1).

(1) Comma così sostituito dalla l. 4/6/1985, n. 281.

65. Custode. – La conservazione e l'amministrazione dei beni pignorati [520-522, 559, 560] o sequestrati [676] sono affidate a un custode, quando la legge non dispone altrimenti [676, 679, 759 // 166 disp. att.].

Il compenso al custode è stabilito, con decreto, dal giudice dell'esecuzione nel caso di nomina fatta dall'ufficiale giudiziario e in ogni altro caso dal giudice che l'ha nominato (1).

(1) Comma così sostituito dal d.lg. 19/2/1998, n. 51. Il testo precedente così recitava: «Il compenso al custode è stabilito, con decreto, dal pretore nel caso di nomina fatta dall'ufficiale giudiziario e in ogni altro caso dal giudice che l'ha nominato».

66. Sostituzione del custode. – Il giudice, d'ufficio o su istanza di parte, può disporre in ogni tempo la sostituzione del custode.

Il custode che non ha diritto a compenso [522², 546, 559¹, 679²] può chiedere in ogni tempo di essere sostituito; altrimenti può chiederlo soltanto per giusti motivi.

Il provvedimento di sostituzione è dato, con ordinanza non impugnabile, dal giudice di cui all'art. 65, secondo comma (1).

(1) Comma così sostituito dal d.lg. 19/2/1998, n. 51. Il testo precedente così recitava: «*Il provvedimento di sostituzione è dato, con ordinanza non impugnabile, dal pretore o dal giudice di cui al secondo comma dell'articolo precedente*».

67. Responsabilità del custode. – Ferme le disposizioni del codice penale [328, 335, 349, 351, 366, 388, 388 bis CP.], il custode che non esegue l'incarico assunto può essere condannato dal giudice a una pena pecuniaria [179] da euro 250 a euro 500 (1).

Egli è tenuto al risarcimento dei danni [2043 CC.] cagionati alle parti, se non esercita la custodia da buon padre di famiglia [521 // 1176 CC.].

(1) Le parole: "non superiore a euro 10" sono state così sostituite dall'art. 45, co. 8, l. 18/6/2009, n. 69.

68. Altri ausiliari. – Nei casi previsti dalla legge [122-124, 212, 261, 518, 533, 773, 568 // 161 disp. att.] o quando ne sorga necessità, il giudice, il cancelliere o l'ufficiale giudiziario si può fare assistere da esperti in una determinata arte o professione e, in generale, da persona idonea al compimento di atti che non è in grado di compiere da sé solo.

Il giudice può commettere a un notaio il compimento di determinati atti nei casi previsti dalla legge [212, 534 bis, 591 bis, 733, 765, 769, 786, 790, 791].

Il giudice può sempre richiedere l'assistenza della forza pubblica [755].

TITOLO II
DEL PUBBLICO MINISTERO

69. Azione del pubblico ministero. – Il pubblico ministero esercita l'azione civile nei casi stabiliti dalla legge [79, 754 // 23, 48, 50, 62, 67, 85, 102, 117, 119, 125, 264, 321, 417, 418, 429, 2098, 2409 CC. // artt. 6 e 7 r.d. 16/3/1942, n. 267].

70. Intervento in causa del pubblico ministero (1). – Il pubblico ministero deve intervenire, a pena di nullità rilevabile d'ufficio [158, 397 // 2 e 3 disp. att.]:

1) nelle cause che egli stesso potrebbe proporre [69];

2) nelle cause matrimoniali [117 ss. CC.], comprese quelle di separazione personale dei coniugi [706 ss. // 150 ss. CC.];

3) nelle cause riguardanti lo stato e la capacità delle persone [713, 721, 723, 728, 738, 740];

*(...)**;

5) negli altri casi previsti dalla legge [150, 221, 223, 706 ss. // 87, 89 CC. // 21, 22, 26 d.lg. n. 150/2011 // 5 l. 1/12/1970, n. 898].

Deve intervenire nelle cause davanti alla Corte di cassazione nei casi stabiliti dalla legge [375, 379, 380 // 137 e 138 disp. att.] (2).

Può infine intervenire in ogni altra causa in cui ravvisa un pubblico interesse [1 disp. att.].

(1) La Corte cost., con sent. 25/6/1996, n. 214, ha dichiarato l'illegittimità costituzionale del presente articolo nella parte in cui non prescrive l'intervento obbligatorio del pubblico ministero nei giudizi tra genitori naturali che comportino "provvedimenti relativi ai figli", nei sensi di cui agli art. 9 della l. n. 898/1970 e 710 del CPC. come risulta a seguito della sent. n. 416/1992.

* Il numero che recitava: «4) nelle cause collettive e nelle cause individuali di lavoro in grado di appello»; è stato abrogato dalla l. 11/8/1973, n. 533.

(2) Comma così sostituito dall'art. 75 del d.l. 21/6/2013, n. 69, conv., con modif., dalla l. 9/8/2013, n. 98.

71. Comunicazione degli atti processuali al pubblico ministero. – Il giudice, davanti al quale è proposta una delle cause indicate nel primo comma dell'articolo precedente, ordina la comunicazione [136] degli atti al pubblico ministero affinché possa intervenire [713, 723 // 1 disp. att.].

Lo stesso ordine il giudice può dare ogni volta che ravvisi uno dei casi previsti nell'ultimo comma dell'articolo precedente.

72. Poteri del pubblico ministero. – Il pubblico ministero, che interviene [267] nelle cause che avrebbe potuto proporre [69, 70], ha gli stessi poteri che competono alle parti e li esercita nelle forme che la legge stabilisce per queste ultime [115 // 2 disp. att.].

Negli altri casi di intervento previsti nell'art. 70, tranne che nelle cause davanti alla Corte di cassazione, il pubblico ministero può produrre documenti, dedurre prove, prendere conclusioni nei limiti delle domande proposte dalle parti.

Il pubblico ministero può proporre impugnazioni contro le sentenze relative a cause matrimoniali, salvo che per quelle di separazione personale dei coniugi [706 ss.].

Lo stesso potere spetta al pubblico ministero contro le sentenze che dichiarino l'efficacia o l'inefficacia di sentenze straniere relative a cause matrimoniali, salvo che per quelle di separazione personale dei coniugi.

Nelle ipotesi prevedute nei commi terzo e quarto, la facoltà di impugnazione spetta tanto al pubblico ministero presso il giudice che ha pronunciato la sentenza quanto a quello presso il giudice competente a decidere sull'impugnazione.

Il termine decorre dalla comunicazione della sentenza a norma dell'art. 133.

Restano salve le disposizioni dell'art. 397.

73. Astensione del pubblico ministero. – Ai magistrati del pubblico ministero che intervengono nel processo civile si applicano le disposizioni del presente codice relative all'astensione dei giudici [51], ma non quelle relative alla ricusazione [52].

74. Responsabilità del pubblico ministero*. – *Le norme sulla responsabilità del giudice e sull'esercizio dell'azione relativa* *si applicano anche ai magistrati del pubblico ministero che intervengono nel processo civile, quando nell'esercizio delle loro funzioni sono imputabili di dolo, frode o concussione.*

* L'articolo è stato abrogato dal d.P.R. 9/12/1987, n. 497.
V. Legge sulla responsabilità civile dei magistrati, 13/4/1988 n. 117.

TITOLO III
DELLE PARTI E DEI DIFENSORI

Capo I
Delle parti

75. Capacità processuale (1). – Sono capaci di stare in giudizio le persone che hanno il libero esercizio dei diritti [81, 86 // 1, 14, 397 CC.] che vi si fanno valere [299, 300].

Le persone che non hanno il libero esercizio dei diritti non possono stare in giudizio [182, 716] se non rappresentate [48, 320 ss., 357 ss., 402 ss., 414 ss. CC.], assistite [78 // 394, 424 CC.] o autorizzate [374 n. 5, 375 n. 3, 394 3, 424 CC.] secondo le norme che regolano la loro capacità.

Le persone giuridiche [11 ss. CC.] stanno in giudizio per mezzo di chi le rappresenta a norma della legge o dello statuto [6, 2278 CC.].

Le associazioni e i comitati, che non sono persone giuridiche, stanno in giudizio per mezzo delle persone indicate negli artt. 36 e seguenti del codice civile [94 // 41 CC.].

(1) La Corte cost., con sent. 16/10/1986, n. 220, ha dichiarato l'illegittimità costituzionale del presente articolo nella parte in cui non prevede, ove emerga una situazione di scomparsa del convenuto, la interruzione del processo e la segnalazione, ad opera del giudice, del caso al pubblico ministero perché promuova la nomina di un curatore, nei cui confronti debba l'attore riassumere il giudizio.

76. Famiglia reale*. *– Al Re imperatore, alla Regina imperatrice e ai Principi della Casa reale è sostituito in giudizio il Ministro della real Casa.*

* Articolo abrogato in virtù dell'art. 1 Cost.

77. Rappresentanza del procuratore e dell'institore. – Il procuratore generale e quello preposto a determinati affari [1387 ss., 1704, 1903, 2203, 2209 CC.] non possono stare in giudizio per il preponente, quando questo potere non è stato loro conferito espressamente per iscritto, tranne che per gli atti urgenti e per le misure cautelari [669 bis ss. // 1745, 2204 2, 2209, 2212 CC.].

Tale potere si presume conferito al procuratore generale di chi non ha residenza o domicilio [43 CC.] nello Stato e all'institore [2204 CC.].

78. Curatore speciale. – Se manca la persona a cui spetta la rappresentanza o l'assistenza, o vi sono ragioni di urgenza, può essere nominato all'incapace, alla persona giuridica [11-13 CC.] o all'associazione non riconosciuta [36 ss. CC.] un curatore speciale [80] che li rappresenti o assista finché subentri colui al quale spetta la rappresentanza o l'assistenza [75, 762 2, 780 // 41, 356, 486 CC., 65 att. CC.].

Si procede altresì alla nomina di un curatore speciale al rappresentato, quando vi è conflitto d'interessi col rappresentante [247, 320 6, 347, 360 2, 1394, 1471 CC.].

Il giudice provvede alla nomina del curatore speciale del minore, anche d'ufficio e a pena di nullità degli atti del procedimento: 1) con riguardo ai casi in cui il pubblico ministero abbia chiesto la decadenza dalla responsabilità genitoriale di entrambi i genitori, o in cui uno dei genitori abbia chiesto la decadenza dell'altro; 2) in caso di adozione di provvedimenti ai sensi dell'articolo 403 del codice civile o di affidamento del minore ai sensi degli articoli 2 e seguenti della legge 4 maggio 1983, n. 184; 3) nel caso in cui dai fatti emersi nel procedimento venga alla luce una situazione di pregiudizio per il minore tale da precluderne l'adeguata rappresentanza processuale da parte di entrambi i genitori; 4) quando ne faccia richiesta il minore che abbia compiuto quattordici anni. In ogni caso il giudice può nominare un curatore speciale quando i genitori appaiono per gravi ragioni temporaneamente inadeguati a rappresentare gli interessi del minore; il provvedimento di nomina del curatore deve essere succintamente motivato.*

* I co. 3 e 4 sono stati inseriti dall'art. 1, co. 37, l. 26/11/2021, n. 206 e successivamente abrogati dall'art. 3, co. 5, d.lg. 10/10/2022, n. 149.

79. Istanza di nomina del curatore speciale. – La nomina del curatore speciale di cui all'articolo precedente può essere in ogni caso chiesta dal pubblico ministero [182, 299]. Può essere chiesta anche dalla persona che deve essere rappresentata o assistita, sebbene incapace, nonché dai suoi prossimi congiunti e, in caso di conflitto di interessi, dal rappresentante.

Può essere inoltre chiesta da qualunque altra parte in causa che vi abbia interesse [100].

80. Provvedimento di nomina del curatore speciale. – L'istanza per la nomina del curatore speciale si propone al conciliatore o al presidente dell'ufficio giudiziario davanti al quale s'intende proporre la causa. Se la necessità di nominare un curatore speciale sorge nel corso di un procedimento, anche di natura cautelare, alla nomina provvede, d'ufficio, il giudice che procede (1).

Il giudice, assunte le opportune informazioni e sentite possibilmente le persone interessate, provvede con decreto [135]. Questo è comunicato al pubblico ministero affinché provochi, quando occorre, i provvedimenti per la costituzione della normale rappresentanza o assistenza dell'incapace, della persona giuridica o dell'associazione non riconosciuta.

Al curatore speciale del minore il giudice può attribuire nel provvedimento di nomina, ovvero con provvedimento non impugnabile adottato nel corso del giudizio, specifici poteri di rappresentanza sostanziale. Il curatore speciale del minore procede al suo ascolto. Il minore che abbia compiuto quattordici anni, i genitori che esercitano la responsabilità genitoriale, il tutore o il pubblico ministero possono chiedere con istanza motivata al presidente del tribunale o al giudice che procede, che decide con decreto non impugnabile, la revoca del curatore per gravi inadempienze o perché mancano o sono venuti meno i presupposti per la sua nomina.*

(1) Comma così modificato dall'art. 1, co. 37, l. 26/11/2021, n. 206; la precedente formulazione era «L'istanza per la nomina del curatore speciale si propone al giudice di pace [, al pretore]* o al presidente dell'ufficio giudiziario davanti al quale s'intende proporre la causa.».

* Comma abrogato dall'art. 3, co. 5, d.lg. 10/10/2022, n. 149.

81. Sostituzione processuale. – Fuori dei casi espressamente previsti dalla legge [273, 1705, 1979, 2900 CC.], nessuno può far valere nel processo in nome proprio un diritto altrui.

Capo II
Dei difensori

82. Patrocinio (1). – Davanti al giudice di pace le parti possono stare in giudizio personalmente nelle cause il cui valore [10] non eccede € 1.100 (2).

Negli altri casi, le parti non possono stare in giudizio se non col ministero o con l'assistenza di un difensore [317]. Il giudice di pace tuttavia, in considerazione della natura ed entità della causa, con decreto emesso anche su istanza verbale della parte, può autorizzarla a stare in giudizio di persona.

Salvi i casi in cui la legge dispone altrimenti [86, 707], davanti (3) al tribunale e alla corte d'appello le parti debbono stare in giudizio col ministero di un procuratore legalmente esercente; e davanti alla Corte di cassazione col ministero di un avvocato iscritto nell'apposito albo.

(1) Articolo così sostituito dall'art. 20 della l. 21/11/1991, n. 374.

(2) Le parole: "€ 516,46" sono state così sostituite dal d.l. 22/12/2011, n. 212, conv. con l. 17/2/2012, n. 10.

(3) Le parole: "al pretore," sono state soppresse dal d.lg. 19/2/1998, n. 51.

83. Procura alle liti (1). – Quando la parte sta in giudizio col ministero di un difensore, questi deve essere munito di procura [125, 319].

La procura alle liti può essere generale o speciale [221^2, 365, 398^3, 579^2] e deve essere conferita con atto pubblico o scrittura privata autenticata [2699, 2703 CC.].

La procura speciale può essere anche apposta in calce o a margine della citazione [163, 316, 342], ricorso [366, 486, 615^2, 617^2, 619, 638, 669 bis, 702 bis, 703, 712, 737], del controricorso [370], della comparsa di risposta [167, 293^2, 416] o d'intervento [267, 271] del precetto [480] o della domanda d'intervento nell'esecuzione [499], ovvero della memoria di nomina del nuovo difensore, in aggiunta o in sostituzione del difensore originariamente designato. In tali casi l'autografia della sottoscrizione della parte deve essere certificata dal difensore. La procura si considera apposta in calce anche se rilasciata su foglio separato che sia però congiunto materialmente all'atto cui si riferisce, o su documento informatico separato sottoscritto con firma digitale e congiunto all'atto cui si riferisce mediante strumenti informatici, individuati con apposito decreto del Ministero della giustizia. Se la procura alle liti è stata conferita su supporto cartaceo, il difensore che si costituisce attraverso strumenti telematici ne trasmette la copia informatica autenticata con firma digitale, nel rispetto della normativa, anche regolamentare, concernente la sottoscrizione, la trasmissione e la ricezione dei documenti informatici e trasmessi in via telematica.

La procura speciale si presume conferita soltanto per un determinato grado del processo, quando nell'atto non è espressa volontà diversa.

(1) Articolo aggiornato con le modif. introdotte dalla l. 18/6/2009, n. 69.

84. Poteri del difensore. – Quando la parte sta in giudizio col ministero del difensore [82], questi può compiere e ricevere [170], nell'interesse della parte stessa, tutti gli atti del processo che dalla legge non sono ad essa espressamente riservati [221^2, 231, 233, 234, 286].

In ogni caso non può compiere atti che importano disposizione del diritto in contesa, se non ne ha ricevuto espressamente il potere [306^2, 390^2 // 2731, 2737 CC.].

85. Revoca e rinuncia alla procura. – La procura può essere sempre revocata e il difensore può sempre rinunciarvi, ma la revoca e la rinuncia non hanno effetto [301^3] nei confronti dell'altra parte finché non sia avvenuta la sostituzione del difensore.

86. Difesa personale della parte. – La parte o la persona che la rappresenta o assiste, quando ha la qualità necessaria per esercitare l'ufficio di difensore con procura presso il giudice adito, può stare in giudizio senza il ministero di altro difensore [82].

87. Assistenza degli avvocati e del consulente tecnico. – La parte può farsi assistere da uno o più avvocati, e anche da un consulente tecnico nei casi e con i modi stabiliti nel presente codice [201].

Capo III
Dei doveri delle parti e dei difensori

88. Dovere di lealtà e di probità. – Le parti e i loro difensori hanno il dovere di comportarsi in giudizio con lealtà e probità [92, 96, 116^2, 175].

In caso di mancanza dei difensori a tale dovere, il giudice deve riferirne alle autorità che esercitano il potere disciplinare su di essi.

89. Espressioni sconvenienti od offensive. – Negli scritti presentati e nei discorsi pronunciati davanti al giudice, le parti e i loro difensori non debbono usare espressioni sconvenienti od offensive.

Il giudice, in ogni stato dell'istruzione, può disporre con ordinanza che si cancellino le espressioni sconvenienti od offensive, e, con la sentenza che decide la causa, può inoltre assegnare alla persona offesa una somma a titolo di risarcimento del danno anche non patrimoniale sofferto [2059 CC. // 185 CP.], quando le espressioni offensive non riguardano l'oggetto della causa [598^2 CP.].

Capo IV
Delle responsabilità delle parti per le spese e per i danni processuali

90. Onere delle spese*. – *Salve le disposizioni relative al gratuito patrocinio, nel corso del processo ciascuna delle parti deve provvedere alle spese degli atti che compie e di quelli che chiede, e deve anticiparle per gli altri atti necessari al processo quando l'anticipazione è posta a suo carico dalla legge o dal giudice.*

* L'articolo è stato abrogato dal d.P.R. 30/5/2002, n. 115.

91. Condanna alle spese. – Il giudice, con la sentenza che chiude il processo davanti a lui [277, $279^{2\text{ n. }1,2,3,5}$], condanna la parte soccombente al rimborso delle spese a favore dell'altra parte [54^3, 97, 216^2, 306^4, 310^4, 385, 391 // 75, 152 att. // 2877^2 CC.] e ne liquida l'ammontare insieme con gli onorari di difesa. Se accoglie la domanda in misura non superiore all'eventuale proposta conciliativa, condanna la parte che ha rifiutato senza giustificato motivo la proposta al pagamento delle spese del processo maturate dopo la formulazione della proposta, salvo quanto disposto dal secondo comma dell'articolo 92 (1).

Le spese della sentenza sono liquidate dal cancelliere con nota in margine alla stessa; quelle della notificazione [137] della sentenza del titolo esecutivo [474] e del precetto [480] sono liquidate dall'ufficiale giudiziario con nota in margine all'originale e alla copia notificata [152 bis att.].

I reclami contro le liquidazioni di cui al comma precedente sono decisi con le forme previste negli articoli 287 e 288 dal capo dell'ufficio a cui appartiene il cancelliere o l'ufficiale giudiziario.

Nelle cause previste dall'articolo 82, primo comma, le spese, competenze ed onorari liquidati dal giudice non possono superare il valore della domanda (2).

(1) Questo periodo è stato così sostituito dall'art. 45, co. 10, l. 18/6/2009, n. 69.

(2) Comma aggiunto dal d.l. 22/12/2011, n. 212, conv. con l. 17/2/2012, n. 10.

CODICE PROCEDURA CIVILE

92. Condanna alle spese per singoli atti. Compensazione delle spese. – Il giudice, nel pronunciare la condanna di cui all'articolo precedente, può escludere la ripetizione delle spese sostenute dalla parte vincitrice [216²], se le ritiene eccessive o superflue; e può, indipendentemente dalla soccombenza, condannare una parte al rimborso delle spese, anche non ripetibili, che, per trasgressione al dovere di cui all'articolo 88, essa ha causato all'altra parte.

Se vi è soccombenza reciproca ovvero nel caso di assoluta novità della questione trattata o mutamento della giurisprudenza rispetto alle questioni dirimenti, il giudice può compensare le spese tra le parti, parzialmente o per intero (1).

Se le parti si sono conciliate, le spese si intendono compensate, salvo che le parti stesse abbiano diversamente convenuto nel processo verbale di conciliazione [185³, 199, 320², 322², 420³, 652 // 88 att.].

(1) Comma sostituito dall'art. 2, co. 1, lett. a), l. 28/12/2005, n. 263, come modificato dall'art. 2, co. 1, d.l. 30/12/2005, n. 271, non conv. in legge (comunicato pubblicato nella G.U. 1/3/2006, n. 50), le cui modif. sono state recepite dall'art. 39-quater, co. 2 d.l. 30/12/2005, n. 273, conv., con modif., dalla l. 23/2/2006, n. 51, a decorrere dal 1/3/2006; tali disposizioni si applicano ai procedimenti instaurati successivamente a tale data. Infine il presente comma è stato così modificato dall'art. 45, co. 11, l. 18/6/2009, n. 69. Per le disposizioni transitorie, vedi l'art. 58 della medesima l. n. 69/2009. Successivamente, il presente comma è stato così sostituito dall'art. 13, co. 1, d.l. 12/9/2014, n. 132, conv., con modif., dalla l. 10/11/2014, n. 162; per l'applicazione di tale ultima disposizione, vedi l'art. 13, co. 1, del medesimo d.l. n. 132/2014.

• La Corte Costituzionale con sent. 7/3/2018, n. 77 ha dichiarato l'illegittimità costituzionale dell'art. 92, co. 2, CPC. nel testo modificato dall'art. 13, co. 1, d.l. 12/9/2014, n. 132 (Misure urgenti di degiurisdizionalizzazione ed altri interventi per la definizione dell'arretrato in materia di processo civile), conv., con modif., nella l. 10/11/2014, n. 162, nella parte in cui non prevede che il giudice possa compensare le spese tra le parti, parzialmente o per intero, anche qualora sussistano altre analoghe gravi ed eccezionali ragioni.

93. Distrazione delle spese. – Il difensore con procura [83] può chiedere che il giudice, nella stessa sentenza in cui condanna alle spese, distragga in favore suo e degli altri difensori gli onorari non riscossi e le spese che dichiara di avere anticipate [75 att.]. Finché il difensore non abbia conseguito il rimborso che gli è stato attribuito, la parte può chiedere al giudice, con le forme stabilite per la correzione delle sentenze [287 ss.], la revoca del provvedimento, qualora dimostri di aver soddisfatto il credito del difensore per gli onorari e le spese.

94. Condanna di rappresentanti o curatori. – Gli eredi beneficiati [484 CC.], i tutori [348, 424 CC.], i curatori [392 CC.] e in generale coloro che rappresentano o assistono la parte in giudizio [75] possono essere condannati personalmente, per motivi gravi che il giudice deve specificare nella sentenza, alle spese dell'intero processo o di singoli atti, anche in solido [1292 CC.] con la parte rappresentata o assistita.

95. Spese del processo di esecuzione. – Le spese sostenute dal creditore procedente [491 ss. // 165³ att.] e da quelli intervenuti [499] che partecipano utilmente alla distribuzione [510, 611, 614] sono a carico di chi ha subito l'esecuzione, fermo il privilegio stabilito dal codice civile [2749, 2755, 2770, 2777 CC.].

96. Responsabilità aggravata. – Se risulta che la parte soccombente ha agito o resistito in giudizio con mala fede o colpa grave, il giudice, su **istanza dell'altra parte**, la condanna, oltre che alle spese, al risarcimento dei danni [2043 CC.], che liquida, anche d'ufficio, nella sentenza.

Il giudice che accerta l'inesistenza del diritto per cui è stato eseguito un provvedimento cautelare [669 novies³, 669 duodecies] o trascritta domanda giudiziale [2652 ss., 2690 ss. CC.] o iscritta ipoteca giudiziale [2818 CC.], oppure iniziata o compiuta l'esecuzione forzata [483 ss. // 2910 ss., 2930 ss. CC.], su istanza della parte danneggiata condanna al risarcimento dei danni l'attore o il creditore procedente, che ha agito senza la normale prudenza. La liquidazione dei danni è fatta a norma del comma precedente.

In ogni caso, quando pronuncia sulle spese ai sensi dell'articolo 91, il giudice, **anche d'ufficio**, può altresì condannare la parte soccombente al pagamento, a favore della controparte, di una somma equitativamente determinata [385 // 1226 CC. // 26² CPA.] (1).

Nei casi previsti dal primo, secondo e terzo comma, il giudice condanna altresì la parte al pagamento, in favore della cassa delle ammende, di una somma di denaro non inferiore ad euro 500 e non superiore ad euro 5.000 (2).

(1) Questo comma è stato aggiunto dall'art. 45, co. 12, l. 18/6/2009, n. 69.

(2) Comma aggiunto dall'art. 3, co. 6, d.lg. 10/10/2022, n. 149.

97. Responsabilità di più soccombenti. – Se le parti soccombenti sono più [33, 102 ss.], il giudice condanna ciascuna di esse alle spese [91] e ai danni [96] in proporzione del rispettivo interesse nella causa. Può anche pronunciare condanna solidale [1292 CC.] di tutte o di alcune tra esse, quando hanno interesse comune.

Se la sentenza non statuisce sulla ripartizione delle spese e dei danni, questa si fa per quote uguali.

98. Cauzione per le spese (1). – Il giudice istruttore, il pretore o il giudice di pace, su istanza del convenuto, può disporre con ordinanza che l'attore non ammesso al gratuito patrocinio, presti cauzione per il rimborso delle spese, quando vi è fondato timore che l'eventuale condanna possa restare ineseguita.

Se la cauzione non è prestata nel termine stabilito, il processo si estingue.

(1) La Corte cost. con sent. 29/11/1960, n. 67, ha dichiarato l'illegittimità costituzionale del presente articolo.

TITOLO IV
DELL'ESERCIZIO DELL'AZIONE

99. Principio della domanda. – Chi vuole far valere un diritto in giudizio deve proporre domanda [104, 163 // 1384, 2697, 2907, 2943 CC.] al giudice competente [7 ss.].

100. Interesse ad agire. – Per proporre una domanda o per contraddire alla stessa è necessario avervi interesse [81, 105 ss., 216², 246 // 117¹, 1421 CC.].

101. Principio del contraddittorio. – Il giudice, salvo che la legge disponga altrimenti, non può statuire sopra alcuna domanda, se la parte contro la quale è proposta non è stata regolarmente citata [164] e non è comparsa [181, 291].

Il giudice assicura il rispetto del contraddittorio e, quando accerta che dalla sua violazione è derivata una lesione del diritto di difesa, adotta i provvedimenti opportuni. Se ritiene di porre a fondamento della decisione una questione rilevata d'ufficio, il giudice riserva la decisione, assegnando alle parti, a pena di nullità, un termine, non inferiore a venti giorni e non superiore a quaranta giorni dalla comunicazione, per il deposito in cancelleria di memorie contenenti osservazioni sulla medesima questione (1).

(1) Comma aggiunto dall'art. 45, co. 13, l. 18/6/2009 n. 69, a decorrere dal 4/7/2009. Ai sensi dell'art. 58, co. 1, della predetta

legge, tale disposizione si applica ai giudizi instaurati dopo la data della sua entrata in vigore.

• Comma così sostituito dall'art. 3, co. 7, d.lg. 10/10/2022, n. 149; la precedente formulazione era «Se ritiene di porre a fondamento della decisione una questione rilevata d'ufficio, il giudice riserva la decisione, assegnando alle parti, a pena di nullità, un termine, non inferiore a venti e non superiore a quaranta giorni dalla comunicazione, per il deposito in cancelleria di memorie contenenti osservazioni sulla medesima questione».

102. Litisconsorzio necessario. – Se la decisione non può pronunciarsi che in confronto di più parti [331, 784 // 180, 247, 248, 249, 1010, 2733, 2738, 2900, 2901 CC.], queste debbono agire o essere convenute nello stesso processo (1).

Se questo è promosso da alcune o contro alcune soltanto di esse, il giudice ordina l'integrazione del contraddittorio [268^2, 307, 350, 354, 375, 383, 420] in un termine perentorio [152] da lui stabilito (2).

(1) V. art. 144 del d.lg. 7/9/2005, n. 209 (Codice delle assicurazioni private): «Il danneggiato per sinistro causato dalla circolazione di un veicolo o di un natante, per i quali vi è obbligo di assicurazione, ha azione diretta per il risarcimento del danno nei confronti dell'impresa di assicurazione del responsabile civile, entro i limiti delle somme per le quali è stata stipulata l'assicurazione.
Per l'intero massimale di polizza l'impresa di assicurazione non può opporre al danneggiato eccezioni derivanti dal contratto, né clausole che prevedano l'eventuale contributo dell'assicurato al risarcimento del danno. L'impresa di assicurazione ha tuttavia diritto di rivalsa verso l'assicurato nella misura in cui avrebbe avuto contrattualmente diritto di rifiutare o ridurre la propria prestazione.
Nel giudizio promosso contro l'impresa di assicurazione è chiamato anche il responsabile del danno.
L'azione diretta che spetta al danneggiato nei confronti dell'impresa di assicurazione è soggetta al termine di prescrizione cui sarebbe soggetta l'azione verso il responsabile».
Cfr. art. 18, 129, co. 2 e 180 del r.d. 16/3/1942 n. 267 (Fallimento).

(2) La Corte cost. con sent. 8/2/2006, n. 41, ha dichiarato l'illegittimità costituzionale del combinato disposto degli art. 38 e 102 CPC., nella parte in cui, in ipotesi di litisconsorzio necessario, consente di ritenere improduttiva di effetti l'eccezione di incompetenza territoriale derogabile proposta non da tutti i litisconsorti convenuti.

103. Litisconsorzio facoltativo (1). – Più parti possono agire o essere convenute nello stesso processo, quando tra le cause che si propongono esiste connessione per l'oggetto o per il titolo dal quale dipendono [31 ss., 40], oppure quando la decisione dipende, totalmente o parzialmente, dalla risoluzione di identiche questioni.

Il giudice può disporre, nel corso della istruzione o nella decisione, la separazione delle cause, se vi è istanza di tutte le parti, ovvero quando la continuazione della loro riunione ritarderebbe o renderebbe più gravoso il processo, e può rimettere al giudice inferiore le cause di sua competenza [104, 274, 277, $279^{n.\,5}$].

(1) Articolo così sostituito ex l. 14/7/1950, n. 581.

104. Pluralità di domande contro la stessa parte (1). – Contro la stessa parte possono proporsi nel medesimo processo più domande [33] anche non altrimenti connesse, purché sia osservata la norma dell'articolo 10 secondo comma.

È applicabile la disposizione del secondo comma dell'articolo precedente [$279^{n.\,5}$].

(1) Articolo così sostituito ex l. 14/7/1950, n. 581.

105. Intervento volontario. – Ciascuno può intervenire in un processo [267-272, 344, 404, 499, 525, 551, 563] tra altre persone per far valere, in confronto di tutte le parti o di alcune di esse, un diritto relativo all'oggetto o dipendente dal titolo [$163^{nn.\,3\,e\,4}$] dedotto nel processo medesimo [111, 267, 268, 419 // 704, 974, 1015, 1113, 1292, 2943^2 CC.] (1).

Può altresì intervenire per sostenere le ragioni di alcuna delle parti, quando vi ha un proprio interesse [100 // 1595, 1944 CC.] (2).

(1) Cfr. art. 6 della l. 13/4/1988, n. 117 (*Responsabilità dei magistrati*).
Cfr. art. 43, 99 del r.d. 16/3/1942, n. 267 (*Fallimento).*

(2) Ai sensi dell'art. 287, co. 3, d.lg. 7/9/2005, n. 209 «L'azione per il risarcimento del danno deve essere esercitata esclusivamente nei confronti dell'impresa designata. La CONSAP – Fondo di garanzia per le vittime della strada può tuttavia intervenire nel processo, anche in grado di appello».

106. Intervento su istanza di parte. – Ciascuna parte può chiamare nel processo un terzo al quale ritiene comune la causa o dal quale pretende essere garantita [32, 108, 111^3, 167^2, 183, 269, 271, 420^9 // 1012, 1485, 1585, 1777^2, 1917^4, 1953 CC.].

107. Intervento per ordine del giudice. – Il giudice, quando ritiene opportuno che il processo si svolga in confronto di un terzo al quale la causa è comune, ne ordina l'intervento [111^3, 270, 272, 420^9].

108. Estromissione del garantito. – Se il garante comparisce e accetta di assumere la causa in luogo del garantito, questi può chiedere, qualora le altre parti non si oppongano, la propria estromissione [32, 81, 106, 111^3, 354 // 1586, 1777^2 CC.]. Questa è disposta dal giudice con ordinanza [134]; ma la sentenza di merito pronunciata nel giudizio spiega i suoi effetti anche contro l'estromesso [2908, 2909 CC.].

109. Estromissione dell'obbligato. – Se si contende a quale di più parti spetta una prestazione e l'obbligato si dichiara pronto a eseguirla a favore di chi ne ha diritto, il giudice può ordinare il deposito della cosa o della somma dovuta e, dopo il deposito, può estromettere l'obbligato dal processo [354 // 1777^2 CC.].

110. Successione nel processo. – Quando la parte vien meno per morte o per altra causa [63 CC.], il processo è proseguito dal successore universale o in suo confronto [286, 299, 300, 328] (1).

(1) V. art. 289, co. 1-2, d.lg. 7/9/2005, n. 209 (Codice delle assicurazioni private): «Le sentenze ottenute dal danneggiato nei confronti dell'impresa di assicurazione sono opponibili, se passate in giudicato prima che sia stato pubblicato il decreto di liquidazione coatta, all'impresa designata per il risarcimento dei danni entro i limiti fissati dall'art. 283, co. 4.
Se il decreto di liquidazione coatta interviene prima della formazione del giudicato, il processo prosegue, nei confronti del commissario liquidatore e dell'impresa designata, decorsi sei mesi dalla pubblicazione del decreto di liquidazione coatta. In ogni caso le pronunce sono opponibili, entro i limiti di risarcibilità fissati dall'art. 283, co. 4, nei confronti dell'impresa designata».
V. art. 294 del d.lg. n. 209/2005 cit.: «Gli aventi diritto al risarcimento dei danni presentano al commissario la domanda di risarcimento, a mezzo raccomandata, anche se sia stata precedentemente inviata all'impresa posta in liquidazione coatta.
Nessuna azione per il risarcimento può essere proposta nei confronti della procedura prima che siano decorsi sei mesi dalla richiesta. Le sentenze e gli altri provvedimenti che decidono sul risarcimento sono opponibili al Fondo di garanzia delle vittime della strada. La CONSAP – Fondo di garanzia delle vittime della strada può intervenire nel processo, anche in grado di appello.
Se il decreto di liquidazione coatta è pubblicato prima della formazione del giudicato, si applica l'art. 289 co. 1».

111. Successione a titolo particolare nel diritto controverso. – Se nel corso del processo si trasferisce il diritto controverso per atto tra vivi a titolo particolare, il processo prosegue tra le parti originarie.

Se il trasferimento a titolo particolare avviene a causa di morte il processo è proseguito dal successore universale o in suo confronto [299, 300 // 2312, 2324, 2484, 2495 CC. // 16 att. CC.].

In ogni caso il successore a titolo particolare può intervenire o essere chiamato nel processo [105, 106, 107] e, se le altre parti vi consentono, l'alienante o il successore universale può esserne estromesso.

La sentenza pronunciata contro questi ultimi spiega sempre i suoi effetti anche contro il successore a titolo particolare [2909 CC.] ed è impugnabile anche da lui, salve le norme sull'acquisto in buona fede dei mobili [1153 CC.] e sulla trascrizione [2652, 2653, 2690 CC.].

TITOLO V
DEI POTERI DEL GIUDICE

112. Corrispondenza tra il chiesto e il pronunciato. – Il giudice deve pronunciare su tutta la domanda e non oltre i limiti di essa [163, 167, 183, 277, 414, 360 n. 4]; e non può pronunciare d'ufficio su eccezioni, che possono essere proposte soltanto dalle parti [38, 307[4], 630 // 1242, 1442, 2938, 2969 CC.].

113. Pronuncia secondo diritto. – Nel pronunciare sulla causa il giudice deve seguire le norme del diritto, salvo che la legge gli attribuisca il potere di decidere secondo equità [114, 432 // 912, 1226, 1349, 1384, 1733, 1736, 2045, 2047[2], 2056[2] CC. // 119[4] att.].

Il giudice di pace decide secondo equità le cause il cui valore non eccede millecento euro, salvo quelle derivanti da rapporti giuridici relativi a contratti conclusi secondo le modalità di cui all'articolo 1342 del codice civile (1).

(1) Questo comma è stato così sostituito dall'art. 1 del d.l. 8/2/2003, n. 18.

• La Corte cost., con sent. 6/7/2004, n. 206, ha dichiarato l'illegittimità del co. 2 nella parte in cui non prevede che il giudice di pace debba osservare i principi informatori della materia.

114. Pronuncia secondo equità a richiesta di parte. – Il giudice, sia in primo grado che in appello, decide il merito della causa secondo equità quando esso riguarda diritti disponibili delle parti e queste gliene fanno concorde richiesta [84[2], 339[2], 822 // 112, 118, 119[4] att.].

115. Disponibilità delle prove (1). – Salvi i casi previsti dalla legge [117, 118, 213, 257, 421, 422, 714, 822 // 2736 n. 2 CC.], il giudice deve porre a fondamento della decisione le prove proposte dalle parti o dal pubblico ministero nonché i fatti non specificatamente contestati dalla parte costituita.

Il giudice può tuttavia, senza bisogno di prova, porre a fondamento della decisione le nozioni di fatto che rientrano nella comune esperienza.

(1) Questo articolo è stato così sostituito dall'art. 45, co. 14, l. 18/6/2009, n. 69.
Il testo precedente così disponeva: «Salvi i casi previsti dalla legge il giudice deve porre a fondamento della decisione le prove proposte dalle parti o dal pubblico ministero. Può tuttavia, senza bisogno di prova, porre a fondamento della decisione e nozioni di fatto che rientrano nella comune esperienza».

116. Valutazione delle prove. – Il giudice deve valutare le prove secondo il suo prudente apprezzamento, salvo che la legge disponga altrimenti [239 // 2700, 2702, 2706 ss., 2712, 2714, 2721, 2729, 2733, 2735, 2738 CC.].

Il giudice può desumere argomenti di prova dalle risposte che le parti gli danno a norma dell'articolo seguente, dal loro rifiuto ingiustificato a consentire le ispezioni che egli ha ordinate [118, 258] e, in generale, dal contegno delle parti stesse nel processo [88, 200[2], 207[3], 232, 310[3], 428].

117. Interrogatorio non formale delle parti. – Il giudice, in qualunque stato e grado del processo, ha facoltà di ordinare la comparizione personale delle parti [350[3], 485] in contraddittorio tra loro per interrogarle liberamente sui fatti della causa [183, 185, 229]. Le parti possono farsi assistere dai difensori.

118. Ordine d'ispezione di persone e di cose. – Il giudice può ordinare [13, 14 Cost.] alle parti e ai terzi di consentire sulla loro persona o sulle cose in loro possesso le ispezioni che appaiono indispensabili per conoscere i fatti della causa [210 ss., 258 ss. // 93 att.], purché ciò possa compiersi senza grave danno per la parte o per il terzo [211, 260], e senza costringerli a violare uno dei segreti previsti negli articoli 351 e 352 del Codice di procedura penale (1).

Se la parte rifiuta di eseguire tale ordine senza giusto motivo, il giudice la condanna a una pena pecuniaria da euro 500 a euro 3.000 e (2) può da questo rifiuto desumere argomenti di prova a norma dell'articolo 116 secondo comma.

Se rifiuta il terzo, il giudice lo condanna a una pena pecuniaria da euro 250 ad euro 1.500 [179] (3).

(1) Ora 200 e 202 CPP.

(2) Le parole "la condanna a una pena pecuniaria da euro 500 a euro 3.000 e" sono state inserite dall'art. 3, co. 8, d.lg. 10/10/2022, n. 149.

(3) Le parole: "non superiore a euro 5" sono state così sostituite dall'art. 45, co. 15, l. 18/6/2009, n. 69.

119. Imposizione di cauzione. – Il giudice, nel provvedimento col quale impone una cauzione, deve indicare l'oggetto di essa, il modo di prestarla, e il termine entro il quale la prestazione deve avvenire [478 // 1015[2], 1172[2] CC. // 86, 155 att.].

120. Pubblicità della sentenza. – Nei casi in cui la pubblicità della decisione di merito può contribuire a riparare il danno, compreso quello derivante per effetto di quanto previsto all'articolo 96, il giudice, su istanza di parte, può ordinarla a cura e spese del soccombente, mediante inserzione per estratto, ovvero mediante comunicazione, nelle forme specificamente indicate, in una o più testate giornalistiche, radiofoniche o televisive e in siti internet da lui designati [2600[2] CC.] (1).

Se l'inserzione non avviene nel termine stabilito dal giudice, può procedervi la parte a favore della quale è stata disposta, con diritto a ripetere le spese dall'obbligato.

(1) Questo comma è stato così sostituito dall'art. 45, co. 16, l. 18/6/2009, n. 69.
Il testo precedente recitava: «Nei casi in cui la pubblicità della decisione di merito può contribuire a riparare il danno, il giudice, su istanza di parte, può ordinarla a cura e spese del soccombente, mediante inserzione per estratto in uno o più giornali da lui designati».

TITOLO VI
DEGLI ATTI PROCESSUALI

Capo I
Delle forme degli atti e dei provvedimenti

Sezione I
Degli atti in generale

121. Libertà di forme. Chiarezza e sinteticità degli atti (1). – Gli atti del processo, per i quali la legge non richiede forme determinate, possono essere compiuti nella forma più idonea al raggiungimento del loro scopo [125, 126, 131-135, 156 // 46 att.]. Tutti gli atti sono redatti in modo chiaro e sintetico (2).

(1) Le parole nella rubrica "Chiarezza e sinteticità degli atti" sono state introdotte dall'art. 3, co. 9, d.lg. 10/10/2022, n. 149.

(2) Le parole "Tutti gli atti del processo sono redatti in modo chiaro e sintetico" sono state aggiunte dall'art. 3, co. 9, d.lg. 10/10/2022, n. 149.

122. Uso della lingua italiana – Nomina dell'interprete (1). In tutto il processo è prescritto l'uso della lingua italiana.

Quando deve essere sentito chi non conosce la lingua italiana, il giudice può nominare un interprete.

Questi, prima di esercitare le sue funzioni, presta giuramento davanti al giudice di adempiere fedelmente il suo ufficio [366, 373 CP.].

(1) La Corte cost. con sent. 24/2/1992, n. 62 ha dichiarato l'illegittimità costituzionale degli art. 22 e 23 della l. 24/11/1981, n. 689, in combinato disposto con questo articolo, nella parte in cui non consentono ai cittadini italiani appartenenti alla minoranza linguistica slovena nel processo di opposizione a ordinanze-ingiunzioni applicative di sanzioni amministrative davanti al pretore avente competenza su un territorio dove sia insediata la predetta minoranza, di usare, su loro richiesta, la lingua materna nei propri atti, usufruendo per questi della traduzione nella lingua italiana, nonché di ricevere tradotti nella propria lingua gli atti dell'autorità giudiziaria e le risposte della controparte.

123. Nomina del traduttore. – Quando occorre procedere all'esame di documenti che non sono scritti in lingua italiana, il giudice può nominare un traduttore, il quale presta giuramento a norma dell'articolo precedente.

124. Interrogazione del sordo e del muto. – Se nel procedimento deve essere sentito un sordo, un muto o un sordomuto (1), le interrogazioni e le risposte possono essere fatte per iscritto.

Quando occorre, il giudice nomina un interprete, il quale presta giuramento a norma dell'art. 122 ultimo comma.

(1) A norma dell'art. 1 della l. 20/2/2006, n. 95, in tutte le disposizioni legislative vigenti, il termine "sordomuto" è sostituito con l'espressione "sordo".

125. Contenuto e sottoscrizione degli atti di parte (1). – Salvo che la legge disponga altrimenti, la citazione [163, 342, 398, 405], il ricorso [366, 414, 486, 499, 638, 669 bis, 693, 700, 702 bis, 703, 706, 712, 722, 726, 736, 736 bis, 737 // 184 att.], la comparsa [167, 190, 271, 416, 419], il controricorso [370], il precetto [480] debbono indicare l'Ufficio giudiziario, le parti, l'oggetto, le ragioni della domanda e le conclusioni o la istanza, e, tanto nell'originale quanto nelle copie da notificare, debbono essere sottoscritti dalla parte, se essa sta in giudizio personalmente [82, 86, 317], oppure dal difensore [83, 163³ // 170 att.] che indica il proprio codice fiscale. Il difensore deve altresì indicare il proprio numero di fax (2).

La procura al difensore dell'attore può essere rilasciata in data posteriore alla notificazione dell'atto, purché anteriormente alla costituzione della parte rappresentata [165].

La disposizione del comma precedente non si applica quando la legge richiede che la citazione sia sottoscritta dal difensore munito di mandato speciale [221, 365, 370, 398].

(1) Art. sostituito ex l. 14/7/1950, n. 581.

(2) Comma modificato dal d.l. 29/12/2009, n. 193, conv. nella l. 22/2/2010, n. 24, dal d.l. 13/8/2011, n. 138, conv., con modif., dalla l. 14/9/2011, n. 148 e dalla l. 12/11/2011, n. 183. Successivamente, il presente comma è stato così modificato dall'art. 45-bis, co. 1, d.l. 24/6/2014, n. 90, conv., con modif., dalla l. 11/8/2014, n. 114.

126. Contenuto del processo verbale. – Il processo verbale [130,195, 207, 422 // 1212 n. 3 CC. // 44, 46 att.] deve contenere l'indicazione delle persone intervenute e delle circostanze di luogo e di tempo nelle quali gli atti che documenta sono compiuti; deve inoltre contenere la descrizione delle attività svolte e delle rilevazioni fatte, nonché le dichiarazioni ricevute [87 att.].

Il processo verbale è sottoscritto dal cancelliere. Se vi sono altri intervenuti, il cancelliere, quando la legge non dispone altrimenti, dà loro lettura del processo verbale (1).

(1) Comma così sostituito dall'art. 45, co. 1, lett. a), d.l. 24/6/2014, n. 90, conv., con modif., dalla l. 11/8/2014, n. 114.

Sezione II
Delle udienze

127. Direzione dell'udienza. – L'udienza è diretta dal giudice singolo o dal presidente del collegio [175, 275 // 54, 113 att.].

Il giudice che la dirige può fare o prescrivere quanto occorre affinché la trattazione delle cause avvenga in modo ordinato e proficuo [84 att.], regola la discussione, determina i punti sui quali essa deve svolgersi [183] e la dichiara chiusa quando la ritiene sufficiente.

Il giudice può disporre, nei casi e secondo le disposizioni di cui agli articoli 127-bis e 127-ter, che l'udienza si svolga mediante collegamenti audiovisivi a distanza o sia sostituita dal deposito di note scritte (1).

(1) Comma inserito dall'art. 3, co. 10, d.lg. 10/10/2022, n. 149.

127 bis. Udienza mediante collegamenti audiovisivi (1). - Lo svolgimento dell'udienza, anche pubblica, mediante collegamenti audiovisivi a distanza può essere disposto dal giudice quando non è richiesta la presenza di soggetti diversi dai difensori, dalle parti, dal pubblico ministero e dagli ausiliari del giudice.

Il provvedimento di cui al primo comma è comunicato alle parti almeno quindici giorni prima dell'udienza. Ciascuna parte costituita, entro cinque giorni dalla comunicazione, può chiedere che l'udienza si svolga in presenza. Il giudice, tenuto conto dell'utilità e dell'importanza della presenza delle parti in relazione agli adempimenti da svolgersi in udienza, provvede nei cinque giorni successivi con decreto non impugnabile, con il quale può anche disporre che l'udienza si svolga alla presenza delle parti che ne hanno fatto richiesta e con collegamento audiovisivo per le altre parti. In tal caso resta ferma la possibilità per queste ultime di partecipare in presenza.

Se ricorrono particolari ragioni di urgenza, delle quali il giudice dà atto nel provvedimento, i termini di cui al secondo comma possono essere abbreviati.

(1) Articolo introdotto dall'art. 3, co. 10, d.lg. 10/10/2022, n. 149.

127 ter. Deposito di note scritte in sostituzione dell'udienza (1). – L'udienza, anche se precedentemente fissata, può essere sostituita dal deposito di note scritte, contenenti le sole istanze e conclusioni, se non richiede la presenza di soggetti diversi dai difensori, dalle parti, dal pubblico ministero e dagli ausiliari del giudice. Negli stessi casi, l'udienza è sostituita dal deposito di note scritte se ne fanno richiesta tutte le parti costituite.

Con il provvedimento con cui sostituisce l'udienza il giudice assegna un termine perentorio non inferiore a quindici giorni per il deposito delle note. Ciascuna parte costituita può opporsi entro cinque giorni dalla comunicazione; il giudice provvede nei cinque giorni successivi con decreto non impugnabile e, in caso di istanza proposta congiuntamente da tutte le parti, dispone in conformità. Se ricorrono particolari ragioni di urgenza, delle quali il giudice dà atto nel provvedimento, i termini di cui al primo e secondo periodo possono essere abbreviati.

Il giudice provvede entro trenta giorni dalla scadenza del termine per il deposito delle note.

Se nessuna delle parti deposita le note nel termine assegnato il giudice assegna un nuovo termine perentorio per il deposito delle note scritte o fissa udienza. Se nessuna delle parti deposita le note nel nuovo termine o compare all'udienza, il giudice ordina che la causa sia cancellata dal ruolo e dichiara l'estinzione del processo.

Il giorno di scadenza del termine assegnato per il deposito delle note di cui al presente articolo è considerato data di udienza a tutti gli effetti.

(1) Articolo introdotto dall'art. 3, co. 10, d.lg. 10/10/2022, n. 149.

128. Udienza pubblica. – L'udienza in cui si discute la causa è pubblica [190 bis, 275, 315, 321] a pena di nullità, ma il giudice che la dirige può disporre che si svolga a porte chiuse, se ricorrono ragioni di sicurezza dello Stato, di ordine pubblico o di buon costume [84 att.].

Il giudice esercita i poteri di polizia per il mantenimento dell'ordine e del decoro e può allontanare chi contravviene alle sue prescrizioni [68^3].

129. Doveri di chi interviene o assiste all'udienza. – Chi interviene o assiste all'udienza non può portare armi o bastoni e deve stare a capo scoperto e in silenzio.

È vietato fare segni di approvazione o di disapprovazione o cagionare in qualsiasi modo disturbo [340 CP.].

130. Redazione del processo verbale. – Il cancelliere redige il processo verbale di udienza sotto la direzione del giudice [126, 422 // 46, 84^3 att.].

Il processo verbale è sottoscritto da chi presiede l'udienza e dal cancelliere; di esso non si dà lettura, salvo espressa istanza di parte.

Sezione III
Dei provvedimenti

131. Forma dei provvedimenti in generale. – La legge prescrive in quali casi il giudice pronuncia sentenza, ordinanza o decreto.

In mancanza di tali prescrizioni, i provvedimenti sono dati in qualsiasi forma idonea al raggiungimento del loro scopo [121, 156^3].

Dei provvedimenti collegiali è compilato sommario processo verbale, il quale deve contenere la menzione della unanimità della decisione o del dissenso, succintamente motivato, che qualcuno dei componenti del collegio, da indicarsi nominativamente, abbia eventualmente espresso su ciascuna delle questioni decise. Il verbale, redatto dal meno anziano dei componenti togati del collegio e sottoscritto da tutti i componenti del collegio stesso, è conservato a cura del presidente in plico sigillato presso la cancelleria dell'ufficio (1).

(1) Comma aggiunto dall'art. 16 della l. 13/4/1988, n. 117.
La Corte cost., con sent. 19/1/1989, n. 18, ha dichiarato l'illegittimità costituzionale dell'art. 16, co. 2, l. 13/4/1988, n. 117, nella parte in cui dispone che «è compilato sommario processo verbale» anziché «può, se uno dei componenti dell'organo collegiale lo richieda, essere compilato sommario processo verbale».

132. Contenuto della sentenza (1). – La sentenza è pronunciata "In nome del popolo italiano" e reca l'intestazione: "Repubblica Italiana" [101 Cost.].

Essa deve contenere:

1) l'indicazione del giudice che l'ha pronunciata;

2) l'indicazione delle parti e dei loro difensori;

3) le conclusioni del pubblico ministero e quelle delle parti;

4) la concisa esposizione delle ragioni di fatto e di diritto della decisione (2);

5) il dispositivo, la data della deliberazione e la sottoscrizione del giudice [161^2 // 119 att.].

La sentenza emessa dal giudice collegiale è sottoscritta soltanto dal presidente e dal giudice estensore. Se il presidente non può sottoscrivere per morte o per altro impedimento, la sentenza viene sottoscritta dal componente più anziano del collegio, purché prima della sottoscrizione sia menzionato l'impedimento; se l'estensore non può sottoscrivere la sentenza per morte o altro impedimento è sufficiente la sottoscrizione del solo presidente, purché prima della sottoscrizione sia menzionato l'impedimento.

(1) Si veda l'art. 58, co. 2, l. 18/6/2009, n. 69 che dispone: «2. Ai giudizi pendenti in primo grado alla data di entrata in vigore della presente legge si applicano gli articoli 132, 345 e 616 del codice di procedura civile e l'articolo 118 delle disposizioni per l'attuazione del codice di procedura civile, come modificati dalla presente legge».

(2) Questo numero è stato così sostituito dall'art. 45, co. 17, l. 18/6/2009, n. 69. Il testo precedente disponeva: «4) la concisa esposizione dello svolgimento del processo e dei motivi in fatto e in diritto della decisione».

133. Pubblicazione e comunicazione della sentenza. – La sentenza è resa pubblica mediante deposito nella cancelleria del giudice che l'ha pronunciata [275, 314, 321, 352, 430, 438].

Il cancelliere dà atto del deposito in calce alla sentenza e vi appone la data e la firma, ed entro cinque giorni, mediante biglietto contenente il testo integrale della sentenza, ne dà notizia alle parti che si sono costituite [43^3, 47^2, 50, 136, 367, 731, 825 // 135 att.]. La comunicazione non è idonea a far decorrere i termini per le impugnazioni di cui all'articolo 325.

*L'avviso di cui al secondo comma può essere effettuato a mezzo telefax o a mezzo di posta elettronica nel rispetto della normativa, anche regolamentare, concernente la sottoscrizione, la trasmissione e la ricezione dei documenti informatici e teletrasmessi. A tal fine il difensore indica nel primo scritto difensivo utile il numero di fax o l'indirizzo di posta elettronica presso cui dichiara di voler ricevere l'avviso**.

* Il comma è stato aggiunto dall'art. 2, co. 3, lett. a), d.l. n. 35/2005 e successivamente abrogato dalla l. 12/11/2011, n. 183.

134. Forma, contenuto e comunicazione dell'ordinanza. – L'ordinanza è succintamente motivata [111 Cost.]. Se è pronunciata in udienza, è inserita nel processo verbale [126, 130, 176^2]; se è pronunciata fuori dell'udienza, è scritta in calce al processo verbale oppure in foglio separato, munito della data e della sottoscrizione del giudice o, quando questo è collegiale, del presidente [176 ss., 279^2, 487].

Il cancelliere comunica [136, 176^2, 237^2, 280, 487 // 121 att.] alle parti l'ordinanza pronunciata fuori dell'udienza [58], salvo che la legge ne prescriva la notificazione [137, 179^2, 192, 237^2, 292].

*(...)**.

* Il comma: «L'avviso di cui al secondo comma può essere effettuato a mezzo telefax o a mezzo di posta elettronica nel rispetto della normativa, anche regolamentare, concernente la sottoscrizione, la trasmissione e la ricezione dei documenti informatici e teletrasmessi. A tal fine il difensore indica nel primo scritto difensivo utile il numero di fax o l'indirizzo di posta elettronica presso cui dichiara di voler ricevere l'avviso» è stato aggiunto dal d.l. n. 35/2005, con decorrenza dal 1/3/2006 e successivamente abrogato dalla l. 12/11/2011, n. 183.

135. Forma e contenuto del decreto. – Il decreto è pronunciato d'ufficio o su istanza anche verbale della parte.

Se è pronunciato su ricorso, è scritto in calce al medesimo.

Quando l'istanza è proposta verbalmente, se ne redige processo verbale e il decreto è inserito nello stesso [126].

Il decreto non è motivato, salvo che la motivazione sia prescritta espressamente dalla legge [163 bis[2], 640[2], 641, 737]; è datato ed è sottoscritto dal giudice o, quando questo è collegiale, dal presidente.

Sezione IV
Delle comunicazioni e delle notificazioni

136. Comunicazioni. – Il cancelliere, con biglietto di cancelleria [45 att.] (1), fa le comunicazioni [163-bis[3], 168-bis[5], 181, 267, 289[2], 420[1], 485[1], 574[1], 630[2], 631[1], 709] che sono prescritte dalla legge o dal giudice al pubblico ministero [71], alle parti [170, 176[2], 267[2]], al consulente [192; 901, 912 att.], agli altri ausiliari del giudice [68] e ai testimoni, e dà notizia di quei provvedimenti per i quali è disposta dalla legge tale forma abbreviata di comunicazione.

Il biglietto è consegnato dal cancelliere al destinatario, che ne rilascia ricevuta, ovvero trasmesso a mezzo posta elettronica certificata, nel rispetto della normativa, anche regolamentare, concernente la sottoscrizione, la trasmissione e la ricezione dei documenti informatici (2).

Salvo che la legge disponga diversamente, se non è possibile procedere ai sensi del comma che precede, il biglietto [viene trasmesso a mezzo telefax, o] è rimesso all'ufficiale giudiziario per la notifica (3).

(1) L'art. 16, co. 1, d.l. 18/10/2012, n. 179, conv., con modif, in l. 17/12/2012, n. 221, ha soppresso, dopo le parole "con biglietto di cancelleria", le parole "in carta non bollata".

(2) Comma sostituito dall'art. 25 della l. 12/11/2011, n. 183, a decorrere, ai sensi dell'art. 36, della stessa legge, dai trenta giorni successivi al 1° gennaio 2012. Il testo recitava: «Il biglietto è consegnato dal cancelliere al destinatario, che ne rilascia ricevuta, o è rimesso all'ufficiale giudiziario per la notifica». Il comma era stato sostituito dapprima dall'art. 7 della l. 7/2/1979, n. 59 e successivamente dall'art. 21, lett. b), n. 1, l. 28/12/2005, n. 263. Ai sensi dell'art. 24 della l. n. 263, cit., le modifiche apportate agli art. 92, 136, 145, 147, 149, 155, 163-bis, 170, 186-bis, 186-ter, 186-quater, 255, 256, 269, 283, 293, 642, 787 e 788 si applicano ai procedimenti instaurati successivamente al 1/3/2006. Fino a tale data, il testo del secondo comma in vigore era: «Il biglietto è consegnato dal cancelliere al destinatario, che ne rilascia ricevuta, o è notificato dall'ufficiale giudiziario».

(3) Comma sostituito dall'art. 25 della l. 12/11/2011, n. 183, a decorrere, ai sensi dell'art. 36, della stessa legge, dai trenta giorni successivi al 1/1/2012. Il testo recitava: «Le comunicazioni possono essere eseguite a mezzo telefax o a mezzo posta elettronica nel rispetto della normativa, anche regolamentare, concernente la sottoscrizione, la trasmissione e la ricezione dei documenti informatici e teletrasmessi». Il comma era stato aggiunto dall'art. 21, lett. b), n. 2, l. n. 263, cit., con effetto a partire dal 1/3/2006. Successivamente l'art. 3, co. 11, lett. a), d.lg. 10/10/2022, n. 149 ha soppresso le parole "viene trasmesso a mezzo telefax, o" (ai sensi dell'art. 52 del d.lg. n. 149/2022, il presente decreto legislativo entra in vigore il giorno successivo a quello della sua pubblicazione nella G.U.). Per la disciplina transitoria v. art. 35 del d.lg. n. 149/2022, come da ultimo sostituito dall'art. 1, co. 380, lett. a), l. 29/12/2022, n. 197, che prevede che: «1. Le disposizioni del presente decreto, salvo che non sia diversamente disposto, hanno effetto a decorrere dal 28 febbraio 2023 e si applicano ai procedimenti instaurati successivamente a tale data. Ai procedimenti pendenti alla data del 28 febbraio 2023 si applicano le disposizioni anteriormente vigenti.».

• Seguiva un comma abrogato dall'art. 25 della l. 12/11/2011, n. 183, a decorrere, ai sensi dell'art. 36, della stessa legge, dai trenta giorni successivi al 1° gennaio 2012. Il testo era il seguente: «Tutte le comunicazioni alle parti devono essere effettuate con le modalità di cui al terzo comma». Il comma era stato aggiunto dall'art. 2, comma 35-ter, d.l. 13/8/2011, n. 138, conv., con modif., in l. 14/9/2011, n. 148.

137. Notificazioni (1). – Le notificazioni, quando non è disposto altrimenti [151], sono eseguite dall'ufficiale giudiziario, su istanza di parte o su richiesta del pubblico ministero o del cancelliere.

L'ufficiale giudiziario o l'avvocato esegue la notificazione mediante consegna al destinatario di copia conforme all'originale dell'atto da notificarsi [160] (2).

Se l'atto da notificare o comunicare è costituito da un documento informatico e il destinatario non possiede indirizzo di posta elettronica certificata, l'ufficiale giudiziario esegue la notificazione mediante consegna di una copia dell'atto su supporto cartaceo, da lui dichiarata conforme all'originale, e conserva il documento informatico per i due anni successivi. Se richiesto, l'ufficiale giudiziario invia l'atto notificato anche attraverso strumenti telematici all'indirizzo di posta elettronica dichiarato dal destinatario della notifica o dal suo procuratore, ovvero consegna ai medesimi, previa esazione dei relativi diritti, copia dell'atto notificato, su supporto informatico non riscrivibile (3).

Se la notificazione non può essere eseguita in mani proprie del destinatario, tranne che nel caso previsto dal secondo comma dell'articolo 143, l'ufficiale giudiziario consegna o deposita la copia dell'atto da notificare in busta che provvede a sigillare e su cui trascrive il numero cronologico della notificazione, dandone atto nella relazione in calce all'originale e alla copia dell'atto stesso. Sulla busta non sono apposti segni o indicazioni dai quali possa desumersi il contenuto dell'atto (4).

Le disposizioni di cui al quarto comma si applicano anche alle comunicazioni effettuate con biglietto di cancelleria ai sensi degli articoli 133 e (5).

L'avvocato esegue le notificazioni nei casi e con le modalità previste dalla legge (6).

L'ufficiale giudiziario esegue la notificazione su richiesta dell'avvocato se quest'ultimo non deve eseguirla a mezzo di posta elettronica certificata o servizio elettronico di recapito certificato qualificato, o con altra modalità prevista dalla legge, salvo che l'avvocato dichiari che la notificazione con le predette modalità non è possibile o non ha avuto esito positivo per cause non imputabili al destinatario. Della dichiarazione è dato atto nella relazione di notificazione (6).

(1) Cfr. l. 20/11/1982, n. 890, nonché l. 21/1/1994, n. 53.

(2) Comma così modificato dall'art. 3, co. 11, lett. b), n. 1), d.lg. 10/10/2022, n. 149 che ha inserito le parole: "o l'avvocato" (ai sensi dell'art. 52 del d.lg. n. 149/2022, il presente decreto legislativo entra in vigore il giorno successivo a quello della sua pubblicazione nella Gazzetta Ufficiale). Per la disciplina transitoria v. art. 35 del d.lg. n. 149/2022, come da ultimo sostituito dall'art. 1, co. 380, lett. a), l. 29/12/2022, n. 197, che prevede che: «1. Le disposizioni del presente decreto, salvo che non sia diversamente disposto, hanno effetto a decorrere dal 28 febbraio 2023 e si applicano ai procedimenti instaurati successivamente a tale data. Ai procedimenti pendenti alla data del 28 febbraio 2023 si applicano le disposizioni anteriormente vigenti.».

(3) Comma inserito dall'art. 45, co. 18, lett. a), l. 18/6/2009, n. 69 (legge di riforma 2009), con effetto a decorrere dal 4 luglio 2009, per i giudizi instaurati dopo la data della sua entrata in vigore.

(4) Comma inserito dall'art. 174, co. 1, d.lg. 30/6/2003, n. 196, con effetto dal 1/1/2004. Ma v. il d.lg. 10/8/2018, n. 101, il cui art. 27, co. 1, lett. c), n. 3), ha abrogato il suddetto art. 174 del d.lg. n. 196, cit.

(5) Comma inserito dall'art. 174, co. 1, d.lg. 30/6/2003, n. 196, con effetto dal 1/1/2004 e successivamente modificato dall'art. 45, co. 18, lett. b), l. 18/6/2009, n. 69, che ha sostituito la parola: "terzo", con la parola: "quarto". La legge di riforma del 2009 ha effetto a decorrere dal 4/7/2009, per i giudizi instaurati dopo la data della sua entrata in vigore. Ma v. il d.lg. 10/8/2018, n. 101, il cui art. 27, co. 1, lett. c), n. 3), ha abrogato il suddetto art. 174 del d.lg. n. 196, cit.

(6) Comma aggiunto dall'art. 3, co. 11, lett. b), n. 2), d.lg. 10/10/2022, n. 149 (ai sensi dell'art. 52 del d.lg. n. 149/2022, il

presente decreto legislativo entra in vigore il giorno successivo a quello della sua pubblicazione nella G.U.). Per la disciplina transitoria v. art. 35 del d.lg. n. 149/2022, come da ultimo sostituito dall'art. 1, co. 380, lett. a), l. 29/12/2022, n. 197, che prevede che: «1. Le disposizioni del presente decreto, salvo che non sia diversamente disposto, hanno effetto a decorrere dal 28 febbraio 2023 e si applicano ai procedimenti instaurati successivamente a tale data. Ai procedimenti pendenti alla data del 28 febbraio 2023 si applicano le disposizioni anteriormente vigenti.».

138. Notificazione in mani proprie (1). – L'ufficiale giudiziario esegue la notificazione di regola mediante consegna della copia nelle mani proprie del destinatario, presso la casa di abitazione oppure, se ciò non è possibile, ovunque lo trovi nell'ambito della circoscrizione dell'ufficio giudiziario al quale è addetto [2844 CC.].

Se il destinatario rifiuta di ricevere la copia, l'ufficiale giudiziario ne dà atto [148] nella relazione, e la notificazione si considera fatta in mani proprie [141[3]].

(1) Articolo così modificato dal d.lg. 30/6/2003, n. 196.

139. Notificazione nella residenza, nella dimora o nel domicilio. – Se non avviene nel modo previsto nell'articolo precedente, la notificazione deve essere fatta nel comune di residenza [142, 143 // 43, 44 CC.] del destinatario, ricercandolo nella casa di abitazione o dove ha l'ufficio o esercita l'industria o il commercio [2196 CC.].

Se il destinatario non viene trovato in uno di tali luoghi, l'ufficiale giudiziario consegna copia dell'atto a una persona di famiglia o addetta alla casa, all'ufficio o all'azienda, purché non minore di quattordici anni o non palesemente incapace.

In mancanza delle persone indicate nel comma precedente, la copia è consegnata al portiere dello stabile dove è l'abitazione, l'ufficio o l'azienda, e, quando anche il portiere manca, a un vicino di casa che accetti di riceverla.

Se la copia è consegnata al portiere o al vicino, l'ufficiale giudiziario ne dà atto nella relazione di notificazione, specificando le modalità con le quali ne ha accertato l'identità, e dà notizia al destinatario dell'avvenuta notificazione dell'atto, a mezzo di lettera raccomandata (1).

Se il destinatario vive abitualmente a bordo di una nave mercantile, l'atto può essere consegnato al capitano o a chi ne fa le veci [293, 321 CNav.].

Quando non è noto il comune di residenza, la notificazione si fa nel comune di dimora, e, se anche questa è ignota, nel comune di domicilio [144, 145 // 43-45 CC.], osservate in quanto è possibile le disposizioni precedenti.

(1) Comma così sostituito dall'art. 3, co. 11, d.lg. 10/10/2022, n. 149; la precedente formulazione era «Il portiere o il vicino deve sottoscrivere una ricevuta, e l'ufficiale giudiziario dà notizia al destinatario dell'avvenuta notificazione dell'atto, a mezzo di lettera raccomandata».

140. Irreperibilità o rifiuto di ricevere la copia (1). – Se non è possibile eseguire la consegna per irreperibilità o per incapacità o rifiuto delle persone indicate nell'articolo precedente, l'ufficiale giudiziario deposita la copia nella casa del comune dove la notificazione deve eseguirsi, affigge avviso del deposito in busta chiusa e sigillata (2) alla porta dell'abitazione o dell'ufficio o dell'azienda del destinatario, e gliene dà notizia per raccomandata con avviso di ricevimento [48 att.].

(1) La Corte cost., con sent. 14/1/2010, n. 3, ha dichiarato l'illegittimità costituzionale di questo articolo nella parte in cui prevede che la notifica si perfezioni, per il destinatario, con a spedizione della raccomandata informativa, anziché con il ricevimento della stessa o, comunque decorsi dieci giorni dalla relativa spedizione.

(2) Le parole: "in busta chiusa e sigillata" sono state inserite dall'art. 174, co. 4, d.lg. 30/6/2003, n. 196.

141. Notificazione presso il domiciliatario. – La notificazione degli atti a chi ha eletto domicilio [30 // 47 CC.] presso una persona o un ufficio può essere fatta mediante consegna di copia alla persona o al capo dell'ufficio in qualità di domiciliatario, nel luogo indicato nell'elezione [319, 660].

Quando l'elezione di domicilio è stata inserita in un contratto, la notificazione presso il domiciliatario è obbligatoria, se così è stato espressamente dichiarato [330, 480[3], 645[1]].

La consegna, a norma dell'art. 138, della copia nelle mani della persona o del capo dell'ufficio presso i quali si è eletto domicilio, equivale a consegna nelle mani del destinatario.

La notificazione non può essere fatta nel domicilio eletto se è chiesta dal domiciliatario o questi è morto o si è trasferito fuori della sede indicata nell'elezione di domicilio o è cessato l'ufficio.

142. Notificazione a persona non residente, né dimorante, né domiciliata nella Repubblica (1). – Salvo quanto disposto nel secondo comma, se il destinatario non ha residenza, dimora o domicilio nello Stato e non vi ha eletto domicilio o costituito un procuratore a norma dell'art. 77, l'atto è notificato mediante spedizione al destinatario per mezzo della posta con raccomandata e mediante consegna di altra copia al Ministero degli affari esteri per la consegna alla persona alla quale è diretta.

Le disposizioni di cui al primo comma si applicano soltanto nei casi in cui risulta impossibile eseguire la notificazione in uno dei modi consentiti dalle Convenzioni internazionali e dagli artt. 30 e 75 del D.P.R. 5 gennaio 1967, n. 200 (2).

(1) I precedenti primo e secondo comma sono stati così sostituiti dall'attuale co. 1 dall'art. 174, co. 5, lett. a), d.lg. 30/6/2003, n. 196.

(2) Le parole: "ai commi precedenti" sono state così sostituite dall'art. 174, co. 5, lett. b), d.lg. 30/6/2003, n. 196, a decorrere dal 1/1/2004.

Cfr. Convenzione de L'Aja 17/7/1905, Convenzione de L'Aja 1/3/1954, Convenzione de L'Aja 15/11/1965; reg. CE 13/11/2007, n. 1393/2007.

• La Corte cost. con sent. 3/3/1994, n. 69 ha dichiarato l'illegittimità costituzionale degli artt. 142, co. 3, 143, co. 3, e 680, co. 1, CPC. nella parte in cui non prevedono che la notificazione all'estero del sequestro si perfezioni, ai fini dell'osservanza del prescritto termine, con il tempestivo compimento delle formalità imposte al notificante dalle Convenzioni internazionali e dagli art. 30 e 75 del d.P.R. 5/1/1967, n. 200.

143. Notificazione a persona di residenza, dimora e domicilio sconosciuti. – *Se non sono conosciuti la residenza, la dimora e il domicilio* [43 CC.] *del destinatario e non vi è il procuratore previsto nell'art. 77, l'ufficiale giudiziario esegue la notificazione mediante deposito di copia dell'atto nella casa comunale dell'ultima residenza* [43 CC.] *o, se questa è ignota, in quella del luogo di nascita del destinatario [, e mediante affissione di altra copia nell'albo dell'ufficio giudiziario davanti al quale si procede]**.

Se non sono noti né il luogo dell'ultima residenza né quello di nascita, l'ufficiale giudiziario consegna una copia dell'atto al pubblico ministero [49 att.].

Nei casi previsti nel presente articolo e nei primi due commi dell'articolo precedente, la notificazione si ha per eseguita nel ventesimo giorno successivo a quello in cui sono compiute le formalità prescritte (1).

* Parole soppresse dal d.lg. 30/6/2003, n. 196.

(1) La Corte cost. con sent. 3/3/1994, n. 69 ha dichiarato l'illegittimità costituzionale degli art. 142, co. 3, 143, co. 3, e 680, co. 1, CPC. nella parte in cui non prevedono che la notificazione all'estero del sequestro si perfezioni, ai fini dell'osservanza del prescritto termine, con il tempestivo compimento delle formalità imposte al notificante dalle Convenzioni internazionali e dagli art. 30 e 75 del d.P.R. 5/1/1967, n. 200.

144. Notificazione alle amministrazioni dello Stato. – Per le amministrazioni dello Stato si osservano le disposizioni delle leggi speciali che prescrivono la notificazione presso uffici dell'Avvocatura dello Stato (1).

Fuori dei casi previsti nel comma precedente, le notificazioni si fanno direttamente, presso l'amministrazione destinataria, a chi la rappresenta nel luogo in cui risiede il giudice davanti al quale si procede [25]. Esse si eseguono mediante consegna di copia nella sede dell'ufficio al titolare o alle persone indicate nell'articolo seguente.

(1) Ai sensi dell'art. 11 del r.d. 30/10/1933, n. 1611 (Avvocatura dello Stato) e successive modificazioni: «Tutte le citazioni, i ricorsi e qualsiasi altro atto di opposizione giudiziale, nonché le opposizioni ad ingiunzione e gli atti istitutivi di giudizi che si svolgono innanzi alle giurisdizioni amministrative o speciali, od innanzi agli arbitri, devono essere notificati alle amministrazioni dello Stato presso l'ufficio dell'Avvocatura dello Stato nel cui distretto ha sede l'autorità giudiziaria innanzi alla quale è portata la causa, nella persona del Ministro competente.
Ogni altro atto giudiziale e le sentenze devono essere notificati presso l'ufficio dell'Avvocatura dello Stato nel cui distretto ha sede l'autorità giudiziaria presso cui pende la causa o che ha pronunciato la sentenza.
Le notificazioni di cui ai commi precedenti devono essere fatte presso la competente Avvocatura dello Stato a pena di nullità da pronunciarsi anche d'ufficio».
La Corte cost., con sent. 8/7/1967, n. 97, ha dichiarato illegittimo l'ultimo comma dell'art. citato «nei limiti in cui esclude la sanatoria della nullità della notificazione».

145. Notificazione alle persone giuridiche (1). – La notificazione alle persone giuridiche si esegue nella loro sede [19 // 16, 46 CC.], mediante consegna di copia dell'atto al rappresentante o alla persona incaricata di ricevere le notificazioni o, in mancanza, ad altra persona addetta alla sede stessa ovvero al portiere dello stabile in cui è la sede. La notificazione può anche essere eseguita, a norma degli articoli 138, 139 e 141, alla persona fisica che rappresenta l'ente qualora nell'atto da notificare ne sia indicata la qualità e risultino specificati residenza, domicilio e dimora abituale.

La notificazione alle società non aventi personalità giuridica, alle associazioni non riconosciute e ai comitati di cui agli artt. 36 ss. c.c. si fa a norma del comma precedente, nella sede indicata nell'art. 19, secondo comma, ovvero alla persona fisica che rappresenta l'ente qualora nell'atto da notificare ne sia indicata la qualità e risultino specificati residenza, domicilio e dimora abituale.

Se la notificazione non può essere eseguita a norma dei commi precedenti, la notificazione alla persona fisica indicata nell'atto, che rappresenta l'ente, può essere eseguita anche a norma degli articoli 140 o 143.

(1) Articolo così modificato dall'art. 2, co. 1, lett. c), n. 1, 2, 3, l. n. 263/2005. L'articolo precedente recitava: «La notificazione alle persone giuridiche si esegue nella loro sede, mediante consegna di copia dell'atto al rappresentante o alla persona incaricata di ricevere le notificazioni o, in mancanza, ad altra persona addetta alla sede stessa. La notificazione alle società non aventi personalità giuridica, alle associazioni non riconosciute e ai comitati di cui agli artt. 36 ss. c.c. si fa a norma del comma precedente, nella sede indicata nell'art. 19, secondo comma. Se la notificazione non può essere eseguita a norma dei commi precedenti e nell'atto è indicata la persona fisica che rappresenta l'ente, si osservano le disposizioni degli artt. 138, 139 e 141».

146. Notificazione a militari in attività di servizio. – Se il destinatario è militare in attività di servizio e la notificazione non è eseguita in mani proprie [138], osservate le disposizioni di cui agli artt. 139 ss., si consegna una copia al pubblico ministero, che ne cura l'invio al comandante del corpo al quale il militare appartiene [49 att.].

147. Tempo delle notificazioni (1). – Le notificazioni non possono farsi prima delle ore 7 e dopo le ore 21.

Le notificazioni a mezzo posta elettronica certificata o servizio elettronico di recapito certificato qualificato possono essere eseguite senza limiti orari (2).

Le notificazioni eseguite ai sensi del secondo comma si intendono perfezionate, per il notificante, nel momento in cui è generata la ricevuta di accettazione e, per il destinatario, nel momento in cui è generata la ricevuta di avvenuta consegna. Se quest'ultima è generata tra le ore 21 e le ore 7 del mattino del giorno successivo, la notificazione si intende perfezionata per il destinatario alle ore 7 (2).

(1) Articolo così modificato dalla l. n. 263/2005, con decorrenza dal 1/3/2006. Il testo precedente recitava: «**147. Tempo delle notificazioni**. – Le notificazioni non possono farsi dal 1 ottobre al 31 marzo prima delle ore 7 e dopo le ore 19; dal 1 aprile al 30 settembre prima delle ore 6 e dopo le ore 20».

(2) Commi aggiunti dall'art. 3, co. 11, d.lg. 10/10/2022, n. 149.

148. Relazione di notificazione. – L'ufficiale giudiziario certifica l'eseguita notificazione mediante relazione da lui datata e sottoscritta, apposta in calce all'originale e alla copia dell'atto [47 att.].

La relazione indica la persona alla quale è consegnata la copia e le sue qualità, nonché il luogo della consegna, oppure le ricerche, anche anagrafiche, fatte dall'ufficiale giudiziario, i motivi della mancata consegna e le notizie raccolte sulla reperibilità del destinatario [140].

149. Notificazione a mezzo del servizio postale (1). – Se non ne è fatto espresso divieto dalla legge, la notificazione può eseguirsi anche a mezzo del servizio postale.

In tal caso l'ufficiale giudiziario scrive la relazione di notificazione sull'originale e sulla copia dell'atto, facendovi menzione dell'Ufficio postale per mezzo del quale spedisce la copia al destinatario in piego raccomandato con avviso di ricevimento. Quest'ultimo è allegato all'originale.

La notifica si perfeziona, per il soggetto notificante, al momento della consegna del plico all'ufficiale giudiziario e, per il destinatario, dal momento in cui lo stesso ha la legale conoscenza dell'atto (2).

(1) La Corte cost. con sent. 26/11/2002, n. 477 ha dichiarato l'illegittimità costituzionale del combinato disposto del presente articolo e dell'art. 4, co. 3, l. 20/11/1982, n. 890 (Notificazioni di atti a mezzo posta e di comunicazioni a mezzo posta connesse con la notificazione di atti giudiziari) nella parte in cui prevede che la notificazione si perfeziona, per il notificante, alla data di ricezione dell'atto da parte del destinatario anziché a quella, antecedente, di consegna dell'atto all'ufficiale giudiziario.
La Corte cost. con sent. 23/9/1998, n. 346, ha dichiarato l'illegittimità dell'art. 8 della l. n. 890/2012, nella parte in cui non prevedeva che, in caso di rifiuto di ricevere il piego o di firmare il registro di consegna da parte delle persone abilitate alla ricezione ovvero in caso di mancato recapito per temporanea assenza del destinatario (o per mancanza, inidoneità o assenza delle persone sopra menzionate), del compimento delle formalità descritte e del deposito del piego fosse data notizia al destinatario medesimo con raccomandata con avviso di ricevimento; la Corte aveva deliberato altresì l'illegittimità dell'art. 8 cit. nella parte in cui prevedeva che il piego fosse restituito al mittente, in caso di mancato ritiro da parte del destinatario, dopo dieci giorni dal deposito presso l'ufficio postale. V. l'art. 8 della l. n. 890/1982 come riformulato ex d.l. 14/3/2005, n. 35 conv. in l. 14/5/2005, n. 80.

(2) Comma aggiunto dalla l. n. 263/2005, con decorrenza dal 1/3/2006; la disposizione si applica ai procedimenti instaurati successivamente a tale data.

149 bis. Notificazione a mezzo posta elettronica certificata eseguita dall'ufficiale giudiziario (1) (2). – L'ufficiale giudiziario esegue la notificazione a mezzo posta elettronica certificata o servizio elettronico di recapito certificato qualificato, anche previa estrazione di copia informatica del documento cartaceo, quando il destinatario è un soggetto per il quale la legge prevede l'obbligo di munirsi di un indirizzo di posta elettronica certificata o servizio elettronico di recapito certificato qualificato risultante dai pubblici elenchi oppure quando il destinatario ha eletto domicilio digitale ai sensi dell'articolo 3-bis, comma 1-bis, del codice dell'amministrazione digitale di cui al decreto legislativo 7 marzo 2005, n. 82 (3).

Se procede ai sensi del primo comma, l'ufficiale giudiziario trasmette copia informatica dell'atto sottoscritta con firma digitale all'indirizzo di posta elettronica certificata del destinatario risultante da pubblici elenchi o comunque accessibili alle pubbliche amministrazioni (4).

La notifica si intende perfezionata nel momento in cui il gestore rende disponibile il documento informatico nella casella di posta elettronica certificata del destinatario.

L'ufficiale giudiziario redige la relazione di cui all'articolo 148, primo comma, su documento informatico separato, sottoscritto con firma digitale e congiunto all'atto cui si riferisce mediante strumenti informatici, individuati con apposito decreto del Ministero della giustizia. La relazione contiene le informazioni di cui all'articolo 148, secondo comma, sostituito il luogo della consegna con l'indirizzo di posta elettronica presso il quale l'atto è stato inviato.

Al documento informatico originale o alla copia informatica del documento cartaceo sono allegate, con le modalità previste dal quarto comma, le ricevute di invio e di consegna previste dalla normativa, anche regolamentare, concernente la trasmissione e la ricezione dei documenti informatici trasmessi in via telematica.

Eseguita la notificazione, l'ufficiale giudiziario restituisce all'istante o al richiedente, anche per via telematica, l'atto notificato, unitamente alla relazione di notificazione e agli allegati previsti dal quinto comma.

(1) Articolo inserito dal d.l. 29/12/2009, n. 193, conv. nella l. 22/2/2010, n. 24.

(2) Le parole "certificata eseguita dall'ufficiale giudiziario" sono state aggiunte dall'art. 3, co. 11, d.lg. 10/10/2022, n. 149.

(3) Comma così sostituito dall'art. 3, co. 11, d.lg. 10/10/2022, n. 149; la previgente formulazione era: «Se non è fatto espresso divieto dalla legge, la notificazione può eseguirsi a mezzo posta elettronica certificata, anche previa estrazione di copia informatica del documento cartaceo.».

(4) Le parole: "o comunque accessibili alle pubbliche amministrazioni" sono state inserite dall'art. 16, d.l. 18/10/2012, n. 179 (G.U. 19/10/2012, n. 245), conv., con l. 17/12/2012, n. 221.

150. Notificazione per pubblici proclami. – Quando la notificazione nei modi ordinari [138 ss.] è sommamente difficile per il rilevante numero dei destinatari o per la difficoltà di identificarli tutti, il capo dell'ufficio giudiziario davanti al quale si procede (1) può autorizzare, su istanza della parte interessata e sentito il pubblico ministero, la notificazione per pubblici proclami [50 att.].

L'autorizzazione è data con decreto steso in calce all'atto da notificarsi; in esso sono designati, quando occorre, i destinatari ai quali la notificazione deve farsi nelle forme ordinarie e sono indicati i modi che appaiono più opportuni per portare l'atto a conoscenza degli altri interessati.

In ogni caso, copia dell'atto è depositata nella casa comunale del luogo in cui ha sede l'ufficio giudiziario davanti al quale si promuove o si svolge il processo, e un estratto di esso è inserito nella Gazzetta Ufficiale della Repubblica e nel Foglio degli annunzi legali delle province (2) dove risiedono i destinatari o si presume che risieda la maggior parte di essi.

La notificazione si ha per avvenuta quando, eseguito ciò che è prescritto nel presente articolo, l'ufficiale giudiziario deposita una copia dell'atto, con la relazione e i documenti giustificativi dell'attività svolta, nella cancelleria del giudice davanti al quale si procede [166 // 51 att.].

Questa forma di notificazione non è ammessa nei procedimenti davanti al conciliatore.

(1) Le parole: "e, in caso di procedimento davanti al pretore, il presidente del tribunale, nella cui circoscrizione è posta la pretura," sono state soppresse dal d.lg. 19/2/1998, n. 51.

(2) I fogli degli annunzi legali delle province sono stati aboliti dalla l. 24/11/2000, n. 240.

151. Forme di notificazione ordinate dal giudice (1). – Il giudice può prescrivere, anche d'ufficio, con decreto steso in calce all'atto, che la notificazione sia eseguita in modo diverso da quello stabilito dalla legge, e anche per mezzo di telegramma collazionato [2706 CC.] con avviso di ricevimento quando lo consigliano circostanze particolari o esigenze di maggiore celerità, di riservatezza o di tutela della dignità.

(1) Articolo così modificato dal d.lg. 30/6/2003, n. 196.

Capo II
Dei termini

152. Termini legali e termini giudiziari. – I termini per il compimento degli atti del processo sono stabiliti dalla legge; possono essere stabiliti dal giudice anche a pena di decadenza, soltanto se la legge lo permette espressamente [34, 102, 291, 307, 331, 355, 367, 415, 420, 427, 428, 443, 547, 615, 617, 618, 650, 669 sexies, 792].

I termini stabiliti dalla legge sono ordinatori, tranne che la legge stessa li dichiari espressamente perentori [47, 54, 179, 289, 297, 305, 307, 325, 327, 353, 355, 361, 434, 547, 615, 617, 619, 627, 630, 644, 675, 694, 703, 709, 764, 792 // 28 l. 20/5/1970, n. 300 // 38 d.lgs. 11/4/2006, n. 198 // 22 d.lgs. 1/9/2011, n. 150].

153. Improrogabilità dei termini perentori (1). – I termini perentori non possono essere abbreviati o prorogati, nemmeno sull'accordo delle parti [2964, 2966 CC.].

La parte che dimostra di essere incorsa in decadenze per causa ad essa non imputabile può chiedere al giudice di essere rimessa in termini. Il giudice provvede a norma dell'articolo 294, secondo e terzo comma.

(1) Articolo aggiornato con le modif. introdotte dalla l. 18/6/2009, n. 69, con decorrenza dal 4/7/2009. Ai sensi dell'art. 58, co. 1, della predetta legge, tale disposizione si applica ai giudizi instaurati dopo la data della sua entrata in vigore.

154. Prorogabilità del termine ordinatorio. – Il giudice, prima della scadenza, può abbreviare, o prorogare anche d'ufficio, il termine che non sia stabilito a pena di decadenza [203[4]]. La proroga non può avere una durata superiore al termine originario. Non può essere consentita proroga ulteriore, se non per motivi particolarmente gravi e con provvedimento motivato.

155. Computo dei termini. – Nel computo dei termini a giorni o ad ore, si escludono il giorno o l'ora iniziali.

Per il computo dei termini a mesi o ad anni, si osserva il calendario comune [1187, 2963 CC.].

I giorni festivi (1) si computano nel termine.

Se il giorno di scadenza è festivo la scadenza è prorogata di diritto al primo giorno seguente non festivo.

La proroga prevista dal quarto comma si applica altresì ai termini per il compimento degli atti processuali svolti fuori dell'udienza che scadono nella giornata del sabato.

Resta fermo il regolare svolgimento delle udienze e di ogni

altra attività giudiziaria, anche svolta da ausiliari, nella giornata del sabato, che ad ogni effetto è considerata lavorativa (2).

(1) Si considerano giorni festivi: tutte le domeniche, il 1° gennaio, il 6 gennaio, il 25 aprile, il lunedì dopo Pasqua, il 1° maggio, il 2 giugno, il 15 agosto, il 1° novembre, l'8, il 25 e il 26 dicembre a norma della l. 27/5/1949, n. 260, modificata dalle l. 31/3/1954, n. 90, 5/3/1977, n. 54, del d.P.R. 28/12/1985, n. 792 e della l. 20/11/2000, n. 336.

(2) Commi aggiunti dalla l. n. 263/2005, con decorrenza dal 1/3/2006. In seguito l'art. 58, co. 3, l. 18/6/2009, n. 69 ha previsto: «Le disposizioni di cui ai commi quinto e sesto dell'art. 155 c.p.c. si applicano anche ai procedimenti pendenti alla data dell'1/3/2006».

Capo III
Della nullità degli atti

156. Rilevanza della nullità. – Non può essere pronunciata la nullità per inosservanza di forme [121, 131²] di alcun atto del processo, se la nullità non è comminata dalla legge [128, 158, 160, 161, 164, 221, 365, 370, 371, 398, 480, 807].

Può tuttavia essere pronunciata quando l'atto manca dei requisiti formali indispensabili per il raggiungimento dello scopo [121, 131²].

La nullità non può mai essere pronunciata, se l'atto ha raggiunto lo scopo a cui è destinato [164].

157. Rilevabilità e sanatoria della nullità. – Non può pronunciarsi la nullità senza istanza di parte, se la legge non dispone che sia pronunciata d'ufficio [158, 164].

Soltanto la parte nel cui interesse è stabilito un requisito può opporre la nullità dell'atto per la mancanza del requisito stesso, ma deve farlo nella prima istanza o difesa successiva all'atto o alla notizia di esso.

La nullità non può essere opposta dalla parte che vi ha dato causa, né da quella che vi ha rinunciato anche tacitamente.

158. Nullità derivante dalla costituzione del giudice. – La nullità derivante da vizi relativi alla costituzione del giudice [276] o all'intervento del pubblico ministero [70, 221, 397 n. 1, 709] è insanabile e deve essere rilevata d'ufficio [157], salva la disposizione dell'art. 161.

159. Estensione della nullità. – La nullità di un atto non importa quella degli atti precedenti, né di quelli successivi che ne sono indipendenti [162, 336² // 2929 CC.].

La nullità di una parte dell'atto non colpisce le altre parti che ne sono indipendenti [336¹].

Se il vizio impedisce un determinato effetto, l'atto può tuttavia produrre gli altri effetti ai quali è idoneo [121].

160. Nullità della notificazione. – La notificazione è nulla se non sono osservate le disposizioni circa la persona alla quale deve essere consegnata la copia [138 ss.] (1), o se vi è incertezza assoluta sulla persona a cui è fatta o sulla data [148], salva l'applicazione degli artt. 156 e 157 [291¹, 354¹].

(1) V. art. 4 della l. 25/3/1958 n. 260 (Avvocatura dello Stato): «L'errore di identificazione della persona alla quale l'atto introduttivo del giudizio ed ogni altro atto doveva essere notificato, deve essere eccepito dall'Avvocatura dello Stato nella prima udienza, con la contemporanea indicazione della persona alla quale l'atto doveva essere notificato.
Tale indicazione non è più eccepibile.
Il giudice prescrive un termine entro il quale l'atto deve essere rinnovato.
L'eccezione rimette in termini la parte».

161. Nullità della sentenza. – La nullità delle sentenze soggette ad appello [339] o a ricorso per cassazione [360] può essere fatta valere soltanto nei limiti e secondo le regole proprie di questi mezzi di impugnazione [158, 339, 360¹, n. 4].

Questa disposizione non si applica quando la sentenza manca della sottoscrizione del giudice [132², n. 5, 354¹, 383 // 119 att.].

162. Pronuncia sulla nullità. – Il giudice che pronuncia la nullità deve disporre, quando sia possibile, la rinnovazione degli atti ai quali la nullità si estende [159, 291, 316, 350, 354, 356].

Se la nullità degli atti del processo è imputabile al cancelliere, all'ufficiale giudiziario o al difensore, il giudice, col provvedimento col quale la pronuncia, pone le spese della rinnovazione a carico del responsabile e, su istanza di parte, con la sentenza che decide la causa [227] può condannare quest'ultimo al risarcimento dei danni causati dalla nullità a norma dell'art. 60, n. 2.

LIBRO SECONDO
DEL PROCESSO DI COGNIZIONE

TITOLO I
DEL PROCEDIMENTO DAVANTI AL TRIBUNALE

Capo I
Dell'introduzione della causa

Sezione I
Della citazione e della costituzione delle parti

163. Contenuto della citazione. – La domanda [99, 101] si propone mediante citazione [316, <u>*638¹*</u>, <u>*702 bis¹*</u>, <u>*706*</u>, <u>*712*</u>] a comparire a udienza fissa.

Il presidente del tribunale stabilisce al principio dell'anno giudiziario, con decreto approvato dal primo presidente della corte di appello, i giorni della settimana e le ore delle udienze destinate esclusivamente alla prima comparizione delle parti.

L'atto di citazione deve contenere:

1) l'indicazione del tribunale davanti al quale la domanda è proposta [164¹];

2) il nome, il cognome, la residenza e il codice fiscale dell'attore (1), il nome, il cognome, il codice fiscale, la residenza o il domicilio o la dimora [43 ss. CC.] del convenuto [18] e delle persone che rispettivamente li rappresentano o li assistono (2). Se attore o convenuto è una persona giuridica, un'associazione non riconosciuta o un comitato [19 // 11, 13, 36 ss. CC.] la citazione deve contenere la denominazione o la ditta, con l'indicazione dell'organo o ufficio che ne ha la rappresentanza in giudizio [164¹];

3) la determinazione della cosa oggetto della domanda [164⁴];

3-bis) l'indicazione, nei casi in cui la domanda è soggetta a condizione di procedibilità, dell'assolvimento degli oneri previsti per il suo superamento (3);

4) l'esposizione in modo chiaro e specifico (4) dei fatti [164⁴] e degli elementi di diritto costituenti le ragioni della domanda, con le relative conclusioni;

5) l'indicazione specifica dei mezzi di prova dei quali l'attore intende valersi e in particolare dei documenti che offre in comunicazione;

6) il nome e il cognome del procuratore [82] e l'indicazione della procura [83, <u>*86*</u>], qualora questa sia stata già rilasciata [125²];

7) l'indicazione del giorno dell'udienza di comparizione [164¹]; l'invito al convenuto a costituirsi nel termine di settanta giorni prima dell'udienza indicata ai sensi e nelle forme

stabilite dall'art. 166, e a comparire, nell'udienza indicata, dinanzi al giudice designato ai sensi dell'art. 168-bis, con l'avvertimento [164[1]] che la costituzione oltre i suddetti termini implica le decadenze di cui agli artt. 38 e 167 (5), che la difesa tecnica mediante avvocato è obbligatoria in tutti i giudizi davanti al tribunale, fatta eccezione per i casi previsti dall'articolo 86 o da leggi speciali, e che la parte, sussistendone i presupposti di legge, può presentare istanza per l'ammissione al patrocinio a spese dello Stato (6).

L'atto di citazione, sottoscritto a norma dell'art. 125, è consegnato dalla parte o dal procuratore all'ufficiale giudiziario, il quale lo notifica a norma degli artt. 137 ss.

(1) Le parole: "il cognome e la residenza dell'attore" sono state così sostituite dalle parole: "il cognome, la residenza e il codice fiscale dell'attore" dal d.l. 29/12/2009, n. 193, conv. Nella l. 22/2/2010, n. 24.

(2) Le parole: "il nome, il cognome, la residenza o il domicilio o la dimora del convenuto e delle persone che rispettivamente li rappresentano o li assistono" sono state così sostituite dalle parole: "il nome, il cognome, il codice fiscale, la residenza o il domicilio o la dimora del convenuto e delle persone che rispettivamente li rappresentano o li assistono" dal d.l. 29/12/2009, n. 193, conv. Nella l. 22/2/2010, n. 24.

(3) Il numero 3-bis) è stato inserito dall'art. 3, co. 12, d.lg. 10/10/2022, n. 149.

(4) Le parole "in modo chiaro e specifico" sono state aggiunte dall'art. 3, co. 12, d.lg. 10/10/2022, n. 149.

(5) Le parole: "di cui all'articolo 167" sono state così sostituite dalla l. 18/6/2009, n. 69, a decorrere dal 4/7/2009.

(6) Il numero 7) è stato così modificato dall'art. 3, co. 12, d.lg. 10/10/2022, n. 149; la precedente formulazione era «l'indicazione del giorno dell'udienza di comparizione; l'invito al convenuto a costituirsi nel termine di settanta giorni prima dell'udienza indicata ai sensi e nelle forme stabilite dall'art. 166, ovvero di dieci giorni prima in caso di abbreviazione dei termini, e a comparire, nell'udienza indicata, dinanzi al giudice designato ai sensi dell'art. 168-bis, con l'avvertimento che la costituzione oltre i suddetti termini implica le decadenze di cui agli artt. 38 e 167.».

163 bis. Termini per comparire. – Tra il giorno della notificazione della citazione e quello dell'udienza di comparizione [183] debbono intercorrere termini liberi non minori di centoventi (1) giorni [82 disp. att.] se il luogo della notificazione si trova in Italia e di centocinquanta giorni se si trova all'estero [164[1]].

*Nelle cause che richiedono pronta spedizione il presidente può, su istanza dell'attore e con decreto motivato in calce all'atto originale e delle copie della citazione, abbreviare fino alla metà i termini indicati dal primo comma**.

Se il termine assegnato dall'attore eccede il minimo indicato dal primo comma, il convenuto, costituendosi prima della scadenza del termine minimo, può chiedere al presidente del tribunale che, sempre osservata la misura di quest'ultimo termine, l'udienza per la comparizione delle parti sia fissata con congruo anticipo su quella indicata dall'attore. Il presidente provvede con decreto, che deve essere comunicato dal cancelliere all'attore, almeno cinque giorni liberi prima dell'udienza fissata dal presidente [645[2]]. In questo caso i termini di cui all'articolo 171-ter decorrono dall'udienza così fissata (2).

(1) Le originarie parole "novanta giorni" sono state sostituite dalle attuali: "centoventi giorni" dall'art. 3, co. 12, d.lg 10/10/2022, n. 149.

* Comma abrogato dall'art. 3, co. 12, d.lg. 10/10/2022, n. 149.

(2) Il periodo «In questo caso i termini di cui all'articolo 171-ter decorrono dall'udienza così fissata.» è stato inserito dall'art. 3, co. 12, d.lg. 10/10/2022, n. 149.

164. Nullità della citazione (1). – La citazione è nulla [*160*, *291*] se è omesso o risulta assolutamente incerto alcuno dei requisiti stabiliti nei numeri 1) e 2) dell'articolo 163, se manca l'indicazione della data dell'udienza di comparizione, se è stato assegnato un termine a comparire inferiore a quello stabilito dalla legge ovvero se manca l'avvertimento previsto dal numero 7) dell'articolo 163.

Se il convenuto non si costituisce in giudizio, il giudice, rilevata la nullità della citazione ai sensi del primo comma, ne dispone d'ufficio la rinnovazione entro un termine perentorio. Questa sana i vizi e gli effetti sostanziali [1148, 2943 // 2945 CC.] e processuali [5, 39] della domanda si producono sin dal momento della prima notificazione. Se la rinnovazione non viene eseguita, il giudice ordina la cancellazione della causa dal ruolo e il processo si estingue a norma dell'articolo 307, comma terzo [183[2]].

La costituzione del convenuto [166] sana i vizi della citazione e restano salvi gli effetti sostanziali e processuali di cui al secondo comma; tuttavia, se il convenuto deduce l'inosservanza dei termini a comparire o la mancanza dell'avvertimento previsto dal numero 7) dell'articolo 163, il giudice fissa una nuova udienza nel rispetto dei termini [183[2]].

La citazione è altresì nulla se è omesso o risulta assolutamente incerto il requisito stabilito nel numero 3) dell'articolo 163 ovvero se manca l'esposizione dei fatti di cui al numero 4) dello stesso articolo.

Il giudice, rilevata la nullità ai sensi del comma precedente, fissa all'attore un termine perentorio per rinnovare la citazione o, se il convenuto si è costituito, per integrare la domanda. Restano ferme le decadenze maturate e salvi i diritti quesiti anteriormente alla rinnovazione o alla integrazione [167[2]].

Nel caso di integrazione della domanda, il giudice fissa l'udienza ai sensi del secondo (2) comma dell'articolo 171-bis (3) e si applica l'articolo 167.

(1) Articolo così sostituito dalla l. 26/11/1990, n. 353.

(2) La parola: "ultimo" è stata così sostituita dall'attuale: "secondo" dalla l. 14/5/2005, n. 80, con decorrenza dal 1/3/2006, secondo quanto disposto dal medesimo provvedimento, modificato dalla l. n. 263/2005, e dalla l. 23/2/2006, n. 51.

(3) Le originarie parole "dell'articolo 183" sono state sostituite da quelle "dell'articolo 171-bis" ad opera dell'art. 3, co. 12, d.lg. 10/10/2022, n. 149.

165. Costituzione dell'attore. – L'attore, entro dieci giorni dalla notificazione della citazione al convenuto [*319*], deve costituirsi in giudizio [*171*, *290*, *307*] a mezzo del procuratore [82], o personalmente nei casi consentiti dalla legge [86], depositando la nota d'iscrizione a ruolo [71 disp. att.] e il proprio fascicolo contenente l'originale della citazione, la procura e i documenti offerti in comunicazione [163 [n. 5], 168, 74 disp. att.]. Se si costituisce personalmente, deve dichiarare la residenza o eleggere domicilio nel comune ove ha sede il tribunale [170[3]] o indicare l'indirizzo presso cui ricevere le comunicazioni e notificazioni anche in forma telematica (1).

Se la citazione è notificata a più persone, l'originale della citazione deve essere inserito nel fascicolo entro dieci giorni dall'ultima notificazione.

(1) Nei procedimenti pendenti alla data di entrata in vigore della l. 29/12/2011, n. 218 (G.U. 5/1/2012, n. 4) questo comma «si interpreta nel senso che la riduzione del termine di costituzione dell'attore ivi prevista si applica, nel caso di opposizione a decreto ingiuntivo, solo se l'opponente abbia assegnato all'opposto un termine di comparizione inferiore a quello di cui all'articolo 163-bis, primo comma, del codice di procedura civile».

• Comma così sostituito dall'art. 3, co. 12, d.lg. 10/10/2022, n. 149. La precedente formulazione era: «L'attore, entro dieci giorni dalla notificazione della citazione al convenuto, ovvero entro cinque giorni nel caso di abbreviazione di termini a norma del secondo comma dell'articolo 163-bis, deve costituirsi in giudizio a mezzo del procuratore, o personalmente nei casi consentiti dalla legge, depositando in cancelleria la nota d'iscrizione a ruolo e il proprio fascicolo contenente l'originale della citazione, la procura e i documenti offerti in comunicazione. Se si costituisce personalmente, deve dichiarare la residenza o eleggere domicilio nel comune ove ha sede il tribunale».

166. Costituzione del convenuto (1). – Il convenuto deve costituirsi [38, 167[2], _171_, _291_] a mezzo del procuratore, o personalmente nei casi consentiti dalla legge, almeno settanta giorni prima dell'udienza di comparizione fissata nell'atto di citazione [_416_] depositando la comparsa di cui all'articolo 167 con la copia della citazione notificata, la procura e i documenti che offre in comunicazione (2).

(1) Articolo sostituito dall'art. 10 della l. 26/11/1990, n. 353.

(2) Articolo così sostituito dall'art. 3, co. 12, d.lg. 10/10/2022, n. 149; la precedente formulazione era: «Il convenuto deve costituirsi a mezzo del procuratore, o personalmente nei casi consentiti dalla legge, almeno venti giorni prima dell'udienza di comparizione fissata nell'atto di citazione, o almeno dieci giorni prima nel caso di abbreviazione di termini a norma del secondo comma dell'articolo 163-bis, ovvero almeno venti giorni prima dell'udienza fissata a norma dell'articolo 168-bis, quinto comma (2) [319], depositando in cancelleria il proprio fascicolo contenente la comparsa di cui all'articolo 167 con la copia della citazione notificata, la procura e i documenti che offre in comunicazione.».

167. Comparsa di risposta (1). – Nella comparsa di risposta il convenuto deve proporre tutte le sue difese prendendo posizione in modo chiaro e specifico (2) sui fatti posti dall'attore [163] a fondamento della domanda, indicare le proprie generalità e il codice fiscale, i mezzi di prova di cui intende valersi e i documenti che offre in comunicazione, formulare le conclusioni [183, 189] (3).

A pena di decadenza deve proporre le eventuali domande riconvenzionali e le eccezioni processuali e di merito che non siano rilevabili d'ufficio [38, 416[2]] (4). Se è omesso o risulta assolutamente incerto l'oggetto o il titolo della domanda riconvenzionale, il giudice, rilevata la nullità, fissa al convenuto un termine perentorio per integrarla. Restano ferme le decadenze maturate e salvi i diritti acquisiti anteriormente alla integrazione [164[5]].

Se intende chiamare un terzo in causa [106, 183[5]], deve farne dichiarazione nella stessa comparsa e provvedere ai sensi dell'articolo 269.

(1) Articolo così sostituito dalla l. 26/11/1990, n. 353.

(2) Le parole "in modo chiaro e specifco" sono state aggiunte dall'art. 3, co. 12, d.lg. 10/10/2022, n. 149.

(3) Le parole: "le proprie generalità e il codice fiscale," sono state inserite dal d.l. 29/12/2009, n. 193, conv. nella l. 22/2/2010, n. 24.

(4) Le parole: "e le eccezioni processuali e di merito che non siano rilevabili d'ufficio" sono state aggiunte dal d.l. n. 35/2005, con decorrenza dal 1/3/2006 secondo quanto disposto dal medesimo provvedimento, modificato dalla l. n. 263/2005, e dalla l. 23/2/2006, n. 51.

168. Iscrizione della causa a ruolo e formazione del fascicolo d'ufficio. – All'atto della costituzione dell'attore [165], o, se questi non si è costituito, all'atto della costituzione del convenuto [166], su presentazione della nota d'iscrizione a ruolo, il cancelliere iscrive la causa nel ruolo generale [71, 72 disp. att.].

Contemporaneamente il cancelliere forma il fascicolo d'ufficio [36 disp. att.], nel quale inserisce la nota d'iscrizione a ruolo, copia dell'atto di citazione, delle comparse e delle memorie in carta non bollata e, successivamente, i processi verbali di udienza, i provvedimenti del giudice, gli atti di istruzione e la copia del dispositivo delle sentenze [168 bis, 76 disp. att.].

168 bis. Designazione del giudice istruttore. – Formato un fascicolo d'ufficio a norma dell'articolo precedente, il cancelliere lo presenta senza indugio al presidente del tribunale, il quale, *con decreto scritto in calce della nota d'iscrizione al ruolo* (1), designa il giudice istruttore [74] davanti al quale le parti debbono comparire, se non creda di procedere egli stesso all'istruzione. Nei tribunali divisi in più sezioni il presidente assegna la causa ad una di esse, e il presidente di questa provvede nelle stesse forme alla designazione del giudice istruttore.

La designazione del giudice istruttore deve in ogni caso avvenire non oltre il secondo giorno successivo alla costituzione della parte più diligente.

Subito dopo la designazione del giudice istruttore il cancelliere iscrive la causa sul ruolo della sezione e su quello del giudice istruttore e gli trasmette il fascicolo (2).

Se nel giorno fissato per la comparizione il giudice istruttore designato non tiene udienza, la comparizione delle parti è d'ufficio rimandata all'udienza immediatamente successiva tenuta dal giudice designato.

Il giudice istruttore può differire, con decreto da emettere entro cinque giorni dalla presentazione del fascicolo, la data della prima udienza fino ad un massimo di quarantacinque giorni. In tal caso il cancelliere comunica alle parti costituite la nuova data della prima udienza *(Omissis)**.

(1) Le parole "con decreto scritto in calce della nota di iscrizione a ruolo" sono state soppresse dall'art. 3, co. 12, d.lg. 10/10/2022, n. 149.

(2) Comma così sostituito dall'art. 12 della l. 26/11/1990, n. 353.

• L'ultimo periodo di questo comma è stato soppresso dall'art. 2 del d.l. 7/10/1994, n. 571.

• Il segno di interpunzione "," dopo la parola "sezione" è stato sostituito dalla congiunzione "e" e le parole "gli trasmette il fascicolo" sono state soppresse dall'art. 3, co. 12, d.lg. 10/10/2022, n. 149.

* Comma abrogato dall'art. 3, co. 12, d.lg. 10/10/2022, n. 149.

169. Ritiro dei fascicoli di parte. – Ciascuna parte può ottenere dal giudice istruttore l'autorizzazione di ritirare il proprio fascicolo dalla cancelleria [77 disp. att.]; ma il fascicolo deve essere di nuovo depositato ogni volta che il giudice lo disponga.

Ciascuna parte ha la facoltà di ritirare il fascicolo all'atto della rimessione della causa al collegio a norma dell'articolo 189, ma deve restituirlo al più tardi al momento del deposito della comparsa conclusionale.

170. Notificazioni e comunicazioni nel corso del procedimento. – Dopo la costituzione in giudizio [165, 166] tutte le notificazioni [137] e le comunicazioni [136] si fanno al procuratore costituito [84, _292_], salvo che la legge disponga altrimenti [237[2], 286[2], 288[3], 125, 129[2] disp. att.].

È sufficiente la consegna di una sola copia dell'atto, anche se il procuratore è costituito per più parti.

Le notificazioni e le comunicazioni alla parte che sia costituita personalmente [165, 166]. Si fanno nella residenza dichiarata o nel domicilio eletto.

Le comparse e le memorie consentite dal giudice si comunicano mediante deposito in cancelleria oppure mediante notificazione o mediante scambio documentato con l'apposizione sull'originale, in calce o in margine, del visto della parte o del procuratore.

[*Il giudice può autorizzare per singoli atti, in qualunque stato e grado del giudizio, che lo scambio o la comunicazione di cui al presente comma possano avvenire anche a mezzo telefax o posta elettronica nel rispetto della normativa, anche regolamentare, concernente la sottoscrizione, la trasmissione e la ricezione dei documenti informatici e teletrasmessi. La parte che vi procede in relazione ad un atto di impugnazione deve darne comunicazione alla cancelleria del giudice che ha emesso la sentenza impugnata. A tal fine il difensore indica*

CODICE PROCEDURA CIVILE

nel primo scritto difensivo utile il numero di telefax o l'indirizzo di posta elettronica presso cui dichiara di voler ricevere le comunicazioni]*.

* Ultimo periodo così abrogato dalla l. 12/11/2011, n. 183.

171. Ritardata costituzione delle parti. – Se nessuna delle parti si costituisce nei termini stabiliti [165, 166], si applicano le disposizioni dell'articolo 307, primo e secondo comma.

Se una delle parti si è costituita entro il termine rispettivamente a lei assegnato, l'altra parte può costituirsi successivamente [*fino alla prima udienza*] (1), ma restano ferme per il convenuto le decadenze di cui all'articolo 167 (2).

La parte che non si costituisce entro il termine di cui all'articolo 166 (3) è dichiarata contumace con ordinanza del giudice istruttore, salva la disposizione dell'articolo 291 [164^{2}, 164^{5}, 293, 59 disp. att.].

(1) Le parole "fino alla prima udienza" sono state soppresse dall'art. 3, co. 12, d.lg. 10/10/2022, n. 149.

(2) Comma così sostituito dall'art. 13 della l. 26/11/1990, n. 353

(3) Le originarie parole "neppure in tale udienza" sono state sostituite da quelle "entro il termine di cui all'articolo 166" ad opera dell'art. 3, co. 12, d.lg. 10/10/2022, n. 149.

171 bis. Verifiche preliminari (1). – Scaduto il termine di cui all'articolo 166, il giudice istruttore, entro i successivi quindici giorni, verificata d'ufficio la regolarità del contraddittorio, pronuncia, quando occorre, i provvedimenti previsti dagli articoli 102, secondo comma, 107, 164, secondo, terzo, quinto e sesto comma, 167, secondo e terzo comma, 171, terzo comma, 182, 269, secondo comma, 291 e 292, e indica alle parti le questioni rilevabili d'ufficio di cui ritiene opportuna la trattazione, anche con riguardo alle condizioni di procedibilità della domanda e alla sussistenza dei presupposti per procedere con rito semplificato. Tali questioni sono trattate dalle parti nelle memorie integrative di cui all'articolo 171-ter.

Quando pronuncia i provvedimenti di cui al primo comma, il giudice, se necessario, fissa la nuova udienza per la comparizione delle parti, rispetto alla quale decorrono i termini indicati dall'articolo 171-ter.

Se non provvede ai sensi del secondo comma, conferma o differisce, fino ad un massimo di quarantacinque giorni, la data della prima udienza rispetto alla quale decorrono i termini indicati dall'articolo 171-ter.

Il decreto è comunicato alle parti costituite a cura della cancelleria.

(1) Articolo introdotto dall'art. 3, co. 12, d.lg. 10/10/2022, n. 149.

171 ter. Memorie integrative (1). – Le parti, a pena di decadenza, con memorie integrative possono:

1) almeno quaranta giorni prima dell'udienza di cui all'articolo 183, proporre le domande e le eccezioni che sono conseguenza della domanda riconvenzionale o delle eccezioni proposte dal convenuto o dal terzo, nonché precisare o modificare le domande, eccezioni e conclusioni già proposte. Con la stessa memoria l'attore può chiedere di essere autorizzato a chiamare in causa un terzo, se l'esigenza è sorta a seguito delle difese svolte dal convenuto nella comparsa di risposta;

2) almeno venti giorni prima dell'udienza, replicare alle domande e alle eccezioni nuove o modificate dalle altre parti, proporre le eccezioni che sono conseguenza delle domande nuove da queste formulate nella memoria di cui al numero 1), nonché indicare i mezzi di prova ed effettuare le produzioni documentali;

3) almeno dieci giorni prima dell'udienza, replicare alle eccezioni nuove e indicare la prova contraria.

(1) Articolo introdotto dall'art. 3, co. 12, d.lg. 10/10/2022, n. 149.

Sezione II
Della designazione del giudice istruttore

***172. Istanza per la designazione del giudice istruttore**.**

* Articolo abrogato dalla l. 14/7/1950, n. 581.

***173. Immutabilità del giudice istruttore**.**

* Articolo abrogato dalla l. 14/7/1950, n. 581.

174. Immutabilità del giudice istruttore. – Il giudice designato è investito di tutta l'istruzione della causa [186, *187*^{1}, 188] e della relazione al collegio.

Soltanto in caso di assoluto impedimento o di gravi esigenze di servizio può essere sostituito con decreto del presidente [79 disp. att.]. La sostituzione può essere disposta, quando è indispensabile, anche per il compimento di singoli atti.

Capo II
Dell'istruzione della causa [84 disp. att.; *128*]

Sezione I
Dei poteri del giudice istruttore in generale

175. Direzione del procedimento. – Il giudice istruttore esercita tutti i poteri [127, 153^{2}, 179, 294] intesi al più sollecito e leale [88] svolgimento del procedimento.

Egli fissa le udienze successive [81, 81 bis disp. att.] e i termini [152] entro i quali le parti debbono compiere gli atti processuali.

Quando il giudice ha omesso di provvedere a norma del comma precedente, si applica la disposizione dell'articolo 289.

176. Forma dei provvedimenti. – Tutti i provvedimenti del giudice istruttore salvo che la legge disponga altrimenti [178^{5}, 302, 669 sexies] hanno la forma dell'ordinanza.

Le ordinanze pronunciate in udienza si ritengono conosciute dalle parti presenti e da quelle che dovevano comparirvi; quelle pronunciate fuori dell'udienza sono comunicate [101, 136, 156^{2}, 159^{1}] a cura del cancelliere entro i tre giorni successivi (1).

(1) Le parole "anche a mezzo telefax o a mezzo di posta elettronica nel rispetto della normativa, anche regolamentare, concernente la sottoscrizione, la trasmissione e la ricezione dei documenti informatici e teletrasmessi. Al fine il difensore indica nel primo scritto difensivo utile il numero di fax o l'indirizzo di posta elettronica presso cui dichiara di volere ricevere la comunicazione" sono state aggiunte dal d.l. n. 35/2005 e successivamente abrogate dalla l. 12/11/2011, n. 183.

177. Effetti e revoca delle ordinanze. – Le ordinanze, comunque motivate [$132^{2\ n.\ 4}$, *135*^{3}] non possono mai pregiudicare la decisione della causa [275 ss.].

Salvo quanto disposto dal seguente comma, le ordinanze possono essere sempre modificate o revocate dal giudice che le ha pronunciate.

Non sono modificabili né revocabili dal giudice che le ha pronunciate:

1) le ordinanze pronunciate sull'accordo delle parti, in materia della quale queste possono disporre; esse sono tuttavia revocabili dal giudice istruttore o dal collegio, quando vi sia l'accordo di tutte le parti;

2) le ordinanze dichiarate espressamente non impugnabili dalla legge [179^{2}, 183 bis, 192^{3}, 263^{2}, 264^{1}, 270^{2}, 306^{4}, 348^{2}];

3) le ordinanze per le quali la legge predisponga uno speciale mezzo di reclamo [178^{2}] (1).

(1) Punto così modificato dall'art. 14 della l. 26/11/1990, n. 353.

• Il punto: «(4) le ordinanze per le quali sia stato proposto reclamo a norma dell'articolo seguente» è stato abrogato dall'art. 89 della l. 26/11/1990, n. 353.

178. Controllo del collegio sulle ordinanze. – Le parti, senza bisogno di mezzi di impugnazione, possono proporre al collegio, quando la causa è rimessa a questo a norma dell'art. 189, tutte le questioni risolute dal giudice istruttore con ordinanza revocabile [187, 279].

L'ordinanza del giudice istruttore, che non operi in funzione di giudice unico [50 bis], quando dichiara l'estinzione del processo è impugnabile dalle parti con reclamo immediato al collegio (1).

Il reclamo deve essere proposto nel termine perentorio di dieci giorni decorrente dalla pronuncia della ordinanza se avvenuta in udienza, o altrimenti decorrente dalla comunicazione dell'ordinanza medesima.

Il reclamo è presentato con semplice dichiarazione nel verbale d'udienza, o con ricorso al giudice istruttore.

Se il reclamo è presentato in udienza, il giudice assegna nella stessa udienza, ove le parti lo richiedono, il termine per la comunicazione di una memoria, e quello successivo per la comunicazione di una replica. Se il reclamo è proposto con ricorso, questo è comunicato a mezzo della cancelleria alle altre parti, insieme con decreto, in calce, del giudice istruttore, che assegna un termine per la comunicazione dell'eventuale memoria di risposta. Scaduti tali termini, il collegio provvede [308^{2}] entro i quindici giorni successivi (2).

(1) Comma così sostituito dall'art. 15, co. 1, l. 26/11/1990, n. 353.

(2) Comma così modificato dall'art. 15, co. 2, l. 26/11/1990, n. 353.

• I commi: «Scaduti i termini previsti dal comma precedente, il collegio, entro i quindici giorni successivi, provvede in camera di consiglio con ordinanza, alla quale si applicano le disposizioni dell'articolo 279 quarto comma, e dell'articolo 280. Il provvedimento del collegio è limitato all'ammissibilità e alla rilevanza del mezzo di prova, e pertanto le parti non possono sottoporgli conclusioni di merito, né totali né parziali. Tuttavia il collegio, su richiesta di parte o d'ufficio, può limitarsi a rimettere con l'ordinanza le parti al giudice istruttore per gli adempimenti previsti dagli articoli 189 e 190. L'esecuzione dell'ordinanza è sospesa durante il termine per proporre reclamo e durante il giudizio su questo, salvo che il giudice istruttore, nei casi d'urgenza, l'abbia dichiarata esecutiva nonostante reclamo» sono stati abrogati dall'art. 89 della l. 26/11/1990, n. 353.

179. Ordinanze di condanna a pene pecuniarie. – Se la legge non dispone altrimenti [220, 226], le condanne a pene pecuniarie previste nel presente codice sono pronunciate con ordinanza del giudice istruttore [64, 67, 255].

L'ordinanza pronunciata in udienza in presenza dell'interessato e previa contestazione dell'addebito non è impugnabile [$173^{3,\ n.\ 2}$]; altrimenti il cancelliere la notifica al condannato, il quale, nel termine perentorio di tre giorni, può proporre reclamo con ricorso allo stesso giudice che l'ha pronunciata.

Questi, valutate le giustificazioni addotte, pronuncia sul reclamo con ordinanza non impugnabile. Le ordinanze di condanna previste nel presente articolo costituiscono titolo esecutivo [119, 669 quater, 186 bis, 186 $ter^{2\text{-}4}$, 186 quater].

Sezione II
Della trattazione della causa

180. Forma di trattazione (1). – La trattazione della causa è orale [<u>183^{6}</u>, <u>190</u>]. Della trattazione della causa si redige processo verbale [126, 84^{3} disp. att.].

[Art. 180. (Udienza di prima comparizione e forma della trattazione).

All'udienza fissata per la prima comparizione delle parti il giudice istruttore verifica d'ufficio la regolarità del contraddittorio e, quando occorre, pronuncia i provvedimenti previsti dall'articolo 102, secondo comma, dall'articolo 164, dall'articolo 167, dall'articolo 182 e dall'articolo 291, primo comma.

La trattazione della causa davanti al giudice istruttore è orale. Se richiesto, il giudice istruttore può autorizzare comunicazioni di comparse a norma dell'ultimo comma dell'articolo 170. In ogni caso fissa a data successiva la prima udienza di trattazione, assegnando al convenuto un termine perentorio non inferiore a venti giorni prima di tale udienza per proporre le eccezioni processuali e di merito che non siano rilevabili d'ufficio.

Della trattazione della causa si redige processo verbale, nel quale si inseriscono le conclusioni delle parti e i provvedimenti che il giudice pronuncia in udienza.]

(1) Articolo così modificato dal d.l. n. 35/2005, con decorrenza dal 1/3/2006.

181. Mancata comparizione delle parti. – Se nessuna delle parti compare alla prima udienza, il giudice fissa un'udienza successiva, di cui il cancelliere dà comunicazione alle parti costituite. Se nessuna delle parti compare alla nuova udienza, il giudice ordina che la causa sia cancellata dal ruolo e dichiara l'estinzione del processo [178, 308, 631] (1).

Se l'attore costituito non comparisce alla prima udienza, e il convenuto non chiede che si proceda in assenza di lui, il giudice fissa una nuova udienza, della quale il cancelliere dà comunicazione all'attore. Se questi non comparisce alla nuova udienza, il giudice, se il convenuto non chiede che si proceda in assenza di lui, ordina che la causa sia cancellata dal ruolo e dichiara l'estinzione del processo [307^{1}].

(1) Comma così da ultimo modificato dal d.l. 25/6/2008, n. 112.

182. Difetto di rappresentanza o di autorizzazione (1). – Il giudice istruttore verifica d'ufficio la regolarità della costituzione delle parti [165, 166, <u>171^{1}</u>] e, quando occorre, le invita a completare o a mettere in regola gli atti e i documenti che riconosce difettosi.

Quando rileva la mancanza della procura al difensore oppure un difetto di rappresentanza [1388, 1398 CC.], di assistenza o di autorizzazione [75, 77] che ne determina la nullità, il giudice assegna alle parti un termine perentorio per la costituzione della persona alla quale spetta la rappresentanza o l'assistenza, per il rilascio delle necessarie autorizzazioni [320, 374, 375, 394 CC.], ovvero per il rilascio della procura alle liti o per la rinnovazione della stessa. (2) L'osservanza del termine sana i vizi, e gli effetti sostanziali e processuali della domanda si producono fin dal momento della prima notificazione [164^{2}].

(1) Articolo aggiornato con le modif. introdotte dalla l. 18/6/2009, n. 69.

(2) Periodo così sostituito dall'art. 3, co. 12, d.lg. 10/10/2022, n. 149; la precedente formulazione era «Quando rileva un difetto di rappresentanza, di assistenza o di autorizzazione ovvero un vizio che determina la nullità della procura al difensore, il giudice assegna alle parti un termine perentorio per la costituzione della persona alla quale spetta la rappresentanza o l'assistenza, per il rilascio delle necessarie autorizzazioni, ovvero per il rilascio della procura alle liti o per la rinnovazione della stessa.».

183. Prima comparizione delle parti e trattazione della causa (1). – All'udienza fissata per la prima comparizione [163, 163 bis] e la trattazione le parti devono comparire personalmente. La mancata comparizione delle parti senza giustificato motivo costituisce comportamento valutabile ai sensi dell'articolo 116, secondo comma.

Salva l'applicazione dell'articolo 187, il giudice, se autorizza l'attore a chiamare in causa un terzo, fissa una nuova udienza a norma dell'articolo 269, terzo comma.

Il giudice interroga liberamente le parti, richiedendo, sulla base dei fatti allegati, i chiarimenti necessari e tenta la conciliazione a norma dell'articolo 185.

Se non provvede ai sensi del secondo comma il giudice provvede sulle richieste istruttorie e, tenuto conto della natura, dell'urgenza e della complessità della causa, predispone, con ordinanza, il calendario delle udienze successive sino a quella di rimessione della causa in decisione, indicando gli incombenti che verranno espletati in ciascuna di esse. L'udienza per l'assunzione dei mezzi di prova ammessi è fissata entro novanta giorni. Se l'ordinanza di cui al primo periodo è emanata fuori udienza [134, 136], deve essere pronunciata entro trenta giorni.

Se con l'ordinanza di cui al quarto comma vengono disposti d'ufficio mezzi di prova [257, 281 ter], ciascuna parte può dedurre, entro un termine perentorio assegnato dal giudice con la medesima ordinanza, i mezzi di prova che si rendono necessari in relazione ai primi, nonché depositare memoria di replica nell'ulteriore termine perentorio parimenti assegnato dal giudice, che si riserva di provvedere a norma del quarto comma ultimo periodo

(1) Questo articolo era stato così sostituito dalla d.l. n. 35/2005, con decorrenza dal 1/3/2006, secondo quanto disposto dal medesimo provvedimento, modificato dalla l. n. 263/2005, e dalla l. 23/2/2006, n. 51. Il testo precedente recitava: «**183. Prima udienza di trattazione**. – Nella prima udienza di trattazione il giudice istruttore interroga liberamente le parti presenti e, quando la natura della causa lo consente, tenta la conciliazione. La mancata comparizione delle parti senza giustificato motivo costituisce comportamento valutabile ai sensi del co. 2 dell'articolo 116.
Le parti hanno facoltà di farsi rappresentare da un procuratore generale o speciale, il quale deve essere a conoscenza dei fatti della causa. La procura deve essere conferita con atto pubblico o scrittura privata autenticata, e deve attribuire al procuratore il potere di conciliare o transigere la controversia. La mancata conoscenza, senza gravi ragioni, dei fatti della causa da parte del procuratore è valutabile ai sensi del secondo comma dell'articolo 116.
Il giudice richiede alle parti, sulla base dei fatti allegati, i chiarimenti necessari e indica le questioni rilevabili d'ufficio delle quali ritiene opportuna la trattazione.
Nella stessa udienza l'attore può proporre le domande e le eccezioni che sono conseguenza della domanda riconvenzionale o delle eccezioni proposte dal convenuto. Può altresì chiedere di essere autorizzato a chiamare un terzo ai sensi degli art. 106 e 269, co. 3, se l'esigenza è sorta dalle difese del convenuto. Entrambe le parti possono precisare e modificare le domande, le eccezioni e le conclusioni già formulate.
Se richiesto, il giudice fissa un termine perentorio non superiore a trenta giorni per il deposito di memorie contenenti precisazioni o modificazioni delle domande, delle eccezioni e delle conclusioni già proposte. Concede altresì alle parti un successivo termine perentorio non superiore a trenta giorni per replicare alle domande ed eccezioni nuove o modificate dall'altra parte e per proporre le eccezioni che sono conseguenza delle domande e delle eccezioni medesime. Con la stessa ordinanza il giudice fissa l'udienza per i provvedimenti di cui all'articolo 184».

• Articolo così sostituito dall'art. 3, co. 13, d.lg. 10/10/2022, n. 149. La precedente formulazione era: «All'udienza fissata per la prima comparizione delle parti e la trattazione il giudice istruttore verifica d'ufficio la regolarità del contraddittorio e, quando occorre, pronuncia i provvedimenti previsti dall'articolo 102, secondo comma, dall'articolo 164, secondo, terzo e quinto comma, dall'articolo 167, secondo e terzo comma, dall'articolo 182 e dall'articolo 291, primo comma.
Quando pronunzia i provvedimenti di cui al primo comma, il giudice fissa una nuova udienza di trattazione.
Il giudice istruttore fissa altresì una nuova udienza se deve procedere a norma dell'art. 185.
Nell'udienza di trattazione ovvero in quella eventualmente fissata ai sensi del terzo comma, il giudice richiede alle parti, sulla base dei fatti allegati, i chiarimenti necessari e indica le questioni rilevabili d'ufficio delle quali ritiene opportuna la trattazione.
Nella stessa udienza l'attore può proporre le domande e le eccezioni che sono conseguenza della domanda riconvenzionale o delle eccezioni proposte dal convenuto [36]. Può altresì chiedere di essere autorizzato a chiamare un terzo ai sensi degli articoli 106 e 269, terzo comma, se l'esigenza è sorta dalle difese del convenuto. Le parti possono precisare e modificare le domande, le eccezioni e le conclusioni già formulate.
Se richiesto, il giudice concede alle parti i seguenti termini perentori:
1) un termine di ulteriori trenta giorni per il deposito di memorie limitate alle sole precisazioni o modificazioni delle domande, delle eccezioni e delle conclusioni già proposte;
2) un termine di ulteriori trenta giorni per replicare alle domande ed eccezioni nuove, o modificate dall'altra parte, per proporre le eccezioni che sono conseguenza delle domande e delle eccezioni medesime e per l'indicazione dei mezzi di prova e produzioni documentali;
3) un termine di ulteriori venti giorni per le sole indicazioni di prova contraria.
Salva l'applicazione dell'articolo 187, il giudice provvede sulle richieste istruttorie fissando l'udienza di cui all'articolo 184 per l'assunzione dei mezzi di prova ritenuti ammissibili e rilevanti. Se provvede mediante ordinanza emanata fuori udienza, questa deve essere pronunciata entro trenta giorni.
Nel caso in cui vengano disposti d'ufficio mezzi di prova con l'ordinanza di cui al settimo comma, ciascuna parte può dedurre, entro un termine perentorio assegnato dal giudice con la medesima ordinanza, i mezzi di prova che si rendono necessari in relazione ai primi nonché depositare memoria di replica nell'ulteriore termine perentorio parimenti assegnato dal giudice, che si riserva di provvedere ai sensi del settimo comma.
Con l'ordinanza che ammette le prove il giudice può in ogni caso disporre, qualora lo ritenga utile, il libero interrogatorio delle parti [116^2, 117, 185]; all'interrogatorio disposto dal giudice istruttore si applicano le disposizioni di cui al terzo comma.».

183 bis. Passaggio dal rito ordinario al rito semplificato di cognizione (1). – All'udienza di trattazione il giudice, valutata la complessità della lite e dell'istruzione probatoria e sentite le parti, se rileva che in relazione a tutte le domande proposte ricorrono i presupposti di cui al primo comma dell'articolo 281-decies, dispone con ordinanza non impugnabile la prosecuzione del processo nelle forme del rito semplificato e si applica il comma quinto dell'articolo 281-duodecies.

(1) Articolo inserito dall'art. 14, co. 1, d.l. 12/9/2014, n. 132, conv., con modif., dalla l. 10/11/2014, n. 162; per l'applicazione di tale disposizione, vedi l'art. 14, co. 2 del medesimo d.l. n. 132/2014.

• La rubrica è stata modificata dall'art. 3, co. 13, d.lg. 10/10/2022, n. 149; la precedente formulazione era "Passaggio dal rito ordinario al rito sommario di cognizione".

• Articolo così modificato dall'art. 3, co. 13, d.lg. 10/10/2022, n. 149. La precedente formulazione era «Nelle cause in cui il tribunale giudica in composizione monocratica, il giudice nell'udienza di trattazione, valutata la complessità della lite e dell'istruzione probatoria, può disporre, previo contraddittorio [101] anche mediante trattazione scritta, con ordinanza non impugnabile [$177^{2,\ n.\ 2}$], che si proceda a norma dell'articolo 702-ter e invita le parti ad indicare, a pena di decadenza, nella stessa udienza i mezzi di prova, ivi compresi i documenti, di cui intendono avvalersi e la relativa prova contraria. Se richiesto, può fissare una nuova udienza e termine perentorio non superiore a quindici giorni per l'indicazione dei mezzi di prova e produzioni documentali e termine perentorio di ulteriori dieci giorni per le sole indicazioni di prova contraria [702 ter^4]».

183 ter. Ordinanza di accoglimento della domanda (1). – Nelle controversie di competenza del tribunale aventi ad oggetto diritti disponibili il giudice, su istanza di parte, nel corso del giudizio di primo grado può pronunciare ordinanza di accoglimento della domanda quando i fatti costitutivi sono provati e le difese della controparte appaiono manifestamente infondate. In caso di pluralità di domande l'ordinanza può essere pronunciata solo se tali presupposti ricorrono per tutte.

L'ordinanza di accoglimento è provvisoriamente esecutiva, è reclamabile ai sensi dell'articolo 669-terdecies e non acquista efficacia di giudicato ai sensi dell'articolo 2909 del codice civile, né la sua autorità può essere invocata in altri processi. Con la stessa ordinanza il giudice liquida le spese di lite. L'ordinanza di cui al secondo comma, se non è reclamata o se il reclamo è respinto, definisce il giudizio e non è ulteriormente impugnabile. In caso di accoglimento del reclamo, il giudizio prosegue innanzi a un magistrato diverso da quello che ha emesso l'ordinanza reclamata.

(1) Articolo introdotto dall'art. 3, co. 13, d.lg. 10/10/2022, n. 149.

183 quater. Ordinanza di rigetto della domanda (1). – Nelle controversie di competenza del tribunale che hanno ad oggetto diritti disponibili, il giudice, su istanza di parte, nel corso del giudizio di primo grado, all'esito dell'udienza di cui all'articolo 183, può pronunciare ordinanza di rigetto della domanda quando questa è manifestamente infondata, ovvero se è omesso o risulta assolutamente incerto il requisito di cui all'articolo 163, terzo comma, n. 3), e la nullità non è stata sanata o se, emesso l'ordine di rinnovazione della citazione o di integrazione della domanda, persiste la mancanza dell'esposizione dei fatti di cui al numero 4), terzo comma del predetto articolo 163. In caso di pluralità di domande l'ordinanza può essere pronunciata solo se tali presupposti ricorrano per tutte. L'ordinanza che accoglie l'istanza di cui al primo comma è reclamabile ai sensi dell'articolo 669-terdecies e non acquista efficacia di giudicato ai sensi dell'articolo 2909 del codice civile, né la sua autorità può essere invocata in altri processi. Con la stessa ordinanza il giudice liquida le spese di lite. L'ordinanza di cui al secondo comma, se non è reclamata o se il reclamo è respinto, definisce il giudizio e non è ulteriormente impugnabile. In caso di accoglimento del reclamo, il giudizio prosegue davanti a un magistrato diverso da quello che ha emesso l'ordinanza reclamata.

(1) Articolo introdotto dall'art. 3, co. 13, d.lg. 10/10/2022, n. 149.

184. Udienza di assunzione dei mezzi di prova (1)*. – *Nell'udienza fissata con l'ordinanza prevista dal settimo comma dell'articolo 183, il giudice istruttore procede all'assunzione dei mezzi di prova ammessi [183[7], 202].*

(1) Articolo così modificato dal d.l. n. 35/2005 e dalla l. n. 263/2005 con decorrenza dal 1/3/2006.
Il testo precedente recitava: «**184. Deduzioni istruttorie.** –Salva l'applicazione dell'articolo 187 il giudice istruttore, se ritiene che siano ammissibili e rilevanti, ammette i mezzi di prova proposti; ovvero, su istanza di parte, rinvia ad altra udienza, assegnando un termine entro il quale le parti possono produrre documenti e indicare nuovi mezzi di prova, nonché altro termine per l'eventuale indicazione di prova contraria.
I termini di cui al comma precedente sono perentori.
Nel caso in cui vengano disposti d'ufficio mezzi di prova, ciascuna parte può dedurre, entro un termine perentorio assegnato dal giudice, i mezzi di prova che si rendono necessari in relazione ai primi».
* Articolo abrogato dall'art. 3, co. 13, d.lg. 10/10/2022, n. 149.

184 bis. Rimessione in termini*. – *L'articolo che recitava: La parte che dimostra di essere incorsa in decadenze per causa ad essa non imputabile può chiedere al giudice istruttore di essere rimessa in termini. Il giudice provvede a norma dell'articolo 294, secondo e terzo comma.*

* L'articolo è stato abrogato dalla l. 18/6/2009, n. 69.

185. Tentativo di conciliazione. – Il giudice istruttore, in caso di richiesta congiunta delle parti *[320, 350[3], 420, 696 bis, 708]*, fissa la comparizione delle medesime al fine di interrogarle liberamente e di provocarne la conciliazione. Il giudice istruttore ha altresì facoltà di fissare la predetta udienza di comparizione personale a norma dell'articolo 117. Quando è disposta la comparizione personale, le parti hanno facoltà di farsi rappresentare da un procuratore generale o speciale il quale deve essere a conoscenza dei fatti della causa. La procura deve essere conferita con atto pubblico o scrittura privata autenticata e deve attribuire al procuratore il potere di conciliare o transigere la controversia. Se la procura è conferita con scrittura privata, questa può essere autenticata anche dal difensore della parte. La mancata conoscenza, senza giustificato motivo, dei fatti della causa da parte del procuratore è valutata ai sensi del secondo comma dell'articolo 116 (1).

Il tentativo di conciliazione può essere rinnovato in qualunque momento dell'istruzione [*117*, 198], nel rispetto del calendario del processo (2).

Quando le parti si sono conciliate, si forma processo verbale della convenzione conclusa [88 disp. att.]. Il processo verbale costituisce titolo esecutivo [1965 CC. // 474[2, n. 3]].

(1) Comma aggiunto dal d.l. n. 35/2005 e modificato dalla l. n. 263/2005 con decorrenza dal 1/3/2006.
(2) Le parole "nel rispetto del calendario del processo" sono state introdotte dall'art. 3, co. 13, d.lg. 10/10/2022, n. 149.

185 bis. Proposta di conciliazione del giudice (1). – Il giudice, alla prima udienza, ovvero fino al momento in cui fissa l'udienza di rimessione della causa in decisione (2), formula alle parti ove possibile, avuto riguardo alla natura del giudizio, al valore della controversia e all'esistenza di questioni di facile e pronta soluzione di diritto, una proposta transattiva o conciliativa [91[1]]. La proposta di conciliazione non può costituire motivo di ricusazione o astensione del giudice.

(1) Articolo inserito dal d.l. 21/6/2013, n. 69, conv., con modif., dalla l. 9/8/2013, n. 98.
(2) Le parole "fino al momento in cui fissa l'udienza di rimessione della causa in decisione", introdotte dall'art. 3, co. 13, d.lg. 10/10/2022, n. 149, e sostituiscono quelle precedenti "sino a quanto è esaurita l'istruzione".

186. Pronuncia dei provvedimenti. – Sulle domande e sulle eccezioni delle parti, il giudice istruttore, sentite le loro ragioni, dà in udienza i provvedimenti opportuni; ma può anche riservarsi di pronunciarli entro i cinque giorni successivi [134, 136, 176].

186 bis. Ordinanza per il pagamento di somme non contestate (1). – Su istanza di parte il giudice istruttore può disporre, fino al momento della precisazione delle conclusioni [186 ter, *186 quater*, 189, *423[1]*], il pagamento delle somme non contestate [115[1], *186 ter*, 423[1], 663] dalle parti costituite. Se l'istanza è proposta fuori dall'udienza il giudice dispone la comparizione delle parti ed assegna il termine per la notificazione (2).

L'ordinanza costituisce titolo esecutivo e conserva la sua efficacia in caso di estinzione del processo [*310[2]*].

L'ordinanza è soggetta alla disciplina delle ordinanze revocabili di cui agli articoli 177, primo e secondo comma, e 178, primo comma.

(1) Articolo aggiunto dall'art. 20 della l. 26/11/1990, n. 353.
(2) Periodo aggiunto dalla l. n. 263/2005, con decorrenza dal 1/3/2006.

186 ter. Istanza di ingiunzione (1). – Fino al momento della precisazione delle conclusioni [186 bis, *186 quater*, 189, *423[1]*], quando ricorrano i presupposti di cui all'art. 633, primo comma, n. 1), e secondo comma, e di cui all'art. 634, la parte può chiedere al giudice istruttore, in ogni stato del processo [*186 bis*], di pronunciare con ordinanza ingiunzione di pagamento o di consegna [*186 bis*]. Se l'istanza è proposta fuori dall'udienza il giudice dispone la comparizione delle parti ed assegna il termine per la notificazione (2).

L'ordinanza deve contenere i provvedimenti previsti dall'art. 641, ultimo comma, ed è dichiarata provvisoriamente esecutiva ove ricorrano i presupposti di cui all'art. 642, nonché, ove la controparte non sia rimasta contumace [290 ss.], quelli di cui all'art. 648, primo comma. La provvisoria esecutorietà non può essere mai disposta ove la controparte abbia disconosciuto la scrittura privata [214] prodotta contro di lei o abbia proposto querela di falso contro l'atto pubblico [221].

L'ordinanza è soggetta alla disciplina delle ordinanze revocabili di cui agli articoli 177 e 178, primo comma [645].

Se il processo si estingue [310] l'ordinanza che non ne sia già munita acquista efficacia esecutiva ai sensi dell'art. 653, primo comma.

Se la parte contro cui è pronunciata l'ingiunzione è contumace, l'ordinanza deve essere notificata ai sensi e per gli effetti dell'art. 644. In tal caso l'ordinanza deve altresì contenere l'espresso avvertimento che, ove la parte non si costituisca entro il termine di venti giorni dalla notifica, diverrà esecutiva ai sensi dell'art. 647.

L'ordinanza dichiarata esecutiva costituisce titolo per l'iscrizione dell'ipoteca giudiziale [186 bis].

(1) Articolo aggiunto dall'art. 21 della l. 26/11/1990, n. 353.

(2) Periodo aggiunto dalla l. n. 263/2005, con decorrenza dal 1/3/2006.

186 quater. Ordinanza successiva alla chiusura dell'istruzione (1). – Esaurita l'istruzione [186 bis, 186 ter, 187, 188] il giudice istruttore, su istanza della parte che ha proposto domanda di condanna al pagamento di somme [186 bis] ovvero alla consegna, o al rilascio di beni [186 ter], può disporre con ordinanza il pagamento, ovvero la consegna o il rilascio, nei limiti per cui ritiene già raggiunta la prova. Con l'ordinanza il giudice provvede sulle spese processuali.

L'ordinanza è titolo esecutivo [474]. Essa è revocabile con la sentenza che definisce il giudizio [279].

Se, dopo la pronuncia dell'ordinanza, il processo si estingue [310], l'ordinanza acquista l'efficacia della sentenza impugnabile sull'oggetto dell'istanza.

L'ordinanza acquista l'efficacia della sentenza impugnabile sull'oggetto dell'istanza [285, 327] se la parte intimata non manifesta entro trenta giorni [154] dalla sua pronuncia in udienza o dalla comunicazione, con ricorso notificato all'altra parte e depositato in cancelleria, la volontà che sia pronunciata la sentenza (2).

(1) Articolo inserito dal d.l. 18/10/1995, n. 432.

(2) Comma così sostituito dalla l. n. 263/2005, con decorrenza dal 1/3/2006.

187. Provvedimenti del giudice istruttore. – Il giudice istruttore, se ritiene che la causa sia matura per la decisione di merito senza bisogno di assunzione di mezzi di prova [202 ss.], rimette le parti davanti al collegio [189, 277^2, 80 bis disp. att.].

Può rimettere le parti al collegio affinché sia decisa separatamente una questione di merito avente carattere preliminare, solo quando la decisione di essa può definire il giudizio [272, 279].

Il giudice provvede analogamente se sorgono questioni attinenti alla giurisdizione o alla competenza o ad altre pregiudiziali [37 ss., 164^1], ma può anche disporre che siano decise unitamente al merito.

Qualora il collegio provveda a norma dell'articolo 279, secondo comma, numero 4), i termini di cui all'articolo 183, quarto comma (1), non concessi prima della rimessione al collegio, sono assegnati dal giudice istruttore, su istanza di parte, nella prima udienza dinanzi a lui.

Il giudice dà ogni altra disposizione relativa al processo.

(1) Le originarie parole: "di cui all'articolo 184" sono state così sostituite dal d.l. n. 35/2005, con decorrenza dal 1/3/2006, secondo quanto disposto dal medesimo provvedimento, modificato dalla l. n. 263/2005, e dalla l. 23/2/2006, n. 51.

• La parola "ottavo" originariamente contenuta nella norma è stat sostituita da quella "quarto" dall'art. 3, co. 13, d.lg. 10/10/2022, n. 149.

188. Attività istruttoria del giudice. – Il giudice istruttore, nel rispetto del calendario del processo, provvede all'assunzione dei mezzi di prova e, esaurita l'istruzione, rimette le parti al collegio per la decisione a norma dell'articolo 189 o dell'articolo 275-bis (1).

(1) Articolo così sostituito dall'art. 3, co. 13, d.lg. 10/10/2022, n. 149. La precedente formulazione era: «Il giudice istruttore provvede all'assunzione dei mezzi di prova e, esaurita l'istruzione, rimette le parti al collegio per la decisione a norma dell'articolo seguente.».

189. Rimessione al collegio. – Il giudice istruttore, quando procede a norma dei primi tre commi dell'articolo 187 o dell'articolo 188, fissa davanti a sé l'udienza per la rimessione della causa al collegio per la decisione e assegna alle parti, salvo che queste vi rinuncino, i seguenti termini perentori:

1) un termine non superiore a sessanta giorni prima dell'udienza per il deposito di note scritte contenenti la sola precisazione delle conclusioni [93, 293] che le parti intendono sottoporre al collegio, nei limiti di quelle formulate negli atti introduttivi o a norma dell'articolo 171-ter. Le conclusioni di merito debbono essere interamente formulate anche nei casi previsti dell'articolo 187, secondo e terzo comma;

2) un termine non superiore a trenta giorni prima dell'udienza per il deposito delle comparse conclusionali;

3) un termine non superiore a quindici giorni prima dell'udienza per il deposito delle memorie di replica.

La rimessione investe il collegio di tutta la causa, anche quando avviene a norma dell'articolo 187, secondo e terzo comma.

All'udienza fissata ai sensi del primo comma la causa è rimessa al collegio per la decisione (1).

(1) Articolo così sostituito dall'art. 3, co. 13, d.lg. 10/10/2022; la precedente formulazione era: «Il giudice istruttore, quando rimette la causa al collegio, a norma dei primi tre commi dell'articolo 187 o dell'articolo 188, invita le parti a precisare davanti a lui le conclusioni che intendono sottoporre al collegio stesso, nei limiti di quelle formulate negli atti introduttivi o a norma dell'art. 183. Le conclusioni di merito debbono essere interamente formulate anche nei casi previsti dall'articolo 187, secondo e terzo comma (1). La rimessione investe il collegio di tutta la causa, anche quando avviene a norma dell'articolo 187, secondo e terzo comma [190, 225^2, 277].».

190. Comparse conclusionali e memorie*. – *Le comparse conclusionali debbono essere depositate entro il termine perentorio di sessanta giorni dalla rimessione della causa al collegio [169^2, 189] e le memorie di replica entro i venti giorni successivi [281 quinquies, 281 sexies]. Per il deposito delle comparse conclusionali il giudice istruttore, quando rimette la causa al collegio, può fissare un termine più breve, comunque non inferiore a venti giorni.*

* Articolo così sostituito dall'art. 24 della l. 26/11/1990, n. 353 e successivamente abrogato dall'art. 3, co. 13, d.lg. 10/10/2022, n. 149.

190 bis. Decisione del giudice istruttore in funzione di giudice unico*. – *Per le cause che devono essere decise dal giudice istruttore in funzione di giudice unico, questi, fatte precisare le conclusioni ai sensi dell'articolo 189, dispone lo scambio delle comparse conclusionali e delle memorie di replica ai sensi dell'articolo 190 e, quindi, deposita la sentenza in cancelleria entro sessanta giorni dalla scadenza del* *termine per il deposito delle memorie di replica. Se una delle parti lo richiede il giudice, disposto lo scambio delle sole comparse conclusionali ai sensi dell'articolo 190, fissa l'udienza di discussione non oltre sessanta giorni dalla scadenza del termine per il deposito delle comparse conclusionali; la sentenza è depositata in cancelleria entro i sessanta giorni successivi.*

* L'articolo è stato abrogato dall'art. 63 del d.lg. 19/2/1998, n. 51.

Sezione III

Dell'istruzione probatoria [2697 ss. CC.] della nomina e delle indagini del consulente tecnico

§ 1 – *Della nomina e delle indagini del consulente tecnico*

191. Nomina del consulente tecnico. – Nei casi previsti dagli articoli 61 e seguenti il giudice istruttore, con ordinanza ai sensi dell'articolo 183, quarto comma (1), o con altra successiva ordinanza, nomina un consulente, formula i quesiti e fissa l'udienza nella quale il consulente deve comparire [136, 201 // 22, 23 disp. att.] (2).

Possono essere nominati più consulenti soltanto in caso di grave necessità o quando la legge espressamente lo dispone [61].

(1) La parola originaria "settimo" è stata sostituita da quella "quarto" dall'art. 3, co. 13, d.lg. 10/10/2022, n. 149.

(2) Questo comma è stato così sostituito dalla l. 18/6/2009, n. 69, a decorrere dal 4/7/2009. Il testo precedente recitava: «Nei casi di cui agli artt. 61 ss. Il giudice istruttore, con l'ordinanza prevista nell'art. 187 ultimo comma o con altra successiva, nomina un consulente tecnico e fissa l'udienza nella quale questi deve comparire».

192. Astensione e ricusazione del consulente. – L'ordinanza è notificata al consulente tecnico a cura del cancelliere, con invito a comparire all'udienza fissata dal giudice.

Il consulente che non ritiene di accettare l'incarico o quello che, obbligato a prestare il suo ufficio, intende astenersi, deve farne denuncia o istanza al giudice che l'ha nominato almeno tre giorni prima dell'udienza di comparizione; nello stesso termine le parti debbono proporre le loro istanze di ricusazione, depositando nella cancelleria ricorso al giudice istruttore [63].

Questi provvede con ordinanza non impugnabile [177$^{3, \text{n. } 2}$, 89 disp. att.].

193. Giuramento del consulente. – All'udienza di comparizione il giudice istruttore ricorda al consulente l'importanza delle funzioni che è chiamato ad adempiere, e ne riceve il giuramento di bene e fedelmente adempiere le funzioni affidategli al solo scopo di fare conoscere ai giudici la verità [19 ss. disp. att.].

In luogo della fissazione dell'udienza di comparizione per il giuramento del consulente tecnico d'ufficio il giudice può assegnare un termine per il deposito di una dichiarazione sottoscritta dal consulente con firma digitale, recante il giuramento previsto dal primo comma. Con il medesimo provvedimento il giudice fissa i termini previsti dall'articolo 195, terzo comma (1).

(1) Comma inserito dall'art. 3, co. 14, d.lg. 10/10/2022, n. 149.

194. Attività del consulente. – Il consulente tecnico assiste alle udienze alle quali è invitato dal giudice istruttore; compie, anche fuori della circoscrizione giudiziaria, le indagini di cui all'articolo 62, da sé solo o insieme col giudice secondo che questi dispone. Può essere autorizzato a domandare chiarimenti alle parti, ad assumere informazioni da terzi e a eseguire piante, calchi e rilievi.

Anche quando il giudice dispone che il consulente compia indagini da sé solo, le parti possono intervenire alle operazioni in persona e a mezzo dei propri consulenti tecnici e dei difensori, e possono presentare al consulente, per iscritto o a voce, osservazioni e istanze [195^2, 201, 90 disp. att.].

195. Processo verbale e relazione. – Delle indagini del consulente si forma processo verbale, quando sono compiute con l'intervento del giudice istruttore, ma questi può anche disporre che il consulente rediga relazione scritta.

Se le indagini sono compiute senza l'intervento del giudice, il consulente deve farne relazione, nella quale inserisce anche le osservazioni e le istanze delle parti.

La relazione deve essere trasmessa dal consulente alle parti costituite nel termine stabilito dal giudice [154] con ordinanza resa all'udienza di cui all'articolo 193. Con la medesima ordinanza il giudice fissa il termine entro il quale le parti devono trasmettere al consulente le proprie osservazioni sulla relazione e il termine, anteriore alla successiva udienza, entro il quale il consulente deve depositare in cancelleria la relazione, le osservazioni delle parti e una sintetica valutazione sulle stesse (1).

(1) Questo comma è stato così sostituito dalla l. 18/6/2009, n. 69, a decorrere dal 4/7/2009. Il testo precedente recitava: «La relazione deve essere depositata in cancelleria nel termine che il giudice fissa».

196. Rinnovazione delle indagini e sostituzione del consulente. – Il giudice ha sempre la facoltà di disporre la rinnovazione delle indagini e, per gravi motivi, la sostituzione del consulente tecnico [51, 63^2, 64].

197. Assistenza all'udienza e audizione in camera di consiglio. – Quando lo ritiene opportuno il presidente invita il consulente tecnico ad assistere alla discussione davanti al collegio [275] e ad esprimere il suo parere in camera di consiglio in presenza delle parti, le quali possono chiarire e svolgere le loro ragioni per mezzo dei difensori [101, 201].

198. Esame contabile. – Quando è necessario esaminare documenti contabili e registri, il giudice istruttore può darne incarico al consulente tecnico, affidandogli il compito di tentare la conciliazione delle parti [185^2].

Il consulente sente le parti e, previo consenso di tutte, può esaminare anche documenti e registri non prodotti in causa. Di essi tuttavia senza il consenso di tutte le parti non può fare menzione nei processi verbali o nella relazione di cui all'articolo 195.

199. Processo verbale di conciliazione. – Se le parti si conciliano, si redige processo verbale della conciliazione, che è sottoscritto dalle parti e dal consulente tecnico e inserito nel fascicolo d'ufficio.

Il giudice istruttore attribuisce con decreto efficacia di titolo esecutivo al processo verbale [474].

200. Mancata conciliazione. – Se la conciliazione delle parti non riesce, il consulente espone i risultati delle indagini compiute e il suo parere in una relazione, che deposita in cancelleria nel termine fissato dal giudice istruttore.

Le dichiarazioni delle parti, riportate dal consulente nella relazione, possono essere valutate dal giudice a norma dell'articolo 116 secondo comma.

201. Consulente tecnico di parte. – Il giudice istruttore, con l'ordinanza di nomina del consulente [191^1], assegna alle parti un termine entro il quale possono nominare, con dichiarazione ricevuta dal cancelliere, un loro consulente tecnico [87].

Il consulente della parte, oltre ad assistere a norma dell'articolo 194 alle operazioni del consulente del giudice, partecipa all'udienza e alla camera di consiglio ogni volta che vi interviene il consulente del giudice, per chiarire e svolgere, con l'autorizzazione del presidente, le sue osservazioni sui risultati delle indagini tecniche [197].

§ 2 – *Dell'assunzione dei mezzi di prova in generale*

202. Tempo, luogo e modo dell'assunzione. – Quando dispone mezzi di prova, il giudice istruttore, se non può assumerli nella stessa udienza, stabilisce il tempo, il luogo e il modo dell'assunzione [210-266].

Se questa non si esaurisce nell'udienza fissata, il giudice ne differisce la prosecuzione ad un giorno prossimo [82 disp. att.].

203. Assunzione fuori della circoscrizione del tribunale (1). – Se i mezzi di prova debbono assumersi fuori della circoscrizione del tribunale, il giudice istruttore delega a procedervi il giudice istruttore del luogo, salvo che le parti richiedano concordemente e il presidente del tribunale consente che vi si trasferisca il giudice stesso [232^2, 255^2].

Nell'ordinanza di delega, il giudice delegante fissa il termine entro il quale la prova deve assumersi e l'udienza di comparizione delle parti per la prosecuzione del giudizio.

Il giudice delegato [205], su istanza della parte interessata, procede all'assunzione del mezzo di prova e d'ufficio ne rimette il processo verbale al giudice delegante prima dell'udienza fissata per la prosecuzione del giudizio, anche se l'assunzione non è esaurita.

Le parti possono rivolgere al giudice delegante, direttamente o a mezzo del giudice delegato, istanza per la proroga del termine [154].

(1) Articolo così sostituito dall'art. 64 del d.lg. 19/2/1998, n. 51.

204. Rogatorie alle autorità estere e ai consoli italiani. – Le rogatorie dei giudici italiani alle autorità estere per l'esecuzione di provvedimenti istruttori sono trasmesse per via diplomatica.

Quando la rogatoria riguarda cittadini italiani residenti all'estero, il giudice istruttore delega il console competente [203], che provvede a norma della legge consolare.

Per l'assunzione dei mezzi di prova e la prosecuzione del giudizio il giudice pronuncia i provvedimenti previsti negli ultimi tre commi dell'articolo precedente.

205. Risoluzione degli incidenti relativi alla prova. – Il giudice che procede all'assunzione dei mezzi di prova, anche se delegato a norma dell'articolo 203, pronuncia con ordinanza su tutte le questioni che sorgono nel corso della stessa [176].

206. Assistenza delle parti all'assunzione. – Le parti possono assistere personalmente all'assunzione dei mezzi di prova [84 disp. att.].

207. Processo verbale dell'assunzione. – Dell'assunzione dei mezzi di prova si redige processo verbale sotto la direzione del giudice [126, 130].

Le dichiarazioni delle parti e dei testimoni sono riportate in prima persona e sono lette al dichiarante (1).

Il giudice, quando lo ritiene opportuno, nel riportare le dichiarazioni descrive il contegno della parte e del testimone [116].

(1) Comma così modificato dall'art. 45, co. 1, lett. c), d.l. 24/6/2014, n. 90, conv., con modif. dalla l. 11/8/2014, n. 114.

208. Decadenza dall'assunzione (1). – Se non si presenta la parte su istanza della quale deve iniziarsi o proseguirsi la prova [202], il giudice istruttore la dichiara decaduta dal diritto di farla assumere [104^1 disp. att.], salvo che l'altra parte presente non ne chieda l'assunzione.

La parte interessata può chiedere nell'udienza successiva al giudice la revoca dell'ordinanza che ha pronunciato la sua decadenza dal diritto di assumere la prova. Il giudice dispone la revoca con ordinanza, quando riconosce che la mancata comparizione è stata cagionata da causa non imputabile alla stessa parte [104^2 disp. att.].

(1) Articolo così sostituito dall'art. 26 della l. 26/11/1990, n. 353.

209. Chiusura dell'assunzione. – Il giudice istruttore dichiara chiusa l'assunzione quando sono eseguiti i mezzi ammessi o quando, dichiarata la decadenza di cui all'articolo precedente, non vi sono altri mezzi da assumere, oppure quando egli ravvisa superflua, per i risultati già raggiunti, la ulteriore assunzione.

§ 3 – *Dell'esibizione delle prove*

210. Ordine di esibizione alla parte o al terzo. – Negli stessi limiti entro i quali può essere ordinata a norma dell'articolo 118 l'ispezione di cose in possesso di una parte o di un terzo, il giudice istruttore, su istanza di parte [115^1], può ordinare all'altra parte o a un terzo di esibire in giudizio un documento o altra cosa di cui ritenga necessaria l'acquisizione al processo.

Nell'ordinare l'esibizione [177^2], il giudice dà i provvedimenti opportuni circa il tempo, il luogo e il modo dell'esibizione [202].

Se l'esibizione importa una spesa, questa deve essere in ogni caso anticipata dalla parte che ha proposta l'istanza di esibizione.

Se la parte non adempie senza giustificato motivo all'ordine di esibizione, il giudice la condanna a una pena pecuniaria da euro 500 a euro 3.000 e può da questo comportamento desumere argomenti di prova a norma dell'articolo 116, secondo comma (1).

Se non adempie il terzo, il giudice lo condanna a una pena pecuniaria da euro 250 a euro 1.500 (1).

(1) Commi aggiunti dall'art. 3, co. 15, d.lg. 10/10/2022, n. 149.

211. Tutela dei diritti del terzo. – Quando l'esibizione è ordinata ad un terzo, il giudice istruttore deve cercare di conciliare nel miglior modo possibile l'interesse della giustizia col riguardo dovuto ai diritti del terzo, e prima di ordinare l'esibizione può disporre che il terzo sia citato in giudizio, assegnando alla parte istante un termine per provvedervi.

Il terzo può sempre fare opposizione contro l'ordinanza di esibizione, intervenendo nel giudizio prima della scadenza del termine assegnatogli [105^1, 267].

212. Esibizione di copia del documento e dei libri di commercio. – Il giudice istruttore può disporre che, in sostituzione dell'originale, si esibisca una copia anche fotografica o un estratto autentico del documento.

Nell'ordinare l'esibizione di libri di commercio o di registri al fine di estrarne determinate partite, il giudice, su istanza dell'interessato, può disporre che siano prodotti estratti, per la formazione dei quali nomina un notaio e, quando occorre, un esperto affinché lo assista.

213. Richiesta d'informazioni alla pubblica amministrazione. – Fuori dei casi previsti negli articoli 210 e 211, il giudice può richiedere d'ufficio [210^1] alla pubblica amministrazione le informazioni scritte relative ad atti e documenti dell'amministrazione stessa, che è necessario acquisire al processo [96 disp. att.].

L'amministrazione entro sessanta giorni dalla comunicazione del provvedimento di cui al primo comma trasmette le informazioni richieste o comunica le ragioni del diniego (1).

(1) Comma introdotto dall'art. 3, co. 15, d.lg. 10/10/2022, n. 149.

§ 4 – *Del riconoscimento e della verificazione della scrittura privata*

214. Disconoscimento della scrittura privata. – Colui contro il quale è prodotta una scrittura privata [2702, 2703 CC.], se intende disconoscerla [215], è tenuto a negare formalmente la propria scrittura o la propria sottoscrizione [293³].

Gli eredi o aventi causa possono limitarsi a dichiarare [214¹] di non conoscere la scrittura o la sottoscrizione del loro autore.

215. Riconoscimento tacito della scrittura privata. – La scrittura privata prodotta in giudizio si ha per riconosciuta [2702, 2703 CC. // 219²]:

1) se la parte, alla quale la scrittura è attribuita o contro la quale è prodotta, è contumace, salva la disposizione dell'articolo 293 terzo comma;

2) se la parte comparsa non la disconosce o non dichiara di non conoscerla nella prima udienza o nella prima risposta successiva alla produzione [214].

Quando nei casi ammessi dalla legge la scrittura è prodotta in copia autentica, il giudice istruttore può concedere un termine per deliberare alla parte che ne fa istanza nei modi di cui al numero 2.

216. Istanza di verificazione. – La parte che intende valersi della scrittura disconosciuta [214] deve chiederne la verificazione, proponendo i mezzi di prova che ritiene utili [115¹] e producendo o indicando le scritture che possono servire di comparazione [220].

L'istanza per la verificazione può anche proporsi in via principale con citazione, quando la parte dimostra di avervi interesse; ma se il convenuto riconosce la scrittura, le spese sono poste a carico dell'attore.

217. Custodia della scrittura e provvedimenti istruttori. – Quando è chiesta la verificazione, il giudice istruttore dispone le cautele opportune per la custodia del documento, stabilisce il termine per il deposito in cancelleria delle scritture di comparazione, nomina, quando occorre, un consulente tecnico [61, 191, 219¹] e provvede all'ammissione delle altre prove.

Nel determinare le scritture che debbono servire di comparazione, il giudice ammette, in mancanza di accordo delle parti, quella la cui provenienza dalla persona che si afferma autrice della scrittura è riconosciuta [215¹, 219² // 2702, 2703 CC.] oppure accertata per sentenza di giudice [324] o per atto pubblico [2699 CC.].

218. Scritture di comparazione presso depositari. – Se le scritture di comparazione si trovano presso depositari pubblici o privati e l'asportazione non ne è vietata, il giudice istruttore può disporne il deposito in cancelleria in un termine da lui fissato.

Se la comparazione deve eseguirsi nel luogo dove si trovano le scritture, il giudice dà le disposizioni necessarie per le operazioni, che debbono compiersi in presenza del depositario.

219. Redazione di scritture di comparazione. – Il giudice istruttore può ordinare alla parte di scrivere sotto dettatura, anche alla presenza del consulente tecnico [61, 191, 219¹].

Se la parte invitata a comparire personalmente non si presenta o rifiuta di scrivere senza giustificato motivo, la scrittura si può ritenere riconosciuta.

220. Pronuncia del collegio. – Sull'istanza di verificazione pronuncia sempre il collegio [225¹].

Il collegio, nella sentenza che dichiara la scrittura o la sottoscrizione di mano della parte che l'ha negata, può condannare quest'ultima a una pena pecuniaria non inferiore a € 2 e non superiore a € 20.

§ 5 – *Della querela di falso*

221. Modo di proposizione e contenuto della querela. – La querela di falso può proporsi tanto in via principale [18, 216²] quanto in corso di causa [216¹, 222] in qualunque stato e grado di giudizio, finché la verità del documento non sia stata accertata con sentenza passata in giudicato [324].

La querela deve contenere, a pena di nullità [156], l'indicazione degli elementi e delle prove della falsità e deve essere proposta personalmente dalla parte oppure a mezzo di procuratore speciale [82²], con atto di citazione o con dichiarazione da unirsi al verbale d'udienza.

È obbligatorio l'intervento nel processo del pubblico ministero [70, 158].

222. Interpello della parte che ha prodotto la scrittura. – Quando è proposta querela di falso in corso di causa, il giudice istruttore interpella la parte che ha prodotto il documento se intende valersene in giudizio. Se la risposta è negativa, il documento non è utilizzabile in causa; se è affermativa, il giudice, che ritiene il documento rilevante, autorizza la presentazione della querela nella stessa udienza o in una successiva; ammette i mezzi istruttori che ritiene idonei, e dispone i modi e i termini della loro assunzione [202].

223. Processo verbale di deposito del documento. – Nell'udienza in cui è presentata la querela, si forma processo verbale di deposito nelle mani del cancelliere del documento impugnato [217].

Il processo verbale è redatto in presenza del pubblico ministero e delle parti, e deve contenere la descrizione dello stato in cui il documento si trova, con indicazione delle cancellature, abrasioni, aggiunte, scritture interlineari e di ogni altra particolarità che vi si riscontra [126].

Il giudice istruttore, il pubblico ministero e il cancelliere appongono la firma sul documento. Il giudice può anche ordinare che di esso sia fatta copia fotografica.

224. Sequestro del documento. – Se il documento impugnato di falso si trova presso un depositario, il giudice istruttore può ordinarne il sequestro con le forme previste nel codice di procedura penale [211²], dopo di che si redige il processo verbale di cui all'articolo precedente.

Se non è possibile il deposito del documento in cancelleria, il giudice dispone le necessarie cautele per la conservazione di esso e redige il processo verbale alla presenza del depositario, nel luogo dove il documento si trova.

225. Decisione sulla querela. – Sulla querela di falso pronuncia sempre il tribunale in composizione monocratica (1) [9², <u>220¹</u> // 101 disp. att.].

Il giudice può trattenere la causa in decisione sulla querela indipendentemente dal merito. In tal caso, su istanza di parte, può disporre che la trattazione della causa continui relativamente a quelle domande che possono essere decise indipendentemente dal documento impugnato [<u>187²</u>, <u>189²</u>] (2).

(1) La parola originaria "collegio" è stata sostituita da quelle "il tribunale in composizione monocratica" dall'art. 3, co. 16, d.lg. 10/10/2022, n. 149.

(2) Comma così sostituito dall'art. 3, co. 16, d.lg. 10/10/2022; la precedente formulazione era «Il giudice istruttore può rimettere le parti al collegio per la decisione sulla querela indipendentemente dal merito. In tal caso, su istanza di parte, può disporre che la trattazione della causa continui davanti a sé relativamente a quelle domande che possono essere decise indipendentemente dal documento impugnato.».

226. Contenuto della sentenza. – Il tribunale (1), con la sentenza che rigetta la querela di falso, ordina la restituzione del documento e dispone che, a cura del cancelliere, sia fatta menzione della sentenza sull'originale o sulla copia che ne tiene luogo; condanna inoltre la parte querelante a una pena pecuniaria non inferiore a € 2 e non superiore a € 20.

Con la sentenza che accerta la falsità il tribunale (1), anche d'ufficio, dà le disposizioni di cui all'articolo 537 del codice di procedura penale (2).

(1) La parola originaria "collegio" è stata sostituita da quella "tribunale" dall'art. 3, co. 16, d.lg. 10/10/2022, n. 149.

(2) Ora art. 537 nuovo CPP.

• Le parole "di cui all'articolo 480 del codice di procedura penale" originariamente contenute nella norma sono state sostituite da quelle "di cui all'articolo 537 del codice di procedura penale" dall'art. 3, co. 16, d.lg. 10/10/2022, n. 149.

227. Esecuzione della sentenza che ha pronunciato sulla querela. – L'esecuzione delle sentenze previste nell'articolo precedente non può aver luogo prima che siano passate in giudicato [*282*, 324].

Se non è richiesta dalle parti, l'esecuzione è promossa dal pubblico ministero a spese del soccombente con l'osservanza, in quanto applicabili, delle norme dell'articolo 481 del codice di procedura penale.

§ 6 – *Della confessione giudiziale e dell'interrogatorio formale*

228. Confessione giudiziale. – La confessione [2730 CC.] giudiziale [2733, *2735* CC.] è spontanea [229] o provocata mediante interrogatorio formale [230].

229. Confessione spontanea. – La confessione spontanea può essere contenuta in qualsiasi atto processuale firmato dalla parte personalmente, salvo il caso dell'articolo 117.

230. Modo dell'interrogatorio [*117*]. – L'interrogatorio deve essere dedotto per articoli separati e specifici [244].

Il giudice istruttore procede all'assunzione dell'interrogatorio nei modi e termini stabiliti nell'ordinanza che lo ammette [292[1]].

Non possono farsi domande su fatti diversi da quelli formulati nei capitoli, a eccezione delle domande su cui le parti concordano e che il giudice ritiene utili; ma il giudice può sempre chiedere i chiarimenti opportuni sulle risposte date.

231. Risposta. – La parte interrogata deve rispondere personalmente [2731 CC.]. Essa non può servirsi di scritti preparati, ma il giudice istruttore può consentirle di valersi di note o appunti, quando deve fare riferimento a nomi o a cifre, o quando particolari circostanze lo consigliano.

232. Mancata risposta. – Se la parte non si presenta o rifiuta di rispondere senza giustificato motivo, il collegio, valutato ogni altro elemento di prova [116[2]], può ritenere come ammessi i fatti dedotti nell'interrogatorio [*239*].

Il giudice istruttore, che riconosce giustificata la mancata presentazione della parte per rispondere all'interrogatorio, dispone per l'assunzione di esso anche fuori della sede giudiziaria [203[1], 239[2]].

§ 7 – *Del giuramento* [2736-2739 CC.]

233. Deferimento del giuramento decisorio. – Il giuramento decisorio può essere deferito in qualunque stato della causa [*183*[6], 189] davanti al giudice istruttore, con dichiarazione fatta all'udienza dalla parte o dal procuratore munito di mandato speciale o con atto sottoscritto dalla parte.

Esso deve essere formulato in articoli separati, in modo chiaro e specifico [230[1], 244].

234. Riferimento. – Finché non abbia dichiarato di essere pronta a giurare, la parte, alla quale il giuramento decisorio è stato deferito, può riferirlo [235] all'avversario nei limiti fissati dal codice civile.

235. Irrevocabilità. – La parte, che ha deferito o riferito il giuramento decisorio, non può più revocarlo [236] quando l'avversario ha dichiarato di essere pronto a prestarlo.

236. Caso di revocabilità. – Se nell'ammettere il giuramento decisorio il giudice modifica la formula proposta dalla parte [233[2]], questa può revocarlo.

237. Risoluzione delle contestazioni. – Le contestazioni sorte tra le parti circa l'ammissione del giuramento decisorio sono decise dal collegio [187, 279[4]].

L'ordinanza del collegio che ammette il giuramento deve essere notificata personalmente alla parte [292].

238. Prestazione. – Il giuramento decisorio è prestato personalmente dalla parte ed è ricevuto dal giudice istruttore. Questi ammonisce il giurante sull'importanza religiosa e (1) morale dell'atto e sulle conseguenze penali delle dichiarazioni false, e quindi lo invita a giurare.

Il giurante, in piedi, pronuncia a chiara voce le parole: "consapevole della responsabilità che col giuramento assumo davanti a Dio e agli uomini (1), giuro …", e continua ripetendo le parole della formula su cui giura.

(1) La Corte cost. con sent. 8/10/1996, n. 334 ha dichiarato l'illegittimità costituzionale del co. 1 limitatamente alle parole "religiosa e" e del co. 2 limitatamente alle parole "davanti a Dio e agli uomini".

239. Mancata prestazione. – La parte alla quale il giuramento decisorio è deferito [233], se non si presenta senza giustificato motivo all'udienza all'uopo fissata, o, comparendo, rifiuta di prestarlo o non lo riferisce all'avversario [234], soccombe rispetto alla domanda o al punto di fatto relativamente al quale il giuramento è stato ammesso; e del pari soccombe la parte avversaria, se rifiuta di prestare il giuramento che le è riferito [*232*[1]].

Il giudice istruttore, se ritiene giustificata la mancata comparizione della parte che deve prestare il giuramento, provvede a norma dell'articolo 232 secondo comma.

240. Deferimento del giuramento suppletorio (1). – Nelle cause riservate alla decisione collegiale [50 bis], il giuramento suppletorio può essere deferito esclusivamente dal collegio.

(1) Articolo così sostituito dall'art. 27 della l. 26/11/1990, n. 353.

241. Ammissibilità e contenuto del giuramento d'estimazione. – Il giuramento sul valore della cosa domandata può essere deferito dal collegio a una delle parti, soltanto se non è possibile accertare altrimenti il valore della cosa stessa [2736[n. 2] CC.]. In questo caso il collegio deve anche determinare la somma fino a concorrenza della quale il giuramento avrà efficacia.

242. Divieto di riferire il giuramento suppletorio. – Il giuramento deferito d'ufficio a una delle parti non può da questa essere riferito all'altra [*234*].

243. Rinvio alle norme sul giuramento decisorio. – Per la prestazione del giuramento deferito d'ufficio si applicano le disposizioni relative al giuramento decisorio.

§ 8 – *Della prova per testimoni*

244. Modo di deduzione. – La prova per testimoni deve essere dedotta mediante indicazione specifica delle persone da interrogare e dei fatti, formulati in articoli separati, sui quali ciascuna di esse deve essere interrogata [*421*[2] // 2721 ss. CC.] (1).

(1) I commi che recitavano: «La parte contro la quale la prova è proposta, anche quando si oppone all'ammissione, deve indicare a sua volta nella prima risposta le persone che intende fare interrogare e deve dedurre per articoli separati i fatti sui quali debbono essere interrogate» e «Il giudice istruttore, secondo le circostanze, può assegnare un termine perentorio alle parti per formulare o integrare tali indicazioni» sono stati abrogati dall'art. 89 della l. 26/11/1990, n. 353.

245. Ordinanza di ammissione. – Con l'ordinanza [134] che ammette la prova il giudice istruttore riduce le liste dei testimoni sovrabbondanti ed elimina i testimoni che non possono [246, 247] essere sentiti per legge.

La rinuncia fatta da una parte all'audizione dei testimoni da essa indicati non ha effetto se le altre non vi aderiscono e se il giudice non vi consente [208].

246. Incapacità a testimoniare. – Non possono [157[2]] essere assunte come testimoni le persone aventi nella causa un interesse [100] che potrebbe legittimare la loro partecipazione [105] al giudizio.

247. Divieto di testimoniare (1). – Non possono deporre il coniuge ancorché separato, i parenti, o affini in linea retta e coloro che sono legati a una delle parti da vincoli di affiliazione (2), salvo che la causa verta su questioni di stato, di separazione personale o relative a rapporti di famiglia.

(1) La Corte cost. con sent. 23/7/1974, n. 248 ha dichiarato l'illegittimità costituzionale del presente articolo.

(2) La l. 4/5/1983, n. 184 ha soppresso l'istituto dell'affiliazione.

248. Audizione dei minori degli anni quattordici (1). – I minori degli anni quattordici possono essere sentiti solo quando la loro audizione è resa necessaria da particolari circostanze. Essi non prestano giuramento.

(1) La Corte cost. con sent. 11/6/1975, n. 139 ha dichiarato l'illegittimità costituzionale del presente articolo.

249. Facoltà d'astensione (1). – Si applicano all'audizione dei testimoni le disposizioni degli articoli 200, 201 e 202 del codice di procedura penale (1) relative alla facoltà d'astensione dei testimoni.

(1) Le parole: "degli articoli 351 e 352 c.p.p." sono state così sostituite dalle attuali: "degli articoli 200, 201 e 202 e del codice di procedura penale" dalla l. 18/6/2009, n. 69, a decorrere dal 4/7/2009.

250. Intimazione ai testimoni. – L'ufficiale giudiziario, su richiesta della parte interessata, intima ai testimoni ammessi dal giudice istruttore di comparire nel luogo, nel giorno e nell'ora fissati, indicando il giudice che assume la prova e la causa nella quale debbono essere sentiti [208, 103, 104 disp. att.].

L'intimazione di cui al primo comma, se non è eseguita in mani proprie del destinatario o mediante servizio postale, è effettuata in busta chiusa e sigillata [137[4]] (1).

L'intimazione al testimone ammesso su richiesta delle parti private a comparire in udienza può essere effettuata dal difensore attraverso l'invio di copia dell'atto mediante lettera raccomandata con avviso di ricevimento o a mezzo posta elettronica certificata o a mezzo telefax (2).

Il difensore che ha spedito l'atto da notificare con lettera raccomandata deposita nella cancelleria del giudice copia dell'atto inviato, attestandone la conformità all'originale, e l'avviso di ricevimento (3).

(1) Comma aggiunto dal d.lg. 30/6/2003, n. 196.

(2) Comma aggiunto dal d.l. n. 35/2005, con decorrenza dal 1/3/2006, e successivamente così modificato dalla l. 12/11/2011, n. 183.

(3) Comma aggiunto dal d.l. n. 35/2005, con decorrenza dal 1/3/2006.

251. Giuramento dei testimoni. – I testimoni sono esaminati separatamente.

Il giudice istruttore ammonisce il testimone sulla importanza religiosa e morale del giuramento e sulle conseguenze penali [372 CP.] delle dichiarazioni false o reticenti, e legge la formula: "consapevole della responsabilità che con il giuramento assumete davanti a Dio, se credente, e agli uomini, giurate di dire la verità, null'altro che la verità". Quindi il testimone, in piedi, presta il giuramento pronunciando le parole: "Lo giuro".

252. Identificazione dei testimoni. – Il giudice istruttore richiede al testimone il nome, il cognome, la paternità, l'età e la professione, e lo invita a dichiarare se ha rapporti di parentela [74 CC.], affinità [78 CC.], affiliazione [74, 78 CC.] o dipendenza con alcuna delle parti, oppure interesse nella causa (1).

Le parti possono fare osservazioni sull'attendibilità del testimone, e questi deve fornire in proposito i chiarimenti necessari. Delle osservazioni e dei chiarimenti si fa menzione nel processo verbale prima dell'audizione del testimone.

(1) L'indicazione della paternità è omessa in applicazione dell'art. 1 della l. 31/10/1955, n. 1064.

• L'indicazione dell'età è da considerarsi sostituita dall'obbligo di indicazione della data di nascita.

253. Interrogazioni e risposte. – Il giudice istruttore interroga il testimone sui fatti intorno ai quali è chiamato a deporre. Può altresì rivolgergli, d'ufficio o su istanza di parte, tutte le domande che ritiene utili a chiarire i fatti medesimi.

È vietato alle parti e al pubblico ministero di interrogare direttamente i testimoni [*498 CPP.*].

Alle risposte dei testimoni si applica la disposizione dell'articolo 231.

254. Confronto dei testimoni. – Se vi sono divergenze tra le deposizioni di due o più testimoni, il giudice istruttore, su istanza di parte o d'ufficio [*115*[1]], può disporre che essi siano messi a confronto.

255. Mancata comparizione dei testimoni. – Se il testimone regolarmente intimato [250, 103 disp. att.] non si presenta, il giudice istruttore può ordinare una nuova intimazione oppure disporne l'accompagnamento all'udienza stessa o ad altra successiva. Con la medesima ordinanza il giudice, in caso di mancata comparizione senza giustificato motivo, può condannarlo ad una pena pecuniaria non inferiore a 100 euro e non superiore a 1.000 euro. In caso di ulteriore mancata comparizione senza giustificato motivo, il giudice dispone l'accompagnamento del testimone all'udienza stessa o ad altra successiva e lo condanna a una pena pecuniaria non inferiore a 200 euro e non superiore a 1.000 euro [179] (1).

Se il testimone si trova nell'impossibilità di presentarsi o ne è esentato dalla legge o dalle convenzioni internazionali, il giudice si reca nella sua abitazione o nel suo ufficio; e, se questi sono situati fuori della circoscrizione del tribunale, delega all'esame il giudice istruttore (2) del luogo [203].

(1) Questo comma è stato così sostituito dalla l. 28/12/2005, n. 263, con decorrenza dal 1/3/2006, secondo quanto disposto dal

medesimo provvedimento, modificato dalla l. 23/2/2006, n. 51. L'ultimo periodo è stato aggiunto dalla l. 18/6/2009, n. 69, a decorrere dal 4/7/2009.

(2) La parola: "pretore" è stata sostituita dalle parole: "giudice istruttore" dal d.lg. 19/2/1998, n. 51, recante l'istituzione del giudice unico.

256. Rifiuto di deporre e falsità della testimonianza. – Se il testimone, presentandosi, rifiuta di giurare o di deporre senza giustificato motivo [249], o se vi è fondato sospetto che egli non abbia detto la verità o sia stato reticente, il giudice istruttore lo denuncia al pubblico ministero, al quale trasmette copia del processo verbale (1).

(1) Le parole: "Il giudice può anche ordinare l'arresto del testimone" sono state eliminate dalla l. 28/12/2005, n. 263, con decorrenza dal 1/3/2006, secondo quanto disposto dal medesimo provvedimento, modificato dalla l. 23/2/2006, n. 51.

257. Assunzione di nuovi testimoni e rinnovazione dell'esame [*115¹*]. – Se alcuno dei testimoni [*281 ter*] si riferisce, per la conoscenza dei fatti, ad altre persone, il giudice istruttore può disporre d'ufficio [*115¹*] che esse siano chiamate a deporre.

Il giudice può anche disporre che siano sentiti i testimoni dei quali ha ritenuto l'audizione superflua a norma dell'articolo 245 o dei quali ha consentito la rinuncia; e del pari può disporre che siano nuovamente esaminati i testimoni già interrogati, al fine di chiarire la loro deposizione o di correggere irregolarità avveratesi nel precedente esame.

257 bis. Testimonianza scritta (1). – Il giudice, su accordo delle parti, tenuto conto della natura della causa e di ogni altra circostanza, può disporre di assumere la deposizione chiedendo al testimone, anche nelle ipotesi di cui all'articolo 203, di fornire, per iscritto e nel termine fissato, le risposte ai quesiti sui quali deve essere interrogato.

Il giudice, con il provvedimento di cui al primo comma, dispone che la parte che ha richiesto l'assunzione predisponga il modello di testimonianza [103 bis disp. att.] in conformità agli articoli ammessi e lo faccia notificare al testimone.

Il testimone rende la deposizione compilando il modello di testimonianza in ogni sua parte, con risposta separata a ciascuno dei quesiti, e precisa quali sono quelli cui non è in grado di rispondere, indicandone la ragione.

Il testimone sottoscrive la deposizione apponendo la propria firma autenticata su ciascuna delle facciate del foglio di testimonianza, che spedisce in busta chiusa con plico raccomandato o consegna alla cancelleria del giudice.

Quando il testimone si avvale della facoltà d'astensione di cui all'articolo 249, ha l'obbligo di compilare il modello di testimonianza, indicando le complete generalità e i motivi di astensione.

Quando il testimone non spedisce o non consegna le risposte scritte nel termine stabilito, il giudice può condannarlo alla pena pecuniaria di cui all'articolo 255, primo comma.

Quando la testimonianza ha ad oggetto documenti di spesa già depositati dalle parti, essa può essere resa mediante dichiarazione sottoscritta dal testimone e trasmessa al difensore della parte nel cui interesse la prova è stata ammessa, senza il ricorso al modello di cui al secondo comma.

Il giudice, esaminate le risposte o le dichiarazioni, può sempre disporre che il testimone sia chiamato a deporre davanti a lui o davanti al giudice delegato.

(1) Questo articolo è stato inserito dalla l. 18/6/2009, n. 69, a decorrere dal 4/7/2009.

257 ter. Dichiarazioni scritte (1).

(1) Il presente articolo era stato inserito dall'art. 15, co. 1, d.l. 12/9/2014, n. 132; successivamente, tale modifica non è stata confermata dalla legge di conversione (l. 10/11/2014, n. 162).

§ 9 – Delle ispezioni, delle riproduzioni meccaniche e degli esperimenti [*115¹*]

258. Ordinanza d'ispezione. – L'ispezione di luoghi, di cose mobili e immobili, o delle persone è disposta [134] dal giudice istruttore, il quale fissa il tempo, il luogo e il modo dell'ispezione.

259. Modo dell'ispezione. – All'ispezione procede personalmente il giudice istruttore, assistito, quando occorre, da un consulente tecnico, anche se l'ispezione deve eseguirsi fuori della circoscrizione del tribunale [*203*], tranne che esigenze di servizio gli impediscano di allontanarsi dalla sede. In tal caso delega il giudice istruttore (1) a norma dell'articolo 203.

(1) La parola "pretore" è stata sostituita dalle parole "giudice istruttore" dall'art. 66 del d.lg. 19/2/1998, n. 51.

260. Ispezione corporale. – Il giudice istruttore può astenersi dal partecipare all'ispezione corporale e disporre che vi proceda il solo consulente tecnico [194²].

All'ispezione corporale deve procedersi con ogni cautela diretta a garantire il rispetto della persona [2 Cost. // 93 disp. att.].

261. Riproduzioni, copie ed esperimenti. – Il giudice istruttore può disporre che siano eseguiti rilievi, calchi e riproduzioni anche fotografiche di oggetti, documenti e luoghi, e, quando occorre, rilevazioni cinematografiche o altre che richiedono l'impiego di mezzi, strumenti o procedimenti meccanici.

Egualmente, per accertare se un fatto sia o possa essersi verificato in un dato modo, il giudice può ordinare di procedere alla riproduzione del fatto stesso, facendone eventualmente eseguire la rilevazione fotografica o cinematografica.

Il giudice presiede all'esperimento e, quando occorre, ne affida l'esecuzione a un esperto [68] che presta giuramento a norma dell'articolo 193.

262. Poteri del giudice istruttore. – Nel corso dell'ispezione o dell'esperimento il giudice istruttore può sentire testimoni per informazioni e dare i provvedimenti necessari per l'esibizione della cosa [210] o per accedere alla località.

Può anche disporre l'accesso in luoghi appartenenti a persone estranee al processo, sentite se è possibile queste ultime, e prendendo in ogni caso le cautele necessarie alla tutela dei loro interessi [118, 211].

§ 10 – *Del rendimento dei conti*

263. Presentazione e accettazione del conto. – Se il giudice ordina [134] la presentazione di un conto, questo deve essere depositato in cancelleria con i documenti giustificativi, almeno cinque giorni prima dell'udienza fissata per la discussione di esso.

Se il conto viene accettato, il giudice istruttore ne dà atto nel processo verbale e ordina il pagamento delle somme che risultano dovute. L'ordinanza non è impugnabile e costituisce titolo esecutivo [186 bis, 474].

264. Impugnazione e discussione. – La parte che impugna il conto deve specificare [115¹] le partite che intende contestare. Se chiede un termine per la specificazione, il giudice istruttore fissa un'udienza per tale scopo.

Se le parti, in seguito alla discussione, concordano nel risultato del conto, il giudice provvede a norma del secondo comma dell'articolo precedente.

In ogni caso il giudice può disporre, con ordinanza non impugnabile, il pagamento del sopravanzo che risulta dal conto o dalla discussione dello stesso.

265. Giuramento [2736 n. 2 CC.]. – Il collegio [50 bis, 240] può ammettere il creditore a determinare con giuramento le somme a lui dovute, se la parte tenuta al rendiconto non lo presenta o rimane contumace. Si applica in tal caso la disposizione dell'articolo 241.

Il collegio può altresì ordinare a chi rende il conto di asseverare con giuramento le partite per le quali non si può o non si suole richiedere ricevuta; ma può anche ammetterle senza giuramento, quando sono verosimili e ragionevoli.

266. Revisione del conto approvato. – La revisione del conto che la parte ha approvato [263[2], 264[2]] può essere chiesta, anche in separato processo, soltanto in caso di errore materiale, omissione, falsità o duplicazione di partite.

Sezione IV
Dell'intervento di terzi e della riunione di procedimenti dell'intervento di terzi

§ 1 – *Dell'intervento di terzi*

267. Costituzione del terzo interveniente. – Per intervenire nel processo [344, 419] a norma dell'articolo 105, il terzo deve costituirsi depositando una comparsa formata a norma dell'articolo 167 con i documenti e la procura (1). Il cancelliere dà notizia dell'intervento alle altre parti (1).

(1) Le parole originarie "presentando in udienza o", "in cancelleria", "le copie per le altre parti," e ", se la costituzione del terzo non è avvenuta in udienza" sono state soppresse dall'art. 3, co. 17, d.lg. 10/10/2022, n. 149.

268. Termine per l'intervento (1). – L'intervento [105] può aver luogo sino al momento in cui il giudice fissa l'udienza di rimessione della causa in decisione [189] (2).
Il terzo non può compiere atti che al momento dell'intervento non sono più consentiti ad alcuna altra parte [183], salvo che comparisca volontariamente per l'integrazione necessaria del contraddittorio [102].

(1) Articolo così sostituito dall'art. 28 della l. 26/11/1990, n. 353.

(2) Le parole "a che non vengano precisate le conclusioni" sono state sostituite da quelle "al momento in cui il giudice fissa l'udienza di rimessione della causa in decisone" dall'art. 3, co. 17, d.lg. 10/10/2022, n. 149.

269. Chiamata di un terzo in causa (1). – Alla chiamata di un terzo nel processo a norma dell'articolo 106, la parte provvede mediante citazione [163, 316] a comparire nell'udienza fissata dal giudice istruttore ai sensi del presente articolo, osservati i termini dell'articolo 163-bis.

Il convenuto che intenda chiamare un terzo in causa deve, a pena di decadenza, farne dichiarazione nella comparsa di risposta [167] e contestualmente chiedere al giudice istruttore lo spostamento della prima udienza [183] allo scopo di consentire la citazione del terzo nel rispetto dei termini dell'articolo 163-bis. Il giudice istruttore, nel termine previsto dall'articolo 171-bis (2), provvede con decreto [135] a fissare la data della nuova udienza. Il decreto è comunicato dal cancelliere alle parti costituite. La citazione è notificata al terzo a cura del convenuto.

Ove, a seguito delle difese svolte dal convenuto nella comparsa di risposta, sia sorto l'interesse [100] dell'attore a chiamare in causa un terzo, l'attore deve, a pena di decadenza, chiederne l'autorizzazione al giudice istruttore nella memoria di cui all'articolo 171-ter, primo comma, n. 1 (3). Il giudice istruttore, se concede l'autorizzazione, fissa una nuova udienza allo scopo di consentire la citazione del terzo nel rispetto dei termini dell'articolo 163-bis. La citazione è notificata al terzo a cura dell'attore entro il ter-mine perentorio [152[2], 153] stabilito dal giudice.

La parte che chiama in causa il terzo deve depositare la citazione notificata entro il termine previsto dall'articolo 165, e il terzo deve costituirsi a norma dell'articolo 166.

Nell'ipotesi prevista dal terzo comma restano ferme per le parti le preclusioni maturate anteriormente alla chiamata in causa del terzo e i termini indicati dall'articolo 171-ter decorrono nuovamente rispetto all'udienza fissata per la citazione del terzo (4).

(1) Articolo così sostituito dall'art. 29 della l. 26/11/1990, n. 353.

(2) Le originarie parole "entro cinque giorni dalla richiesta" sono state sostituite da quelle "nel termine previsto dall'articolo 171-bis" dall'art. 3, co. 17, d.lg. 10/10/2022, n. 149.

(3) Le originarie parole "nella prima udienza" sono state sostituite da quelle "nel termine previsto dall'articolo 171-bis" dall'art. 3, co. 17, d.lg. 10/10/2022, n. 149.

(4) Questo comma è stato così sostituito dalla l. 28/12/2005, n. 263, con decorrenza dal 1/3/2006, secondo quanto disposto dal medesimo provvedimento, modificato dalla l. 23/2/2006, n. 51.

• Le originarie parole "ricollegate alla prima udienza di trattazione, ma i termini eventuali di cui al sesto comma dell'articolo 183 sono fissati dal giudice istruttore nella udienza di comparizione del terzo" sono state sostituite da quelle "maturate anteriormente alla chiamata in causa del terzo e i termini indicati dall'articolo 171-ter decorrono nuovamente rispetto all'udienza fissata per la citazione del terzo" dall'art. 3, co. 17, d.lg. 10/10/2022, n. 149.

270. Chiamata di un terzo per ordine del giudice. – La chiamata di un terzo nel processo a norma dell'articolo 107 può essere ordinata in ogni momento dal giudice istruttore per una udienza che all'uopo egli fissa.

Se nessuna delle parti provvede alla citazione del terzo [331], il giudice istruttore dispone con ordinanza non impugnabile la cancellazione della causa dal ruolo [307].

271. Costituzione del terzo chiamato (1). – Al terzo si applicano, con riferimento all'udienza per la quale è citato [269, 270[2]], le disposizioni degli articoli 166, 167, primo comma e 171-ter (2). Se intende chiamare a sua volta in causa un terzo [106, 269[2]], deve farne dichiarazione a pena di decadenza nella comparsa di risposta ed essere poi autorizzato dal giudice ai sensi del terzo comma dell'articolo 269.

(1) Articolo così sostituito dall'art. 30 della l. 26/11/1990, n. 353.

(2) Comma così sostituito dall'art. 3, co. 17, d.lg. 10/10/2022; la precedente formulazione era: «Al terzo si applicano, con riferimento all'udienza per la quale è citato, le disposizioni degli articoli 166 e 167, primo comma.».

272. Decisione delle questioni relative all'intervento. – Le questioni relative all'intervento [105-107] sono decise dal collegio insieme col merito [277], salvo che il giudice istruttore disponga a norma dell'articolo 187 secondo comma.

§ 2 – *Della riunione dei procedimenti*

273. Riunione di procedimenti relativi alla stessa causa. – Se più procedimenti relativi alla stessa causa [*39[1]*, *274*] pendono davanti allo stesso giudice, questi, anche d'ufficio, ne ordina la riunione [335, 350[3], 524].

Se il giudice istruttore o il presidente della sezione ha notizia che per la stessa causa pende procedimento davanti ad altro giudice o ad altra sezione dello stesso tribunale, ne riferisce al presidente, il quale, sentite le parti, ordina con decreto [135] la riunione, determinando la sezione o designando il giudice davanti al quale il procedimento deve proseguire.

274. Riunione di procedimenti relativi a cause connesse. – Se più procedimenti relativi a cause connesse [31, 32, 33, *40*, *273*] pendono davanti allo stesso giudice, questi, anche d'ufficio, può disporne la riunione.

Se il giudice istruttore o il presidente della sezione ha notizia che per una causa connessa pende procedimento davanti ad altro giudice o davanti ad altra sezione dello stesso tribunale, ne riferisce al presidente, il quale, sentite le parti, ordina con decreto che le cause siano chiamate alla medesima udienza davanti allo stesso giudice o alla stessa sezione per i provvedimenti opportuni.

274 bis. Rapporti tra collegio e giudice istruttore in funzione di giudice unico*. *– Il collegio, quando rileva che una causa, rimessa dinanzi a lui per la decisione, deve essere decisa dal giudice istruttore in funzione di giudice unico, rimette la causa dinanzi a quest'ultimo con ordinanza non impugnabile. Il giudice istruttore provvede ai sensi dell'articolo 190-bis.*

Il giudice istruttore, quando rileva che una causa, riservata per la decisione dinanzi a sé in funzione di giudice unico, deve essere rimessa al collegio, provvede ai sensi degli articoli 187, 188 e 189.

In caso di connessione tra cause attribuite al collegio e cause attribuite al giudice istruttore in funzione di giudice unico, questi ne ordina la riunione e, all'esito dell'istruttoria, le rimette, ai sensi dell'articolo 189, al collegio, il quale si pronuncia su tutte le domande, a meno che non sia disposta la separazione ai sensi dell'articolo 279, secondo comma, numero 5).

Alla nullità derivante dalla inosservanza delle disposizioni di legge relative alla composizione del tribunale giudicante si applicano gli articoli 158 e 161, primo comma.

* Abrogato dall'art. 67 del d.lg. 19/2/1998, n. 51.

Capo III
Della decisione della causa

275. Decisione del collegio (1). – Rimessa la causa al collegio [50 bis, 281 quater, 281 quinquies, 281 sexies], la sentenza è depositata entro sessanta giorni dall'udienza di cui all'articolo 189.

Ciascuna delle parti, con la nota di precisazione delle conclusioni [189], può chiedere al presidente del tribunale che la causa sia discussa oralmente dinanzi al collegio [114-117 disp. att.]. In tal caso, resta fermo il rispetto dei termini indicati nell'articolo 189 per il deposito delle sole comparse conclusionali. Il presidente provvede sulla richiesta revocando l'udienza di cui all'articolo 189 e fissando con decreto [135] la data dell'udienza di discussione davanti al collegio, da tenersi entro sessanta giorni [352^{4}]. Nell'udienza il giudice istruttore fa la relazione orale della causa. Dopo la relazione, il presidente ammette le parti alla discussione e la sentenza è depositata in cancelleria entro i sessanta giorni successivi.

(1) Articolo sostituito dall'art. 32 della l. 26/11/1990, n. 353 e successivamente dall'art. 3, co. 18, d.lg. 10/10/2022, n. 149. La precedente formulazione era: «Rimessa la causa al collegio, la sentenza è depositata in cancelleria entro sessanta giorni dalla scadenza del termine per il deposito delle memorie di replica di cui all'articolo 190.
Ciascuna delle parti, nel precisare le conclusioni, può chiedere che la causa sia discussa oralmente dinanzi al collegio. In tal caso, fermo restando il rispetto dei termini indicati nell'articolo 190 per il deposito delle difese scritte, la richiesta deve essere riproposta al presidente del tribunale alla scadenza del termine per il deposito delle memorie di replica.
Il presidente provvede sulla richiesta fissando con decreto la data dell'udienza di discussione, da tenersi entro sessanta giorni.
Nell'udienza il giudice istruttore fa la relazione orale della causa. Dopo la relazione, il presidente ammette le parti alla discussione; la sentenza è depositata in cancelleria entro i sessanta giorni successivi.».

275 bis. Decisione a seguito di discussione orale davanti al collegio (1). – Il giudice istruttore, quando ritiene che la causa può essere decisa a seguito di discussione orale, fissa udienza davanti al collegio e assegna alle parti termine, anteriore all'udienza, non superiore a trenta giorni per il deposito di note limitate alla precisazione delle conclusioni e un ulteriore termine non superiore a quindici giorni per note conclusionali.

All'udienza il giudice istruttore fa la relazione orale della causa e il presidente ammette le parti alla discussione. All'esito della discussione il collegio pronuncia sentenza dando lettura del dispositivo e della concisa esposizione delle ragioni di fatto e di diritto della decisione.

In tal caso, la sentenza si intende pubblicata con la sottoscrizione da parte del presidente del verbale che la contiene ed è immediatamente depositata in cancelleria.

Se non provvede ai sensi del secondo comma, il collegio deposita la sentenza nei successivi sessanta giorni.

(1) Articolo introdotto dall'art. 3, co. 18, d.lg. 10/10/2022, n. 149.

276. Deliberazione. – La decisione è deliberata in segreto nella camera di consiglio. Ad essa possono partecipare soltanto i giudici che hanno assistito alla discussione [158].

Il collegio, sotto la direzione del presidente, decide gradatamente le questioni pregiudiziali [34, 187^{3}, $279^{2, n. 2}$] proposte dalle parti o rilevabili d'ufficio e quindi il merito della causa [277].

La decisione è presa a maggioranza di voti. Il primo a votare è il relatore, quindi l'altro giudice e infine il presidente [131^{3}].

Se intorno a una questione si prospettano più soluzioni e non si forma la maggioranza alla prima votazione, il presidente mette ai voti due delle soluzioni per escluderne una, quindi mette ai voti la non esclusa e quella eventualmente restante, e così successivamente finché le soluzioni siano ridotte a due, sulle quali avviene la votazione definitiva.

Chiusa la votazione, il presidente scrive e sottoscrive il dispositivo [$132^{2, n. 5}$]. La motivazione [$132^{2, n. 4}$] è quindi stesa dal relatore, a meno che il presidente non creda di stenderla egli stesso o affidarla all'altro giudice.

277. Pronuncia sul merito. – Il collegio nel deliberare sul merito deve decidere tutte le domande proposte e le relative eccezioni, definendo il giudizio [112, 189^{2}].

Tuttavia il collegio, anche quando il giudice istruttore gli ha rimesso la causa a norma dell'articolo 187 primo comma, può limitare la decisione ad alcune domande, se riconosce che per esse soltanto non sia necessaria un'ulteriore istruzione, e se la loro sollecita definizione è di interesse apprezzabile per la parte che ne ha fatto istanza [279].

278. Condanna generica. Provvisionale. – Quando è già accertata la sussistenza di un diritto, ma è ancora controversa la quantità della prestazione dovuta, il collegio, su istanza di parte, può limitarsi a pronunciare con sentenza la condanna generica alla prestazione [340, 361 // 2818 CC.], disponendo con ordinanza che il processo prosegua per la liquidazione [91, $279^{2, n. 4}$].

In tal caso il collegio, con la stessa sentenza e sempre su istanza di parte, può altresì condannare il debitore al pagamento di una provvisionale, nei limiti della quantità per cui ritiene già raggiunta la prova [186 quater].

279. Forma dei provvedimenti del collegio (1). – Il collegio pronuncia ordinanza [134] quando provvede soltanto su questioni relative all'istruzione della causa [191], senza definire il giudizio [277], nonché quando decide soltanto questioni di competenza [38]. In tal caso, se non definisce il giudizio, impartisce con la stessa ordinanza i provvedimenti per l'ulteriore istruzione della causa.

Il collegio pronuncia sentenza:

1) quando definisce il giudizio, decidendo questioni di giurisdizione [37];

2) quando definisce il giudizio decidendo questioni pregiudiziali attinenti al processo o questioni preliminari di merito [34, 187^2-3];

3) quando definisce il giudizio, decidendo totalmente il merito [277^1];

4) quando, decidendo alcune delle questioni di cui ai numeri 1, 2 e 3, non definisce il giudizio e impartisce distinti provvedimenti per l'ulteriore istruzione della causa [356^2];

5) quando, valendosi della facoltà di cui agli articoli 103, secondo comma, e 104, secondo comma, decide solo alcune delle cause fino a quel momento riunite, e con distinti provvedimenti dispone la separazione delle altre cause e l'ulteriore istruzione riguardo alle medesime, ovvero la rimessione al giudice inferiore delle cause di sua competenza.

I provvedimenti per l'ulteriore istruzione, previsti dai numeri 4 e 5 sono dati con separata ordinanza [280].

I provvedimenti del collegio, che hanno forma di ordinanza, comunque motivati, non possono mai pregiudicare la decisione della causa [177^1, 178]; salvo che la legge disponga altrimenti, essi sono modificabili e revocabili dallo stesso collegio, e non sono soggetti ai mezzi di impugnazione previsti per le sentenze [323]. Le ordinanze del collegio sono sempre immediatamente esecutive. Tuttavia, quando sia stato proposto appello immediato [*340*, *361*] contro una delle sentenze previste dal n. 4 del secondo comma, il giudice istruttore, su istanza concorde delle parti, qualora ritenga che i provvedimenti dell'ordinanza collegiale, siano dipendenti da quelli contenuti nella sentenza impugnata, può disporre con ordinanza non impugnabile che l'esecuzione o la prosecuzione dell'ulteriore istruttoria sia sospesa sino alla definizione del giudizio di appello.

L'ordinanza è depositata in cancelleria insieme con la sentenza.

(1) Articolo aggiornato con le modif. introdotte dalla l. 18/6/2009, n. 69.

280. Contenuto e disciplina dell'ordinanza del collegio. – Con la sua ordinanza il collegio fissa l'udienza per la comparizione delle parti davanti al giudice istruttore o davanti a sé nel caso previsto nell'articolo seguente.

Il cancelliere inserisce l'ordinanza nel fascicolo di ufficio [168] e ne dà tempestiva comunicazione alle parti a norma dell'articolo 176 secondo comma.

Per effetto dell'ordinanza il giudice istruttore è investito di tutti i poteri per l'ulteriore trattazione della causa.

281. Rinnovazione di prove davanti al collegio. – Quando ne ravvisa la necessità, il collegio, anche d'ufficio, può disporre la riassunzione davanti a sé di uno o più mezzi di prova [356^1].

Capo III bis
Del procedimento davanti al tribunale in composizione monocratica (1)

(1) Capo aggiunto dall'art. 68 del d.lg. 19/2/1998, n. 51.

281 bis. Norme applicabili. – Nel procedimento davanti al tribunale in composizione monocratica [50 ter] si osservano, in quanto applicabili, le disposizioni dei capi precedenti, ove non derogate dalle disposizioni del presente capo.

281 ter. Poteri istruttori del giudice. – Il giudice può disporre d'ufficio la prova testimoniale formulandone i capitoli [244], quando le parti nella esposizione dei fatti si sono riferite a persone che appaiono in grado di conoscere la verità [115, *421^2*].

281 quater. Decisione del tribunale in composizione monocratica. – Le cause nelle quali il tribunale giudica in composizione monocratica [50 ter] sono decise, con tutti i poteri del collegio [275 ss.], dal giudice designato a norma dell'articolo 168-bis o dell'articolo 484, secondo comma.

281 quinquies. Decisione a seguito di trattazione scritta o mista (1). – Quando la causa è matura per la decisione il giudice fissa davanti a sé l'udienza di rimessione della causa in decisione assegnando alle parti i termini di cui all'articolo 189. All'udienza trattiene la causa in decisione e la sentenza è depositata entro i trenta giorni successivi.

Se una delle parti lo richiede, il giudice, disposto lo scambio dei soli scritti difensivi a norma dell'articolo 189 numeri 1) e 2), fissa l'udienza di discussione orale non oltre trenta giorni dalla scadenza del termine per il deposito delle comparse conclusionali e la sentenza è depositata entro trenta giorni.

(1) Articolo così sostituito dall'art. 3, co. 19, d.lg. 10/10/2022; la precedente formulazione era «Il giudice, fatte precisare le conclusioni a norma dell'articolo 189, dispone lo scambio delle comparse conclusionali e delle memorie di replica a norma dell'articolo 190 e, quindi, deposita la sentenza in cancelleria entro trenta giorni dalla scadenza del termine per il deposito delle memorie di replica.
Se una delle parti lo richiede, il giudice, disposto lo scambio delle sole comparse conclusionali a norma dell'articolo 190, fissa l'udienza di discussione orale non oltre trenta giorni dalla scadenza del termine per il deposito delle comparse medesime; la sentenza è depositata entro i trenta giorni successivi all'udienza di discussione.».

281 sexies. Decisione a seguito di trattazione orale. – Se non dispone a norma dell'articolo 281-quinquies, il giudice, fatte precisare le conclusioni, può ordinare la discussione orale della causa nella stessa udienza o, su istanza di parte, in un'udienza successiva e pronunciare sentenza al termine della discussione, dando lettura del dispositivo [132^2, n. 5] e della concisa esposizione delle ragioni di fatto e di diritto della decisione [132^2, n. 4, 351^4, 352^6].

In tal caso, la sentenza si intende pubblicata [327] con la sottoscrizione da parte del giudice del verbale che la contiene [131^2] ed è immediatamente depositata in cancelleria.

Al termine della discussione orale il giudice, se non provvede ai sensi del primo comma, deposita la sentenza nei successivi trenta giorni (1).

(1) Comma aggiunto dall'art. 3, co. 19, d.lg. 10/10/2022.

Capo III ter
Dei rapporti tra collegio e giudice monocratico (1)

(1) Capo aggiunto dall'art. 68 del d.lg. 19/2/1998, n. 51.

281 septies. Rimessione della causa al giudice monocratico. (1). – Il collegio, quando rileva che una causa, rimessa davanti a lui per la decisione [275], deve essere decisa dal tribunale in composizione monocratica [50 ter], pronuncia ordinanza non impugnabile [177^3, n. 2] con cui rimette la causa davanti al giudice istruttore perché decida la causa quale giudice monocratico. La sentenza è depositata entro i successivi trenta giorni.

(1) Articolo così sostituito dall'art. 3, co. 19, d.lg. 10/10/2022; la precedente formulazione era: «Il collegio, quando rileva che una causa, rimessa davanti a lui per la decisione, deve essere decisa dal tribunale in composizione monocratica, rimette la causa davanti al giudice istruttore con ordinanza non impugnabile perché provveda, quale giudice monocratico, a norma degli articoli 281-quater, 281-quinquies e 281-sexies.».

281 octies. Rimessione della causa al tribunale in composizione collegiale. – Il giudice, quando rileva che una causa, riservata per la decisione davanti a sé in funzione di giudice monocratico, deve essere decisa dal tribunale in composizione collegiale, rimette la causa al collegio per la decisione, con ordinanza comunicata alle parti (1). Entro dieci giorni dalla comunicazione, ciascuna parte può chiedere la fissazione dell'udienza di discussione davanti al collegio, e in questo caso il giudice istruttore procede ai sensi dell'articolo 275-bis (2).

(1) Le originarie parole "provvede a norma degli articoli 187, 188 e 189" sono state sostituite da quelle "rimette la causa al collegio per la decisione, con ordinanza comunicata alle parti" dall'art. 3, co. 19, d.lg. 10/10/2022.

(2) Comma inserito dall'art. 3, co. 19, d.lg. 10/10/2022, n. 149.

281 nonies. Connessione. – In caso di connessione tra cause che debbono essere decise dal tribunale in composizione collegiale e cause che debbono essere decise dal tribunale in composizione monocratica [*40*], il giudice istruttore ne ordina la riunione e, all'esito dell'istruttoria, le rimette, a norma dell'articolo 189, al collegio, il quale pronuncia su tutte le domande, a meno che disponga la separazione a norma dell'articolo 279, secondo comma, numero 5).

Alle cause riunite si applica il rito previsto per la causa in cui il tribunale giudica in composizione collegiale e restano ferme le decadenze e le preclusioni già maturate in ciascun procedimento prima della riunione (1).

(1) Comma aggiunto dall'art. 3, co. 19, d.lg. 10/10/2022.

Capo III-quater
Del procedimento semplificato di cognizione (1)

(1) Capo inserito dall'art. 3, co. 20, d.lg. 10/10/2022, n. 149.

281 decies. Ambito di applicazione (1). – Quando i fatti di causa non sono controversi, oppure quando la domanda **è** fondata su prova documentale, o **è** di pronta soluzione o richiede un'istruzione non complessa, il giudizio **è** introdotto nelle forme del procedimento semplificato.

Nelle cause in cui il tribunale giudica in composizione monocratica la domanda **può** sempre essere proposta nelle forme del procedimento semplificato.

(1) Articolo inserito dall'art. 3, co. 20, d.lg. 10/10/2022, n. 149.

281 undecies. Forma della domanda e costituzione delle parti (1). – La domanda si propone con ricorso, sottoscritto a norma dell'articolo 125, che deve contenere le indicazioni di cui ai numeri 1), 2), 3), 3-bis), 4), 5), 6) e l'avvertimento di cui al numero 7) del terzo comma dell'articolo 163.

Il giudice, entro cinque giorni dalla designazione, fissa con decreto l'udienza di comparizione delle parti assegnando il termine per la costituzione del convenuto, che deve avvenire non oltre dieci giorni prima dell'udienza. Il ricorso, unitamente al decreto di fissazione dell'udienza, deve essere notificato al convenuto a cura dell'attore. Tra il giorno della notificazione del ricorso e quello dell'udienza di comparizione debbono intercorrere termini liberi non minori di quaranta giorni se il luogo della notificazione si trova in Italia e di sessanta giorni se si trova all'estero.

Il convenuto si costituisce mediante deposito della comparsa di risposta, nella quale deve proporre le sue difese e prendere posizione in modo chiaro e specifico sui fatti posti dall'attore a fondamento della domanda, indicare i mezzi di prova di cui intende avvalersi e i documenti che offre in comunicazione, **nonché** formulare le conclusioni. A pena di decadenza deve proporre le eventuali domande riconvenzionali e le eccezioni processuali e di merito che non sono rilevabili d'ufficio.

Se il convenuto intende chiamare un terzo deve, a pena di decadenza, farne dichiarazione nella comparsa di costituzione e chiedere lo spostamento dell'udienza. Il giudice, con decreto comunicato dal cancelliere alle parti costituite, fissa la data della nuova udienza assegnando un termine perentorio per la citazione del terzo. La costituzione del terzo in giudizio avviene a norma del terzo comma.

(1) Articolo inserito dall'art. 3, co. 20, d.lg. 10/10/2022, n. 149.

281 duodecies. Procedimento (1). – Alla prima udienza il giudice se rileva che per la domanda principale o per la domanda riconvenzionale non ricorrono i presupposti di cui al primo comma dell'articolo 281-decies, dispone con ordinanza non impugnabile la prosecuzione del processo nelle forme del rito ordinario fissando l'udienza di cui all'articolo 183, rispetto alla quale decorrono i termini previsti dall'articolo 171-ter. Nello stesso modo procede quando, valutata la complessità della lite e dell'istruzione probatoria, ritiene che la causa debba essere trattata con il rito ordinario.

Entro la stessa udienza l'attore può chiedere di essere autorizzato a chiamare in causa un terzo, se l'esigenza è sorta dalle difese del convenuto. Il giudice, se lo autorizza, fissa la data della nuova udienza assegnando un termine perentorio per la citazione del terzo. Se procede ai sensi del primo comma il giudice provvede altresì sulla autorizzazione alla chiamata del terzo. La costituzione del terzo in giudizio avviene a norma del terzo comma dell'articolo 281-undecies.

Alla stessa udienza, a pena di decadenza, le parti possono proporre le eccezioni che sono conseguenza della domanda riconvenzionale e delle eccezioni proposte dalle altre parti.

Se richiesto e sussiste giustificato motivo, il giudice può concedere alle parti un termine perentorio non superiore a venti giorni per precisare e modificare le domande, le eccezioni e le conclusioni, per indicare i mezzi di prova e produrre documenti, e un ulteriore termine non superiore a dieci giorni per replicare e dedurre prova contraria.

Se non provvede ai sensi del secondo e del quarto comma e non ritiene la causa matura per la decisione il giudice ammette i mezzi di prova rilevanti per la decisione e procede alla loro assunzione.

(1) Articolo inserito dall'art. 3, co. 20, d.lg. 10/10/2022, n. 149.

281 terdecies. Decisione (1). – Il giudice quando rimette la causa in decisione procede a norma dell'articolo 281-sexies. Nelle cause in cui il tribunale giudica in composizione collegiale, procede a norma dell'articolo 275-bis. La sentenza è impugnabile nei modi ordinari.

(1) Articolo inserito dall'art. 3, co. 20, d.lg. 10/10/2022, n. 149.

Capo IV
Dell'esecutorietà e della notificazione delle sentenze

282. Esecuzione provvisoria (1). – La sentenza di primo grado è provvisoriamente esecutiva tra le parti [91, 474[2, n. 1] // 2932 CC.].

(1) Articolo così sostituito dall'art. 33 della l. 26/11/1990, n. 353.

283. Provvedimenti sull'esecuzione provvisoria in appello (1). – Il giudice d'appello, su istanza di parte proposta con l'impugnazione principale o con quella incidentale [333, 343], sospende in tutto o in parte l'efficacia esecutiva o l'esecuzione della sentenza impugnata, con o senza cauzione [351, 373], se l'impugnazione appare manifestamente fondata o se dall'esecuzione della sentenza può derivare un pregiudizio grave e irreparabile, pur quando la condanna ha ad oggetto il pagamento di una somma di denaro, anche in relazione alla possibilità di insolvenza di una delle parti (2).

L'istanza di cui al primo comma può essere proposta o riproposta nel corso del giudizio di appello se si verificano mutamenti nelle circostanze, che devono essere specificamente indicati nel ricorso, a pena di inammissibilità (3).

Se l'istanza prevista dal comma dal primo e dal secondo comma (4) è inammissibile o manifestamente infondata il giudice, con ordinanza non impugnabile, può condannare la parte che l'ha proposta al pagamento in favore della cassa delle ammende di una pena (4) non inferiore ad euro 250 e non superiore ad euro 10.000. L'ordinanza è revocabile con la sentenza che definisce il giudizio (5).

(1) Articolo così modificato dalla l. n. 263/2005 con decorrenza dal 1/3/2006. Il testo precedente recitava: «**283. Provvedimenti sull'esecuzione provvisoria in appello.** – Il giudice d'appello su istanza di parte, proposta con l'impugnazione principale o con quella incidentale, quando ricorrono gravi motivi, sospende in tutto o in parte l'efficacia esecutiva o l'esecuzione della sentenza impugnata».

(2) Comma così sostituito dall'art. 3, co. 22, d.lg. 10/10/2022, n. 149; la precedente formulazione era: «Il giudice dell'appello, su istanza di parte, proposta con l'impugnazione principale o con quella incidentale, quando sussistono gravi e fondati motivi, anche in relazione alla possibilità di insolvenza di una delle parti, sospende in tutto o in parte l'efficacia esecutiva o l'esecuzione della sentenza impugnata, con o senza cauzione.».

(3) Comma aggiunto dall'art. 3, co. 22, d.lg. 10/10/2022, n. 149.

(4) Le parole originariamente contenute nella norma "dal comma che precede" e "ad una pena" sono state sostituite rispettivamente da quelle "dal primo e dal secondo comma" e "di una pena" dall'art. 3, co. 22, d.lg. 10/10/2022, n. 149.

(5) Comma aggiunto dalla l. 12/11/2011, n. 183.

284. Concessione o revoca dell'esecuzione provvisoria relativa a sentenze parziali*.

* Articolo abrogato dalla l. 14/7/1950, n. 581.

285. Modo di notificazione della sentenza (1). – La notificazione della sentenza, al fine della decorrenza del termine per l'impugnazione [326, *327*], si fa, su istanza di parte, a norma dell'articolo 170.

(1) Articolo aggiornato con le modif. introdotte dalla l. 18/6/2009, n. 69.

286. Notificazione nel caso d'interruzione. – Se dopo la chiusura della discussione si è avverato uno dei casi previsti nell'articolo 299, la notificazione della sentenza si può fare, anche a norma dell'articolo 303, secondo comma, a coloro ai quali spetta stare in giudizio [170].

Se si è avverato uno dei casi previsti nell'articolo 301, la notificazione si fa alla parte personalmente.

Capo V
Della correzione delle sentenze e delle ordinanze

287. Casi di correzione. – Le sentenze contro le quali non sia stato proposto appello [327, 329] e le ordinanze non revocabili [177^{3}] possono essere corrette, su ricorso di parte, dallo stesso giudice che le ha pronunciate, qualora egli sia incorso in omissioni o in errori materiali o di calcolo [91^{3}, 93^{2}].

288. Procedimento di correzione. – Se tutte le parti concordano nel chiedere la stessa correzione, il giudice provvede con decreto [135].

Se è chiesta da una delle parti, il giudice, con decreto da notificarsi insieme col ricorso a norma dell'articolo 170 primo e terzo comma, fissa l'udienza nella quale le parti debbono comparire davanti a lui. Sull'istanza il giudice provvede con ordinanza [134], che deve essere annotata sull'originale del provvedimento.

Se è chiesta la correzione di una sentenza dopo un anno dalla pubblicazione [131^{1}], il ricorso e il decreto debbono essere notificati alle altre parti personalmente [170^{1}].

Le sentenze possono essere impugnate relativamente alle parti corrette nel termine ordinario decorrente dal giorno in cui è stata notificata l'ordinanza di correzione [325].

289. Integrazione dei provvedimenti istruttori. – I provvedimenti istruttori [176^{1}], che non contengono la fissazione dell'udienza successiva o del termine entro il quale le parti debbono compiere gli atti processuali, possono essere integrati, su istanza di parte o d'ufficio, entro il termine perentorio [152^{2}] di sei mesi dall'udienza in cui i provvedimenti furono pronunciati, oppure dalla loro notificazione o comunicazione se prescritte.

L'integrazione è disposta dal presidente del collegio nel caso di provvedimento collegiale e dal giudice istruttore negli altri casi, con decreto che è comunicato a tutte le parti a cura del cancelliere.

Capo VI
Del procedimento in contumacia

290. Contumacia dell'attore. – Nel dichiarare la contumacia dell'attore a norma dell'articolo 171 ultimo comma, il giudice istruttore, se il convenuto ne fa richiesta, ordina che sia proseguito il giudizio e dà le disposizioni previste nell'articolo 187, altrimenti dispone che la causa sia cancellata dal ruolo, e il processo si estingue [308].

291. Contumacia del convenuto. – Se il convenuto non si costituisce [166] e il giudice istruttore rileva un vizio che importi nullità nella notificazione della citazione [164^{1}], fissa all'attore un termine perentorio [152^{2}] per rinnovarla. La rinnovazione impedisce ogni decadenza [164^{2}]. Se il convenuto non si costituisce neppure all'udienza fissata a norma del comma precedente, il giudice provvede a norma dell'articolo 171 ultimo comma.

Se il convenuto non si costituisce neppure anteriormente alla pronuncia del decreto di cui all'articolo 171-bis, secondo comma (1), il giudice provvede a norma dell'art. 171, ultimo comma.

Se l'ordine di rinnovazione della citazione di cui al primo comma non è eseguito, il giudice ordina la cancellazione della causa dal ruolo e il processo si estingue a norma dell'art. 307, comma terzo.

(1) Le originarie parole "all'udienza fissata a norma del comma precedente" sono state sostituite con quelle "anteriormente alla pronuncia del decreto di cui all'articolo 171-bis" dall'art. 3, co. 23, d.lg. 10/10/2022, n. 149.

292. Notificazione e comunicazione di atti al contumace. – L'ordinanza che ammette l'interrogatorio [230] o il giuramento [233, 240, 241], e le comparse contenenti domande nuove o riconvenzionali [36, 267] da chiunque proposte sono notificate personalmente al contumace nei termini che il giudice istruttore fissa con ordinanza.

Le altre comparse si considerano comunicate con il deposito in cancelleria e con l'apposizione del visto del cancelliere sull'originale.

Tutti gli altri atti non sono soggetti a notificazione o comunicazione.

Le sentenze sono notificate alla parte personalmente.

293. Costituzione del contumace. – La parte che è stata dichiarata contumace [171^{3}] può costituirsi in ogni momento del procedimento fino all'udienza di precisazione delle conclusioni [189] (1).

La costituzione può avvenire mediante deposito di una comparsa, della procura e dei documenti in cancelleria o mediante comparizione all'udienza [165, 166, 267, 271].

In ogni caso il contumace che si costituisce può disconoscere, nella prima udienza o nel termine assegnatogli dal giudice istruttore, le scritture contro di lui prodotte [215].

(1) Comma così modificato dalla l. n. 263/2005 con decorrenza dal 1/3/2006.

294. Rimessione in termini [49^{2}, 153^{2}]. – Il contumace che si costituisce può chiedere al giudice istruttore di essere ammesso a compiere attività che gli sarebbero precluse, se dimostra che la nullità della citazione [164] o della sua notificazione [160] gli ha impedito di avere conoscenza del processo o che la costituzione è stata impedita da causa a lui non imputabile.

Il giudice, se ritiene verosimili i fatti allegati, ammette, quando occorre, la prova dell'impedimento, e quindi provvede sulla rimessione in termini delle parti.

I provvedimenti previsti nel comma precedente sono pronunciati con ordinanza [134].

Le disposizioni dei commi precedenti si applicano anche se il contumace che si costituisce intende svolgere, senza il consenso delle altre parti, attività difensive che producono ritardo nella rimessione al collegio della causa che sia già matura per la decisione rispetto alle parti già costituite.

Capo VII
Della sospensione, interruzione ed estinzione del processo

Sezione I
Della sospensione del processo

295. Sospensione necessaria (1). – Il giudice dispone [41^{2}, 48, 52^{3}, 42, 99, 134, 177$^{2, n. 3}$, 178^{2}, 296, 368^{2}] che il processo sia sospeso [298] in ogni caso in cui egli stesso o altro giudice deve risolvere una controversia, dalla cui definizione dipende la decisione della causa [75 CPP.].

(1) Articolo così sostituito dall'art. 35 della l. 26/11/1990, n. 353.

296. Sospensione su istanza delle parti (1). – Il giudice istruttore, su istanza di tutte le parti, ove sussistano giustificati motivi, può [41^{1}, 337^{2}, 367] disporre [134,177^{1}], per una sola volta, che il processo rimanga sospeso per un periodo non superiore a tre mesi, fissando l'udienza per la prosecuzione del processo medesimo.

(1) Articolo aggiornato con le modif. introdotte dalla l. 18/6/2009, n. 69.

297. Fissazione della nuova udienza dopo la sospensione (1). – Se col provvedimento di sospensione non è stata fissata l'udienza in cui il processo deve proseguire, le parti debbono chiederne la fissazione entro il termine perentorio [307^{3}] di tre mesi dalla cessazione della causa di sospensione di cui all'art. 3 del Codice di procedura penale o dal passaggio in giudicato della sentenza che definisce la controversia civile o amministrativa di cui all'articolo 295.

Nell'ipotesi dell'articolo precedente l'istanza deve essere proposta dieci giorni prima della scadenza del termine di sospensione.

L'istanza si propone con ricorso al giudice istruttore o, in mancanza, al presidente del tribunale.

Il ricorso, col decreto che fissa l'udienza, è notificato (170) a cura dell'istante alle altre parti nel termine stabilito dal giudice.

(1) Articolo aggiornato con le modif. introdotte dalla l. 18/6/2009, n. 69.

298. Effetti della sospensione. – Durante la sospensione non possono essere compiuti atti del procedimento [48^{2}, 157^{2}, 161, 669 quater, 699].

La sospensione interrompe i termini in corso, i quali ricominciano a decorrere dal giorno della nuova udienza fissata nel provvedimento di sospensione o nel decreto di cui all'articolo precedente.

Sezione II
Dell'interruzione del processo

299. Morte o perdita della capacità prima della costituzione. – Se prima della costituzione [65, 166] in cancelleria o all'udienza davanti al giudice istruttore, sopravviene la morte oppure la perdita della capacità di stare in giudizio [75] di una delle parti [43 l. fall.] o del suo rappresentante legale o la cessazione di tale rappresentanza, il processo è interrotto, salvo che coloro ai quali spetta di proseguirlo [110] si costituiscano volontariamente, oppure l'altra parte provveda a citarli in riassunzione, osservati i termini di cui all'articolo 163-bis [286^{1}].

300. Morte o perdita della capacità della parte costituita o del contumace (1). – Se alcuno degli eventi previsti nell'articolo precedente si avvera nei riguardi della parte che si è costituita [165, 166] a mezzo di procuratore, questi lo dichiara in udienza o lo notifica alle altre parti [170].

Dal momento di tale dichiarazione o notificazione il processo è interrotto, salvo che avvenga la costituzione volontaria o la riassunzione a norma dell'articolo precedente.

Se la parte è costituita personalmente [82, 86, 417, 442], il processo è interrotto al momento dell'evento.

Se l'evento riguarda la parte dichiarata contumace [290 ss.], il processo è interrotto dal momento in cui il fatto interruttivo è documentato dall'altra parte, o è notificato ovvero è certificato dall'ufficiale giudiziario nella relazione di notificazione di uno dei provvedimenti di cui all'articolo 292 (1).

Se alcuno degli eventi previsti nell'articolo precedente si avvera o è notificato dopo la chiusura della discussione davanti al collegio, esso non produce effetto se non nel caso di riapertura dell'istruzione [279, 280, 281, 328].

(1) Comma così sostituito dall'art. 46, co. 13, l. 18/6/2009, n. 69, a decorrere dal 4/7/2009. Tale disposizione si applica ai giudizi instaurati dopo la data della sua entrata in vigore. Il testo precedente disponeva: «Se questo riguarda la parte dichiarata contumace, il processo è interrotto dal momento in cui il fatto interruttivo è notificato o è certificato dall'ufficiale giudiziario nella relazione di notificazione di uno dei provvedimenti di cui all'art. 292».

301. Morte o impedimento del procuratore. – Se la parte è costituita a mezzo di procuratore, il processo è interrotto dal giorno della morte, radiazione o sospensione del procuratore stesso.

In tal caso si applica la disposizione dell'articolo 299 [286^{2}].

Non sono cause d'interruzione la revoca della procura o la rinuncia ad essa.

302. Prosecuzione del processo. – Nei casi previsti negli articoli precedenti la costituzione per proseguire il processo può avvenire all'udienza o a norma dell'articolo 166. Se non è fissata alcuna udienza, la parte può chiedere con ricorso al giudice istruttore o, in mancanza, al presidente del tribunale la fissazione dell'udienza. Il ricorso e il decreto sono notificati alle altre parti a cura dell'istante.

303. Riassunzione del processo. – Se non avviene la prosecuzione del processo a norma dell'articolo precedente, l'altra parte può chiedere la fissazione dell'udienza, notificando quindi il ricorso e il decreto a coloro che debbono costituirsi per proseguirlo [75, 110]. In caso di morte della parte il ricorso deve contenere gli estremi della domanda, e la notificazione entro un anno dalla morte può essere fatta collettivamente e impersonalmente agli eredi, nell'ultimo domicilio del defunto.

Se vi sono altre parti in causa, il decreto è notificato anche ad esse.

Se la parte che ha ricevuto la notificazione non comparisce all'udienza fissata, si procede in sua contumacia.

304. Effetti dell'interruzione. – In caso d'interruzione del processo si applica la disposizione dell'articolo 298.

305. Mancata prosecuzione o riassunzione (1). – Il processo deve essere proseguito o riassunto entro il termine perentorio [307] di tre mesi dall'interruzione, altrimenti si estingue.

(1) Articolo aggiornato con le modif. introdotte dalla l. 18/6/2009, n. 69.

Sezione III

Dell'estinzione del processo

306. Rinuncia agli atti del giudizio [75^{1} CPP.]. – Il processo si estingue per rinuncia agli atti del giudizio quando questa è accettata dalle parti costituite che potrebbero aver interesse alla prosecuzione [36, 69]. L'accettazione non è efficace se contiene riserve o condizioni.

Le dichiarazioni di rinuncia e di accettazione sono fatte dalle parti o da loro procuratori speciali, verbalmente all'udienza o con atti sottoscritti e notificati alle altre parti.

Il giudice, se la rinuncia e l'accettazione sono regolari, dichiara l'estinzione del processo.

Il rinunciante deve rimborsare le spese alle altre parti, salvo diverso accordo tra loro. La liquidazione delle spese è fatta dal giudice istruttore con ordinanza non impugnabile [$177^{3, n. 2}$ // 111 Cost.].

307. Estinzione del processo per inattività delle parti. – Se dopo la notificazione della citazione nessuna delle parti siasi costituita entro il termine stabilito dall'articolo 166 [171], ovvero, se, dopo la costituzione delle stesse, il giudice, nei casi previsti dalla legge, abbia ordinata la cancellazione della causa dal ruolo [181, 270, 309], il processo, salvo il disposto (1) dell'articolo 181 e dell'articolo 290, deve essere riassunto [125 disp. att.] davanti allo stesso giudice nel termine perentorio di tre mesi (2) che decorre rispettivamente dalla scadenza del termine per la costituzione del convenuto a norma dell'articolo 166, o dalla data del provvedimento di cancellazione; altrimenti il processo si estingue.

Il processo, una volta riassunto a norma del precedente comma, si estingue se nessuna delle parti siasi costituita, ovvero se nei casi previsti dalla legge il giudice ordini la cancellazione della causa dal ruolo.

Oltre che nei casi previsti dai commi precedenti, e salvo diverse disposizioni di legge, il processo si estingue altresì qualora le parti alle quali spetta di rinnovare la citazione [$64^{2, 5}$], o di proseguire [270], riassumere [303] o integrare [102] il giudizio, non vi abbiano provveduto entro il termine perentorio stabilito dalla legge, o dal giudice che dalla legge sia autorizzato a fissarlo [290, 291^{3}]. Quando la legge autorizza il giudice a fissare il termine, questo non può essere inferiore ad un mese né superiore a tre (3).

L'estinzione opera di diritto ed è dichiarata, anche d'ufficio, con ordinanza del giudice istruttore ovvero con sentenza del collegio [50 bis] (4).

(1) Le parole: "del secondo comma" sono state soppresse dall'art. 46, co. 15, lett. a) della l. 18/6/2009, n. 69.

(2) Le parole: "un anno" sono state così sostituite dall'art. 4615, lett. a) della l. 18/6/2009, n. 69.

(3) La parola: "sei" è stata così sostituita dall'art. 46, co. 15, lett. b) della l. 18/6/2009, n. 69.

(4) Questo comma è stato così sostituito dall'art. 46, co. 15, lett. c) della l. 18/6/2009, n. 69. Il testo precedente recitava «L'estinzione opera di diritto, ma deve essere eccepita dalla parte interessata prima di ogni altra sua difesa. Essa è dichiarata con ordinanza del giudice istruttore, ovvero con sentenza del collegio, se dinanzi a questo venga eccepita».

308. Comunicazione e impugnabilità dell'ordinanza. – L'ordinanza che dichiara l'estinzione è comunicata a cura del cancelliere se è pronunciata fuori della udienza. Contro di essa è ammesso reclamo nei modi di cui all'articolo 178 commi terzo, quarto e quinto.

Il collegio provvede in camera di consiglio con sentenza, se respinge il reclamo, e con ordinanza non impugnabile [$177^{3, n. 2}$], se l'accoglie.

309. Mancata comparizione all'udienza. – Se nel corso del processo nessuna delle parti si presenta all'udienza, il giudice provvede a norma del primo comma dell'articolo 181.

310. Effetti dell'estinzione del processo (1). – L'estinzione del processo non estingue l'azione. L'estinzione rende inefficaci gli atti compiuti [186 bis^{2}, ter^{4}, $quater^{3}$, 669 $octies^{8}$], ma non le sentenze di merito [277^{2}, 278^{2}, 279, 129^{3} disp. att.] pronunciate nel corso del processo e le pronunce che regolano la competenza. Le prove raccolte sono valutate dal giudice a norma dell'articolo 116 secondo comma [2945^{3} CC.]. Le spese del processo estinto stanno a carico delle parti che le hanno anticipate [*306^{4}*].

(1) Articolo aggiornato con le modif. introdotte dalla l. 18/6/2009, n. 69.

Titolo II

DEL PROCEDIMENTO DAVANTI AL GIUDICE DI PACE

311. Rinvio alle norme relative al procedimento davanti al tribunale (1). – Il procedimento davanti al giudice di pace, per tutto ciò che non è regolato nel presente titolo o in altre espresse disposizioni, è retto dalle norme relative al procedimento davanti al tribunale in composizione monocratica, in quanto applicabili.

(1) Articolo da ultimo così modificato dall'art. 70 del d.lg. 19/2/1998, n. 51.

312. Poteri istruttori del giudice*. – *Il pretore o il giudice di pace può disporre d'ufficio la prova testimoniale formulandone i capitoli, quando le parti nella esposizione dei fatti si sono riferite a persone che appaiono in grado di conoscere la verità.*

* Articolo abrogato dall'art. 71 del d.lg. 19/2/1998, n. 51.

313. Querela di falso (1). – Se è proposta querela di falso [221 ss.], (2) il giudice di pace, quando ritiene il documento impugnato rilevante per la decisione, sospende il giudizio e rimette le parti davanti al tribunale per il relativo procedimento. Può anche disporre a norma dell'articolo 225 secondo comma.

(1) Articolo così modificato dalla l. 21/11/1991, n. 374.

(2) Le parole "il pretore o" sono state soppresse dall'art. 72 del d.lg. 19/2/1998, n. 51.

314. Decisione a seguito di trattazione scritta*. – *Il pretore, quando ritiene la causa matura per la decisione, invita le parti a precisare le conclusioni, dispone lo scambio delle comparse conclusionali e delle memorie di replica ai sensi dell'articolo 190 e, quindi, deposita la sentenza in cancelleria entro trenta giorni dalla scadenza del termine per il deposito delle memorie di replica.*

* Articolo abrogato dall'art. 71 del d.lg. 19/2/1998, n. 51.

315. Decisione a seguito di discussione orale*. – *Il pretore, se non dispone a norma dell'articolo 314, può ordinare l'immediata discussione orale della causa. Al termine della discussione pronuncia sentenza dando lettura del dispositivo e della concisa esposizione delle ragioni di fatto e di diritto della decisione. In questo caso la sentenza si intende pubblicata con la sottoscrizione da parte del giudice del verbale che la contiene ed è immediatamente depositata in cancelleria.*

* Articolo abrogato dall'art. 71 del d.lg. 19/2/1998, n. 51.

316. Forma della domanda (1). – Davanti al giudice di pace la domanda si propone nelle forme del procedimento semplificato di cognizione, in quanto compatibili [281-decies] (2).

La domanda si può anche proporre verbalmente [*163*]. Di essa il giudice di pace fa redigere processo verbale [126] che, a cura dell'attore, è notificato unitamente al decreto di cui all'articolo 318 (3).

(1) Articolo così modificato dall'art. 25 della l. 21/11/1991, n. 374.

(2) Le parole "mediante citazione a comparire a udienza fissa" sono state sostituite dall'art. 3, co. 24, d.lg. 10/10/2022, n. 149, con quelle "nelle forme del procedimento semplificato di cognizione, in quanto compatibili".

(3) Le parole "con citazione a comparire a udienza fissa" sono state sostituite dall'art. 3, co. 24, d.lg. 10/10/2022, n. 149, con quelle "unitamente al decreto di cui all'articolo 318".

317. Rappresentanza davanti al giudice di pace (1). – Davanti al giudice di pace le parti possono farsi rappresentare da persona munita di mandato *scritto in calce alla citazione o in atto separato* (2), salvo che il giudice ordini la loro comparizione personale [77, 82[1]].

Il mandato a rappresentare comprende sempre quello a transigere e a conciliare.

(1) Articolo da ultimo così modificato dall'art. 26 della l. 21/11/1991, n. 374.

(2) Le parole "scritto in calce all'atto di citazione o in atto separato" sono state soppresse dall'art. 3, co. 24, d.lg. 10/10/2022, n. 149.

318. Contenuto della domanda (1). – La domanda si propone con ricorso, sottoscritto a norma dell'articolo 125, che deve contenere, oltre all'indicazione del giudice e delle parti, l'esposizione dei fatti e l'indicazione del suo oggetto [*163*].

Il giudice di pace, entro cinque giorni dalla designazione, fissa con decreto l'udienza di comparizione delle parti a norma del comma secondo dell'articolo 281-undecies.

(1) Articolo così modificato dall'art. 27 della l. 21/11/1991, n. 374. e successivamente sostituito dall'art. 3, co. 24, d.lg. 10/10/2022, n. 149; la precedente formulazione era: «La domanda, comunque proposta, deve contenere, oltre l'indicazione del giudice e delle parti, l'esposizione dei fatti e l'indicazione dell'oggetto. Tra il giorno della notificazione di cui all'articolo 316 e quello della comparizione devono intercorrere termini liberi non minori di quelli previsti dall'articolo 163bis, ridotti alla metà. Se la citazione indica un giorno nel quale il giudice di pace non tiene udienza, la comparizione è d'ufficio rimandata all'udienza immediatamente successiva».

319. Costituzione delle parti (1). – L'attore si costituisce depositando il ricorso notificato o il processo verbale di cui all'articolo 316 unitamente al decreto di cui all'articolo 318 e con la relazione della notificazione e, quando occorre, la procura. Il convenuto si costituisce a norma dei commi terzo e quarto dell'articolo 281-undecies mediante deposito della comparsa di risposta e, quando occorre, la procura (2).

Le parti, che non hanno precedentemente dichiarato la residenza o eletto domicilio nel comune in cui ha sede l'ufficio del giudice di pace, debbono farlo con dichiarazione ricevuta nel processo verbale al momento della costituzione.

(1) Articolo modificato dall'art. 28 della l. 21/11/1991, n. 374 e successivamente sostituito dall'art. 3, co. 24, d.lg. 10/10/2022, n. 149; la precedente formulazione era: «La domanda, comunque proposta, deve contenere, oltre l'indicazione del giudice e delle parti, l'esposizione dei fatti e l'indicazione dell'oggetto. Tra il giorno della notificazione di cui all'articolo 316 e quello della comparizione devono intercorrere termini liberi non minori di quelli previsti dall'articolo 163 bis, ridotti alla metà. Se la citazione indica un giorno nel quale il giudice di pace non tiene udienza, la comparizione è d'ufficio rimandata all'udienza immediatamente successiva».

(2) Comma così sostituito dall'art. 3, co. 24, d.lg. 10/10/2022, n. 149; la precedente formulazione era: «Le parti si costituiscono depositando in cancelleria la citazione o il processo verbale di cui all'articolo 316 con la relazione della notificazione e, quando occorre, la procura, oppure presentando tali documenti al giudice in udienza.».

320. Trattazione della causa (1). – Nella prima udienza il giudice di pace interroga liberamente le parti e tenta la conciliazione [117, *185 bis*, 350[3], 420, *696 bis*, 708].

Se la conciliazione riesce se ne redige processo verbale a norma dell'articolo 185, ultimo comma [88 disp. att.].

Se la conciliazione non riesce, il giudice di pace procede ai sensi dell'articolo 281-duodecies, commi secondo, terzo e quarto, e se non ritiene la causa matura per la decisione, procede agli atti di istruzione rilevanti per la decisione (2).

Quando sia reso necessario dalle attività svolte dalle parti in prima udienza, il giudice di pace fissa per una sola volta una nuova udienza per ulteriori produzioni e richieste di prova [184 // 60 disp. att.].*

I documenti prodotti dalle parti possono essere inseriti nel fascicolo di ufficio ed ivi conservati fino alla definizione del giudizio [168].

(1) Articolo così modificato dall'art. 29 della l. 21/11/1991, n. 374.

(2) Comma così sostituito dall'art. 3, co. 24, d.lg. 10/10/2022, n. 149; la precedente formulazione era: «Se la conciliazione non riesce, il giudice di pace invita le parti a precisare definitivamente i fatti che ciascuna pone a fondamento delle domande, difese ed eccezioni, a produrre i documenti e a richiedere i mezzi di prova da assumere.».

* Comma abrogato dall'art. 3, co. 24, d.lg. 10/10/2022, n. 149.

321. Decisione (1). – Il giudice di pace, quando ritiene matura la causa per la decisione, procede ai sensi dell'articolo 281-sexies (2).

La sentenza è depositata in cancelleria entro quindici giorni dalla discussione.

(1) Articolo così modificato dall'art. 30 della l. 21/11/1991, n. 374.

(2) Le parole "invita le parti a precisare le conclusioni e a discutere la causa" sono state sostituite con quelle "procede ai sensi dell'articolo 281-sexies" dall'art. 3, co. 24, d.lg. 10/10/2022, n. 149.

322. Conciliazione in sede non contenziosa (1). – L'istanza per la conciliazione in sede non contenziosa [*320[1]*] è proposta anche verbalmente al giudice di pace competente per territorio secondo le disposizioni della sezione III, capo I, titolo I, del libro primo.

Il processo verbale di conciliazione in sede non contenziosa costituisce titolo esecutivo [474[2, n. 3]] a norma dell'articolo 185, ultimo comma, se la controversia rientra nella competenza del giudice di pace.

Negli altri casi il processo verbale ha valore di scrittura privata riconosciuta in giudizio [214 // 2702 CC.].

(1) Articolo così modificato dall'art. 31 della l. 21/11/1991, n. 374.

TITOLO III
DELLE IMPUGNAZIONI

Capo I
Delle impugnazioni in generale

323. Mezzi di impugnazione. – I mezzi per impugnare le sentenze, oltre al regolamento di competenza nei casi previsti dalla legge [42, 43], sono: l'appello [339], il ricorso per cassazione [360], la revocazione [395] e l'opposizione di terzo [404].

324. Cosa giudicata formale. – Si intende passata in giudicato la sentenza che non è più soggetta né a regolamento di competenza, né ad appello, né a ricorso per cassazione, né a revocazione per i motivi di cui ai numeri 4 e 5 dell'articolo 395 [338, 124 disp. att. // 2909 CC.].

325. Termini per le impugnazioni. – Il termine per proporre l'appello, la revocazione e l'opposizione di terzo di cui all'art. 404, secondo comma, è di trenta giorni. È anche di trenta giorni il termine per proporre la revocazione e l'opposizione di terzo sopra menzionata contro le sentenze delle corti di appello [*327*] (1).

Il termine per proporre il ricorso per cassazione è di giorni sessanta [398[4]].

(1) Comma da ultimo così modificato dall'art. 32 della l. 21/11/1991, n. 374.

326. Decorrenza dei termini. – I termini stabiliti nell'articolo 325 (1) sono perentori [153, *154*] e decorrono dalla notificazione della sentenza [170, 285], sia per il soggetto notificante che per il destinatario della notificazione, dal momento in cui il relativo procedimento si perfeziona per il destinatario (1), tranne per i casi previsti nei numeri 1, 2, 3 e 6 dell'art. 395 e negli articoli 397 e 404 secondo comma, riguardo ai quali il termine decorre dal giorno in cui è stato scoperto il dolo o la falsità o la collusione o è stato recuperato il documento o è passata in giudicato [324] la sentenza di cui al n. 6 dell'art. 395, o il pubblico ministero ha avuto conoscenza della sentenza.

Nel caso previsto nell'art. 332, l'impugnazione proposta contro una parte fa decorrere nei confronti dello stesso soccombente il termine per proporla contro le altre parti.

(1) Le parole "nell'articolo precedente" sono state sostituite da quelle "nell'articolo 325" e quelle "sia per il soggetto notificante che per il destinatario della notificazione, dal momento in cui il relativo procedimento si perfeziona per il destinatario," sono state aggiunte dall'art. 3, co. 25, d.lg. 10/10/2022, n. 149.

327. Decadenza dall'impugnazione (1). – Indipendentemente dalla notificazione l'appello, il ricorso per Cassazione e la revocazione per i motivi indicati nei numeri 4 e 5 dell'articolo 395 non possono proporsi dopo decorsi sei mesi dalla pubblicazione della sentenza [133, 332, 430].

Questa disposizione non si applica quando la parte contumace dimostra di non aver avuto conoscenza del processo per nullità della citazione o della notificazione di essa, e per nullità della notificazione degli atti di cui all'art. 292.

(1) Articolo aggiornato con le modif. introdotte dalla l. 18/6/2009, n. 69.

328. Decorrenza dei termini contro gli eredi della parte defunta. – Se, durante la decorrenza del termine di cui all'art. 325, sopravviene alcuno degli eventi previsti nell'art. 299, il termine stesso è interrotto e il nuovo decorre dal giorno in cui la notificazione della sentenza è rinnovata [170, 285, 286, 330].

Tale rinnovazione può essere fatta agli eredi collettivamente e impersonalmente, nell'ultimo domicilio del defunto [286, 3032, 330].

Se dopo sei mesi dalla pubblicazione della sentenza si verifica alcuno degli eventi previsti nell'art. 299, il termine di cui all'articolo precedente è prorogato per tutte le parti di sei mesi dal giorno dell'evento.

329. Acquiescenza totale o parziale. – Salvi i casi di cui ai numeri 1, 2, 3 e 6 dell'art. 395, l'acquiescenza risultante da accettazione espressa o da atti incompatibili con la volontà di avvalersi delle impugnazioni ammesse dalla legge ne esclude la proponibilità.

L'impugnazione parziale importa acquiescenza alle parti della sentenza non impugnate [334].

330. Luogo di notificazione della impugnazione (1). – Se nell'atto di notificazione della sentenza la parte ha dichiarato la sua residenza o eletto domicilio nella circoscrizione del giudice che l'ha pronunciata, l'impugnazione deve essere notificata nel luogo indicato; altrimenti si notifica ai sensi dell'art. 170 presso il procuratore costituito o nella residenza dichiarata o nel domicilio eletto per il giudizio [165[1], 319].

L'impugnazione può essere notificata nei luoghi sopra menzionati collettivamente e impersonalmente agli eredi della parte defunta dopo la notificazione della sentenza [303[2], 328].

Quando manca la dichiarazione di residenza o l'elezione di domicilio e, in ogni caso, dopo un anno dalla pubblicazione della sentenza, l'impugnazione, se è ancora ammessa dalla legge [327], si notifica personalmente a norma degli articoli 137 e seguenti.

(1) Articolo aggiornato con le modif. introdotte dalla l. 18/6/2009, n. 69.

331. Integrazione del contraddittorio in cause inscindibili. – Se la sentenza pronunciata tra più parti in causa inscindibile o in cause tra loro dipendenti [31 ss., 102, 105, 107, 270] non è stata impugnata nei confronti di tutte, il giudice ordina l'integrazione del contraddittorio [350[2], 375[n. 2]] fissando il termine nel quale la notificazione deve essere fatta e, se è necessario, l'udienza di comparizione.

L'impugnazione è dichiarata inammissibile se nessuna delle parti provvede all'integrazione nel termine fissato [325, 327, 358, 387].

332. Notificazione dell'impugnazione relativa a cause scindibili. – Se l'impugnazione di una sentenza pronunciata in cause scindibili [31 ss., 103, 104] è stata proposta soltanto da alcuna delle parti o nei confronti di alcuna di esse, il giudice ne ordina la notificazione alle altre, in confronto delle quali l'impugnazione non è preclusa o esclusa [325, 327, 329, 330], fissando il termine nel quale la notificazione deve essere fatta e, se è necessario, l'udienza di comparizione.

Se la notificazione ordinata dal giudice non avviene, il processo rimane sospeso [298] fino a che non siano decorsi i termini previsti negli articoli 325 e 327 primo comma.

333. Impugnazioni incidentali. – Le parti alle quali sono state fatte le notificazioni previste negli articoli precedenti debbono proporre, a pena di decadenza, le loro impugnazioni in via incidentale nello stesso processo [334, 343, 371].

334. Impugnazioni incidentali tardive. – Le parti, contro le quali è stata proposta impugnazione e quelle chiamate ad integrare il contraddittorio a norma dell'articolo 331, possono proporre impugnazione incidentale anche quando per esse è decorso il termine [325, 326, 327] o hanno fatto acquiescenza alla sentenza [329].

In tal caso, se l'impugnazione principale è dichiarata inammissibile [358, 387] o improcedibile (1), la impugnazione incidentale perde ogni efficacia.

(1) Le parole "o improcedibile" sono state aggiunte dall'art. 3, co. 25, d.lg. 10/10/2022, n. 149.

335. Riunione delle impugnazioni separate. – Tutte le impugnazioni proposte separatamente contro la stessa sentenza debbono essere riunite, anche d'ufficio, in un solo processo [273, 274, 331, 332, 333, 350[3], 524].

336. Effetti della riforma o della cassazione. – La riforma o la cassazione parziale ha effetto anche sulle parti della sentenza dipendenti dalla parte riformata o cassata.

La riforma o la cassazione estende i suoi effetti ai provvedimenti e agli atti dipendenti dalla sentenza riformata o cassata (1).

(1) Comma così sostituito dall'art. 48 dalla l. 26/11/1990, n. 353.

337. Sospensione dell'esecuzione e dei processi. – L'esecuzione della sentenza non è sospesa per effetto dell'impugnazione di essa, salve le disposizioni degli articoli 283, 373, 401 e 407 (1).

Quando l'autorità di una sentenza è invocata in un diverso processo, questo può essere sospeso se tale sentenza è impugnata.

(1) Comma così sostituito dall'art. 49 dalla l. 26/11/1990, n. 353.

338. Effetti dell'estinzione del procedimento di impugnazione. – L'estinzione del procedimento di appello o di revocazione nei casi previsti nei numeri 4 e 5 dell'art. 395 fa passare in giudicato la sentenza impugnata, salvo che ne siano stati modificati gli effetti con provvedimenti pronunciati nel procedimento estinto [186 bis, 186 ter, 283, 345[2], 351[3]].

Capo II
Dell'appello

339. Appellabilità delle sentenze. – Possono essere impugnate con appello le sentenze pronunciate in primo grado, purché l'appello non sia escluso dalla legge [42, 440, 442, 445 bis[7], 618] o dall'accordo delle parti a norma dell'articolo 360, secondo comma.

È inappellabile la sentenza che il giudice ha pronunciato secondo equità a norma dell'articolo 114.

Le sentenze del giudice di pace pronunciate secondo equità a norma dell'articolo 113, secondo comma, sono appellabili esclusivamente per violazione delle norme sul procedimento, per violazione di norme costituzionali o comunitarie ovvero dei principi regolatori della materia (1).

(1) Comma così modificato dal d.lg. n. 40/2006.

340. Riserva facoltativa d'appello contro sentenze non definitive. – Contro le sentenze previste dall'articolo 278 e dal n. 4 del secondo comma dell'articolo 279, l'appello può essere differito, qualora la parte soccombente ne faccia riserva, a pena di decadenza, entro il termine per appellare [325, 327] e, in ogni caso, non oltre la prima udienza dinanzi al giudice istruttore successiva alla comunicazione della sentenza stessa [129 disp. att.].

Quando sia stata fatta la riserva di cui al precedente comma, l'appello deve essere proposto unitamente a quello contro la sentenza che definisce il giudizio o con quello che venga proposto, dalla stessa o da altra parte, contro altra sentenza successiva che non definisca il giudizio.

La riserva non può più farsi, e se già fatta rimane priva di effetto, quando contro la stessa sentenza da alcuna delle parti sia proposto immediatamente appello.

341. Giudice dell'appello (1). – L'appello contro le sentenze del giudice di pace e del tribunale si propone rispettivamente al tribunale e alla corte di appello nella cui circoscrizione ha sede il giudice che ha pronunciato la sentenza [433].

(1) Articolo così da ultimo sostituito dal d.lg. 19/2/1998, n. 51.

342. Forma dell'appello (1). – L'appello si propone con citazione contenente le indicazioni prescritte nell'articolo 163 [316, *638[1]*, *702 bis[1]*, *706*, *712*] (2). L'appello deve essere motivato, e per ciascuno dei motivi deve indicare a pena di inammissibilità, in modo chiaro, sintetico e specifico:

1) il capo della decisione di primo grado che viene impugnato;

2) le censure proposte alla ricostruzione dei fatti compiuta dal giudice di primo grado;

3) le violazioni di legge denunciate e la loro rilevanza ai fini della decisione impugnata.

Tra il giorno della citazione e quello della prima udienza di trattazione devono intercorrere termini liberi non minori di novanta giorni se il luogo della notificazione si trova in Italia e di centocinquanta giorni se si trova all'estero.

(1) Articolo così sostituito dall'art. 50 della l. 26/11/1990, n. 353 e successivamente sostituito dall'art. 3, co. 26, d.lg. 10/10/2022, n. 149; la precedente formulazione era: «L'appello si propone con citazione contenente l'esposizione sommaria dei fatti ed i motivi specifici dell'impugnazione nonché le indicazioni prescritte nell'articolo 163. L'appello deve essere motivato. La motivazione dell'appello deve contenere, a pena di inammissibilità:
1) l'indicazione delle parti del provvedimento che si intende appellare e delle modifiche che vengono richieste alla ricostruzione del fatto compiuta dal giudice di primo grado; 2) l'indicazione delle circostanze da cui deriva la violazione della legge e della loro rilevanza ai fini della decisione impugnata. Tra il giorno della citazione e quello della prima udienza di trattazione devono intercorrere termini liberi non minori di quelli previsti dall'articolo 163bis».

(2) Il comma che recitava: «L'appello si propone con citazione contenente l'esposizione sommaria dei fatti ed i motivi specifici dell'impugnazione nonché le indicazioni prescritte nell'articolo 163» è stato così sostituito dall'art. 54 del d.l. 22/6/2012, n. 83, conv. con l. 7/8/2012, n. 134. Ai sensi dell'art. 54 cit., co. 2, le disposizioni del presente articolo si applicano ai giudizi di appello introdotti con ricorso depositato o con citazione di cui sia stata richiesta la notificazione dal trentesimo giorno successivo a quello di entrata in vigore della legge di conversione del presente decreto.

343. Modo e termine dell'appello incidentale. – L'appello incidentale [333, 334] si propone, a pena di decadenza, nella comparsa di risposta, all'atto della costituzione in cancelleria ai sensi dell'articolo 166 (1).

Se l'interesse a proporre l'appello incidentale sorge dall'impugnazione proposta da altra parte che non sia l'appellante principale, tale appello si propone nella prima udienza successiva alla proposizione dell'impugnazione stessa.

(1) Comma così sostituito dall'art. 51 della l. 26/11/1990, n. 353.

344. Intervento in appello. – Nel giudizio d'appello è ammesso soltanto l'intervento dei terzi che potrebbero proporre opposizione a norma dell'articolo 404.

345. Domande ed eccezioni nuove. – Nel giudizio d'appello non possono proporsi domande nuove e, se proposte, debbono essere dichiarate inammissibili d'ufficio. Possono tuttavia domandarsi gli interessi, i frutti e gli accessori maturati dopo la sentenza impugnata, nonché il risarcimento dei danni sofferti dopo la sentenza stessa.

Non possono proporsi nuove eccezioni, che non siano rilevabili anche d'ufficio [112].

Non sono ammessi nuovi mezzi di prova e non possono essere prodotti nuovi documenti [437[2]] (1), salvo che (2) la parte dimostri di non aver potuto proporli o produrli (1) nel giudizio di primo grado per causa ad essa non imputabile [49[2], 153, 294]. Può sempre deferirsi il giuramento decisorio [233].

(1) Le parole: "non possono essere prodotti nuovi documenti", nonché le parole: "o produrli" sono state inserite dall'art. 46, co. 18, l. 18/6/2009, n. 69.

(2) Le parole: "il collegio non li ritenga indispensabili ai fini della decisione della causa ovvero che" sono state soppresse dall'art. 54 del d.l. 22/6/2012, n. 83, conv. con l. 7/8/2012, n. 134. Ai sensi dell'art. 54 cit., co. 2, le disposizioni del presente articolo si applicano ai giudizi di appello introdotti con ricorso depositato o con citazione di cui sia stata richiesta la notificazione dal trentesimo giorno successivo a quello di entrata in vigore della legge di conversione del presente decreto.

346. Decadenza dalle domande e dalle eccezioni non riproposte. – Le domande e le eccezioni non accolte nella sentenza di primo grado, che non sono espressamente riproposte in appello, si intendono rinunciate [329].

347. Forme e termini della costituzione in appello. – La costituzione in appello avviene secondo le forme e i termini per i procedimenti davanti al tribunale [165, 166, 359] (1).

L'appellante deve inserire nel proprio fascicolo copia della sentenza appellata.

Il cancelliere provvede a norma dell'art. 168 e richiede la trasmissione del fascicolo d'ufficio al cancelliere del giudice di primo grado.

(1) Comma così sostituito dall'art. 53 della l. 26/11/1990, n. 353.

348. Improcedibilità dell'appello (1). – L'appello è dichiarato improcedibile, anche d'ufficio, se l'appellante non si costituisce in termini [347, 350].

Se l'appellante non compare alla prima udienza, benché si sia anteriormente costituito, il collegio, con ordinanza non impugnabile, rinvia la causa ad una prossima udienza, della quale il cancelliere dà comunicazione all'appellante. Se anche alla nuova udienza l'appellante non compare [181[2]], l'appello è dichiarato improcedibile anche d'ufficio [358].

L'improcedibilità dell'appello è dichiarata con sentenza. Davanti alla corte di appello l'istruttore, se nominato, provvede con ordinanza reclamabile nelle forme e nei termini previsti dal terzo, quarto e quinto comma dell'articolo 178, e il collegio procede ai sensi dell'articolo 308, secondo comma (2).

(1) Articolo così sostituito dall'art. 54 della l. 26/11/1990, n. 353.

(2) Comma aggiunto dall'art. 3, co. 2, d.lg. 10/10/2022, n. 149.

348 bis. Inammissibilità e manifesta infondatezza dell'appello (1). – Quando ravvisa che l'impugnazione è inammissibile o manifestamente infondata, il giudice dispone la discussione orale della causa secondo quanto previsto dall'articolo 350-bis.

Se è proposta impugnazione incidentale, si provvede ai sensi del primo comma solo quando i presupposti ivi indicati ricorrono sia per l'impugnazione principale che per quella incidentale. In mancanza, il giudice procede alla trattazione di tutte le impugnazioni comunque proposte contro la sentenza.

(1) Articolo aggiunto dall'art. 54 del d.l. 22/6/2012, n. 83, conv. con l. 7/8/2012, n. 134. Ai sensi dell'art. 54 cit., co. 2, le disposizioni del presente articolo si applicano ai giudizi di appello introdotti con ricorso depositato o con citazione di cui sia stata richiesta la notificazione dal trentesimo giorno successivo a quello di entrata in vigore della legge di conversione del presente decreto.

• Articolo successivamente sostituito dall'art. 3, co. 26, d.lg. 10/10/2022, n. 149; la precedente formulazione era: «Fuori dei casi in cui deve essere dichiarata con sentenza l'inammissibilità [325, 327, 331, 345[1]] o l'improcedibilità dell'appello, l'impugnazione è dichiarata inammissibile dal giudice competente quando non ha una ragionevole probabilità di essere accolta. Il primo comma non si applica quando: a) l'appello è proposto relativamente a una delle cause di cui all'articolo 70, primo comma; b) l'appello è proposto a norma dell'articolo 702-quater.».

• Rubrica così sostituita dall'art. 3, co. 26, d.lg. 10/10/2022, n. 149; la precedente era "Improcedibilità dell'appello".

348 ter. Pronuncia sull'inammissibilità dell'appello* (1). – *All'udienza di cui all'articolo 350 il giudice, prima di procedere alla trattazione, sentite le parti [101], dichiara inammissibile l'appello, a norma dell'articolo 348-bis, primo comma, con ordinanza succintamente motivata, anche mediante il rinvio agli elementi di fatto riportati in uno o più atti di causa e il riferimento a precedenti conformi. Il giudice provvede sulle spese a norma dell'articolo 91.*

L'ordinanza di inammissibilità è pronunciata solo quando sia per l'impugnazione principale che per quella incidentale di cui all'articolo 333 ricorrono i presupposti di cui al primo comma dell'articolo 348-bis. In mancanza, il giudice procede alla trattazione di tutte le impugnazioni comunque proposte contro la sentenza.

Quando è pronunciata l'inammissibilità, contro il provvedimento di primo grado può essere proposto, a norma dell'articolo 360, ricorso per cassazione. In tal caso il termine per il ricorso per cassazione avverso il provvedimento di primo grado decorre dalla comunicazione o notificazione, se anteriore, dell'ordinanza che dichiara l'inammissibilità. Si applica l'articolo 327, in quanto compatibile.

Quando l'inammissibilità è fondata sulle stesse ragioni, inerenti alle questioni di fatto, poste a base della decisione impugnata, il ricorso per cassazione di cui al comma precedente può essere proposto esclusivamente per i motivi di cui ai numeri 1), 2), 3) e 4) del primo comma dell'articolo 360.

La disposizione di cui al quarto comma si applica, fuori dei casi di cui all'articolo 348-bis, secondo comma, lettera a), anche al ricorso per cassazione avverso la sentenza d'appello che conferma la decisione di primo grado.

* Articolo abrogato dall'art. 3, co. 26, d.lg. 10/10/2022, n. 149.

(1) Articolo aggiunto dall'art. 54 del d.l. 22/6/2012, n. 83, conv. con l. 7/8/2012, n. 134. Ai sensi dell'art. 54 cit., co. 2, le disposizioni del presente articolo si applicano ai giudizi di appello introdotti con ricorso depositato o con citazione di cui sia stata richiesta la notificazione dal trentesimo giorno successivo a quello di entrata in vigore della legge di conversione del presente decreto.

349. Nomina dell'istruttore*.

* Articolo abrogato dall'art. 5 del d.P.R. 17/10/1950, n. 857.

349 bis. Nomina dell'istruttore (1). – Quando l'appello è proposto davanti alla corte di appello, il presidente, se non ritiene di nominare il relatore e disporre la comparizione delle parti davanti al collegio per la discussione orale, designa un componente di questo per la trattazione e l'istruzione della causa.

Il presidente o il giudice istruttore può differire, con decreto da emettere entro cinque giorni dalla presentazione del fascicolo, la data della prima udienza fino a un massimo di quarantacinque giorni. In tal caso il cancelliere comunica alle parti costituite la nuova data della prima udienza.

(1) Articolo introdotto dall'art. 3, co. 26, d.lg. 10/10/2022, n. 149.

350. Trattazione (1). – Davanti alla corte di appello la trattazione dell'appello è affidata all'istruttore, se nominato, e la decisione è collegiale; davanti al tribunale l'appello è trattato e deciso dal giudice monocratico.

Nella prima udienza di trattazione il giudice verifica la regolare costituzione del giudizio e, quando occorre, ordina l'integrazione di esso [331] o la notificazione prevista dall'articolo 332, dichiara la contumacia dell'appellato [347] oppure dispone che si rinnovi la notificazione dell'atto di appello, e provvede alla riunione degli appelli proposti contro la stessa sentenza.

Quando rileva che ricorre l'ipotesi di cui all'articolo 348-bis il giudice, sentite le parti, dispone la discussione orale della causa ai sensi dell'articolo 350-bis. Allo stesso modo può provvedere quando l'impugnazione appare manifestamente fondata, o comunque quando lo ritenga opportuno in ragione della ridotta complessità o dell'urgenza della causa.

Quando non provvede ai sensi del terzo comma, nella stessa udienza il giudice procede al tentativo di conciliazione [117, *185 bis*, 320, 420, *696 bis*, 708] ordinando, quando occorre, la comparizione personale delle parti; provvede inoltre sulle eventuali richieste istruttorie, dando le disposizioni per l'assunzione davanti a sé delle prove ammesse.

(1) Articolo modificato dal d.lg. 19/2/1998, n. 51 e successivamente sostituito dall'art. 3, co. 26, d.lg. 10/10/2022, n. 149; la precedente formulazione era: «Davanti alla corte di appello la trattazione dell'appello è collegiale ma il presidente del collegio può delegare per l'assunzione dei mezzi istruttori uno dei suoi componenti; davanti al tribunale l'appello è trattato e deciso dal giudice monocratico. Nella prima udienza di trattazione il giudice verifica la regolare costituzione del giudizio e, quando occorre, ordina l'integrazione di esso o la notificazione prevista dall'art. 332, oppure dispone che si rinnovi la notificazione dell'atto di appello. Nella stessa udienza il giudice dichiara la contumacia dell'appellato, provvede alla riunione degli appelli proposti contro la stessa sentenza e procede al tentativo di conciliazione ordinando, quando occorre, la comparizione personale delle parti.».

350 bis. Decisione a seguito di discussione orale (1). – Nei casi di cui agli articoli 348-bis e 350, terzo comma, il giudice procede ai sensi dell'articolo 281-sexies.

Dinanzi alla corte di appello l'istruttore, fatte precisare le conclusioni, fissa udienza davanti al collegio e assegna alle parti termine per note conclusionali antecedente alla data dell'udienza. All'udienza l'istruttore svolge la relazione orale della causa.

La sentenza è motivata in forma sintetica, anche mediante esclusivo riferimento al punto di fatto o alla questione di diritto ritenuti risolutivi o mediante rinvio a precedenti conformi.

(1) Articolo introdotto dall'art. 3, co. 26, d.lg. 10/10/2022, n. 149.

351. Provvedimenti sull'esecuzione provvisoria (1). – Sull'istanza prevista dal primo e dal secondo comma dell'articolo 283 (2) il giudice provvede con ordinanza [177] non impugnabile (3) nella prima udienza. Davanti alla corte di appello, i provvedimenti sull'esecuzione provvisoria sono adottati con ordinanza collegiale. Se nominato, l'istruttore, sentite le parti, riferisce al collegio (2).

La parte può, con ricorso al giudice, chiedere che la decisione sulla sospensione sia pronunciata prima dell'udienza di comparizione. Davanti alla corte di appello il ricorso è presentato al presidente del collegio.

Il presidente del collegio o il tribunale, con decreto in calce al ricorso, ordina la comparizione delle parti in camera di consiglio, rispettivamente, davanti all'istruttore (4) o davanti a sé. Con lo stesso decreto, se ricorrono giusti motivi di urgenza, può disporre provvisoriamente l'immediata sospensione dell'efficacia esecutiva o dell'esecuzione della sentenza; in tal caso, con l'ordinanza non impugnabile pronunciata all'esito dell'udienza (4) in camera di consiglio il collegio o il tribunale conferma, modifica o revoca il decreto con ordinanza non impugnabile.

Il giudice, all'udienza prevista dal primo comma, se ritiene la causa matura per la decisione, può provvedere ai sensi dell'articolo 281-sexies. Davanti alla corte di appello, se l'udienza è stata tenuta dall'istruttore il collegio, con l'ordinanza con cui adotta i provvedimenti sull'esecuzione provvisoria, fissa udienza davanti a sé per la precisazione delle conclusioni e la discussione orale e assegna alle parti un termine per note conclusionali (5). Se per la decisione sulla sospensione è stata fissata l'udienza di cui al terzo comma, il giudice fissa apposita udienza per la decisione della causa nel rispetto dei termini a comparire (6).

(1) Articolo così modificato dal d.lg. 19/2/1998, n. 51.

(2) Le originarie parole "dall'articolo 283" sono state sostituite da quelle "dal primo e dal secondo comma dell'articolo 283" e sono state aggiunte le parole "Davanti alla corte di appello, i provvedimenti sull'esecuzione provvisoria sono adottati con ordinanza collegiale. Se nominato, l'istruttore, sentite le parti, riferisce al collegio." dall'art. 3, co. 26, d.lg. 10/10/2022, n. 149.

(3) Le parole: "non impugnabile" sono state inserite dalla l. 12/11/2011, n. 183.

(4) Le originarie parole "al Collegio" e "all'udienza" sono state sostituite con quelle "all'istruttore" e "con l'ordinanza non impugnabile pronunciata all'esito dell'udienza" dall'art. 3, co. 26, d.lg. 10/10/2022, n. 149.

(5) Le parole "Davanti alla corte di appello, se l'udienza è stata tenuta dall'istruttore il collegio, con l'ordinanza con cui adotta i provvedimenti sull'esecuzione provvisoria, fissa udienza davanti a sé per la precisazione delle conclusioni e la discussione orale e assegna alle parti un termine per note conclusionali." sono state aggiunte dall'art. 3, co. 26, d.lg. 10/10/2022, n. 149.

(6) Comma aggiunto dalla l. 12/11/2011, n. 183.

352. Decisione (1). – Esaurita l'attività prevista negli articoli 350 e 351, l'istruttore, quando non ritiene di procedere ai sensi dell'articolo 350-bis, fissa davanti a sé l'udienza di rimessione della causa in decisione e assegna alle parti, salvo che queste non vi rinuncino, i seguenti termini perentori [189]:

1) un termine non superiore a sessanta giorni prima dell'udienza per il deposito di note scritte contenenti la sola precisazione delle conclusioni;

2) un termine non superiore a trenta giorni prima dell'udienza per il deposito delle comparse conclusionali;

3) un termine non superiore a quindici giorni prima per il deposito delle note di replica.

All'udienza la causa è trattenuta in decisione. Davanti alla corte di appello, l'istruttore riserva la decisione al collegio. La sentenza è depositata entro sessanta giorni.

(1) Articolo modificato dal d.lg. 19/2/1998, n. 51.

• Articolo così sostituito dall'art. 3, co. 26, d.lg. 10/10/2022, n. 149: la precedente formulazione era: «Esaurita l'attività prevista negli articoli 350 e 351, il giudice, ove non provveda ai sensi dell'articolo 356, invita le parti a precisare le conclusioni e dispone lo scambio delle comparse conclusionali e delle memorie di replica a norma dell'articolo 190; la sentenza è depositata in cancelleria entro sessanta giorni dalla scadenza del termine per il deposito delle memorie di replica. Se l'appello è proposto alla corte di appello, ciascuna delle parti, nel precisare le conclusioni, può chiedere che la causa sia discussa oralmente dinanzi al collegio. In tal caso, fermo restando il rispetto dei termini indicati nell'articolo 190 per il

deposito delle difese scritte, la richiesta deve essere riproposta al presidente della corte alla scadenza del termine per il deposito delle memorie di replica. Il presidente provvede sulla richiesta fissando con decreto la data dell'udienza di discussione da tenersi entro sessanta giorni; con lo stesso decreto designa il relatore. La discussione è preceduta dalla relazione della causa; la sentenza è depositata in cancelleria entro i sessanta giorni successivi. Se l'appello è proposto al tribunale, il giudice, quando una delle parti lo richiede, dispone lo scambio delle sole comparse conclusionali a norma dell'articolo 190 e fissa l'udienza di discussione [281 quinquies[2]] non oltre sessanta giorni dalla scadenza del termine per il deposito delle comparse medesime; la sentenza è depositata in cancelleria entro i sessanta giorni successivi.
Quando non provvede ai sensi dei commi che precedono, il giudice può decidere la causa ai sensi dell'articolo 281-sexies.».

353. Rimessione al primo giudice per ragioni di giurisdizione (1)*. – *Il giudice d'appello, se riforma la sentenza di primo grado dichiarando che il giudice ordinario ha sulla causa la giurisdizione negata dal primo giudice, pronuncia sentenza con la quale rimanda le parti davanti al primo giudice [161, 354, 383].*

Le parti debbono riassumere il processo nel termine perentorio di tre mesi (2) dalla notificazione della sentenza [307].

Se contro la sentenza d'appello è proposto ricorso per cassazione il termine è interrotto.

*(...)**.*

(1) L'originaria rubrica "Rimessione al primo giudice per ragioni di giurisdizione o di competenza" è stata così sostituita dall'art. 46, co. 19 lett. a) della l. 18/6/2009, n. 69.

* Articolo abrogato dall'art. 3, co. 26, d.lg. 10/10/2022, n. 149.

(2) Le parole: "sei mesi" sono state così sostituite dall'art. 46, co. 19 lett. b) della l. 18/6/2009, n. 69.

** Il comma che recitava. «La disposizione del primo comma si applica anche quando il pretore, in riforma della sentenza del conciliatore, dichiara la competenza di questo». È stato abrogato dall'art. 89, co. 1, l. 26/11/1990, n. 353.

354. Rimessione al primo giudice per altri motivi (1). – Il giudice d'appello, se dichiara la nullità della notificazione dell'atto introduttivo [160, 164], riconosce che nel giudizio di primo grado doveva essere integrato il contraddittorio [102] o non doveva essere estromessa una parte [108, 109], oppure dichiara la nullità della sentenza di primo grado a norma dell'articolo 161 secondo comma, pronuncia sentenza con cui rimette la causa al primo giudice [*356[1]*].

Nei casi di rimessione al primo giudice, le parti devono riassumere il processo nel termine perentorio di tre mesi dalla notificazione della sentenza. Se contro la sentenza d'appello è proposto ricorso per cassazione, il termine è interrotto.

Se il giudice d'appello riconosce sussistente la giurisdizione negata dal primo giudice o dichiara la nullità di altri atti compiuti in primo grado, ammette le parti a compiere le attività che sarebbero precluse e ordina, in quanto possibile, la rinnovazione degli atti a norma dell'articolo 356[162[1]].

(1) Articolo così sostituito dall'art. 3, co. 26, d.lg. 10/10/2022, n. 149; la precedente formulazione era: «Fuori dei casi previsti nell'articolo precedente, il giudice d'appello non può rimettere la causa al primo giudice, tranne che dichiari nulla la notificazione della citazione introduttiva, oppure riconosca che nel giudizio di primo grado doveva essere integrato il contraddittorio o non doveva essere estromessa una parte, ovvero dichiari la nullità della sentenza di primo grado a norma dell'articolo 161 secondo comma.
Il giudice d'appello rimette la causa al primo giudice anche nel caso di riforma della sentenza che ha pronunciato sull'estinzione del processo a norma e nelle forme dell'articolo 308.
Nei casi di rimessione al primo giudice previsti nei commi precedenti, si applicano le disposizioni dell'articolo 353.
Se il giudice d'appello dichiara la nullità di altri atti compiuti in primo grado, ne ordina, in quanto possibile, la rinnovazione a norma dell'articolo 356.».

355. Provvedimenti sulla querela di falso. – Se nel giudizio d'appello è proposta querela di falso [221 ss.], il giudice, quando ritiene il documento impugnato rilevante per la decisione della causa, sospende con ordinanza il giudizio e fissa alle parti un termine perentorio entro il quale debbono riassumere la causa di falso davanti al tribunale [9[2], 50 bis[1, n. 1]].

***356.* Ammissione e assunzione di prove.** – Ferma l'applicabilità della norma di cui al numero 4) del secondo comma dell'articolo 279, il giudice d'appello, se dispone l'assunzione di una prova oppure la rinnovazione totale o parziale dell'assunzione già avvenuta in primo grado [350, 353, 354] o comunque dà disposizioni per effetto delle quali il procedimento deve continuare, pronuncia ordinanza e provvede a norma degli articoli 191 e seguenti (1). Davanti alla corte di appello il collegio delega l'assunzione delle prove all'istruttore, se nominato, o al relatore e, quando ne ravvisa la necessità, può anche d'ufficio disporre la rinnovazione davanti a sé di uno o più mezzi di prova assunti dall'istruttore ai sensi dell'articolo 350, quarto comma (2).

Quando sia stato proposto appello immediato contro una delle sentenze previste dal n. 4 del secondo comma dell'articolo 279, il giudice d'appello non può disporre nuove prove riguardo alle domande e alle questioni, rispetto alle quali il giudice di primo grado, non definendo il giudizio, abbia disposto, con separata ordinanza, la prosecuzione dell'istruzione.

(1) Comma così sostituito dall'art. 58 della l. 26/11/1990, n. 353.

(2) Il periodo "Davanti alla corte di appello il collegio delega l'assunzione delle prove all'istruttore, se nominato, o al relatore e, quando ne ravvisa la necessità, può anche d'ufficio disporre la rinnovazione davanti a sé di uno o più mezzi di prova assunti dall'istruttore ai sensi dell'articolo 350, quarto comma." è stato aggiunto dall'art. 3, co. 26, d.lg.10/10/2022, n. 149.

357. Reclamo contro ordinanze*. – *Le ordinanze con le quali l'istruttore abbia dichiarato, a norma dell'articolo 350 secondo comma, la inammissibilità o l'improcedibilità dell'appello, ovvero l'estinzione del procedimento d'appello, e le ordinanze sulla esecuzione provvisoria previste dall'articolo 351, possono essere impugnate con reclamo al collegio nel termine perentorio di dieci giorni dalla notificazione. Il reclamo si propone con le forme previste dall'articolo 178 terzo, quarto e quinto comma.*

Il collegio pronuncia sul reclamo in camera di consiglio salvo che, trattandosi delle ordinanze previste dall'articolo 350 secondo comma, alcuna delle parti, prima della scadenza del termine per la comunicazione della memoria di replica, proponga istanza al presidente del collegio, perché il reclamo sia discusso in udienza. In tal caso il presidente fissa l'udienza per la discussione, con decreto che è comunicato alle parti a cura del cancelliere.

La decisione è pronunciata con sentenza se è respinto il reclamo contro le ordinanze previste dall'art. 350 secondo comma; negli altri casi è pronunciata con ordinanza non impugnabile.

* L'articolo è stato abrogato dall'art. 89 della l. 26/11/1990, n. 353.

358. Non riproponibilità di appello dichiarato inammissibile o improcedibile. – L'appello dichiarato inammissibile [348 bis, 348 ter] o improcedibile [348] non può essere riproposto, anche se non è decorso il termine fissato dalla legge [325, 326, 327].

359. Rinvio alle norme relative al procedimento davanti al tribunale. – Nei procedimenti d'appello davanti alla Corte o al tribunale si osservano, in quanto applicabili, le norme dettate per il procedimento di primo grado davanti al tribunale

[163 ss.], se non sono incompatibili con le disposizioni del presente capo (1).

(1) Il precedente comma che recitava: «Davanti al pretore si osservano anche nei procedimenti d'appello le norme del procedimento di primo grado, in quanto applicabili» è stato abrogato dall'art. 89 della l. 26/11/1990, n. 353.

Capo III
Del ricorso per cassazione

Sezione I
Dei provvedimenti impugnabili e dei ricorsi

360. Sentenze impugnabili e motivi di ricorso (1). – Le sentenze pronunciate in grado d'appello [352] o in unico grado [348 ter[3, 4]] possono essere impugnate con ricorso per cassazione [111 Cost.]:

1) per motivi attinenti alla giurisdizione [37, _41_, 374, 382];

2) per violazione delle norme sulla competenza, quando non è prescritto il regolamento di competenza [43, 382, 385[2]];

3) per violazione o falsa applicazione di norme di diritto [384] e dei contratti e accordi collettivi nazionali di lavoro [369[2, n. 4]];

4) per nullità della sentenza [161] o del procedimento;

5) per omesso esame circa un fatto decisivo per il giudizio che è stato oggetto di discussione tra le parti [366[1, n. 6], 369[2, n. 4]] (2).

Può inoltre essere impugnata con ricorso per cassazione una sentenza appellabile del tribunale, se le parti sono d'accordo per omettere l'appello; ma in tale caso l'impugnazione può proporsi soltanto a norma del primo comma, n. 3 [366[3], 383[2]].

Non sono immediatamente impugnabili con ricorso per cassazione le sentenze che decidono di questioni insorte senza definire, neppure parzialmente [_361_], il giudizio. Il ricorso per cassazione avverso tali sentenze può essere proposto, senza necessità di riserva, allorché sia impugnata la sentenza che definisce, anche parzialmente, il giudizio.

Quando la pronuncia di appello conferma la decisione di primo grado per le stesse ragioni, inerenti ai medesimi fatti, poste a base della decisione impugnata, il ricorso per cassazione può essere proposto esclusivamente per i motivi di cui al primo comma, numeri 1), 2), 3) e 4). Tale disposizione non si applica relativamente alle cause di cui all'articolo 70, primo comma (3).

Le disposizioni di cui al primo, al terzo e al quarto comma (4) si applicano alle sentenze ed ai provvedimenti diversi dalla sentenza contro i quali è ammesso il ricorso per cassazione per violazione di legge.

(1) Articolo così modificato dal d.lg. n. 40/2006.
Il testo precedente recitava: «**360. Sentenze impugnabili e motivi di ricorso.** – Le sentenze pronunziate in grado d'appello o in unico grado possono essere impugnate con ricorso per Cassazione:
1) per motivi attinenti alla giurisdizione;
2) per violazione delle norme sulla competenza, quando non è prescritto il regolamento di competenza;
3) per violazione o falsa applicazione di norme di diritto;
4) per nullità della sentenza o del procedimento;
5) per omessa, insufficiente o contraddittoria motivazione circa un punto decisivo della controversia, prospettato dalle parti o rilevabile di ufficio.
Può inoltre essere impugnata con ricorso per Cassazione una sentenza appellabile del tribunale, se le parti sono d'accordo per omettere l'appello; ma in tal caso l'impugnazione può proporsi soltanto per violazione o falsa applicazione di norme di diritto».

(2) Il numero che recitava: «5) per omessa, insufficiente o contraddittoria motivazione circa un fatto controverso e decisivo per il giudizio» è stato così sostituito dall'art. 54 del d.l. 22/6/2012, n. 83, conv. con l. 7/8/2012, n. 134. Ai sensi dell'art. 54 cit., co. 3, questa disposizione si applica alle sentenze pubblicate dal trentesimo giorno successivo a quello di entrata in vigore della legge di conversione del presente decreto.

(3) Comma aggiunto dall'art. 3, co. 27, d.lg. 10/10/2022, n. 149.

(4) Le parole "Le disposizioni di cui al primo e terzo comma" sono state così sostituite dall'art. 3, co. 27, d.lg. 10/10/2022, n. 149.

360 bis. Inammissibilità del ricorso (1). – Il ricorso è inammissibile [348 bis, 376[1], 380 bis]:

1) quando il provvedimento impugnato ha deciso le questioni di diritto in modo conforme alla giurisprudenza della Corte e l'esame dei motivi non offre elementi per confermare o mutare l'orientamento della stessa;

2) quando è manifestamente infondata la censura relativa alla violazione dei princìpi regolatori del giusto processo.

(1) Articolo aggiunto dalla l. 18/6/2009, n. 69.

361. Riserva facoltativa di ricorso contro sentenze non definitive. – Contro le sentenze previste dall'articolo 278 e contro quelle che decidono una o alcune delle domande senza definire l'intero giudizio, il ricorso per cassazione può essere differito, qualora la parte soccombente ne faccia riserva [340], a pena di decadenza, entro il termine per la proposizione del ricorso, e in ogni caso non oltre la prima udienza successiva alla comunicazione della sentenza stessa (1).

Qualora sia stata fatta la riserva di cui al precedente comma, il ricorso deve essere proposto unitamente a quello contro la sentenza che definisce il giudizio, o con quello che venga proposto, dalla stessa o da altra parte, contro altra sentenza successiva che non definisca il giudizio.

La riserva non può farsi, e se già fatta rimane priva di effetto, quando contro la stessa sentenza da alcuna delle parti sia proposto immediatamente ricorso.

(1) Comma così modificato dal d.lg. n. 40/2006. Il comma precedente recitava: «Contro le sentenze previste dall'art. 278 e dal n. 4 del secondo comma dell'art. 279, il ricorso per cassazione può essere differito, qualora la parte soccombente ne faccia riserva, a pena di decadenza, entro il termine per la proposizione del ricorso, e in ogni caso non oltre la prima udienza successiva alla comunicazione della sentenza stessa».

362. Altri casi di ricorso. – Possono essere impugnate con ricorso per cassazione, nel termine di cui all'articolo 325 secondo comma, le decisioni in grado d'appello [352] o in unico grado del giudice amministrativo o (1) di un giudice speciale, per motivi attinenti alla giurisdizione del giudice stesso [37, _41_].

Possono essere denunciati in ogni tempo con ricorso per cassazione:

1) i conflitti positivi o negativi di giurisdizione tra giudici speciali, o tra giudice amministrativo e giudici speciali (1) o tra questi e i giudici ordinari;

2) i conflitti negativi di attribuzione tra la pubblica amministrazione e il giudice ordinario.

Le decisioni dei giudici ordinari passate in giudicato possono altresì essere impugnate per revocazione ai sensi dell'articolo 391-quater quando il loro contenuto è stato dichiarato dalla Corte europea dei diritti dell'uomo contrario alla Convenzione ovvero ad uno dei suoi Protocolli (2).

(1) Le parole "del giudice amministrativo o" e "o tra giudice amministrativo e giudici speciali" sono state aggiunte dall'art. 3, co. 27, d.lg. 10/10/2022, n. 149.

(2) Comma introdotto dall'art. 3, co. 27, d.lg. 10/10/2022, n. 149.

363. Principio di diritto nell'interesse della legge (1). – Quando le parti non hanno proposto ricorso nei termini di legge [325, 326, 327] o vi hanno rinunciato [306, 390, 391], ovvero quando il provvedimento non è ricorribile in cassazione [360 // 111 Cost.] e non è altrimenti impugnabile, il

Procuratore generale presso la Corte di cassazione può chiedere che la Corte enunci nell'interesse della legge il principio di diritto al quale il giudice di merito avrebbe dovuto attenersi [384].

La richiesta del procuratore generale, contenente una sintetica esposizione del fatto e delle ragioni di diritto poste a fondamento dell'istanza, è rivolta al primo presidente, il quale può disporre che la Corte si pronunci a sezioni unite se ritiene che la questione è di particolare importanza.

Il principio di diritto può essere pronunciato dalla Corte anche d'ufficio, quando il ricorso proposto dalle parti è dichiarato inammissibile [374[2]], se la Corte ritiene che la questione decisa è di particolare importanza.

La pronuncia della Corte non ha effetto sul provvedimento del giudice di merito.

(1) Articolo così modificato dal d.lg. n. 40/2006.
Il testo precedente recitava: «**363. Ricorso nell'interesse della legge.** – Quando le parti non hanno proposto ricorso nei termini di legge o vi hanno rinunciato, il procuratore generale presso la Corte di Cassazione può proporre ricorso per chiedere che sia cassata la sentenza nell'interesse della legge.
In tal caso le parti non possono giovarsi della cassazione della sentenza».

363 bis. Rinvio pregiudiziale (1). – Il giudice di merito può disporre con ordinanza, sentite le parti costituite, il rinvio pregiudiziale degli atti alla Corte di cassazione per la risoluzione di una questione esclusivamente di diritto, quando concorrono le seguenti condizioni:

1) la questione è necessaria alla definizione anche parziale del giudizio e non è stata ancora risolta dalla Corte di cassazione;

2) la questione presenta gravi difficoltà interpretative;

3) la questione è suscettibile di porsi in numerosi giudizi.

L'ordinanza che dispone il rinvio pregiudiziale è motivata, e con riferimento alla condizione di cui al numero 2) del primo comma reca specifica indicazione delle diverse interpretazioni possibili. Essa è immediatamente trasmessa alla Corte di cassazione ed è comunicata alle parti.

Il procedimento è sospeso dal giorno in cui è depositata l'ordinanza, salvo il compimento degli atti urgenti e delle attività istruttorie non dipendenti dalla soluzione della questione oggetto del rinvio pregiudiziale.

Il primo presidente, ricevuta l'ordinanza di rinvio pregiudiziale, entro novanta giorni assegna la questione alle sezioni unite o alla sezione semplice per l'enunciazione del principio di diritto, o dichiara con decreto l'inammissibilità della questione per la mancanza di una o più delle condizioni di cui al primo comma.

La Corte, sia a sezioni unite che a sezione semplice, pronuncia in pubblica udienza, con la requisitoria scritta del pubblico ministero e con facoltà per le parti costituite di depositare brevi memorie, nei termini di cui all'articolo 378.

Con il provvedimento che definisce la questione è disposta la restituzione degli atti al giudice.

Il principio di diritto enunciato dalla Corte è vincolante nel procedimento nell'ambito del quale è stata rimessa la questione e, se questo si estingue, anche nel nuovo processo in cui è proposta la medesima domanda tra le stesse parti.

(1) Articolo introdotto dall'art. 3, co. 27, d.lg. 10/10/2022, n. 149.

364. Deposito per il caso di soccombenza*. *– Il ricorso deve essere preceduto dal deposito, per il caso di soccombenza, di lire cinquecento se la sentenza impugnata è del pretore, di lire millecinquecento se la sentenza impugnata è del tribunale, di lire tremila in ogni altro caso.*

È sufficiente un solo deposito quando più parti ricorrono con lo stesso atto contro una o più parti, anche se per motivi diversi.

Non è richiesto deposito:

1. per i ricorsi di cui ai nn. 1 e 2 dell'articolo 362;

2. per i ricorsi nell'interesse dello Stato e per quelli proposti a norma dell'articolo 368;

3. per i ricorsi, nell'interesse delle persone ammesse al beneficio del gratuito patrocinio per il giudizio di cassazione;

4. per i ricorsi relativi a controversie del lavoro e della previdenza e assistenza obbligatorie;

5. negli altri casi indicati dalla legge.

* L'articolo è stato abrogato dalla l. 18/10/1977, n. 793.

365. Sottoscrizione del ricorso. – Il ricorso è diretto alla corte e sottoscritto, a pena d'inammissibilità, da un avvocato iscritto nell'apposito albo, munito di procura speciale [82[2], 83, 369[2, n. 3]].

366. Contenuto del ricorso (1). – Il ricorso deve contenere, a pena di inammissibilità [387]:

1) l'indicazione delle parti;

2) l'indicazione della sentenza o decisione impugnata [360];

3) la chiara esposizione dei fatti della causa essenziali alla illustrazione dei motivi di ricorso (2);

4) la chiara e sintetica esposizione dei motivi per i quali si chiede la cassazione, con l'indicazione delle norme di diritto su cui si fondano (3);

5) l'indicazione della procura [365], se conferita con atto separato e, nel caso di ammissione al gratuito patrocinio, del relativo decreto.

6) la specifica indicazione, per ciascuno dei motivi, degli atti processuali, dei documenti e dei contratti o accordi collettivi sui quali il motivo si fonda [369[2, n. 4]] e l'illustrazione del contenuto rilevante degli stessi (4);

Se il ricorrente non ha eletto domicilio in Roma, ovvero non ha indicato l'indirizzo di posta elettronica certificata comunicato al proprio ordine (5), *le notificazioni gli sono fatte presso la cancelleria della Corte di cassazione*.*

Nel caso previsto nell'articolo 360, secondo comma, l'accordo delle parti deve risultare mediante visto apposto sul ricorso dalle altre parti o dai loro difensori muniti di procura speciale, oppure mediante atto separato, anche anteriore alla sentenza impugnata, da unirsi al ricorso stesso.

*Le comunicazioni della cancelleria e le notificazioni tra i difensori di cui agli articoli 372 e 390 sono effettuate ai sensi dell'articolo 136, secondo e terzo comma **.*

(1) Articolo così modificato dal d.lg. n. 40/2006. Il testo precedente recitava:
«Art. 366. (Contenuto del ricorso).
Il ricorso deve contenere a pena d'inammissibilità:
1) l'indicazione delle parti;
2) l'indicazione della sentenza o decisione impugnata;
3) l'esposizione sommaria dei fatti della causa;
4) i motivi per i quali si chiede la cassazione, con l'indicazione delle norme di diritto su cui si fondano;
5) l'indicazione della procura, se conferita con atto separato e, nel caso di ammissione al gratuito patrocinio, del relativo decreto.
Se il ricorrente non ha eletto domicilio in Roma, le notificazioni gli sono fatte presso la cancelleria della Corte di Cassazione.
Nel caso previsto nell'art. 360 secondo comma, l'accordo delle parti deve risultare mediante visto apposto sul ricorso dalle altre parti o dai loro difensori muniti di procura speciale, oppure mediante atto separato da unirsi al ricorso stesso».

(2) Numero così sostituito dall'art. 3, co. 27, d.lg. 10/10/2022, n. 149; la precedente formulazione era «3) l'esposizione sommaria dei fatti della causa;».

(3) Numero così sostituito dall'art. 3, co. 27, d.lg. 10/10/2022, n. 149; la precedente formulazione era «4) i motivi per i quali si chiede la cassazione [360], con l'indicazione delle norme di diritto su cui si fondano, secondo quanto previsto dall'articolo 366-bis;».

(4) Numero così sostituito dall'art. 3, co. 27, d.lg. 10/10/2022, n. 149; la precedente formulazione era «6) la specifica indicazione degli atti processuali, dei documenti e dei contratti o accordi collettivi sui quali il ricorso si fonda».

(5) Le parole: "ovvero non ha indicato l'indirizzo di posta elettronica certificata comunicato al proprio ordine", sono state inserite dalla l. 12/11/2011, n. 183.

* Comma abrogato dall'art. 3, co. 27, d.lg. 10/10/2022, n. 149.

** Comma così modificato dalla l. 12/11/2011, n. 183, e successivamente abrogato dall'art. 3, co. 27, d.lg. 10/10/2022, n. 149.

366 bis. Formulazione dei motivi*. – *Nei casi previsti dall'articolo 360, primo comma, numeri 1), 2), 3) e 4), l'illustrazione di ciascun motivo si deve concludere, a pena di inammissibilità, con la formulazione di un quesito di diritto. Nel caso previsto dall'articolo 360, primo comma, n. 5), l'illustrazione di ciascun motivo deve contenere, a pena di inammissibilità, la chiara indicazione del fatto controverso in relazione al quale la motivazione si assume omessa o contraddittoria, ovvero le ragioni per le quali la dedotta insufficienza della motivazione la rende inidonea a giustificare la decisione.*

* Tale articolo è stato aggiunto dal d.lg. n. 40/2006 e successivamente abrogato dalla l. 18/6/2009, n. 69.

367. Sospensione del processo di merito. – Una copia del ricorso per cassazione proposto a norma dell'articolo 41, primo comma, è depositata, dopo la notificazione alle altre parti, nella cancelleria del giudice davanti a cui pende la causa, il quale sospende il processo se non ritiene l'istanza manifestamente inammissibile o la contestazione della giurisdizione manifestamente infondata. Il giudice istruttore o il collegio provvede con ordinanza [177, 178] (1).

Se la Corte di cassazione dichiara la giurisdizione del giudice ordinario, le parti debbono riassumere il processo entro il termine perentorio di sei mesi dalla comunicazione della sentenza [307].

(1) Comma così sostituito dall'art. 61 della l. 26/11/1990, n. 353.

368. Questione di giurisdizione sollevata dal prefetto. – Nel caso previsto nell'art. 41 secondo comma, la richiesta per la decisione della Corte di cassazione è fatta dal prefetto con decreto motivato.

Il decreto è notificato, su richiesta del prefetto, alle parti e al procuratore della Repubblica presso il tribunale, se la causa pende davanti a questo (1), oppure al procuratore generale presso la Corte di appello, se pende davanti alla Corte.

Il pubblico ministero comunica il decreto del prefetto al capo dell'ufficio giudiziario davanti al quale pende la causa. Questi sospende il procedimento con decreto [367^{1}] che è notificato alle parti a cura del pubblico ministero entro dieci giorni dalla sua pronuncia, sotto pena di decadenza della richiesta.

La Corte di cassazione è investita della questione di giurisdizione con ricorso a cura della parte più diligente, nel termine perentorio di trenta giorni dalla notificazione del decreto [374, 382, 386].

Si applica la disposizione dell'ultimo comma dell'articolo precedente.

(1) Le parole "o davanti a un pretore" sono state soppresse dall'art. 77 del d.lg. 19/2/1998, n. 51.

369. Deposito del ricorso. – Il ricorso [366] è (1) depositato (1), a pena d'improcedibilità, nel termine di giorni venti dall'ultima notificazione alle parti contro le quali è proposto.

Insieme col ricorso debbono essere depositati, sempre a pena d'improcedibilità:

1) il decreto di concessione del gratuito patrocinio;

2) copia autentica della sentenza o della decisione impugnata con la relazione di notificazione, se questa è avvenuta, tranne che nei casi di cui ai due articoli precedenti; oppure copia autentica dei provvedimenti dai quali risulta il conflitto nei casi di cui ai nn. 1 e 2 dell'articolo 362;

3) la procura speciale, se questa è conferita con atto separato [$366^{1, n. 5}$];

4) gli atti processuali, i documenti, i contratti o accordi collettivi sui quali il ricorso si fonda [$366^{1, n. 6}$, 372] (2).

Il ricorrente deve chiedere alla cancelleria del giudice che ha pronunciato la sentenza impugnata o del quale si contesta la giurisdizione la trasmissione alla cancelleria della Corte di Cassazione del fascicolo d'ufficio; tale richiesta è restituita dalla cancelleria al richiedente munita di visto, e deve essere depositata insieme col ricorso.*

(1) Le parole "deve essere" sono state sostituite con quella "è" e le parole "nella cancelleria della corte" sono soppresse dall'art. 3, co. 27, d.lg. 10/10/2022, n. 149.

(2) Numero così modificato dal d.lg. n. 40/2006.

* Comma abrogato dall'art. 3, co. 27, d.lg. 10/10/2022, n. 149.

370. Controricorso. – La parte contro la quale il ricorso è diretto, se intende contraddire, deve farlo mediante controricorso [371] da depositare entro quaranta giorni dalla notificazione del ricorso (1). In mancanza di tale notificazione, essa non può presentare memorie, ma soltanto partecipare alla discussione orale.

Al controricorso si applicano le norme degli articoli 365 e 366, in quanto è possibile.

Il controricorso è depositato (2) insieme con gli atti e i documenti e con la procura speciale, se conferita con atto separato.

(1) Le parole "da notificarsi al ricorrente nel domicilio eletto [366^{2}] entro venti giorni dalla scadenza del termine stabilito per il deposito del ricorso" sono state sostituite con quelle "da depositare entro quaranta giorni dalla notificazione del ricorso" dall'art. 3, co. 27, d.lg. 10/10/2022, n. 149.

(2) Le parole "nella cancelleria della Corte entro venti giorni dalla notificazione" sono state soppresse dall'art. 3, co. 27, d.lg. 10/10/2022, n. 149.

371. Ricorso incidentale. – La parte di cui all'articolo precedente deve proporre con l'atto contenente il controricorso l'eventuale ricorso incidentale [333, 334, 343, 366, 436] contro la stessa sentenza.

La parte alla quale è stato notificato il ricorso per integrazione a norma degli articoli 331 e 332 deve proporre l'eventuale ricorso incidentale con atto depositato (1) nel termine di quaranta giorni dalla notificazione (1).

Al ricorso incidentale si applicano le disposizioni degli articoli 365, 366 e 369.

Per resistere al ricorso incidentale può essere depositato (2) un controricorso a norma dell'articolo precedente.

Se il ricorrente principale deposita la copia della sentenza [$369^{2, n. 2}$] o della decisione impugnata, non è necessario che la depositi anche il ricorrente per incidente.

(1) Le parole "con atto depositato" sono state aggiunte e quelle "con atto notificato al ricorrente principale e alle altre parti nello stesso modo del ricorso principale" soppresse dall'art. 3, co. 27, d.lg. 10/10/2022, n. 149.

(2) La parola "notificato" è stata sostituita con quella "depositato" dall'art. 3, co. 27, d.lg. 10/10/2022, n. 149.

371 bis. Deposito dell'atto di integrazione del contraddittorio (1). – Qualora la Corte abbia ordinato l'integrazione del contraddittorio [102, 331, $375^{n. 2}$], assegnando alle parti un termine perentorio per provvedervi [387], il ricorso [369, 371] notificato, contenente nell'intestazione le parole "atto di integrazione del contraddittorio", deve essere depositato nella cancelleria della Corte stessa, a pena di improcedibilità [387], entro venti giorni dalla scadenza del termine assegnato.

(1) Articolo aggiunto dall'art. 62 della l. 26/11/1990, n. 353.

372. Produzione di altri documenti. – Non è ammesso il deposito di atti e documenti non prodotti nei precedenti gradi del processo, tranne di quelli che riguardano la nullità della sentenza impugnata [161] e l'ammissibilità del ricorso [360, 360 bis, 365, 366, 380 bis, 387] e del controricorso [370, 371].

Il deposito dei documenti relativi all'ammissibilità può avvenire indipendentemente da quello del ricorso [369] e del controricorso [370[3]], fino a quindici giorni prima dell'udienza o dell'adunanza in camera di consiglio (1).

(1) Le parole "ma deve essere notificato, mediante elenco, alle altre parti." sono state sostituite con quelle "fino a quindici giorni prima dell'udienza o dell'adunanza in camera di consiglio" dall'art. 3, co. 27, d.lg. 10/10/2022, n. 149.

373. Sospensione dell'esecuzione. – Il ricorso per cassazione non sospende l'esecuzione della sentenza [337]. Tuttavia il giudice che ha pronunciato la sentenza impugnata può, su istanza di parte e qualora dall'esecuzione possa derivare grave e irreparabile danno, disporre con ordinanza non impugnabile che la esecuzione sia sospesa [283, 401, 407] o che sia prestata congrua cauzione [119].

L'istanza si propone con ricorso al giudice di pace, al tribunale in composizione monocratica (1) o al presidente del collegio, il quale, con decreto in calce al ricorso, ordina la comparizione delle parti rispettivamente d'innanzi a sé o al collegio in camera di consiglio [131 bis disp. att.]. Copia del ricorso e del decreto sono notificate al procuratore dell'altra parte, ovvero alla parte stessa, se questa sia stata in giudizio senza ministero di difensore o non si sia costituita nel giudizio definito con la sentenza impugnata. Con lo stesso decreto, in caso di eccezionale urgenza può essere disposta provvisoriamente l'immediata sospensione dell'esecuzione (2).

(1) La parola "pretore" è stata sostituita dalle parole "tribunale in composizione monocratica" dal d.lg. 19/2/1998, n. 51.

(2) Comma così sostituito dall'art. 63 della l. 26/11/1990, n. 353.

Sezione II
Del procedimento e dei provvedimenti

374. Pronuncia a sezioni unite (1). – La Corte pronuncia a sezioni unite nei casi previsti nel n. 1) dell'articolo 360 e nell'articolo 362. Tuttavia, tranne che nei casi di impugnazione delle decisioni del Consiglio di Stato e della Corte dei conti [111[7] Cost.], il ricorso può essere assegnato alle sezioni semplici, se sulla questione di giurisdizione proposta si sono già pronunciate le sezioni unite.

Inoltre il primo presidente può disporre [*376[2]*] che la Corte pronunci a sezioni unite sui ricorsi [*363[3]*] che presentano una questione di diritto già decisa in senso difforme dalle sezioni semplici, e su quelli che presentano una questione di massima di particolare importanza.

Se la sezione semplice ritiene di non condividere il principio di diritto [384] enunciato dalle sezioni unite, rimette a queste ultime, con ordinanza motivata, la decisione del ricorso.

In tutti gli altri casi la Corte pronuncia a sezione semplice [376[1]].

(1) Articolo così modificato dal d.lg. n. 40/2006.
Il testo precedente recitava: «**374. Pronuncia a sezioni unite.** – La Corte pronuncia a sezioni unite nei casi previsti nel n. 1 dell'art. 360 e nell'art. 362.
Inoltre il primo presidente può disporre che la Corte pronunci a sezioni unite sui ricorsi che presentano una questione di diritto già decisa in senso difforme dalle sezioni semplici, e su quelli che presentano una questione di massima di particolare importanza.
In tutti gli altri casi la Corte pronuncia a sezione semplice».

375. Pronuncia in udienza pubblica o in camera di consiglio (1). – La Corte, sia a sezioni unite che a sezione semplice, pronuncia in pubblica udienza quando la questione di diritto è di particolare rilevanza, nonché nei casi di cui all'articolo 391-quater (2).

La Corte, sia a sezioni unite [374] che a sezione semplice [376], pronuncia con ordinanza in camera di consiglio quando riconosce di dovere:

1) dichiarare l'inammissibilità del ricorso principale e di quello incidentale eventualmente proposto, anche per mancanza dei motivi previsti dall'articolo 360 [331, 360 bis, 365, 366, 380 bis, 387] (3);

1-bis) dichiarare l'improcedibilità del ricorso (4);

2) ordinare l'integrazione del contraddittorio [371 bis] o disporre che sia eseguita la notificazione dell'impugnazione a norma dell'articolo 332 ovvero che sia rinnovata (5);

3) provvedere in ordine all'estinzione del processo [306 ss.] in ogni caso diverso dalla rinuncia (5);

4) pronunciare sulle istanze di regolamento di competenza [42, 43, 380 ter, 382] e di giurisdizione [41, 367, 380 ter, 382], salva l'applicazione del primo comma (4) (5);

4-bis) pronunciare nei casi di correzione di errore materiale (4);

4-ter) pronunciare sui ricorsi per revocazione e per opposizione di terzo, salva l'applicazione del primo comma (4);

4-quater) in ogni altro caso in cui non pronuncia in pubblica udienza (4);

5) accogliere o rigettare il ricorso principale e l'eventuale ricorso incidentale per manifesta fondatezza o infondatezza.*

*(...)**.*

(1) Rubrica così modificata dall'art. 3, co. 28, d.lg. 10/10/2022, n. 149; la precedente era "Pronuncia in camera di consiglio".

(2) Comma aggiunto dall'art. 3, co. 28, d.lg. 10/10/2022, n. 149.

(3) Questo numero è stato così sostituito dall'art. 47, co. 1, lett. e), n. 1, l. 18/6/2009, n. 69.

(4) I numeri 1-bis), 4-bis), 4-ter), 4-quater) e le parole ", salva l'applicazione del primo comma" sono stati aggiunti dall'art. 3, co. 28, d.lg. 10/10/2022, n. 149.

(5) I n. 2), 3), 4) sono stati così sostituiti dall'art. 9, lett. a), d.lg. 2/2/2006, n. 40.

* Questo numero è stato così sostituito dall'art. 47, co., 1 lett. e), n. 2, l. 18/6/2009, n. 69 e successivamente soppresso dall'art. 3, co. 28, d.lg. 10/10/2022, n. 149.

** Comma abrogato dall'art. 9, lett. b), d.lg. 2/2/2006, n. 40.

376. Assegnazione dei ricorsi alle sezioni. – Il primo presidente assegna i ricorsi alle sezioni unite o alla sezione semplice (1).

La parte, che ritiene di competenza delle sezioni unite un ricorso assegnato a una sezione semplice, può proporre al primo presidente istanza di rimessione alle sezioni unite, fino a quindici giorni prima dell'udienza o dell'adunanza (2).

All'udienza o all'adunanza della sezione semplice, la rimessione può essere disposta con ordinanza (3) soltanto su richiesta del pubblico ministero o d'ufficio.

(1) Comma così sostituito dall'art. 3, co. 28, d.lg. 10/10/2022, n. 149; la precedente formulazione era «Il primo presidente, tranne quando ricorrono le condizioni previste dall'articolo 374, assegna i ricorsi ad apposita sezione, che verifica se sussistono i presupposti per la pronuncia in camera di consiglio ai sensi dell'articolo 375, primo comma, numeri 1) e 5). Se, a un sommario esame del ricorso, la suddetta sezione non ravvisa tali presupposti, il presidente, omessa ogni formalità, rimette gli atti alla sezione semplice.». Comma così sostituito dall'art. 47, co. 1, lett. b), l. 18/6/2009,

n. 69. Il testo previgente disponeva: «I ricorsi sono assegnati alle sezioni unite o alle sezioni semplici dal primo presidente».

(2) Le parole "dieci" e "discussione del ricorso" sono state sostituite rispettivamente da quelle "quindici" e "o dell'adunanza" dall'art. 3, co. 28, d.lg. 10/10/2022, n. 149.

(3) Le parole "o all'adunanza" e "con ordinanza" sono state introdotte dall'art. 3, co. 28, d.lg. 10/10/2022, n. 149, mentre dalla stessa norma sono state soppresse quelle ", con ordinanza inserita nel processo verbale".

377. Fissazione dell'udienza o dell'adunanza in camera di consiglio (1). – Il primo presidente, su presentazione del ricorso a cura del cancelliere, fissa l'udienza o l'adunanza della camera di consiglio [375, 380 bis[2], 380 ter[2]] e nomina il relatore per i ricorsi assegnati alle sezioni unite [374]. Per i ricorsi assegnati alle sezioni semplici [376] provvede allo stesso modo il presidente della sezione.

Dell'udienza è data comunicazione dal cancelliere al pubblico ministero agli avvocati delle parti [366[2]] almeno sessanta giorni prima (2).

Il primo presidente o il presidente della sezione (3). quando occorre, ordina con decreto l'integrazione del contraddittorio o dispone che sia eseguita la notificazione dell'impugnazione a norma dell'articolo 332, ovvero che essa sia rinnovata.

(1) Articolo così sostituito dall'art. 65 della l. 26/11/1990, n. 353.

(2) Le parole "al pubblico ministero" sono state aggiunte e la parola "venti" è stata sostituita con "sessanta" dall'art. 3, co. 28, d.lg. 10/10/2022, n. 149.

(3) Le parole "o il presidente della sezione di cui all'articolo 376, primo comma," sono state sostituite con quelle "Il primo presidente o il presidente di sezione" dall'art. 3, co. 28, d.lg. 10/10/2022, n. 149.

378. Deposito di memorie (1). – Il pubblico ministero può depositare una memoria non oltre venti giorni prima dell'udienza (2).

Le parti possono depositare sintetiche memorie illustrative non oltre dieci giorni prima della udienza [*369[1]*] (3).

(1) Le parole originariamente contenute nella rubrica "di parte" sono state soppresse dall'art. 3, co. 28, d.lg. 10/10/2022, n. 149.

(2) Comma aggiunto dall'art. 3, co. 278, d.lg. 10/10/2022, n. 149.

(3) Le parole "presentare loro" sono state sostituite da quelle "depositare sintetiche", quelle "in cancelleria" da "illustrative" e "cinque" da "dieci" dall'art. 3, co. 28, d.lg. 10/10/2022, n. 149.

379. Discussione. – L'udienza si svolge sempre in presenza (1).

All'udienza il relatore espone in sintesi le questioni della causa (2).

Dopo la relazione il presidente invita il pubblico ministero a esporre oralmente le sue conclusioni motivate e, quindi, i difensori delle parti a svolgere le loro difese. Il presidente dirige la discussione, indicandone ove necessario i punti e i tempi (3).

Non sono ammesse repliche.

(1) Comma aggiunto dall'art. 3, co. 28, d.lg. 10/10/2022, n. 149.

(2) Le parole "riferisce i fatti rilevanti per la decisione del ricorso, il contenuto del provvedimento impugnato e, in riassunto, se non vi è discussione delle parti, i motivi del ricorso e del controricorso." sono state sostituite da quelle "espone in sintesi le questioni della causa" dall'art. 3, co. 28, d.lg. 10/10/2022, n. 149.

(3) Il periodo "Il presidente dirige la discussione, indicandone ove necessario i punti e i tempi." è stato inserito dall'art. 3, co. 28, d.lg. 10/10/2022, n. 149.

380. Deliberazione della sentenza. – La Corte, dopo la discussione della causa, delibera, nella stessa seduta, la sentenza in camera di consiglio.

Si applica alla deliberazione della Corte la disposizione dell'articolo 276 [141 disp. att.].

La sentenza è depositata nei novanta giorni successivi (1).

(1) Comma aggiunto dall'art. 3, co. 28, d.lg. 10/10/2022, n. 149.

380 bis. Procedimento per la decisione accelerata dei ricorsi inammissibili, improcedibili o manifestamente infondati (1). – Se non è stata ancora fissata la data della decisione, il presidente della sezione o un consigliere da questo delegato può formulare una sintetica proposta di definizione del giudizio, quando ravvisa la inammissibilità, improcedibilità o manifesta infondatezza del ricorso principale e di quello incidentale eventualmente proposto. La proposta è' comunicata ai difensori delle parti.

Entro quaranta giorni dalla comunicazione la parte ricorrente, con istanza sottoscritta dal difensore munito di una nuova procura speciale, può chiedere la decisione. In mancanza, il ricorso si intende rinunciato e la Corte provvede ai sensi dell'articolo 391.

Se entro il termine indicato al secondo comma la parte chiede la decisione, la Corte procede ai sensi dell'articolo 380-bis.1 e quando definisce il giudizio in conformità alla proposta applica il terzo e il quarto comma dell'articolo 96.

(1) Articolo così sostituito dall'art. 3, co. 28, d.lg. 10/10/2022, n. 149: la precedente formulazione era: «380 bis. Procedimento per la decisione sull'inammissibilità del ricorso e per la decisione in camera di consiglio – Il relatore della sezione di cui all'articolo 376, primo comma, primo periodo, se appare possibile definire il giudizio ai sensi dell'articolo 375, primo comma, numeri 1) [331, 360 bis, 365, 366, 387] e 5), deposita in cancelleria una relazione con la concisa esposizione delle ragioni che possono giustificare la relativa pronuncia.
Il presidente fissa con decreto l'adunanza della Corte [377[1]]. Almeno venti giorni prima della data stabilita per l'adunanza, il decreto e la relazione sono notificati agli avvocati delle parti i quali hanno facoltà di presentare memorie non oltre cinque giorni prima, e di chiedere di essere sentiti, se compaiono.
Se il ricorso non è dichiarato inammissibile, il relatore nominato ai sensi dell'articolo 377, primo comma, ultimo periodo, quando appaiono ricorrere le ipotesi previste dall'articolo 375, primo comma, numeri 2) e 3), deposita in cancelleria una relazione con la concisa esposizione dei motivi in base ai quali ritiene che il ricorso possa essere deciso in camera di consiglio e si applica il secondo comma.
Se ritiene che non ricorrono le ipotesi previste dall'articolo 375, primo comma, numeri 2) e 3), la Corte rinvia la causa alla pubblica udienza.».

380 bis.1. Procedimento per la decisione in camera di consiglio (1). – Della fissazione del ricorso in camera di consiglio dinanzi alle sezioni unite o alla sezione semplice è data comunicazione agli avvocati delle parti e al pubblico ministero almeno sessanta giorni prima dell'adunanza. Il pubblico ministero può depositare le sue conclusioni scritte non oltre venti giorni prima dell'adunanza in camera di consiglio. Le parti possono depositare le loro sintetiche memorie illustrative non oltre dieci giorni prima dell'adunanza. La Corte giudica senza l'intervento del pubblico ministero e delle parti.

L'ordinanza, sinteticamente motivata, è depositata al termine della camera di consiglio, ma il collegio può riservarsi il deposito nei successivi sessanta giorni.

(1) Articolo così sostituito dall'art. 3, co. 28, d.lg. 10/10/2022, n. 149: la precedente formulazione era: «Della fissazione del ricorso in camera di consiglio dinanzi alla sezione semplice ai sensi dell'articolo 375, secondo comma, è data comunicazione agli avvocati delle parti e al pubblico ministero almeno quaranta giorni prima. Il pubblico ministero può depositare in cancelleria le sue conclusioni scritte non oltre venti giorni prima dell'adunanza in camera di consiglio. Le parti possono depositare le loro memorie non oltre dieci giorni prima dell'adunanza in camera di consiglio. In camera di consiglio la Corte giudica senza l'intervento del pubblico ministero e delle parti.».

380 ter. Procedimento per la decisione sulle istanze di regolamento di giurisdizione e di competenza (1). – Nei casi previsti dall'articolo 375, secondo comma, numero 4, si applica l'articolo 380-bis.1; il pubblico ministero deposita le sue conclusioni scritte nel termine ivi stabilito (2).

Le conclusioni ed il decreto del presidente che fissa l'adunanza [377¹] sono notificati, almeno venti giorni prima, agli avvocati delle parti, che hanno facoltà di presentare memorie non oltre cinque giorni prima e di chiedere di essere sentiti, se compaiono, limitatamente al regolamento di giurisdizione.*

Non si applica la disposizione del quinto comma dell'articolo 380-bis.*

(1) Articolo aggiunto dal d.lg. n. 40/2006.

(2) Comma così sostituito dall'art. 3, co. 28, d.lg. 10/10/2022, n. 149; la precedente formulazione era: «Nei casi previsti dall'articolo 375, primo comma, numero 4) [41, 42 ss.], il presidente, se non provvede ai sensi dell'articolo 380-bis, primo comma, richiede al pubblico ministero le sue conclusioni scritte.».

* Comma abrogato dall'art. 3, co. 28, d.lg. 10/10/2022, n. 149.

***381. Provvedimento sul deposito*.** – La corte, se dichiara inammissibile o improcedibile il ricorso o lo rigetta nel merito, condanna il ricorrente alla perdita del deposito; ne ordina invece la restituzione anche se accoglie il ricorso solo in parte.*

* L'articolo è stato abrogato dalla l. 18/10/1977, n. 793.

382. Decisione delle questioni di giurisdizione e di competenza. – La Corte, quando decide una questione di giurisdizione [37, 41, 360¹, n. 1, 362, 368, 374, 380 ter], statuisce su questa, determinando, quando occorre, il giudice competente [367², 386].

Quando cassa per violazione delle norme sulla competenza [42 ss., 380 ter], statuisce su questa.

Se riconosce che il giudice del quale si impugna il provvedimento e ogni altro giudice difettano di giurisdizione, cassa senza rinvio [383, 384², 385², 389]. Egualmente provvede in ogni altro caso in cui ritiene che la causa non poteva essere proposta o il processo proseguito.

383. Cassazione con rinvio. – La Corte, quando accoglie il ricorso per motivi diversi da quelli richiamati nell'articolo precedente, rinvia la causa [384²] ad altro giudice di grado pari a quello che ha pronunciato la sentenza cassata [385³, 389, 392 ss., 125, 125 disp. att.].

Nel caso previsto nell'articolo 360 secondo comma, la causa può essere rinviata al giudice che avrebbe dovuto pronunciare sull'appello al quale le parti hanno rinunciato.

La Corte, se riscontra una nullità del giudizio di primo grado per la quale il giudice d'appello avrebbe dovuto rimettere le parti al primo giudice [354], rinvia la causa a quest'ultimo [392 ss.].

*Nelle ipotesi di cui all'articolo 348-ter, commi terzo e quarto, la Corte, se accoglie il ricorso per motivi diversi da quelli indicati dall'articolo 382, rinvia la causa al giudice che avrebbe dovuto pronunciare sull'appello e si applicano le disposizioni del libro secondo, titolo terzo, capo terzo, sezione terza *.*

* Comma aggiunto dall'art. 54 del d.l. 22/6/2012, n. 83, conv. con l. n. 7/2012, n. 134. Ai sensi dell'art. 54 cit., co. 2, le disposizioni del presente articolo si applicano ai giudizi di appello introdotti con ricorso depositato o con citazione di cui sia stata richiesta la notificazione dal trentesimo giorno successivo a quello di entrata in vigore della legge di conversione del presente decreto.
Successivamente abrogato dall'art. 3, co. 28, d.lg. 10/10/2022, n. 149.

384. Enunciazione del principio di diritto e decisione della causa nel merito (1). – La Corte enuncia il principio di diritto quando decide il ricorso proposto a norma dell'articolo 360, primo comma, n. 3), e in ogni altro caso in cui, decidendo su altri motivi del ricorso, risolve una questione di diritto di particolare importanza [363, 374²].

La Corte, quando accoglie il ricorso, cassa la sentenza rinviando la causa ad altro giudice [383], il quale deve uniformarsi al principio di diritto e comunque a quanto statuito dalla Corte, ovvero decide la causa nel merito qualora non siano necessari ulteriori accertamenti di fatto [382].

Se ritiene di porre a fondamento della sua decisione una questione rilevata d'ufficio, la Corte riserva la decisione, assegnando con ordinanza al pubblico ministero e alle parti un termine non inferiore a venti e non superiore a sessanta giorni dalla comunicazione per il deposito in cancelleria di osservazioni sulla medesima questione [101², 183⁴ // 3, 24 Cost.].

Non sono soggette a cassazione le sentenze erroneamente motivate in diritto, quando il dispositivo sia conforme al diritto; in tal caso la Corte si limita a correggere la motivazione.

(1) Articolo così modificato dal d.lg. n. 40/2006.
Il testo precedente recitava: «**384. Enunciazione del principio di diritto e decisione della causa nel merito.** – La Corte, quando accoglie il ricorso per violazione o falsa applicazione di norme di diritto, enuncia il principio di diritto al quale il giudice di rinvio deve uniformarsi ovvero decide la causa nel merito qualora non siano necessari ulteriori accertamenti di fatto.
Non sono soggette a cassazione le sentenze erroneamente motivate in diritto, quando il dispositivo sia conforme al diritto; in tal caso la Corte si limita a correggere la motivazione».

385. Provvedimenti sulle spese. – La Corte, se rigetta il ricorso, condanna il ricorrente alle spese [91, 96].

Se cassa senza rinvio [382³, 384²] o per violazione delle norme sulla competenza [382²] provvede sulle spese di tutti i precedenti giudizi, liquidandole essa stessa o rimettendone la liquidazione al giudice che ha pronunciato la sentenza cassata.

Se rinvia la causa ad altro giudice [383, 384²], può provvedere sulle spese del giudizio di cassazione o rimetterne la pronuncia al giudice di rinvio (1).

(1) Questo comma aggiunto dall'art. 13 del d.lg. n. 40/2006 è stato abrogato dall'art. 46, co. 20, l. 18/6/2009, n. 69. Tale comma recitava: «Quando pronuncia sulle spese, anche nelle ipotesi di cui all'articolo 375, la Corte, anche d'ufficio, condanna, altresì, la parte soccombente al pagamento, a favore della controparte, di una somma, equitativamente determinata, non superiore al doppio dei massimi tariffari, se ritiene che essa ha proposto il ricorso o vi ha resistito anche solo con colpa grave».

386. Effetti della decisione sulla giurisdizione. – La decisione sulla giurisdizione [37, 41, 360¹, n. 1, 374, 382] è determinata dall'oggetto della domanda e, quando prosegue il giudizio, non pregiudica le questioni sulla pertinenza del diritto e sulla proponibilità della domanda.

387. Non riproponibilità del ricorso dichiarato inammissibile o improcedibile. – Il ricorso dichiarato inammissibile [331, 360 bis, 365, 366, 380 bis] o improcedibile [369], non può essere riproposto, anche se non è scaduto il termine fissato dalla legge [325, 326, 327, 358].

388. Trasmissione di copia del dispositivo al giudice di merito (1). – Copia della sentenza è trasmessa dal cancelliere della Corte a quello del giudice che ha pronunciato la sentenza impugnata, affinché ne sia presa nota in margine all'originale di quest'ultima [324].

La trasmissione può avvenire anche in via telematica.

(1) Articolo così modificato dal d.lg. n. 40/2006. Il testo precedente recitava: «**388. Trasmissione di copia del dispositivo al giudice di merito.** – Copia del dispositivo della sentenza è trasmessa dal cancelliere della Corte a quello del giudice che ha pronunciato la sentenza impugnata, affinché ne sia presa nota in margine all'originale di quest'ultima».

389. Domande conseguenti alla cassazione. – Le domande di restituzione o di riduzione in pristino e ogni altra conseguente alla sentenza di cassazione si propongono al giudice di rinvio [383, 384², 392 ss.] e, in caso di cassazione senza rinvio [382³, 384²] al giudice che ha pronunciato la sentenza cassata.

390. Rinuncia. – La parte può rinunciare [*329*] al ricorso principale [360, 366] o incidentale [371] (1).

La rinuncia deve farsi con atto sottoscritto dalla parte e dal suo avvocato o anche da questo solo se è munito di mandato speciale a tale effetto [84²].

Del deposito dell'atto di rinuncia è data comunicazione alle parti costituite a cura della cancelleria (2).

(1) Comma così modificato dall'art. 75, co. 1, lett. c), d.l. 21/6/2013, n. 69, conv. dalla l. 9/8/2013, n. 98.

• Le parole "finché non sia cominciata la relazione all'udienza, o siano notificate le conclusioni scritte del pubblico ministero nei casi di cui all'articolo 380-ter" sono state soppresse dall'art. 3, co. 28, d.lg. 10/10/2022, n. 149.

(2) Comma così sostituito dall'art. 3, co. 27, d.lg. 10/10/2022, n. 149; la precedente formulazione era: «L'atto di rinuncia è notificato alle parti costituite o comunicato agli avvocati delle stesse, che vi appongono il visto.».

391. Pronuncia sulla rinuncia. – Sulla rinuncia e nei casi di estinzione del processo disposta per legge, la Corte provvede con sentenza [132] quando deve decidere altri ricorsi contro lo stesso provvedimento, altrimenti provvede il presidente con decreto [135].

Il decreto o la sentenza che dichiara l'estinzione può condannare la parte che vi ha dato causa alle spese [91 ss.].

Il decreto ha efficacia di titolo esecutivo [474] se nessuna delle parti chiede la fissazione dell'udienza nel termine di dieci giorni dalla comunicazione (1).

La condanna non è pronunciata se alla rinuncia hanno aderito le altre parti personalmente o i loro avvocati autorizzati con mandato speciale [84²].

(1) I primi tre commi di questo articolo sono stati così modificati dall'art. 15 del d.lg. n. 40/2006. Si riporta il testo dei tre commi precedenti: «Sulla rinuncia la Corte provvede con sentenza quando deve decidere altri ricorsi contro lo stesso provvedimento, altrimenti provvede con ordinanza.
L'ordinanza o la sentenza che provvede sulla rinuncia, condanna il rinunciante alle spese.
L'ordinanza ha efficacia di titolo esecutivo».

391 bis. Correzione degli errori materiali e revocazione delle sentenze della Corte di cassazione (1). – Se la sentenza, l'ordinanza o il decreto di cui all'articolo 380-bis pronunciati dalla Corte di cassazione sono affetti da errore materiale o di calcolo ai sensi dell'articolo 287, ovvero da errore di fatto ai sensi dell'articolo 395, numero 4), la parte interessata può chiederne la correzione o la revocazione con ricorso ai sensi degli articoli 365 e seguenti. La correzione può essere chiesta, e può essere rilevata d'ufficio dalla Corte, in qualsiasi tempo. La revocazione può essere chiesta entro il termine perentorio di sessanta giorni dalla notificazione ovvero di sei mesi dalla pubblicazione del provvedimento (2).

La pendenza del termine per la revocazione della sentenza della Corte di cassazione non impedisce il passaggio in giudicato della sentenza impugnata con ricorso per cassazione respinto.

In caso di impugnazione per revocazione della sentenza della Corte di cassazione non è ammessa la sospensione dell'esecuzione della sentenza passata in giudicato, né è sospeso il giudizio di rinvio [392 ss.] o il termine per riassumerlo.

(1) Articolo inserito dall'art. 67 della l. 26/11/1990, n. 353. Successivamente la Corte cost., con sentenza 18/4/1996, n. 119, ha dichiarato l'illegittimità costituzionale del presente articolo nella parte in cui prevede un termine per la proposizione dell'istanza di correzione degli errori materiali delle sentenze della Corte di cassazione.

(2) Le parole "o l'ordinanza pronunciata ai sensi dell'articolo 375, primo comma, numeri 4) e 5)" sono state inserite dall'art. 16, co. 1, lett. a), d.lg. 2/2/2006, n. 40, a far data dal 2/3/2006. Ai sensi dell'art. 27 del d.lg. n. 40, cit., la disposizione si applica «ai ricorsi per cassazione proposti avverso le sentenze e gli altri provvedimenti pubblicati a decorrere dalla data di entrata in vigore del presente decreto». Successivamente le parole: "Se la sentenza, l'ordinanza o il decreto di cui all'articolo 380-bis pronunciati dalla Corte di cassazione sono affetti da errore materiale" sono state sostituite alle parole: "Se la sentenza o l'ordinanza pronunciata dalla Corte di cassazione è affetta da errore materiale" dall'art. 3, co. 28, lett. o), d.lg. 10/10/2022, n. 149. Per la disciplina transitoria v. art. 35 del d.lg. n. 149/2022, come modificato dall'art. 1, co. 380, lett. a), l. 29/12/2022, n. 197, che prevede che: «5. Salvo quanto disposto dal comma 6, le norme del capo III del titolo III del libro secondo del codice di procedura civile e del capo IV delle disposizioni per l'attuazione del codice di procedura civile e disposizioni transitorie, di cui al regio decreto 18 dicembre 1941, n. 1368, come modificati dal presente decreto, hanno effetto a decorrere dal 1° gennaio 2023 e si applicano ai giudizi introdotti con ricorso notificato a decorrere da tale data. 6. Gli articoli 372, 375, 376, 377, 378, 379, 380, 380-bis, 380-bis.1, 380-ter, 390 e 391-bis del codice di procedura civile, come modificati dal presente decreto, si applicano anche ai giudizi introdotti con ricorso già notificato alla data del 1° gennaio 2023 per i quali non è stata ancora fissata udienza o adunanza in camera di consiglio».

• La Corte cost., con sent. 9/7/2009, n. 207, ha dichiarato l'illegittimità costituzionale dell'art. 391-bis, co. 1, nella parte in cui «non prevede la esperibilità del rimedio della revocazione per errore di fatto, ai sensi dell'art. 395, primo comma, n. 4), cod. proc. civ., per le ordinanze pronunciate dalla Corte di cassazione a norma dell'art. 375, primo comma, n. 1), dello stesso codice».

• Comma sostituito dall'art. 1-bis, co. 1, lett. l), n. 1), d.l. 31/8/2016, n. 168, conv., con modif., in l. 25/10/2016, n. 197. A norma del co. 2 dell'art. 1-bis cit., «Le disposizioni di cui al comma 1 si applicano ai ricorsi depositati successivamente alla data di entrata in vigore della legge di conversione del presente decreto, nonché a quelli già depositati alla medesima data per i quali non è stata fissata udienza o adunanza in camera di consiglio». Il testo precedente recitava: «Se la sentenza o l'ordinanza pronunciata ai sensi dell'articolo 375, primo comma, numeri 4) e 5) pronunciata dalla Corte di cassazione è affetta da errore materiale o di calcolo ai sensi dell'articolo 287 ovvero da errore di fatto ai sensi dell'articolo 395, numero 4, la parte interessata può chiederne la correzione o la revocazione con ricorso ai sensi degli articoli 365 e seguenti da notificare entro il termine perentorio di sessanta giorni dalla notificazione della sentenza, ovvero di un anno dalla pubblicazione della sentenza stessa».

• Seguiva un comma abrogato dall'art. 3, co. 28, lett. n), d.lg. 10/10/2022, n. 149. Il testo era il seguente: «Sulla correzione la Corte pronuncia nell'osservanza delle disposizioni di cui all'articolo 380-bis, primo e secondo comma». Per la disciplina transitoria v. art. 35 del d.lg. n. 149/2022, come modificato dall'art. 1, co. 380, lett. a), l. 29/12/2022, n. 197, che prevede che: «5. Salvo quanto disposto dal comma 6, le norme del capo III del titolo III del libro secondo del codice di procedura civile e del capo IV delle disposizioni per l'attuazione del codice di procedura civile e disposizioni transitorie, di cui al regio decreto 18 dicembre 1941, n. 1368, come modificati dal presente decreto, hanno effetto a decorrere dal 1° gennaio 2023 e si applicano ai giudizi introdotti con ricorso notificato a decorrere da tale data. 6. Gli articoli 372, 375, 376, 377, 378, 379, 380, 380-bis, 380-bis.1, 380-ter, 390 e 391-bis del codice di procedura civile, come modificati dal presente decreto, si applicano anche ai giudizi introdotti con ricorso già notificato alla data del 1° gennaio 2023 per i quali non è stata ancora fissata udienza o adunanza in camera di consiglio». Il comma era stato precedentemente sostituito dall'art. 16, co. 1, lett. b), d.lg. n. 40, cit., a far data dal 2/3/2006 con l'applicazione disposta dall'art. 27 del d.lg. n. 40, cit. Il testo del comma prima della sostituzione era il seguente: «Sul ricorso la Corte pronuncia in camera di consiglio a norma dell'articolo 375» e ulteriormente sostituito dall'art. 1-bis, co. 1, lett. l), n. 2), d.l. 31/8/2016, n. 168, conv., con modif., in l. 25 ottobre 2016, n. 197. A norma del co. 2 dell'art. 1-bis cit., «Le disposizioni di cui al comma 1 si applicano ai ricorsi depositati successivamente alla data di entrata in vigore della legge di conversione del presente decreto, nonché a quelli già depositati alla medesima data per i quali non è stata fissata udienza o adunanza in camera di consiglio». Il testo precedente era il seguente: «La Corte decide sul ricorso in camera di consiglio nell'osservanza delle disposizioni di cui all'articolo 380-bis».

• Seguiva un comma abrogato dall'art. 3, co. 28, lett. n), d.lg. 10/10/2022, n. 149. Il testo era il seguente: «Sul ricorso per correzione dell'errore materiale pronuncia con ordinanza». Per la disciplina transitoria v. art. 35 del d.lg. n. 149/2022, come modificato dall'art. 1, co. 380, lett. a), l. 29/12/2022, n. 197, che prevede che: «5. Salvo quanto disposto dal comma 6, le norme del capo III del titolo III del libro secondo del codice di procedura civile e del capo IV delle disposizioni per l'attuazione del codice di procedura civile e disposizioni transitorie, di cui al regio decreto 18 dicembre 1941, n. 1368, come modificati dal presente decreto, hanno effetto a decorrere dal 1° gennaio 2023 e si applicano ai giudizi introdotti con ricorso notificato a decorrere da tale data. 6. Gli articoli 372, 375, 376, 377, 378, 379, 380, 380-bis, 380-bis.1, 380-ter, 390 e 391-bis del codice di procedura civile, come modificati dal presente decreto, si applicano anche ai giudizi introdotti con ricorso già notificato alla data del 1° gennaio 2023 per i quali non è stata ancora fissata udienza o adunanza in camera di consiglio». Il comma era stato precedentemente inserito dall'art. 16, co. 1, lett. c), d.lg. n. 40, cit., a far data dal 2/3/2006 (nel testo pubblicato in G.U. la lett. c), co. 1 dell'art. 16 del d.lg. n. 40, cit., recita testualmente: «dopo il secondo comma sono inseriti i seguenti:», laddove nel testo riporta invece un solo comma). Ai sensi dell'art. 27 d.lg. n. 40, cit., la disposizione si applica «ai ricorsi per cassazione proposti avverso le sentenze e gli altri provvedimenti pubblicati a decorrere dalla data di entrata in vigore del presente decreto».

• Seguiva un comma abrogato dall'art. 3, co. 28, lett. n), d.lg. 10/10/2022, n. 149. Il testo era il seguente: «Sul ricorso per revocazione, anche per le ipotesi dell'articolo 391-ter, la Corte pronuncia nell'osservanza delle disposizioni di cui all'articolo 380-bis, primo e secondo comma, se ritiene l'inammissibilità, altrimenti rinvia alla pubblica udienza della sezione semplice». Per la disciplina transitoria v. art. 35 del d.lg. n. 149/2022, come sostituito dall'art. 1, co. 380, lett. a), l. 29/12/2022, n. 197, che prevede che: «5. Salvo quanto disposto dal comma 6, le norme del capo III del titolo III del libro secondo del codice di procedura civile e del capo IV delle disposizioni per l'attuazione del codice di procedura civile e disposizioni transitorie, di cui al regio decreto 18 dicembre 1941, n. 1368, come modificati dal presente decreto, hanno effetto a decorrere dal 1° gennaio 2023 e si applicano ai giudizi introdotti con ricorso notificato a decorrere da tale data. 6. Gli articoli 372, 375, 376, 377, 378, 379, 380, 380-bis, 380-bis.1, 380-ter, 390 e 391-bis del codice di procedura civile, come modificati dal presente decreto, si applicano anche ai giudizi introdotti con ricorso già notificato alla data del 1° gennaio 2023 per i quali non è stata ancora fissata udienza o adunanza in camera di consiglio». Il comma era stato precedentemente sostituito dall'art. 16, co. 1, lett. b), d.lg. n. 40, cit., a far data dal 2/3/2006 con l'applicazione disposta dall'art. 27 d.lg. n. 40, cit. Il testo del comma prima della sostituzione era il seguente: «Sul ricorso la Corte pronuncia in camera di consiglio a norma dell'articolo 375» e ulteriormente sostituito dall'art. 1-bis, co. 1, lett. l), n. 2), d.l. 31/8/2016, n. 168, conv., con modif., in l. 25/10/2016, n. 197. A norma del co. 2 dell'art. 1-bis cit., «Le disposizioni di cui al comma 1 si applicano ai ricorsi depositati successivamente alla data di entrata in vigore della legge di conversione del presente decreto, nonché a quelli già depositati alla medesima data per i quali non è stata fissata udienza o adunanza in camera di consiglio». Il testo precedente era il seguente: «La Corte decide sul ricorso in camera di consiglio nell'osservanza delle disposizioni di cui all'articolo 380-bis».

391 ter. Altri casi di revocazione ed opposizione di terzo (1). – Il provvedimento con il quale la Corte ha deciso la causa nel merito [384²] è, altresì, impugnabile per revocazione per i motivi di cui ai numeri 1, 2, 3 e 6 del primo comma dell'articolo 395 e per opposizione di terzo. I relativi ricorsi si propongono alla stessa Corte e debbono contenere gli elementi, rispettivamente, degli articoli 398, commi secondo e terzo, e 405, comma secondo.

Quando pronuncia la revocazione o accoglie l'opposizione di terzo, la Corte decide la causa nel merito qualora non siano necessari ulteriori accertamenti di fatto; altrimenti, pronunciata la revocazione ovvero dichiarata ammissibile l'opposizione di terzo, rinvia [392] la causa al giudice che ha pronunciato la sentenza cassata.

(1) Articolo aggiunto dal d.lg. n. 40/2006.

391 quater. Revocazione per contrarietà alla Convenzione europea dei diritti dell'uomo (1). – Le decisioni passate in giudicato il cui contenuto è stato dichiarato dalla Corte europea dei diritti dell'uomo contrario alla Convenzione per la salvaguardia dei Diritti dell'Uomo e delle Libertà fondamentali ovvero ad uno dei suoi Protocolli, possono essere impugnate per revocazione se concorrono le seguenti condizioni:

1) la violazione accertata dalla Corte europea ha pregiudicato un diritto di stato della persona;

2) l'equa indennità eventualmente accordata dalla Corte europea ai sensi dell'articolo 41 della Convenzione non è idonea a compensare le conseguenze della violazione.

Il ricorso si propone nel termine di sessanta giorni dalla comunicazione o, in mancanza, dalla pubblicazione della sentenza della Corte europea ai sensi del regolamento della Corte stessa. Si applica l'articolo 391-ter, secondo comma.

L'accoglimento della revocazione non pregiudica i diritti acquisiti dai terzi di buona fede che non hanno partecipato al giudizio svoltosi innanzi alla Corte europea.

(1) Articolo introdotto dall'art. 3, co. 28, d.lg. 10/10/2022, n. 149.

Sezione III
Del giudizio di rinvio [384²]

392. Riassunzione della causa. – La riassunzione della causa davanti al giudice di rinvio può essere fatta da ciascuna delle parti non oltre tre mesi (1) dalla pubblicazione [133] della sentenza della Corte di cassazione.

La riassunzione si fa con citazione [163], la quale è notificata personalmente a norma degli articoli 137 e seguenti.

(1) Le parole: "un anno" sono state così sostituite dall'art. 46, co. 21, l. 18/6/2009, n. 69.

393. Estinzione del processo. – Se la riassunzione non avviene entro il termine di cui all'articolo precedente, o si avvera successivamente a essa una causa di estinzione del giudizio di rinvio, l'intero processo si estingue [310]; ma la sentenza della Corte di cassazione conserva il suo effetto vincolante anche nel nuovo processo che sia instaurato con la riproposizione della domanda.

394. Procedimento in sede di rinvio. – In sede di rinvio si osservano le norme stabilite per il procedimento davanti al giudice al quale la Corte ha rinviato la causa. In ogni caso deve essere prodotta copia autentica della sentenza di cassazione.

Le parti conservano la stessa posizione processuale che avevano nel procedimento in cui fu pronunciata la sentenza cassata.

Nel giudizio di rinvio può deferirsi il giuramento decisorio [233], ma le parti non possono prendere conclusioni diverse da quelle prese nel giudizio nel quale fu pronunciata la sentenza cassata, salvo che la necessità delle nuove conclusioni sorga dalla sentenza di cassazione [389].

Capo IV
Della revocazione

395. Casi di revocazione. – Le sentenze pronunciate in grado di appello [396] o in unico grado [42, 360², 440, 618, 827] possono essere impugnate per revocazione:

1) se sono l'effetto del dolo di una delle parti in danno dell'altra [398²] (1);

2) se si è giudicato in base a prove riconosciute o comunque dichiarate false dopo la sentenza oppure che la parte soccombente ignorava essere state riconosciute o dichiarate tali prima della sentenza [398² // 2738 CC.];

3) se dopo la sentenza sono stati trovati uno o più documenti decisivi che la parte non aveva potuto produrre in giudizio per causa di forza maggiore o per fatto dell'avversario [398²];

4) se la sentenza è l'effetto di un errore di fatto risultante dagli atti o documenti della causa. Vi è questo errore quando la decisione è fondata sulla supposizione di un fatto la cui verità è incontrastabilmente esclusa, oppure quando è supposta l'inesistenza di un fatto la cui verità è positivamente stabilita, e tanto nell'uno quanto nell'altro caso se il fatto non costituì un punto controverso sul quale la sentenza ebbe a pronunciare (2);

5) se la sentenza è contraria ad altra precedente avente fra le parti autorità di cosa giudicata [324 // 2909 CC.], purché non abbia pronunciato sulla relativa eccezione;

6) se la sentenza è effetto del dolo del giudice, accertato con sentenza passata in giudicato [324, 398²].

(1) La Corte cost. con sent. 20/2/1995, n. 51 ha dichiarato la illegittimità costituzionale del n. 1) del presente articolo nella parte in cui non prevede la revocazione avverso i provvedimenti di convalida di sfratto per morosità che siano l'effetto del dolo di una delle parti in danno dell'altra.

(2) La Corte cost. con sent. 30/1/1986, n. 17 ha dichiarato la illegittimità di questo articolo nella parte in cui non prevede la revocazione delle sentenze della Corte di cassazione rese su ricorsi basati sull'art. 360, n. 4, CPC. ed affette dall'errore di cui all'art. 395, n. 4, CPC.
Con successiva sent. 20/12/1989, n. 558 la stessa Corte ha dichiarato la illegittimità costituzionale dell'art. 395, n. 4, CPC. nella parte in cui non prevede la revocazione per errore di fatto avverso i provvedimenti di convalida di sfratto o licenza per finita locazione emessi in assenza o per mancata opposizione dell'intimato.
Infine con sent. 31/1/1991, n. 36 ha dichiarato la illegittimità costituzionale dello stesso n. 4 nella parte in cui non prevede la revocazione di sentenze della Corte di cassazione per errore di fatto nella lettura di atti interni al suo stesso giudizio.

396. Revocazione delle sentenze per le quali è scaduto il termine per l'appello. – Le sentenze per le quali è scaduto il termine per l'appello possono essere impugnate per revocazione nei casi dei nn. 1, 2, 3 e 6 dell'articolo precedente, purché la scoperta del dolo o della falsità o il recupero dei documenti o la pronuncia della sentenza di cui al n. 6 siano avvenuti dopo la scadenza del termine suddetto.

Se i fatti menzionati nel comma precedente avvengono durante il corso del termine per l'appello, il termine stesso è prorogato dal giorno dell'avvenimento in modo da raggiungere i trenta giorni da esso.

397. Revocazione proponibile dal pubblico ministero. – Nelle cause in cui l'intervento del pubblico ministero è obbligatorio a norma dell'articolo 70 primo comma, le sentenze previste nei due articoli precedenti possono essere impugnate per revocazione dal pubblico ministero:

1) quando la sentenza è stata pronunciata senza che egli sia stato sentito [158];

2) quando la sentenza è l'effetto della collusione posta in opera dalle parti per frodare la legge.

Nei casi di cui all'articolo 391-quater, la revocazione può essere promossa anche dal procuratore generale presso la Corte di cassazione (1).

(1) Comma aggiunto dall'art. 3, co. 29, d.lg. 10/10/2022, n. 149.

398. Proposizione della domanda. – La revocazione si propone con citazione [163] davanti allo stesso giudice che ha pronunciato la sentenza impugnata [405¹].

La citazione deve indicare, a pena d'inammissibilità, il motivo della revocazione e le prove relative alla dimostrazione dei fatti di cui ai numeri 1, 2, 3 e 6 dell'articolo 395, del giorno della scoperta o dell'accertamento del dolo o della falsità o del recupero dei documenti.

La citazione deve essere sottoscritta da un difensore munito di procura speciale [83²].

La proposizione della revocazione non sospende il termine per proporre il ricorso per cassazione o il procedimento relativo. Tuttavia il giudice davanti a cui è proposta la revocazione, su istanza di parte, può sospendere l'uno o l'altro fino alla comunicazione della sentenza che abbia pronunciato sulla revocazione, qualora ritenga non manifestamente infondata la revocazione proposta [373] (1).

(1) Comma così sostituito dall'art. 68 della l. 26/11/1990, n. 353.

399. Deposito della citazione e della risposta. – Se la revocazione è proposta davanti al tribunale o alla corte d'appello, la citazione deve essere depositata, a pena di improcedibilità, entro venti giorni dalla notificazione, nella cancelleria del giudice adito [398¹] insieme con la copia autentica della sentenza impugnata.

Le altre parti debbono costituirsi nello stesso termine mediante deposito in cancelleria di una comparsa contenente le loro conclusioni.

Se la revocazione è proposta davanti al giudice di pace il deposito e la costituzione di cui ai due commi precedenti debbono farsi a norma dell'articolo 319 (1).

(1) Comma così sostituito dal d.lg. 19/2/1998, n. 51.

400. Procedimento. – Davanti al giudice adito [398¹] si osservano le norme stabilite per il procedimento davanti a lui [406] in quanto non derogate da quelle del presente capo.

401. Sospensione dell'esecuzione. – Il giudice della revocazione può pronunciare, su istanza di parte inserita nell'atto di citazione, l'ordinanza [134] prevista nell'articolo 373, con lo stesso procedimento in camera di consiglio ivi stabilito.

402. Decisione. – Con la sentenza che pronuncia la revocazione il giudice decide il merito della causa e dispone l'eventuale restituzione di ciò che si sia conseguito con la sentenza revocata.

Il giudice, se per la decisione del merito della causa ritiene di dover disporre nuovi mezzi istruttori, pronuncia, con sentenza, la revocazione della sentenza impugnata [132] e rimette con ordinanza le parti davanti all'istruttore [134].

403. Impugnazione della sentenza di revocazione. – Non può essere impugnata per revocazione la sentenza pronunciata nel giudizio di revocazione.

Contro di essa sono ammessi i mezzi d'impugnazione ai quali era originariamente soggetta la sentenza impugnata per revocazione.

Capo V
Dell'opposizione di terzo

404. Casi di opposizione di terzo. – Un terzo può fare opposizione contro la sentenza [*619*] passata in giudicato [324] o comunque esecutiva [282] pronunciata tra altre persone quando pregiudica i suoi diritti [102, 105, *326*, 344] (1).

Gli aventi causa e i creditori di una delle parti possono fare opposizione alla sentenza, quando è l'effetto di dolo o collusione a loro danno [326, 344 // 2901 CC.].

(1) La Corte cost. con sent. 7/6/1984, n. 167 ha dichiarato l'illegittimità costituzionale del presente articolo nella parte in cui non ammette l'opposizione di terzo avverso l'ordinanza di convalida di sfratto per finita locazione, emanata per la mancata comparizione dell'intimato o per la mancata opposizione dell'intimato pur comparso.

• La Corte cost. con sent. 25/10/1985, n. 237 ha dichiarato l'illegittimità costituzionale del presente articolo nella parte in cui non ammette l'opposizione di terzo avverso l'ordinanza di sfratto per morosità.

• La Corte cost. con sent. 20/12/1988, n. 1105 ha dichiarato l'illegittimità costituzionale del presente articolo nella parte in cui non ammette l'opposizione di terzo avverso l'ordinanza con la quale il pretore dispone l'affrancazione del fondo ex art. 4 della l. 22/7/1966, n. 607.

• La Corte cost. con sent. 26/5/1995, n. 192 ha dichiarato l'illegittimità costituzionale del presente comma nella parte in cui non ammette l'opposizione di terzo avverso l'ordinanza di convalida di licenza per finita locazione.

405. Domanda di opposizione. – L'opposizione è proposta davanti allo stesso giudice che ha pronunciato la sentenza, secondo le forme prescritte per il procedimento davanti a lui [398^{1}, 400].

La citazione deve contenere, oltre agli elementi di cui all'art. 163, anche l'indicazione della sentenza impugnata e, nel caso del secondo comma dell'articolo precedente, l'indicazione del giorno in cui il terzo è venuto a conoscenza del dolo o della collusione, e della relativa prova.

406. Procedimento. – Davanti al giudice adito si osservano le norme stabilite per il procedimento davanti a lui, in quanto non derogate da quelle del presente capo [400].

407. Sospensione dell'esecuzione. – Il giudice dell'opposizione può pronunciare, su istanza di parte inserita nell'atto di citazione, l'ordinanza prevista nell'art. 373, con lo stesso procedimento in camera di consiglio ivi stabilito.

408. Decisione. – Il giudice, se dichiara inammissibile o improcedibile la domanda o la rigetta per infondatezza dei motivi, condanna l'opponente al pagamento di una pena pecuniaria [134] di € 2 se la sentenza impugnata è del giudice di pace (1) di € 2 se è del tribunale e di € 2 in ogni altro caso.

(1) Le parole "di lire quattromila se è del pretore" sono state soppresse dal d.lg. 19/2/1998, n. 51.

TITOLO IV
NORME PER LE CONTROVERSIE IN MATERIA DI LAVORO

Capo I
Delle controversie individuali di lavoro

Sezione I
Disposizioni generali

409. Controversie individuali di lavoro. – Si osservano le disposizioni del presente capo nelle controversie relative a:

1) rapporti di lavoro subordinato privato, anche se non inerenti all'esercizio di una impresa;

2) rapporti di mezzadria, di colonia parziaria, di compartecipazione agraria, di affitto a coltivatore diretto, nonché rapporti derivanti da altri contratti agrari, salva la competenza delle sezioni specializzate agrarie;

3) rapporti di agenzia, di rappresentanza commerciale ed altri rapporti di collaborazione che si concretino in una prestazione di opera continuativa e coordinata, prevalentemente personale, anche se non a carattere subordinato;

4) rapporti di lavoro dei dipendenti di enti pubblici che svolgono esclusivamente o prevalentemente attività economica;

5) rapporti di lavori dei dipendenti di enti pubblici ed altri rapporti di lavoro pubblico, sempreché non siano devoluti dalla legge ad altro giudice.

410. Tentativo di conciliazione (1). – Chi intende propone in giudizio una domanda relativa ai rapporti previsti dall'articolo 409 può promuovere, anche tramite l'associazione sindacale alla quale aderisce o conferisce mandato, un previo tentativo di conciliazione presso la commissione di conciliazione individuata secondo i criteri di cui all'articolo 413.

La comunicazione della richiesta di espletamento del tentativo di conciliazione interrompe la prescrizione e sospende, per la durata del tentativo di conciliazione e per i venti giorni successivi alla sua conclusione, il decorso di ogni termine di decadenza.

Le commissioni di conciliazione sono istituite presso la Direzione provinciale del lavoro. La commissione è composta dal direttore dell'ufficio stesso o da un suo delegato o da un magistrato collocato a riposo, in qualità di presidente, da quattro rappresentanti effettivi e da quattro supplenti dei datori di lavoro e da quattro rappresentanti effettivi e da quattro supplenti dei lavoratori, designati dalle rispettive organizzazioni sindacali maggiormente rappresentative a livello territoriale.

Le commissioni, quando se ne ravvisi la necessità, affidano il tentativo di conciliazione a proprie sottocommissioni, presiedute dal direttore della Direzione provinciale del lavoro o da un suo delegato, che rispecchino la composizione prevista dal terzo comma. In ogni caso per la validità della riunione è necessaria la presenza del presidente e di almeno un rappresentante dei datori di lavoro e almeno un rappresentante dei lavoratori.

La richiesta del tentativo di conciliazione, sottoscritta dall'istante, è consegnata o spedita mediante raccomandata con avviso di ricevimento. Copia della richiesta del tentativo di conciliazione deve essere consegnata o spedita con raccomandata con ricevuta di ritorno a cura della stessa parte istante alla controparte.

La richiesta deve precisare:

1) nome, cognome e residenza dell'istante e del convenuto; se l'istante o il convenuto sono una persona giuridica, un'associazione non riconosciuta o un comitato, l'istanza deve indicare la denominazione o la ditta nonché la sede;

2) il luogo dove è sorto il rapporto ovvero dove si trova l'azienda o sua dipendenza alla quale è addetto il lavoratore o presso la quale egli prestava la sua opera al momento della fine del rapporto;

3) il luogo dove devono essere fatte alla parte istante le comunicazioni inerenti alla procedura;

4) l'esposizione dei fatti e delle ragioni posti a fondamento della pretesa.

Se la controparte intende accettare la procedura di conciliazione, deposita presso la commissione di conciliazione, entro venti giorni dal ricevimento della copia della richiesta, una memoria contenente le difese e le eccezioni in fatto e in diritto, nonché le eventuali domande in via riconvenzionale. Ove ciò non avvenga, ciascuna delle parti è libera di adire l'autorità giudiziaria. Entro i dieci giorni successivi al deposito, la commissione fissa la comparizione delle parti per il tentativo di conciliazione, che deve essere tenuto entro i successivi trenta giorni. Dinanzi alla commissione il lavoratore può farsi assistere anche da un'organizzazione cui aderisce o conferisce mandato.

La conciliazione della lite da parte di chi rappresenta la pubblica amministrazione, anche in sede giudiziale ai sensi dell'articolo 420, commi primo, secondo e terzo, non può dar luogo a responsabilità, salvi i casi di dolo e colpa grave.

(1) L'articolo che recitava: «**410. Tentativo obbligatorio di conciliazione.** – Chi intende proporre in giudizio una domanda relativa ai rapporti previsti dall'articolo 409, e non ritiene di avvalersi delle procedure di conciliazione previste dai contratti e accordi collettivi deve promuovere, anche tramite l'associazione sindacale alla quale aderisce o conferisca mandato, il tentativo di conciliazione presso la commissione di conciliazione individuata secondo i criteri di cui all'articolo 413.
La comunicazione della richiesta di espletamento del tentativo di conciliazione interrompe la prescrizione e sospende, per la durata del tentativo di conciliazione e per i venti giorni successivi alla sua conclusione, il decorso di ogni termine di decadenza.
La commissione, ricevuta la richiesta, tenta la conciliazione della controversia, convocando le parti, per una riunione da tenersi non oltre dieci giorni dal ricevimento della richiesta.
Con provvedimento del direttore dell'ufficio provinciale del lavoro e della massima occupazione è istituita in ogni provincia, presso l'ufficio provinciale del lavoro e della massima occupazione, una commissione provinciale di conciliazione composta dal direttore dell'ufficio stesso o da un suo delegato, in qualità di presidente, da quattro rappresentanti effettivi e da quattro supplenti dei datori di lavoro e da quattro rappresentanti effettivi e da quattro supplenti dei lavoratori, designati dalle rispettive organizzazioni sindacali maggiormente rappresentative su base nazionale.
Commissioni di conciliazione possono essere istituite, con le stesse modalità e con la medesima composizione di cui al precedente comma, anche presso le sezioni zonali degli uffici provinciali del lavoro e della massima occupazione.
Le commissioni, quando se ne ravvisi la necessità, affidano il tentativo di conciliazione a proprie sottocommissioni, presiedute dal direttore dell'ufficio provinciale del lavoro e della massima occupazione o da un suo delegato, che rispecchino la composizione prevista dal precedente terzo comma.
In ogni caso per la validità della riunione è necessaria la presenza del presidente e di almeno un rappresentante dei datori di lavoro e di uno dei lavoratori.
Ove la riunione della commissione non sia possibile per la mancata presenza di almeno uno dei componenti di cui al precedente comma, il direttore dell'ufficio provinciale del lavoro certifica l'impossibilità di procedere al tentativo di conciliazione» è stato così sostituito dall'art. 31 della l. 4/11/2010, n. 183.

410 bis. Termine per l'espletamento del tentativo di conciliazione*. – *Il tentativo di conciliazione, anche se nelle forme previste dai contratti e accordi collettivi, deve essere espletato entro sessanta giorni dalla presentazione della richiesta.*

Trascorso inutilmente tale termine, il tentativo di conciliazione si considera comunque espletato ai fini dell'articolo 412-bis.

* L'articolo è stato abrogato dall'art. 31 della l. 4/11/2010, n. 183.

411. Processo verbale di conciliazione (1). – Se la conciliazione esperita ai sensi dell'articolo 410 riesce, anche limitatamente ad una parte della domanda, viene redatto separato processo verbale sottoscritto dalle parti e dai componenti della commissione di conciliazione. Il giudice, su istanza della parte interessata, lo dichiara esecutivo con decreto.

Se non si raggiunge l'accordo tra le parti, la commissione di conciliazione deve formulare una proposta per la bonaria definizione della controversia. Se la proposta non è accettata, i termini di essa sono riassunti nel verbale con indicazione delle valutazioni espresse dalle parti. Delle risultanze della proposta formulata dalla commissione e non accettata senza adeguata motivazione il giudice tiene conto in sede di giudizio.

Ove il tentativo di conciliazione sia stato richiesto dalle parti, al ricorso depositato ai sensi dell'articolo 415 devono essere allegati i verbali e le memorie concernenti il tentativo di conciliazione non riuscito. Se il tentativo di conciliazione si è svolto in sede sindacale, ad esso non si applicano le disposizioni di cui all'articolo 410. Il processo verbale di avvenuta conciliazione è depositato presso la Direzione provinciale del lavoro a cura di una delle parti o per il tramite di un'associazione sindacale. Il direttore, o un suo delegato, accertatane l'autenticità, provvede a depositarlo nella cancelleria del tribunale nella cui circoscrizione è stato redatto. Il giudice, su istanza della parte interessata, accertata la regolarità formale del verbale di conciliazione, lo dichiara esecutivo con decreto.

(1) L'articolo che recitava: «Se la conciliazione riesce, si forma processo verbale che deve essere sottoscritto dalle parti e dal presidente del collegio che ha esperito il tentativo, il quale certifica l'autografia della sottoscrizione delle parti o la loro impossibilità di sottoscrivere.
Il processo verbale è depositato a cura delle parti o dell'ufficio provinciale del lavoro e della massima occupazione nella cancelleria del tribunale nella cui circoscrizione è stato formato. Il giudice, su istanza della parte interessata, accertata la regolarità formale del verbale di conciliazione, lo dichiara esecutivo con decreto.
Se il tentativo di conciliazione si è svolto in sede sindacale, il processo verbale di avvenuta conciliazione è depositato presso l'ufficio provinciale del lavoro e della massima occupazione a cura di una delle parti o per il tramite di un'associazione sindacale. Il direttore, o un suo delegato, accertatane la autenticità, provvede a depositarlo nella cancelleria del tribunale nella cui circoscrizione è stato redatto. Il giudice, su istanza della parte interessata, accertata la regolarità formale del verbale di conciliazione, lo dichiara esecutivo con decreto» è stato così sostituito dall'art. 31 della l. 4/11/2010, n. 183.

412. Risoluzione arbitrale della controversia (1). – In qualunque fase del tentativo di conciliazione, o al suo termine in caso di mancata riuscita, le parti possono indicare la soluzione, anche parziale, sulla quale concordano, riconoscendo, quando è possibile, il credito che spetta al lavoratore, e possono accordarsi per la risoluzione della lite, affidando alla commissione di conciliazione il mandato a risolvere in via arbitrale la controversia.

Nel conferire il mandato per la risoluzione arbitrale della controversia, le parti devono indicare:

1) il termine per l'emanazione del lodo, che non può comunque superare i sessanta giorni dal conferimento del mandato, spirato il quale l'incarico deve intendersi revocato;

2) le norme invocate dalle parti a sostegno delle loro pretese e l'eventuale richiesta di decidere secondo equità, nel rispetto dei principi generali dell'ordinamento e dei principi regolatori della materia, anche derivanti da obblighi comunitari.

Il lodo emanato a conclusione dell'arbitrato, sottoscritto dagli arbitri e autenticato, produce tra le parti gli effetti di cui all'articolo 1372 e all'articolo 2113, quarto comma, del codice civile.

Il lodo è impugnabile ai sensi dell'articolo 808-ter. Sulle controversie aventi ad oggetto la validità del lodo arbitrale irrituale, ai sensi dell'articolo 808-ter, decide in unico grado il tribunale, in funzione di giudice del lavoro, nella cui circoscrizione è la sede dell'arbitrato. Il ricorso è depositato entro il termine di trenta giorni dalla notificazione del lodo. Decorso tale termine, o se le parti hanno comunque dichiarato per iscritto di accettare la decisione arbitrale, ovvero se il ricorso è stato respinto dal tribunale, il lodo è depositato nella cancelleria del tribunale nella cui circoscrizione è la sede dell'arbitrato. Il giudice, su istanza della parte interessata, accertata la regolarità formale del lodo arbitrale, lo dichiara esecutivo con decreto.

(1) L'articolo che recitava: «**412. Verbale di mancata conciliazione.** – Se la conciliazione non riesce, si forma il processo verbale con l'indicazione delle ragioni del mancato accordo; in esso le parti possono indicare la soluzione anche parziale sulla quale concordano, precisando, quando è possibile, l'ammontare del credito che spetta al lavoratore. In quest'ultimo caso il processo verbale acquista efficacia di titolo esecutivo, osservate le disposizioni di cui all'articolo 411.
L'Ufficio provinciale del lavoro rilascia alla parte copia del verbale entro cinque giorni dalla richiesta.
Le disposizioni del primo comma si applicano anche al tentativo di conciliazione in sede sindacale.
Della risultanza del verbale di cui al primo comma il giudice tiene conto in sede di decisione sulle spese del successivo giudizio» è stato così sostituito dall'art. 31 della l. 4/11/2010, n. 183.

412 bis. Procedibilità della domanda*. – *L'espletamento del tentativo di conciliazione costituisce condizione di procedibilità della domanda.*

L'improcedibilità deve essere eccepita dal convenuto nella memoria difensiva di cui all'articolo 416 e può essere rilevata d'ufficio dal giudice non oltre l'udienza di cui all'articolo 420.

Il giudice ove rilevi che non è stato promosso il tentativo di conciliazione ovvero che la domanda giudiziale è stata presentata prima dei sessanta giorni dalla promozione del tentativo stesso, sospende il giudizio e fissa alle parti il termine perentorio di sessanta giorni per promuovere il tentativo di conciliazione.

Trascorso il termine di cui al primo comma dell'articolo 410-bis, il processo può essere riassunto entro il termine perentorio di centottanta giorni.

Ove il processo non sia stato tempestivamente riassunto, il giudice dichiara d'ufficio l'estinzione del processo con decreto cui si applica la disposizione di cui all'articolo 308.

Il mancato espletamento del tentativo di conciliazione non preclude la concessione dei provvedimenti speciali d'urgenza e di quelli cautelari previsti nel capo III del titolo I del libro IV.

* L'articolo è stato abrogato dall'art. 31 della l. 4/11/2010, n. 183.

412 ter. Altre modalità di conciliazione e arbitrato previste dalla contrattazione collettiva (1). – La conciliazione e l'arbitrato, nelle materie di cui all'articolo 409, possono essere svolti altresì presso le sedi e con le modalità previste dai contratti collettivi sottoscritti dalle associazioni sindacali maggiormente rappresentative.

(1) L'articolo che recitava: «**412-ter. Arbitrato irrituale previsto dai contratti collettivi.** – Se il tentativo di conciliazione non riesce o comunque è decorso il termine previsto per l'espletamento, le parti possono concordare di deferire ad arbitri la risoluzione della controversia, anche tramite l'organizzazione sindacale alla quale aderiscono o abbiano conferito mandato, se i contratti o accordi collettivi nazionali di lavoro prevedono tale facoltà e stabiliscono:
a) le modalità della richiesta di devoluzione della controversia al collegio arbitrale e il termine entro il quale l'altra parte può aderirvi;
b) la composizione del collegio arbitrale e la procedura per la nomina del presidente e dei componenti;
c) le forme e i modi di espletamento dell'eventuale istruttoria;
d) il termine entro il quale il collegio deve emettere il lodo, dandone comunicazione alle parti interessate;
e) i criteri per la liquidazione dei compensi agli arbitri.
I contratti e accordi collettivi possono, altresì, prevedere l'istituzione di collegi o camere arbitrali stabili, composti e distribuiti sul territorio secondo criteri stabiliti in sede di contrattazione nazionale.
Nella pronuncia del lodo arbitrale si applica l'articolo 429, terzo comma, del codice di procedura civile.
Salva diversa previsione della contrattazione collettiva, per la liquidazione delle spese della procedura arbitrale si applicano altresì gli articoli 91, primo comma, e 92 del codice di procedura civile» è stato così sostituito dall'art. 31 della l. 4/11/2010, n. 183.

412 quater. Altre modalità di conciliazione e arbitrato (1). – Ferma restando la facoltà di ciascuna delle parti di adire l'autorità giudiziaria e di avvalersi delle procedure di conciliazione e di arbitrato previste dalla legge, le controversie di cui all'articolo 409 possono essere altresì proposte innanzi al collegio di conciliazione e arbitrato irrituale costituito secondo quanto previsto dai commi seguenti.

Il collegio di conciliazione e arbitrato è composto da un rappresentante di ciascuna delle parti e da un terzo membro, in funzione di presidente, scelto di comune accordo dagli arbitri di parte tra i professori universitari di materie giuridiche e gli avvocati ammessi al patrocinio davanti alla Corte di cassazione.

La parte che intenda ricorrere al collegio di conciliazione e arbitrato deve notificare all'altra parte un ricorso sottoscritto, salvo che si tratti di una pubblica amministrazione, personalmente o da un suo rappresentante al quale abbia conferito mandato e presso il quale deve eleggere il domicilio. Il ricorso deve contenere la nomina dell'arbitro di parte e indicare l'oggetto della domanda, le ragioni di fatto e di diritto sulle quali si fonda la domanda stessa, i mezzi di prova e il valore della controversia entro il quale si intende limitare la domanda. Il ricorso deve contenere il riferimento alle norme invocate dal ricorrente a sostegno della sua pretesa e l'eventuale richiesta di decidere secondo equità, nel rispetto dei principi generali dell'ordinamento e dei principi regolatori della materia, anche derivanti da obblighi comunitari.

Se la parte convenuta intende accettare la procedura di conciliazione e arbitrato nomina il proprio arbitro di parte, il quale entro trenta giorni dalla notifica del ricorso procede, ove possibile, concordemente con l'altro arbitro, alla scelta del presidente e della sede del collegio. Ove ciò non avvenga, la parte che ha presentato ricorso può chiedere che la nomina sia fatta dal presidente del tribunale nel cui circondario è la sede dell'arbitrato. Se le parti non hanno ancora determinato la sede, il ricorso è presentato al presidente del tribunale del luogo in cui è sorto il rapporto di lavoro o ove si trova l'azienda o una sua dipendenza alla quale è addetto il lavoratore o presso la quale egli prestava la sua opera al momento della fine del rapporto.

In caso di scelta concorde del terzo arbitro e della sede del collegio, la parte convenuta, entro trenta giorni da tale scelta, deve depositare presso la sede del collegio una memoria difensiva sottoscritta, salvo che si tratti di una pubblica amministrazione, da un avvocato cui abbia conferito mandato e presso il quale deve eleggere il domicilio. La memoria deve contenere le difese e le eccezioni in fatto e in diritto, le eventuali domande in via riconvenzionale e l'indicazione dei mezzi di prova.

Entro dieci giorni dal deposito della memoria difensiva il ricorrente può depositare presso la sede del collegio una memoria di replica senza modificare il contenuto del ricorso. Nei successivi dieci giorni il convenuto può depositare presso la sede del collegio una controreplica senza modificare il contenuto della memoria difensiva.

Il collegio fissa il giorno dell'udienza, da tenere entro trenta giorni dalla scadenza del termine per la controreplica del convenuto, dandone comunicazione alle parti, nel domicilio eletto, almeno dieci giorni prima.

All'udienza il collegio esperisce il tentativo di conciliazione. Se la conciliazione riesce, si applicano le disposizioni dell'articolo 411, commi primo e terzo.

Se la conciliazione non riesce, il collegio provvede, ove occorra, a interrogare le parti e ad ammettere e assumere le prove, altrimenti invita all'immediata discussione orale. Nel caso di ammissione delle prove, il collegio può rinviare ad altra udienza, a non più di dieci giorni di distanza, l'assunzione delle stesse e la discussione orale.

La controversia è decisa, entro venti giorni dall'udienza di discussione, mediante un lodo. Il lodo emanato a conclusione dell'arbitrato, sottoscritto dagli arbitri e autenticato, produce tra le parti gli effetti di cui agli articoli 1372 e 2113, quarto comma, del codice civile. Il lodo è impugnabile ai sensi dell'articolo 808-ter. Sulle controversie aventi ad oggetto la validità del lodo arbitrale irrituale, ai sensi dell'articolo 808-ter, decide in unico grado il tribunale, in funzione di giudice del lavoro, nella cui circoscrizione è la sede dell'arbitrato. Il ricorso è depositato entro il termine di trenta giorni dalla notificazione del lodo. Decorso tale termine, o se le parti hanno comunque dichiarato per iscritto di accettare la decisione arbitrale, ovvero se il ricorso è stato respinto dal tribunale, il lodo è depositato nella cancelleria del tribunale nella cui circoscrizione è la sede dell'arbitrato. Il giudice, su istanza della parte interessata, accertata la regolarità formale del lodo arbitrale, lo dichiara esecutivo con decreto.

Il compenso del presidente del collegio è fissato in misura pari al 2 per cento del valore della controversia dichiarato nel ricorso ed è versato dalle parti, per metà ciascuna, presso la sede del collegio mediante assegni circolari intestati al presidente almeno cinque giorni prima dell'udienza. Ciascuna parte provvede a compensare l'arbitro da essa nominato. Le spese legali e quelle per il compenso del presidente e dell'arbitro di parte, queste ultime nella misura dell'1 per cento del suddetto valore della controversia, sono liquidate nel lodo ai sensi degli articoli 91, primo comma, e 92.

I contratti collettivi nazionali di categoria possono istituire un fondo per il rimborso al lavoratore delle spese per il compenso del presidente del collegio e del proprio arbitro di parte.

(1) L'articolo che recitava: «**412-quater. Impugnazione ed esecutività del lodo arbitrale.** – Sulle controversie aventi ad oggetto la validità del lodo arbitrale decide in unico grado il Tribunale, in funzione del giudice del lavoro, della circoscrizione in cui è la sede dell'arbitrato. Il ricorso è depositato entro il termine di trenta giorni dalla notificazione del lodo. Trascorso tale termine, o se le parti hanno comunque dichiarato per iscritto di accettare la decisione arbitrale, ovvero se il ricorso è stato respinto dal tribunale, il lodo è depositato nella cancelleria del Tribunale nella cui circoscrizione è la sede dell'arbitrato. Il giudice, su istanza della parte interessata, accertata la regolarità formale del lodo arbitrale, lo dichiara esecutivo con decreto» è stato così sostituito dall'art. 31 della l. 4/11/2010, n. 183.

Sezione II
Del procedimento

§ 1 – *Del procedimento di primo grado*

413. Giudice competente. – Le controversie previste dall'articolo 409 sono in primo grado di competenza del tribunale (1) in funzione di giudice del lavoro.

Competente per territorio è il giudice nella cui circoscrizione è sorto il rapporto ovvero si trova l'azienda o una sua dipendenza alla quale è addetto il lavoratore o presso la quale egli prestava la sua opera al momento della fine del rapporto.

Tale competenza permane dopo il trasferimento dell'azienda o la cessazione di essa o della sua dipendenza, purché la domanda sia proposta entro sei mesi dal trasferimento o dalla cessazione.

Competente per territorio per le controversie previste dal numero 3) dell'articolo 409 è il giudice nella cui circoscrizione si trova il domicilio dell'agente, del rappresentante di commercio ovvero del titolare degli altri rapporti di collaborazione di cui al predetto numero 3) dell'articolo 409 (2).

Competente per territorio per le controversie relative ai rapporti di lavoro alle dipendenze delle pubbliche amministrazioni è il giudice nella cui circoscrizione ha sede l'ufficio al quale il dipendente è addetto o era addetto al momento della cessazione del rapporto.

Nelle controversie nelle quali è parte una Amministrazione dello Stato non si applicano le disposizioni dell'articolo 6 del regio decreto 30 ottobre 1933, n. 1611 (3).

Qualora non trovino applicazione le disposizioni dei commi precedenti, si applicano quelle dell'articolo 18.

Sono nulle le clausole derogative della competenza per territorio.

(1) La parola "pretore" è stata sostituita dalla parola "tribunale" dal d.lg. 19/2/1998, n. 51.

(2) Comma aggiunto dall'art. 1 della l. 11/2/1992, n. 128.

(3) Comma aggiunto dal d.lg. 31/3/1998, n. 80.

414. Forma della domanda. – La domanda si propone con ricorso, il quale deve contenere:

1) l'indicazione del giudice;

2) il nome, il cognome, nonché la residenza o il domicilio eletto del ricorrente nel comune in cui ha sede il giudice adito, il nome, il cognome e la residenza o il domicilio o la dimora del convenuto; se ricorrente o convenuto è una persona giuridica, un'associazione non riconosciuta o un comitato, il ricorso deve indicare la denominazione o ditta nonché la sede del ricorrente o del convenuto;

3) la determinazione dell'oggetto della domanda;

4) l'esposizione dei fatti e degli elementi di diritto sui quali si fonda la domanda con le relative conclusioni;

5) l'indicazione specifica dei mezzi di prova di cui il ricorrente intende avvalersi e in particolare dei documenti che si offrono in comunicazione.

415. Deposito del ricorso e decreto di fissazione dell'udienza. – Il ricorso è depositato nella cancelleria del giudice competente insieme con i documenti in esso indicati.

Il giudice, entro cinque giorni dal deposito del ricorso, fissa, con decreto, l'udienza di discussione, alla quale le parti sono tenute a comparire personalmente.

Tra il giorno del deposito del ricorso e l'udienza di discussione non devono decorrere più di sessanta giorni.

Il ricorso, unitamente al decreto di fissazione dell'udienza, deve essere notificato al convenuto, a cura dell'attore, entro dieci giorni dalla data di pronuncia del decreto, salvo quanto disposto dall'articolo 417.

Tra la data di notificazione al convenuto e quella dell'udienza di discussione deve intercorrere un termine non minore di trenta giorni.

Il termine di cui al comma precedente è elevato a quaranta giorni e quello di cui al terzo comma è elevato a ottanta giorni nel caso in cui la notificazione prevista dal quarto comma debba effettuarsi all'estero.

Nelle controversie relative ai rapporti di lavoro dei dipendenti delle pubbliche amministrazioni di cui al quinto comma dell'articolo 413, il ricorso è notificato direttamente presso l'amministrazione destinataria ai sensi dell'articolo 144, secondo comma. Per le amministrazioni statali o ad esse equiparate, ai fini della rappresentanza e difesa in giudizio, si osservano le disposizioni delle leggi speciali che prescrivono la notificazione presso gli uffici dell'Avvocatura dello Stato competente per territorio (1).

(1) Comma aggiunto dal d.lg. 31/3/1998, n. 80.

416. Costituzione del convenuto. – Il convenuto deve costituirsi almeno dieci giorni prima della udienza, dichiarando la residenza o eleggendo domicilio nel comune in cui ha sede il giudice adito.

La costituzione del convenuto si effettua mediante deposito in cancelleria di una memoria difensiva, nella quale devono essere proposte, a pena di decadenza, le eventuali domande in via riconvenzionale e le eccezioni processuali e di merito che non siano rilevabili d'ufficio.

Nella stessa memoria il convenuto deve prendere posizione, in maniera precisa e non limitata ad una generica contestazione, circa i fatti affermati dall'attore a fondamento della domanda, proporre tutte le sue difese in fatto e in diritto ed indicare specificamente, a pena di decadenza, i mezzi di prova dei quali intende avvalersi ed in particolare i documenti che deve contestualmente depositare.

417. Costituzione e difesa personali delle parti. – In primo grado la parte può stare in giudizio personalmente quando il valore della causa non eccede gli € 129,11.

La parte che sta in giudizio personalmente propone la domanda nelle forme di cui all'articolo 414 o si costituisce nelle forme di cui all'articolo 416 con elezione di domicilio nell'ambito del territorio della Repubblica.

Può proporre la domanda anche verbalmente davanti al giudice (1) che ne fa redigere processo verbale.

Il ricorso o il processo verbale con il decreto di fissazione dell'udienza devono essere notificati al convenuto e allo stesso attore a cura della cancelleria entro i termini di cui all'articolo 415.

Alle parti che stanno in giudizio personalmente ogni ulteriore atto o memoria deve essere notificato dalla cancelleria.

(1) La parola "pretore" è stata sostituita dalla parola "giudice" dal d.lg. 19/2/1998, n. 51.

417 bis. Difesa delle pubbliche amministrazioni. – Nelle controversie relative ai rapporti di lavoro dei dipendenti delle pubbliche amministrazioni di cui al quinto comma dell'articolo 413, limitatamente al giudizio di primo grado le amministrazioni stesse possono stare in giudizio avvalendosi direttamente di propri dipendenti.

Per le amministrazioni statali o ad esse equiparate, ai fini della rappresentanza e difesa in giudizio, le disposizioni di cui al comma precedente si applica salvo che l'Avvocatura dello Stato competente per territorio, ove vengano in rilievo questioni di massima o aventi notevoli riflessi economici, determini di assumere direttamente la trattazione della causa dandone immediata comunicazione ai competenti uffici dell'amministrazione interessata, nonché al Dipartimento della funzione pubblica, anche per l'eventuale emanazione di direttive agli uffici per la gestione del contenzioso del lavoro. In ogni altro caso l'Avvocatura dello Stato trasmette immediatamente, e comunque non oltre 7 giorni dalla notifica degli atti introduttivi, gli atti stessi ai competenti uffici dell'amministrazione interessata per gli adempimenti di cui al comma precedente.

Gli enti locali, anche al fine di realizzare economie di gestione, possono utilizzare le strutture dell'amministrazione civile del Ministero dell'interno, alle quali conferiscono mandato nei limiti di cui al primo comma.

418. Notificazione della domanda riconvenzionale. – Il convenuto che abbia proposta domanda in via riconvenzionale a norma del secondo comma dell'articolo 416 deve, con istanza contenuta nella stessa memoria, a pena di decadenza dalla riconvenzionale medesima, chiedere al giudice che, a modifica del decreto di cui al secondo comma dell'articolo 415, pronunci, non oltre cinque giorni, un nuovo decreto per la fissazione dell'udienza.

Tra la proposizione della domanda riconvenzionale e l'udienza di discussione non devono decorrere più di cinquanta giorni.

Il decreto che fissa l'udienza deve essere notificato all'attore a cura dell'ufficio, unitamente alla memoria difensiva, entro dieci giorni dalla data in cui è stato pronunciato.

Tra la data di notificazione all'attore del decreto pronunciato a norma del primo comma e quella dell'udienza di discussione deve intercorrere un termine non minore di venticinque giorni.

Nel caso in cui la notificazione del decreto debba farsi all'estero il termine di cui al secondo comma è elevato a settanta giorni, e quello di cui al comma precedente è elevato a trentacinque giorni.

419. Intervento volontario (1). – Salvo che sia effettuato per l'integrazione necessaria del contraddittorio, l'intervento del terzo ai sensi dell'articolo 105 non può aver luogo oltre il termine stabilito per la costituzione del convenuto, con le modalità previste dagli articoli 414 e 416 in quanto applicabili.

(1) La Corte cost. con sent. 29/6/1983, n. 193 ha dichiarato l'illegittimità costituzionale di questo articolo nella parte in cui, ove un terzo spieghi intervento volontario, non attribuisce al giudice il potere-dovere di fissare – con il rispetto del termine di cui all'art. 415, co. 5 (elevabile a quaranta giorni allorquando la notificazione ad alcune delle parti originarie contumaci debba effettuarsi all'estero) – una nuova udienza, non meno di dieci giorni prima della quale potranno le parti originarie depositare memorie, e di disporre che, entro cinque giorni, siano notificati alle parti originarie il provvedimento di fissazione e la memoria dell'interveniente, e che sia notificato a quest'ultimo il provvedimento di fissazione della nuova udienza.

420. Udienza di discussione della causa. – Nell'udienza fissata per la discussione della causa il giudice interroga liberamente le parti presenti, tenta la conciliazione della lite e formula alle parti una proposta transattiva o conciliativa. La mancata comparizione personale delle parti, o il rifiuto della proposta transattiva o conciliativa del giudice, senza giustificato motivo, costituiscono comportamento valutabile dal giudice ai fini del giudizio. Le parti possono, se ricorrono gravi motivi, modificare le domande, eccezioni e conclusioni già formulate, previa autorizzazione del giudice (1).

Le parti hanno facoltà di farsi rappresentare da un procuratore generale o speciale, il quale deve essere a conoscenza dei fatti della causa. La procura deve essere conferita con atto pubblico o scrittura privata autenticata e deve attribuire al procuratore il potere di conciliare o transigere la controversia [84 CPC.]. La mancata conoscenza, senza gravi ragioni, dei fatti della causa da parte del procuratore è valutata dal giudice ai fini della decisione.

Il verbale di conciliazione ha efficacia di titolo esecutivo.

Se la conciliazione non riesce e il giudice ritiene la causa matura per la decisione, o se sorgono questioni attinenti alla giurisdizione o alla competenza o ad altre pregiudiziali la cui decisione può definire il giudizio, il giudice invita le parti alla discussione e pronuncia sentenza anche non definitiva dando lettura del dispositivo.

Nella stessa udienza ammette i mezzi di prova già proposti dalle parti e quelli che le parti non abbiano potuto proporre prima, se ritiene che siano rilevanti, disponendo, con ordinanza resa nell'udienza, per la loro immediata assunzione.

Qualora ciò non sia possibile, fissa altra udienza, non oltre dieci giorni dalla prima, concedendo alle parti, ove ricorrano giusti motivi, un termine perentorio non superiore a cinque giorni prima dell'udienza di rinvio per il deposito in cancelleria di note difensive.

Nel caso in cui vengano ammessi nuovi mezzi di prova, a norma del quinto comma, la controparte può dedurre i mezzi di prova che si rendano necessari in relazione a quelli ammessi, con assegnazione di un termine perentorio di cinque giorni. Nell'udienza fissata a norma del precedente comma il giudice ammette, se rilevanti, i nuovi mezzi di prova dedotti dalla controparte e provvede alla loro assunzione.

L'assunzione delle prove deve essere esaurita nella stessa udienza o, in caso di necessità, in udienza da tenersi nei giorni feriali immediatamente successivi.

Nel caso di chiamata in causa a norma degli articoli 102, secondo comma, 106 e 107, il giudice fissa una nuova udienza e dispone che, entro cinque giorni, siano notificati al terzo il provvedimento nonché il ricorso introduttivo e l'atto di costituzione del convenuto, osservati i termini di cui ai commi terzo, quinto e sesto dell'articolo 415. Il termine massimo entro il quale deve tenersi la nuova udienza decorre dalla pronuncia del provvedimento di fissazione.

Il terzo chiamato deve costituirsi non meno di dieci giorni prima dell'udienza fissata, depositando la propria memoria a norma dell'articolo 416.

A tutte le notificazioni e comunicazioni occorrenti provvede l'ufficio.

Le udienze di mero rinvio sono vietate.

(1) Comma così modificato dall'art. 31, co. 4, l. 4/11/2010, n. 183 e, successivamente, dall'art. 77, co. 1, lett. b), d.l. 21/6/2013, n. 69, conv., con modif., dalla l. 9/8/2013, n. 98.

420 bis. Accertamento pregiudiziale sull'efficacia, validità ed interpretazione dei contratti e accordi collettivi (1). – Quando per la definizione di una controversia di cui all'articolo 409 è necessario risolvere in via pregiudiziale una questione concernente l'efficacia, la validità o l'interpretazione delle clausole di un contratto o accordo collettivo nazionale, il giudice decide con sentenza tale questione, impartendo distinti provvedimenti per l'ulteriore istruzione o, comunque, per la prosecuzione della causa fissando una successiva udienza in data non anteriore a novanta giorni.

La sentenza è impugnabile soltanto con ricorso immediato per cassazione da proporsi entro sessanta giorni dalla comunicazione dell'avviso di deposito della sentenza.

Copia del ricorso per cassazione deve, a pena di inammissibilità del ricorso, essere depositata presso la cancelleria del giudice che ha emesso la sentenza impugnata entro venti giorni dalla notificazione del ricorso alle altre parti; il processo è sospeso dalla data del deposito.

(1) Articolo aggiunto dal d.lg. n. 40/2006.

421. Poteri istruttori del giudice (1). – Il giudice indica alle parti in ogni momento le irregolarità degli atti e dei documenti che possono essere sanate assegnando un termine per provvedervi, salvo gli eventuali diritti quesiti.

Può altresì disporre d'ufficio in qualsiasi momento l'ammissione di ogni mezzo di prova, anche fuori dei limiti stabiliti dal codice civile, ad eccezione del giuramento decisorio, nonché la richiesta di informazioni e osservazioni, sia scritte che orali, alle associazioni sindacali indicate dalle parti. Si osserva la disposizione del comma sesto dell'articolo 420.

Dispone, su istanza di parte, l'accesso sul luogo di lavoro, purché necessario al fine dell'accertamento dei fatti, e dispone altresì, se ne ravvisa l'utilità, l'esame dei testimoni sul luogo stesso.

Il giudice, ove lo ritenga necessario, può ordinare la comparizione, per interrogarle liberamente sui fatti della causa, anche di quelle persone che siano incapaci di testimoniare a norma dell'articolo 246 o a cui sia vietato a norma dell'articolo 247.

(1) Articolo così modificato dal d.l. 25/6/2008, n. 112.

422. Registrazione su nastro. – Il giudice può autorizzare la sostituzione della verbalizzazione da parte del cancelliere con la registrazione su nastro delle deposizioni di testi e delle audizioni delle parti o di consulenti.

423. Ordinanze per il pagamento di somme. – Il giudice, su istanza di parte, in ogni stato del giudizio, dispone con ordinanza il pagamento delle somme non contestate.

Egualmente, in ogni stato del giudizio, il giudice può, su istanza del lavoratore, disporre con ordinanza il pagamento di una somma a titolo provvisorio quando ritenga il diritto accertato e nei limiti della quantità per cui ritiene già raggiunta la prova.

Le ordinanze di cui ai commi precedenti costituiscono titolo esecutivo.

L'ordinanza di cui al secondo comma è revocabile con la sentenza che decide la causa.

424. Assistenza del consulente tecnico. – Se la natura della controversia lo richiede, il giudice, in qualsiasi momento, nomina uno o più consulenti tecnici, scelti in albi speciali, a norma dell'articolo 61. A tal fine il giudice può disporre ai sensi del sesto comma dell'articolo 420.

Il consulente può essere autorizzato a riferire verbalmente ed in tal caso le sue dichiarazioni sono integralmente raccolte a verbale, salvo quanto previsto dal precedente articolo 422.

Se il consulente chiede di presentare relazione scritta, il giudice fissa un termine non superiore a venti giorni, non prorogabile, rinviando la trattazione ad altra udienza.

425. Richiesta di informazioni e osservazioni alle associazioni sindacali. – Su istanza di parte, l'associazione sindacale indicata dalla stessa ha facoltà di rendere in giudizio, tramite un suo rappresentante, informazioni e osservazioni orali o scritte.

Tali informazioni e osservazioni possono essere rese anche nel luogo di lavoro ove sia stato disposto l'accesso ai sensi del terzo comma dell'articolo 421.

A tal fine, il giudice può disporre ai sensi del sesto comma dell'articolo 420.

Il giudice può richiedere alle associazioni sindacali il testo dei contratti e accordi collettivi di lavoro, anche aziendali, da applicare nella causa.

426. Passaggio dal rito ordinario al rito speciale (1). – Il giudice (2), quando rileva che una causa promossa nelle forme ordinarie riguarda uno dei rapporti previsti dall'articolo 409, fissa con ordinanza l'udienza di cui all'articolo 420 e il termine perentorio entro il quale le parti dovranno provvedere all'eventuale integrazione degli atti introduttivi mediante deposito di memorie e documenti in cancelleria.

Nell'udienza come sopra fissata provvede a norma degli articoli che precedono.

(1) La Corte cost. con sent. 14/1/1977, n. 14 ha dichiarato l'illegittimità costituzionale del combinato disposto dell'art. 426 CPC., come modificato dall'art. 1 della l. 11/8/1973, n. 533 (sul nuovo rito del lavoro), e dell'art. 20 della legge medesima nella parte in cui, con riguardo alle cause pendenti al momento dell'entrata in vigore della legge, non è prevista la comunicazione anche alla parte contumace dell'ordinanza che fissa la udienza di discussione ed il termine perentorio per l'integrazione degli atti.

(2) La parola "pretore" è stata sostituita dalla parola "giudice" dal d.lg. 19/2/1998, n. 51.

427. Passaggio dal rito speciale al rito ordinario. – Il giudice (1), quando rileva che una causa promossa nelle forme stabilite dal presente capo riguarda un rapporto diverso da quelli previsti dall'articolo 409, se la causa stessa rientra nella sua competenza dispone che gli atti siano messi in regola con le disposizioni tributarie, altrimenti la rimette con ordinanza al giudice competente, fissando un termine perentorio non superiore a trenta giorni per la riassunzione con il rito ordinario.

In tal caso le prove acquisite durante lo stato di rito speciale avranno l'efficacia consentita dalle norme ordinarie.

(1) La parola "pretore" è stata sostituita dalla parola "giudice" dal d.lg. 19/2/1998, n. 51.

428. Incompetenza del giudice. – Quando una causa relativa ai rapporti di cui all'articolo 409 sia stata proposta a giudice incompetente, l'incompetenza può essere eccepita dal convenuto soltanto nella memoria difensiva di cui all'articolo 416 ovvero rilevata d'ufficio dal giudice non oltre l'udienza di cui all'articolo 420.

Quando l'incompetenza sia stata eccepita o rilevata ai sensi del comma precedente, il giudice rimette la causa al tribunale (1) in funzione di giudice del lavoro, fissando un termine perentorio non superiore a trenta giorni per la riassunzione con rito speciale.

(1) La parola "pretore" è stata sostituita dalla parola "tribunale" dal d.lg. 19/2/1998, n. 51.

429. Pronuncia della sentenza (1). – Nell'udienza il giudice, esaurita la discussione orale e udite le conclusioni delle parti, pronuncia sentenza con cui definisce il giudizio dando lettura del dispositivo e della esposizione delle ragioni di fatto e di diritto della decisione. In caso di particolare complessità della controversia, il giudice fissa nel dispositivo un termine, non superiore a sessanta giorni, per il deposito della sentenza.

Se il giudice lo ritiene necessario, su richiesta delle parti, concede alle stesse un termine non superiore a dieci giorni per il deposito di note difensive, rinviando la causa all'udienza immediatamente successiva alla scadenza del termine suddetto, per la discussione e la pronuncia della sentenza.

Il giudice, quando pronuncia sentenza di condanna al pagamento di somme di denaro per crediti di lavoro, deve determinare, oltre gli interessi nella misura legale, il maggior danno eventualmente subito dal lavoratore per la diminuzione di valore del suo credito, condannando al pagamento della somma relativa con decorrenza dal giorno della maturazione del diritto.

(1) Articolo così modificato dal d.l. 25/6/2008, n. 112.

430. Deposito della sentenza. – Quando la sentenza è depositata fuori udienza, il cancelliere ne dà immediata comunicazione alle parti (1).

(1) Articolo così sostituito dall'art. 3, co. 30, d.lg. 10/10/2022, n. 149; la precedente formulazione era: «La sentenza deve essere depositata in cancelleria entro quindici giorni dalla pronuncia. Il cancelliere ne dà immediata comunicazione alle parti.».

431. Esecutorietà della sentenza. – Le sentenze che pronunciano condanna a favore del lavoratore per crediti derivanti dai rapporti di cui all'articolo 409 sono provvisoriamente esecutive.

All'esecuzione si può procedere con la sola copia del dispositivo, in pendenza del termine per il deposito della sentenza.

Il giudice di appello può disporre con ordinanza non impugnabile che l'esecuzione sia sospesa quando dalla stessa possa derivare all'altra parte gravissimo danno.

La sospensione disposta a norma del comma precedente può essere anche parziale e, in ogni caso, l'esecuzione provvisoria resta autorizzata fino alla somma di € 258,23.

Le sentenze che pronunciano condanna a favore del datore di lavoro sono provvisoriamente esecutive e sono soggette alla disciplina degli articoli 282 e 283 (1).

Il giudice di appello può disporre con ordinanza non impugnabile che l'esecuzione sia sospesa in tutto o in parte quando ricorrono gravi motivi (1).

Se l'istanza per la sospensione di cui al terzo ed al sesto comma è inammissibile o manifestamente infondata il giudice, con ordinanza non impugnabile, può condannare la parte che l'ha proposta ad una pena pecuniaria non inferiore ad euro 250 e non superiore ad euro 10.000. L'ordinanza è revocabile con la sentenza che definisce il giudizio (2).

(1) Comma aggiunto dall'art. 69 della l. 26/11/1990, n. 353.

(2) Comma aggiunto dalla l. 12/11/2011, n. 183.

432. Valutazione equitativa delle prestazioni. – Quando sia certo il diritto ma non sia possibile determinare la somma dovuta, il giudice la liquida con valutazione equitativa.

§ 2 – *Delle impugnazioni*

433. Giudice d'appello. – L'appello contro le sentenze pronunciate nei processi relativi alle controversie previste nell'articolo 409 deve essere proposto con ricorso davanti alla corte di appello (1) territorialmente competente in funzione di giudice del lavoro.

Ove l'esecuzione sia iniziata, prima della notificazione della sentenza, l'appello può essere proposto con riserva dei motivi che dovranno essere presentati nel termine di cui all'articolo 434.

(1) Le parole "al tribunale" sono state sostituite dalle parole "alla corte di appello" dal d.lg. 19/2/1998, n. 51.

434. Deposito del ricorso in appello. – Il ricorso deve contenere le indicazioni prescritte dall'articolo 414. L'appello deve essere motivato, e per ciascuno dei motivi deve indicare a pena di inammissibilità, in modo chiaro, sintetico e specifico:

1) il capo della decisione di primo grado che viene impugnato;

2) le censure proposte alla ricostruzione dei fatti compiuta dal giudice di primo grado;

3) le violazioni di legge denunciate e la loro rilevanza ai fini della decisione impugnata (1).

Il ricorso deve essere depositato nella cancelleria della corte di appello (2) entro trenta giorni dalla notificazione della sentenza, oppure entro quaranta giorni nel caso in cui la notificazione abbia dovuto effettuarsi all'estero.

(1) Comma così sostituito dall'art. 3, co. 31, d.lg. 10/10/2022, n. 149; la precedente formulazione era: «Il ricorso deve contenere le indicazioni prescritte dall'articolo 414. L'appello deve essere motivato. La motivazione dell'appello deve contenere, a pena di inammissibilità:
1) l'indicazione delle parti del provvedimento che si intende appellare e delle modifiche che vengono richieste alla ricostruzione del fatto compiuta dal giudice di primo grado;
2) l'indicazione delle circostanze da cui deriva la violazione della legge e della loro rilevanza ai fini della decisione impugnata.».
Il comma che recitava: «Il ricorso deve contenere l'esposizione sommaria dei fatti e i motivi specifici dell'impugnazione, nonché le indicazioni prescritte dall'articolo 414» è stato così sostituito dall'art. 54 del d.l. 22/6/2012, n. 83, conv. con l. 7/8/2012, n. 134. Ai sensi dell'art. 54 cit., co. 2, le disposizioni del presente articolo si applicano ai giudizi di appello introdotti con ricorso depositato o con citazione di cui sia stata richiesta la notificazione dal trentesimo giorno successivo a quello di entrata in vigore della legge di conversione del presente decreto.

(2) Le parole "del tribunale" sono state sostituite dalle parole "della corte di appello" dal d.lg. 19/2/1998, n. 51.

435. Decreto del presidente. – Il presidente della corte di appello (1) entro cinque giorni dalla data di deposito del ricorso nomina il giudice relatore e fissa, non oltre sessanta giorni dalla data medesima, l'udienza di discussione dinanzi al collegio.

L'appellante, nei dieci giorni successivi al deposito del decreto, provvede alla notifica del ricorso e del decreto all'appellato (2).

Tra la data di notificazione all'appellato e quella dell'udienza di discussione deve intercorrere un termine non minore di venticinque giorni.

Nel caso in cui la notificazione prevista dal secondo comma deve effettuarsi all'estero, i termini di cui al primo e al terzo comma sono elevati, rispettivamente, a ottanta e sessanta giorni.

(1) Le parole "del tribunale" sono state sostituite dalle parole "della corte di appello" dal d.lg. 19/2/1998, n. 51.

(2) La Corte cost. con sent. 14/1/1977, n. 15 ha dichiarato l'illegittimità costituzionale del presente comma nella parte in cui non dispone che l'avvenuto deposito del decreto presidenziale di fissazione dell'udienza di discussione sia comunicato all'appellante e che da tale comunicazione decorra il termine per la notificazione all'appellato.

436. Costituzione dell'appellato e appello incidentale. – L'appellato deve costituirsi almeno dieci giorni prima della udienza.

La costituzione dell'appellato si effettua mediante deposito in cancelleria del fascicolo e di una memoria difensiva, nella quale deve essere contenuta dettagliata esposizione di tutte le sue difese.

Se propone appello incidentale, l'appellato deve esporre nella stessa memoria i motivi specifici su cui fonda l'impugnazione. L'appello incidentale deve essere proposto, a pena di decadenza, nella memoria di costituzione, da notificarsi, a cura dell'appellato, alla controparte almeno dieci giorni prima dell'udienza fissata a norma dell'articolo precedente.

Si osservano, in quanto applicabili, le disposizioni dell'articolo 416.

436 bis. Inammissibilità, improcedibilità, manifesta fondatezza o infondatezza dell'appello (1). – Nei casi previsti dagli articoli 348, 348-bis e 350, terzo comma, all'udienza di discussione il collegio, sentiti i difensori delle parti, pronuncia sentenza dando lettura del dispositivo e della motivazione redatta in forma sintetica, anche mediante esclusivo riferimento al punto di fatto o alla questione di diritto ritenuti risolutivi o mediante rinvio a precedenti conformi.

(1) Articolo aggiunto dall'art. 54 del d.l. 22/6/2012, n. 83, conv. con l. 7/8/2012, n. 134. Ai sensi dell'art. 54 cit., co. 2, le disposizioni del presente articolo si applicano ai giudizi di appello introdotti con ricorso depositato o con citazione di cui sia stata richiesta la notificazione dal trentesimo giorno successivo a quello di entrata in vigore della legge di conversione del presente decreto. Così sostituito dall'art. 3, co. 31, d.lg. 10/10/2022, n. 149; la precedente formulazione era: «436-bis-Inammissibilità dell'appello e pronuncia - All'udienza di discussione si applicano gli articoli 348-bis e 348-ter.».

437. Udienza di discussione. – Nell'udienza il giudice incaricato fa la relazione orale della causa. Quando non provvede ai sensi dell'articolo 436-bis, il collegio (1), sentiti i difensori delle parti, pronuncia sentenza dando lettura del dispositivo nella stessa udienza.

Non sono ammesse nuove domande ed eccezioni. Non sono ammessi nuovi mezzi di prova, tranne il giuramento estimatorio, salvo che il collegio anche d'ufficio, li ritenga indispensabili ai fini della decisione della causa.

È salva la facoltà delle parti di deferire il giuramento decisorio in qualsiasi momento della causa.

Qualora ammetta le nuove prove, il collegio fissa, entro venti giorni, l'udienza nella quale esse debbono essere assunte e deve essere pronunciata la sentenza. In tal caso il collegio con la stessa ordinanza può adottare i provvedimenti di cui all'articolo 423.

Sono applicabili le disposizioni di cui ai commi secondo e terzo dell'articolo 429.

(1) Le parole "Quando non provvede ai sensi dell'articolo 436-bis, il collegio" sono state inserite dall'art. 3, co. 31, d.lg. 10/10/2022, n. 149.

438. Deposito della sentenza di appello. – Fuori dei casi di cui all'articolo 436-bis, la sentenza deve essere depositata entro sessanta giorni dalla pronuncia. Il cancelliere ne dà immediata comunicazione alle parti (1).

Si applica il disposto del secondo comma dell'articolo 431.

(1) Comma così sostituito dall'art. 3, co. 31, d.lg. 10/10/2022, n. 149; la precedente formulazione era: «Il deposito della sentenza di appello è effettuato con l'osservanza delle norme di cui all'articolo 430.».

439. Cambiamento del rito in appello. – La corte di appello (1), se ritiene che il provvedimento in primo grado non si sia svolto secondo il rito prescritto, procede a norma degli articoli 426 e 427.

(1) Le parole "Il tribunale" sono state sostituite dalle parole "La corte di appello" dal d.lg. 19/2/1998, n. 51.

440. Appellabilità delle sentenze. – Sono inappellabili le sentenze che hanno deciso una controversia di valore non superiore a € 25,82.

441. Consulente tecnico in appello. – Il collegio, nell'udienza di cui al primo comma dell'articolo 437, può nominare un consulente tecnico rinviando ad altra udienza da fissarsi non oltre trenta giorni. In tal caso con la stessa ordinanza può adottare i provvedimenti di cui all'articolo 423.

Il consulente deve depositare il proprio parere almeno dieci giorni prima della nuova udienza.

Capo I-bis
Delle controversie relative ai licenziamenti (1)

(1) Capo introdotto dall'art. 3, co. 32, d.lg. 10/10/2022, n. 149.

441 bis. Controversie in materia di licenziamento (1). – La trattazione e la decisione delle controversie aventi ad oggetto l'impugnazione dei licenziamenti nelle quali è proposta domanda di reintegrazione nel posto di lavoro hanno carattere prioritario rispetto alle altre pendenti sul ruolo del giudice, anche quando devono essere risolte questioni relative alla qualificazione del rapporto.

Salvo quanto stabilito nel presente articolo, le controversie di cui al primo comma sono assoggettate alle norme del capo primo.

Tenuto conto delle circostanze esposte nel ricorso il giudice può ridurre i termini del procedimento fino alla metà, fermo restando che tra la data di notificazione al convenuto o al terzo chiamato e quella della udienza di discussione deve intercorrere un termine non minore di venti giorni e che, in tal caso, il termine per la costituzione del convenuto o del terzo chiamato è ridotto della metà.

All'udienza di discussione il giudice dispone, in relazione alle esigenze di celerità anche prospettate dalle parti, la trattazione congiunta di eventuali domande connesse e riconvenzionali ovvero la loro separazione, assicurando in ogni caso la concentrazione della fase istruttoria e di quella decisoria in relazione alle domande di reintegrazione nel posto di lavoro. A tal fine il giudice riserva particolari giorni, anche ravvicinati, nel calendario delle udienze.

I giudizi di appello e di cassazione sono decisi tenendo conto delle medesime esigenze di celerità e di concentrazione.

(1) Articolo introdotto dall'art. 3, co. 32, d.lg. 10/10/2022, 149.

441 ter. Licenziamento del socio della cooperativa (1). – Le controversie aventi ad oggetto l'impugnazione dei licenziamenti dei soci delle cooperative sono assoggettate alle norme di cui agli articoli 409 e seguenti e, in tali casi, il giudice decide anche sulle questioni relative al rapporto associativo eventualmente proposte. Il giudice del lavoro decide sul rapporto di lavoro e sul rapporto associativo, altresì, nei casi in cui la cessazione del rapporto di lavoro deriva dalla cessazione del rapporto associativo.

(1) Articolo introdotto dall'art. 3, co. 32, d.lg. 10/10/2022, 149.

441 quater. Licenziamento discriminatorio (1). – Le azioni di nullità dei licenziamenti discriminatori, ove non siano proposte con ricorso ai sensi dell'articolo 414, possono essere introdotte, ricorrendone i presupposti, con i riti speciali. La proposizione della domanda relativa alla nullità del licenziamento discriminatorio e alle sue conseguenze, nell'una o nell'altra forma, preclude la possibilità di agire successivamente in giudizio con rito diverso per quella stessa domanda.

(1) Articolo introdotto dall'art. 3, co. 32, d.lg. 10/10/2022, 149.

Capo II
Delle controversie in materia di previdenza e di assistenza obbligatorie

442. Controversie in materia di previdenza e di assistenza obbligatorie (1). – Nei procedimenti relativi a controversie derivanti dall'applicazione delle norme riguardanti le assicurazioni sociali, gli infortuni sul lavoro, le malattie professionali, gli assegni familiari nonché ogni altra forma di previdenza e di assistenza obbligatorie, si osservano le disposizioni di cui al capo primo di questo titolo.

Anche per le controversie relative alla inosservanza degli obblighi di assistenza e di previdenza derivanti da contratti e accordi collettivi si osservano le disposizioni di cui al capo primo di questo titolo.

Per le controversie di cui all'articolo 7, terzo comma, numero 3-bis), non si osservano le disposizioni di questo capo, né quelle di cui al capo primo di questo titolo.

(1) Articolo aggiornato con le modif. introdotte dalla l. 18/6/2009, n. 69.

443. Rilevanza del procedimento amministrativo. – La domanda relativa alle controversie in materia di previdenza e assistenza obbligatorie di cui al primo comma dell'articolo 442 non è procedibile se non quando siano esauriti i procedimenti prescritti dalle leggi speciali per la composizione in sede amministrativa o siano decorsi i termini ivi fissati per il compimento dei procedimenti stessi o siano, comunque, decorsi centottanta giorni dalla data in cui è stato proposto il ricorso amministrativo.

Se il giudice nella prima udienza di discussione rileva l'improcedibilità della domanda a norma del comma precedente, sospende il giudizio e fissa all'attore un termine perentorio di sessanta giorni per la presentazione del ricorso in sede amministrativa.

Il processo deve essere riassunto, a cura dell'attore, nel termine perentorio di centottanta giorni che decorre dalla cessazione della causa della sospensione.

444. Giudice competente. – Le controversie in materia di previdenza e di assistenza obbligatorie indicate nell'articolo 442 sono di competenza del tribunale, in funzione di giudice del lavoro, nella cui circoscrizione ha la residenza l'attore. Se l'attore è residente all'estero la competenza è del tribunale, in funzione di giudice del lavoro, nella cui circoscrizione l'attore aveva l'ultima residenza prima del trasferimento all'estero ovvero, quando la prestazione è chiesta dagli eredi, nella cui circoscrizione il defunto aveva la sua ultima residenza (1).

Se la controversia in materia di infortuni sul lavoro e malattie professionali riguarda gli addetti alla navigazione marittima o alla pesca marittima, è competente il tribunale, in funzione di giudice del lavoro, del luogo in cui ha sede l'ufficio del porto di iscrizione della nave.

Per le controversie relative agli obblighi dei datori di lavoro e all'applicazione delle sanzioni civili per l'inadempimento di tali obblighi, è competente il tribunale, in funzione di giudice del lavoro, del luogo in cui ha sede l'ufficio dell'ente.

(1) L'ultimo periodo di questo comma è stato aggiunto dall'art. 46, co. 23, l. 18/6/2009, n. 69.

445. Consulente tecnico. – Nei processi regolati nel presente capo, relativi a domande di prestazioni previdenziali o assistenziali che richiedano accertamenti tecnici, il giudice nomina uno o più consulenti tecnici scelti in appositi albi, ai sensi dell'articolo 424.

Nei casi di particolare complessità il termine di cui all'articolo 424 può essere prorogato fino a sessanta giorni.

445 bis. Accertamento tecnico preventivo obbligatorio (1). – Nelle controversie in materia di invalidità civile, cecità civile, sordità civile, handicap e disabilità, nonché di pensione di inabilità e di assegno di invalidità, disciplinati dalla legge 12 giugno 1984, n. 222, chi intende proporre in giudizio domanda per il riconoscimento dei propri diritti presenta con ricorso al giudice competente ai sensi dell'articolo 442 codice di procedura civile, presso il Tribunale nel cui circondario risiede l'attore, istanza di accertamento tecnico per la verifica preventiva delle condizioni sanitarie legittimanti la pretesa fatta valere. Il giudice procede a norma dell'articolo 696-bis codice di procedura civile, in quanto compatibile nonché secondo le previsioni inerenti all'accertamento peritale di cui all'articolo 10, comma 6-bis, del decreto-legge 30 settembre 2005, n. 203, convertito, con modificazioni, dalla legge 2 dicembre 2005, n. 248, e all'articolo 195.

L'espletamento dell'accertamento tecnico preventivo costituisce condizione di procedibilità della domanda di cui al primo comma. L'improcedibilità deve essere eccepita dal convenuto a pena di decadenza o rilevata d'ufficio dal giudice, non oltre la prima udienza. Il giudice ove rilevi che l'accertamento tecnico preventivo non è stato espletato ovvero che è iniziato ma non si è concluso, assegna alle parti il termine di quindici giorni per la presentazione dell'istanza di accertamento tecnico ovvero di completamento dello stesso.

La richiesta di espletamento dell'accertamento tecnico interrompe la prescrizione.

Il giudice, terminate le operazioni di consulenza, con decreto comunicato alle parti, fissa un termine perentorio non superiore a trenta giorni, entro il quale le medesime devono dichiarare, con atto scritto depositato in cancelleria, se intendono contestare le conclusioni del consulente tecnico dell'ufficio.

In assenza di contestazione, il giudice, se non procede ai sensi dell'articolo 196, con decreto pronunciato fuori udienza entro trenta giorni dalla scadenza del termine previsto dal comma precedente omologa l'accertamento del requisito sanitario secondo le risultanze probatorie indicate nella relazione del consulente tecnico dell'ufficio provvedendo sulle spese. Il decreto, non impugnabile né modificabile, è notificato agli enti competenti, che provvedono, subordinatamente alla verifica di tutti gli ulteriori requisiti previsti dalla normativa vigente, al pagamento delle relative prestazioni, entro 120 giorni.

Nei casi di mancato accordo la parte che abbia dichiarato di contestare le conclusioni del consulente tecnico dell'ufficio deve depositare, presso il giudice di cui al comma primo, entro il termine perentorio di trenta giorni dalla formulazione della dichiarazione di dissenso, il ricorso introduttivo del giudizio, specificando, a pena di inammissibilità, i motivi della contestazione.

La sentenza che definisce il giudizio previsto dal comma precedente è inappellabile (2).

(1) Articolo aggiunto dal n. 1, lett. b), co. 1, art. 38 del d.l. 6/7/2011, n. 98, coordinato con legge di conversione 15/7/2011, n. 111. Tali disposizioni si applicano dal 1/1/2012.

(2) Comma aggiunto dalla l. 12/11/2011, n. 183.

446. Istituti di patronato e di assistenza sociale. – Gli istituti di patronato e di assistenza sociale legalmente riconosciuti, possono, su istanza dell'assistito, in ogni grado del giudizio, rendere informazioni e osservazioni orali o scritte nella forma di cui all'articolo 425.

447. Esecuzione provvisoria. – Le sentenze pronunciate nei giudizi relativi alle controversie di cui all'articolo 442 sono provvisoriamente esecutive.

Si applica il disposto dell'articolo 431.

447 bis. Norme applicabili alle controversie in materia di locazione, di comodato e di affitto (1). – Le controversie in materia di locazione e di comodato di immobili urbani e quelle di affitto di aziende sono disciplinate dagli articoli 414, 415, 416, 417, 418, 419, 420, 421, primo comma, 422, 423, primo e terzo comma, 424, 425, 426, 427, 428, 429, primo e secondo comma, 430, 433, 434, 435, 436, 436-bis, 437, 438, 439, 440, 441, in quanto applicabili (2).

Sono nulle le clausole di deroga alla competenza (3).

Il giudice può disporre d'ufficio, in qualsiasi momento, l'ispezione della cosa e l'ammissione di ogni mezzo di prova, ad eccezione del giuramento decisorio, nonché la richiesta di informazioni, sia scritte che orali, alle associazioni di categoria indicate dalle parti.

Le sentenze di condanna di primo grado sono provvisoriamente esecutive. All'esecuzione si può procedere con la sola copia del dispositivo in pendenza del termine per il deposito della sentenza. Il giudice d'appello può disporre con ordinanza non impugnabile che l'efficacia esecutiva o l'esecuzione siano sospese quando dalle stesse possa derivare all'altra parte gravissimo danno.

(1) Articolo aggiunto dall'art. 70 della l. 26/11/1990, n. 353.

(2) Il comma che recitava: «Le controversie di cui all'art. 8, secondo comma, n. 3), sono disciplinate dagli articoli 414, 415, 416, 417, 418, 419, 420, 421, primo comma, c.p.c. e artt. 422, 423, primo comma e terzo comma, c.p.c. e artt. 424, 425, 426, 427, 428, 429, primo comma e secondo comma, c.p.c. e artt. 430, 433, 434, 435, 436, 437, 438, 439, 440, 441 c.p.c., in quanto applicabili» è stato così sostituito dal d.lg. 19/2/1998, n. 51. Successivamente le parole: "436-bis" sono state aggiunte dall'art. 54 del d.l. 22/6/2012, n. 83, conv. con l. 7/8/2012, n. 134. Ai sensi dell'art. 54 cit., co. 2, le disposizioni del presente articolo si applicano ai giudizi di appello introdotti con ricorso depositato o con citazione di cui sia stata richiesta la notificazione dal trentesimo giorno successivo a quello di entrata in vigore della legge di conversione del presente decreto.

(3) Il periodo che recitava: «Per le controversie relative ai rapporti di cui all'articolo 8, secondo comma, numero 3), è competente il giudice del luogo dove si trova la cosa» è stato soppresso dal d.lg. 19/2/1998, n. 51.

448. Rimessione al collegio*. – *Il giudice istruttore nel rimettere la causa al collegio per la discussione fissa l'udienza di cui all'articolo 190 entro i venti giorni successivi.*

Nei processi riguardanti controversie di cottimo, il termine è ridotto a metà e la sentenza deve essere pubblicata all'udienza di discussione.

* L'articolo è stato abrogato dalla l. 11/8/1973, n. 533.

449. Disposizioni sulle spese*. – *Nelle cause di valore non superiore alle lire duemila non possono essere posti a carico del soccombente gli onorari dell'avvocato dal quale l'altra parte si è fatta assistere.*

Nelle cause di valore superiore alle lire duemila, il giudice, quando condanna alle spese, determina, secondo le circostanze, se in esse siano da comprendere, in tutto o in parte, gli onorari dell'avvocato.

* L' articolo è stato abrogato dalla l. 11/8/1973, n. 533.

450. Giudice d'appello*. – *L'appello contro le sentenze pronunciate nei processi relativi a controversie previste nell'articolo 429 deve essere proposto davanti alla sezione della corte d'appello che funziona come magistratura del lavoro, la quale è integrata da due consiglieri designati dal primo presidente in sostituzione degli esperti.*

Anche quando il giudizio di primo grado si è svolto con rito ordinario, se la sentenza è impugnata perché il pretore o il tribunale ha ritenuto che il rapporto dedotto in giudizio non rientra fra quelli previsti nell'articolo 429, l'appello deve essere proposto alla sezione speciale e, se è proposto in forma incidentale davanti al giudice ordinario, questi, con ordinanza, rimette il processo alla sezione speciale.

* L'articolo è stato abrogato dalla l. 11/8/1973, n. 533.

451. Cambiamento del rito in appello*. – *La sezione della corte di cui all'articolo precedente, se ritiene che il procedimento in primo grado non si è svolto secondo il rito prescritto, provvede, quando occorre, a norma degli articoli 445 e 446.*

* L'articolo è stato abrogato dalla l. 11/8/1973, n. 533.

452. Appellabilità delle sentenze*. – *Sono inappellabili le sentenze che hanno deciso una controversia di valore non superiore a lire cinquemila.*

* L'articolo è stato abrogato dalla l. 11/8/1973, n. 533.

453. Consulente tecnico in appello*. – *Quando l'appello riguarda decisioni fondate su accertamenti compiuti da consulenti tecnici, è obbligatoria la nomina del consulente tecnico.*

* L'articolo è stato abrogato dalla l. 11/8/1973, n. 533.

454. Ricorso per cassazione*. – *Contro le sentenze pronunciate secondo il rito speciale, si può proporre ricorso per cassazione a norma del n. 3 dell'art. 360 anche per violazione o falsa applicazione delle disposizioni dei contratti collettivi e delle norme equiparate.*

* L'articolo è stato abrogato dalla l. 11/8/1973, n. 533.

455. Arbitrato dei consulenti tecnici*. – *Quando la controversia ha contenuto prevalentemente tecnico, le parti, d'accordo, possono chiedere al giudice che la decisione sia rimessa al consulente tecnico, oppure a un collegio composto dal consulente tecnico nominato d'ufficio, che lo presiede, e dai consulenti tecnici delle parti.*

Il giudice provvede con ordinanza, assegnando ai consulenti un termine perentorio per la pronuncia del lodo.

* L'articolo è stato abrogato dalla l. 11/8/1973, n. 533.

456. *Pronuncia dei consulenti tecnici.** – *I consulenti tecnici decidono secondo equità.*

Il lodo deve essere depositato, a pena di nullità, nel termine di cui all'articolo precedente, nella cancelleria dell'ufficio al quale appartiene il giudice che ha rimesso la decisione ai consulenti, ed è dichiarato esecutivo con decreto del pretore o del presidente del tribunale.

Contro il decreto che nega l'esecutorietà è ammesso reclamo mediante ricorso a norma dell'articolo 825 ultimo comma al presidente della sezione della corte d'appello indicata nell'articolo 450.

* L'articolo è stato abrogato dalla l. 11/8/1973, n. 533.

457. Decadenza dei consulenti tecnici*. – *Se il lodo non è depositato nel termine di cui all'art. 455, secondo comma, il giudice che ha disposto la rimessione, su istanza della parte più diligente, pronuncia la decadenza e provvede sulla causa.*

Se l'istanza non è proposta entro sei mesi dalla scadenza del termine suddetto, il processo si estingue.

* L'articolo è stato abrogato dalla l. 11/8/1973, n. 533.

458. Impugnazione delle sentenze dei consulenti*. – *Le sentenze dei consulenti sono impugnabili a norma degli articoli 827 e seguenti, in quanto applicabili, davanti alla sezione della corte d'appello indicata nell'articolo 450.*

* L'articolo è stato abrogato dalla l. 11/8/1973, n. 533.

459. Controversie in materia di previdenza e di assistenza obbligatorie*. – *Si osservano le disposizioni del presente capo nei processi relativi a controversie derivanti dall'applicazione delle norme relative alle assicurazioni sociali, agli infortuni sul lavoro industriale e agricolo, alle malattie professionali, agli assegni familiari e ad ogni altra forma di previdenza e di assistenza obbligatorie inerenti ai rapporti indicati nell'articolo 429.*

Si osservano le norme del capo secondo di questo titolo per le controversie tra lavoratori e datori di lavoro relative all'inosservanza da parte di questi ultimi degli obblighi di assistenza e previdenza derivanti da contratti collettivi di lavoro o norme equiparate.

* L'articolo è stato abrogato dalla l. 11/8/1973, n. 533.

460. Improponibilità della domanda*. – *La domanda relativa a controversie previste nel presente capo non può essere proposta, se non quando sono esauriti i procedimenti prescritti dalle leggi speciali per la composizione in sede amministrativa o sono decorsi i termini ivi fissati per il compimento dei procedimenti stessi.*

* L'articolo è stato abrogato dalla l. 11/8/1973, n. 533.

461. Giudice competente*. – *Le controversie indicate nell'articolo 459 primo comma sono di competenza del tribunale.*

Per le controversie relative al diritto alle prestazioni previdenziali o assistenziali dei lavoratori o loro aventi causa, in materia di infortuni sul lavoro e di malattie professionali, è competente il tribunale del luogo in cui è avvenuto l'infortunio o si è manifestata la malattia professionale, e, per le altre controversie, il tribunale del luogo in cui ha sede l'organo locale dell'ente al quale è stata fatta la richiesta della prestazione. Se la controversia in materia di infortuni sul lavoro e di malattie professionali riguarda gli addetti alla navigazione marittima o alla pesca marittima, è competente il tribunale del luogo in cui ha sede l'ufficio del porto di iscrizione della nave.

Per le controversie relative agli obblighi dei datori di lavoro e all'applicazione delle sanzioni civili per l'inadempimento di tali obblighi, in materia di infortuni sul lavoro e di malattie professionali, è competente il tribunale nella cui circoscrizione ha sede l'ufficio dell'ente al quale deve essere fatta la denuncia dei lavori ai fini dell'assicurazione, e per le altre controversie è competente il tribunale del luogo in cui si è svolto il rapporto di lavoro.

* L'articolo è stato abrogato dalla l. 11/8/1973, n. 533.

462. Patrocinio*. – *Le parti che chiedono le prestazioni possono stare in giudizio personalmente, oppure con il ministero di un procuratore legale scelto in appositi albi, e possono valersi dell'assistenza di avvocati scelti negli stessi albi.*

* L'articolo è stato abrogato dalla l. 11/8/1973, n. 533.

463. Assistenza del consulente tecnico*. – *Nei processi regolati nel presente capo, relativi a domande di prestazioni previdenziali o assistenziali, il giudice è normalmente assistito, a norma dell'articolo 441, da uno o più consulenti tecnici, scelti in appositi albi.*

* L'articolo è stato abrogato dalla l. 11/8/1973, n. 533.

464. Rinvio*. – *Si osservano nel procedimento le disposizioni degli articoli 439, 440, 441 e 448 primo comma.*

Le associazioni sindacali possono intervenire nel giudizio a norma dell'articolo 443.

Le parti possono chiedere che la decisione sia rimessa ad uno o più consulenti tecnici, a norma degli articoli 455 e seguenti.

* L'articolo è stato abrogato dalla l. 11/8/1973, n. 533.

465. Giudice d'appello* – *L'appello contro le sentenze pronunciate nelle controversie previste nell'articolo 459 si propone alla sezione della corte d'appello che funziona come magistratura del lavoro, composta nel modo indicato nell'articolo 450.*

Si applica la disposizione dell'articolo 453.

* L'articolo è stato abrogato dalla l. 11/8/1973, n. 533.

466. Appellabilità delle sentenze*. – *Sono inappellabili le sentenze che hanno deciso una controversia di valore non superiore alle lire diecimila.*

* L'articolo è stato abrogato dalla l. 11/8/1973, n. 533.

467. Denuncia all'associazione sindacale*. – *Le norme degli articoli 430, 431, 432 e 433 si applicano anche nelle controversie in materie regolate da norme corporative, quando l'obbligo del tentativo di conciliazione è stabilito dalle dette norme.*

* L'articolo è stato abrogato dalla l. 11/8/1973, n. 533.

468. Nomina del consulente tecnico*. – *Nelle controversie indicate nell'articolo precedente i consulenti tecnici sono scelti possibilmente negli appositi albi.*

* L'articolo è stato abrogato dalla l. 11/8/1973, n. 533.

469. Intervento delle associazioni sindacali*. – *Le associazioni sindacali possono intervenire in giudizio a norma dell'articolo 443, quando si contenda sull'applicazione delle norme corporative.*

* L'articolo è stato abrogato dalla l. 11/8/1973, n. 533.

470. Sospensione del procedimento*. – *Il procedimento deve essere sospeso a norma dell'articolo 444, quando pende un processo collettivo riguardante l'applicazione della norma corporativa.*

* L'articolo è stato abrogato dalla l. 11/8/1973, n. 533.

471. Ricorso per cassazione*. – *Si può proporre ricorso per cassazione a norma del numero 3 dell'articolo 360 anche per violazione o falsa applicazione delle disposizioni delle norme corporative.*

* L'articolo è stato abrogato dalla l. 11/8/1973, n. 533.

*472. **Accertamento tecnico preventivo****. – *Quando la controversia riguarda le modalità di una prestazione o la qualità di una merce o altro elemento tecnico relativo a una norma corporativa, la parte può chiedere, nei modi stabiliti nell'articolo 696, che sia eseguito un accertamento tecnico preventivo.*

* L'articolo è stato abrogato dalla l. 11/8/1973, n. 533.

*473. **Procedimento ed efficacia dell'accertamento****. – *Il presidente, il pretore o il conciliatore, quando ritiene di dovere accogliere l'istanza, nomina con decreto il consulente, scegliendolo in ogni caso nell'apposito albo. Nello stesso decreto il presidente, il pretore o il conciliatore formula i quesiti ai quali il consulente deve rispondere e gli assegna un breve termine per il compimento dell'indagine e per la presentazione della relazione.*

Alle risposte del consulente si applica la disposizione dell'articolo 442 ultimo comma.

* L'articolo è stato abrogato dalla l. 11/8/1973, n. 533.

TITOLO IV-BIS
NORME PER IL PROCEDIMENTO IN MATERIA DI PERSONE, MINORENNI E FAMIGLIE (1)

(1) Titolo introdotto dall'art. 3, co. 33, d.lg. 10/10/2022, n. 149.

Capo I
Disposizioni generali

473 bis. Ambito di applicazione (1). – Le disposizioni del presente titolo si applicano ai procedimenti relativi allo stato delle persone, ai minorenni e alle famiglie attribuiti alla competenza del tribunale ordinario, del giudice tutelare e del tribunale per i minorenni, salvo che la legge disponga diversamente e con esclusione dei procedimenti volti alla dichiarazione di adottabilità, dei procedimenti di adozione di minori di età e dei procedimenti attribuiti alla competenza delle sezioni specializzate in materia di immigrazione, protezione internazionale e libera circolazione dei cittadini dell'Unione europea.

Per quanto non disciplinato dal presente titolo, i procedimenti di cui al primo comma sono regolati dalle norme previste dai titoli I e III del libro secondo.

(1) Articolo introdotto dall'art. 3, co. 33, d.lg. 10/10/2022, n. 149.

473 bis.1. Composizione dell'organo giudicante (1). – Salvo che la legge disponga diversamente, il tribunale giudica in composizione collegiale e la trattazione e l'istruzione possono essere delegate a uno dei componenti del collegio.

Davanti al tribunale per i minorenni, nei procedimenti aventi ad oggetto la responsabilità genitoriale possono essere delegati ai giudici onorari specifici adempimenti ad eccezione dell'ascolto del minore, dell'assunzione delle testimonianze e degli altri atti riservati al giudice. La prima udienza, l'udienza di rimessione della causa in decisione e le udienze all'esito delle quali sono assunti provvedimenti temporanei sono tenute davanti al collegio o al giudice relatore.

(1) Articolo introdotto dall'art. 3, co. 33, d.lg. 10/10/2022, n. 149.

473 bis.2. Poteri del giudice (1). – A tutela dei minori il giudice può d'ufficio nominare il curatore speciale nei casi previsti dalla legge, adottare i provvedimenti opportuni in deroga all'articolo 112 e disporre mezzi di prova al di fuori dei limiti di ammissibilità previsti dal codice civile, nel rispetto del contraddittorio e del diritto alla prova contraria.

Con riferimento alle domande di contributo economico, il giudice può d'ufficio ordinare l'integrazione della documentazione depositata dalle parti e disporre ordini di esibizione e indagini sui redditi, sui patrimoni e sull'effettivo tenore di vita, anche nei confronti di terzi, valendosi se del caso della polizia tributaria.

(1) Articolo introdotto dall'art. 3, co. 33, d.lg. 10/10/2022, n. 149.

473 bis.3. Poteri del pubblico ministero (1). – Nell'esercizio dell'azione civile e al fine di adottare le relative determinazioni, il pubblico ministero può assumere informazioni, acquisire atti e svolgere accertamenti, anche avvalendosi della polizia giudiziaria e dei servizi sociali, sanitari e assistenziali.

(1) Articolo introdotto dall'art. 3, co. 33, d.lg. 10/10/2022, n. 149.

473 bis.4. Ascolto del minore (1). – Il minore che ha compiuto gli anni dodici e anche di età inferiore ove capace di discernimento è ascoltato dal giudice nei procedimenti nei quali devono essere adottati provvedimenti che lo riguardano. Le opinioni del minore devono essere tenute in considerazione avuto riguardo alla sua età e al suo grado di maturità.

Il giudice non procede all'ascolto, dandone atto con provvedimento motivato, se esso è in contrasto con l'interesse del minore o manifestamente superfluo, in caso di impossibilità fisica o psichica del minore o se quest'ultimo manifesta la volontà di non essere ascoltato.

Nei procedimenti in cui si prende atto di un accordo dei genitori relativo alle condizioni di affidamento dei figli, il giudice procede all'ascolto soltanto se necessario.

(1) Articolo introdotto dall'art. 3, co. 33, d.lg. 10/10/2022, n. 149.

473 bis.5. Modalità dell'ascolto (1). – L'ascolto del minore è condotto dal giudice, il quale può farsi assistere da esperti e altri ausiliari. Se il procedimento riguarda più minori, di regola il giudice li ascolta separatamente.

L'udienza è fissata in orari compatibili con gli impegni scolastici del minore, ove possibile in locali idonei e adeguati alla sua età, anche in luoghi diversi dal tribunale.

Prima di procedere all'ascolto, il giudice indica i temi oggetto dell'adempimento ai genitori, agli esercenti la responsabilità genitoriale, ai rispettivi difensori e al curatore speciale, i quali possono proporre argomenti e temi di approfondimento e, su autorizzazione del giudice, partecipare all'ascolto.

Il giudice, tenuto conto dell'età e del grado di maturità del minore, lo informa della natura del procedimento e degli effetti dell'ascolto, e procede all'adempimento con modalità che ne garantiscono la serenità e la riservatezza. Il minore che ha compiuto quattordici anni è informato altresì della possibilità di chiedere la nomina di un curatore speciale ai sensi dell'articolo 473-bis.8.

Dell'ascolto del minore è effettuata registrazione audiovisiva. Se per motivi tecnici non è possibile procedere alla registrazione, il processo verbale descrive dettagliatamente il contegno del minore.

(1) Articolo introdotto dall'art. 3, co. 33, d.lg. 10/10/2022, n. 149.

473 bis.6. Rifiuto del minore a incontrare il genitore (1). – Quando il minore rifiuta di incontrare uno o entrambi i genitori, il giudice procede all'ascolto senza ritardo, assume sommarie informazioni sulle cause del rifiuto e può disporre l'abbreviazione dei termini processuali.

Allo stesso modo il giudice procede quando sono allegate o segnalate condotte di un genitore tali da ostacolare il mantenimento di un rapporto equilibrato e continuativo tra il minore e l'altro genitore o la conservazione di rapporti significativi con gli ascendenti e con i parenti di ciascun ramo genitoriale.

(1) Articolo introdotto dall'art. 3, co. 33, d.lg. 10/10/2022, n. 149.

473 bis.7. Nomina del tutore e del curatore del minore (1). – Il giudice nomina il tutore del minore quando dispone, anche con provvedimento temporaneo, la sospensione o la decadenza dalla responsabilità genitoriale di entrambi i genitori. Copia del provvedimento è trasmessa al giudice tutelare per le prescritte annotazioni sul registro delle tutele. Sino alla definizione del procedimento, le funzioni del giudice tutelare sono esercitate dal giudice che procede.

Il giudice può nominare il curatore del minore quando dispone, all'esito del procedimento, limitazioni della responsabilità genitoriale. Il provvedimento di nomina del curatore deve contenere l'indicazione:

a) della persona presso cui il minore ha la residenza abituale;

b) degli atti che il curatore ha il potere di compiere nell'interesse del minore, e di quelli per i quali è necessaria l'autorizzazione del giudice tutelare;

c) degli atti che possono compiere i genitori, congiuntamente o disgiuntamente;

d) degli atti che può compiere la persona presso cui il minore ha la residenza abituale;

e) della periodicità con cui il curatore riferisce al giudice tutelare circa l'andamento degli interventi, i rapporti mantenuti dal minore con i genitori, l'attuazione del progetto eventualmente predisposto dal tribunale.

Nei casi previsti dal presente articolo, all'esito del procedimento il giudice trasmette gli atti al giudice tutelare competente.

(1) Articolo introdotto dall'art. 3, co. 33, d.lg. 10/10/2022, n. 149.

473 bis.8. Curatore speciale del minor (1). – Il giudice provvede alla nomina del curatore speciale del minore, anche d'ufficio e a pena di nullità degli atti del procedimento:

a) nei casi in cui il pubblico ministero abbia chiesto la decadenza dalla responsabilità genitoriale di entrambi i genitori, o in cui uno dei genitori abbia chiesto la decadenza dell'altro;

b) in caso di adozione di provvedimenti ai sensi dell'articolo 403 del codice civile o di affidamento del minore ai sensi degli articoli 2 e seguenti della legge 4 maggio 1983, n. 184;

c) nel caso in cui dai fatti emersi nel procedimento venga alla luce una situazione di pregiudizio per il minore tale da escluderne l'adeguata rappresentanza processuale da parte di entrambi i genitori;

d) quando ne faccia richiesta il minore che abbia compiuto quattordici anni.

In ogni caso il giudice può nominare un curatore speciale quando i genitori appaiono per gravi ragioni temporaneamente inadeguati a rappresentare gli interessi del minore. Il provvedimento di nomina del curatore deve essere succintamente motivato. Si applicano gli articoli 78, 79 e 80.

Al curatore speciale del minore il giudice può attribuire, con il provvedimento di nomina o con provvedimento non impugnabile adottato nel corso del giudizio, specifici poteri di rappresentanza sostanziale. Il curatore speciale del minore procede al suo ascolto ai sensi dell'articolo 315-bis, terzo comma, del codice civile, nel rispetto dei limiti di cui all'articolo 473-bis.4.

Il minore che abbia compiuto quattordici anni, i genitori che esercitano la responsabilità genitoriale, il tutore o il pubblico ministero possono chiedere con istanza motivata al presidente del tribunale o al giudice che procede, che decide con decreto non impugnabile, la revoca del curatore per gravi inadempienze o perché mancano o sono venuti meno i presupposti per la sua nomina.

(1) Articolo introdotto dall'art. 3, co. 33, d.lg. 10/10/2022, n. 149.

473 bis.9. Disposizioni in favore dei figli maggiorenni portatori di handicap grave (1). – Ai figli maggiorenni portatori di handicap grave si applicano le disposizioni in favore dei figli minori previste nel presente titolo, in quanto compatibili.

(1) Articolo introdotto dall'art. 3, co. 33, d.lg. 10/10/2022, n. 149.

473 bis.10. Mediazione familiare (1). – Il giudice può, in ogni momento, informare le parti della possibilità di avvalersi della mediazione familiare e invitarle a rivolgersi a un mediatore, da loro scelto tra le persone iscritte nell'elenco formato a norma delle disposizioni di attuazione del presente codice, per ricevere informazioni circa le finalità, i contenuti e le modalità del percorso e per valutare se intraprenderlo.

Qualora ne ravvisi l'opportunità, il giudice, sentite le parti e ottenuto il loro consenso, può rinviare l'adozione dei provvedimenti di cui all'articolo 473-bis.22 per consentire che i coniugi, avvalendosi di esperti, tentino una mediazione per raggiungere un accordo, con particolare riferimento alla tutela dell'interesse morale e materiale dei figli.

(1) Articolo introdotto dall'art. 3, co. 33, d.lg. 10/10/2022, n. 149.

Capo II
Del procedimento

Sezione I
Disposizioni comuni al giudizio di primo grado

473 bis.11. Competenza per territorio (1). – Per tutti i procedimenti nei quali devono essere adottati provvedimenti che riguardano un minore, è competente il tribunale del luogo in cui il minore ha la residenza abituale. Se vi è stato trasferimento del minore non autorizzato e non è decorso un anno, è competente il tribunale del luogo dell'ultima residenza abituale del minore prima del trasferimento.

In tutti gli altri casi si applicano le disposizioni generali, ove non derogate da quanto previsto alla sezione II del capo III del presente titolo.

(1) Articolo introdotto dall'art. 3, co. 33, d.lg. 10/10/2022, n. 149.

473 bis.12. Forma della domanda (1). – La domanda si propone con ricorso che contiene:

a) l'indicazione dell'ufficio giudiziario davanti al quale la domanda è proposta;

b) il nome, il cognome, il luogo e la data di nascita, la cittadinanza, la residenza o il domicilio o la dimora e il codice fiscale dell'attore e del convenuto, nonché dei figli comuni delle parti se minorenni, maggiorenni economicamente non autosufficienti o portatori di handicap grave, e degli altri soggetti ai quali le domande o il procedimento si riferiscono;

c) il nome, il cognome e il codice fiscale del procuratore, unitamente all'indicazione della procura;

d) la determinazione dell'oggetto della domanda;

e) la chiara e sintetica esposizione dei fatti e degli elementi di diritto sui quali la domanda si fonda, con le relative conclusioni;

f) l'indicazione specifica dei mezzi di prova dei quali l'attore intende valersi e dei documenti che offre in comunicazione.

Il ricorso deve altresì indicare l'esistenza di altri procedimenti aventi a oggetto, in tutto o in parte, le medesime domande o domande ad esse connesse. Ad esso è allegata copia di eventuali provvedimenti, anche provvisori, già adottati in tali procedimenti.

In caso di domande di contributo economico o in presenza di figli minori, al ricorso sono allegati:

a) le dichiarazioni dei redditi degli ultimi tre anni;

b) la documentazione attestante la titolarità di diritti reali su beni immobili e beni mobili registrati, nonché di quote sociali;

c) gli estratti conto dei rapporti bancari e finanziari relativi agli ultimi tre anni.

Nei procedimenti relativi ai minori, al ricorso è allegato un piano genitoriale che indica gli impegni e le attività quotidiane dei figli relative alla scuola, al percorso educativo, alle attività extrascolastiche, alle frequentazioni abituali e alle vacanze normalmente godute.

(1) Articolo introdotto dall'art. 3, co. 33, d.lg. 10/10/2022, n. 149.

473 bis.13. Ricorso del pubblico ministero (1). – Il ricorso del pubblico ministero contiene:

a) l'indicazione dell'ufficio giudiziario davanti al quale il ricorso è presentato;

b) il nome, il cognome, il luogo e la data di nascita, la cittadinanza, la residenza o il domicilio o la dimora e il codice fiscale del minore, dei genitori e, ove nominati, del tutore, del curatore, del curatore speciale e dell'affidatario del minore, nonché, nei giudizi relativi allo stato delle persone, di coloro che possono avere un interesse qualificato all'esito del giudizio;

c) la determinazione dell'oggetto della domanda;

d) la chiara e sintetica esposizione dei fatti e degli elementi di diritto sui quali la domanda si fonda con le relative conclusioni, anche istruttorie.

Nei casi in cui il minore sia stato collocato in una struttura comunitaria, il ricorso indica altresì il nome, il cognome, il codice fiscale e la residenza del legale rappresentante, salvo che sia necessario mantenere riservate tali indicazioni.

Al ricorso sono allegati i documenti relativi agli accertamenti svolti e alle informazioni assunte, nonché i provvedimenti relativi al minore emessi dall'autorità giudiziaria o da altra pubblica autorità.

In presenza di richiesta di allontanamento del minore, il ricorso reca l'indicazione di eventuali parenti entro il quarto grado che abbiano mantenuto rapporti significativi con lo stesso.

In caso di domande di contributo economico, al ricorso è allegata la documentazione attestante la situazione economica e reddituale dei genitori e del minore.

Le disposizioni che precedono si applicano, in quanto compatibili, anche al ricorso presentato dal parente, dal tutore, dal curatore e dal curatore speciale.

(1) Articolo introdotto dall'art. 3, co. 33, d.lg. 10/10/2022, n. 149.

473 bis.14. Deposito del ricorso e decreto di fissazione dell'udienza (1). – Il ricorso è depositato al giudice competente insieme con i documenti in esso indicati.

Il presidente, entro tre giorni dal deposito del ricorso, designa il relatore, al quale può delegare la trattazione del procedimento, e fissa l'udienza di prima comparizione delle parti assegnando il termine per la costituzione del convenuto, che deve avvenire almeno trenta giorni prima dell'udienza. Il presidente nomina un curatore speciale quando il convenuto è malato di mente o legalmente incapace.

Tra il giorno del deposito del ricorso e l'udienza non devono intercorrere più di novanta giorni.

Con lo stesso decreto il presidente informa il convenuto che la costituzione oltre il suddetto termine implica le decadenze di cui agli articoli 38 e 167, che la difesa tecnica mediante avvocato è obbligatoria e che la parte, sussistendone i presupposti di legge, può presentare istanza per l'ammissione al patrocinio a spese dello Stato. Informa inoltre le parti della possibilità di avvalersi della mediazione familiare.

Il ricorso e il decreto di fissazione dell'udienza sono notificati al convenuto a cura dell'attore. Tra la notifica del ricorso e la data dell'udienza deve intercorrere un termine non inferiore a sessanta giorni liberi. Il decreto è inoltre comunicato al pubblico ministero, a cura della cancelleria.

Il termine di cui al terzo comma è elevato a centoventi giorni e quello di cui al quinto comma è elevato a novanta giorni nel caso in cui la notificazione debba essere effettuata all'estero.

(1) Articolo introdotto dall'art. 3, co. 33, d.lg. 10/10/2022, n. 149.

473 bis.15. Provvedimenti indifferibili (1). – In caso di pregiudizio imminente e irreparabile o quando la convocazione delle parti potrebbe pregiudicare l'attuazione dei provvedimenti, il presidente o il giudice da lui delegato, assunte ove occorre sommarie informazioni, adotta con decreto provvisoriamente esecutivo i provvedimenti necessari nell'interesse dei figli e, nei limiti delle domande da queste proposte, delle parti. Con il medesimo decreto fissa entro i successivi quindici giorni l'udienza per la conferma, modifica o revoca dei provvedimenti adottati con il decreto, assegnando all'istante un termine perentorio per la notifica.

(1) Articolo introdotto dall'art. 3, co. 33, d.lg. 10/10/2022, n. 149.

473 bis.16. Costituzione del convenuto (1). – Il convenuto si costituisce nel termine assegnato dal giudice, depositando comparsa di risposta che contiene le indicazioni previste, anche a pena di decadenza, dagli articoli 167 e 473-bis.12, secondo, terzo e quarto comma.

(1) Articolo introdotto dall'art. 3, co. 33, d.lg. 10/10/2022, n. 149.

473 bis.17. Ulteriori difese (1). – Entro venti giorni prima della data dell'udienza, l'attore può depositare memoria con cui prendere posizione in maniera chiara e specifica sui fatti allegati dal convenuto, nonché, a pena di decadenza, modificare o precisare le domande e le conclusioni già formulate, proporre le domande e le eccezioni che sono conseguenza delle difese del convenuto, indicare mezzi di prova e produrre documenti. Nel caso in cui il convenuto abbia formulato domande di contributo economico, nello stesso termine l'attore deve depositare la documentazione prevista nell'articolo 473-bis.12, terzo comma.

Entro dieci giorni prima della data dell'udienza, il convenuto può depositare un'ulteriore memoria con cui, a pena di decadenza, precisare e modificare le domande, le eccezioni e le conclusioni già proposte, proporre le eccezioni non rilevabili d'ufficio che siano conseguenza della domanda riconvenzionale o delle difese svolte dall'attore con la memoria di cui al primo comma, indicare mezzi di prova e produrre documenti, anche a prova contraria.

Entro cinque giorni prima della data dell'udienza, l'attore può depositare ulteriore memoria per le sole indicazioni di prova contraria rispetto ai mezzi istruttori dedotti nella memoria di cui al secondo comma.

(1) Articolo introdotto dall'art. 3, co. 33, d.lg. 10/10/2022, n. 149.

473 bis.18. Dovere di leale collaborazione (1). – Il comportamento della parte che in ordine alle proprie condizioni economiche rende informazioni o effettua produzioni documentali inesatte o incomplete è valutabile ai sensi del secondo comma dell'articolo 116, nonché ai sensi del primo comma dell'articolo 92 e dell'articolo 96.

(1) Articolo introdotto dall'art. 33, co. 3, d.lg. 10/10/2022, n. 149.

473 bis.19. Nuove domande e nuovi mezzi di prova (1). – Le decadenze previste dagli articoli 473-bis.14 e 473-bis.17 operano solo in riferimento alle domande aventi a oggetto diritti disponibili.

Le parti possono sempre introdurre nuove domande e nuovi mezzi di prova relativi all'affidamento e al mantenimento dei figli minori. Possono altresì proporre, nella prima difesa utile successiva e fino al momento della precisazione delle conclusioni, nuove domande di contributo economico in favore proprio e dei figli maggiorenni non indipendenti economicamente e i relativi nuovi mezzi di prova, se si verificano mutamenti nelle circostanze o a seguito di nuovi accertamenti istruttori.

(1) Articolo introdotto dall'art. 3, co. 33, d.lg. 10/10/2022, n. 149.

473 bis.20. Intervento volontario (1). – L'intervento del terzo avviene con le modalità previste dall'articolo 473-bis.16.

Il terzo non può intervenire oltre il termine stabilito per la costituzione del convenuto, salvo che compaia volontariamente per l'integrazione necessaria del contraddittorio.

(1) Articolo introdotto dall'art. 3, co. 33, d.lg. 10/10/2022, n. 149.

473 bis.21. Udienza di comparizione delle parti (1). – All'udienza fissata per la comparizione delle parti, il collegio o il giudice delegato verifica d'ufficio la regolarità del contraddittorio e, quando occorre, pronuncia i provvedimenti opportuni. Salvo che il processo sia introdotto con ricorso del pubblico ministero, se l'attore non compare o rinuncia e il convenuto costituito non chiede che si proceda in sua assenza, il procedimento si estingue.

Le parti devono comparire personalmente, salvo gravi e comprovati motivi. La mancata comparizione senza giustificato motivo costituisce comportamento valutabile ai sensi del secondo comma dell'articolo 116 e nella liquidazione delle spese.

All'udienza il giudice sente le parti, congiuntamente o separatamente, alla presenza dei rispettivi difensori, e ne tenta la conciliazione. Può inoltre formulare una motivata proposta conciliativa della controversia. Se le parti si conciliano, il giudice assume i provvedimenti temporanei e urgenti che si rendono necessari e rimette la causa in decisione.

(1) Articolo introdotto dall'art. 3, co. 33, d.lg. 10/10/2022, n. 149.

473 bis.22. Provvedimenti del giudice (1). – Se la conciliazione non riesce, il giudice, sentite le parti e i rispettivi difensori e assunte ove occorra sommarie informazioni, dà con ordinanza i provvedimenti temporanei e urgenti che ritiene opportuni nell'interesse delle parti, nei limiti delle domande da queste proposte, e dei figli. Quando pone a carico delle parti l'obbligo di versare un contributo economico il giudice determina la data di decorrenza del provvedimento, con facoltà di farla retroagire fino alla data della domanda. Allo stesso modo provvede se una delle parti non compare senza giustificato motivo.

L'ordinanza costituisce titolo esecutivo e titolo per l'iscrizione dell'ipoteca giudiziale, e conserva la sua efficacia anche dopo l'estinzione del processo, finché non sia sostituita con altro provvedimento.

Con l'ordinanza di cui al primo comma, il giudice provvede sulle richieste istruttorie e predispone il calendario del processo, fissando entro i successivi novanta giorni l'udienza per l'assunzione dei mezzi di prova ammessi.

Quando la causa è matura per la decisione senza bisogno di assunzione dei mezzi di prova, il giudice, fatte precisare le conclusioni, pronuncia i provvedimenti di cui al primo comma e ordina la discussione orale della causa nella stessa udienza o, su istanza di parte, in un'udienza successiva e, all'esito, trattiene la causa in decisione. Il giudice delegato si riserva di riferire al collegio per la decisione. Allo stesso modo si procede quando può essere decisa la domanda relativa allo stato delle persone e il procedimento deve continuare per la definizione delle ulteriori domande. Contro la sentenza che decide sullo stato delle persone è ammesso solo appello immediato.

(1) Articolo introdotto dall'art. 3, co. 33, d.lg. 10/10/2022, n. 149.

473 bis.23. Modifica dei provvedimenti temporanei e urgenti (1). – I provvedimenti temporanei e urgenti possono essere modificati o revocati dal collegio o dal giudice delegato in presenza di fatti sopravvenuti o nuovi accertamenti istruttori.

(1) Articolo introdotto dall'art. 3, co. 33, d.lg. 10/10/2022, n. 149.

473 bis.24. Reclamo dei provvedimenti temporanei e urgenti (1). – Contro i provvedimenti temporanei e urgenti di cui al primo comma dell'articolo 473-bis.22 si può proporre reclamo con ricorso alla corte di appello.

È altresì ammesso reclamo contro i provvedimenti temporanei emessi in corso di causa che sospendono o introducono sostanziali limitazioni alla responsabilità genitoriale, nonché quelli che prevedono sostanziali modifiche dell'affidamento e della collocazione dei minori ovvero ne dispongono l'affidamento a soggetti diversi dai genitori.

Il reclamo deve essere proposto entro il termine perentorio di dieci giorni dalla pronuncia del provvedimento in udienza ovvero dalla comunicazione, o dalla notificazione se anteriore. Eventuali circostanze sopravvenute sono dedotte davanti al giudice di merito.

Il collegio, assicurato il contraddittorio tra le parti, entro sessanta giorni dal deposito del ricorso pronuncia ordinanza con la quale conferma, modifica o revoca il provvedimento reclamato e provvede sulle spese. Ove indispensabile ai fini della decisione, può assumere sommarie informazioni. L'ordinanza è immediatamente esecutiva.

Avverso i provvedimenti di reclamo pronunciati nei casi di cui al secondo comma è ammesso ricorso per cassazione ai sensi dell'articolo 111 della Costituzione.

(1) Articolo introdotto dall'art. 3, co. 33, d.lg. 10/10/2022, n. 149.

473 bis.25. Consulenza tecnica d'ufficio (1). – Quando dispone consulenza tecnica d'ufficio, il giudice precisa l'oggetto dell'incarico e sceglie il consulente tra quelli dotati di specifica competenza in relazione all'accertamento e alle valutazioni da compiere.

Nella consulenza psicologica le indagini e le valutazioni su caratteristiche e profili di personalità delle parti sono consentite nei limiti in cui hanno ad oggetto aspetti tali da incidere direttamente sulle capacità genitoriali, e sono fondate su metodologie e protocolli riconosciuti dalla comunità scientifica.

Il consulente svolge le indagini che coinvolgono direttamente il minore in orari compatibili con gli impegni scolastici, e con durata e modalità che garantiscono la serenità del minore e sono adeguate alla sua età.

Nella relazione il consulente tiene distinti i fatti osservati direttamente, le dichiarazioni rese dalle parti e dai terzi e le valutazioni da lui formulate. La relazione indica altresì le metodologie e i protocolli seguiti, nonché' eventuali specifiche proposte di intervento a sostegno del nucleo familiare e del minore.

(1) Articolo introdotto dall'art. 3, co. 33, d.lg. 10/10/2022, n. 149.

473 bis.26. Nomina di un esperto su richiesta delle parti (1). – Il giudice, su istanza congiunta delle parti, può nominare ai sensi dell'articolo 68 uno o più ausiliari, scelti tra gli iscritti all'albo dei consulenti tecnici d'ufficio, o al di fuori dell'albo se vi è accordo delle parti, per intervenire sul nucleo familiare al fine di superare i conflitti tra le parti, fornire ausilio per i minori e agevolare la ripresa o il miglioramento delle relazioni tra genitori e figli.

Il giudice individua gli obiettivi dell'attività demandata all'ausiliario tra quelli indicati nel primo comma, e fissa i termini, anche periodici, entro cui l'ausiliario deposita una relazione sull'attività svolta e quelli entro cui le parti possono depositare note scritte.

Se sorgono questioni sui poteri o sui limiti dell'incarico conferito, l'ausiliario o le parti informano il giudice il quale, sentite le parti, dà i provvedimenti opportuni.

(1) Articolo introdotto dall'art. 3, co. 33, d.lg. 10/10/2022, n. 149.

473 bis.27. Intervento dei servizi sociali o sanitari nei procedimenti a tutela dei minor (1). – Quando dispone l'intervento dei servizi sociali o sanitari, il giudice indica in modo specifico l'attività ad essi demandata e fissa i termini entro cui i servizi sociali o sanitari devono depositare una relazione periodica sull'attività svolta, nonché quelli entro cui le parti possono depositare memorie.

Nelle relazioni sono tenuti distinti i fatti accertati, le dichiarazioni rese dalle parti e dai terzi e le eventuali valutazioni formulate dagli operatori che, ove aventi oggetto profili di personalità delle parti, devono essere fondate su dati oggettivi e su metodologie e protocolli riconosciuti dalla comunità scientifica, da indicare nella relazione.

Le parti possono prendere visione ed estrarre copia delle relazioni e di ogni accertamento compiuto dai responsabili del servizio sociale o sanitario incaricati, trasmessi all'autorità giudiziaria, salvo che la legge non disponga diversamente.

(1) Articolo introdotto dall'art. 3, co. 33, d.lg. 10/10/2022, n. 149.

473 bis.28. Decisione della causa (1). – Il giudice, esaurita l'istruzione, fissa davanti a sé l'udienza di rimessione della causa in decisione e assegna alle parti:

a) un termine non superiore a sessanta giorni prima dell'udienza per il deposito di note scritte di precisazione delle conclusioni;

b) un termine non superiore a trenta giorni prima dell'udienza per il deposito delle comparse conclusionali;

c) un termine non superiore a quindici giorni prima della stessa udienza per il deposito delle memorie di replica.

All'udienza la causa è rimessa in decisione e il giudice delegato si riserva di riferire al collegio. La sentenza è depositata nei successivi sessanta giorni.

(1) Articolo introdotto dall'art. 3, co. 33, d.lg. 10/10/2022, n. 149.

473 bis.29. Modificabilità dei provvedimenti (1). – Qualora sopravvengano giustificati motivi, le parti possono in ogni tempo chiedere, con le forme previste nella presente sezione, la revisione dei provvedimenti a tutela dei minori e in materia di contributi economici.

(1) Articolo introdotto dall'art. 3, co. 33, d.lg. 10/10/2022, n. 149.

Sezione II
Dell'appello

473 bis.30. Forma dell'appello (1). – L'appello si propone con ricorso, che deve contenere le indicazioni previste dall'articolo 342.

(1) Articolo introdotto dall'art. 3, co. 33, d.lg. 10/10/2022, n. 149.

473 bis.31. Decreto del presidente (1). – Il presidente della corte di appello, entro cinque giorni dal deposito del ricorso, nomina il relatore e fissa l'udienza di comparizione e trattazione e il termine entro il quale l'appellante deve provvedere alla notificazione del ricorso e del decreto all'appellato.

Tra la data di notificazione all'appellato e quella dell'udienza deve intercorrere un termine non minore di novanta giorni.

Nel caso in cui la notificazione prevista dal primo comma debba effettuarsi all'estero, il termine di cui al secondo comma è elevato a centocinquanta giorni.

Il presidente acquisisce d'ufficio le relazioni aggiornate dei servizi sociali o sanitari eventualmente incaricati e ordina alle parti di depositare la documentazione aggiornata di cui all'articolo 473-bis.12, terzo comma.

(1) Articolo introdotto dall'art. 3, co. 33, d.lg. 10/10/2022, n. 149.

473 bis.32. Costituzione dell'appellato e appello incidentale (1). – L'appellato deve costituirsi almeno trenta giorni prima dell'udienza, mediante deposito della comparsa di costituzione, nella quale deve esporre le sue difese in modo chiaro e specifico. Nella stessa comparsa l'appellato può, a pena di decadenza, proporre appello incidentale.

L'appellante può depositare una memoria di replica entro il termine perentorio di venti giorni prima dell'udienza, e l'appellato può a sua volta replicare con memoria da depositare entro il termine perentorio di dieci giorni prima.

(1) Articolo introdotto dall'art. 3, co. 33, d.lg. 10/10/2022, n. 149.

473 bis.33. Intervento del pubblico ministero (1). –Il pubblico ministero interviene in giudizio depositando le proprie conclusioni almeno dieci giorni prima dell'udienza.

(1) Articolo introdotto dall'art. 3, co. 33, d.lg. 10/10/2022, n. 149.

473 bis.34. Udienza di discussione (1). – La trattazione dell'appello è collegiale.

All'udienza il giudice incaricato fa la relazione orale della causa, e all'esito della discussione il collegio trattiene la causa in decisione. Su richiesta delle parti, può assegnare loro un termine per note difensive e rinviare la causa ad altra udienza.

La sentenza è depositata nei sessanta giorni successivi all'udienza.

Il giudice dell'appello può adottare i provvedimenti di cui agli articoli 473-bis.15 e 473-bis.22. Se ammette nuove prove, dà con ordinanza i provvedimenti per la loro assunzione, per la quale può delegare il relatore.

(1) Articolo introdotto dall'art. 3, co. 33, d.lg. 10/10/2022, n. 149.

473 bis.35. Domande ed eccezioni nuove (1). – Il divieto di nuove domande ed eccezioni e di nuovi mezzi di prova previsto dall'articolo 345 si applica limitatamente alle domande aventi ad oggetto diritti disponibili.

(1) Articolo introdotto dall'art. 3, co. 33, d.lg. 10/10/2022, n. 149.

Sezione III
Dell'attuazione dei provvedimenti

473 bis.36. Garanzie a tutela del credito (1). I provvedimenti, anche se temporanei, in materia di contributo economico in favore della prole o delle parti sono immediatamente esecutivi e costituiscono titolo per l'iscrizione dell'ipoteca giudiziale. Se il valore dei beni ipotecati eccede la cautela da somministrare, si applica il secondo comma dell'articolo 96.

Il giudice può imporre al soggetto obbligato di prestare idonea garanzia personale o reale, se esiste il pericolo che possa sottrarsi all'adempimento degli obblighi di contributo economico.

Il creditore cui spetta la corresponsione periodica del contributo, per assicurare che siano soddisfatte o conservate le sue ragioni in ordine all'adempimento, può chiedere al giudice di autorizzare il sequestro dei beni mobili, immobili o crediti del debitore.

Qualora sopravvengano giustificati motivi il giudice, su istanza di parte, può disporre la revoca o la modifica dei provvedimenti.

I provvedimenti di cui al secondo, terzo e quarto comma sono richiesti al giudice del procedimento in corso o, in mancanza, ai sensi dell'articolo 473-bis.29.

(1) Articolo introdotto dall'art. 3, co. 33, d.lg. 10/10/2022, n. 149.

473 bis.37. Pagamento diretto del terzo (1). – Il creditore cui spetta la corresponsione periodica del contributo in favore suo o della prole, dopo la costituzione in mora del debitore, inadempiente per un periodo di almeno trenta giorni, può notificare il provvedimento o l'accordo di negoziazione assistita in cui è stabilita la misura dell'assegno ai terzi tenuti a corrispondere periodicamente somme di denaro al soggetto obbligato, con la richiesta di versargli direttamente le somme dovute, dandone comunicazione al debitore inadempiente.

Il terzo è tenuto al pagamento dell'assegno dal mese successivo a quello in cui è stata effettuata la notificazione. Ove il terzo non adempia, il creditore ha azione esecutiva diretta nei suoi confronti per il pagamento delle somme dovute.

Qualora il credito dell'obbligato nei confronti dei suddetti terzi sia stato già pignorato al momento della notificazione, all'assegnazione e alla ripartizione delle somme tra l'avente diritto al contributo e gli altri creditori provvede il giudice dell'esecuzione, il quale tiene conto anche della natura e delle finalità dell'assegno.

(1) Articolo introdotto dall'art. 3, co. 33, d.lg. 10/10/2022, n. 149.

473 bis.38. Attuazione dei provvedimenti sull'affidamento (1). Per l'attuazione dei provvedimenti sull'affidamento del minore e per la soluzione delle controversie in ordine all'esercizio della responsabilità genitoriale è competente il giudice del procedimento in corso, che provvede in composizione monocratica.

Se non pende un procedimento è competente, in composizione monocratica, il giudice che ha emesso il provvedimento da attuare o, in caso di trasferimento del minore, quello individuato ai sensi dell'articolo 473-bis.11, primo comma. Quando è instaurato successivamente tra le stesse parti un giudizio che ha ad oggetto la titolarità o l'esercizio della responsabilità genitoriale, il giudice dell'attuazione, anche d'ufficio, senza indugio e comunque entro quindici giorni adotta i provvedimenti urgenti che ritiene necessari nell'interesse del minore e trasmette gli atti al giudice di merito. I provvedimenti adottati conservano la loro efficacia fino a quando sono confermati, modificati o revocati con provvedimento emesso dal giudice del merito.

A seguito del ricorso il giudice, sentiti i genitori, coloro che esercitano la responsabilità genitoriale, il curatore e il curatore speciale, se nominati, e il pubblico ministero, tenta la conciliazione delle parti e in difetto pronuncia ordinanza con cui determina le modalità dell'attuazione e adotta i provvedimenti opportuni, avendo riguardo all'interesse superiore del minore.

Se nel corso dell'attuazione sorgono difficoltà che non ammettono dilazione, ciascuna parte e gli ausiliari incaricati possono chiedere al giudice, anche verbalmente, che adotti i necessari provvedimenti temporanei.

Il giudice può autorizzare l'uso della forza pubblica, con provvedimento motivato, soltanto se assolutamente indispensabile e avendo riguardo alla preminente tutela della salute psicofisica del minore. L'intervento è posto in essere sotto la vigilanza del giudice e con l'ausilio di personale specializzato, anche sociale e sanitario, il quale adotta ogni cautela richiesta dalle circostanze.

Nel caso in cui sussista pericolo attuale e concreto, desunto da circostanze specifiche e oggettive, di sottrazione del minore o di altre condotte che potrebbero pregiudicare l'attuazione del provvedimento, il giudice determina le modalità di attuazione con decreto motivato, senza la preventiva convocazione delle parti. Con lo stesso decreto dispone la comparizione delle parti davanti a sé nei quindici giorni successivi, e all'udienza provvede con ordinanza.

Avverso l'ordinanza pronunciata dal giudice ai sensi del presente articolo è possibile proporre opposizione nelle forme dell'articolo 473-bis.12.

(1) Articolo introdotto dall'art. 3, co. 33, d.lg. 10/10/2022, n. 149.

473 bis.39. Provvedimenti in caso di inadempienze o violazioni (1). – In caso di gravi inadempienze, anche di natura economica, o di atti che arrechino pregiudizio al minore od ostacolino il corretto svolgimento delle modalità dell'affidamento e dell'esercizio della responsabilità genitoriale, il giudice può d'ufficio modificare i provvedimenti in vigore e può, anche congiuntamente:

a) ammonire il genitore inadempiente;

b) individuare ai sensi dell'articolo 614-bis la somma di denaro dovuta dall'obbligato per ogni violazione o inosservanza successiva ovvero per ogni giorno di ritardo nell'esecuzione del provvedimento;

c) condannare il genitore inadempiente al pagamento di una sanzione amministrativa pecuniaria, da un minimo di 75 euro a un massimo di 5.000 euro a favore della Cassa delle ammende.

Nei casi di cui al primo comma, il giudice può inoltre condannare il genitore inadempiente al risarcimento dei danni a favore dell'altro genitore o, anche d'ufficio, del minore.

I provvedimenti assunti dal giudice del procedimento sono impugnabili nei modi ordinari.

(1) Articolo introdotto dall'art. 3, co. 33, d.lg. 10/10/2022, n. 149.

Capo III
Disposizioni speciali

Sezione I
Della violenza domestica o di genere

473 bis.40. Ambito di applicazione (1). – Le disposizioni previste dalla presente sezione si applicano nei procedimenti in cui siano allegati abusi familiari o condotte di violenza domestica o di genere poste in essere da una parte nei confronti dell'altra o dei figli minori.

(1) Articolo introdotto dall'art. 3, co. 33, d.lg. 10/10/2022, n. 149.

473 bis.41. Forma della domanda (1). – Il ricorso indica, oltre a quanto previsto dagli articoli 473-bis.12 e 473-bis.13, gli eventuali procedimenti, definiti o pendenti, relativi agli abusi o alle violenze.

Al ricorso è allegata copia degli accertamenti svolti e dei verbali relativi all'assunzione di sommarie informazioni e di prove testimoniali, nonché dei provvedimenti relativi alle parti e al minore emessi dall'autorità giudiziaria o da altra pubblica autorità.

(1) Articolo introdotto dall'art. 3, co. 33, d.lg. 10/10/2022, n. 149.

473 bis.42. Procedimento (1). – Il giudice può abbreviare i termini fino alla metà, e compie tutte le attività previste dalla presente sezione anche d'ufficio e senza alcun ritardo. Al fine di accertare le condotte allegate, può disporre mezzi di prova anche al di fuori dei limiti di ammissibilità previsti dal codice civile, nel rispetto del contraddittorio e del diritto alla prova contraria.

Il giudice e i suoi ausiliari tutelano la sfera personale, la dignità e la personalità della vittima e ne garantiscono la sicurezza, anche evitando, se opportuno, la contemporanea presenza delle parti.

Quando nei confronti di una delle parti è stata pronunciata sentenza di condanna o di applicazione della pena, anche non definitiva, o provvedimento cautelare civile o penale ovvero penda procedimento penale in una fase successiva ai termini di cui all'articolo 415-bis del codice di procedura penale per abusi o violenze, il decreto di fissazione dell'udienza non contiene l'invito a rivolgersi ad un mediatore familiare.

Quando la vittima degli abusi o delle violenze allegate è inserita in collocazione protetta, il giudice, ove opportuno per la sua sicurezza, dispone la secretazione dell'indirizzo ove essa dimora.

Con il decreto di fissazione dell'udienza, il giudice chiede al pubblico ministero e alle altre autorità competenti informazioni circa l'esistenza di eventuali procedimenti relativi agli abusi e alle violenze allegate, definiti o pendenti, e la trasmissione dei relativi atti non coperti dal segreto di cui all'articolo 329 del codice di procedura penale. Il pubblico ministero e le altre autorità competenti provvedono entro quindici giorni a quanto richiesto.

Le parti non sono tenute a comparire personalmente all'udienza di cui all'articolo 473-bis.21. Se compaiono, il giudice si astiene dal procedere al tentativo di conciliazione e dall'invitarle a rivolgersi ad un mediatore familiare. Può comunque invitare le parti a rivolgersi a un mediatore o tentare la conciliazione, se nel corso del giudizio ravvisa l'insussistenza delle condotte allegate.

(1) Articolo introdotto dall'art. 3, co. 33, d.lg. 10/10/2022, n. 149.

473 bis.43. Mediazione familiare (1). – È fatto divieto di iniziare il percorso di mediazione familiare quando è stata pronunciata sentenza di condanna o di applicazione della pena, anche in primo grado, ovvero è pendente un procedimento penale in una fase successiva ai termini di cui all'articolo 415-bis del codice di procedura penale per le condotte di cui all'articolo 473-bis.40, nonché quando tali condotte sono allegate o comunque emergono in corso di causa.

Il mediatore interrompe immediatamente il percorso di mediazione familiare intrapreso, se nel corso di esso emerge notizia di abusi o violenze.

(1) Articolo introdotto dall'art. 3, co. 33, d.lg. 10/10/2022, n. 149.

473 bis.44. Attività istruttoria (1). – Il giudice procede all'interrogatorio libero delle parti sui fatti allegati, avvalendosi se necessario di esperti o di altri ausiliari dotati di competenze specifiche in materia. Assume inoltre sommarie informazioni da persone informate dei fatti, può disporre d'ufficio la prova testimoniale formulandone i capitoli, e acquisisce atti e documenti presso gli uffici pubblici. Può anche acquisire rapporti d'intervento e relazioni di servizio redatti dalle forze dell'ordine, se non sono relativi ad attività d'indagine coperta da segreto.

Quando nomina un consulente tecnico d'ufficio, scelto tra quelli dotati di competenza in materia di violenza domestica e di genere, ovvero dispone indagini a cura dei servizi sociali, il giudice indica nel provvedimento la presenza di allegazioni di abusi o violenze, gli accertamenti da compiere e gli accorgimenti necessari a tutelare la vittima e i minori, anche evitando la contemporanea presenza delle parti.

(1) Articolo introdotto dall'art. 3, co. 33, d.lg. 10/10/2022, n. 149.

473 bis.45. Ascolto del minore (1). – Il giudice procede personalmente e senza ritardo all'ascolto del minore secondo quanto previsto dagli articoli 473-bis.4 e 473-bis.5, evitando ogni contatto con la persona indicata come autore degli abusi o delle violenze.

Non si procede all'ascolto quando il minore è stato già ascoltato nell'ambito di altro procedimento, anche penale, e le risultanze dell'adempimento acquisite agli atti sono ritenute sufficienti ed esaustive.

(1) Articolo introdotto dall'art. 3, co. 33, d.lg. 10/10/2022, n. 149.

473 bis.46. Provvedimenti del giudice (1). – Quando all'esito dell'istruzione, anche sommaria, ravvisa la fondatezza delle allegazioni, il giudice adotta i provvedimenti più idonei a tutelare la vittima e il minore, tra cui quelli previsti dall'articolo 473-bis.70, e disciplina il diritto di visita individuando modalità idonee a non compromettere la loro sicurezza.

A tutela della vittima e del minore, il giudice può altresì disporre, con provvedimento motivato, l'intervento dei servizi sociali e del servizio sanitario.

Quando la vittima è inserita in collocazione protetta, il giudice può incaricare i servizi sociali del territorio per l'elaborazione di progetti finalizzati al suo reinserimento sociale e lavorativo.

(1) Articolo introdotto dall'art. 3, co. 33, d.lg. 10/10/2022, n. 149.

Sezione II
Dei procedimenti di separazione, di scioglimento o cessazione degli effetti civili del matrimonio, di scioglimento dell'unione civile e di regolamentazione dell'esercizio della responsabilità genitoriale, nonché di modifica delle relative condizioni

473 bis.47. Competenza (1). – Per le domande di separazione personale dei coniugi, scioglimento o cessazione degli effetti civili del matrimonio, scioglimento dell'unione civile e regolamentazione dell'esercizio della responsabilità genitoriale nei confronti dei figli nati fuori dal matrimonio, nonché per quelle di modifica delle relative condizioni, è competente il tribunale individuato ai sensi dell'articolo 473-bis.11, primo comma. In mancanza di figli minori, è competente il tribunale del luogo di residenza del convenuto. In caso di irreperibilità o residenza all'estero del convenuto, è competente il tribunale del luogo di residenza dell'attore o, nel caso in cui l'attore sia residente all'estero, qualunque tribunale della Repubblica.

(1) Articolo introdotto dall'art. 3, co. 33, d.lg. 10/10/2022, n. 149.

473 bis.48. Produzioni documentali (1). – Nei procedimenti di cui alla presente sezione, al ricorso e alla comparsa di costituzione e risposta è sempre allegata la documentazione prevista dall'articolo 473-bis.12, terzo comma.

(1) Articolo introdotto dall'art. 3, co. 33, d.lg. 10/10/2022, n. 149.

473 bis.49. Cumulo di domande di separazione e scioglimento o cessazione degli effetti civili del matrimonio (1). – Negli atti introduttivi del procedimento di separazione personale le parti possono proporre anche domanda di scioglimento o cessazione degli effetti civili del matrimonio e le domande a questa connesse. Le domande così proposte sono procedibili decorso il termine a tal fine previsto dalla legge, e previo passaggio in giudicato della sentenza che pronuncia la separazione personale.

Se il giudizio di separazione e quello di scioglimento o cessazione degli effetti civili del matrimonio sono proposti tra le stesse parti davanti a giudici diversi, si applica l'articolo 40. In presenza di figli minori, la rimessione avviene in favore del giudice individuato ai sensi dell'articolo 473-bis.11, primo comma.

Se i procedimenti di cui al secondo comma pendono davanti allo stesso giudice, si applica l'articolo 274.

La sentenza emessa all'esito dei procedimenti di cui al presente articolo contiene autonomi capi per le diverse domande e determina la decorrenza dei diversi contributi economici eventualmente previsti.

(1) Articolo introdotto dall'art. 3, co. 33, d.lg. 10/10/2022, n. 149.

473 bis.50. Provvedimenti temporanei e urgenti (1). – Il giudice, quando adotta i provvedimenti temporanei e urgenti di cui all'articolo 473- bis.22, primo comma, indica le informazioni che ciascun genitore è tenuto a comunicare all'altro e può formulare una proposta di piano genitoriale tenendo conto di quelli allegati dalle parti. Se queste accettano la proposta, il mancato rispetto delle condizioni previste nel piano genitoriale costituisce comportamento sanzionabile ai sensi dell'articolo 473-bis.39.

(1) Articolo introdotto dall'art. 3, co. 33, d.lg. 10/10/2022, n. 149.

473 bis.51. Procedimento su domanda congiunta (1). – La domanda congiunta relativa ai procedimenti di cui all'articolo 473-bis.47 si propone con ricorso al tribunale del luogo di residenza o di domicilio dell'una o dell'altra parte.

Il ricorso è sottoscritto anche dalle parti e contiene le indicazioni di cui all'articolo 473- bis.12, primo comma, numeri 1), 2), 3) e 5), e secondo comma, e quelle relative alle disponibilità reddituali e patrimoniali dell'ultimo triennio e degli oneri a carico delle parti, nonché le condizioni inerenti alla prole e ai rapporti economici. Con il ricorso le parti possono anche regolamentare, in tutto o in parte, i loro rapporti patrimoniali. Se intendono avvalersi della facoltà di sostituire l'udienza con il deposito di note scritte, devono farne richiesta nel ricorso, dichiarando di non volersi riconciliare e depositando i documenti di cui all'articolo 473-bis.13, terzo comma.

A seguito del deposito, il presidente fissa l'udienza per la comparizione delle parti davanti al giudice relatore e dispone la trasmissione degli atti al pubblico ministero, il quale esprime il proprio parere entro tre giorni prima della data dell'udienza. All'udienza il giudice, sentite le parti e preso atto della loro volontà di non riconciliarsi, rimette la causa in decisione. Il giudice può sempre chiedere i chiarimenti necessari e invitare le parti a depositare la documentazione di cui all'articolo 473-bis.12, terzo comma.

Il collegio provvede con sentenza con la quale omologa o prende atto degli accordi intervenuti tra le parti. Se gli accordi sono in contrasto con gli interessi dei figli, convoca le parti indicando loro le modificazioni da adottare, e, in caso di inidonea soluzione, rigetta allo stato la domanda.

In caso di domanda congiunta di modifica delle condizioni inerenti all'esercizio della responsabilità genitoriale nei confronti dei figli e ai contributi economici in favore di questi o delle parti, il presidente designa il relatore che, acquisito il parere del pubblico ministero, riferisce in camera di consiglio. Il giudice dispone la comparizione personale delle parti quando queste ne fanno richiesta congiunta o sono necessari chiarimenti in merito alle nuove condizioni proposte.

(1) Articolo introdotto dall'art. 3, co. 33, d.lg. 10/10/2022, n. 149.

Sezione III
Dei procedimenti di interdizione, di inabilitazione e di nomina di amministratore di sostegno

473 bis.52. Forma della domanda (1). – La domanda per interdizione o inabilitazione si propone con ricorso diretto al tribunale del luogo in cui la persona nei confronti della quale è proposta ha residenza o domicilio.

Il ricorso contiene le indicazioni di cui all'articolo 473-bis.12 o all'articolo 473-bis.13, nonché il nome e il cognome e la residenza del coniuge o del convivente di fatto, dei parenti entro il quarto grado, degli affini entro il secondo grado e, se vi sono, del tutore o curatore dell'interdicendo o dell'inabilitando.

(1) Articolo introdotto dall'art. 3, co. 33, d.lg. 10/10/2022, n. 149.

473 bis.53. Provvedimenti del presidente (1). – Il presidente nomina il giudice relatore e fissa l'udienza di comparizione davanti a questo del ricorrente, dell'interdicendo o dell'inabilitando e delle altre persone indicate nel ricorso, le cui informazioni ritenga utili.

Il ricorso e il decreto sono notificati a cura del ricorrente, entro il termine fissato nel decreto stesso, alle persone indicate nel primo comma. Il decreto è comunicato al pubblico ministero.

(1) Articolo introdotto dall'art. 3, co. 33, d.lg. 10/10/2022, n. 149.

473 bis.54. Udienza di comparizione (1). – All'udienza il giudice relatore, con l'intervento del pubblico ministero, procede all'esame dell'interdicendo o dell'inabilitando, sente il parere delle altre persone citate interrogandole sulle circostanze che ritiene rilevanti ai fini della decisione, e può disporre anche d'ufficio l'assunzione di ulteriori informazioni, esercitando tutti i poteri istruttori previsti nell'articolo 419 del codice civile.

L'udienza per l'esame dell'interdicendo o dell'inabilitando si svolge in presenza.

Se l'interdicendo o l'inabilitando non può comparire per legittimo impedimento o la comparizione personale può arrecargli grave pregiudizio, il giudice, con l'intervento del pubblico ministero, si reca per sentirlo nel luogo in cui si trova. Valutata ogni circostanza, può disporre che l'udienza si svolga mediante collegamento audiovisivo a distanza, individuando le modalità idonee ad assicurare l'assenza di condizionamenti.

(1) Articolo introdotto dall'art. 3, co. 33, d.lg. 10/10/2022, n. 149.

473 bis.55. Capacità processuale dell'interdicendo e dell'inabilitando e nomina del tutore e del curatore provvisorio (1). – L'interdicendo e l'inabilitando possono stare in giudizio e compiere da soli tutti gli atti del procedimento, comprese le impugnazioni, anche quando è stato nominato il tutore o il curatore provvisorio previsto negli articoli 419 e 420 del codice civile.

Il tutore o il curatore provvisorio è nominato, anche d'ufficio, con decreto del giudice relatore. Finché non sia pronunciata la sentenza sulla domanda d'interdizione o d'inabilitazione, lo stesso giudice relatore può revocare la nomina, anche d'ufficio.

(1) Articolo introdotto dall'art. 3, co. 33, d.lg. 10/10/2022, n. 149.

473 bis.56. Impugnazione (1). – La sentenza che provvede sulla domanda d'interdizione o d'inabilitazione può essere impugnata da tutti coloro che avrebbero avuto diritto di proporre la domanda, anche se non hanno partecipato al giudizio, e dal tutore o curatore nominato con la stessa sentenza.

Il termine per l'impugnazione decorre, per tutte le persone indicate al primo comma, dalla notificazione della sentenza fatta nelle forme ordinarie a tutti coloro che hanno partecipato al giudizio.

Se è stato nominato un tutore o curatore provvisorio, l'atto di impugnazione deve essere notificato anche a lui.

(1) Articolo introdotto dall'art. 3, co. 33, d.lg. 10/10/2022, n. 149.

473 bis.57. Revoca dell'interdizione o dell'inabilitazione (1). – Per la revoca dell'interdizione o dell'inabilitazione si osservano le norme stabilite nella presente sezione.

Coloro che avevano diritto di promuovere l'interdizione e l'inabilitazione possono intervenire nel giudizio di revoca per opporsi alla domanda, e possono altresì impugnare la sente za pronunciata nel giudizio di revoca, anche se non hanno partecipato al giudizio.

(1) Articolo introdotto dall'art. 3, co. 33, d.lg. 10/10/2022, n. 149.

473 bis.58. Procedimenti in materia di amministrazione di sostegno (1). – Ai procedimenti in materia di amministrazione di sostegno si applicano, in quanto compatibili, le disposizioni della presente sezione.

Contro i decreti del giudice tutelare è ammesso reclamo al tribunale ai sensi dell'articolo 739.

Contro il decreto del tribunale in composizione collegiale è ammesso ricorso per cassazione.

(1) Articolo introdotto dall'art. 3, co. 33, d.lg. 10/10/2022, n. 149.

Sezione IV

Assenza e morte presunta

473 bis.59. Provvedimenti conservativi nell'interesse dello scomparso (1). –I provvedimenti indicati nell'articolo 48 del codice civile sono pronunciati dal tribunale in camera di consiglio su ricorso degli interessati, sentito il pubblico ministero.

(1) Articolo introdotto dall'art. 3, co. 33, d.lg. 10/10/2022, n. 149.

473 bis.60. Procedimento per la dichiarazione d'assenza (1). – La domanda per dichiarazione d'assenza si propone con ricorso, nel quale debbono essere indicati il nome e cognome e la residenza dei presunti successori legittimi dello scomparso e, se esistono, del suo procuratore o rappresentante legale.

Il presidente del tribunale fissa con decreto l'udienza per la comparizione davanti a sé o ad un giudice da lui designato del ricorrente e di tutte le persone indicate nel ricorso a norma del primo comma, e stabilisce il termine entro il quale la notificazione deve essere fatta a cura del ricorrente. Può anche ordinare che il decreto sia pubblicato in uno o più giornali. Il decreto è comunicato al pubblico ministero.

Il giudice interroga le persone comparse sulle circostanze che ritiene rilevanti, assume, quando occorre, ulteriori informazioni e quindi riferisce in camera di consiglio per i provvedimenti del tribunale, che questo pronuncia con sentenza.

(1) Articolo introdotto dall'art. 3, co. 33, d.lg. 10/10/2022, n. 149.

473 bis.61. Immissione nel possesso temporaneo dei beni (1). – Il tribunale provvede in camera di consiglio sulle domande per apertura di atti di ultima volontà e per immissione nel possesso temporaneo dei beni dell'assente, quando sono proposte da coloro che sarebbero eredi legittimi.

Se la domanda è proposta da altri interessati, il giudizio si svolge nelle forme ordinarie in contraddittorio di coloro che sarebbero eredi legittimi.

Con lo stesso provvedimento col quale viene ordinata l'immissione nel possesso temporaneo, sono determinate la cauzione o le altre cautele previste nell'articolo 50, quinto comma del codice civile, e sono date le disposizioni opportune per la conservazione delle rendite riservate all'assente a norma dell'articolo 53 dello stesso codice.

(1) Articolo introdotto dall'art. 3, co. 33, d.lg. 10/10/2022, n. 149.

473 bis.62. Procedimento per la dichiarazione di morte presunta (1). – La domanda per dichiarazione di morte presunta si propone con ricorso, nel quale debbono essere indicati il nome, cognome e domicilio dei presunti successori legittimi dello scomparso e, se esistono, del suo procuratore o rappresentante legale e di tutte le altre persone, che a notizia del ricorrente, perderebbero diritti o sarebbero gravate da obbligazioni, per effetto della morte dello scomparso.

Il presidente del tribunale nomina un giudice a norma dell'articolo 473-bis.60, secondo comma, e ordina che a cura del ricorrente la domanda, entro il termine che egli stesso fissa, sia inserita per estratto, due volte consecutive a distanza di dieci giorni, nella Gazzetta Ufficiale della Repubblica italiana e in due giornali, con invito a chiunque abbia notizie dello scomparso di farle pervenire al tribunale entro sei mesi dall'ultima pubblicazione.

Se tutte le inserzioni non vengono eseguite entro il termine fissato, la domanda s'intende abbandonata.

Il presidente del tribunale può anche disporre altri mezzi di pubblicità.

Decorsi sei mesi dalla data dell'ultima pubblicazione, il giudice, su istanza del ricorrente, fissa con decreto l'udienza di comparizione davanti a sé del ricorrente e delle persone indicate nel ricorso a norma del primo comma, nonché il termine per la notificazione del ricorso e del decreto a cura del ricorrente.

Il decreto è comunicato al pubblico ministero.

Il giudice interroga le persone comparse sulle circostanze che ritiene rilevanti; può disporre che siano assunte ulteriori informazioni e quindi riferisce in camera di consiglio al collegio, che pronuncia sentenza.

(1) Articolo introdotto dall'art. 3, co. 33, d.lg. 10/10/2022, n. 149.

473 bis.63. Pubblicazione della sentenza e sua esecuzione (1). – La sentenza che dichiara l'assenza o la morte presunta deve essere inserita per estratto nella Gazzetta Ufficiale della Repubblica italiana e pubblicata nel sito internet del Ministero della giustizia. Il tribunale può anche disporre altri mezzi di pubblicità.

Le inserzioni possono essere eseguite a cura di qualsiasi interessato e valgono come notificazione. Copia della sentenza e dei giornali nei quali è stato pubblicato l'estratto deve essere depositata nella cancelleria del giudice che ha pronunciato la sentenza, per l'annotazione sull'originale.

La sentenza che dichiara l'assenza o la morte presunta non può essere eseguita prima che sia passata in giudicato e che sia compiuta l'annotazione di cui al secondo comma.

Il cancelliere dà notizia, a norma dell'articolo 133, secondo comma, all'ufficio dello stato civile competente della sentenza di dichiarazione di morte presunta.

(1) Articolo introdotto dall'art. 3, co. 33, d.lg. 10/10/2022, n. 149.

Sezione V

Disposizioni relative a minori interdetti e inabilitati

473 bis.64. Provvedimenti su parere del giudice tutelare (1). – I provvedimenti relativi ai minori, agli interdetti e agli inabilitati sono pronunciati dal tribunale in camera di consiglio, salvo che la legge disponga altrimenti.

Quando il tribunale deve pronunciare un provvedimento nell'interesse di minori, interdetti o inabilitati sentito il parere del giudice tutelare, il parere stesso deve essere prodotto dal ricorrente insieme col ricorso.

Qualora il parere non sia prodotto, il presidente provvede a richiederlo d'ufficio.

(1) Articolo introdotto dall'art. 3, co. 33, d.lg. 10/10/2022, n. 149.

473 bis.65. Vendita di beni (1). – Se, nell'autorizzare la vendita di beni di minori, interdetti o inabilitati, il tribunale stabilisce che essa deve farsi ai pubblici incanti, designa per procedervi un ufficiale giudiziario del tribunale del luogo in cui si trovano i beni mobili, oppure un cancelliere della stessa pretura o un notaio del luogo in cui si trovano i beni immobili.

L'ufficiale designato per la vendita procede all'incanto con l'osservanza delle norme degli articoli 534 e seguenti, in quanto applicabili, e premesse le forme di pubblicità ordinate dal tribunale.

(1) Articolo introdotto dall'art. 3, co. 33, d.lg. 10/10/2022, n. 149.

473 bis.66. Esito negativo dell'incanto (1). – Se al primo incanto non è fatta offerta superiore o uguale al prezzo fissato dal tribunale a norma dell'articolo 376, primo comma, del codice civile, l'ufficiale designato ne dà atto nel processo verbale e trasmette copia di questo al tribunale che ha autorizzato la vendita.

Il tribunale, se non crede di revocare l'autorizzazione o disporre una nuova vendita su prezzo base inferiore, autorizza la vendita a trattative private.

(1) Articolo introdotto dall'art. 3, co. 33, d.lg. 10/10/2022, n. 149.

Sezione VI
Rapporti patrimoniali tra coniugi

473 bis.67. Sostituzione dell'amministratore del patrimonio familiare (1). – La sostituzione dell'amministratore del patrimonio familiare può essere chiesta, nel caso previsto nell'articolo 174 del codice civile, dall'altro coniuge o da uno dei prossimi congiunti, o dal pubblico ministero, e, nel caso previsto nell'articolo 176 del codice civile, da uno dei figli maggiorenni o emancipati, da un prossimo congiunto o dal pubblico ministero.

(1) Articolo introdotto dall'art. 3, co. 33, d.lg. 10/10/2022, n. 149.

473 bis.68. Procedimento (1). – La domanda per i provvedimenti previsti nell'articolo 473-bis.67 si propone con ricorso.

Il presidente del tribunale fissa con decreto un giorno per la comparizione degli interessati davanti a sé o a un giudice da lui designato e stabilisce il termine per la notificazione del ricorso e del decreto.

Dopo l'audizione delle parti, il presidente o il giudice designato assume le informazioni che crede opportune e quindi riferisce sulla domanda al tribunale, che decide in camera di consiglio con ordinanza non impugnabile.

(1) Articolo introdotto dall'art. 3, co. 33, d.lg. 10/10/2022, n. 149.

Sezione VII
Degli ordini di protezione contro gli abusi familiari

473 bis.69. ordini di protezione contro gli abusi familiari (1). – Quando la condotta del coniuge o di altro convivente è causa di grave pregiudizio all'integrità fisica o morale ovvero alla libertà dell'altro coniuge o convivente, il giudice, su istanza di parte, può adottare con decreto uno o più dei provvedimenti di cui all'articolo 473-bis.70. I medesimi provvedimenti possono essere adottati, ricorrendone i presupposti, anche quando la convivenza è cessata.

Quando la condotta può arrecare pregiudizio ai minori, i medesimi provvedimenti possono essere adottati, anche su istanza del pubblico ministero, dal tribunale per i minorenni.

(1) Articolo introdotto dall'art. 3, co. 33, d.lg. 10/10/2022, n. 149.

473 bis.70. Contenuto degli ordini di protezione (1). – Con il decreto di cui all'articolo 473-bis.69 il giudice ordina al coniuge o convivente, che ha tenuto la condotta pregiudizievole, la cessazione della stessa condotta e dispone l'allontanamento dalla casa familiare del coniuge o del convivente che ha tenuto la condotta pregiudizievole prescrivendogli altresì, ove occorra, di non avvicinarsi ai luoghi abitualmente frequentati dal beneficiario dell'ordine di protezione, ed in particolare al luogo di lavoro, al domicilio della famiglia d'origine, ovvero al domicilio di altri prossimi congiunti o di altre persone ed in prossimità dei luoghi di istruzione dei figli della coppia, salvo che questi non debba frequentare i medesimi luoghi per esigenze di lavoro o di salute.

Il giudice può altresì disporre, ove occorra, l'intervento dei servizi sociali del territorio, nonché delle associazioni che abbiano come fine statutario il sostegno e l'accoglienza di donne e minori o di altri soggetti vittime di abusi e maltrattati, nonché il pagamento periodico di un assegno a favore delle persone conviventi che, per effetto dei provvedimenti di cui al primo comma, rimangono prive di mezzi adeguati, fissando modalità e termini di versamento e prescrivendo, se del caso, che la somma sia versata direttamente all'avente diritto dal datore di lavoro dell'obbligato, detraendola dalla retribuzione allo stesso spettante.

Con il medesimo decreto il giudice, nei casi di cui al primo e al secondo comma, stabilisce la durata dell'ordine di protezione, che decorre dal giorno dell'avvenuta esecuzione dello stesso. Questa non può essere superiore a un anno e può essere prorogata, su istanza di parte o, in presenza di minori, del pubblico ministero, soltanto se ricorrano gravi motivi per il tempo strettamente necessario.

Con il medesimo decreto il giudice determina le modalità di attuazione. Ove sorgano difficoltà o contestazioni in ordine all'esecuzione, lo stesso giudice provvede con decreto ad emanare i provvedimenti più opportuni per l'attuazione, ivi compreso l'ausilio della forza pubblica e dell'ufficiale sanitario.

(1) Articolo introdotto dall'art. 3, co. 33, d.lg. 10/10/2022, n. 149.

473 bis.71. Provvedimenti di adozione degli ordini di protezione contro gli abusi familiari (1). – L'istanza si propone, anche dalla parte personalmente, con ricorso al tribunale del luogo di residenza o di domicilio dell'istante, che provvede in camera di consiglio in composizione monocratica.

Il presidente del tribunale designa il giudice a cui è affidata la trattazione del ricorso. Il giudice, sentite le parti, procede nel modo che ritiene più opportuno agli atti di istruzione necessari, disponendo, ove occorra, anche per mezzo della polizia tributaria, indagini sui redditi, sul tenore di vita e sul patrimonio personale e comune delle parti, e provvede con decreto motivato immediatamente esecutivo.

Nel caso di urgenza, il giudice, assunte ove occorra sommarie informazioni, può adottare immediatamente l'ordine di protezione fissando l'udienza di comparizione delle parti davanti a sé entro un termine non superiore a quindici giorni ed assegnando all'istante un termine non superiore a otto giorni per la notificazione del ricorso e del decreto. All'udienza il giudice conferma, modifica o revoca l'ordine di protezione.

Contro il decreto con cui il giudice adotta l'ordine di protezione o rigetta il ricorso, ai sensi del secondo comma, ovvero conferma, modifica o revoca l'ordine di protezione precedentemente adottato nel caso di cui al terzo comma, è ammesso reclamo al tribunale entro i termini previsti dal secondo comma dell'articolo 739. Il reclamo non sospende l'esecutività dell'ordine di protezione. Il tribunale provvede in camera di consiglio, in composizione collegiale, sentite le parti, con decreto motivato non impugnabile. Del collegio non fa parte il giudice che ha emesso il provvedimento impugnato.

Per quanto non previsto dal presente articolo, si applicano al procedimento, in quanto compatibili, gli articoli 737 e seguenti.

(1) Articolo introdotto dall'art. 3, co. 33, d.lg. 10/10/2022, n. 149.

Capo IV
Dei procedimenti in camera di consiglio

473 ter. Rinvio (1). – I provvedimenti di cui agli articoli 102, 171, 262, 316 e 371 del codice civile, agli articoli 25 e seguenti del regio decreto-legge 20 luglio 1934, n. 1404, convertito, con modificazioni, dalla legge 27 maggio 1935, n. 835, agli articoli 31 e 33 del decreto legislativo 25 luglio 1998, n. 286, agli articoli 18, 19 e 19-bis della legge 18 agosto 2015, n. 142, nonché i decreti del giudice tutelare, ove non sia diversamente stabilito, sono pronunciati in camera di consiglio e sono immediatamente esecutivi.

(1) Articolo introdotto dall'art. 3, co. 33, d.lg. 10/10/2022, n. 149.

LIBRO TERZO
DEL PROCESSO DI ESECUZIONE

TITOLO I
DEL TITOLO ESECUTIVO E DEL PRECETTO

474. Titolo esecutivo (1). – L'esecuzione forzata non può avere luogo che in virtù di un titolo esecutivo per un diritto certo, liquido ed esigibile [35 // 1243 CC.].

Sono titoli esecutivi:

1) le sentenze, i provvedimenti e gli altri atti ai quali la legge attribuisce espressamente efficacia esecutiva [186 bis^{2}, 186 ter, 186 quater^{2}, 278, 279^{2}, 282, 324, 423, 431, 447, 641, 642, 647, 648, 650^{2}, 653, 654, 663, 665^{2}, 668^{4}, 669 duodecies, 686, 702 ter^{6}, *702 quater*, 708^{3}, 824 bis // 156 att. // 2909 CC. // 540 CPP. // 280, 299 TFUE];

2) le scritture private autenticate, relativamente alle obbligazioni di somme di denaro in esse contenute, le cambiali, nonché gli altri titoli di credito ai quali la legge attribuisce espressamente la sua stessa efficacia [1992 ss., 2703 CC. // r.d.l. n. 1669/1933 // r.d.l. n. 1736/1933 // 18^{7} l. n. 689/1981 // 32^{8} d.P.R. n. 148/1988 // 72^{6} d.lg. n. 58/1998 // 17, 18 d.lg. n. 46/1999 // 258 CPP.];

3) gli atti ricevuti da notaio o da altro pubblico ufficiale autorizzato dalla legge a riceverli [2699 CC.].

L'esecuzione forzata per consegna o rilascio [605 ss. // 2930 CC.] non può aver luogo che in virtù dei titoli esecutivi di cui ai numeri 1) e 3) del secondo comma. Il precetto [480] deve contenere trascrizione integrale, ai sensi dell'articolo 480, secondo comma, delle scritture private autenticate di cui al numero 2) del secondo comma.

Il titolo è messo in esecuzione da tutti gli ufficiali giudiziari che ne siano richiesti e da chiunque spetti, con l'assistenza del pubblico ministero e il concorso di tutti gli ufficiali della forza pubblica, quando ne siano legalmente richiesti (2).

(1) Articolo così sostituito dal d.l. n. 35/2005 e successivamente modificato dalla l. n. 263/2005 con decorrenza dal 1/3/2006.
Il testo precedente recitava: «**474. Titolo esecutivo.** – L'esecuzione forzata non può avere luogo che in virtù di un titolo esecutivo per un diritto certo, liquido ed esigibile.
Sono titoli esecutivi:
1) le sentenze, e i provvedimenti ai quali la legge attribuisce espressamente efficacia esecutiva;
2) le cambiali nonché gli altri titoli di credito e gli atti ai quali la legge attribuisce espressamente la stessa efficacia;
3) gli atti ricevuti da notaio o da altro pubblico ufficiale autorizzato dalla legge a riceverli relativamente alle obbligazioni di somme di danaro in essi contenute».

(2) Comma inserito dall'art. 3, co. 34, d.lg. 10/1072022, n. 149.

475. Spedizione in forma esecutiva (1). – Le sentenze, i provvedimenti e gli altri atti dell'autorità giudiziaria, nonché' gli atti ricevuti da notaio o da altro pubblico ufficiale [474$^{2, n. 1, 3}$, per valere come titolo per l'esecuzione forzata, ai sensi dell'articolo 474, per la parte a favore della quale fu pronunciato il provvedimento o stipulata l'obbligazione, o per i suoi successori, devono essere rilasciati in copia attestata conforme all'originale, salvo che la legge disponga altrimenti [153 att.].

(1) Articolo così sostituito dall'art. 3, co. 34, d.lg. 10/10/2022, n. 149; la precedente formulazione era: «Le sentenze e gli altri provvedimenti dell'autorità giudiziaria e gli atti ricevuti da notaio o da altro pubblico ufficiale], per valere come titolo per l'esecuzione forzata, debbono essere muniti della formula esecutiva, salvo che la legge disponga altrimenti.
La spedizione del titolo in forma esecutiva può farsi soltanto alla parte a favore della quale fu pronunciato il provvedimento o stipulata l'obbligazione, o ai suoi successori, con indicazione in calce della persona alla quale è spedita.
La spedizione in forma esecutiva consiste nell'intestazione "Repubblica italiana – In nome della legge" e nell'apposizione da parte del cancelliere o notaio o altro pubblico ufficiale, sull'originale o sulla copia, della seguente formula:
"Comandiamo a tutti gli ufficiali giudiziari che ne siano richiesti e a chiunque spetti, di mettere a esecuzione il presente titolo, al pubblico ministero di darvi assistenza, e a tutti gli ufficiali della forza pubblica di concorrervi, quando ne siano legalmente richiesti"».

476. Altre copie in forma esecutiva*. – *Non può spedirsi senza giusto motivo più di una copia in forma esecutiva alla stessa parte.*

Le ulteriori copie sono chieste dalla parte interessata, in caso di provvedimento con ricorso al capo dell'ufficio che l'ha pronunciato, e negli altri casi al presidente del tribunale nella cui circoscrizione l'atto fu formato.

Sull'istanza si provvede con decreto [135].

Il cancelliere [57], il notaio [68] o altro pubblico ufficiale [357 CP.] che contravviene alle disposizioni del presente articolo è condannato a una pena pecuniaria da euro 1.000 a 5.000 (1), *con decreto [135] del capo dell'ufficio o del presidente del tribunale competente a norma del secondo comma [154 att.].*

* Articolo abrogato dall'art. 3, co. 34, d.lg. 10/10/2022, n. 149.

(1) Comma così modificato dal d.l. n. 35/2005 e dalla l. n. 263/2005 con decorrenza dal 1/3/2006.

477. Efficacia del titolo esecutivo contro gli eredi. – Il titolo esecutivo [474] contro il defunto [456 CC.] ha efficacia contro gli eredi, ma si può loro notificare [137 ss.] il precetto [480] soltanto dopo dieci giorni dalla notificazione del titolo [479^{2} // 459, 462 CC.].

Entro un anno dalla morte [48, *49*, 58 CC.], la notificazione può farsi agli eredi collettivamente e impersonalmente, nell'ultimo domicilio [43 CC.] del defunto [456 CC.].

478. Prestazione della cauzione. – Se l'efficacia del titolo esecutivo [474] è subordinata a cauzione [35, 282, 373^{1}, 642, 468^{2}, 665 // *1385* CC.], non si può iniziare l'esecuzione forzata [491] finché quella non sia stata prestata. Della prestazione si fa constare con annotazione in calce o in margine al titolo rilasciato ai sensi dell'articolo 475 (1), o con atto separato che deve essere unito al titolo [155 att.].

(1) Le parole "spedito in forma esecutiva" sono state sostituite da quelle "rilasciato ai sensi dell'articolo 475" dall'art. 3, co. 34, d.lg. 10/10/2022, n. 149.

479. Notificazione del titolo esecutivo e del precetto. – Se la legge non dispone altrimenti, l'esecuzione forzata deve essere preceduta dalla notificazione del titolo [474] in copia attestata conforme all'originale (1) e del precetto [475, 480].

La notificazione del titolo esecutivo deve essere fatta alla parte personalmente a norma degli artt. 137 e seguenti (2).

Il precetto può essere redatto di seguito al titolo esecutivo ed essere notificato insieme con questo, purché la notificazione sia fatta alla parte personalmente [138, 477].

(1) Le parole "in forma esecutiva" sono state sostituite da quelle "in copia conforme all'originale" dall'art. 3, co. 34, d.lg. 10/10/2022, n. 149.

(2) Le parole: "ma, se esso è costituito da una sentenza, la notificazione, entro l'anno dalla pubblicazione, può essere fatta a norma dell'art. 170" sono state soppresse dal d.l. n. 35/2005 e dalla l. n. 263/2005 con decorrenza dal 1/3/2006.

480. Forma del precetto. – Il precetto consiste nell'intimazione di adempiere l'obbligo risultante dal titolo esecutivo [474] entro un termine [152 ss.] non minore di dieci giorni, salva l'autorizzazione di cui all'articolo 482, con l'avvertimento che, in mancanza, si procederà a esecuzione forzata [603^{2}, 605].

Il precetto deve contenere a pena di nullità [156 ss. // *1418*

CC.] l'indicazione delle parti, della data di notificazione del titolo esecutivo [474], se questa è fatta separatamente [479, 654[2]], o la trascrizione integrale del titolo stesso, quando è richiesta dalla legge. In quest'ultimo caso l'ufficiale giudiziario [59], prima della relazione di notificazione [148], deve certificare di avere riscontrato che la trascrizione corrisponde esattamente al titolo originale. Il precetto deve altresì contenere l'avvertimento che il debitore può, con l'ausilio di un organismo di composizione della crisi o di un professionista nominato dal giudice, porre rimedio alla situazione di sovraindebitamento concludendo con i creditori un accordo di composizione della crisi o proponendo agli stessi un piano del consumatore [l. n. 3/2012] (1).

Il precetto deve inoltre contenere la dichiarazione di residenza o l'elezione di domicilio [43, 47 CC.] della parte istante nel comune in cui ha sede il giudice competente per l'esecuzione [26 ss.]. In mancanza le opposizioni al precetto [615, 617] si propongono davanti al giudice del luogo in cui è stato notificato, e le notificazioni alla parte istante si fanno presso la cancelleria del giudice stesso.

Il precetto deve essere sottoscritto a norma dell'articolo 125 e notificato alla parte personalmente a norma degli articoli 137 e seguenti.

(1) Le parole da "il precetto" fino a "consumatore" sono state inserite dall'art. 12, co. 1, lett. a), d.l. 27/6/2015, n. 83, conv. in l. 6/8/2015, n. 132.

481. Cessazione dell'efficacia del precetto. – Il precetto [480] diventa inefficace, se nel termine [152, 153] di novanta giorni dalla sua notificazione [137 ss.] non è iniziata l'esecuzione [491, 502, 606, 608, 612].

Se contro il precetto è proposta opposizione [615, 617], il termine rimane sospeso e riprende a decorrere a norma dell'articolo 627.

482. Termine ad adempiere (1). – Non si può iniziare l'esecuzione forzata [491] prima che sia decorso il termine indicato nel precetto e in ogni caso non prima che siano decorsi dieci giorni dalla notificazione di esso [479]; ma il presidente del tribunale competente per l'esecuzione o un giudice da lui delegato [26] (2), se vi è pericolo nel ritardo, può autorizzare l'esecuzione immediata, con cauzione o senza [119 // 86 att.]. L'autorizzazione è data con decreto [135] scritto in calce al precetto e trascritto a cura dell'ufficiale giudiziario [59] nella copia da notificarsi [642[3]].

(1) Il d.l. 31/12/1996, n. 669 (conv. nella l. 28/2/1997, n. 30) ha disposto che il creditore non ha diritto di procedere né possono essere posti in essere atti esecutivi contro le amministrazioni dello Stato e gli enti pubblici non economici prima di centoventi giorni dalla notificazione del titolo esecutivo, termine entro il quale le amministrazioni e gli enti devono completare le procedure per l'esecuzione dei provvedimenti giurisdizionali e dei lodi arbitrali.

(2) Le parole "il capo dell'ufficio competente per l'esecuzione" sono state sostituite dalle parole "il presidente del tribunale competente per l'esecuzione o un giudice da lui delegato" dal d.lg. 19/2/1998, n. 51.

TITOLO II
DELL'ESPROPRIAZIONE FORZATA

Capo I
Dell'espropriazione forzata in generale

Sezione I
Dei modi e delle forme dell'espropriazione forzata in generale

483. Cumulo dei mezzi di espropriazione (1). – Il creditore può valersi cumulativamente dei diversi mezzi di espropriazione forzata previsti dalla legge, ma, su opposizione del debitore [1176 CC.], il giudice dell'esecuzione [484], con ordinanza [134] non impugnabile, può limitare l'espropriazione al mezzo che il creditore sceglie o, in mancanza, a quello che il giudice stesso determina.

Se è iniziata anche l'esecuzione immobiliare [555 ss.], l'ordinanza è pronunciata dal giudice di quest'ultima.

(1) Articolo così sostituito dal d.lg. 19/2/1998, n. 51.

484. Giudice dell'esecuzione. – L'espropriazione è diretta da un giudice [9[2], 26, 28].

Nei tribunali la nomina del giudice dell'esecuzione è fatta dal presidente del tribunale, su presentazione a cura del cancelliere [57] del fascicolo entro due giorni dalla sua formazione [488] (1).

*(...)**.

Si applicano al giudice della esecuzione le disposizioni degli articoli 174 e 175.

(1) Comma così sostituito dal d.lg. 19/2/1998, n. 51.

* Il comma che recitava: «Nelle preture fornite di più magistrati la nomina è fatta dal dirigente a norma del comma precedente.» è stato soppresso dal d.lg. 19/2/1998, n. 51.

485. Audizione degli interessati. – Quando la legge richiede o il giudice [484] ritiene necessario che le parti ed eventualmente altri interessati siano sentiti, il giudice stesso fissa con decreto [135] l'udienza alla quale il creditore pignorante, i creditori intervenuti [498, 499, 525, 528, 551, 564], il debitore ed eventualmente gli altri interessati debbono comparire davanti a lui [101, 290, 299 // 111 Cost.].

Il decreto è comunicato dal cancelliere [57, 136].

Se risulta o appare probabile che alcuna delle parti non sia comparsa per cause indipendenti dalla sua volontà, il giudice dell'esecuzione fissa una nuova udienza della quale il cancelliere dà comunicazione alla parte non comparsa [597].

486. Forma delle domande e delle istanze. – Le domande e le istanze che si propongono al giudice dell'esecuzione [484], se la legge non dispone altrimenti, sono proposte oralmente [*615[2]*, *617[2]*] quando avvengono all'udienza, e con ricorso [125] da depositarsi in cancelleria negli altri casi.

487. Forma dei provvedimenti del giudice. – Salvo che la legge disponga altrimenti [485, 530, 533[3], 586, 590], i provvedimenti del giudice dell'esecuzione [484] sono dati con ordinanza [134], che può essere dal giudice stesso modificata o revocata finché non abbia avuto esecuzione [177].

Per le ordinanze del giudice dell'esecuzione si osservano le disposizioni degli articoli 176 e seguenti in quanto applicabili e quella dell'articolo 186 [287 ss., *617*].

488. Fascicolo dell'esecuzione (1). – Il cancelliere [57, 58] forma per ogni procedimento d'espropriazione un fascicolo telematico, nel quale sono inseriti tutti gli atti compiuti dal giudice, dal cancelliere e dall'ufficiale giudiziario [59], e gli atti e documenti depositati dalle parti e dagli eventuali interessati [168, 518[4], 543[4], 557 // 36 att.].

Il creditore è obbligato a presentare l'originale del titolo esecutivo nella sua disponibilità o la copia autenticata dal cancelliere o dal notaio o da altro pubblico ufficiale autorizzato dalla legge a ogni richiesta del giudice.

(1) Articolo così sostituito dall'art. 3, co. 35, d.lg. 10/10/2022, n. 149; la precedente formulazione era: «**488. Fascicolo dell'esecuzione.** – Il cancelliere [57, 58] forma per ogni procedimento d'espropriazione un fascicolo, nel quale sono inseriti tutti gli atti compiuti dal giudice, dal cancelliere e dall'ufficiale giudiziario [59], e gli atti e documenti depositati dalle parti e dagli eventuali inte-

ressati [168, 518[4], 543[4], 557 // 36 att.].
Il presidente del tribunale competente per l'esecuzione o il giudice dell'esecuzione [26, 484] stessa può autorizzare il creditore a depositare, in luogo dell'originale, una copia autentica del titolo esecutivo [2714, 2715 CC.], con obbligo di presentare l'originale a ogni richiesta del giudice.».

489. Luogo delle notificazioni e delle comunicazioni. – Le notificazioni [137 ss.] e le comunicazioni [136] ai creditori pignoranti si fanno nella residenza dichiarata o nel domicilio eletto [43, 47 CC.] nell'atto di precetto [480[3]]; quelle ai creditori intervenuti [492 ss., 525, 528, 551, 564], nella residenza dichiarata o nel domicilio eletto nella domanda d'intervento [499[2]].

In mancanza di dichiarazione di residenza o di elezione di domicilio le notificazioni possono farsi presso la cancelleria del giudice competente per l'esecuzione [9[2], 26, 484].

490. Pubblicità degli avvisi. – Quando la legge dispone che di un atto esecutivo [474] sia data pubblica notizia, un avviso contenente tutti i dati, che possono interessare il pubblico, deve essere inserito sul portale del Ministero della giustizia in un'area pubblica denominata "portale delle vendite pubbliche" [631 bis // 161 quater att.] (1).

In caso di espropriazione di beni mobili registrati [815, 2683 CC.], per un valore superiore a 25.000 euro, e di beni immobili [812[1, 2] CC.], lo stesso avviso, unitamente a copia dell'ordinanza [134] del giudice [484] e della relazione di stima redatta ai sensi dell'articolo 173-bis delle disposizioni di attuazione del presente codice, è altresì inserito in appositi siti internet almeno quarantacinque giorni prima del termine per la presentazione delle offerte o della data dell'incanto (2).

Anche su istanza [486] del creditore procedente o dei creditori intervenuti [499, 525, 528, 551, 564] muniti di titolo esecutivo [474] il giudice può disporre [487] inoltre che l'avviso sia inserito almeno quarantacinque giorni prima del termine per la presentazione delle offerte una o più volte sui quotidiani di informazione locali aventi maggiore diffusione nella zona interessata o, quando opportuno, sui quotidiani di informazione nazionali o che sia divulgato con le forme della pubblicità commerciale [521 bis, *631 bis*]. Sono equiparati ai quotidiani, i giornali di informazione locale, multisettimanali o settimanali editi da soggetti iscritti al Registro operatori della comunicazione (ROC) e aventi caratteristiche editoriali analoghe a quelle dei quotidiani che garantiscono la maggior diffusione nella zona interessata. Nell'avviso è omessa l'indicazione del debitore [d.lg. n. 196/2003] (3).

(1) Comma così sostituito dall'art. 13, co. 1, lett. b), d.l. 27/6/2015, n. 83, conv. in l. 6/8/2015, n. 132. Nella vecchia formulazione la norma prevedeva: "quando la legge dispone che di un atto esecutivo sia data pubblica notizia, un avviso contenente tutti i dati, che possono interessare il pubblico, deve essere affisso per tre giorni continui nell'albo dell'ufficio giudiziario davanti al quale si svolge il procedimento esecutivo".

(2) Comma così modificato dal d.l. n. 35/2005 con decorrenza dal 1/3/2006.

(3) Comma così sostituito dall'art. 13, co. 1, lett. b), d.l. 27/6/2015, n. 83, conv. in l. 6/8/2015, n. 132.

Sezione II
Del pignoramento

491. Inizio dell'espropriazione. – Salva l'ipotesi prevista nell'art. 502, l'espropriazione forzata si inizia col pignoramento [480, 492, 513 ss., 543 ss., 555 // 1923, 1997, 2471, 2740, 2788, 2855[2], 2912 ss., 2923, 2924 CC.].

492. Forma del pignoramento (1). – Salve le forme particolari previste nei capi seguenti [513, 543, 555, 599, 602], il pignoramento consiste in una ingiunzione che l'ufficiale giudiziario [59] fa al debitore di astenersi da qualunque atto diretto a sottrarre alla garanzia del credito esattamente indicato i beni che si assoggettano alla espropriazione e i frutti di essi [514 ss. // 810 ss., 820, 2740, 2910, 2912, 2913, 2914, 2915 CC.].

Il pignoramento deve altresì contenere l'invito rivolto al debitore ad effettuare presso la cancelleria del giudice dell'esecuzione [26, 484] la dichiarazione di residenza o l'elezione di domicilio [43, 47 CC.] in uno dei comuni del circondario in cui ha sede il giudice competente per l'esecuzione con l'avvertimento che, in mancanza ovvero in caso di irreperibilità presso la residenza dichiarata o il domicilio eletto, le successive notifiche o comunicazioni [136 ss.] a lui dirette saranno effettuate presso la cancelleria dello stesso giudice.

Il pignoramento deve anche contenere l'avvertimento che il debitore, ai sensi dell'articolo 495, può chiedere di sostituire alle cose o ai crediti pignorati una somma di denaro pari all'importo dovuto al creditore pignorante e ai creditori intervenuti [498 ss.], comprensivo del capitale, degli interessi e delle spese [1194, 1196, 1199, 1282, 1283, 1284 CC.], oltre che delle spese di esecuzione, sempre che, a pena di inammissibilità, sia da lui depositata in cancelleria, prima che sia disposta la vendita o l'assegnazione a norma degli articoli 530, 552 e 569, la relativa istanza unitamente ad una somma non inferiore ad un quinto dell'importo del credito per cui è stato eseguito il pignoramento e dei crediti dei creditori intervenuti indicati nei rispettivi atti di intervento, dedotti i versamenti effettuati di cui deve essere data prova documentale [1199, 2699 ss. CC.].

Quando per la soddisfazione del creditore procedente i beni assoggettati a pignoramento appaiono insufficienti ovvero per essi appare manifesta la lunga durata della liquidazione l'ufficiale giudiziario [59] invita il debitore ad indicare ulteriori beni utilmente pignorabili, i luoghi in cui si trovano ovvero le generalità dei terzi debitori [543 ss. // 2917 CC.], avvertendolo della sanzione prevista per l'omessa o falsa dichiarazione [388[6] CP.].

Della dichiarazione del debitore è redatto processo verbale [126 // 44, 46 att.] che lo stesso sottoscrive. Se sono indicate cose mobili [812[3] CC.] queste, dal momento della dichiarazione, sono considerate pignorate anche agli effetti dell'articolo 388, terzo comma, del codice penale e l'ufficiale giudiziario provvede ad accedere al luogo in cui si trovano per gli adempimenti di cui all'articolo 520 oppure, quando tale luogo è compreso in altro circondario, trasmette copia del verbale all'ufficiale giudiziario territorialmente competente. Se sono indicati crediti o cose mobili che sono in possesso [1140 CC.] di terzi [1153, 1155 CC.] il pignoramento si considera perfezionato nei confronti del debitore esecutato dal momento della dichiarazione e questi è costituito custode [65 ss., 520] della somma o della cosa anche agli effetti dell'articolo 388, quarto comma, del codice penale quando il terzo, prima che gli sia notificato l'atto di cui all'articolo 543, effettua il pagamento restituisce il bene. Se sono indicati beni immobili [812[1, 2] CC.] il creditore procede ai sensi degli articoli 555 e seguenti.

Qualora, a seguito di intervento di altri creditori [499, 525, 528, 551, 564], il compendio pignorato sia divenuto insufficiente, il creditore procedente può richiedere all'ufficiale giudiziario di procedere ai sensi dei precedenti commi ai fini dell'esercizio delle facoltà di cui all'articolo 499, quarto comma.

*(...)**.

Se il debitore è un imprenditore commerciale [2195, 2249[1], 2251 CC.] l'ufficiale giudiziario, previa istanza del creditore procedente, con spese a carico di questi, invita il debitore a indicare il luogo ove sono tenute le scritture contabili e nomina un commercialista o un avvocato ovvero un notaio iscritto nell'elenco di cui all'articolo 179-ter delle disposizioni per l'attuazione del presente codice per il loro esame al fine dell'individuazione di cose e crediti pignorabili. Il professionista nominato può richiedere informazioni agli uffici finanziari sul luogo di tenuta nonché sulle modalità di conservazione, anche informatiche o telematiche, delle scritture contabili [2214 ss. CC.] indicate nelle dichiarazioni fiscali del debitore e vi accede ovunque si trovi, richiedendo quando occorre l'assistenza dell'ufficiale giudiziario territorialmente competente. Il professionista trasmette apposita relazione con i risultati della verifica al creditore istante e all'ufficiale giudiziario che lo ha nominato, che provvede alla liquidazione delle spese e del compenso. Se dalla relazione risultano cose o crediti non oggetto della dichiarazione del debitore, le spese dell'accesso alle scritture contabili e della relazione sono liquidate con provvedimento che costituisce titolo esecutivo [474] contro il debitore (2).

Nell'ipotesi di sospensione ai sensi dell'articolo 492-bis, terzo comma, il pignoramento deve contenere l'indicazione della data di deposito dell'istanza di ricerca telematica dei beni, l'autorizzazione del presidente del tribunale quando è prevista, l'indicazione della data di comunicazione del processo verbale di cui al quarto comma dell'articolo 492-bis, ovvero della data di comunicazione dell'ufficiale giudiziario di cui al terzo comma dello stesso articolo, o del provvedimento del presidente del tribunale di rigetto dell'istanza (3).

(1) Articolo così modificato dal d.l. n. 35/2005 e dalla l. n. 263/2005 con decorrenza dal 1/3/2006.

* Comma abrogato dall'art. 19, co. 1, lett. c), n. 1, d.l. 12/9/2014, n. 132, conv., con modif., dalla l. 10/11/2014, n. 162; per l'applicazione di tale disposizione, vedi l'art. 19, co. 6 del medesimo d.l. n. 132/2014.

(2) Comma così modificato dall'art. 19, co. 1, lett. c) n. 2, d.l. 12/9/2014, n. 132, conv., con modif., dalla l. 10/11/2014, n. 162; per l'applicazione di tale disposizione, vedi l'art. 19, co. 6 del medesimo d.l. n. 132/2014.

(3) Comma così sostituito dall'art. 3, co. 36, d.lg. 10/10/2022, n. 149; la precedente formulazione era: «Quando la legge richiede che l'ufficiale giudiziario nel compiere il pignoramento sia munito del titolo esecutivo, il pretore o il presidente del tribunale competente per l'esecuzione può concedere al creditore l'autorizzazione prevista nell'articolo 488, secondo comma.».

492 bis. Ricerca con modalità telematiche dei beni da pignorare (1) (2). – Su istanza del creditore munito del titolo esecutivo e del precetto, l'ufficiale giudiziario addetto al tribunale del luogo in cui il debitore ha la residenza, il domicilio, la dimora o la sede, procede alla ricerca con modalità telematiche dei beni da pignorare. L'istanza deve contenere l'indicazione dell'indirizzo di posta elettronica ordinaria del difensore e, ai fini dell'articolo 547, dell'indirizzo di posta elettronica certificata o servizio elettronico di recapito certificato qualificato. L'istanza non può essere proposta prima che sia decorso il termine di cui all'articolo 482.

Prima della notificazione del precetto ovvero prima che sia decorso il termine di cui all'articolo 482, se vi è pericolo nel ritardo, il presidente del tribunale del luogo in cui il debitore ha la residenza, il domicilio, la dimora o la sede, su istanza del creditore, autorizza la ricerca telematica dei beni da pignorare.

Dalla proposizione dell'istanza di cui al primo e al secondo comma, il termine di cui all'articolo 481, primo comma, è sospeso fino alla comunicazione dell'ufficiale giudiziario di non aver eseguito le ricerche per mancanza dei presupposti o al rigetto da parte del presidente del tribunale dell'istanza ovvero fino alla comunicazione del processo verbale di cui al quarto comma.

Fermo quanto previsto dalle disposizioni in materia di accesso ai dati e alle informazioni degli archivi automatizzati del Centro elaborazione dati istituito presso il Ministero dell'interno ai sensi dell'articolo 8 della legge 1° aprile 1981, n. 121, l'ufficiale giudiziario accede mediante collegamento telematico diretto ai dati contenuti nelle banche dati delle pubbliche amministrazioni e, in particolare, nell'anagrafe tributaria, compreso l'archivio dei rapporti finanziari, e in quelle degli enti previdenziali, per l'acquisizione di tutte le informazioni rilevanti per l'individuazione di cose e crediti da sottoporre ad esecuzione, comprese quelle relative ai rapporti intrattenuti dal debitore con istituti di credito e datori di lavoro o committenti. Terminate le operazioni l'ufficiale giudiziario redige un unico processo verbale nel quale indica tutte le banche dati interrogate e le relative risultanze e ne dà comunicazione al creditore istante. L'ufficiale giudiziario procede a pignoramento munito del titolo esecutivo e del precetto, anche acquisendone copia dal fascicolo informatico. Nel caso di cui al secondo comma, il precetto è consegnato o trasmesso all'ufficiale giudiziario prima che si proceda al pignoramento.

Se l'accesso ha consentito di individuare cose che si trovano in luoghi appartenenti al debitore compresi nel territorio di competenza dell'ufficiale giudiziario, quest'ultimo accede agli stessi per provvedere d'ufficio agli adempimenti di cui agli articoli 517, 518 e 520. Se i luoghi non sono compresi nel territorio di competenza di cui al primo periodo, copia autentica del verbale è rilasciata al creditore che, entro quindici giorni dal rilascio a pena d'inefficacia della richiesta, la presenta, unitamente all'istanza per gli adempimenti di cui agli articoli 517, 518 e 520, all'ufficiale giudiziario territorialmente competente.

L'ufficiale giudiziario, quando non rinviene una cosa individuata mediante l'accesso nelle banche dati di cui al quarto comma, intima al debitore di indicare entro quindici giorni il luogo in cui si trova, avvertendolo che l'omessa o la falsa comunicazione è punita a norma dell'articolo 388, sesto comma, del codice penale.

Se l'accesso ha consentito di individuare crediti del debitore o cose di quest'ultimo che sono nella disponibilità di terzi, l'ufficiale giudiziario notifica d'ufficio, ove possibile a norma dell'articolo 149-bis, al debitore e al terzo il verbale, che dovrà anche contenere l'indicazione del credito per cui si procede, del titolo esecutivo e del precetto, dell'indirizzo di posta elettronica certificato o servizio elettronico di recapito qualificato di cui al primo comma, del luogo in cui il creditore ha eletto domicilio o ha dichiarato di essere residente, dell'ingiunzione, dell'invito e dell'avvertimento al debitore di cui all'articolo 492, primo, secondo e terzo comma, nonché l'intimazione al terzo di non disporre delle cose o delle somme dovute, nei limiti di cui all'articolo 546. Il verbale di cui al presente comma è notificato al terzo per estratto, contenente esclusivamente i dati a quest'ultimo riferibili.

Quando l'accesso ha consentito di individuare più crediti del debitore o più cose di quest'ultimo che sono nella disponibilità di terzi l'ufficiale giudiziario sottopone ad esecuzione i beni scelti dal creditore.

Quando l'accesso ha consentito di individuare sia cose di cui al quinto comma che crediti o cose di cui al settimo comma, l'ufficiale giudiziario sottopone ad esecuzione i beni scelti dal creditore.

Nel caso di sospensione del termine di cui al terzo comma, con la nota d'iscrizione a ruolo, al fine della verifica del rispetto dei termini di cui all'articolo 481, primo comma, a pena di inefficacia del pignoramento, il creditore deposita con le modalità e nei termini previsti dagli articoli 518, sesto comma, 543, quarto comma, 557, secondo comma, l'istanza, l'autorizzazione del presidente del tribunale, quando è prevista, nonché la comunicazione del verbale di cui al quarto comma, ovvero la comunicazione dell'ufficiale giudiziario di cui al terzo comma o il provvedimento del presidente del tribunale di rigetto dell'istanza.

(1) Articolo inserito dall'art. 19, co. 1, lett. d), d.l. 12/9/2014, n. 132, conv., con modif., dalla l. 10/11/2014, n. 162; per l'applicazione di tale disposizione, vedi l'art. 19, co. 6 del medesimo d.l. n. 132/2014.

(2) Articolo così sostituito dall'art. 3, co. 36, d.lg. 10/10/2022, n. 149; la precedente formulazione era: «Su istanza del creditore, il presidente del tribunale del luogo in cui il debitore ha la residenza, il domicilio, la dimora o la sede, verificato il diritto della parte istante a procedere ad esecuzione forzata, autorizza la ricerca con modalità telematiche dei beni da pignorare. L'istanza deve contenere l'indicazione dell'indirizzo di posta elettronica ordinaria ed il numero di fax del difensore nonché, ai fini dell'articolo 547, dell'indirizzo di posta elettronica certificata [155 ter att.]. L'istanza non può essere proposta prima che sia decorso il termine di cui all'articolo 482. Se vi è pericolo nel ritardo, il presidente del tribunale autorizza la ricerca telematica dei beni da pignorare prima della notificazione del precetto, il presidente del tribunale del luogo in cui il debitore ha la residenza, il domicilio, la dimora o la sede, su istanza del creditore, autorizza la ricerca telematica dei beni da pignorare.
Fermo quanto previsto dalle disposizioni in materia di accesso ai dati e alle informazioni degli archivi automatizzati del Centro elaborazione dati istituito presso il Ministero dell'interno ai sensi dell'articolo 8 della legge 1° aprile 1981, n. 121, con l'autorizzazione di cui al primo comma il presidente del tribunale o un giudice da lui delegato dispone che l'ufficiale giudiziario [59] acceda mediante collegamento telematico diretto ai dati contenuti nelle banche dati delle pubbliche amministrazioni e, in particolare, nell'anagrafe tributaria, compreso l'archivio dei rapporti finanziari, e in quelle degli enti previdenziali, per l'acquisizione di tutte le informazioni rilevanti per l'individuazione di cose e crediti da sottoporre ad esecuzione, comprese quelle relative ai rapporti intrattenuti dal debitore con istituti di credito [d.lg. n. 385/1993] e datori di lavoro o committenti. Terminate le operazioni l'ufficiale giudiziario redige un unico processo verbale nel quale indica tutte le banche dati interrogate e le relative risultanze. L'ufficiale giudiziario procede a pignoramento munito del titolo esecutivo e del precetto, anche acquisendone copia dal fascicolo informatico. Nel caso di cui al primo comma, quarto periodo, il precetto è consegnato o trasmesso all'ufficiale giudiziario prima che si proceda al pignoramento.
Se l'accesso ha consentito di individuare cose che si trovano in luoghi appartenenti al debitore compresi nel territorio di competenza dell'ufficiale giudiziario, quest'ultimo accede agli stessi per provvedere d'ufficio agli adempimenti di cui agli articoli 517, 518 e 520. Se i luoghi non sono compresi nel territorio di competenza di cui al periodo precedente, copia autentica del verbale è rilasciata al creditore che, entro quindici giorni dal rilascio a pena d'inefficacia della richiesta, la presenta, unitamente all'istanza per gli adempimenti di cui agli articoli 517, 518 e 520, all'ufficiale giudiziario territorialmente competente.
L'ufficiale giudiziario, quando non rinviene una cosa individuata mediante l'accesso nelle banche dati di cui al secondo comma, intima al debitore di indicare entro quindici giorni il luogo in cui si trova, avvertendolo che l'omessa o la falsa comunicazione è punita a norma dell'articolo 388, sesto comma, del codice penale.
Se l'accesso ha consentito di individuare crediti del debitore o cose di quest'ultimo che sono nella disponibilità di terzi, l'ufficiale giudiziario notifica d'ufficio, ove possibile a norma dell'articolo 149-bis o a mezzo telefax, al debitore e al terzo il verbale, che dovrà anche contenere l'indicazione del credito per cui si procede, del titolo esecutivo e del precetto, dell'indirizzo di posta elettronica certificata di cui al primo comma, del luogo in cui il creditore ha eletto domicilio o ha dichiarato di essere residente, dell'ingiunzione, dell'invito e dell'avvertimento al debitore di cui all'articolo 492, primo, secondo e terzo comma, nonché l'intimazione al terzo di non disporre delle cose o delle somme dovute, nei limiti di cui all'articolo 546. Il verbale di cui al presente comma è notificato al terzo per estratto, contenente esclusivamente i dati a quest'ultimo riferibili.
Quando l'accesso ha consentito di individuare più crediti del debitore o più cose di quest'ultimo che sono nella disponibilità di terzi l'ufficiale giudiziario sottopone ad esecuzione i beni scelti dal creditore.
Quando l'accesso ha consentito di individuare sia cose di cui al terzo comma che crediti o cose di cui al quinto comma, l'ufficiale giudiziario sottopone ad esecuzione i beni scelti dal creditore dovute, nei limiti di cui all'articolo 546. Il verbale di cui al presente comma è notificato al terzo per estratto, contenente esclusivamente i dati a quest'ultimo riferibili.
Quando l'accesso ha consentito di individuare più crediti del debitore o più cose di quest'ultimo che sono nella disponibilità di terzi l'ufficiale giudiziario sottopone ad esecuzione i beni scelti dal creditore.
Quando l'accesso ha consentito di individuare sia cose di cui al terzo comma che crediti o cose di cui al quinto comma, l'ufficiale giudiziario sottopone ad esecuzione i beni scelti dal creditore.»

493. Pignoramenti su istanza di più creditori. – Più creditori possono con unico pignoramento [492] colpire il medesimo bene [550 // 812, 2740, 2910 CC.].

Il bene sul quale è stato compiuto un pignoramento può essere pignorato successivamente su istanza di uno o più creditori [523, 524, 561].

Ogni pignoramento ha effetto indipendente, anche se è unito ad altri in unico processo.

494. Pagamento nelle mani dell'ufficiale giudiziario. – Il debitore può evitare il pignoramento [492] versando nelle mani dell'ufficiale giudiziario [59] la somma per cui si procede e l'importo delle spese, con l'incarico di consegnarli al creditore.

All'atto del versamento si può fare riserva di ripetere la somma versata.

Può altresì evitare il pignoramento di cose, depositando nelle mani dell'ufficiale giudiziario, in luogo di esse, come oggetto di pignoramento, una somma di denaro eguale all'importo del credito o dei crediti per cui si procede e delle spese, aumentato di due decimi [687 // 157 att.].

495. Conversione del pignoramento (1). – Prima che sia disposta la vendita o l'assegnazione a norma degli articoli 530, 552 e 569 (2), il debitore può chiedere di sostituire alle cose o ai crediti pignorati una somma di denaro pari, oltre alle spese di esecuzione, all'importo dovuto al creditore pignorante e ai creditori intervenuti [498 ss.], comprensivo del capitale, degli interessi e delle spese [1194, 1196, 1199, 1282, 1283 CC.].

Unitamente all'istanza [486] deve essere depositata in cancelleria, a pena di inammissibilità, una somma non inferiore a un sesto (3) dell'importo del credito per cui è stato eseguito il pignoramento [492] e dei crediti dei creditori intervenuti indicati nei rispettivi atti di intervento [499], dedotti i versamenti effettuati di cui deve essere data prova documentale [2699 ss. CC.]. La somma è depositata dal cancelliere [57] presso un istituto di credito indicato dal giudice.

La somma da sostituire al bene pignorato è determinata con ordinanza [134] dal giudice dell'esecuzione [484], sentite le parti [485] in udienza non oltre trenta giorni dal deposito dell'istanza di conversione.

Quando le cose pignorate siano costituite da beni immobili [812[1], 2 CC.] o cose mobili [812[3] CC.], il giudice con la stessa ordinanza può disporre, se ricorrono giustificati motivi, che il debitore versi con rateizzazioni mensili entro il termine massimo di quarantotto mesi (4) la somma determinata a norma del terzo comma, maggiorata degli interessi scalari al tasso convenzionale pattuito ovvero, in difetto, al tasso legale [1284 CC.]. Ogni sei mesi il giudice provvede, a norma dell'articolo 510, al pagamento al creditore pignorante o alla distribuzione [509] tra i creditori delle somme versate dal debitore (5).

Qualora il debitore ometta il versamento dell'importo determinato dal giudice ai sensi del terzo comma, ovvero ometta o ritardi di oltre trenta (6) giorni il versamento anche di una sola delle rate previste nel quarto comma, le somme versate formano parte dei beni pignorati. Il giudice dell'esecuzione, su richiesta del creditore procedente o creditore intervenuto munito di titolo esecutivo [474], dispone senza indugio la vendita di questi ultimi [503].

Con l'ordinanza che ammette la sostituzione, il giudice, quando le cose pignorate siano costituite da beni immobili o cose mobili, dispone che le cose pignorate siano liberate dal pignoramento con il versamento dell'intera somma (7).

L'istanza può essere avanzata una sola volta a pena di inammissibilità.

(1) Articolo così sostituito dalla l. 3/8/1998, n. 302.

(2) Comma così modificato dal d.l. n. 35/2005 con decorrenza dal 1/3/2006.

(3) Le parole "non inferiore a un sesto" sostituiscono le parole "non inferiore ad un quinto" ex art. 4, co. 1, lett. a), d.l. 14/12/2018, n. 135, conv., con modif., dall'art. 4 l. 11/1/2019, n. 12.

(4) Le parole "di quarantotto mesi" sostituiscono le parole "di trentasei mesi" ex art. 4, co. 1, lett. b), d.l. 14/12/2018, n. 135 conv., con modif., dall'art. 4 l. 11 febbraio 2019, n. 12.

(5) Comma così modificato dall'art. 13, co. 1, lett. c), d.l. 27/6/2015, n. 83, conv. in l. 6/8/2015, n. 132.

(6) Le parole "oltre trenta giorni" sostituiscono le parole "oltre quindici giorni" ex art. 4, co. 1, lett. c), d.l. 14/12/2018, n. 135 conv., con modif., dall'art. 4 l. 11 febbraio 2019, n. 12.

(7) Comma così modificato dall'art. 13, co. 1, lett. c-bis), d.l. 27/6/2015, n. 83, conv. in l. 6/8/2015, n. 132.

496. Riduzione del pignoramento. – Su istanza [486] del debitore o anche d'ufficio, quando il valore dei beni pignorati è superiore all'importo delle spese e dei crediti di cui all'articolo precedente, il giudice, sentiti [485] il creditore pignorante e i creditori intervenuti [498 ss.], può disporre [134, 487, 617] la riduzione del pignoramento [558, 615].

497. Cessazione dell'efficacia del pignoramento. – Il pignoramento [492] perde efficacia quando dal suo compimento sono trascorsi quarantacinque (1) giorni senza che sia stata richiesta l'assegnazione o la vendita [501 ss., 562, 630].

(1) La parola "quarantacinque" è stata introdotta dall'art. 13, co. 1, lett. d), d.l. 27/6/2015, n. 83, conv. in l. 6/8/2015, n. 132 (in precedenza il termina era novanta giorni).

Sezione III
Dell'intervento dei creditori

498. Avviso ai creditori iscritti. – Debbono essere avvertiti dell'espropriazione i creditori che sui beni pignorati hanno un diritto di prelazione [2741, 2745, 2784, 2808 CC.] risultante da pubblici registri [2673 ss. CC.].

A tal fine è notificato [137 // 2844 CC.] a ciascuno di essi, a cura del creditore pignorante ed entro cinque giorni [152[2]] dal pignoramento [492], un avviso [158, 160 att.] contenente l'indicazione del creditore pignorante, del credito per il quale si procede, del titolo e delle cose pignorate.

In mancanza della prova di tale notificazione, il giudice [484] non può provvedere sull'istanza di assegnazione o di vendita [501, 505, *529*, 567].

499. Intervento (1). – Possono intervenire nell'esecuzione i creditori che nei confronti del debitore hanno un credito fondato su titolo esecutivo [474], nonché i creditori che, al momento del pignoramento [492], avevano eseguito un sequestro [671] sui beni pignorati ovvero avevano un diritto di pegno [2784] o un diritto di prelazione risultante da pubblici registri [2673 ss., 2745, 2784, 2808 CC.] ovvero erano titolari di un credito di somma di denaro risultante dalle scritture contabili di cui all'articolo 2214 del codice civile [2913, 2914, 2915 CC.].

Il ricorso [125] deve essere depositato prima che sia tenuta l'udienza in cui è disposta la vendita o l'assegnazione ai sensi degli articoli 530, 552 e 569, deve contenere l'indicazione del credito e quella del titolo di esso, la domanda per partecipare alla distribuzione [509] della somma ricavata e la dichiarazione di residenza o la elezione di domicilio [43, 47 CC.] nel comune in cui ha sede il giudice competente per l'esecuzione [484]. Se l'intervento ha luogo per un credito di somma di denaro risultante dalle scritture di cui al primo comma, al ricorso deve essere allegato, a pena di inammissibilità, l'estratto autentico notarile delle medesime scritture rilasciato a norma delle vigenti disposizioni.

Il creditore privo di titolo esecutivo [474] che interviene nell'esecuzione deve notificare [137 ss.] al debitore, entro i dieci giorni successivi al deposito, copia del ricorso, nonché copia dell'estratto autentico notarile attestante il credito se l'intervento nell'esecuzione ha luogo in forza di essa.

Ai creditori chirografari [2741[1]], intervenuti tempestivamente, il creditore pignorante ha facoltà di indicare, con atto notificato o all'udienza in cui è disposta la vendita o l'assegnazione [529 ss., 552 ss., 569 ss.], l'esistenza di altri beni del debitore utilmente pignorabili [513, 514, *515*, *516* // 2740 CC.], e di invitarli ad estendere [496] il pignoramento se sono forniti di titolo esecutivo o, altrimenti, ad anticipare le spese necessarie per l'estensione. Se i creditori intervenuti, senza giusto motivo, non estendono il pignoramento ai beni indicati ai sensi del primo periodo entro il termine di trenta giorni, il creditore pignorante ha diritto di essere loro preferito in sede di distribuzione [509 ss.].

Con l'ordinanza [134] con cui è disposta la vendita o l'assegnazione ai sensi degli articoli 530, 552 e 569 il giudice fissa, altresì, udienza di comparizione davanti a sé del debitore e dei creditori intervenuti privi di titolo esecutivo, disponendone la notifica a cura di una delle parti. Tra la data dell'ordinanza e la data fissata per l'udienza non possono decorrere più di sessanta giorni.

All'udienza di comparizione il debitore deve dichiarare quali dei crediti per i quali hanno avuto luogo gli interventi egli intenda riconoscere in tutto o in parte, specificando in quest'ultimo caso la relativa misura. Se il debitore non compare, si intendono riconosciuti tutti i crediti per i quali hanno avuto luogo interventi in assenza di titolo esecutivo. In tutti i casi il riconoscimento rileva comunque ai soli effetti dell'esecuzione. I creditori intervenuti i cui crediti siano stati riconosciuti da parte del debitore partecipano alla distribuzione della somma ricavata [509 ss.] per l'intero ovvero limitatamente alla parte del credito per la quale vi sia stato riconoscimento parziale. I creditori intervenuti i cui crediti siano stati viceversa disconosciuti dal debitore hanno diritto, ai sensi dell'articolo 510, terzo comma, all'accantonamento delle somme che ad essi spetterebbero, sempre che ne facciano istanza [486] e dimostrino di avere proposto, nei trenta giorni successivi all'udienza di cui al presente comma, l'azione necessaria affinché essi possano munirsi del titolo esecutivo [2919 CC.].

(1) Articolo così modificato dal d.l. n. 35/2005 e dalla l. n. 263/2005 con decorrenza dal 1/3/2006.
Il testo precedente recitava: «499. Intervento. – Oltre i creditori indicati nell'articolo precedente, possono intervenire nell'esecuzione gli altri creditori, ancorché non privilegiati.
Il ricorso deve contenere l'indicazione del credito e quella del titolo di esso, la domanda per partecipare alla distribuzione della somma ricavata e la dichiarazione di residenza o l'elezione di domicilio nel comune in cui ha sede il giudice competente per l'esecuzione».

500. Effetti dell'intervento (1). – L'intervento [499], secondo le disposizioni contenute nei capi seguenti e nei casi ivi previsti, dà diritto a partecipare alla distribuzione della somma ricavata [509 ss.], a partecipare all'espropriazione [2910 CC.] del bene pignorato e a provocarne i singoli atti.

(1) Articolo così modificato dal d.l. n. 35/2005 e dalla l. n. 263/2005 con decorrenza dal 1/3/2006.
Il testo precedente recitava: «**500. Effetti dell'intervento.** – L'intervento dà diritto a partecipare alla distribuzione della somma ricavata, e, secondo le disposizioni contenute nei Capi seguenti, può anche dare diritto a partecipare all'espropriazione del bene pignorato e a provocarne i singoli atti».

Sezione IV
Della vendita e della assegnazione

501. Termine dilatorio del pignoramento. – L'istanza di assegnazione [505 ss.] o di vendita [503, 529, 552 ss., 567 ss.] dei beni pignorati non può essere proposta se non decorsi dieci giorni dal pignoramento [492], tranne che per le cose deteriorabili [995 CC.], delle quali può essere disposta l'assegnazione o la vendita immediata.

502. Termine per l'assegnazione o la vendita del pegno. – Salve le disposizioni speciali del codice civile [2795, 2797, 2798, 2804, 2911 CC.], per l'espropriazione delle cose date in pegno [2796 ss. CC.] e dei mobili soggetti ad ipoteca [2810 CC.] si seguono le norme del presente codice, ma l'assegnazione o la vendita può essere chiesta senza che sia stata preceduta da pignoramento [491, 492].

In tal caso il termine per la istanza di assegnazione o di vendita decorre dalla notificazione [137 ss.] del precetto [479, 480].

503. Modi della vendita forzata. – La vendita forzata può farsi con incanto [532 ss., 576 ss.] o senza [532 ss., 570 ss.], secondo le forme previste nei capi seguenti [1321 CC., 2919 ss. // 164 att.].

L'incanto può essere disposto solo quando il giudice ritiene probabile che la vendita con tale modalità abbia luogo ad un prezzo superiore della metà rispetto al valore del bene, determinato a norma dell'articolo 568 nonché, nel caso di beni mobili [812^{3}], degli articoli 518 e 140 bis (1).

(1) Comma aggiunto dall'art. 19, co. 1, lett. d-bis), d.l. 12/9/2014, n. 132, conv., con modif., dalla l. 10/11/2014, n. 162; per l'applicazione di tale disposizione, vedi l'art. 19, co. 6-bis del medesimo d.l. 132/2014.

• Le parole: "*nonché, nel caso di beni mobili, degli articoli 518 e 540 bis*" sono state aggiunte dall'art. 4, co. 1, lett. b), d.l. 3/5/2016, n. 59, conv., con modif., nella l. 30/6/2016 n. 119.

504. Cessazione della vendita forzata. – Se la vendita è fatta in più volte o in più lotti, deve cessare quando il prezzo già ottenuto raggiunge l'importo delle spese e dei crediti menzionati nell'articolo 495 comma primo [163 att.].

505. Assegnazione. – Il creditore pignorante può chiedere l'assegnazione [507] dei beni pignorati, nei limiti e secondo le regole contenute nei capi seguenti [529^{2}, 538, 552 ss., 588 ss. // 2925 ss. CC.].

Se sono intervenuti altri creditori [498 ss.], l'assegnazione può essere chiesta a vantaggio di uno solo o di più, d'accordo fra tutti.

506. Valore minimo per l'assegnazione. – L'assegna-zione può essere fatta soltanto per un valore non inferiore alle spese di esecuzione e ai crediti aventi diritto a prelazione [2741^{2} CC.] anteriore a quello dell'offerente.

Se il valore eccede quello indicato nel comma precedente, sull'eccedenza concorrono l'offerente e gli altri creditori, osservate le cause di prelazione [2745, 2784, 2808 CC. // 162 att.] che li assistono [589].

507. Forma dell'assegnazione. – L'assegnazione si fa mediante ordinanza [134] del giudice dell'esecuzione [484, 487] contente l'indicazione dell'assegnatario, del creditore pignorante, di quelli intervenuti [498 ss.], del debitore, ed eventualmente del terzo proprietario [602 ss.], del bene assegnato e del prezzo di assegnazione [590 // 162 att.].

508. Assunzione di debiti da parte dell'aggiudicatario o dell'assegnatario. – Nel caso di vendita [503] o di assegnazione [505] di un bene gravato da pegno [2784 CC.] o da ipoteca [2808 CC.], l'aggiudicatario o assegnatario, con l'autorizzazione del giudice dell'esecuzione [484, 487], può concordare col creditore pignoratizio o ipotecario l'assunzione del debito con le garanzie ad esso inerenti, liberando il debitore [585^{2}, 586 // *1272* CC.].

In tal caso nel provvedimento di vendita o di assegnazione si deve menzionare l'assunzione del debito.

Sezione V
Della distribuzione della somma ricavata

509. Composizione della somma ricavata. – La somma da distribuire è formata da quanto proviene a titolo di prezzo o conguaglio [590^{1}] delle cose vendute [540^{1}, 585^{1}] o assegnate [590^{2}], di rendita [594 // 1861, 1872 CC.] o provento delle cose pignorate, di multa [587] e risarcimento di danno [540, 574^{3}, 587^{2} // 1218 CC.] da parte dell'aggiudicatario [2916 CC.].

510. Distribuzione della somma ricavata (1). – Se vi è un solo creditore pignorante senza intervento di altri creditori, il giudice dell'esecuzione [484], sentito il debitore [485], dispone [287, 487, 617] a favore del creditore pignorante il pagamento di quanto gli spetta per capitale, interessi [1282, 1283, 1284 CC.] e spese.

In caso diverso la somma ricavata [509] è dal giudice distribuita tra i creditori [2741^{1}] a norma delle disposizioni contenute nei capi seguenti, con riguardo alle cause legittime di prelazione [2741^{2}] e previo accantonamento delle somme che spetterebbero ai creditori intervenuti [498 ss.] privi di titolo esecutivo [474] i cui crediti non siano stati in tutto o in parte riconosciuti dal debitore [499^{6}].

L'accantonamento è disposto dal giudice dell'esecuzione per il tempo ritenuto necessario affinché i predetti creditori possano munirsi di titolo esecutivo e, in ogni caso, per un periodo di tempo non superiore a tre anni. Decorso il termine [152 ss.] fissato, su istanza [486] di una delle parti o anche d'ufficio, il giudice dispone la comparizione davanti a sé del debitore, del creditore procedente e dei creditori intervenuti, con l'eccezione di coloro che siano già stati integralmente soddisfatti [485], e dà luogo alla distribuzione della somma accantonata tenuto conto anche dei creditori intervenuti che si siano nel frattempo muniti di titolo esecutivo. La comparizione delle parti per la distribuzione della somma accantonata è disposta anche prima che sia decorso il termine fissato se vi è istanza di uno dei predetti creditori e non ve ne siano altri che ancora debbano munirsi di titolo esecutivo.

Il residuo della somma ricavata, dopo l'ulteriore distribuzione di cui al terzo comma ovvero dopo che sia decorso il termine nello stesso previsto, è consegnato al debitore o al terzo che ha subito l'espropriazione [543 // 2921 CC.].

(1) Articolo così modificato dal d.l. n. 35/2005 e dalla l. n. 263/2005 con decorrenza dal 1/3/2006.
«Art. 510. (Distribuzione della somma ricavata).
Se vi è un solo creditore pignorante senza intervento di altri credi-

tori, il giudice dell'esecuzione, sentito il debitore, dispone a favore del creditore pignorante il pagamento di quanto gli spetta per capitale, interessi e spese.
In caso diverso, la somma ricavata è dal giudice distribuita tra i creditori a norma delle disposizioni contenute nei Capi seguenti, con riguardo alle cause legittime di prelazione.
Il residuo della somma ricavata è consegnato al debitore o al terzo che ha subito l'espropriazione».

511. Domanda di sostituzione. – I creditori di un creditore [543 // 1243[1] CC.] avente diritto alla distribuzione possono chiedere di essere a lui sostituiti, proponendo domanda a norma dell'articolo 499 secondo comma [2900 CC.].

Il giudice dell'esecuzione [484] provvede [134, 487 617] alla distribuzione [510] anche nei loro confronti, ma le contestazioni relative alle loro domande non possono ritardare la distribuzione tra gli altri creditori concorrenti [512].

512. Risoluzione delle controversie (1). – Se, in sede di distribuzione [510], sorge controversia [511[2]] tra i creditori concorrenti o tra creditore e debitore o terzo assoggettato all'espropriazione [543 ss.], circa la sussistenza o l'ammontare di uno o più crediti o circa la sussistenza di diritti di prelazione [2741[2]], il giudice dell'esecuzione [484], sentite le parti [485] e compiuti i necessari accertamenti, provvede [487] con ordinanza [134], impugnabile nelle forme e nei termini di cui all'articolo 617, secondo comma.

Il giudice può, anche con l'ordinanza [617, 669 terdecies] di cui al primo comma, sospendere [700], in tutto o in parte, la distribuzione della somma ricavata [297].

(1) Articolo così modificato dal d.l. n. 35/2005 e dalla l. n. 263/2005 con decorrenza dal 1/3/2006.
Il testo precedente recitava: «**512. Risoluzione delle controversie.** – Se, in sede di distribuzione, sorge controversia tra creditori concorrenti o tra creditore e debitore o terzo assoggettato all'espropriazione circa la sussistenza o l'ammontare di uno o più crediti o circa la sussistenza di diritti di prelazione, il giudice dell'esecuzione provvede all'istruzione della causa, se è competente; altrimenti rimette le parti davanti al giudice competente a norma dell'art. 17, fissando un termine perentorio per la riassunzione.
Il giudice, se non sospende totalmente il procedimento, provvede alla distribuzione della parte della somma ricavata non controversa».

Capo II
Dell'espropriazione mobiliare presso il debitore

Sezione I
Del pignoramento

513. Ricerca delle cose da pignorare. – L'ufficiale giudiziario [59], munito del titolo esecutivo [474] e del precetto [480], può ricercare le cose da pignorare [429 bis, 514, *515*, *516* // 457, 812[3], 814, 815, 816, 2555, 2910 CC.] nella casa del debitore e negli altri luoghi a lui appartenenti. Può anche ricercarle sulla persona del debitore, osservando le opportune cautele per rispettarne il decoro [2, 13 Cost.].

Quando è necessario aprire porte, ripostigli o recipienti, vincere la resistenza opposta dal debitore o da terzi, oppure allontanare persone che disturbano l'esecuzione del pignoramento, l'ufficiale giudiziario provvede secondo le circostanze, richiedendo, quando occorre, l'assistenza della forza pubblica.

Il presidente del tribunale o un giudice da lui delegato (1), su ricorso del creditore, può autorizzare con decreto [135] l'ufficiale giudiziario a pignorare cose determinate che non si trovano in luoghi appartenenti al debitore, ma delle quali egli può direttamente disporre [1839 CC.].

In ogni caso l'ufficiale giudiziario può sottoporre a pignoramento, secondo le norme della presente sezione, le cose del debitore che il terzo possessore [1140, *1147*, 2912, 2913, 2923 CC. // 165 att.] consente di esibirgli.

(1) La parola "pretore" è stata sostituita dalle parole "presidente del tribunale o un giudice da lui delegato" dal d.lg. 19/2/1998, n. 51.

514. Cose mobili assolutamente impignorabili. – Oltre alle cose dichiarate impignorabili da speciali disposizioni di legge [545 // 170, 188, 326, 822 ss., 1558, 1881, 1923, 2117, 2305, 2614 CC.], non si possono pignorare:

1) le cose sacre e quelle che servono all'esercizio del culto [831 CC.];

2) l'anello nuziale, i vestiti, la biancheria, i letti, i tavoli per la consumazione dei pasti con le relative sedie, gli armadi guardaroba, i cassettoni, il frigorifero, le stufe ed i fornelli di cucina anche se a gas o elettrici, la lavatrice, gli utensili di casa e di cucina unitamente ad un mobile idoneo a contenerli, in quanto indispensabili al debitore ed alle persone della sua famiglia con lui conviventi; sono tuttavia esclusi i mobili, meno i letti, di rilevante valore economico, anche per accertato pregio artistico o di antiquariato;

3) i commestibili e i combustibili necessari per un mese al mantenimento del debitore e delle altre persone indicate nel numero precedente;

*4) gli strumenti, gli oggetti e i libri indispensabili per l'esercizio della professione, dell'arte o del mestiere del debitore**;

5) le armi e gli oggetti che il debitore ha l'obbligo di conservare per l'adempimento di un pubblico servizio;

6) le decorazioni al valore, le lettere, i registri e in generale gli scritti di famiglia, nonché i manoscritti, salvo che formino parte di una collezione [615].

* Il punto è stato abrogato dalla l. n. 52/2006 con decorrenza dal 1/3/2006.

515. Cose mobili relativamente impignorabili. – Le cose, che il proprietario di un fondo vi tiene per il servizio e la coltivazione del medesimo [817 CC.], possono essere pignorate separatamente dall'immobile [812[1, 2] CC.] soltanto in mancanza di altri mobili [*556* // 812[3], 818[2] CC.]; tuttavia il giudice dell'esecuzione [484] (1), su istanza [486] del debitore e sentito il creditore [485], può escludere dal pignoramento [513], con ordinanza non impugnabile [177[3, n. 2]], quelle tra le cose suindicate che sono di uso necessario per la coltura del fondo, o può anche permetterne l'uso, sebbene pignorate, con le opportune cautele per la loro conservazione e ricostituzione.

Le stesse disposizioni il giudice dell'esecuzione (1) può dare relativamente alle cose destinate dal coltivatore al servizio o alla coltivazione del fondo [531[3]].

Gli strumenti, gli oggetti e i libri indispensabili per l'esercizio della professione, dell'arte o del mestiere del debitore possono essere pignorati nei limiti di un quinto, quando il presumibile valore di realizzo degli altri beni rinvenuti dall'ufficiale giudiziario o indicati dal debitore non appare sufficiente per la soddisfazione del credito; il predetto limite non si applica per i debitori costituiti in forma societaria [2251 ss., 2291 ss., 2313 ss., 2325 ss., 2452 ss., 2462 ss. CC.] e in ogni caso se nelle attività del debitore risulta una prevalenza del capitale investito sul lavoro (2).

(1) La parola "pretore" è stata sostituita dalle parole "giudice dell'esecuzione" dal d.lg. 19/2/1988, n. 51.

(2) Comma aggiunto dalla l. n. 52/2006 con decorrenza dal 1/3/2006.

516. Cose pignorabili in particolari circostanze di tempo. – I frutti non ancora raccolti o separati dal suolo [820[2] CC.] non possono essere pignorati separatamente dall'immobile a

CODICE PROCEDURA CIVILE

cui accedono [556 // 934 CC.], se non nelle ultime sei settimane anteriori al tempo ordinario della loro maturazione, tranne che il creditore pignorante si assuma le maggiori spese della custodia [518, 531].

I bachi da seta possono essere pignorati solo quando sono nella maggior parte sui rami per formare il bozzolo [431[2], 518].

517. Scelta delle cose da pignorare (1). – Il pignoramento [513] deve essere eseguito sulle cose che l'ufficiale giudiziario [59] ritiene di più facile e pronta liquidazione [1243[1] CC.], nel limite di un presumibile valore di realizzo pari all'importo del credito precettato aumentato della metà [546].

In ogni caso l'ufficiale giudiziario deve preferire il denaro contante, gli oggetti preziosi e i titoli di credito e ogni altro bene che appaia di sicura realizzazione [*543*].

(1) Articolo così modificato dalla l. n. 52/2006 con decorrenza dal 1/3/2006.
Il testo precedente recitava: «**517. Scelta delle cose da pignorare.** – Il pignoramento, quando non v'è pregiudizio per il creditore, deve essere eseguito preferibilmente sulle cose indicate dal debitore.
In ogni caso l'ufficiale giudiziario deve preferire il danaro contante, gli oggetti preziosi e i titoli di credito che ritiene di sicura realizzazione».

518. Forma del pignoramento (1). – L'ufficiale giudiziario [59] redige delle sue operazioni processo verbale [126 // 44, 46 att.] nel quale dà atto dell'ingiunzione di cui all'articolo 492 e descrive le cose pignorate, nonché il loro stato, mediante rappresentazione fotografica ovvero altro mezzo di ripresa audiovisiva, determinandone approssimativamente il presumibile valore di realizzo con l'assistenza, se ritenuta utile o richiesta dal creditore, di un esperto stimatore da lui scelto [68]. Se il pignoramento cade su frutti non ancora raccolti o separati dal suolo, l'ufficiale giudiziario ne descrive la natura, la qualità e l'ubicazione [516].

Quando ritiene opportuno differire le operazioni di stima l'ufficiale giudiziario redige un primo verbale di pignoramento, procedendo senza indugio e comunque entro il termine perentorio [152, 153] di trenta giorni alla definitiva individuazione dei beni da assoggettare al pignoramento sulla base dei valori indicati dall'esperto, al quale è consentito in ogni caso accedere al luogo in cui i beni si trovano.

Il giudice dell'esecuzione liquida le spese ed il compenso spettanti all'esperto, tenuto conto dei valori di effettiva vendita o assegnazione dei beni o, in qualunque altro caso, sulla base dei valori stimati [568].

Nel processo verbale l'ufficiale giudiziario fa relazione delle disposizioni date per conservare le cose pignorate.

Se il debitore non è presente, l'ufficiale giudiziario rivolge l'ingiunzione alle persone indicate nell'articolo 139, secondo comma, e consegna loro un avviso dell'ingiunzione stessa per il debitore. In mancanza di dette persone affigge l'avviso alla porta dell'immobile in cui ha eseguito il pignoramento.

Compiute le operazioni, l'ufficiale giudiziario consegna senza ritardo al creditore il processo verbale, il titolo esecutivo [474] e il precetto [480]. Il creditore deve depositare nella cancelleria del tribunale competente per l'esecuzione la nota di iscrizione a ruolo [168 // 71 att.], con copie conformi degli atti di cui al periodo precedente, entro quindici giorni dalla consegna [152, 153]. La conformità di tali copie è attestata dall'avvocato del creditore ai soli fini del presente articolo. Il cancelliere al momento del deposito forma il fascicolo dell'esecuzione [488]. Sino alla scadenza del termine di cui all'articolo 497 copia del processo verbale è conservata dall'ufficiale giudiziario a disposizione del debitore. Il pignoramento perde efficacia [630[1]] quando la nota di iscrizione a ruolo [159 bis, 164 ter att.] e le copie degli atti di cui al primo periodo del presente comma sono depositate oltre il termine di quindici giorni dalla consegna al creditore [605 ss.] (2).

Su istanza [486] del creditore, da depositare non oltre il termine per il deposito dell'istanza di vendita [497], il giudice, nominato uno stimatore quando appare opportuno, ordina l'integrazione del pignoramento se ritiene che il presumibile valore di realizzo dei beni pignorati sia inferiore a quello indicato nel primo comma. In tale caso l'ufficiale giudiziario riprende senza indugio le operazioni di ricerca dei beni.

(1) Articolo così modificato dalla l. n. 52/2006 con decorrenza dal 1/3/2006.
Il testo precedente recitava: «518. Forma del pignoramento. – L'ufficiale giudiziario redige delle sue operazioni processo verbale nel quale dà atto dell'ingiunzione di cui all'art. 492 e descrive le cose pignorate, determinandone approssimativamente il valore, con l'assistenza quando occorre, di uno stimatore da lui scelto. Se il pignoramento cade su frutti non ancora raccolti o separati dal suolo o su bachi da seta, l'ufficiale giudiziario ne descrive la natura, la qualità e l'ubicazione.
Nel processo verbale l'ufficiale giudiziario fa relazione delle disposizioni date per conservare le cose pignorate.
Se il debitore non è presente, l'ufficiale giudiziario rivolge l'ingiunzione alle persone indicate nell'art. 139 secondo comma, e consegna loro un avviso dell'ingiunzione stessa per il debitore. In mancanza di dette persone affigge l'avviso alla porta dell'immobile in cui ha eseguito il pignoramento.
Il processo verbale col titolo esecutivo e il precetto deve essere depositato in cancelleria entro le ventiquattro ore dal compimento delle operazioni. Il cancelliere al momento del deposito forma il fascicolo dell'esecuzione».

(2) Comma modificato dalla l. 12/11/2011, n. 183 a decorrere dal 1/1/2012; tale disposizione si applica decorsi trenta giorni dalla data di entrata in vigore della suddetta l. 183/2011, ai sensi di quanto disposto dal citato art. 25, co. 5, l. 183/2011. Successivamente, il presente comma è stato così sostituito dall'art. 18, co. 1, lett. a), d.l. 12/9/2014, n. 132, conv., con modif., dalla l. 10/11/2014, n. 162; per l'applicazione di tale ultima disposizione, vedi l'art. 18, co. 3 del medesimo d.l. 132/2014.

519. Tempo del pignoramento. – Il pignoramento [513] non può essere eseguito nei giorni festivi, né fuori delle ore indicate nell'articolo 147, salvo che ne sia data autorizzazione dal presidente del tribunale o un giudice da lui delegato [26] (1).

Il pignoramento iniziato nelle ore prescritte può essere proseguito fino al suo compimento.

(1) Le parole "dal pretore" sono state sostituite dalle parole "presidente del tribunale o un giudice da lui delegato" dal d.lg. 19/2/1988, n. 51.

520. Custodia dei mobili pignorati. – L'ufficiale giudiziario [59] consegna al cancelliere [57] del tribunale (1) il danaro [1277 CC.], i titoli di credito [1992 ss. CC.] e gli oggetti preziosi colpiti dal pignoramento [513]. Il danaro deve essere depositato dal cancelliere nelle forme dei depositi giudiziari, mentre i titoli di credito e gli oggetti preziosi sono custoditi nei modi che il giudice dell'esecuzione [484] determina.

Per la conservazione delle altre cose l'ufficiale giudiziario provvede, quando il creditore ne fa richiesta, trasportandole presso un luogo di pubblico deposito oppure affidandole a un custode [65 ss.] diverso dal debitore; nei casi di urgenza l'ufficiale giudiziario affida la custodia agli istituti autorizzati di cui all'articolo 159 delle disposizioni per l'attuazione del presente codice (2).

(1) Le parole "della pretura" e "pretore" sono state sostituite rispettivamente dalle parole "del tribunale" e "giudice dell'esecuzione" dal d.lg. 19/2/1988, n. 51.

(2) Comma così modificato dalla l. n. 52/2006 con decorrenza dal 1/3/2006.

521. Nomina e obblighi del custode. – Non possono essere nominati custode [65 ss.] il creditore o il suo coniuge senza il consenso del debitore, né il debitore o le persone della sua famiglia che convivono con lui [*l. n. 76/2016*] senza il consenso del creditore [522[2]].

Il custode sottoscrive il processo verbale [126 // 44, 46 att.] dal quale risulta la sua nomina.

Al fine della conservazione delle cose pignorate, l'ufficiale giudiziario autorizza il custode a lasciarle nell'immobile appartenente al debitore o a trasportarle altrove [520, 536].

Il custode non può usare delle cose pignorate [*1770* CC.] senza l'autorizzazione del giudice dell'esecuzione [484] (1) e deve rendere il conto a norma dell'art. 593 [66, 67, 632[2]].

Quando è depositata l'istanza di vendita [529] il giudice dispone la sostituzione del custode nominando l'istituto di cui al primo comma dell'articolo 534 che entro trenta giorni [152-153], previo invio di comunicazione contenente la data e l'orario approssimativo dell'accesso, provvede al trasporto dei beni pignorati presso la propria sede o altri locali nella propria disponibilità. Le persone incaricate dall'istituto, quando risulta necessario per apprendere i beni, possono aprire porte, ripostigli e recipienti e richiedere l'assistenza della forza pubblica [536]. Per i beni che risultato difficilmente trasportabili con l'impiego dei mezzi usualmente utilizzati l'istituto può chiedere di essere autorizzato a provvedere alla loro custodia nel luogo in cui si trovano (2).

(1) La parola "pretore" è stata sostituita dalle parole "giudice dell'esecuzione" dal d.lg. 19/2/1988, n. 51.

(2) Comma aggiunto dalla l. n. 52/2006 con decorrenza dal 1/3/2006.

521 bis. Pignoramento e custodia di autoveicoli, motoveicoli e rimorchi (1). – Oltre che con le forme previste dall'articolo 518, il pignoramento [513] di autoveicoli, motoveicoli e rimorchi [815 CC.] può essere eseguito anche (2) mediante notificazione [137] al debitore e successiva trascrizione [2683 CC.] di un atto nel quale si indicano esattamente, con gli estremi richiesti dalla legge speciale per la loro iscrizione nei pubblici registri, i beni e i diritti che si intendono sottoporre ad esecuzione, e gli si fa l'ingiunzione prevista nell'articolo 492. Il pignoramento contiene altresì l'intimazione a consegnare entro dieci giorni i beni pignorati, nonché i titoli e i documenti relativi alla proprietà [832 CC.] e all'uso [1021 CC.] dei medesimi, all'istituto vendite giudiziarie autorizzato ad operare nel territorio del circondario nel quale è compreso il luogo in cui il debitore ha la residenza, il domicilio [43 CC.], la dimora o la sede [46 CC.] o, in mancanza, a quello più vicino (2).

Col pignoramento il debitore è costituito custode [65 ss.] dei beni pignorati e di tutti gli accessori comprese le pertinenze [817 CC.] e i frutti [820 ss. CC.], senza diritto a compenso.

Al momento della consegna l'istituto vendite giudiziarie assume la custodia del bene pignorato e ne dà immediata comunicazione al creditore pignorante, a mezzo posta elettronica certificata ove possibile.

Decorso il termine [152 ss.] di cui al primo comma, gli organi di polizia che accertano la circolazione dei beni pignorati o comunque li rinvengono (2) procedono al ritiro della carta di circolazione nonché, ove possibile, dei titoli e dei documenti relativi alla proprietà e all'uso dei beni pignorati e consegnano il bene pignorato all'istituto vendite giudiziarie più vicino al (2) luogo in cui il bene pignorato è stato rinvenuto. Si applica il terzo comma.

Eseguita l'ultima notificazione, l'ufficiale giudiziario [59] consegna senza ritardo al creditore l'atto di pignoramento perché proceda alla trascrizione nei pubblici registri. Entro trenta giorni dalla comunicazione di cui al terzo comma, il creditore deve depositare nella cancelleria del tribunale competente per l'esecuzione la nota di iscrizione a ruolo [168 // 71 att.], con copie conformi del titolo esecutivo [474], del precetto [480], dell'atto di pignoramento e della nota di trascrizione [2659 CC.]. La conformità di tali copie è attestata dall'avvocato del creditore ai soli fini del presente articolo.

Il cancelliere forma il fascicolo dell'esecuzione [488]. Il pignoramento perde efficacia [497] quando la nota di iscrizione a ruolo e le copie dell'atto di pignoramento, del titolo esecutivo e del precetto sono depositate oltre il termine di cui al quinto comma.

In deroga a quanto previsto dall'articolo 497, l'istanza di assegnazione o l'istanza di vendita [529] deve essere depositata entro quarantacinque giorni dal deposito da parte del creditore della nota di iscrizione a norma del presente articolo ovvero dal deposito da parte di quest'ultimo delle copie conformi degli atti, a norma dell'articolo 159-ter delle disposizioni per l'attuazione del presente codice (3).

Il cancelliere forma il fascicolo dell'esecuzione. Il pignoramento perde efficacia quando la nota di iscrizione a ruolo e le copie dell'atto di pignoramento, del titolo esecutivo e del precetto sono depositate oltre il termine di cui al quinto comma.

Si applicano in quanto compatibili le disposizioni del presente capo.

(1) Articolo inserito dall'art. 19, co. 1, lett. d-ter), d.l. 12/9/2014, n. 132, conv., con modif., dalla l. 10/11/2014, n. 162; per l'applicazione di tale disposizione, vedi l'art. 19, co. 6-bis del medesimo d.l. n. 132/2014.

(2) Comma così modificato dall'art. 13, co. 1, lett. d-bis), d.l. 27/6/2015, n. 83, conv. in l. 6/8/2015, n. 132.

(3) Comma introdotto dall'art. 13, co. 1, lett. d-bis), d.l. 27/6/2015, n. 83, conv. in l. 6/8/2015, n. 132.

522. Compenso del custode. – Il custode [65 ss.] non ha diritto a compenso se non l'ha chiesto e se non gli è stato riconosciuto dall'ufficiale giudiziario [59] all'atto della nomina [67].

Nessun compenso può attribuirsi alle persone indicate nel primo comma dell'articolo precedente [66[2]].

523. Unione di pignoramenti. – L'ufficiale giudiziario [59], che trova un pignoramento [513] già iniziato da altro ufficiale giudiziario, continua le operazioni insieme con lui. Essi redigono unico processo verbale [126, 493 // 44, 46 att.].

524. Pignoramento successivo. – L'ufficiale giudiziario [59], che trova un pignoramento [513] già compiuto, ne dà atto nel processo verbale [126, 518 // 44, 46 att.] descrivendo i mobili [812[3] CC.] precedentemente pignorati [493[2]], e quindi procede al pignoramento degli altri beni o fa constare nel processo verbale che non ve ne sono.

Il processo verbale è depositato in cancelleria e inserito nel fascicolo [488, 518[4]] formato in base al primo pignoramento, se quello successivo è compiuto anteriormente alla udienza prevista nell'articolo 525 primo comma (1), ovvero alla presentazione del ricorso per l'assegnazione o la vendita [529] dei beni pignorati nella ipotesi prevista nel secondo comma dell'articolo 525 (1). In tal caso il cancelliere [57] ne dà notizia al creditore primo pignorante e l'esecuzione si svolge in unico processo [*273*, *274*].

Il pignoramento successivo, se è compiuto dopo l'udienza di cui sopra [525] ovvero dopo la presentazione del ricorso predetto [529], ha gli effetti di un intervento tardivo rispetto ai beni colpiti dal primo pignoramento [528]. Se colpisce altri beni, per questi ha luogo separato processo [550].

(1) Parole così modificate dal d.l. n. 35/2005 con decorrenza dal 1/3/2006.

Sezione II
Dell'intervento dei creditori

525. Condizione e tempo dell'intervento. – *Possono intervenire a norma dell'articolo 499 tutti coloro che nei confronti*

CODICE PROCEDURA CIVILE

del debitore hanno un credito certo, liquido ed esigibile.*

Per gli effetti di cui agli articoli seguenti [526, 528] l'intervento [499 // 2699 ss. CC.] deve avere luogo non oltre la prima udienza fissata per l'autorizzazione della vendita o per l'assegnazione [530]. Di tale intervento il cancelliere [57] dà notizia al creditore pignorante [160 att.].

Qualora il valore dei beni pignorati [517, 521 bis], determinato a norma dell'articolo 518, non superi ventimila euro, l'intervento di cui al comma precedente deve aver luogo non oltre la data di presentazione del ricorso, prevista dall'articolo 529 (1).

* Il comma è stato abrogato dal d.l. n. 35/2005 con decorrenza dal 1/3/2006.

(1) Comma così sostituito dal d.l. n. 35/2005 con decorrenza dal 1/3/2006.

526. Facoltà dei creditori intervenuti. – I creditori intervenuti a norma dell'articolo 525 (1) partecipano all'espropriazione dei mobili pignorati e, se muniti di titolo esecutivo [474], possono provocarne i singoli atti [500, 505, 529, 530^5, 551, 564, 566].

(1) Parole così modificate dal d.l. n. 35/2005 con decorrenza dal 1/3/2006.

527. Diritto dei creditori intervenuti alla distribuzione*. – *Ai creditori intervenuti a norma dell'articolo 525 secondo e terzo comma il creditore pignorante ha facoltà di indicare, alla udienza o con atto notificato e, in ogni caso, non oltre i cinque giorni successivi alla comunicazione fattagli dal cancelliere, l'esistenza di altri beni del debitore utilmente pignorabili, e di invitarli ad estendere il pignoramento se sono forniti di titolo esecutivo o, altrimenti, ad anticipare le spese necessarie per l'estensione.*

Se i creditori intervenuti non si giovano, senza giusto motivo, delle indicazioni loro fatte o non rispondono all'invito entro il termine di dieci giorni, il creditore pignorante ha diritto di essere loro preferito in sede di distribuzione.

* Il presente articolo è stato abrogato dal d.l. n. 35/2005 con decorrenza dal 1/3/2006.

528. Intervento tardivo. – I creditori chirografari [2741 CC.] che intervengono successivamente ai termini di cui all'articolo 525, ma prima del provvedimento di distribuzione [541, 542], concorrono alla distribuzione della parte della somma ricavata che sopravanza dopo soddisfatti i diritti del creditore pignorante, dei creditori privilegiati e di quelli intervenuti in precedenza (1).

I creditori che hanno un diritto di prelazione [2741^2 CC.] sulle cose pignorate, anche se intervengono a norma del comma precedente, concorrono alla distribuzione della somma ricavata in ragione dei loro diritti di prelazione.

(1) Comma così sostituito dal d.l. n. 35/2005 con decorrenza dal 1/3/2006.

Sezione III
Dell'assegnazione e della vendita

529. Istanza di assegnazione o di vendita. – Decorso il termine di cui all'articolo 501, il creditore pignorante e ognuno dei creditori intervenuti [525, 526] muniti di titolo esecutivo [474] possono chiedere la distribuzione del danaro [541, 542] e la vendita di tutti gli altri beni.

Dei titoli di credito [1992 ss. CC.] e delle altre cose il cui valore risulta dal listino di borsa o di mercato [1474^2 CC.] possono chiedere anche l'assegnazione [505 ss.].

Al ricorso si deve unire il certificato d'iscrizione dei privilegi [2755 ss. CC.] gravanti sui mobili pignorati.

530. Provvedimento per l'assegnazione o per l'autorizzazione della vendita. – Sull'istanza [486] di cui all'articolo precedente il giudice dell'esecuzione [484] (1) fissa l'udienza per l'audizione delle parti [101, 485].

All'udienza le parti possono fare osservazioni circa l'assegnazione e circa il tempo e le modalità della vendita, e debbono proporre, a pena di decadenza [152, 153], le opposizioni agli atti esecutivi [617], se non sono già decadute dal diritto di proporle.

Se non vi sono opposizioni o se su di esse si raggiunge l'accordo delle parti comparse, il giudice dell'esecuzione [484] (1) dispone con ordinanza [134] l'assegnazione o la vendita.

Se vi sono opposizioni il giudice dell'esecuzione (1) le decide con sentenza [132, 133] e dispone con ordinanza l'assegnazione o la vendita.

Qualora ricorra l'ipotesi prevista dal secondo comma (2) dell'articolo 525, e non siano intervenuti creditori [525, 526] fino alla presentazione del ricorso, il giudice dell'esecuzione [484] (1) provvederà con decreto [135] per l'assegnazione o la vendita; altrimenti provvederà a norma dei commi precedenti, ma saranno sentiti soltanto i creditori intervenuti nel termine previsto dal secondo comma (2) dell'articolo 525 [617].

Il giudice dell'esecuzione stabilisce che il versamento della cauzione [478], la presentazione delle offerte, lo svolgimento della gara tra gli offerenti, ai sensi dell'articolo 532, nonché il pagamento del prezzo [540], siano effettuati con modalità telematiche, salvo che le stesse siano pregiudizievoli per gli interessi dei creditori o per il sollecito svolgimento della procedura (3).

In ogni caso il giudice dell'esecuzione può disporre che sia effettuata la pubblicità prevista dall'articolo 490, secondo comma, almeno dieci giorni prima della scadenza del termine per la presentazione delle offerte o della data dell'incanto [534] (3). Il giudice dispone che sia sempre effettuata la pubblicità prevista dall'articolo 490, primo comma, nel rispetto del termine di cui al periodo precedente (4).

Fuori dell'ipotesi prevista dal secondo comma dell'articolo 525, il giudice dell'esecuzione può disporre [487] che il versamento del prezzo abbia luogo ratealmente ed entro un termine non superiore a dodici mesi; si applicano, in quanto compatibili, le disposizioni di cui agli articoli 569, terzo comma, terzo periodo, 574, primo comma, secondo periodo, e 587, primo comma, secondo periodo (5).

(1) La parola "pretore" è stata sostituita dalle parole "giudice dell'esecuzione" dal d.lg. 19/2/1988, n. 51.

(2) Parole così modificate dal d.l. n. 35/2005 con decorrenza dal 1/3/2006.

(3) Comma aggiunto dal d.l. 29/12/2009, n. 193, conv. nella l. 22/2/2010, n. 24 e, successivamente, così sostituito dall'art. 48, co. 1 del d.l. 24/6/2014, n. 90, conv., con modif., dalla l. 11/8/2014, n. 114; per l'applicazione di tale ultima disposizione, vedi l'art. 48, co. 2, del medesimo d.l. n. 90/2014.

(4) Le parole da "il giudice" fino a "precedente" sono state introdotte dall'art. 13, co. 1, lett. e), d.l. 27/6/2015, n. 83, conv. in l. 6/8/2015, n. 132.

(5) Comma inserito dall'art. 13, co. 1, lett. e), d.l. 27/6/2015, n. 83, conv. in l. 6/8/2015, n. 132.

531. Vendita di frutti pendenti o di speciali beni mobili. – La vendita di frutti pendenti [516 // 820 CC.] non può essere disposta se non per il tempo della loro maturazione, salvo diverse consuetudini locali [8 disp. prel. CC.].

La vendita dei bachi da seta non può essere fatta prima che siano in bozzoli [516^2].

Delle cose indicate nell'articolo 515 il giudice dell'esecuzione [484] (1) può differire la vendita per il periodo che ritiene necessario a soddisfare le esigenze dell'azienda agraria.

(1) La parola "pretore" è stata sostituita dalle parole "giudice dell'esecuzione" dal d.lg. 19/2/1988, n. 51.

532. Vendita a mezzo di commissionario. – Il giudice dell'esecuzione [484] dispone [134, 135] (1) la vendita senza incanto o tramite commissionario [61 ss. // 1710¹, 1731 ss. CC. // 167, 168 att.] dei beni pignorati. Le cose pignorate devono essere affidate all'istituto vendite giudiziarie, ovvero, con provvedimento motivato, ad altro soggetto specializzato nel settore di competenza iscritto nell'elenco di cui all'articolo 169-sexies delle disposizioni per l'attuazione del presente codice (1), affinché proceda alla vendita in qualità di commissionario (2).

Nello stesso provvedimento di cui al primo comma il giudice, dopo avere sentito, se necessario, uno stimatore dotato di specifica preparazione tecnica e commerciale in relazione alla peculiarità del bene stesso, fissa il prezzo minimo della vendita e l'importo globale fino al raggiungimento del quale la vendita deve essere eseguita, e può imporre al commissionario una cauzione (2). Il giudice fissa altresì il numero complessivo, non inferiore a tre, degli esperimenti di vendita, i criteri per determinare i relativi ribassi, le modalità di deposito della somma ricavata dalla vendita e il termine finale non superiore a sei mesi alla cui scadenza il soggetto incaricato della vendita deve restituire gli atti in cancelleria [167 att.] (3). Quando gli atti sono restituiti a norma del periodo precedente, il giudice, se non vi sono istanze a norma dell'articolo 540-bis, dispone la chiusura anticipata del processo esecutivo, anche quando non sussistono i presupposti di cui all'articolo 164-bis delle disposizioni di attuazione del presente codice (4).

Se il valore delle cose risulta dal listino di borsa o di mercato, la vendita non può essere fatta a prezzo inferiore al minimo ivi segnato.

(1) Le parole "dispone" e "iscritto nell'elenco di cui all'articolo 169-sexies delle disposizioni per l'attuazione del presente codice" sono state inserite dall'art. 13, co. 1, lett. f), d.l. 27/6/2015, n. 83, conv. in l. 6/8/2015, n. 132.

(2) Comma così modificato dal d.l. n. 35/2005 e dalla l. n. 52/2006 con decorrenza dal 1/3/2006.

(3) Questo periodo, inserito dall'art. 13, co. 1, lett. f), n. 2, d.l. 27/6/2015, n. 83, conv., con modif., nella l. 6/8/2015, n. 132, è stato così sostituito dall'art. 4, co. 1, lett. c), d.l. 3/5/2016, n. 59, conv., con modif., nella l. 30/6/2016, n. 119.

(4) Il periodo da "il giudice" fino al "presente codice" è stato introdotto dall'art. 13, co. 1, lett. f), d.l. 27/6/2015, n. 83, conv. in l. 6/8/2015, n. 132.

533. Obblighi del commissionario. – Il commissionario [532 // 1710¹, 1731 ss. CC. // 167, 168 att.] assicura agli interessati la possibilità di esaminare, anche con modalità telematiche, le cose poste in vendita almeno tre giorni prima della data fissata per l'esperimento di vendita [532²] e non può consegnare la cosa all'acquirente prima del pagamento integrale del prezzo [540]. Egli è tenuto in ogni caso a documentare le operazioni di vendita mediante certificato, fattura o fissato bollato in doppio esemplare, uno dei quali deve essere consegnato al cancelliere [57] col prezzo ricavato dalla vendita, nel termine stabilito dal giudice dell'esecuzione [484] nel suo provvedimento [487] (1).

Qualora la vendita non avvenga nel termine fissato a norma dell'articolo 532, secondo comma, il commissionario restituisce gli atti in cancelleria e fornisce prova dell'attività specificamente svolta in relazione alla tipologia del bene per reperire potenziali acquirenti. In ogni caso fornisce prova di aver effettuato la pubblicità disposta dal giudice [490] (2).

Il compenso al commissionario è stabilito dal giudice dell'esecuzione (3) con decreto [135, 474].

(1) Comma modificato dal d.lg. 19/2/1988, n. 51 e dal d.l. 29/12/2009, n. 193, conv. nella l. 22/2/2010, n. 24.

(2) Comma così sostituito dall'art. 13, co. 1, lett. g), d.l. 27/6/2015, n. 83, conv. in l. 6/8/2015, n. 132.

(3) Comma modificato dal d.lg. 19/2/1988, n. 51.

534. Vendita all'incanto. – Quando la vendita deve essere fatta ai pubblici incanti, il giudice dell'esecuzione [484] (1), col provvedimento di cui all'articolo 530, stabilisce il giorno, l'ora e il luogo in cui deve eseguirsi, e ne affida l'esecuzione al cancelliere [57] o all'ufficiale giudiziario [59] o a un istituto all'uopo autorizzato [534 bis, 536 // 159, 168 att.].

Nello stesso provvedimento il giudice dell'esecuzione (1) può disporre che, oltre alla pubblicità prevista dal primo comma dell'articolo 490, sia data anche una pubblicità straordinaria a norma del comma terzo dello stesso articolo.

(1) La parola "pretore" è stata sostituita dalle parole "giudice dell'esecuzione" dal d.lg. 19/2/1988, n. 51.

534 bis. Delega delle operazioni di vendita (1). – Il giudice, con il provvedimento di cui all'articolo 530, delega (2) all'istituto di cui al primo comma dell'articolo 534 [169 sexies att.], ovvero in mancanza a un notaio avente sede preferibilmente nel circondano o a un avvocato o a un commercialista, iscritti nei relativi elenchi di cui all'articolo 179-ter delle disposizioni di attuazione del presente codice, il compimento delle operazioni di vendita con incanto [534] ovvero senza incanto [532] di beni mobili iscritti nei pubblici registri. La delega e gli atti conseguenti sono regolati dalle disposizioni di cui all'articolo 591-bis, in quanto compatibili con le previsioni della presente sezione.

(1) Articolo così modificato dal d.l. n. 35/2005 e dalla l. n. 263/2005 con decorrenza dal 1/3/2006.
Il testo precedente recitava: «534-bis. Delega al notaio delle operazioni di vendita con incanto. – Il pretore, con il provvedimento di cui all'articolo 530, può, sentiti gli interessati, delegare a un notaio avente sede nel circondario il compimento delle operazioni di vendita con incanto di beni mobili iscritti nei pubblici registri. La delega e gli atti conseguenti sono regolati dalle disposizioni di cui all'articolo 591-bis, in quanto compatibili con le previsioni della presente sezione».

(2) La parola "delega" è stata inserita dall'art. 13, co. 1, lett. h), d.l. 27/6/2015, n. 83, conv. in l. 6/8/2015, n. 132; in precedenza la norma recitava "il giudice può, sentiti gli interessati, delegare ...".

534 ter. Ricorso al giudice dell'esecuzione (1). – Quando, nel corso delle operazioni di vendita, insorgono difficoltà il professionista delegato o il commissionario [532, 534 bis] possono rivolgersi al giudice dell'esecuzione [484], il quale provvede con decreto [135].

Avverso gli atti del professionista delegato o del commissionario è ammesso reclamo delle parti e degli interessati, da proporre con ricorso al giudice dell'esecuzione nel termine perentorio di venti giorni dal compimento dell'atto o dalla sua conoscenza. Il ricorso non sospende le operazioni di vendita, salvo che il giudice dell'esecuzione, concorrendo gravi motivi, disponga la sospensione [624¹].

Sul reclamo di cui al secondo comma, il giudice dell'esecuzione provvede con ordinanza, avverso la quale è ammessa l'opposizione ai sensi dell'articolo 617 [591-ter, 617 // 111⁷ Cost.].

(1) Articolo così modificato dal d.l. n. 35/2005 e dalla l. n. 263/2005 con decorrenza dal 1/3/2006.

• Articolo così sostituito dall'art. 3, co. 37, d.lg. 10/10/2022, n. 149; la precedente formulazione era: «Quando, nel corso delle operazioni di vendita, insorgono difficolta il professionista delegato o il commissionario [532, 534 bis] possono rivolgersi al giudice dell'esecuzione [484], il quale provvede con decreto [135]. Le parti e gli interessati possono proporre reclamo avverso il predet-

to decreto ed avverso gli atti del professionista o del commissionario con ricorso allo stesso giudice, il quale provvede con ordinanza [134]; il ricorso non sospende le operazioni di vendita salvo che il giudice, concorrendo gravi motivi, disponga la sospensione [624^{1}].
Contro il provvedimento del giudice è ammesso il reclamo ai sensi dell'articolo 669-terdecies [591-ter, 617 // 111^{7} Cost.]».

535. Prezzo base dell'incanto. – Se il valore delle cose [517, 521 bis] risulta da listino di borsa o di mercato [1474^{2} CC.], il prezzo base è determinato dal minimo del giorno precedente alla vendita.

In ogni altro caso il giudice dell'esecuzione (1), nel provvedimento di cui all'articolo 530 [534], sentito quando occorre uno stimatore [518 // 161$^{2, 3}$ att.], fissa il prezzo [1473 CC.] di apertura dell'incanto o autorizza, se le circostanze lo consigliano, la vendita al migliore offerente senza determinare il prezzo minimo [537].

(1) La parola "pretore" è stata sostituita dalle parole "giudice dell'esecuzione" dal d.lg. 19/2/1988, n. 51.

536. Trasporto e ricognizione delle cose da vendere. – Chi è incaricato della vendita [532] fa trasportare [1678 CC.], quando occorre, le cose pignorate [517, 521 bis] nel luogo stabilito per l'incanto [534], e può richiedere l'intervento della forza pubblica [513^{2}].

In ogni caso, prima di addivenire agli incanti deve fare, in concorso col custode [65 ss.], la ricognizione degli oggetti da vendersi, confrontandoli con la descrizione contenuta nel processo verbale di pignoramento [126 // 44, 46 att.].

537. Modo dell'incanto. – Le cose da vendere si offrono singolarmente oppure a lotti secondo la convenienza, per il prezzo base di cui all'articolo 535. L'aggiudicazione [1376, 1476 ss., 1498 CC.] al maggiore offerente segue quando, dopo una duplice pubblica enunciazione del prezzo raggiunto, non è fatta una maggiore offerta [*579* // 323, 378, 1471 CC.].

Se la vendita non può compiersi nel giorno stabilito [534], è continuata nel primo giorno seguente non festivo.

Dell'incanto si redige processo verbale [126 // 44, 46 att.], che si deposita immediatamente nella cancelleria [169 att.].

538. Nuovo incanto (1). – Quando una cosa messa all'incanto resta invenduta, il soggetto a cui è stata affidata l'esecuzione della vendita fissa un nuovo incanto [537] ad un prezzo base inferiore di un quinto rispetto a quello precedente.

(1) Articolo così modificato dalla l. n. 52/2006 con decorrenza dal 1/3/2006.
Il testo precedente recitava: «538. Nuovo incanto. – Quando una cosa messa all'incanto resta invenduta, il cancelliere ne dà notizia alle parti.
Se delle cose invendute nessuno dei creditori chiede l'assegnazione per il prezzo fissato a norma dell'art. 535 secondo comma, il giudice dell'esecuzione ordina un nuovo incanto nel quale è ammessa qualsiasi offerta».

539. Vendita o assegnazione degli oggetti d'oro e d'argento. – Gli oggetti d'oro e d'argento non possono in nessun caso essere venduti per un prezzo inferiore al valore intrinseco [*535*].

Se restano invenduti, sono assegnati per tale valore ai creditori [162 att.].

540. Pagamento del prezzo e rivendita. – *La vendita all'incanto si fa per contanti*.*

Se il prezzo non è pagato, si procede immediatamente a nuovo incanto [537, 538], a spese e sotto la responsabilità dell'aggiudicatario inadempiente.

La somma ricavata dalla vendita è immediatamente consegnata al cancelliere [57] per essere depositata [1766 CC.] con le forme dei depositi giudiziari [533 // *1376*, 2919, 2920, 2921, 2922, 2923, 2924, 2929 CC. // 169 quater att.].

* Il comma è stato abrogato dal d.l. 29/12/2009, n. 193, conv. nella l. 22/2/2010, n. 24.

540 bis. Integrazione del pignoramento (1). – Quando le cose pignorate risultano invendute a seguito del secondo o successivo esperimento [538] ovvero quando la somma assegnata, ai sensi degli articoli 510, 541 e 542, non è sufficiente a soddisfare le ragioni dei creditori, il giudice, ad istanza di uno di questi, provvede a norma dell'ultimo comma dell'articolo 518 [486, 513]. Se sono pignorate nuove cose, il giudice ne dispone la vendita [530] senza che vi sia necessità di nuova istanza. In caso contrario, dichiara l'estinzione del procedimento [629 ss.], salvo che non siano da completare le operazioni di vendita.

(1) Articolo aggiunto dalla l. 18/6/2009, n. 69.

Sezione IV
Della distribuzione della somma ricavata

541. Distribuzione amichevole. – Se i creditori concorrenti chiedono la distribuzione della somma ricavata secondo un piano concordato, il giudice dell'esecuzione [484] (1), sentito il debitore [485], provvede [487] in conformità [*510*, *596* // 2916, 2920 CC.].

(1) La parola "pretore" è stata sostituita dalle parole "giudice dell'esecuzione" dal d.lg. 19/2/1988, n. 51.

542. Distribuzione giudiziale. – Se i creditori non raggiungono l'accordo di cui all'articolo precedente o il giudice dell'esecuzione [484] (1) non l'approva, ognuno di essi può chiedere che si proceda alla distribuzione della somma ricavata.

Il dell'esecuzione (1), sentite le parti [485], distribuisce la somma ricavata, a norma degli articoli 510 e seguenti e ordina il pagamento delle singole quote [528 // 2755 ss., 2777, 2778, 2781, 2782, 2783, 2787, 2916, 2920 CC.].

(1) La parola "pretore" è stata sostituita dalle parole "giudice dell'esecuzione" dal d.lg. 19/2/1988, n. 51.

Capo III
Dell'espropriazione presso terzi

Sezione I
Del pignoramento e dell'intervento

543. Forma del pignoramento. – Il pignoramento [*492*] di crediti del debitore verso terzi [545 // 2917 CC.] o di cose del debitore che sono in possesso di terzi [513^{1}, 545, 619 // 1140, 1147, 1153, 1155, 1830, 2917 CC.], si esegue mediante atto notificato al terzo e al debitore a norma degli articoli 137 e seguenti.

L'atto deve contenere, oltre all'ingiunzione al debitore di cui all'articolo 492:

1) l'indicazione del credito per il quale si procede, del titolo esecutivo [474] e del precetto [480];

2) l'indicazione, almeno generica, delle cose o delle somme dovute e l'intimazione al terzo di non disporne senza ordine di giudice [546];

3) la dichiarazione di residenza [43 CC.] o l'elezione di domicilio [47 CC.] nel comune in cui ha sede il tribunale competente [26, 28] nonché l'indicazione dell'indirizzo di posta elettronica certificata del creditore procedente;

4) la citazione del debitore a comparire davanti al giudice competente, con l'invito al terzo a comunicare la dichiarazione di cui all'articolo 547 al creditore procedente entro dieci giorni a mezzo raccomandata ovvero a mezzo di posta elettronica certificata; con l'avvertimento al terzo che in caso di mancata comunicazione della dichiarazione, la stessa dovrà essere resa dal terzo comparendo in un'apposita udienza e che quando il terzo non compare o, sebbene comparso, non rende la dichiarazione [548], il credito pignorato o il possesso di cose di appartenenza del debitore, nell'ammontare o nei termini indicati dal creditore, si considereranno non contestati ai fini del procedimento in corso e dell'esecuzione fondata sul provvedimento di assegnazione [549].

Nell'indicare l'udienza di comparizione si deve rispettare il termine previsto nell'articolo 501.

Eseguita l'ultima notificazione, l'ufficiale giudiziario [59] consegna senza ritardo al creditore l'originale dell'atto di citazione [163]. Il creditore deve depositare nella cancelleria del tribunale competente per l'esecuzione la nota di iscrizione a ruolo [168 // 71 att.], con copie conformi dell'atto di citazione, del titolo esecutivo [474] e del precetto [480], entro trenta giorni dalla consegna. La conformità di tali copie è attestata dall'avvocato del creditore ai soli fini del presente articolo. Il cancelliere [57] al momento del deposito forma il fascicolo dell'esecuzione [488]. Il pignoramento perde efficacia quando la nota di iscrizione a ruolo e le copie degli atti di cui al secondo periodo sono depositate oltre il termine di trenta giorni dalla consegna al creditore [*632* // 164 ter att.].

Quando procede a norma dell'articolo 492-bis, l'ufficiale giudiziario consegna senza ritardo al creditore il verbale, il titolo esecutivo ed il precetto, e si applicano le disposizioni di cui al quarto comma. Decorso il termine di cui all'articolo 501, il creditore pignorante e ognuno dei creditori intervenuti [499] muniti di titolo esecutivo possono chiedere [486] l'assegnazione o la vendita delle cose mobili [501 ss. // 812^3, 2919 ss., 2925 ss.] o l'assegnazione dei crediti [2928 CC.]. Sull'istanza di cui al periodo precedente il giudice fissa l'udienza per l'audizione [485] del creditore e del debitore e provvede [487] a norma degli articoli 552 o 553. Il decreto con cui viene fissata l'udienza di cui al periodo precedente è notificato a cura del creditore procedente e deve contenere l'invito e l'avvertimento al terzo di cui al numero 4) del secondo comma [615, 617].

544. Pegno o ipoteca a garanzia del credito pignorato. – Se il credito pignorato [2917 CC.] è garantito da pegno [2784 CC.], s'intima a chi detiene la cosa data in pegno [2790, 2792, 2793 CC.] di non eseguirne la riconsegna [2794 CC.] senza ordine di giudice [502 // 182 att.].

Se il credito pignorato è garantito da ipoteca [2808 CC.], l'atto di pignoramento [543] deve essere annotato nei libri fondiari [2843 CC.].

545. Crediti impignorabili (1). – Non possono essere pignorati i crediti alimentari [51, 156^3, 279, 433 ss., 660, 670^2, 2751 CC.], tranne che per causa di alimenti, e sempre con l'autorizzazione del tribunale o di un giudice da lui delegato e per la parte dal medesimo determinata mediante decreto [135].

Non possono essere pignorati crediti aventi per oggetto sussidi di grazia o di sostentamento a persone comprese nell'elenco dei poveri, oppure sussidi dovuti per maternità, malattie o funerali da casse di assicurazione, da enti di assistenza [354 CC.] o da istituti di beneficenza.

Le somme dovute dai privati a titolo di stipendio, di salario o di altra indennità relative al rapporto di lavoro o di impiego [2099, 2110 CC.], comprese quelle dovute a causa di licenziamento [2118 ss. CC.], possono essere pignorate per crediti alimentari nella misura autorizzata dal tribunale o da un giudice da lui delegato.

Tali somme possono essere pignorate nella misura di un quinto per i tributi dovuti allo Stato, alle province e ai comuni, ed in eguale misura per ogni altro credito.

Il pignoramento per il simultaneo concorso delle cause indicate precedentemente non può estendersi oltre la metà dell'ammontare delle somme predette.

Restano in ogni caso ferme le altre limitazioni contenute in speciali disposizioni di legge.

Le somme da chiunque dovute a titolo di pensione, di indennità che tengono luogo di pensione o di altri assegni di quiescenza, non possono essere pignorate per un ammontare corrispondente alla misura massima mensile dell'assegno sociale, aumentato della metà. La parte eccedente tale ammontare è pignorabile nei limiti previsti dal terzo, quarto e quinto comma nonché dalle speciali disposizioni di legge (2).

Le somme dovute a titolo di stipendio, salario, altre indennità relative al rapporto di lavoro o di impiego, comprese quelle dovute a causa di licenziamento, nonché a titolo di pensione, di indennità che tengono luogo di pensione, o di assegni di quiescenza, nel caso di accredito su conto bancario o postale intestato al debitore [1823, 1834, 1852 CC.], possono essere pignorate, per l'importo eccedente il triplo dell'assegno sociale, quando l'accredito ha luogo in data anteriore al pignoramento [543]; quanto l'accredito ha luogo alla data del pignoramento o successivamente, le predette somma possono essere pignorate nei limiti previsti dal terzo, quarto, quinto e settimo comma, nonché dalle speciali disposizioni di legge (2).

Il pignoramento eseguito sulle somme di cui al presente articolo in violazione dei divieti e oltre i limiti previsti dallo stesso e dalle speciali disposizioni di legge è parzialmente inefficace [*497*] (2).

L'inefficacia è rilevata dal giudice [484] anche d'ufficio [*514*, *515*] (2).

(1) Articolo così modificato dal d.lg. 19/2/1988, n. 51.

(2) Commi inseriti dall'art. 13, co. 1, lett. l), d.l. 27/6/2015, n. 83, conv. in l. 6/8/2015, n. 132.

546. Obblighi del terzo (1). – Dal giorno in cui gli è notificato [137 ss.] l'atto previsto nell'art. 543, il terzo è soggetto, relativamente alle cose e alle somme da lui dovute e nei limiti dell'importo del credito precettato aumentato della metà, agli obblighi che la legge impone al custode [65 ss.]. Nel caso di accredito su conto bancario [1823, 1834, 1852 CC.] o postale intestato al debitore di somme a titolo di stipendio, salario, altre indennità relative al rapporto di lavoro o di impiego [2099, 2110 CC.], comprese quelle dovute a causa di licenziamento [2118 CC.], nonché a titolo di pensione, di indennità che tengono luogo di pensione, o di assegni di quiescenza [545^7], gli obblighi del terzo pignorato non operano, quando l'accredito ha luogo in data anteriore al pignoramento, per un importo pari al triplo dell'assegno sociale; quando l'accredito ha luogo alla data del pignoramento o successivamente, gli obblighi del terzo pignorato operano nei limiti previsti dall'articolo 545 e dalle speciali disposizioni di legge (2).

Nel caso di pignoramento eseguito presso più terzi, il debitore può chiedere la riduzione proporzionale dei singoli pignoramenti a norma dell'articolo 496 ovvero la dichiarazione di inefficacia [*497*] di taluno di essi; il giudice dell'esecuzione [484], convocate le parti [485], provvede con ordinanza [487] non oltre venti giorni dall'istanza [486].

(1) Articolo così modificato dal d.l. n. 35/2005 con decorrenza dal 1/3/2006.
Il testo precedente recitava: «546. Obblighi del terzo. – Dal giorno in cui gli è notificato l'atto previsto nell'art. 543, il terzo è soggetto, relativamente alle cose e alle somme da lui dovute, agli obblighi che la legge impone al custode».

(2) Le parole da "nel caso" fino a "legge" sono state introdotte dall'art. 13, co. 1, lett. m), d.l. 27/6/2015, n. 83, conv. in l. 6/8/2015, n. 132.

547. Dichiarazione del terzo. – Con dichiarazione a mezzo raccomandata inviata al creditore procedente o trasmessa a mezzo di posta elettronica certificata [543], il terzo, personalmente o a mezzo di procuratore speciale o del difensore munito di procura speciale [83^{3} // 1392 CC.], deve specificare di quali cose o di quali somme è debitore o si trova in possesso [1140, 1147, 1153, 1155 CC.] e quando ne deve eseguire il pagamento o la consegna (1).

Deve altresì specificare i sequestri precedentemente eseguiti presso di lui e le cessioni che gli sono state notificate o che ha accettato [678 // 1264 CC.].

Il creditore pignorante deve chiamare nel processo il sequestrante nel termine perentorio fissato dal giudice [269, *548*, 630].

(1) Comma sostituito dall'art. 12, co. 1, l. 24/2/2006, n. 52, a decorrere dal 1/3/2006 e modificato dall'art. 1, co. 20, n. 2, l. 24/12/2012, n. 228, a decorrere dal 1/1/2013; per l'applicazione di tale disposizione, vedi l'art. 1, co. 21, della medesima l. n. 228/2012. Successivamente, il presente comma è stato così sostituito dall'art. 19, co. 1, lett. f), d.l. 12/9/2014, n. 132, conv., con modif., dalla l. 10/11/2014, n. 162; per l'applicazione di tale ultima disposizione, vedi l'art. 19, co. 6, del medesimo d.l. n. 132/2014.

548. Mancata dichiarazione del terzo (1). – *(...)**.

Quando all'udienza il creditore dichiara di non aver ricevuto la dichiarazione [547], il giudice [484], con ordinanza [134], fissa un'udienza successiva. L'ordinanza è notificata [137 ss.] al terzo almeno dieci giorni prima della nuova udienza. Se questi non compare alla nuova udienza o, comparendo, rifiuta di fare la dichiarazione, il credito pignorato o il possesso [1140, 1147, 1153, 1155 CC.] del bene di appartenenza del debitore, nei termini indicati dal creditore, si considera non contestato ai fini del procedimento in corso e dell'esecuzione fondata sul provvedimento di assegnazione [505, 507] se l'allegazione del creditore consente l'identificazione del credito o dei beni di appartenenza del debitore in possesso del terzo (2) e il giudice provvede a norma degli articoli 552 o 553 (3).

Il terzo può impugnare nelle forme e nei termini di cui all'articolo 617, l'ordinanza di assegnazione di crediti adottata a norma del presente articolo, se prova di non averne avuto tempestiva conoscenza per irregolarità della notificazione o per caso fortuito o forza maggiore [*153^{2}* // *45 CP.*] (4).

(1) Articolo sostituito dall'art. 9, d.P.R. 17/10/1950, n. 857 e modificato dall'art. 98, co. 1 del d.lg. 19/2/1998, n. 51. Successivamente, il presente articolo è stato così sostituito dall'art. 1, co. 20, n. 3, l. 24/12/2012, n. 228, a decorrere dal 1/1/2013; per l'applicazione di tale ultima disposizione, vedi l'art. 1, co. 21, della medesima l. n. 228/2012.

* Comma abrogato dall'art. 19, co. 1, lett. g), n. 1, d.l. 12/9/2014, n. 132, conv., con modif., dalla l. 10/11/2014, n. 162; per l'applicazione di tale disposizione, vedi l'art. 19, co. 6, del medesimo d.l. n. 132/2014.

(2) Le parole da "se l'allegazione" fino a "terzo" sono state inserite dall'art. 13, co. 1, lett. m-bis), d.l. 27/6/2015, conv. in l. 6/8/2015, n. 132.

(3) Comma così sostituito dall'art. 19, co. 1, lett. g), n. 2, d.l. 12/9/2014, n. 132, conv., con modif., dalla l. 10/11/2014, n. 162; per l'applicazione di tale disposizione, vedi l'art. 19, co. 6 del medesimo d.l. n. 132/2014.

(4) L'art. 13, co. 1, lett. m-bis), d.l. 27/6/2015, n. 83, conv. in l. 6/8/2015, n. 132 ha soppresso il richiamo al "comma primo" subito dopo le parole "all'articolo 617".

549. Contestata dichiarazione del terzo (1). – Se sulla dichiarazione [547] sorgono contestazioni o se a seguito della mancata dichiarazione del terzo [548] non è possibile l'esatta identificazione del credito o dei beni del debitore in possesso [1140, 1147, 1153, 1155] del terzo, il giudice dell'esecuzione [484], su istanza [486] di parte, provvede con ordinanza [487], compiuti i necessari accertamenti nel contraddittorio [101] tra le parti e con il terzo (2). L'ordinanza produce effetti ai fini del procedimento in corso e dell'esecuzione fondata sul provvedimento di assegnazione [505, 507] ed è impugnabile nelle forme e nei termini di cui all'articolo 617.

(1) L'articolo che recitava: «Accertamento dell'obbligo del terzo. – Con la sentenza che definisce il giudizio di cui all'articolo precedente, il giudice, se accerta l'esistenza del diritto del debitore nei confronti del terzo, fissa alle parti un termine perentorio per la prosecuzione del processo esecutivo.» è stato così sostituito dall'art. 1 della l. 24/12/2012, n. 228, in vigore dal 1/1/2013.

(2) Comma così sostituito dall'art. 13, co. 1, lett. m-ter), d.l. 27/6/2015, n. 83, conv. in l. 6/8/2015, n. 132; in precedenza la norma prevedeva che «Se sulla dichiarazione sorgono contestazioni, il giudice dell'esecuzione le risolve, compiuti i necessari accertamenti, con ordinanza. L'ordinanza produce effetti ai fini del procedimento in corso e dell'esecuzione fondata sul provvedimento di assegnazione ed è impugnabile nelle forme e nei termini di cui all'articolo 617».

550. Pluralità di pignoramenti. – Il terzo deve indicare i pignoramenti [543] che sono stati eseguiti presso di lui.

Se altri pignoramenti sono eseguiti dopo che il terzo abbia fatto la sua dichiarazione [547], egli può limitarsi a richiamare la dichiarazione precedente e i pignoramenti ai quali si riferiva.

Si applicano le disposizioni dell'articolo 524 secondo e terzo comma.

551. Intervento. – L'intervento di altri creditori è regolato a norma degli articoli 525 e seguenti.

Agli effetti di cui all'articolo 526 l'intervento non deve avere luogo oltre la prima udienza di comparizione delle parti [548^{1}].

Sezione II
Dell'assegnazione e della vendita

552. Assegnazione e vendita di cose dovute dal terzo. – Se il terzo si dichiara o è dichiarato possessore [1140, 1147, 1153, 1155 CC.] di cose appartenenti al debitore, il giudice dell'esecuzione [484] (1), sentite le parti [485], provvede [487] per l'assegnazione o la vendita delle cose mobili [812^{3} CC.] a norma degli articoli 529 e seguenti, o per l'assegnazione dei crediti a norma dell'articolo seguente [2917, 2919 ss., 2925, 2928 CC. // 164 att.].

(1) La parola "pretore" è stata sostituita dalle parole "giudice dell'esecuzione" dal d.lg. 19/2/1988, n. 51.

553. Assegnazione e vendita di crediti. – Se il terzo si dichiara o è dichiarato [547, 549] debitore di somme esigibili immediatamente o in termini non maggiori di novanta giorni, il giudice dell'esecuzione [484] (1) le assegna [487, 617 // 1260, 1267^{2}, 2917, 2925, 2928 CC.] in pagamento, salvo esazione, ai creditori concorrenti [530].

Se le somme dovute dal terzo sono esigibili in termine maggiore, o si tratta di censi o di rendite perpetue o temporanee [1861 CC.], e i creditori non ne chiedano d'accordo l'assegnazione, si applicano le regole richiamate nell'articolo precedente per la vendita di cose mobili.

Il valore delle rendite perpetue e dei censi, quando sono assegnati ai creditori, deve essere ragguagliato in ragione di € 0,052 di capitale per € 0,00258 di rendita.

(1) La parola "pretore" è stata sostituita dalle parole "giudice dell'esecuzione" dal d.lg. 19/2/1988, n. 51.

554. Pegno o ipoteca a garanzia del credito assegnato. – Se il credito assegnato o venduto [553 // 2917, 2919, 2925, 2928 CC.] è garantito da pegno [2784 CC.], il giudice dell'esecuzione [484] (1) dispone [487] che la cosa data in pegno sia affidata all'assegnatario o aggiudicatario del credito oppure ad un terzo che designa, sentite le parti [485, 544[1] // 2790, 2793 CC.].

Se il credito assegnato o venduto è garantito da ipoteca [2808 CC.], il provvedimento di assegnazione o l'atto di vendita [552, 553] va annotato nei libri fondiari [544[2] // 2843 CC.].

(1) La parola "pretore" è stata sostituita dalle parole "giudice dell'esecuzione" dal d.lg. 19/2/1988, n. 51.

Capo IV
Dell'espropriazione immobiliare

Sezione I
Del pignoramento

555. Forma del pignoramento. – Il pignoramento immobiliare si esegue mediante notificazione [137] al debitore [557, 559] e successiva trascrizione [497, 562 // 2643 n. 6, 2659, 2668 bis, 2668 ter, 2672 CC.] di un atto [617 // 170 att.] nel quale gli si indicano esattamente, con gli estremi richiesti dal codice civile per l'individuazione dell'immobile ipotecato [617 // 2826, 2841 CC.], i beni e i diritti immobiliari [812, 813, 822, 824, 826, 828, 830, 831[2], 2912 CC.] che si intendono sottoporre a esecuzione, e gli si fa l'ingiunzione prevista nell'articolo 492.

Immediatamente dopo la notificazione l'ufficiale giudiziario [59] consegna copia autentica dell'atto con le note di trascrizione [2658, 2659 CC.] al competente conservatore dei registri immobiliari [2663, 2674 CC.], che trascrive l'atto e gli restituisce una delle note [561 // 2664 CC.].

Le attività previste nel comma precedente possono essere compiute anche dal creditore pignorante [2915 CC.], al quale l'ufficiale giudiziario, se richiesto, deve consegnare gli atti di cui sopra [557[2]].

556. Espropriazione di mobili insieme con immobili. – Il creditore può fare pignorare insieme coll'immobile anche i mobili che lo arredano [513 // 812[3], 817], quando appare opportuno che l'espropriazione avvenga unitamente [483 // 2912 CC.].

In tal caso l'ufficiale giudiziario [59] forma atti separati per l'immobile [812[1, 2] CC.] e per i mobili [518 // 812[3] CC.], ma li deposita insieme nella cancelleria del tribunale [26].

557. Deposito dell'atto di pignoramento (1). – Eseguita l'ultima notificazione [137 ss.], l'ufficiale giudiziario [59] consegna senza ritardo al creditore [555[3]] l'atto di pignoramento [555 // 170 att.] e la nota di trascrizione [2659 CC.] restituitagli dal conservatore dei registri immobiliari [555[2]].

Il creditore deve depositare nella cancelleria del tribunale competente per l'esecuzione [26] la nota di iscrizione a ruolo [168 // 71 att.], con copie conformi del titolo esecutivo [474], del precetto [480], dell'atto di pignoramento e della nota di trascrizione entro quindici giorni dalla consegna dell'atto di pignoramento. La conformità di tali copie è attestata dall'avvocato del creditore ai soli fini del presente articolo. Nell'ipotesi di cui all'articolo 555, ultimo comma, il creditore deve depositare la nota di trascrizione appena restituitagli dal conservatore dei registri immobiliari.

Il cancelliere [57] forma il fascicolo dell'esecuzione [488]. Il pignoramento perde efficacia quando la nota di iscrizione a ruolo e le copie dell'atto di pignoramento, del titolo esecutivo e del precetto sono depositate oltre il termine di quindici giorni [152, 153, 497, 562] dalla consegna al creditore.

(1) Articolo così sostituito dall'art. 18, co. 1, lett. c), d.l. 12/9/2014, n. 132, conv., con modif., dalla l. 10/11/2014, n. 162; per l'applicazione di tale disposizione, vedi l'art. 18, co. 3, del medesimo d.l. n. 132/2014.

558. Limitazione dell'espropriazione. – Se un creditore ipotecario [2808 ss. CC.] estende il pignoramento [555] a immobili [812[1, 2] CC.] non ipotecati a suo favore, il giudice dell'esecuzione [484] può applicare il disposto dell'articolo 496 [134, 617], oppure può sospenderne la vendita fino al compimento di quella relativa agli immobili ipotecati [2911 CC.].

559. Custodia dei beni pignorati (1). – Col pignoramento [555] il debitore è costituito custode [65, 67, 520 ss.] dei beni pignorati e di tutti gli accessori [2912 CC.], compresi le pertinenze [817 CC.] e i frutti [820 CC.], senza diritto a compenso [65 ss., 522].

Salvo che la sostituzione nella custodia non abbia alcuna utilità ai fini della conservazione o della amministrazione del bene o per la vendita, il giudice dell'esecuzione, con provvedimento non impugnabile emesso entro quindici giorni dal deposito della documentazione di cui all'articolo 567, secondo comma, contestualmente alla nomina dell'esperto di cui all'articolo 569, nomina custode giudiziario dei beni pignorati una persona inserita nell'elenco di cui all'articolo 179-ter delle disposizioni di attuazione del presente codice o l'istituto di cui al primo comma dell'articolo 534.

Il custode nominato ai sensi del secondo comma collabora con l'esperto nominato ai sensi dell'articolo 569 al controllo della completezza della documentazione di cui all'articolo 567, secondo comma, redigendo apposita relazione informativa nel termine fissato dal giudice dell'esecuzione.

Il giudice provvede alla sostituzione del custode in caso di inosservanza degli obblighi su di lui incombenti.

(1) Articolo così sostituito dall'art. 3, co. 38, d.lg. 10/10/2022, n. 149; la precedente formulazione era: «Col pignoramento il debitore è costituito custode dei beni pignorati e di tutti gli accessori, comprese le pertinenze, e i frutti senza diritto a compenso.
Su istanza del creditore pignorante o di un creditore intervenuto, il giudice dell'esecuzione, sentito il debitore, può nominare custode una persona diversa dallo stesso debitore. Il giudice provvede a nominare una persona diversa quando l'immobile non sia occupato dal debitore.
Il giudice provvede alla sostituzione del custode in caso di inosservanza degli obblighi su di lui incombenti. Il giudice, se custode dei beni pignorati è il debitore e salvo che per la particolare natura degli stessi ritenga che la sostituzione non abbia utilità, dispone, al momento in cui pronuncia l'ordinanza con cui è autorizzata la vendita o disposta la delega delle relative operazioni, che custode dei beni medesimi sia la persona incaricata delle dette operazioni o l'istituto di cui al primo comma dell'articolo 534.
Qualora tale istituto non sia disponibile o debba essere sostituito, è nominato custode altro soggetto.
I provvedimenti di cui ai commi che precedono sono pronunciati con ordinanza non impugnabile.».

560. Modo della custodia (1). – Il debitore e il terzo nominato custode [65, 66, 67, 559] debbono rendere il conto a norma dell'articolo 593.

Ad essi è fatto divieto di dare in locazione [1571 ss., 2923 CC.] l'immobile [812[1, 2] CC.] pignorato se non autorizzati dal giudice dell'esecuzione [484, 487 // 171 att.].

Il debitore e i familiari che con lui convivono non perdono il possesso dell'immobile e delle sue pertinenze sino alla pronuncia del decreto di trasferimento, salvo quanto previsto dal nono comma.

Nell'ipotesi di cui al terzo comma, il custode giudiziario ha il dovere di vigilare affinché il debitore e il nucleo familiare conservino il bene pignorato con la diligenza del buon padre di famiglia e ne mantengano e tutelino l'integrità.

Il custode giudiziario provvede altresì, previa autorizzazione del giudice dell'esecuzione, alla amministrazione e alla gestione dell'immobile pignorato ed esercita le azioni previste dalla legge e occorrenti per conseguirne la disponibilità.

Il debitore deve consentire, in accordo con il custode, che l'immobile sia visitato da potenziali acquirenti, secondo le modalità stabilite con ordinanza del giudice dell'esecuzione.

Il giudice dell'esecuzione, con provvedimento opponibile ai sensi dell'articolo 617 [474$^{2, n. 1}$], ordina la liberazione dell'immobile non abitato dall'esecutato e dal suo nucleo familiare oppure occupato da un soggetto privo di titolo opponibile alla procedura non oltre la pronuncia dell'ordinanza con cui è autorizzata la vendita o sono delegate le relative operazioni.

Salvo quanto previsto dal nono comma, il giudice dell'esecuzione ordina la liberazione dell'immobile occupato dal debitore e dal suo nucleo familiare con provvedimento emesso contestualmente al decreto di trasferimento [586].

Il giudice dell'esecuzione, sentite le parti ed il custode, ordina la liberazione dell'immobile pignorato quando è ostacolato il diritto di visita di potenziali acquirenti o comunque impedito lo svolgimento delle attività degli ausiliari del giudice, quando l'immobile non è adeguatamente tutelato o mantenuto in uno stato di buona conservazione, quando l'esecutato viola gli altri obblighi che la legge pone a suo carico.

L'ordine di liberazione è attuato dal custode secondo le disposizioni del giudice dell'esecuzione, senza l'osservanza delle formalità di cui agli articoli 605 e seguenti, anche successivamente alla pronuncia del decreto di trasferimento, nell'interesse e senza spese a carico dell'aggiudicatario o dell'assegnatario, salvo espresso esonero del custode ad opera di questi ultimi. Per l'attuazione dell'ordine di liberazione il giudice può autorizzare il custode ad avvalersi della forza pubblica e nominare ausiliari ai sensi dell'articolo 68. Quando nell'immobile [812$^{1, 2}$ CC.] si trovano beni mobili [812^{3} CC.] che non debbono essere consegnati, il custode intima al soggetto tenuto al rilascio di asportarli, assegnandogli un termine non inferiore a trenta giorni, salvi i casi di urgenza. Dell'intimazione si dà atto a verbale [126 // 44, 46 att.] ovvero, se il soggetto intimato non è presente, mediante atto notificato [137 ss.] a cura del custode. Se l'asporto non è eseguito entro il termine assegnato, i beni mobili sono considerati abbandonati [923 CC.] e il custode, salva diversa disposizione del giudice dell'esecuzione, ne cura lo smaltimento o la distruzione.

(1) Articolo così modificato dall'art. 3, co. 38, d.lg. 10/10/2022, n. 149; la precedente formulazione era: «Modo della custodia – Il debitore e il terzo nominato custode debbono rendere il conto a norma dell'articolo 593.
Il custode nominato ha il dovere di vigilare affinché il debitore e il nucleo familiare conservino il bene pignorato con la diligenza del buon padre di famiglia e ne mantengano e tutelano l'integrità, Il debitore e i familiari che con lui convivono non perdono il possesso dell'immobile e delle sue pertinenze sino al decreto di trasferimento, salvo quanto previsto dal sesto comma.
Il debitore deve consentire, in accordo con il custode, che l'immobile sia vistato da potenziali acquirenti.
Le modalità del diritto di visita sono contemplate e stabilite dall'ordinanza di cui all'articolo 569.
Il giudice ordina, sentiti il custode e il debitore, la liberazione dell'immobile pignorato per lui ed il suo nucleo familiare, qualora sia ostacolato il diritto di visita di potenziali acquirenti, quando l'immobile non sia adeguatamente tutelato e mantenuto in uno stato di buona conservazione, per colpa o dolo del debitore e dei membri del suo nucleo familiare, quando il debitore viola gli altri obblighi che la legge pone a suo carico, o quando l'immobile non è abitato dal debitore e dal suo nucleo familiare. A richiesta dell'aggiudicatario, l'ordine di liberazione può essere attuato dal custode senza l'osservanza delle formalità di cui agli articoli 605 e seguenti; il giudice può autorizzarlo ad avvalersi della forza pubblica e nominare ausiliari ai sensi dell'articolo 68.
Quando nell'immobile si trovano beni mobili che non debbono essere consegnati, il custode intima alla parte enuta al rilascio di asportarli, assegnando ad essa un termine non inferiore a trenta giorni, salvi i casi di urgenza da provarsi con giustificati motivi, Quando vi sono beni mobili di provata o evidente titolarità di terzi, l'intimazione è rivolta anche a questi ultimi con le stesse modalità di cui al periodo precedente. Dell'intimazione è dato atto nel verbale. Se uno dei soggetti intimati non è presente, l'intimazione gli è notificata dal custode. Se l'asporto non è eseguito entro il termine assegnato, i beni mobili sono considerati abbandonati e il custode, salva diversa disposizione del giudice dell'esecuzione, ne dispone lo smaltimento o la distruzione. Dopo la notifica o la comunicazione del decreto di trasferimento, il custode, su istanza dell'aggiudicatario o dell'assegnatario, provvede all'attuazione del provvedimento di cui all'articolo 586, secondo comma, decorsi sessanta giorni e non oltre centoventi giorni dalla predetta istanza, con le modalità definite nei periodi dal secondo al settimo del presente comma.
Al debitore è fatto divieto di dare in locazione l'immobile pignorato se non è autorizzato dal giudice dell'esecuzione.
Fermo quanto previsto dal sesto comma, quando l'immobile pignorato è abitato dal debitore e dai suoi familiari il giudice non può mai disporre il rilascio dell'immobile pignorato prima della pronuncia del decreto di trasferimento ai sensi dell'articolo 586.».

561. Pignoramento successivo. – Il conservatore [2663, 2673 ss. CC.] dei registri immobiliari, se nel trascrivere [555^{2}] un atto di pignoramento [555] trova che sugli stessi beni è stato eseguito un altro pignoramento [493^{2}, 523, 524, 550], ne fa menzione nella nota di trascrizione [2659 CC.] che restituisce [557 // 2664 CC.].

L'atto di pignoramento con gli altri documenti indicati nell'articolo 557 è depositato in cancelleria [26] e inserito nel fascicolo [488] formato in base al primo pignoramento [557^{3}], se quello successivo è compiuto anteriormente all'udienza prevista nell'articolo 564 (1). In tal caso l'esecuzione si svolge in unico processo [493^{3}].

Se il pignoramento successivo è compiuto dopo l'udienza di cui sopra, si applica l'articolo 524 ultimo comma.

(1) Parole così modificate dal d.l. n. 35/2005 con decorrenza dal 1/3/2006.

562. Inefficacia del pignoramento e cancellazione della trascrizione. – Se il pignoramento [555] diviene inefficace per il decorso del termine previsto nell'articolo 497 [152^{1}, 557^{3}, 562], il giudice dell'esecuzione [484] con l'ordinanza di cui all'articolo 630 dispone che sia cancellata la trascrizione [2643$^{n. 6}$ // 172 att.].

Il conservatore dei registri immobiliari [2663, 2673 ss. CC.] provvede alla cancellazione su presentazione dell'ordinanza [134 // 2668, 2672 CC.].

Sezione II
Dell'intervento dei creditori

563. Condizioni e tempo dell'intervento*. – *Possono intervenire a norma dell'articolo 499 tutti coloro che nei confronti del debitore hanno un credito, anche se sottoposto a termine o a condizione.*

Per gli effetti di cui all'articolo seguente l'intervento deve avere luogo non oltre la prima udienza fissata per l'autorizzazione della vendita.

* L'articolo è stato abrogato dal d.l. n. 35/2005 con decorrenza dal 1/3/2006.

564. Facoltà dei creditori intervenuti (1). – I creditori intervenuti [499 // 2915 CC.] non oltre la prima udienza fissata per l'autorizzazione della vendita [569] partecipano all'espropriazione dell'immobile pignorato [555 // 812$^{1, 2}$] e, se muniti di titolo esecutivo [474], possono provocarne i singoli atti [500, 629].

(1) Articolo così modificato dal d.l. n. 35/2005 con decorrenza dal 1/3/2006.
Il testo precedente recitava: «564. Facoltà dei creditori intervenuti. – I creditori intervenuti a norma del secondo comma dell'articolo precedente partecipano all'espropriazione dell'immobile pignorato, e, se muniti di titolo esecutivo, possono provocarne i singoli atti».

565. Intervento tardivo. – I creditori chirografari [2741 CC.] che intervengono oltre l'udienza indicata nell'articolo 564 [569] (1), ma prima di quella prevista nell'articolo 596, concorrono alla distribuzione di quella parte della somma ricavata [509] che sopravanza dopo soddisfatti i diritti del creditore pignorante [555^{3}] e di quelli intervenuti in precedenza [499, 564] e a norma dell'articolo seguente.

(1) Parole così modificate dal d.l. n. 35/2005 con decorrenza dal 1/3/2006.

566. Intervento dei creditori iscritti e privilegiati. – I creditori iscritti [498 // 2817 ss. CC.] e i privilegiati [2770 ss. CC.] che intervengono oltre l'udienza indicata nell'articolo 564 [569] (1), ma prima di quella prevista nell'articolo 596, concorrono alla distribuzione della somma ricavata [509] in ragione dei loro diritti di prelazione [2741^{2} CC.], e, quando sono muniti di titolo esecutivo [474], possono provocare atti dell'espropriazione [500, 564, 629^{1}].

(1) Parole così modificate dal d.l. n. 35/2005 con decorrenza dal 1/3/2006.

Sezione III
Della vendita e della assegnazione

§ 1 – *Disposizioni generali*

567. Istanza di vendita (1). – Decorso il termine [152^{2}, 557] di cui all'articolo 501, il creditore pignorante [555^{3}] e ognuno dei creditori intervenuti muniti di titolo esecutivo [564] possono chiedere la vendita dell'immobile pignorato [497, 555 // $812^{1,2}$ CC.].

Il creditore che richiede la vendita deve provvedere a depositare, entro il termine previsto dall'articolo 497 (2), l'estratto del catasto, nonché i certificati delle iscrizioni e trascrizioni relative all'immobile pignorato effettuate nei venti anni anteriori alla trascrizione del pignoramento [2847 CC.]; tale documentazione può essere sostituita da un certificato notarile attestante le risultanze delle visure catastali e dei registri immobiliari [179 ter att.].

Il termine di cui al secondo comma può essere prorogato [153, 154] una sola volta su istanza dei creditori o dell'esecutato, per giusti motivi e per una durata non superiore ad ulteriori quarantacinque (3) giorni. Un termine di quarantacinque (3) giorni è inoltre assegnato al creditore dal giudice [484], quando lo stesso ritiene che la documentazione da questi depositata debba essere completata. Se la proroga non è richiesta o non è concessa, oppure se la documentazione non è integrata nel termine assegnato ai sensi di quanto previsto nel periodo precedente, il giudice dell'esecuzione, anche d'ufficio, dichiara l'inefficacia del pignoramento [497, 557^{3}, 562] relativamente all'immobile per il quale non è stata depositata la prescritta documentazione. L'inefficacia è dichiarata con ordinanza [134, 630], sentite le parti [485]. Il giudice, con l'ordinanza, dispone la cancellazione della trascrizione [2668, 2672 CC. // 172 att.] del pignoramento. Si applica l'articolo 562, secondo comma. Il giudice dichiara altresì l'estinzione del processo esecutivo [608 bis, 629, 632] se non vi sono altri beni pignorati [134, 630].

(1) Articolo così modificato dal d.l. n. 35/2005 e dalla l. n. 263/2005 con decorrenza dal 1/3/2006.
Il testo precedente recitava: «567. Istanza di vendita. – Decorso il termine di cui all'articolo 501, il creditore pignorante e ognuno dei creditori intervenuti muniti di titolo esecutivo possono chiedere la vendita dell'immobile pignorato.
Il creditore che richiede la vendita deve provvedere, entro sessanta giorni dal deposito del ricorso, ad allegare allo stesso l'estratto del catasto e delle mappe censuarie, il certificato di destinazione urbanistica di cui all'articolo 18 della legge 28 febbraio 1985, n. 47, di data non anteriore a tre mesi dal deposito del ricorso, nonché i certificati delle iscrizioni e trascrizioni relative all'immobile pignorato; tale documentazione può essere sostituita da un certificato notarile attestante le risultanze delle visure catastali e dei registri immobiliari.
La documentazione di cui al secondo comma può essere allegata anche a cura di un creditore intervenuto munito di titolo esecutivo.
Qualora non sia depositata nei termini prescritti la documentazione di cui al secondo comma, ovvero il certificato notarile sostitutivo della stessa, il giudice dell'esecuzione pronuncia ad istanza del debitore o di ogni altra parte interessata o anche d'ufficio l'ordinanza di estinzione della procedura esecutiva di cui all'articolo 630, secondo comma, disponendo che sia cancellata la trascrizione del pignoramento.
Si applica l'articolo 562, secondo comma».

(2) Le originarie parole ", entro sessanta giorni dal deposito del ricorso, ad allegare allo stesso" sono state sostituite da "a depositare, entro il termine previsto dall'articolo 497" dall'art. 3, co. 38, d.lg. 10/10/2022, n. 149.

(3) La parola "sessanta" è stata inserita dall'art. 13, co. 1, lett. n), d.l. 27/9/2015, n. 83, conv. in l. 6/8/2015, n. 132 (in precedenza il termine era di centoventi giorni).

- L'originaria parola "sessanta" è stata sostituita da "quarantacinque" dall'art. 3, co. 39, d.lg. 10/10/2022, n. 149.

568. Determinazione del valore dell'immobile (1). – Agli effetti dell'espropriazione il valore dell'immobile è determinato dal giudice [484] avuto riguardo al valore di mercato [1474^{2} CC.] sulla base degli elementi forniti dalle parti e dall'esperto [68] nominato ai sensi dell'articolo 569, primo comma.

Nella determinazione del valore di mercato l'esperto procede al calcolo della superficie dell'immobile, specificando quella commerciale, del valore per metro quadro e del valore complessivo, esponendo analiticamente gli adeguamenti e le correzioni della stima, ivi compresa la riduzione del valore di mercato praticata per l'assenza della garanzia per vizi del bene venduto [$1476^{n.\,3}$, 1490 ss., 2922 CC.], e precisando tali adeguamenti in materia distinta per gli oneri di regolarizzazione urbanistico, lo stato d'uso e di manutenzione, lo stato di possesso, i vincoli e gli oneri giuridici non eliminabili nel corso del procedimento esecutivo, nonché per le eventuali spese condominiali [1123 CC.] insolute.

(1) Il presente articolo è stato così sostituito dall'art. 13, co. 1, lett. o), d.l. 27/6/2015, n. 83, conv. in l. 6/8/2015, n. 132. La previgente norma stabiliva:
«Agli effetti dell'espropriazione il valore dell'immobile si determina a norma dell'articolo 15, primo comma.
Per il diritto del direttario, il valore, agli effetti indicati, si determina in base agli otto decimi di quello calcolato a norma dell'art. 13 ultimo comma.
Se il bene non è soggetto a tributo diretto verso lo Stato o se per qualsiasi ragione il giudice ritiene che il valore determinato a norma delle disposizioni precedenti sia manifestamente inadeguato, il valore è determinato dal giudice stesso sulla base degli elementi forniti dalle parti e di quelli che gli può fornire un esperto da lui nominato».

568 bis. Vendita diretta (1). – Il debitore, con istanza depositata non oltre dieci giorni prima della udienza prevista dall'articolo 569, primo comma, può chiedere al giudice dell'esecuzione di disporre la vendita diretta dell'immobile pignorato o di uno degli immobili pignorati per un prezzo non inferiore al valore indicato nella relazione di stima di cui all'articolo 173-bis, terzo comma, delle disposizioni d'attuazione del presente codice.

A pena di inammissibilità, unitamente all'istanza di cui al primo comma deve essere depositata in cancelleria l'offerta di acquisto, nonché una cauzione non inferiore al decimo del prezzo offerto. L'istanza e l'offerta sono notificate a cura dell'offerente o del debitore almeno cinque giorni prima del deposito dell'offerta medesima.

L'offerta è irrevocabile, salvo che siano decorsi centoventi giorni dalla data del provvedimento di cui al secondo comma dell'articolo 569-bis ed essa non sia stata accolta.

A pena di inammissibilità, l'istanza di cui al primo comma non può essere formulata più di una volta.

(1) Articolo introdotto dall'art. 3, co. 39, d.lg. 10/10/2022, n. 149.

569. Provvedimento per l'autorizzazione della vendita (1). – A seguito dell'istanza di cui all'articolo 567 il giudice dell'esecuzione [484], entro quindici [152, 153] (2) giorni dal deposito della documentazione di cui al secondo comma dell'articolo 567, nomina [135] l'esperto [68, 568] che presta giuramento in cancelleria [63, 194, 201] mediante sottoscrizione del verbale di accettazione (3) e fissa [135] l'udienza per la comparizione delle parti e dei creditori di cui all'articolo 498 che non siano intervenuti. Tra la data del provvedimento e la data fissata per l'udienza non possono decorrere più di novanta (2) giorni [152^{2}]. Salvo quanto disposto dagli articoli 565 e 566, non oltre trenta giorni prima dell'udienza, il creditore pignorante e i creditori già intervenuti ai sensi dell'articolo 499 depositano un atto, sottoscritto personalmente dal creditore e previamente notificato al debitore esecutato, nel quale è indicato l'ammontare del residuo credito per cui si procede, comprensivo degli interessi maturati, del criterio di calcolo di quelli in corso di maturazione e delle spese sostenute fino all'udienza. In difetto, agli effetti della liquidazione della somma di cui al primo comma dell'articolo 495, il credito resta definitivamente fissato nell'importo indicato nell'atto di precetto o di intervento, maggiorato dei soli interessi al tasso legale e delle spese successive (4).

All'udienza le parti possono fare osservazioni circa il tempo e le modalità della vendita, e debbono proporre, a pena di decadenza [152, 153], le opposizioni agli atti esecutivi, se non sono già decadute dal diritto di proporle [617].

Nel caso in cui il giudice disponga con ordinanza [134] la vendita forzata, fissa un termine non inferiore a novanta giorni, e non superiore a centoventi, entro il quale possono essere proposte offerte d'acquisto ai sensi dell'articolo 571. Il giudice con la medesima ordinanza stabilisce le modalità con cui deve essere prestata la cauzione, se la vendita è fatta in uno o più lotti, il prezzo base determinato a norma dell'articolo 568, l'offerta minima, il termine, non superiore a centoventi giorni dall'aggiudicazione, entro il quale il prezzo dev'essere depositato, con le modalità del deposito [*1766 ss.* CC.] e fissa, al giorno successivo alla scadenza del termine, l'udienza per la deliberazione sull'offerta e per la gara tra gli offerenti di cui all'articolo 573. Quando ricorrono giustificati motivi, il giudice dell'esecuzione può disporre che il versamento del prezzo abbia luogo ratealmente ed entro un termine non superiore a dodici mesi [587]. Il giudice provvede [134, 490 // 161 bis att.] ai sensi dell'articolo 576 solo quando ritiene probabile che la vendita con tale modalità possa aver luogo ad un prezzo superiore della metà rispetto al valore del bene, determinato a norma dell'articolo 568 [503^{2}] (5).

Con la stessa ordinanza, il giudice può stabilire che il versamento della cauzione, la presentazione delle offerte, lo svolgimento della gara tra gli offerenti e, nei casi previsti, l'incanto, nonché il pagamento del prezzo, siano effettuati con modalità telematiche.

Se vi sono opposizioni il tribunale le decide con sentenza [132 ss.] e quindi il giudice dell'esecuzione [484] dispone la vendita con ordinanza [134].

Con la medesima ordinanza il giudice fissa il termine [152, 153] entro il quale essa deve essere notificata [137 ss.], a cura del creditore che ha chiesto la vendita [567] o di un altro autorizzato, ai creditori di cui all'articolo 498 che non sono comparsi.

(1) Articolo così modificato dal d.l. n. 35/2005, dalla l. n. 263/2005 con decorrenza dal 1/3/2006 e dal d.l. 29/12/2009, n. 193, conv. nella l. 22/2/2010, n. 24.

(2) Le parole "quindici" e "novanta" sono state introdotte dall'art. 13, co. 1, lett. p), d.l. 27/6/2015, n. 83, conv. in l. 6/8/2015, n. 132 e sostituiscono rispettivamente le parole "trenta" e "centoventi"; le parole "che presta giuramento in cancelleria mediante sottoscrizione del verbale di accettazione" sono state introdotte dall'art. 13, co. 1, lett. p), d.l. 27/6/2015, n. 83, conv. in l. 6/8/2015, n. 132 e sostituiscono le parole da "convocandolo" fino a "il giuramento".

(3) Comma così modificato dall'art. 19, co. 1, lett. h-bis), d.l. 12/9/2014, n. 132, conv., con modif., dalla l. 10/11/2014, n. 162; per l'applicazione di tale disposizione, vedi l'art. 19, co. 6-bis, del medesimo d.l. n. 132/2014.

(4) Il periodo da "Salvo" fino ad "spese successivo" è stato introdotto dall'art. 4, co. 3, del d.l. 14/12/2018, n. 135 conv., con modif., dall'art. 4 l. 11/1/2019, n. 12.

(5) Comma così modificato dall'art. 13, co. 1, lett. p), d.l. 27/6/2015, n. 83, conv. in l. 6/8/2015, n. 132. La previgente formulazione era: «Se non vi sono opposizioni o se su di esse si raggiunge l'accordo delle parti comparse, il giudice dispone con ordinanza la vendita, fissando un termine non inferiore a novanta giorni, e non superiore a centoventi, entro il quale possono essere proposte offerte d'acquisto ai sensi dell'articolo 571. Il giudice con la medesima ordinanza stabilisce le modalità con cui deve essere prestata la cauzione e fissa, al giorno successivo alla scadenza del termine, l'udienza per la deliberazione sull'offerta e per la gara tra gli offerenti di cui all'articolo 573. Il giudice provvede ai sensi dell'articolo 576 solo quando ritiene probabile che la vendita con tale modalità possa aver luogo ad un prezzo superiore della metà rispetto al valore del bene, determinato a norma dell'articolo 568».

569 bis. Modalità della vendita diretta (1). – Nel caso di deposito dell'istanza ai sensi dell'articolo 568-bis, il giudice dell'esecuzione, all'udienza di cui all'articolo 569, se il prezzo base determinato ai sensi dell'articolo 568 non è maggiore del prezzo offerto, valutata l'ammissibilità della medesima, provvede ai sensi del quarto e quinto comma.

Se il prezzo base determinato ai sensi dell'articolo 568 è maggiore del prezzo offerto, il giudice fissa un termine di dieci giorni per integrare l'offerta e la cauzione, adeguandole al prezzo base. Se l'offerta e la cauzione sono integrate entro tale termine, il giudice entro i successivi cinque giorni, valutata l'ammissibilità dell'offerta, provvede ai sensi del quarto e quinto comma.

Se l'offerta e la cauzione non sono integrate, il giudice dell'esecuzione, entro cinque giorni, dichiara inammissibile l'offerta e dispone la vendita nei modi e nei termini di cui al terzo comma dell'articolo 569. Nello stesso modo dispone nei casi in cui dichiara con decreto inammissibile l'istanza ai sensi dell'articolo 568-bis.

Il giudice dell'esecuzione, quando dichiara ammissibile l'offerta di cui all'articolo 568-bis, in assenza di opposizione dei creditori titolati e di quelli intervenuti di cui all'articolo 498 da proporsi in ogni caso entro l'udienza di cui all'articolo 569, aggiudica l'immobile all'offerente. Si applicano il sesto, settimo, ottavo, nono e decimo comma.

Se un creditore titolato o uno di quelli intervenuti di cui dall'articolo 498 si oppone all'aggiudicazione a norma del quarto comma, il giudice con ordinanza:

1) fissa un termine non superiore a quarantacinque giorni per l'effettuazione della pubblicità, ai sensi dell'articolo 490,

dell'offerta pervenuta e della vendita;

2) fissa il termine di novanta giorni per la formulazione di ulteriori offerte di acquisto ad un prezzo non inferiore a quello dell'offerta già presentata, garantite da cauzione in misura non inferiore a un decimo del prezzo proposto;

3) convoca il debitore, i comproprietari, il creditore procedente, i creditori intervenuti, i creditori iscritti e gli offerenti a un'udienza che fissa entro quindici giorni dalla scadenza del termine di cui al numero 2) per la deliberazione sull'offerta e, in caso di pluralità di offerte, per la gara tra gli offerenti;

4) prevede, salvo che sia pregiudizievole per gli interessi dei creditori o per il sollecito svolgimento della procedura, che il versamento della cauzione, la presentazione delle offerte, lo svolgimento della gara tra gli offerenti nonché' il pagamento del prezzo siano effettuati con modalità telematiche, nel rispetto della normativa regolamentare di cui all'articolo 161-ter delle disposizioni per l'attuazione del presente codice.

Il giudice dell'esecuzione, con il provvedimento con il quale aggiudica l'immobile al migliore offerente, stabilisce le modalità di pagamento del prezzo da versare entro novanta giorni, a pena di decadenza, ai sensi e per gli effetti dell'articolo 587.

Si applica l'articolo 585.

Se il prezzo non è depositato nel termine di cui al sesto comma, o in ogni altra ipotesi in cui il bene immobile non è aggiudicato, il giudice dell'esecuzione con decreto dispone la vendita nei modi e nei termini già fissati ai sensi dell'articolo 569, terzo comma.

Avvenuto il versamento del prezzo, il giudice dell'esecuzione pronuncia il decreto con il quale trasferisce il bene all'aggiudicatario.

Su istanza dell'aggiudicatario, il giudice autorizza il trasferimento dell'immobile mediante atto negoziale e ordina, contestualmente alla trascrizione di quest'ultimo, la cancellazione delle trascrizioni dei pignoramenti e delle iscrizioni ipotecarie ai sensi dell'articolo 586. Il notaio stipulante trasmette copia dell'atto al cancelliere o al professionista delegato, che provvedono al deposito nel fascicolo della procedura.

(1) Articolo introdotto dall'art. 3, co. 39, d.lg. 10/10/2022, n. 149.

§ 2 – *Vendita senza incanto*

570. Avviso della vendita. – Dell'ordine di vendita [569] è dato dal cancelliere [57], a norma dell'articolo 490, pubblico avviso contenente l'indicazione (1), degli estremi previsti nell'articolo 555, del valore dell'immobile determinato a norma dell'articolo 568, del sito Internet sul quale è pubblicata la relativa relazione di stima, del nome e del recapito telefonico del custode [65 ss., 520 ss.] nominato in sostituzione del debitore (2), con l'avvertimento che maggiori informazioni, anche relative alle generalità del debitore, possono essere fornite dalla cancelleria del tribunale [26] a chiunque vi abbia interesse.

L'avviso è redatto in conformità a modelli predisposti dal giudice dell'esecuzione (3).

(1) Le parole: "del debitore" sono state soppresse dal d.lg. 19/6/2003, n. 196.

(2) Parole così modificate dal d.l. n. 35/2005 e dalla l. n. 263/2005 con decorrenza dal 1/3/2006.

(3) Comma aggiunto dall'art. 3, co. 40, d.lg. 10/10/2022, n. 149.

571. Offerte d'acquisto (1). – Ognuno [1704 CC.], tranne il debitore [156, *494, 495*, 617 // 459 CC.], è ammesso a offrire per l'acquisto dell'immobile pignorato personalmente o a mezzo di procuratore legale [82] anche a norma dell'articolo 579, ultimo comma. L'offerente deve presentare nella cancelleria dichiarazione contenente l'indicazione del prezzo, del tempo e modo del pagamento e ogni altro elemento utile alla valutazione dell'offerta.

L'offerta non è efficace se perviene oltre il termine [152, 153] stabilito ai sensi dell'articolo 569, terzo comma, se è inferiore di oltre un quarto al prezzo [568] stabilito nell'ordinanza [134] (2) o se l'offerente non presta cauzione [119 // 86 att.], con le modalità stabilite nell'ordinanza di vendita, in misura non inferiore al decimo del prezzo da lui proposto.

L'offerta è irrevocabile, salvo che:

*(...)**.

2) il giudice ordini l'incanto [576];

3) siano decorsi centoventi giorni dalla sua presentazione ed essa non sia stata accolta.

L'offerta deve essere depositata in busta chiusa all'esterno della quale sono annotati, a cura del cancelliere [57] ricevente, il nome, previa identificazione, di chi materialmente provvede al deposito, il nome del giudice dell'esecuzione [484] o del professionista delegato ai sensi dell'articolo 591-bis e la data dell'udienza fissata per l'esame delle offerte [572]. Se è stabilito che la cauzione è da versare mediante assegno circolare [82 ss. r.d.l. n. 1736/1933], lo stesso deve essere inserito nella busta. Le buste sono aperte all'udienza fissata per l'esame delle offerte alla presenza degli offerenti [173 quinquies att.].

(1) Articolo così modificato dal d.l. n. 35/2005 e dalla l. n. 263/2005 con decorrenza dal 1/3/2006.

* Il punto che recitava: «1) il giudice disponga la gara tra gli offerenti di cui all'articolo 573;» è stato abrogato dalla l. n. 52/2006 con decorrenza dal 1/3/2006.

(2) Le parole "di oltre un quarto al prezzo stabilito nell'ordinanza" sono state inserite dall'art. 13, co. 1, lett. q), d.l. 27/6/2015, n. 83, conv. in l. 6/8/2015, n. 132; in precedenza la norma recitava "se inferiore al prezzo determinato a norma dell'articolo 568".

572. Deliberazione sull'offerta (1). – Sull'offerta [571] il giudice dell'esecuzione [484] sente le parti [485] e i creditori iscritti non intervenuti.

Se l'offerta è pari o superiore al valore dell'immobile stabilito nell'ordinanza di vendita [568, 569[3]], la stessa è senz'altro accolta [586 // 1376, 2919, 2921, 2922, 2923 CC.] (2).

Se il prezzo offerto è inferiore rispetto al prezzo stabilito nell'ordinanza di vendita in misura non superiore ad un quarto, il giudice può far luogo alla vendita quando ritiene che non vi sia seria possibilità di conseguire un prezzo superiore con una nuova vendita e non sono state presentate istanze di assegnazione ai sensi dell'articolo 588 (3).

In tali casi lo stesso ha senz'altro luogo alle condizioni e con i termini fissati con l'ordinanza pronunciata ai sensi dell'articolo 569.

Si applicano le disposizioni degli articoli 573, 574 e 577.

(1) Articolo così modificato dal d.l. n. 35/2005 e dalla l. n. 263/2005 con decorrenza dal 1/3/2006.

(2) Comma così sostituito dall'art. 13, co. 1, lett. r), d.l. 27/6/2015, n. 83, conv. in l. 6/8/2015, n. 132; la previgente formulazione stabiliva: «se l'offerta è superiore al valore dell'immobile determinato a norma dell'articolo 568, aumentato di un quinto, la stessa è senz'altro accolta».

(3) Comma così sostituito dall'art. 13, co. 1, lett. r), d.l. 27/6/2015, n. 83, conv. in l. 6/8/2015, n. 132; la previgente formulazione stabiliva: «se l'offerta è inferiore a tale valore il giudice non può far luogo alla vendita quando ritiene probabile che la vendita con il sistema dell'incanto possa aver luogo ad un prezzo superiore della metà rispetto al valore del bene determinato a norma dell'articolo 568. In tali casi lo stesso ha senz'altro luogo alle condizioni e con i termini fissati con l'ordinanza pronunciata ai sensi dell'articolo 569».

573. Gara tra gli offerenti (1). – Se vi sono più offerte [571], il giudice dell'esecuzione [484] invita [487] in ogni caso (2) gli offerenti a una gara sull'offerta più alta.

Se sono state presentate istanze di assegnazione [589] a norma dell'articolo 588 e il prezzo indicato nella migliore offerta o nell'offerta presentata per prima è inferiore al valore dell'immobile stabilito nell'ordinanza di vendita [569^3], il giudice non fa luogo alla vendita e procede all'assegnazione [590] (3).

Ai fini dell'individuazione della migliore offerta, il giudice tiene conto dell'entità del prezzo, delle cauzioni prestate [119 // 86 att.], delle forme, dei modi e dei tempi del pagamento [585], nonché di ogni altro elemento utile indicato nell'offerta stessa (3).

Se il prezzo offerto all'esito della gara di cui al primo comma è inferiore al valore dell'immobile [568] stabilito nell'ordinanza di vendita, il giudice non fa luogo alla vendita quando sono state presentate istanze di assegnazione ai sensi dell'articolo 588 (3).

(1) Articolo così modificato dal d.l. n. 35/2005 con decorrenza dal 1/3/2006.

(2) Le parole "in ogni caso" sono state inserite dall'art. 13, co. 1, lett. s), d.l. 27/6/2015, n. 83, conv. in l. 6/8/2015, n. 132.

(3) Comma così sostituito dall'art. 13, co. 1, lett. s), d.l. 27/6/2015, n. 83, conv. in l. 6/8/2015, n. 132; la previgente formulazione recitava: «se la gara non può avere luogo per mancanza di adesione degli offerenti, il giudice può disporre la vendita a favore del maggiore offerente oppure ordinare l'incanto».

574. Provvedimenti relativi alla vendita. – Il giudice dell'esecuzione [484], quando fa luogo alla vendita [569^3], dispone con decreto [135] il modo del versamento del prezzo [585] e il termine, dalla comunicazione [136] del decreto, entro il quale il versamento deve farsi, e, quando questo è avvenuto, pronuncia il decreto previsto nell'articolo 586. Quando l'ordinanza [134] che ha disposto la vendita ha previsto che il versamento del prezzo abbia luogo ratealmente, col decreto di cui al primo periodo il giudice dell'esecuzione può autorizzare l'aggiudicatario, che ne faccia richiesta, ad immettersi nel possesso [1140 CC.] dell'immobile [812$^{1,\,2}$] venduto, a condizione che sia prestata una fideiussione [1936 ss. CC.], autonoma, irrevocabile e a prima richiesta, rilasciata da banche [1 d.lg. n. 385/1993], società assicuratrici [1883 CC.] o intermediari finanziari [d.lg. n. 58/1998] che svolgono in via esclusiva o prevalente attività di rilascio di garanzie e che sono sottoposti a revisione contabile da parte di una società di revisione per un importo pari ad almeno il trenta per cento del prezzo di vendita. Il giudice dell'esecuzione individua la categoria professionale alla quale deve appartenere il soggetto che può rilasciare la fideiussione a norma del periodo precedente. La fideiussione è rilasciata a favore della procedura esecutiva a garanzia del rilascio dell'immobile entro trenta giorni dall'adozione del provvedimento di cui all'articolo 587, primo comma, secondo periodo, nonché del risarcimento dei danni [2043 CC.] eventualmente arrecati all'immobile; la fideiussione è escussa dal custode [65 ss., 520 ss.] o dal professionista delegato su autorizzazione del giudice (1).

Si applica anche a questa forma di vendita la disposizione dell'articolo 583.

Se il prezzo non è depositato a norma del decreto di cui al primo comma, il giudice provvede a norma dell'articolo 587.

(1) Le parole da "quando" fino a "giudice" sono state inserite dall'art. 13, co. 1, n. 7, d.l. 27/6/2015, n. 83, conv. in l. 6/8/2015, n. 132.

575. Termine delle offerte senza incanto*. – *Se il decreto di cui al primo comma dell'articolo precedente non è pronunciato entro due mesi dalla pubblicazione dell'avviso previsto nell'articolo 570, il giudice dell'esecuzione ordina l'incanto.*

Su istanza del creditore pignorante o di un creditore intervenuto il giudice può prorogare tale termine fino a quattro mesi.

* L'articolo è stato abrogato dal d.l. n. 35/2005 con decorrenza dal 1/3/2006.

§ 3 – *Vendita con incanto*

576. Contenuto del provvedimento che dispone la vendita. – Il giudice dell'esecuzione [484], quando ordina l'incanto [570], stabilisce [487, 617], sentito quando occorre un esperto [68]:

1) se la vendita si deve fare in uno o più lotti [504, 577];

2) il prezzo base dell'incanto determinato a norma dell'articolo 568;

3) il giorno e l'ora dell'incanto;

4) il termine [152] che deve decorrere tra il compimento delle forme di pubblicità e l'incanto, nonché le eventuali forme di pubblicità straordinaria a norma dell'articolo 490 ultimo comma;

5) l'ammontare della cauzione [119 // 86 att.] in misura non superiore al decimo del prezzo base d'asta [568] e il termine entro il quale tale ammontare deve essere prestato dagli offerenti (1);

6) la misura minima dell'aumento da apportarsi alle offerte [*571*];

7) il termine, non superiore a sessanta giorni dall'aggiudicazione [581], entro il quale il prezzo deve essere depositato e le modalità del deposito [585].

L'ordinanza è pubblicata a cura del cancelliere [57, 369^3, 490].

(1) Punto così modificato dal d.l. n. 35/2005 con decorrenza dal 1/3/2006.

577. Indivisibilità dei fondi. – La divisione in lotti [504, 576] non può essere disposta se l'immobile [812$^{1,\,2}$ CC.] costituisce un'unità colturale [846 CC.] o se il frazionamento ne potrebbe impedire la razionale coltivazione [617].

578. Delega a compiere la vendita. – Se una parte dei beni pignorati è situata nella circoscrizione di altro tribunale, con l'ordinanza [134] che dispone la vendita [576] il giudice dell'esecuzione [484] può stabilire [487] che l'incanto avvenga, per quella parte, davanti al tribunale del luogo in cui è situata.

In tal caso, copia dell'ordinanza è trasmessa dal cancelliere [57] al presidente del tribunale delegato, il quale nomina un giudice per l'esecuzione della vendita.

579. Persone ammesse agli incanti. – Salvo quanto è disposto nell'articolo seguente, ognuno, eccetto il debitore, è ammesso a fare offerte [*571*] all'incanto.

Le offerte debbono essere fatte personalmente o a mezzo di mandatario munito di procura speciale [1704 CC.].

I procuratori legali [3 l. n. 27/1997] possono fare offerte per persone da nominare [583 // 1401 CC.].

580. Prestazione della cauzione (1). – Per offrire all'incanto è necessario avere prestato la cauzione [119 // 86 att.] a norma dell'ordinanza di cui all'articolo 576.

Se l'offerente non diviene aggiudicatario, la cauzione è immediatamente restituita dopo la chiusura dell'incanto, salvo che lo stesso non abbia omesso di partecipare al medesimo, personalmente o a mezzo di procuratore speciale [1392 CC.], senza documentato e giustificato motivo. In tale caso la cauzione è restituita solo nella misura dei nove decimi dell'intero e la restante parte è trattenuta come somma rinveniente a tutti gli effetti dall'esecuzione.

(1) Articolo così modificato dal d.l. n. 35/2005 con decorrenza dal 1/3/2006.

Il testo precedente recitava: «580. Prestazione della cauzione. – Per offrire all'incanto è necessario avere prestato la cauzione a norma dell'ordinanza di cui all'art. 576, e avere depositato in cancelleria l'ammontare approssimativo delle spese di vendita.
Se l'offerente non diviene aggiudicatario, la cauzione e il deposito per le spese gli vengono restituiti dopo la chiusura dell'incanto».

581. Modalità dell'incanto (1). – L'incanto ha luogo davanti al giudice dell'esecuzione [484], nella sala delle udienze pubbliche [128, *591 bis*].

Le offerte [*571*] non sono efficaci se non superano il prezzo base [568, 576] o l'offerta precedente nella misura indicata nelle condizioni di vendita.

Allorché siano trascorsi tre minuti dall'ultima offerta senza che ne segua un'altra maggiore, l'immobile [555[1] // 812[1, 2] CC.] è aggiudicato all'ultimo offerente.

Ogni offerente cessa di essere tenuto per la sua offerta quando essa è superata da un'altra, anche se poi questa è dichiarata nulla [156 // 1418 CC.].

(1) Articolo così sostituito dalla l. 3/8/1998, n. 302.

582. Dichiarazione di residenza o elezione di domicilio dell'aggiudicatario. – L'aggiudicatario deve dichiarare [486] la propria residenza [43 CC.] o eleggere domicilio [47 CC.] nel comune in cui ha sede il giudice che ha proceduto alla vendita [26, 484, 576, 578]. In mancanza le notificazioni [137] e comunicazioni [136] possono essergli fatte presso la cancelleria del giudice stesso.

583. Aggiudicazione per persona da nominare. – Il procuratore legale [82 ss., 156 // 3 l. n. 27/1977], che è rimasto aggiudicatario per persona da nominare [579[3] // 1401 CC.], deve dichiarare [*1402* CC.] in cancelleria nei tre giorni dall'incanto il nome della persona per la quale ha fatto l'offerta, depositando il mandato [1703 CC.].

In mancanza, l'aggiudicazione diviene definitiva al nome del procuratore.

584. Offerte dopo l'incanto (1). – Avvenuto l'incanto [581], possono ancora essere fatte offerte di acquisto entro il termine perentorio [152, 153] di dieci giorni, ma esse non sono efficaci se il prezzo offerto non supera di un quinto quello raggiunto nell'incanto.

Le offerte di cui al primo comma si fanno mediante deposito in cancelleria nelle forme di cui all'articolo 571, prestando cauzione [119 // 86 att.] per una somma pari al doppio della cauzione versata ai sensi dell'articolo 580.

Il giudice [484], verificata la regolarità delle offerte, indice la gara, della quale il cancelliere [57] dà pubblico avviso a norma dell'articolo 570 [156[3]] e comunicazione [136] all'aggiudicatario, fissando il termine perentorio entro il quale possono essere fatte ulteriori offerte a norma del secondo comma.

Alla gara possono partecipare, oltre gli offerenti in aumento di cui ai commi precedenti e l'aggiudicatario, anche gli offerenti al precedente incanto che, entro il termine fissato dal giudice, abbiano integrato la cauzione nella misura di cui al secondo comma.

Se nessuno degli offerenti in aumento partecipa alla gara indetta a norma del terzo comma, l'aggiudicazione diventa definitiva, ed il giudice pronuncia a carico degli offerenti di cui al primo comma, salvo che ricorra un documentato e giustificato motivo, la perdita della cauzione, il cui importo è trattenuto come rinveniente a tutti gli effetti dall'esecuzione [580[2]].

(1) Articolo così modificato dal d.l. n. 35/2005 e dalla l. n. 263/2005 con decorrenza dal 1/3/2006.
Il testo precedente recitava: «584. Offerte dopo l'incanto. – Avvenuto l'incanto, possono ancora essere fatte offerte di acquisto entro il termine di dieci giorni, ma non sono efficaci se il prezzo offerto non supera di un sesto quello raggiunto nell'incanto.
Tali offerte si fanno a norma dell'art. 571 e, prima di procedere alla gara di cui all'art. 573, il cancelliere dà pubblico avviso dell'offerta più alta a norma dell'art. 570».

585. Versamento del prezzo (1). – L'aggiudicatario deve versare il prezzo [*1498* CC.] nel termine [152] e nel modo fissati dall'ordinanza che dispone la vendita a norma dell'articolo 576, e consegnare al cancelliere [57] il documento comprovante l'avvenuto versamento.

Se l'immobile è stato aggiudicato a un creditore ipotecario [2741 CC.] o l'aggiudicatario è stato autorizzato ad assumersi un debito garantito da ipoteca [508 // 2808 CC.], il giudice dell'esecuzione [484] può limitare, con suo decreto [135], il versamento alla parte del prezzo occorrente per le spese e per la soddisfazione degli altri creditori che potranno risultare capienti [1241 CC.].

Se il versamento del prezzo avviene con l'erogazione a seguito di contratto di finanziamento [1813 CC.] che preveda il versamento diretto delle somme erogate in favore della procedura e la garanzia ipotecaria di primo grado [2852 CC.] sul medesimo immobile [812[1, 2]] oggetto di vendita [555[2]], nel decreto di trasferimento [586] deve essere indicato tale atto ed il conservatore dei registri immobiliari [2673 CC.] non può eseguire la trascrizione del decreto [2643 n. 6 CC.] se non unitamente all'iscrizione [2808[2], 2827 CC.] dell'ipoteca concessa dalla parte finanziata.

Nel termine fissato per il versamento del prezzo, l'aggiudicatario, con dichiarazione scritta resa nella consapevolezza della responsabilità civile e penale prevista per le dichiarazioni false o mendaci, fornisce al giudice dell'esecuzione o al professionista delegato le informazioni prescritte dall'articolo 22 del decreto legislativo 21 novembre 2007, n. 231 (2).

(1) Articolo così modificato dal d.l. n. 35/2005 con decorrenza dal 1/3/2006.
Il testo precedente recitava: «585. Versamento del prezzo. – L'aggiudicatario deve versare il prezzo nel termine e nel modo fissati dall'ordinanza che dispone la vendita a norma dell'art. 576, e consegnare al cancelliere il documento comprovante l'avvenuto versamento.
Se l'immobile è stato aggiudicato a un creditore ipotecario o l'aggiudicatario è stato autorizzato ad assumersi un debito garantito da ipoteca, il giudice dell'esecuzione può limitare, con suo decreto, il versamento alla parte del prezzo occorrente per le spese e per la soddisfazione degli altri creditori che potranno risultare capienti».
(2) Comma aggiunto dall'art. 3, co. 41, d.lg. 10/10/2022, n. 149.

586. Trasferimento del bene espropriato. – Avvenuto il versamento del prezzo [585] e verificato l'assolvimento dell'obbligo posto a carico dell'aggiudicatario dall'articolo 585, quarto comma (1) il giudice dell'esecuzione [484] può sospendere la vendita quando ritiene che il prezzo offerto [581, 584] sia notevolmente inferiore a quello giusto, ovvero pronunciare decreto [135] col quale trasferisce [1376, 2919, 2921, 2922, 2923 CC.] all'aggiudicatario il bene [812[1, 2]] espropriato [555, 617], ripetendo la descrizione contenuta nell'ordinanza che dispone la vendita [576], e ordinando che si cancellino le trascrizioni dei pignoramenti [2668, 2693 CC. // 172 att.] e le iscrizioni ipotecarie [2802, 2882 ss. CC.], se queste ultime non si riferiscono ad obbligazioni assuntesi dall'aggiudicatario a norma dell'articolo 508. Il giudice con il decreto ordina anche la cancellazione delle trascrizioni dei pignoramenti e delle iscrizioni ipotecarie successive alla trascrizione del pignoramento (2).

Il decreto [135] contiene altresì l'ingiunzione al debitore o al custode [65 ss., 559] di rilasciare l'immobile venduto [164 att.].

Esso costituisce titolo per la trascrizione della vendita sui libri fondiari [2643 n. 6 CC.] e titolo esecutivo [474] per il rilascio [605 ss. // 2930 CC.].

(1) Comma così da ultimo modificato dal d.l. n. 35/2005 con decorrenza dal 1/3/2006.

(2) Le parole "e verificato l'assolvimento dell'obbligo posto a carico dell'aggiudicatario dall'articolo 585, quarto comma" sono state aggiunte dall'art. 3, co. 41, d.lg. 10/10/2022, n. 149.

587. Inadempienza dell'aggiudicatario. – Se il prezzo non è depositato nel termine stabilito [585], il giudice dell'esecuzione [484] con decreto [135] dichiara la decadenza [2964 CC.] dell'aggiudicatario, pronuncia la perdita della cauzione [119, 580 // 161 bis att.] a titolo di multa e quindi dispone un nuovo incanto [581]. La disposizione di cui al periodo precedente si applica altresì nei confronti dell'aggiudicatario che non ha versato una sola rata [569[3]] entro dieci giorni dalla scadenza del termine [1525 CC.]; il giudice dell'esecuzione dispone la perdita a titolo di multa anche delle rate già versate. Con il decreto adottato a norma del periodo precedente, il giudice ordina altresì all'aggiudicatario che sia stato immesso nel possesso [574 // 1140 CC.] di rilasciare l'immobile al custode [65 ss., 559]; il decreto costituisce titolo esecutivo per il rilascio [474, 605 ss. // 2930 CC.] (1).

Per il nuovo incanto si procede a norma degli articoli 576 e seguenti. Se il prezzo che se ne ricava, unito alla cauzione confiscata, risulta inferiore a quello dell'incanto precedente, l'aggiudicatario inadempiente è tenuto al pagamento della differenza [135, 474, *510[4]*].

(1) Il periodo da "la disposizione" fino a "rilascio" è stato inserito dall'art. 13, co. 1, lett. u), d.l. 27/6/2015, n. 83, conv. in l. 6/8/2015, n. 132.

588. Termine per l'istanza di assegnazione (1). – Ogni creditore, nel termine [152] di dieci giorni prima della data dell'udienza fissata per la vendita [581[1]] (2), può presentare istanza di assegnazione a norma dell'articolo 589 per il caso in cui la vendita non abbia luogo.

(1) Articolo così modificato dal d.l. n. 35/2005 con decorrenza dal 1/3/2006.
Il testo precedente recitava: «**588. Esito negativo dell'incanto.** – Se la vendita all'incanto non ha luogo per mancanza di offerte, ogni creditore nel termine di dieci giorni può fare istanza di assegnazione a norma dell'articolo seguente».

(2) Le parole "dell'udienza fissata per la vendita" sono state inserite dall'art. 13, co. 1, lett. v), d.l. 27/6/2015, n. 83, conv. in l. 6/8/2015, n. 132; tale norma ha altresì soppresso le parole "dell'incanto", "all'incanto" e "per mancanza di offerte".

589. Istanza di assegnazione (1). – L'istanza di assegnazione deve contenere l'offerta di pagamento di una somma non inferiore a quella prevista nell'articolo 506 ed al prezzo base [568, 576 n. 2] stabilito per l'esperimento di vendita per cui è presentata (2).

Fermo quanto previsto al primo comma, se nella procedura non risulta che vi sia alcuno dei creditori di cui all'articolo 498 e se non sono intervenuti [499] altri creditori oltre al procedente, questi può presentare offerta di pagamento di una somma pari alla differenza fra il suo credito in linea capitale e il prezzo che intende offrire, oltre le spese [1241 CC.].

(1) Articolo così modificato dal d.l. n. 35/2005 con decorrenza dal 1/3/2006.
Il testo precedente recitava: «**589. Istanza di assegnazione.** – L'istanza di assegnazione deve contenere l'offerta di pagamento di una somma non inferiore a quella prevista nell'art. 506 e al prezzo determinato a norma dell'art. 568».

(2) Le parole "base stabilito per l'esperimento di vendita per cui è presentata" sono state inserite dall'art. 13, co. 1, lett. z), d.l. 27/6/2015, n. 83, conv. in l. 6/8/2015, n. 132; tale norma ha altresì soppresso le parole "determinato a norma dell'articolo 568".

590. Provvedimento di assegnazione (1). – Se la vendita (2) non ha luogo per mancanza di offerte e vi sono domande di assegnazione [589], il giudice [484] provvede [485, 487] su di esse fissando il termine [152] entro il quale l'assegnatario deve versare l'eventuale conguaglio.

Avvenuto il versamento, il giudice pronuncia il decreto di trasferimento a norma dell'articolo 586 [587 // 2925 ss. CC.].

(1) Articolo così modificato dal d.l. n. 35/2005 con decorrenza dal 1/3/2006.
Il testo precedente recitava: «590. Provvedimento di assegnazione. – Decorsi dieci giorni da quello dell'incanto andato deserto, il giudice dell'esecuzione dispone l'audizione delle parti e dei creditori iscritti non intervenuti.
All'udienza il giudice, se vi sono domande di assegnazione, provvede su di esse, fissando il termine entro il quale l'assegnatario deve versare l'eventuale conguaglio.
Avvenuto il versamento, il giudice pronuncia il decreto di trasferimento a norma dell'art. 586».

(2) L'art. 13, co. 1, lett. aa), d.l. 27/6/2015, n. 83, conv. in l. 6/8/2015, n. 132 ha soppresso le parole "all'incanto".

591. Provvedimento di amministrazione giudiziaria o di incanto (1). – Se non vi sono domande di assegnazione [589] o se decide di non accoglierle, il giudice dell'esecuzione [484] dispone [487] l'amministrazione giudiziaria a norma degli articoli 592 e seguenti, oppure pronuncia nuova ordinanza [134] ai sensi dell'articolo 576 perché si proceda a (2) incanto [*538*] sempre che ritenga che la vendita [1470 CC.] con tale modalità possa avere luogo ad un prezzo superiore della metà rispetto al valore del bene [812[1, 2]], determinato a norma dell'articolo 568 (3).

In quest'ultimo caso il giudice può altresì stabilire diverse Condizioni di vendita e diverse forme di pubblicità [570], fissando un prezzo base inferiore al precedente fino al limite di un quarto (4). Il giudice, se stabilisce nuove condizioni di vendita o fissa un nuovo prezzo, assegna altresì un nuovo termine [152] non inferiore a sessanta giorni, e non superiore a novanta, entro il quale possono essere proposte offerte d'acquisto ai sensi dell'articolo 571.

Se al secondo tentativo la vendita non ha luogo per mancanza di offerte e vi sono domande di assegnazione [589], il giudice assegna [590] il bene al creditore o ai creditori richiedenti, fissando il termine entro il quale l'assegnatario deve versare l'eventuale conguaglio (5). Si applica il terzo comma, secondo periodo, dell'articolo 569.

(1) Articolo così modificato dal d.l. n. 35/2005 e dalla l. n. 263/2005 con decorrenza dal 1/3/2006.
Il testo precedente recitava: «**591. Provvedimento di amministrazione giudiziaria o di nuovo incanto.** – All'udienza di cui all'articolo precedente il giudice dell'esecuzione, se non vi sono domande di assegnazione o se non crede di accoglierle, dispone l'amministrazione giudiziaria a norma degli artt. 592 ss., oppure ordina che si proceda a nuovo incanto.
In quest'ultimo caso il giudice può stabilire diverse condizioni di vendita e diverse forme di pubblicità, fissando un prezzo base inferiore di un quinto a quello precedente».

(2) L'art. 13, co. 1, lett. bb), d.l. 27/6/2015, n. 83, poi conv. in l. 6/8/2015, n. 132, ha soppresso la parola "nuovo" prima presente in rubrica.

(3) Le parole da "sempre" fino a "articolo 568" sono state inserite dall'art. 13, co. 1, lett. bb), d.l. 27/6/2015, n. 83, poi conv. in l. 6/8/2015, n. 132.

(4) Le parole "al precedente fino al limite di un quarto" sono state inserite dall'art. 13, co. 1, lett. bb), d.l. 27/6/2015, n. 83, poi conv. in l. 6/8/2015, n. 132. La previgente formulazione si riferiva al "prezzo base inferiore di un quarto a quello precedente".

(5) Periodo inserito dall'art. 13, co. 1, lett. bb), d.l. 27/6/2015, n. 83, poi conv. in l. 6/8/2015, n. 132.

§ 3 bis – *Delega delle operazioni di vendita* (1)

(1) Paragrafo inserito dal d.l. n. 35/2005 con decorrenza dal 1/3/2006.

591 bis. Delega delle operazioni di vendita (1). – Il giudice dell'esecuzione [484], salvo quanto previsto dal secondo comma, con l'ordinanza [134] con la quale provvede sull'istanza di vendita ai sensi dell'articolo 569, terzo comma, delega [*534 bis*] ad un notaio [68] avente preferibilmente sede nel circondario o a un avvocato [68] ovvero a un commercialista, iscritti nei relativi elenchi di cui all'articolo 179-ter delle disposizioni di attuazione del presente codice, il compimento delle operazioni di vendita [490] secondo le modalità indicate al terzo comma del medesimo articolo 569. Con la medesima ordinanza il giudice fissa il termine finale per il completamento delle operazioni delegate; dispone lo svolgimento, entro il termine di un anno dall'emissione dell'ordinanza, di un numero di esperimenti di vendita non inferiore a tre, secondo i criteri stabiliti dall'articolo 591, secondo comma; stabilisce le modalità di effettuazione della pubblicità, il luogo di presentazione delle offerte d'acquisto e il luogo ove si procede all'esame delle stesse, alla gara tra gli offerenti ed alle operazioni dell'eventuale incanto. Si applica l'articolo 569, quarto comma.

Il giudice non dispone la delega ove, sentiti i creditori, ravvisi l'esigenza di procedere direttamente alle operazioni di vendita a tutela degli interessi delle parti.

Il professionista delegato provvede:

1) alla determinazione del valore dell'immobile a norma dell'articolo 568, primo comma, tenendo anche conto della relazione redatta dall'esperto nominato dal giudice ai sensi dell'articolo 569, primo comma, e delle eventuali note depositate dalle parti ai sensi dell'articolo 173-bis, quarto comma, delle disposizioni di attuazione del presente codice;

2) agli adempimenti previsti [571] dall'articolo 570 e, ove occorrenti, dall'articolo 576, secondo comma [30, 46 d.p.r. n. 380/2001 // 40 l. n. 47/1985];

3) alla deliberazione sull'offerta a norma dell'articolo 572 e agli ulteriori adempimenti di cui agli articoli 573 e 574;

4) alle operazioni dell'incanto e all'aggiudicazione dell'immobile a norma dell'articolo 581;

5) a ricevere o autenticare la dichiarazione di nomina di cui all'articolo 583;

6) sulle offerte dopo l'incanto a norma dell'articolo 584 e sul versamento del prezzo nella ipotesi di cui all'articolo 585, secondo comma;

7) sulla istanza di assegnazione di cui agli articoli 590 e 591, terzo comma;

8) alla fissazione del nuovo esperimento di vendita e del termine per la presentazione di nuove offerte d'acquisto ai sensi dell'articolo 591;

9) alla fissazione dell'ulteriore esperimento di vendita nel caso previsto dall'articolo 587;

10) ad autorizzare l'assunzione dei debiti da parte dell'aggiudicatario o dell'assegnatario a norma dell'articolo 508;

11) alla esecuzione delle formalità di registrazione, trascrizione e voltura catastale del decreto di trasferimento, alla comunicazione dello stesso a pubbliche amministrazioni negli stessi casi previsti per le comunicazioni di atti volontari di trasferimento [586, 690 // 2643 $^{n. 6}$, 2919 CC.] nonché all'espletamento delle formalità di cancellazione delle trascrizioni dei pignoramenti [562, 630 // 2668, 2693 CC. // 172 att.] e delle iscrizioni ipotecarie [2808^2, $2878^{2, n. 1}$, 2882 ss. CC.] conseguenti al decreto di trasferimento pronunciato dal giudice dell'esecuzione ai sensi dell'articolo 586;

12) alla formazione trasmissione al giudice dell'esecuzione, nei modi e termini stabiliti dall'articolo 596;

13) ad ordinare alla banca o all'ufficio postale la restituzione delle cauzioni [119, 580 // 161 bis att.] e di ogni altra somma direttamente versata mediante bonifico o deposito intestato alla procedura dagli offerenti non risultati aggiudicatari. La restituzione ha luogo nelle mani del depositante o mediante bonifico a favore degli stessi conti da cui sono pervenute le somme accreditate.

Nell'avviso di cui all'articolo 570 è specificato che tutte le attività che a norma degli articoli 571 e seguenti devono essere compiute in cancelleria o davanti al giudice dell'esecuzione [26, 484], o dal cancelliere o dal giudice dell'esecuzione, sono eseguite dal professionista delegato presso il suo studio ovvero nel luogo indicato nell'ordinanza di cui al primo comma. All'avviso si applica l'articolo 173-quater delle disposizioni di attuazione del presente codice.

Il professionista delegato [126, 130, 537 // 44, 46 att.] provvede altresì alla redazione del verbale delle operazioni di vendita, che deve contenere le circostanze di luogo e di tempo nelle quali le stesse si svolgono, le generalità delle persone presenti, la descrizione delle attività svolte, la dichiarazione dell'aggiudicazione provvisoria con l'identificazione dell'aggiudicatario.

Il verbale è sottoscritto esclusivamente dal professionista delegato e allo stesso non deve essere allegata la procura speciale di cui all'articolo 579, secondo comma.

Se il prezzo [585] non è stato versato nel termine, il professionista delegato ne da' tempestivo avviso al giudice, trasmettendogli il fascicolo [488].

Avvenuto il versamento del prezzo con le modalità stabilite ai sensi degli articoli 574, 585 e 590, secondo comma, e verificato l'assolvimento dell'obbligo posto a carico dell'aggiudicatario dall'articolo 585, quarto comma, il professionista delegato predispone il decreto di trasferimento e trasmette senza indugio al giudice dell'esecuzione il fascicolo. Al decreto, se previsto dalla legge, deve essere allegato il certificato di destinazione urbanistica dell'immobile quale risultante dal fascicolo processuale. Il professionista delegato provvede alla trasmissione del fascicolo al giudice dell'esecuzione nel caso in cui non faccia luogo all'assegnazione o ad ulteriori incanti ai sensi dell'articolo 591. Contro il decreto previsto nel presente comma è proponibile l'opposizione di cui all'articolo 617.

Le somme versate dall'aggiudicatario sono depositate presso una banca o su un conto postale indicati dal giudice.

I provvedimenti di cui all'articolo 586 restano riservati al giudice dell'esecuzione in ogni caso di delega al professionista delle operazioni di vendita.

Il giudice dell'esecuzione vigila sul regolare e tempestivo svolgimento delle attività delegate e sull'operato del professionista delegato, al quale può in ogni momento richiedere informazioni sulle operazioni di vendita. Sentito l'interessato, il giudice dell'esecuzione provvede alla sostituzione [617] del delegato qualora non siano rispettati i termini e le direttive per lo svolgimento delle operazioni di vendita [591 bis^1], salvo che il professionista delegato dimostri che il mancato rispetto della delega sia dipeso da causa a lui non imputabile [1176, 1218 CC.].

Quando il giudice dell'esecuzione provvede a norma dell'articolo 569-bis, quarto comma, al professionista sono delegate la riscossione del prezzo e le operazioni di distribuzione del ricavato, nonché le operazioni indicate ai numeri 10), 11) e 12) del terzo comma. Si applicano, in quanto compatibili, i commi dal settimo all'undicesimo. Quando il giudice dell'esecuzione provvede a norma dell'articolo 569-bis, quinto comma, al professionista sono delegate le operazioni di cui alla medesima disposizione, nonché la deliberazione sulle offerte e lo svolgimento della gara, la riscossione del prezzo e le operazioni di distribuzione del ricavato. Al professionista sono, altresì, delegate le operazioni indicate ai numeri 2), 5), 10), 11), 12) e 13) del terzo comma. Si applicano, in quanto compatibili, i commi dal quarto all'undicesimo.

Entro trenta giorni dalla notifica dell'ordinanza di vendita il professionista delegato deposita un rapporto riepilogativo iniziale delle attività svolte. A decorrere dal deposito del rapporto riepilogativo iniziale, il professionista deposita, dopo ciascun esperimento di vendita, un rapporto riepilogativo periodico delle attività svolte. Entro dieci giorni dalla comunicazione dell'approvazione del progetto di distribuzione, il professionista delegato deposita un rapporto riepilogativo finale delle attività svolte successivamente al deposito dell'ultimo rapporto riepilogativo periodico. I rapporti riepilogativi sono redatti in conformità a modelli predisposti dal giudice dell'esecuzione e contengono i dati identificativi dell'esperto che ha effettuato la stima.

(1) Articolo così sostituito dall'art. 3, co. 42, d.lg. 10/10/2022, n. 149. La precedente formulazione era: «591 bis. Delega delle operazioni di vendita – Il giudice dell'esecuzione salvo quanto previsto al secondo comma, con l'ordinanza con la quale provvede sull'istanza di vendita ai sensi dell'articolo 569, terzo comma, delega ad un notaio avente preferibilmente sede nel circondario o a un avvocato ovvero a un commercialista [68], iscritti nei relativi elenchi di cui all'articolo 179-ter delle disposizioni di attuazione del presente codice, il compimento delle operazioni di vendita secondo le modalità indicate al terzo comma del medesimo articolo 569.
Con la medesima ordinanza il giudice stabilisce il termine per lo svolgimento delle operazioni delegate, le modalità della pubblicità, il luogo di presentazione delle offerte ai sensi dell'articolo 571 e il luogo ove si procede all'esame delle offerte, alla gara tra gli offerenti e alle operazioni dell'eventuale incanto. Si applica l'articolo 569, quarto comma. Il giudice non dispone la delega ove, sentiti i creditori, ravvisi l'esigenza di procedere direttamente alle operazioni di vendita a tutela degli interessi delle parti.
Il professionista delegato provvede:
1) alla determinazione del valore dell'immobile a norma dell'articolo 568, primo comma, tenendo anche conto della relazione redatta dall'esperto [68] nominato dal giudice ai sensi dell'articolo 569, primo comma, e delle eventuali note depositate dalle parti ai sensi dell'articolo 173-bis, quarto comma, delle disposizioni di attuazione del presente codice;
2) agli adempimenti previsti dall'articolo 570 e, ove occorrenti, dall'articolo 576, secondo;
3) alla deliberazione sull'offerta a norma dell'articolo 572 e agli ulteriori adempimenti di cui agli articoli 573 e 574;
4) alle operazioni dell'incanto e all'aggiudicazione dell'immobile a norma dell'articolo 581;
5) a ricevere o autenticare la dichiarazione di nomina di cui all'articolo 583;
6) sulle offerte dopo l'incanto a norma dell'articolo 584 e sul versamento del prezzo nella ipotesi di cui all'articolo 585, secondo comma;
7) sulla istanza di assegnazione di cui all'articolo 590 e 591, terzo comma;
8) alla fissazione del nuovo incanto e del termine per la presentazione di nuove offerte d'acquisto ai sensi dell'articolo 591;
9) alla fissazione dell'ulteriore incanto nel caso previsto dall'articolo 587;
10) ad autorizzare l'assunzione dei debiti da parte dell'aggiudicatario o dell'assegnatario a norma dell'articolo 508;
11) alla esecuzione delle formalità di registrazione, trascrizione e voltura catastale del decreto di trasferimento, alla comunicazione dello stesso a pubbliche amministrazioni negli stessi casi previsti per le comunicazioni di atti volontari di trasferimento nonché all'espletamento delle formalità di cancellazione delle trascrizioni dei pignoramenti e delle iscrizioni ipotecarie conseguenti al decreto di trasferimento pronunciato dal giudice dell'esecuzione ai sensi dell'articolo 586;
12) alla formazione del progetto di distribuzione ed alla sua trasmissione al giudice dell'esecuzione che, dopo avervi apportato le eventuali variazioni, provvede ai sensi dell'articolo 596;
13) ad ordinare alla banca o all'ufficio postale la restituzione delle cauzioni e di ogni altra somma direttamente versata mediante bonifico o deposito intestato alla procedura dagli offerenti non risultati aggiudicatari. La restituzione ha luogo nelle mani del depositante o mediante bonifico a favore degli stessi conti da cui sono pervenute le somme accreditate.
Nell'avviso di cui all'articolo 570 è specificato che tutte le attività, che, a norma degli articoli 571 e seguenti, devono essere compiute in cancelleria o davanti al giudice dell'esecuzione, o dal cancelliere o dal giudice dell'esecuzione, sono eseguite dal professionista delegato presso il suo studio ovvero nel luogo indicato nell'ordinanza di cui al primo comma. All'avviso si applica l'articolo 173-quater delle disposizioni di attuazione del presente codice.
Il professionista delegato provvede altresì alla redazione del verbale delle operazioni di vendita, che deve contenere le circostanze di luogo e di tempo nelle quali le stesse si svolgono, le generalità delle persone presenti, la descrizione delle attività svolte, la dichiarazione dell'aggiudicazione provvisoria con l'identificazione dell'aggiudicatario.
Il verbale è sottoscritto esclusivamente dal professionista delegato ed allo stesso non deve essere allegata la procura speciale di cui all'articolo 579, secondo comma.
Se il prezzo non è stato versato nel termine, il professionista delegato ne dà tempestivo avviso al giudice, trasmettendogli il fascicolo.
Avvenuto il versamento del prezzo con le modalità stabilite ai sensi degli articoli 574, 585 e 590, secondo comma, il professionista delegato predispone il decreto di trasferimento e trasmette senza indugio al giudice dell'esecuzione il fascicolo. Al decreto, se previsto dalla legge, deve essere allegato il certificato di destinazione urbanistica dell'immobile quale risultante dal fascicolo processuale. Il professionista delegato provvede alla trasmissione del fascicolo al giudice dell'esecuzione nel caso in cui non faccia luogo all'assegnazione o ad ulteriori incanti ai sensi dell'articolo 591. Contro il decreto previsto nel presente comma è proponibile l'opposizione di cui all'articolo 617.
Le somme versate dall'aggiudicatario sono depositate presso una banca o su un conto postale indicati dal giudice.
I provvedimenti di cui all'articolo 586 restano riservati al giudice dell'esecuzione in ogni caso di delega al professionista delle operazioni di vendita.
Il giudice dell'esecuzione, sentito l'interessato, dispone la revoca della delega delle operazioni di vendita se non vengono rispettati i termini e le direttive per lo svolgimento delle operazioni, salvo che il professionista delegato dimostri che il mancato rispetto dei termini o delle direttive sia dipeso da causa a lui non imputabile.».

591 ter. Ricorso al giudice dell'esecuzione (1). – Quando nel corso delle operazioni di vendita [591 bis] insorgono difficoltà, il professionista delegato può rivolgersi al giudice dell'esecuzione [484], il quale provvede con decreto [135, 487].

Avverso gli atti del professionista delegato [591 bis] è ammesso reclamo [739] delle parti e degli interessati, da proporre con ricorso al giudice dell'esecuzione [134, 485] nel termine perentorio di venti giorni dal compimento dell'atto o dalla sua conoscenza. Il ricorso non sospende le operazioni di vendita, salvo che il giudice dell'esecuzione, concorrendo gravi motivi, disponga la sospensione. Sul reclamo di cui al secondo comma, il giudice dell'esecuzione provvede con ordinanza, avverso la quale è ammessa l'opposizione ai sensi dell'articolo 617.

(1) Articolo così sostituito dall'art. 3, co. 42, d.lg. 10/10/2022, n. 149; la precedente formulazione era: «591 ter. Ricorso al giudice dell'esecuzione – Quando, nel corso delle operazioni di vendita, insorgono difficoltà, il professionista delegato può rivolgersi al giudice dell'esecuzione, il quale provvede con decreto. Le parti e gli interessati possono proporre reclamo avverso il predetto decreto nonché avverso gli atti del professionista delegato con ricorso allo stesso giudice, il quale provvede con ordinanza; il ricorso non sospende le operazioni di vendita salvo che il giudice, concorrendo gravi motivi, disponga la sospensione. Contro il provvedimento del giudice è ammesso il reclamo ai sensi dell'articolo 669-terdecies.».

Sezione IV
Dell'amministrazione giudiziaria

592. Nomina dell'amministratore giudiziario. – L'amministrazione giudiziaria dell'immobile [591 // 812[1, 2]] è disposta per un tempo non superiore a tre anni [595] e affidata a uno o più creditori o a un istituto all'uopo autorizzato [159 att.], oppure allo stesso debitore se tutti i creditori vi consentono [591, 595[2]].

All'amministratore si applica il disposto degli articoli 65 e seguenti [593].

593. Rendiconto. – L'amministratore [592], nel termine fissato dal giudice dell'esecuzione [484], e in ogni caso alla fine di ciascun trimestre, deve presentare in cancelleria [26] il conto della sua gestione [560] e depositare le rendite disponibili [594] nei modi stabiliti dal giudice [521[4]].

Al termine della gestione l'amministratore deve presentare il rendiconto finale.

I conti parziali e quello finale debbono essere approvati dal giudice [178 att.]. Questi, con ordinanza non impugnabile [487, 534 bis, 617, 669 terdecies], risolve le contestazioni che sorgono in merito ad essi, applicando le disposizioni degli articoli 263 e seguenti [560].

594. Assegnazione delle rendite. – Durante il corso dell'amministrazione giudiziaria, il giudice dell'esecuzione può disporre che le rendite riscosse siano assegnate ai creditori secondo le norme degli articoli 596 e seguenti [178 att.].

595. Cessazione dell'amministrazione giudiziaria. – In ogni momento il creditore pignorante [555[3]] o uno dei creditori intervenuti [499, 564] può chiedere che il giudice dell'esecuzione [484], sentite le altre parti [485], proceda a nuovo incanto [576 ss., 591] o all'assegnazione [589, 590] dell'immobile. Durante l'amministrazione giudiziaria ognuno può fare offerta di acquisto a norma degli articoli 571 e seguenti.

L'amministrazione cessa, e deve essere ordinato un nuovo incanto [568], quando viene a scadere il termine previsto nell'ordinanza di cui all'articolo 592, tranne che il giudice, su richiesta di tutte le parti, non ritenga di poter concedere una o più proroghe [134, 153, 154] che non prolunghino complessivamente l'amministrazione oltre i tre anni.

Sezione V
Della distribuzione della somma ricavata

596. Formazione del progetto di distribuzione (1). – Se non si può provvedere a norma dell'articolo 510, primo comma, il professionista delegato a norma dell'articolo 591-bis, entro trenta giorni dal versamento del prezzo [585], provvede [487], secondo le direttive impartite dal giudice dell'esecuzione, alla formazione di un progetto di distribuzione [509 ss.], anche parziale, contenente la graduazione dei creditori [2741 CC.] che vi partecipano, e alla sua trasmissione al giudice dell'esecuzione. Il progetto di distribuzione parziale non può superare il novanta per cento delle somme da ripartire.

Entro dieci giorni dal deposito del progetto, il giudice dell'esecuzione esamina il progetto di distribuzione e, apportate le eventuali variazioni, lo deposita nel fascicolo della procedura perché possa essere consultato dai creditori e dal debitore e ne dispone la comunicazione al professionista delegato. Il professionista delegato fissa innanzi a sé entro trenta giorni l'audizione delle parti per la discussione sul progetto di distribuzione. Tra la comunicazione [136] dell'invito e la data della comparizione innanzi al delegato debbono intercorrere almeno dieci giorni.

Il giudice dell'esecuzione può disporre la distribuzione, anche parziale, delle somme ricavate, in favore di creditori aventi diritto all'accantonamento a norma dell'articolo 510, terzo comma, ovvero di creditori i cui crediti costituiscano oggetto di controversia a norma dell'articolo 512, qualora sia presentata una fideiussione autonoma, irrevocabile e a prima richiesta [*1936 ss.*, 1945, 1957 CC.], rilasciata da uno dei soggetti di cui all'articolo 574, primo comma, secondo periodo, idonea a garantire la restituzione alla procedura delle somme che risultino ripartite in eccesso, anche in forza di provvedimenti provvisoriamente esecutivi sopravvenuti, oltre agli interessi, al tasso applicato dalla Banca centrale europea [3, 13 TUE // 3, 119, 123, 127 ss., 138 ss., 219, 282 ss. TFUE] alle sue più recenti operazioni di rifinanziamento principali, a decorrere dal pagamento e sino all'effettiva restituzione. La fideiussione è escussa dal custode [65 ss., 559] o dal professionista delegato [591 bis] su autorizzazione del giudice. Le disposizioni del presente comma si applicano anche ai creditori che avrebbero diritto alla distribuzione delle somme ricavate [596 ss.] nel caso in cui risulti insussistente, in tutto o in parte, il credito del soggetto avente diritto all'accantonamento ovvero oggetto di controversia a norma del primo periodo del presente comma.

Nell'ipotesi di cui all'articolo 591-bis, secondo comma, il giudice dell'esecuzione provvede alla formazione del progetto di distribuzione, al suo deposito in cancelleria e alla fissazione dell'udienza di audizione delle parti nel rispetto del termine di cui al secondo comma.

(1) Articolo così sostituito dall'art. 3, co. 43, d.lg. 10/10/2022, n. 149; la precedente formulazione era: «596. Formazione del progetto di distribuzione. – Se non si può provvedere a norma dell'articolo 510 primo comma, il giudice dell'esecuzione o il professionista delegato a norma dell'articolo 591-bis, non più tardi di trenta giorni dal versamento del prezzo, provvede a formare un progetto di distribuzione contenente la graduazione dei creditori che vi partecipano e lo deposita in cancelleria affinché possa essere consultato dai creditori e dal debitore, fissando l'udienza per la loro audizione.
Tra la comunicazione dell'invito e l'udienza debbono intercorrere almeno dieci giorni.
Il giudice dell'esecuzione può disporre la distribuzione, anche parziale, delle somme ricavate in favore di creditori aventi diritto all'accantonamento a norma dell'articolo 510, terzo comma, ovvero di creditori i cui crediti costituiscano oggetto di controversia a norma dell'articolo 512, qualora sia presentata una fideiussione autonoma, irrevocabile e a prima richiesta, rilasciata da uno dei soggetti di cui all'articolo 574, primo comma, secondo periodo, idonea a garantire la restituzione alla procedura delle somme che risultino ripartite in eccesso, anche in forza di provvedimenti provvisoriamente esecutivi sopravvenuti, oltre agli interessi, al tasso applicato dalla Banca centrale europea alle sue più recenti operazioni di rifinanziamento principali, a decorrere dal pagamento e sino all'effettiva restituzione. La fideiussione è escussa dal custode o dal professionista delegato su autorizzazione del giudice. Le disposizioni del presente comma si applicano anche ai creditori che avrebbero diritto alla distribuzione delle somme ricavate nel caso in cui risulti insussistente, in tutto o in parte, il credito del soggetto avente diritto all'accantonamento, ovvero oggetto di controversia a norma del primo periodo del presente comma.».

597. Mancata comparizione (1). – La mancata comparizione per la discussione sul progetto di distribuzione innanzi al professionista delegato o all'udienza innanzi al giudice dell'esecuzione nell'ipotesi di cui all'articolo 596, quarto comma, importa approvazione del progetto per gli effetti di cui all'articolo 598.

(1) Articolo così sostituito dall'art. 3, co. 43, d.lg. 10/10/2022, n. 149; la precedente formulazione era: «597. Mancata comparizione. – La mancata comparizione alla prima udienza [596] e in quella fissata a norma dell'articolo 485 ultimo comma importa approvazione del progetto per gli effetti di cui all'articolo seguente [784 ss.].».

598. Approvazione del progetto (1). – Se il progetto è approvato o si raggiunge l'accordo tra tutte le parti, se ne dà atto nel processo verbale [126, 130 // 44, 46 att.] e il professionista delegato a norma dell'articolo 591-bis o il giudice dell'esecuzione [484] nell'ipotesi di cui all'articolo 596, quarto comma, ordina il pagamento agli aventi diritto delle singole quote entro sette giorni.

Se vengono sollevate contestazioni innanzi al professionista delegato, questi ne dà conto nel processo verbale e rimette gli atti al giudice dell'esecuzione, il quale provvede ai sensi dell'articolo 512 [597 // 177^{2} att.].

(1) Articolo così sostituito dall'art. 3, co. 43, d.lg. 10/10/2022, n. 149; la precedente formulazione era: «**598. Approvazione del progetto.** – Se il progetto è approvato o si raggiunge l'accordo tra tutte le parti, se ne dà atto nel processo verbale [126, 130 // 44, 46 att.] e il giudice dell'esecuzione [484] o il professionista delegato a norma dell'articolo 591-bis (1) ordina il pagamento delle singole quote, altrimenti si applica la disposizione dell'articolo 512 [597 // 177^{2} att.].».

Capo V
Dell'espropriazione di beni indivisi

599. Pignoramento. – Possono essere pignorati i beni indivisi [491 ss. // 1100 CC.] anche quando non tutti i comproprietari sono obbligati verso il creditore [*1292* CC.].

In tal caso del pignoramento [492] è notificato [137 ss.] avviso [600, 617 // 180 att.], a cura del creditore pignorante [555^{3}], anche agli altri comproprietari, ai quali è fatto divieto di lasciare separare dal debitore la sua parte delle cose comuni senza ordine di giudice.

600. Convocazione dei comproprietari. – Il giudice dell'esecuzione [484], su istanza [486] del creditore pignorante o dei comproprietari e sentiti [485] tutti gli interessati, provvede [487], quando è possibile, alla separazione della quota in natura spettante al debitore [599^{2} // 718 ss., 1114 CC.].

Se la separazione in natura non è chiesta o non è possibile, il giudice dispone [134, 163 // 2646^{2} CC.] che si proceda alla divisione [601 // 181 att.] a norma del codice civile, salvo che ritenga probabile la vendita della quota indivisa ad un prezzo pari o superiore al valore della stessa, determinato a norma dell'articolo 568 [617 // 111^{7} Cost.] (1).

(1) Comma così modificato dal d.l. n. 35/2005 con decorrenza dal 1/3/2006.

601. Divisione. – Se si deve procedere alla divisione [600], l'esecuzione è sospesa [626] finché sulla divisione stessa non sia intervenuto un accordo fra le parti o pronunciata una sentenza avente i requisiti di cui all'articolo 627 [181 att.].

Avvenuta la divisione, la vendita [576 ss.] o l'assegnazione [590] dei beni attribuiti al debitore ha luogo secondo le norme contenute nei capi precedenti.

Capo VI
Dell'espropriazione contro il terzo proprietario

602. Modo dell'espropriazione. – Quando oggetto dell'espropriazione è un bene gravato da pegno [502 // 2784 CC.] o da ipoteca [2808 CC.] per un debito altrui [508 // 756, 2858 ss., 2929 bis^{2}], oppure un bene la cui alienazione da parte del debitore è stata revocata per frode [2901 ss.], si applicano le disposizioni contenute nei capi precedenti, in quanto non siano modificate dagli articoli che seguono [2910^{2} CC.].

603. Notificazione del titolo esecutivo e del precetto. – Il titolo esecutivo [474] e il precetto [480] debbono essere notificati [137 ss.] anche al terzo [102, 479, 617].

Nel precetto deve essere fatta espressa menzione del bene del terzo che si intende espropriare.

604. Disposizioni particolari. – Il pignoramento [492] e in generale gli atti d'espropriazione si compiono nei confronti del terzo [2858 ss. CC.], al quale si applicano tutte le disposizioni relative al debitore, tranne il divieto di cui all'articolo 579 primo comma [2910^{2} CC.].

Ogni volta che a norma dei capi precedenti deve essere sentito il debitore, è sentito anche il terzo [485, 569].

Titolo III
DELL'ESECUZIONE PER CONSEGNA O RILASCIO

605. Precetto per consegna o rilascio. – Il precetto per consegna di beni mobili [812^{3} CC.] o rilascio di beni immobili [16, 568, 608 // 812$^{1, 2}$, 2930 CC.] deve contenere, oltre le indicazioni di cui all'articolo 480, anche la descrizione sommaria dei beni stessi [677].

Se il titolo esecutivo [474] dispone circa il termine della consegna o del rilascio, l'intimazione va fatta con riferimento a tale termine [482].

606. Modo della consegna. – Decorso il termine indicato nel precetto [482, 605], l'ufficiale giudiziario [59], munito del titolo esecutivo [474] e del precetto [480], si reca sul luogo in cui le cose si trovano e le ricerca a norma dell'articolo 513; quindi ne fa consegna alla parte istante o a persona da lei designata [607].

607. Cose pignorate. – Se le cose da consegnare sono pignorate [513 ss., 518 // 2912 ss. CC.], la consegna non può avere luogo, e la parte istante deve fare valere le sue ragioni mediante opposizione a norma degli articoli 619 e seguenti.

608. Modo del rilascio. – L'esecuzione inizia con la notifica [137 ss.] dell'avviso [481, 617] con il quale l'ufficiale giudiziario [59] comunica almeno dieci giorni prima alla parte [1140^{2}], che è tenuta a rilasciare l'immobile [812$^{1, 2}$], il giorno e l'ora in cui procederà (1).

Nel giorno e nell'ora stabiliti, l'ufficiale giudiziario, munito del titolo esecutivo [474] e del precetto [480, 605], si reca sul luogo dell'esecuzione e, facendo uso, quando occorre, dei poteri a lui consentiti dall'articolo 513, immette la parte istante o una persona da lei designata nel possesso [1140 ss. CC.] dell'immobile, del quale le consegna le chiavi, ingiungendo agli eventuali detentori di riconoscere il nuovo possessore.

(1) Comma così modificato dal d.l. n. 35/2005 con decorrenza dal 1/3/2006.

608 bis. Estinzione dell'esecuzione per rinuncia della parte istante (1). – L'esecuzione di cui all'articolo 605 si estingue [629, 632] se la parte istante, prima della consegna [606] o del rilascio [608], rinuncia [629, 630$^{2, 3}$] con atto da notificarsi [137 ss.] alla parte esecutata e da consegnarsi all'ufficiale giudiziario procedente [59, 606].

(1) Articolo aggiunto dal d.l. n. 35/2005 con decorrenza dal 1/3/2006.

609. Provvedimenti circa i mobili estranei all'esecuzione (1). – Quando nell'immobile [812$^{1, 2}$] si trovano beni mobili [812^{3}] che non debbono essere consegnati, l'ufficiale giudiziario [59] intima alla parte tenuta al rilascio ovvero a colui al quale gli stessi risultano appartenere [608 bis] di asportarli, assegnandogli il relativo termine. Dell'intimazione si dà atto a verbale [126 // 44, 46 att.] ovvero, se colui che è tenuto a provvedere all'asporto non è presente, mediante atto notificato [137 ss.] a spese della parte istante. Quando entro il termine assegnato l'asporto non è stato eseguito l'ufficiale giudiziario, su richiesta e a spese della parte istante, determina, anche a norma dell'articolo 518, primo comma, il presumibile valore di realizzo dei beni ed indica le prevedibili spese di custodia e di asporto.

Quando può ritenersi che il valore dei beni è superiore alle spese di custodia e di asporto, l'ufficiale giudiziario, a spese della parte istante, nomina un custode [65 ss., 520] e lo incarica di trasportare i beni in altro luogo. Il custode è nominato a norma dell'articolo 559. In difetto di istanza e di pagamento anticipato delle spese i beni, quando non appare evidente l'utilità del tentativo di vendita di cui al quinto comma, sono considerati abbandonati e l'ufficiale giudiziario, salva diversa richiesta della parte istante, ne dispone lo smaltimento o la distruzione.

Se sono rinvenuti documenti inerenti lo svolgimento di attività imprenditoriale [2082 CC.] o professionale [2229] che non sono stati asportati a norma del primo comma, gli stessi sono conservati, per un periodo di due anni, dalla parte istante ovvero, su istanza e previa anticipazione delle spese da parte di quest'ultima, da un custode nominato dall'ufficiale giudiziario. In difetto di istanza e di pagamento anticipato delle spese si applica, in quanto compatibile, quanto previsto dal secondo comma, ultimo periodo. Allo stesso modo si procede alla scadenza del termine biennale di cui al presente comma a cura della parte istante o del custode.

Decorso il termine fissato nell'intimazione di cui al primo comma, colui al quale i beni appartengono può, prima della vendita ovvero dello smaltimento o distruzione dei beni a norma del secondo comma, ultimo periodo, chiederne la consegna al giudice dell'esecuzione [484] per il rilascio. Il giudice provvede [487] con decreto [135] e, quando accoglie l'istanza, dispone la riconsegna previa corresponsione delle spese e compensi per la custodia e per l'asporto [609[1]].

Il custode provvede alla vendita senza incanto nelle forme previste per la vendita dei beni mobili pignorati [532], secondo le modalità disposte dal giudice dell'esecuzione per il rilascio. Si applicano, in quanto compatibili, gli articoli 530 e seguenti del codice di procedura civile. La somma ricavata [549 ss.] è impiegata per il pagamento delle spese e dei compensi per la custodia, per l'asporto e per la vendita, liquidate dal giudice dell'esecuzione per il rilascio. Salvo che i beni appartengano [1140[2] CC.] ad un soggetto diverso da colui che è tenuto al rilascio, l'eventuale eccedenza è utilizzata per il pagamento delle spese di esecuzione liquidate a norma dell'articolo 611.

In caso di infruttuosità della vendita nei termini fissati dal giudice dell'esecuzione, si procede a norma del secondo comma, ultimo periodo.

Se le cose sono pignorate o sequestrate, l'ufficiale giudiziario dà immediatamente notizia dell'avvenuto rilascio al creditore su istanza del quale fu eseguito il pignoramento o il sequestro, e al giudice dell'esecuzione per l'eventuale sostituzione del custode.

(1) Articolo così sostituito dall'art. 19, co. 1, lett. i), d.l. 12/9/2014, n. 132, conv., con modif., dalla l. 10/11/2014, n. 162; per l'applicazione di tale disposizione, vedi l'art. 19, co. 6 del medesimo d.l. n. 132/2014.

610. Provvedimenti temporanei. – Se nel corso dell'esecuzione sorgono difficoltà che non ammettono dilazione, ciascuna parte può chiedere al giudice dell'esecuzione [484, 487 // 111[7] Cost.] (1), anche verbalmente, i provvedimenti temporanei occorrenti [134, 135, 678[3] // 183 att.].

(1) La parola "pretore" è stata sostituita dalle parole "giudice dell'esecuzione" dal d.lg. 19/2/1988, n. 51.

611. Spese dell'esecuzione. – Nel processo verbale [126 // 44, 46 att.] l'ufficiale giudiziario [59] specifica tutte le spese anticipate dalla parte istante.

La liquidazione delle spese [65[2]] è fatta dal giudice dell'esecuzione [484] (1) a norma degli articoli 91 e seguenti (2) con decreto [135] che costituisce titolo esecutivo [474[2, n. 1]].

(1) La parola "pretore" è stata sostituita dalle parole "giudice dell'esecuzione" dal d.lg. 19/2/1988, n. 51.

(2) Parole così modificate dal d.l. n. 35/2005 con decorrenza dal 1/3/2006.

TITOLO IV
DELL'ESECUZIONE FORZATA DI OBBLIGHI DI FARE O DI NON FARE

612. Provvedimento. – Chi intende ottenere l'esecuzione forzata di una sentenza di condanna per violazione di un obbligo di fare o di non fare [1222, 2043, 2931, 2933 CC.], dopo la notificazione [137 ss.] del precetto [479, 480], deve chiedere con ricorso [125] al giudice dell'esecuzione [26, 484] (1) che siano determinate le modalità dell'esecuzione.

Il giudice dell'esecuzione (1) provvede [487] sentita la parte obbligata [485]. Nella sua ordinanza [134] designa l'ufficiale giudiziario [59] che deve procedere all'esecuzione e le persone che debbono provvedere al compimento dell'opera non eseguita o alla distruzione di quella compiuta [1171, 2058 CC.].

(1) La parola "pretore" è stata sostituita dalle parole "giudice dell'esecuzione" dal d.lg. 19/2/1988, n. 51.

613. Difficoltà sorte nel corso dell'esecuzione. – L'ufficiale giudiziario [59] può farsi assistere dalla forza pubblica e deve chiedere al giudice dell'esecuzione [484] (1) le opportune disposizioni per eliminare le difficoltà [615, 617] che sorgono nel corso dell'esecuzione. Il giudice dell'esecuzione (1) provvede con decreto [135, 485, 487].

(1) La parola "pretore" è stata sostituita dalle parole "giudice dell'esecuzione" dal d.lg. 19/2/1988, n. 51.

614. Rimborso delle spese. – Al termine dell'esecuzione o nel corso di essa, la parte istante presenta al giudice dell'esecuzione [484] (1) la nota delle spese anticipate vistata dall'ufficiale giudiziario [59], con domanda di decreto d'ingiunzione [633].

Il giudice dell'esecuzione (1), quando riconosce giustificate le spese denunciate, provvede con decreto [135] a norma dell'articolo 642.

(1) La parola "pretore" è stata sostituita dalle parole "giudice dell'esecuzione" dal d.lg. 19/2/1988, n. 51.

TITOLO IV-BIS
DELLE MISURE DI COERCIZIONE INDIRETTA (1)

(1) Titolo inserito dall'art. 13, co. 1, lett. c-ter), d.l. 27/6/2015, n. 83, conv. in l. 6/8/2015, n. 132.

614 bis. Misure di coercizione indiretta (1). – Con il provvedimento di condanna [132] all'adempimento di obblighi diversi dal pagamento di somme di denaro il giudice, salvo che ciò sia manifestamente iniquo [113, 114 // 1226, 1374 CC. // 388 CP.], fissa, su richiesta di parte, la somma di denaro [1277] dovuta dall'obbligato per ogni violazione o inosservanza successiva ovvero per ogni ritardo nell'esecuzione del provvedimento, determinandone la decorrenza. Il giudice può fissare un termine di durata della misura, tenendo conto della finalità della stessa e di ogni circostanza utile.

Se non è stata richiesta nel processo di cognizione, ovvero

il titolo esecutivo è diverso da un provvedimento di condanna, la somma di denaro dovuta dall'obbligato per ogni violazione o inosservanza o ritardo nell'esecuzione del provvedimento è determinata dal giudice dell'esecuzione, su ricorso dell'avente diritto, dopo la notificazione del precetto. Si applicano in quanto compatibili le disposizioni di cui all'articolo 612.

Il giudice determina l'ammontare della somma tenuto conto del valore della controversia [10], della natura della prestazione dovuta [1174 CC.], del vantaggio per l'obbligato derivante dall'inadempimento, del danno quantificato [1223, 1226, 2056, 2057 CC.] o prevedibile [1225 CC.] e di ogni altra circostanza utile [114[4, lett. e)] del d.lg. n. 104/2010].

Il provvedimento costituisce titolo esecutivo [474] per il pagamento delle somme dovute per ogni violazione, inosservanza o ritardo. Le disposizioni di cui al presente articolo non si applicano alle controversie di lavoro subordinato pubblico o privato e ai rapporti di collaborazione coordinata e continuativa di cui all'articolo 409.

(1) Articolo aggiunto dalla l. 18/6/2009, n. 69 e successivamente sostituito dall'art. 3, co. 44, d.lg. 10/10/2022, n. 149. La precedente formulazione era: «614 bis. Misure di coercizione indiretta. – Con il provvedimento di condanna all'adempimento di obblighi diversi dal pagamento di somme di denaro il giudice, salvo che ciò sia manifestamente iniquo, fissa, su richiesta di parte, la somma di denaro dovuta dall'obbligato per ogni violazione o inosservanza successiva ovvero per ogni ritardo nell'esecuzione del provvedimento. Il provvedimento di condanna costituisce titolo esecutivo per il pagamento delle somme dovute per ogni violazione o inosservanza. Le disposizioni di cui al presente comma non si applicano alle controversie di lavoro subordinato pubblico o privato e ai rapporti di collaborazione coordinata e continuativa di cui all'articolo 409. Il giudice determina l'ammontare della somma di cui al primo comma tenuto conto del valore della controversia, della natura della prestazione, del danno quantificato o prevedibile e di ogni altra circostanza utile.»

• Rubrica modificata dall'art. 131, lett. c-ter) del d.l. 27/6/2015, n. 83, conv. in l. 6/8/2015, n. 132; la precedente rubrica era "Attuazione degli obblighi di fare infungibile e di non fare".

• V. art. 124 del d.lg. 10/2/2005, n. 30.

• V. art. 140 del d.lg. 6/9/2005, n. 206.

TITOLO V
DELLE OPPOSIZIONI

Capo I
Delle opposizioni del debitore e del terzo assoggettato all'esecuzione

Sezione I
Delle opposizioni all'esecuzione

615. Forma dell'opposizione. – Quando si contesta il diritto della parte istante a procedere ad esecuzione forzata e questa non è ancora iniziata, si può proporre [111, 602, 605 // 1176 CC.] opposizione al precetto [480] con citazione [163] davanti al giudice [484] competente per materia o valore e per territorio a norma dell'articolo 27. Il giudice, concorrendo gravi motivi, sospende [283, 351, 373, 401, 407, 431[3], 624, 624 bis, 649 // 131 bis att.], su istanza [486] di parte l'efficacia esecutiva del titolo [474] (1). Se il diritto della parte istante è contestato solo, il giudice procede alla sospensione dell'efficacia esecutiva del titolo esclusivamente in relazione alla parte contestata (2).

Quando è iniziata l'esecuzione [491], l'opposizione di cui al comma precedente e quella che riguarda la pignorabilità [514, 515, 516 // 822, 824, 826, 828, 830, 831[2] CC.] dei beni si propongono con ricorso [125] al giudice dell'esecuzione stessa. Questi fissa con decreto [135] l'udienza di comparizione delle parti davanti a sè e il termine perentorio [152] per la notificazione [137 ss.] del ricorso e del decreto [36 // 2764 ss. CC.].

(1) Parole aggiunte dal d.l. n. 35/2005 con decorrenza dal 1/3/2006.

(2) Le parole da "se il diritto" fino a "contestata" sono state introdotte dall'art. 13, co. 1, lett. dd), d.l. 27/6/2015, conv. in l. 6/8/2015, n. 132.

616. Provvedimenti sul giudizio di cognizione introdotto dall'opposizione. – Se competente [27] per la causa è l'ufficio giudiziario al quale appartiene il giudice dell'esecuzione [484] questi fissa un termine perentorio [152, 153] per l'introduzione del giudizio di merito secondo le modalità previste in ragione della materia e del rito, previa iscrizione a ruolo [168 // 71 att.], a cura della parte interessata, osservati i termini a comparire di cui all'articolo 163-bis, o altri se previsti, ridotti della metà; altrimenti rimette la causa dinanzi all'ufficio giudiziario competente assegnando un termine perentorio per la riassunzione della causa [39[2], 40, 50, 54, 303, 335, 427, 512, 618 bis, 627 // 125, 125 bis att.].

*La causa è decisa con sentenza non impugnabile**.

* Il comma è stato soppresso dalla l. 18/6/2009, n. 69.

Sezione II
Delle opposizioni agli atti esecutivi

617. Forma dell'opposizione. – Le opposizioni [485, 499, 602 ss.] relative alla regolarità formale del titolo esecutivo [474] e del precetto [480, 605] si propongono, prima che sia iniziata l'esecuzione [491], davanti al giudice indicato nell'articolo 480 terzo comma, con atto di citazione [163] da notificarsi [137 ss.] nel termine perentorio [152, 630] di venti giorni (1) dalla notificazione del titolo esecutivo o del precetto [479].

Le opposizioni di cui al comma precedente che sia stato impossibile proporre prima dell'inizio dell'esecuzione e quelle relative alla notificazione del titolo esecutivo e del precetto e ai singoli atti di esecuzione si propongono con ricorso al giudice dell'esecuzione [27[2], 484] nel termine perentorio di venti giorni (1) dal primo atto di esecuzione, se riguardano il titolo esecutivo o il precetto, oppure dal giorno in cui i singoli atti furono compiuti [497, 530[2], 552, 569[2], 628 // 2929 CC.].

(1) Parole così modificate dal d.l. n. 35/2005 con decorrenza dal 1/3/2006.

618. Provvedimenti del giudice dell'esecuzione. – Il giudice dell'esecuzione [484] fissa con decreto [135] l'udienza di comparizione [183, 185 att.] delle parti davanti a sé e il termine perentorio [152, 153] per la notificazione del ricorso e del decreto [617], e dà, nei casi urgenti, i provvedimenti opportuni.

All'udienza dà con ordinanza [134] i provvedimenti che ritiene indilazionabili ovvero sospende la procedura [624]. In ogni caso fissa un termine perentorio [152] per l'introduzione del giudizio di merito, previa iscrizione a ruolo [168 // 71 att.] a cura della parte interessata, osservati i termini a comparire di cui all'articolo 163-bis, o altri se previsti, ridotti della metà. La causa è decisa con sentenza non impugnabile [339] (1).

Sono altresì non impugnabili le sentenze pronunciate a norma dell'articolo precedente primo comma [187 att. // 111[2] Cost.].

(1) Comma così sostituito dalla l. n. 52/2006 con decorrenza dal 1/3/2006.

Sezione III

Opposizione in materia di lavoro, di previdenza e di assistenza

618 bis. Procedimento. – Per le materie trattate nei Capi I e II del titolo IV del libro secondo [409-447], le opposizioni all'esecuzione [615] e agli atti esecutivi [617] sono disciplinate dalle norme previste per le controversie individuali di lavoro in quanto applicabili [413 ss.].

Resta ferma la competenza del giudice dell'esecuzione [484] nei casi previsti dal secondo comma dell'art. 615 e dal secondo comma dell'art. 617 nei limiti dei provvedimenti assunti con ordinanza [134] (1).

(1) Parole aggiunte dalla l. n. 52/2006 con decorrenza dal 1/3/2006.

Capo II
Delle opposizioni di terzi

619. Forma dell'opposizione. – Il terzo [543 ss., 602 ss., 617 // 2915^2, 2920, 2926 CC.] che pretende avere la proprietà [832 ss.] o altro diritto reale [952 ss. CC.] sui beni pignorati può proporre opposizione con ricorso al giudice dell'esecuzione [484], prima che sia disposta la vendita o l'assegnazione dei beni [530^{3,5}, 552 ss., 569^{3,4}, 589, 590, 607, 620 // 184 att.].

Il giudice fissa con decreto [135] l'udienza di comparizione [183, 185 att.] delle parti davanti a sé e il termine perentorio [152, 153] per la notificazione del ricorso e del decreto [624].

Se all'udienza le parti raggiungono un accordo il giudice ne dà atto con ordinanza [134], adottando ogni altra decisione idonea ad assicurare, se del caso, la prosecuzione del processo esecutivo ovvero ad estinguere il processo, statuendo altresì in questo caso anche sulle spese [134, 630^3 // 130 att.]; altrimenti il giudice provvede ai sensi dell'articolo 616 tenuto conto della competenza per valore (1).

(1) Comma così sostituito dalla l. n. 52/2006 con decorrenza dal 1/3/2006.

620. Opposizione tardiva. – Se in seguito alla opposizione [619] il giudice [484] non sospende la vendita dei beni mobili [624 // 812^3 CC.] o se l'opposizione è proposta dopo la vendita [152, 541, 542, 619^1] stessa, i diritti del terzo si fanno valere sulla somma ricavata [509 // 2920, *2926* CC.].

621. Limiti della prova testimoniale. – Il terzo opponente non può provare con testimoni [244 ss. // 2721 ss., 2729^2 CC.] il suo diritto sui beni mobili pignorati nella casa o nell'azienda del debitore [513^1], tranne che l'esistenza del diritto stesso sia resa verosimile dalla professione [2222 ss. CC.] o dal commercio [2802 ss. CC.] esercitati dal terzo o dal debitore.

622. Opposizione della moglie del debitore (1). – L'opposizione non può essere proposta dalla moglie convivente col debitore, relativamente ai beni mobili pignorati nella casa di lui [513^1], tranne che per i beni dotali o per i beni che essa provi, con atto di data certa [2699 ss., 2704 CC.], esserle appartenuti prima del matrimonio [177 CC.] o esserle pervenuti per donazione [769 ss. CC.] o successione a causa di morte [459 CC.].

(1) La Corte cost. con sent. 15/12/1967, n. 143 ha dichiarato l'illegittimità costituzionale del presente articolo.

Titolo VI

DELLA SOSPENSIONE E DELL'ESTINZIONE DEL PROCESSO

Capo I
Della sospensione del processo

623. Limiti della sospensione. – Salvo che la sospensione [2941 CC.] sia disposta dalla legge [48, 52^3, 337, 512^2, 601^1, 620] o dal giudice davanti al quale è impugnato il titolo esecutivo [283, 295-298, 351, 373, 401, 407, 431^3, 447^2, 474, 615, 619, 618^2, 624, 649, 650^2, 668^4, 830^4 // 56 r.d.l. n. 1736/1933 // 64 r.d.l. n. 1669/1933], l'esecuzione forzata non può essere sospesa che con provvedimento del giudice dell'esecuzione [484, 487, 625].

624. Sospensione per opposizione all'esecuzione (1). – Se è proposta opposizione all'esecuzione a norma degli articoli 615 e 619, il giudice dell'esecuzione [484], concorrendo gravi motivi, sospende [487, 623, 625], su istanza di parte [486], il processo con cauzione o senza [119 // 86 att.].

Contro l'ordinanza che provvede sull'istanza di sospensione è ammesso reclamo ai sensi dell'articolo 669-terdecies [617]. La disposizione di cui al periodo precedente si applica anche al provvedimento di cui all'articolo 512, secondo comma.

Nei casi di sospensione del processo disposta ai sensi del primo comma, se l'ordinanza non viene reclamata o viene confermata in sede di reclamo, e il giudizio di merito non è stato introdotto nel termine perentorio [152, 153] assegnato ai sensi dell'articolo 616, il giudice dell'esecuzione dichiara, anche d'ufficio, con ordinanza [134], l'estinzione del processo [629 ss.] e ordina la cancellazione della trascrizione del pignoramento [2668, 2693 CC. // 172 att.], provvedendo anche sulle spese. L'ordinanza è reclamabile ai sensi dell'articolo 630, terzo comma.

La disposizione di cui al terzo comma si applica, in quanto compatibile, anche al caso di sospensione del processo disposta ai sensi dell'articolo 618.

(1) Articolo aggiornato con le modif. introdotte dalla l. 18/6/2009, n. 69.

624 bis. Sospensione su istanza delle parti (1). – Il giudice dell'esecuzione [484], su istanza [486] di tutti i creditori muniti di titolo esecutivo [474], può, sentito il debitore [485], sospendere [623, 625] il processo fino a ventiquattro mesi. L'istanza può essere proposta fino a venti giorni prima della scadenza del termine per il deposito delle offerte di acquisto [530, 571] o, nel caso in cui la vendita senza incanto [570 ss.] non abbia luogo, fino a quindici giorni prima dell'incanto [534, 576]. Sull'istanza, il giudice provvede [487] nei dieci giorni successivi al deposito e, se l'accoglie, dispone, nei casi di cui al secondo comma dell'articolo 490, che, nei cinque giorni successivi al deposito del provvedimento di sospensione, lo stesso sia comunicato al custode [65 ss., 520, 559] e pubblicato sul sito Internet sul quale è pubblicata la relazione di stima. La sospensione è disposta per una sola volta L'ordinanza è revocabile in qualsiasi momento, anche su richiesta di un solo creditore e sentito comunque il debitore.

Entro dieci giorni dalla scadenza del termine la parte interessata deve presentare istanza per la fissazione dell'udienza in cui il processo deve proseguire.

Nelle espropriazioni mobiliari [513 ss.] l'istanza per la sospensione può essere presentata non oltre la fissazione della data di asporto dei beni ovvero fino a dieci giorni prima della data della vendita se questa deve essere espletata nei luoghi in cui essi sono custoditi e, comunque, prima della effettuazione della pubblicità commerciale [490] ove disposta. Nelle espropriazioni presso terzi [543 ss.] l'istanza di sospensione non può più essere proposta dopo la dichiarazione del terzo [547, 548, 549].

(1) Articolo così modificato dal d.l. n. 35/2005, dalla l. n. 263/2005 e dalla l. n. 52/2006 con decorrenza dal 1/3/2006. Il testo precedente recitava: «624-bis. Sospensione su istanza delle parti. – Il giudice dell'esecuzione, su istanza di tutti i creditori muniti di titolo esecutivo, può, sentito il debitore, sospendere il processo fino a ventiquattro mesi. L'istanza può essere proposta fino a venti giorni prima della scadenza del termine per il deposito delle offerte di acquisto o, nel caso in cui la vendita senza incanto non abbia luogo, fino a quindici giorni prima dell'incanto. Sull'istanza, il giudice provvede nei dieci giorni successivi al deposito e, se l'accoglie, dispone, nei casi di cui al secondo comma dell'articolo 490, che, nei cinque giorni successivi al deposito del provvedimento di sospensione, lo stesso sia comunicato al custode e pubblicato sul sito Internet sul quale è pubblicata la relazione di stima. La sospensione è disposta per una sola volta L'ordinanza è revocabile in qualsiasi momento, anche su richiesta di un solo creditore e sentito comunque il debitore.
Entro dieci giorni dalla scadenza del termine la parte interessata deve presentare istanza per la fissazione dell'udienza in cui il processo deve proseguire».

625. Procedimento. – Sull'istanza [486] per la sospensione del processo di cui all'articolo precedente, il giudice dell'esecuzione [484] provvede [487] con ordinanza [134], sentite le parti [485].

Nei casi urgenti, il giudice può disporre la sospensione con decreto [135], nel quale fissa l'udienza di comparizione delle parti. Alla udienza provvede con ordinanza [669 terdecies].

626. Effetti della sospensione. – Quando il processo è sospeso, nessun atto esecutivo può essere compiuto, salvo diversa disposizione del giudice dell'esecuzione [484, 669 bis ss.].

627. Riassunzione. – Il processo esecutivo deve essere riassunto [*39²*, *40²*, *50*, *54*, *303*, *335*, *427*, *512*, *616*, *618 bis* // *123*, *125* att.] con ricorso nel termine perentorio [152, 153] fissato dal giudice dell'esecuzione [484, 307, 630] e, in ogni caso, non più tardi di sei mesi dal passaggio in giudicato [324 // 2909 CC.] della sentenza di primo grado [277, 279²] o dalla comunicazione della sentenza d'appello che rigetta l'opposizione.

628. Sospensione del termine d'efficacia del pignoramento. – La opposizione ai singoli atti esecutivi [617] sospende il decorso del termine previsto nell'articolo 497.

Capo II
Dell'estinzione del processo

629. Rinuncia. – Il processo si estingue se, prima dell'aggiudicazione [503] o dell'assegnazione [505], il creditore pignorante e quelli intervenuti [498 ss.] muniti di titolo esecutivo [474] rinunciano agli atti [*306*].

Dopo la vendita il processo si estingue se rinunciano agli atti tutti i creditori concorrenti [632²].

In quanto possibile, si applicano le disposizioni dell'articolo 306.

630. Inattività delle parti (1). – Oltre che nei casi espressamente previsti dalla legge [629, 631] il processo esecutivo si estingue quando le parti non lo proseguono o non lo riassumono nel termine perentorio stabilito dalla legge o dal giudice [*307*, 484, 497, 627].

L'estinzione opera di diritto ed è dichiarata, anche d'ufficio, con ordinanza [134, 487] del giudice dell'esecuzione [484], non oltre la prima udienza successiva al verificarsi della stessa. L'ordinanza è comunicata [136] a cura del cancelliere [57], se è pronunciata fuori dall'udienza.

Contro l'ordinanza che dichiara l'estinzione ovvero rigetta l'eccezione relativa è ammesso reclamo [669-terdecies] da parte del debitore o del creditore pignorante ovvero degli altri creditori intervenuti nel termine perentorio [152, 153] di venti giorni dall'udienza o dalla comunicazione dell'ordinanza e con l'osservanza delle forme di cui all'articolo 178 terzo, quarto e quinto comma. Il collegio provvede in camera di consiglio con sentenza [737 ss. // 130 att.].

(1) Articolo aggiornato con le modif. introdotte dalla l. 18/6/2009, n. 69.

631. Mancata comparizione all'udienza. – Se nel corso del processo esecutivo nessuna delle parti si presenta all'udienza, fatta eccezione per quella in cui ha luogo la vendita (1), il giudice dell'esecuzione [484] fissa una udienza successiva di cui il cancelliere [57] dà comunicazione [136] alle parti.

Se nessuna delle parti si presenta alla nuova udienza, il giudice dichiara con ordinanza [134] l'estinzione del processo esecutivo.

Si applica l'ultimo comma dell'articolo precedente [*181*, *309*, 510, 541, 542, 596, 597].

(1) Parole aggiunte dal d.l. n. 35/2005 e dalla l. n. 263/2005 con decorrenza dal 1/3/2006.

631 bis. Omessa pubblicità sul portale delle vendite pubbliche (1). – Se la pubblicazione sul portale delle vendite pubbliche [490¹, 530⁷] non è effettuata nel termine stabilito dal giudice per causa imputabile al creditore pignorante o al creditore intervenuto munito di titolo esecutivo [474], il giudice [484] dichiara [487] con ordinanza [134] l'estinzione del processo esecutivo [629 ss.] e si applicano le disposizioni di cui all'articolo 630, secondo e terzo comma. La disposizione di cui al presente articolo non si applica quando la pubblicità sul portale non è stata effettuata perché i sistemi informatici del dominio giustizia non sono funzionanti, a condizione che tale circostanza sia attestata a norma dell'articolo 161-quater delle disposizioni per l'attuazione del presente codice.

(1) Articolo inserito dall'art. 13, co. 1, lett. ee), d.l. 27/6/2015, n. 83, conv. in l. 6/8/2015, n. 132.

632. Effetti dell'estinzione del processo. – Con l'ordinanza [134] che pronuncia l'estinzione [629, 630, 631] è disposta sempre la cancellazione della trascrizione del pignoramento [2668, 2693 CC. // 172 att.]. Con la medesima ordinanza il giudice dell'esecuzione [484] provvede alla liquidazione delle spese sostenute dalle parti, se richiesto e alla liquidazione dei compensi spettanti all'eventuale delegato ai sensi dell'articolo 591-bis (1).

Se l'estinzione del processo esecutivo si verifica prima dell'aggiudicazione [503] o dell'assegnazione [505], essa rende inefficaci gli atti compiuti [2945 CC. // 172 att.]; se avviene dopo l'aggiudicazione o l'assegnazione, la somma ricavata è consegnata al debitore.

Avvenuta l'estinzione del processo, il custode [65 ss., 559] rende al debitore il conto [560], che è discusso e chiuso davanti al giudice della esecuzione [484].

Si applica la disposizione dell'articolo 310 ultimo comma [*2929*, 2934 CC.].

(1) Comma premesso all'originario co. 1 dalla l. 3/8/1998, n. 302.

LIBRO QUARTO
DEI PROCEDIMENTI SPECIALI

TITOLO I
DEI PROCEDIMENTI SOMMARI

Capo I
Del procedimento di ingiunzione

633. Condizioni di ammissibilità. – Su domanda [638] di chi è creditore di una somma liquida di danaro o di una determinata quantità di cose fungibili [639], o di chi ha diritto alla consegna di una cosa mobile determinata, il giudice competente [637] pronuncia ingiunzione di pagamento o di consegna:

1) se del diritto fatto valere si dà prova scritta [634, 635 // 2699 ss. CC // 63 att. CC.];

2) se il credito riguarda onorari per prestazioni giudiziali o stragiudiziali o rimborso di spese fatte da avvocati, procuratori [91], cancellieri, ufficiali giudiziari o da chiunque altro ha prestato la sua opera in occasione di un processo [61, 65, 68, 522, 636, 637 // 52 att.];

3) se il credito riguarda onorari, diritti o rimborsi spettanti ai notai a norma della loro legge professionale, oppure ad altri esercenti una libera professione o arte, per la quale esiste una tariffa legalmente approvata [636].

L'ingiunzione può essere pronunciata anche se il diritto dipende da una controprestazione o da una condizione, purché il ricorrente offra elementi atti a far presumere l'adempimento della controprestazione o l'avveramento della condizione [1353, 1460 CC.].

*(...)**.

* Il comma che recitava: «L'ingiunzione non può essere pronunciata se la notificazione all'intimato di cui all'art. 643 deve avvenire fuori dalla Repubblica o dei territori soggetti alla sovranità italiana.» è stato abrogato dal d.lg. n. 231/2002.

634. Prova scritta. – Sono prove scritte idonee a norma del numero 1 dell'articolo precedente le polizze e promesse unilaterali per scrittura privata [1988, 2702 CC.] e i telegrammi [2705 CC.], anche se mancanti dei requisiti prescritti dal codice civile.

Per i crediti relativi a somministrazioni di merci e di danaro nonché per prestazioni di servizi, fatte da imprenditori che esercitano un'attività commerciale [2195 CC.], anche a persone che non esercitano tale attività, sono altresì prove scritte idonee gli estratti autentici delle scritture contabili di cui agli art. 2214 e seguenti del codice civile [2709 ss. CC.], purché bollate e vidimate nelle forme di legge e regolarmente tenute, nonché gli estratti autentici delle scritture contabili prescritte dalle leggi tributarie, quando siano tenute con l'osservanza delle norme stabilite per tali scritture (1).

(1) Comma così modificato dal d.l. 18/10/1995, n. 432.

635. Prova scritta per i crediti dello Stato e degli enti pubblici. – Per i crediti dello Stato, o di enti o istituti soggetti a tutela o vigilanza dello Stato, sono prove idonee anche i libri o registri della pubblica amministrazione, quando un funzionario all'uopo autorizzato o un notaio ne attesta la regolare tenuta a norma delle leggi e dei regolamenti. Restano salve le disposizioni delle leggi sulla riscossione delle entrate patrimoniali dello Stato e degli enti o istituti sopra indicati.

Per i crediti derivanti da omesso versamento agli enti di previdenza e di assistenza dei contributi relativi ai rapporti indicati nell'art. 459 (1), sono altresì prove idonee gli accertamenti eseguiti dall'ispettorato corporativo e dai funzionari degli enti.

(1) L'art. 459 citato è stato abrogato dalla l. 11/8/1973, n. 533. Vedi, ora, art. 442.

636. Parcella delle spese e prestazioni. – Nei casi previsti nei numeri 2 e 3 dell'art. 633, la domanda [638] deve essere accompagnata dalla parcella delle spese e prestazioni, munita della sottoscrizione del ricorrente e corredata dal parere della competente associazione professionale. Il parere non occorre se l'ammontare delle spese e delle prestazioni è determinato in base a tariffe obbligatorie.

Il giudice, se non rigetta il ricorso a norma dell'art. 640, deve attenersi al parere nei limiti della somma domandata, salva la correzione degli errori materiali.

637. Giudice competente (1). – Per l'ingiunzione è competente il giudice di pace [7] o, in composizione monocratica, il tribunale che sarebbe competente per la domanda proposta in via ordinaria [9, 18 ss.].

Per i crediti previsti nel numero 2 dell'art. 633 è competente anche l'ufficio giudiziario che ha deciso la causa alla quale il credito si riferisce.

Gli avvocati o i notai possono altresì proporre domanda d'ingiunzione contro i propri clienti al giudice competente per valore del luogo ove ha sede il consiglio dell'ordine al cui albo sono iscritti o il consiglio notarile dal quale dipendono.

(1) Articolo così sostituito dal d.lg. 19/2/1988, n. 51.

638. Forma della domanda e deposito. – La domanda di ingiunzione si propone con ricorso contenente, oltre i requisiti indicati nell'art. 125, l'indicazione delle prove che si producono [634 ss.]. Il ricorso deve contenere altresì l'indicazione del procuratore del ricorrente [82^{2-3}, 83] oppure, quando è ammessa la costituzione di persona [82^{1-2}, 86, 417], la dichiarazione di residenza o l'elezione di domicilio nel comune dove ha sede il giudice adito [637].

Se manca l'indicazione del procuratore oppure la dichiarazione di residenza o l'elezione di domicilio, le notificazioni al ricorrente possono essere fatte presso la cancelleria [645^1, 650^1 // 188^2 att.].

Il ricorso è depositato in cancelleria insieme con i documenti che si allegano; questi non possono essere ritirati fino alla scadenza del termine stabilito nel decreto d'ingiunzione a norma dell'art. 641.

639. Ricorso per consegna di cose fungibili. – Quando la domanda riguarda la consegna di una determinata quantità di cose fungibili, il ricorrente deve dichiarare la somma di danaro che è disposto ad accettare in mancanza della prestazione in natura, a definitiva liberazione dell'altra parte. Il giudice, se ritiene la somma dichiarata non proporzionata, prima di pronunciare sulla domanda può invitare il ricorrente a produrre un certificato della Camera di commercio, industria e agricoltura.

640. Rigetto della domanda. – Il giudice se ritiene insufficientemente giustificata la domanda, dispone che il cancelliere ne dia notizia [136] al ricorrente, invitandolo a provvedere alla prova.

Se il ricorrente non risponde all'invito o non ritira il ricorso oppure se la domanda non è accoglibile, il giudice la rigetta con decreto motivato [135^4].

Tale decreto non pregiudica la riproposizione della domanda, anche in via ordinaria.

641. Accoglimento della domanda. – Se esistono le condizioni previste nell'art. 633, il giudice, con decreto motivato da emettere entro trenta giorni dal deposito del ricorso (1), ingiunge all'altra parte di pagare la somma o di consegnare la cosa o la quantità di cose chieste o invece di queste la somma di cui all'art. 639 nel termine di quaranta giorni (2) [642], con l'espresso avvertimento che nello stesso termine può essere fatta opposizione a norma degli articoli seguenti [645] e che, in mancanza di opposizione [647], si procederà a esecuzione forzata [483 ss.].

Quando concorrono giusti motivi, il termine può essere ridotto sino a dieci giorni oppure aumentato a sessanta (3). Se l'intimato risiede in uno degli altri Stati dell'Unione europea, il termine è di cinquanta giorni e può essere ridotto fino a venti giorni. Se l'intimato risiede in altri Stati, il termine è di sessanta giorni e, comunque, non può essere inferiore a trenta né superiore a centoventi (4).

Nel decreto, il giudice liquida le spese e le competenze e ne ingiunge il pagamento.

(1) Le parole "da emettere entro trenta giorni dal deposito del ricorso" sono state aggiunte dal d.lg. 9/10/2002, n. 231.

(2) Le parole "venti giorni" sono state così sostituite dal d.l. 18/10/1995, n. 432.

(3) Il primo periodo di questo comma è stato così sostituito dal d.l. 18/10/1995, n. 432.

(4) L'ultimo periodo di questo comma è stato così sostituito dal d.lg. 9/10/2002, n. 231. Successivamente, la Corte cost., con sent. 19-31/12/1986, n. 303, ha dichiarato l'illegittimità costituzionale dell'inciso: «eccetto per quello emesso sulla base di titoli che hanno già efficacia esecutiva secondo le vigenti disposizioni,».

642. Esecuzione provvisoria. – Se il credito è fondato su cambiale, assegno bancario, assegno circolare, certificato di liquidazione di borsa, o su atto ricevuto da notaio o da altro pubblico ufficiale autorizzato [2699 ss. CC.], il giudice, su istanza del ricorrente, ingiunge al debitore di pagare o consegnare senza dilazione, autorizzando in mancanza l'esecuzione provvisoria del decreto [655] e fissando il termine ai soli effetti dell'opposizione [645].

L'esecuzione provvisoria può essere concessa anche se vi è pericolo di grave pregiudizio nel ritardo, ovvero se il ricorrente produce documentazione sottoscritta dal debitore, comprovante il diritto fatto valere [646, 648, 649]; il giudice può imporre al ricorrente una cauzione (1) [119, 478 // 86 att.].

In tali casi il giudice può anche autorizzare l'esecuzione senza l'osservanza del termine di cui all'art. 482.

(1) Comma così modificato dalla l. n. 263/2005 con decorrenza dal 1/3/2006.

643. Notificazione del decreto. – L'originale del ricorso e del decreto rimane depositato in cancelleria [35 att.].

Il ricorso e il decreto sono notificati per copia autentica a norma degli art. 137 e seguenti.

La notificazione determina la pendenza della lite [39 // 2943^1 CC.].

644. Mancata notificazione del decreto (1). – Il decreto d'ingiunzione diventa inefficace qualora la notificazione non sia eseguita nel termine di sessanta giorni dalla pronuncia, se deve avvenire nel territorio della Repubblica (escluse le province libiche), e di novanta giorni negli altri casi [188 att.]; ma la domanda può essere riproposta.

(1) Articolo così modificato dal d.l. 18/10/1995, n. 432.

645. Opposizione. – L'opposizione si propone davanti all'ufficio giudiziario al quale appartiene il giudice che ha emesso il decreto [637, 641], con atto di citazione [163] notificato al ricorrente nei luoghi di cui all'art. 638. Contemporaneamente l'ufficiale giudiziario deve notificare avviso dell'opposizione al cancelliere affinché ne prenda nota sull'originale del decreto.

In seguito all'opposizione il giudizio si svolge secondo le norme del procedimento ordinario davanti al giudice adito. L'anticipazione di cui all'articolo 163-bis, terzo comma, deve essere disposta fissando l'udienza per la comparizione delle parti non oltre trenta giorni dalla scadenza del termine minimo a comparire (1).

(1) Comma così modificato dall'art. 1, co. 1 della l. 29/12/2011, n. 218 e, successivamente, dall'art. 78, co. 1, lett. a), d.l. 21/6/2013, n. 69, conv. dalla l. 9/8/2013, n. 98.

646. Opposizione ai decreti riguardanti crediti di lavoro. – Quando il decreto è stato pronunciato per crediti dipendenti da rapporti individuali di lavoro [409], entro cinque giorni dalla notificazione l'atto di opposizione deve essere denunciato a norma dell'articolo 430 all'associazione sindacale legalmente riconosciuta alla quale appartiene l'opponente.

In tale caso il termine per la comparizione in giudizio decorre dalla scadenza del ventesimo giorno successivo a quello della notificazione dell'opposizione [163 bis, 645^2].

Durante il corso del termine stabilito per il tentativo di conciliazione, l'opponente può chiedere con ricorso al giudice la sospensione dell'esecuzione provvisoria del decreto. Il giudice provvede con decreto [135], che, in caso di accoglimento dell'istanza, deve essere notificato alla controparte.

647. Esecutorietà per mancata opposizione o per mancata attività dell'opponente. – Se non è stata fatta opposizione nel termine stabilito, oppure l'opponente non si è costituito [165, 645], il conciliatore, il pretore o il presidente, su istanza anche verbale del ricorrente, dichiara esecutivo il decreto. Nel primo caso il giudice deve ordinare che sia rinnovata la notificazione, quando risulta o appare probabile che l'intimato non abbia avuto conoscenza del decreto [164^2, 291].

Quando il decreto è stato dichiarato esecutivo a norma del presente articolo, l'opposizione non può essere più proposta né proseguita, salvo il disposto dell'art. 650 [656], e la cauzione eventualmente prestata [642^2] è liberata (1).

(1) Comma così modificato dal d.lg. 19/2/1988, n. 51.

648. Esecuzione provvisoria in pendenza di opposizione. – Il giudice istruttore, se l'opposizione [645] non è fondata su prova scritta o di pronta soluzione, può concedere, provvedendo in prima udienza, con ordinanza non impugnabile [$177^{3, n. 2}$], l'esecuzione provvisoria del decreto, qualora non sia già stata concessa a norma dell'art. 642. Il giudice concede l'esecuzione provvisoria parziale del decreto ingiuntivo opposto limitatamente alle somme non contestate, salvo che l'opposizione sia proposta per vizi procedurali (1).

Deve in ogni caso concederla, se la parte che l'ha chiesta offre cauzione [119, 478 // 86 att.] per l'ammontare delle eventuali restituzioni, spese e danni (2).

(1) Comma sostituito dal d.lg. 9/10/2002, n. 231. Successivamente, il presente comma è stato così modificato dall'art. 78, co. 1, lett. b), d.l. 21/6/2013, n. 69, conv. dalla l. 9/8/2013, n. 98.

(2) La Corte cost. con sent. 4/5/1984, n. 137 ha dichiarato l'illegittimità costituzionale del presente comma nella parte in cui dispone che nel giudizio di opposizione il giudice istruttore, se la parte che ha chiesto l'esecuzione provvisoria del decreto d'ingiunzione offre cauzione per l'ammontare delle eventuali restituzioni, spese e danni, debba e non già possa concederla solo dopo aver delibato gli elementi probatori di cui all'art. 648, co. 1, e la corrispondenza della offerta cauzione all'entità degli oggetti indicati nel co. 2 dello stesso art. 48.

649. Sospensione dell'esecuzione provvisoria. – Il giudice istruttore, su istanza dell'opponente, quando ricorrono gravi motivi, può, con ordinanza non impugnabile [$177^{3,\ n.\ 2}$], sospendere l'esecuzione provvisoria del decreto concessa a norma dell'art. 642 [650^{2}].

650. Opposizione tardiva. – L'intimato può fare opposizione [645] anche dopo scaduto il termine fissato nel decreto [641^{1-2}], se prova di non averne avuta tempestiva conoscenza per irregolarità della notificazione [137 ss.] o per caso fortuito o forza maggiore (1).

In questo caso l'esecutorietà può essere sospesa a norma dell'articolo precedente.

L'opposizione non è più ammessa decorsi dieci giorni dal primo atto di esecuzione [491, 606].

(1) La Corte cost. con sent. 20/5/1976, n. 120 ha dichiarato l'illegittimità costituzionale del presente comma nella parte in cui non consente l'opposizione tardiva dell'intimato che pur avendo avuto conoscenza del decreto ingiuntivo, non abbia potuto, per caso fortuito o forza maggiore, fare opposizione entro il termine fissato nel decreto.

651. Deposito per il caso di soccombenza*. – *L'opposizione di cui all'articolo precedente e quella contro il decreto pronunciato nei casi previsti nell'articolo 642 primo comma, debbono essere precedute dal deposito di lire cinquecento, se proposte davanti al conciliatore o al pretore, di lire mille, se proposte davanti al tribunale o alla corte d'appello. A tale deposito si applicano le norme relative al deposito per il ricorso per cassazione.*

* L'articolo è stato abrogato dalla l. 18/10/1977, n. 793.

652. Conciliazione. – Se nel giudizio di opposizione, le parti si conciliano [185, 185 bis], il giudice, con ordinanza non impugnabile [$177^{3,\ n.\ 2}$], dichiara o conferma l'esecutorietà del decreto [642, 647, 648], oppure riduce la somma o la quantità a quella stabilita dalle parti. In quest'ultimo caso, rimane ferma la validità degli atti esecutivi compiuti [653^{2}] e dell'ipoteca iscritta [655], fino a concorrenza della somma o quantità ridotta. Della riduzione deve effettuarsi apposita annotazione nei registri immobiliari [2872, 2874 CC.].

653. Rigetto o accoglimento parziale dell'opposizione. – Se l'opposizione è rigettata con sentenza passata in giudicato [324] o provvisoriamente esecutiva [282], oppure è dichiarata con ordinanza l'estinzione del processo [306, 307, 310], il decreto, che non ne sia già munito [642, 647, 648], acquista efficacia esecutiva [$474^{2,\ n.\ 1}$, 655].

Se l'opposizione è accolta solo in parte, il titolo esecutivo è costituito esclusivamente dalla sentenza, ma gli atti di esecuzione già compiuti in base al decreto conservano i loro effetti nei limiti della somma o della quantità ridotta [652].

Con la sentenza che rigetta totalmente o in parte l'opposizione avverso il decreto ingiuntivo emesso sulla base dei titoli aventi efficacia esecutiva in base alle vigenti disposizioni, il giudice liquida anche le spese e gli onorari del decreto ingiuntivo (1).

(1) La Corte cost. con sent. 31/12/1986, n. 303 ha dichiarato l'illegittimità costituzionale dello stesso comma per contrasto con gli art. 3 e 24 Cost., nella parte in cui non consente la liquidazione delle spese e competenze all'istante che abbia già a proprio favore un titolo esecutivo.

654. Dichiarazione di esecutorietà ed esecuzione (1). – L'esecutorietà non disposta con la sentenza o con l'ordinanza di cui all'articolo precedente è conferita con decreto del giudice che ha pronunciato l'ingiunzione scritto in calce all'originale del decreto d'ingiunzione [643].

Ai fini dell'esecuzione non occorre una nuova notificazione del decreto esecutivo [479]; ma nel precetto [480] deve farsi menzione del provvedimento che ha disposto l'esecutorietà (2).

(1) Articolo così modificato dal d.lg. 19/2/1988, n. 51.

(2) Le parole "e dell'apposizione della formula" sono state soppresse dall'art. 3, co. 45, d.lg. 10/10/2022, n. 149.

655. Iscrizione d'ipoteca. – I decreti dichiarati esecutivi a norma degli artt. 642, 647 e 648, e quelli rispetto ai quali è rigettata l'opposizione [653] costituiscono titolo per l'iscrizione dell'ipoteca giudiziale [2818^{2} CC.].

656. Impugnazione. – Il decreto d'ingiunzione, divenuto esecutivo a norma dell'art. 647, può impugnarsi per revocazione nei casi indicati nei numeri 1, 2, 5 e 6 dell'art. 395 e con opposizione di terzo nei casi previsti nell'art. 404 secondo comma.

Capo II
Del procedimento per convalida di sfratto

657. Intimazione di licenza e di sfratto per finita locazione. – Il locatore o il concedente può intimare [660] al conduttore [1571 ss. CC.], al comodatario di beni immobili [1803 CC.], all'affittuario di azienda [2652 CC.] (1), all'affittuario coltivatore diretto [1647 CC.], al mezzadro [2141 ss. CC.] o al colono [2164 ss. CC.] licenza per finita locazione, prima della scadenza del contratto, con la contestuale citazione [163] per la convalida, rispettando i termini prescritti dal contratto, dalla legge o dagli usi locali [1573, 1574, 1596, 1616 CC.].

Può altresì intimare lo sfratto, con la contestuale citazione per la convalida, dopo la scadenza del contratto, se, in virtù del contratto stesso o per effetto di atti o intimazioni precedenti, è esclusa la tacita riconduzione [1596, 1597, 1603, 1630, 2143, 2165 CC.].

(1) Le parole "al comodatario di beni immobili, all'affittuario di azienda" sono state aggiunte dall'art. 3, co. 46, d.lg. 10/10/2022, n. 149.

658. Intimazione di sfratto per morosità. – Il locatore può intimare al conduttore [1571 ss. CC.] lo sfratto con le modalità stabilite nell'articolo precedente anche in caso di mancato pagamento del canone di affitto alle scadenze [$1587^{\ n.\ 2}$ CC.], e chiedere nello stesso atto l'ingiunzione di pagamento [633] per i canoni scaduti [664, 666, 669] (1).

Se il canone consiste in derrate [1639, 2141, 2164 CC.], il locatore deve dichiarare a norma dell'articolo 639 la somma che è disposto ad accettare in sostituzione.

(1) Comma così sostituito dalla l. 30/7/1984, n. 399.

659. Rapporto di locazione d'opera. – Se il godimento di un immobile è il corrispettivo anche parziale di una prestazione d'opera [2094, 2222 CC.], l'intimazione di licenza o di sfratto con la contestuale citazione per la convalida, a norma degli articoli precedenti, può essere fatta quando il contratto viene a cessare per qualsiasi causa [2118 CC.].

660. Forma dell'intimazione. – Le intimazioni di licenza o di sfratto indicate negli articoli precedenti debbono essere notificate a norma degli articoli 137 e seguenti, esclusa la notificazione al domicilio eletto [141].

Il locatore deve dichiarare nell'atto la propria residenza [43^{2}] o eleggere domicilio [47] nel comune dove ha sede il giudice adito, altrimenti l'opposizione prevista nell'articolo 668 e qualsiasi altro atto del giudizio possono essergli notificati presso la cancelleria.

La citazione per la convalida, redatta a norma dell'articolo

125, in luogo dell'invito e dell'avvertimento al convenuto previsti dall'articolo 163, terzo comma, numero 7), deve contenere, con l'invito a comparire nell'udienza indicata, l'avvertimento che se non comparisce o, comparendo, non si oppone, il giudice convalida la licenza o lo sfratto ai sensi dell'articolo 663 (1).

Tra il giorno della notificazione dell'intimazione e quello dell'udienza debbono intercorrere termini liberi non minori di venti giorni. Nelle cause che richiedono pronta spedizione il giudice (2) può, su istanza dell'intimante, con decreto motivato, scritto in calce all'originale e alle copie dell'intimazione, abbreviare fino alla metà i termini di comparizione (1).

Le parti si costituiscono depositando in cancelleria l'intimazione con la relazione di notificazione o la comparsa di risposta, oppure presentando tali atti al giudice in udienza (1).

Ai fini dell'opposizione e del compimento delle attività previste negli articoli da 663 a 666, è sufficiente la comparizione personale dell'intimato (1).

Se l'intimazione non è stata notificata in mani proprie [138], l'ufficiale giudiziario deve spedire avviso all'intimato dell'effettuata notificazione a mezzo di lettera raccomandata, e allegare all'originale dell'atto la ricevuta di spedizione [139].

(1) Comma inserito dal d.l. 18/10/1995, n. 432.

(2) La parola "pretore" è stata sostituita dalla parola "tribunale" dal d.lg. 19/2/1988, n. 51.

661. Giudice competente (1). – Quando si intima la licenza o lo sfratto, la citazione a comparire deve farsi inderogabilmente davanti al tribunale (2) del luogo in cui si trova la cosa locata [28].

(1) Articolo così sostituito dalla l. 30/7/1984, n. 339.

(2) La parola "pretore" è stata sostituita dalla parola "tribunale" dal d.lg. 19/2/1988, n. 51.

662. Mancata comparizione del locatore. – Gli effetti dell'intimazione cessano, se il locatore non comparisce all'udienza fissata nell'atto di citazione [310].

663. Mancata comparizione o mancata opposizione dell'intimato (1). – Se l'intimato non compare o comparendo non si oppone, il giudice convalida con ordinanza esecutiva la licenza o lo sfratto. Il giudice ordina che sia rinnovata la citazione, se risulta o appare probabile che l'intimato non abbia avuto conoscenza della citazione stessa o non sia potuto comparire per caso fortuito o forza maggiore [164, 291^{1}, 668].

Se lo sfratto è stato intimato per mancato pagamento del canone [658], la convalida è subordinata all'attestazione in giudizio del locatore o del suo procuratore che la morosità persiste. In tale caso il giudice può ordinare al locatore di prestare una cauzione [119, 478, 668^{2} // 86 att.].

(1) Articolo così sostituito dall'art. 3, co. 46, d.lg. 10/10/2022, n. 149. La precedente formulazione era: «**663. Mancata comparizione o mancata opposizione dell'intimato.** – Se l'intimato non comparisce o comparendo non si oppone, il giudice convalida la licenza o lo sfratto e dispone con ordinanza in calce alla citazione l'apposizione su di essa della formula esecutiva; ma il giudice deve ordinare che sia rinnovata la citazione, se risulta o appare probabile che l'intimato non abbia avuto conoscenza della citazione stessa o non sia potuto comparire per caso fortuito o forza maggiore.
Nel caso che l'intimato non sia comparso, la formula esecutiva ha effetto dopo trenta giorni dalla data dell'apposizione.
Se lo sfratto è stato intimato per mancato pagamento del canone, la convalida è subordinata all'attestazione in giudizio del locatore o del suo procuratore che la morosità persiste. In tale caso il giudice può ordinare al locatore di prestare una cauzione.».

664. Pagamento dei canoni. – Nel caso previsto nell'articolo 658, il giudice adito pronuncia separato decreto d'ingiunzione [641] per l'ammontare dei canoni scaduti e da scadere fino all'esecuzione dello sfratto, e per le spese relative all'intimazione.

Il decreto è teso in calce ad una copia dell'atto di intimazione presentata dall'istante, da conservarsi in cancelleria.

Il decreto è immediatamente esecutivo [474$^{2, n. 1}$], ma contro di esso può essere proposta opposizione a norma del capo precedente [645]. L'opposizione non toglie efficacia all'avvenuta risoluzione del contratto [1453 CC.].

665. Opposizione, provvedimenti del giudice. – Se l'intimato comparisce e oppone eccezioni non fondate su prova scritta, il giudice, su istanza del locatore, se non sussistano gravi motivi in contrario, pronuncia ordinanza non impugnabile [134, 177$^{3, n. 2}$] di rilascio, con riserva delle eccezioni del convenuto [667].

L'ordinanza è immediatamente esecutiva [474$^{2, n. 1}$], ma può essere subordinata alla prestazione di una cauzione per i danni e le spese [119, 478 // 86 att.].

666. Contestazione sull'ammontare dei canoni. – Se è intimato lo sfratto per mancato pagamento del canone [658], e il convenuto nega la propria morosità contestando l'ammontare della somma pretesa, il giudice può disporre con ordinanza [134] il pagamento della somma non controversa e concedere all'uopo al convenuto un termine non superiore a venti giorni.

Se il conduttore non ottempera all'ordine di pagamento, il giudice convalida l'intimazione di sfratto e, nel caso previsto nell'articolo 658, pronuncia decreto ingiuntivo per il pagamento dei canoni [641].

667. Mutamento del rito (1). – Pronunciati i provvedimenti previsti dagli articoli 665 e 666, il giudizio prosegue nelle forme del rito speciale, previa ordinanza di mutamento di rito ai sensi dell'articolo 426.

(1) Articolo così sostituito dalla l. 26/11/1990, n. 353.

668. Opposizione dopo la convalida. – Se l'intimazione di licenza o di sfratto è stata convalidata in assenza dell'intimato [663], questi può farvi opposizione [665] provando di non averne avuto tempestiva conoscenza per irregolarità della notificazione o per caso fortuito o forza maggiore (1).

Se sono decorsi dieci giorni dall'esecuzione [605 ss.], l'opposizione non è più ammessa, e la cauzione, prestata a norma dell'articolo 663 secondo [ora terzo] comma, è liberata.

L'opposizione si propone davanti al tribunale (2) nelle forme prescritte per l'opposizione al decreto di ingiunzione [645] in quanto applicabili (3).

L'opposizione non sospende il processo esecutivo [623 ss.], ma il giudice, con ordinanza non impugnabile [177$^{3, n. 2}$], può disporne la sospensione per gravi motivi, imponendo, quando lo ritiene opportuno, una cauzione all'opponente [119 // 86 att.].

(1) La Corte cost. con sent. 18/5/1972, n. 89 ha dichiarato l'illegittimità costituzionale del presente comma limitatamente alla parte in cui non consente la tardiva opposizione all'intimato che, pur avendo avuto conoscenza della citazione, non sia potuto comparire all'udienza per caso fortuito o forza maggiore.

(2) La parola "pretore" è stata sostituita dalla parola "tribunale" dal d.lg. 19/2/1988, n. 51.

(3) Comma così sostituito dalla l. 30/7/1984, n. 399.

669. Giudizio separato per il pagamento di canoni. – Se nel caso previsto nell'articolo 658 il locatore non chiede il pagamento dei canoni, la pronuncia sullo sfratto risolve la locazione, ma lascia impregiudicata ogni questione sui canoni stessi.

Capo III
Dei procedimenti cautelari

Sezione I
Dei procedimenti cautelari in generale (1)

(1) Sezione aggiunta dalla l. 26/11/1990, n. 353.

669 bis. Forma della domanda (1). – La domanda si propone con ricorso [125] depositato nella cancelleria del giudice competente.

(1) Articolo aggiunto dalla l. 26/11/1990, n. 353.

669 ter. Competenza anteriore alla causa (1). – Prima dell'inizio della causa di merito [163] la domanda si propone al giudice competente a conoscere del merito [9, 18 ss.].

Se competente per la causa di merito è il giudice di pace, la domanda si propone al tribunale (2).

Se il giudice italiano non è competente a conoscere la causa di merito, la domanda si propone al giudice, che sarebbe competente per materia o valore [9, 10 ss.], del luogo in cui deve essere eseguito il provvedimento cautelare [669 duodecies].

A seguito della presentazione del ricorso il cancelliere forma il fascicolo d'ufficio [168 // 36, 72, 73 att.] e lo presenta senza ritardo al presidente del Tribunale (3) il quale designa il magistrato cui è affidata la trattazione del procedimento [168 bis].

(1) Articolo aggiunto dalla l. 26/11/1990, n. 353.

(2) La parola "pretore" è stata sostituita dalla parola "tribunale" dal d.lg. 19/2/1988, n. 51.

(3) Le parole: "o al pretore dirigente" sono state soppresse dal d.lg. 19/2/1988, n. 51.

669 quater. Competenza in corso di causa (1). – Quando vi è causa pendente per il merito la domanda deve essere proposta al giudice della stessa.

Se la causa pende davanti al tribunale la domanda si propone all'istruttore [174] oppure, se questi non è ancora designato [168 bis] o il giudizio è sospeso [295 ss.] o interrotto [299 ss.], al presidente, il quale provvede ai sensi dell'ultimo comma dell'articolo 669-ter.

Se la causa pende davanti al giudice di pace, la domanda si propone al tribunale (2).

In pendenza dei termini per proporre l'impugnazione [325, 327], la domanda si propone al giudice che ha pronunziato la sentenza.

Se la causa pende davanti al giudice straniero, e il giudice italiano non è competente a conoscere la causa di merito, si applica il terzo comma dell'articolo 669-ter.

Il terzo comma dell'articolo 669-ter si applica altresì nel caso in cui l'azione civile è stata esercitata [76^{1} CPP.] o trasferita [75^{1} CPP.] nel processo penale, salva l'applicazione del comma secondo dell'articolo 316 del codice di procedura penale [317$^{1-2}$ CPP.].

(1) Articolo aggiunto dalla l. 26/11/1990, n. 353.

(2) La parola "pretore" è stata sostituita dalla parola "tribunale" dal d.lg. 19/2/1988, n. 51.

669 quinquies. Competenza in caso di clausola compromissoria, di compromesso o di pendenza del giudizio arbitrale (1). – Se la controversia è oggetto di clausola compromissoria [808] o è compromessa in arbitri [806, 807, 808 bis] anche non rituali (2) [808 ter] o se è pendente il giudizio arbitrale, la domanda si propone al giudice che sarebbe stato competente a conoscere del merito [818], salvo quanto disposto dall'articolo 818, primo comma (3).

(1) Articolo aggiunto dalla l. 26/11/1990, n. 353.

(2) Parole così modificate dal d.l. n. 35/2005 con decorrenza dal 1/3/2006.

(3) Le parole «, salvo quanto disposto dall'articolo 818, primo comma» sono state aggiunte dall'art. 3, co. 47, d.lg. 10/10/2022, n. 149.

669 sexies. Procedimento (1). – Il giudice, sentite le parti [101], omessa ogni formalità non essenziale al contraddittorio, procede nel modo che ritiene più opportuno agli atti di istruzione indispensabili in relazione ai presupposti e ai fini del provvedimento richiesto, e provvede con ordinanza [134] all'accoglimento [669 octies^{1}] o al rigetto della domanda [669 septies].

Quando la convocazione della controparte potrebbe pregiudicare l'attuazione del provvedimento [669 duodecies], provvede con decreto motivato [135^{4}] assunte ove occorra sommarie informazioni. In tal caso fissa, con lo stesso decreto, l'udienza di comparizione delle parti davanti a sé entro un termine non superiore a quindici giorni assegnando all'istante un termine perentorio [153] non superiore a otto giorni per la notificazione del ricorso e del decreto [137 ss.]. A tale udienza il giudice, con ordinanza, conferma, modifica o revoca i provvedimenti emanati con decreto.

Nel caso in cui la notificazione debba effettuarsi all'estero, i termini di cui al comma precedente sono triplicati.

(1) Articolo aggiunto dalla l. 26/11/1990, n. 353.

669 septies. Provvedimento negativo (1). – L'ordinanza di incompetenza [134, 279^{1}] non preclude la riproposizione della domanda [669 bis]. L'ordinanza di rigetto non preclude la riproposizione dell'istanza per il provvedimento cautelare quando si verifichino mutamenti delle circostanze o vengano dedotte nuove ragioni di fatto o di diritto.

Se l'ordinanza di incompetenza o di rigetto è pronunciata prima dell'inizio della causa di merito, con essa il giudice provvede definitivamente sulle spese del procedimento cautelare [91].

La condanna alle spese è immediatamente esecutiva [474$^{2, n. 1}$].

(1) Articolo aggiornato con le modif. introdotte dalla l. 18/6/2009, n. 69.

669 octies. Provvedimento di accoglimento (1). – L'ordinanza [134] di accoglimento, ove la domanda sia stata proposta prima dell'inizio della causa di merito, deve fissare un termine perentorio [153] non superiore a sessanta giorni per l'inizio del giudizio di merito [163], salva l'applicazione dell'ultimo comma dell'articolo 669-novies.

In mancanza di fissazione del termine da parte del giudice, la causa di merito deve essere iniziata entro il termine perentorio di sessanta giorni.

Il termine decorre dalla pronuncia dell'ordinanza se avvenuta in udienza o altrimenti dalla sua comunicazione [134^{2}, 136 // 45 att.].

Per le controversie individuali relative ai rapporti di lavoro alle dipendenze delle pubbliche amministrazioni [409$^{n. 4-5}$], escluse quelle devolute alla giurisdizione del giudice amministrativo, il termine decorre dal momento in cui la domanda giudiziale è divenuta procedibile o, in caso di mancata presentazione della richiesta di espletamento del tentativo di conciliazione, decorsi trenta giorni.

Nel caso in cui la controversia sia oggetto di compromesso

o di clausola compromissoria, la parte, nei termini di cui ai commi precedenti, deve notificare all'altra un atto nel quale dichiara la propria intenzione di promuovere il procedimento arbitrale, propone la domanda e procede, per quanto le spetta, alla nomina degli arbitri [810].

Le disposizioni di cui al presente articolo e al primo comma dell'articolo 669-novies non si applicano ai provvedimenti di urgenza emessi ai sensi dell'articolo 700 e agli altri provvedimenti cautelari idonei ad anticipare gli effetti della sentenza di merito, previsti dal codice civile o da leggi speciali, nonché ai provvedimenti emessi a seguito di denunzia di nuova opera o di danno temuto ai sensi dell'articolo 688 [1171, 1172 CC.] e ai provvedimenti di sospensione dell'efficacia delle delibere assembleari adottati ai sensi dell'articolo 1137, quarto comma, del codice civile (2), ma ciascuna parte può iniziare il giudizio di merito.

Il giudice, quando emette uno dei provvedimenti di cui al sesto comma prima dell'inizio della causa di merito, provvede sulle spese del procedimento cautelare [91].

L'estinzione del giudizio di merito non determina l'inefficacia dei provvedimenti di cui al sesto comma, né dei provvedimenti cautelari di sospensione dell'efficacia delle deliberazioni assunte da qualsiasi organo di associazioni, fondazioni o società (3), anche quando la relativa domanda è stata proposta in corso di causa [310].

L'autorità del provvedimento cautelare non è invocabile in un diverso processo.

(1) Articolo aggiornato con le modif. introdotte dalla l. 18/6/2009, n. 69.

(2) Le parole "e ai provvedimenti di sospensione dell'efficacia delle delibere assembleari adottati ai sensi dell'articolo 1137, quarto comma, del codice civile" sono state introdotte dall'art. 3, co. 47, d.lg. 10/10/2022, n. 149.

(3) Le parole "né dei provvedimenti cautelari di sospensione dell'efficacia delle deliberazioni assunte da qualsiasi organo di associazioni, fondazioni o società" sono state introdotte dall'art. 3, co. 47, d.lg. 10/10/2022, n. 149.

669 novies. Inefficacia del provvedimento cautelare (1). – Se il procedimento di merito non è iniziato nel termine perentorio [153] di cui all'articolo 669-octies, ovvero se successivamente al suo inizio si estingue [306 ss.], il provvedimento cautelare perde la sua efficacia.

In entrambi i casi, il giudice che ha emesso il provvedimento, su ricorso della parte interessata, convocate le parti con decreto in calce al ricorso, dichiara (2), con ordinanza [134] avente efficacia esecutiva, che il provvedimento è divenuto inefficace e dà le disposizioni necessarie per ripristinare la situazione precedente (3).

Il provvedimento cautelare perde altresì efficacia se non è stata versata la cauzione [119 // 86 att.] di cui all'articolo 669-undecies, ovvero se con sentenza, anche non passata in giudicato [282], è dichiarato inesistente il diritto a cautela del quale era stato concesso. In tal caso i provvedimenti di cui al comma precedente sono pronunciati nella stessa sentenza o, in mancanza, con ordinanza a seguito di ricorso al giudice che ha emesso il provvedimento.

Se la causa di merito è devoluta alla giurisdizione di un giudice straniero o ad arbitrato italiano o estero, il provvedimento cautelare, oltre che nei casi previsti nel primo e nel terzo comma, perde altresì efficacia:

1) se la parte che l'aveva richiesto non presenta domanda di esecutorietà in Italia della sentenza straniera o del lodo arbitrale entro i termini eventualmente previsti a pena di decadenza dalla legge o dalle convenzioni internazionali [156 bis[1] att.];

2) se sono pronunciati sentenza straniera, anche non passata in giudicato, o lodo arbitrale [823, 824 bis] che dichiarino inesistente il diritto per il quale il provvedimento era stato concesso. Per la dichiarazione di inefficacia del provvedimento cautelare e per le disposizioni di ripristino si applica il secondo comma del presente articolo.

(1) Articolo aggiunto dalla l. 26/11/1990, n. 353.

(2) Le parole ", se non c'è contestazione" sono state soppresse dall'art. 3, co. 47, d.lg. 10/10/2022, n. 149.

(3) Le parole "In caso di contestazione l'ufficio giudiziario al quale appartiene il giudice che ha emesso il provvedimento cautelare decide con sentenza provvisoriamente esecutiva, salva la possibilità di emanare in corso di causa i provvedimenti di cui all'articolo 669-decies." sono state soppresse dall'art. 3, co. 47, d.lg. 10/10/2022, n. 149.

669 decies. Revoca e modifica (1). – Salvo che sia stato proposto reclamo ai sensi dell'articolo 669-terdecies, nel corso dell'istruzione il giudice istruttore della causa di merito può, su istanza di parte, modificare o revocare con ordinanza [134] il provvedimento cautelare, anche se emesso anteriormente alla causa, se si verificano mutamenti nelle circostanze [669 septies1] o se si allegano fatti anteriori di cui si è acquisita conoscenza successivamente al provvedimento cautelare. In tale caso, l'istante deve fornire la prova del momento in cui ne è venuto a conoscenza (2).

Quando il giudizio di merito non sia iniziato o sia stato dichiarato estinto [306 ss.], la revoca e la modifica dell'ordinanza di accoglimento, esaurita l'eventuale fase del reclamo proposto ai sensi dell'articolo 669-terdecies, possono essere richieste al giudice che ha provveduto sull'istanza cautelare se si verificano mutamenti nelle circostanze [669 septies[1]] o se si allegano fatti anteriori di cui si è acquisita conoscenza successivamente al provvedimento cautelare. In tale caso l'istante deve fornire la prova del momento in cui ne è venuto a conoscenza (2).

Se la causa di merito è devoluta alla giurisdizione di un giudice straniero o ad arbitrato, ovvero se l'azione civile è stata esercitata [76[1] CPP.] o trasferita [75[1] CPP.] nel processo penale, i provvedimenti previsti dal presente articolo devono essere richiesti al giudice che ha emanato il provvedimento cautelare, salvo quanto disposto dall'articolo 818, primo comma (3).

(1) Articolo aggiunto dalla l. 26/11/1990, n. 353.

(2) Il precedente co. 1 è stato sostituito dagli attuali co. 1 e 2 dal d.l. n. 35/2005 con decorrenza dal 1/3/2006.

(3) Le parole ", salvo quanto disposto dall'articolo 818, primo comma" sono state introdotte dall'art. 3, co. 47, d.lg. 10/10/2022, n. 149.

669 undecies. Cauzione (1). – Con il provvedimento di accoglimento [669 octies[1]] o di conferma [669 sexies[2]] ovvero con il provvedimento di modifica [669 decies[1]] il giudice può imporre all'istante, valutata ogni circostanza, una cauzione [119, 669 novies[3] // 86 att.] per l'eventuale risarcimento dei danni [96[2]].

(1) Articolo aggiunto dalla l. 26/11/1990, n. 353.

669 duodecies. Attuazione (1). – Salvo quanto disposto dagli articoli 677 e seguenti in ordine ai sequestri, l'attuazione delle misure cautelari aventi ad oggetto somme di denaro avviene nelle forme degli articoli 491 e seguenti in quanto compatibili, mentre l'attuazione delle misure cautelari aventi ad oggetto obblighi di consegna, rilascio [605 ss. // 2930 CC.], fare o non fare [612 // 2931, 2933 CC.] avviene sotto il controllo del giudice che ha emanato il provvedimento cautelare il quale ne determina anche le modalità di attuazione e, ove sorgano difficoltà o contestazioni [610, 613], dà con ordinanza [134] i provvedimenti opportuni, sentite le parti. Ogni altra questione va proposta nel giudizio di merito.

(1) Articolo aggiunto dalla l. 26/11/1990, n. 353.

669 terdecies. Reclamo contro i provvedimenti cautelari (1). – Contro l'ordinanza con la quale è stato concesso o negato il provvedimento cautelare è ammesso reclamo nel termine perentorio di quindici giorni dalla pronuncia in udienza ovvero dalla comunicazione [136] o dalla notificazione se anteriore (2) [137].

Il reclamo (3) contro i provvedimenti del giudice singolo del tribunale si propone al collegio, del quale non può far parte il giudice che ha emanato il provvedimento reclamato. Quando il provvedimento cautelare è stato emesso dalla Corte d'appello, il reclamo si propone ad altra sezione della stessa Corte o, in mancanza, alla Corte d'appello più vicina.

Il procedimento è disciplinato dagli articoli 737 e 738.

Le circostanze e i motivi sopravvenuti [669 decies[1]] al momento della proposizione del reclamo debbono essere proposti, nel rispetto del principio del contraddittorio [101], nel relativo procedimento. Il tribunale può sempre assumere informazioni e acquisire nuovi documenti. Non è consentita la rimessione al primo giudice (4).

Il collegio, convocate le parti, pronuncia, non oltre venti giorni dal deposito del ricorso, ordinanza non impugnabile [177[3 n. 2]] con la quale conferma, modifica o revoca il provvedimento cautelare.

Il reclamo non sospende l'esecuzione del provvedimento [669 duodecies]; tuttavia il presidente del tribunale o della Corte investiti del reclamo, quando per motivi sopravvenuti [669 decies[1]] il provvedimento arrechi grave danno, può disporre con ordinanza non impugnabile [177[3, n. 2]] la sospensione dell'esecuzione o subordinarla alla prestazione di congrua cauzione [119 // 86 att.].

(1) Articolo aggiunto dalla l. 26/11/1990, n. 353.

• La Corte cost. con sent. 23/6/1994, n. 253 ha dichiarato l'illegittimità costituzionale del presente articolo nella parte in cui non ammette il reclamo ivi previsto, anche avverso l'ordinanza con cui sia stata rigettata la domanda di provvedimento cautelare.

(2) Comma così sostituito dal d.l. n. 35/2005 con decorrenza dal 1/3/2006.

(3) Le parole: "contro i provvedimenti del pretore si propone al tribunale, quello" sono state soppresse dal d.lg. 19/2/1988, n. 51.

(4) Comma aggiunto dal d.l. n. 35/2005 con decorrenza dal 1/3/2006.

669 quaterdecies. Ambito di applicazione (1). – Le disposizioni della presente sezione si applicano ai provvedimenti previsti nelle sezioni II, III e V di questo capo, nonché, in quanto compatibili, agli altri provvedimenti cautelari previsti dal codice civile [23[3], 146[3], 1109[2], 1137[2], 2287[2], 2378[4], 2769, 2905[2] CC.] e dalle leggi speciali. L'articolo 669-septies si applica altresì ai provvedimenti di istruzione preventiva previsti dalla sezione IV di questo capo.

(1) Articolo aggiunto dalla l. 26/11/1990, n. 353.

Sezione II
Del sequestro (1)

(1) Numerazione così modificata dalla l. 26/11/1990, n. 353.

670. Sequestro giudiziario. – Il giudice può autorizzare il sequestro giudiziario [609[7], 670[2]]:

1) di beni mobili o immobili [812 CC.], aziende [2555 CC.] o altre universalità di beni [816 CC.], quando ne è controversa la proprietà [832 CC.] o il possesso [1140[1] CC.], ed è opportuno provvedere alla loro custodia [65, 676] o alla loro gestione temporanea [685];

2) di libri, registri [2214 CC.], documenti, modelli, campioni e di ogni altra cosa da cui si pretende desumere elementi di prova, quando è controverso il diritto alla esibizione [210 ss.] o alla comunicazione [2711 CC.]; ed è opportuno provvedere alla loro custodia temporanea [65].

671. Sequestro conservativo. – Il giudice, su istanza del creditore che ha fondato timore di perdere la garanzia del proprio credito [2740 CC.], può autorizzare il sequestro conservativo di beni mobili o immobili del debitore o delle somme e cose a lui dovute [2769, 2793, 2902, 2905, 2906 CC.], nei limiti in cui la legge ne permette il pignoramento [514 ss., 545].

672. Sequestro anteriore alla causa*. – *L'istanza di sequestro si propone con ricorso al pretore o al presidente del tribunale competente a conoscere del merito, oppure al pretore o al presidente del tribunale competente per valore del luogo in cui il sequestro deve essere eseguito.*

Se competente per la causa di merito è il conciliatore, l'istanza si propone al pretore.

Se competente a conoscere del merito per ragione di materia non è il giudice civile ordinario, l'istanza di sequestro si propone al pretore o al presidente del tribunale competente per valore del luogo in cui il sequestro deve essere eseguito, salvo le diverse disposizioni della legge.

Il giudice, assunte, quando occorre sommarie informazioni, provvede con decreto motivato se trattasi di sequestro conservativo, ovvero di sequestro giudiziario che abbia per oggetto cose mobili; se trattasi invece di sequestro giudiziario avente per oggetto cose immobili, ovvero aziende o altre universalità di beni, provvede con ordinanza, dopo aver sentite le parti, salvi i casi di eccezionale urgenza o di pericolo nel ritardo nei quali può provvedere con decreto motivato.

* L'articolo è stato abrogato dalla l. 26/11/1990, n. 353.

673. Sequestro in corso di causa*. – *Quando vi è causa pendente per il merito, l'istanza di sequestro deve essere proposta al giudice della stessa.*

Se la causa pende davanti al tribunale o alla corte d'appello, l'istanza è proposta all'istruttore oppure, se questi non è ancora designato o il giudizio è sospeso o interrotto, al presidente del tribunale o della corte.

Il giudice provvede con ordinanza sentite le parti, ma in caso di eccezionale urgenza può provvedere con decreto motivato.

Se la causa pende davanti al conciliatore, l'istanza si propone al pretore, il quale provvede con decreto motivato.

Se la causa pende dinanzi ad un giudice diverso da quello civile ordinario, si applica il terzo comma dell'articolo precedente.

* L'articolo è stato abrogato dalla l. 26/11/1990, n. 353.

674. Cauzione*. – *Il giudice tanto col provvedimento che autorizza il sequestro, quanto nel corso della causa di convalida, può imporre all'istante una cauzione per l'eventuale risarcimento dei danni e per le spese.*

* L'articolo è stato abrogato dalla l. 26/11/1990, n. 353.

675. Termine d'efficacia del provvedimento. – Il provvedimento che autorizza il sequestro [669 octies[1]] perde efficacia, se non è eseguito entro il termine di trenta giorni dalla pronuncia [669 novies].

676. Custodia nel caso di sequestro giudiziario. – Nel disporre il sequestro giudiziario [670], il giudice nomina il custode [65], stabilisce i criteri e i limiti dell'amministrazione delle cose sequestrate e le particolari cautele idonee a render più sicura la custodia e a impedire la divulgazione dei segreti.

Il giudice può nominare custode quello dei contendenti che offre maggiori garanzie e dà cauzione [119 // 86 att.].

Il custode della cosa sequestrata ha gli obblighi e i diritti previsti negli articoli 521, 522 e 560 [334[1-2], 335 CP.].

677. Esecuzione del sequestro giudiziario. – Il sequestro giudiziario si esegue [669 duodecies] a norma degli articoli 605 e seguenti, in quanto applicabili, omessa la notificazione del precetto per consegna o rilascio [605] nonché la comunicazione di cui all'articolo 608, primo comma.

L'articolo 608, primo comma, è applicabile se il custode sia persona diversa dal detentore.

Il giudice, col provvedimento di autorizzazione del sequestro o successivamente, può ordinare al terzo detentore del bene sequestrato di esibirlo o di consentire l'immediata immissione in possesso del custode [513[4]].

Al terzo si applica la disposizione dell'articolo 211.

678. Esecuzione del sequestro conservativo sui mobili. – Il sequestro conservativo sui mobili e sui crediti si esegue secondo le norme stabilite per il pignoramento presso il debitore [513 ss.] o presso terzi [543 ss.]. In questo ultimo caso il sequestrante deve, con l'atto di sequestro, citare il terzo a comparire davanti al tribunale (1) del luogo di residenza del terzo stesso per rendere la dichiarazione di cui all'articolo 547 [543[2, n. 4]]. Il giudizio sulle controversie relative all'accertamento dell'obbligo del terzo [549] è sospeso [295] fino all'esito di quello sul merito, a meno che il terzo non chieda l'immediato accertamento dei propri obblighi (2).

Se il credito è munito di privilegio [2751 ss., 2769 CC.] sugli oggetti da sequestrare, il giudice può provvedere nei confronti del terzo detentore, a norma del secondo comma dell'articolo precedente.

Si applica l'articolo 610 se nel corso della esecuzione del sequestro sorgono difficoltà che non ammettono dilazione.

(1) La parola "pretore" è stata sostituita dalla parola "tribunale" dal d.lg. 19/2/1998, n. 51.

(2) Comma così sostituito dalla l. 26/11/1990, n. 353.

679. Esecuzione del sequestro conservativo sugli immobili. – Il sequestro conservativo sugli immobili [2643 ss. CC.] si esegue con la trascrizione del provvedimento presso l'ufficio del conservatore dei registri immobiliari del luogo in cui i beni sono situati [2663, 2693, 2906 CC.].

Per la custodia dell'immobile si applica la disposizione dell'articolo 559.

680. Convalida del sequestro autorizzato anteriormente alla causa*. – *Se il sequestro è stato autorizzato a norma dell'articolo 672, il sequestrante, nel termine di quindici giorni da quello in cui è stato compiuto il primo atto di esecuzione, deve notificare il decreto al sequestrato, indicando le cose sulle quali il sequestro è stato eseguito e dando notizia dell'adempimento delle attività previste negli articoli 677, 678 e 679.*

Il sequestrante deve contemporaneamente citare il sequestrato per la convalida del sequestro e per la causa di merito, davanti al giudice competente per quest'ultima.

Dei successivi atti di esecuzione deve essere data notizia nei quindici giorni dal loro compimento.

Se a decidere sul merito non sono competenti i giudici della Repubblica, l'istanza di convalida si propone davanti al giudice che ha autorizzato il sequestro. Questi stabilisce un termine, decorso il quale il sequestro cesserà di avere effetto se la sentenza straniera che ha deciso il merito non è stata resa efficace nella Repubblica.

Il giudice che ha concesso un sequestro relativamente ad una controversia di competenza di un giudice diverso da quello civile ordinario, pronuncia anche sulla convalida di esso, senza pregiudizio della causa di merito. Lo stesso giudice, quando è intervenuta la pronuncia di merito, provvede alla eventuale revoca del sequestro.

* L'articolo è stato abrogato dalla l. 26/11/1990, n. 353.

681. Convalida del sequestro autorizzato in corso di causa*. – *Quando il giudice autorizza il sequestro con ordinanza, fissa l'udienza per la trattazione delle questioni relative alla convalida del sequestro, le quali sono decise insieme col merito.*

Quando il sequestro è stato concesso con decreto in corso di causa, il sequestrante, entro cinque giorni da quello in cui è stato compiuto il primo atto di esecuzione, deve domandare al giudice la fissazione dell'udienza per la trattazione di cui al comma precedente; il giudice fissa tale udienza con decreto nel quale stabilisce il termine perentorio per la notificazione del decreto stesso e di quello di autorizzazione.

Se il sequestro è stato concesso, a norma dell'articolo 673 ultimo comma, in pendenza della causa di merito dinanzi ad un giudice diverso da quello civile ordinario, si applica l'ultimo comma dell'articolo precedente.

* L' articolo è stato abrogato dalla l. 26/11/1990, n. 353.

682. Decisione separata sulla convalida*. – *Nei casi previsti negli articoli 680 e 681 secondo comma, il giudice istruttore, se la trattazione del merito richiede una lunga istruzione, può disporre che le questioni relative alla convalida siano decise prima del merito.*

* L'articolo è stato abrogato dalla l. 26/11/1990, n. 353.

683. Inefficacia del sequestro*. – *Il sequestro perde la sua efficacia se il sequestrante non osserva le disposizioni degli articoli 680 e 681, se l'istanza di convalida è rigettata con sentenza passata in giudicato, o se il giudizio sul merito si estingue per qualunque causa.*

Il sequestro perde inoltre la sua efficacia se con sentenza passata in giudicato è dichiarato inesistente il diritto a cautela del quale era stato concesso.

In questi casi il giudice, su ricorso del sequestrato, dichiara con decreto l'inefficacia del sequestro e, quando occorre, ordina la cancellazione della trascrizione.

* L'articolo è stato abrogato dalla l. 26/11/1990, n. 353.

684. Revoca del sequestro. – Il debitore può ottenere dal giudice istruttore, con ordinanza non impugnabile [177[3, n. 2]], la revoca [669 decies[1]] del sequestro conservativo [671], prestando idonea cauzione [119 // 86 att.] per l'ammontare del credito che ha dato causa al sequestro e per le spese, in ragione del valore delle cose sequestrate.

685. Vendita delle cose deteriorabili. – In caso di pericolo di deteriorazione delle cose che formano oggetto del sequestro, il giudice, con lo stesso provvedimento di concessione [669 octies] o con altro successivo, può ordinarne la vendita nei modi stabiliti per le cose pignorate [529 ss.].

Il prezzo ricavato dalla vendita rimane sequestrato in luogo delle cose vendute.

686. Conversione del sequestro conservativo in pignoramento. – Il sequestro conservativo si converte in pignoramento [492 ss.] al momento in cui il creditore sequestrante ottiene sentenza di condanna esecutiva [282, 337[1], 431[1, 5], 447[1] // 156 att.].

Se i beni sequestrati sono stati oggetto di esecuzione da parte di altri creditori, il sequestrante partecipa con essi alla distribuzione della somma ricavata [499, 510 ss.].

687. Casi speciali di sequestro. – Il giudice può ordinare il sequestro [670] delle somme o delle cose che il debitore ha offerto o messo comunque a disposizione del creditore per la sua liberazione [1208^2, 1209 CC.], quando è controverso l'obbligo o il modo del pagamento o della consegna, o l'idoneità della cosa offerta [1206, 1216 CC.].

Sezione III

Dei procedimenti di denuncia di nuova opera e di danno temuto (1)

(1) Numerazione così modificata dalla l. 26/11/1990, n. 353.

688. Forma dell'istanza. – La denuncia di nuova opera [1171 CC.] o di danno tenuto [1172 CC.] si propone con ricorso [125] al giudice (1) competente a norma dell'articolo 21 [28, 311, 669 quater].

Quando vi è causa pendente per il merito, la denuncia si propone a norma dell'articolo 669-quater (2).

(1) La parola "pretore" è stata sostituita dalla parola "giudice" dal d.lg. 19/2/1998, n. 51.

(2) Comma così sostituito dalla l. 26/11/1990, n. 353.

689. Provvedimenti immediati*. – *Il giudice può dare immediatamente con decreto i provvedimenti necessari, assunte quando occorre sommarie informazioni; ma può disporre che siano citate le parti interessate, anche a ora fissa.*

Deve sempre ordinare la citazione delle parti interessate quando crede necessario procedere a ispezioni di luoghi o ad audizione di testimoni.

Può sentire i testimoni che gli sono presentati dalle parti e può richiederli personalmente quando li trova sul luogo.

Può farsi assistere da un consulente tecnico o demandargli singole indagini.

Quando ordina la citazione delle parti, pronuncia con ordinanza i provvedimenti necessari e, se è competente, procede alla trattazione della causa; altrimenti rimette le parti al giudice competente, fissando un termine perentorio per la riassunzione.

* L'articolo è stato abrogato dalla l. 26/11/1990, n. 353.

690. Pronuncia sui provvedimenti immediati*. – *Se non ha disposto la citazione delle parti interessate, il giudice, col decreto di cui al primo comma dell'articolo precedente, fissa l'udienza di comparizione delle parti davanti a sé e stabilisce il termine perentorio per la notificazione del ricorso e del decreto.*

All'udienza, il giudice con ordinanza conferma, modifica o revoca i provvedimenti immediati e provvede in ordine alla trattazione della causa a norma dell'ultimo comma dell'articolo precedente.

* L'articolo è stato abrogato dalla l. 26/11/1990, n. 353.

691. Contravvenzione al divieto del giudice. – Se la parte alla quale è fatto divieto di compiere l'atto dannoso o di mutare lo stato di fatto [1171, 1172 CC.] contravviene all'ordine [388 CP.], il giudice, su ricorso della parte interessata, può disporre con ordinanza [134] che le cose siano rimesse al pristino stato a spese del contravventore [612].

Sezione IV

Dei procedimenti di istruzione preventiva (1)

(1) Numerazione così modificata dalla l. 26/11/1990, n. 353.

692. Assunzione di testimoni. – Chi ha fondato motivo di temere che siano per mancare uno o più testimoni [244 ss.] le cui deposizioni possono essere necessarie in una causa da proporre [699^1], può chiedere che ne sia ordinata l'audizione a futura memoria [698].

693. Istanza. – L'istanza si propone con ricorso [125] al giudice che sarebbe competente per la causa di merito [7, 9, 18 ss., 28].

In caso d'eccezionale urgenza, l'istanza può anche proporsi al tribunale (1) del luogo in cui la prova deve essere assunta.

Il ricorso deve contenere l'indicazione dei motivi dell'urgenza e dei fatti sui quali debbono essere interrogati i testimoni [244], e l'esposizione sommaria delle domande o eccezioni alle quali la prova è preordinata.

(1) La parola "pretore" è stata sostituita dalla parola "tribunale" dal d.lg. 19/2/1998, n. 51.

694. Ordine di comparizione. – Il presidente del tribunale (1) o il giudice di pace fissa, con decreto [135], l'udienza di comparizione e stabilisce il termine perentorio [153] per la notificazione [137 ss.] del decreto.

(1) Le parole: "il pretore" sono state soppresse dal d.lg. 19/2/1998, n. 51.

695. Ammissione del mezzo di prova. – Il presidente del tribunale (1) o il giudice di pace, assunte, quando occorre, sommarie informazioni [669 sexies^2], provvede con ordinanza non impugnabile [134, 177$^{3,\ n.\ 2}$] e, se ammette l'esame testimoniale, fissa l'udienza per l'assunzione e designa il giudice che deve procedervi [697, 698].

(1) Le parole: "il pretore" sono state soppresse dal d.lg. 19/2/1998, n. 51.

696. Accertamento tecnico e ispezione giudiziale. – Chi ha urgenza di far verificare, prima del giudizio, lo stato di luoghi o la qualità o la condizione di cose può chiedere, a norma degli articoli 692 e seguenti, che sia disposto un accertamento tecnico [61, 191 ss.] o un'ispezione giudiziale (1) [118, 258 ss. // 1513, 1697^3 CC.]. L'accertamento tecnico e l'ispezione giudiziale, se ne ricorre l'urgenza, possono essere disposti anche sulla persona dell'istante e, se questa vi consente, sulla persona nei cui confronti l'istanza è proposta (2).

L'accertamento tecnico di cui al primo comma può comprendere anche valutazioni in ordine alle cause e ai danni [2043 ss. CC.] relativi all'oggetto della verifica (3).

Il presidente del tribunale (4) o il giudice di pace provvede nelle forme stabilite negli articoli 694 e 695, in quanto applicabili, nomina il consulente tecnico e fissa la data dell'inizio delle operazioni [258 ss.].

(1) La Corte cost. con sent. 22/10/1990, n. 471 ha dichiarato l'illegittimità costituzionale del presente comma nella parte in cui non consente di disporre accertamento tecnico o ispezione giudiziale sulla persona dell'istante.

• La Corte cost. con sent. 19/7/1996, n. 257 ha dichiarato l'illegittimità costituzionale del presente comma nella parte in cui non prevede che il giudice possa disporre accertamento tecnico o ispezione giudiziale anche sulla persona nei cui confronti l'istanza è proposta, dopo averne acquisito il consenso.

(2) Periodo aggiunto dal d.l. n. 35/2005 con decorrenza dal 1/3/2006.

(3) Comma aggiunto dal d.l. n. 35/2005 con decorrenza dal 1/3/2006.

(4) Le parole: "il pretore" sono state soppresse dal d.lg. 19/2/1998, n. 51.

696 bis. Consulenza tecnica preventiva ai fini della composizione della lite (1). – L'espletamento di una consulenza tecnica [61, 191 ss.], in via preventiva, può essere richiesto anche al di fuori delle condizioni di cui al primo comma dell'articolo 696, ai fini dell'accertamento e della relativa determinazione dei crediti derivanti dalla mancata inesatta esecuzione di obbligazioni contrattuali o da fatto illecito [1173 CC.]. Il giudice procede a norma del terzo comma del medesimo articolo 696. Il consulente, prima di provvedere al deposito della relazione, tenta, ove possibile, la conciliazione delle parti [185].

Se le parti si sono conciliate, si forma processo verbale [126] della conciliazione.

Il giudice attribuisce con decreto efficacia di titolo esecutivo [474[2, n. 1]] al processo verbale, ai fini dell'espropriazione [491 ss.] e dell'esecuzione in forma specifica [612] e per l'iscrizione di ipoteca giudiziale [2818 CC.].

Il processo verbale è esente dall'imposta di registro.

Se la conciliazione non riesce, ciascuna parte può chiedere che la relazione depositata dal consulente sia acquisita agli atti del successivo giudizio di merito.

Si applicano gli articoli da 191 a 197, in quanto compatibili.

(1) Articolo aggiunto dal d.l. n. 35/2005 con decorrenza dal 1/3/2006.

697. Provvedimenti in caso di eccezionale urgenza. – In caso di eccezionale urgenza, il presidente del tribunale (1) o il giudice di pace può pronunciare i provvedimenti indicati negli articoli 694 e 695 con decreto [135], dispensando il ricorrente dalla notificazione alle altre parti; in tal caso può nominare un procuratore, che intervenga per le parti non presenti all'assunzione della prova.

Non oltre il giorno successivo, a cura del cancelliere, deve essere fatta notificazione [137 ss.] immediata del decreto alle parti non presenti all'assunzione.

(1) Le parole: "il pretore" sono state soppresse dal d.lg. 19/2/1998, n. 51.

698. Assunzione ed efficacia delle prove preventive. – Nell'assunzione preventiva dei mezzi di prova si applicano, in quanto possibile, gli articoli 191 e seguenti.

L'assunzione preventiva dei mezzi di prova non pregiudica le questioni relative alla loro ammissibilità e rilevanza [187], né impedisce la loro rinnovazione nel giudizio di merito.

I processi verbali [126, 130] delle prove non possono essere prodotti, né richiamati, né riprodotti in copia [744] nel giudizio di merito, prima che i mezzi di prova siano stati dichiarati ammissibili nel giudizio stesso.

699. Istruzione preventiva in corso di causa. – L'istanza di istruzione preventiva [693] può anche essere proposta in corso di causa e durante l'interruzione [299 ss.] o la sospensione [295 ss.] del giudizio.

Il giudice provvede con ordinanza [134, 177].

Sezione V
Dei provvedimenti d'urgenza (1)

(1) Numerazione così modificata dalla l. 26/11/1990, n. 353.

700. Condizioni per la concessione. – Fuori dei casi regolati nelle precedenti sezioni di questo capo, chi ha fondato motivo di temere che durante il tempo occorrente per far valere il suo diritto in via ordinaria, questo sia minacciato da un pregiudizio imminente e irreparabile, può chiedere con ricorso [125] al giudice [669 ter, 669 quater, 669 quinquies] i provvedimenti d'urgenza, che appaiono, secondo le circostanze, più idonei ad assicurare provvisoriamente gli effetti della decisione sul merito [915 CC.].

701. Competenze*. – *È competente a pronunciare sulla domanda il pretore del luogo in cui l'istante teme che stia per verificarsi il fatto dannoso, oppure il giudice istruttore quando vi è causa pendente per il merito.*

* L'articolo è stato abrogato dalla l. 26/11/1990, n. 353.

702. Procedimento*. – *Nel caso che il provvedimento sia chiesto al pretore, si procede a norma degli articoli 689 e seguenti, in quanto applicabili.*

Nel pronunciare il provvedimento il pretore deve in ogni caso fissare un termine perentorio entro il quale l'istante è tenuto a iniziare il giudizio di merito di cui all'articolo 700.

* L'articolo è stato abrogato dalla l. 26/11/1990, n. 353.

Capo III bis
*Del procedimento sommario di cognizione**

* Capo abrogato dall'art. 3, co. 48, d.lg. 10/10/2022, n. 49.

702 bis. Forma della domanda. Costituzione delle parti (1). *– Nelle cause in cui il tribunale giudica in composizione monocratica [50 ter], la domanda può essere proposta con ricorso [125] al tribunale competente [18 ss.]. Il ricorso, sottoscritto a norma dell'articolo 125, deve contenere le indicazioni di cui ai numeri 1), 2), 3), 4), 5) e 6) e l'avvertimento di cui al numero 7) del terzo comma dell'articolo 163.*

A seguito della presentazione del ricorso il cancelliere forma il fascicolo d'ufficio e lo presenta senza ritardo al presidente del tribunale [168], il quale designa il magistrato cui è affidata la trattazione del procedimento.

Il giudice designato fissa con decreto l'udienza di comparizione delle parti, assegnando il termine per la costituzione del convenuto, che deve avvenire non oltre dieci giorni prima dell'udienza; il ricorso, unitamente al decreto di fissazione dell'udienza, deve essere notificato al convenuto almeno trenta giorni prima della data fissata per la sua costituzione.

Il convenuto deve costituirsi mediante deposito in cancelleria della comparsa di risposta [167], nella quale deve proporre le sue difese e prendere posizione sui fatti posti dal ricorrente a fondamento della domanda [115[1]], indicare i mezzi di prova di cui intende avvalersi e i documenti che offre in comunicazione, nonché formulare le conclusioni. A pena di decadenza deve proporre le eventuali domande riconvenzionali e le eccezioni processuali e di merito che non sono rilevabili d'ufficio.

Se il convenuto intende chiamare un terzo in garanzia [32, 106] deve, a pena di decadenza, farne dichiarazione nella comparsa di costituzione e chiedere al giudice designato lo spostamento dell'udienza [269]. Il giudice, con decreto [135] comunicato dal cancelliere alle parti costituite, provvede a fissare la data della nuova udienza assegnando un termine perentorio per la citazione del terzo. La costituzione del terzo in giudizio avviene a norma del quarto comma.

(1) Articolo aggiunto dalla l. 18/6/2009, n. 69.

702 ter. Procedimento (1). *– Il giudice [50 ter], se ritiene di essere incompetente [18 ss.], lo dichiara con ordinanza [279[1]].*

Se rileva che la domanda non rientra tra quelle indicate nell'articolo 702-bis, il giudice, con ordinanza non impugnabile [177[3, n. 2]], la dichiara inammissibile. Nello stesso modo provvede sulla domanda riconvenzionale.

Se ritiene che le difese svolte dalle parti richiedono un'istruzione non sommaria, il giudice, con ordinanza non impugnabile, fissa l'udienza di cui all'articolo 183. In tal caso si applicano le disposizioni del libro II.

Quando la causa relativa alla domanda riconvenzionale richiede un'istruzione non sommaria, il giudice ne dispone la separazione [103[2]].

Se non provvede ai sensi dei commi precedenti, alla prima udienza il giudice, sentite le parti, omessa ogni formalità non essenziale al contraddittorio, procede nel modo che ritiene più opportuno agli atti di istruzione rilevanti in relazione all'oggetto del provvedimento richiesto [669 sexies¹] e provvede con ordinanza all'accoglimento o al rigetto delle domande.

L'ordinanza è provvisoriamente esecutiva [474², n. 1] e costituisce titolo per l'iscrizione di ipoteca giudiziale [2818 CC.] e per la trascrizione [2643 ss. CC.].

Il giudice provvede in ogni caso sulle spese del procedimento ai sensi degli articoli 91 e seguenti.

(1) Articolo aggiunto dalla l. 18/6/2009, n. 69.

702 quater. Appello (1). – *L'ordinanza emessa ai sensi del sesto comma dell'articolo 702-ter produce gli effetti di cui all'articolo 2909 del codice civile se non è appellata [342] entro trenta giorni dalla sua comunicazione [136] o notificazione [137 ss.]. Sono ammessi nuovi mezzi di prova e nuovi documenti quando il collegio li ritiene indispensabili (2) ai fini della decisione, ovvero la parte dimostra di non aver potuto proporli nel corso del procedimento sommario per causa ad essa non imputabile [153², 345³]. Il presidente del collegio può delegare l'assunzione dei mezzi istruttori ad uno dei componenti del collegio.*

(1) Articolo aggiunto dalla l. 18/6/2009, n. 69.

(2) La parola: "rilevanti" è stata sostituita dalla parola: "indispensabili" dall'art. 54 del d.l. 22/6/2012, n. 83, conv. con l. 7/8/2012, n. 134. Ai sensi dell'art. 54 cit., co. 2, le disposizioni del presente articolo si applicano ai giudizi di appello introdotti con ricorso depositato o con citazione di cui sia stata richiesta la notificazione dal trentesimo giorno successivo a quello di entrata in vigore della legge di conversione del presente decreto.

Capo IV
Dei procedimenti possessori

703. Domanda di reintegrazione e di manutenzione nel possesso. – Le domande di reintegrazione [1168 CC.] e di manutenzione [1170 CC.] nel possesso [1140 CC.] si propongono con ricorso [125] al giudice (1) competente a norma dell'articolo 21 [28, 374 n. 5 CC.].

Il giudice provvede ai sensi degli articoli 669-bis e seguenti, in quanto compatibili (2).

L'ordinanza che accoglie o respinge la domanda è reclamabile ai sensi dell'articolo 669-terdecies (3).

Se richiesto da una delle parti, entro il termine perentorio di sessanta giorni decorrente dalla comunicazione del provvedimento che ha deciso sul reclamo ovvero, in difetto, del provvedimento di cui al terzo comma, il giudice fissa dinanzi a sé l'udienza per la prosecuzione del giudizio di merito. Si applica l'articolo 669-novies, terzo comma (3).

(1) La parola "pretore" è stata sostituita dalla parola "giudice" dal d.lg. 19/2/1998, n. 51.

(2) Comma così sostituito dal d.l. n. 35/2005 con decorrenza dal 1/3/2006.

(3) Comma aggiunto dal d.l. n. 35/2005 con decorrenza dal 1/3/2006.

704. Domande di provvedimento possessorio nel corso di giudizio petitorio. – Ogni domanda relativa al possesso [1140 CC.], per fatti che avvengono durante la pendenza del giudizio petitorio, deve essere proposta davanti al giudice di quest'ultimo.

La reintegrazione [1168 CC.] nel possesso può essere tuttavia domandata al giudice competente a norma dell'articolo 703, il quale dà i provvedimenti temporanei indispensabili; ciascuna delle parti può proseguire il giudizio dinanzi al giudice del petitorio, ai sensi dell'articolo 703 (1).

(1) Comma così sostituito dal d.l. n. 35/2005 con decorrenza dal 1/3/2006.

705. Divieto di proporre giudizio petitorio. – Il convenuto nel giudizio possessorio non può proporre giudizio petitorio, finché il primo giudizio non sia definito e la decisione non sia stata eseguita (1).

Il convenuto può tuttavia proporre il giudizio petitorio quando dimostra che l'esecuzione del provvedimento possessorio non può compiersi per fatto dell'attore.

(1) La Corte cost. con sent. 3/2/1992, n. 25 ha dichiarato l'illegittimità costituzionale del presente comma nella parte in cui subordina la proposizione del giudizio petitorio alla definizione della controversia possessoria e all'esecuzione della decisione nel caso che ne derivi o possa derivarne un pregiudizio irreparabile al convenuto.

TITOLO II
DEI PROCEDIMENTI IN CAMERA DI CONSIGLIO (1)

(1) Rubrica del titolo così modificata dall'art. 3, co. 49, d.lg. 10/10/2022, n. 149. La precedente era: "Dei procedimenti in materia di famiglia e di stato delle persone".

Capo I
*Della separazione personale dei coniugi**

* Capo abrogato dall'art. 3, co. 49, d.lg. 10/10/2022, n. 149.

706. Forma della domanda (1). – *La domanda di separazione personale [150 CC.] si propone al tribunale [9] del luogo dell'ultima residenza [43 CC.] comune dei coniugi ovvero, in mancanza, del luogo in cui il coniuge convenuto ha residenza o domicilio [18], con ricorso che deve contenere l'esposizione dei fatti sui quali la domanda è fondata.*

Qualora il coniuge convenuto sia residente all'estero, o risulti irreperibile, la domanda si propone al tribunale del luogo di residenza o di domicilio del ricorrente, e, se anche questi è residente all'estero, a qualunque tribunale della Repubblica.

Il presidente, nei cinque giorni successivi al deposito in cancelleria, fissa con decreto la data dell'udienza di comparizione dei coniugi davanti a sé [707], che deve essere tenuta entro novanta giorni dal deposito del ricorso, il termine per la notificazione del ricorso e del decreto, ed il termine entro cui il coniuge convenuto può depositare memoria difensiva e documenti. Al ricorso e alla memoria difensiva sono allegate le ultime dichiarazioni dei redditi presentate.

Nel ricorso deve essere indicata l'esistenza di figli di entrambi i coniugi (2).

(1) Articolo così sostituito dal d.l. n. 35/2005, con decorrenza dal 1/3/2006.
Il testo precedente recitava: «706. Forma della domanda. – La domanda di separazione personale si propone al tribunale del luogo in cui il coniuge convenuto ha residenza o domicilio, con ricorso contenente l'esposizione dei fatti sui quali la domanda è fondata.
Il presidente fissa con decreto il giorno della comparizione dei coniugi davanti a sé e il termine per la notificazione del ricorso e del decreto».

(2) Comma così sostituito dall'art. 95, co. 1, lett. a), d.lg. 28/12/2013, n. 154, a decorrere dal 7/2/2014.

707. Comparizione personale delle parti (1). – *I coniugi debbono comparire personalmente davanti al presidente con l'assistenza del difensore [82²].*

CODICE PROCEDURA CIVILE

Se il ricorrente non si presenta [181[2]] o rinuncia [306[1]], la domanda non ha effetto.

Se non si presenta il coniuge convenuto, il presidente può fissare un nuovo giorno per la comparizione, ordinando che la notificazione del ricorso e del decreto gli sia rinnovata [291[1]].

(1) Articolo così sostituito dal d.l. n. 35/2005 con decorrenza dal 1/3/2006.
Il testo precedente recitava: «707. Comparizione personale delle parti. – I coniugi debbono comparire personalmente davanti al presidente senza assistenza di difensore.
Se il ricorrente non si presenta, la domanda non ha effetto. Se non si presenta il coniuge convenuto, il presidente può fissare un nuovo giorno per la comparizione, ordinando che la notificazione del ricorso e del decreto gli sia rinnovata».

708. Tentativo di conciliazione e provvedimenti del presidente (1). – *All'udienza di comparizione il presidente deve sentire i coniugi prima separatamente e poi congiuntamente, tentandone la conciliazione [185].*

Se i coniugi si conciliano [154 CC.], il presidente fa redigere il processo verbale della conciliazione [126].

Se la conciliazione non riesce, il presidente, anche d'ufficio, sentiti i coniugi ed i rispettivi difensori, dà con ordinanza [134] i provvedimenti temporanei e urgenti che reputa opportuni nell'interesse della prole [155 CC.] e dei coniugi, nomina il giudice istruttore [168 bis] e fissa udienza di comparizione e trattazione [183] davanti a questi. Nello stesso modo il presidente provvede, se il coniuge convenuto non compare, sentiti il ricorrente ed il suo difensore.

Contro i provvedimenti di cui al terzo comma si può proporre reclamo con ricorso alla corte d'appello che si pronuncia in camera di consiglio [177[3, n. 3]]. Il reclamo deve essere proposto nel termine perentorio di dieci giorni dalla notificazione del provvedimento (2).

(1) Articolo così sostituito dal d.l. n. 35/2005 con decorrenza dal 1/3/2006.
Il testo precedente recitava: «708. Tentativo di conciliazione, provvedimenti del presidente. – Il presidente deve sentire i coniugi prima separatamente e poi congiuntamente, procurando di conciliarli.
Se i coniugi si conciliano, il presidente fa redigere processo verbale della conciliazione.
Se il coniuge convenuto non comparisce o la conciliazione non riesce, il presidente, anche d'ufficio, dà con ordinanza i provvedimenti temporanei e urgenti che reputa opportuni nell'interesse dei coniugi e della prole, nomina il giudice istruttore e fissa l'udienza di comparizione delle parti davanti a questo.
Se si verificano mutamenti nelle circostanze, l'ordinanza del presidente può essere revocata o modificata dal giudice istruttore a norma dell'art. 177».
(2) Comma aggiunto dalla l. n. 54/2006.

709. Notificazione dell'ordinanza e fissazione dell'udienza (1). – *L'ordinanza con la quale il presidente fissa l'udienza di comparizione davanti al giudice istruttore [708] è notificata [137 ss.] a cura dell'attore al convenuto non comparso, nel termine perentorio [153] stabilito nell'ordinanza stessa, ed è comunicata al pubblico ministero [70[1, n. 2], 72, 158].*

Tra la data dell'ordinanza, ovvero tra la data entro cui la stessa deve essere notificata al convenuto non comparso, e quella dell'udienza di comparizione e trattazione devono intercorrere i termini di cui all'articolo 163-bis ridotti a metà.

Con l'ordinanza il presidente assegna altresì termine al ricorrente per il deposito in cancelleria di memoria integrativa, che deve avere il contenuto di cui all'articolo 163, terzo comma, numeri 2), 3), 4), 5) e 6), e termine al convenuto per la costituzione in giudizio ai sensi degli articoli 166 e 167, primo e secondo comma, nonché per la proposizione delle eccezioni processuali e di merito che non siano rilevabili d'ufficio. L'ordinanza deve contenere l'avvertimento al convenuto che la costituzione oltre il suddetto termine implica le decadenze di cui all'articolo 167 e che oltre il termine stesso non potranno più essere proposte le eccezioni processuali e di merito non rilevabili d'ufficio.

I provvedimenti temporanei ed urgenti assunti dal presidente con l'ordinanza di cui al terzo comma dell'articolo 708 possono essere revocati o modificati dal giudice istruttore.

(1) Articolo così sostituito dal d.l. n. 35/2005 con decorrenza dal 1/3/2006.
Il testo precedente recitava: «709. Notificazione della fissazione dell'udienza. – L'ordinanza con la quale il presidente fissa l'udienza di comparizione davanti al giudice istruttore è notificata a cura dell'attore al convenuto non comparso, nel termine perentorio stabilito nell'ordinanza stessa, ed è comunicata al pubblico ministero».

709 bis. Udienza di comparizione e trattazione davanti al giudice istruttore (1). – *All'udienza davanti al giudice istruttore si applicano le disposizioni di cui agli articoli 180 e 183, commi primo, secondo, e dal quarto al decimo. Si applica altresì l'articolo 184. Nel caso in cui il processo debba continuare per la richiesta di addebito, per l'affidamento dei figli o per le questioni economiche, il tribunale emette sentenza non definitiva [279[2, n. 4]] relativa alla separazione. Avverso tale sentenza è ammesso soltanto appello immediato [340, 361] che è deciso in camera di consiglio.*

(1) Articolo così sostituito dal d.l. n. 35/2005 e dalla l. n. 263/2005 con decorrenza dal 1/3/2006.

709 ter. Soluzione delle controversie e provvedimenti in caso di inadempienze o violazioni (1). – *Per la soluzione delle controversie insorte tra i genitori in ordine all'esercizio della responsabilità genitoriale [147, 148 CC.] o delle modalità dell'affidamento [155, 155 bis CC.] è competente il giudice del procedimento in corso. Per i procedimenti di cui all'articolo 710 è competente il tribunale del luogo di residenza del minore* (2).

A seguito del ricorso [125], il giudice convoca le parti e adotta i provvedimenti opportuni. In caso di gravi inadempienze o di atti che comunque arrechino pregiudizio al minore od ostacolino il corretto svolgimento delle modalità dell'affidamento, può modificare i provvedimenti in vigore e può, anche congiuntamente:

1) ammonire il genitore inadempiente;

2) disporre il risarcimento dei danni [2043 CC.], a carico di uno dei genitori, nei confronti del minore;

3) disporre il risarcimento dei danni, a carico di uno dei genitori, nei confronti dell'altro;

4) condannare il genitore inadempiente al pagamento di una sanzione amministrativa pecuniaria, da un minimo di 75 euro a un massimo di 5.000 euro a favore della Cassa delle ammende.

I provvedimenti assunti dal giudice del procedimento sono impugnabili nei modi ordinari.

(1) Articolo aggiunto dalla l. n. 54/2006.
(2) Comma così modificato dall'art. 95, co. 1, lett. b), d.lg. 28/12/2013, n. 154, a decorrere dal 7/2/2014.

710. Modificabilità dei provvedimenti relativi alla separazione dei coniugi (1). – *Le parti possono sempre chiedere, con le forme del procedimento in camera di consiglio [737 ss.], la modificazione dei provvedimenti riguardanti i coniugi e la prole conseguenti la separazione.*

Il tribunale, sentite le parti [101], provvede alla eventuale ammissione di mezzi istruttori e può delegare per l'assunzione uno dei suoi componenti.

Ove il procedimento non possa essere immediatamente de-

finito, il tribunale può adottare provvedimenti provvisori e può ulteriormente modificarne il contenuto nel corso del procedimento.

(1) Articolo così da ultimo sostituito dalla l. 29/7/1988, n. 331.

• La Corte cost. con sent. 9/11/1992, n. 416 ha dichiarato l'illegittimità costituzionale del presente articolo nella parte in cui non prevede la partecipazione del pubblico ministero per la modifica dei provvedimenti riguardanti la prole.

711. Separazione consensuale. *– Nel caso di separazione consensuale previsto nell'articolo 158 del codice civile, il presidente, su ricorso di entrambi i coniugi, deve sentirli [707] nel giorno da lui stabilito e curare di conciliarli nel modo indicato nell'articolo 708.*

Se il ricorso è presentato da uno solo dei coniugi, si applica l'articolo 706 ultimo comma.

Se la conciliazione non riesce, si dà atto nel processo verbale [126] del consenso dei coniugi alla separazione e delle condizioni riguardanti i coniugi stessi e la prole.

La separazione consensuale acquista efficacia con la omologazione [135] del tribunale, il quale provvede in camera di consiglio [737] su relazione del presidente.

Le condizioni della separazione consensuale sono modificabili a norma dell'articolo precedente.

Capo II
Dell'interdizione, dell'inabilitazione e dell'amministrazione di sostegno (1)*

(1) Parole così modificate dalla l. 9/1/2004, n. 6.

* Capo abrogato dall'art. 3, co. 49, d.lg. 10/10/2022, n. 149.

712. Forma della domanda. *– La domanda per interdizione [414 CC.] o inabilitazione [415 CC.] si propone con ricorso [125 // 417 CC.] diretto al tribunale [9 // 40 att. CC.] del luogo dove la persona nei confronti della quale è proposta ha residenza o domicilio [28 // 43 CC.].*

Nel ricorso debbono essere esposti i fatti sui quali la domanda è fondata e debbono essere indicati il nome e il cognome e la residenza del coniuge, dei parenti entro il quarto grado [76 CC.], degli affini entro il secondo grado [78 CC.] e, se vi sono, del tutore o curatore dell'interdicendo o dell'inabilitando [732, 754 // 417, 424 CC.].

713. Provvedimenti del presidente. *– Il presidente ordina la comunicazione del ricorso al pubblico ministero [70[1, n. 3], 71[1], 158]. Quando questi gliene fa richiesta, può con decreto rigettare senz'altro la domanda* (1)*; altrimenti nomina il giudice istruttore [168 bis] e fissa l'udienza di comparizione [714] davanti a lui del ricorrente, dell'interdicendo o dell'inabilitando [419[1] CC.] e delle altre persone indicate nel ricorso, le cui informazioni ritenga utili.*

Il ricorso e il decreto sono notificati [137 ss.] a cura del ricorrente, entro il termine fissato nel decreto stesso, alle persone indicate nel comma precedente; il decreto è comunicato al pubblico ministero [71[1]].

(1) La Corte cost. con sent. 5/7/1968, n. 87 ha dichiarato l'illegittimità costituzionale del presente comma, secondo periodo, nella parte in cui permette al tribunale di rigettare senz'altro, e cioè senza istituire contraddittorio con la parte istante, la domanda d'interdizione o d'inabilitazione, ove il pubblico ministero ne faccia richiesta, in riferimento agli art. 24 e 111 Cost.

714. Istruzione preliminare. *– All'udienza, il giudice istruttore, con l'intervento del pubblico ministero [70[1, n. 3]], procede all'esame dell'interdicendo o dell'inabilitando [419[1] CC.], sente il parere delle altre persone citate, interrogandole sulle circostanze che ritiene rilevanti ai fini della decisione e può disporre anche d'ufficio l'assunzione di ulteriori informazioni, esercitando tutti i poteri istruttori previsti nell'articolo 419 del codice civile.*

715. Impedimento a comparire dell'interdicendo o dell'inabilitando. *– Se per legittimo impedimento l'interdicendo o l'inabilitando non può presentarsi davanti al giudice istruttore [713[1]], questi, con l'intervento del pubblico ministero, si reca per sentirlo nel luogo dove si trova [202].*

716. Capacità processuale dell'interdicendo e dell'inabilitando. *– L'interdicendo e l'inabilitando possono stare in giudizio e compiere da soli tutti gli atti del procedimento, comprese le impugnazioni [75, 718], anche quando è stato nominato il tutore o il curatore provvisorio previsto negli articoli 419 e 420 del codice civile.*

717. Nomina del tutore e del curatore provvisorio. *– Il tutore o il curatore provvisorio di cui all'articolo precedente è nominato [719], anche d'ufficio, con decreto [135] del giudice istruttore [168 bis // 422, 423 // 42 att. CC.].*

Finché non sia pronunciata la sentenza sulla domanda d'interdizione o d'inabilitazione, lo stesso giudice istruttore può revocare la nomina, anche d'ufficio.

718. Legittimazione all'impugnazione. *– La sentenza che provvede sulla domanda d'interdizione o di inabilitazione può essere impugnata [716] da tutti coloro che avrebbero avuto diritto di proporre la domanda [417 CC.], anche se non parteciparono al giudizio, e dal tutore o curatore nominato con la stessa sentenza [423, 424 CC.].*

719. Termine per l'impugnazione. *– Il termine per la impugnazione [325 ss.] decorre per tutte le persone indicate nell'articolo precedente dalla notificazione della sentenza, fatta nelle forme ordinarie [285, 286] a tutti coloro che parteciparono al giudizio.*

Se è stato nominato un tutore o curatore provvisorio [717[1] // 419[3]], l'atto di impugnazione deve essere notificato anche a lui.

720. Revoca dell'interdizione o dell'inabilitazione. *– Per la revoca dell'interdizione o dell'inabilitazione [429, 430 CC.] si osservano le norme stabilite per la pronuncia di esse [712 ss.].*

Coloro che avevano diritto di promuovere l'interdizione e l'inabilitazione [417 CC.] possono intervenire nel giudizio di revoca per opporsi alla domanda, e possono altresì impugnare la sentenza pronunciata nel giudizio di revoca [429 CC.], anche se non parteciparono al giudizio.

720 bis. Norme applicabili ai procedimenti in materia di amministrazione di sostegno (1). *– Ai procedimenti in materia di amministrazione di sostegno [404 ss. CC.] si applicano, in quanto compatibili, le disposizioni degli articoli 712, 713, 716, 719 e 720.*

Contro il decreto del giudice tutelare è ammesso reclamo alla corte d'appello a norma dell'articolo 739.

Contro il decreto della corte d'appello pronunciato ai sensi del secondo comma può essere proposto ricorso per cassazione.

(1) Articolo aggiunto dalla l. 9/1/2004, n. 6.

Capo III
*Disposizioni relative all'assenza e alla dichiarazione di morte presunta**

* Capo abrogato dall'art. 3, co. 49, d.lg. 10/10/2022, n. 149.

CODICE PROCEDURA CIVILE

721. Provvedimenti conservativi nell'interesse dello scomparso. – *I provvedimenti indicati nell'articolo 48 del codice civile sono pronunciati dal tribunale in camera di consiglio [737 ss.], su ricorso degli interessati, sentito il pubblico ministero [$70^{1, n. 3}$, 125, 740].*

722. Domanda per dichiarazione d'assenza. – *La domanda per dichiarazione d'assenza [48, 49 CC.] si propone con ricorso [125 // 190 att.], nel quale debbono essere indicati il nome e cognome e la residenza [43 CC.] dei presunti successori legittimi [565] dello scomparso e, se esistono, del suo procuratore o rappresentante legale [48^{2} // 320^{1}, 357, 1387 ss. CC.].*

723. Fissazione dell'udienza di comparizione. – *Il presidente del tribunale [48 CC.] fissa con decreto l'udienza per la comparizione davanti a sé o ad un giudice da lui designato del ricorrente e di tutte le persone indicate nel ricorso a norma dell'articolo precedente, e stabilisce il termine entro il quale la notificazione deve essere fatta a cura del ricorrente. Può anche ordinare che il decreto sia pubblicato in uno o più giornali.*

Il decreto è comunicato al pubblico ministero [$70^{1, n. 3}$, 71^{1}, 158].

724. Procedimento. – *Il giudice interroga le persone comparse sulle circostanze che ritiene rilevanti, assume, quando occorre, ulteriori informazioni e quindi riferisce in camera di consiglio [737 ss.] per i provvedimenti del tribunale, che questo pronuncia con sentenza [729, 731 // 50 ss. CC.].*

725. Immissione in possesso temporaneo. – *Il tribunale provvede in camera di consiglio [737 ss.] sulle domande per apertura di atti di ultima volontà e per immissione nel possesso temporaneo dei beni dell'assente [50^{2}, 52 CC.], quando sono proposte da coloro che sarebbero eredi legittimi [49, 565 CC.].*

Se la domanda è proposta da altri interessati [49 CC.], il giudizio si svolge nelle forme ordinarie [163 ss.] in contraddittorio [101] di coloro che sarebbero eredi legittimi [565].

Con lo stesso provvedimento col quale viene ordinata l'immissione nel possesso temporaneo, sono determinate la cauzione [119 // 86 att.] o le altre cautele previste nell'articolo 50 ultimo comma del codice civile, e sono date le disposizioni opportune per la conservazione delle rendite riservate all'assente a norma dell'articolo 53 dello stesso codice.

726. Domanda per dichiarazione di morte presunta. – *La domanda per dichiarazione di morte presunta [58^{1}, 60 CC.] si propone con ricorso [125, 190 att.], nel quale debbono essere indicati il nome, cognome e domicilio dei presunti successori legittimi [565 CC.] dello scomparso e, se esistono, del suo procuratore o rappresentante legale [48^{2} // 320^{1}, 357, 1387 ss. CC.] e di tutte le altre persone, che, a notizia del ricorrente, perderebbero diritti o sarebbero gravate da obbligazioni, per effetto della morte dello scomparso.*

727. Pubblicazione della domanda. – *Il presidente del tribunale [58 CC.] nomina un giudice a norma dell'articolo 723 e ordina che a cura del ricorrente la domanda, entro il termine che egli stesso fissa, sia inserita per estratto, due volte consecutive a distanza di dieci giorni, nella Gazzetta Ufficiale della Repubblica e in due giornali, con invito a chiunque abbia notizie dello scomparso di farle pervenire al tribunale entro sei mesi dall'ultima pubblicazione.*

Se tutte le inserzioni non vengono eseguite entro il termine fissato, la domanda si intende abbandonata.

Il presidente del tribunale può anche disporre altri mezzi di pubblicità.

728. Comparizione. – *Decorsi sei mesi dalla data dell'ultima pubblicazione il giudice, su istanza del ricorrente, fissa con decreto [135] l'udienza di comparizione davanti a sé del ricorrente e delle persone indicate nel ricorso a norma dell'articolo 726 e il termine per la notificazione [137 ss.] del ricorso e del decreto a cura del ricorrente.*

Il decreto è comunicato [136] al pubblico ministero [$70^{1, n. 3}$, 71^{1}, 158].

Il giudice interroga le persone comparse sulle circostanze che ritiene rilevanti; può disporre che siano assunte ulteriori informazioni, e quindi riferisce in camera di consiglio [738] per i provvedimenti del tribunale, che questo pronuncia con sentenza [279].

729. Pubblicazione della sentenza. – *La sentenza che dichiara l'assenza o la morte presunta [49, 58 CC.] deve essere inserita per estratto nella Gazzetta Ufficiale della Repubblica* (1) *e pubblicata nel sito internet del Ministero della giustizia. Il tribunale può anche disporre altri mezzi di pubblicità.*

Le inserzioni possono essere eseguite a cura di qualsiasi interessato e valgono come notificazione. Copia della sentenza e dei giornali nei quali è stato pubblicato l'estratto deve essere depositata nella cancelleria del giudice che ha pronunciato la sentenza per l'annotazione sull'originale [730].

(1) Le parole: "e in due giornali indicati nella sentenza stessa" sono state così sostituite dall'art. 18, lett. b), d.l. 6/7/2011, n. 98 coordinato con la l. di conversione 15/7/2011, n. 111.

730. Esecuzione. – *La sentenza che dichiara l'assenza o la morte presunta non può essere eseguita [49, 63, 65 CC.] prima che sia passata in giudicato [324] e che sia compiuta l'annotazione di cui all'articolo precedente.*

731. Comunicazione all'ufficio di stato civile. – *Il cancelliere dà notizia, a norma dell'articolo 133 secondo comma, all'ufficio dello stato civile competente della sentenza di dichiarazione di morte presunta [58].*

Capo IV
*Disposizioni relative ai minori, agli interdetti e agli inabilitati**

* Capo abrogato dall'art. 3, co. 49, d.lg. 10/10/2022, n. 149.

732. Provvedimenti su parere del giudice tutelare. – *I provvedimenti relativi ai minori [315 ss., 343 ss. CC.], agli interdetti [712 ss. // 414 CC.] e agli inabilitati [415 CC.] sono pronunciati dal tribunale in camera di consiglio [737 ss.], salvo che la legge disponga altrimenti.*

Quando il tribunale deve pronunciare un provvedimento nell'interesse di minori, interdetti o inabilitati sentito il parere del giudice tutelare [$320^{3, 5}$, 344 CC.], il parere stesso deve essere prodotto dal ricorrente insieme col ricorso [125].

Qualora non sia prodotto, il presidente provvede a richiederlo d'ufficio.

733. Vendita di beni. – *Se, nell'autorizzare la vendita di beni di minori, interdetti o inabilitati [375, 376^{1} CC.], il tribunale stabilisce che essa deve farsi ai pubblici incanti, designa per procedervi un ufficiale giudiziario [59] del tribunale* (1) *del luogo in cui si trovano i beni mobili [812 CC.] oppure un cancelliere [58] dello stesso tribunale* (1) *o un notaio [68^{2}] del luogo in cui si trovano i beni immobili.*

L'ufficiale designato per la vendita procede all'incanto con l'osservanza delle norme degli artt. 534 e ss., in quanto applicabili, e premesse le forme di pubblicità ordinate dal tribunale [191 att.].

(1) Parole così modificate dal d.lg. 19/2/1998, n. 51.

734. Esito negativo dell'incanto. – *Se al primo incanto non è fatta offerta superiore o uguale al prezzo fissato dal tribunale a norma dell'art. 376 primo comma del codice civile, l'ufficiale designato ne dà atto nel processo verbale [126] e trasmette copia di questo al tribunale che ha autorizzato la vendita.*

Il tribunale, se non crede di revocare l'autorizzazione o disporre una nuova vendita su prezzo base inferiore, autorizza la vendita a trattative private [191 att.].

Capo V
*Dei rapporti patrimoniali tra i coniugi**

* Capo abrogato dall'art. 3, co. 49, d.lg. 10/10/2022, n. 149.

735. Sostituzione dell'amministratore del patrimonio familiare. – *La sostituzione dell'amministratore del patrimonio familiare può essere chiesta, nel caso previsto nell'art. 174 del codice civile, dall'altro coniuge o da uno dei prossimi congiunti [74, 77 CC.], o dal pubblico ministero [69], e, nel caso previsto nell'art. 176, da uno dei figli maggiorenni [2 CC.] o emancipati [390 ss. CC.], da un prossimo congiunto o dal pubblico ministero.*

736. Procedimento. – *La domanda per i provvedimenti previsti nell'art. precedente si propone con ricorso [125].*

Il presidente del tribunale fissa con decreto [135] un giorno per la comparizione degli interessati davanti a sé o a un giudice da lui designato e stabilisce il termine per la notificazione [137 ss.] del ricorso e del decreto.

Dopo l'audizione delle parti, il presidente o il giudice designato assume le informazioni che crede opportune e quindi riferisce sulla domanda al tribunale, che decide in camera di consiglio [737] con ordinanza non impugnabile [177$^{3, n. 2}$].

Capo V bis
Degli ordini di protezione contro gli abusi familiari*

* Capo abrogato dall'art. 3, co. 49, d.lg. 10/10/2022, n. 149.

736 bis. Provvedimenti di adozione degli ordini di protezione contro gli abusi familiari. – *Nei casi di cui all'articolo 342-bis del codice civile, l'istanza si propone, anche dalla parte personalmente, con ricorso al tribunale del luogo di residenza o di domicilio dell'istante, che provvede in camera di consiglio in composizione monocratica.*

Il presidente del tribunale designa il giudice a cui è affidata la trattazione del ricorso. Il giudice, sentite le parti, procede nel modo che ritiene più opportuno agli atti di istruzione [669 sexies^1] necessari, disponendo, ove occorra, anche per mezzo della polizia tributaria, indagini sui redditi, sul tenore di vita, e sul patrimonio personale e comune delle parti, e provvede con decreto motivato immediatamente esecutivo.

Nel caso di urgenza, il giudice, assunte ove occorra sommarie informazioni, può adottare immediatamente l'ordine di protezione fissando l'udienza di comparizione delle parti davanti a sé entro un termine non superiore a quindici giorni ed assegnando all'istante un termine non superiore a otto giorni per la notificazione del ricorso e del decreto [669 sexies^2]. All'udienza il giudice conferma, modifica o revoca l'ordine di protezione.

Contro il decreto con cui il giudice adotta l'ordine di protezione o rigetta il ricorso, ai sensi del secondo comma, ovvero conferma, modifica o revoca l'ordine di protezione precedentemente adottato nel caso di cui al terzo comma, è ammesso reclamo al tribunale entro i termini previsti dal secondo comma dell'articolo 739. Il reclamo non sospende l'esecutività dell'ordine di protezione. Il tribunale provvede in camera di consiglio [737], in composizione collegiale, sentite le parti, con decreto motivato [135^4] non impugnabile. Del collegio non fa parte il giudice che ha emesso il provvedimento impugnato.

Per quanto non previsto dal presente articolo, si applicano al procedimento, in quanto compatibili, gli articoli 737 e seguenti.

Capo VI
Disposizioni comuni ai procedimenti in camera di consiglio

737. Forma della domanda e del provvedimento. – I provvedimenti, che debbono essere pronunciati in camera di consiglio 2, , si chiedono con ricorso [125] al giudice competente e hanno forma di decreto motivato [135^4], salvo che la legge disponga altrimenti [49, 724, 728^3, 736^3, 749^3].

738. Procedimento. – Il presidente nomina tra i componenti del collegio un relatore, che riferisce in camera di consiglio.

Se deve essere sentito il pubblico ministero [70, 71], gli atti sono a lui previamente comunicati ed egli stende le sue conclusioni in calce al provvedimento del presidente.

Il giudice può assumere informazioni.

739. Reclami delle parti. – Contro i decreti del giudice tutelare [344 CC. // 43 att. CC.] si può proporre reclamo al tribunale [45 att. CC.], che pronuncia in camera di consiglio [737] in composizione monocratica quando il provvedimento ha contenuto patrimoniale o gestorio, e in composizione collegiale in tutti gli altri casi. Del collegio non può fare parte il giudice che ha emesso il provvedimento reclamato. Contro i decreti pronunciati dal tribunale in camera di consiglio in primo grado si può proporre reclamo con ricorso alla corte di appello, che pronuncia anch'essa in camera di consiglio (1).

Il reclamo deve essere proposto nel termine perentorio [153] di dieci giorni dalla comunicazione [136] del decreto [741], se è dato in confronto di una sola parte, o dalla notificazione [137 ss.] se è dato in confronto di più parti.

Salvo che la legge disponga altrimenti, non è ammesso reclamo contro i decreti della corte d'appello e contro quelli del tribunale pronunciati in sede di reclamo.

(1) Comma così sostituito dall'art. 3, co. 50, d.lg. 10/10/2022, n. 149. La precedente formulazione era: «Contro i decreti del giudice tutelare e contro quelli del tribunale per i quali è necessario il suo parere si può proporre reclamo con ricorso al tribunale, che pronuncia in camera di consiglio. Contro i decreti [135] pronunciati dal tribunale in camera di consiglio in primo grado si può proporre reclamo con ricorso alla Corte d'appello, che pronuncia anch'essa in camera di consiglio.
Il reclamo deve essere proposto nel termine perentorio di dieci giorni dalla comunicazione del decreto se è dato in confronto di una sola parte, o dalla notificazione se è dato in confronto di più parti.
Salvo che la legge disponga altrimenti, non è ammesso reclamo contro i decreti della Corte d'appello e contro quelli del tribunale pronunciati in sede di reclamo (1).».
(1) La Corte cost. con sent. 27/6/1986, n. 156 ha dichiarato l'illegittimità costituzionale del presente articolo nella parte in cui disciplinando il reclamo avverso i decreti del giudice delegato (di determinazione dei compensi ad incaricati per opera prestata nell'interesse della procura di amministrazione controllata) fa decorrere il termine per reclamo dal deposito del decreto in cancelleria anziché dalla comunicazione eseguita con il rispetto delle vigenti disposizioni procedurali.».

740. Reclami del pubblico ministero. – Il pubblico ministero, entro dieci giorni dalla comunicazione [70, 71], può proporre reclamo contro i decreti del giudice tutelare e contro quelli del tribunale per i quali è necessario il suo parere [709, 713^2, 721, 723^2, 728^2, 735].

741. Efficacia dei provvedimenti. – I decreti acquistano efficacia quando sono decorsi i termini di cui agli articoli precedenti [739, 740] senza che sia stato proposto reclamo.

Se vi sono ragioni d'urgenza, il giudice può tuttavia disporre che il decreto abbia efficacia immediata (1).

(1) La Corte cost. con sent. 27/6/1986, n. 156 ha dichiarato l'illegittimità costituzionale del presente articolo nella parte in cui disciplinando il reclamo avverso i decreti del giudice delegato (di determinazione dei compensi ad incaricati per opera prestata nell'interesse della procura di amministrazione controllata) fa decorrere il termine per reclamo dal deposito del decreto in cancelleria anziché dalla comunicazione eseguita con il rispetto delle vigenti disposizioni procedurali.

742. Revocabilità dei provvedimenti. – I decreti possono essere in ogni tempo modificati o revocati, ma restano salvi i diritti acquistati in buona fede dai terzi in forza di convenzioni anteriori alla modificazione o alla revoca [741].

742 bis. Ambito di applicazione degli articoli precedenti. – Le disposizioni del presente capo si applicano a tutti i procedimenti in camera di consiglio, ancorché non regolati dai capi precedenti o che non riguardino materia di famiglia o di stato delle persone [706 ss.]

TITOLO III
DELLA COPIA E DELLA COLLAZIONE DI ATTI PUBBLICI

743. Copia degli atti. – Qualunque depositario pubblico [58], autorizzato a spedire copia degli atti che detiene, deve rilasciarne copia autentica [2714, 2715 CC.], ancorché l'istante o i suoi autori non siano stati parte nell'atto [2673 CC.], sotto pena dei danni e delle spese, salve le disposizioni speciali della legge sulle tasse di registro e bollo.

La copia d'un testamento pubblico [603 CC.] non può essere spedita durante la vita del testatore, tranne che a sua istanza, della quale si fa menzione nella copia.

744. Copie o estratti da pubblici registri. – I cancellieri [57] e i depositari di pubblici registri [2673 CC.] sono tenuti, eccettuati i casi determinati dalla legge [475^{2} // 100 att.], a spedire a chiunque ne faccia istanza le copie [76 att.] e gli estratti degli atti giudiziari da essi detenuti, sotto pena dei danni e delle spese [745 // 2714 CC.].

745. Rifiuto o ritardo nel rilascio. – Nel caso di rifiuto o di ritardo da parte dei cancellieri o dei depositari di cui all'articolo precedente, l'istante può ricorrere al giudice di pace (1) o al presidente del tribunale o della corte presso cui il cancelliere o depositario esercita le sue funzioni.

Nel caso di rifiuto o di ritardo da parte dei pubblici depositari di cui all'articolo 743, l'istante può ricorrere al presidente del tribunale nella cui circoscrizione il depositario esercita le sue funzioni.

Il presidente (1) o il giudice di pace provvede con decreto [135], sentito il pubblico ufficiale.

(1) Le parole: "al pretore" e "il pretore" sono state soppresse dal d.lg. 19/2/1998, n. 51.

746. Collazione di copie (1). – Chi ha ottenuto la copia di un atto pubblico a norma dell'articolo 743 ha diritto di collazionarla con l'originale in presenza del depositario. Se questi si rifiuta, può ricorrere al tribunale nella cui circoscrizione il depositario esercita le sue funzioni. Il giudice, sentito il depositario, dà con decreto [135] le disposizioni opportune per la collazione e può eseguirla egli stesso recandosi nell'ufficio del depositario.

(1) Articolo così modificato dal d.lg. 19/2/1998, n. 51.

TITOLO IV
DEI PROCEDIMENTI RELATIVI ALL'APERTURA DELLE SUCCESSIONI

Capo I
Disposizioni generali

747. Autorizzazione alla vendita dei beni ereditari. – L'autorizzazione a vendere beni ereditari [783 // 460^{2}, 493^{1}, 499^{1}, 694, 703^{4}, 719^{1} CC.] si chiede con ricorso [125] diretto (1) al tribunale del luogo in cui si è aperta la successione [456 CC.].

Nel caso in cui i beni appartengano a incapaci deve essere sentito il giudice tutelare [320^{3}, 344^{1} CC.].

Il giudice provvede sul ricorso con decreto, contro il quale è ammesso reclamo a norma dell'articolo 739.

Se l'istanza di autorizzazione a vendere riguarda l'oggetto d'un legato di specie [649^{2} CC.], il ricorso deve essere notificato [137 ss.] al legatario.

(1) Le parole: "per i mobili al pretore e per gli immobili" sono state soppresse dal d.lg. 19/2/1998, n. 51.

748. Forma della vendita. – La vendita dei beni ereditari [460^{2} CC.] deve compiersi nelle forme previste per la vendita dei beni dei minori [733, 734].

Il giudice, quando occorre, fissa le modalità per la conservazione e il reimpiego del prezzo ricavato.

749. Procedimento per la fissazione dei termini. – L'istanza per fissazione di un termine entro il quale una persona deve emettere una dichiarazione o compiere un determinato atto [481, 488, 496, 500, 620^{2}, 621^{1}, 645, 650, 702^{3} CC.], se non è proposta nel corso di un giudizio, si propone con ricorso [125] al tribunale (1) del luogo in cui si è aperta la successione [456 CC.].

Il giudice (1) fissa con decreto [135] l'udienza di comparizione del ricorrente e della persona alla quale il termine deve essere imposto e stabilisce il termine [152] entro il quale il ricorso e il decreto debbono essere notificati [137 ss.], a cura del ricorrente, alla persona stessa.

Il giudice provvede con ordinanza, contro la quale è ammesso reclamo al tribunale a norma dell'articolo 739 [$177^{2,\ n.\ 3}$]. Il collegio, del quale non può far parte il giudice che ha emesso il provvedimento reclamato, provvede con ordinanza non impugnabile in camera di consiglio [737 ss.], previa audizione degli interessati a norma del comma precedente (2).

Le stesse forme si osservano per chiedere la proroga di un termine stabilito dalla legge [485^{1}, 488^{2} CC.]. La proroga del termine stabilito dal giudice si chiede al giudice stesso [154].

(1) Parola così sostituita dal d.lg. 19/2/1998, n. 51.

(2) Comma così sostituito dal d.lg. 19/2/1998, n. 51.

750. Provvedimenti del presidente del tribunale relativi alle cauzioni e agli esecutori testamentari. – L'istanza per l'imposizione di una cauzione a carico dell'erede o del legatario, nei casi previsti dalla legge [492, 515, 639, 640, 647^{2} CC.] è proposta, quando non vi è giudizio pendente, con ricorso [125] al presidente del tribunale del luogo in cui si è aperta la successione [456 CC.].

Il presidente fissa con decreto [135] l'udienza di comparizione del ricorrente e dell'erede o legatario davanti a sé e stabilisce il termine entro il quale il ricorso e il decreto debbono essere loro notificati [137 ss.].

Il presidente stabilisce le modalità e l'ammontare della cauzione [119 // 86 att.] con ordinanza [134], contro la quale è ammesso reclamo al presidente della Corte d'appello a norma dell'articolo 739. Il presidente della Corte d'appello provvede con ordinanza non impugnabile [$177^{3,\ n.\ 2}$], previa audizione degli interessati a norma del comma precedente.

Le stesse forme si osservano nei casi previsti negli articoli 708 e 710 del codice civile relativamente agli esecutori testamentari [700 ss. CC.].

751. Scelta dell'onerato. – L'istanza per la scelta prevista nell'articolo 631 ultimo comma del codice civile è proposta con ricorso [125], che deve essere notificato [137 ss.] a colui al quale spettava il diritto di scelta e all'onerato [664³ CC.].

La scelta è fatta dal presidente del tribunale con decreto [135].

Capo II
Dell'apposizione e della rimozione dei sigilli

Sezione I
Dell'apposizione dei sigilli

752. Giudice competente. – All'apposizione dei sigilli [770² // 361, 705¹, n. ² CC.] procede il tribunale (1).

Nei comuni in cui non ha sede il tribunale (1), i sigilli possono essere apposti, in caso di urgenza, dal giudice di pace. Il processo verbale [126] è trasmesso immediatamente al tribunale (1).

(1) Parola così sostituita dal d.lg. 19/2/1998, n. 51.

753. Persone che possono chiedere l'apposizione. – Possono chiedere l'apposizione dei sigilli:

1) l'esecutore testamentario [700 ss. CC.];

2) coloro che possono avere diritto alla successione [565 CC.];

3) le persone che coabitavano col defunto, o che al momento della morte erano addette al suo servizio, se il coniuge, gli eredi o alcuno di essi sono assenti dal luogo;

4) i creditori.

L'istanza si propone mediante ricorso [125], nel quale il proponente deve dichiarare la residenza [43² CC.] o eleggere domicilio [47 CC.] nel comune in cui ha sede il tribunale (1).

(1) Le parole "la pretura" sono state sostituite dalle parole "il tribunale" dal d.lg. 19/2/1998, n. 51.

754. Apposizione d'ufficio. – L'apposizione dei sigilli è disposta d'ufficio o su richiesta del pubblico ministero [69, 70] nei casi seguenti:

1) se il coniuge o alcuno degli eredi è assente dal luogo [721 ss. // 48 ss. CC.];

2) se tra gli eredi vi sono minori o interdetti [712 ss. // 414 ss. CC.] e manca il tutore o il curatore;

3) se il defunto è stato depositario pubblico [2714 CC.], oppure ha rivestito cariche o funzioni per effetto delle quali si ritiene che possano trovarsi presso di lui atti della pubblica amministrazione o comunque di carattere riservato. La disposizione di questo articolo non si applica nei casi indicati nei numeri 1 e 2, se il defunto ha disposto altrimenti con testamento.

Nel caso indicato nel numero 3 i sigilli si appongono soltanto sugli oggetti depositati, o ai locali o mobili nei quali possono trovarsi gli atti ivi enunciati.

755. Poteri del giudice (1). – Se le porte sono chiuse, o si incontrano ostacoli all'apposizione dei sigilli, o sorgono altre difficoltà, tanto prima quanto durante l'apposizione, il giudice (1) può ordinare l'apertura delle porte e dare gli altri provvedimenti opportuni [68¹, ³].

(1) Parola così sostituita dal d.lg. 19/2/1998, n. 51.

756. Custodia delle chiavi. – Le chiavi delle serrature, sulle quali sono stati apposti i sigilli, finché non sia ordinata la rimozione di questi [762] debbono essere custodite dal cancelliere [58, 770¹, n. ¹].

757. Conservazione di testamenti e di carte. – Se nel procedere all'apposizione dei sigilli si trovano testamenti o altre carte importanti, il giudice (1) provvede alla conservazione di essi.

Se non può provvedervi nello stesso giorno, nel processo verbale [126] descrive la forma esterna delle carte, e le chiude in un involto da lui sigillato e sottoscritto, in presenza delle parti, fissando il giorno e l'ora in cui emetterà i provvedimenti ulteriori.

(1) Parola così sostituita dal d.lg. 19/2/1998, n. 51.

758. Cose su cui non si possono apporre sigilli e cose deteriorabili. – Se vi sono oggetti sui quali non è possibile apporre i sigilli, o che sono necessari all'uso personale di coloro che abitano nella casa, se ne fa descrizione nel processo verbale [126].

Delle cose che possono deteriorarsi, il giudice (1) può ordinare con decreto la vendita immediata, incaricando un commissionario [1731 CC.] a norma degli articoli 532 e seguenti.

(1) Parola così sostituita dal d.lg. 19/2/1998, n. 51.

759. Informazioni e nomina del custode. – Durante le operazioni di apposizione dei sigilli, il giudice (1) assume le informazioni che ritiene opportune allo scopo di accertare che nessuna cosa sia stata asportata.

Per la conservazione delle cose sigillate nomina un custode [65¹].

(1) Parola così sostituita dal d.lg. 19/2/1998, n. 51.

760. Apposizione di sigilli durante e dopo l'inventario. – L'apposizione dei sigilli che viene chiesta durante l'inventario [769] può aver luogo soltanto per gli oggetti non inventariati.

Esaurito l'inventario, non si fa luogo all'apposizione dei sigilli, salvo che l'inventario sia impugnato.

761. Accesso nei luoghi sigillati. – Il giudice (1) o il cancelliere non possono entrare nei luoghi chiusi con l'apposizione dei sigilli, finché non ne sia stata ordinata la rimozione a norma dell'articolo 762, salvo che il giudice (1) disponga con decreto motivato [135⁴] l'accesso per urgenti motivi.

(1) Parola così sostituita dal d.lg. 19/121998, n. 51.

Sezione II
Della rimozione dei sigilli

762. Termine. – I sigilli non possono essere rimossi e l'inventario [769] non può essere eseguito se non dopo tre giorni dall'apposizione, salvo che il giudice (1) per cause urgenti stabilisca altrimenti con decreto motivato.

Se alcuno degli eredi è minore non emancipato [390 ss. CC.], non si può procedere alla rimozione dei sigilli finché non gli sia stato nominato un tutore o un curatore speciale [78¹ // 346 CC.].

(1) Parola così sostituita dal d.lg. 19/2/1998, n. 51.

763. Provvedimento di rimozione. – La rimozione dei sigilli è ordinata con decreto dal giudice (1) su istanza di alcuna delle persone indicate nell'articolo 753 numeri 1, 2 e 4.

Nei casi previsti nell'articolo 754 può essere ordinata anche d'ufficio e, se ricorrano le ipotesi di cui ai numeri 2 e 3, la rimozione deve essere seguita dall'inventario [769].

L'istanza e il decreto sono stesi di seguito al processo verbale [126] di apposizione.

(1) Parola così sostituita dal d.lg. 19/2/1998, n. 51.

764. Opposizione. – Chiunque vi ha interesse può fare opposizione alla rimozione dei sigilli [763] con dichiarazione inserita nel processo verbale [126] di apposizione o con ricorso [125] al giudice (1).

Il giudice (1) fissa con decreto una udienza per la comparizione delle parti e stabilisce il termine perentorio [153] entro il quale il decreto stesso deve essere notificato [137 ss.] a cura dell'opponente.

Il giudice (1) provvede con ordinanza non impugnabile [$177^{3, n. 2}$] e, se ordina la rimozione, può disporre che essa sia seguita dall'inventario [769] e può dare le opportune cautele per la conservazione delle cose che sono oggetto di contestazione [770^1, 771].

(1) Parola così sostituita dal d.lg. 19/2/1998, n. 51.

765. Ufficiale procedente. – La rimozione dei sigilli è eseguita dall'ufficiale che può procedere all'inventario a norma dell'articolo 769.

Se non occorre l'inventario, la rimozione è eseguita dal cancelliere del tribunale (1). Nei comuni in cui non ha sede il tribunale (1) la rimozione può essere eseguita dal cancelliere [59] del giudice di pace.

(1) Le parole "della pretura" e "la pretura" sono state sostituite dalle parole "del tribunale" e "il tribunale" dal d.lg. 19/2/1998, n. 51.

766. Avviso alle persone interessate. – Non si può procedere alla rimozione dei sigilli senza che ne sia stato dato avviso, nelle forme stabilite nell'articolo 772, alle persone indicate nell'articolo 771.

767. Alterazioni nello stato dei sigilli. – L'ufficiale che procede alla rimozione dei sigilli deve innanzitutto riconoscerne lo stato.

Se trova in essi qualche alterazione, deve sospendere ogni operazione ulteriore, facendone immediatamente rapporto al giudice (1), il quale si trasferisce sul luogo per le verificazioni occorrenti e per i provvedimenti necessari anche per la prosecuzione dell'inventario [774 // 349 CP.].

(1) Parola così sostituita dal d.lg. 19/2/1998, n. 51.

768. Disposizione generale. – Le disposizioni di questo capo si osservano in ogni altro caso in cui si debba procedere ad apposizione o rimozione di sigilli, salvo che la legge stabilisca altrimenti.

Capo III
Dell'inventario

769. Istanza. – L'inventario [362, 484^3, 529, 705^2 CC.] può essere chiesto al tribunale (1) dalle persone che hanno diritto di ottenere la rimozione dei sigilli [763] ed è eseguito dal cancelliere [58] del tribunale (1) o da un notaio [770^1] designato dal defunto con testamento o nominato dal tribunale (2).

L'istanza si propone con ricorso [125], nel quale il richiedente deve dichiarare la residenza [43^2 CC.] o eleggere domicilio [47 CC.] nel comune in cui ha sede il tribunale (1).

Il tribunale (2) provvede con decreto [135].

Quando non sono stati apposti i sigilli, l'inventario può essere chiesto dalla parte che ne assume l'iniziativa direttamente al notaio designato dal defunto nel testamento ovvero, in assenza di designazione, al notaio scelto dalla stessa parte (3).

(1) Le parole "della pretura" e "la pretura" sono state sostituite dalle parole "del tribunale" e "il tribunale" dal d.lg. 19/2/1998, n. 51.

(2) Parola così sostituita dal d.lg. 19/2/1998, n. 51.

(3) Comma aggiunto dal d.l. 22/12/2011, n. 212, conv. con l. 17/2/2012, n. 10.

770. Inventario da eseguirsi dal notaio. – Quando all'inventario deve procedere un notaio [769^{1}], il cancelliere gli consegna, ritirandone ricevuta:

1) le chiavi da lui custodite a norma dell'articolo 756;

2) copia del processo verbale di apposizione dei sigilli [752 ss.], dell'istanza e del decreto di rimozione [763];

3) una nota delle opposizioni [764^1] che sono state proposte con indicazione del nome, cognome degli opponenti e della loro residenza [43^2 CC.] del domicilio da essi eletto [47^1 CC.].

La copia indicata nel numero 2 e la nota indicata nel numero 3 sono unite all'inventario.

771. Persone che hanno diritto ad assistere all'inventario. – Hanno diritto ad assistere alla formazione dell'inventario:

1) il coniuge superstite;

2) gli eredi legittimi presunti [565 ss. CC.];

3) l'esecutore testamentario [700 ss. CC.], gli eredi istituiti e i legatari [588 CC.];

4) i creditori che hanno fatto opposizione alla rimozione dei sigilli [764^1, 766, $770^{1, n. 3}$].

772. Avviso dell'inizio dell'inventario. – L'ufficiale che procede all'inventario [769 ss.] deve dare avviso, almeno tre giorni prima, alle persone indicate nell'articolo precedente del luogo, giorno e ora in cui darà inizio alle operazioni.

L'avviso non è necessario per le persone che non hanno residenza [43^2 CC.] o non hanno eletto domicilio [47] nella circoscrizione del tribunale, nella quale si procede all'inventario; ma in loro vece deve essere avvertito il notaio che, su istanza di chi ha chiesto l'inventario, è nominato con decreto [135] dal giudice (1) per rappresentarli.

(1) Parola così sostituita dal d.lg. 19/2/1998, n. 51.

773. Nomina di stimatore. – L'ufficiale che procede all'inventario [769 ss.] nomina, quando occorre, uno o più stimatori per la valutazione degli oggetti mobili [68^1].

774. Rinvio delle operazioni. – Quando l'inventario non può essere ultimato nel giorno del suo inizio, l'ufficiale che vi procede ne rinvia la continuazione a un giorno prossimo, avvertendone verbalmente le parti presenti [771].

775. Processo verbale d'inventario. – Il processo verbale [126] d'inventario contiene [364 CC.]:

1) la descrizione degli immobili [812 CC.], mediante l'indicazione della loro natura, della loro situazione, dei loro confini e dei numeri del catasto e delle mappe censuarie;

2) la descrizione e la stima [773] dei mobili, con la specificazione del peso o del marchio per gli oggetti d'oro e d'argento;

3) l'indicazione della quantità e specie delle monete per il danaro contante;

4) l'indicazione delle altre attività e passività;

5) la descrizione delle carte, scritture e note relative allo stato attivo e passivo, le quali debbono essere firmate in principio e in fine dall'ufficiale procedente. Lo stesso ufficiale deve accertare sommariamente lo stato dei libri e dei registri di commercio [2214 ss. CC.], firmarne i fogli, e lineare gli intervalli.

Se alcuno degli interessati contesta l'opportunità d'inventariare qualche oggetto, l'ufficiale lo descrive nel processo verbale [126], facendo menzione delle osservazioni e istanze delle parti [192 att.].

776. Consegna delle cose mobili inventariate. – Le cose mobili e le carte inventariate sono consegnate alla persona indicata dalle parti interessate, o, in mancanza, nominata con decreto del giudice (1), su istanza di una delle parti, sentite le altre [65 ss.].

(1) Parola così sostituita dal d.lg. 19/2/1998, n. 51.

777. Applicabilità delle norme agli altri casi d'inventario. – Le disposizioni contenute in questa sezione (1) si applicano a ogni inventario ordinato dalla legge [52^{1}, $64^{2,3}$, 72, 484 ss., 517^{2}, 529, 1002^{2} CC.], salve le formalità speciali stabilite dal codice civile per l'inventario dei beni dei minori [362 ss. CC.].

(1) Rectius "capo".

Capo IV
Del beneficio di inventario

778. Reclami contro lo stato di graduazione. – I reclami contro lo stato di graduazione [499^{2} CC.] previsti nell'articolo 501 del codice civile sono proposti al giudice competente per valore del luogo dell'aperta successione (1) [456 CC.].

Il valore della causa è determinato da quello dell'attivo ereditario calcolato sulla stima di inventario [$775^{1,\ n.\ 2}$] dei mobili e a norma dell'articolo 15 per gli immobili.

I reclami si propongono con citazione [163] da notificarsi [137 ss.] all'erede e a coloro i cui diritti sono contestati, e sono decisi in unico giudizio.

(1) Comma così da ultimo sostituito dal d.lg. 19/2/1998, n. 51.

779. Istanza di liquidazione proposta dai creditori e legatari. – L'istanza dei creditori e legatari prevista nell'articolo 509 del codice civile si propone con ricorso [125].

Il giudice (1) fissa con decreto [135] l'udienza di comparizione dell'erede e di coloro che hanno presentato le dichiarazioni di credito [498^{2} CC.]. Il decreto è comunicato [136] alle parti dal cancelliere (2).

Il tribunale provvede con ordinanza non impugnabile [$177^{3,\ n.\ 2}$] in camera di consiglio [737 ss.], previa audizione degli interessati a norma del comma precedente.

L'istanza di nomina non può essere accolta e la nomina avvenuta deve essere revocata in sede di reclamo, se alcuno dei creditori si oppone e dichiara di voler far valere la decadenza dell'erede dal beneficio d'inventario [505^{4} CC.].

Se l'erede contesta l'esistenza delle condizioni previste nell'articolo 509 del codice civile il giudice provvede all'istruzione della causa, a norma del libro secondo, disponendo gli opportuni mezzi conservativi, compresa eventualmente la nomina del curatore (3).

(1) Parola così sostituita dal d.lg. 19/2/1998, n. 51.

(2) Il periodo: «Il pretore provvede sull'istanza con ordinanza, contro la quale è ammesso reclamo a norma dell'articolo 739» è stato soppresso dal d.lg. 19/2/1998, n. 51.

(3) Comma così sostituito dal d.lg. 19/2/1998, n. 51.

780. Domanda dell'erede contro l'eredità. – Le domande dell'erede con beneficio d'inventario contro l'eredità sono proposte contro gli altri eredi [490, $2941^{n.\ 5}$ CC.]. Se non vi sono eredi o se tutti propongono la stessa domanda, il giudice nomina un curatore [78] in rappresentanza dell'eredità.

Capo V
Del curatore dell'eredità giacente

781. Notificazione del decreto di nomina. – Il decreto di nomina del curatore dell'eredità giacente [528^{2} CC.] è notificato alla persona nominata a cura del cancelliere [58 // 52 att. CC.], nel termine stabilito nello stesso decreto [193 att.].

782. Vigilanza del giudice (1). – L'amministrazione del curatore [529 ss. CC.] si svolge sotto la vigilanza del giudice (1) [193 att.]. Questi, quando lo crede opportuno, può prefiggere, con decreto, termini per la presentazione dei conti della gestione, e può in ogni tempo revocare o sostituire il curatore.

Gli atti del curatore che eccedono l'ordinaria amministrazione debbono essere autorizzati dal giudice (1).

(1) Parola così sostituita dal d.lg. 19/2/1998, n. 51.

783. Vendita di beni ereditari. – La vendita di beni mobili [812 CC.] deve essere promossa dal curatore nei trenta giorni successivi alla formazione dell'inventario [747, 769 ss. // 529 ss. CC.] salvo che il giudice (1), con decreto motivato [135^{4}], non disponga altrimenti.

La vendita dei beni immobili può essere autorizzata dal tribunale con decreto [135] in camera di consiglio [737 ss.] soltanto nei casi di necessità o utilità evidente.

(1) Parola così sostituita dal d.lg. 19/2/1998, n. 51.

TITOLO V
DELLO SCIOGLIMENTO DI COMUNIONI

784. Litisconsorzio necessario. – Le domande di divisione ereditaria [713 ss. CC.] o di scioglimento di qualsiasi altra comunione [1111 ss. CC.] debbono proporsi [22, 23, 102] in confronto di tutti gli eredi o condomini e dei creditori opponenti se vi sono [$1113^{1,\ 2}$, 2646^{2} CC.].

785. Pronuncia sulla domanda di divisione. – Se non sorgono contestazioni sul diritto alla divisione, essa è disposta con ordinanza [134] dal giudice istruttore; altrimenti questi provvede a norma dell'articolo 187.

786. Direzione delle operazioni. – Le operazioni di divisione sono dirette dal giudice istruttore [168 bis, 175] il quale, anche nel corso di esse, può delegarne la direzione a un notaio [68^{2}, 790, 791 // 194 att. // 730^{1} CC.].

787. Vendita di mobili. – Quando occorre procedere alla vendita di mobili, censi o rendite [1861, 1872 CC.], il giudice istruttore o il professionista delegato (1) [786] procede a norma degli articoli 534 e seguenti, se non sorge controversia sulla necessità della vendita.

Se sorge controversia, la vendita non può essere disposta se non con sentenza del collegio [279^{2}].

(1) Parole così modificate dalla l. n. 263/2005 con decorrenza dal 1/3/2006.

788. Vendita di immobili. – Quando occorre procedere alla vendita di immobili [720 CC.], il giudice istruttore provvede con ordinanza a norma dell'articolo 569, terzo comma, se non sorge controversia sulla necessità della vendita (1).

Se sorge controversia, la vendita non può essere disposta se non con sentenza del collegio [279^{2} // 721 CC.].

La vendita si svolge davanti al giudice istruttore [168 bis, 175]. Si applicano gli articoli 570 e seguenti (1).

Quando le operazioni sono affidate a un professionista (2) [786, 790 ss.], questi provvede direttamente alla vendita, a norma delle disposizioni del presente articolo.

(1) Comma così modificato dalla l. n. 263/2005 con decorrenza dal 1/3/2006.

(2) Parole così modificate dalla l. n. 263/2005 con decorrenza dal 1/3/2006.

789. Progetto di divisione e contestazioni su di esso. – Il giudice istruttore predispone un progetto di divisione [194 att.] che deposita in cancelleria e fissa con decreto [135] l'udienza di discussione del progetto, ordinando la comparizione dei condividenti e dei creditori intervenuti [784 // 1113³ CC.].

Il decreto è comunicato [136] alle parti.

Se non sorgono contestazioni, il giudice istruttore, con ordinanza non impugnabile [177³, ⁿ· ²], dichiara esecutivo il progetto, altrimenti provvede a norma dell'articolo 187.

In ogni caso il giudice istruttore dà con ordinanza [134, 176] le disposizioni necessarie per l'estrazione a sorte dei lotti [195 att. // 729 CC.].

790. Operazioni davanti al notaio. – Se a dirigere le operazioni di divisione è stato delegato un notaio [786 // 730¹ CC.], questi dà avviso, almeno cinque giorni prima, ai condividenti e ai creditori intervenuti [784 // 1113³, 2825 CC.] del luogo, giorno e ora in cui le operazioni avranno inizio.

Le operazioni si svolgono alla presenza delle parti, assistite, se lo richiedono e a loro spese, dai propri procuratori.

Se nel corso delle operazioni sorgono contestazioni in ordine alle stesse, il notaio redige apposito processo verbale che trasmette al giudice istruttore.

Questi fissa con decreto [135] un'udienza per la comparizione delle parti, alle quali il decreto stesso è comunicato [136] dal cancelliere.

Sulle contestazioni il giudice provvede con ordinanza [177].

791. Progetto di divisione formato dal notaio. – Il notaio redige unico processo verbale delle operazioni effettuate.

Formato il progetto delle quote e dei lotti, se le parti non si accordano su di esso, il notaio trasmette il processo verbale al giudice istruttore, entro cinque giorni dalla sottoscrizione.

Il giudice provvede come al penultimo comma dell'articolo precedente per la fissazione dell'udienza di comparizione delle parti e quindi emette i provvedimenti di sua competenza a norma dell'articolo 187.

L'estrazione dei lotti non può avvenire se non in base a ordinanza del giudice, emessa a norma dell'articolo 789 ultimo comma o a sentenza passata in giudicato [324 // 195 att. // 2646 CC.].

791 bis. Divisione a domanda congiunta (1). – Quando non sussiste controversia sul diritto alla divisione né sulle quote o altre questioni pregiudiziali gli eredi o condomini e gli eventuali creditori e aventi causa che hanno notificato o trascritto l'opposizione alla divisione possono, con ricorso congiunto al tribunale competente per territorio, domandare la nomina di un notaio ovvero di un avvocato aventi sede nel circondario al quale demandare le operazioni di divisione. Le sottoscrizioni apposte in calce al ricorso possono essere autenticate, quando le parti lo richiedono, da un notaio o da un avvocato. Se riguarda beni immobili, il ricorso deve essere trascritto a norma dell'articolo 2646 del codice civile. Si procede a norma degli articoli 737 e seguenti del presente codice. Il giudice, con decreto [135], nomina il professionista incaricato eventualmente indicato dalle parti e, su richiesta di quest'ultimo, nomina un esperto estimatore [68¹ // 161 att.].

Quando risulta che una delle parti di cui al primo comma non ha sottoscritto il ricorso, il professionista incaricato rimette gli atti al giudice che, con decreto, dichiara inammissibile la domanda e ordina la cancellazione della relativa trascrizione. Il decreto è reclamabile a norma dell'articolo 739.

Il professionista incaricato, sentite le parti e gli eventuali creditori iscritti o aventi causa da uno dei partecipanti che hanno acquistato diritti sull'immobile a norma dell'articolo 1113 del codice civile, nel termine assegnato nel decreto di nomina predispone il progetto di divisione o dispone la vendita dei beni non comodamente divisibili [720 CC.] e dà avviso alle parti e agli altri interessati del progetto o della vendita. Alla vendita dei beni si applicano, in quanto compatibili, le disposizioni relative al professionista delegato di cui al Libro terzo, Titolo II, Capo IV, Sezione III, § 3-bis. Entro trenta giorni dal versamento del prezzo il professionista incaricato predispone il progetto di divisione e ne dà avviso alle parti e agli altri interessati.

Ciascuna delle parti o degli altri interessati può ricorrere al Tribunale nel termine perentorio di trenta giorni dalla ricezione dell'avviso per opporsi alla vendita di beni o contestare il progetto di divisione. Sull'opposizione il giudice procede secondo le disposizioni di cui al Libro quarto, Titolo I, Capo III-bis; non si applicano quelle di cui ai commi secondo e terzo dell'articolo 702-ter. Se l'opposizione è accolta il giudice dà le disposizioni necessarie per la prosecuzione delle operazioni divisionali e rimette le parti avanti al professionista incaricato.

Decorso il termine di cui al quarto comma senza che sia stata proposta opposizione, il professionista incaricato deposita in cancelleria il progetto con la prova degli avvisi effettuati. Il giudice dichiara esecutivo il progetto con decreto [135] e rimette gli atti al professionista incaricato per gli adempimenti successivi.

(1) Articolo inserito dall'art. 76, co. 1 del d.l. 21/6/2013, n. 69, conv., con modif., dalla l. 9/8/2013, n. 98.

TITOLO VI
DEL PROCESSO DI LIBERAZIONE DEGLI IMMOBILI DALLE IPOTECHE

792. Deposito del prezzo. – L'acquirente che ha dichiarato al precedente proprietario e ai creditori iscritti [2808² CC.] di volere liberare l'immobile acquistato dalle ipoteche [2889 ss. CC.] deve chiedere, con ricorso [125] al presidente del tribunale competente per la espropriazione [26¹], la determinazione dei modi per il deposito del prezzo offerto. Il presidente provvede con decreto [135].

Se non sono state fatte richieste di espropriazione nei quaranta giorni successivi alla notificazione della dichiarazione al precedente proprietario e ai creditori iscritti [2891¹ CC.], l'acquirente, nel termine perentorio [153] di sessanta giorni dalla notificazione, deve depositare nei modi prescritti dal presidente del tribunale il prezzo offerto e presentare nella cancelleria il certificato del deposito, il titolo d'acquisto col certificato di trascrizione [2664² CC.], un estratto autentico dello stato ipotecario e l'originale dell'atto notificato al precedente proprietario e ai creditori iscritti.

793. Convocazione dei creditori. – Su presentazione da parte del cancelliere dei documenti indicati nell'articolo precedente, il presidente designa con decreto un giudice per il procedimento e fissa l'udienza di comparizione dell'acquirente, del precedente proprietario e dei creditori iscritti [2899 CC.] e stabilisce il termine perentorio [153] entro il quale il decreto deve essere notificato [137 ss.] alle altre parti, a cura dell'acquirente.

794. Provvedimenti del giudice. – All'udienza il giudice, accertata la regolarità del deposito [792] e degli atti del procedimento [2890 ss. CC.], dispone con ordinanza la cancellazione delle ipoteche [2884, 2886 CC.] iscritte anteriormente alla trascrizione del titolo [2664 CC.] dell'acquirente che ha chiesto la liberazione, e quindi provvede alla distribuzione del prezzo a norma degli articoli 596 e seguenti [2893 ss. CC.].

795. Espropriazione. – Se è fatta istanza di espropriazione, il giudice, verificate le condizioni stabilite dalla legge per l'ammissibilità di essa [2891, 2898 CC.], dispone con decreto che si proceda a norma degli articoli 567 e seguenti.

La vendita non può essere fatta che all'incanto a norma degli articoli 576 e seguenti.

L'incanto si apre sul prezzo offerto dal creditore istante [2891 1, n. 2 CC.].

Alla distribuzione della somma ricavata partecipano, oltre ai creditori privilegiati e ipotecari, i creditori dell'acquirente.

Quest'ultimo ha diritto di essere collocato nella graduazione con privilegio per le spese sopportate per la dichiarazione di liberazione [2770 CC.].

TITOLO VII
Dell'efficacia delle sentenze straniere e dell'esecuzione di altri atti di autorità straniere

796. Giudice competente*. – *Chi vuol far valere nella Repubblica una sentenza straniera deve proporre domanda mediante citazione davanti alla Corte d'appello del luogo in cui la sentenza deve avere attuazione.*

La dichiarazione di efficacia può essere chiesta in via diplomatica, quando ciò è consentito dalle convenzioni internazionali oppure dalla reciprocità. In questo caso, se la parte interessata non ha costituito un procuratore, il presidente della Corte d'appello, su richiesta del pubblico ministero, nomina un curatore speciale per proporre la domanda.

L'intervento del pubblico ministero è sempre necessario.

* L'articolo è stato abrogato dalla l. 31/5/1995, n. 218, con decorrenza dal 31/12/1996.

797. Condizioni per la dichiarazione di efficacia*. – *La Corte d'appello dichiara con sentenza l'efficacia nella Repubblica della sentenza straniera quando accerta:*

1) che il giudice dello Stato nel quale la sentenza è stata pronunciata poteva conoscere della causa secondo i principi sulla competenza giurisdizionale vigenti nell'ordinamento italiano;

2) che la citazione è stata notificata in conformità alla legge del luogo dove si è svolto il giudizio ed è stato in essa assegnato un congruo termine a comparire;

3) che le parti si sono costituite in giudizio secondo la legge del luogo o la contumacia è stata accertata e dichiarata validamente in conformità della stessa legge;

4) che la sentenza è passata in giudicato secondo la legge del luogo in cui è stata pronunciata;

5) che essa non è contraria ad altra sentenza pronunciata da un giudice italiano;

6) che non è pendente davanti a un giudice italiano un giudizio per il medesimo oggetto e tra le stesse parti, istituito prima del passaggio in giudicato della sentenza straniera;

7) che la sentenza non contiene disposizioni contrarie all'ordine pubblico italiano.

Ai fini dell'attuazione il titolo è costituito dalla sentenza straniera e da quella della Corte d'appello che ne dichiara l'efficacia.

* L'articolo è stato abrogato dalla l. 31/5/1995, n. 218, con decorrenza dal 31/12/1996.

798. Riesame del merito*. – *Su domanda del convenuto la Corte di appello procede al riesame del merito della causa, quando la sentenza è stata pronunciata in contumacia, o quando ricorre alcuno dei casi indicati nei numeri 1, 2, 3, 4 e 6 dell'articolo 395.*

In questi casi la corte, secondo i risultati della istruzione e della discussione, decide sul merito, oppure dichiara l'efficacia della sentenza straniera.

* L'articolo è stato abrogato dalla l. 31/5/1995, n. 218, con decorrenza dal 31/12/1996.

799. Dichiarazione di efficacia in giudizio pendente*. – *La sentenza straniera può essere fatta valere anche in corso di giudizio, quando il giudice di questo accerta che ricorrono le condizioni indicate nell'articolo 797. Tale accertamento produce effetti soltanto nel giudizio in cui la sentenza straniera è fatta valere. Ma, se vi procede la Corte d'appello competente a norma dell'articolo 796, l'efficacia della sentenza può essere, su istanza di parte, espressamente dichiarata a tutti gli effetti.*

Se la parte contro la quale è fatta valere la sentenza domanda il riesame del merito a norma dell'articolo precedente, il giudice sospende il procedimento e fissa un termine perentorio per proporre la domanda di riesame davanti alla Corte d'appello competente.

* L'articolo è stato abrogato dalla l. 31/5/1995, n. 218, con decorrenza dal 31/12/1996.

800. Sentenze arbitrali straniere*. – *Le disposizioni degli articoli precedenti si applicano anche alle sentenze arbitrali straniere, pronunciate tra stranieri o tra uno straniero e un cittadino oppure tra cittadini domiciliati o residenti all'estero, purché non riguardino le controversie che non possono formare oggetto di compromesso a norma dell'articolo 806 e, secondo la legge del luogo in cui sono state pronunciate, abbiano efficacia di una sentenza dell'autorità giudiziaria.*

* L'articolo è stato abrogato dalla l. 5/1/1994, n. 25.

801. Provvedimenti stranieri di volontaria giurisdizione*. – *Agli atti di giudici stranieri in materia di volontaria giurisdizione, quando si vuole farli valere in Italia, è attribuita efficacia nella Repubblica a norma degli articoli 796 e 797 in quanto applicabili.*

* L'articolo è stato abrogato dalla l. 31/5/1995, n. 218, con decorrenza dal 31/12/1996.

802. Assunzione di mezzi di prova disposti da giudici stranieri*. – *Le sentenze e i provvedimenti di giudici stranieri riguardanti esami di testimoni, accertamenti tecnici, giuramenti, interrogatori o altri mezzi di prova da assumersi nelle Repubblica sono resi esecutivi con decreto della Corte d'appello del luogo in cui si deve procedere a tali atti, sentito il pubblico ministero.*

Se l'assunzione dei mezzi di prova è chiesta dalla parte interessata, l'istanza è proposta alla Corte mediante ricorso, al quale deve essere unita copia autentica della sentenza o del provvedimento che ha ordinato gli atti chiesti.

Se l'assunzione è domandata dallo stesso giudice, la richiesta deve essere trasmessa in via diplomatica.

La Corte delibera in camera di consiglio e, qualora autorizzi l'assunzione, rimette gli atti al giudice competente.

* L'articolo è stato abrogato dalla l. 31/5/1995, n. 218, con decorrenza dal 31/12/1996.

803. Esecuzione richiesta in via diplomatica*. – *Se la richiesta per l'assunzione di mezzi di prova di atti di istruzione è fatta in via diplomatica e la parte interessata non ha costituito un procuratore che ne promuova l'assunzione, i provvedimenti necessari per questa sono pronunciati d'ufficio dal giudice procedente, e le notificazioni sono fatte a cura del cancelliere.*

Quando i mezzi richiesti lo esigono, lo stesso giudice può nominare d'ufficio un procuratore che rappresenti la parte interessata.

* L'articolo è stato abrogato dalla l. 31/5/1995, n. 218, con decorrenza dal 31/12/1996.

804. Atti pubblici ricevuti all'estero*. – *L'efficacia esecutiva nella Repubblica degli atti contrattuali ricevuti da pubblico* *ufficiale in paese estero è dichiarata con sentenza della Corte d'appello del luogo in cui l'atto deve eseguirsi, previo accertamento che l'atto ha forza esecutiva nel paese estero nel quale è stato ricevuto e che non contiene disposizioni contrarie all'ordine pubblico italiano.*

* L'articolo è stato abrogato dalla l. 31/5/1995, n. 218, con decorrenza dal 31/12/1996.

805. Notificazione di atti giudiziari di autorità straniere*. – *La notificazione di citazioni a comparire davanti ad autorità straniere o di altri atti provenienti da uno stato estero è autorizzata dal pubblico ministero presso il tribunale, nella cui giurisdizione la notificazione si deve eseguire.*

La notificazione richiesta in via diplomatica è eseguita, a cura del pubblico ministero, da un ufficiale giudiziario da lui richiesto.

* L'articolo è stato abrogato dalla l. 31/5/1995, n. 218, con decorrenza dal 31/12/1996.

TITOLO VIII
DELL'ARBITRATO

Capo I
Della convenzione d'arbitrato (1)

(1) Capo così modificato dal d.lg. n. 40/2006.
Il testo precedente recitava: «Capo I: del compromesso e della clausola compromissoria».

806. Controversie arbitrabili (1). – Le parti possono far decidere da arbitri le controversie tra di loro insorte che non abbiano per oggetto diritti indisponibili, salvo espresso divieto di legge.

Le controversie di cui all'articolo 409 possono essere decise da arbitri solo se previsto dalla legge o nei contratti o accordi collettivi di lavoro.

(1) Articolo così modificato dal d.lg. n. 40/2006. Il testo precedente recitava: «**806. Compromesso.** – Le parti possono far decidere da arbitri le controversie tra di loro insorte, tranne quelle previste negli articoli 409 e 442, quelle che riguardano questioni di stato e di separazione personale tra coniugi e le altre che non possono formare oggetto di transazione».

807. Compromesso (1). – Il compromesso deve, a pena di nullità, essere fatto per iscritto e determinare l'oggetto della controversia.

La forma scritta s'intende rispettata anche quando la volontà delle parti è espressa per telegrafo, telescrivente, telefacsimile o messaggio telematico nel rispetto della normativa, anche regolamentare, concernente la trasmissione e la ricezione dei documenti teletrasmessi.

(1) Articolo così modificato dal d.lg. n. 40/2006.
Il testo precedente recitava: «**807. Forma del compromesso.** – Il compromesso deve, a pena di nullità, essere fatto per iscritto e determinare l'oggetto della controversia.
La forma scritta s'intende rispettata anche quando la volontà delle parti è espressa per telegrafo o telescrivente.
Al compromesso si applicano le disposizioni che regolano la validità' dei contratti eccedenti l'ordinaria amministrazione».

808. Clausola compromissoria (1). – Le parti, nel contratto che stipulano o in un atto separato, possono stabilire che le controversie nascenti dal contratto medesimo siano decise da arbitri, purché si tratti di controversie che possono formare oggetto di convenzione d'arbitrato La clausola compromissoria deve risultare da atto avente la forma richiesta per il compromesso dall'articolo 807.

La validità della clausola compromissoria deve essere valutata in modo autonomo rispetto al contratto al quale si riferisce; tuttavia, il potere di stipulare il contratto comprende il potere di convenire la clausola compromissoria.

(1) Articolo così modificato dal d.lg. n. 40/2006.
Il testo precedente recitava: «**808. Clausola compromissoria.** – Le parti, nel contratto che stipulano o in un atto separato, possono stabilire che le controversie nascenti dal contratto medesimo siano decise da arbitri, purché si tratti di controversie che possono formare oggetto di compromesso. La clausola compromissoria deve risultare da atto avente la forma richiesta per il compromesso ai sensi dell'art. 807, commi 1° e 2°.
Le controversie di cui all'articolo 409 possono essere decise da arbitri solo se ciò sia previsto nei contratti e accordi collettivi di lavoro, purché ciò avvenga, a pena di nullità, senza pregiudizio della facoltà delle parti di adire l'autorità giudiziaria. La clausola compromissoria contenuta in contratti o accordi collettivi o in contratti individuali di lavoro è nulla ove autorizzi gli arbitri a pronunciare secondo equità ovvero dichiari il lodo non impugnabile.
La validità della clausola compromissoria deve essere valutata in modo autonomo rispetto al contratto al quale si riferisce; tuttavia, il potere di stipulare il contratto comprende il potere di convenire la clausola compromissoria».

808 bis. Convenzione di arbitrato in materia non contrattuale (1). – Le parti possono stabilire, con apposita convenzione, che siano decise da arbitri le controversie future relative a uno o più rapporti non contrattuali determinati. La convenzione deve risultare da atto avente la forma richiesta per il compromesso dall'articolo 807.

(1) Articolo aggiunto dal d.lg. n. 40/2006.

808 ter. Arbitrato irrituale (1). – Le parti possono, con disposizione espressa per iscritto, stabilire che, in deroga a quanto disposto dall'articolo 824-bis, la controversia sia definita dagli arbitri mediante determinazione contrattuale. Altrimenti si applicano le disposizioni del presente titolo.

Il lodo contrattuale è annullabile dal giudice competente secondo le disposizioni del libro I:

1) se la convenzione dell'arbitrato è invalida, o gli arbitri hanno pronunciato su conclusioni che esorbitano dai suoi limiti e la relativa eccezione è stata sollevata nel procedimento arbitrale;

2) se gli arbitri non sono stati nominati con le forme e nei modi stabiliti dalla convenzione arbitrale;

3) se il lodo è stato pronunciato da chi non poteva essere nominato arbitro a norma dell'articolo 812;

4) se gli arbitri non si sono attenuti alle regole imposte dalle parti come condizione di validità del lodo;

5) se non è stato osservato nel procedimento arbitrale il principio del contraddittorio. Al lodo contrattuale non si applica l'articolo 825.

(1) Articolo aggiunto dal d.lg. n. 40/2006.

808 quater. Interpretazione della convenzione d'arbitrato (1). – Nel dubbio, la convenzione d'arbitrato si interpreta nel senso che la competenza arbitrale si estende a tutte le controversie che derivano dal contratto o dal rapporto cui la convenzione si riferisce.

(1) Articolo aggiunto dal d.lg. n. 40/2006.

808 quinquies. Efficacia della convenzione d'arbitrato (1). – La conclusione del procedimento arbitrale senza pronuncia sul merito, non toglie efficacia alla convenzione d'arbitrato.

(1) Articolo aggiunto dal d.lg. n. 40/2006.

Capo II
Degli arbitri (1)

(1) Capo così sostituito dal d.lg. n. 40/2006.

809. Numero degli arbitri (1). – Gli arbitri possono essere uno o più, purché in numero dispari.

La convenzione d'arbitrato deve contenere la nomina degli arbitri oppure stabilire il numero di essi e il modo di nominarli.

In caso d'indicazione di un numero pari di arbitri, un ulteriore arbitro, se le parti non hanno diversamente convenuto, è nominato dal presidente del tribunale nei modi previsti dall'articolo 810. Se manca l'indicazione del numero degli arbitri e le parti non si accordano al riguardo, gli arbitri sono tre e, in mancanza di nomina, se le parti non hanno diversamente convenuto, provvede il presidente del tribunale nei modi previsti dall'articolo 810.

(1) Articolo così modificato dal d.lg. n. 40/2006.
Il testo precedente recitava: «**809. Numero e modo di nomina degli arbitri.** – Gli arbitri possono essere uno o più, purché in numero dispari.
Il compromesso o la clausola compromissoria deve contenere la nomina degli arbitri oppure stabilire il numero di essi e il modo di nominarli.
In caso di indicazione di un numero pari di arbitri, l'ulteriore arbitro, se le parti non hanno diversamente convenuto, è nominato dal presidente del tribunale nei modi previsti dall'articolo 810. Qualora manchi l'indicazione del numero degli arbitri e le parti non si accordino a riguardo, gli arbitri sono tre e, in mancanza di nomina, se le parti non hanno diversamente convenuto, provvede il presidente del tribunale nei modi previsti dall'articolo 810».

810. Nomina degli arbitri (1). – Quando a norma della convenzione d'arbitrato gli arbitri devono essere nominati dalle parti, ciascuna, di esse, con atto notificato per iscritto, rende noto all'altra l'arbitro o gli arbitri che essa nomina, con invito a procedere alla designazione dei propri. La parte, alla quale è rivolto l'invito, deve notificare per iscritto, nei venti giorni successivi, le generalità dell'arbitro o degli arbitri da essa nominati.

In mancanza, la parte che ha fatto l'invito può chiedere, mediante ricorso, che la nomina sia fatta dal presidente del tribunale nel cui circondario è la sede dell'arbitrato. Se le parti non hanno ancora determinato la sede, il ricorso è presentato al presidente del tribunale del luogo in cui è stata stipulata la convenzione di arbitrato oppure, se tale luogo è all'estero, al presidente del tribunale di Roma.

Il presidente del tribunale competente provvede alla nomina richiestagli, se la convenzione d'arbitrato non è manifestamente inesistente o non prevede manifestamente un arbitrato estero. La nomina avviene nel rispetto di criteri che assicurano trasparenza, rotazione ed efficienza e, a tal fine, della nomina viene data notizia sul sito dell'ufficio giudiziario (2).

Le stesse disposizioni si applicano se la nomina di uno o più arbitri è demandata dalla convenzione d'arbitrato all'autorità giudiziaria o se, essendo demandata a un terzo, questi non vi ha provveduto.

(1) Articolo così modificato dal d.lg. n. 40/2006.
Il testo precedente recitava: «**810. Nomina degli arbitri.** – Quando a norma del compromesso o della clausola compromissoria gli arbitri debbono essere nominati dalle parti, ciascuna di esse, con atto notificato a mezzo di ufficiale giudiziario, può rendere noto all'altra l'arbitro o gli arbitri che essa nomina, con invito a procedere alla designazione dei propri. La parte, alla quale è rivolto l'invito, deve notificare, nei venti giorni successivi, le generalità dell'arbitro o degli arbitri da essa nominati.
In mancanza, la parte che ha fatto l'invito può chiedere, mediante ricorso, che la nomina sia fatta dal presidente del tribunale nella cui circoscrizione è la sede dell'arbitrato. Se le parti non hanno ancora determinato tale sede, il ricorso è presentato al presidente del tribunale del luogo in cui è stato stipulato il compromesso o il contratto al quale si riferisce la clausola compromissoria oppure, se tale luogo è all'estero, al presidente del tribunale di Roma. Il presidente, sentita, quando occorre, l'altra parte, provvede con ordinanza non impugnabile.
La stessa disposizione si applica se la nomina di uno o più arbitri sia dal compromesso o dalla clausola compromissoria demandata all'autorità giudiziaria o se, essendo demandata a un terzo, questi non vi abbia provveduto».

(2) Le parole "La nomina avviene nel rispetto di criteri che assicurano trasparenza, rotazione ed efficienza e, a tal fine, della nomina viene data notizia sul sito dell'ufficio giudiziario." sono state introdotte dall'art. 3, co. 51, d.lg. 10/10/2022, n. 149.

811. Sostituzione di arbitri (1). – Quando per qualsiasi motivo vengono a mancare tutti o alcuni degli arbitri nominati, si provvede alla loro sostituzione secondo quanto è stabilito per la loro nomina nella convenzione d'arbitrato. Se la parte a cui spetta o il terzo non vi provvede, o se la convenzione d'arbitrato nulla dispone al riguardo, si applicano le disposizioni dell'articolo precedente.

(1) Articolo così modificato dal d.lg. n. 40/2006.
Il testo precedente recitava: «**811. Sostituzione di arbitri.** – Quando per qualsiasi motivo vengano a mancare tutti o alcuni degli arbitri nominati, si provvede alla loro sostituzione secondo quanto è stabilito per la loro nomina nel compromesso o nella clausola compromissoria. Se la parte a cui spetta o il terzo non vi provvede o se il compromesso o la clausola compromissoria nulla dispongono al riguardo, si applicano le disposizioni dell'articolo precedente».

812. Incapacità di essere arbitro (1). – Non può essere arbitro chi è privo, in tutto o in parte, della capacità legale di agire.

(1) Articolo così modificato dal d.lg. n. 40/2006.
Il testo precedente recitava: «**812. Capacità di essere arbitro.** – Gli arbitri possono essere sia cittadini italiani sia stranieri.
Non possono essere arbitri i minori, gli interdetti, gli inabilitati, i falliti, e coloro che sono sottoposti a interdizione dai pubblici uffici».

813. Accettazione degli arbitri (1). – L'accettazione degli arbitri è data per iscritto, anche mediante sottoscrizione del compromesso o del verbale della prima riunione, ed è accompagnata, a pena di nullità, da una dichiarazione nella quale è indicata ogni circostanza rilevante ai sensi dell'articolo 815, primo comma, ovvero la relativa insussistenza. L'arbitro deve rinnovare la dichiarazione in presenza di circostanze sopravvenute. In caso di omessa dichiarazione o di omessa indicazione di circostanze che legittimano la ricusazione, la parte può richiedere, entro dieci giorni dalla accettazione o dalla scoperta delle circostanze, la decadenza dell'arbitro nei modi e con le forme di cui all'articolo 813-bis (2).

Agli arbitri non compete la qualifica di pubblico ufficiale o di incaricato di un pubblico servizio.

(1) Articolo così modificato dal d.lg. n. 40/2006.

(2) Comma così sostituito dall'art. 3, co. 51, d.lg. 10/10/2022, n. 149. La precedente formulazione era: «L'accettazione degli arbitri deve essere data per iscritto e può risultare dalla sottoscrizione del compromesso o del verbale della prima riunione.».

813 bis. Decadenza degli arbitri (1). – Se le parti non hanno diversamente convenuto, l'arbitro che omette, o ritarda di compiere un atto relativo alle sue funzioni, può essere sostituito d'accordo tra le parti o dal terzo a ciò incaricato dalla convenzione d'arbitrato. In mancanza, decorso il termine di quindici giorni da apposita diffida comunicata per mezzo di lettera raccomandata all'arbitro per ottenere l'atto, ciascuna delle parti può proporre ricorso al presidente del tribunale a norma dell'articolo 810, secondo comma. Il presidente, sentiti gli arbitri e le parti, provvede con ordinanza non impugnabile e, se accerta l'omissione o il ritardo, dichiara la decadenza dell'arbitro e provvede alla sua sostituzione.

(1) Articolo aggiunto dal d.lg. n. 40/2006.

813 ter. Responsabilità degli arbitri (1). – Risponde dei danni cagionati alle parti l'arbitro che:

1) con dolo o colpa grave ha omesso o ritardato atti dovuti ed è stato perciò dichiarato decaduto, ovvero ha rinunciato all'incarico senza giustificato motivo;

2) con dolo o colpa grave ha omesso o impedito la pronuncia del lodo entro il termine fissato a norma degli articoli 820 o 826.

Fuori dai precedenti casi, gli arbitri rispondono esclusivamente per dolo o colpa grave entro i limiti previsti dall'articolo 2, commi 2 e 3, della legge 13 aprile 1988, n. 117.

L'azione di responsabilità può essere proposta in pendenza del giudizio arbitrale soltanto nel caso previsto dal primo comma, n. 1).

Se è stato pronunciato il lodo, l'azione di responsabilità può essere proposta soltanto dopo l'accoglimento dell'impugnazione con sentenza passata in giudicato e per i motivi per cui l'impugnazione è stata accolta.

Se la responsabilità non dipende da dolo dell'arbitro, la misura del risarcimento non può superare una somma pari al triplo del compenso convenuto o, in mancanza di determinazione convenzionale, pari al triplo del compenso previsto dalla tariffa applicabile.

Nei casi di responsabilità dell'arbitro il corrispettivo e il rimborso delle spese non gli sono dovuti o, nel caso di nullità parziale del lodo, sono soggetti a riduzione.

Ciascun arbitro risponde solo del fatto proprio.

(1) Articolo aggiunto dal d.lg. n. 40/2006.

814. Diritti degli arbitri (1). – Gli arbitri hanno diritto al rimborso delle spese e all'onorario per l'opera prestata, se non vi hanno rinunciato al momento dell'accettazione o con atto scritto successivo. Le parti sono tenute solidalmente al pagamento, salvo rivalsa tra loro.

Quando gli arbitri provvedono direttamente alla liquidazione delle spese e dell'onorario, tale liquidazione non è vincolante per le parti se esse non l'accettano. In tal caso l'ammontare delle spese e dell'onorario è determinato con ordinanza dal presidente del tribunale indicato nell'articolo 810, secondo comma, su ricorso degli arbitri e sentite le parti.

L'ordinanza è titolo esecutivo contro le parti ed è soggetta a reclamo a norma dell'articolo 825, quarto comma. Si applica l'articolo 830, quarto comma.

(1) Articolo così modificato dal d.lg. n. 40/2006.
Il testo precedente recitava: «**814. Diritti degli arbitri.** – Gli arbitri hanno diritto al rimborso delle spese e all'onorario per l'opera prestata, salvo che vi abbiano rinunciato al momento dell'accettazione o con atto scritto successivo. Le parti sono tenute solidalmente al pagamento, salvo rivalsa tra loro.
Quando gli arbitri provvedono direttamente alla liquidazione delle spese e dell'onorario, tale liquidazione non è vincolante per le parti se esse non l'accettano. In tal caso l'ammontare delle spese e dell'onorario è determinato con ordinanza non impugnabile dal presidente del tribunale indicato nell'articolo 810 secondo comma, su ricorso degli arbitri e sentite le parti.
L'ordinanza è titolo esecutivo contro le parti».

815. Ricusazione degli arbitri (1). – Un arbitro può essere ricusato:

1) se non ha le qualifiche espressamente convenute dalle parti;

2) se egli stesso, o un ente, associazione o società di cui sia amministratore, ha interesse nella causa;

3) se egli stesso o il coniuge è parente fino al quarto grado o è convivente o commensale abituale di una delle parti, di un rappresentante legale di una delle parti, o di alcuno dei difensori;

4) se egli stesso o il coniuge ha causa pendente o grave inimicizia con una delle parti, con un suo rappresentante legale, o con alcuno dei suoi difensori;

5) se è legato ad una delle parti, a una società da questa controllata, al soggetto che la controlla, o a società sottoposta a comune controllo, da un rapporto di lavoro subordinato o da un rapporto continuativo di consulenza o di prestazione d'opera retribuita, ovvero da altri rapporti di natura patrimoniale o associativa che ne compromettono l'indipendenza; inoltre, se è tutore o curatore di una delle parti;

6) se ha prestato consulenza, assistenza o difesa ad una delle parti in una precedente fase della vicenda o vi ha deposto come testimone (2);

6-bis) se sussistono altre gravi ragioni di convenienza, tali da incidere sull'indipendenza o sull'imparzialità dell'arbitro (3).

Una parte non può ricusare l'arbitro che essa ha nominato o contribuito a nominare se non per motivi conosciuti dopo la nomina.

La ricusazione è proposta mediante ricorso al presidente del tribunale indicato nell'articolo 810, secondo comma, entro il termine perentorio di dieci giorni dalla notificazione della nomina o dalla sopravvenuta conoscenza della causa di ricusazione. Il presidente pronuncia con ordinanza non impugnabile, sentito l'arbitro ricusato e le parti e assunte, quando occorre, sommarie informazioni.

Con ordinanza il presidente provvede sulle spese. Nel caso di manifesta inammissibilità o manifesta infondatezza dell'istanza di ricusazione condanna la parte che l'ha proposta al pagamento, in favore dell'altra parte, di una somma equitativamente determinata non superiore al triplo del massimo del compenso spettante all'arbitro singolo in base alla tariffa forense.

La proposizione dell'istanza di ricusazione non sospende il procedimento arbitrale, salvo diversa determinazione degli arbitri. Tuttavia, se l'istanza è accolta, l'attività compiuta dall'arbitro ricusato o con il suo concorso è inefficace.

(1) Articolo così modificato dal d.lg. n. 40/2006.
Il testo precedente recitava: «**815. Ricusazione degli arbitri.** – La parte può ricusare l'arbitro, che essa non ha nominato, per i motivi indicati nell'articolo 51.
La ricusazione è proposta mediante ricorso al presidente del tribunale indicato nell'articolo 810, secondo comma, entro il termine perentorio di dieci giorni dalla notificazione della nomina o dalla sopravvenuta conoscenza della causa di ricusazione. Il presidente pronuncia con ordinanza non impugnabile, sentito l'arbitro ricusato e assunte, quando occorre, sommarie informazioni».

(2) L'originario segno di interpunzione "." è stato sostituito da quello ";" dall'art. 3, co. 51, d.lg. 10/10/2022, n. 149.

(3) Numero introdotto dall'art. 3, co. 51, d.lg. 10/10/2022, n. 149.

Capo III
Del procedimento (1)

(1) Capo così sostituito dal d.lg. n. 40/2006.

816. Sede dell'arbitrato (1). – Le parti determinano la sede dell'arbitrato nel territorio della Repubblica; altrimenti provvedono gli arbitri.

Se le parti e gli arbitri non hanno determinato la sede dell'arbitrato, questa è nel luogo in cui è stata stipulata la convenzione di arbitrato. Se tale luogo non si trova nel territorio nazionale, la sede è a Roma.

Se la convenzione d'arbitrato non dispone diversamente, gli arbitri possono tenere udienza, compiere atti istruttori, deliberare ed apporre le loro sottoscrizioni al lodo anche in luoghi diversi dalla sede dell'arbitrato ed anche all'estero.

(1) Articolo così modificato dal d.lg. n. 40/2006.
Il testo precedente recitava: «**816. Svolgimento del procedimento.** – Le parti determinano la sede dell'arbitrato nel territorio della Repubblica; altrimenti provvedono gli arbitri nella loro prima riunione.
Le parti possono stabilire nel compromesso, nella clausola compromissoria o con atto scritto separato, purché anteriore all'inizio

del giudizio arbitrale, le norme che gli arbitri debbono osservare nel procedimento.
In mancanza di tali norme gli arbitri hanno facoltà di regolare lo svolgimento del giudizio nel modo che ritengono più opportuno.
Essi debbono in ogni caso assegnare alle parti i termini per presentare documenti e memorie, e per esporre le loro repliche.
Gli atti di istruzione possono essere delegati dagli arbitri ad uno di essi.
Su tutte le questioni che si presentano nel corso del procedimento gli arbitri provvedono con ordinanza non soggetta a deposito e revocabile tranne che nel caso previsto nell'articolo 819».

816 bis. Svolgimento del procedimento (1). – Le parti possono stabilire nella convenzione d'arbitrato, o con atto scritto separato, purché anteriore all'inizio del giudizio arbitrale, le norme che gli arbitri debbono osservare nel procedimento e la lingua dell'arbitrato. In mancanza di tali norme gli arbitri hanno facoltà di regolare lo svolgimento del giudizio e determinare la lingua dell'arbitrato nel modo che ritengono più opportuno. Essi debbono in ogni caso attuare il principio del contraddittorio, concedendo alle parti ragionevoli ed equivalenti possibilità di difesa. Le parti possono stare in arbitrato per mezzo di difensori. In mancanza di espressa limitazione, la procura al difensore si estende a qualsiasi atto processuale, ivi compresa la rinuncia agli atti e la determinazione o proroga del termine per la pronuncia del lodo. In ogni caso, il difensore può essere destinatario della comunicazione della notificazione del lodo e della notificazione della sua impugnazione.

Le parti o gli altri arbitri possono autorizzare il presidente del collegio arbitrale a deliberare le ordinanze circa lo svolgimento del procedimento.

Su tutte le questioni che si presentano nel corso del procedimento gli arbitri, se non ritengono di provvedere con lodo non definitivo, provvedono con ordinanza revocabile non soggetta a deposito.

(1) Articolo aggiunto dal d.lg. n. 40/2006.

816 bis.1. (Domanda di arbitrato (1). – La domanda di arbitrato produce gli effetti sostanziali della domanda giudiziale e li mantiene nei casi previsti dall'articolo 819-quater.

(1) Articolo aggiunto dall'art. 3, co. 52, d.lg. 10/10/2022, n. 149.

816 ter. Istruzione probatoria (1). – L'istruttoria o singoli atti di istruzione possono essere delegati dagli arbitri ad uno di essi.

Gli arbitri possono assumere direttamente presso di sé la testimonianza, ovvero deliberare di assumere la deposizione del testimone, ove questi vi consenta, nella sua abitazione o nel suo ufficio. Possono altresì deliberare di assumere la deposizione richiedendo al testimone di fornire per iscritto risposte a quesiti nel termine che essi stessi stabiliscono.

Se un testimone rifiuta di comparire davanti agli arbitri, questi, quando lo ritengono opportuno secondo le circostanze, possono richiedere al presidente del tribunale della sede dell'arbitrato, che ne ordini la comparizione davanti a loro.

Nell'ipotesi prevista dal precedente comma il termine per la pronuncia del lodo è sospeso dalla data dell'ordinanza alla data dell'udienza fissata per l'assunzione della testimonianza.

Gli arbitri possono farsi assistere da uno o più consulenti tecnici. Possono essere nominati consulenti tecnici sia persone fisiche, sia enti.

Gli arbitri possono chiedere alla pubblica amministrazione le informazioni scritte relative ad atti e documenti dell'amministrazione stessa, che è necessario acquisire al giudizio.

(1) Articolo aggiunto dal d.lg. n. 40/2006.

816 quater. Pluralità di parti (1). – Qualora più di due parti siano vincolate dalla stessa convenzione d'arbitrato, ciascuna parte può convenire tutte o alcune delle altre nel medesimo procedimento arbitrale se la convenzione d'arbitrato devolve a un terzo la nomina degli arbitri, se gli arbitri sono nominati con l'accordo di tutte le parti, ovvero se le altre parti, dopo che la prima ha nominato l'arbitro o gli arbitri, nominano d'accordo un ugual numero di arbitri o ne affidano a un terzo la nomina.

Fuori dei casi previsti nel precedente comma il procedimento iniziato da una parte nei confronti di altre si scinde in tanti procedimenti quante sono queste ultime.

Se non si verifica l'ipotesi prevista nel primo comma e si versa in caso di litisconsorzio necessario, l'arbitrato è improcedibile.

(1) Articolo aggiunto dal d.lg. n. 40/2006.

816 quinquies. Intervento di terzi e successione nel diritto controverso (1). – L'intervento volontario o la chiamata in arbitrato di un terzo sono ammessi solo con l'accordo del terzo e delle parti e con il consenso degli arbitri.

Sono sempre ammessi l'intervento previsto dal secondo comma dell'articolo 105 e l'intervento del litisconsorte necessario.

Si applica l'articolo 111.

(1) Articolo aggiunto dal d.lg. n. 40/2006.

816 sexies. Morte, estinzione o perdita di capacità della parte (1). – Se la parte viene meno per morte o altra causa, ovvero perde la capacità legale, gli arbitri assumono le misure idonee a garantire l'applicazione del contraddittorio ai fini della prosecuzione del giudizio. Essi possono sospendere il procedimento.

Se nessuna delle parti ottempera alle disposizioni degli arbitri per la prosecuzione del giudizio, gli arbitri possono rinunciare all'incarico.

(1) Articolo aggiunto dal d.lg. n. 40/2006.

816 septies. Anticipazione delle spese (1). – Gli arbitri possono subordinare la prosecuzione del procedimento al versamento anticipato delle spese prevedibili. Salvo diverso accordo delle parti, gli arbitri determinano la misura dell'anticipazione a carico di ciascuna parte.

Se una delle parti non presta l'anticipazione richiestale, l'altra può anticipare la totalità delle spese. Se le parti non provvedono all'anticipazione nel termine fissato dagli arbitri, non sono più vincolate alla convenzione di arbitrato con riguardo alla controversia che ha dato origine al procedimento arbitrale.

(1) Articolo aggiunto dal d.lg. n. 40/2006.

817. Eccezione d'incompetenza (1). – Se la validità, il contenuto o l'ampiezza della convenzione d'arbitrato o la regolare costituzione degli arbitri sono contestate nel corso dell'arbitrato, gli arbitri decidono sulla propria competenza.

Questa disposizione si applica anche se i poteri degli arbitri sono contestati in qualsiasi sede per qualsiasi ragione sopravvenuta nel corso del procedimento. La parte che non eccepisce nella prima difesa successiva all'accettazione degli arbitri l'incompetenza di questi per inesistenza, invalidità o inefficacia della convenzione d'arbitrato, non può per questo motivo impugnare il lodo, salvo il caso di controversia non arbitrabile.

La parte, che non eccepisce nel corso dell'arbitrato che le conclusioni delle altre parti esorbitano dai limiti della convenzione arbitrale, non può, per questo motivo, impugnare il lodo.

(1) Articolo così modificato dal d.lg. n. 40/2006.

Il testo precedente recitava: «**817. Eccezione d'incompetenza.** – La parte, che non eccepisce nel corso del procedimento arbitrale che le conclusioni delle altre parti esorbitano dai limiti del compromesso o della clausola compromissoria, non può, per questo motivo, impugnare di nullità il lodo».

817 bis. Compensazione (1). – Gli arbitri sono competenti a conoscere dell'eccezione di compensazione, nei limiti del valore della domanda, anche se il controcredito non è compreso nell'ambito della convenzione di arbitrato.

(1) Articolo aggiunto dal d.lg. n. 40/2006.

818. Provvedimenti cautelari (1). – Le parti, anche mediante rinvio a regolamenti arbitrali, possono attribuire agli arbitri il potere di concedere misure cautelari con la convenzione di arbitrato o con atto scritto anteriore all'instaurazione del giudizio arbitrale. La competenza cautelare attribuita agli arbitri è esclusiva.

Prima dell'accettazione dell'arbitro unico o della costituzione del collegio arbitrale, la domanda cautelare si propone al giudice competente ai sensi dell'articolo 669-quinquies.

(1) Articolo così sostituito dall'art. 3, co. 52, d.lg. 10/10/2022, n. 149. La precedente formulazione era: «Gli arbitri non possono concedere sequestri, né altri provvedimenti cautelari, salva diversa disposizione di legge.».

818 bis. Reclamo (1). – Contro il provvedimento degli arbitri che concede o nega una misura cautelare è ammesso reclamo a norma dell'articolo 669-terdecies davanti alla corte di appello, nel cui distretto è la sede dell'arbitrato, per i motivi di cui all'articolo 829, primo comma, in quanto compatibili, e per contrarietà all'ordine pubblico.

(1) Articolo aggiunto dall'art. 3, co. 52, d.lg. 10/10/2022, n. 149.

818 ter. Attuazione (1) – L'attuazione delle misure cautelari concesse dagli arbitri è disciplinata dall'articolo 669-duodecies e si svolge sotto il controllo del tribunale nel cui circondario è la sede dell'arbitrato o, se la sede dell'arbitrato non è in Italia, il tribunale del luogo in cui la misura cautelare deve essere attuata.

Resta salvo il disposto degli articoli 677 e seguenti in ordine all'esecuzione dei sequestri concessi dagli arbitri. Competente è il tribunale previsto dal primo comma.

(1) Articolo aggiunto dall'art. 3, co. 52, d.lg. 10/10/2022, n. 149.

819. Questioni pregiudiziali di merito (1). – Gli arbitri risolvono senza autorità di giudicato tutte le questioni rilevanti per la decisione della controversia, anche se vertono su materie che non possono essere oggetto di convenzione di arbitrato, salvo che debbano essere decise con efficacia di giudicato per legge.

Su domanda di parte, le questioni pregiudiziali sono decise con efficacia di giudicato se vertono su materie che possono essere oggetto di convenzione di arbitrato. Se tali questioni non sono comprese nella convenzione di arbitrato, la decisione con efficacia di giudicato è subordinata alla richiesta di tutte le parti.

(1) Articolo così modificato dal d.lg. n. 40/2006.
Il testo precedente recitava: «**819. Questioni incidentali.** – Se nel corso del procedimento sorge una questione che per legge non può costituire oggetto di giudizio arbitrale, gli arbitri, qualora ritengano che il giudizio ad essi affidato dipende dalla definizione di tale questione, sospendono il procedimento.
Fuori di tali ipotesi gli arbitri decidono tutte le questioni insorte nel giudizio arbitrale.
Nel caso previsto dal primo comma il termine stabilito nell'articolo 820 resta sospeso fino al giorno in cui una delle parti notifichi agli arbitri la sentenza passata in giudicato che ha deciso la causa incidentale; ma se il termine che resta a decorrere ha una durata inferiore a sessanta giorni, è prorogato di diritto fino a raggiungere i sessanta giorni».

819 bis. Sospensione del procedimento arbitrale (1). – Ferma l'applicazione dell'articolo 816-sexies, gli arbitri sospendono il procedimento arbitrale con ordinanza motivata nei seguenti casi:

1) quando il processo dovrebbe essere sospeso a norma del comma terzo dell'articolo 75 del codice di procedura penale, se la controversia fosse pendente davanti all'autorità giudiziaria;

2) se sorge questione pregiudiziale su materia che non può essere oggetto di convenzione d'arbitrato e per legge deve essere decisa con autorità di giudicato;

3) quando rimettono alla Corte cost. una questione di legittimità costituzionale ai sensi dell'articolo 23 della legge 11 marzo 1953, n. 87.

Se nel procedimento arbitrale è invocata l'autorità di una sentenza e questa è impugnata, si applica il secondo comma dell'articolo 337.

Una volta disposta la sospensione, il procedimento si estingue se nessuna parte deposita presso gli arbitri istanza di prosecuzione entro il termine fissato dagli arbitri stessi o, in difetto, entro un anno dalla cessazione della causa di sospensione. Nel caso previsto dal primo comma, numero 2), il procedimento si estingue altresì se entro novanta giorni dall'ordinanza di sospensione nessuna parte deposita presso gli arbitri copia autentica dell'atto con il quale la controversia sulla questione pregiudiziale è proposta davanti all'autorità giudiziaria.

(1) Articolo così modificato dal d.lg. n. 40/2006.
Il testo precedente recitava: «**819 bis. Connessione.** – La competenza degli arbitri non è esclusa dalla connessione tra la controversia ad essi deferita ed una causa pendente dinanzi al giudice».

819 ter. Rapporti tra arbitri e autorità giudiziaria (1). – La competenza degli arbitri non è esclusa dalla pendenza della stessa causa davanti al giudice, né dalla connessione tra la controversia ad essi deferita ed una causa pendente davanti al giudice. La sentenza o l'ordinanza (2), con la quale il giudice afferma o nega la propria competenza in relazione a una convenzione d'arbitrato, è impugnabile a norma degli articoli 42 e 43. L'eccezione di incompetenza del giudice in ragione della convenzione di arbitrato deve essere proposta, a pena di decadenza, nella comparsa di risposta. La mancata proposizione dell'eccezione esclude la competenza arbitrale limitatamente alla controversia decisa in quel giudizio.

Nei rapporti tra arbitrato e processo non si applicano regole corrispondenti agli articoli 44, 45, 48, 50 e 295 (3).

In pendenza del procedimento arbitrale non possono essere proposte domande giudiziali aventi ad oggetto l'invalidità o inefficacia della convenzione d'arbitrato.

(1) Articolo così modificato dal d.lg. n. 40/2006.
Il testo precedente recitava: «**819-ter. Assunzione delle testimonianze.** – Gli arbitri possono assumere direttamente presso di sé la testimonianza, ovvero deliberare di assumere la deposizione del testimone, ove questi vi consenta, nella sua abitazione o nel suo ufficio. Possono altresì deliberare di assumere la deposizione richiedendo al testimone di fornire per iscritto risposte a quesiti nel termine che essi stessi stabiliscono».

(2) Le parole "o l'ordinanza" sono state aggiunte dall'art. 3, co. 52, d.lg. 10/10/2022, n. 149.

(3) La Corte cost., con sent. 16-19/7/2013, n. 223, ha dichiarato l'illegittimità costituzionale del presente comma nella parte in cui esclude l'applicabilità, ai rapporti tra arbitrato e processo, di regole corrispondenti all'art. 50 del presente codice.

819 quater. Riassunzione della causa (1). –Il processo instaurato davanti al giudice continua davanti agli arbitri se una delle parti procede a norma dell'articolo 810 entr tre mesi dal passaggio in giudicato della sentenza con cui è negata la competenza in ragione di una convenzione di arbitrato o dell'ordinanza di regolamento.

Il processo instaurato davanti agli arbitri continua davanti al giudice competente se la riassunzione della causa ai sensi dell'articolo 125 delle disposizioni di attuazione del presente codice avviene entro tre mesi dal passaggio in giudicato del lodo che declina la competenza arbitrale sulla lite o dalla pubblicazione della sentenza o dell'ordinanza che definisce la sua impugnazione.

Le prove raccolte nel processo davanti al giudice o all'arbitro dichiarati non competenti possono essere valutate come argomenti di prova nel processo riassunto ai sensi del presente articolo.

L'inosservanza dei termini fissati per la riassunzione ai sensi del presente articolo comporta l'estinzione del processo. Si applicano gli articoli 307, quarto comma, e 310.

(1) Articolo aggiunto dall'art. 3, co. 52, d.lg. 10/10/2022, n. 149.

Capo IV
Del lodo (1)

(1) Capo così sostituito dal d.lg. n. 40/2006.

820. Termine per la decisione (1). – Le parti possono, con la convenzione di arbitrato o con accordo anteriore all'accettazione degli arbitri, fissare un termine per la pronuncia del lodo.

Se non è stato fissato un termine per la pronuncia del lodo, gli arbitri debbono pronunciare il lodo nel termine di duecentoquaranta giorni dall'accettazione della nomina.

In ogni caso il termine può essere prorogato:

a) mediante dichiarazioni scritte di tutte le parti indirizzate agli arbitri;

b) dal presidente del tribunale indicato nell'articolo 810, secondo comma, su istanza motivata di una delle parti o degli arbitri; l'istanza può essere proposta fino alla scadenza del termine. In ogni caso il termine può essere prorogato solo prima della scadenza.

Se le parti non hanno disposto diversamente, il termine è prorogato di centottanta giorni nei casi seguenti e per non più di una volta nell'ambito di ciascuno di essi:

a) se debbono essere assunti mezzi di prova;

b) se è disposta consulenza tecnica d'ufficio;

c) se è pronunciato un lodo non definitivo o un lodo parziale;

d) se è modificata la composizione del collegio arbitrale o è sostituito l'arbitro unico. Il termine per la pronuncia del lodo è sospeso durante la sospensione del procedimento. In ogni caso, dopo la ripresa del procedimento, il termine residuo, se inferiore, è esteso a novanta giorni.

(1) Articolo così modificato dal d.lg. n. 40/2006.
Il testo precedente recitava: «**820. Termini per la decisione.** – Se le parti non hanno disposto altrimenti, gli arbitri debbono pronunciare il lodo nel termine di centottanta giorni dall'accettazione della nomina. Se gli arbitri sono più e l'accettazione non è avvenuta contemporaneamente da parte di tutti, il termine decorre dall'ultima accettazione. Il termine è sospeso quando è proposta istanza di ricusazione e fino alla pronuncia su di essa, ed è interrotto quando occorre procedere alla sostituzione degli arbitri.
Quando debbono essere assunti mezzi di prova o sia stato pronunciato lodo non definitivo, gli arbitri possono prorogare per una sola volta il termine e per non più di centottanta giorni.
Nel caso di morte di una delle parti il termine è prorogato di trenta giorni.
Le parti, d'accordo, possono consentire con atto scritto la proroga del termine».

821. Rilevanza del decorso del termine (1). – Il decorso del termine indicato nell'articolo precedente non può essere fatto valere come causa di nullità del lodo se la parte, prima della deliberazione del lodo risultante dal dispositivo sottoscritto dalla maggioranza degli arbitri, non abbia notificato alle altre parti e agli arbitri che intende far valere la loro decadenza.

Se la parte fa valere la decadenza degli arbitri, questi, verificato il decorso del termine, dichiarano estinto il procedimento.

(1) Articolo così modificato dal d.lg. n. 40/2006.
Il testo precedente recitava: «**821. Rilevanza del decorso del termine.** – Il decorso del termine indicato nell'articolo precedente non può essere fatto valere come causa di nullità del lodo se la parte, prima della deliberazione del lodo risultante dal dispositivo sottoscritto dalla maggioranza degli arbitri, non abbia notificato alle altre parti e agli arbitri che intende far valere la loro decadenza».

822. Norme per la deliberazione (1). – Gli arbitri decidono secondo le norme di diritto, salvo che le parti abbiano disposto con qualsiasi espressione che gli arbitri pronunciano secondo equità.

Quando gli arbitri sono chiamati a decidere secondo le norme di diritto, le parti, nella convenzione di arbitrato o con atto scritto anteriore all'instaurazione del giudizio arbitrale, possono indicare le norme o la legge straniera quale legge applicabile al merito della controversia. In mancanza, gli arbitri applicano le norme o la legge individuate ai sensi dei criteri di conflitto ritenuti applicabili (2).

(1) Articolo così modificato dal d.lg. n. 40/2006.
Il testo precedente recitava: «**822. Norme per la deliberazione.** – Gli arbitri decidono secondo le norme di diritto, salvo che le parti li abbiano autorizzati con qualsiasi espressione a pronunciare secondo equità».
(2) Comma introdotto dall'art. 3, co. 53, d.lg. 10/10/2022, n. 149.

823. Deliberazione e requisiti del lodo (1). – Il lodo è deliberato a maggioranza di voti con la partecipazione di tutti gli arbitri ed è quindi redatto per iscritto. Ciascun arbitro può chiedere che il lodo, o una parte di esso, sia deliberato dagli arbitri riuniti in conferenza personale.

Il lodo deve contenere:

1) il nome degli arbitri;

2) l'indicazione della sede dell'arbitrato;

3) l'indicazione delle parti;

4) l'indicazione della convenzione di arbitrato e delle conclusioni delle parti;

5) l'esposizione sommaria dei motivi;

6) il dispositivo;

7) la sottoscrizione degli arbitri. La sottoscrizione della maggioranza degli arbitri è sufficiente, se accompagnata dalla dichiarazione che esso è stato deliberato con la partecipazione di tutti e che gli altri non hanno voluto o non hanno potuto sottoscriverlo;

8) la data delle sottoscrizioni.

(1) Articolo così modificato dal d.lg. n. 40/2006.
Il testo precedente recitava: «**823. Deliberazione e requisiti del lodo** – Il lodo è deliberato a maggioranza di voti dagli arbitri riuniti in conferenza personale ed è quindi redatto per iscritto.
Esso deve contenere:
1) l'indicazione delle parti;
2) l'indicazione dell'atto di compromesso o della clausola compromissoria e dei requisiti relativi;
3) l'esposizione sommaria dei motivi;
4) il dispositivo;
5) l'indicazione della sede dell'arbitrato e del luogo o del modo in cui è stato deliberato;
6) la sottoscrizione di tutti gli arbitri, con l'indicazione del giorno, mese ed anno in cui è apposta; la sottoscrizione può avvenire anche in luogo diverso da quello della deliberazione ed anche all'estero; se gli arbitri sono più di uno, le varie sottoscrizioni, sen-

za necessità di ulteriore conferenza personale, possono avvenire in luoghi diversi.
Tuttavia è valido il lodo sottoscritto dalla maggioranza degli arbitri, purché si dia atto che esso è stato deliberato in conferenza personale di tutti, con l'espressa dichiarazione che gli altri non hanno voluto o non hanno potuto sottoscriverlo. Il lodo ha efficacia vincolante tra le parti dalla data della sua ultima sottoscrizione».

824. Originali e copie del lodo (1). – Gli arbitri redigono il lodo in uno o più originali. Gli arbitri danno comunicazione del lodo a ciascuna parte mediante consegna di un originale, o di una copia attestata conforme dagli stessi arbitri, anche con spedizione in plico raccomandato, entro dieci giorni dalla sottoscrizione del lodo.

(1) Articolo così modificato dal d.lg. n. 40/2006.
Il testo precedente recitava: «**824. Luogo di pronuncia** – Il lodo deve essere pronunciato nel territorio della Repubblica».

824 bis. Efficacia del lodo (1). – Salvo quanto disposto dall'articolo 825, il lodo ha dalla data della sua ultima sottoscrizione gli effetti della sentenza pronunciata dall'autorità giudiziaria.

(1) Articolo aggiunto dal d.lg. n. 40/2006.

825. Deposito del lodo (1). – La parte che intende fare eseguire il lodo nel territorio della Repubblica ne propone istanza depositando il lodo in originale, o in copia conforme, insieme con l'atto contenente la convenzione di arbitrato, in originale o in copia conforme, nella cancelleria del tribunale nel cui circondario è la sede dell'arbitrato. Il tribunale, accertata la regolarità formale del lodo, lo dichiara esecutivo con decreto. Il lodo reso esecutivo è soggetto a trascrizione o annotazione, in tutti i casi nei quali sarebbe soggetta a trascrizione o annotazione la sentenza avente il medesimo contenuto.

Del deposito e del provvedimento del tribunale è data notizia dalla cancelleria alle parti nei modi stabiliti dell'articolo 133, secondo comma.

Contro il decreto che nega o concede l'esecutorietà del lodo, è ammesso reclamo mediante ricorso alla corte d'appello, entro trenta giorni dalla comunicazione; la corte, sentite le parti, provvede in camera di consiglio con ordinanza.

(1) Articolo così modificato dal d.lg. n. 40/2006.
Il testo precedente recitava: «**825. Deposito del lodo.** – Gli arbitri redigono il lodo in tanti originali quante sono le parti e ne danno comunicazione a ciascuna parte, mediante consegna di un originale, anche con spedizione in plico raccomandato, entro dieci giorni dalla data dell'ultima sottoscrizione.
La parte che intende fare eseguire il lodo nel territorio della Repubblica è tenuta a depositarlo in originale o in copia conforme, insieme con l'atto di compromesso o con l'atto contenente la clausola compromissoria o con documento equipollente, in originale o in copia conforme, nella cancelleria della pretura nella cui circoscrizione è la sede dell'arbitrato.
Il pretore, accertata la regolarità formale del lodo, lo dichiara esecutivo con decreto. Il lodo reso esecutivo è soggetto a trascrizione, in tutti i casi nei quali sarebbe soggetta a trascrizione la sentenza avente il medesimo contenuto.
Del deposito e del provvedimento del pretore è data notizia dalla cancelleria alle parti nei modi stabiliti nell'articolo 133, secondo comma.
Contro il decreto del pretore che nega l'esecutorietà del lodo è ammesso reclamo mediante ricorso al tribunale, entro trenta giorni dalla comunicazione; il tribunale, sentite le parti, provvede in camera di consiglio con ordinanza non impugnabile».

826. Correzione del lodo (1). – Ciascuna parte può chiedere agli arbitri entro un anno dalla comunicazione del lodo:

a) di correggere nel testo del lodo omissioni o errori materiali o di calcolo, anche se hanno determinato una divergenza fra i diversi originali del lodo pure se relativa alla sottoscrizione degli arbitri;

b) di integrare il lodo con uno degli elementi indicati nell'articolo 823, numeri 1), 2), 3), 4).

Gli arbitri, sentite le parti, provvedono entro il termine di sessanta giorni. Della correzione è data comunicazione alle parti a norma dell'articolo 824.

Se gli arbitri non provvedono, l'istanza di correzione è proposta al tribunale nel cui circondario ha sede l'arbitrato.

Se il lodo è stato depositato, la correzione è richiesta al tribunale del luogo in cui è stato depositato. Si applicano le disposizioni dell'articolo 288, in quanto compatibili. Alla correzione può provvedere anche il giudice di fronte al quale il lodo è stato impugnato o fatto valere.

(1) Articolo così modificato dal d.lg. n. 40/2006.
Il testo precedente recitava: «**826 Correzione del lodo.** – Il lodo può essere corretto, su istanza di parte, dagli stessi arbitri che lo hanno pronunziato, qualora questi siano incorsi in omissioni o in errori materiali o di calcolo.
Gli arbitri, sentite le parti, provvedono entro venti giorni. Del provvedimento è data comunicazione alle parti, anche con spedizione in plico raccomandato, entro 10 dieci giorni dalla data dell'ultima sottoscrizione.
Se il lodo è già stato depositato, la correzione è richiesta al pretore del luogo in cui lo stesso è depositato. Si applica le disposizioni dell'art. 288 in quanto compatibili».

Capo V
Delle impugnazioni (1)

(1) Capo così sostituito dal d.lg. n. 40/2006.

827. Mezzi di impugnazione (1). – Il lodo è soggetto all'impugnazione per nullità, per revocazione e per opposizione di terzo.

I mezzi d'impugnazione possono essere proposti indipendentemente dal deposito del lodo.

Il lodo che decide parzialmente il merito della controversia è immediatamente impugnabile, ma il lodo che risolve alcune delle questioni insorte senza definire il giudizio arbitrale è impugnabile solo unitamente al lodo definitivo.

(1) Articolo così modificato dal d.lg. n. 40/2006.
Il testo precedente recitava: «**827. Mezzi di impugnazione.** – Il lodo è soggetto soltanto all'impugnazione per nullità, per revocazione o per opposizione di terzo.
I mezzi di impugnazione possono essere proposti indipendentemente dal deposito del lodo.
Il lodo che decide parzialmente il merito della controversia è immediatamente impugnabile, ma il lodo che risolve alcune delle questioni insorte senza definire il giudizio arbitrale è impugnabile solo unitamente al lodo definitivo».

828. Impugnazione per nullità (1). – L'impugnazione per nullità si propone, nel termine di novanta giorni dalla notificazione del lodo, davanti alla corte d'appello nel cui distretto è la sede dell'arbitrato.

L'impugnazione non è più proponibile decorsi sei mesi (2) dalla data dell'ultima sottoscrizione.

L'istanza per la correzione del lodo non sospende il termine per l'impugnazione; tuttavia il lodo può essere impugnato relativamente alle parti corrette nei termini ordinari, a decorrere dalla comunicazione dell'atto di correzione.

(1) Articolo così modificato dal d.lg. n. 40/2006.
Il testo precedente recitava: «**828. Impugnazione per nullità.** – L'impugnazione per nullità si propone, nel termine di novanta giorni dalla notificazione del lodo, davanti alla corte d'appello nella cui circoscrizione è la sede dell'arbitrato.
L'impugnazione non è più proponibile decorso un anno dalla data dell'ultima sottoscrizione.
L'istanza per la correzione del lodo non sospende il termine per

l'impugnazione; tuttavia il lodo può essere impugnato relativamente alle parti corrette nei termini ordinari, a decorrere dalla notificazione della pronuncia di correzione».

(2) Le originarie parole "decorso un anno" sono state sostituite da quelle "decorsi sei mesi" dall'art. 3, co. 54, d.lg. 10/10/2022, n. 149.

829. Casi di nullità (1). – L'impugnazione per nullità è ammessa, nonostante qualunque preventiva rinuncia, nei casi seguenti:

1) se la convenzione d'arbitrato è invalida, ferma la disposizione dell'articolo 817, terzo comma;

2) se gli arbitri non sono stati nominati con le forme e nei modi prescritti nei capi II e VI del presente titolo, purché la nullità sia stata dedotta nel giudizio arbitrale;

3) se il lodo è stato pronunciato da chi non poteva essere nominato arbitro a norma dell'articolo 812;

4) se il lodo ha pronunciato fuori dei limiti della convenzione d'arbitrato, ferma la disposizione dell'articolo 817, quarto comma, o ha deciso il merito della controversia in ogni altro caso in cui il merito non poteva essere deciso;

5) se il lodo non ha i requisiti indicati nei numeri 5), 6), 7) dell'articolo 823;

6) se il lodo è stato pronunciato dopo la scadenza del termine stabilito, salvo il disposto dell'articolo 821;

7) se nel procedimento non sono state osservate le forme prescritte dalle parti sotto espressa sanzione di nullità e la nullità non è stata sanata;

8) se il lodo è contrario ad altro precedente lodo non più impugnabile o a precedente sentenza passata in giudicato tra le parti purché tale lodo o tale sentenza sia stata prodotta nel procedimento;

9) se non è stato osservato nel procedimento arbitrale il principio del contraddittorio;

10) se il lodo conclude il procedimento senza decidere il merito della controversia e il merito della controversia doveva essere deciso dagli arbitri;

11) se il lodo contiene disposizioni contraddittorie;

12) se il lodo non ha pronunciato su alcuna delle domande ed eccezioni proposte dalle parti in conformità alla convenzione di arbitrato.

La parte che ha dato causa a un motivo di nullità, o vi ha rinunciato, o che non ha eccepito nella prima istanza o difesa successiva la violazione di una regola che disciplina lo svolgimento del procedimento arbitrale, non può per questo motivo impugnare il lodo.

L'impugnazione per violazione delle regole di diritto relative al merito della controversia è ammessa se espressamente disposta dalle parti o dalla legge. È ammessa in ogni caso l'impugnazione delle decisioni per contrarietà all'ordine pubblico.

L'impugnazione per violazione delle regole di diritto relative al merito della controversia è sempre ammessa:

1) nelle controversie previste dall'articolo 409;

2) se la violazione delle regole di diritto concerne la soluzione di questione pregiudiziale su materia che non può essere oggetto di convenzione di arbitrato.

Nelle controversie previste dall'articolo 409, il lodo è soggetto ad impugnazione anche per violazione dei contratti e accordi collettivi.

(1) Articolo così modificato dal d.lg. n. 40/2006.
Il testo precedente recitava: «**829. Casi di nullità.** – L'impugnazione per nullità è ammessa, nonostante qualunque rinuncia, nei casi seguenti:
1) se il compromesso è nullo;
2) se gli arbitri non sono stati nominati con le forme e nei modi prescritti nei capi I e II del presente titolo, purché la nullità sia stata dedotta nel giudizio arbitrale;
3) se il lodo è stato pronunciato da chi non poteva essere nominato arbitro a norma dell'articolo 812;
4) se il lodo ha pronunciato fuori dei limiti del compromesso o non ha pronunciato su alcuno degli oggetti del compromesso o contiene disposizioni contraddittorie, salva la disposizione dell'articolo 817;
5) se il lodo non contiene i requisiti indicati nei numeri 3, 4, 5 e 6 del secondo comma dell'articolo 823, salvo il disposto del terzo comma di detto articolo;
6) se il lodo è stato pronunciato dopo la scadenza del termine indicato nell'articolo 820, salvo il disposto dell'articolo 821;
7) se nel procedimento non sono state osservate le forme prescritte per i giudizi sotto pena di nullità, quando le parti ne avevano stabilita l'osservanza a norma dell'articolo 816 e la nullità non è stata sanata;
8) se il lodo è contrario ad altro precedente lodo non più impugnabile o a precedente sentenza passata in giudicato tra le parti, purché la relativa eccezione sia stata dedotta nel giudizio arbitrale;
9) se non è stato osservato nel procedimento arbitrale il principio del contraddittorio.
L'impugnazione per nullità è altresì ammessa se gli arbitri nel giudicare non hanno osservato le regole di diritto, salvo che le parti li avessero autorizzati a decidere secondo equità, o avessero dichiarato il lodo non impugnabile.
Nel caso previsto nell'articolo 808, secondo comma, il lodo è soggetto all'impugnazione anche per violazione e falsa applicazione dei contratti e accordi collettivi».

830. Decisione sull'impugnazione per nullità (1). – La corte d'appello decide sull'impugnazione per nullità e, se l'accoglie, dichiara con sentenza la nullità del lodo. Se il vizio incide su una parte del lodo che sia scindibile dalle altre, dichiara la nullità parziale del lodo.

Se il lodo è annullato per i motivi di cui all'articolo 829, commi primo, numeri 5), 6), 7), 8), 9), 11) o 12), terzo, quarto o quinto, la corte d'appello decide la controversia nel merito salvo che le parti non abbiano stabilito diversamente nella convenzione di arbitrato o con accordo successivo. Tuttavia, se una delle parti, alla data della sottoscrizione della convenzione di arbitrato, risiede o ha la propria sede effettiva all'estero, la corte d'appello decide la controversia nel merito solo se le parti hanno così stabilito nella convenzione di arbitrato o ne fanno concorde richiesta.

Quando la corte d'appello non decide nel merito, alla controversia si applica la convenzione di arbitrato, salvo che la nullità dipenda dalla sua invalidità o inefficacia.

Su istanza di parte anche successiva alla proposizione dell'impugnazione, la corte d'appello può sospendere con ordinanza l'efficacia del lodo, quando ricorrono gravi motivi.

(1) Articolo così modificato dal d.lg. n. 40/2006.
Il testo precedente recitava: «**830. Decisione sull'impugnazione per nullità.** – La corte d'appello, quando accoglie l'impugnazione, dichiara con sentenza la nullità del lodo; qualora il vizio incida soltanto su una parte del lodo che sia scindibile dalle altre, dichiara la nullità parziale del lodo.
Salvo volontà contraria di tutte le parti, la corte d'appello pronuncia anche sul merito, se la causa è in condizione di essere decisa, ovvero rimette con ordinanza la causa all'istruttore, se per la decisione del merito è necessaria una nuova istruzione.
In pendenza del giudizio, su istanza di parte, la corte d'appello può sospendere con ordinanza l'esecutorietà del lodo».

831. Revocazione ed opposizione di terzo (1). – Il lodo, nonostante qualsiasi rinuncia, è soggetto a revocazione nei casi indicati nei numeri 1), 2), 3) e 6) dell'articolo 395, osservati i termini e le forme stabiliti nel libro secondo.

Se i casi di cui al primo comma si verificano durante il corso del processo di impugnazione per nullità, il termine per la proposizione della domanda di revocazione è sospeso fino alla comunicazione della sentenza che abbia pronunciato sulla nullità.

Il lodo è soggetto ad opposizione di terzo nei casi indicati nell'articolo 404. Le impugnazioni per revocazione e per opposizione di terzo si propongono davanti alla corte d'appello nel cui distretto è la sede dell'arbitrato, osservati i termini e le forme stabiliti nel libro secondo.

La corte d'appello può riunire le impugnazioni per nullità, per revocazione e per opposizione di terzo nello stesso processo, se lo stato della causa preventivamente proposta consente l'esauriente trattazione e decisione delle altre cause.

(1) Articolo così modificato dal d.lg. n. 40/2006.
Il testo precedente recitava: «**831. Revocazione ed opposizione di terzo.** – Il lodo, nonostante qualsiasi rinuncia, è soggetto a revocazione nei casi indicati nei numeri 1), 2), 3) e 6) dell'articolo 395, osservati i termini e le forme stabiliti nel libro secondo.
Se i casi di cui al primo comma si verificano durante il corso del processo di impugnazione per nullità, il termine per la proposizione della domanda di revocazione è sospeso fino alla comunicazione della sentenza che abbia pronunciato sulla nullità.
Il lodo è soggetto ad opposizione di terzo nei casi indicati nell'articolo 404.
Le impugnazioni per revocazione e per opposizione di terzo si propongono davanti alla corte d'appello nella cui circoscrizione è la sede dell'arbitrato.
La corte d'appello può riunire le impugnazioni per nullità, per revocazione e per opposizione di terzo nello stesso processo, salvo che lo stato della causa preventivamente proposta non consenta l'esauriente trattazione e decisione delle altre cause».

Capo VI
Dell'arbitrato secondo regolamenti precostituiti (1)

(1) Capo così modificato dal d.lg. n. 40/2006.
Il testo precedente recitava: «Capo VI: dell'arbitrato internazionale».

832. Rinvio a regolamenti arbitrali (1). – La convenzione d'arbitrato può fare rinvio a un regolamento arbitrale precostituito.

Nel caso di contrasto tra quanto previsto nella convenzione di arbitrato e quanto previsto dal regolamento, prevale la convenzione di arbitrato.

Se le parti non hanno diversamente convenuto, si applica il regolamento in vigore al momento in cui il procedimento arbitrale ha inizio.

Le istituzioni di carattere associativo e quelle costituite per la rappresentanza degli interessi di categorie professionali non possono nominare arbitri nelle controversie che contrappongono i propri associati o appartenenti alla categoria professionale a terzi.

Il regolamento può prevedere ulteriori casi di sostituzione e ricusazione degli arbitri in aggiunta a quelli previsti dalla legge.

Se l'istituzione arbitrale rifiuta di amministrare l'arbitrato, la convenzione d'arbitrato mantiene efficacia e si applicano i precedenti capi di questo titolo.

(1) Articolo così modificato dal d.lg. n. 40/2006.
Il testo precedente recitava: «**832. Arbitrato internazionale.** – Qualora alla data della sottoscrizione della clausola compromissoria o del compromesso almeno una delle parti risieda o abbia la propria sede effettiva all'estero oppure qualora debba essere eseguita all'estero una parte rilevante delle prestazioni nascenti dal rapporto al quale la controversia si riferisce, le disposizioni dei capi da I a V del presente titolo si applicano all'arbitrato in quanto non derogate dal presente capo.
Sono in ogni caso salve le norme stabilite in convenzioni internazionali».

833. Forma della clausola compromissoria*. – *La clausola compromissoria contenuta in condizioni generali di contratto oppure in moduli o formulari non è soggetta all'approvazione specifica prevista dagli articoli 1341 e 1342 del codice civile.*

È valida la clausola compromissoria contenuta in condizioni generali che siano recepite in un accordo scritto delle parti, purché le parti abbiano avuto conoscenza della clausola o avrebbero dovuto conoscerla usando l'ordinaria diligenza.

* L'articolo è stato abrogato dal d.lg. n. 40/2006.

834. Norme applicabili al merito*. – *Le parti hanno facoltà di stabilire d'accordo tra loro le norme che gli arbitri debbono applicare al merito della controversia oppure di disporre che gli arbitri pronuncino secondo equità. Se le parti non provvedono, si applica la legge con la quale il rapporto è più strettamente collegato.*

In entrambi i casi gli arbitri tengono conto delle indicazioni del contratto e degli usi del commercio.

* L'articolo è stato abrogato dal d.lg. n. 40/2006.

835. Lingua dell'arbitrato*. – *Se le parti non hanno diversamente convenuto, la lingua del procedimento è determinata dagli arbitri, tenuto conto delle circostanze.*

* L'articolo è stato abrogato dal d.lg. n. 40/2006.

836. Ricusazione degli arbitri*. – *La ricusazione degli arbitri è regolata dall'art. 815, se le parti non hanno diversamente convenuto.*

* L'articolo è stato abrogato dal d.lg. n. 40/2006.

837. Deliberazione del lodo*. – *Il lodo è deliberato a maggioranza di voti dagli arbitri riuniti in conferenza personale, anche videotelefonica, salvo che le parti abbiano deliberato diversamente, ed è quindi redatto per iscritto.*

* L'articolo è stato abrogato dal d.lg. n. 40/2006.

838. Impugnazione*. – *All'arbitrato internazionale non si applicano le disposizioni dell'articolo 829, secondo comma, dell'articolo 830, secondo comma, e dell'articolo 831 se le parti non hanno diversamente convenuto.*

* L'articolo è stato abrogato dal d.lg. n. 40/2006.

Capo VI bis
Dell'arbitrato societario (1)

(1) Capo introdotto dall'art. 3, co. 55, d.lg. 10/10/2022, n. 149.

838 bis. Oggetto ed effetti di clausole compromissorie statutarie (1). – Gli atti costitutivi delle società, ad eccezione di quelle che fanno ricorso al mercato del capitale di rischio a norma dell'articolo 2325-bis del codice civile, possono, mediante clausole compromissorie, prevedere la devoluzione ad arbitri di alcune ovvero di tutte le controversie insorgenti tra i soci ovvero tra i soci e la società che abbiano ad oggetto diritti disponibili relativi al rapporto sociale.

La clausola deve prevedere il numero e le modalità di nomina degli arbitri, conferendo in ogni caso, a pena di nullità, il potere di nomina di tutti gli arbitri a soggetto estraneo alla società. Se il soggetto designato non provvede, la nomina è richiesta al presidente del tribunale del luogo in cui la società ha la sede legale.

La clausola è vincolante per la società e per tutti i soci, inclusi coloro la cui qualità di socio è oggetto della controversia.

Gli atti costitutivi possono prevedere che la clausola abbia ad oggetto controversie promosse da amministratori, liquidatori e sindaci ovvero nei loro confronti e, in tal caso, essa, a seguito dell'accettazione dell'incarico, è vincolante per costoro.

Non possono essere oggetto di clausola compromissoria le controversie nelle quali la legge prevede l'intervento obbligatorio del pubblico ministero.

Le modifiche dell'atto costitutivo, introduttive o soppressive di clausole compromissorie, devono essere approvate dai soci che rappresentino almeno i due terzi del capitale sociale. I soci assenti o dissenzienti possono, entro i successivi novanta giorni, esercitare il diritto di recesso.

(1) Articolo introdotto dall'art. 3, co. 55, d.lg. 10/10/2022, n. 149.

838 ter. Disciplina inderogabile del procedimento arbitrale (1). – La domanda di arbitrato proposta dalla società o in suo confronto è depositata presso il registro delle imprese ed è accessibile ai soci.

Nel procedimento arbitrale promosso a seguito della clausola compromissoria di cui all'articolo 838-bis, l'intervento di terzi a norma dell'articolo 105 nonché l'intervento di altri soci a norma degli articoli 106 e 107 è ammesso fino alla prima udienza di trattazione. Si applica l'articolo 820, quarto comma.

Le statuizioni del lodo sono vincolanti per la società.

Salvo quanto previsto dall'articolo 818, in caso di devoluzione in arbitrato di controversie aventi ad oggetto la validità di delibere assembleari, agli arbitri compete il potere di disporre, con ordinanza reclamabile ai sensi dell'articolo 818-bis, la sospensione dell'efficacia della delibera.

I dispositivi dell'ordinanza di sospensione e del lodo che decide sull'impugnazione devono essere iscritti, a cura degli amministratori, nel registro delle imprese.

(1) Articolo introdotto dall'art. 3, co. 55, d.lg. 10/10/2022, n. 149.

838 quater. Decisione secondo diritto (1). – Anche se la clausola compromissoria autorizza gli arbitri a decidere secondo equità ovvero con lodo non impugnabile, gli arbitri debbono decidere secondo diritto, con lodo impugnabile anche a norma dell'articolo 829, terzo comma, quando per decidere abbiano conosciuto di questioni non compromettibili ovvero quando l'oggetto del giudizio sia costituito dalla validità di delibere assembleari.

(1) Articolo introdotto dall'art. 3, co. 55, d.lg. 10/10/2022, n. 149.

838 quinquies. Risoluzione di contrasti sulla gestione di società (1). – Gli atti costitutivi delle società a responsabilità limitata e delle società di persone possono anche contenere clausole con le quali si deferiscono ad uno o più terzi i contrasti tra coloro che hanno il potere di amministrazione in ordine alle decisioni da adottare nella gestione della società.

Gli atti costitutivi possono prevedere che la decisione sia reclamabile davanti ad un collegio, nei termini e con le modalità dagli stessi stabilite.

Gli atti costitutivi possono altresì prevedere che il soggetto o il collegio chiamato a dirimere i contrasti di cui ai commi 1 e 2 possa dare indicazioni vincolanti anche sulle questioni collegate con quelle espressamente deferitegli.

La decisione resa ai sensi del presente articolo è impugnabile a norma dell'articolo 1349, secondo comma, del codice civile.

(1) Articolo introdotto dall'art. 3, co. 55, d.lg. 10/10/2022, n. 149.

Capo VII
Dei lodi stranieri (1)

(1) Capo aggiunto dalla l. 5/1/1994, n. 25.

839. Riconoscimento ed esecuzione dei lodi stranieri (1). – Chi vuol far valere nella Repubblica un lodo straniero deve proporre ricorso al presidente della corte d'appello nella cui circoscrizione risiede l'altra parte; se tale parte non risiede in Italia è competente la corte d'appello di Roma.

Il ricorrente deve produrre il lodo in originale o in copia conforme insieme con l'atto di compromesso, o documento equipollente, in originale o in copia conforme.

Qualora i documenti di cui al secondo comma non siano redatti in lingua italiana la parte istante deve altresì produrne una traduzione certificata conforme.

Il presidente della corte d'appello, accertata la regolarità formale del lodo, dichiara con decreto l'efficacia immediatamente esecutiva (2) del lodo straniero nella Repubblica, salvo che:

1) la controversia non potesse formare oggetto di compromesso secondo la legge italiana;

2) il lodo contenga disposizioni contrarie all'ordine pubblico.

(1) Articolo aggiunto dalla l. 5/1/1994, n. 25.

(2) Le parole "immediatamente esecutiva" sono state aggiunte dall'art. 3, co. 56, d.lg. 10/10/2022, n. 149.

840. Opposizione (1). – Contro il decreto che accorda o nega l'efficacia del lodo straniero è ammessa opposizione da proporsi con citazione dinanzi alla corte d'appello entro trenta giorni dalla comunicazione, nel caso di decreto che nega l'efficacia, ovvero dalla notificazione nel caso di decreto che l'accorda.

In seguito all'opposizione il giudizio si svolge a norma degli articoli 645 e seguenti in quanto applicabili. Il consigliere istruttore, su istanza dell'opponente, quando ricorrono gravi motivi, può con ordinanza non impugnabile sospendere l'efficacia esecutiva o l'esecuzione del lodo (2). La corte d'appello pronuncia con sentenza impugnabile per cassazione.

Il riconoscimento o l'esecuzione del lodo straniero sono rifiutati dalla corte d'appello se nel giudizio di opposizione la parte contro la quale il lodo è invocato prova l'esistenza di una delle seguenti circostanze:

1) le parti della convenzione arbitrale erano incapaci in base alla legge ad esse applicabile oppure la convenzione arbitrale non era valida secondo la legge alla quale le parti l'hanno sottoposta o, in mancanza di indicazione a tale proposito, secondo la legge dello Stato in cui il lodo è stato pronunciato;

2) la parte nei cui confronti il lodo è invocato non è stata informata della designazione dell'arbitro o del procedimento arbitrale o comunque è stata nell'impossibilità di far valere la propria difesa nel procedimento stesso;

3) il lodo ha pronunciato su una controversia non contemplata nel compromesso o nella clausola compromissoria, oppure fuori dei limiti del compromesso o della clausola compromissoria; tuttavia, se le statuizioni del lodo che concernono questioni sottoposte ad arbitrato possono essere separate da quelle che riguardano questioni non sottoposte ad arbitrato, le prime possono essere riconosciute e dichiarate esecutive;

4) la costituzione del collegio arbitrale o il procedimento arbitrale non sono stati conformi all'accordo delle parti o, in mancanza di tale accordo, alla legge del luogo di svolgimento dell'arbitrato;

5) il lodo non è ancora divenuto vincolante per le parti o è stato annullato o sospeso da un'autorità competente dello Stato nel quale, o secondo la legge del quale, è stato reso.

Allorché l'annullamento o la sospensione dell'efficacia del lodo straniero siano stati richiesti all'autorità competente indicata nel numero 5) del terzo comma, la corte d'appello può sospendere il procedimento per il riconoscimento o l'esecuzione del lodo; su istanza della parte interessata (3) può, in caso di sospensione, ordinare che l'altra parte presti idonea garanzia.

Il riconoscimento o l'esecuzione del lodo straniero sono altresì rifiutati allorché la corte d'appello accerta che:

1) la controversia non potesse formare oggetto di compromesso secondo la legge italiana;

2) il lodo contenga disposizioni contrarie all'ordine pubblico.

Sono in ogni caso salve le norme stabilite in convenzioni internazionali.

(1) Articolo aggiunto dalla l. 5/1/1994, n. 25.

(2) Il periodo "Il consigliere istruttore, su istanza dell'opponente, quando ricorrono gravi motivi, può con ordinanza non impugnabile sospendere l'efficacia esecutiva o l'esecuzione del lodo." è stato introdotto dall'art. 3, co. 56, d.lg. 10/10/2022, n. 149.

(3) Le originarie parole "che ha richiesto l'esecuzione" sono state sostituite da quella "interessata" dall'art. 3, co. 56, d.lg. 10/10/2022, n. 149.

TITOLO VIII-BIS
DEI PROCEDIMENTI COLLETTIVI (1)

(1) Titolo aggiunto dalla l. 12/4/2019, n. 31 (in G.U. 18/4/2019, n. 92). - Disposizioni in materia di azione di classe.

840 bis. Ambito di applicazione (1). – I diritti individuali omogenei sono tutelabili anche attraverso l'azione di classe, secondo le disposizioni del presente titolo.

A tale fine, un'organizzazione o un'associazione senza scopo di lucro i cui obiettivi statutari comprendano la tutela dei predetti diritti o ciascun componente della classe può agire nei confronti dell'autore della condotta lesiva per l'accertamento della responsabilità e per la condanna al risarcimento del danno e alle restituzioni. Ai fini di cui al periodo precedente, ferma la legittimazione di ciascun componente della classe, possono proporre l'azione di cui al presente articolo esclusivamente le organizzazioni e le associazioni iscritte in un elenco pubblico istituito presso il Ministero della giustizia.

L'azione di classe può essere esperita nei confronti di imprese ovvero nei confronti di enti gestori di servizi pubblici o di pubblica utilità, relativamente ad atti e comportamenti posti in essere nello svolgimento delle loro rispettive attività. Sono fatte salve le disposizioni in materia di ricorso per l'efficienza delle amministrazioni e dei concessionari di servizi pubblici.

In ogni caso, resta fermo il diritto all'azione individuale, salvo quanto previsto all'articolo 840-undecies, nono comma.

Non è ammesso l'intervento dei terzi ai sensi dell'articolo 105.

Nel caso in cui, a seguito di accordi transattivi o conciliativi intercorsi tra le parti, vengano a mancare in tutto le parti ricorrenti, il tribunale assegna agli aderenti un termine, non inferiore a sessanta giorni e non superiore a novanta giorni, per la prosecuzione della causa, che deve avvenire con la costituzione in giudizio di almeno uno degli aderenti mediante il ministero di un difensore. Nel caso in cui, decorso inutilmente il termine di cui al primo periodo, non avvenga la prosecuzione del procedimento, il tribunale ne dichiara l'estinzione. A seguito dell'estinzione, resta comunque salvo il diritto all'azione individuale dei soggetti aderenti oppure all'avvio di una nuova azione di classe.

(1) Articolo aggiunto dalla l. 12/4/2019, n. 31. L'art. 7, co. 1, l. n. 31, cit., come da ultimo modificato dall'art. 31-ter del d.l. 28/10/2020, n. 137, conv., con modif., in l. 18/12/2020, n. 176, ha disposto che: «1. Al fine di consentire al Ministero della giustizia di predisporre le necessarie modifiche dei sistemi informativi per permettere il compimento delle attività processuali con modalità telematiche, le disposizioni di cui alla presente legge entrano in vigore decorsi venticinque mesi dalla pubblicazione della medesima legge nella Gazzetta Ufficiale. 2. Le disposizioni della presente legge si applicano alle condotte illecite poste in essere successivamente alla data della sua entrata in vigore. Alle condotte illecite poste in essere precedentemente continuano ad applicarsi le disposizioni vigenti prima della medesima data di entrata in vigore.» (19/5/2021). La medesima decorrenza era stata disposta dall'art. 26, co. 1, d.l. 9/11/2020, n. 149, poi abrogato dall'art. 1, co. 2, l. n. 176, cit., ai sensi del quale restano validi gli atti e i provvedimenti adottati e sono fatti salvi gli effetti prodottisi e i rapporti giuridici sorti sulla base del medesimo d.l. n. 149, cit. Precedentemente, l'originario termine di "dodici mesi" era stato sostituito con "diciannove mesi" dall'art. 8 del d.l. 30/12/2019, n. 162, conv., con modif., in l. 28/2/2020, n. 8.

840 ter. Forma e ammissibilità della domanda (1). – La domanda per l'azione di classe si propone con ricorso esclusivamente davanti alla sezione specializzata in materia di impresa competente per il luogo ove ha sede la parte resistente.

Il ricorso, unitamente al decreto di fissazione dell'udienza, è pubblicato, a cura della cancelleria ed entro dieci giorni dal deposito del decreto, nell'area pubblica del portale dei servizi telematici gestito dal Ministero della giustizia, in modo da assicurare l'agevole reperibilità delle informazioni in esso contenute.

Il procedimento è regolato dal rito sommario di cognizione di cui agli articoli 702-bis e seguenti ed è definito con sentenza, resa nel termine di trenta giorni successivi alla discussione orale della causa. Non può essere disposto il mutamento del rito. Entro il termine di trenta giorni dalla prima udienza il tribunale decide con ordinanza sull'ammissibilità della domanda, ma può sospendere il giudizio quando sui fatti rilevanti ai fini del decidere è in corso un'istruttoria davanti a un'autorità indipendente ovvero un giudizio davanti al giudice amministrativo. Restano ferme le disposizioni del decreto legislativo 19 gennaio 2017, n. 3.

La domanda è dichiarata inammissibile:

a) quando è manifestamente infondata;

b) quando il tribunale non ravvisa omogeneità dei diritti individuali tutelabili ai sensi dell'articolo 840-bis;

c) quando il ricorrente versa in stato di conflitto di interessi nei confronti del resistente;

d) quando il ricorrente non appare in grado di curare adeguatamente i diritti individuali omogenei fatti valere in giudizio.

L'ordinanza che decide sull'ammissibilità è pubblicata, a cura della cancelleria, nell'area pubblica del portale dei servizi telematici di cui al secondo comma, entro quindici giorni dalla pronuncia.

Quando l'inammissibilità è dichiarata a norma del quarto comma, lettera a), il ricorrente può riproporre l'azione di classe quando si siano verificati mutamenti delle circostanze o vengano dedotte nuove ragioni di fatto o di diritto.

L'ordinanza che decide sull'ammissibilità dell'azione di classe è reclamabile dalle parti davanti alla corte di appello nel termine di trenta giorni dalla sua comunicazione o dalla sua notificazione, se anteriore. Sul reclamo la corte di appello decide, in camera di consiglio, con ordinanza entro trenta giorni dal deposito del ricorso introduttivo del reclamo. In caso di accertamento dell'ammissibilità della domanda, la corte di appello trasmette gli atti al tribunale adito per la prosecuzione della causa. Il reclamo avverso le ordinanze ammissive non sospende il procedimento davanti al tribunale.

Con l'ordinanza di inammissibilità e con quella che, in sede di reclamo, conferma l'ordinanza di inammissibilità, il giudice regola le spese.

(1) Articolo aggiunto dalla l. 12/4/2019, n. 31. L'art. 7, co. 1, l. n. 31, cit., come da ultimo modificato dall'art. 31-ter del d.l. 28/10/2020, n. 137, conv., con modif., in l. 18/12/2020, n. 176, ha disposto che: «1. Al fine di consentire al Ministero della giustizia di predisporre le necessarie modifiche dei sistemi informativi per permettere il compimento delle attività processuali con modalità telematiche, le disposizioni di cui alla presente legge entrano in vigore decorsi venticinque mesi dalla pubblicazione della medesima legge nella Gazzetta Ufficiale. 2. Le disposizioni della presente legge si applicano alle condotte illecite poste in essere successivamente alla data della sua entrata in vigore. Alle condotte illecite poste in essere precedentemente continuano ad applicarsi le disposizioni vigenti prima della medesima data di entrata in vigore.» (19/5/2021). La medesima decorrenza era stata disposta dall'art. 26, co. 1, d.l. 9/11/2020, n. 149, poi abrogato dall'art. 1, co. 2, l. n. 176, cit., ai sensi del quale restano validi gli atti e i provvedimenti adottati e sono fatti salvi gli effetti prodottisi e i rapporti giuridici sorti sulla base del medesimo d.l. n. 149, cit. Precedentemente, l'originario termine di "dodici mesi" era stato sostituito con "diciannove mesi" dall'art. 8 del d.l. 30/12/2019, n. 162, conv., con modif., in l. 28/2/2020, n. 8.

840 quater. Pluralità delle azioni di classe (1). –Decorsi sessanta giorni dalla data di pubblicazione del ricorso nell'area pubblica del portale dei servizi telematici di cui all'articolo 840-ter, secondo comma, non possono essere proposte ulteriori azioni di classe sulla base dei medesimi fatti e nei confronti del medesimo resistente e quelle proposte sono cancellate dal ruolo. Le azioni di classe proposte tra la data di deposito del ricorso e il termine di cui al primo periodo sono riunite all'azione principale.

Il divieto di cui al primo comma, primo periodo, non opera quando l'azione di classe introdotta con il ricorso di cui al predetto comma è dichiarata inammissibile con ordinanza definitiva né quando la medesima causa è cancellata dal ruolo ovvero è definita con provvedimento che non decide nel merito. Ai fini di cui al presente comma, i provvedimenti di cui al primo periodo sono pubblicati immediatamente nell'area pubblica del portale dei servizi telematici a cura della cancelleria.

Quando una nuova azione di classe è proposta fuori dei casi di cui al secondo comma, la causa è cancellata dal ruolo e non è ammessa la riassunzione.

È fatta salva la proponibilità delle azioni di classe a tutela dei diritti che non potevano essere fatti valere entro la scadenza di cui al primo comma.

(1) Articolo aggiunto dalla l. 12/4/2019, n. 31. L'art. 7, co. 1, l. n. 31, cit., come da ultimo modificato dall'art. 31-ter del d.l. 28/10/2020, n. 137, conv., con modif., in l. 18/12/2020, n. 176, ha disposto che: «1. Al fine di consentire al Ministero della giustizia di predisporre le necessarie modifiche dei sistemi informativi per permettere il compimento delle attività processuali con modalità telematiche, le disposizioni di cui alla presente legge entrano in vigore decorsi venticinque mesi dalla pubblicazione della medesima legge nella Gazzetta Ufficiale. 2. Le disposizioni della presente legge si applicano alle condotte illecite poste in essere successivamente alla data della sua entrata in vigore. Alle condotte illecite poste in essere precedentemente continuano ad applicarsi le disposizioni vigenti prima della medesima data di entrata in vigore.» (19/5/2021). La medesima decorrenza era stata disposta dall'art. 26, co. 1, d.l. 9/11/2020, n. 149, poi abrogato dall'art. 1, co. 2, l. n. 176, cit., ai sensi del quale restano validi gli atti e i provvedimenti adottati e sono fatti salvi gli effetti prodottisi e i rapporti giuridici sorti sulla base del medesimo d.l. n. 149, cit. Precedentemente, l'originario termine di "dodici mesi" era stato sostituito con "diciannove mesi" dall'art. 8 del d.l. 30/12/2019, n. 162, conv., con modif., in l. 28/2/2020, n. 8.

840 quinquies. Procedimento (1). – Con l'ordinanza con cui ammette l'azione di classe, il tribunale fissa un termine perentorio non inferiore a sessanta giorni e non superiore a centocinquanta giorni dalla data di pubblicazione dell'ordinanza nel portale dei servizi telematici di cui all'articolo 840-ter, secondo comma, per l'adesione all'azione medesima da parte dei soggetti portatori di diritti individuali omogenei e provvede secondo quanto previsto dall'articolo 840-sexies, primo comma, lettera c). Si applica in quanto compatibile l'articolo 840-septies. L'aderente non assume la qualità di parte e ha diritto ad accedere al fascicolo informatico e a ricevere tutte le comunicazioni a cura della cancelleria. I diritti di coloro che aderiscono a norma del presente comma sono accertati secondo le disposizioni di cui all'articolo 840-octies, successivamente alla pronuncia della sentenza che accoglie l'azione di classe.

Il tribunale, omessa ogni formalità non essenziale al contraddittorio, procede nel modo che ritiene più opportuno agli atti di istruzione rilevanti in relazione all'oggetto del giudizio.

Quando è nominato un consulente tecnico d'ufficio, l'obbligo di anticipare le spese e l'acconto sul compenso a quest'ultimo spettanti sono posti, salvo che sussistano specifici motivi, a carico del resistente; l'inottemperanza all'obbligo di anticipare l'acconto sul compenso a norma del presente comma non costituisce motivo di rinuncia all'incarico.

Ai fini dell'accertamento della responsabilità del resistente il tribunale può avvalersi di dati statistici e di presunzioni semplici.

Su istanza motivata del ricorrente, contenente l'indicazione di fatti e prove ragionevolmente disponibili dalla controparte, sufficienti a sostenere la plausibilità della domanda, il giudice può ordinare al resistente l'esibizione delle prove rilevanti che rientrano nella sua disponibilità.

Il giudice dispone a norma del quinto comma individuando specificamente e in modo circoscritto gli elementi di prova o le rilevanti categorie di prove oggetto della richiesta o dell'ordine di esibizione. La categoria di prove è individuata mediante il riferimento a caratteristiche comuni dei suoi elementi costitutivi come la natura, il periodo durante il quale sono stati formati, l'oggetto o il contenuto degli elementi di prova di cui è richiesta l'esibizione e che rientrano nella stessa categoria.

Il giudice ordina l'esibizione, nei limiti di quanto è proporzionato alla decisione e, in particolare:

a) esamina in quale misura la domanda è sostenuta da fatti e prove disponibili che giustificano l'ordine di esibizione;

b) esamina la portata e i costi dell'esibizione;

c) valuta se le prove di cui è richiesta l'esibizione contengono informazioni riservate, specialmente se riguardanti terzi.

Quando la richiesta o l'ordine di esibizione hanno per oggetto informazioni riservate, il giudice dispone specifiche misure di tutela tra le quali l'obbligo del segreto, la possibilità di non rendere visibili le parti riservate di un documento, la conduzione di audizioni a porte chiuse, la limitazione del numero di persone autorizzate a prendere visione delle prove, il conferimento ad esperti dell'incarico di redigere sintesi delle informazioni in forma aggregata o in altra forma non riservata. Si considerano informazioni riservate i documenti che contengono informazioni riservate di carattere personale, commerciale, industriale e finanziario relative a persone ed imprese, nonché i segreti commerciali.

La parte nei cui confronti è rivolta l'istanza di esibizione ha diritto di essere sentita prima che il giudice provveda.

Resta ferma la riservatezza delle comunicazioni tra gli avvocati incaricati di assistere la parte e il cliente stesso.

Alla parte che rifiuta senza giustificato motivo di rispettare l'ordine di esibizione del giudice o non adempie allo stesso il giudice applica una sanzione amministrativa pecuniaria da euro 10.000 a euro 100.000 che è devoluta a favore della Cassa delle ammende.

Salvo che il fatto costituisca reato, alla parte o al terzo che distrugge prove rilevanti ai fini del giudizio il giudice applica una sanzione amministrativa pecuniaria da euro 10.000 a euro 100.000 che è devoluta a favore della Cassa delle ammende.

Ferma restando l'applicazione delle sanzioni amministrative pecuniarie di cui ai commi undicesimo e dodicesimo, se la parte rifiuta senza giustificato motivo di rispettare l'ordine di esibizione del giudice o non adempie allo stesso, ovvero distrugge prove rilevanti ai fini del giudizio di risarcimento, il giudice, valutato ogni elemento di prova, può ritenere provato il fatto al quale la prova si riferisce.

Il tribunale accoglie o rigetta nel merito la domanda con sentenza che deve essere pubblicata nell'area pubblica del portale dei servizi telematici di cui all'articolo 840-ter, secondo comma, entro quindici giorni dal deposito.

(1) Articolo aggiunto dalla l. 12/4/2019, n. 31. L'art. 7, co. 1, l. n. 31, cit., come da ultimo modificato dall'art. 31-ter del d.l. 28/10/2020, n. 137, conv., con modif., in l. 18/12/2020, n. 176, ha disposto che: «1. Al fine di consentire al Ministero della giustizia di predisporre le necessarie modifiche dei sistemi informativi per permettere il compimento delle attività processuali con modalità telematiche, le disposizioni di cui alla presente legge entrano in vigore decorsi venticinque mesi dalla pubblicazione della medesima legge nella Gazzetta Ufficiale. 2. Le disposizioni della presente legge si applicano alle condotte illecite poste in essere successivamente alla data della sua entrata in vigore. Alle condotte illecite poste in essere precedentemente continuano ad applicarsi le disposizioni vigenti prima della medesima data di entrata in vigore.» (19/5/2021). La medesima decorrenza era stata disposta dall'art. 26, co. 1, d.l. 9/11/2020, n. 149, poi abrogato dall'art. 1, co. 2, l. n.

176, cit., ai sensi del quale restano validi gli atti e i provvedimenti adottati e sono fatti salvi gli effetti prodottisi e i rapporti giuridici sorti sulla base del medesimo d.l. n. 149, cit. Precedentemente, l'originario termine di "dodici mesi" era stato sostituito con "diciannove mesi" dall'art. 8 del d.l. 30/12/2019, n. 162, conv., con modif., in l. 28/2/2020, n. 8.

840 sexies. Sentenza di accoglimento (1). – Con la sentenza che accoglie l'azione di classe, il tribunale:

a) provvede in ordine alle domande risarcitorie o restitutorie proposte dal ricorrente, quando l'azione è stata proposta da un soggetto diverso da un'organizzazione o da un'associazione inserita nell'elenco di cui all'articolo 840-bis, secondo comma;

b) accerta che il resistente, con la condotta addebitatagli dal ricorrente, ha leso diritti individuali omogenei;

c) definisce i caratteri dei diritti individuali omogenei di cui alla lettera b), specificando gli elementi necessari per l'inclusione nella classe dei soggetti di cui alla lettera e);

d) stabilisce la documentazione che deve essere eventualmente prodotta per fornire prova della titolarità dei diritti individuali omogenei di cui alla lettera b);

e) dichiara aperta la procedura di adesione e fissa il termine perentorio, non inferiore a sessanta giorni e non superiore a centocinquanta giorni, per l'adesione all'azione di classe da parte dei soggetti portatori di diritti individuali omogenei di cui alla lettera b) nonché per l'eventuale integrazione degli atti e per il compimento delle attività da parte di coloro che hanno aderito a norma dell'articolo 840-quinquies, primo comma; il termine decorre dalla data di pubblicazione della sentenza nell'area pubblica del portale dei servizi telematici di cui all'articolo 840-ter, secondo comma;

f) nomina il giudice delegato per la procedura di adesione;

g) nomina il rappresentante comune degli aderenti tra i soggetti aventi i requisiti per la nomina a curatore fallimentare;

h) determina, ove necessario, l'importo da versare a cura di ciascun aderente, ivi compresi coloro che hanno aderito a norma dell'articolo 840-quinquies, primo comma, a titolo di fondo spese e stabilisce le modalità di versamento.

Il rappresentante comune degli aderenti è pubblico ufficiale. Il giudice delegato può, dopo averlo sentito, revocare il rappresentante comune in ogni tempo con decreto.

Il giudice delegato può in ogni tempo disporre l'integrazione delle somme da versare a cura di ciascun aderente a titolo di fondo spese. Il mancato versamento delle somme rende inefficace l'adesione; l'inefficacia opera di diritto ed è rilevabile d'ufficio.

(1) Articolo aggiunto dalla l. 12/4/2019, n. 31. L'art. 7, co. 1, l. n. 31, cit., come da ultimo modificato dall'art. 31-ter del d.l. 28/10/2020, n. 137, conv., con modif., in l. 18/12/2020, n. 176, ha disposto che: «1. Al fine di consentire al Ministero della giustizia di predisporre le necessarie modifiche dei sistemi informativi per permettere il compimento delle attività processuali con modalità telematiche, le disposizioni di cui alla presente legge entrano in vigore decorsi venticinque mesi dalla pubblicazione della medesima legge nella Gazzetta Ufficiale. 2. Le disposizioni della presente legge si applicano alle condotte illecite poste in essere successivamente alla data della sua entrata in vigore. Alle condotte illecite poste in essere precedentemente continuano ad applicarsi le disposizioni vigenti prima della medesima data di entrata in vigore.» (19/5/2021). La medesima decorrenza era stata disposta dall'art. 26, co. 1, d.l. 9/11/2020, n. 149, poi abrogato dall'art. 1, co. 2, l. n. 176, cit., ai sensi del quale restano validi gli atti e i provvedimenti adottati e sono fatti salvi gli effetti prodottisi e i rapporti giuridici sorti sulla base del medesimo d.l. n. 149, cit. Precedentemente, l'originario termine di "dodici mesi" era stato sostituito con "diciannove mesi" dall'art. 8 del d.l. 30/12/2019, n. 162, conv., con modif., in l. 28/2/2020, n. 8.

840 septies. Modalità di adesione all'azione di classe (1). – L'adesione all'azione di classe si propone mediante inserimento della relativa domanda nel fascicolo informatico, avvalendosi di un'area del portale dei servizi telematici di cui all'articolo 840-ter, secondo comma.

La domanda di cui al primo comma, a pena di inammissibilità, deve contenere:

a) l'indicazione del tribunale e i dati relativi all'azione di classe a cui il soggetto chiede di aderire;

b) i dati identificativi dell'aderente;

c) l'indirizzo di posta elettronica certificata ovvero il servizio elettronico di recapito certificato qualificato dell'aderente o del suo difensore;

d) la determinazione dell'oggetto della domanda;

e) l'esposizione dei fatti costituenti le ragioni della domanda di adesione;

f) l'indice dei documenti probatori eventualmente prodotti;

g) la seguente attestazione: «Consapevole della responsabilità penale prevista dalle disposizioni in materia di dichiarazioni sostitutive, attesto che i dati e i fatti esposti nella domanda e nei documenti prodotti sono veritieri»;

h) il conferimento al rappresentante comune degli aderenti, già nominato o che sarà nominato dal giudice, del potere di rappresentare l'aderente e di compiere nel suo interesse tutti gli atti, di natura sia sostanziale sia processuale, relativi al diritto individuale omogeneo esposto nella domanda di adesione;

i) i dati necessari per l'accredito delle somme che verranno eventualmente riconosciute in favore dell'aderente;

l) la dichiarazione di aver provveduto al versamento del fondo spese di cui all'articolo 840-sexies, primo comma, lettera h).

L'aderente può produrre, con le modalità di cui al secondo comma, dichiarazioni di terzi, capaci di testimoniare, rilasciate ad un avvocato che attesta l'identità del dichiarante secondo le disposizioni dell'articolo 252; l'avvocato che procede a norma del presente comma è considerato pubblico ufficiale ad ogni effetto. Le dichiarazioni di cui al presente comma sono valutate dal giudice secondo il suo prudente apprezzamento.

La domanda è presentata su un modulo conforme al modello approvato con decreto del Ministro della giustizia, che stabilisce anche le istruzioni per la sua compilazione, ed è presentata a norma dell'articolo 65 del codice dell'amministrazione digitale, di cui al decreto legislativo 7 marzo 2005, n. 82.

I documenti probatori sono prodotti mediante inserimento nel fascicolo informatico.

La domanda di adesione produce gli effetti della domanda giudiziale e può essere presentata anche senza il ministero di un difensore.

L'adesione diventa inefficace in caso di revoca del potere di rappresentanza conferito al rappresentante comune a norma del secondo comma, lettera h). L'inefficacia opera di diritto ed è rilevabile d'ufficio. La revoca è opponibile all'impresa o all'ente gestore di servizi pubblici o di pubblica utilità da quando è inserita nel fascicolo informatico.

Quando l'azione di classe è stata proposta a norma dell'articolo 840-quater, l'aderente deve dimostrare di non aver potuto far valere i propri diritti entro i termini ivi previsti.

(1) Articolo aggiunto dalla l. 12/4/2019, n. 31. L'art. 7, co. 1, l. n. 31, cit., come da ultimo modificato dall'art. 31-ter del d.l. 28/10/2020, n. 137, conv., con modif., in l. 18/12/2020, n. 176, ha disposto che: «1. Al fine di consentire al Ministero della giustizia di predisporre le necessarie modifiche dei sistemi informativi per permettere il compimento delle attività processuali con modalità telematiche, le disposizioni di cui alla presente legge entrano in vigore decorsi venticinque mesi dalla pubblicazione della medesima legge nella Gazzetta Ufficiale. 2. Le disposizioni della presente legge si applicano alle condotte illecite poste in essere successivamente alla data della sua entrata in vigore. Alle condotte illecite poste in essere precedentemente continuano ad applicarsi le disposizioni vigenti prima della medesima data di entrata in vigore.»

(19/5/2021). La medesima decorrenza era stata disposta dall'art. 26, co. 1, d.l. 9/11/2020, n. 149, poi abrogato dall'art. 1, co. 2, l. n. 176, cit., ai sensi del quale restano validi gli atti e i provvedimenti adottati e sono fatti salvi gli effetti prodottisi e i rapporti giuridici sorti sulla base del medesimo d.l. n. 149, cit. Precedentemente, l'originario termine di "dodici mesi" era stato sostituito con "diciannove mesi" dall'art. 8 del d.l. 30/12/2019, n. 162, conv., con modif., in l. 28/2/2020, n. 8.

840 octies. Progetto dei diritti individuali omogenei degli aderenti (1). – Entro il termine perentorio di centoventi giorni dalla scadenza del termine di cui all'articolo 840-sexies, primo comma, lettera e), il resistente deposita una memoria contenente le sue difese, prendendo posizione sui fatti posti dagli aderenti a fondamento della domanda ed eccependo i fatti estintivi, modificativi o impeditivi dei diritti fatti valere dagli aderenti. I fatti dedotti dagli aderenti e non specificatamente contestati dal resistente nel termine di cui al presente comma si considerano ammessi.

Il rappresentante comune degli aderenti, entro novanta giorni dalla scadenza del termine di cui al primo comma, predispone il progetto dei diritti individuali omogenei degli aderenti, rassegnando per ciascuno le sue motivate conclusioni, e lo deposita; il progetto è comunicato agli aderenti e al resistente. Il rappresentante comune può chiedere al tribunale di nominare uno o più esperti di particolare competenza tecnica che lo assistano per la valutazione dei fatti posti dagli aderenti a fondamento delle domande.

Il resistente e gli aderenti, entro trenta giorni dalla comunicazione di cui al secondo comma, possono depositare osservazioni scritte e documenti integrativi. Nella procedura di adesione non sono ammessi mezzi di prova diversi dalla prova documentale.

Il rappresentante comune, entro sessanta giorni dalla scadenza del termine di cui al terzo comma, apporta le eventuali variazioni al progetto dei diritti individuali omogenei e lo deposita nel fascicolo informatico.

Il giudice delegato, con decreto motivato, quando accoglie in tutto o in parte la domanda di adesione, condanna il resistente al pagamento delle somme o delle cose dovute a ciascun aderente a titolo di risarcimento o di restituzione. Il provvedimento costituisce titolo esecutivo ed è comunicato al resistente, agli aderenti, al rappresentante comune e ai difensori di cui all'articolo 840-novies, sesto e settimo comma.

A favore del difensore di cui l'aderente si sia avvalso è dovuto un compenso determinato con decreto del Ministro della giustizia, adottato a norma dell'articolo 13, comma 6, della legge 31 dicembre 2012, n. 247.

(1) Articolo aggiunto dalla l. 12/4/2019, n. 31. L'art. 7, co. 1, l. n. 31, cit., come da ultimo modificato dall'art. 31-ter del d.l. 28/10/2020, n. 137, conv., con modif., in l. 18/12/2020, n. 176, ha disposto che: «1. Al fine di consentire al Ministero della giustizia di predisporre le necessarie modifiche dei sistemi informativi per permettere il compimento delle attività processuali con modalità telematiche, le disposizioni di cui alla presente legge entrano in vigore decorsi venticinque mesi dalla pubblicazione della medesima legge nella Gazzetta Ufficiale. 2. Le disposizioni della presente legge si applicano alle condotte illecite poste in essere successivamente alla data della sua entrata in vigore. Alle condotte illecite poste in essere precedentemente continuano ad applicarsi le disposizioni vigenti prima della medesima data di entrata in vigore.» (19/5/2021). La medesima decorrenza era stata disposta dall'art. 26, co. 1, d.l. 9/11/2020, n. 149, poi abrogato dall'art. 1, co. 2, l. n. 176, cit., ai sensi del quale restano validi gli atti e i provvedimenti adottati e sono fatti salvi gli effetti prodottisi e i rapporti giuridici sorti sulla base del medesimo d.l. n. 149, cit. Precedentemente, l'originario termine di "dodici mesi" era stato sostituito con "diciannove mesi" dall'art. 8 del d.l. 30/12/2019, n. 162, conv., con modif., in l. 28/2/2020, n. 8.

840 novies. Spese del procedimento (1). – Con il decreto di cui all'articolo 840-octies, quinto comma, il giudice delegato condanna altresì il resistente a corrispondere direttamente al rappresentante comune degli aderenti, a titolo di compenso, un importo stabilito in considerazione del numero dei componenti la classe in misura progressiva:

a) da 1 a 500, in misura non superiore al 9 per cento;

b) da 501 a 1.000, in misura non superiore al 6 per cento;

c) da 1.001 a 10.000, in misura non superiore al 3 per cento;

d) da 10.001 a 100.000, in misura non superiore al 2,5 per cento;

e) da 100.001 a 500.000, in misura non superiore all'1,5 per cento;

f) da 500.001 a 1.000.000, in misura non superiore all'1 per cento;

g) oltre 1.000.000, in misura non superiore allo 0,5 per cento.

Le percentuali di cui al primo comma sono calcolate sull'importo complessivo dovuto a tutti gli aderenti. Le percentuali di cui al primo comma possono essere modificate con decreto del Ministro della giustizia.

È altresì dovuto il rimborso delle spese sostenute e documentate.

L'autorità giudiziaria può aumentare o ridurre l'ammontare del compenso liquidato a norma del primo comma in misura non superiore al 50 per cento, sulla base dei seguenti criteri:

a) complessità dell'incarico;

b) ricorso all'opera di coadiutori;

c) qualità dell'opera prestata;

d) sollecitudine con cui sono state condotte le attività;

e) numero degli aderenti.

Per quanto non previsto dal primo e dal secondo comma, si applicano le disposizioni in materia di spese di giustizia.

Con il medesimo decreto di cui al primo comma, il giudice delegato condanna altresì il resistente a corrispondere direttamente all'avvocato che ha difeso il ricorrente fino alla pronuncia della sentenza di cui all'articolo 840-sexies un importo ulteriore rispetto alle somme dovute a ciascun aderente a titolo di risarcimento e di restituzione. Il predetto importo, riconosciuto a titolo di compenso premiale, è liquidato a norma del primo comma. Tale compenso premiale può essere ridotto in misura non superiore al 50 per cento, sulla base dei criteri stabiliti al quarto comma.

Le disposizioni del sesto comma si applicano anche ai difensori che hanno difeso i ricorrenti delle cause riunite risultati vittoriosi.

(1) Articolo aggiunto dalla l. 12/4/2019, n. 31. L'art. 7, co. 1, l. n. 31, cit., come da ultimo modificato dall'art. 31-ter del d.l. 28/10/2020, n. 137, conv., con modif., in l. 18/12/2020, n. 176, ha disposto che: «1. Al fine di consentire al Ministero della giustizia di predisporre le necessarie modifiche dei sistemi informativi per permettere il compimento delle attività processuali con modalità telematiche, le disposizioni di cui alla presente legge entrano in vigore decorsi venticinque mesi dalla pubblicazione della medesima legge nella Gazzetta Ufficiale. 2. Le disposizioni della presente legge si applicano alle condotte illecite poste in essere successivamente alla data della sua entrata in vigore. Alle condotte illecite poste in essere precedentemente continuano ad applicarsi le disposizioni vigenti prima della medesima data di entrata in vigore.» (19/5/2021). La medesima decorrenza era stata disposta dall'art. 26, co. 1, d.l. 9/11/2020, n. 149, poi abrogato dall'art. 1, co. 2, l. n. 176, cit., ai sensi del quale restano validi gli atti e i provvedimenti adottati e sono fatti salvi gli effetti prodottisi e i rapporti giuridici sorti sulla base del medesimo d.l. n. 149, cit. Precedentemente, l'originario termine di "dodici mesi" era stato sostituito con "diciannove mesi" dall'art. 8 del d.l. 30/12/2019, n. 162, conv., con modif., in l. 28/2/2020, n. 8.

840 decies. Impugnazione della sentenza (1). – Gli atti di impugnazione della sentenza di cui all'articolo 840-sexies e i provvedimenti che definiscono i giudizi di impugnazione so-

CODICE PROCEDURA CIVILE

no pubblicati nell'area pubblica del portale dei servizi telematici di cui all'articolo 840-ter, secondo comma.

Ai fini dell'impugnazione della sentenza non si applica l'articolo 325. La sentenza può essere impugnata dagli aderenti per revocazione, quando ricorrono i presupposti previsti dall'articolo 395 o quando la sentenza medesima è l'effetto della collusione tra le parti. In quest'ultimo caso il termine per proporre revocazione decorre dalla scoperta della collusione.

(1) Articolo aggiunto dalla l. 12/4/2019, n. 31. L'art. 7, co. 1, l. n. 31, cit., come da ultimo modificato dall'art. 31-ter del d.l. 28/10/2020, n. 137, conv., con modif., in l. 18/12/2020, n. 176, ha disposto che: «1. Al fine di consentire al Ministero della giustizia di predisporre le necessarie modifiche dei sistemi informativi per permettere il compimento delle attività processuali con modalità telematiche, le disposizioni di cui alla presente legge entrano in vigore decorsi venticinque mesi dalla pubblicazione della medesima legge nella Gazzetta Ufficiale. 2. Le disposizioni della presente legge si applicano alle condotte illecite poste in essere successivamente alla data della sua entrata in vigore. Alle condotte illecite poste in essere precedentemente continuano ad applicarsi le disposizioni vigenti prima della medesima data di entrata in vigore.» (19/5/2021). La medesima decorrenza era stata disposta dall'art. 26, co. 1, d.l. 9/11/2020, n. 149, poi abrogato dall'art. 1, co. 2, l. n. 176, cit., ai sensi del quale restano validi gli atti e i provvedimenti adottati e sono fatti salvi gli effetti prodottisi e i rapporti giuridici sorti sulla base del medesimo d.l. n. 149, cit. Precedentemente, l'originario termine di "dodici mesi" era stato sostituito con "diciannove mesi" dall'art. 8 del d.l. 30/12/2019, n. 162, conv., con modif., in l. 28/2/2020, n. 8.

840 undecies. Impugnazione del decreto (1). – Contro il decreto di cui all'articolo 840-octies, quinto comma, può essere proposta opposizione con ricorso depositato presso la cancelleria del tribunale.

Il ricorso può essere proposto dal resistente, dal rappresentante comune degli aderenti e dagli avvocati di cui all'articolo 840-novies, sesto e settimo comma, nel termine perentorio di trenta giorni dalla comunicazione del provvedimento.

Gli avvocati di cui al periodo precedente possono proporre motivi di opposizione relativi esclusivamente ai compensi e alle spese liquidati con il decreto impugnato.

Il ricorso non sospende l'esecuzione del decreto, fatta salva la facoltà del tribunale di disporre diversamente su istanza di parte in presenza di gravi e fondati motivi. Esso deve contenere:

a) l'indicazione del tribunale competente;

b) le generalità del ricorrente e l'elezione del domicilio nel comune in cui ha sede il giudice adito;

c) l'esposizione dei fatti e degli elementi di diritto su cui si basa l'opposizione, con le relative conclusioni.

Il presidente del tribunale, nei cinque giorni successivi al deposito del ricorso, designa il relatore e fissa con decreto l'udienza di comparizione entro quaranta giorni dal deposito. Il giudice delegato non può far parte del collegio.

Il ricorso, unitamente al decreto di fissazione dell'udienza, deve essere comunicato ai controinteressati entro cinque giorni dal deposito del decreto. Il resistente deve costituirsi almeno cinque giorni prima dell'udienza, depositando una memoria contenente l'esposizione delle difese in fatto e in diritto.

L'intervento di qualunque interessato non può avere luogo oltre il termine stabilito per la costituzione della parte resistente, con le modalità per questa previste.

Non sono ammessi nuovi mezzi di prova e non possono essere prodotti nuovi documenti, salvo che la parte dimostri di non aver potuto indicarli o produrli prima, per causa ad essa non imputabile.

Entro trenta giorni dall'udienza di comparizione delle parti, il tribunale provvede con decreto motivato, con il quale conferma, modifica o revoca il provvedimento impugnato.

L'aderente può proporre azione individuale a condizione che la domanda di adesione sia stata revocata prima che il decreto sia divenuto definitivo nei suoi confronti.

(1) Articolo aggiunto dalla l. 12/4/2019, n. 31. L'art. 7, co. 1, l. n. 31, cit., come da ultimo modificato dall'art. 31-ter del d.l. 28/10/2020, n. 137, conv., con modif., in l. 18/12/2020, n. 176, ha disposto che: «1. Al fine di consentire al Ministero della giustizia di predisporre le necessarie modifiche dei sistemi informativi per permettere il compimento delle attività processuali con modalità telematiche, le disposizioni di cui alla presente legge entrano in vigore decorsi venticinque mesi dalla pubblicazione della medesima legge nella Gazzetta Ufficiale. 2. Le disposizioni della presente legge si applicano alle condotte illecite poste in essere successivamente alla data della sua entrata in vigore. Alle condotte illecite poste in essere precedentemente continuano ad applicarsi le disposizioni vigenti prima della medesima data di entrata in vigore.» (19/5/2021). La medesima decorrenza era stata disposta dall'art. 26, co. 1, d.l. 9/11/2020, n. 149, poi abrogato dall'art. 1, co. 2, l. n. 176, cit., ai sensi del quale restano validi gli atti e i provvedimenti adottati e sono fatti salvi gli effetti prodottisi e i rapporti giuridici sorti sulla base del medesimo d.l. n. 149, cit. Precedentemente, l'originario termine di "dodici mesi" era stato sostituito con "diciannove mesi" dall'art. 8 del d.l. 30/12/2019, n. 162, conv., con modif., in l. 28/2/2020, n. 8.

840 duodecies. Adempimento spontaneo (1). – Quando il debitore provvede spontaneamente al pagamento delle somme stabilite con il decreto di cui all'articolo 840-octies, quinto comma, le somme sono versate su un conto corrente bancario o postale intestato alla procedura aperta con la sentenza di cui all'articolo 840-sexies e vincolato all'ordine del giudice. Il rappresentante comune degli aderenti deposita con la massima sollecitudine il piano di riparto e il giudice delegato ordina il pagamento delle somme spettanti a ciascun aderente.

Il rappresentante comune, il debitore e gli avvocati di cui all'articolo 840-novies, sesto e settimo comma, possono proporre opposizione a norma dell'articolo 840-undecies.

Il rappresentante comune deposita la documentazione comprovante i pagamenti effettuati.

Per il compimento dell'attività di cui al presente articolo, al rappresentante comune non spetta alcun ulteriore compenso.

(1) Articolo aggiunto dalla l. 12/4/2019, n. 31. L'art. 7, co. 1, l. n. 31, cit., come da ultimo modificato dall'art. 31-ter del d.l. 28/10/2020, n. 137, conv., con modif., in l. 18/12/2020, n. 176, ha disposto che: «1. Al fine di consentire al Ministero della giustizia di predisporre le necessarie modifiche dei sistemi informativi per permettere il compimento delle attività processuali con modalità telematiche, le disposizioni di cui alla presente legge entrano in vigore decorsi venticinque mesi dalla pubblicazione della medesima legge nella Gazzetta Ufficiale. 2. Le disposizioni della presente legge si applicano alle condotte illecite poste in essere successivamente alla data della sua entrata in vigore. Alle condotte illecite poste in essere precedentemente continuano ad applicarsi le disposizioni vigenti prima della medesima data di entrata in vigore.» (19/5/2021). La medesima decorrenza era stata disposta dall'art. 26, co. 1, d.l. 9/11/2020, n. 149, poi abrogato dall'art. 1, co. 2, l. n. 176, cit., ai sensi del quale restano validi gli atti e i provvedimenti adottati e sono fatti salvi gli effetti prodottisi e i rapporti giuridici sorti sulla base del medesimo d.l. n. 149, cit. Precedentemente, l'originario termine di "dodici mesi" era stato sostituito con "diciannove mesi" dall'art. 8 del d.l. 30/12/2019, n. 162, conv., con modif., in l. 28/2/2020, n. 8.

840 terdecies. Esecuzione forzata collettiva (1). – L'esecuzione forzata del decreto di cui all'articolo 840-octies, quinto comma, è promossa dal rappresentante comune degli aderenti, che compie tutti gli atti nell'interesse degli aderenti, ivi compresi quelli relativi agli eventuali giudizi di opposizione. Non è mai ammessa l'esecuzione forzata di tale decreto su iniziativa di soggetti diversi dal rappresentante comune.

Devono essere trattenute e depositate nei modi stabiliti dal giudice dell'esecuzione le somme ricavate per effetto di provvedimenti provvisoriamente esecutivi e non ancora divenuti definitivi.

Le disposizioni dei commi precedenti non si applicano relativamente ai crediti riconosciuti, con il decreto di cui all'articolo 840-octies, quinto comma, in favore del rappresentante comune e degli avvocati di cui all'articolo 840-novies, sesto e settimo comma.

Il compenso dovuto al rappresentante comune è liquidato dal giudice in misura non superiore a un decimo della somma ricavata, tenuto conto dei criteri di cui all'articolo 840-novies, quarto comma. Il credito del rappresentante comune liquidato a norma del presente articolo nonché quello liquidato a norma dell'articolo 840-novies, commi primo e secondo, hanno privilegio, nella misura del 75 per cento, sui beni oggetto dell'esecuzione.

Il rappresentante comune non può stare in giudizio senza l'autorizzazione del giudice delegato, salvo che per i procedimenti promossi per impugnare atti del giudice delegato o del tribunale.

(1) Articolo aggiunto dalla l. 12/4/2019, n. 31. L'art. 7, co. 1, l. n. 31, cit., come da ultimo modificato dall'art. 31-ter del d.l. 28/10/2020, n. 137, conv., con modif., in l. 18/12/2020, n. 176, ha disposto che: «1. Al fine di consentire al Ministero della giustizia di predisporre le necessarie modifiche dei sistemi informativi per permettere il compimento delle attività processuali con modalità telematiche, le disposizioni di cui alla presente legge entrano in vigore decorsi venticinque mesi dalla pubblicazione della medesima legge nella Gazzetta Ufficiale. 2. Le disposizioni della presente legge si applicano alle condotte illecite poste in essere successivamente alla data della sua entrata in vigore. Alle condotte illecite poste in essere precedentemente continuano ad applicarsi le disposizioni vigenti prima della medesima data di entrata in vigore.» (19/5/2021). La medesima decorrenza era stata disposta dall'art. 26, co. 1, d.l. 9/11/2020, n. 149, poi abrogato dall'art. 1, co. 2, l. n. 176, cit., ai sensi del quale restano validi gli atti e i provvedimenti adottati e sono fatti salvi gli effetti prodottisi e i rapporti giuridici sorti sulla base del medesimo d.l. n. 149, cit. Precedentemente, l'originario termine di "dodici mesi" era stato sostituito con "diciannove mesi" dall'art. 8 del d.l. 30/12/2019, n. 162, conv., con modif., in l. 28/2/2020, n. 8.

840 quaterdecies. Accordi di natura transattiva (1). – Il tribunale, fino alla discussione orale della causa, formula ove possibile, avuto riguardo al valore della controversia e all'esistenza di questioni di facile e pronta soluzione di diritto, una proposta transattiva o conciliativa. La proposta del giudice è inserita nell'area pubblica del portale dei servizi telematici di cui all'articolo 840-ter, secondo comma, ed è comunicata all'indirizzo di posta elettronica certificata ovvero al servizio elettronico di recapito certificato qualificato indicato da ciascun aderente.

L'accordo transattivo o conciliativo concluso tra le parti è inserito nell'area pubblica ed è comunicato all'indirizzo di posta elettronica certificata ovvero al servizio elettronico di recapito certificato qualificato indicato da ciascun aderente, il quale può dichiarare di voler accedere all'accordo medesimo mediante dichiarazione inserita nel fascicolo informatico nel termine indicato dal giudice.

Dopo la pronuncia della sentenza di cui all'articolo 840-sexies, il rappresentante comune, nell'interesse degli aderenti, può predisporre con l'impresa o con l'ente gestore di servizi pubblici o di pubblica utilità uno schema di accordo di natura transattiva.

Lo schema è inserito nell'area pubblica del portale dei servizi telematici di cui all'articolo 840-ter, secondo comma, ed è comunicato all'indirizzo di posta elettronica certificata ovvero al servizio elettronico di recapito certificato qualificato indicato da ciascun aderente.

Entro quindici giorni dalla comunicazione di cui al terzo comma, ciascun aderente può inserire nel fascicolo informatico le proprie motivate contestazioni allo schema di accordo. Nei confronti degli aderenti che non formulano contestazioni a norma del presente comma, lo schema di accordo si considera non contestato.

Entro trenta giorni dalla scadenza del termine di cui al quarto comma, il giudice delegato, avuto riguardo agli interessi degli aderenti, può autorizzare il rappresentante comune a stipulare l'accordo transattivo.

Il provvedimento del giudice delegato è inserito nell'area pubblica del portale dei servizi telematici di cui all'articolo 840-ter, secondo comma, ed è comunicato all'indirizzo di posta elettronica certificata ovvero al servizio elettronico di recapito certificato qualificato indicato da ciascun aderente nonché al ricorrente.

Entro quindici giorni dalla comunicazione di cui al sesto comma, l'aderente che ha formulato le contestazioni di cui al quarto comma può privare il rappresentante comune della facoltà di stipulare l'accordo transattivo a cui le medesime contestazioni si riferiscono.

L'accordo transattivo autorizzato dal giudice delegato e stipulàto dal rappresentante comune costituisce titolo esecutivo e per l'iscrizione di ipoteca giudiziale e deve essere integralmente trascritto nel precetto ai sensi dell'articolo 480, secondo comma. Il rappresentante comune certifica l'autografia delle sottoscrizioni apposte all'accordo transattivo.

Il ricorrente può aderire all'accordo transattivo entro il termine di cui al settimo comma; in tal caso, l'accordo transattivo costituisce titolo esecutivo e per l'iscrizione di ipoteca giudiziale anche in suo favore.

Le disposizioni del presente articolo si applicano, in quanto compatibili, anche quando l'azione è promossa da un'organizzazione o un'associazione inserita nell'elenco di cui all'articolo 840-bis, secondo comma, e l'accordo può avere riguardo anche al risarcimento del danno o alle restituzioni in favore degli aderenti che abbiano accettato o non si siano opposti all'accordo medesimo.

(1) Articolo aggiunto dalla l. 12/4/2019, n. 31. L'art. 7, co. 1, l. n. 31, cit., come da ultimo modificato dall'art. 31-ter del d.l. 28/10/2020, n. 137, conv., con modif., in l. 18/12/2020, n. 176, ha disposto che: «1. Al fine di consentire al Ministero della giustizia di predisporre le necessarie modifiche dei sistemi informativi per permettere il compimento delle attività processuali con modalità telematiche, le disposizioni di cui alla presente legge entrano in vigore decorsi venticinque mesi dalla pubblicazione della medesima legge nella Gazzetta Ufficiale. 2. Le disposizioni della presente legge si applicano alle condotte illecite poste in essere successivamente alla data della sua entrata in vigore. Alle condotte illecite poste in essere precedentemente continuano ad applicarsi le disposizioni vigenti prima della medesima data di entrata in vigore.» (19/5/2021). La medesima decorrenza era stata disposta dall'art. 26, co. 1, d.l. 9/11/2020, n. 149, poi abrogato dall'art. 1, co. 2, l. n. 176, cit., ai sensi del quale restano validi gli atti e i provvedimenti adottati e sono fatti salvi gli effetti prodottisi e i rapporti giuridici sorti sulla base del medesimo d.l. n. 149, cit. Precedentemente, l'originario termine di "dodici mesi" era stato sostituito con "diciannove mesi" dall'art. 8 del d.l. 30/12/2019, n. 162, conv., con modif., in l. 28/2/2020, n. 8.

840 quinquiesdecies. Chiusura della procedura di adesione (1). – La procedura di adesione si chiude:

a) quando le ripartizioni agli aderenti, effettuate dal rappresentante comune, raggiungono l'intero ammontare dei crediti dei medesimi aderenti;

b) quando nel corso della procedura risulta che non è possibile conseguire un ragionevole soddisfacimento delle pretese degli aderenti, anche tenuto conto dei costi che è necessario sostenere.

La chiusura della procedura di adesione è dichiarata con decreto motivato del giudice delegato, reclamabile a norma dell'articolo 840-undecies.

Gli aderenti riacquistano il libero esercizio delle azioni verso il debitore per la parte non soddisfatta dei loro crediti per capitale e interessi.

(1) Articolo aggiunto dalla l. 12/4/2019, n. 31. L'art. 7, co. 1, l. n. 31, cit., come da ultimo modificato dall'art. 31-ter del d.l. 28/10/2020, n. 137, conv., con modif., in l. 18/12/2020, n. 176, ha disposto che: «1. Al fine di consentire al Ministero della giustizia di predisporre le necessarie modifiche dei sistemi informativi per permettere il compimento delle attività processuali con modalità telematiche, le disposizioni di cui alla presente legge entrano in vigore decorsi venticinque mesi dalla pubblicazione della medesima legge nella Gazzetta Ufficiale. 2. Le disposizioni della presente legge si applicano alle condotte illecite poste in essere successivamente alla data della sua entrata in vigore. Alle condotte illecite poste in essere precedentemente continuano ad applicarsi le disposizioni vigenti prima della medesima data di entrata in vigore.» (19/5/2021). La medesima decorrenza era stata disposta dall'art. 26, co. 1, d.l. 9/11/2020, n. 149, poi abrogato dall'art. 1, co. 2, l. n. 176, cit., ai sensi del quale restano validi gli atti e i provvedimenti adottati e sono fatti salvi gli effetti prodottisi e i rapporti giuridici sorti sulla base del medesimo d.l. n. 149, cit. Precedentemente, l'originario termine di "dodici mesi" era stato sostituito con "diciannove mesi" dall'art. 8 del d.l. 30/12/2019, n. 162, conv., con modif., in l. 28/2/2020, n. 8.

840 sexiesdecies. Azione inibitoria collettiva (1). – Chiunque abbia interesse alla pronuncia di una inibitoria di atti e comportamenti, posti in essere in pregiudizio di una pluralità di individui o enti, può agire per ottenere l'ordine di cessazione o il divieto di reiterazione della condotta omissiva o commissiva. Le organizzazioni o le associazioni senza scopo di lucro i cui obiettivi statutari comprendano la tutela degli interessi pregiudicati dalla condotta di cui al primo periodo sono legittimate a proporre l'azione qualora iscritte nell'elenco di cui all'articolo 840-bis, secondo comma.

L'azione può essere esperita nei confronti di imprese o di enti gestori di servizi pubblici o di pubblica utilità relativamente ad atti e comportamenti posti in essere nello svolgimento delle loro rispettive attività.

La domanda si propone con le forme del procedimento camerale, regolato dagli articoli 737 e seguenti, in quanto compatibili, esclusivamente dinanzi alla sezione specializzata in materia di impresa competente per il luogo dove ha sede la parte resistente. Il ricorso è notificato al pubblico ministero.

Si applica l'articolo 840-quinquies in quanto compatibile.

Il tribunale può avvalersi di dati statistici e di presunzioni semplici.

Con la condanna alla cessazione della condotta omissiva o commissiva, il tribunale può, su istanza di parte, adottare i provvedimenti di cui all'articolo 614-bis, anche fuori dei casi ivi previsti.

Con la condanna alla cessazione della condotta omissiva o commissiva, il tribunale può, su richiesta del pubblico ministero o delle parti, ordinare che la parte soccombente adotti le misure idonee ad eliminare o ridurre gli effetti delle violazioni accertate.

Il giudice, su istanza di parte, condanna la parte soccombente a dare diffusione del provvedimento, nei modi e nei tempi definiti nello stesso, mediante utilizzo dei mezzi di comunicazione ritenuti più appropriati.

Quando l'azione inibitoria collettiva è proposta congiuntamente all'azione di classe, il giudice dispone la separazione delle cause.

Sono fatte salve le disposizioni previste in materia dalle leggi speciali».

(1) Articolo aggiunto dalla l. 12/4/2019, n. 31. L'art. 7, co. 1, l. n. 31, cit., come da ultimo modificato dall'art. 31-ter del d.l. 28/10/2020, n. 137, conv., con modif., in l. 18/12/2020, n. 176, ha disposto che: «1. Al fine di consentire al Ministero della giustizia di predisporre le necessarie modifiche dei sistemi informativi per permettere il compimento delle attività processuali con modalità telematiche, le disposizioni di cui alla presente legge entrano in vigore decorsi venticinque mesi dalla pubblicazione della medesima legge nella Gazzetta Ufficiale. 2. Le disposizioni della presente legge si applicano alle condotte illecite poste in essere successivamente alla data della sua entrata in vigore. Alle condotte illecite poste in essere precedentemente continuano ad applicarsi le disposizioni vigenti prima della medesima data di entrata in vigore.» (19/5/2021). La medesima decorrenza era stata disposta dall'art. 26, co. 1, d.l. 9/11/2020, n. 149, poi abrogato dall'art. 1, co. 2, l. n. 176, cit., ai sensi del quale restano validi gli atti e i provvedimenti adottati e sono fatti salvi gli effetti prodottisi e i rapporti giuridici sorti sulla base del medesimo d.l. n. 149, cit. Precedentemente, l'originario termine di "dodici mesi" era stato sostituito con "diciannove mesi" dall'art. 8 del d.l. 30/12/2019, n. 162, conv., con modif., in l. 28/2/2020, n. 8.

Disposizioni di attuazione del Codice di procedura civile

R.d. 18 dicembre 1941, n. 1368

(G.U. 24 dicembre 1941, n. 302, S.O.)

Disposizioni per l'attuazione del Codice di procedura civile e Disposizioni transitorie

TITOLO I
DEL PUBBLICO MINISTERO

1. Richiesta di comunicazione degli atti. – In ogni stato e grado del processo il pubblico ministero può richiedere al giudice la comunicazione degli atti per l'esercizio dei poteri a lui attribuiti dalla legge.

2. Intervento davanti all'istruttore. – L'intervento del pubblico ministero davanti all'istruttore avviene nei modi previsti nell'articolo 267 del codice.

3. Intervento davanti al collegio. – Il pubblico ministero può spiegare il suo intervento anche quando la causa si trova davanti al collegio, mediante comparsa da depositarsi in cancelleria o all'udienza.

Il pubblico ministero che interviene all'udienza prende oralmente le sue conclusioni, che sono inserite nel ruolo di udienza.

Se il pubblico ministero che interviene davanti al collegio non si limita ad aderire alle conclusioni di una delle parti, ma prende proprie conclusioni, produce documenti o deduce prove, il presidente, d'ufficio o su istanza di parte, può rimettere con ordinanza la causa al giudice istruttore per l'integrazione della istruzione.

TITOLO II
DEGLI ESPERTI E DEGLI AUSILIARI DEL GIUDICE

Capo I
Degli esperti della magistratura del lavoro

4. Albo degli esperti (1).

(1) *Omissis.*

5. Formazione dell'albo. – L'albo è tenuto dal primo presidente della corte d'appello ed è formato da un comitato da lui presieduto e composto dal procuratore generale della Repubblica e dal presidente della sezione della corte funzionante come magistratura del lavoro.

Le funzioni di segretario del comitato sono esercitate dal cancelliere della corte.

6. Proposte d'iscrizione (1).

(1) *Omissis.*

7. Requisiti per l'iscrizione (1).

(1) *Omissis.*

8. Revisione dell'albo (1).

(1) *Omissis.*

9. Ruolo degli esperti (1).

(1) *Omissis.*

10. Composizione del collegio giudicante (1).

(1) *Omissis.*

11. Astensione e ricusazione degli esperti (1).

(1) *Omissis.*

12. Indennità dovute agli esperti (1).

(1) *Omissis.*

Capo I-bis
Dei mediatori familiari (1)

(1) Capo aggiunto dall'art. 4, co. 1, d.lg. 10/10/2022, n. 149.

12 bis. Dei mediatori familiari (1). – Presso ogni tribunale è istituito un elenco di mediatori familiari.

(1) Articolo aggiunto dall'art. 4, co. 1, d.lg. 10/10/2022, n. 149.

12 ter. Formazione e revisione dell'elenco (1). – L'elenco è tenuto dal presidente del tribunale ed è formato da un comitato da lui presieduto e composto dal procuratore della Repubblica e da un mediatore familiare, designato dalle associazioni professionali di mediatori familiari inserite nell'elenco tenuto presso il Ministero dello sviluppo economico, che esercita la propria attività nel circondario del tribunale.

Le funzioni di segretario del comitato sono esercitate dal cancelliere del tribunale.

L'elenco è permanente. Ogni quattro anni il comitato provvede alla sua revisione per eliminare coloro per i quali è venuto meno alcuno dei requisiti previsti nell'articolo 12-quater o è sorto un impedimento a esercitare l'ufficio.

Si applicano gli articoli 19, 20 e 21, in quanto compatibili.

(1) Articolo aggiunto dall'art. 4, co. 1, d.lg. 10/10/2022, n. 149.

12 quater. Iscrizione nell'elenco (1). – Possono chiedere l'iscrizione nell'elenco coloro che sono iscritti da almeno cinque anni a una delle associazioni professionali di mediatori familiari inserite nell'elenco tenuto presso il Ministero dello sviluppo economico, sono forniti di adeguata formazione e di specifica competenza nella disciplina giuridica della famiglia nonché' in materia di tutela dei minori e di violenza domestica e di genere e sono di condotta morale specchiata.

Sulle domande di iscrizione decide il comitato previsto dall'articolo 12-ter. Contro il provvedimento del comitato è ammesso reclamo, entro quindici giorni dalla notificazione, al comitato previsto nell'articolo 5.

(1) Articolo aggiunto dall'art. 4, co. 1, d.lg. 10/10/2022, n. 149.

12 quinquies. Domande di iscrizione (1). – Coloro che aspirano all'iscrizione nell'elenco devono presentare domanda al presidente del tribunale, corredata dai seguenti documenti:

1) estratto dell'atto di nascita;

2) certificato generale del casellario giudiziario di data non anteriore a tre mesi dalla presentazione;

3) certificato di residenza nella circoscrizione del tribunale;

4) attestazione rilasciata dall'associazione professionale ai sensi dell'articolo 7 della legge 14 gennaio 2013, n. 4;

5) i titoli e i documenti che l'aspirante intende allegare per dimostrare la sua formazione e specifica competenza.

Il presidente procede ai sensi dell'articolo 17.

(1) Articolo aggiunto dall'art. 4, co. 1, d.lg. 10/10/2022, n. 149.

12 sexies. Disciplina dell'attività di mediatore (1). – L'attività professionale del mediatore familiare, la sua formazione, le regole deontologiche e le tariffe applicabili sono regolate con decreto del Ministro dello sviluppo economico, di concerto con il Ministro della giustizia e con il Ministro dell'economia e delle finanze, nel rispetto delle disposizioni di cui alla legge 14 gennaio 2013, n. 4.

(1) Articolo aggiunto dall'art. 4, co. 1, d.lg. 10/10/2022, n. 149.

Capo II
Dei consulenti tecnici del giudice

Sezione I
Dei consulenti tecnici nei procedimenti ordinari

13. Albo dei consulenti tecnici. – Presso ogni tribunale è istituito un albo dei consulenti tecnici.

L'albo è diviso in categorie.

Debbono essere sempre comprese nell'albo le categorie: 1. medico-chirurgica; 2. industriale; 3. commerciale; 4. agricola; 5. bancaria; 6. assicurativa.

Con decreto del Ministro della giustizia, adottato di concerto con i Ministri dell'economia e delle finanze e dello sviluppo economico, sono stabilite le ulteriori categorie dell'albo e i settori di specializzazione di ciascuna categoria. Con lo stesso decreto sono indicati i requisiti per l'iscrizione all'albo nonché i contenuti e le modalità della comunicazione ai fini della formazione, della tenuta e dell'aggiornamento dell'elenco nazionale di cui all'articolo 24-bis (1).

(1) Comma aggiunto dall'art. 4, co. 2, d.lg. 10/10/2022, n. 149.

14. Formazione dell'albo. – L'albo è tenuto dal presidente del tribunale ed è formato da un comitato da lui presieduto e composto dal procuratore della Repubblica e da un professionista iscritto nell'albo professionale, designato dal consiglio dell'ordine, o dal collegio della categoria, cui i consulenti tecnici.

Il consiglio predetto ha facoltà di designare, quando lo ritenga opportuno, un professionista iscritto nell'albo di altro ordine o collegio, previa comunicazione al consiglio che tiene l'albo a cui appartiene il professionista stesso.

Quando trattasi di domande presentate da periti estimatori, la designazione è fatta dalla camera di commercio, industria e agricoltura.

Le funzioni di segretario del comitato sono esercitate dal cancelliere del tribunale.

15. Iscrizione e permanenza nell'albo (1). – Possono ottenere l'iscrizione nell'albo coloro che rispettano i requisiti determinati con il decreto di cui all'articolo 13, quarto comma (2).

Nessuno può essere iscritto in più di un albo.

Sulle domande di iscrizione decide il comitato indicato nell'articolo precedente.

Contro il provvedimento del comitato è ammesso reclamo, entro quindici giorni dalla notificazione, al comitato previsto nell'articolo.

Con il decreto di cui all'articolo 13, quarto comma, sono stabiliti, per ciascuna categoria, i requisiti per l'iscrizione, gli obblighi di formazione continua e gli altri obblighi da assolvere per il mantenimento dell'iscrizione, nonché' le modalità per la verifica del loro assolvimento (3).

Con lo stesso decreto sono stabiliti altresì i casi di sospensione volontaria dall'albo (3).

(1) L'originaria rubrica «Iscrizione nell'albo» è stata sostituita dall'art. 3, co. 2, d.lg. 10/10/2022, n. 149.

(2) Le parole "sono forniti di speciale competenza tecnica in una determinata materia, sono di condotta morale specchiata e sono iscritti nelle rispettive associazioni professionali." sono state sostituite con quelle "rispettano i requisiti determinati con il decreto di cui all'articolo 13, quarto comma" dall'art. 4, co. 2, d.lg. 10/10/2022, n. 149.

(3) Commi introdotti dall'art. 4, co. 2, d.lg. 10/10/2022, n. 149.

16. Domande d'iscrizione. – Coloro che aspirano all'iscrizione nell'albo debbono farne domanda al presidente del tribunale.

La domanda deve essere corredata dai seguenti documenti:

1. estratto dell'atto di nascita;

2. certificato generale del casellario giudiziario di data non anteriore a tre mesi dalla presentazione;

3. certificato di residenza nella circoscrizione del tribunale;

4. certificato di iscrizione all'associazione professionale;

5. i titoli e i documenti che l'aspirante crede di esibire per dimostrare la sua speciale capacità tecnica (1);

5-bis. gli ulteriori documenti richiesti ai sensi del decreto ministeriale di cui all'articolo 13, quarto comma (2).

La domanda contiene altresì il consenso dell'interessato al trattamento dei dati comunicati al momento della presentazione dell'istanza di iscrizione, prestato in conformità alla normativa dettata in materia di protezione dei dati personali, anche ai fini della pubblicazione di cui agli articoli 23, secondo comma, e 24-bis (3).

(1) Il segno di interpunzione "." è stato sostituito da quello ";" dall'art. 4, co. 2, d.lg. 10/10/2022, n. 149.

(2) Il n. 5-bis è stato inserito dall'art. 4, co. 2, d.lg. 10/10/2022, n. 149.

(3) Comma inserito dall'art. 4, co. 2, d.lg. 10/10/2022, n. 149.

17. Informazioni. – A cura del presidente del tribunale debbono essere assunte presso le autorità di polizia specifiche informazioni sulla condotta pubblica e privata dell'aspirante.

18. Revisione dell'albo. – L'albo è permanente. Ogni due (1) anni il comitato di cui all'articolo deve provvedere alla revisione dell'albo per eliminare i consulenti per i quali è venuto meno alcuno dei requisiti previsti nell'articolo o è sorto un impedimento a esercitare l'ufficio.

Contro il provvedimento di esclusione adottato dal comitato è ammesso reclamo, entro quindici giorni dalla notificazione, al comitato previsto dall'articolo 5 (2).

(1) La parola "quattro" è stata sostituita da quella "due" dall'art. 4, co. 2, d.lg. 10/10/2022, n. 149.

(2) Comma aggiunto dall'art. 4, co. 2, d.lg. 10/10/2022, n. 149.

19. Disciplina. – La vigilanza sui consulenti tecnici è esercitata dal presidente del tribunale, il quale, d'ufficio o su istanza del procuratore della Repubblica o del presidente dell'associazione professionale, può promuovere procedimento disciplinare contro i consulenti che non hanno tenuto una condotta morale specchiata o non hanno ottemperato agli obblighi derivanti dagli incarichi ricevuti.

Per il giudizio disciplinare è competente il comitato indicato nell'articolo.

20. Sanzioni disciplinari. – Ai consulenti che non hanno osservato i doveri indicati nell'articolo precedente possono essere inflitte le seguenti sanzioni disciplinari:

1. l'avvertimento;
2. la sospensione dall'albo per un tempo non superiore ad un anno;
3. la cancellazione dall'albo.

21. Procedimento disciplinare. – Prima di promuovere il procedimento disciplinare, il presidente del tribunale contesta l'addebito al consulente e ne raccoglie la risposta scritta.

Il presidente, se dopo la contestazione ritiene di dovere continuare il procedimento, fa invitare il consulente, con biglietto di cancelleria, davanti al comitato disciplinare.

Il comitato decide sentito il consulente. Contro il provvedimento è ammesso reclamo a norma dell'articolo ultimo comma.

22. Distribuzione degli incarichi. – Tutti i giudici che hanno sede nella circoscrizione del tribunale debbono affidare normalmente le funzioni di consulente tecnico agli iscritti nell'albo del tribunale medesimo. I giudici presso le sezioni specializzate dei tribunali con competenza distrettuale possono conferire l'incarico ai consulenti iscritti negli albi dei tribunali del distretto (1).

Il giudice può conferire, con provvedimento motivato, un incarico a un consulente iscritto in albo di altro tribunale o a persona non iscritta in alcun albo. Il provvedimento è comunicato al presidente del tribunale (2).

Le funzioni di consulente presso la corte d'appello sono normalmente affidate agli iscritti negli albi dei tribunali del distretto. L'incarico ad iscritti in altri albi o a persone non iscritte in alcun albo è conferito con provvedimento motivato da comunicare al presidente della corte di appello (3).

(1) Periodo inserito dall'art. 4, co. 2, d.lg. 10/10/2022, n. 149.

(2) Comma così sostituito dall'art. 4, co. 2, d.lg. 10/10/2022, n. 14; la precedente formulazione era: «Il giudice istruttore che conferisce un incarico a un consulente iscritto in albo di altro tribunale o a persona non iscritta in alcun albo, deve sentire il presidente e indicare nel provvedimento i motivi della scelta.»

(3) Periodo così sostituito dall'art. 4, co. 2, d.lg. 10/10/2022, n. 149. La precedente formulazione era: «Se l'incarico è conferito ad iscritti in altri albi o a persone non iscritte in alcun albo, deve essere sentito il primo presidente e debbono essere indicati nel provvedimento i motivi della scelta.».

23. Vigilanza sulla distribuzione degli incarichi (1). – Il presidente del tribunale e il presidente della corte di appello vigilano affinché, senza danno per l'amministrazione della giustizia, gli incarichi siano equamente distribuiti tra gli iscritti nell'albo in modo tale che a nessuno dei consulenti iscritti possano essere conferiti incarichi in misura superiore al 10 per cento di quelli affidati dal rispettivo ufficio, e garantiscono che sia assicurata l'adeguata trasparenza del conferimento degli incarichi anche a mezzo di strumenti informatici.

Per l'attuazione di tale vigilanza gli incarichi affidati e i compensi liquidati dal giudice agli iscritti nell'albo sono annotati nei sistemi informatici regolamentati secondo le regole tecniche per l'adozione nel processo civile delle tecnologie dell'informazione e della comunicazione. Gli incarichi e i compensi sono altresì pubblicati sul sito dell'ufficio giudiziario.»

(1) Articolo così modificato dall'art. 4, co. 3, d.lg. 10/10/2022, n. 149. La precedente formulazione era: «Il presidente del tribunale vigila affinché, senza danno per l'amministrazione della giustizia, gli incarichi siano equamente distribuiti tra gli iscritti nell'albo in modo tale che a nessuno dei consulenti iscritti possano essere conferiti incarichi in misura superiore al 10 per cento di quelli affidati dall'ufficio, e garantisce che sia assicurata l'adeguata trasparenza del conferimento degli incarichi anche a mezzo di strumenti informatici.
Per l'attuazione di tale vigilanza il presidente fa tenere dal cancelliere un registro in cui debbono essere annotati tutti gli incarichi che i consulenti iscritti ricevono e i compensi liquidati da ciascun giudice.
Questi deve dare notizia degli incarichi dati e dei compensi liquidati al presidente del tribunale presso il quale il consulente è iscritto.
Il primo presidente della corte di appello esercita la vigilanza prevista nel primo comma per gli incarichi che vengono affidati dalla corte.».

24. Liquidazione dei compensi*.

* Abrogato.

24 bis. Elenco nazionale dei consulenti tecnici (1). – Presso il Ministero della giustizia è istituito un elenco nazionale dei consulenti tecnici, suddiviso per categorie e contenente l'indicazione dei settori di specializzazione di ciascuna categoria, nel quale, tramite i sistemi informatici di cui all'articolo 23, secondo comma, confluiscono le annotazioni dei provvedimenti di nomina.

L'elenco è tenuto con modalità informatiche ed è accessibile al pubblico attraverso il portale dei servizi telematici del Ministero della giustizia.

(1) Articolo aggiunto dall'art. 4, co. 2, d.lg. 10/10/2022, n. 149.

Sezione II

Dei consulenti tecnici nei procedimenti corporativi

25. Istituzione e formazione dell'albo (1).

(1) *Omissis.*

26. Iscrizione nell'albo (1).

(1) *Omissis.*

27. Consulenti in materie regolate da norme corporative o da accordi economici (1).

(1) *Omissis.*

Capo III
Dei registri di cancelleria e degli atti del cancelliere

28. Registri di cancelleria. – 1. Con decreto del Ministro di grazia e giustizia, ovvero con decreto del Ministro delle finanze, nei casi di sua competenza, di concerto con il Ministro di grazia e giustizia, sono stabiliti i registri che devono essere tenuti, a cura delle cancellerie, presso gli uffici giudiziari.

29. Registri di cancelleria della pretura*.

* Abrogato.

30. Registri di cancelleria del tribunale*.

* Abrogato.

31. Registri di cancelleria della corte di appello*.

* Abrogato.

32. Registri di cancelleria della corte suprema di cassazione.*

* Abrogato.

33. Divisione dei registri in più volumi. – Negli uffici giudiziari aventi un numero rilevante di affari, ogni capo d'ufficio, su proposta del dirigente la cancelleria, può autorizzare la divisione per materia del ruolo generale e della rubrica alfabetica generale corrispondente.

Il capo dell'ufficio può autorizzare inoltre la divisione del registro cronologico in due volumi contenenti uno i numeri pari e l'altro i numeri dispari, o anche in volumi distinti per materia.

34. Contenuto del registro cronologico.*

* Abrogato.

35. Volumi dei provvedimenti originali. – Il cancelliere deve riunire annualmente in volumi separati gli originali delle sentenze, dei decreti d'ingiunzione e dei processi verbali di conciliazione, nonché le copie dei verbali contenenti le sentenze pronunciate a norma dell'articolo 281-sexies.

36. Fascicoli di cancelleria. – Il cancelliere deve formare un fascicolo per ogni affare del proprio ufficio, anche quando la formazione di esso non è prevista espressamente dalla legge.

Ogni fascicolo riceve la numerazione del ruolo generale sotto la quale è iscritto l'affare.

Ogni fascicolo contiene l'indicazione dell'ufficio, della sezione alla quale appartiene il giudice incaricato dell'affare e del giudice stesso, delle parti, dei rispettivi difensori muniti di procura e dell'oggetto e l'indice degli atti inseriti nel fascicolo con l'indicazione della natura e della data di ciascuno di essi. Gli atti sono inseriti nel fascicolo in ordine cronologico (1).

Nella facciata interna della copertina è contenuto l'indice degli atti inseriti nel fascicolo con l'indicazione della natura e della data di ciascuno di essi. Gli atti sono inseriti nel fascicolo in ordine cronologico e muniti di un numero progressivo corrispondente a quello risultante dall'indice.*

La tenuta e conservazione del fascicolo informatico equivale alla tenuta e conservazione del fascicolo d'ufficio su supporto cartaceo, fermi restando gli obblighi di conservazione dei documenti originali unici su supporto cartaceo previsti dal codice dell'amministrazione digitale di cui al decreto legislativo 7 marzo 2005, n. 82, e dalla disciplina processuale vigente (2).

(1) Comma così sostituito dall'art. 4, co. 3, d.lg. 10/10/2022, n. 149. La precedente formulazione era: «Sulla copertina di ogni fascicolo sono indicati l'ufficio, la sezione alla quale appartiene il giudice incaricato dell'affare e il giudice stesso, le parti, i rispettivi difensori muniti di procura e l'oggetto.».

* Commi abrogati dall'art. 4, co. 3, d.lg. 10/10/2022, n. 149.

(2) Comma introdotto dall'art. 4, co. 3, d.lg. 10/10/2022, n. 149.

37. Modo di tenuta dei registri.*

* Abrogato.

38. Deposito di cancelleria della parte che si costituisce.*

* Abrogato.

39. Deposito in cancelleria.*

* Abrogato.

40. Nota dei depositi e delle spese di cancelleria.*

* Abrogato.

41. Deposito delle somme ricevute dal cancelliere.*

* Abrogato.

42. Prelievi della somma depositata.*

* Abrogato.

43. Ingiunzione di pagamento di spese, diritti ed onorari.*

* Abrogato.

44. Compilazione dei processi verbali. – Oltre che nei casi specificamente indicati dalla legge, il cancelliere deve compilare processo verbale di tutti gli atti che compie con l'intervento di terzi interessati. Nel processo verbale fa risultare le attività da lui compiute, quelle delle persone intervenute nell'atto e le dichiarazioni da esse rese.

45. Forma delle comunicazioni del cancelliere. – Quando viene redatto su supporto cartaceo il biglietto (1), col quale il cancelliere esegue le comunicazioni a norma dell'articolo 136 del codice, si compone di due parti uguali una delle quali deve essere consegnata al destinatario e l'altra deve essere conservata nel fascicolo d'ufficio.

Il biglietto contiene in ogni caso l'indicazione dell'ufficio giudiziario, della sezione alla quale la causa è assegnata, dell'istruttore se è nominato, del numero del ruolo generale sotto il quale l'affare è iscritto e del ruolo dell'istruttore, il nome delle parti ed il testo integrale del provvedimento comunicato (2).

Nella parte che viene inserita nel fascicolo d'ufficio deve essere stesa la relazione di notificazione dell'ufficiale giudiziario o scritta la ricevuta del destinatario. Se l'ufficiale giudiziario si avvale del servizio postale, il cancelliere conserva nel fascicolo d'ufficio anche la ricevuta della raccomandata.

Quando viene trasmesso a mezzo posta elettronica certificata il biglietto di cancelleria è costituito dal messaggio di posta elettronica certificata, formato ed inviato nel rispetto della normativa, anche regolamentare, concernente la trasmissione e la ricezione dei documenti informatici (3).

(1) Le parole: "Quando viene redatto su supporto cartaceo" sono state premesse dall'art. 16 del d.l. 18/10/2012, n. 179 (G.U. 19/10/2012, n. 245), conv. con l. 17/12/2012, n. 221.

(2) Comma così modificato dall'art. 16 del d.l. 18/10/2012, n. 179 (G.U. 19/10/2012, n. 245), conv. con l. 17/12/2012, n. 221.

(3) Comma aggiunto dall'art. 16 del d.l. 18/10/2012, n. 179 (G.U. 19/10/2012, n. 245), conv. con l. 17/12/2012, n. 221.

46. Forma e criteri di redazione degli atti giudiziari (1). – I processi verbali e gli altri atti giudiziari debbono essere scritti in carattere chiaro e facilmente leggibile (1).

Le aggiunte, soppressioni o modificazioni eventuali debbono essere fatte in calce all'atto, con nota di richiamo senza cancellare la parte soppressa o modificata.*

Quando sono redatti in forma di documento informatico, rispettano la normativa, anche regolamentare, concernente la redazione, la sottoscrizione, la trasmissione e la ricezione dei documenti informatici (2).

Negli altri casi debbono essere scritti in continuazione, senza spazi in bianco e senza alterazioni o abrasioni. Le aggiunte, soppressioni o modificazioni eventuali debbono essere fatte in calce all'atto, con nota di richiamo senza cancellare la parte soppressa o modificata (2).

Il Ministro della giustizia, sentiti il Consiglio superiore della magistratura e il Consiglio nazionale forense, definisce con decreto gli schemi informatici degli atti giudiziari con la strutturazione dei campi necessari per l'inserimento delle informazioni nei registri del processo. Con il medesimo decreto sono stabiliti i limiti degli atti processuali, tenendo conto della tipologia, del valore, della complessità della controversia, del numero delle parti e della natura degli interessi coinvolti. Nella determinazione dei limiti non si tiene conto dell'intestazione e delle altre indicazioni formali dell'atto, fra le quali si intendono compresi un indice e una breve sintesi del contenuto dell'atto stesso. Il decreto è aggiornato con cadenza almeno biennale (2).

Il mancato rispetto delle specifiche tecniche sulla forma e sullo schema informatico e dei criteri e limiti di redazione dell'atto non comporta invalidità, ma può essere valutato dal giudice ai fini della decisione sulle spese del processo (2).

Il giudice redige gli atti e i provvedimenti nel rispetto dei criteri di cui al presente articolo (2).

(1) Le parole "e criteri di redazione" nella rubrica sono state introdotte dall'art. 4, co. 3, d.lg. 10/10/2022, n. 149 e quelle ", in continuazione, senza spazi in bianco e senza alterazioni o abrasioni" sono state abrogate dall'art. 4, co. 3, d.lg. 10/10/2022, n. 149.

* Comma abrogato dall'art. 4, co. 3, d.lg. 10/10/2022, n. 149.

(2) Commi introdotti dall'art. 4, co. 3, d.lg. 10/10/2022, n. 149.

Capo IV
Dagli atti dell'ufficiale giudiziario

47. Ora della notificazione. – Nella relazione di notificazione di cui all'articolo 148 del Codice, se la parte interessata lo chiede, deve essere inserita l'indicazione dell'ora nella quale la notificazione è stata eseguita.

48. Avviso al destinatario della notificazione. – L'avviso prescritto nell'articolo 140 del Codice deve contenere:

1. il nome della persona che ha chiesto la notificazione e del destinatario;
2. l'indicazione della natura dell'atto notificato;
3. l'indicazione del giudice che ha pronunciato il provvedimento notificato o davanti al quale si deve comparire con la data o il termine di comparizione;
4. la data e la firma dell'ufficiale giudiziario.

49. Nota da consegnarsi al pubblico ministero. – L'ufficiale, che esegue la notificazione a norma degli articoli 142, 143 e 146 del Codice, deve consegnare al pubblico ministero, insieme con la copia dell'atto, una nota contenente:

1. l'indicazione del nome e della qualità della persona che ha chiesto la notificazione;
2. il nome, la residenza o la dimora del destinatario;
3. la natura dell'atto notificato;
4. il giudice che ha pronunciato il provvedimento notificato o davanti al quale si deve comparire;
5. la data e la firma dell'ufficiale giudiziario.

La nota è trasmessa dal pubblico ministero insieme con l'atto al ministero degli affari esteri o al comando militare posto nella circoscrizione del tribunale, i quali provvedono d'urgenza alla consegna.

50. Istanza di autorizzazione alla notificazione per pubblici proclami. – L'istanza di autorizzazione a procedere alla notificazione per pubblici proclami a norma dell'articolo 150 del codice è fatta con ricorso steso in calce all'atto.

Il pubblico ministero stende il suo parere di seguito al ricorso.

51. Destinazione della copia dell'atto notificato depositata in cancelleria. – La copia che l'ufficiale giudiziario deposita in cancelleria a norma dell'articolo 150 quarto comma del codice è custodita dal cancelliere per essere inserita nel fascicolo d'ufficio.

Nella copia depositata e in quella da consegnare alla parte che ha chiesto la notificazione, l'ufficiale giudiziario deve certificare la data dell'avvenuto deposito in cancelleria.

Capo V
Delle persone che possono assistere il giudice

52. Liquidazione del compenso. – Il compenso agli ausiliari di cui all'articolo 68 del codice è liquidato con decreto dal giudice che li ha nominati o dal capo dell'ufficio giudiziario al quale appartiene il cancelliere o l'ufficiale giudiziario che li ha chiamati, tenuto conto dell'attività svolta.

53. Contenuto ed efficacia dei provvedimenti che liquidano compensi. – I decreti con i quali il giudice liquida a favore del custode e degli altri ausiliari i compensi loro dovuti debbono indicare la parte che è tenuta a corrisponderli. Tali decreti costituiscono titolo esecutivo contro la parte stessa.

TITOLO III
DEL PROCESSO DI COGNIZIONE

Capo I
Del procedimento davanti al giudice di pace

Sezione I
Disposizioni comuni

54. Determinazione dei giorni d'udienza. – Le udienze di istruzione e di discussione delle cause sono tenute nei giorni e nelle ore che il capo dell'ufficio del giudice di pace stabilisce annualmente con decreto approvato dal presidente del tribunale d'intesa col procuratore della Repubblica. Il decreto deve rimanere affisso per tutto l'anno in ciascuna sala di udienza dell'ufficio del giudice di pace.

55. Distribuzione delle udienze tra i magistrati. – Il capo dell'ufficio del giudice di pace distribuisce con decreto al principio di ogni trimestre le udienze di istruzione o di discussione tra i magistrati addetti all'ufficio.

56. Designazione del giudice per ciascuna causa. – Dopo il deposito in cancelleria dell'atto introduttivo del giudizio a norma dell'articolo 319 del codice o, in mancanza, il giorno stesso dell'udienza fissata a norma dell'articolo 316 del codice, su presentazione da parte del cancelliere dell'atto, il capo dell'ufficio del giudice di pace designa il magistrato che viene incaricato dell'istruzione della causa.

Se nel giorno fissato per la comparizione l'udienza è tenuta da un magistrato diverso da quello designato, la causa, dopo la costituzione delle parti, è rinviata d'ufficio alla prima udienza del magistrato designato.

57. Rinvio dell'udienza di comparizione. – Se non vi è udienza nel giorno fissato nell'atto di citazione o nel processo verbale indicato nell'articolo 316 secondo comma del codice, la comparizione s'intende rimandata all'udienza immediatamente successiva tenuta dal giudice designato.

Se nell'udienza di comparizione non possono essere sentite le parti, il giudice di pace dà atto nel processo verbale della loro comparizione e rimanda la causa all'udienza immediatamente successiva.

58. Mancanza di dichiarazione di residenza o di elezione di domicilio. – Alla parte, che non ha fatto dichiarazione di residenza o elezione di domicilio a norma dell'articolo 319 del codice, le notificazioni e le comunicazioni durante il procedimento possono essere fatte presso la cancelleria, salvo contrarie disposizioni di legge.

59. Dichiarazione di contumacia. – La dichiarazione di contumacia della parte non costituita è fatta dal giudice di pace a norma dell'articolo 171 ultimo comma del codice, quando è decorsa almeno un'ora dall'apertura dell'udienza.

60. Tempo degli atti di istruzione. – Gli atti di istruzione debbono essere assunti dal giudice di pace non oltre la terza udienza successiva a quella in cui sono stati ammessi o alla comunicazione dell'ordinanza di ammissione, se questa non è stata pronunziata in udienza.

61. Ordine di trattazione e discussione delle cause. – Nella trattazione e nella discussione il giudice di pace deve dare la precedenza alle cause per le quali sono stati abbreviati i termini a norma dell'articolo 163-bis del codice.

62. Udienza di discussione. – Il [pretore o il] giudice di pace, quando dichiara chiusa l'istruzione, invita le parti a formulare nella stessa udienza o in una udienza successiva le conclusioni che, a norma dell'articolo 189 del codice, intendono sottoporre alla sua decisione e a procedere alla discussione della causa.

L'udienza di discussione può essere rinviata soltanto una volta, per grave impedimento dell'ufficio o delle parti da specificarsi nel provvedimento di rinvio.

63. Giudice decidente. – La causa deve essere decisa dal giudice di pace che ha proceduto all'istruzione, salvo che sia stato sostituito a norma dell'articolo 174 del codice.

64. Pubblicazione della sentenza*.

* Abrogato.

65. Querela di falso. – Il [pretore o il] giudice di pace, quando rimette le parti davanti al tribunale per il processo di falso, stabilisce un termine perentorio entro il quale le parti stesse debbono riassumere la causa davanti al tribunale.

Sezione II

Disposizioni speciali per il procedimento davanti al giudice di pace

66. Tempo degli atti dei conciliatori*.

* Abrogato.

67. Luogo delle udienze*.

* Abrogato.

68. Istanza di conciliazione. – L'istanza di conciliazione in sede non contenziosa può essere proposta al giudice di pace con ricorso o verbalmente.

Se l'istanza è proposta con ricorso, il giudice di pace fa invitare dal cancelliere le parti a comparire davanti a lui in un giorno e in un'ora determinati per cercare di conciliarle.

Se è proposta verbalmente, il giudice di pace redige di essa processo verbale e dà la disposizione di cui al comma precedente.

69. Mancata comparizione della parte invitata. – Se la parte invitata non si presenta, il giudice di pace ne dà atto nel processo verbale; di questo la parte istante può ottenere copia.

Capo II
Del procedimento davanti al tribunale

Sezione I

Dell'introduzione della causa

69 bis. Determinazione delle udienze di prima comparizione. – Il decreto del presidente del tribunale, che stabilisce, a norma del secondo comma dell'art. 163 del codice, i giorni della settimana e le ore delle udienze destinate esclusivamente alla prima comparizione delle parti, deve essere affisso in tutte le sale d'udienza del tribunale entro il 30 novembre di ogni anno e rimanervi durante il successivo anno giudiziario cui si riferisce.

70. Istanza di abbreviazione dei termini di comparizione. – L'istanza di abbreviazione dei termini di comparizione, prevista nell'articolo 163-bis ultimo comma del codice, è proposta con ricorso diretto al presidente del tribunale, ovvero, se la causa è stata già assegnata ad una sezione, al presidente di questa.

Il decreto del presidente, scritto in calce al ricorso, fissa l'udienza di prima comparizione e deve essere comunicato, insieme col ricorso stesso, ai procuratori delle parti costituite almeno cinque giorni liberi prima dell'udienza fissata dal presidente. Alle parti non costituite il decreto e il ricorso devono essere notificati personalmente in un congruo termine stabilito dal presidente.

Se all'udienza fissata dal presidente non compariscono tutte le parti alle quali deve essere fatta la comunicazione o la notificazione, il giudice istruttore verifica la regolarità della comunicazione o della notificazione, e ne ordina, quando occorre, la rinnovazione, fissando una nuova udienza di prima comparizione. In tal caso deve essere osservato per la comunicazione lo stesso termine stabilito nel comma precedente; per la notificazione alle parti non costituite il giudice istruttore stabilisce un nuovo termine congruo.

70 bis. Computo dei termini di comparizione. – I termini di comparizione, stabiliti nell'articolo 163-bis del codice, debbono essere osservati in relazione all'udienza fissata nell'atto di citazione, anche se la causa è rinviata ad altra udienza a norma dell'articolo 168-bis quarto comma dello stesso codice.

70 ter. Notificazione della comparsa di risposta (1). – La citazione può anche contenere, oltre a quanto previsto dall'articolo 163, terzo comma, numero 7), del codice, l'invito al convenuto o ai convenuti, in caso di pluralità degli stessi, a notificare al difensore dell'attore la comparsa di risposta ai sensi dell'articolo 4 del decreto legislativo 17 gennaio 2003, n. 5, entro un termine non inferiore a sessanta giorni dalla notificazione della citazione, ma inferiore di almeno dieci giorni al termine indicato ai sensi del primo comma dell'articolo 163-bis del codice.

Se tutti i convenuti notificano la comparsa di risposta ai sensi del precedente comma, il processo prosegue nelle forme e secondo le modalità previste dal decreto legislativo 17 gennaio 2003, n. 5.

(1) Articolo aggiunto dal d.l. n. 35/2005 con decorrenza dal 1/3/2006.

71. Nota d'iscrizione a ruolo. – La nota d'iscrizione della causa nel ruolo generale deve contenere l'indicazione delle parti, nonché le generalità ed il codice fiscale ove attribuito della parte che iscrive la causa a ruolo, del procuratore che si costituisce, dell'oggetto della domanda, della data di notificazione della citazione, e dell'udienza fissata per la prima comparizione delle parti.

72. Deposito del fascicolo di parte e iscrizione a ruolo. – Insieme con la nota d'iscrizione a ruolo la parte deve consegnare al cancelliere il proprio fascicolo. Esso è custodito in unica cartella col fascicolo d'ufficio che il cancelliere forma a norma dell'articolo 168 secondo comma del codice.

Nella stessa cartella sono custoditi i fascicoli delle parti che si costituiscono successivamente.

73. Copia degli atti di parte. – Le parti debbono consegnare al cancelliere insieme col proprio fascicolo le copie degli atti di parte, che a norma dell'articolo 168 secondo comma del codice debbono essere inserite nel fascicolo d'ufficio.

Il cancelliere deve rifiutare di ricevere il fascicolo di parte che non contenga le copie degli atti indicati nel comma precedente.

74. Contenuto del fascicolo di parte. – Gli atti e i documenti di causa sono inseriti in sezioni separate del fascicolo di parte.

Gli atti sono costituiti dagli originali o dalle copie notificate della citazione, della comparsa di risposta o d'intervento, delle memorie, delle comparse conclusionali e delle sentenze.

Sulla copertina del fascicolo debbono essere iscritte le indicazioni richieste per il fascicolo d'ufficio.

Il cancelliere, dopo aver controllato la regolarità anche fiscale degli atti e dei documenti, sottoscrive l'indice del fascicolo ogni volta che viene inserito in esso un atto o documento.

75. Nota delle spese. – Il difensore al momento del passaggio in decisione della causa deve unire al fascicolo di parte la nota delle spese, indicando in modo distinto e specifico gli onorari e le spese, con riferimento all'articolo della tariffa dal quale si desume ciascuna partita.

76. Potere delle parti sui fascicoli. – Le parti o i loro difensori muniti di procura possono esaminare gli atti e i documenti inseriti nel fascicolo d'ufficio e in quelli delle altre parti e farsene rilasciare copia dal cancelliere, osservate le leggi sul bollo.

77. Ritiro del fascicolo di parte. – Per ritirare il proprio fascicolo a norma dell'articolo 169 del Codice, la parte deve fare istanza con ricorso al giudice istruttore. Il ricorso e il decreto di autorizzazione sono inseriti dal cancelliere nel fascicolo d'ufficio. In calce al decreto il cancelliere fa scrivere la dichiarazione di ritiro del fascicolo e annota la restituzione di esso.

Sezione II
Dell'istruzione della causa

78. Astensione del giudice istruttore. – Il giudice istruttore, che riconosce l'esistenza di un motivo di astensione a norma dell'articolo 51 del Codice, deve farne espressa dichiarazione oppure istanza scritta al presidente del tribunale appena ricevuto il decreto di nomina.

Se il motivo d'astensione sorge dopo che l'istruzione è iniziata, il giudice istruttore ne dà subito notizia al capo dell'ufficio giudiziario competente e dichiara o chiede di astenersi.

79. Sostituzione del giudice istruttore. – La sostituzione del giudice istruttore nei casi previsti nell'articolo 174 del Codice è disposta d'ufficio o su istanza di parte.

L'istanza è proposta con ricorso al presidente del tribunale, il quale provvede con decreto designando altro giudice della stessa sezione.

L'istanza e il decreto sono inseriti nel fascicolo d'ufficio.

80. Determinazione delle udienze dei giudici istruttori. – Il presidente del tribunale stabilisce con decreto, al principio ed alla metà dell'anno giudiziario, i giorni della settimana e le ore in cui egli stesso, i presidenti di sezione e ciascun giudice istruttore debbono tenere le udienze destinate esclusivamente alla prima comparizione delle parti, e le udienze d'istruzione. Il decreto deve rimanere affisso in tutte le sale d'udienza del tribunale durante il periodo al quale si riferisce. Se nel corso dell'anno uno o più giudici istruttori cessano di far parte del tribunale, o della sezione, debbono di volta in volta essere apportate al decreto le necessarie modificazioni.

80 bis. Rinvio al collegio nell'udienza di prima comparizione. – La rimessione al collegio, a norma dell'articolo 187 del Codice può essere disposta dal giudice istruttore anche nell'udienza destinata esclusivamente alla prima comparizione delle parti.

81. Fissazione delle udienze d'istruzione. – Le udienze d'istruzione per ogni causa sono fissate di volta in volta dal giudice istruttore.

Nello stesso processo l'intervallo tra l'udienza destinata esclusivamente alla prima comparizione delle parti e la prima udienza d'istruzione, e quello tra le successive udienze d'istruzione, non può essere superiore a quindici giorni, salvo che, per speciali circostanze, delle quali dovrà farsi menzione nel provvedimento, sia necessario un intervallo maggiore.

81 bis. Calendario del processo (1). – [*Il giudice, quando provvede sulle richieste istruttorie, sentite le parti e tenuto conto della natura, dell'urgenza e della complessità della causa, fissa, nel rispetto del principio di ragionevole durata del processo, il calendario delle udienze successive, indicando gli incombenti che verranno in ciascuna di esse espletati, compresi quelli di cui all'articolo 189, primo comma.*]*. I termini fissati nel calendario possono essere prorogati, anche d'ufficio, quando sussistono gravi motivi sopravvenuti. La proroga deve essere richiesta dalle parti prima della scadenza dei termini (2).

Il mancato rispetto dei termini fissati nel calendario [di cui al comma precedente] da parte del giudice, del difensore o del consulente tecnico d'ufficio può costituire violazione disciplinare, e può essere considerato ai fini della valutazione di professionalità e della nomina o conferma agli uffici direttivi e semidirettivi. Il rispetto del termine di cui all'articolo 473-bis.14, terzo comma, del codice è tenuto in considerazione nella formulazione dei rapporti per le valutazioni di professionalità (3).

Quando il difensore documenta il proprio stato di gravidanza, il giudice, ai fini della fissazione del calendario del processo ovvero della proroga dei termini in esso previsti, tiene conto del periodo compreso tra i due mesi precedenti la data presunta del parto e i tre mesi successivi. La disposizione del primo periodo si applica anche nei casi di adozione nazionale e internazionale nonché di affidamento del minore avendo riguardo ai periodi previsti dall'articolo 26 del testo unico delle disposizioni legislative in materia di tutela e sostegno della maternità e della paternità, di cui al decreto legislativo 26 marzo 2001, n. 151. Dall'applicazione del presente comma non può derivare grave pregiudizio alle parti nelle cause per le quali è richiesta un'urgente trattazione (4).

(1) Articolo inserito dall'art. 52, co. 2, l. 18/6/2009, n. 69.

* Il periodo è stato abrogato dall'art. 4, co. 4, d.lg. 10/10/2022, n. 149.

(2) Comma sostituito dall'art. 1-ter del d.l. 13/8/2011, n. 138, conv., con modif., in l. 14/9/2011, n. 148. Il testo precedente recitava: «Il giudice, quando provvede sulle richieste istruttorie, sentite le parti e tenuto conto della natura, dell'urgenza e della complessità della causa, fissa il calendario del processo con l'indicazione delle udienze successive e degli incombenti che verranno espletati. I termini fissati nel calendario possono essere prorogati, anche d'ufficio, quando sussistono gravi motivi sopravvenuti. La proroga deve essere richiesta dalle parti prima della scadenza dei termini». Successivamente, l'art. 4, co. 4, lett. a), n. 1), d.lg. 10/10/2022, n. 149 ha soppresso il primo periodo del presente comma (ai sensi dell'art. 52 del d.lg. n. 149/2022, il presente decreto legislativo entra in vigore il giorno successivo a quello della sua pubblicazione nella G.U.). Per la disciplina transitoria v. art. 35 del d.lg. n. 149/2022, come sostituito dall'art. 1, co. 380, lett. a), l. 29/12/2022, n. 197, che prevede che: «Le disposizioni del presente decreto, salvo che non sia diversamente disposto, hanno effetto a decorrere dal 28 febbraio 2023 e si applicano ai procedimenti instaurati successivamente a tale data. Ai procedimenti

pendenti alla data del 28 febbraio 2023 si applicano le disposizioni anteriormente vigenti».

(3) Comma inserito dall'art. 1-ter del d.l. 13/8/2011, n. 138, conv., con modif., in l. 14/9/2011, n. 148. Successivamente modificato dall'art. 4, co. 4, lett. a), n. 2), d.lg. 10/10/2022, n. 149 che ha soppresso le parole "di cui al comma precedente" e aggiunto in fine, il periodo: «Il rispetto del termine di cui all'articolo 473-bis.14, terzo comma, del codice è tenuto in considerazione nella formulazione dei rapporti per le valutazioni di professionalità.» (ai sensi dell'art. 52 d.lgs. n. 149/2022, il presente decreto legislativo entra in vigore il giorno successivo a quello della sua pubblicazione nella Gazzetta Ufficiale). Per la disciplina transitoria v. art. 35 del d.lg. n. 149/2022, come sostituito dall'art. 1, co. 380, lett. a), l. 29/12/2022, n. 197, che prevede che: "Le disposizioni del presente decreto, salvo che non sia diversamente disposto, hanno effetto a decorrere dal 28 febbraio 2023 e si applicano ai procedimenti instaurati successivamente a tale data. Ai procedimenti pendenti alla data del 28 febbraio 2023 si applicano le disposizioni anteriormente vigenti.".

(4) Comma aggiunto dall'art. 1, co. 465, l. 27/12/2017, n. 205.

82. Rinvio delle udienze di prima comparizione e d'istruzione. – Qualora il giudice istruttore designato non tenga udienza nel giorno fissato per la prima comparizione delle parti, questa si intende rinviata d'ufficio alla udienza di prima comparizione immediatamente successiva, assegnata allo stesso giudice.

La stessa disposizione si applica anche nel caso che il presidente abbia designato un giudice diverso da quelli che tengono udienze di prima comparizione nel giorno fissato dall'attore.

Se nel giorno fissato non si tiene udienza d'istruzione per festività sopravvenuta o impedimento del giudice istruttore, ovvero per qualsiasi altro motivo, la causa s'intende rinviata d'ufficio alla prima udienza d'istruzione immediatamente successiva.

Il giudice istruttore può, su istanza di parte o d'ufficio, fissare altra udienza di istruzione, ferme le disposizioni dell'articolo precedente. Il decreto è comunicato dal cancelliere alle parti non presenti alla pronuncia del provvedimento.

Se le parti alle quali deve essere fatta la comunicazione prevista nel primo e nel terzo comma precedenti, o alcuna di esse, non compariscono nella nuova udienza, il giudice istruttore verifica la regolarità della comunicazione e ne ordina, quando occorre, la rinnovazione, rinviando la causa, secondo i casi, all'udienza di prima comparizione immediatamente successiva, ovvero ad altra udienza d'istruzione.

83. Ordine di trattazione delle cause. – Il giudice istruttore fissa l'ordine di trattazione delle cause, dando la precedenza a quelle per le quali sono stati abbreviati i termini e a quelle rinviate a norma degli articoli precedenti.

83 bis. Trattazione scritta della causa. – Il giudice istruttore quando autorizza la trattazione scritta della causa, a norma dell'articolo 180 primo comma del Codice, può stabilire quale delle parti deve comunicare per prima la propria comparsa, ed il termine entro il quale l'altra parte deve rispondere.

83 ter. Inosservanza delle disposizioni sulle attribuzioni delle sezioni distaccate del tribunale. – L'inosservanza delle disposizioni di ordinamento giudiziario relative alla ripartizione tra sede principale e sezioni distaccate, o tra diverse sezioni distaccate, delle cause nelle quali il tribunale giudica in composizione monocratica è rilevata non oltre l'udienza di prima comparizione.

Il giudice, se ravvisa l'inosservanza o ritiene comunque non manifestamente infondata la relativa questione, dispone la trasmissione del fascicolo d'ufficio al presidente del tribunale, che provvede con decreto non impugnabile.

84. Svolgimento delle udienze. – Le udienze del giudice istruttore non sono pubbliche.

Per ciascuna causa sono ammessi davanti al giudice i difensori delle parti e le parti stesse. Queste debbono assistere alla udienza in silenzio, salvo che non ottengano dal giudice, a mezzo del proprio difensore, l'autorizzazione ad interloquire.

Le parti e i loro difensori non possono dettare le loro deduzioni nel processo verbale se non ne sono autorizzati dal giudice.

85. Istanza per imposizione di cauzione. – L'istanza del convenuto per l'imposizione di una cauzione all'attore, a norma dell'articolo 98 del Codice, deve essere proposta nella prima udienza di trattazione della causa.

L'istanza può essere proposta successivamente quando è giustificata da fatti sopravvenuti o non conosciuti al tempo della prima udienza.

86. Forma della cauzione. – Salvo che sia diversamente disposto dal giudice a norma dell'articolo 119 del Codice, la cauzione deve essere prestata in danaro o in titoli del debito pubblico nei modi stabiliti per i depositi giudiziari.

Il documento contenente la prova del versamento è inserito nel fascicolo d'ufficio.

87. Produzione dei documenti (1). – I documenti offerti in comunicazione dalle parti dopo la costituzione sono prodotti mediante deposito ai sensi dell'articolo 196-quater e il relativo elenco deve essere comunicato alle altre parti nelle forme stabilite dall'articolo 170, quarto comma, del codice. Se nel corso dell'udienza emerge la necessità di produrre documenti, il giudice, su istanza di parte, può assegnare termine per il deposito degli stessi nel fascicolo informatico.''

(1) Articolo così sostituito dall'art. 4, co. 4, d.lg. 10/10/2022, n. 149. La precedente formulazione era: «**87. Produzione dei documenti.** – I documenti offerti in comunicazione delle parti dopo la costituzione sono prodotti mediante deposito in cancelleria, ed il relativo elenco deve essere comunicato alle altre parti nelle forme stabilite dall'articolo 170 ultimo comma del codice. Possono anche essere prodotti all'udienza; in questo caso dei documenti prodotti si fa menzione nel verbale.».

88. Processo verbale di avvenuta conciliazione. – La convenzione conclusa tra le parti per effetto della conciliazione davanti al giudice istruttore è raccolta in separato processo verbale, sottoscritto dalle parti stesse, dal giudice e dal cancelliere.

Se la conciliazione avviene tra i procuratori non autorizzati a conciliare, il giudice ne prende atto nel processo verbale di udienza e fissa un'udienza per la comparizione delle parti e per la formazione del processo verbale indicato nel comma precedente.

Se le parti non risiedono nella circoscrizione del giudice, questi può autorizzarle a ratificare la convenzione conclusa dai procuratori con dichiarazione ricevuta dal cancelliere della pretura della loro residenza o, se il luogo di residenza non è sede di pretura, da notaio, fissando all'uopo un termine. La dichiarazione di ratifica è unita al processo verbale di udienza contenente la convenzione.

89. Ordinanza sull'astensione o ricusazione del consulente tecnico. – L'ordinanza sull'astensione o sulla ricusazione del consulente tecnico prevista nell'articolo 192 del Codice è scritta in calce al ricorso del consulente o della parte.

Il ricorso e l'ordinanza sono inseriti nel fascicolo d'ufficio.

90. Indagini del consulente senza la presenza del giudice. – Il consulente tecnico che, a norma dell'articolo 194 del Codice, è autorizzato a compiere indagini senza che sia presente il giudice, deve dare comunicazione alle parti del giorno, ora e luogo di inizio delle operazioni, con dichiarazione inserita nel processo verbale d'udienza o con biglietto a mezzo del cancelliere.

Il consulente non può ricevere altri scritti defensionali oltre quelli contenenti le osservazioni e le istanze di parte consentite dall'articolo 194 del Codice.

In ogni caso deve essere comunicata alle parti avverse copia degli scritti defensionali.

91. Comunicazioni a consulenti di parte. – Nella dichiarazione di cui all'articolo 201 primo comma del Codice deve essere indicato il domicilio o il recapito del consulente della parte.

Il cancelliere deve dare comunicazione al consulente tecnico di parte, regolarmente nominato, delle indagini predisposte dal consulente d'ufficio, perché vi possa assistere a norma degli articoli 194 e 201 del Codice.

92. Questioni sorte durante le indagini del consulente. – Se, durante le indagini che il consulente tecnico compie da sé solo, sorgono questioni sui suoi poteri o sui limiti dell'incarico conferitogli, il consulente deve informarne il giudice, salvo che la parte interessata vi provveda con ricorso.

Il ricorso della parte non sospende le indagini del consulente.

Il giudice, sentite le parti, dà i provvedimenti opportuni.

93. Assistenza alla persona sottoposta all'ispezione. – Chi è sottoposto ad ispezione corporale può farsi assistere da persona di sua fiducia che sia riconosciuta idonea dal giudice.

94. Istanza di esibizione. – L'istanza di esibizione di un documento o di una cosa in possesso di una parte o di un terzo deve contenere la specifica indicazione del documento o della cosa e, quando è necessario, l'offerta della prova che la parte o il terzo li possiede.

95. Notificazione dell'ordinanza di esibizione. – Il giudice, nell'ordinanza con la quale dispone l'esibizione di un documento o di una cosa in possesso di una parte contumace o di un terzo, fissa il termine entro il quale l'ordinanza deve essere notificata e indica la parte che deve provvedere alla notificazione.

96. Informazioni della pubblica amministrazione. – La nota contenente le informazioni, che la pubblica amministrazione fornisce su richiesta del giudice a norma dell'articolo 213 del Codice, è inserita nel fascicolo d'ufficio.

97. Divieto di private informazioni. – Il giudice non può ricevere private informazioni sulle cause pendenti davanti a sé, né può ricevere memorie se non per mezzo della cancelleria.

98. Deposito di documenti fatto da pubblico depositario. – Il pubblico depositario, al quale è stato ordinato dal giudice istruttore il deposito in cancelleria delle scritture di comparazione a norma dell'articolo 218 del Codice, deve farne copia.

Le copie sono verificate dal cancelliere che della verificazione redige processo verbale. Questo è conservato in cancelleria unitamente alle scritture originali e una copia di esso è consegnata al depositario.

Il pubblico depositario può rilasciare copia delle scritture in base a quella da lui fatta, facendo menzione del processo verbale di verificazione di cui al comma precedente.

99. Proposizione della querela di falso. – La querela di falso proposta con atto di citazione deve essere confermata nella prima udienza davanti al giudice istruttore dalla parte personalmente o dal difensore munito di procura speciale.

Se la parte che propone personalmente in udienza la querela di falso è analfabeta, la dichiarazione è raccolta dal cancelliere in apposito processo verbale che tiene luogo della dichiarazione scritta.

100. Copie del documento impugnato. – Il cancelliere non può rilasciare copia del documento impugnato di falso che si trova depositato in cancelleria senza l'autorizzazione del giudice istruttore.

L'autorizzazione è data con decreto.

101. Rinvio. – Nel procedimento di falso si osservano, in quanto applicabili, le disposizioni del Codice relative alla verificazione di scrittura privata.

102. Ammissione d'interrogatorio o di prova testimoniale. – Nell'ordinanza che ammette l'interrogatorio o la prova testimoniale non è necessario che siano ripetuti i capitoli relativi, se il giudice fa richiamo a quelli contenuti nell'atto di citazione e nella comparsa di risposta o nei processi verbali di causa.

103. Termine per l'intimazione al testimone. – L'intimazione di cui all'articolo 250 del codice deve essere fatta ai testimoni almeno sette giorni (1) prima dell'udienza in cui sono chiamati a comparire.

Con l'autorizzazione del giudice il termine può essere ridotto nei casi d'urgenza.

L'intimazione a cura del difensore contiene:

1) l'indicazione della parte richiedente e della controparte, nonché gli estremi dell'ordinanza con la quale è stata ammessa la prova testimoniale;

2) il nome, il cognome ed il domicilio della persona da citare;

3) il giorno, l'ora e il luogo della comparizione, nonché il giudice davanti al quale la persona deve presentarsi;

4) l'avvertimento che, in caso di mancata comparizione senza giustificato motivo, la persona citata potrà essere condannata al pagamento di una pena pecuniaria non inferiore a 100 euro e non superiore a 1.000 euro (1).

(1) Articolo così modificato dalla l. n. 263/2005 con decorrenza dal 1/3/2006.

Il testo precedente recitava: «**Art. 103. Termine per l'intimazione al testimone.** – L'intimazione di cui all'articolo 250 del Codice deve essere fatta ai testimoni almeno tre giorni prima dell'udienza in cui sono chiamati a comparire.

Con l'autorizzazione del giudice il termine può essere ridotto nei casi d'urgenza».

103 bis. Modello di testimonianza (1). – La testimonianza scritta è resa su di un modulo conforme al modello approvato con decreto del Ministro della giustizia, che individua anche le istruzioni per la sua compilazione, da notificare unitamente al modello. Il modello, sottoscritto in ogni suo foglio dalla parte che ne ha curato la compilazione, deve contenere, oltre all'indicazione del procedimento e dell'ordinanza di ammissione da parte del giudice procedente, idonei spazi per l'inserimento delle complete generalità del testimone, dell'indicazione della sua residenza, del suo domicilio e, ove possibile, di un suo recapito telefonico. Deve altresì contenere l'ammonimento del testimone ai sensi dell'articolo 251 del codice e la formula del giuramento di cui al medesimo articolo, oltre all'avviso in ordine alla facoltà di astenersi ai sensi degli articoli 200, 201 e 202 del codice di procedura penale, con lo spazio per la sottoscrizione obbligatoria del testimone, nonché le richieste di cui all'articolo 252, primo comma, del codice, ivi compresa l'indicazione di eventuali rapporti personali con le parti, e la trascrizione dei quesiti ammessi, con l'avvertenza che il testimone deve rendere risposte specifiche e pertinenti a ciascuna domanda e deve altresì precisare se ha avuto conoscenza dei fatti oggetto della testimonianza in modo diretto o indiretto.

Al termine di ogni risposta è apposta, di seguito e senza lasciare spazi vuoti, la sottoscrizione da parte del testimone.

Le sottoscrizioni devono essere autenticate da un segretario comunale o dal cancelliere di un ufficio giudiziario. L'autentica delle sottoscrizioni è in ogni caso gratuita nonché esente dall'imposta di bollo e da ogni diritto.

(1) Articolo aggiunto dalla l. 18/6/2009, n. 69.

104. Mancata intimazione ai testimoni (1). – Se la parte senza giusto motivo non fa chiamare i testimoni davanti al giudice, questi la dichiara, anche d'ufficio, decaduta dalla prova, salvo che l'altra parte dichiari di avere interesse all'audizione.

Se il giudice riconosce giustificata l'omissione, fissa una nuova udienza per l'assunzione della prova.

(1) Articolo aggiornato con le modif. introdotte dalla l. 18/6/2009, n. 69.

105. Forma speciale di esame testimoniale. – La disposizione dell'articolo 255 secondo comma del Codice, relativa all'esenzione della comparizione dei testimoni davanti al giudice, si applica in ogni caso, ai Cardinali e ai Grandi Ufficiali dello Stato.

106. Disposizioni relative al testimone non comparso. – Il giudice istruttore può pronunciare i provvedimenti di cui all'articolo 255 primo comma del Codice contro il testimone non comparso dopo che è decorsa un'ora da quella indicata per la comparizione.

Il provvedimento di condanna costituisce titolo esecutivo contro il testimone.

107. Liquidazione delle indennità ai testimoni*.

* Abrogato.

108. Procuratore autorizzato ad assistere alle prove delegate. – Il difensore munito di mandato alla lite può assistere all'assunzione delle prove che si eseguono fuori della circoscrizione del tribunale a norma dell'articolo 203 del Codice.

Il difensore stesso può anche incaricare un procuratore del luogo mediante delega scritta, che deve essere unita al processo verbale di assunzione della prova.

109. Ordinanza di pagamento durante il rendiconto. – L'ordinanza prevista nell'articolo 264 ultimo comma del Codice costituisce titolo esecutivo.

110. Fissazione dell'udienza di trattazione*.

* Abrogato.

111. Produzione delle comparse. – Le comparse debbono essere inserite nel fascicolo di parte quattro giorni prima dell'udienza che il giudice istruttore ha fissato per la discussione.

Il cancelliere non deve consentire che s'inseriscano nei fascicoli di parte comparse che non risultano comunicate alle altre parti e di cui non gli sono contemporaneamente consegnate le copie in carta libera per il fascicolo di ufficio e per gli altri componenti il Collegio. Quando le comparse sono depositate con modalità telematiche, il presente comma non si applica (1).

L'inserzione tardiva delle comparse può essere autorizzata dal presidente del tribunale per gravi ragioni fino a due giorni prima dell'udienza.

Le comparse debbono essere scritte in carattere chiaro e facilmente leggibile, altrimenti la parte può rifiutarsi di riceverle e il cancelliere può non consentire che s'inseriscano nel fascicolo.

(1) Comma così modificato dall'art. 45, co. 1-bis, lett. a), d.l. 24/6/2014, n. 90, conv., con modif., dalla l. 11/8/2014, n. 114.

112. Istanza di decisione secondo equità. – L'istanza per il giudizio di equità, consentita alle parti dall'articolo 114 del codice, deve essere espressa in ogni caso nelle conclusioni prese a norma dell'articolo 189 del codice.

112 bis. Rimessione della causa al collegio in pendenza di reclamo*.

* Abrogato.

Sezione III
Della decisione della causa

113. Determinazione dei giorni delle camere di consiglio e composizione dei collegi. – Al principio di ogni trimestre il presidente del tribunale o della sezione determina con decreto i giorni in cui si tengono le camere di consiglio e la composizione dei relativi collegi giudicanti.

Se alla camera di consiglio sono chiamati giudici in numero superiore a quello stabilito, il collegio, per ciascuna causa, è formato dal presidente, dal relatore e dal giudice più anziano.

114. Determinazione dei giorni d'udienza e composizione dei collegi. – All'inizio di ciascun anno giudiziario, il presidente del tribunale stabilisce, con decreto approvato dal primo presidente della Corte d'appello, i giorni della settimana e le ore in cui il tribunale o le sezioni tengono le udienze di discussione di cui ai commi terzo e quarto dell'art. 275 del codice.

Il decreto del presidente deve restare affisso per tutto l'anno in ciascuna sala di udienza del tribunale.

Al principio di ogni trimestre il presidente del tribunale determina con decreto la composizione del collegio giudicante per ogni udienza di discussione di cui ai commi terzo e quarto dell'art. 275 del codice.

Se all'udienza sono chiamati giudici in numero superiore a quello stabilito, il collegio, per ciascuna causa, è formato dal presidente, dal relatore e dal giudice più anziano.

115. Rinvio della discussione. – Si applica alle udienze del collegio la disposizione dell'articolo 82.

Il collegio può inoltre rinviare la discussione della causa per non più di una volta soltanto per grave impedimento del tribunale o delle parti e non oltre la seconda udienza successiva a quella fissata dal giudice istruttore a norma dell'articolo 190 del codice.

116. Ordine di discussione delle cause. – L'ordine di discussione delle cause per ciascuna udienza è fissato dal presidente ed è affisso il giorno precedente l'udienza alla porta della sala a questa destinata.

Le cause sono chiamate dall'ufficiale giudiziario di servizio secondo l'ordine stabilito, salvo che il presidente disponga altrimenti per ragioni di opportunità.

117. Svolgimento della discussione. – I difensori debbono leggere davanti al collegio le loro conclusioni e possono svolgere sobriamente le ragioni che le sorreggono.

Essi debbono chiedere al presidente la facoltà di parlare e debbono dirigere la parola soltanto al tribunale. Il pubblico ministero ha la parola per ultimo.

Il presidente può consentire una sola replica. Non sono ammesse note d'udienza dopo la discussione; ma il presidente può consentirle quando il pubblico ministero prende proprie conclusioni, produce documenti e deduce prove a norma dell'articolo 3 ultimo comma e la causa non è rimessa al giudice istruttore.

118. Motivazione della sentenza (1). – La motivazione della sentenza di cui all'articolo 132, secondo comma, numero 4), del codice consiste nella succinta esposizione dei fatti rilevanti della causa e delle ragioni giuridiche della decisione, anche con riferimento a precedenti conformi.

Debbono essere esposte concisamente e in ordine le questioni discusse e decise dal collegio ed indicati le norme di legge e i principi di diritto applicati. Nel caso previsto nell'articolo 114 del codice debbono essere esposte le ragioni di equità sulle quali è fondata la decisione.

In ogni caso deve essere omessa ogni citazione di autori giuridici.

La scelta dell'estensore della sentenza prevista nell'articolo 276 ultimo comma del codice è fatta dal presidente tra i componenti il collegio che hanno espresso voto conforme alla decisione.

(1) Articolo aggiornato con le modif. introdotte dalla l. 18/6/2009, n. 69.

119. Redazione della sentenza. – L'estensore deve consegnare la minuta della sentenza da lui redatta al presidente del tribunale o della sezione. Il presidente, datane lettura, quando lo ritiene opportuno, al collegio, la sottoscrive insieme con l'estensore e la consegna al cancelliere, il quale scrive il testo originale, o ne affida la scritturazione al dattilografo di ruolo, sotto la sua direzione, a norma dell'art. 132 del codice.

Il presidente e il relatore, verificata la corrispondenza dell'originale alla minuta consegnata al cancelliere, sottoscrivono la sentenza e la fanno sottoscrivere all'altro giudice.

Il giudice che ha steso la motivazione aggiunge la qualifica di estensore alla sua sottoscrizione.

Quando la sentenza è pronunziata secondo equità se ne deve dare atto nel dispositivo.

120. Pubblicazione delle sentenze*.

* Abrogato.

121. Ordinanza di correzione delle sentenze. – L'ordinanza di correzione delle sentenze è notificata alle parti a cura del cancelliere.

122. Forma dell'istanza per integrazione dei provvedimenti istruttori. – L'istanza per l'integrazione di un provvedimento istruttorio a norma dell'articolo 289 del Codice è fatta con ricorso diretto al giudice istruttore o, in mancanza, al presidente del collegio.

123. Avviso d'impugnazione alla cancelleria. – L'ufficiale giudiziario che ha notificato un atto d'impugnazione deve darne immediatamente avviso scritto al cancelliere del giudice che ha pronunciato la sentenza impugnata.

Il cancelliere deve fare annotazione dell'impugnazione sull'originale della sentenza.

123 bis. Trasmissione del fascicolo d'ufficio al giudice superiore. – Se l'impugnazione è proposta contro una sentenza non definitiva, non si applicano le disposizioni dell'articolo 347 ultimo comma (1) del Codice e dell'articolo 137-bis (2). Tuttavia il giudice dell'impugnazione può, se lo ritiene necessario, richiedere la trasmissione del fascicolo d'ufficio, ovvero ordinare alla parte interessata di produrre copia di determinati atti.

(1) Le originarie parole "degli articoli" sono state sostituite da quelle "dell'articolo" dall'articolo 4, co. 5, d.lg. 10/10/2022, n. 149. Le parole "e 369 ultimo comma" sono state soppresse dall'art. 4, co. 5, d.lg. 10/10/2022, n. 149.

(2) Le parole "e dell'articolo 137-bis" sono state aggiunte dall'art. 4, co. 5, d.lg. 10/10/2022, n. 149.

124. Certificato di passaggio in giudicato della sentenza. – A prova del passaggio in giudicato della sentenza il cancelliere certifica, in calce alla copia contenente la relazione di notificazione, che non è stato proposto nei termini di legge appello o ricorso per Cassazione, né istanza di revocazione per i motivi di cui ai nn. 4 e 5 dell'articolo 395 del codice.

Ugualmente il cancelliere certifica in calce alla copia della sentenza che non è stata proposta impugnazione nel termine previsto dall'articolo 327 del codice.

125. Riassunzione della causa. – Salvo che dalla legge sia disposto altrimenti, la riassunzione della causa è fatta con comparsa, che deve contenere:

1. l'indicazione del giudice davanti al quale si deve comparire;
2. il nome delle parti e dei loro difensori con procura;
3. il richiamo dell'atto introduttivo del giudizio;
4. l'indicazione dell'udienza in cui le parti debbono comparire, osservati i termini stabiliti dall'articolo 163-bis del codice;
5. l'invito a costituirsi nei termini stabiliti dall'articolo 166 del codice;
6. l'indicazione del provvedimento del giudice in base al quale è fatta la riassunzione, e, nel caso dell'articolo 307 primo comma del codice, l'indicazione della data della notificazione della citazione non seguita dalla costituzione delle parti, ovvero del provvedimento che ha ordinato la cancellazione della causa dal ruolo.

Se, prima della riassunzione, il giudice istruttore abbia tenuto l'udienza di prima comparizione, e la causa debba essere riassunta davanti allo stesso giudice, le parti debbono essere citate a comparire in un'udienza di istruzione. Se il giudice istruttore già designato non fa più parte del tribunale o della sezione, la parte che provvede alla riassunzione deve preliminarmente chiedere la sostituzione con ricorso al presidente del tribunale o della sezione.

La comparsa è notificata a norma dell'articolo 170 del codice, ed alle parti non costituite deve essere notificata personalmente.

125 bis. Riassunzione delle cause sospese durante l'istruzione. – Se il giudice istruttore ha sospeso l'esecuzione o la prosecuzione dell'ulteriore istruzione a norma dell'articolo 279 quarto comma del Codice, le parti debbono riassumere la causa davanti a lui nelle forme stabilite dall'articolo che precede, entro il termine perentorio di sei mesi dalla comunicazione della sentenza che definisce il giudizio sull'appello immediato che ha dato luogo alla sospensione.

126. Fascicolo della causa riassunta. – Il cancelliere del giudice davanti al quale la causa è riassunta deve immediatamente richiedere il fascicolo d'ufficio al cancelliere del giudice che ha precedentemente conosciuto della causa.

127. Riscossione della pena pecuniaria a carico dell'opponente. – La riscossione della pena pecuniaria, alla quale sia stato condannato il terzo opponente a norma dell'articolo 408 del codice, è fatta dal cancelliere.

Capo III
Del procedimento d'appello

128. Determinazione dei giorni d'udienza. – Il decreto del primo presidente della corte d'appello, che stabilisce, a norma dell'articolo 163 secondo comma del Codice, i giorni della settimana e le ore delle udienze destinate esclusivamente alla prima comparizione delle parti, deve essere affisso in tutte le sale d'udienza della corte d'appello entro il 30 novembre di ogni anno, e rimanervi durante il successivo anno giudiziario cui si riferisce.

Il primo presidente della Corte d'appello stabilisce con decreto, al principio e alla metà dell'anno giudiziario, i giorni della settimana e le ore in cui debbono tenersi le udienze destinate esclusivamente alla prima comparizione delle parti, e le udienze d'istruzione. Il decreto deve rimanere affisso in tutte le sale di udienza della Corte d'appello durante il periodo al quale si riferisce.

129. Riserva d'appello. Estinzione del processo. – La riserva d'appello contro le sentenze previste nell'articolo 278 e nel n. 4 del secondo comma dell'articolo 279 del codice, può essere fatta nell'udienza del giudice istruttore con dichiarazione orale da inserirsi nel processo verbale, o con dichiarazione scritta su foglio a parte da allegarsi ad esso.

La riserva può essere fatta anche con atto notificato ai procuratori delle altre parti costituite, a norma dell'articolo 170 primo e terzo comma del codice, o personalmente alla parte, se questa non è costituita.

Se il processo si estingue in primo grado, la sentenza di merito contro la quale fu fatta la riserva acquista efficacia di sentenza definitiva dal giorno in cui diventa irrevocabile l'ordinanza, o passa in giudicato la sentenza, che pronuncia l'estinzione del processo. Da questa data decorrono i termini stabiliti dall'articolo 325 del codice per impugnare la sentenza già notificata, e, se questa non è stata notificata, decorre il termine di decadenza stabilito dall'articolo 327 del codice stesso.

129 bis. Sospensione dell'istruzione nel caso di riforma di sentenza non definitiva. – Se sia stato proposto ricorso per cassazione contro sentenza di appello che abbia riformato alcuna delle sentenze previste nel n. 4 del secondo comma dell'articolo 279 del codice, il giudice istruttore, su istanza della parte interessata, qualora ritenga che i provvedimenti dati con l'ordinanza collegiale per l'ulteriore istruzione della causa siano dipendenti da quelli contenuti nella sentenza riformata, può disporre con ordinanza non impugnabile che l'esecuzione o la prosecuzione dell'ulteriore istruzione rimanga sospesa fino alla definizione del giudizio di cassazione.

Se la sentenza è cassata, la causa deve essere riassunta davanti al giudice istruttore nelle forme stabilite dall'articolo 125, entro il termine perentorio di sei mesi dalla comunicazione della sentenza che accoglie il ricorso.

130. Appello contro la sentenza di estinzione del processo. – Nel giudizio d'appello contro la sentenza che ha dichiarato l'estinzione del processo a norma dell'art. 308 del codice o che ha provveduto sul reclamo previsto nell'art. 630 del codice stesso, il collegio, quando è necessario, autorizza le parti a presentare memorie, fissando i rispettivi termini, e provvede in camera di consiglio con sentenza.

131. Deliberazione dei provvedimenti. – Nel deliberare i provvedimenti la corte d'appello applica le disposizioni dell'articolo 276 del Codice.

Il relatore vota per primo, quindi votano i consiglieri in ordine inverso di anzianità e per ultimo il presidente.

La scelta dell'estensore della sentenza è fatta dal presidente tra i componenti il collegio che hanno espresso voto conforme alla decisione.

131 bis. Sospensione dell'esecuzione delle sentenze impugnate per cassazione. – Sull'istanza di sospensione dell'esecuzione della sentenza prevista dall'articolo 373 del Codice, il giudice non può decidere se la parte istante non ha dimostrato di avere depositato il ricorso per cassazione contro la sentenza medesima.

132. Rinvio. – Nei procedimenti d'appello si osservano, in quanto applicabili, le norme dettate nel capo secondo, se non sono incompatibili con quelle contenute nel presente capo.

Capo IV
Del procedimento davanti alla Corte suprema di Cassazione

133. Riserva di ricorso. Estinzione del processo. – La riserva di ricorso per cassazione prevista nell'articolo 361 del codice deve essere fatta nei modi stabiliti dall'articolo 129 primo e secondo comma.

Si applicano al ricorso per cassazione le disposizioni dell'articolo 129 terzo comma.

L'articolo 129, terzo comma, si applica altresì se il processo si estingue dopo la pronuncia delle sentenze previste dall'articolo 360, terzo comma, del codice (1).

(1) Comma aggiunto dal d.lg. n. 40/2006.

133 bis. Sospensione dell'istruzione in pendenza di ricorso per Cassazione. – Se sia stato proposto ricorso immediato per Cassazione contro alcuna delle sentenze previste nel n. 4 del secondo comma dell'articolo 279 del Codice, l'istruttore, su istanza concorde delle parti, qualora ritenga che i provvedimenti dati con l'ordinanza collegiale per l'ulteriore istruzione della causa siano dipendenti da quelli contenuti nella sentenza impugnata, può disporre con ordinanza non impugnabile che l'esecuzione o la prosecuzione dell'ulteriore istruzione rimanga sospesa fino alla definizione del giudizio di Cassazione.

Se il ricorso è rigettato o dichiarato inammissibile la causa deve essere riassunta davanti all'istruttore nelle forme stabilite dall'articolo 125, entro il termine perentorio di sei mesi dalla comunicazione della sentenza di rigetto.

***134. Deposito del ricorso e del controricorso a mezzo della posta**.** – *Gli avvocati che hanno sottoscritto il ricorso o il controricorso possono provvedere al deposito degli stessi e degli atti indicati negli articoli 369 e 370 del codice mediante l'invio per posta, in plico raccomandato, al cancelliere della Corte di cassazione. Agli atti devono essere uniti: 1. le marche per diritti, indennità di trasferta e spese postali per la notificazione dei biglietti di cancelleria e degli altri atti del procedimento eseguita su richiesta del cancelliere; 2. le marche a favore della Cassa nazionale di previdenza e di assistenza per gli avvocati e procuratori, applicate sul ricorso o sul controricorso; 3. le copie in carta semplice del ricorso o del controricorso e della sentenza o della decisione impugnata di cui all'articolo 137; 4. un doppio elenco in carta semplice di tutte le carte e marche inviate, sottoscritto dall'avvocato. All'atto del ricevimento del plico, il cancelliere controlla l'esattezza dell'elenco e ne restituisce, mediante raccomandata con avviso di ricevimento e con tassa a carico del destinatario, una copia al mittente nella quale attesta la data di arrivo del piego in cancelleria e gli eventuali inadempimenti degli oneri di cui ai numeri 1), 2) e 3) del secondo comma. Nel termine per la presentazione del ricorso o del controricorso, ovvero, successivamente, fino al trentesimo giorno dal ricevimento della raccomandata con la quale l'elenco è stato restituito, il difensore può provvedere all'invio in cancelleria delle marche e delle copie mancanti. Il deposito e le varie integrazioni di cui al comma precedente si hanno per avvenuti, a tutti gli effetti, alla data di spedizione*

CODICE PROCEDURA CIVILE

dei plichi con la posta raccomandata. Nel fascicolo di ufficio il cancelliere allega la busta utilizzata per l'invio del ricorso o del controricorso ed, eventualmente, quella utilizzata per l'invio delle suddette marche o ricevute di versamenti su conti correnti postali e copie.

* Articolo così modificato dall'art. 299 del d.lg. 30/5/2002, n. 113 e dall'art. 299 del d.P.R. 30/5/2002, n. 115, con decorrenza dal 1/7/2002 e successivamente abrogato dall'art. 4, co. 6, d.lg. 10/10/2022, n. 149.

134 bis. Residenza o sede delle parti*. *– All'atto del deposito di ricorso, controricorso o memoria, i difensori dichiarano il luogo di residenza o la sede della parte.*

* Articolo aggiunto dal d.lg. n. 40/2006 e successivamente abrogato dall'art. 4, co. 6, d.lg. 10/10/2022, n. 149.

135. Invio di copie alle parti (1). *– Agli avvocati non residenti in Roma, i quali ne abbiano fatto richiesta all'atto del deposito del ricorso o del controricorso, sono inviati in copia, mediante lettera raccomandata con tassa a carico del destinatario, l'avviso dell'udienza di discussione e il dispositivo della sentenza della Corte.*

(1) Articolo abrogato dall'art. 4, co. 6, d.lg. 10/10/2022, n. 149.

136. Ricorso per regolamento di competenza*.

* Abrogato.

137. Copie del ricorso e del controricorso*. *– Le parti debbono depositare insieme col ricorso o col controricorso almeno tre copie in carta libera di questi atti e della sentenza o decisione impugnata. Quando il ricorso o il controricorso sono depositati con modalità telematiche, il presente comma non si applica* (1).

Se non sono depositate le copie di cui al comma precedente, il cancelliere della corte provvede a farle fare a spese della parte, [la quale è tenuta in solido con il suo difensore a pagare il relativo importo. In caso di inadempienza il dirigente la cancelleria ingiunge alla parte ed al suo difensore di pagare entro trenta giorni, sotto pena degli atti esecutivi, la somma dovuta].*

*[Si applicano, in quanto compatibili, gli articoli da 2 a 28 del testo unico delle norme per la riscossione delle entrate patrimoniali dello Stato, approvato con regio decreto 14 aprile 1910, n. 639]**.*

*[I diritti di scritturazione per le copie stesse sono triplicati]**.*

Una copia del ricorso o del controricorso e della sentenza impugnata deve essere subito trasmessa dal cancelliere al pubblico ministero.

*[Le copie dei ricorsi, dei controricorsi e delle memorie, debbono essere scritte in carattere chiaro e facilmente leggibile; in difetto il cancelliere può farle rifare a spese della parte a norma del secondo e terzo comma]**.*

* Articolo abrogato dall'art. 4, co. 6, d.lg. 10/10/2022, n. 149.

(1) Comma così modificato dall'art. 45, co. 1-bis, lett. b), d.l. 24/6/2014, n. 90, conv., con modif., dalla l. 11/8/2014, n. 114.

** Parole abrogate dal d.P.R. 30/5/2002, n. 115.

137 bis. Fascicolo d'ufficio (1). – Il cancelliere della corte, entro sessanta giorni dal deposito del ricorso, acquisisce il fascicolo d'ufficio dalla cancelleria del giudice che ha pronunciato il provvedimento impugnato.

Nello stesso modo procede nei casi previsti dagli articoli 41, 47, 362 e 363-bis del codice.

(1) Articolo introdotto dall'art. 4, co. 6, d.lg. 10/10/2022, n. 149.

137 ter. Pubblicità degli atti dei procedimenti pendenti (1). – Fermo quanto previsto dall'articolo 51 del decreto legislativo 30 giugno 2003, n. 196, sono pubblicati nel sito istituzionale della Corte, a cura del centro elettronico di documentazione:

1) i provvedimenti che dispongono il rinvio pregiudiziale di cui all'articolo 363-bis del codice e i decreti del primo presidente ad esso relativi;

2) i ricorsi proposti dal procuratore generale della Corte di cassazione nell'interesse della legge e le sue conclusioni scritte, quando formulate.

(1) Articolo introdotto dall'art. 4, co. 6, d.lg. 10/10/2022, n. 149.

138. *Procedimento in camera di consiglio*.*

* Articolo abrogato dal d.lg. n. 40/2006.

139. Istanza di rimessione alle sezioni unite. – L'istanza prevista nell'articolo 376 del Codice si propone con ricorso diretto al primo presidente, contenente l'indicazione del ricorso di cui si chiede la rimessione alle sezioni unite e le ragioni per le quali si ritiene che sia di competenza di queste.

Il ricorso è depositato (1) nel termine previsto nell'articolo 376 secondo comma del Codice (1).

(1) Le parole "in cancelleria" e "ed è inserito nel fascicolo d'ufficio" sono state soppresse dall'art. 4, co. 6, d.lg. 10/10/2022, n. 149.

140. Deposito delle memorie di parte*. *– Le parti che depositano memorie a norma dell'articolo 378 del Codice debbono unire almeno tre copie in carta libera oltre le copie per ciascuna delle altre parti. Il cancelliere non può ricevere le memorie che non siano accompagnate dalle tre copie in carta libera.*

* Articolo introdotto dall'art. 4, co. 6, d.lg. 10/10/2022, n. 149 e successivamente abrogato dall'art. 4, co. 6, d.lg. 10/10/2022, n. 149.

140 bis. Svolgimento della camera di consiglio (1). – La camera di consiglio si svolge in presenza. Il presidente del collegio, con proprio decreto, può disporre lo svolgimento della camera di consiglio mediante collegamento audiovisivo a distanza, per esigenze di tipo organizzativo.

141. Deliberazione dei provvedimenti. – Nel deliberare i provvedimenti la corte applica le disposizioni dell'articolo 276 del Codice.

Il relatore vota per primo, quindi votano i consiglieri in ordine inverso di anzianità e per ultimo il presidente.

La scelta dell'estensore della sentenza è fatta dal presidente tra i componenti il collegio che hanno espresso voto conforme alla decisione.

142. Ricorso di competenza delle sezioni unite e delle sezioni semplici (1). – Se nel ricorso sono contenuti motivi di competenza delle sezioni semplici insieme con motivi di competenza delle sezioni unite, queste, se non ritengono opportuno decidere l'intero ricorso, dopo aver deciso i motivi di propria competenza, rimettono, con ordinanza, alla sezione semplice la causa per la decisione, con separata sentenza, degli ulteriori motivi.

Le sezioni unite possono disporre ai sensi del primo comma anche nel caso di rimessione ai sensi dell'articolo 374, terzo comma, del codice.

(1) Articolo così sostituito dal d.lg. n. 40/2006.

143. Formulazione del principio di diritto affermato dalla corte. – La corte enuncia specificamente, a norma dell'articolo 384 del Codice, il principio di diritto al quale il giudice di rinvio deve uniformarsi (1).

(1) Le originarie parole «La Corte enuncia specificamente, nella sentenza di accoglimento, pronunciata a norma» sono state sosti-

tuite da quelle «La Corte enuncia specificamente, a norma» introdotto dall'art. 4, co. 6, d.lg. 10/10/2022, n. 149.

144. Forma della domanda di restituzione o di riduzione in pristino. – Le domande conseguenti alla cassazione della sentenza previste nell'articolo 389 del Codice debbono essere proposte con citazione da notificarsi personalmente alla parte a norma degli articoli 137 e seguenti del Codice.

144 bis. Attestazione del cancelliere in caso di mancata integrazione del contraddittorio. – Qualora non sia stato osservato il disposto di cui all'articolo 371-bis del codice, il cancelliere lo attesta con apposita dichiarazione, da allegare al fascicolo d'ufficio, per gli adempimenti di cui all'articolo 138.

144 bis.1. Restituzione del fascicolo d'ufficio e dei fascicoli di parte (1). – Dopo la definizione del giudizio, il fascicolo d'ufficio trasmesso ai sensi dell'articolo 137-bis e gli atti e i documenti depositati dalle parti e già prodotti nei precedenti gradi del processo sono restituiti, decorsi novanta giorni dal deposito della decisione, alla cancelleria del giudice che ha pronunciato la sentenza impugnata.

(1) Articolo introdotto dall'art. 4, co. 6, d.lg. 10/10/2022, n. 149.

Capo V
Disposizioni relative alle controversie di lavoro ed a quelle di previdenza e di assistenza

144 ter. Controversie individuali di lavoro. – Tra le controversie previste dall'articolo 409 del codice non si considerano in ogni caso comprese quelle di cui all'articolo 50-bis, primo comma, n. 5), seconda parte, del codice.

***144 quater. Restituzione del fascicolo d'ufficio e dei fascicoli di parte**.** – *Dopo la definizione del giudizio, il fascicolo d'ufficio trasmesso ai sensi dell'articolo 369 del codice e gli atti ed i documenti depositati dalle parti e già prodotti nei precedenti gradi del processo sono restituiti, decorsi novanta giorni dal deposito della decisione, alla cancelleria del giudice che ha pronunciato la sentenza impugnata.*

* Articolo aggiunto dal d.lg. n. 40/2006 e successivamente abrogato dall'art. 4, co. 7, d.lg. 10/10/2022, n. 149.

144 quinquies. Controversie in materia di licenziamento (1). – Il presidente di sezione e il dirigente dell'ufficio giudiziario favoriscono e verificano la trattazione prioritaria dei procedimenti di cui al capo I-bis del titolo IV del libro secondo del codice. In ciascun ufficio giudiziario sono effettuate estrazioni statistiche trimestrali che consentono di valutare la durata media dei processi di cui all'articolo 441-bis del codice, in confronto con la durata degli altri processi in materia di lavoro.

(1) Articolo introdotto dall'art. 4, co. 7, d.lg. 10/10/2022, n. 149.

145. Termine per la nomina del consulente tecnico. – Per le controversie di lavoro e per quelle in materia di previdenza e di assistenza il termine previsto dall'articolo 201 del codice non deve superare i giorni sei.

146. Albo dei consulenti tecnici. – Nell'albo dei consulenti tecnici istituiti presso ogni tribunale debbono essere inclusi, per i processi relativi a domande di prestazioni previdenziali e assistenziali, i medici legali e delle assicurazioni e i medici del lavoro.

146 bis. Accertamento pregiudiziale sull'efficacia, validità ed interpretazione dei contratti e accordi collettivi (1). – Nel caso di cui all'articolo 420-bis del codice si applica, in quanto compatibile, l'articolo 64, commi 4, 6, 7 e 8, del decreto legislativo 30 marzo 2001, n. 165.

(1) Articolo aggiunto dal d.lg. n. 40/2006.

147. Conciliazione, arbitrati e collegiali mediche nelle controversie in materia di previdenza e di assistenza obbligatorie. – Nelle controversie in materia di previdenza e di assistenza obbligatorie sono privi di qualsiasi efficacia vincolante, sostanziale e processuale, gli arbitrati rituali, gli arbitrati irrituali, le collegiali mediche, quale ne sia la natura giuridica, e le conciliazioni stragiudiziali intervenute anteriormente o posteriormente alla proposizione dell'azione giudiziaria.

Nelle controversie di cui al comma precedente i ricorsi amministrativi hanno effetto sospensivo di ogni provvedimento che implichi l'annullamento del rapporto assicurativo.

148. Abrogazione delle disposizioni di leggi speciali circa la proponibilità della domanda in materia di previdenza e di assistenza obbligatorie. – Sono abrogate tutte le disposizioni contenute nelle leggi speciali in materia di previdenza e di assistenza obbligatorie che, in difformità da quanto stabilito dall'articolo 443 del codice, condizionano la proponibilità della domanda giudiziaria al preventivo esperimento dei procedimenti amministrativi contenziosi.

149. Controversie in materia di invalidità pensionabile. – Nelle controversie in materia di invalidità pensionabile deve essere valutato dal giudice anche l'aggravamento della malattia, nonché tutte le infermità comunque incidenti sul complesso invalidante che si siano verificate nel corso tanto del procedimento amministrativo che di quello giudiziario.

150. Calcolo della svalutazione monetaria. – Ai fini del calcolo di cui all'articolo 429, ultimo comma, del codice, il giudice applicherà l'indice dei prezzi calcolato dall'ISTAT per la scala mobile per i lavoratori dell'industria.

151. Riunione di procedimenti. – La riunione, ai sensi dell'articolo 274 del codice, dei procedimenti relativi a controversie in materia di lavoro e di previdenza e di assistenza e a controversie dinanzi al giudice di pace, connesse anche soltanto per identità delle questioni dalla cui risoluzione dipende, totalmente o parzialmente, la loro decisione, deve essere sempre disposta dal giudice, tranne nelle ipotesi che essa renda troppo gravoso o comunque ritardi eccessivamente il processo. In queste ipotesi la riunione, salvo gravi e motivate ragioni, è, comunque, disposta tra le controversie che si trovano nella stessa fase processuale. Analogamente si provvede nel giudizio di appello (1).

Le competenze e gli onorari saranno ridotti in considerazione dell'unitaria trattazione delle controversie riunite.

(1) Comma così modificato dal d.lg. n. 40/2006.

152. Riassunzione della causa in seguito a decadenza dei consulenti. – La riassunzione della causa davanti al giudice, per la pronuncia della decadenza e la prosecuzione del giudizio nel caso previsto nell'articolo 457 del codice, è fatta con ricorso al giudice istruttore. Il giudice fissa con decreto un'udienza per la comparizione delle parti, e quindi provvede al compimento dell'istruzione. A tale fine la parte ricorrente, a pena di inammissibilità di ricorso, formula apposita dichiarazione del valore della prestazione dedotta in giudizio, quantificandone l'importo nelle conclusioni dell'atto introduttivo (1) (2).

(1) Le parole da "A tal fine" fino a "introduttivo" sono state introdotte dall'art. 38, co. 1, lett. b) del d.l. 6/7/2011, n. 98, conv. con modif. dalla l. 15/7/2011, n. 111.

(2) L'ultimo periodo dell'art. 152, co. 2, dispp. att. c.p.c. è stato dichiarato incostituzionale dalla Corte Cost. con sent. 24/11/2017, n. 241.

152 bis. Liquidazione di spese processuali (1). – Nelle liquidazioni delle spese di cui all'art. 91 del codice di procedura civile a favore delle pubbliche amministrazioni di cui all'articolo 1, comma 2, del decreto legislativo 30 marzo 2001, n. 165, e successive modificazioni, se assistite da propri dipendenti ai sensi dell'articolo 417-bis del codice di procedura civile, si applica la tariffa vigente per gli avvocati, con la riduzione del 20 per cento degli onorari di avvocato ivi previsti. La riscossione avviene mediante iscrizione al ruolo ai sensi del decreto del Presidente della Repubblica 29 settembre 1973, n. 600.

(1) Articolo inserito dalla l. 12/11/2011, n. 183 e successivamente così modificato dall'art. 1 della l. 24/12/2012, n. 228.

Capo V-bis
Disposizioni relative al procedimento in materia di stato delle persone, minorenni e famiglie (1)

(1) Capo introdotto dall'art. 4, co. 8, d.lg. 10/10/2022, n. 149.

152 ter. Procedimenti in camera di consiglio (1). – I provvedimenti previsti negli articoli 145 e 316 del codice sono di competenza del tribunale del circondario del luogo in cui è stabilita la residenza familiare o, se questa manchi, del tribunale del luogo del domicilio di uno dei coniugi. Il tribunale provvede in camera di consiglio in composizione monocratica con decreto immediatamente esecutivo.

(1) Articolo introdotto dall'art. 4, co. 8, d.lg. 10/10/2022, n. 149.

152 quater. Ascolto del minore (1). – Quando la salvaguardia del minore è assicurata con idonei mezzi tecnici, quali l'uso di un vetro specchio unitamente ad impianto citofonico, i difensori delle parti, il curatore speciale del minore, se già nominato, ed il pubblico ministero possono seguire l'ascolto del minore, in luogo diverso da quello in cui egli si trova, senza chiedere l'autorizzazione del giudice prevista dall'articolo 473-bis.5, terzo comma, del codice.

(1) Articolo introdotto dall'art. 4, co. 8, d.lg. 10/10/2022, n. 149.

152 quinquies. Registrazione audiovisiva dell'ascolto (1). – Con provvedimento del Direttore generale dei sistemi informativi e automatizzati del Ministero della giustizia sono stabilite le regole tecniche per la registrazione audiovisiva, la sua conservazione e il suo inserimento nel fascicolo informatico.

(1) Articolo introdotto dall'art. 4, co. 8, d.lg. 10/10/2022, n. 149.

152 sexies. Indagini del consulente (1). – Fermo quanto previsto dall'articolo 90, il consulente tecnico nominato ai sensi degli articoli 473-bis.25 e 473-bis.44 del codice fissa il calendario delle operazioni peritali e lo comunica ai difensori e ai consulenti tecnici di parte se nominati.

Il consulente può chiedere al giudice la proroga del termine per il deposito della relazione, con istanza motivata, su concorde richiesta delle parti o in caso di particolare complessità delle indagini.

Unitamente alla relazione di cui all'articolo 195 del codice, il consulente deposita la documentazione utilizzata e i supporti contenenti le registrazioni audiovisive delle operazioni relative al minore.

152 septies. Scioglimento o cessazione degli effetti civili del matrimonio (1). – Del ricorso per lo scioglimento o la cessazione degli effetti civili del matrimonio il cancelliere dà comunicazione all'ufficiale dello stato civile del luogo dove il matrimonio fu trascritto per l'annotazione in calce all'atto.

La sentenza che pronuncia lo scioglimento o la cessazione degli effetti civili del matrimonio, quando sia passata in giudicato, deve essere trasmessa in copia autentica, a cura del cancelliere del tribunale o della Corte che l'ha emessa, all'ufficiale dello stato civile del comune in cui il matrimonio fu trascritto, per le annotazioni e le ulteriori incombenze di cui al decreto del Presidente della Repubblica 3 novembre 2000, n. 396.

(1) Articolo introdotto dall'art. 4, co. 8, d.lg. 10/10/2022, n. 149.

152 octies. Esame da remoto dell'interdicendo o inabilitando (1). – Le modalità del collegamento da remoto previsto dall'articolo 473-bis.54, terzo comma, del codice sono individuate e regolate con provvedimento del Direttore generale dei sistemi informativi e automatizzati del Ministero della giustizia.

(1) Articolo introdotto dall'art. 4, co. 8, d.lg. 10/10/2022, n. 149.

TITOLO IV
DEL PROCESSO DI ESECUZIONE

Capo I
Del titolo esecutivo e dell'espropriazione forzata in generale

153. Copia degli atti ricevuti da notaio o da altro pubblico ufficiale (1). – La copia degli atti ricevuti da notaio o da altro pubblico ufficiale deve essere munita del sigillo del notaio o dell'ufficio al quale appartiene l'ufficiale pubblico.

(1) Articolo così sostituito dall'art. 4, co. 9, d.lg. 10/10/2022, n. 149. La precedente formulazione era: «**153. Rilascio del titolo esecutivo.** – Il cancelliere rilascia la copia in forma esecutiva a norma dell'articolo 475 del Codice quando la sentenza o il provvedimento del giudice è formalmente perfetto. La copia deve essere munita del sigillo della cancelleria.
La copia in forma esecutiva degli atti ricevuti da notaio o da altro pubblico ufficiale deve essere munita del sigillo del notaio o dell'ufficio al quale appartiene l'ufficiale pubblico.».

154. Procedimento per indebito rilascio di copie esecutive*. – *Il capo dell'ufficio giudiziario competente, a norma dell'articolo 476 del Codice, a conoscere delle contravvenzioni per rilascio indebito di copie in forma esecutiva, contesta all'incolpato l'addebito, a mezzo di atto notificato a cura del cancelliere, e lo invita a presentare per iscritto le sue difese nel termine di cinque giorni. Negli uffici in cui vi è un solo cancelliere l'atto contenente l'addebito è comunicato a lui direttamente dal capo dell'ufficio. Il decreto di condanna di cui all'articolo 476 ultimo comma del Codice costituisce titolo esecutivo per la riscossione della pena pecuniaria a cura del cancelliere.*

* Articolo abrogato dall'art. 4, co. 9, d.lg. 10/10/2022, n. 149.

155. Certificato di prestata cauzione. – Il certificato di prestata cauzione indicato nell'articolo 478 del Codice è rilasciato dal cancelliere del giudice che ha pronunciato il provvedimento costituente titolo esecutivo.

155 bis. Archivio dei rapporti finanziari (1). – Per archivio dei rapporti finanziari di cui all'articolo 492-bis, quarto (2) comma, del codice si intende la sezione di cui all'articolo 7, sesto comma, del decreto del Presidente della Repubblica 29 settembre 1973, n. 605.

(1) Articolo inserito dall'art. 19, co. 2, lett. a), d.l. 12/9/2014, n. 132, conv., con modif., dalla l. 10/11/2014, n. 162; per l'appli-

cazione di tale disposizione, vedi l'art. 19, co. 6-bis del suddetto d.l. n. 132/2014.

(2) La parola "secondo" è stata sostituita con quella "quarto" dall'art. 4, co. 9, d.lg. 10/10/2022, n. 149.

155 ter. Partecipazione del creditore alla ricerca dei beni da pignorare con modalità telematiche (1). – La partecipazione del creditore alla ricerca dei beni da pignorare di cui all'articolo 492-bis del codice ha luogo a norma dell'articolo 165 di queste disposizioni.

Nei casi di cui all'articolo 492-bis, ottavo e nono (2) comma, l'ufficiale giudiziario, terminate le operazioni di ricerca dei beni con modalità telematiche, comunica al creditore le banche dati interrogate e le informazioni dalle stesse risultanti a mezzo telefax o posta elettronica anche non certificata, dandone atto a verbale. Il creditore entro dieci giorni dalla comunicazione indica all'ufficiale giudiziario i beni da sottoporre ad esecuzione; in mancanza la richiesta di pignoramento perde efficacia.

(1) Articolo inserito dall'art. 19, co. 2, lett. a), d.l. 12/9/2014, n. 132, conv., con modif., dalla l. 10/11/2014, n. 162; per l'applicazione di tale disposizione, vedi l'art. 19, co. 6-bis del suddetto d.l. n. 132/2014.

(2) Le parole sesto e settimo" sono state sostituite con quelle "ottavio e nono" dall'art. 4, co. 9, d.lg. 10/10/2022, n. 149.

155 quater. Modalità di accesso alle banche dati (1). – Le pubbliche amministrazioni che gestiscono banche dati contenenti informazioni utili ai fini della ricerca di cui all'articolo 492-bis del codice mettono a disposizione degli ufficiali giudiziari gli accessi, con le modalità di cui all'articolo 58 del codice di cui al decreto legislativo 7 marzo 2005, n. 82, e successive modificazioni, su richiesta del Ministero della giustizia. Sino a quando non sono definiti dall'Agenzia per l'Italia digitale gli standard di comunicazione e le regole tecniche di cui al comma 2 del predetto articolo 58 e, in ogni caso, quando l'amministrazione che gestisce la banca dati o il Ministero della giustizia non dispongono dei sistemi informatici per la cooperazione applicativa di cui all'articolo 72, comma 1, lettera e), del medesimo codice di cui al decreto legislativo n. 82 del 2005, l'accesso è consentito previa stipulazione, senza nuovi o maggiori oneri per la finanza pubblica, di una convenzione finalizzata alla fruibilità informatica dei dati, sentito il Garante per la protezione dei dati personali. Il Ministero della giustizia pubblica sul portale dei servizi telematici l'elenco delle banche dati per le quali è operativo l'accesso da parte dell'ufficiale giudiziario per le finalità di cui all'articolo 492-bis del codice (2).

Il Ministro della giustizia può procedere al trattamento dei dati acquisiti senza provvedere all'informativa di cui all'articolo 13 del decreto legislativo 30 giugno 2003, n. 196.

È istituito, presso ogni ufficio notifiche, esecuzioni e protesti, il registro cronologico denominato "Modello ricerca beni", conforme al modello adottato con il decreto del Ministro della giustizia di cui al primo comma.

L'accesso da parte dell'ufficiale giudiziario alle banche dati di cui all'articolo 492-bis del codice e a quelle individuate con il decreto di cui al primo comma è gratuito. La disposizione di cui al periodo precedente si applica anche all'accesso effettuato a norma dell'articolo 155-quinquies di queste disposizioni.

(1) Articolo inserito dall'art. 19, co. 2, lett. a), d.l. 12/9/2014, n. 132, conv., con modif., dalla l. 10/11/2014, n. 162; per l'applicazione di tale disposizione, vedi l'art. 19, co. 6-bis del suddetto d.l. n. 132/2014.

(2) Comma così modificato dall'art. 14, co. 1, lett. 0a), d.l. 27/6/2015, n. 83, conv. in l. 6/8/2015, n. 132. La precedente formulazione stabiliva: "Con decreto del Ministro della giustizia, di concerto con il Ministro dell'interno e con il Ministro dell'economia e delle finanze e sentito il Garante per la protezione dei dati personali, sono individuati i casi, i limiti e le modalità di esercizio della facoltà di accesso alle banche dati di cui al secondo comma dell'articolo 492-bis del codice, nonché le modalità di trattamento e conservazione dei dati e le cautele a tutela della riservatezza dei debitori. Con il medesimo decreto sono individuate le ulteriori banche dati delle pubbliche amministrazioni o alle quali le stesse possono accedere, che l'ufficiale giudiziario può interrogare tramite collegamento telematico diretto o mediante richiesta al titolare dei dati.

155 quinquies. Accesso alle banche dati tramite i gestori (1). – Se è proposta istanza ai sensi dell'articolo 492-bis del codice, quando le strutture tecnologiche, necessarie a consentire l'accesso diretto da parte dell'ufficiale giudiziario alle banche dati di cui al quarto comma del medesimo articolo e a quelle individuate con il decreto di cui all'articolo 155-quater, primo comma, non sono funzionanti, l'ufficiale giudiziario attesta che l'accesso diretto alle suddette banche dati non è attuabile.

L'istante con l'attestazione di cui al primo comma o con l'autorizzazione del presidente del tribunale ai sensi dell'articolo 492-bis, secondo comma, del codice, ove necessaria, può ottenere dai gestori delle banche dati previste dal predetto articolo e dall'articolo 155-quater le informazioni nelle stesse contenute.

Dal rilascio dell'attestazione di cui al primo comma, o dal provvedimento di autorizzazione del presidente del tribunale, se il precetto è notificato anteriormente, il termine di cui all'articolo 481, primo comma, del codice rimane sospeso per ulteriori novanta giorni. Se il precetto è notificato dopo il provvedimento di autorizzazione del presidente del tribunale, tale termine rimane sospeso sino al decorso di novanta giorni da tale provvedimento.

Si applicano per quanto compatibili l'ottavo comma dell'articolo 492 e il decimo comma dell'articolo 492-bis del codice.

La disposizione di cui al primo comma si applica, limitatamente a ciascuna delle banche dati comprese nell'anagrafe tributaria, ivi incluso l'archivio dei rapporti finanziari, nonché a quelle degli enti previdenziali, sino all'inserimento di ognuna di esse nell'elenco di cui all'articolo 155-quater, primo comma.

(1) Articolo inserito dall'art. 19 del d.l. 12/9/2014, n. 132, conv., con modif., in l. 10/11/2014, n. 162. Successivamente modificato art. 14 del d.l. 27/6/2015, n. 83 conv., con modif. in l. 6/8/2015, n. 132 e dall'art. 14 del d.l. 27/6/2015, n. 83, conv., con modif., in l. 6/8/2015, n. 132 e, da ultimo, così sostituito dall'art. 4, co. 9, lett. e), d.lg. 10/10/2022, n. 149 (ai sensi dell'art. 52 del d.lg. n. 149/2022, il presente decreto legislativo entra in vigore il giorno successivo a quello della sua pubblicazione nella G.U.). Per la disciplina transitoria v. art. 35 del d.lg. n. 149/2022, come modificato dall'art. 1, co. 380, lett. a), l. 29/12/2022, n. 197, che prevede che: «Le disposizioni del presente decreto, salvo che non sia diversamente disposto, hanno effetto a decorrere dal 28 febbraio 2023 e si applicano ai procedimenti instaurati successivamente a tale data. Ai procedimenti pendenti alla data del 28 febbraio 2023 si applicano le disposizioni anteriormente vigenti.».

155 sexies. Ulteriori casi di applicazione delle disposizioni per la ricerca con modalità telematiche dei beni da pignorare (1). – Le disposizioni in materia di ricerca con modalità telematiche dei beni da pignorare si applicano anche per l'esecuzione del sequestro conservativo e per la ricostruzione dell'attivo e del passivo nell'ambito di procedure concorsuali di procedimenti in materia di famiglia e di quelli relativi alla gestione di patrimoni altrui.

(1) Articolo inserito dall'art. 19, co. 2, lett. a), d.l. 12/9/2014, n. 132, conv., con modif., dalla l. 10/11/2014, n. 162; per l'applicazione di tale disposizione, vedi l'art. 19, co. 6-bis del suddetto d.l. n. 132/2014.

156. Esecuzione sui beni sequestrati. – Il sequestrante che ha ottenuto la sentenza di condanna esecutiva prevista nell'articolo 686 del codice deve depositarne copia nella cancelleria del giudice competente per l'esecuzione nel termine perentorio di sessanta giorni dalla comunicazione, e deve quindi procedere alle notificazioni previste nell'articolo 498 del codice.

Se oggetto del sequestro sono beni immobili, il sequestrante deve inoltre chiedere, nel termine perentorio di cui al comma precedente, l'annotazione della sentenza di condanna esecutiva in margine alla trascrizione prevista nell'articolo 679 del Codice.

156 bis. Esecuzione sui beni sequestrati in forza di sentenza straniera o di lodo arbitrale. – Se la causa di merito è devoluta alla giurisdizione di un giudice straniero o è compromessa in arbitri, il sequestrante deve, a pena di perdita di efficacia del sequestro conservativo ottenuto, proporre domanda di esecutorietà in Italia della sentenza straniera o del lodo entro il termine perentorio di sessanta giorni, decorrente dal momento in cui la domanda di esecutorietà è proponibile.

La dichiarazione di esecutorietà produce gli effetti di cui all'articolo 686 del codice e diventa applicabile il precedente articolo 156.

157. Processo verbale di pagamento nelle mani dell'ufficiale giudiziario. – L'ufficiale giudiziario redige processo verbale del versamento eseguito dal debitore delle somme che debbono essere consegnate al creditore a norma dell'articolo 494 primo comma del Codice. Nello stesso processo verbale inserisce l'eventuale riserva di ripetizione della somma versata, prevista nel secondo comma dello stesso articolo.

Il processo verbale è depositato immediatamente in cancelleria insieme con la prova del versamento al creditore della somma consegnata dal debitore. Del processo verbale si prende nota nel ruolo generale delle esecuzioni.

Alla registrazione del processo verbale provvede il cancelliere.

158. Avviso al sequestrante. – Quando dall'atto di pignoramento o dai pubblici registri risulta l'esistenza di un sequestro conservativo sui beni pignorati, il creditore pignorante deve fare notificare al sequestrante avviso del pignoramento a norma dell'articolo 498 del Codice.

159. Istituti autorizzati all'incanto e alla amministrazione dei beni. – Gli istituti ai quali possono essere affidate la vendita all'incanto dei beni mobili a norma dell'articolo 534 del Codice o l'amministrazione giudiziaria dei beni immobili a norma dell'articolo 592 del Codice sono autorizzati con decreto del Ministro di grazia e giustizia.

Agli istituti autorizzati alle vendite all'incanto dei mobili pignorati può essere affidata anche la custodia e la vendita dei mobili stessi previste negli articoli 520 secondo comma e 532 del Codice; ad essi può essere inoltre affidata qualsiasi altra vendita mobiliare disposta dall'autorità giudiziaria.

Il Ministro di grazia e giustizia stabilisce le modalità e i controlli per l'esecuzione degli incarichi indicati nei commi precedenti, nonché la misura dei compensi dovuti agli istituti.

159 bis. Nota d'iscrizione a ruolo del processo esecutivo per espropriazione (1). – La nota d'iscrizione a ruolo del processo esecutivo per espropriazione deve in ogni caso contenere l'indicazione delle parti, nonché le generalità e il codice fiscale, ove attribuito, della parte che iscrive la causa a ruolo, del difensore, della cosa o del bene oggetto di pignoramento. Il Ministro della giustizia, con proprio decreto avente natura non regolamentare, può indicare ulteriori dati da inserire nella nota di iscrizione a ruolo.

(1) Articolo inserito dall'art. 18, co 2, d.l. 12/9/2014, n. 132, conv., con modif., dalla l. 10/11/2014, n. 162; per l'applicazione di tale disposizione, vedi l'art. 18, co. 3 del suddetto d.l. n. 132/2014.

159 ter. Iscrizione a ruolo del processo esecutivo per espropriazione a cura di soggetto diverso dal creditore (1). – Colui che, prima che il creditore abbia depositato la nota di iscrizione a ruolo prevista dagli articoli 518, 521-bis, 543 e 557 del codice, deposita per primo un atto o un'istanza deve depositare la nota di iscrizione a ruolo e una copia dell'atto di pignoramento. Quando al deposito della nota di iscrizione a ruolo procede uno dei soggetti di cui all'articolo 16-bis, comma 1, del decreto-legge 18 ottobre 2012, n. 179, convertito, con modificazioni, dalla legge 17 dicembre 2012, n. 221, e successive modificazioni, diverso dal creditore, il deposito può aver luogo con modalità non telematiche e la copia dell'atto di pignoramento può essere priva dell'attestazione di conformità. Quando l'istanza proviene dall'ufficiale giudiziario, anche nel caso di cui all'articolo 520, primo comma, del codice, all'iscrizione a ruolo provvede d'ufficio il cancelliere. Quando l'iscrizione a ruolo non ha luogo a norma del presente articolo, il creditore, nei termini di cui agli articoli 518, 521-bis, 543 e 557 del codice, provvede, a pena di inefficacia del pignoramento, al deposito delle copie conformi degli atti previsti dalle predette disposizioni e si applica l'articolo 164-ter delle presenti disposizioni.

(1) Articolo inserito dall'art. 14, co. 1, lett. a-bis), d.l. 7/6/2015, n. 83, conv. in l. 6/8/2015, n. 132.

160. Forma degli avvisi. – Gli avvisi che la legge prescrive siano fatti ai creditori e agli altri intervenuti nel procedimento esecutivo debbono essere sottoscritti dal creditore procedente o dal cancelliere a cura del quale sono notificati.

161. Giuramento dell'esperto e dello stimatore. – L'esperto nominato dal giudice a norma dell'articolo 568 ultimo comma del Codice presta giuramento di bene e fedelmente procedere alle operazioni affidategli.

L'ufficiale giudiziario che per la stima delle cose da pignorare si avvale dell'opera di uno stimatore, prima che questi incominci le sue operazioni, deve raccoglierne il giuramento di bene e fedelmente procedere alla stima.

Il compenso dell'esperto o dello stimatore nominato dal giudice o dall'ufficiale giudiziario è calcolato sulla base del prezzo ricavato dalla vendita. Prima della vendita non possono essere liquidati acconti in misura superiore al cinquanta per cento del compenso calcolato sulla base del valore di stima (1).

(1) Comma inserito dall'art. 14, co. 1, lett. a-ter), d.l. 7/6/2015, n. 83, conv. in l. 6/8/2015, n. 132.

161 bis. Rinvio della vendita dopo la prestazione della cauzione (1). – Il rinvio della vendita può essere disposto solo con il consenso dei creditori e degli offerenti che abbiano prestato cauzione ai sensi degli articoli 571 e 580 del codice.

(1) Articolo aggiunto dal d.l. n. 35/2005 e modificato dalla l. n. 263/2005 con decorrenza dal 1/3/2006.

161 ter. Vendite con modalità telematiche (1). – Il Ministro della giustizia stabilisce con proprio decreto le regole tecnico-operative per lo svolgimento della vendita di beni mobili e immobili mediante gara telematica nei casi previsti dal codice, nel rispetto dei princìpi di competitività, trasparenza, semplificazione, efficacia, sicurezza, esattezza e regolarità delle procedure telematiche.

Con successivi decreti le regole tecnico-operative di cui al primo comma sono adeguate all'evoluzione scientifica e tecnologica. Se occorre, le medesime regole tecnico-operative sono integrate al fine di assicurare un agevole collegamento tra il portale delle vendite pubbliche e i portali dei gestori delle vendite telematiche (2).

(1) Articolo inserito dall'art. 4 del d.l. 29/12/2009, n. 193, conv., con modif., dalla l. 22/2/2010, n. 24.

(2) Periodo inserito dall'art. 14, co. 1, lett. b), d.l. 27/6/2015, n. 83, conv. in l. 6/8/2015, n. 132.

161 quater. Modalità di pubblicazione sul portale delle vendite pubbliche (1). – La pubblicazione sul portale delle vendite pubbliche è effettuata a cura del professionista delegato per le operazioni di vendita o del commissionario o, in mancanza, del creditore pignorante o del creditore intervenuto munito di titolo esecutivo ed in conformità alle specifiche tecniche, che possono determinare anche i dati e i documenti da inserire. Le specifiche tecniche sono stabilite dal responsabile per i sistemi informativi automatizzati del Ministero della giustizia entro sei mesi dalla data di entrata in vigore della presente disposizione e sono rese disponibili mediante pubblicazione nel portale delle vendite pubbliche. Quando la pubblicità riguarda beni immobili o beni mobili registrati, la pubblicazione non può essere effettuata in mancanza della prova dell'avvenuto pagamento del contributo per la pubblicazione, previsto dall'articolo 18-bis del decreto del Presidente della Repubblica 30 maggio 2002, n. 115.

Il portale delle vendite pubbliche provvede all'archiviazione e alla gestione dei dati relativi alle vendite in esso pubblicate.

Il mancato funzionamento dei sistemi informatici è attestato dal responsabile dei sistemi informativi automatizzati del Ministero della giustizia.

(1) Articolo inserito dall'art. 4, co. 1, lett. c), d.l. 27/6/2015, n. 83, conv. in l. 6/8/2015, n. 132.

162. Deposito del prezzo di assegnazione. – La parte del valore della cosa assegnata che eccede il credito dell'assegnatario deve essere depositata nelle forme dei depositi giudiziari.

163. Ordine di cessazione della vendita forzata. – La cessazione della vendita forzata prevista dall'articolo 504 del Codice è disposta dal giudice dell'esecuzione se questi presiede alla vendita, o altrimenti dall'ufficiale incaricato della stessa, che ne riferisce immediatamente al giudice che lo ha nominato. In questo caso il giudice, sentite le parti, pronuncia definitivamente sulla cessazione.

164. Atti di trasferimento del bene espropriato. – Il giudice dell'esecuzione, in seguito all'alienazione del bene espropriato, compie in luogo del debitore tutti gli atti necessari al trasferimento del bene all'acquirente.

164 bis. Infruttuosità dell'espropriazione forzata (1). – Quando risulta che non è più possibile conseguire un ragionevole soddisfacimento delle pretese dei creditori, anche tenuto conto dei costi necessari per la prosecuzione della procedura, delle probabilità di liquidazione del bene e del presumibile valore di realizzo, è disposta la chiusura anticipata del processo esecutivo.

(1) Articolo inserito dall'art. 19, co. 2, lett. b), d.l. 12/9/2014, n. 132, conv., con modif., dalla l. 10/11/2014, n. 162; per l'applicazione di tale disposizione, vedi l'art. 19, co. 6-bis del suddetto d.l. n. 132/2014.

164 ter. Inefficacia del pignoramento per mancato deposito della nota di iscrizione a ruolo (1). – Quando il pignoramento è divenuto inefficace per mancato deposito della nota di iscrizione a ruolo nel termine stabilito, il creditore entro cinque giorni dalla scadenza del termine ne fa dichiarazione al debitore e all'eventuale terzo, mediante atto notificato. In ogni caso ogni obbligo del debitore e del terzo cessa quando la nota di iscrizione a ruolo non è stata depositata nei termini di legge.

La cancellazione della trascrizione del pignoramento si esegue quando è ordinata giudizialmente ovvero quando il creditore pignorante dichiara, nelle forme richieste dalla legge, che il pignoramento è divenuto inefficace per mancato deposito della nota di iscrizione a ruolo nel termine stabilito.

(1) Articolo inserito dall'art. 18, co. 2-bis del d.l. 12/9/2014, n. 132, conv., con modif., dalla l. 10/11/2014, n. 162; per l'applicazione di tale disposizione, vedi l'art. 18^3, del medesimo d.l. n. 132/2014.

Capo II
Dell'espropriazione mobiliare

165. Partecipazione del creditore al pignoramento (1). – All'atto della richiesta del pignoramento il creditore può dichiarare che intende partecipare personalmente alle operazioni.

Nel caso di cui al primo comma l'ufficiale giudiziario deve comunicare la data e l'ora dell'accesso, da effettuare entro quindici giorni, con un preavviso di tre giorni, riducibile nei casi di urgenza.

Il creditore, a sue spese, può partecipare alle operazioni di pignoramento eseguite a norma degli articoli 513 e 518 del codice, con l'assistenza o a mezzo di difensore e di esperto o di uno di essi.

(1) Articolo così modificato dalla l. n. 52/2006 con decorrenza dal 1/3/2006. Il testo precedente recitava: «**Art. 165. Assistenza del creditore al pignoramento.** – Il creditore istante può assistere a sue spese alle operazioni di pignoramento eseguite a norma degli articoli 513 e 518 del Codice».

166. Modalità della custodia. – Il giudice dell'esecuzione dà con decreto le disposizioni circa i modi di custodire i titoli di credito e gli oggetti preziosi pignorati.

167. Processo verbale di consegna al commissionario. – Il cancelliere redige processo verbale della consegna delle cose pignorate al commissionario per la vendita. In esso debbono essere descritte le cose consegnate. La descrizione può farsi con riferimento a quella contenuta nell'atto di pignoramento, del quale il commissionario deve dichiarare di avere presa esatta cognizione.

168. Reclamo contro l'operato dell'ufficiale incaricato della vendita (1). – I reclami contro l'operato dell'ufficiale incaricato della vendita sono proposti dalle parti e dagli interessati con ricorso al giudice dell'esecuzione nel termine perentorio di venti giorni dal compimento dell'atto o dalla sua conoscenza.

Il ricorso non sospende le operazioni di vendita, salvo che il giudice dell'esecuzione, concorrendo gravi motivi, disponga la sospensione.

Sul ricorso il giudice dell'esecuzione, previa applicazione dell'articolo 485 del codice, provvede con ordinanza opponibile ai sensi dell'articolo 617 del codice.

(1) Articolo così sostituito dall'art. 4, co. 10, d.lg. 10/10/2022, n. 149

169. Registrazione del processo verbale di vendita. – Il cancelliere del tribunale presso il quale è depositato il processo verbale di vendita, a norma dell'articolo 537 ultimo comma del Codice, cura la registrazione di esso.

169 bis. Determinazione dei compensi per le operazioni delegate dal giudice dell'esecuzione (1). – Con il decreto di cui all'articolo 179-bis è stabilita la misura dei compensi dovuti ai notai, agli avvocati e ai commercialisti per le operazioni di vendita dei beni mobili iscritti nei pubblici registri. Il prospetto riepilogativo contiene i dati identificativi dello stimatore e dell'ufficiale giudiziario che ha attribuito il valore ai beni pignorati a norma dell'articolo 518 del codice (2).

(1) Articolo così modificato dal d.l. n. 35/2005 e dalla l. n. 263/2005 con decorrenza dal 1/3/2006. Il testo precedente recitava: «**Art. 169-bis. Determinazione dei compensi per le operazioni delegate dal giudice dell'esecuzione.** – Con il decreto di cui all'articolo 179-bis è stabilita la misura dei compensi dovuti ai notai per le operazioni di vendita con incanto dei beni mobili iscritti nei pubblici registri».

(2) Periodo aggiunto dall'art. 4, co. 10, d.lg. 10/10/2022, n. 149.

169 ter. Elenco dei professionisti che provvedono alle operazioni di vendita (1). – Nelle comunicazioni previste dall'articolo 179-ter sono indicati anche gli elenchi dei notai, degli avvocati e dei commercialisti disponibili a provvedere alle operazioni di vendita di beni mobili iscritti nei pubblici registri.

(1) Articolo così modificato dal d.l. n. 35/2005 e dalla l. n. 263/2005 con decorrenza dal 1/3/2006. Il testo precedente recitava: «**Art. 169-ter. Elenco dei notai che provvedono alle operazioni di vendita con incanto.** – Nella comunicazione prevista dall'articolo 179-ter sono indicati anche gli elenchi dei notai disponibili a provvedere alle operazioni di vendita con incanto di beni mobili iscritti nei pubblici registri».

169 quater. Ulteriori modalità del pagamento del prezzo di acquisto (1). – Il prezzo di acquisto può essere versato con sistemi telematici di pagamento ovvero con carte di debito, di credito o prepagate o con altri mezzi di pagamento con moneta elettronica disponibili nei circuiti bancario e postale.

(1) Articolo aggiunto dall'art. 4 del d.l. 29/12/2009, n. 193, conv., con modif., dalla l. 22/2/2010, n. 24.

169 quinquies. Prospetto riepilogativo delle stime e delle vendite (1). – I soggetti nominati commissionari a norma dell'articolo 532 del codice, o ai quali sono affidate le vendite con incanto a norma dell'articolo 534 del medesimo codice, al termine di ciascun semestre trasmettono al giudice dell'esecuzione, al presidente del tribunale e all'ufficiale giudiziario dirigente un prospetto informativo, redatto su supporto informatico, riepilogativo di tutte le vendite effettuate nel periodo con indicazione, per ciascuna procedura esecutiva, della tipologia dei beni pignorati, del valore ad essi attribuito ai sensi dell'articolo 518 del codice, della stima effettuata dall'esperto nominato e del prezzo di vendita.

(1) Articolo aggiunto dall'art. 4 del d.l. 29/12/2009, n. 193, conv., con modif., dalla l. 22/2/2010, n. 24.

169 sexies. Elenco dei soggetti specializzati per la custodia e la vendita dei mobili pignorati (1). – Presso ogni tribunale è istituito un elenco dei soggetti specializzati di cui all'articolo 532 del codice per la custodia e la vendita dei beni mobili pignorati. Alle domande di iscrizione è allegata la documentazione comprovante le competenze maturate, anche relativamente a specifiche categorie di beni. L'elenco è formato dal presidente del tribunale, che provvede sentito il procuratore della Repubblica. Si applicano gli articoli 13 e seguenti in quanto compatibili.

(1) Articolo inserito dall'art. 14, co. 1, lett. d), d.l. 27/6/2015, n. 83, conv. in l. 6/8/2015, n. 132.

Capo III
Dell'espropriazione immobiliare

170. Atto di pignoramento immobiliare. – L'atto di pignoramento di beni immobili previsto nell'articolo 555 del Codice deve essere sottoscritto, prima della relazione di notificazione, dal creditore pignorante a norma dell'articolo 125 del Codice.

171. Procedimento per le autorizzazioni al debitore e al custode. – Le autorizzazioni al debitore e al custode previste nell'articolo 560 del Codice sono date dal giudice dell'esecuzione, sentite le parti e gli altri interessati.

172. Cancellazione della trascrizione del pignoramento. – Il giudice dell'esecuzione deve sentire le parti prima di disporre la cancellazione della trascrizione del pignoramento a norma dell'articolo 562 del Codice e in ogni altro caso in cui deve dichiarare l'inefficacia del pignoramento per estinzione del processo.

173. Pubblicità dell'istanza di assegnazione o di vendita* *. – (Omissis).*

* Articolo abrogato dal d.l. n. 35/2005 e dalla l. n. 263/2005 con decorrenza dal 1/3/2006.

173 bis. Contenuto della relazione di stima e compiti dell'esperto (1). – L'esperto provvede alla redazione della relazione di stima dalla quale devono risultare:

1) l'identificazione del bene, comprensiva dei confini e dei dati catastali;

2) una sommaria descrizione del bene;

3) lo stato di possesso del bene, con l'indicazione, se occupato da terzi, del titolo in base al quale è occupato, con particolare riferimento alla esistenza di contratti registrati in data antecedente al pignoramento;

4) l'esistenza di formalità, vincoli o oneri, anche di natura condominiale, gravanti sul bene che resteranno a carico dell'acquirente, ivi compresi i vincoli derivanti da contratti incidenti sulla attitudine edificatoria dello stesso o i vincoli connessi con il suo carattere storico-artistico;

5) l'esistenza di formalità, vincoli e oneri, anche di natura condominiale, che saranno cancellati o che comunque risulteranno non opponibili all'acquirente;

6) la verifica della regolarità edilizia e urbanistica del bene nonché l'esistenza della dichiarazione di agibilità dello stesso previa acquisizione o aggiornamento del certificato di destinazione urbanistica previsto dalla vigente normativa;

7) in caso di opere abusive, il controllo della possibilità di sanatoria ai sensi dell'articolo 36 del decreto del Presidente della Repubblica 6 giugno 2001, n. 38 e gli eventuali costi della stessa; altrimenti, la verifica sull'eventuale presentazione di istanze di condono, indicando il soggetto istante e la normativa in forza della quale l'istanza sia stata presentata, lo stato del procedimento, i costi per il conseguimento del titolo in sanatoria e le eventuali oblazioni già corrisposte o da corrispondere; in ogni altro caso, la verifica, ai fini dell'istanza di condono che l'aggiudicatario possa eventualmente presentare, che gli immobili pignorati si trovino nelle condizioni previste dall'articolo 40, sesto comma, della legge 28 febbraio 1985, n. 47, ovvero dell'articolo 56, comma 5 del decreto del Presidente della Repubblica 6 giugno 2001, n. 380, specificando il costo per il conseguimento del titolo in sanatoria (2);

8) la verifica che i beni pignorati siano gravati da censo, livello o uso civico e se vi sia stata affrancazione da tali pesi, ovvero che il diritto sul bene del debitore pignorato sia di proprietà ovvero derivante da alcuno dei suddetti titoli (2);

9) l'informazione sull'importo annuo delle spese fisse di gestione o di manutenzione, su eventuali spese straordinarie già deliberate anche se il relativo debito non sia ancora scaduto, su eventuali spese condominiali non pagate negli ultimi due anni anteriori alla data della perizia, sul corso di eventuali procedimenti giudiziari relativi al bene pignorato (2).

L'esperto, prima di ogni attività, controlla la completezza dei documenti di cui all'articolo 567, secondo comma, del codice, segnalando immediatamente al giudice quelli mancanti o inidonei.

L'esperto, terminata la relazione, ne invia copia ai creditori procedenti o intervenuti e al debitore, anche se non costituito, almeno trenta (3) giorni prima dell'udienza fissata ai sensi dell'articolo 569 del codice, a mezzo posta elettronica certificata ovvero, quando ciò non è possibile (4), a mezzo posta ordinaria (5).

Le parti possono depositare all'udienza note alla relazione purché abbiano provveduto, almeno quindici giorni prima, ad inviare le predette note al perito, secondo le modalità fissate al terzo comma; in tale caso l'esperto interviene all'udienza per rendere i chiarimenti.

La relazione di stima è redatta in conformità a modelli predisposti dal giudice dell'esecuzione (6).

(1) Articolo aggiunto dal d.l. n. 35/2005 e modificato dalla l. n. 263/2005 con decorrenza dal 1/3/2006.

(2) I nn. 7), 8) e 9) sono stati inseriti dall'art. 14, co. 1, lett. e), d.l. 27/6/2015, n. 83, conv. in l. 6/8/2015, n. 132.

(3) La parola "trenta" è stata inserita dall'art. 14, co. 1, lett. e), d.l. 27/6/2015, n. 83, conv. in l. 6/8/2015, n. 132; la precedente formulazione prevedeva invece il termine di quarantacinque giorni.

(4) Le parole "a mezzo telefax o" sono state soppresse dall'art. 4, co. 11, d.lg. 10/10/2022, n. 149.

(5) Il periodo: «a mezzo di posta ordinaria o posta elettronica, nel rispetto della normativa, anche regolamentare, concernente la sottoscrizione, la trasmissione e la ricezione dei documenti informatici e teletrasmessi.» è stato così sostituito dalla l. 12/11/2011, n. 183.

(6) Comma aggiunto dall'art. 4, co. 11, d.lg. 10/10/2022, n. 149.

173 ter. Pubblicità degli avvisi tramite internet (1). – Il Ministro della giustizia stabilisce con proprio decreto i siti internet destinati all'inserimento degli avvisi di cui all'articolo 490 del codice e i criteri e le modalità con cui gli stessi sono formati e resi disponibili.

(1) Articolo aggiunto dal d.l. n. 35/2005 e modificato dalla l. n. 263/2005 con decorrenza dal 1/3/2006.

173 quater. Avviso delle operazioni di vendita da parte del professionista delegato (1). – L'avviso di cui al terzo comma dell'articolo 591-bis del codice deve contenere l'indicazione della destinazione urbanistica del terreno risultante dal certificato di destinazione urbanistica di cui all'articolo 30 del testo unico di cui al decreto del Presidente della Repubblica 6 giugno 2001, n. 380, nonché le notizie di cui all'articolo 46 del citato testo unico e di cui all'articolo 40 della legge 28 febbraio 1985, n. 47, e successive modificazioni; in caso di insufficienza di tali notizie, tale da determinare le nullità di cui all'articolo 46, comma 1, del citato testo unico, ovvero di cui all'articolo 40, secondo comma, della citata legge 28 febbraio 1985, n. 47, ne va fatta menzione nell'avviso con avvertenza che l'aggiudicatario potrà, ricorrendone i presupposti, avvalersi delle disposizioni di cui all'articolo 46, comma 5, del citato testo unico e di cui all'articolo 40, sesto comma, della citata legge 28 febbraio 1985, n. 47.

(1) Articolo aggiunto dal d.l. n. 35/2005 e modificato dalla l. n. 263/2005 con decorrenza dal 1/3/2006.

173 quinquies. Ulteriori modalità di presentazione delle offerte d'acquisto, di prestazione della cauzione e di versamento del prezzo (1). – Il giudice, con l'ordinanza di vendita di cui all'articolo 569, terzo comma, del codice, può disporre che la presentazione dell'offerta d'acquisto e la prestazione della cauzione ai sensi degli articoli 571, 579, 580 e 584 del medesimo codice possano avvenire con i sistemi telematici di pagamento ovvero con carte di debito, di credito o prepagate o con altri mezzi di pagamento disponibili nei circuiti bancario e postale. È consentita la prestazione della cauzione anche mediante fideiussione autonoma, irrevocabile e a prima richiesta, rilasciata da banche, società assicuratrici o intermediari finanziari che svolgono in via esclusiva o prevalente attività di rilascio di garanzie e che sono sottoposti a revisione contabile da parte di una società di revisione Il giudice dell'esecuzione, con l'ordinanza di vendita, individua la categoria professionale alla quale deve appartenere il soggetto che può rilasciare la fideiussione a norma del periodo precedente. La fideiussione è rilasciata in favore della procedura esecutiva ed è escussa dal custode o dal professionista delegato su autorizzazione del giudice. In ogni caso, è stabilito che l'offerente comunichi, a mezzo posta elettronica certificata, la dichiarazione contenente le indicazioni prescritte dall'articolo 571 (2).

Il versamento del prezzo può essere effettuato con le stesse modalità di cui al primo comma.

(1) L'articolo che recitava: «Il giudice, con l'ordinanza di vendita di cui all'articolo 569, terzo comma, del codice, può disporre che la presentazione delle offerte di acquisto ai sensi dell'articolo 571 del medesimo codice possa avvenire anche mediante l'accredito, a mezzo di bonifico o deposito su conto bancario o postale intestato alla procedura esecutiva, di una somma pari ad un decimo del prezzo che si intende offrire e mediante la comunicazione, a mezzo posta elettronica certificata ovvero, quando ciò non è possibile, a mezzo telefax, di una dichiarazione contenente le indicazioni prescritte dai predetti articoli.
L'accredito di cui al primo comma deve avere luogo non oltre cinque giorni prima della scadenza del termine entro il quale possono essere proposte le offerte d'acquisto.
Quando l'offerta presentata con le modalità di cui al primo comma è accolta, il termine per il versamento del prezzo e di ogni altra somma è di novanta giorni.» è stato aggiunto dal d.l. n. 35/2005 come modificato dalla l. n. 263/2005 con decorrenza dal 1/3/2006. Successivamente è stato così sostituito dall'art. 4 del d.l. 29/12/2009, n. 193, conv., con modif., dalla l. 22/2/2010, n. 24.

(2) Comma così modificato dall'art. 14, co. 1, lett. f), d.l. 27/6/2015, n. 83, conv. in l. 6/8/2015, n. 132; la precedente formulazione stabiliva: «Il giudice, con l'ordinanza di vendita di cui all'articolo 569, terzo comma, del codice, può disporre che la presentazione dell'offerta d'acquisto e la prestazione della cauzione ai sensi degli articoli 571, 579, 580 e 584 del medesimo codice possano avvenire con sistemi telematici di pagamento ovvero con carte di debito, di credito o prepagate o con altri mezzi di pagamento con moneta elettronica disponibili nei circuiti bancario e postale e mediante la comunicazione, a mezzo posta elettronica certificata ovvero, quando ciò non è possibile, a mezzo telefax, di una dichiarazione contenente le indicazioni prescritte dai predetti articoli».

174. Dichiarazione di residenza dell'offerente. – Chi offre un prezzo per l'acquisto senza incanto dell'immobile pignorato deve dichiarare la residenza o eleggere il domicilio nel comune nel quale ha sede il tribunale. In mancanza le comunicazioni gli sono fatte presso la cancelleria.

175. Convocazione delle parti per l'incanto. – Il giudice dell'esecuzione, prima di ordinare l'incanto a norma dell'articolo 575 del Codice, dispone l'audizione delle parti e dei creditori a norma dell'articolo 569 del Codice.

176. Comunicazione del decreto di decadenza. – Il decreto col quale il giudice dell'esecuzione dichiara la decadenza dell'aggiudicatario a norma dell'articolo 587 del Codice è comunicato dal cancelliere al creditore che ha chiesto la vendita e all'aggiudicatario.

Con lo stesso decreto il giudice dell'esecuzione fissa una udienza per l'audizione delle parti a norma dell'articolo 569 del Codice.

177. Dichiarazione di responsabilità dell'aggiudicatario. – L'aggiudicatario inadempiente è condannato, con decreto del giudice dell'esecuzione, al pagamento della differenza tra il prezzo da lui offerto e quello minore per il quale è avvenuta la vendita.

Il decreto del giudice costituisce titolo esecutivo a favore dei creditori ai quali nella distribuzione della somma ricavata è stato attribuito il credito da esso portato.

178. Procedimento di rendiconto. – Quando l'amministratore dell'immobile pignorato ha depositato il conto a norma dell'articolo 593 del Codice, il giudice dell'esecuzione, sentite le parti, provvede all'approvazione del conto.

Le disposizioni per l'assegnazione delle rendite riscosse a norma dell'articolo 594 del Codice sono date dal giudice dell'esecuzione con ordinanza non impugnabile.

179. Graduazione e liquidazione. – Quando lo ritiene opportuno, il giudice dell'esecuzione può limitare il progetto di distribuzione della somma ricavata di cui all'articolo 596 del Codice alla sola graduazione dei creditori partecipanti all'esecuzione, salva la liquidazione delle quote spettanti a ciascuno di essi dopo che sia approvata la graduazione.

Il giudice che ha disposto a norma del comma precedente forma il progetto di liquidazione delle quote entro trenta giorni dall'approvazione della graduazione.

Al progetto di liquidazione si applicano le disposizioni degli articoli 596 e seguenti del Codice.

179 bis. Determinazione e liquidazione dei compensi per le operazioni delegate dal giudice dell'esecuzione (1). – Con decreto del Ministro della giustizia, di concerto con il Ministro dell'economia e delle finanze, sentiti il Consiglio nazionale del notariato, il Consiglio nazionale dell'ordine degli avvocati e il Consiglio nazionale dell'ordine dei dottori commercialisti e degli esperti contabili, è stabilita ogni triennio la misura dei compensi dovuti a notai, avvocati e commercialisti per le operazioni di vendita di beni immobili.

Il compenso dovuto al professionista è liquidato dal giudice dell'esecuzione con specifica determinazione della parte riguardante le operazioni di vendita e le successive che sono poste a carico dell'aggiudicatario. Il provvedimento di liquidazione del compenso costituisce titolo esecutivo.

(1) Articolo così sostituito dal d.l. n. 35/2005 e modificato dalla l. n. 263/2005 con decorrenza dal 1/3/2006.
Il testo precedente recitava: «**Art. 179-bis. Determinazione e liquidazione dei compensi per le operazioni delegate dal giudice dell'esecuzione.** – Con decreto del Ministro di grazia e giustizia, di concerto con il Ministro del tesoro, del bilancio e della programmazione economica, sentito il Consiglio nazionale del notariato, è stabilita, ogni triennio, la misura dei compensi dovuti ai notai per le operazioni di vendita con incanto dei beni immobili.
Il compenso dovuto al notaio è liquidato dal giudice dell'esecuzione con specifica determinazione della parte riguardante le operazioni di incanto e le successive, che sono poste a carico dell'aggiudicatario. Il provvedimento di liquidazione del compenso costituisce titolo esecutivo».

179 ter. Elenco dei professionisti che provvedono alle operazioni di vendita (1). – Presso ogni tribunale è istituito l'elenco dei professionisti che provvedono alle operazioni di vendita ai sensi degli articoli 534-bis e 591-bis del codice.

L'elenco è tenuto dal presidente del tribunale ed è formato da un comitato presieduto da questi o da un suo delegato e composto da un giudice addetto alle esecuzioni immobiliari e da un professionista iscritto nell'albo professionale, designato dal consiglio dell'ordine, a cui appartiene il richiedente l'iscrizione nell'elenco. Le funzioni di segretario del comitato sono esercitate dal cancelliere del tribunale.

Possono ottenere l'iscrizione nell'elenco gli avvocati, i commercialisti e i notai che hanno una specifica competenza tecnica nella materia dell'esecuzione forzata, sono di condotta morale specchiata e sono iscritti ai rispettivi ordini professionali.

Coloro che aspirano all'iscrizione nell'elenco debbono farne domanda al presidente del tribunale. La domanda deve essere corredata dai seguenti documenti:

1) certificato generale del casellario giudiziario di data non anteriore a tre mesi dalla presentazione;

2) certificato o dichiarazione sostitutiva di certificazione di nascita;

3) certificato o dichiarazione sostitutiva di certificazione di residenza nel circondario del tribunale;

4) certificato o dichiarazione sostitutiva di certificazione di iscrizione all'ordine professionale;

5) titoli e documenti idonei a dimostrare la specifica competenza tecnica del richiedente ai sensi del quinto comma.

I requisiti per la dimostrazione della specifica competenza tecnica ai fini della prima iscrizione nell'elenco sono, anche alternativamente, i seguenti:

a) avere svolto nel quinquennio precedente non meno di dieci incarichi di professionista delegato alle operazioni di vendita, senza che alcuna delega sia stata revocata in conseguenza del mancato rispetto dei termini o delle direttive stabilite dal giudice dell'esecuzione;

b) essere in possesso del titolo di avvocato specialista in diritto dell'esecuzione forzata ai sensi del decreto del Ministro della giustizia 12 agosto 2015, n. 144;

c) avere partecipato in modo proficuo e continuativo a scuole o corsi di alta formazione, organizzati, anche delegando gli Ordini locali, dal Consiglio nazionale forense o dal Consiglio nazionale dei dottori commercialisti e degli esperti contabili o dal Consiglio nazionale del notariato ovvero organizzati dalle associazioni forensi specialistiche maggiormente rappresentative di cui all'articolo 35, comma 1, lettera s), della legge 31 dicembre 2012, n. 247, nello specifico settore della delega delle operazioni di vendita nelle esecuzioni forzate e aver superato con profitto la prova finale di esame al termine della scuola o del corso. La specifica formazione di cui alla presente lettera può essere acquisita anche mediante la partecipazione ad analoghi corsi per i quali sia previsto il superamento con profitto di una prova finale di esame, organizzati da università pubbliche o private.

I professionisti che aspirano alla conferma dell'iscrizione nell'elenco debbono farne domanda al presidente del tribunale ogni tre anni; la domanda deve essere corredata dai seguenti documenti:

1) certificato generale del casellario giudiziario di data non anteriore a tre mesi dalla presentazione;

2) certificato o dichiarazione sostitutiva di certificazione di iscrizione all'ordine professionale;

3) titoli e documenti idonei a dimostrare il mantenimento della specifica competenza tecnica del professionista ai sensi del settimo comma.

Ai fini della conferma dell'iscrizione nell'elenco, devono ricorrere, anche alternativamente, i seguenti requisiti:

a) essere in possesso del titolo di avvocato specialista in diritto dell'esecuzione forzata ai sensi del decreto del Ministro della giustizia 12 agosto 2015, n. 144;

b) avere partecipato in modo proficuo e continuativo a scuole o corsi di alta formazione, organizzati, anche delegando gli Ordini locali, dal Consiglio nazionale forense o dal Consiglio nazionale dei dottori commercialisti e degli esperti contabili o dal Consiglio nazionale del notariato ovvero organizzati dalle associazioni forensi specialistiche maggiormente rappresentative di cui all'articolo 35, comma 1, lettera s), della legge 31 dicembre 2012, n. 247, nello specifico settore della delega delle operazioni di vendita nelle esecuzioni forzate conseguendo un numero di crediti non inferiore a 60 nel triennio di riferimento e, comunque, a 15 per ciascun anno. La specifica formazione di cui alla presente lettera può essere acquisita anche mediante la partecipazione ad analoghi corsi da università pubbliche o private.

La Scuola superiore della magistratura elabora con cadenza triennale le linee guida generali per la definizione dei programmi dei corsi di formazione e di aggiornamento, sentiti il Consiglio nazionale forense, il Consiglio nazionale dei dottori commercialisti e degli esperti contabili e il Consiglio nazionale notarile.

Sulle domande di iscrizione e di conferma della stessa decide il comitato di cui al secondo comma. Ogni tre anni il comitato deve provvedere alla revisione dell'elenco per eliminare i professionisti per i quali è venuto meno o non è stato dimostrato uno dei requisiti previsti per il mantenimento dell'iscrizione o è sorto un impedimento a esercitare l'ufficio.

Al termine di ciascun semestre, previa audizione dell'interessato, il comitato dispone la sospensione fino a un anno e, in caso di gravi o reiterati inadempimenti, la cancellazione dall'elenco dei professionisti ai quali in una o più procedure esecutive sia stata revocata la delega in conseguenza del mancato rispetto dei termini per le attività delegate, delle direttive stabilite dal giudice dell'esecuzione o degli obblighi derivanti dagli incarichi ricevuti. I professionisti cancellati dall'elenco a seguito di revoca della delega non possono essere reinseriti nel triennio in corso e nel triennio successivo.

Nessuno può essere iscritto in più di un elenco.

Il giudice dell'esecuzione che conferisce la delega delle operazioni di vendita ad un professionista iscritto nell'elenco di un altro circondario deve indicare analiticamente nel provvedimento i motivi della scelta.

Il giudice dell'esecuzione sostituisce senza ritardo il professionista delegato che sia stato sospeso o cancellato dall'elenco.

(1) Articolo così sostituito dall'articolo 4, co. 11, d.lg. 10/10/2022, n. 149. La precedente formulazione era: «**179 ter. Elenco dei professionisti che provvedono alle operazioni di vendita** (1). – Il Consiglio notarile distrettuale, il Consiglio dell'ordine degli avvocati e il Consiglio dell'ordine dei dottori commercialisti e esperti contabili comunicano ogni triennio ai presidenti dei tribunali gli elenchi, distinti per ciascun circondario, rispettivamente dei notai, degli avvocati e dei commercialisti disponibili a provvedere alle operazioni di vendita dei beni immobili. Agli elenchi contenenti l'indicazione degli avvocati e dei commercialisti sono allegate le schede formate e sottoscritte da ciascuno dei predetti professionisti, con cui sono riferite le specifiche esperienze maturate nello svolgimento di procedure esecutive ordinarie o concorsuali.
Il presidente del tribunale forma quindi l'elenco dei professionisti disponibili a provvedere alle operazioni di vendita e lo trasmette ai giudici dell'esecuzione unitamente a copia delle schede informative sottoscritte da ciascuno di essi.
Al termine di ciascun semestre, il presidente del tribunale dispone la cancellazione dei professionisti ai quali in una o più procedure esecutive sia stata revocata la delega in conseguenza del mancato rispetto del termine e delle direttive stabilite dal giudice dell'esecuzione a norma dell'articolo 591-bis, primo comma, del codice.
I professionisti cancellati dall'elenco a seguito di revoca di delega non possono essere reinseriti nel triennio in corso e nel triennio successivo.».

179 quater. Distribuzione degli incarichi. – Il presidente del tribunale vigila affinché, senza danno per l'amministrazione della giustizia, le deleghe siano assegnate tra gli iscritti nell'elenco di cui all'articolo 179-ter in modo tale che a nessuno dei professionisti iscritti possano essere conferiti incarichi in misura superiore al 10 per cento di quelli affidati dall'ufficio e dal singolo giudice e garantisce che sia assicurata l'adeguata trasparenza del conferimento degli incarichi anche a mezzo di strumenti informatici (1).

Per l'attuazione di tale vigilanza debbono essere annotate dal cancelliere in apposito registro tutte le deleghe che gli iscritti ricevono e i relativi compensi liquidati.

Il registro è pubblico e liberamente consultabile e dello stesso possono essere rilasciate copie o estratti.

(1) Comma così sostituito dall'art. 4, co. 11, d.lg. 10/10/2022, n. 149. La precedente formulazione era: «Il presidente del tribunale vigila affinché, senza danno per l'amministrazione della giustizia, le deleghe siano equamente distribuite tra gli iscritti nell'elenco di cui all'articolo 179-ter.».

Capo IV
Disposizioni comuni

180. Avviso di pignoramento ai comproprietari del bene pignorato. – L'avviso ai comproprietari dei beni indivisi nel caso previsto dall'articolo 599 secondo comma del Codice deve contenere l'indicazione del creditore pignorante, del bene pignorato, della data dell'atto di pignoramento e della trascrizione di esso. L'avviso è sottoscritto dal creditore pignorante.

Con lo stesso avviso o con altro separato gli interessati debbono essere invitati a comparire davanti al giudice dell'esecuzione per sentire dare i provvedimenti indicati nell'articolo 600 del Codice.

181. Disposizioni sulla divisione (1). – Il giudice dell'esecuzione, quando dispone che si proceda a divisione del bene indiviso, provvede all'istruzione della causa a norma degli articoli 175 e seguenti del codice, se gli interessati sono tutti presenti.

Se gli interessati non sono tutti presenti, il giudice dell'esecuzione, con l'ordinanza di cui all'articolo 600, secondo comma, del codice, fissa l'udienza davanti a sé per la comparizione delle parti, concedendo termine alla parte più diligente fino a sessanta giorni prima per l'integrazione del contraddittorio mediante la notifica dell'ordinanza.

(1) Articolo così sostituito dal d.l. n. 35/2005 e modificato dalla l. n. 263/2005 con decorrenza dal 1/3/2006. Il testo precedente recitava: «**Art. 181. (Disposizioni sulla divisione.** – Il giudice dell'esecuzione, quando dispone che si proceda a divisione del bene indiviso, provvede all'istruzione della causa a norma degli articoli 175 e seguenti del Codice, se gli interessati sono tutti presenti e l'ufficio al quale egli appartiene è competente per la divisione.
Se tutti gli interessati non sono presenti o per la divisione è competente altro giudice, il giudice dell'esecuzione fissa il termine perentorio entro il quale, a cura della parte più diligente, deve essere proposta domanda di divisione nelle forme ordinarie».

182. Intimazione al detentore del pegno. – Il creditore pignorante deve fare l'intimazione di cui all'articolo 544 del Codice con l'atto di pignoramento, se il pegno è detenuto dal debitore, o con atto separato, notificato a norma degli articoli 137 e seguenti del Codice, se il pegno è detenuto da altri.

183. Provvedimenti temporanei nell'esecuzione per consegna o rilascio. – I provvedimenti temporanei di cui all'articolo 610 del Codice sono dati dal giudice dell'esecuzione con decreto.

184. Contenuto dei ricorsi d'opposizione all'esecuzione. – I ricorsi previsti negli articoli 615 secondo comma e 619 del Codice, oltre le indicazioni volute dall'articolo 125 del Codice, debbono contenere quelle di cui ai nn. 4 e 5 dell'articolo 163 del Codice.

185. Udienza di comparizione davanti al giudice dell'esecuzione (1). – All'udienza di comparizione davanti al giudice dell'esecuzione fissata sulle opposizioni all'esecuzione, di terzo ed agli atti esecutivi si applicano le norme del procedimento camerale di cui agli articoli 737 e seguenti del codice.

(1) Articolo così modificato dalla l. n. 52/2006 con decorrenza dal 1/3/2006. Il testo precedente recitava: «**Art. 185. Udienza di comparizione davanti al giudice dell'esecuzione.** – All'udienza di comparizione davanti al giudice dell'esecuzione fissata a norma degli articoli 615, 618 e 619 del Codice si applica la disposizione dell'articolo 183 del Codice».

186. Fascicolo della causa di opposizione all'esecuzione. – Se per la causa di opposizione all'esecuzione è competente un giudice diverso da quello dell'esecuzione, il cancelliere del giudice davanti al quale la causa è riassunta deve immediatamente richiedere al cancelliere del giudice dell'esecuzione la trasmissione del ricorso di opposizione, di copia del processo verbale dell'udienza di comparizione di cui agli articoli 615 e 619 del Codice e dei documenti allegati relativi alla causa di opposizione.

186 bis. Trattazione delle opposizioni in materia esecutiva (1). – I giudizi di merito di cui all'articolo 618, secondo comma, del codice sono trattati da un magistrato diverso da quello che ha conosciuto degli atti avverso i quali è proposta opposizione.

(1) Articolo aggiunto dalla l. 18/6/2009, n. 69.

187. Regolamento di competenza delle sentenze in materia esecutiva. – Le sentenze dichiarate non impugnabili che il giudice pronuncia sulle opposizioni agli atti esecutivi sono sempre soggette a regolamento di competenza a norma degli articoli 42 e seguenti del Codice.

187 bis. Intangibilità nei confronti dei terzi degli effetti degli atti esecutivi compiuti (1). – In ogni caso di estinzione o di chiusura anticipata del processo esecutivo avvenuta dopo l'aggiudicazione, anche provvisoria, o l'assegnazione, restano fermi nei confronti dei terzi aggiudicatari o assegnatari, in forza dell'articolo 632, secondo comma, del codice, gli effetti di tali atti. Dopo il compimento degli stessi atti, l'istanza di cui all'articolo 495 del codice non è più procedibile.

(1) Articolo aggiunto dal d.l. n. 35/2005 con decorrenza dal 1/3/2006.

TITOLO V
DEI PROCEDIMENTI SPECIALI

188. Dichiarazione di inefficacia del decreto d'ingiunzione. – La parte alla quale non è stato notificato il decreto d'ingiunzione nei termini di cui all'articolo 644 del Codice può chiedere con ricorso al giudice che ha pronunciato il decreto che ne dichiari l'inefficacia.

Il giudice fissa con decreto un'udienza per la comparizione delle parti davanti a sé e il termine entro il quale il ricorso e il decreto debbono essere notificati alla controparte. La notificazione è fatta nel domicilio di cui all'articolo 638 del Codice se avviene entro l'anno dalla pronuncia e personalmente alla parte a norma degli articoli 137 e seguenti del Codice se è fatta posteriormente.

Il giudice, sentite le parti, dichiara con ordinanza non impugnabile l'inefficacia del decreto ingiuntivo a tutti gli effetti.

Il rigetto dell'istanza non impedisce alla parte di proporre domanda di dichiarazione d'inefficacia nei modi ordinari.

189. Provvedimenti relativi alla separazione personale dei coniugi. – L'ordinanza con la quale il presidente del tribunale o il giudice istruttore dà i provvedimenti di cui all'articolo 708 del Codice costituisce titolo esecutivo.

Essa conserva la sua efficacia anche dopo l'estinzione del processo finché non sia sostituita con altro provvedimento emesso dal presidente o dal giudice istruttore a seguito di nuova presentazione del ricorso per separazione personale dei coniugi.

190. Documentazione dell'istanza di dichiarazione di assenza o di morte presunta. – Ai ricorsi indicati negli articoli 722 e 726 del Codice debbono essere allegati i documenti comprovanti lo stato di famiglia, il fatto e il tempo della scomparsa.

191. Efficacia del processo verbale di vendita di beni immobili appartenenti a minori. – Il processo verbale di vendita dei beni immobili appartenenti a minori costituisce titolo esecutivo per il rilascio.

192. Modalità di chiusura dell'inventario. – L'ufficiale che procede all'inventario deve, prima di chiuderlo, interrogare coloro che avevano la custodia dei mobili o abitavano la casa in cui questi erano posti, se siano a conoscenza che esistano altri oggetti da comprendere nell'inventario.

193. Giuramento del curatore dell'eredità giacente. – Il curatore dell'eredità giacente, prima d'iniziare l'esercizio delle sue funzioni, deve prestare giuramento davanti al pretore di custodire e amministrare fedelmente i beni dell'eredità.

194. Nomina dell'esperto nel giudizio di divisione. – Quando per la formazione della massa da dividersi e delle quote è necessaria l'opera di un esperto, questi è nominato, d'ufficio o su istanza del notaio o di uno degli interessati, dal giudice istruttore, che ne riceve il giuramento a norma dell'articolo 193 del Codice.

195. Decreto di approvazione dell'attribuzione delle quote nel giudizio di divisione. – Il processo verbale dal quale risulta l'attribuzione delle quote nelle operazioni di divisione è approvato con decreto del giudice istruttore se non sorgono contestazioni o con la sentenza che decide sulle contestazioni sorte.

Il decreto del giudice istruttore costituisce titolo esecutivo.

196. Reclamo contro il decreto che nega l'esecutorietà del lodo*.

* Abrogato.

TITOLO V BIS
DEI PROCEDIMENTI COLLETTIVI (1)

(1) Titolo aggiunto dalla l. 12/4/2019, n. 31.

196 bis. Comunicazioni a cura della cancelleria e avvisi in materia di azione di classe (1). – Tutte le comunicazioni a cura della cancelleria previste dalle disposizioni contenute nel titolo VIII-bis del libro quarto del codice sono eseguite con modalità telematiche all'indirizzo di posta elettronica certificata ovvero al servizio elettronico di recapito certificato qualificato dichiarato dall'aderente. Si applicano le disposizioni in materia di comunicazioni telematiche.

Il portale dei servizi telematici gestito dal Ministero della giustizia deve inviare all'indirizzo di posta elettronica ordinaria o certificata ovvero al servizio elettronico di recapito certificato qualificato, ad ogni interessato che ne ha fatto richiesta e si è registrato mediante un'apposita procedura, un avviso contenente le informazioni relative agli atti per i quali le disposizioni del titolo VIII-bis del libro quarto del codice prevedono la pubblicazione. La richiesta può essere limitata alle azioni di classe relative a specifiche imprese o enti gestori di servizi pubblici o di pubblica utilità, anche prima della loro proposizione.

(1) Articolo aggiunto dalla l. 12/4/2019, n. 31.

196 ter. Elenco delle organizzazioni e associazioni legittimate all'azione di classe (1). – Con decreto del Ministro della giustizia, di concerto con il Ministro dello sviluppo economico, previo parere delle Commissioni parlamentari competenti, sono stabiliti i requisiti per l'iscrizione nell'elenco di cui all'articolo 840-bis, secondo comma, del codice, i criteri per la sospensione e la cancellazione delle organizzazioni e associazioni iscritte, nonché il contributo dovuto ai fini dell'iscrizione e del mantenimento della stessa. Il contributo di cui al presente comma è fissato in misura tale da consentire comunque di far fronte alle spese di istituzione, di sviluppo e di aggiornamento dell'elenco. I requisiti per l'iscrizione comprendono la verifica delle finalità programmatiche, dell'adeguatezza a rappresentare e tutelare i diritti omogenei azionati e della stabilità e continuità delle associazioni e delle organizzazioni stesse, nonché la verifica delle fonti di finanziamento utilizzate. Con il medesimo decreto sono stabilite le modalità di aggiornamento dell'elenco».

(1) Articolo aggiunto dalla l. 12/4/2019, n. 31.
• Il decreto previsto dall'art. 196-ter delle disposizioni per l'attuazione del codice di procedura civile, è adottato entro centottanta giorni dalla data di pubblicazione della l. 12/4/2019, n. 31.

TITOLO V TER
DISPOSIZIONI RELATIVE ALLA GIUSTIZIA DIGITALE (1)

(1) Titolo aggiunto dall'art. 4, co. 12, d.lg. 10/10/2022, n. 149.

Capo I
Degli atti e dei provvedimenti

196 quater. Obbligatorietà del deposito telematico di atti e di provvedimenti (1). – Nei procedimenti davanti al giudice di pace, al tribunale, alla corte di appello e alla Corte di cassazione il deposito degli atti processuali e dei documenti, ivi compresa la nota di iscrizione a ruolo, da parte dei difensori e dei soggetti nominati o delegati dall'autorità giudiziaria ha luogo esclusivamente con modalità telematiche. Con le stesse modalità le parti depositano gli atti e i documenti provenienti dai soggetti da esse nominati. Il giudice può ordinare il deposito di copia cartacea di singoli atti e documenti per ragioni specifiche.

Nel procedimento di cui al libro IV, titolo I, capo I, del codice, escluso il giudizio di opposizione, il deposito dei provvedimenti del giudice ha luogo con modalità telematiche.

Il deposito con modalità telematiche è effettuato nel rispetto della normativa anche regolamentare concernente la sottoscrizione, la trasmissione e la ricezione dei documenti informatici.

Il capo dell'ufficio autorizza il deposito con modalità non telematiche quando i sistemi informatici del dominio giustizia non sono funzionanti e sussiste una situazione di urgenza, dandone comunicazione attraverso il sito istituzionale dell'ufficio. Con la medesima forma di pubblicità provvede a comunicare l'avvenuta riattivazione del sistema.

(1) Articolo aggiunto dall'art. 4, co. 12, d.lg. 10/10/2022, n. 149.

196 quinquies. Dell'atto del processo redatto in formato Elettronico (1). – L'atto del processo redatto in formato elettronico dal magistrato o dal personale degli uffici giudiziari e degli uffici notificazioni, esecuzioni e protesti è depositato telematicamente nel fascicolo informatico.

In caso di atto formato da organo collegiale l'originale del provvedimento è sottoscritto con firma digitale anche dal presidente.

Quando l'atto è redatto dal cancelliere o dal segretario dell'ufficio giudiziario questi vi appone la propria firma digitale e ne effettua il deposito nel fascicolo informatico.

Se il provvedimento del magistrato è in formato cartaceo, il cancelliere o il segretario dell'ufficio giudiziario ne estrae copia informatica secondo quanto previsto dalla normativa anche regolamentare e provvede a depositarlo nel fascicolo informatico.

Se il provvedimento di correzione di cui all'articolo 288 del codice è redatto in formato elettronico, il cancelliere forma un documento informatico contenente la copia del provvedimento corretto e del provvedimento di correzione, lo sottoscrive digitalmente e lo inserisce nel fascicolo informatico.

(1) Articolo aggiunto dall'art. 4, co. 12, d.lg. 10/10/2022, n. 149.

196 sexies. Perfezionamento del deposito con modalità telematiche (1). – Il deposito con modalità telematiche si ha per avvenuto nel momento in cui è generata la conferma del completamento della trasmissione secondo quanto previsto dalla normativa anche regolamentare concernente la trasmissione e la ricezione dei documenti informatici ed è tempestivamente eseguito quando la conferma è generata entro la fine del giorno di scadenza. Si applicano le disposizioni di cui all'articolo 155, quarto e quinto comma, del codice. Se gli atti o i documenti da depositarsi eccedono la dimensione massima stabilita nelle specifiche tecniche del direttore generale per i sistemi informativi automatizzati del Ministero della giustizia, il deposito può essere eseguito mediante più trasmissioni.

(1) Articolo aggiunto dall'art. 4, co. 12, d.lg.. 10/10/2022, n. 149.

196 septies. Copia cartacea di atti depositati telematicamente (1). – Con decreto del Ministro della giustizia sono stabilite misure organizzative per l'acquisizione di copia cartacea e per la riproduzione su supporto analogico degli atti depositati con modalità telematiche nonché per la gestione e la conservazione delle copie cartacee.

Con il decreto di cui al primo comma sono altresì stabilite le misure organizzative per la gestione e la conservazione degli atti depositati su supporto cartaceo a norma dell'articolo 196-quater, primo comma, terzo periodo, e quarto comma.

(1) Articolo aggiunto dall'art. 4, co. 12, d.lg. 10/10/2022, n. 149.

Capo II
Della conformità delle copie agli originali

196 octies. Potere di certificazione di conformità delle copie degli atti e dei provvedimenti contenuti nel fascicolo informatico o allegati alle comunicazioni e notificazioni di cancelleria (1). – Le copie informatiche, anche per immagine, di atti processuali di parte e degli ausiliari del giudice nonché dei provvedimenti di quest'ultimo, presenti nei fascicoli informatici o trasmessi in allegato alle comunicazioni telematiche, equivalgono all'originale anche se prive della firma digitale del cancelliere di attestazione di conformità all'originale.

Il difensore, il dipendente di cui si avvale la pubblica amministrazione per stare in giudizio personalmente, il consulente tecnico, il professionista delegato, il curatore, il commissario giudiziale e il liquidatore giudiziale possono estrarre con modalità telematiche duplicati, copie analogiche o informatiche degli atti e dei provvedimenti di cui al primo comma e attestare la conformità delle copie estratte ai corrispondenti atti contenuti nel fascicolo informatico ovvero allegati alle comunicazioni telematiche. Le copie analogiche e informatiche, anche per immagine, estratte dal fascicolo informatico o dall'allegato alla comunicazione telematica e munite dell'attestazione di conformità hanno la stessa efficacia probatoria dell'atto che riproducono. Il duplicato informatico di un documento informatico deve essere prodotto mediante processi e strumenti che assicurino che il documento informatico ottenuto sullo stesso sistema di memorizzazione o su un sistema diverso contenga la stessa sequenza di bit del documento informatico di origine.

Le disposizioni di cui al presente articolo non si applicano agli atti processuali che contengono provvedimenti giudiziali che autorizzano il prelievo di somme di denaro vincolate all'ordine del giudice.

(1) Articolo aggiunto dall'art. 4, co. 12, d.lg. 10/10/2022, n. 149.

196 novies. Potere di certificazione di conformità di copie di atti e di provvedimenti (1). – Il difensore, il dipendente di cui si avvale la pubblica amministrazione per stare in giudizio personalmente, il consulente tecnico, il professionista delegato, il curatore, il commissario giudiziale e il liquidatore giudiziale, quando depositano con modalità telematiche la copia informatica, anche per immagine, di un atto processuale di parte o di un provvedimento del giudice formato su supporto analogico e detenuto in originale o in copia conforme, attestano la conformità della copia al predetto atto. La copia munita dell'attestazione di conformità equivale all'originale o alla copia conforme dell'atto o del provvedimento.

Il difensore, quando deposita nei procedimenti di espropriazione forzata la nota di iscrizione a ruolo e le copie informatiche degli atti indicati dagli articoli 518, sesto comma, 543, quarto comma, e 557, secondo comma, del codice, attesta la conformità delle copie agli originali.

(1) Articolo aggiunto dall'art. 4, co. 12, d.lg. 10/10/2022, n. 149.

196 decies. Potere di certificazione di conformità delle copie trasmesse con modalità telematiche all'ufficiale giudiziario (1). – Il difensore, il dipendente di cui si avvale la pubblica amministrazione per stare in giudizio personalmente, il consulente tecnico, il professionista delegato, il curatore, il commissario giudiziale e il liquidatore giudiziale, quando trasmettono all'ufficiale giudiziario con modalità telematiche la copia informatica, anche per immagine, di un atto, di un provvedimento o di un documento formato su supporto analogico e detenuto in originale o in copia conforme, attestano la conformità della copia all'atto detenuto. La copia munita dell'attestazione di conformità equivale all'originale o alla copia conforme dell'atto, del provvedimento o del documento.

(1) Articolo aggiunto dall'art. 4, co. 12, d.lg. 10/10/2022, n. 149.

196 undecies. Modalità dell'attestazione di conformità (1). – L'attestazione di conformità della copia analogica, prevista dalle disposizioni del presente capo, dal codice e dalla legge 21 gennaio 1994, n. 53, è apposta in calce o a margine della copia o su foglio separato, congiunto materialmente alla medesima.

L'attestazione di conformità di una copia informatica è apposta nel medesimo documento informatico.

Nel caso previsto dal secondo comma, l'attestazione di conformità può alternativamente essere apposta su un documento informatico separato e l'individuazione della copia cui si riferisce ha luogo esclusivamente secondo le modalità stabilite nelle specifiche tecniche del direttore generale per i sistemi informativi automatizzati del Ministero della giustizia. Se la copia informatica è destinata alla notifica, l'attestazione di conformità è inserita nella relazione di notificazione.

I soggetti che compiono le attestazioni di conformità previste dagli articoli 196-octies, 196-novies e 196-decies, dal codice e dalla legge 21 gennaio 1994, n. 53, sono considerati pubblici ufficiali ad ogni effetto.

(1) Articolo aggiunto dall'art. 4, co. 12, d.lg. 10/10/2022, n. 149.

Capo III
Dell'udienza con collegamenti audiovisivi a distanza

196 duodecies. Udienza con collegamenti audiovisivi a distanza (1). – L'udienza di cui all'articolo 127-bis del codice è tenuta con modalità idonee a salvaguardare il contraddittorio e ad assicurare l'effettiva partecipazione delle parti e, se l'udienza non è pubblica, la sua riservatezza. Si applica l'articolo 84.

Nel verbale si dà atto della dichiarazione di identità dei presenti, i quali assicurano che non sono in atto collegamenti con soggetti non legittimati e che non sono presenti soggetti non legittimati nei luoghi da cui sono in collegamento.

I presenti mantengono attiva la funzione video per tutta la durata dell'udienza. Agli stessi è vietata la registrazione dell'udienza.

Il luogo dal quale il giudice si collega è considerato aula d'udienza a tutti gli effetti e l'udienza si considera tenuta nell'ufficio giudiziario davanti al quale è pendente il procedimento.

Con provvedimenti del direttore generale dei sistemi informativi e automatizzati del Ministero della giustizia sono individuati e regolati i collegamenti audiovisivi a distanza per lo svolgimento dell'udienza e le modalità attraverso le quali è garantita la pubblicità dell'udienza in cui si discute la causa.

(1) Articolo aggiunto dall'art. 4, co. 12, d.lg. 10/10/2022, n. 149.

TITOLO VI
DISPOSIZIONI TRANSITORIE

197.-231. (1).

(1) *Omissis.*

Parte III

NORMATIVA EUROPEA E INTERNAZIONALE

Dichiarazione universale dei diritti dell'uomo

Adottata dall'Assemblea Generale delle Nazioni Unite il 10 dicembre 1948

PREAMBOLO

Considerato che il riconoscimento della dignità inerente a tutti i membri della famiglia umana e dei loro diritti, uguali ed inalienabili, costituisce il fondamento della libertà, della giustizia e della pace nel mondo;

Considerato che il disconoscimento e il disprezzo dei diritti dell'uomo hanno portato ad atti di barbarie che offendono la coscienza dell'umanità, e che l'avvento di un mondo in cui gli esseri umani godono della libertà di parola e di credo e della libertà dal timore e dal bisogno è stato proclamato come la più alta aspirazione dell'uomo;

Considerato che è indispensabile che i diritti dell'uomo siano protetti da norme giuridiche, se si vuole evitare che l'uomo sia costretto a ricorrere, come ultima istanza, alla ribellione contro la tirannia e l'oppressione;

Considerato che è indispensabile promuovere lo sviluppo dei rapporti amichevoli tra le Nazioni;

Considerato che i popoli delle Nazioni Unite hanno riaffermato nello Statuto la loro fede nei diritti fondamentali dell'uomo, nella dignità e nel valore della persona umana, nell'eguaglianza dei diritti dell'uomo e della donna, ed hanno deciso di promuovere il progresso sociale e un migliore tenore di vita in una maggiore libertà;

Considerato che gli Stati membri si sono impegnati a perseguire, in cooperazione con le Nazioni Unite, il rispetto e l'osservanza universale dei diritti dell'uomo e delle libertà fondamentali;

Considerato che una concezione comune di questi diritti e di queste libertà è della massima importanza per la piena realizzazione di questi impegni;

L'Assemblea Generale proclama la presente Dichiarazione Universale dei Diritti Dell'Uomo come ideale da raggiungersi da tutti i popoli e da tutte le Nazioni, al fine che ogni individuo e ogni organo della società, avendo costantemente presente questa Dichiarazione, si sforzi di promuovere, con l'insegnamento e l'educazione, il rispetto di questi diritti e di queste libertà e di garantirne, mediante misure progressive di carattere nazionale e internazionale, l'universale ed effettivo riconoscimento e rispetto tanto fra popoli degli stessi Stati membri, quanto fra quelli dei territori sottoposti alla loro giurisdizione.

Art. 1 [2, 7, 23, 26 // 3 Cost. // 14 Cedu, 5 prot. 7 Cedu, 1 prot. 12 Cedu // 20, 21, 23 C. Nizza // 2, 4, 20 Carta sociale europea // 3, 20, 25 e 26 Patto int. diritti civili e politici]. – Tutti gli esseri umani nascono liberi ed eguali in dignità e diritti. Essi sono dotati di ragione di coscienza e devono agire gli uni verso gli altri in spirito di fratellanza.

Art. 2 [1, 7, 23, 26 // 3 Cost. // 14 Cedu, 5 prot. 7 Cedu, 1 prot. 12 Cedu // 20, 21, 23 C. Nizza // 2, 4, 20 Carta sociale europea // 3, 20, 25 e 26 Patto int. diritti civili e politici]. – 1. Ad ogni individuo spettano tutti i diritti e tutte le libertà enunciati nella presente Dichiarazione, senza distinzione alcuna, per ragioni di razza, di colore, di sesso, di lingua, di religione, di opinione politica o di altro genere, di origine nazionale o sociale, di ricchezza, di nascita o di altra condizione.

2. Nessuna distinzione sarà inoltre stabilita sulla base dello statuto politico, giuridico o internazionale del Paese o del territorio cui una persona appartiene, sia che tale Paese o territorio sia indipendente, o sottoposto ad amministrazione fiduciaria o non autonomo, o soggetto a qualsiasi altra limitazione di sovranità.

Art. 3 [6, 9, 22 // 2, 13 Cost. // 2, 5 Cedu // 2, 6 C. Nizza // 6, 9-11, 17 Patto int. diritti civili e politici]. – Ogni individuo ha diritto alla vita, alla libertà ed alla sicurezza della propria persona.

Art. 4. – Nessun individuo potrà essere tenuto in stato di schiavitù o di servitù; La schiavitù e la tratta degli schiavi saranno proibite sotto qualsiasi forma.

Art. 5 [11 // 27 Cost. // 5 Cedu, 1 prot. 4 Cedu, 1 e 2 prot. 6 Cedu, 1 prot. 13 Cedu // 2, 48 e 50 C. Nizza // 7, 10, 11 Patto int. diritti civili e politici]. – Nessun individuo potrà essere sottoposto a trattamento o punizioni crudeli, inumani o degradanti.

Art. 6 [15 // 16 Patto int. diritti civili e politici]. – Ogni individuo ha diritto, in ogni luogo, al riconoscimento della sua personalità giuridica.

Art. 7 [1, 2, 23, 26 // 3, 24 Cost. // 14 Cedu, 5 prot. 7 Cedu, 1 prot. 12 Cedu // 20, 21, 23 C. Nizza // 2, 4, 20 Carta sociale europea // 3, 20, 25 e 26 Patto int. diritti civili e politici]. – Tutti sono eguali dinanzi alla legge e hanno diritto, senza alcuna discriminazione, ad un'eguale tutela da parte della legge. Tutti hanno diritto ad un'eguale tutela contro ogni discriminazione che violi la presente Dichiarazione come contro qualsiasi incitamento a tale discriminazione.

Art. 8 [7-11 // 24, 111 Cost. // 6, 13 Cedu, 2-4 prot. 7 Cedu // 47, 48, 50 C. Nizza // 14 Patto int. diritti civili e politici]. – Ogni individuo ha diritto ad un'effettiva possibilità di ricorso a competenti tribunali nazionali contro atti che violino i diritti fondamentali a lui riconosciuti dalla costituzione o dalla legge.

Art. 9 [3, 22 // 13 Cost. // 5 Cedu // 6 C. Nizza // 9-11, 17 Patto int. Diritti civili e politici]. – Nessun individuo potrà essere arbitrariamente arrestato, detenuto o esiliato.

Art. 10 [7-11 // 24 // 6, 13 Cedu, 2-4 prot. 7 Cedu // 47, 48, 50 C. Nizza // 14 Patto int. diritti civili e politici]. – Ogni individuo ha diritto, in posizione di piena uguaglianza, ad una equa e pubblica udienza davanti ad un tribunale indipendente e imparziale, al fine della determinazione dei suoi diritti e dei suoi doveri, nonché della fondatezza di ogni accusa penale che gli venga rivolta.

Art. 11 [7-10 // 25, 27, 111 Cost. // 1, 2, 199 CPP. // 11 preleggi // 5, 6, 7 Cedu, 1 prot. 4 Cedu, 1 e 2 prot. 6 Cedu, 1 prot. 13 Cedu // 47-50 C. Nizza // 6, 7, 10, 11, 14, 15 Patto intern. diritti civili e politici]. – 1. Ogni individuo accusato di reato è presunto innocente sino a che la sua colpevolezza non sia stata provata legalmente in un pubblico processo nel quale egli abbia avuto tutte le garanzie per la sua difesa.

2. Nessun individuo sarà condannato per un comportamento commissivo od omissivo che, al momento in cui sia stato perpetrato, non costituisse reato secondo il diritto interno o secondo il diritto internazionale. Non potrà del pari essere inflitta alcuna pena superiore a quella applicabile al momento in cui il reato sia stato commesso.

Art. 12 [15 Cost. // 7 C. Nizza // 17 Patto int. diritti civili e politici]. – Nessun individuo potrà essere sottoposto ad interferenze arbitrarie nella sua vita privata, nella sua famiglia, nella sua casa, nella sua corrispondenza, né a lesioni del suo onore e della sua reputazione. Ogni individuo ha diritto ad essere tutelato dalla legge contro tali interferenze o lesioni.

Art. 13 [16 Cost. // 2 prot. 4 Cedu //45 C. Nizza // 12 Patto int. diritti civili e politici]. – 1. Ogni individuo ha diritto alla libertà di movimento e di residenza entro i confini di ogni Stato.

2. Ogni individuo ha diritto di lasciare qualsiasi Paese, incluso il proprio, e di ritornare nel proprio Paese.

Art. 14 [10 Cost. // 16 Cedu, 4 prot. 4 Cedu, 1 prot. 7 Cedu // 18, 19 C. Nizza // 13 Patto int. diritti civili e politici]. – 1. Ogni individuo ha diritto di cercare e di godere in altri Paesi asilo dalle persecuzioni.

2. Questo diritto non potrà essere invocato qualora l'individuo sia realmente ricercato per reati non politici o per azioni contrarie ai fini e ai principi delle Nazioni Unite.

Art. 15 [6 // 16 Patto int. diritti civili e politici]. – 1. Ogni individuo ha diritto ad una cittadinanza.

2. Nessun individuo potrà essere arbitrariamente privato della sua cittadinanza, né del diritto di mutare cittadinanza.

Art. 16 [2, 29-31 Cost. // 12 Cedu, 5 prot. 7 Cedu // 7, 9, 33 C. Nizza // 16 Carta sociale europea // 23 Patto int. diritti civili e politici]. – 1. Uomini e donne in età adatta hanno il diritto di sposarsi e di fondare una famiglia, senza alcuna limitazione di razza, cittadinanza o religione. Essi hanno eguali diritti riguardo al matrimonio, durante il matrimonio e all'atto del suo scioglimento.

2. Il matrimonio potrà essere concluso soltanto con il libero e pieno consenso dei futuri coniugi.

3. La famiglia è il nucleo naturale e fondamentale della società e ha diritto ad essere protetta dalla società e dallo Stato.

Art. 17 [42 Cost. // 1 prot. 1 Cedu // 17 C. Nizza]. – 1. Ogni individuo ha il diritto ad avere una proprietà privata sua personale o in comune con gli altri.

2. Nessun individuo potrà essere arbitrariamente privato della sua proprietà.

Art. 18 [19, 20, 21 Cost. // 9 Cedu // 10 C. Nizza // 18 Patto int. diritti civili e politici]. – Ogni individuo ha il diritto alla libertà di pensiero, coscienza e di religione; tale diritto include la libertà di cambiare religione o credo, e la libertà di manifestare, isolatamente o in comune, sia in pubblico che in privato, la propria religione o il proprio credo nell'insegnamento, nelle pratiche, nel culto e nell'osservanza dei riti.

Art. 19 [21 Cost. // 10 Cedu // 11 C. Nizza // 21 Carta sociale europea // 18 e 19 Patto int. diritti civili e politici]. – Ogni individuo ha il diritto alla libertà di opinione e di espressione, incluso il diritto di non essere molestato per la propria opinione e quello di cercare, ricevere e diffondere informazioni e idee attraverso ogni mezzo e senza riguardo a frontiere.

Art. 20 [17, 18 Cost. // 12 C. Nizza // 20, 21 Patto int. diritti civili e politici]. – 1. Ogni individuo ha il diritto alla libertà di riunione e di associazione pacifica.

2. Nessuno può essere costretto a far parte di un'associazione.

Art. 21 [1, 48, 50, 51, 56, 57, 71, 75, 97 132, 133, 138, 139 Cost. // 3 prot. 1 Cedu // 39, 40, 41, 44 C. Nizza // 25 Patto int. diritti civili e politici]. – 1. Ogni individuo ha diritto di partecipare al governo del proprio Paese, sia direttamente, sia attraverso rappresentanti liberamente scelti.

2. Ogni individuo ha diritto di accedere in condizioni di eguaglianza ai pubblici impieghi del proprio Paese.

3. La volontà popolare è il fondamento dell'autorità del governo; tale volontà deve essere espressa attraverso periodiche e veritiere elezioni, effettuate a suffragio universale ed eguale, ed a voto segreto, o secondo una procedura equivalente di libera votazione.

Art. 22 [3, 9 // 13 Cost. // 5 Cedu // 6 C. Nizza // 9-11, 17 Patto int. diritti civili e politici]. – Ogni individuo in quanto membro della società, ha diritto alla sicurezza sociale nonché alla realizzazione, attraverso lo sforzo nazionale e la cooperazione internazionale ed in rapporto con l'organizzazione e le risorse di ogni Stato, dei diritti economici, sociali e culturali indispensabili alla sua dignità ed al libero sviluppo della sua personalità.

Art. 23 [1, 2, 7 // 1, 3, 4, 35-37, 39 Cost. // 14 Cedu, 5 prot. 7 Cedu, 1 prot. 12 Cedu // 14, 15, 16, 20, 21, 23, 27-32 C. Nizza // 2, 4, 20 Carta sociale europea // 3, 20, 25 e 26 Patto int. diritti civili e politici]. – 1. Ogni individuo ha diritto al lavoro, alla libera scelta dell'impiego, a giuste e soddisfacenti condizioni di lavoro ed alla protezione contro la disoccupazione.

2. Ogni individuo, senza discriminazione, ha diritto ad eguale retribuzione per eguale lavoro.

3. Ogni individuo che lavora ha diritto ad una remunerazione equa e soddisfacente che assicuri a lui stesso e alla sua famiglia un'esistenza conforme alla dignità umana ed integrata, se necessario, ad altri mezzi di protezione sociale.

4. Ogni individuo ha il diritto di fondare dei sindacati e di aderirvi per la difesa dei propri interessi.

Art. 24 [23 // 36 Cost. // 31 C. Nizza // Carta sociale europea]. – Ogni individuo ha il diritto al riposo ed allo svago, comprendendo in ciò una ragionevole limitazione delle ore di lavoro e ferie periodiche retribuite.

Art. 25 [38 Cost. // 12 e ss. Carta sociale europea // 25 Dich. Univ. diritti dell'uomo]. – 1. Ogni individuo ha il diritto ad un tenore di vita sufficiente a garantire la salute e il benessere proprio e della sua famiglia, con particolare riguardo all'alimentazione, al vestiario, all'abitazione, e alle cure mediche e ai servizi sociali necessari, ed ha diritto alla sicurezza in caso di disoccupazione, malattia, invalidità vedovanza, vecchiaia o in ogni altro caso di perdita dei mezzi di sussistenza per circostanze indipendenti dalla sua volontà.

2. La maternità e l'infanzia hanno diritto a speciali cure ed assistenza. Tutti i bambini, nati nel matrimonio o fuori di esso, devono godere della stessa protezione sociale.

Art. 26 [34 Cost. // 2 prot. 1 Cedu // 14 C. Nizza]. – 1. Ogni individuo ha diritto all'istruzione. L'istruzione deve essere gratuita almeno per quanto riguarda le classi elementari e fondamentali. L'istruzione elementare deve essere obbligatoria. L'istruzione tecnica e professionale deve essere messa alla portata di tutti e l'istruzione superiore deve essere egualmente accessibile a tutti sulla base del merito.

2. L'istruzione deve essere indirizzata al pieno sviluppo della personalità umana ed al rafforzamento del rispetto dei diritti dell'uomo e delle libertà fondamentali. Essa deve promuovere la comprensione, la tolleranza, l'amicizia fra tutte le Nazioni, i gruppi razziali e religiosi, e deve favorire l'opera delle Nazioni Unite per il mantenimento della pace.

3. I genitori hanno diritto di priorità nella scelta di istruzione da impartire ai loro figli.

Art. 27 [9 Cost. // 22 C. Nizza]. – 1. Ogni individuo ha diritto di prendere parte liberamente alla vita culturale della comunità, di godere delle arti e di partecipare al progresso scientifico ed ai suoi benefici.

2. Ogni individuo ha diritto alla protezione degli interessi morali e materiali derivanti da ogni produzione scientifica, letteraria e artistica di cui egli sia autore.

Art. 28. – Ogni individuo ha diritto ad un ordine sociale e internazionale nel quale i diritti e la libertà enunciati in questa Dichiarazione possano essere pienamente realizzati.

Art. 29. – 1. Ogni individuo ha dei doveri verso la comunità, nella quale soltanto è possibile il libero e pieno sviluppo della sua personalità.

2. Nell'esercizio dei suoi diritti e delle sue libertà, ognuno deve essere sottoposto soltanto a quelle limitazioni che sono stabilite dalla legge per assicurare il riconoscimento e il rispetto dei diritti e della libertà degli altri e per soddisfare le giuste esigenze della morale, dell'ordine pubblico e del benessere generale in una società democratica.

3. Questi diritti e queste libertà non possono in nessun caso essere esercitati in contrasto con i fini e i principi delle Nazioni Unite.

Art. 30. – Nulla nella presente Dichiarazione può essere interpretato nel senso di implicare un diritto di qualsiasi Stato gruppo o persona di esercitare un'attività o di compiere un atto mirante alla distruzione dei diritti e delle libertà in essa enunciati.

Convenzione europea per la salvaguardia dei diritti dell'uomo e delle libertà fondamentali (Cedu)

1. Obbligo di rispettare i diritti dell'uomo. – Le Alte Parti contraenti riconoscono a ogni persona sottoposta alla loro giurisdizione i diritti e le libertà enunciati nel Titolo primo della presente Convenzione.

TITOLO I
DIRITTI E LIBERTÀ

2. Diritto alla vita [2 Cost. // 2 C. Nizza // 3 Dich. Univ. diritti dell'uomo // 6 Patto int. diritti civili e politici]. – 1. Il diritto alla vita di ogni persona è protetto dalla legge. Nessuno può essere intenzionalmente privato della vita, salvo che in esecuzione di una sentenza capitale pronunciata da un tribunale, nel caso in cui il reato sia punito dalla legge con tale pena.

2. La morte non si considera cagionata in violazione del presente articolo se è il risultato di un ricorso alla forza resosi assolutamente necessario:

(a) per garantire la difesa di ogni persona contro la violenza illegale;

(b) per eseguire un arresto regolare o per impedire l'evasione di una persona regolarmente detenuta;

(c) per reprimere, in modo conforme alla legge, una sommossa o un'insurrezione.

3. Proibizione della tortura [27^3 Cost. // 4 Carta di Nizza]. – Nessuno può essere sottoposto a tortura né a pene o trattamenti inumani o degradanti.

4. Proibizione della schiavitù e del lavoro forzato [27^3 Cost. // 5 Carta di Nizza]. – 1. Nessuno può essere tenuto in condizioni di schiavitù o di servitù.

2. Nessuno può essere costretto a compiere un lavoro forzato od obbligatorio.

3. Non è considerato «lavoro forzato od obbligatorio» ai sensi del presente articolo [23 Cost.]:

(a) il lavoro normalmente richiesto a una persona detenuta alle condizioni previste dall'articolo 5 della presente Convenzione o durante il periodo di libertà condizionale;

(b) il servizio militare o, nel caso degli obiettori di coscienza nei paesi dove l'obiezione di coscienza è considerata legittima, qualunque altro servizio sostitutivo di quello militare obbligatorio;

(c) qualunque servizio richiesto in caso di crisi o di calamità che minacciano la vita o il benessere della comunità;

(d) qualunque lavoro o servizio facente parte dei normali doveri civici.

5. Diritto alla libertà e alla sicurezza [13, 27 Cost. // 1 prot. 4 Cedu, 1 e 2 prot. 6 Cedu, 1 prot. 13 Cedu // 2, 6, 48, 50 C. Nizza // 3, 5, 9, 11, 22 Dich. Univ. diritti dell'uomo // 7, 9-11, 17 Patto int. diritti civili e politici]. – 1. Ogni persona ha diritto alla libertà e alla sicurezza. Nessuno può essere privato della libertà, se non nei casi seguenti e nei modi previsti dalla legge:

(a) se è detenuto regolarmente in seguito a condanna da parte di un tribunale competente;

(b) se si trova in regolare stato di arresto o di detenzione per violazione di un provvedimento emesso, conformemente alla legge, da un tribunale o allo scopo di garantire l'esecuzione di un obbligo prescritto dalla legge;

(c) se è stato arrestato o detenuto per essere tradotto dinanzi all'autorità giudiziaria competente, quando vi sono motivi plausibili di sospettare che egli abbia commesso un reato o vi sono motivi fondati di ritenere che sia necessario impedirgli di commettere un reato o di darsi alla fuga dopo averlo commesso;

(d) se si tratta della detenzione regolare di un minore decisa allo scopo di sorvegliare la sua educazione oppure della sua detenzione regolare al fine di tradurlo dinanzi all'autorità competente;

(e) se si tratta della detenzione regolare di una persona suscettibile di propagare una malattia contagiosa, di un alienato, di un alcolizzato, di un tossicomane o di un vagabondo;

(f) se si tratta dell'arresto o della detenzione regolari di una persona per impedirle di entrare illegalmente nel territorio, oppure di una persona contro la quale è in corso un procedimento d'espulsione o d'estradizione.

2. Ogni persona arrestata deve essere informata, al più presto e in una lingua a lei comprensibile, dei motivi dell'arresto e di ogni accusa formulata a suo carico.

3. Ogni persona arrestata o detenuta, conformemente alle condizioni previste dal paragrafo 1 c del presente articolo, deve essere tradotta al più presto dinanzi a un giudice o a un altro magistrato autorizzato dalla legge a esercitare funzioni giudiziarie e ha diritto di essere giudicata entro un termine ragionevole o di essere messa in libertà durante la procedura. La scarcerazione può essere subordinata a garanzie che assicurino la comparizione dell'interessato all'udienza.

4. Ogni persona privata della libertà mediante arresto o detenzione ha il diritto di presentare un ricorso a un tribunale, affinché decida entro breve termine sulla legittimità della sua detenzione e ne ordini la scarcerazione se la detenzione è illegittima.

5. Ogni persona vittima di arresto o di detenzione in violazione di una delle disposizioni del presente articolo ha diritto a una riparazione.

6. Diritto a un equo processo [13 // 2-4 prot. 7 Cedu // 24, 111 Cost. // 47, 48, 50 C. Nizza // 7, 8, 10, 11 Dich. Univ. diritti dell'uomo // 14 Patto int. diritti civili e politici]. – 1. Ogni persona ha diritto a che la sua causa sia esaminata equamente, pubblicamente ed entro un termine ragionevole da un tribunale indipendente e imparziale, costituito per legge, il quale sia chiamato a pronunciarsi sulle controversie sui suoi diritti e doveri di carattere civile o sulla fondatezza di ogni accusa penale formulata nei suoi confronti. La sentenza deve essere resa pubblicamente, ma l'accesso alla sala d'udienza può essere vietato alla stampa e al pubblico durante tutto o parte del processo nell'interesse della morale, dell'ordine pubblico o della sicurezza nazionale in una società democratica, quando lo esigono gli interessi dei minori o la protezione della vita privata delle parti in causa, o, nella misura giudicata strettamente necessaria dal tribunale, quando in circostanze speciali la pubblicità possa portare pregiudizio agli interessi della giustizia.

2. Ogni persona accusata di un reato è presunta innocente fino a quando la sua colpevolezza non sia stata legalmente accertata [27^2 Cost.].

3. In particolare, ogni accusato ha diritto di:

(a) essere informato, nel più breve tempo possibile, in una lingua a lui comprensibile e in modo dettagliato, della natura e dei motivi dell'accusa formulata a suo carico;

(b) disporre del tempo e delle facilitazioni necessarie a preparare la sua difesa;

(c) difendersi personalmente o avere l'assistenza di un difensore di sua scelta e, se non ha i mezzi per retribuire un difensore, poter essere assistito gratuitamente da un avvocato d'ufficio, quando lo esigono gli interessi della giustizia;

(d) esaminare o far esaminare i testimoni a carico e ottenere la convocazione e l'esame dei testimoni a discarico nelle stesse condizioni dei testimoni a carico;

(e) farsi assistere gratuitamente da un interprete se non comprende o non parla la lingua usata in udienza.

7. *Nulla poena sine lege* [2, 13, 25, 27 Cost. // 49 C. Nizza // 11² Dich. Univ. diritti dell'uomo // 6, 11, 15 Patto int. diritti civili e politici]. – 1. Nessuno può essere condannato per una azione o una omissione che, al momento in cui è stata commessa, non costituiva reato secondo il diritto interno o internazionale. Parimenti, non può essere inflitta una pena più grave di quella applicabile al momento in cui il reato è stato commesso.

2. Il presente articolo non ostacolerà il giudizio e la condanna di una persona colpevole di una azione o di una omissione che, al momento in cui è stata commessa, costituiva un crimine secondo i principi generali di diritto riconosciuti dalle nazioni civili.

8. Diritto al rispetto della vita privata e familiare [12 // 5 prot. 7 Cedu // 13, 14, 15, 29-31 Cost. // 7, 9, 33 C. Nizza // 16 Carta sociale europea // 12, 16 Dich. Univ. diritti dell'uomo //17, 23 Patto int. diritti civili e politici]. – 1. Ogni persona ha diritto al rispetto della propria vita privata e familiare, del proprio domicilio e della propria corrispondenza [844 CC.].

2. Non può esservi ingerenza di una autorità pubblica nell'esercizio di tale diritto a meno che tale ingerenza sia prevista dalla legge e costituisca una misura che, in una società democratica, è necessaria alla sicurezza nazionale, alla pubblica sicurezza, al benessere economico del paese, alla difesa dell'ordine e alla prevenzione dei reati, alla protezione della salute o della morale, o alla protezione dei diritti e delle libertà altrui.

9. Libertà di pensiero, di coscienza e di religione [19, 20, 21 Cost. // 10 C. Nizza // 18 Dich. Univ. diritti dell'uomo // 18 Patto int. diritti civili e politici]. – 1. Ogni persona ha diritto alla libertà di pensiero, di coscienza e di religione; tale diritto include la libertà di cambiare religione o credo, così come la libertà di manifestare la propria religione o il proprio credo individualmente o collettivamente, in pubblico o in privato, mediante il culto, l'insegnamento, le pratiche e l'osservanza dei riti.

2. La libertà di manifestare la propria religione o il proprio credo non può essere oggetto di restrizioni diverse da quelle che sono stabilite dalla legge e che costituiscono misure necessarie, in una società democratica, alla pubblica sicurezza, alla protezione dell'ordine, della salute o della morale pubblica, o alla protezione dei diritti e della libertà altrui.

10. Libertà di espressione [21 Cost. // 11 C. Nizza // 21 Carta sociale europea // 19 Dich. Univ. diritti dell'uomo // 18 e 19 Patto int. diritti civili e politici]. – 1. Ogni persona ha diritto alla libertà d'espressione. Tale diritto include la libertà d'opinione e la libertà di ricevere o di comunicare informazioni o idee senza che vi possa essere ingerenza da parte delle autorità pubbliche e senza limiti di frontiera. Il presente articolo non impedisce agli Stati di sottoporre a un regime di autorizzazione le imprese di radiodiffusione, cinematografiche o televisive.

2. L'esercizio di queste libertà, poiché comporta doveri e responsabilità, può essere sottoposto alle formalità, condizioni, restrizioni o sanzioni che sono previste dalla legge e che costituiscono misure necessarie, in una società democratica, alla sicurezza nazionale, all'integrità territoriale o alla pubblica sicurezza, alla difesa dell'ordine e alla prevenzione dei reati, alla protezione della salute o della morale, alla protezione della reputazione o dei diritti altrui, per impedire la divulgazione di informazioni riservate o per garantire l'autorità e l'imparzialità del potere giudiziario.

11. Libertà di riunione e di associazione [17, 18 Cost. // 12 C. Nizza // 20 Dich. Univ. diritti dell'uomo // 20, 21 Patto int. diritti civili e politici]. – 1. Ogni persona ha diritto alla libertà di riunione pacifica e alla libertà d'associazione, ivi compreso il diritto di partecipare alla costituzione di sindacati e di aderire a essi per la difesa dei propri interessi.

2. L'esercizio di questi diritti non può essere oggetto di restrizioni diverse da quelle che sono stabilite dalla legge e che costituiscono misure necessarie, in una società democratica, alla sicurezza nazionale, alla pubblica sicurezza, alla difesa dell'ordine e alla prevenzione dei reati, alla protezione della salute o della morale e alla protezione dei diritti e delle libertà altrui. Il presente articolo non osta a che restrizioni legittime siano imposte all'esercizio di tali diritti da parte dei membri delle forze armate, della polizia o dell'amministrazione dello Stato.

12. Diritto al matrimonio [8 // 5 prot. 7 Cedu // 2, 29, 31 Cost. // 7, 9, 33 C. Nizza // 16 Carta sociale europea // 16 Dich. Univ. diritti dell'uomo // 23 Patto int. diritti civili e politici]. – A partire dall'età minima per contrarre matrimonio, l'uomo e la donna hanno il diritto di sposarsi e di fondare una famiglia secondo le leggi nazionali che regolano l'esercizio di tale diritto.

13. Diritto a un ricorso effettivo [6 // 2-4 prot. 7 Cedu // 24, 111 Cost. // 47, 50 C. Nizza // 7, 8, 10, 11 Dich. Univ. diritti dell'uomo // 14 Patto int. diritti civili e politici]. – Ogni persona i cui diritti e le cui libertà riconosciuti nella presente Convenzione siano stati violati, ha diritto a un ricorso effettivo davanti a un'istanza nazionale, anche quando la violazione sia stata commessa da persone che agiscono nell'esercizio delle loro funzioni ufficiali.

14. Divieto di discriminazione [3 Cost. // 5 prot. 7 Cedu, 1 prot. 12 Cedu // 20, 21, 23 C. Nizza // 2, 4, 20 Carta sociale europea // 1, 2, 7, 23, 26 Dich. Univ. diritti dell'uomo // 3, 20, 25 e 26 Patto int. diritti civili e politici]. – Il godimento dei diritti e delle libertà riconosciuti nella presente Convenzione deve essere assicurato senza nessuna discriminazione, in particolare quelle fondate sul sesso, la razza, il colore, la lingua, la religione, le opinioni politiche o quelle di altro genere, l'origine nazionale o sociale, l'appartenenza a una minoranza nazionale, la ricchezza, la nascita od ogni altra condizione.

15. Deroga in caso di stato d'urgenza. – 1. In caso di guerra o in caso di altro pericolo pubblico che minacci la vita della nazione, ogni Alta Parte contraente può adottare delle misure in deroga agli obblighi previsti dalla presente Convenzione, nella stretta misura in cui la situazione lo richieda e a condizione che tali misure non siano in conflitto con gli altri obblighi derivanti dal diritto internazionale.

2. La disposizione precedente non autorizza alcuna deroga all'articolo 2, salvo il caso di decesso causato da legittimi atti di guerra, e agli articoli 3, 4 § 1 e 7.

3. Ogni Alta Parte contraente che eserciti tale diritto di deroga tiene informato nel modo più completo il Segretario generale del Consiglio d'Europa sulle misure prese e sui motivi che le hanno determinate. Deve ugualmente informare il Segretario generale del Consiglio d'Europa della data in cui

queste misure cessano d'essere in vigore e in cui le disposizioni della Convenzione riacquistano piena applicazione.

16. Restrizioni all'attività politica degli stranieri [10 Cost. // 4 prot. 4 Cedu, 1 prot. 7 Cedu // 18, 19 C. Nizza // 14 Dich. Univ. diritti dell'uomo // 13 Patto int. Diritti civili e politici]. – Nessuna delle disposizioni degli articoli 10, 11 e 14 può essere interpretata nel senso di proibire alle Alte Parti contraenti di imporre restrizioni all'attività politica degli stranieri.

17. Divieto dell'abuso di diritto [54 Carta di Nizza]. – Nessuna disposizione della presente Convenzione può essere interpretata nel senso di comportare il diritto di uno Stato, un gruppo o un individuo di esercitare un'attività o compiere un atto che miri alla distruzione dei diritti o delle libertà riconosciuti nella presente Convenzione o di imporre a tali diritti e libertà limitazioni più ampie di quelle previste dalla stessa Convenzione [833, 1175, 1375 CC. // 2 Cost.].

18. Limite all'applicazione delle restrizioni ai diritti. – Le restrizioni che, in base alla presente Convenzione, sono poste a detti diritti e libertà possono essere applicate solo allo scopo per cui sono state previste.

TITOLO II
CORTE EUROPEA DEI DIRITTI DELL'UOMO

19. Istituzione della Corte. – Per assicurare il rispetto degli impegni derivanti alle Alte Parti contraenti dalla presente Convenzione e dai suoi Protocolli, è istituita una Corte europea dei Diritti dell'Uomo, di seguito denominata «la Corte». Essa funziona in modo permanente.

20. Numero di giudici. – La Corte si compone di un numero di giudici pari a quello delle Alte Parti contraenti.

21. Condizioni per l'esercizio delle funzioni. – 1. I giudici devono godere della più alta considerazione morale e possedere i requisiti richiesti per l'esercizio delle più alte funzioni giudiziarie, o essere dei giureconsulti di riconosciuta competenza.

2. I giudici siedono alla Corte a titolo individuale.

3. Per tutta la durata del loro mandato, i giudici non possono esercitare alcuna attività incompatibile con le esigenze di indipendenza, di imparzialità o di disponibilità richieste da una attività esercitata a tempo pieno. Ogni questione che sorga in applicazione di questo paragrafo è decisa dalla Corte.

22. Elezione dei giudici. – I giudici sono eletti dall'Assemblea parlamentare in relazione a ciascuna Alta Parte contraente, a maggioranza dei voti espressi, su una lista di tre candidati presentata dall'Alta Parte contraente.

23. Durata del mandato e revoca. – 1. I giudici sono eletti per un periodo di nove anni. Essi non sono rieleggibili.

2. Il mandato dei giudici termina al raggiungimento dell'età di 70 anni.

3. I giudici continuano a restare in carica fino alla loro sostituzione. Tuttavia essi continuano a trattare le cause di cui sono già stati investiti.

4. Un giudice non può essere sollevato dalle sue funzioni a meno che gli altri giudici decidano, a maggioranza dei due terzi, che egli non soddisfa più i requisiti richiesti.

24. Cancelleria e relatori. – 1. La Corte dispone di una cancelleria i cui compiti e la cui organizzazione sono stabiliti dal regolamento della Corte.

2. Quando procede in composizione di giudice unico, la Corte è assistita da relatori che esercitano le loro funzioni sotto l'autorità del presidente della Corte. Essi fanno parte della cancelleria della Corte.

25. Assemblea plenaria. – La Corte riunita in Assemblea plenaria:

(a) elegge per un periodo di tre anni il suo presidente e uno o due vice-presidenti; essi sono rieleggibili;

(b) costituisce Camere per un periodo determinato;

(c) elegge i presidenti delle Camere della Corte che sono rieleggibili;

(d) adotta il regolamento della Corte;

(e) elegge il cancelliere e uno o più vice-cancellieri;

(f) formula le richieste previste all'articolo 26 § 2.

26. Composizione di giudice unico, comitati, Camere e Grande Camera. – 1. Per la trattazione di ogni caso che ad essa viene sottoposto, la Corte procede in composizione di giudice unico, in comitati di tre giudici, in Camere di sette giudici e in una Grande Camera di diciassette giudici. Le Camere della Corte istituiscono i comitati per un periodo determinato.

2. Su richiesta dell'Assemblea plenaria della Corte, il Comitato dei Ministri può, con decisione unanime e per un periodo determinato, ridurre a cinque il numero di giudici delle Camere.

3. Un giudice che siede quale giudice unico non esamina alcun ricorso introdotto contro l'Alta Parte contraente in relazione alla quale quel giudice è stato eletto.

4. Il giudice eletto in relazione a un'Alta Parte contraente parte alla controversia è membro di diritto della Camera e della Grande Camera. In caso di assenza di tale giudice, o se egli non è in grado di svolgere la sua funzione, siede in qualità di giudice una persona scelta dal presidente della Corte su una lista presentata previamente da quella Parte.

5. Fanno altresì parte della Grande Camera il presidente della Corte, i vice-presidenti, i presidenti delle Camere e altri giudici designati in conformità al regolamento della Corte. Se la controversia è deferita alla Grande Camera ai sensi dell'articolo 43, nessun giudice della Camera che ha pronunciato la sentenza può essere presente nella Grande Camera, a eccezione del presidente della Camera e del giudice che ha partecipato alla stessa Camera in relazione all'Alta Parte contraente in causa.

27. Competenza dei giudici unici. – 1. Un giudice unico può dichiarare irricevibile o cancellare dal ruolo della Corte un ricorso individuale presentato ai sensi dell'articolo 34 quando tale decisione può essere adottata senza ulteriori accertamenti.

2. La decisione è definitiva.

3. Se non dichiara il ricorso irricevibile o non lo cancella dal ruolo, il giudice unico lo trasmette a un comitato o a una Camera per l'ulteriore esame.

28. Competenza dei comitati. – 1. Un comitato investito di un ricorso individuale presentato ai sensi dell'articolo 34 può, con voto unanime:

(a) dichiararlo irricevibile o cancellarlo dal ruolo, quando tale decisione può essere adottata senza ulteriore esame; o

(b) dichiararlo ricevibile e pronunciare congiuntamente sentenza sul merito quando la questione relativa all'interpretazione o all'applicazione della Convenzione o dei suoi Protocolli all'origine della causa è oggetto di una giurisprudenza consolidata della Corte.

2. Le decisioni e le sentenze di cui al paragrafo 1 sono definitive.

3. Se il giudice eletto in relazione all'Alta Parte contraente parte della controversia non è membro del comitato, quest'ul-

timo può, in qualsiasi momento della procedura, invitarlo a farne parte al posto di uno dei suoi membri, tenendo conto di tutti i fattori rilevanti, compresa l'eventualità che tale Parte abbia contestato l'applicazione della procedura di cui al paragrafo 1 b.

29. Decisioni delle Camere sulla ricevibilità e il merito. – 1. Se nessuna decisione è stata adottata ai sensi degli articoli 27 o 28, e nessuna sentenza è stata pronunciata ai sensi dell'articolo 28, una delle Camere si pronuncia sulla ricevibilità e sul merito dei ricorsi individuali presentati ai sensi dell'articolo 34. La decisione sulla ricevibilità può essere adottata separatamente.

2. Una delle Camere si pronuncia sulla ricevibilità e sul merito dei ricorsi governativi presentati in virtù dell'articolo 33. Salvo diversa decisione della Corte in casi eccezionali, la decisione sulla ricevibilità è adottata separatamente.

30. Rimessione alla Grande Camera. – Se la questione oggetto del ricorso all'esame di una Camera solleva gravi problemi di interpretazione della Convenzione o dei suoi Protocolli, o se la sua soluzione rischia di dar luogo a un contrasto con una sentenza pronunciata anteriormente dalla Corte, la Camera, fino a quando non abbia pronunciato la sua sentenza, può rimettere il caso alla Grande Camera a meno che una delle parti non vi si opponga.

31. Competenze della Grande Camera. – La Grande Camera:

(a) si pronuncia sui ricorsi presentati ai sensi dell'articolo 33 o dell'articolo 34 quando il caso le sia stato deferito dalla Camera ai sensi dell'articolo 30 o quando il caso le sia stato deferito ai sensi dell'articolo 43;

(b) si pronuncia sulle questioni deferite alla Corte dal Comitato dei Ministri ai sensi dell'articolo 46 § 4; e

(c) esamina le richieste di pareri consultivi presentate ai sensi dell'articolo 47.

32. Competenza della Corte. – 1. La competenza della Corte si estende a tutte le questioni concernenti l'interpretazione e l'applicazione della Convenzione e dei suoi Protocolli che siano sottoposte a essa alle condizioni previste dagli articoli 33, 34, 46 e 47.

2. In caso di contestazione sulla competenza della Corte, è la Corte che decide.

33. Ricorsi interstatali. – Ogni Alta Parte contraente può deferire alla Corte qualunque inosservanza delle disposizioni della Convenzione e dei suoi Protocolli che essa ritenga possa essere imputata a un'altra Alta Parte contraente.

34. Ricorsi individuali. – La Corte può essere investita di un ricorso da parte di una persona fisica, un'organizzazione non governativa o un gruppo di privati che sostenga d'essere vittima di una violazione da parte di una delle Alte Parti contraenti dei diritti riconosciuti nella Convenzione o nei suoi protocolli. Le Alte Parti contraenti si impegnano a non ostacolare con alcuna misura l'esercizio effettivo di tale diritto.

35. Condizioni di ricevibilità. – 1. La Corte non può essere adita se non dopo l'esaurimento delle vie di ricorso interne, come inteso secondo i principi di diritto internazionale generalmente riconosciuti ed entro un periodo di sei mesi a partire dalla data della decisione interna definitiva.

2. La Corte non accoglie alcun ricorso inoltrato sulla base dell'articolo 34, se:

(a) è anonimo; oppure

(b) è essenzialmente identico a uno precedentemente esaminato dalla Corte o già sottoposto a un'altra istanza internazionale d'inchiesta o di risoluzione e non contiene fatti nuovi.

3. La Corte dichiara irricevibile ogni ricorso individuale presentato ai sensi dell'articolo 34 se ritiene che:

(a) il ricorso è incompatibile con le disposizioni della Convenzione o dei suoi Protocolli, manifestamente infondato o abusivo;

(b) il ricorrente non ha subito alcun pregiudizio importante, salvo che il rispetto dei diritti dell'uomo garantiti dalla Convenzione e dai suoi Protocolli esiga un esame del ricorso nel merito e a condizione di non rigettare per questo motivo alcun caso che non sia stato debitamente esaminato da un tribunale interno.

4. La Corte respinge ogni ricorso che consideri irricevibile in applicazione del presente articolo. Essa può procedere in tal modo in ogni stato del procedimento.

36. Intervento di terzi. – 1. Per qualsiasi questione all'esame di una Camera o della Grande Camera, un'Alta Parte contraente il cui cittadino sia ricorrente ha diritto di presentare osservazioni per iscritto e di partecipare alle udienze [395 CPC. // 106 CPA.].

2. Nell'interesse di una corretta amministrazione della giustizia, il presidente della Corte può invitare ogni Alta Parte contraente che non sia parte in causa od ogni persona interessata diversa dal ricorrente, a presentare osservazioni per iscritto o a partecipare alle udienze.

3. Il Commissario per i diritti dell'uomo del Consiglio d'Europa ha diritto di presentare osservazioni per iscritto e di partecipare alle udienze in tutte le cause all'esame di una Camera o della Grande Camera.

37. Cancellazione. – 1. In ogni momento della procedura, la Corte può decidere di cancellare un ricorso dal ruolo quando le circostanze permettono di concludere:

(a) che il ricorrente non intende più mantenerlo; oppure

(b) che la controversia è stata risolta; oppure

(c) che per ogni altro motivo di cui la Corte accerta l'esistenza, la prosecuzione dell'esame del ricorso non sia più giustificata.

Tuttavia la Corte prosegue l'esame del ricorso qualora il rispetto dei diritti dell'uomo garantiti dalla Convenzione e dai suoi Protocolli lo imponga.

2. La Corte può decidere una nuova iscrizione a ruolo di un ricorso se ritiene che le circostanze lo giustifichino.

38. Esame in contraddittorio della causa. – La Corte esamina la causa in contraddittorio con i rappresentanti delle parti e, se del caso, procede a un'inchiesta per il cui efficace svolgimento le Alte Parti contraenti interessate forniranno tutte le facilitazioni necessarie.

39. Composizione amichevole. – 1. In ogni momento della procedura, la Corte si mette a disposizione degli interessati al fine di pervenire a una composizione amichevole della controversia che si fondi sul rispetto dei diritti dell'uomo quali sono riconosciuti dalla Convenzione e dai suoi Protocolli.

2. La procedura descritta al paragrafo 1 non è pubblica.

3. In caso di composizione amichevole, la Corte cancella il ricorso dal ruolo mediante una decisione che si limita a una breve esposizione dei fatti e della soluzione adottata.

4. Tale decisione è trasmessa al Comitato dei Ministri che sorveglia l'esecuzione dei termini della composizione amichevole quali figurano nella decisione.

40. Udienza pubblica e accesso ai documenti. – 1. L'udienza è pubblica a meno che la Corte non decida diversamente a causa di circostanze eccezionali.

2. I documenti depositati presso l'ufficio di cancelleria sono accessibili al pubblico a meno che il presidente della Corte non decida diversamente.

41. Equa soddisfazione. – Se la Corte dichiara che vi è stata violazione della Convenzione o dei suoi Protocolli e se il diritto interno dell'Alta Parte contraente non permette se non in modo imperfetto di rimuovere le conseguenze di tale violazione, la Corte accorda, se del caso, un'equa soddisfazione alla parte lesa.

42. Sentenze delle Camere. – Le sentenze delle Camere divengono definitive conformemente alle disposizioni dell'articolo 44 § 2.

43. Rinvio dinnanzi alla Grande Camera. – 1. Entro un termine di tre mesi a decorrere dalla data della sentenza di una Camera, ogni parte alla controversia può, in situazioni eccezionali, chiedere che il caso sia rinviato dinnanzi alla Grande Camera.

2. Un collegio di cinque giudici della Grande Camera accoglie la domanda quando la questione oggetto del ricorso solleva gravi problemi di interpretazione o di applicazione della Convenzione o dei suoi Protocolli, o comunque un'importante questione di carattere generale.

3. Se il collegio accoglie la domanda, la Grande Camera si pronuncia sul caso con sentenza.

44. Sentenze definitive. – 1. La sentenza della Grande Camera è definitiva.

2. La sentenza di una Camera diviene definitiva:

(a) quando le parti dichiarano che non richiederanno il rinvio del caso dinnanzi alla Grande Camera; oppure

(b) tre mesi dopo la data della sentenza, se non è stato richiesto il rinvio del caso dinnanzi alla Grande Camera; oppure

(c) se il collegio della Grande Camera respinge una richiesta di rinvio formulata ai sensi dell'articolo 43.

3. La sentenza definitiva è pubblicata.

45. Motivazione delle sentenze e delle decisioni. – 1. Le sentenze e le decisioni che dichiarano i ricorsi ricevibili o irricevibili devono essere motivate.

2. Se la sentenza non esprime in tutto o in parte l'opinione unanime dei giudici, ogni giudice avrà diritto di allegarvi l'esposizione della sua opinione individuale.

46. Forza vincolante ed esecuzione delle sentenze. – 1. Le Alte Parti contraenti si impegnano a conformarsi alle sentenze definitive della Corte sulle controversie nelle quali sono parti [*art. 61 reg. Cedu*] (1).

2. La sentenza definitiva della Corte è trasmessa al Comitato dei Ministri che ne controlla l'esecuzione.

3. Se il Comitato dei Ministri ritiene che il controllo dell'esecuzione di una sentenza definitiva sia ostacolato da una difficoltà di interpretazione di tale sentenza, esso può adire la Corte affinché questa si pronunci su tale questione di interpretazione. La decisione di adire la Corte è presa con un voto a maggioranza dei due terzi dei rappresentanti che hanno il diritto di avere un seggio in seno al Comitato.

4. Se il Comitato dei Ministri ritiene che un'Alta Parte contraente rifiuti di conformarsi a una sentenza definitiva in una controversia cui essa è parte, può, dopo aver messo in mora tale Parte e con una decisione adottata con voto a maggioranza dei due terzi dei rappresentanti che hanno il diritto di avere un seggio in seno al Comitato, adire la Corte sulla questione dell'adempimento degli obblighi assunti dalla Parte ai sensi del paragrafo 1.

5. Se la Corte constata una violazione del paragrafo 1, rinvia il caso al Comitato dei Ministri affinché questo esamini le misure da adottare. Se la Corte constata che non vi è violazione del paragrafo 1, rinvia il caso al Comitato dei Ministri che ne chiude l'esame.

(1) Art. 61 reg. Cedu Procedura della sentenza pilota «1. La Corte può decidere di applicare la procedura della sentenza pilota e adottare una sentenza pilota quando i fatti all'origine di un ricorso presentato innanzi a essa rivelano l'esistenza, nella Parte contraente interessata, di un problema strutturale o sistemico o di un'altra disfunzione simile che ha dato luogo o potrebbe dare luogo alla presentazione di ricorsi analoghi. 2. a) Prima di decidere di applicare la procedura della sentenza pilota, la Corte deve invitare le parti a comunicare se, a loro avviso, all'origine del ricorso da esaminare vi è un problema o una disfunzione di questo tipo nella Parte contraente interessata e se il ricorso si presta a questa procedura. b) La Corte può decidere di applicare la procedura della sentenza pilota d'ufficio o su richiesta di una o di entrambe le parti. c) Ai ricorsi per i quali si è deciso di applicare la procedura della sentenza pilota deve essere riservato un trattamento prioritario ai sensi dell'articolo 41 del regolamento della Corte. 3. La Corte deve indicare nella sentenza pilota da essa adottata la natura del problema strutturale o sistemico o della disfunzione da essa constatata e il tipo di misure riparatorie che la Parte contraente interessata deve adottare a livello interno in applicazione del dispositivo della sentenza. 4. La Corte, nel dispositivo della sentenza pilota da essa adottata, può fissare un termine per l'adozione delle misure menzionate al precedente paragrafo 3, tenendo conto della natura delle misure richieste e della rapidità con cui è possibile porre rimedio, a livello interno, al problema da essa constatato. 5. Quando adotta una sentenza pilota, la Corte può riservarsi in tutto o in parte l'esame della questione dell'equa soddisfazione, in attesa che la Parte contraente convenuta adotti le misure individuali e generali indicate nella sentenza. 6. a) All'occorrenza, la Corte può rinviare l'esame di tutti i ricorsi che traggono origine da uno stesso motivo in attesa dell'adozione delle misure riparatorie indicate nel dispositivo della sentenza pilota. b) I ricorrenti interessati sono informati della decisione di rinvio nella forma che conviene. Se necessario, viene loro notificato ogni nuovo elemento riguardante la loro causa. c) La Corte può in qualsiasi momento esaminare un ricorso rinviato se ciò è necessario nell'interesse di una buona amministrazione della giustizia. 7. Quando le parti in una causa pilota giungono a una composizione amichevole, quest'ultima deve contenere una dichiarazione della Parte contraente convenuta riguardante l'attuazione delle misure generali indicate nella sentenza e delle misure riparatorie in favore degli altri ricorrenti, dichiarati o potenziali. 8. Se la Parte contraente interessata non si conforma al dispositivo della sentenza pilota, la Corte, salvo decisione contraria, riprende l'esame dei ricorsi che sono stati rinviati in applicazione del precedente paragrafo 6. 9. Il Comitato dei Ministri, l'Assemblea parlamentare del Consiglio d'Europa, il Segretario generale del Consiglio d'Europa e il Commissario per i diritti dell'uomo del Consiglio d'Europa sono informati sistematicamente dell'adozione di una sentenza pilota o di qualsiasi altra sentenza in cui la Corte segnali l'esistenza di un problema strutturale o sistemico all'interno di una Parte contraente. 10. Le informazioni riguardanti la decisione di trattare un ricorso seguendo la procedura della sentenza pilota, l'adozione di una sentenza pilota, la sua esecuzione e la chiusura della procedura sono pubblicate sul sito Internet della Corte».

47. Pareri consultivi. – 1. La Corte può, su richiesta del Comitato dei Ministri, fornire pareri consultivi su questioni giuridiche relative all'interpretazione della Convenzione e dei suoi Protocolli.

2. Tali pareri non devono riguardare questioni inerenti al contenuto o alla portata dei diritti e libertà definiti nel Titolo I della Convenzione e nei Protocolli, né su altre questioni su cui la Corte o il Comitato dei Ministri potrebbero doversi pronunciare in seguito alla presentazione di un ricorso previsto dalla Convenzione.

3. La decisione del Comitato dei Ministri di chiedere un parere alla Corte è adottata con un voto della maggioranza dei rappresentanti che hanno il diritto di avere un seggio in seno al Comitato.

48. Competenza consultiva della Corte. – La Corte decide se la richiesta di un parere consultivo presentata dal Comitato dei Ministri sia di sua competenza a norma dell'articolo 47.

49. Motivazione dei pareri consultivi. – 1. Il parere della Corte è motivato.

2. Se il parere non esprime in tutto o in parte l'opinione unanime dei giudici, ogni giudice avrà diritto di allegarvi l'esposizione della sua opinione individuale.

3. Il parere della Corte è trasmesso al Comitato dei Ministri.

50. Spese di funzionamento della Corte. – Le spese di funzionamento della Corte sono a carico del Consiglio d'Europa.

51. Privilegi e immunità dei giudici. – I giudici beneficiano, durante l'esercizio delle loro funzioni, dei privilegi e delle immunità previsti dall'articolo 40 dello Statuto del Consiglio d'Europa e dagli accordi conclusi in base a questo articolo.

TITOLO III
DISPOSIZIONI VARIE

52. Inchieste del Segretario generale. – Ogni Alta Parte contraente, su domanda del Segretario generale del Consiglio d'Europa, fornirà le spiegazioni richieste sul modo in cui il proprio diritto interno assicura l'effettiva applicazione di tutte le disposizioni della presente Convenzione.

53. Salvaguardia dei diritti dell'uomo riconosciuti. – Nessuna delle disposizioni della presente Convenzione può essere interpretata in modo da limitare o pregiudicare i diritti dell'uomo e le libertà fondamentali che possano essere riconosciuti in base alle leggi di ogni Parte contraente o in base a ogni altro accordo al quale essa partecipi.

54. Poteri del Comitato dei Ministri. – Nessuna disposizione della presente Convenzione porta pregiudizio ai poteri conferiti al Comitato dei Ministri dallo Statuto del Consiglio d'Europa.

55. Rinuncia a strumenti alternativi di composizione delle controversie. – Le Alte Parti contraenti rinunciano reciprocamente, salvo compromesso speciale, ad avvalersi dei trattati, delle convenzioni o delle dichiarazioni tra di esse in vigore allo scopo di sottoporre, mediante ricorso, una controversia nata dall'interpretazione o dall'applicazione della presente Convenzione a una procedura di risoluzione diversa da quelle previste da detta Convenzione.

56. Applicazione territoriale. – 1. Ogni Stato, al momento della ratifica o in ogni altro momento successivo, può dichiarare, mediante notifica indirizzata al Segretario generale del Consiglio d'Europa, che la presente Convenzione si applicherà, con riserva del paragrafo 4 del presente articolo, su tutti i territori o su determinati territori di cui esso cura le relazioni internazionali.

2. La Convenzione si applicherà sul territorio o sui territori designati nella notifica a partire dal trentesimo giorno successivo alla data in cui il Segretario generale del Consiglio d'Europa avrà ricevuto tale notifica.

3. Sui detti territori le disposizioni della presente Convenzione saranno applicate tenendo conto delle necessità locali.

4. Ogni Stato che abbia presentato una dichiarazione conformemente al primo paragrafo del presente articolo può, in qualunque momento, dichiarare, relativamente a uno o a più territori indicati in tale dichiarazione, di accettare la competenza della Corte a esaminare ricorsi di persone fisiche, organizzazioni non governative o gruppi di privati a norma dell'articolo 34 della Convenzione.

57. Riserve. – 1. Ogni Stato, al momento della firma della presente Convenzione o del deposito del suo strumento di ratifica, può formulare una riserva riguardo a una determinata disposizione della Convenzione, nella misura in cui una legge in quel momento in vigore sul suo territorio non sia conforme a tale disposizione. Le riserve di carattere generale non sono autorizzate ai sensi del presente articolo.

2. Ogni riserva emessa in conformità al presente articolo comporta una breve esposizione della legge in questione.

58. Denuncia. – 1. Un'Alta Parte contraente può denunciare la presente Convenzione solo dopo un periodo di cinque anni a partire dalla data di entrata in vigore della Convenzione nei suoi confronti e dando un preavviso di sei mesi mediante notifica indirizzata al Segretario generale del Consiglio d'Europa, che ne informa le altre Parti contraenti.

2. Tale denuncia non può avere l'effetto di svincolare l'Alta Parte contraente interessata dagli obblighi contenuti nella presente Convenzione per quanto riguarda qualunque fatto suscettibile di costituire una violazione di tali obblighi, da essa posto in essere anteriormente alla data in cui la denuncia è divenuta efficace.

3. Alla stessa condizione, cesserebbe d'esser parte alla presente Convenzione qualunque Parte contraente che non fosse più membro del Consiglio d'Europa.

4. La Convenzione può essere denunciata in conformità alle disposizioni dei precedenti paragrafi per quanto riguarda ogni territorio in relazione al quale sia stata dichiarata applicabile in base all'articolo 56.

59. Firma e ratifica. – 1. La presente Convenzione è aperta alla firma dei membri del Consiglio d'Europa. Essa sarà ratificata. Le ratifiche saranno depositate presso il Segretario generale del Consiglio d'Europa.

2. L'Unione europea può aderire alla presente Convenzione.

3. La presente Convenzione entrerà in vigore dopo il deposito di dieci strumenti di ratifica.

4. Per ogni firmatario che la ratificherà successivamente, la Convenzione entrerà in vigore dal momento del deposito dello strumento di ratifica.

5. Il Segretario generale del Consiglio d'Europa notificherà a tutti i membri del Consiglio d'Europa l'entrata in vigore della Convenzione, i nomi delle Alte Parti contraenti che l'avranno ratificata, nonché il deposito di ogni altro strumento di ratifica avvenuto successivamente.

Trattato sull'Unione europea

(versione consolidata)

2012/C 326/01

PREAMBOLO

Omissis

DECISI a segnare una nuova tappa nel processo di integrazione europea intrapreso con l'istituzione delle Comunità europee,

ISPIRANDOSI alle eredità culturali, religiose e umanistiche dell'Europa, da cui si sono sviluppati i valori universali dei diritti inviolabili e inalienabili della persona, della libertà, della democrazia, dell'uguaglianza e dello Stato di diritto,

RAMMENTANDO l'importanza storica della fine della divisione del continente europeo e la necessità di creare solide basi per l'edificazione dell'Europa futura,

CONFERMANDO il proprio attaccamento ai principi della libertà, della democrazia e del rispetto dei diritti dell'uomo e delle libertà fondamentali nonché dello Stato di diritto,

CONFERMANDO il proprio attaccamento ai diritti sociali fondamentali quali definiti nella Carta sociale europea firmata a Torino il 18 ottobre 1961 e nella Carta comunitaria dei diritti sociali fondamentali dei lavoratori del 1989,

DESIDERANDO intensificare la solidarietà tra i loro popoli rispettandone la storia, la cultura e le tradizioni,

DESIDERANDO rafforzare ulteriormente il funzionamento democratico ed efficiente delle istituzioni in modo da consentire loro di adempiere in modo più efficace, in un contesto istituzionale unico, i compiti loro affidati,

DECISI a conseguire il rafforzamento e la convergenza delle proprie economie e ad istituire un'Unione economica e monetaria che comporti, in conformità delle disposizioni del presente trattato e del trattato sul funzionamento dell'Unione europea, una moneta unica e stabile,

DETERMINATI a promuovere il progresso economico e sociale dei loro popoli, tenendo conto del principio dello sviluppo sostenibile nel contesto della realizzazione del mercato interno e del rafforzamento della coesione e della protezione dell'ambiente, nonché ad attuare politiche volte a garantire che i progressi compiuti sulla via dell'integrazione economica si accompagnino a paralleli progressi in altri settori,

DECISI ad istituire una cittadinanza comune ai cittadini dei loro paesi,

DECISI ad attuare una politica estera e di sicurezza comune che preveda la definizione progressiva di una politica di difesa comune, che potrebbe condurre ad una difesa comune a norma delle disposizioni dell'articolo 42, rafforzando così l'identità dell'Europa e la sua indipendenza al fine di promuovere la pace, la sicurezza e il progresso in Europa e nel mondo,

DECISI ad agevolare la libera circolazione delle persone, garantendo nel contempo la sicurezza dei loro popoli, con l'istituzione di uno spazio di libertà, sicurezza e giustizia, in conformità alle disposizioni del presente trattato e del trattato sul funzionamento dell'Unione europea,

DECISI a portare avanti il processo di creazione di un'unione sempre più stretta fra i popoli dell'Europa, in cui le decisioni siano prese il più vicino possibile ai cittadini, conformemente al principio della sussidiarietà,

IN PREVISIONE degli ulteriori passi da compiere ai fini dello sviluppo dell'integrazione europea,

TITOLO I
DISPOSIZIONI COMUNI

Art. 1 (ex art. 1 del TUE). – Con il presente trattato, le ALTE PARTI CONTRAENTI istituiscono tra loro un'UNIONE EUROPEA, in appresso denominata «Unione», alla quale gli Stati membri attribuiscono competenze per conseguire i loro obiettivi comuni.

Il presente trattato segna una nuova tappa nel processo di creazione di un'unione sempre più stretta tra i popoli dell'Europa, in cui le decisioni siano prese nel modo più trasparente possibile e il più vicino possibile ai cittadini.

L'Unione si fonda sul presente trattato e sul trattato sul funzionamento dell'Unione europea (in appresso denominati «i trattati»). I due trattati hanno lo stesso valore giuridico. L'Unione sostituisce e succede alla Comunità europea.

Art. 2 [2, 3 Cost.]. – L'Unione si fonda sui valori del rispetto della dignità umana, della libertà, della democrazia, dell'uguaglianza, dello Stato di diritto e del rispetto dei diritti umani, compresi i diritti delle persone appartenenti a minoranze. Questi valori sono comuni agli Stati membri in una società caratterizzata dal pluralismo, dalla non discriminazione, dalla tolleranza, dalla giustizia, dalla solidarietà e dalla parità tra donne e uomini.

Art. 3 (ex art. 2 del TUE). – 1. L'Unione si prefigge di promuovere la pace, i suoi valori e il benessere dei suoi popoli [11 Cost.].

2. L'Unione offre ai suoi cittadini uno spazio di libertà, sicurezza e giustizia senza frontiere interne, in cui sia assicurata la libera circolazione delle persone insieme a misure appropriate per quanto concerne i controlli alle frontiere esterne, l'asilo, l'immigrazione, la prevenzione della criminalità e la lotta contro quest'ultima [16 Cost.].

3. L'Unione instaura un mercato interno. Si adopera per lo sviluppo sostenibile dell'Europa, basato su una crescita economica equilibrata e sulla stabilità dei prezzi, su un'economia sociale di mercato fortemente competitiva, che mira alla piena occupazione e al progresso sociale [41 Cost.], e su un elevato livello di tutela e di miglioramento della qualità dell'ambiente. Essa promuove il progresso scientifico e tecnologico [9 Cost.].

L'Unione combatte l'esclusione sociale e le discriminazioni e promuove la giustizia e la protezione sociali, la parità [3 Cost.] tra donne e uomini, la solidarietà tra le generazioni e la tutela dei diritti del minore.

Essa promuove la coesione economica, sociale e territoriale, e la solidarietà tra gli Stati membri.

Essa rispetta la ricchezza della sua diversità culturale e linguistica e vigila sulla salvaguardia e sullo sviluppo del patrimonio culturale europeo.

4. L'Unione istituisce un'unione economica e monetaria la cui moneta è l'euro.

5. Nelle relazioni con il resto del mondo l'Unione afferma e promuove i suoi valori e interessi, contribuendo alla protezione dei suoi cittadini. Contribuisce alla pace, alla sicurezza, allo sviluppo sostenibile della Terra, alla solidarietà e al rispetto reciproco tra i popoli, al commercio libero ed equo, all'eliminazione della povertà e alla tutela dei diritti umani, in particolare dei diritti del minore, e alla rigorosa osservanza e allo sviluppo del diritto internazionale, in particolare al rispetto dei principi della Carta delle Nazioni Unite.

6. L'Unione persegue i suoi obiettivi con i mezzi appropriati, in ragione delle competenze che le sono attribuite nei trattati.

Art. 4 [13[2]]. – 1. In conformità dell'articolo 5, qualsiasi competenza non attribuita all'Unione nei trattati appartiene agli Stati membri.

2. L'Unione rispetta l'uguaglianza degli Stati membri davanti ai trattati e la loro identità nazionale insita nella loro struttura fondamentale, politica e costituzionale, compreso il sistema delle autonomie locali e regionali. Rispetta le funzioni essenziali dello Stato, in particolare le funzioni di salvaguardia dell'integrità territoriale, di mantenimento dell'ordine pubblico e di tutela della sicurezza nazionale. In particolare, la sicurezza nazionale resta di esclusiva competenza di ciascuno Stato membro.

3. In virtù del principio di leale cooperazione, l'Unione e gli Stati membri si rispettano e si assistono reciprocamente nell'adempimento dei compiti derivanti dai trattati.

Gli Stati membri adottano ogni misura di carattere generale o particolare atta ad assicurare l'esecuzione degli obblighi derivanti dai trattati o conseguenti agli atti delle istituzioni dell'Unione.

Gli Stati membri facilitano all'Unione l'adempimento dei suoi compiti e si astengono da qualsiasi misura che rischi di mettere in pericolo la realizzazione degli obiettivi dell'Unione.

Art. 5 (ex art. 5 del TCE). – 1. La delimitazione delle competenze dell'Unione si fonda sul principio di attribuzione. L'esercizio delle competenze dell'Unione si fonda sui principi di sussidiarietà e proporzionalità [117, 118 Cost.].

2. In virtù del principio di attribuzione, l'Unione agisce esclusivamente nei limiti delle competenze che le sono attribuite dagli Stati membri nei trattati per realizzare gli obiettivi da questi stabiliti. Qualsiasi competenza non attribuita all'Unione nei trattati appartiene agli Stati membri.

3. In virtù del principio di sussidiarietà [12// Prot. 2 UE // 69 TFUE // 263 TFUE], nei settori che non sono di sua competenza esclusiva l'Unione interviene soltanto se e in quanto gli obiettivi dell'azione prevista non possono essere conseguiti in misura sufficiente dagli Stati membri, né a livello centrale né a livello regionale e locale, ma possono, a motivo della portata o degli effetti dell'azione in questione, essere conseguiti meglio a livello di Unione.

Le istituzioni dell'Unione applicano il principio di sussidiarietà conformemente al protocollo sull'applicazione dei principi di sussidiarietà e di proporzionalità. I parlamenti nazionali vigilano sul rispetto del principio di sussidiarietà secondo la procedura prevista in detto protocollo.

4. In virtù del principio di proporzionalità [296 TFUE // Prot. 2 UE], il contenuto e la forma dell'azione dell'Unione si limitano a quanto necessario per il conseguimento degli obiettivi dei trattati.

Le istituzioni dell'Unione applicano il principio di proporzionalità conformemente al protocollo sull'applicazione dei principi di sussidiarietà e di proporzionalità.

Art. 6 (ex art. 6 del TUE). – 1. L'Unione riconosce i diritti, le libertà e i principi sanciti nella Carta dei diritti fondamentali dell'Unione europea del 7 dicembre 2000, adattata il 12 dicembre 2007 a Strasburgo, che ha lo stesso valore giuridico dei trattati.

Le disposizioni della Carta non estendono in alcun modo le competenze dell'Unione definite nei trattati.

I diritti, le libertà e i principi della Carta sono interpretati in conformità delle disposizioni generali del titolo VII della Carta che disciplinano la sua interpretazione e applicazione e tenendo in debito conto le spiegazioni cui si fa riferimento nella Carta, che indicano le fonti di tali disposizioni.

2. L'Unione aderisce alla Convenzione europea per la salvaguardia dei diritti dell'uomo e delle libertà fondamentali. Tale adesione non modifica le competenze dell'Unione definite nei trattati.

3. I diritti fondamentali, garantiti dalla Convenzione europea per la salvaguardia dei diritti dell'uomo e delle libertà fondamentali e risultanti dalle tradizioni costituzionali comuni agli Stati membri, fanno parte del diritto dell'Unione in quanto principi generali.

Art. 7 (ex art. 7 del TUE). – 1. Su proposta motivata di un terzo degli Stati membri, del Parlamento europeo o della Commissione europea, il Consiglio, deliberando alla maggioranza dei quattro quinti dei suoi membri previa approvazione del Parla-mento europeo, può constatare che esiste un evidente rischio di violazione grave da parte di uno Stato membro dei valori di cui all'articolo 2. Prima di procedere a tale constatazione il Consiglio ascolta lo Stato membro in questione e può rivolgergli delle raccomandazioni, deliberando secondo la stessa procedura.

Il Consiglio verifica regolarmente se i motivi che hanno condotto a tale constatazione permangono validi.

2. Il Consiglio europeo, deliberando all'unanimità su proposta di un terzo degli Stati membri o della Commissione europea e previa approvazione del Parlamento europeo, può constatare l'esistenza di una violazione grave e persistente da parte di uno Stato membro dei valori di cui all'articolo 2, dopo aver invitato tale Stato membro a presentare osservazioni.

3. Qualora sia stata effettuata la constatazione di cui al paragrafo 2, il Consiglio, deliberando a maggioranza qualificata, può decidere di sospendere alcuni dei diritti derivanti allo Stato membro in questione dall'applicazione dei trattati, compresi i diritti di voto del rappresentante del governo di tale Stato membro in seno al Consiglio. Nell'agire in tal senso, il Consiglio tiene conto delle possibili conseguenze di una siffatta sospensione sui diritti e sugli obblighi delle persone fisiche e giuridiche.

Lo Stato membro in questione continua in ogni caso ad essere vincolato dagli obblighi che gli derivano dai trattati.

4. Il Consiglio, deliberando a maggioranza qualificata, può successivamente decidere di modificare o revocare le misure adottate a norma del paragrafo 3, per rispondere ai cambiamenti nella situazione che ha portato alla loro imposizione.

5. Le modalità di voto che, ai fini del presente articolo, si applicano al Parlamento europeo, al Consiglio europeo e al Consiglio sono stabilite nell'articolo 354 del trattato sul funzionamento dell'Unione europea.

Art. 8. – 1. L'Unione sviluppa con i paesi limitrofi relazioni privilegiate al fine di creare uno spazio di prosperità e buon vicinato fondato sui valori dell'Unione e caratterizzato da relazioni strette e pacifiche basate sulla cooperazione.

2. Ai fini del paragrafo 1, l'Unione può concludere accordi specifici con i paesi interessati. Detti accordi possono comportare diritti e obblighi reciproci, e la possibilità di condurre azioni in comune. La loro attuazione è oggetto di una concertazione periodica.

TITOLO II
DISPOSIZIONI RELATIVE AI PRINCIPI DEMOCRATICI

Art. 9. – L'Unione rispetta, in tutte le sue attività, il principio dell'uguaglianza dei cittadini, che beneficiano di uguale attenzione da parte delle sue istituzioni, organi e organismi. È cittadino dell'Unione chiunque abbia la cittadinanza di uno Stato membro. La cittadinanza dell'Unione si aggiunge alla cittadinanza nazionale e non la sostituisce.

Art. 10. – 1. Il funzionamento dell'Unione si fonda sulla democrazia rappresentativa.

2. I cittadini sono direttamente rappresentati, a livello dell'Unione, nel Parlamento europeo [14^{2} // 22^{2} TFUE].

Gli Stati membri sono rappresentati nel Consiglio europeo dai rispettivi capi di Stato o di governo e nel Consiglio dai rispettivi governi, a loro volta democraticamente responsabili dinanzi ai loro parlamenti nazionali o dinanzi ai loro cittadini.

3. Ogni cittadino ha il diritto di partecipare alla vita democratica dell'Unione. Le decisioni sono prese nella maniera il più possibile aperta e vicina ai cittadini.

4. I partiti politici a livello europeo contribuiscono a formare una coscienza politica europea e ad esprimere la volontà dei cittadini dell'Unione.

Art. 11. – 1. Le istituzioni danno ai cittadini e alle associazioni rappresentative, attraverso gli opportuni canali, la possibilità di far conoscere e di scambiare pubblicamente le loro opinioni in tutti i settori di azione dell'Unione.

2. Le istituzioni mantengono un dialogo aperto, trasparente e regolare con le associazioni rappresentative e la società civile.

3. Al fine di assicurare la coerenza e la trasparenza delle azioni dell'Unione, la Commissione europea procede ad ampie consultazioni delle parti interessate.

4. Cittadini dell'Unione, in numero di almeno un milione, che abbiano la cittadinanza di un numero significativo di Stati membri, possono prendere l'iniziativa d'invitare la Commissione europea, nell'ambito delle sue attribuzioni, a presentare una proposta appropriata su materie in merito alle quali tali cittadini ritengono necessario un atto giuridico dell'Unione ai fini dell'attuazione dei trattati.

Le procedure e le condizioni necessarie per la presentazione di una iniziativa dei cittadini sono stabilite conformemente all'articolo 24, primo comma del trattato sul funzionamento dell'Unione europea.

Art. 12. – I parlamenti nazionali contribuiscono attivamente al buon funzionamento dell'Unione:

a) venendo informati dalle istituzioni dell'Unione e ricevendo i progetti di atti legislativi dell'Unione in conformità del protocollo sul ruolo dei parlamenti nazionali nell'Unione europea;

b) vigilando sul rispetto del principio di sussidiarietà [5^{3}] secondo le procedure previste dal protocollo sull'applicazione dei principi di sussidiarietà e di proporzionalità;

c) partecipando, nell'ambito dello spazio di libertà, sicurezza e giustizia, ai meccanismi di valutazione ai fini dell'attuazione delle politiche dell'Unione in tale settore, in conformità dell'articolo 70 del trattato sul funzionamento dell'Unione europea, ed essendo associati al controllo politico di Europol e alla valutazione delle attività di Eurojust, in conformità degli articoli 88 e 85 di detto trattato;

d) partecipando alle procedure di revisione dei trattati in conformità dell'articolo 48 del presente trattato;

e) venendo informati delle domande di adesione all'Unione in conformità dell'articolo 49 del presente trattato;

f) partecipando alla cooperazione interparlamentare tra parlamenti nazionali e con il Parlamento europeo in conformità del protocollo sul ruolo dei parlamenti nazionali nell'Unione europea.

TITOLO III
DISPOSIZIONI RELATIVE ALLE ISTITUZIONI

Art. 13. – 1. L'Unione dispone di un quadro istituzionale che mira a promuoverne i valori, perseguirne gli obiettivi, servire i suoi interessi, quelli dei suoi cittadini e quelli degli Stati membri, garantire la coerenza, l'efficacia e la continuità delle sue politiche e delle sue azioni.

Le istituzioni dell'Unione sono:
– il Parlamento europeo,
– il Consiglio europeo,
– il Consiglio,
– la Commissione europea (in appresso «Commissione»),
– la Corte di giustizia dell'Unione europea,
– la Banca centrale europea,
– la Corte dei conti.

2. Ciascuna istituzione agisce nei limiti delle attribuzioni [5] che le sono conferite dai trattati, secondo le procedure, condizioni e finalità da essi previste. Le istituzioni attuano tra loro una leale cooperazione [4^{3}].

3. Le disposizioni relative alla Banca centrale europea e alla Corte dei conti figurano, insieme a disposizioni dettagliate sulle altre istituzioni, nel trattato sul funzionamento dell'Unione europea.

4. Il Parlamento europeo, il Consiglio e la Commissione sono assistiti da un Comitato economico e sociale e da un Comitato delle regioni, che esercitano funzioni consultive.

Art. 14 [223-234 TFUE]. – 1. Il Parlamento europeo esercita, congiuntamente al Consiglio, la funzione legislativa [289^{1} e 294 TFUE // 75, 76, 77^{3}, 82^{3}, 83^{3}, 86^{1}, 87^{3}, 89 TFUE] e la funzione di bilancio [314 TFUE]. Esercita funzioni di controllo politico [36 // 25, 175, 230, 233, 234 226 e 227 TFUE // 263 TFUE] e consultive alle condizioni stabilite dai trattati. Elegge il presidente della Commissione.

2. Il Parlamento europeo è composto di rappresentanti dei cittadini dell'Unione [10 // 22 TFUE]. Il loro numero non può essere superiore a settecentocinquanta, più il presidente. La rappresentanza dei cittadini è garantita in modo degressivamente proporzionale, con una soglia minima di sei membri per Stato membro. A nessuno Stato membro sono assegnati più di novantasei seggi.

Il Consiglio europeo adotta all'unanimità, su iniziativa del Parlamento europeo e con l'approvazione di quest'ultimo, una decisione che stabilisce la composizione del Parlamento europeo, nel rispetto dei principi di cui al primo comma.

3. I membri del Parlamento europeo sono eletti a suffragio universale diretto, libero e segreto, per un mandato di cinque anni.

4. Il Parlamento europeo elegge tra i suoi membri il presidente e l'ufficio di presidenza.

Art. 15 [235 e ss. TFUE]. – 1. Il Consiglio europeo dà all'Unione gli impulsi necessari al suo sviluppo e ne definisce gli orientamenti e le priorità politiche generali [21^{1} // 14^{2}, $16^{3,9}$, $48^{6,7}$, 31^{2} // 82^{3}, 83^{3} TFUE]. Non esercita funzioni legislative.

2. Il Consiglio europeo è composto dai capi di Stato o di governo degli Stati membri, dal suo presidente e dal presidente della Commissione. L'alto rappresentante dell'Unione per gli affari esteri e la politica di sicurezza partecipa ai lavori.

3. Il Consiglio europeo si riunisce due volte a semestre su convocazione del presidente. Se l'ordine del giorno lo richiede, i membri del Consiglio europeo possono decidere di farsi

assistere ciascuno da un ministro e, per quanto riguarda il presidente della Commissione, da un membro della Commissione. Se la situazione lo richiede, il presidente convoca una riunione straordinaria del Consiglio europeo.

4. Il Consiglio europeo si pronuncia per consenso [2, 7[2], 14[5] // 235[3] TFUE], salvo nei casi in cui i trattati dispongano diversamente.

5. Il Consiglio europeo elegge il presidente a maggioranza qualificata per un mandato di due anni e mezzo, rinnovabile una volta. In caso di impedimento o colpa grave, il Consiglio europeo può porre fine al mandato secondo la medesima procedura.

6. Il presidente del Consiglio europeo:

a) presiede e anima i lavori del Consiglio europeo;

b) assicura la preparazione e la continuità dei lavori del Consiglio europeo, in cooperazione con il presidente della Commissione e in base ai lavori del Consiglio «Affari generali»;

c) si adopera per facilitare la coesione e il consenso in seno al Consiglio europeo;

d) presenta al Parlamento europeo una relazione dopo ciascuna delle riunioni del Consiglio europeo.

Il presidente del Consiglio europeo assicura, al suo livello e in tale veste, la rappresentanza esterna dell'Unione per le materie relative alla politica estera e di sicurezza comune, fatte salve le attribuzioni dell'alto rappresentante dell'Unione per gli affari esteri e la politica di sicurezza.

Il presidente del Consiglio europeo non può esercitare un mandato nazionale.

Art. 16 [237-243 TFUE]. – 1. Il Consiglio esercita, congiuntamente al Parlamento europeo, la funzione legislativa [289 e 294 TFUE // 75, 76, 77[3], 82[3], 83[3], 86[1], 87[3], 89 TFUE] e la funzione di bilancio [314 TFUE]. Esercita funzioni di definizione delle politiche e di coordinamento alle condizioni stabilite nei trattati [5[1, 2] TFUE // 26[2] // 218-219 TFUE].

2. Il Consiglio è composto da un rappresentante di ciascuno Stato membro a livello ministeriale, abilitato a impegnare il governo dello Stato membro che rappresenta e ad esercitare il diritto di voto.

3. Il Consiglio delibera a maggioranza qualificata [30[1], 48[7]], salvo nei casi in cui i trattati dispongano diversamente [31[2 5] // 240[2, 3] TFUE // 24 // 19, 192, 238, 352 TFUE].

4. A decorrere dal 1° novembre 2014, per maggioranza qualificata si intende almeno il 55% dei membri del Consiglio, con un minimo di quindici, rappresentanti Stati membri che totalizzino almeno il 65% della popolazione dell'Unione.

La minoranza di blocco deve comprendere almeno quattro membri del Consiglio; in caso contrario la maggioranza qualificata si considera raggiunta.

Le altre modalità che disciplinano il voto a maggioranza qualificata sono stabilite all'articolo 238, paragrafo 2 del trattato sul funzionamento dell'Unione europea.

5. Le disposizioni transitorie relative alla definizione della maggioranza qualificata applicabili fino al 31 ottobre 2014 e quelle applicabili tra il 1° novembre 2014 e il 31 marzo 2017 sono stabilite dal protocollo sulle disposizioni transitorie.

6. Il Consiglio si riunisce in varie formazioni, il cui elenco è adottato conformemente all'articolo 236 del trattato sul funzionamento dell'Unione europea.

Il Consiglio «Affari generali» assicura la coerenza dei lavori delle varie formazioni del Consiglio. Esso prepara le riunioni del Consiglio europeo e ne assicura il seguito in collegamento con il presidente del Consiglio europeo e la Commissione.

Il Consiglio «Affari esteri» elabora l'azione esterna dell'Unione secondo le linee strategiche definite dal Consiglio europeo e assicura la coerenza dell'azione dell'Unione.

7. Un comitato dei rappresentanti permanenti dei governi degli Stati membri è responsabile della preparazione dei lavori del Consiglio.

8. Il Consiglio si riunisce in seduta pubblica quando delibera e vota su un progetto di atto legislativo. A tal fine, ciascuna sessione del Consiglio è suddivisa in due parti dedicate, rispettivamente, alle deliberazioni su atti legislativi dell'Unione e alle attività non legislative.

9. La presidenza delle formazioni del Consiglio, ad eccezione della formazione «Affari esteri» [18[3]], è esercitata dai rappresentanti degli Stati membri nel Consiglio secondo un sistema di rotazione paritaria, alle condizioni stabilite conformemente all'articolo 236 del trattato sul funzionamento dell'Unione europea [237 TFUE].

Art. 17 [244-250 TFUE]. – 1. La Commissione promuove l'interesse generale dell'Unione e adotta le iniziative appropriate a tal fine. Vigila sull'applicazione dei trattati e delle misure adottate dalle istituzioni in virtù dei trattati. Vigila [105, 106, 258, 263, 265 TFUE] sull'applicazione del diritto dell'Unione sotto il controllo della Corte di giustizia dell'Unione europea. Dà esecuzione al bilancio [314, 317 TFUE] e gestisce i programmi. Esercita funzioni di coordinamento, di esecuzione [290 e 291 TFUE] e di gestione, alle condizioni stabilite dai trattati. Assicura la rappresentanza esterna dell'Unione, fatta eccezione per la politica estera e di sicurezza comune e per gli altri casi previsti dai trattati. Avvia il processo di programmazione annuale e pluriennale dell'Unione per giungere ad accordi interistituzionali.

2. Un atto legislativo dell'Unione può essere adottato solo [293[1], 294 TFUE] su proposta della Commissione [11[4], 15[1] // 225, 241 TFUE], salvo che i trattati non dispongano diversamente [289[4] TFUE]. Gli altri atti sono adottati su proposta della Commissione se i trattati lo prevedono.

3. Il mandato della Commissione è di cinque anni.

I membri della Commissione sono scelti [17[7]] in base alla loro competenza generale e al loro impegno europeo e tra personalità che offrono tutte le garanzie di indipendenza [245 TFUE].

La Commissione esercita le sue responsabilità in piena indipendenza. Fatto salvo l'articolo 18, paragrafo 2, i membri della Commissione non sollecitano né accettano istruzioni da alcun governo, istituzione, organo o organismo. Essi si astengono da ogni atto incompatibile con le loro funzioni o con l'esecuzione dei loro compiti.

4. La Commissione nominata tra la data di entrata in vigore del trattato di Lisbona e il 31 ottobre 2014 è composta da un cittadino di ciascuno Stato membro, compreso il presidente e l'alto rappresentante dell'Unione per gli affari esteri e la politica di sicurezza, che è uno dei vicepresidenti.

5. A decorrere dal 1° novembre 2014, la Commissione è composta da un numero di membri, compreso il presidente e l'alto rappresentante dell'Unione per gli affari esteri e la politica di sicurezza, corrispondente ai due terzi del numero degli Stati membri, a meno che il Consiglio europeo, deliberando all'unanimità, non decida di modificare tale numero.

I membri della Commissione sono scelti tra i cittadini degli Stati membri in base ad un sistema di rotazione assolutamente paritaria tra gli Stati membri che consenta di riflettere la molteplicità demografica e geografica degli Stati membri. Tale sistema è stabilito all'unanimità dal Consiglio europeo conformemente all'articolo 244 del trattato sul funzionamento dell'Unione europea.

6. Il presidente della Commissione [15[2] // 248 TFUE]:

a) definisce gli orientamenti nel cui quadro la Commissione esercita i suoi compiti;

b) decide l'organizzazione interna della Commissione per assicurare la coerenza, l'efficacia e la collegialità della sua azione;

c) nomina i vicepresidenti, fatta eccezione per l'alto rappresentante dell'Unione per gli affari esteri e la politica di sicurezza, tra i membri della Commissione.

Un membro della Commissione rassegna le dimissioni se il presidente glielo chiede. L'alto rappresentante dell'Unione per gli affari esteri e la politica di sicurezza rassegna le dimissioni conformemente alla procedura di cui all'articolo 18, paragrafo 1, se il presidente glielo chiede.

7. Tenuto conto delle elezioni del Parlamento europeo e dopo aver effettuato le consultazioni appropriate, il Consiglio europeo, deliberando a maggioranza qualificata, propone al Parlamento europeo un candidato alla carica di presidente della Commissione. Tale candidato è eletto dal Parlamento europeo a maggioranza dei membri che lo compongono. Se il candidato non ottiene la maggioranza, il Consiglio europeo, deliberando a maggioranza qualificata, propone entro un mese un nuovo candidato, che è eletto dal Parlamento europeo secondo la stessa procedura.

Il Consiglio, di comune accordo con il presidente eletto, adotta l'elenco delle altre personalità che propone di nominare membri della Commissione. Dette personalità sono selezionate in base alle proposte presentate dagli Stati membri, conformemente ai criteri di cui al paragrafo 3, secondo comma e al paragrafo 5, secondo comma.

Il presidente, l'alto rappresentante dell'Unione per gli affari esteri e la politica di sicurezza e gli altri membri della Commissione sono soggetti, collettivamente, ad un voto di approvazione del Parlamento europeo. In seguito a tale approvazione la Commissione è nominata dal Consiglio europeo, che delibera a maggioranza qualificata.

8. La Commissione è responsabile collettivamente dinanzi al Parlamento europeo. Il Parlamento europeo può votare una mozione di censura della Commissione secondo le modalità di cui all'articolo 234 del trattato sul funzionamento dell'Unione europea. Se tale mozione è adottata, i membri della Commissione si dimettono collettivamente dalle loro funzioni e l'alto rappresentante dell'Unione per gli affari esteri e la politica di sicurezza si dimette dalle funzioni che esercita in seno alla Commissione.

Art. 18. – 1. Il Consiglio europeo, deliberando a maggioranza qualificata con l'accordo del presidente della Commissione, nomina l'alto rappresentante dell'Unione per gli affari esteri e la politica di sicurezza [31[1, 2]]. Il Consiglio europeo può porre fine al suo mandato mediante la medesima procedura.

2. L'alto rappresentante guida la politica estera e di sicurezza comune dell'Unione. Contribuisce con le sue proposte all'elaborazione di detta politica e la attua in qualità di mandatario del Consiglio. Egli agisce allo stesso modo per quanto riguarda la politica di sicurezza e di difesa comune.

3. L'alto rappresentante presiede il Consiglio «Affari esteri».

4. L'alto rappresentante è uno dei vicepresidenti della Commissione. Vigila sulla coerenza dell'azione esterna dell'Unione. In seno alla Commissione, è incaricato delle responsabilità che incombono a tale istituzione nel settore delle relazioni esterne e del coordinamento degli altri aspetti dell'azione esterna dell'Unione. Nell'esercizio di queste responsabilità in seno alla Commissione e limitatamente alle stesse, l'alto rappresentante è soggetto alle procedure che regolano il funzionamento della Commissione, per quanto compatibile con i paragrafi 2 e 3 [15[2]].

Art. 19 [251-281 TFUE // Prot. 3 UE]. – 1. La Corte di giustizia dell'Unione europea comprende la Corte di giustizia, il Tribunale e i tribunali specializzati. Assicura il rispetto del diritto nell'interpretazione e nell'applicazione dei trattati [24[1]].

Gli Stati membri stabiliscono i rimedi giurisdizionali necessari per assicurare una tutela giurisdizionale effettiva nei settori disciplinati dal diritto dell'Unione.

2. La Corte di giustizia è composta da un giudice per Stato membro. È assistita da avvocati generali [252[1], 253 e 255 TFUE].

Il Tribunale è composto da almeno un giudice per Stato membro [254[2], 255 TFUE // 257 TFUE // 256[1], 108[2], 207, 256[3], 257[3], 291[2] TFUE].

I giudici e gli avvocati generali della Corte di giustizia e i giudici del Tribunale sono scelti tra personalità che offrano tutte le garanzie di indipendenza e che soddisfino le condizioni richieste agli articoli 253 e 254 del trattato sul funzionamento dell'Unione europea. Sono nominati di comune accordo dai governi degli Stati membri per sei anni. I giudici e gli avvocati generali uscenti possono essere nuovamente nominati.

3. La Corte di giustizia dell'Unione europea si pronuncia conformemente ai trattati:

a) sui ricorsi [258, 259, 263, 265, 268 TFUE] presentati da uno Stato membro, da un'istituzione o da una persona fisica o giuridica;

b) in via pregiudiziale [267 TFUE], su richiesta delle giurisdizioni nazionali, sull'interpretazione del diritto dell'Unione [51] o sulla validità degli atti adottati dalle istituzioni;

c) negli altri casi previsti dai trattati [218[11] TFUE].

TITOLO IV
DISPOSIZIONI SULLE COOPERAZIONI RAFFORZATE

Art. 20 (ex articoli da 27 A a 27 E, da 40 a 40 B e da 43 a 45 del TUE ed ex articoli da 11 a 11 A del TCE). – 1. Gli Stati membri che intendono instaurare tra loro una cooperazione rafforzata nel quadro delle competenze non esclusive dell'Unione possono far ricorso alle sue istituzioni ed esercitare tali competenze applicando le pertinenti disposizioni dei trattati, nei limiti e con le modalità previsti nel presente articolo e negli articoli da 326 a 334 del trattato sul funzionamento dell'Unione europea.

Le cooperazioni rafforzate sono intese a promuovere la realizzazione degli obiettivi dell'Unione, a proteggere i suoi interessi e a rafforzare il suo processo di integrazione. Sono aperte in qualsiasi momento a tutti gli Stati membri ai sensi dell'articolo 328 del trattato sul funzionamento dell'Unione europea.

2. La decisione che autorizza una cooperazione rafforzata è adottata dal Consiglio in ultima istanza, qualora esso stabilisca che gli obiettivi ricercati da detta cooperazione non possono essere conseguiti entro un termine ragionevole dall'Unione nel suo insieme, e a condizione che vi partecipino almeno nove Stati membri. Il Consiglio delibera secondo la procedura di cui all'articolo 329 del trattato sul funzionamento dell'Unione europea.

3. Tutti i membri del Consiglio possono partecipare alle sue deliberazioni, ma solo i membri del Consiglio che rappresentano gli Stati membri partecipanti ad una cooperazione rafforzata prendono parte al voto. Le modalità di voto sono previste all'articolo 330 del trattato sul funzionamento dell'Unione europea.

4. Gli atti adottati nel quadro di una cooperazione rafforzata vincolano solo gli Stati membri partecipanti. Non sono considerati un acquis che deve essere accettato dagli Stati candidati all'adesione all'Unione.

TITOLO V
DISPOSIZIONI GENERALI SULL'AZIONE ESTERNA DELL'UNIONE E DISPOSIZIONI SPECIFICHE SULLA POLITICA ESTERA E DI SICUREZZA COMUNE

Capo I
Disposizioni generali sull'azione esterna dell'Unione

Art. 21. – 1. L'azione dell'Unione sulla scena internazionale si fonda sui principi che ne hanno informato la creazione, lo sviluppo e l'allargamento e che essa si prefigge di promuovere nel resto del mondo: democrazia, Stato di diritto, universalità e indivisibilità dei diritti dell'uomo e delle libertà fondamentali, rispetto della dignità umana, principi di uguaglianza e di solidarietà e rispetto dei principi della Carta delle Nazioni Unite e del diritto internazionale.

L'Unione si adopera per sviluppare relazioni e istituire partenariati con i paesi terzi e con le organizzazioni internazionali, regionali o mondiali, che condividono i principi di cui al primo comma. Essa promuove soluzioni multilaterali ai problemi comuni, in particolare nell'ambito delle Nazioni Unite.

2. L'Unione definisce e attua politiche comuni e azioni e opera per assicurare un elevato livello di cooperazione in tutti i settori delle relazioni internazionali al fine di:

a) salvaguardare i suoi valori, i suoi interessi fondamentali, la sua sicurezza, la sua indipendenza e la sua integrità;

b) consolidare e sostenere la democrazia, lo Stato di diritto, i diritti dell'uomo e i principi del diritto internazionale;

c) preservare la pace, prevenire i conflitti e rafforzare la sicurezza internazionale, conformemente agli obiettivi e ai principi della Carta delle Nazioni Unite, nonché ai principi dell'Atto finale di Helsinki e agli obiettivi della Carta di Parigi, compresi quelli relativi alle frontiere esterne;

d) favorire lo sviluppo sostenibile dei paesi in via di sviluppo sul piano economico, sociale e ambientale, con l'obiettivo primo di eliminare la povertà;

e) incoraggiare l'integrazione di tutti i paesi nell'economia mondiale, anche attraverso la progressiva abolizione delle restrizioni agli scambi internazionali;

f) contribuire all'elaborazione di misure internazionali volte a preservare e migliorare la qualità dell'ambiente e la gestione sostenibile delle risorse naturali mondiali, al fine di assicurare lo sviluppo sostenibile;

g) aiutare le popolazioni, i paesi e le regioni colpiti da calamità naturali o provocate dall'uomo;

h) promuovere un sistema internazionale basato su una cooperazione multilaterale rafforzata e il buon governo mondiale.

3. Nell'elaborazione e attuazione dell'azione esterna nei vari settori compresi nel presente titolo e nella parte quinta del trattato sul funzionamento dell'Unione europea e delle altre politiche nei loro aspetti esterni, l'Unione rispetta i principi e persegue gli obiettivi di cui ai paragrafi 1 e 2.

L'Unione assicura la coerenza tra i vari settori dell'azione esterna e tra questi e le altre politiche. Il Consiglio e la Commissione, assistiti dall'alto rappresentante dell'Unione per gli affari esteri e la politica di sicurezza, garantiscono tale coerenza e cooperano a questo fine.

Art. 22. – 1. Il Consiglio europeo individua gli interessi e obiettivi strategici dell'Unione sulla base dei principi e degli obiettivi enunciati all'articolo 21 [15[1]].

Le decisioni del Consiglio europeo sugli interessi e gli obiettivi strategici dell'Unione riguardano la politica estera e di sicurezza comune e altri settori dell'azione esterna dell'Unione. Possono riferirsi alle relazioni dell'Unione con un paese o una regione o essere improntate ad un approccio tematico. Esse fissano la rispettiva durata e i mezzi che l'Unione e gli Stati membri devono mettere a disposizione.

Il Consiglio europeo delibera all'unanimità su raccomandazione del Consiglio adottata da quest'ultimo secondo le modalità previste per ciascun settore. Le decisioni del Consiglio europeo sono attuate secondo le procedure previste dai trattati.

2. L'alto rappresentante dell'Unione per gli affari esteri e la politica di sicurezza, per il settore della politica estera e di sicurezza comune, e la Commissione, per gli altri settori dell'azione esterna, possono presentare proposte congiunte al Consiglio.

Capo II
Disposizioni specifiche sulla politica estera e di sicurezza comune

Sezione I
Disposizioni comuni

Art. 23. – L'azione dell'Unione sulla scena internazionale, ai sensi del presente capo, si fonda sui principi, persegue gli obiettivi ed è condotta in conformità delle disposizioni generali di cui al capo 1.

Art. 24 (ex art. 11 del TUE). – 1. La competenza dell'Unione in materia di politica estera e di sicurezza comune [25 e 26 // 2[4] TFUE] riguarda tutti i settori della politica estera e tutte le questioni relative alla sicurezza dell'Unione, compresa la definizione progressiva di una politica di difesa comune che può condurre a una difesa comune.

La politica estera e di sicurezza comune è soggetta a norme e procedure specifiche. Essa è definita e attuata dal Consiglio europeo e dal Consiglio che deliberano all'unanimità, salvo nei casi in cui i trattati dispongano diversamente. È esclusa l'adozione di atti legislativi. La politica estera e di sicurezza comune è messa in atto dall'alto rappresentante dell'Unione per gli affari esteri e la politica di sicurezza e dagli Stati membri in conformità dei trattati. Il ruolo specifico del Parlamento europeo e della Commissione in questo settore è definito dai trattati. La Corte di giustizia dell'Unione europea non è competente riguardo a tali disposizioni, ad eccezione della competenza a controllare il rispetto dell'articolo 40 del presente trattato e la legittimità di talune decisioni, come previsto dall'articolo 275, secondo comma del trattato sul funzionamento dell'Unione europea.

2. Nel quadro dei principi e degli obiettivi dell'azione esterna, l'Unione conduce, stabilisce e attua una politica estera e di sicurezza comune fondata sullo sviluppo della reciproca solidarietà politica degli Stati membri, sull'individuazione delle questioni di interesse generale e sulla realizzazione di un livello sempre maggiore di convergenza delle azioni degli Stati membri.

3. Gli Stati membri sostengono attivamente e senza riserve la politica estera e di sicurezza dell'Unione in uno spirito di lealtà e di solidarietà reciproca e rispettano l'azione dell'Unione in questo settore.

Gli Stati membri operano congiuntamente per rafforzare e sviluppare la loro reciproca solidarietà politica. Essi si astengono da qualsiasi azione contraria agli interessi dell'Unione o tale da nuocere alla sua efficacia come elemento di coesione nelle relazioni internazionali.

Il Consiglio e l'alto rappresentante provvedono affinché detti principi siano rispettati.

Art. 25 (ex art. 12 del TUE). – L'Unione conduce la politica estera e di sicurezza comune [24 e 26 // 2[4] TFUE]:

a) definendo gli orientamenti generali,

b) adottando decisioni che definiscono:

i) le azioni che l'Unione deve intraprendere,

ii) le posizioni che l'Unione deve assumere,

iii) le modalità di attuazione delle decisioni di cui ai punti i) e ii), e

c) rafforzando la cooperazione sistematica tra gli Stati membri per la conduzione della loro politica.

Art. 26 (ex art. 13 del TUE). – 1. Il Consiglio europeo individua gli interessi strategici dell'Unione, fissa gli obiettivi e definisce gli orientamenti generali della politica estera e di sicurezza comune [24 e 25 // 2[4] TFUE], ivi comprese le questioni che hanno implicazioni in materia di difesa. Adotta le decisioni necessarie.

Qualora lo esigano sviluppi internazionali, il presidente del Consiglio europeo convoca una riunione straordinaria dello stesso per definire le linee strategiche della politica dell'Unione dinanzi a tali sviluppi.

2. Il Consiglio elabora la politica estera e di sicurezza comune e prende le decisioni necessarie per la definizione e l'attuazione di tale politica in base agli orientamenti generali e alle linee strategiche definiti dal Consiglio europeo.

Il Consiglio e l'alto rappresentante dell'Unione per gli affari esteri e la politica di sicurezza assicurano l'unità, la coerenza e l'efficacia dell'azione dell'Unione.

3. La politica estera e di sicurezza comune è attuata dall'alto rappresentante e dagli Stati membri, ricorrendo ai mezzi nazionali e a quelli dell'Unione.

Art. 27. – 1. L'alto rappresentante dell'Unione per gli affari esteri e la politica di sicurezza, che presiede il Consiglio «Affari esteri», contribuisce con proposte all'elaborazione della politica estera e di sicurezza comune e assicura l'attuazione delle decisioni adottate dal Consiglio europeo e dal Consiglio.

2. L'alto rappresentante rappresenta l'Unione per le materie che rientrano nella politica estera e di sicurezza comune. Conduce, a nome dell'Unione, il dialogo politico con i terzi ed esprime la posizione dell'Unione nelle organizzazioni internazionali e in seno alle conferenze internazionali.

3. Nell'esecuzione delle sue funzioni, l'alto rappresentante si avvale di un servizio europeo per l'azione esterna. Il servizio lavora in collaborazione con i servizi diplomatici degli Stati membri ed è composto da funzionari dei servizi competenti del segretariato generale del Consiglio e della Commissione e da personale distaccato dai servizi diplomatici nazionali. L'organizzazione e il funzionamento del servizio europeo per l'azione esterna sono fissati da una decisione del Consiglio. Il Consiglio delibera su proposta dell'alto rappresentante, previa consultazione del Parlamento europeo e previa approvazione della Commissione.

Art. 28 (ex art. 14 del TUE). – 1. Quando una situazione internazionale richiede un intervento operativo dell'Unione, il Consiglio adotta le decisioni necessarie. Esse definiscono gli obiettivi, la portata e i mezzi di cui l'Unione deve disporre, le condizioni di attuazione e, se necessario, la durata.

Se si produce un cambiamento di circostanze che ha una netta incidenza su una questione oggetto di una tale decisione, il Consiglio rivede i principi e gli obiettivi di detta decisione e adotta le decisioni necessarie.

2. Le decisioni di cui al paragrafo 1 vincolano gli Stati membri nelle loro prese di posizione e nella conduzione della loro azione.

3. Qualsiasi presa di posizione o azione nazionale prevista in applicazione di una decisione di cui al paragrafo 1 forma oggetto di informazione da parte dello Stato membro interessato entro termini che permettano, se necessario, una concertazione preliminare in sede di Consiglio. L'obbligo dell'informazione preliminare non è applicabile per le misure di semplice recepimento sul piano nazionale delle decisioni del Consiglio.

4. In caso di assoluta necessità connessa con l'evoluzione della situazione e in mancanza di una revisione della decisione del Consiglio di cui al paragrafo 1, gli Stati membri possono prendere d'urgenza le misure necessarie, tenuto conto degli obiettivi generali di detta decisione. Lo Stato membro che prende tali misure ne informa immediatamente il Consiglio.

5. In caso di difficoltà rilevanti nell'applicazione di una decisione di cui al presente articolo, uno Stato membro ne investe il Consiglio che delibera al riguardo e ricerca le soluzioni appropriate. Queste ultime non possono essere in contrasto con gli obiettivi della decisione di cui al paragrafo 1 né nuocere alla sua efficacia.

Art. 29 (ex art. 15 del TUE). – Il Consiglio adotta decisioni che definiscono la posizione dell'Unione su una questione particolare di natura geografica o tematica. Gli Stati membri provvedono affinché le loro politiche nazionali siano conformi alle posizioni dell'Unione.

Art. 30 (ex art. 22 del TUE). – 1. Ogni Stato membro, l'alto rappresentante dell'Unione per gli affari esteri e la politica di sicurezza, o l'alto rappresentante con l'appoggio della Commissione, possono sottoporre al Consiglio questioni relative alla politica estera e di sicurezza comune e possono presentare rispettivamente iniziative o proposte al Consiglio.

2. Nei casi che richiedono una decisione rapida, l'alto rappresentante convoca, d'ufficio o a richiesta di uno Stato membro, una riunione straordinaria del Consiglio, entro un termine di quarantotto ore o, in caso di emergenza, entro un termine più breve.

Art. 31 (ex art. 23 del TUE). – 1. Le decisioni a norma del presente capo sono adottate dal Consiglio europeo e dal Consiglio che deliberano all'unanimità, salvo nei casi in cui il presente capo dispone diversamente. È esclusa l'adozione di atti legislativi.

In caso di astensione dal voto, ciascun membro del Consiglio può motivare la propria astensione con una dichiarazione formale a norma del presente comma. In tal caso esso non è obbligato ad applicare la decisione, ma accetta che essa impegni l'Unione. In uno spirito di mutua solidarietà, lo Stato membro interessato si astiene da azioni che possano contrastare o impedire l'azione dell'Unione basata su tale decisione, e gli altri Stati membri rispettano la sua posizione. Qualora i membri del Consiglio che motivano in tal modo l'astensione rappresentino almeno un terzo degli Stati membri che totalizzano almeno un terzo della popolazione dell'Unione, la decisione non è adottata.

2. In deroga alle disposizioni di cui al paragrafo 1, il Consiglio delibera a maggioranza qualificata:

– quando adotta una decisione che definisce un'azione o una posizione dell'Unione, sulla base di una decisione del Consiglio europeo relativa agli interessi e obiettivi strategici dell'Unione di cui all'articolo 22, paragrafo 1;

– quando adotta una decisione che definisce un'azione o una posizione dell'Unione in base a una proposta dell'alto rappresentante dell'Unione per gli affari esteri e la politica di sicurezza presentata in seguito a una richiesta specifica rivolta a quest'ultimo dal Consiglio europeo di sua iniziativa o su iniziativa dell'alto rappresentante;

– quando adotta decisioni relative all'attuazione di una decisione che definisce un'azione o una posizione dell'Unione;

– quando nomina un rappresentante speciale ai sensi dell'articolo 33.

Se un membro del Consiglio dichiara che, per specificati e vitali motivi di politica nazionale, intende opporsi all'adozione di una decisione che richiede la maggioranza qualificata, non si procede alla votazione. L'alto rappresentante cerca, in stretta consultazione con lo Stato membro interessato, una soluzione accettabile per quest'ultimo. In mancanza di un risultato il Consiglio, deliberando a maggioranza qualificata, può chiedere che della questione sia investito il Consiglio europeo, in vista di una decisione all'unanimità.

3. Il Consiglio europeo può adottare all'unanimità una decisione che preveda che il Consiglio delibera a maggioranza qualificata in casi diversi da quelli contemplati al paragrafo 2.

4. I paragrafi 2 e 3 non si applicano alle decisioni che hanno implicazioni nel settore militare o della difesa.

5. Per le questioni procedurali il Consiglio delibera alla maggioranza dei suoi membri.

Art. 32 (ex art. 16 del TUE). – Gli Stati membri si consultano in sede di Consiglio europeo e di Consiglio in merito a qualsiasi questione di politica estera e di sicurezza di interesse generale per definire un approccio comune. Prima di intraprendere qualsiasi azione sulla scena internazionale o di assumere qualsiasi impegno che possa ledere gli interessi dell'Unione, ciascuno Stato membro consulta gli altri in sede di Consiglio europeo o di Consiglio. Gli Stati membri assicurano, mediante la convergenza delle loro azioni, che l'Unione possa affermare i suoi interessi e i suoi valori sulla scena internazionale. Gli Stati membri sono solidali tra loro.

Quando il Consiglio europeo o il Consiglio hanno definito un approccio comune dell'Unione ai sensi del primo comma, l'alto rappresentante dell'Unione per gli affari esteri e la politica di sicurezza e i ministri degli affari esteri degli Stati membri coordinano le loro attività nell'ambito del Consiglio.

Le missioni diplomatiche degli Stati membri e le delegazioni dell'Unione nei paesi terzi e presso le organizzazioni internazionali cooperano tra di loro e contribuiscono alla formulazione e all'attuazione dell'approccio comune.

Art. 33 (ex art. 18 del TUE). – Il Consiglio, su proposta dell'alto rappresentante dell'Unione per gli affari esteri e la politica di sicurezza, può nominare un rappresentante speciale con un mandato per problemi politici specifici. Il rappresentante speciale esercita il mandato sotto l'autorità dell'alto rappresentante.

Art. 34 (ex art. 19 del TUE). – 1. Gli Stati membri coordinano la propria azione nelle organizzazioni internazionali e in occasione di conferenze internazionali. In queste sedi essi difendono le posizioni dell'Unione. L'alto rappresentante dell'Unione per gli affari esteri e la politica di sicurezza assicura l'organizzazione di tale coordinamento.

Nelle organizzazioni internazionali e in occasione di conferenze internazionali alle quali non tutti gli Stati membri partecipano, quelli che vi partecipano difendono le posizioni dell'Unione.

2. Conformemente all'articolo 24, paragrafo 3, gli Stati membri rappresentati nelle organizzazioni internazionali o nelle conferenze internazionali alle quali non tutti gli Stati membri partecipano, tengono informati questi ultimi e l'alto rappresentante in merito ad ogni questione di interesse comune.

Gli Stati membri che sono anche membri del Consiglio di sicurezza delle Nazioni Unite si concerteranno e terranno pienamente informati gli altri Stati membri e l'alto rappresentante. Gli Stati membri che sono membri del Consiglio di sicurezza difenderanno, nell'esercizio delle loro funzioni, le posizioni e l'interesse dell'Unione, fatte salve le responsabilità che loro incombono in forza delle disposizioni della Carta delle Nazioni Unite.

Allorché l'Unione ha definito una posizione su un tema all'ordine del giorno del Consiglio di sicurezza delle Nazioni Unite, gli Stati membri che vi partecipano chiedono che l'alto rappresentante sia invitato a presentare la posizione dell'Unione.

Art. 35 (ex art. 20 del TUE). – Le missioni diplomatiche e consolari degli Stati membri e le delegazioni dell'Unione nei paesi terzi e nelle conferenze internazionali, nonché le loro rappresentanze presso le organizzazioni internazionali, cooperano al fine di garantire il rispetto e l'attuazione delle decisioni che definiscono posizioni e azioni dell'Unione adottate in virtù del presente capo.

Esse intensificano la loro cooperazione procedendo a scambi di informazioni e a valutazioni comuni.

Esse contribuiscono all'attuazione del diritto di tutela dei cittadini dell'Unione nel territorio dei paesi terzi di cui all'articolo 20, paragrafo 2, lettera c) del trattato sul funzionamento dell'Unione europea e delle misure adottate in applicazione dell'articolo 23 di detto trattato.

Art. 36 (ex art. 21 del TUE). – L'alto rappresentante dell'Unione per gli affari esteri e la politica di sicurezza consulta regolarmente il Parlamento europeo sui principali aspetti e sulle scelte fondamentali della politica estera e di sicurezza comune e della politica di sicurezza e di difesa comune e lo informa dell'evoluzione di tali politiche. Egli provvede affinché le opinioni del Parlamento europeo siano debitamente prese in considerazione. I rappresentanti speciali possono essere associati all'informazione del Parlamento europeo.

Il Parlamento europeo può rivolgere interrogazioni o formulare raccomandazioni al Consiglio e all'alto rappresentante. Esso procede due volte all'anno ad un dibattito sui progressi compiuti nell'attuazione della politica estera e di sicurezza comune, compresa la politica di sicurezza e di difesa comune.

Art. 37 (ex art. 24 del TUE). – L'Unione può concludere accordi con uno o più Stati o organizzazioni internazionali nei settori di pertinenza del presente capo.

Art. 38 (ex art. 25 del TUE). – Fatto salvo l'articolo 240 del trattato sul funzionamento dell'Unione europea, un comitato politico e di sicurezza controlla la situazione internazionale nei settori che rientrano nella politica estera e di sicurezza comune e contribuisce a definire le politiche formulando pareri per il Consiglio, a richiesta di questo, dell'alto rappresentante dell'Unione per gli affari esteri e la politica di sicurezza o di propria iniziativa. Esso controlla altresì l'attuazione delle politiche concordate, fatte salve le competenze dell'alto rappresentante.

Nel quadro del presente capo, il comitato politico e di sicurezza esercita, sotto la responsabilità del Consiglio e dell'alto rappresentante, il controllo politico e la direzione strategica delle operazioni di gestione delle crisi previste all'articolo 43.

Ai fini di un'operazione di gestione delle crisi e per la durata della stessa, quali sono determinate dal Consiglio, quest'ultimo può autorizzare il comitato a prendere le decisioni appropriate in merito al controllo politico e alla direzione strategica dell'operazione.

Art. 39. – Conformemente all'articolo 16 del trattato sul funzionamento dell'Unione europea e in deroga al paragrafo 2 di detto articolo, il Consiglio adotta una decisione che stabilisce le norme relative alla protezione delle persone fisiche con riguardo al trattamento dei dati di carattere personale da parte degli Stati membri nell'esercizio di attività che rientrano nel campo di applicazione del presente capo, e le norme relative alla libera circolazione di tali dati. Il rispetto di tali norme è soggetto al controllo di autorità indipendenti.

Art. 40 (ex art. 47 del TUE). – L'attuazione della politica estera e di sicurezza comune lascia impregiudicata l'applicazione delle procedure e la rispettiva portata delle attribuzioni delle istituzioni previste dai trattati per l'esercizio delle competenze dell'Unione di cui agli articoli da 3 a 6 del trattato sul funzionamento dell'Unione europea.

L'attuazione delle politiche previste in tali articoli lascia parimenti impregiudicata l'applicazione delle procedure e la rispettiva portata delle attribuzioni delle istituzioni previste dai trattati per l'esercizio delle competenze dell'Unione a titolo del presente capo.

Art. 41 (ex art. 28 del TUE). – 1. Le spese amministrative che le istituzioni sostengono per l'attuazione del presente capo sono a carico del bilancio dell'Unione.

2. Le spese operative cui dà luogo l'attuazione del presente capo sono anch'esse a carico del bilancio dell'Unione, eccetto le spese derivanti da operazioni che hanno implicazioni nel settore militare o della difesa, e a meno che il Consiglio, deliberando all'unanimità, decida altrimenti.

Nei casi in cui non sono a carico del bilancio dell'Unione, le spese sono a carico degli Stati membri secondo un criterio di ripartizione basato sul prodotto nazionale lordo, a meno che il Consiglio, deliberando all'unanimità, non stabilisca altrimenti. Per quanto riguarda le spese derivanti da operazioni che hanno implicazioni nel settore militare o della difesa, gli Stati membri i cui rappresentanti in Consiglio hanno fatto una dichiarazione formale a norma dell'articolo 31, paragrafo 1, secondo comma, non sono obbligati a contribuire al loro finanziamento.

3. Il Consiglio adotta una decisione che stabilisce le procedure specifiche per garantire il rapido accesso agli stanziamenti del bilancio dell'Unione destinati al finanziamento urgente di iniziative nel quadro della politica estera e di sicurezza comune, in particolare ai preparativi di una missione di cui all'articolo 42, paragrafo 1 e all'articolo 43. Esso delibera previa consultazione del Parlamento europeo.

I preparativi delle missioni di cui all'articolo 42, paragrafo 1 e all'articolo 43 che non sono a carico del bilancio dell'Unione sono finanziati mediante un fondo iniziale costituito da contributi degli Stati membri.

Il Consiglio adotta a maggioranza qualificata, su proposta dell'alto rappresentante dell'Unione per gli affari esteri e la politica di sicurezza, le decisioni che fissano:

a) le modalità di costituzione e finanziamento del fondo iniziale, in particolare le dotazioni finanziarie assegnategli;

b) le modalità di gestione del fondo iniziale;

c) le modalità di controllo finanziario.

Quando la missione prevista conformemente all'articolo 42, paragrafo 1 e all'articolo 43 non può essere a carico del bilancio dell'Unione, il Consiglio autorizza l'alto rappresentante a ricorrere a detto fondo. L'alto rappresentante riferisce al Consiglio sull'esecuzione di tale mandato.

Sezione II
Disposizioni sulla politica di sicurezza e di difesa comune

Art. 42 (ex art. 17 del TUE). – 1. La politica di sicurezza e di difesa comune costituisce parte integrante della politica estera e di sicurezza comune. Essa assicura che l'Unione disponga di una capacità operativa ricorrendo a mezzi civili e militari. L'Unione può avvalersi di tali mezzi in missioni al suo esterno per garantire il mantenimento della pace, la prevenzione dei conflitti e il rafforzamento della sicurezza internazionale, conformemente ai principi della Carta delle Nazioni Unite. L'esecuzione di tali compiti si basa sulle capacità fornite dagli Stati membri.

2. La politica di sicurezza e di difesa comune comprende la graduale definizione di una politica di difesa comune dell'Unione. Questa condurrà a una difesa comune quando il Consiglio europeo, deliberando all'unanimità, avrà così deciso. In questo caso, il Consiglio europeo raccomanda agli Stati membri di adottare una decisione in tal senso conformemente alle rispettive norme costituzionali.

La politica dell'Unione a norma della presente sezione non pregiudica il carattere specifico della politica di sicurezza e di difesa di taluni Stati membri, rispetta gli obblighi di alcuni Stati membri, i quali ritengono che la loro difesa comune si realizzi tramite l'Organizzazione del trattato del Nord-Atlantico (NATO), nell'ambito del trattato dell'Atlantico del Nord, ed è compatibile con la politica di sicurezza e di difesa comune adottata in tale contesto.

3. Gli Stati membri mettono a disposizione dell'Unione, per l'attuazione della politica di sicurezza e di difesa comune, capacità civili e militari per contribuire al conseguimento degli obiettivi definiti dal Consiglio. Gli Stati membri che costituiscono tra loro forze multinazionali possono mettere anche tali forze a disposizione della politica di sicurezza e di difesa comune.

Gli Stati membri s'impegnano a migliorare progressivamente le loro capacità militari. L'Agenzia nel settore dello sviluppo delle capacità di difesa, della ricerca, dell'acquisizione e degli armamenti (in appresso denominata «Agenzia europea per la difesa») individua le esigenze operative, promuove misure per rispondere a queste, contribuisce a individuare e, se del caso, mettere in atto qualsiasi misura utile a rafforzare la base industriale e tecnologica del settore della difesa, partecipa alla definizione di una politica europea delle capacità e degli armamenti, e assiste il Consiglio nella valutazione del miglioramento delle capacità militari.

4. Le decisioni relative alla politica di sicurezza e di difesa comune, comprese quelle inerenti all'avvio di una missione di cui al presente articolo, sono adottate dal Consiglio che delibera all'unanimità su proposta dell'alto rappresentante dell'Unione per gli affari esteri e la politica di sicurezza o su iniziativa di uno Stato membro. L'alto rappresentante può proporre il ricorso sia ai mezzi nazionali sia agli strumenti dell'Unione, se del caso congiuntamente alla Commissione.

5. Il Consiglio può affidare lo svolgimento di una missione, nell'ambito dell'Unione, a un gruppo di Stati membri allo scopo di preservare i valori dell'Unione e di servirne gli interessi. Lo svolgimento di detta missione è disciplinato dall'articolo 44.

6. Gli Stati membri che rispondono a criteri più elevati in termini di capacità militari e che hanno sottoscritto impegni più vincolanti in materia ai fini delle missioni più impegnative instaurano una cooperazione strutturata permanente nell'ambito dell'Unione. Detta cooperazione è disciplinata dall'articolo 46. Essa lascia impregiudicato l'articolo 43.

7. Qualora uno Stato membro subisca un'aggressione armata nel suo territorio, gli altri Stati membri sono tenuti a prestargli aiuto e assistenza con tutti i mezzi in loro possesso, in conformità dell'articolo 51 della Carta delle Nazioni Unite. Ciò non pregiudica il carattere specifico della politica di sicurezza e di difesa di taluni Stati membri.

Gli impegni e la cooperazione in questo settore rimangono conformi agli impegni assunti nell'ambito dell'Organizzazione del trattato del Nord-Atlantico che resta, per gli Stati che ne sono membri, il fondamento della loro difesa collettiva e l'istanza di attuazione della stessa.

Art. 43. – 1. Le missioni di cui all'articolo 42, paragrafo 1, nelle quali l'Unione può ricorrere a mezzi civili e militari, comprendono le azioni congiunte in materia di disarmo, le missioni umanitarie e di soccorso, le missioni di consulenza e assistenza in materia militare, le missioni di prevenzione dei conflitti e di mantenimento della pace e le missioni di unità di combattimento per la gestione delle crisi, comprese le missioni tese al ristabilimento della pace e le operazioni di stabilizzazione al termine dei conflitti. Tutte queste missioni possono contribuire alla lotta contro il terrorismo, anche tramite il sostegno a paesi terzi per combattere il terrorismo sul loro territorio.

2. Il Consiglio adotta decisioni relative alle missioni di cui al paragrafo 1 stabilendone l'obiettivo, la portata e le modalità generali di realizzazione. L'alto rappresentante dell'Unione per gli affari esteri e la politica di sicurezza, sotto l'autorità del Consiglio e in stretto e costante contatto con il comitato politico e di sicurezza, provvede a coordinare gli aspetti civili e militari di tali missioni.

Art. 44. – 1. Nel quadro delle decisioni adottate in conformità dell'articolo 43, il Consiglio può affidare la realizzazione di una missione a un gruppo di Stati membri che lo desiderano e dispongono delle capacità necessarie per tale missione. Tali Stati membri, in associazione con l'alto rappresentante dell'Unione per gli affari esteri e la politica di sicurezza, si accordano sulla gestione della missione.

2. Gli Stati membri che partecipano alla realizzazione della missione informano periodicamente il Consiglio dell'andamento della missione, di propria iniziativa o a richiesta di un altro Stato membro. Gli Stati membri partecipanti investono immediatamente il Consiglio della questione se la realizzazione di tale missione genera conseguenze di ampia portata o se impone una modifica dell'obiettivo, della portata o delle modalità della missione stabiliti nelle decisioni di cui al paragrafo 1. In tal caso il Consiglio adotta le decisioni necessarie.

Art. 45. – 1. L'Agenzia europea per la difesa, di cui all'articolo 42, paragrafo 3 e posta sotto l'autorità del Consiglio, ha il compito di:

a) contribuire a individuare gli obiettivi di capacità militari degli Stati membri e a valutare il rispetto degli impegni in materia di capacità assunti dagli Stati membri;

b) promuovere l'armonizzazione delle esigenze operative e l'adozione di metodi di acquisizione efficienti e compatibili;

c) proporre progetti multilaterali per il conseguimento degli obiettivi in termini di capacità militari e assicurare il coordinamento dei programmi attuati dagli Stati membri e la gestione di programmi di cooperazione specifici;

d) sostenere la ricerca nel settore della tecnologia della difesa, coordinare e pianificare attività di ricerca congiunte e studi per delineare le soluzioni tecniche che rispondono alle esigenze operative future;

e) contribuire a individuare e, se del caso, attuare qualsiasi misura utile per potenziare la base industriale e tecnologica del settore della difesa e per migliorare l'efficacia delle spese militari.

2. L'Agenzia europea per la difesa è aperta a tutti gli Stati membri che desiderano parteciparvi. Il Consiglio, deliberando a maggioranza qualificata, adotta una decisione che fissa lo statuto, la sede e le modalità di funzionamento dell'Agenzia. Detta decisione tiene conto del grado di partecipazione effettiva alle attività dell'Agenzia. Nell'ambito dell'Agenzia sono costituiti gruppi specifici che riuniscono gli Stati membri impegnati in progetti congiunti. L'Agenzia svolge i suoi compiti in collegamento con la Commissione, se necessario.

Art. 46. – 1. Gli Stati membri che desiderano partecipare alla cooperazione strutturata permanente di cui all'articolo 42, paragrafo 6 e che rispondono ai criteri e sottoscrivono gli impegni in materia di capacità militari specificati nel protocollo sulla cooperazione strutturata permanente notificano la loro intenzione al Consiglio e all'alto rappresentante dell'Unione per gli affari esteri e la politica di sicurezza.

2. Entro tre mesi dalla notifica di cui al paragrafo 1, il Consiglio adotta una decisione che istituisce la cooperazione strutturata permanente e fissa l'elenco degli Stati membri partecipanti. Il Consiglio delibera a maggioranza qualificata previa consultazione dell'alto rappresentante.

3. Ogni Stato membro che, in una fase successiva, desideri partecipare alla cooperazione strutturata permanente notifica la sua intenzione al Consiglio e all'alto rappresentante.

Il Consiglio adotta una decisione che conferma la partecipazione dello Stato membro interessato che risponde ai criteri e sottoscrive gli impegni di cui agli articoli 1 e 2 del protocollo sulla cooperazione strutturata permanente. Il Consiglio delibera a maggioranza qualificata previa consultazione dell'alto rappresentante. Solo i membri del Consiglio che rappresentano gli Stati membri partecipanti prendono parte al voto.

Per maggioranza qualificata s'intende quella definita conformemente all'articolo 238, paragrafo 3, lettera a) del trattato sul funzionamento dell'Unione europea.

4. Se uno Stato membro partecipante non soddisfa più i criteri o non può più assolvere gli impegni di cui agli articoli 1 e 2 del protocollo sulla cooperazione strutturata permanente, il Consiglio può adottare una decisione che sospende la partecipazione di questo Stato.

Il Consiglio delibera a maggioranza qualificata. Solo i membri del Consiglio che rappresentano gli Stati membri partecipanti, ad eccezione dello Stato membro in questione, prendono parte al voto.

Per maggioranza qualificata s'intende quella definita conformemente all'articolo 238, paragrafo 3, lettera a) del trattato sul funzionamento dell'Unione europea.

5. Se uno Stato membro partecipante desidera ritirarsi dalla cooperazione strutturata permanente notifica la sua decisione al Consiglio, che prende atto del fatto che la partecipazione dello Stato membro in questione termina.

6. Le decisioni e le raccomandazioni del Consiglio prese nel quadro della cooperazione strutturata permanente, diverse da quelle previste ai paragrafi da 2 a 5, sono adottate all'unanimità. Ai fini del presente paragrafo l'unanimità è costituita dai voti dei soli rappresentanti degli Stati membri partecipanti.

TITOLO VI
DISPOSIZIONI FINALI

Art. 47. – L'Unione ha personalità giuridica.

Art. 48 (ex art. 48 del TUE). – 1. I trattati possono essere modificati conformemente a una procedura di revisione ordinaria. Possono inoltre essere modificati conformemente a procedure di revisione semplificate.

2. Il governo di qualsiasi Stato membro, il Parlamento europeo o la Commissione possono sottoporre al Consiglio progetti intesi a modificare i trattati. Tali progetti possono, tra l'altro, essere intesi ad accrescere o a ridurre le competenze attribuite all'Unione nei trattati. Tali progetti sono trasmessi dal Consiglio al Consiglio europeo e notificati ai parlamenti nazionali.

3. Qualora il Consiglio europeo, previa consultazione del Parlamento europeo e della Commissione, adotti a maggioranza semplice una decisione favorevole all'esame delle modifiche proposte, il presidente del Consiglio europeo convoca una convenzione composta da rappresentanti dei parlamenti nazionali, dei capi di Stato o di governo degli Stati membri, del Parlamento europeo e della Commissione. In caso di modifiche istituzionali nel settore monetario, è consultata anche la Banca centrale europea. La convenzione esamina i progetti di modifica e adotta per consenso una raccomandazione a una conferenza dei rappresentanti dei governi degli Stati membri quale prevista al paragrafo 4.

Il Consiglio europeo può decidere a maggioranza semplice, previa approvazione del Parlamento europeo, di non convocare una convenzione qualora l'entità delle modifiche non lo giustifichi. In questo caso, il Consiglio europeo definisce il mandato per una conferenza dei rappresentanti dei governi degli Stati membri.

4. Una conferenza dei rappresentanti dei governi degli Stati membri è convocata dal presidente del Consiglio allo scopo di stabilire di comune accordo le modifiche da apportare ai trattati.

Le modifiche entrano in vigore dopo essere state ratificate da tutti gli Stati membri conformemente alle rispettive norme costituzionali.

5. Qualora, al termine di un periodo di due anni a decorrere dalla firma di un trattato che modifica i trattati, i quattro quinti degli Stati membri abbiano ratificato detto trattato e uno o più Stati membri abbiano incontrato difficoltà nelle procedure di ratifica, la questione è deferita al Consiglio europeo.

6. Il governo di qualsiasi Stato membro, il Parlamento europeo o la Commissione possono sottoporre al Consiglio europeo progetti intesi a modificare in tutto o in parte le disposizioni della parte terza del trattato sul funzionamento dell'Unione eu-

ropea relative alle politiche e azioni interne dell'Unione.

Il Consiglio europeo può adottare una decisione che modifica in tutto o in parte le disposizioni della parte terza del trattato sul funzionamento dell'Unione europea. Il Consiglio europeo delibera all'unanimità previa consultazione del Parlamento europeo, della Commissione e, in caso di modifiche istituzionali nel settore monetario, della Banca centrale europea. Tale decisione entra in vigore solo previa approvazione degli Stati membri conformemente alle rispettive norme costituzionali.

La decisione di cui al secondo comma non può estendere le competenze attribuite all'Unione nei trattati.

7. Quando il trattato sul funzionamento dell'Unione europea o il titolo V del presente trattato prevedono che il Consiglio deliberi all'unanimità in un settore o in un caso determinato, il Consiglio europeo può adottare una decisione che consenta al Consiglio di deliberare a maggioranza qualificata in detto settore o caso. Il presente comma non si applica alle decisioni che hanno implicazioni militari o che rientrano nel settore della difesa.

Quando il trattato sul funzionamento dell'Unione europea prevede che il Consiglio adotti atti legislativi secondo una procedura legislativa speciale, il Consiglio europeo può adottare una decisione che consenta l'adozione di tali atti secondo la procedura legislativa ordinaria.

Ogni iniziativa presa dal Consiglio europeo in base al primo o al secondo comma è trasmessa ai parlamenti nazionali. In caso di opposizione di un parlamento nazionale notificata entro sei mesi dalla data di tale trasmissione, la decisione di cui al primo o al secondo comma non è adottata. In assenza di opposizione, il Consiglio europeo può adottare detta decisione.

Per l'adozione delle decisioni di cui al primo o al secondo comma, il Consiglio europeo delibera all'unanimità previa approvazione del Parlamento europeo, che si pronuncia a maggioranza dei membri che lo compongono.

Art. 49 (ex art. 49 del TUE). – Ogni Stato europeo che rispetti i valori di cui all'articolo 2 e si impegni a promuoverli può domandare di diventare membro dell'Unione. Il Parlamento europeo e i parlamenti nazionali sono informati di tale domanda. Lo Stato richiedente trasmette la sua domanda al Consiglio, che si pronuncia all'unanimità, previa consultazione della Commissione e previa approvazione del Parlamento europeo, che si pronuncia a maggioranza dei membri che lo compongono. Si tiene conto dei criteri di ammissibilità convenuti dal Consiglio europeo.

Le condizioni per l'ammissione e gli adattamenti dei trattati su cui è fondata l'Unione, da essa determinati, formano l'oggetto di un accordo tra gli Stati membri e lo Stato richiedente. Tale accordo è sottoposto a ratifica da tutti gli Stati contraenti conformemente alle loro rispettive norme costituzionali.

Art. 50. – 1. Ogni Stato membro può decidere, conformemente alle proprie norme costituzionali, di recedere dall'Unione.

2. Lo Stato membro che decide di recedere notifica tale intenzione al Consiglio europeo. Alla luce degli orientamenti formulati dal Consiglio europeo, l'Unione negozia e conclude con tale Stato un accordo volto a definire le modalità del recesso, tenendo conto del quadro delle future relazioni con l'Unione. L'accordo è negoziato conformemente all'articolo 218, paragrafo 3 del trattato sul funzionamento dell'Unione europea. Esso è concluso a nome dell'Unione dal Consiglio, che delibera a maggioranza qualificata previa approvazione del Parlamento europeo.

3. I trattati cessano di essere applicabili allo Stato interessato a decorrere dalla data di entrata in vigore dell'accordo di recesso o, in mancanza di tale accordo, due anni dopo la notifica di cui al paragrafo 2, salvo che il Consiglio europeo, d'intesa con lo Stato membro interessato, decida all'unanimità di prorogare tale termine.

4. Ai fini dei paragrafi 2 e 3, il membro del Consiglio europeo e del Consiglio che rappresenta lo Stato membro che recede non partecipa né alle deliberazioni né alle decisioni del Consiglio europeo e del Consiglio che lo riguardano.

Per maggioranza qualificata s'intende quella definita conformemente all'articolo 238, paragrafo 3, lettera b) del trattato sul funzionamento dell'Unione europea.

5. Se lo Stato che ha receduto dall'Unione chiede di aderirvi nuovamente, tale richiesta è oggetto della procedura di cui all'articolo 49.

Art. 51. – I protocolli e gli allegati ai trattati ne costituiscono parte integrante.

Art. 52. – 1. I trattati si applicano al Regno del Belgio, alla Repubblica di Bulgaria, alla Repubblica ceca, al Regno di Danimarca, alla Repubblica federale di Germania, alla Repubblica di Estonia, all'Irlanda, alla Repubblica ellenica, al Regno di Spagna, alla Repubblica francese, alla Repubblica italiana, alla Repubblica di Cipro, alla Repubblica di Lettonia, alla Repubblica di Lituania, al Granducato del Lussemburgo, alla Repubblica di Ungheria, alla Repubblica di Malta, al Regno dei Paesi Bassi, alla Repubblica d'Austria, alla Repubblica di Polonia, alla Repubblica portoghese, alla Romania, alla Repubblica di Slovenia, alla Repubblica slovacca, alla Repubblica di Finlandia, al Regno di Svezia e al Regno Unito di Gran Bretagna e Irlanda del Nord.

2. Il campo di applicazione territoriale dei trattati è precisato all'articolo 355 del trattato sul funzionamento dell'Unione europea.

Art. 53 (ex art. 51 del TUE). – Il presente trattato è concluso per una durata illimitata.

Art. 54 (ex art. 52 del TUE). – 1. Il presente trattato sarà ratificato dalle Alte parti contraenti conformemente alle loro rispettive norme costituzionali. Gli strumenti di ratifica saranno depositati presso il governo della Repubblica italiana.

2. Il presente trattato entrerà in vigore il 1° gennaio 1993, se tutti gli strumenti di ratifica saranno stati depositati; altrimenti, il primo giorno del mese successivo all'avvenuto deposito dello strumento di ratifica da parte dello Stato firmatario che procederà per ultimo a tale formalità.

Art. 55 (ex art. 53 del TUE). – 1. Il presente trattato, redatto in unico esemplare in lingua bulgara, ceca, danese, estone, finlandese, francese, greca, inglese, irlandese, italiana, lettone, lituana, maltese, olandese, polacca, portoghese, rumena, slovacca, slovena, spagnola, svedese, tedesca e ungherese, i testi in ciascuna di queste lingue facenti ugualmente fede, sarà depositato negli archivi del governo della Repubblica italiana, che provvederà a trasmetterne copia certificata conforme a ciascuno dei governi degli altri Stati firmatari.

2. Il presente trattato può essere parimenti tradotto in qualsiasi altra lingua determinata da uno Stato membro che, in base all'ordinamento costituzionale dello Stato in questione, sia lingua ufficiale in tutto il suo territorio o in parte di esso. Lo Stato membro interessato fornisce copia certificata conforme di tale traduzione affinché sia depositata negli archivi del Consiglio.

IN FEDE DI CHE, i plenipotenziari sottoscritti hanno apposto le loro firme in calce al presente trattato.

Fatto a Maastricht, addì sette febbraio millenovecento novantadue.

(elenco dei firmatari non riprodotto)

Trattato sul funzionamento dell'Unione europea

(versione consolidata)

PREAMBOLO

SUA MAESTÀ IL RE DEI BELGI, IL PRESIDENTE DELLA REPUBBLICA FEDERALE DI GERMANIA, IL PRESIDENTE DELLA REPUBBLICA FRANCESE, IL PRESIDENTE DELLA REPUBBLICA ITALIANA, SUA ALTEZZA REALE LA GRANDUCHESSA DEL LUSSEMBURGO, SUA MAESTÀ LA REGINA DEI PAESI BASSI, DETERMINATI a porre le fondamenta di un'unione sempre più stretta fra i popoli europei,

DECISI ad assicurare mediante un'azione comune il progresso economico e sociale dei loro Stati, eliminando le barriere che dividono l'Europa,

ASSEGNANDO ai loro sforzi per scopo essenziale il miglioramento costante delle condizioni di vita e di occupazione dei loro popoli,

RICONOSCENDO che l'eliminazione degli ostacoli esistenti impone un'azione concertata intesa a garantire la stabilità nell'espansione, l'equilibrio negli scambi e la lealtà nella concorrenza,

SOLLECITI di rafforzare l'unità delle loro economie e di assicurarne lo sviluppo armonioso riducendo le disparità fra le differenti regioni e il ritardo di quelle meno favorite,

DESIDEROSI di contribuire, grazie a una politica commerciale comune, alla soppressione progressiva delle restrizioni agli scambi internazionali,

NELL'INTENTO di confermare la solidarietà che lega l'Europa ai paesi d'oltremare e desiderando assicurare lo sviluppo della loro prosperità conformemente ai principi dello statuto delle Nazioni Unite,

RISOLUTI a rafforzare, mediante la costituzione di questo complesso di risorse, le difese della pace e della libertà e facendo appello agli altri popoli d'Europa, animati dallo stesso ideale, perché si associno al loro sforzo,

DETERMINATI a promuovere lo sviluppo del massimo livello possibile di conoscenza nelle popolazioni attraverso un ampio accesso all'istruzione e attraverso l'aggiornamento costante,

(elenco dei plenipotenziari non riprodotto)

PARTE PRIMA
PRINCIPI

Art. 1. – 1. Il presente trattato organizza il funzionamento dell'Unione e determina i settori, la delimitazione e le modalità d'esercizio delle sue competenze.

2. Il presente trattato e il trattato sull'Unione europea costituiscono i trattati su cui è fondata l'Unione. I due trattati, che hanno lo stesso valore giuridico, sono denominati «i trattati».

TITOLO I
CATEGORIE E SETTORI DI COMPETENZA DELL'UNIONE

Art. 2. – 1. Quando i trattati attribuiscono all'Unione una competenza esclusiva [3] in un determinato settore, solo l'Unione può legiferare e adottare atti giuridicamente vincolanti. Gli Stati membri possono farlo autonomamente solo se autorizzati dall'Unione oppure per dare attuazione agli atti dell'Unione.

2. Quando i trattati attribuiscono all'Unione una competenza concorrente [4 // Prot. 25 UE] con quella degli Stati membri in un determinato settore, l'Unione e gli Stati membri possono legiferare e adottare atti giuridicamente vincolanti in tale settore. Gli Stati membri esercitano la loro competenza nella misura in cui l'Unione non ha esercitato la propria. Gli Stati membri esercitano nuovamente la loro competenza nella misura in cui l'Unione ha deciso di cessare di esercitare la propria.

3. Gli Stati membri coordinano le loro politiche economiche e occupazionali secondo le modalità previste dal presente trattato, la definizione delle quali è di competenza dell'Unione.

4. L'Unione ha competenza, conformemente alle disposizioni del trattato sull'Unione europea, per definire e attuare una politica estera e di sicurezza comune, compresa la definizione progressiva di una politica di difesa comune [24 e 25 TUE].

5. In taluni settori e alle condizioni previste dai trattati, l'Unione ha competenza per svolgere azioni intese a sostenere, coordinare o completare l'azione degli Stati membri, senza tuttavia sostituirsi alla loro competenza in tali settori [5 e 6].

Gli atti giuridicamente vincolanti dell'Unione adottati in base a disposizioni dei trattati relative a tali settori non possono comportare un'armonizzazione delle disposizioni legislative e regolamentari degli Stati membri.

6. La portata e le modalità d'esercizio delle competenze dell'Unione sono determinate dalle disposizioni dei trattati relative a ciascun settore.

Art. 3. – 1. L'Unione ha competenza esclusiva [2^1] nei seguenti settori:

a) unione doganale;

b) definizione delle regole di concorrenza necessarie al funzionamento del mercato interno;

c) politica monetaria per gli Stati membri la cui moneta è l'euro;

d) conservazione delle risorse biologiche del mare nel quadro della politica comune della pesca;

e) politica commerciale comune.

2. L'Unione ha inoltre competenza esclusiva per la conclusione di accordi internazionali allorché tale conclusione è prevista in un atto legislativo dell'Unione o è necessaria per consentirle di esercitare le sue competenze a livello interno o nella misura in cui può incidere su norme comuni o modificarne la portata.

Art. 4. – 1. L'Unione ha competenza concorrente [2^2 // Prot. 25 UE // 4^3 TUE] con quella degli Stati membri quando i trattati le attribuiscono una competenza che non rientra nei settori di cui agli articoli 3 e 6.

2. L'Unione ha una competenza concorrente con quella degli Stati membri nei principali seguenti settori:

a) mercato interno;

b) politica sociale, per quanto riguarda gli aspetti definiti nel presente trattato;

c) coesione economica, sociale e territoriale;

d) agricoltura e pesca, tranne la conservazione delle risorse biologiche del mare;

e) ambiente;
f) protezione dei consumatori;
g) trasporti;
h) reti transeuropee;
i) energia;
j) spazio di libertà, sicurezza e giustizia;
k) problemi comuni di sicurezza in materia di sanità pubblica, per quanto riguarda gli aspetti definiti nel presente trattato.

3. Nei settori della ricerca, dello sviluppo tecnologico e dello spazio, l'Unione ha competenza per condurre azioni, in particolare la definizione e l'attuazione di programmi, senza che l'esercizio di tale competenza possa avere per effetto di impedire agli Stati membri di esercitare la loro.

4. Nei settori della cooperazione allo sviluppo e dell'aiuto umanitario, l'Unione ha competenza per condurre azioni e una politica comune, senza che l'esercizio di tale competenza possa avere per effetto di impedire agli Stati membri di esercitare la loro.

Art. 5. – 1. Gli Stati membri coordinano le loro politiche economiche nell'ambito dell'Unione. A tal fine il Consiglio adotta delle misure, in particolare gli indirizzi di massima per dette politiche.

Agli Stati membri la cui moneta è l'euro si applicano disposizioni specifiche.

2. L'Unione prende misure per assicurare il coordinamento delle politiche occupazionali degli Stati membri, in particolare definendo gli orientamenti per dette politiche.

3. L'Unione può prendere iniziative per assicurare il coordinamento delle politiche sociali degli Stati membri.

Art. 6. – L'Unione ha competenza per svolgere azioni intese a sostenere, coordinare o completare l'azione degli Stati membri [2[5]]. I settori di tali azioni, nella loro finalità europea, sono i seguenti:
a) tutela e miglioramento della salute umana;
b) industria;
c) cultura;
d) turismo;
e) istruzione, formazione professionale, gioventù e sport;
f) protezione civile;
g) cooperazione amministrativa.

TITOLO II
DISPOSIZIONI DI APPLICAZIONE GENERALE

Art. 7. – L'Unione assicura la coerenza tra le sue varie politiche e azioni, tenendo conto dell'insieme dei suoi obiettivi e conformandosi al principio di attribuzione delle competenze.

Art. 8 (ex art. 3, paragrafo 2, del TCE). – Nelle sue azioni l'Unione mira ad eliminare le ineguaglianze, nonché a promuovere la parità, tra uomini e donne.

Art. 9. – Nella definizione e nell'attuazione delle sue politiche e azioni, l'Unione tiene conto delle esigenze connesse con la promozione di un elevato livello di occupazione, la garanzia di un'adeguata protezione sociale, la lotta contro l'esclusione sociale e un elevato livello di istruzione, formazione e tutela della salute umana.

Art. 10. – Nella definizione e nell'attuazione delle sue politiche e azioni, l'Unione mira a combattere le discriminazioni fondate sul sesso, la razza o l'origine etnica, la religione o le convinzioni personali, la disabilità, l'età o l'orientamento sessuale.

Art. 11 (ex art. 6 del TCE). – Le esigenze connesse con la tutela dell'ambiente devono essere integrate nella definizione e nell'attuazione delle politiche e azioni dell'Unione, in particolare nella prospettiva di promuovere lo sviluppo sostenibile.

Art. 12 (ex art. 153, paragrafo 2, del TCE). – Nella definizione e nell'attuazione di altre politiche o attività dell'Unione sono prese in considerazione le esigenze inerenti alla protezione dei consumatori.

Art. 13. – Nella formulazione e nell'attuazione delle politiche dell'Unione nei settori dell'agricoltura, della pesca, dei trasporti, del mercato interno, della ricerca e sviluppo tecnologico e dello spazio, l'Unione e gli Stati membri tengono pienamente conto delle esigenze in materia di benessere degli animali in quanto esseri senzienti, rispettando nel contempo le disposizioni legislative o amministrative e le consuetudini degli Stati membri per quanto riguarda, in particolare, i riti religiosi, le tradizioni culturali e il patrimonio regionale.

Art. 14 (ex art. 16 del TCE). – Fatti salvi l'articolo 4 del trattato sull'Unione europea e gli articoli 93, 106 e 107 del presente trattato, in considerazione dell'importanza dei servizi di interesse economico generale nell'ambito dei valori comuni dell'Unione, nonché del loro ruolo nella promozione della coesione sociale e territoriale, l'Unione e gli Stati membri, secondo le rispettive competenze e nell'ambito del campo di applicazione dei trattati, provvedono affinché tali servizi funzionino in base a principi e condizioni, in particolare economiche e finanziarie, che consentano loro di assolvere i propri compiti. Il Parlamento europeo e il Consiglio, deliberando mediante regolamenti secondo la procedura legislativa ordinaria, stabiliscono tali principi e fissano tali condizioni, fatta salva la competenza degli Stati membri, nel rispetto dei trattati, di fornire, fare eseguire e finanziare tali servizi.

Art. 15 (ex art. 255 del TCE). – 1. Al fine di promuovere il buon governo e garantire la partecipazione della società civile, le istituzioni, gli organi e gli organismi dell'Unione operano nel modo più trasparente possibile.

2. Il Parlamento europeo si riunisce in seduta pubblica, così come il Consiglio allorché delibera e vota in relazione ad un progetto di atto legislativo.

3. Qualsiasi cittadino dell'Unione e qualsiasi persona fisica o giuridica che risieda o abbia la sede sociale in uno Stato membro ha il diritto di accedere ai documenti delle istituzioni, organi e organismi dell'Unione, a prescindere dal loro supporto, secondo i principi e alle condizioni da definire a norma del presente paragrafo.

I principi generali e le limitazioni a tutela di interessi pubblici o privati applicabili al diritto di accesso ai documenti sono stabiliti mediante regolamenti dal Parlamento europeo e dal Consiglio, che deliberano secondo la procedura legislativa ordinaria.

Ciascuna istituzione, organo od organismo garantisce la trasparenza dei suoi lavori e definisce nel proprio regolamento interno disposizioni specifiche riguardanti l'accesso ai propri documenti, in conformità dei regolamenti di cui al secondo comma.

La Corte di giustizia dell'Unione europea, la Banca centrale europea e la Banca europea per gli investimenti sono soggette al presente paragrafo soltanto allorché esercitano funzioni amministrative.

Il Parlamento europeo e il Consiglio assicurano la pubblicità dei documenti relativi alle procedure legislative nel rispetto delle condizioni previste dai regolamenti di cui al secondo comma.

Art. 16 (ex art. 286 del TCE). – 1. Ogni persona ha diritto alla protezione dei dati di carattere personale che la riguardano.

2. Il Parlamento europeo e il Consiglio, deliberando secondo la procedura legislativa ordinaria, stabiliscono le norme relative alla protezione delle persone fisiche con riguardo al trattamento dei dati di carattere personale da parte delle istituzioni, degli organi e degli organismi dell'Unione, nonché da parte degli Stati membri nell'esercizio di attività che rientrano nel campo di applicazione del diritto dell'Unione, e le norme relative alla libera circolazione di tali dati. Il rispetto di tali norme è soggetto al controllo di autorità indipendenti.

Le norme adottate sulla base del presente articolo fanno salve le norme specifiche di cui all'articolo 39 del trattato sull'Unione europea.

Art. 17. – 1. L'Unione rispetta e non pregiudica lo status di cui le chiese e le associazioni o comunità religiose godono negli Stati membri in virtù del diritto nazionale.

2. L'Unione rispetta ugualmente lo status di cui godono, in virtù del diritto nazionale, le organizzazioni filosofiche e non confessionali.

3. Riconoscendone l'identità e il contributo specifico, l'Unione mantiene un dialogo aperto, trasparente e regolare con tali chiese e organizzazioni.

PARTE SECONDA
NON DISCRIMINAZIONE E CITTADINANZA DELL'UNIONE

Art. 18 (ex art. 12 del TCE). – Nel campo di applicazione dei trattati, e senza pregiudizio delle disposizioni particolari dagli stessi previste, è vietata ogni discriminazione effettuata in base alla nazionalità.

Il Parlamento europeo e il Consiglio, deliberando secondo la procedura legislativa ordinaria, possono stabilire regole volte a vietare tali discriminazioni.

Art. 19 (ex art. 13 del TCE). – 1. Fatte salve le altre disposizioni dei trattati e nell'ambito delle competenze da essi conferite all'Unione, il Consiglio, deliberando all'unanimità secondo una procedura legislativa speciale e previa approvazione del Parlamento europeo, può prendere i provvedimenti opportuni per combattere le discriminazioni fondate sul sesso, la razza o l'origine etnica, la religione o le convinzioni personali, la disabilità, l'età o l'orientamento sessuale.

2. In deroga al paragrafo 1, il Parlamento europeo e il Consiglio, deliberando secondo la procedura legislativa ordinaria, possono adottare i principi di base delle misure di incentivazione dell'Unione, ad esclusione di qualsiasi armonizzazione delle disposizioni legislative e regolamentari degli Stati membri, destinate ad appoggiare le azioni degli Stati membri volte a contribuire alla realizzazione degli obiettivi di cui al paragrafo 1.

Art. 20 (ex art. 17 del TCE). – 1. È istituita una cittadinanza dell'Unione. È cittadino dell'Unione chiunque abbia la cittadinanza di uno Stato membro. La cittadinanza dell'Unione si aggiunge alla cittadinanza nazionale e non la sostituisce.

2. I cittadini dell'Unione godono dei diritti e sono soggetti ai doveri previsti nei trattati. Essi hanno, tra l'altro:

a) il diritto di circolare e di soggiornare liberamente nel territorio degli Stati membri;

b) il diritto di voto e di eleggibilità alle elezioni del Parlamento europeo e alle elezioni comunali nello Stato membro in cui risiedono, alle stesse condizioni dei cittadini di detto Stato;

c) il diritto di godere, nel territorio di un paese terzo nel quale lo Stato membro di cui hanno la cittadinanza non è rappresentato, della tutela delle autorità diplomatiche e consolari di qualsiasi Stato membro, alle stesse condizioni dei cittadini di detto Stato;

d) il diritto di presentare petizioni al Parlamento europeo, di ricorrere al Mediatore europeo, di rivolgersi alle istituzioni e agli organi consultivi dell'Unione in una delle lingue dei trattati e di ricevere una risposta nella stessa lingua.

Tali diritti sono esercitati secondo le condizioni e i limiti definiti dai trattati e dalle misure adottate in applicazione degli stessi.

Art. 21 (ex art. 18 del TCE). – 1. Ogni cittadino dell'Unione ha il diritto di circolare e di soggiornare liberamente nel territorio degli Stati membri, fatte salve le limitazioni e le condizioni previste dai trattati e dalle disposizioni adottate in applicazione degli stessi.

2. Quando un'azione dell'Unione risulti necessaria per raggiungere questo obiettivo e salvo che i trattati non abbiano previsto poteri di azione a tal fine, il Parlamento europeo e il Consiglio, deliberando secondo la procedura legislativa ordinaria, possono adottare disposizioni intese a facilitare l'esercizio dei diritti di cui al paragrafo 1.

3. Agli stessi fini enunciati al paragrafo 1 e salvo che i trattati non abbiano previsto poteri di azione a tale scopo, il Consiglio, deliberando secondo una procedura legislativa speciale, può adottare misure relative alla sicurezza sociale o alla protezione sociale. Il Consiglio delibera all'unanimità previa consultazione del Parlamento europeo.

Art. 22 (ex art. 19 del TCE). – 1. Ogni cittadino dell'Unione residente in uno Stato membro di cui non è cittadino ha il diritto di voto e di eleggibilità alle elezioni comunali nello Stato membro in cui risiede, alle stesse condizioni dei cittadini di detto Stato. Tale diritto sarà esercitato con riserva delle modalità che il Consiglio adotta, deliberando all'unanimità secondo una procedura legislativa speciale e previa consultazione del Parlamento europeo; tali modalità possono comportare disposizioni derogatorie ove problemi specifici di uno Stato membro lo giustifichino.

2. Fatte salve le disposizioni dell'articolo 223, paragrafo 1, e le disposizioni adottate in applicazione di quest'ultimo, ogni cittadino dell'Unione residente in uno Stato membro di cui non è cittadino ha il diritto di voto e di eleggibilità alle elezioni del Parlamento europeo [10 e 14^2 TUE] nello Stato membro in cui risiede, alle stesse condizioni dei cittadini di detto Stato. Tale diritto sarà esercitato con riserva delle modalità che il Consiglio adotta, deliberando all'unanimità secondo una procedura legislativa speciale e previa consultazione del Parlamento europeo; tali modalità possono comportare disposizioni derogatorie ove problemi specifici di uno Stato membro lo giustifichino [223^2].

Art. 23 (ex art. 20 del TCE). – Ogni cittadino dell'Unione gode, nel territorio di un paese terzo nel quale lo Stato membro di cui ha la cittadinanza non è rappresentato, della tutela da parte delle autorità diplomatiche e consolari di qualsiasi Stato membro, alle stesse condizioni dei cittadini di detto Stato. Gli Stati membri adottano le disposizioni necessarie e avviano i negoziati internazionali richiesti per garantire detta tutela.

Il Consiglio, deliberando secondo una procedura legislativa speciale e previa consultazione del Parlamento europeo, può adottare direttive che stabiliscono le misure di coordinamento e cooperazione necessarie per facilitare tale tutela.

Art. 24 (ex art. 21 del TCE). – Il Parlamento europeo e il Consiglio, deliberando mediante regolamenti secondo la procedura legislativa ordinaria, adottano le disposizioni relative alle procedure e alle condizioni necessarie per la presentazione di un'iniziativa dei cittadini ai sensi dell'articolo 11 del trattato sull'Unione europea, incluso il numero minimo di Stati membri da cui i cittadini che la presentano devono provenire.

Ogni cittadino dell'Unione ha il diritto di petizione dinanzi al Parlamento europeo conformemente all'articolo 227.

Ogni cittadino dell'Unione può rivolgersi al Mediatore istituito conformemente all'articolo 228.

Ogni cittadino dell'Unione può scrivere alle istituzioni o agli organi di cui al presente articolo o all'articolo 13 del trattato sull'Unione europea in una delle lingue menzionate all'articolo 55, paragrafo 1, di tale trattato e ricevere una risposta nella stessa lingua.

Art. 25 (ex art. 22 del TCE). – La Commissione presenta una relazione al Parlamento europeo, al Consiglio e al Comitato economico e sociale, ogni tre anni, in merito all'applicazione delle disposizioni della presente parte. Tale relazione tiene conto dello sviluppo dell'Unione.

Su questa base, lasciando impregiudicate le altre disposizioni dei trattati, il Consiglio, deliberando all'unanimità secondo una procedura legislativa speciale e previa approvazione del Parlamento europeo, può adottare disposizioni intese a completare i diritti elencati all'articolo 20, paragrafo 2. Tali disposizioni entrano in vigore previa approvazione degli Stati membri, conformemente alle rispettive norme costituzionali.

PARTE TERZA
POLITICHE E AZIONI INTERNE DELL'UNIONE

TITOLO I
MERCATO INTERNO

Art. 26 (ex art. 14 del TCE). – 1. L'Unione adotta le misure destinate all'instaurazione o al funzionamento del mercato interno, conformemente alle disposizioni pertinenti dei trattati.

2. Il mercato interno comporta uno spazio senza frontiere interne, nel quale è assicurata la libera circolazione delle merci, delle persone, dei servizi e dei capitali secondo le disposizioni dei trattati.

3. Il Consiglio, su proposta della Commissione, definisce gli orientamenti e le condizioni necessari per garantire un progresso equilibrato nell'insieme dei settori considerati.

Art. 27 (ex art. 15 del TCE). – Nella formulazione delle proprie proposte intese a realizzare gli obiettivi dell'articolo 26, la Commissione tiene conto dell'ampiezza dello sforzo che dovrà essere sopportato, per l'instaurazione del mercato interno, da talune economie che presentano differenze di sviluppo e può proporre le disposizioni appropriate.

Se queste disposizioni assumono la forma di deroghe, esse debbono avere un carattere temporaneo ed arrecare meno perturbazioni possibili al funzionamento del mercato interno.

TITOLO II
LIBERA CIRCOLAZIONE DELLE MERCI

Art. 28 (ex art. 23 del TCE). – 1. L'Unione comprende un'unione doganale che si estende al complesso degli scambi di merci e comporta il divieto, fra gli Stati membri, dei dazi doganali all'importazione e all'esportazione e di qualsiasi tassa di effetto equivalente, come pure l'adozione di una tariffa doganale comune nei loro rapporti con i paesi terzi.

2. Le disposizioni dell'articolo 30 e del capo 3 del presente titolo si applicano ai prodotti originari degli Stati membri e ai prodotti provenienti da paesi terzi che si trovano in libera pratica negli Stati membri.

Art. 29 (ex art. 24 del TCE). – Sono considerati in libera pratica in uno Stato membro i prodotti provenienti da paesi terzi per i quali siano state adempiute in tale Stato le formalità di importazione e riscossi i dazi doganali e le tasse di effetto equivalente esigibili e che non abbiano beneficiato di un ristorno totale o parziale di tali dazi e tasse.

Capo I
Unione doganale

Art. 30 (ex art. 25 del TCE). – I dazi doganali all'importazione o all'esportazione o le tasse di effetto equivalente sono vietati tra gli Stati membri. Tale divieto si applica anche ai dazi doganali di carattere fiscale.

Art. 31 (ex art. 26 del TCE). – I dazi della tariffa doganale comune sono stabiliti dal Consiglio su proposta della Commissione.

Art. 32 (ex art. 27 del TCE). – Nell'adempimento dei compiti che le sono affidati ai sensi del presente capo, la Commissione s'ispira:

a) alla necessità di promuovere gli scambi commerciali fra gli Stati membri e i paesi terzi;

b) all'evoluzione delle condizioni di concorrenza all'interno dell'Unione, nella misura in cui tale evoluzione avrà per effetto di accrescere la capacità di concorrenza delle imprese;

c) alla necessità di approvvigionamento dell'Unione in materie prime e prodotti semilavorati, pur vigilando a che non vengano falsate fra gli Stati membri le condizioni di concorrenza sui prodotti finiti;

d) alla necessità di evitare gravi turbamenti nella vita economica degli Stati membri e di assicurare uno sviluppo razionale della produzione e una espansione del consumo nell'Unione.

Capo II
Cooperazione doganale

Art. 33 (ex art. 135 del TCE). – Nel quadro del campo di applicazione dei trattati, il Parlamento europeo e il Consiglio, deliberando secondo la procedura legislativa ordinaria, adottano misure per rafforzare la cooperazione doganale tra gli Stati membri e tra questi ultimi e la Commissione.

Capo III
Divieto delle restrizioni quantitative tra gli Stati membri

Art. 34 (ex art. 28 del TCE). – Sono vietate fra gli Stati membri le restrizioni quantitative all'importazione nonché qualsiasi misura di effetto equivalente.

Art. 35 (ex art. 29 del TCE). – Sono vietate fra gli Stati membri le restrizioni quantitative all'esportazione e qualsiasi misura di effetto equivalente.

Art. 36 (ex art. 30 del TCE). – Le disposizioni degli articoli 34 e 35 lasciano impregiudicati i divieti o restrizioni all'importazione, all'esportazione e al transito giustificati da motivi di moralità pubblica, di ordine pubblico, di pubblica sicurezza, di tutela della salute e della vita delle persone e degli animali o di preservazione dei vegetali, di protezione del patrimonio artistico, storico o archeologico nazionale, o di tutela della proprietà industriale e commerciale. Tuttavia, tali divieti o restrizioni non devono costituire un mezzo di discriminazione arbitraria, né una restrizione dissimulata al commercio tra gli Stati membri.

Art. 37 (ex art. 31 del TCE). – 1. Gli Stati membri procedono a un riordinamento dei monopoli nazionali che presentano un carattere commerciale, in modo che venga esclusa qualsiasi discriminazione fra i cittadini degli Stati membri per quanto riguarda le condizioni relative all'approvvigionamento e agli sbocchi.

Le disposizioni del presente articolo si applicano a qualsiasi organismo per mezzo del quale uno Stato membro, de jure o de facto, controlla, dirige o influenza sensibilmente, direttamente o indirettamente, le importazioni o le esportazioni fra gli Stati membri. Tali disposizioni si applicano altresì ai monopoli di Stato delegati.

2. Gli Stati membri si astengono da qualsiasi nuova misura contraria ai principi enunciati nel paragrafo 1 o tale da limitare la portata degli articoli relativi al divieto dei dazi doganali e delle restrizioni quantitative fra gli Stati membri.

3. Nel caso di un monopolio a carattere commerciale che comporti una regolamentazione destinata ad agevolare lo smercio o la valorizzazione di prodotti agricoli, è opportuno assicurare, nell'applicazione delle norme del presente articolo, garanzie equivalenti per l'occupazione e il tenore di vita dei produttori interessati.

TITOLO III
AGRICOLTURA E PESCA

Art. 38 (ex art. 32 del TCE). – 1. L'Unione definisce e attua una politica comune dell'agricoltura e della pesca.

Il mercato interno comprende l'agricoltura, la pesca e il commercio dei prodotti agricoli. Per prodotti agricoli si intendono i prodotti del suolo, dell'allevamento e della pesca, come pure i prodotti di prima trasformazione che sono in diretta connessione con tali prodotti. I riferimenti alla politica agricola comune o all'agricoltura e l'uso del termine «agricolo» si intendono applicabili anche alla pesca, tenendo conto delle caratteristiche specifiche di questo settore.

2. Salvo contrarie disposizioni degli articoli da 39 a 44 inclusi, le norme previste per l'instaurazione o il funzionamento del mercato interno sono applicabili ai prodotti agricoli.

3. I prodotti cui si applicano le disposizioni degli articoli da 39 a 44 inclusi sono enumerati nell'elenco che costituisce l'allegato I.

4. Il funzionamento e lo sviluppo del mercato interno per i prodotti agricoli devono essere accompagnati dall'instaurazione di una politica agricola comune.

Art. 39 (ex art. 33 del TCE). – 1. Le finalità della politica agricola comune sono:

a) incrementare la produttività dell'agricoltura, sviluppando il progresso tecnico, assicurando lo sviluppo razionale della produzione agricola come pure un impiego migliore dei fattori di produzione, in particolare della manodopera;

b) assicurare così un tenore di vita equo alla popolazione agricola, grazie in particolare al miglioramento del reddito individuale di coloro che lavorano nell'agricoltura;

c) stabilizzare i mercati;

d) garantire la sicurezza degli approvvigionamenti;

e) assicurare prezzi ragionevoli nelle consegne ai consumatori.

2. Nell'elaborazione della politica agricola comune e dei metodi speciali che questa può implicare, si dovrà considerare:

a) il carattere particolare dell'attività agricola che deriva dalla struttura sociale dell'agricoltura e dalle disparità strutturali e naturali fra le diverse regioni agricole;

b) la necessità di operare gradatamente gli opportuni adattamenti;

c) il fatto che, negli Stati membri, l'agricoltura costituisce un settore intimamente connesso all'insieme dell'economia.

Art. 40 (ex art. 34 del TCE). – 1. Per raggiungere gli obiettivi previsti dall'articolo 39 è creata un'organizzazione comune dei mercati agricoli.

A seconda dei prodotti, tale organizzazione assume una delle forme qui sotto specificate:

a) regole comuni in materia di concorrenza;

b) un coordinamento obbligatorio delle diverse organizzazioni nazionali del mercato;

c) un'organizzazione europea del mercato.

2. L'organizzazione comune in una delle forme indicate al paragrafo 1 può comprendere tutte le misure necessarie al raggiungimento degli obiettivi definiti all'articolo 39, e in particolare regolamentazioni dei prezzi, sovvenzioni sia alla produzione che alla distribuzione dei diversi prodotti, sistemi per la costituzione di scorte e per il riporto, meccanismi comuni di stabilizzazione all'importazione o all'esportazione.

Essa deve limitarsi a perseguire gli obiettivi enunciati nell'articolo 39 e deve escludere qualsiasi discriminazione fra produttori o consumatori dell'Unione.

Un'eventuale politica comune dei prezzi deve essere basata su criteri comuni e su metodi di calcolo uniformi.

3. Per consentire all'organizzazione comune di cui al paragrafo 1 di raggiungere i suoi obiettivi, potranno essere creati uno o più fondi agricoli di orientamento e di garanzia.

Art. 41 (ex art. 35 del TCE). – Per consentire il raggiungimento degli obiettivi definiti dall'articolo 39 può essere in particolare previsto nell'ambito della politica agricola comune:

a) un coordinamento efficace degli sforzi intrapresi nei settori della formazione professionale, della ricerca e della divulgazione dell'agronomia, che possono comportare progetti o istituzioni finanziate in comune;

b) azioni comuni per lo sviluppo del consumo di determinati prodotti.

Art. 42 (ex art. 36 del TCE). – Le disposizioni del capo relativo alle regole di concorrenza sono applicabili alla produzione e al commercio dei prodotti agricoli soltanto nella misura determinata dal Parlamento europeo e dal Consiglio, nel quadro delle disposizioni e conformemente alla procedura di cui all'articolo 43, paragrafo 2, avuto riguardo agli obiettivi enunciati nell'articolo 39.

Il Consiglio, su proposta della Commissione, può autorizzare la concessione di aiuti:

a) per la protezione delle aziende sfavorite da condizioni strutturali o naturali;

b) nel quadro di programmi di sviluppo economico.

Art. 43 (ex art. 37 del TCE). – 1. La Commissione presenta delle proposte in merito all'elaborazione e all'attuazione della politica agricola comune, ivi compresa la sostituzione alle organizzazioni nazionali di una delle forme di organizzazione comune previste dall'articolo 40, paragrafo 1, come pure l'attuazione delle misure specificate nel presente titolo.

Tali proposte devono tener conto dell'interdipendenza delle questioni agricole menzionate nel presente titolo.

2. Il Parlamento europeo e il Consiglio, deliberando secondo la procedura legislativa ordinaria e previa consultazione del Comitato economico e sociale, stabiliscono l'organizzazione comune dei mercati agricoli prevista all'articolo 40, paragrafo 1, e le altre disposizioni necessarie al perseguimento degli obiettivi della politica comune dell'agricoltura e della pesca.

3. Il Consiglio, su proposta della Commissione, adotta le misure relative alla fissazione dei prezzi, dei prelievi, degli aiuti e delle limitazioni quantitative, nonché alla fissazione e ripartizione delle possibilità di pesca.

4. L'organizzazione comune prevista dall'articolo 40, pa-

ragrafo 1, può essere sostituita alle organizzazioni nazionali del mercato, alle condizioni previste dal paragrafo 2:

a) quando l'organizzazione comune offra agli Stati membri che si oppongono alla decisione e dispongono essi stessi di un'organizzazione nazionale per la produzione di cui trattasi garanzie equivalenti per l'occupazione ed il tenore di vita dei produttori interessati, avuto riguardo al ritmo degli adattamenti possibili e delle specializzazioni necessarie; e

b) quando tale organizzazione assicuri agli scambi all'interno dell'Unione condizioni analoghe a quelle esistenti in un mercato nazionale.

5. Qualora un'organizzazione comune venga creata per talune materie prime senza che ancora esista un'organizzazione comune per i prodotti di trasformazione corrispondenti, le materie prime di cui trattasi, utilizzate per i prodotti di trasformazione destinati all'esportazione verso i paesi terzi, possono essere importate dall'esterno dell'Unione.

Art. 44 (ex art. 38 del TCE). – Quando in uno Stato membro un prodotto è disciplinato da un'organizzazione nazionale del mercato o da qualsiasi regolamentazione interna di effetto equivalente che sia pregiudizievole alla concorrenza di una produzione similare in un altro Stato membro, gli Stati membri applicano al prodotto in questione in provenienza dallo Stato membro ove sussista l'organizzazione ovvero la regolamentazione suddetta una tassa di compensazione all'entrata, salvo che tale Stato non applichi una tassa di compensazione all'esportazione.

La Commissione fissa l'ammontare di tali tasse nella misura necessaria a ristabilire l'equilibrio; essa può ugualmente autorizzare il ricorso ad altre misure di cui determina le condizioni e modalità.

TITOLO IV
LIBERA CIRCOLAZIONE DELLE PERSONE, DEI SERVIZI E DEI CAPITALI

Capo I
I lavoratori

Art. 45 (ex art. 39 del TCE). – 1. La libera circolazione dei lavoratori all'interno dell'Unione è assicurata.

2. Essa implica l'abolizione di qualsiasi discriminazione, fondata sulla nazionalità, tra i lavoratori degli Stati membri, per quanto riguarda l'impiego, la retribuzione e le altre condizioni di lavoro.

3. Fatte salve le limitazioni giustificate da motivi di ordine pubblico, pubblica sicurezza e sanità pubblica, essa importa il diritto:

a) di rispondere a offerte di lavoro effettive;

b) di spostarsi liberamente a tal fine nel territorio degli Stati membri;

c) di prendere dimora in uno degli Stati membri al fine di svolgervi un'attività di lavoro, conformemente alle disposizioni legislative, regolamentari e amministrative che disciplinano l'occupazione dei lavoratori nazionali;

d) di rimanere, a condizioni che costituiranno l'oggetto di regolamenti stabiliti dalla Commissione, sul territorio di uno Stato membro, dopo aver occupato un impiego.

4. Le disposizioni del presente articolo non sono applicabili agli impieghi nella pubblica amministrazione.

Art. 46 (ex art. 40 del TCE). – Il Parlamento europeo e il Consiglio, deliberando secondo la procedura legislativa ordinaria e previa consultazione del Comitato economico e sociale stabiliscono, mediante direttive o regolamenti, le misure necessarie per attuare la libera circolazione dei lavoratori, quale è definita dall'articolo 45, in particolare:

a) assicurando una stretta collaborazione tra le amministrazioni nazionali del lavoro;

b) eliminando quelle procedure e pratiche amministrative, come anche i termini per l'accesso agli impieghi disponibili, contemplati dalla legislazione interna ovvero da accordi conclusi in precedenza tra gli Stati membri, il cui mantenimento sarebbe di ostacolo alla liberalizzazione dei movimenti dei lavoratori;

c) abolendo tutti i termini e le altre restrizioni previste dalle legislazioni interne ovvero da accordi conclusi in precedenza tra gli Stati membri, che impongano ai lavoratori degli altri Stati membri, in ordine alla libera scelta di un lavoro, condizioni diverse da quelle stabilite per i lavoratori nazionali;

d) istituendo meccanismi idonei a mettere in contatto le offerte e le domande di lavoro e a facilitarne l'equilibrio a condizioni che evitino di compromettere gravemente il tenore di vita e il livello dell'occupazione nelle diverse regioni e industrie.

Art. 47 (ex art. 41 del TCE). – Gli Stati membri favoriscono, nel quadro di un programma comune, gli scambi di giovani lavoratori.

Art. 48 (ex art. 42 del TCE). – Il Parlamento europeo e il Consiglio, deliberando secondo la procedura legislativa ordinaria, adottano in materia di sicurezza sociale le misure necessarie per l'instaurazione della libera circolazione dei lavoratori, attuando in particolare un sistema che consenta di assicurare ai lavoratori migranti dipendenti e autonomi e ai loro aventi diritto:

a) il cumulo di tutti i periodi presi in considerazione dalle varie legislazioni nazionali, sia per il sorgere e la conservazione del diritto alle prestazioni sia per il calcolo di queste;

b) il pagamento delle prestazioni alle persone residenti nei territori degli Stati membri.

Qualora un membro del Consiglio dichiari che un progetto di atto legislativo di cui al primo comma lede aspetti importanti del suo sistema di sicurezza sociale, in particolare per quanto riguarda il campo di applicazione, i costi o la struttura finanziaria, oppure ne altera l'equilibrio finanziario, può chiedere che il Consiglio europeo sia investito della questione. In tal caso la procedura legislativa ordinaria è sospesa. Previa discussione ed entro quattro mesi da tale sospensione, il Consiglio europeo:

a) rinvia il progetto al Consiglio, il che pone fine alla sospensione della procedura legislativa ordinaria, oppure;

b) non agisce o chiede alla Commissione di presentare una nuova proposta; in tal caso l'atto inizialmente proposto si considera non adottato.

Capo II
Il diritto di stabilimento

Art. 49 (ex art. 43 del TCE). – Nel quadro delle disposizioni che seguono, le restrizioni alla libertà di stabilimento dei cittadini di uno Stato membro nel territorio di un altro Stato membro vengono vietate. Tale divieto si estende altresì alle restrizioni relative all'apertura di agenzie, succursali o filiali, da parte dei cittadini di uno Stato membro stabiliti sul territorio di un altro Stato membro.

La libertà di stabilimento importa l'accesso alle attività autonome e al loro esercizio, nonché la costituzione e la gestione di imprese e in particolare di società ai sensi dell'articolo 54, secondo comma, alle condizioni definite dalla legislazione del paese di stabilimento nei confronti dei propri cittadini, fatte salve le disposizioni del capo relativo ai capitali.

Art. 50 (ex art. 44 del TCE). – 1. Per realizzare la libertà di stabilimento in una determinata attività, il Parlamento europeo e il Consiglio deliberano mediante direttive secondo la procedura legislativa ordinaria, previa consultazione del Comitato economico e sociale.

2. Il Parlamento europeo, il Consiglio e la Commissione esercitano le funzioni loro attribuite in virtù delle disposizioni che precedono, in particolare:

a) trattando, in generale, con precedenza le attività per le quali la libertà di stabilimento costituisce un contributo particolarmente utile all'incremento della produzione e degli scambi;

b) assicurando una stretta collaborazione tra le amministrazioni nazionali competenti al fine di conoscere le situazioni particolari all'interno dell'Unione delle diverse attività interessate;

c) sopprimendo quelle procedure e pratiche amministrative contemplate dalla legislazione interna ovvero da accordi precedentemente conclusi tra gli Stati membri, il cui mantenimento sarebbe di ostacolo alla libertà di stabilimento;

d) vigilando a che i lavoratori dipendenti di uno degli Stati membri, occupati nel territorio di un altro Stato membro, possano quivi rimanere per intraprendere un'attività autonoma, quando soddisfino alle condizioni che sarebbero loro richieste se entrassero in quello Stato nel momento in cui desiderano accedere all'attività di cui trattasi;

e) rendendo possibile l'acquisto e lo sfruttamento di proprietà fondiarie situate nel territorio di uno Stato membro da parte di un cittadino di un altro Stato membro, sempre che non siano lesi i principi stabiliti dall'articolo 39, paragrafo 2;

f) applicando la graduale soppressione delle restrizioni relative alla libertà di stabilimento in ogni ramo di attività considerato, da una parte alle condizioni per l'apertura di agenzie, succursali o filiali sul territorio di uno Stato membro e dall'altra alle condizioni di ammissione del personale della sede principale negli organi di gestione o di controllo di queste ultime;

g) coordinando, nella necessaria misura e al fine di renderle equivalenti, le garanzie che sono richieste, negli Stati membri, alle società a mente dell'articolo 54, secondo comma per proteggere gli interessi tanto dei soci come dei terzi;

h) accertandosi che le condizioni di stabilimento non vengano alterate mediante aiuti concessi dagli Stati membri.

Art. 51 (ex art. 45 del TCE). – Sono escluse dall'applicazione delle disposizioni del presente capo, per quanto riguarda lo Stato membro interessato, le attività che in tale Stato partecipino, sia pure occasionalmente, all'esercizio dei pubblici poteri.

Il Parlamento europeo e il Consiglio, deliberando secondo la procedura legislativa ordinaria, possono escludere talune attività dall'applicazione delle disposizioni del presente capo.

Art. 52 (ex art. 46 del TCE). – 1. Le prescrizioni del presente capo e le misure adottate in virtù di queste ultime lasciano impregiudicata l'applicabilità delle disposizioni legislative, regolamentari e amministrative che prevedano un regime particolare per i cittadini stranieri e che siano giustificate da motivi di ordine pubblico, di pubblica sicurezza e di sanità pubblica.

2. Il Parlamento europeo e il Consiglio, deliberando secondo la procedura legislativa ordinaria, stabiliscono direttive per il coordinamento delle suddette disposizioni.

Art. 53 (ex art. 47 del TCE). – 1. Al fine di agevolare l'accesso alle attività autonome e l'esercizio di queste, il Parlamento europeo e il Consiglio, deliberando secondo la procedura legislativa ordinaria, stabiliscono direttive intese al reciproco riconoscimento dei diplomi, certificati ed altri titoli e al coordinamento delle disposizioni legislative, regolamentari e amministrative degli Stati membri relative all'accesso alle attività autonome e all'esercizio di queste.

2. Per quanto riguarda le professioni mediche, paramediche e farmaceutiche, la graduale soppressione delle restrizioni è subordinata al coordinamento delle condizioni richieste per il loro esercizio nei singoli Stati membri.

Art. 54 (ex art. 48 del TCE). – Le società costituite conformemente alla legislazione di uno Stato membro e aventi la sede sociale, l'amministrazione centrale o il centro di attività principale all'interno dell'Unione, sono equiparate, ai fini dell'applicazione delle disposizioni del presente capo, alle persone fisiche aventi la cittadinanza degli Stati membri.

Per società si intendono le società di diritto civile o di diritto commerciale, ivi comprese le società cooperative, e le altre persone giuridiche contemplate dal diritto pubblico o privato, ad eccezione delle società che non si prefiggono scopi di lucro.

Art. 55 (ex art. 294 del TCE). – Fatta salva l'applicazione delle altre disposizioni dei trattati, gli Stati membri applicano la disciplina nazionale nei confronti della partecipazione finanziaria dei cittadini degli altri Stati membri al capitale delle società a mente dell'articolo 54.

Capo III
I servizi

Art. 56 (ex art. 49 del TCE). – Nel quadro delle disposizioni seguenti, le restrizioni alla libera prestazione dei servizi all'interno dell'Unione sono vietate nei confronti dei cittadini degli Stati membri stabiliti in uno Stato membro che non sia quello del destinatario della prestazione.

Il Parlamento europeo e il Consiglio, deliberando secondo la procedura legislativa ordinaria, possono estendere il beneficio delle disposizioni del presente capo ai prestatori di servizi, cittadini di un paese terzo e stabiliti all'interno dell'Unione.

Art. 57 (ex art. 50 del TCE). – Ai sensi dei trattati, sono considerate come servizi le prestazioni fornite normalmente dietro retribuzione, in quanto non siano regolate dalle disposizioni relative alla libera circolazione delle merci, dei capitali e delle persone.

I servizi comprendono in particolare:
a) attività di carattere industriale;
b) attività di carattere commerciale;
c) attività artigiane;
d) attività delle libere professioni.

Senza pregiudizio delle disposizioni del capo relativo al diritto di stabilimento, il prestatore può, per l'esecuzione della sua prestazione, esercitare, a titolo temporaneo, la sua attività nello Stato membro ove la prestazione è fornita, alle stesse condizioni imposte da tale Stato ai propri cittadini.

Art. 58 (ex art. 51 del TCE). – 1. La libera circolazione dei servizi, in materia di trasporti, è regolata dalle disposizioni del titolo relativo ai trasporti.

2. La liberalizzazione dei servizi delle banche e delle assicurazioni che sono vincolati a movimenti di capitale deve essere attuata in armonia con la liberalizzazione della circolazione dei capitali.

Art. 59 (ex art. 52 del TCE). – 1. Per realizzare la liberalizzazione di un determinato servizio, il Parlamento europeo e il Consiglio, deliberando secondo la procedura legislativa ordinaria e previa consultazione del Comitato economico e sociale, stabiliscono direttive.

2. Nelle direttive di cui al paragrafo 1 sono in generale considerati con priorità i servizi che intervengono in modo diretto nei costi di produzione, ovvero la cui liberalizzazione contribuisce a facilitare gli scambi di merci.

Art. 60 (ex art. 53 del TCE). – Gli Stati membri si sforzano di procedere alla liberalizzazione dei servizi in misura superiore a quella obbligatoria in virtù delle direttive stabilite in applicazione dell'articolo 59, paragrafo 1, quando ciò sia loro consentito dalla situazione economica generale e dalla situazione del settore interessato.

La Commissione rivolge a tal fine raccomandazioni agli Stati membri interessati.

Art. 61 (ex art. 54 del TCE). – Fino a quando non saranno soppresse le restrizioni alla libera prestazione dei servizi, ciascuno degli Stati membri le applica senza distinzione di nazionalità o di residenza a tutti i prestatori di servizi contemplati dall'articolo 56, primo comma.

Art. 62 (ex art. 55 del TCE). – Le disposizioni degli articoli da 51 a 54 inclusi sono applicabili alla materia regolata dal presente capo.

Capo IV
Capitali e pagamenti

Art. 63 (ex art. 56 del TCE). – 1. Nell'ambito delle disposizioni previste dal presente capo sono vietate tutte le restrizioni ai movimenti di capitali tra Stati membri, nonché tra Stati membri e paesi terzi.

2. Nell'ambito delle disposizioni previste dal presente capo sono vietate tutte le restrizioni sui pagamenti tra Stati membri, nonché tra Stati membri e paesi terzi.

Art. 64 (ex art. 57 del TCE). – 1. Le disposizioni di cui all'articolo 63 lasciano impregiudicata l'applicazione ai paesi terzi di qualunque restrizione in vigore alla data del 31 dicembre 1993 in virtù delle legislazioni nazionali o della legislazione dell'Unione per quanto concerne i movimenti di capitali provenienti da paesi terzi o ad essi diretti, che implichino investimenti diretti, inclusi gli investimenti in proprietà immobiliari, lo stabilimento, la prestazione di servizi finanziari o l'ammissione di valori mobiliari nei mercati finanziari. In conformità con le restrizioni esistenti in base alla normativa nazionale in Bulgaria, Estonia ed Ungheria, la pertinente data è il 31 dicembre 1999.

2. Nell'ambito degli sforzi volti a conseguire, nella maggior misura possibile e senza pregiudicare gli altri capi dei trattati, l'obiettivo della libera circolazione di capitali tra Stati membri e paesi terzi, il Parlamento europeo e il Consiglio, deliberando secondo la procedura legislativa ordinaria, adottano le misure concernenti i movimenti di capitali provenienti da paesi terzi o ad essi diretti, in relazione a investimenti diretti, inclusi gli investimenti in proprietà immobiliari, lo stabilimento, la prestazione di servizi finanziari o l'ammissione di valori mobiliari nei mercati finanziari.

3. In deroga al paragrafo 2, solo il Consiglio, deliberando secondo una procedura legislativa speciale, all'unanimità e previa consultazione del Parlamento europeo, può adottare misure che comportino un regresso del diritto dell'Unione per quanto riguarda la liberalizzazione dei movimenti di capitali diretti in paesi terzi o provenienti da essi.

Art. 65 (ex art. 58 del TCE). – 1. Le disposizioni dell'articolo 63 non pregiudicano il diritto degli Stati membri:

a) di applicare le pertinenti disposizioni della loro legislazione tributaria in cui si opera una distinzione tra i contribuenti che non si trovano nella medesima situazione per quanto riguarda il loro luogo di residenza o il luogo di collocamento del loro capitale;

b) di prendere tutte le misure necessarie per impedire le violazioni della legislazione e delle regolamentazioni nazionali, in particolare nel settore fiscale e in quello della vigilanza prudenziale sulle istituzioni finanziarie, o di stabilire procedure per la dichiarazione dei movimenti di capitali a scopo di informazione amministrativa o statistica, o di adottare misure giustificate da motivi di ordine pubblico o di pubblica sicurezza.

2. Le disposizioni del presente capo non pregiudicano l'applicabilità di restrizioni in materia di diritto di stabilimento compatibili con i trattati.

3. Le misure e le procedure di cui ai paragrafi 1 e 2 non devono costituire un mezzo di discriminazione arbitraria, né una restrizione dissimulata al libero movimento dei capitali e dei pagamenti di cui all'articolo 63.

4. In assenza di misure in applicazione dell'articolo 64, paragrafo 3, la Commissione o, in mancanza di una decisione della Commissione entro un periodo di tre mesi dalla richiesta dello Stato membro interessato, il Consiglio può adottare una decisione che conferma che le misure fiscali restrittive adottate da uno Stato membro riguardo ad uno o più paesi terzi devono essere considerate compatibili con i trattati nella misura in cui sono giustificate da uno degli obiettivi dell'Unione e compatibili con il buon funzionamento del mercato interno. Il Consiglio delibera all'unanimità su richiesta di uno Stato membro.

Art. 66 (ex art. 59 del TCE). – Qualora, in circostanze eccezionali, i movimenti di capitali provenienti da paesi terzi o ad essi diretti causino o minaccino di causare difficoltà gravi per il funzionamento dell'Unione economica e monetaria, il Consiglio, su proposta della Commissione e previa consultazione della Banca centrale europea, può prendere nei confronti di paesi terzi, e se strettamente necessarie, misure di salvaguardia di durata limitata, per un periodo non superiore a sei mesi.

Titolo V
SPAZIO DI LIBERTÀ, SICUREZZA E GIUSTIZIA

Capo I
Disposizioni generali

Art. 67 (ex art. 61 del TCE ed ex art. 29 del TUE). – 1. L'Unione realizza uno spazio di libertà, sicurezza e giustizia nel rispetto dei diritti fondamentali nonché dei diversi ordinamenti giuridici e delle diverse tradizioni giuridiche degli Stati membri.

2. Essa garantisce che non vi siano controlli sulle persone alle frontiere interne e sviluppa una politica comune in materia di asilo, immigrazione e controllo delle frontiere esterne, fondata sulla solidarietà tra Stati membri ed equa nei confronti dei cittadini dei paesi terzi. Ai fini del presente titolo gli apolidi sono equiparati ai cittadini dei paesi terzi.

3. L'Unione si adopera per garantire un livello elevato di sicurezza attraverso misure di prevenzione e di lotta contro la criminalità, il razzismo e la xenofobia, attraverso misure di coordinamento e cooperazione tra forze di polizia e autorità giudiziarie e altre autorità competenti, nonché tramite il riconoscimento reciproco delle decisioni giudiziarie penali e, se necessario, il ravvicinamento delle legislazioni penali.

4. L'Unione facilita l'accesso alla giustizia, in particolare attraverso il principio di riconoscimento reciproco delle decisioni giudiziarie ed extragiudiziali in materia civile.

Art. 68. – Il Consiglio europeo definisce gli orientamenti strategici della programmazione legislativa e operativa nello spazio di libertà, sicurezza e giustizia.

Art. 69. – Per quanto riguarda le proposte e le iniziative legislative presentate nel quadro dei capi 4 e 5, i parlamenti nazionali vigilano sul rispetto del principio di sussidiarietà conformemente al protocollo sull'applicazione dei principi di sussidiarietà e di proporzionalità [5[3, 4] TUE].

Art. 70. – Fatti salvi gli articoli 258, 259 e 260, il Consiglio, su proposta della Commissione, può adottare misure che definiscono le modalità secondo le quali gli Stati membri, in collaborazione con la Commissione, procedono a una valutazione oggettiva e imparziale dell'attuazione, da parte delle autorità degli Stati membri, delle politiche dell'Unione di cui al presente titolo, in particolare al fine di favorire la piena applicazione del principio di riconoscimento reciproco. Il Parlamento europeo e i parlamenti nazionali sono informati dei contenuti e dei risultati di tale valutazione.

Art. 71 (ex art. 36 del TUE). – È istituito in seno al Consiglio un comitato permanente al fine di assicurare all'interno dell'Unione la promozione e il rafforzamento della cooperazione operativa in materia di sicurezza interna. Fatto salvo l'articolo 240, esso favorisce il coordinamento dell'azione delle autorità competenti degli Stati membri. I rappresentanti degli organi e organismi interessati dell'Unione possono essere associati ai lavori del comitato. Il Parlamento europeo e i parlamenti nazionali sono tenuti informati dei lavori.

Art. 72 (ex art. 64, paragrafo 1, del TCE ed ex art. 33 del TUE). – Il presente titolo non osta all'esercizio delle responsabilità incombenti agli Stati membri per il mantenimento dell'ordine pubblico e la salvaguardia della sicurezza interna.

Art. 73. – Gli Stati membri hanno la facoltà di organizzare tra di loro e sotto la loro responsabilità forme di cooperazione e di coordinamento nel modo che ritengono appropriato tra i dipartimenti competenti delle rispettive amministrazioni responsabili per la salvaguardia della sicurezza nazionale.

Art. 74 (ex art. 66 del TCE). – Il Consiglio adotta misure al fine di assicurare la cooperazione amministrativa tra i servizi competenti degli Stati membri nei settori di cui al presente titolo e fra tali servizi e la Commissione. Esso delibera su proposta della Commissione, fatto salvo l'articolo 76, e previa consultazione del Parlamento europeo.

Art. 75 (ex art. 60 del TCE). – Qualora sia necessario per conseguire gli obiettivi di cui all'articolo 67, per quanto riguarda la prevenzione e la lotta contro il terrorismo e le attività connesse, il Parlamento europeo e il Consiglio, deliberando mediante regolamenti secondo la procedura legislativa ordinaria, definiscono un insieme di misure amministrative concernenti i movimenti di capitali e i pagamenti, quali il congelamento dei capitali, dei beni finanziari o dei proventi economici appartenenti, posseduti o detenuti da persone fisiche o giuridiche, da gruppi o da entità non statali.

Il Consiglio, su proposta della Commissione, adotta misure per attuare l'insieme di misure di cui al primo comma.

Gli atti di cui al presente articolo contengono le necessarie disposizioni sulle garanzie giuridiche.

Art. 76. – Gli atti di cui ai capi 4 e 5 e le misure di cui all'articolo 74 che assicurano la cooperazione amministrativa nei settori di cui a tali capi sono adottati:

a) su proposta della Commissione, oppure

b) su iniziativa di un quarto degli Stati membri.

Capo II
Politiche relative ai controlli alle frontiere, all'asilo e all'immigrazione

Art. 77 (ex art. 62 del TCE). – 1. L'Unione sviluppa una politica volta a:

a) garantire l'assenza di qualsiasi controllo sulle persone, a prescindere dalla nazionalità, all'atto dell'attraversamento delle frontiere interne;

b) garantire il controllo delle persone e la sorveglianza efficace dell'attraversamento delle frontiere esterne;

c) instaurare progressivamente un sistema integrato di gestione delle frontiere esterne.

2. Ai fini del paragrafo 1, il Parlamento europeo e il Consiglio, deliberando secondo la procedura legislativa ordinaria, adottano le misure riguardanti:

a) la politica comune dei visti e di altri titoli di soggiorno di breve durata;

b) i controlli ai quali sono sottoposte le persone che attraversano le frontiere esterne;

c) le condizioni alle quali i cittadini dei paesi terzi possono circolare liberamente nell'Unione per un breve periodo;

d) qualsiasi misura necessaria per l'istituzione progressiva di un sistema integrato di gestione delle frontiere esterne;

e) l'assenza di qualsiasi controllo sulle persone, a prescindere dalla nazionalità, all'atto dell'attraversamento delle frontiere interne.

3. Se un'azione dell'Unione risulta necessaria per facilitare l'esercizio del diritto, di cui all'articolo 20, paragrafo 2, lettera a), e salvo che i trattati non abbiano previsto poteri di azione a tale scopo, il Consiglio, deliberando secondo una procedura legislativa speciale, può adottare disposizioni relative ai passaporti, alle carte d'identità, ai titoli di soggiorno o altro documento assimilato. Il Consiglio delibera all'unanimità previa consultazione del Parlamento europeo.

4. Il presente articolo lascia impregiudicata la competenza degli Stati membri riguardo alla delimitazione geografica delle rispettive frontiere, conformemente al diritto internazionale.

Art. 78 (ex art. 63, punti 1 e 2, e articolo 64, paragrafo 2, del TCE). – 1. L'Unione sviluppa una politica comune in materia di asilo, di protezione sussidiaria e di protezione temporanea, volta a offrire uno status appropriato a qualsiasi cittadino di un paese terzo che necessita di protezione internazionale e a garantire il rispetto del principio di non respingimento. Detta politica deve essere conforme alla convenzione di Ginevra del 28 luglio 1951 e al protocollo del 31 gennaio 1967 relativi allo status dei rifugiati, e agli altri trattati pertinenti.

2. Ai fini del paragrafo 1, il Parlamento europeo e il Consiglio, deliberando secondo la procedura legislativa ordinaria, adottano le misure relative a un sistema europeo comune di asilo che includa:

a) uno status uniforme in materia di asilo a favore di cittadini di paesi terzi, valido in tutta l'Unione;

b) uno status uniforme in materia di protezione sussidiaria per i cittadini di paesi terzi che, pur senza il beneficio dell'asilo europeo, necessitano di protezione internazionale;

c) un sistema comune volto alla protezione temporanea degli sfollati in caso di afflusso massiccio;

d) procedure comuni per l'ottenimento e la perdita dello status uniforme in materia di asilo o di protezione sussidiaria;

e) criteri e meccanismi di determinazione dello Stato membro competente per l'esame di una domanda d'asilo o di protezione sussidiaria;

f) norme concernenti le condizioni di accoglienza dei richiedenti asilo o protezione sussidiaria;

g) il partenariato e la cooperazione con paesi terzi per gestire i flussi di richiedenti asilo o protezione sussidiaria o temporanea.

3. Qualora uno o più Stati membri debbano affrontare una situazione di emergenza caratterizzata da un afflusso improvviso di cittadini di paesi terzi, il Consiglio, su proposta della Commissione, può adottare misure temporanee a beneficio dello Stato membro o degli Stati membri interessati. Esso delibera previa consultazione del Parlamento europeo.

Art. 79 (ex art. 63, punti 3 e 4, del TCE). – 1. L'Unione sviluppa una politica comune dell'immigrazione intesa ad assicurare, in ogni fase, la gestione efficace dei flussi migratori, l'equo trattamento dei cittadini dei paesi terzi regolarmente soggiornanti negli Stati membri e la prevenzione e il contrasto rafforzato dell'immigrazione illegale e della tratta degli esseri umani.

2. Ai fini del paragrafo 1, il Parlamento europeo e il Consiglio, deliberando secondo la procedura legislativa ordinaria, adottano le misure nei seguenti settori:

a) condizioni di ingresso e soggiorno e norme sul rilascio da parte degli Stati membri di visti e di titoli di soggiorno di lunga durata, compresi quelli rilasciati a scopo di ricongiungimento familiare;

b) definizione dei diritti dei cittadini di paesi terzi regolarmente soggiornanti in uno Stato membro, comprese le condizioni che disciplinano la libertà di circolazione e di soggiorno negli altri Stati membri;

c) immigrazione clandestina e soggiorno irregolare, compresi l'allontanamento e il rimpatrio delle persone in soggiorno irregolare;

d) lotta contro la tratta degli esseri umani, in particolare donne e minori.

3. L'Unione può concludere con i paesi terzi accordi ai fini della riammissione, nei paesi di origine o di provenienza, di cittadini di paesi terzi che non soddisfano o non soddisfano più le condizioni per l'ingresso, la presenza o il soggiorno nel territorio di uno degli Stati membri.

4. Il Parlamento europeo e il Consiglio, deliberando secondo la procedura legislativa ordinaria, possono stabilire misure volte a incentivare e sostenere l'azione degli Stati membri al fine di favorire l'integrazione dei cittadini di paesi terzi regolarmente soggiornanti nel loro territorio, ad esclusione di qualsiasi armonizzazione delle disposizioni legislative e regolamentari degli Stati membri.

5. Il presente articolo non incide sul diritto degli Stati membri di determinare il volume di ingresso nel loro territorio dei cittadini di paesi terzi, provenienti da paesi terzi, allo scopo di cercarvi un lavoro dipendente o autonomo.

Art. 80. – Le politiche dell'Unione di cui al presente capo e la loro attuazione sono governate dal principio di solidarietà e di equa ripartizione della responsabilità tra gli Stati membri, anche sul piano finanziario. Ogniqualvolta necessario, gli atti dell'Unione adottati in virtù del presente capo contengono misure appropriate ai fini dell'applicazione di tale principio.

Capo III
Cooperazione giudiziaria in materia civile

Art. 81 (ex art. 65 del TCE). – 1. L'Unione sviluppa una cooperazione giudiziaria nelle materie civili con implicazioni transnazionali, fondata sul principio di riconoscimento reciproco delle decisioni giudiziarie ed extragiudiziali. Tale cooperazione può includere l'adozione di misure intese a ravvicinare le disposizioni legislative e regolamentari degli Stati membri.

2. Ai fini del paragrafo 1, il Parlamento europeo e il Consiglio, deliberando secondo la procedura legislativa ordinaria, adottano, in particolare se necessario al buon funzionamento del mercato interno, misure volte a garantire:

a) il riconoscimento reciproco tra gli Stati membri delle decisioni giudiziarie ed extragiudiziali e la loro esecuzione;

b) la notificazione e la comunicazione transnazionali degli atti giudiziari ed extragiudiziali;

c) la compatibilità delle regole applicabili negli Stati membri ai conflitti di leggi e di giurisdizione;

d) la cooperazione nell'assunzione dei mezzi di prova;

e) un accesso effettivo alla giustizia;

f) l'eliminazione degli ostacoli al corretto svolgimento dei procedimenti civili, se necessario promuovendo la compatibilità delle norme di procedura civile applicabili negli Stati membri;

g) lo sviluppo di metodi alternativi per la risoluzione delle controversie;

h) un sostegno alla formazione dei magistrati e degli operatori giudiziari.

3. In deroga al paragrafo 2, le misure relative al diritto di famiglia aventi implicazioni transnazionali sono stabilite dal Consiglio, che delibera secondo una procedura legislativa speciale. Il Consiglio delibera all'unanimità previa consultazione del Parlamento europeo.

Il Consiglio, su proposta della Commissione, può adottare una decisione che determina gli aspetti del diritto di famiglia aventi implicazioni transnazionali e che potrebbero formare oggetto di atti adottati secondo la procedura legislativa ordinaria. Il Consiglio delibera all'unanimità previa consultazione del Parlamento europeo.

I parlamenti nazionali sono informati della proposta di cui al secondo comma. Se un parlamento nazionale comunica la sua opposizione entro sei mesi dalla data di tale informazione, la decisione non è adottata. In mancanza di opposizione, il Consiglio può adottare la decisione.

Capo IV
Cooperazione giudiziaria in materia penale

Art. 82 (ex art. 31 del TUE). – 1. La cooperazione giudiziaria in materia penale nell'Unione è fondata sul principio di riconoscimento reciproco delle sentenze e delle decisioni giudiziarie e include il ravvicinamento delle disposizioni legislative e regolamentari degli Stati membri nei settori di cui al paragrafo 2 e all'articolo 83.

Il Parlamento europeo e il Consiglio, deliberando secondo la procedura legislativa ordinaria, adottano le misure intese a:

a) definire norme e procedure per assicurare il riconoscimento in tutta l'Unione di qualsiasi tipo di sentenza e di decisione giudiziaria;

b) prevenire e risolvere i conflitti di giurisdizione tra gli Stati membri;

c) sostenere la formazione dei magistrati e degli operatori giudiziari;

d) facilitare la cooperazione tra le autorità giudiziarie o autorità omologhe degli Stati membri in relazione all'azione penale e all'esecuzione delle decisioni.

2. Laddove necessario per facilitare il riconoscimento reciproco delle sentenze e delle decisioni giudiziarie e la cooperazione di polizia e giudiziaria nelle materie penali aventi dimensione transnazionale, il Parlamento europeo e il Consiglio possono stabilire norme minime deliberando mediante direttive secondo la procedura legislativa ordinaria. Queste tengono conto delle differenze tra le tradizioni giuridiche e gli ordinamenti giuridici degli Stati membri.

Esse riguardano:

a) l'ammissibilità reciproca delle prove tra gli Stati membri;

b) i diritti della persona nella procedura penale;

c) i diritti delle vittime della criminalità;

d) altri elementi specifici della procedura penale, individuati dal Consiglio in via preliminare mediante una decisione; per adottare tale decisione il Consiglio delibera all'unanimità previa approvazione del Parlamento europeo.

L'adozione delle norme minime di cui al presente paragrafo non impedisce agli Stati membri di mantenere o introdurre un livello più elevato di tutela delle persone.

3. Qualora un membro del Consiglio ritenga che un progetto di direttiva di cui al paragrafo 2 incida su aspetti fondamentali del proprio ordinamento giuridico penale, può chiedere che il Consiglio europeo sia investito della questione. In

tal caso la procedura legislativa ordinaria è sospesa. Previa discussione e in caso di consenso, il Consiglio europeo, entro quattro mesi da tale sospensione, rinvia il progetto al Consiglio, ponendo fine alla sospensione della procedura legislativa ordinaria.

Entro il medesimo termine, in caso di disaccordo, e se almeno nove Stati membri desiderano instaurare una cooperazione rafforzata sulla base del progetto di direttiva in questione, essi ne informano il Parlamento europeo, il Consiglio e la Commissione. In tal caso l'autorizzazione a procedere alla cooperazione rafforzata di cui all'articolo 20, paragrafo 2 del trattato sull'Unione europea e all'articolo 329, paragrafo 1 del presente trattato si considera concessa e si applicano le disposizioni sulla cooperazione rafforzata.

Art. 83 (ex art. 31 del TUE). – 1. Il Parlamento europeo e il Consiglio, deliberando mediante direttive secondo la procedura legislativa ordinaria, possono stabilire norme minime relative alla definizione dei reati e delle sanzioni in sfere di criminalità particolarmente grave che presentano una dimensione transnazionale derivante dal carattere o dalle implicazioni di tali reati o da una particolare necessità di combatterli su basi comuni.

Dette sfere di criminalità sono le seguenti: terrorismo, tratta degli esseri umani e sfruttamento sessuale delle donne e dei minori, traffico illecito di stupefacenti, traffico illecito di armi, riciclaggio di denaro, corruzione, contraffazione di mezzi di pagamento, criminalità informatica e criminalità organizzata.

In funzione dell'evoluzione della criminalità, il Consiglio può adottare una decisione che individua altre sfere di criminalità che rispondono ai criteri di cui al presente paragrafo. Esso delibera all'unanimità previa approvazione del Parlamento europeo.

2. Allorché il ravvicinamento delle disposizioni legislative e regolamentari degli Stati membri in materia penale si rivela indispensabile per garantire l'attuazione efficace di una politica dell'Unione in un settore che è stato oggetto di misure di armonizzazione, norme minime relative alla definizione dei reati e delle sanzioni nel settore in questione possono essere stabilite tramite direttive. Tali direttive sono adottate secondo la stessa procedura legislativa ordinaria o speciale utilizzata per l'adozione delle misure di armonizzazione in questione, fatto salvo l'articolo 76.

3. Qualora un membro del Consiglio ritenga che un progetto di direttiva di cui al paragrafo 1 o 2 incida su aspetti fondamentali del proprio ordinamento giuridico penale, può chiedere che il Consiglio europeo sia investito della questione. In tal caso la procedura legislativa ordinaria è sospesa. Previa discussione e in caso di consenso, il Consiglio europeo, entro quattro mesi da tale sospensione, rinvia il progetto al Consiglio, ponendo fine alla sospensione della procedura legislativa ordinaria.

Entro il medesimo termine, in caso di disaccordo, e se almeno nove Stati membri desiderano instaurare una cooperazione rafforzata sulla base del progetto di direttiva in questione, essi ne informano il Parlamento europeo, il Consiglio e la Commissione. In tal caso l'autorizzazione a procedere alla cooperazione rafforzata di cui all'articolo 20, paragrafo 2 del trattato sull'Unione europea e all'articolo 329, paragrafo 1 del presente trattato si considera concessa e si applicano le disposizioni sulla cooperazione rafforzata.

Art. 84. – Il Parlamento europeo e il Consiglio, deliberando secondo la procedura legislativa ordinaria, possono stabilire misure per incentivare e sostenere l'azione degli Stati membri nel campo della prevenzione della criminalità, ad esclusione di qualsiasi armonizzazione delle disposizioni legislative e regolamentari degli Stati membri.

Art. 85 (ex art. 31 del TUE). – 1. Eurojust ha il compito di sostenere e potenziare il coordinamento e la cooperazione tra le autorità nazionali responsabili delle indagini e dell'azione penale contro la criminalità grave che interessa due o più Stati membri o che richiede un'azione penale su basi comuni, sulla scorta delle operazioni effettuate e delle informazioni fornite dalle autorità degli Stati membri e da Europol.

In questo contesto il Parlamento europeo e il Consiglio, deliberando mediante regolamenti secondo la procedura legislativa ordinaria, determinano la struttura, il funzionamento, la sfera d'azione e i compiti di Eurojust. Tali compiti possono comprendere:

a) l'avvio di indagini penali, nonché la proposta di avvio di azioni penali esercitate dalle autorità nazionali competenti, in particolare quelle relative a reati che ledono gli interessi finanziari dell'Unione;

b) il coordinamento di indagini ed azioni penali di cui alla lettera a);

c) il potenziamento della cooperazione giudiziaria, anche attraverso la composizione dei conflitti di competenza e tramite una stretta cooperazione con la Rete giudiziaria europea.

Tali regolamenti fissano inoltre le modalità per associare il Parlamento europeo e i parlamenti nazionali alla valutazione delle attività di Eurojust.

2. Nel contesto delle azioni penali di cui al paragrafo 1, e fatto salvo l'articolo 86, gli atti ufficiali di procedura giudiziaria sono eseguiti dai funzionari nazionali competenti.

Art. 86. – 1. Per combattere i reati che ledono gli interessi finanziari dell'Unione, il Consiglio, deliberando mediante regolamenti secondo una procedura legislativa speciale, può istituire una Procura europea a partire da Eurojust. Il Consiglio delibera all'unanimità, previa approvazione del Parlamento europeo.

In mancanza di unanimità, un gruppo di almeno nove Stati membri può chiedere che il Consiglio europeo sia investito del progetto di regolamento. In tal caso la procedura in sede di Consiglio è sospesa. Previa discussione e in caso di consenso, il Consiglio europeo, entro quattro mesi da tale sospensione, rinvia il progetto al Consiglio per adozione.

Entro il medesimo termine, in caso di disaccordo, e se almeno nove Stati membri desiderano instaurare una cooperazione rafforzata sulla base del progetto di regolamento in questione, essi ne informano il Parlamento europeo, il Consiglio e la Commissione. In tal caso l'autorizzazione a procedere alla cooperazione rafforzata di cui all'articolo 20, paragrafo 2 del trattato sull'Unione europea e all'articolo 329, paragrafo 1 del presente trattato si considera concessa e si applicano le disposizioni sulla cooperazione rafforzata.

2. La Procura europea è competente per individuare, perseguire e rinviare a giudizio, eventualmente in collegamento con Europol, gli autori di reati che ledono gli interessi finanziari dell'Unione, quali definiti dal regolamento previsto nel paragrafo 1, e i loro complici. Essa esercita l'azione penale per tali reati dinanzi agli organi giurisdizionali competenti degli Stati membri.

3. I regolamenti di cui al paragrafo 1 stabiliscono lo statuto della Procura europea, le condizioni di esercizio delle sue funzioni, le regole procedurali applicabili alle sue attività e all'ammissibilità delle prove e le regole applicabili al controllo giurisdizionale degli atti procedurali che adotta nell'esercizio delle sue funzioni.

4. Il Consiglio europeo può adottare, contemporaneamente o successivamente, una decisione che modifica il paragrafo 1 allo scopo di estendere le attribuzioni della Procura europea alla lotta contro la criminalità grave che presenta una dimensione transnazionale, e che modifica di conseguenza il paragrafo 2 per quanto riguarda gli autori di reati gravi con ripercussioni in più Stati membri e i loro complici. Il Consiglio

europeo delibera all'unanimità previa approvazione del Parlamento europeo e previa consultazione della Commissione.

Capo V
Cooperazione di polizia

Art. 87 (ex art. 30 del TUE). – 1. L'Unione sviluppa una cooperazione di polizia che associa tutte le autorità competenti degli Stati membri, compresi i servizi di polizia, i servizi delle dogane e altri servizi incaricati dell'applicazione della legge specializzati nel settore della prevenzione o dell'individuazione dei reati e delle relative indagini.

2. Ai fini del paragrafo 1, il Parlamento europeo e il Consiglio, deliberando secondo la procedura legislativa ordinaria, possono stabilire misure riguardanti:

a) la raccolta, l'archiviazione, il trattamento, l'analisi e lo scambio delle pertinenti informazioni;

b) un sostegno alla formazione del personale e la cooperazione relativa allo scambio di personale, alle attrezzature e alla ricerca in campo criminologico;

c) le tecniche investigative comuni ai fini dell'individuazione di forme gravi di criminalità organizzata.

3. Il Consiglio, deliberando secondo una procedura legislativa speciale, può stabilire misure riguardanti la cooperazione operativa tra le autorità di cui al presente articolo. Il Consiglio delibera all'unanimità previa consultazione del Parlamento europeo.

In mancanza di unanimità, un gruppo di almeno nove Stati membri può chiedere che il Consiglio europeo sia investito del progetto di misure. In tal caso la procedura in sede di Consiglio è sospesa. Previa discussione e in caso di consenso, il Consiglio europeo, entro quattro mesi da tale sospensione, rinvia il progetto al Consiglio per adozione.

Entro il medesimo termine, in caso di disaccordo, e se almeno nove Stati membri desiderano instaurare una cooperazione rafforzata sulla base del progetto di misure in questione, essi ne informano il Parlamento europeo, il Consiglio e la Commissione. In tal caso l'autorizzazione a procedere alla cooperazione rafforzata di cui all'articolo 20, paragrafo 2 del trattato sull'Unione europea e all'articolo 329, paragrafo 1 del presente trattato si considera concessa e si applicano le disposizioni sulla cooperazione rafforzata.

La procedura specifica di cui al secondo e al terzo comma non si applica agli atti che costituiscono uno sviluppo dell'acquis di Schengen.

Art. 88 (ex art. 30 del TUE). – 1. Europol ha il compito di sostenere e potenziare l'azione delle autorità di polizia e degli altri servizi incaricati dell'applicazione della legge degli Stati membri e la reciproca collaborazione nella prevenzione e lotta contro la criminalità grave che interessa due o più Stati membri, il terrorismo e le forme di criminalità che ledono un interesse comune oggetto di una politica dell'Unione.

2. Il Parlamento europeo e il Consiglio, deliberando mediante regolamenti secondo la procedura legislativa ordinaria, determinano la struttura, il funzionamento, la sfera d'azione e i compiti di Europol. Tali compiti possono comprendere:

a) la raccolta, l'archiviazione, il trattamento, l'analisi e lo scambio delle informazioni trasmesse, in particolare dalle autorità degli Stati membri o di paesi o organismi terzi;

b) il coordinamento, l'organizzazione e lo svolgimento di indagini e di azioni operative, condotte congiuntamente con le autorità competenti degli Stati membri o nel quadro di squadre investigative comuni, eventualmente in collegamento con Eurojust.

Tali regolamenti fissano inoltre le modalità di controllo delle attività di Europol da parte del Parlamento europeo, controllo cui sono associati i parlamenti nazionali.

3. Qualsiasi azione operativa di Europol deve essere condotta in collegamento e d'intesa con le autorità dello Stato membro o degli Stati membri di cui interessa il territorio. L'applicazione di misure coercitive è di competenza esclusiva delle pertinenti autorità nazionali.

Art. 89 (ex art. 32 del TUE). – Il Consiglio, deliberando secondo una procedura legislativa speciale, stabilisce le condizioni e i limiti entro i quali le autorità competenti degli Stati membri di cui agli articoli 82 e 87 possono operare nel territorio di un altro Stato membro in collegamento e d'intesa con le autorità di quest'ultimo. Il Consiglio delibera all'unanimità previa consultazione del Parlamento europeo.

Titolo VI
TRASPORTI

Art. 90 (ex art. 70 del TCE). – Gli obiettivi dei trattati sono perseguiti, per quanto riguarda la materia disciplinata dal presente titolo, nel quadro di una politica comune dei trasporti.

Art. 91 (ex art. 71 del TCE). – 1. Ai fini dell'applicazione dell'articolo 90 e tenuto conto degli aspetti peculiari dei trasporti, il Parlamento europeo e il Consiglio, deliberando secondo la procedura legislativa ordinaria e previa consultazione del Comitato economico e sociale e del Comitato delle regioni, stabiliscono:

a) norme comuni applicabili ai trasporti internazionali in partenza dal territorio di uno Stato membro o a destinazione di questo, o in transito sul territorio di uno o più Stati membri;

b) le condizioni per l'ammissione di vettori non residenti ai trasporti nazionali in uno Stato membro;

c) le misure atte a migliorare la sicurezza dei trasporti;

d) ogni altra utile disposizione.

2. All'atto dell'adozione delle misure di cui al paragrafo 1, si tiene conto dei casi in cui la loro applicazione rischi di pregiudicare gravemente il tenore di vita e l'occupazione in talune regioni come pure l'uso delle attrezzature relative ai trasporti.

Art. 92 (ex art. 72 del TCE). – Fino a che non siano emanate le disposizioni di cui all'articolo 91, paragrafo 1, e salvo che il Consiglio adotti all'unanimità una misura che conceda una deroga, nessuno degli Stati membri può rendere meno favorevoli, nei loro effetti diretti o indiretti nei confronti dei vettori degli altri Stati membri rispetto ai vettori nazionali, le varie disposizioni che disciplinano la materia al 1° gennaio 1958 o, per gli Stati aderenti, alla data della loro adesione.

Art. 93 (ex art. 73 del TCE). – Sono compatibili con i trattati gli aiuti richiesti dalle necessità del coordinamento dei trasporti ovvero corrispondenti al rimborso di talune servitù inerenti alla nozione di pubblico servizio.

Art. 94 (ex art. 74 del TCE). – Qualsiasi misura in materia di prezzi e condizioni di trasporto, adottata nell'ambito dei trattati, deve tener conto della situazione economica dei vettori.

Art. 95 (ex art. 75 del TCE). – 1. Nel traffico interno dell'Unione sono vietate le discriminazioni consistenti nell'applicazione, da parte di un vettore, di prezzi e condizioni di trasporto differenti per le stesse merci e per le stesse relazioni di traffico e fondate sul paese di origine o di destinazione dei prodotti trasportati.

2. Il paragrafo 1 non esclude che il Parlamento europeo e il

Consiglio possano adottare altre misure in applicazione dell'articolo 91, paragrafo 1.

3. Il Consiglio stabilisce, su proposta della Commissione e previa consultazione del Parlamento europeo e del Comitato economico e sociale, una regolamentazione intesa a garantire l'attuazione delle disposizioni del paragrafo 1.

Esso può prendere in particolare le disposizioni necessarie a permettere alle istituzioni dell'Unione di controllare l'osservanza della norma enunciata dal paragrafo 1 e ad assicurarne l'intero beneficio agli utenti.

4. La Commissione, di sua iniziativa o a richiesta di uno Stato membro, esamina i casi di discriminazioni contemplati dal paragrafo 1 e, dopo aver consultato ogni Stato membro interessato, prende le necessarie decisioni, nel quadro della regolamentazione stabilita conformemente alle disposizioni del paragrafo 3.

Art. 96 (ex art. 76 del TCE). – 1. È fatto divieto a uno Stato membro di imporre ai trasporti effettuati all'interno dell'Unione l'applicazione di prezzi e condizioni che importino qualsiasi elemento di sostegno o di protezione nell'interesse di una o più imprese o industrie particolari, salvo quando tale applicazione sia autorizzata dalla Commissione.

2. La Commissione, di propria iniziativa o a richiesta di uno Stato membro, esamina i prezzi e le condizioni di cui al paragrafo 1, avendo particolare riguardo, da una parte, alle esigenze di una politica economica regionale adeguata, alle necessità delle regioni sottosviluppate e ai problemi delle regioni che abbiano gravemente risentito di circostanze politiche e d'altra parte all'incidenza di tali prezzi e condizioni sulla concorrenza tra i modi di trasporto.

Dopo aver consultato tutti gli Stati membri interessati, la Commissione prende le necessarie decisioni.

3. Il divieto di cui al paragrafo 1 non colpisce le tariffe concorrenziali.

Art. 97 (ex art. 77 del TCE). – Le tasse o canoni che, a prescindere dai prezzi di trasporto, sono percepiti da un vettore al passaggio delle frontiere non debbono superare un livello ragionevole, avuto riguardo alle spese reali effettivamente determinate dal passaggio stesso.

Gli Stati membri procurano di ridurre progressivamente le spese in questione.

La Commissione può rivolgere raccomandazioni agli Stati membri ai fini dell'applicazione del presente articolo.

Art. 98 (ex art. 78 del TCE). – Le disposizioni del presente titolo non ostano alle misure adottate nella Repubblica federale di Germania, sempre che tali misure siano necessarie a compensare gli svantaggi economici cagionati dalla divisione della Germania all'economia di talune regioni della Repubblica federale che risentono di tale divisione. Cinque anni dopo l'entrata in vigore del trattato di Lisbona, il Consiglio, su proposta della Commissione, può adottare una decisione che abroga il presente articolo.

Art. 99 (ex art. 79 del TCE). – Presso la Commissione è istituito un comitato a carattere consultivo, composto di esperti designati dai governi degli Stati membri. La Commissione lo consulta in materia di trasporti, ogni qualvolta lo ritenga utile.

Art. 100 (ex art. 80 del TCE). – 1. Le disposizioni del presente titolo si applicano ai trasporti ferroviari, su strada e per vie navigabili.

2. Il Parlamento europeo e il Consiglio, deliberando secondo la procedura legislativa ordinaria, possono stabilire le opportune disposizioni per la navigazione marittima e aerea. Essi deliberano previa consultazione del Comitato economico e sociale e del Comitato delle regioni.

TITOLO VII
NORME COMUNI SULLA CONCORRENZA, SULLA FISCALITÀ E SUL RAVVICINAMENTO DELLE LEGISLAZIONI

Capo I
Regole di concorrenza

Sezione I
Regole applicabili alle imprese

Art. 101 (ex art. 81 del TCE). – 1. Sono incompatibili con il mercato interno e vietati tutti gli accordi tra imprese, tutte le decisioni di associazioni di imprese e tutte le pratiche concordate che possano pregiudicare il commercio tra Stati membri e che abbiano per oggetto o per effetto di impedire, restringere o falsare il gioco della concorrenza all'interno del mercato interno ed in particolare quelli consistenti nel:

a) fissare direttamente o indirettamente i prezzi d'acquisto o di vendita ovvero altre condizioni di transazione;

b) limitare o controllare la produzione, gli sbocchi, lo sviluppo tecnico o gli investimenti;

c) ripartire i mercati o le fonti di approvvigionamento;

d) applicare, nei rapporti commerciali con gli altri contraenti, condizioni dissimili per prestazioni equivalenti, così da determinare per questi ultimi uno svantaggio nella concorrenza;

e) subordinare la conclusione di contratti all'accettazione da parte degli altri contraenti di prestazioni supplementari, che, per loro natura o secondo gli usi commerciali, non abbiano alcun nesso con l'oggetto dei contratti stessi.

2. Gli accordi o decisioni, vietati in virtù del presente articolo, sono nulli di pieno diritto.

3. Tuttavia, le disposizioni del paragrafo 1 possono essere dichiarate inapplicabili:

– a qualsiasi accordo o categoria di accordi fra imprese,

– a qualsiasi decisione o categoria di decisioni di associazioni di imprese, e

– a qualsiasi pratica concordata o categoria di pratiche concordate,

che contribuiscano a migliorare la produzione o la distribuzione dei prodotti o a promuovere il progresso tecnico o economico, pur riservando agli utilizzatori una congrua parte dell'utile che ne deriva, ed evitando di:

a) imporre alle imprese interessate restrizioni che non siano indispensabili per raggiungere tali obiettivi;

b) dare a tali imprese la possibilità di eliminare la concorrenza per una parte sostanziale dei prodotti di cui trattasi.

Art. 102 (ex art. 82 del TCE). – È incompatibile con il mercato interno e vietato, nella misura in cui possa essere pregiudizievole al commercio tra Stati membri, lo sfruttamento abusivo da parte di una o più imprese di una posizione dominante sul mercato interno o su una parte sostanziale di questo.

Tali pratiche abusive possono consistere in particolare:

a) nell'imporre direttamente od indirettamente prezzi d'acquisto, di vendita od altre condizioni di transazione non eque;

b) nel limitare la produzione, gli sbocchi o lo sviluppo tecnico, a danno dei consumatori;

c) nell'applicare nei rapporti commerciali con gli altri contraenti condizioni dissimili per prestazioni equivalenti, determinando così per questi ultimi uno svantaggio per la concorrenza;

d) nel subordinare la conclusione di contratti all'accettazione da parte degli altri contraenti di prestazioni supplementari, che, per loro natura o secondo gli usi commerciali, non abbiano alcun nesso con l'oggetto dei contratti stessi.

Art. 103 (ex art. 83 del TCE). – 1. I regolamenti e le direttive utili ai fini dell'applicazione dei principi contemplati dagli articoli 101 e 102 sono stabiliti dal Consiglio, su proposta della Commissione e previa consultazione del Parlamento europeo.

2. Le disposizioni di cui al paragrafo 1 hanno, in particolare, lo scopo di:

a) garantire l'osservanza dei divieti di cui all'articolo 101, paragrafo 1, e all'articolo 102, comminando ammende e penalità di mora;

b) determinare le modalità di applicazione dell'articolo 101, paragrafo 3, avendo riguardo alla necessità di esercitare una sorveglianza efficace e, nel contempo, semplificare, per quanto possibile, il controllo amministrativo;

c) precisare, eventualmente, per i vari settori economici, il campo di applicazione delle disposizioni degli articoli 101 e 102;

d) definire i rispettivi compiti della Commissione e della Corte di giustizia dell'Unione europea nell'applicazione delle disposizioni contemplate dal presente paragrafo;

e) definire i rapporti fra le legislazioni nazionali da una parte e le disposizioni della presente sezione nonché quelle adottate in applicazione del presente articolo, dall'altra.

Art. 104 (ex art. 84 del TCE). – Fino al momento dell'entrata in vigore delle disposizioni adottate in applicazione dell'articolo 103, le autorità degli Stati membri decidono in merito all'ammissibilità di intese e allo sfruttamento abusivo di una posizione dominante nel mercato interno, in conformità del diritto nazionale interno e delle disposizioni dell'articolo 101, in particolare del paragrafo 3, e dell'articolo 102.

Art. 105 (ex art. 85 del TCE). – 1. Senza pregiudizio dell'articolo 104, la Commissione vigila perché siano applicati i principi fissati dagli articoli 101 e 102. Essa istruisce, a richiesta di uno Stato membro o d'ufficio e in collegamento con le autorità competenti degli Stati membri che le prestano la loro assistenza, i casi di presunta infrazione ai principi suddetti. Qualora essa constati l'esistenza di un'infrazione, propone i mezzi atti a porvi termine.

2. Qualora non sia posto termine alle infrazioni, la Commissione constata l'infrazione ai principi con una decisione motivata. Essa può pubblicare tale decisione e autorizzare gli Stati membri ad adottare le necessarie misure, di cui definisce le condizioni e modalità, per rimediare alla situazione.

3. La Commissione può adottare regolamenti concernenti le categorie di accordi per le quali il Consiglio ha adottato un regolamento o una direttiva conformemente all'articolo 103, paragrafo 2, lettera b).

Art. 106 (ex art. 86 del TCE). – 1. Gli Stati membri non emanano né mantengono, nei confronti delle imprese pubbliche e delle imprese cui riconoscono diritti speciali o esclusivi, alcuna misura contraria alle norme dei trattati, specialmente a quelle contemplate dagli articoli 18 e da 101 a 109 inclusi.

2. Le imprese incaricate della gestione di servizi di interesse economico generale o aventi carattere di monopolio fiscale sono sottoposte alle norme dei trattati, e in particolare alle regole di concorrenza, nei limiti in cui l'applicazione di tali norme non osti all'adempimento, in linea di diritto e di fatto, della specifica missione loro affidata. Lo sviluppo degli scambi non deve essere compromesso in misura contraria agli interessi dell'Unione.

3. La Commissione vigila sull'applicazione delle disposizioni del presente articolo rivolgendo, ove occorra, agli Stati membri, opportune direttive o decisioni.

Sezione II
Aiuti concessi dagli Stati

Art. 107 (ex art. 87 del TCE). – 1. Salvo deroghe contemplate dai trattati, sono incompatibili con il mercato interno, nella misura in cui incidano sugli scambi tra Stati membri, gli aiuti concessi dagli Stati, ovvero mediante risorse statali, sotto qualsiasi forma che, favorendo talune imprese o talune produzioni, falsino o minaccino di falsare la concorrenza.

2. Sono compatibili con il mercato interno:

a) gli aiuti a carattere sociale concessi ai singoli consumatori, a condizione che siano accordati senza discriminazioni determinate dall'origine dei prodotti;

b) gli aiuti destinati a ovviare ai danni arrecati dalle calamità naturali oppure da altri eventi eccezionali;

c) gli aiuti concessi all'economia di determinate regioni della Repubblica federale di Germania che risentono della divisione della Germania, nella misura in cui sono necessari a compensare gli svantaggi economici provocati da tale divisione. Cinque anni dopo l'entrata in vigore del trattato di Lisbona, il Consiglio, su proposta della Commissione, può adottare una decisione che abroga la presente lettera.

3. Possono considerarsi compatibili con il mercato interno:

a) gli aiuti destinati a favorire lo sviluppo economico delle regioni ove il tenore di vita sia anormalmente basso, oppure si abbia una grave forma di sottoccupazione, nonché quello delle regioni di cui all'articolo 349, tenuto conto della loro situazione strutturale, economica e sociale;

b) gli aiuti destinati a promuovere la realizzazione di un importante progetto di comune interesse europeo oppure a porre rimedio a un grave turbamento dell'economia di uno Stato membro;

c) gli aiuti destinati ad agevolare lo sviluppo di talune attività o di talune regioni economiche, sempre che non alterino le condizioni degli scambi in misura contraria al comune interesse;

d) gli aiuti destinati a promuovere la cultura e la conservazione del patrimonio, quando non alterino le condizioni degli scambi e della concorrenza nell'Unione in misura contraria all'interesse comune;

e) le altre categorie di aiuti, determinate con decisione del Consiglio, su proposta della Commissione.

Art. 108 (ex art. 88 del TCE). – 1. La Commissione procede con gli Stati membri all'esame permanente dei regimi di aiuti esistenti in questi Stati. Essa propone a questi ultimi le opportune misure richieste dal graduale sviluppo o dal funzionamento del mercato interno.

2. Qualora la Commissione, dopo aver intimato agli interessati di presentare le loro osservazioni, constati che un aiuto concesso da uno Stato, o mediante fondi statali, non è compatibile con il mercato interno a norma dell'articolo 107, oppure che tale aiuto è attuato in modo abusivo, decide che lo Stato interessato deve sopprimerlo o modificarlo nel termine da essa fissato.

Qualora lo Stato in causa non si conformi a tale decisione entro il termine stabilito, la Commissione o qualsiasi altro Stato interessato può adire direttamente la Corte di giustizia dell'Unione europea, in deroga agli articoli 258 e 259.

A richiesta di uno Stato membro, il Consiglio, deliberando all'unanimità, può decidere che un aiuto, istituito o da istituirsi da parte di questo Stato, deve considerarsi compatibile con il mercato interno, in deroga alle disposizioni dell'articolo 107 o ai regolamenti di cui all'articolo 109, quando circostanze eccezionali giustifichino tale decisione. Qualora la Commissione abbia iniziato, nei riguardi di tale aiuto, la procedura prevista dal presente paragrafo, primo comma, la richiesta dello Stato interessato rivolta al Consiglio avrà per effetto di sospendere tale procedura fino a quando il Consiglio non si sia pronunciato al riguardo.

Tuttavia, se il Consiglio non si è pronunciato entro tre mesi dalla data della richiesta, la Commissione delibera.

3. Alla Commissione sono comunicati, in tempo utile perché presenti le sue osservazioni, i progetti diretti a istituire o modificare aiuti. Se ritiene che un progetto non sia compatibile con il mercato interno a norma dell'articolo 107, la Commissione inizia senza indugio la procedura prevista dal paragrafo precedente. Lo Stato membro interessato non può dare esecuzione alle misure progettate prima che tale procedura abbia condotto a una decisione finale.

4. La Commissione può adottare regolamenti concernenti le categorie di aiuti di Stato per le quali il Consiglio ha stabilito, conformemente all'articolo 109, che possono essere dispensate dalla procedura di cui al paragrafo 3 del presente articolo.

Art. 109 (ex art. 89 del TCE). – Il Consiglio, su proposta della Commissione e previa consultazione del Parlamento europeo, può stabilire tutti i regolamenti utili ai fini dell'applicazione degli articoli 107 e 108 e fissare in particolare le condizioni per l'applicazione dell'articolo 108, paragrafo 3, nonché le categorie di aiuti che sono dispensate da tale procedura.

Capo II
Disposizioni fiscali

Art. 110 (ex art. 90 del TCE). – Nessuno Stato membro applica direttamente o indirettamente ai prodotti degli altri Stati membri imposizioni interne, di qualsivoglia natura, superiori a quelle applicate direttamente o indirettamente ai prodotti nazionali similari.

Inoltre, nessuno Stato membro applica ai prodotti degli altri Stati membri imposizioni interne intese a proteggere indirettamente altre produzioni.

Art. 111 (ex art. 91 del TCE). – I prodotti esportati nel territorio di uno degli Stati membri non possono beneficiare di alcun ristorno di imposizioni interne che sia superiore alle imposizioni ad essi applicate direttamente o indirettamente.

Art. 112 (ex art. 92 del TCE). – Per quanto riguarda le imposizioni diverse dalle imposte sulla cifra d'affari, dalle imposte di consumo e dalle altre imposte indirette, si possono operare esoneri e rimborsi all'esportazione negli altri Stati membri e introdurre tasse di compensazione applicabili alle importazioni provenienti dagli Stati membri, soltanto qualora le misure progettate siano state preventivamente approvate per un periodo limitato dal Consiglio, su proposta della Commissione.

Art. 113 (ex art. 93 del TCE). – Il Consiglio, deliberando all'unanimità secondo una procedura legislativa speciale e previa consultazione del Parlamento europeo e del Comitato economico e sociale, adotta le disposizioni che riguardano l'armonizzazione delle legislazioni relative alle imposte sulla cifra d'affari, alle imposte di consumo ed altre imposte indirette, nella misura in cui detta armonizzazione sia necessaria per assicurare l'instaurazione ed il funzionamento del mercato interno ed evitare le distorsioni di concorrenza.

Capo III
Ravvicinamento delle legislazioni

Art. 114 (ex art. 95 del TCE). – 1. Salvo che i trattati non dispongano diversamente, si applicano le disposizioni seguenti per la realizzazione degli obiettivi dell'articolo 26. Il Parlamento europeo e il Consiglio, deliberando secondo la procedura legislativa ordinaria e previa consultazione del Comitato economico e sociale, adottano le misure relative al ravvicinamento delle disposizioni legislative, regolamentari ed amministrative degli Stati membri che hanno per oggetto l'instaurazione ed il funzionamento del mercato interno.

2. Il paragrafo 1 non si applica alle disposizioni fiscali, a quelle relative alla libera circolazione delle persone e a quelle relative ai diritti ed interessi dei lavoratori dipendenti.

3. La Commissione, nelle sue proposte di cui al paragrafo 1 in materia di sanità, sicurezza, protezione dell'ambiente e protezione dei consumatori, si basa su un livello di protezione elevato, tenuto conto, in particolare, degli eventuali nuovi sviluppi fondati su riscontri scientifici. Anche il Parlamento europeo ed il Consiglio, nell'ambito delle rispettive competenze, cercheranno di conseguire tale obiettivo.

4. Allorché, dopo l'adozione di una misura di armonizzazione da parte del Parlamento europeo e del Consiglio, da parte del Consiglio o da parte della Commissione, uno Stato membro ritenga necessario mantenere disposizioni nazionali giustificate da esigenze importanti di cui all'articolo 36 o relative alla protezione dell'ambiente o dell'ambiente di lavoro, esso notifica tali disposizioni alla Commissione precisando i motivi del mantenimento delle stesse.

5. Inoltre, fatto salvo il paragrafo 4, allorché, dopo l'adozione di una misura di armonizzazione da parte del Parlamento europeo e del Consiglio, da parte del Consiglio o da parte della Commissione, uno Stato membro ritenga necessario introdurre disposizioni nazionali fondate su nuove prove scientifiche inerenti alla protezione dell'ambiente o dell'ambiente di lavoro, giustificate da un problema specifico a detto Stato membro insorto dopo l'adozione della misura di armonizzazione, esso notifica le disposizioni previste alla Commissione precisando i motivi dell'introduzione delle stesse.

6. La Commissione, entro sei mesi dalle notifiche di cui ai paragrafi 4 e 5, approva o respinge le disposizioni nazionali in questione dopo aver verificato se esse costituiscano o no uno strumento di discriminazione arbitraria o una restrizione dissimulata nel commercio tra gli Stati membri e se rappresentino o no un ostacolo al funzionamento del mercato interno.

In mancanza di decisione della Commissione entro detto periodo, le disposizioni nazionali di cui ai paragrafi 4 e 5 sono considerate approvate.

Se giustificato dalla complessità della questione e in assenza di pericolo per la salute umana, la Commissione può notificare allo Stato membro interessato che il periodo di cui al presente paragrafo può essere prolungato per un ulteriore periodo di massimo sei mesi.

7. Quando uno Stato membro è autorizzato, a norma del paragrafo 6, a mantenere o a introdurre disposizioni nazionali che derogano a una misura di armonizzazione, la Commissione esamina immediatamente l'opportunità di proporre un adeguamento di detta misura.

8. Quando uno Stato membro solleva un problema specifico di pubblica sanità in un settore che è stato precedentemente oggetto di misure di armonizzazione, esso lo sottopone alla Commissione che esamina immediatamente l'opportunità di proporre misure appropriate al Consiglio.

9. In deroga alla procedura di cui agli articoli 258 e 259, la Commissione o qualsiasi Stato membro può adire direttamente la Corte di giustizia dell'Unione europea ove ritenga che un altro Stato membro faccia un uso abusivo dei poteri contemplati dal presente articolo.

10. Le misure di armonizzazione di cui sopra comportano, nei casi opportuni, una clausola di salvaguardia che autorizza gli Stati membri ad adottare, per uno o più dei motivi di carattere non economico di cui all'articolo 36, misure provvisorie soggette ad una procedura di controllo dell'Unione.

Art. 115 (ex art. 94 del TCE). – Fatto salvo l'articolo 114, il Consiglio, deliberando all'unanimità secondo una procedura legislativa speciale e previa consultazione del Parlamento europeo e del Comitato economico e sociale, stabilisce direttive volte al ravvicinamento delle disposizioni legislative, regolamentari ed amministrative degli Stati membri che abbiano un'incidenza diretta sull'instaurazione o sul funzionamento del mercato interno.

Art. 116 (ex art. 96 del TCE). – Qualora la Commissione constati che una disparità esistente nelle disposizioni legislative, regolamentari o amministrative degli Stati membri falsa le condizioni di concorrenza sul mercato interno e provoca, per tal motivo, una distorsione che deve essere eliminata, essa provvede a consultarsi con gli Stati membri interessati.

Se attraverso tale consultazione non si raggiunge un accordo che elimini la distorsione in questione, il Parlamento europeo e il Consiglio, deliberando secondo la procedura legislativa ordinaria, stabiliscono le direttive all'uopo necessarie. Può essere adottata ogni altra opportuna misura prevista dai trattati.

Art. 117 (ex art. 97 del TCE). – 1. Quando vi sia motivo di temere che l'emanazione o la modifica di disposizioni legislative, regolamentari o amministrative provochi una distorsione ai sensi dell'articolo precedente, lo Stato membro che vuole procedervi consulta la Commissione. La Commissione, dopo aver consultato gli Stati membri, raccomanda agli Stati interessati le misure idonee ad evitare la distorsione in questione.

2. Se lo Stato che vuole emanare o modificare disposizioni nazionali non si conforma alla raccomandazione rivoltagli dalla Commissione, non si potrà richiedere agli altri Stati membri, nell'applicazione dell'articolo 116, di modificare le loro disposizioni nazionali per eliminare tale distorsione. Se lo Stato membro che ha trascurato la raccomandazione della Commissione provoca una distorsione unicamente a suo detrimento, non sono applicabili le disposizioni dell'articolo 116.

Art. 118. – Nell'ambito dell'instaurazione o del funzionamento del mercato interno, il Parlamento europeo e il Consiglio, deliberando secondo la procedura legislativa ordinaria, stabiliscono le misure per la creazione di titoli europei al fine di garantire una protezione uniforme dei diritti di proprietà intellettuale nell'Unione e per l'istituzione di regimi di autorizzazione, di coordinamento e di controllo centralizzati a livello di Unione.

Il Consiglio, deliberando mediante regolamenti secondo una procedura legislativa speciale, stabilisce i regimi linguistici dei titoli europei. Il Consiglio delibera all'unanimità previa consultazione del Parlamento europeo.

TITOLO VIII
POLITICA ECONOMICA E MONETARIA

Art. 119 (ex art. 4 del TCE). – 1. Ai fini enunciati all'articolo 3 del trattato sull'Unione europea, l'azione degli Stati membri e dell'Unione comprende, alle condizioni previste dai trattati, l'adozione di una politica economica che è fondata sullo stretto coordinamento delle politiche economiche degli Stati membri, sul mercato interno e sulla definizione di obiettivi comuni, condotta conformemente al principio di un'economia di mercato aperta e in libera concorrenza.

2. Parallelamente, alle condizioni e secondo le procedure previste dai trattati, questa azione comprende una moneta unica, l'euro, nonché la definizione e la conduzione di una politica monetaria e di una politica del cambio uniche, che abbiano l'obiettivo principale di mantenere la stabilità dei prezzi e, fatto salvo questo obiettivo, di sostenere le politiche economiche generali nell'Unione conformemente al principio di un'economia di mercato aperta e in libera concorrenza.

3. Queste azioni degli Stati membri e dell'Unione implicano il rispetto dei seguenti principi direttivi: prezzi stabili, finanze pubbliche e condizioni monetarie sane nonché bilancia dei pagamenti sostenibile.

Capo I
Politica economica

Art. 120 (ex art. 98 del TCE). – Gli Stati membri attuano la loro politica economica allo scopo di contribuire alla realizzazione degli obiettivi dell'Unione definiti all'articolo 3 del trattato sull'Unione europea e nel contesto degli indirizzi di massima di cui all'articolo 121, paragrafo 2. Gli Stati membri e l'Unione agiscono nel rispetto dei principi di un'economia di mercato aperta e in libera concorrenza, favorendo un'efficace allocazione delle risorse, conformemente ai principi di cui all'articolo 119.

Art. 121 (ex art. 99 del TCE). – 1. Gli Stati membri considerano le loro politiche economiche una questione di interesse comune e le coordinano nell'ambito del Consiglio, conformemente alle disposizioni dell'articolo 120.

2. Il Consiglio, su raccomandazione della Commissione, elabora un progetto di indirizzi di massima per le politiche economiche degli Stati membri e dell'Unione, e ne riferisce le risultanze al Consiglio europeo.

Il Consiglio europeo, deliberando sulla base di detta relazione del Consiglio, dibatte delle conclusioni in merito agli indirizzi di massima per le politiche economiche degli Stati membri e dell'Unione.

Sulla base di dette conclusioni, il Consiglio adotta una raccomandazione che definisce i suddetti indirizzi di massima. Il Consiglio informa il Parlamento europeo in merito a tale raccomandazione.

3. Al fine di garantire un più stretto coordinamento delle politiche economiche e una convergenza duratura dei risultati economici degli Stati membri, il Consiglio, sulla base di relazioni presentate dalla Commissione, sorveglia l'evoluzione economica in ciascuno degli Stati membri e nell'Unione, nonché la coerenza delle politiche economiche con gli indirizzi di massima di cui al paragrafo 2 e procede regolarmente ad una valutazione globale.

Ai fini di detta sorveglianza multilaterale, gli Stati membri trasmettono alla Commissione le informazioni concernenti le misure di rilievo da essi adottate nell'ambito della loro politica economica, nonché tutte le altre informazioni da essi ritenute necessarie.

4. Qualora si accerti, secondo la procedura prevista al paragrafo 3, che le politiche economiche di uno Stato membro non sono coerenti con gli indirizzi di massima di cui al paragrafo 2 o rischiano di compromettere il buon funzionamento dell'unione economica e monetaria, la Commissione può rivolgere un avvertimento allo Stato membro in questione. Il Consiglio, su raccomandazione della Commissione, può rivolgere allo Stato membro in questione le necessarie raccomandazioni. Il Consiglio, su proposta della Commissione, può decidere di rendere pubbliche le proprie raccomandazioni.

Nel contesto del presente paragrafo, il Consiglio delibera senza tener conto del voto del membro del Consiglio che rappresenta lo Stato membro in questione.

Per maggioranza qualificata degli altri membri del Consiglio s'intende quella definita conformemente all'articolo 238, paragrafo 3, lettera a).

5. Il presidente del Consiglio e la Commissione riferiscono al Parlamento europeo i risultati della sorveglianza multilate-

rale. Se il Consiglio ha reso pubbliche le proprie raccomandazioni, il presidente del Consiglio può essere invitato a comparire dinanzi alla commissione competente del Parlamento europeo.

6. Il Parlamento europeo e il Consiglio, deliberando mediante regolamenti secondo la procedura legislativa ordinaria, possono adottare le modalità della procedura di sorveglianza multilaterale di cui ai paragrafi 3 e 4.

Art. 122 (ex art. 100 del TCE). – 1. Fatta salva ogni altra procedura prevista dai trattati, il Consiglio, su proposta della Commissione, può decidere, in uno spirito di solidarietà tra Stati membri, le misure adeguate alla situazione economica, in particolare qualora sorgano gravi difficoltà nell'approvvigionamento di determinati prodotti, in particolare nel settore dell'energia.

2. Qualora uno Stato membro si trovi in difficoltà o sia seriamente minacciato da gravi difficoltà a causa di calamità naturali o di circostanze eccezionali che sfuggono al suo controllo, il Consiglio, su proposta della Commissione, può concedere a determinate condizioni un'assistenza finanziaria dell'Unione allo Stato membro interessato. Il presidente del Consiglio informa il Parlamento europeo in merito alla decisione presa.

Art. 123 (ex art. 101 del TCE). – 1. Sono vietati la concessione di scoperti di conto o qualsiasi altra forma di facilitazione creditizia, da parte della Banca centrale europea o da parte delle banche centrali degli Stati membri (in appresso denominate «banche centrali nazionali»), a istituzioni, organi od organismi dell'Unione, alle amministrazioni statali, agli enti regionali, locali o altri enti pubblici, ad altri organismi di diritto pubblico o a imprese pubbliche degli Stati membri, così come l'acquisto diretto presso di essi di titoli di debito da parte della Banca centrale europea o delle banche centrali nazionali.

2. Le disposizioni del paragrafo 1 non si applicano agli enti creditizi di proprietà pubblica che, nel contesto dell'offerta di liquidità da parte delle banche centrali, devono ricevere dalle banche centrali nazionali e dalla Banca centrale europea lo stesso trattamento degli enti creditizi privati.

Art. 124 (ex art. 102 del TCE). – È vietata qualsiasi misura, non basata su considerazioni prudenziali, che offra alle istituzioni, agli organi o agli organismi dell'Unione, alle amministrazioni statali, agli enti regionali, locali o altri enti pubblici, ad altri organismi di diritto pubblico o a imprese pubbliche degli Stati membri un accesso privilegiato alle istituzioni finanziarie.

Art. 125 (ex art. 103 del TCE). – 1. L'Unione non risponde né si fa carico degli impegni assunti dalle amministrazioni statali, dagli enti regionali, locali, o altri enti pubblici, da altri organismi di diritto pubblico o da imprese pubbliche di qualsiasi Stato membro, fatte salve le garanzie finanziarie reciproche per la realizzazione in comune di un progetto economico specifico. Gli Stati membri non sono responsabili né subentrano agli impegni dell'amministrazione statale, degli enti regionali, locali o degli altri enti pubblici, di altri organismi di diritto pubblico o di imprese pubbliche di un altro Stato membro, fatte salve le garanzie finanziarie reciproche per la realizzazione in comune di un progetto specifico.

2. Se necessario, il Consiglio, su proposta della Commissione e previa consultazione del Parlamento europeo, può precisare le definizioni per l'applicazione dei divieti previsti dagli articoli 123 e 124 e dal presente articolo.

Art. 126 (ex art. 104 del TCE). – 1. Gli Stati membri devono evitare disavanzi pubblici eccessivi.

2. La Commissione sorveglia l'evoluzione della situazione di bilancio e dell'entità del debito pubblico negli Stati membri, al fine di individuare errori rilevanti. In particolare esamina la conformità alla disciplina di bilancio sulla base dei due criteri seguenti:

a) se il rapporto tra il disavanzo pubblico, previsto o effettivo, e il prodotto interno lordo superi un valore di riferimento, a meno che:

– il rapporto non sia diminuito in modo sostanziale e continuo e abbia raggiunto un livello che si avvicina al valore di riferimento,

– oppure, in alternativa, il superamento del valore di riferimento sia solo eccezionale e temporaneo e il rapporto resti vicino al valore di riferimento;

b) se il rapporto tra debito pubblico e prodotto interno lordo superi un valore di riferimento, a meno che detto rapporto non si stia riducendo in misura sufficiente e non si avvicini al valore di riferimento con ritmo adeguato.

I valori di riferimento sono specificati nel protocollo sulla procedura per i disavanzi eccessivi allegato ai trattati.

3. Se uno Stato membro non rispetta i requisiti previsti da uno o entrambi i criteri menzionati, la Commissione prepara una relazione. La relazione della Commissione tiene conto anche dell'eventuale differenza tra il disavanzo pubblico e la spesa pubblica per gli investimenti e tiene conto di tutti gli altri fattori significativi, compresa la posizione economica e di bilancio a medio termine dello Stato membro.

La Commissione può inoltre preparare una relazione se ritiene che in un determinato Stato membro, malgrado i criteri siano rispettati, sussista il rischio di un disavanzo eccessivo.

4. Il comitato economico e finanziario formula un parere in merito alla relazione della Commissione.

5. La Commissione, se ritiene che in uno Stato membro esista o possa determinarsi in futuro un disavanzo eccessivo, trasmette un parere allo Stato membro interessato e ne informa il Consiglio.

6. Il Consiglio, su proposta della Commissione e considerate le osservazioni che lo Stato membro interessato ritenga di formulare, decide, dopo una valutazione globale, se esiste un disavanzo eccessivo.

7. Se, ai sensi del paragrafo 6, decide che esiste un disavanzo eccessivo, il Consiglio adotta senza indebito ritardo, su raccomandazione della Commissione, le raccomandazioni allo Stato membro in questione al fine di far cessare tale situazione entro un determinato periodo. Fatto salvo il disposto del paragrafo 8, dette raccomandazioni non sono rese pubbliche.

8. Il Consiglio, qualora determini che nel periodo prestabilito non sia stato dato seguito effettivo alle sue raccomandazioni, può rendere pubbliche dette raccomandazioni.

9. Qualora uno Stato membro persista nel disattendere le raccomandazioni del Consiglio, quest'ultimo può decidere di intimare allo Stato membro di prendere, entro un termine stabilito, le misure volte alla riduzione del disavanzo che il Consiglio ritiene necessaria per correggere la situazione.

In tal caso il Consiglio può chiedere allo Stato membro in questione di presentare relazioni secondo un calendario preciso, al fine di esaminare gli sforzi compiuti da detto Stato membro per rimediare alla situazione.

10. I diritti di esperire le azioni di cui agli articoli 258 e 259 non possono essere esercitati nel quadro dei paragrafi da 1 a 9 del presente articolo.

11. Fintantoché uno Stato membro non ottempera ad una decisione presa in conformità del paragrafo 9, il Consiglio può decidere di applicare o, a seconda dei casi, di rafforzare una o più delle seguenti misure:

– chiedere che lo Stato membro interessato pubblichi informazioni supplementari, che saranno specificate dal Consiglio, prima dell'emissione di obbligazioni o altri titoli,

– invitare la Banca europea per gli investimenti a riconsiderare la sua politica di prestiti verso lo Stato membro in questione,

– richiedere che lo Stato membro in questione costituisca un deposito infruttifero di importo adeguato presso l'Unione, fino a quando, a parere del Consiglio, il disavanzo eccessivo non sia stato corretto,

– infliggere ammende di entità adeguata.

Il presidente del Consiglio informa il Parlamento europeo delle decisioni adottate.

12. Il Consiglio abroga alcune o tutte le decisioni o raccomandazioni di cui ai paragrafi da 6 a 9 e 11 nella misura in cui ritiene che il disavanzo eccessivo nello Stato membro in questione sia stato corretto. Se precedentemente aveva reso pubbliche le sue raccomandazioni, il Consiglio dichiara pubblicamente, non appena sia stata abrogata la decisione di cui al paragrafo 8, che non esiste più un disavanzo eccessivo nello Stato membro in questione.

13. Nell'adottare le decisioni o raccomandazioni di cui ai paragrafi 8, 9, 11 e 12, il Consiglio delibera su raccomandazione della Commissione.

Nell'adottare le misure di cui ai paragrafi da 6 a 9, 11 e 12, il Consiglio delibera senza tener conto del voto del membro del Consiglio che rappresenta lo Stato membro in questione.

Per maggioranza qualificata degli altri membri del Consiglio s'intende quella definita conformemente all'articolo 238, paragrafo 3, lettera a).

14. Ulteriori disposizioni concernenti l'attuazione della procedura descritta nel presente articolo sono precisate nel protocollo sulla procedura per i disavanzi eccessivi allegato ai trattati.

Il Consiglio, deliberando all'unanimità secondo una procedura legislativa speciale e previa consultazione del Parlamento europeo e della Banca centrale europea, adotta le opportune disposizioni che sostituiscono detto protocollo.

Fatte salve le altre disposizioni del presente paragrafo, il Consiglio, su proposta della Commissione e previa consultazione del Parlamento europeo, precisa le modalità e le definizioni per l'applicazione delle disposizioni di detto protocollo.

Capo II
Politica monetaria

Art. 127 (ex art. 105 del TCE). – 1. L'obiettivo principale del Sistema europeo di banche centrali, in appresso denominato «SEBC», è il mantenimento della stabilità dei prezzi. Fatto salvo l'obiettivo della stabilità dei prezzi, il SEBC sostiene le politiche economiche generali nell'Unione al fine di contribuire alla realizzazione degli obiettivi dell'Unione definiti nell'articolo 3 del trattato sull'Unione europea. Il SEBC agisce in conformità del principio di un'economia di mercato aperta e in libera concorrenza, favorendo una efficace allocazione delle risorse e rispettando i principi di cui all'articolo 119.

2. I compiti fondamentali da assolvere tramite il SEBC sono i seguenti:

– definire e attuare la politica monetaria dell'Unione,

– svolgere le operazioni sui cambi in linea con le disposizioni dell'articolo 219,

– detenere e gestire le riserve ufficiali in valuta estera degli Stati membri,

– promuovere il regolare funzionamento dei sistemi di pagamento.

3. Il paragrafo 2, terzo trattino, non pregiudica la detenzione e la gestione da parte dei governi degli Stati membri di saldi operativi in valuta estera.

4. La Banca centrale europea viene consultata:

– in merito a qualsiasi proposta di atto dell'Unione che rientri nelle sue competenze,

– dalle autorità nazionali, sui progetti di disposizioni legislative che rientrino nelle sue competenze, ma entro i limiti e alle condizioni stabiliti dal Consiglio, secondo la procedura di cui all'articolo 129, paragrafo 4.

La Banca centrale europea può formulare pareri da sottoporre alle istituzioni, agli organi o agli organismi dell'Unione competenti o alle autorità nazionali su questioni che rientrano nelle sue competenze.

5. Il SEBC contribuisce ad una buona conduzione delle politiche perseguite dalle competenti autorità per quanto riguarda la vigilanza prudenziale degli enti creditizi e la stabilità del sistema finanziario.

6. Il Consiglio, deliberando all'unanimità mediante regolamenti secondo una procedura legislativa speciale, previa consultazione del Parlamento europeo e della Banca centrale europea, può affidare alla Banca centrale europea compiti specifici in merito alle politiche che riguardano la vigilanza prudenziale degli enti creditizi e delle altre istituzioni finanziarie, escluse le imprese di assicurazione.

Art. 128 (ex art. 106 del TCE). – 1. La Banca centrale europea ha il diritto esclusivo di autorizzare l'emissione di banconote in euro all'interno dell'Unione. La Banca centrale europea e le banche centrali nazionali possono emettere banconote. Le banconote emesse dalla Banca centrale europea e dalle banche centrali nazionali costituiscono le uniche banconote aventi corso legale nell'Unione.

2. Gli Stati membri possono coniare monete metalliche in euro con l'approvazione della Banca centrale europea per quanto riguarda il volume del conio. Il Consiglio, su proposta della Commissione e previa consultazione del Parlamento europeo e della Banca centrale europea, può adottare misure per armonizzare le denominazioni e le specificazioni tecniche di tutte le monete metalliche destinate alla circolazione, nella misura necessaria per agevolare la loro circolazione nell'Unione.

Art. 129 (ex art. 107 del TCE). – 1. Il SEBC è retto dagli organi decisionali della Banca centrale europea che sono il consiglio direttivo e il comitato esecutivo.

2. Lo statuto del Sistema europeo di banche centrali e della Banca centrale europea, in appresso denominato «statuto del SEBC e della BCE», è definito nel protocollo allegato ai trattati.

3. L'articolo 5, paragrafi 1, 2 e 3, gli articoli 17 e 18, l'articolo 19, paragrafo 1, gli articoli 22, 23, 24 e 26, l'articolo 32, paragrafi 2, 3, 4 e 6, l'articolo 33, paragrafo 1, lettera a) e l'articolo 36 dello statuto del SEBC e della BCE possono essere emendati dal Parlamento europeo e dal Consiglio, che deliberano secondo la procedura legislativa ordinaria. Essi deliberano o su raccomandazione della Banca centrale europea e previa consultazione della Commissione o su proposta della Commissione e previa consultazione della Banca centrale europea.

4. Il Consiglio, su proposta della Commissione e previa consultazione del Parlamento europeo e della Banca centrale europea o deliberando su una raccomandazione della Banca centrale europea e previa consultazione del Parlamento europeo e della Commissione, adotta le disposizioni di cui agli articoli 4, 5, paragrafo 4, 19, paragrafo 2, 20, 28, paragrafo 1, 29, paragrafo 2, 30, paragrafo 4 e 34, paragrafo 3, dello statuto del SEBC e della BCE.

Art. 130 (ex art. 108 del TCE). – Nell'esercizio dei poteri e nell'assolvimento dei compiti e dei doveri loro attribuiti dai trattati e dallo statuto del SEBC e della BCE, né la Banca centrale europea né una banca centrale nazionale né un membro dei rispettivi organi decisionali possono sollecitare o accettare istruzioni dalle istituzioni, dagli organi o dagli organismi dell'Unione, dai governi degli Stati membri né da qualsiasi altro organismo. Le istituzioni, gli organi e gli organismi dell'Unione nonché i governi degli Stati membri si impegnano a rispettare questo principio e a non cercare di influenzare i membri degli organi decisionali della Banca centrale europea o delle banche centrali nazionali nell'assolvimento dei loro compiti.

Art. 131 (ex art. 109 del TCE). – Ciascuno Stato membro assicura che la propria legislazione nazionale, incluso lo statuto della banca centrale nazionale, sarà compatibile con i trattati e con lo statuto del SEBC e della BCE.

Art. 132 (ex art. 110 del TCE). – 1. Per l'assolvimento dei compiti attribuiti al SEBC, la Banca centrale europea, in conformità delle disposizioni dei trattati e alle condizioni stabilite nello statuto del SEBC e della BCE:

– stabilisce regolamenti nella misura necessaria per assolvere i compiti definiti nell'articolo 3, paragrafo 1, primo trattino, negli articoli 19, paragrafo 1, 22 o 25, paragrafo 2 dello statuto del SEBC e della BCE e nei casi che sono previsti negli atti del Consiglio di cui all'articolo 129, paragrafo 4,

– prende le decisioni necessarie per assolvere compiti attribuiti al SEBC in virtù dei trattati e dello statuto del SEBC e della BCE,

– formula raccomandazioni o pareri.

2. La Banca centrale europea può decidere di pubblicare le sue decisioni, le sue raccomandazioni ed i suoi pareri.

3. Entro i limiti e alle condizioni stabiliti dal Consiglio in conformità della procedura di cui all'articolo 129, paragrafo 4, la Banca centrale europea ha il potere di infliggere alle imprese ammende o penalità di mora in caso di inosservanza degli obblighi imposti dai regolamenti e dalle decisioni da essa adottati.

Art. 133. – Fatte salve le attribuzioni della Banca centrale europea, il Parlamento europeo e il Consiglio, deliberando secondo la procedura legislativa ordinaria, stabiliscono le misure necessarie per l'utilizzo dell'euro come moneta unica. Tali misure sono adottate previa consultazione della Banca centrale europea.

Capo III
Disposizioni istituzionali

Art. 134 (ex art. 114 del TCE). – 1. Per promuovere il coordinamento delle politiche degli Stati membri in tutta la misura necessaria al funzionamento del mercato interno, è istituito un comitato economico e finanziario.

2. Il comitato economico e finanziario svolge i seguenti compiti:

– formulare pareri, sia a richiesta del Consiglio o della Commissione, sia di propria iniziativa, destinati a tali istituzioni,

– seguire la situazione economica e finanziaria degli Stati membri e dell'Unione e riferire regolarmente in merito al Consiglio e alla Commissione, in particolare sulle relazioni finanziarie con i paesi terzi e le istituzioni internazionali,

– fatto salvo l'articolo 240, contribuire alla preparazione dei lavori del Consiglio di cui agli articoli 66, 75, 121, paragrafi 2, 3, 4 e 6, 122, 124, 125, 126, 127, paragrafo 6, 128, paragrafo 2, 129, paragrafi 3 e 4, 138, 140, paragrafi 2 e 3, 143, 144, paragrafi 2 e 3, e 219, nonché svolgere gli altri compiti consultivi e preparatori ad esso affidati dal Consiglio,

– esaminare, almeno una volta all'anno, la situazione riguardante i movimenti di capitali e la libertà dei pagamenti, quali risultano dall'applicazione dei trattati e dei provvedimenti presi dal Consiglio; l'esame riguarda tutti i provvedimenti riguardanti i movimenti di capitali e i pagamenti; il comitato riferisce alla Commissione e al Consiglio in merito al risultato di tale esame.

Gli Stati membri, la Commissione e la Banca centrale europea nominano ciascuno non più di due membri del comitato.

3. Il Consiglio, su proposta della Commissione e previa consultazione della Banca centrale europea e del comitato di cui al presente articolo, stabilisce disposizioni specifiche relative alla composizione del comitato economico e finanziario. Il presidente del Consiglio informa il Parlamento europeo in merito a tale decisione.

4. Oltre ai compiti di cui al paragrafo 2, se e fintantoché sussistono Stati membri con deroga di cui all'articolo 139, il comitato tiene sotto controllo la situazione monetaria e finanziaria nonché il sistema generale dei pagamenti di tali Stati membri e riferisce periodicamente in merito al Consiglio e alla Commissione.

Art. 135 (ex art. 115 del TCE). – Per questioni che rientrano nel campo di applicazione degli articoli 121, paragrafo 4, 126, eccettuato il paragrafo 14, 138, 140, paragrafo 1, 140, paragrafo 2, primo comma, 140, paragrafo 3, e 219, il Consiglio o uno Stato membro possono chiedere alla Commissione di fare, secondo i casi, una raccomandazione o una proposta. La Commissione esamina la richiesta e presenta senza indugio le proprie conclusioni al Consiglio.

Capo IV
Disposizioni specifiche agli Stati membri la cui moneta è l'euro

Art. 136. – 1. Per contribuire al buon funzionamento dell'unione economica e monetaria e in conformità delle pertinenti disposizioni dei trattati, il Consiglio adotta, secondo la procedura pertinente tra quelle di cui agli articoli 121 e 126, con l'eccezione della procedura di cui all'articolo 126, paragrafo 14, misure concernenti gli Stati membri la cui moneta è l'euro, al fine di:

a) rafforzare il coordinamento e la sorveglianza della disciplina di bilancio;

b) elaborare, per quanto li riguarda, gli orientamenti di politica economica vigilando affinché siano compatibili con quelli adottati per l'insieme dell'Unione, e garantirne la sorveglianza.

2. Solo i membri del Consiglio che rappresentano gli Stati membri la cui moneta è l'euro prendono parte al voto sulle misure di cui al paragrafo 1.

Per maggioranza qualificata di detti membri s'intende quella definita conformemente all'articolo 238, paragrafo 3, lettera a).

Art. 137. – Le modalità per le riunioni tra i ministri degli Stati membri la cui moneta è l'euro sono stabilite dal protocollo sull'Eurogruppo.

Art. 138 (ex art. 111, paragrafo 4, del TCE). – 1. Per garantire la posizione dell'euro nel sistema monetario internazionale, il Consiglio, su proposta della Commissione, adotta una decisione che definisce le posizioni comuni sulle questioni che rivestono un interesse particolare per l'unione economica e monetaria nell'ambito delle competenti istituzioni e conferenze finanziarie internazionali. Il Consiglio delibera previa consultazione della Banca centrale europea.

2. Il Consiglio, su proposta della Commissione, può adottare le misure opportune per garantire una rappresentanza unificata nell'ambito delle istituzioni e conferenze finanziarie internazionali. Il Consiglio delibera previa consultazione della Banca centrale europea.

3. Solo i membri del Consiglio che rappresentano gli Stati

membri la cui moneta è l'euro prendono parte al voto sulle misure di cui ai paragrafi 1 e 2.

Per maggioranza qualificata di detti membri s'intende quella definita conformemente all'articolo 238, paragrafo 3, lettera a).

Capo V
Disposizioni transitorie

Art. 139. – 1. Gli Stati membri riguardo ai quali il Consiglio non ha deciso che soddisfano alle condizioni necessarie per l'adozione dell'euro sono in appresso denominati «Stati membri con deroga».

2. Le disposizioni seguenti dei trattati non si applicano agli Stati membri con deroga:

a) adozione delle parti degli indirizzi di massima per le politiche economiche che riguardano la zona euro in generale (articolo 121, paragrafo 2),

b) mezzi vincolanti per correggere i disavanzi eccessivi (articolo 126, paragrafi 9 e 11),

c) obiettivi e compiti del SEBC (articolo 127, paragrafi 1, 2, 3 e 5),

d) emissione dell'euro (articolo 128),

e) atti della Banca centrale europea (articolo 132),

f) misure relative all'utilizzo dell'euro (articolo 133),

g) accordi monetari e altre misure relative alla politica del cambio (articolo 219),

h) designazione dei membri del comitato esecutivo della Banca centrale europea (articolo 283, paragrafo 2),

i) decisioni che definiscono le posizioni comuni sulle questioni che rivestono un interesse particolare per l'unione economica e monetaria nell'ambito delle competenti istituzioni e conferenze finanziarie internazionali (articolo 138, paragrafo 1),

j) misure per garantire una rappresentanza unificata nell'ambito delle istituzioni e conferenze finanziarie internazionali (articolo 138, paragrafo 2).

Pertanto, negli articoli di cui alle lettere da a) a j), per «Stati membri» si intendono gli Stati membri la cui moneta è l'euro.

3. Gli Stati membri con deroga e le loro banche centrali nazionali sono esclusi dai diritti e dagli obblighi previsti nel quadro del SEBC conformemente al capo IX dello statuto del SEBC e della BCE.

4. I diritti di voto dei membri del Consiglio che rappresentano gli Stati membri con deroga sono sospesi al momento dell'adozione da parte del Consiglio delle misure di cui agli articoli elencati al paragrafo 2, come pure nei casi seguenti:

a) raccomandazioni rivolte agli Stati membri la cui moneta è l'euro nel quadro della sorveglianza multilaterale, per quanto riguarda anche i programmi di stabilità e gli avvertimenti (articolo 121, paragrafo 4);

b) misure relative ai disavanzi eccessivi riguardanti gli Stati membri la cui moneta è l'euro (articolo 126, paragrafi 6, 7, 8, 12 e 13).

Per maggioranza qualificata degli altri membri del Consiglio s'intende quella definita conformemente all'articolo 238, paragrafo 3, lettera a).

Art. 140 (ex articoli 121, paragrafo 1, 122, paragrafo 2, seconda frase, e 123, paragrafo 5, del TCE). – 1. Almeno una volta ogni due anni o a richiesta di uno Stato membro con deroga, la Commissione e la Banca centrale europea riferiscono al Consiglio sui progressi compiuti dagli Stati membri con deroga nell'adempimento degli obblighi relativi alla realizzazione dell'Unione economica e monetaria. Dette relazioni comprendono un esame della compatibilità tra la legislazione nazionale di ciascuno di tali Stati membri, incluso lo statuto della sua banca centrale, da un lato, e gli articoli 130 e 131 nonché lo statuto del SEBC e della BCE, dall'altro. Le relazioni devono anche esaminare la realizzazione di un alto grado di sostenibile convergenza con riferimento al rispetto dei seguenti criteri da parte di ciascuno Stato membro:

– il raggiungimento di un alto grado di stabilità dei prezzi; questo risulterà da un tasso d'inflazione prossimo a quello dei tre Stati membri, al massimo, che hanno conseguito i migliori risultati in termini di stabilità dei prezzi,

– la sostenibilità della situazione della finanza pubblica; questa risulterà dal conseguimento di una situazione di bilancio pubblico non caratterizzata da un disavanzo eccessivo secondo la definizione di cui all'articolo 126, paragrafo 6,

– il rispetto dei margini normali di fluttuazione previsti dal meccanismo di cambio del Sistema monetario europeo per almeno due anni, senza svalutazioni nei confronti dell'euro,

– i livelli dei tassi di interesse a lungo termine che riflettano la stabilità della convergenza raggiunta dallo Stato membro con deroga e della sua partecipazione al meccanismo di cambio.

I quattro criteri esposti nel presente paragrafo e i periodi pertinenti durante i quali devono essere rispettati sono definiti ulteriormente in un protocollo allegato ai trattati. Le relazioni della Commissione e della Banca centrale europea tengono inoltre conto dei risultati dell'integrazione dei mercati, della situazione e dell'evoluzione delle partite correnti delle bilance dei pagamenti, di un esame dell'evoluzione dei costi unitari del lavoro e di altri indici di prezzo.

2. Previa consultazione del Parlamento europeo e dopo dibattito in seno al Consiglio europeo, il Consiglio, su proposta della Commissione, decide quali Stati membri con deroga soddisfano alle condizioni necessarie sulla base dei criteri di cui di cui al paragrafo 1, e abolisce le deroghe degli Stati membri in questione.

Il Consiglio delibera sulla base di una raccomandazione presentata dalla maggioranza qualificata dei membri che, in seno al Consiglio, rappresentano gli Stati membri la cui moneta è l'euro. Questi membri deliberano entro sei mesi dal ricevimento della proposta della Commissione da parte del Consiglio.

Per maggioranza qualificata di detti membri, prevista al secondo comma, s'intende quella definita conformemente all'articolo 238, paragrafo 3, lettera a).

3. Se si decide, conformemente alla procedura di cui al paragrafo 2, di abolire una deroga, il Consiglio, deliberando all'unanimità degli Stati membri la cui moneta è l'euro e dello Stato membro in questione, su proposta della Commissione e previa consultazione della Banca centrale europea, fissa irrevocabilmente il tasso al quale l'euro subentra alla moneta dello Stato membro in questione e prende le altre misure necessarie per l'introduzione dell'euro come moneta unica nello Stato membro interessato.

Art. 141 (ex articoli 123, paragrafo 3, e 117, paragrafo 2, primi cinque trattini, del TCE). – 1. Se e fintantoché vi sono Stati membri con deroga e fatto salvo l'articolo 129, paragrafo 1, il consiglio generale della Banca centrale europea di cui all'articolo 44 dello statuto del SEBC e della BCE sarà costituito in quanto terzo organo decisionale della Banca centrale europea.

2. Se e fintantoché vi sono Stati membri con deroga, la Banca centrale europea, per quanto concerne detti Stati membri:

– rafforza la cooperazione tra le banche centrali nazionali degli Stati membri,

– rafforza il coordinamento delle politiche monetarie degli Stati membri allo scopo di garantire la stabilità dei prezzi,

– sorveglia il funzionamento del meccanismo di cambio,

– procede a consultazioni su questioni che rientrano nelle

competenze delle banche centrali nazionali e riguardano la stabilità degli istituti e dei mercati finanziari,

– esercita i compiti svolti un tempo dal Fondo europeo di cooperazione monetaria, precedentemente assunti dall'Istituto monetario europeo.

Art. 142 (ex art. 124, paragrafo 1, del TCE). – Ogni Stato membro con deroga considera la propria politica del cambio come un problema di interesse comune. A tal fine gli Stati membri tengono conto delle esperienze acquisite grazie alla cooperazione nell'ambito del meccanismo di cambio.

Art. 143 (ex art. 119 del TCE). – 1. In caso di difficoltà o di grave minaccia di difficoltà nella bilancia dei pagamenti di uno Stato membro con deroga, provocate sia da uno squilibrio globale della sua bilancia dei pagamenti, sia dal tipo di valuta di cui esso dispone, e capaci in particolare di compromettere il funzionamento del mercato interno o l'attuazione della politica commerciale comune, la Commissione procede senza indugio a un esame della situazione dello Stato in questione e dell'azione che questo ha intrapreso o può intraprendere conformemente alle disposizioni dei trattati, facendo appello a tutti i mezzi di cui esso dispone. La Commissione indica le misure di cui raccomanda l'adozione da parte dello Stato interessato.

Se l'azione intrapresa da uno Stato membro con deroga e le misure consigliate dalla Commissione non appaiono sufficienti ad appianare le difficoltà o minacce di difficoltà incontrate, la Commissione raccomanda al Consiglio, previa consultazione del comitato economico e finanziario, il concorso reciproco e i metodi del caso.

La Commissione tiene informato regolarmente il Consiglio della situazione e della sua evoluzione.

2. Il Consiglio accorda il concorso reciproco; stabilisce le direttive o decisioni fissandone le condizioni e modalità. Il concorso reciproco può assumere in particolare la forma di:

a) un'azione concordata presso altre organizzazioni internazionali, alle quali gli Stati membri con deroga possono ricorrere;

b) misure necessarie ad evitare deviazioni di traffico quando lo Stato membro con deroga che si trova in difficoltà mantenga o ristabilisca restrizioni quantitative nei confronti dei paesi terzi;

c) concessione di crediti limitati da parte di altri Stati membri, con riserva del consenso di questi.

3. Quando il concorso reciproco raccomandato dalla Commissione non sia stato accordato dal Consiglio ovvero il concorso reciproco accordato e le misure adottate risultino insufficienti, la Commissione autorizza lo Stato membro con deroga che si trova in difficoltà ad adottare delle misure di salvaguardia di cui essa definisce le condizioni e le modalità.

Tale autorizzazione può essere revocata e le condizioni e modalità modificate dal Consiglio.

Art. 144 (ex art. 120 del TCE). – 1. In caso di improvvisa crisi nella bilancia dei pagamenti e qualora non intervenga immediatamente una decisione ai sensi dell'articolo 143, paragrafo 2, uno Stato membro con deroga può adottare, a titolo conservativo, le misure di salvaguardia necessarie. Tali misure devono provocare il minor turbamento possibile nel funzionamento del mercato interno e non andare oltre la portata strettamente indispensabile a ovviare alle difficoltà improvvise manifestatesi.

2. La Commissione e gli Stati membri devono essere informati in merito a tali misure di salvaguardia al più tardi al momento della loro entrata in vigore. La Commissione può proporre al Consiglio il concorso reciproco ai termini dell'articolo 143.

3. Su raccomandazione della Commissione e previa consultazione del comitato economico e finanziario, il Consiglio può decidere che lo Stato membro interessato debba modificare, sospendere o abolire le suddette misure di salvaguardia.

TITOLO IX
OCCUPAZIONE

Art. 145 (ex art. 125 del TCE). – Gli Stati membri e l'Unione, in base al presente titolo, si adoperano per sviluppare una strategia coordinata a favore dell'occupazione, e in particolare a favore della promozione di una forza lavoro competente, qualificata, adattabile e di mercati del lavoro in grado di rispondere ai mutamenti economici, al fine di realizzare gli obiettivi di cui all'articolo 3 del trattato sull'Unione europea.

Art. 146 (ex art. 126 del TCE). – 1. Gli Stati membri, attraverso le loro politiche in materia di occupazione, contribuiscono al raggiungimento degli obiettivi di cui all'articolo 145 in modo coerente con gli indirizzi di massima per le politiche economiche degli Stati membri e dell'Unione adottati a norma dell'articolo 121, paragrafo 2.

2. Gli Stati membri, tenuto conto delle prassi nazionali in materia di responsabilità delle parti sociali, considerano la promozione dell'occupazione una questione di interesse comune e coordinano in sede di Consiglio le loro azioni al riguardo, in base alle disposizioni dell'articolo 148.

Art. 147 (ex art. 127 del TCE). – 1. L'Unione contribuisce ad un elevato livello di occupazione promuovendo la cooperazione tra gli Stati membri nonché sostenendone e, se necessario, integrandone l'azione. Sono in questo contesto rispettate le competenze degli Stati membri.

2. Nella definizione e nell'attuazione delle politiche e delle attività dell'Unione si tiene conto dell'obiettivo di un livello di occupazione elevato.

Art. 148 (ex art. 128 del TCE). – 1. In base a una relazione annuale comune del Consiglio e della Commissione, il Consiglio europeo esamina annualmente la situazione dell'occupazione nell'Unione e adotta le conclusioni del caso.

2. Sulla base delle conclusioni del Consiglio europeo, il Consiglio, su proposta della Commissione, previa consultazione del Parlamento europeo, del Comitato economico e sociale, del Comitato delle regioni e del comitato per l'occupazione di cui all'articolo 150, elabora annualmente degli orientamenti di cui devono tener conto gli Stati membri nelle rispettive politiche in materia di occupazione. Tali orientamenti sono coerenti con gli indirizzi di massima adottati a norma dell'articolo 121, paragrafo 2.

3. Ciascuno Stato membro trasmette al Consiglio e alla Commissione una relazione annuale sulle principali misure adottate per l'attuazione della propria politica in materia di occupazione, alla luce degli orientamenti in materia di occupazione di cui al paragrafo 2.

4. Il Consiglio, sulla base delle relazioni di cui al paragrafo 3 e dei pareri del comitato per l'occupazione, procede annualmente ad un esame dell'attuazione delle politiche degli Stati membri in materia di occupazione alla luce degli orientamenti in materia di occupazione. Il Consiglio, su raccomandazione della Commissione, può, se lo considera opportuno sulla base di detto esame, rivolgere raccomandazioni agli Stati membri.

5. Sulla base dei risultati di detto esame, il Consiglio e la Commissione trasmettono al Consiglio europeo una relazione annuale comune in merito alla situazione dell'occupazione nell'Unione e all'attuazione degli orientamenti in materia di occupazione.

Art. 149 (ex art. 129 del TCE). – Il Parlamento europeo e il Consiglio, deliberando secondo la procedura legislativa ordinaria e previa consultazione del Comitato economico e sociale e del Comitato delle regioni, possono adottare misure di incentivazione dirette a promuovere la cooperazione tra Stati membri e a sostenere i loro interventi nel settore dell'occupazione, mediante iniziative volte a sviluppare gli scambi di informazioni e delle migliori prassi, a fornire analisi comparative e indicazioni, nonché a promuovere approcci innovativi e a valutare le esperienze realizzate, in particolare mediante il ricorso a progetti pilota.

Tali misure non comportano l'armonizzazione delle disposizioni legislative e regolamentari degli Stati membri.

Art. 150 (ex art. 130 del TCE). – Il Consiglio, deliberando a maggioranza semplice, previa consultazione del Parlamento europeo, istituisce un comitato per l'occupazione a carattere consultivo, al fine di promuovere il coordinamento tra gli Stati membri per quanto riguarda le politiche in materia di occupazione e di mercato del lavoro. Il comitato è incaricato di:

– seguire la situazione dell'occupazione e le politiche in materia di occupazione negli Stati membri e nell'Unione,

– fatto salvo l'articolo 240, formulare pareri su richiesta del Consiglio o della Commissione o di propria iniziativa, e contribuire alla preparazione dei lavori del Consiglio di cui all'articolo 148.

Nell'esercizio delle sue funzioni, il comitato consulta le parti sociali.

Ogni Stato membro e la Commissione nominano due membri del comitato.

TITOLO X
POLITICA SOCIALE

Art. 151 (ex art. 136 del TCE). – L'Unione e gli Stati membri, tenuti presenti i diritti sociali fondamentali, quali quelli definiti nella Carta sociale europea firmata a Torino il 18 ottobre 1961 e nella Carta comunitaria dei diritti sociali fondamentali dei lavoratori del 1989, hanno come obiettivi la promozione dell'occupazione, il miglioramento delle condizioni di vita e di lavoro, che consenta la loro parificazione nel progresso, una protezione sociale adeguata, il dialogo sociale, lo sviluppo delle risorse umane atto a consentire un livello occupazionale elevato e duraturo e la lotta contro l'emarginazione.

A tal fine, l'Unione e gli Stati membri mettono in atto misure che tengono conto della diversità delle prassi nazionali, in particolare nelle relazioni contrattuali, e della necessità di mantenere la competitività dell'economia dell'Unione.

Essi ritengono che una tale evoluzione risulterà sia dal funzionamento del mercato interno, che favorirà l'armonizzarsi dei sistemi sociali, sia dalle procedure previste dai trattati e dal ravvicinamento delle disposizioni legislative, regolamentari e amministrative.

Art. 152. – L'Unione riconosce e promuove il ruolo delle parti sociali al suo livello, tenendo conto della diversità dei sistemi nazionali. Essa facilita il dialogo tra tali parti, nel rispetto della loro autonomia.

Il vertice sociale trilaterale per la crescita e l'occupazione contribuisce al dialogo sociale.

Art. 153 (ex art. 137 del TCE). – 1. Per conseguire gli obiettivi previsti all'articolo 151, l'Unione sostiene e completa l'azione degli Stati membri nei seguenti settori:

a) miglioramento, in particolare, dell'ambiente di lavoro, per proteggere la sicurezza e la salute dei lavoratori;

b) condizioni di lavoro;

c) sicurezza sociale e protezione sociale dei lavoratori;

d) protezione dei lavoratori in caso di risoluzione del contratto di lavoro;

e) informazione e consultazione dei lavoratori;

f) rappresentanza e difesa collettiva degli interessi dei lavoratori e dei datori di lavoro, compresa la cogestione, fatto salvo il paragrafo 5;

g) condizioni di impiego dei cittadini dei paesi terzi che soggiornano legalmente nel territorio dell'Unione;

h) integrazione delle persone escluse dal mercato del lavoro, fatto salvo l'articolo 166;

i) parità tra uomini e donne per quanto riguarda le opportunità sul mercato del lavoro ed il trattamento sul lavoro;

j) lotta contro l'esclusione sociale;

k) modernizzazione dei regimi di protezione sociale, fatto salvo il disposto della lettera c).

2. A tal fine il Parlamento europeo e il Consiglio:

a) possono adottare misure destinate a incoraggiare la cooperazione tra Stati membri attraverso iniziative volte a migliorare la conoscenza, a sviluppare gli scambi di informazioni e di migliori prassi, a promuovere approcci innovativi e a valutare le esperienze fatte, ad esclusione di qualsiasi armonizzazione delle disposizioni legislative e regolamentari degli Stati membri;

b) possono adottare nei settori di cui al paragrafo 1, lettere da a) a i), mediante direttive, le prescrizioni minime applicabili progressivamente, tenendo conto delle condizioni e delle normative tecniche esistenti in ciascuno Stato membro. Tali direttive evitano di imporre vincoli amministrativi, finanziari e giuridici di natura tale da ostacolare la creazione e lo sviluppo di piccole e medie imprese.

Il Parlamento europeo e il Consiglio deliberano secondo la procedura legislativa ordinaria previa consultazione del Comitato economico e sociale e del Comitato delle regioni.

Nei settori di cui al paragrafo 1, lettere c), d), f) e g), il Consiglio delibera secondo una procedura legislativa speciale, all'unanimità, previa consultazione del Parlamento europeo e di detti Comitati.

Il Consiglio, deliberando all'unanimità, su proposta della Commissione e previa consultazione del Parlamento europeo, può decidere di rendere applicabile al paragrafo 1, lettere d), f) e g) la procedura legislativa ordinaria.

3. Uno Stato membro può affidare alle parti sociali, a loro richiesta congiunta, il compito di mettere in atto le direttive prese a norma del paragrafo 2 o, se del caso, una decisione del Consiglio adottata conformemente all'articolo 155.

In tal caso esso si assicura che, al più tardi alla data in cui una direttiva o una decisione devono essere attuate, le parti sociali abbiano stabilito mediante accordo le necessarie disposizioni, fermo restando che lo Stato membro interessato deve adottare le misure necessarie che gli permettano di garantire in qualsiasi momento i risultati imposti da detta direttiva o detta decisione.

4. Le disposizioni adottate a norma del presente articolo:

– non compromettono la facoltà riconosciuta agli Stati membri di definire i principi fondamentali del loro sistema di sicurezza sociale e non devono incidere sensibilmente sull'equilibrio finanziario dello stesso,

– non ostano a che uno Stato membro mantenga o stabilisca misure, compatibili con i trattati, che prevedano una maggiore protezione.

5. Le disposizioni del presente articolo non si applicano alle retribuzioni, al diritto di associazione, al diritto di sciopero né al diritto di serrata.

Art. 154 (ex art. 138 del TCE). – 1. La Commissione ha il compito di promuovere la consultazione delle parti sociali a livello dell'Unione e prende ogni misura utile per facilitarne il dialogo provvedendo ad un sostegno equilibrato delle parti.

2. A tal fine la Commissione, prima di presentare proposte nel settore della politica sociale, consulta le parti sociali sul possibile orientamento di un'azione dell'Unione.

3. Se, dopo tale consultazione, ritiene opportuna un'azione dell'Unione, la Commissione consulta le parti sociali sul contenuto della proposta prevista. Le parti sociali trasmettono alla Commissione un parere o, se opportuno, una raccomandazione.

4. In occasione delle consultazioni di cui ai paragrafi 2 e 3 le parti sociali possono informare la Commissione della loro volontà di avviare il processo previsto dall'articolo 155. La durata di tale processo non supera nove mesi, salvo proroga decisa in comune dalle parti sociali interessate e dalla Commissione.

Art. 155 (ex art. 139 del TCE). – 1. Il dialogo fra le parti sociali a livello dell'Unione può condurre, se queste lo desiderano, a relazioni contrattuali, ivi compresi accordi.

2. Gli accordi conclusi a livello dell'Unione sono attuati secondo le procedure e le prassi proprie delle parti sociali e degli Stati membri o, nell'ambito dei settori contemplati dall'articolo 153, e a richiesta congiunta delle parti firmatarie, in base ad una decisione del Consiglio su proposta della Commissione. Il Parlamento europeo è informato.

Il Consiglio delibera all'unanimità allorché l'accordo in questione contiene una o più disposizioni relative ad uno dei settori per i quali è richiesta l'unanimità a norma dell'articolo 153, paragrafo 2.

Art. 156 (ex art. 140 del TCE). – Per conseguire gli obiettivi dell'articolo 151 e fatte salve le altre disposizioni dei trattati, la Commissione incoraggia la cooperazione tra gli Stati membri e facilita il coordinamento della loro azione in tutti i settori della politica sociale contemplati dal presente capo, in particolare per le materie riguardanti:
– l'occupazione,
– il diritto del lavoro e le condizioni di lavoro,
– la formazione e il perfezionamento professionale,
– la sicurezza sociale,
– la protezione contro gli infortuni e le malattie professionali,
– l'igiene del lavoro,
– il diritto di associazione e la contrattazione collettiva tra datori di lavoro e lavoratori.

A tal fine la Commissione opera a stretto contatto con gli Stati membri mediante studi e pareri e organizzando consultazioni, sia per i problemi che si presentano sul piano nazionale, che per quelli che interessano le organizzazioni internazionali, in particolare mediante iniziative finalizzate alla definizione di orientamenti e indicatori, all'organizzazione di scambi di migliori pratiche e alla preparazione di elementi necessari per il controllo e la valutazione periodici. Il Parlamento europeo è pienamente informato.

Prima di formulare i pareri previsti dal presente articolo, la Commissione consulta il Comitato economico e sociale.

Art. 157 (ex art. 141 del TCE). – 1. Ciascuno Stato membro assicura l'applicazione del principio della parità di retribuzione tra lavoratori di sesso maschile e quelli di sesso femminile per uno stesso lavoro o per un lavoro di pari valore.

2. Per retribuzione si intende, a norma del presente articolo, il salario o trattamento normale di base o minimo e tutti gli altri vantaggi pagati direttamente o indirettamente, in contanti o in natura, dal datore di lavoro al lavoratore in ragione dell'impiego di quest'ultimo.

La parità di retribuzione, senza discriminazione fondata sul sesso, implica:

a) che la retribuzione corrisposta per uno stesso lavoro pagato a cottimo sia fissata in base a una stessa unità di misura;

b) che la retribuzione corrisposta per un lavoro pagato a tempo sia uguale per uno stesso posto di lavoro.

3. Il Parlamento europeo e il Consiglio, deliberando secondo la procedura legislativa ordinaria e previa consultazione del Comitato economico e sociale, adottano misure che assicurino l'applicazione del principio delle pari opportunità e della parità di trattamento tra uomini e donne in materia di occupazione e impiego, ivi compreso il principio della parità delle retribuzioni per uno stesso lavoro o per un lavoro di pari valore.

4. Allo scopo di assicurare l'effettiva e completa parità tra uomini e donne nella vita lavorativa, il principio della parità di trattamento non osta a che uno Stato membro mantenga o adotti misure che prevedano vantaggi specifici diretti a facilitare l'esercizio di un'attività professionale da parte del sesso sottorappresentato ovvero a evitare o compensare svantaggi nelle carriere professionali.

Art. 158 (ex art. 142 del TCE). – Gli Stati membri si adoperano a mantenere l'equivalenza esistente nei regimi di congedo retribuito.

Art. 159 (ex art. 143 del TCE). – La Commissione elabora una relazione annuale sugli sviluppi nella realizzazione degli obiettivi dell'articolo 151, compresa la situazione demografica nell'Unione. Essa trasmette la relazione al Parlamento europeo, al Consiglio e al Comitato economico e sociale.

Art. 160 (ex art. 144 del TCE). – Il Consiglio, deliberando a maggioranza semplice, previa consultazione del Parlamento europeo, istituisce un comitato per la protezione sociale a carattere consultivo, al fine di promuovere la cooperazione in materia di protezione sociale tra gli Stati membri e con la Commissione. Il comitato è incaricato:
– di seguire la situazione sociale e lo sviluppo delle politiche di protezione sociale negli Stati membri e nell'Unione,
– di agevolare gli scambi di informazioni, esperienze e buone prassi tra gli Stati membri e con la Commissione,
– fatto salvo l'articolo 240, di elaborare relazioni, formulare pareri o intraprendere altre attività nei settori di sua competenza, su richiesta del Consiglio o della Commissione o di propria iniziativa.

Nell'esercizio delle sue funzioni, il comitato stabilisce contatti appropriati con le parti sociali.

Ogni Stato membro e la Commissione nominano due membri del comitato.

Art. 161 (ex art. 145 del TCE). – La Commissione dedica, nella sua relazione annuale al Parlamento europeo, un capitolo speciale all'evoluzione della situazione sociale nell'Unione.

Il Parlamento europeo può invitare la Commissione a elaborare delle relazioni su problemi particolari concernenti la situazione sociale.

TITOLO XI
IL FONDO SOCIALE EUROPEO

Art. 162 (ex art. 146 del TCE). – Per migliorare le possibilità di occupazione dei lavoratori nell'ambito del mercato interno e contribuire così al miglioramento del tenore di vita, è istituito, nel quadro delle disposizioni seguenti, un Fondo sociale europeo che ha l'obiettivo di promuovere all'interno dell'Unione le possibilità di occupazione e la mobilità geografica e professionale dei lavoratori, nonché di facilitare l'adeguamento alle trasformazioni industriali e ai cambiamenti dei sistemi di produzione, in particolare attraverso la formazione e la riconversione professionale.

Art. 163 (ex art. 147 del TCE). – L'amministrazione del Fondo spetta alla Commissione.

In tale compito la Commissione è assistita da un comitato, presieduto da un membro della Commissione e composto di rappresentanti dei governi e delle organizzazioni sindacali dei lavoratori e dei datori di lavoro.

Art. 164 (ex art. 148 del TCE). – Il Parlamento europeo e il Consiglio, deliberando secondo la procedura legislativa ordinaria e previa consultazione del Comitato economico e sociale e del Comitato delle regioni, adottano i regolamenti di applicazione relativi al Fondo sociale europeo.

TITOLO XII
ISTRUZIONE, FORMAZIONE PROFESSIONALE, GIOVENTÙ E SPORT

Art. 165 (ex art. 149 del TCE). – 1. L'Unione contribuisce allo sviluppo di un'istruzione di qualità incentivando la cooperazione tra Stati membri e, se necessario, sostenendo ed integrando la loro azione nel pieno rispetto della responsabilità degli Stati membri per quanto riguarda il contenuto dell'insegnamento e l'organizzazione del sistema di istruzione, nonché delle loro diversità culturali e linguistiche.

L'Unione contribuisce alla promozione dei profili europei dello sport, tenendo conto delle sue specificità, delle sue strutture fondate sul volontariato e della sua funzione sociale ed educativa.

2. L'azione dell'Unione è intesa:
– a sviluppare la dimensione europea dell'istruzione, segnatamente con l'apprendimento e la diffusione delle lingue degli Stati membri;
– a favorire la mobilità degli studenti e degli insegnanti, promuovendo tra l'altro il riconoscimento accademico dei diplomi e dei periodi di studio;
– a promuovere la cooperazione tra gli istituti di insegnamento;
– a sviluppare lo scambio di informazioni e di esperienze sui problemi comuni dei sistemi di istruzione degli Stati membri;
– a favorire lo sviluppo degli scambi di giovani e di animatori di attività socioeducative e a incoraggiare la partecipazione dei giovani alla vita democratica dell'Europa;
– a incoraggiare lo sviluppo dell'istruzione a distanza;
– a sviluppare la dimensione europea dello sport, promuovendo l'equità e l'apertura nelle competizioni sportive e la cooperazione tra gli organismi responsabili dello sport e proteggendo l'integrità fisica e morale degli sportivi, in particolare dei più giovani tra di essi.

3. L'Unione e gli Stati membri favoriscono la cooperazione con i paesi terzi e le organizzazioni internazionali competenti in materia di istruzione e di sport, in particolare con il Consiglio d'Europa.

4. Per contribuire alla realizzazione degli obiettivi previsti dal presente articolo:
– il Parlamento europeo e il Consiglio, deliberando in conformità della procedura legislativa ordinaria e previa consultazione del Comitato economico e sociale e del Comitato delle regioni, adottano azioni di incentivazione, ad esclusione di qualsiasi armonizzazione delle disposizioni legislative e regolamentari degli Stati membri,
– il Consiglio, su proposta della Commissione, adotta raccomandazioni.

Art. 166 (ex art. 150 del TCE). – 1. L'Unione attua una politica di formazione professionale che rafforza ed integra le azioni degli Stati membri, nel pieno rispetto della responsabilità di questi ultimi per quanto riguarda il contenuto e l'organizzazione della formazione professionale.

2. L'azione dell'Unione è intesa:
– a facilitare l'adeguamento alle trasformazioni industriali, in particolare attraverso la formazione e la riconversione professionale,
– a migliorare la formazione professionale iniziale e la formazione permanente, per agevolare l'inserimento e il reinserimento professionale sul mercato del lavoro,
– a facilitare l'accesso alla formazione professionale ed a favorire la mobilità degli istruttori e delle persone in formazione, in particolare dei giovani,
– a stimolare la cooperazione in materia di formazione tra istituti di insegnamento o di formazione professionale e imprese,
– a sviluppare lo scambio di informazioni e di esperienze sui problemi comuni dei sistemi di formazione degli Stati membri.

3. L'Unione e gli Stati membri favoriscono la cooperazione con i paesi terzi e le organizzazioni internazionali competenti in materia di formazione professionale.

4. Il Parlamento europeo e il Consiglio, deliberando secondo la procedura legislativa ordinaria e previa consultazione del Comitato economico e sociale e del Comitato delle Regioni, adottano le misure atte a contribuire alla realizzazione degli obiettivi di cui al presente articolo, ad esclusione di qualsiasi armonizzazione delle disposizioni legislative e regolamentari degli Stati membri e il Consiglio, su proposta della Commissione, adotta raccomandazioni.

TITOLO XIII
CULTURA

Art. 167 (ex art. 151 del TCE). – 1. L'Unione contribuisce al pieno sviluppo delle culture degli Stati membri nel rispetto delle loro diversità nazionali e regionali, evidenziando nel contempo il retaggio culturale comune.

2. L'azione dell'Unione è intesa ad incoraggiare la cooperazione tra Stati membri e, se necessario, ad appoggiare e ad integrare l'azione di questi ultimi nei seguenti settori:
– miglioramento della conoscenza e della diffusione della cultura e della storia dei popoli europei,
– conservazione e salvaguardia del patrimonio culturale di importanza europea,
– scambi culturali non commerciali,
– creazione artistica e letteraria, compreso il settore audiovisivo.

3. L'Unione e gli Stati membri favoriscono la cooperazione con i paesi terzi e le organizzazioni internazionali competenti in materia di cultura, in particolare con il Consiglio d'Europa.

4. L'Unione tiene conto degli aspetti culturali nell'azione che svolge a norma di altre disposizioni dei trattati, in particolare ai fini di rispettare e promuovere la diversità delle sue culture.

5. Per contribuire alla realizzazione degli obiettivi previsti dal presente articolo:
– il Parlamento europeo e il Consiglio, deliberando secondo la procedura legislativa ordinaria e previa consultazione del Comitato delle regioni, adottano azioni di incentivazione, ad esclusione di qualsiasi armonizzazione delle disposizioni legislative e regolamentari degli Stati membri;
– il Consiglio, su proposta della Commissione, adotta raccomandazioni.

TITOLO XIV
SANITÀ PUBBLICA

Art. 168 (ex art. 152 del TCE). – 1. Nella definizione e nell'attuazione di tutte le politiche ed attività dell'Unione è garantito un livello elevato di protezione della salute umana.

L'azione dell'Unione, che completa le politiche nazionali, si indirizza al miglioramento della sanità pubblica, alla prevenzione delle malattie e affezioni e all'eliminazione delle fonti di pericolo per la salute fisica e mentale. Tale azione comprende la lotta contro i grandi flagelli, favorendo la ricerca sulle loro cause, la loro propagazione e la loro prevenzione, nonché l'informazione e l'educazione in materia sanitaria, nonché la sorveglianza, l'allarme e la lotta contro gravi minacce per la salute a carattere transfrontaliero.

L'Unione completa l'azione degli Stati membri volta a ridurre gli effetti nocivi per la salute umana derivanti dall'uso di stupefacenti, comprese l'informazione e la prevenzione.

2. L'Unione incoraggia la cooperazione tra gli Stati membri nei settori di cui al presente articolo e, ove necessario, appoggia la loro azione. In particolare incoraggia la cooperazione tra gli Stati membri per migliorare la complementarietà dei loro servizi sanitari nelle regioni di frontiera.

Gli Stati membri coordinano tra loro, in collegamento con la Commissione, le rispettive politiche ed i rispettivi programmi nei settori di cui al paragrafo 1. La Commissione può prendere, in stretto contatto con gli Stati membri, ogni iniziativa utile a promuovere detto coordinamento, in particolare iniziative finalizzate alla definizione di orientamenti e indicatori, all'organizzazione di scambi delle migliori pratiche e alla preparazione di elementi necessari per il controllo e la valutazione periodici. Il Parlamento europeo è pienamente informato.

3. L'Unione e gli Stati membri favoriscono la cooperazione con i paesi terzi e con le organizzazioni internazionali competenti in materia di sanità pubblica.

4. In deroga all'articolo 2, paragrafo 5, e all'articolo 6, lettera a), e in conformità dell'articolo 4, paragrafo 2, lettera k), il Parlamento europeo e il Consiglio, deliberando secondo la procedura legislativa ordinaria e previa consultazione del Comitato economico e sociale e del Comitato delle regioni, contribuiscono alla realizzazione degli obiettivi previsti dal presente articolo, adottando, per affrontare i problemi comuni di sicurezza:

a) misure che fissino parametri elevati di qualità e sicurezza degli organi e sostanze di origine umana, del sangue e degli emoderivati; tali misure non ostano a che gli Stati membri mantengano o introducano misure protettive più rigorose;

b) misure nei settori veterinario e fitosanitario il cui obiettivo primario sia la protezione della sanità pubblica;

c) misure che fissino parametri elevati di qualità e sicurezza dei medicinali e dei dispositivi di impiego medico.

5. Il Parlamento europeo e il Consiglio, deliberando secondo la procedura legislativa ordinaria e previa consultazione del Comitato economico e sociale e del Comitato delle regioni, possono anche adottare misure di incentivazione per proteggere e migliorare la salute umana, in particolare per lottare contro i grandi flagelli che si propagano oltre frontiera, misure concernenti la sorveglianza, l'allarme e la lotta contro gravi minacce per la salute a carattere transfrontaliero, e misure il cui obiettivo diretto sia la protezione della sanità pubblica in relazione al tabacco e all'abuso di alcol, ad esclusione di qualsiasi armonizzazione delle disposizioni legislative e regolamentari degli Stati membri.

6. Il Consiglio, su proposta della Commissione, può altresì adottare raccomandazioni per i fini stabiliti dal presente articolo.

7. L'azione dell'Unione rispetta le responsabilità degli Stati membri per la definizione della loro politica sanitaria e per l'organizzazione e la fornitura di servizi sanitari e di assistenza medica. Le responsabilità degli Stati membri includono la gestione dei servizi sanitari e dell'assistenza medica e l'assegnazione delle risorse loro destinate. Le misure di cui al paragrafo 4, lettera a) non pregiudicano le disposizioni nazionali sulla donazione e l'impiego medico di organi e sangue.

TITOLO XV
PROTEZIONE DEI CONSUMATORI

Art. 169 (ex art. 153 del TCE). – 1. Al fine di promuovere gli interessi dei consumatori ed assicurare un livello elevato di protezione dei consumatori, l'Unione contribuisce a tutelare la salute, la sicurezza e gli interessi economici dei consumatori nonché a promuovere il loro diritto all'informazione, all'educazione e all'organizzazione per la salvaguardia dei propri interessi.

2. L'Unione contribuisce al conseguimento degli obiettivi di cui al paragrafo 1 mediante:

a) misure adottate a norma dell'articolo 114 nel quadro della realizzazione del mercato interno;

b) misure di sostegno, di integrazione e di controllo della politica svolta dagli Stati membri.

3. Il Parlamento europeo e il Consiglio, deliberando secondo la procedura legislativa ordinaria e previa consultazione del Comitato economico e sociale, adottano le misure di cui al paragrafo 2, lettera b).

4. Le misure adottate a norma del paragrafo 3 non impediscono ai singoli Stati membri di mantenere o di introdurre misure di protezione più rigorose. Tali misure devono essere compatibili con i trattati. Esse sono notificate alla Commissione.

TITOLO XVI
RETI TRANSEUROPEE

Art. 170 (ex art. 154 del TCE). – 1. Per contribuire al raggiungimento degli obiettivi di cui agli articoli 26 e 174 e per consentire ai cittadini dell'Unione, agli operatori economici e alle collettività regionali e locali di beneficiare pienamente dei vantaggi derivanti dall'instaurazione di uno spazio senza frontiere interne, l'Unione concorre alla costituzione e allo sviluppo di reti transeuropee nei settori delle infrastrutture dei trasporti, delle telecomunicazioni e dell'energia.

2. Nel quadro di un sistema di mercati aperti e concorrenziali, l'azione dell'Unione mira a favorire l'interconnessione e l'interoperabilità delle reti nazionali, nonché l'accesso a tali reti. Essa tiene conto in particolare della necessità di collegare alle regioni centrali dell'Unione le regioni insulari, prive di sbocchi al mare e periferiche.

Art. 171 (ex art. 155 del TCE). – 1. Per conseguire gli obiettivi di cui all'articolo 170, l'Unione:

– stabilisce un insieme di orientamenti che contemplino gli obiettivi, le priorità e le linee principali delle azioni previste nel settore delle reti transeuropee; in detti orientamenti sono individuati progetti di interesse comune,

– intraprende ogni azione che si riveli necessaria per garantire l'interoperabilità delle reti, in particolare nel campo dell'armonizzazione delle norme tecniche,

– può appoggiare progetti di interesse comune sostenuti dagli Stati membri, individuati nell'ambito degli orientamenti di cui al primo trattino, in particolare mediante studi di fattibilità, garanzie di prestito o abbuoni di interesse; l'Unione può altresì contribuire al finanziamento negli Stati membri, mediante il Fondo di coesione istituito conformemente all'articolo 177, di progetti specifici nel settore delle infrastrutture dei trasporti.

L'azione dell'Unione tiene conto della potenziale validità economica dei progetti.

2. Gli Stati membri coordinano tra loro, in collegamento con la Commissione, le politiche svolte a livello nazionale che possono avere un impatto rilevante sulla realizzazione degli obiettivi di cui all'articolo 170. La Commissione può prendere, in stretta collaborazione con gli Stati membri, qual-

siasi iniziativa utile per favorire detto coordinamento.

3. L'Unione può decidere di cooperare con i paesi terzi per promuovere progetti di interesse comune e garantire l'interoperabilità delle reti.

Art. 172 (ex art. 156 del TCE). – Gli orientamenti e le altre misure di cui all'articolo 171, paragrafo 1, sono adottati dal Parlamento europeo e dal Consiglio, che deliberano secondo la procedura legislativa ordinaria e previa consultazione del Comitato economico e sociale e del Comitato delle regioni.

Gli orientamenti ed i progetti di interesse comune che riguardano il territorio di uno Stato membro esigono l'approvazione dello Stato membro interessato.

TITOLO XVII
INDUSTRIA

Art. 173 (ex art. 157 del TCE). – 1. L'Unione e gli Stati membri provvedono affinché siano assicurate le condizioni necessarie alla competitività dell'industria dell'Unione.

A tal fine, nell'ambito di un sistema di mercati aperti e concorrenziali, la loro azione è intesa:

– ad accelerare l'adattamento dell'industria alle trasformazioni strutturali,

– a promuovere un ambiente favorevole all'iniziativa ed allo sviluppo delle imprese di tutta l'Unione, segnatamente delle piccole e medie imprese,

– a promuovere un ambiente favorevole alla cooperazione tra imprese,

– a favorire un migliore sfruttamento del potenziale industriale delle politiche d'innovazione, di ricerca e di sviluppo tecnologico.

2. Gli Stati membri si consultano reciprocamente in collegamento con la Commissione e, per quanto è necessario, coordinano le loro azioni. La Commissione può prendere ogni iniziativa utile a promuovere detto coordinamento, in particolare iniziative finalizzate alla definizione di orientamenti e indicatori, all'organizzazione di scambi di migliori pratiche e alla preparazione di elementi necessari per il controllo e la valutazione periodici. Il Parlamento europeo è pienamente informato.

3. L'Unione contribuisce alla realizzazione degli obiettivi di cui al paragrafo 1 attraverso politiche ed azioni da essa attuate ai sensi di altre disposizioni dei trattati. Il Parlamento europeo e il Consiglio, deliberando secondo la procedura legislativa ordinaria e previa consultazione del Comitato economico e sociale, possono decidere misure specifiche, destinate a sostenere le azioni svolte negli Stati membri al fine di realizzare gli obiettivi di cui al paragrafo 1, ad esclusione di qualsiasi armonizzazione delle disposizioni legislative e regolamentari degli Stati membri.

Il presente titolo non costituisce una base per l'introduzione da parte dell'Unione di qualsivoglia misura che possa generare distorsioni di concorrenza o che comporti disposizioni fiscali o disposizioni relative ai diritti ed interessi dei lavoratori dipendenti.

TITOLO XVIII
COESIONE ECONOMICA, SOCIALE E TERRITORIALE

Art. 174 (ex art. 158 del TCE). – Per promuovere uno sviluppo armonioso dell'insieme dell'Unione, questa sviluppa e prosegue la propria azione intesa a realizzare il rafforzamento della sua coesione economica, sociale e territoriale.

In particolare l'Unione mira a ridurre il divario tra i livelli di sviluppo delle varie regioni ed il ritardo delle regioni meno favorite.

Tra le regioni interessate, un'attenzione particolare è rivolta alle zone rurali, alle zone interessate da transizione industriale e alle regioni che presentano gravi e permanenti svantaggi naturali o demografici, quali le regioni più settentrionali con bassissima densità demografica e le regioni insulari, transfrontaliere e di montagna.

Art. 175 (ex art. 159 del TCE). – Gli Stati membri conducono la loro politica economica e la coordinano anche al fine di raggiungere gli obiettivi dell'articolo 174. L'elaborazione e l'attuazione delle politiche e azioni dell'Unione, nonché l'attuazione del mercato interno tengono conto degli obiettivi dell'articolo 174 e concorrono alla loro realizzazione. L'Unione appoggia questa realizzazione anche con l'azione che essa svolge attraverso fondi a finalità strutturale (Fondo europeo agricolo di orientamento e di garanzia, sezione «orientamento», Fondo sociale europeo, Fondo europeo di sviluppo regionale), la Banca europea per gli investimenti e gli altri strumenti finanziari esistenti.

La Commissione presenta ogni tre anni al Parlamento europeo, al Consiglio, al Comitato economico e sociale e al Comitato delle regioni una relazione sui progressi compiuti nella realizzazione della coesione economica, sociale e territoriale e sul modo in cui i vari strumenti previsti dal presente articolo vi hanno contribuito. Tale relazione è corredata, se del caso, di appropriate proposte.

Le azioni specifiche che si rivelassero necessarie al di fuori dei Fondi, fatte salve le misure decise nell'ambito delle altre politiche dell'Unione, possono essere adottate dal Parlamento europeo e dal Consiglio, che deliberano secondo la procedura legislativa ordinaria e previa consultazione del Comitato economico e sociale e del Comitato delle regioni.

Art. 176 (ex art. 160 del TCE). – Il Fondo europeo di sviluppo regionale è destinato a contribuire alla correzione dei principali squilibri regionali esistenti nell'Unione, partecipando allo sviluppo e all'adeguamento strutturale delle regioni in ritardo di sviluppo nonché alla riconversione delle regioni industriali in declino.

Art. 177 (ex art. 161 del TCE). – Fatto salvo l'articolo 178, il Parlamento europeo e il Consiglio, deliberando mediante regolamenti secondo la procedura legislativa ordinaria e previa consultazione del Comitato economico e sociale e del Comitato delle regioni, definiscono i compiti, gli obiettivi prioritari e l'organizzazione dei fondi a finalità strutturale, elemento quest'ultimo che può comportare il raggruppamento dei Fondi. Sono inoltre definite, secondo la stessa procedura, le norme generali applicabili ai Fondi, nonché le disposizioni necessarie per garantire l'efficacia e il coordinamento dei Fondi tra loro e con gli altri strumenti finanziari esistenti.

Un Fondo di coesione è istituito secondo la stessa procedura per l'erogazione di contributi finanziari a progetti in materia di ambiente e di reti transeuropee nel settore delle infrastrutture dei trasporti.

Art. 178 (ex art. 162 del TCE). – I regolamenti di applicazione relativi al Fondo europeo di sviluppo regionale sono adottati dal Parlamento europeo e dal Consiglio, che deliberano secondo la procedura legislativa ordinaria e previa consultazione del Comitato economico e sociale e del Comitato delle regioni.

Per quanto riguarda il Fondo europeo agricolo di orientamento e di garanzia, sezione «orientamento», ed il Fondo sociale europeo restano applicabili rispettivamente gli articoli 43 e 164.

TITOLO XIX
RICERCA E SVILUPPO TECNOLOGICO E SPAZIO

Art. 179 (ex art. 163 del TCE). – 1. L'Unione si propone l'obiettivo di rafforzare le sue basi scientifiche e tecnologiche con la realizzazione di uno spazio europeo della ricerca nel quale i ricercatori, le conoscenze scientifiche e le tecnologie circolino liberamente, di favorire lo sviluppo della sua competitività, inclusa quella della sua industria, e di promuovere le azioni di ricerca ritenute necessarie ai sensi di altri capi dei trattati.

2. A tal fine essa incoraggia nell'insieme dell'Unione le imprese, comprese le piccole e le medie imprese, i centri di ricerca e le università nei loro sforzi di ricerca e di sviluppo tecnologico di alta qualità; essa sostiene i loro sforzi di cooperazione, mirando soprattutto a permettere ai ricercatori di cooperare liberamente oltre le frontiere e alle imprese di sfruttare appieno le potenzialità del mercato interno grazie, in particolare, all'apertura degli appalti pubblici nazionali, alla definizione di norme comuni ed all'eliminazione degli ostacoli giuridici e fiscali a detta cooperazione.

3. Tutte le azioni dell'Unione ai sensi dei trattati, comprese le azioni dimostrative, nel settore della ricerca e dello sviluppo tecnologico sono decise e realizzate conformemente alle disposizioni del presente titolo.

Art. 180 (ex art. 164 del TCE). – Nel perseguire tali obiettivi, l'Unione svolge le azioni seguenti, che integrano quelle intraprese dagli Stati membri:

a) attuazione di programmi di ricerca, sviluppo tecnologico e dimostrazione, promuovendo la cooperazione con e tra le imprese, i centri di ricerca e le università;

b) promozione della cooperazione in materia di ricerca, sviluppo tecnologico e dimostrazione dell'Unione con i paesi terzi e le organizzazioni internazionali;

c) diffusione e valorizzazione dei risultati delle attività in materia di ricerca, sviluppo tecnologico e dimostrazione dell'Unione;

d) impulso alla formazione e alla mobilità dei ricercatori dell'Unione.

Art. 181 (ex art. 165 del TCE). – 1. L'Unione e gli Stati membri coordinano la loro azione in materia di ricerca e sviluppo tecnologico per garantire la coerenza reciproca delle politiche nazionali e della politica dell'Unione.

2. La Commissione, in stretta collaborazione con gli Stati membri, può prendere ogni iniziativa utile a promuovere il coordinamento di cui al paragrafo 1, in particolare iniziative finalizzate alla definizione di orientamenti e indicatori, all'organizzazione di scambi di migliori pratiche e alla preparazione di elementi necessari per il controllo e la valutazione periodici. Il Parlamento europeo è pienamente informato.

Art. 182 (ex art. 166 del TCE). – 1. Il Parlamento europeo e il Consiglio, deliberando secondo la procedura legislativa ordinaria e previa consultazione del Comitato economico e sociale, adottano un programma quadro pluriennale che comprende l'insieme delle azioni dell'Unione.

Il programma quadro:

– fissa gli obiettivi scientifici e tecnologici da realizzare mediante le azioni previste dall'articolo 180 e le relative priorità,

– indica le grandi linee di dette azioni,

– stabilisce l'importo globale massimo e le modalità della partecipazione finanziaria dell'Unione al programma quadro, nonché le quote rispettive di ciascuna delle azioni previste.

2. Il programma quadro viene adattato o completato in funzione dell'evoluzione della situazione.

3. Il programma quadro è attuato mediante programmi specifici sviluppati nell'ambito di ciascuna azione. Ogni programma specifico precisa le modalità di realizzazione del medesimo, ne fissa la durata e prevede i mezzi ritenuti necessari. La somma degli importi ritenuti necessari, fissati dai programmi specifici, non può superare l'importo globale massimo fissato per il programma quadro e per ciascuna azione.

4. Il Consiglio, deliberando secondo una procedura legislativa speciale e previa consultazione del Parlamento europeo e del Comitato economico e sociale, adotta i programmi specifici.

5. A integrazione delle azioni previste dal programma quadro pluriennale, il Parlamento europeo e il Consiglio, deliberando secondo la procedura legislativa ordinaria e previa consultazione del Comitato economico e sociale, stabiliscono le misure necessarie all'attuazione dello spazio europeo della ricerca.

Art. 183 (ex art. 167 del TCE). – Per l'attuazione del programma quadro pluriennale, l'Unione:

– fissa le norme per la partecipazione delle imprese, dei centri di ricerca e delle università,

– fissa le norme applicabili alla divulgazione dei risultati della ricerca.

Art. 184 (ex art. 168 del TCE). – Nell'attuazione del programma quadro pluriennale possono essere decisi programmi complementari cui partecipano soltanto alcuni Stati membri che ne assicurano il finanziamento, fatta salva un'eventuale partecipazione dell'Unione.

L'Unione adotta le norme applicabili ai programmi complementari, in particolare in materia di divulgazione delle conoscenze e di accesso di altri Stati membri.

Art. 185 (ex art. 169 del TCE). – Nell'attuazione del programma quadro pluriennale l'Unione può prevedere, d'intesa con gli Stati membri interessati, la partecipazione a programmi di ricerca e sviluppo avviati da più Stati membri, compresa la partecipazione alle strutture instaurate per l'esecuzione di detti programmi.

Art. 186 (ex art. 170 del TCE). – Nell'attuazione del programma quadro pluriennale l'Unione può prevedere una cooperazione in materia di ricerca, sviluppo tecnologico e dimostrazione dell'Unione con paesi terzi o organizzazioni internazionali.

Le modalità di questa cooperazione possono formare oggetto di accordi tra l'Unione e i terzi interessati.

Art. 187 (ex art. 171 del TCE). – L'Unione può creare imprese comuni o qualsiasi altra struttura necessaria alla migliore esecuzione dei programmi di ricerca, sviluppo tecnologico e dimostrazione dell'Unione.

Art. 188 (ex art. 172 del TCE). – Il Consiglio, su proposta della Commissione e previa consultazione del Parlamento europeo e del Comitato economico e sociale, adotta le disposizioni di cui all'articolo 187.

Il Parlamento europeo e il Consiglio, deliberando secondo la procedura legislativa ordinaria e previa consultazione del Comitato economico e sociale, adottano le disposizioni di cui agli articoli 183, 184 e 185. L'adozione dei programmi complementari richiede l'accordo degli Stati membri interessati.

Art. 189. – 1. Per favorire il progresso tecnico e scientifico, la competitività industriale e l'attuazione delle sue politiche, l'Unione elabora una politica spaziale europea. A tal fine può promuovere iniziative comuni, sostenere la ricerca e lo sviluppo tecnologico e coordinare gli sforzi necessari per l'esplorazione e l'utilizzo dello spazio.

2. Per contribuire alla realizzazione degli obiettivi di cui al paragrafo 1 il Parlamento europeo e il Consiglio, deliberando secondo la procedura legislativa ordinaria, stabiliscono le misure necessarie, che possono assumere la forma di un programma spaziale europeo, ad esclusione di qualsiasi armonizzazione delle disposizioni legislative e regolamentari degli Stati membri.

3. L'Unione instaura tutti i collegamenti utili con l'Agenzia spaziale europea.

4. Il presente articolo lascia impregiudicate le altre disposizioni del presente titolo.

Art. 190 (ex art. 173 del TCE). – All'inizio di ogni anno la Commissione presenta una relazione al Parlamento europeo e al Consiglio. Detta relazione verte in particolare sulle attività svolte in materia di ricerca e di sviluppo tecnologico e di divulgazione dei risultati durante l'anno precedente nonché sul programma di lavoro dell'anno in corso.

TITOLO XX
AMBIENTE

Art. 191 (ex art. 174 del TCE). – 1. La politica dell'Unione in materia ambientale contribuisce a perseguire i seguenti obiettivi:

– salvaguardia, tutela e miglioramento della qualità dell'ambiente,

– protezione della salute umana,

– utilizzazione accorta e razionale delle risorse naturali,

– promozione sul piano internazionale di misure destinate a risolvere i problemi dell'ambiente a livello regionale o mondiale e, in particolare, a combattere i cambiamenti climatici.

2. La politica dell'Unione in materia ambientale mira a un elevato livello di tutela, tenendo conto della diversità delle situazioni nelle varie regioni dell'Unione. Essa è fondata sui principi della precauzione e dell'azione preventiva, sul principio della correzione, in via prioritaria alla fonte, dei danni causati all'ambiente, nonché sul principio «chi inquina paga».

In tale contesto, le misure di armonizzazione rispondenti ad esigenze di protezione dell'ambiente comportano, nei casi opportuni, una clausola di salvaguardia che autorizza gli Stati membri a prendere, per motivi ambientali di natura non economica, misure provvisorie soggette ad una procedura di controllo dell'Unione.

3. Nel predisporre la sua politica in materia ambientale l'Unione tiene conto:

– dei dati scientifici e tecnici disponibili,

– delle condizioni dell'ambiente nelle varie regioni dell'Unione,

– dei vantaggi e degli oneri che possono derivare dall'azione o dall'assenza di azione,

– dello sviluppo socioeconomico dell'Unione nel suo insieme e dello sviluppo equilibrato delle sue singole regioni.

4. Nell'ambito delle rispettive competenze, l'Unione e gli Stati membri collaborano con i paesi terzi e con le competenti organizzazioni internazionali. Le modalità della cooperazione dell'Unione possono formare oggetto di accordi tra questa ed i terzi interessati.

Il comma precedente non pregiudica la competenza degli Stati membri a negoziare nelle sedi internazionali e a concludere accordi internazionali.

Art. 192 (ex art. 175 del TCE). – 1. Il Parlamento europeo e il Consiglio, deliberando secondo la procedura legislativa ordinaria e previa consultazione del Comitato economico e sociale e del Comitato delle regioni, decidono in merito alle azioni che devono essere intraprese dall'Unione per realizzare gli obiettivi dell'articolo 191.

2. In deroga alla procedura decisionale di cui al paragrafo 1 e fatto salvo l'articolo 114, il Consiglio, deliberando all'unanimità secondo una procedura legislativa speciale e previa consultazione del Parlamento europeo, del Comitato economico e sociale e del Comitato delle regioni, adotta:

a) disposizioni aventi principalmente natura fiscale;

b) misure aventi incidenza:

– sull'assetto territoriale,

– sulla gestione quantitativa delle risorse idriche o aventi rapporto diretto o indiretto con la disponibilità delle stesse,

– sulla destinazione dei suoli, ad eccezione della gestione dei residui;

c) misure aventi una sensibile incidenza sulla scelta di uno Stato membro tra diverse fonti di energia e sulla struttura generale dell'approvvigionamento energetico del medesimo.

Il Consiglio, deliberando all'unanimità su proposta della Commissione e previa consultazione del Parlamento europeo, del Comitato economico e sociale e del Comitato delle regioni, può rendere applicabile la procedura legislativa ordinaria alle materie di cui al primo comma.

3. Il Parlamento europeo e il Consiglio, deliberando secondo la procedura legislativa ordinaria e previa consultazione del Comitato economico e sociale e del Comitato delle regioni, adottano programmi generali d'azione che fissano gli obiettivi prioritari da raggiungere.

Le misure necessarie all'attuazione di tali programmi sono adottate conformemente alle condizioni previste al paragrafo 1 o al paragrafo 2, a seconda dei casi.

4. Fatte salve talune misure adottate dall'Unione, gli Stati membri provvedono al finanziamento e all'esecuzione della politica in materia ambientale.

5. Fatto salvo il principio «chi inquina paga», qualora una misura basata sul paragrafo 1 implichi costi ritenuti sproporzionati per le pubbliche autorità di uno Stato membro, tale misura prevede disposizioni appropriate in forma di:

– deroghe temporanee e/o

– sostegno finanziario del Fondo di coesione istituito in conformità dell'articolo 177.

Art. 193 (ex art. 176 del TCE). – I provvedimenti di protezione adottati in virtù dell'articolo 192 non impediscono ai singoli Stati membri di mantenere e di prendere provvedimenti per una protezione ancora maggiore. Tali provvedimenti devono essere compatibili con i trattati. Essi sono notificati alla Commissione.

TITOLO XXI
ENERGIA

Art. 194. – 1. Nel quadro dell'instaurazione o del funzionamento del mercato interno e tenendo conto dell'esigenza di preservare e migliorare l'ambiente, la politica dell'Unione nel settore dell'energia è intesa, in uno spirito di solidarietà tra Stati membri, a:

a) garantire il funzionamento del mercato dell'energia,

b) garantire la sicurezza dell'approvvigionamento energetico nell'Unione,

c) promuovere il risparmio energetico, l'efficienza energetica e lo sviluppo di energie nuove e rinnovabili,

d) promuovere l'interconnessione delle reti energetiche.

2. Fatte salve le altre disposizioni dei trattati, il Parlamento europeo e il Consiglio, deliberando secondo la procedura legislativa ordinaria, stabiliscono le misure necessarie per conseguire gli obiettivi di cui al paragrafo 1. Tali misure sono adottate previa consultazione del Comitato economico e sociale e del Comitato delle regioni.

Esse non incidono sul diritto di uno Stato membro di determinare le condizioni di utilizzo delle sue fonti energetiche, la scelta tra varie fonti energetiche e la struttura generale del suo approvvigionamento energetico, fatto salvo l'articolo 192, paragrafo 2, lettera c).

3. In deroga al paragrafo 2, il Consiglio, deliberando secondo una procedura legislativa speciale, all'unanimità e previa consultazione del Parlamento europeo, stabilisce le misure ivi contemplate se sono principalmente di natura fiscale.

TITOLO XXII
TURISMO

Art. 195. – 1. L'Unione completa l'azione degli Stati membri nel settore del turismo, in particolare promuovendo la competitività delle imprese dell'Unione in tale settore.

A tal fine l'azione dell'Unione è intesa a:

a) incoraggiare la creazione di un ambiente propizio allo sviluppo delle imprese in detto settore;

b) favorire la cooperazione tra Stati membri, in particolare attraverso lo scambio delle buone pratiche.

2. Il Parlamento europeo e il Consiglio, deliberando secondo la procedura legislativa ordinaria, stabiliscono le misure specifiche destinate a completare le azioni svolte negli Stati membri al fine di realizzare gli obiettivi di cui al presente articolo, ad esclusione di qualsiasi armonizzazione delle disposizioni legislative e regolamentari degli Stati membri.

TITOLO XXIII
PROTEZIONE CIVILE

Art. 196. – 1. L'Unione incoraggia la cooperazione tra gli Stati membri al fine di rafforzare l'efficacia dei sistemi di prevenzione e di protezione dalle calamità naturali o provocate dall'uomo.

L'azione dell'Unione è intesa a:

a) sostenere e completare l'azione degli Stati membri a livello nazionale, regionale e locale concernente la prevenzione dei rischi, la preparazione degli attori della protezione civile negli Stati membri e l'intervento in caso di calamità naturali o provocate dall'uomo all'interno dell'Unione;

b) promuovere una cooperazione operativa rapida ed efficace all'interno dell'Unione tra i servizi di protezione civile nazionali;

c) favorire la coerenza delle azioni intraprese a livello internazionale in materia di protezione civile.

2. Il Parlamento europeo e il Consiglio, deliberando secondo la procedura legislativa ordinaria, stabiliscono le misure necessarie per contribuire alla realizzazione degli obiettivi di cui al paragrafo 1, ad esclusione di qualsiasi armonizzazione delle disposizioni legislative e regolamentari degli Stati membri.

TITOLO XXIV
COOPERAZIONE AMMINISTRATIVA

Art. 197. – 1. L'attuazione effettiva del diritto dell'Unione da parte degli Stati membri, essenziale per il buon funzionamento dell'Unione, è considerata una questione di interesse comune.

2. L'Unione può sostenere gli sforzi degli Stati membri volti a migliorare la loro capacità amministrativa di attuare il diritto dell'Unione. Tale azione può consistere in particolare nel facilitare lo scambio di informazioni e di funzionari pubblici e nel sostenere programmi di formazione. Nessuno Stato membro è tenuto ad avvalersi di tale sostegno. Il Parlamento europeo e il Consiglio, deliberando mediante regolamenti secondo la procedura legislativa ordinaria, stabiliscono le misure necessarie a tal fine, ad esclusione di qualsiasi armonizzazione delle disposizioni legislative e regolamentari degli Stati membri.

3. Il presente articolo non pregiudica l'obbligo degli Stati membri di attuare il diritto dell'Unione né le prerogative e i doveri della Commissione. Esso non pregiudica le altre disposizioni dei trattati che prevedono la cooperazione amministrativa fra gli Stati membri e fra questi ultimi e l'Unione.

PARTE QUARTA
ASSOCIAZIONE DEI PAESI E TERRITORI D'OLTREMARE

Art. 198 (ex art. 182 del TCE). – Gli Stati membri convengono di associare all'Unione i paesi e i territori non europei che mantengono con la Danimarca, la Francia, i Paesi Bassi e il Regno Unito delle relazioni particolari. Questi paesi e territori, qui di seguito chiamati paesi e territori, sono enumerati nell'elenco che costituisce l'allegato II.

Scopo dell'associazione è di promuovere lo sviluppo economico e sociale dei paesi e territori e l'instaurazione di strette relazioni economiche tra essi e l'Unione nel suo insieme.

Conformemente ai principi enunciati nel preambolo del presente trattato, l'associazione deve in primo luogo permettere di favorire gli interessi degli abitanti di questi paesi e territori e la loro prosperità, in modo da condurli allo sviluppo economico, sociale e culturale che essi attendono.

Art. 199 (ex art. 183 del TCE). – L'associazione persegue gli obiettivi seguenti:

1) Gli Stati membri applicano ai loro scambi commerciali con i paesi e territori il regime che si accordano tra di loro, in virtù dei trattati.

2) Ciascun paese o territorio applica ai suoi scambi commerciali con gli Stati membri e gli altri paesi e territori il regime che applica allo Stato europeo con il quale mantiene relazioni particolari.

3) Gli Stati membri contribuiscono agli investimenti richiesti dallo sviluppo progressivo di questi paesi e territori.

4) Per gli investimenti finanziati dall'Unione, la partecipazione alle aggiudicazioni e alle forniture è aperta, a parità di condizioni, a tutte le persone fisiche e giuridiche appartenenti agli Stati membri e ai paesi e territori.

5) Nelle relazioni fra gli Stati membri e i paesi e territori, il diritto di stabilimento dei cittadini e delle società è regolato conformemente alle disposizioni e mediante applicazione delle procedure previste al capo relativo al diritto di stabilimento e su una base non discriminatoria, fatte salve le disposizioni particolari prese in virtù dell'articolo 203.

Art. 200 (ex art. 184 del TCE). – 1. Le importazioni originarie dei paesi e territori beneficiano, al loro ingresso negli Stati membri, del divieto dei dazi doganali che interviene fra gli Stati membri conformemente alle disposizioni dei trattati.

2. All'entrata in ciascun paese e territorio i dazi doganali gravanti sulle importazioni dagli Stati membri e dagli altri paesi e territori sono vietati conformemente alle disposizioni dell'articolo 30.

3. Tuttavia, i paesi e territori possono riscuotere dei dazi doganali che rispondano alle necessità del loro sviluppo e ai bisogni della loro industrializzazione o dazi di carattere fiscale che abbiano per scopo di alimentare il loro bilancio.

I dazi di cui al comma precedente non possono eccedere quelli gravanti sulle importazioni dei prodotti in provenienza dallo Stato membro con il quale ciascun paese o territorio mantiene relazioni particolari.

4. Il paragrafo 2 non è applicabile ai paesi e territori i quali, a causa degli obblighi internazionali particolari cui sono soggetti, applicano già una tariffa doganale non discriminatoria.

5. L'introduzione o la modifica di dazi che colpiscano le merci importate nei paesi e territori non deve provocare, in linea di diritto o in linea di fatto, una discriminazione diretta o indiretta tra le importazioni in provenienza dai diversi Stati membri.

Art. 201 (ex art. 185 del TCE). – Se il livello dei dazi applicabili alle merci in provenienza da un paese terzo alla loro entrata in un paese o territorio, avuto riguardo alle disposizioni dell'articolo 200, paragrafo 1, è tale da provocare deviazioni di traffico a detrimento di uno degli Stati membri, questo può domandare alla Commissione di proporre agli altri Stati membri le misure necessarie per porre rimedio a questa situazione.

Art. 202 (ex art. 186 del TCE). – Fatte salve le disposizioni che regolano la pubblica sanità, la pubblica sicurezza e l'ordine pubblico, la libertà di circolazione dei lavoratori dei paesi e territori negli Stati membri e dei lavoratori degli Stati membri nei paesi e territori è regolata da atti adottati a norma dell'articolo 203.

Art. 203 (ex art. 187 del TCE). – Il Consiglio, deliberando all'unanimità su proposta della Commissione, stabilisce, muovendo dalle realizzazioni acquisite nell'ambito dell'associazione tra i paesi e territori e l'Unione, e basandosi sui principi inscritti nei trattati, le disposizioni relative alle modalità e alla procedura dell'associazione tra i paesi e territori e l'Unione. Allorché adotta le disposizioni in questione secondo una procedura legislativa speciale, il Consiglio delibera all'unanimità su proposta della Commissione e previa consultazione del Parlamento europeo.

Art. 204 (ex art. 188 del TCE). – Gli articoli da 198 a 203 si applicano alla Groenlandia fatte salve le disposizioni specifiche per la Groenlandia che figurano nel protocollo concernente il regime particolare applicabile alla Groenlandia, allegato ai trattati.

PARTE QUINTA
AZIONE ESTERNA DELL'UNIONE

TITOLO I
DISPOSIZIONI GENERALI SULL'AZIONE ESTERNA DELL'UNIONE

Art. 205. – L'azione dell'Unione sulla scena internazionale, ai sensi della presente parte, si fonda sui principi, persegue gli obiettivi ed è condotta in conformità delle disposizioni generali di cui al capo 1 del titolo V del trattato sull'Unione europea.

TITOLO II
POLITICA COMMERCIALE COMUNE

Art. 206 (ex art. 131 del TCE). – L'Unione, tramite l'istituzione di un'unione doganale in conformità degli articoli da 28 a 32, contribuisce nell'interesse comune allo sviluppo armonioso del commercio mondiale, alla graduale soppressione delle restrizioni agli scambi internazionali e agli investimenti esteri diretti, e alla riduzione delle barriere doganali e di altro tipo.

Art. 207 (ex art. 133 del TCE). – 1. La politica commerciale comune è fondata su principi uniformi, in particolare per quanto concerne le modificazioni tariffarie, la conclusione di accordi tariffari e commerciali relativi agli scambi di merci e servizi, e gli aspetti commerciali della proprietà intellettuale, gli investimenti esteri diretti, l'uniformazione delle misure di liberalizzazione, la politica di esportazione e le misure di protezione commerciale, tra cui quelle da adottarsi nei casi di dumping e di sovvenzioni. La politica commerciale comune è condotta nel quadro dei principi e obiettivi dell'azione esterna dell'Unione.

2. Il Parlamento europeo e il Consiglio, deliberando mediante regolamenti secondo la procedura legislativa ordinaria, adottano le misure che definiscono il quadro di attuazione della politica commerciale comune.

3. Qualora si debbano negoziare e concludere accordi con uno o più paesi terzi o organizzazioni internazionali, si applica l'articolo 218, fatte salve le disposizioni particolari del presente articolo.

La Commissione presenta raccomandazioni al Consiglio, che l'autorizza ad avviare i negoziati necessari. Spetta al Consiglio e alla Commissione adoperarsi affinché gli accordi negoziati siano compatibili con le politiche e norme interne dell'Unione.

Tali negoziati sono condotti dalla Commissione, in consultazione con un comitato speciale designato dal Consiglio per assisterla in questo compito e nel quadro delle direttive che il Consiglio può impartirle. La Commissione riferisce periodicamente al comitato speciale e al Parlamento europeo sui progressi dei negoziati.

4. Per la negoziazione e la conclusione degli accordi di cui al paragrafo 3, il Consiglio delibera a maggioranza qualificata.

Per la negoziazione e la conclusione di accordi nei settori degli scambi di servizi, degli aspetti commerciali della proprietà intellettuale e degli investimenti esteri diretti, il Consiglio delibera all'unanimità qualora tali accordi contengano disposizioni per le quali è richiesta l'unanimità per l'adozione di norme interne.

Il Consiglio delibera all'unanimità anche per la negoziazione e la conclusione di accordi:

a) nel settore degli scambi di servizi culturali e audiovisivi, qualora tali accordi rischino di arrecare pregiudizio alla diversità culturale e linguistica dell'Unione;

b) nel settore degli scambi di servizi nell'ambito sociale, dell'istruzione e della sanità, qualora tali accordi rischino di perturbare seriamente l'organizzazione nazionale di tali servizi e di arrecare pregiudizio alla competenza degli Stati membri riguardo alla loro prestazione.

5. La negoziazione e la conclusione di accordi internazionali nel settore dei trasporti sono soggette al titolo VI della parte terza e all'articolo 218.

6. L'esercizio delle competenze attribuite dal presente articolo nel settore della politica commerciale comune non pregiudica la ripartizione delle competenze tra l'Unione e gli Stati membri e non comporta un'armonizzazione delle disposizioni legislative o regolamentari degli Stati membri, se i trattati escludono tale armonizzazione.

TITOLO III
COOPERAZIONE CON I PAESI TERZI E AIUTO UMANITARIO

Capo I
Cooperazione allo sviluppo

Art. 208 (ex art. 177 del TCE). – 1. La politica dell'Unione nel settore della cooperazione allo sviluppo è condotta nel quadro dei principi e obiettivi dell'azione esterna dell'Unione. La politica di cooperazione allo sviluppo dell'Unione e quella degli Stati membri si completano e si rafforzano reciprocamente.

L'obiettivo principale della politica dell'Unione in questo settore è la riduzione e, a termine, l'eliminazione della povertà. L'Unione tiene conto degli obiettivi della cooperazione allo sviluppo nell'attuazione delle politiche che possono avere incidenze sui paesi in via di sviluppo.

2. L'Unione e gli Stati membri rispettano gli impegni e tengono conto degli obiettivi riconosciuti nel quadro delle Nazioni Unite e delle altre organizzazioni internazionali competenti.

Art. 209 (ex art. 179 del TCE). – 1. Il Parlamento europeo e il Consiglio, deliberando secondo la procedura legislativa ordinaria, adottano le misure necessarie per l'attuazione della politica di cooperazione allo sviluppo, che possono riguardare programmi pluriennali di cooperazione con paesi in via di sviluppo o programmi tematici.

2. L'Unione può concludere con i paesi terzi e le organizzazioni internazionali competenti qualsiasi accordo utile alla realizzazione degli obiettivi di cui all'articolo 21 del trattato sull'Unione europea e all'articolo 208 del presente trattato.

Il primo comma non pregiudica la competenza degli Stati membri a negoziare nelle sedi internazionali e a concludere accordi.

3. La Banca europea per gli investimenti contribuisce, alle condizioni previste dal suo statuto, all'attuazione delle misure di cui al paragrafo 1.

Art. 210 (ex art. 180 del TCE). – 1. Per favorire la complementarità e l'efficacia delle azioni, l'Unione e gli Stati membri coordinano le rispettive politiche in materia di cooperazione allo sviluppo e si concertano sui rispettivi programmi di aiuto, anche nelle organizzazioni internazionali e in occasione di conferenze internazionali. Essi possono intraprendere azioni congiunte. Gli Stati membri contribuiscono, se necessario, all'attuazione dei programmi di aiuto dell'Unione.

2. La Commissione può prendere qualsiasi iniziativa utile a promuovere il coordinamento di cui al paragrafo 1.

Art. 211 (ex art. 181 del TCE). – Nell'ambito delle rispettive competenze, l'Unione e gli Stati membri collaborano con i paesi terzi e con le competenti organizzazioni internazionali.

Capo II
Cooperazione economica, finanziaria e tecnica con i paesi terzi

Art. 212 (ex art. 181 A del TCE). – 1. Fatte salve le altre disposizioni dei trattati, in particolare quelle degli articoli da 208 a 211, l'Unione conduce azioni di cooperazione economica, finanziaria e tecnica, comprese azioni di assistenza specialmente in campo finanziario, con paesi terzi diversi dai paesi in via di sviluppo. Tali azioni sono coerenti con la politica di sviluppo dell'Unione e sono condotte nel quadro dei principi e obiettivi dell'azione esterna. Le azioni dell'Unione e degli Stati membri si completano e si rafforzano reciprocamente.

2. Il Parlamento europeo e il Consiglio, deliberando secondo la procedura legislativa ordinaria, adottano le misure necessarie per l'attuazione del paragrafo 1.

3. Nell'ambito delle rispettive competenze, l'Unione e gli Stati membri collaborano con i paesi terzi e con le competenti organizzazioni internazionali. Le modalità della cooperazione dell'Unione possono formare oggetto di accordi tra questa e i terzi interessati.

Il primo comma non pregiudica la competenza degli Stati membri a negoziare nelle sedi internazionali e a concludere accordi internazionali.

Art. 213. – Allorché la situazione in un paese terzo esige un'assistenza finanziaria urgente da parte dell'Unione, il Consiglio, su proposta della Commissione, adotta le decisioni necessarie.

Capo III
Aiuto umanitario

Art. 214. – 1. Le azioni dell'Unione nel settore dell'aiuto umanitario sono condotte nel quadro dei principi e obiettivi dell'azione esterna dell'Unione. Esse mirano a fornire, in modo puntuale, assistenza, soccorso e protezione alle popolazioni dei paesi terzi vittime di calamità naturali o provocate dall'uomo, per far fronte alle necessità umanitarie risultanti da queste diverse situazioni. Le azioni dell'Unione e degli Stati membri si completano e si rafforzano reciprocamente.

2. Le azioni di aiuto umanitario sono condotte conformemente ai principi del diritto internazionale e ai principi di imparzialità, neutralità e non discriminazione.

3. Il Parlamento europeo e il Consiglio, deliberando secondo la procedura legislativa ordinaria, stabiliscono le misure che definiscono il quadro di attuazione delle azioni di aiuto umanitario dell'Unione.

4. L'Unione può concludere con i paesi terzi e le organizzazioni internazionali competenti qualsiasi accordo utile alla realizzazione degli obiettivi di cui al paragrafo 1 e all'articolo 21 del trattato sull'Unione europea.

Il primo comma non pregiudica la competenza degli Stati membri a negoziare nelle sedi internazionali e a concludere accordi.

5. È istituito un corpo volontario europeo di aiuto umanitario per inquadrare contributi comuni dei giovani europei alle azioni di aiuto umanitario dell'Unione. Il Parlamento europeo e il Consiglio, deliberando mediante regolamenti secondo la procedura legislativa ordinaria, ne fissano lo statuto e le modalità di funzionamento.

6. La Commissione può prendere qualsiasi iniziativa utile a promuovere il coordinamento tra le azioni dell'Unione e quelle degli Stati membri, allo scopo di rafforzare l'efficacia e la complementarità dei dispositivi dell'Unione e dei dispositivi nazionali di aiuto umanitario.

7. L'Unione provvede affinché le sue azioni di aiuto umanitario siano coordinate e coerenti con quelle svolte da organizzazioni e organismi internazionali, specie nell'ambito del sistema delle Nazioni Unite.

TITOLO IV
MISURE RESTRITTIVE

Art. 215 (ex art. 301 del TCE). – 1. Quando una decisione adottata conformemente al capo 2 del titolo V del trattato sull'Unione europea prevede l'interruzione o la riduzione, totale o parziale, delle relazioni economiche e finanziarie con uno o più paesi terzi, il Consiglio, deliberando a maggioranza qualificata su proposta congiunta dell'alto rappresentante dell'Unione per gli affari esteri e la politica di sicurezza e della Commissione, adotta le misure necessarie. Esso ne informa il Parlamento europeo.

2. Quando una decisione adottata conformemente al capo 2 del titolo V del trattato sull'Unione europea lo prevede, il Consiglio può adottare, secondo la procedura di cui al paragrafo 1, misure restrittive nei confronti di persone fisiche o giuridiche, di gruppi o di entità non statali.

3. Gli atti di cui al presente articolo contengono le necessarie disposizioni sulle garanzie giuridiche.

TITOLO V
ACCORDI INTERNAZIONALI

Art. 216. – 1. L'Unione può concludere un accordo con uno o più paesi terzi o organizzazioni internazionali qualora i trattati lo prevedano o qualora la conclusione di un accordo sia necessaria per realizzare, nell'ambito delle politiche dell'Unione, uno degli obiettivi fissati dai trattati, o sia prevista in un atto giuridico vincolante dell'Unione, oppure possa incidere su norme comuni o alterarne la portata.

2. Gli accordi conclusi dall'Unione vincolano le istituzioni dell'Unione e gli Stati membri.

Art. 217 (ex art. 310 del TCE). – L'Unione può concludere con uno o più paesi terzi o organizzazioni internazionali accordi che istituiscono un'associazione caratterizzata da diritti ed obblighi reciproci, da azioni in comune e da procedure particolari.

Art. 218 (ex art. 300 del TCE). – 1. Fatte salve le disposizioni particolari dell'articolo 207, gli accordi tra l'Unione e i paesi terzi o le organizzazioni internazionali sono negoziati e conclusi secondo la procedura seguente.

2. Il Consiglio autorizza l'avvio dei negoziati, definisce le direttive di negoziato, autorizza la firma e conclude gli accordi.

3. La Commissione, o l'alto rappresentante dell'Unione per gli affari esteri e la politica di sicurezza quando l'accordo previsto riguarda esclusivamente o principalmente la politica estera e di sicurezza comune, presenta raccomandazioni al Consiglio, il quale adotta una decisione che autorizza l'avvio dei negoziati e designa, in funzione della materia dell'accordo previsto, il negoziatore o il capo della squadra di negoziato dell'Unione.

4. Il Consiglio può impartire direttive al negoziatore e designare un comitato speciale che deve essere consultato nella conduzione dei negoziati.

5. Il Consiglio, su proposta del negoziatore, adotta una decisione che autorizza la firma dell'accordo e, se del caso, la sua applicazione provvisoria prima dell'entrata in vigore.

6. Il Consiglio, su proposta del negoziatore, adotta una decisione relativa alla conclusione dell'accordo.

Tranne quando l'accordo riguarda esclusivamente la politica estera e di sicurezza comune, il Consiglio adotta la decisione di conclusione dell'accordo:

a) previa approvazione del Parlamento europeo nei casi seguenti:

i) accordi di associazione;

ii) accordo sull'adesione dell'Unione alla Convenzione europea per la salvaguardia dei diritti dell'uomo e delle libertà fondamentali;

iii) accordi che creano un quadro istituzionale specifico organizzando procedure di cooperazione;

iv) accordi che hanno ripercussioni finanziarie considerevoli per l'Unione;

v) accordi che riguardano settori ai quali si applica la procedura legislativa ordinaria oppure la procedura legislativa speciale qualora sia necessaria l'approvazione del Parlamento europeo.

In caso d'urgenza, il Parlamento europeo e il Consiglio possono concordare un termine per l'approvazione;

b) previa consultazione del Parlamento europeo, negli altri casi. Il Parlamento europeo formula il parere nel termine che il Consiglio può fissare in funzione dell'urgenza. In mancanza di parere entro detto termine, il Consiglio può deliberare.

7. All'atto della conclusione di un accordo, il Consiglio, in deroga ai paragrafi 5, 6 e 9, può abilitare il negoziatore ad approvare a nome dell'Unione le modifiche dell'accordo se quest'ultimo ne prevede l'adozione con una procedura semplificata o da parte di un organo istituito dall'accordo stesso. Il Consiglio correda eventualmente questa abilitazione di condizioni specifiche.

8. Nel corso dell'intera procedura, il Consiglio delibera a maggioranza qualificata.

Tuttavia esso delibera all'unanimità quando l'accordo riguarda un settore per il quale è richiesta l'unanimità per l'adozione di un atto dell'Unione e per gli accordi di associazione e gli accordi di cui all'articolo 212 con gli Stati candidati all'adesione. Il Consiglio delibera all'unanimità anche per l'accordo sull'adesione dell'Unione alla Convenzione europea per la salvaguardia dei diritti dell'uomo e delle libertà fondamentali; la decisione sulla conclusione di tale accordo entra in vigore previa approvazione degli Stati membri, conformemente alle rispettive norme costituzionali.

9. Il Consiglio, su proposta della Commissione o dell'alto rappresentante dell'Unione per gli affari esteri e la politica di sicurezza, adotta una decisione sulla sospensione dell'applicazione di un accordo e che stabilisce le posizioni da adottare a nome dell'Unione in un organo istituito da un accordo, se tale organo deve adottare atti che hanno effetti giuridici, fatta eccezione per gli atti che integrano o modificano il quadro istituzionale dell'accordo.

10. Il Parlamento europeo è immediatamente e pienamente informato in tutte le fasi della procedura.

11. Uno Stato membro, il Parlamento europeo, il Consiglio o la Commissione possono domandare il parere della Corte di giustizia circa la compatibilità di un accordo previsto con i trattati. In caso di parere negativo della Corte, l'accordo previsto non può entrare in vigore, salvo modifiche dello stesso o revisione dei trattati.

Art. 219 (ex art. 111, paragrafi da 1 a 3 e 5, del TCE). – 1. In deroga all'articolo 218 il Consiglio, su raccomandazione della Banca centrale europea o su raccomandazione della Commissione e previa consultazione della Banca centrale europea, nell'intento di pervenire a un consenso compatibile con l'obiettivo della stabilità dei prezzi, può concludere accordi formali su un sistema di tassi di cambio dell'euro nei confronti delle valute di Stati terzi. Il Consiglio delibera all'unanimità previa consultazione del Parlamento europeo e secondo la procedura di cui al paragrafo 3.

Il Consiglio, su raccomandazione della Banca centrale europea o su raccomandazione della Commissione e previa consultazione della Banca centrale europea, nell'intento di pervenire ad un consenso coerente con l'obiettivo della stabilità dei prezzi, può adottare, adeguare o abbandonare i tassi centrali dell'euro all'interno del sistema dei tassi di cambio. Il presidente del Consiglio informa il Parlamento europeo dell'adozione, dell'adeguamento o dell'abbandono dei tassi centrali dell'euro.

2. In mancanza di un sistema di tassi di cambio rispetto ad una o più valute di Stati terzi, come indicato al paragrafo 1, il Consiglio, su raccomandazione della Commissione e previa consultazione della Banca centrale europea, o su raccomandazione della Banca centrale europea, può formulare gli orientamenti generali di politica del cambio nei confronti di dette valute. Questi orientamenti generali non pregiudicano l'obiettivo prioritario del SEBC di mantenere la stabilità dei prezzi.

3. In deroga all'articolo 218, qualora accordi in materia di regime monetario o valutario debbano essere negoziati dall'Unione con uno o più Stati terzi o organizzazioni internazionali, il Consiglio, su raccomandazione della Commissione e previa consultazione della Banca centrale europea, decide le modalità per la negoziazione e la conclusione di detti accordi. Tali modalità devono assicurare che l'Unione esprima una posizione unica. La Commissione è associata a pieno titolo ai negoziati.

4. Senza pregiudizio della competenza dell'Unione e degli accordi dell'Unione relativi all'Unione economica e monetaria, gli Stati membri possono condurre negoziati nelle istanze internazionali e concludere accordi internazionali.

TITOLO VI

RELAZIONI DELL'UNIONE CON LE ORGANIZZAZIONI INTERNAZIONALI E I PAESI TERZI E DELEGAZIONI DELL'UNIONE

Art. 220 (ex articoli da 302 a 304 del TCE). – 1. L'Unione attua ogni utile forma di cooperazione con gli organi delle Nazioni Unite e degli istituti specializzati delle Nazioni Unite, il Consiglio d'Europa, l'Organizzazione per la sicurezza e la cooperazione in Europa e l'Organizzazione per la cooperazione e lo sviluppo economico.

L'Unione assicura inoltre i collegamenti che ritiene opportuni con altre organizzazioni internazionali.

2. L'alto rappresentante dell'Unione per gli affari esteri e la politica di sicurezza e la Commissione sono incaricati dell'attuazione del presente articolo.

Art. 221. – 1. Le delegazioni dell'Unione nei paesi terzi e presso le organizzazioni internazionali assicurano la rappresentanza dell'Unione.

2. Le delegazioni dell'Unione sono poste sotto l'autorità dell'alto rappresentante dell'Unione per gli affari esteri e la politica di sicurezza. Esse agiscono in stretta cooperazione con le missioni diplomatiche e consolari degli Stati membri.

TITOLO VII

CLAUSOLA DI SOLIDARIETÀ

Art. 222. – 1. L'Unione e gli Stati membri agiscono congiuntamente in uno spirito di solidarietà qualora uno Stato membro sia oggetto di un attacco terroristico o sia vittima di una calamità naturale o provocata dall'uomo. L'Unione mobilita tutti gli strumenti di cui dispone, inclusi i mezzi militari messi a sua disposizione dagli Stati membri, per:

a) prevenire la minaccia terroristica sul territorio degli Stati membri;

– proteggere le istituzioni democratiche e la popolazione civile da un eventuale attacco terroristico;

– prestare assistenza a uno Stato membro sul suo territorio, su richiesta delle sue autorità politiche, in caso di attacco terroristico;

b) prestare assistenza a uno Stato membro sul suo territorio, su richiesta delle sue autorità politiche, in caso di calamità naturale o provocata dall'uomo.

2. Se uno Stato membro subisce un attacco terroristico o è vittima di una calamità naturale o provocata dall'uomo, gli altri Stati membri, su richiesta delle sue autorità politiche, gli prestano assistenza. A tal fine gli Stati membri si coordinano in sede di Consiglio.

3. Le modalità di attuazione della presente clausola di solidarietà da parte dell'Unione sono definite da una decisione adottata dal Consiglio, su proposta congiunta della Commissione e dell'alto rappresentante dell'Unione per gli affari esteri e la politica di sicurezza. Quando tale decisione ha implicazioni nel settore della difesa, il Consiglio delibera conformemente all'articolo 31, paragrafo 1 del trattato sull'Unione europea. Il Parlamento europeo è informato.

Ai fini del presente paragrafo e fatto salvo l'articolo 240, il Consiglio è assistito dal comitato politico e di sicurezza, con il sostegno delle strutture sviluppate nell'ambito della politica di sicurezza e di difesa comune, e dal comitato di cui all'articolo 71, i quali gli presentano, se del caso, pareri congiunti.

4. Per consentire all'Unione e agli Stati membri di agire in modo efficace, il Consiglio europeo valuta regolarmente le minacce cui è confrontata l'Unione.

PARTE SESTA

DISPOSIZIONI ISTITUZIONALI E FINANZIARIE

TITOLO I

DISPOSIZIONI ISTITUZIONALI

Capo I
Le istituzioni

Sezione I

Il Parlamento europeo

Art. 223 (ex art. 190, paragrafi 4 e 5, del TCE). – 1. Il Parlamento europeo elabora un progetto volto a stabilire le disposizioni necessarie per permettere l'elezione dei suoi membri a suffragio universale diretto, secondo una procedura uniforme in tutti gli Stati membri o secondo principi comuni a tutti gli Stati membri.

Il Consiglio, deliberando all'unanimità secondo una procedura legislativa speciale e previa approvazione del Parlamento europeo che si pronuncia alla maggioranza dei membri che lo compongono, stabilisce le disposizioni necessarie. Tali disposizioni entrano in vigore previa approvazione degli Stati membri conformemente alle rispettive norme costituzionali.

2. Previo parere della Commissione e con l'approvazione del Consiglio, il Parlamento europeo, di sua iniziativa, deliberando mediante regolamenti secondo una procedura legislativa speciale, stabilisce lo statuto e le condizioni generali per l'esercizio delle funzioni dei suoi membri. Per le norme o le condizioni relative al regime fiscale dei membri o ex membri è richiesta l'unanimità in sede di Consiglio.

Art. 224 (ex art. 191, secondo comma, del TCE). – Il Parlamento europeo e il Consiglio, deliberando mediante regolamenti secondo la procedura legislativa ordinaria, determinano lo statuto dei partiti politici a livello europeo di cui all'articolo 10, paragrafo 4 del trattato sull'Unione europea, in particolare le norme relative al loro finanziamento.

Art. 225 (ex art. 192, secondo comma, del TCE). – A maggioranza dei membri che lo compongono, il Parlamento europeo può chiedere alla Commissione di presentare adeguate proposte sulle questioni per le quali reputa necessaria l'elaborazione di un atto dell'Unione ai fini dell'attuazione dei trattati. Se la Commissione non presenta una proposta, essa ne comunica le motivazioni al Parlamento europeo

Art. 226 (ex art. 193 del TCE). – Nell'ambito delle sue funzioni, il Parlamento europeo, su richiesta di un quarto dei membri che lo compongono, può costituire una commissione temporanea d'inchiesta incaricata di esaminare, fatti salvi i poteri conferiti dai trattati ad altre istituzioni o ad altri organi, le denunce di infrazione o di cattiva amministrazione nell'applicazione del diritto dell'Unione, salvo quando i fatti di cui trattasi siano pendenti dinanzi ad una giurisdizione e fino all'espletamento della procedura giudiziaria.

La commissione temporanea d'inchiesta cessa di esistere con il deposito della sua relazione.

Previa approvazione del Consiglio e della Commissione, il Parlamento europeo, di sua iniziativa, deliberando mediante regolamenti secondo una procedura legislativa speciale, fissa le modalità per l'esercizio del diritto d'inchiesta.

Art. 227 (ex art. 194 del TCE). – Qualsiasi cittadino dell'Unione, nonché ogni persona fisica o giuridica che risieda o abbia la sede sociale in uno Stato membro, ha il diritto di presentare, individualmente o in associazione con altri cittadini o persone, una petizione al Parlamento europeo su una materia che rientra nel campo di attività dell'Unione e che lo (la) concerne direttamente.

Art. 228 (ex art. 195 del TCE). – 1. Un mediatore europeo, eletto dal Parlamento europeo, è abilitato a ricevere le denunce di qualsiasi cittadino dell'Unione o di qualsiasi persona fisica o giuridica che risieda o abbia la sede sociale in uno Stato membro, e riguardanti casi di cattiva amministrazione nell'azione delle istituzioni, degli organi o degli organismi dell'Unione, salvo la Corte di giustizia dell'Unione europea nell'esercizio delle sue funzioni giurisdizionali. Egli istruisce tali denunce e riferisce al riguardo.

Conformemente alla sua missione, il Mediatore, di propria iniziativa o in base alle denunce che gli sono state presentate direttamente o tramite un membro del Parlamento europeo, procede alle indagini che ritiene giustificate, tranne quando i fatti in questione formino o abbiano formato oggetto di una procedura giudiziaria. Qualora il Mediatore constati un caso di cattiva amministrazione, egli ne investe l'istituzione interessata, che dispone di tre mesi per comunicargli il suo parere. Il Mediatore trasmette poi una relazione al Parlamento europeo e all'istituzione, all'organo o all'organismo interessati. La persona che ha sporto denuncia viene informata del risultato dell'indagine.

Ogni anno il Mediatore presenta una relazione al Parlamento europeo sui risultati delle sue indagini.

2. Il Mediatore è eletto dopo ogni elezione del Parlamento europeo per la durata della legislatura. Il suo mandato è rinnovabile.

Il Mediatore può essere dichiarato dimissionario dalla Corte di giustizia, su richiesta del Parlamento europeo, qualora non risponda più alle condizioni necessarie all'esercizio delle sue funzioni o abbia commesso una colpa grave.

3. Il Mediatore esercita le sue funzioni in piena indipendenza. Nell'adempimento dei suoi doveri, egli non sollecita né accetta istruzioni da alcun governo, istituzione, organo o organismo. Per tutta la durata del suo mandato, il Mediatore non può esercitare alcuna altra attività professionale, remunerata o meno.

4. Previo parere della Commissione e con l'approvazione del Consiglio, il Parlamento europeo, di sua iniziativa, deliberando mediante regolamenti secondo una procedura legislativa speciale, fissa lo statuto e le condizioni generali per l'esercizio delle funzioni del Mediatore.

Art. 229 (ex art. 196 del TCE). – Il Parlamento europeo tiene una sessione annuale. Esso si riunisce di diritto il secondo martedì del mese di marzo.

Il Parlamento europeo può riunirsi in tornata a richiesta della maggioranza dei membri che lo compongono, del Consiglio o della Commissione.

Art. 230 (ex art. 197, secondo, terzo e quarto comma, del TCE). – La Commissione può assistere a tutte le sedute ed essere ascoltata a sua richiesta.

La Commissione risponde oralmente o per iscritto alle interrogazioni che le sono presentate dal Parlamento europeo o dai membri di questo.

Il Consiglio europeo e il Consiglio sono ascoltati dal Parlamento europeo, secondo le modalità previste dal regolamento interno del Consiglio europeo e da quello del Consiglio.

Art. 231 (ex art. 198 del TCE). – Salvo contrarie disposizioni dei trattati, il Parlamento europeo delibera a maggioranza dei suffragi espressi.

Il regolamento interno fissa il numero legale.

Art. 232 (ex art. 199 del TCE). – Il Parlamento europeo stabilisce il proprio regolamento interno a maggioranza dei membri che lo compongono.

Gli atti del Parlamento europeo sono pubblicati conformemente alle condizioni previste dai trattati e da detto regolamento.

Art. 233 (ex art. 200 del TCE). – Il Parlamento europeo, in seduta pubblica, procede all'esame della relazione generale annuale, che gli è sottoposta dalla Commissione.

Art. 234 (ex art. 201 del TCE). – Il Parlamento europeo, cui sia presentata una mozione di censura sull'operato della Commissione, non può pronunciarsi su tale mozione prima che siano trascorsi almeno tre giorni dal suo deposito e con scrutinio pubblico.

Se la mozione di censura è approvata a maggioranza di due terzi dei voti espressi e a maggioranza dei membri che compongono il Parlamento europeo, i membri della Commissione si dimettono collettivamente dalle loro funzioni e l'alto rappresentante dell'Unione per gli affari esteri e la politica di sicurezza si dimette dalle funzioni che esercita in seno alla Commissione. Essi rimangono in carica e continuano a curare gli affari di ordinaria amministrazione fino alla loro sostituzione conformemente all'articolo 17 del trattato sull'Unione europea. In questo caso, il mandato dei membri della Commissione nominati per sostituirli scade alla data in cui sarebbe scaduto il mandato dei membri della Commissione costretti a dimettersi collettivamente dalle loro funzioni.

Sezione II
Il Consiglio europeo

Art. 235. – 1. In caso di votazione, ciascun membro del Consiglio europeo può ricevere delega da uno solo degli altri membri.

L'articolo 16, paragrafo 4 del trattato sull'Unione europea e l'articolo 238, paragrafo 2 del presente trattato si applicano al Consiglio europeo allorché delibera a maggioranza qualificata. Allorché il Consiglio europeo delibera mediante votazione, il presidente e il presidente della Commissione non partecipano al voto.

L'astensione di membri presenti o rappresentati non osta all'adozione delle deliberazioni del Consiglio europeo per le quali è richiesta l'unanimità.

2. Il presidente del Parlamento europeo può essere invitato per essere ascoltato dal Consiglio europeo.

3. Il Consiglio europeo delibera a maggioranza semplice in merito alle questioni procedurali e per l'adozione del suo regolamento interno.

4. Il Consiglio europeo è assistito dal segretariato generale del Consiglio.

Art. 236. – Il Consiglio europeo adotta a maggioranza qualificata:

a) una decisione che stabilisce l'elenco delle formazioni del Consiglio, eccettuate quella «Affari generali» e quella «Affari esteri», conformemente all'articolo 16, paragrafo 6 del trattato sull'Unione europea;

b) una decisione sulla presidenza delle formazioni del Consiglio, eccettuata quella «Affari esteri», conformemente all'articolo 16, paragrafo 9 del trattato sull'Unione europea.

Sezione III
Il Consiglio

Art. 237 (ex art. 204 del TCE). – Il Consiglio si riunisce su convocazione del suo presidente, per iniziativa di questi, di uno dei suoi membri o della Commissione.

Art. 238 (ex art. 205, paragrafi 1 e 2, del TCE). – 1. Per le deliberazioni che richiedono la maggioranza semplice, il Consiglio delibera alla maggioranza dei membri che lo compongono.

2. In deroga all'articolo 16, paragrafo 4 del trattato sull'Unione europea, a decorrere dal 1° novembre 2014 e fatte salve le disposizioni stabilite dal protocollo sulle disposizioni transitorie, quando il Consiglio non delibera su proposta della Commissione o dell'alto rappresentante dell'Unione per gli affari esteri e la politica di sicurezza, per maggioranza qualificata si intende almeno il 72% dei membri del Consiglio rappresentanti Stati membri che totalizzino almeno il 65% della popolazione dell'Unione.

3. A decorrere dal 1° novembre 2014 e fatte salve le disposizioni stabilite dal protocollo sulle disposizioni transitorie, nei casi in cui, a norma dei trattati, non tutti i membri del Consiglio partecipano alla votazione, per maggioranza qualificata si intende quanto segue:

a) per maggioranza qualificata si intende almeno il 55% dei membri del Consiglio rappresentanti gli Stati membri partecipanti che totalizzino almeno il 65% della popolazione di tali Stati.

La minoranza di blocco deve comprendere almeno il numero minimo di membri del Consiglio che rappresentano oltre il 35% della popolazione degli Stati membri partecipanti, più un altro membro; in caso contrario la maggioranza qualificata si considera raggiunta.

b) In deroga alla lettera a), quando il Consiglio non delibera su proposta della Commissione o dell'alto rappresentante dell'Unione per gli affari esteri e la politica di sicurezza, per maggioranza qualificata si intende almeno il 72% dei membri del Consiglio rappresentanti gli Stati membri partecipanti, che totalizzino almeno il 65% della popolazione di tali Stati.

4. Le astensioni dei membri presenti o rappresentati non ostano all'adozione delle deliberazioni del Consiglio per le quali è richiesta l'unanimità.

Art. 239 (ex art. 206 del TCE). – In caso di votazione, ciascun membro del Consiglio può ricevere delega da uno solo degli altri membri.

Art. 240 (ex art. 207 del TCE). – 1. Un comitato costituito dai rappresentanti permanenti dei governi degli Stati membri è responsabile della preparazione dei lavori del Consiglio e dell'esecuzione dei compiti che quest'ultimo gli assegna. Il comitato può adottare decisioni di procedura nei casi previsti dal regolamento interno del Consiglio.

2. Il Consiglio è assistito dal segretariato generale, sotto la responsabilità di un segretario generale nominato dal Consiglio.

Il Consiglio decide a maggioranza semplice in merito all'organizzazione del segretariato generale.

3. Il Consiglio delibera a maggioranza semplice in merito alle questioni procedurali e per l'adozione del suo regolamento interno.

Art. 241 (ex art. 208 del TCE). – Il Consiglio, deliberando a maggioranza semplice, può chiedere alla Commissione di procedere a tutti gli studi che esso ritiene opportuni ai fini del raggiungimento degli obiettivi comuni e di sottoporgli tutte le proposte del caso. Se la Commissione non presenta una proposta, ne comunica le motivazioni al Consiglio.

Art. 242 (ex art. 209 del TCE). – Il Consiglio deliberando a maggioranza semplice, stabilisce, previa consultazione della Commissione, lo statuto dei comitati previsti dai trattati.

Art. 243 (ex art. 210 del TCE). – Il Consiglio fissa gli stipendi, indennità e pensioni del presidente del Consiglio europeo, del presidente della Commissione, dell'alto rappresentante dell'Unione per gli affari esteri e la politica di sicurezza, dei membri della Commissione, dei presidenti, dei membri e dei cancellieri della Corte di giustizia dell'Unione europea, nonché del segretario generale del Consiglio. Esso fissa altresì tutte le indennità sostitutive di retribuzione.

Sezione IV
La Commissione

Art. 244. – A norma dell'articolo 17, paragrafo 5 del trattato sull'Unione europea i membri della Commissione sono scelti in base ad un sistema di rotazione stabilito all'unanimità dal Consiglio europeo secondo i principi seguenti:

a) gli Stati membri sono trattati su un piano di assoluta parità per quanto concerne la determinazione dell'avvicendamento e del periodo di permanenza dei loro cittadini in seno alla Commissione; pertanto lo scarto tra il numero totale dei mandati detenuti da cittadini di due Stati membri non può mai essere superiore a uno;

b) fatta salva la lettera a), ciascuna delle Commissioni successive è costituita in modo da riflettere in maniera soddisfacente la molteplicità demografica e geografica degli Stati membri.

Art. 245 (ex art. 213 del TCE). – I membri della Commissione si astengono da ogni atto incompatibile con il carattere delle loro funzioni. Gli Stati membri rispettano la loro indipendenza e non cercano di influenzarli nell'adempimento dei loro compiti.

I membri della Commissione non possono, per la durata delle loro funzioni, esercitare alcun'altra attività professionale, rimunerata o meno. Fin dal loro insediamento, essi assumono l'impegno solenne di rispettare, per la durata delle loro funzioni e dopo la cessazione di queste, gli obblighi derivanti dalla loro carica, ed in particolare i doveri di onestà e delicatezza per quanto riguarda l'accettare, dopo tale cessazione, determinate funzioni o vantaggi. In caso di violazione degli obblighi stessi, la Corte di giustizia, su istanza del Consiglio, che delibera a maggioranza semplice, o della Commissione, può, a seconda dei casi, pronunciare le dimissioni d'ufficio alle condizioni previste dall'articolo 247 ovvero la decadenza dal diritto a pensione dell'interessato o da altri vantaggi sostitutivi.

Art. 246 (ex art. 215 del TCE). – A parte i rinnovi regolari e i decessi, le funzioni dei membri della Commissione cessano individualmente per dimissioni volontarie o d'ufficio.

Il posto divenuto vacante a seguito di dimissioni volontarie o d'ufficio o di decesso è coperto, per la restante durata del mandato del membro, da un nuovo membro della stessa nazionalità, nominato dal Consiglio di comune accordo col presidente della Commissione, previa consultazione del Parlamento europeo e in conformità dei criteri di cui all'articolo 17, paragrafo 3, secondo comma del trattato sull'Unione europea.

Il Consiglio, deliberando all'unanimità su proposta del presidente della Commissione, può decidere che tale posto divenuto vacante non deve essere coperto, in particolare se la restante durata del mandato è breve.

In caso di dimissioni volontarie, di dimissioni d'ufficio o di decesso, il presidente è sostituito per la restante durata del suo mandato. Per la sua sostituzione si applica la procedura prevista dall'articolo 17, paragrafo 7, primo comma del trattato sull'Unione europea.

In caso di dimissioni volontarie o d'ufficio o di decesso, l'alto rappresentante dell'Unione per gli affari esteri e la politica di sicurezza è sostituito per la restante durata del suo mandato, in conformità dell'articolo 18, paragrafo 1 del trattato sull'Unione europea.

In caso di dimissioni volontarie di tutti i membri della Commissione, questi rimangono in carica e continuano a curare gli affari di ordinaria amministrazione fino alla loro sostituzione, per la restante durata del mandato, in conformità dell'articolo 17 del trattato sull'Unione europea.

Art. 247 (ex art. 216 del TCE). – Qualsiasi membro della Commissione che non risponda più alle condizioni necessarie all'esercizio delle sue funzioni o che abbia commesso una colpa grave può essere dichiarato dimissionario dalla Corte di giustizia, su istanza del Consiglio, che delibera a maggioranza semplice, o della Commissione.

Art. 248 (ex art. 217, paragrafo 2, del TCE). – Fatto salvo l'articolo 18, paragrafo 4 del trattato sull'Unione europea, le competenze che spettano alla Commissione sono strutturate e ripartite fra i membri dal presidente, in conformità dell'articolo 17, paragrafo 6 di detto trattato. Il presidente può modificare la ripartizione delle competenze nel corso del mandato. I membri della Commissione esercitano le funzioni loro attribuite dal presidente, sotto la sua autorità.

Art. 249 (ex articoli 218, paragrafo 2, e 212 del TCE). – 1. La Commissione stabilisce il proprio regolamento interno allo scopo di assicurare il proprio funzionamento e quello dei propri servizi. Essa provvede alla pubblicazione del regolamento.

2. La Commissione pubblica ogni anno, almeno un mese prima dell'apertura della sessione del Parlamento europeo, una relazione generale sull'attività dell'Unione.

Art. 250 (ex art. 219 del TCE). – Le deliberazioni della Commissione sono prese a maggioranza dei suoi membri.

Il regolamento interno fissa il numero legale.

Sezione V

La Corte di giustizia dell'Unione europea

Art. 251 (ex art. 221 del TCE). – La Corte di giustizia si riunisce in sezioni o in grande sezione, conformemente alle regole previste a tal fine dallo statuto della Corte di giustizia dell'Unione europea.

Ove ciò sia previsto dallo statuto, la Corte di giustizia può riunirsi anche in seduta plenaria.

Art. 252 (ex art. 222 del TCE). – La Corte di giustizia è assistita da otto avvocati generali. Ove ciò sia richiesto dalla Corte di giustizia, il Consiglio, deliberando all'unanimità, può aumentare il numero degli avvocati generali.

L'avvocato generale ha l'ufficio di presentare pubblicamente, con assoluta imparzialità e in piena indipendenza, conclusioni motivate sulle cause che, conformemente allo statuto della Corte di giustizia dell'Unione europea, richiedono il suo intervento.

Art. 253 (ex art. 223 del TCE). – I giudici e gli avvocati generali della Corte di giustizia, scelti tra personalità che offrano tutte le garanzie di indipendenza e che riuniscano le condizioni richieste per l'esercizio, nei rispettivi paesi, delle più alte funzioni giurisdizionali, ovvero che siano giureconsulti di notoria competenza, sono nominati di comune accordo per sei anni dai governi degli Stati membri, previa consultazione del comitato di cui all'articolo 255.

Ogni tre anni si procede a un rinnovo parziale dei giudici e degli avvocati generali, alle condizioni previste dallo statuto della Corte di giustizia dell'Unione europea.

I giudici designano tra loro, per tre anni, il presidente della Corte di giustizia. Il suo mandato è rinnovabile.

I giudici e gli avvocati generali uscenti possono essere nuovamente nominati.

La Corte di giustizia nomina il proprio cancelliere, di cui fissa lo statuto.

La Corte di giustizia stabilisce il proprio regolamento di procedura. Tale regolamento è sottoposto all'approvazione del Consiglio.

Art. 254 (ex art. 224 del TCE). – Il numero dei giudici del Tribunale è stabilito dallo statuto della Corte di giustizia dell'Unione europea. Lo statuto può prevedere che il Tribunale sia assistito da avvocati generali.

I membri del Tribunale sono scelti tra persone che offrano tutte le garanzie di indipendenza e possiedano la capacità per l'esercizio di alte funzioni giurisdizionali. Essi sono nominati di comune accordo per sei anni dai governi degli Stati membri, previa consultazione del comitato di cui all'articolo 255. Ogni tre anni si procede a un rinnovo parziale. I membri uscenti possono essere nuovamente nominati.

I giudici designano tra loro, per tre anni, il presidente del Tribunale. Il suo mandato è rinnovabile.

Il Tribunale nomina il proprio cancelliere, di cui fissa lo statuto.

Il Tribunale stabilisce il proprio regolamento di procedura di concerto con la Corte di giustizia. Tale regolamento è sottoposto all'approvazione del Consiglio.

Salvo quanto diversamente disposto dallo statuto della Corte di giustizia dell'Unione europea, le disposizioni dei trattati relative alla Corte di giustizia sono applicabili al Tribunale.

Art. 255. – È istituito un comitato con l'incarico di fornire un parere sull'adeguatezza dei candidati all'esercizio delle funzioni di giudice e di avvocato generale della Corte di giustizia e del Tribunale, prima che i governi degli Stati membri procedano alle nomine in conformità degli articoli 253 e 254.

Il comitato è composto da sette personalità scelte tra ex membri della Corte di giustizia e del Tribunale, membri dei massimi organi giurisdizionali nazionali e giuristi di notoria competenza, uno dei quali è proposto dal Parlamento europeo. Il Consiglio adotta una decisione che stabilisce le regole di funzionamento di detto comitato e una decisione che ne designa i membri. Esso delibera su iniziativa del presidente della Corte di giustizia.

Art. 256 (ex art. 225 del TCE). – 1. Il Tribunale è competente a conoscere in primo grado dei ricorsi di cui agli articoli 263, 265, 268, 270 e 272, ad eccezione di quelli attribuiti a un tribunale specializzato istituito in applicazione dell'articolo 257 e di quelli che lo statuto riserva alla Corte di giustizia. Lo statuto può prevedere che il Tribunale sia competente per altre categorie di ricorsi.

Le decisioni emesse dal Tribunale ai sensi del presente paragrafo possono essere oggetto di impugnazione dinanzi alla Corte di giustizia per i soli motivi di diritto e alle condizioni ed entro i limiti previsti dallo statuto.

2. Il Tribunale è competente a conoscere dei ricorsi proposti contro le decisioni dei tribunali specializzati.

Le decisioni emesse dal Tribunale ai sensi del presente paragrafo possono eccezionalmente essere oggetto di riesame da parte della Corte di giustizia, alle condizioni ed entro i limiti previsti dallo statuto, ove sussistano gravi rischi che l'unità o la coerenza del diritto dell'Unione siano compromesse.

3. Il Tribunale è competente a conoscere delle questioni pregiudiziali, sottoposte ai sensi dell'articolo 267, in materie specifiche determinate dallo statuto.

Il Tribunale, ove ritenga che la causa richieda una decisione di principio che potrebbe compromettere l'unità o la coerenza del diritto dell'Unione, può rinviare la causa dinanzi alla Corte di giustizia affinché si pronunci.

Le decisioni emesse dal Tribunale su questioni pregiudiziali possono eccezionalmente essere oggetto di riesame da parte della Corte di giustizia, alle condizioni ed entro i limiti previsti dallo statuto, ove sussistano gravi rischi che l'unità o la coerenza del diritto dell'Unione siano compromesse.

Art. 257 (ex art. 225 A del TCE). – Il Parlamento europeo e il Consiglio, deliberando secondo la procedura legislativa ordinaria, possono istituire tribunali specializzati affiancati al Tribunale, e incaricati di conoscere in primo grado di talune categorie di ricorsi proposti in materie specifiche. Il Parlamento europeo e il Consiglio deliberano mediante regolamenti su proposta della Commissione e previa consultazione della Corte di giustizia o su richiesta della Corte di giustizia e previa consultazione della Commissione.

Il regolamento sull'istituzione di un tribunale specializzato stabilisce le regole relative alla composizione di tale tribunale e precisa la portata delle competenze ad esso conferite.

Le decisioni dei tribunali specializzati possono essere oggetto di impugnazione per i soli motivi di diritto o, qualora il regolamento sull'istituzione del tribunale specializzato lo preveda, anche per motivi di fatto, dinanzi al Tribunale.

I membri dei tribunali specializzati sono scelti tra persone che offrano tutte le garanzie di indipendenza e possiedano la capacità per l'esercizio di funzioni giurisdizionali. Essi sono nominati dal Consiglio, che delibera all'unanimità.

I tribunali specializzati stabiliscono il proprio regolamento di procedura di concerto con la Corte di giustizia. Tale regolamento è sottoposto all'approvazione del Consiglio.

Salvo ove diversamente disposto dal regolamento sull'istituzione del tribunale specializzato, le disposizioni dei trattati relative alla Corte di giustizia dell'Unione europea e le disposizioni dello statuto della Corte di giustizia dell'Unione europea si applicano ai tribunali specializzati. Il titolo I dello statuto e l'articolo 64 del medesimo si applicano in ogni caso ai tribunali specializzati.

Art. 258 (ex art. 226 del TCE). – La Commissione, quando reputi che uno Stato membro abbia mancato a uno degli obblighi a lui incombenti in virtù dei trattati, emette un parere motivato al riguardo, dopo aver posto lo Stato in condizioni di presentare le sue osservazioni.

Qualora lo Stato in causa non si conformi a tale parere nel termine fissato dalla Commissione, questa può adire la Corte di giustizia dell'Unione europea.

Art. 259 (ex art. 227 del TCE). – Ciascuno degli Stati membri può adire la Corte di giustizia dell'Unione europea quando reputi che un altro Stato membro ha mancato a uno degli obblighi a lui incombenti in virtù dei trattati.

Uno Stato membro, prima di proporre contro un altro Stato membro un ricorso fondato su una pretesa violazione degli obblighi che a quest'ultimo incombono in virtù dei trattati, deve rivolgersi alla Commissione.

La Commissione emette un parere motivato dopo che gli Stati interessati siano posti in condizione di presentare in contraddittorio le loro osservazioni scritte e orali.

Qualora la Commissione non abbia formulato il parere nel termine di tre mesi dalla domanda, la mancanza del parere non osta alla facoltà di ricorso alla Corte.

Art. 260 (ex art. 228 del TCE). – 1. Quando la Corte di giustizia dell'Unione europea riconosca che uno Stato membro ha mancato ad uno degli obblighi ad esso incombenti in virtù dei trattati, tale Stato è tenuto a prendere i provvedimenti che l'esecuzione della sentenza della Corte comporta.

2. Se ritiene che lo Stato membro in questione non abbia preso le misure che l'esecuzione della sentenza della Corte comporta, la Commissione, dopo aver posto tale Stato in condizione di presentare osservazioni, può adire la Corte. Essa precisa l'importo della somma forfettaria o della penalità, da versare da parte dello Stato membro in questione, che essa consideri adeguato alle circostanze.

La Corte, qualora riconosca che lo Stato membro in questione non si è conformato alla sentenza da essa pronunciata, può comminargli il pagamento di una somma forfettaria o di una penalità.

Questa procedura lascia impregiudicate le disposizioni dell'articolo 259.

3. La Commissione, quando propone ricorso dinanzi alla Corte in virtù dell'articolo 258 reputando che lo Stato membro interessato non abbia adempiuto all'obbligo di comunicare le misure di attuazione di una direttiva adottata secondo una procedura legislativa, può, se lo ritiene opportuno, indicare l'importo della somma forfettaria o della penalità da versare da parte di tale Stato che essa consideri adeguato alle circostanze.

Se la Corte constata l'inadempimento, può comminare allo Stato membro in questione il pagamento di una somma forfettaria o di una penalità entro i limiti dell'importo indicato dalla Commissione. Il pagamento è esigibile alla data fissata dalla Corte nella sentenza.

Art. 261 (ex art. 229 del TCE). – I regolamenti adottati congiuntamente dal Parlamento europeo e dal Consiglio e dal Consiglio in virtù delle disposizioni dei trattati possono attribuire alla Corte di giustizia dell'Unione europea una competenza giurisdizionale anche di merito per quanto riguarda le sanzioni previste nei regolamenti stessi.

Art. 262 (ex art. 229 A del TCE). – Fatte salve le altre disposizioni dei trattati, il Consiglio, deliberando all'unanimità secondo una procedura legislativa speciale e previa consultazione del Parlamento europeo, può adottare disposizioni intese ad attribuire alla Corte di giustizia dell'Unione europea, nella misura da esso stabilita, la competenza a pronunciarsi su controversie connesse con l'applicazione degli atti adottati in base ai trattati che creano titoli europei di proprietà intellettuale. Tali disposizioni entrano in vigore previa approvazione degli Stati membri, conformemente alle rispettive norme costituzionali.

Art. 263 (ex art. 230 del TCE). – La Corte di giustizia dell'Unione europea esercita un controllo di legittimità sugli atti legislativi, sugli atti del Consiglio, della Commissione e della Banca centrale europea che non siano raccomandazioni o pareri, nonché sugli atti del Parlamento europeo e del Consiglio europeo destinati a produrre effetti giuridici nei confronti di terzi. Esercita inoltre un controllo di legittimità sugli atti degli organi o organismi dell'Unione destinati a produrre effetti giuridici nei confronti di terzi.

A tal fine, la Corte è competente a pronunciarsi sui ricorsi per incompetenza, violazione delle forme sostanziali, violazione dei trattati o di qualsiasi regola di diritto relativa alla loro applicazione, ovvero per sviamento di potere, proposti da uno Stato membro, dal Parlamento europeo, dal Consiglio o dalla Commissione.

La Corte è competente, alle stesse condizioni, a pronunciarsi sui ricorsi che la Corte dei conti, la Banca centrale europea ed il Comitato delle regioni propongono per salvaguardare le proprie prerogative.

Qualsiasi persona fisica o giuridica può proporre, alle condizioni previste al primo e secondo comma, un ricorso contro gli atti adottati nei suoi confronti o che la riguardano direttamente e individualmente, e contro gli atti regolamentari che la riguardano direttamente e che non comportano alcuna misura d'esecuzione.

Gli atti che istituiscono gli organi e organismi dell'Unione possono prevedere condizioni e modalità specifiche relative ai ricorsi proposti da persone fisiche o giuridiche contro atti di detti organi o organismi destinati a produrre effetti giuridici nei loro confronti.

I ricorsi previsti dal presente articolo devono essere proposti nel termine di due mesi a decorrere, secondo i casi, dalla pubblicazione dell'atto, dalla sua notificazione al ricorrente ovvero, in mancanza, dal giorno in cui il ricorrente ne ha avuto conoscenza.

Art. 264 (ex art. 231 del TCE). – Se il ricorso è fondato, la Corte di giustizia dell'Unione europea dichiara nullo e non avvenuto l'atto impugnato.

Tuttavia la Corte, ove lo reputi necessario, precisa gli effetti dell'atto annullato che devono essere considerati definitivi.

Art. 265 (ex art. 232 del TCE). – Qualora, in violazione dei trattati, il Parlamento europeo, il Consiglio europeo, il Consiglio, la Commissione o la Banca centrale europea si astengano dal pronunciarsi, gli Stati membri e le altre istituzioni dell'Unione possono adire la Corte di giustizia dell'Unione europea per far constatare tale violazione. Il presente articolo si applica, alle stesse condizioni, agli organi e organismi dell'Unione che si astengano dal pronunciarsi.

Il ricorso è ricevibile soltanto quando l'istituzione, l'organo o l'organismo in causa siano stati preventivamente richiesti di agire. Se, allo scadere di un termine di due mesi da tale richiesta, l'istituzione, l'organo o l'organismo non hanno preso posizione, il ricorso può essere proposto entro un nuovo termine di due mesi.

Ogni persona fisica o giuridica può adire la Corte alle condizioni stabilite dai commi precedenti per contestare ad una istituzione, organo o organismo dell'Unione di avere omesso di emanare nei suoi confronti un atto che non sia una raccomandazione o un parere.

Art. 266 (ex art. 233 del TCE). – L'istituzione, l'organo o l'organismo da cui emana l'atto annullato o la cui astensione sia stata dichiarata contraria ai trattati sono tenuti a prendere i provvedimenti che l'esecuzione della sentenza della Corte di giustizia dell'Unione europea comporta.

Tale obbligo non pregiudica quello eventualmente risultante dall'applicazione dell'articolo 340, secondo comma.

Art. 267 (ex art. 234 del TCE). – La Corte di giustizia dell'Unione europea è competente a pronunciarsi, in via pregiudiziale:

a) sull'interpretazione dei trattati;

b) sulla validità e l'interpretazione degli atti compiuti dalle istituzioni, dagli organi o dagli organismi dell'Unione.

Quando una questione del genere è sollevata dinanzi ad una giurisdizione di uno degli Stati membri, tale giurisdizione può, qualora reputi necessaria per emanare la sua sentenza una decisione su questo punto, domandare alla Corte di pronunciarsi sulla questione.

Quando una questione del genere è sollevata in un giudizio pendente davanti a una giurisdizione nazionale, avverso le cui decisioni non possa proporsi un ricorso giurisdizionale di diritto interno, tale giurisdizione è tenuta a rivolgersi alla Corte.

Quando una questione del genere è sollevata in un giudizio pendente davanti a una giurisdizione nazionale e riguardante una persona in stato di detenzione, la Corte statuisce il più rapidamente possibile.

Art. 268 (ex art. 235 del TCE). – La Corte di giustizia dell'Unione europea è competente a conoscere delle controversie relative al risarcimento dei danni di cui all'articolo 340, secondo e terzo comma.

Art. 269. – La Corte di giustizia è competente a pronunciarsi sulla legittimità di un atto adottato dal Consiglio europeo o dal Consiglio a norma dell'articolo 7 del trattato sull'Unione europea unicamente su domanda dello Stato membro oggetto di una constatazione del Consiglio europeo o del Consiglio e per quanto concerne il rispetto delle sole prescrizioni di carattere procedurale previste dal suddetto articolo.

La domanda deve essere formulata entro il termine di un mese a decorrere da detta constatazione. La Corte statuisce entro il termine di un mese a decorrere dalla data della domanda.

Art. 270 (ex art. 236 del TCE). – La Corte di giustizia dell'Unione europea è competente a pronunciarsi su qualsiasi controversia tra l'Unione e gli agenti di questa, nei limiti e alle condizioni determinati dallo statuto dei funzionari dell'Unione e dal regime applicabile agli altri agenti dell'Unione.

Art. 271 (ex art. 237 del TCE). – La Corte di giustizia dell'Unione europea è competente, nei limiti sotto specificati, a conoscere delle controversie in materia di:

a) esecuzione degli obblighi degli Stati membri derivanti dallo statuto della Banca europea per gli investimenti. Il consiglio di amministrazione della Banca dispone a tale riguardo dei poteri riconosciuti alla Commissione dall'articolo 258;

b) deliberazioni del consiglio dei governatori della Banca europea per gli investimenti. Ciascuno Stato membro, la Commissione e il consiglio di amministrazione della Banca possono proporre un ricorso in materia, alle condizioni previste dall'articolo 263;

c) deliberazioni del consiglio di amministrazione della Banca europea per gli investimenti. I ricorsi avverso tali deliberazioni possono essere proposti, alle condizioni fissate dall'articolo 263, soltanto dagli Stati membri o dalla Commissione e unicamente per violazione delle norme di cui all'articolo 19, paragrafo 2 e paragrafi da 5 a 7 inclusi, dello statuto della Banca;

d) esecuzione, da parte delle banche centrali nazionali, degli obblighi derivanti dai trattati e dallo statuto del SEBC e della BCE. Il consiglio direttivo della Banca centrale europea dispone al riguardo, nei confronti delle banche centrali nazionali, dei poteri riconosciuti alla Commissione dall'articolo 258 nei confronti degli Stati membri. Quando la Corte riconosca che una banca centrale nazionale ha mancato ad uno degli obblighi ad essa incombenti in virtù dei trattati, essa è tenuta a prendere i provvedimenti che l'esecuzione della sentenza della Corte comporta.

Art. 272 (ex art. 238 del TCE). – La Corte di giustizia dell'Unione europea è competente a giudicare in virtù di una clausola compromissoria contenuta in un contratto di diritto pubblico o di diritto privato stipulato dall'Unione o per conto di questa.

Art. 273 (ex art. 239 del TCE). – La Corte di giustizia è competente a conoscere di qualsiasi controversia tra Stati membri in connessione con l'oggetto dei trattati, quando tale controversia le venga sottoposta in virtù di un compromesso.

Art. 274 (ex art. 240 del TCE). – Fatte salve le competenze attribuite alla Corte di giustizia dell'Unione europea dai trattati, le controversie nelle quali l'Unione sia parte non sono, per tale motivo, sottratte alla competenza delle giurisdizioni nazionali.

Art. 275. – La Corte di giustizia dell'Unione europea non è competente per quanto riguarda le disposizioni relative alla politica estera e di sicurezza comune, né per quanto riguarda gli atti adottati in base a dette disposizioni.

Tuttavia, la Corte è competente a controllare il rispetto dell'articolo 40 del trattato sull'Unione europea e a pronunciarsi sui ricorsi, proposti secondo le condizioni di cui all'articolo 263, quarto comma del presente trattato, riguardanti il controllo della legittimità delle decisioni che prevedono misure restrittive nei confronti di persone fisiche o giuridiche adottate dal Consiglio in base al titolo V, capo 2 del trattato sull'Unione europea.

Art. 276. – Nell'esercizio delle attribuzioni relative alle disposizioni dei capi 4 e 5 della parte terza, titolo V concernenti lo spazio di libertà, sicurezza e giustizia, la Corte di giustizia dell'Unione europea non è competente a esaminare la validità o la proporzionalità di operazioni condotte dalla polizia o da altri servizi incaricati dell'applicazione della legge di uno Stato membro o l'esercizio delle responsabilità incombenti agli Stati membri per il mantenimento dell'ordine pubblico e la salvaguardia della sicurezza interna.

Art. 277 (ex art. 241 del TCE). – Nell'eventualità di una controversia che metta in causa un atto di portata generale adottato da un'istituzione, organo o organismo dell'Unione, ciascuna parte può, anche dopo lo spirare del termine previsto all'articolo 263, sesto comma, valersi dei motivi previsti all'articolo 263, secondo comma, per invocare dinanzi alla Corte di giustizia dell'Unione europea l'inapplicabilità dell'atto stesso.

Art. 278 (ex art. 242 del TCE). – I ricorsi proposti alla Corte di giustizia dell'Unione europea non hanno effetto sospensivo. Tuttavia, la Corte può, quando reputi che le circostanze lo richiedano, ordinare la sospensione dell'esecuzione dell'atto impugnato.

Art. 279 (ex art. 243 del TCE). – La Corte di giustizia dell'Unione europea, negli affari che le sono proposti, può ordinare i provvedimenti provvisori necessari.

Art. 280 (ex art. 244 del TCE). – Le sentenze della Corte di giustizia dell'Unione europea hanno forza esecutiva alle condizioni fissate dall'articolo 299.

Art. 281 (ex art. 245 del TCE). – Lo statuto della Corte di giustizia dell'Unione europea è stabilito con un protocollo separato.

Il Parlamento europeo e il Consiglio, deliberando secondo la procedura legislativa ordinaria, possono modificare le disposizioni dello statuto, ad eccezione del titolo I e dell'articolo 64. Il Parlamento europeo e il Consiglio deliberano su richiesta della Corte di giustizia e previa consultazione della Commissione o su proposta della Commissione e previa consultazione della Corte di giustizia.

Sezione VI

La Banca centrale europea

Art. 282. – 1. La Banca centrale europea e le banche centrali nazionali costituiscono il Sistema europeo di banche centrali (SEBC). La Banca centrale europea e le banche centrali nazionali degli Stati membri la cui moneta è l'euro, che costituiscono l'Eurosistema, conducono la politica monetaria dell'Unione.

2. Il SEBC è diretto dagli organi decisionali della Banca centrale europea. L'obiettivo principale del SEBC è il mantenimento della stabilità dei prezzi. Fatto salvo tale obiettivo, esso sostiene le politiche economiche generali nell'Unione per contribuire alla realizzazione degli obiettivi di quest'ultima.

3. La Banca centrale europea ha personalità giuridica. Ha il diritto esclusivo di autorizzare l'emissione dell'euro. È indipendente nell'esercizio dei suoi poteri e nella gestione delle sue finanze. Le istituzioni, organi e organismi dell'Unione e i governi degli Stati membri rispettano tale indipendenza.

4. La Banca centrale europea adotta le misure necessarie all'assolvimento dei suoi compiti in conformità degli articoli da 127 a 133, dell'articolo 138 e delle condizioni stabilite dallo statuto del SEBC e della BCE. In conformità di questi stessi articoli, gli Stati membri la cui moneta non è l'euro e le rispettive banche centrali conservano le loro competenze nel settore monetario.

5. Nei settori che rientrano nelle sue attribuzioni, la Banca centrale europea è consultata su ogni progetto di atto dell'Unione e su ogni progetto di atto normativo a livello nazionale, e può formulare pareri.

Art. 283 (ex art. 112 del TCE). – 1. Il consiglio direttivo della Banca centrale europea comprende i membri del comitato esecutivo della Banca centrale europea nonché i governatori delle banche centrali nazionali degli Stati membri la cui moneta è l'euro.

2. Il comitato esecutivo comprende il presidente, il vicepresidente e quattro altri membri.

Il presidente, il vicepresidente e gli altri membri del comitato esecutivo sono nominati, tra persone di riconosciuta levatura ed esperienza professionale nel settore monetario o bancario, dal Consiglio europeo che delibera a maggioranza qualificata, su raccomandazione del Consiglio e previa consultazione del Parlamento europeo e del consiglio direttivo della Banca centrale europea.

Il loro mandato ha una durata di otto anni e non è rinnovabile.

Soltanto cittadini degli Stati membri possono essere membri del comitato esecutivo.

Art. 284 (ex art. 113 del TCE). – 1. Il presidente del Consiglio e un membro della Commissione possono partecipare, senza diritto di voto, alle riunioni del consiglio direttivo della Banca centrale europea.

Il presidente del Consiglio può sottoporre una mozione alla delibera del consiglio direttivo della Banca centrale europea.

2. Il presidente della Banca centrale europea è invitato a partecipare alle riunioni del Consiglio quando quest'ultimo discute su argomenti relativi agli obiettivi e ai compiti del SEBC.

3. La Banca centrale europea trasmette al Parlamento europeo, al Consiglio e alla Commissione nonché al Consiglio europeo, una relazione annuale sull'attività del SEBC e sulla politica monetaria dell'anno precedente e dell'anno in corso. Il presidente della Banca centrale europea presenta tale relazione al Consiglio e al Parlamento europeo, che può procedere su questa base ad un dibattito generale.

Il presidente della Banca centrale europea e gli altri membri del comitato esecutivo possono, a richiesta del Parlamento europeo o di propria iniziativa, essere ascoltati dalle commissioni competenti del Parlamento europeo.

Sezione VII

La Corte dei conti

Art. 285 (ex art. 246 del TCE). – La Corte dei conti assicura il controllo dei conti dell'Unione.

Essa è composta da un cittadino di ciascuno Stato membro. I suoi membri esercitano le loro funzioni in piena indipendenza, nell'interesse generale dell'Unione.

Art. 286 (ex art. 247 del TCE). – 1. I membri della Corte dei conti sono scelti tra personalità che fanno o hanno fatto parte, nei rispettivi Stati, delle istituzioni di controllo esterno o che posseggono una qualifica specifica per tale funzione. Essi devono offrire tutte le garanzie d'indipendenza.

2. I membri della Corte dei conti sono nominati per un periodo di sei anni. Il Consiglio, previa consultazione del Parlamento europeo, adotta l'elenco dei membri, redatto conformemente alle proposte presentate da ciascuno Stato membro. Il mandato dei membri della Corte dei conti è rinnovabile.

I membri designano tra loro, per tre anni, il presidente della Corte dei conti. Il suo mandato è rinnovabile.

3. Nell'adempimento dei loro doveri, i membri della Corte dei conti non sollecitano né accettano istruzioni da alcun governo né da alcun organismo. Essi si astengono da ogni atto incompatibile con il carattere delle loro funzioni.

4. I membri della Corte dei conti non possono, per la durata delle loro funzioni, esercitare alcun'altra attività professionale, remunerata o meno. Fin dal loro insediamento, i membri della Corte dei conti assumono l'impegno solenne di rispettare, per la durata delle loro funzioni e dopo la cessazione di queste, gli obblighi derivanti dalla loro carica ed in particolare i doveri di onestà e delicatezza per quanto riguarda l'accettare, dopo tale cessazione, determinate funzioni o vantaggi.

5. A parte rinnovamenti regolari e i decessi, le funzioni dei membri della Corte dei conti cessano individualmente per dimissioni volontarie o per dimissioni d'ufficio dichiarate dalla Corte di giustizia conformemente alle disposizioni del paragrafo 6.

L'interessato è sostituito per la restante durata del mandato.

Salvo il caso di dimissioni d'ufficio, i membri della Corte dei conti restano in carica fino a quando non si sia provveduto alla loro sostituzione.

6. I membri della Corte dei conti possono essere destituiti dalle loro funzioni oppure essere dichiarati decaduti dal loro diritto alla pensione o da altri vantaggi sostitutivi soltanto se la Corte di giustizia constata, su richiesta della Corte dei conti, che essi non sono più in possesso dei requisiti necessari o non soddisfano più agli obblighi derivanti dalla loro carica.

7. Il Consiglio fissa le condizioni di impiego, in particolare stipendi, indennità e pensioni, del presidente e dei membri della Corte dei conti. Esso fissa altresì tutte le indennità sostitutive di retribuzione.

8. Le disposizioni del protocollo sui privilegi e sulle immunità dell'Unione europea applicabili ai giudici della Corte di giustizia dell'Unione europea sono applicabili anche ai membri della Corte dei conti.

Art. 287 (ex art. 248 del TCE). – 1. La Corte dei conti esamina i conti di tutte le entrate e le spese dell'Unione. Esamina del pari i conti di tutte le entrate e le spese di ogni organo o organismo creato dall'Unione, nella misura in cui l'atto costitutivo non escluda tale esame.

La Corte dei conti presenta al Parlamento europeo e al Consiglio una dichiarazione in cui attesta l'affidabilità dei conti e la legittimità e la regolarità delle relative operazioni, che è pubblicata nella Gazzetta ufficiale dell'Unione europea. Detta dichiarazione può essere completata da valutazioni specifiche per ciascuno dei settori principali dell'attività dell'Unione.

2. La Corte dei conti controlla la legittimità e la regolarità delle entrate e delle spese ed accerta la sana gestione finanziaria. Nell'esercitare tale controllo, essa riferisce in particolare su ogni caso di irregolarità.

Il controllo delle entrate si effettua in base agli accertamenti ed ai versamenti delle entrate all'Unione.

Il controllo delle spese si effettua in base agli impegni ed ai pagamenti.

Tali controlli possono essere effettuati prima della chiusura dei conti dell'esercizio di bilancio considerato.

3. Il controllo ha luogo tanto sui documenti quanto, in caso di necessità, sul posto, presso le altre istituzioni dell'Unione, nei locali di qualsiasi organo o organismo che gestisca le entrate o le spese per conto dell'Unione e negli Stati membri, compresi i locali di persone fisiche o giuridiche che ricevano contributi a carico del bilancio. Il controllo negli Stati membri si effettua in collaborazione con le istituzioni nazionali di controllo o, se queste non hanno la necessaria competenza, con i servizi nazionali competenti. La Corte dei conti e le istituzioni nazionali di controllo degli Stati membri cooperano in uno spirito di reciproca fiducia, pur mantenendo la loro indipendenza. Tali istituzioni o servizi comunicano alla Corte dei conti se intendono partecipare al controllo.

Le altre istituzioni dell'Unione, gli organi o organismi che gestiscono le entrate o le spese per conto dell'Unione, le persone fisiche o giuridiche che ricevono contributi a carico del bilancio e le istituzioni nazionali di controllo o, se queste non hanno la necessaria competenza, i servizi nazionali competenti trasmettono alla Corte dei conti, a sua richiesta, i documenti e le informazioni necessari all'espletamento delle sue funzioni.

Per quanto riguarda l'attività della Banca europea per gli investimenti in merito alla gestione delle entrate e delle spese dell'Unione, il diritto della Corte di accedere alle informazioni in possesso della Banca è disciplinato da un accordo tra la Corte, la Banca e la Commissione. In mancanza di un accordo, la Corte ha tuttavia accesso alle informazioni necessarie al controllo delle entrate e delle spese dell'Unione gestite dalla Banca.

4. Dopo la chiusura di ciascun esercizio, la Corte dei conti stende una relazione annuale. Questa è trasmessa alle altre istituzioni dell'Unione ed è pubblicata nella Gazzetta ufficiale dell'Unione europea, accompagnata dalle risposte delle istituzioni alle osservazioni della Corte dei conti.

La Corte dei conti può inoltre presentare in ogni momento le sue osservazioni su problemi particolari sotto forma, tra l'altro, di relazioni speciali e dare pareri su richiesta di una delle altre istituzioni dell'Unione.

Essa adotta le relazioni annuali, le relazioni speciali o i pareri a maggioranza dei membri che la compongono. Ha tuttavia la possibilità di istituire nel suo ambito delle sezioni per adottare talune categorie di relazioni o di pareri, alle condizioni previste nel suo regolamento interno.

Essa assiste il Parlamento europeo e il Consiglio nell'esercizio della loro funzione di controllo dell'esecuzione del bilancio.

La Corte dei conti stabilisce il proprio regolamento interno. Tale regolamento è sottoposto all'approvazione del Consiglio.

Capo II
Atti giuridici dell'Unione, procedure di adozione e altre disposizioni

Sezione I
Atti giuridici dell'Unione

Art. 288 (ex art. 249 del TCE). – Per esercitare le competenze dell'Unione, le istituzioni adottano regolamenti, direttive, decisioni, raccomandazioni e pareri.

Il regolamento ha portata generale. Esso è obbligatorio in tutti i suoi elementi e direttamente applicabile in ciascuno degli Stati membri.

La direttiva vincola lo Stato membro cui è rivolta per quanto riguarda il risultato da raggiungere, salva restando la competenza degli organi nazionali in merito alla forma e ai mezzi.

La decisione è obbligatoria in tutti i suoi elementi. Se designa i destinatari è obbligatoria soltanto nei confronti di questi.

Le raccomandazioni e i pareri non sono vincolanti.

Art. 289. – 1. La procedura legislativa ordinaria consiste nell'adozione congiunta di un regolamento, di una direttiva o di una decisione da parte del Parlamento europeo e del Consiglio su proposta della Commissione. Tale procedura è definita all'articolo 294.

2. Nei casi specifici previsti dai trattati, l'adozione di un regolamento, di una direttiva o di una decisione da parte del Parlamento europeo con la partecipazione del Consiglio o da parte di quest'ultimo con la partecipazione del Parlamento europeo costituisce una procedura legislativa speciale.

3. Gli atti giuridici adottati mediante procedura legislativa sono atti legislativi.

4. Nei casi specifici previsti dai trattati, gli atti legislativi possono essere adottati su iniziativa di un gruppo di Stati membri o del Parlamento europeo, su raccomandazione della Banca centrale europea o su richiesta della Corte di giustizia o della Banca europea per gli investimenti.

Art. 290. – 1. Un atto legislativo può delegare alla Commissione il potere di adottare atti non legislativi di portata generale che integrano o modificano determinati elementi non essenziali dell'atto legislativo.

Gli atti legislativi delimitano esplicitamente gli obiettivi, il contenuto, la portata e la durata della delega di potere. Gli elementi essenziali di un settore sono riservati all'atto legislativo e non possono pertanto essere oggetto di delega di potere.

2. Gli atti legislativi fissano esplicitamente le condizioni cui è soggetta la delega, che possono essere le seguenti:

a) il Parlamento europeo o il Consiglio possono decidere di revocare la delega;

b) l'atto delegato può entrare in vigore soltanto se, entro il termine fissato dall'atto legislativo, il Parlamento europeo o il Consiglio non sollevano obiezioni.

Ai fini delle lettere a) e b), il Parlamento europeo delibera a maggioranza dei membri che lo compongono e il Consiglio delibera a maggioranza qualificata.

3. L'aggettivo «delegato» o «delegata» è inserito nel titolo degli atti delegati.

Art. 291. – 1. Gli Stati membri adottano tutte le misure di diritto interno necessarie per l'attuazione degli atti giuridicamente vincolanti dell'Unione.

2. Allorché sono necessarie condizioni uniformi di esecuzione degli atti giuridicamente vincolanti dell'Unione, questi conferiscono competenze di esecuzione alla Commissione o, in casi specifici debitamente motivati e nelle circostanze previste agli articoli 24 e 26 del trattato sull'Unione europea, al Consiglio.

3. Ai fini del paragrafo 2, il Parlamento europeo e il Consiglio, deliberando mediante regolamenti secondo la procedura legislativa ordinaria, stabiliscono preventivamente le regole e i principi generali relativi alle modalità di controllo da parte degli Stati membri dell'esercizio delle competenze di esecuzione attribuite alla Commissione.

4. I termini «di esecuzione» sono inseriti nel titolo degli atti di esecuzione.

Art. 292. – Il Consiglio adotta raccomandazioni. Delibera su proposta della Commissione in tutti i casi in cui i trattati prevedono che adotti atti su proposta della Commissione. Delibera all'unanimità nei settori nei quali è richiesta l'unanimità per l'adozione di un atto dell'Unione. La Commissione, e la Banca centrale europea nei casi specifici previsti dai trattati, adottano raccomandazioni.

Sezione II
Procedure di adozione degli atti e altre disposizioni

Art. 293 (ex art. 250 del TCE). – 1. Quando, in virtù dei trattati, delibera su proposta della Commissione, il Consiglio può emendare la proposta solo deliberando all'unanimità, salvo nei casi di cui all'articolo 294, paragrafi 10 e 13, agli articoli 310, 312, 314 e all'articolo 315, secondo comma.

2. Fintantoché il Consiglio non ha deliberato, la Commissione può modificare la propria proposta in ogni fase delle procedure che portano all'adozione di un atto dell'Unione.

Art. 294 (ex art. 251 del TCE). – 1. Quando nei trattati si fa riferimento alla procedura legislativa ordinaria per l'adozione di un atto, si applica la procedura che segue.

2. La Commissione presenta una proposta al Parlamento europeo e al Consiglio.

3. Il Parlamento europeo adotta la sua posizione in prima lettura e la trasmette al Consiglio.

4. Se il Consiglio approva la posizione del Parlamento europeo, l'atto in questione è adottato nella formulazione che corrisponde alla posizione del Parlamento europeo.

5. Se il Consiglio non approva la posizione del Parlamento europeo, esso adotta la sua posizione in prima lettura e la trasmette al Parlamento europeo.

6. Il Consiglio informa esaurientemente il Parlamento europeo dei motivi che l'hanno indotto ad adottare la sua posizione in prima lettura. La Commissione informa esaurientemente il Parlamento europeo della sua posizione.

7. Se, entro un termine di tre mesi da tale comunicazione, il Parlamento europeo:

a) approva la posizione del Consiglio in prima lettura o non si è pronunciato, l'atto in questione si considera adottato nella formulazione che corrisponde alla posizione del Consiglio;

b) respinge la posizione del Consiglio in prima lettura a maggioranza dei membri che lo compongono, l'atto proposto si considera non adottato;

c) propone emendamenti alla posizione del Consiglio in prima lettura a maggioranza dei membri che lo compongono, il testo così emendato è comunicato al Consiglio e alla Commissione che formula un parere su tali emendamenti.

8. Se, entro un termine di tre mesi dal ricevimento degli emendamenti del Parlamento europeo, il Consiglio, deliberando a maggioranza qualificata:

a) approva tutti gli emendamenti, l'atto in questione si considera adottato;

b) non approva tutti gli emendamenti, il presidente del Consiglio, d'intesa con il presidente del Parlamento europeo, convoca entro sei settimane il comitato di conciliazione.

9. Il Consiglio delibera all'unanimità sugli emendamenti rispetto ai quali la Commissione ha dato parere negativo.

10. Il comitato di conciliazione, che riunisce i membri del Consiglio o i loro rappresentanti ed altrettanti membri rappresentanti il Parlamento europeo, ha il compito di giungere ad un accordo su un progetto comune a maggioranza qualificata dei membri del Consiglio o dei loro rappresentanti e a maggioranza dei membri rappresentanti il Parlamento europeo entro un termine di sei settimane dalla convocazione, basandosi sulle posizioni del Parlamento europeo e del Consiglio in seconda lettura.

11. La Commissione partecipa ai lavori del comitato di conciliazione e prende ogni iniziativa necessaria per favorire un ravvicinamento fra la posizione del Parlamento europeo e quella del Consiglio.

12. Se, entro un termine di sei settimane dalla convocazione, il comitato di conciliazione non approva un progetto comune, l'atto in questione si considera non adottato.

13. Se, entro tale termine, il comitato di conciliazione approva un progetto comune, il Parlamento europeo e il Consiglio dispongono ciascuno di un termine di sei settimane a decorrere dall'approvazione per adottare l'atto in questione in base al progetto comune; il Parlamento europeo delibera a maggioranza dei voti espressi e il Consiglio a maggioranza qualificata. In mancanza di una decisione, l'atto in questione si considera non adottato.

14. I termini di tre mesi e di sei settimane di cui al presente articolo sono prorogati rispettivamente di un mese e di due settimane, al massimo, su iniziativa del Parlamento europeo o del Consiglio.

15. Quando, nei casi previsti dai trattati, un atto legislativo è soggetto alla procedura legislativa ordinaria su iniziativa di un gruppo di Stati membri, su raccomandazione della Banca centrale europea o su richiesta della Corte di giustizia, il paragrafo 2, il paragrafo 6, seconda frase e il paragrafo 9 non si applicano.

In tali casi, il Parlamento europeo e il Consiglio trasmettono alla Commissione il progetto di atto insieme alle loro posizioni in prima e seconda lettura. Il Parlamento europeo o il Consiglio possono chiedere il parere della Commissione durante tutta la procedura, parere che la Commissione può altresì formulare di sua iniziativa. Se lo reputa necessario, essa può anche partecipare al comitato di conciliazione conformemente al paragrafo 11.

Art. 295. – Il Parlamento europeo, il Consiglio e la Commissione procedono a reciproche consultazioni e definiscono di comune accordo le modalità della cooperazione. A tale scopo, nel rispetto dei trattati, possono concludere accordi interistituzionali che possono assumere carattere vincolante.

Art. 296 (ex art. 253 del TCE). – Qualora i trattati non prevedano il tipo di atto da adottare, le istituzioni lo decidono di volta in volta, nel rispetto delle procedure applicabili e del principio di proporzionalità [5^4 TUE].

Gli atti giuridici sono motivati e fanno riferimento alle proposte, iniziative, raccomandazioni, richieste o pareri previsti dai trattati.

In presenza di un progetto di atto legislativo, il Parlamento europeo e il Consiglio si astengono dall'adottare atti non previsti dalla procedura legislativa applicabile al settore interessato.

Art. 297 (ex art. 254 del TCE). – 1. Gli atti legislativi adottati secondo la procedura legislativa ordinaria sono firmati dal presidente del Parlamento europeo e dal presidente del Consiglio.

Gli atti legislativi adottati secondo una procedura legislativa speciale sono firmati dal presidente dell'istituzione che li ha adottati.

Gli atti legislativi sono pubblicati nella Gazzetta ufficiale dell'Unione europea. Essi entrano in vigore alla data da essi stabilita oppure, in mancanza di data, il ventesimo giorno successivo alla pubblicazione.

2. Gli atti non legislativi adottati sotto forma di regolamenti, di direttive e di decisioni, quando queste ultime non designano i destinatari, sono firmati dal presidente dell'istituzione che li ha adottati.

I regolamenti, le direttive che sono rivolte a tutti gli Stati membri e le decisioni che non designano i destinatari sono pubblicati nella Gazzetta ufficiale dell'Unione europea. Essi entrano in vigore alla data da essi stabilita oppure, in mancanza di data, il ventesimo giorno successivo alla pubblicazione.

Le altre direttive e le decisioni che designano i destinatari sono notificate ai destinatari e hanno efficacia in virtù di tale notificazione.

Art. 298. – 1. Nell'assolvere i loro compiti le istituzioni, organi e organismi dell'Unione si basano su un'amministrazione europea aperta, efficace ed indipendente.

2. Il Parlamento europeo e il Consiglio, deliberando mediante regolamenti secondo la procedura legislativa ordinaria, fissano disposizioni a tal fine, nel rispetto dello statuto e del regime adottati sulla base dell'articolo 336.

Art. 299 (ex art. 256 del TCE). – Gli atti del Consiglio, della Commissione o della Banca centrale europea che comportano, a carico di persone che non siano gli Stati, un obbligo pecuniario costituiscono titolo esecutivo.

L'esecuzione forzata è regolata dalle norme di procedura civile vigenti nello Stato sul cui territorio essa viene effettuata. La formula esecutiva è apposta, con la sola verificazione dell'autenticità del titolo, dall'autorità nazionale che il governo di ciascuno degli Stati membri designerà a tal fine, informandone la Commissione e la Corte di giustizia dell'Unione europea.

Assolte tali formalità a richiesta dell'interessato, quest'ultimo può ottenere l'esecuzione forzata richiedendola direttamente all'organo competente, secondo la legislazione nazionale.

L'esecuzione forzata può essere sospesa soltanto in virtù di una decisione della Corte. Tuttavia, il controllo della regolarità dei provvedimenti esecutivi è di competenza delle giurisdizioni nazionali.

Capo III
Gli organi consultivi dell'Unione

Art. 300. – 1. Il Parlamento europeo, il Consiglio e la Commissione sono assistiti da un Comitato economico e sociale e da un Comitato delle regioni, che esercitano funzioni consultive.

2. Il Comitato economico e sociale è composto da rappresentanti delle organizzazioni di datori di lavoro, di lavoratori dipendenti e di altri attori rappresentativi della società civile, in particolare nei settori socioeconomico, civico, professionale e culturale.

3. Il Comitato delle regioni è composto da rappresentanti delle collettività regionali e locali che sono titolari di un mandato elettorale nell'ambito di una collettività regionale o locale, o politicamente responsabili dinanzi ad un'assemblea eletta.

4. I membri del Comitato economico e sociale e del Comitato delle regioni non sono vincolati da alcun mandato imperativo. Essi esercitano le loro funzioni in piena indipendenza, nell'interesse generale dell'Unione.

5. Le regole di cui ai paragrafi 2 e 3 relative alla natura della composizione di tali comitati sono riesaminate a intervalli regolari dal Consiglio, per tener conto dell'evoluzione economica, sociale e demografica nell'Unione. Il Consiglio, su proposta della Commissione, adotta delle decisioni a tal fine.

Sezione I
Il Comitato economico e sociale

Art. 301 (ex art. 258 del TCE). – Il numero dei membri del Comitato economico e sociale non può essere superiore a trecentocinquanta.

Il Consiglio, deliberando all'unanimità su proposta della Commissione, adotta una decisione che determina la composizione del Comitato.

Il Consiglio fissa le indennità dei membri del Comitato.

Art. 302 (ex art. 259 del TCE). – 1. I membri del Comitato sono nominati per cinque anni. Il Consiglio adotta l'elenco dei membri redatto conformemente alle proposte presentate da ciascuno Stato membro. Il mandato dei membri del Comitato è rinnovabile.

2. Il Consiglio delibera previa consultazione della Commissione. Esso può chiedere il parere delle organizzazioni europee rappresentative dei diversi settori economici e sociali e della società civile interessati dall'attività dell'Unione.

Art. 303 (ex art. 260 del TCE). – Il Comitato designa tra i suoi membri il presidente e l'ufficio di presidenza per una durata di due anni e mezzo.

Esso stabilisce il proprio regolamento interno.

Il Comitato è convocato dal presidente su richiesta del Parlamento europeo, del Consiglio o della Commissione. Esso può altresì riunirsi di propria iniziativa.

Art. 304 (ex art. 262 del TCE). – Il Parlamento europeo, il Consiglio o la Commissione consultano il Comitato nei casi previsti dai trattati. Tali istituzioni possono consultarlo in tutti i casi in cui lo ritengano opportuno. Il Comitato, qualora lo ritenga opportuno, può formulare un parere di propria iniziativa.

Qualora lo reputino necessario, il Parlamento europeo, il Consiglio o la Commissione fissano al Comitato, per la presentazione del suo parere, un termine che non può essere inferiore ad un mese a decorrere dalla data della comunicazione inviata a tal fine al presidente. Allo spirare del termine fissato, si può non tener conto dell'assenza di parere.

Il parere del Comitato è trasmesso al Parlamento europeo, al Consiglio e alla Commissione, unitamente a un resoconto delle deliberazioni.

Sezione II
Il Comitato delle regioni

Art. 305 (ex art. 263, secondo, terzo e quarto comma, del TCE). – Il numero dei membri del Comitato delle regioni non può essere superiore a trecentocinquanta.

Il Consiglio, deliberando all'unanimità su proposta della Commissione, adotta una decisione che determina la composizione del Comitato.

I membri del Comitato nonché un numero uguale di supplenti sono nominati per cinque anni. Il loro mandato è rinnovabile. Il Consiglio adotta l'elenco dei membri e dei supplenti redatto conformemente alle proposte presentate da ciascuno Stato membro. Alla scadenza del mandato di cui all'articolo 300, paragrafo 3 in virtù del quale sono stati proposti, il mandato dei membri del Comitato termina automaticamente e essi sono sostituiti per la restante durata di detto mandato secondo la medesima procedura. I membri del Comitato non possono essere nel contempo membri del Parlamento europeo.

Art. 306 (ex art. 264 del TCE). – Il Comitato delle regioni designa tra i suoi membri il presidente e l'ufficio di presidenza per la durata di due anni e mezzo.

Esso stabilisce il proprio regolamento interno.

Il Comitato è convocato dal presidente su richiesta del Parlamento europeo, del Consiglio o della Commissione. Esso può altresì riunirsi di propria iniziativa.

Art. 307 (ex art. 265 del TCE). – Il Parlamento europeo, il Consiglio o la Commissione consultano il Comitato delle regioni nei casi previsti dai trattati e in tutti gli altri casi in cui una di tali istituzioni lo ritenga opportuno, in particolare nei casi concernenti la cooperazione transfrontaliera.

Qualora lo reputino necessario, il Parlamento europeo, il Consiglio o la Commissione fissano al Comitato, per la presentazione del suo parere, un termine che non può essere inferiore a un mese a decorrere dalla data della comunicazione inviata a tal fine al presidente. Allo spirare del termine fissato, si può non tener conto dell'assenza di parere.

Quando il Comitato economico e sociale è consultato in applicazione dell'articolo 304, il Parlamento europeo, il Consiglio o la Commissione informano il Comitato delle regioni di tale domanda di parere. Il Comitato delle regioni, qualora ritenga che sono in causa interessi regionali specifici, può formulare un parere in materia.

Il Comitato delle regioni, qualora lo ritenga utile, può formulare un parere di propria iniziativa.

Il parere del Comitato è trasmesso al Parlamento europeo, al Consiglio e alla Commissione, unitamente a un resoconto delle deliberazioni.

Capo IV
La Banca europea per gli investimenti

Art. 308 (ex art. 266 del TCE). – La Banca europea per gli investimenti è dotata di personalità giuridica.

Sono membri della Banca europea per gli investimenti gli Stati membri.

Lo statuto della Banca europea per gli investimenti costituisce l'oggetto di un protocollo allegato ai trattati. Il Consiglio, deliberando all'unanimità secondo una procedura legislativa speciale su richiesta della Banca europea per gli investimenti e previa consultazione del Parlamento europeo e della Commissione, o su proposta della Commissione e previa consultazione del Parlamento europeo e della Banca europea per gli investimenti, può modificare detto statuto.

Art. 309 (ex art. 267 del TCE). – La Banca europea per gli investimenti ha il compito di contribuire, facendo appello al mercato dei capitali ed alle proprie risorse, allo sviluppo equilibrato e senza scosse del mercato interno nell'interesse dell'Unione. A tal fine facilita, mediante la concessione di prestiti e garanzie, senza perseguire scopi di lucro, il finanziamento dei seguenti progetti in tutti i settori dell'economia:

a) progetti contemplanti la valorizzazione delle regioni meno sviluppate;

b) progetti contemplanti l'ammodernamento o la riconversione di imprese oppure la creazione di nuove attività indotte dall'instaurazione o dal funzionamento del mercato interno che, per la loro ampiezza o natura, non possono essere interamente assicurati dai vari mezzi di finanziamento esistenti nei singoli Stati membri;

c) progetti di interesse comune per più Stati membri che, per la loro ampiezza o natura, non possono essere completamente assicurati dai vari mezzi di finanziamento esistenti nei singoli Stati membri.

Nello svolgimento dei suoi compiti la Banca facilita il finanziamento di programmi di investimento congiuntamente con gli interventi dei fondi strutturali e degli altri strumenti finanziari dell'Unione.

TITOLO II
DISPOSIZIONI FINANZIARIE

Art. 310 (ex art. 268 del TCE). – 1. Tutte le entrate e le spese dell'Unione devono costituire oggetto di previsioni per ciascun esercizio finanziario ed essere iscritte nel bilancio.

Il bilancio annuale dell'Unione è stabilito dal Parlamento europeo e dal Consiglio conformemente all'articolo 314.

Nel bilancio, entrate e spese devono risultare in pareggio.

2. Le spese iscritte nel bilancio sono autorizzate per la durata dell'esercizio finanziario annuale in conformità del regolamento di cui all'articolo 322.

3. L'esecuzione di spese iscritte nel bilancio richiede l'adozione preliminare di un atto giuridicamente vincolante dell'Unione che dà fondamento giuridico alla sua azione e all'esecuzione della spesa corrispondente in conformità del regolamento di cui all'articolo 322, fatte salve le eccezioni previste da quest'ultimo.

4. Per mantenere la disciplina di bilancio, l'Unione, prima di adottare atti che possono avere incidenze rilevanti sul bilancio, deve assicurare che le spese derivanti da tali atti possano essere finanziate entro i limiti delle risorse proprie del-

l'Unione e nel rispetto del quadro finanziario pluriennale di cui all'articolo 312.

5. Il bilancio è eseguito in conformità del principio di sana gestione finanziaria. Gli Stati membri e l'Unione cooperano affinché gli stanziamenti iscritti in bilancio siano utilizzati secondo tale principio.

6. L'Unione e gli Stati membri, conformemente all'articolo 325, combattono la frode e le altre attività illegali che ledono gli interessi finanziari dell'Unione.

Capo I
Risorse proprie dell'Unione

Art. 311 (ex art. 269 del TCE). – L'Unione si dota dei mezzi necessari per conseguire i suoi obiettivi e per portare a compimento le sue politiche.

Il bilancio, fatte salve le altre entrate, è finanziato integralmente tramite risorse proprie.

Il Consiglio, deliberando secondo una procedura legislativa speciale, all'unanimità e previa consultazione del Parlamento europeo, adotta una decisione che stabilisce le disposizioni relative al sistema delle risorse proprie dell'Unione. In tale contesto è possibile istituire nuove categorie di risorse proprie o sopprimere una categoria esistente. Tale decisione entra in vigore solo previa approvazione degli Stati membri conformemente alle rispettive norme costituzionali.

Il Consiglio, deliberando mediante regolamenti secondo una procedura legislativa speciale, stabilisce le misure di esecuzione del sistema delle risorse proprie dell'Unione nella misura in cui ciò è previsto nella decisione adottata sulla base del terzo comma. Il Consiglio delibera previa approvazione del Parlamento europeo.

Capo II
Quadro finanziario pluriennale

Art. 312. – 1. Il quadro finanziario pluriennale mira ad assicurare l'ordinato andamento delle spese dell'Unione entro i limiti delle sue risorse proprie.

È stabilito per un periodo di almeno cinque anni.

Il bilancio annuale dell'Unione è stabilito nel rispetto del quadro finanziario pluriennale.

2. Il Consiglio, deliberando secondo una procedura legislativa speciale, adotta un regolamento che fissa il quadro finanziario pluriennale. Delibera all'unanimità previa approvazione del Parlamento europeo, che si pronuncia a maggioranza dei membri che lo compongono.

Il Consiglio europeo può adottare all'unanimità una decisione che consente al Consiglio di deliberare a maggioranza qualificata quando adotta il regolamento di cui al primo comma.

3. Il quadro finanziario fissa gli importi dei massimali annui degli stanziamenti per impegni per categoria di spesa e del massimale annuo degli stanziamenti per pagamenti. Le categorie di spesa, in numero limitato, corrispondono ai grandi settori di attività dell'Unione.

Il quadro finanziario prevede ogni altra disposizione utile per il corretto svolgimento della procedura annuale di bilancio.

4. Qualora il regolamento del Consiglio che fissa un nuovo quadro finanziario non sia stato adottato alla scadenza del quadro finanziario precedente, i massimali e le altre disposizioni vigenti nell'ultimo anno coperto sono prorogati fino all'adozione di detto atto.

5. Nel corso della procedura di adozione del quadro finanziario, il Parlamento europeo, il Consiglio e la Commissione adottano ogni misura necessaria a facilitare l'adozione stessa.

Capo III
Bilancio annuale dell'Unione

Art. 313 (ex art. 272, paragrafo 1, del TCE). – L'esercizio finanziario ha inizio il 1° gennaio e si chiude al 31 dicembre.

Art. 314 (ex art. 272, paragrafi da 2 a 10, del TCE). – Il Parlamento europeo e il Consiglio, deliberando secondo una procedura legislativa speciale, stabiliscono il bilancio annuale dell'Unione in conformità delle disposizioni in appresso.

1. Ciascuna istituzione, ad eccezione della Banca centrale europea, elabora, anteriormente al 1° luglio, uno stato di previsione delle spese per l'esercizio finanziario successivo. La Commissione raggruppa tali stati di previsione in un progetto di bilancio che può comportare previsioni divergenti.

Tale progetto comprende una previsione delle entrate e una previsione delle spese.

2. La Commissione sottopone una proposta contenente il progetto di bilancio al Parlamento europeo e al Consiglio non oltre il 1° settembre dell'anno che precede quello dell'esecuzione del bilancio.

La Commissione può modificare il progetto di bilancio nel corso della procedura, fino alla convocazione del comitato di conciliazione di cui al paragrafo 5.

3. Il Consiglio adotta la sua posizione sul progetto di bilancio e la comunica al Parlamento europeo non oltre il 1° ottobre dell'anno che precede quello dell'esecuzione del bilancio. Esso informa esaurientemente il Parlamento europeo dei motivi che l'hanno indotto a adottare tale posizione.

4. Se, entro un termine di quarantadue giorni dalla comunicazione, il Parlamento europeo:

a) approva la posizione del Consiglio, il bilancio è adottato;

b) non ha deliberato, il bilancio si considera adottato;

c) adotta, alla maggioranza dei membri che lo compongono, degli emendamenti, il progetto emendato è trasmesso al Consiglio e alla Commissione. Il presidente del Parlamento europeo, d'intesa con il presidente del Consiglio, convoca senza indugio il comitato di conciliazione. Tuttavia, il comitato di conciliazione non si riunisce se, entro un termine di dieci giorni da detta trasmissione, il Consiglio comunica al Parlamento europeo che approva tutti gli emendamenti.

5. Il comitato di conciliazione, che riunisce i membri del Consiglio o i loro rappresentanti ed altrettanti membri rappresentanti il Parlamento europeo, ha il compito di giungere, basandosi sulle posizioni del Parlamento europeo e del Consiglio, a un accordo su un progetto comune a maggioranza qualificata dei membri del Consiglio o dei loro rappresentanti e a maggioranza dei membri rappresentanti il Parlamento europeo, entro un termine di ventuno giorni dalla convocazione.

La Commissione partecipa ai lavori del comitato di conciliazione e prende ogni iniziativa necessaria per favorire un ravvicinamento fra la posizione del Parlamento europeo e quella del Consiglio.

6. Se, entro il termine di ventuno giorni di cui al paragrafo 5, il comitato di conciliazione giunge a un accordo su un progetto comune, il Parlamento europeo e il Consiglio dispongono ciascuno di un termine di quattordici giorni a decorrere dalla data di tale accordo per approvare il progetto comune.

7. Se, entro il termine di quattordici giorni di cui al paragrafo 6:

a) sia il Parlamento europeo sia il Consiglio approvano il progetto comune o non riescono a deliberare, o se una delle due istituzioni approva il progetto comune mentre l'altra non riesce a deliberare, il bilancio si considera definitivamente adottato in conformità del progetto comune, o

b) sia il Parlamento europeo, deliberando alla maggioranza dei membri che lo compongono, sia il Consiglio respingono il progetto comune, o se una delle due istituzioni respinge il progetto comune mentre l'altra non riesce a deliberare, la Commissione sottopone un nuovo progetto di bilancio, o

c) il Parlamento europeo, deliberando alla maggioranza dei membri che lo compongono, respinge il progetto comune mentre il Consiglio lo approva, la Commissione sottopone un nuovo progetto di bilancio, o

d) il Parlamento europeo approva il progetto comune, mentre il Consiglio lo respinge, il Parlamento europeo può, entro quattordici giorni dalla data in cui il Consiglio lo ha respinto e deliberando a maggioranza dei membri che lo compongono e dei tre quinti dei voti espressi, decidere di confermare tutti gli emendamenti di cui al paragrafo 4, lettera c) o parte di essi. Se un emendamento del Parlamento europeo non è confermato, è mantenuta la posizione concordata in seno al comitato di conciliazione sulla linea di bilancio oggetto di tale emendamento. Il bilancio si considera definitivamente adottato su questa base.

8. Se, entro il termine di ventuno giorni di cui al paragrafo 5, il comitato di conciliazione non giunge a un accordo su un progetto comune, la Commissione sottopone un nuovo progetto di bilancio.

9. Quando la procedura di cui al presente articolo è espletata, il presidente del Parlamento europeo constata che il bilancio è definitivamente adottato.

10. Ciascuna istituzione esercita i poteri ad essa attribuiti dal presente articolo nel rispetto dei trattati e degli atti adottati a norma degli stessi, in particolare in materia di risorse proprie dell'Unione e di equilibrio delle entrate e delle spese.

Art. 315 (ex art. 273 del TCE). – Se, all'inizio dell'esercizio finanziario, il bilancio non è stato ancora definitivamente adottato, le spese possono essere effettuate mensilmente per capitolo, in base alle disposizioni del regolamento stabilito in esecuzione dell'articolo 322, nel limite di un dodicesimo degli stanziamenti aperti nel capitolo in questione del bilancio dell'esercizio precedente, senza poter superare il dodicesimo degli stanziamenti previsti nello stesso capitolo del progetto di bilancio.

Il Consiglio, su proposta della Commissione, può autorizzare spese superiori al limite del dodicesimo, sempre che siano osservate le altre condizioni di cui al primo comma, conformemente al regolamento stabilito in esecuzione dell'articolo 322. Esso trasmette immediatamente la decisione al Parlamento europeo.

La decisione di cui al secondo comma prevede le misure necessarie in materia di risorse ai fini dell'applicazione del presente articolo, conformemente agli atti di cui all'articolo 311.

Essa entra in vigore trenta giorni dopo l'adozione se, entro tale termine, il Parlamento europeo, deliberando a maggioranza dei membri che lo compongono, non decide di ridurre dette spese.

Art. 316 (ex art. 271 del TCE). – Alle condizioni che saranno determinate in applicazione dell'articolo 322, i crediti, che non siano quelli relativi alle spese di personale e che alla fine dell'esercizio finanziario siano rimasti inutilizzati, potranno essere riportati all'esercizio successivo e limitatamente a questo.

I crediti sono specificatamente registrati in capitoli che raggruppano le spese a seconda della loro natura o della loro destinazione e ripartiti in conformità del regolamento stabilito in esecuzione dell'articolo 322.

Le spese del Parlamento europeo, del Consiglio europeo e del Consiglio, della Commissione e della Corte di giustizia dell'Unione europea sono iscritte in parti separate del bilancio, senza pregiudizio di un regime speciale per determinate spese comuni.

Capo IV
Esecuzione del bilancio e scarico

Art. 317 (ex art. 274 del TCE). – La Commissione dà esecuzione al bilancio, in cooperazione con gli Stati membri, in base alle disposizioni del regolamento stabilito in esecuzione dell'articolo 322, sotto la propria responsabilità e nei limiti dei crediti stanziati, in conformità del principio della buona gestione finanziaria. Gli Stati membri cooperano con la Commissione per garantire che gli stanziamenti siano utilizzati secondo i principi della buona gestione finanziaria.

Il regolamento prevede gli obblighi di controllo e di revisione contabile degli Stati membri nell'esecuzione del bilancio e le responsabilità che ne derivano. Esso prevede inoltre le responsabilità e le modalità particolari secondo le quali ogni istituzione partecipa all'esecuzione delle proprie spese.

All'interno del bilancio, la Commissione può procedere, nei limiti e alle condizioni fissate dal regolamento stabilito in esecuzione dell'articolo 322, a trasferimenti di crediti, sia da capitolo a capitolo, sia da suddivisione a suddivisione.

Art. 318 (ex art. 275 del TCE). – Ogni anno la Commissione sottopone al Parlamento europeo e al Consiglio i conti dell'esercizio trascorso concernenti le operazioni del bilancio. Inoltre, essa comunica loro un bilancio finanziario che espone l'attivo e il passivo dell'Unione.

La Commissione presenta inoltre al Parlamento europeo e al Consiglio una relazione di valutazione delle finanze dell'Unione basata sui risultati conseguiti, in particolare rispetto alle indicazioni impartite dal Parlamento europeo e dal Consiglio a norma dell'articolo 319.

Art. 319 (ex art. 276 del TCE). – 1. Il Parlamento europeo, su raccomandazione del Consiglio, dà atto alla Commissione dell'esecuzione del bilancio. A tale scopo esso esamina, successivamente al Consiglio, i conti, il bilancio finanziario e la relazione di valutazione di cui all'articolo 318, la relazione annuale della Corte dei conti, accompagnata dalle risposte delle istituzioni controllate alle osservazioni della Corte stessa, la dichiarazione di affidabilità di cui all'articolo 287, paragrafo 1, secondo comma, nonché le pertinenti relazioni speciali della Corte.

2. Prima di dare atto alla Commissione, o per qualsiasi altro fine nel quadro dell'esercizio delle attribuzioni di quest'ultima in materia di esecuzione del bilancio, il Parlamento europeo può chiedere di ascoltare la Commissione sull'esecuzione delle spese o sul funzionamento dei sistemi di controllo finanziario. La Commissione fornisce al Parlamento europeo, su richiesta di quest'ultimo, tutte le informazioni necessarie.

3. La Commissione compie tutti i passi necessari per dar seguito alle osservazioni che accompagnano le decisioni di scarico ed alle altre osservazioni del Parlamento europeo concernenti l'esecuzione delle spese, nonché alle osservazioni annesse alle raccomandazioni di scarico adottate dal Consiglio.

La Commissione, su richiesta del Parlamento europeo o del Consiglio, sottopone relazioni in merito alle misure adottate sulla scorta di tali osservazioni e in particolare alle istruzioni impartite ai servizi incaricati dell'esecuzione del bilancio. Dette relazioni sono trasmesse altresì alla Corte dei conti.

Capo V
Disposizioni comuni

Art. 320 (ex art. 277 del TCE). – Il quadro finanziario pluriennale e il bilancio annuale sono stabiliti in euro.

Art. 321 (ex art. 278 del TCE). – La Commissione, con riserva di informare le autorità competenti degli Stati membri interessati, può trasferire nella moneta di uno di questi Stati gli averi che essa detiene nella moneta di un altro Stato membro, nella misura necessaria alla loro utilizzazione per gli scopi cui sono destinati dai trattati. La Commissione evita, per quanto possibile, di procedere a tali trasferimenti quando detenga averi disponibili o realizzabili nelle monete di cui ha bisogno.

La Commissione comunica con i singoli Stati membri per il tramite dell'autorità da essi designata. Nell'esecuzione delle operazioni finanziarie essa ricorre alla banca di emissione dello Stato membro interessato oppure ad altri istituti finanziari da questo ultimo autorizzati.

Art. 322 (ex art. 279 del TCE). – 1. Il Parlamento europeo e il Consiglio, deliberando secondo la procedura legislativa ordinaria e previa consultazione della Corte dei conti, adottano mediante regolamenti:

a) le regole finanziarie che stabiliscono in particolare le modalità relative alla formazione e all'esecuzione del bilancio, al rendiconto e alla verifica dei conti;

b) le regole che organizzano il controllo della responsabilità degli agenti finanziari, in particolare degli ordinatori e dei contabili.

2. Il Consiglio, deliberando su proposta della Commissione e previa consultazione del Parlamento europeo e della Corte dei conti, fissa le modalità e la procedura secondo le quali le entrate di bilancio previste dal regime delle risorse proprie dell'Unione sono messe a disposizione della Commissione e determina le misure da applicare per far fronte eventualmente alle esigenze di tesoreria.

Art. 323. – Il Parlamento europeo, il Consiglio e la Commissione vigilano sulla disponibilità dei mezzi finanziari necessari a consentire all'Unione di rispettare gli obblighi giuridici nei confronti dei terzi.

Art. 324. – Sono convocati regolarmente, su iniziativa della Commissione, incontri tra i presidenti del Parlamento europeo, del Consiglio e della Commissione nell'ambito delle procedure di bilancio di cui al presente titolo. I presidenti prendono tutte le misure necessarie per favorire la concertazione e il ravvicinamento fra le posizioni delle istituzioni che presiedono, al fine di agevolare l'attuazione del presente titolo.

Capo VI
Lotta contro la frode

Art. 325 (ex art. 280 del TCE). – 1. L'Unione e gli Stati membri combattono contro la frode e le altre attività illegali che ledono gli interessi finanziari dell'Unione stessa mediante misure adottate a norma del presente articolo, che siano dissuasive e tali da permettere una protezione efficace negli Stati membri e nelle istituzioni, organi e organismi dell'Unione.

2. Gli Stati membri adottano, per combattere contro la frode che lede gli interessi finanziari dell'Unione, le stesse misure che adottano per combattere contro la frode che lede i loro interessi finanziari.

3. Fatte salve altre disposizioni dei trattati, gli Stati membri coordinano l'azione diretta a tutelare gli interessi finanziari dell'Unione contro la frode. A tale fine essi organizzano, assieme alla Commissione, una stretta e regolare cooperazione tra le autorità competenti.

4. Il Parlamento europeo e il Consiglio, deliberando secondo la procedura legislativa ordinaria, previa consultazione della Corte dei conti, adottano le misure necessarie nei settori della prevenzione e lotta contro la frode che lede gli interessi finanziari dell'Unione, al fine di pervenire a una protezione efficace ed equivalente in tutti gli Stati membri e nelle istituzioni, organi e organismi dell'Unione.

5. La Commissione, in cooperazione con gli Stati membri, presenta ogni anno al Parlamento europeo e al Consiglio una relazione sulle misure adottate ai fini dell'attuazione del presente articolo.

Titolo III
COOPERAZIONI RAFFORZATE

Art. 326 (ex articoli da 27 A a 27 E, da 40 a 40 B e da 43 a 45 del TUE ed ex articoli 11 e 11 A del TCE). – Le cooperazioni rafforzate rispettano i trattati e il diritto dell'Unione.

Esse non possono recare pregiudizio né al mercato interno né alla coesione economica, sociale e territoriale. Non possono costituire un ostacolo né una discriminazione per gli scambi tra gli Stati membri, né possono provocare distorsioni di concorrenza tra questi ultimi.

Art. 327 (ex articoli da 27 A a 27 E, da 40 a 40 B e da 43 a 45 del TUE ed ex articoli 11 e 11 A del TCE). – Le cooperazioni rafforzate rispettano le competenze, i diritti e gli obblighi degli Stati membri che non vi partecipano. Questi non ne ostacolano l'attuazione da parte degli Stati membri che vi partecipano.

Art. 328 (ex articoli da 27 A a 27 E, da 40 a 40 B e da 43 a 45 del TUE ed ex articoli 11 e 11 A del TCE). – 1. Al momento della loro instaurazione le cooperazioni rafforzate sono aperte a tutti gli Stati membri, fatto salvo il rispetto delle eventuali condizioni di partecipazione stabilite dalla decisione di autorizzazione. La partecipazione alle cooperazioni rafforzate resta inoltre possibile in qualsiasi altro momento, fatto salvo il rispetto, oltre che delle condizioni summenzionate, degli atti già adottati in tale ambito.

La Commissione e gli Stati membri che partecipano a una cooperazione rafforzata si adoperano per promuovere la partecipazione del maggior numero possibile di Stati membri.

2. La Commissione e, all'occorrenza, l'alto rappresentante dell'Unione per gli affari esteri e la politica di sicurezza informano periodicamente il Parlamento europeo e il Consiglio in merito allo sviluppo delle cooperazioni rafforzate.

Art. 329 (ex articoli da 27 A a 27 E, da 40 a 40 B e da 43 a 45 del TUE ed ex articoli 11 e 11 A del TCE). – 1. Gli Stati membri che desiderano instaurare tra loro una cooperazione rafforzata in uno dei settori di cui ai trattati, eccetto i settori di competenza esclusiva e la politica estera e di sicurezza comune, trasmettono una richiesta alla Commissione precisando il campo d'applicazione e gli obiettivi perseguiti dalla cooperazione rafforzata prevista. La Commissione può presentare al Consiglio una proposta al riguardo. Qualora non presenti una proposta, la Commissione informa gli Stati membri interessati delle ragioni di tale decisione.

L'autorizzazione a procedere a una cooperazione rafforzata di cui al primo comma è concessa dal Consiglio, su proposta della Commissione e previa approvazione del Parlamento europeo.

2. La richiesta degli Stati membri che desiderano instaurare tra loro una cooperazione rafforzata nel quadro della politica estera e di sicurezza comune è presentata al Consiglio. Essa è trasmessa all'alto rappresentante dell'Unione per gli affari esteri e la politica di sicurezza, che esprime un parere sulla coerenza della cooperazione rafforzata prevista con la politica estera e di sicurezza comune dell'Unione, e alla Commissione, che esprime un parere, in particolare, sulla coerenza della cooperazione rafforzata prevista con le altre politiche dell'Unione. Essa è inoltre trasmessa per conoscenza al Parlamento europeo.

L'autorizzazione a procedere a una cooperazione rafforzata è concessa con una decisione del Consiglio, che delibera all'unanimità.

Art. 330 (ex articoli da 27 A a 27 E, da 40 a 40 B e da 43 a 45 del TUE ed ex articoli 11 e 11 A del TCE). – Tutti i membri del Consiglio possono partecipare alle sue deliberazioni, ma solo i membri del Consiglio che rappresentano gli Stati membri partecipanti ad una cooperazione rafforzata prendono parte al voto.

L'unanimità è costituita unicamente dai voti dei rappresentanti degli Stati membri partecipanti.

Per maggioranza qualificata s'intende quella definita conformemente all'articolo 238, paragrafo 3.

Art. 331 (ex articoli da 27 A a 27 E, da 40 a 40 B e da 43 a 45 del TUE ed ex articoli 11 e 11 A del TCE). – 1. Ogni Stato membro che desideri partecipare a una cooperazione rafforzata in corso in uno dei settori di cui all'articolo 329, paragrafo 1 notifica tale intenzione al Consiglio e alla Commissione.

La Commissione, entro un termine di quattro mesi dalla data di ricezione della notifica, conferma la partecipazione dello Stato membro in questione. Essa constata, se del caso, che le condizioni di partecipazione sono soddisfatte e adotta le misure transitorie necessarie per l'applicazione degli atti già adottati nel quadro della cooperazione rafforzata.

Tuttavia, se la Commissione ritiene che le condizioni di partecipazione non siano soddisfatte, indica le disposizioni da adottare per soddisfarle e fissa un termine per il riesame della richiesta. Alla scadenza di tale termine, essa riesamina la richiesta in conformità della procedura di cui al secondo comma. Se la Commissione ritiene che le condizioni di partecipazione continuino a non essere soddisfatte, lo Stato membro in questione può sottoporre la questione al Consiglio, che si pronuncia sulla richiesta. Il Consiglio delibera conformemente all'articolo 330. Può inoltre adottare, su proposta della Commissione, le misure transitorie di cui al secondo comma.

2. Ogni Stato membro che desideri partecipare a una cooperazione rafforzata in corso nel quadro della politica estera e di sicurezza comune notifica tale intenzione al Consiglio, all'alto rappresentante dell'Unione per gli affari esteri e la politica di sicurezza e alla Commissione.

Il Consiglio conferma la partecipazione dello Stato membro in causa previa consultazione dell'alto rappresentante dell'Unione per gli affari esteri e la politica di sicurezza e dopo aver constatato, se del caso, che le condizioni di partecipazione sono soddisfatte. Il Consiglio, su proposta dell'alto rappresentante, può inoltre adottare le misure transitorie necessarie per l'applicazione degli atti già adottati nel quadro della cooperazione rafforzata. Tuttavia, se il Consiglio ritiene che le condizioni di partecipazione non siano soddisfatte, indica le disposizioni da adottare per soddisfarle e fissa un termine per il riesame della richiesta di partecipazione.

Ai fini del presente paragrafo, il Consiglio delibera all'unanimità e conformemente all'articolo 330.

Art. 332 (ex articoli da 27 A a 27 E, da 40 a 40 B e da 43 a 45 del TUE ed ex articoli 11 e 11 A del TCE). – Le spese derivanti dall'attuazione di una cooperazione rafforzata, diverse dalle spese amministrative che devono sostenere le istituzioni, sono a carico degli Stati membri partecipanti, salvo che il Consiglio, deliberando all'unanimità dei membri previa consultazione del Parlamento europeo, non disponga altrimenti.

Art. 333 (ex articoli da 27 A a 27 E, da 40 a 40 B e da 43 a 45 del TUE ed ex articoli 11 e 11 A del TCE). – 1. Qualora una disposizione dei trattati che può essere applicata nel quadro di una cooperazione rafforzata preveda che il Consiglio deliberi all'unanimità, il Consiglio, deliberando all'unanimità conformemente alle modalità di cui all'articolo 330, può adottare una decisione che prevede che delibererà a maggioranza qualificata.

2. Qualora una disposizione dei trattati che può essere applicata nel quadro di una cooperazione rafforzata preveda che il Consiglio adotti atti secondo una procedura legislativa speciale, il Consiglio, deliberando all'unanimità conformemente alle modalità di cui all'articolo 330, può adottare una decisione che prevede che delibererà secondo la procedura legislativa ordinaria. Il Consiglio delibera previa consultazione del Parlamento europeo.

3. I paragrafi 1 e 2 non si applicano alle decisioni che hanno implicazioni militari o che rientrano nel settore della difesa.

Art. 334 (ex articoli da 27 A a 27 E, da 40 a 40 B e da 43 a 45 del TUE ed ex articoli 11 e 11 A del TCE). – Il Consiglio e la Commissione assicurano la coerenza delle azioni intraprese nel quadro di una cooperazione rafforzata e la coerenza di dette azioni con le politiche dell'Unione, e cooperano a tale scopo.

PARTE SETTIMA
DISPOSIZIONI GENERALI E FINALI

Art. 335 (ex art. 282 del TCE). – In ciascuno degli Stati membri, l'Unione ha la più ampia capacità giuridica riconosciuta alle persone giuridiche dalle legislazioni nazionali; essa può in particolare acquistare o alienare beni immobili e mobili e stare in giudizio. A tale fine, essa è rappresentata dalla Commissione. Tuttavia, l'Unione è rappresentata da ciascuna delle istituzioni, in base alla loro autonomia amministrativa, per le questioni connesse al funzionamento della rispettiva istituzione.

Art. 336 (ex art. 283 del TCE). – Il Parlamento europeo e il Consiglio, deliberando mediante regolamenti secondo la procedura legislativa ordinaria e previa consultazione delle altre istituzioni interessate, stabiliscono lo statuto dei funzionari dell'Unione europea e il regime applicabile agli altri agenti dell'Unione.

Art. 337 (ex art. 284 del TCE). – Per l'esecuzione dei compiti affidatile, la Commissione può raccogliere tutte le informazioni e procedere a tutte le necessarie verifiche, nei limiti e alle condizioni fissate dal Consiglio, che delibera a maggioranza semplice, conformemente alle disposizioni dei trattati.

Art. 338 (ex art. 285 del TCE). – 1. Fatto salvo l'articolo 5 del protocollo dello statuto del Sistema europeo di banche centrali e della Banca centrale europea, il Parlamento europeo e il Consiglio, deliberando secondo la procedura legislativa ordinaria, adottano misure per l'elaborazione di statistiche laddove necessario per lo svolgimento delle attività dell'Unione.

2. L'elaborazione delle statistiche dell'Unione presenta i caratteri dell'imparzialità, dell'affidabilità, dell'obiettività, dell'indipendenza scientifica, dell'efficienza economica e della riservatezza statistica; essa non comporta oneri eccessivi per gli operatori economici.

Art. 339 (ex art. 287 del TCE). – I membri delle istituzioni dell'Unione, i membri dei comitati e parimenti i funzionari e agenti dell'Unione sono tenuti, anche dopo la cessazione dalle loro funzioni, a non divulgare le informazioni che per loro natura siano protette dal segreto professionale e in particolare quelle relative alle imprese e riguardanti i loro rapporti commerciali ovvero gli elementi dei loro costi.

Art. 340 (ex art. 288 del TCE). – La responsabilità contrattuale dell'Unione è regolata dalla legge applicabile al contratto in causa.

In materia di responsabilità extracontrattuale, l'Unione deve risarcire, conformemente ai principi generali comuni ai diritti degli Stati membri, i danni cagionati dalle sue istituzioni o dai suoi agenti nell'esercizio delle loro funzioni.

In deroga al secondo comma, la Banca centrale europea deve risarcire, conformemente ai principi generali comuni al diritto degli Stati membri, i danni cagionati da essa stessa o dai suoi agenti nell'esercizio delle loro funzioni.

La responsabilità personale degli agenti nei confronti dell'Unione è regolata dalle disposizioni che stabiliscono il loro statuto o il regime loro applicabile.

Art. 341 (ex art. 289 del TCE). – La sede delle istituzioni dell'Unione è fissata d'intesa comune dai governi degli Stati membri.

Art. 342 (ex art. 290 del TCE). – Il regime linguistico delle istituzioni dell'Unione è fissato, senza pregiudizio delle disposizioni previste dallo statuto della Corte di giustizia dell'Unione europea, dal Consiglio, che delibera all'unanimità mediante regolamenti.

Art. 343 (ex art. 291 del TCE). – L'Unione gode, sul territorio degli Stati membri, delle immunità e dei privilegi necessari all'assolvimento dei suoi compiti, alle condizioni definite dal protocollo dell'8 aprile 1965 sui privilegi e sulle immunità dell'Unione europea. Lo stesso vale per la Banca centrale europea e per la Banca europea per gli investimenti.

Art. 344 (ex art. 292 del TCE). – Gli Stati membri si impegnano a non sottoporre una controversia relativa all'interpretazione o all'applicazione dei trattati a un modo di composizione diverso da quelli previsti dal trattato stesso.

Art. 345 (ex art. 295 del TCE). – I trattati lasciano del tutto impregiudicato il regime di proprietà esistente negli Stati membri.

Art. 346 (ex art. 296 del TCE). – 1. Le disposizioni dei trattati non ostano alle norme seguenti:

a) nessuno Stato membro è tenuto a fornire informazioni la cui divulgazione sia dallo stesso considerata contraria agli interessi essenziali della propria sicurezza;

b) ogni Stato membro può adottare le misure che ritenga necessarie alla tutela degli interessi essenziali della propria sicurezza e che si riferiscano alla produzione o al commercio di armi, munizioni e materiale bellico; tali misure non devono alterare le condizioni di concorrenza nel mercato interno per quanto riguarda i prodotti che non siano destinati a fini specificamente militari.

2. Il Consiglio, deliberando all'unanimità su proposta della Commissione, può apportare modificazioni all'elenco, stabilito il 15 aprile 1958, dei prodotti cui si applicano le disposizioni del paragrafo 1, lettera b).

Art. 347 (ex art. 297 del TCE). – Gli Stati membri si consultano al fine di prendere di comune accordo le disposizioni necessarie ad evitare che il funzionamento del mercato interno abbia a risentire delle misure che uno Stato membro può essere indotto a prendere nell'eventualità di gravi agitazioni interne che turbino l'ordine pubblico, in caso di guerra o di grave tensione internazionale che costituisca una minaccia di guerra ovvero per far fronte agli impegni da esso assunti ai fini del mantenimento della pace e della sicurezza internazionale.

Art. 348 (ex art. 298 del TCE). – Quando delle misure adottate nei casi contemplati dagli articoli 346 e 347 abbiano per effetto di alterare le condizioni di concorrenza nel mercato interno, la Commissione esamina con lo Stato interessato le condizioni alle quali tali misure possono essere rese conformi alle norme sancite dai trattati.

In deroga alla procedura di cui agli articoli 258 e 259, la Commissione o qualsiasi Stato membro può ricorrere direttamente alla Corte di giustizia, ove ritenga che un altro Stato membro faccia un uso abusivo dei poteri contemplati dagli articoli 346 e 347. La Corte di giustizia giudica a porte chiuse.

Art. 349 (ex art. 299, paragrafo 2, secondo, terzo e quarto comma, del TCE). – Tenuto conto della situazione socioeconomica strutturale della Guadalupa, della Guyana francese, della Martinica, della Riunione, di Saint Barthélemy, di Saint Martin, delle Azzorre, di Madera e delle isole Canarie, aggravata dalla loro grande distanza, dall'insularità, dalla superficie ridotta, dalla topografia e dal clima difficili, dalla dipendenza economica da alcuni prodotti, fattori la cui persistenza e il cui cumulo recano grave danno al loro sviluppo, il Consiglio, su proposta della Commissione e previa consultazione del Parlamento europeo, adotta misure specifiche volte, in particolare, a stabilire le condizioni di applicazione dei trattati a tali regioni, ivi comprese politiche comuni. Allorché adotta le misure specifiche in questione secondo una procedura legislativa speciale, il Consiglio delibera altresì su proposta della Commissione e previa consultazione del Parlamento europeo.

Le misure di cui al primo comma riguardano in particolare politiche doganali e commerciali, politica fiscale, zone franche, politiche in materia di agricoltura e di pesca, condizioni di fornitura delle materie prime e di beni di consumo primari, aiuti di Stato e condizioni di accesso ai fondi strutturali e ai programmi orizzontali dell'Unione.

Il Consiglio adotta le misure di cui al primo comma tenendo conto delle caratteristiche e dei vincoli specifici delle regioni ultraperiferiche senza compromettere l'integrità e la coerenza dell'ordinamento giuridico dell'Unione, ivi compresi il mercato interno e le politiche comuni.

Art. 350 (ex art. 306 del TCE). – Le disposizioni dei trattati non ostano all'esistenza e al perfezionamento delle unioni regionali tra il Belgio e il Lussemburgo, come pure tra il Belgio, il Lussemburgo e i Paesi Bassi, nella misura in cui gli obiettivi di tali unioni regionali non sono raggiunti in applicazione dei trattati.

Art. 351 (ex art. 307 del TCE). – Le disposizioni dei trattati non pregiudicano i diritti e gli obblighi derivanti da convenzioni concluse, anteriormente al 1° gennaio 1958 o, per gli Stati aderenti, anteriormente alla data della loro adesione, tra uno o più Stati membri da una parte e uno o più Stati terzi dall'altra.

Nella misura in cui tali convenzioni sono incompatibili coi trattati, lo Stato o gli Stati membri interessati ricorrono a tutti i mezzi atti ad eliminare le incompatibilità constatate. Ove occorra, gli Stati membri si forniranno reciproca assistenza per raggiungere tale scopo, assumendo eventualmente una comune linea di condotta.

Nell'applicazione delle convenzioni di cui al primo comma, gli Stati membri tengono conto del fatto che i vantaggi consentiti nei trattati da ciascuno degli Stati membri costituiscono parte integrante dell'instaurazione dell'Unione e sono, per ciò stesso, indissolubilmente connessi alla creazione di istituzioni comuni, all'attribuzione di competenze a favore di queste ultime e alla concessione degli stessi vantaggi da parte di tutti gli altri Stati membri.

Art. 352 (ex art. 308 del TCE). – 1. Se un'azione dell'Unione appare necessaria, nel quadro delle politiche definite dai trattati, per realizzare uno degli obiettivi di cui ai trattati senza che questi ultimi abbiano previsto i poteri di azione richiesti a tal fine, il Consiglio, deliberando all'unanimità su proposta della Commissione e previa approvazione del Parlamento europeo, adotta le disposizioni appropriate. Allorché adotta le disposizioni in questione secondo una procedura legislativa speciale, il Consiglio delibera altresì all'unanimità su proposta della Commissione e previa approvazione del Parlamento europeo.

2. La Commissione, nel quadro della procedura di controllo del principio di sussidiarietà di cui all'articolo 5, paragrafo 3 del trattato sull'Unione europea, richiama l'attenzione dei parlamenti nazionali sulle proposte fondate sul presente articolo.

3. Le misure fondate sul presente articolo non possono comportare un'armonizzazione delle disposizioni legislative e regolamentari degli Stati membri nei casi in cui i trattati la escludono.

4. Il presente articolo non può servire di base per il conseguimento di obiettivi riguardanti la politica estera e di sicurezza comune e qualsiasi atto adottato a norma del presente articolo rispetta i limiti previsti nell'articolo 40, secondo comma, del trattato sull'Unione europea.

Art. 353. – L'articolo 48, paragrafo 7, del trattato sull'Unione europea non si applica agli articoli seguenti:
– articolo 311, terzo e quarto comma,
– articolo 312, paragrafo 2, primo comma,
– articolo 352 e
– articolo 354.

Art. 354 (ex art. 309 del TCE). – Ai fini dell'articolo 7 del trattato sull'Unione europea relativo alla sospensione di taluni diritti derivanti dall'appartenenza all'Unione, il membro del Consiglio europeo o del Consiglio che rappresenta lo Stato membro in questione non partecipa al voto e nel calcolo del terzo o dei quattro quinti degli Stati membri di cui ai paragrafi 1 e 2 di detto articolo non si tiene conto dello Stato membro in questione. L'astensione di membri presenti o rappresentati non osta all'adozione delle decisioni di cui al paragrafo 2 di detto articolo.

Per l'adozione delle decisioni di cui all'articolo 7, paragrafi 3 e 4 del trattato sull'Unione europea, per maggioranza qualificata s'intende quella definita conformemente all'articolo 238, paragrafo 3, lettera b) del presente trattato.

Qualora, a seguito di una decisione di sospensione dei diritti di voto adottata a norma dell'articolo 7, paragrafo 3 del trattato sull'Unione europea, il Consiglio deliberi a maggioranza qualificata sulla base di una delle disposizioni dei trattati, per maggioranza qualificata s'intende quella definita conformemente all'articolo 238, paragrafo 3, lettera b) del presente trattato o, qualora il Consiglio agisca su proposta della Commissione o dell'alto rappresentante dell'Unione per gli affari esteri e la politica di sicurezza, quella definita conformemente all'articolo 238, paragrafo 3, lettera a).

Ai fini dell'articolo 7 del trattato sull'Unione europea, il Parlamento europeo delibera alla maggioranza dei due terzi dei voti espressi, che rappresenta la maggioranza dei membri che lo compongono.

Art. 355 (ex art. 299, paragrafo 2, primo comma, e paragrafi da 3 a 6, del TCE). – Oltre alle disposizioni dell'articolo 52 del trattato sull'Unione europea relativo al campo di applicazione territoriale dei trattati, si applicano le disposizioni seguenti:

1. Le disposizioni dei trattati si applicano alla Guadalupa, alla Guyana francese, alla Martinica, alla Riunione, a Saint Barthélemy, a Saint Martin, alle Azzorre, a Madera e alle isole Canarie, conformemente all'articolo 349.

2. I paesi e i territori d'oltremare, il cui elenco figura nell'allegato II, costituiscono l'oggetto dello speciale regime di associazione definito nella quarta parte.

I trattati non si applicano ai paesi e territori d'oltremare che mantengono relazioni particolari con il Regno Unito di Gran Bretagna e Irlanda del Nord non menzionati nell'elenco precitato.

3. Le disposizioni dei trattati si applicano ai territori europei di cui uno Stato membro assume la rappresentanza nei rapporti con l'estero.

4. Le disposizioni dei trattati si applicano alle isole Åland conformemente alle disposizioni contenute nel protocollo n. 2 dell'atto relativo alle condizioni di adesione della Repubblica d'Austria, della Repubblica di Finlandia e del Regno di Svezia.

5. In deroga all'articolo 52 del trattato sull'Unione europea e ai paragrafi da 1 a 4 del presente articolo:

a) i trattati non si applicano alle Faeröer;

b) i trattati non si applicano alle zone di sovranità del Regno Unito di Akrotiri e Dhekelia a Cipro, tranne per quanto necessario ad assicurare l'attuazione del regime definito nel protocollo relativo alle zone di sovranità del Regno Unito di Gran Bretagna e Irlanda del Nord a Cipro, allegato all'atto relativo alle condizioni di adesione all'Unione europea della Repubblica ceca, della Repubblica di Estonia, della Repubblica di Cipro, della Repubblica di Lettonia, della Repubblica di Lituania, della Repubblica di Ungheria, della Repubblica di Malta, della Repubblica di Polonia, della Repubblica di Slovenia e della Repubblica slovacca e secondo i termini di detto protocollo;

c) le disposizioni dei trattati sono applicabili alle isole Normanne ed all'isola di Man soltanto nella misura necessaria per assicurare l'applicazione del regime previsto per tali isole dal trattato relativo all'adesione di nuovi Stati membri alla Comunità economica europea e alla Comunità europea dell'energia atomica, firmato il 22 gennaio 1972.

6. Il Consiglio europeo, su iniziativa dello Stato membro interessato, può adottare una decisione che modifica lo status, nei confronti dell'Unione, di un paese o territorio danese, francese o olandese di cui ai paragrafi 1 e 2. Il Consiglio europeo delibera all'unanimità previa consultazione della Commissione.

Art. 356 (ex art. 312 del TCE). – Il presente trattato è concluso per una durata illimitata.

Art. 357 (ex art. 313 del TCE). – Il presente trattato sarà ratificato dalle Alte parti contraenti conformemente alle loro norme costituzionali rispettive. Gli strumenti di ratifica saranno depositati presso il governo della Repubblica italiana.

Il presente trattato entrerà in vigore il primo giorno del mese successivo all'avvenuto deposito dello strumento di ratifica da parte dello Stato firmatario che procederà per ultimo a tale formalità. Tuttavia, qualora tale deposito avvenisse meno di quindici giorni prima dell'inizio del mese seguente, l'entrata in vigore del trattato sarà rinviata al primo giorno del secondo mese successivo alla data del deposito stesso.

Art. 358. – Le disposizioni dell'articolo 55 del trattato sull'Unione europea si applicano al presente trattato.

Carta dei diritti fondamentali dell'Unione europea

Firmata il 7 dicembre 2000 a Nizza

(2000/C 364/01)

Capo I
Dignità

1. Dignità umana. – La dignità umana è inviolabile. Essa deve essere rispettata e tutelata.

2. Diritto alla vita [48, 50 // 2, 27 Cost. // 2 Cedu 1 prot. 4 Cedu, 1 e 2 prot. 6 Cedu, 1 prot. 13 Cedu // 3, 5, 11 Dich. Univ. diritti dell'uomo // 6, 7, 10, 11 Patto int. diritti civili e politici]. – 1. Ogni individuo ha diritto alla vita.

2. Nessuno può essere condannato alla pena di morte, né giustiziato.

3. Diritto all'integrità della persona [35 // 32 Cost. // 11 Carta sociale europea]. – 1. Ogni individuo ha diritto alla propria integrità fisica e psichica.

2. Nell'ambito della medicina e della biologia devono essere in particolare rispettati:
– il consenso libero e informato della persona interessata, secondo le modalità definite dalla legge, – il divieto delle pratiche eugenetiche, in particolare di quelle aventi come scopo la selezione delle persone,
– il divieto di fare del corpo umano e delle sue parti in quanto tali una fonte di lucro,
– il divieto della clonazione riproduttiva degli esseri umani.

4. Proibizione della tortura e delle pene o trattamenti inumani o degradanti [27^3 Cost. // 3 Cedu]. – Nessuno può essere sottoposto a tortura, né a pene o trattamenti inumani o degradanti.

5. Proibizione della schiavitù e del lavoro forzato [4 Cedu]. – 1. Nessuno può essere tenuto in condizioni di schiavitù o di servitù.

2. Nessuno può essere costretto a compiere un lavoro forzato o obbligatorio.

3. È proibita la tratta degli esseri umani.

Capo II
Libertà

6. Diritto alla libertà e alla sicurezza [13 Cost. // 5 Cedu // 3, 9, 22 Dich. Univ. diritti dell'uomo // 9-11, 17 Patto int. diritti civili e politici]. – Ogni individuo ha diritto alla libertà e alla sicurezza.

7. Rispetto **della vita privata e della vita familiare [9, 33 // 2, 15, 29 Cost. // 8, 12 Cedu // 16 Carta sociale europea // 12, 16 Dich. Univ. diritti dell'uomo // 17, 23 Patto int. diritti civili e politici].** – Ogni individuo ha diritto al rispetto della propria vita privata e familiare, del proprio domicilio e delle sue comunicazioni.

8. Protezione dei dati di carattere personale. – 1. Ogni individuo ha diritto alla protezione dei dati di carattere personale che lo riguardano.

2. Tali dati devono essere trattati secondo il principio di lealtà, per finalità determinate e in base al consenso della persona interessata o a un altro fondamento legittimo previsto dalla legge. Ogni individuo ha il diritto di accedere ai dati raccolti che lo riguardano e di ottenerne la rettifica.

3. Il rispetto di tali regole è soggetto al controllo di un'autorità indipendente.

9. Diritto di sposarsi e di costituire una famiglia [7, 33 // 2, 29 Cost. // 12 Cedu // 16 Carta sociale europea // 16 Dich. Univ. diritti dell'uomo // 23 Patto int. diritti civili e politici]. – Il diritto di sposarsi e il diritto di costituire una famiglia sono garantiti secondo le leggi nazionali che ne disciplinano l'esercizio.

10. Libertà di pensiero, di coscienza e di religione [19, 20, 21 Cost. // 9 Cedu // 18 Dich. Univ. diritti dell'uomo // 18 Patto int. diritti civili e politici]. – 1. Ogni individuo ha diritto alla libertà di pensiero, di coscienza e di religione. Tale diritto include la libertà di cambiare religione o convinzione, così come la libertà di manifestare la propria religione o la propria convinzione individualmente o collettivamente, in pubblico o in privato, mediante il culto, l'insegnamento, le pratiche e l'osservanza dei riti.

2. Il diritto all'obiezione di coscienza è riconosciuto secondo le leggi nazionali che ne disciplinano l'esercizio.

11. Libertà di espressione e d'informazione [21 Cost. // 10 Cedu // 21 Carta sociale europea // 19 Dich. Univ. diritti dell'uomo // 18 e 19 Patto int. diritti civili e politici]. – 1. Ogni individuo ha diritto alla libertà di espressione. Tale diritto include la libertà di opinione e la libertà di ricevere o di comunicare informazioni o idee senza che vi possa essere ingerenza da parte delle autorità pubbliche e senza limiti di frontiera.

2. La libertà dei media e il loro pluralismo sono rispettati.

12. Libertà di riunione e di associazione [17, 18 Cost. // 12 C. Nizza // 20 Dich. Univ. diritti dell'uomo // 20, 21 Patto int. diritti civili e politici]. – 1. Ogni individuo ha diritto alla libertà di riunione pacifica e alla libertà di associazione a tutti i livelli, segnatamente in campo politico, sindacale e civico, il che implica il diritto di ogni individuo di fondare sindacati insieme con altri e di aderirvi per la difesa dei propri interessi.

2. I partiti politici a livello dell'Unione contribuiscono a esprimere la volontà politica dei cittadini dell'Unione.

13. Libertà delle arti e delle scienze [33 Cost.]. – Le arti e la ricerca scientifica sono libere. La libertà accademica è rispettata.

14. Diritto all'istruzione [34 Cost. // 2 prot. 1 Cedu // 26 Dich. Univ. diritti dell'uomo]. – 1. Ogni individuo ha diritto all'istruzione e all'accesso alla formazione professionale e continua.

2. Questo diritto comporta la facoltà di accedere gratuitamente all'istruzione obbligatoria.

3. La libertà di creare istituti di insegnamento nel rispetto dei principi democratici, così come il diritto dei genitori di provvedere all'educazione e all'istruzione dei loro figli secondo le loro convinzioni religiose, filosofiche e pedagogi-

che, sono rispettati secondo le leggi nazionali che ne disciplinano l'esercizio.

15. Libertà professionale e diritto di lavorare [16, 27-32 // 1, 4 Cost. // Carta sociale europea // 23 Dich. Univ. diritti dell'uomo]. – 1. Ogni individuo ha il diritto di lavorare e di esercitare una professione liberamente scelta o accettata.

2. Ogni cittadino dell'Unione ha la libertà di cercare un lavoro, di lavorare, di stabilirsi o di prestare servizi in qualunque Stato membro.

3. I cittadini dei paesi terzi che sono autorizzati a lavorare nel territorio degli Stati membri hanno diritto a condizioni di lavoro equivalenti a quelle di cui godono i cittadini dell'Unione.

16. Libertà d'impresa [15, 27-32 // 1, 4, 41 Cost. // Carta sociale europea // 23 Dich. Univ. diritti dell'uomo]. – È riconosciuta la libertà d'impresa, conformemente al diritto comunitario e alle legislazioni e prassi nazionali.

17. Diritto di proprietà [42 Cost. // 1 prot. 1 Cedu // 17 Dich. Univ. diritti dell'uomo]. – 1. Ogni individuo ha il diritto di godere della proprietà dei beni che ha acquistato legalmente, di usarli, di disporne e di lasciarli in eredità. Nessuno può essere privato della proprietà se non per causa di pubblico interesse, nei casi e nei modi previsti dalla legge e contro il pagamento in tempo utile di una giusta indennità per la perdita della stessa. L'uso dei beni può essere regolato dalla legge nei limiti imposti dall'interesse generale.

2. La proprietà intellettuale è protetta.

18. Diritto di asilo [19 // 10 Cost. // 16 Cedu, 4 prot. 4 Cedu, 1 prot. 7 Cedu // 14 Dich. Univ. diritti dell'uomo // 13 Patto int. diritti civili e politici]. – Il diritto di asilo è garantito nel rispetto delle norme stabilite dalla convenzione di Ginevra del 28 luglio1951 e dal protocollo del 31 gennaio 1967, relativi allo status dei rifugiati, e a norma del trattato che istituisce la Comunità europea.

19. Protezione in caso di allontanamento, di espulsione e di estradizione [18 // 10 Cost. // 16 Cedu, 4 prot. 4 Cedu, 1 prot. 7 Cedu // 14 Dich. Univ. diritti dell'uomo // 13 Patto int. diritti civili e politici]. – 1. Le espulsioni collettive sono vietate.

2. Nessuno può essere allontanato, espulso o estradato verso uno Stato in cui esiste un rischio serio di essere sottoposto alla pena di morte, alla tortura o ad altre pene o trattamenti inumani o degradanti.

Capo III
Uguaglianza

20. Uguaglianza davanti alla legge [21, 23 // 3 Cost. // 14 Cedu, 5 prot. 7 Cedu, 1 prot. 12 Cedu // 2, 4, 20 Carta sociale europea // 1, 2, 7, 23, 26 Dich. Univ. diritti dell'uomo // 3, 20, 25 e 26 Patto int. diritti civili e politici]. – Tutte le persone sono uguali davanti alla legge.

21. Non discriminazione [20, 23 // 3 Cost. // 14 Cedu, 5 prot. 7 Cedu, 1 prot. 12 Cedu // 2, 4, 20 Carta sociale europea // 1, 2, 7, 23, 26 Dich. Univ. diritti dell'uomo // 3, 20, 25 e 26 Patto int. diritti civili e politici]. – 1. È vietata qualsiasi forma di discriminazione fondata, in particolare, sul sesso, la razza, il colore della pelle o l'origine etnica o sociale, le caratteristiche genetiche, la lingua, la religione o le convinzioni personali, le opinioni politiche o di qualsiasi altra natura, l'appartenenza ad una minoranza nazionale, il patrimonio, la nascita, gli handicap, l'età o le tendenze sessuali.

2. Nell'ambito d'applicazione del trattato che istituisce la Comunità europea e del trattato sull'Unione europea è vietata qualsiasi discriminazione fondata sulla cittadinanza, fatte salve le disposizioni particolari contenute nei trattati stessi.

22. Diversità culturale, religiosa e linguistica [6, 8, 9 Cost. // 27 Dich. Univ. diritti dell'uomo // 27 Patto int. diritti civili e politici]. – L'Unione rispetta la diversità culturale, religiosa e linguistica.

23. Parità tra uomini e donne [20, 21 // 3, 37 Cost. // 14 Cedu, 5 prot. 7 Cedu, 1 prot. 12 Cedu // 2, 4, 7, 8, 15, 20, 27 Carta sociale europea // 1, 2, 7, 23, 26 Dich. Univ. diritti dell'uomo // 3, 20, 25 e 26 Patto int. diritti civili e politici]. – La parità tra uomini e donne deve essere assicurata in tutti i campi, compreso in materia di occupazione, di lavoro e di retribuzione.

Il principio della parità non osta al mantenimento o all'adozione di misure che prevedano vantaggi specifici a favore del sesso sottorappresentato.

24. Diritti del bambino [14 // 30 Cost.]. – 1. I bambini hanno diritto alla protezione e alle cure necessarie per il loro benessere. Essi possono esprimere liberamente la propria opinione; questa viene presa in considerazione sulle questioni che li riguardano in funzione della loro età e della loro maturità.

2. In tutti gli atti relativi ai bambini, siano essi compiuti da autorità pubbliche o da istituzioni private, l'interesse superiore del bambino deve essere considerato preminente.

3. Ogni bambino ha diritto di intrattenere regolarmente relazioni personali e contatti diretti con i due genitori, salvo qualora ciò sia contrario al suo interesse.

25. Diritti degli anziani. – L'Unione riconosce e rispetta il diritto degli anziani di condurre una vita dignitosa e indipendente e di partecipare alla vita sociale e culturale.

26. Inserimento dei disabili [38 Cost. // 12 e ss. Carta sociale europea // 25 Dich. Univ. diritti dell'uomo]. – L'Unione riconosce e rispetta il diritto dei disabili di beneficiare di misure intese a garantirne l'autonomia, l'inserimento sociale e professionale e la partecipazione alla vita della comunità.

Capo IV
Solidarietà

27. Diritto dei lavoratori all'informazione e alla consultazione nell'ambito dell'impresa [15, 16, 28-32 // 1, 4, 35 Cost. // Carta sociale europea // 23 Dich. Univ. diritti dell'uomo]. – Ai lavoratori o ai loro rappresentanti devono essere garantite, ai livelli appropriati, l'informazione e la consultazione in tempo utile nei casi e alle condizioni previsti dal diritto comunitario e dalle legislazioni e prassi nazionali.

28. Diritto di negoziazione e di azioni collettive [15, 16, 27, 29-32 // 1, 4, 39 Cost. // Carta sociale europea // 23 Dich. Univ. diritti dell'uomo]. – I lavoratori e i datori di lavoro, o le rispettive organizzazioni, hanno, conformemente al diritto comunitario e alle legislazioni e prassi nazionali, il diritto di negoziare e di concludere contratti collettivi, ai livelli appropriati, e di ricorrere, in caso di conflitti di interessi, ad azioni collettive per la difesa dei loro interessi, compreso lo sciopero.

29. Diritto di accesso ai servizi di collocamento [15, 16, 27, 28, 30-32 // 1, 4, 35 Cost. // Carta sociale europea // 23 Dich. Univ. diritti dell'uomo]. – Ogni individuo ha il diritto di accedere a un servizio di collocamento gratuito.

30. Tutela in caso di licenziamento ingiustificato [15, 16, 27-29, 31, 32 // 1, 4, 35 Cost. // Carta sociale europea // 23 Dich. Univ. diritti dell'uomo]. – Ogni lavoratore ha il diritto alla tutela contro ogni licenziamento ingiustificato, conformemente al diritto comunitario e alle legislazioni e prassi nazionali.

31. Condizioni di lavoro giuste ed eque [15, 16, 27-33, 32 // 1, 4, 36 Cost. // Carta sociale europea // 23, 24 Dich. Univ. diritti dell'uomo]. – 1. Ogni lavoratore ha diritto a condizioni di lavoro sane, sicure e dignitose.

2. Ogni lavoratore ha diritto a una limitazione della durata massima del lavoro e a periodi di riposo giornalieri e settimanali e a ferie annuali retribuite.

32. Divieto del lavoro minorile e protezione dei giovani sul luogo di lavoro [15, 16, 27-31 // 1, 4, 35 Cost. // Carta sociale europea // 23 Dich. Univ. diritti dell'uomo]. – 1. Il lavoro minorile è vietato. L'età minima per l'ammissione al lavoro non può essere inferiore all'età in cui termina la scuola dell'obbligo, fatte salve le norme più favorevoli ai giovani ed eccettuate deroghe limitate.

2. I giovani ammessi al lavoro devono beneficiare di condizioni di lavoro appropriate alla loro età ed essere protetti contro lo sfruttamento economico o contro ogni lavoro che possa minarne la sicurezza, la salute, lo sviluppo fisico, mentale, morale o sociale o che possa mettere a rischio la loro istruzione.

33. Vita familiare e vita professionale [7, 9 // 2, 29 Cost. // 12 Cedu // 16 Carta sociale europea // 16 Dich. Univ. diritti dell'uomo // 23 Patto int. diritti civili e politici]. – 1. È garantita la protezione della famiglia sul piano giuridico, economico e sociale.

2. Al fine di poter conciliare vita familiare e vita professionale, ogni individuo ha il diritto di essere tutelato contro il licenziamento per un motivo legato alla maternità e il diritto a un congedo di maternità retribuito e a un congedo parentale dopo la nascita o l'adozione di un figlio.

34. Sicurezza sociale e assistenza sociale [38 Cost. // 12 e ss. Carta sociale europea // 25 Dich. Univ. diritti dell'uomo]. – 1. L'Unione riconosce e rispetta il diritto di accesso alle prestazioni di sicurezza sociale e ai servizi sociali che assicurano protezione in casi quali la maternità, la malattia, gli infortuni sul lavoro, la dipendenza o la vecchiaia, oltre che in caso di perdita del posto di lavoro, secondo le modalità stabilite dal diritto comunitario e le legislazioni e prassi nazionali.

2. Ogni individuo che risieda o si sposti legalmente all'interno dell'Unione ha diritto alle prestazioni di sicurezza sociale e ai benefici sociali conformemente al diritto comunitario e alle legislazioni e prassi nazionali.

3. Al fine di lottare contro l'esclusione sociale e la povertà, l'Unione riconosce e rispetta il diritto all'assistenza sociale e all'assistenza abitativa volte a garantire un'esistenza dignitosa a tutti coloro che non dispongano di risorse sufficienti, secondo le modalità stabilite dal diritto comunitario e le legislazioni e prassi nazionali.

35. Protezione della salute [3 // 32 Cost. // 11 Carta sociale europea]. – Ogni individuo ha il diritto di accedere alla prevenzione sanitaria e di ottenere cure mediche alle condizioni stabilite dalle legislazioni e prassi nazionali. Nella definizione e nell'attuazione di tutte le politiche ed attività dell'Unione è garantito un livello elevato di protezione della salute umana.

36. Accesso ai servizi d'interesse economico generale. – Al fine di promuovere la coesione sociale e territoriale dell'Unione, questa riconosce e rispetta l'accesso ai servizi d'interesse economico generale quale previsto dalle legislazioni e prassi nazionali, conformemente al trattato che istituisce la Comunità europea.

37. Tutela dell'ambiente. – Un livello elevato di tutela dell'ambiente e il miglioramento della sua qualità devono essere integrati nelle politiche dell'Unione e garantiti conformemente al principio dello sviluppo sostenibile.

38. Protezione dei consumatori. – Nelle politiche dell'Unione è garantito un livello elevato di protezione dei consumatori.

Capo V
Cittadinanza

39. Diritto di voto e di eleggibilità alle elezioni del Parlamento europeo [1, 48, 51 56, 57, 71, 139 Cost. // 3 prot. 1 Cedu // 39, 40 C. Nizza // 21 Dich. Univ. diritti dell'uomo // 25 Patto int. diritti civili e politici]. – 1. Ogni cittadino dell'Unione ha il diritto di voto e di eleggibilità alle elezioni del Parlamento europeo nello Stato membro in cui risiede, alle stesse condizioni dei cittadini di detto Stato.

2. I membri del Parlamento europeo sono eletti a suffragio universale diretto, libero e segreto.

40. Diritto di voto e di eleggibilità alle elezioni comunali [1, 48, 51 56, 57, 71, 139 Cost. // 3 prot. 1 Cedu // 39, 40 C. Nizza // 21 Dich. Univ. diritti dell'uomo // 25 Patto int. Diritti civili e politici]. – Ogni cittadino dell'Unione ha il diritto di voto e di eleggibilità alle elezioni comunali nello Stato membro in cui risiede, alle stesse condizioni dei cittadini di detto Stato.

41. Diritto ad una buona amministrazione [97 Cost. // 21 Dich. Univ. diritti dell'uomo]. – 1. Ogni individuo ha diritto a che le questioni che lo riguardano siano trattate in modo imparziale, equo ed entro un termine ragionevole dalle istituzioni e dagli organi dell'Unione.

2. Tale diritto comprende in particolare:

– il diritto di ogni individuo di essere ascoltato prima che nei suoi confronti venga adottato un provvedimento individuale che gli rechi pregiudizio,

– il diritto di ogni individuo di accedere al fascicolo che lo riguarda, nel rispetto dei legittimi interessi della riservatezza e del segreto professionale,

– l'obbligo per l'amministrazione di motivare le proprie decisioni.

3. Ogni individuo ha diritto al risarcimento da parte della Comunità dei danni cagionati dalle sue istituzioni o dai suoi agenti nell'esercizio delle loro funzioni conformemente ai principi generali comuni agli ordinamenti degli Stati membri.

4. Ogni individuo può rivolgersi alle istituzioni dell'Unione in una delle lingue del trattato e deve ricevere una risposta nella stessa lingua.

42. Diritto d'accesso ai documenti. – Qualsiasi cittadino dell'Unione o qualsiasi persona fisica o giuridica che risieda o abbia la sede sociale in uno Stato membro ha il diritto di accedere ai documenti del Parlamento europeo, del Consiglio e della Commissione.

43. Mediatore. – Qualsiasi cittadino dell'Unione o qualsiasi persona fisica o giuridica che risieda o abbia la sede sociale in uno Stato membro ha il diritto di sottoporre al mediatore dell'Unione casi di cattiva amministrazione nell'azione delle istituzioni o degli organi comunitari, salvo la Corte di giustizia e il Tribunale di primo grado nell'esercizio delle loro funzioni giurisdizionali.

44. Diritto di petizione [1, 50, 71, 75, 132, 133, 138 Cost. // 21 Dich. Univ. diritti dell'uomo // 25 Patto int. diritti civili e politici]. – Qualsiasi cittadino dell'Unione o qualsiasi persona fisica o giuridica che risieda o abbia la sede sociale in uno Stato membro ha il diritto di presentare una petizione al Parlamento europeo.

45. Libertà di circolazione e di soggiorno [16 Cost. // 2 prot. 4 Cedu // 13 Dich. Univ. diritti dell'uomo // 12 Patto int. diritti civili e politici]. – 1. Ogni cittadino dell'Unione ha il diritto di circolare e di soggiornare liberamente nel territorio degli Stati membri.

2. La libertà di circolazione e di soggiorno può essere accordata, conformemente al trattato che istituisce la Comunità europea, ai cittadini dei paesi terzi che risiedono legalmente nel territorio di uno Stato membro.

46. Tutela diplomatica e consolare. – Ogni cittadino dell'Unione gode, nel territorio di un paese terzo nel quale lo Stato membro di cui ha la cittadinanza non è rappresentato, della tutela delle autorità diplomatiche e consolari di qualsiasi Stato membro, alle stesse condizioni dei cittadini di detto Stato.

Capo VI
Giustizia

47. Diritto a un ricorso effettivo e a un giudice imparziale [48, 50 // 24, 111 Cost. // 6, 13 Cedu, 2-4 prot. 7 Cedu // 7-11 Dich. Univ. diritti dell'uomo // 14 Patto int. diritti civili e politici // 19 TUE // 258, 259, 263, 265, 268, 270-273 TFUE]. – 1. Ogni individuo i cui diritti e le cui libertà garantiti dal diritto dell'Unione siano stati violati ha diritto a un ricorso effettivo dinanzi a un giudice, nel rispetto delle condizioni previste nel presente articolo.

2. Ogni individuo ha diritto a che la sua causa sia esaminata equamente, pubblicamente ed entro un termine ragionevole da un giudice indipendente e imparziale, precostituito per legge.

3. Ogni individuo ha la facoltà di farsi consigliare, difendere e rappresentare.

4. A coloro che non dispongono di mezzi sufficienti è concesso il patrocinio a spese dello Stato qualora ciò sia necessario per assicurare un accesso effettivo alla giustizia.

48. Presunzione di innocenza e diritti della difesa [2, 50 // 24, 27, 111 Cost. // 5, 6, 13 Cedu, 1 prot. 4 Cedu, 1 e 2 prot. 6 Cedu, 2-4 prot. 7 Cedu 1 prot. 13 Cedu // 5, 7-11 Dich. Univ. diritti dell'uomo // 7, 10, 11, 14 Patto int. diritti civili e politici]. – 1. Ogni imputato è considerato innocente fino a quando la sua colpevolezza non sia stata legalmente provata.

2. Il rispetto dei diritti della difesa è garantito ad ogni imputato.

49. Principi della legalità e della proporzionalità dei reati e delle pene [25 Cost. // 7 Cedu // 11[2] Dich. Univ. diritti dell'uomo // 6, 11, 15 Patto int. diritti civili e politici]. – 1. Nessuno può essere condannato per un'azione o un'omissione che, al momento in cui è stata commessa, non costituiva reato secondo il diritto interno o il diritto internazionale. Parimenti, non può essere inflitta una pena più grave di quella applicabile al momento in cui il reato è stato commesso. Se, successivamente alla commissione del reato, la legge prevede l'applicazione di una pena più lieve, occorre applicare quest'ultima.

2. Il presente articolo non osta al giudizio e alla condanna di una persona colpevole di un'azione o di un'omissione che, al momento in cui è stata commessa, costituiva un crimine secondo i principi generali riconosciuti da tutte le nazioni.

3. Le pene inflitte non devono essere sproporzionate rispetto al reato.

50. Diritto di non essere giudicato o punito due volte per lo stesso reato [2, 48 // 24, 27, 111 Cost. // 649 CPP. // 6, 13 Cedu, 1 prot. 4 Cedu, 1 e 2 prot. 6 Cedu, 2-4 prot. 7 Cedu, 1 prot. 13 Cedu // 5, 7-11 Dich. Univ. diritti dell'uomo // 7, 10, 11, 14 Patto int. diritti civili e politici]. – Nessuno può essere perseguito o condannato per un reato per il quale è già stato assolto o condannato nell'Unione a seguito di una sentenza penale definitiva conformemente alla legge.

Capo VII
Disposizioni generali

51. Ambito di applicazione. – 1. Le disposizioni della presente Carta si applicano alle istituzioni e agli organi dell'Unione nel rispetto del principio di sussidiarietà come pure agli Stati membri esclusivamente nell'attuazione del diritto dell'Unione. Pertanto, i suddetti soggetti rispettano i diritti, osservano i principi e ne promuovono l'applicazione secondo le rispettive competenze.

2. La presente Carta non introduce competenze nuove o compiti nuovi per la Comunità e per l'Unione, né modifica le competenze e i compiti definiti dai trattati.

52. Portata dei diritti garantiti. – 1. Eventuali limitazioni all'esercizio dei diritti e delle libertà riconosciuti dalla presente Carta devono essere previste dalla legge e rispettare il contenuto essenziale di detti diritti e libertà. Nel rispetto del principio di proporzionalità, possono essere apportate limitazioni solo laddove siano necessarie e rispondano effettivamente a finalità di interesse generale riconosciute dall'Unione o all'esigenza di proteggere i diritti e le libertà altrui.

2. I diritti riconosciuti dalla presente Carta che trovano fondamento nei trattati comunitari o nel trattato sull'Unione europea si esercitano alle condizioni e nei limiti definiti dai trattati stessi.

3. Laddove la presente Carta contenga diritti corrispondenti a quelli garantiti dalla convenzione europea per la salvaguardia dei diritti dell'uomo e delle libertà fondamentali, il significato e la portata degli stessi sono uguali a quelli conferiti dalla suddetta convenzione. La presente disposizione non preclude che il diritto dell'Unione conceda una protezione più estesa.

53. Livello di protezione. – Nessuna disposizione della presente Carta deve essere interpretata come limitativa o lesiva dei diritti dell'uomo e delle libertà fondamentali riconosciuti, nel rispettivo ambito di applicazione, dal diritto dell'Unione, dal diritto internazionale, dalle convenzioni internazionali delle quali l'Unione, la Comunità o tutti gli Stati membri sono parti contraenti, in particolare la convenzione europea per la salvaguardia dei diritti dell'uomo e delle libertà fondamentali, e dalle costituzioni degli Stati membri.

54. Divieto dell'abuso di diritto [17 Cedu]. – Nessuna disposizione della presente Carta deve essere interpretata nel senso di comportare il diritto di esercitare un'attività o compiere un atto che miri alla distruzione dei diritti o delle libertà riconosciuti nella presente Carta o di imporre a tali diritti e libertà limitazioni più ampie di quelle previste dalla presente [833, 1175, 1375 CC. // 2 Cost.].

L. 9 febbraio 1999, n. 30

Ratifica ed esecuzione della Carta sociale europea, riveduta, con annesso, fatta a Strasburgo il 3 maggio 1996

[1, 4, 35-39 Cost. // 15, 16, 23, 27-32 C. Nizza // 23-25 Dich. Univ. diritti dell'uomo]

Art. 1. – 1. Il Presidente della Repubblica è autorizzato a ratificare la Carta sociale europea, riveduta, con annesso, fatta a Strasburgo il 3 maggio 1996.

Art. 2 [4, 20 // 3 Cost. // 14 Cedu, 5 prot. 7 Cedu, 1 prot. 12 Cedu // 20, 21, 23 C. Nizza // 1, 2, 7, 23, 26 Dich. Univ. diritti dell'uomo // 3, 20, 25 e 26 Patto int. diritti civili e politici]. – 1. Piena ed intera esecuzione è data alla Carta sociale europea di cui all'art. 1, a decorrere dalla data della sua entrata in vigore in conformità a quanto disposto dall'art. K della Carta stessa.

Art. 3. – 1. La presente legge entra in vigore il giorno successivo a quello della sua pubblicazione nella Gazzetta Ufficiale della Repubblica italiana.

ALLEGATO UNICO
CARTA

1. Diritto al lavoro. – 1. Per garantire l'effettivo esercizio del diritto al lavoro, le Parti s'impegnano:

1) a riconoscere, tra i loro principali obiettivi e responsabilità, la realizzazione ed il mantenimento del livello più elevato e più stabile possibile dell'impiego in vista della realizzazione del pieno impiego;

2) a tutelare in modo efficace il diritto del lavoratore di guadagnarsi la vita con un lavoro liberamente intrapreso;

3) a istituire o a mantenere servizi gratuiti in materia occupazione per tutti i lavoratori;

4) ad assicurare o a favorire un orientamento, una formazione ed un riadattamento professionale adeguati.

2. Diritto ad eque condizioni di lavoro. – 1. Per assicurare l'effettivo esercizio del diritto ad eque condizioni di lavoro, le Parti s'impegnano:

1) a fissare una durata ragionevole per il lavoro giornaliero e settimanale in vista di ridurre gradualmente la settimana lavorativa a condizione che ciò sia consentito dall'aumento della produttività e dagli altri fattori in gioco;

2) a prevedere giorni festivi retribuiti;

3) a garantire il godimento di ferie annuali retribuite di un minimo di quattro settimane;

4) ad eliminare i rischi inerenti ai lavori pericolosi o insalubri e, quando tali rischi possano essere eliminati o sufficientemente ridotti, a garantire ai lavoratori impiegati in tali occupazioni sia una riduzione della durata del lavoro sia ferie retribuite supplementari;

5) a garantire un riposo settimanale che coincida per quanto possibile con il giorno della settimana generalmente ammesso come giorno di riposo dalla tradizione o dagli usi del paese o della regione;

6) a vigilare che i lavoratori siano informati per iscritto il prima possibile ed in ogni modo non oltre due mesi dopo l'inizio del lavoro riguardo agli aspetti essenziali del contratto o del rapporto d'impiego;

7) a fare in modo che i lavoratori che svolgono un lavoro notturno beneficino di misure che tengano conto del carattere particolare di detto lavoro.

3. Diritto alla sicurezza e all'igiene sul lavoro. – 1. Per garantire l'effettivo esercizio del diritto alla sicurezza ed all'igiene sul lavoro, le Parti s'impegnano, in consultazione con le organizzazioni di datori di lavoro e di lavoratori:

a) a definire, attuare e riesaminare periodicamente una politica nazionale coerente in materia di sicurezza, di salute dei lavoratori e dell'ambiente di lavoro. Questa politica avrà come scopo fondamentale di migliorare la sicurezza e l'igiene professionale e di prevenire gli incidenti ed i danni alla salute che derivano dal lavoro, sono legati al lavoro o sopravvengono durante il lavoro, in particolare riducendo al minimo le cause di pericoli inerenti all'ambiente di lavoro;

2) a promulgare regolamenti di sicurezza e d'igiene;

3) a promulgare misure di controllo sull'applicazione di questi regolamenti;

4) a promuovere l'istituzione progressiva sul lavoro di servizi sanitari con funzioni sostanzialmente preventive e di consulenza per tutti i lavoratori.

4. Diritto ad un'equa retribuzione [2, 20 // 3 Cost. // 14 Cedu, 5 prot. 7 Cedu, 1 prot. 12 Cedu // 20, 21, 23 C. Nizza // 1, 2, 7, 23, 26 Dich. Univ. diritti dell'uomo // 3, 20, 25 e 26 Patto int. diritti civili e politici]. – 1. Per garantire l'effettivo esercizio del diritto ad un'equa retribuzione, le Parti s'impegnano:

1) a riconoscere il diritto dei lavoratori ad una retribuzione sufficiente tale da garantire ad essi e alle loro famiglie un livello di vita dignitoso;

2) a riconoscere il diritto dei lavoratori ad un tasso retributivo maggiorato per le ore di lavoro straordinario ad eccezione di alcuni casi particolari;

3) a riconoscere il diritto dei lavoratori maschili e femminili a parità di lavoro per un lavoro di pari importanza;

4) a riconoscere il diritto di tutti i lavoratori ad un ragionevole periodo di preavviso nel caso di cessazione del lavoro:

5) ad autorizzare trattenute sui salari solo alle condizioni e nei limiti stabiliti dalla legislazione o dalla regolamentazione nazionale, ovvero da convenzioni collettive o sentenze arbitrali.

L'esercizio di questi diritti deve essere garantito sia da convenzioni collettive liberamente concluse sia da meccanismi legali di determinazione dei salari, sia in ogni altro modo conforme alle condizioni nazionali.

5. Diritti sindacali [39 Cost. // 23 Dich. Univ. diritti dell'uomo]. – 1. Per garantire o promuovere la libertà dei lavoratori e dei datori di lavoro di costituire organizzazioni locali, nazionali o internazionali per la protezione dei loro interessi economici e sociali ed aderire a queste organizzazioni, le Parti s'impegnano affinché la legislazione nazionale non pregiudichi questa libertà né sia applicata in modo da pregiudicarla. La misura in cui le garanzie previste nel presente articolo si applicheranno alla polizia sarà determinata dalla legislazione o dalla regolamentazione nazionale. L'principio dell'applicazione di queste garanzie ai membri delle forze armate e la misura in cui sarebbero applicate a questa categoria di persone è parimenti determinata dalla legislazione o dalla regolamentazione nazionale.

6. Diritto di negoziazione collettiva. – 1. Per garantire l'effettivo esercizio del diritto di negoziazione collettiva, le Parti s'impegnano:

1) a favorire consultazioni paritetiche tra lavoratori e datori di lavoro;

2) a promuovere, qualora ciò sia necessario ed utile, le procedure di negoziazione volontaria tra i datori di lavoro e le organizzazioni di datori di lavoro da un lato e le organizzazioni di lavoratori d'altro lato, per disciplinare con convenzioni collettive le condizioni di lavoro;

3) a favorire l'istituzione e l'utilizzazione di adeguate procedure di conciliazione e di arbitrato volontario per la soluzione delle vertenze di lavoro;

e riconoscono

4) il diritto dei lavoratori e dei datori di lavoro d'intraprendere azioni collettive in caso di conflitti d'interesse, compreso il diritto di sciopero, fatti salvi gli obblighi eventualmente derivanti dalle convenzioni collettive in vigore.

7. Diritto dei bambini e degli adolescenti ad una tutela [37 Cost. // 23 C. Nizza // 23 Dich. Int. diritti dell'uomo]. – 1. Per garantire l'effettivo esercizio del diritto dei bambini e degli adolescenti ad una tutela, le Parti s'impegnano:

1) a fissare a 15 anni l'età minima di ammissione al lavoro; sono tuttavia ammesse deroghe per i bambini impiegati in determinati lavori leggeri che non mettono a repentaglio la loro salute, moralità o istruzione;

2) a fissare a 18 anni l'età minima di ammissione al lavoro per alcune occupazioni considerate come pericolose o insalubri;

3) a vietare che i bambini ancora in età d'istruzione obbligatoria siano utilizzati per lavori che li privano del pieno beneficio di tale istruzione;

4) a limitare la durata dell'attività lavorativa dei lavoratori di età inferiore a 18 anni in modo che corrisponda alle loro esigenze di sviluppo ed in particolare ai fabbisogni della loro formazione professionale;

5) a riconoscere il diritto dei giovani lavoratori e degli apprendisti ad un'equa retribuzione o ad un'adeguata indennità;

6) a prevedere che le ore che gli adolescenti destinano alla formazione professionale durante il normale orario di lavoro, con l'autorizzazione del datore di lavoro, siano considerate incluse nella giornata lavorativa;

7) a fissare in un minimo di quattro settimane la durata delle ferie annuali retribuite dei lavoratori di età inferiore a 18 anni;

8) a vietare l'impiego di lavoratori di età inferiore a 18 anni in lavori notturni, salvo per alcuni lavori stabiliti dalla legislazione o dalla regolamentazione nazionale;

9) a prevedere che i lavoratori di età inferiore a 18 anni occupati in taluni lavori stabiliti dalla legislazione o dalla regolamentazione nazionale siano sottoposti ad un regolare controllo medico;

10) ad assicurare una speciale protezione contro i pericoli fisici e morali cui i bambini e gli adolescenti sono esposti ed in particolare contro quelli che risultano direttamente o indirettamente dal loro lavoro.

8. Diritto delle lavoratrici madri ad una tutela [38 Cost. // 12 e ss. Carta sociale europea // 25 Dich. Univ. diritti dell'uomo]. – 1. Per garantire l'effettivo esercizio del diritto delle lavoratrici madri ad una tutela, le Parti s'impegnano:

1) a garantire alle lavoratrici prima e dopo il parto, un periodo di riposo di una durata totale come minimo di quattordici settimane, sia con un congedo retribuito sia mediante adeguate prestazioni di sicurezza sociale o con fondi pubblici;

2) a considerare illegale la notifica di licenziamento ad una donna da parte di un datore di lavoro nel periodo compreso tra il momento in cui la donna comunica la sua gravidanza al datore di lavoro e la fine del suo congedo di maternità, o ad una data tale che il termine di preavviso scada in detto periodo;

3) a garantire che le madri che allattano i figli possano usufruire a tal fine di pause sufficienti;

4) a regolamentare il lavoro notturno delle donne incinte, di quelle che hanno recentemente partorito o che allattano i figli;

5) a vietare l'impiego di donne incinte // o che hanno recentemente partorito // o che allattano i loro figli, in lavori sotterranei nelle miniere ed in ogni altro lavoro a carattere pericoloso, insalubre o faticoso, ed a prendere adeguate misure per proteggere i diritti di queste donne in materia di lavoro.

9. Diritto all'orientamento professionale. – 1. Per assicurare l'effettivo esercizio del diritto all'orientamento professionale, le Parti s'impegnano a procurare o a promuovere, come opportuno, un servizio che aiuti tutte le persone ivi comprese quelle portatrici di handicap, a risolvere i problemi relativi alla scelta di una professione o all'avviamento professionale, in considerazione delle caratteristiche dell'interessato e delle possibilità offerte dal mercato del lavoro; questo aiuto dovrà essere fornito gratuitamente sia ai giovani compresi i minori in età scolastica, sia agli adulti.

10. Diritto alla formazione professionale. – 1. Per assicurare l'effettivo esercizio del diritto alla formazione professionale, le Parti s'impegnano:

1) ad assicurare o a favorire, come opportuno, la formazione tecnica e professionale di tutte le persone, ivi comprese quelle inabili o minorate, in consultazione con le organizzazioni professionali di datori di lavoro e di lavoratori, fornendo loro dei mezzi che consentano l'accesso all'insegnamento tecnico superiore ed all'insegnamento universitario, seguendo unicamente il criterio delle attitudini individuali;

2) ad assicurare o a favorire un sistema di apprendistato ed altri sistemi di formazione per i giovani nei differenti posti di lavoro;

3) ad adottare o a favorire, come opportuno:

a) provvedimenti adeguati ed agevolmente accessibili per la formazione professionale dei lavoratori adulti;

b) provvedimenti speciali per la rieducazione professionale dei lavoratori adulti, resa necessaria dal progresso tecnico o da nuovi orientamenti del mercato del lavoro;

4) ad adottare o a favorire, come opportuno, speciali provvedimenti di riciclaggio e di reinserimento per i disoccupati di lunga data;

5) ad incentivare la piena utilizzazione dei mezzi previsti mediante le seguenti norme:

a) riduzione o abolizione di tutti i diritti ed oneri;

b) concessione di assistenza finanziaria nei casi appropriati;

c) inclusione nel normale orario di lavoro del tempo destinato ai corsi supplementari di formazione che il lavoratore frequenta durante il lavoro, su domanda del suo datore di lavoro;

d) garanzia, per mezzo di un adeguato controllo ed in consultazione con le organizzazioni professionali di datori di lavoro e di lavoratori, dell'efficacia del sistema di apprendistato e di ogni altro sistema di formazione destinato ai giovani lavoratori, ed in generale di un'adeguata tutela per i giovani lavoratori.

11. Diritto alla protezione della salute [32 Cost. // 3 e 35 C. Nizza]. – 1. Per assicurare l'effettivo esercizio del diritto alla protezione della salute, le Parti s'impegnano ad adottare sia direttamente sia in cooperazione con le organizzazioni pubbliche e private, adeguate misure volte in particolare:

1) ad eliminare per quanto possibile le cause di una salute deficitaria;

2) a prevedere consultori e servizi d'istruzione riguardo al miglioramento della salute ed allo sviluppo del senso di responsabilità individuale in materia di salute;

3) a prevenire, per quanto possibile, le malattie epidemiche, endemiche e di altra natura, nonché gli infortuni.

12. Diritto alla sicurezza sociale [38 Cost. // 26, 34 C. Nizza // 23 Dich. Univ. diritti dell'uomo]. – 1. Per garantire l'effettivo esercizio del diritto alla sicurezza sociale, le Parti s'impegnano:

1) a stabilire o a mantenere un regime di sicurezza sociale;

2) a mantenere il regime di sicurezza sociale ad un livello soddisfacente almeno uguale a quello richiesto per la ratifica del Codice europeo di sicurezza sociale;

3) ad adoperarsi per elevare progressivamente il livello del regime di sicurezza sociale;

4) a prendere provvedimenti, mediante la conclusione di adeguati accordi bilaterali o multilaterali o con altri mezzi, fatte salve le condizioni stabilite in tali accordi, per garantire:

a) la parità di trattamento tra i cittadini di ciascuna delle Parti ed i cittadini delle altre Parti per quanto concerne i diritti alla sicurezza sociale, ivi compresa la conservazione dei vantaggi concessi dalle legislazioni di sicurezza sociale, a prescindere dagli spostamenti che le persone tutelate potrebbero effettuare tra i territori delle Parti;

b) l'erogazione, il mantenimento ed il ripristino dei diritti alla sicurezza sociale con mezzi quali la totalizzazione dei periodi di contribuzione o di lavoro compiuti secondo la legislazione di ciascuna delle Parti.

13. Diritto all'assistenza sociale e medica. – 1. Per assicurare l'effettivo esercizio del diritto all'assistenza sociale e medica, le Parti s'impegnano:

1) ad accertarsi che ogni persona che non dispone di risorse sufficienti o che non è in grado di procurarsi tali risorse con i propri mezzi o di riceverli da un'altra fonte, in particolare con prestazioni derivanti da un regime di sicurezza sociale, possa ottenere un'assistenza adeguata e, in caso di malattia, le cure di cui necessita in considerazione delle sue condizioni;

2) ad accertarsi che le persone che beneficiano di tale assistenza non subiscano in ragione di ciò, una diminuzione dei loro diritti politici o sociali;

3) a prevedere che ciascuno possa ottenere mediante servizi pertinenti di carattere pubblico o privato, ogni tipo di consulenza e di aiuto personale necessario per prevenire, eliminare o alleviare lo stato di bisogno personale e familiare;

4) ad applicare, a parità con i loro concittadini, le disposizioni di cui ai paragrafi 1, 2 e 3 del presente articolo ai cittadini delle altre Parti che si trovano legalmente sul loro territorio in conformità con gli obblighi assunti ai sensi della Convenzione europea di assistenza sociale e medica firmata a Parigi l'11 dicembre 1953.

14. Diritto ad usufruire di servizi sociali. – 1. Per assicurare l'effettivo esercizio del diritto ad usufruire dei servizi sociali, le Parti s'impegnano:

1) ad incentivare o organizzare i servizi che utilizzano i metodi specifici del servizio sociale e che contribuiscono al benessere ed allo sviluppo degli individui e dei gruppi nella comunità nonché al loro adattamento all'ambiente sociale;

2) ad incentivare la partecipazione di individui e di organizzazioni di volontariato o di altre entità alla creazione o al mantenimento di questi servizi.

15. Diritto delle persone portatrici di handicap all'autonomia all'integrazione sociale ed alla partecipazione alla vita della comunità [38 Cost. // 12 e ss. Carta sociale europea // 25 Dich. Univ. diritti dell'uomo]. – 1. Per garantire alle persone portatrici di handicap l'effettivo esercizio del diritto all'autonomia, all'integrazione sociale ed alla partecipazione alla vita della comunità, a prescindere dall'età e dalla natura ed origine della loro infermità, le Parti si impegnano in particolare:

1) ad adottare i provvedimenti necessari per somministrare alle persone inabili o minorate un orientamento, un'educazione ed una formazione professionale nel quadro del diritto comune ogni qualvolta ciò sia possibile oppure, se tale non è il caso, attraverso istituzioni specializzate pubbliche o private;

2) a favorire il loro accesso al lavoro con ogni misura suscettibile d'incentivare i datori di lavoro ad assumere ed a mantenere in attività persone inabili o minorate in un normale ambiente di lavoro e ad adattare le condizioni di lavoro ai loro bisogni o, se ciò fosse impossibile per via del loro handicap, mediante la sistemazione o la creazione di posti di lavoro protetti in funzione del grado di incapacità. Tali misure potranno giustificare se del caso, il ricorso a servizi specializzati di collocamento e di accompagnamento;

3) a favorire la loro completa integrazione e partecipazione alla vita sociale mediante misure, compresi i presìdi tecnici, volte a sormontare gli ostacoli alla comunicazione ed alla mobilità ed a consentire loro di avere accesso ai trasporti, all'abitazione, alle attività culturali e del tempo libero.

16. Diritto della famiglia ad una tutela sociale giuridica ed economica [2, 29 Cost. // 12 Cedu // 7, 9, 33 C. Nizza // 16 Dich. Univ. diritti dell'uomo // 23 Patto int. diritti civili e politici]. – 1. Per realizzare le condizioni di vita indispensabili al pieno sviluppo della famiglia, cellula fondamentale della società, le Parti s'impegnano a promuovere la tutela economica, giuridica e sociale della vita di famiglia, in particolare per mezzo di prestazioni sociali e familiari, di disposizioni fiscali e d'incentivazione alla costruzione di abitazioni adattate ai fabbisogni delle famiglie, di aiuto alle coppie di giovani sposi, o di ogni altra misura appropriata.

17. Diritto dei bambini e degli adolescenti ad una tutela sociale, giuridica ed economica. – 1. e assicurare ai bambini ed agli adolescenti l'effettivo esercizio del diritto di crescere in un ambiente favorevole allo sviluppo della loro personalità e delle loro attitudini fisiche e mentali, le Parti s'impegnano a prendere sia direttamente sia in cooperazione con le organizzazioni pubbliche o private tutte le misure necessarie e appropriate miranti:

1. a) a garantire ai bambini ed agli adolescenti, in considerazione dei diritti e doveri dei genitori, le cure, l'assistenza, l'istruzione e la formazione di cui necessitano, in particolare prevedendo la creazione o il mantenimento di istituzioni o di servizi adeguati e sufficienti a tal fine;

b) a proteggere i bambini e gli adolescenti dalla negligenza, dalla violenza o dallo sfruttamento;

c) ad assicurare una speciale protezione e l'aiuto dello Stato nei confronti del bambino o dell'adolescente, temporaneamente o definitivamente privato del suo sostegno familiare;

2. ad assicurare ai bambini ed agli adolescenti un insegnamento primario e secondario gratuito, favorendo una regolare frequentazione scolastica.

18. Diritto all'esercizio di un'attività a fini di lucro sul territorio delle altre Parti. – 1. Per assicurare l'effettivo esercizio del diritto all'assistenza sociale e medica, le Parti s'impegnano:

1) ad applicare con spirito liberale i regolamenti esistenti;

2) a semplificare le formalità in vigore ed a ridurre o sopprimere i diritti di cancelleria e le altre tasse che i lavoratori stranieri o i loro datori di lavoro devono pagare;

3) a rendere più flessibili, individualmente o collettivamente, le regolamentazioni che disciplinano l'ingaggio di lavoratori stranieri

e riconoscono:

4) il diritto di uscita dei loro concittadini desiderosi di esercitare attività a fini di lucro sul territorio delle altre Parti.

19. Diritto dei lavoratori migranti e delle loro famiglie alla protezione ed all'assistenza. – 1. Per assicurare il concreto esercizio del diritto dei lavoratori migranti e delle loro famiglie alla protezione ed all'assistenza sul territorio di ogni altra Parte, le Parti s'impegnano:

1) a mantenere o ad accertarsi dell'esistenza di adeguati servizi gratuiti incaricati di assistere tali lavoratori ed in particolare di fornire loro informazioni esatte e di adottare ogni misura utile a condizione che la legislazione e la regolamentazione nazionale lo consentano, contro ogni propaganda ingannevole sull'emigrazione e l'immigrazione;

2) a prendere, nei limiti della loro giurisdizione, adeguati provvedimenti per agevolare la partenza, il viaggio e l'accoglienza di questi lavoratori e delle loro famiglie e garantire loro, nei limiti della giurisdizione, i servizi sanitari e medici necessari durante il viaggio, nonché buone condizioni d'igiene;

3) a promuovere la collaborazione tra i servizi sociali, pubblici o privati a seconda dei casi dei paesi di emigrazione e d'immigrazione;

4) a garantire ai lavoratori di cui sopra che i trovano legalmente sul loro territorio, a condizione che tali materie siano disciplinate dalla legislazione o dalla regolamentazione o sottoposte al controllo delle autorità amministrative, un trattamento non meno favorevole di quello concesso ai loro connazionali per le seguenti materie:

a) retribuzione e altre condizioni d'impiego e di lavoro;

b) affiliazione alle organizzazioni sindacali e godimento dei vantaggi offerti dalle convenzioni collettive;

c) abitazione.

5) a garantire ai lavoratori che si trovano legalmente sul loro territorio un trattamento non meno favorevole di quello concesso ai loro cittadini per quanto riguarda le tasse, le imposte ed i contributi inerenti al lavoro percepiti a titolo del lavoratore;

6) ad agevolare per quanto possibile il ricongiungimento familiare del lavoratore migrante autorizzato a stabilirsi sul territorio;

7) a garantire ai lavoratori che si trovano legalmente sul loro territorio un trattamento non meno favorevole di quello concesso ai loro cittadini per le azioni legali vertenti su questioni contemplate dal presente articolo;

8) a garantire ai lavoratori che risiedono regolarmente sul loro territorio che potranno essere espulsi solo se minacciano la sicurezza dello Stato o contravvengono all'ordine pubblico o al buoncostume;

9) ad autorizzare, entro i limiti stabiliti dalla legislazione, il trasferimento di qualsiasi parte dei guadagni e dei risparmi dei lavoratori migranti che questi ultimi desiderano trasferire;

10) ad estendere la protezione e l'assistenza previste dal presente articolo ai lavoratori migranti che lavorano in proprio, a condizione che le misure in oggetto siano applicabili a tale categoria;

11) a favorire ed a facilitare l'insegnamento della lingua nazionale dello Stato di accoglienza oppure se vi sono diverse lingue, di una di esse, ai lavoratori migranti ed ai loro familiari;

12) a favorire ed a facilitare per quanto possibile, l'insegnamento della lingua materna del lavoratore migrante ai suoi figli.

20. Diritto alla parità di opportunità e di trattamento in materia di lavoro e di professione senza discriminazione basate sul sesso [2, 4 // 3, 37 Cost. // 14 Cedu, 5 prot. 7 Cedu, 1 prot. 12 Cedu // 20, 21, 23 C. Nizza // 1, 2, 7, 23, 26 Dich. Univ. diritti dell'uomo // 3, 20, 25 e 26 Patto int. diritti civili e politici]. – 1. Per assicurare l'effettivo esercizio del diritto alla parità di opportunità e di trattamento in materia di lavoro e di professione, senza discriminazioni basate sul sesso, le Parti s'impegnano a riconoscere questo diritto ed a prendere adeguate misure per assicurare o promuoverne l'applicazione nei seguenti settori:

a) accesso al lavoro, tutela in caso di licenziamento e reinserimento professionale;

b) orientamento e formazione professionale, riciclaggio, riadattamento professionale;

c) condizioni d'impiego e di lavoro, ivi compresa la retribuzione;

d) progressione di carriera, ivi compresa la promozione.

21. Diritto all'informazione ed alla consultazione [21 Cost. // 10 Cedu // 11 C. Nizza // 19 Dich. Univ. diritti dell'uomo // 18 e 19 Patto int. diritti civili e politici]. – 1. Per assicurare l'effettivo esercizio del diritto dei lavoratori all'informazione ed alla consultazione in seno all'impresa, le Parti si impegnano a prendere o a promuovere misure che consentano ai lavoratori o ai loro rappresentanti, in conformità con la legislazione e la prassi nazionale:

a) di essere regolarmente o tempestivamente informati, in maniera comprensibile, della situazione economica e finanziaria dell'impresa che li ha assunti, fermo restando che potrà essere negata la divulgazione di talune informazioni suscettibili di recare pregiudizio all'impresa o che potrà essere richiesto che tali informazioni siano considerate riservate; e

b) di essere consultati in tempo utile sulle decisioni previste che potrebbero pregiudicare sostanzialmente gli interessi dei lavoratori, in particolare quelle che potrebbero avere conseguenze importanti sulla situazione del lavoro nell'impresa.

22. Diritto di partecipare alla determinazione ed al miglioramento delle condizioni di lavoro e dell'ambiente di lavoro. – 1. Per assicurare l'effettivo esercizio del diritto dei lavoratori di partecipare alla determinazione ed al miglioramento delle condizioni di lavoro e dell'ambiente di lavoro nell'impresa, le Parti s'impegnano a prendere o a promuovere misure che consentano ai lavoratori o ai loro rappresentanti, in conformità con la legislazione e la prassi nazionale, di contribuire:

a) alla determinazione ed al miglioramento delle condizioni di lavoro, dell'organizzazione del lavoro e dell'ambiente di lavoro;

b) alla protezione della salute e della sicurezza in seno all'impresa;

c) all'organizzazione di servizi e di strutture sociali e socio-culturali dell'impresa;

d) al controllo dell'osservanza della regolamentazione in queste materie.

23. Diritto delle persone anziane ad una protezione sociale. – 1. Per assicurare l'effettivo esercizio del diritto delle persone anziane ad una protezione sociale, le Parti s'impegnano a prendere o a promuovere, sia direttamente sia in cooperazione con le organizzazioni pubbliche o private, adeguate misure volte in particolare:

– a consentire alle persone anziane di rimanere il più a lungo possibile membri a pieno titolo della società, mediante:

a) risorse sufficienti ad assicurare un'esistenza dignitosa ed a consentir loro di partecipare attivamente alla vita pubblica, sociale e culturale;

b) la divulgazione di informazioni relative ai servizi ed alle agevolazioni esistenti a favore delle persone anziane ed alla possibilità per le stesse di avvantaggiarsene;

– a consentire alle persone anziane di scegliere liberamente il loro modo di vita e di svolgere un'esistenza indipendente nel loro ambiente abituale per tutto il tempo che desiderano e che ciò è possibile, mediante:

a) la disponibilità di abitazioni appropriate ai loro bisogni ed alle loro condizioni di salute o di adeguati aiuti per la sistemazione dell'abitazione;

b) le cure medico-sanitarie ed i servizi eventualmente richiesti dal loro stato;

– a garantire alle persone anziane che vivono in istituto un'adeguata assistenza nel rispetto della vita privata, e la possibilità di partecipare alla determinazione delle condizioni di vita nell'istituto.

24. Diritto ad una tutela in caso di licenziamento. – 1. Per assicurare l'effettivo esercizio del diritto ad una tutela in caso di licenziamento, le Parti s'impegnano a riconoscere:

a) il diritto dei lavoratori di non essere licenziati senza un valido motivo legato alle loro attitudini o alla loro condotta o basato sulle necessità di funzionamento dell'impresa, dello stabilimento o del servizio;

b) il diritto dei lavoratori licenziati senza un valido motivo, ad un congruo indennizzo o altra adeguata riparazione.

2. A tal fine, le Parti si impegnano a garantire che un lavoratore, il quale ritenga di essere stato oggetto di una misura di licenziamento senza un valido motivo, possa avere un diritto di ricorso contro questa misura davanti ad un organo imparziale.

25. Diritto dei lavoratori alla protezione dei loro crediti in caso d'insolvenza del loro datore di lavoro. – 1. Per assicurare l'effettivo esercizio del diritto dei lavoratori alla tutela dei loro crediti in caso d'insolvenza del datore di lavoro, le Parti s'impegnano a prevedere che i crediti di lavoratori derivanti da contratti di lavoro o da rapporti di lavoro siano garantiti da un istituto di garanzia o altra forma effettiva di tutela.

26. Diritto alla dignità sul lavoro. – 1. Per assicurare l'effettivo esercizio del diritto di tutti lavoratori alla protezione della loro dignità sul lavoro, le Parti s'impegnano, in consultazione con le organizzazioni di datori di lavoro e di lavoratori:

1) a promuovere la pubblicizzazione, l'informazione e la prevenzione in materia di molestie sessuali sul luogo di lavoro o in connessione con il lavoro, e ad adottare ogni adeguata misura per tutelare i lavoratori contro tali comportamenti;

2) a promuovere la pubblicizzazione, l'informazione e la prevenzione in materia di atti condannabili o esplicitamente ostili o offensivi ripetutamente diretti contro ogni salariato sul luogo di lavoro o in connessione con il lavoro, e ad adottare ogni adeguata misura per tutelare i lavoratori contro tali comportamenti;

27. Diritto dei lavoratori aventi responsabilità familiari alla parità di opportunità e di trattamento. – 1. Per assicurare l'effettivo esercizio del diritto all'assistenza sociale e medica, le Parti s'impegnano a:

1) prendere misure appropriate:

a) per consentire ai lavoratori aventi responsabilità familiari di entrare e di rimanere nella vita attiva o di rientrarvi dopo un'assenza dovuta a queste responsabilità, ivi comprese le misure nel settore dell'orientamento e della formazione professionale;

b) per tener conto dei loro bisogni relativamente alle condizioni d'impiego ed alla sicurezza sociale;

c) per sviluppare o promuovere servizi pubblici o privati, in particolare i nidi d'infanzia ed altre forme di sorveglianza dei bambini;

2) prevedere per ogni genitore la possibilità, nel periodo successivo al congedo per maternità, di usufruire di assenze facoltative per la cura di un figlio, la cui durata e condizioni saranno stabilite dalla legislazione nazionale, dalle convenzioni collettive o secondo la prassi;

3) a garantire che le responsabilità familiari non possano in quanto tali costituire un valido motivo di licenziamento.

28. Diritto dei rappresentanti dei lavoratori ad una tutela nell'ambito nell'impresa ed agevolazioni da concedere loro. – 1. Per assicurare l'effettivo esercizio del diritto dei rappresentanti dei lavoratori di esercitare le loro funzioni di rappresentanti le Parti s'impegnano a garantire che, nell'impresa:

a) essi godano di un'effettiva tutela riguardo ad atti che potrebbero recar loro pregiudizio ivi compreso il licenziamento, e di cui sarebbero oggetto per via della loro qualifica o dalle loro attività di rappresentanti dei lavoratori nell'impresa;

b) essi usufruiscano di adeguate strutture per poter esercitare rapidamente e con efficacia le loro funzioni in considerazione del sistema di relazioni professionali prevalente nel paese nonché dei bisogni, dell'importanza e delle possibilità dell'impresa interessata.

29. Diritto all'informazione ed alla consultazione nelle procedure di licenziamenti collettivi. – 1. Per garantire l'effettivo esercizio del diritto dei lavoratori ad essere informati e consultati in caso di licenziamenti collettivi, le Parti s'impegnano a garantire che i datori di lavoro informino e consultino tempestivamente i rappresentanti dei lavoratori prima dei licenziamenti collettivi, riguardo alla possibilità di evitare i licenziamenti collettivi o di limitare il loro numero e di alleviarne le conseguenze, ad esempio facendo ricorso a provvedimenti sociali di accompagnamento relativi in particolare all'aiuto alla riclassificazione o al reinserimento dei lavoratori interessati.

30. Diritto alla protezione contro la povertà e l'emarginazione sociale. – 1. Per assicurare l'effettivo esercizio del diritto alla protezione contro la povertà e l'emarginazione sociale, le Parti s'impegnano:

a) prendere misure nell'ambito di un approccio globale e coordinato per promuovere l'effettivo accesso in particolare al lavoro, all'abitazione, alla formazione professionale, all'insegnamento, alla cultura, all'assistenza sociale e medica delle persone che si trovano o rischiano di trovarsi in situazioni di emarginazione sociale o di povertà e delle loro famiglie;

b) a riesaminare queste misure in vista del loro adattamento, se del caso.

31. Diritto all'abitazione. – 1. Per garantire l'effettivo esercizio del diritto all'abitazione, le Parti s'impegnano a prendere misure destinate:

1) a favorire l'accesso ad un'abitazione di livello sufficiente;

2) a prevenire e ridurre lo status di "senza tetto" in vista di eliminarlo gradualmente;

3) rendere il costo dell'abitazione accessibile alle persone che non dispongono di risorse sufficienti.

Patto internazionale sui diritti civili e politici (1966)

PREAMBOLO

Gli Stati Parti del presente Patto,

Considerato che, in conformità ai principi enunciati nello Statuto delle Nazioni Unite, il riconoscimento della dignità inerente a tutti i membri della famiglia umana e dei loro diritti, uguali e inalienabili, costituisce il fondamento della libertà, della giustizia e della pace nel mondo;

Riconosciuto che, in conformità alla Dichiarazione universale dei diritti dell'uomo, l'ideale dell'essere umano libero, che goda delle libertà civili e politiche e della libertà dal timore e dalla miseria, può essere conseguito soltanto se vengono create condizioni le quali permettano ad ognuno di godere dei propri diritti civili e politici, nonché dei propri diritti economici, sociali e culturali;

Considerato che lo Statuto delle Nazioni Unite impone agli Stati l'obbligo di promuovere il rispetto e l'osservanza universale dei diritti e delle libertà dell'uomo;

Considerato infine che l'individuo, in quanto ha dei doveri verso gli altri e verso la collettività alla quale appartiene, è tenuto a sforzarsi di promuovere e di rispettare i diritti riconosciuti nel presente Patto;

Hanno convenuto quanto segue:

PARTE I

Art. 1. – 1. Tutti i popoli hanno il diritto di autodeterminazione. In virtù di questo diritto, essi decidono liberamente del loro statuto politico e perseguono liberamente il loro sviluppo economico, sociale e culturale.

2. Per raggiungere i loro fini, tutti i popoli possono disporre liberamente delle proprie ricchezze e delle proprie risorse naturali senza pregiudizio degli obblighi derivanti dalla cooperazione economica internazionale, fondata sul principio del mutuo interesse, e dal diritto internazionale. In nessun caso un popolo può essere privato dei propri mezzi di sussistenza.

3. Gli Stati Parti del presente Patto, ivi compresi quelli che sono responsabili dell'amministrazione di territori non autonomi e di territori in amministrazione fiduciaria, debbono promuovere l'attuazione del diritto di autodeterminazione dei popoli e rispettare tale diritto, in conformità alle disposizioni dello Statuto delle Nazioni Unite.

PARTE II

Art. 2. – 1. Ciascuno degli Stati Parti del presente Patto si impegna a rispettare ed a garantire a tutti gli individui che si trovino sul suo territorio e siano sottoposti alla sua giurisdizione i diritti riconosciuti nel presente Patto, senza distinzione alcuna, sia essa fondata sulla razza, il colore, il sesso, la lingua, la religione, l'opinione politica o qualsiasi altra opinione, l'origine nazionale o sociale, la condizione economica, la nascita o qualsiasi altra condizione.

2. Ciascuno degli Stati Parti del presente Patto si impegna a compiere, in armonia con le proprie procedure costituzionali e con le disposizioni del presente Patto, i passi per l'adozione delle misure legislative o d'altro genere che possano occorrere per rendere effettivi i diritti riconosciuti nel presente Patto, qualora non vi provvedano già le misure, legislative e d'altro genere, in vigore.

3. Ciascuno degli Stati Parti del presente Patto s'impegna a:

a) Garantire che qualsiasi persona, i cui diritti o libertà riconosciuti dal presente Patto siano stati violati, disponga di effettivi mezzi di ricorso, anche nel caso in cui la violazione sia stata commessa da persone agenti nell'esercizio delle loro funzioni ufficiali;

b) Garantire che l'autorità competente, giudiziaria, amministrativa o legislativa, od ogni altra autorità competente ai sensi dell'ordinamento giuridico dello Stato, decida in merito ai diritti del ricorrente, e sviluppare le possibilità di ricorso in sede giudiziaria:

c) Garantire che le autorità competenti diano esecuzione a qualsiasi pronuncia di accoglimento di tali ricorsi.

Art. 3 [20, 25 e 26 // 3 Cost. // 14 Cedu, 5 prot. 7 Cedu, 1 prot. 12 Cedu // 20, 21, 23 C. Nizza // 2, 4, 20 Carta sociale europea // 1, 2, 7, 23, 26 Dich. Univ. diritti dell'uomo]. – Gli Stati Parti del presente Patto s'impegnano a garantire agli uomini e alle donne la parità giuridica nel godimento di tutti i diritti civili e politici enunciati nel

Art. 4. – 1. In caso di pericolo pubblico eccezionale, che minacci l'esistenza della nazione e venga proclamato un atto ufficiale, gli Stati Parti del presente Patto possono prendere misure le quali deroghino agli obblighi imposti dal presente Patto, nei limiti in cui la situazione strettamente lo esiga, e purché tali misure non siano incompatibili con gli altri obblighi imposti agli Stati medesimi dal diritto internazionale e non comportino una discriminazione fondata unicamente sulla razza, sul colore, sul sesso, sulla lingua, sulla religione o sull'origine sociale.

2. La suddetta disposizione non autorizza alcuna deroga agli articoli 6, 7, 8 (paragrafi 1 e 2), 11, 15, 16 e 18.

3. Ogni Stato Parte del presente Patto che si avvalga del diritto di deroga deve informare immediatamente, tramite il Segretario generale delle Nazioni Unite, gli altri Stati Parti del presente Patto sia delle disposizioni alle quali ha derogato sia dei motivi che hanno provocato la deroga. Una nuova comunicazione deve essere fatta, per lo stesso tramite, alla data in cui la deroga medesima viene fatta cessare.

Art. 5. – 1. Nessuna disposizione del presente Patto può essere interpretata nel senso di implicare un diritto di qualsiasi Stato, gruppo o individuo di intraprendere attività o di compiere atti miranti a sopprimere uno dei diritti o delle libertà riconosciuti nel presente Patto ovvero a limitarlo in misura maggiore di quanto è previsto dal Patto stesso.

2. Nessuna restrizione o deroga a diritti fondamentali dell'uomo riconosciuti o vigenti in qualsiasi Stato Parte del presente Patto in virtù di leggi, convenzioni, regolamenti o consuetudini, può essere ammessa col pretesto che il presente Patto non li riconosce o li riconosce in minor misura.

PARTE III

Art. 6 [11, 15 // 25 Cost. // 2, 7 Cedu // 2, 49 C. Nizza // 3, 11[2] Dich. Univ. diritti dell'uomo]. – 1. Il diritto alla vita è inerente alla persona umana. Questo diritto deve esser protetto dalla legge. Nessuno può essere arbitrariamente privato della vita.

2. Nei paesi in cui la pena di morte non è stata abolita, una sentenza capitale può essere pronunciata soltanto per i delitti più gravi, in conformità alle leggi vigenti al momento in cui il delitto fu commesso e purché ciò non sia in contrasto né con le disposizioni del presente Patto né con la Convenzione per la prevenzione e la punizione del delitto di genocidio. Tale

pena può essere eseguita soltanto in virtù di una sentenza definitiva, resa da un tribunale competente.

3. Quando la privazione della vita costituisce delitto di genocidio, resta inteso che nessuna disposizione di questo articolo autorizza uno Stato Parte del presente Patto a derogare in alcun modo a qualsiasi obbligo assunto in base alle norme della Convenzione per la prevenzione e la punizione del delitto di genocidio.

4. Ogni condannato a morte ha il diritto di chiedere la grazia o la commutazione della pena. L'amnistia, la grazia o la commutazione della pena di morte possono essere accordate in tutti i casi.

5. Una sentenza capitale non può essere pronunciata per delitti commessi dai minori di 18 anni e non può essere eseguita nei confronti di donne incinte.

6. Nessuna disposizione di questo articolo può essere invocata per ritardare o impedire l'abolizione della pena di morte ad opera di uno Stato Parte del presente Patto.

Art. 7 [10, 11 // 27 Cost. // 5 Cedu, 1 prot. 4 Cedu, 1 e 2 prot. 6 Cedu, 1 prot. 13 Cedu // 2, 48 e 50 C. Nizza // 5 e 11 Dich. Univ. diritti dell'uomo]. – Nessuno può essere sottoposto alla tortura né a punizioni o trattamenti crudeli, disumani o degradanti, in particolare, nessuno può essere sottoposto, senza il suo libero consenso, ad un esperimento medico o scientifico.

Art. 8. – 1. Nessuno può esser tenuto in stato di schiavitù; la schiavitù e la tratta degli schiavi sono proibite sotto qualsiasi forma.

2. Nessuno può esser tenuto in stato di servitù.

3. a) Nessuno può essere costretto a compiere un lavoro forzato od obbligatorio;

b) La lettera a) del presente paragrafo non può essere interpretata nel senso di proibire, in quei paesi dove certi delitti possono essere puniti con la detenzione accompagnata dai lavori forzati, che sia scontata una pena ai lavori forzati, inflitta da un tribunale competente;

c) L'espressione "lavoro forzato o obbligatorio", ai fini del presente paragrafo, non comprende:

i) qualsiasi lavoro o servizio, diverso da quello menzionato alla lettera b), normalmente imposto ad un individuo che sia detenuto in base a regolare decisione giudiziaria o che essendo stato oggetto di una tale decisione, sia in libertà condizionata;

ii) qualsiasi servizio di carattere militare e, in quei paesi ove è ammessa l'obiezione di coscienza, qualsiasi servizio nazionale imposto per legge agli obiettori di coscienza;

iii) qualsiasi servizio imposto in situazioni di emergenza o di calamità che minacciano la vita o il benessere della comunità;

iv) qualsiasi lavoro o servizio che faccia parte dei normali obblighi civili.

Art. 9 [10, 11, 17 // 13 Cost. // 5 Cedu // 6 C. Nizza // 3, 9, 22 Dich. Univ. diritti dell'uomo]. – 1. Ogni individuo ha diritto alla libertà e alla sicurezza della propria persona. Nessuno può essere arbitrariamente arrestato o detenuto. Nessuno può esser privato della propria libertà, se non per i motivi e secondo la procedura previsti dalla legge.

2. Chiunque sia arrestato deve essere informato, al momento del suo arresto, dei motivi dell'arresto medesimo, e deve al più presto aver notizia di qualsiasi accusa mossa contro di lui.

3. Chiunque sia arrestato o detenuto in base ad un'accusa di carattere penale deve essere tradotto al più presto dinanzi a un giudice o ad altra autorità competente per legge ad esercitare funzioni giudiziarie, e ha diritto ad essere giudicato entro un termine ragionevole, o rilasciato. La detenzione delle persone in attesa di giudizio non deve costituire la regola, ma il loro rilascio può essere subordinato a garanzia che assicurino la comparizione dell'accusato sia ai fini del giudizio, in ogni altra fase del processo, sia eventualmente, ai fini della esecuzione della sentenza.

4. Chiunque sia privato della propria libertà per arresto o detenzione ha diritto a ricorrere ad un tribunale, affinché questo possa decidere senza indugio sulla legalità della sua detenzione e, nel caso questa risulti illegale, possa ordinare il suo rilascio.

5. Chiunque sia stato vittima di arresto o detenzione illegali ha pieno diritto a un indennizzo.

Art. 10 [9, 11, 17 // 13, 27 Cost. // 5 Cedu 1 prot. 4 Cedu, 1 e 2 prot. 6 Cedu, 1 prot. 13 Cedu // 2, 6, 48, 50 C. Nizza // 3, 5, 9, 11, 22 Dich. Univ. diritti dell'uomo]. – 1. Qualsiasi individuo privato della propria libertà deve essere trattato con umanità e col rispetto della dignità inerente alla persona umana.

2. a) Gli imputati, salvo circostanze eccezionali, devono essere separati dai condannati e sottoposti a un trattamento diverso, consono alla loro condizione di persone non condannate;

b) gli imputati minorenni devono esser separati dagli adulti e il loro caso deve esser giudicato il più rapidamente possibile.

3. Il regime penitenziario deve comportare un trattamento dei detenuti che abbia per fine essenziale il loro ravvedimento e la loro riabilitazione sociale. I rei minorenni devono essere separati dagli adulti e deve esser loro accordato un trattamento adatto alla loro età e al loro stato giuridico.

Art. 11 [9, 10, 15, 17 // 13, 25, 27 Cost. // 5, 7 Cedu, 1 prot. 4 Cedu, 1 e 2 prot. 6 Cedu, 1 prot. 13 Cedu // 2, 6, 48-50 C. Nizza // 3, 5, 9, 11², 22 Dich. Univ. diritti dell'uomo]. – Nessuno può essere imprigionato per il solo motivo che non è in grado di adempiere a un obbligo contrattuale.

Art. 12 [16 Cost. // 2 prot. 4 Cedu // 45 C. Nizza // 13 Dich. Univ. diritti dell'uomo]. – 1. Ogni individuo che si trovi legalmente nel territorio di uno Stato ha diritto alla libertà di movimento e alla libertà di scelta della residenza in quel territorio.

2. Ogni individuo è libero di lasciare qualsiasi paese, incluso il proprio.

3. I suddetti diritti non possono essere sottoposti ad alcuna restrizione, tranne quelle che siano previste dalla legge, siano necessarie per proteggere la sicurezza nazionale, l'ordine pubblico, la sanità o la moralità pubbliche, ovvero gli altrui diritti e libertà, e siano compatibili con gli altri diritti riconosciuti dal presente Patto.

4. Nessuno può essere arbitrariamente privato del diritto di entrare nel proprio paese.

Art. 13 [10 Cost. // 16 Cedu, 4 prot. 4 Cedu, 1 prot. 7 Cedu // 18, 19 C. Nizza // 14 Dich. Univ. diritti dell'uomo]. – Uno straniero che si trovi legalmente nel territorio di uno Stato Parte del presente Patto non può esserne espulso se non in base a una decisione presa in conformità della legge e, salvo che vi si oppongano imperiosi motivi di sicurezza nazionale, deve avere la possibilità di far valere le proprie ragioni contro la sua espulsione, di sottoporre il proprio caso all'esame dell'autorità competente, o di una o più persone specificamente designate da detta autorità, e di farsi rappresentare innanzi ad esse a tal fine.

Art. 14 [24, 111 Cost. // 6, 13 Cedu, 2-4 prot. 7 Cedu // 47, 48, 50 C. Nizza // 7-11 Dich. Univ. diritti dell'uomo]. – 1. Tutti sono eguali dinanzi ai tribunali e alle corti di giustizia. Ogni individuo ha diritto ad un'equa e pubblica udienza dinanzi a un tribunale competente, indipendente e imparziale, stabilito dalla legge, allorché si tratta di determinare la fondatezza di un'accusa penale che gli venga rivolta, ovvero di accertare i suoi diritti ed obblighi mediante un giudizio civile. Il processo può svolgersi totalmente o parzialmente a porte chiuse, sia per motivi di moralità, di ordine pubblico o di sicurezza nazionale in una società democratica, sia quando lo esiga l'interesse della vita privata delle parti in causa, sia, nella misura ritenuta strettamente necessaria dal tribunale, quando per circostanze particolari la pubblicità nocerebbe agli interessi della giustizia; tuttavia, qualsiasi sentenza pronunciata in un giudizio penale o civile dovrà essere resa pubblica, salvo che l'interesse di minori esiga il contrario, ovvero che il processo verta su controversie matrimoniali o sulla tutela dei figli.

2. Ogni individuo accusato di un reato ha il diritto di essere presunto innocente sino a che la sua colpevolezza non sia stata provata legalmente.

3. Ogni individuo accusato di un reato ha diritto, in posizione di piena eguaglianza, come minimo, alle seguenti garanzie:

a) ad essere informato sollecitamente e in modo circostanziato, in una lingua a lui comprensibile, della natura e dei motivi dell'accusa a lui rivolta;

b) a disporre del tempo e dei mezzi necessari alla preparazione della difesa ed a comunicare con un difensore di sua scelta;

c) ad essere giudicato senza ingiustificato ritardo;

d) ad essere presente al processo ed a difendersi personalmente o mediante un difensore di sua scelta; nel caso sia sprovvisto di un difensore, ad essere informato del suo diritto ad averne e, ogni qualvolta l'interesse della giustizia lo esiga, a vedersi assegnato un difensore d'ufficio, a titolo gratuito se egli non dispone di mezzi sufficienti per compensarlo;

e) a interrogare o far interrogare i testimoni a carico e ad ottenere la citazione e l'interrogatorio dei testimoni a discarico nelle stesse condizioni dei testimoni a carico;

f) a farsi assistere gratuitamente da un interprete, nel caso egli non comprenda o non parli la lingua usata in udienza;

g) a non essere costretto a deporre contro se stesso o a confessarsi colpevole.

4. La procedura applicabile ai minorenni dovrà tener conto della loro età e dell'interesse a promuovere la loro riabilitazione.

5. Ogni individuo condannato per un reato ha diritto a che l'accertamento della sua colpevolezza e la condanna siano riesaminati da un tribunale di seconda istanza in conformità della legge.

6. Quando un individuo è stato condannato con sentenza definitiva e successivamente tale condanna viene annullata, ovvero viene accordata la grazia, in quanto un fatto nuovo o scoperto dopo la condanna dimostra che era stato commesso un errore giudiziario, l'individuo che ha scontato una pena in virtù di detta condanna deve essere indennizzato, in conformità della legge, a meno che non venga provato che la mancata scoperta in tempo utile del fatto ignoto è a lui imputabile in tutto o in parte.

7. Nessuno può essere sottoposto a nuovo giudizio o a nuova pena, per un reato per il quale sia stato già assolto o condannato con sentenza definitiva in conformità al diritto e alla procedura penale di ciascun paese.

Art. 15 [6, 11 // 25 Cost. // 7 Cedu // 49 C. Nizza // 11^2 Dich. Univ. diritti dell'uomo]. – 1. Nessuno può essere condannato per azioni od omissioni che, al momento in cui venivano commesse, non costituivano reato secondo il diritto interno o il diritto internazionale. Così pure, non può essere inflitta una pena superiore a quella applicabile al momento in cui il reato sia stato commesso. Se, posteriormente alla commissione del reato, la legge prevede l'applicazione di una pena più lieve, il colpevole deve beneficiarne.

2. Nulla, nel presente articolo, preclude il deferimento a giudizio e la condanna di qualsiasi individuo per atti od omissioni che, al momento in cui furono commessi, costituivano reati secondo i principi generali del diritto riconosciuti dalla comunità delle nazioni.

Art. 16 [6, 15 Dich. Univ. diritti dell'uomo]. – Ogni individuo ha diritto al riconoscimento in qualsiasi luogo della sua personalità giuridica.

Art. 17 [9, 10, 11 // 13, 15 Cost. // 8, 5 Cedu // 6, 7 C. Nizza // 3, 9, 12, 22 Dich. Univ. diritti dell'uomo]. – 1. Nessuno può essere sottoposto ad interferenze arbitrarie o illegittime nella sua vita privata, nella sua famiglia, nella sua casa o nella sua corrispondenza, né a illegittime offese al suo onore e alla sua reputazione.

2. Ogni individuo ha diritto ad essere tutelato dalla legge contro tali interferenze od offese.

Art. 18 [19 // 19, 20, 21 Cost. // 9 Cedu // 10, 11 C. Nizza // 18 Dich. Univ. diritti dell'uomo]. – 1. Ogni individuo ha diritto alla libertà di pensiero, di coscienza e di religione. Tale diritto include la libertà di avere o di adottare una religione o un credo di sua scelta, nonché la libertà di manifestare, individualmente o in comune con altri, e sia in pubblico sia in privato, la propria religione o il proprio credo nel culto e nell'osservanza dei riti, nelle pratiche e nell'insegnamento.

2. Nessuno può essere assoggettato a costrizioni che possano menomare la sua libertà di avere o adottare una religione o un credo di sua scelta.

3. La libertà di manifestare la propria religione o il proprio credo può essere sottoposta unicamente alle restrizioni previste dalla legge e che siano necessarie per la tutela della sicurezza pubblica, dell'ordine pubblico e della sanità pubblica, della morale pubblica o degli altrui diritti e libertà fondamentali.

4. Gli Stati Parti del presente Patto si impegnano a rispettare la libertà dei genitori e, ove del caso, dei tutori legali di curare l'educazione religiosa e morale dei figli in conformità alle proprie convinzioni.

Art. 19 [18 // 19, 20, 21 Cost. // 9 Cedu // 10, 11 C. Nizza // 21 Carta sociale europea // 18, 19 Dich. Univ. diritti dell'uomo]. – 1. Ogni individuo ha diritto a non essere molestato per le proprie opinioni.

2. Ogni individuo ha il diritto alla libertà di espressione; tale diritto comprende la libertà di cercare, ricevere e diffondere informazioni e idee di ogni genere, senza riguardo a frontiere, oralmente, per iscritto, attraverso la stampa, in forma artistica o attraverso qualsiasi altro mezzo di sua scelta.

3. L'esercizio delle libertà previste al paragrafo 2 del presente articolo comporta doveri e responsabilità speciali. Esso può essere pertanto sottoposto a talune restrizioni che però devono essere espressamente stabilite dalla legge ed essere necessarie:

a) al rispetto dei diritti o della reputazione altrui;

b) alla salvaguardia della sicurezza nazionale, dell'ordine pubblico, della sanità o della morale pubbliche.

Art. 20 [3, 25 e 26 // 3, 11 Cost. // 14 Cedu, 5 prot. 7 Cedu, 1 prot. 12 Cedu // 20, 21, 23 C. Nizza // 2, 4, 20 Carta sociale europea // 1, 2, 7, 23, 26 Dich. Univ. diritti dell'uomo]. – 1. Qualsiasi propaganda a favore della guerra deve esser vietata dalla legge.

2. Qualsiasi appello all'odio nazionale, razziale o religioso che costituisca incitamento alla discriminazione, all'ostilità o alla violenza deve essere vietato dalla legge.

Art. 21 [17 Cost. // 12 C. Nizza // 20 Dich. Univ. diritti dell'uomo]. – È riconosciuto il diritto di riunione pacifica. L'esercizio di tale diritto non può formare oggetto di restrizioni tranne quelle imposte in conformità alla legge e che siano necessarie in una società democratica, nell'interesse della sicurezza nazionale, della sicurezza pubblica, dell'ordine pubblico o per tutelare la sanità e la morale pubbliche o gli altrui diritti e libertà.

Art. 22 [18 Cost. // 12 C. Nizza // 20 Dich. Univ. diritti dell'uomo]. – 1. Ogni individuo ha diritto alla libertà di associazione che include il diritto di costituire dei sindacati e di aderirvi per la tutela dei propri interessi.

2. L'esercizio di tale diritto non può formare oggetto di restrizioni, tranne quelle stabilite dalla legge e che siano necessarie in una società democratica, nell'interesse della sicurezza nazionale, della sicurezza pubblica, dell'ordine pubblico, o per tutelare la sanità e la morale pubbliche o gli altrui diritti e libertà. Il presente articolo non impedisce di imporre restrizioni legali all'esercizio di tale diritto da parte dei membri delle forze armate e della polizia.

3. Nessuna disposizione del presente articolo autorizza gli Stati Parti della Convenzione del 1948 dell'Organizzazione Internazionale del Lavoro, concernente la libertà sindacale e la tutela del diritto sindacale a adottare misure legislative che portino pregiudizio alle garanzie previste dalla menzionata Convenzione, o ad applicare le loro leggi in modo da causare tale pregiudizio.

Art. 23 [2, 29-31 Cost. // 12 Cedu, 5 prot. 7 Cedu // 7, 9, 33 C. Nizza // 16 Carta sociale europea // 16 Dich. Univ. diritti dell'uomo]. – 1. La famiglia è il nucleo naturale e fondamentale della società e ha diritto ad essere protetta dalla società e dallo Stato.

2. Il diritto di sposarsi e di fondare una famiglia è riconosciuto agli uomini e alle donne che abbiano l'età per contrarre matrimonio.

3. Il matrimonio non può essere celebrato senza il libero e pieno consenso dei futuri coniugi.

4. Gli Stati Parti del presente Patto devono prendere misure idonee a garantire la parità di diritti e di responsabilità dei coniugi riguardo al matrimonio, durante il matrimonio e al momento del suo scioglimento In caso di scioglimento, deve essere assicurata ai figli la protezione necessaria.

Art. 24. – 1. Ogni fanciullo, senza discriminazione alcuna fondata sulla razza, il colore, il sesso, la lingua, la religione, l'origine nazionale o sociale, la condizione economica o la nascita, ha diritto a quelle misure protettive che richiede il suo stato minorile, da parte della sua famiglia, della società e dello Stato.

2. Ogni fanciullo deve essere registrato subito dopo la nascita ed avere un nome.

3. Ogni fanciullo ha diritto ad acquistare una cittadinanza.

Art. 25 [3, 20, 26 // 1, 3, 48, 50, 51, 56, 57, 71, 75, 132, 133, 138, 139 Cost. // 14 Cedu, 3 prot. 1 Cedu, 5 prot. 7 Cedu, 1 prot. 12 Cedu //20, 21, 23, 39, 40, 44 C. Nizza // 1, 2, 7, 21, 23, 26 Dich. Univ. diritti dell'uomo]. – Ogni cittadino ha il diritto, e deve avere la possibilità, senza alcuna delle discriminazioni menzionate all'articolo 2 e senza restrizioni irragionevoli:

a) di partecipare alla direzione degli affari pubblici, personalmente o attraverso rappresentanti liberamente scelti;

b) di votare e di essere eletto, nel corso di elezioni veritiere, periodiche, effettuate a suffragio universale ed eguale, ed a voto segreto, che garantiscano la libera espressione della volontà degli elettori;

c) di accedere, in condizioni generale di eguaglianza, ai pubblici impieghi del proprio paese.

Art. 26 [3, 25 // 3 Cost. // 14 Cedu, 5 prot. 7 Cedu, 1 prot. 12 Cedu // 20, 21, 23 C. Nizza // 2, 4, 20 Carta sociale europea // 1, 2, 7, 23, 26 Dich. Univ. diritti dell'uomo]. – Tutti gli individui sono eguali dinanzi alla legge e hanno diritto, senza alcuna discriminazione, ad una eguale tutela da parte della legge. A questo riguardo, la legge deve proibire qualsiasi discriminazione e garantire a tutti gli individui una tutela eguale ed effettiva contro ogni discriminazione, sia essa fondata sulla razza, il colore, il sesso, la lingua, la religione, l'opinione politica o qualsiasi altra opinione, l'origine nazionale o sociale, la condizione economica, la nascita o qualsiasi altra condizione.

Art. 27 [6, 8 Cost. // 22 C. Nizza]. – In quegli Stati, nei quali esistono minoranze etniche, religiose, o linguistiche, gli individui appartenenti a tali minoranze non possono essere privati del diritto di avere una vita culturale propria, di professare e praticare la propria religione, o di usare la propria lingua, in comune con gli altri membri del proprio gruppo.

PARTE IV

Art. 28. – 1. È istituito un Comitato dei diritti dell'uomo (indicato di qui innanzi, nel presente Patto, come "il Comitato"). Esso si compone di diciotto membri ed esercita le funzioni qui appresso previste.

2. Il Comitato si compone di cittadini degli Stati Parti del presente Patto, i quali debbono essere persone di alta levatura morale e di riconosciuta competenza nel campo dei diritti dell'uomo. Sarà tenuto conto dell'opportunità che facciano parte del Comitato alcune persone aventi esperienza giuridica.

3. I membri del Comitato sono eletti e ricoprono la loro carica a titolo individuale.

Art. 29. – 1. I membri del Comitato sono eletti a scrutinio segreto fra una lista di persone che posseggono le qualità stabilite all'articolo 28 e che siano state designate a tal fine dagli Stati Parti del presente Patto.

2. Ogni Stato Parte del presente Patto può designare non più di due persone. Queste persone devono essere cittadini dello Stato che le designa.

3. La stessa persona può essere designata più di una volta.

Art. 30. – 1. La prima elezione si svolgerà entro sei mesi a partire dalla data di entrata in vigore del presente Patto.

2. Almeno quattro mesi prima della data di ciascuna elezione al Comitato, salvo che si tratti di elezione per colmare una vacanza dichiarata in conformità all'articolo 34, il Segretario generale delle Nazioni Unite invita per iscritto gli Stati Parti del presente Patto a designare, nel termine di tre mesi, i candidati da essi proposti come membri del Comitato.

3. Il Segretario generale delle Nazioni Unite compila una lista in ordine alfabetico di tutte le persone così designate, facendo menzione degli Stati Parti che le hanno designate, e la comunica agli Stati Parti del presente Patto almeno un mese prima della data di ogni elezione.

4. L'elezione dei membri del Comitato ha luogo nel corso di una riunione degli Stati Parti del presente Patto convocata dal Segretario generale delle Nazioni Unite presso la sede dell'Organizzazione. In tale riunione, per la quale il quorum è costituito dai due terzi degli Stati Parti del presente Patto, sono eletti membri del Comitato i candidati che ottengono il maggior numero di voti e la maggioranza assoluta dei voti dei rappresentanti degli Stati Parti presenti e votanti.

Art. 31. – 1. Il Comitato non può comprendere più di un cittadino dello stesso Stato.

2. Nell'elezione del Comitato, deve tenersi conto di un equa ripartizione geografica dei seggi, e della rappresentanza sia delle diverse forme di civiltà sia dei principali sistemi giuridici.

Art. 32. – 1. I membri del Comitato sono eletti per un periodo di quattro anni; se vengono nuovamente designati, sono rieleggibili. Tuttavia, il mandato di nove membri eletti alla prima elezione scadrà al termine di due anni; subito dopo la prima elezione, i nomi di questi nove membri saranno tirati a sorte dal Presidente della riunione di cui al paragrafo 4 dell'articolo 30.

2. Allo scadere del mandato, le elezioni si svolgono in conformità alle disposizioni degli articoli precedenti di questa parte del Patto.

Art. 33. – 1. Se, a giudizio unanime degli altri membri, un membro del Comitato abbia cessato di esercitare le sue funzioni per qualsiasi causa diversa da un'assenza di carattere temporaneo, il Presidente del Comitato ne informa il Segretario generale delle Nazioni Unite il quale dichiara vacante il seggio occupato da detto membro.

2. In caso di morte o di dimissioni di un membro del Comitato, il Presidente ne informa immediatamente il Segretario generale delle Nazioni Unite, il quale dichiara vacante il seggio a partire dalla data della morte o dalla data in cui avranno effetto le dimissioni.

Art. 34. – 1. Quando una vacanza viene dichiarata in conformità; all'arti colo 33, e se il mandato del membro da sostituire non deve aver fine entro i sei mesi successivi alla dichiarazione di vacanza, il Segretario generale delle Nazioni Unite ne avverte gli Stati Parti del presente Patto, i quali possono entro due mesi designare dei candidati, in conformità all'articolo 29, per ricoprire il seggio vacante.

2. Il Segretario generale delle Nazioni Unite compila una lista in ordine alfabetico delle persone così designate e la comunica agli Stati Parti del presente Patto. L'elezione per ricoprire il seggio vacante si svolge quindi in conformità alle disposizioni pertinenti della presente parte del Patto.

3. Un membro del Comitato eletto ad un seggio dichiarato vacante in conformità all'articolo 33 rimane in carica fino alla scadenza del mandato del membro, il cui seggio nel Comitato sia divenuto vacante ai sensi del predetto articolo.

Art. 35. – I membri del Comitato ricevono, con l'approvazione dell'Assemblea Generale delle Nazioni Unite, degli emolumenti prelevati sui fondi della Organizzazione, alle condizioni stabilite dall'Assemblea Generale, avuto riguardo all'importanza delle funzioni del Comitato.

Art. 36. – Il Segretario generale delle Nazioni Unite mette a disposizione del Comitato il personale e i mezzi materiali necessari perché esso possa svolgere efficacemente le funzioni previste dal presente Patto.

Art. 37. – 1. Il Segretario generale delle Nazioni Unite convocherà la prima riunione del Comitato nella sede dell'Organizzazione.

2. Dopo la sua prima riunione, il Comitato si riunisce alle scadenze previste dal proprio regolamento interno.

3. Le riunioni del Comitato si tengono normalmente nella Sede delle Nazioni Unite ovvero nell'Ufficio delle Nazioni Unite a Ginevra.

Art. 38. – Ogni membro del Comitato, prima di assumere la carica, deve fare in udienza pubblica dichiarazione solenne che egli eserciterà le sue funzioni in modo imparziale e coscienzioso.

Art. 39. – 1. Il Comitato elegge il proprio ufficio di presidenza per un periodo di due anni. I componenti di tale ufficio sono rieleggibili.

2. Il Comitato stabilisce il proprio regolamento interno; questo deve tuttavia contenere, tra l'altro, le disposizioni seguenti: a) Il quorum è di dodici membri; b) Le decisioni del Comitato sono prese a maggioranza dei membri presenti.

Art. 40. – 1. Gli Stati Parti del presente Patto si impegnano a presentare rapporti sulle misure che essi avranno adottate per dare attuazione ai diritti riconosciuti nel presente Patto, nonché sui progressi compiuti nel godimento di tali diritti: a) entro un anno dall'entrata in vigore del presente Patto rispetto a ciascuno degli Stati Parti; b) Successivamente, ogni volta che il Comitato ne farà richiesta.

2. Tutti i rapporti sono indirizzati al Segretario generale delle Nazioni Unite, che li trasmette per esame al Comitato. I rapporti indicano, ove del caso, i fattori e le difficoltà che influiscano sull'applicazione del presente Patto.

3. Il Segretario generale delle Nazioni Unite, previa consultazione col Comitato, può trasmettere agli Istituti specializzati interessati copia di quelle parti dei rapporti che possono riguardare i campi di loro competenza.

4. Il Comitato studia i rapporti presentati dagli Stati Parti del presente Patto. Esso trasmette agli Stati Parti i propri rapporti e le osservazioni generali che ritenga opportune. Il Comitato può anche trasmettere al Consiglio Economico e Sociale tali osservazioni, accompagnate da copie dei rapporti ricevuti dagli Stati Parti del presente Patto.

5. Gli Stati Parti del presente Patto possono presentare al Comitato i propri rilievi circa qualsiasi osservazione fatta ai sensi del paragrafo 4 del presente articolo.

Art. 41. – 1. Ogni Stato Parte del presente Patto può dichiarare in qualsiasi momento, in base al presente articolo, di riconoscere la competenza del Comitato a ricevere ed esaminare comunicazioni, nelle quali uno Stato Parte pretenda che un altro Stato Parte non adempie agli obblighi derivanti dal presente Patto. Le comunicazioni di cui al presente articolo possono essere ricevute ed esaminate soltanto se provenienti da uno Stato Parte che abbia dichiarato di riconoscere, per quanto lo concerne, la competenza del Comitato. Il Comitato non può ricevere nessuna comunicazione riguardante uno Stato Parte che non abbia fatto tale dichiarazione. Alle comunicazioni ricevute in conformità al presente articolo si applica la procedura seguente:

a) Se uno Stato Parte del presente Patto ritiene che un altro Stato Parte non applica le disposizioni del presente Patto, esso può richiamare sulla questione, mediante comunicazione scritta, l'attenzione di tale Stato. Entro tre mesi dalla data di ricezione della comunicazione, lo Stato destinatario fa pervenire allo Stato che gli ha inviato la comunicazione delle spiegazioni o altre dichiarazioni scritte intese a chiarire la questione, che dovrebbero includere, purché ciò sia possibile e pertinente, riferimenti alle procedure e ai ricorsi interni già utilizzati, o tuttora pendenti, ovvero ancora esperibili.

b) Se, nel termine di sei mesi dalla data di ricezione della comunicazione iniziale da parte dello Stato destinatario, la questione non è stata risolta con soddisfazione di entrambi gli Stati Parti interessati, tanto l'uno che l'altro hanno il diritto di deferirla al Comitato, mediante notifica fatta sia al Comitato sia all'altro interessato.

c) Il Comitato può entrare nel merito di una questione ad esso deferita soltanto dopo avere accertato che tutti i ricorsi interni disponibili siano stati esperiti ed esauriti in conformità ai principi di diritto internazionale generalmente riconosciuti. Questa norma non si applica se la trattazione dei ricorsi subisce ingiustificati ritardi.

d) Quando esamina le comunicazioni previste dal presente articolo il Comitato tiene seduta a porte chiuse.

e) Salvo quanto è stabilito alla lettera c), il Comitato mette i suoi buoni uffici a disposizione degli Stati Parti interessati, allo scopo di giungere ad una soluzione amichevole della questione, basata sul rispetto dei diritti dell'uomo e delle libertà fondamentali, quali sono riconosciuti dal presente Patto.

f) In ogni questione ad esso deferita, il Comitato può chiedere agli Stati Parti interessati, di cui alla lettera b), di fornire qualsiasi informazione pertinente.

g) Gli Stati Parti interessati, di cui alla lettera b), hanno diritto di farsi rappresentare quando la questione viene esaminata dal Comitato e di presentare osservazioni oralmente o per scritto, o in entrambe le forme.

h) Il Comitato deve presentare un rapporto, entro dodici mesi dalla data di ricezione della notifica prevista alla lettera b): i) Se è stata trovata una soluzione conforme alle condizioni indicate alla lettera e), il Comitato limita il suo rapporto ad una breve esposizione dei fatti e della soluzione raggiunta; ii) Se non è stata trovata una soluzione conforme alle condizioni indicate alla lettera e), il Comitato limita il suo rapporto a una breve esposizione dei fatti; il testo delle osservazioni scritte e i verbali delle osservazioni orali presentate dagli Stati Parti interessati vengono allegati al rapporto. Per ogni questione, il rapporto è comunicato agli Stati Parti interessati.

2. Le disposizioni del presente articolo entreranno in vigore quando dieci Stati Parti del presente Patto avranno fatto la dichiarazione prevista al paragrafo 1 del presente articolo. Detta dichiarazione sarà depositata dagli Stati Parti presso il Segretario generale delle Nazioni Unite, che ne trasmetterà copia agli altri Stati Parti. Una dichiarazione potrà essere ritirata in qualsiasi momento mediante notifica diretta al Segretario generale. Questo ritiro non pregiudicherà l'esame di qualsiasi questione che formi oggetto di una comunicazione già inviata in base al presente articolo; nessun'altra comunicazione di uno Stato Parte sarà ricevuta dopo che il Segretario generale abbia ricevuto notifica del ritiro della dichiarazione, salvo che lo Stato Parte interessato non abbia fatto una nuova dichiarazione.

Art. 42. – 1. a) Se una questione deferita al Comitato in conformità all'articolo 41 non viene risolta in modo soddisfacente per gli Stati Parti interessati, il Comitato, previo consenso degli Stati Parti interessati, può designare una Commissione di conciliazione ad hoc (indicata da qui innanzi come "la Commissione"). La Commissione mette i suoi buoni uffici a disposizione degli Stati Parti interessati, allo scopo di giungere ad una soluzione amichevole della questione, basata sul rispetto del presente Patto.

b) La Commissione è composta di cinque membri nominati di concerto con gli Stati Parti interessati. Se gli Stati Parti interessati non pervengono entro tre mesi a un'intesa sulla composizione della Commissione, o di parte di essa, i membri della Commissione sui quali non è stato raggiunto l'accordo sono eletti dal Comitato fra i propri membri, con voto segreto e a maggioranza dei due terzi.

2. I membri della Commissione ricoprono tale carica a titolo individuale. Essi non devono essere cittadini né degli Stati Parti interessati, né di uno Stato che non sia parte del presente Patto, né di uno Stato Parte che non abbia fatto la dichiarazione prevista all'articolo 11.

3. La Commissione elegge il suo Presidente e adotta il suo regolamento interno.

4. Le riunioni della Commissione si tengono normalmente nella Sede delle Nazioni Unite ovvero nell'Ufficio delle Nazioni Unite a Ginevra. Tuttavia, esse possono svolgersi in qualsiasi altro luogo appropriato che può essere stabilito dalla Commissione previa consultazione con il Segretario generale delle Nazioni Unite e con gli Stati Parti interessati.

5. Il segretariato previsto all'articolo 36 presta i suoi servigi anche alle commissioni nominate in base al presente articolo.

6. Le informazioni ricevute e vagliate dal Comitato sono messe a disposizione della Commissione, e la Commissione può chiedere agli Stati Parti interessati di fornirle ogni altra informazione pertinente.

7. Dopo un completo esame della questione, ma in ogni caso entro un termine massimo di dodici mesi dal momento in cui ne è stata investita, la Commissione presenta un rapporto al Presidente del Comitato, perché sia trasmesso agli Stati Parti interessati: a) se la Commissione non è in grado di completare l'esame della questione entro i dodici mesi, essa si limita ad esporre brevemente nel suo rapporto a qual punto si trovi l'esame della questione medesima; b) se si è giunti ad una soluzione amichevole della questione, basata sul rispetto dei diritti dell'uomo riconosciuti nel presente Patto, la Commissione si limita ad esporre brevemente nel suo rapporto i fatti e la soluzione a cui si è pervenuti; c) se non si è giunti ad una soluzione ai sensi della lettera b), la Commissione espone nel suo rapporto i propri accertamenti su tutti i punti di fatto relativi alla questione dibattuta fra gli Stati Parti interessati, nonché le proprie considerazioni circa la possibilità di una soluzione amichevole dell'affare. Il rapporto comprende pure le osservazioni scritte e un verbale delle osservazioni orali presentate dagli Stati Parti interessati; d) se il rapporto della Commissione è presentato in conformità alla lettera c), gli Stati Parti interessati, entro tre mesi dalla ricezione del rapporto, debbono rendere noto al Presidente del Comitato se accettano o meno i termini del rapporto della Commissione.

8. Le disposizioni del presente articolo non pregiudicano le attribuzioni del Comitato previste all'art. 41.

9. Tutte le spese dei membri della Commissione sono ripartite in parti uguali tra gli Stati interessati, in base a un preventivo predisposto dal Segretario generale delle Nazioni Unite.

10. Il Segretario generale delle Nazioni Unite è autorizzato a pagare, se occorre, le spese dei membri della Commissione prima che gli Stati Parti interessati ne abbiano effettuato il rimborso, in conformità al paragrafo 9 del presente articolo.

Art. 43. – I membri del Comitato e i membri delle commissioni di conciliazione ad hoc che possano essere designate ai sensi dell'articolo 42 hanno diritto a quelle agevolazioni, quei privilegi e quelle immunità riconosciuti agli esperti in missione per conto delle Nazioni Unite, che sono enunciati nelle sezioni pertinenti della Convenzione sui privilegi e le immunità delle Nazioni Unite.

Art. 44. – Le disposizioni per l'attuazione del presente Patto si applicano senza pregiudizio delle procedure istituite nel campo dei diritti dell'uomo ai sensi o sulla base degli strumenti costitutivi e delle convenzioni delle Nazioni Unite e degli Istituti specializzati e non impediscono agli Stati Parti del presente Patto di ricorrere ad altre procedure per la soluzione di una controversia, in conformità agli accordi internazionali generali o speciali in vigore tra loro.

Art. 45. – Il Comitato tramite il Consiglio Economico e Sociale, presenta ogni anno all'Assemblea Generale delle Nazioni Unite un rapporto sulle sue attività.

PARTE V

Art. 46. – Nessuna disposizione del presente Patto può essere interpretata in senso lesivo delle disposizioni dello Statuto delle Nazioni Unite e degli statuti degli Istituti specializzati che definiscono le funzioni rispettive dei vari organi delle Nazioni Unite e degli Istituti specializzati riguardo alle questioni trattate nel presente Patto.

Art. 47. – Nessuna disposizione del presente Patto può essere interpretata in senso lesivo del diritto inerente a tutti i popoli di godere e di disporre pienamente e liberamente delle loro ricchezze e risorse naturali.

PARTE VI

Art. 48. – 1. Il presente Patto è aperto alla firma di ogni Stato membro delle Nazioni Unite o membro di uno qualsiasi dei loro Istituti specializzati di ogni Stato Parte dello Statuto della Corte Internazionale di Giustizia, nonché di qualsiasi altro Stato che sia invitato dall'Assemblea Generale delle Nazioni Unite a divenire parte del presente Patto.

2. Il presente Patto è soggetto a ratifica. Gli strumenti di ratifica saranno depositati presso il Segretario generale delle Nazioni Unite.

3. Il presente Patto sarà aperto all'adesione di qualsiasi Stato tra quelli indicati al paragrafo 1 del presente articolo.

4. L'adesione sarà effettuata mediante deposito di uno strumento di adesione presso il Segretario generale delle Nazioni Unite.

5. Il Segretario generale delle Nazioni Unite informerà tutti gli Stati che abbiano firmato il presente Patto, o che vi abbiano aderito, del deposito di ogni strumento di ratifica o di adesione.

Art. 49. – 1. Il presente Patto entrerà in vigore tre mesi dopo la data del deposito presso il Segretario generale delle Nazioni Unite del trentacinquesimo strumento di ratifica o di adesione.

2. Per ognuno degli Stati che ratificheranno il presente Patto o vi aderiranno successivamente al deposito del trentacinquesimo strumento di ratifica o di adesione, il Patto medesimo entrerà in vigore tre mesi dopo la data del deposito, a parte di tale Stato, del suo strumento di ratifica o di adesione.

Art. 50. – Le disposizioni del presente Patto si applicano, senza limitazione o eccezione alcuna, a tutte le unità costitutive degli Stati federali.

Art. 51. – 1. Ogni Stato Parte del presente Patto potrà proporre un emendamento e depositarne il testo presso il Segretario generale delle Nazioni Unite. Il Segretario generale comunicherà quindi le proposte di emendamento agli Stati Parti del presente Patto, chiedendo loro di informarlo se sono favorevoli alla convocazione di una conferenza degli Stati Parti per esaminare dette proposte e metterle ai voti. Se almeno un terzo degli Stati Parti si dichiarerà a favore di tale convocazione, il Segretario generale convocherà la conferenza sotto gli auspici delle Nazioni Unite. Ogni emendamento approvato dalla maggioranza degli Stati presenti e votanti alla conferenza sarà sottoposto all'approvazione dell'Assemblea Generale delle Nazioni Unite.

2. Gli emendamenti entreranno in vigore dopo esser stati approvati dall'Assemblea Generale delle Nazioni Unite e accettati, in conformità alle rispettive procedure costituzionali, da una maggioranza di due terzi degli Stati Parti del presente Patto.

3. Quando gli emendamenti entreranno in vigore, essi saranno vincolanti per gli Stati Parti che li abbiano accettati, mentre gli altri Stati Parti rimarranno vincolati dalle disposizioni del presente Patto e da qualsiasi emendamento anteriore che essi abbiano accettato.

Art. 52. – Indipendentemente dalle notifiche effettuate ai sensi del paragrafo 5 dell'articolo 48, il Segretario generale delle Nazioni Unite informerà tutti gli Stati indicati al paragrafo 1 di detto articolo: a) delle firme apposte al presente Patto e degli strumenti di ratifica e di adesione depositati in conformità all'articolo 48 b) della data in cui il presente Patto entrerà in vigore, in conformità all'articolo 49, e della data in cui entreranno in vigore gli emendamenti ai sensi dell'articolo 51.

Art. 53. – 1. Il presente Patto, di cui i testi cinese, francese, inglese, russo e spagnolo, fanno egualmente fede, sarà depositato negli archivi delle Nazioni Unite.

2. Il Segretario generale delle Nazioni Unite trasmetterà copie autentiche del presente Patto a tutti gli Stati indicati all'articolo 48.

Parte IV

DIRITTO INTERNAZIONALE PRIVATO

L. 21 giugno 1971, n. 804

(in G.U. 8 ottobre 1971, n. 254)

Ratifica ed esecuzione della convenzione concernente la competenza giurisdizionale e l'esecuzione delle decisioni in materia civile e commerciale e protocollo, firmati a Bruxelles il 27 settembre 1968

LEGGE

Art. 1. – Il Presidente della Repubblica è autorizzato a ratificare la convenzione concernente la competenza giurisdizionale e l'esecuzione delle decisioni in materia civile e commerciale e protocollo, firmati a Bruxelles il 27 settembre 1968.

Art. 2. – Piena ed intera esecuzione è data alla Convenzione ed al protocollo indicati nell'articolo precedente a decorrere dalla loro entrata in vigore in conformità all'articolo 62 della convenzione stessa.

CONVENZIONE

TITOLO I
CAMPO DI APPLICAZIONE

Art. 1. – La presente Convenzione si applica in materia civile e commerciale e indipendentemente dalla natura dell'organo giurisdizionale. Essa non concerne, in particolare la materia fiscale, doganale ed amministrativa.

Sono esclusi dal campo di applicazione della presente Convenzione:

1) lo stato e la capacità delle persone fisiche, il regime patrimoniale fra coniugi, i testamenti e le successioni;

2) i fallimenti, i concordati ed altre procedure affini;

3) la sicurezza sociale;

4) l'arbitrato.

TITOLO II
DELLA COMPETENZA

Sezione I
Disposizioni generali

Art. 2. – Salve le disposizioni della presente Convenzione, le persone aventi il domicilio nel territorio di uno Stato contraente sono convenute, a prescindere dalla loro nazionalità, davanti agli organi giurisdizionali di tale Stato.

Alle persone che non sono in possesso della cittadinanza dello Stato nel quale esse hanno il domicilio, si applicano le norme sulla competenza vigenti per i cittadini.

Art. 3. – Le persone aventi il domicilio nel territorio di uno Stato contraente possono essere convenute davanti agli organi giurisdizionali di un altro Stato contraente solo in virtù delle norme enunciate alle sezioni 2-6 del presente titolo.

Nei loro confronti non possono venire invocati, in particolare:

– nel Belgio:

l'articolo 15 del Codice civile e l'articolo 638 del Codice giudiziario;

– in Danimarca:

l'articolo 246, paragrafi 2 e 3 della Legge sulla procedura civile;

– nella Repubblica federale di Germania:

l'articolo 23 del Codice di procedura civile;

– in Grecia:

l'articolo 40 del Codice di procedura civile;

– in Francia:

gli articoli 14 e 15 del Codice civile;

– in Irlanda:

le disposizioni relative alla competenza basata su di un atto di citazione notificato o comunicato al convenuto durante il suo temporaneo soggiorno in Irlanda;

– in Italia:

l'articolo 2 e l'articolo 4, nn. 1 e 2 del Codice di procedura civile;

– nel Lussemburgo:

gli articoli 14 e 15 del Codice civile;

– nei Paesi Bassi:

l'articolo 126, terzo comma e l'articolo 127 del Codice di procedura civile;

– in Portogallo:

l'articolo 65, paragrafo 1, lettera c), l'articolo 65, paragrafo 2 e l'articolo 65A, lettera c) del Codice di procedura civile e l'articolo 11 del Codice di procedura del lavoro;

– nel Regno Unito:

le disposizioni sulla competenza basata: a) su un atto di citazione notificato o comunicato al convenuto durante il suo temporaneo soggiorno nel Regno Unito; b) sull'esistenza nel Regno Unito di beni appartenenti al convenuto; c) sul sequestro, ottenuto dall'attore, di beni situati nel Regno Unito.

Art. 4. – Se il convenuto non è domiciliato nel territorio di uno Stato contraente, la competenza è disciplinata, in ciascuno Stato contraente, dalla legge di tale Stato, salva l'applicazione delle disposizioni di cui all'articolo 16.

Chiunque abbia il domicilio nel territorio di uno Stato contraente può, indipendentemente dalla propria nazionalità ed al pari dei cittadini di detto Stato, invocare nei confronti del convenuto le norme sulla competenza in vigore nello Stato medesimo, segnatamente quelle contemplate dall'articolo 3, secondo comma.

Sezione II
Competenze speciali

Art. 5. – Il convenuto domiciliato nel territorio di uno Stato contraente può essere citato in un altro Stato contraente:

1) in materia contrattuale, davanti al giudice del luogo in cui l'obbligazione dedotta in giudizio è stata o deve essere eseguita; in materia di contratto individuale di lavoro, il luogo è quello in cui il lavoratore svolge abitualmente la propria attività in un solo paese, il datore di lavoro può essere citato dinanzi al giudice del luogo in cui è situato o era situato lo stabilimento presso il quale è stato assunto;

2) in materia di obbligazione alimentare, davanti al giudice del luogo in cui il creditore di alimenti ha il domicilio o la residenza abituale o, qualora si tratti di una domanda accessoria ad un'azione di stato delle persone, davanti al giudice competente a conoscerne, secondo la legge nazionale, salvo il caso che tale competenza sia fondata unicamente sulla nazionalità di una delle parti;

3) in materia di delitti o quasi-delitti, davanti al giudice del luogo in cui l'evento dannoso è avvenuto;

4) qualora si tratti di un'azione di risarcimento di danni o di restituzione, nascente da reato, davanti al giudice al quale l'azione penale è esercitata, sempreché secondo la propria legge questo possa conoscere dell'azione civile;

5) qualora si tratti di una controversia concernente l'esercizio di una succursale, di una agenzia o di qualsiasi altra filiale, davanti al giudice del luogo territorialmente competente;

6) nella sua qualità di fondatore, trustee o beneficiario di un trust costituito in applicazione di una legge o per iscritto o con clausola verbale confermata per iscritto, davanti ai giudici dello Stato contraente nel cui territorio il trust ha domicilio;

7) qualora si tratti di una controversia concernente il pagamento della somma richiesta per l'assistenza o per il salvataggio di cui hanno beneficiato un carico o un nolo, davanti al giudice nell'ambito della cui competenza il carico o il nolo ad esso relativo:

a) è stato sequestrato a garanzia di questo pagamento, oppure

b) avrebbe potuto essere sequestrato a tal fine ma è stata fornita una cauzione o un'altra garanzia; questa disposizione si applica solo se viene affermato che il convenuto ha un diritto sul carico o sul nolo ad esso relativo o ha avuto un tale diritto al momento dell'assistenza o del salvataggio.

Art. 6. – Il convenuto di cui all'articolo precedente potrà inoltre essere citato:

1) in caso di pluralità di convenuti, davanti al giudice nella cui circoscrizione è situato il domicilio di uno di essi;

2) qualora si tratti di un'azione di garanzia o di una chiamata di un terzo nel processo, davanti al giudice presso il quale è stata proposta la domanda principale, sempreché quest'ultima non sia stata proposta per distogliere il convenuto dal giudice naturale del medesimo;

3) qualora si tratti di una domanda riconvenzionale nascente dal contratto o dal titolo su cui si fonda la domanda principale, davanti al giudice presso il quale è stata proposta la domanda principale;

4) in materia contrattuale, qualora l'azione possa essere esperita congiuntamente a un'azione in materia di diritti reali immobiliari proposta contro il medesimo convenuto, davanti al giudice dello Stato contraente in cui l'immobile è situato.

Art. 6 bis. – Qualora, ai sensi della presente convenzione, un giudice di uno Stato contraente abbia competenza per i procedimenti legali relativi alla responsabilità dell'impiego o del funzionamento di una nave, tale giudice, o qualsiasi altro giudice che lo sostituisca in virtù della legislazione interna di detto Stato, è anche competente per le domande relative alla limitazione di tale responsabilità.

Sezione III
Competenza in materia di assicurazioni

Art. 7. – In materia di assicurazioni, la competenza è regolata dalla presente sezione, salva l'applicazione delle disposizioni degli articoli 4 e 5, punto 5).

Art. 8. – L'assicuratore domiciliato nel territorio di uno Stato contraente può essere convenuto:

1) davanti ai giudici dello Stato in cui ha domicilio, oppure

2) in un altro Stato contraente, davanti al giudice del luogo in cui ha domicilio il contraente dell'assicurazione, oppure

3) se si tratta di un coassicuratore, davanti al giudice di uno Stato contraente presso il quale sia stata proposta l'azione contro l'assicuratore delegato della coassicurazione.

Qualora l'assicuratore non abbia il proprio domicilio nel territorio di uno Stato contraente, ma possieda una succursale, un'agenzia o qualsiasi altra filiale in uno Stato contraente, egli è considerato, per le contestazioni relative al loro esercizio, come avente domicilio nel territorio di tale Stato.

Art. 9. – Inoltre l'assicuratore può essere convenuto davanti al giudice del luogo in cui si è verificato l'evento dannoso, qualora si tratti di assicurazione di responsabilità civile o di assicurazione sugli immobili. Lo stesso dicasi nel caso in cui l'assicurazione concerna contemporaneamente beni immobili e beni mobili coperti dalla stessa polizza e colpiti dallo stesso sinistro.

Art. 10. – In materia di assicurazione di responsabilità civile, l'assicuratore può altresì esser chiamato in causa davanti al giudice presso cui è stata proposta l'azione esercitata dalla persona lesa contro l'assicuratore, qualora la legge di tale giudice lo consenta.

Le disposizioni di cui agli articoli 7-9 sono applicabili all'azione diretta proposta dalla persona lesa contro l'assicuratore, sempreché essa sia possibile.

Se la legge relativa all'azione diretta prevede la chiamata in causa del contraente dell'assicurazione o dell'assicurato, il giudice di cui al primo comma è competente anche nei loro confronti.

Art. 11. – Salve le disposizioni dell'articolo 10, terzo comma, l'azione dell'assicuratore può esser proposta solo davanti ai giudici dello Stato contraente nel cui territorio è domiciliato il convenuto, a prescindere dal fatto che questi sia contraente dell'assicurazione, assicurato o beneficiario.

Le disposizioni della presente sezione non pregiudicano il diritto di proporre una domanda riconvenzionale davanti al giudice della domanda principale in conformità della presente sezione.

Art. 12. – Le disposizioni della presente sezione possono essere derogate solo con una convenzione:

1) posteriore al sorgere della controversia, o

2) che consenta al contraente dell'assicurazione, all'assicurato o al beneficiario di adire un organo giurisdizionale diverso da quelli indicati nella presente sezione, o

3) che, conclusa tra un contraente dell'assicurazione e un assicuratore aventi entrambi il domicilio o la residenza abituale nel medesimo Stato contraente al momento della conclusione del contratto, abbia per effetto, anche nel caso in cui l'evento dannoso si produca all'estero, di attribuire la competenza ai giudici di tale Stato, sempreché la legge di quest'ultimo non vieti dette convenzioni, o

4) conclusa da un contraente dell'assicurazione che non abbia il proprio domicilio in uno Stato contraente, salvo che si tratti di assicurazione obbligatoria o relativa ad un immobile situato in uno Stato contraente, o

5) che riguardi un contratto di assicurazione in quanto questo copra uno o più rischi di cui all'articolo 12-bis.

Art. 12 bis. – I rischi di cui all'articolo 12, punto 5), sono i seguenti:

1) ogni danno,

a) subito dalle navi marittime, dagli impianti offshore e d'alto mare o dalle aeronavi, causato da un avvenimento in relazione alla loro utilizzazione a fini commerciali;

b) subito dalle merci diverse dai bagagli dei passeggeri, durante un trasporto effettuato totalmente da tali navi o aeronavi oppure effettuato da queste navi o aeronavi in combinazione con altri mezzi di trasporto;

2) ogni responsabilità, salvo per danni all'integrità fisica dei passeggeri o ai loro bagagli,

a) risultante dall'impiego o dal funzionamento delle navi, degli impianti o delle aeronavi di cui al punto 1), lettera a), sempreché la legislazione dello Stato contraente in cui l'aeronave è immatricolata non vieti le clausole attributive di competenza nell'assicurazione di tali rischi;

b) derivante dalle merci durante un trasporto ai sensi del punto 1), lettera b);

3) ogni perdita pecuniaria connessa con l'impiego ed il funzionamento delle navi, degli impianti o delle aeronavi di cui al punto 1), lettera a), in particolare quelle del nolo o del beneficio di noleggio;

4) ogni rischio connesso con uno dei rischi di cui ai precedenti punti 1, 2 e 3.

Sezione IV
Competenza in materia di contratti conclusi da consumatori

Art. 13. – In materia di contratti conclusi da una persona per un uso che possa essere considerato estraneo alla sua attività professionale, in appresso denominata "consumatore", la competenza è regolata dalla presente sezione, salva le disposizioni dell'articolo 4 e dell'articolo 5, punto 5):

1) qualora si tratti di una vendita a rate di beni mobili materiali;

2) qualora si tratti di un prestito con rimborso rateizzato o di un'altra operazione di credito, connessi con il finanziamento di una vendita di tali beni;

3) qualora si tratti di un altro contratto che abbia per oggetto una fornitura di servizi o di beni mobili materiali se;

a) la conclusione del contratto è stata preceduta da una proposta specifica o da una pubblicità nello Stato in cui il consumatore ha il proprio domicilio e se;

b) il consumatore ha compiuto in tale Stato gli atti necessari per la conclusione del contratto.

Qualora la controparte del consumatore non abbia il proprio domicilio nel territorio di uno Stato contraente, ma possieda una succursale, una agenzia o qualsiasi altra filiale in uno Stato contraente, essa è considerata, per le contestazioni relative al loro esercizio, come avente domicilio nel territorio di tale Stato.

La presente sezione non si applica ai contratti di trasporto.

Art. 14. – L'azione del consumatore contro l'altra parte del contratto può essere proposta sia davanti ai giudici dello Stato contraente nel cui territorio tale parte ha il proprio domicilio, sia davanti ai giudici dello Stato contraente nel cui territorio è domiciliato il consumatore.

L'azione dell'altra parte del contratto contro il consumatore può essere proposta solo davanti ai giudici dello Stato nel cui territorio il consumatore ha il proprio domicilio.

Queste disposizioni non pregiudicano il diritto di proporre una domanda riconvenzionale davanti al giudice della domanda principale in conformità della presente sezione.

Art. 15. – Le disposizioni della presente sezione possono essere derogate solo con una convenzione:

1) posteriore al sorgere della controversia; o

2) che consenta al consumatore di adire un organo giurisdizionale diverso da quelli indicati nella presente sezione; o

3) che, conclusa tra il consumatore e la sua controparte aventi entrambi il domicilio o la residenza abituale nel medesimo Stato contraente al momento della conclusione del contratto, attribuisca la competenza ai giudici di tale Stato, sempreché la legge di quest'ultimo non vieti dette convenzioni.

Sezione V
Competenze esclusive

Art. 16. – Indipendentemente dal domicilio, hanno competenza esclusiva:

1° – in materia di diritti reali immobiliari e di contratti di affitto d'immobili, i giudici dello Stato contraente in cui l'immobile si trova;

2° – in materia di validità, nullità o scioglimento delle società o persone giuridiche, aventi la sede nel territorio di uno Stato contraente, o delle decisioni dei rispettivi organi, i giudici di detto Stato;

3° – in materia di validità delle trascrizioni ed iscrizioni nei pubblici registri, i giudici dello Stato contraente nel cui territorio i registri sono tenuti;

4° – in materia di registrazione o di validità di brevetti, marchi, disegni e modelli e di altri diritti analoghi per i quali è prescritto il deposito ovvero la registrazione, i giudici dello Stato contraente nel cui territorio il deposito o la registrazione sono stati richiesti, sono stati effettuati o sono reputati essere stati effettuati a norma di una convenzione internazionale;

5° – in materia di esecuzione delle sentenze, i giudici dello Stato contraente nel cui territorio ha luogo l'esecuzione.

Sezione VI
Proroga di competenza

Art. 17. – Qualora le parti, di cui almeno una domiciliata nel territorio di uno Stato contraente, abbiano convenuto la competenza di un giudice o dei giudici di uno Stato contraente a conoscere delle controversie, presenti o future, nate da un determinato rapporto giuridico, la competenza esclusiva spetta al giudice o ai giudici di quest'ultimo Stato contraente. Questa clausola attributiva di competenza deve essere conclusa:

a) per iscritto o verbalmente con conferma scritta, o

b) in una forma ammessa dalle pratiche che le parti hanno stabilito tra loro, o

c) nel commercio internazionale, in una forma ammessa da un uso che le parti conoscevano o che avrebbero dovuto conoscere e che, in tale campo, è ampiamente conosciuto e regolarmente rispettato dalle parti di contratti dello stesso tipo nel ramo commerciale considerato.

Quando nessuna delle parti che stipulano tale clausola è domiciliata nel territorio di uno Stato contraente, i giudici degli altri Stati contraenti non possono conoscere della controversia fintantoché il giudice o i giudici la cui competenza è stata convenuta non abbiano declinato la competenza.

Il giudice o i giudici di uno Stato contraente, ai quali l'atto costitutivo di un trust ha attribuito competenza a giudicare, hanno competenza esclusiva per giudicare delle azioni contro un fondatore, un trustee o un beneficiario di un trust, ove si tratti di relazioni tra tali persone o di loro diritto od obblighi nell'ambito del trust.

Le clausole attributive di competenza e le clausole simili di atti costitutivi di trust non sono valide se in contrasto con le disposizioni degli articoli 12 e 15 o se derogano alle norme sulla competenza esclusiva attribuita ai giudici ai sensi dell'articolo 16.

Se una clausola attributiva di competenza è stata stipulata a favore di una soltanto delle parti, questa conserva il diritto di adire qualsiasi altro giudice competente ai sensi della presente Convenzione.

In materia di contratti individuali di lavoro una clausola attributiva di competenza è efficace solo se posteriore al sorgere della controversia o se il lavoratore l'adduce per adire giudice diversi da quello del domicilio del convenuto o da quello di cui all'articolo 5, punto 1).

Art. 18. – Al di fuori dei casi in cui la sua competenza risulta da altre disposizioni della presente Convenzione, il giudice di uno Stato contraente davanti al quale il convenuto è comparso è competente. Tale norma non è applicabile se la comparizione avviene solo per eccepire la incompetenza o se esiste un'altra giurisdizione esclusivamente competente ai sensi dell'articolo 16.

Sezione VII

Esame della competenza e della ricevibilità dell'azione

Art. 19. – Il giudice di uno Stato contraente, investito a titolo principale di una controversia per la quale l'articolo 16 prescrive la competenza esclusiva di un organo giurisdizionale di un altro Stato contraente, dichiara di ufficio la propria incompetenza.

Art. 20. – Se il convenuto domiciliato nel territorio di uno Stato contraente è citato davanti ad un giudice di un altro Stato contraente e non comparisce, il giudice dichiara d'ufficio la propria incompetenza nel caso in cui la presente Convenzione non preveda tale competenza.

Al giudice è fatto obbligo di sospendere il processo fin quando non si sarà accertato che al convenuto è stata data la possibilità di ricevere la domanda giudiziale od un atto equivalente, in tempo utile perché questi possa presentare le proprie difese, ovvero che è stato fatto tutto il possibile in tal senso.

Le disposizioni del comma precedente saranno sostituite da quelle dell'articolo 15 della Convenzione dell'Aja del 15 novembre 1965 sulla notificazione e sulla comunicazione all'estero degli atti giudiziari ed extra giudiziari, in materia civile o commerciale, qualora sia stato necessario trasmettere la domanda giudiziale in esecuzione della suddetta Convenzione.

Sezione VIII

Litispendenza e connessione

Art. 21. – Qualora davanti a giudici di Stati contraenti differenti e tra le stesse parti siano state proposte domande aventi il medesimo oggetto e il medesimo titolo, il giudice successivamente adito sospende d'ufficio il procedimento finché sia stata accertata la competenza del giudice preventivamente adito.

Se la competenza del giudice preventivamente adito è stata accertata, il giudice successivamente adito dichiara la propria incompetenza a favore del giudice preventivamente adito.

Art. 22. – Ove più cause connesse siano proposte davanti a giudici di Stati contraenti differenti e siano pendenti in primo grado, il giudice successivamente adito può sospendere il procedimento.

Tale giudice può inoltre dichiarare la propria incompetenza su richiesta di una delle parti a condizione che la propria legge consenta la riunione di procedimenti e che il giudice preventivamente adito sia competente a conoscere delle due domande.

Ai sensi del presente articolo sono connesse le cause aventi tra di loro un legame così stretto da rendere opportune una trattazione e decisione uniche per evitare soluzioni tra di loro incompatibili ove le cause fossero trattate separatamente.

Art. 23. – Qualora la competenza esclusiva a conoscere delle domande spetti a più giudici, quello successivamente adito deve spogliarsi della causa in favore del giudice preventivamente adito.

Sezione IX

Provvedimenti provvisori e cautelari

Art. 24. – I provvedimenti provvisori o cautelari, previsti dalla legge di uno Stato contraente, possono essere richiesti all'autorità giudiziaria di detto Stato anche se in forza della presente Convenzione, la competenza a conoscere nel merito è riconosciuta al giudice di un altro Stato contraente.

TITOLO III

DEL RICONOSCIMENTO E DELL'ESECUZIONE

Art. 25. – Ai sensi della presente Convenzione, per decisione si intende, a prescindere dalla denominazione usata, qualsiasi decisione resa da un organo giurisdizionale di uno Stato contraente, quale ad esempio decreto, sentenza, ordinanza o mandato di esecuzione, nonché la determinazione da parte del cancelliere delle spese giudiziali.

Sezione I

Del riconoscimento

Art. 26. – Le decisioni rese in uno Stato contraente sono riconosciute negli altri Stati contraenti senza che sia necessario il ricorso ad alcun procedimento.

In caso di contestazione, ogni parte interessata che chieda il riconoscimento in via principale può far constatare, secondo il procedimento di cui alle sezioni 2 e 3 del presente titolo, che la decisione deve essere riconosciuta.

Se il riconoscimento è richiesto in via incidentale davanti ad un giudice di uno Stato contraente, tale giudice è competente al riguardo.

Art. 27. – Le decisioni non sono riconosciute:

1) se il riconoscimento è contrario all'ordine pubblico dello Stato richiesto;

2) se la domanda giudiziale od un atto equivalente non è stato notificato o comunicato al convenuto contumace regolarmente ed in tempo utile perché questi possa presentare le proprie difese;

3) se la decisione è in contrasto con una decisione resa tra le medesime parti nello Stato richiesto;

4) se il giudice dello Stato d'origine per rendere la decisione ha, nel pronunciarsi su una questione relativa allo stato o alla capacità delle persone fisiche, al regime patrimoniale fra coniugi, ai testamenti ed alle successioni, violato una norma di diritto internazionale privato dello Stato richiesto, salvo che la decisione in questione non conduca allo stesso risultato che si sarebbe avuto se le norme di diritto internazionale privato dello Stato richiesto fossero state, invece, applicate;

5) se la decisione è in contrasto con una decisione resa precedentemente tra le medesime parti in uno Stato non contraente, in una controversia avente il medesimo oggetto e il medesimo titolo, allorché tale decisione riunisce le condizioni necessarie per essere riconosciuta nello Stato richiesto.

Art. 28. – Parimenti, le decisioni non sono riconosciute se le disposizioni delle sezioni 3, 4 e 5 del titolo II sono state violate, oltreché nel caso contemplato dall'articolo 59.

Nell'accertamento delle competenze di cui al comma precedente, l'autorità richiesta è vincolata dalle costatazioni di fatto sulle quali il giudice dello Stato d'origine ha fondato la propria competenza.

Salva l'applicazione delle disposizioni del primo comma, non si può procedere al controllo della competenza dei giudici dello Stato d'origine; le norme sulla competenza non riguardano l'ordine pubblico contemplato dall'articolo 27, punto 1).

Art. 29. – In nessun caso, la decisione straniera può formare oggetto di un riesame del merito.

Art. 30. – L'autorità giudiziaria di uno Stato contraente, davanti alla quale è chiesto il riconoscimento di una decisione resa in un altro Stato contraente, può sospendere il procedimento se la decisione in questione è stata impugnata.

L'autorità giudiziaria di uno Stato contraente davanti alla quale è richiesto il riconoscimento di una decisione che è stata resa in Irlanda o nel Regno Unito e la cui esecuzione è sospesa nello Stato d'origine per la presentazione di un ricorso, può sospendere il procedimento.

Sezione II
Dell'esecuzione

Art. 31. – Le decisioni rese in uno Stato contraente e ivi esecutive, sono eseguite in un altro Stato contraente dopo essere state ivi dichiarate esecutive, su istanza della parte interessata.

Tuttavia la decisione è eseguita in una delle tre parti del Regno Unito (Inghilterra e Galles, Scozia, Irlanda del Nord) soltanto dopo esservi stata registrata per esecuzione, su istanza di una parte interessata.

Art. 32. – **L'istanza deve essere proposta:**
– in Belgio, al "tribunal de première instance" o "rechtbank van eerste aanleg";
– in Danimarca, al "byret";
– nella Repubblica federale di Germania, al Presidente di una sezione del "Landgericht";
– in Grecia, al "mouomelez prwtodiceio";
– in Spagna, al "juzgado de primera instancia";
– in Francia, al Presidente del "tribunal de grande instance";
– in Italia, alla corte d'appello;
– nel Lussemburgo, al Presidente del "tribunal d'arrondissement";
– nei Paesi Bassi, al Presidente del "Arrondissementsrechtbank";
– in Portogallo, al "tribunal judicial de circulo";
– nel Regno Unito:

a) in Inghilterra e nel Galles, alla "high court of justice" ovvero, nel caso di procedimenti in materia di obbligazione alimentare, alla "magistrates' court", alla quale l'istanza sarà trasmessa dal "secretary of State";

b) in Scozia, alla "court of session" ovvero, nel caso di procedimenti in materia di obbligazione alimentare, alla "sheriff court", alla quale l'istanza sarà trasmessa dal "secretary of State";

c) nell'Irlanda del Nord, alla "high court of justice" ovvero, nel caso di procedimenti in materia di obbligazione alimentare, alla "magistrates' court", alla quale l'istanza sarà trasmessa dal "secretary of State".

Il giudice territorialmente competente è determinato dal domicilio della parte contro cui viene chiesta l'esecuzione. Se tale parte non è domiciliata nel territorio dello Stato richiesto, la competenza è determinata dal luogo dell'esecuzione.

Art. 33. – Le modalità del deposito dell'istanza sono determinate in base alla legge dello Stato richiesto.

L'istante deve eleggere il proprio domicilio nella circoscrizione del giudice adito. Tuttavia, se la legge dello Stato richiesto non prevede l'elezione del domicilio, l'istante designa un procuratore.

All'istanza devono essere allegati i documenti di cui agli articoli 46 e 47.

Art. 34. – Il giudice adito statuisce, entro un breve termine, senza che la parte contro cui l'esecuzione viene chiesta possa, in tal fase del procedimento, presentare osservazioni.

L'istanza può essere rigettata solo per uno dei motivi contemplati dagli articoli 27 e 28.

In nessun caso, la decisione straniera può formare oggetto di un riesame del merito.

Art. 35. – La decisione resa su istanza di parte e comunicata senza indugio al richiedente, a cura del cancelliere, secondo le modalità previste dalla legge dello Stato richiesto.

Art. 36. – Se l'esecuzione viene accordata, la parte contro cui viene fatta valere può proporre opposizione nel termine di un mese dalla notificazione della decisione.

Se la parte è domiciliata in uno Stato contraente diverso da quello della decisione che accorda l'esecuzione, il termine è di mesi due a decorrere dal giorno in cui la notificazione è stata fatta alla persona cui è diretta o al domicilio della medesima. Detto termine non è prorogabile per ragioni inerenti alla distanza.

Art. 37. – 1. L'opposizione è proposta, secondo le norme sul procedimento in contraddittorio:
– in Belgio, davanti al "tribunal de première instance" o "rechtbank van eerste aanleg";
– in Danimarca, davanti al "landsret";
– nella Repubblica federale di Germania, davanti allo "Oberlandesgericht";
– in Grecia, davanti all'"ejeteio";
– in Spagna, davanti all'"audiencia provincial";
– in Francia, davanti alla "cour d'appel";
– in Irlanda, davanti alla "high court";
– in Italia, davanti alla corte d'appello;
– nel Lussemburgo, davanti alla "Cour superieure de Justice" giudicante in appello in materia civile;
– nei Paesi Bassi, davanti allo "Arrondissementsrechtbank";
– in Portogallo, davanti al "tribunal de relação";
– nel Regno Unito:

a) in Inghilterra e nel Galles, davanti alla "high court of justice" ovvero, nel caso di procedimenti in materia di obbligazione alimentare, davanti alla "magistrates' court";

b) in Scozia, davanti alla "court of session" ovvero, nel caso di procedimenti in materia di obbligazione alimentare, davanti alla "sheriff court";

c) nell'Irlanda del Nord, davanti alla "high court of justice" ovvero, nel caso di procedimenti in materia di obbligazione alimentare, davanti alla "magistrates' court";

2. La decisione resa sull'opposizione può costituire unicamente oggetto di:
– ricorso in cassazione, in Belgio, Grecia, Spagna, Francia, Italia, Lussemburgo e nei Paesi Bassi;
– ricorso davanti all'"hojesteret", con autorizzazione del Ministro della giustizia, in Danimarca;
– "Rechtsbeschwerde", nella Repubblica Federale di Germania;
– ricorso alla "supreme court" per motivi di diritto, in Irlanda;
– ricorso per motivi di diritto in Portogallo;
– unico ricorso per motivi di diritto nel Regno Unito.

Art. 38. – Il giudice davanti al quale è proposta l'opposizione può, su istanza della parte proponente, sospendere il procedimento se la decisione straniera è stata, nello Stato d'origine, impugnata con un mezzo ordinario o se il termine per proporre l'impugnazione non è scaduto; in quest'ultimo caso il giudice può fissare un termine per proporre tale impugnazione.

Qualora la decisione sia stata resa in Irlanda o nel Regno Unito, qualsiasi mezzo di impugnazione esperibile nello Stato di origine è considerato "impugnazione ordinaria" ai sensi del primo comma.

Il giudice può inoltre subordinare l'esecuzione alla costituzione di una garanzia che provvede a determinare.

Art. 39. – In pendenza del termine per proporre l'opposizione di cui all'articolo 36 e fino a quando non sia stata adottata alcuna decisione in materia, può procedersi solo a provvedimenti conservativi sui beni della parte contro cui è richiesta l'esecuzione.

La decisione che accorda l'esecuzione implica l'autorizzazione a procedere ai suddetti provvedimenti.

Art. 40. – Se l'istanza viene respinta, l'istante può proporre opposizione:

– in Belgio, davanti alla "cour d'appel" o "Hof van Beroep";
– in Danimarca, davanti al "landsret";
– nella Repubblica federale di Germania, davanti allo "Oberlandesgericht";
– in Grecia, davanti all'"ejeteio";
– in Spagna, davanti all'"audiencia provincial";
– in Francia, davanti alla "cour d'appel";
– in Irlanda, davanti alla "high court";
– in Italia, davanti alla corte d'appello;
– nel Lussemburgo, davanti alla "Cour superieure de Justice" giudicante in appello in materia civile;
– nei Paesi Bassi, davanti alla "Gerechtshoef";
– in Portogallo, davanti al "tribunal de relação";
– nel Regno Unito:

a) in Inghilterra e nel Galles, davanti alla "high court of justice" ovvero, nel caso di procedimenti in materia di obbligazione alimentare, davanti alla "magistrates' court";

b) in Scozia, davanti alla "court of session" ovvero, nel caso di procedimenti in materia di obbligazione alimentare, davanti alla "sheriff court";

c) nell'Irlanda del Nord, davanti alla "high court of justice" ovvero, nel caso di procedimenti in materia di obbligazione alimentare, davanti alla "magistrates' court".

La parte contro cui l'esecuzione vien fatta valere è chiamata a comparire davanti al giudice dell'opposizione. In caso di contumacia, si applicano le disposizioni dell'articolo 20, secondo e terzo comma, anche se il contumace non è domiciliato nel territorio di uno degli Stati contraenti.

Art. 41. – La decisione resa sull'opposizione di cui all'articolo 40 può costituire unicamente oggetto di:

– ricorso in cassazione, in Belgio, Grecia, Spagna, Francia, Italia, Lussemburgo e nei Paesi Bassi;
– ricorso davanti all'"hojesteret", con autorizzazione del Ministro della giustizia, in Danimarca;
– "Rechtsbeschwerde", nella Repubblica Federale di Germania;
– ricorso alla "supreme court" per motivi di diritto, in Irlanda;
– ricorso per motivi di diritto in Portogallo;
– unico ricorso per motivi di diritto nel Regno Unito.

Art. 42. – Se la decisione straniera ha statuito su vari capi della domanda e l'esecuzione non può essere accordata per tutti i capi, il giudice accorda l'esecuzione solo per uno o più di essi.

L'istante può richiedere un'esecuzione parziale.

Art. 43. – Le decisioni straniere che comminano una penalità sono esecutive nello Stato richiesto solo se la misura di quest'ultima è stata definitivamente fissata dai giudici dello Stato di origine.

Art. 44. – L'istante che, nello Stato di origine, ha beneficiato in tutto o in parte dell'assistenza giudiziaria o di un'esenzione dalle spese, beneficia, nella procedura di cui agli artt. da 32 a 35, dell'assistenza più favorevole o dell'esenzione più larga dalle spese prevista nel diritto dello Stato in cui presenta l'istanza.

L'istante che chiede l'esecuzione di una decisione in materia di obblighi alimentari resa in Danimarca da un'autorità amministrativa può invocare nello Stato in cui l'istanza è proposta i benefici di cui al primo comma, se presente un'attestazione del Ministero danese della giustizia comprovante che egli adempie alle condizioni economi-che richieste per beneficiare in tutto o in parte dell'assistenza giudiziaria o dell'esenzione dalle spese.

Art. 45. – Alla parte che domanda l'esecuzione in uno Stato contraente di una decisione resa in un altro Stato contraente non può essere imposta nessuna cauzione o deposito, indipendentemente dalla relativa denominazione, a causa della qualità di straniero o per difetto di domicilio o residenza nel paese.

Sezione III
Disposizioni comuni

Art. 46. – La parte che invoca il riconoscimento o chiede l'esecuzione di una decisione deve produrre:

1) una spedizione che presenti tutte le formalità necessarie alla sua autenticità;

2) se si tratta di una decisione contumaciale, l'originale o una copia certificata conforme del documento comprovante che la domanda giudiziale od un atto equivalente è stato notificato o comunicato al contumace.

Art. 47. – La parte che chiede l'esecuzione deve, inoltre, produrre:

1) qualsiasi documento atto a comprovare che, secondo la legge dello Stato di origine, la decisione è esecutiva ed è stata notificata;

2) eventualmente, un documento comprovante che il richiedente beneficia, nello Stato di origine, dell'assistenza giudiziaria.

Art. 48. – Qualora i documenti di cui agli articoli 46, 2°, e 47, 2°, non vengano prodotti, l'autorità giudiziaria può fissare un termine per la loro presentazione o accettare documenti equivalenti ovvero, qualora ritenga di essere informata a sufficienza, disporne la dispensa.

Qualora l'autorità giudiziaria lo richieda è necessario produrre una traduzione dei documenti richiesti; la traduzione è autenticata da una persona a tal fine abilitata in uno degli Stati contraenti.

Art. 49. – Non è richiesta alcuna legalizzazione o formalità analoga per i documenti indicati negli articoli 46, 47 e 48, secondo comma, come anche, ove occorra, per la procura alle liti.

TITOLO IV
ATTI AUTENTICI E TRANSAZIONI GIUDIZIARIE

Art. 50. – Gli atti autentici ricevuti ed aventi efficacia esecutiva in uno Stato contraente sono, su istanza di parte, dichiarati esecutivi in un altro Stato contraente conformemente alla procedura contemplata dagli articoli 31 e seguenti. L'istanza può essere rigettata solo se l'esecuzione dell'atto autentico è contraria all'ordine pubblico dello Stato richiesto.

L'atto prodotto deve rispondere ai requisiti richiesti per la sua autenticità dalla legge dello Stato di origine.

Le disposizioni della sezione 3 del titolo III sono, per quanto occorra, applicabili.

Art. 51. – Le transazioni concluse davanti al giudice nel corso di un processo ed aventi efficacia esecutiva nello Stato di origine hanno efficacia esecutiva nello Stato richiesto alle stesse condizioni previste per gli atti autentici.

TITOLO V
DISPOSIZIONI GENERALI

Art. 52. – Per determinare se una parte ha il domicilio sul territorio dello Stato contraente in cui è pendente il procedimento, il giudice applica la legge interna.

Qualora una parte non sia domiciliata nello Stato i cui giudici sono aditi, il giudice, per stabilire se essa ha un domicilio in un altro Stato contraente, applica la legge di tale Stato.

Art. 53. – Ai fini dell'applicazione della presente Convenzione la sede della società e delle persone giuridiche e assimilata al domicilio. Tuttavia, per stabilire tale sede, il giudice applica le norme di diritto internazionale privato del proprio Stato.

Per definire se un trust ha domicilio sul territorio di uno Stato contraente i cui giudici siano stati aditi, il giudice applica le norme del suo diritto internazionale privato.

TITOLO VI
DISPOSIZIONI TRANSITORIE

Art. 54. – Le disposizioni della presente Convenzione si applicano solo alle azioni giudiziarie proposte ed agli atti autentici ricevuti posteriormente all'entrata in vigore della presente Convenzione nello Stato di origine e, quando è chiesto il riconoscimento o l'esecuzione di una decisione o di un atto autentico, nello Stato richiesto.

Tuttavia, le decisioni rese dopo l'entrata in vigore della presente Convenzione nelle relazioni tra lo Stato d'origine e lo Stato richiesto, a seguito di azioni proposte prima di tale data, sono riconosciute ed eseguite, conformemente alle disposizioni del titolo III, se le norme di competenza applicate sono conformi a quelle previste dal titolo II o da una convenzione in vigore tra lo Stato di origine e lo Stato richiesto al momento della proposizione dell'azione.

Se le parti in una controversia relativa a un contratto hanno convenuto per iscritto anteriormente al 1° giugno 1988, per l'Irlanda o al 1° gennaio 1987 per il Regno Unito, di applicare al contratto il diritto irlandese o il diritto di una parte del Regno Unito, gli organi giurisdizionali dell'Irlanda o di questa parte del Regno Unito conservano la loro competenza per tale controversia.

Art. 54 bis. – Per un periodo di tre anni a decorrere dal 1° novembre 1986 per la Danimarca, e dal 1° giugno 1986 per l'Irlanda, la competenza in materia marittima è determinata, in ciascuno di tali Stati, oltre che dalle disposizioni del titolo II, dalle disposizioni elencate nei punti da 1) a 6). Tuttavia, tali disposizioni non saranno più applicabili in ciascuno di detti Stati allorché in ciascuno di essi entrerà in vigore la Convenzione internazionale sull'unificazione di alcune norme relative al sequestro conservativo delle navi marittime, firmata a Bruxelles il 10 maggio 1952.

1) Una persona avente il domicilio nel territorio di uno Stato contraente può essere citata davanti agli organi giurisdizionali di uno degli Stati di cui sopra per una rivendicazione di diritto marittimo quando la nave oggetto della rivendicazione o qualsiasi altra nave di sua proprietà è stata oggetto di sequestro conservativo nel territorio di quest'ultimo Stato a garanzia della rivendicazione, oppure avrebbe potuto esserlo, ma è stata fornita una cauzione o altra garanzia nei casi seguenti:

a) quando l'attore ha il domicilio nel territorio di detto Stato;

b) quando la rivendicazione è sorta in detto Stato;

c) quando la rivendicazione è sorta durante un viaggio nel corso del quale è stato operato o avrebbe potuto essere operato il sequestro conservativo;

d) quando la rivendicazione ha origine da una collisione o da un danno causato da una nave ad un'altra nave o alle cose o alle persone a bordo di queste, in seguito a esecuzione o omissione di una manovra o per inosservanza dei regolamenti;

e) quando la rivendicazione è sorta in seguito a salvataggio o assistenza;

f) quando la rivendicazione è garantita da ipoteca sulla nave di cui è stato operato il sequestro conservativo.

2) Può essere sequestrata la nave oggetto della rivendicazione di diritto marittimo o qualsiasi altra nave appartenente alla persona che, nel momento in cui è sorta la rivendicazione era proprietaria della nave oggetto di tale rivendicazione. Tuttavia, per le rivendicazioni previste al punto 5), lettere o), p) o q), potrà essere sequestrata soltanto la nave oggetto della rivendicazione.

3) Le navi sono considerate appartenenti allo stesso proprietario quando tutte le quote di proprietà appartengono alla stessa o alle stesse persone.

4) In caso di noleggio di una nave con cessione della gestione nautica, qualora il noleggiatore risponda da solo di una rivendicazione di diritto marittimo relativa alla nave, questa nave o qualsiasi altra nave appartenente al noleggiatore può essere sequestrata in virtù di tale rivendicazione ma non un'altra nave appartenente al proprietario. Ciò vale anche in tutti i casi in cui una persona diversa dal proprietario risponde di una rivendicazione di una rivendicazione di diritto marittimo.

5) Si intende per "rivendicazione di diritto marittimo" una rivendicazione originata da uno o più dei motivi seguenti:

a) danni causati da una nave per collisione o in altro modo;

b) perdita della vita o danni fisici a causa di una nave oppure avvenuti in seguito alle operazioni di una nave;

c) assistenza e salvataggio;

d) accordo per l'uso o il noleggio di una nave mediante contratto di noleggio o altro;

e) accordo per il trasporto di merci su una nave mediante contratto di noleggio, di carico o altro;

f) perdita di merci o danni alle medesime, compresi i bagagli trasportati su una nave;

g) avaria comune;

h) cambio marittimo;

i) rimorchio;

j) pilotaggio;

k) merci o materiali ovunque forniti ad una nave per il suo funzionamento o manutenzione;

l) costruzione, riparazione, armamento di una nave o costi di bacino;

m) retribuzioni dei capitani, degli ufficiali o dell'equipaggio;

n) esborsi del capitano ed esborsi effettuati da spedizionieri marittimi, noleggiatori o agenti per conto di una nave o del suo proprietario;

o) controversie sulla proprietà di una nave;

p) controversie tra comproprietari di una nave in materia di proprietà, possesso, uso o profitti della stessa;

q) garanzia ipotecaria su una nave.

6) Per quanto riguarda le rivendicazioni di diritto marittimo di cui al punto 5), lettere o) e p), l'espressione "sequestro conservativo" comprende, in Danimarca, il "forbud" nella misura in cui tale procedura sia la sola ammessa, nella fattispecie, dagli articoli da 646 a 653 della legge sulla procedura civile (lov om rettens pleje).

TITOLO VII
RELAZIONE CON LE ALTRE CONVENZIONI

Art. 55. – Fatto salvo quanto disposto dall'articolo 54, secondo comma e dall'articolo 56, la presente Convenzione sostituisce nei rapporti fra gli Stati che ne sono parti le convenzioni concluse tra due o più di detti Stati, e cioè:

– la convenzione tra il Belgio e la Francia sulla competenza giudiziaria, sull'autorità e la esecuzione delle decisioni giudiziarie, delle sentenze arbitrali e degli atti autentici, firmata a Parigi l'8 luglio 1899;

– la convenzione tra il Belgio ed i Paesi Bassi sulla competenza giudiziaria territoriale, sul fallimento, nonché sull'autorità e l'esecuzione delle decisioni giudiziarie, delle sentenze arbitrali e degli atti autentici, firmata a Bruxelles il 28 marzo 1925;

– la convenzione tra la Francia e l'Italia sull'esecuzione delle sentenze in materia civile e commerciale, firmata a Roma il 3 giugno 1930;

– la convenzione tra il Regno Unito e la Francia sulla reciproca esecuzione delle decisioni in materia civile e commerciale, con protocollo accluso, firmata a Parigi il 18 gennaio 1934;

– la convenzione tra il Regno Unito e il Belgio sulla reciproca esecuzione delle decisioni in materia civile e commerciale, con protocollo accluso, firmata a Bruxelles il 2 maggio 1934;

– la convenzione tra l'Italia e la Germania per il riconoscimento e l'esecuzione delle decisioni giudiziarie in materia civile e commerciale, firmata a Roma il 9 marzo 1936;

– la convenzione tra la Repubblica federale di Germania ed il Regno del Belgio sul riconoscimento reciproco e la reciproca esecuzione, in materia civile e commerciale, delle decisioni giudiziarie, delle sentenze arbitrali e degli atti autentici, firmata a Bonn il 30 giugno 1958;

– la convenzione tra il Regno dei Paesi Bassi e la Repubblica Italiana sul riconoscimento e l'esecuzione delle decisioni giudiziarie in materia civile e commerciale, firmata a Roma il 17 aprile 1959;

– la convenzione tra il Regno Unito e la Repubblica federale di Germania sul riconoscimento reciproco e la reciproca esecuzione delle decisioni in materia civile e commerciale, firmata a Bonn il 14 luglio 1960;

– la convenzione tra il Regno di Grecia e la Repubblica federale di Germania sul reciproco riconoscimento e la reciproca esecuzione delle decisioni giudiziarie, delle transazioni e degli atti autentici in materia civile e commerciale, firmata ad Atene il 4 novembre 1961;

– la convenzione tra il Regno del Belgio e la Repubblica Italiana sul riconoscimento e l'esecuzione delle decisioni giudiziarie e degli altri titoli esecutivi in materia civile e commerciale, firmata a Roma il 6 aprile 1962;

– la convenzione tra il Regno dei Paesi Bassi e la Repubblica Federale di Germania sul reciproco riconoscimento e la reciproca esecuzione delle decisioni giudiziarie e di altri titoli esecutivi in materia civile e commerciale, firmata all'Aja il 30 agosto 1962;

– la convenzione tra il Regno Unito e la Repubblica Italiana sul riconoscimento reciproco e la reciproca esecuzione delle decisioni in materia civile e commerciale, firmata a Roma il 7 febbraio 1964 ed il relativo protocollo di modifica firmato a Roma il 14 luglio 1970;

– la convenzione tra il Regno Unito ed il Regno dei Paesi Bassi sul riconoscimento reciproco e la reciproca esecuzione delle decisioni in materia civile, firmata a L'Aja il 17 novembre 1967;

– la convenzione tra la Spagna e la Francia sul riconoscimento e l'esecuzione delle decisioni giudiziarie e delle sentenze arbitrali in materia civile e commerciale, firmata a Parigi il 28 maggio 1969;

– la convenzione tra la Spagna e l'Italia in materia di assistenza giudiziaria e di riconoscimento ed esecuzione in materia civile e commerciale, firmata a Madrid il 22 maggio 1973;

– la convenzione tra la Spagna e la Repubblica federale di Germania per il riconoscimento e l'esecuzione di decisioni e transazioni giudiziarie e degli atti autentici esecutivi in materia civile e commerciale, firmata a Bonn il 14 novembre 1983;

e, nella misura in cui sia in vigore

– il Trattato tra il Belgio, i Paesi Bassi ed il Lussemburgo, sulla competenza giudiziaria, sul fallimento, sull'autorità e l'esecuzione delle decisioni giudiziarie, delle sentenze arbitrali e degli atti autentici, firmato a Bruxelles il 24 novembre 1961.

Art. 56. – Il Trattato e le convenzioni elencate all'articolo 55 continueranno a produrre i loro effetti nelle materie alle quali la presente Convenzione non è applicabile.

Essi continueranno a produrre i loro effetti per quanto attiene alle decisioni rese ed agli atti autentici ricevuti prima dell'entrata in vigore della presente Convenzione.

Art. 57. – 1. La presente Convenzione non deroga alle convenzioni cui gli Stati contraenti sono o saranno parti e che, in materie particolari, disciplinano la competenza giurisdizionale, il riconoscimento o l'esecuzione delle decisioni.

2. Al fine di assicurare la sua interpretazione uniforme, il paragrafo 1 è applicato nel modo seguente:

a) la presente convenzione non impedisce che il giudice di uno Stato contraente che sia parte di una convenzione relativa ad una materia particolare possa fondare la propria competenza su tale convenzione, anche se il convenuto è domiciliato nel territorio di uno Stato contraente che non è parte di tale convenzione. Il tribunale adito applica in ogni caso l'articolo 20 della presente convenzione;

b) le decisioni rese in uno Stato contraente da un giudice che abbia fondato la propria competenza su una convenzione relativa ad una materia particolare sono riconosciute ed eseguite negli altri Stati contraenti conformemente alla presente Convenzione.

Se una convenzione relativa ad una materia particolare di cui sono parti lo Stato d'origine e lo Stato richiesto determina le condizioni del riconoscimento e dell'esecuzione delle decisioni si applicano tali condizioni. È comunque possibile applicare le disposizioni della presente Convenzione concernenti la procedura relativa al riconoscimento e all'esecuzione delle decisioni.

3. La presente Convenzione non pregiudica l'applicazione delle disposizioni che in materie particolari, disciplinano la competenza giurisdizionale, il riconoscimento o l'esecuzione delle decisioni e che sono o saranno contenute negli atti delle istituzioni delle Comunità Europee o nelle legislazioni nazionali armonizzate in esecuzione di tali atti.

Art. 58. – Fino al momento in cui la convenzione concernente la competenza giurisdizionale e l'esecuzione delle decisioni in materia civile e commerciale, firmata a Lugano il 16 settembre 1988, produrrà i propri effetti nei confronti della Francia e della Confederazione Svizzera, le disposizioni della presente Convenzione non pregiudicano i diritti riconosciuti ai cittadini svizzeri dalla convenzione tra la Francia e la Confederazione Svizzera sulla competenza giurisdizionale e l'esecuzione delle decisioni in materia civile, firmata a Parigi il 15 giugno 1869.

Art. 59. – La presente Convenzione non costituisce ostacolo a che uno Stato contraente s'impegni nei confronti di uno Stato terzo, tramite una convenzione sul riconoscimento e l'esecuzione delle decisioni, a non riconoscere una decisione resa, in particolare in un altro Stato contraente, contro un convenuto che aveva il proprio domicilio o la propria residenza abituale sul territorio dello Stato terzo qualora, in un caso previsto dall'articolo 4, la decisione sia stata fondata soltanto su una delle competenze di cui all'articolo 3, secondo comma.

Tuttavia nessuno Stato contraente può impegnarsi nei confronti di uno Stato terzo a non riconoscere una decisione resa in un altro Stato contraente da un giudice la cui competenza si basi sul fatto che in tale Stato si trovano beni appartenenti al convenuto o sul sequestro, da parte dell'attore, di beni ivi esistenti:

1) se la domanda verte sulla proprietà o il possesso di tali beni è volta ad ottenere l'autorizzazione di disporne o è relativa ad un'altra causa che li riguarda, ovvero

2) se i beni costituiscono la garanzia di un credito che è l'oggetto della domanda.

TITOLO VIII
DISPOSIZIONI FINALI

Art. 60. – *Omissis.*

Art. 61. – La presente Convenzione sarà ratificata dagli Stati firmatari. Gli strumenti di ratifica saranno depositati presso il Segretario Generale del Consiglio delle Comunità Europee.

Art. 62. – La presente Convenzione entrerà in vigore il primo giorno del terzo mese successivo all'avvenuto deposito dello strumento di ratifica da parte dello Stato firmatario che procederà per ultimo a tale formalità.

Art. 63. – Gli Stati contraenti riconoscono che ogni Stato che diventa membro della Comunità Economica Europea ha l'obbligo di accettare che la presente Convenzione sia presa come base per i negoziati necessari ad assicurare l'applicazione dell'ultimo comma dell'articolo 220 del Trattato che istituisce la Comunità Economica Europea nei rapporti tra gli Stati contraenti e detto Stato.

Gli adattamenti necessari potranno costituire oggetto di una convenzione speciale tra gli Stati contraenti e tale Stato.

Art. 64. – Il Segretario Generale del Consiglio delle Comunità Europee notificherà agli Stati firmatari:

a) il deposito di ogni strumento di ratifica;

b) la data di entrata in vigore della presente Convenzione;

c) le dichiarazioni ricevute in applicazione dell'articolo 60, secondo comma;

d) le dichiarazioni ricevute in applicazione dell'articolo IV del Protocollo;

e) le comunicazioni fatte in applicazione dell'articolo VI del Protocollo.

Art. 65. – Il Protocollo che, per comune accordo degli Stati contraenti è allegato alla presente Convenzione, ne fa parte integrante.

Art. 66. – La presente Convenzione è conclusa per una durata illimitata.

Art. 67. – Ogni Stato contraente può chiedere la revisione della presente Convenzione. In tal caso, il Presidente del Consiglio delle Comunità Europee convoca una conferenza di revisione.

Art. 68. – La presente Convenzione, redatta in unico esemplare in lingua francese, in lingua italiana, in lingua olandese e in lingua tedesca, i quattro testi facenti tutti ugualmente fede, sarà depositata negli archivi del Segretariato delle Comunità Europee. Il Segretario Generale provvederà a trasmettere copia certificata conforme al Governo di ciascuno degli Stati firmatari.

Omissis.

PROTOCOLLO

Art. 1. – Qualsiasi persona domiciliata nel Lussemburgo, convenuta davanti ad un giudice di un altro Stato contraente in applicazione dell'articolo 5, punto 1), può eccepire l'incompetenza di tale giudice. Se il convenuto non compare, il giudice dichiara d'ufficio la propria incompetenza.

Ogni clausola attributiva di competenza, ai sensi dell'articolo 17, ha effetto nei confronti di una persona domiciliata nel Lussemburgo soltanto se quest'ultima l'ha espressamente e specificamente accettata.

Art. 2. – Salvo disposizioni nazionali più favorevoli, le persone domiciliate in uno Stato contraente cui venga contestata un'infrazione non volontaria davanti alle giurisdizioni penali di un altro Stato contraente di cui non sono cittadini possono anche se non compaiono personalmente, farsi difendere dalle persone a tal fine abilitate.

Tuttavia, la giurisdizione adita può ordinare la comparizione personale; se la comparizione non ha luogo, la decisione resa nell'azione civile senza che la persona in causa abbia avuto la possibilità di farsi difendere potrà non essere riconosciuta né eseguita negli altri Stati contraenti.

Art. 3. – Per il procedimento e la decisione relativi alla concessione della formula esecutiva non verranno riscossi nello Stato richiesto imposte, diritti o tasse, proporzionali al valore della controversia.

Art. 4. – Gli atti giudiziari ed extragiudiziari formati in uno Stato contraente e che devono essere comunicati o notificati a persone residenti in un altro Stato contraente, sono trasmessi secondo le modalità previste dalle convenzioni o dagli accordi conclusi tra gli Stati contraenti.

Sempreché lo Stato di destinazione non vi si opponga con dichiarazione trasmessa al Segretario Generale del Consiglio delle Comunità Europee, i suddetti atti possono essere trasmessi direttamente dai pubblici ufficiali dello Stato in cui gli atti sono formati a quelli dello Stato sul cui territorio si trova il destinatario dell'atto in questione. In tal caso, il pubblico ufficiale dello Stato d'origine trasmette copia dell'atto al pubblico ufficiale dello Stato richiesto, competente per la relativa trasmissione al destinatario. Tale trasmissione ha luogo secondo le modalità contemplate dalla legge dello Stato richiesto. Essa risulta da un certificato inviato direttamente al pubblico ufficiale dello Stato d'origine.

Art. 5. – La competenza giudiziaria, contemplata all'articolo 6, punto 2) e all'articolo 10, concernente la domanda in garanzia o la chiamata in causa non può essere invocata nella Repubblica federale di Germania. In tale Stato, ogni persona domiciliata nel territorio di un altro Stato contraente può essere chiamata a comparire davanti ai giudici, in applicazione degli articoli 68 e da 72 a 74 del Codice di procedura civile concernenti la litis denuntiatio.

Le decisioni rese negli Stati contraenti in virtù dell'articolo 6, punto 2), e dell'articolo 10 sono riconosciute ed eseguite nella Repubblica federale di Germania, conformemente al titolo III. Gli effetti nei confronti dei terzi prodotti, in applicazione degli articoli 68 e da 72 a 74 del Codice di procedura civile, dalle sentenze rese in tale Stato sono parimenti riconosciuti negli altri Stati contraenti.

Art. 5 bis. – In materia di obbligazioni alimentari, i termini "giudice", "tribunale", "organi giurisdizionali" e "autorità giudiziaria" comprendono le autorità amministrative danesi.

Art. 5 ter. – Nelle controversie tra il capitano ed un membro dell'equipaggio di una nave marittima immatricolata in Danimarca, in Grecia, in Irlanda o in Portogallo, relative alle paghe o alle altre condizioni di servizio, gli organi di uno Stato contraente devono accertare se l'agente diplomatico o consolare competente per la nave è stato in-formato della controversia. Essi devono sospendere il processo fintanto che tale agente non sia stato informato. Essi devono dichiarare d'ufficio la propria incompetenza se tale agente, debitamente informato, ha esercitato le attribuzioni riconosciutegli in materia da una convenzione consolare o, in mancanza di una tale convenzione, ha sollevato obiezioni sulla competenza entro il limite assegnatogli.

Art. 5 quater. – Se, ai sensi dell'articolo 69, paragrafo 5 della convenzione sul brevetto europeo per il Mercato Comune, firmata a Lussemburgo il 15 dicembre 1975, gli articoli 52 e 53 della presente Convenzione si applicano alle disposizioni relative alla "residence" in base al testo inglese della prima convenzione, ogni riferimento alla "residence" nella prima convenzione deve avere la stessa portata del termine "domicile" negli articoli 52 e 53.

Art. 5 quinquies. – Fatta salva la competenza dell'ufficio europeo dei brevetti, in base alla convenzione sul rilascio di brevetti europei, firmata a Monaco di Baviera il 5 ottobre 1973, i tribunali di ciascuno Stato contraente hanno competenza esclusiva, a prescindere da l domicilio, in materia di registrazione o di validità di un brevetto europeo rilasciato per tale Stato e che non sia un brevetto comunitario in applicazione delle disposizioni dell'articolo 86 della convenzione sul brevetto europeo per il Mercato Comune, firmata a Lussemburgo il 15 dicembre 1975.

Art. 6. – Gli Stati contraenti comunicheranno al Segretario Generale dei Consiglio delle Comunità Europee i testi delle loro disposizioni legislative che dovessero modificare sia gli articoli delle leggi che sono menzionate nella Convenzione, sia gli organi giurisdizionali indicati nel titolo III, sezione 2 della Convenzione.

Omissis.

ALLEGATO UNICO

DICHIARAZIONE COMUNE

I Governi del Regno del Belgio, della Repubblica federale di Germania, della Repubblica Francese, della Repubblica Italiana, del Granducato del Lussemburgo e del Regno dei Paesi Bassi,

Al momento della firma della Convenzione sulla competenza giurisdizionale e l'esecuzione delle decisioni in materia civile e commerciale,

Desiderosi di garantire un'applicazione quanto più possibile efficace delle disposizioni di detta Convenzione,

Solleciti di evitare divergenze di interpretazione della Convenzione che possano nuocere al suo carattere unitario,

Consci del fatto che nell'applicazione della Convenzione potrebbero eventualmente insorgere conflitti positivi o negativi di competenza.

Si dichiarano pronti:

1. a studiare tali problemi e segnatamente ad esaminare la possibilità di attribuire talune competenze alla Corte di Giustizia delle Comunità Europee e, all'occorrenza, a negoziare a tale scopo un accordo;

2. a istituire contatti periodici tra i loro rappresentanti.

In fede di che i plenipotenziari sottoscritti hanno apposto le loro firme in calce alla presente Dichiarazione comune.

Fatto a Bruxelles, addì ventisette settembre mille novecento sessantotto.

L. 18 dicembre 1984, n. 975

Ratifica ed esecuzione della convenzione di Roma sulla legge applicabile alle obbligazioni contrattuali, con protocollo e due dichiarazioni comuni, adottata a Roma il 19 giugno 1980

PREAMBOLO

LE ALTE PARTI CONTRAENTI del trattato che istituisce la Comunità economica europea,

SOLLECITE di continuare, nel campo del diritto internazionale privato, l'opera di unificazione giuridica già intrapresa nella Comunità, in particolare in materia di competenza giurisdizionale e di esecuzione delle sentenze,

DESIDEROSE d'adottare delle regole uniformi concernenti la legge applicabile alle obbligazioni contrattuali,

HANNO CONVENUTO LE DISPOSIZIONI SEGUENTI:

TITOLO I
CAMPO D'APPLICAZIONE

1. Campo d'applicazione. – 1. Le disposizioni della presente convenzione si applicano alle obbligazioni contrattuali nelle situazioni che implicano un conflitto di leggi.

2. Esse non si applicano:

a) alle questioni di stato e di capacità delle persone fisiche, fatto salvo l'art. 11;

b) alle obbligazioni contrattuali relative a:

– testamenti e successioni,

– regimi matrimoniali,

– diritti e doveri derivanti dai rapporti di famiglia, di parentela, di matrimonio o di affinità, compresi gli obblighi alimentari a favore dei figli naturali;

c) alle obbligazioni che derivano da cambiali, assegni, vaglia cambiari nonché da altri strumenti negoziabili, qualora le obbligazioni derivanti da tali strumenti risultino dal loro carattere negoziabile;

d) ai compromessi, alle clausole compromissorie e alle convenzioni sul foro competente;

e) alle questioni inerenti al diritto delle società, associazioni e persone giuridiche, quali la costituzione, la capacità giuridica, l'organizzazione interna e lo scioglimento delle società, associazioni e persone giuridiche, nonché la responsabilità legale personale dei soci e degli organi per le obbligazioni della società, associazione o persona giuridica;

f) alla questione di stabilire se l'atto compiuto da un intermediario valga a obbligare di fronte ai terzi la persona per conto della quale egli ha affermato di agire, o se l'atto compiuto da un organo di una società, associazione o persona giuridica valga ad obbligare di fronte ai terzi la società, l'associazione o la persona giuridica;

g) alla costituzione di "trusts" né ai rapporti che ne derivano tra i costituenti, i "trustees" e i beneficiari;

h) alla prova e alla procedura, fatto salvo l'art. 14.

3. Le disposizioni della presente convenzione non si applicano ai contratti di assicurazione per la copertura di rischi localizzati nei territori degli Stati membri della Comunità economica europea. Al fine di determinare se un rischio è localizzato in questi territori, il giudice applica la propria legge interna.

4. Il paragrafo 3 non concerne i contratti di riassicurazione.

2. Carattere universale. – La legge designata dalla presente convenzione si applica anche se è la legge di uno Stato non contraente.

TITOLO II
NORME UNIFORMI

3. Libertà di scelta. – 1. Il contratto è regolato dalla legge scelta dalle parti. La scelta dev'essere espressa, o risultare in modo ragionevolmente certo dalle disposizioni del contratto o dalle circostanze. Le parti possono designare la legge applicabile a tutto il contratto, ovvero a una parte soltanto di esso.

2. Le parti possono convenire, in qualsiasi momento, di sottoporre il contratto ad una legge diversa da quella che lo regolava in precedenza vuoi in funzione di una scelta anteriore secondo il presente articolo, vuoi in funzione di altre disposizioni della presente convenzione. Qualsiasi modifica relativa alla determinazione della legge applicabile, intervenuta posteriormente alla conclusione del contratto, non inficia la validità formale del contratto ai sensi dell'art. 9 e non pregiudica i diritti dei terzi.

3. La scelta di una legge straniera ad opera delle parti, accompagnata o non dalla scelta di un tribunale straniero, qualora nel momento della scelta tutti gli altri dati di fatto si riferiscano a un unico paese, non può recare pregiudizio alle norme alle quali la legge di tale paese non consente di derogare per contratto, qui di seguito denominate "disposizioni imperative".

4. L'esistenza e la validità del consenso delle parti sulla legge applicabile al contratto sono regolate dagli articoli 8, 9 e 11.

4. Legge applicabile in mancanza di scelta. – 1. Nella misura in cui la legge che regola il contratto non sia stata scelta a norma dell'art. 3, il contratto è regolato dalla legge del paese col quale presenta il collegamento più stretto. Tuttavia, qualora una parte del contratto sia separabile dal resto e presenti un collegamento più stretto con un altro paese, a tale parte del contratto potrà applicarsi, in via eccezionale, la legge di quest'altro paese.

2. Salvo quanto disposto dal paragrafo 5, si presume che il contratto presenti il collegamento più stretto col paese in cui la parte che deve fornire la prestazione caratteristica ha, al momento della conclusione del contratto, la propria residenza abituale o, se si tratta di una società, associazione o persona giuridica, la propria amministrazione centrale. Tuttavia, se il contratto è concluso nell'esercizio dell'attività economica o professionale della suddetta parte, il paese da considerare è quello dove è situata la sede principale di detta attività oppure, se a norma del contratto la prestazione dev'essere fornita da una sede diversa dalla sede principale, quello dove è situata questa diversa sede.

3. Quando il contratto ha per oggetto il diritto reale su un bene immobile o il diritto di utilizzazione di un bene immobile, si presume, in deroga al paragrafo 2, che il contratto presenti il collegamento più stretto con il paese in cui l'immobile è situato.

4. La presunzione del paragrafo 2 non vale per il contratto di trasporto di merci. Si presume che questo contratto presenti il collegamento più stretto col paese in cui il vettore ha la sua sede principale al momento della conclusione del contratto, se il detto paese coincide con quello in cui si trova il luogo di carico o di scarico o la sede principale del mittente. Ai fini dell'applicazione del presente paragrafo sono considerati come contratti di trasporto di merci i contratti di noleggio a viaggio o altri contratti il cui oggetto essenziale sia il trasporto di merci.

5. È esclusa l'applicazione del paragrafo 2 quando la prestazione caratteristica non può essere determinata. Le presunzioni dei paragrafi 2, 3 e 4 vengono meno quando dal complesso delle circostanze risulta che il contratto presenta un collegamento più stretto con un altro paese.

5. Contratto concluso dai consumatori. – 1. Il presente articolo si applica ai contratti aventi per oggetto la fornitura di beni mobili materiali o di servizi a una persona, il consumatore, per un uso che può considerarsi estraneo alla sua attività professionale, e ai contratti destinati al finanziamento di tale fornitura.

2. In deroga all'art. 3, la scelta ad opera delle parti della legge applicabile non può aver per risultato di privare il consumatore della protezione garantitagli dalle disposizioni imperative della legge del paese nel quale risiede abitualmente:

– se la conclusione del contratto è stata preceduta in tale paese da una proposta specifica o da una pubblicità e se il consumatore ha compiuto nello stesso paese gli atti necessari per la conclusione del contratto o

– se l'altra parte o il suo rappresentante ha ricevuto l'ordine del consumatore nel paese di residenza o

– se il contratto rappresenta una vendita di merci e se il consumatore si è recato dal paese di residenza in un paese straniero e vi ha stipulato l'ordine, a condizione che il viaggio sia stato organizzato dal venditore per incitare il consumatore a concludere una vendita.

3. In deroga all'art. 4 ed in mancanza di scelta effettuata a norma dell'art. 3, tali contratti sono sottoposti alla legge del paese nel quale il consumatore ha la sua residenza abituale sempreché ricorrano le condizioni enunciate al paragrafo 2 del presente articolo.

4. Il presente articolo non si applica:

a) al contratto di trasporto;

b) al contratto di fornitura di servizi quando i servizi dovuti al consumatore devono essere forniti esclusivamente in un paese diverso da quello in cui egli risiede abitualmente.

5. In deroga al paragrafo 4, il presente articolo si applica al contratto che prevede per un prezzo globale prestazioni combinate di trasporto e di alloggio.

6. Contratto individuale di lavoro. – 1. In deroga all'art. 3, nei contratti di lavoro, la scelta della legge applicabile ad opera delle parti non vale a privare il lavoratore della protezione assicuratagli dalle norme imperative della legge che regolerebbe il contratto, in mancanza di scelta, a norma del paragrafo 2.

2. In deroga all'art. 4 ed in mancanza di scelta a norma dell'art. 3, il contratto di lavoro è regolato:

a) dalla legge del paese in cui il lavoratore, in esecuzione del contratto compie abitualmente il suo lavoro, anche se è inviato temporaneamente in un altro paese, oppure

b) dalla legge del paese dove si trova la sede che ha proceduto ad assumere il lavoratore, qualora questi non compia abitualmente il suo lavoro in uno stesso paese, a meno che non risulti dall'insieme delle circostanze che il contratto di lavoro presenta un collegamento più stretto con un altro paese. In questo caso si applica la legge di quest'altro paese.

7. Disposizioni imperative e legge del contratto. – 1. Nell'applicazione, in forza della presente convenzione, della legge di un paese determinato potrà essere data efficacia alle norme imperative di un altro paese con il quale la situazione presenti uno stretto legame, se e nella misura in cui, secondo il diritto di quest'ultimo paese, le norme stesse siano applicabili quale che sia la legge regolatrice del contratto. Ai fini di decidere se debba essere data efficacia a queste norme imperative, si terrà conto della loro natura e del loro oggetto nonché delle conseguenze che deriverebbero dalla loro applicazione o non applicazione.

2. La presente convenzione non può impedire l'applicazione delle norme in vigore nel paese del giudice, le quali disciplinano imperativamente il caso concreto indipendentemente dalla legge che regola il contratto.

8. Esistenza e validità sostanziale. – 1. L'esistenza e la validità del contratto o di una sua disposizione si stabiliscono in base alla legge che sarebbe applicabile in virtù della presente convenzione se il contratto o la disposizione fossero validi.

2. Tuttavia un contraente, al fine di dimostrare che non ha dato il suo consenso, può riferirsi alla legge del paese in cui ha la sua residenza abituale, se dalle circostanze risulti che non sarebbe ragionevole stabilire l'effetto del comportamento di questo contraente secondo la legge prevista nel paragrafo 1.

9. Requisiti di forma. – 1. Un contratto concluso tra persone che si trovano nello stesso paese è valido quanto alla forma se soddisfa i requisiti di forma della legge del luogo che ne regola la sostanza in forza della presente convenzione o della legge del luogo in cui viene concluso.

2. Un contratto concluso tra persone che si trovano in paesi differenti è valido quanto alla forma se soddisfa i requisiti di forma della legge che ne regola la sostanza in forza della presente convenzione o della legge di uno di questi paesi.

3. Quando il contratto è concluso da un rappresentante, il paese in cui il rappresentante agisce è quello che deve essere preso in considerazione per l'applicazione dei paragrafi 1 e 2.

4. Un atto giuridico unilaterale relativo ad un contratto concluso o da concludere è valido quanto alla forma se soddisfa i requisiti di forma della legge del luogo che regola o regolerebbe la sostanza del contratto in forza della presente convenzione o della legge del luogo in cui detto atto è compiuto.

5. I paragrafi da 1 a 4 non si applicano ai contratti cui si applica l'art. 5, conclusi nelle circostanze enunciate nell'art. 5, paragrafo 2. La forma di questi contratti è regolata dalla legge del paese in cui il consumatore ha la sua residenza abituale.

6. In deroga ai paragrafi da 1 a 4, qualsiasi contratto che ha per oggetto un diritto reale su un immobile o un diritto di utilizzazione di un immobile è sottoposto alle regole imperative di forma della legge del paese in cui l'immobile è situato sempreché, secondo questa legge, esse si applichino indipendentemente dal luogo di conclusione del contratto e dalla legge che ne regola la sostanza.

10. Portata della legge del contratto. – 1. La legge che regola il contratto in forza degli articoli da 3 a 6 e dell'art. 12 regola in particolare:

a) la sua interpretazione;

b) l'esecuzione delle obbligazioni che ne discendono;

c) nei limiti dei poteri attribuiti al giudice dalla sua legge processuale, le conseguenze dell'inadempimento totale o parziale di quelle obbligazioni, compresa la liquidazione del danno in quanto sia governata da norme giuridiche;

d) i diversi modi di estinzione delle obbligazioni nonché le prescrizioni e decadenze fondate sul decorso di un termine;

e) le conseguenze della nullità del contratto.

2. Per quanto concerne le modalità di esecuzione e le misure che il creditore dovrà prendere in caso di esecuzione difettosa, si avrà riguardo alla legge del paese dove l'esecuzione ha luogo.

11. Incapacità. – In un contratto concluso tra persone che si trovano in uno stesso paese, una persona fisica, capace secondo la legge di questo paese, può invocare la sua incapacità risultante da un'altra legge soltanto se, al momento della conclusione del contratto, l'altra parte contraente era a conoscenza di tale incapacità o l'ha ignorata soltanto per imprudenza da parte sua.

12. Cessione del credito. – 1. Le obbligazioni tra cedente e cessionario di un credito sono regolate dalla legge che, in forza della presente convenzione, si applica al contratto tra essi intercorso.

2. La legge che regola il credito ceduto determina la cedibilità di questo, i rapporti tra cessionario e debitore, le condizioni di opponibilità della cessione al debitore e il carattere liberatorio della prestazione fatta dal debitore.

13. Surrogazione. – 1. Quando una persona, il creditore, ha diritti derivanti da contratto, nei confronti di un'altra persona, il debitore, ed una terza persona ha l'obbligo di soddisfare il creditore oppure lo ha soddisfatto in esecuzione di detto obbligo, la legge applicabile a questo obbligo del terzo stabilisce se costui possa totalmente o solo in parte far valere i diritti che il creditore ha contro il debitore in forza della legge che regola i loro rapporti.

2. La stessa regola si applica quando più persone sono sottoposte alla stessa obbligazione contrattuale ed una di esse abbia soddisfatto il creditore.

14. Prova. – 1. La legge regolatrice del contratto di forza della presente convenzione è applicabile in quanto, in materia di obbligazioni contrattuali, essa stabilisca presunzioni legali o ripartisca l'onere della prova.

2. Gli atti giuridici possono essere approvati con ogni mezzo di prova ammesso tanto dalla legge del foro quanto da quella tra le leggi contemplate all'art. 9 secondo la quale l'atto è valido quanto alla forma, sempreché il mezzo di prova di cui si tratta possa essere impiegato davanti al giudice adito.

15. Esclusione del rinvio. – Quando la presente convenzione prescrive l'applicazione della legge di un paese, essa si riferisce alle norme giuridiche in vigore in questo paese, ad esclusione delle norme di diritto internazionale privato.

16. Ordine pubblico. – L'applicazione di una norma della legge designata dalla presente convenzione può essere esclusa solo se tale applicazione sia manifestamente incompatibile con l'ordine pubblico del foro.

17. Applicazione nel tempo. – La presente convenzione si applica in ogni Stato contraente ai contratti conclusi dopo la sua entrata in vigore in questo Stato.

18. Interpretazione uniforme. – Nell'interpretazione e applicazione delle norme uniformi che precedono, si terrà conto del loro carattere internazionale e dell'opportunità che siano interpretate e applicate in modo uniforme.

19. Sistemi giuridici non unificati. – 1. Se uno Stato si compone di più unità territoriali di cui ciascuna ha le proprie norme in materia d'obbligazioni contrattuali, ogni unità territoriale è considerata come un paese ai fini della determinazione della legge applicabile secondo la presente convenzione.

2. Uno Stato, in cui differenti unità territoriali abbiano le proprie norme di diritto in materia d'obbligazioni contrattuali, non sarà tenuto ad applicare la presente convenzione ai conflitti di leggi che riguardano unicamente queste unità territoriali.

20. Primato del diritto comunitario. – La presente convenzione non pregiudica l'applicazione delle disposizioni che, in materie particolari, regolano i conflitti di leggi nel campo delle obbligazioni contrattuali e che sono contenute in atti emanati o da emanarsi dalle istituzioni delle Comunità europee o nelle legislazioni nazionali armonizzate in esecuzione di tali atti.

21. Rapporti con altre convenzioni. – La presente convenzione non pregiudica l'applicazione delle convenzioni internazionali di cui uno Stato contraente è o sarà parte.

22. Riserve. – 1. Ogni Stato contraente potrà, al momento della firma, della ratifica, dell'accettazione o dell'approvazione, riservarsi il diritto di non applicare:

a) l'art. 7, paragrafo 1;

b) l'art. 10, paragrafo 1, lettera e).

2. Nel notificare l'estensione dell'applicazione della convenzione conformemente all'art. 27, paragrafo 2, ogni Stato contraente potrà anche esprimere una o più riserve con effetto limitato ai territori o a taluni dei territori previsti dall'estensione.

3. Ogni Stato contraente potrà in ogni momento ritirare una riserva che avrà fatto; l'effetto della riserva cesserà il primo giorno del terzo mese di calendario dopo la notifica del ritiro.

TITOLO III
CLAUSOLE FINALI

Art. 23. – 1. Se uno Stato contraente, dopo l'entrata in vigore della presente convenzione nei suoi confronti, desidera adottare una nuova norma di conflitto di leggi per una categoria particolare di contratti che rientrano nel campo di applicazione della convenzione, esso comunica la sua intenzione agli altri Stati firmatari per il tramite del Segretario Generale del Consiglio delle Comunità europee.

2. Nel termine di sei mesi dalla comunicazione fatta al Segretario Generale, ogni Stato firmatario potrà domandargli di organizzare consultazioni tra gli Stati firmatari allo scopo di raggiungere un accordo.

3. Se, entro questo termine, nessuno Stato firmatario ha domandato la consultazione o se, nei due anni successivi alla comunicazione fatta al Segretario Generale, non è intervenuto nessun accordo in seguito alle consultazioni, lo Stato contraente può modificare la sua legislazione. La modificazione è comunicata agli altri Stati firmatari per il tramite del Segretario Generale del Consiglio delle Comunità europee.

Art. 24. – 1. Se uno Stato contraente, dopo l'entrata in vigore della presente convenzione nei suoi confronti, desidera divenire parte di una convenzione multilaterale che ha quale suo oggetto principale, o comprende tra i suoi oggetti principali, una disciplina di diritto internazionale privato concernente una delle materie disciplinate dalla presente convenzione, si applica la procedura prevista all'art. 23. Tuttavia il termine di due anni, previsto all'art. 23, paragrafo 3, è ridotto a un anno.

2. Non si segue la procedura prevista al paragrafo 1 se uno Stato contraente o una delle Comunità europee sono già parti alla convenzione multilaterale o se l'oggetto di questa è la revisione di una convenzione cui lo Stato interessato è parte, ovvero se si tratta di una convenzione conclusa nel quadro dei trattati istitutivi delle Comunità europee.

Art. 25. – Se uno Stato contraente ritiene che l'unificazione realizzata dalla presente convenzione è compromessa dalla conclusione di accordi non previsti all'art. 24, paragrafo 1, esso può domandare al Segretario Generale del Consiglio delle Comunità europee di organizzare consultazioni tra gli Stati firmatari della presente convenzione.

Art. 26. – Ogni Stato contraente può chiedere la revisione della presente convenzione. In tal caso, il Presidente del Consiglio delle Comunità europee convoca una conferenza di revisione.

Art. 27. – 1. La presente convenzione si applica al territorio europeo degli Stati contraenti, ivi compresa la Groenlandia, e all'insieme del territorio della Repubblica francese.

2. In deroga al paragrafo 1:

a) la presente convenzione non si applica alle Isole Faerer, salvo dichiarazione contraria del Regno di Danimarca;

b) la presente convenzione non si applica ai territori europei situati fuori del Regno Unito, di cui il Regno Unito assume la rappresentanza nei rapporti con l'estero, salvo dichiarazione contraria del Regno Unito relativamente ad uno o più territori;

c) la presente convenzione si applica alle Antille olandesi, se il Regno dei Paesi Bassi fa una dichiarazione a tale effetto.

3. Queste dichiarazioni possono essere fatte in ogni momento mediante notifica al Segretario Generale del Consiglio delle Comunità europee.

4. I procedimenti d'appello proposti nel Regno Unito avverso decisioni pronunciate dai tribunali situati in uno dei territori di cui al paragrafo 2, lettera b) sono considerati come procedimenti pendenti davanti a tali tribunali.

Art. 28. – 1. La presente convenzione è aperta dal 19 giugno 1980 alla firma degli Stati parti del trattato che istituisce la Comunità economica europea.

2. La presente convenzione sarà ratificata, accettata o approvata, dagli Stati firmatari. Gli strumenti di ratifica, di accettazione o di approvazione saranno depositati presso il Segretario Generale del Consiglio delle Comunità europee.

Art. 29. – 1. La presente convenzione entrerà in vigore il primo giorno del terzo mese successivo al deposito del settimo strumento di ratifica, di accettazione o di approvazione.

2. Per ogni Stato firmatario che la ratifichi, accetti o approvi posteriormente, la convenzione entrerà in vigore il primo giorno del terzo mese successivo al deposito del suo strumento di ratifica, di accettazione o di approvazione.

Art. 30. – 1. La convenzione avrà una durata di dieci anni a partire dalla sua entrata in vigore conformemente all'art. 29, paragrafo 1, anche per gli Stati per i quali essa entri in vigore posteriormente.

2. La convenzione si rinnoverà tacitamente di cinque anni in cinque anni, salvo denuncia.

3. La denuncia sarà notificata, almeno sei mesi prima della scadenza del termine fissato in dieci o cinque anni secondo il caso, al Segretario Generale del Consiglio delle Comunità europee. Essa potrà essere limitata ad uno dei territori ai quali la convenzione sia stata estesa in applicazione dell'art. 27, paragrafo 2.

4. La denuncia avrà effetto unicamente nei confronti dello Stato che l'ha notificata. La convenzione resterà in vigore per gli altri Stati contraenti.

Art. 31. – Il Segretario Generale del Consiglio delle Comunità europee notificherà agli Stati parti del trattato che istituisce la Comunità economica europea:

a) le firme;

b) il deposito di ogni strumento di ratifica, di accettazione o di approvazione;

c) la data di entrata in vigore della presente convenzione;

d) le comunicazioni fatte in applicazione degli articoli 23, 24, 25, 26, 27 e 30;

e) le riserve ed il ritiro dalle riserve di cui all'art. 22.

Art. 32. – Il protocollo allegato alla presente convenzione ne costituisce parte integrante.

Art. 33. – La presente convenzione, redatta in un unico esemplare in lingua danese, francese, inglese, irlandese, italiana, olandese e tedesca, ciascun testo facente ugualmente fede, sarà depositata negli archivi del Segretariato generale del Consiglio delle Comunità europee. Il Segretario Generale provvederà a trasmetterne copia certificata conforme al Governo di ciascuno degli stati firmatari. In fede di che, i sottoscritti, debitamente autorizzati a tal fine, hanno firmato la presente convenzione.

PROTOCOLLO

Le Alte Parti contraenti hanno convenuto la disposizione seguente che è allegata alla convenzione: In deroga alle disposizioni della convenzione, la Danimarca può mantenere la disposizione di cui all'art. 169 della "Slov" (legislazione marittima) concernente la legge applicabile ai problemi relativi al trasporto di merci per mare e può modificare tale disposizione senza seguire la procedura di cui all'art. 23 della convenzione. In fede di che, i sottoscritti, debitamente autorizzati a tal fine, hanno firmato il presente protocollo.

DICHIARAZIONE COMUNE

Al momento della firma della convenzione sulla legge applicabile alle obbligazioni contrattuali, i Governi del Regno del Belgio, del Regno della Danimarca, della Repubblica federale di Germania, della Repubblica francese, dell'Irlanda, della Repubblica italiana, del Granducato del Lussemburgo, del Regno dei Paesi Bassi e del Regno Unito di Gran Bretagna e Irlanda del Nord.

I. solleciti di evitare, nei limiti del possibile, la dispersione delle norme di diritto internazionale privato in molteplici strumenti e le divergenze tra queste norme, esprimono il voto che le istituzioni delle Comunità europee, nell'esercizio delle loro competenze sulla base dei trattati istitutivi, si sforzino, all'occorrenza, d'adottare delle norme di diritto internazionale privato che, per quanto possibile, siano in armonia con quelle della presente convenzione;

II. dichiarano la loro intenzione di procedere, fin dalla firma della convenzione e in attesa di essere vincolati dall'art. 24 della convenzione, a consultazioni reciproche nel caso in cui uno degli Stati firmatari desiderasse diventare parte contraente di una convenzione alla quale si applicherebbe la procedura prevista nel suddetto articolo;

III. considerando il contributo della convenzione sulla legge applicabile alle obbligazioni contrattuali all'unificazione delle norme sui conflitti di leggi in seno alle Comunità europee, esprimono il parere che ogni Stato che diventerà membro delle Comunità europee dovrebbe aderire a tale convenzione. In fede di che, i sottoscritti, debitamente autorizzati a tal fine, hanno firmato la presente dichiarazione comune.

DICHIARAZIONE COMUNE

I Governi del Regno del Belgio, del Regno di Danimarca, della Repubblica federale di Germania, della Repubblica francese, della Repubblica italiana, dell'Irlanda, del Granducato del Lussemburgo, del Regno dei Paesi Bassi e del Regno Unito di Gran Bretagna e Irlanda del Nord, al momento della firma della convenzione sulla legge applicabile alle obbligazioni contrattuali, desiderosi di garantire un'applicazione quanto più possibile efficace delle disposizioni di detta convenzione, solleciti di evitare divergenze di interpretazione della convenzione che possano nuocere al suo carattere unitario, si dichiarano pronti:

1. a esaminare la possibilità di attribuire talune competenze alla Corte di giustizia delle Comunità europee e, all'occorrenza, a negoziare a tale scopo un accordo;

2. a istituire contatti periodici tra i loro rappresentanti. In fede di che, i sottoscritti, debitamente autorizzati a tal fine, hanno firmato la presente dichiarazione comune.

Convenzione di Vienna del 1980 sulla vendita internazionale di merci

(L. n. 765/1985)

PREAMBOLO

Gli Stati parte della presente convenzione

Tenendo presente gli obiettivi generali di cui alle risoluzioni relative alla instaurazione di un nuovo assetto economico internazionale che l'Assemblea generale ha adottato nella sua sesta sessione straordinaria

Considerando che lo sviluppo del commercio internazionale sulla base dell'uguaglianza e dei vantaggi reciproci è un elemento importante per favorire amichevoli relazioni fra gli Stati

Stimando che l'adozione di norme uniformi applicabili ai contratti di vendita internazionale di merci e compatibili con i vari sistemi sociali, economici e giuridici, contribuirà ad eliminare gli ostacoli giuridici negli scambi internazionali, favorendo lo sviluppo del commercio internazionale

Hanno convenuto quanto segue:

PRIMA PARTE
CAMPO DI APPLICAZIONE E DISPOSIZIONI GENERALI

CAPITOLO I
Campo di applicazione

Art. 1. – 1. La presente Convenzione si applica ai contratti di vendita delle merci fra parti aventi la loro sede di affari in Stati diversi:

a) quando questi Stati sono Stati contraenti; o

b) quando le norme di diritto internazionale privato rimandano all'applicazione della legge di uno Stato contraente.

2. Non si terrà conto del fatto che le parti hanno la loro sede di affari in Stati diversi quando tale fatto non risulta né dal contratto, né da transazioni precedenti fra le parti, né da informazioni da queste fornite in qualsiasi momento prima della conclusione o al momento della conclusione del contratto.

3. Né la nazionalità delle parti, né il carattere civile o commerciale delle parti o del contratto saranno prese in considerazione per l'applicazione della presente Convenzione.

Art. 2. – La presente Convenzione non disciplina le vendite:

a) di merci acquistate per uso personale, familiare o domestico, a meno che il venditore, in un qualsiasi momento anteriore alla conclusione o al momento della conclusione del contratto, non sapesse e non fosse tenuto a sapere che tali merci erano comprate per tale uso;

b) all'asta;

c) su pignoramento o effettuata in qualsiasi altro modo per ordine del giudice;

d) di valori mobiliari, effetti commerciali e valute;

e) di navi, battelli, aliscafi o aeronavi;

f) di elettricità.

Art. 3. – 1. Sono considerate vendite i contratti di fornitura di merci da fabbricare o produrre, a meno che la parte che ordina queste ultime non debba fornire una parte essenziale del materiale necessario a tale fabbricazione o produzione.

2. La presente Convenzione non si applica ai contratti in cui la parte preponderante dell'obbligo della parte che fornisce le merci consiste in una fornitura di mano d'opera o altri servizi.

Art. 4. – La presente Convenzione disciplina esclusivamente la formazione del contratto di vendita ed i diritti ed obblighi che tale contratto fa nascere fra il venditore ed il compratore. In particolare, salvo espressa disposizione contraria della presente Convenzione, questa non riguarda:

a) la validità del contratto, di nessuna delle sue clausole, né degli usi;

b) gli effetti che il contratto può avere sulla proprietà delle merci vendute.

Art. 5. – La presente Convenzione non si applica alla responsabilità del venditore per decesso o per lesioni personali causati a chiunque dalle merci.

Art. 6. – Le parti possono escludere l'applicazione della presente Convenzione o, con riserva delle disposizioni dell'art. 12, derogare a una qualsiasi delle sue disposizioni o modificarne gli effetti.

CAPITOLO II
Disposizioni generali

Art. 7. – 1. Ai fini dell'interpretazione della presente Convenzione, sarà tenuto conto del suo carattere internazionale e della necessità di promuovere l'uniformità della sua applicazione, nonché di assicurare il rispetto della buona fede nel commercio internazionale.

2. Le questioni riguardanti le materie disciplinate dalla presente Convenzione e che non sono da questa espressamente risolte, saranno regolate secondo i princìpi generali a cui si ispira, o, in mancanza di tali princìpi, in conformità alla legge applicabile secondo le norme del diritto internazionale privato.

Art. 8. – 1. Ai fini della presente Convenzione, le indicazioni ed altri comportamenti di una parte devono essere interpretati secondo l'intenzione di quest'ultima quando l'altra parte era a conoscenza o non poteva ignorare tale intenzione.

2. Se il paragrafo precedente non è applicabile, le indicazioni ed altri comportamenti di una parte devono essere interpretati secondo il senso che una persona ragionevole, di medesima qualità dell'altra parte, posta nella medesima situazione, avrebbe loro dato.

3. Al fine di stabilire l'intenzione di una parte o ciò che avrebbe inteso una persona ragionevole, si dovrà tener conto delle circostanze pertinenti, in particolare dei negoziati eventualmente intercorsi fra le parti, delle consuetudini fra di esse stabilitesi, degli usi e di ogni loro successivo comportamento.

Art. 9. – 1. Le parti sono vincolate dagli usi ai quali hanno assentito e dalle abitudini stabilitesi fra di loro.

2. Salvo convenzione contraria delle parti, si ritiene che queste si siano tacitamente riferite nel contratto e per la sua elaborazione a qualsiasi uso di cui erano o avrebbero dovuto essere a conoscenza e che, nel commercio internazionale, è largamente conosciuto e regolarmente osservato dalle parti in contratti dello stesso genere, nel ramo commerciale considerato.

Art. 10. – Ai fini della presente Convenzione:

a) se una parte ha più di una sede di affari, sarà considerata quella collegata più strettamente con il contratto e la sua esecuzione, tenendo conto delle circostanze note alle parti o da loro prese in considerazione, in un qualsiasi momento prima o al momento della conclusione del contratto;

b) se una parte non ha una sede di affari, si prenderà in considerazione la residenza abituale della parte.

Art. 11. – Il contratto di vendita non deve essere concluso né constatato per iscritto né sottoposto ad alcun'altra condizione formale. Può essere provato con qualsiasi mezzo, ivi compresi i testimoni.

Art. 12. – Qualsiasi disposizione dell'art. 11, dell'art. 29 o della seconda parte della presente Convenzione autorizzante una forma differente da quella scritta, sia per la conclusione o per la modifica o rescissione amichevole di un contratto di vendita, sia per qualsiasi offerta, accettazione o altra manifestazione d'intento, non si applica dal momento che una delle parti ha la sua sede di affari in uno Stato contraente che avrà effettuato una dichiarazione in conformità all'art. 96 della presente Convenzione e parti non possono derogare al presente articolo né modificare gli effetti.

Art. 13. – Ai fini della presente Convenzione, il termine "scritto" deve intendersi comprendere anche le comunicazioni indirizzate mediante telegramma o telex.

SECONDA PARTE
FORMAZIONE DEL CONTRATTO

Art. 14. – 1. Una proposta di contratto, rivolta a una o più persone determinate, costituisce un'offerta, qualora sia sufficientemente precisa e ove indichi la volontà del suo autore di essere vincolato in caso di accettazione. Una proposta è sufficientemente precisa quando indica le merci e, espressamente o implicitamente, fissa la quantità e il prezzo o dà indicazioni atte a determinarle.

2. Una proposta rivolta a persone indeterminate è considerata solo come un invito all'offerta, a meno che la persona che ha espresso la proposta non abbia chiaramente indicato il contrario.

Art. 15. – 1. Un'offerta ha effetto quando perviene al destinatario.

2. Un'offerta, anche se irrevocabile, può essere ritirata se la relativa dichiarazione perviene al destinatario prima o contemporaneamente all'offerta.

Art. 16. – 1. Fin tanto che il contratto non è stato concluso, un'offerta può essere ritirata, se la revoca perviene al destinatario prima che questi abbia fatto pervenire un'accettazione.

2. Tuttavia, un'offerta non può essere revocata:

a) se indica, fissando un termine determinato per l'accettazione o in altro modo, che essa è irrevocabile; o

b) se era ragionevole per il destinatario considerare l'offerta come irrevocabile e se egli ha agito di conseguenza.

Art. 17. – Un'offerta, anche se irrevocabile, scade quando il rifiuto della stessa perviene all'autore dell'offerta.

Art. 18. – 1. Una dichiarazione o altro comportamento del destinatario che indicano il consenso ad un'offerta, costituiscono accettazione. Il silenzio o l'inazione, da soli, non possono valere come accettazione.

2. L'accettazione di un'offerta ha effetto nel momento in cui l'espressione del consenso perviene all'autore dell'offerta. L'accettazione non ha effetto se tale indicazione non perviene all'autore dell'offerta nel termine da lui stipulato o, in mancanza di tale stipula, in un termine ragionevole, tenuto conto delle circostanze della transazione e della rapidità dei mezzi di comunicazione utilizzati dall'autore dell'offerta. Un'offerta verbale deve essere accettata immediatamente, a meno che le circostanze non implichino il contrario.

3. Se, tuttavia, in virtù dell'offerta, degli usi o consuetudini che si sono stabiliti fra le parti il destinatario dell'offerta può indicare che acconsente, compiendo un atto attinente, ad esempio, alla spedizione delle merci o al pagamento dei prezzi, senza darne comunicazione all'autore dell'offerta, l'accettazione avrà effetto nel momento in cui questo atto è compiuto, purché lo sia entro i termini previsti dal precedente paragrafo.

Art. 19. – 1. Una risposta che vuole essere l'accettazione di un'offerta, ma che contiene aggiunte, limitazioni o altre modifiche, è un rifiuto di quest'ultima e costituisce una contro-offerta.

2. Tuttavia, una risposta che vuole essere l'accettazione di un'offerta, ma che contiene elementi complementari o diversi che non alterano sostanzialmente i termini dell'offerta, costituisce un'accettazione, a meno che l'autore dell'offerta, senza ritardi ingiustificati, non ne rilevi verbalmente le differenze e non faccia pervenire un avviso al riguardo. Se non lo fa, i termini del contratto sono quelli dell'offerta, con le modifiche comprese nell'accettazione.

3. Elementi complementari o diversi, relativi in particolare al prezzo, al pagamento, alla qualità e quantità delle merci, al luogo e momento della consegna, ai limiti della responsabilità di una parte riguardo all'altra o al regolamento delle controversie, sono considerate come elementi che alterano in maniera sostanziale i termini dell'offerta.

Art. 20. – 1. Il termine di accettazione fissato dall'autore dell'offerta in un telegramma o lettera inizia a decorrere dal momento in cui il telegramma è consegnato per spedizione o alla data che compare sulla lettera o, in mancanza, a quella che compare sulla busta. Il termine di accettazione che l'autore dell'offerta stabilisce per telefono, per telex, o mediante altri mezzi istantanei di comunicazione, inizia a decorrere dal momento in cui l'offerta perviene al destinatario.

2. I giorni festivi o non lavorativi che cadono durante il decorso del termine di accettazione vengono calcolati nel computo di detto termine. Se tuttavia la notifica non può essere consegnata all'indirizzo dell'autore dell'offerta l'ultimo giorno della scadenza, essendo questo un giorno festivo o non lavorativo, nella sede di affari dell'autore dell'offerta, il termine sarà prorogato fino al primo giorno lavorativo seguente.

Art. 21. – 1. Un'accettazione tardiva produce tuttavia i suoi effetti come accettazione, se, immediatamente, l'autore dell'offerta ne informa verbalmente il destinatario o gli invia un avviso in questo senso.

2. Se la lettera o altro scritto, contenente un'accettazione tardiva, rivela che è stata inviata in condizioni tali che, se la sua trasmissione fosse stata regolare, sarebbe pervenuta in tempo all'autore dell'offerta, l'accettazione tardiva produce i suoi effetti come accettazione, a meno che, immediatamente, l'autore dell'offerta non informi verbalmente il destinatario dell'offerta che egli considera che la sua offerta era scaduta o non gli invii un avviso in questo senso.

Art. 22. – L'accettazione può essere revocata se la revoca perviene all'autore dell'offerta prima del momento in cui l'accettazione avrebbe avuto effetto o nello stesso momento.

Art. 23. – Il contratto è concluso nel momento in cui l'accettazione di una offerta prende effetto in conformità alle disposizioni della presente Convenzione.

Art. 24. – Ai fini della presente parte della Convenzione, un'offerta, una dichiarazione di accettazione o qualsiasi altra manifestazione d'intento "perviene" al suo destinatario quando gli è rivolta verbalmente o è consegnata mediante qualsiasi altro mezzo al destinatario stesso, presso la sua sede di affari, al suo indirizzo postale, o, se non ha sede di affari o indirizzo postale, presso la sua abituale residenza.

TERZA PARTE
VENDITA DI MERCI

CAPITOLO I
Disposizioni generali

Art. 25. – Una inosservanza del contratto commessa da una delle parti è essenziale quando causa all'altra parte un pregiudizio tale da privarla sostanzialmente di ciò che questa era in diritto di attendersi dal contratto, a meno che la parte in difetto non abbia previsto un tale risultato e che una persona ragionevole, di medesima qualità, posta nella medesima situazione, non avrebbe anche essa potuto prevederlo.

Art. 26. – Una dichiarazione di risoluzione del contratto ha effetto solo se è effettuata mediante notifica all'altra parte.

Art. 27. – Salvo contraria disposizione espressa dalla presente parte della Convenzione, se una notifica, domanda o altra comunicazione è effettuata da una parte contraente, in conformità alla presente parte e con mezzi appropriati alle circostanze, un ritardo o un errore nella trasmissione della comunicazione o il fatto che non sia pervenuta a destinazione, non priva tale parte contraente del diritto di avvalersene.

Art. 28. – Se, in conformità alle disposizioni della presente Convenzione, una parte ha il diritto di esigere dall'altra l'esecuzione di un obbligo, il tribunale è tenuto a ordinarne l'esecuzione in natura solo se lo facesse in virtù della propria legislazione per contratti di vendita simili non regolati dalla presente Convenzione.

Art. 29. – 1. Un contratto può essere modificato o rescisso mediante accordo amichevole fra le parti.

2. Un contratto scritto contenente una disposizione che preveda che ogni modifica o rescissione amichevole deve essere fatta per iscritto non può essere modificato o rescisso amichevolmente sotto altra forma. Tuttavia, il comportamento di una delle parti può impedire di invocare tale disposizione se l'altra parte si è basata su tale comportamento.

CAPITOLO II
Obblighi del venditore

Art. 30. – Il venditore s'impegna, alle condizioni previste dal contratto e dalla presente Convenzione, a consegnare le merci, a trasferirne la proprietà e, ove il caso, a consegnare tutti i relativi documenti.

Sezione I
Consegna delle merci e dei documenti

Art. 31. – Se il venditore non è tenuto a consegnare le merci in altro luogo particolare, il suo obbligo di consegna consiste:

a) quando il contratto di vendita implica un trasporto di merci, nel consegnare le merci al primo trasportatore perché le faccia pervenire all'acquirente;

b) quando, nei casi non previsti al precedente comma, il contratto verte su un corpo certo o su qualcosa di genere che deve essere prelevato su una massa determinata o che deve essere fabbricata o prodotta e quando, al momento della conclusione del contratto, le parti sapevano che le merci si trovavano o dovevano essere fabbricate o prodotte in un luogo particolare, nel mettere le merci a disposizione dell'acquirente in tale luogo;

c) negli altri casi, nel mettere le merci a disposizione dell'acquirente nel luogo in cui il venditore aveva la sua sede di affari al momento della conclusione del contratto.

Art. 32. – 1. Se, in conformità al contratto o alla presente Convenzione, il venditore consegna le merci ad un trasportatore e se le merci non sono chiaramente identificate ai fini del contratto, mediante apposizione di un segno distintivo su di esse, mediante documenti di trasporto o mediante qualsiasi altro mezzo, il venditore deve dare all'acquirente un avviso di spedizione che indichi in maniera specifica le merci.

2. Se il venditore deve prendere disposizioni per il trasporto delle merci, egli deve concludere i contratti necessari affinché il trasporto sia effettuato fino al luogo previsto, mediante mezzi di trasporto adeguati alle circostanze e secondo le condizioni usuali per tale trasporto.

3. Se il venditore non è obbligato a sottoscrivere un'assicurazione di trasporto, deve fornire all'acquirente, su sua domanda, tutte le informazioni di cui dispone, necessarie alla conclusione di detta assicurazione.

Art. 33. – Il venditore dovrà consegnare le merci:

a) se una data è fissata per contratto o determinabile con riferimento al contratto, in tale data;

b) se un periodo di tempo è fissato per contratto o è determinabile, con riferimento ad esso, in un qualsiasi momento durante detto periodo, a meno che non risulti dalle circostanze che spetta all'acquirente scegliere una data; o

c) in tutti gli altri casi, in un termine ragionevole a partire dalla conclusione del contratto.

Art. 34. – Se il venditore è tenuto a consegnare i documenti relativi alle merci, deve adempiere a tale obbligo nel momento, luogo e forma previsti dal contratto. In caso di consegna anticipata, il venditore conserva, fino al momento previsto per la consegna, il diritto di porre riparo ad un'eventuale non-conformità dei documenti, purché l'esercizio di tale diritto non procuri all'acquirente né inconvenienti, né spese irragionevoli. Tuttavia, l'acquirente mantiene il diritto a chiedere il risarcimento dei danni-interessi in conformità alla presente Convenzione.

Sezione II
Conformità delle merci e diritti o pretese di terzi

Art. 35. – 1. Il venditore deve consegnare merci la cui quantità, qualità e genere corrispondono a quelli previsti dal contratto, e il cui imballaggio e confezione corrispondono a quelli previsti dal contratto.

2. A meno che le parti non convengano altrimenti, le merci sono conformi al contratto solo se:

a) sono atte agli usi ai quali servirebbero abitualmente merci dello stesso genere;

b) sono atte ad ogni uso speciale, espressamente o tacitamente portato a conoscenza del venditore al momento della conclusione del contratto, a meno che risulti dalle circostanze che l'acquirente non si è affidato alla competenza o alla valutazione del venditore o che non era ragionevole da parte sua farlo;

c) possiedono le qualità di una merce che il venditore ha presentato all'acquirente come campione o modello;

d) sono imballate o confezionate secondo i criteri usuali per le merci dello stesso tipo, oppure, in difetto di un criterio usuale, in maniera adatta a conservarle e proteggerle.

3. Il venditore non è responsabile, per quanto concerne i sottoparagrafi da a) a d) del paragrafo precedente, di un difetto di conformità che il compratore conosceva o non poteva ignorare al momento della conclusione del contratto.

Art. 36. – 1. Il venditore è responsabile, secondo il contratto e la presente Convenzione, di qualsiasi difetto di conformità esistente al momento del trasferimento dei rischi al compratore, anche se il difetto appare solo successivamente.

2. Il venditore è anche responsabile di qualsiasi difetto di conformità che si verifichi dopo il momento indicato al precedente paragrafo e che sia imputabile all'inesecuzione di uno qualsiasi dei suoi obblighi, compreso il venir meno ad una garanzia che, per un certo periodo, le merci si manterranno adeguate al loro uso normale o ad un uso speciale o conserveranno le qualità e le caratteristiche specificate.

Art. 37. – In caso di consegna anticipata, il venditore ha diritto, fino alla data prevista per la consegna, sia di consegnare una parte o una quantità mancante, o merci nuove in sostituzione delle merci non conformi al contratto, sia di porre riparo ad ogni difetto di conformità delle merci, purché l'esercizio di tale diritto non causi all'acquirente né convenienti, né spese irragionevoli. L'acquirente tuttavia conserva il diritto di chiedere danni-interesse in conformità alla presente Convenzione.

Art. 38. – 1. L'acquirente deve esaminare le merci o farle esaminare nel termine più breve possibile, considerate le circostanze.

2. Se il contratto implica un trasporto merci, l'esame può essere differito fino al loro arrivo a destinazione.

3. Le merci sono dirottate o rispedite dall'acquirente senza che questi abbia avuto ragionevolmente la possibilità di esaminarle e se, al momento della conclusione del contratto, il venditore conosceva o avrebbe dovuto conoscere la possibilità di tale dirottamento o di tale rispedizione, l'esame può essere differito fino all'arrivo delle merci alla loro nuova destinazione.

Art. 39. – 1. L'acquirente decade dal diritto di far valere un difetto di conformità se non lo denuncia al venditore, precisando la natura di tale difetto, entro un termine ragionevole, a partire dal momento in cui l'ha constatato o avrebbe dovuto constatarlo.

2. In tutti i casi l'acquirente decade dal diritto di far valere un difetto di conformità se non lo denuncia al più tardi entro un termine di due anni, a partire dalla data alla quale le merci gli sono state effettivamente consegnate, a meno che tale scadenza non sia incompatibile con la durata di una garanzia contrattuale.

Art. 40. – Il venditore non può avvalersi delle disposizioni degli articoli 38 e 39 se il difetto di conformità riguarda fatti di cui era a conoscenza o non poteva ignorare e che non ha denunciato all'acquirente.

Art. 41. – Il venditore deve consegnare le merci libere da ogni diritto o pretesa di terzi, a meno che l'acquirente non accetti di prenderle in consegna a tali condizioni. Tuttavia, se tale diritto o pretesa sono fondati sulla proprietà industriale o altra proprietà intellettuale, l'obbligo del venditore è regolato dall'art. 42.

Art. 42. – 1. Il venditore deve consegnare le merci libere da ogni diritto o pretesa di terzi, fondati sulla proprietà industriale o altra proprietà intellettuale, di cui era a conoscenza o che non poteva ignorare al momento della conclusione del contratto, a condizione che tale diritto o pretesa siano fondati sulla proprietà industriale o altra proprietà intellettuale:

a) in virtù della legge dello Stato nel quale le merci devono essere rivendute o utilizzate, se le parti hanno considerato al momento della conclusione del contratto che le merci sarebbero state rivendute o utilizzate in questo Stato; o

b) in ogni altro caso, in virtù della legge dello Stato nel quale l'acquirente ha la sua sede di affari.

2. Nei casi seguenti, il venditore non è tenuto all'obbligo previsto al paragrafo precedente:

a) se, al momento della conclusione del contratto, l'acquirente era a conoscenza o non poteva ignorare l'esistenza del diritto o della pretesa; o

b) il diritto o la pretesa risultano dal fatto che il venditore si sia adeguato alle tecniche, disegni, formule o altre specificazioni analoghe fornite dall'acquirente.

Art. 43. – 1. L'acquirente perde il diritto ad avvalersi delle disposizioni degli articoli 41 e 42 se non denuncia al venditore il diritto o la pretesa dei terzi, precisando la natura di tale diritto o di questa pretesa, entro un termine ragionevole, a partire dal momento in cui ne è venuto o avrebbe dovuto venirne a conoscenza.

2. Il venditore non può avvalersi delle disposizioni del precedente paragrafo se era a conoscenza del diritto o della pretesa di terzi e della loro natura.

Art. 44. – Nonostante le disposizioni del paragrafo 1 dell'art. 39 e del paragrafo 1 dell'art. 43, l'acquirente può ridurre il prezzo in conformità all'art. 50 o richiedere danni-interessi, tranne che per guadagni mancati, se ha una scusa ragionevole per non avere effettuato la denuncia richiesta.

Sezione III
Mezzi di cui dispone l'acquirente in caso di inosservanza del contratto da parte del venditore

Art. 45. – 1. Se il venditore non ha eseguito uno qualsiasi degli obblighi che gli derivano dal contratto di vendita o dalla presente Convenzione, l'acquirente può:

a) esercitare i diritti previsti agli articoli da 46 a 52;

b) richiedere i danni-interessi previsti agli articoli da 74 a 77.

2. L'acquirente non perde il diritto a richiedere danni-interessi qualora eserciti il suo diritto di ricorrere ad un altro mezzo.

3. Nessun termine di grazia può essere concesso al venditore da un giudice o da un arbitro qualora l'acquirente si avvalga di uno dei mezzi di cui dispone in caso di inosservanza del contratto.

Art. 46. – 1. L'acquirente può esigere dal venditore l'adempimento dei suoi obblighi, a meno che non si sia avvalso di un mezzo incompatibile con tale esigenza.

2. Se le merci non sono conformi al contratto, l'acquirente non può esigere dal venditore la consegna di altre merci in sostituzione a meno che il difetto di conformità costituisca un'inosservanza essenziale del contratto e che tale consegna sia richiesta al momento della denuncia del difetto di conformità, effettuata ai sensi dell'art. 39 o entro un termine ragionevole a decorrere da tale denuncia.

3. Se le merci non sono conformi al contratto, l'acquirente può esigere che il venditore ponga riparo al difetto di conformità, a meno che ciò non sia irragionevole, tenuto conto di tutte le circostanze. La riparazione deve essere chiesta al momento della denuncia del difetto di conformità, effettuata ai sensi dell'art. 39 o entro un termine ragionevole a decorrere da detta denuncia.

Art. 47. – 1. L'acquirente può fissare al venditore un termine supplementare di durata ragionevole per l'adempimento dei suoi obblighi.

2. A meno che non abbia ricevuto dal venditore una notifica che lo informi che quest'ultimo non adempirà i suoi obblighi nei termini così stabiliti, l'acquirente non può, prima dello scadere di tale termine, avvalersi di nessuno dei mezzi di cui dispone in caso di inosservanza del contratto. Tuttavia, l'acquirente non perde, per questo, il diritto di richiedere danni-interessi per ritardi nell'esecuzione.

Art. 48. – 1. Fatto salvo l'art. 49, il venditore può, anche dopo la data della consegna, porre riparo, a sue spese, a qualsiasi mancanza ai suoi obblighi, a condizione che ciò non comporti un ritardo irragionevole e non causi all'acquirente né inconvenienti irragionevoli, né incertezze per quanto riguarda il rimborso, da parte del venditore, delle spese sostenute dall'acquirente. Tuttavia, l'acquirente mantiene il diritto di richiedere danni-interessi in conformità alla presente Convenzione.

2. Se il venditore chiede all'acquirente di comunicargli se accetta l'adempimento e se l'acquirente non gli risponde entro un termine ragionevole, il venditore può adempiere ai suoi obblighi entro il termine da lui indicato nella domanda. L'acquirente non può, prima della scadenza di tale termine, avvalersi di un mezzo incompatibile con l'adempimento da parte del venditore dei suoi obblighi.

3. Quando il venditore notifica all'acquirente la sua intenzione di adempiere i suoi obblighi entro un termine fissato, si presume che chieda all'acquirente di fargli conoscere la sua decisione in conformità al precedente paragrafo.

4. Una domanda o notifica effettuata dal venditore in virtù dei paragrafi 2 o 3 del presente articolo ha effetto solo se è ricevuta dall'acquirente.

Art. 49. – 1. L'acquirente può dichiarare il contratto rescisso:

a) se l'inadempimento da parte del venditore di uno qualsiasi degli obblighi che gli derivano dal contratto o dalla presente Convenzione costituisce un'inosservanza essenziale del contratto; o

b) in caso di mancata consegna, se il venditore non consegna le merci nel termine supplementare fissato dall'acquirente, in conformità al paragrafo 1 dell'art. 47 o se dichiara che non le consegnerà entro il termine così fissato.

2. Tuttavia, quando il venditore ha consegnato le merci, l'acquirente scade dal diritto di dichiarare risolto il contratto se non lo ha fatto:

a) in caso di consegna tardiva, entro un termine ragionevole, a partire dal momento in cui è venuto a conoscenza che la consegna era stata effettuata;

b) in caso di inosservanza diversa dalla consegna tardiva, entro una scadenza ragionevole;

i) a partire dal momento in cui ha avuto conoscenza o avrebbe dovuto avere conoscenza di tale inosservanza;

ii) dopo la scadenza di ogni termine supplementare fissato dall'acquirente, in conformità al paragrafo 1 dell'art. 47 o dopo che il venditore ha dichiarato che non adempirà ai suoi obblighi entro tale termine supplementare; o

iii) dopo la scadenza di ogni termine supplementare indicato dal venditore in conformità al paragrafo 2 dell'art. 48 o dopo che l'acquirente abbia dichiarato che non accetterà l'adempimento degli obblighi.

Art. 50. – In caso di difetto di conformità delle merci al contratto, sia che il prezzo sia stato pagato o no, l'acquirente può ridurre il prezzo proporzionalmente alla differenza fra il valore che le merci effettivamente consegnate avevano al momento della consegna, ed il valore che merci conformi avrebbero avuto in tale momento. Tuttavia, se il venditore pone riparo a qualsiasi mancanza ai suoi obblighi, in conformità dell'art. 37 o dell'art. 48, o se l'acquirente rifiuta di accettare l'adempimento degli obblighi da parte del venditore in conformità a detti articoli, l'acquirente non può ridurre il prezzo.

Art. 51. – 1. Se il venditore consegna solamente una parte delle merci, o se solamente una parte delle merci consegnate è conforme al contratto, saranno applicati gli articoli da 46 a 50, per quanto riguarda la parte mancante o non conforme.

2. L'acquirente può dichiarare il contratto totalmente rescisso solo se l'inesecuzione parziale o il difetto di conformità costituiscono un'inosservanza essenziale del contratto.

Art. 52. – 1. Se il venditore consegna le merci prima della data stabilita, l'acquirente ha facoltà di prenderle in consegna o di rifiutare tale consegna.

2. Se il venditore consegna una quantità superiore a quella prevista dal contratto, l'acquirente può accettare o rifiutare di prendere in consegna la quantità eccedente. Se l'acquirente accetta di prenderla in consegna tutta o in parte, deve pagarla secondo la tariffa del contratto.

CAPITOLO III

Obblighi dell'acquirente

Art. 53. – L'acquirente si assume l'obbligo, alle condizioni previste dal contratto e dalla presente Convenzione, a pagare il prezzo ed a prendere in consegna le merci.

Sezione I

Pagamento del prezzo

Art. 54. – L'obbligo che ha il compratore di pagare il prezzo comprende di adottare i provvedimenti e adempiere alle formalità destinate a permettere il pagamento del prezzo previsto dal contratto o dalle leggi e regolamenti.

Art. 55. – Se la vendita è validamente conclusa senza che il prezzo delle merci vendute sia stato espressamente o implicitamente fissato nel contratto, o da una disposizione che permetta di determinarlo, si reputa che le parti si siano, salvo disposizioni contrarie, tacitamente riferite al prezzo solitamente praticato al momento della conclusione del contratto, nel ramo commerciale considerato, per le stesse merci vendute in circostanze analoghe.

Art. 56. – Qualora il prezzo sia fissato in base al peso delle merci, sarà il peso netto che in caso di dubbio determinerà tale prezzo.

Art. 57. – 1. Se l'acquirente non è tenuto a pagare il prezzo in un altro luogo particolare, dovrà pagare il venditore:

a) presso la sede di affari di quest'ultimo; o

b) se il pagamento deve essere fatto al momento della consegna delle merci o dei documenti, nel luogo di tale consegna.

2. Il venditore dovrà sostenere l'aumento delle spese accessorie al pagamento dovute al cambiamento della sua sede di affari dopo la conclusione del contratto.

Art. 58. – 1. Se l'acquirente non è tenuto a pagare il prezzo in altro momento determinato, egli deve pagarlo quando, in conformità al contratto ed alla presente Convenzione, il venditore mette a sua disposizione sia le merci sia i documenti rappresentativi delle merci. Il venditore può porre il pagamento come condizione della consegna delle merci e dei documenti.

2. Se il contratto implica un trasporto delle merci, il venditore può effettuarne la spedizione, purché queste o i documenti rappresentativi non siano consegnati all'acquirente che dopo pagamento del prezzo.

3. L'acquirente non è tenuto a pagare il prezzo prima di aver avuto la possibilità di esaminare le merci, a meno che le modalità di consegna o di pagamento convenute dalle parti non gliene offrano la possibilità.

Art. 59. – L'acquirente dovrà pagare il prezzo alla data fissata dal contratto o risultante dal contratto e dalla presente Convenzione, senza che vi sia necessità di alcuna richiesta o altra formalità da parte del venditore.

Sezione II

Presa in consegna

Art. 60. – L'obbligo dell'acquirente di ricevere la consegna consiste:

a) nel compiere qualsiasi atto che ci si possa da lui ragionevolmente attendere per permettere al venditore, di effettuare la consegna; e

b) nel ritirare le merci.

Sezione III

Mezzi di cui dispone il venditore in caso di inadempienza del contratto da parte dell'acquirente

Art. 61. – 1. Se l'acquirente non ha adempiuto ad uno qualsiasi degli obblighi che gli derivano dal contratto di vendita o dalla presente Convenzione, il venditore può:

a) esercitare i diritti previsti agli articoli da 62 a 65;

b) richiedere i danni-interessi previsti agli articoli da 74 a 77.

2. Il venditore non perde il diritto a richiedere danni-interessi qualora eserciti il suo diritto a ricorrere ad un altro mezzo.

3. Nessun termine di grazia può essere concesso all'acquirente da un giudice o arbitro qualora il venditore si avvalga di uno dei mezzi di cui dispone, in caso di inadempienza del contratto.

Art. 62. – Il venditore può esigere dall'acquirente il pagamento del prezzo, la presa in consegna delle merci o l'adempimento degli altri obblighi dell'acquirente, a meno che non si sia avvalso di un mezzo incompatibile con dette esigenze.

Art. 63. – 1. Il venditore può fissare all'acquirente un termine supplementare di durata ragionevole per l'adempimento dei suoi obblighi.

2. A meno che non abbia ricevuto dall'acquirente una notifica che lo informi che questi non adempirà ai suoi obblighi nel termine così fissato, il venditore non può, prima dello scadere di detto termine, avvalersi di alcun mezzo di cui dispone in caso di inosservanza del contratto. Tuttavia il venditore non perde, per questo, il diritto di richiedere danni-interessi per ritardo nell'esecuzione.

Art. 64. – 1. Il venditore può dichiarare rescisso il contratto:

a) se l'inadempimento da parte dell'acquirente di uno qualsiasi degli obblighi che gli derivano dal contratto o dalla presente Convenzione costituisce un'inosservanza essenziale del contratto; o

b) se l'acquirente non adempie al suo obbligo di pagare il prezzo o non prende in consegna le merci nel termine supplementare fissato dal venditore in conformità al paragrafo 1 dell'art. 63 o se dichiara che non lo farà nel termine fissato.

2. Tuttavia, quando l'acquirente ha pagato il prezzo, il venditore decade dal diritto di dichiarare rescisso il contratto se non lo ha fatto:

a) in caso di inadempienza tardiva da parte dell'acquirente, prima di essere venuto a conoscenza che l'adempimento era avvenuto; o

b) in caso di inosservanza da parte dell'acquirente che non sia adempimento tardivo, entro un termine ragionevole:

i) a partire dal momento nel quale il venditore è venuto a conoscenza o avrebbe dovuto essere a conoscenza di tale inadempienza; o

ii) allo spirare di ogni termine supplementare concesso dal venditore in conformità al paragrafo 1 dell'art. 63 o dopo che l'acquirente abbia dichiarato che non adempirà ai suoi obblighi in questo termine supplementare.

Art. 65. – 1. Se il contratto prevede che l'acquirente debba specificare la forma, la misura o altre caratteristiche delle merci e se l'acquirente non effettua tale specificazione alla data convenuta entro un termine ragionevole a partire dal ricevimento di una domanda del venditore, questi può, senza pregiudizio di tutti gli altri diritti di sua prerogativa, effettuare egli stesso tale specificazione, secondo le necessità dell'acquirente di cui può essere a conoscenza.

2. Se il venditore effettua egli stesso la specificazione, deve farne conoscere le modalità all'acquirente prefissandogli un termine ragionevole per una specificazione diversa. Se, dopo ricezione della comunicazione del venditore, il compratore non utilizza tale possibilità nel termine così prefissato, la specificazione effettuata dal venditore è definitiva.

CAPITOLO IV
Trasferimento dei rischi

Art. 66. – La perdita o il deterioramento delle merci avvenuti dopo il trasferimento dei rischi all'acquirente non libera quest'ultimo dall'obbligo di pagare il prezzo, a meno che tali avvenimenti non dipendano da fatto del venditore.

Art. 67. – 1. Quando il contratto di vendita implica un trasporto di merci e il venditore non è tenuto a consegnarle in un luogo determinato, i rischi saranno trasferiti all'acquirente a partire dalla consegna delle merci al primo trasportatore per l'invio all'acquirente, in conformità al contratto di vendita. Quando il venditore è tenuto a consegnare le merci al trasportatore in luogo determinato, i rischi non saranno trasferiti all'acquirente fino al momento in cui le merci non saranno state consegnate al trasportatore in detto luogo. Il fatto che il venditore sia autorizzato a conservare i documenti rappresentativi delle merci non pregiudica il trasferimento dei rischi.

2. Tuttavia i rischi non saranno trasferiti all'acquirente fino al momento in cui le merci non saranno state chiaramente identificate ai fini del contratto, o mediante l'apposizione di un segno di riconoscimento sulla merce, o mediante documenti di trasporto, o avviso dato all'acquirente, o mediante qualsiasi altro mezzo.

Art. 68. – Per quanto riguarda le merci vendute durante il trasporto, i rischi sono trasferiti all'acquirente a partire dal momento in cui il contratto è concluso. Tuttavia, se le circostanze lo implicano, i rischi sono a carico dell'acquirente a partire dal momento in cui le merci sono state consegnate al trasportatore che ha rilasciato i documenti certificanti il contratto di trasporto. Se, tuttavia, al momento della conclusione del contratto di vendita, il venditore era a conoscenza o avrebbe dovuto essere a conoscenza del fatto che le merci erano perdute o erano state deteriorate e non ne aveva informato l'acquirente, la perdita o deterioramento è a carico del venditore.

Art. 69. – 1. Nei casi non previsti dagli articoli 67 e 68, i rischi sono trasferiti all'acquirente quando ritira le merci o, se non lo fa in tempo debito, a partire dal momento in cui le merci sono messe a sua disposizione e in cui commette un'adempienza al contratto non prendendole in consegna.

2. Tuttavia, se l'acquirente è tenuto a prendere in consegna le merci in un luogo che non sia la sede di affari del venditore, i rischi sono trasferiti nel momento in cui la consegna deve aver luogo, e perché l'acquirente sappia che le merci sono messe a sua disposizione in detto luogo.

3. Se la vendita concerne merci non ancora individuate, le merci sono considerate essere state messe a disposizione dell'acquirente solo quando sono chiaramente identificate ai fini del contratto.

Art. 70. – Se il venditore ha commesso un'adempienza essenziale al contratto, le disposizioni degli articoli 67, 68 e 69 non portano pregiudizio ai mezzi di cui l'acquirente dispone in ragione di detta inadempienza.

CAPITOLO V
Disposizioni comuni agli obblighi del venditore e del compratore

Sezione I
Inadempienza anticipata e contratti a consegne successive

Art. 71. – 1. Una parte può differire l'adempimento dei suoi obblighi ove sia manifesto, dopo la conclusione del contratto, che l'altra parte non adempirà ad una parte essenziale dei suoi obblighi a causa:

a) di una grave insufficienza della capacità di adempimento di detta parte o della sua solvibilità; o

b) del modo con cui si prepara a dare esecuzione o esegue il contratto.

2. Se il venditore ha già spedito le merci quando si manifestano le ragioni previste al paragrafo precedente, può opporsi a che le merci siano consegnate all'acquirente, anche se questi è in possesso di un documento che gli dà diritto ad ottenerle. Il presente paragrafo riguarda solo i diritti rispettivi del venditore e dell'acquirente sulle merci.

3. La parte che differisce l'esecuzione, prima o dopo la spedizione delle merci, deve immediatamente inviare una notifica in tal senso all'altra parte, e deve procedere all'esecuzione se l'altra parte dà assicurazioni sufficienti per un buon adempimento dei suoi obblighi.

Art. 72. – 1. Se, prima, della data di esecuzione del contratto è manifesto che una parte commetterà un'inadempienza essenziale del contratto, l'altra parte lo può dichiarare rescisso.

2. La parte che ha intenzione di dichiarare rescisso il contratto, se dispone del tempo necessario, lo deve notificare all'altra parte, a condizioni ragionevoli per permettere di fornire assicurazioni sufficienti per un buon adempimento dei suoi obblighi.

3. Le disposizioni del paragrafo precedente non si applicano se l'altra parte ha dichiarato che non adempirà ai suoi obblighi.

Art. 73. – 1. Nei contratti a consegne successive, se l'inadempienza di una delle parti di un obbligo relativo ad una consegna costituisce un'adempienza essenziale del contratto per quanto riguarda detta consegna, l'altra parte può dichiarare il contratto rescisso per detta consegna.

2. Se l'inadempienza di una delle parti di un obbligo relativo ad una consegna può fondatamente indurre l'altra parte a ritenere che vi sarà inadempienza essenziale del contratto per quanto riguarda gli obblighi futuri, essa potrà dichiarare il contratto rescisso per il futuro, purché lo faccia entro un termine ragionevole.

3. L'acquirente che dichiara il contratto rescisso per una consegna può, nello stesso tempo, dichiararlo rescisso per le consegne già ricevute o quelle future se, a causa della loro interdipendenza, tali consegne non possono essere utilizzate ai fini previsti dalle parti al momento della conclusione del contratto.

Sezione II
Danni-interessi

Art. 74. – I danni-interessi per un'inadempienza al contratto commessa da una parte sono uguali alla perdita subita ed al guadagno mancato dell'altra parte a seguito dell'inadempienza. Tali danni-interessi non possono essere superiori alla perdita subita ed al guadagno mancato che la parte in difetto aveva previsto o avrebbe dovuto prevedere al momento della conclusione del contratto, considerando i fatti di cui era a conoscenza, o avrebbe dovuto essere a conoscenza, come possibili conseguenze dell'inadempienza del contratto.

Art. 75. – In caso di risoluzione del contratto e se, in maniera ragionevole e entro un termine ragionevole dopo la sua risoluzione, l'acquirente ha proceduto ad un acquisto di sostituzione o il venditore ad una vendita di compensazione, la parte che richiede danni-interessi può ottenere la differenza fra il prezzo del contratto il prezzo dell'acquisto di sostituzione o della vendita di compensazione, nonché ogni altro danno-interesse che può essere dovuto in virtù dell'art. 74.

Art. 76. – 1. In caso di risoluzione del contratto e se le merci hanno un prezzo corrente, la parte che richiede danni-interessi può ottenere, se non ha effettuato un acquisto in sostituzione, o una vendita di compensazione ai sensi dell'art. 75, la differenza fra il prezzo fissato nel contratto e il prezzo corrente al momento della risoluzione del contratto, nonché ogni altro danno o interesse che può essere dovuto ai sensi dell'art. 74. Tuttavia, se la parte che richiede danni-interessi ha dichiarato il contratto rescisso dopo aver preso possesso delle merci, sarà applicato il prezzo corrente al momento della presa in consegna e non il prezzo corrente al momento della rescissione.

2. Ai fini del paragrafo precedente, il prezzo corrente è quello del luogo ove la consegna delle merci avrebbe dovuto essere effettuata, o, in mancanza di prezzo corrente in quel luogo, il prezzo corrente praticato in altro luogo che sembra ragionevole scegliere come luogo di riferimento, tenendo conto delle differenze nelle spese di trasporto delle merci.

Art. 77. – La parte che invoca l'inadempienza del contratto deve prendere misure ragionevoli, considerate le circostanze, al fine di limitare la perdita, ivi compreso il mancato guadagno, dovuto all'inadempienza. Se tralascia di farlo, la parte in difetto può chiedere una riduzione dei danni-interessi pari all'ammontare della perdita che avrebbe dovuto essere evitata.

Sezione III
Interessi

Art. 78. – Se una parte non paga il prezzo o ogni altra somma dovuta, l'altra parte ha diritto a interessi su detta somma senza pregiudicare i danni-interessi che potrebbe richiedere in virtù dell'art. 74.

Sezione IV
Esonero

Art. 79. – 1. Una parte non è responsabile dell'inadempienza di uno qualsiasi dei suoi obblighi se prova che tale inadempienza è dovuta ad un impedimento indipendente dalla sua volontà e che non ci si poteva ragionevolmente attendere che essa lo prendesse in considerazione al momento della conclusione del contratto, che lo prevedesse o lo superasse, o che ne prevedesse o ne superasse le conseguenze.

2. Se l'inadempienza di una delle parti è dovuta all'inadempienza di un terzo che ha incaricato di eseguire tutto o parte del contratto, tale parte è esonerata dalla sua responsabilità solo se:

a) la parte ne sia esonerata in virtù delle disposizioni del paragrafo precedente; e

b) la terza parte ne sarebbe anch'essa esonerata qualora le disposizioni di tale paragrafo le venissero applicate.

3. L'esonero previsto dal presente articolo produce effetto per tutta la durata dell'impedimento.

4. La parte che non dà esecuzione al contratto, deve avvisare l'altra parte dell'impedimento e delle sue conseguenze sulla sua capacità di esecuzione. Se l'avviso non giunge a destinazione in un termine ragionevole a partire dal momento in cui la parte che non ha dato esecuzione era a conoscenza o avrebbe dovuto essere a conoscenza dell'impedimento, quest'ultima è tenuta a dare danni-interessi a causa della mancata ricezione.

5. Le disposizioni del presente articolo non vietano ad una parte di esercitare tutti i suoi diritti, oltre quelli di ottenere danni-interessi in virtù della presente convenzione.

Art. 80. – Una parte non può avvalersi di un'adempienza dell'altra parte nella misura in cui tale inadempienza è dovuta ad un atto o omissione da parte sua.

Sezione V
Effetti della rescissione del contratto

Art. 81. – 1. La rescissione del contratto libera ambedue le parti dai loro obblighi, salvo i danni-interessi eventualmente dovuti. La rescissione non ha effetto sulle clausole del contratto relative al regolamento delle controversie o ai diritti ed obblighi delle parti in caso di risoluzione.

2. La parte che ha dato esecuzione totalmente o parzialmente al contratto può richiedere restituzione all'altra parte di ciò che ha fornito o pagato in esecuzione del contratto. Se le due parti sono tenute ad effettuare restituzioni, lo devono fare contemporaneamente.

Art. 82. – 1. L'acquirente perde il diritto di dichiarare il contratto rescisso o di esigere dal venditore la consegna di merci sostitutive se gli è impossibile restituire le merci in uno stato pressoché identico a quello nel quale le ha ricevute.

2. Il paragrafo precedente non si applica:

a) se l'impossibilità di restituire le merci o di restituirle in uno stato pressoché identico a quello nel quale l'acquirente le ha ricevute non è dovuto ad un atto od omissione da parte sua;

b) se le merci sono perdute o deteriorate, completamente o in parte, in conseguenza dell'esame prescritto all'art. 36; o

c) se l'acquirente, prima del momento nel quale ha constatato o avrebbe dovuto constatare il difetto di conformità, ha venduto tutte o parte delle merci nel quadro di un'operazione commerciale normale o ha consumato o trasformato tutte o parte delle merci in conformità all'uso normale.

Art. 83. – L'acquirente che ha perso il diritto di dichiarare il contratto risolto o di esigere dal venditore la consegna di merci sostitutive in virtù dell'art. 82 conserva il diritto ad avvalersi di ogni altro mezzo derivante dal contratto e dalla presente Convenzione.

Art. 84. – 1. Se il venditore è tenuto a restituire il prezzo, deve anche pagare gli interessi sull'ammontare di detto prezzo a partire dal giorno del pagamento.

2. L'acquirente deve al venditore l'equivalente di qualsiasi profitto abbia tratto dalle merci o da una parte di esse:

a) quando deve restituirle tutte o in parte; o

b) quando è nell'impossibilità di restituirle tutte o parte delle merci o di restituirle tutte o in parte in uno stato pressoché identico a quello in cui le ha ricevute, e tuttavia ha dichiarato il contratto rescisso o ha preteso dal venditore la consegna di merci sostitutive.

Sezione VI
Conservazione delle merci

Art. 85. – Allorché l'acquirente tarda a prendere consegna delle merci o non ne paga il prezzo, mentre il pagamento del prezzo e la consegna devono essere effettuate contemporaneamente, il venditore, se ha le merci in suo possesso, o sotto il suo controllo, deve prendere le misure ragionevoli, tenuto conto delle circostanze, per assicurarne la conservazione. Sarà autorizzato a trattenerle sino a quando abbia ottenuto dall'acquirente il rimborso delle spese ragionevolmente sostenute.

Art. 86. – 1. Se l'acquirente ha ricevuto le merci ed intende esercitare il diritto di rifiutarle in virtù del contratto o della presente Convenzione, deve prendere le misure ragionevoli, tenuto conto delle circostanze, per assicurarne la conservazione. È autorizzato a trattenerle fino a quando abbia ottenuto dal venditore il rimborso delle spese ragionevolmente sostenute.

2. Se le merci inviate all'acquirente sono state messe a sua disposizione nel loro luogo di destinazione e se l'acquirente esercita il diritto di rifiutarle, deve prenderne possesso per conto del venditore purché possa farlo senza pagamento del prezzo e senza inconvenienti o spese irragionevoli. Tale disposizione non si applica se il venditore è presente sul luogo di destinazione o se vi è in questo luogo una persona qualificata per prendere a carico le merci per suo conto. I diritti ed obblighi dell'acquirente che prende possesso delle merci in virtù del presente paragrafo sono regolati dal paragrafo precedente.

Art. 87. – La parte che è tenuta a prendere misure per assicurare la conservazione delle merci può depositarle nei magazzini di un terzo a spese dell'altra parte, a condizione che le spese che ne risultano non siano irragionevoli.

Art. 88. – 1. La parte che deve assicurare la conservazione delle merci in conformità agli articoli 85 e 86 può venderle con ogni mezzo appropriato se l'altra parte ha eccessivamente ritardato nel prendere possesso delle merci o a riprenderle o a pagarne il prezzo o le spese di conservazione, con riserva di notificarle a detta altra parte, a condizioni ragionevoli, la sua intenzione di vendere.

2. Allorché le merci sono soggette a rapido deterioramento o la loro conservazione comporta spese eccessive, la parte che è tenuta ad assicurare la conservazione delle merci conformemente agli articoli 85 e 86 deve con ragionevolezza impegnarsi a venderle. Per quanto possibile, deve notificare all'altra parte la sua intenzione di vendere.

3. La parte che vende le merci ha diritto di trattenere sul prodotto della vendita un importo uguale alle spese ragionevoli di conservazione e di vendita delle merci. Detta parte dovrà corrispondere all'altra la cifra eccedente.

QUARTA PARTE
DISPOSIZIONI FINALI

Art. 89. – Il Segretario generale dell'organizzazione delle Nazioni Unite è designato come depositario della presente Convenzione.

Art. 90. – La presente Convenzione non prevale su un accordo internazionale già concluso o da concludere che contiene disposizioni concernenti le materie regolate dalla presente Convenzione, a condizione che le parti del contratto abbiano la loro sede di affari in Stati parti a tale accordo.

Art. 91. – 1. La presente Convenzione sarà aperta alla firma nel corso della seduta di chiusura della Conferenza delle Nazioni Unite sui contratti di vendita internazionale di merci e resterà aperta alla firma di tutti gli Stati presso la Sede della Organizzazione delle Nazioni Unite, a New York, fino al 30 settembre 1981.

2. La presente Convenzione è sottoposta a ratifica, accettazione o approvazione da parte degli Stati firmatari.

3. La presente Convenzione sarà aperta all'adesione di tutti gli Stati che non sono firmatari, a partire dalla data in cui sarà aperta alla firma.

4. Gli strumenti di ratifica, accettazione, approvazione o adesione saranno depositati presso il Segretario generale dell'Organizzazione delle Nazioni Unite.

Art. 92. – 1. Qualsiasi Stato contraente potrà, al momento della firma, della ratifica, dell'accettazione, dell'approvazione o dell'adesione, dichiarare che non sarà vincolato dalla seconda parte della presente Convenzione o che non sarà vincolato dalla terza parte della presente Convenzione.

2. Uno Stato contraente che fa, in virtù del paragrafo precedente, una dichiarazione riguardo alla seconda o alla terza parte della presente Convenzione, non sarà considerato come uno Stato contraente, ai sensi del paragrafo 1 dell'articolo primo della Convenzione, per le materie regolate dalla parte della Convenzione alla quale tale dichiarazione si applica.

Art. 93. – 1. Qualsiasi Stato contraente che comprende due o più unità territoriali nelle quali, secondo la sua costituzione, sistemi di diritto diversi si applicano nelle materie disciplinate dalla presente Convenzione potrà, al momento della firma, della ratifica, dell'accettazione, dell'approvazione o della adesione, dichiarare che la presente Convenzione verrà applicata a tutte le sue unità territoriali o solo a una o più di esse e potrà in ogni momento modificare tale dichiarazione facendo una nuova dichiarazione.

2. Tali dichiarazioni saranno notificate al depositario e indicheranno espressamente le unità territoriali a cui la Convenzione si applica.

3. Se, in virtù di una dichiarazione fatta in conformità al presente articolo, la presente Convenzione si applica a una o più delle unità territoriali di uno Stato contraente, ma non a tutte, e se la sede di affari di una parte al contratto è situata in detto Stato, tale sede di affari sarà considerata, ai fini della presente Convenzione, come non situata in uno Stato contraente, a meno che non sia situata in una unità territoriale alla quale la Convenzione viene applicata.

4. Se uno Stato contraente non fa dichiarazioni in virtù del paragrafo 1 del presente articolo, la Convenzione si applicherà all'insieme del territorio di questo Stato.

Art. 94. – 1. Due o più Stati contraenti i quali, in materie regolate dalla presente Convenzione applicano norme giuridiche identiche o affini possono, in ogni momento, dichiarare che la Convenzione non si applicherà ai contratti di vendita o alla loro formazione qualora le parti abbiano la loro sede di affari in detti Stati. Tali dichiarazioni possono essere fatte congiuntamente o essere unilaterali e reciproche.

2. Uno Stato contraente che, in materie regolate dalla presente Convenzione, applica norme giuridiche o affini a quelle di uno o più Stati non contraenti, può in qualsiasi momento dichiarare che la Convenzione non si applicherà ai contratti di vendita o, alla loro formazione qualora le parti abbiano la loro sede di affari in detti Stati.

3. Qualora uno Stato, nei cui confronti una dichiarazione è stata fatta in virtù del paragrafo precedente, diventi in seguito uno Stato contraente, la dichiarazione menzionata avrà, a partire dalla data in cui la presente Convenzione entrerà in vigore nei confronti di tale nuovo Stato contraente, gli effetti di una dichiarazione fatta in virtù del paragrafo 1, a condizione che il nuovo Stato contraente vi si associ o faccia una dichiarazione unilaterale a titolo reciproco.

Art. 95. – Qualsiasi Stato può dichiarare, al momento del deposito del suo strumento di ratifica, accettazione, approvazione o adesione, che non sarà vincolato dal comma b) del paragrafo 1 dell'articolo primo della presente Convenzione.

Art. 96. – Qualsiasi Stato contraente la cui legislazione esige che i contratti di vendita siano conclusi o constatati per iscritto può, in qualsiasi momento, in conformità all'art. 12, dichiarare che ogni disposizione dell'art. 11, dell'art. 29 o della seconda parte della presente Convenzione che autorizza una forma diversa da quella scritta per la conclusione, la modifica o la rescissione amichevole di un contratto di vendita o per qualsiasi offerta, accettazione o altra manifestazione d'intenti, non si applica dal momento che una delle parti ha la sua sede d'affari in detto Stato.

Art. 97. – 1. Le dichiarazioni fatte in virtù della presente Convenzione al momento della firma sono sottoposte a conferma al momento della ratifica, dell'accettazione o dell'approvazione.

2. Le dichiarazioni e la conferma delle dichiarazioni saranno fatte per iscritto e formalmente notificate al depositario.

3. Le dichiarazioni prenderanno effetto alla data dell'entrata in vigore della presente Convenzione nei confronti dello Stato dichiarante. Tuttavia, le dichiarazioni di cui il depositario avrà ricevuto notifica formale dopo tale data avranno effetto il primo giorno del mese successivo alla scadenza di un termine di sei mesi a partire dalla data della loro ricezione da parte del depositario. Le dichiarazioni unilaterali e reciproche fatte in virtù dell'art. 94 avranno effetto il primo giorno del mese successivo alla scadenza di un periodo di sei mesi dopo la data di ricezione dell'ultima dichiarazione da parte del depositario.

4. Qualsiasi Stato che effettui una dichiarazione in virtù della presente Convenzione può in qualsiasi momento ritirarla mediante notifica formale indirizzata per iscritto al depositario. Tale ritiro avrà effetto il primo giorno del mese successivo alla scadenza di un periodo di sei mesi dopo la data di ricevimento della notifica da parte del depositario.

5. Il ritiro di una dichiarazione fatta in virtù dell'art. 94, renderà nulla, a partire dalla data della sua entrata in vigore, qualsiasi dichiarazione reciproca fatta da un altro Stato in virtù di questo stesso articolo.

Art. 98. – Nessuna riserva è autorizzata tranne quelle espressamente autorizzate dalla presente Convenzione.

Art. 99. – 1. La presente Convenzione entrerà in vigore, fatte salve le disposizioni del paragrafo 6 del presente articolo, il primo giorno del mese successivo al termine di un periodo di dodici mesi dopo la data del deposito del decimo strumento di ratifica, di accettazione, di approvazione o di adesione, ivi compreso ogni strumento contenente una dichiarazione resa in virtù dell'art. 92.

2. Qualora uno Stato ratifichi, accetti o approvi la presente Convenzione o vi aderisca dopo il deposito del decimo strumento di ratifica, accettazione, approvazione o adesione, la Convenzione, ad eccezione della parte esclusa, entrerà in vigore nei confronti di tale Stato, fatte salve le disposizioni del paragrafo 6 del presente articolo, il primo giorno del mese successivo allo scadere di un periodo di dodici mesi dopo la data del deposito dello strumento di ratifica, accettazione, approvazione o adesione.

3. Ciascuno Stato che ratificherà, accetterà o approverà la presente Convenzione o vi aderirà e che è parte della Convenzione relativa ad una normativa uniforme sulla formazione dei contratti di vendita internazionale di merci fatta a L'Aja il 1° luglio 1964 (Convenzione de L'Aja del 1964 sulla formazione) o alla Convenzione relativa ad una normativa uniforme sulla vendita internazionale di merci fatta a L'Aja il 1° luglio 1964 (Convenzione de L'Aja del 1964 sulla vendita), o a queste due convenzioni, denuncerà nello stesso tempo o, secondo il caso, la Convenzione de L'Aja del 1964 sulla vendita o la Convenzione de L'Aja sulla formazione, o queste due Convenzioni, rivolgendo una notifica in tal senso al Governo dei Paesi Bassi.

4. Qualsiasi Stato parte della Convenzione de L'Aja del 1964 sulla vendita che ratificherà, accetterà, o approverà la presente Convenzione, o vi aderirà e che dichiarerà o avrà dichiarato in virtù dell'art. 92 che non sarà vincolato dalla seconda parte della Convenzione, denuncerà, al momento della ratifica, dell'accettazione, dell'approvazione o dell'adesione, la Convenzione de L'Aja del 1964 sulla vendita rivolgendo una notifica in tal senso al Governo dei Paesi Bassi.

5. Ciascuno Stato parte della Convenzione de L'Aja del 1964 sulla vendita che ratificherà, accetterà o approverà la presente Convenzione o vi aderirà e che dichiarerà o avrà dichiarato, in virtù dell'art. 92, che non è vincolato dalla terza parte della Convenzione, denuncerà, al momento della ratifica, dell'accettazione, dell'approvazione o dell'adesione, la Convenzione de L'Aja del 1964 sulla formazione inviando una notifica in tal senso al Governo dei Paesi Bassi.

6. Ai fini del presente articolo, le ratifiche, accettazioni, approvazioni e adesioni effettuate riguardo alla presente Convenzione da Stati parti alla Convenzione de L'Aja del 1964 sulla formazione o alla Convenzione de L'Aja del 1964 sulla vendita, entreranno in vigore solo alla data in cui le denunce eventualmente richieste da parte dei suddetti Stati riguardo a queste due Convenzioni saranno entrate in vigore. Il depositario della presente Convenzione si accorderà con il Governo dei Paesi Bassi, depositario delle Convenzioni del 1964, per garantire il coordinamento necessario al riguardo.

Art. 100. – 1. La presente Convenzione si applica alla formazione dei contratti conclusi in seguito ad una proposta intervenuta dopo l'entrata in vigore della Convenzione riguardo agli Stati contraenti di cui al comma a) del paragrafo 1 dell'articolo primo o allo Stato contraente di cui al comma b) del paragrafo 1 dell'articolo primo.

2. La presente Convenzione si applica unicamente ai contratti conclusi dopo la sua entrata in vigore nei confronti degli Stati contraenti di cui al comma a) del paragrafo 1 dell'articolo primo o dello Stato contraente di cui al comma b) del paragrafo 1 dell'articolo primo.

Art. 101. – 1. Ciascuno Stato contraente potrà denunciare la presente Convenzione, o la seconda o la terza parte della Convenzione, mediante notifica formale inviata per iscritto al depositario.

2. La denuncia prenderà effetto il primo giorno del mese successivo alla scadenza di un periodo di dodici mesi dopo la data di ricezione della notifica da parte del depositario. Qualora un periodo più lungo per l'entrata in vigore della denuncia sia specificato nella notifica, la denuncia avrà effetto allo scadere del periodo in oggetto dopo la data di ricezione della notifica.

Fatto a Vienna, l'11 aprile 1980, in un solo originale, i cui testi inglese, arabo, cinese, francese, russo e spagnolo fanno ugualmente fede.

In fede di che i sottoscritti plenipotenziari, debitamente autorizzati dai rispettivi Governi, hanno firmato la presente Convenzione.

L. 15 gennaio 1994, n. 64

Ratifica ed esecuzione della convenzione europea sul riconoscimento e l'esecuzione delle decisioni in materia di affidamento dei minori e di ristabilimento dell'affidamento, aperta alla firma a Lussemburgo il 20 maggio 1980, e della convenzione sugli aspetti civili della sottrazione internazionale di minori, aperta alla firma a L'Aja il 25 ottobre 1980; norme di attuazione delle predette convenzioni, nonché della convenzione in materia di protezione dei minori, aperta alla firma a L'Aja il 5 ottobre 1961, e della convenzione in materia di rimpatrio dei minori, aperta alla firma a L'Aja il 28 maggio 1970

CONVENZIONE DE L'AJA – AFFIDAMENTO E SOTTRAZIONE DI MINORI

Art. 1. – 1. Il Presidente della Repubblica è autorizzato a ratificare la convenzione europea sul riconoscimento e l'esecuzione delle decisioni in materia di affidamento dei minori e di ristabilimento dell'affidamento, aperta alla firma a Lussemburgo il 20 maggio 1980, nonché la convenzione sugli aspetti civili della sottrazione internazionale di minori, aperta alla firma a L'Aja il 25 ottobre 1980.

Art. 2. – 1. Piena ed intera esecuzione è data alle convenzioni di cui all'articolo 1, a decorrere dalla data della loro entrata in vigore, in conformità a quanto previsto dall'articolo 22 della convenzione di Lussemburgo e dell'articolo 43 della convenzione de L'Aja.

Art. 3. – 1. Il Ministero della giustizia, Ufficio per la giustizia minorile, è autorità centrale ai sensi e per gli effetti dell'articolo 3 della convenzione de L'Aja del 28 maggio 1970 sul rimpatrio dei minori, dell'articolo 2 della convenzione europea di Lussemburgo del 20 maggio 1980 sul riconoscimento e l'esecuzione delle decisioni in materia di affidamento dei minori e di ristabilimento dell'affidamento, nonché dell'articolo 6 della convenzione de L'Aja del 25 ottobre 1980 sugli aspetti civili della sottrazione internazionale di minori.

2. Per lo svolgimento dei suoi compiti l'autorità centrale si avvale, ove necessario, della rappresentanza ed assistenza dell'Avvocatura dello Stato, nonché dei servizi minorili dell'Amministrazione della giustizia. Può chiedere l'assistenza degli organi della pubblica amministrazione e della Polizia di Stato, e di tutti gli enti i cui scopi corrispondono alle funzioni che le derivano dalle convenzioni di cui al comma 1.

3. Gli atti giudiziari per l'attuazione della presente legge nelle procedure promosse su richiesta dell'autorità centrale sono esenti dalle imposte di bollo e di registro e da ogni altra spesa e diritto.

4. Il Ministero della giustizia, Ufficio per la giustizia minorile, è altresì designato come autorità centrale competente per gli adempimenti di cui agli articoli 6 e 11 della convenzione de L'Aja del 5 ottobre 1961 sulla competenza delle autorità e sulla legge applicabile in materia di protezione dei minori.

Art. 4. – 1. Il riconoscimento e l'esecuzione nel territorio dello Stato dei provvedimenti adottati dalle autorità straniere per la protezione dei minori, ai sensi dell'articolo 7 della convenzione de L'Aja del 5 ottobre 1961, sono disposti dal tribunale per i minorenni del luogo in cui i provvedimenti stessi devono avere attuazione.

2. Il tribunale decide con decreto in camera di consiglio, sentito il pubblico ministero e, ove del caso, il minore e le persone presso cui questi si trova, su ricorso degli interessati. Il ricorso può essere presentato anche dal pubblico ministero, d'ufficio ovvero su richiesta dell'autorità centrale. Contro il decreto del tribunale per i minorenni può essere proposto ricorso per cassazione.

3. Il tribunale per i minorenni del luogo ove il minore risiede è competente ad adottare i provvedimenti provvisori ed urgenti previsti dagli articoli 8 e 9 della convenzione de L'Aja del 5 ottobre 1961. Del provvedimento è dato avviso all'autorità centrale.

4. L'attuazione nello Stato, ai sensi dell'articolo 6 della convenzione de L'Aja del 5 ottobre 1961, dei provvedimenti adottati dalle autorità straniere è di competenza del giudice tutelare del luogo ove il minore risiede, ovvero, ricorrendo l'ipotesi, del luogo ove si trovano i beni in ordine ai quali sono stati adottati i provvedimenti.

Art. 5. – 1. Le decisioni sulle richieste di rimpatrio di minori dal territorio dello Stato, avanzate dalle autorità straniere, ai sensi dell'articolo 2, paragrafo 1, e dell'articolo 4 della convenzione de L'Aja del 28 maggio 1970, sono adottate dal tribunale per i minorenni del luogo dove il minore risiede.

2. Le decisioni sulle richieste di rimpatrio di minori verso il territorio dello Stato, avanzate dalle autorità straniere, ai sensi dell'articolo 2, paragrafo 2, e dell'articolo 14 della convenzione de L'Aja del 28 maggio 1970, sono adottate dal tribunale per i minorenni del luogo ove risiedono le persone che esercitano la potestà parentale sul minore o, in mancanza, del luogo in cui il minore aveva la sua ultima residenza. Se si tratta di minore cittadino italiano e sono sconosciute le persone che su di lui esercitano la potestà parentale, ovvero di minore cittadino italiano non sottoposto alla potestà parentale di alcuna persona e che non sia stato residente in Italia, la decisione è adottata dal tribunale per i minorenni di Roma.

3. Le richieste di rimpatrio di minori nello Stato ai sensi dell'articolo 2, paragrafo 1, e dell'articolo 4 della convenzione de L'Aja del 28 maggio 1970, sono di competenza del tribunale per i minorenni del luogo ove risiedono le persone che sul minore esercitano la potestà parentale, ovvero, ricorrendo l'ipotesi, del tribunale per i minorenni del luogo ove deve essere adottata od eseguita una misura di protezione o di rieducazione del minore.

4. Le richieste di rimpatrio di minori verso uno Stato contraente ai sensi dell'articolo 2, paragrafo 2, e dell'articolo 14 della convenzione de L'Aja del 28 maggio 1970, sono di competenza del tribunale per i minorenni del luogo ove il minore risiede.

5. Nei casi di cui ai commi 1 e 2 il tribunale per i minorenni decide con decreto in camera di consiglio, su ricorso del

pubblico ministero, anche a seguito di richiesta dell'autorità centrale.

6. Nei casi di cui ai commi 3 e 4 il tribunale per i minorenni decide con decreto in camera di consiglio, sentito il pubblico ministero e su ricorso degli interessati. Il ricorso può essere proposto d'ufficio dal pubblico ministero. La decisione è trasmessa all'autorità centrale per i provvedimenti di competenza.

7. Contro il decreto del tribunale per i minorenni è ammesso ricorso per cassazione.

Art. 6. – 1. Il riconoscimento e l'esecuzione nel territorio dello Stato delle decisioni relative all'affidamento dei minori ed al diritto di visita adottate dalle autorità straniere ai sensi degli articoli 7, 11 e 12 della convenzione di Lussemburgo del 20 maggio 1980 sono disposti dal tribunale per i minorenni del luogo in cui i provvedimenti stessi devono avere attuazione.

2. Il tribunale decide con decreto in camera di consiglio, sentito il pubblico ministero e, ove del caso, il minore e le persone presso cui questi si trova, su ricorso degli interessati o del pubblico ministero. La decisione è deliberata entro trenta giorni dalla proposizione del ricorso. Contro il decreto del tribunale è ammesso ricorso per cassazione. La proposizione del ricorso non sospende l'esecuzione della decisione impugnata.

3. Ove la richiesta sia presentata tramite l'autorità centrale, quest'ultima premessi se del caso i necessari accertamenti, trasmette senza indugio gli atti al procuratore della Repubblica presso il tribunale per i minorenni competente a norma del comma 1, perché sia proposto il ricorso di cui al comma 2. Il ricorso è presentato senza ritardo. La decisione è deliberata nel termine di cui al comma 2.

4. Il procuratore della Repubblica presso il tribunale per i minorenni cura l'esecuzione delle decisioni anche avvalendosi dei servizi minorili dell'Amministrazione della giustizia, e ne dà immediatamente avviso all'autorità centrale.

Art. 7. – 1. Le richieste tendenti ad ottenere il ritorno del minore presso l'affidatario al quale è stato sottratto, o a ristabilire l'esercizio effettivo del diritto di vista, sono presentate per il tramite dell'autorità centrale a norma degli articoli 8 e 21 della convenzione de L'Aja del 25 ottobre 1980.

2. L'autorità centrale, premessi se del caso i necessari accertamenti, trasmette senza indugio gli atti al procuratore della Repubblica presso il tribunale per i minorenni del luogo in cui si trova il minore. Il procuratore della Repubblica richiede con ricorso in via d'urgenza al tribunale l'ordine di restituzione o il ripristino del diritto di visita.

3. Il presidente del tribunale, assunte se del caso sommarie informazioni, fissa con decreto l'udienza in camera di consiglio, dandone comunicazione all'autorità centrale. Il tribunale decide con decreto entro trenta giorni dalla data di ricezione della richiesta di cui al comma 1, sentiti la persona presso cui si trova il minore, il pubblico ministero, e, se del caso, il minore medesimo. La persona che ha presentato la richiesta è informata della data dell'udienza a cura dell'autorità centrale, e può comparire a sue spese e chiedere di essere sentita.

4. Il decreto è immediatamente esecutivo. Contro di esso può essere proposto ricorso per cassazione. La presentazione del ricorso non sospende l'esecuzione del decreto.

5. Il procuratore della Repubblica presso il tribunale per i minorenni cura l'esecuzione delle decisioni anche avvalendosi dei servizi minorili dell'Amministrazione della giustizia, e ne dà immediatamente avviso all'autorità centrale.

6. È fatta salva la facoltà per l'interessato di adire direttamente le competenti autorità, a norma dell'articolo 29 della convenzione di cui al comma 1.

Art. 8. – 1. All'onere derivante dall'attuazione della presente legge, pari a lire 100 milioni annue a decorrere dall'anno 1993, ivi comprese le minori entrate di cui all'articolo 3, si provvede mediante corrispondente riduzione dello stanziamento iscritto, ai fini del bilancio triennale 1993-1995, al capitolo 6856 dello stato di previsione del Ministero del tesoro per l'anno finanziario 1993, all'uopo parzialmente utilizzando l'accantonamento riguardante il Ministero degli affari esteri.

2. Il Ministro del tesoro, del bilancio e della programmazione economica è autorizzato ad apportare, con propri decreti, le correnti variazioni di bilancio.

Art. 9. – 1. La legge entra in vigore dopo tre mesi dal giorno della sua pubblicazione nella Gazzetta Ufficiale.

CONVENZIONE

Art. 1. – 1. Ai fini della presente Convenzione, si intende per:

a) minore: una persona, qualunque sia la sua cittadinanza, che non abbia ancora raggiunto l'età di 16 anni e che non abbia diritto di fissare personalmente la propria residenza secondo la legge della sua residenza abituale o della sua cittadinanza o secondo la legge interna dello Stato richiesto;

b) autorità: ogni autorità giudiziaria od amministrativa;

c) provvedimento relativo all'affidamento: ogni provvedimento di una autorità che disponga sulla cura della persona del minore, compreso il diritto di stabilire la sua residenza, nonché in ordine al diritto di visita;

d) spostamento indebito: il trasferimento di un minore attraverso una frontiera internazionale in violazione ad una decisione che disponga il suo affidamento emessa in uno Stato contraente ed esecutiva in tale Stato; si considera egualmente spostamento indebito:

i) il mancato ritorno di un minore attraverso una frontiera internazionale, al termine del periodo di esercizio di un diritto di visita relativo a detto minore o al termine di ogni altro soggiorno temporaneo in un territorio diverso da quello in cui è esercitato l'affidamento;

ii) uno spostamento dichiarato successivamente illecito ai sensi dell'articolo 12.

TITOLO I
AUTORITÀ CENTRALI

Art. 2. – 1. Ciascuno Stato contraente designerà una autorità centrale che eserciterà le funzioni previste nella presente Convenzione.

2. Gli Stati federali e gli Stati in cui sono in vigore parecchi ordinamenti hanno la facoltà di designare le diverse autorità centrali di cui stabiliscono le competenze.

3. Ogni designazione effettuata in applicazione del presente articolo deve essere notificata al Segretario Generale del Consiglio d'Europa.

Art. 3. – 1. Le autorità centrali degli Stati contraenti devono cooperare tra loro e promuovere un concerto tra le autorità competenti e i loro rispettivi paesi. Esse debbono agire con ogni diligenza necessaria.

2. Al fine di facilitare l'attuazione della presente Convenzione, le autorità centrali degli Stati contraenti:

a) assicurano la trasmissione delle domande d'informazione provenienti dalle autorità competenti e riguardanti dei punti di diritto o di fatto relativi a procedimenti in corso;

b) si comunicano reciprocamente su loro domanda informazioni concernenti la loro legislazione in materia di affidamento dei minori e relativa evoluzione;

c) si tengono reciprocamente informate circa le difficoltà che possono nascere in occasione dell'applicazione della Convenzione e si adoperano, nella massima misura possibile, per eliminare gli ostacoli che si frappongono alla sua applicazione.

Art. 4. – 1. Chiunque abbia ottenuto in uno Stato contraente un provvedimento relativo all'affidamento di un minore e desideri ottenere in un altro Stato contraente il riconoscimento o l'esecuzione di tale provvedimento può rivolgersi, a tale scopo, mediante ricorso, all'autorità centrale di ogni Stato contraente.

2. Il ricorso deve essere accompagnato dai documenti di cui all'articolo 13.

3. L'autorità centrale adita, nel caso in cui sia diversa dall'autorità centrale dello Stato richiesto, trasmette i documenti a questa ultima direttamente e senza indugio.

4. L'autorità centrale adita può rifiutare il suo intervento quando è manifesto che non sussistono i requisiti previsti dalla presente Convenzione.

5. L'autorità centrale adita informa senza indugio il ricorrente dell'esito della sua domanda.

Art. 5. – 1. L'autorità centrale dello Stato richiesto adotta o si adopera perché venga adottata nel più breve termine ogni disposizione che esso ritiene idonea, rivolgendosi, se del caso, alle autorità competenti, per:

a) rintracciare il luogo in cui si trova il minore;

b) evitare, in particolare adottando le misure provvisorie necessarie, che gli interessi del fanciullo o del ricorrente vengano lesi;

c) assicurare il riconoscimento o l'esecuzione del provvedimento;

d) assicurare la consegna del minore al ricorrente quando l'esecuzione del provvedimento è accordata;

e) informare l'autorità richiedente sulle misure adottate.

2. Quando l'autorità centrale dello Stato richiesto ha delle ragioni per credere che il minore si trova nel territorio di un altro Stato contraente, trasmette i documenti all'autorità centrale di questo Stato, direttamente e senza indugio.

3. Ad eccezione delle spese di rimpatrio, ciascuno Stato contraente si impegna a non esigere dal ricorrente alcun pagamento per qualsiasi misura adottata per conto di quest'ultimo ai sensi del paragrafo 1 del presente articolo dall'autorità centrale di detto Stato, comprese le spese processuali e, ove del caso, le spese occasionate dalla partecipazione di un avvocato.

4. Se il riconoscimento o l'esecuzione è rifiutato e se l'autorità centrale dello Stato richiesto ritiene di dover dar corso alla domanda del ricorrente di promuovere in tale Stato una azione nel merito, detta autorità fa il possibile per assicurare la rappresentanza del ricorrente nel procedimento in condizioni non meno favorevoli di quelle di cui può beneficiare una persona che risiede e che possiede la cittadinanza di detto Stato e, a tale scopo, può in particolare rivolgersi alle sue autorità competenti.

Art. 6. – 1. Salvo accordi particolari conclusi tra le autorità centrali interessate e salvo le disposizioni del paragrafo 3 del presente articolo:

a) le comunicazioni indirizzate all'autorità centrale dello Stato richiesto sono redatte nella lingua o in una delle lingue ufficiali di detto Stato o accompagnate da una traduzione in tale lingua;

b) l'autorità centrale dello Stato richiesto deve tuttavia accettare le comunicazioni redatte in lingua francese o inglese ovvero accompagnate da una traduzione in una di queste lingue.

2. Le comunicazioni che promanano dall'autorità centrale dello Stato richiesto, compresi i risultati delle indagini effettuate, possono essere redatte nella lingua o in una delle lingue ufficiali di detto Stato ovvero in francese o inglese.

3. Ogni Stato contraente può escludere l'applicazione in tutto o in parte delle disposizioni del paragrafo 1. b) del presente articolo. Qualora uno Stato contraente si sia avvalso di tale riserva, ogni altro Stato contraente può ugualmente applicarla nei confronti di tale Stato.

TITOLO II
RICONOSCIMENTO ED ESECUZIONE DI PROVVEDIMENTI E RIPRISTINO DELL'AFFIDAMENTO DEI MINORI

Art. 7. – 1. I provvedimenti relativi all'affidamento pronunciati in uno Stato contraente sono riconosciuti e, quando siano esecutivi nello Stato d'origine, ricevono esecuzione in ogni altro Stato contraente.

Art. 8. – 1. In caso di trasferimento illegittimo, l'autorità centrale dello Stato richiesto farà procedere immediatamente alla restituzione del minore:

a) quando all'atto dell'introduzione dell'istanza nello Stato in cui il provvedimento è stato pronunciato o alla data del trasferimento illegittimo, se questo ha avuto luogo precedentemente, il minore e i suoi genitori avevano soltanto la cittadinanza di questo Stato e il minore aveva la residenza abituale sul territorio di tale Stato, e

b) se la domanda di restituzione è stata proposta ad una autorità centrale entro un termine di sei mesi a partire dalla data del trasferimento illegittimo.

2. Se, in conformità alla legge dello Stato richiesto, le disposizioni del paragrafo 1 del presente articolo non possono essere soddisfatte senza l'intervento di un'autorità giudiziaria, nessuno fra i motivi di rifiuto previsti nella presente Convenzione si applicherà al procedimento giudiziario.

3. Se tra la persona che ha in affidamento il minore e un'altra persona è intervenuto un accordo, omologato da un'autorità competente, per concedere alla seconda un diritto di visita e se allo scadere del periodo convenuto il minore, dopo essere stato portato all'estero, non è stato restituito alla persona che lo aveva in affidamento, si procede al ripristino del diritto di affidamento in conformità ai paragrafi 1 e 2 del presente articolo. Lo stesso dicasi in caso di provvedimento dell'autorità competente che accorda questo stesso diritto a una persona che non ha l'affidamento del minore.

Art. 9. – 1. Nei casi di trasferimento illegittimo diversi da quelli previsti all'articolo 8 e se si è fatto ricorso ad una autorità centrale entro il termine di sei mesi a partire dal trasferimento, il riconoscimento e l'esecuzione non possono essere rifiutati se non quando:

a) si tratta di un provvedimento pronunciato in assenza del convenuto o del suo rappresentante legale e l'atto introduttivo del giudizio o altro atto equivalente non è stato notificato o comunicato al convenuto in forma regolare ed in tempo utile affinché possa difendersi; tuttavia, tale mancata notifica o comunicazione non può costituire motivo di rifiuto di riconoscimento o di esecuzione quando la notifica o la comunicazione non abbia avuto luogo per il fatto che il convenuto ha tenuto nascosto il luogo in cui si trova alla persona che ha promosso il procedimento nello Stato d'origine;

b) si tratta di un provvedimento pronunciato in assenza del convenuto o del suo rappresentante legale e la competenza dell'autorità che l'ha pronunciato non si basa:

i) sulla residenza del convenuto, ovvero

ii) sull'ultima residenza abituale comune dei genitori del minore purché uno di essi vi risieda ancora abitualmente, ovvero

iii) sulla residenza abituale del minore;

c) il provvedimento è incompatibile con quello relativo all'affidamento divenuto esecutivo nello Stato richiesto prima del trasferimento del minore, a meno che quest'ultimo non abbia avuto la sua residenza abituale sul territorio dello Stato richiedente nell'anno che precede il suo trasferimento.

2. Se non è stato fatto ricorso ad alcuna autorità centrale, le disposizioni del paragrafo 1 del presente articolo sono egual-

mente applicabili quando il riconoscimento e l'esecuzione sono richiesti entro il termine di sei mesi dalla data del trasferimento illegittimo.

3. In nessun caso il provvedimento può essere oggetto di esame nel merito.

Art. 10. – 1. Nei casi diversi da quelli di cui agli articoli 8 e 9, il riconoscimento e l'esecuzione possono essere rifiutati non soltanto per i motivi previsti dall'articolo 9, ma anche per uno dei motivi seguenti:

a) se si è constatato che gli effetti del provvedimento sono manifestamente incompatibili con i princìpi fondamentali del diritto che regola la famiglia ed i minori nello Stato richiesto;

b) se si è constatato che a seguito del mutamento di circostanze, compreso il passare del tempo ma escludendo il mero cambiamento di residenza del minore a seguito di trasferimento illegittimo, gli effetti del provvedimento originario risultano non più conformi all'interesse del minore;

c) se, al momento dell'introduzione dell'istanza nello Stato d'origine:

i) il minore aveva la cittadinanza dello Stato richiesto o la sua residenza abituale in questo Stato, mentre con lo Stato d'origine non esisteva alcuno di tali rapporti di collegamento;

ii) il minore aveva contemporaneamente la cittadinanza dello Stato d'origine e quella dello Stato richiesto, nonché la residenza abituale nello Stato richiesto;

d) se il provvedimento è incompatibile con un provvedimento emesso, o nello Stato richiesto, o in uno Stato terzo, pur essendo esecutivo nello Stato richiesto, a seguito di un procedimento intrapreso prima della proposizione della domanda di riconoscimento o d'esecuzione, e se il rifiuto è conforme all'interesse del minore.

2. Negli stessi casi, tanto il procedimento di riconoscimento quanto quello d'esecuzione possono essere sospesi per uno dei seguenti motivi:

a) se il provvedimento originario è oggetto di un ricorso ordinario;

b) se nello Stato richiesto è pendente un procedimento riguardante l'affidamento del minore, promosso prima che il procedimento nello Stato di origine sia stato iniziato;

c) se un altro provvedimento relativo all'affidamento del minore è oggetto di un procedimento di esecuzione o di ogni altro procedimento relativo al riconoscimento del provvedimento stesso.

Art. 11. – 1. I provvedimenti sul diritto di visita e le disposizioni dei provvedimenti relativi all'affidamento vertenti sul diritto di visita sono riconosciuti e posti ad esecuzione alle stesse condizioni previste per gli altri provvedimenti relativi all'affidamento.

2. Tuttavia, l'autorità competente dello Stato richiesto può fissare le modalità dell'attuazione e dell'esercizio del diritto di visita tenuto conto in particolare degli impegni assunti dalle parti al riguardo.

3. Quando non si è provveduto sul diritto di visita ovvero quando il riconoscimento o l'esecuzione del provvedimento relativo all'affidamento viene rifiutato, l'autorità centrale dello Stato richiesto può rivolgersi alle proprie autorità competenti a decidere sul diritto di visita, a richiesta della persona che invoca tale diritto.

Art. 12. – 1. Qualora alla data in cui il minore è trasferito oltre una frontiera internazionale non esista un provvedimento esecutivo in ordine al suo affidamento, pronunciato in uno Stato contraente, le disposizioni della presente Convenzione si applicano ad ogni successivo provvedimento riguardante l'affidamento del minore che riconosca l'illiceità del trasferimento ed emesso in uno Stato contraente a richiesta di ogni persona interessata.

TITOLO III
PROCEDURA

Art. 13. – 1. La domanda di riconoscimento o di esecuzione in un altro Stato contraente di un provvedimento relativo all'affidamento deve essere accompagnata:

a) da un documento che abilita l'autorità centrale dello Stato richiesto ad agire a nome del richiedente ovvero a designare a tal fine un altro rappresentante;

b) da una copia del provvedimento munita dei requisiti necessari per la sua autenticità;

c) quando si tratta di un provvedimento pronunciato in assenza del convenuto o del suo rappresentante legale, da qualsiasi documento idoneo a comprovare che l'atto introduttivo del procedimento od un atto equivalente è stato regolarmente notificato o comunicato al convenuto;

d) se del caso, da ogni documento idoneo a comprovare che, in base alla legge dello Stato di origine, il provvedimento è esecutivo;

e) ove possibile, da una esposizione indicante il luogo in cui potrebbe trovarsi il minore nello Stato richiesto;

f) da proposte sulle modalità del ripristino dell'affidamento del minore.

2. I documenti di cui sopra debbono, se del caso, essere accompagnati da una traduzione secondo le norme di cui all'articolo 6.

Art. 14. – 1. Ogni Stato contraente applica al riconoscimento ed all'esecuzione di un provvedimento relativo all'affidamento una procedura semplice e rapida. A tal fine fa in modo che la domanda di "exequatur" possa essere proposta su semplice ricorso.

Art. 15. – 1. Prima di decidere sull'applicazione del paragrafo 1. b) dell'articolo 10, l'autorità che dipende dallo Stato richiesto:

a) deve rendersi edotta del punto di vista del minore, a meno che non vi sia impossibilità pratica, avuto riguardo, in particolare, all'età ed alla capacità di discernimento di quest'ultimo; e

b) può chiedere che vengano effettuate delle opportune indagini.

2. le spese delle indagini effettuate in uno Stato contraente sono a carico dello Stato in cui le stesse sono effettuate.

3. Le richieste di indagini ed i loro risultati possono essere indirizzati all'autorità interessata attraverso le autorità centrali.

Art. 16. – 1. Ai fini della presente Convenzione, nessuna legalizzazione o formalità analoga può essere richiesta.

TITOLO IV
RISERVE

Art. 17. – 1. Ogni Stato contraente può formulare la riserva in base alla quale, nei casi previsti dagli articoli 8 e 9 o in uno soltanto di detti articoli, il riconoscimento e l'esecuzione di provvedimenti relativi all'affidamento potranno essere rifiutati per motivi, tra quelli previsti dall'articolo 10, che saranno indicati nella riserva.

2. Il riconoscimento e l'esecuzione dei provvedimenti pronunciati in uno Stato contraente che ha fatto la riserva di cui al paragrafo 1 del presente articolo possono essere rifiutati in ogni altro Stato contraente per uno dei motivi aggiuntivi indicati in detta riserva.

Art. 18. – 1. Ogni Stato contraente può formulare la riserva in base alla quale non è vincolato alle disposizioni dell'articolo 12. Le disposizioni della presente Convenzione non si applicano ai provvedimenti di cui all'articolo 12 che sono stati pronunciati in uno Stato contraente che ha fatto tale riserva.

TITOLO V
ALTRI STRUMENTI

Art. 19. – 1. La presente Convenzione non impedisce che un altro strumento internazionale vincolante lo Stato d'origine e lo Stato richiesto o il diritto non convenzionale dello Stato richiesto siano invocati per ottenere il riconoscimento o l'esecuzione di un provvedimento.

Art. 20. – 1. La presente Convenzione non pregiudica gli impegni che uno Stato contraente può avere nei confronti di uno Stato non contraente in virtù di uno strumento internazionale avente per oggetto materie regolate dalla presente Convenzione.

2. Quando due o più Stati contraenti hanno posto in essere, od intendono farlo, una legislazione uniforme nel campo dell'affidamento dei minori od un sistema particolare di riconoscimento o di esecuzione dei provvedimenti in questo campo, essi avranno la facoltà di applicare tra loro tale legislazione o tale sistema in luogo della presente Convenzione o di parte di essa. Per avvalersi di questa disposizione detti Stati dovranno notificare la loro decisione al Segretario Generale del Consiglio d'Europa. Ogni modifica o revoca di detta decisione deve anch'essa essere notificata.

TITOLO VI
CLAUSOLE FINALI

Art. 21. – 1. La presente Convenzione è aperta alla firma degli Stati membri del Consiglio d'Europa. Sarà soggetta a ratifica, accettazione od approvazione. Gli strumenti di ratifica, di accettazione od approvazione saranno depositati presso il Segretario Generale del Consiglio d'Europa.

Art. 22. – 1. La presente Convenzione entrerà in vigore il primo giorno del mese successivo allo scadere di un periodo di tre mesi dalla data in cui tre Stati membri del Consiglio d'Europa avranno espresso il loro consenso ad essere vincolati dalla Convenzione in conformità alle disposizioni dell'articolo 21.

2. Per ogni Stato membro che esprimerà successivamente il proprio consenso ad essere vincolato dalla Convenzione, quest'ultima entrerà in vigore il primo giorno del mese successivo allo scadere di un periodo di tre mesi dalla data del deposito dello strumento di ratifica, di accettazione od approvazione.

Art. 23. – 1. Dopo l'entrata in vigore della presente Convenzione, il Comitato dei Ministri del Consiglio d'Europa potrà invitare ogni Stato non membro del Consiglio ad aderire alla presente Convenzione, mediante decisione presa con la maggioranza prevista dall'articolo 20. d) dello Statuto ed alla unanimità dei rappresentanti degli Stati contraenti che hanno il diritto di partecipare al Comitato.

2. Per ogni Stato aderente, la Convenzione entrerà in vigore il primo giorno del mese successivo allo scadere di un periodo di tre mesi dalla data di deposito dello strumento di adesione presso il Segretario Generale del Consiglio d'Europa.

Art. 24. – 1. Ogni Stato può, all'atto della firma od al momento del deposito del suo strumento di ratifica, di accettazione, di approvazione o di adesione, designare il o i territori ai quali si applicherà la presente Convenzione.

2. Ogni Stato può, in qualunque altro momento successivo, con dichiarazione indirizzata al Segretario Generale del Consiglio d'Europa, estendere l'applicazione della presente Convenzione ad ogni altro territorio designato nella dichiarazione. La Convenzione entrerà in vigore nei confronti di questo territorio il primo giorno del mese successivo allo scadere di un periodo di tre mesi dalla data di ricevimento della dichiarazione da parte del Segretario Generale.

3. Ogni dichiarazione fatta in virtù dei due paragrafi precedenti potrà essere ritirata, per quanto concerne ciascun territorio indicato nella dichiarazione, mediante notificazione indirizzata al Segretario Generale. Il ritiro avrà effetto il primo giorno del mese successivo allo scadere di un periodo di sei mesi dalla data di ricevimento della notificazione da parte del Segretario Generale.

Art. 25. – 1. Uno Stato che comprende due o più unità territoriali nelle quali si applicano ordinamenti giuridici diversi in materia di affidamento dei minori e di riconoscimento ed esecuzione di provvedimenti relativi all'affidamento può, al momento del deposito del suo strumento di ratifica, di accettazione, di approvazione o di adesione, dichiarare che la presente Convenzione si applicherà a tutte queste unità territoriali, ovvero ad una o più di esse.

2. In ogni altro momento successivo potrà, con dichiarazione indirizzata al Segretario Generale del Consiglio d'Europa, estendere l'applicazione della presente Convenzione ad ogni altra unità territoriale indicata nella dichiarazione. La Convenzione entrerà in vigore nei confronti di tale unità territoriale il primo giorno del mese successivo allo scadere di un periodo di tre mesi dalla data di ricevimento della dichiarazione da parte del Segretario Generale.

3. Ogni dichiarazione fatta in virtù dei due paragrafi precedenti, potrà essere ritirata, per quanto concerne ogni unità territoriale designata in tale dichiarazione, mediante notificazione indirizzata al Segretario Generale. Il ritiro avrà effetto a partire dal primo giorno del mese successivo allo scadere di un periodo di sei mesi dal ricevimento della notificazione da parte del Segretario Generale.

Art. 26. – 1. Nei confronti di uno Stato che, in materia di affidamento dei minori, abbia due o più ordinamenti giuridici di applicazione territoriale:

a) il riferimento alla legge della residenza abituale o della cittadinanza di una persona deve essere inteso come riferimento all'ordinamento giuridico determinato dalle norme vigenti in tale Stato, ovvero, in mancanza di tali norme, all'ordinamento con il quale la persona interessata abbia più stretti rapporti;

b) il riferimento allo Stato di origine od allo Stato richiesto deve essere inteso, a seconda dei casi, come riferimento all'unità territoriale in cui il provvedimento è stato pronunciato o all'unità territoriale in cui è stato richiesto il riconoscimento o l'esecuzione del provvedimento od il ripristino dell'affidamento.

2. Il paragrafo 1. a) del presente articolo si applica anche, *mutatis mutandis*, agli Stati i quali, in materia di affidamento dei minori, abbiano due o più ordinamenti giuridici di applicazione personale.

Art. 27. – 1. Ogni Stato può, al momento della firma od al momento del deposito del proprio strumento di ratifica, di accettazione, di approvazione o di adesione, dichiarare di avvalersi di una o più riserve che figurano al paragrafo 3 dell'articolo 6, all'articolo 17 ed all'articolo 18 della presente Convenzione. Non è ammessa alcuna altra riserva.

2. Ogni Stato contraente che ha formulato una riserva in virtù del paragrafo precedente può ritirarla in tutto od in parte indirizzando una notificazione al Segretario Generale del Consiglio d'Europa. Il ritiro avrà effetto alla data di ricevimento della notificazione da parte del Segretario Generale.

Art. 28. – 1. Al termine del terzo anno successivo alla data d'entrata in vigore della presente Convenzione e, per sua iniziativa, in qualsiasi altro momento successivo a tale data, il Segretario Generale del Consiglio d'Europa, inviterà i rappresentanti delle autorità centrali designate dagli Stati contraenti a riunirsi al fine di studiare e facilitare il funzionamento della Convezione. Ogni Stato membro del Consiglio d'Europa che non è parte alla Convenzione potrà farsi rappresentare da un osservatore. I lavori di ciascuna di queste riunioni saranno oggetto di un rapporto che sarà inviato per conoscenza al Comitato dei Ministri del Consiglio d'Europa.

Art. 29. – 1. Ogni parte può, in qualunque momento, denunciare la presente Convenzione indirizzando una notificazione al Segretario Generale del Consiglio d'Europa.

2. La denuncia avrà effetto a partire dal primo giorno del mese successivo allo scadere di un periodo di sei mesi dalla data di ricevimento della notificazione da parte del Segretario Generale.

Art. 30. – 1. Il Segretario Generale del Consiglio d'Europa notificherà agli Stati membri del Consiglio e ad ogni Stato che abbia aderito alla presente Convenzione:

a) ogni firma;

b) il deposito di ogni strumento di ratifica, d'accettazione, d'approvazione o di adesione;

c) ogni data d'entrata in vigore della presente Convenzione in conformità agli articoli 22, 23, 24 e 25;

d) ogni altro atto, notificazione o comunicazione che abbia riferimento alla presente Convenzione.

2. In fede di che, i sottoscritti, all'uopo debitamente autorizzati, hanno firmato la presente Convenzione.

3. Fatto a Lussemburgo, il 20 maggio 1980, in francese ed inglese, entrambi i testi facendo egualmente fede, in un unico esemplare che sarà depositato negli archivi del Consiglio d'Europa. Il Segretario Generale del Consiglio d'Europa ne comunicherà copia munita di certificazione di conformità a ciascuno degli Stati membri del Consiglio d'Europa ed ad ogni Stato invitato ad aderire alla presente Convenzione.

CONVENZIONE

Capo I
Campo di applicazione della Convenzione

Art. 1. – 1. La presente Convenzione ha come fine:

a) di assicurare l'immediato rientro dei minori illecitamente trasferiti o trattenuti in qualsiasi Stato contraente;

b) di assicurare che i diritti di affidamento e di visita previsti in uno Stato contraente siano effettivamente rispettati negli altri Stati contraenti.

Art. 2. – 1. Gli Stati contraenti prendono ogni adeguato provvedimento per assicurare, nell'ambito del proprio territorio, la realizzazione degli obiettivi della Convenzione. A tal fine, essi dovranno avvalersi delle procedure d'urgenza a loro disposizione.

Art. 3. – 1. Il trasferimento o il mancato rientro di un minore è ritenuto illecito:

a) quando avviene in violazione dei diritti di custodia assegnati ad una persona, istituzione o ogni altro ente, congiuntamente o individualmente, in base alla legislazione dello Stato nel quale il minore aveva la sua residenza abituale immediatamente prima del suo trasferimento o del suo mancato rientro, e:

b) se tali diritti vanno effettivamente esercitati, individualmente o congiuntamente, al momento del trasferimento del minore o del suo mancato rientro, o avrebbero potuto esserlo se non si fossero verificate tali circostanze.

2. Il diritto di custodia citato al capoverso a) di cui sopra può in particolare derivare direttamente dalla legge, da una decisione giudiziaria o amministrativa, o da un accordo in vigore in base alla legislazione del predetto Stato.

Art. 4. – 1. La Convenzione si applica ad ogni minore che aveva la propria residenza abituale in uno Stato contraente immediatamente prima della violazione dei diritti di affidamento o di visita. L'applicazione della Convenzione cessa allorché il minore compie 16 anni.

Art. 5. – 1. Ai sensi della presente Convenzione:

a) il "diritto di affidamento" comprende i diritti concernenti la cura della persona del minore, ed in particolare il diritto di decidere riguardo al suo luogo di residenza;

b) il "diritto di visita" comprende il diritto di condurre il minore in un luogo diverso dalla sua residenza abituale per un periodo limitato di tempo.

Capo II
Autorità centrali

Art. 6. – 1. Ciascuno Stato contraente nomina un'Autorità Centrale, che sarà incaricata di adempiere agli obblighi che le vengono imposti dalla Convenzione.

2. Uno Stato federale, uno Stato nel quale sono in vigore molteplici ordinamenti legislativi, o uno Stato che abbia assetti territoriali autonomi, hanno facoltà di nominare più di una Autorità Centrale e di specificare l'estensione territoriale dei poteri di ciascuna di dette Autorità.

3. Qualora uno Stato abbia nominato più di una Autorità Centrale, esso designerà l'Autorità centrale alla quale le domande possono essere inviate per essere trasmesse all'Autorità centrale competente nell'ambito di questo Stato.

Art. 7. – 1. Le autorità centrali devono cooperare reciprocamente e promuovere la cooperazione tra le Autorità competenti nei loro rispettivi Stati, al fine di assicurare l'immediato rientro dei minori e conseguire gli altri obiettivi della Convenzione.

2. In particolare esse dovranno, sia direttamente, o tramite qualsivoglia intermediario, prendere tutti i provvedimenti necessari:

a) per localizzare un minore illecitamente trasferito o trattenuto;

b) per impedire nuovi pericoli per il minore o pregiudizi alle Parti interessate, adottando a tal fine, o facendo in modo che vengano adottate, misure provvisorie;

c) per assicurare la consegna volontaria del minore, o agevolare una composizione amichevole;

d) per scambiarsi reciprocamente, qualora ciò si riveli utile, le informazioni relative alla situazione sociale del minore;

e) per fornire informazioni generali concernenti la legislazione del proprio Stato, in relazione all'applicazione della Convenzione;

f) per avviare o agevolare l'instaurazione di una procedura giudiziaria o amministrativa, diretta ad ottenere il rientro del minore e, se del caso, consentire l'organizzazione o l'esercizio effettivo del diritto da visita;

g) per concedere o agevolare, qualora lo richiedano le circostanze, l'ottenimento dell'assistenza giudiziaria e legale, ivi compresa la partecipazione di un avvocato;

h) per assicurare che siano prese, a livello amministrativo, le necessarie misure per assicurare, qualora richiesto dalle circostanze, il rientro del minore in condizioni di sicurezza;

i) per tenersi reciprocamente informate riguardo al funzionamento della Convenzione, rimuovendo, per quanto possibile, ogni eventuale ostacolo riscontrato nella sua applicazione.

Capo III
Ritorno del minore

Art. 8. – 1. Ogni persona, istituzione od ente, che adduca che un minore è stato trasferito o trattenuto in violazione di un diritto di affidamento, può rivolgersi sia all'Autorità centrale della residenza abituale del minore, sia a quella di ogni altro Stato contraente, al fine di ottenere assistenza per assicurare il ritorno del minore.

2. La domanda deve contenere:

a) le informazioni concernenti l'identità del richiedente, del minore o della persona che si adduce abbia sottratto o trattenuto il minore;

b) la data di nascita del minore, qualora sia possibile procurarla;

c) i motivi addotti dal richiedente nella sua istanza per esigere il rientro del minore;

d) ogni informazione disponibile relativa alla localizzazione del minore ed alla identità della persona presso la quale si presume che il minore si trovi;

La domanda può essere accompagnata o completata da:

e) una copia autenticata di ogni decisione o accordo pertinente;

f) un attestato o una dichiarazione giurata, rilasciata dall'Autorità centrale, o da altra Autorità competente dello Stato di residenza abituale, o da persona qualificata, concernente la legislazione dello Stato in materia;

g) ogni altro documento pertinente.

Art. 9. – 1. Se l'Autorità centrale che riceve una domanda ai sensi dell'Articolo 8, ha motivo di ritenere che il minore si trova in un altro Stato contraente, essa trasmette la domanda direttamente, ed immediatamente, all'Autorità centrale di questo Stato contraente e ne informa l'Autorità centrale richiedente, o, se del caso, il richiedente.

Art. 10. – 1. L'Autorità centrale dello Stato in cui si trova il minore prenderà o farà prendere ogni adeguato provvedimento per assicurare la sua riconsegna volontaria.

Art. 11. – 1. Le Autorità giudiziarie o amministrative di ogni Stato contraente devono procedere d'urgenza per quanto riguarda il ritorno del minore.

2. Qualora l'Autorità giudiziaria o Amministrativa richiesta non abbia deliberato entro un termine di sei settimane dalla data d'inizio del procedimento, il richiedente (o l'Autorità centrale dello Stato richiesto), di sua iniziativa, o su richiesta dell'Autorità centrale dello Stato richiedente, può domandare una dichiarazione in cui siano esposti i motivi del ritardo. Qualora la risposta venga ricevuta dall'Autorità centrale dello Stato richiesto, detta Autorità deve trasmettere la risposta all'Autorità centrale dello Stato richiedente, o, se del caso, al richiedente.

Art. 12. – 1. Qualora un minore sia stato illecitamente trasferito o trattenuto ai sensi dell'articolo 3, e sia trascorso un periodo inferiore ad un anno, a decorrere dal trasferimento o dal mancato ritorno del minore, fino alla presentazione dell'istanza presso l'Autorità giudiziaria o amministrativa dello Stato contraente dove si trova il minore, l'autorità adita ordina il suo ritorno immediato.

2. L'Autorità giudiziaria o amministrativa, benché adita dopo la scadenza del periodo di un anno di cui al capoverso precedente, deve ordinare il ritorno del minore, a meno che non sia dimostrato che il minore si è integrato nel suo nuovo ambiente.

3. Se l'autorità giudiziaria o amministrativa dello Stato richiesto ha motivo di ritenere che il minore è stato condotto in un altro Stato, essa può spendere la procedura o respingere la domanda di ritorno del minore.

Art. 13. – 1. Nonostante le disposizioni del precedente articolo, l'Autorità giudiziaria o amministrativa dello Stato richiesto non è tenuta ad ordinare il ritorno del minore qualora la persona, istituzione o ente che si oppone al ritorno, dimostri:

a) che la persona, l'istituzione o l'ente cui era affidato il minore non esercitava effettivamente il diritto di affidamento al momento del trasferimento o del mancato rientro, o aveva consentito, anche successivamente, al trasferimento o al mancato ritorno; o

b) che sussiste un fondato rischio, per il minore, di essere esposto, per il fatto del suo ritorno, ai pericoli fisici e psichici, o comunque di trovarsi in una situazione intollerabile;

2. L'Autorità giudiziaria o amministrativa può altresì rifiutarsi di ordinare il ritorno del minore qualora essa accerti che il minore si oppone al ritorno, e che ha raggiunto un'età ed un grado di maturità tali che sia opportuno tener conto del suo parere.

3. Nel valutare le circostanze di cui al presente Articolo, le Autorità giudiziarie e amministrative devono tener conto delle informazioni fornite dall'Autorità centrale o da ogni altra Autorità competente dello Stato di residenza del minore, riguardo alla sua situazione sociale.

Art. 14. – 1. Nel determinare se vi sia stato o meno un trasferimento od un mancato ritorno illecito, ai sensi dell'Articolo 3, l'Autorità giudiziaria o amministrativa dello Stato richiesto può tener conto direttamente della legislazione e delle decisioni giudiziarie o amministrative, formalmente riconosciute o meno nello Stato di residenza abituale del minore, senza ricorrere alle procedure specifiche per la prova di detta legislazione, o per il riconoscimento delle decisioni giudiziali straniere che sarebbero altrimenti applicabili.

Art. 15. – 1. Le Autorità giudiziarie o amministrative di uno Stato contraente hanno facoltà, prima di decretare il ritorno del minore, di domandare che il richiedente produca una decisione o attestato emesso dalle Autorità dello Stato di residenza abituale del minore, comprovante che il trasferimento o il mancato rientro era illecito ai sensi dell'Articolo 3 della Convenzione, sempre che tale decisione o attestato possa essere ottenuto in quello Stato. Le Autorità centrali degli Stati contraenti assistono il richiedente, per quanto possibile, nell'ottenimento di detta decisione o attestato.

Art. 16. – 1. Dopo aver ricevuto notizia di un trasferimento illecito di un minore o del suo mancato ritorno ai sensi dell'Articolo 3, le Autorità giudiziarie o amministrative dello Stato contraente nel quale il minore è stato trasferito o è trattenuto, non potranno deliberare per quanto riguarda il merito dei diritti di affidamento, fino a quando non sia stabilito che le condizioni della presente Convenzione, relativa al ritorno del minore sono soddisfatte, a meno che non venga presentata una istanza, in applicazione della presente Convenzione, entro un periodo di tempo ragionevole a seguito della ricezione della notizia.

Art. 17. – 1. Il solo fatto che una decisione relativa all'affidamento sia stata presa o sia passibile di riconoscimento dello Stato richiesto non può giustificare il rifiuto di fare ritornare il minore, in forza della presente Convenzione; tuttavia, le Autorità giudiziarie o amministrative dello Stato richiesto possono prendere in considerazione le motivazioni della decisione nell'applicare la Convenzione.

Art. 18. – 1. Le disposizioni del presente capo non limitano il potere dell'Autorità giudiziaria o amministrativa di ordinare il ritorno del minore in qualsiasi momento.

Art. 19. – 1. Una decisione relativa al ritorno del minore, pronunciata conformemente alla presente Convenzione, non pregiudica il merito del diritto di custodia.

Art. 20. – 1. Il ritorno del minore, in conformità con le disposizioni dell'articolo 12, può essere rifiutato, nel caso che non fosse consentito dai princìpi fondamentali dello Stato richiesto relativi alla protezione dei diritti dell'uomo e delle libertà fondamentali.

Capo IV
Diritto di visita

Art. 21. – 1. Una domanda concernente l'organizzazione o la tutela dell'esercizio effettivo del diritto di visita, può essere inoltrata all'Autorità centrale di uno Stato contraente con le stesse modalità di quelle previste per la domanda di ritorno del minore.

2. Le Autorità centrali sono vincolate dagli obblighi di cooperazione di cui all'Articolo 7, al fine di assicurare un pacifico esercizio del diritto di visita, nonché l'assolvimento di ogni condizione cui l'esercizio di tale diritto possa essere soggetto.

3. Le Autorità centrali faranno i passi necessari per rimuovere, per quanto, possibile, ogni ostacolo all'esercizio di detti diritti.

4. Le Autorità centrali, sia direttamente, sia per il tramite di intermediari, possono avviare, o agevolare, una procedura legale al fine di organizzare o tutelare il diritto di visita e le condizioni cui l'esercizio di detto diritto di visita possa essere soggetto.

Capo V
Disposizioni generali

Art. 22. – 1. Nessuna cauzione o deposito, con qualsiasi denominazione venga indicata, può essere prescritta come garanzia del pagamento dei costi e delle spese relative alle procedure giudiziarie ed amministrative di cui alla presente Convenzione.

Art. 23. – 1. Nessuna legalizzazione o analoga formalità, potrà essere richiesta in base alla Convenzione.

Art. 24. – 1. Ogni domanda, comunicazione o altro documento inviato all'Autorità centrale dello Stato richiesto, dovrà essere redatto in lingua originale ed accompagnato da una traduzione nella lingua ufficiale, o in una delle lingue ufficiali dello Stato richiesto, oppure, qualora ciò sia difficilmente realizzabile, da una traduzione in francese o in inglese.

2. Tuttavia, uno Stato contraente avrà difficoltà, applicando la riserva prevista all'Articolo 42, di opporsi alla utilizzazione sia del francese, sia dell'inglese (ma non di entrambe) in ogni istanza, comunicazione, o altro documento inviato alla propria Autorità Centrale.

Art. 25. – 1. I cittadini di uno Stato contraente, e le persone che risiedono abitualmente in questo Stato, avranno diritto, per tutto quanto riguarda l'applicazione della presente Convenzione, all'assistenza giudiziaria e legale in ogni altro Stato contraente, alle medesime condizioni che se fossero essi stessi cittadini di quest'ultimo Stato e vi risiedessero abitualmente.

Art. 26. – 1. Ogni Autorità centrale si farà carico delle proprie spese relative all'applicazione della Convenzione.

2. L'Autorità centrale e gli altri servizi pubblici degli Stati contraenti non imporranno alcuna spesa in relazione alle istanze presentate in applicazione della presente Convenzione.

3. In particolare, esse non possono esigere dal richiedente il pagamento dei costi e delle spese concernenti le procedure, o gli eventuali oneri risultanti dalla partecipazione di un avvocato o di un consulente legale. Tuttavia, esse hanno facoltà di richiedere il pagamento delle spese sostenute, o da sostenere nell'espletamento delle operazioni attinenti al ritorno del minore.

4. Ciò nonostante, uno Stato contraente, nell'esprimere la riserva prevista all'articolo 42, potrà dichiarare che non è tenuto alle spese di cui al capoverso precedente, derivanti dai servizi di un avvocato, o consulente legale, o al pagamento delle spese processuali a meno che detti costi possano essere inclusi nel suo ordinamento di assistenza giudiziaria e legale.

5. Nell'ordinare il ritorno del minore, o nel deliberare sul diritto di visita, in conformità alla presente Convenzione, l'Autorità giudiziaria o amministrativa può, se del caso, porre a carico della persona che ha trasferito o trattenuto il minore, o che ha impedito l'esercizio del diritto di visita, il pagamento di tutte le spese necessarie sostenute dal richiedente, o a nome del richiedente, ivi comprese le spese di viaggio, i costi relativi all'assistenza giudiziaria del richiedente ed al ritorno del minore, nonché tutti i costi e le spese sostenute per localizzare il minore.

Art. 27. – 1. Qualora sia evidente che le condizioni prescritte dalla Convenzione non siano osservate, o che la domanda non ha fondamento, l'Autorità centrale non è tenuta ad accettare l'istanza. In tal caso, essa deve immediatamente notificare le sue motivazioni al richiedente, o, se del caso, all'Autorità centrale che ha trasmesso la domanda.

Art. 28. – 1. Un'Autorità centrale può esigere che la domanda sia accompagnata da un'autorizzazione scritta che le dia facoltà di agire per conto del richiedente, o di nominare un rappresentante abilitato ad agire per suo conto.

Art. 29. – 1. La Convenzione non pregiudica la facoltà per la persona, l'istituzione o l'ente che adduca che vi è stata violazione dei diritti di custodia o di visita, ai sensi dell'Articolo 3 o dell'Articolo 21, di rivolgersi direttamente alle Autorità giudiziarie o amministrative dello Stato contraente, in applicazione o meno delle disposizioni della Convenzione.

Art. 30. – 1. Ogni domanda, inoltrata all'Autorità centrale, o direttamente alle Autorità giudiziarie o amministrative di uno Stato contraente in applicazione della Convenzione, nonché ogni documento o informazione allegata o fornita da un'Autorità centrale, sarà ricevibile dai tribunali o dalle autorità amministrative degli Stati contraenti.

Art. 31. – 1. Nel caso di uno Stato che dispone, in materia di custodia dei minori, di due o più ordinamenti legislativi, applicabili in unità territoriali diverse:

a) ogni riferimento alla residenza abituale in detto Stato deve essere inteso come riferentesi alla residenza abituale in una unità territoriale di detto Stato;

b) ogni riferimento alla legislazione dello Stato della residenza abituale deve essere inteso come riferentesi alla legislazione dell'unità territoriale in cui il minore abitualmente risiede.

Art. 32. – 1. Nel caso di uno Stato il quale dispone, in materia di custodia dei minori, di due o più ordinamenti legislativi applicabili a diverse categorie di persone, ogni riferimento alla legislazione di detto Stato deve essere inteso come riferentesi all'ordinamento legislativo specificato dalla legislazione di questo Stato.

Art. 33. – 1. Uno Stato nel quale le diverse unità territoriali abbiano le proprie regolamentazioni in materia di affidamento dei minori, non è tenuto ad applicare la Convenzione, quando uno Stato il cui ordinamento legislativo sia unificato, non è tenuto ad applicarla.

Art. 34. – 1. Nelle materie di sua competenza, la Convenzione prevale sulla "Convenzione del 5 Ottobre 1961, relativa alla competenza delle Autorità ed alla legislazione applicabile in materia di protezione dei minori", tra gli Stati Parti alle due Convenzioni. La presente Convenzione non esclude peraltro che un altro strumento internazionale in vigore tra lo Stato di origine lo Stato richiesto, o che la legislazione non convenzionale dello Stato richiesto, siano invocati per ottenere il ritorno di un minore che è stato illecitamente trasferito o trattenuto, o al fine di organizzare il diritto di visita.

Art. 35. – 1. La Convenzione avrà effetto nei confronti degli Stati contraenti solo per quanto riguarda i trasferimenti o mancati ritorni illeciti verificatisi dopo la sua entrata in vigore nei predetti Stati.

2. Qualora una dichiarazione sia stata effettuata, in base agli articoli 39 o 40, il riferimento ad uno Stato contraente di cui capoverso precedente dovrà essere inteso come riferentesi all'unità o alle unità territoriali cui si applica la Convenzione.

Art. 36. – 1. Nulla nella presente Convenzione impedirà a due o più Stati contraenti, al fine di limitare le restrizioni cui il ritorno del minore può essere soggetto, di decidere di comune accordo di derogare a quelle regolamentazioni della Convenzione suscettibili di implicare tali restrizioni.

Capo VI
Clausole finali

Art. 37. – 1. La Convenzione è aperta alla firma degli Stati che erano Membri della Conferenza dell'Aja di diritto internazionale privato al momento della Quattordicesima sessione.

2. Essa sarà ratificata, accettata o approvata e gli strumenti di ratifica, di accettazione o di approvazione saranno depositati presso il Ministero degli Affari Esteri del Regno dei Paesi Bassi.

Art. 38. – 1. Ogni altro Stato potrà aderire alla Convenzione.

2. Lo strumento di adesione sarà depositato presso il Ministero degli Affari Esteri del Regno dei Paesi Bassi.

3. La Convenzione entrerà in vigore, per ogni Stato che vi aderisce, il primo giorno del terzo mese successivo al deposito del proprio strumento di adesione.

4. L'adesione avrà effetto solo nei rapporti tra lo Stato aderente e gli Stati contraenti che avranno dichiarato di accettare detta adesione. Tale dichiarazione dovrà altresì essere resa da ogni Stato membro che ratifichi, accetti od approvi la Convenzione in seguito alla adesione. Detta dichiarazione sarà depositata presso il Ministero degli Affari Esteri del Regno dei Paesi Bassi, il quale ne farà pervenire una copia autenticata a ciascuno degli Stati contraenti per le vie diplomatiche.

5. La Convenzione entrerà in vigore, tra lo Stato aderente e lo Stato il quale abbia dichiarato di accettare detta adesione, il primo giorno del terzo mese successivo al deposito della dichiarazione di accettazione.

Art. 39. – 1. Ciascuno Stato, al momento della firma, ratifica, accettazione, approvazione o adesione, potrà dichiarare che la Convenzione sarà estesa all'insieme dei territori di cui la rappresentanza a livello internazionale, o ad uno o più di essi. Tale dichiarazione avrà effetto nel momento in cui la Convenzione entra in vigore nei confronti di detto Stato. La predetta dichiarazione, nonché ogni successiva estensione, sarà notificata al Ministero degli Affari Esteri del Regno dei Paesi Bassi.

Art. 40. – 1. Uno Stato contraente che comprende due o più unità territoriali, nelle quali sono in vigore ordinamenti legislativi diversi per quanto riguarda le materie che sono oggetto della presente Convenzione, potrà, al momento della firma, ratifica, accettazione, approvazione o adesione, dichiarare che la presente Convenzione si applicherà a tutte le sue unità territoriali, o solamente ad una o più di loro, e potrà in ogni tempo modificare detta dichiarazione formulando una nuova dichiarazione.

2. Queste dichiarazioni saranno notificate al Ministero degli Affari Esteri del Regno dei Paesi Bassi ed indicheranno espressamente le unità territoriali cui è applicata la Convenzione.

Art. 41. – 1. Se uno Stato contraente ha un sistema governativo che prevede che i poteri esecutivi, giudiziari e legislativi siano ripartiti tra le Autorità centrali ed altre Autorità di detto Stato, la firma, ratifica, accettazione o approvazione della Convenzione, o l'adesione a quest'ultima; o una dichiarazione resa in forza dell'articolo 40, non avranno alcuna conseguenza per quanto riguarda la ripartizione interna dei poteri in questo Stato.

Art. 42. – 1. Ciascuno Stato contraente potrà, non oltre il momento di ratifica, accettazione, approvazione o di adesione, oppure al momento di una dichiarazione effettuata ai sensi degli articoli 39 o 40, esprimere sia l'una, sia entrambe le riserve di cui agli articoli 24 e 26, capoverso 3. Nessuna altra riserva sarà ammessa.

2. Ciascun Stato potrà, in ogni momento, ritirare una riserva già formulata. Detto ritiro sarà notificato al Ministero degli Affari Esteri dei Paesi Bassi.

3. La riserva cesserà di avere effetto il primo giorno del terzo mese successivo alla notifica di cui al capoverso precedente.

Art. 43. – 1. La Convenzione entrerà in vigore il primo giorno del terzo mese successivo al deposito del terzo strumento di ratifica, accettazione, approvazione o adesione di cui agli articoli 37 e 38.

2. In seguito la Convenzione entrerà in vigore:

1) per ogni Stato che ratifichi, accetti approvi o aderisca successivamente, il primo giorno del terzo mese dopo il deposito del suo strumento di ratifica, accettazione, approvazione o adesione;

2) per i territori o le unità territoriali cui la Convenzione è stata estesa, conformemente all'articolo 39 o 40, il primo giorno del terzo mese dopo la notifica di cui ai suddetti articoli.

Art. 44. – 1. La Convenzione avrà una durata di cinque anni a decorrere dalla data della sua entrata in vigore, conformemente con l'articolo 43, primo capoverso, anche nei confronti degli Stati che l'avranno ratificata, accettata o approvata successivamente o che vi abbiano aderito.

2. La Convenzione sarà tacitamente rinnovata ogni cinque anni, salvo denuncia.

3. La denuncia sarà notificata, sei mesi almeno prima della scadenza del termine di cinque anni, al Ministero degli Affari Esteri del Regno dei Paesi Bassi. Essa potrà essere limitata ad alcuni territori o unità territoriali cui si applica la Convenzione.

4. La denuncia avrà effetto solo nei confronti dello Stato che l'abbia notificata. La Convenzione rimarrà in vigore per gli altri Stati contraenti.

Art. 45. – 1. Il Ministero degli Affari Esteri del Regno dei Paesi Bassi notificherà agli Stati membri della Conferenza, nonché agli Stati che abbiano aderito, conformemente con le disposizioni dell'articolo 38:

1) le firme, ratifiche, accettazioni ed approvazioni di cui all'articolo 37;

2) le adesioni di cui all'articolo 38;

3) la data alla quale la Convenzione entrerà in vigore, conformemente con le disposizioni dell'articolo 43;

4) le estensioni di cui all'articolo 39;

5) le dichiarazioni di cui agli articoli 38 e 40;

6) le riserve di cui agli articoli 24 e 26, capoverso 3, nonché il ritiro delle riserve previsto dall'articolo 42;

7) le denunce di cui all'articolo 44.

2. In fede di che, i sottoscritti, debitamente autorizzati, hanno firmato la presente Convenzione.

3. Fatto a l'Aja, il 25 ottobre 1980, in francese ed in inglese, i due testi facenti ugualmente fede, in un unico esemplare, che sarà depositato negli archivi del Governo del Regno dei Paesi Bassi, di cui una copia autenticata sarà fatta pervenire, per le vie diplomatiche, a ciascuno degli Stati Membri della Conferenza dell'Aja di diritto internazionale privato alla data della Quattordicesima Sessione.

L. 31 maggio 1995, n. 218

Riforma del sistema italiano di diritto internazionale privato

TITOLO I
DISPOSIZIONI GENERALI

1. Oggetto della legge. – 1. La presente legge determina l'ambito della giurisdizione italiana, pone i criteri per l'individuazione del diritto applicabile e disciplina l'efficacia delle sentenze e degli atti stranieri.

2. Convenzioni internazionali. – 1. Le disposizioni della presente legge non pregiudicano l'applicazione delle convenzioni internazionali in vigore per l'Italia.

2. Nell'interpretazione di tali convenzioni si terrà conto del loro carattere internazionale e dell'esigenza della loro applicazione uniforme.

TITOLO II
GIURISDIZIONE ITALIANA

3. Ambito della giurisdizione. – 1. La giurisdizione italiana sussiste quando il convenuto è domiciliato o residente in Italia o vi ha un rappresentante che sia autorizzato a stare in giudizio a norma dell'articolo 77 del codice di procedura civile e negli altri casi in cui è prevista dalla legge.

2. La giurisdizione sussiste inoltre in base ai criteri stabiliti dalle sezioni 2, 3 e 4 del titolo II della Convenzione concernente la competenza giurisdizionale e l'esecuzione delle decisioni in materia civile e commerciale e protocollo, firmati a Bruxelles il 27 settembre 1968, resi esecutivi con la legge 21 giugno 1971, n. 804, e successive modificazioni in vigore per l'Italia, anche allorché il convenuto non sia domiciliato nel territorio di uno Stato contraente, quando si tratti di una delle materie comprese nel campo di applicazione della Convenzione. Rispetto alle altre materie la giurisdizione sussiste anche in base ai criteri stabiliti per la competenza per territorio.

4. Accettazione e deroga della giurisdizione. – 1. Quando non vi sia giurisdizione in base all'articolo 3, essa nondimeno sussiste se le parti l'abbiano convenzionalmente accettata e tale accettazione sia provata per iscritto, ovvero il convenuto compaia nel processo senza eccepire il difetto di giurisdizione nel primo atto difensivo.

2. La giurisdizione italiana può essere convenzionalmente derogata a favore di un giudice straniero o di un arbitrato estero se la deroga è provata per iscritto e la causa verte su diritti disponibili.

3. La deroga è inefficace se il giudice o gli arbitri incaricati declinano la giurisdizione o comunque non possono conoscere della causa.

5. Azioni reali relative ad immobili siti all'estero. – 1. La giurisdizione italiana non sussiste rispetto ad azioni reali aventi ad oggetto beni immobili situati all'estero.

6. Questioni preliminari. – 1. Il giudice italiano conosce, incidentalmente, le questioni che non rientrano nella giurisdizione italiana e la cui soluzione è necessaria per decidere sulla domanda proposta.

7. Pendenza di un processo straniero. – 1. Quando, nel corso del giudizio, sia eccepita la previa pendenza tra le stesse parti di domanda avente il medesimo oggetto e il medesimo titolo dinanzi a un giudice straniero, il giudice italiano, se ritiene che il provvedimento straniero possa produrre effetto per l'ordinamento italiano, sospende il giudizio. Se il giudice straniero declina la propria giurisdizione o se il provvedimento straniero non è riconosciuto nell'ordinamento italiano, il giudizio in Italia prosegue, previa riassunzione ad istanza della parte interessata.

2. La pendenza della causa innanzi al giudice straniero si determina secondo la legge dello Stato in cui il processo si svolge.

3. Nel caso di pregiudizialità di una causa straniera, il giudice italiano può sospendere il processo se ritiene che il provvedimento straniero possa produrre effetti per l'ordinamento italiano.

8. Momento determinante della giurisdizione. – 1. Per la determinazione della giurisdizione italiana si applica l'articolo 5 del codice di procedura civile. Tuttavia la giurisdizione sussiste se i fatti e le norme che la determinano sopravvengono nel corso del processo.

9. Giurisdizione volontaria. – 1. In materia di giurisdizione volontaria, la giurisdizione sussiste, oltre che nei casi specificamente contemplati dalla presente legge e in quelli in cui è prevista la competenza per territorio di un giudice italiano, quando il provvedimento richiesto concerne un cittadino italiano o una persona residente in Italia o quando esso riguarda situazioni o rapporti ai quali è applicabile la legge italiana.

10. Materia cautelare. – 1. In materia cautelare, la giurisdizione italiana sussiste quando il provvedimento deve essere eseguito in Italia o quando il giudice italiano ha giurisdizione nel merito.

11. Rilevabilità del difetto di giurisdizione. – 1. Il difetto di giurisdizione può essere rilevato, in qualunque stato e grado del processo, soltanto dal convenuto costituito che non abbia espressamente o tacitamente accettato la giurisdizione italiana. È rilevato dal giudice d'ufficio, sempre in qualunque stato e grado del processo, se il convenuto è contumace, se ricorre l'ipotesi di cui all'articolo 5, ovvero se la giurisdizione italiana è esclusa per effetto di una norma internazionale.

12. Legge regolatrice del processo. – 1. Il processo civile che si svolge in Italia è regolato dalla legge italiana.

TITOLO III
DIRITTO APPLICABILE

Capo I
Disposizioni generali

13. Rinvio. – 1. Quando negli articoli successivi è richiamata la legge straniera, si tiene conto del rinvio operato dal diritto internazionale privato straniero alla legge di un altro Stato:

a) se il diritto di tale Stato accetta il rinvio;

b) se si tratta di rinvio alla legge italiana.

2. L'applicazione del comma 1 è tuttavia esclusa:

a) nei casi in cui le disposizioni della presente legge rendono applicabile la legge straniera sulla base della scelta effettuata in tal senso dalle parti interessate;

b) riguardo alle disposizioni concernenti la forma degli atti;

c) in relazione alle disposizioni del Capo XI del presente Titolo.

3. Nei casi di cui agli articoli 33, 34 e 35 si tiene conto del rinvio soltanto se esso conduce all'applicazione di una legge che consente lo stabilimento della filiazione.

4. Quando la presente legge dichiara in ogni caso applicabile una convenzione internazionale si segue sempre, in materia di rinvio, la soluzione adottata dalla convenzione.

14. Conoscenza della legge straniera applicabile. – 1. L'accertamento della legge straniera è compiuto d'ufficio dal giudice. A tal fine questi può avvalersi, oltre che degli strumenti indicati dalle convenzioni internazionali, di informazioni acquisite per il tramite del Ministero della giustizia; può altresì interpellare esperti o istituzioni specializzate.

2. Qualora il giudice non riesca ad accertare la legge straniera indicata, neanche con l'aiuto delle parti, applica la legge richiamata mediante altri criteri di collegamento eventualmente previsti per la medesima ipotesi normativa. In mancanza si applica la legge italiana.

15. Interpretazione e applicazione della legge straniera. – 1. La legge straniera è applicata secondo i propri criteri di interpretazione e di applicazione nel tempo.

16. Ordine pubblico. – 1. La legge straniera non è applicata se i suoi effetti sono contrari all'ordine pubblico.

2. In tal caso si applica la legge richiamata mediante altri criteri di collegamento eventualmente previsti per la medesima ipotesi normativa. In mancanza si applica la legge italiana.

17. Norme di applicazione necessaria. – 1. È fatta salva la prevalenza sulle disposizioni che seguono delle norme italiane che, in considerazione del loro oggetto e del loro scopo, debbono essere applicate nonostante il richiamo alla legge straniera.

18. Ordinamenti plurilegislativi. – 1. Se nell'ordinamento dello Stato richiamato dalle disposizioni della presente legge coesistono più sistemi normativi a base territoriale o personale, la legge applicabile si determina secondo i criteri utilizzati da quell'ordinamento.

2. Se tali criteri non possono essere individuati, si applica il sistema normativo con il quale il caso di specie presenta il collegamento più stretto.

19. Apolidi, rifugiati e persone con più cittadinanze. – 1. Nei casi in cui le disposizioni della presente legge richiamano la legge nazionale di una persona, se questa è apolide o rifugiata si applica la legge dello Stato del domicilio o, in mancanza, la legge dello Stato di residenza.

2. Se la persona ha più cittadinanze, si applica la legge di quello tra gli Stati di appartenenza con il quale essa ha il collegamento più stretto. Se tra le cittadinanze vi è quella italiana, questa prevale.

Capo II
Capacità e diritti delle persone fisiche

20. Capacità giuridica delle persone fisiche. – 1. La capacità giuridica delle persone fisiche è regolata dalla loro legge nazionale. Le condizioni speciali di capacità, prescritte dalla legge regolatrice di un rapporto, sono disciplinate dalla stessa legge.

21. Commorienza. – 1. Quando occorre stabilire la sopravvivenza di una persona ad un'altra e non consta quale di esse sia morta prima, il momento della morte si accerta in base alla legge regolatrice del rapporto rispetto al quale l'accertamento rileva.

22. Scomparsa, assenza e morte presunta. – 1. I presupposti e gli effetti della scomparsa, dell'assenza e della morte presunta di una persona sono regolati dalla sua ultima legge nazionale.

2. Sussiste la giurisdizione italiana per le materie di cui al comma 1:

a) se l'ultima legge nazionale della persona era quella italiana;

b) se l'ultima residenza della persona era in Italia;

c) se l'accertamento della scomparsa, dell'assenza o della morte presunta può produrre effetti giuridici nell'ordinamento italiano.

23. Capacità di agire delle persone fisiche. – 1. La capacità di agire delle persone fisiche è regolata dalla loro legge nazionale. Tuttavia, quando la legge regolatrice di un atto prescrive condizioni speciali di capacità di agire, queste sono regolate dalla stessa legge.

2. In relazione a contratti tra persone che si trovano nello stesso Stato, la persona considerata capace dalla legge dello Stato in cui il contratto è concluso può invocare l'incapacità derivante dalla propria legge nazionale solo se l'altra parte contraente, al momento della conclusione del contratto, era a conoscenza di tale incapacità o l'ha ignorata per sua colpa.

3. In relazione agli atti unilaterali, la persona considerata capace dalla legge dello Stato in cui l'atto è compiuto può invocare l'incapacità derivante dalla propria legge nazionale soltanto se ciò non rechi pregiudizio a soggetti che senza loro colpa hanno fatto affidamento sulla capacità dell'autore dell'atto.

4. Le limitazioni di cui ai commi 2 e 3 non si applicano agli atti relativi a rapporti di famiglia e di successione per causa di morte, né agli atti relativi a diritti reali su immobili situati in uno Stato diverso da quello in cui l'atto è compiuto.

24. Diritti della personalità. – 1. L'esistenza ed il contenuto dei diritti della personalità sono regolati dalla legge nazionale del soggetto; tuttavia i diritti che derivano da un rapporto di famiglia sono regolati dalla legge applicabile a tale rapporto.

2. Le conseguenze della violazione dei diritti di cui al comma 1 sono regolate dalla legge applicabile alla responsabilità per fatti illeciti.

Capo III
Persone giuridiche

25. Società ed altri enti. – 1. Le società, le associazioni, le fondazioni ed ogni altro ente, pubblico o privato, anche se privo di natura associativa, sono disciplinati dalla legge dello Stato nel cui territorio è stato perfezionato il procedimento di costituzione. Si applica, tuttavia, la legge italiana se la sede dell'amministrazione è situata in Italia, ovvero se in Italia si trova l'oggetto principale di tali enti.

2. In particolare sono disciplinati dalla legge regolatrice dell'ente:

a) la natura giuridica;

b) la denominazione o ragione sociale;

c) la costituzione, la trasformazione e l'estinzione;

d) la capacità;

e) la formazione, i poteri e le modalità di funzionamento degli organi;

f) la rappresentanza dell'ente;

g) le modalità di acquisto e di perdita della qualità di associato o socio nonché i diritti e gli obblighi inerenti a tale qualità;

h) la responsabilità per le obbligazioni dell'ente;

i) le conseguenze delle violazioni della legge o dell'atto costitutivo.

3. I trasferimenti della sede statutaria in altro Stato e le fusioni di enti con sede in Stati diversi hanno efficacia soltanto se posti in essere conformemente alle leggi di detti Stati interessati.

Capo IV
Rapporti di famiglia

26. Promessa di matrimonio. – 1. La promessa di matrimonio e le conseguenze della sua violazione sono regolate dalla legge nazionale comune dei nubendi o, in mancanza, dalla legge italiana.

27. Condizioni per contrarre matrimonio. – 1. La capacità matrimoniale e le altre condizioni per contrarre matrimonio sono regolate dalla legge nazionale di ciascun nubendo al momento del matrimonio. Resta salvo lo stato libero che uno dei nubendi abbia acquistato per effetto di un giudicato italiano o riconosciuto in Italia.

28. Forma del matrimonio. – 1. Il matrimonio è valido, quanto alla forma, se è considerato tale dalla legge del luogo di celebrazione o dalla legge nazionale di almeno uno dei coniugi al momento della celebrazione o dalla legge dello Stato di comune residenza in tale momento.

29. Rapporti personali tra coniugi. – 1. I rapporti personali tra coniugi sono regolati dalla legge nazionale comune.

2. I rapporti personali tra coniugi aventi diverse cittadinanze o più cittadinanze comuni sono regolati dalla legge dello Stato nel quale la vita matrimoniale è prevalentemente localizzata.

30. Rapporti patrimoniali tra coniugi. – 1. I rapporti patrimoniali tra coniugi sono regolati dalla legge applicabile ai loro rapporti personali. I coniugi possono tuttavia convenire per iscritto che i loro rapporti patrimoniali sono regolati dalla legge dello Stato di cui almeno uno di essi è cittadino o nel quale almeno uno di essi risiede.

2. L'accordo dei coniugi sul diritto applicabile è valido se è considerato tale dalla legge scelta o da quella del luogo in cui l'accordo è stato stipulato.

3. Il regime dei rapporti patrimoniali fra coniugi regolato da una legge straniera è opponibile ai terzi solo se questi ne abbiano avuto conoscenza o lo abbiano ignorato per loro colpa. Relativamente ai diritti reali su beni immobili, l'opponibilità è limitata ai casi in cui siano state rispettate le forme di pubblicità prescritte dalla legge dello Stato in cui i beni si trovano.

30 bis. Contratti di convivenza (1). – 1. Ai contratti di convivenza si applica la legge nazionale comune dei contraenti. Ai contraenti di diversa cittadinanza si applica la legge del luogo in cui la convivenza è prevalentemente localizzata.

2. Sono fatte salve le norme nazionali, europee ed internazionali che regolano il caso di cittadinanza plurima.

(1) Articolo inserito dall'art. 1, co. 64, l. 20/5/2016, n. 76.

31. Separazione personale e scioglimento del matrimonio. – 1. La separazione personale e lo scioglimento del matrimonio sono regolati dalla legge nazionale comune dei coniugi al momento della domanda di separazione o di scioglimento del matrimonio; in mancanza si applica la legge dello Stato nel quale la vita matrimoniale risulta prevalentemente localizzata.

2. La separazione personale e lo scioglimento del matrimonio, qualora non siano previsti dalla legge straniera applicabile, sono regolati dalla legge italiana.

32. Giurisdizione in materia di nullità, annullamento, separazione personale e scioglimento del matrimonio. – 1. In materia di nullità e di annullamento del matrimonio, di separazione personale e di scioglimento del matrimonio, la giurisdizione italiana sussiste, oltre che nei casi previsti dall'articolo 3, anche quando uno dei coniugi è cittadino italiano o il matrimonio è stato celebrato in Italia.

32 bis. Matrimonio contratto all'estero da cittadini italiani dello stesso sesso (1). – 1. Il matrimonio contratto all'estero da cittadini italiani con persona dello stesso sesso produce gli effetti dell'unione civile regolata dalla legge italiana.

(1) Articolo inserito dall'art. 1, co. 1, lett. a), d.lg. 19/1/2017, n. 7.

32 ter. Unione civile tra persone maggiorenni dello stesso sesso (1). – 1. La capacità e le altre condizioni per costituire unione civile sono regolate dalla legge nazionale di ciascuna parte al momento della costituzione dell'unione civile. Se la legge applicabile non ammette l'unione civile tra persone maggiorenni dello stesso sesso si applica la legge italiana. Le disposizioni di cui all'articolo 1, comma 4, della legge 20 maggio 2016, n. 76, sono di applicazione necessaria.

2. Ai fini del nulla osta di cui all'articolo 116, primo comma, del codice civile, non rilevano gli impedimenti relativi al sesso delle parti. Qualora la produzione del nulla osta sia preclusa in ragione del mancato riconoscimento, secondo la legge dello Stato di cui lo straniero è cittadino, dell'unione civile tra persone dello stesso sesso o di analogo istituto, il nulla osta è sostituito da un certificato o altro atto comunque idoneo ad attestare la libertà di stato, ovvero da dichiarazione sostitutiva ai sensi del decreto del Presidente della Repubblica 28 dicembre 2000, n. 445. Resta salva la libertà di stato accertata o acquisita per effetto di un giudicato italiano o riconosciuto in Italia.

3. L'unione civile è valida, quanto alla forma, se è considerata tale dalla legge del luogo di costituzione o dalla legge nazionale di almeno una delle parti o dalla legge dello Stato di comune residenza al momento della costituzione.

4. I rapporti personali e patrimoniali tra le parti sono regolati dalla legge dello Stato davanti alle cui autorità l'unione è stata costituita. A richiesta di una delle parti il giudice può disporre l'applicazione della legge dello Stato nel quale la vita comune è prevalentemente localizzata. Le parti possono convenire per iscritto che i loro rapporti patrimoniali sono regolati dalla legge dello Stato di cui almeno una di esse è cittadina o nel quale almeno una di esse risiede.

5. Alle obbligazioni alimentari si applica l'articolo 45.

(1) Articolo inserito dall'art. 1, co. 1, lett. a), d.lg. 19/1/2017, n. 7.

32 quater. Scioglimento dell'unione civile (1). – 1. In materia di scioglimento dell'unione civile la giurisdizione italiana sussiste, oltre che nei casi previsti dagli articoli 3 e 9, anche quando una delle parti è cittadina italiana o l'unione è stata costituita in Italia. I medesimi titoli di giurisdizione si applicano anche in materia di nullità o di annullamento dell'unione civile.

2. Lo scioglimento dell'unione civile è regolato dalla legge applicabile al divorzio in conformità al regolamento n. 1259/2010/UE del Consiglio del 20 dicembre 2010 relativo ad una cooperazione rafforzata nel settore della legge applicabile al divorzio e alla separazione personale.

(1) Articolo inserito dall'art. 1, co. 1, lett. a), d.lg. 19/1/2017, n. 7.

32 quinquies. Unione civile costituita all'estero tra cittadini italiani dello stesso sesso (1). – 1. L'unione civile, o altro istituto analogo, costituiti all'estero tra cittadini italiani dello stesso sesso abitualmente residenti in Italia produce gli effetti dell'unione civile regolata dalla legge italiana.

(1) Articolo inserito dall'art. 1, co. 1, lett. a), d.lg. 19/1/2017, n. 7.

33. Filiazione (1). – 1. Lo stato di figlio è determinato dalla legge nazionale del figlio o, se più favorevole, dalla legge dello Stato di cui uno dei genitori è cittadino, al momento della nascita.

2. La legge individuata ai sensi del comma 1 regola i presupposti e gli effetti dell'accertamento e della contestazione dello stato di figlio; qualora la legge così individuata non permetta l'accertamento o la contestazione dello stato di figlio si applica la legge italiana.

3. Lo stato di figlio, acquisito in base alla legge nazionale di uno dei genitori, non può essere contestato che alla stregua di tale legge; se tale legge non consente la contestazione si applica la legge italiana.

4. Sono di applicazione necessaria le norme del diritto italiano che sanciscono l'unicità dello stato di figlio.

(1) Articolo sostituito dall'art. 101, co. 1, lett. a), d.lg. 28/12/2013, n. 154, a decorrere dal 7/2/2014. Il testo precedente alla sostituzione era il seguente:
«Filiazione. 1. Lo stato di figlio è determinato dalla legge nazionale del figlio al momento della nascita.
2. È legittimo il figlio considerato tale dalla legge dello Stato di cui uno dei genitori è cittadino al momento della nascita del figlio.
3. La legge nazionale del figlio al momento della nascita regola i presupposti e gli effetti dell'accertamento e della contestazione dello stato di figlio. Lo stato di figlio legittimo, acquisito in base alla legge nazionale di uno dei genitori, non può essere contestato che alla stregua di tale legge».

***34. Legittimazione**.** *– 1. La legittimazione per susseguente matrimonio è regolata dalla legge nazionale del figlio nel momento in cui essa avviene o dalla legge nazionale di uno dei genitori nel medesimo momento. 2. Negli altri casi, la legittimazione è regolata dalla legge dello Stato di cui è cittadino, al momento della domanda, il genitore nei cui confronti il figlio viene legittimato. Per la legittimazione destinata ad avere effetto dopo la morte del genitore legittimante, si tiene conto della sua cittadinanza al momento della morte.*

* Articolo abrogato dall'art. 106, co. 1, lett. c), d.lg. 28/12/2013, n. 154.

35. Riconoscimento di figlio [naturale] (1). – 1. Le condizioni per il riconoscimento del figlio sono regolate dalla legge nazionale del figlio al momento della nascita, o se più favorevole, dalla legge nazionale del soggetto che fa il riconoscimento, nel momento in cui questo avviene; se tali leggi non prevedono il riconoscimento si applica la legge italiana (2).

2. La capacità del genitore di fare il riconoscimento è regolata dalla sua legge nazionale.

3. La forma del riconoscimento è regolata dalla legge dello Stato in cui esso è fatto o da quella che ne disciplina la sostanza.

(1) Rubrica modificata dall'art. 101, co. 1, lett. b), d.lg. 28/12/2013, n. 154, a decorrere dal 7/2/2014.

(2) Comma sostituito dall'art. 101, co. 1, lett. b), d.lg. 28/12/2013, n. 154, a decorrere dal 7/2/2014. Il testo del comma prima della sostituzione era il seguente:
«1. Le condizioni per il riconoscimento del figlio naturale sono regolate dalla legge nazionale del figlio al momento della nascita o, se più favorevole, dalla legge nazionale del soggetto che fa il riconoscimento, nel momento in cui questo avviene».

36. Rapporti tra genitori e figli. – 1. I rapporti personali e patrimoniali tra genitori e figli, compresa la responsabilità genitoriale, sono regolati dalla legge nazionale del figlio (1).

(1) Comma modificato dall'art. 101, co. 1, lett. b), d.lg. 28/12/2013, n. 154, a decorrere dal 7/2/2014. Le parole "responsabilità genitoriale" hanno sostituito le seguenti: "potestà dei genitori".

36 bis (1). – 1. Nonostante il richiamo ad altra legge, si applicano in ogni caso le norme del diritto italiano che:

a) attribuiscono ad entrambi i genitori la responsabilità genitoriale;

b) stabiliscono il dovere di entrambi i genitori di provvedere al mantenimento del figlio;

c) attribuiscono al giudice il potere di adottare provvedimenti limitativi o ablativi della responsabilità genitoriale in presenza di condotte pregiudizievoli per il figlio.

(1) Articolo inserito, a decorrere dal 7/2/2014, dall'art. 101, co. 1, lett. d), d.lg. 28/12/2013, n. 154.

37. Giurisdizione in materia di filiazione. – 1. In materia di filiazione e di rapporti personali fra genitori e figli la giurisdizione italiana sussiste, oltre che nei casi previsti rispettivamente dagli articoli 3 e 9, anche quando uno dei genitori o il figlio è cittadino italiano o risiede in Italia.

Capo V
Adozione

38. Adozione. – 1. I presupposti, la costituzione e la revoca dell'adozione sono regolati dal diritto nazionale dell'adottante o degli adottanti se comune o, in mancanza, dal diritto dello Stato nel quale gli adottanti sono entrambi residenti, ovvero da quello dello Stato nel quale la loro vita matrimoniale è prevalentemente localizzata, al momento dell'adozione. Tuttavia si applica il diritto italiano quando è richiesta al giudice italiano l'adozione di un minore, idonea ad attribuirgli lo stato di figlio [legittimo] (1).

2. È in ogni caso salva l'applicazione della legge nazionale dell'adottando maggiorenne per la disciplina dei consensi che essa eventualmente richieda.

(1) Comma modificato, a decorrere dal 7/2/2014, dall'art. 101, co. 1, lett. e), d.lg. 28/12/2013, n. 154.

39. Rapporto fra adottato e famiglia adottiva. – 1. I rapporti personali e patrimoniali fra l'adottato e l'adottante o gli adottanti ed i parenti di questi sono regolati dal diritto nazionale dell'adottante o degli adottanti se comune o, in mancanza, dal diritto dello Stato nel quale gli adottanti sono entrambi residenti ovvero da quello dello Stato nel quale la loro vita matrimoniale è prevalentemente localizzata.

40. Giurisdizione in materia di adozione. – 1. I giudici italiani hanno giurisdizione in materia di adozione allorché:

a) gli adottanti o uno di essi o l'adottando sono cittadini

italiani ovvero stranieri residenti in Italia;

b) l'adottando è un minore in stato di abbandono in Italia.

2. In materia di rapporti personali o patrimoniali fra l'adottato e l'adottante o gli adottanti ed i parenti di questi i giudici italiani hanno giurisdizione, oltre che nelle ipotesi previste dall'articolo 3, ogni qualvolta l'adozione si è costituita in base al diritto italiano.

41. Riconoscimento dei provvedimenti stranieri in materia di adozione. – 1. I provvedimenti stranieri in materia di adozione sono riconoscibili in Italia ai sensi degli articoli 64, 65 e 66.

2. Restano ferme le disposizioni delle leggi speciali in materia di adozione dei minori.

Capo VI
Protezione degli incapaci e obblighi alimentari

42. Giurisdizione e legge applicabile in materia di protezione dei minori. – 1. La protezione dei minori è in ogni caso regolata dalla Convenzione dell'Aja del 5 ottobre 1961, sulla competenza delle autorità e sulla legge applicabile in materia di protezione dei minori, resa esecutiva con la legge 24 ottobre 1980, n. 742.

2. Le disposizioni della Convenzione si applicano anche alle persone considerate minori soltanto dalla loro legge nazionale, nonché alle persone la cui residenza abituale non si trova in uno degli Stati contraenti.

43. Protezione dei maggiori d'età. – 1. I presupposti e gli effetti delle misure di protezione degli incapaci maggiori di età, nonché i rapporti fra l'incapace e chi ne ha la cura, sono regolati dalla legge nazionale dell'incapace. Tuttavia, per proteggere in via provvisoria e urgente la persona o i beni dell'incapace, il giudice italiano può adottare le misure previste dalla legge italiana.

44. Giurisdizione in materia di protezione dei maggiori d'età. – 1. La giurisdizione italiana in materia di misure di protezione degli incapaci maggiori di età sussiste, oltre che nei casi previsti dagli articoli 3 e 9, anche quando esse si rendono necessarie per proteggere, in via provvisoria e urgente, la persona o i beni dell'incapace che si trovino in Italia.

2. Quando in base all'articolo 66 nell'ordinamento italiano si producono gli effetti di un provvedimento straniero in materia di capacità di uno straniero, la giurisdizione italiana sussiste per pronunciare i provvedimenti modificativi o integrativi eventualmente necessari.

45. Obbligazioni alimentari nella famiglia (1). – 1. Le obbligazioni alimentari nella famiglia sono regolate dalla legge designata dal regolamento 2009/4/CE del Consiglio del 18 dicembre 2008 relativo alla competenza, alla legge applicabile, al riconoscimento e all'esecuzione delle decisioni e alla cooperazione in materia di obbligazioni alimentari, e successive modificazioni.

(1) Articolo sostituito dall'art. 1, co. 1, lett. b), d.lg. 19/1/2017, n. 7.

Capo VII
Successioni

46. Successione per causa di morte. – 1. La successione per causa di morte è regolata dalla legge nazionale del soggetto della cui eredità si tratta, al momento della morte.

2. Il soggetto della cui eredità si tratta può sottoporre, con dichiarazione espressa in forma testamentaria, l'intera successione alla legge dello Stato in cui risiede. La scelta non ha effetto se al momento della morte il dichiarante non risiedeva più in tale Stato. Nell'ipotesi di successione di un cittadino italiano, la scelta non pregiudica i diritti che la legge italiana attribuisce ai legittimari residenti in Italia al momento della morte della persona della cui successione si tratta.

3. La divisione ereditaria è regolata dalla legge applicabile alla successione, salvo che i condividenti, d'accordo fra loro, abbiano designato la legge del luogo d'apertura della successione o del luogo ove si trovano uno o più beni ereditari.

47. Capacità di testare. – 1. La capacità di disporre per testamento, di modificarlo o di revocarlo è regolata dalla legge nazionale del disponente al momento del testamento, della modifica o della revoca.

48. Forma del testamento. – 1. Il testamento è valido, quanto alla forma, se è considerato tale dalla legge dello Stato nel quale il testatore ha disposto, ovvero dalla legge dello Stato di cui il testatore, al momento del testamento o della morte, era cittadino o dalla legge dello Stato in cui aveva il domicilio o la residenza.

49. Successione dello Stato. – 1. Quando la legge applicabile alla successione, in mancanza di successibili, non attribuisce la successione allo Stato, i beni ereditari esistenti in Italia sono devoluti allo Stato italiano.

50. Giurisdizione in materia successoria. – 1. In materia successoria la giurisdizione italiana sussiste:

a) se il defunto era cittadino italiano al momento della morte;

b) se la successione si è aperta in Italia;

c) se la parte dei beni ereditari di maggiore consistenza economica è situata in Italia;

d) se il convenuto è domiciliato o residente in Italia o ha accettato la giurisdizione italiana, salvo che la domanda sia relativa a beni immobili situati all'estero;

e) se la domanda concerne beni situati in Italia.

Capo VIII
Diritti reali

51. Possesso e diritti reali. – 1. Il possesso, la proprietà e gli altri diritti reali sui beni mobili ed immobili sono regolati dalla legge dello Stato in cui i beni si trovano.

2. La stessa legge ne regola l'acquisto e la perdita, salvo che in materia successoria e nei casi in cui l'attribuzione di un diritto reale dipenda da un rapporto di famiglia o da un contratto.

52. Diritti reali su beni in transito. – 1. I diritti reali su beni in transito sono regolati dalla legge del luogo di destinazione.

53. Usucapione di beni mobili. – 1. L'usucapione di beni mobili è regolata dalla legge dello Stato in cui il bene si trova al compimento del termine prescritto.

54. Diritti su beni immateriali. – 1. I diritti su beni immateriali sono regolati dalla legge dello Stato di utilizzazione.

55. Pubblicità degli atti relativi ai diritti reali. – 1. La pubblicità degli atti di costituzione, trasferimento ed estinzione dei diritti reali è regolata dalla legge dello Stato in cui il bene si trova al momento dall'atto.

Capo IX
Donazioni

56. Donazioni. – 1. Le donazioni sono regolate dalla legge nazionale del donante al momento della donazione.

2. Il donante può, con dichiarazione espressa contestualmente alla donazione, sottoporre la donazione stessa alla legge dello Stato in cui egli risiede.

3. La donazione è valida, quanto alla forma, se è considerata tale dalla legge che ne regola la sostanza oppure dalla legge dello Stato nel quale l'atto è compiuto.

Capo X
Obbligazioni contrattuali

57. Obbligazioni contrattuali. – 1. Le obbligazioni contrattuali sono in ogni caso regolate dalla Convenzione di Roma del 19 giugno 1980 sulla legge applicabile alle obbligazioni contrattuali, resa esecutiva con la legge 18 dicembre 1984, n. 975, senza pregiudizio delle altre convenzioni internazionali, in quanto applicabili.

Capo XI
Obbligazioni non contrattuali

58. Promessa unilaterale. – 1. La promessa unilaterale è regolata dalla legge dello Stato in cui viene manifestata.

59. Titoli di credito. – 1. La cambiale, il vaglia cambiario e l'assegno sono in ogni caso regolati dalle disposizioni contenute nelle Convenzioni di Ginevra del 7 giugno 1930, sui conflitti di legge in materia di cambiale e di vaglia cambiario, di cui al regio decreto-legge 25 agosto 1932, n. 1130, convertito dalla legge 22 dicembre 1932, n. 1946, e del 19 marzo 1931, sui conflitti di legge in materia di assegni bancari, di cui al regio decreto-legge 24 agosto 1933, n. 1077, convertito dalla legge 4 gennaio 1934, n. 61.

2. Tali disposizioni si applicano anche alle obbligazioni assunte fuori dei territori degli Stati contraenti o allorché esse designino la legge di uno Stato non contraente.

3. Gli altri titoli di credito sono regolati dalla legge dello Stato in cui il titolo è stato emesso. Tuttavia le obbligazioni diverse da quella principale sono regolate dalla legge dello Stato in cui ciascuna è stata assunta.

60. Rappresentanza volontaria. – 1. La rappresentanza volontaria è regolata dalla legge dello Stato in cui il rappresentante ha la propria sede d'affari sempre che egli agisca a titolo professionale e che tale sede sia conosciuta o conoscibile dal terzo. In assenza di tali condizioni si applica la legge dello Stato in cui il rappresentante esercita in via principale i suoi poteri nel caso concreto.

2. L'atto di conferimento dei poteri di rappresentanza è valido, quanto alla forma, se considerato tale dalla legge che ne regola la sostanza oppure dalla legge dello Stato in cui è posto in essere.

61. Obbligazioni nascenti dalla legge. – 1. La gestione di affari altrui, l'arricchimento senza causa, il pagamento dell'indebito e le altre obbligazioni legali, non diversamente regolate dalla presente legge, sono sottoposti alla legge dello Stato in cui si è verificato il fatto da cui deriva l'obbligazione.

62. Responsabilità per fatto illecito. – 1. La responsabilità per fatto illecito è regolata dalla legge dello Stato in cui si è verificato l'evento. Tuttavia il danneggiato può chiedere l'applicazione della legge dello Stato in cui si è verificato il fatto che ha causato il danno.

2. Qualora il fatto illecito coinvolga soltanto cittadini di un medesimo Stato in esso residenti, si applica la legge di tale Stato.

63. Responsabilità extracontrattuale per danno da prodotto. – 1. La responsabilità per danno da prodotto è regolata, a scelta del danneggiato, dalla legge dello Stato in cui si trova il domicilio o l'amministrazione del produttore, oppure da quella dello Stato in cui il prodotto è stato acquistato, a meno che il produttore provi che il prodotto vi è stato immesso in commercio senza il suo consenso.

TITOLO IV
EFFICACIA DI SENTENZE ED ATTI STRANIERI

64. Riconoscimento di sentenze straniere. – 1. La sentenza straniera è riconosciuta in Italia senza che sia necessario il ricorso ad alcun procedimento quando:

a) il giudice che l'ha pronunciata poteva conoscere della causa secondo i princìpi sulla competenza giurisdizionale propri dell'ordinamento italiano;

b) l'atto introduttivo del giudizio è stato portato a conoscenza del convenuto in conformità a quanto previsto dalla legge del luogo dove si è svolto il processo e non sono stati violati i diritti essenziali della difesa;

c) le parti si sono costituite in giudizio secondo la legge del luogo dove si è svolto il processo o la contumacia è stata dichiarata in conformità a tale legge;

d) essa è passata in giudicato secondo la legge del luogo in cui è stata pronunziata;

e) essa non è contraria ad altra sentenza pronunziata da un giudice italiano passata in giudicato;

f) non pende un processo davanti a un giudice italiano per il medesimo oggetto e fra le stesse parti, che abbia avuto inizio prima del processo straniero;

g) le sue disposizioni non producono effetti contrari all'ordine pubblico.

65. Riconoscimento di provvedimenti stranieri. – 1. Hanno effetto in Italia i provvedimenti stranieri relativi alla capacità delle persone nonché all'esistenza di rapporti di famiglia o di diritti della personalità quando essi sono stati pronunciati dalle autorità dello Stato la cui legge è richiamata dalle norme della presente legge o producono effetti nell'ordinamento di quello Stato, anche se pronunciati da autorità di altro Stato, purché non siano contrari all'ordine pubblico e siano stati rispettati i diritti essenziali della difesa.

66. Riconoscimento di provvedimenti stranieri di giurisdizione volontaria. – 1. I provvedimenti stranieri di volontaria giurisdizione sono riconosciuti senza che sia necessario il ricorso ad alcun procedimento, sempre che siano rispettate le condizioni di cui all'articolo 65, in quanto applicabili, quando sono pronunciati dalle autorità dello Stato la cui legge è richiamata dalle disposizioni della presente legge, o producono effetti nell'ordinamento di quello Stato ancorché emanati da autorità di altro Stato, ovvero sono pronunciati da un'autorità che sia competente in base a criteri corrispondenti a quelli propri dell'ordinamento italiano.

67. Attuazione di sentenze e provvedimenti stranieri di giurisdizione volontaria e contestazione del riconoscimento. – 1. In caso di mancata ottemperanza o di contestazione del riconoscimento della sentenza straniera o del provvedimento straniero di volontaria giurisdizione, ovvero quando sia necessario procedere ad esecuzione forzata, chiunque vi abbia interesse può chiedere all'autorità giudiziaria ordinaria l'accertamento dei requisiti del riconoscimento (1).

1-bis. Le controversie di cui al comma 1 sono disciplinate dall'articolo 30 del decreto legislativo 1° settembre 2011, n. 150 (2).

2. La sentenza straniera o il provvedimento straniero di volontaria giurisdizione, unitamente al provvedimento che acco-

glie la domanda di cui al comma 1, costituiscono titolo per l'attuazione e per l'esecuzione forzata.

3. Se la contestazione ha luogo nel corso di un processo, il giudice adito pronuncia con efficacia limitata al giudizio.

(1) Comma modificato dall'art. 34, co. 38, lett. a), d.lg. 1/9/2011, n. 150.

(2) Comma inserito dall'art. 34, co. 38, lett. b), d.lg. 1/9/2011, n. 150.

68. Attuazione ed esecuzione di atti pubblici ricevuti all'estero. – 1. Le norme di cui all'articolo 67 si applicano anche rispetto all'attuazione e all'esecuzione forzata in Italia di atti pubblici ricevuti in uno Stato estero e ivi muniti di forza esecutiva.

69. Assunzione di mezzi di prova disposti da giudici stranieri. – 1. Le sentenze e i provvedimenti di giudici stranieri riguardanti esami di testimoni, accertamenti tecnici, giuramenti, interrogatori o altri mezzi di prova da assumersi nella Repubblica sono resi esecutivi con decreto della corte d'appello del luogo in cui si deve procedere a tali atti.

2. Se l'assunzione dei mezzi di prova è chiesta dalla parte interessata, l'istanza è proposta alla corte mediante ricorso, al quale deve essere unita copia autentica della sentenza o del provvedimento che ha ordinato gli atti chiesti. Se l'assunzione è domandata dallo stesso giudice, la richiesta deve essere trasmessa in via diplomatica.

3. La corte delibera in camera di consiglio e, qualora autorizzi l'assunzione, rimette gli atti al giudice competente.

4. Può disporsi l'assunzione di mezzi di prova o l'espletamento di altri atti istruttori non previsti dall'ordinamento italiano sempreché essi non contrastino con i princìpi dell'ordinamento stesso.

5. L'assunzione o l'espletamento richiesti sono disciplinati dalla legge italiana. Tuttavia si osservano le forme espressamente richieste dall'autorità giudiziaria straniera in quanto compatibili con i princìpi dell'ordinamento italiano.

70. Esecuzione richiesta in via diplomatica. – 1. Se la richiesta per l'assunzione di mezzi di prova di atti di istruzione è fatta in via diplomatica e la parte interessata non ha costituito un procuratore che ne promuova l'assunzione, i provvedimenti necessari per questa sono pronunciati d'ufficio dal giudice procedente e le notificazioni sono fatte a cura del cancelliere.

71. Notificazione di atti di autorità straniere. – 1. La notificazione di citazioni a comparire davanti ad autorità straniere o di altri atti provenienti da uno Stato estero è autorizzata dal pubblico ministero presso il tribunale nella cui giurisdizione la notificazione si deve eseguire.

2. La notificazione richiesta in via diplomatica è eseguita, a cura del pubblico ministero, da un ufficiale giudiziario da lui richiesto.

3. La notificazione avviene secondo le modalità previste dalla legge italiana. Tuttavia si osservano le modalità richieste dall'autorità straniera in quanto compatibili con i princìpi dell'ordinamento italiano. In ogni caso l'atto può essere consegnato, da chi procede alla notificazione, al destinatario che lo accetti volontariamente.

TITOLO V
DISPOSIZIONI TRANSITORIE E FINALI

72. Disposizioni transitorie. – 1. La presente legge si applica in tutti i giudizi iniziati dopo la data della sua entrata in vigore, fatta salva l'applicabilità alle situazioni esaurite prima di tale data delle previgenti norme di diritto internazionale privato.

2. I giudizi pendenti sono decisi dal giudice italiano se i fatti e le norme che determinano la giurisdizione sopravvengono nel corso del processo.

73. Abrogazioni. – 1. Sono abrogati gli articoli dal 17 al 31 delle disposizioni sulla legge in generale premesse al codice civile, nonché gli articoli 2505 e 2509 del codice civile e gli articoli 2, 3, 4 e 37, secondo comma, del codice di procedura civile, gli articoli dal 796 all'805 del codice di procedura civile sono abrogati a far data dal 31 dicembre 1996 (1).

(1) Articolo sostituito dall'art. 8 del d.l. 28/8/1995, n. 361, conv. in l. 27/10/1995, n. 437; e, successivamente dall'art. 10 del d.l. 23/10/1996, n. 542, conv. in l. 23/12/1996, n. 649.

74. Entrata in vigore. – 1. La presente legge entra in vigore il 1° settembre 1995; gli articoli dal 64 al 71 entrano in vigore il 31 dicembre 1996 (1).

(1) Articolo sostituito dall'art. 8 del d.l. 28/8/1995, n. 361, conv. in l. 27/10/1995, n. 437; e, successivamente dall'art. 10 del d.l. 23/10/1996, n. 542, conv. in l. 23/12/1996, n. 649.

Parte V

LEGGI COMPLEMENTARI

Sezione I
AFFILIAZIONE COMMERCIALE

L. 6 maggio 2004, n. 129
Norme per la disciplina dell'affiliazione commerciale

1. Definizioni. – 1. L'affiliazione commerciale (franchising) è il contratto, comunque denominato, fra due soggetti giuridici, economicamente e giuridicamente indipendenti, in base al quale una parte concede la disponibilità all'altra, verso corrispettivo, di un insieme di diritti di proprietà industriale o intellettuale relativi a marchi, denominazioni commerciali, insegne, modelli di utilità, disegni, diritti di autore, know-how, brevetti, assistenza o consulenza tecnica e commerciale, inserendo l'affiliato in un sistema costituito da una pluralità di affiliati distribuiti sul territorio, allo scopo di commercializzare determinati beni o servizi.

2. Il contratto di affiliazione commerciale può essere utilizzato in ogni settore di attività economica.

3. Nel contratto di affiliazione commerciale si intende:

a) per know-how, un patrimonio di conoscenze pratiche non brevettate derivanti da esperienze e da prove eseguite dall'affiliante, patrimonio che è segreto, sostanziale ed individuato; per segreto, che il know-how, considerato come complesso di nozioni o nella precisa configurazione e composizione dei suoi elementi, non è generalmente noto né facilmente accessibile; per sostanziale, che il know-how comprende conoscenze indispensabili all'affiliato per l'uso, per la vendita, la rivendita, la gestione o l'organizzazione dei beni o servizi contrattuali; per individuato, che il know-how deve essere descritto in modo sufficientemente esauriente, tale da consentire di verificare se risponde ai criteri di segretezza e di sostanzialità;

b) per diritto di ingresso, una cifra fissa, rapportata anche al valore economico e alla capacità di sviluppo della rete, che l'affiliato versa al momento della stipula del contratto di affiliazione commerciale;

c) per royalties, una percentuale che l'affiliante richiede all'affiliato commisurata al giro d'affari del medesimo o in quota fissa, da versarsi anche in quote fisse periodiche;

d) per beni dell'affiliante, i beni prodotti dall'affiliante o secondo le sue istruzioni e contrassegnati dal nome dell'affiliante.

2. Ambito di applicazione della legge. – 1. Le disposizioni relative al contratto di affiliazione commerciale, come definito all'articolo 1, si applicano anche al contratto di affiliazione commerciale principale con il quale un'impresa concede all'altra, giuridicamente ed economicamente indipendente dalla prima, dietro corrispettivo, diretto o indiretto, il diritto di sfruttare un'affiliazione commerciale allo scopo di stipulare accordi di affiliazione commerciale con terzi, nonché al contratto con il quale l'affiliato, in un'area di sua disponibilità, allestisce uno spazio dedicato esclusivamente allo svolgimento dell'attività commerciale di cui al comma 1 dell'articolo 1.

3. Forma e contenuto del contratto. – 1. Il contratto di affiliazione commerciale deve essere redatto per iscritto a pena di nullità.

2. Per la costituzione di una rete di affiliazione commerciale l'affiliante deve aver sperimentato sul mercato la propria formula commerciale.

3. Qualora il contratto sia a tempo determinato, l'affiliante dovrà comunque garantire all'affiliato una durata minima sufficiente all'ammortamento dell'investimento e comunque non inferiore a tre anni. È fatta salva l'ipotesi di risoluzione anticipata per inadempienza di una delle parti.

4. Il contratto deve inoltre espressamente indicare:

a) l'ammontare degli investimenti e delle eventuali spese di ingresso che l'affiliato deve sostenere prima dell'inizio dell'attività;

b) le modalità di calcolo e di pagamento delle royalties, e l'eventuale indicazione di un incasso minimo da realizzare da parte dell'affiliato;

c) l'ambito di eventuale esclusiva territoriale sia in relazione ad altri affiliati, sia in relazione a canali ed unità di vendita direttamente gestiti dall'affiliante;

d) la specifica del know-how fornito dall'affiliante all'affiliato;

e) le eventuali modalità di riconoscimento dell'apporto di know-how da parte dell'affiliato;

f) le caratteristiche dei servizi offerti dall'affiliante in termini di assistenza tecnica e commerciale, progettazione ed allestimento, formazione;

g) le condizioni di rinnovo, risoluzione o eventuale cessione del contratto stesso.

4. Obblighi dell'affiliante. – 1. Almeno trenta giorni prima della sottoscrizione di un contratto di affiliazione commerciale l'affiliante deve consegnare all'aspirante affiliato copia completa del contratto da sottoscrivere, corredato dei seguenti allegati, ad eccezione di quelli per i quali sussistano obiettive e specifiche esigenze di riservatezza, che comunque dovranno essere citati nel contratto:

a) principali dati relativi all'affiliante, tra cui ragione e capitale sociale e, previa richiesta dell'aspirante affiliato, copia del suo bilancio degli ultimi tre anni o dalla data di inizio della sua attività, qualora esso sia avvenuto da meno di tre anni;

b) l'indicazione dei marchi utilizzati nel sistema, con gli estremi della relativa registrazione o del deposito, o della licenza concessa all'affiliante dal terzo, che abbia eventualmente la proprietà degli stessi, o la documentazione comprovante l'uso concreto del marchio;

c) una sintetica illustrazione degli elementi caratterizzanti l'attività oggetto dell'affiliazione commerciale;

d) una lista degli affiliati al momento operanti nel sistema e dei punti vendita diretti dell'affiliante;

e) l'indicazione della variazione, anno per anno, del numero degli affiliati con relativa ubicazione negli ultimi tre anni o dalla data di inizio dell'attività dell'affiliante, qualora esso sia avvenuto da meno di tre anni;

f) la descrizione sintetica degli eventuali procedimenti giudiziari o arbitrali, promossi nei confronti dell'affiliante e che si siano conclusi negli ultimi tre anni, relativamente al sistema di affiliazione commerciale in esame, sia da affiliati sia da terzi privati o da pubbliche autorità, nel rispetto delle vigenti norme sulla privacy.

2. Negli allegati di cui alle lettere d), e) ed f) del comma 1 l'affiliante può limitarsi a fornire le informazioni relative alle

attività svolte in Italia. Con decreto del Ministro delle attività produttive, da emanare entro novanta giorni dalla data di entrata in vigore della presente legge, sono definite le informazioni che, in relazione a quanto previsto dalle predette lettere d), e) ed f), dovranno essere fornite dagli affilianti che in precedenza abbiano operato esclusivamente all'estero.

5. Obblighi dell'affiliato. – 1. L'affiliato non può trasferire la sede, qualora sia indicata nel contratto, senza il preventivo consenso dell'affiliante, se non per causa di forza maggiore.

2. L'affiliato si impegna ad osservare e a far osservare ai propri collaboratori e dipendenti, anche dopo lo scioglimento del contratto, la massima riservatezza in ordine al contenuto dell'attività oggetto dell'affiliazione commerciale.

6. Obblighi precontrattuali di comportamento. – 1. L'affiliante deve tenere, in qualsiasi momento, nei confronti dell'aspirante affiliato, un comportamento ispirato a lealtà, correttezza e buona fede e deve tempestiva-mente fornire, all'aspirante affiliato, ogni dato e informazione che lo stesso ritenga necessari o utili ai fini della stipulazione del contratto di affiliazione commerciale, a meno che non si tratti di informazioni oggettivamente riservate o la cui divulgazione costituirebbe violazione di diritti di terzi.

2. L'affiliante deve motivare all'aspirante affiliato l'eventuale mancata comunicazione delle informazioni e dei dati dallo stesso richiesti.

3. L'aspirante affiliato deve tenere in qualsiasi momento, nei confronti dell'affiliante, un comportamento improntato a lealtà, correttezza e buona fede e deve fornire, tempestivamente ed in modo esatto e completo, all'affiliante ogni informazione e dato la cui conoscenza risulti necessaria o opportuna ai fini della stipulazione del contratto di affiliazione commerciale, anche se non espressamente richiesti dall'affiliante.

*7. **Conciliazione***. – 1. Per le controversie relative ai contratti di affiliazione commerciale le parti possono convenire che, prima di adire l'autorità giudiziaria o ricorrere all'arbitrato, dovrà essere fatto un tentativo di conciliazione presso la camera di commercio, industria, artigianato e agricoltura nel cui territorio ha sede l'affiliato. Al procedimento di conciliazione si applicano, in quanto compatibili, le disposizioni di cui agli articoli 38, 39 e 40 del decreto legislativo 17 gennaio 2003, n. 5, e successive modificazioni.*

* Articolo abrogato dall'art. 10, co. 1, d.lg. 10/10/2022, n. 149, con effetto a decorrere dal 30/6/2023, come stabilito dall'art. 35, co. 9, d.lg. n. 149/2022 medesimo, come modif. dall'art. 1, co. 380, lett. a), l. 29/12/2022, n. 197.

8. Annullamento del contratto. – 1. Se una parte ha fornito false informazioni, l'altra parte può chiedere l'annullamento del contratto ai sensi dell'articolo 1439 del codice civile nonché il risarcimento del danno, se dovuto.

9. Norme transitorie e finali. – 1. Le disposizioni della presente legge si applicano a tutti i contratti di affiliazione commerciale in corso nel territorio dello Stato alla data di entrata in vigore della legge stessa.

2. Gli accordi di affiliazione commerciale anteriori alla data di entrata in vigore della presente legge se non stipulati a norma dell'articolo 3, comma 1, devono essere formalizzati per iscritto secondo le disposizioni della presente legge entro un anno dalla predetta data. Entro lo stesso termine devono essere adeguati alle disposizioni della presente legge i contratti anteriori stipulati per iscritto.

3. La presente legge entra in vigore il giorno successivo a quella della sua pubblicazione nella Gazzetta Ufficiale.

La presente legge, munita del sigillo dello Stato, sarà inserita nella Raccolta ufficiale degli atti normativi della Repubblica italiana. È fatto obbligo a chiunque spetti di osservarla e di farla osservare come legge dello Stato.

Sezione II

ASSICURAZIONE

D.lg. 7 settembre 2005, n. 209

Codice delle assicurazioni private

TITOLO I

DISPOSIZIONI GENERALI

Capo I

Definizioni e classificazioni generali

1. Definizioni. – 1. Agli effetti del codice delle assicurazioni private si intendono per:

a) assicurazione contro i danni: le assicurazioni indicate all'articolo 2, comma 3;

b) assicurazione sulla vita: le assicurazioni e le operazioni indicate all'articolo 2, comma 1;

c) attività assicurativa: l'assunzione e la gestione dei rischi effettuata da un'impresa di assicurazione;

d) attività riassicurativa:

1) l'assunzione e la gestione dei rischi ceduti da un'impresa di assicurazione, anche di uno Stato terzo o retrocessi da un'impresa di riassicurazione;

2) la copertura fornita da un'impresa di riassicurazione ad un fondo pensione istituito in uno Stato membro dell'Unione europea, autorizzato dall'Autorità competente dello Stato membro di origine e che rientri nell'ambito di applicazione della direttiva (UE) 2016/2341 (1);

e) attività in regime di libertà di prestazione di servizi o rischio assunto in regime di libertà di prestazione di servizi: l'attività che un'impresa esercita da uno stabilimento situato nel territorio di uno Stato membro assumendo obbligazioni con contraenti aventi il domicilio, ovvero, se persone giuridiche, la sede in un altro Stato membro o il rischio che un'impresa assume da uno stabilimento situato nel territorio di uno Stato membro diverso da quello in cui è ubicato il rischio;

f) attività in regime di stabilimento o rischio assunto in regime di stabilimento: l'attività che un'impresa esercita da uno stabilimento situato nel territorio di uno Stato membro assumendo obbligazioni con contraenti aventi il domicilio, ovvero, se persone giuridiche, la sede nello stesso Stato o il rischio che un'impresa assume da uno stabilimento situato nel territorio dello Stato membro in cui è ubicato il rischio;

g) autorità di vigilanza: l'autorità nazionale incaricata della vigilanza sulle imprese e sugli intermediari e gli altri operatori del settore assicurativo;

g-bis) "SEVIF": il Sistema europeo di vigilanza finanziaria composto dalle seguenti parti:

1) "AEAP" o "EIOPA" (2): Autorità europea delle assicurazioni e delle pensioni aziendali e professionali, istituita con regolamento (UE) n. 1094/2010;

2) "ABE o EBA (2)": Autorità bancaria europea, istituita con regolamento (UE) n. 1093/2010;

3) "AESFEM o ESMA (2)": Autorità europea degli strumenti finanziari e dei mercati, istituita con regolamento (UE) n. 1095/2010;

4) "Comitato congiunto": il Comitato congiunto delle Autorità europee di vigilanza, previsto dall'articolo 54 del regolamento (UE) n. 1093/2010, del regolamento (UE) n. 1094/2010, del regolamento (UE) n. 1095/2010;

5) "CERS": Comitato europeo per il rischio sistemico, istituito dal regolamento (UE) n. 1092/2010;

6) "Autorità di vigilanza degli Stati membri": le autorità competenti o di vigilanza degli Stati membri specificate negli atti dell'Unione di cui all'articolo 1, paragrafo 2, del regolamento (UE) n. 1093/2010, del regolamento (UE) n. 1094/2010 e del regolamento (UE) n. 1095/2010 (3);

g-ter) autorità di vigilanza sul gruppo: l'autorità di vigilanza di gruppo determinata ai sensi dell'articolo 207-sexies (4);

h) carta verde: certificato internazionale di assicurazione emesso da un ufficio nazionale secondo la raccomandazione n. 5 adottata il 25 gennaio 1949 dal sottocomitato dei trasporti stradali del comitato dei trasporti interni della Commissione economica per l'Europa dell'Organizzazione delle Nazioni Unite;

i) codice della strada: il decreto legislativo 30 aprile 1992, n. 285, e successive modificazioni;

l) codice in materia di protezione dei dati personali: il decreto legislativo 30 giugno 2003, n. 196;

l-bis) collegio delle autorità di vigilanza: una struttura permanente ma flessibile per la cooperazione, il coordinamento e l'agevolazione del processo decisionale nell'ambito della vigilanza del gruppo;

l-bis.1) compenso: qualsiasi commissione, onorario, spesa, o altro pagamento, inclusi altri benefici economici di qualsiasi tipo o qualunque altro vantaggio o incentivo finanziario o non finanziario, offerti o forniti in relazione ad attività di distribuzione assicurativa (5);

l-ter) concentrazione dei rischi: tutte le esposizioni al rischio che comportano perdite potenziali sufficientemente ampie da mettere a repentaglio la solvibilità o la posizione finanziaria dell'impresa di assicurazione o di riassicurazione (4);

m) CONSAP: la Concessionaria servizi assicurativi pubblici S.p.A.;

m-bis) controparte centrale autorizzata: una controparte centrale che ha ottenuto un'autorizzazione conformemente all'articolo 14 del regolamento (UE) n. 648/ 2012 o che è stata riconosciuta in base all'articolo 25 dello stesso Regolamento (4);

m-ter) consulenza: l'attività consistente nel fornire raccomandazioni personalizzate ad un cliente, su richiesta dello stesso o su iniziativa del distributore, in relazione ad uno o più contratti di assicurazione (5);

n) credito di assicurazione: ogni importo dovuto da un'impresa di assicurazione ad assicurati, contraenti, beneficiari o altre parti lese aventi diritto ad agire direttamente contro l'impresa di assicurazione e derivante da un contratto di assicurazione o da operazioni di cui all'articolo 2, commi 1 e 3, nell'ambito di attività di assicurazione diretta, compresi gli importi detenuti in riserva per la copertura a favore dei medesimi aventi diritto allorquando alcuni elementi del debito non sono ancora conosciuti. Sono parimenti considerati crediti di assicurazione i premi detenuti da un'impresa di assicurazione, prima dell'avvio delle procedure di liquidazione dell'impresa stessa, in seguito alla mancata stipulazione o alla risoluzione dei medesimi contratti ed operazioni, in virtù della legge applicabile a tali contratti e operazioni;

n.1) distributore di prodotti assicurativi: qualsiasi intermediario assicurativo, intermediario assicurativo a titolo accessorio o impresa di assicurazione (5);

n-bis) distribuzione di probabilità prevista: funzione matematica che assegna ad un elenco esaustivo di eventi futuri mutualmente esclusivi una probabilità di realizzazione;

n-ter) «ECAI» o «agenzia esterna di valutazione del merito di credito»: un'agenzia di rating creditizio registrata o certificata in conformità del regolamento (CE) n. 1060/2009 del Parlamento europeo o del Consiglio o una banca centrale che emette rating creditizi esenti dall'applicazione di tale regolamento;

n-quater) effetti di diversificazione: la riduzione dell'esposizione al rischio dell'impresa di assicurazione o di riassicurazione o del gruppo dovuta alla diversifica diversificazione della loro attività, derivante dal fatto che il risultato sfavorevole di un rischio può essere compensato dal risultato più favorevole di un altro, quando tali rischi non siano pienamente correlati;

n-quinquies) esternalizzazione: l'accordo concluso tra un'impresa di assicurazione o di riassicurazione e un fornitore di servizi, anche se non autorizzato all'esercizio dell'attività assicurativa o riassicurativa, in base al quale il fornitore di servizi esegue una procedura, un servizio o un'attività, direttamente o tramite sub esternalizzazione, che sarebbero altrimenti realizzati dall'impresa di assicurazione o di riassicurazione stessa (4);

o) fondo di garanzia: un organismo creato da uno Stato membro che ha almeno il compito di rimborsare, entro i limiti dell'obbligo di assicurazione, i danni alle cose o alle persone causati da un veicolo non identificato o per il quale non vi è stato adempimento dell'obbligo di assicurazione;

p) Fondo di garanzia delle vittime della caccia: il fondo costituito presso la CONSAP e previsto dall'articolo 303;

q) Fondo di garanzia delle vittime della strada: il fondo costituito presso la CONSAP e previsto dall'articolo 285;

q-bis) funzione: in un sistema di governo societario, la capacità interna all'impresa di assicurazione o di riassicurazione di svolgere compiti concreti; un sistema di governo societario comprende la funzione di gestione del rischio, la funzione di verifica della conformità, la revisione interna e la funzione attuariale (4);

r) grandi rischi: si intendono per grandi rischi quelli rientranti nei rami di cui all'articolo 2, comma 3, qui di seguito indicati:

1) 4 (corpi di veicoli ferroviari), 5 (corpi di veicoli aerei), 6 (corpi di veicoli marittimi, lacustri e fluviali), 7 (merci trasportate), 11 (r.c. aeromobili) e 12 (r.c. veicoli marittimi, lacustri e fluviali) salvo quanto previsto al numero 3);

2) 14 (credito) e 15 (cauzione), qualora l'assicurato eserciti professionalmente un'attività industriale, commerciale o intellettuale e il rischio riguardi questa attività;

3) 3 (corpi di veicoli terrestri, esclusi quelli ferroviari), 8 (incendio ed elementi naturali), 9 (altri danni ai beni), 10 (r.c. autoveicoli terrestri), 12 (r.c. veicoli marittimi, lacustri e fluviali) per quanto riguarda i natanti soggetti all'assicurazione obbligatoria ai sensi dell'articolo 123, 13 (r.c. generale) e 16 (perdite pecuniarie), purché l'assicurato superi i limiti di almeno due dei tre criteri seguenti: 1) il totale dell'attivo dello stato patrimoniale risulti superiore ai seimilionieduecentomila euro; 2) l'importo del volume d'affari risulti superiore ai dodicimilionieottocentomila euro; 3) il numero dei dipendenti occupati in media durante l'esercizio risulti superiore alle duecentocinquanta unità. Qualora l'assicurato sia un'impresa facente parte di un gruppo tenuto a redigere un bilancio consolidato, le condizioni di cui sopra si riferiscono al bilancio consolidato del gruppo;

r-bis) gruppo: un gruppo

1) composto da una società partecipante o controllante, dalle sue società controllate o da altre entità in cui la società partecipante o controllante o le sue società controllate detengono una partecipazione, nonché da società legate da direzione unitaria ai sensi dell'articolo 96; ovvero;

2) basato sull'instaurazione, contrattuale o di altro tipo, di rapporti finanziari solidi e sostenibili tra tali imprese che può includere anche mutue assicuratrici o altre società di tipo mutualistico, a condizione che:

2.1) una delle imprese eserciti effettivamente, tramite un coordinamento centralizzato, un'influenza dominante sulle decisioni, incluse le decisioni finanziarie, di tutte le imprese che fanno parte del gruppo; e

2.2) la costituzione e lo scioglimento di tali relazioni ai fini del titolo XV siano soggetti all'approvazione preventiva dell'autorità di vigilanza del gruppo; laddove l'impresa che esegue il coordinamento centralizzato è considerata l'impresa controllante o partecipante e le altre imprese sono considerate le imprese controllate o partecipate (4);

s) impresa: la società di assicurazione o di riassicurazione autorizzata;

t) impresa di assicurazione: la società autorizzata secondo quanto previsto nelle direttive comunitarie sull'assicurazione diretta;

u) impresa di assicurazione autorizzata in Italia ovvero impresa di assicurazione italiana: la società avente sede legale in Italia e la sede secondaria in Italia di impresa di assicurazione avente sede legale in uno Stato terzo, autorizzata all'esercizio delle assicurazioni o delle operazioni di cui all'articolo 2;

u-bis) impresa di assicurazione captive: un'impresa di assicurazione controllata da un'impresa finanziaria, diversa da un'impresa di assicurazione o di riassicurazione o da un gruppo di imprese di assicurazione o di riassicurazione a cui si applica la direttiva 2009/138/CE oppure controllata da un'impresa non finanziaria, il cui scopo è fornire copertura assicurativa esclusivamente per i rischi dell'impresa o delle imprese che la controllano o di una o più imprese del gruppo di cui fa parte l'impresa di assicurazione captive (4);

v) impresa di assicurazione comunitaria: la società avente sede legale e amministrazione-centrale in uno Stato membro dell'Unione europea diverso dall'Italia o in uno Stato aderente allo Spazio economico europeo, autorizzata secondo quanto previsto nelle direttive comunitarie sull'assicurazione diretta;

z) impresa di assicurazione extracomunitaria: la società di assicurazione avente sede legale e amministrazione centrale in uno Stato non appartenente all'Unione europea o non aderente allo Spazio economico europeo, autorizzata per l'esercizio delle assicurazioni o delle operazioni di cui all'articolo 2;

aa) impresa di partecipazione assicurativa: una società controllante il cui unico o principale oggetto consiste nell'assunzione di partecipazioni di controllo, nonché nella gestione e valorizzazione di tali partecipazioni, se le imprese controllate sono esclusivamente o principalmente imprese di assicurazione, imprese di riassicurazione, imprese di assicurazione o di riassicurazione extracomunitarie, sempre che almeno una di esse sia un'impresa di assicurazione o un'impresa di riassicurazione avente sede legale nel territorio della Repubblica e che non sia una impresa di partecipazione finanziaria mista ai sensi dell'articolo 1, comma 1, lettera bb-bis) [secondo le rilevanti disposizioni dell'ordinamento comunitario sulla vigilanza supplementare delle imprese appartenenti ad un conglomerato finanziario] (6);

bb) impresa di partecipazione assicurativa mista: una società controllante diversa da un'impresa di assicurazione, da un'impresa di assicurazione extracomunitaria, da un'impresa di riassicurazione, da un'impresa di riassicurazione extracomunitaria, da un'impresa di partecipazione assicurativa o da una impresa di partecipazione finanziaria mista ai sensi dell'articolo 1, comma 1, lettera bb-bis) [secondo le rilevanti disposizioni dell'ordinamento comunitario della vigilanza supplementare delle imprese appartenenti ad un conglomerato finanziario], sempreché almeno una delle sue imprese controllate sia un'impresa di assicurazione o un'impresa di riassicurazione avente sede legale nel territorio della Repubblica (7);

bb-bis) impresa di partecipazione finanziaria mista: un'impresa di cui all'articolo 1, comma 1, lettera v), del decreto legislativo 30 maggio 2005, n. 142 (8);

cc) impresa di riassicurazione: la società autorizzata all'esercizio della sola riassicurazione, diversa da una impresa di assicurazione o da una impresa di assicurazione extracomunitaria, la cui attività principale consiste nell'accettare rischi ceduti da una impresa di assicurazione, da una impresa di assicurazione avente sede legale in uno Stato terzo, o da altre imprese di riassicurazione;

cc-bis) impresa di riassicurazione captive: un'impresa di riassicurazione controllata da un'impresa finanziaria diversa da un'impresa di assicurazione o di riassicurazione o da un gruppo di imprese di assicurazione o riassicurazione a cui si applica la direttiva 2009/138/CE oppure controllata da un'impresa non finanziaria il cui scopo è di fornire copertura riassicurativa esclusivamente per i rischi dell'impresa o delle imprese che la controllano o di una o più imprese del gruppo di cui fa parte l'impresa di riassicurazione captive (9);

cc-ter) impresa di riassicurazione extracomunitaria: la società avente sede legale e amministrazione centrale in uno Stato non appartenente all'Unione europea o non aderente allo Spazio economico europeo, autorizzata per l'esercizio dell'attività riassicurativa (10);

cc-quater) impresa finanziaria: un'impresa costituita da uno dei seguenti soggetti:

1) un ente creditizio, un ente finanziario o una società strumentale di cui all'articolo 4, n. 18), del regolamento (UE) 575/2013 (9);

2) un'impresa di assicurazione, un'impresa di riassicurazione o un'impresa di partecipazione assicurativa ai sensi dell'articolo 1, comma 1, lettere t), aa) e cc);

3) un'impresa di investimento [o un ente finanziario] ai sensi dell'articolo 4, n. 2), del regolamento del Parlamento europeo e del Consiglio n. 575 del 26 giugno 2013;

4) un'impresa di partecipazione finanziaria mista ai sensi dell'articolo 1, comma 1, lettera bb-bis) (11);

cc-quinquies) intermediario assicurativo: qualsiasi persona fisica o giuridica, diversa da un'impresa di assicurazione o riassicurazione o da un dipendente della stessa e diversa da un intermediario assicurativo a titolo accessorio, che avvii o svolga a titolo oneroso l'attività di distribuzione assicurativa (5);

cc-sexies) intermediario riassicurativo: qualsiasi persona fisica o giuridica, diversa da un'impresa di assicurazione o di riassicurazione o da un dipendente di essa, che avvii o svolga a titolo oneroso l'attività di distribuzione riassicurativa (5);

cc-septies) intermediario assicurativo a titolo accessorio: qualsiasi persona fisica o giuridica, diversa da uno dei soggetti di cui alla lettera d), comma 2, dell'articolo 109, che avvii o svolga a titolo oneroso l'attività di distribuzione assicurativa a titolo accessorio, nel rispetto delle seguenti condizioni:

1) l'attività professionale principale di tale persona fisica o giuridica è diversa dalla distribuzione assicurativa;

2) la persona fisica o giuridica distribuisce soltanto determinati prodotti assicurativi, complementari rispetto ad un bene o servizio;

3) i prodotti assicurativi in questione non coprono il ramo vita o la responsabilità civile, a meno che tale copertura non integri il bene o il servizio che l'intermediario fornisce nell'ambito della sua attività professionale principale (5);

dd) ISVAP o IVASS: l'Istituto per la vigilanza sulle assicurazioni private e di interesse collettivo a cui è succeduto l'IVASS, Istituto per la vigilanza sulle assicurazioni, ai sensi dell'articolo 13 del decreto-legge 6 luglio 2012, n. 95, convertito, con modificazioni, dalla legge 7 agosto 2012 n. 135 (12);

ee) legge fallimentare: il regio decreto 16 marzo 1942, n. 267, e successive modificazioni;

ff) localizzazione: la presenza di attività mobiliari ed immobiliari all'interno del territorio di un determinato Stato. I crediti sono considerati come localizzati nello Stato nel quale gli stessi sono esigibili;

gg) margine di solvibilità disponibile: il patrimonio dell'impresa, libero da qualsiasi impegno prevedibile ed al netto degli elementi immateriali;*

hh) margine di solvibilità richiesto: ammontare minimo del patrimonio netto del quale l'impresa dispone costantemente, secondo quanto previsto nelle direttive comunitarie sull'assicurazione diretta;*

ii) mercato regolamentato: un mercato finanziario autorizzato o riconosciuto ai sensi della parte III, titolo I, del testo unico dell'intermediazione finanziaria, nonché i mercati di Stati appartenenti all'OCSE che sono istituiti, organizzati e disciplinati da disposizioni adottate o approvate dalle competenti autorità nazionali e che soddisfano requisiti analoghi a quelli dei mercati regolamentati di cui al testo unico dell'intermediazione finanziaria;

ii-bis) misura del rischio: la funzione matematica che assegna un importo monetario ad una data distribuzione di probabilità prevista e cresce monotonicamente con il livello di esposizione al rischio sottostante a tale distribuzione (4);

ll) natante: qualsiasi unità che è destinata alla navigazione marittima, fluviale o lacustre e che è azionata da propulsione meccanica;

ll-bis) operazione infragruppo: un'operazione in cui un'impresa di assicurazione o di riassicurazione si affida, direttamente o indirettamente, ad un'altra impresa nell'ambito dello stesso gruppo o ad una persona fisica o giuridica strettamente legata alle imprese nell'ambito di tale gruppo per ottemperare ad un obbligo, contrattuale o meno, e a fini o meno di pagamento (4);

mm) Organismo di indennizzo italiano: l'organismo istituito presso la CONSAP e previsto dall'articolo 296;

mm-bis) partecipazione: la detenzione, diretta o tramite un rapporto di controllo, del 20 per cento o più dei diritti di voto o del capitale di una società, anche per il tramite di società controllate, fiduciarie o per interposta persona o comunque di una percentuale che consente l'esercizio di una influenza notevole sulla gestione di tale società;

mm-ter) partecipazione qualificata: la detenzione, diretta o indiretta, di almeno il 10 per cento dei diritti di voto o del capitale di un'impresa di assicurazione o di riassicurazione o comunque la partecipazione che consente l'esercizio di un'influenza notevole sulla gestione di tale impresa (4);

nn) partecipazioni: le azioni, le quote e gli altri strumenti finanziari che attribuiscono diritti amministrativi o comunque i diritti previsti dall'articolo 2351, ultimo comma, del codice civile;

*oo) partecipazioni rilevanti: le partecipazioni che comportano il controllo della società e le partecipazioni individuate dall'ISVAP, in conformità ai principi stabiliti nel regolamento adottato dal Ministro delle attività produttive, con riguardo alle diverse fattispecie disciplinate, tenendo conto dei diritti di voto e degli altri diritti che consentono di influire sulla società**;*

pp) portafoglio del lavoro diretto italiano: tutti i contratti stipulati da imprese di assicurazione italiane, ad eccezione di quelli stipulati da loro sedi secondarie situate in Stati terzi;

qq) portafoglio del lavoro indiretto italiano: i contratti, ovunque stipulati, da imprese italiane o da stabilimenti in Italia di imprese aventi la sede legale in altro Stato, se l'impresa cedente è essa stessa impresa italiana o stabilimento in Italia di imprese aventi la sede legale in altro Stato. Si considerano facenti parte del portafoglio estero i contratti, ovunque stipulati, nel caso in cui l'impresa cedente sia un'impresa avente la sede legale in altro Stato. [I contratti stipulati da imprese italiane attraverso uno stabilimento costituito in altro Stato si considerano facenti parte del portafoglio estero] (13);

rr) principi contabili internazionali: i principi contabili internazionali e le relative interpretazioni adottati secondo la procedura di cui all'articolo 6 del regolamento (CE) n. 1606/2002, del Parlamento europeo e del Consiglio, del 19 luglio 2002;

ss) prodotti assicurativi: tutti i contratti emessi da imprese di assicurazione nell'esercizio delle attività rientranti nei rami vita o nei rami danni come definiti all'articolo 2;

ss-bis) prodotto di investimento assicurativo: un prodotto ai sensi dell'articolo 4, paragrafo 1, numero 2), del regolamento (UE) n. 1286/2014. Tale definizione non include:

1) i prodotti assicurativi non vita elencati all'allegato I della direttiva 2009/138/CE (Rami dell'assicurazione non vita);

2) i contratti assicurativi vita, qualora le prestazioni previste dal contratto siano dovute soltanto in caso di decesso o per incapacità dovuta a lesione, malattia o disabilità;

3) i prodotti pensionistici che, ai sensi del diritto nazionale, sono riconosciuti come aventi lo scopo precipuo di offrire all'investitore un reddito durante la pensione e che consentono all'investitore di godere di determinati vantaggi;

4) i regimi pensionistici aziendali o professionali ufficialmente riconosciuti che rientrano nell'ambito di applicazione della direttiva 2003/41/CE o della direttiva 2009/138/CE (5);

5) i singoli prodotti pensionistici per i quali il diritto nazionale richiede un contributo finanziario del datore di lavoro e nei quali il lavoratore o il datore di lavoro non può scegliere il fornitore o il prodotto pensionistico (5).

tt) ramo di assicurazione: la classificazione secondo un insieme omogeneo di rischi od operazioni che descrive l'attività che l'impresa può esercitare al rilascio dell'autorizzazione;

uu) retrocessione: cessione dei rischi assunti in riassicurazione;

vv) sede secondaria o succursale: una sede che costituisce parte, sprovvista di personalità giuridica, di un'impresa di assicurazione o di riassicurazione e che effettua direttamente, in tutto o in parte, l'attività assicurativa o riassicurativa con riferimento all'intermediazione, per succursale si intende una agenzia o una succursale situata in uno Stato membro diverso dallo Stato membro di origine, inclusa l'organizzazione di un semplice ufficio gestito da personale dipendente dell'intermediario ovvero da una persona indipendente, ma incaricata ad agire in modo permanente per conto dell'intermediario stesso (14);

vv-bis) riassicurazione finite: una riassicurazione in base alla quale la potenziale perdita massima esplicita, espressa in termini di rischio economico massimo trasferito, risultante da un significativo trasferimento sia del rischio di sottoscrizione che del rischio di timing, eccede, per un importo limitato ma significativo, il premio per l'intera durata del contratto, unitamente ad almeno una delle seguenti caratteristiche:

1) considerazione esplicita e materiale del valore del denaro in rapporto al tempo;

2) disposizioni contrattuali intese a limitare il risultato economico del contratto tra le parti nel tempo, al fine di raggiungere il trasferimento del rischio previsto (10);

vv-bis. 1) rischio di credito: il rischio di perdita o di variazione sfavorevole della situazione finanziaria derivante da oscillazioni del merito di credito di emittenti di titoli, controparti e debitori nei confronti dei quali l'impresa di assicurazione o di riassicurazione è esposta in forma di rischio di inadempimento della controparte, di rischio di spread o di concentrazione del rischio di mercato;

vv-bis. 2) rischio di liquidità: il rischio che l'impresa di assicurazione o di riassicurazione non sia in grado di liquidare investimenti ed altre attività per regolare i propri impegni finanziari al momento della relativa scadenza;

vv-bis. 3) rischio di mercato: il rischio di perdita o di variazione sfavorevole della situazione finanziaria derivante, direttamente o indirettamente, da oscillazioni del livello e della volatilità dei prezzi di mercato delle attività, delle passività e degli strumenti finanziari;

vv-bis. 4) rischio di sottoscrizione: il rischio di perdita o di variazione sfavorevole del valore delle passività assicurative dovuto ad ipotesi inadeguate in materia di fissazione di prezzi e di costituzione delle riserve tecniche;

vv-bis. 5) rischio operativo: il rischio di perdite derivanti dall'inadeguatezza o dalla disfunzione di procedure interne, risorse umane o sistemi oppure da eventi esogeni;

vv-bis. 6) sistemi di garanzia: sistemi per lo svolgimento, in Italia o all'estero, delle funzioni di salvaguardia della stabilità finanziaria delle imprese, in particolare per la gestione e la risoluzione di situazioni di crisi;

vv-bis. 7) società controllante: una società che esercita il controllo ai sensi dell'articolo 72, anche per il tramite di società controllate, fiduciarie o per interposta persona;

vv-bis. 8) società controllata: una società sulla quale è esercitato il controllo ai sensi dell'articolo 72, anche per il tramite di società controllate, fiduciarie o per interposta persona;

vv-bis. 9) società partecipante: la società che detiene una partecipazione;

vv-bis. 10) società partecipata: la società in cui è detenuta una partecipazione (4);

vv-ter) società veicolo: qualsiasi impresa, con o senza personalità giuridica, diversa da un'impresa di assicurazione o di riassicurazione, che assume i rischi ceduti da imprese di assicurazione o riassicurazione e che finanzia integralmente la sua esposizione a tali rischi mediante l'emissione di titoli o altri strumenti finanziari per i quali i diritti di rimborso dei detentori sono subordinati agli obblighi di riassicurazione della società veicolo (10);

vv-quater) supporto durevole: qualsiasi strumento che:

1) permetta al contraente di memorizzare informazioni a lui personalmente dirette, in modo che siano accessibili per la futura consultazione durante un periodo di tempo adeguato ai fini cui sono destinate le informazioni stesse; e

2) consenta la riproduzione inalterata delle informazioni memorizzate (5);

zz) stabilimento: la sede legale od una sede secondaria di un'impresa di assicurazione o di riassicurazione;

aaa) Stato aderente allo Spazio economico europeo; uno Stato aderente all'accordo di estensione della normativa dell'Unione europea in materia, fra l'altro, di circolazione delle merci, dei servizi e dei capitali agli Stati appartenenti all'Associazione europea di libero scambio firmato ad Oporto il 2 maggio 1992 e ratificato con legge 28 luglio 1993, n. 300;

bbb) Stato membro: uno Stato membro dell'Unione europea o uno Stato aderente allo Spazio economico europeo, come tale equiparato allo Stato membro dell'Unione europea;

ccc) Stato membro dell'obbligazione: lo Stato di cui alla lettera bbb) nel quale il contraente ha il domicilio, ovvero, se il contraente è una persona giuridica, lo Stato di cui alla lettera bbb) sede della stessa cui si riferisce il contratto;

ddd) Stato membro di prestazione di servizi: lo Stato di cui alla lettera bbb) dell'obbligazione o in cui è ubicato il rischio, quando l'obbligazione o il rischio è assunto da uno stabilimento situato in un altro Stato di cui alla lettera bbb);

eee) Stato membro di stabilimento: lo Stato di cui alla lettera bbb) in cui è situato lo stabilimento dal quale l'impresa opera;

fff) Stato membro di ubicazione del rischio:

1) lo Stato di cui alla lettera bbb) in cui si trovano i beni, quando l'assicurazione riguardi beni immobili, ovvero beni

immobili e beni mobili in essi contenuti, sempre che entrambi siano coperti dallo stesso contratto di assicurazione;

2) lo Stato di cui alla lettera bbb) di immatricolazione, quando l'assicurazione riguardi veicoli di ogni tipo soggetti ad immatricolazione sia che si tratti di un veicolo con targa definitiva o targa temporanea;

3) lo Stato di cui alla lettera bbb) in cui l'assicurato ha sottoscritto il contratto, quando abbia durata inferiore o pari a quattro mesi e sia relativo a rischi inerenti ad un viaggio o ad una vacanza;

4) lo Stato di cui alla lettera bbb) in cui l'assicurato ha il domicilio, ovvero, se l'assicurato è una persona giuridica, lo Stato della sede della stessa alla quale si riferisce il contratto, in tutti i casi non esplicitamente previsti dai numeri da 1 a 3;

4-bis) lo Stato di cui alla lettera bbb) di destinazione nel caso in cui un veicolo viene spedito da uno Stato membro in un altro, a decorrere dall'accettazione della consegna da parte dell'acquirente e per un periodo di trenta giorni, anche se il veicolo non è stato formalmente immatricolato nello Stato membro di destinazione;

4-ter) lo Stato di cui alla lettera bbb) in cui si è verificato il sinistro qualora il veicolo sia privo di targa o rechi una targa che non corrisponde più allo stesso veicolo (14).

ggg) Stato membro d'origine: lo Stato membro dell'Unione europea o lo Stato aderente allo Spazio economico europeo in cui è situata la sede legale dell'impresa di assicurazione che assume l'obbligazione o il rischio o dell'impresa di riassicurazione con riferimento all'intermediazione, se l'intermediario è una persona fisica, per Stato membro di origine, si intende lo Stato di residenza dell'intermediario; se è una persona giuridica, si intende lo Stato membro in cui è situata la sede legale, o se assente, la sede principale, da intendersi come il luogo a partire dal quale è gestita l'attività principale (14);

ggg-bis) Stato membro ospitante: lo Stato membro diverso dallo Stato membro di origine in cui un'impresa di assicurazione o di riassicurazione ha una sede secondaria o presta servizi con riferimento all'intermediazione si intende lo Stato membro, diverso dallo Stato membro d'origine, in cui l'intermediario ha una presenza permanente o una stabile organizzazione o in cui presta servizi (14).

hhh) Stato terzo: uno Stato che non è membro dell'Unione europea o non è aderente allo Spazio economico europeo;

iii) stretti legami: il rapporto fra due o più persone fisiche o giuridiche nei casi in cui sussiste:

1) un legame di controllo ai sensi dell'articolo 72;

2) una partecipazione, detenuta direttamente o per il tramite di società controllate, società fiduciarie o per interposta persona, almeno pari al dieci per cento del capitale o dei diritti di voto, ovvero una partecipazione che, pur restando al di sotto del limite sopra indicato, dà comunque la possibilità di esercitare un'influenza notevole ancorché non dominante;

3) un legame in base al quale le stesse persone sono sottoposte al controllo del medesimo soggetto, o comunque sono sottoposte a direzione unitaria in virtù di un contratto o di una clausola statutaria, oppure quando gli organi di amministrazione sono composti in maggioranza dalle medesime persone, oppure quando esistono legami importanti e durevoli di riassicurazione;

4) un rapporto di carattere tecnico, organizzativo, finanziario, giuridico e familiare che possa influire in misura rilevante sulla gestione dell'impresa. L'ISVAP, con regolamento, può ulteriormente qualificare la definizione di stretti legami, al fine di evitare situazioni di ostacolo all'effettivo esercizio delle funzioni di vigilanza;

iii.1) vendita a distanza: qualunque modalità di vendita che, senza la presenza fisica e simultanea del distributore e del contraente, possa essere impiegata per il collocamento a distanza di contratti assicurativi e riassicurativi (5);

iii-bis) tecniche di mitigazione del rischio: le tecniche che consentono all'impresa di assicurazione o di riassicurazione di trasferire una parte o la totalità dei rischi ad un terzo (4);

lll) testo unico bancario: il decreto legislativo 1° settembre 1993, n. 385, e successive modificazioni;

mmm) testo unico dell'intermediazione finanziaria: il decreto legislativo 24 febbraio 1998, n. 58, e successive modificazioni;

nnn) testo unico in materia di assicurazioni sugli infortuni sul lavoro e le malattie professionali: il decreto legislativo 23 febbraio 2000, n. 38, e successive modificazioni;

ooo) Ufficio centrale italiano: l'ente costituito dalle imprese di assicurazione autorizzate ad esercitare il ramo responsabilità civile autoveicoli che è stato abilitato all'esercizio delle funzioni di Ufficio nazionale di assicurazione nel territorio della Repubblica ed allo svolgimento degli altri compiti previsti dall'ordinamento comunitario e italiano;

ppp) Ufficio nazionale di assicurazione: l'organizzazione professionale che è costituita, conformemente alla raccomandazione n. 5 adottata il 25 gennaio 1949 dal sottocomitato dei trasporti stradali del comitato dei trasporti interni della Commissione economica per l'Europa dell'Organizzazione delle Nazioni Unite, e che raggruppa imprese di assicurazione che hanno ottenuto in uno Stato l'autorizzazione ad esercitare il ramo responsabilità civile autoveicoli;

qqq) unità da diporto: il natante definito all'articolo 1, comma 3, del decreto legislativo 18 luglio 2005, n. 171, recante il codice della nautica da diporto;

rrr) veicolo: qualsiasi autoveicolo destinato a circolare sul suolo e che può essere azionato da una forza meccanica, senza essere vincolato ad una strada ferrata, nonché i rimorchi, anche se non agganciati ad una motrice.

(1) Lettera sostituita dall'art. 1 del d.lg. 29/2/2008, n. 56 e modificata dal d.lg. 12/5/2015, n. 74 e dal d.lg. 13/12/2018, n. 147.

(2) Comma modificato d.lg. 12/5/2015, n. 74.

(3) Lettera inserita dall'art. 5, co. 1, d.lg. 30/7/2012, n. 130.

(4) Comma inserito dal d.lg. 12/5/2015, n. 74.

(5) Lettera inserita dal d.lg. 21/5/2018, n. 68.

(6) Lettera sostituita dall'art. 1 del d.lg. 29/2/2008, n. 56 e successivamente modif. dall'art. 3, co. 2, lett. a) e b), d.lg. 4/3/2014, n. 53.

(7) Lettera sostituita dall'art. 1, d.lg. 29/2/2008, n. 56 e successivamente modif. dall'art. 3, co. 2, lett. c) e d), d.lg. 4/3/2014, n. 53.

(8) Lettera aggiunta dall'art. 3, co. 2, lett. a), d.lg. 4/3/2014, n. 53.

(9) Norma sostituita dal d.lg. 12/5/2015, n. 74.

(10) Lettera inserita dall'art. 1 del d.lg. 29/2/2008, n. 56.

(11) Lettera inserita dall'art. 1 del d.lg. 29/2/2008, n. 56 e successivamente modif. dall'art. 3, co. 2, lett. f), g) ed h), d.lg. 4/3/2014, n. 53.

(12) Lettera sostituita dall'art. 3, co. 2, lett. i), d.lg. 4/3/2014, n. 53.

* Lettera abrogata dall'art. 1, co. 1, d.lgs. 12/12/2015, n. 74.

** Lettera soppressa dall'art. 4, co. 1, lett. a), d.lg. 27/1/2010, n. 21.

(13) Lettera modificata dall'art. 1 del d.lg. 29/2/2008, n. 56.

(14) Lettera modificata dal d.lg. 21/5/2018, n. 68.

2. Classificazione per ramo. – 1. Nei rami vita la classificazione per ramo è la seguente:

I. le assicurazioni sulla durata della vita umana;

II. le assicurazioni di nuzialità e di natalità;

III. le assicurazioni, di cui ai rami I e II, le cui prestazioni principali sono direttamente collegate al valore di quote di organismi di investimento collettivo del risparmio o di fondi interni ovvero a indici o ad altri valori di riferimento;

IV. l'assicurazione malattia e l'assicurazione contro il rischio di non autosufficienza che siano garantite mediante contratti di lunga durata, non rescindibili, per il rischio di invalidità grave dovuta a malattia o a infortunio o a longevità;

V. le operazioni di capitalizzazione;

VI. le operazioni di gestione di fondi collettivi costituiti per l'erogazione di prestazioni in caso di morte, in caso di vita o in caso di cessazione o riduzione dell'attività lavorativa.

2. L'impresa che ha ottenuto l'autorizzazione all'esercizio delle assicurazioni di cui ai rami I, II o III del comma 1, ovvero quella di cui al ramo V del comma 1 se è stata autorizzata ad esercitare anche un altro ramo vita con assunzione di un rischio demografico, con i relativi contratti può garantire in via complementare i rischi di danni alla persona, comprese l'incapacità al lavoro professionale, la morte in seguito ad infortunio, l'invalidità a seguito di infortunio o di malattia. L'impresa che ha ottenuto l'autorizzazione all'esercizio delle operazioni di cui al ramo VI del comma 1, in via complementare ai relativi contratti, può garantire prestazioni di invalidità e di premorienza secondo quanto previsto nella normativa sulle forme pensionistiche complementari.

3. Nei rami danni la classificazione dei rischi è la seguente:

1. Infortuni (compresi gli infortuni sul lavoro e le malattie professionali); prestazioni forfettarie; indennità temporanee; forme miste; persone trasportate;

2. Malattia: prestazioni forfettarie; indennità temporanee; forme miste;

3. Corpi di veicoli terrestri (esclusi quelli ferroviari): ogni danno subito da: veicoli terrestri automotori; veicoli terrestri non automotori;

4. Corpi di veicoli ferroviari: ogni danno subito da veicoli ferroviari;

5. Corpi di veicoli aerei: ogni danno subito da veicoli aerei;

6. Corpi di veicoli marittimi, lacustri e fluviali: ogni danno subito da: veicoli fluviali; veicoli lacustri; veicoli marittimi;

7. Merci trasportate (compresi merci, bagagli e ogni altro bene):

ogni danno subito dalle merci trasportate o dai bagagli, indipendentemente dalla natura del mezzo di trasporto;

8. Incendio ed elementi naturali: ogni danno subito dai beni (diversi dai beni compresi nei rami 3, 4, 5, 6 e 7) causato da:

incendio; esplosione; tempesta; elementi naturali diversi dalla tempesta; energia nucleare; cedimento del terreno;

9. Altri danni ai beni: ogni danno subito dai beni (diversi dai beni compresi nei rami 3, 4, 5, 6 e 7) causato dalla grandine o dal gelo, nonché da qualsiasi altro evento, quale il furto, diverso da quelli compresi al n. 8;

10. Responsabilità civile autoveicoli terrestri: ogni responsabilità risultante dall'uso di autoveicoli terrestri (compresa la responsabilità del vettore);

11. Responsabilità civile aeromobili: ogni responsabilità risultante dall'uso di veicoli aerei (compresa la responsabilità del vettore);

12. Responsabilità civile veicoli marittimi, lacustri e fluviali: ogni responsabilità risultante dall'uso di veicoli fluviali, lacustri e marittimi (compresa la responsabilità del vettore);

13. Responsabilità civile generale: ogni responsabilità diversa da quelle menzionate ai numeri 10, 11 e 12;

14. Credito: perdite patrimoniali derivanti da insolvenze; credito all'esportazione; vendita a rate; credito ipotecario; credito agricolo;

15. Cauzione: cauzione diretta; cauzione indiretta;

16. Perdite pecuniarie di vario genere: rischi relativi all'occupazione; insufficienza di entrate (generale); intemperie; perdite di utili; persistenza di spese generali; spese commerciali impreviste; perdita di valore venale; perdita di fitti o di redditi; perdite commerciali indirette diverse da quelle menzionate precedentemente; perdite pecuniarie non commerciali; altre perdite pecuniarie;

17. Tutela legale: tutela legale;

18. Assistenza: assistenza alle persone in situazione di difficoltà.

4. Nei rami danni l'autorizzazione rilasciata cumulativamente per più rami è così denominata:

a) per i rami di cui ai numeri 1 e 2, «Infortuni e malattia»;

b) per i rami di cui ai numeri 1, persone trasportate, 3, 7 e 10, «Assicurazioni auto»;

c) per i rami di cui ai numeri 1, persone trasportate, 4, 6, 7 e 12, «Assicurazioni marittime e trasporti;

d) per i rami di cui al numero 1, rischio persone trasportate, 5, 7 e 11, «Assicurazioni aeronautiche»;

e) per i rami di cui ai numeri 8 e 9, «Incendio ed altri danni ai beni»;

f) per i rami di cui ai numeri 10, 11, 12 e 13, «Responsabilità civile»;

g) per i rami di cui ai numeri 14 e 15, «Credito e cauzione»;

h) per tutti i rami, «Tutti i rami danni».

5. Nei rami danni l'impresa che ha ottenuto l'autorizzazione per un rischio principale, appartenente ad un ramo o ad un gruppo di rami, può garantire i rischi compresi in un altro ramo, senza necessità di un'ulteriore autorizzazione quando i medesimi rischi:

a) sono connessi con il rischio principale;

b) riguardano l'oggetto coperto contro il rischio principale;

c) sono garantiti dallo stesso contratto che copre il rischio principale. I rischi compresi nei rami 14, 15 e 17 di cui al comma 3 non possono essere considerati accessori di altri rami; tuttavia, fermo il rispetto delle condizioni di cui alle lettere a), b) e c), i rischi compresi nel ramo 17 possono essere considerati come rischi accessori del ramo 18 quando il rischio principale riguardi solo l'assistenza da fornire alle persone in difficoltà durante trasferimenti o assenze dal domicilio o dal luogo di residenza o quando riguardino controversie relative all'utilizzazione di navi o comunque connesse a tale utilizzazione.

6. L'ISVAP adotta, con regolamento, le istruzioni applicative sulla classificazione dei rischi all'interno dei rami nel rispetto del principio di equivalenza dell'autorizzazione nel territorio comunitario.

Capo II
Vigilanza sull'attività assicurativa e riassicurativa

3. Finalità della vigilanza. – 1. Scopo principale della vigilanza è l'adeguata protezione degli assicurati e degli aventi diritto alle prestazioni assicurative. A tal fine l'IVASS persegue la sana e prudente gestione delle imprese di assicurazione e riassicurazione, nonché, unitamente alla Consob, ciascuna secondo le rispettive competenze, la loro trasparenza e correttezza nei confronti della clientela. Altro obiettivo della vigilanza, ma subordinato al precedente, è la stabilità del sistema e dei mercati finanziari (1).

(1) Sostituito dal d.lg. 12/5/2015, n. 74.

3 bis. Principi generali della vigilanza. – 1. La vigilanza è basata su un metodo prospettico fondato sul rischio ed include la verifica continua del corretto esercizio dell'attività di assicurazione o di riassicurazione e dell'osservanza delle disposizioni di vigilanza da parte delle imprese di assicurazione o di riassicurazione.

2. La vigilanza sulle imprese di assicurazione e di riassicurazione comprende un'opportuna combinazione di attività cartolari e ispezioni in loco.

3. I requisiti stabiliti nel presente codice sono applicati in modo proporzionato alla natura, alla portata e alla complessità dei rischi inerenti all'attività di un'impresa di assicurazione o di riassicurazione.

4. L'IVASS, nell'esercizio delle sue funzioni, tiene conto

della convergenza degli strumenti di vigilanza e delle pratiche di vigilanza dell'Unione europea.

5. Ai fini del comma 4 l'IVASS partecipa alle attività dell'AEAP e si conforma ai suoi orientamenti e raccomandazioni, fornendo adeguata motivazione ove ritenga di non conformarsi (1).

(1) Introdotto dal d.lg. 12/5/2015, n. 74.

4. Ministro delle attività produttive. – 1. Il Ministro delle attività produttive adotta i provvedimenti previsti nel presente codice nell'ambito delle linee di politica assicurativa determinate dal Governo.

5. Autorità di vigilanza. – 1. L'ISVAP svolge le funzioni di vigilanza sul settore assicurativo mediante l'esercizio dei poteri di natura autorizzativa, prescrittiva, accertativa, cautelare e repressiva previsti dalle disposizioni del presente codice.

1-bis. L'ISVAP, nell'esercizio delle funzioni di vigilanza, è parte del SEVIF e partecipa alle attività che esso svolge, tenendo conto della convergenza degli strumenti e delle prassi di vigilanza in ambito europeo (1).

1-ter. Fatto salvo quanto previsto dall'articolo 3, comma 1, l'IVASS, nell'espletamento delle sue funzioni, prende in considerazione il potenziale impatto delle sue decisioni sulla stabilità dei sistemi finanziari dell'Unione europea, soprattutto in situazioni di emergenza, tenendo conto delle informazioni disponibili al momento, anche avvalendosi degli opportuni scambi di informazioni con l'AEAP, il Comitato congiunto, il CERS e le autorità di vigilanza degli altri Stati membri. In periodi di turbolenze eccezionali sui mercati finanziari, l'IVASS tiene conto dei potenziali effetti prociclici derivanti dai suoi interventi (2).

2. L'ISVAP adotta ogni regolamento necessario per la sana e prudente gestione delle imprese o per la trasparenza e la correttezza dei comportamenti dei soggetti vigilati ed allo stesso fine rende nota ogni utile raccomandazione o interpretazione (3).

3. L'ISVAP effettua le attività necessarie per promuovere un appropriato grado di protezione del consumatore e per sviluppare la conoscenza del mercato assicurativo, comprese le indagini statistiche ed economiche e la raccolta di elementi per l'elaborazione delle linee di politica assicurativa.

*4. L'ISVAP promuove le forme di collaborazione con le autorità degli altri Stati membri al fine di rendere organica, efficace ed omogenea la vigilanza sull'attività assicurativa e riassicurativa in conformità alle procedure stabilite dall'ordinamento comunitario**.

5. L'ordinamento dell'IVASS è disciplinato dalla legge 12 agosto 1982, n. 576, e successive modificazioni, e dall'articolo 13 del decreto-legge 6 luglio 2012, n. 95, convertito, con modificazioni, dalla legge 7 agosto 2012, n. 135, nel rispetto dei principi di autonomia organizzativa, finanziaria e contabile necessari ai fini dell'esercizio imparziale ed efficace delle funzioni di vigilanza sul settore assicurativo (2).

5-bis. L'IVASS, nell'ambito della propria autonomia, garantisce comunque il rispetto dei principi di contenimento dei costi di cui al Capo I del Titolo I del decreto-legge 31 maggio 2010, n. 78, convertito, con modificazioni, dalla legge 30 luglio 2010, n. 122 (4).

(1) Comma inserito dall'art. 5, co. 2, lett. a), d.lg. 30/7/2012, n. 130.

(2) Sostituito dal d.lg. 12/5/2015, n. 74.

(3) Il Regolamento di cui al presente comma è stato emanato con Regolamento Isvap 16/10/2006, n. 5.

* Comma abrogato dall'art. 5, co. 2, lett. b), d.lg. 30/7/2012, n. 130.

(4) Introdotto dal d.lg. 12/5/2015, n. 74.

6. Destinatari della vigilanza. – 1. L'ISVAP esercita le funzioni di vigilanza nei confronti:

a) delle imprese, comunque denominate e costituite, che esercitano nel territorio della Repubblica attività di assicurazione o di riassicurazione in qualsiasi ramo e in qualsiasi forma, ovvero operazioni di capitalizzazione e di gestione di fondi collettivi costituiti per l'erogazione di prestazioni in caso di morte, in caso di vita o in caso di cessazione o riduzione dell'attività lavorativa;

b) dei gruppi assicurativi e dei conglomerati finanziari nei quali sono incluse imprese di assicurazione e di riassicurazione in conformità alla specifica normativa ad essi applicabile;

c) dei soggetti, enti e organizzazioni che in qualunque forma svolgono funzioni parzialmente comprese nel ciclo operativo delle imprese di assicurazione o di riassicurazione limitatamente ai profili assicurativi e riassicurativi fermi restando i poteri nei confronti delle imprese di assicurazione o di riassicurazione per le attività esternalizzate (1);

d) degli intermediari di assicurazione e di riassicurazione, *dei periti di assicurazione** e di ogni altro operatore del mercato assicurativo.

(1) Modificato dal d.lg. 12/5/2015, n. 74.

* Soppresse dal d.lg. 12/5/2015, n. 74.

7. Reclami. – 1. Le persone fisiche e giuridiche, nonché le associazioni riconosciute per la rappresentanza degli interessi dei consumatori hanno facoltà di proporre reclamo all'IVASS, per l'accertamento dell'osservanza delle disposizioni previste nel presente codice, nei confronti delle imprese di assicurazione e di riassicurazione e degli intermediari secondo la procedura prevista con regolamento (1).

(1) Articolo sostituito dal d.lg. 12/5/2015, n. 74.

8. Rapporti con il diritto dell'Unione europea e integrazione nel SEVIF (1). – 1. Ministero dello sviluppo economico e l'IVASS esercitano i poteri attribuiti in armonia con le disposizioni dell'Unione europea, si conformano ai regolamenti e alle decisioni dell'Unione europea e provvedono in merito alle raccomandazioni concernenti le materie disciplinate dal presente codice (2).

(1) Rubrica sostituita dall'art. 5, co. 3, lett. a), d.lg. 30/7/2012, n. 130.

(2) Comma modificato dall'art. 5, co. 3, lett. b), d.lg. 30/7/2012, n. 130.

9. Regolamenti e altri provvedimenti. – 1. I regolamenti ministeriali sono adottati ai sensi dell'articolo 17, comma 3, della legge 23 agosto 1988, n. 400.

2. I regolamenti adottati dall'IVASS ai sensi del presente codice sono emanati *dal presidente dell'Istituto** nel rispetto della procedura prevista dall'articolo 191, commi 4 e 5.

3. L'IVASS stabilisce, con regolamento, i termini e le procedure per l'adozione degli atti e dei provvedimenti di competenza. L'IVASS disciplina, in particolare, i procedimenti relativi all'accertamento delle violazioni ed all'irrogazione delle sanzioni nel rispetto dei principi della facoltà di denuncia di parte, della piena conoscenza degli atti istruttori, del contraddittorio, della verbalizzazione nonché della distinzione tra le funzioni istruttorie e quelle decisorie. Si applicano, in quanto compatibili, i principi sull'individuazione e sulle funzioni del responsabile del procedimento, sulla partecipazione al procedimento e sull'accesso agli atti amministrativi previsti dalla legge 7 agosto 1990, n. 241.

L'IVASS determina i casi di necessità ed urgenza o i motivi di riservatezza per cui è consentito derogare ai principi sanciti nel presente comma.

4. Le disposizioni del presente codice che prevedono un'autorizzazione dell'IVASS possono essere applicate dall'Istituto anche mediante il rilascio di autorizzazioni relative a de-

terminate categorie di atti o di soggetti. Le autorizzazioni rilasciate dall'IVASS in via generale sono rese pubbliche secondo le modalità previste per i regolamenti.

5. I regolamenti ministeriali, i regolamenti, le raccomandazioni di carattere generale adottati dall'IVASS sono pubblicati nella Gazzetta Ufficiale. I medesimi atti, nonché ogni altro provvedimento rilevante relativo ai soggetti sottoposti a vigilanza, sono pubblicati dall'IVASS nel suo bollettino entro il mese successivo a quello della loro adozione e sono altresì resi prontamente disponibili sul suo sito Internet.

6. Entro il 31 gennaio di ogni anno, tutti i regolamenti e i provvedimenti di carattere generale emanati ai sensi del presente codice sono pubblicati, a cura del Ministero delle attività produttive, in un'unica raccolta, anche in forma elettronica, se nel corso dell'anno precedente ne siano stati emanati di nuovi o siano intervenute modifiche di quelli già emanati.

* Soppresse dal d.lg. 12/5/2015, n. 74.

9 bis. Trasparenza e responsabilità dell'attività di vigilanza. – 1. L'IVASS svolge la propria attività in modo trasparente e responsabile. Nel perseguimento di tali principi, fatto salvo il rispetto della riservatezza, pubblica sul sito internet ed aggiorna periodicamente le seguenti informazioni:

a) il testo delle disposizioni legislative, regolamentari e amministrative, delle raccomandazioni e degli orientamenti generali in materia assicurativa e riassicurativa, ed ogni altro provvedimento rilevante di carattere generale relativo ai soggetti sottoposti a vigilanza;

b) i criteri generali e i metodi di vigilanza, inclusi gli strumenti utilizzati nell'ambito del processo di controllo prudenziale di cui all'articolo 47-quinquies;

c) i dati statistici aggregati sugli aspetti principali relativi all'applicazione della regolamentazione prudenziale;

d) le modalità di esercizio delle opzioni previste dalla direttiva n. 2009/138/CE;

e) gli obiettivi della vigilanza e le principali funzioni e attività svolte dall'IVASS.

2. Le informazioni di cui al comma 1 sono pubblicate in modo tale da consentire un raffronto dei metodi di vigilanza adottati dalle autorità di vigilanza degli Stati membri, anche mediante l'utilizzo di un formato comune definito a livello comunitario (1).

(1) Articolo sostituito dal d.lg. 12/5/2015, n. 74.

Capo III
Segreto d'ufficio e collaborazione con altre autorità e altri soggetti (1)

(1) Rubrica sostituita dal d.lg. 12/5/2015, n. 74.

10. «Segreto d'ufficio» (1). – 1. Tutte le notizie, le informazioni e i dati in possesso dell'IVASS in ragione della sua attività di vigilanza sono coperti dal segreto d'ufficio anche nei confronti delle pubbliche amministrazioni. Sono fatti salvi i casi previsti dalla legge per le indagini su violazioni sanzionate penalmente.

2. I dipendenti dell'IVASS, nell'esercizio delle funzioni di vigilanza, sono pubblici ufficiali e hanno l'obbligo di riferire esclusivamente al presidente dell'IVASS tutte le irregolarità constatate, anche se costituenti reato perseguibile d'ufficio.

3. I dipendenti dell'IVASS, i consulenti, i revisori e gli esperti dei quali l'Istituto si avvale sono vincolati dal segreto d'ufficio, anche dopo la cessazione del rapporto di lavoro o la conclusione dell'incarico. Tutte le notizie, informazioni, dati ricevuti da questi soggetti nell'esercizio delle loro funzioni non possono essere divulgati ad alcuna persona o autorità se non in forma sommaria o aggregata in modo che non si possano individuare le singole imprese di assicurazione o di riassicurazione (2).

4. La disposizione di cui al comma 3 non osta a che l'IVASS collabori, anche mediante scambio di informazioni, con la Banca d'Italia, la Commissione nazionale per le società e la borsa (CONSOB), l'Autorità garante della concorrenza e del mercato, la Commissione di vigilanza sui fondi pensione (COVIP), e ciascuna delle suddette istituzioni collabora con l'IVASS al fine di agevolare l'esercizio delle rispettive funzioni. Non può essere reciprocamente opposto il segreto di ufficio (2).

5. Il segreto di ufficio non può essere altresì opposto nei confronti del Ministro delle attività produttive e nei confronti dei due rami del Parlamento che acquisiscono i dati, le notizie e le informazioni secondo le competenze e le modalità stabilite nei rispettivi regolamenti.

6. Le pubbliche amministrazioni e gli enti pubblici forniscono dati, notizie e documenti e ogni ulteriore collaborazione richiesta dall'IVASS, in conformità alle leggi disciplinanti i rispettivi ordinamenti.

7. L'IVASS, secondo le modalità e alle condizioni previste dalle disposizioni dell'Unione europea, collabora, anche mediante scambio di informazioni, con l'AEAP e le altre autorità di vigilanza europee, con il Comitato congiunto, con il CERS, con le istituzioni dell'Unione europea e le autorità di vigilanza dei singoli Stati membri, al fine di agevolare l'esercizio delle rispettive funzioni.

Le informazioni ricevute dall'IVASS provenienti da Autorità di vigilanza di altri Stati membri possono essere trasmesse ad altre autorità italiane o a terzi solo con il consenso dell'autorità che le ha fornite e unicamente per i fini per cui il consenso è stato accordato (2).

7-bis. Nei casi e nei modi previsti dalle disposizioni dell'Unione europea, l'IVASS può concludere con l'AEAP e con le autorità di vigilanza degli altri Stati membri accordi che possono prevedere anche la delega di compiti; può, inoltre, ricorrere all'AEAP per la risoluzione delle controversie con le autorità di vigilanza degli altri Stati membri in situazioni transfrontaliere (3).

8. Nell'ambito di accordi di cooperazione e a condizione di reciprocità e di equivalenti obblighi di riservatezza, l'IVASS può scambiare informazioni con le autorità competenti degli Stati terzi rispetto all'Unione europea.

9. L'IVASS può scambiare informazioni con le autorità amministrative o giudiziarie o gli altri organi che intervengono (4) nell'ambito di procedimenti di liquidazione o concorsuali, in Italia o all'estero, relativi ai soggetti vigilati. Nei rapporti con le autorità di Stati terzi lo scambio di informazioni avviene con le modalità di cui al comma 7.

(1) Rubrica sostituita dal d.lg. 12/5/2015, n. 74.

(2) Comma sostituito dal d.lg. 12/5/2015, n. 74.

(3) Comma inserito dall'art. 5, co. 4, lett. b), d.lg. 30/7/2012, n. 130.

(4) Aggiunto dal d.lg. 12/5/2015, n. 74.

10 bis. Utilizzo delle informazioni riservate (1). – 1. L'IVASS può utilizzare le informazioni coperte dal segreto d'ufficio, ai sensi dell'articolo 10, esclusivamente nell'esercizio delle funzioni di vigilanza e per le seguenti finalità:

a) verifica della sussistenza delle condizioni di accesso e di esercizio all'attività assicurativa e riassicurativa, con particolare riguardo all'osservanza delle disposizioni relative alle riserve tecniche, al Requisito Patrimoniale di Solvibilità, al Requisito Patrimoniale Minimo e al sistema di governo societario;

b) irrogazione delle sanzioni;

c) difesa nell'ambito dei procedimenti giurisdizionali e dei ricorsi amministrativi avverso provvedimenti dell'IVASS.

(1) Articolo aggiunto dal d.lg. 12/5/2015, n. 74.

10 ter. Scambio di informazioni con altre Autorità dell'Unione europea (1). – 1. L'IVASS, secondo le modalità e alle condizioni previste dalle disposizioni dell'Unione europea collabora anche mediante scambio di informazioni con:

a) le banche centrali del Sistema europeo di banche centrali (SEBC), compresa la Banca centrale europea (BCE) e altri organismi con responsabilità analoghe in quanto autorità monetarie, quando queste informazioni siano attinenti all'esercizio dei rispettivi compiti statutari, ivi incluse la gestione della politica monetaria e la relativa concessione di liquidità, la sorveglianza dei sistemi di pagamento, di compensazione e di regolamento titoli e la tutela della stabilità del sistema finanziario;

b) all'occorrenza, altre autorità pubbliche nazionali incaricate della vigilanza sui sistemi di pagamento.

2. Nelle situazioni di emergenza, ivi incluse quelle di cui all'articolo 18 del regolamento (UE) n. 1094/2010, l'IVASS comunica immediatamente informazioni alle banche centrali del SEBC, inclusa la BCE, quando le informazioni siano attinenti all'esercizio dei rispettivi compiti statutari, ivi incluse la gestione della politica monetaria e la relativa concessione di liquidità, la sorveglianza dei sistemi di pagamento, di compensazione e di regolamento titoli e la tutela della stabilità del sistema finanziario, e al CERS, quando le informazioni siano attinenti all'esercizio dei suoi compiti.

3. Le informazioni ricevute dall'IVASS ai sensi dei commi 1 e 2 sono soggette alle disposizioni relative al segreto d'ufficio stabilite dal presente Capo.

(1) Articolo aggiunto dal d.lg. 12/5/2015, n. 74.

10 quater. Sistemi interni di segnalazione delle violazioni (1). – 1. Le imprese di assicurazione o di riassicurazione e le ultime società controllanti di cui all'articolo 210, comma 2, gli intermediari assicurativi e riassicurativi, inclusi gli intermediari assicurativi a titolo accessorio, adottano procedure specifiche per la segnalazione al proprio interno, da parte del personale, di atti o fatti che possano costituire violazioni delle norme disciplinanti l'attività assicurativa e distributiva svolta (2).

2. Le procedure previste al comma 1 sono idonee a garantire:

a) la riservatezza dei dati personali del segnalante e del presunto responsabile della violazione, ferme restando le regole che disciplinano le indagini o i procedimenti avviati dall'autorità amministrativa o giudiziaria in relazione ai fatti oggetto della segnalazione;

b) la protezione adeguata del personale dei soggetti di cui al comma 1 e, ove possibile, di altre persone che riferiscono di violazioni commesse all'interno degli stessi almeno contro ritorsioni, discriminazioni e altri tipi di trattamento iniquo (3);

c) un canale specifico, indipendente ed autonomo per la segnalazione.

3. Fuori dei casi di responsabilità a titolo di calunnia o diffamazione, ovvero per lo stesso titolo ai sensi dell'articolo 2043 del codice civile, la presentazione di una segnalazione nell'ambito della procedura di cui al comma 1 non costituisce violazione degli obblighi derivanti dal rapporto di lavoro.

4. La disposizione di cui all'articolo 7, comma 2, del decreto legislativo 30 giugno 2003, n. 196, non trova applicazione avuto riguardo all'età del segnalante, che può essere rivelata solo con il suo consenso quando la conoscenza sia indispensabile per la difesa del segnalato. Le imprese di assicurazione o di riassicurazione, gli intermediari assicurativi e riassicurativi, inclusi gli intermediari assicurativi a titolo accessorio osservano le disposizioni di attuazione del presente articolo emanate dall'IVASS.

(1) Articolo inserito da d.lg. 21/5/2018, n. 68.

(2) Comma modificato dall'art. 1, co. 1, lett. a), d.lg. 30/12/2020, n. 187.

(3) Comma modificato dall'art. 1, co. 1, lett. b), d.lg. 30/12/2020, n. 187.

10 quinquies. Procedura di segnalazione di violazioni (1). – 1. L'IVASS:

a) riceve segnalazioni da parte del personale dei soggetti di cui all'articolo 10-quater, comma 1, riguardanti violazioni delle norme del presente codice, nonché di disposizioni dell'Unione europea direttamente applicabili (2);

b) stabilisce condizioni, limiti e procedure per la ricezione delle segnalazioni;

c) si avvale delle informazioni contenute nelle segnalazioni, ove rilevanti, esclusivamente nell'esercizio delle funzioni di vigilanza.

2. Gli atti relativi alle segnalazioni di cui al comma 1 sono sottratti all'accesso previsto dagli articoli 22 e seguenti della legge 7 agosto 1990, n. 241, e successive modificazioni.

(1) Articolo inserito dall'art. 1, co. 2, d.lg. 21/5/2018, n. 68, con applicazione a decorrere dal 1/10/2018.

(2) Lettera modificata dall'art. 1, co. 2, d.lg. 30/12/2020, n. 187.

TITOLO II
ACCESSO ALL'ATTIVITÀ ASSICURATIVA

Capo I
Disposizioni generali

11. Attività assicurativa. – 1. L'esercizio dell'attività assicurativa nei rami vita e nei rami danni, come classificati all'articolo 2, è riservato alle imprese di assicurazione.

2. L'impresa di assicurazione limita l'oggetto sociale all'esercizio dei soli rami vita oppure dei soli rami danni e della relativa riassicurazione.

3. In deroga al comma 2, è consentito l'esercizio congiunto dei rami vita e dei soli rami danni infortuni e malattia di cui all'articolo 2, comma 3. L'impresa è tenuta ad una gestione separata per ciascuna delle due attività secondo le disposizioni stabilite dall'ISVAP con regolamento.

4. L'impresa di assicurazione può inoltre svolgere le operazioni connesse o strumentali all'esercizio dell'attività assicurativa o riassicurativa. Sono inoltre consentite le attività relative alla costituzione ed alla gestione delle forme di assistenza sanitaria e di previdenza integrative, nei limiti ed alle condizioni stabilite dalla legge.

12. Operazioni vietate. – 1. Sono vietate le associazioni tontinarie o di ripartizione, le assicurazioni che hanno per oggetto il trasferimento del rischio di pagamento delle sanzioni amministrative e quelle che riguardano il prezzo del riscatto in caso di sequestro di persona. In caso di violazione del divieto il contratto è nullo e si applica l'articolo 167, comma 2.

2. È vietata la costituzione nel territorio della Repubblica di società che hanno per oggetto esclusivo l'esercizio all'estero dell'attività assicurativa.

Capo II
Imprese aventi sede legale nel territorio della Repubblica

13. Autorizzazione. – 1. L'ISVAP alle condizioni previste dall'articolo 14 autorizza, con provvedimento da pubblicare nel bollettino, l'impresa che intende esercitare l'attività nei rami vita oppure nei rami danni ovvero, congiuntamente, nei rami vita e nei rami infortuni e malattia di cui all'articolo 2, comma 3.

2. L'autorizzazione può essere rilasciata per uno o più rami vita o danni e copre tutte le attività rientranti nei rami cui si riferisce, a meno che l'impresa non chieda che sia limitata ad una parte soltanto di esse.

3. L'autorizzazione è valida per il territorio della Repubblica, per quello degli altri Stati membri, nel rispetto delle disposizioni relative alle condizioni di accesso in regime di stabilimento o di prestazione di servizi, nonché per quello degli Stati terzi, nel rispetto della legislazione di tali Stati.

14. Requisiti e procedura. – 1. L'ISVAP rilascia l'autorizzazione di cui all'articolo 13 quando ricorrono le seguenti condizioni:

a) sia adottata la forma di società per azioni, di società cooperativa o di società di mutua assicurazione le cui quote di partecipazione siano rappresentate da azioni, costituite ai sensi, rispettivamente, degli articoli 2325, 2511 e 2546 del codice civile, nonché nella forma di società europea ai sensi del regolamento (CE) n. 2157/2001 relativo allo statuto della società europea e la forma di Società cooperativa europea (SCE) ai sensi del regolamento (CE) n. 1435/2003 (1);

b) la direzione generale e amministrativa dell'impresa richiedente sia stabilita nel territorio della Repubblica;

c) l'impresa detenga i fondi propri di base ammissibili necessari per coprire il minimo assoluto del Requisito Patrimoniale Minimo, di cui all'articolo 47-ter, comma 1, lettera d), pari ad un importo non inferiore a:

1) 2.500.000 euro per le imprese di assicurazione danni, comprese le imprese di assicurazione captive, salva l'ipotesi in cui sia coperta la totalità o parte dei rischi compresi in uno dei rami da 10 a 15 elencati all'articolo 2, comma 3, nel qual caso l'importo è elevato a 3.700.000 euro;

2) 3.700.000 euro per le imprese di assicurazione vita, comprese le imprese di assicurazione captive;

3) 6.200.000 euro, ovvero la somma degli importi di cui ai numeri 1) e 2), per le imprese che esercitano congiuntamente i rami vita e danni di cui all'articolo 13, comma 1 (2);

c-bis) l'impresa dimostri che sarà in grado di detenere i fondi propri ammissibili necessari per coprire in prospettiva il Requisito Patrimoniale di Solvibilità, di cui all'articolo 45-bis;

c-ter) l'impresa dimostri che sarà in grado di detenere i fondi propri di base ammissibili necessari per coprire in prospettiva il Requisito Patrimoniale Minimo di cui all'articolo 47-bis (3);

d) venga presentato, unitamente all'atto costitutivo e allo statuto, un programma di attività conforme alle indicazioni fornite all'articolo 14-bis, commi 1 e 2 (2);

e) i titolari di partecipazioni indicate dall'articolo 68 siano in possesso dei requisiti di onorabilità stabiliti dall'articolo 77 e sussistano i presupposti per il rilascio dell'autorizzazione qualificati (1) dall'articolo 68 (4);

e-bis) l'impresa dimostri che sarà in grado di conformarsi al sistema di governo societario di cui al Titolo III, Capo I (3);

f) i soggetti che svolgono funzioni di amministrazione, direzione e controllo nonché coloro che svolgono funzioni fondamentali all'interno dell'impresa (1) siano in possesso dei requisiti di professionalità, onorabilità ed indipendenza prevista dall'articolo 76;

g) non sussistano, tra l'impresa o i soggetti del gruppo di appartenenza e altri soggetti, stretti legami che ostacolino l'effettivo esercizio delle funzioni di vigilanza;

h) siano indicati il nome e l'indirizzo del mandatario per la liquidazione dei sinistri da designare in ciascuno degli altri Stati membri, se i rischi da coprire sono classificati nei rami 10 e 12 dell'articolo 2, comma 3, esclusa la responsabilità del vettore.

1-bis. L'impresa di assicurazione che intende ottenere l'autorizzazione ad esercitare congiuntamente i rami vita e i rami infortuni e malattia di cui all'articolo 2, comma 3, è tenuta a dimostrare, altresì, che:

a) possiede i fondi propri di base ammissibili necessari per coprire il minimo assoluto del Requisito Patrimoniale Minimo per le imprese di assicurazione vita e il minimo assoluto del Requisito Patrimoniale Minimo per le imprese di assicurazione danni secondo quanto stabilito dal comma 1, lettera c) del presente articolo;

b) si impegna a coprire in prospettiva i Requisiti Patrimoniali Minimi Nozionali di cui all'articolo 348, comma 2-ter (3).

2. L'ISVAP nega l'autorizzazione quando dalla verifica delle condizioni indicate nel comma 1 non risulti garantita la sana e prudente gestione, senza che si possa aver riguardo alla struttura e all'andamento dei mercati interessati. Il provvedimento che nega l'autorizzazione è specificatamente e adeguatamente motivato ed è comunicato all'impresa interessata entro novanta giorni dalla presentazione della domanda di autorizzazione completa dei documenti richiesti.

3. Non si può dare corso al procedimento per l'iscrizione nel registro delle imprese se non consti l'autorizzazione di cui all'articolo 13.

4. L'ISVAP, verificata l'iscrizione nel registro delle imprese, iscrive in un'apposita sezione dell'albo le imprese di assicurazione autorizzate in Italia e ne dà pronta comunicazione all'impresa interessata. Le imprese indicano negli atti e nella corrispondenza l'iscrizione all'albo.

5. L'ISVAP determina, con regolamento, la procedura di autorizzazione inclusi l'aggiornamento degli importi previsti per il rilascio dell'autorizzazione (1) e le forme di pubblicità dell'albo.

5-bis. L'IVASS comunica all'AEAP ogni autorizzazione rilasciata ai fini della pubblicazione nell'elenco dalla stessa tenuto, con l'indicazione:

a) dei rami e dei rischi per i quali l'impresa è autorizzata;

b) dell'eventuale abilitazione ad operare negli altri Stati membri in stabilimento o in libera prestazione di servizi (4).

(1) Modificato dal d.lg. 12/5/2015, n. 74.

(2) Sostituito dal d.lg. 12/5/2015, n. 74.

(3) Aggiunto dal d.lg. 12/5/2015, n. 74.

(4) Lettera modificata dall'art. 4, co. 1, lett. b), d.lg. 27/1/2010, n. 21.

14 bis. Programma di attività (1). – 1. Il programma di attività di cui all'articolo 14, comma 1, lettera d), contiene informazioni supportate da idonea documentazione riguardanti:

a) la natura dei rischi o delle obbligazioni che l'impresa si propone di garantire;

b) se l'impresa intende assumere rischi in riassicurazione, il tipo di accordi che intende concludere con le imprese cedenti;

c) i principi direttivi in materia di riassicurazione e di retrocessione;

d) gli elementi dei fondi propri di base che costituiscono il minimo assoluto del Requisito Patrimoniale Minimo;

e) le previsioni circa le spese d'impianto dei servizi amministrativi e dell'organizzazione della rete di produzione, i mezzi finanziari destinati a farvi fronte e, se i rischi da coprire sono classificati nel ramo 18 dell'articolo 2, comma 3, i mezzi di cui l'impresa di assicurazione dispone per fornire l'assistenza promessa.

2. Il programma contiene, oltre a quanto previsto al comma 1, per i primi tre esercizi sociali:

a) le previsioni di bilancio;

b) le previsioni del futuro Requisito Patrimoniale di Solvibilità, di cui al Titolo III, Capo IV-bis, Sezione I, sulla base delle previsioni di bilancio di cui alla lettera a), nonché il metodo di calcolo utilizzato per elaborare tali previsioni;

c) le previsioni del futuro Requisito Patrimoniale Minimo, di cui al Titolo III, Capo IV-bis, Sezione IV, sulla base delle probabili previsioni di bilancio di cui alla lettera a), nonché il metodo di calcolo utilizzato per elaborare tali previsioni;

d) le previsioni relative ai mezzi finanziari destinati alla copertura delle riserve tecniche e del Requisito Patrimoniale Minimo, di cui al Titolo III, Capo III e Capo IV-bis, Sezione

IV, e del Requisito Patrimoniale di Solvibilità di cui al Titolo III, Capo IV-bis, Sezione I;

e) per quanto riguarda l'assicurazione danni, in aggiunta:

1) le previsioni relative alle spese di gestione diverse dalle spese di impianto, in particolare le spese generali correnti e le provvigioni;

2) le previsioni relative ai premi o ai contributi e ai sinistri;

f) per quanto riguarda l'assicurazione vita, anche un piano che esponga dettagliatamente le previsioni delle entrate e delle spese sia per le operazioni dirette e per le operazioni di riassicurazione attiva che per le operazioni di riassicurazione passiva.

2-bis. Qualora il programma di attività indichi che una parte rilevante dell'attività dell'impresa sarà esercitata in regime di stabilimento o di libera prestazione dei servizi in altro Stato membro e che tale attività è potenzialmente rilevante per il mercato dello Stato membro ospitante, l'IVASS, con adeguato livello di dettaglio, informa l'AEAP e l'autorità di vigilanza dello Stato membro interessato in merito (2).

(1) Articolo inserito dall'art. 1, co. 12, d.lg. 12/5/2015, n. 74.

(2) Comma aggiunto dall'art. 28, co. 1, lett. a), l. 23/12/2021, n. 238.

15. Estensione ad altri rami. – 1. L'impresa già autorizzata all'esercizio di uno o più rami vita o danni che intende estendere l'attività ad altri rami indicati nell'articolo 2, commi 1 o 3, deve essere preventivamente autorizzata dall'IVASS. Si applica l'articolo 14, comma 2.

2. Per ottenere l'estensione dell'autorizzazione, l'impresa dà prova di disporre di fondi propri di base ammissibili per un importo minimo pari a quello previsto dall'articolo 14, comma 1, lettera c), per l'esercizio dei nuovi rami, di possedere attivi a copertura delle riserve tecniche e di essere in regola con le disposizioni relative al Requisito Patrimoniale di Solvibilità di cui all'articolo 45-bis ed al Requisito Patrimoniale Minimo di cui all'articolo 47-bis. Qualora per l'esercizio dei nuovi rami sia prescritto un minimo assoluto del Requisito Patrimoniale Minimo di cui all'articolo 47-ter più elevato di quello posseduto, l'impresa deve altresì dimostrare di disporre di tale minimo assoluto.

2-bis. Per ottenere l'estensione dell'autorizzazione, l'impresa deve altresì presentare un nuovo programma di attività conforme all'articolo 14-bis.

2-ter. Fatto salvo il comma 2, l'impresa che esercita i rami vita e che intende estendere l'attività ai rami 1 e 2, ovvero l'impresa che esercita i rami danni 1 e 2 indicati nell'articolo 2, commi 1 o 3, e che intende estendere l'attività ai rischi dell'assicurazione vita, per ottenere l'estensione dell'autorizzazione dà prova di disporre di attivi a copertura delle riserve tecniche e dei fondi propri di base ammissibili necessari per coprire l'importo cumulato del minimo assoluto del Requisito Patrimoniale Minimo previsto dall'articolo 47-ter, comma 1, lettera d), numero 3), e si impegna a coprire in prospettiva i Requisiti Patrimoniali Minimi Nozionali di cui all'articolo 348, comma 2-ter.

3. Le disposizioni del presente articolo si applicano anche nel caso in cui l'impresa, dopo aver ottenuto un'autorizzazione limitata ai sensi dell'articolo 13, comma 2, intenda estendere l'esercizio ad altre attività o rischi rientranti nei rami per i quali è stata autorizzata in via limitata.

4. L'IVASS determina, con regolamento, la procedura per l'estensione dell'autorizzazione ad altri rami.

5. L'impresa non può estendere l'attività prima dell'adozione del provvedimento che aggiorna l'albo, del quale è data pronta comunicazione all'impresa medesima.

6. Il provvedimento di estensione è comunicato all'AEAP in conformità all'articolo 14, comma 5-bis (1).

(1) Modificato dal d.lg. 12/5/2015, n. 74.

17. Procedura per l'accesso in regime di stabilimento (1). – 1. L'IVASS, entro sessanta giorni dalla data di ricevimento della richiesta di cui all'articolo 16, ove non rilevi l'esistenza degli impedimenti previsti al comma 2, trasmette la comunicazione all'autorità di vigilanza dello Stato membro nel quale l'impresa intende stabilirsi, unitamente ad una certificazione attestante che l'impresa, per l'insieme delle sue attività, copre il Requisito Patrimoniale di Solvibilità ed il Requisito Patrimoniale Minimo calcolati in conformità agli articoli 45-bis e 47-ter.

2. L'IVASS respinge la richiesta qualora abbia motivo di dubitare dell'adeguatezza del sistema di governo societario o della stabilità della situazione finanziaria dell'impresa, anche tenuto conto del programma di attività presentato, ovvero quando il rappresentante generale non possieda i requisiti di onorabilità e di professionalità di cui all'articolo 76.

3. L'IVASS informa prontamente l'impresa dell'avvenuta comunicazione ai sensi del comma 1 ovvero del diniego motivato ai sensi del comma 2.

4. L'impresa non può insediare la sede secondaria e dare inizio all'attività prima di aver ricevuto una comunicazione da parte dell'autorità di vigilanza dello Stato membro nel quale intende stabilirsi o, nel caso di silenzio, prima che siano trascorsi sessanta giorni dal momento in cui tale autorità ha ricevuto dall'IVASS la comunicazione di cui all'articolo 16. L'IVASS trasmette prontamente all'impresa ogni altra comunicazione, che sia ricevuta dalla autorità di vigilanza dello Stato membro ospitante e che pervenga entro il medesimo termine, relativamente alle disposizioni di interesse generale alle quali la sede secondaria deve attenersi.

5. L'impresa, qualora intenda modificare il contenuto della comunicazione effettuata ai sensi dell'articolo 16, deve informarne l'IVASS e l'autorità di vigilanza dello Stato membro ospitante almeno trenta giorni prima di mettere in atto quanto comunicato. L'IVASS, entro sessanta giorni dalla data di ricevimento delle informazioni, ne valuta la rilevanza in relazione alla permanenza delle condizioni che hanno giustificato l'invio della comunicazione di cui al comma 3 e, se del caso, provvede ad informare l'autorità competente dello Stato membro interessato. L'IVASS trasmette prontamente all'impresa ogni eventuale comunicazione che pervenga dall'autorità di vigilanza dello Stato membro della sede secondaria entro il medesimo termine.

(1) Articolo sostituito dal d.lg. 12/5/2015, n. 74.

18. Attività in regime di prestazione di servizi in un altro Stato membro. – 1. L'impresa, qualora intenda effettuare per la prima volta attività in regime di libertà di prestazione di servizi in un altro Stato membro, ne dà preventiva comunicazione all'ISVAP.

2. Insieme alla comunicazione l'impresa trasmette un programma nel quale sono indicati gli stabilimenti dai quali l'impresa si propone di svolgere l'attività, gli Stati membri nei quali intende operare, la natura dei rischi e delle obbligazioni che intende assumere e le altre informazioni indicate dall'ISVAP.

19. Procedura per l'accesso in regime di prestazione di servizi. – 1. L'ISVAP, entro trenta giorni dalla data di ricevimento della comunicazione di cui all'articolo 18, trasmette all'autorità di vigilanza dello Stato membro, nel quale l'impresa si propone di operare in regime di libertà di prestazione di servizi, le necessarie informazioni stabilite dall'IVASS con regolamento (1) e contestualmente ne dà notizia all'impresa interessata.

2. L'ISVAP respinge la richiesta qualora abbia motivo di dubitare dell'adeguatezza del sistema di governo societario (1) della stabilità della situazione finanziaria dell'impresa, anche tenuto conto del programma di attività presentato. In tale caso

l'ISVAP adotta provvedimento motivato, che trasmette all'impresa interessata entro il termine indicato al comma 1.

3. L'impresa può dare inizio all'attività dal momento in cui riceve dall'ISVAP l'avviso dell'avvenuta trasmissione delle informazioni di cui al comma 1.

4. L'impresa, qualora intenda modificare il contenuto della comunicazione effettuata, applica la procedura prevista dall'articolo 17, comma 5.

(1) Inserito dal d.lg. 12/5/2015, n. 74.

20. Assicurazione malattia in sostituzione di un regime legale di previdenza sociale. – 1. L'impresa, qualora intenda assumere rischi del ramo malattia ubicati in altri Stati membri, nei quali tali assicurazioni sostituiscono parzialmente o integralmente la copertura sanitaria fornita da un regime legale di previdenza sociale e sono obbligatoriamente gestite secondo una tecnica analoga a quella dell'assicurazione sulla vita secondo quanto previsto dalle disposizioni dell'ordinamento comunitario, deve richiedere all'ISVAP le tabelle di frequenza della malattia e gli altri dati statistici pertinenti pubblicati e trasmessi dalle autorità di vigilanza degli Stati interessati. L'ISVAP effettua prontamente la relativa comunicazione all'impresa richiedente.

21. Attività svolta da sedi secondarie situate in altri Stati membri. – 1. L'impresa, qualora intenda operare in regime di libertà di prestazione di servizi nel territorio della Repubblica attraverso una sede secondaria situata in un altro Stato membro, ne dà preventiva comunicazione all'ISVAP.

2. L'impresa può iniziare l'attività a decorrere dal momento in cui l'ISVAP comunica di aver ricevuto la comunicazione prevista dal comma 1. L'impresa informa preventivamente l'ISVAP di ogni modifica della comunicazione effettuata.

3. L'esercizio dell'attività di cui al comma 1 è soggetto alle disposizioni applicabili alle imprese con sede legale in Italia, agli articoli 23, comma 1-bis, e 26 (1).

(1) Inserito dal d.lg. 12/5/2015, n. 74.

22. Attività in uno Stato terzo. – 1. L'impresa, qualora intenda istituire una sede secondaria in uno Stato terzo, ne dà preventiva comunicazione all'ISVAP.

2. L'ISVAP vieta all'impresa di procedere all'insediamento della sede secondaria, qualora rilevi che la situazione finanziaria non sia sufficientemente stabile ovvero ritenga inadeguata, sulla base del programma di attività presentato, la struttura organizzativa della sede secondaria.

3. Le disposizioni di cui ai commi 1 e 2 si applicano anche all'impresa che intende effettuare operazioni in regime di libertà di prestazione di servizi in uno Stato terzo.

Capo III
Imprese aventi la sede legale in un altro Stato membro

23. Attività in regime di stabilimento. – 1. L'accesso all'attività dei rami vita o dei rami danni in regime di stabilimento nel territorio della Repubblica, da parte di un'impresa avente la sede legale in un altro Stato membro, è subordinato alla comunicazione all'ISVAP, da parte dell'autorità di vigilanza di tale Stato, delle informazioni e degli adempimenti previsti dalle disposizioni dell'ordinamento comunitario. Se l'impresa si propone di assumere rischi concernenti l'assicurazione obbligatoria della responsabilità civile derivante dalla circolazione dei veicoli a motore e dei natanti, la comunicazione include la dichiarazione che l'impresa è divenuta membro dell'Ufficio centrale italiano e aderente al Fondo di garanzia per le vittime della strada.

1-bis. È considerato esercizio dell'attività assicurativa in regime di stabilimento ai sensi del comma 1, anche in assenza di succursali, agenzie o sedi secondarie, qualsiasi presenza permanente nel territorio della Repubblica, inclusa l'organizzazione di un semplice ufficio gestito da personale dipendente dell'impresa ovvero da una persona indipendente ma incaricata di agire in modo permanente per conto dell'impresa stessa (1).

2. Il rappresentante generale della sede secondaria deve essere munito di un mandato comprendente espressamente anche i poteri di rappresentare l'impresa in giudizio e davanti a tutte le autorità della Repubblica, nonché quello di concludere e sottoscrivere i contratti e gli altri atti relativi alle attività esercitate nel territorio della Repubblica. Il rappresentante generale deve avere domicilio all'indirizzo della sede secondaria. Qualora la rappresentanza sia conferita ad una persona giuridica, questa deve avere la sede legale nel territorio della Repubblica e deve a sua volta designare come proprio rappresentante una persona fisica che abbia domicilio in Italia e che sia munita di un mandato comprendente i medesimi poteri.

3. Nel termine di trenta giorni dalla data di ricevimento della comunicazione l'ISVAP indica all'autorità di vigilanza dello Stato membro di origine la normativa, giustificata da motivi d'interesse generale, che l'impresa deve osservare nell'esercizio dell'attività.

4. L'impresa può insediare la sede secondaria e dare inizio all'attività nel territorio della Repubblica dal momento in cui riceve dall'autorità di vigilanza dello Stato di origine la comunicazione dell'ISVAP ovvero, in caso di silenzio, dalla scadenza del termine di cui al comma 3.

5. L'impresa, qualora intenda modificare la comunicazione effettuata, ne informa l'ISVAP almeno trenta giorni prima di mettere in atto quanto comunicato. L'ISVAP valuta la rilevanza delle informazioni ricevute in relazione alla permanenza dei presupposti che hanno giustificato la comunicazione di cui al comma 4 e, se del caso, informa l'autorità competente dello Stato membro interessato.

(1) Inserito dal d.lg. 12/5/2015, n. 74.

24. Attività in regime di prestazione di servizi. – 1. L'accesso all'attività dei rami vita o dei rami danni, in regime di libertà di prestazione di servizi nel territorio della Repubblica, da parte di una impresa avente la sede legale in un altro Stato membro, è subordinato alla comunicazione all'ISVAP, da parte dell'autorità di vigilanza di tale Stato, delle informazioni e degli adempimenti previsti dalle disposizioni dell'ordinamento comunitario.

Se l'impresa si propone di assumere rischi concernenti l'assicurazione obbligatoria della responsabilità civile derivante dalla circolazione dei veicoli a motore e dei natanti, la comunicazione include l'indicazione del nominativo e l'indirizzo del rappresentante per la gestione dei sinistri e una dichiarazione che l'impresa è divenuta membro dell'Ufficio centrale italiano e aderente al Fondo di garanzia per le vittime della strada.

2. L'impresa di cui al comma 1 (1) può iniziare l'attività dal momento in cui l'ISVAP attesta di aver ricevuto la comunicazione dell'autorità di vigilanza dello Stato di origine di cui al comma 1.

3. L'impresa di cui al comma 1 (1) comunica all'ISVAP, attraverso l'autorità di vigilanza dello Stato membro d'origine, ogni modifica che intende apportare alla comunicazione per l'accesso nel territorio della Repubblica in regime di libertà di prestazione di servizi.

4. Ai fini dell'esercizio dell'attività, in regime di libertà di prestazione di servizi nel territorio della Repubblica, l'impresa non può avvalersi di sedi secondarie, di agenzie o di qualsiasi altra presenza permanente nel territorio italiano, *neppure se tale presenza consista in un semplice ufficio gestito da personale dipendente, o tramite una persona indipendente, ma incaricata di agire in permanenza per conto dell'impresa stessa**.

(1) Inserito dal d.lg. 12/5/2015, n. 74.
* Soppresso dal d.lg. 12/5/2015, n. 74.

25. Rappresentante per la gestione dei sinistri. – 1. L'impresa di assicurazione comunitaria (1), qualora intenda operare nel territorio della Repubblica in regime di libertà di prestazione di servizi per l'assicurazione obbligatoria della responsabilità civile derivante dalla circolazione dei veicoli a motore e dei natanti, nomina un rappresentante incaricato della gestione dei sinistri e della liquidazione dei relativi risarcimenti. Al rappresentante possono essere indirizzate le richieste di risarcimento da parte dei terzi aventi diritto.

2. Il rappresentante deve risiedere nel territorio della Repubblica [e non può svolgere per conto dell'impresa attività diretta all'acquisizione di contratti di assicurazione] (2).

3. Il rappresentante deve essere munito di un mandato comprendente espressamente i poteri di rappresentare l'impresa in giudizio e davanti a tutte le autorità competenti per quanto riguarda le richieste di risarcimento dei danni, nonché di attestare l'esistenza e la validità dei contratti stipulati dall'impresa in regime di libertà di prestazione di servizi.

4. Le funzioni del rappresentante per la gestione dei sinistri possono essere esercitate anche dal rappresentante fiscale.

5. Le generalità e l'indirizzo del rappresentante sono indicati nel contratto di assicurazione, nel contrassegno e nel certificato.

(1) Inserito dal d.lg. 12/5/2015, n. 74.
(2) Comma modificato dall'art. 1 del d.lg. 6/11/2007, n. 198.

26. Elenco delle imprese comunitarie operanti in Italia. – 1. L'ISVAP pubblica, in appendice all'albo delle imprese di assicurazione comunitarie (1), l'elenco delle imprese ammesse ad accedere all'esercizio dei rami vita e dei rami danni nel territorio della Repubblica in regime di stabilimento o in libertà di prestazione di servizi.

(1) Inserito dal d.lg. 12/5/2015, n. 74.

27. Rispetto delle norme di interesse generale. – 1. L'impresa di assicurazione comunitaria (1), non può stipulare contratti, nonché fare ricorso a forme di pubblicità che siano in contrasto con disposizioni nazionali di interesse generale, ivi comprese quelle poste a protezione degli assicurati e degli altri aventi diritto a prestazioni assicurative.

(1) Inserito dal d.lg. 12/5/2015, n. 74.

Capo IV
Imprese aventi la sede legale in uno Stato terzo

28. Attività in regime di stabilimento. – 1. L'impresa di assicurazione di un Paese terzo (1), qualora intenda esercitare nel territorio della Repubblica i rami vita o i rami danni, è preventivamente autorizzata dall'ISVAP con provvedimento pubblicato nel Bollettino.

2. L'autorizzazione è efficace limitatamente al territorio nazionale, salva l'applicazione delle disposizioni sulle condizioni per l'accesso all'attività all'estero in regime di libertà di prestazione di servizi.

3. L'impresa, qualora nello Stato di origine eserciti congiuntamente i rami vita e i rami danni, può essere autorizzata ad esercitare esclusivamente i rami danni o i rami vita, salvo che richieda l'autorizzazione all'esercizio dei rami vita e dei rami infortuni e malattia.

4. L'impresa di cui al comma 1 deve insediare nel territorio della Repubblica una sede secondaria e nominare un rappresentante generale che abbia residenza in Italia e che sia fornito dei poteri previsti dall'articolo 23, comma 2, nonché del potere di compiere le operazioni necessarie per la costituzione ed il vincolo del deposito cauzionale previsto dal comma 5. Qualora la rappresentanza sia conferita ad una persona giuridica, si applica la disposizione contenuta nell'articolo 23, comma 2, ultimo periodo. Il rappresentante generale o, se diversa, la persona preposta alla gestione effettiva della sede secondaria deve essere in possesso, per la durata dell'incarico, dei requisiti di onorabilità e professionalità previsti dall'articolo 76.

5. L'ISVAP determina, con regolamento, gli altri requisiti per il rilascio dell'autorizzazione iniziale, ivi compreso l'obbligo di presentare un programma di attività, nonché il possesso nel territorio della Repubblica di investimenti per un ammontare almeno uguale alla metà degli importi di cui all'articolo 14, comma 1, lettera c (1), e con il deposito a titolo di cauzione, presso la Cassa depositi e prestiti o presso la Banca d'Italia, di una somma, in numerario o in titoli, pari ad almeno un quarto (1) dell'importo minimo. Si applica l'articolo 14, commi 2, 3 e 4.

6. Con il regolamento di cui al comma 5 sono inoltre disciplinati i procedimenti e le condizioni di estensione dell'attività ad altri rami, di esercizio congiunto dei rami vita e dei rami infortuni e malattia e di diniego dell'autorizzazione. Si applica l'articolo 15.

7. L'autorizzazione non può essere altresì rilasciata quando non sia rispettato dallo Stato di origine il principio di parità di trattamento o di reciprocità nei confronti delle imprese aventi la sede legale nel territorio della Repubblica che intendano costituire o abbiano già costituito in tale Stato una sede secondaria.

(1) Inserito dal d.lg. 12/5/2015, n. 74.

29. Divieto di operare in regime di prestazione di servizi. – 1. È vietato all'impresa di un Paese terzo (1) l'esercizio, nel territorio della Repubblica, dell'attività nei rami vita o nei rami danni in regime di libertà di prestazione di servizi.

2. Il comma 1 si applica anche nei confronti delle sedi secondarie situate in Stati terzi appartenenti ad imprese aventi sede legale in un altro Stato membro.

3. È fatto divieto ai soggetti che hanno il domicilio o, se persone giuridiche, la sede legale nel territorio della Repubblica di concludere contratti con imprese che svolgono l'attività in violazione di quanto previsto ai commi 1 e 2. È altresì vietata qualsiasi forma di intermediazione per la stipulazione di tali contratti.

4. In caso di violazione del divieto il contratto è nullo e si applica l'articolo 167, comma 2.

(1) Inserito dal d.lg. 12/5/2015, n. 74.

TITOLO III
ESERCIZIO DELL'ATTIVITÀ ASSICURATIVA

Capo I
Disposizioni generali

Sezione I
Responsabilità del consiglio di amministrazione (1)

(1) Sezione inserita dal d.lg. 12/5/2015, n. 74.

29 bis. Responsabilità del consiglio di amministrazione. – 1. Il consiglio di amministrazione dell'impresa ha la responsabilità ultima dell'osservanza delle norme legislative, regolamentari e delle norme europee direttamente applicabili (1).

(1) Articolo inserito dal d.lg. 12/5/2015, n. 74.

Sezione II
Sistema di governo societario (1)

(1) Sezione inserita dal d.lg. 12/5/2015, n. 74.

30. Sistema di governo societario dell'impresa (1). – 1. L'impresa si dota di un efficace sistema di governo societario che consenta una gestione sana e prudente dell'attività. Il sistema di governo societario è proporzionato alla natura, alla portata e alla complessità delle attività dell'impresa.

2. Il sistema di governo societario di cui al comma 1 comprende almeno:

a) l'istituzione di un'adeguata e trasparente struttura organizzativa, con una chiara ripartizione e un'appropriata separazione delle responsabilità delle funzioni e degli organi dell'impresa;

b) l'organizzazione di un efficace sistema di trasmissione delle informazioni;

c) il possesso da parte di coloro che svolgono funzioni di amministrazione, direzione e controllo e di coloro che svolgono funzioni fondamentali dei requisiti di cui all'articolo 76;

d) la predisposizione di meccanismi idonei a garantire il rispetto delle disposizioni di cui al presente Capo;

e) l'istituzione della funzione di revisione interna, della funzione di verifica della conformità, della funzione di gestione dei rischi e della funzione attuariale. Tali funzioni sono fondamentali e di conseguenza sono considerate funzioni essenziali o importanti.

3. Il sistema di governo societario è sottoposto ad una revisione interna periodica almeno annuale.

4. L'impresa adotta misure ragionevoli idonee a garantire la continuità e la regolarità dell'attività esercitata, inclusa l'elaborazione di piani di emergenza. A tal fine, l'impresa utilizza adeguati e proporzionati sistemi, risorse e procedure interne.

5. L'impresa adotta politiche scritte con riferimento quanto meno al sistema di gestione dei rischi, al sistema di controllo interno, alla revisione interna e, ove rilevante, all'esternalizzazione, nonché una politica per l'adeguatezza nel continuo delle informazioni fornite al supervisore ai sensi dell'articolo 47-quater e per le informazioni contenute nella relazione sulla solvibilità e sulla condizione finanziaria di cui agli articoli 47-septies, 47-octies e 47-novies e garantisce che ad esse sia data attuazione.

6. Le politiche di cui al comma 5 sono approvate preventivamente dal consiglio di amministrazione. Il consiglio di amministrazione riesamina le politiche almeno una volta l'anno in concomitanza con la revisione di cui al comma 3 e, in ogni caso, apporta le modifiche necessarie in caso di variazioni significative del sistema di governo societario.

7. L'IVASS detta con regolamento disposizioni di dettaglio in materia di sistema di governo societario di cui alla presente Sezione.

(1) Articolo modificato dal d.lg. 12/5/2015, n. 74.

30 bis. Sistema di gestione dei rischi (1). – 1. L'impresa si dota di un efficace sistema di gestione dei rischi che comprende le strategie, i processi e le procedure di segnalazione necessari per individuare, misurare, monitorare, gestire e segnalare, su base continuativa, i rischi a livello individuale ed aggregato, ai quali l'impresa è o potrebbe essere esposta, nonché le interdipendenze tra i rischi.

2. Il sistema di gestione dei rischi è efficace e correttamente integrato nella struttura organizzativa e nei processi decisionali dell'impresa, tenendo in adeguata considerazione il ruolo dei soggetti che svolgono funzioni di amministrazione, direzione e controllo dell'impresa o altre funzioni fondamentali.

3. Il sistema di gestione dei rischi considera i rischi da includere nel calcolo del Requisito Patrimoniale di Solvibilità di cui all'articolo 45-ter, comma 5, nonché i rischi che sono integralmente o parzialmente esclusi da tale calcolo. Per le finalità di cui al comma 1, il sistema considera almeno le seguenti aree:

a) sottoscrizione e costituzione di riserve tecniche;

b) gestione integrata delle attività e delle passività (asset-liability management);

c) investimenti, in particolare strumenti finanziari derivati e impegni simili;

d) gestione dei rischi di liquidità e di concentrazione;

e) gestione dei rischi operativi;

f) riassicurazione e altre tecniche di mitigazione del rischio.

4. La politica scritta sul sistema di gestione dei rischi di cui all'articolo 30, comma 5, comprende le politiche sulle aree di cui alle lettere da a) ad f) del comma 3.

5. L'impresa che applica l'aggiustamento di congruità di cui all'articolo 36-quinquies o l'aggiustamento per la volatilità di cui all'articolo 36-septies, predispone un piano di liquidità con la proiezione dei flussi di cassa in entrata e in uscita in rapporto agli attivi e passivi soggetti a tali aggiustamenti.

6. Per quanto riguarda la gestione integrata delle attività e passività l'impresa valuta regolarmente:

a) la sensitività delle riserve tecniche e dei fondi propri ammissibili alle ipotesi sottese all'estrapolazione della pertinente struttura per scadenza dei tassi di interesse privi di rischio di cui all'articolo 36-quater;

b) in caso di applicazione dell'aggiustamento di congruità di cui all'articolo 36-quinquies:

1) la sensitività delle riserve tecniche e dei fondi propri ammissibili alle ipotesi sottese al calcolo dell'aggiustamento di congruità, ivi compreso il calcolo dello spread fondamentale di cui all'articolo 36-sexies, comma 1, lettera b), e i possibili effetti di una vendita forzata di attivi a carico dei fondi propri ammissibili;

2) la sensitività delle riserve tecniche e dei fondi propri ammissibili alle modifiche della composizione del portafoglio di attivi dedicato;

3) l'impatto di un azzeramento dell'aggiustamento di congruità;

c) in caso di applicazione dell'aggiustamento per la volatilità di cui all'articolo 36-septies:

1) la sensitività delle riserve tecniche e dei fondi propri ammissibili alle ipotesi sottese al calcolo dell'aggiustamento per la volatilità e i possibili effetti a carico dei fondi propri ammissibili di una vendita forzata di attivi;

2) l'impatto di un azzeramento dell'aggiustamento per la volatilità.

7. L'impresa presenta le valutazioni di cui al comma 6, lettere a), b) e c), ogni anno all'IVASS nel quadro delle informazioni trasmesse a norma dell'articolo 47-quater. Qualora l'azzeramento dell'aggiustamento di congruità o dell'aggiustamento per la volatilità si risolva nel mancato rispetto del Requisito Patrimoniale di Solvibilità, l'impresa presenta anche un elenco di misure da applicare in tale situazione per ripristinare il livello di fondi propri ammissibili a copertura del Requisito Patrimoniale di Solvibilità o per ridurre il profilo di rischio e rimettersi in tal modo in regola con il Requisito Patrimoniale di Solvibilità.

8. Ove venga applicato l'aggiustamento per la volatilità di cui all'articolo 36-septies, la politica scritta sulla gestione dei rischi, comprende una politica relativa ai criteri di applicazione di detto aggiustamento.

9. Con riferimento al rischio di investimento, l'impresa osserva le disposizioni degli articoli 35-bis, 37-ter, 38 e 41.

10. L'impresa istituisce una funzione di gestione dei rischi strutturata in modo da facilitare l'attuazione del sistema di gestione dei rischi.

11. L'impresa quando utilizza rating creditizi esterni può rivolgersi esclusivamente ad un'ECAI di cui all'articolo 1, comma 1, lettera n-ter). L'impresa, tuttavia, non si affida esclusivamente o meccanicamente ai rating del credito per la valutazione del merito di credito di un'entità o di uno strumento finanziario.

12. Onde evitare un'eccessiva dipendenza dalle agenzie di rating del credito, l'impresa, quando utilizza rating creditizi esterni ai fini del calcolo delle riserve tecniche e del Requisito Patrimoniale di Solvibilità, verifica l'idoneità dei rating esterni nel quadro della propria gestione del rischio, utilizzando ove possibile e praticabile analisi supplementari per evitare ogni dipendenza automatica dai rating esterni.

13. L'IVASS può fornire con il regolamento di cui all'articolo 30, comma 7, indicazioni sulle procedure da seguire in sede di valutazione dei rating creditizi esterni di cui al comma 12.

14. Nel caso in cui l'impresa utilizzi un modello interno completo o parziale, approvato conformemente agli articoli 46-bis e 46-ter, la funzione di gestione dei rischi assolve ai seguenti ulteriori compiti:

a) costruire e applicare il modello interno;

b) testare e validare il modello interno;

c) documentare il modello interno e le eventuali modifiche successivamente apportate;

d) analizzare il funzionamento del modello interno e produrre relazioni sintetiche sull'analisi effettuata;

e) informare il consiglio di amministrazione sui risultati del funzionamento del modello interno, formulando proposte in merito alle aree suscettibili di miglioramento ed aggiornando tale organo sulle misure adottate al fine di porre rimedio alle carenze riscontrate in precedenza.

(1) Articolo inserito dal d.lg. 12/5/2015, n. 74.

30 ter. Valutazione interna del rischio e della solvibilità (1). – 1. Nell'ambito del sistema di gestione dei rischi di cui all'articolo 30-bis l'impresa effettua la valutazione interna del rischio e della solvibilità. La valutazione interna del rischio e della solvibilità è parte integrante della strategia operativa dell'impresa e di tale valutazione l'impresa tiene conto in modo sistematico nell'ambito delle proprie decisioni strategiche.

2. La valutazione di cui al comma 1 riguarda almeno:

a) il fabbisogno di solvibilità globale dell'impresa, tenuto conto del profilo di rischio specifico, dei limiti di tolleranza del rischio approvati e della strategia operativa dell'impresa;

b) l'osservanza su base continuativa dei requisiti patrimoniali previsti dal Titolo III, Capo IV-bis, e dei requisiti in materia di riserve tecniche previsti dal Titolo III, Capo II;

c) la misura in cui il profilo di rischio dell'impresa si discosta dalle ipotesi sottostanti al Requisito Patrimoniale di Solvibilità di cui all'articolo 45-ter, commi 3 e 4, calcolato con la formula standard conformemente al Titolo III, Capo IV-bis, Sezione II, o con un modello interno completo o parziale conformemente al Titolo III, Capo IV-bis, Sezione III.

3. Ai fini del comma 2, lettera a), l'impresa adotta processi proporzionati alla natura, alla portata e alla complessità dei rischi inerenti alla propria attività, idonei a consentire la corretta individuazione e la valutazione dei rischi a cui è o potrebbe essere esposta nel breve e nel lungo termine. L'impresa giustifica i metodi utilizzati ai fini di tale valutazione.

4. L'impresa che applica l'aggiustamento di congruità di cui all'articolo 36-quinquies, l'aggiustamento per la volatilità di cui all'articolo 36-septies, o le misure transitorie di cui agli articoli 344-novies e 344-decies, valuta la conformità con i requisiti di capitale di cui al comma 2, lettera b), sia tenendo che non tenendo conto degli aggiustamenti e delle misure transitorie di cui sopra.

5. Nel caso di cui al comma 2, lettera c), se è utilizzato un modello interno, la valutazione è eseguita insieme alla ricalibrazione che trasforma la quantificazione interna del rischio nella misura del rischio e calibrazione del Requisito Patrimoniale di Solvibilità.

6. L'impresa esegue la valutazione interna del rischio e della solvibilità almeno una volta all'anno e, in ogni caso, immediatamente dopo il verificarsi di qualsiasi variazione significativa del suo profilo di rischio.

7. L'impresa comunica all'IVASS i risultati di ciascuna valutazione interna del rischio e della solvibilità nell'ambito dell'informativa da fornire ai sensi dell'articolo 47-quater.

8. La valutazione interna del rischio e della solvibilità non è finalizzata al calcolo del requisito patrimoniale. Il Requisito Patrimoniale di Solvibilità è soggetto ad adeguamento solo sulla base di quanto disposto dagli articoli 47-sexies, 207-octies, 216-sexies, comma 1, lettera b), 216-septies, 217-quater.

(1) Articolo inserito dal d.lg. 12/5/2015, n. 74.

30 quater. Sistema di controllo interno (1). – 1. L'impresa si dota di un efficace sistema di controllo interno.

2. Il sistema di controllo interno comprende almeno la predisposizione di idonee procedure amministrative e contabili, l'organizzazione di un adeguato sistema di trasmissione delle informazioni per ogni livello dell'impresa, nonché l'istituzione della funzione di verifica della conformità dell'attività dell'impresa alla normativa vigente, alle direttive e alle procedure aziendali.

3. La funzione di verifica della conformità svolge l'attività di consulenza al consiglio di amministrazione sull'osservanza delle norme legislative, regolamentari e delle norme europee direttamente applicabili, effettua la valutazione del possibile impatto sulle attività dell'impresa derivanti da modifiche del quadro normativo e degli orientamenti giurisprudenziali e identifica e valuta il rischio di non conformità.

(1) Articolo inserito dal d.lg. 12/5/2015, n. 74.

30 quinquies. Funzione di revisione interna (1). – 1. L'impresa istituisce una efficace funzione di revisione interna e ne garantisce l'autonomia di giudizio e l'indipendenza rispetto alle funzioni operative.

2. La funzione di revisione interna include la valutazione dell'adeguatezza e l'efficacia del sistema di controllo interno e delle ulteriori componenti del sistema di governo societario dell'impresa di cui al presente Capo.

3. La funzione di revisione interna comunica al consiglio di amministrazione le risultanze e le raccomandazioni in relazione all'attività svolta, indicando gli interventi correttivi da adottare in caso di rilevazione di disfunzioni e criticità. Il consiglio di amministrazione definisce i provvedimenti da porre in essere in relazione a ciascuna raccomandazione ricevuta e individua le misure dirette ad eliminare le carenze riscontrate dalla funzione di revisione interna, garantendone l'attuazione.

(1) Articolo inserito dal d.lg. 12/5/2015, n. 74.

30 sexies. Funzione attuariale (1). – 1. L'impresa istituisce una efficace funzione attuariale. La funzione attuariale:

a) coordina il calcolo delle riserve tecniche;

b) garantisce l'adeguatezza delle metodologie e dei modelli sottostanti utilizzati, nonché delle ipotesi su cui si basa il calcolo delle riserve tecniche;

c) valuta la sufficienza e la qualità dei dati utilizzati nel calcolo delle riserve tecniche;

d) confronta le migliori stime con i dati desunti dall'esperienza;

e) informa il consiglio di amministrazione sull'affidabilità e sull'adeguatezza del calcolo delle riserve tecniche;

f) supervisiona il calcolo delle riserve tecniche nei casi di cui all'articolo 36-duodecies;

g) formula un parere sulla politica di sottoscrizione globale;

h) formula un parere sull'adeguatezza degli accordi di riassicurazione;

i) contribuisce ad applicare in modo efficace il sistema di gestione dei rischi di cui all'articolo 30-bis, in particolare con riferimento alla modellizzazione dei rischi sottesa al calcolo dei requisiti patrimoniali di cui al Titolo III, Capo IV-bis, e alla valutazione interna del rischio e della solvibilità di cui all'articolo 30-ter.

2. La funzione attuariale è esercitata da un attuario iscritto nell'albo professionale di cui alla legge 9 febbraio 1942, n. 194, ovvero da soggetti che dispongono di:

a) conoscenze di matematica attuariale e finanziaria, adeguate alla natura, alla portata e alla complessità dei rischi inerenti all'attività dell'impresa;

b) comprovata esperienza professionale nelle materie rilevanti ai fini dell'espletamento dell'incarico.

(1) Articolo inserito dal d.lg. 12/5/2015, n. 74.

30 septies. Esternalizzazione (1). – 1. L'impresa che esternalizza funzioni o attività relative all'attività assicurativa o riassicurativa conserva la piena responsabilità dell'osservanza degli obblighi ad essa imposti da norme legislative, regolamentari e dalle disposizioni dell'Unione europea direttamente applicabili.

2. L'impresa che esternalizza funzioni o attività essenziali o importanti garantisce che le relative modalità siano tali da non determinare anche uno solo dei seguenti effetti:

a) arrecare un grave pregiudizio alla qualità del sistema di governo societario dell'impresa;

b) determinare un indebito incremento del rischio operativo;

c) compromettere la capacità dell'IVASS di verificare l'osservanza degli obblighi gravanti sull'impresa;

d) compromettere la capacità dell'impresa di fornire un servizio continuo e soddisfacente ai contraenti, agli assicurati e agli aventi diritto ad una prestazione assicurativa.

3. L'impresa informa tempestivamente l'IVASS prima dell'esternalizzazione di funzioni o attività essenziali o importanti nonché di significativi sviluppi successivi in relazione all'esternalizzazione di tali funzioni o compiti.

4. L'IVASS con regolamento stabilisce i termini e le condizioni per l'esternalizzazione delle funzioni o delle attività, di cui ai commi 2 e 3.

5. L'impresa che esternalizza una funzione o un'attività di assicurazione o di riassicurazione adotta le misure necessarie ad assicurare che siano soddisfatte le seguenti condizioni:

a) il fornitore del servizio cooperi con l'IVASS in relazione alla funzione o all'attività esternalizzata;

b) l'impresa, i revisori e l'IVASS abbiano accesso effettivo ai dati relativi alle funzioni o attività esternalizzate;

c) l'IVASS abbia un accesso effettivo ai locali commerciali del fornitore del servizio e sia in grado di esercitare tali diritti di accesso.

(1) Articolo inserito dal d.lg. 12/5/2015, n. 74.

30 octies. Requisiti organizzativi dell'impresa che esercita il ramo assistenza (1). – 1. L'impresa che esercita l'attività assicurativa nel ramo assistenza soddisfa i requisiti di professionalità del personale e rispetta le caratteristiche tecniche delle attrezzature determinate dall'IVASS con regolamento.

(1) Articolo inserito dal d.lg. 12/5/2015, n. 74.

30 novies. Strumenti del sistema di gestione dei rischi sulle tariffe (1). – 1. In applicazione dell'articolo 30-bis, comma 3, lettera a) l'impresa, per ciascuna nuova tariffa, opera valutazioni dei rischi assicurabili, delle ipotesi poste a base del calcolo dei premi, della redditività attesa e dell'equilibrio tariffario atteso. Dette valutazioni formano oggetto di una relazione tecnica da conservare presso l'impresa.

2. Ai fini del comma 1, l'impresa applica il principio di cui all'articolo 30-ter, comma 3.

3. La relazione tecnica, di cui al comma 1, è trasmessa, su richiesta, alla società di revisione, all'organo di controllo e all'IVASS.

4. L'IVASS, nel rispetto delle disposizioni della presente Sezione, può disciplinare con regolamento i contenuti della relazione di cui al comma 1, anche in relazione a talune tipologie tariffarie e stabilire altri obblighi di trasmissione del documento.

(1) Articolo inserito dal d.lg. 12/5/2015, n. 74.

30 decies. Requisiti di Governo e controllo del prodotto applicabili alle imprese di assicurazione e agli intermediari che realizzano prodotti assicurativi da vendere ai clienti (1). – 1. Fermi restando gli obblighi di cui al Titolo IX e agli articoli 185, 185-bis e 185-ter, le imprese di assicurazione e gli intermediari che realizzano prodotti assicurativi da vendere ai clienti, elaborano e attuano un processo di approvazione per ciascun prodotto assicurativo e per ogni modifica significativa di un prodotto assicurativo esistente, prima che sia commercializzato o distribuito ai clienti, in conformità alle disposizioni del presente articolo e alle disposizioni dell'Unione europea direttamente applicabili.

2. Il processo di approvazione di cui al comma 1 è proporzionato e adeguato alla natura dei prodotti assicurativi ed è sottoposto a regolare revisione.

3. I soggetti di cui al comma 1 trasmettono all'IVASS, su richiesta, la documentazione relativa al processo di approvazione del prodotto.

4. Il processo di approvazione di cui al comma 1 individua per ciascun prodotto un mercato di riferimento e le categorie di clienti ai quali il prodotto non può essere distribuito, garantisce che tutti i rischi specificamente attinenti a tale mercato di riferimento siano stati analizzati e che la strategia di distribuzione prevista sia coerente con il mercato di riferimento stesso, e adotta ogni ragionevole misura per assicurare che il prodotto assicurativo sia distribuito al mercato di riferimento individuato.

5. I soggetti di cui al comma 1 comprendono e riesaminano regolarmente i prodotti assicurativi che commercializzano o distribuiscono, tenendo conto di qualsiasi evento che possa incidere significativamente sui rischi potenziali per il mercato di riferimento individuato. Il riesame è finalizzato a valutare se il prodotto continui ad essere coerente con le esigenze del mercato di riferimento e se la prevista strategia distributiva continui a essere adeguata.

6. I soggetti di cui al comma 1 trasmettono ai distributori di prodotti assicurativi tutte le informazioni rilevanti sul prodotto assicurativo e sul processo di approvazione del prodotto, compreso il relativo mercato di riferimento individuato.

7. L'IVASS, sentita la Consob, adotta le disposizioni attuative del presente articolo in modo da garantire uniformità alla disciplina applicabile alla vendita dei prodotti d'investimento assicurativo a prescindere dal canale distributivo e la coerenza e l'efficacia complessiva del sistema di vigilanza sui prodotti di investimento assicurativi, ai sensi ed in coerenza con quanto disposto all'articolo 5, comma 1, lettera b), n. 1, della legge 25 ottobre 2017, n. 163.

(1) Articolo inserito da d.lg. 21/5/2018, n. 68.

31. Attuario incaricato dall'impresa che esercita i rami vita*. *– 1. L'impresa che esercita i rami vita incarica un attuario per lo svolgimento in via continuativa delle funzioni previste nel presente codice e nelle disposizioni di attuazione ed in particolare quelle di cui agli articoli 32, comma 3, 36, comma 2, e 93, comma 5. 2. L'attuario incaricato deve essere in possesso dei requisiti di onorabilità e professionalità stabiliti con regolamento adottato dal Ministro delle attività produttive, su proposta dell'ISVAP. 3. L'impresa deve garantire le condizioni affinché l'attuario incaricato sia messo in grado di espletare le funzioni in piena autonomia, avendo libero accesso alle informazioni aziendali ritenute necessarie. Gli organi preposti al controllo interno si avvalgono della collaborazione dell'attuario incaricato al fine di consentire la corretta rilevazione dei dati, in particolare di quelli relativi ai costi dell'impresa ed al loro prevedibile andamento, che sono utilizzati per le valutazioni di competenza dell'attuario medesimo. 4. L'attuario deve dare immediata comunicazione all'impresa e all'ISVAP della perdita dei requisiti o della sussistenza o della sopravvenienza di cause di incompatibilità che ne determinano la decadenza dall'incarico. 5. In caso di gravi inadempienze alle norme del presente codice o alle disposizioni di attuazione, nonché alle regole applicative dei principi attuariali riconosciute dall'Istituto, l'incarico conferito all'attuario è revocato dall'impresa, direttamente o su richiesta dell'ISVAP. L'ISVAP informa della revoca l'ordine degli attuari. 6. In caso di cessazione dell'incarico dell'attuario per qualsiasi causa, l'impresa provvede entro quarantacinque giorni ad incaricare un nuovo attuario ed a comunicare all'ISVAP le ragioni della sostituzione, fornendo all'ISVAP e al nuovo attuario, nei medesimi termini, una relazione dettagliata che l'attuario uscente ha l'obbligo di predisporre, nella quale siano riassunti i rilievi e le osservazioni formulate negli ultimi ventiquattro mesi. Qualora, in casi eccezionali, l'attuario si trovi nell'impossibilità di predisporre la relazione, vi provvede l'impresa.*

* Articolo abrogato dal d.lg. 12/5/2015, n. 74.

32. Determinazione delle tariffe nei rami vita. – 1. I premi relativi alle assicurazioni ed alle operazioni indicate nell'articolo 2, comma 1, sono calcolati, per ciascuna nuova tariffa, sulla base di adeguate ipotesi attuariali che consentano all'impresa, mediante il ricorso ai premi ed ai relativi proventi, di far fronte ai costi e alle obbligazioni assunte nei confronti degli assicurati e, in particolare, di costituire per i singoli contratti le riserve tecniche necessarie. A tal fine può essere presa in considerazione la situazione patrimoniale e finanziaria dell'impresa, ma non possono essere impiegate in modo sistematico e permanente risorse che non derivano dai premi pagati e dai relativi rendimenti, in modo da non ledere la solvibilità sul lungo termine (1).

2. Le ipotesi attuariali sono determinate nel rispetto dei principi di cui (1) all'articolo 33, nonché delle regole applicative dei principi attuariali riconosciute dall'ISVAP con regolamento.

3. La valutazione delle ipotesi poste a base del calcolo dei premi spetta all'attuario e forma oggetto di una relazione tecnica da conservare presso l'impresa. Il bilancio dell'impresa che esercita i rami vita è trasmesso all'ISVAP insieme ad una relazione tecnica nella quale l'attuario incaricato descrive analiticamente i procedimenti seguiti e le valutazioni operate, con riferimento alle basi tecniche adottate, per il calcolo delle riserve tecniche, con specifica evidenza delle eventuali valutazioni implicite e delle relative motivazioni, attesta la correttezza dei procedimenti seguiti, riferisce sui controlli operati in ordine alle procedure impiegate per il calcolo delle riserve e per la corretta rilevazione del portafoglio ed esprime un giudizio sulla sufficienza di tutte le riserve tecniche, ivi comprese le eventuali riserve aggiuntive, appostate in bilancio.*

4. Nel caso di utilizzazione sistematica e permanente di risorse estranee ai premi ed ai relativi proventi, l'ISVAP può vietare l'ulteriore commercializzazione dei prodotti assicurativi che hanno provocato la situazione di squilibrio.

5. È consentito l'impiego di formule tariffarie a premio naturale a condizione che sia data una adeguata informativa precontrattuale ed in corso di contratto, fermo restando il divieto di revisione delle basi tecniche. In caso di violazione del divieto il contratto è nullo e si applica l'articolo 167, comma 2.

6. L'impresa comunica all'ISVAP gli elementi essenziali delle basi tecniche utilizzate per il calcolo dei premi e delle riserve tecniche di ciascuna tariffa.

(1) Inserito dal d.lg. 12/5/2015, n. 74.
* Comma abrogato dal d.lg. 12/5/2015, n. 74.

33. Tasso di interesse garantibile nei contratti relativi ai rami vita. – *1. L'ISVAP determina, con regolamento, per tutti i contratti da stipulare che prevedono una garanzia di tasso di interesse un tasso di interesse massimo, che non può superare il sessanta per cento del tasso medio dei prestiti obbligazionari dello Stato. 2. L'ISVAP può altresì determinare nel regolamento più tassi massimi di interesse, diversificati secondo la moneta in cui è espresso il contratto, purché ciascuno di essi non superi il sessanta per cento del tasso medio dei prestiti obbligazionari dello Stato nella cui moneta è espresso il contratto. In tale caso l'ISVAP consulta preventivamente l'autorità di vigilanza dello Stato membro interessato*.*

3. L'impresa definisce il tasso di interesse garantito nei contratti relativi ai rami vita, in coerenza con le proprie politiche di investimento e del sistema di gestione dei rischi di cui gli articoli 30, comma 5, e 30-bis, commi 3, lettera a), e 9, attenendosi a criteri prudenziali. Il tasso tiene conto della moneta in cui è espresso il contratto e degli attivi corrispondenti (1).

4. L'ISVAP, in deroga ai tassi massimi di cui ai commi 1 e 2, può stabilire nel regolamento, per specifiche categorie di contratti, valori diversi del tasso massimo di interesse. Può inoltre stabilire limiti particolari per i contratti a premio unico o di rendita vitalizia immediata senza facoltà di riscatto, per i quali gli impegni trovino copertura nei corrispondenti cespiti dell'attivo. 5. Qualora L'ISVAP si avvalga della facoltà di cui al comma 4, l'impresa può scegliere il tasso di interesse prudenziale da adottare, tenendo conto della moneta in cui è espresso il contratto e degli attivi corrispondenti. In nessun caso il tasso di interesse utilizzato può essere più elevato del rendimento degli attivi a copertura, calcolato tenendo conto dei principi contabili in vigore, previa opportuna deduzione*.

5-bis. L'IVASS, ai fini di cui all'articolo 5, ed in particolare nei casi di cui al comma 1-ter del suddetto articolo, può determinare limiti alle basi tecniche di costruzioni tariffarie e ai tassi di interesse garantibili da contratti relativi ai rami vita, che siano applicabili per periodi di tempo definiti (2).

6. I tassi massimi determinati nel regolamento di cui al comma 1 sono comunicati dall'ISVAP alla commissione europea e, ove ne facciano richiesta, alle autorità di vigilanza degli altri Stati membri.*

* Commi abrogati dal d.lg. 12/5/2015, n. 74.
(1) Comma sostituito dal d.lg. 12/5/2015, n. 74.
(2) Inserito dal d.lg. 12/5/2015, n. 74.

34. Attuario incaricato dall'impresa che esercita i rami responsabilità civile veicoli e natanti*. *– 1. L'impresa di assicurazione autorizzata all'esercizio dell'assicurazione obbligatoria della responsabilità civile dei veicoli a motore e dei* *natanti incarica un attuario per la verifica preventiva delle tariffe e delle riserve tecniche relative ai rami 10 e 12 di cui all'articolo 2, comma 3, anche al fine di agevolare l'esercizio dei poteri di vigilanza da parte dell'ISVAP. 2. L'attuario incaricato deve essere in possesso dei requisiti di onorabilità e professionalità stabiliti con regolamento adottato dal Ministro delle attività produttive, su proposta dell'ISVAP. 3. L'attuario incaricato è preposto alla verifica delle basi tecniche, delle metodologie statistiche, delle ipotesi tecniche e finanziarie utilizzate ed alla valutazione della coerenza dei premi di tariffa con i parametri di riferimento adottati. L'attuario incaricato verifica inoltre la correttezza dei procedimenti e dei metodi seguiti dall'impresa per il calcolo delle riserve tecniche. 4. Le funzioni dell'attuario incaricato sono determinate dal Ministro delle attività produttive con il regolamento di cui al comma 2, fermo restando quanto previsto dall'articolo 37, comma 2. Si applicano le disposizioni di cui all'articolo 31, commi 3, 4, 5 e 6.*

* Articolo abrogato dal d.lg. 12/5/2015, n. 74.

35. Determinazione delle tariffe nei rami responsabilità civile veicoli e natanti. – 1. Nei rami responsabilità civile veicoli e natanti (1) l'impresa calcola distintamente i premi puri ed i caricamenti in coerenza con le proprie basi tecniche, sufficientemente ampie ed estese ad almeno cinque esercizi. Ove tali basi non siano disponibili, l'impresa può fare ricorso a rilevazioni statistiche di mercato.

2. Per i rischi che, per le loro caratteristiche, non possono essere ricondotti ad alcuna delle tariffe stabilite dall'impresa, questa può avvalersi, ai fini della conoscenza degli elementi statistici necessari per la determinazione del premio puro, delle informazioni in possesso di uno o più organismi costituiti tra le imprese esercenti l'assicurazione obbligatoria autoveicoli, i quali sono tenuti a fornire gli elementi richiesti.

3. Le disposizioni di cui al comma 2 si applicano anche per i rischi che presentano, per qualsiasi causa soggettiva od oggettiva, carattere di particolarità o di eccezionalità rispetto a quelli stabiliti dall'impresa.

4. Gli elementi statistici utilizzati dall'impresa per la determinazione del premio puro per i rischi di cui ai commi 2 e 3 devono essere comunicati tempestivamente agli organismi indicati nel comma 2.

(1) Inserito dal d.lg. 12/5/2015, n. 74.

35 bis. Strumenti del sistema di gestione dei rischi sulle riserve tecniche (1). – 1. In applicazione dell'articolo 30-bis, comma 3, lettera a), l'impresa annualmente redige una relazione sulle riserve tecniche costituite alla chiusura dell'esercizio, in cui viene data evidenza anche delle valutazioni, dei procedimenti e dei controlli operati nonché delle ipotesi di calcolo utilizzate.

2. Ai fini del comma 1, l'impresa applica il principio di cui all'articolo 30-ter, comma 3.

3. La relazione di cui al comma 1 è trasmessa almeno alla società di revisione e all'organo di controllo e, su richiesta, all'IVASS.

4. La relazione di cui al comma 1 è conservata presso l'impresa per almeno cinque anni dalla data di redazione.

5. L'IVASS, nel rispetto delle disposizioni della presente Sezione, può disciplinare con regolamento i contenuti della relazione di cui al comma 1, anche in relazione a singole linee di attività e gli obblighi di trasmissione del documento.

(1) Inserito dal d.lg. 12/5/2015, n. 74.

35 ter. Strumenti del sistema di gestione dei rischi nei rami della responsabilità civile veicoli a motore e natanti (1). – 1. L'impresa nello svolgimento delle attività individuate alla presente Sezione fa specifico riferimento ai rischi dei rami responsabilità civile veicoli a motore e natanti, in particolare avuto riguardo ai rischi di tariffazione e di riservazione.

2. L'IVASS può disciplinare con regolamento gli strumenti di sistema di gestione dei rischi di cui al comma 1 da adottarsi da parte delle imprese che esercitano le attività dei rami responsabilità civile veicoli a motore e natanti nel territorio della Repubblica.

(1) Inserito dal d.lg. 12/5/2015, n. 74.

Capo I-bis
Principi generali per la valutazione degli attivi e delle passività per fini di vigilanza sulla solvibilità (1)

(1) Capo inserito dal d.lg. 12/5/2015, n. 74.

35 quater. Valutazione degli attivi e delle passività (1). – 1. L'impresa, secondo le disposizioni stabilite dall'IVASS con regolamento, valuta i propri attivi e passività nel rispetto delle seguenti modalità:

a) gli attivi all'importo al quale potrebbero essere scambiati tra parti consapevoli e consenzienti in un'operazione svolta alle normali condizioni di mercato;

b) le passività, all'importo al quale potrebbero essere trasferite, o regolate, tra parti consapevoli e consenzienti in un'operazione svolta alle normali condizioni di mercato. Ai fini della valutazione delle passività di cui al comma 1, lettera b), l'impresa non effettua alcun aggiustamento per tenere conto del proprio merito di credito.

(1) Inserito dal d.lg. 12/5/2015, n. 74.

Capo II
Calcolo delle riserve tecniche (1)

(1) Denominazione del Capo modificata dal d.lg. 12/5/2015, n. 74.

36. Riserve tecniche dei rami vita*. – *1. L'impresa che esercita i rami vita ha l'obbligo di costituire, per i contratti del portafoglio italiano, riserve tecniche, ivi comprese le riserve matematiche, sufficienti a garantire le obbligazioni assunte e le spese future. Le riserve sono costituite, al lordo delle cessioni in riassicurazione, nel rispetto dei principi attuariali e delle regole applicative individuate dall'ISVAP con regolamento. 2. La valutazione sulla sufficienza delle riserve tecniche spetta all'attuario incaricato, che esercita la funzione di controllo in via permanente, per consentire all'impresa di effettuare, con tempestività, gli interventi necessari. A tal fine l'attuario incaricato ha l'obbligo di informare prontamente l'organo con funzioni di amministrazione e l'organo che svolge funzioni di controllo dell'impresa qualora rilevi l'esistenza di possibili condizioni che gli impedirebbero, a quel momento, di formulare un giudizio di piena sufficienza delle riserve tecniche in base ai principi da rispettare per la redazione della relazione tecnica di cui all'articolo 32, comma 3. L'impresa, se non è in grado di rimuovere le cause del rilievo o se non condivide il rilievo stesso, ne dà pronta comunicazione all'ISVAP. 3. L'impresa che esercita i rami vita costituisce alla fine di ogni esercizio un'apposita riserva tecnica pari all'ammontare complessivo delle somme che risultino necessarie per far fronte al pagamento dei capitali e delle rendite maturati, dei riscatti e dei sinistri da pagare. 4. La riserva per la partecipazione agli utili e ai ristorni comprende gli importi da attribuire agli assicurati o ai beneficiari dei contratti a titolo di partecipazione agli utili tecnici e di ristorni, purché tali importi non siano stati attribuiti agli assicurati o non siano già stati considerati nelle riserve matema-*

tiche. 5. Per la costituzione delle riserve tecniche delle assicurazioni complementari, previste nell'articolo 2, comma 2, sono osservate le disposizioni relative alle riserve tecniche dei rami danni. 6. Le riserve a carico dei riassicuratori comprendono gli importi di loro competenza e sono determinate conformemente agli accordi contrattuali di riassicurazione, in base agli importi lordi delle riserve tecniche. 7. L'impresa che esercita i rami vita presenta all'ISVAP il confronto tra le basi tecniche, diverse dal tasso di interesse, impiegate nel calcolo delle riserve tecniche ed i risultati dell'esperienza diretta.

* Articolo abrogato dal d.lg. 12/5/2015, n. 74.

36 bis. Disposizioni generali in materia di riserve tecniche (1). – 1. L'impresa costituisce riserve tecniche sufficienti a far fronte ad ogni impegno assicurativo e riassicurativo derivante dai contratti di assicurazione o riassicurazione nei confronti dei contraenti, degli assicurati, dei beneficiari e degli aventi diritto a prestazioni assicurative, secondo le disposizioni stabilite dall'IVASS con regolamento.

2. L'impresa detiene riserve tecniche per un valore corrispondente all'importo attuale che l'impresa medesima dovrebbe pagare se dovesse trasferire immediatamente i propri impegni assicurativi e riassicurativi ad un'altra impresa di assicurazione o di riassicurazione.

3. Per il calcolo delle riserve tecniche l'impresa utilizza in modo coerente con le valutazioni di mercato le informazioni fornite dai mercati finanziari e i dati generalmente disponibili sui rischi di sottoscrizione.

4. L'impresa calcola le riserve tecniche in modo prudente, affidabile ed obiettivo.

5. L'impresa calcola le riserve tecniche ai sensi degli articoli da 36-ter a 36-undecies, dell'articolo 36-duodecies, commi 1 e 2, e delle misure di attuazione adottate dalla Commissione europea nel rispetto dei principi di cui ai commi 2, 3, e 4 e tenuto conto dei principi di cui all'articolo 35-quater, commi 1 e 2.

(1) Articolo inserito dal d.lg. 12/5/2015, n. 74.

36 ter. Calcolo delle riserve tecniche (1). – 1. L'impresa detiene riserve tecniche per un valore corrispondente alla somma della migliore stima e del margine di rischio di cui ai commi da 2 a 6.

2. La migliore stima corrisponde al valore attuale atteso dei flussi di cassa futuri. Tale valore corrisponde alla media dei flussi di cassa futuri ponderata con la probabilità, tenendo conto del valore temporale del denaro, sulla base della pertinente struttura per scadenza dei tassi di interesse privi di rischio.

3. L'impresa calcola la migliore stima sulla base di informazioni aggiornate e attendibili nonché su ipotesi realistiche, utilizzando metodi attuariali e statistici che siano adeguati, applicabili e pertinenti.

4. Nel calcolo della migliore stima l'impresa utilizza la proiezione dei flussi di cassa che tiene conto dei flussi di cassa in entrata e in uscita necessari per regolare gli impegni assicurativi e riassicurativi per la loro intera durata.

5. L'impresa calcola la migliore stima al lordo, senza la deduzione degli importi, da calcolare separatamente, recuperabili da contratti di riassicurazione e società veicolo, ai sensi dell'articolo 36-undecies.

6. L'impresa calcola il margine di rischio in modo tale da garantire che il valore delle riserve tecniche equivalga all'importo di cui l'impresa medesima dovrebbe disporre per assumere e onorare gli impegni assicurativi e riassicurativi.

7. L'impresa valuta separatamente la migliore stima e il margine di rischio.

8. Quando i flussi di cassa futuri connessi con gli impegni assicurativi o riassicurativi possono essere riprodotti in modo attendibile, facendo ricorso a strumenti finanziari per i quali sia osservabile un valore di mercato attendibile, l'impresa determina il valore delle riserve tecniche associato a tali futuri flussi di cassa sulla base del valore di mercato di tali strumenti finanziari. In tal caso l'impresa non è tenuta a calcolare separatamente la migliore stima e il margine di rischio.

9. Nei casi di cui al comma 7, l'impresa calcola il margine di rischio determinando il costo per la costituzione di fondi propri ammissibili per un importo pari al Requisito Patrimoniale di Solvibilità necessario per far fronte agli impegni assicurativi e riassicurativi per la loro intera durata.

10. Nella determinazione del costo della costituzione di fondi propri ammissibili per l'importo di cui al comma 9, ogni impresa utilizza lo stesso tasso del costo del capitale. Tale tasso è sottoposto a revisione periodica.

11. Il tasso del costo del capitale utilizzato è pari alla maggiorazione rispetto al pertinente tasso d'interesse privo di rischio in cui un'impresa incorrerebbe detenendo un importo di fondi propri ammissibili, determinato ai sensi del Capo II-bis, del presente Titolo e delle relative misure di attuazione adottate dalla Commissione europea, pari al Requisito Patrimoniale di Solvibilità necessario per far fronte agli impegni assicurativi o riassicurativi per la loro intera durata.

(1) Articolo inserito dal d.lg. 12/5/2015, n. 74.

36 quater. Estrapolazione della pertinente struttura per scadenza dei tassi d'interesse privi di rischio (1). – 1. La pertinente struttura per scadenza dei tassi d'interesse privi di rischio di cui all'articolo 36-ter, comma 2, fa riferimento ed è coerente con le informazioni derivanti da strumenti finanziari pertinenti.

2. Ai fini della determinazione della struttura per scadenza, di cui al comma 1, rileva anche la scadenza degli strumenti finanziari pertinenti.

3. Per le scadenze per cui i mercati degli strumenti finanziari pertinenti o di titoli obbligazionari sono idonei per spessore, liquidità e trasparenza degli scambi, la struttura di cui al comma 1 è determinata tenendo conto degli strumenti finanziari pertinenti stessi.

4. Per le scadenze per cui i mercati degli strumenti finanziari pertinenti o di titoli obbligazionari non sono idonei ai sensi del comma 3, la struttura dei tassi di cui al comma 1 è determinata per estrapolazione.

5. La parte estrapolata della pertinente struttura per scadenza dei tassi d'interesse privi di rischio è basata su tassi a termine (tassi forward), convergenti gradualmente verso un tasso a termine finale atteso («tasso forward finale» – Ultimate Forward Rate), definiti a partire da uno o un insieme di tassi forward relativi alle scadenze più lunghe per le quali gli strumenti finanziari pertinenti o i titoli obbligazionari possono essere osservati in mercati idonei ai sensi del comma 3.

(1) Articolo inserito dal d.lg. 12/5/2015, n. 74.

36 quinquies. Aggiustamento di congruità della pertinente struttura per scadenza dei tassi di interesse privi di rischio (1). – 1. L'impresa può applicare un aggiustamento di congruità («matching adjustment») alla pertinente struttura per scadenza dei tassi di interesse privi di rischio ai fini del calcolo della migliore stima di un portafoglio di impegni di assicurazione o riassicurazione vita, e di contratti di rendita derivanti da contratti di assicurazione o riassicurazione danni, nel rispetto delle disposizioni di cui all'articolo 36-octies.

2. L'applicazione dell'aggiustamento di congruità di cui al comma 1 è soggetta all'autorizzazione dell'IVASS, che la rilascia laddove siano soddisfatte le seguenti condizioni:

a) l'impresa dispone di un portafoglio di attivi, formato da titoli obbligazionari e altri attivi con caratteristiche simili in termini di flusso di cassa dedicato alla copertura della migliore stima del portafoglio degli impegni di assicurazione o riassicurazione e lo detiene per tutta la durata degli impegni, a meno che non si verifichi una rilevante variazione dei flussi di cassa e sia necessario mantenere la replicazione dei flussi di cassa attesi in entrata e in uscita;

b) il portafoglio degli impegni di assicurazione o di riassicurazione cui si applica l'aggiustamento di congruità e il relativo portafoglio di attivi dedicato sono identificati, organizzati e gestiti separatamente dalle altre attività dell'impresa. Il portafoglio di attivi dedicato non può essere usato a copertura di perdite derivanti da altre attività dell'impresa;

c) i flussi di cassa attesi del portafoglio di attivi dedicato rispecchiano i singoli flussi di cassa attesi del portafoglio degli impegni di assicurazione o di riassicurazione nella medesima valuta; gli eventuali disallineamenti non comportano rischi rilevanti in relazione a quelli intrinseci dell'attività assicurativa o riassicurativa cui si applica l'aggiustamento di congruità;

d) i contratti sottostanti al portafoglio degli impegni di assicurazione o di riassicurazione non comportano versamenti di premi futuri;

e) gli unici rischi di sottoscrizione legati al portafoglio degli impegni di assicurazione o di riassicurazione sono quelli di longevità, di spesa, di revisione e di mortalità;

f) laddove il rischio di sottoscrizione legato al portafoglio degli impegni di assicurazione o di riassicurazione comprende il rischio di mortalità, la migliore stima del portafoglio degli impegni di assicurazione o di riassicurazione non aumenta più del 5 per cento, sotto una ipotesi di stress del rischio di mortalità calibrato secondo le disposizioni di cui all'articolo 45-ter, commi da 2 a 6;

g) i contratti sottostanti al portafoglio degli impegni di assicurazione o di riassicurazione non comprendono opzioni per il contraente o comunque includono solo un'opzione di riscatto in cui il valore di riscatto non è superiore a quello degli attivi, valutati in conformità all'articolo 35-quater destinati alla copertura degli impegni di assicurazione o di riassicurazione in essere al momento dell'esercizio dell'opzione di riscatto;

h) i flussi di cassa del portafoglio di attivi dedicato sono fissi e non possono essere modificati né dagli emittenti degli attivi stessi né da terzi;

i) ai fini del presente comma gli impegni di assicurazione o di riassicurazione derivanti da un contratto di assicurazione o di riassicurazione non sono suddivisi in diverse parti in sede di composizione del portafoglio degli impegni di assicurazione o riassicurazione.

3. Nonostante quanto disposto al comma 2, lettera h), l'impresa può fare ricorso ad attivi caratterizzati da flussi di cassa fissi, o comunque soggetti solo all'inflazione, a condizione che essi replichino flussi di cassa del portafoglio degli impegni di assicurazione o di riassicurazione anch'essi dipendenti dall'inflazione.

4. L'eventuale facoltà di emittenti o terze parti di modificare i flussi di cassa di un attivo in maniera tale da offrire all'investitore una compensazione sufficiente a permettergli di ottenere i medesimi flussi di cassa reinvestendo in attivi caratterizzati da un merito di credito equivalente o superiore non inficia l'ammissibilità dell'attivo stesso al portafoglio dedicato in virtù di quanto disposto al comma 2, lettera h).

5. L'impresa che applica l'aggiustamento di congruità a un portafoglio degli impegni di assicurazione o di riassicurazione non può più optare per la non applicazione dell'aggiustamento di congruità stesso.

6. Laddove un'impresa che applica l'aggiustamento di congruità non sia più in grado di rispettare le condizioni fissate ai commi da 2 a 4, essa ne informa immediatamente l'IVASS e adotta le misure necessarie per ripristinare la conformità a dette condizioni.

7. Qualora l'impresa non sia in grado di ripristinare la conformità, di cui al comma 6, entro due mesi dalla data del mancato rispetto, essa non applica più l'aggiustamento di congruità a tutti i suoi impegni di assicurazione o di riassicurazione per un periodo di ulteriori 24 mesi.

8. L'aggiustamento di congruità non si applica agli impegni di assicurazione o di riassicurazione la cui struttura per scadenza dei tassi di interesse privi di rischio per il calcolo della migliore stima degli impegni stessi comprende un aggiustamento per la volatilità ai sensi dell'articolo 36-septies oppure una misura transitoria sui tassi di interesse privi di rischio ai sensi dell'articolo 344-novies.

(1) Articolo inserito dal d.lg. 12/5/2015, n. 74.

36 sexies. Calcolo dell'aggiustamento di congruità (1). – 1. L'aggiustamento di congruità di cui all'articolo 36-quinquies si calcola per le singole valute in base ai seguenti principi:

a) l'aggiustamento di congruità deve essere pari alla differenza tra:

1) il tasso effettivo annuo calcolato come tasso di attualizzazione unico che, applicato ai flussi di cassa del portafoglio degli impegni di assicurazione o di riassicurazione, dà come risultato un valore equivalente a quello del portafoglio degli attivi dedicato, valutato ai sensi dell'articolo 35-quater;

2) il tasso effettivo annuo calcolato come tasso di attualizzazione unico che, applicato ai flussi di cassa del portafoglio degli impegni di assicurazione o di riassicurazione, dà come risultato un valore equivalente a quello della migliore stima del portafoglio degli impegni di assicurazione o di riassicurazione, tenuto conto del valore temporale del denaro mediante utilizzo della struttura per scadenza di base dei tassi di interesse privi di rischio;

b) l'aggiustamento di congruità non deve includere lo spread "fondamentale" che riflette i rischi mantenuti dall'impresa;

c) nonostante la lettera a), lo spread "fondamentale" deve essere incrementato, laddove necessario, per evitare che l'aggiustamento di congruità per gli attivi con merito di credito inferiore alla categoria "investimento" (investment grade) superi gli aggiustamenti di congruità per gli attivi della stessa classe e della medesima durata caratterizzati da un merito di credito di categoria "investimento";

d) il ricorso a valutazioni esterne del merito di credito per il calcolo dell'aggiustamento di congruità deve essere conforme alle relative specifiche misure di attuazione adottate dalla Commissione europea.

2. Ai fini del comma 1, lettera b), lo spread "fondamentale" è:

a) pari alla somma di:

1) spread di credito corrispondente alla probabilità di inadempimento relativa agli attivi;

2) spread di credito corrispondente alla perdita prevista in caso di declassamento degli attivi;

b) per le esposizioni verso gli Stati membri e verso le banche centrali, pari ad almeno il 30 per cento della media a lungo termine dello spread sul tasso di interesse privo di rischio degli attivi di uguale durata relativa (duration), merito di credito e classe osservati sui mercati finanziari;

c) per gli attivi diversi dalle esposizioni di cui alla lettera b), pari ad almeno il 35 per cento della media a lungo termine dello spread sul tasso di interesse privo di rischio degli attivi di uguale durata relativa (duration), merito di credito e classe osservati sui mercati finanziari.

3. La probabilità di inadempimento di cui al comma 2, lettera a), numero 1), si basa su statistiche di inadempimento a lungo termine pertinenti per il singolo attivo in rapporto alla durata relativa (duration), al merito di credito e alla classe di quest'ultimo.

4. Laddove non sia possibile desumere uno spread di credi-

to dalle statistiche di inadempimento, di cui al comma 3, lo spread "fondamentale" è pari alla percentuale della media a lungo termine dello spread sul tasso di interesse privo di rischio di cui al comma 2, lettere b) e c).

(1) Articolo inserito dal d.lg. 12/5/2015, n. 74.

36 septies. Aggiustamento per la volatilità della pertinente struttura per scadenza dei tassi di interesse privi di rischio (1). – 1. L'impresa può applicare un aggiustamento per la volatilità (volatility adjustment) alla pertinente struttura per scadenza dei tassi di interesse privi di rischio ai fini del calcolo della migliore stima di cui all'articolo 36-ter, commi da 2 a 5, nel rispetto delle disposizioni di cui all'articolo 36-octies.

2. Per ognuna delle valute interessate, l'aggiustamento per la volatilità della pertinente struttura per scadenza dei tassi di interesse privi di rischio, di cui al comma 1, si basa sullo spread tra il tasso di interesse ottenibile dagli attivi inclusi in un portafoglio di riferimento per la valuta in questione e i tassi della pertinente struttura per scadenza dei tassi di interesse privi di rischio per la medesima valuta.

3. Il portafoglio di riferimento per una valuta è rappresentativo degli attivi denominati nella valuta in questione che l'impresa pone a copertura della migliore stima degli impegni di assicurazione e di riassicurazione denominati nella medesima valuta.

4. L'aggiustamento per la volatilità dei tassi di interesse privi di rischio è pari al 65 per cento dello spread valutario (currency spread) corretto per il rischio.

5. Lo spread valutario corretto per il rischio, di cui al comma 4, è calcolato come differenza tra lo spread di cui al comma 2 e la quota dello stesso attribuibile a una valutazione realistica delle perdite attese, del rischio di credito non previsto o di altri rischi connessi agli attivi.

6. L'aggiustamento per la volatilità si applica ai soli tassi di interesse privi di rischio o della struttura per scadenza non ottenuti mediante estrapolazione, di cui all'articolo 36-quater, comma 3.

7. L'estrapolazione della pertinente struttura per scadenza dei tassi di interesse privi di rischio si basa sui tassi di interesse privi di rischio di cui al comma 6.

8. Per ciascun paese interessato, l'aggiustamento per la volatilità dei tassi di interesse privi di rischio di cui ai commi da 4 a 7, da applicare alla valuta del paese prima dell'applicazione del fattore del 65 per cento, è aumentato della differenza tra lo spread nazionale (country spread) corretto per il rischio e il doppio dello spread valutario corretto per il rischio.

9. A decorrere dall'esercizio 2019, fatte salve le disposizioni di cui all'articolo 36-octies, comma 1, l'aumento di cui al comma 8 è applicato quando la differenza descritta al medesimo comma sia positiva e lo spread nazionale corretto per il rischio superi gli 85 punti base (2).

10. L'impresa applica l'aggiustamento per la volatilità maggiorata al calcolo della migliore stima degli impegni di assicurazione e di riassicurazione legati a contratti commercializzati nel mercato nazionale in questione.

11. Lo spread nazionale corretto per il rischio è calcolato come quello valutario corretto per il rischio in relazione alla valuta del paese, ma sulla base di un portafoglio di riferimento che sia rappresentativo degli attivi in cui ha investito l'impresa ai fini della copertura della migliore stima degli impegni di assicurazione e di riassicurazione legati a contratti commercializzati nel mercato nazionale in questione e denominati nella sua valuta.

12. L'impresa non applica l'aggiustamento per la volatilità in relazione agli impegni di assicurazione la cui struttura per scadenza dei tassi di interesse privi di rischio per il calcolo della migliore stima degli impegni stessi comprende un aggiustamento di congruità ai sensi dell'articolo 36-quinquies.

13. In deroga all'articolo 45-ter, il requisito patrimoniale di solvibilità non comprende il rischio di perdita di fondi propri di base derivante da modifiche dell'aggiustamento per la volatilità.

(1) Articolo inserito dal d.lg. 12/5/2015, n. 74.
(2) Comma sostituito dall'art. 51, co. 1, d.l. 17/3/2020, n. 18, conv., con modif., dalla l. 24/4/2020, n. 27.

36 octies. Informazioni tecniche (1). – 1. Le informazioni tecniche prodotte dall'EIOPA in conformità alle disposizioni comunitarie costituite da:

a) una pertinente struttura per scadenza dei tassi di interesse privi di rischio per il calcolo della migliore stima di cui all'articolo 36-ter, comma 2, senza aggiustamenti di congruità o aggiustamenti per la volatilità;

b) per ciascuna durata interessata, il merito di credito e la classe di attivo di uno spread "fondamentale" per il calcolo dell'aggiustamento di congruità di cui all'articolo 36-sexies, comma 1, lettera b);

c) l'aggiustamento per la volatilità della pertinente struttura per scadenza dei tassi di interesse privi di rischio di cui all'articolo 36-septies, comma 1, per ciascun mercato assicurativo nazionale interessato; laddove adottate dalla Commissione europea, in conformità alle disposizioni comunitarie, sono utilizzate dall'impresa in sede di calcolo della migliore stima ai sensi dell'articolo 36-ter, dell'aggiustamento di congruità ai sensi dell'articolo 36-sexies e dell'aggiustamento per la volatilità ai sensi dell'articolo 36-septies.

2. Per quanto concerne le valute e i mercati nazionali per i quali la rettifica di cui al comma 1, lettera c), non è stabilita dagli atti di esecuzione della Commissione europea in conformità alle disposizioni dell'Unione europea, l'impresa, ai fini del calcolo della migliore stima, non applica alcun aggiustamento per la volatilità alla struttura per scadenza dei pertinenti tassi di interesse privi di rischio.

(1) Articolo inserito dal d.lg. 12/5/2015, n. 74.

36 novies. Altri elementi da prendere in considerazione nel calcolo delle riserve tecniche (1). – 1. Nel calcolo delle riserve tecniche l'impresa, oltre a quanto disposto dall'articolo 36-ter, segmenta gli impegni assicurativi e riassicurativi in gruppi di rischi omogenei ed almeno per linee di attività, tenendo conto:

a) di tutte le spese che sosterrà per far fronte agli impegni assicurativi e riassicurativi;

b) dell'inflazione, inclusa quella relativa alle spese e ai sinistri;

c) di ogni pagamento ai contraenti, agli assicurati, ai beneficiari e agli aventi diritto a prestazioni assicurative, incluse le future partecipazioni agli utili a carattere discrezionale previsti dall'impresa a prescindere dalla sussistenza di garanzie contrattuali, salvo che tali pagamenti non siano ricompresi nell'ambito di applicazione dell'articolo 44-sexies.

(1) Articolo inserito dal d.lg. 12/5/2015, n. 74.

36 decies. Valutazione delle garanzie finanziarie e delle opzioni contrattuali incluse nei contratti di assicurazione e di riassicurazione (1). – 1. L'impresa nel calcolo delle riserve tecniche tiene conto del valore delle garanzie finanziarie e di tutte le opzioni contrattuali previste nei contratti di assicurazione e riassicurazione.

2. Le ipotesi dell'impresa sulla probabilità dell'esercizio da parte dei contraenti delle opzioni contrattuali, ivi incluse le ipotesi di riduzione e di estinzione anticipata, compresi i riscatti, dei contratti di assicurazione e riassicurazione, sono realistiche e basate su informazioni attuali ed attendibili.

3. Le ipotesi di cui al comma 2 tengono conto esplicita-

mente o implicitamente dell'impatto delle future variazioni delle condizioni finanziarie e non finanziarie sull'esercizio delle opzioni contrattuali di cui al medesimo comma 2.

(1) Articolo inserito dal d.lg. 12/5/2015, n. 74.

36 undecies. Importi recuperabili da contratti di riassicurazione e società veicolo (1). – 1. L'impresa calcola l'ammontare degli importi recuperabili da contratti di riassicurazione e società veicolo in conformità degli articoli da 36-bis a 36-decies.

2. Nel calcolo di cui al comma 1, l'impresa tiene conto del periodo temporale intercorrente tra i recuperi dei crediti e i pagamenti diretti.

3. L'impresa, per tenere conto delle perdite attese a causa dell'inadempimento della controparte, rettifica il risultato del calcolo di cui al comma 1 sulla base della valutazione della probabilità di inadempimento di controparte e della perdita media per inadempimento (loss given default).

(1) Articolo inserito dal d.lg. 12/5/2015, n. 74.

36 duodecies. Qualità dei dati (1). – 1. L'impresa si dota di procedure e processi interni per garantire l'appropriatezza, la completezza e l'accuratezza dei dati utilizzati nel calcolo delle riserve tecniche.

2. Nel caso in cui l'impresa, al ricorrere di specifiche circostanze, non disponga di sufficienti dati di adeguata qualità per l'applicazione di un metodo attuariale attendibile ad un gruppo o ad un sottogruppo dei propri impegni assicurativi e riassicurativi o agli importi recuperabili da contratti di riassicurazione e dalle società veicolo, può utilizzare per il calcolo della migliore stima adeguate approssimazioni, inclusi metodi caso per caso.

3. L'impresa si dota di processi e procedure idonei a garantire che le migliori stime e le ipotesi sottese al calcolo delle migliori stime siano periodicamente confrontate con i dati tratti dall'esperienza.

4. Qualora dal confronto di cui al comma 3 emerga uno scostamento sistematico tra i dati tratti dall'esperienza ed il calcolo delle migliori stime, l'impresa effettua gli appropriati aggiustamenti ai metodi attuariali utilizzati o alle ipotesi elaborate o ad entrambi.

(1) Articolo inserito dal d.lg. 12/5/2015, n. 74.

36 terdecies. Adeguatezza delle riserve tecniche (1). – 1. L'IVASS può richiedere all'impresa di dimostrare l'adeguatezza del livello delle proprie riserve tecniche, l'applicabilità e la pertinenza dei metodi utilizzati nonché l'adeguatezza dei sottostanti dati statistici utilizzati.

2. L'IVASS, nel caso di cui il calcolo delle riserve tecniche dell'impresa non sia conforme alle previsioni degli articoli da 36-bis a 36-duodecies, può richiedere all'impresa di incrementare l'importo delle riserve tecniche fino all'ammontare calcolato nel rispetto di quanto previsto da tali articoli.

(1) Articolo inserito dal d.lg. 12/5/2015, n. 74.

37. Riserve tecniche dei rami danni*. *– 1. L'impresa che esercita i rami danni ha l'obbligo di costituire, per i contratti del portafoglio italiano, riserve tecniche che siano sempre sufficienti a far fronte, per quanto ragionevolmente prevedibile, agli impegni derivanti dai contratti di assicurazione. Le riserve sono costituite, al lordo delle cessioni in riassicurazione, nel rispetto delle disposizioni e dei metodi di valutazione stabiliti dall'ISVAP con regolamento. 2. Nei confronti dell'impresa che esercita l'attività nei rami relativi all'assicurazione obbligatoria della responsabilità civile dei veicoli e dei natanti la valutazione sulla sufficienza delle riserve tecniche spetta all'attuario incaricato, che esercita la funzione di controllo in via permanente, per consentire all'impresa di effettuare, con tempestività, gli interventi necessari. A tale fine l'attuario incaricato ha l'obbligo di informare prontamente l'organo con funzioni di amministrazione e l'organo che svolge funzioni di controllo dell'impresa qualora rilevi l'esistenza di possibili condizioni che gli impedirebbero, a quel momento, di formulare un giudizio di piena sufficienza delle riserve tecniche in base ai principi da rispettare per la redazione dell'apposita relazione tecnica. L'impresa, se non è in grado di rimuovere le cause del rilievo o se non condivide il rilievo stesso, ne dà pronta comunicazione all'ISVAP. 3. L'impresa che esercita i rami danni costituisce alla fine di ogni esercizio la riserva premi, la riserva sinistri, la riserva per sinistri avvenuti ma non ancora denunciati alla chiusura dell'esercizio, le riserve di perequazione, la riserva di senescenza e le riserve per partecipazione agli utili e ai ristorni. 4. La riserva premi comprende sia la riserva per frazioni di premi sia la riserva per rischi in corso. L'impresa che esercita le assicurazioni delle cauzioni, della grandine e delle altre calamità naturali e quelle dei danni derivanti dall'energia nucleare integra per tali assicurazioni, in relazione alla natura particolare dei rischi, la riserva per frazioni di premi. 5. La riserva sinistri comprende l'ammontare complessivo delle somme che, da una prudente valutazione effettuata in base ad elementi obiettivi, risultino necessarie per far fronte al pagamento dei sinistri avvenuti nell'esercizio stesso o in quelli precedenti, e non ancora pagati, nonché alle relative spese di liquidazione. La riserva sinistri è valutata in misura pari al costo ultimo, per tener conto di tutti i futuri oneri prevedibili, sulla base di dati storici e prospettici affidabili e comunque delle caratteristiche specifiche dell'impresa. 6. La riserva per i sinistri avvenuti, ma non ancora denunciati alla data di chiusura dell'esercizio, è valutata tenendo conto della natura dei rischi a cui si riferisce ai fini dei relativi metodi di valutazione. 7. Le riserve di perequazione comprendono tutte le somme accantonate, conformemente alle disposizioni di legge, allo scopo di perequare le fluttuazioni del tasso dei sinistri negli anni futuri o di coprire rischi particolari. L'impresa autorizzata ad esercitare l'attività assicurativa nel ramo credito costituisce una riserva di perequazione, destinata a coprire l'eventuale saldo tecnico negativo conservato del ramo credito alla fine di ciascun esercizio. L'impresa autorizzata all'esercizio dell'attività assicurativa nei rami danni, salvo che nel ramo credito e cauzioni, costituisce una riserva di perequazione per rischi di calamità naturali, diretta a compensare nel tempo l'andamento della sinistralità. Le condizioni e le modalità per la costituzione della riserva di perequazione per rischi di calamità naturale e per i danni derivanti dall'energia nucleare sono fissate con decreto del Ministro delle attività produttive, di concerto con il Ministro dell'economia e delle finanze, sentito l'ISVAP. 8. Per i contratti di assicurazione contro le malattie, che hanno durata poliennale o che, pur avendo durata annuale, prevedono l'obbligo di rinnovo alla scadenza, l'impresa costituisce una riserva di senescenza destinata a compensare l'aggravarsi del rischio dovuto al crescere dell'età degli assicurati, qualora i premi siano determinati, per l'intera durata della garanzia, con riferimento all'età degli assicurati al momento della stipulazione del contratto. Per tali contratti l'impresa può esercitare il diritto di recesso, a seguito di sinistro, solo entro i primi due anni dalla stipulazione del contratto. Per i contratti di assicurazione contro il rischio di non autosufficienza l'impresa costituisce una apposita riserva secondo appropriati criteri attuariali che tengono conto dell'andamento del rischio per l'intera durata della garanzia. 9. La riserva per partecipazione agli utili e ai ristorni comprende gli importi da attribuire agli assicurati o ai beneficiari dei contratti a titolo di partecipazione agli utili tecnici e ai ristorni, purché* *tali importi non siano stati attribuiti agli assicurati. 10. L'impresa autorizzata all'esercizio congiunto dell'attività, nei rami vita e nei rami infortuni e malattia, si conforma alle specifiche disposizioni applicabili. 11. Le riserve a carico dei riassicuratori comprendono gli importi di loro competenza e sono determinate conformemente agli accordi contrattuali di riassicurazione, in base agli importi lordi delle riserve tecniche. La riserva premi relativa agli importi di riassicurazione è calcolata in base ai metodi di cui al comma 4, coerentemente alla scelta operata dall'impresa per il calcolo della riserva premi lorda.*

* Abrogato dal d.lg. 12/5/2015, n. 74.

37 bis. Riserve tecniche del lavoro indiretto (1). – 1. L'impresa di assicurazione che esercita congiuntamente l'attività di riassicurazione costituisce per il lavoro indiretto le riserve tecniche alla fine di ciascun esercizio, al lordo delle retrocessioni, in relazione agli impegni assunti, nel rispetto delle disposizioni stabilite dall'ISVAP con regolamento. Si applica l'articolo 64, comma 2.

2. Fino all'emanazione dei regolamenti di cui all'articolo 42-bis, comma 1, e 65, comma 3, le imprese costituiscono per il lavoro indiretto le riserve tecniche alla fine di ciascun esercizio, al lordo delle retrocessioni, in relazione agli impegni assunti. L'iscrizione in bilancio delle riserve tecniche del lavoro indiretto è effettuata, in linea di principio, sulla base di quanto comunicato dalle imprese cedenti. Le imprese valutano la congruità delle riserve del lavoro indiretto affinché risultino sufficienti in relazione agli impegni assunti ed apportano in bilancio le eventuali rettifiche anche tenuto conto delle esperienze passate.*

(1) Articolo inserito dall'art. 2 del d.lg. 29/2/2008, n. 56.
* Comma abrogato dal d.lg. 12/5/2015, n. 74.

Capo II bis
Principi generali in materia di investimenti (1)

(1) Capo inserito dal d.lg. 12/5/2015, n. 74.

37 ter. Principio della persona prudente (1). – 1. L'impresa investe tutti gli attivi, inclusi quelli che coprono il Requisito Patrimoniale Minimo e il Requisito Patrimoniale di Solvibilità, conformemente al principio della persona prudente, come specificato nei commi da 2 a 6, nonché dal regolamento dell'IVASS adottato in conformità con le disposizioni dell'Unione europea.

2. L'impresa investe tutti gli attivi:

a) in attività e strumenti dei quali possa identificare, misurare, monitorare, gestire, controllare e segnalare adeguatamente i rischi, e ne tiene opportunamente conto nella valutazione del fabbisogno di solvibilità globale ai sensi dell'articolo 30-ter, comma 2, lettera a);

b) in modo tale da garantire la sicurezza, la qualità, la liquidità e la redditività del portafoglio nel suo complesso;

c) localizzando le attività secondo criteri tali da assicurare la loro disponibilità.

3. L'impresa, in ogni caso, investe gli attivi assicurando che:

a) gli investimenti in strumenti finanziari derivati contribuiscano ad una riduzione dei rischi o agevolino un'efficace gestione del portafoglio;

b) gli investimenti in attività non ammesse alla negoziazione su un mercato regolamentato siano mantenuti in ogni caso a livelli prudenziali;

c) gli investimenti siano adeguatamente diversificati in modo da evitare un'eccessiva dipendenza da una particolare attività, un particolare emittente o gruppo di imprese o una particolare area geografica, nonché l'accumulazione eccessiva di rischi nel portafoglio nel suo insieme;

d) gli investimenti in attività di uno stesso emittente o di emittenti appartenenti allo stesso gruppo, non determinino un'eccessiva concentrazione di rischi.

4. L'impresa può localizzare gli attivi anche al di fuori del territorio della Repubblica o degli Stati membri, nel rispetto del principio di cui al comma 2, lettera c).

5. L'IVASS, qualora l'impresa vanti crediti verso i riassicuratori o i retrocessionari aventi sede in uno Stato terzo il cui regime di solvibilità non sia ritenuto equivalente conformemente all'ordinamento comunitario, può richiedere all'impresa cedente di localizzare all'interno del territorio della Repubblica attivi di importo corrispondente ai suddetti crediti.

6. L'IVASS, qualora non abbia esercitato il potere di cui al comma 5, può chiedere alle imprese di assicurazione o di riassicurazione aventi sede in uno Stato terzo, il cui regime di solvibilità non sia ritenuto equivalente conformemente all'ordinamento comunitario, di costituire nel territorio della Repubblica garanzie reali a fronte dei propri impegni nei confronti di un'impresa italiana.

(1) Articolo inserito dal d.lg. 12/5/2015, n. 74.

Capo III
Attività a copertura delle riserve tecniche

38. Copertura delle riserve tecniche (1). – 1. Le riserve tecniche sono coperte con attivi di proprietà dell'impresa.

1-bis. L'impresa investe gli attivi a copertura delle riserve tecniche in modo adeguato alla natura dei rischi e delle obbligazioni assunte e alla durata delle passività e nel migliore interesse dei contraenti, degli assicurati, dei beneficiari e degli aventi diritto a prestazioni assicurative, tenendo conto degli obiettivi strategici resi noti dall'impresa.

1-ter. In caso di conflitto di interessi, l'impresa o il soggetto che gestisce il portafoglio di attività dell'impresa garantisce che l'investimento sia realizzato nel migliore interesse dei contraenti, degli assicurati, dei beneficiari e degli aventi diritto a prestazioni assicurative.

2. Gli attivi di cui al comma 1-bis possono includere anche i finanziamenti concessi nei confronti di soggetti diversi dalle persone fisiche e dalle microimprese, come definite dall'articolo 2, paragrafo 1, dell'allegato alla raccomandazione 2003/361/CE della Commissione europea. In tal caso l'IVASS stabilisce condizioni e limiti operativi tenendo conto dei seguenti criteri:

a) i prenditori dei finanziamenti siano individuati da una banca o da un intermediario finanziario iscritto nell'albo di cui all'articolo 106 del decreto legislativo 1° settembre 1993, n. 385, e successive modificazioni;

b) la banca o l'intermediario finanziario di cui alla lettera a) trattenga un interesse economico nell'operazione, pari ad almeno il 5 per cento del finanziamento concesso, trasferibile anche a un'altra banca o intermediario finanziario, fino alla scadenza dell'operazione;

c) il sistema dei controlli interni e gestione dei rischi dell'impresa sia adeguato e consenta di comprendere a pieno i rischi, in particolare di credito, connessi a tale categoria di attivi;

d) l'impresa sia dotata di un adeguato livello di patrimonializzazione; l'esercizio autonomo dell'attività di individuazione dei prenditori da parte dell'assicuratore, in deroga ai criteri di cui alle lettere a) e b), è sottoposto ad autorizzazione dell'IVASS.

2-bis. Le imprese di assicurazione osservano le disposizioni dell'articolo 114, comma 2-bis, del Testo unico bancario o delle relative norme di attuazione emanate dalla Banca d'Italia e dall'IVASS (2).

3. L'ISVAP, nel caso in cui rilevi che per uno o più attivi non sono state osservate le regole di cui al comma 2, comu-

nica all'impresa l'inammissibilità ad essere destinati, in tutto o in parte, a copertura delle riserve tecniche. 4. Fatti salvi i principi di cui al comma 1, in circostanze eccezionali e su motivata richiesta dell'impresa, l'ISVAP può autorizzare, in via temporanea, l'investimento in categorie di attivi a copertura delle riserve tecniche diverse da quelle previste in via generale.*

5. In caso di attivi a copertura che rappresentano un investimento in una società controllata, che per conto dell'impresa di assicurazione ne gestisce in tutto o in parte gli investimenti, l'ISVAP, nel verificare la corretta applicazione delle norme e dei principi di cui al presente articolo, tiene conto degli attivi detenuti dalla società controllata.

6. Per i contratti compresi nel portafoglio italiano, l'impresa può localizzare gli attivi posti a copertura delle riserve tecniche in uno o più Stati membri. Su richiesta dell'impresa, l'ISVAP può autorizzare la localizzazione di parte degli attivi in uno Stato terzo. In deroga alle disposizioni del presente comma, la localizzazione dei crediti verso i riassicuratori posti a copertura delle riserve tecniche è libera, salvo quanto disposto dall'articolo 47.*

(1) Articolo modificato dal d.lg. 12/5/2015, n. 74.
• Rubrica modificata dal d.lg. 12/5/2015, n. 74.
(2) Comma aggiunto dal d.lg. 21/5/2018, n. 68.
* Abrogato dal d.lg. 12/5/2015, n. 74.

39. Valutazione delle attività patrimoniali*. *– 1. Gli attivi posti a copertura delle riserve tecniche sono valutati al netto dei debiti contratti per la loro acquisizione e delle eventuali poste rettificative. 2. La valutazione degli attivi posti a copertura delle riserve tecniche è effettuata in modo prudente, tenendo conto del rischio di mancato realizzo. 3. L'ISVAP determina, con regolamento, le disposizioni relative ai criteri di valutazione delle attività patrimoniali.*

* Articolo abrogato da d.lg. 12/5/2015, n. 74.

40. Regole sulla congruenza*. *– 1. Quando la garanzia assicurativa è espressa in una determinata valuta, l'obbligazione dell'impresa si considera esigibile in tale valuta. 2. Quando la garanzia assicurativa non è espressa in una determinata valuta, l'obbligazione dell'impresa di assicurazione si considera esigibile nella valuta del paese di ubicazione del rischio. Nelle assicurazioni dei rami danni l'impresa può altresì eseguire la prestazione nella stessa valuta in cui è stato pagato il premio se, sin dalla stipulazione del contratto, risulti obiettivamente prevedibile che la prestazione debba essere corrisposta in tale valuta. 3. L'impresa provvede alla copertura delle riserve tecniche nel rispetto del principio della congruenza. L'ISVAP individua, con regolamento, i casi di deroga, determinando altresì le tipologie, le modalità e i limiti di impiego di attivi espressi in altra valuta o di strumenti finanziari derivati che siano idonei a soddisfare le medesime esigenze.*

* Articolo abrogato da d.lg. 12/5/2015, n. 74.

41. Contratti direttamente collegati ad indici o a quote di organismi di investimento collettivo del risparmio. – 1. Qualora le prestazioni previste in un contratto siano direttamente collegate al valore delle quote di un organismo di investimento collettivo del risparmio oppure al valore di attivi contenuti in un fondo interno detenuto dall'impresa di assicurazione, le riserve tecniche relative a tali contratti sono rappresentate con la massima approssimazione possibile dalle quote dell'organismo di investimento collettivo del risparmio oppure da quelle del fondo interno, se è suddiviso in quote definite, oppure dagli attivi contenuti nel fondo stesso.

2. Qualora le prestazioni previste in un contratto siano direttamente collegate ad un indice azionario o ad un altro valore di riferimento diverso da quelli di cui al comma 1, le riserve tecniche relative a tali contratti sono rappresentate con la massima approssimazione possibile dalle quote rappresentanti il valore di riferimento oppure, qualora le quote non siano definite, da attivi di adeguata sicurezza e negoziabilità che corrispondano il più possibile a quelli su cui si basa il valore di riferimento particolare.

3. Agli attivi detenuti a copertura delle riserve tecniche relative ai contratti di cui ai commi 1 e 2 si applicano l'articolo 37-ter, commi 1, 2, 4, 5 e 6, e l'articolo 38 (1).

4. Agli attivi detenuti a copertura delle riserve tecniche relative ai contratti di cui ai commi 1 e 2 che comprendano una garanzia di risultato dell'investimento o qualsiasi altra prestazione garantita, si applicano gli articoli 37-ter e 38 (1).

5. L'IVASS, con regolamento, può limitare i tipi di attivi o i valori di riferimento cui possono essere collegate le prestazioni, nel caso in cui il rischio di investimento sia sopportato dall'assicurato che sia una persona fisica. Per i contratti di assicurazione le cui prestazioni sono direttamente collegate al valore delle quote di un organismo di investimento collettivo del risparmio, le disposizioni stabilite dall'IVASS sono coerenti con quanto previsto dal decreto legislativo 16 aprile 2012, n. 47 (1).

(1) Comma modificato dal d.lg. 12/5/2015, n. 74.

42. Registro degli attivi a copertura delle riserve tecniche (1). – 1. L'impresa tiene un registro da cui risultano gli attivi a copertura delle riserve tecniche. In qualsiasi momento l'importo degli attivi iscritti deve essere, tenendo conto delle annotazioni dei movimenti, almeno pari all'ammontare delle riserve tecniche.

1-bis. Ai fini di cui al comma 1, gli attivi posti a copertura delle riserve tecniche sono iscritti nel registro per un importo netto dei debiti contratti per la loro acquisizione e delle eventuali poste rettificative e sono valutati in conformità alle disposizioni dell'articolo 35-quater.

1-ter. Gli attivi utilizzati dall'impresa per coprire le riserve tecniche relative alle accettazioni in riassicurazione devono essere gestiti ed organizzati separatamente dalle attività di assicurazione diretta senza possibilità di trasferimenti.

2. Gli attivi posti a copertura delle riserve tecniche ed iscritti nel registro sono riservati in modo esclusivo all'adempimento delle obbligazioni assunte dall'impresa con i contratti ai quali le riserve stesse si riferiscono. Gli attivi di cui al presente comma costituiscono patrimonio separato rispetto alle altre attività detenute dall'impresa e non iscritte nel registro.

3. L'impresa comunica all'ISVAP la situazione degli attivi risultante dal registro. L'ISVAP determina, con regolamento, le disposizioni per la formazione e la tenuta del registro, con particolare riguardo all'annotazione delle operazioni effettuate, nonché i termini, le modalità e gli schemi per le comunicazioni periodiche.

(1) Articolo modificato dal d.lg. 12/5/2015, n. 74.
• Rubrica modificata dal d.lg. 12/5/2015, n. 74.

42 bis. Attivi a copertura delle riserve tecniche del lavoro indiretto (1). – *1. Agli attivi a copertura delle riserve tecniche del lavoro indiretto dei rami vita e dei rami danni, nonché delle riserve di perequazione di cui all'articolo 37, comma 7, si applicano gli articoli 38, 39, 40 e 65-bis. L'ISVAP stabilisce con regolamento le categorie di attivi, compresi gli strumenti finanziari derivati, ammessi a copertura delle riserve tecniche del lavoro indiretto, nonché le tipologie, le modalità, i limiti di impiego e le relative quote massime*.*

2. Gli attivi a copertura delle riserve tecniche del lavoro indiretto dei rami vita e dei rami danni sono investiti nel ri-

spetto del principio della persona prudente di cui all'articolo 37-ter e tengono conto del tipo di affari assunti dall'impresa ed in particolare, della natura, dell'ammontare e della cadenza dei pagamenti nei confronti dell'impresa cedente (2).

3. L'impresa è tenuta ad una adeguata e diversificata dispersione degli attivi, in modo tale che essa possa rispondere al cambiamento delle condizioni economiche ed in particolare all'andamento dei mercati finanziari e immobiliari o all'impatto dei sinistri catastrofali.*

(1) Articolo inserito dall'art. 3 del d.lg. 29/2/2008, n. 56.

* Comma abrogato dal d.lg. 12/5/2015, n. 74.

(2) Comma modificato dal d.lg. 12/5/2015, n. 74.

42 ter. Attivi a copertura delle riserve tecniche del lavoro indiretto per le imprese di assicurazione in presenza di determinate condizioni*. – *1. Qualora ricorra una delle condizioni di cui all'articolo 46, comma 3-bis, lettere a), b) e c), agli attivi a copertura delle riserve tecniche del lavoro indiretto dell'impresa di assicurazione che esercita congiuntamente l'attività di riassicurazione si applica l'articolo 65. 2. Gli attivi utilizzati dall'impresa di assicurazione per coprire le riserve tecniche relative alle accettazioni in riassicurazione devono essere gestiti ed organizzati separatamente dalle attività di assicurazione diretta senza possibilità di trasferimenti. 3. Fino alla data di entrata in vigore del regolamento previsto dall'articolo 65, comma 3, e comunque non oltre il 1° luglio 2008, alle imprese di cui al comma 1 si applicano le disposizioni stabilite dall'articolo 42-bis, commi 2 e 3.*

* Articolo abrogato dal d.lg. 12/5/2015, n. 74.

43. Riserve tecniche relative all'attività esercitata in regime di stabilimento negli Stati terzi. – 1. Per le obbligazioni assunte dalle sedi secondarie situate in Stati terzi, l'impresa costituisce le riserve tecniche previste dalle leggi di tali Stati e dispone di attivi sufficienti alla relativa copertura secondo quanto disposto dall'articolo 38 (1).

2. L'ISVAP verifica che nel bilancio dell'impresa risultino iscritte attività sufficienti alla copertura delle riserve di cui al comma 1.*

(1) Articolo modificato dal d.lg. 12/5/2015, n. 74.

* Comma abrogato dal d.lg. 12/5/2015, n. 74.

Capo IV
Fondi propri (1)

(1) Denominazione del Capo sostituita dal d.lg. 12/5/2015, n. 74.

44. Margine di solvibilità*. – *1. L'impresa dispone costantemente di un margine di solvibilità sufficiente per la complessiva attività esercitata nel territorio della Repubblica ed all'estero. L'ISVAP disciplina, con regolamento, le regole tecniche per la determinazione e il calcolo del margine di solvibilità richiesto, secondo i rami esercitati, nel rispetto delle disposizioni del presente capo e di quelle previste dalla normativa in materia di vigilanza supplementare delle imprese appartenenti ad un conglomerato finanziario. 2. Il margine di solvibilità disponibile è rappresentato dal patrimonio netto dell'impresa al netto degli elementi immateriali, libero da qualsiasi impegno prevedibile, e comprende: a) il capitale sociale versato o, se si tratta di società di mutua assicurazione, il fondo di garanzia versato; b) le riserve legali e le riserve statutarie e facoltative, non destinate a copertura di specifici impegni o a rettifica di voci dell'attivo, né classificate come riserve di perequazione; c) gli utili dell'esercizio e degli esercizi precedenti portati a nuovo, al netto dei dividendi da pagare; d) le perdite dell'esercizio e degli esercizi precedenti portate a nuovo. 3. Possono inoltre essere compresi nel margine di solvibilità disponibile: a) le azioni preferenziali cumulative e i prestiti subordinati sino a concorrenza del cinquanta per cento del margine di solvibilità disponibile o, se inferiore, del margine di solvibilità richiesto, di cui il venticinque per cento al massimo comprendente prestiti subordinati a scadenza fissa o azioni preferenziali cumulative a durata determinata. Per essere computati tra gli elementi costitutivi del margine di solvibilità disponibile i prestiti subordinati devono soddisfare le condizioni stabilite all'articolo 45, commi 1 e 2. Le azioni preferenziali cumulative possono essere computate soltanto qualora esistano accordi vincolanti in base ai quali, in caso di liquidazione ordinaria o coatta dell'impresa, abbiano un grado inferiore rispetto ai crediti di tutti gli altri creditori e vengano rimborsate solo previo pagamento di tutti gli altri debiti in essere alla data della liquidazione; b) i titoli a durata indeterminata e gli altri strumenti finanziari, comprese le azioni preferenziali cumulative diverse da quelle menzionate alla lettera a), sino a concorrenza del cinquanta per cento del margine di solvibilità disponibile o, se inferiore, del margine di solvibilità richiesto, limite da assumere per il totale di detti titoli, strumenti, azioni preferenziali cumulative e prestiti subordinati di cui alla lettera a) del presente comma. Per essere computati tra gli elementi costitutivi del margine di solvibilità disponibile i titoli a durata indeterminata e gli altri strumenti finanziari, comprese le azioni preferenziali cumulative, devono soddisfare le condizioni stabilite all'articolo 45, comma 8. 4. Su motivata richiesta dell'impresa, accompagnata da idonea documentazione, l'ISVAP può autorizzare a comprendere nel margine di solvibilità disponibile, per periodi singolarmente non superiori a dodici mesi, gli ulteriori elementi patrimoniali individuati nelle disposizioni di attuazione, nonché a dedurre dal margine di solvibilità richiesto, quali importi di riassicurazione, gli importi recuperabili dalle società veicolo. 5. L'ISVAP, con regolamento, individua inoltre gli attivi dei quali non si tiene conto, nell'ambito della determinazione del patrimonio dell'impresa, agli effetti del margine di solvibilità.*

* Articolo abrogato dal d.lg. 12/5/2015, n. 74.

44 bis. Margine di solvibilità delle imprese di assicurazione vita esercenti anche attività riassicurative*. – *1. L'impresa di assicurazione autorizzata all'esercizio dei rami vita che esercita congiuntamente l'attività di riassicurazione, limitatamente alle accettazioni in riassicurazione, per il calcolo e la costituzione del margine di solvibilità applica gli articoli 66-bis, 66-ter, 66-quater e 66-quinquies nel caso in cui ricorra una delle seguenti condizioni: a) i premi di riassicurazione raccolti superano il 10 per cento dei premi totali; b) i premi di riassicurazione raccolti superano cinquanta milioni di euro; c) le riserve tecniche relative alle accettazioni in riassicurazione superano il 10 per cento delle riserve tecniche totali.*

* Articolo abrogato dal d.lg. 12/5/2015, n. 74.

Sezione I
Determinazione dei fondi propri (1)

(1) Sezione introdotta dal d.lg. 12/5/2015, n. 74.

44 ter. Fondi propri (1). – 1. I fondi propri sono costituiti dalla somma dei fondi propri di base di cui all'articolo 44-quater e dei fondi propri accessori di cui all'articolo 44-quinquies, secondo le disposizioni stabilite dall'IVASS con regolamento, che disciplina anche la procedura di autorizzazione di cui all'articolo 44-quinquies.

2. Nell'individuare i fondi propri, l'impresa rispetta le disposizioni dell'Unione europea direttamente applicabili in materia di trattamento delle partecipazioni detenute in enti

finanziari e creditizi, nonché gli adeguamenti che dovrebbero essere effettuati per riflettere la mancanza di trasferibilità degli elementi dei fondi propri che possono essere utilizzati solo per coprire perdite derivanti da un particolare segmento di passività o da rischi particolari (fondi separati, o ring fenced funds).

3. Per le finalità del presente articolo, si intendono per partecipazioni detenute in enti finanziari e creditizi: 1) le partecipazioni e 2) gli altri tipi di strumenti finanziari rilevanti secondo la normativa settoriale applicabile che l'impresa detiene in enti creditizi, finanziari ed imprese di investimento.

(1) Articolo introdotto dal d.lg. 12/5/2015, n. 74.

44 quater. Fondi propri di base (1). – 1. I fondi propri di base sono costituiti dai seguenti elementi patrimoniali:

a) l'eccedenza delle attività rispetto alle passività, valutata ai sensi dei Capi I-bis e II del presente Titolo e delle relative disposizioni di attuazione adottate dalla Commissione europea, diminuita dell'importo delle azioni proprie detenute dall'impresa;

b) le passività subordinate.

(1) Articolo introdotto dal d.lg. 12/5/2015, n. 74.

44 quinquies. Fondi propri accessori (1). – 1. I fondi propri accessori sono costituiti da elementi patrimoniali diversi dai fondi propri di base di cui all'articolo 44-quater che possono essere richiamati per assorbire le perdite.

2. I fondi propri accessori possono comprendere i seguenti elementi se non sono elementi dei fondi propri di base:

a) il capitale sociale o fondo iniziale non versato che non è stato richiamato;

b) le lettere di credito e le garanzie;

c) qualsiasi altro impegno giuridicamente vincolante di cui dispone l'impresa.

3. Nella società mutua assicuratrice, costituita ai sensi dell'articolo 2546 del codice civile, i fondi propri accessori possono comprendere qualsiasi credito futuro che tale mutua può vantare nei confronti dei suoi soci tramite il richiamo di contributi supplementari entro i dodici mesi successivi.

4. Quando un elemento dei fondi propri accessori è stato versato o richiamato è trattato come un'attività e cessa di far parte dei fondi propri accessori.

5. Gli importi degli elementi dei fondi propri accessori da prendere in considerazione per la determinazione dei fondi propri sono soggetti all'autorizzazione dell'IVASS.

6. L'importo assegnato a ciascun elemento dei fondi propri accessori riflette la capacità di assorbimento delle perdite di tale elemento ed è determinato sulla base di ipotesi prudenti e realistiche. Qualora un elemento dei fondi propri accessori abbia un valore nominale fisso, l'importo di tale elemento è pari al suo valore nominale, purché tale valore nominale rifletta in modo adeguato la sua capacità di assorbimento delle perdite.

7. Per ciascun elemento dei fondi propri accessori, ai fini del comma 5, l'IVASS autorizza:

a) l'utilizzo di un determinato importo monetario; oppure

b) l'adozione di un metodo di calcolo per quantificare detto importo; l'autorizzazione del metodo di calcolo è limitata ad un periodo di tempo determinato.

8. L'IVASS rilascia l'autorizzazione di cui al comma 5 per ciascun elemento dei fondi propri accessori tenendo conto dei seguenti elementi di valutazione:

a) dello status delle controparti interessate, in relazione alla loro capacità e disponibilità a pagare;

b) della recuperabilità dei fondi, tenuto conto della forma giuridica dell'elemento considerato nonché di qualsiasi condizione ostativa al buon fine del pagamento o del richiamo;

c) di qualsiasi informazione sull'esito dei richiami dei fondi propri accessori effettuati in passato dall'impresa, qualora tali informazioni possano essere utilizzate in modo attendibile per valutare l'esito previsto di richiami futuri.

(1) Articolo introdotto dal d.lg. 12/5/2015, n. 74.

44 sexies. Fondi propri relativi a contratti particolari con partecipazione agli utili (1). – 1. L'IVASS individua con regolamento le caratteristiche dei contratti con partecipazione agli utili, in presenza delle quali le relative riserve di utili costituiscono importi di cui l'impresa dispone per l'eventuale messa a disposizione ai contraenti e ai beneficiari.

2. Tali importi sono considerati fondi propri se soddisfano i criteri di cui all'articolo 44-octies, comma 2.

(1) Articolo introdotto dal d.lg. 12/5/2015, n. 74.

Sezione II
Classificazione ed ammissibilità dei fondi propri (1)

(1) Sezione introdotta dal d.lg. 12/5/2015, n. 74.

44 septies. Caratteristiche e aspetti utilizzati per classificare i fondi propri in livelli (1). – 1. Gli elementi dei fondi propri sono classificati in tre livelli. La classificazione dipende dall'inclusione di tali elementi nei fondi propri di base o nei fondi propri accessori e dalla misura in cui tali elementi presentano le seguenti caratteristiche:

a) disponibilità permanente: l'elemento è disponibile, o può essere richiamato su richiesta, per assorbire interamente le perdite nella prospettiva di continuità aziendale, nonché in caso di liquidazione;

b) subordinazione: in caso di liquidazione dell'impresa, l'importo totale dell'elemento è disponibile per assorbire le perdite e il rimborso dell'elemento al possessore avviene solo dopo che sono state onorate tutte le altre obbligazioni, comprese quelle di assicurazione e di riassicurazione nei confronti dei contraenti e dei beneficiari dei contratti di assicurazione e di riassicurazione.

2. Per valutare il possesso da parte dei fondi propri delle caratteristiche di cui al comma 1, lettere a) e b), viene presa in considerazione la durata dell'elemento, in particolare se abbia una scadenza. Nel caso in cui l'elemento abbia una scadenza, la durata è valutata prendendo in considerazione la durata relativa (duration) dell'elemento rispetto alla durata relativa (duration) degli impegni di assicurazione e di riassicurazione dell'impresa.

3. Fatto salvo quanto previsto dal comma 1, per la classificazione degli elementi dei fondi propri, l'impresa valuta la presenza delle seguenti caratteristiche:

a) l'assenza di obblighi o incentivi a rimborsare l'importo nominale dell'elemento;

b) l'assenza di costi fissi obbligatori di servizio;

c) l'assenza di gravami.

(1) Articolo introdotto dal d.lg. 12/5/2015, n. 74.

44 octies. Classificazione in livelli (1). – 1. L'impresa classifica gli elementi dei fondi propri sulla base dei criteri di cui ai commi 2, 3, 4 e 5.

2. Gli elementi dei fondi propri di base sono classificati nel livello 1 quando possiedono sostanzialmente le caratteristiche di cui all'articolo 44-septies, comma 1, lettere a) e b), tenendo conto degli aspetti di cui all'articolo 44-septies, commi 2 e 3.

3. Gli elementi dei fondi propri di base sono classificati nel livello 2 quando possiedono sostanzialmente le caratteristiche di cui all'articolo 44-septies, comma 1, lettera b), tenendo conto degli aspetti di cui all'articolo 44-septies, commi 2 e 3.

4. Gli elementi dei fondi propri accessori sono classificati nel livello 2 quando possiedono sostanzialmente le caratteristiche di cui all'articolo 44-septies, comma 1, lettere a) e b), tenendo conto degli aspetti di cui all'articolo 44-septies, commi 2 e 3.

5. Tutti gli elementi dei fondi propri di base e accessori che non hanno le caratteristiche di cui ai commi 1, 2 o 3 sono classificati nel livello 3.

6. Ai fini di cui al comma 1, l'impresa fa riferimento, ove applicabile, all'elenco degli elementi dei fondi propri adottato dalla Commissione europea.

7. L'impresa valuta e classifica gli elementi non inclusi nell'elenco di cui al comma 6 conformemente al comma 1. La classificazione effettuata dall'impresa è soggetta all'autorizzazione dell'IVASS.

(1) Articolo introdotto dal d.lg. 12/5/2015, n. 74.

44 novies. Classificazione di specifici elementi dei fondi propri (1). – 1. Fatto salvo quanto previsto dall'articolo 44-octies e dall'elenco degli elementi dei fondi propri adottato dalla Commissione europea, si applicano le seguenti classificazioni:

a) le riserve relative a contratti con partecipazioni agli utili che rientrano nell'ambito di applicazione dell'articolo 44-sexies, comma 2, sono classificate nel livello 1;

b) le lettere di credito e le garanzie detenute da fiduciari indipendenti in fiduciarie a beneficio dei creditori di assicurazione e fornite da enti creditizi autorizzati conformemente alla normativa europea applicabile, sono classificate nel livello 2;

c) qualsiasi credito futuro che la società mutua assicuratrice, costituita ai sensi dell'articolo 2546 del codice civile, può vantare nei confronti dei propri soci tramite il richiamo di contributi supplementari dovuti entro i dodici mesi successivi, è classificato nel livello 2.

2. Nel rispetto dell'articolo 44-octies, comma 4, qualsiasi credito futuro che la società mutua assicuratrice di cui all'articolo 2546 del codice civile può vantare nei confronti dei propri soci tramite il richiamo di contributi supplementari, entro i dodici mesi successivi, che non rientra nel comma 1, lettera c), è classificato nel livello 2 quando possiede le caratteristiche di cui all'articolo 44-septies, comma 1, lettere a) e b), tenendo conto degli aspetti di cui all'articolo 44-septies, commi 2 e 3.

(1) Articolo introdotto dal d.lg. 12/5/2015, n. 74.

44 decies. Ammissibilità e limiti applicabili ai livelli 1, 2 e 3 (1). – 1. Ai fini del rispetto della copertura del Requisito Patrimoniale di Solvibilità, gli elementi dei fondi propri ammissibili sono individuati nel rispetto dei limiti quantitativi previsti dalle disposizioni dell'Unione europea direttamente applicabili e tali da assicurare che siano soddisfatte almeno le seguenti condizioni:

a) la proporzione degli elementi di livello 1 nei fondi propri ammissibili è superiore ad un terzo dell'importo totale dei fondi propri ammissibili;

b) l'importo ammissibile degli elementi di livello 3 è inferiore ad un terzo dell'importo totale dei fondi propri ammissibili.

2. Ai fini del rispetto della copertura del Requisito Patrimoniale Minimo, gli elementi dei fondi propri di base ammissibili sono individuati nel rispetto dei limiti quantitativi previsti dalle disposizioni dell'Unione europea direttamente applicabili e tali da assicurare, come minimo, che l'importo degli elementi di livello 1 dei fondi propri di base ammissibili sia superiore alla metà dell'importo totale dei fondi propri di base ammissibili.

3. L'importo dei fondi propri ammissibile ai fini del rispetto della copertura del Requisito Patrimoniale di Solvibilità di cui all'articolo 45-bis è pari alla somma dell'importo degli elementi di livello 1, dell'importo ammissibile degli elementi di livello 2 e dell'importo ammissibile degli elementi di livello 3.

4. L'importo dei fondi propri di base ammissibile ai fini del rispetto della copertura del Requisito Patrimoniale Minimo di cui all'articolo 47-bis è pari alla somma dell'importo degli elementi di livello 1 e dell'importo ammissibile degli elementi dei fondi propri di base classificati nel livello 2.

5. L'IVASS, con regolamento, detta disposizioni per l'applicazione delle disposizioni della presente Sezione.

(1) Articolo introdotto dal d.lg. 12/5/2015, n. 74.

45. Prestiti subordinati, titoli a durata indeterminata e altri strumenti finanziari*. – *1. I prestiti subordinati possono essere inclusi nel margine di solvibilità disponibile, limitatamente alle somme effettivamente versate, purché sussistano accordi vincolanti in base ai quali, in caso di liquidazione ordinaria o coatta dell'impresa, i prestiti abbiano un grado inferiore rispetto ai crediti di tutti gli altri creditori e vengano rimborsati solo previo pagamento di tutti gli altri debiti in essere alla data della liquidazione. 2. I prestiti subordinati possono essere inclusi nel margine di solvibilità disponibile, fermo quanto disposto al comma 1, qualora i documenti che ne regolano l'emissione: a) prevedano espressamente che eventuali modifiche siano valide solo previa autorizzazione dell'ISVAP; b) non prevedano clausole in forza delle quali il prestito debba, in casi diversi dalla liquidazione dell'impresa, essere rimborsato prima della scadenza convenuta; c) per i prestiti a scadenza fissa, prevedano che la durata minima non sia inferiore a cinque anni; d) per i prestiti per i quali non è stabilita una scadenza, prevedano per il rimborso un preavviso di almeno cinque anni; e) prevedano che il rimborso anticipato dei prestiti avvenga solo su iniziativa dell'impresa emittente e previa autorizzazione dell'ISVAP. 3. Per i prestiti a scadenza fissa, l'impresa è tenuta a sottoporre all'approvazione dell'ISVAP, al più tardi un anno prima della data di scadenza del prestito, un piano che indichi le modalità ed i mezzi tramite i quali, alla scadenza medesima, l'impresa intende mantenere le condizioni di solvibilità, tenuto anche conto delle prevedibili esigenze del margine di solvibilità richiesto alla chiusura dell'esercizio nel corso del quale si intende procedere all'estinzione del prestito. L'obbligo di presentazione del piano non ricorre se l'impresa ha ridotto gradualmente, nel corso degli ultimi cinque anni precedenti la data di scadenza, l'importo del prestito computato ai fini del margine di solvibilità disponibile, provvedendo contestualmente alla sua sostituzione con elementi idonei. 4. Le disposizioni di cui ai commi 2 e 3 non precludono la possibilità di rimborso anticipato, totale o parziale, dei prestiti a scadenza fissa ad iniziativa dell'impresa e previa autorizzazione dell'ISVAP. 5. Il rimborso anticipato, totale o parziale, dei prestiti per i quali non è stabilita una scadenza può essere effettuato soltanto ad iniziativa dell'impresa e previa autorizzazione dell'ISVAP. 6. Nei casi di cui ai commi 4 e 5 deve essere presentata richiesta motivata all'ISVAP almeno sei mesi prima della data stabilita per il rimborso, accompagnata da idonea documentazione attestante, tramite indicazione delle modalità e dei mezzi con i quali l'impresa intende mantenere le condizioni di solvibilità, l'assenza di pregiudizio al margine di solvibilità disponibile anche tenuto conto delle prevedibili esigenze del margine di solvibilità richiesto alla chiusura dell'esercizio nel corso del quale si intende procedere al rimborso anticipato. L'autorizzazione dell'ISVAP può essere rilasciata anche per un importo inferiore a quello richiesto. 7. Per i prestiti, per i quali non è stabilita una scadenza, l'esercizio del preavviso, da comunicare immediatamente all'ISVAP, o la richiesta di rimborso anticipato comportano la riduzione della percentuale di utilizzo del prestito subordinato dal cinquanta per cento al venticinque per cento del margine di solvibilità disponibile o, se inferiore, del margine di solvibilità richiesto. In caso di esercizio del preavviso* *si applicano le disposizioni contenute nel comma 3. 8. I titoli a durata indeterminata e gli altri strumenti finanziari anche con scadenza determinata, purché non inferiore a dieci anni, comprese le azioni preferenziali cumulative di cui all'articolo 44, comma 3, lettera b), possono essere inclusi nel margine di solvibilità disponibile, limitatamente alle somme effettivamente versate, se soddisfano le seguenti condizioni: a) è previsto nei documenti che ne regolano l'emissione che esso può essere modificato solo previa autorizzazione dell'ISVAP; b) è esclusa nei documenti che ne regolano l'emissione la rimborsabilità su iniziativa del portatore o senza la preventiva autorizzazione dell'ISVAP. L'autorizzazione dell'ISVAP può essere rilasciata anche per un importo inferiore a quello richiesto. Ai fini del rimborso e della relativa autorizzazione deve essere presentata richiesta motivata all'ISVAP almeno sei mesi prima della data stabilita per il rimborso, accompagnata da idonea documentazione attestante, tramite indicazione delle modalità e dei mezzi con i quali l'impresa intende mantenere le condizioni di solvibilità, l'assenza di pregiudizio al margine di solvibilità disponibile anche tenuto conto delle prevedibili esigenze del margine di solvibilità richiesto alla chiusura dell'esercizio nel corso del quale si intende procedere al rimborso; c) è prevista nei documenti che ne regolano l'emissione la possibilità di differire il pagamento degli interessi quando l'impresa non dispone del margine di solvibilità richiesto. Gli interessi maturati e non corrisposti sono esclusi dal margine di solvibilità disponibile; d) è stabilito nei documenti che ne regolano l'emissione che i crediti del prestatore nei confronti dell'impresa sono interamente subordinati a quelli di tutti i creditori non subordinati, ivi compresi gli assicurati; e) è prevista nei documenti che ne regolano l'emissione la capacità del debito e degli interessi, maturati e non corrisposti, di assorbire in via definitiva o temporanea le perdite, in modo tale che sia consentito all'impresa di proseguire regolarmente l'attività. Le perdite, risultanti dal bilancio dell'impresa, devono aver determinato una riduzione del margine di solvibilità richiesto, senza che si sia contestualmente provveduto alla sua ricostituzione nella misura necessaria. La nota integrativa deve illustrare in modo adeguato l'esistenza e l'operatività della clausola di assorbimento delle perdite. 9. L'ISVAP individua, con regolamento, le condizioni che garantiscono pienamente la stabilità dell'impresa di assicurazione in presenza delle quali i titoli a durata indeterminata, gli altri strumenti finanziari, comprese le azioni preferenziali cumulative, ed i prestiti subordinati possono essere ammessi a costituire il margine di solvibilità disponibile. 10. Nel rispetto delle condizioni e dei limiti previsti nel presente articolo le azioni preferenziali cumulative, i prestiti subordinati, i titoli a durata indeterminata e gli altri strumenti finanziari sono ammissibili ai fini della situazione di solvibilità corretta di un'impresa di assicurazione e di solvibilità della relativa controllante di cui agli articoli 217 e 218.*

* Articolo abrogato dal d.lg. 12/5/2015, n. 74.

Capo IV bis
Requisiti Patrimoniali di Solvibilità (1)

(1) Capo inserito dal d.lg. 12/5/2015, n. 74.

Sezione I
Disposizioni generali sul calcolo del Requisito Patrimoniale di Solvibilità (1)

(1) Sezione inserita dal d.lg. 12/5/2015, n. 74.

45 bis. Requisito Patrimoniale di Solvibilità (1). – 1. L'impresa dispone di fondi propri ammissibili sufficienti a coprire il Requisito Patrimoniale di Solvibilità.

2. Il Requisito Patrimoniale di Solvibilità è calcolato utilizzando la formula standard di cui alla Sezione II del presente Capo ed alle relative disposizioni di attuazione adottate dalla Commissione europea o un modello interno come previsto dalla Sezione III, del presente Capo e dalle relative disposizioni di attuazione adottate dalla Commissione europea, secondo le indicazioni fornite da IVASS con regolamento.

(1) Articolo inserito dal d.lg. 12/5/2015, n. 74.

45 ter. Calcolo del Requisito Patrimoniale di Solvibilità (1). – 1. L'impresa calcola il Requisito Patrimoniale di Solvibilità conformemente ai commi da 2 a 6.

2. L'impresa calcola il Requisito Patrimoniale di Solvibilità in base al presupposto di continuità aziendale.

3. Il requisito patrimoniale di solvibilità è calibrato in modo da garantire che siano presi in considerazione tutti i rischi quantificabili cui è esposta l'impresa. Tale Requisito copre l'attività esistente nonché le nuove attività che l'impresa prevede di effettuare nel corso dei dodici mesi successivi. Con riguardo all'attività esistente, tale requisito copre esclusivamente le perdite inattese.

4. Il Requisito Patrimoniale di Solvibilità corrisponde al valore a rischio dei fondi propri di base dell'impresa soggetto ad un livello di confidenza del novantanove virgola cinque percento (99,5%) su un periodo di un anno.

5. Il Requisito Patrimoniale di Solvibilità copre almeno i seguenti rischi:

a) il rischio di sottoscrizione per l'assicurazione danni;

b) il rischio di sottoscrizione per l'assicurazione vita;

c) il rischio di sottoscrizione per l'assicurazione malattia;

d) il rischio di mercato;

e) il rischio di credito;

f) il rischio operativo. Tale rischio include i rischi legali ma non i rischi derivanti da decisioni strategiche e i rischi reputazionali.

6. Nel calcolo del Requisito Patrimoniale di Solvibilità l'impresa tiene conto dell'effetto delle tecniche di mitigazione del rischio, purché il Requisito Patrimoniale di Solvibilità rifletta adeguatamente il rischio di credito e gli altri rischi derivanti dall'uso di tali tecniche.

(1) Articolo inserito dal d.lg. 12/5/2015, n. 74.

45 quater. Frequenza del calcolo del Requisito Patrimoniale di Solvibilità (1). – 1. L'impresa calcola il Requisito Patrimoniale di Solvibilità almeno una volta all'anno e comunica il risultato di tale calcolo all'IVASS.

2. L'impresa detiene fondi propri ammissibili in misura tale da coprire il Requisito Patrimoniale di Solvibilità da ultimo comunicato, ai sensi del comma 1.

3. L'impresa verifica nel continuo l'importo dei fondi propri ammissibili e il Requisito Patrimoniale di Solvibilità.

4. Se il profilo di rischio dell'impresa si discosta in modo significativo dalle ipotesi sottese al Requisito Patrimoniale di Solvibilità, da ultimo comunicato ai sensi del comma 1, l'impresa ricalcola immediatamente il Requisito Patrimoniale di Solvibilità e ne dà pronta comunicazione all'IVASS.

5. L'IVASS, se vi sono elementi tali da far ritenere che il profilo di rischio dell'impresa è cambiato in modo significativo dalla data in cui è stata effettuata la comunicazione di cui al comma 1, può chiedere all'impresa il ricalcolo del Requisito Patrimoniale di Solvibilità.

(1) Articolo inserito dal d.lg. 12/5/2015, n. 74.

Sezione II
Formula standard (1)

(1) Sezione inserita dal d.lg. 12/5/2015, n. 74.

45 quinquies. Struttura della formula standard (1). – 1. Il Requisito Patrimoniale di Solvibilità calcolato in base alla formula standard è pari alla somma algebrica dei seguenti elementi:

a) il Requisito Patrimoniale di Solvibilità di base di cui all'articolo 45-sexies;

b) il Requisito Patrimoniale per il rischio operativo di cui all'articolo 45-decies;

c) l'aggiustamento per la capacità di assorbimento delle perdite delle riserve tecniche e delle imposte differite di cui all'articolo 45-undecies.

2. L'IVASS, con regolamento, detta disposizioni applicative in merito alla formula standard in coerenza con le disposizioni dell'Unione europea.

(1) Articolo inserito dal d.lg. 12/5/2015, n. 74.

45 sexies. Struttura del Requisito Patrimoniale di Solvibilità di base (1). – 1. Il Requisito Patrimoniale di Solvibilità di base comprende moduli di rischio individuali, aggregati conformemente alla formula definita nel regolamento dell'IVASS di cui all'articolo 45-quinquies, comma 2. Tale requisito è composto almeno dai seguenti moduli di rischio:

a) il rischio di sottoscrizione per l'assicurazione danni;

b) il rischio di sottoscrizione per l'assicurazione vita;

c) il rischio di sottoscrizione per l'assicurazione malattia;

d) il rischio di mercato;

e) il rischio di inadempimento della controparte.

2. Ai fini del comma 1, lettere a), b) e c), le operazioni di assicurazione o di riassicurazione sono imputate al modulo del rischio di sottoscrizione che meglio riflette la natura tecnica dei rischi sottostanti.

3. I coefficienti di correlazione per l'aggregazione dei moduli di rischio di cui al comma 1 e la calibrazione dei requisiti patrimoniali per ciascun modulo di rischio determinano un Requisito Patrimoniale di Solvibilità complessivo conforme ai principi di cui all'articolo 45-ter.

4. Ogni modulo di rischio di cui al comma 1 è calibrato utilizzando una misura di rischio del tipo valore a rischio con un livello di confidenza del novantanove virgola cinque percento (99,5%) su un periodo di un anno. Gli effetti di diversificazione sono presi in considerazione nella struttura di ogni modulo di rischio, qualora appropriato.

5. L'impresa utilizza la stessa struttura e le stesse specifiche per i moduli di rischio, sia per il requisito patrimoniale di solvibilità di base che per qualsiasi calcolo semplificato di cui all'articolo 45-duodecies.

6. Per i rischi catastrofali possono essere utilizzate, qualora appropriato, specifiche geografiche per il calcolo dei moduli del rischio di sottoscrizione per l'assicurazione vita, per l'assicurazione danni e per l'assicurazione malattia.

7. Nel calcolo dei moduli del rischio di sottoscrizione per l'assicurazione vita, per l'assicurazione danni e per l'assicurazione malattia, l'impresa può sostituire, previa autorizzazione dell'IVASS, nell'ambito della formula standard, un sottoinsieme di parametri con parametri specifici dell'impresa. Tali parametri sono calibrati sulla base dei dati interni dell'impresa o di dati che sono direttamente rilevanti per le operazioni di tale impresa tramite l'uso di metodi standardizzati. Ai fini dell'autorizzazione, l'IVASS verifica la completezza, l'accuratezza e l'adeguatezza dei dati utilizzati.

(1) Articolo inserito dal d.lg. 12/5/2015, n. 74.

45 septies. Calcolo del Requisito Patrimoniale di Solvibilità di base (1). – 1. L'impresa calcola il Requisito Patrimoniale di Solvibilità di base conformemente ai commi da 2 a 11.

2. Il modulo del rischio di sottoscrizione per l'assicurazione danni riflette il rischio derivante dagli impegni della assicurazione danni, tenuto conto di tutti i rischi coperti e delle procedure utilizzate nell'esercizio dell'attività. Tale modulo tiene conto altresì dell'incertezza dei risultati dell'impresa in rapporto agli impegni di assicurazione e di riassicurazione esistenti nonché delle attività future che l'impresa prevede di effettuare nel corso dei dodici mesi successivi.

3. L'impresa calcola il modulo di cui al comma 2, conformemente alla formula definita nel regolamento dell'IVASS di cui all'articolo 45-quinquies, comma 2, come combinazione dei requisiti patrimoniali almeno per i seguenti sottomoduli:

a) rischio di tariffazione e di riservazione per l'assicurazione danni: il rischio di perdita o variazione sfavorevole del valore delle passività assicurative, derivante da oscillazioni riguardanti il momento di accadimento, la frequenza e la gravità degli eventi assicurati, nonché il momento di accadimento e l'importo delle liquidazioni di sinistri;

b) rischio catastrofale per l'assicurazione danni: il rischio di perdita o di variazione sfavorevole del valore delle passività assicurative, derivante da un'incertezza significativa delle ipotesi in materia di tariffazione e di calcolo delle riserve in rapporto ad eventi estremi o eccezionali.

4. Il modulo del rischio di sottoscrizione per l'attività di assicurazione vita riflette il rischio derivante dalle obbligazioni dell'assicurazione vita, tenuto conto di tutti i rischi coperti e delle procedure utilizzate nell'esercizio dell'attività.

5. L'impresa calcola il modulo del rischio di cui al comma 4 conformemente alla formula definita nel regolamento dell'IVASS di cui all'articolo 45-quinquies, come combinazione dei requisiti patrimoniali almeno per i seguenti sottomoduli:

a) rischio di mortalità: il rischio di perdita o di variazione sfavorevole del valore delle passività assicurative, derivante da variazioni del livello, della tendenza o della volatilità dei tassi di mortalità, laddove un incremento del tasso di mortalità dà luogo ad un incremento del valore delle passività assicurative;

b) rischio di longevità: il rischio di perdita o di variazione sfavorevole del valore delle passività assicurative, derivante da variazioni del livello, della tendenza o della volatilità dei tassi di mortalità, laddove un calo del tasso di mortalità dà luogo ad un incremento del valore delle passività assicurative;

c) rischio di invalidità-morbilità: il rischio di perdita o di variazione sfavorevole del valore delle passività assicurative, derivante da variazioni del livello, della tendenza o della volatilità dei tassi di invalidità, malattia e morbilità;

d) rischio di spesa per l'assicurazione vita: il rischio di perdita o di variazione sfavorevole del valore delle passività assicurative, derivante da variazioni del livello, della tendenza o della volatilità delle spese sostenute in relazione ai contratti di assicurazione o di riassicurazione;

e) rischio di revisione: il rischio di perdita o di variazione sfavorevole del valore delle passività assicurative, derivante da oscillazioni del livello, della tendenza o della volatilità dei tassi di revisione delle rendite, dovute a variazioni del quadro giuridico o dello stato di salute della persona assicurata;

f) rischio di estinzione anticipata: il rischio di perdita o di variazione sfavorevole del valore delle passività assicurative, derivante da variazioni del livello o della volatilità dei tassi di riduzione, estinzione anticipata, incluse le ipotesi di riscatto, recesso, nonché di rinnovo delle polizze;

g) rischio catastrofale per l'assicurazione vita: il rischio di perdita o di variazione sfavorevole del valore delle passività assicurative, derivante dall'incertezza significativa delle ipotesi in materia di fissazione dei prezzi e di costituzione delle riserve in rapporto ad eventi estremi o irregolari.

6. Il modulo del rischio di sottoscrizione per l'assicurazione malattia riflette il rischio derivante dalla sottoscrizione di impegni dell'assicurazione malattia, sia quando gli impegni sono definiti sulla base di costruzioni tecniche simili a

quelle usate per le assicurazioni vita sia quando sono definiti sulla base di costruzioni tecniche delle assicurazioni danni, tenuto conto sia dei rischi coperti che dei processi utilizzati nell'esercizio dell'attività.

7. Il modulo di cui al comma 6 è calcolato in modo tale da coprire almeno i seguenti rischi:

a) il rischio di perdita o di variazione sfavorevole del valore delle passività assicurative, derivante da variazioni del livello, della tendenza o della volatilità delle spese incorse in relazione ai contratti di assicurazione o di riassicurazione;

b) il rischio di perdita o variazione sfavorevole del valore delle passività assicurative, derivante da oscillazioni riguardanti il momento di accadimento, la frequenza e la gravità degli eventi assicurati nonché il momento di accadimento e l'importo delle liquidazioni di sinistri al momento della costituzione delle riserve;

c) il rischio di perdita o di variazione sfavorevole del valore delle passività assicurative, derivante dall'incertezza significativa delle ipotesi relative alla fissazione dei prezzi e alla costituzione delle riserve in rapporto al verificarsi di importanti epidemie nonché all'insolita accumulazione di rischi che si verifica in tali circostanze estreme.

8. Il modulo del rischio di mercato riflette il rischio derivante dal livello o dalla volatilità dei prezzi di mercato degli strumenti finanziari tali da avere un impatto sul valore delle attività e delle passività dell'impresa. Tale modulo riflette adeguatamente il disallineamento strutturale tra attività e passività, in particolare rispetto alla loro durata relativa (duration).

9. Il modulo di cui al comma 8 è calcolato, conformemente alla formula definita nel regolamento dell'IVASS di cui all'articolo 45-quinquies, come combinazione dei requisiti patrimoniali almeno per i seguenti sottomoduli:

a) rischio di tasso di interesse: la sensitività del valore delle attività, delle passività e degli strumenti finanziari a variazioni della struttura per scadenza dei tassi d'interesse o della volatilità dei tassi di interesse;

b) rischio azionario: la sensitività del valore delle attività, delle passività e degli strumenti finanziari a variazioni del livello o della volatilità dei prezzi di mercato degli strumenti di capitale;

c) rischio immobiliare: la sensitività del valore delle attività, delle passività e degli strumenti finanziari a variazioni del livello o della volatilità dei prezzi di mercato dei beni immobili;

d) rischio di spread: la sensitività del valore delle attività, delle passività e degli strumenti finanziari a variazioni del livello o della volatilità degli spread di credito rispetto alla struttura per scadenze dei tassi di interesse privi di rischio;

e) rischio valutario: la sensitività del valore delle attività, delle passività e degli strumenti finanziari a variazioni del livello o della volatilità dei tassi di cambio delle valute;

f) concentrazioni del rischio di mercato: i rischi aggiuntivi per l'impresa derivanti o dalla mancanza di diversificazione del portafoglio delle attività o da grandi esposizioni al rischio di inadempimento da parte di un unico emittente di titoli o di un gruppo di emittenti collegati.

10. Il modulo del rischio di inadempimento della controparte riflette le possibili perdite dovute all'inadempimento imprevisto o al deterioramento del merito di credito delle controparti e dei debitori dell'impresa nei successivi dodici mesi. Tale modulo copre i contratti di mitigazione del rischio, quali gli accordi di riassicurazione, le cartolarizzazioni e i derivati, nonché i crediti nei confronti di intermediari e qualsiasi altra esposizione non coperta nel sottomodulo del rischio di spread. Il modulo tiene adeguatamente conto delle garanzie collaterali o di altro genere detenute dall'impresa o da terzi per suo conto e dei rischi ivi associati.

11. Il modulo del rischio di inadempimento della controparte di cui al comma 10 tiene conto, per ciascuna controparte, dell'esposizione globale al rischio di controparte dell'impresa nei confronti di tale controparte, indipendentemente dalla forma giuridica degli impegni contrattuali esistenti.

(1) Articolo inserito dal d.lg. 12/5/2015, n. 74.

45 octies. Calcolo del sottomodulo del rischio azionario: meccanismo di aggiustamento simmetrico (1). – 1. Il sottomodulo del rischio azionario (equity risk charge) calcolato dall'impresa secondo la formula standard comprende:

a) il fabbisogno standard del rischio azionario, a copertura dei rischi derivanti dalle variazioni del livello dei prezzi azionari, calibrato in conformità alle disposizioni di cui all'articolo 45-sexies, comma 4;

b) un aggiustamento simmetrico, basato su una funzione del livello corrente di un indice azionario appropriato e di una media ponderata di tale indice. La media ponderata è calcolata su un periodo di tempo adeguato, identico per tutte le imprese, definito dalla Commissione Europea.

2. L'aggiustamento simmetrico di cui al comma 1, lettera b), determina un sottomodulo del rischio azionario (equity risk charge), calcolato secondo la formula standard, che non è inferiore o superiore di più di dieci (10) punti percentuali rispetto al fabbisogno standard di cui al comma 1, lettera a).

(1) Articolo inserito dal d.lg. 12/5/2015, n. 74.

45 novies. Sottomodulo del rischio azionario basato sulla durata (1). – 1. L'IVASS può autorizzare l'applicazione del sottomodulo del rischio azionario del Requisito Patrimoniale di Solvibilità di cui ai commi 3 e 4 da parte dell'impresa di assicurazione che esercita l'attività nei rami vita, che fornisca:

a) attività nel settore delle pensioni aziendali e professionali; o

b) prestazioni pensionistiche erogate al raggiungimento o in previsione del raggiungimento del pensionamento, laddove i premi pagati per tali prestazioni abbiano dato luogo ad una deduzione fiscale per i contraenti, in conformità alla legislazione italiana.

2. L'autorizzazione di cui al comma 1 può essere rilasciata dall'IVASS quando ricorrono congiuntamente le seguenti condizioni:

1) tutte le poste dell'attivo e del passivo corrispondenti alle attività siano individuate, gestite e organizzate separatamente dalle altre attività dell'impresa e non siano trasferibili;

2) le attività dell'impresa di cui al comma 1, lettere a) e b), alle quali si applica il metodo di cui al presente articolo, sono svolte solo nel territorio della Repubblica;

3) la durata relativa (duration) media delle passività corrispondenti alle attività detenute dall'impresa superi i dodici anni.

3. Il sottomodulo del rischio azionario del Requisito Patrimoniale di Solvibilità di cui al comma 1 è calibrato, utilizzando la misura del valore a rischio, su un periodo di tempo determinato che è in linea con il periodo tipico di detenzione degli investimenti azionari per tale impresa, con un livello di confidenza che offra ai contraenti e ai beneficiari un livello di tutela equivalente a quello previsto all'articolo 45-ter, se il metodo di cui al presente articolo è utilizzato solo in relazione alle attività e passività di cui al comma 2, numero 1).

4. L'impresa nel calcolo del Requisito Patrimoniale di Solvibilità tiene pienamente conto delle attività e passività di cui al comma 2, numero 1), al fine di valutare gli effetti di diversificazione, fatta salva la necessità di tutelare gli interessi dei contraenti e dei beneficiari in altri Stati membri.

5. L'IVASS rilascia l'autorizzazione di cui al comma 1 qualora la solvibilità e la liquidità nonché le strategie, i processi e le procedure di segnalazione dell'impresa in relazione alla gestione integrata di attivo e passivo sono tali da assicurare, nel continuo, che l'impresa è in grado di detenere investimenti azionari per un periodo coerente con il periodo tipico

di detenzione degli investimenti azionari per tale impresa.

6. L'impresa, ai fini dell'autorizzazione di cui al comma 1, dimostra altresì all'IVASS che il rispetto della condizione di cui al comma 5 è verificato con il livello di confidenza necessario per offrire ai contraenti e ai beneficiari un livello di tutela equivalente a quello stabilito all'articolo 45-ter.

7. L'impresa che applichi il sottomodulo del rischio azionario ai sensi del comma 1 non può tornare ad applicare il metodo di cui all'articolo 45-septies, salvo che ricorrano adeguate giustificazioni e previa autorizzazione dell'IVASS.

(1) Articolo inserito dal d.lg. 12/5/2015, n. 74.

45 decies. Requisito patrimoniale per il rischio operativo (1). – 1. Il requisito patrimoniale per il rischio operativo riflette i rischi operativi nella misura in cui non siano già coperti nei moduli di rischio di cui all'articolo 45-sexies. Tale requisito è calibrato conformemente all'articolo 45-ter, commi 3 e 4.

2. Per i contratti di assicurazione vita in cui il rischio di investimento è sopportato dagli assicurati, il calcolo del requisito patrimoniale per il rischio operativo tiene conto dell'importo delle spese annuali sostenute in relazione a tali obbligazioni di assicurazione.

3. Per le operazioni assicurative e riassicurative diverse da quelle di cui al comma 2, il calcolo del requisito patrimoniale per il rischio operativo tiene conto del volume di tali operazioni in termini di premi acquisiti e di riserve tecniche detenute in relazione a tali impegni di assicurazione e di riassicurazione. In questo caso il requisito patrimoniale per il rischio operativo non supera il trenta percento (30%) del Requisito Patrimoniale di Solvibilità di base relativo a tali operazioni assicurative e riassicurative.

(1) Articolo inserito dal d.lg. 12/5/2015, n. 74.

45 undecies. Aggiustamento per la capacità di assorbimento delle perdite delle riserve tecniche e delle imposte differite (1). – 1. L'aggiustamento per la capacità di assorbimento di perdite delle riserve tecniche e delle imposte differite di cui all'articolo 45-quinquies, comma 1, lettera c), riflette la compensazione potenziale di perdite inattese tramite una riduzione simultanea delle riserve tecniche o delle imposte differite o una combinazione delle due.

2. L'aggiustamento tiene conto dell'effetto di mitigazione del rischio esercitato dalle future partecipazioni agli utili a carattere discrezionale dei contratti di assicurazione nella misura in cui l'impresa può dimostrare che la riduzione di tali partecipazioni possa essere utilizzata per coprire perdite inattese al loro verificarsi. L'effetto di mitigazione del rischio esercitato dalle future partecipazioni agli utili a carattere discrezionale non supera la somma delle riserve tecniche e delle imposte differite relative a tali partecipazioni.

3. Ai fini del comma 2 il valore delle future partecipazioni agli utili a carattere discrezionale in circostanze avverse è raffrontato al valore di tali partecipazioni in base alle ipotesi sottese al calcolo della migliore stima delle riserve tecniche.

(1) Articolo inserito dal d.lg. 12/5/2015, n. 74.

45 duodecies. Semplificazioni della formula standard (1). – 1. L'impresa può utilizzare un calcolo semplificato per uno specifico sottomodulo o modulo di rischio quando sia giustificato dalla natura, dalla portata e dalla complessità dei rischi cui è esposta e quando l'applicazione del calcolo standardizzato non risulti proporzionata. I calcoli semplificati sono calibrati conformemente all'articolo 45-ter, commi 3 e 4.

(1) Articolo inserito dal d.lg. 12/5/2015, n. 74.

45 terdecies. Scostamenti significativi dalle ipotesi sottese al calcolo della formula standard (1). – 1. Qualora risulti inappropriato calcolare il Requisito Patrimoniale di Solvibilità conformemente alla formula standard perché il profilo di rischio dell'impresa si discosta significativamente dalle ipotesi sottese al calcolo della formula standard, l'IVASS può richiedere, con decisione motivata, all'impresa di sostituire un sottogruppo dei parametri utilizzati nel calcolo della formula standard con dei parametri specifici di tale impresa in sede di calcolo dei moduli del rischio di sottoscrizione per l'assicurazione vita, per l'assicurazione danni e per l'assicurazione malattia, ai sensi dell'articolo 45-sexies, comma 7. Tali parametri specifici sono calcolati in modo tale da assicurare che l'impresa ottemperi all'articolo 45-ter, commi 3 e 4.

(1) Articolo inserito dal d.lg. 12/5/2015, n. 74.

46. Quota di garanzia*. – *1. Un terzo del margine di solvibilità richiesto rappresenta la quota di garanzia. 2. La quota di garanzia dell'impresa che esercita i rami vita, fermi restando i limiti stabiliti per la misura del capitale sociale o del fondo di garanzia, non può in nessun caso essere inferiore a tre milioni di euro. 3. La quota di garanzia dell'impresa che esercita i rami danni, fermi restando i limiti stabiliti per la misura del capitale sociale o del fondo di garanzia, non può in nessun caso essere inferiore a due milioni di euro. Qualora l'impresa sia autorizzata all'esercizio dei rami 10, 11, 12, 13, 14 e 15 di cui all'articolo 2, comma 3, la quota di garanzia non può in nessun caso essere inferiore a tre milioni di euro. Qualora l'autorizzazione comprenda più rami di assicurazione si ha riguardo al solo ramo per il cui esercizio è richiesto l'importo più elevato. 3-bis. L'impresa di assicurazione autorizzata all'esercizio dei rami danni che esercita congiuntamente l'attività di riassicurazione dispone, rispetto a tutte le attività esercitate, della quota di garanzia conformemente all'articolo 66-sexies, nel caso in cui ricorra una delle seguenti condizioni: a) i premi di riassicurazione raccolti superano il 10 per cento dei premi totali; b) i premi di riassicurazione raccolti superano cinquanta milioni di euro; c) le riserve tecniche relative alle accettazioni in riassicurazione superano il 10 per cento delle riserve tecniche totali. 4. La quota di garanzia è coperta esclusivamente mediante gli elementi patrimoniali di cui all'articolo 44, comma 2, al netto degli elementi immateriali di cui al provvedimento previsto dal comma 5 del medesimo articolo. 5. Gli importi di cui ai commi 2 e 3 sono aumentati annualmente, con regolamento adottato dall'ISVAP, in base all'incremento dell'indice europeo dei prezzi al consumo, pubblicato da Eurostat, salvo che gli incrementi siano inferiori al cinque per cento.*

* Articolo abrogato dal d.lg. 12/5/2015, n. 74.

Sezione III
Modelli interni completi o parziali (1)

(1) Sezione introdotta dal d.lg. 12/5/2015, n. 74.

46 bis. Autorizzazione all'utilizzo dei modelli interni completi o parziali: disposizioni generali (1). – 1. L'impresa può essere autorizzata dall'IVASS a calcolare il Requisito Patrimoniale di Solvibilità utilizzando un modello interno completo o uno o più modelli parziali, in coerenza con le disposizioni dell'Unione europea direttamente applicabili.

2. L'impresa può utilizzare modelli interni parziali, per il calcolo di uno o più dei seguenti elementi:

a) uno o più moduli di rischio, o sottomoduli, del Requisito Patrimoniale di Solvibilità di base di cui agli articoli 45-sexies e 45-septies;

b) il requisito patrimoniale per il rischio operativo di cui all'articolo 45-decies;

c) l'aggiustamento per la capacità di assorbimento di perdite delle riserve tecniche e delle imposte differite di cui all'articolo 45-undecies.

3. Fatto salvo quanto previsto dal comma 2, l'impresa può applicare modelli parziali a tutta l'attività o solo ad uno o più settori di attività rilevanti.

4. L'impresa allega alla richiesta di autorizzazione tutti i documenti necessari a comprovare che il modello interno soddisfi i requisiti di cui agli articoli 46-novies, 46-decies, 46-undecies, 46-duodecies, 46-terdecies, 46-quaterdecies.

5. Se la richiesta di autorizzazione si riferisce ad un modello interno parziale, i requisiti di cui agli articoli 46-novies, 46-decies, 46-undecies, 46-duodecies, 46-terdecies, 46-quaterdecies sono adeguati all'applicazione limitata del modello.

5-bis. L'IVASS informa l'AEAP in merito alla richiesta di autorizzazione all'utilizzo o alla modifica di un modello interno. L'IVASS può chiedere all'AEAP assistenza tecnica per la decisione sulla domanda (2).

6. L'IVASS rilascia l'autorizzazione di cui al comma 1 entro sei mesi dal ricevimento della richiesta completa della documentazione previo accertamento della adeguatezza dei sistemi di identificazione, misurazione, monitoraggio, gestione e segnalazione dei rischi dell'impresa ed in particolare della conformità del modello interno ai requisiti di cui ai commi 4 e 5.

7. In caso di diniego dell'autorizzazione all'utilizzo del modello interno, l'IVASS provvede con decisione motivata.

8. A seguito del rilascio dell'autorizzazione all'utilizzo di un modello interno, di cui al comma 1, l'IVASS può richiedere all'impresa, con decisione motivata, di fornire una stima del Requisito Patrimoniale di Solvibilità calcolato conformemente alla formula standard di cui, alla Sezione II del presente Capo.

(1) Articolo aggiunto dall'art. 1, co. 53, d.lg. 12/5/2015, n. 74.

(2) Comma inserito dall'art. 28, co. 1, lett. b), l. 23/12/2021, n. 238.

46 ter. Autorizzazione all'utilizzo dei modelli interni parziali: disposizioni specifiche (1). – 1. Ai fini dell'autorizzazione di cui all'articolo 46-bis il modello interno parziale può essere autorizzato solo se tale modello soddisfa i criteri di cui al medesimo articolo e le seguenti condizioni aggiuntive:

a) l'ambito di applicazione limitato è adeguatamente motivato dall'impresa;

b) il Requisito Patrimoniale di Solvibilità calcolato utilizzando il modello parziale riflette in maniera più appropriata il profilo di rischio dell'impresa ed in particolare è conforme ai principi di cui alla Sezione I del presente Capo;

c) la struttura è coerente con i principi di cui alla Sezione I del presente Capo, in modo tale che sia possibile la piena integrazione del modello interno parziale nella formula standard.

2. Nell'ambito del procedimento di valutazione della richiesta di autorizzazione all'utilizzo di un modello interno parziale che si applica, con riguardo ad un modulo di rischio specifico, soltanto a taluni sottomoduli o a taluni settori di attività dell'impresa o a parti di entrambi, l'IVASS può richiedere all'impresa di presentare un piano di transizione realistico per l'estensione dell'ambito di applicazione del modello.

3. Il piano di transizione di cui al comma 2 indica le modalità con cui l'impresa intende estendere l'ambito di applicazione del modello parziale di cui al comma 1 ad altri sottomoduli o settori di attività per garantire che il modello copra una parte predominante delle sue operazioni di assicurazione con riguardo a tale modulo di rischio specifico.

(1) Articolo introdotto dal d.lg. 12/5/2015, n. 74.

46 quater. Politica per la modifica dei modelli interni completi e parziali (1). – 1. L'impresa può modificare il modello interno conformemente alla politica approvata dall'IVASS nell'ambito del procedimento di autorizzazione del modello interno completo o parziale ai sensi dell'articolo 46-bis.

2. La politica di cui al comma 1 comprende la specificazione delle modifiche minori e delle modifiche rilevanti da apportare al modello interno.

3. Le modifiche rilevanti al modello interno e le modifiche della politica di cui al comma 1, sono soggette all'autorizzazione dell'IVASS, come previsto dall'articolo 46-bis.

4. Le modifiche minori al modello interno non sono soggette all'autorizzazione dell'IVASS nella misura in cui sono conformi alla politica di cui al comma 1.

(1) Articolo introdotto dal d.lg. 12/5/2015, n. 74.

46 quinquies. Responsabilità del consiglio di amministrazione relativa ai modelli interni (1). – 1. Il consiglio di amministrazione dell'impresa approva la richiesta di autorizzazione all'utilizzo del modello interno da inviare all'IVASS ai sensi dell'articolo 46-bis, nonché la richiesta di autorizzazione di eventuali modifiche rilevanti da apportare successivamente a tale modello.

2. Il consiglio di amministrazione pone in essere sistemi atti a garantire che il modello interno funzioni adeguatamente su base continuativa.

(1) Articolo introdotto dal d.lg. 12/5/2015, n. 74.

46 sexies. Ritorno alla formula standard (1). – 1. L'impresa che ha ottenuto l'autorizzazione all'utilizzo di un modello interno completo o parziale ai sensi dell'articolo 46-bis non ritorna a calcolare il Requisito Patrimoniale di Solvibilità o una parte di esso in base alla formula standard secondo quanto previsto dalla Sezione II del presente Capo, salvo che sussistano circostanze debitamente motivate e previa autorizzazione dell'IVASS.

(1) Articolo introdotto dal d.lg. 12/5/2015, n. 74.

46 septies. Non conformità del modello interno (1). – 1. L'impresa, autorizzata ad utilizzare un modello interno ai sensi dell'articolo 46-bis, che cessa di rispettare i requisiti di cui agli articoli 46-novies, 46-decies, 46-undecies, 46-duodecies, 46-terdecies, 46-quaterdecies, presenta tempestivamente all'IVASS un piano che preveda il ripristino entro un periodo di tempo ragionevole della conformità o dimostra che l'effetto della non conformità è irrilevante.

2. Qualora l'impresa non riesca ad attuare il piano di cui al comma 1, l'IVASS può imporre all'impresa di ritornare a calcolare il Requisito Patrimoniale di Solvibilità conformemente alla formula standard di cui alla Sezione II del presente Capo.

(1) Articolo introdotto dal d.lg. 12/5/2015, n. 74.

46 octies. Scostamenti significativi dalle ipotesi sottese alla formula standard (1). – 1. L'IVASS, qualora sia inappropriato calcolare il Requisito Patrimoniale di Solvibilità conformemente alla formula standard perché il profilo di rischio dell'impresa si discosta significativamente dalle ipotesi sottostanti al calcolo della formula standard, può chiedere all'impresa, con decisione motivata, di utilizzare un modello interno per calcolare il Requisito Patrimoniale di Solvibilità o i moduli di rischio rilevanti di quest'ultimo.

(1) Articolo introdotto dal d.lg. 12/5/2015, n. 74.

46 novies. Prova dell'utilizzo (1). – 1. L'impresa dimostra che il modello interno completo o parziale è ampiamente utilizzato e svolge un ruolo importante nel sistema di governo societario di cui al Titolo III, Capo I, Sezione II, in particolare:

a) nel sistema di gestione dei rischi di cui all'articolo 30-bis e nei processi decisionali;

b) nei processi di valutazione e di allocazione del capitale economico e di solvibilità, compresa la valutazione interna del rischio e della solvibilità di cui all'articolo 30-ter.

2. L'impresa dimostra che la frequenza del calcolo del Requisito Patrimoniale di Solvibilità tramite il modello interno è coerente con la frequenza con la quale utilizza tale modello interno per le altre finalità di cui al comma 1.

3. Il consiglio di amministrazione garantisce la costante adeguatezza della struttura e del funzionamento del modello interno ed assicura che il modello interno continui a riflettere in maniera appropriata il profilo di rischio dell'impresa.

(1) Articolo introdotto dal d.lg. 12/5/2015, n. 74.

46 decies. Standard di qualità statistica (1). – 1. L'impresa assicura che il modello interno, ed in particolare il calcolo della distribuzione di probabilità prevista (probability distribution forecast) ad esso sottostante, sia conforme ai criteri di cui al presente articolo.

2. L'impresa utilizza, ai fini del calcolo della distribuzione di probabilità prevista, metodi basati su tecniche attuariali e statistiche adeguate, applicabili e pertinenti, nonché coerenti con i metodi utilizzati per calcolare le riserve tecniche. I metodi per il calcolo della distribuzione di probabilità prevista sono basati su informazioni attuali e credibili e su ipotesi realistiche. L'impresa giustifica all'IVASS, laddove richiesto, le ipotesi sottese al modello interno.

3. L'impresa utilizza per il modello interno dati accurati, completi e adeguati ed aggiorna almeno annualmente le serie di dati utilizzati nel calcolo della distribuzione di probabilità prevista.

4. Indipendentemente dal metodo scelto per il calcolo della distribuzione di probabilità prevista, l'impresa assicura che la capacità del modello interno di classificare i rischi è sufficiente a garantire che tale modello sia ampiamente utilizzato e svolga un ruolo importante nel sistema di governo societario, in particolare nel sistema di gestione dei rischi e nei processi decisionali nonché nell'allocazione del capitale conformemente all'articolo 46-novies.

5. Il modello interno copre tutti i rischi sostanziali ai quali l'impresa è esposta ed almeno i rischi di cui all'articolo 45-ter, comma 5.

6. Ai fini degli effetti di diversificazione, l'impresa può tenere conto nel proprio modello interno delle interdipendenze all'interno e tra le categorie di rischio, purché l'IVASS giudichi adeguato il sistema utilizzato per misurare tali effetti di diversificazione.

7. L'impresa può tenere pienamente conto dell'effetto delle tecniche di mitigazione del rischio nel proprio modello interno, nella misura in cui il rischio di credito e altri rischi derivanti dall'uso di tali tecniche di mitigazione del rischio siano adeguatamente riflessi nel proprio modello interno.

8. L'impresa valuta accuratamente nel proprio modello interno i rischi particolari connessi alle garanzie finanziarie e alle opzioni contrattuali, laddove siano significativi. L'impresa valuta altresì i rischi connessi alle opzioni esistenti per i contraenti per le imprese di assicurazione e riassicurazione. A tal fine l'impresa tiene conto dell'impatto che le future variazioni delle condizioni finanziarie e non finanziarie possono avere sull'esercizio di tali opzioni.

9. L'impresa può tenere conto, nel proprio modello interno, delle future azioni gestionali che prevede ragionevolmente di attuare in circostanze specifiche, prendendo in considerazione anche i tempi necessari per l'attuazione di tali azioni.

10. L'impresa tiene conto nel proprio modello interno di tutti i pagamenti che prevede di effettuare a favore di contraenti, beneficiari, assicurati e altri aventi diritto a prestazioni assicurative, indipendentemente dal fatto che questi pagamenti siano o meno contrattualmente garantiti.

(1) Articolo introdotto dal d.lg. 12/5/2015, n. 74.

46 undecies. Standard di calibrazione (1). – 1. L'impresa può utilizzare per il modello interno un periodo di tempo o una misura di rischio diversi da quelli di cui all'articolo 45-ter, commi 3 e 4, nella misura in cui le risultanze di tale modello interno possano essere utilizzate da tale impresa per calcolare il Requisito Patrimoniale di Solvibilità in modo da fornire ai contraenti, ai beneficiari, agli assicurati e agli altri aventi diritto a prestazioni assicurative un livello di tutela equivalente a quello derivante dall'utilizzo dei parametri di cui all'articolo 45-ter.

2. L'impresa, laddove sia possibile, deriva il Requisito Patrimoniale di Solvibilità direttamente dalla distribuzione di probabilità prevista prodotta dal proprio modello interno, utilizzando la misura del valore a rischio di cui all'articolo 45-ter, comma 4.

3. Nel caso in cui l'impresa non possa derivare il Requisito Patrimoniale di Solvibilità direttamente dalla distribuzione di probabilità prevista prodotta dal proprio modello interno, l'IVASS può autorizzare l'uso di approssimazioni nel processo di calcolo del Requisito Patrimoniale di Solvibilità nella misura in cui tale impresa possa dimostrare che i contraenti e gli assicurati beneficiano di un livello di tutela equivalente a quello di cui all'articolo 45-ter.

4. L'IVASS può imporre all'impresa di applicare il modello interno a portafogli di riferimento rilevanti, utilizzando ipotesi basate su dati esterni anziché interni, per verificare la calibrazione del modello interno e per controllare che le specifiche di tale modello siano in linea con la prassi di mercato generalmente accettata.

(1) Articolo introdotto dal d.lg. 12/5/2015, n. 74.

46 duodecies. Attribuzione di utili e di perdite (1). – 1. L'impresa esamina, almeno una volta all'anno, le cause e le fonti degli utili e delle perdite per ciascuno dei principali settori di attività.

2. L'impresa dimostra le modalità con cui la categorizzazione dei rischi adottata nel modello interno spieghi le cause e le fonti degli utili e delle perdite. La categorizzazione dei rischi e l'attribuzione degli utili e delle perdite riflettono il profilo di rischio dell'impresa.

(1) Articolo introdotto dal d.lg. 12/5/2015, n. 74.

46 terdecies. Standard di convalida (1). – 1. L'impresa adotta un ciclo regolare di convalida del proprio modello interno che include, con riferimento a tale modello, il monitoraggio del corretto funzionamento, il riesame della continua adeguatezza delle specifiche e il raffronto delle risultanze con i dati tratti dall'esperienza.

2. L'impresa include nella procedura di convalida del modello interno un processo statistico efficace che consenta all'impresa medesima di dimostrare all'IVASS che i requisiti patrimoniali che risultano da tale modello sono appropriati.

3. L'impresa utilizza metodi statistici che consentano di verificare l'appropriatezza della distribuzione di probabilità prevista sia rispetto all'esperienza passata sia rispetto a tutti i nuovi dati rilevanti e alle nuove informazioni relativi a tale distribuzione di probabilità.

4. L'impresa include nella procedura di convalida del modello interno un'analisi della stabilità di tale modello ed in particolare la verifica della sensibilità delle risultanze a variazioni delle principali ipotesi sottostanti. Tale procedura di convalida include altresì la valutazione dell'accuratezza, della completezza e dell'adeguatezza dei dati utilizzati nel modello interno.

(1) Articolo introdotto dal d.lg. 12/5/2015, n. 74.

46 quaterdecies. Standard di documentazione (1). – 1. L'impresa documenta la struttura e i dettagli operativi del modello interno utilizzato.

2. La documentazione di cui al comma 1:

a) dimostra l'osservanza degli articoli 46-novies, 46-decies, 46-undecies, 46-duodecies, 46-terdecies;

b) fornisce un quadro dettagliato della teoria, delle ipotesi e delle basi matematica ed empirica che sottendono il modello interno;

c) indica eventuali circostanze in cui il modello interno non funziona in modo efficace.

3. L'impresa documenta ogni modifica rilevante apportata al proprio modello interno conformemente all'articolo 46-quater.

(1) Articolo introdotto dal d.lg. 12/5/2015, n. 74.

46 quinquiesdecies. Modelli e dati esterni (1). – 1. L'impresa che utilizza un modello o dati provenienti da terzi rispetta in ogni caso tutti i requisiti che si applicano ai modelli interni conformemente agli articoli 46-novies, 46-decies, 46-undecies, 46-duodecies, 46-terdecies, 46-quaterdecies ed alle relative disposizioni di attuazione.

(1) Articolo introdotto dal d.lg. 12/5/2015, n. 74.

47. Cessione dei rischi in riassicurazione. – 1. L'ISVAP può non tener conto, ai fini della copertura delle riserve tecniche e del calcolo del margine di solvibilità, della cessione dei rischi in riassicurazione ad imprese aventi la sede legale in Stati terzi che non abbiano istituito un proprio legale rappresentante nel territorio della Repubblica o nel territorio di un altro Stato membro. 2. La decisione dell'ISVAP deve essere motivata esclusivamente da valutazioni attinenti alla solvibilità delle imprese riassicuratrici.*

* Articolo abrogato dal d.lg. 12/5/2015, n. 74.

Sezione IV
Requisito patrimoniale minimo (1)

(1) Sezione inserita dal d.lg. 12/5/2015, n. 74.

47 bis. Requisito Patrimoniale Minimo: disposizioni generali (1). – 1. L'impresa detiene fondi propri di base ammissibili in misura tale da coprire il Requisito Patrimoniale Minimo.

(1) Articolo inserito dal d.lg. 12/5/2015, n. 74.

47 ter. Calcolo del Requisito Patrimoniale Minimo (1). – 1. Il Requisito Patrimoniale Minimo è calcolato conformemente alle relative disposizioni di attuazione adottate dalla Commissione europea nel rispetto dei seguenti principi:

a) è calcolato in modo chiaro e semplice, al fine di garantire la possibilità di una revisione;

b) corrisponde ad un importo di fondi propri di base ammissibili al di sotto del quale i contraenti, i beneficiari, gli assicurati e gli altri aventi diritto a prestazioni assicurative sarebbero esposti ad un livello di rischio inaccettabile qualora all'impresa fosse consentito di continuare la propria attività;

c) la funzione lineare di cui al comma 2, utilizzata per calcolare il Requisito Patrimoniale Minimo, è calibrata sul valore a rischio dei fondi propri di base dell'impresa con un livello di confidenza dell'ottantacinque per cento (85%) su un periodo di un anno;

d) il livello minimo assoluto è pari a:

1) 2.500.000 euro per le imprese di assicurazione danni, comprese le imprese di assicurazione captive, salvo il caso in cui sia coperta la totalità o parte dei rischi compresi in uno dei rami da 10 a 15 elencati all'articolo 2, comma 3, nel qual caso non può essere inferiore a 3.700.000 euro;

2) 3.700.000 euro per le imprese di assicurazione vita, comprese le imprese di assicurazione captive;

3) 6.200.000 euro, ossia la somma degli importi di cui ai numeri 1) e 2) per le imprese che esercitano congiuntamente i rami vita e danni.

2. Fatto salvo il comma 3, il Requisito Patrimoniale Minimo è calcolato come funzione lineare di un insieme o sottoinsieme delle seguenti variabili: riserve tecniche, premi contabilizzati, capitale a rischio, imposte differite e costi amministrativi dell'impresa. Le variabili utilizzate sono calcolate al netto della riassicurazione.

3. Fatto salvo quanto previsto al comma 1, lettera d), il Requisito Patrimoniale Minimo non può scendere al di sotto del venticinque per cento (25%) né superare il quarantacinque per cento (45%) del Requisito Patrimoniale di Solvibilità dell'impresa, calcolato conformemente alle Sezioni II e III del presente Capo, ivi incluse le eventuali maggiorazioni del capitale imposte ai sensi dell'articolo 47-sexies.

4. Fino al 31 dicembre 2017, l'IVASS ha la facoltà di esigere che l'impresa applichi le percentuali di cui al comma 3 solo al Requisito Patrimoniale di Solvibilità calcolato conformemente alla Sezione II del presente Capo.

5. L'impresa calcola il Requisito Patrimoniale Minimo almeno ogni tre mesi e comunica il risultato di tale calcolo all'IVASS.

6. Ai fini del calcolo dei limiti di cui al comma 3 l'impresa non è tenuta a calcolare il proprio requisito patrimoniale di solvibilità su base trimestrale.

7. Se il Requisito Patrimoniale Minimo di cui al comma 5 coincide con uno dei limiti di cui al comma 3, l'impresa fornisce all'IVASS le informazioni necessarie a comprendere adeguatamente le ragioni per cui si è verificata tale coincidenza.

(1) Articolo inserito dal d.lg. 12/5/2015, n. 74.

Capo IV ter
Informativa e processo di controllo prudenziale (1)

(1) Capo inserito dal d.lg. 12/5/2015, n. 74.

47 quater. Requisiti dell'informativa all'IVASS ai fini della verifica delle condizioni di esercizio (1). – 1. L'impresa trasmette all'IVASS le informazioni necessarie, tenuto conto degli obiettivi di vigilanza di cui agli articoli 3 e 5, al fine di consentire all'IVASS di effettuare il processo di controllo prudenziale di cui all'articolo 47-quinquies. Le informazioni da trasmettere, secondo quanto stabilito dall'IVASS con regolamento, includono almeno elementi per:

a) valutare il sistema di governo societario adottato dalle imprese, l'attività che esse esercitano, i principi di valutazione applicati a fini di solvibilità, i rischi cui sono esposte e i sistemi di gestione dei rischi, nonché la loro struttura patrimoniale, il loro fabbisogno di capitale e la loro gestione del capitale;

b) adottare tutte le decisioni opportune derivanti dall'esercizio delle funzioni e dei poteri di vigilanza.

2. Fermo restando quanto previsto dall'articolo 190, commi 1-bis e 1-ter, l'IVASS determina, con regolamento, la natura, la portata e il formato delle informazioni di cui al comma 1 che l'impresa è tenuta a presentare in periodi predefiniti, in caso di eventi predefiniti e in caso di indagini in merito alla situazione dell'impresa.

3. Fatto salvo quanto previsto dall'articolo 47-ter, comma 5, quando le informazioni devono essere fornite a scadenze determinate inferiori all'anno, l'IVASS può limitare le informazioni se:

a) fornire tali informazioni risulterebbe eccessivamente oneroso in rapporto alla natura, alla portata e alla complessità dei rischi inerenti all'attività dell'impresa;

b) le informazioni sono trasmesse almeno una volta l'anno.

4. Il comma 3 non si applica se le informazioni periodiche di vigilanza riguardino imprese di assicurazione o di riassicurazione facenti parte di un gruppo come definito dall'articolo 210 a meno che l'impresa non riesca a dimostrare all'IVASS che una frequenza superiore all'anno è inopportuna data la natura, la portata e la complessità dei rischi inerenti all'attività del gruppo.

5. Limitazioni alle informazioni periodiche di vigilanza sono concesse solo alle imprese che non rappresentano più del 20 per cento del mercato nazionale rispettivamente vita e danni. La quota di mercato danni si basa su premi lordi contabilizzati e la quota vita sulle riserve tecniche lorde.

6. L'IVASS, in sede di concessione delle limitazioni di cui ai commi 3 e 5, tiene conto delle dimensioni delle imprese dando priorità alle imprese di dimensioni minori.

7. L'IVASS può limitare o esonerare l'impresa dall'obbligo di presentazione periodica delle informazioni analitiche di vigilanza quando:

a) fornire tali informazioni risulterebbe eccessivamente oneroso in rapporto alla natura, alla portata e alla complessità dei rischi inerenti all'attività dell'impresa;

b) fornire tali informazioni non è necessario ai fini di una vigilanza efficace dell'impresa;

c) l'esonero non mina la stabilità dei sistemi finanziari interessati nell'Unione; e

d) l'impresa è in grado di fornire informazioni su base ad hoc.

8. L'IVASS non esonera dall'obbligo di fornire informazioni analitiche le imprese facenti parte di un gruppo ai sensi dell'articolo 210 a meno che l'impresa non dimostri all'IVASS che un'informativa di questo tipo è inopportuna data la natura, la portata e la complessità dei rischi inerenti all'attività del gruppo e tenuto conto dell'obiettivo della stabilità finanziaria.

9. Esoneri all'obbligo di fornire informazioni analitiche sono concessi solo alle imprese che non rappresentino più del 20 per cento del mercato nazionale rispettivamente vita e danni, ove la quota di mercato danni si basa su premi lordi contabilizzati e la quota vita sulle riserve tecniche lorde.

10. L'IVASS, in sede di concessione delle deroghe di cui ai commi 7, 8 e 9, tiene conto delle dimensioni delle imprese dando priorità alle imprese di dimensioni minori.

11. Ai fini dell'esercizio del potere di limitazione o di esonero delle informazioni da trasmettere di cui ai commi 3, 4, 5, 6, 7, 8, 9 e 10, l'IVASS valuta nell'ambito del processo di controllo prudenziale di cui all'articolo 47-quinquies se l'informativa è eccessivamente onerosa in rapporto alla natura, alla portata e alla complessità dei rischi insiti nell'attività dell'impresa, tenendo conto almeno dei seguenti elementi:

a) il volume dei premi, delle riserve tecniche e degli attivi dell'impresa;

b) la volatilità delle prestazioni e dei sinistri coperti dall'impresa;

c) i rischi di mercato generati dagli investimenti dell'impresa;

d) il livello delle concentrazioni di rischi;

e) il numero totale dei rami assicurativi vita e danni per cui l'autorizzazione è concessa;

f) i possibili effetti della gestione degli attivi dell'impresa sulla stabilità finanziaria;

g) i sistemi e le strutture dell'impresa preposte alle informazioni di vigilanza e la politica scritta sull'informativa di cui all'articolo 30, comma 5;

h) l'idoneità dei sistemi di governo societario dell'impresa;

i) il livello dei fondi propri a fronte del Requisito Patrimoniale di Solvibilità e del Requisito Patrimoniale Minimo;

l) il fatto che l'impresa sia o meno un'impresa captive.

(1) Articolo inserito dal d.lg. 12/5/2015, n. 74.

47 quinquies. Processo di controllo prudenziale (1). – 1. L'IVASS riesamina e valuta le strategie, i processi e le procedure di reportistica adottati dall'impresa per rispettare le norme del presente codice e delle disposizioni dell'ordinamento dell'Unione europea direttamente applicabili. Il processo di controllo prudenziale include la verifica dei requisiti qualitativi relativi al sistema di governo societario, la valutazione dei rischi a cui le imprese sono o potrebbero essere esposte e la valutazione della capacità dell'impresa di valutare tali rischi tenuto conto del contesto in cui la stessa svolge l'attività.

2. L'IVASS esamina e valuta, in particolare, che le imprese rispettino le disposizioni relative:

a) al sistema di governo societario, inclusa la valutazione interna del rischio e della solvibilità di cui al Titolo III, Capo I, Sezione II;

b) alle riserve tecniche di cui al Titolo II, Capo II;

c) ai requisiti patrimoniali di cui al Titolo III, Capo IV-bis;

d) agli investimenti di cui agli articoli 37-ter, 38 e 41;

e) alla qualità ed alla quantità dei fondi propri di cui al Titolo III, Capo IV;

f) ai requisiti relativi ai modelli interni completi o parziali di cui al Titolo III, Capo IV-bis, Sezione III.

3. L'IVASS monitora con adeguati strumenti l'impresa al fine di rilevare qualsiasi deterioramento delle condizioni finanziarie e di verificare come l'impresa vi abbia posto rimedio.

4. L'IVASS valuta:

a) l'adeguatezza dei metodi e delle prassi applicati dall'impresa per identificare possibili eventi o cambiamenti futuri delle condizioni economiche che potrebbero avere effetti negativi sulla situazione finanziaria globale dell'impresa.

b) la capacità dell'impresa di far fronte a tali eventi o cambiamenti futuri delle condizioni economiche.

5. Nell'ambito del processo di controllo prudenziale l'IVASS, in aggiunta al calcolo del Requisito Patrimoniale di Solvibilità, ove appropriato può utilizzare gli strumenti quantitativi necessari a consentire la valutazione della capacità delle imprese di far fronte a possibili eventi o cambiamenti futuri delle condizioni economiche che potrebbero avere effetti negativi sulla loro situazione finanziaria globale. L'IVASS può imporre all'impresa di attuare verifiche o analisi corrispondenti.

6. L'IVASS, in caso di deficienze o carenze individuate nel quadro del processo di controllo prudenziale, adotta le misure che ritiene più appropriate tra quelle previste nei Titoli XIV, XVI e XVIII.

7. Il processo di controllo prudenziale si svolge periodicamente. L'IVASS stabilisce con regolamento la frequenza minima e l'ambito del processo di controllo prudenziale in funzione della natura, della portata e della complessità delle attività dell'impresa.

(1) Articolo inserito dal d.lg. 12/5/2015, n. 74.

47 sexies. Maggiorazione del capitale (1). – 1. All'esito del processo di controllo prudenziale di cui all'articolo 47-quinquies l'IVASS, in circostanze eccezionali, può, con provvedimento motivato, imporre una maggiorazione del capitale dell'impresa qualora ricorrano le seguenti condizioni:

a) a giudizio dell'IVASS, il profilo di rischio dell'impresa si discosta significativamente dalle ipotesi sottese al Requisito Patrimoniale di Solvibilità calcolato con la formula standard secondo quanto disposto dal Titolo II, Capo IV-bis, Sezione II e:

1) l'utilizzo di un modello interno di cui all'articolo 46-octies è inadeguato o è risultato inefficace; oppure

2) un modello interno completo o parziale di cui all'articolo 46-octies è in via di predisposizione;

b) a giudizio dell'IVASS, il profilo di rischio dell'impresa si discosta significativamente dalle ipotesi sottese al Requisito Patrimoniale di Solvibilità calcolato con un modello interno o un modello interno parziale secondo quanto disposto dal Titolo III, Capo IV-bis, Sezione III, in quanto il modello non tiene conto in misura sufficiente di taluni rischi quantificabili e l'impresa non è riuscita ad adattare il modello al proprio profilo di rischio entro il termine stabilito dall'IVASS;

c) il sistema di governo societario dell'impresa differisce in modo significativo dalle disposizioni di cui al Titolo III, Capo I, Sezione II, e tali difformità impediscono all'impresa di individuare, misurare, monitorare, gestire e segnalare correttamente i rischi a cui è o potrebbe essere esposta, ed altre misure adottabili dall'IVASS non sarebbero idonee, entro un congruo periodo di tempo, a sanare in modo adeguato le carenze riscontrate;

d) l'impresa applica l'aggiustamento di congruità di cui all'articolo 36-quinquies, l'aggiustamento per la volatilità di cui all'articolo 36-septies o le misure transitorie di cui agli articoli 344-novies e 344-decies e l'IVASS conclude che il profilo di rischio dell'impresa si discosta in modo significativo dalle ipotesi sottese a dette correzioni, rettifiche e misure transitorie.

2. Nei casi di cui al comma 1, lettere a) e b), la maggiorazione del capitale è calcolata in modo tale da garantire che l'impresa rispetti l'articolo 45-ter, commi 3 e 4.

3. Nel caso di cui al comma 1, lettera c), la maggiorazione del capitale è commisurata ai rischi sostanziali imputabili alle carenze che hanno indotto l'IVASS ad imporre tale maggiorazione.

4. Nei casi di cui al comma 1, lettera d), la maggiorazione del capitale è commisurata ai rischi sostanziali legati agli scostamenti.

5. Nei casi di cui al comma 1, lettere b) e c), l'IVASS verifica che l'impresa adotti ogni iniziativa necessaria a rimediare alle carenze che hanno determinato l'imposizione della maggiorazione del capitale.

6. L'IVASS riesamina, almeno annualmente, l'imposizione della maggiorazione del capitale e revoca tale imposizione nel caso in cui l'impresa abbia sanato le carenze riscontrate.

7. Il Requisito Patrimoniale di Solvibilità comprendente la maggiorazione del capitale imposta sostituisce il Requisito Patrimoniale di Solvibilità inadeguato.

8. Fermo quanto disposto al comma 7, ai fini del calcolo del margine di rischio di cui all'articolo 36-ter, commi 9, 10 e 11, il Requisito Patrimoniale di Solvibilità non include la maggiorazione del capitale imposta nel caso di cui al comma 1, lettera c).

9. L'IVASS con regolamento, detta disposizioni per l'applicazione delle maggiorazioni di capitale di cui al presente articolo.

(1) Articolo inserito dal d.lg. 12/5/2015, n. 74.

47 septies. Relazione sulla solvibilità e sulla condizione finanziaria: contenuto (1). – 1. L'impresa, tenuto conto di quanto previsto all'articolo 190, commi 1-bis e 1-ter, pubblica annualmente una relazione sulla propria solvibilità e condizione finanziaria e la trasmette all'IVASS congiuntamente alle informazioni di cui all'articolo 47-quater, comma 1.

2. La relazione di cui al comma 1 include le informazioni, riportate integralmente o mediante il riferimento ad altre informazioni, equivalenti per natura e portata, pubblicate in attuazione di altre prescrizioni legislative o regolamentari, concernenti:

a) la descrizione dell'attività e i risultati di gestione dell'impresa;

b) la descrizione del sistema di governo societario e la valutazione della adeguatezza di tale sistema rispetto al profilo di rischio dell'impresa;

c) separatamente per ciascuna categoria di rischio, la descrizione dell'esposizione, della concentrazione, della mitigazione e della sensitività;

d) separatamente per attività, riserve tecniche e altre passività, la descrizione delle basi e dei metodi utilizzati per la loro valutazione, congiuntamente alla spiegazione di eventuali differenze rilevanti rispetto alle basi e ai metodi utilizzati per la loro valutazione nel bilancio;

e) la descrizione della gestione del capitale contenente almeno:

1) la struttura e l'importo dei fondi propri, nonché la loro qualità;

2) gli importi del Requisito Patrimoniale di Solvibilità e del Requisito Patrimoniale Minimo;

3) l'esercizio della opzione di cui all'articolo 45-novies utilizzata ai fini del calcolo del Requisito Patrimoniale di Solvibilità;

4) le informazioni che consentono un'adeguata comprensione delle principali differenze tra le ipotesi sottese alla formula standard e quelle di ciascun modello interno utilizzato dall'impresa per il calcolo del proprio Requisito Patrimoniale di Solvibilità;

5) l'importo corrispondente all'inosservanza del Requisito Patrimoniale Minimo o ogni grave inosservanza del Requisito Patrimoniale di Solvibilità rilevata durante il periodo oggetto della relazione, anche se in seguito rimosso, congiuntamente all'illustrazione delle relative cause, conseguenze e delle eventuali misure correttive adottate.

3. Quando si applica l'aggiustamento di congruità di cui all'articolo 36-quinquies, la descrizione di cui al comma 2, lettera d), riguarda, oltre all'aggiustamento, anche il portafoglio degli impegni e gli attivi dedicati cui l'aggiustamento stesso si applica nonché la quantificazione dell'impatto dell'azzeramento dell'aggiustamento di congruità sulla situazione finanziaria dell'impresa. La descrizione di cui al comma 2, lettera d), indica anche se l'impresa utilizza l'aggiustamento per la volatilità di cui all'articolo 36-sexies e quantifica l'impatto dell'azzeramento dell'aggiustamento per la volatilità sulla situazione finanziaria dell'impresa.

4. La descrizione di cui al comma 2, lettera e), numero 1), comprende un'analisi relativa ad ogni cambiamento significativo rispetto al precedente periodo oggetto della relazione e l'illustrazione di ogni variazione significativa rispetto al valore di tali elementi nel bilancio, nonché una breve descrizione della trasferibilità del capitale.

5. Nella pubblicazione del Requisito Patrimoniale di Solvibilità di cui al comma 2, lettera e), numero 2), sono indicati separatamente l'importo calcolato secondo quanto previsto dal Titolo III, Capo IV-bis, Sezione II e Sezione III, e l'eventuale importo maggiorato del capitale richiesto dall'IVASS ai sensi dell'articolo 47-sexies o l'impatto dei parametri specifici richiesti dall'IVASS all'impresa ai sensi dell'articolo 45-terdecies, congiuntamente ad una breve indicazione delle motivazioni fornite dall'IVASS.

6. La pubblicazione di cui al comma 2, lettera e) numero 2), è accompagnata, ove applicabile, dall'indicazione che il Requisito Patrimoniale di Solvibilità è in corso di valutazione da parte dell'IVASS.

7. L'IVASS determina, con regolamento, gli elementi della relazione di cui al comma 1 che sono corredati dalla relazione del revisore legale o della società di revisione legale.

(1) Articolo inserito dal d.lg. 12/5/2015, n. 74.

47 octies. Relazione sulla solvibilità e sulla condizione finanziaria: principi applicabili (1). – 1. L'IVASS può esonerare l'impresa dall'obbligo di rendere pubblica un'informazione se la pubblicazione:

a) possa procurare un significativo vantaggio ingiustificato ad operatori concorrenti del mercato;

b) sia coperta da segreto o se è in ogni caso riservata, in forza di obblighi dell'impresa nei confronti dei contraenti o di altri soggetti.

2. Nel caso di cui al comma 1, l'impresa dichiara nella relazione sulla solvibilità e sulla condizione finanziaria l'esonero dall'obbligo di pubblicazione e le relative motivazioni.

3. L'IVASS autorizza l'impresa ad utilizzare o a fare riferimento alle informazioni pubblicate in adempimento di altri obblighi di legge o regolamentari, se tali informazioni sono di natura e portata equivalenti a quelle richieste dall'articolo 47-septies.

4. I commi 1 e 2 non si applicano alle informazioni di cui all'articolo 47-septies, comma 2, lettera e).

5. L'IVASS con regolamento determina modalità, termini e contenuti della relazione di solvibilità e sulla condizione finanziaria.

(1) Articolo inserito dal d.lg. 12/5/2015, n. 74.

47 novies. Relazione sulla solvibilità e sulla condizione finanziaria: aggiornamenti e informazioni facoltative aggiuntive (1). – 1. Nel caso si verifichino circostanze rilevanti che abbiano un impatto significativo sulle informazioni pubblicate ai sensi degli articoli 47-septies e 47-octies, l'impresa pubblica appropriate informazioni sulla natura e sugli effetti di tali circostanze.

2. Ai fini di cui al comma 1, sono considerate circostanze rilevanti almeno le seguenti:

a) l'IVASS, constatata l'inosservanza del Requisito Patrimoniale Minimo, ritiene che l'impresa non sia in grado di presentare un piano di finanziamento realistico a breve termine o, comunque, l'impresa non trasmette tale piano entro un mese dalla data in cui è stata rilevata l'inosservanza;

b) l'IVASS rileva che l'impresa non ha trasmesso un piano di risanamento realistico entro due mesi dalla data in cui è stata riscontrata una grave inosservanza del Requisito Patrimoniale di Solvibilità.

3. Nel caso di cui al comma 2, lettera a), l'IVASS richiede all'impresa di pubblicare immediatamente l'importo corrispondente all'inosservanza del Requisito Patrimoniale Minimo, congiuntamente ad una illustrazione delle relative cause e dei relativi effetti per l'impresa, incluse le eventuali misure adottate per porvi rimedio. Quando, nonostante il piano di finanziamento a breve termine considerato inizialmente realistico, il problema dell'inosservanza del Requisito Patrimoniale Minimo non è stato risolto a distanza di tre mesi dal rilevamento, l'impresa ne dà comunicazione alla fine di tale periodo, insieme ad una spiegazione della sua origine e delle sue conseguenze, comprese eventuali altre misure adottate per porvi rimedio, nonché le eventuali altre misure correttive previste.

4. Nel caso di cui al comma 2, lettera b), l'IVASS richiede all'impresa di pubblicare immediatamente l'importo corrispondente all'inosservanza, congiuntamente ad una illustrazione delle cause e dei relativi effetti per l'impresa, incluse le eventuali misure adottate per porvi rimedio. Quando, nonostante il piano di risanamento considerato inizialmente realistico, il problema dell'inosservanza del Requisito Patrimoniale di Solvibilità non è stato risolto a distanza di sei mesi dal rilevamento, l'impresa ne dà comunicazione alla fine di tale periodo, insieme ad una spiegazione della sua origine e delle sue conseguenze, comprese eventuali altre misure per porvi rimedio, nonché le eventuali altre misure correttive.

5. L'impresa può pubblicare ogni informazione anche di natura esplicativa relativa alla propria solvibilità e condizione finanziaria che non sia già soggetta all'obbligo di pubblicazione ai sensi degli articoli 47-septies e 47-octies e dei commi 1, 2, 3 e 4 del presente articolo.

(1) Articolo inserito dal d.lg. 12/5/2015, n. 74.

47 decies. Approvazione della relazione sulla solvibilità e condizione finanziaria (1). – 1. La relazione relativa alla solvibilità e alla condizione finanziaria è soggetta all'approvazione del consiglio di amministrazione ed è pubblicata solo dopo tale approvazione.

(1) Articolo inserito dal d.lg. 12/5/2015, n. 74.

47 undecies. Informativa all'AEAP (1). – 1. L'IVASS comunica annualmente all'AEAP le informazioni concernenti:

a) la maggiorazione media del capitale per impresa e l'attribuzione delle maggiorazioni del capitale imposte dal l'IVASS durante l'anno precedente, calcolate in misura percentuale del Requisito Patrimoniale di Solvibilità, per ciascuna delle seguenti categorie:

1) per le imprese di assicurazione e di riassicurazione;

2) per le imprese di assicurazione che esercitano l'attività nei rami vita;

3) per le imprese di assicurazione che esercitano l'attività nei rami danni;

4) per le imprese di assicurazione che esercitano congiuntamente l'attività nei rami vita e danni;

5) per le imprese che esercitano l'attività di riassicurazione;

b) per ciascuna informazione di cui alla lettera a), la proporzione delle maggiorazioni del capitale imposte rispettivamente in applicazione dell'articolo 47-sexies, comma 1, lettere a), b) e c);

c) il numero delle imprese che beneficiano della limitazione dell'obbligo di informativa periodica di vigilanza e il numero di quelle che sono esonerate dalla comunicazione su base analitica secondo il disposto dell'articolo 47-quater, commi 3, 4, 5, 6, 7, 8, 9, 10 e 11, unitamente al volume dei loro requisiti patrimoniali, dei premi, delle riserve tecniche e degli attivi rispettivamente calcolati in percentuale del totale dei requisiti patrimoniali, dei premi, delle riserve tecniche e degli attivi di tutte le imprese di assicurazione o di riassicurazione aventi sede nel territorio della Repubblica;

d) il numero dei gruppi che beneficiano della limitazione dell'obbligo di informativa periodica di vigilanza e il numero di quelli che sono esonerati dalla comunicazione su base analitica secondo il disposto dell'articolo 216-octies, unitamente al volume dei loro requisiti patrimoniali, dei premi, delle riserve tecniche e degli attivi rispettivamente calcolati in percentuale del totale dei requisiti patrimoniali, dei premi, delle riserve tecniche e degli attivi di tutti i gruppi di cui all'articolo 210.

(1) Articolo inserito dal d.lg. 12/5/2015, n. 74.

Capo V
Imprese aventi la sede legale in uno Stato terzo

48. Disposizioni applicabili alle imprese aventi sede legale in uno Stato terzo (1). – 1. La sede secondaria, insediata nel territorio della Repubblica dall'impresa di assicurazione di uno Stato terzo, è soggetta alle disposizioni di vigilanza di cui al presente Capo.

2. L'IVASS esercita i poteri di cui agli articoli 188, 189, 190, 190-bis, comma 1, e 191 anche nei confronti della sede secondaria, insediata nel territorio della Repubblica dall'impresa di assicurazione di un Paese terzo.

3. L'IVASS determina con regolamento le disposizioni applicabili alle sedi secondarie di cui al comma 1, anche con riferimento ai requisiti organizzativi e alle condizioni di esercizio ivi inclusi quelli applicabili alle sedi secondarie autorizzate ad esercitare congiuntamente i rami vita ed i rami infortuni e malattia. Si applicano gli articoli 30-octies, 30-novies, 32, 33, 35, 35-bis e 35-ter.

(1) Articolo e rubrica modificati dal d.lg. 12/5/2015, n. 74.

48 bis. Bilancio, registri e scritture contabili (1). – 1. La sede secondaria, insediata nel territorio della Repubblica dall'impresa di assicurazione di un Paese terzo, è soggetta alle disposizioni in materia di registri, bilancio e scritture contabili di cui al Titolo VIII.

(1) Articolo inserito dal d.lg. 12/5/2015, n. 74.

49. Riserve tecniche (1). – 1. L'impresa rispetta, per le assicurazioni e le operazioni comprese nel portafoglio della sede secondaria, le disposizioni relative alla disciplina delle riserve tecniche delle imprese con sede legale nella Repubblica.

2. Per la localizzazione degli attivi posti a copertura delle riserve tecniche si applicano le disposizioni di cui all'articolo 38, comma 6. L'ISVAP può tuttavia richiedere che gli attivi siano localizzati nel territorio della Repubblica, ove ciò sia ritenuto necessario per la salvaguardia degli interessi degli assicurati e degli altri aventi diritto a prestazioni assicurative.

3. L'impresa che è autorizzata ad esercitare congiuntamente i rami vita ed i rami infortuni e malattia rispetta le disposizioni stabilite per le imprese con sede legale nel territorio della Repubblica.

(1) Articolo modificato dal d.lg. 12/5/2015, n. 74.

50. Calcolo del Requisito Patrimoniale di solvibilità e del Requisito Patrimoniale Minimo (1). – 1. L'impresa di assicurazione di un Paese terzo dispone, per la sede secondaria, di un importo di fondi propri ammissibili, costituito dagli elementi di cui all'articolo 44-decies, comma 3.

1-bis. L'impresa di cui al comma 1 calcola il Requisito Patrimoniale di Solvibilità e il Requisito Patrimoniale Minimo conformemente alle disposizioni di cui al Capo IV-bis, con riguardo alle operazioni realizzate dalla sede secondaria.

2. L'importo ammissibile dei fondi propri di base richiesti a copertura del Requisito Patrimoniale Minimo e il minimo assoluto di tale Requisito Patrimoniale minimo sono costituiti in conformità all'articolo 44-decies, comma 4. L'importo ammissibile dei fondi propri di base non può essere inferiore alla metà del minimo assoluto previsto dall'articolo 47-ter, comma 1, lettera d).

2-bis. I fondi propri di base ammissibili a copertura del Requisito Patrimoniale Minimo includono la cauzione depositata in conformità dell'articolo 28, comma 5.

3. Le attività a copertura del Requisito Patrimoniale di Solvibilità sono localizzate, fino a concorrenza dell'ammontare del Requisito Patrimoniale Minimo, nel territorio della Repubblica, mentre per l'eccedenza possono essere localizzate nel territorio di altri Stati membri.

4. Le disposizioni dei commi 1 e 1-bis non si applicano all'impresa autorizzata ad operare anche in altri Stati membri, che sia soggetta a vigilanza globale di solvibilità esercitata dalla autorità di controllo di uno di tali Stati ai sensi dell'articolo 51.

(1) Articolo e rubrica modificati modificato dal d.lg. 12/5/2015, n. 74.

51. Agevolazioni per l'impresa operante in più Stati membri (1). – 1. L'impresa di un Paese terzo, che al momento in cui presenta istanza di autorizzazione ad operare nel territorio della Repubblica è già autorizzata all'esercizio dei rami vita o dei rami danni in uno o più Stati membri o ha presentato in tali Stati domanda di autorizzazione, può chiedere:

a) di poter calcolare, in deroga a quanto disposto nell'articolo 50, comma 1-bis, il Requisito Patrimoniale di Solvibilità in funzione dell'attività globale esercitata dalle proprie sedi secondarie stabilite nel territorio degli Stati membri;

b) di poter costituire la cauzione prevista dall'articolo 28, comma 5, soltanto in uno di tali Stati membri;

c) di poter localizzare in uno qualunque degli Stati membri, nei quali ha insediato una sede secondaria, le attività a copertura del Requisito Patrimoniale Minimo.

1-bis. L'istanza di cui al comma 1 è presentata all'IVASS ed alle autorità di vigilanza degli altri Stati membri interessati.

2. Le agevolazioni possono essere richieste anche dall'impresa che, dopo aver ottenuto l'autorizzazione ad operare nel territorio della Repubblica, insedia una sede secondaria anche nel territorio di un altro Stato membro.

3. Nella domanda l'impresa deve indicare l'autorità alla quale chiede che venga demandato il controllo di solvibilità per il complesso delle attività effettuate dalle sedi secondarie stabilite negli Stati membri. La domanda deve essere motivata. In caso di accoglimento l'impresa deve costituire la cauzione prevista dall'articolo 28, comma 5, nello Stato membro alla cui autorità è demandato il controllo della solvibilità per l'insieme delle attività esercitate nel territorio dell'Unione europea.

4. Le agevolazioni possono essere concesse soltanto congiuntamente e con l'accordo di tutte le autorità degli Stati membri interessati. Esse hanno effetto dal momento in cui l'autorità prescelta per il controllo della solvibilità globale, avuta notizia dell'accordo di tutti gli Stati membri interessati, comunica alle altre autorità di essere disposta ad esercitare la vigilanza. Le agevolazioni vengono meno in tutti gli Stati membri interessati nel caso in cui siano soppresse ad iniziativa di uno o più Stati membri interessati.

5. L'impresa alla quale sono state concesse le agevolazioni calcola il Requisito Patrimoniale di Solvibilità avendo riguardo all'attività complessiva svolta dall'insieme delle sedi secondarie stabilite negli Stati membri.

6. L'IVASS collabora con le autorità di vigilanza degli altri Stati membri al fine di scambiare le informazioni necessarie per il controllo della solvibilità globale.

(1) Articolo modificato dal d.lg. 12/5/2015, n. 74.

TITOLO IV
IMPRESE LOCALI E PARTICOLARI MUTUE ASSICURATRICI

Capo I
Disposizioni generali (1)

(1) Capo inserito dal d.lg. 12/5/2015, n. 74.

51 bis. Disposizioni relative a imprese locali e a particolari mutue assicuratrici (1). – 1. Sono soggette alle disposizioni del presente Titolo:

a) le imprese di assicurazione locali che soddisfano le condizioni di cui all'articolo 51-ter, ivi incluse le mutue assicuratrici costituite ai sensi dell'articolo 2546 del codice civile, che superano gli importi di cui ai commi 2 e 3 dell'articolo 52 e che non superano gli importi di cui all'articolo 51-ter;

b) le particolari mutue assicuratrici ai sensi dell'articolo 52.

2. Le imprese di cui al comma 1, lettera a), sono iscritte nella sezione dell'albo delle imprese di assicurazione, rubricata «Imprese locali di cui al Titolo IV, Capo II, del Codice delle Assicurazioni private».

3. Le imprese di cui al comma 1, lettera b), sono iscritte nella sezione dell'albo delle imprese di assicurazione, rubricata «Particolari mutue assicuratrici di cui al Titolo IV, Capo III, del Codice delle Assicurazioni private».

4. L'IVASS dà pronta comunicazione all'impresa interessata dell'iscrizione nell'albo, ai sensi dei commi 2 e 3. Le imprese indicano negli atti e nella corrispondenza l'iscrizione all'albo.

(1) Articolo inserito dal d.lg. 12/5/2015, n. 74.

Capo II
Imprese di assicurazione locali (1)

(1) Capo inserito dal d.lg. 12/5/2015, n. 74.

51 ter. Nozione di impresa di assicurazione locale (1). – 1. L'impresa di assicurazione italiana è qualificata impresa di assicurazione locale ai sensi del presente Capo se soddisfa congiuntamente le seguenti condizioni:

a) l'incasso annuo dei premi lordi contabilizzati dall'impresa non supera euro 5.000.000;

b) il totale delle riserve tecniche dell'impresa al lordo degli importi recuperabili dai contratti di riassicurazione e dalle società veicolo non supera euro 25.000.000;

c) ove l'impresa faccia parte di un gruppo, il totale delle riserve tecniche del gruppo, al lordo degli importi recuperabili dai contratti di riassicurazione e dalle società veicolo, non supera euro 25.000.000;

d) nelle attività dell'impresa non rientrano attività assicurative o riassicurative volte a coprire rischi assicurativi di responsabilità, credito e cauzione a meno che non costituiscano rischi accessori;

e) nelle attività dell'impresa non rientrano operazioni riassicurative superiori ad euro 500.000 del suo incasso annuo di premi lordi contabilizzati o ad euro 2.500.000 delle sue riserve tecniche al lordo degli importi recuperabili dai contratti di riassicurazione e dalle società veicolo, ovvero superiori al 10 per cento del suo incasso annuo di premi lordi contabilizzati o delle sue riserve tecniche al lordo degli importi recuperabili dai contratti di riassicurazione e dalle società veicolo.

2. L'impresa che rispetta le condizioni di cui al comma 1 non è qualificata impresa di assicurazione locale quando:

a) esercita l'attività assicurativa o riassicurativa in regime di libera prestazione di servizi o di stabilimento in altri Stati membri; o

b) in esito alla sua richiesta è autorizzata all'esercizio dell'attività di assicurazione ai sensi dell'articolo 13 o a continuare l'esercizio dell'attività ai sensi dell'articolo 13; o

c) l'incasso annuo di premi lordi contabilizzati o l'ammontare delle riserve tecniche, al lordo degli importi recuperabili dai contratti di riassicurazione e dalle società veicolo, è prevedibile che superi, entro i cinque anni successivi, uno degli importi di cui alle lettere a), b) c) ed e) del comma 1.

(1) Articolo inserito dal d.lg. 12/5/2015, n. 74.

51 quater. Regime applicabile alle imprese di assicurazione locali (1). – 1. L'IVASS individua con regolamento le condizioni di accesso, di esercizio e le altre disposizioni del presente codice che si applicano alle imprese locali di cui all'articolo 51-ter. In ogni caso si applicano gli articoli 12 e 14, comma 3.

2. Il regime di cui al comma 1 si applica altresì alle imprese autorizzate ai sensi dell'articolo 13 che non hanno superato per i tre esercizi consecutivi precedenti e verosimilmente non supereranno per ulteriori cinque esercizi consecutivi successivi gli importi di cui all'articolo 51-ter. L'IVASS determina con regolamento la procedura per l'accertamento dei presupposti per l'applicazione del regime di cui al comma 1.

3. Il regime di cui al comma 1 cessa di applicarsi, a decorrere dal quarto esercizio, qualora l'impresa abbia superato per tre esercizi consecutivi gli importi di cui alle lettere a), b), c), e) dell'articolo 51-ter. L'IVASS determina con regolamento la procedura di accertamento del mancato rispetto delle condizioni di cui all'articolo 51-ter e di conseguente presentazione dell'istanza di autorizzazione, ai sensi dell'articolo 13, da inviare entro trenta giorni dall'approvazione del bilancio relativo al terzo esercizio.

(1) Articolo inserito dal d.lg. 12/5/2015, n. 74.

Capo III
Particolari mutue assicuratrici (1)

(1) Capo inserito dal d.lg. 12/5/2015, n. 74.

52. Particolari mutue assicuratrici (1). – 1. La mutua assicuratrice, costituita ai sensi dell'articolo 2546 del codice civile, è qualificata particolare mutua assicuratrice ai sensi del presente Capo quando ricorrono le condizioni rispettivamente stabilite nei commi 2 e 3. Tale impresa può esercitare l'attività assicurativa nei rami vita o nei rami danni e limitatamente al territorio della Repubblica, senza che trovi applicazione la disciplina sui requisiti per l'accesso di cui al capo II del titolo II. Le quote di partecipazione devono essere rappresentate da azioni.

2. La mutua assicuratrice, ai fini dell'esercizio dei rami vita, deve prevedere nello statuto la possibilità di esigere contributi supplementari, o di ridurre le prestazioni, e riscuotere contributi annui non superiori ad euro cinquecentomila.

3. La mutua assicuratrice, ai fini dell'esercizio dei rami danni, deve prevedere nello statuto la possibilità di esigere contributi supplementari e riscuotere contributi annui non superiori ad un milione di euro, provenienti per almeno la metà dai soci.

4. Se gli importi di cui ai commi 2 e 3 sono superati durante tre esercizi consecutivi, a decorrere dal quarto esercizio l'impresa cessa di essere qualificata particolare mutua assicuratrice, non è più soggetta alle disposizioni del presente Capo ed è tenuta a richiedere l'autorizzazione ai sensi dell'articolo 51-quater o ai sensi dell'articolo 13, in caso di superamento degli importi di cui all'articolo 51-ter, entro trenta giorni dall'approvazione del bilancio relativo al terzo esercizio nel quale gli importi sono stati superati.

(1) Articolo modificato dal d.lg. 12/5/2015, n. 74.
• Rubrica sostituita dal d.lg. 12/5/2015, n. 74.

53. Attività esercitabili. – 1. L'impresa di cui all'articolo 52, comma 2, può esercitare esclusivamente i rami I e II di cui all'articolo 2, comma 1.

2. L'impresa di cui all'articolo 52, comma 3, non può esercitare i rami 10, 11, 12, 13, 14, 15, 17 e 18 di cui all'articolo 2, comma 3.

3. Le mutue assicuratrici limitano l'oggetto sociale all'esercizio dei soli rami vita o dei soli rami danni ed alle operazioni connesse o strumentali. Si applica l'articolo 12.

54. Requisiti degli esponenti aziendali**. *– 1. Il Ministro delle attività produttive determina, con il regolamento di cui all'articolo 76, i requisiti di onorabilità e indipendenza degli esponenti aziendali e stabilisce requisiti di professionalità che tengano conto delle dimensioni e delle limitazioni all'attività esercitata dalle mutue assicuratrici di cui all'articolo 52.*

* Abrogato dal d.lg. 12/5/2015, n. 74.

55. Autorizzazione. – 1. L'ISVAP o, nel caso delle regioni a statuto speciale, l'organo regionale a ciò preposto, fermo quanto disposto all'articolo 347, comma 3 e 4, autorizzano le mutue assicuratrici di cui all'articolo 52.

*2. Le società autorizzate sono iscritte in apposita sezione, rubricata altre mutue assicuratrici, dell'albo delle imprese di assicurazione di cui all'articolo 14, comma 4**.

3. L'ISVAP, con regolamento, determina, salve le competenze delle regioni a statuto speciale, il procedimento per il rilascio, l'estensione ed il diniego dell'autorizzazione. Si applica l'articolo 14, comma 3.

* Comma abrogato dal d.lg. 12/5/2015, n. 74.

56. Regime applicabile alle particolari mutue assicuratrici (1). – 1. Fatto salvo quanto previsto dal comma 3, l'IVASS, determina, con regolamento, la disciplina applicabile alle particolari mutue assicuratrici di cui all'articolo 52, tenuto conto delle dimensioni e delle limitazioni all'attività assicurativa, e specificamente:

a) le disposizioni relative all'adeguatezza patrimoniale e organizzativa dell'impresa, gli obblighi di tenuta dei registri contabili nonché quelli di comunicazione all'autorità di vigilanza;

b) i requisiti di onorabilità, indipendenza e professionalità degli esponenti aziendali;

c) le disposizioni di cui ai titoli VIII, XIII, XIV, XVI e XVIII in quanto compatibili.

*2. Nell'esercizio dell'attività le mutue assicuratrici di cui all'articolo 52 sono soggette alle disposizioni di cui ai titoli VIII, XIII, XIV, XVI e XVIII in quanto compatibili**.

3. Alle particolari mutue assicuratrici di cui al presente Capo non si applicano gli articoli 2346, sesto comma, 2349, secondo comma, 2519, secondo comma, 2526, 2541, 2543, 2544, secondo comma, primo periodo, 2545-quater, 2545-quinquies, 2545-octies, secondo comma, 2545-undecies, terzo comma, 2545-terdecies, 2545-quinquiesdecies, 2545-sexiesdecies, 2545-septiesdecies, 2545-octiesdecies del codice civile.

(1) Articolo modificato dal d.lg. 12/5/2015, n. 74.
• Rubrica sostituita dal d.lg. 12/5/2015, n. 74.
* Comma abrogato dal d.lg. 12/5/2015, n. 74.

TITOLO V
ACCESSO ALL'ATTIVITÀ DI RIASSICURAZIONE

Capo I
Disposizioni generali

57. Attività di riassicurazione (1). – 1. L'esercizio della sola attività riassicurativa è riservato alle imprese di riassicurazione.

2. L'impresa di riassicurazione limita l'oggetto sociale all'esercizio della riassicurazione ed alle operazioni connesse o strumentali. Rientrano in tali operazioni la funzione di impresa di partecipazione e le attività svolte nell'ambito del settore finanziario ai sensi dell'articolo 1, comma 1, lettera m), del decreto legislativo 30 maggio 2005, n. 142 (2).

3. È vietata la costituzione nel territorio della Repubblica di società che hanno per oggetto esclusivo l'esercizio all'estero dell'attività riassicurativa.

4. L'impresa di assicurazione che esercita congiuntamente l'attività di riassicurazione rimane soggetta alla disciplina di cui al titolo II [relativamente all'assicurazione diretta]. [All'attività di riassicurazione svolta dall'impresa di assicurazione si applicano, per quanto concerne l'accesso all'attività, le disposizioni specificamente stabilite per tali imprese all'articolo 59] (3).

(1) Articolo modificato dal d.lg. 12/5/2015, n. 74.
(2) Comma modificato dall'art. 5, co. 1, lett. b), d.lg. 29/2/2008, n. 56 e successivamente dall'art. 3, co. 3, d.lg. 4/3/2014, n. 53.
(3) Comma modificato dall'art. 5, co. 1, lett. c) e d), d.lg. 29/2/2008, n. 56.

57 bis. Società veicolo (1). – 1. L'esercizio dell'attività nel territorio della Repubblica da parte di società veicolo aventi sede legale nel territorio della Repubblica è subordinato alla preventiva autorizzazione dell'ISVAP.

2. Con regolamento adottato ai sensi dell'articolo 17, comma 1, della legge 23 agosto 1988, n. 400, su proposta del Ministro dello sviluppo economico, sono stabilite le condizioni per l'accesso e per l'esercizio dell'attività da parte delle società veicolo. In particolare, il regolamento stabilisce disposizioni con riguardo a:

a) la portata dell'autorizzazione;

b) le condizioni obbligatorie da includere nei contratti stipulati;

c) i requisiti di onorabilità e di professionalità dei gestori della società veicolo;

d) i requisiti di professionalità ed onorabilità degli azionisti o dei titolari di una partecipazione qualificata nella società veicolo;

e) le procedure amministrative e contabili, i meccanismi di controllo interno e di gestione dei rischi;

f) i requisiti in materia di bilancio, scritture contabili e informazioni statistiche e prudenziali;

g) i requisiti di solvibilità.

(1) Articolo modificato dal d.lg. 12/5/2015, n. 74.

Capo II
Imprese di riassicurazione aventi la sede legale nel territorio della Repubblica

58. Autorizzazione (1). – 1. L'impresa che ha la sede legale nel territorio della Repubblica e che intende esercitare esclusivamente l'attività di riassicurazione è autorizzata dall'ISVAP, con provvedimento da pubblicare nel Bollettino, alle condizioni previste dall'articolo 59.

2. L'autorizzazione è rilasciata per uno o più dei rami vita o per uno o più dei rami danni oppure, congiuntamente, per uno o più dei rami vita e danni.

3. L'autorizzazione è valida per il territorio della Repubblica, per quello degli altri Stati membri, nel rispetto delle disposizioni relative alle condizioni di accesso in regime di stabilimento o di prestazione di servizi di cui agli articoli 59-ter e 59-quater, nonché per quello degli Stati terzi di cui all'articolo 59-quinquies, nel rispetto della legislazione di tali Stati.

(1) Articolo modificato dal d.lg. 12/5/2015, n. 74.

59. Requisiti e procedura. – 1. L'IVASS rilascia l'autorizzazione di cui all'articolo 58 quando ricorrono le seguenti condizioni (1):

a) sia adottata la forma di società per azioni costituita ai sensi dell'articolo 2325 del codice civile o di società europea ai sensi del regolamento (CE) n. 2157/2001 relativo allo statuto della Società europea;

b) la direzione generale e amministrativa dell'impresa richiedente sia stabilita nel territorio della Repubblica;

c) l'impresa detenga i fondi propri di base ammissibili necessari per coprire il minimo assoluto del Requisito Patrimoniale Minimo di cui all'articolo 66-sexies, comma 1, lettera d), di ammontare non inferiore ad euro 3.600.000, ad eccezione che per le imprese captive, per le quali il Requisito Patrimoniale Minimo non può essere inferiore ad euro 1.200.000 (2);

c-bis) l'impresa dimostri che sarà in grado di detenere i fondi propri ammissibili necessari per coprire in prospettiva il Requisito Patrimoniale di Solvibilità previsto all'articolo 45-bis (3);

c-ter) l'impresa dimostri che sarà in grado di detenere i fondi propri di base ammissibili necessari per coprire in prospettiva il Requisito Patrimoniale Minimo di cui all'articolo 47-bis (4);

d) venga presentato, unitamente all'atto costitutivo e allo statuto, un programma di attività conforme all'articolo 14-bis, commi 1 e 2, lettere a), b), c), d) ed e); il programma descrive, altresì, il tipo di accordi di riassicurazione che l'impresa intende concludere con le imprese cedenti (5);

e) i titolari di partecipazioni indicate dall'articolo 68 siano in possesso dei requisiti di onorabilità stabiliti dall'articolo 77 e sussistano i presupposti per il rilascio dell'autorizzazione prevista dall'articolo 68 (6);

e-bis) l'impresa dimostri che sarà in grado di conformarsi al sistema di governo societario di cui al Titolo III, Capo I, Sezione I, e agli articoli 30, 30-bis, 30-ter, 30-quater, 30-quinquies, 30-sexies e 30-septies (7);

f) i soggetti che svolgono funzioni di amministrazione, direzione e controllo nonché i responsabili delle funzioni fondamentali all'interno dell'impresa siano in possesso dei requisiti di professionalità, onorabilità ed indipendenza indicati dall'articolo 76 (8);

g) non sussistano tra l'impresa o i soggetti del gruppo di appartenenza e altri soggetti, stretti legami che ostacolino l'effettivo esercizio delle funzioni di vigilanza.

2. L'IVASS nega l'autorizzazione quando dalla verifica delle condizioni indicate nel comma 1 non risulti garantita la sana e prudente gestione, senza che si possa aver riguardo alla struttura e all'andamento dei mercati interessati. Il provvedimento è specificatamente e adeguatamente motivato ed è comunicato all'impresa interessata entro novanta giorni dalla presentazione della domanda di autorizzazione completa dei documenti richiesti (9).

2-bis. Qualora il programma di attività indichi che una parte rilevante dell'attività dell'impresa sarà esercitata in regime di stabilimento o di libera prestazione dei servizi in altro Stato membro e che tale attività è potenzialmente rilevante per il mercato dello Stato membro ospitante, l'IVASS, con adeguato livello di dettaglio, informa l'AEAP e l'autorità di vigilanza dello Stato membro interessato in merito (10).

3. Non si può dare corso al procedimento per l'iscrizione nel registro delle imprese se non consti l'autorizzazione di cui all'articolo 58.

4. L'IVASS, verificata l'iscrizione nel registro delle imprese, iscrive in apposita sezione dell'albo le imprese di riassicurazione autorizzate in Italia e ne dà pronta comunicazione all'impresa interessata. L'impresa indica negli atti e nella corrispondenza l'iscrizione all'albo (11).

5. L'IVASS determina, con regolamento, la procedura di autorizzazione e le forme di pubblicità dell'albo (12).

5-bis. L'IVASS comunica all'AEAP ogni autorizzazione rilasciata ai fini della pubblicazione nell'elenco dalla stessa tenuto, con l'indicazione:

1) dei rami e dei rischi per i quali l'impresa è autorizzata;

2) dell'eventuale abilitazione ad operare negli altri Stati membri in stabilimento o in libera prestazione di servizi (13).

(1) Alinea modificato dall'art. 1, co. 213, d.lg. 12/5/2015, n. 74.

(2) Lettera modificata dall'art. 6, co. 2, d.lg. 29/2/2008, n. 56 e successivamente sostituita dall'art. 1, co. 70, lett. a), d.lg. 12/5/2015, n. 74.

(3) Lettera inserita dall'art. 1, co. 70, lett. b), d.lg. 12/5/2015, n. 74.

(4) Lettera inserita dall'art. 1, co. 70, lett. c), d.lg. 12/5/2015, n. 74.

(5) Lettera sostituita dall'art. 1, co. 70, lett. d), d.lg. 12/5/2015, n. 74.

(6) Lettera modificata dall'art. 4, co. 1, lett. c), d.lg. 27/1/2010, n. 21.

(7) Lettera inserita dall'art. 1, co. 70, lett. e), d.lg. 12/5/2015, n. 74.

(8) Lettera modificata dall'art. 1, co. 70, lett. f), d.lg. 12/5/2015, n. 74.

(9) Comma modificato dall'art. 1, co. 213, d.lg. 12/5/2015, n. 74.

(10) Comma inserito dall'art. 28, co. 1, lett. c), l. 23/12/2021, n. 238.

(11) Comma modificato dall'art. 1, co. 70, lett. g), e co. 213, d.lg. 12/5/2015, n. 74.

(12) Comma modificato dall'art. 1, co. 213, d.lg. 12/5/2015, n. 74

• In attuazione di quanto disposto dal presente comma vedi il Regolamento 10/3/2010, n. 33.

(13) Comma aggiunto dall'art. 1, co. 70, lett. h), d.lg. 12/5/2015, n. 74.

59 bis. Estensione ad altri rami (1). – 1. L'impresa già autorizzata all'esercizio dell'attività riassicurativa in uno o più rami vita o danni che intende estendere l'attività ad altri rami indicati nell'articolo 2, commi 1 o 3, deve essere preventivamente autorizzata dall'ISVAP. Si applica l'articolo 59, comma 2.

2. Per ottenere l'estensione dell'autorizzazione l'impresa dà prova di essere in regola con le disposizioni relative alle riserve tecniche, al Requisito Patrimoniale di Solvibilità ed al Requisito Patrimoniale Minimo (1).

2-bis. Per ottenere l'estensione dell'autorizzazione, l'impresa deve altresì presentare un programma di attività conforme all'articolo 59, comma 1, lettera d) (2).

3. L'ISVAP determina, con regolamento, la procedura per l'estensione dell'autorizzazione ad altri rami e il contenuto del programma di attività.

4. L'impresa non può estendere l'attività prima dell'adozione del provvedimento che aggiorna l'albo, del quale è data pronta comunicazione all'impresa medesima.

4-bis. Il provvedimento di estensione è comunicato all'AEAP in conformità all'articolo 59, comma 5-bis (2).

(1) Articolo modificato dal d.lg. 12/5/2015, n. 74.

(2) Comma aggiunto dal d.lg. 12/5/2015, n. 74.

59 ter. Attività in regime di stabilimento in un altro Stato membro (1). – 1. L'impresa di riassicurazione, qualora intenda istituire una sede secondaria in un altro Stato membro, ne dà preventiva comunicazione all'ISVAP. Nella comunicazione è indicato:

a) l'indirizzo della sede secondaria;

b) il nominativo e i poteri del rappresentante generale;

c) gli Stati membri in cui intende operare;

d) un programma che illustri il tipo di attività che intende esercitare.

2. L'ISVAP, entro trenta giorni dalla data di ricezione della comunicazione di cui al comma 1, ove non ravvisi la sussistenza di elementi ostativi, comunica all'autorità di vigilanza competente dello Stato membro interessato l'intenzione dell'impresa di istituire una succursale in tale Stato, trasmettendo le informazioni previste dalle disposizioni dell'ordinamento comunitario.

3. L'ISVAP informa contestualmente l'impresa dell'avvenuta comunicazione ai sensi del comma 2.

4. L'impresa, qualora intenda modificare il contenuto della comunicazione di cui al comma 1, ne informa preventivamente l'ISVAP. L'ISVAP valuta la rilevanza delle informazioni ricevute in relazione alla permanenza dei presupposti che hanno giustificato la comunicazione di cui al comma 2 e informa l'autorità competente dello Stato membro interessato secondo le disposizioni previste dall'ordinamento comunitario.

(1) Articolo inserito dall'art. 6 del d.lg. 29/2/2008, n. 56.

59 quater. Attività in regime di prestazione di servizi in un altro Stato membro (1). – 1. L'impresa di riassicurazione, qualora intenda effettuare per la prima volta attività in regime di libertà di prestazione di servizi in un altro Stato membro, ne dà comunicazione all'ISVAP. Insieme alla comunicazione l'impresa trasmette un programma nel quale sono indicati gli stabilimenti dai quali l'impresa si propone di svolgere l'attività, gli Stati membri nei quali intende operare, il tipo di attività che intende esercitare.

(1) Articolo inserito dall'art. 6 del d.lg. 29/2/2008, n. 56.

59 quinquies. Attività in uno Stato terzo (1). – 1. L'impresa di riassicurazione, qualora intenda istituire una sede secondaria in uno Stato terzo, ne dà preventiva comunicazione all'ISVAP.

2. L'ISVAP vieta all'impresa di procedere all'insediamento della sede secondaria, qualora rilevi che la situazione finanziaria non sia sufficientemente stabile ovvero ritenga inadeguata, sulla base del programma di attività presentato, la struttura organizzativa della sede

3. All'impresa che intende effettuare operazioni in regime di libertà di prestazione di servizi in uno Stato terzo si applica l'articolo 59-quater.

(1) Articolo inserito dall'art. 6 del d.lg. 29/2/2008, n. 56.

Capo III
Attività in regime di stabilimento delle imprese aventi sede legale in un altro Stato membro

60. Attività in regime di stabilimento (1). – 1. L'accesso all'attività riassicurativa in regime di stabilimento nel territorio della Repubblica, da parte di un'impresa avente la sede legale in un altro Stato membro, è subordinato alla comunicazione all'ISVAP, da parte dell'autorità di vigilanza di tale Stato delle informazioni e degli adempimenti previsti dalle disposizioni dell'ordinamento comunitario.

2. Il rappresentante generale della sede secondaria deve essere munito di un mandato comprendente espressamente anche i poteri di rappresentare l'impresa in giudizio e davanti a tutte le autorità della Repubblica, nonché quello di concludere e sottoscrivere i contratti e gli altri atti relativi alle attività esercitate nel territorio della Repubblica. Il rappresentante generale deve avere domicilio all'indirizzo della sede secondaria. Qualora la rappresentanza sia conferita ad una persona giuridica, questa deve avere la sede legale nel territorio della Repubblica e deve a sua volta designare come proprio rappresentante una persona fisica che abbia domicilio in Italia e che sia munita di un mandato comprendente i medesimi poteri.

3. L'impresa può insediare la sede secondaria e dare inizio all'attività nel territorio della Repubblica dal momento in cui riceve notizia dall'autorità di vigilanza dello Stato di origine dell'avvenuta trasmissione all'ISVAP della comunicazione di cui al comma 1.

4. L'autorità competente dello Stato membro di origine informa l'ISVAP, secondo le disposizioni previste dall'ordinamento comunitario, di ogni modifica del contenuto della comunicazione di cui al comma 1.

(1) Articolo sostituito dall'art. 7 del d.lg. 29/2/2008, n. 56.

60 bis. Attività in regime di stabilimento delle imprese aventi sede legale in uno Stato terzo (1). – 1. L'impresa avente sede legale in uno Stato terzo, qualora intenda esercitare nel territorio della Repubblica l'attività riassicurativa in regime di stabilimento, è preventivamente autorizzata dall'ISVAP con provvedimento pubblicato nel Bollettino.

2. L'autorizzazione è efficace limitatamente al territorio nazionale, salva l'applicazione delle disposizioni sulle condizioni per l'accesso all'attività all'estero in regime di libertà di prestazione di servizi.

3. L'impresa di cui al comma 1 deve insediare nel territorio della Repubblica una sede secondaria e nominare un rappresentante generale che abbia residenza in Italia e che sia fornito dei poteri previsti dall'articolo 60, comma 2, nonché del potere di compiere le operazioni necessarie per la costituzione ed il vincolo del deposito cauzionale previsto dall'art 28 comma 5. Il rappresentante generale o, se diversa, la persona preposta alla gestione effettiva della sede secondaria deve essere in possesso, per la durata dell'incarico, dei requisiti di onorabilità e professionalità previsti dall'articolo 76.

4. L'ISVAP determina, con regolamento, nel rispetto di condizioni equivalenti a quelle di cui all'articolo 59, comma 1, i requisiti e la procedura per il rilascio dell'autorizzazione iniziale. Si applica l'articolo 59, commi 2 e 3.

5. L'ISVAP, verificata l'iscrizione nel registro delle imprese, iscrive l'impresa in apposita sezione dell'albo, dandone pronta informazione alla stessa. Le imprese indicano negli atti e nella corrispondenza l'iscrizione all'albo.

6. Con il regolamento di cui al comma 4 sono disciplinati i procedimenti e le condizioni di estensione dell'attività ad altri rami e di diniego dell'autorizzazione. Si applica l'articolo 59-bis.

(1) Articolo inserito dall'art. 7 del d.lg. 29/2/2008, n. 56.

61. Attività in regime di prestazione di servizi. – 1. È consentito, senza necessità di autorizzazione, l'accesso e l'esercizio dell'attività di riassicurazione in regime di libera prestazione di servizi nel territorio della Repubblica da parte delle imprese aventi la sede legale in un altro Stato membro o in uno Stato terzo.

1-bis. Ai fini dell'esercizio dell'attività riassicurativa in regime di libertà di prestazione di servizi nel territorio della Repubblica si applica l'articolo 23, comma 1 bis (1).

(1) Comma aggiunto dall'art. 7 del d.lg. 29/2/2008, n. 56 e modificato dal d.lg. 12/5/2015, n. 74.

Titolo VI
ESERCIZIO DELL'ATTIVITÀ DI RIASSICURAZIONE

Capo I
Imprese di riassicurazione aventi la sede legale nel territorio della Repubblica

62. Esercizio dell'attività di riassicurazione. – 1. L'IVASS determina, con regolamento, le disposizioni relative alle condizioni di esercizio dell'attività di riassicurazione nel rispetto dei principi generali previsti dagli articoli 63, 63-bis, 64, 64-bis, 65, 65-bis, 66-bis, 66-quater, 66-sexies, 66-sexies.1 e 66-septies, avuto riguardo all'esigenza di sana e prudente gestione dell'impresa (1).

2. L'impresa di assicurazione che esercita congiuntamente l'attività di riassicurazione rimane soggetta alla disciplina di cui al titolo III [relativamente all'assicurazione diretta]. [All'attività di riassicurazione svolta dall'impresa di assicurazione si applicano le disposizioni specificamente stabilite per tali imprese ai sensi del comma 1] (2).

(1) Comma sostituito dall'art. 8 del d.lg. 29/2/2008, n. 56 modificato dal d.lg. 12/5/2015, n. 74.

(2) Comma modificato dall'art. 8 del d.lg. 29/2/2008, n. 56.

63. Responsabilità del consiglio di amministrazione e sistema di governo societario (1). – 1. L'impresa di riassicurazione si dota di un sistema di governo societario nel rispetto delle disposizioni di cui al Titolo III, Capo I, Sezioni I e II.

2. I soggetti che svolgono funzioni di amministrazione, direzione e controllo nonché funzioni fondamentali all'interno dell'impresa possiedono i requisiti di professionalità, onorabilità ed indipendenza stabiliti dall'IVASS ai sensi dell'articolo 76.

(1) Rubrica e articolo modificato dal d.lg. 12/5/2015, n. 74.

63 bis. Valutazione delle attività e passività (1). – 1. L'impresa di riassicurazione valuta le proprie attività e passività nel rispetto dell'articolo 35-quater.

(1) Articolo inserito dal d.lg. 12/5/2015, n. 74.

64. Riserve tecniche (1). – 1. L'impresa di riassicurazione costituisce riserve tecniche alla fine di ciascun esercizio, al lordo delle retrocessioni, sufficienti in relazione agli impegni assunti per l'insieme delle sue attività nel rispetto delle disposizioni del Capo II, Titolo III.

2. L'ammontare delle riserve tecniche è calcolato in conformità del Titolo III, Capo II.

(1) Articolo modificato dal d.lg. 12/5/2015, n. 74.

64 bis. Principi in materia di investimenti (1). – 1. L'impresa di riassicurazione investe gli attivi nel rispetto delle disposizioni di cui all'articolo 37-ter.

(1) Articolo inserito dal d.lg. 12/5/2015, n. 74.

65. Attivi a copertura delle riserve tecniche. – 1. Le riserve tecniche di cui all'articolo 64 sono coperte con attivi di proprietà dell'impresa in conformità dell'articolo 38 e dell'articolo 41.

1-bis. L'impresa di riassicurazione investe gli attivi a copertura delle riserve tecniche in modo adeguato alla natura degli impegni e alla durata delle passività derivanti dalla riassicurazione e dalla retrocessione.

65 bis. Registro delle attività a copertura delle riserve tecniche (1). – 1. L'impresa di riassicurazione deve tenere un registro da cui risultano le attività a copertura delle riserve tecniche dei rami vita e dei rami danni. In qualsiasi momento l'importo degli attivi iscritti deve essere, tenendo conto delle annotazioni dei movimenti, almeno pari all'ammontare delle riserve tecniche.

1-bis. Ai fini di cui al comma 1, gli attivi a copertura delle riserve tecniche sono iscritti nel registro per un importo netto dei debiti contratti per la loro acquisizione e delle eventuali poste rettificative e sono valutati in conformità alle disposizioni dell'articolo 35-quater;

1-ter. Gli attivi utilizzati dall'impresa per coprire le riserve tecniche relative alle accettazioni in retrocessione devono essere gestiti ed organizzati separatamente dalle attività di riassicurazione senza possibilità di trasferimenti.

2. Le attività poste a copertura delle riserve tecniche ed iscritte nel registro sono riservate in modo esclusivo all'adempimento delle obbligazioni assunte dall'impresa di riassicurazione con i contratti ai quali le riserve stesse si riferiscono. Le attività di cui al presente comma costituiscono patrimonio separato rispetto alle altre attività detenute dall'impresa di riassicurazione e non iscritte nel registro.

3. L'impresa di riassicurazione comunica all'ISVAP la situazione delle attività risultante dal registro. L'ISVAP determina, con regolamento, le disposizioni per la formazione e la tenuta del registro, con particolare riguardo all'annotazione delle operazioni effettuate, nonché i termini, le modalità e gli schemi per le comunicazioni periodiche.

(1) Articolo inserito dall'art. 8 del d.lg. 29/2/2008, n. 56.

66. Retrocessione dei rischi*. – *1. L'ISVAP può non tenere conto, ai fini della copertura delle riserve tecniche e della costituzione del margine di solvibilità per l'esercizio dell'attività di riassicurazione, della retrocessione dei rischi a riassicuratori aventi la sede legale nel territorio di uno Stato terzo che non hanno istituito un legale rappresentante nel territorio della Repubblica o nel territorio di un altro Stato membro. 2. La decisione dell'ISVAP è motivata esclusivamente da valutazioni attinenti alla solvibilità delle imprese retrocessionarie.*

* Articolo abrogato dal d.lg. 12/5/2015, n. 74.

66 bis. Fondi propri (1). – 1. All'impresa di riassicurazione si applicano le disposizioni di cui agli articoli 44-ter, 44-quater, 44-quinquies, 44-septies, 44-octies, 44-decies, nonché alle relative misure di attuazione adottate dalla Commissione europea per la classificazione e l'ammissibilità dei fondi propri.

(1) Articolo inserito dall'art. 8 del d.lg. 29/2/2008, n. 56 e modificato dal d.lg. 12/5/2015, n. 74.

66 ter. Prestiti subordinati, titoli a durata indeterminata ed altri strumenti finanziari*. – *1. I prestiti subordinati, i titoli a durata indeterminata ed altri strumenti finanziari possono essere inclusi nel margine di solvibilità disponibile, alle condizioni previste dall'articolo 45. 2. L'ISVAP individua, con regolamento, le condizioni che garantiscono pienamente la stabilità dell'impresa di riassicurazione in presenza delle quali i titoli a durata indeterminata, gli altri strumenti finanziari, comprese le azioni preferenziali cumulative, ed i prestiti subordinati possono essere ammessi a costituire il margine di solvibilità disponibile. 3. Nel rispetto delle condizioni e dei limiti previsti nel presente articolo le azioni preferenziali cumulative, i prestiti subordinati, i titoli a durata indeterminata e gli altri strumenti finanziari sono ammissibili ai fini della situazione di solvibilità corretta di un'impresa di riassicurazione e di solvibilità della relativa controllante di cui agli articoli 217 e 218.*

* Articolo abrogato dal d.lg. 12/5/2015, n. 74.

66 quater. Requisiti Patrimoniali di Solvibilità (1). – 1. All'impresa di riassicurazione si applicano le disposizioni di cui al Titolo III, Capo IV-bis, Sezione I, Sezione II e Sezione III, ed all'articolo 47-bis.

(1) Articolo inserito dall'art. 8 del d.lg. 29/2/2008, n. 56 e modificato dal d.lg. 12/5/2015, n. 74.

66 quinquies. Margine di solvibilità richiesto per le imprese che esercitano la riassicurazione nei rami vita e danni*. – *1. L'impresa di riassicurazione che esercita la riassicurazione nei rami vita e danni costituisce un margine di solvibilità disponibile per la somma dei margini di solvibilità richiesti in relazione ad entrambe le attività riassicurative. 2. Nel caso in cui il margine di solvibilità disponibile non raggiunga il livello richiesto al comma 1, l'ISVAP adotta le misure di cui al titolo XVI.*

* Articolo abrogato dalla l. n. 74/2015.

66 sexies. Calcolo del Requisito Patrimoniale Minimo (1). – 1. Il Requisito Patrimoniale Minimo è calcolato conformemente alle relative disposizioni di attuazione adottate dalla Commissione europea nel rispetto dei seguenti principi:

a) in modo chiaro e semplice, al fine di garantire la possibilità di una revisione;

b) corrisponde ad un importo di fondi propri di base ammissibili al di sotto del quale i contraenti, i beneficiari, gli assicurati e gli aventi diritto a prestazioni assicurative sarebbero esposti ad un livello di rischio inaccettabile qualora all'impresa di riassicurazione fosse consentito di continuare la propria attività;

c) la funzione lineare di cui al comma 2, utilizzata per calcolare il Requisito Patrimoniale Minimo, è calibrata sul valore a rischio dei fondi propri di base dell'impresa con un livello di confidenza dell'ottantacinque per cento (85%) su un periodo di un anno;

d) il livello minimo assoluto è pari a 3.600.000 euro per le imprese di riassicurazione, ad eccezione delle imprese di riassicurazione captive, per le quali il Requisito Patrimoniale Minimo non può essere inferiore a 1.200.000 euro.

2. Fatto salvo il comma 3, il Requisito Patrimoniale Minimo è calcolato come funzione lineare di un insieme o sottoinsieme delle seguenti variabili: riserve tecniche, premi conta-

bilizzati, capitale a rischio, imposte differite e costi amministrativi dell'impresa. Le variabili utilizzate sono calcolate al netto della riassicurazione.

3. Fatto salvo quanto previsto al comma 1, lettera d), il Requisito Patrimoniale Minimo non può scendere al di sotto del venticinque per cento (25%) né superare il quarantacinque per cento (45%) del Requisito Patrimoniale di Solvibilità dell'impresa, calcolato conformemente al Titolo III, Capo IV-bis, Sezione II e Sezione III.

4. Fino al 31 dicembre 2017, l'IVASS ha la facoltà di esigere che l'impresa applichi le percentuali di cui al comma 3 solo al Requisito Patrimoniale di Solvibilità calcolato conformemente al Titolo III, Capo IV-bis, Sezione II.

5. L'impresa calcola il Requisito Patrimoniale Minimo almeno ogni tre mesi e comunica il risultato di tale calcolo all'IVASS.

6. Ai fini del calcolo dei limiti di cui al comma 3 le imprese non sono tenute a calcolare il proprio Requisito Patrimoniale di Solvibilità su base trimestrale.

7. Se il Requisito Patrimoniale Minimo dell'impresa coincide con uno dei limiti di cui al comma 3, tale impresa fornisce all'IVASS le informazioni necessarie a comprendere adeguatamente le ragioni per cui si è verificata tale coincidenza.

(1) Articolo inserito dal d.lg. 12/5/2015, n. 74.

66 septies. Riassicurazione finite (1). – 01. L'impresa che stipula contratti di riassicurazione finite o esercita attività di riassicurazione finite adotta adeguati processi e procedure di reportistica ed è in grado di identificare, quantificare, monitorare, gestire, controllare e segnalare in modo adeguato i rischi derivanti da detti contratti e attività.

1. L'IVASS, con regolamento, stabilisce specifiche disposizioni per l'esercizio dell'attività di riassicurazione finite nel rispetto delle disposizioni dell'Unione europea e vigila sul rispetto delle condizioni e disposizioni di cui al presente articolo.

(1) Articolo inserito dall'art. 8 del d.lg. 29/2/2008, n. 56 e modificato dal d.lg. 12/5/2015, n. 74.

Capo II
Imprese di riassicurazione aventi la sede legale in uno Stato terzo (1)

(1) Rubrica sostituita dall'art. 9 del d.lg. 29/2/2008, n. 56.

67. Attività in regime di stabilimento (1). – 1. L'IVASS determina, con regolamento, le disposizioni applicabili alle sedi secondarie di imprese di riassicurazione di uno Stato terzo, nel rispetto dei principi generali di cui al Capo I del presente Titolo nonché le disposizioni alle stesse applicabili in materia di registri, bilancio e scritture contabili di cui al Titolo VIII.

2. Le disposizioni di cui al comma 1 si applicano anche alle imprese aventi la sede legale in uno Stato terzo e ivi autorizzate all'esercizio congiunto dell'assicurazione e della riassicurazione, che chiedono di esercitare nel territorio della Repubblica la sola riassicurazione.

(1) Articolo sostituito dall'art. 9 del d.lg. 29/2/2008, n. 56 e modificato dal d.lg. 12/5/2015, n. 74.

Titolo VII
ASSETTI PROPRIETARI

Capo I
Partecipazioni nelle imprese di assicurazione e di riassicurazione

68. Autorizzazioni. – 1. L'IVASS autorizza preventivamente l'acquisizione, a qualsiasi titolo, in un'impresa di assicurazione o di riassicurazione di partecipazioni che comportano il controllo o l'acquisizione di una partecipazione qualificata, tenuto conto delle azioni o quote già possedute (1).

2. L'ISVAP autorizza preventivamente le variazioni delle partecipazioni nei casi in cui la quota dei diritti di voto o del capitale raggiunga o superi il 20 per cento, 30 per cento, o 50 per cento e, in ogni caso, quando le variazioni comportano il controllo dell'impresa di assicurazione o di riassicurazione (2).

2-bis. Ai fini dell'applicazione dei Capi I e II del presente Titolo, si considera anche l'acquisizione di partecipazioni da parte di più soggetti che intendono esercitare in modo concertato i relativi diritti sulla base di accordi in qualsiasi forma conclusi, quando tali partecipazioni, cumulativamente considerate, configurino una partecipazione ai sensi dei commi 1 e 2 (3).

3. L'autorizzazione prevista dal comma 1 è necessaria anche per l'acquisizione del controllo di una società che detiene le partecipazioni di cui al medesimo comma. Le autorizzazioni previste dal presente articolo si applicano anche all'acquisizione, in via diretta o indiretta, del controllo derivante da un contratto con l'impresa di assicurazione o di riassicurazione o da una clausola del suo statuto.

4. L'ISVAP individua, con regolamento, i soggetti tenuti a richiedere l'autorizzazione quando i diritti derivanti dalle partecipazioni indicate nei commi 1 e 2 spettano o sono attribuiti a un soggetto diverso dal titolare delle partecipazioni stesse (4).

5. L'ISVAP rilascia l'autorizzazione quando ricorrono condizioni atte a garantire una gestione sana e prudente dell'impresa di assicurazione o di riassicurazione, valutando la qualità del potenziale acquirente e la solidità finanziaria del progetto di acquisizione avuto riguardo anche ai possibili effetti dell'operazione sulla protezione degli assicurati dell'impresa interessata, sulla base dei seguenti criteri: la reputazione del potenziale acquirente, ivi compreso il possesso dei requisiti previsti ai sensi dell'articolo 77; il possesso dei requisiti previsti ai sensi dell'articolo 76 da parte di coloro che, in esito all'acquisizione, svolgeranno funzioni di amministrazione, direzione e controllo nell'impresa; la solidità finanziaria del potenziale acquirente; la capacità dell'impresa di rispettare a seguito dell'acquisizione le disposizioni che ne regolano l'attività; l'idoneità della struttura del gruppo del potenziale acquirente a consentire l'esercizio efficace della vigilanza; l'assenza di fondato sospetto che l'acquisizione sia connessa ad operazioni di riciclaggio o di finanziamento del terrorismo (5).

5-bis. L'IVASS opera in piena consultazione con le altre Autorità competenti, nei casi in cui il potenziale acquirente sia una banca, un'impresa di investimento o una società di gestione ai sensi dell'articolo 2, paragrafo 1, lettera b), della direttiva 2009/65/CE autorizzato in Italia, ovvero uno dei soggetti di cui all'articolo 204, comma 1, lettere b) o c), ad essi relativi. Si applicano, in tali casi, le disposizioni di cui all'articolo 204, commi 1-bis e 1-ter (6).

6. Se alle operazioni di cui ai commi 1 e 3 partecipano soggetti appartenenti a Stati terzi che non assicurano condizioni di reciprocità, l'ISVAP comunica la richiesta di autorizzazione al Ministro delle attività produttive, su proposta del quale il Presidente del Consiglio dei Ministri può vietare, entro un mese dalla comunicazione, il rilascio dell'autorizzazione.

7. L'ISVAP può sospendere o revocare l'autorizzazione, tenuto conto delle partecipazioni acquisite o rafforzate per effetto di accordi di cui all'articolo 70 o di altri eventi successivi all'autorizzazione.

8. I provvedimenti che concedono, rifiutano, revocano o sospendono l'autorizzazione sono adeguatamente motivati e sono prontamente comunicati al richiedente e all'impresa interessata e sono quindi pubblicati nel Bollettino.

9. L'ISVAP determina con regolamento le disposizioni di attuazione sulla base delle rilevanti disposizioni dell'ordinamento comunitario, e in particolare disciplina i criteri di cal-

colo dei diritti di voto rilevanti ai fini dell'applicazione delle soglie previste ai commi 1 e 2, ivi inclusi i casi in cui i diritti di voto non sono computati ai fini dell'applicazione dei medesimi commi ed i criteri per l'individuazione dei casi di influenza notevole (7).

(1) Comma sostituito dall'art. 4, co. 1, lett. d), d.lg. 27/1/2010, n. 21 e modificato con d.lg. 12/5/2015, n. 74.

(2) Comma sostituito dall'art. 4, co. 1, lett. e), d.lg. 27/1/2010, n. 21.

(3) Comma inserito dall'art. 4, co. 1, lett. f), d.lg. 27/1/2010, n. 21.

(4) Comma modificato dall'art. 4, co. 1, lett. g), d.lg. 27/1/2010, n. 21.

(5) Comma sostituito dall'art. 4, co. 1, lett. h), d.lg. 27/1/2010, n. 21.

(6) Comma inserito dall'art. 4, co. 1, lett. i), d.lg. 27/1/2010, n. 21 modificato con d.lg. 12/5/2015, n. 74.

(7) Comma sostituito dall'art. 4, co. 1, lett. l), d.lg. 27/1/2010, n. 21.

69. Obblighi di comunicazione. – 1. Chiunque intende divenire titolare di partecipazioni indicate dall'articolo 68 in un'impresa di assicurazione o di riassicurazione ne dà comunicazione all'ISVAP. Negli altri casi le variazioni delle partecipazioni sono comunicate quando il titolare ha superato, in aumento o in diminuzione, la misura stabilita con regolamento adottato dall'ISVAP (1).

2. Le società fiduciarie, che intendono assumere a proprio nome partecipazioni che appartengono a terzi, comunicano all'ISVAP le generalità dei fiducianti.

3. L'ISVAP, al fine di verificare l'osservanza degli obblighi indicati nel presente articolo, può chiedere informazioni, ordinare l'esibizione di documenti e il compimento di accertamenti ai soggetti comunque interessati.

4. L'ISVAP, con regolamento, determina presupposti, modalità, termini e contenuto delle comunicazioni previste dai commi 1 e 2, anche con riguardo alle ipotesi nelle quali il diritto di voto spetta o è attribuito ad un soggetto diverso dal titolare delle partecipazioni.

(1) Comma modificato dall'art. 4, co. 1, lett. m), d.lg. 27/1/2010, n. 21.

70. Comunicazione degli accordi di voto. – 1. Ogni accordo in qualsiasi forma concluso, che ha per oggetto o per effetto l'esercizio concertato del voto in un'impresa di assicurazione o di riassicurazione o in una società che la controlla è comunicato all'ISVAP dai partecipanti ovvero dai legali rappresentanti dell'impresa cui l'accordo si riferisce. L'ISVAP stabilisce in via generale i termini e le modalità della comunicazione (1).

2. Quando dall'accordo derivi una concertazione del voto tale da pregiudicare la sana e prudente gestione dell'impresa di assicurazione o di riassicurazione, l'ISVAP può sospendere il diritto di voto dei partecipanti all'accordo stesso e stabilire un termine entro il quale le partecipazioni oggetto dell'accordo devono essere alienate (2).

3. Alle comunicazioni previste dal comma 1 si applicano i commi 3 e 4 dell'articolo 69.

(1) Comma sostituito dall'art. 4, co. 1, lett. n), d.lg. 27/1/2010, n. 21.

(2) Comma modificato dall'art. 4, co. 1, lett. o), d.lg. 27/1/2010, n. 21.

71. Richiesta di informazioni. – 1. L'ISVAP può chiedere alle imprese di assicurazione e di riassicurazione e alle società e agli enti di qualsiasi natura che possiedono partecipazioni nelle imprese medesime l'indicazione nominativa dei titolari delle partecipazioni secondo quanto risulta dal libro dei soci, dalle comunicazioni ricevute o da altri dati a loro disposizione.

2. L'ISVAP può altresì richiedere agli amministratori delle società e degli enti titolari di partecipazioni in imprese di assicurazione e di riassicurazione l'indicazione dei soggetti controllanti.

3. L'ISVAP, per la verifica di ogni interrelazione finanziaria con le società controllanti, controllate e collegate alle imprese di assicurazione e di riassicurazione, può chiedere informazioni, ordinare l'esibizione di documenti ed il compimento di accertamenti alle medesime società.

4. Per gli accertamenti di cui ai commi 1, 2 e 3, l'ISVAP può chiedere informazioni ai soggetti, anche stranieri, titolari di partecipazioni in un'impresa di assicurazione o di riassicurazione.

5. L'ISVAP può inoltre chiedere alle società fiduciarie, alle società di intermediazione mobiliare ed a chiunque ne sia a conoscenza informazioni sulle operazioni di assunzione di partecipazioni in imprese di assicurazione e di riassicurazione.

6. L'ISVAP, in relazione alle richieste che interessano società con titoli negoziati in un mercato regolamentato, informa la CONSOB, della cui assistenza può avvalersi per le indagini che interessano le medesime società.

72. Nozione di controllo. – 1. Ai fini del presente titolo, il controllo sussiste anche con riferimento a soggetti diversi dalle società, nei casi previsti dall'articolo 2359, primo e secondo comma, del codice civile ed in presenza di contratti o di clausole statutarie che abbiano per oggetto o per effetto il potere di esercitare l'attività di direzione e coordinamento.

2. Il controllo si considera esistente nella forma dell'influenza dominante, salvo prova contraria, allorché ricorra una delle seguenti situazioni:

a) esistenza di un soggetto che, sulla base di accordi, ha il diritto di nominare o revocare la maggioranza degli amministratori o del consiglio di sorveglianza ovvero dispone da solo della maggioranza dei voti ai fini delle deliberazioni relative alle materie di cui agli articoli 2364 e 2364-bis del codice civile;

b) possesso di partecipazioni idonee a consentire la nomina o la revoca della maggioranza dei componenti dell'organo che svolge funzioni di amministrazione o del consiglio di sorveglianza;

c) sussistenza di rapporti, anche tra soci, di carattere assicurativo, riassicurativo, finanziario e organizzativo idonei a conseguire uno dei seguenti effetti:

1) la trasmissione degli utili o delle perdite;

2) il coordinamento della gestione dell'impresa con quella di altre imprese ai fini del perseguimento di uno scopo comune;

3) l'attribuzione di poteri maggiori rispetto a quelli derivanti dalle partecipazioni possedute;

4) l'attribuzione a soggetti diversi da quelli legittimati, in base alla titolarità delle partecipazioni, di poteri nella scelta degli amministratori o dei componenti del consiglio di sorveglianza o dei dirigenti delle imprese;

d) l'assoggettamento a direzione comune, in base alla composizione degli organi amministrativi o per altri concordanti elementi quali, esemplificativamente, legami importanti e durevoli di riassicurazione.

73. Partecipazioni indirette. – 1. Ai fini dell'applicazione dei capi I e III del presente titolo, si considerano anche le partecipazioni acquisite o comunque possedute:

a) per il tramite di società controllate, di società fiduciarie o per interposta persona;

b) a titolo di deposito, garanzia pignoratizia o usufrutto, qualora il depositario, il creditore pignoratizio o l'usufruttuario possa esercitare discrezionalmente i diritti di voto ad esse inerenti;

c) che sono oggetto di contratto di riporto o di contratti derivati, dei quali si tiene conto tanto nei confronti del riportato che del riportatore ovvero nei confronti di entrambe le parti dei contratti medesimi, salvo la prova dell'esclusiva attribuzione ad una sola parte del potere di influenzare la gestione dell'impresa.

74. Sospensione del diritto di voto e degli altri diritti, obbligo di alienazione. – 1. Non possono essere esercitati i diritti di voto e gli altri diritti, che consentono di influire sull'impresa, inerenti a partecipazioni per le quali le autorizzazioni previste dall'articolo 68 non siano state ottenute ovvero siano state sospese o revocate. I diritti di voto e gli altri diritti, che consentono di influire sull'impresa, non possono essere altresì esercitati per le partecipazioni per le quali siano state omesse le comunicazioni di cui agli articoli 69 e 70.

2. In caso di inosservanza del divieto, la deliberazione o il diverso atto, adottati con il voto o con il contributo determinanti delle partecipazioni previste dal comma 1, è impugnabile, secondo le previsioni del codice civile. L'impugnazione può essere proposta anche dall'ISVAP entro sei mesi dalla data della deliberazione o, se questa è soggetta a iscrizione nel registro delle imprese, entro sei mesi dall'iscrizione ovvero, se questa è soggetta solo a deposito presso l'ufficio del registro delle imprese, entro sei mesi dalla data di questo. Le partecipazioni per le quali non può essere esercitato il diritto di voto sono computate ai fini della regolare costituzione della relativa assemblea.

3. Le partecipazioni per le quali le autorizzazioni previste dall'articolo 68 non sono state ottenute o sono state revocate devono essere alienate entro i termini stabiliti dall'ISVAP.

4. Non possono essere esercitati i diritti derivanti dai contratti o dalle clausole statutarie per i quali le autorizzazioni previste dall'articolo 68 non siano state ottenute ovvero siano state sospese o revocate.

75. Protocolli di autonomia. – 1. Al fine dell'applicazione del presente capo, l'ISVAP può richiedere, in ogni momento, ai titolari di partecipazioni indicate dall'articolo 68 nelle imprese di assicurazione e di riassicurazione, una responsabile dichiarazione, nel contenuto e nei termini prescritti dall'Istituto in via generale o in via particolare, attestante la natura e l'entità dei rapporti finanziari ed operativi, nonché le misure e gli impegni che i titolari delle partecipazioni intendono adottare per assicurare l'autonomia dell'impresa (1).

2. L'ISVAP può sospendere il diritto di voto dei titolari di partecipazioni che hanno rifiutato la dichiarazione o hanno comunicato dati falsi o hanno disatteso gli impegni assunti, avuto riguardo al pregiudizio alla gestione sana e prudente dell'impresa di assicurazione o di riassicurazione.

(1) Comma modificato dall'art. 4, co. 1, lett. p), d.lg. 27/1/2010, n. 21.

Capo II
Requisiti di onorabilità professionalità e indipendenza

76. Requisiti di professionalità, onorabilità e indipendenza degli esponenti aziendali e dei soggetti che svolgono funzioni fondamentali (1). – 1. I soggetti che svolgono funzioni di amministrazione, di direzione e di controllo e coloro che svolgono funzioni fondamentali presso le imprese di assicurazione e di riassicurazione devono possedere i requisiti di professionalità, di onorabilità e di indipendenza, graduati secondo i principi di proporzionalità e tenuto conto della rilevanza e complessità del ruolo ricoperto, stabiliti con regolamento adottato dal Ministro dello sviluppo economico sentito l'IVASS (2).

1-bis. L'impresa di assicurazione o di riassicurazione dimostra all'IVASS che i soggetti che svolgono funzioni di amministrazione, di direzione, di controllo nonché i soggetti titolari di funzioni fondamentali sono in possesso dei requisiti e criteri di cui ai commi 1-ter, 1-quater e 1-quinquies (3).

1-ter. Ai fini del comma 1, gli esponenti aziendali devono possedere requisiti di professionalità, onorabilità e indipendenza, soddisfare criteri di competenza e correttezza, dedicare il tempo necessario all'efficace espletamento dell'incarico in modo da garantire la sana e prudente gestione dell'impresa di assicurazione o di riassicurazione (4).

1-quater. Il Ministro dello sviluppo economico, con regolamento adottato sentito l'IVASS, in conformità a quanto previsto dall'ordinamento europeo anche tenuto conto dei relativi orientamenti e raccomandazioni, individua:

a) i requisiti di onorabilità omogenei per tutti gli esponenti;

b) i requisiti di professionalità ed indipendenza graduati secondo principi di proporzionalità e tenuto conto della rilevanza e complessità del ruolo ricoperto;

c) i criteri di competenza coerenti con la carica da ricoprire e con le caratteristiche dell'impresa di assicurazione o di riassicurazione, e di adeguata composizione dell'organo;

d) i criteri di correttezza, con riguardo, tra l'altro, alle relazioni d'affari dell'esponente, alle condotte tenute nei confronti delle autorità di vigilanza e alle sanzioni o misure correttive da queste irrogate, ai provvedimenti restrittivi inerenti ad attività professionali svolte, nonché ad ogni altro elemento suscettibile di incidere sulla correttezza dell'esponente;

e) i limiti al cumulo di incarichi per gli esponenti delle imprese di assicurazione o di riassicurazione, graduati secondo principi di proporzionalità;

f) le cause che comportano la sospensione temporanea dalla carica e la sua durata (4).

1-quinques. Con il regolamento di cui al comma 1-quater sono altresì determinati i casi in cui tali requisiti e criteri di idoneità si applicano a coloro che svolgono funzioni fondamentali nelle imprese di assicurazione o di riassicurazione (4).

1-sexies. Gli organi di amministrazione e controllo delle imprese di assicurazione o di riassicurazione valutano l'idoneità dei propri esponenti e l'adeguatezza complessiva dell'organo, documentando il processo di analisi e motivando opportunamente l'esito della valutazione. In caso di specifiche e limitate carenze riferite ai criteri previsti ai sensi del comma 1-quater, lettera c), i medesimi organi possono adottare misure necessarie a colmarle. La valutazione riguarda altresì i titolari delle funzioni fondamentali (4).

2. Il difetto di idoneità, iniziale o sopravvenuto o la violazione al cumulo degli incarichi determina la decadenza dall'ufficio. Essa è deliberata dall'organo di appartenenza entro trenta giorni dalla nomina o dalla conoscenza del difetto sopravvenuti. Per i soggetti che non sono componenti di un organo la valutazione e la pronuncia della decadenza sono effettuate dall'organo che li ha nominati. La sostituzione è comunicata all'IVASS (5).

2-bis. L'IVASS, secondo modalità e termini da esso stabiliti, anche al fine di ridurre al minimo gli oneri gravanti sui soggetti vigilati, valuta l'idoneità degli esponenti e il rispetto dei limiti al cumulo degli incarichi e l'idoneità dei titolari delle funzioni fondamentali tenendo conto anche dell'analisi compiuta dalle imprese e delle eventuali misure adottate ai sensi del comma 1-sexies. In caso di difetto o violazione pronuncia la decadenza dalla carica (6).

3. Nel caso di difetto dei requisiti di indipendenza stabiliti dal codice civile o dallo statuto dell'impresa di assicurazione o di riassicurazione, si applicano i commi 2 e 2-bis (7).

4. Il regolamento di cui ai commi 1-quater e 1-quinquies stabilisce le cause che comportano la sospensione temporanea dalla carica e la sua durata. La sospensione è dichiarata con le modalità indicate nel comma 2 (8).

(1) Rubrica sostituita dall'art. 1, co. 94, lett. a), d.lg. 12/5/2015, n. 74.

(2) Comma sostituito dall'art. 1, co. 94, lett. b), d.lg. 12/5/2015, n. 74 e successivamente dall'art. 3, co. 1, lett. a), d.lg. 14/7/2020, n. 84. Vedi inoltre l'art. 4, co. 2 e 4, del medesimo d.lg. n. 84/2020.

(3) Comma inserito dall'art. 1, co. 94, lett. c), d.lg. 12/5/2015, n. 74 e successivamente modificato dall'art. 3, co. 1, lett. b), d.lg. 14/7/2020, n. 84. Vedi inoltre l'art. 4, co. 2 e 4, del medesimo d.lg. n. 84/2020.

(4) Comma inserito dall'art. 3, co. 1, lett. c), d.lg. 14/7/2020, n. 84. Vedi inoltre l'art. 4, co. 2 e 4, del medesimo d.lg. n. 84/2020.

(5) Comma sostituito dall'art. 1, co. 94, lett. d), d.lg. 12/5/2015, n. 74 successivamente dall'art. 3, co. 1, lett. d), d.lg. 14/7/2020, n. 84. Vedi inoltre l'art. 4, co. 2 e 4, del medesimo d.lg. n. 84/2020.

(6) Comma inserito dall'art. 3, co. 1, lett. e), d.lg. 14/7/2020, n. 84. Vedi inoltre l'art. 4, co. 2 e 4, del medesimo d.lg. n. 84/2020.

(7) Comma modificato dall'art. 3, co. 1, lett. f), d.lg. 14/7/2020, n. 84. Vedi inoltre l'art. 4, co. 2 e 4, del medesimo d.lg. n. 84/2020.

(8) Comma modificato dall'art. 3, co. 1, lett. g), d.lg. 14/7/2020, n. 84. Vedi inoltre l'art. 4, co. 2 e 4, del medesimo d.lg. n. 84/2020.

77. Requisiti dei partecipanti. – 1. I titolari delle partecipazioni indicate all'articolo 68 devono possedere requisiti di onorabilità e soddisfare criteri di competenza e correttezza in modo da garantire la sana e prudente gestione dell'impresa di assicurazione o di riassicurazione.

1-bis. Il Ministro dello sviluppo economico, con regolamento adottato sentito l'IVASS, in conformità a quanto previsto dall'ordinamento europeo anche tenuto conto dei relativi orientamenti e raccomandazioni, individua:

a) i requisiti di onorabilità;

b) i criteri di competenza, graduati in relazione all'influenza sulla gestione dell'impresa di assicurazione o di riassicurazione che il titolare della partecipazione può esercitare;

c) i criteri di correttezza, con riguardo, tra l'altro, alle relazioni d'affari del titolare della partecipazione, alle condotte tenute nei confronti delle autorità di vigilanza e alle sanzioni o misure correttive da queste irrogate, a provvedimenti restrittivi inerenti ad attività professionali svolte, nonché a ogni altro elemento suscettibile di incidere sulla correttezza, inclusa la reputazione, del titolare della partecipazione.

2. Con il regolamento di cui al comma 1, il Ministro delle attività produttive stabilisce le soglie partecipative per l'applicazione del medesimo comma 1. A questo fine si considerano anche le partecipazioni possedute per il tramite di società controllate, di società fiduciarie o per interposta persona. (1)

3. Qualora non siano soddisfatti i requisiti e i criteri non possono essere esercitati i diritti di voto e gli altri diritti, che consentono di influire sull'impresa di assicurazione o di riassicurazione, inerenti alle partecipazioni eccedenti le soglie di cui al comma 1. In caso di inosservanza, la deliberazione o il diverso atto, adottati con il voto o il contributo determinanti delle partecipazioni previste dal comma 1, sono impugnabili secondo le previsioni del codice civile. L'impugnazione può essere proposta anche dall'IVASS entro sei mesi dalla data della deliberazione o, se questa è soggetta a iscrizione nel registro delle imprese, entro sei mesi dall'iscrizione ovvero, se questa è soggetta solo a deposito presso l'ufficio del registro delle imprese, entro sei mesi dalla data del deposito. Le partecipazioni per le quali non può essere esercitato il diritto di voto sono computate ai fini della regolare costituzione della relativa assemblea.

4. Le partecipazioni, eccedenti le soglie previste dal comma 1, dei soggetti che non soddisfano i requisiti e i criteri sono alienate entro i termini stabiliti dall'IVASS.

(1) Comma abrogato dall'art. 4, co. 1, d.lgs. 27/1/2010, n. 21.

78. Consiglio di gestione, consiglio di sorveglianza e comitato per il controllo sulla gestione. – 1. Se non diversamente disposto, le norme del presente codice che fanno riferimento al consiglio di amministrazione e agli amministratori si applicano anche al consiglio di gestione e ai suoi componenti.

2. Se non diversamente disposto, le norme del presente codice che fanno riferimento al collegio sindacale, ai sindaci e all'organo che svolge la funzione di controllo si applicano anche al consiglio di sorveglianza e al comitato per il controllo sulla gestione.

Capo III
Partecipazioni delle imprese di assicurazione e di riassicurazione

79. Partecipazioni assunte dalle imprese di assicurazione e di riassicurazione. – 1. L'impresa di assicurazione e di riassicurazione, può assumere partecipazioni, anche di controllo, in altre società ancorché esercitino attività diverse da quelle consentite alle stesse imprese (1).

2. Quando le partecipazioni in una società controllata, assunte ai sensi del comma 1, hanno carattere di strumentalità o di connessione con l'attività assicurativa o riassicurativa, l'IVASS può chiedere che ciò risulti da un programma di attività (1);

3. L'IVASS disciplina con regolamento le condizioni ed i criteri per individuare le operazioni di assunzione di partecipazioni soggette a comunicazione preventiva ovvero sottoposte ad autorizzazione preventiva, nonché i presupposti per l'esercizio dei poteri di cui al comma 3-bis e all'articolo 8 (1);

3-bis. L'IVASS può condizionare o negare l'autorizzazione o l'acquisizione di partecipazioni soggette a comunicazione preventiva qualora l'operazione sia in contrasto con la sana e prudente gestione dell'impresa o derivi un pericolo per la stabilità della stessa (1);

3-ter. Ai fini delle comunicazioni di cui al comma 3, rileva ogni altra assunzione di partecipazioni, quando la stessa, da sola o unitamente ad altra già posseduta, risulti consistente in base al patrimonio netto o al totale degli investimenti dell'impresa di assicurazione o di riassicurazione ovvero rispetto all'entità dei diritti di voto o alla rilevanza degli altri diritti che consentono di influire sulla società partecipata (1).

4. Le disposizioni di cui al presente capo si applicano anche per ogni altra assunzione o che riguardi partecipazioni in imprese di assicurazione o di riassicurazione estere. In deroga al presente capo, nel caso di assunzione di partecipazioni indicate dall'articolo 68 in altre imprese di assicurazione o di riassicurazione italiane, si applicano le disposizioni di cui al capo I (2).

(1) Comma modificato dal d.lg. 12/5/2015, n. 74.

(2) Comma modificato dall'art. 4, co. 1, lett. u), d.lg. 27/1/2010, n. 21.

80. Obblighi di comunicazione*. – *1. L'impresa di assicurazione o di riassicurazione comunica tempestivamente all'ISVAP l'intenzione di assumere una partecipazione in altra società, qualora la partecipazione stessa, da sola od unitamente ad altra già posseduta, comporti il controllo della società partecipata. 2. È altresì preventivamente comunicata l'intenzione di assumere ogni altra partecipazione, quando la stessa, da sola o unitamente ad altra già posseduta, risulti consistente in base al patrimonio netto o al totale degli investimenti dell'impresa di assicurazione o di riassicurazione ovvero rispetto all'entità dei diritti di voto o alla rilevanza degli altri diritti che consentono di influire sulla società partecipata. 3. L'ISVAP, tenuto conto dell'esigenza di verificare la concentrazione degli investimenti e la loro influenza sulla struttura patrimoniale dell'impresa di assicurazione o di riassicurazione, stabilisce con regolamento presupposti, modalità e termini delle comunicazioni previste dai commi 1 e 2, anche con riguardo alle ipotesi nelle quali il diritto di voto spetta o è attribuito ad un soggetto diverso dal titolare della partecipazione.*

* Articolo abrogato dal d.lg. 12/5/2015, n. 74.

81. Vigilanza prudenziale. – 1. L'ISVAP, al fine di verificare l'osservanza degli obblighi indicati negli articoli 79, può chiedere informazioni ai soggetti comunque interessati.

2. Qualora dalla partecipazione derivi un pericolo alla stabilità dell'impresa, avuto riguardo alla natura ed all'andamento dell'attività svolta dalla società partecipata, alla dimensione dell'investimento, l'ISVAP ordina che la stessa sia alienata ovvero opportunamente ridotta, anche al di sotto del controllo, assegnando a tal fine un termine compatibile con l'esigenza che l'operazione possa aver luogo senza pregiudizio per la stabilità dell'impresa di assicurazione o di riassicurazione.

3. Nel caso in cui l'impresa non ottemperi all'ordine, l'ISVAP nomina un commissario con i compiti previsti dall'articolo 229 o, se ricorrono i presupposti di cui all'articolo 230, un commis-

sario per la gestione provvisoria col compito di provvedervi ovvero propone al Ministro delle attività produttive l'adozione del provvedimento di amministrazione straordinaria oppure la revoca dell'autorizzazione all'esercizio dell'attività.

4. La mancata ottemperanza all'ordine di cui al comma 2 comporta, in ogni caso, la decurtazione di pari importo dai fondi propri a copertura del Requisito Patrimoniale di Solvibilità dell'impresa di assicurazione o di riassicurazione (1).

(1) Comma modificato dal d.lg. 12/5/2015, n. 74.

82. Gruppo assicurativo. – 1. A fini di vigilanza, il gruppo assicurativo è alternativamente composto:

a) dall'impresa di assicurazione o di riassicurazione italiana capogruppo e dalle imprese assicurative, riassicurative e dalle società strumentali da questa controllate;

b) dall'impresa italiana di partecipazione assicurativa o riassicurativa capogruppo e dalle imprese assicurative, riassicurative e dalle società strumentali da questa controllate.

b-bis) dall'impresa italiana di partecipazione finanziaria mista capogruppo di cui all'articolo 3, comma 2, del decreto legislativo 30 maggio 2005, n. 142, e dalle imprese assicurative, riassicurative e dalle società strumentali controllate, sempreché vi sia almeno un'impresa di assicurazione o di riassicurazione italiana controllata (1).

*2. Sono escluse dal gruppo assicurativo le società che esercitano l'attività bancaria e le altre società che sono sottoposte a vigilanza consolidata in conformità al testo unico bancario. Sono parimenti escluse le società che esercitano attività di intermediazione finanziaria e le altre società che sono sottoposte a vigilanza sul gruppo della società di intermediazione mobiliare o di gestione collettiva del risparmio in conformità al testo unico dell'intermediazione finanziaria**.

(1) Lettera aggiunta dall'art. 3, co. 4, lett. a), d.lg. 4/3/2014, n. 53.
* Comma abrogato dall'art. 3, co. 4, lett. b), d.lg. 4/3/2014, n. 53.

83. Impresa capogruppo. – 1. Capogruppo è l'impresa di assicurazione o di riassicurazione italiana ovvero l'impresa di partecipazione assicurativa o l'impresa di partecipazione finanziaria mista con sede legale in Italia, che controlla, direttamente o indirettamente, le società componenti il gruppo assicurativo e che non è, a sua volta, controllata da un'altra impresa di assicurazione o di riassicurazione italiana o da un'altra impresa di partecipazione assicurativa o riassicurativa o da un'altra impresa di partecipazione finanziaria mista con sede legale in Italia, che possa essere considerata capogruppo (1).

2. L'ISVAP accerta che lo statuto della capogruppo non contrasti con la sana e prudente gestione del gruppo.

(1) Comma modificato dall'art. 3, co. 5, lett. a) e b), d.lg. 4/3/2014, n. 53.

84. Impresa di partecipazione capogruppo. – 1. Ai soggetti che svolgono funzioni di amministrazione, direzione e controllo presso l'impresa di partecipazione assicurativa o riassicurativa capogruppo o presso l'impresa di partecipazione finanziaria mista capogruppo si applicano le disposizioni in materia di requisiti di professionalità, di onorabilità e di indipendenza previste per i soggetti che esercitano le medesime funzioni presso le imprese di assicurazione e di riassicurazione salvo quanto previsto dall'articolo 87-bis (1).

2. All'impresa di partecipazione assicurativa o riassicurativa capogruppo o all'impresa di partecipazione finanziaria mista capogruppo si applicano gli obblighi di comunicazione di cui all'articolo 190, commi 3, 4 e 5 (2).

3. Alle imprese di partecipazione capogruppo si applicano le disposizioni di cui ai capi I e II del presente titolo, salvo quanto previsto dall'articolo 87-bis (3).

(1) Comma sostituito dall'art. 3, co. 6, lett. a), d.lg. 4/3/2014, n. 53.
(2) Comma sostituito dall'art. 3, co. 6, lett. b), d.lg. 4/3/2014, n. 53.
(3) Comma modificato dall'art. 3, co. 6, lett. c), d.lg. 4/3/2014, n. 53.

85. Albo delle imprese capogruppo. – 1. L'impresa capogruppo è iscritta in un apposito albo tenuto dall'ISVAP.

2. La capogruppo comunica all'ISVAP l'esistenza del gruppo assicurativo e la sua composizione aggiornata.

3. L'ISVAP può procedere d'ufficio all'accertamento dell'esistenza di un gruppo assicurativo e alla sua iscrizione nell'albo e può richiedere alla capogruppo la rideterminazione della composizione del gruppo assicurativo.

4. Le società appartenenti al gruppo indicano negli atti e nella corrispondenza l'iscrizione nell'albo dei gruppi assicurativi.

5. L'ISVAP determina, con regolamento, gli adempimenti connessi alla tenuta e all'aggiornamento dell'albo.

86. Poteri di indagine. – 1. Ai fini della verifica dei dati e delle informazioni sulla vigilanza di cui al presente capo, l'ISVAP può effettuare ispezioni, direttamente o tramite soggetti incaricati, presso la capogruppo e presso le società, con sede legale nel territorio della Repubblica, appartenenti al gruppo assicurativo.

2. Gli accertamenti ispettivi nei confronti di società diverse da quelle di assicurazione e riassicurazione sono limitati alla verifica dell'esattezza dei dati e delle informazioni utili per l'esercizio della vigilanza sul gruppo assicurativo.

3. Nei confronti delle società appartenenti al gruppo assicurativo e dei titolari di partecipazioni nelle medesime società, sono attribuiti all'ISVAP i poteri previsti dall'articolo 71.

87. Disposizioni di carattere generale o particolare. – 1. L'ISVAP, al fine di assicurare una stabile ed efficiente gestione del gruppo, può impartire alla capogruppo, con regolamento o con provvedimenti di carattere particolare, disposizioni concernenti il gruppo assicurativo complessivamente considerato o suoi componenti, aventi ad oggetto adeguate procedure di gestione del rischio, ivi comprese efficaci procedure amministrative e contabili, ed appropriati meccanismi di controllo interno.

2. Le procedure di gestione del rischio includono:

a) un governo societario del gruppo e delle sue componenti efficace e idoneo alla definizione ed alla revisione periodica delle strategie da parte degli organi con funzione di amministrazione, direzione e controllo delle imprese del gruppo, in particolare per quanto concerne i rischi assunti;

b) procedure atte a far sì che i sistemi di monitoraggio dei rischi siano correttamente integrati nell'organizzazione aziendale e che siano prese tutte le misure necessarie a garantire la coerenza dei sistemi posti in essere nelle imprese di cui all'articolo 82 al fine di consentire la quantificazione e il controllo dei rischi a livello del gruppo assicurativo.

3. I meccanismi di controllo interno includono procedure adeguate per quanto concerne la verifica e la quantificazione dei rischi assunti e la loro correlazione con il patrimonio netto delle singole imprese del gruppo. La capogruppo adotta i provvedimenti di attuazione delle disposizioni impartite dall'ISVAP e ne fa osservare l'applicazione nei confronti delle imprese del gruppo, informandone periodicamente l'ISVAP.

4. Gli amministratori delle società controllate sono tenuti a fornire alla capogruppo la necessaria collaborazione per il rispetto delle norme sulla vigilanza assicurativa.

87 bis. Disposizioni applicabili all'impresa di partecipazione finanziaria mista (1). – 1. L'IVASS può individuare le ipotesi in cui l'impresa di partecipazione finanziaria mista capogruppo è esentata dall'applicazione di una o più disposizioni adottate ai sensi del presente capo.

2. Le disposizioni di cui agli articoli 83, comma 2, e 84, commi 1 e 3, si applicano all'impresa di partecipazione finan-

ziaria mista, qualora il settore di maggiori dimensioni all'interno del conglomerato finanziario sia quello assicurativo, determinato ai sensi del decreto legislativo 30 maggio 2005, n. 142. I provvedimenti di approvazione di cui all'articolo 196, decadenza di cui all'articolo 76 e autorizzazione di cui all'articolo 68 sono adottati dall'IVASS d'intesa con Banca d'Italia.

3. I provvedimenti previsti dal titolo XVI, Capo I, II, IV e VII, nei confronti dell'impresa di partecipazione finanziaria mista sono adottati o proposti dall'IVASS d'intesa con Banca d'Italia.

(1) Articolo aggiunto dall'art. 3, co. 7, d.lg. 4/3/2014, n. 53.

TITOLO VIII
BILANCIO E SCRITTURE CONTABILI

Capo I
Disposizioni generali sul bilancio

88. Disposizioni applicabili (1). – 1. Le imprese di assicurazione e di riassicurazione che hanno sede legale nel territorio della Repubblica redigono il bilancio secondo la disciplina prevista nei capi I, II e III del presente titolo.

2. Le disposizioni sul bilancio delle imprese di assicurazione e di riassicurazione si applicano anche alle sedi secondarie di imprese aventi sede legale in uno Stato terzo autorizzate ad esercitare nel territorio della Repubblica le assicurazioni nei rami vita o nei rami danni ovvero la riassicurazione [ed alle sedi secondarie di imprese aventi sede legale in uno Stato membro autorizzate ad esercitare nel territorio della Repubblica la sola riassicurazione.*

3. Le disposizioni relative ai rami vita si applicano anche alle imprese di assicurazione che esercitano solo l'attività nel ramo malattia esclusivamente o principalmente secondo i metodi dell'assicurazione dei rami vita.

(1) Articolo modificato dal d.lg. 12/5/2015, n. 74.

* Comma modificato dall'art. 10 del d.lg. 29/2/2008, n. 56 e successivamente abrogato dal d.lg. 12/5/2015, n. 74.

***89. Disposizioni particolari**.** *– 1. Per quanto non previsto dal presente titolo e dai provvedimenti di attuazione, si applicano le disposizioni del codice civile e quelle di cui al decreto legislativo 9 aprile 1991 n. 127, al decreto legislativo 26 maggio 1997, n. 173, ed al decreto legislativo 28 febbraio 2005, n. 38. 2. È consentita la tenuta di una contabilità plurimonetaria. In deroga a quanto previsto dall'articolo 2423, ultimo comma, del codice civile, l'ISVAP, con regolamento, può prescrivere o consentire che la nota integrativa sia redatta in migliaia di euro oppure prescrivere o consentire un grado di sintesi maggiore delle migliaia, sentita la CONSOB per le società quotate.*

* Articolo abrogato dal d.lg. 12/5/2015, n. 74.

90. Schemi. – 1. L'IVASS, nel rispetto delle disposizioni di cui al codice civile, al decreto legislativo 9 aprile 1991 n. 127, al decreto legislativo 26 maggio 1997, n. 173, ed al decreto legislativo 28 febbraio 2005, n. 38, con regolamento determina:

a) gli schemi di bilancio;

b) il piano dei conti che le imprese adottano nella loro gestione;

c) le modalità di calcolo, ai fini della redazione del bilancio di cui ai Capi II e III, delle riserve tecniche;

d) le modalità di calcolo, ai fini della redazione del bilancio di cui ai Capi II e III, delle altre voci di bilancio (1).

2. L'ISVAP, con regolamento, può emanare istruzioni esplicative ed applicative, prescrivere informazioni integrative o più dettagliate, anche in materia di operazioni con parti correlate e di accordi non risultanti dallo stato patrimoniale di cui all'articolo 2427, primo comma, numeri 22-bis) e 22-ter), del codice civile e all'articolo 38, comma 1, lettere o-quinquies) e o-sexies), del decreto legislativo 9 aprile 1991, n. 127. L'ISVAP può altresì stabilire la documentazione necessaria all'espletamento delle funzioni di vigilanza ai fini delle verifiche sul bilancio di esercizio e sul bilancio consolidato (2).

3. Le modalità di tenuta del sistema contabile devono consentire il raccordo con i conti di bilancio secondo quanto disposto dall'ISVAP con regolamento.

4. I poteri dell'ISVAP sono esercitati nel rispetto dei principi contabili internazionali nei confronti dei soggetti che redigono il bilancio di esercizio o il bilancio consolidato in conformità ai principi contabili internazionali. Al fine di verificare l'esattezza dei dati del bilancio consolidato, l'ISVAP può richiedere dati, notizie ed informazioni alle società ed agli enti controllati da imprese di assicurazione e di riassicurazione ovvero eseguire ispezioni presso i medesimi enti e società. Nel caso in cui la società o l'ente sia sottoposto alla vigilanza di un'altra autorità, l'ISVAP ne richiede la collaborazione.

(1) Comma modificato dal d.lg. 12/5/2015, n. 74.

(2) Comma sostituito dall'art. 4 del d.lg. 3/11/2008, n. 173.

Capo II
Bilancio di esercizio

91. Principi di redazione. – 1. Le imprese di assicurazione e di riassicurazione di cui all'articolo 88, comma 1, che emettono strumenti finanziari ammessi alla negoziazione in mercati regolamentati di qualsiasi Stato membro dell'Unione europea e che non redigono il bilancio consolidato, redigono il bilancio di esercizio in conformità ai principi contabili internazionali.

2. Le imprese di assicurazione e di riassicurazione di cui all'articolo 88, comma 1, che non utilizzano i principi contabili internazionali, redigono il bilancio in conformità al decreto legislativo 26 maggio 1997, n. 173. Per ciascun patrimonio destinato costituito ai sensi dell'articolo 2447-bis, primo comma, lettera a), del codice civile, va allegato al bilancio di esercizio un separato rendiconto redatto secondo le disposizioni previste dall'articolo 89 (1).

(1) Comma modificato dall'art. 1, co. 101, d.lg. 12/5/2015, n. 74. Per l'applicazione del presente comma vedi l'art. 46, co. 3-novies, d.l. 21/6/2022, n. 73, conv., con modif., dalla l. 4/8/2022, n. 122.

92. Esercizio sociale e termine per l'approvazione. – 1. L'esercizio sociale ha inizio il 1° gennaio e termina il 31 dicembre di ogni anno.

2. Ove previsto dallo statuto, il termine di cui all'articolo 2364, secondo comma, del codice civile può essere prorogato dall'impresa di assicurazione sino al 30 giugno quando particolari esigenze lo richiedano ovvero quando sia autorizzata anche all'attività riassicurativa e la eserciti in misura rilevante ovvero nel caso di imprese tenute alla redazione del bilancio consolidato.

3. Le imprese che esercitano la sola riassicurazione approvano il bilancio di esercizio entro il 30 giugno dell'anno successivo a quello a cui si riferisce il bilancio stesso. Ove previsto dallo statuto, il termine può essere prorogato dall'impresa di riassicurazione sino al 30 settembre quando particolari esigenze lo richiedano.

4. Le imprese di assicurazione e di riassicurazione, che si avvalgono della facoltà prevista dai commi 2 e 3, ne danno evidenza nella nota integrativa e ne fanno oggetto di preventiva comunicazione all'ISVAP, specificando le ragioni della proroga.

93. Deposito e pubblicazione. – 1. Le imprese di assicurazione e di riassicurazione di cui all'articolo 88, comma 1, sono tenute al deposito e alla pubblicazione del bilancio ai sensi dell'articolo 2435 del codice civile.

2. Le imprese di assicurazione e di riassicurazione sono soggette all'obbligo di revisione del bilancio e depositano la

relazione della società di revisione insieme alla relazione.

*3. Le imprese di assicurazione e di riassicurazione depositano, in allegato al bilancio, un prospetto contenente l'indicazione delle attività che sono state assegnate, alla chiusura dell'esercizio, alla copertura delle riserve tecniche**.

4. Le imprese di assicurazione che esercitano il ramo assistenza depositano, in allegato al bilancio, una relazione dalla quale risultino il personale e le attrezzature di cui l'impresa dispone per far fronte agli impegni assunti.

*5. Le imprese di assicurazione depositano altresì il prospetto dimostrativo della situazione del margine di solvibilità, che viene sottoscritto anche dall'attuario incaricato per i rami vita**.

* Commi abrogati dal d.lg. 12/5/2015, n. 74.

94. Relazione sulla gestione. – 1. Il bilancio deve essere corredato da una relazione degli amministratori contenente un'analisi fedele, equilibrata ed esauriente della situazione dell'impresa e dell'andamento e del risultato della gestione nel suo complesso, nonché una descrizione dei principali rischi e incertezze cui l'impresa è esposta. Dalla relazione risultano in ogni caso le informazioni che riguardano (1):

a) l'evoluzione del portafoglio assicurativo;

b) l'andamento dei sinistri nei principali rami esercitati;

c) le forme riassicurative maggiormente significative adottate nei principali rami esercitati;

d) le attività di ricerca e di sviluppo e i nuovi prodotti immessi sul mercato;

e) le linee essenziali seguite nella politica degli investimenti;

e-bis) gli obiettivi e le politiche di gestione del rischio finanziario e la politica di copertura per principali categorie di operazioni coperte e l'esposizione dell'impresa ai rischi di prezzo, di credito, di liquidità e di variazione dei flussi (2);

f) notizie in merito al contenzioso, se significativo;

g) il numero e il valore nominale delle azioni o quote proprie, delle azioni o quote dell'impresa controllante detenute in portafoglio, di quelle acquistate e di quelle alienate nel corso dell'esercizio, le corrispondenti quote di capitale sottoscritto, dei corrispettivi ed i motivi degli acquisti e delle alienazioni;

h) i rapporti con le imprese del gruppo distinguendo fra imprese controllanti, controllate e consociate, nonché i rapporti con imprese collegate;

i) l'evoluzione prevedibile della gestione, con particolare riguardo allo sviluppo del portafoglio assicurativo, all'andamento dei sinistri e alle eventuali modifiche alle forme riassicurative adottate;

l) i fatti di rilievo avvenuti dopo la chiusura dell'esercizio.

2. Le disposizioni del comma 1, lettera g), si applicano anche alle azioni o quote detenute, acquistate o alienate per il tramite di società fiduciaria o per interposta persona.

1-bis. L'analisi di cui al comma 1 è coerente con l'entità e la complessità degli affari dell'impresa e contiene, nella misura necessaria alla comprensione della situazione dell'impresa e dell'andamento e del risultato della sua gestione, gli indicatori di risultato finanziari e, se del caso, quelli non finanziari pertinenti all'attività specifica dell'impresa, comprese le informazioni attinenti all'ambiente e al personale. L'analisi contiene, ove opportuno, riferimenti agli importi riportati nel bilancio dell'impresa e chiarimenti aggiuntivi su di essi (3).

(1) Comma modificato dall'art. 1 del d.lg. 2/2/2007, n. 32.
(2) Lettera inserita dall'art. 1 del d.lg. 2/2/2007, n. 32.
(3) Comma inserito dall'art. 1 del d.lg. 2/2/2007, n. 32.

Capo III
Bilancio consolidato

95. Imprese obbligate. – 1. Le imprese di assicurazione e di riassicurazione aventi sede legale nel territorio della Repubblica che controllano una o più società, redigono il bilancio consolidato conformemente ai principi contabili internazionali.

2. Allo stesso obbligo sono soggette le imprese di partecipazione assicurativa con sede legale in Italia, che detengono il controllo di una o più imprese di assicurazione o di riassicurazione ovunque costituite.

2-bis. Al medesimo obbligo sono soggette anche le imprese di partecipazione finanziaria mista con sede legale in Italia, che detengono il controllo di una o più imprese di assicurazione o di riassicurazione ovunque costituite, qualora il settore di maggiori dimensioni all'interno del conglomerato finanziario sia quello assicurativo, determinato ai sensi del decreto legislativo 30 maggio 2005, n. 142 (1).

3. Ai soli fini dell'obbligo di redazione del bilancio consolidato sono considerate imprese controllate quelle indicate nell'articolo 26 del decreto legislativo 9 aprile 1991, n. 127.

(1) Comma aggiunto dall'art. 3, co. 8, d.lg. 4/3/2014, n. 53.

96. Direzione unitaria. – 1. L'obbligo di redazione del bilancio consolidato sussiste anche nel caso in cui due o più imprese di assicurazione o riassicurazione aventi sede legale nel territorio della Repubblica ovvero imprese di partecipazione assicurativa o imprese di partecipazione finanziaria mista di cui all'articolo 95, commi 2 o 2-bis, tra le quali non esistano le relazioni di cui all'articolo 95, comma 3, operino secondo una direzione unitaria in virtù di un contratto o di una clausola dei rispettivi statuti oppure quando i loro organi di amministrazione siano composti in maggioranza dalle medesime persone. La direzione unitaria tra le imprese può concretizzarsi anche in legami importanti e durevoli di riassicurazione (1).

2. Sono in ogni caso assimilate alle imprese di cui al comma 1 quelle sottoposte alla direzione unitaria di uno dei seguenti soggetti controllanti:

a) un'impresa o un ente, costituito in Italia, diverso da un'impresa di assicurazione o riassicurazione ovvero da una impresa di partecipazione assicurativa o da un'impresa di partecipazione finanziaria mista di cui all'articolo 95, commi 2 o 2-bis (2);

b) un'impresa o un ente costituito in un altro Stato, salvo che non ricorrano le condizioni di esonero previste all'articolo 97;

c) una persona fisica.

3. Nei casi di cui ai commi 1 e 2 è tenuta alla redazione del bilancio consolidato l'impresa che, in base ai dati dell'ultimo bilancio d'esercizio approvato, presenta l'ammontare maggiore del totale dell'attivo.

4. L'impresa soggetta all'obbligo di redazione del bilancio consolidato che operi anche secondo una direzione unitaria ai sensi dei commi 1 e 2 è tenuta alla redazione del bilancio consolidato esclusivamente in base al comma 3, quando ricorrono le seguenti condizioni:

a) l'impresa non ha emesso titoli quotati in mercati regolamentati;

b) la redazione del bilancio consolidato non è richiesta almeno sei mesi prima della fine dell'esercizio da tanti soci che rappresentino almeno il cinque per cento del capitale sociale.

5. In caso di esonero dall'obbligo di redazione del bilancio consolidato ai sensi del comma 4, le ragioni dell'esonero sono indicate nella nota integrativa al bilancio d'esercizio. La nota integrativa indica altresì la denominazione e la sede dell'impresa che redige il bilancio consolidato ai sensi del presente articolo. Copia dello stesso, della relazione sulla gestione e di quella dell'organo di controllo sono depositati presso l'ufficio del registro delle imprese del luogo ove è la sede dell'impresa esonerata.

6. Restano salve le disposizioni relative alle società che hanno emesso titoli quotati in mercati regolamentati.

(1) Comma sostituito dall'art. 3, co. 9, lett. a), d.lg. 4/3/2014, n. 53.
(2) Lettera sostituita dall'art. 3, co. 9, lett. b), d.lg. 4/3/2014, n. 53.

97. Esonero dall'obbligo di redazione. – 1. L'obbligo di redazione del bilancio consolidato non sussiste nei confronti delle imprese di cui all'articolo 95, commi 1 e 2, a loro volta controllate direttamente o indirettamente da altra impresa tenuta alla redazione del bilancio consolidato ai sensi del presente titolo ovvero da un'impresa di assicurazione o riassicurazione costituita in un altro Stato membro.

2. L'esonero è subordinato alle seguenti circostanze:

a) che l'impresa controllata non abbia emesso titoli quotati in mercati regolamentati;

b) che la controllante sia titolare di oltre il novantacinque per cento delle azioni o quote dell'impresa controllata ovvero, in difetto di tale condizione, che la redazione del bilancio consolidato non sia richiesta almeno sei mesi prima della fine dell'esercizio da tanti soci che rappresentino almeno il cinque per cento del capitale;

c) che l'impresa controllata e le imprese da questa controllate da includere nel consolidamento ai sensi del presente titolo siano incluse nel bilancio consolidato della controllante;

d) che l'impresa controllante, soggetta al diritto di uno Stato membro, rediga e sottoponga a controllo il bilancio consolidato conformemente alle disposizioni dell'ordinamento comunitario.

3. Le ragioni dell'esonero sono indicate nella nota integrativa al bilancio di esercizio. La nota integrativa indica altresì la denominazione e la sede dell'impresa che redige il bilancio consolidato ai sensi del presente articolo. Una copia del bilancio della controllante, della relazione sulla gestione e di quella dell'organo di controllo, redatti in lingua italiana, è depositata presso l'ufficio del registro delle imprese del luogo ove è la sede dell'impresa controllata.

98. Obbligo di redazione a esclusivi fini di vigilanza. – 1. L'ISVAP individua, con regolamento, i soggetti non sottoposti agli obblighi di redazione del bilancio consolidato previsti dagli articoli 95 e 96, che sono tenuti, ad esclusivi fini di vigilanza, a redigere il bilancio consolidato.

99. Data di riferimento. – 1. La data di riferimento del bilancio consolidato coincide con la data di chiusura del bilancio di esercizio dell'impresa controllante obbligata alla redazione. Nel caso quest'ultima sia un'impresa di partecipazione assicurativa o un'impresa di partecipazione finanziaria mista di cui all'articolo 95, commi 2 o 2-bis, la data di riferimento coincide con la data di chiusura dell'esercizio delle imprese assicurative controllate (1).

(1) Comma modificato dall'art. 3, co. 10, d.lg. 4/3/2014, n. 53.

100. Relazione sulla gestione. – 1. Il bilancio consolidato deve essere corredato da una relazione degli amministratori contenente un'analisi fedele, equilibrata ed esauriente della situazione dell'insieme delle società incluse nel consolidamento e dell'andamento e del risultato della gestione nel suo insieme e nei vari settori, con particolare riguardo ai costi, ai ricavi e agli investimenti, nonché una descrizione dei principali rischi e incertezze cui le imprese incluse nel consolidamento sono esposte. Dalla relazione risultano (1):

a) le attività di ricerca e di sviluppo e i nuovi prodotti immessi sul mercato;

b) il numero e il valore nominale delle azioni o quote dell'impresa controllante possedute da essa o da imprese controllate, anche per il tramite di società fiduciarie o per interposta persona, con l'indicazione della quota di capitale corrispondente;

c) l'evoluzione prevedibile della gestione, con particolare riguardo allo sviluppo del portafoglio assicurativo, all'andamento dei sinistri e alle eventuali modifiche, se significative, delle forme riassicurative;

d) i fatti di rilievo avvenuti dopo la data di riferimento del bilancio consolidato;

d-bis) gli obiettivi e le politiche di gestione del rischio finanziario e la politica di copertura per principali categorie di operazioni coperte e l'esposizione delle imprese incluse nel consolidamento ai rischi di prezzo, di credito, di liquidità e di variazione dei flussi (2).

1-bis. L'analisi di cui al comma 1 è coerente con l'entità e la complessità degli affari dell'insieme delle imprese incluse nel consolidamento e contiene, nella misura necessaria alla comprensione della situazione dell'insieme delle imprese incluse nel consolidamento e dell'andamento e del risultato della loro gestione, gli indicatori di risultato finanziari e, se del caso, quelli non finanziari pertinenti alle attività specifiche delle imprese, comprese le informazioni attinenti all'ambiente e al personale. L'analisi contiene, ove opportuno, riferimenti agli importi riportati nel bilancio consolidato e chiarimenti aggiuntivi su di essi (3).

1-ter. La relazione di cui al comma 1 e la relazione di cui all'articolo 94 possono essere presentate in un unico documento, dando maggiore rilievo, ove opportuno, alle questioni che sono rilevanti per il complesso delle imprese incluse nel consolidamento (3).

(1) Comma modificato dall'art. 1 del d.lg. 2/2/2007, n. 32.
(2) Lettera aggiunta dall'art. 1 del d.lg. 2/2/2007, n. 32.
(3) Comma inserito dall'art. 1 del d.lg. 2/2/2007, n. 32.

Capo IV
Libri e registri obbligatori

101. Libri e registri obbligatori. – 1. Le imprese di assicurazione con sede legale nel territorio della Repubblica, ferme restando le altre disposizioni stabilite dalla legge, devono tenere i libri e i registri secondo quanto previsto ai commi 2 e 3.

2. Le imprese autorizzate all'esercizio dei rami vita, oltre al registro delle attività a copertura delle riserve tecniche, sono tenute alla compilazione dei registri su cui annotare:

a) i contratti emessi;

b) i contratti stornati per risoluzione ai sensi dell'articolo 1924 secondo comma, del codice civile, ovvero per mancato perfezionamento ovvero per i quali è stato esercitato il diritto di recesso di cui all'articolo 177;

c) i contratti scaduti;

d) i contratti per i quali è stato esercitato il diritto di riscatto di cui all'articolo 1924, secondo comma, del codice civile;

e) i contratti che sono stati oggetto di trasformazione;

f) i sinistri denunciati;

g) i sinistri pagati;

h) i reclami ricevuti.

3. Le imprese autorizzate all'esercizio dei rami danni, oltre al registro delle attività a copertura delle riserve tecniche, sono tenute alla compilazione dei registri su cui annotare:

a) i contratti emessi;

b) i sinistri denunciati;

c) i sinistri pagati;

d) i sinistri eliminati senza pagamento di indennizzo;

e) i sinistri ancora da pagare alla chiusura dell'esercizio;

f) i sinistri già classificati alle lettere c) oppure d) per i quali sia stata riaperta la procedura di liquidazione;

g) i reclami ricevuti.

4. L'ISVAP adotta, con regolamento, le disposizioni per la tenuta dei registri assicurativi previsti dai commi 2 e 3 e determina le informazioni, i termini e le modalità per la loro conservazione e compilazione nel rispetto delle prescrizioni dell'articolo 2421, ultimo comma, del codice civile.

5. L'ISVAP individua, con regolamento, i libri e i registri per l'attività delle imprese di riassicurazione, determinando le informazioni, i termini e le modalità per la loro conservazione e compilazione nel rispetto delle prescrizioni dell'articolo 2421, ultimo comma, del codice civile.

Capo V
Revisione legale dei conti (1)

(1) Rubrica sostituita dall'art. 41 del d.lg. 27/1/2010, n. 39.

102. Revisione legale del bilancio (1). – 1. Il bilancio delle imprese di assicurazione e di riassicurazione con sede legale nel territorio della Repubblica è corredato dalla relazione di un revisore legale o di una società di revisione legale iscritti nell'apposito registro.

2. La relazione del revisore legale o della società di revisione legale esprime anche un giudizio sulla sufficienza delle riserve tecniche dell'impresa, avuto riguardo alle disposizioni del presente codice e tenuto conto di corrette tecniche attuariali. A tal fine, l'IVASS individua con regolamento i criteri per la determinazione della sufficienza delle riserve tecniche e le corrette tecniche attuariali alla luce delle quali deve essere espresso il giudizio del revisore o della società di revisione legale, nonché le modalità e i termini di espressione del giudizio medesimo (2).

3. Alle imprese di cui al comma 1 si applicano le disposizioni sulla revisione legale dei conti di cui alla sezione VI del capo II del titolo III del testo unico dell'intermediazione finanziaria, ad eccezione degli articoli 155, comma 2, 156, comma 4, 157, comma 2, e 159, comma 1 (3).

4. L'impugnazione della deliberazione assembleare che approva il bilancio delle imprese di assicurazione e di riassicurazione, per mancata conformità alle norme che ne disciplinano i criteri di redazione, può essere proposta dall'ISVAP nel termine di sei mesi dall'iscrizione della relativa deliberazione nel registro delle imprese.

5. L'ISVAP, qualora venga a conoscenza del mancato conferimento dell'incarico alla società di revisione, ne informa immediatamente la CONSOB, che adotta i provvedimenti di competenza.*

(1) Rubrica sostituita dall'art. 41 del d.lg. 27/1/2010, n. 39.

(2) Comma modificato dal d.lg. 12/5/2015, n. 74.

(3) Comma sostituito dall'art. 41 del d.lg. 27/1/2010, n. 39.

* Comma abrogato dall'art. 41 del d.lg. 27/1/2010, n. 39.

103. Attuario nominato dal revisore legale o dalla società di revisione legale*. *– 1. Se l'incarico di revisione legale dei conti è conferito a un revisore legale o se tra gli amministratori della società di revisione legale non è presente un attuario iscritto nell'albo professionale di cui alla legge 9 febbraio 1942, n. 194, la relazione di cui all'articolo 102, comma 1, è corredata dalla relazione di un attuario nominato dal revisore legale o dalla società di revisione legale. 2. L'incarico dell'attuario ha durata pari a nove esercizi e non può essere rinnovato o nuovamente conferito, neppure per conto di una diversa società di revisione legale, se non siano decorsi almeno tre esercizi dalla data di cessazione del precedente. Se, prima della scadenza del periodo, il revisore legale o la società di revisione legale revoca l'incarico all'attuario, ne dà immediata e motivata comunicazione all'ISVAP. La revoca dell'incarico ha effetto nel momento in cui diviene efficace il conferimento dell'incarico ad altro attuario. 3. L'incarico non può essere conferito a un attuario che non rispetti le condizioni di indipendenza individuate dall'ISVAP con regolamento o che si trovi, nei confronti dell'impresa di assicurazione o di riassicurazione o nei confronti dell'attuario che presso l'impresa di assicurazione esercita le funzioni di attuario incaricato per i rami vita o per l'assicurazione della responsabilità civile derivante dalla circolazione dei veicoli a motore e dei natanti, in una delle situazioni di incompatibilità individuate dall'ISVAP con regolamento. 4. L'attuario e il legale rappresentante dell'impresa di assicurazione o di riassicurazione presso cui lo stesso svolge il proprio incarico, trasmettono all'ISVAP, entro quindici giorni dal conferimento dell'incarico, la documentazione comprovante il rispetto delle condizioni di indipendenza e l'assenza delle cause di incompatibilità di cui al comma 3, secondo le modalità fissate dall'ISVAP.*

* Articolo abrogato dal d.lg. 12/5/2015, n. 74.

104. Accertamenti sulla gestione contabile (1). – 1. L'ISVAP può far svolgere al revisore legale o alla società di revisione legale una verifica, previo accertamento dell'esatta rilevazione nelle scritture contabili dei fatti di gestione, in ordine alla conformità alle scritture contabili delle situazioni periodiche concernenti lo stato patrimoniale e il conto economico dell'impresa.

Nello svolgimento di tale verifica il revisore legale o la società di revisione legale utilizzando tecniche attuariali dell'attuario. Le spese sono a carico dell'impresa.

(1) Articolo sostituito dall'art. 41 del d.lg. 27/1/2010, n. 39 e modificato dal d.lg. 12/5/2015, n. 74.

105. Revoca dell'incarico all'attuario revisore*. *– 1. Qualora l'ISVAP accerti l'inosservanza dei doveri relativi allo svolgimento dell'incarico dell'attuario di cui all'articolo 102, comma 1, o dell'attuario nominato [dalla società di revisione] ai sensi dell'articolo 103, comma 1, ovvero acquisisca elementi utili ai fini della vigilanza sull'attività del revisore legale o della società di revisione legale, ne informa la CONSOB. 2. Qualora l'ISVAP accerti la perdita dei requisiti di cui all'articolo 102, comma 1, la sussistenza o la sopravvenienza di una causa di incompatibilità prevista dall'articolo 103, comma 3, la perdita di una condizione di indipendenza prevista dall'articolo 103, comma 3, ovvero gravi irregolarità nello svolgimento dell'incarico da parte dell'attuario di cui all'articolo 103, comma 1, può disporre la revoca dell'incarico, sentito l'interessato. 3. Il provvedimento di revoca è comunicato all'attuario, al revisore legale o alla società di revisione legale e all'impresa di assicurazione o di riassicurazione. In tal caso il revisore legale o la società di revisione legale provvede a conferire l'incarico ad altro attuario entro trenta giorni e comunque in tempo utile per l'effettuazione delle verifiche necessarie ai fini del rilascio del giudizio sul bilancio. 4. In caso di inadempienza l'ISVAP provvede al conferimento dell'incarico ad altro attuario, determinando il relativo compenso secondo le tariffe dell'Ordine degli attuari. 5. L'ISVAP informa la CONSOB dei provvedimenti assunti nei confronti dell'attuario di cui all'articolo 102, comma 1, e dà comunicazione all'Ordine degli attuari dei provvedimenti assunti nei confronti degli attuari di cui agli articoli 102, comma 1, e 103, comma 1. 6. L'Ordine degli attuari comunica all'ISVAP gli eventuali provvedimenti adottati nei confronti degli attuari di cui agli articoli 102, comma 1, e 103, comma 1.*

* Articolo abrogato dal d.lg. 12/5/2015, n. 74.

TITOLO IX
INTERMEDIARI DI ASSICURAZIONE E DI RIASSICURAZIONE

Capo I
Disposizioni generali

106. Attività di distribuzione assicurativa e riassicurativa (1). – 1. Le attività di distribuzione assicurativa consistono nel fornire consulenza, ai sensi dell'articolo 1, comma 1, lettera m-ter), in materia di contratti di assicurazione, proporre contratti di assicurazione o compiere altri atti preparatori relativi alla loro conclusione, concludere tali contratti ovvero collaborare, segnatamente in caso di sinistri, alla loro gestione ed esecuzione, inclusa la fornitura di informazioni relativamente a uno o più contratti di assicurazione sulla base di criteri scelti dal cliente tramite un sito internet o altri mezzi e la predisposizione di una classifica di prodotti assicurativi, compreso il confronto tra prezzi e tra prodotti o lo sconto sul premio di un contratto di assicurazione, se il cliente è in grado di stipulare direttamente o indirettamente un contratto di assicurazione tramite un sito internet o altri mezzi.

2. Le attività di distribuzione riassicurativa, anche quando svolte da un'impresa di riassicurazione senza il coinvolgimento di un intermediario riassicurativo, consistono nel fornire consulenza, ai sensi dell'articolo 1, comma 1, lettera m-ter), in materia di contratti di riassicurazione, proporre contratti di riassicurazione o compiere altri atti preparatori relativi alla loro conclusione, concludere tali contratti ovvero collaborare, segnatamente in caso di sinistri, alla loro gestione ed esecuzione.

(1) Articolo modificato dall'art. 1, co. 6, d.lg. 21/5/2018, n. 68. Il testo previgente recitava «Attività di intermediazione assicurativa e riassicurativi. 1. L'attività di intermediazione assicurativa e riassicurativa consiste nel presentare o proporre prodotti assicurativi e riassicurativi o nel prestare assistenza e consulenza finalizzate a tale attività e, se previsto dall'incarico intermediativo, nella conclusione dei contratti ovvero nella collaborazione alla gestione o all'esecuzione, segnatamente in caso di sinistri, dei contratti stipulati». Con applicazione a decorrere dal 1/10/2018. Successivamente sostituito dall'art. 1, co. 3, d.lg. 30/12/2020, n. 187.

107. Ambito di applicazione (1). – 1. Fermo restando quanto previsto dai Titoli II, III e IV per le imprese di assicurazione e V e VI per le imprese di riassicurazione, le disposizioni del presente Titolo disciplinano le condizioni di accesso ed esercizio dell'attività di distribuzione assicurativa e riassicurativa nel territorio della Repubblica, ivi inclusa l'attività di intermediazione assicurativa e riassicurativa a titolo oneroso svolta da persone fisiche o giuridiche con residenza o sede legale nel territorio della Repubblica e in regime di stabilimento o di libera prestazione di servizi nel territorio di altri Stati membri, nonché l'attività di distribuzione assicurativa e riassicurativa connessa con rischi e impegni situati al di fuori dell'Unione europea, quando è svolta da intermediari registrati in Italia.

2. Le disposizioni del presente titolo disciplinano altresì l'attività di distribuzione assicurativa, anche a titolo accessorio, e riassicurativa da parte di persone fisiche o giuridiche con residenza o sede legale nel territorio di altri Stati membri dell'Unione europea, svolta nel territorio della Repubblica.

3. Non configurano attività di distribuzione assicurativa o riassicurativa, ai fini di cui al comma 1, le seguenti attività:

a) la fornitura di informazioni a titolo accessorio ad un cliente nel contesto di un'altra attività professionale, sempre che il fornitore non intraprenda ulteriori iniziative di assistenza nella conclusione o nell'esecuzione di un contratto di assicurazione o riassicurazione e l'obiettivo di tale attività non sia quello di assistere il cliente nella conclusione o nell'esecuzione di un contratto di assicurazione o riassicurazione;

b) la gestione di sinistri per un'impresa di assicurazione o riassicurazione su base professionale o le attività di liquidazione sinistri e di consulenza in materia di sinistri;

c) la mera fornitura di dati e informazioni su potenziali assicurati a intermediari assicurativi o riassicurativi, o a imprese di assicurazione o di riassicurazione, se il fornitore non intraprende ulteriori iniziative di assistenza nella conclusione di un contratto di assicurazione o riassicurazione;

d) la mera fornitura a potenziali assicurati di informazioni su prodotti assicurativi o riassicurativi, su un intermediario assicurativo o riassicurativo, su un'impresa di assicurazione o riassicurazione, se il fornitore non intraprende ulteriori iniziative di assistenza nella conclusione del contratto.

4. È esclusa dalla disciplina del presente Titolo l'attività di distribuzione assicurativa esercitata da intermediari assicurativi a titolo accessorio, laddove siano soddisfatte congiuntamente le seguenti condizioni:

a) l'assicurazione è accessoria ad un prodotto o servizio e ne copre: 1) i rischi di perdita, deterioramento, danneggiamento del prodotto fornito o il mancato uso del servizio prestato dal fornitore; o 2) la perdita o il danneggiamento del bagaglio e altri rischi connessi con un viaggio prenotato presso tale fornitore;

b) l'importo del premio versato per il contratto assicurativo, calcolato proporzionalmente su base annua, non è superiore a 600 euro;

c) in deroga alla lettera b), qualora l'assicurazione sia complementare rispetto a un servizio di cui alla lettera a) e la durata di tale servizio sia pari o inferiore a tre mesi, l'importo del premio versato per persona non è superiore a 200 euro.

5. Nell'esercizio dell'attività di distribuzione attraverso un intermediario assicurativo a titolo accessorio esentato, di cui al comma 4, l'impresa di assicurazione o l'intermediario assicurativo che se ne avvale garantisce che: a) prima della conclusione del contratto, il contraente riceva informazioni riguardanti rispettivamente gli elementi di cui all'articolo 120, comma 2, lettere a) e c), se agisce su incarico dell'impresa, o di cui all'articolo 120, comma 1, lettere a) e c), se agisce su incarico di altro intermediario; b) siano predisposti rapporti contrattuali adeguati e proporzionati al fine di assicurare la conformità con quanto previsto dagli articoli 119-bis e 120-quinquies e tenere conto delle richieste ed esigenze del contraente prima di proporre il contratto; c) prima della conclusione del contratto, sia fornita al contraente la documentazione informativa relativa al prodotto assicurativo di cui all'articolo 185.

6. Fatto salvo quanto previsto dal testo unico dell'intermediazione finanziaria, le persone giuridiche di cui all'articolo 109, comma 2, lettera d), sono sottoposte, limitatamente all'attività di distribuzione assicurativa, alla vigilanza dell'IVASS, che la esercita mediante i poteri previsti dall'articolo 5, comma 1, anche per quanto riguarda l'osservanza delle disposizioni sulle regole di comportamento di cui al Capo III, informando e collaborando con le altre autorità interessate.

7. L'IVASS monitora il mercato, ivi incluso il mercato dei prodotti assicurativi commercializzati, distribuiti o venduti, a titolo accessorio, nel o dal territorio della Repubblica.

(1) Articolo modificato dal d.lg. 21/5/2018, n. 68. Il testo previgente recitava: «Ambito di applicazione. 1. Le disposizioni del presente titolo disciplinano le condizioni di accesso e di esercizio dell'attività di intermediazione assicurativa e riassicurativa svolta a titolo oneroso nel territorio della Repubblica e in regime di stabilimento o di libera prestazione di servizi nel territorio di altri Stati membri da parte di persone fisiche o giuridiche con residenza o sede legale nel territorio della Repubblica, nonché i servizi di intermediazione assicurativa e riassicurativa connessi con rischi e impegni situati al di fuori dell'Unione europea, quando sono offerti da intermediari di assicurazione e riassicurazione registrati in Italia. 2. Sono escluse dalla disciplina del presente titolo: a) le attività direttamente esercitate dalle imprese di assicurazione o di riassicurazione e dai loro dipendenti; b) le attività di sola informazione fornite a titolo accessorio nel contesto di un'altra attività professionale sempre che l'obiettivo di tale attività non sia quello di assistenza all'assicurato nella conclusione o nell'esecuzione di un contratto di assicurazione; c) le attività di intermediazione assicurativa quando ricorrono congiuntamente le seguenti condizioni: 1) il contratto di assicurazione richiede soltanto conoscenze sulla copertura fornita; 2) salvo il caso di cui al numero 4), non si tratta di un contratto di assicurazione sulla vita o contro i rischi di responsabilità civile; 3) l'intermediazione non è svolta professionalmente; 4) l'assicurazione è accessoria ad un prodotto o servizio e ne copre i rischi di perdita o deterioramento oppure, nel caso di viaggi prenotati, garantisce la perdita o il danneggiamento del bagaglio ovvero copre i rischi del ramo vita e della responsabilità civile connessi al viaggio stesso; 5) l'importo del premio annuale non eccede cinquecento euro e la durata complessiva del contratto di assicurazione, compresi eventuali rinnovi, non è superiore a cinque anni. 3. Le persone giuridiche di cui all'articolo 109, comma 2, lettera d), sono sottoposte, limitata-

mente all'attività di intermediazione assicurativa, alla vigilanza dell'ISVAP, che la esercita mediante i poteri previsti dall'articolo 5, comma 1, anche per quanto riguarda l'osservanza delle disposizioni sulle regole di comportamento di cui al capo III, informando e collaborando con le altre autorità interessate».

107 bis. Soggetti abilitati all'esercizio della distribuzione assicurativa o riassicurativa (1). – 1. L'attività di distribuzione assicurativa o riassicurativa può essere esercitata dai seguenti soggetti:

a) imprese di assicurazione o riassicurazione, di cui all'articolo 1, comma 1, lettere t) e cc), e relativi dipendenti, laddove esercitino direttamente tale attività;

b) intermediari, iscritti nelle sezioni da a) ad e) del registro di cui al comma 2 dell'articolo 109;

c) intermediari assicurativi a titolo accessorio, di cui all'articolo 1, comma 1, lettera cc-septies), iscritti alla sezione f) del registro di cui al comma 2 dell'articolo 109;

d) intermediari assicurativi, anche a titolo accessorio, e riassicurativi, con residenza o sede legale in altro Stato membro e abilitati all'esercizio dell'attività di intermediazione in regime di libera prestazione dei servizi o di stabilimento nel territorio della Repubblica ai sensi degli articoli 116-quater e 116-quinquies.

(1) Articolo inserito dal d.lg. 21/5/2018, n. 68.

Capo II
Accesso all'attività di intermediazione

108. Attività di distribuzione – 1. L'attività di distribuzione assicurativa o riassicurativa è riservata alle imprese di cui all'articolo 107-bis, comma 1, lettera a), ai relativi dipendenti, nonché agli intermediari assicurativi, anche a titolo accessorio, e riassicurativi, iscritti nel registro di cui all'articolo 109. Il registro indica gli Sati membri in cui l'intermediario assicurativo, anche a titolo accessorio, o riassicurativo opera in regime di libero stabilimento o di libera prestazione dei servizi (1).

2. Fatta salva l'ipotesi in cui l'attività di distribuzione assicurativa e riassicurativa sia esercitata, ai sensi del comma 1, direttamente da imprese e relativi dipendenti, tale attività non può essere esercitata da chi non è iscritto nel registro, applicandosi in caso di violazione gli articoli 305, comma 2, e 308, comma 2 (1).

3. È inoltre consentita l'attività agli intermediari assicurativi, anche a titolo accessorio, e riassicurativi che hanno residenza o sede legale nel territorio di un altro Stato membro e che operano secondo quanto previsto dall'articolo 116 (1).

4. L'esercizio dell'attività di intermediario di assicurazione, anche a titolo accessorio, e riassicurazione è vietato agli enti pubblici, agli enti o società da essi controllati ed ai pubblici dipendenti con rapporto lavorativo a tempo pieno ovvero a tempo parziale, quando superi la metà dell'orario lavorativo a tempo pieno (1).

(1) Comma modificato dal d.lg. 21/5/2018, n. 68.

108 bis. Organismo per la registrazione degli intermediari assicurativi, anche a titolo accessorio, e riassicurativi (1). – 1. L'istituito un Organismo per la registrazione degli intermediari di cui all'articolo 109, comma 2, e per lo svolgimento degli adempimenti relativi agli elenchi di cui agli articoli 109, comma 1-bis, e alle sezioni I e II del Titolo IX, Capo II. Con decreto del Presidente della Repubblica emanato ai sensi dell'articolo 17, comma 2, della legge 23 agosto 1988, n. 400, su proposta del Ministro dello sviluppo economico, è disciplinata l'organizzazione dell'Organismo. L'Organismo promuove altresì la diffusione dei principi di correttezza e diligenza professionale presso gli intermediari di cui all'articolo 109, comma.

2. In particolare il regolamento disciplina, nel rispetto dei principi di semplificazione e proporzionalità:

a) l'istituzione dell'Organismo avente personalità giuridica di diritto privato, dotato di autonomia statutaria, organizzativa e finanziaria, ordinato in forma di associazione, cui sono trasferite funzioni e competenze in materia di tenuta del registro degli intermediari assicurativi e riassicurativi;

b) il procedimento di nomina dei componenti dell'Organismo nel rispetto dei principi di imparzialità e terzietà;

c) il passaggio all'Organismo di funzioni e competenze attribuite in via transitoria all'IVASS;

d) le modalità attraverso le quali l'Organismo riscuote e gestisce i contributi dovuti dagli intermediari iscritti nel registro di cui all'articolo 109 del Codice delle assicurazioni private di cui al decreto legislativo 7 settembre 2005, n. 209, ai sensi dell'articolo 336 del medesimo Codice;

e) la vigilanza dell'IVASS sull'Organismo di cui alla lettera a).

2. L'Organismo è sottoposto al controllo dell'IVASS che, con regolamento, disciplina le modalità di esercizio del controllo, inclusi i flussi informativi e i poteri ispettivi, secondo modalità improntate a criteri di proporzionalità ed economicità dell'azione di controllo, con la finalità di verificare l'adeguatezza delle procedure interne adottate e l'efficacia dell'attività svolta in relazione alle funzioni affidate.

3. L'Organismo è finanziato mediante una quota del contributo di vigilanza sugli intermediari di assicurazione e riassicurazione di cui all'articolo 336 del Codice delle assicurazioni private di cui al decreto legislativo 7 settembre 2005, n. 209 versato all'IVASS e successivamente trasferito allo stesso Organismo, secondo la misura e le modalità individuate dal regolamento di cui al comma 1.

4. L'IVASS, con regolamento, stabilisce le modalità con cui l'Organismo esercita la propria attività e le forme di collaborazione con l'IVASS per l'attuazione delle disposizioni di cui al presente Capo, inclusi le procedure e i poteri nei confronti degli intermediari iscritti al registro, tenendo anche presente l'esigenza di evitare duplicazioni di costi e adempimenti per soggetti iscritti in altri albi o registri.

(1) Articolo inserito dal d.lg. 21/5/2018, n. 68.

109. Registro degli intermediari assicurativi, anche a titolo accessorio, e riassicurativi (1). – 1. L'IVASS disciplina, con regolamento, la formazione e l'aggiornamento del registro unico elettronico nel quale sono iscritti gli intermediari assicurativi, anche a titolo accessorio e riassicurativi che hanno residenza o sede legale nel territorio della Repubblica (2).

1-bis. L'impresa che opera in qualità di distributore, individua la persona fisica, nell'ambito della dirigenza, responsabile della distribuzione assicurativa o riassicurativa e ne comunica il nominativo all'IVASS. Tale soggetto possiede adeguati requisiti di professionalità ed onorabilità individuati dall'IVASS con regolamento (3).

1-ter. Il registro è agevolmente accessibile e consente la registrazione integrale e diretta, secondo quanto disposto dall'IVASS con regolamento di cui al comma 1 (3).

2. Nel registro sono iscritti in sezioni distinte:

a) gli agenti di assicurazione, in qualità di intermediari che agiscono in nome o per conto di una o più imprese di assicurazione o di riassicurazione;

b) i mediatori di assicurazione o di riassicurazione, altresì denominati broker, in qualità di intermediari che agiscono su incarico del cliente e senza poteri di rappresentanza di imprese di assicurazione o di riassicurazione;

c) i produttori diretti che, anche in via sussidiaria rispetto all'attività svolta a titolo principale, esercitano l'intermediazione assicurativa nei rami vita e nei rami infortuni e malattia per conto e sotto la piena responsabilità di un'impresa di assicurazione e che operano senza obblighi di orario o di risultato esclusivamente per l'impresa medesima;

d) le banche autorizzate ai sensi dell'articolo 14 del testo unico bancario, gli intermediari finanziari inseriti nell'elenco speciale di cui all'articolo 106 e 114-septies del testo unico bancario, le società di intermediazione mobiliare autorizzate ai sensi dell'articolo 19 del testo unico dell'intermediazione finanziaria, la società Poste Italiane – Divisione servizi di bancoposta, autorizzata ai sensi dell'articolo 2 del decreto del Presidente della Repubblica 14 marzo 2001, n. 144;

e) i soggetti addetti all'intermediazione, quali i dipendenti, i collaboratori, i produttori e gli altri incaricati degli intermediari iscritti alle sezioni di cui alle lettere a), b), d), e) e f) per l'attività di intermediazione svolta al di fuori dei locali dove l'intermediario opera (4).

f) gli intermediari assicurativi a titolo accessorio, come definiti dall'articolo 1, comma 1, lettera cc-septies (2).

Non è consentita la contemporanea iscrizione dello stesso intermediario in più sezioni del registro.

2-bis. Per i siti internet mediante i quali è possibile l'esercizio dell'attività di distribuzione assicurativa, ai sensi dell'articolo 106, è necessaria l'iscrizione al registro del titolare del dominio (3).

3. Nel registro sono altresì indicati gli intermediari persone fisiche, di cui al comma 2, lettere a) e b), abilitati ma temporaneamente non operanti, per i quali l'adempimento dell'obbligo di copertura assicurativa di cui all'articolo 110, comma 3, è sospeso sino all'avvio dell'attività, che forma oggetto di tempestiva comunicazione all'Organismo per la registrazione degli intermediari assicurativi, anche a titolo accessorio, e riassicurativi (2).

4. L'intermediario di cui al comma 2, lettere a), b) e d), che si avvale di dipendenti, collaboratori, produttori o altri incaricati addetti all'intermediazione provvede, per conto dei medesimi, all'iscrizione nella sezione del registro di cui alla lettera e) del medesimo comma. L'intermediario di cui al comma 2, lettera a), che si avvale di dipendenti, collaboratori, produttori o altri incaricati addetti all'intermediazione è tenuto a dare all'impresa preponente contestuale notizia della richiesta di iscrizione dei soggetti che operano per suo conto fermo restando quanto previsto nel contratto di agenzia. L'impresa di assicurazione, che si avvale di produttori diretti, provvede ad effettuare la comunicazione all'Organismo per la registrazione degli intermediari assicurativi, anche a titolo accessorio, e riassicurativi al fine dell'iscrizione nella sezione del registro di cui al comma 2, lettera c) (2).

4-bis. Nella domanda di iscrizione al registro l'intermediario che si avvale di soggetti iscritti alla sezione del registro di cui al comma 2, lettera e), per l'esercizio dell'attività di distribuzione, ai sensi del comma 4, attesta di avere accertato in capo agli stessi il possesso dei requisiti previsti dal presente Capo e dalle relative disposizioni di attuazione ai fini della registrazione, ivi incluso quanto previsto dalla lettera c) del comma 4-sexies, e di una formazione conforme a quanto stabilito dall'articolo 111 e dalle relative disposizioni di attuazione (3).

4-ter. Nella domanda di iscrizione al registro l'impresa che si avvale di soggetti iscritti alla sezione di cui al comma 2, lettera c) per l'esercizio della distribuzione, secondo quanto previsto ai sensi del comma 4, attesta di avere accertato in capo agli stessi il possesso dei requisiti previsti dal presente Capo e dalle relative disposizioni di attuazione ai fini della registrazione, ivi incluso quanto previsto dalla lettera c) del comma 4-sexies, e di una formazione conforme a quanto stabilito dall'articolo 111 e dalle relative disposizioni di attuazione (3).

4-quater. L'IVASS fornisce tempestivamente all'AEAP, secondo le istruzioni da questa impartite, le informazioni rilevanti ai fini dell'alimentazione del registro unico europeo degli intermediari assicurativi, anche a titolo accessorio, e riassicurativi di cui al paragrafo 4, dell'articolo 3 della direttiva 2016/97 e può richiedere la modifica dei dati in esso riportati (3).

4-quinquies. Le domande presentate, ai fini dell'iscrizione nel registro di cui al comma 2, sono esaminate nel termine fissato dal regolamento IVASS di cui al comma 1 e comunque non oltre 90 giorni dalla data di presentazione dell'istanza. L'avvenuta iscrizione è comunicata ai soggetti interessati nelle forme indicate dalle disposizioni di attuazione emanate dall'IVASS (3).

4-sexies. Ai fini della registrazione degli intermediari, di cui al comma 2, sono trasmessi all'Organismo per la registrazione degli intermediari assicurativi, anche a titolo accessorio, e riassicurativi secondo le modalità individuate nelle relative disposizioni di attuazione di cui al comma 1: a) i nominativi degli azionisti o dei soci, persone fisiche o giuridiche, che detengono una partecipazione superiore al 10 per cento nell'intermediario e l'importo di tale partecipazione; b) i nominativi delle persone che hanno stretti legami con l'intermediario; c) indicazioni da cui si evinca che tali partecipazioni o stretti legami non impediscono l'esercizio dei poteri di vigilanza da parte dell'IVASS (3).

4-septies. Ogni modifica alle informazioni di cui al comma 4-sexies è tempestivamente comunicata (3).

4-octies. L'iscrizione al registro di cui all'articolo 109, comma 2, non può essere consentita se le disposizioni legislative, regolamentari o amministrative di uno Stato terzo, cui sono soggette una o più persone fisiche o giuridiche con le quali l'intermediario ha stretti legami, ovvero difficoltà inerenti l'applicazione di tali disposizioni legislative, regolamentari e amministrative, siano di ostacolo all'effettivo esercizio delle funzioni di vigilanza (3).

5. L'Organismo per la registrazione degli intermediari assicurativi, anche a titolo accessorio, e riassicurativi rilascia, a richiesta dell'impresa o dell'intermediario interessato, un'attestazione di avvenuta iscrizione nel registro, fermi restando gli adempimenti necessari alle procedure di verifica e di revisione delle iscrizioni effettuate (2).

6. L'ISVAP, con regolamento, stabilisce gli obblighi di comunicazione a carico delle imprese e degli intermediari, nonché le forme di pubblicità più idonee ad assicurare l'accesso pubblico al registro.

(1) Rubrica modificata dal d.lg. 21/5/2018, n. 68.

(2) Comma modificato dal d.lg. 21/5/2018, n. 68.

(3) Comma inserito dal d.lg. 21/5/2018, n. 68.

(4) Lettera modificata dall'art. 1, co. 4, d.lg. 30/12/2020, n. 187.

109 bis. Regime applicabile agli intermediari assicurativi a titolo accessorio (1). – 1. L'intermediario assicurativo a titolo accessorio, di cui alla sezione del registro prevista all'articolo 109, comma 2, lettera f), agisce su incarico di una o più imprese di assicurazione. Laddove sia una persona fisica è tenuto ad osservare i requisiti di cui all'articolo 110, commi 1 e 3. Nell'ipotesi in cui sia una persona giuridica rispetta i requisiti di cui all'articolo 112, commi 1, 2 e 3.

2. Ai fini dell'iscrizione nella sezione del registro di cui all'articolo 109, comma 2, lettera f), l'intermediario di cui al comma 1, persona fisica, deve inoltre possedere, tenuto conto della natura dei prodotti distribuiti, adeguate cognizioni e capacità professionali individuate e accertate secondo le modalità definite con regolamento adottato dall'IVASS, con il quale sono altresì disciplinati gli obblighi di aggiornamento professionale e le relative modalità di registrazione (2).

3. L'intermediario assicurativo a titolo accessorio di cui al comma 1 si dota di presidi di separazione patrimoniale conformi all'articolo 117. L'adempimento delle obbligazioni pecuniarie effettuato mediante l'intermediario assicurativo a titolo accessorio è conforme a quanto previsto dall'articolo 118, comma 1. Si applica altresì la previsione di cui al comma 3 dell'articolo 119 (2).

4. Si applicano altresì le disposizioni di cui agli articoli 109, commi 3, 4, 4-quinquies, 4-sexies, 4-septies, 4-octies, 5 e 6, nonché degli articoli 111, comma 5 e 113, comma 2, agli

addetti all'attività di intermediazione nei locali dell'intermediario assicurativo a titolo accessorio di cui al comma 1. Tali intermediari sono inoltre ammessi ad operare in regime di stabilimento e di libera prestazione di servizi in altri Stati membri, conformemente a quanto previsto dall'articolo 116 e seguenti.».

5. Gli intermediari assicurativi a titolo accessorio che agiscono su incarico di altro intermediario di cui alle sezioni del registro previste all'articolo 109, comma 2, lettere a), b) o d), sono soggetti alle norme applicabili agli addetti all'attività di intermediazione iscritti alla sezione del registro di cui al comma 2, lettera e) del citato articolo 109. 6. L'IVASS con regolamento disciplina le modalità applicative del presente articolo.

(1) Articolo inserito dal d.lg. 21/5/2018, n. 68.

(2) Comma sostituito dall'art. 1, co. 5, lett. a), d.lg. 30/12/2020, n. 187.

110. Requisiti per l'iscrizione delle persone fisiche. – 1. Per ottenere l'iscrizione nella sezione del registro di cui all'articolo 109, comma 2, lettere a) o b), la persona fisica deve essere in possesso dei seguenti requisiti:

a) godere dei diritti civili;

b) non aver riportato condanna irrevocabile, o sentenza irrevocabile di applicazione della pena di cui all'articolo 444, comma 2, del codice di procedura penale, per delitto contro la pubblica amministrazione, contro l'amministrazione della giustizia, contro la fede pubblica, contro l'economia pubblica, l'industria e il commercio, contro il patrimonio per il quale la legge commini la pena della reclusione non inferiore nel minimo ad un anno o nel massimo a tre anni, o per altro delitto non colposo per il quale la legge commini la pena della reclusione non inferiore nel minimo a due anni o nel massimo a cinque anni, oppure condanna irrevocabile comportante l'applicazione della pena accessoria dell'interdizione da pubblici uffici, perpetua o di durata superiore a tre anni, salvo che non sia intervenuta la riabilitazione e salvo quanto previsto dall'articolo 166 del codice penale (1);

c) non essere stata dichiarata fallita [, salvo che sia intervenuta la riabilitazione], né essere stato presidente, amministratore con delega di poteri, direttore generale, sindaco di società od enti che siano stati assoggettati a procedure di fallimento, concordato preventivo o liquidazione coatta amministrativa, almeno per i tre esercizi precedenti all'adozione dei relativi provvedimenti, fermo restando che l'impedimento ha durata fino ai cinque anni successivi all'adozione dei provvedimenti stessi (2);

d) non versare nelle situazioni di decadenza, divieto o sospensione previste dall'articolo 10 della legge 31 maggio 1965, n. 575, e successive modificazioni;

e) non essere iscritto nel ruolo dei periti assicurativi.

2. Ai fini dell'iscrizione nella sezione del registro di cui all'articolo 109, comma 2, lettere a) o b), la persona fisica deve inoltre possedere adeguate cognizioni e capacità professionali sulle materie individuate dall'IVASS con regolamento, che sono accertate, tramite una prova di idoneità, consistente in un esame su tali aree tematiche. L'IVASS, con regolamento, detta anche disposizioni di dettaglio in merito ai requisiti per l'iscrizione al registro, determinando altresì le modalità di svolgimento della prova di idoneità (3).

3. Salvo quanto previsto all'articolo 109, comma 3, ed all'articolo 112, comma 3, la persona fisica, ai fini dell'iscrizione nella sezione del registro di cui all'articolo 109, comma 2, lettere a) o b), deve altresì stipulare una polizza di assicurazione della responsabilità civile per l'attività svolta in forza dell'iscrizione al registro con massimale di almeno un milione duecentocinquantamila euro per ciascun sinistro e di un milione e ottocentocinquantamila euro all'anno globalmente per tutti i sinistri, valida in tutto il territorio dell'Unione europea, per danni arrecati da negligenze ed errori professionali propri ovvero da negligenze, errori professionali ed infedeltà dei dipendenti, dei collaboratori o delle persone del cui operato deve rispondere a norma di legge (4).

3-bis. Gli importi di cui al comma 3 sono aggiornati mediante disposizioni dell'Unione europea direttamente applicabili per tener conto delle variazioni nell'indice dei prezzi al consumo pubblicato da Eurostat (5).

(1) Lettera modificata dall'art. 1, co. 6, lett. a), d.lg. 30/12/2020, n. 187.

(2) Lettera modificata dall'art. 1, co. 13, lett. a), d.lg. 21/5/2018, n. 68, con applicazione a decorrere dal 1/10/2018.

(3) Comma modificato dall'art. 1, co. 213, d.lg. 12/5/2015, n. 74; successivamente sostituito dall'art. 1, co. 13, lett. b), d.lg. 21/5/2018, n. 68, con applicazione a decorrere dal 1/10/2018 e, da ultimo, modificato dall'art. 1, co. 6, lett. b), d.lg. 30/12/2020, n. 187.

(4) Comma modificato dall'art. 1, co. 213, d.lg. 12/5/2015, n. 74 e successivamente sostituito dall'art. 1, co. 13, lett. c), d.lg. 21/5/2018, n. 68, con applicazione a decorrere dal 1/10/2018.

(5) Comma inserito dall'art. 1, co. 13, lett. c), d.lg. 21/5/2018, n. 68, con applicazione a decorrere dal 1/10/2018.

111. Requisiti particolari per l'iscrizione dei produttori diretti, dei collaboratori degli intermediari e per i dipendenti delle imprese (1). – 1. Il possesso dei requisiti di onorabilità di cui all'articolo 110, comma 1, è richiesto anche per i dipendenti dell'impresa, direttamente coinvolti nell'attività di distribuzione, per i produttori diretti ed è accertato dall'impresa per conto della quale tali soggetti operano (2).

2. Le imprese che operano come distributori e le imprese per conto delle quali agiscono i produttori diretti provvedono ad impartire una formazione e un aggiornamento professionale adeguati ai soggetti di cui al comma 1 in rapporto ai prodotti intermediati ed all'attività complessivamente svolta (3).

3. Il possesso dei requisiti di onorabilità di cui all'articolo 110, comma 1, è richiesto anche per i soggetti iscritti nella sezione del registro di cui all'articolo 109 comma 2, lettera e), ed è accertato dall'intermediario per conto del quale essi operano.

4. I soggetti iscritti nella sezione del registro di cui all'articolo 109, comma 2, lettera e), devono possedere cognizioni e capacità professionali adeguate all'attività ed ai prodotti sui quali operano, accertate mediante attestato con esito positivo relativo alla frequenza a corsi di formazione e aggiornamento professionale a cura delle imprese o dell'intermediario assicurativo per conto dei quali tali soggetti operano (4).

5. Le disposizioni previste nei commi 3 e 4 si applicano altresì ai soggetti direttamente coinvolti nell'attività di distribuzione, inclusa quella svolta nei locali dove l'intermediario di cui alle sezioni del registro previste all'articolo 109, comma 2, lettere a), b), d), e) ed f) opera o attraverso forme di vendita a distanza (5).

5-bis. L'IVASS disciplina con regolamento le modalità applicative del presente articolo (6).

(1) Rubrica sostituita dall'art. 1, co. 14, lett. a), d.lg. 21/5/2018, n. 68, con applicazione a decorrere dal 1/10/2018 e successivamente dall'art. 1, co. 7, lett. a), d.lg. 30/12/2020, n. 187.

(2) Comma sostituito dall'art. 1, co. 14, lett. b), d.lg. 21/5/2018, n. 68, con applicazione a decorrere dal 1/10/2018.

(3) Comma modificato dall'art. 1, co. 14, lett. c), d.lg. 21/5/2018, n. 68, con applicazione a decorrere dal 1/10/2018 e successivamente dall'art. 1, co. 7, lett. b), d.lg. 30/12/2020, n. 187.

(4) Comma modificato dall'art. 1, co. 14, lett. d), d.lg. 21/5/2018, n. 68, con applicazione a decorrere dal 1/10/2018 e successivamente dall'art. 1, co. 7, lett. c), d.lg. 30/12/2020, n. 187.

(5) Comma sostituito dall'art. 1, co. 14, lett. e), d.lg. 21/5/2018, n. 68, con applicazione a decorrere dal 1/10/2018.

(6) Comma sostituito dall'art. 1, co. 14, lett. f), d.lg. 21/5/2018, n. 68, con applicazione a decorrere dal 1/10/2018.

112. Requisiti per l'iscrizione delle società. – 1. Per ottenere l'iscrizione nella sezione del registro di cui all'articolo 109, comma 2, lettere a), b) ed e), la società deve essere in possesso dei seguenti requisiti:

a) avere la sede legale in Italia;

b) non essere assoggettata a procedure di fallimento, concordato preventivo, amministrazione straordinaria o liquidazione coatta amministrativa;

c) non essere sottoposta ai divieti e decadenze previste dall'articolo 10, comma 4, della legge 31 maggio 1965, n. 575, e successive modificazioni.

2. Ai fini dell'iscrizione nella sezione del registro di cui all'articolo 109, comma 2, lettere a), b) ed e), la società deve inoltre avere affidato la responsabilità dell'attività di distribuzione ad almeno una persona fisica iscritta nella sezione del registro al quale la medesima chiede l'iscrizione. Nelle società iscritte nella sezione del registro di cui all'articolo 109, comma 2, lettera b), il rappresentante legale e, ove nominati, l'amministratore delegato e il direttore generale devono essere iscritti nella medesima sezione del registro (1).

3. Ai fini dell'iscrizione, la società deve altresì avere stipulato la polizza di assicurazione della responsabilità civile professionale di cui all'articolo 1110, comma 3, per l'attività di distribuzione svolta dalla società, dalle persone fisiche di cui al comma 2, nonché per i danni arrecati da negligenze, errori professionali ed infedeltà dei dipendenti, dei collaboratori o delle persone del cui operato deve rispondere a norma di legge (1).

4. Qualora eserciti la distribuzione riassicurativa, la società deve inoltre disporre di un capitale sociale non inferiore all'importo stabilito con regolamento adottato dall'ISVAP. È fatto obbligo alla società che esercita contemporaneamente la distribuzione assicurativa e riassicurativa di preporre alle due attività persone fisiche diverse iscritte alla medesima sezione e di dotarsi di una organizzazione adeguata (1).

5. È altresì necessario il possesso dei requisiti di cui all'articolo 111, commi 3 e 4, in capo alle persone fisiche addette all'attività di intermediazione della società di cui alla sezione e) del registro di cui all'articolo 109, comma 2.è in ogni caso preclusa l'iscrizione nella sezione del registro di cui all'articolo 109, comma 2, lettera e), per la società che operi, direttamente o indirettamente, attraverso altra società (1).

5-bis. Ai fini dell'iscrizione nella sezione del registro di cui all'articolo 109, comma 2, lettera d), la società fornisce indicazione dei dati identificativi della persona fisica responsabile, nell'ambito della dirigenza, della distribuzione assicurativa. Tale soggetto deve possedere adeguati requisiti di professionalità e onorabilità individuati dall'IVASS con regolamento (2).

(1) Comma modificato dal d.lg. 21/5/2018, n. 68.

(2) Comma inserito dall'art. 1, co. 15, lett. d), d.lg. 21/5/2018, n. 68, con applicazione a decorrere dal 1/10/2018 e successivamente sostituito dall'art. 1, co. 8, d.lg. 30/12/2020, n. 187.

113. Cancellazione. – 1. L'Organismo per la registrazione degli intermediari assicurativi, anche a titolo accessorio, e riassicurativi provvede alla cancellazione dell'intermediario dalla relativa sezione del registro in caso di:

a) radiazione;

b) rinunzia all'iscrizione;

c) mancato esercizio dell'attività, senza giustificato motivo, per oltre tre anni;

d) perdita di almeno uno dei requisiti di cui agli articoli 110, comma 1, 111, commi 1 e 3, e 112;

e) mancato versamento del contributo di vigilanza di cui all'articolo 336, nonostante apposita diffida disposta dall'ISVAP;

f) limitatamente agli intermediari iscritti alle sezioni del registro di cui all'articolo 109, comma 2, lettere a) b) ed f, perdita di efficacia delle garanzie assicurative di cui agli articoli 110, comma 3, e 112, comma 3;

g) limitatamente agli intermediari iscritti nella sezione del registro di cui all'articolo 109, comma 2, lettera b), mancato versamento del contributo al Fondo di garanzia previsto dall'articolo 115 (1).

2. L'istanza di cancellazione, nel caso di cui al comma 1, lettere b) e c), relativa ai produttori diretti dell'impresa o ai soggetti iscritti alla sezione del registro di cui all'articolo 109, comma 2, lettera e), è presentata dall'impresa o, rispettivamente, dall'intermediario iscritto alla sezione del registro di cui all'articolo 109, comma 2, lettere a), b) e d). Nel caso di interruzione del rapporto con il produttore diretto ovvero con il soggetto iscritto alla sezione del registro di cui all'articolo 109, comma 2, lettera e), l'impresa o, rispettivamente, l'intermediario sono tenuti a darne comunicazione all'Organismo per la registrazione degli intermediari assicurativi, anche a titolo accessorio, e riassicurativi. L'intermediario iscritto alla sezione del registro di cui all'articolo 109, comma 2, lettera a), comunica all'impresa preponente ogni variazione concernente i soggetti iscritti ai sensi dell'articolo 109, comma 2, lettera e) (1).

*3. Non si procede alla cancellazione dal registro, anche se richiesta dall'intermediario o dall'impresa, fino a quando sia in corso un procedimento sanzionatorio ovvero siano in corso accertamenti istruttori propedeutici all'avvio del medesimo**.

(1) Comma modificato dal d.lg. 21/5/2018, n. 68 con applicazione a decorrere dal 1/10/2018.

* Comma abrogato dall'art. 1, co. 9, d.lg. 30/12/2020, n. 187.

114. Reiscrizione. – 1. L'intermediario, che sia stato cancellato dal registro a seguito del provvedimento di radiazione, può richiedere di esservi iscritto nuovamente, purché siano decorsi almeno cinque anni dalla cancellazione e sussistano i requisiti di cui, rispettivamente, agli articoli 110, 111 e 112. In caso di cancellazione derivante da condanna irrevocabile o da fallimento, le persone fisiche possono essere nuovamente iscritte al registro:

a) in caso di cancellazione derivante da condanna irrevocabile, una volta ottenuta la riabilitazione;

b) in caso di cancellazione derivante da fallimento, quando siano venute meno le incapacità personali derivanti dalla dichiarazione di fallimento (1).

2. L'intermediario, che sia stato cancellato per mancato versamento del contributo di vigilanza, può essere iscritto nuovamente purché abbia provveduto al pagamento di quanto non corrisposto sino alla cancellazione.

3. L'intermediario iscritto alla sezione del registro di cui all'articolo 109, comma 2, lettera b), che sia stato cancellato dal registro per non aver provveduto al versamento del contributo al Fondo di garanzia, può esservi nuovamente iscritto purché provveda al pagamento delle somme dovute sino alla data di cancellazione, maggiorate degli interessi moratori.

4. Se l'intermediario, intervenuta la cancellazione dal registro, chiede una nuova iscrizione, essa viene disposta previa verifica della sussistenza dei requisiti di cui agli articoli 110, 111 e 112, rimanendo valida, per le persone fisiche, l'idoneità già conseguita ai sensi dell'articolo 110, comma 2, o della formazione ricevuta ai sensi dell'articolo 111, commi 2 e 4.

(1) Comma sostituito dall'art. 1, co. 10, d.lg. 30/12/2020, n. 187.

114 bis. Requisiti organizzativi dell'impresa di assicurazione o riassicurazione, finalizzati al rispetto dei requisiti professionali e organizzativi di cui agli articoli 109, 109 bis, 110, 111, 112 (1). – 1. Al fine di garantire il rispetto dei requisiti professionali e organizzativi di cui agli articoli 109, 109-bis, 110, 111, 112 in capo ai soggetti identificati in tali disposizioni, le imprese si dotano di politiche e procedure interne soggette ad approvazione, attuazione, nonché a riesame almeno annuale, individuando altresì una funzione che ne assicuri l'adeguata attuazione.

2. Le imprese definiscono, mantengono ed aggiornano procedure per l'adeguata conservazione della documentazione riguardante il rispetto degli articoli 109-bis, 110, 111, 112 e rendono disponibili all'IVASS, su richiesta, il nominativo del responsabile della funzione di cui al comma 1.

3. L'IVASS con regolamento può individuare disposizioni di dettaglio in merito ai presidi interni all'impresa richiesti per l'osservanza dei commi 1 e 2.

(1) Articolo inserito dal d.lg. 21/5/2018, n. 68.

115. Fondo di garanzia per i mediatori di assicurazione e di riassicurazione. – 1. L'intermediario iscritto alla sezione del registro di cui all'articolo 109, comma 2, lettera b), deve aderire al Fondo di garanzia costituito presso la CONSAP per risarcire il danno patrimoniale causato agli assicurati e alle imprese di assicurazione o di riassicurazione derivante dall'esercizio dell'attività di mediatore assicurativo o riassicurativo che non sia stato risarcito dall'intermediario o non sia stato indennizzato attraverso la polizza di cui, rispettivamente, all'articolo 110, comma 3, e all'articolo 112, comma 3.

2. L'amministrazione del Fondo spetta ad un comitato nominato con decreto del Ministro delle attività produttive, che è composto da un dirigente del Ministero delle attività produttive, con funzioni di presidente, da un dirigente del Ministero dell'economia e delle finanze, da un funzionario dell'ISVAP, da un funzionario della CONSAP, da due rappresentanti degli intermediari iscritti nella corrispondente sezione del registro, da un rappresentante delle imprese di assicurazione e di riassicurazione.

3. Le norme relative all'amministrazione, alla contribuzione ed ai limiti di intervento sono stabilite con regolamento del Ministro delle attività produttive, sentito l'ISVAP. Il contributo è determinato annualmente con decreto del Ministro delle attività produttive, sentito l'ISVAP ed il comitato di gestione, in misura non superiore allo zero virgola cinquanta per cento delle provvigioni annualmente acquisite, anche al fine di garantire comunque la copertura degli oneri di funzionamento del comitato di cui al comma 2.

4. Il fondo costituisce patrimonio separato da quello del soggetto presso il quale è costituito e da eventuali altri fondi. Sul fondo non sono ammesse azioni, sequestri o pignoramenti dei creditori del soggetto che li amministra né dei creditori dei singoli intermediari, o nell'interesse degli stessi, diversi dagli assicurati o dalle imprese. Il fondo non può essere compreso nelle procedure concorsuali che riguardano il soggetto che li amministra o i singoli intermediari partecipanti.

5. Il fondo è surrogato nei diritti degli assicurati e delle imprese di assicurazione e di riassicurazione fino alla concorrenza dei pagamenti effettuati a loro favore.

Sezione I
Intermediari con sede legale o residenza nel territorio della Repubblica

116. Attività in regime di stabilimento e di libera prestazione di servizi (1). – 1. L'iscrizione consente agli intermediari assicurativi, anche a titolo accessorio, e riassicurativi, indicati nelle sezioni del registro di cui all'articolo 109, comma 2, lettere a), b), d) ed f), con residenza o con sede legale nel territorio della Repubblica di operare negli altri Stati membri, in regime di stabilimento e di libera prestazione di servizi previo espletamento delle procedure di cui agli articoli 116-bis e 116-ter.

2. Gli intermediari di cui al comma 1 laddove, per l'esercizio dell'attività di intermediazione in regime di libera prestazione di servizi o di stabilimento in altro Stato membro, intendano avvalersi di soggetti iscritti alla sezione del registro di cui all'articolo 109, comma 2, lettera e), indicano nell'ambito delle procedure di cui agli articoli 116-bis e 116-ter i dati identificativi relativi a tale intermediario, al fine di richiedere per detti soggetti l'estensione dell'operatività nello Stato membro nel quale intende operare l'intermediario che di tale collaborazione si avvale.

3. L'Organismo per la registrazione degli intermediari assicurativi, anche a titolo accessorio, e riassicurativi rende nota, mediante annotazione integrativa dell'iscrizione al registro, l'indicazione degli altri Stati membri nei quali gli intermediari operano in regime di stabilimento o di libertà di prestazione di servizi, ai sensi di quanto previsto dall'articolo 108, comma 1.

(1) Articolo modificato dal d.lg. 21/5/2018, n. 68. Il testo previgente disponeva: «Attività in regime di stabilimento e di prestazione di servizi. 1. L'iscrizione consente agli intermediari assicurativi e riassicurativi, indicati nelle sezioni del registro di cui all'articolo 109, comma 2, lettere a), b) e d), con residenza o con sede legale nel territorio della Repubblica di operare negli altri Stati membri, in regime di stabilimento e di libera prestazione di servizi previa comunicazione all'ISVAP. L'ISVAP informa le autorità di vigilanza degli altri Stati membri relativamente alle istanze di estensione dell'attività sui rispettivi territori comunicate dagli intermediari iscritti nel registro italiano e rende nota, mediante annotazione integrativa dell'iscrizione al registro, l'indicazione degli altri Stati membri nei quali tali intermediari operano in regime di stabilimento o di libertà di prestazione di servizi. 2. Gli intermediari assicurativi e riassicurativi che hanno residenza o sede legale nel territorio di un altro Stato membro, possono esercitare l'attività in regime di stabilimento o di libera prestazione di servizi nel territorio della Repubblica, a decorrere dal trentesimo giorno successivo all'apposita comunicazione che l'ISVAP riceva dall'autorità di vigilanza dello Stato membro di origine. L'ISVAP disciplina, con regolamento, la pubblicità delle comunicazioni ricevute dalle autorità di vigilanza degli altri Stati membri relative all'attività svolta dagli intermediari di tali Stati nel territorio della Repubblica mediante annotazione nell'elenco annesso al registro di cui all'articolo 109, comma 2 3. L'ISVAP rende note le disposizioni che disciplinano lo svolgimento delle attività di intermediazione che, nell'interesse generale, devono essere osservate sul territorio italiano. 4. L'ISVAP può adottare nei confronti dell'intermediario che non osservi le disposizioni di interesse generale un provvedimento che sospende, per un periodo non superiore a novanta giorni, o vieta, in caso di accertata violazione, l'ulteriore svolgimento dell'attività sul territorio italiano».

116 bis. Attività in regime di libera prestazione di servizi in un altro Stato membro (1). – 1. L'intermediario di cui all'articolo 116, comma 1, che intende effettuare per la prima volta attività in regime di libera prestazione di servizi in altro Stato membro, trasmette all'Organismo per la registrazione degli intermediari assicurativi, anche a titolo accessorio, e riassicurativi le seguenti informazioni:

a) il nome o ragione sociale dell'intermediario, l'indirizzo o la sede legale e i dati relativi all'iscrizione nel registro di cui all'articolo 109;

b) lo Stato membro o gli Stati membri in cui intende operare;

c) la categoria di intermediario alla quale appartiene e, eventualmente, il nome delle imprese di assicurazione o di riassicurazione che rappresenta, nonché i dati identificativi dei soggetti iscritti alla sezione e) del Registro della cui collaborazione intende avvalersi per l'esercizio dell'attività di intermediazione in altro Stato membro;

d) ove applicabile, i rami assicurativi in cui intende operare.

2. Entro trenta giorni dalla ricezione delle informazioni di cui al comma 1, l'Organismo per la registrazione degli intermediari assicurativi, anche a titolo accessorio, e riassicurativi

ne fornisce comunicazione all'autorità competente dello Stato membro ospitante. L'intermediario può iniziare ad esercitare l'attività nello Stato membro ospitante dal momento in cui l'Organismo per la registrazione degli intermediari assicurativi, anche a titolo accessorio, e riassicurativi lo informa dell'avvenuta ricezione da parte dell'autorità competente dello Stato membro ospitante delle informazioni trasmesse ai sensi del comma 1. L'Organismo per la registrazione degli intermediari assicurativi, anche a titolo accessorio, e riassicurativi dà notizia di tale operatività nel registro.

3. L'intermediario è tenuto a rispettare le disposizioni di interesse generale applicabili nello Stato membro ospitante, accessibili attraverso il sito internet dell'Autorità competente e tramite il sito internet dell'AEAP, mediante appositi collegamenti ipertestuali, oggetto della comunicazione di cui al comma 2.

4. L'intermediario comunica all'Organismo per la registrazione degli intermediari assicurativi, anche a titolo accessorio, e riassicurativi le modifiche intervenute rispetto alle informazioni trasmesse ai sensi del comma 1, almeno trenta giorni prima della relativa attuazione. L'Organismo per la registrazione degli intermediari assicurativi, anche a titolo accessorio, e riassicurativi, nel termine di trenta giorni successivi alla data di ricezione delle variazioni delle informazioni di cui al comma 1, informa altresì l'autorità competente dello Stato membro ospitante.

(1) Articolo inserito dal d.lg. 21/5/2018, n. 68.

116 ter. Attività in regime di stabilimento in un altro Stato membro (1). – 1. L'intermediario di cui all'articolo 116 che intende effettuare per la prima volta attività in regime di stabilimento in un altro Stato membro, attraverso una succursale o una presenza permanente, ne fornisce comunicazione all'Organismo per la registrazione degli intermediari assicurativi, anche a titolo accessorio, e riassicurativi, trasmettendo le seguenti informazioni: a) il nome o ragione sociale dell'intermediario, l'indirizzo o la sede legale e i dati relativi all'iscrizione nel registro di cui all'articolo 109 dell'intermediario; b) lo Stato membro o gli Stati membri in cui intende operare; c) la categoria di intermediario alla quale appartiene ed eventualmente, il nome delle imprese di assicurazione o di riassicurazione che rappresenta, nonché i dati identificativi dei soggetti iscritti alla sezione e) del Registro della cui collaborazione intende avvalersi per l'esercizio dell'attività di intermediazione in altro Stato membro; d) ove applicabile, i rami assicurativi in cui intende operare; e) l'indirizzo nello Stato membro ospitante della sede dello stabilimento presso la quale è possibile ottenere documenti; f) il nominativo del soggetto responsabile della gestione della succursale o presenza permanente.

2. Fatto salvo il caso in cui l'IVASS abbia motivo di dubitare dell'adeguatezza della struttura organizzativa o della situazione finanziaria dell'intermediario in relazione all'attività di distribuzione prospettata, entro trenta giorni dalla ricezione della comunicazione di cui al comma 1, l'Organismo per la registrazione degli intermediari assicurativi, anche a titolo accessorio, e riassicurativi trasmette le informazioni di cui al comma 1 all'autorità competente dello Stato membro ospitante.

3. L'Organismo per la registrazione degli intermediari assicurativi, anche a titolo accessorio, e riassicurativi comunica all'intermediario l'avvenuta ricezione delle informazioni da parte dell'autorità competente dello Stato membro ospitante, nonché l'accessibilità alle disposizioni di interesse generale applicabili nello Stato membro ospitante, che l'intermediario è tenuto a rispettare per l'esercizio dell'attività in tale Stato membro attraverso il sito internet dell'Autorità competente e, mediante appositi collegamenti ipertestuali, tramite il sito internet dell'AEAP.

4. L'intermediario può altresì iniziare ad esercitare l'attività nello Stato ospitante, in assenza della comunicazione di cui al comma 3 nel termine di trenta giorni successivi alla ricezione delle informazioni di cui al comma 1.

5. L'Organismo per la registrazione degli intermediari assicurativi, anche a titolo accessorio, e riassicurativi, entro trenta giorni dalla ricezione delle informazioni di cui al comma 1, comunica all'intermediario con provvedimento motivato, il rifiuto di procedere alla comunicazione all'autorità competente dello Stato membro ospitante.

6. L'intermediario comunica all'Organismo per la registrazione degli intermediari assicurativi, anche a titolo accessorio, e riassicurativi le modifiche intervenute rispetto alle informazioni trasmesse ai sensi del comma 1, almeno 30 giorni prima della relativa attuazione. L'Organismo per la registrazione degli intermediari assicurativi, anche a titolo accessorio, e riassicurativi, nel termine di 30 giorni successivi alla data di ricezione delle variazioni alle informazioni di cui al comma 1, informa altresì l'autorità competente dello Stato membro ospitante.

(1) Articolo inserito dal d.lg. 21/5/2018, n. 68.

Sezione II
Intermediari con residenza o sede legale in un altro Stato membro

116 quater. Attività in regime di libera prestazione dei servizi nel territorio della Repubblica (1). – 1. L'accesso all'attività di intermediazione in regime di libera prestazione di servizi nel territorio della Repubblica da parte di intermediari assicurativi, anche a titolo accessorio, e riassicurativi, che hanno residenza o sede legale nel territorio di un altro Stato membro, è subordinato alla trasmissione all'Organismo per la registrazione degli intermediari assicurativi, anche a titolo accessorio, e riassicurativi, da parte dell'Autorità di tale Stato, delle informazioni di cui all'articolo 116-bis.

2. L'intermediario di cui al comma 1 può iniziare ad esercitare l'attività sul territorio della Repubblica dal momento in cui riceve da parte dell'Autorità dello Stato di origine la comunicazione dell'avvenuta notifica all'Organismo per la registrazione degli intermediari assicurativi, anche a titolo accessorio, e riassicurativi delle informazioni trasmesse ai sensi del comma 1.

(1) Articolo inserito dal d.lg. 21/5/2018, n. 68.

116 quinquies. Attività in regime di stabilimento nel territorio della Repubblica (1). – 1. L'accesso all'attività di intermediazione in regime di stabilimento nel territorio della Repubblica da parte di intermediari assicurativi, anche a titolo accessorio, o riassicurativi, che hanno residenza o sede legale in un altro Stato membro, è subordinato alla trasmissione all'Organismo per la registrazione degli intermediari assicurativi, anche a titolo accessorio, e riassicurativi, da parte dell'Autorità di tale Stato, delle informazioni di cui all'articolo 116-ter.

2. Entro trenta giorni dalla ricezione delle informazioni di cui al comma 1, l'Organismo per la registrazione degli intermediari assicurativi, anche a titolo accessorio, e riassicurativi comunica all'autorità competente dello Stato membro d'origine le disposizioni di interesse generale che l'intermediario è tenuto a rispettare per l'esercizio dell'attività sul territorio della Repubblica, applicabili ed accessibili attraverso il sito internet dell'Autorità competente e, mediante appositi collegamenti ipertestuali, tramite il sito internet dell'AEAP.

3. L'intermediario può iniziare a svolgere l'attività di intermediazione in regime di stabilimento sul territorio della Repubblica dal momento in cui riceve da parte dell'Autorità

dello Stato membro d'origine la comunicazione dell'Organismo per la registrazione degli intermediari assicurativi, anche a titolo accessorio, e riassicurativi o in caso di silenzio, dalla scadenza del termine di cui al comma 2.

4. L'IVASS verifica che l'attività di intermediazione esercitata in regime di stabilimento nel territorio della Repubblica sia conforme alle disposizioni di cui agli articoli 30-decies, ai Capi III, III-bis, III-ter del Titolo IX, ed agli articoli 185, 185-bis e 185-ter, nonché alle relative misure di attuazione. A tal fine, l'IVASS può esaminare le modalità di insediamento e richiedere le modifiche necessarie per consentire all'autorità dello Stato membro d'origine di far rispettare gli obblighi previsti da tali disposizioni.

5. L'IVASS disciplina, con regolamento, la pubblicità delle comunicazioni ricevute dalle autorità di vigilanza degli altri Stati membri relative all'attività svolta in libera prestazione di servizi o in regime di stabilimento dagli intermediari di tali Stati nel territorio della Repubblica mediante annotazione nell'elenco annesso al registro di cui all'articolo 109, comma 2.

(1) Articolo inserito dal d.lg. 21/5/2018, n. 68.

Sezione III

Ripartizione di competenze: accordi tra Autorità ai fini dell'esercizio della vigilanza

116 sexies. Accordi per la ripartizione di competenze tra Stato membro d'origine e Stato membro ospitante (1). – 1. Nell'ipotesi in cui l'attività principale di un intermediario assicurativo, anche a titolo accessorio, o riassicurativo sia esercitata in uno Stato membro diverso da quello di origine, le autorità competenti dello Stato membro d'origine e dello Stato membro ospitante possono concludere un accordo in forza del quale l'esercizio delle funzioni di vigilanza sia rimesso all'autorità dello stato membro ospitante con riguardo alle disposizioni di cui agli articoli 6, 7, 30-decies, 185, 185-bis, 185-ter, 187-ter e 205-ter, al Titolo IX, con esclusione delle disposizioni relative agli obblighi di registrazione, e al Titolo XVIII.

2. Laddove ricorra l'ipotesi di accordo di cui al comma 1, l'IVASS, se agisce in qualità di autorità dello stato membro d'origine, informa tempestivamente l'intermediario interessato e l'AEAP.

(1) Articolo inserito dal d.lg. 21/5/2018, n. 68.

Sezione IV

Violazioni in caso di esercizio dell'attività in regime di libera prestazione di servizi o di stabilimento

116 septies. Violazione degli obblighi nell'esercizio della libera prestazione dei servizi (1). – 1. L'IVASS qualora, in qualità di autorità competente dello Stato membro ospitante, abbia motivo di ritenere che l'intermediario assicurativo, anche a titolo accessorio, o riassicurativo operante nel territorio della Repubblica in regime di libera prestazione dei servizi violi le disposizioni per l'esercizio di tale attività, ne informa l'Autorità dello Stato membro d'origine.

2. Nell'ipotesi in cui, nonostante le misure adottate dall'autorità dello Stato membro di origine o in caso di inadeguatezza o assenza di tali misure, l'intermediario continui ad operare nel territorio della Repubblica in modo dannoso rispetto agli interessi generali degli assicurati e altri aventi diritto a prestazioni assicurative e per il corretto funzionamento del mercato assicurativo e riassicurativo italiano, l'IVASS può, dopo aver informato l'Autorità dello stato membro di origine, adottare misure idonee a prevenire il compimento di ulteriori irregolarità, ivi inclusa la possibilità di vietare all'intermediario interessato la prosecuzione dell'esercizio dell'attività sul territorio della Repubblica.

3. L'IVASS può rinviare la questione all'AEAP e chiederne l'assistenza conformemente all'articolo 19 del regolamento (UE) n. 1094/2010.

4. Nel caso in cui si renda necessaria un'azione immediata finalizzata a tutelare i diritti degli assicurati e degli altri aventi diritto a prestazioni assicurative l'IVASS può adottare ogni misura non discriminatoria idonea a prevenire o porre fine alle irregolarità commesse sul territorio della Repubblica, ivi inclusa l'adozione di un provvedimento che vieti l'esercizio dell'attività di intermediazione assicurativa o riassicurativa in regime di libera prestazione dei servizi nel territorio della Repubblica.

5. Le misure adottate dall'IVASS in conformità alle disposizioni del presente articolo, sono assunte con provvedimento motivato e oggetto di comunicazione all'intermediario interessato, nonché senza indugio all'autorità competente dello Stato membro d'origine, all'AEAP e alla Commissione europea.

(1) Articolo inserito dal d.lg. 21/5/2018, n. 68.

116 octies. Violazione degli obblighi nell'esercizio della libertà di stabilimento (1). – 1. L'IVASS qualora, in qualità di autorità competente dello Stato membro ospitante, accerta che un intermediario assicurativo, anche a titolo accessorio, o riassicurativo, che eserciti l'attività in regime di stabilimento sul territorio della Repubblica, violi le disposizioni di cui agli articoli 30-decies, ai Capi III, III-bis, III-ter del Titolo IX ed agli articoli 185, 185-bis e 185-ter e relative disposizioni di attuazione, può adottare misure idonee.

2. Laddove l'IVASS abbia motivo di ritenere che un intermediario assicurativo, anche a titolo accessorio, o riassicurativo di altro Stato membro, operante nel territorio della Repubblica, attraverso una stabile organizzazione, violi le disposizioni in materia di distribuzione assicurativa o riassicurativa di cui al presente codice rispetto alle quali ai sensi del comma 1 l'IVASS, in qualità di Autorità dello Stato membro ospitante, non esercita la vigilanza, ne informa l'autorità competente dello Stato membro d'origine, ai fini dell'adozione di eventuali misure che pongano rimedio alle irregolarità commesse.

3. Qualora, nonostante le misure adottate ai sensi del comma 2 o in ipotesi di mancata adozione delle misure necessarie o di inadeguatezza delle stesse, l'intermediario continui ad agire nel territorio della Repubblica in modo contrario all'interesse generale degli assicurati e altri aventi diritto a prestazioni assicurative o al corretto funzionamento del mercato assicurativo o riassicurativo italiano, l'IVASS può, dopo averne informato l'autorità competente dello Stato membro di origine, adottare adeguate misure preventive di nuove irregolarità, ivi inclusa l'adozione di un provvedimento motivato che vieti la continuazione dell'esercizio dell'attività sul territorio della Repubblica, in regime di stabilimento da parte di intermediario di altro Stato membro.

4. L'IVASS può rinviare la questione all'AEAP e chiederne l'assistenza conformemente all'articolo 19 del regolamento (UE) n. 1094/2010.

5. Nel caso in cui si renda strettamente necessaria un'azione immediata finalizzata a tutelare i diritti degli assicurati e altri aventi diritto a prestazioni assicurative e se i provvedimenti equivalenti adottati dallo Stato membro d'origine risultano inadeguati o in caso di mancata adozione di tali provvedimenti, fermo quanto previsto dai commi 2, 3 e 4, l'IVASS può adottare misure idonee non discriminatorie volte a prevenire o porre fine alle irregolarità commesse sul territorio italiano, ivi inclusa l'adozione nei confronti dell'intermediario, anche a titolo accessorio, di un provvedimento di divieto dell'esercizio dell'attività di intermediazione in regime di stabilimento nel territorio della Repubblica.

6. Le misure adottate dall'IVASS in conformità al presente articolo, sono assunte con provvedimento motivato e comunicate all'intermediario interessato, nonché senza indugio all'autorità competente dello Stato membro d'origine, all'AEAP e alla Commissione europea.

(1) Articolo inserito dal d.lg. 21/5/2018, n. 68.

116 novies. Violazione degli obblighi nell'esercizio di libera prestazione di servizi o stabilimento da parte di intermediari italiani (1). – 1. L'IVASS può adottare, nei confronti di intermediari con residenza o sede legale in Italia, anche su segnalazione dell'autorità competente dello stato membro ospitante, misure idonee a porre fine alle irregolarità commesse nell'esercizio dell'attività di libera prestazione di servizi o di stabilimento in altri Stati membri. Dell'adozione di tali misure l'IVASS informa l'autorità competente dello Stato membro ospitante.

(1) Articolo inserito dal d.lg. 21/5/2018, n. 68.

116 decies. Poteri legati alle disposizioni nazionali di interesse generale (1). – 1. L'IVASS, in qualità di autorità competente dello Stato membro ospitante, può adottare misure non discriminatorie idonee a sanzionare le irregolarità commesse nel territorio della Repubblica, in caso di mancata osservanza delle disposizioni di interesse generale di cui all'articolo 116-undecies, ivi inclusa l'adozione di misure che vietino all'intermediario assicurativo, anche a titolo accessorio, o riassicurativo di esercitare l'attività, in regime di stabilimento o libera prestazione dei servizi, nel territorio della Repubblica.

2. L'IVASS, in qualità di autorità competente dello Stato membro ospitante, può adottare misure dirette a vietare l'esercizio da parte di un distributore di prodotti assicurativi con sede in altro Stato membro dell'attività sul territorio della Repubblica, in regime di libera prestazione di servizi o di stabilimento, qualora l'attività sia svolta completamente o prevalentemente nel territorio della Repubblica, al fine di sottrarsi all'applicazione delle disposizioni ivi vigenti per i distributori italiani e, laddove al contempo, tale attività pregiudichi l'efficace funzionamento dei mercati assicurativi o riassicurativi italiani con riguardo alla tutela degli assicurati e altri aventi diritto a prestazioni assicurative.

3. Nell'ipotesi di cui al comma 2, l'IVASS, dopo aver informato l'autorità competente dello Stato membro d'origine, può adottare nei confronti del distributore di prodotti assicurativi misure idonee dirette alla tutela dei diritti degli assicurati e altri aventi diritto a prestazioni assicurative.

4. L'IVASS può rinviare la questione all'AEAP e chiederne l'assistenza conformemente all'articolo 19 del regolamento (UE) n. 1094/2010.

(1) Articolo inserito dal d.lg. 21/5/2018, n. 68.

116 undecies. Pubblicazione delle norme di interesse generale (1). – 1. L'IVASS rende note le disposizioni che disciplinano lo svolgimento delle attività di distribuzione che, nell'interesse generale, devono essere osservate sul territorio italiano, ivi inclusa l'eventuale informativa riguardante l'imposizione di disposizioni più stringenti nei confronti dei distributori nell'esercizio dell'attività di distribuzione assicurativa e riassicurativa sul territorio della Repubblica.

(1) Articolo inserito dal d.lg. 21/5/2018, n. 68.

Capo III
Regole di comportamento

117. Separazione patrimoniale. – 1. I premi pagati all'intermediario e le somme destinate ai risarcimenti o ai pagamenti dovuti dalle imprese di assicurazione, se regolati per il tramite dell'intermediario, sono versati in un conto separato, del quale può essere titolare anche l'intermediario espressamente in tale qualità, e che costituiscono un patrimonio autonomo rispetto a quello dell'intermediario medesimo.

2. Sul conto separato non sono ammesse azioni, sequestri o pignoramenti da parte di creditori diversi dagli assicurati e dalle imprese di assicurazione. Sono ammesse le azioni da parte dei loro creditori ma nei limiti della somma rispettivamente spettante al singolo assicurato o alla singola impresa di assicurazione.

3. Sul conto separato non operano le compensazioni legale e giudiziale e non può essere pattuita la compensazione convenzionale rispetto ai crediti vantati dal depositario nei confronti dell'intermediario.

3-bis. Sono esenti dagli obblighi previsti dal comma 1 gli intermediari di cui all'articolo 109, comma 2, lettere a), b) e d), che possano documentare in modo permanente con fideiussione bancaria una capacità finanziaria pari al 4 per cento dei premi incassati, con un minimo di euro 18.750. Il limite minimo è aggiornato mediante disposizioni dell'Unione europea direttamente applicabili per tener conto delle variazioni dell'indice europeo dei prezzi al consumo pubblicato da Eurostat (1).

(1) Comma aggiunto dall'art. 1, co. 1351, l. 27/12/2006, n. 296 modificato dal d.lg. 12/5/2015, n. 74 e modificato dal d.lg. 21/5/2018, n. 68.

118. Adempimento delle obbligazioni pecuniarie attraverso intermediari assicurativi. – 1. Il pagamento del premio eseguito in buona fede all'intermediario o ai suoi collaboratori si considera effettuato direttamente all'impresa di assicurazione. Salvo prova contraria a carico dell'impresa o dell'intermediario, le somme dovute agli assicurati ed agli altri aventi diritto a prestazioni assicurative si considerano effettivamente percepite dall'avente diritto solo col rilascio di quietanza scritta.

2. La disposizione di cui al comma 1 si applica nei confronti dell'intermediario iscritto nella sezione del registro di cui all'articolo 109, comma 2, lettera b), esclusivamente se tali attività sono espressamente previste dall'accordo sottoscritto con l'impresa. A tal fine l'intermediario è tenuto a darne specifica comunicazione al cliente nell'ambito dell'informazione precontrattuale di cui all'articolo 120.

3. La disposizione di cui al comma 1 si applica nei confronti dell'intermediario iscritto alla sezione del registro di cui all'articolo 109, comma 2, lettera b), anche nel caso di polizza assunta in coassicurazione ed ha effetto nei confronti di ogni impresa coassicuratrice se le attività previste dal comma 1 sono incluse nell'accordo sottoscritto con l'impresa delegataria.

4. Nei casi previsti ai commi 2 e 3 l'omissione o la comunicazione non veritiera è punita con la sanzione amministrativa pecuniaria prevista dall'articolo 324 e con la sanzione disciplinare disposta ai sensi dell'articolo 329.

119. Doveri e responsabilità verso gli assicurati. – 1. L'impresa di assicurazione per conto della quale agiscono i produttori diretti risponde in solido dei danni arrecati dall'operato dei medesimi, anche se tali danni siano conseguenti a responsabilità accertata in sede penale.

2. L'impresa di assicurazione, o un intermediario iscritto alla sezione del registro di cui all'articolo 109, comma 2, lettera a) o b), risponde in solido dei danni arrecati dall'operato dell'intermediario iscritto alla sezione del registro di cui all'articolo 109, comma 2, lettera d), cui abbia dato incarico, compresi quelli provocati dai soggetti iscritti alla sezione del registro di cui all'articolo 109, comma 2, lettera e), anche se

tali danni siano conseguenti a responsabilità accertata in sede penale. Possono essere distribuiti attraverso gli intermediari di cui all'articolo 109, comma 2, lettera d), salvo iscrizione ad altra sezione del registro, esclusivamente i prodotti assicurativi ai quali accedono garanzie o clausole predeterminate che vengano rimesse alla libera scelta dell'assicurato e non siano modificabili dal soggetto incaricato della distribuzione.

3. L'intermediario iscritto alla sezione del registro di cui all'articolo 109, comma 2, lettere a), b) o d), è responsabile dell'attività di intermediazione assicurativa svolta dai soggetti iscritti nella sezione del registro di cui all'articolo 109, comma 2, lettera e).

119 bis. Regole di comportamento e conflitti di interesse (1). – 1. I distributori di prodotti assicurativi operano con equità, onestà, professionalità, correttezza e trasparenza nel miglior interesse dei contraenti.

2. Le informazioni relative alla distribuzione assicurativa, comprese le comunicazioni pubblicitarie relative ai prodotti distribuiti, indirizzate dai distributori di prodotti assicurativi a contraenti o potenziali contraenti sono corrette, chiare e non fuorvianti, imparziali e complete. Le comunicazioni pubblicitarie sono sempre chiaramente identificabili come tali. Si applicano le disposizioni di cui all'articolo 182 (2).

3. L'IVASS può richiedere, in via non sistematica, la trasmissione del materiale pubblicitario, nelle sue diverse forme, utilizzato dai distributori.

4. I distributori di prodotti assicurativi non ricevono un compenso e non offrono un compenso ai loro dipendenti sulla base di criteri che siano contrari al loro dovere di agire nel migliore interesse dei contraenti previsto dal comma 1 (3).

5. Ai fini di cui al comma 4, il distributore non adotta disposizioni in materia di compenso, obiettivi di vendita o di altro tipo che potrebbero incentivare sé stesso o i propri dipendenti a raccomandare ai contraenti un particolare prodotto assicurativo, ogniqualvolta tale distributore possa offrire un prodotto assicurativo differente che risponda meglio alle esigenze del contraente (4).

6. Fermo restando quanto disposto dal comma 1, i distributori di prodotti assicurativi:

a) mantengono e applicano presidi organizzativi e amministrativi efficaci al fine di adottare tutte le misure ragionevoli volte ad evitare che i conflitti di interesse di cui alla lettera b) incidano negativamente sugli interessi dei contraenti. I presidi organizzativi sono proporzionati alle attività svolte, ai prodotti assicurativi venduti e al tipo di distributore;

b) adottano misure idonee ad identificare i conflitti di interesse che potrebbero insorgere tra loro, inclusi i dirigenti e i dipendenti, o qualsiasi persona direttamente o indirettamente controllata, e i loro clienti o tra due clienti al momento della prestazione di qualsiasi attività di distribuzione assicurativa.

7. Quando i presidi adottati ai sensi del comma 6, lettera a), non sono sufficienti per assicurare, con ragionevole certezza, che sia evitato il rischio di nuocere agli interessi del contraente, il distributore informa chiaramente il contraente stesso, prima della conclusione di un contratto di assicurazione, della natura o della fonte di tale conflitto di interesse, in occasione dell'informativa fornita ai sensi dell'articolo 120-ter (5).

8. I distributori possono incassare i premi esclusivamente con mezzi di pagamento che assicurano la tracciabilità dell'operazione secondo soglie e per tipologie di contratti individuati dall'IVASS con regolamento.

9. L'IVASS disciplina con regolamento le modalità applicative del presente articolo.

(1) Comma inserito dall'art. 1, co. 21, d.lg. 21/5/2018, n. 68, con applicazione a decorrere dal 1/10/2018.

(2) Comma modificato dall'art. 1, co. 11. Lett. a), d.lg. 30/12/2020, n. 187.

(3) Comma sostituito dall'art. 1, co. 11, lett. b), d.lg. 30/12/2020, n. 187.

(4) Comma sostituito dall'art. 1, co. 11, lett. c), d.lg. 30/12/2020, n. 187.

(5) Comma modificato dall'art. 1, co. 11, lett. d), d.lg. 30/12/2020, n. 187.

119 ter. Consulenza e norme per le vendite senza consulenza (1). – 1. Prima della conclusione di un contratto di assicurazione, il distributore di prodotti assicurativi:

a) acquisisce dal contraente ogni informazione utile a identificare le richieste ed esigenze del contraente medesimo, al fine di valutare l'adeguatezza del contratto offerto; e

b) fornisce allo stesso informazioni oggettive sul prodotto assicurativo in una forma comprensibile al fine di consentirgli di prendere una decisione informata.

2. Qualsiasi contratto proposto deve essere coerente con le richieste e le esigenze assicurative del contraente.

3. Se viene offerta una consulenza prima della conclusione del contratto, il distributore di prodotti assicurativi fornisce al contraente una raccomandazione personalizzata contenente i motivi per cui un particolare contratto è ritenuto più indicato a soddisfare le richieste e le esigenze del contraente medesimo.

4. Quando un intermediario assicurativo fornisce consulenze fondate su un'analisi imparziale e personale, lo stesso deve fondare tali consulenze sull'analisi di un numero sufficiente di contratti di assicurazione disponibili sul mercato, che gli consenta di formulare una raccomandazione personalizzata, secondo criteri professionali, in merito al contratto assicurativo adeguato a soddisfare le esigenze del contraente.

5. L'IVASS disciplina con regolamento le modalità applicative del presente articolo, tenendo conto delle differenti esigenze di protezione e tipologie degli assicurati, della diversa tipologia dei rischi, delle caratteristiche e complessità del contratto offerto e delle cognizioni e della capacità professionale degli addetti all'attività di distribuzione. L'IVASS disciplina altresì con regolamento le modalità di tenuta della documentazione concernente l'attività svolta.

(1) Articolo inserito dal d.lg. 21/5/2018, n. 68.

120. Informazione precontrattuale (1). – 1. Gli intermediari assicurativi iscritti al registro di cui all'articolo 109, comma 2, prima della conclusione del contratto e in caso di successive modifiche di rilievo o di rinnovo, forniscono al contraente le seguenti informazioni:

a) nome, cognome o denominazione sociale, indirizzo della sede dell'attività e lo status di intermediario assicurativo;

b) se fornisce sui prodotti assicurativi offerti la consulenza di cui all'articolo 119-ter, comma 3;

c) le procedure di cui all'articolo 7 e relative disposizioni di attuazione che consentono ai contraenti e agli altri interessati di presentare reclamo nei confronti degli intermediari assicurativi nonché le procedure di risoluzione stragiudiziale delle controversie di cui all'articolo 187-ter e relative disposizioni di attuazione;

d) la sezione del registro in cui è iscritto e i mezzi esperibili per verificare che sia effettivamente registrato;

e) se l'intermediario agisce su incarico del cliente o se agisce in nome e per conto di una o più imprese di assicurazione.

2. Le imprese di assicurazione prima della conclusione del contratto e in caso di successive modifiche di rilievo o di rinnovo, forniscono al contraente le seguenti informazioni:

a) denominazione sociale, indirizzo della sede legale e lo status di impresa di assicurazione;

b) se fornisce sui prodotti assicurativi offerti la consulenza di cui all'articolo 119-ter, comma 2;

c) le procedure di cui all'articolo 7 e relative disposizioni di attuazione che consentono ai contraenti e agli altri interessati di presentare reclamo nei confronti delle imprese di assicurazione nonché le procedure di risoluzione stragiudiziale delle controversie di cui all'articolo 187-ter e relative disposizioni di attuazione.

3. Il distributore consegna al contraente, prima della conclusione del contratto e in caso di successive modifiche di rilievo o di rinnovo, la documentazione di cui all'articolo 185.

4. Agli intermediari a titolo accessorio si applicano le disposizioni di cui al comma 1, lettere a), c) e d).

5. Sono esclusi dagli obblighi informativi di cui al presente articolo e agli articoli 119-ter, 120-bis e 120-ter i distributori di prodotti assicurativi che operano nei grandi rischi e gli intermediari riassicurativi.

6. L'IVASS, con regolamento, individua le modalità applicative del presente articolo

(1) Articolo modificato dal d.lg. 21/5/2018, n. 68. Il testo previgente recitava: «Informazione precontrattuale e regole di comportamento. 1. Gli intermediari assicurativi iscritti al registro di cui all'articolo 109, comma 2, e quelli di cui all'articolo 116, prima della conclusione del contratto e in caso di successive modifiche di rilievo o di rinnovo, forniscono al contraente le informazioni stabilite dall'ISVAP, con regolamento, nel rispetto di quanto disposto con il presente articolo. 2. In relazione al contratto proposto, gli intermediari assicurativi dichiarano al contraente: a) se forniscono consulenze fondate su una analisi imparziale, dovendo in tal caso le proprie valutazioni fondarsi su un numero sufficientemente ampio di contratti disponibili sul mercato, al fine di consigliare il prodotto idoneo a soddisfare le richieste del contraente; b) se propongono determinati prodotti in virtù di un obbligo contrattuale con una o più imprese di assicurazione, dovendo in tal caso comunicare la denominazione di tali imprese; c) se propongono determinati prodotti in assenza di obblighi contrattuali con imprese di assicurazione, nel qual caso essi comunicano, su richiesta del cliente, la denominazione delle imprese di assicurazione con le quali hanno o potrebbero avere rapporti d'affari, fermo restando l'obbligo di avvisare il contraente del diritto di richiedere tali informazioni. 3. In ogni caso, prima della conclusione del contratto, l'intermediario assicurativo di cui al comma 1, anche in base alle informazioni fornite al contraente, propone o consiglia un prodotto adeguato alle sue esigenze, previamente illustrando le caratteristiche essenziali del contratto e le prestazioni alle quali è obbligata l'impresa di assicurazione. 4. L'ISVAP, tenendo conto delle differenti esigenze di protezione degli assicurati, della diversa tipologia dei rischi, delle cognizioni e della capacità professionale degli addetti all'attività di intermediazione, disciplina con regolamento: a) le regole di presentazione e di comportamento nei confronti del contraente, con riferimento agli obblighi di informazione relativi all'intermediario medesimo e ai suoi rapporti, anche di natura societaria, con l'impresa di assicurazione, alle caratteristiche del contratto proposto in relazione all'eventuale prestazione di un servizio di consulenza fondata su una analisi imparziale o all'esistenza di obblighi assunti per la promozione e l'intermediazione con una o più imprese di assicurazione; b) le modalità con le quali è fornita l'informazione al contraente, prevedendo i casi nei quali può essere effettuata su richiesta, fermo restando che le esigenze di protezione richiedono, di regola, l'uso della lingua italiana e la comunicazione su un supporto accessibile e durevole, al più tardi subito dopo la conclusione del contratto; c) le modalità di tenuta della documentazione concernente l'attività svolta; d) le violazioni alle quali si applicano le sanzioni disciplinari previste dall'articolo 329. 5. Sono esclusi dagli obblighi informativi gli intermediari di assicurazione che operano nei grandi rischi e gli intermediari riassicurativi».

120 bis. Trasparenza sulle remunerazioni (1). – 1. Fatto salvo quanto disposto dall'articolo 131 in materia di trasparenza sui compensi in relazione alla distribuzione di contratti di r.c. auto, l'intermediario assicurativo e l'intermediario assicurativo a titolo accessorio comunicano al contraente, prima della conclusione del contratto, la natura del compenso ricevuto in relazione al contratto distribuito, precisando se il compenso percepito consiste in: a) un onorario corrisposto direttamente dal cliente; b) una commissione inclusa nel premio assicurativo; c) altri tipi di compensi, compresi i benefici economici di qualsiasi tipo offerti o ricevuti in virtù dell'intermediazione effettuata; d) una combinazione dei compensi di cui alle lettere a), b) e c).

2. Nel caso di cui al precedente comma 1, lettera a), l'intermediario assicurativo e l'intermediario assicurativo a titolo accessorio comunicano al contraente anche l'importo del compenso. Qualora ciò non sia possibile, forniscono al contraente informazioni relative al metodo per calcolare il compenso stesso.

3. Se il contraente effettua dei pagamenti diversi dai premi in corso e dai pagamenti programmati previsti dal contratto di assicurazione dopo averlo stipulato, l'intermediario assicurativo e l'intermediario assicurativo a titolo accessorio comunicano al contraente le informazioni previste dai commi 1 e 2 per ciascuno di tali pagamenti.

4. Prima della conclusione di un contratto di assicurazione, l'impresa di assicurazione informa il contraente in merito alla natura del compenso percepito dai propri dipendenti direttamente coinvolti nella distribuzione del contratto di assicurazione.

5. Se il contraente effettua dei pagamenti diversi dai premi in corso e dai pagamenti programmati previsti dal contratto di assicurazione dopo averlo stipulato, l'impresa di assicurazione comunica al contraente anche le informazioni di cui al comma 4 per ciascuno di tali pagamenti.

6. L'IVASS, con regolamento, stabilisce le modalità di comunicazione delle suddette informazioni, ai sensi dell'articolo 120-quater.

(1) Articolo inserito dal d.lg. 21/5/2018, n. 68.

120 ter. Trasparenza sui conflitti di interesse (1). – 1. Prima della conclusione del contratto di assicurazione l'intermediario assicurativo comunica al contraente almeno le seguenti informazioni:

a) se detiene una partecipazione diretta o indiretta pari o superiore al 10 per cento del capitale sociale o dei diritti di voto di una determinata impresa di assicurazione;

b) se una determinata impresa di assicurazione, o l'impresa controllante di una determinata impresa di assicurazione, detiene una partecipazione diretta o indiretta pari o superiore al 10 per cento del capitale sociale o dei diritti di voto dell'intermediario assicurativo;

c) se fornisce consulenze fondate su una analisi imparziale e personale ai sensi dell'articolo 119-ter, comma 4;

d) fermo quanto previsto dal decreto-legge 31 gennaio 2007 n. 7, convertito, con modificazioni, dalla legge 2 aprile 2007, n. 40, se distribuisce determinati prodotti sulla base di un obbligo contrattuale che lo vincoli in modo esclusivo con una o più imprese di assicurazione; in tal caso l'intermediario comunica al contraente la denominazione di tali imprese;

e) se distribuisce determinati prodotti in assenza di obblighi contrattuali con imprese di assicurazione di cui alla lettera d) e non fornisce una consulenza basata su una analisi imparziale e personale; in tal caso comunica la denominazione delle imprese di assicurazione con le quali ha o potrebbe avere rapporti d'affari;

f) ogni altra informazione utile a garantire il rispetto delle regole di trasparenza previste dal comma 5 dell'articolo 119-bis.

(1) Articolo inserito dal d.lg. 21/5/2018, n. 68.

120 quater. Modalità dell'informazione (1). – 1. Tutte le informazioni di cui agli articoli 119-ter, 120, 120-bis, 120-ter, 121-sexies, 185, 185-bis e 185-ter sono comunicate ai contraenti:

a) su supporto cartaceo;

b) in modo corretto, esauriente e facilmente comprensibile;

c) in lingua italiana o in altra lingua concordata dalle parti;

d) a titolo gratuito.

2. In deroga a quanto previsto dal comma 1, lettera a), le informazioni di cui al comma 1 possono essere fornite al contraente con uno dei seguenti mezzi:

a) un supporto durevole non cartaceo, laddove siano soddisfatte le condizioni di cui al comma 4;

b) un sito Internet, laddove siano soddisfatte le condizioni di cui al comma 5.

3. Se le informazioni di cui al comma 1 sono fornite per mezzo di un supporto durevole non cartaceo o tramite un sito Internet, al cliente viene gratuitamente fornita, su richiesta, una copia in formato cartaceo.

4. Le informazioni di cui al comma 1 possono essere fornite tramite un supporto durevole non cartaceo laddove siano soddisfatte le seguenti condizioni:

a) l'utilizzo di un supporto durevole è appropriato rispetto alle modalità di distribuzione del prodotto assicurativo; e

b) il contraente, potendo scegliere tra le informazioni in formato cartaceo e su supporto durevole, ha scelto quest'ultimo.

5. Le informazioni di cui al comma 1 possono essere fornite tramite sito Internet se sono indirizzate direttamente al contraente o se sussistono i seguenti requisiti:

a) la fornitura delle informazioni è appropriata rispetto alle modalità di distribuzione del prodotto assicurativo;

b) il contraente ha acconsentito alla fornitura delle informazioni tramite sito Internet;

c) il contraente è stato informato mediante comunicazione telematica dell'indirizzo del sito Internet e del punto del sito Internet in cui possono essere reperite le informazioni;

d) è garantito che le informazioni rimangano accessibili sul sito Internet per tutta la durata del contratto.

6. Ai fini dei commi 4 e 5, la fornitura di informazioni tramite un supporto durevole non cartaceo o per mezzo di un sito Internet è ritenuta appropriata rispetto alle modalità di distribuzione del prodotto assicurativo se il contraente ha regolarmente accesso ad Internet, ossia nel caso in cui fornisca un indirizzo di posta elettronica ai fini della distribuzione del prodotto.

7. L'IVASS, con regolamento, disciplina la struttura del documento, da consegnare ai contraenti, che deve essere presentato e strutturato in modo tale da essere chiaro e di facile lettura e con caratteri di dimensione leggibile.

(1) Articolo inserito dal d.lg. 21/5/2018, n. 68.

120 quinquies. Vendita abbinata (1). – 1. Il distributore che propone un prodotto assicurativo insieme a un prodotto o servizio accessorio diverso da una assicurazione, come parte di un pacchetto o dello stesso accordo, informa il contraente dell'eventuale possibilità di acquistare separatamente le due componenti e fornisce una descrizione adeguata delle diverse componenti dell'accordo o del pacchetto e i giustificativi separati dei costi e degli oneri di ciascuna componente (2).

2. Nelle circostanze di cui al comma 1 e quando il rischio o la copertura assicurativa derivanti dall'accordo o dal pacchetto proposto a un contraente sono diversi dalle componenti considerate separatamente, il distributore di prodotti assicurativi fornisce una descrizione adeguata delle diverse componenti dell'accordo o del pacchetto e del modo in cui la loro interazione modifica i rischi o la copertura assicurativa.

3. Se un prodotto assicurativo è accessorio rispetto a un bene o servizio diverso da una assicurazione, come parte di un pacchetto o dello stesso accordo, il distributore di prodotti assicurativi offre al contraente la possibilità di acquistare il bene o servizio separatamente. Il presente comma non si applica se un prodotto assicurativo è accessorio rispetto a un servizio o attività di investimento quali definiti all'articolo 1, comma 5, del testo unico dell'intermediazione finanziaria, a un contratto di credito quale definito all'articolo 120-quinquies, comma 1, lettera c), del testo unico bancario o a un conto di pagamento quale definito all'articolo 126-decies del testo unico bancario.

4. Nei casi di cui ai commi 1 e 3, il distributore di prodotti assicurativi specifica al contraente i motivi per cui il prodotto assicurativo che è parte del pacchetto complessivo o dello stesso accordo è ritenuto [più] indicato a soddisfare le richieste e le esigenze del contraente medesimo (3).

5. Nei casi di cui ai commi 1 e 3, in relazione all'obiettivo di protezione degli assicurati, l'IVASS, con riferimento all'attività di distribuzione assicurativa, può applicare le misure cautelari e interdittive previste dal presente codice, ivi incluso il potere di vietare la vendita, come parte di un pacchetto o dello stesso accordo, di una assicurazione insieme a un servizio o prodotto diverso dall'assicurazione indipendentemente dal fatto che l'accessorietà afferisca all'assicurazione o al servizio o prodotto diverso dall'assicurazione, quando tale pratica sia dannosa per i consumatori. Con riferimento ai prodotti di investimento assicurativi, i suddetti poteri sono esercitati da IVASS e CONSOB, coerentemente con le rispettive competenze (4).

6. Le disposizioni di cui al presente articolo non si applicano alla distribuzione di prodotti assicurativi che offrono copertura per diversi tipi di rischio.».

7. Sono fatte salve le previsioni del Codice del Consumo di cui al decreto legislativo 6 settembre 2005, n. 206, ove applicabili.

(1) Articolo inserito dal d.lg. 21/5/2018, n. 68.

(2) Comma sostituito dall'art. 1, co. 12, lett. a), d.lg. 30/12/2020, n. 187.

(3) Comma modificato dall'art. 1, co. 12, lett. b), d.lg. 30/12/2020, n. 187.

(4) Comma sostituito dall'art. 1, co. 12, lett. c), d.lg. 30/12/2020, n. 187.

121. Informazione precontrattuale in caso di vendita a distanza (1). – 1. Fatto salvo quanto previsto dagli articoli 185, 185-bis e 185-ter, in caso di vendita a distanza, il distributore rende note al contraente almeno le seguenti informazioni preliminari:

a) l'identità del distributore e il fine della chiamata;

b) l'identità della persona in contatto con il contraente ed il suo rapporto con il distributore assicurativo;

c) una descrizione delle principali caratteristiche del servizio o prodotto offerto;

d) il prezzo totale, comprese le imposte, che il contraente dovrà corrispondere;

e) l'informativa relativa al compenso ricevuto in relazione al contratto distribuito, secondo quanto previsto dall'articolo 120-bis;

f) le ulteriori informazioni di cui agli articoli 67-quater e seguenti del decreto legislativo 6 settembre 2005, n. 206.

2. In ogni caso l'informazione è fornita al contraente prima della conclusione del contratto di assicurazione. La stessa può essere fornita verbalmente solo a su espressa richiesta del contraente o qualora sia necessaria una copertura immediata del rischio. In caso di collocamento di un contratto a distanza mediante telefonia vocale, se il contraente lo richiede espressamente, gli obblighi di trasmissione della documentazione sono adempiuti, subito dopo la conclusione del contratto a distanza e comunque non oltre i cinque giorni successivi; in mancanza della predetta richiesta gli obblighi di trasmissione della documentazione sono adempiuti prima della conclusione del contratto di assicurazione. Anche se il contraente ha scelto di ottenere precedentemente le informazioni tramite un supporto durevole non cartaceo in conformità a quanto previsto dall'articolo 120-quater, comma 4, l'informazione è fornita al contraente dal distributore di prodotti assicurativi a norma dell'articolo 120-quater, commi 1 e 2, subito dopo la conclusione del contratto di assicurazione.

3. L'IVASS, con regolamento, disciplina la promozione e

il collocamento di contratti di assicurazione a distanza, anche per via telefonica, e determina le informazioni sul distributore e sulle caratteristiche del contratto, che sono comunicate al contraente in modo chiaro e comprensibile nel rispetto di quanto previsto ai commi 1 e 2, in conformità alle disposizioni dell'unione europea direttamente applicabili e nel rispetto del Codice del Consumo di cui al decreto legislativo 6 settembre 2005, n. 206.

(1) Articolo modificato dal d.lg. 21/5/2018, n. 68. Il testo previgente recitava: «1. In caso di vendita a distanza, l'intermediario rende note al contraente almeno le seguenti informazioni preliminari: a) l'identità dell'intermediario e il fine della chiamata; b) l'identità della persona in contatto con il contraente ed il suo rapporto con l'intermediario assicurativo; c) una descrizione delle principali caratteristiche del servizio o prodotto offerto; d) il prezzo totale, comprese le imposte, che il contraente dovrà corrispondere. 2. In ogni caso l'informazione è fornita al contraente prima della conclusione del contratto di assicurazione. Può essere fornita verbalmente solo a richiesta del contraente o qualora sia necessaria una copertura immediata del rischio. In tali casi l'informazione è fornita su un supporto durevole subito dopo la conclusione del contratto. 3. L'ISVAP, con regolamento, determina le informazioni sull'intermediario e sulle caratteristiche del contratto, che sono comunicate al contraente in modo chiaro e comprensibile nel rispetto di quanto previsto ai commi 1 e 2».

Capo III bis (1)
Requisiti di Governo e controllo del prodotto applicabili ai distributori di prodotti assicurativi non realizzati in proprio

(1) Capo inserito dal d.lg. 21/5/2018, n. 68.

121 bis. Acquisizione dal produttore delle necessarie informazioni sui prodotti assicurativi (1). – 1. 1. Fermi restando gli obblighi di cui al presente Titolo e agli articoli 185, 185-bis e 185-ter, i distributori di prodotti assicurativi non realizzati in proprio adottano opportune disposizioni per ottenere dai soggetti di cui all'articolo 30-decies, comma 1, le informazioni di cui all'articolo 30-decies, comma 5, e per comprendere le caratteristiche e il mercato di riferimento individuato per ciascun prodotto assicurativo (2).

2. Le previsioni del presente articolo si applicano in conformità con le disposizioni dell'Unione europea direttamente applicabili e con quanto stabilito dall'IVASS con regolamento.

(1) Articolo inserito dal d.lg. 21/5/2018, n. 68 con applicazione a decorrere dal 1/10/2018.

(2) Comma modificato dall'art. 1, co. 13, d.lg. 30/12/2020, n. 187.

121 ter. Disposizioni particolari in materia di Governo e controllo del prodotto (1). – 1. Le disposizioni in materia di Governo e controllo del prodotto di cui agli articoli 30-decies e 121-bis non si applicano ai prodotti assicurativi che consistono nell'assicurazione dei grandi rischi. 2. Fatta salva l'applicazione alle imprese di assicurazione e agli intermediari che realizzano prodotti assicurativi da vendere ai clienti delle disposizioni di cui all'articolo 30-decies e relative disposizioni di attuazione, in caso di distribuzione di prodotti assicurativi attraverso i soggetti di cui all'articolo 107, comma 4, l'impresa di assicurazione o l'intermediario che se ne avvale: a) stabilisce le modalità di accertamento dell'appartenenza dell'assicurato al mercato di riferimento individuato; b) adotta procedure idonee a garantire l'acquisizione delle informazioni relative alle ipotesi in cui il prodotto non risponda più agli interessi, agli obiettivi e alle caratteristiche del mercato di riferimento, nonché alle altre circostanze relative al prodotto che aggravino il rischio di pregiudizio per il cliente.

(1) Articolo inserito dal d.lg. 21/5/2018, n. 68.

Capo III ter (1)
Requisiti supplementari per la distribuzione dei prodotti di investimento assicurativi

(1) Capo inserito dal d.lg. 21/5/2018, n. 68.

121 quater. Vigilanza sulla distribuzione dei prodotti di investimento assicurativi (1). – 1. Fatte salve le competenze previste dall'articolo 25-ter del decreto legislativo 24 febbraio 1998, n. 58, l'IVASS esercita i poteri di vigilanza in relazione alla distribuzione del prodotto di investimento assicurativo svolta da parte delle imprese di assicurazione o per il tramite degli intermediari iscritti nelle sezioni del Registro di cui all'articolo 109, comma 2, lettere a) e b), e relativi collaboratori di cui alla lettera e), e intermediari di cui alla lettera c) del medesimo registro, secondo le disposizioni di cui al presente Capo (2).

2. I regolamenti di attuazione del presente Capo sono adottati da IVASS, sentita la CONSOB, in modo da garantire uniformità alla disciplina applicabile alla vendita dei prodotti di investimento assicurativo a prescindere dal canale distributivo e la coerenza e l'efficacia complessiva del sistema di vigilanza sui prodotti di investimento assicurativi.

3. L'IVASS e la CONSOB si accordano sulle modalità di esercizio dei poteri di vigilanza secondo le rispettive competenze, in modo da ridurre gli oneri a carico dei soggetti vigilati.

(1) Articolo inserito dal d.lg. 21/5/2018, n. 68.

(2) Comma modificato dall' art. 7 del d.lg. 25/11/2019, n. 165.

121 quinquies. Conflitti di interesse (1). – 1. Le imprese di assicurazione e gli intermediari assicurativi che distribuiscono prodotti di investimento assicurativi rispettano le disposizioni di cui all'articolo 119-bis in materia di regole di comportamento e conflitti di interesse.

2. In deroga all'articolo 120-quater, comma 1, le informazioni di cui all'articolo 119-bis, comma 7, sono: a) fornite su un supporto durevole; b) sufficientemente dettagliate, in considerazione delle caratteristiche dei contraenti, per consentire a questi ultimi di prendere una decisione informata sulle attività di distribuzione assicurativa nel cui contesto sorge il conflitto di interesse.

(1) Articolo inserito dal d.lg. 21/5/2018, n. 68.

121 sexies. Informativa al contraente e incentivi (1). – 1. Fatti salvi gli articoli 120, commi 1 e 2, e 120-bis, commi 1 e 2, gli intermediari assicurativi e le imprese di assicurazione forniscono ai contraenti, prima della conclusione di un contratto, informazioni appropriate in relazione alla distribuzione di prodotti di investimento assicurativi e in relazione a tutti i costi e agli oneri connessi. Tali informazioni comprendono almeno i seguenti elementi: a) in caso di prestazione di consulenza, la comunicazione se l'intermediario assicurativo o l'impresa di assicurazione fornirà al contraente una valutazione periodica dell'adeguatezza dei prodotti di investimento assicurativi consigliati al contraente medesimo, come indicato all'articolo 121-septies; b) per quanto riguarda le informazioni sui prodotti di investimento assicurativi e sulle strategie di investimento proposte, opportune indicazioni e avvertenze sui rischi associati ai prodotti di investimento assicurativi o a determinate strategie di investimento proposte; c) per quanto riguarda le informazioni su tutti i costi e gli oneri da comunicare al contraente, le informazioni relative alla distribuzione dei prodotti di investimento assicurativi, ove effettuata, il costo del prodotto di investimento assicurativo consigliato o offerto al contraente e le modalità di pagamento da parte di quest'ultimo, inclusi i pagamenti eseguiti a favore di o tramite soggetti terzi.

2. Le informazioni su tutti i costi e gli oneri, compresi quelli connessi alla distribuzione del prodotto di investimento assicurativo non causati dal verificarsi di un rischio di mercato sottostante, sono comunicate in forma aggregata per permettere al contraente di conoscere il costo totale e il suo effetto complessivo sul rendimento dell'investimento. Su richiesta del contraente, i costi e gli oneri sono comunicati in forma analitica. Se necessario, tali informazioni sono fornite al contraente con periodicità regolare, e comunque almeno annuale, per tutto il periodo dell'investimento.

3. Le informazioni di cui ai commi 1 e 2 sono fornite in una forma comprensibile in modo che i contraenti possano ragionevolmente comprendere la natura del prodotto di investimento assicurativo che viene loro proposto nonché i rischi ad esso connessi e, di conseguenza, possano assumere decisioni consapevoli in materia di investimenti. Le informazioni di cui ai commi 1 e 2 sono fornite con modalità uniformi, individuate dall'IVASS, sentita la CONSOB, con il regolamento di cui all'articolo 121-quater, in modo che le medesime informazioni risultino chiare e comprensibili.

4. Fatto salvo l'articolo 120-bis, commi 1 e 3, gli intermediari assicurativi o le imprese di assicurazione adempiono agli obblighi di cui agli articoli 119-bis, comma 1, e 121-quinquies, quando pagano o percepiscono un onorario o una commissione o forniscono o ricevono benefici non monetari in relazione alla distribuzione di un prodotto di investimento assicurativo o di un servizio accessorio da un qualsiasi soggetto diverso dal contraente o da una persona che agisce per conto del contraente medesimo, solo se operano in conformità alle disposizioni dell'Unione europea direttamente applicabili e alle disposizioni stabilite dall'IVASS con il regolamento di cui all'articolo 121-quater.

5. I regolamenti IVASS di cui all'articolo 121-quater, in materia di incentivi tra intermediari assicurativi ed intermediari finanziari sono adottati conformemente alla disciplina prevista in materia alla direttiva 2014/65/UE ed in conformità alle disposizioni dell'Unione europea direttamente applicabili.

(1) Articolo inserito dal d.lg. 21/5/2018, n. 68.

121 septies. Valutazione dell'adeguatezza e dell'appropriatezza del prodotto assicurativo e comunicazione ai clienti (1). – 1. L'IVASS stabilisce con il regolamento di cui all'articolo 121-quater i casi in cui l'impresa di assicurazione o l'intermediario assicurativo sono obbligati a fornire consulenza per la distribuzione del prodotto di investimento assicurativo.

2. Fatto salvo l'articolo 119-ter, commi 1 e 2, l'intermediario assicurativo o l'impresa di assicurazione che forniscono consulenza su un prodotto di investimento assicurativo, acquisiscono anche le informazioni necessarie in merito alle conoscenze ed esperienze del contraente in relazione al tipo di investimento, alla sua situazione finanziaria, tra cui la sua capacità di sostenere perdite, e ai suoi obiettivi di investimento, inclusa la sua tolleranza al rischio, al fine di consentire all'intermediario assicurativo o all'impresa di assicurazione di raccomandare al contraente i prodotti di investimento assicurativi che siano a lui adeguati, con particolare riferimento alla sua tolleranza, al rischio e alla sua capacità di sostenere perdite. La consulenza resa nell'ambito della distribuzione assicurativa del prodotto di investimento assicurativo, quando è obbligatoria o quando è svolta su iniziativa del distributore, non deve gravare economicamente sui clienti.

3. Se l'intermediario assicurativo o l'impresa di assicurazione fornisce consulenza in materia di investimenti e raccomanda un pacchetto di servizi o prodotti abbinati a norma dell'articolo 120-quinquies, l'intero pacchetto raccomandato deve rispondere ai requisiti di adeguatezza previsti dal comma 2 del presente articolo.

4. Fatto salvo l'articolo 119-ter, commi 1, 2 e 3, l'intermediario assicurativo o l'impresa di assicurazione che svolge attività di distribuzione in relazione a vendite che non prevedono una consulenza, chiede al contraente di fornire informazioni in merito alle sue conoscenze ed esperienze in materia di investimenti riguardo al tipo specifico di prodotto o servizio proposto o richiesto, al fine di consentire all'intermediario assicurativo o all'impresa di assicurazione di determinare se il servizio o il prodotto assicurativo in questione sia appropriato al contraente stesso.

5. Se l'intermediario assicurativo o l'impresa di assicurazione distribuisce un pacchetto di servizi o prodotti abbinati a norma dell'articolo 120-quinquies, accerta che l'intero pacchetto sia appropriato nel suo insieme ai sensi del comma 4.

6. L'intermediario assicurativo o l'impresa di assicurazione informa il contraente se ritiene, sulla base delle informazioni ottenute a norma del comma 4, che il prodotto non sia appropriato al contraente stesso. L'intermediario assicurativo o l'impresa di assicurazione informano altresì il cliente, ai sensi dalla valutazione di cui all'articolo 30-decies, della fascia di clientela alla quale il prodotto non può essere distribuito.

7. Se il contraente non fornisce le informazioni di cui al comma 4 o fornisce informazioni insufficienti circa le sue conoscenze ed esperienze, l'intermediario assicurativo o l'impresa di assicurazione lo informa che tale circostanza pregiudica la capacità dell'intermediario assicurativo o dell'impresa di assicurazione di valutare se il prodotto sia appropriato alle esigenze del contraente stesso (2).

8. L'intermediario assicurativo o l'impresa di assicurazione mantiene evidenza dei documenti in cui sono precisati i diritti e gli obblighi delle parti nonché delle altre condizioni alle quali l'intermediario assicurativo o l'impresa di assicurazione fornirà servizi al contraente. I diritti e gli obblighi delle parti del contratto possono essere incorporati attraverso riferimento ad altri documenti o testi normativi.

9. L'intermediario assicurativo o l'impresa di assicurazione fornisce ai contraenti, su un supporto durevole, adeguate relazioni sui servizi prestati, che includono comunicazioni periodiche, tenendo conto della tipologia e della complessità dei prodotti di investimento assicurativi e della natura del servizio prestato e comprendono, se del caso, i costi delle operazioni e dei servizi prestati per conto dei contraenti.

10. Quando fornisce consulenza in merito al prodotto di investimento assicurativo, l'intermediario assicurativo o l'impresa di assicurazione fornisce al contraente, su un supporto durevole, prima della conclusione del contratto, una dichiarazione di adeguatezza in cui sia indicata la fornitura della consulenza e in che modo essa risponda alle preferenze, agli obiettivi e ad altre caratteristiche del contraente. Si applicano le disposizioni di cui all'articolo 120-quater, commi da 1 a 4.

11. Se il contratto è concluso utilizzando un mezzo di comunicazione a distanza che impedisce la consegna preventiva della dichiarazione di adeguatezza, l'intermediario assicurativo o l'impresa di assicurazione può fornire la dichiarazione di adeguatezza su un supporto durevole subito dopo la sottoscrizione del contratto, a condizione che:

a) il contraente abbia accettato di ricevere la dichiarazione di adeguatezza subito dopo la conclusione del contratto;

b) l'intermediario assicurativo o l'impresa di assicurazione abbia dato al contraente la possibilità di ritardare la conclusione del contratto al fine di ricevere la dichiarazione di adeguatezza prima della conclusione del contratto.

12. Se l'intermediario assicurativo o l'impresa di assicurazione ha informato il contraente che effettuerà periodicamente la valutazione di adeguatezza, la relazione periodica contiene una dichiarazione aggiornata che spieghi in che modo il prodotto di investimento assicurativo corrisponde alle preferenze, agli obiettivi e alle altre caratteristiche del contraente stesso.

13. Le disposizioni del presente articolo si applicano in conformità alle disposizioni direttamente applicabili dell'Unione europea. L'IVASS disciplina con il regolamento di cui all'articolo 121-quater le modalità applicative del presente articolo, inclusa la possibilità di fornire le relative informazioni in formato standardizzato.

(1) Articolo inserito dal d.lg. 21/5/2018, n. 68.
(2) Comma modificato dall'art. 1, co. 14, d.lg. 30/12/2020, n. 187.

121 octies. Protocollo d'intesa (1). – 1. l'IVASS e la CONSOB definiscono attraverso un protocollo d'intesa forme di coordinamento operativo, anche al fine di assicurare l'applicazione di una disciplina che favorisca maggiori garanzie a tutela del consumatore.

(1) Articolo inserito dal d.lg. 21/5/2018, n. 68.

TITOLO X
ASSICURAZIONE OBBLIGATORIA PER I VEICOLI A MOTORE E I NATANTI

Capo I
Obbligo di assicurazione (1)

(1) Per il Regolamento recante disposizioni in materia di obbligo di assicurazione della responsabilità civile derivante dalla circolazione dei veicoli a motore e dei natanti di cui al presente capo, vedi il d.m. 1/4/2008, n. 86.

122. Veicoli a motore. – 1. I veicoli a motore senza guida di rotaie, compresi i filoveicoli e i rimorchi, non possono essere posti in circolazione su strade di uso pubblico o su aree a queste equiparate se non siano coperti dall'assicurazione per la responsabilità civile verso i terzi prevista dall'articolo 2054 del codice civile e dall'articolo 91, comma 2, del codice della strada. Il regolamento, adottato dal Ministro delle attività produttive, su proposta dell'ISVAP, individua la tipologia di veicoli esclusi dall'obbligo di assicurazione e le aree equiparate a quelle di uso pubblico.

2. L'assicurazione comprende la responsabilità per i danni alla persona causati ai trasportati, qualunque sia il titolo in base al quale è effettuato il trasporto.

3. L'assicurazione non ha effetto nel caso di circolazione avvenuta contro la volontà del proprietario, dell'usufruttuario, dell'acquirente con patto di riservato dominio o del locatario in caso di locazione finanziaria, fermo quanto disposto dall'articolo 283, comma 1, lettera d), a partire dal giorno successivo alla denuncia presentata all'autorità di pubblica sicurezza. In deroga all'articolo 1896, primo comma, secondo periodo, del codice civile l'assicurato ha diritto al rimborso del rateo di premio, relativo al residuo periodo di assicurazione, al netto dell'imposta pagata e del contributo previsto dall'articolo 334.

4. L'assicurazione copre anche la responsabilità per i danni causati nel territorio degli altri Stati membri, secondo le condizioni ed entro i limiti stabiliti dalle legislazioni nazionali di ciascuno di tali Stati, concernenti l'assicurazione obbligatoria della responsabilità civile derivante dalla circolazione dei veicoli a motore, ferme le maggiori garanzie eventualmente previste dal contratto o dalla legislazione dello Stato in cui stazionano abitualmente.

123. Natanti. – 1. Le unità da diporto, con esclusione delle unità non dotate di motore, non possono essere poste in navigazione in acque ad uso pubblico o su aree a queste equiparate se non siano coperte dall'assicurazione della responsabilità civile verso terzi prevista dall'articolo 2054 del codice civile, compresa quella dell'acquirente con patto di riservato dominio e quella del locatario in caso di locazione finanziaria, per danni alla persona. Il regolamento, adottato dal Ministro delle attività produttive su proposta dell'ISVAP, individua la tipologia dei natanti esclusi dall'obbligo di assicurazione e le acque equiparate a quelle di uso pubblico.

2. Sono altresì soggetti all'obbligo assicurativo i natanti di stazza lorda non superiore a venticinque tonnellate che siano muniti di motore inamovibile di potenza superiore a tre cavalli fiscali e adibiti ad uso privato, diverso dal diporto, o al servizio pubblico di trasporto di persone.

3. L'obbligo assicurativo è esteso ai motori amovibili, di qualsiasi potenza, indipendentemente dall'unità alla quale vengono applicati, risultando in tal caso assicurato il natante sul quale è di volta in volta collocato il motore.

4. Alle unità da diporto, ai natanti e ai motori amovibili si applicano, in quanto compatibili, le norme previste per l'assicurazione obbligatoria della responsabilità civile derivante dalla circolazione dei veicoli a motore.

124. Gare e competizioni sportive. – 1. Le gare e le competizioni sportive di qualsiasi genere di veicoli a motore e le relative prove non possono essere autorizzate, anche se in circuiti chiusi, se l'organizzatore non abbia provveduto a contrarre assicurazione per la responsabilità civile.

2. L'assicurazione copre la responsabilità dell'organizzatore e degli altri obbligati per i danni arrecati alle persone, agli animali e alle cose, esclusi i danni prodotti ai partecipanti stessi e ai veicoli da essi adoperati.

125. Veicoli e natanti immatricolati o registrati in Stati esteri. – 1. Per i veicoli e i natanti soggetti all'obbligo di assicurazione ed immatricolati o registrati in Stati esteri nonché per i motori amovibili di cui all'articolo 123, comma 3, muniti di certificato di uso straniero o di altro documento equivalente emesso all'estero, che circolino temporaneamente nel territorio o nelle acque territoriali della Repubblica, deve essere assolto, per la durata della permanenza in Italia, l'obbligo di assicurazione.

2. Per i natanti l'obbligo di assicurazione si considera assolto:

a) con la stipula di un contratto di assicurazione secondo quanto previsto con regolamento adottato dal Ministro delle attività produttive, su proposta dell'ISVAP, ovvero

b) quando il conducente sia in possesso di certificato internazionale di assicurazione emesso dall'Ufficio nazionale di assicurazione estero ed accettato dall'Ufficio centrale italiano.

3. Per i veicoli a motore muniti di targa di immatricolazione rilasciata da uno Stato terzo l'obbligo di assicurazione:

a) è assolto mediante contratto di assicurazione «frontiera», come disciplinato dal regolamento previsto all'articolo 126, comma 2, lettera a), concernente la responsabilità civile derivante dalla circolazione del veicolo nel territorio della Repubblica e degli altri Stati membri, alle condizioni e fino ai limiti di somma stabiliti dalla legislazione in vigore in ciascuno di essi;

b) si considera assolto quando l'Ufficio centrale italiano si sia reso garante per il risarcimento dei danni cagionati in Italia dalla circolazione dei medesimi veicoli e quando con atto dell'Unione europea sia stato rimosso l'obbligo negli Stati membri di controllare l'assicurazione di responsabilità civile per i veicoli muniti di targa di immatricolazione rilasciata dallo Stato terzo;

c) si considera assolto, quando il conducente sia in possesso di una carta verde emessa dall'Ufficio nazionale di assicurazione estero ed accettata dall'Ufficio centrale italiano.

4. Per i veicoli a motore muniti di targa di immatricolazione rilasciata da uno Stato membro diverso dalla Repubblica italiana, l'obbligo di assicurazione si considera assolto quan-

do l'Ufficio centrale italiano si sia reso garante per il risarcimento dei danni cagionati dalla circolazione in Italia di detti veicoli, sulla base di accordi stipulati con i corrispondenti uffici nazionali di assicurazione e l'Unione europea abbia riconosciuto tali accordi.

5. Nell'ipotesi di cui al comma 3, lettera c), l'Ufficio centrale italiano provvede alla liquidazione dei danni, garantendone il pagamento agli aventi diritto, nei limiti dei massimali minimi di legge o, se maggiori, di quelli eventualmente previsti dalla polizza di assicurazione alla quale si riferisce la carta verde. Nelle ipotesi di cui al comma 3, lettera b), ed in quelle di cui al comma 4, l'Ufficio centrale italiano provvede alla liquidazione dei danni cagionati in Italia, garantendone il pagamento agli aventi diritto nei limiti dei massimali minimi di legge o, se maggiori, di quelli eventualmente previsti dalla polizza di assicurazione.

5-bis. L'Ufficio centrale italiano, entro tre mesi dalla ricezione della richiesta di risarcimento comunica agli aventi diritto un'offerta di risarcimento motivata ovvero indica i motivi per i quali non ritiene di fare offerta (1).

6. Le disposizioni di cui ai commi 3 e 4 si applicano anche ai veicoli a motore di proprietà di agenti diplomatici e consolari o di funzionari internazionali, o di proprietà di Stati esteri o di organizzazioni internazionali.

7. Le disposizioni di cui al comma 3, lettera b), ed al comma 4 non si applicano per l'assicurazione della responsabilità civile per danni cagionati dalla circolazione dei veicoli aventi targa di immatricolazione rilasciata da uno Stato estero e individuati nel regolamento adottato, su proposta dell'ISVAP, dal Ministro delle attività produttive.

(1) Comma inserito dall'art. 1 del d.lg. 6/11/2007, n. 198.

126. Ufficio centrale italiano. – 1. L'Ufficio centrale italiano è abilitato all'esercizio delle funzioni di Ufficio nazionale di assicurazione e allo svolgimento degli altri compiti stabiliti dall'ordinamento comunitario e dal presente codice a seguito di riconoscimento del Ministro dello sviluppo economico (1).

2. L'Ufficio centrale italiano, oltre ai compiti di cui all'articolo 125 svolge le seguenti attività:

a) stipula e gestisce, in nome e per conto delle imprese aderenti, l'assicurazione frontiera disciplinata nel regolamento adottato, su proposta dell'ISVAP, dal Ministro delle attività produttive e provvede alla liquidazione e al pagamento degli indennizzi dovuti;

b) assume, nelle ipotesi di cui al comma 2, lettera b), comma 3, lettere b) e c), ed al comma 4 dell'articolo 125, ai fini del risarcimento dei danni cagionati dalla circolazione in Italia dei veicoli a motore e natanti, la qualità di domiciliatario dell'assicurato, del responsabile civile e della loro impresa di assicurazione;

c) è legittimato a stare in giudizio, nelle ipotesi di cui al comma 2, lettera b), al comma 3 ed al comma 4 dell'articolo 125, in nome e per conto delle imprese aderenti, nelle azioni di risarcimento che i danneggiati dalla circolazione in Italia di veicoli a motore e natanti immatricolati o registrati all'estero possono esercitare direttamente nei suoi confronti secondo quanto previsto agli articoli 145, comma 1, 146 e 147. Si applicano anche nei confronti dell'Ufficio centrale italiano le disposizioni che regolano l'azione diretta contro l'impresa di assicurazione del responsabile civile secondo quanto previsto dall'articolo 144.

3. Ai fini della proposizione dell'azione diretta di risarcimento nei confronti dell'Ufficio centrale italiano i termini di cui all'articolo 163-bis, primo comma, e 318, secondo comma, del codice di procedura civile sono aumentati del doppio, risultando perciò stabiliti in centottanta giorni per il giudizio di fronte al tribunale e in novanta giorni per il giudizio di fronte al giudice di pace. I termini di cui all'articolo 163-bis, secondo comma, del codice di procedura civile non possono essere comunque inferiori a sessanta giorni.

4. L'Ufficio centrale italiano è abilitato ad emettere le carte verdi richieste per la circolazione all'estero di veicoli a motore immatricolati in Italia, garantendo nei confronti dei corrispondenti uffici nazionali di assicurazione le obbligazioni che il rilascio di tali certificati comporta.

5. Per i rimborsi effettuati agli uffici nazionali di assicurazione esteri, che in base agli accordi con esso stipulati abbiano dovuto intervenire per risarcire danni causati nel territorio del loro Stato da veicoli a motore immatricolati in Italia non coperti da assicurazione, l'Ufficio centrale italiano ha diritto di rivalsa nei confronti del proprietario o del conducente del veicolo per le somme pagate e le relative spese.

6. In caso di incidente cagionato nel territorio della Repubblica dalla circolazione di veicoli a motore o natanti immatricolati o registrati all'estero, l'Ufficio centrale italiano può richiedere ai competenti organi di polizia le informazioni acquisite relativamente alle modalità dell'incidente, alla residenza e al domicilio delle parti e alla targa di immatricolazione o altro analogo segno distintivo.

(1) Comma modificato dal d.lg. 12/5/2015, n. 74.

127. Certificato di assicurazione e contrassegno. – 1. L'adempimento dell'obbligo di assicurazione dei veicoli a motore è comprovato da apposito certificato rilasciato dall'impresa di assicurazione o dalla delegataria in caso di coassicurazione, da cui risulti il periodo di assicurazione per il quale sono stati pagati il premio o la rata di premio.

2. L'impresa di assicurazione è obbligata nei confronti dei terzi danneggiati per il periodo di tempo indicato nel certificato, salvo quanto disposto dall'articolo 1901, secondo comma, del codice civile e dall'articolo 122, comma 3, primo periodo.

3. All'atto del rilascio del certificato di assicurazione l'impresa di assicurazione consegna un contrassegno recante il numero della targa di riconoscimento del veicolo e l'indicazione dell'anno, mese e giorno di scadenza del periodo di assicurazione per cui è valido il certificato. Il contrassegno è esposto sul veicolo al quale si riferisce l'assicurazione entro cinque giorni dal pagamento del premio o della rata di premio.

4. L'ISVAP, con regolamento, stabilisce le modalità per il rilascio, nonché le caratteristiche del certificato di assicurazione, del contrassegno e di eventuali documenti provvisoriamente equipollenti e le modalità per l'emissione di duplicati in caso di sottrazione, smarrimento o distruzione.

128. Massimali di garanzia (1). – 1. Per l'adempimento dell'obbligo di assicurazione per la responsabilità civile derivante dalla circolazione dei veicoli a motore e dei natanti, il contratto è stipulato per somme non inferiori ai seguenti importi:

a) nel caso di danni alle persone un importo minimo di copertura pari ad euro 5.000.000 per sinistro, indipendentemente dal numero delle vittime;

b) nel caso di danni alle cose un importo minimo di copertura pari ad euro 1.000.000 per sinistro, indipendentemente dal numero delle vittime.

b-bis) per i veicoli a motore adibiti al trasporto di persone classificati nelle categorie M2 e M3 ai sensi dell'articolo 47 del codice della strada, di cui al decreto legislativo 30 aprile 1992, n. 285, e successive modificazioni, un importo minimo di copertura pari a euro 15.000.000 per sinistro per i danni alle persone, indipendentemente dal numero delle vittime, e a euro 1.000.000 per sinistro per i danni alle cose, indipendentemente dal numero dei danneggiati (2).

2. I contratti dell'assicurazione obbligatoria della responsabilità civile derivante dalla circolazione dei veicoli a moto-

re e dei natanti devono essere adeguati agli importi minimi di copertura obbligatoria per i danni alle cose e per i danni alle persone di cui al comma 1 entro l'11 giugno 2012.

3. Ogni cinque anni dalla data dell'11 giugno 2012 di cui al comma 2 gli importi di cui al comma 1 sono indicizzati automaticamente secondo la variazione percentuale indicata dall'indice europeo dei prezzi al consumo (IPCE), previsto dal regolamento (CE) n. 2494/95 del Consiglio, del 23 ottobre 1995, relativo agli indici dei prezzi al consumo armonizzati. L'aumento effettuato è arrotondato ad un multiplo di euro 10.000.

4. Con provvedimento del Ministro dello sviluppo economico, da pubblicare nella Gazzetta Ufficiale della Repubblica italiana, è stabilito l'adeguamento di cui al comma 3.

5. Alla data dell'11 dicembre 2009 gli importi minimi di copertura devono essere pari ad almeno la metà degli ammontari di cui al comma 1.

(1) Articolo sostituito dall'art. 1 del d.lg. 6/11/2007, n. 198.

(2) Comma inserito dalla l. 4/8/2018, n. 124.

129. Soggetti esclusi dall'assicurazione. – 1. Non è considerato terzo e non ha diritto ai benefici derivanti dal contratto di assicurazione obbligatoria il solo conducente del veicolo responsabile del sinistro.

2. Ferme restando la disposizione di cui all'articolo 122, comma 2, e quella di cui al comma 1 del presente articolo, non sono inoltre considerati terzi e non hanno diritto ai benefici derivanti dai contratti di assicurazione obbligatoria, limitatamente ai danni alle cose:

a) i soggetti di cui all'articolo 2054, terzo comma, del codice civile ed all'articolo 91, comma 2, del codice della strada;

b) il coniuge non legalmente separato, il convivente more uxorio, gli ascendenti e i discendenti legittimi, naturali o adottivi del soggetto di cui al comma 1 e di quelli di cui alla lettera a), nonché gli affiliati e gli altri parenti e affini fino al terzo grado di tutti i predetti soggetti, quando convivano con questi o siano a loro carico in quanto l'assicurato provvede abitualmente al loro mantenimento;

c) ove l'assicurato sia una società, i soci a responsabilità illimitata e le persone che si trovano con questi in uno dei rapporti indicati alla lettera b).

Capo II
Esercizio dell'assicurazione

130. Imprese autorizzate. – 1. L'assicurazione può essere stipulata con qualsiasi impresa autorizzata ad esercitare nel territorio della Repubblica, anche in regime di stabilimento e di libertà di prestazione di servizi, l'assicurazione della responsabilità civile per i danni causati dalla circolazione dei veicoli e dei natanti.

2. Le imprese di assicurazione aventi la sede legale nel territorio della Repubblica e le imprese di assicurazione aventi la sede legale in uno Stato terzo autorizzate ad esercitare l'assicurazione obbligatoria della responsabilità civile derivante dalla circolazione dei veicoli a motore e dei natanti, esclusa la responsabilità del vettore, designano in ogni Stato membro un mandatario incaricato della gestione e della liquidazione dei sinistri nei casi di cui all'articolo 151.

3. Nel caso in cui l'impresa di assicurazione, che opera in regime di libertà di prestazione di servizi, non abbia nominato il rappresentante per la gestione dei sinistri di cui all'articolo 25, il mandatario nominato ai sensi del comma 2 ne assume la funzione.

131. Trasparenza dei premi e delle condizioni di contratto. – 1. Al fine di garantire la trasparenza e la concorrenzialità delle offerte dei servizi assicurativi, nonché un'adeguata informazione ai soggetti che devono adempiere all'obbligo di assicurazione dei veicoli e dei natanti, le imprese mettono a disposizione del pubblico, presso ogni punto di vendita e nei siti internet, il documento informativo e le condizioni di contratto praticate nel territorio della Repubblica (1).

2. La pubblicità dei premi è attuata mediante preventivi personalizzati rilasciati presso ogni punto di vendita dell'impresa di assicurazione, nonché mediante siti internet che permettono di ricevere il medesimo preventivo per i veicoli e per i natanti individuati nel regolamento di attuazione.

2-bis. Per l'offerta di contratti relativi all'assicurazione r.c. auto, l'intermediario rilascia preventiva informazione al consumatore sulle provvigioni riconosciutegli dall'impresa o, distintamente, dalle imprese per conto di cui opera. L'informazione è affissa nei locali in cui l'intermediario opera e risulta nella documentazione rilasciata al contraente (2).

2-ter. I preventivi e le polizze indicano, in modo evidenziato, il premio di tariffa, la provvigione dell'intermediario, nonché lo sconto complessivamente riconosciuto al sottoscrittore del contratto (2).

3. L'ISVAP determina, con regolamento, gli obblighi a carico delle imprese e degli intermediari (3).

(1) Comma modificato dall'art. 1, co. 15, d.lg. 30/12/2020, n. 187.

(2) Comma inserito dall'art. 8, co. 3-bis, d.l. 4/7/2006, n. 223, conv., con modif., dalla l. 4/8/2006, n. 248.

(3) Comma modificato dall'art. 1, co. 213, d.lg. 12/5/2015, n. 74.

132. Obbligo a contrarre. – 1. Le imprese di assicurazione sono tenute ad accettare, secondo le condizioni di polizza e le tariffe che hanno l'obbligo di stabilire preventivamente per ogni rischio derivante dalla circolazione dei veicoli a motore e dei natanti, le proposte per l'assicurazione obbligatoria che sono loro presentate, fatta salva la necessaria verifica della correttezza dei dati risultanti dall'attestato di rischio, nonché dell'identità del contraente e dell'intestatario del veicolo, se persona diversa. Le imprese possono richiedere ai soggetti che presentano proposte per l'assicurazione obbligatoria di sottoporre volontariamente il veicolo ad ispezione, prima della stipula del contratto. Qualora si proceda ad ispezione ai sensi del periodo precedente, le imprese praticano una riduzione rispetto alle tariffe stabilite ai sensi del primo periodo. Nel caso in cui l'assicurato acconsenta all'istallazione di meccanismi elettronici che registrano l'attività del veicolo, denominati scatola nera o equivalenti, o ulteriori dispositivi, individuati con decreto del Ministero delle infrastrutture e dei trasporti, di concerto con il Ministero dello sviluppo economico, i costi di installazione, disinstallazione, sostituzione, funzionamento e portabilità sono a carico delle compagnie che praticano inoltre una riduzione significativa rispetto alle tariffe stabilite ai sensi del primo periodo, all'atto della stipulazione del contratto o in occasione delle scadenze successive a condizione che risultino rispettati i parametri stabiliti dal contratto (1).

2. Le imprese di assicurazione possono richiedere che l'autorizzazione sia limitata, ai fini dell'assolvimento agli obblighi derivanti dal comma 1, ai rischi derivanti dalla circolazione di flotte di veicoli a motore o di natanti.

3. Al fine di facilitare le verifiche propedeutiche all'osservanza dell'obbligo a contrarre di cui al comma 1, le imprese di assicurazione hanno diritto di accedere in via telematica al pubblico registro automobilistico ed all'archivio nazionale dei veicoli previsto dal codice della strada secondo condizioni economiche e tecniche strettamente correlate ai costi del servizio erogato in ragione dell'esigenza di consultazioni anche sistematiche nell'ambito delle attività di prevenzione e contrasto delle frodi nell'assicurazione obbligatoria. Con decreto del Ministro delle attività produttive, di concerto con il Mini-

stro delle infrastrutture e dei trasporti, sono adottate le disposizioni di attuazione.

(1) Comma modificato dall'art. 32, co. 1, d.l. 24/1/2012, n. 1, conv., con modif., dalla l. 24/3/2012, n. 27.

132 bis. Obblighi informativi degli intermediari (1). – 1. Gli intermediari, prima della sottoscrizione di un contratto di assicurazione obbligatoria per i veicoli a motore, sono tenuti a informare il consumatore in modo corretto, trasparente ed esaustivo sui premi offerti da tutte le imprese di assicurazione di cui sono mandatari relativamente al contratto base previsto dall'articolo 22 del decreto-legge 18 ottobre 2012, n. 179, convertito, con modificazioni, dalla legge 17 dicembre 2012, n. 221, e successive modificazioni.

2. Al fine di cui al comma 1, gli intermediari forniscono l'indicazione dei premi offerti dalle imprese di assicurazione mediante collegamento telematico al preventivatore consultabile nei siti internet dell'IVASS e del Ministero dello sviluppo economico e senza obbligo di rilascio di supporti cartacei.

3. L'IVASS adotta disposizioni attuative in modo da garantire l'accesso e la risposta per via telematica, sia ai consumatori che agli intermediari, esclusivamente per i premi applicati dalle imprese di assicurazione per il contratto base relativo ad autovetture e motoveicoli. Con le stesse disposizioni sono definite le modalità attraverso le quali, ottenuti i preventivi sulla base delle informazioni inserite nel servizio informativo di cui all'articolo 136, comma 3-bis, è consentita la conclusione del contratto, a condizioni non peggiorative rispetto a quanto indicato nel preventivo stesso, o presso un'agenzia della compagnia ovvero, per le imprese che lo prevedano, attraverso un collegamento diretto al sito internet di ciascuna compagnia di assicurazione.

4. Il contratto stipulato senza la dichiarazione del cliente di aver ricevuto, ove prescritte, le informazioni di cui al comma 1è affetto da nullità rilevabile solo a favore del cliente.

(1) Articolo inserito dalla l. 4/8/2018, n. 124.

132 ter. Sconti obbligatori (1). – 1. In presenza di almeno una delle seguenti condizioni, da verificare in precedenza o contestualmente alla stipulazione del contratto o dei suoi rinnovi, le imprese di assicurazione praticano uno sconto determinato dall'impresa nei limiti stabiliti dal comma 2:

a) nel caso in cui, su proposta dell'impresa di assicurazione, i soggetti che presentano proposte per l'assicurazione obbligatoria accettano di sottoporre il veicolo a ispezione da eseguire a spese dell'impresa di assicurazione;

b) nel caso in cui vengono installati, su proposta dell'impresa di assicurazione, o sono già presenti e portabili meccanismi elettronici che registrano l'attività del veicolo, denominati "scatola nera" o equivalenti, ovvero ulteriori dispositivi, individuati, per i soli requisiti funzionali minimi necessari a garantire l'utilizzo dei dati raccolti, in particolare, ai fini tariffari e della determinazione della responsabilità in occasione dei sinistri, con decreto del Ministro delle infrastrutture e dei trasporti, di concerto con il Ministro dello sviluppo economico, da adottare entro novanta giorni dalla data di entrata in vigore della presente disposizione;

c) nel caso in cui vengono installati, su proposta dell'impresa di assicurazione, o sono già presenti, meccanismi elettronici che impediscono l'avvio del motore qualora sia riscontrato nel guidatore un tasso alcolemico superiore ai limiti stabiliti dalla legge per la conduzione di veicoli a motore.

2. L'IVASS, con proprio regolamento, definisce criteri e modalità nell'ambito dei processi di costruzione della tariffa e di ricalcolo del premio, per la determinazione da parte delle imprese di assicurazione dello sconto di cui al comma 1. Le imprese di assicurazione, in attuazione dei criteri stabiliti dall'IVASS, definiscono uno sconto significativo da applicare alla clientela a fronte della riduzione del rischio connesso al ricorrere di una o più delle condizioni di cui al comma 1 ed evidenziano in sede di preventivo e nel contratto, in caso di accettazione da parte del contraente, lo sconto praticato per ciascuna delle condizioni di cui al comma 1, in valore assoluto e in percentuale, rispetto al prezzo della polizza altrimenti applicato.

3. L'IVASS identifica, sulla scorta di dati in proprio possesso e di indagini statistiche, la lista delle province a maggiore tasso di sinistrosità e con premio medio più elevato. Tale lista è aggiornata con cadenza almeno biennale.

4. Con il regolamento di cui al comma 2, l'IVASS, tenuto conto dei premi più elevati applicati nelle province individuate ai sensi del comma 3 e di quelli praticati nelle altre province a più bassa sinistrosità ad assicurati con le medesime caratteristiche soggettive e collocati nella medesima classe di merito, definisce altresì i criteri e le modalità finalizzati alla determinazione da parte delle imprese di assicurazione di uno sconto, aggiuntivo e significativo rispetto a quello praticato ai sensi del comma 2, da applicare ai soggetti residenti nelle province di cui al comma 3, che non abbiano provocato sinistri con responsabilità esclusiva o principale o paritaria negli ultimi quattro anni sulla base dell'evidenza dell'attestato di rischio, e che abbiano installato o installino, a seguito della stipula del contratto, il dispositivo di cui al comma 1, lettera b).

5. In particolare, il regolamento di cui al comma 2: a) definisce i parametri oggettivi, tra cui la frequenza dei sinistri e il relativo costo medio, per il calcolo dello sconto aggiuntivo di cui al comma 4; b) prevede, nell'ambito delle modalità di cui al comma 4, che non possano sussistere differenziali di premio che non siano giustificati da specifiche evidenze sui differenziali di rischio.

6. Le attività di cui ai commi precedenti sono svolte nell'ambito delle risorse umane e strumentali disponibili a legislazione vigente e comunque senza nuovi o maggiori oneri per la finanza pubblica.

7. Le imprese di assicurazione, in attuazione dei criteri stabiliti dall'IVASS, a decorrere dalla data di entrata in vigore della presente disposizione, applicano lo sconto nei confronti dei soggetti che si trovino nelle condizioni previste dal comma 4, di importo significativo e aggiuntivo rispetto a quello praticato ai sensi del comma 2, ed evidenziano in sede di preventivo e nel contratto, in caso di accettazione da parte del contraente, lo sconto praticato, in valore assoluto e in percentuale, rispetto al prezzo della polizza altrimenti applicato. Lo sconto di cui al presente comma si applica ai nuovi contratti o in occasione del rinnovo di quelli in essere.

8. Resta fermo, nei casi di cui ai commi 2 e 4, l'obbligo di rispettare i parametri stabiliti dal contratto di assicurazione. Al fine del conseguimento della massima trasparenza, l'impresa di assicurazione pubblica nel proprio sito internet l'entità degli sconti effettuati in attuazione delle disposizioni di cui ai commi 1, 2, 4 e 7, secondo forme di pubblicità che ne rendano efficace e chiara l'applicazione.

9. L'IVASS, attraverso periodiche verifiche a campione, anche in via ispettiva ovvero a seguito di circostanziata segnalazione da parte di terzi, accerta che le imprese assicurative tengano effettivamente conto, ai fini dell'applicazione delle disposizioni di cui ai commi 1, 2, 4 e 7, nel processo di costruzione della tariffa e di ricalcolo del premio, dei criteri definiti dal regolamento di cui al comma 2 e del rispetto dei criteri e delle modalità finalizzati alla determinazione dello sconto di cui al comma 4.

10. L'IVASS verifica, inoltre, che lo sconto aggiuntivo di cui al comma 4 garantisca la progressiva riduzione delle differenze dei premi applicati sul territorio nazionale nei confronti di assicurati con le medesime caratteristiche soggettive e collocati nella medesima classe di merito.

11. Il mancato rispetto da parte dell'impresa di assicura-

zione dei criteri e delle modalità per la determinazione dello sconto di cui ai commi 2 e 4 e dell'obbligo di riduzione del premio nei casi previsti dalle disposizioni di cui ai commi 1 e 7 comporta l'applicazione alla medesima impresa, da parte dell'IVASS, di una sanzione amministrativa pecuniaria da euro 10.000 a euro 80.000 e la riduzione automatica del premio di assicurazione relativo al contratto in essere.

12. Nei casi di cui al comma 1, lettere b) e c), i costi di installazione, disinstallazione, funzionamento, sostituzione e portabilità sono a carico dell'impresa. La titolarità delle dotazioni di cui alle citate lettere b) e c) spetta all'assicurato. La riduzione di premio praticata dall'impresa di assicurazione di cui al comma 1 si applica, altresì, in caso di contratto stipulato con un nuovo assicurato e in caso di scadenza di un contratto o di stipulazione di un nuovo contratto di assicurazione fra le stesse parti. Resta fermo l'obbligo di rispettare i parametri stabiliti dal contratto di assicurazione.

(1) Articolo inserito dalla l. 4/8/2017, n. 124.

133. Formule tariffarie. – 1. Per i ciclomotori, i motocicli, le autovetture e per altre categorie di veicoli a motore che possono essere individuate dall'ISVAP, con regolamento, i contratti di assicurazione debbono essere stipulati in base a condizioni di polizza che prevedano ad ogni scadenza annuale la variazione in aumento od in diminuzione del premio applicato all'atto della stipulazione o del rinnovo, in relazione al verificarsi o meno di sinistri nel corso di un certo periodo di tempo, oppure in base a clausole di franchigia che prevedano un contributo dell'assicurato al risarcimento del danno o in base a formule miste fra le due tipologie. L'individuazione delle categorie di veicoli è effettuata tenendo conto delle esigenze di prevenzione. La predetta variazione del premio, in aumento o in diminuzione, da indicare, in valore assoluto e in percentuale rispetto alla tariffa in vigore applicata dall'impresa, all'atto dell'offerta di preventivo della stipulazione o di rinnovo, si applica automaticamente, fatte salve le migliori condizioni, nella misura preventivamente quantificata in rapporto alla classe di appartenenza attribuita alla polizza ed esplicitamente indicata nel contratto. Il mancato rispetto della disposizione di cui al presente comma comporta l'applicazione, da parte dell'ISVAP, di una sanzione amministrativa da 1.000 euro a 50.000 euro (1).

1-bis. È fatto divieto alle imprese di assicurazione di differenziare la progressione e l'attribuzione delle classi di merito interne in funzione della durata del rapporto contrattuale tra l'assicurato e la medesima impresa, ovvero in base a parametri che ostacolino la mobilità tra diverse imprese di assicurazione. In particolare, le imprese di assicurazione devono garantire al soggetto che stipula il nuovo contratto, nell'ambito della classe di merito, le condizioni di premio assegnate agli assicurati aventi identiche caratteristiche di rischio (2).

2. Le imprese di assicurazione hanno diritto di accesso telematico all'anagrafe nazionale delle persone abilitate alla guida prevista dal codice della strada presso il Ministero delle infrastrutture e dei trasporti a scopo di verifica e aggiornamento delle informazioni relative all'abilitazione alla guida secondo condizioni economiche e tecniche strettamente correlate ai costi del servizio erogato. Con decreto del Ministro delle attività produttive, di concerto con il Ministro delle infrastrutture e dei trasporti, sentito il Garante per la protezione dei dati personali, sono adottate le disposizioni di attuazione.

(1) Comma modificato dall'art. 34-bis, co. 1, d.l. 24/1/2012, n. 1, conv., con modif., dalla l. 24/3/2012, n. 27, e successivamente modificato dalla l. 4/8/2018, n. 124.

(2) Comma aggiunto dalla l. 4/8/2018, n. 124.

134. Attestazione sullo stato del rischio. – 1. L'ISVAP, con regolamento, determina le indicazioni relative all'attestazione sullo stato del rischio che, in occasione di ciascuna scadenza annuale dei contratti di assicurazione obbligatoria relativi ai veicoli a motore, l'impresa deve consegnare al contraente o, se persona diversa, al proprietario ovvero all'usufruttuario, all'acquirente con patto di riservato dominio o al locatario in caso di locazione finanziaria. Le indicazioni contenute nell'attestazione sullo stato del rischio devono comprendere la specificazione della tipologia del danno liquidato (1).

1-bis. I soggetti di cui al comma 1 hanno diritto di esigere in qualunque momento, entro quindici giorni dalla richiesta, l'attestazione sullo stato del rischio relativo agli ultimi cinque anni del contratto di assicurazione obbligatoria relativo ai veicoli a motore secondo le modalità stabilite dall'ISVAP con il regolamento di cui al comma 1 (2).

1-ter. La consegna dell'attestazione sullo stato del rischio, ai sensi dei commi 1 e 1-bis, nonché ai sensi del regolamento dell'ISVAP di cui al comma 1, è effettuata per via telematica, attraverso l'utilizzo delle banche dati elettroniche di cui al comma 2 del presente articolo o di cui all'articolo 135 (3).

2. Il regolamento prevede l'obbligo, a carico delle imprese di assicurazione, di inserimento delle informazioni riportate sull'attestato di rischio in una banca dati elettronica detenuta da enti pubblici ovvero, qualora già esistente, da enti privati, al fine di consentire adeguati controlli nell'assunzione dei contratti di assicurazione di cui all'articolo 122, comma 1. In ogni caso l'ISVAP ha accesso gratuito alla banca dati contenente le informazioni sull'attestazione (4).

3. La classe di merito indicata sull'attestato di rischio si riferisce al proprietario del veicolo. Il regolamento stabilisce la validità, comunque non inferiore a dodici mesi, ed individua i termini relativi alla decorrenza ed alla durata del periodo di osservazione. In caso di cessazione del rischio assicurato o in caso di sospensione o di mancato rinnovo del contratto di assicurazione per mancato utilizzo del veicolo, l'ultimo attestato di rischio conseguito conserva validità per un periodo di cinque anni (5).

4. L'attestazione sullo stato del rischio, all'atto della stipulazione di un contratto per il medesimo veicolo al quale si riferisce l'attestato, è acquisita direttamente dall'impresa assicuratrice in via telematica attraverso le banche dati di cui al comma 2 del presente articolo e di cui all'articolo 135 (6).

4-bis. L'impresa di assicurazione, in tutti i casi di stipulazione di un nuovo contratto e in tutti i casi di rinnovo di contratti già stipulati, purché in assenza di sinistri con responsabilità esclusiva o principale o paritaria negli ultimi cinque anni, sulla base delle risultanze dell'attestato di rischio, relativi a un ulteriore veicolo, anche di diversa tipologia, acquistato dalla persona fisica già titolare di polizza assicurativa o da un componente stabilmente convivente del suo nucleo familiare, non può assegnare al contratto una classe di merito più sfavorevole rispetto a quella risultante dall'ultimo attestato di rischio conseguito sul veicolo già assicurato e non può discriminare in funzione della durata del rapporto garantendo, nell'ambito della classe di merito, le condizioni di premio assegnate agli assicurati aventi le stesse caratteristiche di rischio del soggetto che stipula il nuovo contratto (7).

4-ter. Conseguentemente al verificarsi di un sinistro, le imprese di assicurazione non possono applicare alcuna variazione di classe di merito prima di aver accertato l'effettiva responsabilità del contraente, che è individuata nel responsabile principale del sinistro, secondo la liquidazione effettuata in relazione al danno e fatto salvo un diverso accertamento in sede giudiziale. Ove non sia possibile accertare la responsabilità principale, ovvero, in via provvisoria, salvo conguaglio, in caso di liquidazione parziale, la responsabilità si computa pro quota in relazione al numero dei conducenti coinvolti, ai fini della eventuale variazione di classe a seguito di più sinistri. In ogni caso, le variazioni peggiorative apportate alla classe di merito e i conseguenti incrementi del premio per gli assicurati che hanno esercitato la facoltà di cui all'articolo 132-ter, comma 1, lettera b), devono essere inferiori a quelli altrimenti applicati (7).

4-ter.1. Conseguentemente al verificarsi di un sinistro, qualora l'assicurato accetti l'installazione di uno dei dispositivi di cui all'articolo 132-ter, le variazioni peggiorative apportate alla classe di merito e i conseguenti incrementi del premio devono essere inferiori a quelli altrimenti applicati (8).

4-quater. È fatto comunque obbligo alle imprese di assicurazione di comunicare tempestivamente al contraente le variazioni peggiorative apportate alla classe di merito (9).

(1) Comma modificato dall'art. 32, co. 2, lett. a), d.l. 24/1/2012, n. 1, conv., con modif., dalla l. 24/3/2012, n. 27.

(2) Comma inserito dall'art. 1, co. 5, d.lg. 6/11/2007, n. 198.

(3) Comma inserito dall'art. 32, co. 2, lett. b), d.l. 24/1/2012, n. 1, conv., con modif., dalla l. 24/3/2012, n. 27.

(4) Comma modificato dall'art. 32, co. 2, lett. c), d.l. 24/1/2012, n. 1, conv., con modif., dalla l. 24/3/2012, n. 27.

(5) Comma modificato dall'art. 5 del d.l. 31/1/2007, n. 7, conv., con modif., dalla l. 2/4/2007, n. 40.

(6) Comma sostituito dall'art. 32, co. 2, lett. d), d.l. 24/1/2012, n. 1, conv., con modif., dalla l. 24/3/2012, n. 27.

(7) Comma aggiunto dall'art. 5 del d.l. 31/1/2007, n. 7, conv., con modif., dalla l. 2/4/2007, n. 40, successivamente modificato dall'art. 1, co. 14, lett. a), l. 4/8/2017, n. 124 e dall'art. 55-bis, co. 1 del d.l. 26/10/2019, n. 124, conv., con modif., dalla l. 19/12/2019, n. 157, le cui disposizioni, a norma dell'art. 12, co. 4, d.l. 30/12/2019, n. 162, conv., con modif., dalla l. 28/2/2020, n. 8, si applicano dal 16/2/2020.

(8) Comma inserito dall'art. 12, co. 4-ter, d.l. 30/12/2019, n. 162, conv., con modif., dalla l. 28/2/2020, n. 8. Vedi anche le disposizioni di cui al successivo co. 4-quater dell'art. 12 del d.l. n. 162/2019.

(9) Comma aggiunto dall'art. 5 del d.l. 31/1/2007, n. 7, conv., con modif., dalla l. 2/4/2007, n. 40.

135. Banca dati sinistri e banche dati anagrafe testimoni e anagrafe danneggiati (1). – 1. Allo scopo di rendere più efficace la prevenzione e il contrasto di comportamenti fraudolenti nel settore delle assicurazioni obbligatorie per i veicoli a motore immatricolati in Italia, sono istituite presso l'ISVAP una banca dati dei sinistri ad essi relativi e due banche dati denominate 'anagrafe testimoni' e 'anagrafe danneggiati' (2).

2. Le imprese di assicurazione autorizzate in Italia all'esercizio dell'assicurazione obbligatoria della responsabilità civile derivante dalla circolazione dei veicoli a motore sono tenute a comunicare i dati riguardanti i sinistri gestiti, compresi i sinistri gestiti in qualità di impresa designata ai sensi dell'articolo 286, nonché i sinistri gestiti dall'Ufficio centrale italiano ai sensi dell'articolo 125, comma 5, e dell'articolo 296, secondo le modalità stabilite con regolamento adottato dall'IVASS. Al medesimo adempimento sono tenute le imprese aventi sede legale in uno Stato membro dell'Unione europea ammesse a operare in Italia in regime di libera prestazione dei servizi o in regime di stabilimento e abilitate all'esercizio dell'assicurazione obbligatoria della responsabilità civile derivante dalla circolazione dei veicoli a motore nel territorio della Repubblica (3).

3. Le procedure di organizzazione e di funzionamento, le modalità e le condizioni di accesso alle banche dati di cui al comma 1, da parte delle pubbliche amministrazioni, dell'autorità giudiziaria, delle forze di polizia, delle imprese di assicurazione e di soggetti terzi, nonché gli obblighi di consultazione delle banche dati da parte delle imprese di assicurazione in fase di liquidazione dei sinistri, sono stabiliti dall'ISVAP, con regolamento, sentiti il Ministero dello sviluppo economico e il Ministero dell'interno, e, per i profili di tutela della riservatezza, il Garante per la protezione dei dati personali (4).

3-bis. In caso di sinistri con soli danni a cose, l'identificazione di eventuali testimoni sul luogo di accadimento dell'incidente deve risultare dalla denuncia di sinistro o comunque dal primo atto formale del danneggiato nei confronti dell'impresa di assicurazione o, in mancanza, deve essere richiesta dall'impresa di assicurazione con espresso avviso all'assicurato delle conseguenze processuali della mancata risposta. In quest'ultimo caso, l'impresa di assicurazione deve effettuare la richiesta di indicazione dei testimoni con raccomandata con avviso di ricevimento entro il termine di sessanta giorni dalla denuncia del sinistro e la parte che riceve tale richiesta effettua la comunicazione dei testimoni, a mezzo di raccomandata con avviso di ricevimento, entro il termine di sessanta giorni dalla ricezione della richiesta. L'impresa di assicurazione deve procedere a sua volta all'individuazione e alla comunicazione di eventuali ulteriori testimoni entro il termine di sessanta giorni. Fatte salve le risultanze contenute in verbali delle autorità di polizia intervenute sul luogo dell'incidente, l'identificazione dei testimoni avvenuta in un momento successivo comporta l'inammissibilità della prova testimoniale addotta (5).

3-ter. In caso di giudizio, il giudice, sulla base della documentazione prodotta, non ammette le testimonianze che non risultino acquisite secondo le modalità previste dal comma 3-bis. Il giudice dispone l'audizione dei testimoni che non sono stati indicati nel rispetto del citato comma 3-bis nei soli casi in cui risulti comprovata l'oggettiva impossibilità della loro tempestiva identificazione (5).

3-quater. Nelle controversie civili promosse per l'accertamento della responsabilità e per la quantificazione dei danni, il giudice, anche su documentata segnalazione delle parti che, a tale fine, possono richiedere i dati all'IVASS, trasmette un'informativa alla procura della Repubblica, per quanto di competenza, in relazione alla ricorrenza dei medesimi nominativi di testimoni presenti in più di tre sinistri negli ultimi cinque anni registrati nella banca dati dei sinistri di cui al comma 1. Il presente comma non si applica agli ufficiali e agli agenti delle autorità di polizia che sono chiamati a testimoniare (5).

(1) Rubrica modificata dall'art. 32, co. 3-bis, lett. a), d.l. 24/1/2012, n. 1, conv., con modif., dalla l. 24/3/2012, n. 27.

(2) Comma modificato dall'art. 32, co. 3-bis, lett. b), d.l. 24/1/2012, n. 1, conv., con modif., dalla l. 24/3/2012, n. 27.

(3) Comma modificato dalla l. 4/8/2017, n. 124. Il testo previgente disponeva: «Le imprese sono tenute a comunicare i dati riguardanti i sinistri dei propri assicurati, secondo le modalità stabilite con regolamento adottato dall'ISVAP. I dati relativi alle imprese di assicurazione che operano nel territorio della Repubblica in regime di libera prestazione dei servizi o in regime di stabilimento sono richiesti dall'ISVAP alle rispettive autorità di vigilanza degli Stati membri interessati».

(4) Comma sostituito dall'art. 32, co. 3-bis, lett. c), d.l. 24/1/2012, n. 1, conv., con modif., dalla l. 24/3/2012, n. 27.

(5) Comma inserito dall'art. 1, co. 15, l. 4/8/2017, n. 124.

136. Funzioni del Ministero delle attività produttive. – 1. Al fine di consentire lo svolgimento delle funzioni del Ministero delle attività produttive, l'ISVAP è tenuto a comunicare al Ministero dati, informazioni e notizie relativi alle tariffe dell'assicurazione obbligatoria della responsabilità civile derivante dalla circolazione dei veicoli a motore e dei natanti.

2. Per le finalità di cui al comma 1, è istituito presso il Ministero delle attività produttive un comitato di esperti in materia di assicurazione obbligatoria della responsabilità civile derivante dalla circolazione dei veicoli a motore e dei natanti, con il compito di osservare l'andamento degli incrementi tariffari praticati dalle imprese di assicurazione operanti nel territorio della Repubblica, valutando in particolare le diffe-

renze tariffarie applicate sul territorio della Repubblica italiana e anche in quale misura si sia tenuto conto del comportamento degli assicurati che nel corso dell'anno non abbiano denunciato incidenti. Con decreto del Ministro delle attività produttive, è disciplinata la costituzione e il funzionamento del comitato di esperti, fermo restando che ai predetti esperti non può essere attribuita alcuna indennità o emolumento comunque denominato.

3. Al fine della diffusione di un'adeguata informazione agli utenti e della realizzazione di un sistema di monitoraggio permanente sui premi relativi all'assicurazione obbligatoria della responsabilità civile derivante dalla circolazione dei veicoli a motore, il Consiglio nazionale dei consumatori e degli utenti è autorizzato a stipulare apposita convenzione con l'Istituto nazionale di statistica e a co-finanziare, secondo modalità e criteri stabiliti con decreto del Ministro delle attività produttive, programmi di informazione e orientamento rivolti agli utenti dei servizi assicurativi promossi dalle associazioni dei consumatori e degli utenti, a valere sulle disponibilità finanziarie assegnate al Consiglio stesso dalla legge istitutiva.

3-bis. Il Ministero dello sviluppo economico utilizza il sistema tariffario completo in tutte le sue estensioni organizzato dall'ISVAP, sulla base dei dati forniti dalle imprese di assicurazione, per realizzare un servizio informativo, anche tramite il proprio sito internet, che consente al consumatore di comparare le tariffe applicate dalle diverse imprese di assicurazione relativamente al proprio profilo individuale.

Capo III
Risarcimento del danno

137. Danno patrimoniale. – 1. Nel caso di danno alla persona, quando agli effetti del risarcimento si debba considerare l'incidenza dell'inabilità temporanea o dell'invalidità permanente su un **reddito di lavoro comunque qualificabile**, tale reddito si determina, per il lavoro dipendente, sulla base del reddito di lavoro, maggiorato dei redditi esenti e al lordo delle detrazioni e delle ritenute di legge, che risulta il più elevato tra quelli degli ultimi tre anni e, per il lavoro autonomo, sulla base del reddito netto che risulta il più elevato tra quelli dichiarati dal danneggiato ai fini dell'imposta sul reddito delle persone fisiche negli ultimi tre anni ovvero, nei casi previsti dalla legge, dall'apposita certificazione rilasciata dal datore di lavoro ai sensi delle norme di legge.

2. È in ogni caso ammessa la prova contraria, ma, quando dalla stessa risulti che il reddito sia superiore di oltre un quinto rispetto a quello risultante dagli atti indicati nel comma 1, il giudice ne fa segnalazione al competente ufficio dell'Agenzia delle entrate.

3. In tutti gli altri casi il reddito che occorre considerare ai fini del risarcimento non può essere inferiore a tre volte l'ammontare annuo della pensione sociale.

138. Danno non patrimoniale per lesioni di non lieve entità (1). – 1. Al fine di garantire il diritto delle vittime dei sinistri a un **pieno** risarcimento del danno non patrimoniale **effettivamente subito** e di razionalizzare i costi gravanti sul sistema assicurativo e sui consumatori, con decreto del Presidente della Repubblica, da adottare entro centoventi giorni dalla data di entrata in vigore della presente disposizione, previa deliberazione del Consiglio dei ministri, su proposta del Ministro dello sviluppo economico, di concerto con il Ministro della salute, con il Ministro del lavoro e delle politiche sociali e con il Ministro della giustizia, si provvede alla predisposizione di una specifica tabella unica su tutto il territorio della Repubblica:

a) delle menomazioni all'integrità psico-fisica comprese tra dieci e cento punti;

b) del valore pecuniario da attribuire a ogni singolo punto di invalidità comprensivo dei coefficienti di variazione corrispondenti all'età del soggetto leso.

2. La tabella unica nazionale è redatta, tenuto conto dei criteri di valutazione del danno non patrimoniale ritenuti congrui dalla consolidata giurisprudenza di legittimità, secondo i seguenti principi e criteri:

a) agli effetti della tabella, per **danno biologico** si intende la lesione temporanea o permanente all'integrità psico-fisica della persona, suscettibile di accertamento medico-legale, che esplica un'incidenza negativa sulle **attività quotidiane e sugli aspetti dinamico-relazionali della vita del danneggiato**, indipendentemente da eventuali ripercussioni sulla sua capacità di produrre reddito;

b) la tabella dei valori economici si fonda sul sistema a punto variabile in funzione dell'età e del grado di invalidità;

c) il valore economico del punto è funzione crescente della percentuale di invalidità e l'incidenza della **menomazione sugli aspetti dinamico-relazionali della vita del danneggiato** cresce in modo più che proporzionale rispetto all'aumento percentuale assegnato ai postumi;

d) il valore economico del punto è funzione decrescente dell'età del soggetto, sulla base delle tavole di mortalità elaborate dall'ISTAT, al tasso di rivalutazione pari all'interesse legale;

e) al fine di considerare la componente del **danno morale da lesione all'integrità fisica**, la quota corrispondente al danno biologico stabilita in applicazione dei criteri di cui alle lettere da a) a d) è incrementata in via percentuale e progressiva per punto, individuando la percentuale di aumento di tali valori per la personalizzazione complessiva della liquidazione;

f) il danno biologico temporaneo inferiore al 100 per cento è determinato in misura corrispondente alla percentuale di inabilità riconosciuta per ciascun giorno.

3. Qualora la menomazione accertata incida in maniera rilevante su specifici aspetti dinamico-relazionali personali documentati e obiettivamente accertati, l'ammontare del risarcimento del danno, calcolato secondo quanto previsto dalla tabella unica nazionale di cui al comma 2, **può essere aumentato dal giudice**, con equo e motivato apprezzamento delle condizioni soggettive del danneggiato, fino al 30 per cento.

4. L'ammontare complessivo del risarcimento riconosciuto ai sensi del presente articolo è **esaustivo** del risarcimento del danno conseguente alle lesioni fisiche.

5. Gli importi stabiliti nella tabella unica nazionale sono aggiornati annualmente, con decreto del Ministro dello sviluppo economico, in misura corrispondente alla variazione dell'indice nazionale dei prezzi al consumo per le famiglie di operai e impiegati accertata dall'ISTAT (2).

(1) Rubrica modificata dalla l. 4/8/2017, n. 124. Quella precedente era "Danno biologico per lesioni di non lieve entità".

(2) Articolo modificato dalla l. 4/8/2017, n. 124. Il testo previgente disponeva: «1. Con decreto del Presidente della Repubblica, previa deliberazione del Consiglio dei Ministri, su proposta del Ministro della salute, di concerto con il Ministro delle attività produttive, con il Ministro del lavoro e delle politiche sociali e con il Ministro della giustizia, si provvede alla predisposizione di una specifica tabella unica su tutto il territorio della Repubblica: a) delle menomazioni alla integrità psicofisica comprese tra dieci e cento punti; b) del valore pecuniario da attribuire ad ogni singolo punto di invalidità comprensiva dei coefficienti di variazione corrispondenti all'età del soggetto leso. 2. La tabella unica nazionale è redatta secondo i seguenti principi e criteri: a) agli effetti della tabella per danno biologico si intende la lesione temporanea o permanente all'integrità psico-fisica della persona suscettibile di accertamento medico-legale che esplica un'incidenza negativa sulle attività quotidiane e sugli aspetti dinamico-relazionali della vita del danneggiato, indipendentemente da eventuali ripercussioni sulla sua capacità di produrre reddito; b) la tabella dei valori economici si fonda sul sistema a punto variabile in funzione dell'età e del grado di

invalidità; c) il valore economico del punto è funzione crescente della percentuale di invalidità e l'incidenza della menomazione sugli aspetti dinamico-relazionali della vita del danneggiato cresce in modo più che proporzionale rispetto all'aumento percentuale assegnato ai postumi; d) il valore economico del punto è funzione decrescente dell'età del soggetto, sulla base delle tavole di mortalità elaborate dall'ISTAT, al tasso di rivalutazione pari all'interesse legale; e) il danno biologico temporaneo inferiore al cento per cento è determinato in misura corrispondente alla percentuale di inabilità riconosciuta per ciascun giorno. 3. Qualora la menomazione accertata incida in maniera rilevante su specifici aspetti dinamico-relazionali personali, l'ammontare del danno determinato ai sensi della tabella unica nazionale può essere aumentato dal giudice sino al trenta per cento, con equo e motivato apprezzamento delle condizioni soggettive del danneggiato. 4. Gli importi stabiliti nella tabella unica nazionale sono aggiornati annualmente, con decreto del Ministro delle attività produttive, in misura corrispondente alla variazione dell'indice nazionale dei prezzi al consumo per le famiglie di operai ed impiegati accertata dall'ISTAT» e successivamente modificato dall'art. 3-ter, co. 1, lett. a), d.l. 30/12/2021, n. 228, conv., con modif., dalla l. 25/2/2022, n. 15.

139. Danno biologico per lesioni di lieve entità. – 1. Il risarcimento del danno biologico per lesioni di lieve entità, derivanti da sinistri conseguenti alla circolazione dei veicoli a motore e dei natanti, è effettuato secondo i criteri e le misure seguenti:

a) a titolo di danno biologico permanente, è liquidato per i postumi da lesioni pari o inferiori al nove per cento un importo crescente in misura più che proporzionale in relazione ad ogni punto percentuale di invalidità; tale importo è calcolato in base all'applicazione a ciascun punto percentuale di invalidità del relativo coefficiente secondo la correlazione esposta nel comma 6. L'importo così determinato si riduce con il crescere dell'età del soggetto in ragione dello zero virgola cinque per cento per ogni anno di età a partire dall'undicesimo anno di età. Il valore del primo punto è pari ad euro settecentonovantacinque virgola novantuno (1);

b) a titolo di danno biologico temporaneo, è liquidato un importo di euro trentanove virgola trentasette per ogni giorno di inabilità assoluta; in caso di inabilità temporanea inferiore al cento per cento, la liquidazione avviene in misura corrispondente alla percentuale di inabilità riconosciuta per ciascun giorno (2).

2. Ai fini di cui al comma 1, per **danno biologico** si intende la lesione temporanea o permanente all'**integrità psicofisica della persona**, suscettibile di **accertamento medico-legale**, che esplica un'incidenza negativa sulle **attività quotidiane e sugli aspetti dinamico-relazionali della vita del danneggiato**, indipendentemente da eventuali ripercussioni sulla sua capacità di produrre reddito. In ogni caso, le lesioni di lieve entità, che non siano suscettibili di accertamento clinico strumentale obiettivo, ovvero visivo, con riferimento alle lesioni, quali le cicatrici, oggettivamente riscontrabili senza l'ausilio di strumentazioni, non possono dar luogo a risarcimento per danno biologico permanente (3).

3. Qualora la menomazione accertata incida in maniera rilevante su specifici aspetti dinamico-relazionali personali documentati e obiettivamente accertati ovvero causi o abbia causato una sofferenza psico-fisica di particolare intensità, l'ammontare del risarcimento del danno, calcolato secondo quanto previsto dalla tabella di cui al comma 4, **può essere aumentato dal giudice**, con equo e motivato apprezzamento delle condizioni soggettive del danneggiato, fino al 20 per cento. L'ammontare complessivo del risarcimento riconosciuto ai sensi del presente articolo è **esaustivo** del risarcimento del danno non patrimoniale conseguente a lesioni fisiche.

4. Con decreto del Presidente della Repubblica, previa deliberazione del Consiglio dei Ministri, su proposta del Ministro della salute, di concerto con il Ministro del lavoro e delle politiche sociali, con il Ministro della giustizia e con il Ministro delle attività produttive, si provvede alla predisposizione di una specifica tabella delle menomazioni alla integrità psicofisica comprese tra uno e nove punti di invalidità.

5. Gli importi indicati nel comma 1 sono aggiornati annualmente con decreto del Ministro delle attività produttive, in misura corrispondente alla variazione dell'indice nazionale dei prezzi al consumo per le famiglie di operai ed impiegati accertata dall'ISTAT.

6. Ai fini del calcolo dell'importo di cui al comma 1, lettera a), per un punto percentuale di invalidità pari a 1 si applica un coefficiente moltiplicatore pari a 1,0, per un punto percentuale di invalidità pari a 2 si applica un coefficiente moltiplicatore pari a 1,1, per un punto percentuale di invalidità pari a 3 si applica un coefficiente moltiplicatore pari a 1,2, per un punto percentuale di invalidità pari a 4 si applica un coefficiente moltiplicatore pari a 1,3, per un punto percentuale di invalidità pari a 5 si applica un coefficiente moltiplicatore pari a 1,5, per un punto percentuale di invalidità pari a 6 si applica un coefficiente moltiplicatore pari a 1,7, per un punto percentuale di invalidità pari a 7 si applica un coefficiente moltiplicatore pari a 1,9, per un punto percentuale di invalidità pari a 8 si applica un coefficiente moltiplicatore pari a 2,1, per un punto percentuale di invalidità pari a 9 si applica un coefficiente moltiplicatore pari a 2,3.

(1) L'importo di cui alla presente lettera è aggiornato alla misura di seicentottantotto euro e ventotto centesimi dall'art. 1 del d.m. 31/5/2006, successivamente l'art. 1 del d.m. 12/6/2007, ha ulteriormente aggiornato l'importo, a decorrere dal mese di aprile 2007, alla misura di seicentonovantasette euro e novantadue centesimi; infine l'art. 1 del d.m. 24/6/2007, ha aggiornato l'importo in settecentoventi euro e novantacinque centesimi. Per l'aggiornamento fino alla misura di settecentoventotto euro e sedici centesimi vedi l'art. 1 del d.m. 19/6/2009. Per un ulteriore aggiornamento fino a settecentotrentanove euro e ottantuno centesimi, vedi l'art. 1 del d.m. 27/5/2010. Successivamente, l'art. 1 del d.m. 17/6/2011, ha aggiornato l'importo di cui alla presente lettera a settecentocinquantanove euro e quattro centesimi, a decorrere dal mese di aprile 2011. Il d.m. 15/6/2012 ha aggiornato l'importo in settecentottantatre euro e trentatre centesimi, a decorrere dal mese di aprile 2012. Il d.m. 6/6/2013 ha aggiornato l'importo di cui alla presente lettera in settecentonovantuno euro e novantacinque centesimi a decorrere dal mese di aprile 2013.
Il d.m. 20/6/2014, ha nuovamente aggiornato l'importo di cui alla presente lettera in settecentonovantacinque euro e novantuno centesimi a decorrere dal mese di aprile 2014. Successivamente il d.m. 25/6/2015, ha aggiornato l'importo di cui alla presente lettera in settecentonovantatre euro e cinquantadue centesimi, a decorrere dal mese di aprile 2015. L'importo di cui alla presente lettera è stato modificato dal d.m. 19 luglio 2016 ed aggiornato alla misura di settecentonovantacinque virgola novantuno euro. Il decreto 17/7/2017 n. 196 ha aggiornato l'importo di cui alla lettera a) in ottocentotre euro e settantanove centesimi, e in quarantasei euro e ottantotto centesimi, l'importo relativo ad ogni giorno di inabilità assoluta, di cui alla lettera b). A decorrere dal mese di aprile 2017, il decreto 9/1/2019 ha aggiornato l'importo di cui alla lettera a) ottocentosette euro e zero centesimi, e in quarantasette euro e zerosette centesimi, l'importo relativo ad ogni giorno di inabilità assoluta, di cui alla lettera b).

(2) L'importo di cui alla presente lettera è aggiornato alla misura di quaranta euro e sedici centesimi dall'art. 1 del d.m. 31/5/2006, successivamente l'art. 1 del d.m. 12/6/2007, ha ulteriormente aggiornato l'importo, a decorrere dal mese di aprile 2007, alla misura di quaranta euro e settantadue centesimi; infine l'art. 1 del d.m. 24/6/2007, ha aggiornato l'importo in quarantadue euro e sei centesimi. Per l'aggiornamento fino alla misura di quarantadue euro e quarantotto centesimi vedi l'art. 1 del d.m. 19/6/2009. Per un ulteriore aggiornamento fino a quarantatré euro e sedici centesimi, vedi l'art. 1 del d.m. 27/5/2010. Successivamente, l'art. 1 del d.m. 17/6/2011, ha aggiornato l'importo di cui alla presente lettera a quarantaquattro euro e ventotto centesimi, a decorrere dal mese di aprile 2011. Il d.m. 15/6/2012 ha aggiornato l'importo in quarantacinque euro e settanta centesimi, a decorrere dal mese di aprile 2012. Il d.m. 6/6/2013 ha aggiornato l'importo di cui alla presente

lettera in quarantasei euro e venti centesimi, a decorrere dal mese di aprile 2013. Da ultimo, il d.m. 20/6/2014, ha aggiornato l'importo di cui alla presente lettera in quarantasei euro e quarantatré centesimi a decorrere dal mese di aprile 2014.

(3) Comma modificato dall'art. 32, co. 3-ter, d.l. 24/1/2012, n. 1, conv., con modif., dalla l. 24/3/2012, n. 27 e poi dall'art. 1 della l. 4/8/2017, n. 124.

140. Pluralità di danneggiati e supero del massimale. – 1. Qualora vi siano più persone danneggiate nello stesso sinistro e il risarcimento dovuto dal responsabile superi le somme assicurate, i diritti delle persone danneggiate nei confronti dell'impresa di assicurazione sono proporzionalmente ridotti fino alla concorrenza delle somme assicurate.

2. L'impresa di assicurazione che, decorsi trenta giorni dall'incidente e ignorando l'esistenza di altre persone danneggiate, pur avendone ricercata l'identificazione con la normale diligenza, ha pagato ad alcuna di esse una somma superiore alla quota spettante, risponde verso le altre persone danneggiate nei limiti dell'eccedenza della somma assicurata rispetto alla somma versata.

3. Nel caso di cui al comma 2, le altre persone danneggiate, il cui credito rimanesse insoddisfatto, hanno diritto di ripetere, da chi abbia ricevuto il risarcimento dall'impresa di assicurazione, quanto sarebbe loro spettato in applicazione del comma 1.

4. Nei giudizi promossi fra l'impresa di assicurazione e le persone danneggiate sussiste litisconsorzio necessario, applicandosi l'articolo 102 del codice di procedura civile. L'impresa di assicurazione può effettuare il deposito di una somma, nei limiti del massimale, con effetto liberatorio nei confronti di tutte le persone aventi diritto al risarcimento, se il deposito è irrevocabile e vincolato a favore di tutti i danneggiati.

141. Risarcimento del terzo trasportato. – 1. Salva l'ipotesi di sinistro cagionato da caso fortuito, il danno subito dal terzo trasportato è risarcito dall'impresa di assicurazione del veicolo sul quale era a bordo al momento del sinistro entro il massimale minimo di legge, fermo restando quanto previsto all'articolo 140, a prescindere dall'accertamento della responsabilità dei conducenti dei veicoli coinvolti nel sinistro, fermo il diritto al risarcimento dell'eventuale maggior danno nei confronti dell'impresa di assicurazione del responsabile civile, se il veicolo di quest'ultimo è coperto per un massimale superiore a quello minimo.

2. Per ottenere il risarcimento il terzo trasportato promuove nei confronti dell'impresa di assicurazione del veicolo sul quale era a bordo al momento del sinistro la procedura di risarcimento prevista dall'articolo 148.

3. L'azione diretta avente ad oggetto il risarcimento è esercitata nei confronti dell'impresa di assicurazione del veicolo sul quale il danneggiato era a bordo al momento del sinistro nei termini di cui all'articolo 145. L'impresa di assicurazione del responsabile civile può intervenire nel giudizio e può estromettere l'impresa di assicurazione del veicolo, riconoscendo la responsabilità del proprio assicurato. Si applicano, in quanto compatibili, le disposizioni del capo IV.

4. L'impresa di assicurazione che ha effettuato il pagamento ha diritto di rivalsa nei confronti dell'impresa di assicurazione del responsabile civile nei limiti ed alle condizioni previste dall'articolo 150.

142. Diritto di surroga dell'assicuratore sociale. – 1. Qualora il danneggiato sia assistito da assicurazione sociale, l'ente gestore dell'assicurazione sociale ha diritto di ottenere direttamente dall'impresa di assicurazione il rimborso delle spese sostenute per le prestazioni erogate al danneggiato ai sensi delle leggi e dei regolamenti che disciplinano detta assicurazione, sempreché non sia già stato pagato il risarcimento al danneggiato, con l'osservanza degli adempimenti prescritti nei commi 2 e 3.

2. Prima di provvedere alla liquidazione del danno, l'impresa di assicurazione è tenuta a richiedere al danneggiato una dichiarazione attestante che lo stesso non ha diritto ad alcuna prestazione da parte di istituti che gestiscono assicurazioni sociali obbligatorie. Ove il danneggiato dichiari di avere diritto a tali prestazioni, l'impresa di assicurazione è tenuta a darne comunicazione al competente ente di assicurazione sociale e potrà procedere alla liquidazione del danno solo previo accantonamento di una somma a valere sul complessivo risarcimento dovuto idonea a coprire il credito dell'ente per le prestazioni erogate o da erogare a qualsiasi titolo (1).

3. Trascorsi quarantacinque giorni dalla comunicazione di cui al comma 2 senza che l'ente di assicurazione sociale abbia dichiarato di volersi surrogare nei diritti del danneggiato, l'impresa di assicurazione potrà disporre la liquidazione definitiva in favore del danneggiato. L'ente di assicurazione sociale ha diritto di ripetere dal danneggiato le somme corrispondenti agli oneri sostenuti se il comportamento del danneggiato abbia pregiudicato l'azione di surrogazione.

4. In ogni caso l'ente gestore dell'assicurazione sociale non può esercitare l'azione surrogatoria con pregiudizio del diritto dell'assistito al risarcimento dei danni alla persona non altrimenti risarciti.

(1) Comma modificato dall'art. 1, co. 1126, lett. f), l. 30/12/2018, n. 145.

142 bis. Informazioni sulla copertura assicurativa (1). – 1. Il danneggiato ha diritto di ottenere dal Centro di informazione di cui all'articolo 154 le informazioni riguardanti la copertura assicurativa del veicolo che ha causato il sinistro, il numero di polizza e la data di scadenza della stessa.

(1) Articolo inserito dall'art. 1 del d.lg. 6/11/2007, n. 198.

142 ter. Utenti della strada non motorizzati (1). – 1. L'assicurazione obbligatoria per i veicoli a motore e i natanti copre i danni alle persone e i danni alle cose subiti da pedoni, ciclisti e altri utenti non motorizzati della strada i quali, in conseguenza di un incidente nel quale sia stato coinvolto un veicolo, hanno diritto alla riparazione del danno, nei limiti in cui sussista la responsabilità civile dei conducenti.

(1) Articolo inserito dall'art. 1 del d.lg. 6/11/2007, n. 198.

Capo IV
Procedure liquidative

143. Denuncia di sinistro. – 1. Nel caso di sinistro avvenuto tra veicoli a motore per i quali vi sia obbligo di assicurazione, i conducenti dei veicoli coinvolti o, se persone diverse, i rispettivi proprietari sono tenuti a denunciare il sinistro alla propria impresa di assicurazione, avvalendosi del modulo fornito dalla medesima, il cui modello è approvato dall'ISVAP. In caso di mancata presentazione della denuncia di sinistro si applica l'articolo 1915 del codice civile per l'omesso avviso di sinistro.

2. Quando il modulo sia firmato congiuntamente da entrambi i conducenti coinvolti nel sinistro si presume, salvo prova contraria da parte dell'impresa di assicurazione, che il sinistro si sia verificato nelle circostanze, con le modalità e con le conseguenze risultanti dal modulo stesso.

144. Azione diretta del danneggiato. – 1. Il danneggiato per sinistro causato dalla circolazione di un veicolo o di un natante, per i quali vi è obbligo di assicurazione, ha azione diretta per il risarcimento del danno nei confronti dell'impresa di assicurazione del responsabile civile, entro i limiti delle somme per le quali è stata stipulata l'assicurazione.

2. Per l'intero massimale di polizza l'impresa di assicurazione non può opporre al danneggiato eccezioni derivanti dal contratto, né clausole che prevedano l'eventuale contributo dell'assicurato al risarcimento del danno. L'impresa di assicurazione ha tuttavia diritto di rivalsa verso l'assicurato nella misura in cui avrebbe avuto contrattualmente diritto di rifiutare o ridurre la propria prestazione.

3. Nel giudizio promosso contro l'impresa di assicurazione è chiamato anche il responsabile del danno.

4. L'azione diretta che spetta al danneggiato nei confronti dell'impresa di assicurazione è soggetta al termine di prescrizione cui sarebbe soggetta l'azione verso il responsabile.

145. Proponibilità dell'azione di risarcimento. – 1. Nel caso si applichi la procedura di cui all'articolo 148, l'azione per il risarcimento dei danni causati dalla circolazione dei veicoli e dei natanti, per i quali vi è obbligo di assicurazione, può essere proposta solo dopo che siano decorsi sessanta giorni, ovvero novanta in caso di danno alla persona, decorrenti da quello in cui il danneggiato abbia chiesto all'impresa di assicurazione il risarcimento del danno, a mezzo lettera raccomandata con avviso di ricevimento, anche se inviata per conoscenza, avendo osservato le modalità ed i contenuti previsti all'articolo 148.

2. Nel caso in cui si applichi la procedura di cui all'articolo 149 l'azione per il risarcimento dei danni causati dalla circolazione dei veicoli e dei natanti, per i quali vi è obbligo di assicurazione, può essere proposta solo dopo che siano decorsi sessanta giorni, ovvero novanta in caso di danno alla persona, decorrenti da quello in cui il danneggiato abbia chiesto alla propria impresa di assicurazione il risarcimento del danno, a mezzo lettera raccomandata con avviso di ricevimento, inviata per conoscenza all'impresa di assicurazione dell'altro veicolo coinvolto, avendo osservato le modalità ed i contenuti previsti dagli articoli 149 e 150.

145 bis. Valore probatorio delle cosiddette «scatole nere» e di altri dispositivi elettronici (1). – 1. Quando uno dei veicoli coinvolti in un incidente risulta dotato di un dispositivo elettronico che presenta le caratteristiche tecniche e funzionali stabilite ai sensi dell'articolo 132-ter, comma 1, lettere b) e c), e fatti salvi, in quanto equiparabili, i dispositivi elettronici già in uso alla data di entrata in vigore delle citate disposizioni, le risultanze del dispositivo formano piena prova, nei procedimenti civili, dei fatti a cui esse si riferiscono, salvo che la parte contro la quale sono state prodotte dimostri il mancato funzionamento o la manomissione del predetto dispositivo. Le medesime risultanze sono rese fruibili alle parti.

2. L'interoperabilità e la portabilità dei meccanismi elettronici che registrano l'attività del veicolo di cui all'articolo 132-ter, comma 1, lettera b), anche nei casi di sottoscrizione da parte dell'assicurato di un contratto di assicurazione con un'impresa assicuratrice diversa da quella che ha provveduto a installare i meccanismi elettronici, sono garantite da operatori, di seguito denominati «provider di telematica assicurativa», i cui dati identificativi sono comunicati all'IVASS da parte delle imprese di assicurazione che ne utilizzano i servizi. I dati sull'attività del veicolo sono gestiti in sicurezza dagli operatori del settore sulla base dello standard tecnologico comune indicato nell'articolo 32, comma 1-ter, del decreto-legge 24 gennaio 2012, n. 1, convertito, con modificazioni, dalla legge 24 marzo 2012, n. 27, e successive modificazioni, e sono successivamente inviati alle rispettive imprese di assicurazione.

3. Le modalità per assicurare l'interoperabilità dei meccanismi elettronici nonché delle apparecchiature di telecomunicazione a essi connesse e dei relativi sistemi di gestione dei dati, in caso di sottoscrizione da parte dell'assicurato di un contratto di assicurazione con un'impresa diversa da quella che ha provveduto a installare tale meccanismo, o di portabilità tra diversi provider di telematica assicurativa, sono determinate dal regolamento previsto dall'articolo 32, comma 1-bis, del decreto-legge 24 gennaio 2012, n. 1, convertito, con modificazioni, dalla legge 24 marzo 2012, n. 27, e successive modificazioni. Gli operatori rispondono del funzionamento ai fini dell'interoperabilità.

4. Il mancato adeguamento, da parte dell'impresa di assicurazione o del provider di telematica assicurativa, alle condizioni stabilite dal regolamento previsto dall'articolo 32, comma 1-bis, del decreto-legge 24 gennaio 2012, n. 1, convertito, con modificazioni, dalla legge 24 marzo 2012, n. 27, e successive modificazioni, comporta l'applicazione da parte dell'IVASS di una sanzione amministrativa pecuniaria di euro 3.000 per ogni giorno di ritardo.

5. I dati sono trattati dall'impresa di assicurazione nel rispetto delle disposizioni del codice in materia di protezione dei dati personali, di cui al decreto legislativo 30 giugno 2003, n. 196. L'impresa di assicurazione è titolare del trattamento dei dati ai sensi dell'articolo 28 del citato codice di cui al decreto legislativo n. 196 del 2003. Salvo consenso espresso dell'assicurato in relazione alla disponibilità di ulteriori servizi connessi con la mobilità del veicolo, è fatto divieto all'impresa di assicurazione, nonché ai soggetti a essa collegati, di utilizzare i dispositivi di cui al presente articolo al fine di raccogliere dati ulteriori rispetto a quelli destinati alla finalità di determinazione delle responsabilità in occasione dei sinistri e ai fini tariffari, o di rilevare la posizione e le condizioni del veicolo in maniera continuativa o comunque sproporzionata rispetto alla medesima finalità.

6. È fatto divieto all'assicurato di disinstallare, manomettere o comunque rendere non funzionante il dispositivo installato. In caso di violazione del divieto di cui al periodo precedente da parte dell'assicurato, la riduzione del premio di cui all'articolo 132-ter non è applicata per la durata residua del contratto. L'assicurato che abbia goduto della riduzione di premio è tenuto alla restituzione dell'importo corrispondente alla riduzione accordata, fatte salve le eventuali sanzioni penali.

(1) Articolo aggiunto dalla l. 4/8/2017, n. 124.

146. Diritto di accesso agli atti. – 1. Fermo restando quanto previsto per l'accesso ai singoli dati personali dal codice in materia di protezione dei dati personali, le imprese di assicurazione esercenti l'assicurazione obbligatoria della responsabilità civile derivante dalla circolazione dei veicoli a motore e dei natanti sono tenute a consentire ai contraenti ed ai danneggiati il diritto di accesso agli atti a conclusione dei procedimenti di valutazione, constatazione e liquidazione dei danni che li riguardano.

2. L'esercizio del diritto di accesso non è consentito quando abbia ad oggetto atti relativi ad accertamenti che evidenziano indizi o prove di comportamenti fraudolenti. È invece sospeso in pendenza di controversia giudiziaria tra l'impresa e il richiedente, fermi restando i poteri attribuiti dalla legge all'autorità giudiziaria.

3. Se, entro sessanta giorni dalla richiesta scritta, l'assicurato o il danneggiato non è messo in condizione di prendere visione degli atti richiesti ed estrarne copia a sue spese, può inoltrare reclamo all'ISVAP anche al fine di veder garantito il proprio diritto.

4. Il Ministro delle attività produttive, di concerto con il Ministro della giustizia, con regolamento adottato su proposta dell'ISVAP, individua la tipologia degli atti soggetti e di quelli esclusi dall'accesso e determina gli obblighi delle imprese, gli oneri a carico dei richiedenti, nonché i termini e le altre condizioni per l'esercizio del diritto di cui al comma 1.

147. Stato di bisogno del danneggiato. – 1. Nel corso del giudizio di primo grado, gli aventi diritto al risarcimento che, a causa del sinistro, vengano a trovarsi in stato di bisogno, possono chiedere che sia loro assegnata una somma da imputarsi nella liquidazione definitiva del danno.

2. Il giudice civile o penale, sentite le parti, qualora da un sommario accertamento risultino gravi elementi di responsabilità a carico del conducente, con ordinanza immediatamente esecutiva provvede all'assegnazione della somma ai sensi del comma 1, nei limiti dei quattro quinti della presumibile entità del risarcimento che sarà liquidato con la sentenza. Se la causa civile è sospesa ai sensi dell'articolo 75, comma 3, del codice di procedura penale, l'istanza è proposta al presidente del tribunale dinanzi al quale è pendente la causa.

3. L'istanza può essere riproposta nel corso del giudizio.

4. L'ordinanza è irrevocabile fino alla decisione del merito.

148. Procedura di risarcimento. – 1. Per i sinistri con soli danni a cose, la richiesta di risarcimento deve recare l'indicazione degli aventi diritto al risarcimento e del luogo, dei giorni e delle ore in cui le cose danneggiate sono disponibili, per non meno di cinque giorni non festivi, per l'ispezione diretta ad accertare l'entità del danno. Entro sessanta giorni dalla ricezione di tale documentazione, l'impresa di assicurazione formula al danneggiato congrua e motivata offerta per il risarcimento, ovvero comunica specificatamente i motivi per i quali non ritiene di fare offerta. Il termine di sessanta giorni è ridotto a trenta quando il modulo di denuncia sia stato sottoscritto dai conducenti coinvolti nel sinistro. Il danneggiato può procedere alla riparazione delle cose danneggiate solo dopo lo spirare del termine indicato al periodo precedente, entro il quale devono essere comunque completate le operazioni di accertamento del danno da parte dell'assicuratore, ovvero dopo il completamento delle medesime operazioni, nel caso in cui esse si siano concluse prima della scadenza del predetto termine. Qualora le cose danneggiate non siano state messe a disposizione per l'ispezione nei termini previsti dal presente articolo, ovvero siano state riparate prima dell'ispezione stessa, l'impresa, ai fini dell'offerta risarcitoria, effettuerà le proprie valutazioni sull'entità del danno solo previa presentazione di fattura che attesti gli interventi riparativi effettuati. Resta comunque fermo il diritto dell'assicurato al risarcimento anche qualora ritenga di non procedere alla riparazione (1).

2. L'obbligo di proporre al danneggiato congrua e motivata offerta per il risarcimento del danno, ovvero di comunicare i motivi per cui non si ritiene di fare offerta, sussiste anche per i sinistri che abbiano causato lesioni personali o il decesso. La richiesta di risarcimento deve essere presentata dal danneggiato o dagli aventi diritto con le modalità indicate al comma 1. La richiesta deve contenere l'indicazione del codice fiscale degli aventi diritto al risarcimento e la descrizione delle circostanze nelle quali si è verificato il sinistro ed essere accompagnata, ai fini dell'accertamento e della valutazione del danno da parte dell'impresa, dai dati relativi all'età, all'attività del danneggiato, al suo reddito, all'entità delle lesioni subite, da attestazione medica comprovante l'avvenuta guarigione con o senza postumi permanenti, nonché dalla dichiarazione ai sensi dell'articolo 142, comma 2, o, in caso di decesso, dallo stato di famiglia della vittima. L'impresa di assicurazione è tenuta a provvedere all'adempimento del predetto obbligo entro novanta giorni dalla ricezione di tale documentazione (2).

2-bis. Ai fini di prevenzione e contrasto dei fenomeni fraudolenti, l'impresa di assicurazione provvede alla consultazione dell'archivio informatico integrato di cui all'articolo 21 del decreto-legge 18 ottobre 2012, n. 179, convertito, con modificazioni, dalla legge 17 dicembre 2012, n. 221, e successive modificazioni, e, qualora dal risultato della consultazione, avuto riguardo al codice fiscale dei soggetti coinvolti ovvero ai veicoli danneggiati, emergano gli indici di anomalia definiti dall'IVASS con apposito provvedimento, o qualora altri indicatori di frode siano segnalati dai dispositivi elettronici di cui all'articolo 132-ter, comma 1, del presente codice o siano emersi in sede di perizia da cui risulti documentata l'incongruenza del danno dichiarato dal richiedente, l'impresa può decidere, entro i termini di cui ai commi 1 e 2 del presente articolo, di non fare offerta di risarcimento, motivando tale decisione con la necessità di condurre ulteriori approfondimenti in relazione al sinistro. La relativa comunicazione è trasmessa dall'impresa al danneggiato e all'IVASS, al quale è anche trasmessa la documentazione relativa alle analisi condotte sul sinistro. Entro trenta giorni dalla comunicazione della predetta decisione, l'impresa deve comunicare al danneggiato le sue determinazioni conclusive in merito alla richiesta di risarcimento. All'esito degli approfondimenti condotti ai sensi del primo periodo, l'impresa può non formulare offerta di risarcimento, qualora, entro il termine di cui al terzo periodo, presenti querela, nelle ipotesi in cui è prevista, informandone contestualmente l'assicurato nella comunicazione concernente le determinazioni conclusive in merito alla richiesta di risarcimento di cui al medesimo terzo periodo; in tal caso i termini di cui ai commi 1 e 2 sono sospesi e il termine per la presentazione della querela, di cui all'articolo 124, primo comma, del codice penale, decorre dallo spirare del termine di trenta giorni entro il quale l'impresa comunica al danneggiato le sue determinazioni conclusive. Nei predetti casi, l'azione in giudizio prevista dall'articolo 145 è proponibile solo dopo la ricezione delle determinazioni conclusive dell'impresa o, in sua mancanza, allo spirare del termine di sessanta giorni di sospensione della procedura. Rimane salvo il diritto del danneggiato di ottenere l'accesso agli atti nei termini previsti dall'articolo 146, salvo il caso di presentazione di querela o denuncia (3).

3. Il danneggiato, in pendenza dei termini di cui ai commi 1 e 2 e fatto salvo quanto stabilito dal comma 5, non può rifiutare gli accertamenti strettamente necessari alla valutazione del danno alle cose, nei termini di cui al comma 1, o del danno alla persona, da parte dell'impresa. Qualora ciò accada, i termini per l'offerta risarcitoria o per la comunicazione dei motivi per i quali l'impresa non ritiene di fare offerta sono sospesi (4).

4. L'impresa di assicurazione può richiedere ai competenti organi di polizia le informazioni acquisite relativamente alle modalità dell'incidente, alla residenza e al domicilio delle parti e alla targa di immatricolazione o altro analogo segno distintivo, ma è tenuta al rispetto dei termini stabiliti dai commi 1 e 2 anche in caso di sinistro che abbia determinato sia danni a cose che lesioni personali o il decesso.

5. In caso di richiesta incompleta l'impresa di assicurazione richiede al danneggiato entro trenta giorni dalla ricezione della stessa le necessarie integrazioni; in tal caso i termini di cui ai commi 1 e 2 decorrono nuovamente dalla data di ricezione dei dati o dei documenti integrativi.

6. Se il danneggiato dichiara di accettare la somma offertagli, l'impresa provvede al pagamento entro quindici giorni dalla ricezione della comunicazione.

7. Entro ugual termine l'impresa corrisponde la somma offerta al danneggiato che abbia comunicato di non accettare l'offerta. La somma in tal modo corrisposta è imputata nella liquidazione definitiva del danno.

8. Decorsi trenta giorni dalla comunicazione senza che l'interessato abbia fatto pervenire alcuna risposta, l'impresa corrisponde al danneggiato la somma offerta con le stesse modalità, tempi ed effetti di cui al comma 7.

9. Agli effetti dell'applicazione delle disposizioni di cui al presente articolo, l'impresa di assicurazione non può opporre al danneggiato l'eventuale inadempimento da parte dell'as-

sicurato dell'obbligo di avviso del sinistro di cui all'articolo 1913 del codice civile.

10. In caso di sentenza a favore del danneggiato, quando la somma offerta ai sensi dei commi 1 o 2 sia inferiore alla metà di quella liquidata, al netto di eventuale rivalutazione ed interessi, il giudice trasmette, contestualmente al deposito in cancelleria, copia della sentenza all'ISVAP per gli accertamenti relativi all'osservanza delle disposizioni del presente capo.

11. L'impresa, quando corrisponde compensi professionali per l'eventuale assistenza prestata da professionisti, è tenuta a richiedere la documentazione probatoria relativa alla prestazione stessa e ad indicarne il corrispettivo separatamente rispetto alle voci di danno nella quietanza di liquidazione. L'impresa, che abbia provveduto direttamente al pagamento dei compensi dovuti al professionista, ne dà comunicazione al danneggiato, indicando l'importo corrisposto.

11 bis. Resta ferma per l'assicurato la facoltà di ottenere l'integrale risarcimento per la riparazione a regola d'arte del veicolo danneggiato avvalendosi di imprese di autoriparazione di propria fiducia abilitate ai sensi della legge 5 febbraio 1992, n. 122. A tal fine, l'impresa di autoriparazione fornisce la documentazione fiscale e un'idonea garanzia sulle riparazioni effettuate, con una validità non inferiore a due anni per tutte le parti non soggette a usura ordinaria (5).

(1) Comma modificato dall'art. 1 del d.lg. 6/11/2007, n. 198; sostituito dall'art. 32, co. 3, lett. a), d.l. 24/1/2012, n. 1, conv., con modif., dalla l. 24/3/2012, n. 27 e, da ultimo, modificato dall'art. 21, co. 7-bis, d.l. 18/10/2012, n. 179, conv., con modif., dalla l. 17/12/2012, n. 221.

(2) Comma modificato dall'art. 1 del d.lg. 6/11/2007, n. 198.

(3) Comma modificato dalla l. 4/8/2017, n. 124.

(4) Comma sostituito dall'art. 32, co. 3, lett. c), d.l. 24/1/2012, n. 1, conv., con modif., dalla l. 24/3/2012, n. 27.

(5) Comma inserito dalla l. 4/8/2017, n. 124.

149. Procedura di risarcimento diretto. – 1. In caso di sinistro tra due veicoli a motore identificati ed assicurati per la responsabilità civile obbligatoria, dal quale siano derivati danni ai veicoli coinvolti o ai loro conducenti, i danneggiati devono rivolgere la richiesta di risarcimento all'impresa di assicurazione che ha stipulato il contratto relativo al veicolo utilizzato.

2. La procedura di risarcimento diretto riguarda i danni al veicolo nonché i danni alle cose trasportate di proprietà dell'assicurato o del conducente. Essa si applica anche al danno alla persona subito dal conducente non responsabile se risulta contenuto nel limite previsto dall'articolo 139. La procedura non si applica ai sinistri che coinvolgono veicoli immatricolati all'estero ed al risarcimento del danno subito dal terzo trasportato come disciplinato dall'articolo 141.

3. L'impresa, a seguito della presentazione della richiesta di risarcimento diretto, è obbligata a provvedere alla liquidazione dei danni per conto dell'impresa di assicurazione del veicolo responsabile, ferma la successiva regolazione dei rapporti fra le imprese medesime.

4. Se il danneggiato dichiara di accettare la somma offerta, l'impresa di assicurazione provvede al pagamento entro quindici giorni dalla ricezione della comunicazione e il danneggiato è tenuto a rilasciare quietanza liberatoria valida anche nei confronti del responsabile del sinistro e della sua impresa di assicurazione.

5. L'impresa di assicurazione, entro quindici giorni, corrisponde la somma offerta al danneggiato che abbia comunicato di non accettare l'offerta o che non abbia fatto pervenire alcuna risposta. La somma in tale modo corrisposta è imputata all'eventuale liquidazione definitiva del danno.

6. In caso di comunicazione dei motivi che impediscono il risarcimento diretto ovvero nel caso di mancata comunicazione di offerta o di diniego di offerta entro i termini previsti dall'articolo 148 o di mancato accordo, il danneggiato può proporre l'azione diretta di cui all'articolo 145, comma 2, nei soli confronti della propria impresa di assicurazione. L'impresa di assicurazione del veicolo del responsabile può chiedere di intervenire nel giudizio e può estromettere l'altra impresa, riconoscendo la responsabilità del proprio assicurato ferma restando, in ogni caso, la successiva regolazione dei rapporti tra le imprese medesime secondo quanto previsto nell'ambito del sistema di risarcimento diretto.

149 bis. Trasparenza delle procedure di risarcimento. (1). – 1. In caso di cessione del credito derivante dal diritto al risarcimento dei danni causati dalla circolazione dei veicoli a motore e dei natanti, la somma da corrispondere a titolo di rimborso delle spese di riparazione dei veicoli danneggiati è versata previa presentazione della fattura emessa dall'impresa di autoriparazione abilitata ai sensi della legge 5 febbraio 1992, n. 122, che ha eseguito le riparazioni.

(1) Articolo aggiunto dalla l. 4/8/2017, n. 124.

150. Disciplina del sistema di risarcimento diretto. – 1. Con decreto del Presidente della Repubblica, su proposta del Ministro delle attività produttive, da emanarsi entro novanta giorni dalla data di entrata in vigore del presente codice sono stabiliti (1):

a) i criteri di determinazione del grado di responsabilità delle parti anche per la definizione dei rapporti interni tra le imprese di assicurazione;

b) il contenuto e le modalità di presentazione della denuncia di sinistro e gli adempimenti necessari per il risarcimento del danno;

c) le modalità, le condizioni e gli adempimenti dell'impresa di assicurazione per il risarcimento del danno;

d) i limiti e le condizioni di risarcibilità dei danni accessori;

e) i principi per la cooperazione tra le imprese di assicurazione, ivi compresi i benefici derivanti agli assicurati dal sistema di risarcimento diretto.

2. Le disposizioni relative alla procedura prevista dall'articolo 149 non si applicano alle imprese di assicurazione con sede legale in altri Stati membri che operano nel territorio della Repubblica ai sensi degli articoli 23 e 24, salvo che le medesime abbiano aderito al sistema di risarcimento diretto (2).

3. L'ISVAP vigila sul sistema di risarcimento diretto e sui principi adottati dalle imprese per assicurare la tutela dei danneggiati, il corretto svolgimento delle operazioni di liquidazione e la stabilità delle imprese (1).

(1) Comma modificato dall'art. 1, co. 213, d.lg. 12/5/2015, n. 74.

(2) A norma dell'art. 31 della l. 5/8/2022, n. 118 il presente comma è così sostituito a decorrere dal 1/1/2023: «2. Le disposizioni relative alla procedura prevista dall'articolo 149 si applicano anche alle imprese di assicurazione con sede legale in altri Stati membri che operano nel territorio della Repubblica ai sensi degli articoli 23 e 24».

150 bis. Certificato di chiusa inchiesta (1). – 1. È fatto obbligo alla compagnia di assicurazione di risarcire il danno derivante da furto o incendio di autoveicolo, indipendentemente dalla richiesta del rilascio del certificato di chiusa inchiesta, fatto salvo quanto disposto dal comma 2.

2. Nei procedimenti giudiziari nei quali si procede per il reato di cui all'articolo 642 del codice penale, limitatamente all'ipotesi che il bene assicurato sia un autoveicolo, il risarcimento del danno derivante da furto o incendio dell'autoveicolo stesso è effettuato previo rilascio del certificato di chiusa inchiesta.

(1) Articolo inserito dall'art. 34-ter, co. 1, d.l. 24/1/2012, n. 1, conv., con modif., dalla l. 24/3/2012, n. 27.

Capo V
Risarcimento del danno derivante da sinistri avvenuti all'estero

151. Procedura. – 1. Il presente capo stabilisce disposizioni specifiche relative agli aventi diritto al risarcimento per danni a cose o a persone derivanti da sinistri avvenuti in uno Stato membro diverso da quello di residenza degli stessi, provocati dall'uso di veicoli che sono assicurati e stazionano abitualmente in uno Stato membro.

2. Fatte salve la legislazione di Stati terzi in materia di responsabilità civile e le norme di diritto internazionale privato, le disposizioni del presente capo si applicano anche ai residenti in uno Stato membro aventi diritto al risarcimento per danni a cose o a persone derivanti da sinistri avvenuti in Stati terzi i cui uffici nazionali di assicurazione hanno aderito al sistema della carta verde, ogniqualvolta tali sinistri siano provocati dall'uso di veicoli che sono assicurati e stazionano abitualmente in uno Stato membro.

3. Gli articoli 152, 296, 297 298 e 299 si applicano soltanto nel caso di incidenti causati dalla circolazione di un veicolo assicurato tramite uno stabilimento situato in uno Stato membro diverso da quello di residenza della persona avente diritto al risarcimento e stazionante abitualmente in uno Stato membro diverso da quello di residenza della persona avente diritto al risarcimento.

4. Gli articoli 300 e 301 si applicano anche agli incidenti provocati dai veicoli di Stati terzi ammessi alla circolazione nel territorio comunitario ed assicurati nel rispetto delle disposizioni di cui all'articolo 125.

5. Nelle ipotesi di cui al presente articolo gli aventi diritto al risarcimento possono agire direttamente contro l'impresa di assicurazione che copre la responsabilità civile del responsabile.

152. Mandatario per la liquidazione dei sinistri. – 1. L'impresa di assicurazione comunica tempestivamente ai centri di informazione di tutti gli Stati membri il nome e l'indirizzo del proprio mandatario per la liquidazione dei sinistri designato in ciascuno Stato membro.

2. Il mandatario risiede o è stabilito nel territorio dello Stato membro per il quale è designato e si rivolge agli aventi diritto al risarcimento nella o nelle lingue ufficiali dello Stato membro di residenza degli stessi.

3. Il mandatario, che può operare per conto di una o più imprese di assicurazione, acquisisce tutte le informazioni necessarie ai fini della liquidazione dei sinistri e adotta tutte le misure necessarie per gestire la liquidazione stessa.

4. La nomina del mandatario non esclude la facoltà per il danneggiato di rivolgere la richiesta di risarcimento direttamente al responsabile del sinistro ovvero anche all'impresa di assicurazione con la quale è assicurato il veicolo il cui uso ha provocato il sinistro.

5. L'impresa di assicurazione del responsabile del sinistro o il suo mandatario, entro tre mesi dalla ricezione della richiesta di risarcimento, comunica agli aventi diritto un'offerta di risarcimento motivata ovvero indica i motivi per i quali non ritiene di fare offerta.

153. Danneggiati residenti nel territorio della Repubblica. – 1. I soggetti residenti nel territorio della Repubblica, che sono danneggiati da sinistri della circolazione stradale provocati da veicoli stazionanti abitualmente e assicurati in un altro Stato membro e accaduti in uno degli Stati aderenti al sistema della carta verde, hanno diritto di richiedere il risarcimento del danno oltre che al responsabile del sinistro anche all'impresa di assicurazione con la quale è assicurato il veicolo che ha causato il sinistro ovvero anche al suo mandatario designato nel territorio della Repubblica.

2. In caso di mancata designazione del mandatario da parte dell'impresa di assicurazione con la quale è assicurato il veicolo che ha causato il sinistro e nei casi di inadempimento a quanto disposto dall'articolo 152, comma 5, il danneggiato può rivolgersi all'Organismo di indennizzo italiano secondo quanto previsto all'articolo 298.

154. Centro di informazione italiano. – 1. È istituito presso l'CONSAP il Centro di informazione italiano per consentire agli aventi diritto di chiedere il risarcimento a seguito di un sinistro derivante dalla circolazione dei veicoli a motore nei casi previsti dall'articolo 151. A tale fine l'CONSAP può stipulare apposite convenzioni a titolo gratuito con enti pubblici o privati che già detengano e gestiscano le informazioni di cui al comma 2, per l'organizzazione e il funzionamento del Centro di informazione italiano.

2. Il Centro di informazione italiano è incaricato di tenere un registro da cui risulta:

a) la targa di immatricolazione di ogni veicolo che staziona abitualmente nel territorio della Repubblica;

b) i numeri e la data di scadenza delle polizze di assicurazione che coprono la responsabilità civile derivante dalla circolazione di detti veicoli per i rischi di cui al ramo 10 di cui all'articolo 2, comma 3, diversi dalla responsabilità del vettore;

c) le imprese di assicurazione che coprono la responsabilità civile derivante dalla circolazione di tali veicoli per i rischi di cui al ramo 10 di cui all'articolo 2, comma 3, diversi dalla responsabilità del vettore, e i mandatari per la liquidazione dei sinistri designati da tali imprese di assicurazione conformemente all'articolo 152.

3. Il Centro di informazione italiano assiste gli aventi diritto al risarcimento nell'accesso alle informazioni di cui al comma 2, lettere a), b) e c).

4. Le imprese di assicurazione che coprono la responsabilità civile derivante dalla circolazione dei veicoli, che stazionano abitualmente nel territorio della Repubblica, sono tenute a comunicare in via sistematica i dati relativi ai numeri di targa dei veicoli assicurati, ai numeri di polizza, alla data di cessazione della copertura assicurativa, ai nominativi dei mandatari per la liquidazione dei sinistri nominati in ciascuno Stato membro e, a richiesta, tempestivamente i dati relativi al nome ed indirizzo del proprietario o dell'usufruttuario o dell'acquirente con patto di riservato dominio o del locatario in caso di locazione finanziaria.

5. Le procedure, i tempi e le modalità di invio dei dati da parte delle imprese di assicurazione, le modalità del relativo trattamento dei dati e di gestione del Centro di informazione italiano, anche nei confronti degli interessati e degli aventi diritto alle informazioni, nonché le modalità di accesso alle informazioni per le imprese di assicurazione ed i mandatari per la liquidazione dei sinistri, sono definite con regolamento adottato dall'ISVAP, sentito il Garante per la protezione dei dati personali. Con lo stesso regolamento sono individuati i dati contenuti nella banca dati sinistri, di cui all'articolo 135, che sono oggetto di trattamento anche da parte del Centro di informazione italiano, con esclusione dei dati sensibili.

6. Per le esigenze di funzionamento del Centro di informazione italiano, la CONSAP è autorizzata, ai sensi del codice in materia di protezione dei dati personali, ad avvalersi dei dati trattati dall'IVASS per le finalità della banca dati sinistri. L'IVASS, con regolamento, organizza la banca dati sinistri al fine di coordinare il trattamento dei dati con le esigenze del Centro di informazione italiano (1).

7. Il trattamento e la comunicazione dei dati personali sono consentiti, con esclusione dei dati personali sensibili ai sensi del codice in materia di protezione dei dati personali, nei limiti stabiliti dal presente capo. Le informazioni di cui al comma 2 sono conservate per un periodo di sette anni dalla

data di cessazione dell'immatricolazione del veicolo o di scadenza del contratto di assicurazione.

8. Il Centro di informazione coopera con i centri di informazione istituiti dagli altri Stati membri per l'attuazione delle disposizioni previste dall'ordinamento comunitario.

(1) Comma modificato dal d.lg. 12/5/2015, n. 74.

155. Accesso al Centro di informazione italiano. – 1. I danneggiati, a seguito dei sinistri previsti all'articolo 151, hanno diritto di richiedere al Centro di informazione italiano entro sette anni dalla data del sinistro:

a) nome ed indirizzo dell'impresa di assicurazione;

b) numero della polizza di assicurazione e data di scadenza della stessa;

c) nome ed indirizzo del mandatario per la liquidazione dei sinistri dell'impresa di assicurazione nello Stato membro di residenza degli aventi diritto al risarcimento, nei casi in cui:

1) gli stessi risiedono nel territorio della Repubblica;

2) il veicolo che ha causato il sinistro stazioni abitualmente nel territorio della Repubblica;

3) il sinistro sia avvenuto nel territorio della Repubblica.

2. Nel caso in cui gli aventi diritto al risarcimento richiedano al Centro di informazione italiano il nome e l'indirizzo del proprietario o dell'usufruttuario o dell'acquirente con patto di riservato dominio o del locatario in caso di locazione finanziaria del veicolo che ha causato il sinistro, il Centro stesso, se gli aventi diritto hanno un interesse giuridicamente tutelato ad ottenere tali informazioni, si rivolge in particolare:

a) all'impresa di assicurazione;

b) all'ente di immatricolazione del veicolo.

3. Fermi restando i poteri dell'autorità giudiziaria, le forze di polizia nonché gli organi di polizia stradale di cui all'articolo 12 del codice della strada e le pubbliche amministrazioni competenti in materia di prevenzione e contrasto di comportamenti fraudolenti nel settore delle assicurazioni obbligatorie hanno accesso gratuito ai dati del Centro di informazione italiano. Le imprese di assicurazione, l'Ufficio centrale italiano e l'Organismo di indennizzo italiano possono richiedere al Centro di informazione italiano i dati per i quali hanno interesse motivato.

4. L'IVASS e la CONSAP hanno accesso gratuito ai dati relativi ai veicoli ed ai nomi dei proprietari dei veicoli contenuti nei pubblici registri e ai dati dell'archivio nazionale dei veicoli di cui agli articoli 225, comma 1, lettera b), e 226, commi 5 e seguenti, del codice della strada.

5. Il Centro di informazione italiano coopera con i centri di informazione istituiti dagli altri Stati membri per l'attuazione delle disposizioni previste dall'ordinamento comunitario.

5-bis. A richiesta delle parti interessate, i dati forniti dal Centro di informazione italiano devono essere disponibili in formato elettronico (1).

(1) Comma aggiunto dall'art. 1 del d.lg. 6/11/2007, n. 198.

Capo VI
Disciplina dell'attività peritale

156. Attività peritale. – 1. L'attività professionale di perito assicurativo per l'accertamento e la stima dei danni alle cose derivanti dalla circolazione, dal furto e dall'incendio dei veicoli a motore e dei natanti soggetti alla disciplina del presente titolo non può essere esercitata da chi non sia iscritto nel ruolo di cui all'articolo 157.

2. Le imprese di assicurazione possono effettuare direttamente l'accertamento e la stima dei danni alle cose derivanti dalla circolazione, dal furto e dall'incendio dei veicoli a motore e dei natanti.

3. Nell'esecuzione dell'incarico i periti devono comportarsi con diligenza, correttezza e trasparenza.

157. Ruolo dei periti assicurativi. – 1. La CONSAP cura l'istituzione e il funzionamento del ruolo e determina, con regolamento da pubblicarsi nella Gazzetta Ufficiale e sul suo sito internet, gli obblighi di comunicazione, la procedura di iscrizione e di cancellazione e le forme di pubblicità più idonee ad assicurare l'accesso pubblico al ruolo.

2. Nel ruolo sono iscritti i periti assicurativi che esercitano l'attività in proprio e che sono in possesso dei requisiti di cui all'articolo 158.

158. Requisiti per l'iscrizione. – 1. Per ottenere l'iscrizione nel ruolo la persona fisica deve essere in possesso dei seguenti requisiti:

a) godere dei diritti civili;

b) non aver riportato condanna irrevocabile, o sentenza irrevocabile di applicazione della pena di cui all'articolo 444, comma 2, del codice di procedura penale, per un delitto contro la pubblica amministrazione, contro l'amministrazione della giustizia, contro la fede pubblica, contro l'economia pubblica, l'industria e il commercio, contro il patrimonio per il quale la legge commini la pena della reclusione non inferiore nel minimo ad un anno o nel massimo a tre anni, o per altro delitto non colposo per il quale sia comminata la pena della reclusione non inferiore nel minimo a due anni o nel massimo a cinque anni, o per il reato di omesso versamento dei contributi previdenziali e assistenziali obbligatori, ovvero condanna irrevocabile comportante l'applicazione della pena accessoria dell'interdizione dai pubblici uffici perpetua o di durata superiore a tre anni, salvo che non sia intervenuta la riabilitazione;

c) non essere stata dichiarata fallita, salvo che sia intervenuta la riabilitazione, né essere stato presidente, amministratore con delega di poteri, direttore generale, sindaco di società od enti che siano stati assoggettati a procedure di fallimento, concordato preventivo o liquidazione coatta amministrativa, almeno per i tre esercizi precedenti all'adozione dei relativi provvedimenti, fermo restando che l'impedimento ha durata fino ai cinque anni successivi all'adozione dei provvedimenti stessi;

d) non versare nelle situazioni di decadenza, divieto o sospensione previste dall'articolo 10 della legge 31 maggio 1965, n. 575, e successive modificazioni;

e) aver conseguito un diploma di scuola media secondaria superiore o di laurea triennale;

f) aver svolto tirocinio di durata biennale presso un perito abilitato;

g) aver superato una prova di idoneità secondo quanto previsto dal comma 3.

2. Fermo il disposto dell'articolo 156, non possono esercitare l'attività di perito assicurativo né essere iscritti nel ruolo gli intermediari di assicurazione e di riassicurazione, i riparatori di veicoli e di natanti e i pubblici dipendenti con rapporto lavorativo a tempo pieno ovvero a tempo parziale, quando superi la metà dell'orario lavorativo a tempo pieno.

3. Ai fini dell'iscrizione, il perito deve possedere adeguate cognizioni e capacità professionali, che sono accertate dalla CONSAP tramite una prova di idoneità, consistente in un esame su materie tecniche, giuridiche ed economiche rilevanti nell'esercizio dell'attività. L'ISVAP determina, con regolamento, i titoli di ammissione e le modalità di svolgimento della prova valutativa, provvedendo alla relativa organizzazione e gestione.

159. Cancellazione dal ruolo. – 1. La cancellazione dal ruolo è disposta dall'ISVAP, con provvedimento motivato, in caso di:

a) rinuncia all'iscrizione;

b) perdita di uno dei requisiti di cui all'articolo 158, comma 1, lettere a), b), c) e d);

c) sopravvenuta incompatibilità ai sensi dell'articolo 158, comma 2;

d) radiazione;

e) mancato versamento del contributo di gestione di cui all'articolo 337, nonostante apposita diffida disposta dall'ISVAP.

2. Non si procede alla cancellazione dal ruolo, anche se richiesta dal perito, fino a quando sia in corso un procedimento disciplinare ovvero siano in corso accertamenti istruttori propedeutici all'avvio del medesimo.

160. Reiscrizione (1). – 1. Il perito, che sia stato cancellato dal ruolo a seguito del provvedimento di radiazione, può richiedere di esservi iscritto nuovamente, purché siano decorsi almeno cinque anni dalla cancellazione e sussistano i requisiti di cui all'articolo 158, commi 1 e 2.

2. In caso di cancellazione derivante da condanna irrevocabile o da fallimento, il perito può essere nuovamente iscritto al ruolo soltanto se ne sia intervenuta la riabilitazione.

3. Il perito, la cui iscrizione sia stata cancellata per mancato versamento del contributo di vigilanza, può essere iscritto nuovamente purché abbia provveduto al pagamento di quanto non corrisposto sino alla cancellazione (2).

4. Se il perito, intervenuta la cancellazione dal ruolo, chiede una nuova iscrizione, essa viene disposta previa verifica della sussistenza dei requisiti di cui all'articolo 158, commi 1 e 2, rimanendo valida l'idoneità già conseguita.

(1) A norma del combinato disposto degli artt. 349 e 389 del d.lg. 12/1/2019, n. 14, come modificato dall'art. 5, co. 1, d.l. 8/4/2020, n. 23, conv., con modif., dalla l. 5/6/2020, n. 40, a decorrere dal 1/9/2020, nelle disposizioni normative vigenti i termini "fallimento", "procedura fallimentare", "fallito" nonché le espressioni dagli stessi termini derivate devono intendersi sostituite, rispettivamente, con le espressioni "liquidazione giudiziale", "procedura di liquidazione giudiziale" e "debitore assoggettato a liquidazione giudiziale" e loro derivati, con salvezza della continuità delle fattispecie.

(2) Comma modificato dall'art. 1, co. 216, d.lg. 12/5/2015, n. 74.

TITOLO XI
DISPOSIZIONI RELATIVE A PARTICOLARI OPERAZIONI ASSICURATIVE

Capo I
Coassicurazione comunitaria

161. Coassicurazione comunitaria. – 1. Le assicurazioni contro i danni stipulate per la copertura di rischi situati nel territorio della Repubblica possono essere ripartite in coassicurazione comunitaria, per quote determinate, tra imprese che hanno la sede legale in altri Stati membri o in Stati aderenti allo Spazio economico europeo, a condizione che almeno una delle imprese sia stabilita in uno Stato membro diverso da quello del coassicuratore delegatario e i rischi da coprire siano quelli rientranti tra i grandi rischi di cui all'articolo 1, comma 1, lettera r).

162. Determinazione dell'oggetto della delega. – 1. Le assicurazioni sono stipulate con contratto unico, sottoscritto da tutti i coassicuratori, per una stessa durata e con premio globale.

2. La delega è attribuita ad uno dei coassicuratori affinché curi la gestione del contratto per conto e nell'interesse di tutti

162 bis. Riserve tecniche (1). – 1. L'impresa avente sede nel territorio della Repubblica, che partecipa a un contratto di coassicurazione comunitaria, determina le riserve tecniche in conformità alle disposizioni del Titolo III.

2. In ogni caso, l'ammontare delle riserve tecniche di cui al comma 1 è almeno uguale a quello identificato e comunicato dal coassicuratore delegatario secondo le norme del suo Stato membro di origine.

3. Se l'impresa di cui al comma 1 riveste la qualifica di delegataria, la stessa deve tener conto dei rischi per l'intero contratto.

(1) Articolo inserito dal d.lg. 12/5/2015, n. 74.

162 ter. Dati statistici (1). – 1. L'impresa con sede legale nel territorio della Repubblica che opera in coassicurazione comunitaria mantiene dati statistici che mettano in evidenza l'entità delle operazioni di coassicurazione comunitaria alle quali partecipa e gli Stati membri interessati.

2. Il coassicuratore delegatario esercita tutte le attribuzioni previste con la delega e quelle spettanti secondo gli usi.

3. Il coassicuratore delegatario determina le condizioni di assicurazione ed il tasso del premio da applicare al contratto.

(1) Articolo inserito dal d.lg. 12/5/2015, n. 74.

Capo II
Assicurazione di tutela legale

163. Requisiti particolari. – 1. L'impresa che esercita l'assicurazione di tutela legale osserva nei rapporti con gli assicurati le disposizioni previste agli articoli 173 e 174 e rispetta i requisiti per la gestione dei sinistri di cui all'articolo 164.

2. La disciplina di cui al presente capo non si applica alle assicurazioni di tutela legale che concernono controversie derivanti dall'utilizzazione di navi marittime o connesse comunque a tale utilizzazione ed all'attività esercitata dall'impresa di assicurazione della responsabilità civile per resistere all'azione dei danneggiati ai sensi dell'articolo 1917 del codice civile.

164. Modalità per la gestione dei sinistri. – 1. L'impresa che esercita l'attività assicurativa nel ramo tutela legale adotta, per la gestione dei sinistri e per la relativa attività di consulenza, una delle modalità, di cui deve essere data preventiva comunicazione all'ISVAP, previste dal comma 2.

2. L'impresa può:

a) svolgere direttamente l'attività di gestione dei sinistri e quella di consulenza;

b) affidarla ad un'impresa distinta;

c) prevedere nel contratto il diritto per l'assicurato di affidare la tutela dei suoi interessi in caso di sinistro, non appena abbia il diritto di esigere l'intervento dell'impresa di assicurazione, a un avvocato o ad altro professionista abilitato dalla legge da lui scelto.

3. Qualora l'impresa si avvalga della facoltà di cui al comma 2, lettera a), devono ricorrere congiuntamente le seguenti condizioni:

a) se l'impresa è multiramo, il personale di cui si avvale non deve svolgere, per conto della stessa, attività di gestione dei sinistri o di consulenza in un altro ramo esercitato dall'impresa;

b) indipendentemente dal fatto che l'impresa sia multiramo o specializzata, il personale non deve svolgere, per conto di altra impresa autorizzata all'esercizio delle assicurazioni contro i danni che abbia con la prima legami finanziari, commerciali o amministrativi, attività di gestione dei sinistri o di consulenza in altri rami esercitati dall'impresa con la quale intercorrono i predetti legami.

4. L'impresa deve dichiarare nel contratto se intende avvalersi della facoltà di cui al comma 2, lettera b), indicando la denominazione sociale dell'impresa alla quale affida la gestione dei sinistri. Quando l'impresa ha legami con un'altra impresa che esercita le assicurazioni contro i danni, il personale incaricato della gestione dei sinistri o della relativa consulenza non può esercitare la stessa o analoga attività in altri rami

esercitati da quest'ultima impresa. L'impresa cui sia affidata la gestione dei sinistri è soggetta alla vigilanza dell'ISVAP.

5. L'impresa può adottare una diversa modalità operativa previa comunicazione all'ISVAP e con effetto solo per i contratti stipulati successivamente alla comunicazione medesima.

TITOLO XII
NORME RELATIVE AI CONTRATTI DI ASSICURAZIONE

Capo I
Disposizioni generali

165. Raccordo con le disposizioni del codice civile. – 1. Fermo restando quanto diversamente disposto dal presente codice, i contratti di assicurazione, coassicurazione e riassicurazione rimangono disciplinati dalle norme del codice civile.

166. Criteri di redazione. – 1. Il contratto e ogni altro documento consegnato dall'impresa al contraente va redatto in modo chiaro ed esauriente.

2. Le clausole che indicano decadenze, nullità o limitazione delle garanzie ovvero oneri a carico del contraente o dell'assicurato sono riportate mediante caratteri di particolare evidenza.

167. Nullità dei contratti conclusi con imprese non autorizzate. – 1. È nullo il contratto di assicurazione stipulato con un'impresa non autorizzata o con un'impresa alla quale sia fatto divieto di assumere nuovi affari.

2. La nullità può essere fatta valere solo dal contraente o dall'assicurato. La pronuncia di nullità obbliga alla restituzione dei premi pagati. In ogni caso non sono ripetibili gli indennizzi e le somme eventualmente corrisposte o dovute dall'impresa agli assicurati ed agli altri aventi diritto a prestazioni assicurative.

168. Effetti del trasferimento di portafoglio, della fusione e della scissione. – 1. Ad integrazione di quanto previsto dall'articolo 1902, primo comma, del codice civile, il trasferimento di portafoglio, che sia autorizzato in conformità a quanto previsto dagli articoli 198 e 200, non è causa di risoluzione dei contratti, ma i contraenti che hanno il domicilio o, se persone giuridiche, la sede legale nel territorio della Repubblica possono recedere entro il termine di sessanta giorni dalla pubblicazione del provvedimento di autorizzazione, se il trasferimento avviene a favore di un'impresa di assicurazione che ha la sede legale all'estero oppure a favore di una sede secondaria all'estero di un'impresa che ha la sede legale nel territorio della Repubblica.

2. Nei casi previsti dal comma 1, se il trasferimento riguarda contratti per l'assicurazione obbligatoria della responsabilità civile derivante dalla circolazione dei veicoli a motore e dei natanti, i soggetti che hanno diritto ad un risarcimento possono agire direttamente, entro i limiti delle somme per le quali è stata stipulata l'assicurazione, nei confronti dell'impresa italiana cedente sino alla pubblicazione del provvedimento di autorizzazione rilasciato dall'ISVAP.

3. Ad integrazione di quanto previsto dall'articolo 1902, primo comma, del codice civile, il trasferimento del portafoglio di imprese di assicurazione di altri Stati membri, che sia stato autorizzato dall'autorità di vigilanza dello Stato membro di origine dell'impresa cedente ed effettuato con l'assenso dell'ISVAP, non è causa di risoluzione dei contratti trasferiti, ma i contraenti che hanno il domicilio o, se persone giuridiche, la sede legale nel territorio della Repubblica possono recedere dai rispettivi contratti entro il termine di sessanta giorni dalla pubblicazione dell'avviso di cui all'articolo 199, comma 6.

4. Ad integrazione di quanto previsto dall'articolo 1902, primo comma, del codice civile, le disposizioni di cui al presente articolo si applicano anche ai trasferimenti di portafoglio conseguenti ad una fusione o ad una scissione.

169. Effetti della liquidazione coatta di imprese di assicurazione. – 1. Ad integrazione di quanto previsto dall'articolo 1902, secondo comma, del codice civile, i contratti di assicurazione in corso di esecuzione alla data di pubblicazione nella Gazzetta Ufficiale del provvedimento di liquidazione continuano a coprire i rischi fino al sessantesimo giorno successivo.

2. Gli assicurati hanno facoltà di recesso, dopo la pubblicazione del provvedimento di liquidazione, mediante raccomandata con avviso di ricevimento. Il recesso ha effetto dal giorno successivo a quello di ricevimento della comunicazione da parte della liquidazione.

3. In deroga al comma 1, i contratti di assicurazione obbligatoria della responsabilità civile per i danni causati dalla circolazione dei veicoli a motore e dei natanti, in corso di esecuzione alla data di pubblicazione del provvedimento di liquidazione, continuano, nei limiti delle somme minime per cui è obbligatoria l'assicurazione, a coprire i rischi fino alla scadenza del contratto o del periodo di tempo per il quale è stato pagato il premio.

Capo II
Assicurazione obbligatoria della responsabilità civile derivante dalla circolazione dei veicoli a motore e dei natanti (1)

(1) Per il Regolamento recante disposizioni in materia di obbligo di assicurazione della responsabilità civile derivante dalla circolazione dei veicoli a motore e dei natanti di cui al presente capo, vedi il d.m. 1/4/2008, n. 86.

170. Divieto di abbinamento. – 1. Ai fini dell'adempimento dell'obbligo di assicurazione dei veicoli a motore, le imprese non possono subordinare la conclusione di un contratto per l'assicurazione obbligatoria della responsabilità civile alla conclusione di ulteriori contratti assicurativi, bancari o finanziari.

2. In deroga al comma 1, al fine di garantire il recupero della franchigia eventualmente prevista a carico del contraente, le imprese possono pattuire idonee forme di garanzia, se le stesse non determinano spese aggiuntive e se il premio risulta inferiore a quello che sarebbe stato altrimenti applicato in assenza di franchigia con recupero garantito.

3. In deroga al comma 1, le imprese possono proporre polizze per l'assicurazione obbligatoria della responsabilità civile derivante dalla circolazione dei veicoli in abbinamento ad altri contratti assicurativi, bancari o finanziari a condizione che tali proposte non costituiscano l'unica offerta dell'impresa e siano osservate le disposizioni previste dal testo unico bancario e dal testo unico dell'intermediazione finanziaria per l'offerta dei contratti dai medesimi disciplinati.

4. I contratti conclusi ai sensi dei commi 2 e 3, compresi quelli bancari e finanziari, possono essere contestualmente risolti dal contraente nel caso previsto dall'articolo 172.

170 bis. Durata del contratto (1). – 1. Il contratto di assicurazione obbligatoria della responsabilità civile derivante dalla circolazione dei veicoli a motore e dei natanti ha durata annuale o, su richiesta dell'assicurato, di anno più frazione, si risolve automaticamente alla sua scadenza naturale e non può essere tacitamente rinnovato, in deroga all'articolo 1899, primo e secondo comma, del codice civile. L'impresa di assicurazione è tenuta ad avvisare il contraente della scadenza del contratto con preavviso di almeno trenta giorni e a mantenere operante, non oltre il quindicesimo giorno successivo alla scadenza del contratto, la garanzia prestata con il precedente contratto assicurativo fino all'effetto della nuova polizza.

1-bis. La risoluzione di cui al comma 1 si applica anche alle assicurazioni dei rischi accessori al rischio principale della responsabilità civile derivante dalla circolazione dei veicoli, qualora lo stesso contratto, ovvero un altro contratto stipulato contestualmente, garantisca simultaneamente sia il rischio principale sia i rischi accessori (2).

(1) Articolo inserito dall'art. 22, co. 1, d.l. 18/10/2012, n. 179.
(2) Comma inserito dalla l. 4/8/2017, n. 124.

171. Trasferimento di proprietà del veicolo o del natante. – 1. Il trasferimento di proprietà del veicolo o del natante determina, a scelta irrevocabile dell'alienante, uno dei seguenti effetti:

a) la risoluzione del contratto a far data dal perfezionamento del trasferimento di proprietà, con diritto al rimborso del rateo di premio relativo al residuo periodo di assicurazione al netto dell'imposta pagata e del contributo obbligatorio di cui all'articolo 334;

b) la cessione del contratto di assicurazione all'acquirente;

c) la sostituzione del contratto per l'assicurazione di altro veicolo o, rispettivamente, di un altro natante di sua proprietà, previo l'eventuale conguaglio del premio.

2. Eseguito il trasferimento di proprietà, l'alienante informa contestualmente l'impresa di assicurazione e l'acquirente se, insieme al veicolo, viene ceduto il contratto di assicurazione.

3. La garanzia è valida per il nuovo veicolo o natante dalla data del rilascio del nuovo certificato e, ove occorra, del nuovo contrassegno relativo al veicolo o al natante secondo le modalità previste dal regolamento adottato, su proposta dell'ISVAP, dal Ministro delle attività produttive.

172. Diritto di recesso. – 1. In caso di variazioni tariffarie, escluse quelle connesse all'applicazione di regole evolutive nelle varie formule tariffarie, superiori al tasso programmato di inflazione, il contraente può recedere dall'assicurazione mediante comunicazione da effettuarsi con raccomandata con avviso di ricevimento o consegnata a mano, ovvero a mezzo telefax, inviati alla sede dell'impresa o all'intermediario presso il quale è stata stipulata la polizza entro il giorno di scadenza del contratto. In tal caso non si applica a favore del contraente il termine di tolleranza previsto dall'articolo 1901, secondo comma, del codice civile.

2. Fatto salvo quanto previsto dal comma 1, la disdetta del contratto è inviata a mezzo telefax o raccomandata almeno quindici giorni prima della data di scadenza indicata nella polizza.

3. Le disposizioni del presente articolo sono derogabili esclusivamente in senso più favorevole al contraente.

Capo III
Assicurazione di tutela legale e assicurazione di assistenza

173. Assicurazione di tutela legale. – 1. L'assicurazione di tutela legale è il contratto con il quale l'impresa di assicurazione, verso pagamento di un premio, si obbliga a prendere a carico le spese legali peritali o a fornire prestazioni di altra natura, occorrenti all'assicurato per la difesa dei suoi interessi in sede giudiziale, in ogni tipo di procedimento, o in sede extragiudiziale, soprattutto allo scopo di conseguire il risarcimento di danni subiti o per difendersi contro una domanda di risarcimento avanzata nei suoi confronti, purché non proposta dall'impresa che presta la copertura assicurativa di tutela legale.

2. Qualora l'assicurazione di tutela legale sia prestata cumulativamente con altre assicurazioni, con un unico contratto, il suo contenuto, le condizioni contrattuali ad essa applicabili ed il relativo premio debbono essere indicati in un'apposita distinta sezione del contratto.

174. Diritti dell'assicurato nell'assicurazione di tutela legale. – 1. Il contratto di assicurazione di tutela legale deve espressamente prevedere in funzione di tutela dell'assicurato che il medesimo, qualora necessiti dell'assistenza di un professionista per la difesa o la rappresentanza dei propri interessi in un procedimento giudiziario o amministrativo oppure nel caso di conflitto di interessi con l'impresa stessa, abbia la facoltà di scelta del professionista, purché quest'ultimo sia abilitato secondo la normativa applicabile.

2. In caso di disaccordo tra l'assicurato e l'impresa sulla gestione del sinistro, le parti possono adire l'autorità giudiziaria o demandare la decisione sul comportamento da tenere ad un arbitro che provvede secondo equità. Tale seconda facoltà deve essere esplicitamente prevista nel contratto.

3. Fermo restando il diritto dell'assicurato di avvalersi della facoltà di cui al comma 1, non è necessario che le condizioni di contratto prevedano espressamente la medesima facoltà quando sono cumulativamente soddisfatte le seguenti condizioni:

a) l'assicurazione di tutela legale è limitata a controversie derivanti dall'utilizzazione di veicoli stradali nel territorio della Repubblica;

b) la medesima è collegata ad un contratto di assicurazione di assistenza da prestare in caso di incidente o guasto relativamente allo stesso veicolo;

c) né l'impresa di assicurazione della tutela legale né l'impresa di assicurazione dell'assistenza esercitano il ramo della responsabilità civile.

4. Nell'ipotesi di cui al comma 3, qualora l'impresa assicuri per la tutela legale entrambe le parti della controversia, queste devono essere assistite e rappresentate da avvocati, o altri soggetti abilitati dalla legislazione vigente, indipendenti dall'impresa di assicurazione.

5. Ogni qualvolta sorga un conflitto di interessi tra l'assicurato e l'impresa di assicurazione o esista disaccordo in merito alla gestione dei sinistri, l'impresa richiama per iscritto l'attenzione dell'assicurato sulla possibilità di avvalersi dei diritti di cui al presente articolo ovvero sulla possibilità di avvalersi dell'arbitrato di cui al comma 2.

175. Assicurazione di assistenza. – 1. L'assicurazione di assistenza è il contratto con il quale l'impresa di assicurazione, verso il pagamento di un premio, si impegna a fornire all'assicurato una prestazione di immediato aiuto entro i limiti convenuti nel contratto, nel caso in cui l'assicurato stesso si trovi in una situazione di difficoltà al seguito del verificarsi di un evento fortuito.

2. L'aiuto può essere in denaro o in natura. Le prestazioni in natura possono essere fornite anche utilizzando personale e attrezzature di terzi.

Capo IV
Assicurazione sulla vita

176. Revocabilità della proposta. – 1. La proposta relativa ad un contratto individuale di assicurazione sulla vita di cui ai rami I, II, III e V dell'articolo 2, comma 1, è revocabile.

2. Le somme eventualmente pagate dal contraente devono essere restituite dall'impresa di assicurazione entro trenta giorni dal momento in cui ha ricevuto comunicazione della revoca.

3. Le disposizioni del presente articolo non si applicano ai contratti di durata pari od inferiore a sei mesi.

177. Diritto di recesso. – 1. Il contraente può recedere da un contratto individuale di assicurazione sulla vita entro trenta giorni dal momento in cui ha ricevuto comunicazione che il contratto è concluso.

2. L'impresa di assicurazione deve informare il contraente del diritto di recesso di cui al comma 1. I termini e le modalità per l'esercizio dello stesso devono essere espressamente evidenziati nella proposta e nel contratto di assicurazione.

3. L'impresa di assicurazione, entro trenta giorni dal ricevimento della comunicazione relativa al recesso, rimborsa al contraente il premio eventualmente corrisposto, al netto della parte relativa al periodo per il quale il contratto ha avuto effetto. L'impresa di assicurazione ha diritto al rimborso delle spese effettivamente sostenute per l'emissione del contratto, a condizione che siano individuate e quantificate nella proposta e nel contratto.

4. Le disposizioni di cui al presente articolo non si applicano ai contratti di durata pari od inferiore a sei mesi.

178. Inversione dell'onere della prova nei giudizi risarcitori. – 1. Nei giudizi di risarcimento dei danni cagionati al contraente di un contratto di assicurazione sulla vita di cui ai rami III e V dell'articolo 2, comma 1, spetta all'impresa l'onere della prova di aver agito con la specifica diligenza richiesta.

Capo V
Capitalizzazione

179. Nozione. – 1. La capitalizzazione è il contratto mediante il quale l'impresa di assicurazione si impegna, senza convenzione relativa alla durata della vita umana, a pagare somme determinate al decorso di un termine prestabilito in corrispettivo di premi, unici o periodici, che sono effettuati in denaro o mediante altre attività.

2. Quando i contratti prevedono il periodico sorteggio ai fini dell'anticipato pagamento del capitale convenuto, nei successivi sorteggi deve essere estratto un numero uguale o crescente di contratti, non superiore, nell'anno, a cinque per ogni cento contratti emessi. I sorteggi devono essere effettuati ad intervalli non inferiori al semestre.

3. I contratti di capitalizzazione non possono avere durata inferiore a cinque anni. Nel caso di contratti con premi periodici, i versamenti possono essere stabiliti sia in misura costante sia in misura variabile, purché quest'ultima modalità sia prevista contrattualmente.

4. Il contraente può recedere dal contratto nei termini e con le modalità di cui all'articolo 177. Il riscatto è consentito a partire dal secondo anno ed a condizione che il contraente abbia corrisposto il premio per un'intera annualità.

Capo VI
Legge applicabile

180. Contratti di assicurazione contro i danni. – 1. I contratti di assicurazione contro i danni sono regolati dalla legge italiana, ferme le norme di diritto internazionale privato, quando lo Stato membro di ubicazione del rischio è la Repubblica italiana.

2. Le parti possono convenire di assoggettare il contratto alla legislazione di un altro Stato, salvo i limiti derivanti dall'applicazione di norme imperative.

3. Le disposizioni specifiche relative ad una assicurazione obbligatoria, previste dallo Stato che impone l'obbligo, prevalgono su quelle della legge applicabile al contratto; quando quest'ultimo preveda una garanzia destinata ad operare in più Stati, prevalgono le disposizioni specifiche dello Stato interessato.

4. I contratti di assicurazione contro i danni relativi a rischi ubicati in un altro Stato membro sono regolati dalla legislazione del medesimo Stato.

5. Qualora il rischio sia ubicato in uno Stato terzo, si applicano le disposizioni della Convenzione di Roma del 19 giugno 1980, sulla legge applicabile alle obbligazioni contrattuali, resa esecutiva con legge 18 dicembre 1984, n. 975.

181. Contratti di assicurazioni sulla vita. – 1. I contratti di assicurazione sulla vita sono regolati dalla legge italiana, ferme le norme di diritto internazionale privato, quando lo Stato membro dell'obbligazione è la Repubblica italiana.

2. Le parti possono tuttavia convenire di assoggettare il contratto alla legislazione di un altro Stato, salvo i limiti derivanti dall'applicazione di norme imperative.

3. I contratti di assicurazione sulla vita nei quali lo Stato membro dell'obbligazione è diverso dalla Repubblica italiana sono regolati dalla legislazione dello Stato membro dell'obbligazione.

4. Qualora il rischio sia ubicato in uno Stato terzo, si applicano le disposizioni della Convenzione di Roma del 19 giugno 1980, sulla legge applicabile alle obbligazioni contrattuali, resa esecutiva con legge 18 dicembre 1984, n. 975.

TITOLO XIII
TRASPARENZA DELLE OPERAZIONI E PROTEZIONE DELL'ASSICURATO

Capo I
Disposizioni generali

182. Pubblicità dei prodotti assicurativi. – 1. La pubblicità utilizzata per i prodotti delle imprese di assicurazione è effettuata avendo riguardo alla correttezza dell'informazione ed alla conformità rispetto al contenuto della documentazione e delle condizioni di contratto cui i prodotti stessi si riferiscono (1).

2. I medesimi principi sono rispettati anche quando la pubblicità sia autonomamente effettuata dagli intermediari.

3. L'ISVAP può richiedere, in via non sistematica, la trasmissione del materiale pubblicitario, nelle sue diverse forme, che è utilizzato dalle imprese e dagli intermediari.*

4. L'ISVAP sospende in via cautelare, per un periodo non superiore a novanta giorni, la diffusione della pubblicità in caso di fondato sospetto di violazione delle disposizioni in materia di trasparenza e correttezza.

5. L'ISVAP vieta la diffusione della pubblicità in caso di accertata violazione delle disposizioni in materia di trasparenza e correttezza.

6. L'ISVAP vieta la commercializzazione dei prodotti in caso di mancata ottemperanza ai provvedimenti di cui ai commi 4 e 5 secondo quanto previsto all'articolo 184, comma 2.

7. L'ISVAP, con regolamento, stabilisce i criteri di riconoscibilità della pubblicità e di chiarezza e correttezza dell'informazione.

(1) Comma modificato dal d.lg. 21/5/2018, n. 68.

* Comma modificato dall'art. 1, co. 213, d.lg. 12/5/2015, n. 74 e successivamente abrogato dall'art. 1, co. 16, d.lg. 30/12/2020, n. 187.

183. Regole di comportamento. – 1. Nell'offerta e nell'esecuzione dei contratti le imprese devono (1):

a) comportarsi con diligenza, correttezza e trasparenza nei confronti dei contraenti e degli assicurati;

b) acquisire dai contraenti le informazioni necessarie a valutare le esigenze assicurative o previdenziali ed operare in modo che siano sempre adeguatamente informati;*

c) organizzarsi in modo tale da identificare ed evitare conflitti di interesse ove ciò sia ragionevolmente possibile e, in situazioni di conflitto, agire in modo da consentire agli assicurati la necessaria trasparenza sui possibili effetti sfavorevoli e comunque gestire i conflitti di interesse in modo da escludere che rechino loro pregiudizio;

d) realizzare una gestione finanziaria indipendente, sana e prudente e adottare misure idonee a salvaguardare i diritti dei contraenti e degli assicurati (1).

2. L'ISVAP adotta, con regolamento, specifiche disposizioni relative alla determinazione delle regole di comportamento da osservare nei rapporti con i contraenti, in modo che l'attività si svolga con correttezza e con adeguatezza rispetto alle specifiche esigenze dei singoli (2).

3. L'ISVAP tiene conto, nel regolamento, delle differenti esigenze di protezione dei contraenti e degli assicurati, nonché della natura dei rischi e delle obbligazioni assunte dall'impresa, individua le categorie di soggetti che non necessitano in tutto o in parte della protezione riservata alla clientela non qualificata e determina modalità, limiti e condizioni di applicazione delle medesime disposizioni nell'offerta e nell'esecuzione dei contratti di assicurazione dei rami danni, tenendo in considerazione le particolari caratteristiche delle varie tipologie di rischio (2).

(1) Comma modificato dal d.lg. 21/5/2018, n. 68 con applicazione a decorrere dal 1/10/2018 e successivamente sostituito dall'art. 1, co. 17, d.lg. 30/12/2020, n. 187.

* Lettera abrogata dall'art. 1, co. 29, lett. b), d.lg. 21/5/2018, n. 68, con applicazione a decorrere dal 1/10/2018.

(2) Comma modificato dall'art. 1, co. 213, d.lg. 12/5/2015, n. 74.

184. Misure cautelari ed interdittive. – 1. Avuto riguardo all'obiettivo di protezione degli assicurati, l'IVASS sospende in via cautelare, per un periodo non superiore a novanta giorni, la commercializzazione del prodotto in caso di fondato sospetto di violazione delle disposizioni del presente titolo o delle relative norme di attuazione, nonché delle disposizioni in materia di requisiti di Governo e controllo del prodotto di cui agli articoli 30-decies, 121-bis e 121-ter (1).

*2. L'Ivass vieta la commercializzazione in caso di accertata violazione delle disposizioni indicate al comma 1 e dispone, a cura e spese dell'impresa o del distributore interessato, la diffusione al pubblico, mediante le forme più utili alla generale conoscibilità, dei provvedimenti adottati. La nota informativa contiene il riferimento alla relazione sulla solvibilità e sulla condizione finanziaria dell'impresa di cui all'articolo 47-septies**.

(1) Comma modificato dal d.lg. 21/5/2018, n. 68.

* Comma modificato dall'art. 1, co. 213, d.lg. 12/5/2015, n. 74 e successivamente abrogato dall'art. 1, co. 16, d.lg. 30/12/2020, n. 187.

Capo II
Obblighi di informazione

185. Documentazione informativa (1). – 1. Le imprese di assicurazione e gli intermediari che realizzano prodotti assicurativi da vendere ai clienti redigono i seguenti documenti:

a) il documento informativo precontrattuale per i prodotti assicurativi danni di cui all'articolo 185-bis, redatto in conformità a quanto stabilito dal regolamento di esecuzione (UE) 2017/1469 dell'11 agosto 2017 (DIP);

b) il documento informativo precontrattuale per i prodotti assicurativi vita di cui all'articolo 185-ter, diversi da quelli indicati alla lettera c) (DIP – Vita);

c) il documento informativo per i prodotti di investimento redatto in conformità a quanto stabilito dal regolamento (UE) n. 1286/2014 del 26 novembre 2014 e relative norme di attuazione (KID).

2. Le imprese di assicurazione e gli intermediari che realizzano prodotti assicurativi redigono altresì il documento informativo precontrattuale aggiuntivo.

3. Fatto salvo quanto previsto dal testo unico dell'intermediazione finanziaria e dalle relative disposizioni di attuazione in materia di informativa precontrattuale, il documento informativo precontrattuale aggiuntivo di cui al comma 2 contiene le informazioni, diverse da quelle pubblicitarie o promozionali, integrative e complementari rispetto a quelle contenute nei documenti di cui al comma 1 che, tenendo conto della complessità e delle caratteristiche del prodotto, del tipo del cliente e delle caratteristiche dell'impresa di assicurazione, sono necessarie affinché il cliente possa pervenire ad una decisione informata su diritti e obblighi contrattuali e, ove opportuno, sulla situazione patrimoniale dell'impresa. Il documento informativo precontrattuale aggiuntivo contiene il riferimento alla relazione sulla solvibilità e sulla condizione finanziaria dell'impresa di cui all'articolo 47-septies. Il documento informativo precontrattuale aggiuntivo indica la procedura da seguire in caso di reclamo, l'organismo o l'autorità eventualmente competente e la legge applicabile.

4. L'IVASS, con regolamento, disciplina il contenuto, lo schema e le istruzioni di compilazione del documento informativo precontrattuale aggiuntivo.

5. L'IVASS determina con regolamento le informazioni che devono essere comunicate al contraente di un'assicurazione sulla vita per tutto il periodo di durata del contratto.

(1) Articolo modificato dal d.lg. 21/5/2017, n. 68. Il testo dell'articolo precedente recitava: «Nota informativa.1. Le imprese di assicurazione italiane e quelle estere operanti nel territorio della Repubblica, sia in regime di stabilimento che in regime di libertà di prestazione di servizi, consegnano al contraente, prima della conclusione del contratto ed unitamente alle condizioni di assicurazione, una nota informativa predisposta nel rispetto delle disposizioni del presente articolo. 2. La nota informativa contiene le informazioni, diverse da quelle pubblicitarie, che sono necessarie, a seconda delle caratteristiche dei prodotti e dell'impresa di assicurazione, affinché il contraente e l'assicurato possano pervenire a un fondato giudizio sui diritti e gli obblighi contrattuali e, ove opportuno, sulla situazione patrimoniale dell'impresa. 3. L'Ivass disciplina, con regolamento, il contenuto e lo schema della nota informativa in modo tale che siano previste, oltre alle indicazioni relative all'impresa, le informazioni sul contratto con particolare riguardo alle garanzie e alle obbligazioni assunte dall'impresa, alle nullità, alle decadenze, alle esclusioni e alle limitazioni della garanzia e alle rivalse, ai diritti e agli obblighi in corso di contratto e in caso di sinistro, alla legge applicabile ed ai termini di prescrizione dei diritti, alla procedura da seguire in caso di reclamo e all'organismo o all'autorità eventualmente competente. 4. Nelle assicurazioni di cui ai rami I, II, III, IV e V dell'articolo 2, comma 1, l'Ivass determina, con regolamento, le informazioni supplementari che sono necessarie alla piena comprensione delle caratteristiche essenziali del contratto con particolare riguardo ai costi ed ai rischi del contratto ed alle operazioni in conflitto di interesse. Al contraente di un'assicurazione sulla vita sono altresì comunicate, per tutto il periodo di durata del contratto, le informazioni indicate nel regolamento adottato dall'ISVAP con particolare riguardo alle spese, alla composizione ed ai risultati della gestione delle attività nelle quali è investito il premio o il capitale assicurato. 5. Restano ferme le competenze della Consob ai sensi dell'articolo 25-bis del decreto legislativo 28 febbraio 1998 n. 58».

185 bis. Documento informativo precontrattuale per i prodotti assicurativi danni (1). – 1. Il documento informativo standardizzato per i prodotti assicurativi danni di cui all'articolo 185, comma 1, lettera a), ha le seguenti caratteristiche:

a) è un documento sintetico e autonomo;

b) è presentato e strutturato in modo tale da essere chiaro e di facile lettura e ha caratteri di dimensione leggibile;

c) non è meno comprensibile nel caso in cui, prodotto originariamente a colori, sia stampato o fotocopiato in bianco e nero;

d) è redatto in lingua italiana o in altra lingua concordata dalle parti;

e) è preciso e non fuorviante;

f) contiene il titolo «documento informativo relativo al prodotto assicurativo» nella parte in alto della prima pagina;

g) contiene la dichiarazione in base alla quale le informazioni precontrattuali e contrattuali complete sono fornite in altri documenti.

2. Il documento informativo standardizzato di cui al comma 1 contiene:

a) le informazioni sul tipo di assicurazione;

b) una sintesi della copertura assicurativa, compresi i principali rischi assicurati, la somma assicurata e, ove del caso, l'ambito geografico e una sintesi dei rischi esclusi;

c) le modalità e la durata di pagamento dei premi;

d) le principali esclusioni per le quali non è possibile presentare una richiesta di risarcimento;

e) gli obblighi all'inizio del contratto;

f) gli obblighi nel corso della durata del contratto;

g) gli obblighi in caso di presentazione di una richiesta di risarcimento;

h) le condizioni del contratto, inclusa la data di inizio e di fine del periodo di copertura:

i) le modalità di risoluzione del contratto.

(1) Articolo inserito dal d.lg. 21/5/2018, n. 68.

185 ter. Documento informativo precontrattuale per i prodotti assicurativi vita (1). – 1. Il documento informativo precontrattuale per i prodotti assicurativi vita di cui all'articolo 185, comma 1, lettera b), ha le seguenti caratteristiche:

a) è un documento sintetico e autonomo;

b) è presentato e strutturato in modo da contenere informazioni accurate, corrette, chiare, non fuorvianti e coerenti con la documentazione del prodotto assicurativo cui si riferisce;

c) non è meno comprensibile nel caso in cui, prodotto originariamente a colori, sia stampato o fotocopiato in bianco e nero;

d) è redatto in lingua italiana o in altra lingua concordata dalle parti;

e) contiene il titolo «documento informativo relativo al prodotto assicurativo» nella parte in alto della prima pagina;

f) contiene la dichiarazione in base alla quale le informazioni precontrattuali e contrattuali complete sono fornite in altri documenti.

2. Il documento informativo standardizzato di cui al comma 1 contiene:

a) le informazioni sul tipo di assicurazione;

b) una sintesi della copertura assicurativa, compresi i rischi assicurati, la somma assicurata e gli eventuali rischi esclusi;

c) le modalità e la durata di pagamento dei premi;

d) i casi di esclusione della garanzia, ove presenti, per i quali non è possibile presentare una richiesta di risarcimento;

e) gli obblighi all'inizio del contratto;

f) gli obblighi nel corso della durata del contratto;

g) la documentazione da presentare nel caso di sinistro;

h) le condizioni del contratto, inclusa la data di inizio e di fine del periodo di copertura;

i) le modalità di risoluzione del contratto.

3. Il documento informativo di cui al comma 1è redatto secondo il formato standardizzato come definito dall'IVASS con regolamento.

4. L'IVASS, con regolamento può stabilire le modalità specifiche di redazione del documento di cui al comma 1 nel caso di contratti di assicurazione con garanzie multirischio che, nel rispetto delle disposizioni dell'Unione europea direttamente applicabili, garantiscano che il cliente possa pervenire ad una decisione informata.

(1) Articolo inserito dal d.lg. 21/5/2018, n. 68.

186. Interpello sul documento informativo precontrattuale aggiuntivo (1). – 1. Fatto salvo quanto previsto dal Testo Unico dell'intermediazione finanziaria e dalle relative disposizioni di attuazione in materia di informativa precontrattuale, l'impresa può trasmettere preventivamente all'IVASS il documento informativo precontrattuale aggiuntivo, unitamente alle condizioni di contratto, allo scopo di richiedere un accertamento sulla corretta applicazione degli obblighi di informazione previsti dalle disposizioni del presente capo, fermo restando che la valutazione dell'IVASS non può essere utilizzata, a fini promozionali, nei rapporti con gli assicurati.

2. L'IVASS provvede a rendere nota all'impresa la sua valutazione entro sessanta giorni dal ricevimento della documentazione, esauriente e completa, relativa al contratto. Decorso tale termine senza che l'IVASS si sia pronunciato con un giudizio negativo o con un giudizio con rilievi ai sensi del comma 3, il documento informativo precontrattuale aggiuntivo si intende conforme agli obblighi di informazione. L'IVASS può disporre la revoca, previa notifica all'impresa interessata, qualora vengano meno i presupposti dell'accertamento ovvero se l'impresa abusa del provvedimento richiesto. L'IVASS indica all'impresa le eventuali integrazioni al documento informativo precontrattuale aggiuntivo.

3. Nel periodo occorrente all'istruttoria e sino al provvedimento dell'IVASS l'impresa non procede alla commercializzazione del prodotto.

4. L'IVASS stabilisce, con regolamento, le disposizioni per la comunicazione del documento informativo precontrattuale aggiuntivo, le modalità da osservare, prima della pubblicazione del documento stesso, per diffondere notizie o per svolgere indagini di mercato o per raccogliere intenzioni di sottoscrizione del contratto e per lo svolgimento della commercializzazione.

(1) Articolo modificato dal d.lg. 21/5/2018, n. 68. Il testo previgente recitava: «Interpello sulla nota informativa. 1. L'impresa può trasmettere preventivamente all'ISVAP la nota informativa, unitamente alle condizioni di contratto, allo scopo di richiedere un accertamento sulla corretta applicazione degli obblighi di informazione previsti dalle disposizioni del presente capo, fermo restando che la valutazione dell'ISVAP non può essere utilizzata, a fini promozionali, nei rapporti con gli assicurati.
2. L'ISVAP provvede a rendere nota all'impresa la sua valutazione entro sessanta giorni dal ricevimento della documentazione, esauriente e completa, relativa al contratto. Decorso tale termine senza che l'ISVAP si sia pronunciato con un giudizio negativo o con un giudizio con rilievi ai sensi del comma 3, la nota informativa si intende conforme agli obblighi di informazione. L'ISVAP può disporre la revoca, previa notifica all'impresa interessata, qualora vengano meno i presupposti dell'accertamento ovvero se l'impresa abusa del provvedimento richiesto. L'ISVAP indica all'impresa le eventuali integrazioni alla nota informativa.
3. Nel periodo occorrente all'istruttoria e sino al provvedimento dell'ISVAP l'impresa non procede alla commercializzazione del prodotto.
4. L'ISVAP stabilisce, con regolamento, le disposizioni per la comunicazione della nota informativa, le modalità da osservare, prima della pubblicazione della nota informativa, per diffondere notizie o per svolgere indagini di mercato o per raccogliere intenzioni di sottoscrizione del contratto e per lo svolgimento della commercializzazione».

187. Integrazione del documento informativo precontrattuale aggiuntivo (1). – 1. Fatto salvo quanto previsto dal Testo Unico della Finanza e dalle relative disposizioni di attuazione in materia di informativa precontrattuale, l'IVASS, ferme restando le disposizioni del presente capo, può chiedere all'impresa di apportare modifiche al documento informativo precontrattuale aggiuntivo utilizzato, quando occorre fornire informazioni ulteriori e necessarie per la protezione degli assicurati (2).

(1) Rubrica modificata dal d.lg. 21/5/2018, n. 68.

(2) Articolo modificato dal d.lg. 21/5/2018, n. 68. Il testo previgente disponeva «1. L'ISVAP, ferme restando le disposizioni del presente capo, può chiedere all'impresa di apportare modifiche alla nota informativa utilizzata, quando occorre fornire informazioni ulteriori e necessarie per la protezione degli assicurati».

Capo II bis
Controversie (1)

(1) Capo inserito dall'art. 1, co. 34, d.lg. 21/5/2018, n. 68, con applicazione a decorrere dal 1/10/2018. Successivamente l'art. 1, co. 18, lett. a), d.lg. 30/12/2020, n. 187, ha spostato il presente Capo da dopo l'art. 187-bis a dopo l'art. 187.

187 bis. Modalità di esercizio dei poteri di vigilanza (1). – 1. I poteri di vigilanza sono esercitati in modo tempestivo e proporzionato.

(1) Articolo inserito dall'art. 1, co. 114, d.lg. 12/5/2015, n. 74. A norma dell'art. 1, co. 19, d.lg. 30/12/2020, n. 187, è inserito sotto il Capo I del Titolo XIV.

187 ter. Sistemi di risoluzione stragiudiziale delle controversie**. – *1. Fermo restando quanto previsto dall'articolo 32-ter del decreto legislativo 24 febbraio 1998, n. 58, i soggetti di cui all'articolo 6, commi 1, lettere a) e d) nonché gli intermediari assicurativi a titolo accessorio, aderiscono ai sistemi di risoluzione stragiudiziale delle controversie con la clientela relative alle prestazioni e ai servizi assicurativi derivanti da tutti i contratti di assicurazione, senza alcuna esclusione. 2. Con decreto del Ministro dello sviluppo economico, di concerto con il Ministro della giustizia, su proposta dell'IVASS, sono determinati, nel rispetto dei principi, delle procedure e dei requisiti di cui alla parte V, titolo 2-bis del decreto legislativo 6 settembre 2005, n. 206, i criteri di svolgimento delle procedure di risoluzione delle controversie di cui al comma 1, i criteri di composizione dell'organo decidente, in modo che risulti assicurata l'imparzialità dello stesso e la rappresentatività dei soggetti interessati, nonché la natura delle controversie, relative alle prestazioni e ai servizi assicurativi derivanti da un contratto di assicurazione, trattate dai sistemi di cui al presente articolo. Le procedure devono in ogni caso assicurare la rapidità, l'economicità e l'effettività della tutela. 3. Fermo restando quanto previsto dall'articolo 5, comma 1-bis, del decreto legislativo 4 marzo 2010, n. 28, le disposizioni di cui ai commi da 1 a 3 non pregiudicano il ricorso ad ogni altro strumento di tutela previsto dall'ordinamento. 4. Alla copertura delle relative spese di funzionamento, si provvede, senza nuovi o maggiori oneri per la finanza pubblica, con le risorse di cui agli articoli 335 e 336 del presente Codice*.*

* Articolo inserito dall'art. 1, co. 34, d.lg. 21/5/2018, n. 68, con applicazione a decorrere dal 1/10/2018. E successivamente abrogato dall'art. 1, co. 20, lett. b), d.lg. 30/12/2020, n. 187.

TITOLO XIV
VIGILANZA SULLE IMPRESE E SUGLI INTERMEDIARI

Capo I
Disposizioni generali

188. Poteri di intervento. – 1. L'IVASS, nell'esercizio delle funzioni di vigilanza sulla gestione tecnica, finanziaria e patrimoniale delle imprese [di assicurazione e di riassicurazione] e sull'osservanza delle leggi, dei regolamenti e dei provvedimenti del presente codice nonché delle disposizioni dell'Unione europea direttamente applicabili, può (1):

a) convocare i componenti degli organi amministrativi e di controllo, i direttori generali delle imprese di assicurazione e di riassicurazione, i legali rappresentanti della società di revisione, l'attuario revisore e i soggetti responsabili delle funzioni fondamentali all'interno delle imprese di assicurazione e riassicurazione (2);

b) ordinare la convocazione dell'assemblea, degli organi amministrativi e di controllo, delle imprese di assicurazione e di riassicurazione, indicando gli argomenti da inserire all'ordine del giorno e sottoponendo al loro esame i provvedimenti necessari per rendere la gestione conforme a legge;

c) procedere direttamente alla convocazione dell'assemblea, degli organi amministrativi e di controllo delle imprese di assicurazione e di riassicurazione, quando non abbiano ottemperato al provvedimento di cui alla lettera precedente;

d) convocare i soggetti che svolgono funzioni parzialmente comprese nel ciclo operativo delle imprese di assicurazione e di riassicurazione per accertamenti esclusivamente rivolti ai profili assicurativi o riassicurativi.

2. L'IVASS, nell'esercizio delle funzioni di vigilanza sull'osservanza delle leggi e dei regolamenti previsti nel presente codice, nonché delle disposizioni dell'Unione europea direttamente applicabili da parte degli operatori del mercato assicurativo, può convocare i legali rappresentanti delle società che svolgono attività di intermediazione ed i soggetti iscritti al registro degli intermediari [ed al ruolo dei periti assicurativi] (3).

3. L'IVASS, al fine di conoscere i programmi e valutare gli impegni a garanzia dell'autonomia e dell'indipendenza della gestione dell'impresa di assicurazione o di riassicurazione, può convocare chiunque detenga una partecipazione indicata dall'articolo 68 in un'impresa di assicurazione o di riassicurazione (4).

3-bis. L'IVASS può, nell'esercizio delle funzioni indicate al comma 1, ove la situazione lo richieda, anche a seguito del processo di controllo prudenziale di cui all'articolo 47-quinquies, ovvero, ai fini della salvaguardia della stabilità del sistema finanziario nel suo complesso e del contrasto di rischi sistemici, ai sensi di quanto previsto dalle disposizioni dell'ordinamento europeo relative alla vigilanza macroprudenziale del sistema finanziario dell'Unione europea, adottare misure preventive o correttive nei confronti anche delle singole imprese di assicurazione o riassicurazione, ivi inclusi i provvedimenti specifici riguardanti anche (5):

a) la restrizione dell'attività, ivi incluso il potere di vietare l'ulteriore commercializzazione dei prodotti assicurativi;

b) il divieto di effettuare determinate operazioni anche di natura societaria o di prevedere limitazioni, restrizioni temporanee o differimenti per determinate tipologie di operazioni o di facoltà esercitabili dai contraenti (6);

c) la distribuzione di utili o di altri elementi del patrimonio, nonché la fissazione di limiti all'importo totale della parte variabile delle remunerazioni dell'impresa (7);

d) il rafforzamento dei sistemi di governo societario, ivi incluso il contenimento dei rischi;

e) l'ordine di rimozione di uno o più esponenti aziendali o dei titolari di funzioni fondamentali qualora la loro permanenza in carica sia di pregiudizio per la sana e prudente gestione dell'impresa di assicurazione o di riassicurazione o per gli interessi degli assicurati e degli aventi diritto alle prestazioni assicurative. La rimozione non è disposta ove ricorrano gli estremi per pronunciare la decadenza ai sensi dell'articolo 76, salvo che sussista urgenza di provvedere (8).

3-ter. L'esercizio dei poteri di vigilanza di cui al comma 3-

bis, lettera a), è attribuito alla CONSOB, per i profili di propria competenza (9).

(1) Alinea modificato dall'art. 1, co. 115, lett. a) e co. 213, d.lg. 12/5/2015, n. 74.

(2) Lettera modificata dall'art. 1, co. 115, lett. b), d.lg. 12/5/2015, n. 74.

(3) Comma modificato dall'art. 1, co. 115, lett. c) e co. 213, d.lg. 12/5/2015, n. 74.

(4) Comma modificato dall'art. 4, co. 1, lett. v) e co. 213, d.lg. 27/1/2010, n. 21.

(5) Alinea modificato dall'art. 7, co. 1-bis, lett. a), d.l. 30/4/2019, n. 34, conv., con modif., dalla l. 28/6/2019, n. 58.

(6) Lettera modificata dall'art. 7, co. 1-bis, lett. a), d.l. 30/4/2019, n. 34, conv., con modif., dalla l. 28/6/2019, n. 58.

(7) Lettera sostituita dall'art. 6, co. 4, d.lg. 10/5/2019, n. 49.

(8) Lettera sostituita dall'art. 3, co. 3, d.lg. 14/7/2020, n. 84.

• Comma aggiunto dall'art. 1, co. 115, lett. d), d.lg. 12/5/2015, n. 74.

(9) Comma aggiunto dall'art. 1, co. 115, lett. d), d.lg. 12/5/2015, n. 74.

189. Poteri di indagine. – 1. L'ISVAP può chiedere informazioni, ordinare l'esibizione di documenti ed il compimento di accertamenti e verifiche ritenute necessarie, rivolgendo la richiesta ai destinatari della vigilanza di cui all'articolo 6, nonché ai soggetti che svolgono attività riservate privi di autorizzazione.

2. L'ISVAP può effettuare ispezioni presso le imprese di assicurazione e di riassicurazione e presso gli uffici degli intermediari di assicurazione e di riassicurazione, dei soggetti che svolgono funzioni parzialmente comprese nel ciclo operativo delle imprese medesime limitatamente a tale ciclo, e dei soggetti che svolgono attività riservate privi di autorizzazione.

Per le ispezioni nei confronti delle imprese che hanno ad oggetto i modelli interni di cui al Titolo III, Capo IV-bis, Sezione III, l'IVASS può, fino al 31 dicembre 2016, avvalersi di esperti esterni, inclusi revisori dei conti ed attuari, con onere a carico dell'impresa. L'IVASS disciplina con regolamento i criteri di scelta e le ipotesi di conflitto di interesse (1).

(1) Articolo modificato d.lg. 12/5/2015, n. 74.

190. Obblighi di informativa (1). – 1. L'IVASS, nel rispetto degli articoli 3 e 5, può chiedere ai soggetti vigilati la comunicazione, anche periodica, di dati e notizie e la trasmissione di atti e documenti, nonché qualsiasi informazione in merito ai contratti che sono detenuti da intermediari o in merito ai contratti conclusi con terzi con i termini e le modalità da esso stabilite con regolamento.

1-bis. Le informazioni di cui al comma 1 comprendono:

a) elementi qualitativi o quantitativi o un'appropriata combinazione di entrambi;

b) dati storici, attuali o futuri, o un'appropriata combinazione di tali dati; e

c) dati provenienti da fonti interne o esterne o un'appropriata combinazione di entrambi.

1-ter. Le informazioni, i dati, i documenti trasmessi all'IVASS:

a) riflettono la natura, la portata e la complessità dell'attività dell'impresa interessata, in particolare i rischi inerenti all'attività in oggetto;

b) sono accessibili, completi da tutti i punti di vista sostanziali, confrontabili e coerenti nel tempo; e

c) sono pertinenti, affidabili e comprensibili;

2. I poteri previsti dal comma 1 possono essere esercitati anche nei confronti del soggetto incaricato della revisione legale dei conti delle imprese di assicurazione e di riassicurazione. L'IVASS stabilisce, con regolamento, le modalità e i termini per la trasmissione, da parte del medesimo soggetto, delle informazioni previste dai commi 3 e 4.

2-bis. I poteri previsti dal comma 1 possono essere esercitati anche nei confronti di esperti esterni, quali attuari. L'IVASS stabilisce, con regolamento, le modalità e i termini per la trasmissione, da parte dei medesimi soggetti, delle informazioni previste dai commi 3 e 4 (2).

3. L'organo che svolge la funzione di controllo in un'impresa di assicurazione o di riassicurazione informa senza indugio l'ISVAP di tutti gli atti o i fatti, che possano costituire un'irregolarità nella gestione dell'impresa ovvero una violazione delle norme che disciplinano l'attività assicurativa o riassicurativa. A tali fini lo statuto dell'impresa, indipendentemente dal sistema di amministrazione e controllo adottato, assegna all'organo che svolge la funzione di controllo i relativi compiti e poteri. Il medesimo organo fornisce all'ISVAP ogni altro dato o documento richiesto.,

4. I soggetti di cui al comma 2 comunicano senza indugio all'ISVAP gli atti o i fatti, rilevati nello svolgimento dell'incarico, che possano costituire una grave violazione delle norme disciplinanti l'attività delle società sottoposte a revisione ovvero che possano pregiudicare la continuità dell'impresa o comportare un giudizio negativo, o una dichiarazione di impossibilità di esprimere o che possano determinare l'inosservanza del Requisito Patrimoniale di Solvibilità o l'inosservanza del Requisito Patrimoniale Minimo. I medesimi soggetti forniscono all'ISVAP ogni altro dato o documento richiesto.

4-bis: La comunicazione in buona fede alle autorità di vigilanza da parte dei soggetti di cui ai commi 2 e 2-bis di fatti o decisioni di cui al comma 4 non costituisce violazione di eventuali restrizioni alla comunicazione di informazioni imposte in sede contrattuale o in forma di disposizioni legislative, regolamentari o amministrative e non comporta per tali persone responsabilità di alcun tipo (2).

5. Le disposizioni di cui ai commi 3, primo periodo, e 4 e 4 bis si applicano anche ai soggetti che esercitano i compiti ivi previsti presso le società che controllano le imprese di assicurazione o di riassicurazione o che sono da queste controllate ai sensi dell'articolo 72.

5-bis. Le imprese di assicurazione e di riassicurazione comunicano tempestivamente all'Isvap:

a) la nomina e la mancata nomina del soggetto incaricato della revisione legale dei conti, esponendo le cause che hanno determinato il ritardo nel conferimento dell'incarico;

b) le dimissioni del soggetto incaricato della revisione legale dei conti;

c) la risoluzione consensuale del mandato;

d) la revoca dell'incarico di revisione legale dei conti, fornendo adeguate spiegazioni in ordine alle ragioni che l'hanno determinata (3).

5-ter. L'Isvap stabilisce modalità e termini per l'invio delle comunicazioni di cui al comma 5-bis. Nel caso di mancata nomina del soggetto incaricato della revisione legale dei conti, l'ISVAP adotta i provvedimenti cautelari, autoritativi e sanzionatori previsti dal codice (3).

(1) Articolo modificato d.lg. 12/5/2015, n. 74.

(2) Comma inserito da d.lg. 12/5/2015, n. 74.

(3) Comma modificato dall'art. 41 del d.lg. 27/1/2010, n. 39.

190 bis. Informazioni statistiche (1). – 1. L'IVASS chiede ai soggetti vigilati di comunicare i dati e le informazioni per lo svolgimento di indagini statistiche, studi ed analisi relative al mercato assicurativo. L'IVASS stabilisce con regolamento la periodicità, le modalità, i contenuti ed i termini per la trasmissione, da parte dei medesimi soggetti, di tali dati e informazioni.

2. L'impresa di assicurazione o l'impresa di riassicurazione

comunica all'IVASS, in forma separata per le operazioni rispettivamente effettuate in regime di stabilimento e in regime di libera prestazione di servizi, l'importo dei premi, dei sinistri e delle commissioni, al lordo della riassicurazione o della retrocessione, per Stato membro e secondo le modalità seguenti:

a) per l'assicurazione danni, per linee di attività in conformità ai principi dell'ordinamento comunitario;

b) per l'assicurazione vita, per linee di attività in conformità ai principi dell'ordinamento comunitario.

3. Per quanto riguarda le imprese autorizzate al ramo 10 di cui all'articolo 2, comma 3, l'impresa interessata comunica all'autorità di vigilanza anche la frequenza e il costo medio dei sinistri.

4. L'IVASS presenta alle autorità di vigilanza dei singoli Stati membri interessati su loro richiesta, entro un termine ragionevole e in forma aggregata, le informazioni di cui ai commi 2 e 3.

(1) Articolo inserito dal d.lg. 12/5/2015, n. 74.

191. Potere regolamentare (1). – 1. Fatta salva la potestà regolamentare del Governo e del Ministero dello sviluppo economico, secondo le disposizioni previste dal presente Codice, l'IVASS, per l'esercizio delle funzioni di vigilanza sulla gestione tecnica, finanziaria e patrimoniale delle imprese di assicurazione e di riassicurazione e sulla trasparenza e sulla correttezza dei comportamenti delle imprese e degli intermediari di assicurazione e di riassicurazione, con particolare riferimento alla tutela degli assicurati, può adottare regolamenti o altre disposizioni di carattere generale per l'attuazione delle norme contenute nel presente codice e delle disposizioni direttamente applicabili dell'Unione europea, nonché regolamenti per l'attuazione delle raccomandazioni, linee guida e altre disposizioni emanate dalle Autorità di vigilanza europee, aventi ad oggetto le seguenti materie:

a) le condizioni di accesso all'attività di assicurazione;

b) le condizioni di esercizio dell'attività di assicurazione e riassicurazione, incluso:

1) il sistema di governo societario, incluse le funzioni fondamentali, delle imprese di assicurazione e riassicurazione;

2) l'adeguatezza patrimoniale, ivi compresa la formazione delle riserve tecniche, la copertura e la valutazione delle attività, la composizione dei fondi propri ed il calcolo dei requisiti patrimoniali di solvibilità delle imprese di assicurazione e di riassicurazione, con particolare riferimento alla disciplina della formula standard e del modello interno completo o parziale, nonché l'eventuale possibilità di richiedere l'attività di verifica da parte della società di revisione in conformità alla normativa dell'Unione europea;

3) l'informativa e il processo di controllo prudenziale, ivi incluso il contenuto della relazione sulla solvibilità e sulla condizione finanziaria nonché l'eventuale sottoposizione dell'informativa a verifica da parte della società di revisione;

c) le condizioni di accesso e di esercizio all'attività di assicurazione delle imprese con sede in uno Stato terzo;

d) le condizioni di accesso e di esercizio all'attività di assicurazione delle imprese locali;

e) le condizioni di accesso e di esercizio all'attività di riassicurazione, incluse le condizioni per l'accesso e l'esercizio delle società veicolo di cui all'articolo 57-bis;

f) la classificazione dei rischi all'interno dei rami di cui all'articolo 2;

g) le procedure relative all'assunzione di partecipazioni e gli assetti proprietari, ivi inclusa la disciplina degli stretti legami;

h) gli schemi di bilancio, il piano dei conti, le modalità di calcolo, le forme e le modalità di raccordo fra il sistema contabile ed il piano dei conti, e gli altri modelli di vigilanza derivati dal bilancio di esercizio e consolidato delle imprese di assicurazione e di riassicurazione;

i) l'individuazione dei soggetti non sottoposti agli obblighi di redazione del bilancio consolidato che sono tenuti, ad esclusivi fini di vigilanza, a redigere il bilancio consolidato;

l) la costituzione e l'amministrazione dei patrimoni dedicati ad uno specifico affare, nelle forme previste dal codice civile, delle gestioni separate e dei fondi interni delle imprese che esercitano le assicurazioni sulla vita, ivi compresi i limiti e i divieti relativi all'attività di investimento e i principi e gli schemi da adottare per la valutazione dei beni in cui è investito il patrimonio;

m) gli obblighi relativi all'assicurazione obbligatoria per i veicoli a motore e i natanti, ivi incluse le procedure liquidative;

n) i contratti di assicurazione, con particolare riferimento all'assicurazione obbligatoria per i veicoli a motore e i natanti e le particolari operazioni di assicurazione;

o) la correttezza della pubblicità, le regole di presentazione e di comportamento delle imprese di assicurazione e dei distributori nell'ideazione e nell'offerta di prodotti assicurativi, tenuto conto delle differenti esigenze di protezione degli assicurati (2);

p) la procedura per la presentazione dei reclami per l'accertamento della violazione degli obblighi comportamentali a carico delle imprese e degli intermediari;

q) gli obblighi informativi prima della conclusione e durante l'esecuzione del contratto, ivi compresi quelli relativi alla promozione e al collocamento, mediante tecniche di comunicazione a distanza, dei prodotti assicurativi;

r) le procedure relative alle operazioni straordinarie;

s) la vigilanza sul gruppo assicurativo ivi compresa la verifica delle operazioni infragruppo ed il calcolo della solvibilità di gruppo;

t) le procedure per le misure di salvaguardia, di risanamento e di liquidazione delle imprese di assicurazione e di riassicurazione e delle società soggette alla vigilanza sul gruppo;

u) i sistemi di indennizzo per i danni derivanti dalla circolazione dei veicoli e dei natanti nonché dell'attività venatoria;

v) i procedimenti relativi all'accertamento e alla irrogazione delle sanzioni amministrative.

2. I regolamenti di cui al comma 1 si conformano al principio di proporzionalità per il raggiungimento del fine con il minor sacrificio per i soggetti destinatari.

3. I regolamenti devono risultare coerenti con le finalità della vigilanza di cui agli articoli 3 e 5 e devono tenere conto delle esigenze di competitività e di sviluppo dell'innovazione nello svolgimento delle attività dei soggetti vigilati.

4. I regolamenti sono adottati nel rispetto di procedure di consultazione aperte e trasparenti che consentano la conoscibilità della normativa in preparazione e dei commenti ricevuti anche mediante pubblicazione sul sito Internet dell'Istituto. All'avvio della consultazione l'IVASS rende noto lo schema del provvedimento ed i risultati dell'analisi relativa all'impatto della regolamentazione, che effettua nel rispetto dei principi enunciati all'articolo 12 della legge 29 luglio 2003, n. 229, e delle disposizioni regolamentari dell'IVASS.

5. L'IVASS può richiedere, in ogni fase del procedimento, il parere del Consiglio di Stato e si esprime pubblicamente sulle osservazioni ricevute, a seguito della procedura di consultazione, e sul parere eventualmente richiesto al Consiglio di Stato.

6. I regolamenti adottati dall'IVASS sono fra loro coordinati e formano un'unica raccolta delle istruzioni di vigilanza.

(1) Articolo modificato dal d.lg. 12/5/2015, n. 74.

(2) Lettera modificata dal d.lg. 21/5/2018, n. 68.

Capo II
Vigilanza sulla gestione tecnica, finanziaria e patrimoniale delle imprese di assicurazione e di riassicurazione

192. Imprese di assicurazione italiane. – 1. Le imprese di assicurazione con sede legale in Italia sono soggette alla vigilanza dell'IVASS sia per l'attività esercitata nel territorio della Repubblica sia per quella svolta nel territorio degli altri Stati membri in regime di stabilimento e di libertà di prestazione di servizi (1).

2. L'IVASS esercita le funzioni di vigilanza prudenziale, avendo riguardo alla costante verifica della gestione tecnica, finanziaria e patrimoniale dell'impresa, con particolare riferimento all'adeguatezza dei requisiti patrimoniali e delle riserve tecniche in rapporto all'insieme dell'attività svolta, alla disponibilità di attivi e di fondi propri ammissibili ai fini dell'integrale copertura delle riserve tecniche e dei requisiti patrimoniali di solvibilità, alla valutazione dei rischi emergenti, nonché al governo societario e all'informativa all'IVASS ed ai terzi. Nei confronti delle imprese autorizzate all'esercizio del ramo assistenza la vigilanza dell'IVASS si estende anche alle verifiche sul personale e sui mezzi tecnici di cui le imprese dispongono per fornire la prestazione (2).

3. L'IVASS, anche su segnalazione dell'autorità di vigilanza dello Stato membro della sede secondaria o dello Stato membro di prestazione di servizi, adotta le misure idonee a porre fine alle irregolarità commesse in altri Stati membri dalle imprese di assicurazione con sede legale in Italia o alle attività svolte in tali Stati che possano compromettere la stabilità finanziaria delle stesse. Delle misure adottate è data comunicazione all'autorità di vigilanza dello Stato membro di stabilimento o dello Stato membro di prestazione di servizi (2).

4. L'IVASS esercita le funzioni di vigilanza prudenziale affinché e imprese di assicurazione che svolgono attività in regime di stabilimento o di prestazione di servizi in Stati terzi rispettino le condizioni di esercizio stabilite dal presente codice e dalla normativa attuativa (3).

4-bis. Qualora l'IVASS individui, nell'impresa che svolge attività rilevante nel territorio di un altro Stato membro ai sensi dell'articolo 14-bis, comma 2-bis, un deterioramento delle condizioni finanziarie o altri rischi emergenti derivanti da tale attività che possano avere un effetto transfrontaliero, informa con adeguato livello di dettaglio l'AEAP e l'autorità di vigilanza dello Stato membro ospitante (4).

(1) Comma modificato dall'art. 1, co. 213, d.lg. 12/5/2015, n. 74.

(2) Comma sostituito dall'art. 1, co. 120, lett. a), d.lg. 12/5/2015, n. 74.

(3) Comma modificato dall'art. 1, co. 120, lett. b) e co. 213, d.lg. 12/5/2015, n. 74.

(4) Comma aggiunto dall'art. 28, co. 1, lett. d), l. 23/12/2021, n. 238.

193. Imprese di assicurazione di altri Stati membri. – 1. Le imprese di assicurazione che hanno la sede legale in altri Stati membri sono soggette alla vigilanza prudenziale dell'autorità dello Stato membro d'origine anche per l'attività svolta, in regime di stabilimento od in regime di libertà di prestazione di servizi, nel territorio della Repubblica.

1-bis. Qualora l'IVASS abbia motivo di ritenere che le attività dell'impresa di assicurazione di cui al comma 1 possa eventualmente compromettere la solidità finanziaria della stessa, ne informa l'autorità di vigilanza dello Stato membro di origine di tale impresa (1).

1-ter. L'IVASS informa l'autorità di vigilanza dello Stato membro di origine qualora abbia motivo di ritenere che l'impresa di altro Stato membro che svolge attività rilevante nel territorio della Repubblica desta preoccupazioni gravi e giustificate sugli interessi di tutela dei consumatori. Nei casi in cui non sia possibile giungere ad una soluzione congiunta tra l'IVASS e l'autorità dello Stato membro, l'IVASS può rinviare la questione all'AEAP e chiederne l'assistenza (2).

2. Fermo quanto disposto al comma 1, l'IVASS, qualora accerti che l'impresa di assicurazione non rispetta le disposizioni della legge italiana che è tenuta ad osservare, ne contesta la violazione e le ordina di conformarsi alle norme di legge e di attuazione (3).

3. Qualora l'impresa non si conformi alle norme di legge e di attuazione, l'IVASS ne informa l'autorità di vigilanza dello Stato membro di origine, chiedendo che vengano adottate le misure necessarie a far cessare le violazioni (3).

4. Quando manchino o risultino inadeguati i provvedimenti dell'autorità dello Stato di origine, quando le irregolarità commesse possano pregiudicare interessi generali, ovvero nei casi di urgenza per la tutela degli interessi degli assicurati e degli altri aventi diritto a prestazioni assicurative, l'IVASS può adottare nei confronti dell'impresa di assicurazione, dopo averne informato l'autorità di vigilanza dello Stato membro di origine, le misure necessarie, compreso il divieto di stipulare nuovi contratti in regime di stabilimento o di libertà di prestazione di servizi con gli effetti di cui all'articolo 167. L'IVASS può rinviare la questione all'AEAP conformemente all'articolo 19 del regolamento (UE) n. 1094/2010 (4).

5. Qualora l'impresa di assicurazione che ha commesso l'infrazione operi attraverso una sede secondaria o possieda beni nel territorio della Repubblica, le sanzioni amministrative applicabili in base alle disposizioni della legge italiana sono adottate nei riguardi della sede secondaria o mediante confisca dei beni presenti in Italia.

6. Le misure che comportano sanzioni o restrizioni all'esercizio dell'attività in regime di stabilimento o di libertà di prestazione di servizi sono notificate all'impresa interessata. Nelle comunicazioni con l'IVASS l'impresa di assicurazione fa uso della lingua italiana (3).

7. Delle misure adottate l'IVASS ordina la menzione, a spese dell'impresa di assicurazione, su quotidiani o attraverso altri sistemi di pubblicità individuati nel provvedimento, per il periodo di tempo ritenuto necessario. Dei provvedimenti adottati l'IVASS informa l'autorità di vigilanza dello Stato membro di origine (3).

7-bis. L'impresa di assicurazione è tenuta a presentare tutti i documenti ad essa richiesti ai fini dell'applicazione dei commi da 1 a 7 (5).

(1) Comma inserito dall'art. 1, co. 121, lett. a), d.lg. 12/5/2015, n. 74.

(2) Comma inserito dall'art. 28, co. 1, lett. e), l. 23/12/2021, n. 238.

(3) Comma modificato dall'art. 1, co. 213, d.lg. 12/5/2015, n. 74.

(4) Comma modificato dall'art. 1, co. 121, lett. b), e co. 213, d.lg. 12/5/2015, n. 74.

(5) Comma aggiunto dall'art. 1, co. 121, lett. c), d.lg. 12/5/2015, n. 74.

194. Imprese di assicurazione di Stati terzi. – 1. Le sedi secondarie delle imprese di assicurazione che hanno sede legale in Stati terzi sono soggette alla vigilanza dell'ISVAP per l'attività svolta nel territorio della Repubblica.

195. Imprese di riassicurazione italiane (1). – 1. Le imprese di riassicurazione che hanno la sede legale nel territorio della Repubblica sono soggette alla vigilanza dell'IVASS sia per l'attività esercitata in Italia, sia per quella svolta in regime di stabilimento o di prestazione di servizi nel territorio degli altri Stati membri o in quello di Stati terzi (2).

2. Nei confronti delle imprese di cui al comma 1, l'IVASS esercita le funzioni di vigilanza prudenziale, avendo riguardo alla costante verifica della gestione tecnica, finanziaria e patrimoniale dell'impresa, con particolare riferimento all'adeguatezza dei requisiti patrimoniali e delle riserve tecniche in rapporto all'insieme dell'attività svolta, alla disponibilità di

attivi e di fondi propri ammissibili ai fini dell'integrale copertura delle riserve tecniche e dei requisiti patrimoniali di solvibilità e della valutazione dei rischi emergenti, nonché del governo societario e della informativa all'IVASS ed ai terzi (3).

3. Alle imprese di cui al comma 1 si applicano le disposizioni di cui all'articolo 192, commi 3, 4 e 4-bis (4).

(1) Rubrica modificata dall'art. 11 del d.lg. 29/2/2008, n. 56.

(2) Comma modificato dall'art. 1, co. 122, lett. a) e co. 213, d.lg. 12/5/2015, n. 74.

(3) Comma modificato dall'art. 11 del d.lg. 29/2/2008, n. 56 e successivamente sostituito dall'art. 1, co. 122, lett. b), d.lg. 12/5/2015, n. 74.

(4) Comma sostituito dall'art. 11 del d.lg. 29/2/2008, n. 56 e successivamente modificato dall'art. 28, co. 1, lett. f), l. 23/12/2021, n. 238.

195 bis. Imprese di riassicurazione di altri Stati membri (1). – 1. Le imprese di riassicurazione che hanno la sede legale in altri Stati membri sono soggette alla vigilanza prudenziale della autorità dello Stato membro di origine anche per l'attività svolta in regime di stabilimento o in regime di libertà di prestazione di servizi nel territorio della Repubblica.

1-bis. Qualora l'IVASS abbia motivo di ritenere che le attività dell'impresa di riassicurazione di cui al comma 1 possa eventualmente compromettere la solidità finanziaria della stessa, ne informa l'autorità di vigilanza dello Stato membro di origine di tale impresa (2).

1-ter. L'IVASS informa l'autorità di vigilanza dello Stato di origine qualora abbia motivo di ritenere che l'impresa di riassicurazione di altro Stato membro che svolge attività rilevante nel territorio della Repubblica può destare preoccupazioni gravi e giustificate sugli interessi di tutela dei consumatori. Nei casi in cui non sia possibile giungere ad una soluzione congiunta tra l'IVASS e l'autorità dello Stato membro, l'IVASS può rinviare la questione all'AEAP e chiederne l'assistenza (3).

2. Fermo restando quanto disposto al comma 1, l'IVASS, qualora accerti che l'impresa di riassicurazione non rispetta le disposizioni della legge italiana che è tenuta ad osservare, ne contesta la violazione e le ordina di conformarsi alle norme di legge e di attuazione (4).

3. Qualora l'impresa non si conformi alle norme di legge e di attuazione, l'IVASS ne informa l'autorità di vigilanza dello Stato membro di origine, chiedendo che vengano adottate le misure necessarie a far cessare le violazioni (4).

4. Quando manchino o risultino inadeguati i provvedimenti dell'autorità dello Stato di origine, quando le irregolarità commesse possano pregiudicare interessi generali, l'IVASS può adottare nei confronti dell'impresa di riassicurazione, dopo averne informato l'autorità di vigilanza dello Stato membro di origine, le misure necessarie, compreso il divieto di stipulare nuovi contratti di riassicurazione in regime di stabilimento o di libertà di prestazione di servizi. L'IVASS può rinviare la questione all'AEAP conformemente all'articolo 19 del regolamento (UE) n. 1094/2010 (5).

5. Qualora l'impresa di riassicurazione che ha commesso l'infrazione operi attraverso una sede secondaria o possieda beni nel territorio della Repubblica, le sanzioni amministrative applicabili in base alle disposizioni della legge italiana sono adottate nei riguardi della sede secondaria o mediante confisca dei beni presenti in Italia.

6. Le misure che comportano sanzioni o restrizioni all'esercizio dell'attività in regime di stabilimento o di libertà di prestazione di servizi sono notificate all'impresa interessata. Nelle comunicazioni con l'IVASS l'impresa di riassicurazione fa uso della lingua italiana (4).

7. Delle misure adottate l'IVASS ordina la menzione, a spese dell'impresa di riassicurazione su quotidiani o attraverso altri sistemi di pubblicità individuati nel provvedimento, per il periodo di tempo ritenuto necessario. Dei provvedimenti adottati l'IVASS informa l'autorità di vigilanza dello Stato membro di origine (4).

(1) Articolo inserito dall'art. 11 del d.lg. 29/2/2008, n. 56.

(2) Comma inserito dall'art. 1, co. 123, lett. a), d.lg. 12/5/2015, n. 74.

(3) Comma inserito dall'art. 28, co. 1, lett. g), l. 23/12/2021, n. 238.

(4) Comma modificato dall'art. 1, co. 213, d.lg. 12/5/2015, n. 74.

(5) Comma modificato dall'art. 1, co. 123, lett. b) e co. 213, d.lg. 12/5/2015, n. 74.

195 ter. Imprese di riassicurazione di Stati terzi (1). – 1. Le sedi secondarie delle imprese di riassicurazione che hanno sede legale in Stati terzi sono soggette alla vigilanza dell'ISVAP per l'attività svolta nel territorio della Repubblica.

(1) Articolo inserito dall'art. 11 del d.lg. 29/2/2008, n. 56.

196. Modificazioni statutarie. – 1. L'ISVAP approva, nel rispetto della procedura stabilita con regolamento, le modificazioni degli statuti delle imprese di assicurazione e di riassicurazione quando non contrastino con una sana e prudente gestione.

2. Non si può dare corso all'iscrizione nel registro delle imprese se non consti l'approvazione prevista dal comma 1.

197. Vigilanza sull'attuazione del programma di attività. – 1. Per i primi tre esercizi l'impresa di assicurazione con sede legale nel territorio della Repubblica è tenuta a presentare all'ISVAP una relazione semestrale relativa all'esecuzione del programma di attività.

2. Qualora dalla relazione risulti un grave squilibrio nella situazione finanziaria dell'impresa, l'ISVAP può adottare le misure necessarie per il rispetto del programma e per ristabilire l'equilibrio della gestione.

3. L'impresa comunica all'IVASS ogni variazione apportata al programma di attività, nonché ogni variazione intervenuta nelle persone che ricoprono funzioni di amministrazione, di direzione e di controllo, nei responsabili delle funzioni fondamentali nonché nei soggetti che detengono una partecipazione indicata dall'articolo 68 nell'impresa di assicurazione. Le eventuali modifiche del programma di attività sono sottoposte all'approvazione dell'IVASS secondo la procedura stabilita con regolamento (1).

4. Le disposizioni del presente articolo si applicano, in quanto compatibili, anche alle sedi secondarie, stabilite nel territorio della Repubblica, di imprese di assicurazione aventi la sede legale in Stati terzi, ed alle imprese di riassicurazione con sede legale nel territorio della Repubblica ed alle sedi secondarie di imprese di riassicurazione [di altri Stati membri o] di Stati terzi (2).

(1) Comma aggiunto d.lg. 12/5/2015, n. 74.

(2) Comma modificato dall'art. 11, co. 4, d.lg. 29/2/2008, n. 56.

Capo III

Vigilanza sulle operazioni straordinarie delle imprese di assicurazione e di riassicurazione

198. Trasferimento del portafoglio di imprese di assicurazione italiane. – 1. Il trasferimento, parziale o totale, del portafoglio dell'impresa di assicurazione con sede legale nel territorio della Repubblica è sottoposto, a cura della cedente, all'autorizzazione preventiva dell'ISVAP, secondo la procedura stabilita con regolamento, con provvedimento da pubblicare nel Bollettino.

2. Se il portafoglio è trasferito ad un'impresa di assicura-

zione che ha sede legale nel territorio della Repubblica, l'ISVAP verifica che l'impresa cessionaria disponga dell'autorizzazione necessaria all'esercizio delle attività trasferite e che disponga, tenuto conto del trasferimento, [delle attività a copertura delle riserve tecniche e] dei fondi propri ammissibili necessari per coprire il Requisito Patrimoniale di Solvibilità di cui all'articolo 45-bis. Quando il portafoglio comprende obbligazioni e rischi assunti al di fuori del territorio della Repubblica, l'ISVAP verifica inoltre che l'impresa soddisfi le condizioni previste per l'accesso all'attività in regime di stabilimento o di prestazione di servizi nello Stato membro dell'impresa cedente. Se il trasferimento comprende il portafoglio di sedi secondarie situate in altri Stati membri, è necessario il parere favorevole delle autorità di vigilanza interessate. Se il trasferimento comprende contratti stipulati in altri Stati membri in libertà di prestazione di servizi, è altresì necessario il parere favorevole delle autorità di vigilanza degli Stati membri dell'obbligazione e di ubicazione del rischio (1).

3. Se il portafoglio è trasferito ad un'impresa di assicurazione che ha la sede legale in un altro Stato membro, compreso il caso in cui il portafoglio sia trasferito ad una sede secondaria della medesima impresa stabilita in Italia, spetta all'autorità di vigilanza dello Stato membro dell'impresa cessionaria attestare all'ISVAP che la medesima è autorizzata all'esercizio delle attività trasferite e dispone, tenuto conto del trasferimento, [delle attività a copertura delle riserve tecniche e] del margine di solvibilità richiesto. L'ISVAP verifica, nel caso in cui il portafoglio sia trasferito ad una sede secondaria situata in un altro Stato membro, che l'impresa cessionaria rispetti le disposizioni per l'accesso in regime di libertà di prestazione di servizi per l'attività esercitata nel territorio della Repubblica a seguito del trasferimento (1).

4. Se le autorità di vigilanza di cui ai commi 2 e 3 non si pronunciano entro novanta giorni dal ricevimento della richiesta da parte dell'ISVAP, si considera che esse abbiano dato parere favorevole.

5. Il portafoglio può essere trasferito anche ad imprese di assicurazione che hanno la sede legale in uno Stato terzo a condizione che:

a) l'impresa cessionaria sia autorizzata ad esercitare nel territorio della Repubblica, in regime di stabilimento, le attività ad essa trasferite;

b) il trasferimento sia limitato ai contratti stipulati dall'impresa cedente nel territorio della Repubblica in regime di stabilimento;

c) il portafoglio sia attribuito alla sede secondaria dell'impresa cessionaria costituita nel territorio della Repubblica;

d) la sede secondaria disponga, tenuto conto del trasferimento, del Requisito Patrimoniale di Solvibilità richiesto (2).

Può essere trasferito ad imprese di assicurazione che hanno la sede legale in Stati terzi anche quella parte del portafoglio che sia costituito da contratti stipulati, in regime di stabilimento o di libertà di prestazione di servizi, nello Stato terzo in cui è situata la sede legale dell'impresa cessionaria.

Non può essere effettuato un trasferimento di portafoglio ad una sede secondaria dell'impresa di assicurazione che sia situata in uno Stato terzo.

6. Se il trasferimento è effettuato ad un'impresa di assicurazione con sede legale nel territorio della Repubblica o ad un'impresa di assicurazione con sede legale in altro Stato, ma a favore di una sede secondaria situata nel territorio della Repubblica, esso comporta altresì l'applicazione, per i rapporti di lavoro in corso alla data del provvedimento di autorizzazione, delle disposizioni dell'articolo 2112 del codice civile.

(1) Comma modificato dall'art. 12 del d.lg. 29/2/2008, n. 56 e dal d.lg. 12/5/2015, n. 74.

(2) Lettera modificata dal d.lg. 12/5/2015, n. 74.

199. Trasferimento del portafoglio di imprese di assicurazione di altri Stati membri. – 1. L'impresa di assicurazione di un altro Stato membro operante nel territorio della Repubblica comunica senza indugio all'ISVAP di aver richiesto alla propria autorità di vigilanza l'autorizzazione al trasferimento del portafoglio dei contratti conclusi in Italia in regime di stabilimento o in libertà di prestazione di servizi.

2. Se il portafoglio è trasferito ad un'impresa di assicurazione con sede legale nel territorio della Repubblica, l'ISVAP dà il suo assenso all'autorità di vigilanza dello Stato membro dell'impresa cedente, dopo aver verificato che l'impresa cessionaria è autorizzata all'esercizio delle attività trasferite e che dispone, tenuto conto del trasferimento, [delle attività a copertura delle riserve tecniche e] dei fondi propri ammissibili necessari per coprire il Requisito Patrimoniale di Solvibilità di cui all'articolo 45-bis. La medesima procedura si applica se il portafoglio trasferito da un'impresa di assicurazione di altro Stato membro all'impresa con sede legale nel territorio della Repubblica comprende obbligazioni assunte al di fuori del territorio italiano (1).

3. Se il portafoglio è trasferito ad una sede secondaria in Italia di un'impresa di assicurazione che ha sede legale in altro Stato membro, l'ISVAP dà il suo assenso all'autorità di vigilanza dello Stato di origine dell'impresa cedente dopo aver verificato che:

a) l'impresa cessionaria soddisfa le condizioni per lo svolgimento dell'attività in regime di stabilimento nel territorio della Repubblica;

b) l'autorità di vigilanza dello Stato membro di origine dell'impresa cedente ha accertato che l'impresa cessionaria dispone, tenuto conto del trasferimento, [delle attività a copertura delle riserve tecniche e] dei fondi propri ammissibili necessari per coprire il Requisito Patrimoniale di Solvibilità di cui all'articolo 45-bis (2).

4. Se il portafoglio è trasferito ad un'impresa di assicurazione che ha sede legale in un altro Stato membro o ad una sua sede secondaria stabilita in altro Stato membro, l'ISVAP dà il suo assenso all'autorità di vigilanza dello Stato membro di origine dell'impresa cedente dopo aver verificato che:

a) l'impresa cessionaria soddisfa le condizioni per lo svolgimento dell'attività in libera prestazione di servizi nel territorio della Repubblica;

b) l'autorità di vigilanza dello Stato membro di origine dell'impresa cedente ha accertato che la cessionaria dispone, tenuto conto del trasferimento, [delle attività a copertura delle riserve tecniche e] dei fondi propri ammissibili necessari per coprire il Requisito Patrimoniale di Solvibilità di cui all'articolo 45-bis (2).

5. Se il portafoglio è trasferito ad una sede secondaria nel territorio della Repubblica di un'impresa che ha sede legale in uno Stato terzo, l'ISVAP dà il suo assenso all'autorità di vigilanza dello Stato membro di origine dell'impresa cedente dopo aver verificato che:

a) la sede secondaria è autorizzata all'esercizio delle attività trasferite;

b) l'autorità dello Stato membro di origine dell'impresa cedente ha accertato che l'impresa cessionaria dispone, tenuto conto del trasferimento, [delle attività a copertura delle riserve tecniche e] del margine di solvibilità richiesto (2).

Non può essere effettuato un trasferimento di portafoglio ad una sede secondaria dell'impresa cessionaria che sia situata in uno Stato terzo.

6. L'ISVAP pubblica nel Bollettino un avviso sui pareri resi e sui provvedimenti emessi dalle autorità di vigilanza degli altri Stati membri relativi ai trasferimenti di portafoglio autorizzati.

(1) Comma modificato dall'art. 12 del d.lg. 29/2/2008, n. 56.

(2) Lettera modificata dall'art. 12 del d.lg. 29/2/2008, n. 56 e dal d.lg. 12/5/2015, n. 74.

200. Trasferimento del portafoglio di imprese di assicurazione di Stati terzi. – 1. Il trasferimento, parziale o totale, del portafoglio della sede secondaria nel territorio della Repubblica di un'impresa di assicurazione di uno Stato terzo è sottoposto, a cura della cedente, all'autorizzazione preventiva dell'ISVAP, secondo la procedura stabilita con regolamento, con provvedimento da pubblicare nel Bollettino.

2. Il trasferimento può essere effettuato a favore di:

a) un'impresa avente la sede legale nel territorio della Repubblica o in un altro Stato membro, a condizione che il portafoglio ceduto non sia trasferito ad una sede secondaria situata in uno Stato terzo;

b) un'impresa avente la sede legale in uno Stato terzo, a condizione che il portafoglio ceduto sia trasferito ad una sede secondaria della stessa impresa che sia situata nel territorio della Repubblica.

3. Nel caso di cui al comma 2, lettera a), l'impresa cessionaria soddisfa le condizioni rispettivamente previste all'articolo 198, commi 2 e 3, a seconda che il trasferimento sia effettuato a favore di un'impresa con sede legale nel territorio della Repubblica o in quello di altri Stati membri.

4. Nel caso di cui al comma 2, lettera b), l'ISVAP verifica che la sede secondaria dell'impresa cessionaria sia autorizzata all'esercizio delle attività trasferite e disponga, tenuto conto del trasferimento, [delle attività a copertura delle riserve tecniche e] dei fondi propri ammissibili necessari per coprire il Requisito Patrimoniale di Solvibilità di cui all'articolo 45-bis (1). Se il controllo di solvibilità, relativo alle attività esercitate in stabilimento sul territorio della Repubblica, è demandato all'autorità di vigilanza di un altro Stato membro dove l'impresa è altresì stabilita, la verifica compete alla medesima autorità, che ne rilascia attestazione all'ISVAP (2).

5. Ai trasferimenti di portafoglio disciplinati dal presente articolo si applica l'articolo 198, comma 6, sussistendone le condizioni ivi previste.

(1) Comma modificato dal d.lg. 12/5/2015, n. 74.

(2) Comma modificato dall'art. 12 del d.lg. 29/2/2008, n. 56.

201. Fusione e scissione di imprese di assicurazione. – 1. L'ISVAP autorizza, secondo la procedura stabilita con regolamento, le fusioni e le scissioni, alle quali prenda parte almeno un'impresa di assicurazione con sede legale nel territorio della Repubblica, quando non contrastino con il criterio di sana e prudente gestione. Non si può dare corso all'iscrizione nel registro delle imprese del progetto di fusione o di scissione e della deliberazione assembleare che abbia apportato modifiche al relativo progetto se non consti l'autorizzazione dell'ISVAP.

2. Se la fusione è attuata per incorporazione, l'impresa di assicurazione incorporante che ha sede legale nel territorio della Repubblica deve dimostrare di disporre, tenuto conto della fusione, [delle attività a copertura delle riserve tecniche e] dei fondi propri ammissibili necessari per coprire il Requisito Patrimoniale di Solvibilità di cui all'articolo 45-bis. Se la fusione dà luogo alla costituzione di una nuova impresa con sede legale nel territorio della Repubblica, l'impresa deve disporre dell'autorizzazione all'esercizio dell'attività assicurativa e dimostrare di possedere, tenuto conto della fusione, le attività a copertura delle riserve tecniche e del margine di solvibilità richiesto (1).

3. La fusione è autorizzata dall'ISVAP con provvedimento da pubblicare nel Bollettino. I provvedimenti che concedono o rifiutano l'autorizzazione sono specificamente e adeguatamente motivati e sono comunicati alle imprese interessate. Qualora alla fusione partecipino imprese di assicurazione aventi la sede legale in altri Stati membri, l'autorizzazione non può essere data se non dopo che sia stato acquisito il parere favorevole delle autorità di vigilanza di tali Stati.

4. Se la fusione dà luogo all'incorporazione di un'impresa di assicurazione con sede legale nel territorio della Repubblica in un'impresa con sede legale in altro Stato membro o alla costituzione di una nuova impresa con sede legale in un altro Stato membro, l'ISVAP esprime parere favorevole dopo avere verificato che:

a) l'impresa incorporante, o la nuova impresa di assicurazione, soddisfa le condizioni relative all'accesso all'attività in regime di stabilimento o di libera prestazione di servizi;

b) l'impresa incorporante o la nuova impresa di assicurazione dispongono [delle attività a copertura delle riserve tecniche e] dei fondi propri ammissibili necessari per coprire il Requisito Patrimoniale di Solvibilità di cui all'articolo 45-bis (2).

Il provvedimento dell'ISVAP è pubblicato nel Bollettino.

5. Ai trasferimenti di portafoglio conseguenti ad una fusione o ad una scissione, si applica l'articolo 198, comma 6, sussistendone le condizioni ivi previste.

6. Per quanto applicabili, le disposizioni dei commi 2, 3 e 4 valgono anche per le operazioni di scissione.

(1) Comma modificato dall'art. 12 del d.lg. 29/2/2008, n. 56.

(2) Lettera modificata dall'art. 12 del d.lg. 29/2/2008, n. 56 e dal d.lg. 12/5/2015, n. 74.

202. Trasferimento del portafoglio fusione e scissione di imprese di riassicurazione. – 1. Il trasferimento del portafoglio dell'impresa di riassicurazione con sede legale nel territorio della Repubblica e la medesima operazione effettuata dalla sede secondaria di un'impresa con sede legale [in un altro Stato membro o] in uno Stato terzo sono sottoposti, a cura della cedente, all'autorizzazione preventiva dell'ISVAP, secondo la procedura stabilita con regolamento, con provvedimento da pubblicare nel Bollettino. L'ISVAP verifica che l'impresa cessionaria, qualora stabilita nel territorio della Repubblica, soddisfi le condizioni di accesso e comunque disponga [delle attività a copertura delle riserve tecniche e] dei fondi propri ammissibili necessari per coprire il Requisito Patrimoniale di Solvibilità di cui all'articolo 45-bis (1).

2. La fusione e la scissione delle imprese di riassicurazione, alle quali prenda parte almeno un'impresa di riassicurazione con sede legale nel territorio della Repubblica, è autorizzata secondo le disposizioni di cui all'articolo 201, commi 1, 2, 3 e 4, intendendosi richiamata la corrispondente disciplina delle imprese di riassicurazione. Si applica l'articolo 198, comma 6, sussistendone le condizioni ivi previste.

(1) Comma modificato dall'art. 12 del d.lg. 29/2/2008, n. 56 e dal d.lg. 12/5/2015, n. 74.

Capo IV

Cooperazione con le autorità di vigilanza degli altri Stati membri e comunicazioni alla commissione europea e all'AEAP (1)

(1) Rubrica modificata dal d.lg. 12/5/2015, n. 74.

Sezione I

Cooperazione con le autorità di vigilanza degli altri Stati membri per la vigilanza sulle imprese di assicurazione o di riassicurazione (1)

(1) Sezione inserita dal d.lg. 12/5/2015, n. 74.

203. Autorizzazione relativa all'esercizio dell'attività assicurativa. – 1. L'ISVAP consulta in via preliminare le autorità competenti degli altri Stati membri in merito al rilascio dell'autorizzazione all'esercizio dell'attività richiesta da qualsiasi impresa di assicurazione o di riassicurazione che si trovi in una delle seguenti condizioni (1):

a) sia controllata da un'impresa di assicurazione o di riassicurazione autorizzata in un altro Stato membro (2);

b) sia controllata da un'impresa che controlla un'altra impresa di assicurazione o di riassicurazione autorizzata in un altro Stato membro (2);

c) sia controllata dalla stessa persona, fisica o giuridica, che controlla un'impresa di assicurazione o di riassicurazione autorizzata in un altro Stato membro (3).

2. L'ISVAP, altresì, consulta in via preliminare le autorità competenti degli altri Stati membri preposte alla vigilanza degli enti creditizi e delle imprese di investimento in merito al rilascio dell'autorizzazione ad un'impresa di assicurazione o di riassicurazione che si trovi in una delle seguenti situazioni:

a) sia controllata da una banca o da un'impresa di investimento autorizzata nell'Unione europea;

b) sia controllata da un'impresa che controlla una banca o un'impresa di investimento autorizzata nell'Unione europea;

c) sia controllata dalla stessa persona, fisica o giuridica, che controlla una banca o un'impresa di investimento autorizzata nell'Unione europea (3).

3. L'ISVAP scambia reciprocamente e fornisce alla autorità competente rilevanti ai sensi delle rilevanti disposizioni dell'ordinamento comunitario sulla vigilanza supplementare delle imprese appartenenti ad un conglomerato finanziario le informazioni utili a valutare l'idoneità degli azionisti e la reputazione e l'esperienza dei soggetti ai quali sono attribuite le funzioni di amministrazione e di direzione partecipanti alla gestione di un'altra impresa dello stesso gruppo, anche ai fini delle verifiche delle condizioni di accesso e di esercizio dell'attività.

(1) Alinea modificato dall'art. 13 del d.lg. 29/2/2008, n. 56.

(2) Lettera modificata dall'art. 13 del d.lg. 29/2/2008, n. 56.

(3) Comma modificato dall'art. 13 del d.lg. 29/2/2008, n. 56.

203 bis. Cooperazione per l'esercizio della vigilanza sulle società veicolo (1). – 1. L'IVASS coopera e scambia informazioni con le Autorità di vigilanza degli altri Stati membri al fine di verificare i contratti conclusi dalle imprese di assicurazione o di riassicurazione aventi sede nel territorio della Repubblica con società veicolo aventi sede in un altro Stato membro o per verificare i contratti conclusi con società veicolo aventi sede nel territorio della Repubblica da imprese di assicurazione o di riassicurazione di altri Stati membri.

(1) Articolo inserito dal d.lg. 12/5/2015, n. 74.

204. Autorizzazione relativa all'assunzione di partecipazioni in imprese di assicurazione o di riassicurazione (1). – 1. L'IVASS, nei casi in cui è previsto il rilascio dell'autorizzazione di cui all'articolo 68, opera in piena consultazione con le Autorità competenti degli altri Stati membri allorché l'acquisizione o la sottoscrizione di azioni sia effettuata da un acquirente che sia:

a) una banca, un'impresa di assicurazione, un'impresa di riassicurazione, un'impresa di investimento o una società di gestione ai sensi dell'articolo 2, paragrafo 1, lettera b), della direttiva 2009/65/CE autorizzati in un altro Stato membro;

b) un'impresa madre, come definita secondo le rilevanti disposizioni dell'ordinamento dell'Unione europea sulla vigilanza supplementare delle imprese appartenenti ad un conglomerato finanziario, delle imprese di cui alla lettera a);

c) una persona, fisica o giuridica, che controlla una delle imprese di cui alla lettera a) (2).

1-bis. L'ISVAP scambia con le Autorità competenti tempestivamente tutte le informazioni essenziali o pertinenti per la valutazione. A tale riguardo, comunica su richiesta tutte le informazioni pertinenti e, di propria iniziativa, tutte le informazioni essenziali (3).

1-ter. L'ISVAP nel provvedimento di autorizzazione indica eventuali pareri o riserve espressi dall'Autorità competente a vigilare sul potenziale acquirente (3).

(1) Rubrica modificata dall'art. 13, co. 2, d.lg. 29/2/2008, n. 56 e successivamente sostituita dall'art. 4, co. 1, lett. aa), d.lg. 27/1/2010, n. 21.

(2) Comma modificato dall'art. 13, co. 3, d.lg. 29/2/2008, n. 56 e successivamente sostituito dall'art. 4, co. 1, lett. bb), d.lg. 27/1/2010, n. 21.

(3) Comma inserito dall'art. 4, co. 1, lett. cc), d.lg. 27/1/2010, n. 21.

205. Poteri di indagine in collaborazione con le autorità di altri Stati membri. – 1. L'ISVAP può svolgere direttamente, o attraverso persone appositamente incaricate, ispezioni nei locali delle sedi secondarie delle imprese di assicurazioni o di riassicurazione operanti in regime di stabilimento in un altro Stato membro, dirette a verificare ogni elemento utile ai fini dell'esercizio della vigilanza sull'impresa. Prima di procedere all'ispezione l'ISVAP informa l'autorità di vigilanza dello Stato membro della sede secondaria, la quale, ove lo richieda, ha diritto di parteciparvi (1).

1-bis. Qualora l'IVASS abbia informato l'autorità di vigilanza dello Stato membro ospitante della propria intenzione di procedere ad ispezioni nei locali della sede secondaria di cui al primo comma e all'IVASS non sia di fatto consentito il diritto di effettuarle, può rinviare la questione all'AEAP ai sensi dell'articolo 19 del regolamento UE n. 1094/2010 (2).

2. L'autorità di vigilanza dello Stato membro d'origine di un'impresa di assicurazioni o di riassicurazione che opera nel territorio della Repubblica in regime di stabilimento può svolgere direttamente, o attraverso persone appositamente incaricate, ispezioni nei locali della sede secondaria da questa costituita, dirette a verificare ogni elemento utile ai fini dell'esercizio della vigilanza sull'impresa stessa (1).

Prima di procedere all'ispezione l'autorità di vigilanza informa l'ISVAP, il quale, ove lo richieda, ha diritto di partecipare all'ispezione stessa.

(1) Comma modificato dall'art. 13 del d.lg. 29/2/2008, n. 56.

(2) Comma inserito dal d.lg. 12/5/2015, n. 74.

205 bis. Vigilanza sulle funzioni e le attività esternalizzate dalle imprese aventi sede nel territorio della Repubblica (1). – 1. L'IVASS può effettuare, direttamente o attraverso persone appositamente incaricate, ispezioni nei locali del fornitore delle attività esternalizzate avente sede in altro Stato membro, dirette a verificare ogni elemento utile ai fini dell'esercizio dell'attività di vigilanza sulle funzioni e le attività esternalizzate.

2. Prima di procedere all'ispezione l'IVASS informa l'autorità competente dello Stato membro in cui ha sede il fornitore. Nel caso in cui non sia individuabile un'autorità competente, l'informativa è fornita all'autorità di vigilanza assicurativa dello stesso Stato membro.

3. L'IVASS può delegare l'ispezione di cui al comma 1 all'autorità di vigilanza dello Stato membro in cui ha sede il fornitore.

4. Qualora l'IVASS abbia informato l'autorità competente dello Stato membro in cui ha sede il fornitore di servizi della propria intenzione di procedere a un'ispezione nei locali del fornitore ai sensi del comma 1 o dell'articolo 30-septies, comma 5, lettera c), e all'IVASS non sia di fatto consentito il diritto di effettuarle, l'IVASS può rinviare la questione all'AEAP ai sensi dell'articolo 19 del regolamento (UE) n. 1094/2010.

5. L'autorità di vigilanza dello Stato membro d'origine di un'impresa di assicurazione o di riassicurazione, il cui fornitore di attività esternalizzate abbia sede nel territorio della Repubblica, può svolgere, direttamente o attraverso persone

appositamente incaricate, ispezioni nei locali del fornitore, dirette a verificare ogni elemento utile ai fini dell'esercizio dell'attività di vigilanza sulle funzioni e le attività esternalizzate. Prima di procedere all'ispezione l'autorità di vigilanza informa l'IVASS. L'IVASS, ove lo richieda, ha diritto di parteciparvi.

6. L'autorità di vigilanza può delegare l'ispezione di cui al comma 5 all'IVASS

(1) Articolo inserito dal d.lg. 12/5/2015, n. 74.

205 ter. Cooperazione per la vigilanza sulle imprese di assicurazione e riassicurazione e sugli intermediari di assicurazione, anche a titolo accessorio, o di riassicurazione (1). – 1. L'IVASS collabora con i soggetti di cui all'articolo 10 e secondo le modalità e alle condizioni previste da tale disposizione, al fine di agevolare l'esercizio delle rispettive funzioni, anche con riguardo all'esercizio dell'attività di distribuzione assicurativa o riassicurativa.

2. Ai fini della iscrizione al registro di cui all'articolo 109 e di quello unico europeo tenuto dall'AEAP, l'IVASS e le altre autorità competenti si scambiano, su base regolare, ogni informazione riguardante la sussistenza dei requisiti di cui agli articoli 109, 109-bis, 110, 111 e 112 in capo ai distributori di prodotti assicurativi e riassicurativi.

3. L'IVASS e le altre autorità competenti si scambiano altresì informazioni riguardo ai distributori di prodotti assicurativi e riassicurativi a cui è stata irrogata una misura sanzionatoria di cui al Titolo XVIII o un'altra misura di cui ai Titoli IX, XIII, XIV, rilevanti ai fini dell'eventuale adozione di un provvedimento diretto alla cancellazione dal registro di cui all'articolo 109, ai sensi dell'articolo 113, o dal registro europeo.

(1) Articolo aggiunto dal d.lg. 21/5/2018, n. 68.

***206. Assistenza per l'esercizio della vigilanza supplementare**.** – *1. L'ISVAP può chiedere alle autorità competenti di un altro Stato membro di effettuare accertamenti ovvero concordare altre modalità per le verifiche necessarie all'esercizio della vigilanza supplementare, se intende acquisire informazioni riguardanti un'impresa avente sede legale in un altro Stato membro che sia un'impresa di assicurazione o di riassicurazione controllata o partecipata dall'impresa di assicurazione o di riassicurazione soggetta a vigilanza supplementare, ovvero informazioni che riguardano un'impresa che sia* (1)*: a) un'impresa controllata dall'impresa di assicurazione o di riassicurazione soggetta a vigilanza supplementare avente sede nel territorio della Repubblica* (2)*; b) un'impresa controllante l'impresa di assicurazione o di riassicurazione soggetta a vigilanza supplementare avente sede nel territorio della Repubblica* (2)*; c) un'impresa controllata da un'impresa controllante l'impresa di assicurazione o di riassicurazione soggetta a vigilanza supplementare avente sede nel territorio della Repubblica o un'impresa comunque con quest'ultima soggetta a direzione unitaria ai sensi dell'articolo 96* (2)*. 2. L'autorità di vigilanza competente di un altro Stato membro può chiedere all'ISVAP di procedere a verifiche ispettive presso imprese con sede legale nel territorio della Repubblica comprese nell'area della vigilanza supplementare di competenza dell'autorità richiedente. L'ISVAP procede direttamente ovvero può consentire che la verifica sia effettuata dalle autorità che hanno fatto la richiesta ovvero da una società di revisione iscritta all'albo di cui al testo unico dell'intermediazione finanziaria, o da un revisore contabile iscritto nel registro previsto dalla legge. Qualora l'autorità richiedente non proceda direttamente alla verifica, può prendervi parte. La verifica può riguardare le seguenti imprese: a) imprese di assicurazione o di riassicurazione controllate o partecipate da un'impresa di assicurazione avente sede legale in un altro Stato membro* (2)*; b) imprese controllate o imprese controllanti di un'impresa di assicurazione o di riassicurazione avente sede legale in un altro Stato membro* (2)*; c) imprese controllate da un'impresa controllante l'impresa di assicurazione o di riassicurazione avente sede legale in un altro Stato membro* (2)*. 3. Gli accertamenti ispettivi nei confronti di imprese diverse da quelle di assicurazione e riassicurazione sono limitati alla verifica dell'esattezza dei dati e delle informazioni utili per l'esercizio della vigilanza supplementare. 4. L'ISVAP può concordare con le autorità competenti degli Stati terzi modalità per l'ispezione di succursali di imprese di assicurazione e di riassicurazione insediate nei rispettivi territori.*

* Articolo abrogato dal d.lg. 12/5/2015, n. 74.

(1) Alinea modificato dall'art. 13 del d.lg. 29/2/2008, n. 56.

(2) Lettera modificata dall'art. 13 del d.lg. 29/2/2008, n. 56.

Sezione II
Cooperazione per l'esercizio della vigilanza sul gruppo (1)

(1) Sezione inserita con d.lg. 12/5/2015, n. 74.

206 bis. Collegio delle autorità di vigilanza (1). – 1. Per agevolare l'esercizio delle funzioni di vigilanza sul gruppo, le autorità di vigilanza sulle imprese del gruppo costituiscono il Collegio delle autorità di vigilanza, presieduto dall'autorità di vigilanza sul gruppo.

2. Il Collegio delle autorità di vigilanza garantisce che le procedure di cooperazione, di scambio delle informazioni e di consultazione fra le autorità di vigilanza del Collegio siano effettivamente applicate in conformità al presente titolo al fine di promuovere la convergenza delle rispettive decisioni e attività.

3. Se l'autorità di vigilanza sul gruppo non adempie ai compiti e non assolve ai poteri ad essa assegnati dalle disposizioni di cui al presente codice e dalle relative disposizioni di attuazione o se i membri del Collegio delle autorità di vigilanza non cooperano nella misura richiesta dai commi 1 e 2, ciascuna autorità di vigilanza interessata del gruppo può rinviare la questione all'AEAP conformemente all'articolo 19 del regolamento (UE) n. 1094/2010.

4. Fanno parte del Collegio delle autorità di vigilanza l'autorità di vigilanza sul gruppo, le autorità di vigilanza degli Stati membri in cui hanno sede le imprese controllate e l'AEAP, conformemente all'articolo 21 del regolamento (UE) n. 1094/2010. Al solo fine di agevolare lo scambio di informazioni, partecipano al Collegio delle autorità di vigilanza le autorità di vigilanza sulle imprese partecipate e sulle sedi secondarie di rilievo.

5. Alcune attività possono essere svolte da un numero ridotto di autorità di vigilanza qualora ciò sia necessario per garantire l'efficienza dell'operato del Collegio.

(1) Articolo inserito con d.lg. 12/5/2015, n. 74.

206 ter. Accordi di coordinamento (1). – 1. L'istituzione e il funzionamento del Collegio delle autorità di vigilanza è disciplinato da accordi di coordinamento conclusi dall'autorità di vigilanza sul gruppo e dalle altre autorità di vigilanza interessate. In caso di opinioni divergenti sugli accordi di coordinamento, ciascuna autorità del Collegio può rinviare la questione all'AEAP conformemente all'articolo 19 del regolamento (UE) n. 1094/2010.

2. L'autorità di vigilanza sul gruppo adegua la sua decisione definitiva a quella dell'AEAP e trasmette la decisione alle altre autorità di vigilanza sulle società del gruppo interessate.

3. Gli accordi di coordinamento di cui ai commi 1 e 2 disciplinano:

a) i processi decisionali di vigilanza di gruppo, con particolare riferimento al modello interno di gruppo, alla maggiorazione di capitale a livello di gruppo e all'individuazione dell'autorità di vigilanza sul gruppo;

b) le procedure di consultazione tra le autorità di vigilanza interessate previste dalle disposizioni dell'Unione europea.

4. Fatti salvi i diritti e gli obblighi assegnati all'autorità di vigilanza sul gruppo e alle altre autorità di vigilanza sulle imprese del gruppo, gli accordi di coordinamento possono assegnare ulteriori compiti alle stesse o all'AEAP, purché tale assegnazione migliori l'efficienza della vigilanza sul gruppo e non pregiudichi le attività delle autorità di vigilanza che compongono il Collegio rispetto alle loro responsabilità individuali.

5. Gli accordi di coordinamento possono altresì prevedere procedure per:

a) la consultazione tra le autorità di vigilanza sulle imprese del gruppo prevista dalle disposizioni dell'Unione europea, con particolare riferimento alle disposizioni relative all'ambito di applicazione della vigilanza di gruppo e alle disposizioni sul governo societario, alle disposizioni relative al calcolo della solvibilità di gruppo, alle disposizioni relative alla vigilanza sulle operazioni infragruppo e sulla concentrazione dei rischi di cui al Titolo XV;

b) la cooperazione con le altre autorità di vigilanza.

(1) Articolo inserito con d.lg. 12/5/2015, n. 74.

207. Scambi di informazioni per l'esercizio della vigilanza supplementare*. – *1. Se un'impresa controllata o partecipata da un'impresa di assicurazione o di riassicurazione di cui all'articolo 210, comma 1, ha sede legale in un altro Stato membro, l'ISVAP può chiedere all'autorità di vigilanza dello Stato di origine le informazioni necessarie relativamente al trasferimento degli elementi costitutivi del margine di solvibilità* (1). *2. L'ISVAP fornisce alle autorità di vigilanza degli altri Stati membri le informazioni alle medesime necessarie per verificare che gli elementi costitutivi del margine di solvibilità di imprese di assicurazione soggette alla vigilanza dell'ISVAP, controllate o partecipate da imprese di assicurazione o di riassicurazione soggette a vigilanza supplementare da parte di tali autorità, possano effettivamente essere resi disponibili per soddisfare la situazione di solvibilità corretta di tali imprese* (1).

* Articolo abrogato dal d.lg. 12/5/2015, n. 74.
(1) Comma modificato dall'art. 13 del d.lg. 29/2/2008, n. 56.

207 bis. Collaborazione e scambio informativo tra le autorità di vigilanza (1). – 1. Le autorità di vigilanza sulle imprese del gruppo collaborano strettamente, in particolare nei casi in cui un'impresa di assicurazione o di riassicurazione si trovi in difficoltà finanziarie.

2. Le autorità di vigilanza sulle imprese del gruppo si scambiano reciprocamente le informazioni necessarie a consentire e agevolare l'esercizio delle funzioni di vigilanza nell'ambito delle proprie competenze, allo scopo di assicurare che dispongano della stessa quantità di informazioni pertinenti.

3. Ai fini di cui al comma 2, le autorità di vigilanza sulle imprese del gruppo si comunicano senza indugio ogni informazione pertinente non appena ne entrino in possesso oppure, laddove sia richiesto, procedono a uno scambio di informazioni. Le informazioni di cui al presente comma comprendono anche le informazioni in merito alle azioni del gruppo e delle autorità di vigilanza, nonché le informazioni fornite dal gruppo.

4. Se un'autorità di vigilanza non ha comunicato informazioni pertinenti oppure è stata respinta una richiesta di collaborazione, in particolare per lo scambio di informazioni pertinenti, oppure non è stato dato seguito a tale richiesta entro due settimane, le autorità di vigilanza possono rinviare la questione all'EIOPA che può agire conformemente ai poteri di cui all'articolo 19 del regolamento (UE) n. 1094/2010.

5. Qualora la società al vertice del gruppo non abbia fornito entro un termine ragionevole all'autorità di vigilanza sul gruppo o ad altre autorità di vigilanza sulle imprese del gruppo informazioni su una società italiana facente parte del gruppo, l'IVASS collabora con l'autorità richiedente per l'acquisizione di informazioni dalla società italiana.

6. Le autorità responsabili della vigilanza sulle singole imprese di assicurazione e di riassicurazione appartenenti a un gruppo e l'autorità di vigilanza sul gruppo convocano senza indugio una riunione di tutte le autorità di vigilanza partecipanti alla vigilanza di gruppo almeno nei seguenti casi, allorché:

a) vengono a conoscenza di una grave violazione del Requisito Patrimoniale di Solvibilità o del Requisito Patrimoniale Minimo di una singola impresa di assicurazione o di riassicurazione;

b) vengono a conoscenza di una grave violazione del Requisito Patrimoniale di Solvibilità di gruppo calcolato in base a dati consolidati, o del requisito patrimoniale di solvibilità di gruppo aggregato in conformità di qualunque metodo di calcolo usato conformemente al Titolo XV, Capo I ter;

c) si verificano o si sono verificate altre circostanze eccezionali.

(1) Articolo inserito con d.lg. 12/5/2015, n. 74.

207 ter. Consultazione tra autorità di vigilanza (1). – 1. Fatti salvi gli articoli 206-bis e 206-ter, 207-septies e 212-bis, le autorità di vigilanza interessate, quando una decisione è rilevante per l'espletamento dei compiti di vigilanza di altre autorità di vigilanza, prima di adottare tale decisione si consultano nell'ambito del collegio delle autorità di vigilanza sui seguenti aspetti:

a) le modifiche dell'assetto azionario, della struttura organizzativa o decisionale delle imprese di assicurazione e di riassicurazione di un gruppo che richiedono l'autorizzazione delle autorità di vigilanza;

b) la decisione sull'estensione del periodo ammesso per il risanamento a norma dell'articolo 222, commi 2-bis, 2-ter e 2-quater;

c) le principali sanzioni e misure eccezionali adottate dalle autorità di vigilanza interessate, ivi compresa l'imposizione di una maggiorazione del requisito patrimoniale di solvibilità ai sensi dell'articolo 47-sexies e l'imposizione di limitazioni nell'uso di un modello interno per il calcolo del Requisito Patrimoniale di Solvibilità conformemente agli articoli da 46-bis a 46-quinquiesdecies. Nel caso di cui alle lettere b) e c), l'autorità di vigilanza sul gruppo è sempre consultata.

2. In ogni caso le autorità di vigilanza interessate si consultano prima di adottare decisioni basate su informazioni ricevute da altre autorità di vigilanza.

3. Fatti salvi gli articoli 206-bis, 206-ter, 207-septies e 212-bis, un'autorità di vigilanza sulle imprese del gruppo può decidere di non consultare le altre autorità di vigilanza in caso di urgenza o quando la consultazione rischi di compromettere l'efficacia della decisione, dandone tempestiva informativa alle altre autorità di vigilanza interessate.

(1) Articolo inserito con d.lg. 12/5/2015, n. 74.

207 quater. Collaborazione con le autorità responsabili per gli enti creditizi e le imprese di investimento (1). – 1. Quando un'impresa di assicurazione o di riassicurazione e un ente creditizio o un'impresa di investimento, o entrambi sono direttamente o indirettamente legati o hanno un'impresa partecipante comune, le autorità di vigilanza sulle società del gruppo e le autorità responsabili della vigilanza di tali altre società collaborano strettamente. Fatte salve le loro rispettive competenze, tali autorità si scambiano ogni informazione volta a semplificare le proprie funzioni.

(1) Articolo inserito con d.lg. 12/5/2015, n. 74.

207 quinquies. Segreto professionale e riservatezza (1). – 1. L'IVASS può procedere allo scambio di informazioni con le altre autorità di vigilanza interessate e con le altre autorità di vigilanza conformemente alle disposizioni di cui al presente Capo.

2. Le informazioni ricevute nell'ambito dell'esercizio della vigilanza sul gruppo, in particolare le informazioni scambiate tra l'IVASS e le altre autorità di vigilanza interessate o con le altre autorità, sono sottoposte al segreto d'ufficio ai sensi degli articoli 10 e 10-bis.

(1) Articolo inserito con d.lg. 12/5/2015, n. 74.

207 sexies. Autorità di vigilanza sul gruppo (1). – 1. L'IVASS, nel caso in cui sia competente all'esercizio della vigilanza su tutte le imprese di assicurazione o di riassicurazione del gruppo, è designata autorità di vigilanza sul gruppo. In tal caso l'IVASS è responsabile del coordinamento e dell'esercizio della vigilanza sul gruppo.

2. Fatto salvo quanto previsto dai commi 1 e 3, l'IVASS esercita le funzioni di autorità di vigilanza sul gruppo secondo i seguenti criteri:

a) se al vertice del gruppo vi è un'impresa di assicurazione o di riassicurazione e l'IVASS ha autorizzato tale impresa;

b) se al vertice del gruppo non vi è un'impresa di assicurazione o di riassicurazione, l'IVASS è considerata autorità di vigilanza sul gruppo sulla base dei seguenti criteri:

1) nel caso in cui l'IVASS ha autorizzato l'impresa di assicurazione o di riassicurazione la cui società controllante sia una società di partecipazione assicurativa o una società di partecipazione finanziaria mista;

2) nel caso in cui l'IVASS ha autorizzato l'impresa di assicurazione o di riassicurazione con sede nel territorio della Repubblica, qualora più imprese di assicurazione o di riassicurazione del gruppo con sede in diversi Stati membri abbiano come società controllante la stessa società di partecipazione assicurativa o società di partecipazione finanziaria mista e tale società di partecipazione assicurativa o di partecipazione finanziaria mista abbia sede nel territorio della Repubblica;

3) nel caso in cui l'IVASS ha autorizzato l'impresa di assicurazione o di riassicurazione con il totale dello stato patrimoniale più elevato, qualora al vertice del gruppo vi siano più società di partecipazione assicurativa o società di partecipazione finanziaria mista con sede in diversi Stati membri, in ciascuno dei quali si trova un'impresa di assicurazione o di riassicurazione;

4) nel caso in cui l'IVASS ha autorizzato l'impresa di assicurazione o di riassicurazione con il totale dello stato patrimoniale più elevato, qualora più imprese di assicurazione o di riassicurazione del gruppo con sede in diversi Stati membri abbiano come società controllante la stessa società di partecipazione assicurativa o società di partecipazione finanziaria mista e nessuna di tali imprese sia stata autorizzata nello Stato membro nel quale ha sede la società di partecipazione assicurativa o la società di partecipazione finanziaria mista;

5) nel caso in cui l'IVASS ha autorizzato l'impresa di assicurazione o di riassicurazione con il totale dello stato patrimoniale più elevato, qualora il gruppo non abbia una società controllante, o in qualsiasi altro caso diverso da quelli di cui ai numeri da 1) a 4).

3. Qualora non ricorrano i criteri di cui ai commi 1 e 2, il ruolo di autorità di vigilanza sul gruppo è assunto dall'autorità di vigilanza risultata competente applicando i criteri previsti dall'articolo 247 della direttiva 2009/138/CE.

4. In casi particolari, l'IVASS e le altre autorità di vigilanza interessate sulle imprese del gruppo, su richiesta di una di esse, possono con decisione congiunta derogare ai criteri fissati ai commi 2 e 3, qualora l'applicazione di tali criteri non sia opportuna, avuto riguardo alla struttura del gruppo ed all'importanza relativa delle attività delle imprese di assicurazione e di riassicurazione nei vari Stati membri, e designare un'altra autorità di vigilanza come autorità di vigilanza sul gruppo. A tal fine, l'IVASS, o altra autorità di vigilanza interessata sulle imprese del gruppo, può chiedere che sia avviata una discussione sulla possibilità che siano applicati i criteri di cui ai commi 2 e 3. La discussione si tiene al massimo annualmente.

5. L'IVASS e le altre autorità di vigilanza interessate delle imprese sul gruppo, previa consultazione del gruppo medesimo, adottano la decisione congiunta di cui al comma 3 entro tre mesi dalla richiesta di discussione. L'IVASS trasmette al gruppo la decisione congiunta, pienamente motivata.

6. Durante il periodo di tre mesi di cui al comma 4, ciascuna delle autorità di vigilanza interessate sulle imprese appartenenti al gruppo può rinviare la questione all'AEAP, conformemente all'articolo 19 del regolamento (UE) n. 1094/2010. In tal caso, l'IVASS e le autorità di vigilanza interessate posticipano la loro decisione congiunta in attesa di una decisione eventualmente adottata dall'AEAP, entro un mese dal rinvio, a norma dell'articolo 19, paragrafo 3, di tale regolamento, e adeguano la loro decisione congiunta a quella dell'AEAP. Tale decisione congiunta è riconosciuta come determinante e applicata dall'IVASS e dalle autorità di vigilanza interessate. Il periodo di tre mesi è considerato periodo di conciliazione ai sensi dell'articolo 19, paragrafo 2, di tale regolamento.

7. Il rinvio all'AEAP di cui al comma 6 non può essere effettuato dopo la scadenza del periodo di tre mesi o dopo il raggiungimento di una decisione congiunta. L'autorità di vigilanza sul gruppo designata trasmette al gruppo e al collegio delle autorità di vigilanza la decisione congiunta pienamente motivata.

8. In mancanza di una decisione congiunta che deroghi ai criteri di cui al comma 2, l'IVASS esercita le funzioni di autorità di vigilanza sul gruppo qualora sia l'autorità di vigilanza individuata ai sensi del medesimo comma 2.

(1) Articolo inserito con d.lg. 12/5/2015, n. 74.

207 septies. Funzioni dell'IVASS in qualità di Autorità di vigilanza sul gruppo (1). – 1. L'IVASS, in qualità di Autorità di vigilanza sul gruppo:

a) trasmette all'AEAP le informazioni sul funzionamento dei collegi delle autorità di vigilanza e in merito a qualsiasi difficoltà incontrata che possa essere rilevante ai fini dell'esame che l'AEAP effettua, almeno ogni tre anni, sul funzionamento operativo dei collegi, al fine di valutarne i livelli di convergenza;

b) trasmette alle autorità di vigilanza sulle imprese del gruppo e all'AEAP le informazioni concernenti il gruppo con riferimento agli stretti legami e alla relazione sulla solvibilità di gruppo e alla condizione finanziaria, nonché quelle acquisite ai sensi dell'articolo 214-bis, in particolare per quanto concerne la forma giuridica e la struttura di governo societario e organizzativa del gruppo;

c) coordina la raccolta e la diffusione delle informazioni rilevanti o essenziali, anche in situazioni di emergenza, e divulga le informazioni importanti per l'esercizio delle funzioni di vigilanza da parte delle autorità di vigilanza sulle imprese del gruppo;

d) pianifica e coordina, in collaborazione con le autorità di vigilanza sulle imprese del gruppo, le attività di vigilanza sul gruppo, anche in situazioni di emergenza, tramite riunioni regolari organizzate almeno annualmente o con ogni altro mezzo idoneo, tenendo conto della natura, della portata e della complessità dei rischi inerenti all'attività di tutte le imprese che appartengono al gruppo;

e) svolge ulteriori compiti, adotta le misure e decisioni assegnate dalle disposizioni legislative, regolamentari e dalle norme europee direttamente applicabili, in particolare espleta la procedura di convalida del modello interno a livello di gruppo e la procedura di autorizzazione ad applicare il regime di vigilanza sulla solvibilità di gruppo con gestione centralizzata dei rischi.

2. L'IVASS può invitare le autorità di vigilanza dello Stato membro in cui ha sede una impresa controllante a richiedere alla società controllante ogni informazione pertinente per l'esercizio delle funzioni di coordinamento di cui al comma 1.

3. Nel caso di informazioni di cui all'articolo 213, commi 2, 3 e 4, già trasmesse ad un'altra autorità di vigilanza, l'IVASS contatta, se possibile, tale autorità per evitare la duplicazione della trasmissione delle informazioni alle diverse autorità che partecipano alla vigilanza.

(1) Articolo inserito con d.lg. 12/5/2015, n. 74.

207 octies. Cooperazione per l'autorizzazione del modello interno di gruppo (1). – 1. Nel caso in cui un'impresa di assicurazione o di riassicurazione, in qualità di ultima società controllante italiana ai sensi dell'articolo 210, comma 2, e le sue imprese partecipate o controllate o congiuntamente le imprese partecipate o controllate di una società di partecipazione assicurativa, in qualità di ultima società controllante italiana ai sensi dell'articolo 210, comma 2, abbiano presentato la domanda per ottenere l'autorizzazione a calcolare il Requisito Patrimoniale di Solvibilità di gruppo consolidato e il Requisito Patrimoniale di Solvibilità delle imprese di assicurazione e riassicurazione appartenenti al gruppo sulla base di un modello interno, l'IVASS, in qualità di autorità di vigilanza sul gruppo, e le autorità di vigilanza interessate collaborano al fine di decidere se concedere o meno l'autorizzazione richiesta, prevedendo altresì eventuali termini e condizioni a cui subordinare la stessa.

2. La richiesta di autorizzazione all'utilizzo del modello interno, di cui al comma 1, è presentata all'IVASS che informa gli altri membri del collegio delle autorità di vigilanza, inclusa l'AEAP, e trasmette loro tempestivamente la domanda completa, comprensiva della documentazione presentata. L'IVASS può chiedere l'assistenza tecnica all'AEAP per la decisione sulla domanda, secondo quanto previsto all'articolo 8, paragrafo 1, lettera b), del regolamento (UE) n. 1094/2010 (2).

3. L'IVASS e le altre autorità di vigilanza interessate si adoperano per pervenire ad una decisione congiunta sulla domanda entro sei mesi dalla ricezione della domanda completa da parte dell'IVASS.

4. Se nel termine di sei mesi di cui al comma 3, una qualunque delle autorità di vigilanza interessate rinvia la questione all'AEAP, conformemente all'articolo 19 del regolamento (UE) n. 1094/2010, l'IVASS differisce la sua decisione in attesa della decisione eventualmente adottata dall'AEAP, conformemente all'articolo 19, paragrafo 3, di tale regolamento e adegua la propria decisione a quella dell'AEAP.

5. La decisione di cui al comma 4, adottata dall'AEAP entro un mese, è riconosciuta come determinante ed è applicata dalle autorità di vigilanza interessate. La questione non può essere rinviata all'AEAP dopo la scadenza del termine di sei mesi o dopo che è stata adottata una decisione congiunta. L'IVASS decide in via definitiva se, conformemente all'articolo 41, paragrafi 2 e 3, e all'articolo 44, paragrafi 1 e 3, del regolamento (UE) n. 1094/2010, la decisione proposta dal gruppo di esperti è respinta. Tale decisione è riconosciuta come determinante e applicata dalle autorità di vigilanza interessate. Il periodo di sei mesi è considerato la fase di conciliazione ai sensi dell'articolo 19, paragrafo 2, del predetto regolamento. L'IVASS decide in via definitiva se l'AEAP non adotta la decisione conformemente all'articolo 19, paragrafo 3, del regolamento (UE) n. 1094/2010 (3).

6. Se le autorità di vigilanza interessate sono pervenute alla decisione congiunta di cui al comma 3, l'IVASS trasmette al richiedente un documento contenente le motivazioni complete.

7. In mancanza di una decisione congiunta delle autorità di vigilanza interessate entro il termine di sei mesi di cui al comma 3, l'IVASS decide autonomamente in merito alla domanda, tenendo in debita considerazione eventuali pareri e riserve delle autorità di vigilanza interessate espressi nel termine di sei mesi. L'IVASS trasmette un documento contenente la decisione pienamente motivata al richiedente e alle altre autorità di vigilanza interessate che la riconoscono come determinante e la applicano.

8. Nell'ipotesi in cui una delle autorità di vigilanza interessate ritenga che il profilo di rischio di un'impresa di assicurazione o riassicurazione soggetta alla sua vigilanza si discosti significativamente dalle ipotesi sottese al modello interno approvato a livello di gruppo e fino a quando l'impresa non affronti adeguatamente le riserve dell'autorità di vigilanza, quest'ultima può, nei casi di cui all'articolo 47-sexies, proporre di:

a) imporre una maggiorazione di capitale rispetto al Requisito Patrimoniale di Solvibilità di tale impresa di assicurazione o di riassicurazione risultante dall'applicazione del predetto modello interno;

b) in circostanze eccezionali in cui la maggiorazione di capitale di cui alla lettera a) risulti inappropriata, imporre all'impresa di calcolare il suo Requisito Patrimoniale di solvibilità sulla base della formula standard in conformità alle previsioni di cui al Titolo III, Capo IV-bis, Sezioni I e II.

9. Secondo quanto previsto dall'articolo 47-sexies, comma 1, lettere a) e c), l'autorità di vigilanza può imporre una maggiorazione del capitale rispetto al Requisito Patrimoniale di Solvibilità di tale impresa di assicurazione o riassicurazione risultante dall'applicazione della formula standard. L'autorità di vigilanza comunica le ragioni delle eventuali decisioni, adottate ai sensi del presente comma e del comma 10, sia all'impresa di assicurazione o riassicurazione, sia agli altri membri del collegio delle autorità di vigilanza.

10. L'IVASS, quando non è Autorità di vigilanza sul gruppo ai sensi del comma 1, collabora con l'Autorità di vigilanza sul gruppo con sede in altro Stato membro al fine di procedere all'autorizzazione del modello interno di gruppo. In ogni caso l'IVASS può avvalersi del potere di imporre una maggiorazione di capitale quando ricorrono le condizioni di cui ai commi 8 e 9.

(1) Articolo inserito dall'art. 1, co. 141, d.lg. 12/5/2015, n. 74.

(2) Comma modificato dall'art. 28, co. 1, lett. h), n. 1, l. 23/12/2021, n. 238.

(3) Comma modificato dall'art. 28, co. 1, lett. h), n. 2, l. 23/12/2021, n. 238.

Sezione III
Comunicazioni alla Commissione europea e all'AEAP (1)

(1) Sezione introdotta dal d.lg. 12/5/2015, n. 74.

208. Comunicazioni alla Commissione europea e all'AEAP e alle autorità di vigilanza di altri Stati membri relativamente ad imprese di Stati membri e di Stati terzi (1). – 1. L'IVASS comunica alla Commissione europea, all'AEAP e alle autorità di vigilanza degli altri Stati membri:

a) ogni autorizzazione all'esercizio dell'attività assicurativa o riassicurativa rilasciata ad un'impresa di assicurazione o di riassicurazione di nuova costituzione che sia controllata, direttamente o indirettamente, da imprese di assicurazione o di riassicurazione aventi la sede legale in uno Stato terzo;

b) ogni autorizzazione all'acquisizione, da parte di imprese di assicurazione o di riassicurazione aventi la sede legale in uno Stato terzo, di partecipazioni di controllo in imprese di assicurazione o di riassicurazione aventi la sede legale nel territorio della Repubblica.

1-bis. Se l'autorizzazione è stata rilasciata ad un'impresa di assicurazione o di riassicurazione che si trovi nella situazione di cui alla lettera a), la struttura dei rapporti di controllo è specificamente indicata nella comunicazione che l'IVASS invia alla Commissione europea, all'AEAP e alle autorità di vigilanza degli altri Stati membri (2).

2. L'IVASS informa la Commissione europea e l'AEAP delle difficoltà di carattere generale eventualmente incontrate dalle imprese e dagli intermediari, anche a titolo accessorio, aventi la sede legale nel territorio della Repubblica nell'accesso e nell'esercizio dell'attività in regime di stabilimento in uno Stato terzo (3).

(1) Articolo modificato dal d.lg. 12/5/2015, n. 74.

(2) Comma introdotto dal d.lg. 12/5/2015, n. 74.

(3) Comma modificato dal d.lg. 21/5/2018, n. 68.

208 bis. Comunicazioni relative alla inosservanza delle disposizioni di legge da parte di un'impresa di assicurazione (1). – 1. L'IVASS comunica alla Commissione e all'AEAP il numero e il tipo di casi che hanno comportato un rifiuto ai sensi degli articoli 17, comma 2 e 19, comma 2 e in cui siano state adottate le misure di cui al comma 4 dell'articolo 193.

(1) Articolo introdotto dal d.lg. 12/5/2015, n. 74.

208 ter. Cooperazione per l'applicazione delle disposizioni sulla coassicurazione comunitaria (1). – 1. L'IVASS collabora con le autorità di vigilanza degli altri Stati membri e con la Commissione europea ai fini di esaminare eventuali difficoltà insorte in relazione ai contratti di coassicurazione comunitaria e per verificare che le disposizioni dell'Unione europea siano correttamente applicate.

(1) Articolo inserito dall'art. 1, co. 144, d.lg. 12/5/2015, n. 74.

209. Comunicazioni alla Commissione europea sulle assicurazioni obbligatorie. – 1. L'ISVAP comunica alla Commissione europea le assicurazioni di cui la legge italiana dispone l'obbligatorietà, indicando le disposizioni, legislative e di attuazione, vigenti per ciascuna di esse e specifica le informazioni che è necessario riportare nel documento che l'impresa di assicurazione consegna all'assicurato per l'attestazione dell'avvenuto assolvimento dell'obbligo.

TITOLO XV
VIGILANZA SUL GRUPPO

Capo I
Vigilanza sul gruppo (1)

(1) Titolo e Capo modificato dal d.lg. 12/5/2015, n. 74.

210. Vigilanza sul gruppo (1). – 1. La vigilanza a livello di gruppo si applica, in base a quanto previsto dal presente Titolo e secondo le disposizioni stabilite da IVASS con regolamento:

a) alle imprese di assicurazione o di riassicurazione con sede legale nel territorio della Repubblica che siano controllanti o partecipanti in almeno un'impresa di assicurazione o di riassicurazione, o in un'impresa di assicurazione o di riassicurazione avente sede legale in uno Stato terzo;

b) alle imprese di assicurazione o di riassicurazione con sede legale nel territorio della Repubblica che siano controllate da una società di partecipazione assicurativa o da una società di partecipazione finanziaria mista con sede nel territorio della Repubblica o in un altro Stato membro;

c) alle imprese di assicurazione o di riassicurazione con sede legale nel territorio della Repubblica che siano controllate da una società di partecipazione assicurativa, una società di partecipazione finanziaria mista o da un'impresa di assicurazione o di riassicurazione aventi sede legale in uno Stato terzo;

d) alle imprese di assicurazione o di riassicurazione con sede legale nel territorio della Repubblica che siano controllate da una società di partecipazione assicurativa mista;

e) alle imprese di assicurazione o di riassicurazione con sede legale nel territorio della Repubblica che controllano una società strumentale;

f) alle imprese di assicurazione o di riassicurazione con sede legale nel territorio della Repubblica soggette a direzione unitaria ai sensi dell'articolo 96.

2. Fatto salvo quanto previsto dai Capi IV-bis e IV-ter, l'IVASS esercita la vigilanza sul gruppo a livello dell'ultima società controllante italiana, ovvero l'impresa di assicurazione o di riassicurazione, la società di partecipazione assicurativa o di partecipazione finanziaria mista con sede nel territorio della Repubblica che, nell'ambito del gruppo, non è a sua volta controllata da una impresa di assicurazione o di riassicurazione, da una società di partecipazione assicurativa o da una società di partecipazione finanziaria mista con sede nel territorio della Repubblica.

3. Fatto salvo quanto previsto dall'articolo 220-octies, comma 4, nel caso in cui non sussiste un'ultima società controllante italiana ai sensi del comma 2, l'IVASS determina le modalità applicative della vigilanza sul gruppo, inclusa l'individuazione della società responsabile degli adempimenti di cui al presente codice in luogo della ultima società controllante italiana.

4. Fatto salvo quanto previsto dal presente Titolo, le disposizioni in materia di vigilanza sulle imprese di assicurazione o di riassicurazione del presente codice continuano ad applicarsi alle stesse.

5. Ai fini del presente Titolo, le sedi secondarie nel territorio della Repubblica di imprese di assicurazione o riassicurazione con sede in uno Stato terzo sono considerate alla stregua di imprese di assicurazione o riassicurazione italiane.

(1) Articolo modificato dal d.lg. 12/5/2015, n. 74.

210 bis. Altre disposizioni applicabili (1). – 1. L'IVASS può individuare, con provvedimenti di carattere generale o specifici, i casi in cui una o più disposizioni adottate ai sensi del presente Titolo, in particolare relative alla concentrazione dei rischi e alle operazioni infragruppo, non si applicano qualora l'ultima società controllante di cui all'articolo 210, comma 2, sia una impresa di assicurazione o riassicurazione, una società di partecipazione assicurativa o una società di partecipazione finanziaria mista soggetta alla vigilanza a livello di conglomerato finanziario ai sensi del decreto legislativo 30 maggio 2005, n. 142.

2. L'IVASS può individuare, con provvedimenti di carattere generale o specifici, i casi in cui una o più disposizioni adottate ai sensi del presente Titolo non si applicano alla società di partecipazione finanziaria mista in quanto soggetta a disposizioni di vigilanza equivalenti, in particolare in termini di vigilanza basata sul rischio.

3. L'IVASS, in qualità di autorità di vigilanza sul gruppo,

informa l'ABE e l'AEAP, delle decisioni adottate a norma dei commi 1 e 2.

4. Fatto salvo quanto previsto dal comma 1, le disposizioni di cui agli articoli 210-ter, comma 7, 212-bis, comma 1, lettera c), si applicano alla società di partecipazione finanziaria mista, qualora il settore di maggiori dimensioni all'interno del conglomerato finanziario sia quello assicurativo, determinato ai sensi del decreto legislativo 30 maggio 2005, n. 142. I provvedimenti di cui agli articoli 79, comma 3-bis, e 81, commi 2 e 3, l'approvazione di cui all'articolo 196, l'autorizzazione di cui all'articolo 68 e la decadenza di cui all'articolo 76 sono adottati dall'IVASS d'intesa con Banca d'Italia.

5. I provvedimenti previsti dal titolo XVI, Capo I, II, IV e VII, nonché le misure di cui all'articolo 220-novies, nei confronti della società di partecipazione finanziaria mista sono adottati o proposti dall'IVASS d'intesa con Banca d'Italia.

(1) Articolo modificato dal d.lg. 12/5/2015, n. 74.

210 ter. Albo delle società capogruppo (1). – 1. L'ultima società controllante italiana, di cui all'articolo 210, comma 2, è iscritta in un apposito albo delle società capogruppo italiane tenuto dall'IVASS.

2. La società capogruppo comunica all'IVASS l'elenco delle imprese di assicurazione o riassicurazione e le società strumentali, le società di partecipazione assicurativa e le società di partecipazione finanziaria mista controllate intermedie.

3. La società capogruppo comunica all'IVASS l'elenco delle imprese di assicurazione o riassicurazione e delle società strumentali partecipate, degli enti creditizi, delle imprese d'investimento e degli enti finanziari partecipati o controllati e delle altre società controllate e partecipate.

4. Le società di cui al comma 2 sono iscritte dall'IVASS nell'albo delle società capogruppo.

5. L'IVASS può procedere d'ufficio all'accertamento dell'esistenza del rapporto di controllo di cui al comma 2 e procedere all'iscrizione all'albo della società capogruppo.

6. La struttura del gruppo deve essere tale da assicurare la sana e prudente gestione del gruppo e non ostacolare l'esercizio dei poteri di vigilanza. Fatto salvo quanto previsto dall'articolo 79, nel caso in cui per effetto di una acquisizione la struttura del gruppo non soddisfa i requisiti di cui al presente comma, l'IVASS può esercitare i poteri di cui agli articoli 79, comma 3-bis, e 81.

7. L'IVASS accerta che lo statuto della società capogruppo non contrasti con la sana e prudente gestione del gruppo.

8. All'ultima società controllante italiana di cui all'articolo 210, comma 2, si applicano le disposizioni di cui al Titolo VII, Capo I e III.

9. Le società di cui ai commi 1 e 2 indicano negli atti e nella corrispondenza l'iscrizione nell'albo.

10. L'IVASS determina, con regolamento, gli adempimenti connessi alla tenuta e all'aggiornamento dell'albo.

(1) Articolo aggiunto dal d.lg. 12/5/2015, n. 74.

210 quater. Esclusione dall'area di vigilanza sul gruppo (1). – 1. Fatto salvo quanto previsto dall'articolo 216-sexies, comma 1, lettera f), l'IVASS può escludere dall'area della vigilanza di gruppo di cui all'articolo 210 la società con sede legale in uno Stato terzo in cui sussistano ostacoli giuridici al trasferimento delle informazioni necessarie.

2. L'IVASS può escludere una società del gruppo dall'area della vigilanza di gruppo quando presenta un interesse trascurabile rispetto alle finalità della vigilanza sul gruppo oppure quando è inopportuno o fuorviante considerare tale società rispetto a detti obiettivi.

3. Le società dello stesso gruppo, che considerate individualmente potrebbero essere escluse ai sensi del comma 2, in quanto presentano un interesse trascurabile rispetto agli obiettivi della vigilanza di gruppo, devono essere comunque incluse se, collettivamente considerate, presentano un interesse non trascurabile.

4. Ai fini dell'esclusione di un'impresa di assicurazione o di riassicurazione ai sensi del comma 2, l'IVASS consulta le altre autorità di vigilanza interessate prima di adottare una decisione.

5. Nel caso in cui un'impresa di assicurazione o riassicurazione sia stata esclusa dalla vigilanza sul gruppo ai sensi del comma 2, l'autorità di vigilanza dello Stato membro in cui tale impresa è situata può chiedere all'ultima società controllante di cui all'articolo 210, comma 2, di fornire informazioni che possano facilitare la vigilanza dell'impresa interessata.

(1) Articolo aggiunto dal d.lg. 12/5/2015, n. 74.

211. Area della vigilanza supplementare* – *1. Sono incluse nell'area della vigilanza supplementare sull'impresa di assicurazione o di riassicurazione: a) le imprese controllate o partecipate dall'impresa di assicurazione o di riassicurazione di cui all'articolo 210; b) le imprese controllanti o partecipanti nell'impresa di assicurazione o di riassicurazione di cui all'articolo 210; c) le imprese controllate o partecipate da un'impresa controllante o partecipante in un'impresa di assicurazione o di riassicurazione di cui all'articolo 210 o le imprese che sono comunque con questa soggette a direzione unitaria ai sensi dell'articolo 96* (1). *2. Ai fini del presente titolo, si intende per impresa controllante la società che esercita il controllo ai sensi dell'articolo 72, commi 1 e 2, lettere a) e b), e per impresa partecipante si intende la società che detiene, direttamente o indirettamente, diritti nel capitale di un'altra società, i quali realizzano una situazione di legame durevole con la società partecipata o che consentono l'esercizio di un'influenza notevole in virtù di particolari vincoli contrattuali. È altresì impresa partecipante l'impresa legata ad un'altra impresa quando sono sottoposte ad una direzione unitaria ovvero quando gli organi di amministrazione, direzione e controllo sono composti in maggioranza dalle stesse persone. È in ogni caso considerata partecipazione il possesso di almeno il venti per cento del capitale o dei diritti di voto di un'impresa. Nei confronti delle imprese di cui all'articolo 210, comma 3, per l'individuazione dei rapporti di controllo e di partecipazione si fa riferimento allo stato patrimoniale della sede secondaria redatto secondo quanto previsto dal titolo VIII. 3. L'ISVAP può, in casi eccezionali, escludere dall'area della vigilanza supplementare le imprese di cui al comma 1, che hanno sede legale in uno Stato terzo, qualora sussistano ostacoli giuridici al trasferimento delle informazioni necessarie con gli effetti previsti dal provvedimento di cui all'articolo 219. 4. L'ISVAP può, con prudente apprezzamento, escludere dall'area della vigilanza supplementare un'impresa di cui al comma 1, quando l'impresa presenta un interesse trascurabile rispetto allo scopo della vigilanza supplementare oppure quando è inopportuno o fuorviante considerare la situazione finanziaria di tale impresa rispetto allo scopo della vigilanza supplementare.*

* Articolo abrogato dal d.lg. 12/5/2015, n. 74.

(1) Comma modificato dall'art. 14 del d.lg. 29/2/2008, n. 56.

Capo II
*Procedure di controllo interno e poteri di vigilanza**

* Capo abrogato dal d.lg. 12/5/2015, n. 74.

212. Procedure di controllo interno*. – *1. Le imprese di cui all'articolo 210 instaurano adeguate procedure di controllo interno, individuando una funzione per la produzione dei dati* *e delle informazioni utili ai fini dell'esercizio della vigilanza supplementare sull'impresa di assicurazione o di riassicurazione* (1). *2. Le imprese di cui all'articolo 211, comma 1, sono tenute a fornire alla capogruppo le informazioni da questa richieste ai fini dell'esercizio della vigilanza supplementare sull'impresa di assicurazione o di riassicurazione o sul gruppo assicurativo* (1).

* Articolo abrogato dal d.lg. 12/5/2015, n. 74.

(1) Comma modificato dall'art. 15 del d.lg. 29/2/2008, n. 56.

Capo II
Poteri dell'IVASS (1)

(1) Capo aggiunto dal d.lg. 12/5/2015, n. 74.

212 bis. Poteri dell'IVASS (1). – 1. Con riferimento alla vigilanza sul gruppo, l'IVASS esercita le seguenti funzioni:

a) effettua, secondo le modalità di cui all'articolo 47-quinquies il processo di revisione e valutazione prudenziale di cui all'articolo 216-decies e valuta la situazione finanziaria del gruppo;

b) valuta l'osservanza da parte del gruppo delle disposizioni in materia di solvibilità, di concentrazione dei rischi e di operazioni infragruppo;

c) valuta il sistema di governo societario del gruppo ed il possesso dei requisiti di cui all'articolo 76 da parte dei soggetti che svolgono funzioni di amministrazione, di direzione e di controllo nelle società controllanti di cui all'articolo 210, comma 2, e dei soggetti in esse responsabili delle funzioni fondamentali.

(1) Articolo aggiunto dal d.lg. 12/5/2015, n. 74.

213. Vigilanza informativa (1). – 1. Le persone fisiche e giuridiche che rientrano nell'ambito della vigilanza sul gruppo, le loro società partecipate o controllate e le loro società partecipanti o controllanti scambiano informazioni pertinenti ai fini della vigilanza sul gruppo.

2. L'ultima società controllante italiana di cui all'articolo 210, comma 2, trasmette all'IVASS con le modalità e i termini stabiliti con regolamento, i dati e le informazioni utili all'esercizio della vigilanza sul gruppo.

3. L'IVASS ha accesso alle informazioni pertinenti ai fini della vigilanza sul gruppo, indipendentemente dalla natura della società interessata. Si applicano le disposizioni di cui agli articoli 189, comma 1, 190, comma 1.

4. L'IVASS può rivolgersi direttamente alle società del gruppo, anche avvalendosi della collaborazione dell'Autorità di vigilanza dello Stato in cui ha sede la società interessata, per ottenere le informazioni necessarie soltanto se dette informazioni sono state richieste all'ultima società controllante di cui all'articolo 210, comma 2, e la società non le ha trasmesse entro un termine ragionevole.

(1) Articolo modificato dal d.lg. 12/5/2015, n. 74.

214. Vigilanza ispettiva (1). – 1. Ai fini della verifica dei dati e delle informazioni relative alla vigilanza sul gruppo di cui al presente Titolo l'IVASS può effettuare ispezioni direttamente o tramite soggetti incaricati, presso le società del gruppo.

2. Gli accertamenti ispettivi nei confronti di società diverse da quelle di assicurazione e riassicurazione sono limitati alla verifica dell'esattezza dei dati e delle informazioni utili per l'esercizio della vigilanza sul gruppo.

3. Se, in casi specifici, l'IVASS intende verificare le informazioni relative ad una società appartenente ad un gruppo e avente sede in un altro Stato membro, chiede alle autorità di vigilanza dell'altro Stato membro di effettuare detta verifica. Le autorità che ricevono la richiesta vi danno seguito nell'ambito delle loro competenze, procedendo direttamente alla verifica o consentendo all'IVASS di effettuarla. L'IVASS, nel caso in cui non proceda direttamente alla verifica delle informazioni, può chiedere all'Autorità di vigilanza dell'altro Stato membro di prendere parte all'attività ispettiva. L'IVASS è informata delle misure adottate.

4. Qualora nei casi di cui al comma 3 l'IVASS abbia richiesto ad un'altra autorità di vigilanza di effettuare una verifica e a tale richiesta non sia stato dato seguito entro due settimane o se non possa di fatto esercitare il diritto di partecipare all'attività ispettiva, l'IVASS può rinviare la questione all'AEAP e richiederne l'assistenza conformemente all'articolo 19 del regolamento (UE) n. 1094/ 2010.

5. Nei confronti delle società controllate di cui all'articolo 210-ter, comma 2, e dei titolari di partecipazioni nelle medesime società, sono attribuiti all'IVASS i poteri previsti dall'articolo 71.

(1) Articolo modificato dal d.lg. 12/5/2015, n. 74.

214 bis. Potere di indirizzo (1). – 1. L'IVASS, al fine di assicurare una sana e prudente gestione del gruppo ed evitare ostacoli all'esercizio dei poteri di vigilanza, può impartire all'ultima società controllante di cui all'articolo 210, comma 2, con regolamento o con provvedimenti di carattere particolare, disposizioni concernenti le società di cui all'articolo 210-ter, comma 2, individualmente o complessivamente considerate, aventi ad oggetto il rispetto delle disposizioni relative al sistema di governo societario, all'adeguatezza patrimoniale, al contenimento del rischio nelle sue configurazioni, alle partecipazioni detenibili, all'informativa da rendere al pubblico sulle materie di cui al presente comma.

2. La società controllante adotta i provvedimenti di attuazione delle disposizioni impartite dall'IVASS e ne fa osservare l'applicazione nei confronti delle società di cui al comma 1, informandone periodicamente l'IVASS.

3. Gli amministratori delle società di cui al comma 1 sono tenuti a fornire alla società controllante la necessaria collaborazione per il rispetto delle norme sulla vigilanza assicurativa.

(1) Articolo aggiunto dal d.lg. 12/5/2015, n. 74.

214 ter. Valutazione regime di equivalenza di Stati terzi (1). – 1. Le valutazioni di equivalenza di cui agli articoli 216-sexies, comma 1, lettera e), e 220-septies, comma 1, sono effettuate dall'IVASS in conformità e nei limiti previsti dalle disposizioni dell'Unione europea.

(1) Articolo aggiunto dal d.lg. 12/5/2015, n. 74.

Capo III
Strumenti di vigilanza sul gruppo (1)

(1) Capo rinominato dal d.lg. 12/5/2015, n. 74.

215. Operazioni infragruppo rilevanti. – 1. Le imprese di assicurazione e di riassicurazione che hanno sede legale nel territorio della Repubblica, le sedi secondarie istituite nel territorio della Repubblica da imprese di assicurazione o di riassicurazione aventi sede legale in uno Stato terzo, sono soggette alla vigilanza dell'ISVAP sulle operazioni infragruppo che sono realizzate tra le medesime entità e le imprese di cui all'articolo 211, comma 1, o che intercorrono con una persona fisica che controlla o detiene una partecipazione nell'impresa di assicurazione o di riassicurazione o in un'impresa inclusa nell'area della vigilanza supplementare (1).

2. Le operazioni infragruppo soggette a vigilanza in particolare riguardano:

a) i finanziamenti;

b) le garanzie, gli impegni e le altre operazioni iscritte nei conti d'ordine;

c) gli elementi ammessi a costituire il margine di solvibilità;

d) gli investimenti;

e) le operazioni di riassicurazione e di retrocessione (2);

f) gli accordi di ripartizione dei costi.

3. Le imprese di assicurazione e di riassicurazione instaurano adeguati meccanismi di gestione del rischio e di controllo interno, ivi comprese idonee procedure contabili e di segnalazione, per consentire l'accertamento, la quantificazione, il monitoraggio e il controllo delle operazioni di cui ai commi 1 e 2. L'ISVAP verifica l'idoneità delle procedure e con regolamento dispone prescrizioni generali in merito (3).

4. L'ISVAP esercita la vigilanza sulle operazioni di cui ai commi 1 e 2 al fine di accertare che tali operazioni non producano effetti negativi per la solvibilità di un'impresa di assicurazione o di riassicurazione o possano arrecare pregiudizio agli interessi degli assicurati e degli altri aventi diritto a prestazioni assicurative o agli interessi delle imprese di assicurazione cedenti (3).

(1) Comma sostituito dall'art. 16 del d.lg. 29/2/2008, n. 56.

(2) Lettera modificata dall'art. 16 del d.lg. 29/2/2008, n. 56.

(3) Comma modificato dall'art. 16 del d.lg. 29/2/2008, n. 56.

215 bis. Sistema di governo societario di gruppo (1). – 1. Il gruppo si dota di un sistema di governo societario coerente con le disposizioni di cui al Titolo III, Capo I, Sezione II, e con le relative disposizioni di attuazione dettate dall'IVASS con regolamento.

2. L'ultima società controllante italiana di cui all'articolo 210, comma 2, è responsabile dell'attuazione delle disposizioni in materia di sistema di governo societario di gruppo. Resta impregiudicata la responsabilità del consiglio di amministrazione di ciascuna impresa di assicurazione o riassicurazione del gruppo relativamente al rispetto delle disposizioni di cui al Titolo III, Capo I, Sezione II.

3. I meccanismi di controllo interno del gruppo includono almeno:

a) meccanismi adeguati in materia di solvibilità di gruppo che consentano di individuare e misurare tutti i rischi sostanziali incorsi e determinare un livello di fondi propri ammissibili adeguato ai rischi;

b) valide procedure di segnalazione e contabili che consentano di sorvegliare e di gestire le operazioni infragruppo e la concentrazione di rischi;

c) la costituzione di una funzione per la produzione dei dati e delle informazioni utili ai fini dell'esercizio della vigilanza sul gruppo.

4. Le disposizioni di cui al comma 3 si applicano alle società del gruppo in modo coerente.

(1) Articolo inserito dal d.lg. 12/5/2015, n. 74.

215 ter. Valutazione interna del rischio e della solvibilità del gruppo (1). – 1. L'ultima società controllante italiana di cui all'articolo 210, comma 2, procede alla valutazione richiesta dall'articolo 30-ter a livello di gruppo.

2. Qualora il calcolo della solvibilità a livello di gruppo sia effettuato conformemente al metodo del bilancio consolidato di cui agli articoli 216-ter, comma 2, e 216-quinquies, l'ultima società controllante italiana fornisce all'IVASS un'analisi adeguata della differenza tra la somma dei requisiti patrimoniali di solvibilità di tutte le imprese di assicurazione o di riassicurazione partecipate o controllate del gruppo e il requisito patrimoniale consolidato di solvibilità di gruppo.

3. L'ultima società controllante italiana può, con il parere favorevole dell'IVASS, procedere a tutte le valutazioni di cui all'articolo 30-ter a livello del gruppo e a livello di ogni impresa di assicurazione o di riassicurazione controllata del gruppo allo stesso tempo, e può redigere un documento unico avente ad oggetto tutte le valutazioni.

4. Ai fini dell'esercizio della facoltà di cui al comma 3, l'IVASS consulta i membri del collegio delle autorità di vigilanza e tiene in debito conto i pareri e le riserve da loro espressi.

5. In caso di valutazione effettuata ai sensi del comma 3, l'ultima società controllante italiana presenta contestualmente il documento a tutte le autorità di vigilanza interessate.

(1) Articolo inserito dal d.lg. 12/5/2015, n. 74.

215 quater. Vigilanza sulla concentrazione di rischi (1). – 1. Le concentrazioni dei rischi a livello di gruppo sono oggetto di vigilanza da parte dell'IVASS al fine di accertare che tali concentrazioni non producano effetti negativi sulla solvibilità del gruppo o possano arrecare pregiudizio agli interessi degli assicurati e degli altri aventi diritto a prestazioni assicurative o agli interessi delle imprese coinvolte.

2. L'IVASS individua con regolamento, avuto riguardo alla significatività delle concentrazioni in relazione ai requisiti del capitale di solvibilità, alle riserve tecniche o entrambi, le concentrazioni di rischi da assoggettare a comunicazione a intervalli regolari e almeno una volta all'anno, fissando, altresì, le modalità e i termini per le comunicazioni stesse. L'IVASS esamina le concentrazioni dei rischi con particolare riferimento al possibile rischio di contagio nel gruppo, al rischio di conflitto di interessi e al livello o al volume dei rischi.

3. L'IVASS, previa consultazione delle altre autorità di vigilanza interessate e del gruppo, identifica inoltre, il tipo di concentrazione di rischi che l'ultima società controllante italiana di cui all'articolo 210, comma 2, di un determinato gruppo deve segnalare in ogni circostanza. Nel definire il tipo di concentrazione di rischi e la soglia di significatività rilevante, l'IVASS e le altre autorità di vigilanza interessate tengono conto delle società appartenenti a tale gruppo e della sua struttura di gestione dei rischi.

4. L'ultima società controllante italiana di cui all'articolo 210, comma 2, instaura, nell'ambito del sistema di governo societario di gruppo, adeguati meccanismi di segnalazione e contabili, ai sensi dell'articolo 215-bis, comma 3, lettera b), per consentire l'accertamento, la quantificazione, il monitoraggio e il controllo sulle concentrazioni dei rischi, nonché la tempestiva comunicazione delle informazioni rilevanti alla società di cui al presente comma. L'IVASS verifica l'idoneità delle procedure e dispone prescrizioni generali in merito.

5. L'ultima società controllante italiana di cui all'articolo 210, comma 2, segnala all'IVASS, ogni significativa concentrazione di rischi a livello del gruppo. Nel caso in cui l'ultima società controllante non è un'impresa di assicurazione o di riassicurazione, l'IVASS designa, previa consultazione delle altre autorità di vigilanza interessate e del gruppo, la società di partecipazione assicurativa, la società di partecipazione finanziaria mista o l'impresa di assicurazione o di riassicurazione del gruppo incaricata di trasmettere le informazioni di cui al presente comma.

(1) Articolo inserito dal d.lg. 12/5/2015, n. 74.

215 quinquies. Operazioni infragruppo (1). – 1. Le imprese di assicurazione e di riassicurazione italiane sono soggette alla vigilanza dell'IVASS sulle operazioni infragruppo, anche realizzate con l'impresa di partecipazione assicurativa mista.

2. Le imprese di assicurazione e di riassicurazione si dotano, nell'ambito del sistema di governo societario, di adeguati meccanismi di segnalazione e contabili, per consentire l'accertamento, la quantificazione, il monitoraggio e il controllo delle operazioni di cui al comma 1, secondo le indicazioni eventualmente fornite dall'ultima società controllante italiana

di cui all'articolo 210, comma 2. L'IVASS verifica l'idoneità delle procedure e dispone prescrizioni generali in merito.

3. L'IVASS esercita la vigilanza sulle operazioni di cui al comma 1 al fine di accertare che tali operazioni non producano effetti negativi sulla solvibilità del gruppo e per la solvibilità delle imprese di assicurazione o riassicurazione del gruppo, o possano arrecare pregiudizio agli interessi degli assicurati e degli altri aventi diritto a prestazioni assicurative o agli interessi delle imprese di assicurazione o riassicurazione coinvolte.

(1) Articolo inserito dal d.lg. 12/5/2015, n. 74.

216. Comunicazione delle operazioni infragruppo (1). – 1. L'impresa di assicurazione o riassicurazione segnala all'IVASS, ad intervalli regolari e almeno una volta l'anno, ogni operazione infragruppo significativa effettuata ai sensi dell'articolo 215-quinquies, comma 1.

2. L'impresa di assicurazione o di riassicurazione segnala all'IVASS con la massima tempestività le operazioni infragruppo molto significative.

3. L'IVASS individua con regolamento, avuto riguardo alla tipologia e alla significatività delle operazioni, le operazioni da assoggettare a comunicazione fissando, altresì, le modalità e i termini per le comunicazioni stesse.

4. Le comunicazioni di cui ai commi 1, 2 e 3 possono essere effettuate in modo centralizzato dall'ultima impresa di assicurazione o di riassicurazione controllante di cui all'articolo 210, comma 2. Nel caso in cui la società controllante non è un'impresa di assicurazione o di riassicurazione, l'IVASS designa, previa consultazione delle altre autorità di vigilanza interessate e del gruppo, la società di partecipazione assicurativa, la società di partecipazione finanziaria mista o l'impresa di assicurazione o di riassicurazione del gruppo che può trasmettere le informazioni in modo centralizzato.

5. L'IVASS, previa consultazione delle altre autorità di vigilanza interessate e del gruppo, identifica inoltre il tipo di operazioni infragruppo che le imprese di assicurazione e di riassicurazione appartenenti ad un determinato gruppo devono segnalare in ogni circostanza. Nel definire il tipo di operazioni rilevanti, l'IVASS e le altre autorità di vigilanza interessate tengono conto delle società appartenenti a tale gruppo e della sua struttura di gestione dei rischi.

(1) Articolo inserito dal d.lg. 12/5/2015, n. 74.

216 bis. Poteri dell'IVASS sulle operazioni infragruppo (1). – 1. Se risulta che un'operazione infragruppo determina o rischia di determinare gli effetti negativi di cui all'articolo 215-quinquies, comma 3 o arreca o rischia di arrecare pregiudizio per gli interessi degli assicurati e degli altri aventi diritto a prestazioni assicurative o per gli interessi delle imprese di assicurazione e riassicurazione cedenti, l'IVASS può, secondo le disposizioni stabilite con regolamento:

a) vietare all'impresa il compimento dell'operazione o imporre condizioni per il suo compimento;

b) ordinare all'impresa di porre in atto le misure idonee a rimuovere tali conseguenze negative o pregiudizievoli, assegnando a tal fine un termine congruo.

(1) Articolo inserito dal d.lg. 12/5/2015, n. 74.

216 ter. Vigilanza sulla solvibilità di gruppo (1). – 1. Il calcolo della solvibilità di gruppo è effettuato secondo le disposizioni stabilite dall'IVASS con regolamento.

2. Il calcolo della solvibilità di gruppo è effettuato dall'ultima società controllante italiana di cui all'articolo 210, comma 2, a partire dal bilancio consolidato. La solvibilità di gruppo dell'impresa di assicurazione o di riassicurazione controllante è data dalla differenza tra:

a) i fondi propri ammissibili a copertura del Requisito Patrimoniale di Solvibilità, calcolato sulla base dei dati consolidati;

b) il Requisito Patrimoniale di Solvibilità a livello di gruppo calcolato sulla base dei dati consolidati.

3. Il calcolo del Requisito Patrimoniale di Solvibilità a livello di gruppo e dei fondi propri ammissibili per la sua copertura calcolato sulla base dei conti consolidati di cui alle lettere a) e b), comma 2, è effettuato secondo le disposizioni di cui al Titolo III, Capo IV, Sezione I e II, e di cui al Titolo III, Capo IV-bis, Sezione I, II e III, e le disposizioni attuative dettate dall'IVASS con regolamento, ai sensi del comma 1.

4. Se l'ultima società controllante italiana di cui all'articolo 210, comma 2, è una società di partecipazione assicurativa o una società di partecipazione finanziaria mista, la solvibilità di gruppo è calcolata a livello di detta società. Ai fini del calcolo, la società controllante è considerata alla stregua di un'impresa di assicurazione o riassicurazione per quanto riguarda il Requisito Patrimoniale di Solvibilità e i fondi propri ammissibili a copertura del Requisito Patrimoniale di Solvibilità.

5. L'IVASS, previa consultazione delle Autorità di vigilanza interessate e del gruppo, può autorizzare l'applicazione ad un determinato gruppo del metodo della deduzione ed aggregazione di cui all'articolo 216-sexies, comma 1, lettera b), o della combinazione dello stesso con il metodo dei conti consolidati, qualora l'applicazione esclusiva del metodo dei conti consolidati risulti inappropriata.

(1) Articolo inserito dal d.lg. 12/5/2015, n. 74.

216 quater. Frequenza del calcolo (1). – 1. L'ultima società controllante italiana di cui all'articolo 210, comma 2, calcola e comunica all'IVASS la situazione di solvibilità di gruppo almeno una volta all'anno. Nel caso in cui la società controllante non è un'impresa di assicurazione o di riassicurazione, l'IVASS designa, previa consultazione delle altre autorità di vigilanza interessate e del gruppo, la società di partecipazione assicurativa, la società di partecipazione finanziaria mista o l'impresa di assicurazione o di riassicurazione del gruppo incaricata di trasmettere le informazioni relative alla solvibilità di gruppo.

2. L'ultima società controllante italiana monitora su base continuativa il Requisito Patrimoniale di Solvibilità di gruppo. Se il profilo di rischio del gruppo si discosta significativamente dalle ipotesi sottese all'ultimo Requisito Patrimoniale di Solvibilità di gruppo comunicato, il Requisito Patrimoniale di Solvibilità di gruppo è ricalcolato immediatamente e comunicato all'IVASS. Quando vi siano elementi che suggeriscano che il profilo di rischio del gruppo è cambiato significativamente dalla data in cui è stato comunicato l'ultimo Requisito Patrimoniale di Solvibilità di gruppo, l'IVASS può chiedere che il Requisito Patrimoniale di Solvibilità di gruppo sia ricalcolato.

(1) Articolo inserito dal d.lg. 12/5/2015, n. 74.

216 quinquies. Requisito Patrimoniale di Solvibilità di gruppo consolidato (1). – 1. L'ultima società controllante italiana di cui all'articolo 210, comma 2, assicura la costante disponibilità in seno al gruppo di fondi propri ammissibili che siano sempre almeno uguali al Requisito Patrimoniale di Solvibilità.

2. Il Requisito Patrimoniale di Solvibilità di gruppo consolidato è come minimo pari alla somma dei seguenti elementi:

a) il Requisito Patrimoniale Minimo, di cui all'articolo 47-ter, dell'impresa di assicurazione o di riassicurazione controllante;

b) la quota proporzionale del Requisito Patrimoniale Minimo delle imprese di assicurazione e di riassicurazione controllate o partecipate.

3. L'importo minimo di cui al comma 2 è coperto da fondi propri di base ammissibili ai sensi dell'articolo 44-decies, comma 4. Al fine di determinare se tali fondi propri di base ammissibili consentono di coprire il Requisito Patrimoniale di Solvibilità di gruppo consolidato minimo, si applicano i principi di cui all'articolo 216-sexies, comma 1, lettere a), c), d) e) ed f). Si applica l'articolo 222-bis, commi 1 e 2. In tal caso le comunicazioni sono effettuate dall'ultima società controllante di cui al comma 2.

(1) Articolo inserito dal d.lg. 12/5/2015, n. 74.

216 sexies. Calcolo della situazione di solvibilità di gruppo (1). – 1. L'IVASS stabilisce con regolamento i criteri e le modalità del calcolo della solvibilità di gruppo ed in particolare:

a) le disposizioni relative ai metodi di calcolo della solvibilità di gruppo, in particolare al metodo basato sul bilancio consolidato, alla frequenza del calcolo, all'inclusione della quota proporzionale, all'eliminazione del doppio computo di fondi propri ammissibili, all'eliminazione della creazione infragruppo di capitale, ai criteri di valutazione delle attività e delle passività, ai termini e le modalità delle comunicazioni da effettuare periodicamente;

b) i presupposti e la procedura di autorizzazione per l'utilizzo del metodo della deduzione e dell'aggregazione;

c) il trattamento delle imprese di assicurazione e di riassicurazione controllate o partecipate con sede in un altro Stato membro, in particolare prevedendo che l'IVASS possa tener conto, in relazione all'impresa controllata o partecipata, del Requisito Patrimoniale di Solvibilità e dei fondi propri ammissibili a copertura di tale requisito previsti da detto Stato membro;

d) il trattamento degli enti creditizi, delle imprese di investimento e enti finanziari partecipati o controllati;

e) il trattamento delle società di partecipazione assicurativa e di partecipazione finanziaria mista intermedie e delle imprese di assicurazione o di riassicurazione controllate o partecipate aventi sede legale in uno Stato terzo, ai fini dell'inclusione nel calcolo della solvibilità di gruppo; in particolare l'IVASS può prevedere che, nel caso in cui l'impresa di assicurazione o di riassicurazione controllata o partecipata avente sede legale in uno Stato terzo sia soggetta ad un regime di autorizzazione e a requisiti di solvibilità almeno equivalenti, il calcolo, effettuato secondo il metodo della deduzione e della aggregazione, tenga conto, per quanto riguarda l'impresa in questione, del Requisito Patrimoniale di Solvibilità e dei fondi propri ammissibili a copertura di tale requisito previsti dallo Stato terzo;

f) le modalità di vigilanza della solvibilità di gruppo nel caso di indisponibilità delle informazioni relativamente ad una società partecipata o controllata avente sede in uno Stato membro o in uno Stato terzo.

(1) Articolo inserito dal d.lg. 12/5/2015, n. 74.

216 septies. Maggiorazione del Requisito Patrimoniale di Solvibilità di gruppo consolidato (1). – 1. L'IVASS, al fine di determinare se il Requisito Patrimoniale di Solvibilità di gruppo consolidato riflette adeguatamente il profilo di rischio del gruppo, tiene in particolare considerazione i casi in cui le circostanze di cui all'articolo 47-sexies, comma 1, lettere a), b) e c), potrebbero verificarsi a livello di gruppo, segnatamente qualora:

a) un rischio specifico esistente a livello di gruppo non sia sufficientemente coperto dalla formula standard o dal modello interno utilizzati, in quanto difficile da quantificare;

b) una maggiorazione del Requisito Patrimoniale di Solvibilità delle imprese di assicurazione o di riassicurazione partecipate o controllate sia imposta dall'IVASS o dalle autorità di vigilanza interessate, conformemente di cui agli articoli 47-sexies e 207-octies, comma 7.

2. Se il profilo di rischio del gruppo non è adeguatamente riflesso dal Requisito Patrimoniale di Solvibilità di gruppo consolidato, l'IVASS, anche a seguito del processo di controllo prudenziale degli strumenti di vigilanza sul gruppo, può imporre una maggiorazione del Requisito Patrimoniale di Solvibilità di gruppo consolidato. Si applica l'articolo 47-sexies.

(1) Articolo inserito dal d.lg. 12/5/2015, n. 74.

216 octies. Informativa all'IVASS ai fini della verifica degli adempimenti sulla vigilanza sul gruppo (1). – 1. Al fine di consentire all'IVASS di effettuare il processo di controllo prudenziale a livello di gruppo, l'ultima società controllante italiana di cui all'articolo 210, comma 2, trasmette periodicamente all'IVASS le informazioni necessarie, tenuto conto degli obiettivi di vigilanza di cui al presente Titolo, stabilite con regolamento. Si applica l'articolo 190, commi 1-bis e 1-ter.

2. L'IVASS può limitare le informazioni di vigilanza da presentare periodicamente con una frequenza inferiore a un anno a livello del gruppo se tutte le imprese di assicurazione e di riassicurazione all'interno del gruppo beneficiano della limitazione conformemente all'articolo 47-quater, comma 3, tenuto conto della natura, della portata e della complessità dei rischi inerenti all'attività del gruppo. L'IVASS può esonerare dalla presentazione di informazioni su base analitica a livello di gruppo se tutte le imprese di assicurazione e di riassicurazione all'interno del gruppo beneficiano dell'esenzione conformemente all'articolo 47-quater, comma 7, tenuto conto della natura, della portata e della complessità dei rischi inerenti all'attività del gruppo e dell'obiettivo della stabilità finanziaria.

(1) Articolo inserito dal d.lg. 12/5/2015, n. 74.

216 novies. Informativa sulla solvibilità di gruppo, la condizione finanziaria e la struttura del gruppo (1). – 1. L'ultima società controllante italiana di cui all'articolo 210, comma 2, pubblica una relazione annuale sulla solvibilità e sulla condizione finanziaria a livello di gruppo, secondo i principi di cui agli articoli 47-septies, 47-octies, 47-novies e 47-decies.

2. La società controllante può, con il parere favorevole dell'IVASS, presentare un'unica relazione sulla solvibilità e sulla condizione finanziaria contenente i seguenti elementi:

a) le informazioni a livello del gruppo che devono essere pubblicate conformemente al comma 1;

b) le informazioni relative a ciascuna delle imprese controllate del gruppo, informazioni che devono essere identificabili singolarmente e pubblicate conformemente agli articoli 47-septies, 47-octies, 47-novies e 47-decies.

3. Ai fini dell'esercizio della facoltà di cui al comma 2, l'IVASS consulta i membri del collegio delle autorità di vigilanza, e tiene in debito conto i pareri e le riserve da loro espressi.

4. Se la relazione di cui al comma 2 non contiene le informazioni che l'autorità di vigilanza che ha autorizzato una società controllata del gruppo impone a società analoghe di fornire, e se questa omissione è sostanziale, l'IVASS può richiedere alla società controllata interessata di pubblicare le informazioni complementari necessarie.

5. L'ultima società controllante italiana di cui all'articolo 210, comma 2, pubblica annualmente a livello di gruppo, le informazioni sulla struttura giuridica e sulla struttura organizzativa e gestionale, comprendenti una descrizione di tutte le società controllate, le società partecipate e le sedi secondarie di rilievo appartenenti al gruppo.

(1) Articolo inserito dal d.lg. 12/5/2015, n. 74.

216 decies. Processo di controllo prudenziale degli strumenti di vigilanza sul gruppo (1). – 1. L'adempimento degli obblighi in materia di sistema di governo societario, di valutazione interna del rischio e della solvibilità del gruppo, di concentrazione dei rischi e di operazioni infragruppo, di calcolo della solvibilità di gruppo di cui al presente Capo, sono soggetti al processo di controllo prudenziale da parte dell'IVASS.

(1) Articolo inserito dal d.lg. 12/5/2015, n. 74.

Capo IV
Verifica della solvibilità corretta

217. Solvibilità corretta delle imprese di assicurazione*. *– 1. Le imprese di assicurazione o di riassicurazione di cui all'articolo 210, comma 1, calcolano la situazione di solvibilità corretta secondo le disposizioni stabilite dall'ISVAP con regolamento. 2. Ai fini del calcolo della situazione di solvibilità corretta, fatta salva l'eliminazione della costituzione di capitale frutto di operazioni interne al gruppo, non si tiene conto delle imprese controllate ai sensi dell'articolo 2359, primo comma, numero 3), del codice civile. 3. Le imprese di assicurazione o di riassicurazione di cui all'articolo 210, comma 1, trasmettono all'ISVAP, unitamente al bilancio d'esercizio, un prospetto dimostrativo della situazione di solvibilità corretta alla data di chiusura dell'esercizio al quale il bilancio si riferisce secondo il modello di cui all'articolo 219, comma 1, lettera b).*

* Articolo abrogato dal d.lg. 12/5/2015, n. 74.

217 bis. Gestione centralizzata del rischio: condizioni per la vigilanza sulla solvibilità sul gruppo (1). – 1. Le previsioni di cui agli articoli 217-quater e 217-quinquies si applicano all'impresa di assicurazione o di riassicurazione controllata da un'impresa di assicurazione o di riassicurazione se sono soddisfatte congiuntamente le seguenti condizioni:

a) l'impresa di assicurazione o riassicurazione controllata è inclusa nell'area di vigilanza sul gruppo esercitata dall'autorità di vigilanza dello Stato membro in cui ha sede l'ultima impresa di assicurazione o riassicurazione controllante;

b) le procedure di gestione dei rischi e i meccanismi di controllo interno dell'ultima impresa di assicurazione o riassicurazione controllante coprono l'impresa di assicurazione o riassicurazione controllata, e le autorità di vigilanza interessate sono soddisfatte in merito alla gestione prudente dell'impresa controllata da parte dell'impresa controllante;

c) l'ultima impresa di assicurazione o riassicurazione controllante, secondo quanto previsto dall'articolo 215-ter, commi 3 e 4, ha ricevuto parere favorevole in merito alla valutazione interna del rischio e della solvibilità del gruppo in modo centralizzato;

d) l'ultima impresa di assicurazione o riassicurazione controllante, secondo quanto previsto dall'articolo 216-novies, commi 2 e 3, ha ricevuto parere favorevole in merito alla solvibilità e alla condizione finanziaria di gruppo in modo centralizzato;

e) l'ultima impresa di assicurazione o riassicurazione controllante è autorizzata dall'autorità di vigilanza, conformemente alla procedura di cui all'articolo 217-ter, ad avvalersi della vigilanza sulla solvibilità di gruppo con gestione centralizzata dei rischi.

(1) Articolo inserito dal d.lg. 12/5/2015, n. 74.

217 ter. Gestione centralizzata del rischio: procedura di autorizzazione (1). – 1. La richiesta di autorizzazione all'applicazione della vigilanza sulla solvibilità di gruppo con gestione centralizzata dei rischi è presentata all'autorità di vigilanza che ha autorizzato l'impresa di assicurazione o riassicurazione controllata. Tale autorità informa gli altri membri del collegio delle autorità di vigilanza e presenta loro immediatamente la domanda completa.

2. Le autorità di vigilanza interessate collaborano nell'ambito del collegio sulla base di una piena cooperazione al fine di decidere se concedere o meno l'autorizzazione, stabilendo altresì a quali altri termini eventualmente subordinarla. Esse si adoperano al massimo per pervenire a una decisione congiunta sulla domanda entro tre mesi dalla data di ricezione della domanda completa da parte di tutte le autorità di vigilanza nell'ambito del collegio delle autorità di vigilanza.

3. Se, nel termine di tre mesi di cui al comma 2, una qualunque delle autorità di vigilanza interessate rinvia la questione all'AEAP, conformemente all'articolo 19 del regolamento (UE) n. 1094/2010, l'autorità di vigilanza sul gruppo posticipa la propria decisione in attesa della decisione eventualmente adottata dall'AEAP a norma dell'articolo 19, paragrafo 3, del regolamento (UE) n. 1094/2010 e adegua la propria decisione a quella dell'AEAP.

4. La decisione di cui al comma 3, adottata dall'AEAP entro un mese, è riconosciuta come determinante ed è applicata dalle autorità di vigilanza interessate. La questione non può essere rinviata all'AEAP dopo la scadenza del periodo di tre mesi o dopo che è stata raggiunta una decisione congiunta. L'autorità di vigilanza sul gruppo decide in via definitiva se l'AEAP non adotta la decisione di cui al comma 3 del presente articolo conformemente all'articolo 19, paragrafo 3, del regolamento (UE) n. 1094/2010. Tale decisione è riconosciuta come determinante e applicata dalle autorità di vigilanza interessate. Il periodo di tre mesi è considerato la fase di conciliazione ai sensi dell'articolo 19, paragrafo 2, del predetto regolamento (2).

5. Se le autorità di vigilanza interessate sono pervenute alla decisione congiunta di cui al comma 2, l'autorità di vigilanza che ha autorizzato l'impresa controllata trasmette all'impresa richiedente la decisione. La decisione congiunta è riconosciuta come determinante e applicata dalle autorità di vigilanza interessate.

6. In mancanza di una decisione congiunta delle autorità di vigilanza interessate entro il termine di tre mesi di cui al comma 2, l'autorità di vigilanza sul gruppo decide autonomamente in merito alla domanda, tenendo in debita considerazione:

a) eventuali pareri e riserve delle autorità di vigilanza interessate;

b) eventuali riserve delle altre autorità di vigilanza nell'ambito del collegio.

7. La decisione di cui al comma 6 contiene la motivazione di ogni eventuale scostamento significativo dalle riserve espresse dalle altre autorità di vigilanza interessate. La decisione è trasmessa all'impresa richiedente e alle altre autorità di vigilanza interessate che la riconoscono come determinante e la applicano.

(1) Articolo inserito per effetto della sostituzione del Capo IV, dall'art. 1, co. 155, d.lg. 12/5/2015, n. 74.

(2) Comma modificato dall'art. 28, co. 1, lett. l), l. 23/12/2021, n. 238.

217 quater. Gestione centralizzata del rischio: determinazione del Requisito Patrimoniale di Solvibilità (1). – 1. Fatto salvo quanto previsto dall'articolo 207-octies il Requisito Patrimoniale di Solvibilità dell'impresa di assicurazione o riassicurazione controllata di cui all'articolo articolo 217-bis è calcolato secondo quanto previsto dai commi 2, 4, 5 e 6 del presente articolo.

2. Nell'ipotesi in cui il Requisito Patrimoniale di Solvibilità dell'impresa di assicurazione o riassicurazione controllata

è calcolato sulla base di un modello interno approvato a livello di gruppo conformemente all'articolo 207-octies e l'autorità di vigilanza che ha autorizzato l'impresa di assicurazione o riassicurazione controllata ritiene che il suo profilo di rischio si discosti significativamente dal predetto modello interno e fino a quando l'impresa non risolve adeguatamente le riserve dell'autorità di vigilanza, quest'ultima può, nei casi di cui all'articolo 47-sexies, proporre di:

a) fissare una maggiorazione del Requisito Patrimoniale di Solvibilità di tale impresa controllata risultante dall'applicazione del predetto modello, o,

b) in circostanze eccezionali in cui la maggiorazione di cui alla lettera a) non sarebbe appropriata, imporre all'impresa di calcolare il suo Requisito Patrimoniale di Solvibilità sulla base della formula standard.

3. L'autorità di vigilanza discute le proposte di cui al comma 2 nell'ambito del collegio delle autorità di vigilanza e ne comunica le ragioni sia all'impresa di assicurazione o riassicurazione controllata sia al collegio delle autorità di vigilanza.

4. Nell'ipotesi in cui il Requisito Patrimoniale di Solvibilità dell'impresa di assicurazione o riassicurazione controllata è calcolato sulla base della formula standard e l'autorità di vigilanza che ha autorizzato l'impresa controllata ritiene che il suo profilo di rischio si discosti significativamente dalle ipotesi sottese alla formula, e fino a quando l'impresa non risolve adeguatamente le riserve dell'autorità di vigilanza, quest'ultima può proporre all'impresa:

a) in circostanze eccezionali, di sostituire un sottoinsieme di parametri utilizzati nel calcolo della formula standard con parametri specifici a tale impresa nel calcolare i moduli del rischio di sottoscrizione per l'assicurazione vita, per l'assicurazione danni e per l'assicurazione malattia, a norma dell'articolo 45-terdecies, o,

b) nei casi di cui all'articolo 47-sexies, di fissare una maggiorazione del Requisito Patrimoniale di Solvibilità dell'impresa controllata.

5. L'autorità di vigilanza discute la proposta di cui al comma 4 nell'ambito del collegio delle autorità di vigilanza e ne comunica le ragioni sia all'impresa controllata sia al collegio delle autorità di vigilanza.

6. Il collegio delle autorità di vigilanza si adopera al massimo per pervenire ad un accordo sulla proposta dell'autorità di vigilanza che ha autorizzato l'impresa di assicurazione o riassicurazione controllata o su eventuali altre misure. Tale accordo è riconosciuto come determinante e applicato dalle autorità di vigilanza interessate.

7. In caso di disaccordo, entro il termine di un mese dalla proposta dell'autorità di vigilanza, una delle autorità interessate può rinviare la questione all'AEAP conformemente all'articolo 19 del regolamento (UE) n. 1094/2010, affinché decida entro un mese da tale rinvio. La questione non può essere rinviata all'AEAP oltre tale termine di un mese o in seguito al raggiungimento di un accordo nell'ambito del collegio ai sensi del comma 3.

8. L'autorità di vigilanza che ha autorizzato l'impresa di assicurazione o riassicurazione controllata posticipa la sua decisione in attesa di una decisione eventualmente adottata dall'AEAP conformemente all'articolo 19 del suddetto regolamento e adegua la propria decisione a quella dell'AEAP. Tale decisione è riconosciuta come determinante e applicata dalle autorità di vigilanza interessate. La decisione è pienamente motivata ed è trasmessa all'impresa controllata e al collegio delle autorità di vigilanza.

(1) Articolo inserito dal d.lg. 12/5/2015, n. 74.

217 quinquies. Gestione centralizzata del rischio: inosservanza del Requisito Patrimoniale di Solvibilità e del Requisito Patrimoniale Minimo (1). – 1. In caso di inosservanza del Requisito Patrimoniale di Solvibilità e fatto salvo l'articolo 222, l'autorità di vigilanza che ha autorizzato l'impresa di assicurazione o riassicurazione controllata trasmette senza indugio al collegio delle autorità di vigilanza il piano di risanamento presentato dall'impresa controllata per ristabilire, entro sei mesi dal rilevamento dell'inosservanza del Requisito Patrimoniale di Solvibilità, il livello di fondi propri ammissibili o ridurre il proprio profilo di rischio al fine di garantire il rispetto del Requisito Patrimoniale di Solvibilità.

2. Il collegio delle autorità di vigilanza si adopera al massimo per pervenire ad un accordo sulla proposta dell'autorità di vigilanza in merito all'approvazione del piano di risanamento entro quattro mesi dalla data in cui è stata rilevata l'inosservanza del Requisito Patrimoniale di Solvibilità. In mancanza di tale accordo, l'autorità di vigilanza che ha autorizzato l'impresa controllata decide se approvare il piano di risanamento, tenendo in debita considerazione i pareri e le riserve delle altre autorità di vigilanza nell'ambito del collegio delle autorità di vigilanza.

3. Se l'autorità di vigilanza che ha autorizzato l'impresa controllata individua, a norma dell'articolo 220-bis, un deterioramento delle condizioni finanziarie, informa tempestivamente il collegio delle autorità di vigilanza in merito alle misure da adottare. Se non ricorre una situazione di emergenza, tali misure sono discusse dal collegio delle autorità di vigilanza. Il collegio delle autorità di vigilanza si adopera al massimo per pervenire ad un accordo sulle misure proposte da adottare entro un mese dalla notifica. In mancanza di tale accordo, l'autorità di vigilanza che ha autorizzato l'impresa controllata decide se approvare le misure proposte, tenendo in debito conto i pareri e le riserve delle altre autorità di vigilanza nell'ambito del collegio delle autorità di vigilanza.

4. In caso d'inosservanza del Requisito Patrimoniale Minimo e fatto salvo l'articolo 222-bis, l'autorità di vigilanza che ha autorizzato l'impresa di assicurazione o riassicurazione controllata trasmette senza indugio al collegio delle autorità di vigilanza il piano di finanziamento a breve termine presentato dall'impresa controllata per ristabilire, entro tre mesi dalla data in cui è stata rilevata l'inosservanza del Requisito Patrimoniale Minimo, il livello di fondi propri ammissibili a copertura del Requisito Patrimoniale Minimo o per ridurre il suo profilo di rischio al fine di garantire il rispetto del Requisito Patrimoniale Minimo. Il collegio delle autorità di vigilanza è altresì informato circa le eventuali misure adottate per garantire il rispetto del Requisito Patrimoniale Minimo a livello di impresa controllata.

5. L'Autorità di vigilanza sull'impresa controllata e l'autorità di vigilanza sul gruppo possono rinviare la questione all'AEAP e richiederne l'assistenza conformemente all'articolo 19 del regolamento (UE) n. 1094/2010 in caso di disaccordo:

a) sull'approvazione del piano di risanamento, anche in relazione ad un'eventuale estensione del periodo ammesso per il risanamento, entro il periodo di quattro mesi di cui al comma 2; o

b) sull'approvazione delle misure proposte entro il periodo di un mese di cui al comma 3.

6. Nelle ipotesi di cui al comma 5 l'AEAP assume la decisione entro un mese da tale rinvio.

7. La questione non è rinviata all'AEAP:

a) dopo la scadenza del periodo di quattro mesi o di un mese di cui ai commi 2 e 3;

b) dopo il raggiungimento di un accordo nell'ambito del collegio ai sensi dei commi 2 o 3;

c) nelle situazioni di emergenza di cui al comma 3.

8. Il periodo di quattro mesi e di un mese di cui ai commi 2 e 3 sono considerati periodi di conciliazione ai sensi dell'articolo 19, paragrafo 2, del regolamento (UE) n. 1094/2010. L'autorità di vigilanza che ha autorizzato l'impresa di assicu-

razione e riassicurazione controllata posticipa la sua decisione in attesa di una decisione eventualmente adottata dall'AEAP conformemente all'articolo 19, paragrafo 3, di tale regolamento e adegua la propria decisione a quella dell'AEAP. Tale decisione è riconosciuta come determinante e applicata dalle autorità di vigilanza interessate. La decisione è pienamente motivata ed è trasmessa all'impresa controllata e al collegio delle autorità di vigilanza.

(1) Articolo inserito dal d.lg. 12/5/2015, n. 74.

217 sexies. Gestione centralizzata del rischio: fine delle deroghe per l'impresa controllata (1). – 1. Le disposizioni, di cui agli articoli 217-quater e 217-quinquies cessano di essere applicabili quando:

a) la condizione di cui all'articolo 217-bis, comma 1, lettera a), non è più soddisfatta;

b) la condizione di cui all'articolo 217-bis, comma 1, lettera b), non è più soddisfatta e l'ultima impresa di assicurazione o riassicurazione controllante non ne ripristina l'osservanza entro un termine adeguato;

c) le condizioni di cui all'articolo 217-bis, comma 1, lettere c) e d), non sono più soddisfatte.

2. Nel caso di cui al comma 1, lettera a), se l'autorità di vigilanza del gruppo decide, previa consultazione del collegio delle autorità di vigilanza, di non includere più l'impresa di assicurazione o riassicurazione controllata nella vigilanza sul gruppo, ne informa immediatamente l'autorità di vigilanza interessata e l'ultima impresa controllante.

3. Ai fini dell'articolo 217-bis, comma 1, lettere b), c) e d), l'ultima impresa di assicurazione o riassicurazione controllante ha la responsabilità di assicurare che le condizioni siano soddisfatte su base continuativa. In caso di inosservanza, l'impresa controllante informa immediatamente l'autorità di vigilanza sul gruppo e l'autorità di vigilanza dell'impresa di assicurazione o riassicurazione controllata interessata. L'impresa controllante presenta un piano mirante a ripristinare l'osservanza entro un termine adeguato.

4. Fatto salvo il comma 3, l'autorità di vigilanza sul gruppo verifica con cadenza almeno annuale che le condizioni di cui all'articolo 217-bis, comma 1, lettere b), c) e d), continuino ad essere soddisfatte. L'autorità di vigilanza sul gruppo procede a tale verifica, anche su richiesta dell'autorità di vigilanza interessata, quando quest'ultima abbia serie riserve in merito al rispetto continuativo di tali condizioni. Se la verifica evidenzia carenze nell'osservanza di tali condizioni, l'autorità di vigilanza sul gruppo impone all'impresa controllante di presentare un piano mirante a ripristinare l'osservanza entro un termine adeguato.

5. Se l'autorità di vigilanza sul gruppo ritiene, previa consultazione del collegio delle autorità di vigilanza, che il piano di cui ai commi 3 e 4 è inadeguato o non è stato attuato entro i termini concordati, conclude che le condizioni di cui all'articolo 217-bis, comma 1, lettere b), c) e d), non sono più soddisfatte e ne informa immediatamente l'autorità di vigilanza interessata.

6. Il regime di vigilanza sulla solvibilità di gruppo con gestione centralizzata del rischio, di cui agli articoli 217-quater e 217-quinquies, si applica nuovamente se l'impresa controllante presenta una nuova domanda e ottiene l'autorizzazione secondo la procedura di cui all'articolo 217-ter.

(1) Articolo inserito dal d.lg. 12/5/2015, n. 74.

217 septies. Gestione centralizzata del rischio: imprese di assicurazione o riassicurazione controllate da una società di partecipazione assicurativa o da una società di partecipazione finanziaria mista (1). – 1. Gli articoli 217-bis, 217-ter, 217-quater, 217-quinquies, 217-sexies si applicano alle imprese di assicurazione e di riassicurazione controllate da una società di partecipazione assicurativa o una società di partecipazione finanziaria mista.

(1) Articolo inserito dal d.lg. 12/5/2015, n. 74.

218. Verifica della solvibilità dell'impresa controllante*. *– 1. Le imprese di assicurazione o di riassicurazione di cui all'articolo 210, comma 2, effettuano una verifica della solvibilità dell'impresa controllante secondo le disposizioni stabilite dall'ISVAP con regolamento* (1). *2. Se un'impresa di partecipazione assicurativa un'impresa di partecipazione finanziaria mista o, un'impresa di assicurazione o di riassicurazione con sede legale in uno Stato terzo è a sua volta controllata da una o più imprese di partecipazione assicurativa, di partecipazione finanziaria mista, di assicurazione o di riassicurazione aventi sede legale in uno Stato terzo, la verifica della solvibilità della controllante può essere effettuata solo a livello dell'ultima impresa controllante che sia un'impresa di partecipazione assicurativa, un'impresa di partecipazione finanziaria mista o un'impresa di assicurazione o di riassicurazione avente sede legale in uno Stato terzo* (2). *3. L'ISVAP può richiedere, in casi eccezionali, che la verifica di cui al comma 1 sia effettuata a tutti i livelli o a determinati livelli intermedi. 4. Nella verifica di cui al comma 1, vanno incluse tutte le imprese controllate o partecipate dall'impresa di partecipazione assicurativa, dall'impresa di partecipazione finanziaria mista, dall'impresa di assicurazione o di riassicurazione avente sede legale in uno Stato terzo* (3). *5. Le imprese di assicurazione o di riassicurazione di cui all'articolo 210, comma 2, trasmettono all'ISVAP, unitamente al bilancio di esercizio, un prospetto dimostrativo della situazione di solvibilità della controllante secondo il modello di cui all'articolo 219, comma 1, lettera d)* (4).

* Articolo abrogato dal d.lg. 12/5/2015, n. 74.

(1) Comma modificato dall'art. 17, co. 2, lett. a), d.lg. 29/2/2008, n. 56.

(2) Comma sostituito dall'art. 17, co. 2, lett. b), d.lg. 29/2/2008, n. 56 e successivamente modificato dall'art. 3, co. 13, d.lg. 4/3/2014, n. 53.

(3) Comma sostituito dall'art. 17, co. 2, lett. c), d.lg. 29/2/2008, n. 56 e successivamente modificato dall'art. 3, co. 13, d.lg. 4/3/2014, n. 53.

(4) Comma modificato dall'art. 17, co. 2, lett. d), d.lg. 29/2/2008, n. 56.

219. Calcolo della situazione di solvibilità corretta*. *– 1. L'ISVAP disciplina con regolamento: a) i metodi di calcolo della solvibilità corretta, i criteri di valutazione delle attività e delle passività, i termini e le modalità delle comunicazioni da effettuare periodicamente, i casi di esonero dall'obbligo di calcolo della solvibilità corretta per le imprese di assicurazione o di riassicurazione controllate o partecipate* (1)*; b) il modello del prospetto dimostrativo della situazione di solvibilità corretta, i criteri applicativi del calcolo della solvibilità corretta, l'eliminazione del doppio o plurimo computo degli elementi costitutivi del margine di solvibilità, il trattamento, il trasferimento ed i limiti di utilizzo degli elementi costitutivi del margine di solvibilità, l'eliminazione della costituzione di capitale frutto di operazioni interne al gruppo; c) il trattamento [delle imprese di riassicurazione controllate o partecipate aventi sede legale nel territorio della Repubblica o in un altro Stato membro], delle imprese di partecipazione assicurativa intermedie, delle imprese di partecipazione finanziaria mista intermedie, delle imprese di assicurazione controllate o partecipate aventi sede legale in uno Stato terzo, delle imprese di riassicurazione controllate o partecipate aventi sede legale in uno Stato terzo ai fini dell'inclusione nel calcolo della situazione di solvibilità corretta, determinando agli stessi fini gli effetti derivanti dall'indi-*

sponibilità delle informazioni relativamente ad imprese controllate o partecipate aventi sede legale in un altro Stato (2)*; d) il modello del prospetto dimostrativo della situazione di solvibilità della società che controlla l'impresa di assicurazione o di riassicurazione, i criteri e le modalità di verifica della solvibilità della medesima società, i principi generali, i metodi di calcolo, il trattamento dell'impresa controllante ai fini del margine di solvibilità teorico ed i casi di esonero dall'obbligo di verifica della solvibilità dell'impresa controllante* (3)*; e) le modalità tecniche per il calcolo della situazione di solvibilità corretta, garantendo la permanenza della sostanziale equivalenza tra i metodi di calcolo.*

* Articolo abrogato dal d.lg. 12/5/2015, n. 74.

(1) Lettera modificata dall'art. 17, co. 3, lett. a), d.lg. 29/2/2008, n. 56.

(2) Lettera modificata dall'art. 17, co. 3, lett. b), d.lg. 29/2/2008, n. 56 e dall'art. 3, co. 14, d.lg. 4/3/2014, n. 53.

(3) Lettera modificata dall'art. 17, co. 3, lett. c), d.lg. 29/2/2008, n. 56.

220. Accordi per la concessione di esoneri*. *– 1. Se un'impresa di assicurazione o di riassicurazione di cui all'articolo 210, comma 1, è controllata da un'altra impresa di assicurazione o da un'impresa di riassicurazione o da un'impresa di partecipazione assicurativa aventi sede legale in un altro Stato membro, l'ISVAP può esonerare l'impresa di cui all'articolo 210, comma 1, dall'obbligo di calcolare la situazione di solvibilità corretta, se l'Istituto ha concordato con le autorità di vigilanza competenti degli Stati membri interessati di attribuire l'esercizio della vigilanza supplementare all'autorità di vigilanza dell'altro Stato membro* (1)*. 2. Se un'impresa di assicurazione o di riassicurazione di cui all'articolo 210, comma 2, e un'altra impresa di assicurazione o di riassicurazione con sede legale in un altro Stato membro sono controllate dalla stessa impresa di partecipazione assicurativa o dalla stessa impresa di partecipazione finanziaria mista o dalla stessa impresa di assicurazione o di riassicurazione avente sede legale in uno Stato terzo, l'ISVAP può esonerare l'impresa di assicurazione o di riassicurazione di cui all'articolo 210, comma 2, dall'obbligo di effettuare la verifica della solvibilità della controllante, se l'Istituto ha concordato con le autorità degli altri Stati membri interessati di attribuire l'esercizio della vigilanza supplementare all'autorità di vigilanza dell'altro Stato membro* (2).

* Articolo abrogato dal d.lg. 12/5/2015, n. 74.

(1) Comma modificato dall'art. 17, co. 4, lett. a), d.lg. 29/2/2008, n. 56.

(2) Comma sostituito dall'art. 17, co. 4, lett. b), d.lg. 29/2/2008, n. 56 e, successivamente, modificato dall'art. 3, co. 15, d.lg. 4/3/2014, n. 53.

Capo IV bis
Sottogruppo nazionale con società controllante di Stato membro (1)

(1) Capo inserito dal d.lg. 12/5/2015, n. 74.

220 bis. Vigilanza sul sottogruppo nazionale con società controllante di Stato membro (1). – 1. Se l'ultima società controllante italiana di cui all'articolo 210, comma 2, è controllata da un'altra impresa di assicurazione o di riassicurazione o da un'altra società di partecipazione assicurativa o di partecipazione finanziaria mista con sede in un altro Stato membro, l'IVASS applica al sottogruppo nazionale con a capo livello l'ultima società controllante italiana le disposizioni sulla vigilanza di gruppo di cui al presente codice, secondo quanto previsto dal presente Capo e fatti salvi gli accordi eventualmente conclusi ai sensi del comma 4.

2. La vigilanza sul sottogruppo di cui al comma 1 è in ogni caso esercitata dall'IVASS, previa consultazione dell'ultima società controllante dello Stato membro e dell'autorità di vigilanza a livello di gruppo. A tali soggetti l'IVASS riferisce le ragioni della decisione di esercitare la vigilanza sul sottogruppo e informa il Collegio delle Autorità di vigilanza ai sensi degli articoli 207-bis e 207-septies, comma 1, lettera b).

3. L'IVASS può stabilire se e quali disposizioni sulla vigilanza di gruppo di cui al presente codice non applicare al sottogruppo nazionale, anche in base agli accordi di coordinamento conclusi con le autorità degli altri Stati membri.

4. Nel caso in cui sussista un sottogruppo nazionale in un altro Stato membro, l'IVASS può concludere accordi di coordinamento con l'autorità di vigilanza dello Stato membro in cui ha sede il sottogruppo al fine di stabilire le modalità di esercizio della vigilanza. L'IVASS può esercitare la vigilanza sul sottogruppo nazionale italiano di cui al comma 1 secondo quanto previsto dall'accordo di coordinamento concluso con l'autorità di vigilanza dello Stato membro includendo nell'area di vigilanza anche il sottogruppo dell'altro Stato. In tal caso, l'IVASS spiega le ragioni dell'accordo concluso all'ultima società controllante del gruppo con sede in un altro Stato membro di cui al comma 1 e all'autorità di vigilanza sul gruppo. L'IVASS informa il collegio delle autorità di vigilanza ai sensi degli articoli 207-bis e 207-septies, comma 1, lettera b).

(1) Articolo inserito dal d.lg. 12/5/2015, n. 74.

220 ter. Disciplina applicabile al sottogruppo nazionale con società controllante di Stato membro (1). – 1. La scelta del metodo di calcolo della solvibilità di gruppo di cui all'articolo 216-sexies, comma 1, lettera a) e b), effettuata dall'autorità di vigilanza sul gruppo a capo del quale vi è un'ultima società controllante con sede in un altro Stato membro, è riconosciuta come determinante e applicata dall'IVASS.

2. L'autorizzazione a calcolare il Requisito Patrimoniale di Solvibilità di gruppo e il Requisito Patrimoniale di Solvibilità delle imprese di assicurazione e di riassicurazione del gruppo sulla base di un modello interno, rilasciata dall'autorità di vigilanza sul gruppo a capo del quale vi è una ultima società controllante con sede in un altro Stato membro, è riconosciuta come determinante e applicata dall'IVASS.

3. Nel caso di cui al comma 2, se l'IVASS ritiene che il profilo di rischio della società controllante italiana di cui all'articolo 210, comma 3, si discosti significativamente dal modello interno approvato a livello comunitario, l'IVASS, può decidere, fino a quando tale società non risolve adeguatamente le riserve dell'Autorità, di imporre una maggiorazione del Requisito Patrimoniale di Solvibilità di gruppo risultante dall'applicazione del predetto modello, o, in circostanze eccezionali in cui la maggiorazione del Requisito Patrimoniale non sarebbe opportuna, di imporre alla società medesima di calcolare il suo Requisito Patrimoniale di solvibilità di gruppo sulla base della formula standard.

4. L'IVASS indica le ragioni della decisione adottata, ai sensi del comma 3, sia alla società controllante italiana di cui all'articolo 210, comma 2, che all'autorità di vigilanza sul gruppo. L'IVASS informa il Collegio delle autorità di vigilanza ai sensi degli articoli 207-bis e 207-septies, comma 1, lettera b).

5. L'ultima società controllante italiana a capo del sottogruppo nazionale può presentare la richiesta di autorizzazione all'applicazione delle disposizioni sulla vigilanza di gruppo con gestione centralizzata dei rischi ai sensi dell'articolo 217-ter, in relazione alle proprie imprese di assicurazione o riassicurazione controllate, solo se l'IVASS ha deciso di non applicare al sottogruppo nazionale tutte o parte delle disposizio-

ni sulla vigilanza sulla solvibilità di gruppo di cui al presente codice ai sensi dell'articolo 220-bis, comma 3.

6. L'IVASS non applica o cessa di applicare gli strumenti di cui al Capo III del presente Titolo nel caso in cui l'ultima società controllante con sede in un altro Stato membro abbia ottenuto l'autorizzazione ad applicare le disposizioni sulla vigilanza di gruppo con gestione centralizzata del rischio per l'ultima impresa controllante a capo del sottogruppo nazionale.

(1) Articolo inserito dal d.lg. 12/5/2015, n. 74.

Capo IV ter
Sottogruppo nazionale con società controllante di Stato terzo (1)

(1) Capo inserito dal d.lg. 12/5/2015, n. 74.

220 quater. Vigilanza sul sottogruppo nazionale con società controllante di Stato terzo (1). – 1. Se l'ultima società controllante di cui all'articolo 210, comma 2, è controllata da un'altra impresa di assicurazione o di riassicurazione o da un'altra società di partecipazione assicurativa o di partecipazione finanziaria mista con sede in uno Stato terzo, l'IVASS applica al sottogruppo nazionale con a capo l'ultima società controllante italiana le disposizioni sulla vigilanza di gruppo di cui al presente codice, secondo quanto previsto dal presente Capo.

2. L'IVASS può stabilire se e quali disposizioni sulla vigilanza di gruppo di cui al presente codice non applicare al sottogruppo nazionale, valutando anche se le società appartenenti al sottogruppo nazionale siano soggette da parte dell'autorità di vigilanza dello Stato terzo a disposizioni di vigilanza sul gruppo equivalenti a quelle esercitate sulle imprese di assicurazione e di riassicurazione italiane.

(1) Articolo inserito dal d.lg. 12/5/2015, n. 74.

220 quinquies. Verifica dell'equivalenza del regime di vigilanza sul gruppo (1). – 1. Nel caso di cui all'articolo 210, comma 1, lettera c), l'IVASS verifica che le imprese di assicurazione e di riassicurazione controllate italiane siano soggette da parte dell'autorità di vigilanza dello Stato terzo a disposizioni di vigilanza sul gruppo equivalenti a quelle esercitate sulle imprese di assicurazione e di riassicurazione italiane ai sensi del presente codice.

2. L'IVASS, procede alla verifica dell'equivalenza del regime ai sensi del comma 1, anche su richiesta della società controllante o dell'impresa di assicurazione o riassicurazione italiana controllata di cui all'articolo 210, comma 1, lettera c).

3. L'IVASS è assistita dall'AEAP conformemente all'articolo 33, paragrafo 2, del regolamento (UE) n. 1094/2010 e consulta le altre autorità di vigilanza interessate prima di adottare una decisione sull'equivalenza.

4. L'IVASS può adottare, in relazione a un determinato Stato terzo, una decisione in contraddizione con altre precedentemente adottate nei confronti del medesimo Stato, laddove tale decisione sia necessaria per tenere conto di eventuali modifiche di rilievo al regime di vigilanza sulle imprese di assicurazione o riassicurazione previsto dal presente codice o dalla legislazione dello Stato terzo.

5. Qualora le autorità di vigilanza siano in disaccordo con le decisioni adottate ai sensi dei commi 3 e 4, possono rinviare la questione all'AEAP conformemente all'articolo 19 del regolamento (UE) n. 1094/2010 entro tre mesi dalla comunicazione della decisione da parte dell'autorità di vigilanza incaricata del gruppo. In tal caso l'AEAP può agire conformemente ai poteri che le conferisce tale articolo.

6. Ai fini della applicazione degli articoli 220-septies e 220-octies, rilevano anche le valutazioni sull'equivalenza, ancorché temporanea, assunte dalla Commissione europea.

(1) Articolo inserito dal d.lg. 12/5/2015, n. 74.

220 sexies. Verifica dell'equivalenza: livelli (1). – 1. Se la società controllante di cui all'articolo 210, comma 1, lettera c), è una società controllata da un'altra società di partecipazione assicurativa o di partecipazione finanziaria mista con sede in uno Stato terzo o da un'altra impresa di assicurazione o di riassicurazione con sede in uno Stato terzo, l'IVASS effettua la verifica dell'equivalenza in merito alla sussistenza di un regime di vigilanza sul gruppo, di cui all'articolo 220-septies, a livello dell'ultima società controllante di Stato terzo.

2. L'IVASS, nel caso in cui in base alla verifica di cui al comma 1 sia risultata insussistente l'equivalenza del regime di vigilanza sul gruppo, può effettuare una nuova verifica al livello inferiore della società di partecipazione assicurativa o di partecipazione finanziaria mista con sede in uno Stato terzo o dell'impresa di assicurazione o di riassicurazione con sede in uno Stato terzo, controllante ai sensi dell'articolo 210, comma 1, lettera c), che sia controllata ai sensi del comma 1. In tal caso l'IVASS indica le ragioni della propria decisione al gruppo.

3. Si applica, in quanto compatibile, l'articolo 220-octies.

(1) Articolo inserito dal d.lg. 12/5/2015, n. 74.

220 septies. Sussistenza di un regime equivalente di vigilanza sul gruppo (1). – 1. Nel caso in cui sia stata accertata la sussistenza di un regime di vigilanza sul gruppo equivalente, l'IVASS, tenendo conto degli orientamenti e delle decisioni assunte a livello comunitario, può non applicare le disposizioni sulla vigilanza di gruppo di cui al presente codice e basarsi sulla vigilanza esercitata dall'Autorità di vigilanza dello Stato terzo conformemente al presente Titolo, salvo che, nei casi di sussistenza di un regime di equivalenza temporanea, un'impresa di assicurazione o di riassicurazione con sede in Italia abbia un totale di bilancio superiore a quello della società controllante con sede in uno Stato terzo. In tal caso la funzione di autorità di vigilanza sul gruppo è esercitata dall'IVASS, ai sensi dell'articolo 212-bis.

(1) Articolo inserito dal d.lg. 12/5/2015, n. 74.

220 octies. Insussistenza di un regime equivalente di vigilanza sul gruppo (1). – 1. Nel caso in cui sia stata accertata l'insussistenza di un regime equivalente di vigilanza sul gruppo ovvero non ricorrono le altre condizioni di cui all'articolo 220-septies, si applicano in quanto compatibili alle imprese di assicurazione e di riassicurazione controllate italiane di cui all'articolo 210, comma 1, lettera c), gli strumenti di vigilanza sul gruppo di cui al presente codice, escluso il regime di solvibilità delle imprese di assicurazione o riassicurazione con gestione centralizzata del rischio.

2. I principi generali e i metodi stabiliti agli articoli di cui al presente Capo, si applicano a livello della società controllante di cui all'articolo 210, comma 1, lettera c).

3. Ai soli fini del calcolo della solvibilità del gruppo, la società controllante di cui all'articolo 210, comma 1, lettera c), è considerata alla stregua di un'impresa di assicurazione o di riassicurazione soggetta alle condizioni fissate dagli articoli 44-ter, 44-quater, 44-quinquies con riguardo ai fondi propri ammissibili per il Requisito Patrimoniale di Solvibilità e all'articolo 216-quinquies con riguardo al possesso del Requisito Patrimoniale di Solvibilità di gruppo consolidato.

4. L'IVASS può disporre l'applicazione, previa consultazione delle altre autorità di vigilanza interessate, di metodi

ulteriori che assicurino una vigilanza adeguata sulle imprese di assicurazione e di riassicurazione italiane appartenenti al gruppo. Tali metodi sono approvati dall'autorità di vigilanza del gruppo, previa consultazione delle altre autorità di vigilanza interessate. In particolare, nell'ipotesi in cui non vi sia l'ultima società controllante italiana di cui all'articolo 210, comma 2, l'IVASS può esigere, la costituzione di una società di partecipazione assicurativa o di una società di partecipazione finanziaria mista con sede in Italia o in altro Stato membro al fine di applicare la disciplina della vigilanza sul gruppo di cui al presente titolo alle imprese del gruppo controllate da tale società di partecipazione assicurativa o di partecipazione finanziaria mista.

5. L'IVASS comunica gli approcci di cui al comma 4, che consentono di conseguire gli obiettivi di vigilanza sul gruppo definiti nel presente titolo, alle altre autorità di vigilanza interessate e alla Commissione europea.

(1) Articolo inserito dal d.lg. 12/5/2015, n. 74.

Capo IV quater
Misure correttive (1)

(1) Capo inserito dal d.lg. 12/5/2015, n. 74.

220 novies. Misure correttive sul gruppo (1). – 1. Fatto salvo quanto previsto dall'articolo 227, se le imprese di assicurazione o di riassicurazione del gruppo non rispettano i requisiti di cui al presente Titolo o se i requisiti sono rispettati ma la solvibilità è comunque a rischio o se le operazioni infragruppo o le concentrazioni dei rischi minacciano la situazione finanziaria delle imprese di assicurazione o di riassicurazione, le misure necessarie, incluse quelle previste dall'articolo 188, per rimediare il più rapidamente possibile alla situazione sono adottate tempestivamente:

a) dall'IVASS, in qualità di autorità di vigilanza sul gruppo, nei confronti delle società di partecipazione assicurativa e delle società di partecipazione finanziaria mista controllante ai sensi dell'articolo 210, comma 2;

b) dall'IVASS nei confronti delle imprese di assicurazione e riassicurazione del gruppo con sede legale nel territorio della Repubblica.

2. Nelle ipotesi in cui le misure di cui al comma 1 devono essere adottate nei confronti di società di partecipazione assicurativa e delle società di partecipazione finanziaria mista con sede legale in un altro Stato membro, l'IVASS informa le autorità di vigilanza di tale Stato delle conclusioni a cui è pervenuta, al fine di consentire alle stesse l'adozione delle misure necessarie e collabora con esse al fine di garantire un'azione efficace di vigilanza.

3. Nel caso in cui l'impresa di assicurazione o di riassicurazione nei cui confronti devono essere prese le misure correttive abbia sede in un altro Stato membro, IVASS, in qualità di autorità di vigilanza sul gruppo ai sensi dell'articolo 207-sexies, informa l'autorità di vigilanza in cui ha sede l'impresa al fine di consentire alla stessa l'adozione delle misure necessarie e collabora con essa al fine di garantire un'azione efficace di vigilanza.

(1) Articolo inserito dal d.lg. 12/5/2015, n. 74.

220 decies. Rilevazione e comunicazione del deterioramento delle condizioni finanziarie (1). – 1. L'impresa di assicurazione o di riassicurazione si dota di procedure per individuare il deterioramento delle proprie condizioni finanziarie e comunica immediatamente all'IVASS il deterioramento individuato.

(1) Articolo inserito dal d.lg. 12/5/2015, n. 74.

Titolo XVI
MISURE DI SALVAGUARDIA RISANAMENTO E LIQUIDAZIONE

Capo I
Misure di salvaguardia

221. Violazione delle norme sulle riserve tecniche o sulle attività a copertura. – 1. Fatto salvo quanto previsto all'articolo 184, qualora l'impresa di assicurazione o di riassicurazione, che ha sede legale nel territorio della Repubblica, non osservi le disposizioni sulle riserve tecniche di cui agli articoli 36, 36-bis, 36-ter, 36-quater, 36-quinquies, 36-sexies, 36-septies, 36-octies, 36-novies e 37 e sulle attività a copertura delle medesime di cui agli articoli 37-ter, 38, 41, 42, 42-bis, 43, l'IVASS ne contesta la violazione e le ordina di conformarsi alle norme violate, assegnando un termine congruo per l'attuazione degli adempimenti richiesti, ma non pregiudizievole per la protezione degli interessi degli assicurati e degli altri aventi diritto a prestazioni assicurative (1).

2. L'ISVAP, nei casi di cui al comma 1, può vietare all'impresa di compiere atti di disposizione sui beni esistenti nel territorio della Repubblica e successivamente può consentirne, con specifiche autorizzazioni, una disponibilità limitata, comunque informando preventivamente le autorità di vigilanza degli altri Stati membri nei quali l'impresa opera. L'ISVAP può inoltre chiedere alle autorità di vigilanza degli altri Stati membri, nei quali l'impresa possiede beni, di adottare analogo provvedimento, indicando i beni da assoggettare a tale misura.

3. Se l'impresa non ottempera nel termine assegnato all'ordine di cui al comma 1, l'ISVAP può:

a) nominare un commissario con i compiti di cui all'articolo 229 per l'eliminazione delle violazioni;

b) vietare l'assunzione di nuovi affari, per un periodo fino a sei mesi, allo scopo di salvaguardare gli interessi degli assicurati e degli altri aventi diritto a prestazioni assicurative o gli interessi delle imprese di assicurazione cedenti, con gli effetti di cui all'articolo 167 (2);

c) disporre, avuto riguardo alla gravità della violazione, il vincolo sui singoli attivi iscritti nel registro a copertura delle riserve tecniche con le modalità previste dall'articolo 224.

4. Il divieto di assunzione di nuovi affari è comunicato alle autorità di vigilanza degli altri Stati membri nei quali l'impresa opera ed è pubblicato nel bollettino. Il provvedimento viene revocato prima del termine, se l'impresa ha eliminato o posto completo rimedio alla violazione contestata. La revoca è comunicata alle autorità di vigilanza degli altri Stati membri ed il relativo provvedimento è pubblicato nel bollettino.

(1) Comma modificato dal d.lg. 12/5/2015, n. 74.
(2) Lettera modificata dall'art. 18 del d.lg. 29/2/2008, n. 56.

222. Violazione delle norme sul Requisito Patrimoniale di Solvibilità (1). – 1. L'impresa di assicurazione o di riassicurazione informa immediatamente l'IVASS non appena rilevano che il Requisito Patrimoniale di Solvibilità non è più rispettato o quando vi è il rischio che non sia rispettato nei successivi tre mesi.

2. Entro due mesi dalla rilevazione dell'inosservanza del Requisito Patrimoniale di Solvibilità ovvero, in mancanza di comunicazione dell'impresa, su richiesta dell'IVASS, l'impresa di assicurazione o di riassicurazione presenta all'IVASS, ai fini dell'approvazione, un piano di risanamento fondato su basi realistiche.

2-bis. L'IVASS impone all'impresa di assicurazione o di riassicurazione di adottare i provvedimenti necessari per ristabilire, entro sei mesi dalla rilevazione dell'inosservanza del requisito patrimoniale di solvibilità, il livello di fondi propri ammissibili in misura tale da coprire il Requisito Patrimoniale di Solvibilità o per ridurre il profilo di rischio al fine di garantire l'osservanza del Requisito Patrimoniale di Solvibilità.

2-ter. L'IVASS, qualora lo ritenga opportuno, può concedere una proroga di tre mesi.

2-quater. In presenza di situazioni eccezionalmente avverse aventi ripercussioni, riconosciute dall'AEAP, su imprese di assicurazione e riassicurazione che rappresentano una quota significativa del mercato o delle aree di attività interessate, l'IVASS può estendere per le imprese colpite, se del caso anche in consultazione con il CERS, il periodo fissato al comma 2-ter per un periodo di tempo massimo di sette anni, tenendo conto di tutti i fattori pertinenti, ivi inclusa la durata media relativa delle riserve tecniche.

2-quinquies. L'IVASS può chiedere all'AEAP di constatare l'esistenza di situazioni eccezionalmente avverse.

2-sexies. L'IVASS può formulare una richiesta in tal senso se esiste la concreta possibilità che talune imprese di assicurazione o di riassicurazione che rappresentano una quota significativa del mercato o delle aree di attività interessate non siano in grado di soddisfare uno dei requisiti di cui al comma 2-bis. Si è in presenza di situazioni eccezionalmente avverse nel caso in cui la situazione finanziaria di talune di dette imprese sia gravemente o negativamente colpita da almeno una delle seguenti circostanze:

a) un crollo dei mercati finanziari che sia imprevisto, brusco e drastico;

b) un contesto caratterizzato in maniera persistente da tassi di interesse bassi;

c) un evento catastrofico ad alto impatto.

2-septies. L'IVASS collabora con l'AEAP nella valutazione sulla persistenza delle condizioni di cui ai commi 2-quinquies e 2-sexies. La cessazione della situazione eccezionalmente avversa è dichiarata dall'AEAP, previa consultazione dell'IVASS.

2-octies. L'impresa di assicurazione o di riassicurazione interessata presenta ogni tre mesi all'IVASS una relazione concernente le misure adottate e i progressi realizzati in relazione al ripristino del livello di fondi propri ammissibili a copertura del requisito patrimoniale di solvibilità o alla riduzione del suo profilo di rischio al fine di garantire la conformità al requisito stesso.

2-novies. L'estensione di cui al comma 2-quater è revocata se dalla suddetta relazione si evince che non si sono registrati progressi significativi in relazione al ripristino del livello di fondi propri ammissibili a copertura del requisito patrimoniale di solvibilità o alla riduzione del profilo di rischio al fine di garantire la conformità al requisito stesso tra la data di rilevamento dell'inosservanza del requisito patrimoniale di solvibilità e la data di presentazione della relazione sui progressi realizzati.

3. L'IVASS, in casi eccezionali se ritiene che la situazione finanziaria dell'impresa rischi di subire ulteriori deterioramenti, può vietare all'impresa di compiere atti di disposizione sui beni esistenti nel territorio della Repubblica e successivamente può consentirne, con specifiche autorizzazioni, una disponibilità limitata, comunque informando preventivamente le autorità di vigilanza degli altri Stati membri nei quali l'impresa opera. L'IVASS può inoltre chiedere alle autorità di vigilanza degli altri Stati membri, nei quali l'impresa possiede beni, di adottare analogo provvedimento, indicando i beni da assoggettare a tale misura.

4. L'IVASS può anche disporre il vincolo sui singoli attivi iscritti nel registro a copertura delle riserve tecniche con le modalità previste dall'articolo 224.

5. Qualora il piano di risanamento o il piano di finanziamento riguardino una società cooperativa e prevedano un aumento di capitale sociale, il limite individuale di sottoscrizione del capitale sociale è elevato sino al triplo. In tal caso, ai fini dell'iscrizione nel registro delle imprese della deliberazione assembleare di aumento del capitale sociale, la società cooperativa è tenuta ad esibire il provvedimento adottato dall'IVASS.

(1) Articolo modificato dal d.lg. 12/5/2015, n. 74.

222 bis. Violazione delle norme sul Requisito Patrimoniale Minimo (1). – 1. Le imprese di assicurazione e di riassicurazione informano immediatamente l'autorità di vigilanza qualora rilevino che il Requisito Patrimoniale Minimo non è più rispettato o quando vi è il rischio che non sia rispettato nei successivi tre mesi.

2. Entro un mese dalla rilevazione dell'inosservanza del Requisito Patrimoniale Minimo, ovvero, in mancanza di comunicazione dell'impresa, su richiesta dell'IVASS, l'impresa di assicurazione o di riassicurazione presenta all'IVASS, ai fini dell'approvazione, un piano di finanziamento a breve termine fondato su basi realistiche per riportare, entro tre mesi da tale rilevazione, i fondi propri di base ammissibili almeno al livello del Requisito Patrimoniale Minimo o per ridurre il profilo di rischio al fine di garantire l'osservanza del Requisito Patrimoniale Minimo.

3. L'IVASS può vietare all'impresa di compiere atti di disposizione sui beni esistenti nel territorio della Repubblica e successivamente può consentirne, con specifiche autorizzazioni, una disponibilità limitata, comunque informando preventivamente le autorità di vigilanza degli altri Stati membri nei quali l'impresa opera. L'IVASS può inoltre chiedere alle autorità di vigilanza degli altri Stati membri, nei quali l'impresa possiede beni, di adottare analogo provvedimento, indicando i beni da assoggettare a tale misura.

4. L'IVASS può anche disporre il vincolo sui singoli attivi iscritti nel registro a copertura delle riserve tecniche con le modalità previste dall'articolo 224.

(1) Articolo inserito dal d.lg. 12/5/2015, n. 74.

222 ter. Limitazioni alla distribuzione di elementi dei fondi propri (1). – 1. Fatte salve le deroghe previste dalle disposizioni dell'Unione Europea direttamente applicabili, in caso di inosservanza del requisito patrimoniale di solvibilità o del requisito minimo di solvibilità o se la distribuzione comporta detta inosservanza, l'impresa non opera distribuzioni in relazione ad elementi di fondi propri, incluse distribuzioni di utili, fino al momento in cui non sia ripristinato il rispetto del requisito e la distribuzione non determini la sua inosservanza.

2. Il divieto di cui al comma 1 si applica anche nel caso in cui l'inosservanza del requisito patrimoniale emerga solo dopo la delibera di distribuzione ma prima che alla stessa sia stata data esecuzione.

(1) Articolo inserito dal d.lg. 12/5/2015, n. 74.

223. Misure di intervento a tutela della solvibilità prospettica dell'impresa di assicurazione*. – *1. Al di fuori dei casi di cui all'articolo 222, qualora i diritti degli assicurati e degli altri aventi diritto a prestazioni assicurative siano a rischio per effetto del deterioramento della posizione finanziaria dell'impresa di assicurazione o qualora i diritti delle imprese di assicurazione cedenti siano a rischio per effetto del deterioramento della posizione finanziaria dell'impresa di riassicurazione, l'ISVAP può imporre, al fine di garantire che l'impresa sia in grado di soddisfare i requisiti di solvibilità nel breve periodo, la costituzione di un margine di solvibilità più elevato, rispetto a quello risultante dall'ultimo bilancio approvato, tenuto conto del piano di risanamento finanziario* *predisposto dall'impresa e riferito ai tre esercizi successivi. 2. L'ISVAP stabilisce, con regolamento, le norme di attuazione che riguardano, in particolare, i dati e le informazioni da indicare nel piano di risanamento finanziario, che deve includere, in ogni caso, uno stato patrimoniale ed un conto economico per ciascuno degli esercizi considerati, le previsioni relative alla raccolta premi, agli oneri per sinistri liquidati e riservati ed alle spese di gestione, la prevedibile situazione di tesoreria, una esposizione relativa ai mezzi finanziari destinati alla copertura del margine di solvibilità e delle riserve tecniche ed una esposizione della politica di riassicurazione o di retrocessione nel suo complesso e delle forme di copertura riassicurativa maggiormente significative. 3. L'ISVAP, valutata la situazione dell'impresa di assicurazione o di riassicurazione, può ridurre il valore di tutti gli elementi che rientrano nel margine di solvibilità disponibile e ciò anche nel caso in cui abbiano subito una significativa diminuzione del valore di mercato nel periodo successivo alla fine del precedente esercizio. 4. In caso di rilevanti modifiche al contenuto o alla qualità dei contratti di riassicurazione o di retrocessione rispetto all'esercizio precedente ovvero nel caso in cui i contratti di riassicurazione o di retrocessione non prevedano alcun trasferimento del rischio o prevedano un trasferimento limitato, l'ISVAP può diminuire il coefficiente di riduzione stabilito ai fini del calcolo del margine di solvibilità richiesto. 5. L'ISVAP non rilascia attestazioni di solvibilità dell'impresa di assicurazione, alla quale ha richiesto il piano di risanamento finanziario, fino a quando ritenga che i diritti degli assicurati e degli altri aventi diritto a prestazioni assicurative siano a rischio. 5-bis. L'ISVAP non rilascia attestazioni di solvibilità dell'impresa di riassicurazione, alla quale ha richiesto il piano di risanamento finanziario, fino a quando ritenga che gli impegni dell'impresa derivanti dai contratti di riassicurazione siano a rischio.*

* Articolo abrogato dal d.lg. 12/5/2015, n. 74.

223 bis. Misure di intervento in caso di deterioramento delle condizioni finanziarie dell'impresa di assicurazione o di riassicurazione (1). – 1. Fatti salvi gli articoli 222 e 222-bis, se la solvibilità dell'impresa continua a deteriorarsi, l'IVASS può adottare tutte le misure necessarie per salvaguardare gli interessi dei contraenti in caso di contratti di assicurazione o il rispetto degli obblighi derivanti da contratti di riassicurazione. Tali misure sono proporzionate e riflettono il livello e la durata del deterioramento della solvibilità dell'impresa di assicurazione o di riassicurazione.

(1) Articolo inserito dal d.lg. 12/5/2015, n. 74.

223 ter. Piano di risanamento e piano di finanziamento (1). – 1. L'IVASS stabilisce, con regolamento, le norme di attuazione che riguardano, in particolare, i dati e le informazioni da indicare nel piano di risanamento di cui all'articolo 222 e nel piano di finanziamento di cui all'articolo 222-bis i quali devono includere, in ogni caso, almeno le seguenti indicazioni:

a) le previsioni relative alle spese di gestione, in particolare le spese generali correnti e le provvigioni;

b) le previsioni di entrata e di spesa, sia per le operazioni dirette e per le operazioni di riassicurazione attiva sia per le operazioni di riassicurazione passiva;

c) le previsioni di bilancio;

d) le previsioni relative ai mezzi finanziari destinati alla copertura delle riserve tecniche, del requisito patrimoniale di solvibilità e del requisito patrimoniale minimo;

e) la politica di riassicurazione nel suo complesso.

2. L'IVASS, valutata la situazione dell'impresa di assicurazione o di riassicurazione, può ridurre il valore di tutti gli elementi che rientrano nel Requisito Patrimoniale di Solvibilità e ciò anche nel caso in cui abbiano subito una significativa diminuzione del valore di mercato nel periodo successivo alla fine del precedente esercizio.

3. L'IVASS non rilascia attestazioni di solvibilità dell'impresa di assicurazione o di riassicurazione, alla quale ha richiesto ai sensi del comma 1 il piano di risanamento finanziario di cui all'articolo 222, comma 2, o un piano di finanziamento di cui all'articolo 222-bis, comma 2, fino a quando ritenga che i diritti degli assicurati e degli altri aventi diritto a prestazioni assicurative o gli impegni contrattuali dell'impresa di riassicurazione siano a rischio.

(1) Articolo inserito dal d.lg. 12/5/2015, n. 74.

224. Procedura di apposizione del vincolo sulle attività patrimoniali. – 1. Quando il vincolo riguardi beni immobili, l'ISVAP ordina alla conservatoria dei registri immobiliari l'iscrizione di ipoteca, a favore dei crediti di assicurazione o di riassicurazione, sui beni immobili e sui diritti immobiliari di godimento dell'impresa di assicurazione e di riassicurazione che sono localizzati nel territorio della Repubblica (1).

2. L'ISVAP può ordinare l'apposizione del vincolo su ogni altro attivo, diverso da quelli di cui al comma 1, nelle forme previste dalla legge per ciascun tipo di beni o di diritti. Le autorità ed i soggetti cui compete l'esecuzione del provvedimento sono tenuti al compimento degli atti e delle operazioni necessarie per rendere effettivo ed opponibile ai terzi il vincolo ordinato dall'ISVAP.

3. Dei provvedimenti adottati è data comunicazione alle autorità di vigilanza degli altri Stati membri nei quali l'impresa di assicurazione o di riassicurazione opera o possiede beni (1).

(1) Comma modificato dall'art. 18 del d.lg. 29/2/2008, n. 56.

225. Misure di salvaguardia in caso di revoca parziale dell'autorizzazione. – 1. In caso di revoca parziale dell'autorizzazione l'ISVAP, per salvaguardare gli interessi degli assicurati e degli altri aventi diritto a prestazioni assicurative, delle imprese di assicurazione cedenti e dei lavoratori dipendenti, può vietare all'impresa di assicurazione o di riassicurazione che ha sede nel territorio della Repubblica di compiere atti di disposizione sui propri beni, qualora tale provvedimento non sia già stato adottato ai sensi degli articoli 221, 222, 222-bis (1).

2. L'ISVAP può altresì disporre il vincolo sui singoli attivi iscritti nel registro a copertura delle riserve tecniche con le modalità previste dall'articolo 224.

3. Dei provvedimenti adottati ai sensi dei commi 1 e 2 è data comunicazione alle autorità di vigilanza degli altri Stati membri nei quali l'impresa opera o possiede beni. Alle stesse autorità può essere richiesto di adottare misure analoghe, cooperando nell'adozione di ogni provvedimento idoneo a salvaguardare gli interessi degli assicurati e degli altri aventi diritto a prestazioni assicurative.

(1) Comma modificato dal d.lg. 12/5/2015, n. 74.

226. Imprese con sede legale in altri Stati membri e in Stati terzi (1). – 1. Se le autorità di vigilanza dei rispettivi Stati membri d'origine hanno adottato le misure corrispondenti a quelle previste dagli articoli 221, 222, 222-bis, 225, 240 e 242 l'IVASS vieta alle imprese di assicurazione e di riassicurazione, che hanno sede legale in altri Stati membri e che operano nel territorio della Repubblica in regime di stabilimento e di prestazione di servizi, di compiere atti di disposizione sui beni esistenti nel territorio della Repubblica, quando ciò sia richiesto dalle autorità di vigilanza dei rispettivi Stati membri d'origine e siano indicati gli attivi che devono costituire oggetto di tale misura. A richiesta delle medesime autorità, l'IVASS adotta altresì i provvedimenti di vincolo delle singole attività patrimoniali a copertura delle riserve tecniche con le modalità di cui all'articolo 224.

2. L'IVASS applica le disposizioni di cui al presente capo nei confronti delle imprese di assicurazione e di riassicurazione, che hanno sede legale in Stati terzi in caso di violazione posta in essere dalla sede secondaria stabilita nel territorio della Repubblica.

3. Se la violazione riguarda le disposizioni sul requisito patrimoniale di solvibilità ed è posta in essere da un'impresa di assicurazione o di riassicurazione di un Paese terzo che sia stabilita, oltre che nel territorio della Repubblica, anche in altri Stati membri e che sia vigilata dall'IVASS anche per le attività effettuate dalle sedi secondarie stabilite negli altri Stati membri, l'adozione dei provvedimenti di cui agli articoli 221, 222, 222-bis, 224 e 225 spetta all'IVASS, ad eccezione dei casi in cui il controllo di solvibilità venga demandato ad altra Autorità ai sensi dell'articolo 51, comma 3. Dei provvedimenti adottati è data comunicazione alle autorità di vigilanza degli altri Stati membri nei quali l'impresa opera o possiede beni. Alle stesse autorità può essere richiesto di adottare misure analoghe, cooperando nell'adozione di ogni provvedimento idoneo a salvaguardare gli interessi degli assicurati e degli altri aventi diritto a prestazioni assicurative.

4. Nel caso di cui al comma 3, se lo stato di solvibilità per il complesso delle attività esercitate dalle sedi secondarie dell'impresa di assicurazione o di riassicurazione di un Paese terzo è sottoposto al controllo esclusivo dell'autorità di vigilanza di un altro Stato membro, per l'adozione dei provvedimenti di cui all'articolo 224 sui beni posseduti dall'impresa nel territorio della Repubblica la medesima autorità può avvalersi della cooperazione dell'IVASS.

(1) Articolo modificato dal d.lg. 12/5/2015, n. 74.

226 bis. Rilevazione e comunicazione del deterioramento delle condizioni finanziarie di gruppo (1). – 1. L'ultima società controllante italiana di cui all'articolo 210, comma 2, si dota di procedure per individuare il deterioramento delle condizioni del gruppo finanziarie e comunica immediatamente all'IVASS il deterioramento individuato.

(1) Articolo inserito dal d.lg. 12/5/2015, n. 74.

227. Misure in caso di verifica della situazione di solvibilità di gruppo (1). – 1. L'ultima società controllante italiana di cui all'articolo 210, comma 2, informa immediatamente l'IVASS non appena rileva che il Requisito Patrimoniale di Solvibilità di gruppo non è più rispettato o quando vi è il rischio che non sia rispettato nei successivi tre mesi.

2. Entro due mesi dalla rilevazione dell'inosservanza del Requisito Patrimoniale di Solvibilità di gruppo ovvero, in mancanza di comunicazione della società, su richiesta dell'IVASS, la società di cui al comma 1 presenta all'IVASS, ai fini dell'approvazione, un piano di risanamento fondato su basi realistiche.

3. L'IVASS impone alla società di cui al comma 1 di adottare i provvedimenti necessari per ristabilire, entro sei mesi dalla rilevazione dell'inosservanza del requisito patrimoniale di solvibilità di gruppo, il livello di fondi propri ammissibili in misura tale da coprire il requisito patrimoniale di solvibilità di gruppo o per ridurre il profilo di rischio al fine di garantire l'osservanza del requisito patrimoniale di solvibilità di gruppo.

4. L'IVASS, qualora lo ritenga opportuno, può concedere una proroga di tre mesi.

5. In presenza delle situazioni eccezionalmente avverse aventi ripercussioni, riconosciute dall'AEAP ai sensi dell'articolo 222, comma 2-quater, su imprese di assicurazione e riassicurazione che rappresentano una quota significativa del mercato o delle aree di attività interessate, l'IVASS può estendere per il gruppo coinvolto, se del caso anche in consultazione con il CERS, il periodo fissato al comma 4 per un periodo di tempo massimo di sette anni, tenendo conto di tutti i fattori pertinenti, ivi inclusa la durata media relativa delle riserve tecniche. Si applica l'articolo 222, commi 2-octies e 2-novies.

(1) Articolo modificato dal d.lg. 12/5/2015, n. 74.

*228. **Misure a seguito della verifica di solvibilità dell'impresa controllante***. – 1. L'ISVAP, se in base alla verifica sulla solvibilità dell'impresa controllante di cui all'articolo 218, ritiene che la solvibilità di un'impresa di assicurazione o di riassicurazione di cui all'articolo 210, comma 2, è compromessa o rischia di esserlo, richiede all'impresa di assicurazione o di riassicurazione o all'impresa di partecipazione assicurativa o all'impresa di partecipazione finanziaria mista capogruppo di presentare un programma di intervento atto a garantire la solvibilità, anche futura, dell'impresa stessa. 2. Quando le condizioni di solvibilità in capo all'impresa controllante non sono ripristinate, ovvero in caso di mancata presentazione o mancata esecuzione del programma di cui al comma 1, l'ISVAP, fatta salva l'applicazione delle disposizioni di cui al titolo VII, capo III, può: a) assoggettare a preventiva autorizzazione qualsiasi operazione di cui all'articolo 215, nonché le operazioni tra le imprese controllate dall'impresa di assicurazione o di riassicurazione di cui all'articolo 210, comma 2, e le imprese di cui all'articolo 211, comma 1, lettere b) e c), legate con l'impresa medesima da rapporti di controllo; b) imporre l'accantonamento degli utili che sarebbero distribuibili alla controllante in un'apposita riserva di patrimonio netto.*

* Articolo abrogato dal d.lg. 12/5/2015, n. 74.

Capo II
Misure di risanamento

229. Commissario per il compimento di singoli atti. – 1. L'ISVAP, nel caso di grave inosservanza delle disposizioni di legge e dei relativi provvedimenti di attuazione, può disporre la nomina di un commissario per il compimento di singoli atti che siano necessari per rendere la gestione dell'impresa di assicurazione o di riassicurazione conforme a legge.

2. Il provvedimento può essere disposto decorso inutilmente il termine contestualmente assegnato per far cessare i fatti addebitati e rimuoverne gli effetti.

3. Si applicano, in quanto compatibili, il comma 1 dell'articolo 232, i commi 2, 3 e 4 dell'articolo 233, il comma 1 dell'articolo 236 ed i commi 1, 2 e 3 dell'articolo 237.

230. Commissario per la gestione provvisoria. – 1. L'ISVAP può disporre, quando ricorrono i presupposti per l'amministrazione straordinaria di cui all'articolo 231 e concorrano ragioni di assoluta urgenza, che uno o più commissari assumano i poteri di amministrazione dell'impresa di assicurazione o di riassicurazione. Le funzioni degli organi di amministrazione e di controllo sono frattanto sospese. I commissari, nell'esercizio delle loro funzioni, sono pubblici ufficiali (1).

2. La gestione provvisoria non può avere durata superiore a due mesi. L'ISVAP può stabilire speciali cautele e limitazioni nella gestione dell'impresa. Si applicano, in quanto compatibili, il comma 1 dell'articolo 232, i commi 2, 3 e 4 dell'articolo 233, i commi 3, 4 e 8 dell'articolo 234, i commi 1 e 2 dell'articolo 235, il comma 1 dell'articolo 236 ed i commi 1, 2 e 3 dell'articolo 237.

3. Qualora durante la gestione provvisoria intervenga lo scioglimento degli organi di amministrazione e di controllo ai sensi dell'articolo 231, comma 1, i commissari assumono le attribuzioni dei commissari straordinari fino all'insediamento degli organi straordinari. In tal caso si applica l'articolo 231, comma 4.

4. Al termine della gestione provvisoria gli organi subentranti prendono in consegna l'azienda dai commissari con le modalità previste dall'articolo 235, comma 1.

(1) Comma modificato dall'art. 19 del d.lg. 29/2/2008, n. 56.

231. Amministrazione straordinaria. – 1. Il Ministro delle attività produttive, su proposta dell'ISVAP, può disporre con decreto lo scioglimento degli organi con funzioni di amministrazione e di controllo dell'impresa di assicurazione o di riassicurazione quando:

a) risultino gravi irregolarità nell'amministrazione, ovvero gravi violazioni delle disposizioni legislative, amministrative o statutarie che regolano l'attività dell'impresa di assicurazione o di riassicurazione;

b) siano previste gravi perdite patrimoniali.

Lo scioglimento può essere richiesto all'ISVAP dagli organi amministrativi ovvero dall'assemblea straordinaria dell'impresa di assicurazione o di riassicurazione con istanza motivata sulla base dei presupposti di cui alle lettere a) e b) del presente comma (1).

2. La proposta è preceduta dalla contestazione degli addebiti da parte dell'ISVAP, con assegnazione all'impresa di un termine congruo per presentare le controdeduzioni ovvero per rimuovere gli addebiti medesimi.

3. Le funzioni delle assemblee e degli organi diversi da quelli indicati nel comma 1 sono sospese per effetto del provvedimento di amministrazione straordinaria, salvo quanto previsto dall'articolo 234, comma 7.

4. Il decreto del Ministro delle attività produttive e la proposta dell'ISVAP sono comunicati dai commissari straordinari agli interessati, che ne facciano richiesta, non prima dell'insediamento di cui all'articolo 235, comma 1.

5. L'amministrazione straordinaria ha la durata di un anno dalla data di emanazione del decreto di cui al comma 1, salvo che il decreto preveda un termine più breve o che l'ISVAP ne autorizzi la chiusura anticipata. La procedura può essere prorogata, su proposta dell'ISVAP, dal Ministro delle attività produttive per un periodo non superiore a dodici mesi.

(1) Comma modificato dall'art. 19 del d.lg. 29/2/2008, n. 56.

232. Efficacia delle misure di risanamento sul territorio comunitario. – 1. I provvedimenti e le procedure di gestione provvisoria e di amministrazione straordinaria sono efficaci anche nei confronti delle succursali o di qualsiasi altra presenza delle imprese di assicurazione e di riassicurazione italiane nel territorio degli altri Stati membri (1).

2. L'ISVAP informa prontamente le autorità di vigilanza degli altri Stati membri dell'avvenuta adozione di un provvedimento di gestione provvisoria o di amministrazione straordinaria e degli effetti che da tale provvedimento potrebbero derivare.

3. Le misure di risanamento, adottate nei confronti di imprese che hanno sede legale in un altro Stato membro, producono, a seguito della comunicazione all'ISVAP e senza necessità di ulteriori adempimenti, i loro effetti sulle succursali delle imprese operanti nel territorio della Repubblica anche nei confronti dei terzi, anche se la legge italiana non preveda tali misure di risanamento o ne subordini l'applicazione a condizioni diverse da quelle per le quali sono state adottate dall'autorità di vigilanza dell'altro Stato membro.

(1) Comma modificato dall'art. 19 del d.lg. 29/2/2008, n. 56.

233. Organi della procedura di amministrazione straordinaria. – 1. L'ISVAP nomina uno o più commissari straordinari per l'amministrazione dell'impresa di assicurazione o di riassicurazione ed un comitato di sorveglianza composto da tre a cinque componenti, il cui presidente è designato nell'atto di nomina (1).

2. L'ISVAP può revocare o sostituire i commissari ed i componenti del comitato di sorveglianza nell'interesse del miglior svolgimento della procedura ed in ogni caso di perdita dei requisiti di cui al comma 4.

3. Le indennità spettanti ai commissari, al presidente ed ai componenti del comitato di sorveglianza sono determinate dall'ISVAP. La spesa è a carico dell'impresa sottoposta alla procedura.

4. Agli organi della procedura si applicano i requisiti di professionalità, onorabilità e indipendenza stabiliti in attuazione dell'articolo 76 (2).

(1) Comma modificato dall'art. 19 del d.lg. 29/2/2008, n. 56.
(2) Comma modificato dal d.lg. 12/5/2015, n. 74.

234. Poteri e funzionamento degli organi straordinari. – 1. I commissari straordinari esercitano le funzioni ed assumono i poteri di amministrazione dell'impresa. Essi provvedono ad accertare la situazione aziendale, a rimuovere le irregolarità e ad amministrare l'impresa nell'interesse degli assicurati e degli altri aventi diritto a prestazioni assicurative. Le disposizioni del codice civile, statutarie o convenzionali, relative ai poteri di controllo spettanti ai titolari di partecipazioni non si applicano agli atti dei commissari. In caso di impugnazione delle decisioni dei commissari i soci non possono chiedere al tribunale la sospensione dell'esecuzione delle decisioni dei commissari soggette ad autorizzazione o comunque attuative di provvedimenti dell'ISVAP. I commissari, nell'esercizio delle loro funzioni, sono pubblici ufficiali.

2. Il comitato di sorveglianza esercita le funzioni di controllo e fornisce pareri ai commissari nei casi previsti dal presente capo o stabiliti dall'ISVAP con regolamento.

3. Le funzioni degli organi straordinari hanno inizio con l'insediamento ai sensi dell'articolo 235, commi 1 e 2, e cessano con il passaggio delle consegne agli organi subentranti, fatti salvi gli adempimenti di cui all'articolo 236.

4. L'ISVAP, in via generale con regolamento o in via particolare con istruzioni specifiche impartite ai commissari e ai componenti del comitato di sorveglianza, può stabilire speciali cautele e limitazioni nella gestione dell'impresa. I componenti degli organi straordinari sono personalmente responsabili per l'inosservanza delle prescrizioni dell'ISVAP. Esse sono comunque inopponibili ai terzi che non ne abbiano avuto conoscenza. I commissari straordinari acquisiscono preventivamente il parere del comitato di sorveglianza e l'autorizzazione dell'ISVAP per la realizzazione di piani di risanamento che prevedano cessioni di portafoglio, di azienda o rami di azienda o di partecipazioni in altre società.

5. L'esercizio dell'azione sociale di responsabilità contro i componenti dei disciolti organi amministrativi e di controllo e contro il direttore generale, la società di revisione e l'attuario revisore spetta ai commissari straordinari, sentito il comitato di sorveglianza, previa autorizzazione dell'ISVAP. Gli organi succeduti all'amministrazione straordinaria proseguono le azioni di responsabilità, riferendone periodicamente all'ISVAP.

6. I commissari, sentito il comitato di sorveglianza, previa autorizzazione dell'IVASS, possono, nell'interesse della procedura, sostituire la società di revisione. Ai medesimi soggetti compete soltanto il corrispettivo per la durata residua dell'incarico e, comunque, per un periodo non superiore a tre mesi. Il nuovo incarico può avere durata massima fino al termine dell'amministrazione straordinaria (1).

7. I commissari, previa autorizzazione dell'ISVAP, possono convocare le assemblee e gli altri organi indicati nell'articolo 231, comma 3, con ordine del giorno non modificabile da parte dell'organo convocato.

8. Quando i commissari siano più d'uno, essi decidono a maggioranza dei componenti in carica ed i loro poteri di rappresentanza sono validamente esercitati con la firma congiunta di due di essi. È consentita la delega di poteri, anche per categorie di operazioni, a uno o più commissari.

9. Il comitato di sorveglianza delibera a maggioranza dei componenti in carica ed in caso di parità prevale il voto del presidente.

(1) Comma modificato dal d.lg. 12/5/2015, n. 74.

235. Adempimenti iniziali. – 1. I commissari straordinari si insediano prendendo in consegna l'azienda dagli organi amministrativi disciolti con un sommario processo verbale. I commissari acquisiscono una situazione dei conti. Alle operazioni assiste almeno un componente del comitato di sorveglianza.

2. Qualora, per il mancato intervento degli organi amministrativi disciolti o per altre ragioni, non sia possibile l'esecuzione delle consegne, i commissari provvedono d'autorità ad insediarsi, con l'assistenza di un notaio e, ove occorra, con l'intervento della forza pubblica.

3. Il commissario provvisorio di cui all'articolo 230 assume la gestione dell'impresa ed esegue le consegne ai commissari straordinari secondo le modalità indicate nei commi 1 e 2.

4. Quando il bilancio relativo all'esercizio chiuso anteriormente all'inizio dell'amministrazione straordinaria non sia stato approvato, i commissari provvedono al deposito presso l'ufficio del registro delle imprese, in sostituzione del bilancio, di una relazione sulla situazione patrimoniale ed economica redatta sulla base delle informazioni disponibili. La relazione è accompagnata da un rapporto del comitato di sorveglianza. È comunque esclusa ogni distribuzione di utili.

236. Adempimenti finali. – 1. I commissari straordinari e il comitato di sorveglianza, al termine delle loro funzioni, redigono separati rapporti sull'attività svolta e li trasmettono all'ISVAP.

2. La chiusura dell'esercizio in corso all'inizio dell'amministrazione straordinaria è protratta ad ogni effetto di legge fino al termine della procedura. I commissari redigono un progetto di bilancio che viene presentato all'ISVAP, per l'approvazione, entro quattro mesi dalla chiusura dell'amministrazione straordinaria e successivamente pubblicato nei modi di legge.

3. I commissari, prima della cessazione delle loro funzioni, provvedono perché siano ricostituiti gli organi sociali. Gli organi con funzioni di amministrazione prendono in consegna l'azienda dai commissari secondo le modalità previste dall'articolo 235, comma 1.

237. Adempimenti in materia di pubblicità. – 1. Il decreto ministeriale di inizio e di chiusura della gestione straordinaria è pubblicato nella Gazzetta Ufficiale e successivamente riprodotto nel Bollettino. I provvedimenti di nomina, sostituzione o revoca degli organi della procedura sono pubblicati, a cura dell'ISVAP, nel Bollettino.

2. I provvedimenti di amministrazione straordinaria sono altresì pubblicati, a cura dell'ISVAP, mediante estratto nella Gazzetta Ufficiale dell'Unione europea.

3. Entro quindici giorni dalla comunicazione della nomina, i commissari straordinari depositano l'atto di nomina per l'iscrizione nel registro delle imprese.

4. L'ISVAP, qualora sia informato da un altro Stato membro dell'adozione di un provvedimento di risanamento nei confronti di un'impresa che ha una succursale nel territorio della Repubblica, può provvedere alla pubblicazione della decisione con le modalità che ritiene più opportune. Nella pubblicazione sono specificati l'autorità che ha emesso il provvedimento, l'autorità cui è possibile proporre ricorso nel caso il provvedimento sia soggetto ad impugnazione, la normativa applicabile e il nominativo dell'eventuale amministratore straordinario.

238. Esclusività delle procedure di risanamento. – 1. All'impresa di assicurazione o di riassicurazione non si applicano le disposizioni dei capi I e III del titolo IV del codice della crisi e dell'insolvenza (1).

2. All'impresa di assicurazione o di riassicurazione non si applica l'articolo 2409 del codice civile. Se vi è fondato sospetto che i soggetti con funzioni di amministrazione, in violazione dei propri doveri, abbiano compiuto gravi irregolarità nella gestione che possano arrecare danno all'impresa ovvero ad una o più società controllate, l'organo con funzioni di controllo o i soci che il codice civile abilita a presentare denuncia al tribunale possono denunciare i fatti all'ISVAP. L'ISVAP decide, con provvedimento motivato, nel rispetto dei principi del giusto procedimento.

(1) Le parole "non si applicano le disposizioni dei capi I e III del titolo IV del codice della crisi e dell'insolvenza" sostituiscono quelle "non si applica il titolo III della legge fallimentare" ex art. 370, co. 1, lett. a), d.lg. 12/1/2019, n. 14, come modificato dall'art. 5, co. 1, d.l. 8/4/2020, n. 23, conv., con modif., dalla l. 5/6/2020, n. 40, a decorrere dal 1/9/2021, al presente articolo le parole "non si applica il titolo III della legge fallimentare" sono sostituite dalle seguenti: "non si applicano le disposizioni dei capi I e III del titolo IV del codice della crisi e dell'insolvenza"; successivamente modificato dall'art. 1, co. 1, lett. b), d.l. 24/8/2021, n. 118, conv., con modif., dalla l. 21/10/2021, n. 147 e dall'art. 42, co. 1, d.l. 30/4/2022, n. 36, conv., con modif., dalla l. 29/6/2022, n. 79.

239. Imprese di assicurazione di Stati terzi e di imprese di riassicurazione estere. – 1. Se un'impresa di assicurazione, che ha sede legale in uno Stato terzo, ha insediato una sede secondaria nel territorio della Repubblica, le misure di risanamento sono disposte nei confronti della sede italiana.

2. Nei confronti della sede secondaria i commissari esercitano le funzioni ed assumono i poteri di amministrazione spettanti agli organi di amministrazione dell'impresa di appartenenza. Allo stesso modo il comitato di sorveglianza esercita le funzioni di controllo.

3. Nel caso in cui l'impresa di assicurazione abbia insediato succursali in altri Stati membri, l'ISVAP coordina le proprie funzioni con quelle delle autorità di tali Stati. I commissari collaborano con gli organi designati in altri Stati ove fossero presenti succursali sottoposte ad analoghi procedimenti.

4. Se un'impresa di riassicurazione, che ha sede legale in uno Stato membro od in uno Stato terzo, ha insediato una sede secondaria nel territorio della Repubblica, le misure di risanamento sono disposte nei confronti della sede italiana. Si applica il comma 2.

5. Si applicano, in quanto compatibili, le disposizioni del presente capo.

Capo III
Decadenza e revoca dell'autorizzazione

240. Decadenza dall'autorizzazione rilasciata all'impresa di assicurazione. – 1. L'impresa di assicurazione decade dall'autorizzazione quando:

a) non dà inizio all'attività entro i primi dodici mesi;

b) rinuncia espressamente all'autorizzazione;

c) non esercita l'attività per un periodo superiore a sei mesi;

d) trasferisce l'intero portafoglio ad altra impresa di assicurazione;

e) si verifica una causa di scioglimento della società.

Qualora l'impresa non abbia dato inizio all'attività entro i primi dodici mesi ovvero non abbia esercitato la stessa per un periodo superiore a sei mesi, in presenza di giustificati motivi e su richiesta dell'impresa interessata, l'ISVAP può consentire un limitato periodo di proroga non superiore a sei mesi.

2. Se l'inattività, la rinuncia o la cessazione dell'attività riguardano soltanto alcuni dei rami per i quali l'impresa di assicurazione è stata autorizzata, la decadenza concerne esclusivamente tali rami.

3. L'IVASS accerta, con provvedimento pubblicato nel Bollettino, la decadenza dall'autorizzazione e, nel caso riguardi il complesso dei rami esercitati, dispone la cancellazione dall'albo delle imprese di assicurazione e di riassicurazione. Il provvedimento è comunicato dall'IVASS alle autorità di vigilanza degli altri Stati membri, per l'adozione da parte di tali Autorità di misure idonee a impedire all'impresa di assicurazione di esercitare l'attività sul loro territorio (1).

3-bis L'IVASS comunica all'AEAP ogni caso in cui un'impresa di assicurazione e riassicurazione decada dall'autorizzazione rilasciata ai fini della pubblicazione nell'elenco dalla stessa tenuto (2).

4. L'impresa di assicurazione limita l'attività alla gestione dei contratti in corso e non assume nuovi affari a far data dalla pubblicazione del provvedimento di decadenza. La medesima disposizione si applica nel caso di decadenza limitata ad uno o più rami di attività.

5. Le clausole di tacito rinnovo perdono efficacia con la pubblicazione del provvedimento di decadenza. Nei contratti che hanno durata superiore all'anno il contraente può recedere, mediante comunicazione scritta all'impresa, con effetto dalla scadenza della prima annualità successiva alla pubblicazione del provvedimento di decadenza.

6. Se la decadenza dall'autorizzazione consegue al verificarsi delle situazioni di cui al comma 1, lettere b), c) ed e), l'ISVAP, quando ricorrono le condizioni previste all'articolo 245, non adotta il provvedimento di decadenza e propone al Ministro delle attività produttive la revoca dell'autorizzazione e la liquidazione coatta amministrativa dell'impresa di assicurazione.

7. Le disposizioni del presente articolo si applicano anche all'impresa di assicurazione che ha sede legale in uno Stato terzo e che è autorizzata ad operare nel territorio della Repubblica con una sede secondaria. Quando l'autorità di vigilanza dello Stato terzo ha adottato un provvedimento di decadenza nei confronti dell'impresa di assicurazione, analogo provvedimento è adottato nei confronti della sede secondaria.

(1) Comma modificato dal d.lg. 12/5/2015, n. 74.

(2) Comma inserito dal d.lg. 12/5/2015, n. 74.

241. Liquidazione ordinaria dell'impresa di assicurazione. – 1. L'impresa di assicurazione informa tempestivamente l'ISVAP del verificarsi di una causa di scioglimento della società. L'ISVAP, verificata la sussistenza dei presupposti per la liquidazione ordinaria nei casi previsti all'articolo 240, comma 1, approva, con il provvedimento di decadenza dall'autorizzazione o con altro successivo, la nomina dei liquidatori prima dell'iscrizione nel registro delle imprese degli atti che deliberano o dichiarano lo scioglimento della società. Non si può dar corso all'iscrizione nel registro delle imprese degli atti che deliberano o dichiarano lo scioglimento della società se non consti l'accertamento di cui al presente comma.

2. I liquidatori devono possedere i requisiti di onorabilità, professionalità e indipendenza stabiliti in attuazione dell'articolo 76. Qualora perdano i relativi requisiti, i liquidatori decadono dalla carica. Se l'assemblea non provvede alla loro sostituzione entro trenta giorni dalla conoscenza del sopravvenuto difetto dei requisiti, l'IVASS propone al Ministro dello sviluppo economico l'adozione del provvedimento di liquidazione coatta amministrativa (1).

3. La liquidazione si svolge secondo le norme stabilite dal codice civile, ferme restando le disposizioni in materia di riserve tecniche e di attività a copertura previste nel titolo III. I liquidatori trasmettono all'ISVAP il bilancio annuale redatto secondo le disposizioni previste nel titolo VIII. L'impresa rimane soggetta alla vigilanza dell'ISVAP sino alla cancellazione della società dal registro delle imprese.

4. Fermo restando quanto previsto all'articolo 245, se la procedura di liquidazione non si svolge con regolarità o con speditezza, l'ISVAP, con provvedimento pubblicato sul Bollettino, può disporre la sostituzione dei liquidatori, nonché dei componenti degli organi di controllo. La sostituzione degli organi non comporta il mutamento della procedura di liquidazione.

5. Le disposizioni del presente articolo si applicano anche all'impresa di assicurazione che ha sede legale in uno Stato terzo e che è autorizzata ad operare in stabilimento nel territorio della Repubblica, fermo restando che l'efficacia dei provvedimenti adottati è limitata alla medesima sede secondaria.

(1) Comma modificato dal d.lg. 12/5/2015, n. 74.

242. Revoca dell'autorizzazione rilasciata all'impresa di assicurazione. – 1. L'autorizzazione è revocata quando l'impresa di assicurazione:

a) non si attiene, nell'esercizio dell'attività, ai limiti imposti nel provvedimento di autorizzazione o previsti nel programma di attività;

b) non soddisfa più alle condizioni di accesso all'attività assicurativa;

c) è gravemente inadempiente alle disposizioni del presente codice;

d) non rispetta il Requisito Patrimoniale Minimo ed ha presentato, a giudizio dell'IVASS, un piano di finanziamento manifestamente inadeguato ovvero non ha rispettato il piano approvato entro tre mesi dalla rilevazione dell'inosservanza del Requisito Patrimoniale Minimo ovvero, nel caso in cui sia soggetta a vigilanza di gruppo, non ha realizzato entro i termini stabiliti le misure previste dall'articolo 227 (1);

e) viene assoggettata a liquidazione coatta ovvero è dichiarato lo stato di insolvenza dall'autorità giudiziaria.

2. L'autorizzazione all'esercizio del ramo della responsabilità civile per i danni causati dalla circolazione dei veicoli a motore e dei natanti, fermo quanto previsto al comma 1, è altresì revocata nel caso di ripetuto o sistematico rifiuto od elusione all'obbligo a contrarre, di cui all'articolo 132, comma 1, o nel caso di ripetuta o sistematica violazione delle disposizioni sulle procedure di liquidazione dei sinistri di cui agli articoli 148 e 149.

3. La revoca può riguardare tutti i rami esercitati dall'impresa di assicurazione o solo alcuni di essi. Si applicano le disposizioni di cui all'articolo 240, commi 4 e 5.

4. La revoca dell'autorizzazione è disposta con decreto del Ministro delle attività produttive, su proposta dell'ISVAP. Se la revoca riguarda tutti i rami esercitati, l'impresa è contestualmente posta in liquidazione coatta con il medesimo provvedimento e l'ISVAP ne dispone la cancellazione dall'albo delle imprese di assicurazione. Il Ministro delle attività produttive, su proposta dell'ISVAP, può tuttavia consentire che l'impresa si ponga in liquidazione ordinaria, entro un termine perentorio, quando il provvedimento di revoca sia stato adottato per i motivi indicati al comma 1, lettere a) e b).

5. Il Ministro delle attività produttive, su proposta del-

l'ISVAP, dispone inoltre la liquidazione coatta se l'impresa di assicurazione, nel caso di revoca limitata ad alcuni rami, non osserva le disposizioni di cui all'articolo 240, commi 4 e 5, ovvero quando la deliberazione di scioglimento e la nomina dei liquidatori non sono iscritte nel registro delle imprese nel termine assegnato ai sensi del comma 4.

6. I decreti del Ministro dello sviluppo economico sono pubblicati nella Gazzetta Ufficiale, sono riprodotti nel Bollettino e sono comunicati dall'IVASS alle autorità di vigilanza degli altri Stati membri per l'adozione da parte di tali Autorità di misure idonee a impedire all'impresa di assicurazione di esercitare l'attività sul loro territorio (2).

6-bis. L'IVASS comunica all'AEAP ogni caso di revoca di autorizzazione ai fini della pubblicazione nell'elenco dalla stessa tenuto (3).

(1) Lettera sostituita dal d.lg. 12/5/2015, n. 74.

(2) Comma modificato dal d.lg. 12/5/2015, n. 74.

(3) Comma inserito dal d.lg. 12/5/2015, n. 74.

243. Revoca dell'autorizzazione rilasciata ad un'impresa di assicurazione di uno Stato terzo. – 1. La revoca dell'autorizzazione, rilasciata all'impresa di assicurazione che ha sede legale in uno Stato terzo per l'attività della sede secondaria nel territorio della Repubblica, è disposta, in conformità a quanto previsto dall'articolo 264, comma 1, nei casi e con le modalità e per gli effetti di cui all'articolo 242.

2. La revoca è altresì disposta quando l'autorità di vigilanza dello Stato terzo ha adottato nei confronti dell'impresa un provvedimento di revoca dell'autorizzazione all'esercizio delle attività assicurative nei rami vita o nei rami danni ovvero quando le autorità dello Stato membro che controllano lo stato di solvibilità dell'impresa medesima per il complesso delle operazioni da essa effettuate nel territorio dell'Unione europea hanno adottato analogo provvedimento per deficienze nella costituzione Requisito Patrimoniale di Solvibilità e del Requisito Patrimoniale Minimo (1). Nei casi previsti dal presente comma la revoca è disposta per il complesso dei rami esercitati.

3. La revoca può altresì essere disposta quando le autorità di vigilanza dello Stato nel quale l'impresa ha sede legale hanno operato in violazione della condizione di parità e reciprocità di trattamento riservata alle imprese di assicurazione italiane ivi operanti, ovvero quando le medesime autorità hanno imposto restrizioni alla libera disponibilità dei beni posseduti in Italia dall'impresa o hanno ostacolato il trasferimento dei capitali necessari all'impresa di assicurazione per il normale esercizio dell'attività nel territorio della Repubblica.

4. L'ISVAP può tuttavia consentire che l'impresa ponga in liquidazione ordinaria, entro un termine perentorio, la sede secondaria nel territorio della Repubblica quando il provvedimento di revoca è adottato per i motivi indicati al comma precedente. Il Ministro delle attività produttive, su proposta dell'ISVAP, dispone inoltre la liquidazione coatta della sede secondaria quando la nomina dei liquidatori non è iscritta nel registro delle imprese nel termine assegnato.

(1) Comma modificato dal d.lg. 12/5/2015, n. 74.

244. Decadenza e revoca dell'autorizzazione rilasciata all'impresa di riassicurazione. – 1. La decadenza dall'autorizzazione rilasciata all'impresa di riassicurazione è disposta nei casi previsti dall'articoli 240, comma 1. Si applicano le disposizioni di cui agli articoli 240, commi 2, 3, 3-bis 4, 5 e 6, e 241, commi 1, 2, 3 e 4, intendendosi i rinvii come riferiti alla corrispondente disciplina delle imprese di riassicurazione (1).

2. La revoca dell'autorizzazione rilasciata all'impresa di riassicurazione è disposta nei casi previsti dall'articolo 242, comma 1. Si applicano le disposizioni cui all'articolo 242, commi 3, 4, 5, 6 e 7 intendendosi i rinvii come riferiti alla corrispondente disciplina delle imprese di riassicurazione (1).

3. Le disposizioni del presente articolo si applicano anche all'impresa di riassicurazione che ha sede legale [in un altro Stato membro o] in uno Stato terzo e che è autorizzata ad operare in stabilimento nel territorio della Repubblica, fermo restando che l'efficacia dei provvedimenti adottati è limitata alla medesima sede secondaria. Quando l'autorità di vigilanza dell'impresa di riassicurazione ha disposto la decadenza o la revoca dell'autorizzazione all'esercizio delle attività riassicurative, analogo provvedimento è adottato nei confronti della sede secondaria (2).

(1) Comma modificato dal d.lg. 12/5/2015, n. 74.

(2) Comma modificato dall'art. 20 del d.lg. 29/2/2008, n. 56. A norma dell'art. 370, co. 1, lett. b), d.lg. 12/1/2019, n. 14, come modificato dall'art. 5, co. 1, d.l. 8/4/2020, n. 23, conv., con modif., dalla l. 5/6/2020, n. 40, a decorrere dal 1/9/2021, al presente comma le parole "della legge fallimentare" sono sostituite dalle seguenti: "del codice della crisi e dell'insolvenza".

Capo IV
Liquidazione coatta amministrativa

245. Liquidazione coatta amministrativa. – 1. Il Ministro delle attività produttive, su proposta dell'ISVAP, può disporre, con decreto, la revoca dell'autorizzazione all'esercizio dell'attività in tutti i rami e la liquidazione coatta amministrativa, anche quando ne sia in corso l'amministrazione straordinaria ovvero la liquidazione secondo le norme ordinarie, qualora le irregolarità nell'amministrazione o le violazioni delle disposizioni legislative, amministrative o statutarie ovvero le perdite previste siano di eccezionale gravità.

2. La liquidazione coatta può essere proposta dall'ISVAP, con il medesimo procedimento indicato nel comma 1, anche a seguito di istanza motivata degli organi amministrativi, dell'assemblea straordinaria, dei commissari straordinari o dei liquidatori ricorrendo i presupposti di cui al comma 1.

3. Il decreto del Ministro delle attività produttive e la proposta dell'ISVAP sono comunicati dai commissari liquidatori agli interessati, che ne facciano richiesta, non prima dell'insediamento.

4. Dalla data di emanazione del decreto cessano le funzioni degli organi amministrativi e di controllo, nonché di ogni altro organo dell'impresa che sia ancora in carica. Cessano altresì le funzioni dell'assemblea dei soci, fatte salve le ipotesi previste dagli articoli 262, comma 1, e 263, comma 2.

5. La liquidazione si compie sotto la vigilanza dell'ISVAP, che si avvale, qualora l'impresa operi attraverso succursali stabilite in altri Stati membri, anche delle autorità di vigilanza di tali Stati. I provvedimenti e la procedura di liquidazione coatta amministrativa di imprese italiane si applicano e producono i loro effetti negli altri Stati membri.

6. L'ISVAP, qualora sia necessario od opportuno ai fini della liquidazione, può autorizzare i commissari liquidatori a proseguire operazioni specificamente individuate.

7. Le imprese di assicurazione e di riassicurazione non sono soggette a procedure concorsuali diverse dalla liquidazione coatta prevista dalle norme del presente capo. Per quanto non espressamente previsto si applicano, se compatibili, le disposizioni del codice della crisi e dell'insolvenza (1).

(1) Comma modificato dall'art. 21 del d.lg. 29/2/2008, n. 56 e successivamente dell'art. 370, co. 1, lett. b), d.lg. 12/1/2019, n. 14, a decorrere dal 15/7/2022, ai sensi di quanto stabilito dall'art. 389, co. 1, d.lg. n. 14/2019, come modificato dall'art. 5, co. 1, d.l. 8/4/2020, n. 23, conv., con modif., dalla l. 5/6/2020, n. 40, successivamente dall'art. 1, co. 1, lett. b), d.l. 24/8/2021, n. 118, conv., con modif., dalla l. 21/10/2021, n. 147 e dall'art. 42, co. 1, d.l.

30/4/2022, n. 36, conv., con modif., dalla l. 29/6/2022, n. 79.

• Le parole "del codice della crisi e dell'insolvenza" sostituiscono quelle "della legge fallimentare" ex art. 370, co. 1, lett. b), d.lg. 12/1/2019, n. 14.

246. Organi della procedura. – 1. L'ISVAP nomina uno o più commissari liquidatori ed un comitato di sorveglianza composto da tre a cinque componenti, il cui presidente è designato nell'atto di nomina. I liquidatori e il comitato di sorveglianza sono nominati per un periodo triennale, rinnovabile senza limiti di tempo tenuto conto dei risultati e dell'operato degli organi della procedura.

2. L'ISVAP può revocare o sostituire i commissari ed i componenti del comitato di sorveglianza.

3. Le indennità spettanti ai commissari ed ai componenti del comitato di sorveglianza sono determinate dall'ISVAP in base ai criteri da esso stabiliti. La spesa è a carico dell'impresa sottoposta alla procedura.

4. Agli organi della procedura si applicano i requisiti di professionalità e di onorabilità ed indipendenza stabiliti in attuazione dell'articolo 76 (1).

(1) Comma modificato dal d.lg. 12/5/2015, n. 74.

247. Adempimenti in materia di pubblicità. – 1. I provvedimenti di liquidazione coatta amministrativa sono pubblicati a cura dell'ISVAP nella Gazzetta Ufficiale e, per estratto, nella Gazzetta Ufficiale dell'Unione europea e sono altresì riprodotti nel Bollettino.

2. L'ISVAP, qualora sia informato della liquidazione di un'impresa, che opera sul territorio della Repubblica in regime di stabilimento o di libera prestazione di servizi, dall'autorità di vigilanza dello Stato membro di origine, può disporre la pubblicazione della decisione secondo le modalità che ritiene più opportune. Nella pubblicazione è indicata l'autorità di vigilanza competente, la legislazione dello Stato membro che trova applicazione e il nominativo del liquidatore. La pubblicazione è redatta in lingua italiana. I provvedimenti e le procedure di liquidazione di imprese di altri Stati membri sono disciplinati e producono i loro effetti, senza ulteriori formalità, nell'ordinamento italiano secondo la normativa dello Stato di origine.

3. Entro quindici giorni dalla comunicazione della nomina i commissari depositano in copia l'atto di nomina degli organi della liquidazione per l'iscrizione nel registro delle imprese.

248. Accertamento giudiziario dello stato di insolvenza. – 1. Se un'impresa, non sottoposta a liquidazione coatta, si trova in stato di insolvenza, il tribunale del luogo dove l'impresa ha il centro degli interessi principali (1), su richiesta di uno o più creditori ovvero su istanza del pubblico ministero o d'ufficio, sentito l'ISVAP e i rappresentanti legali dell'impresa, dichiara lo stato di insolvenza con sentenza in camera di consiglio. Quando l'impresa sia sottoposta ad amministrazione straordinaria, il tribunale dichiara l'insolvenza anche su ricorso dei commissari straordinari, sentiti i commissari stessi, l'ISVAP e i cessati rappresentanti legali. Si applicano le disposizioni dell'articolo 297 del codice della crisi e dell'insolvenza (1).

2. Se un'impresa si trova in stato di insolvenza al momento dell'emanazione del provvedimento di liquidazione coatta amministrativa e l'insolvenza non è stata dichiarata ai sensi del comma 1, il tribunale del luogo dove l'impresa ha il centro degli interessi principali (2), su ricorso dei commissari liquidatori o su istanza del pubblico ministero o d'ufficio, sentiti l'ISVAP, i cessati rappresentanti legali dell'impresa e i commissari se nominati, accerta tale stato con sentenza in camera di consiglio. Si applicano le disposizioni dell'articolo 297 del codice della crisi e dell'insolvenza (2),

3. Nel caso dell'impresa di assicurazione o di riassicurazione lo stato d'insolvenza si manifesta, oltre che nei modi indicati nell'articolo 2, comma 1, lettera b), del codice della crisi e dell'insolvenza (3), anche nella situazione di notevole, evidente e non transitoria insufficienza delle attività patrimoniali necessarie per far fronte agli impegni relativi ai crediti di assicurazione o di riassicurazione.

4. La dichiarazione giudiziale dello stato di insolvenza produce gli effetti indicati nell'articolo 299 del codice della crisi e dell'insolvenza (4).

(1) Le parole "dove l'impresa ha il centro degli interessi principali" sostituiscono quelle "dove l'impresa ha la sede legale" e le parole "dell'articolo 297 del codice della crisi e dell'insolvenza" sostituiscono quelle "dell'articolo 195, primo, secondo periodo, terzo, quarto, quinto e sesto comma, della legge fallimentare" ex art. 370, co. 1, lett. c), d.lg. 12/1/2019, n. 14.

(2) Le parole "dove l'impresa ha il centro degli interessi principali" sostituiscono quelle "dove l'impresa ha la sede legale" e le parole "dell'articolo 297 del codice della crisi e dell'insolvenza" sostituiscono quelle "dell'articolo 195, terzo, quarto, quinto e sesto comma, della legge fallimentare" ex art. 370, co. 1, lett. c), d.lg. 12/1/2019, n. 14.

(3) Le parole "nell'articolo 2, comma 1, lettera b), del codice della crisi e dell'insolvenza" sostituiscono quelle "nell'articolo 5, secondo comma, della legge fallimentare" ex art. 370, co. 1, lett. c), d.lg. 12/1/2019, n. 14.

(4) Le parole "nell'articolo 299 del codice della crisi e dell'insolvenza" sostituiscono quelle "nell'art. 203 della legge fallimentare" ex art. 370, co. 1, lett. c), d.lg. 12/1/2019, n. 14.

249. Effetti nei confronti dell'impresa, dei creditori e sui rapporti giuridici preesistenti. – 1. Dalla data di emanazione del provvedimento che dispone la liquidazione coatta nei confronti dell'impresa non può essere promossa o proseguita alcuna azione né, per qualsiasi titolo, può essere parimenti promosso o proseguito alcun atto di esecuzione forzata o cautelare. Per le azioni civili di qualsiasi natura derivanti dalla liquidazione è competente esclusivamente il tribunale del luogo dove l'impresa ha il centro degli interessi principali (1).

2. Dalla data del provvedimento di liquidazione si producono gli effetti previsti dalle disposizioni del titolo V, capo I, sezione III e V del codice della crisi e dell'insolvenza e dall'articolo 165 del medesimo codice (2).

(1) Le parole "dove l'impresa ha il centro degli interessi principali" sostituiscono quelle "dove l'impresa ha la sede legale" ex art. 370, co. 1, lett. d), d.lg. 12/1/2019, n. 14.

(2) Le parole "titolo V, capo I, sezione III e V del codice della crisi e dell'insolvenza e dall'articolo 165 del medesimo codice" sostituiscono quelle "titolo II, capo III, sezione II e sezione IV, e dall'articolo 66 della legge fallimentare" ex art. 370, co. 1, lett. d), d.lg. 12/1/2019, n. 14.

250. Poteri e funzionamento degli organi liquidatori. – 1. I commissari liquidatori hanno la rappresentanza legale dell'impresa, esercitano tutte le azioni ad essa spettanti e procedono alle operazioni di accertamento del passivo e di liquidazione dell'attivo. I commissari, nell'esercizio delle loro funzioni, sono pubblici ufficiali.

2. Il comitato di sorveglianza assiste i commissari nell'esercizio delle loro funzioni e fornisce pareri nei casi previsti dalla legge o dalle disposizioni previste nel regolamento adottato dall'ISVAP. Il comitato di sorveglianza vigila sulla regolarità della liquidazione e, a tal fine, periodicamente verifica l'adeguatezza delle procedure amministrative attuate dai commissari e svolge accertamenti sugli atti della liquidazione con particolare riguardo ai rapporti di natura patrimoniale.

3. L'ISVAP, in via generale con regolamento o in via particolare con istruzioni specifiche, può emanare direttive per lo svolgimento della procedura e può stabilire che per talune

categorie di operazioni o di atti sia necessaria la preliminare acquisizione del parere del comitato di sorveglianza e l'autorizzazione preventiva dello stesso ISVAP. I componenti degli organi della liquidazione sono personalmente responsabili dell'inosservanza delle prescrizioni dell'ISVAP. Esse sono comunque inopponibili ai terzi che non ne abbiano avuto conoscenza.

4. I commissari presentano semestralmente all'ISVAP una relazione tecnica sulla situazione contabile e patrimoniale dell'impresa e sull'andamento della liquidazione, accompagnata da un rapporto del comitato di sorveglianza. L'ISVAP fornisce alle autorità degli altri Stati membri le informazioni che siano richieste sullo svolgimento della procedura di liquidazione dell'impresa rispetto alla quale è l'autorità competente. I commissari informano periodicamente i creditori, secondo le modalità stabilite dall'ISVAP, con regolamento, sull'andamento della liquidazione.

5. L'esercizio dell'azione sociale di responsabilità e dell'azione dei creditori sociali contro i componenti dei cessati organi amministrativi e di controllo ed il direttore generale, dell'azione contro la società di revisione, nonché dell'azione del creditore sociale contro la società o l'ente che esercita l'attività di direzione e coordinamento, spetta ai commissari, sentito il comitato di sorveglianza, previa autorizzazione dell'ISVAP.

6. Ai commissari liquidatori e al comitato di sorveglianza si applica l'articolo 234, commi 8 e 9.

7. I commissari, previa autorizzazione dell'ISVAP e con il parere favorevole del comitato di sorveglianza, possono farsi coadiuvare nello svolgimento delle operazioni dalla CONSAP, previa convenzione approvata dal Ministro dello sviluppo economico, ovvero da terzi, ma sotto la propria responsabilità, con oneri a carico della liquidazione. In casi eccezionali, i commissari, previa autorizzazione dell'ISVAP, possono delegare a terzi il compimento di singoli atti.

251. Adempimenti iniziali. – 1. I commissari liquidatori si insediano prendendo in consegna l'azienda dai precedenti organi di amministrazione o di liquidazione ordinaria con un sommario processo verbale. I commissari acquisiscono una situazione dei conti e formano l'inventario. Alle operazioni assiste almeno un componente del comitato di sorveglianza e può essere presente un rappresentante dell'ISVAP.

252. Accertamento del passivo. – 1. Entro sessanta giorni dalla nomina i commissari comunicano a ciascun creditore, mediante consegna diretta, raccomandata con avviso di ricevimento o trasmissione per via telematica, le somme risultanti a credito di ciascuno secondo le scritture e i documenti dell'impresa. La comunicazione s'intende effettuata con riserva di eventuali contestazioni.

2. La comunicazione è effettuata all'ultimo indirizzo risultante agli atti dell'impresa. È onere del creditore interessato, in caso di variazione, informare senza indugio i commissari. Nei confronti dei creditori irreperibili, o per i quali non vi sia prova dell'avvenuta ricezione all'ultimo indirizzo risultante agli atti dell'impresa, la comunicazione è effettuata presso la cancelleria del tribunale del luogo dove l'impresa ha il centro degli interessi principali (1) mediante inserimento nel fascicolo relativo al deposito dello stato passivo. In tal caso la comunicazione può essere redatta in un unico documento.

3. L'informazione iniziale ai creditori che hanno la residenza abituale, il domicilio o la sede legale in uno Stato membro diverso dalla Repubblica, comprese le pubbliche amministrazioni di tali Stati, avviene con le modalità indicate all'articolo 253.

4. L'ISVAP può stabilire ulteriori forme di pubblicità allo scopo di rendere nota la scadenza dei termini per la presentazione delle domande di insinuazione al passivo da parte di coloro che non hanno ricevuto la comunicazione di cui al comma 1.

5. Entro trenta giorni dal ricevimento della raccomandata, i creditori possono presentare o inviare, mediante raccomandata con avviso di ricevimento, i loro reclami ai commissari, allegando i documenti giustificativi. Negli stessi termini e modalità i creditori che hanno la residenza abituale, il domicilio o la sede legale in un altro Stato membro, comprese le pubbliche amministrazioni, hanno diritto a presentare i loro reclami.

6. Entro novanta giorni dalla pubblicazione del provvedimento di liquidazione nella Gazzetta Ufficiale i creditori che non abbiano ricevuto la comunicazione prevista dai commi 1 e 3 possono chiedere ai commissari, mediante raccomandata con avviso di ricevimento, il riconoscimento dei propri crediti, presentando i documenti atti a provare l'esistenza, la specie e l'entità dei propri diritti. Con le stesse modalità e termini, salvo che l'ammissione non avvenga d'ufficio, i creditori che hanno la residenza abituale, il domicilio o la sede legale in un altro Stato membro, comprese le pubbliche amministrazioni, inviano ai commissari copia dei documenti giustificativi di cui sono in possesso e indicano la natura del credito, la data in cui è sorto e il relativo importo. I medesimi creditori segnalano, inoltre, se diversi dagli assicurati e dagli altri aventi diritto a prestazioni assicurative, gli eventuali privilegi e i beni che li garantiscono.

7. I commissari, trascorso il termine previsto dal comma precedente e non oltre i novanta giorni successivi, presentano all'ISVAP l'elenco dei creditori ammessi e delle somme riconosciute a ciascuno, indicandone i diritti e l'ordine di prelazione, e l'elenco di coloro cui è stato negato il riconoscimento delle pretese. È accordato ai creditori, persone fisiche o giuridiche, che hanno residenza abituale, domicilio o la sede legale in un altro Stato membro, incluse le pubbliche amministrazioni, lo stesso trattamento e lo stesso grado di privilegio dei creditori italiani.

8. Nei medesimi termini previsti dal comma 7 i commissari depositano, dopo averne data comunicazione all'ISVAP, nella cancelleria del tribunale del luogo dove l'impresa ha il centro degli interessi principali (1), a disposizione degli aventi diritto, gli elenchi dei creditori ammessi con l'indicazione delle somme riconosciute e di coloro ai quali è stato negato il riconoscimento delle pretese.

9. Successivamente i commissari, con le stesse modalità di cui al comma 1, comunicano senza indugio a coloro ai quali è stato negato in tutto o in parte il riconoscimento delle pretese, la decisione presa nei loro riguardi. Dell'avvenuto deposito dello stato passivo è dato avviso tramite pubblicazione nel Bollettino.

10. Espletati gli adempimenti indicati nei commi 7 e 8, lo stato passivo diventa esecutivo.

(1) Le parole "dove l'impresa ha il centro degli interessi principali" sostituiscono quelle "del luogo dove ha la sede legale l'impresa" ex art. 370, co. 1, lett. e), d.lg. 12/1/2019, n. 14.

253. Informazione iniziale ai creditori noti di altri Stati membri. – 1. All'apertura della procedura di liquidazione i commissari informano per iscritto mediante raccomandata con avviso di ricevimento, senza indugio e individualmente, i creditori noti che hanno la residenza abituale, il domicilio o la sede legale in un altro Stato membro.

2. L'avviso indica i termini da rispettare per ottenere il riconoscimento del credito e degli eventuali privilegi, gli effetti derivanti dal loro mancato rispetto, i soggetti legittimati a ricevere la richiesta di insinuazione dei crediti, ove tale adempimento sia dovuto, i termini e le modalità di presentazione dei reclami previsti dall'articolo 252, comma 5, e delle opposizioni previste dall'articolo 254, comma 1. L'avviso

indica, inoltre, che i creditori privilegiati o assistiti da una garanzia reale devono insinuare il credito. Per i crediti di assicurazione la comunicazione indica, altresì, gli effetti della liquidazione sui contratti ed in particolare la data dalla quale i contratti cessano di produrre i loro effetti, nonché i diritti e gli obblighi dell'assicurato rispetto al contratto medesimo.

3. Le comunicazioni di cui ai commi 1 e 2 sono effettuate in lingua italiana e recano un'intestazione in tutte le lingue ufficiali dell'Unione europea volta a chiarire la natura e lo scopo delle comunicazioni stesse.

4. Per i soggetti di cui al comma 1 i termini indicati dagli articoli 252, comma 5, e 254, comma 1, sono raddoppiati. Il termine indicato nell'articolo 252, comma 6, decorre dalla pubblicazione nella Gazzetta ufficiale dell'Unione europea prevista dall'articoli 247, comma 1.

5. L'ISVAP determina, con regolamento, il contenuto, la lingua e lo schema dei formulari da adottare per l'informazione dei creditori.

254. Opposizione allo stato passivo ed impugnazione dei crediti ammessi. – 1. Possono proporre opposizione allo stato passivo, i creditori esclusi o ammessi con riserva, entro quindici giorni dal ricevimento della comunicazione prevista dall'articolo 252, comma 9.

2. L'opposizione è disciplinata dagli articoli 206 e 207 del codice della crisi e dell'insolvenza (1).

(1) Comma modificato dal d.lg. 12/5/2015, n. 74.

• Le parole "dagli articoli 206 e 207 del codice della crisi e dell'insolvenza" sostituiscono quelle "dagli articoli 98 e 99 della legge fallimentare" ex art. 370, co. 1, lett. e), d.lg. 12/1/2019, n. 14.

255. Appello. – 1. Contro la sentenza del tribunale che decide sulle cause di opposizione può essere proposto appello, anche dai commissari, entro il termine di quindici giorni dalla data di notificazione della stessa, osservandosi per il giudizio di appello le disposizioni previste dal codice della crisi e dell'insolvenza (1) e dal codice di procedura civile.

(1) Le parole "dal codice della crisi e dell'insolvenza" sostituiscono quelle "dalla legge fallimentare" ex art. 370, co. 1, lett. g), d.lg. 12/1/2019, n. 14.

256. Insinuazioni tardive. – 1. Dopo il deposito dello stato passivo e fino a quando non siano esauriti tutti i riparti, i creditori e i titolari di diritti reali sui beni in possesso dell'impresa, che non abbiano ricevuto la comunicazione ai sensi dell'articolo 252, comma 1, e non risultino inclusi nello stato passivo, possono chiedere di far valere i loro diritti secondo quanto previsto dagli articoli 206 e 207 del codice della crisi e dell'insolvenza (1).

2. Tali soggetti sopportano le spese conseguenti al ritardo della domanda, salvo che il ritardo stesso non sia ad essi imputabile. Si applica il disposto dell'articolo 260, comma 5.

(1) Le parole "dagli articoli 206 e 207 del codice della crisi e dell'insolvenza" sostituiscono quelle "dagli articoli 98 e 99 della legge fallimentare" ex art. 370, co. 1, lett. h), d.lg. 12/1/2019, n. 14.

257. Liquidazione dell'attivo. – 1. I commissari hanno tutti i poteri occorrenti per realizzare l'attivo, salve le limitazioni stabilite dall'autorità che vigila sulla liquidazione. Per gli atti previsti dall'articolo 132 del codice della crisi e dell'insolvenza (1), in deroga a quanto disposto dall'articolo 307, comma 2, del medesimo codice (1), i commissari acquisiscono preventivamente il parere del comitato di sorveglianza e provvedono nel rispetto delle direttive che sono stabilite dall'ISVAP in via generale con regolamento o che sono prescritte in via particolare con istruzioni specifiche.

2. I commissari, con il parere favorevole del comitato di sorveglianza e previa autorizzazione dell'ISVAP, possono cedere le attività e le passività, l'azienda, rami d'azienda, nonché beni e rapporti giuridici individuabili in blocco. La cessione può avvenire in qualsiasi stadio della procedura, anche prima del deposito dello stato passivo. Il cessionario risponde comunque delle sole passività risultanti dall'atto di cessione.

3. I commissari possono trasferire il portafoglio, nella sua totalità o per singoli rami e senza che il trasferimento sia causa di scioglimento dei contratti di assicurazione ceduti, ad altra impresa che disponga di adeguate risorse patrimoniali entro sessanta giorni dalla pubblicazione del provvedimento di liquidazione mediante convenzione approvata dall'ISVAP e pubblicata nel Bollettino. I rischi sono assunti dall'impresa cessionaria alla scadenza del termine di sessanta giorni.

4. Per tutto il periodo di tempo relativo ai premi pagati i contratti di assicurazione in corso non possono essere disdettati dall'impresa cessionaria a pena di nullità della disdetta.

5. Anche ai fini dell'eventuale esecuzione di riparti agli aventi diritto, i commissari possono contrarre mutui, effettuare altre operazioni finanziarie passive e costituire in garanzia attività aziendali, secondo le prescrizioni e le cautele disposte dal comitato di sorveglianza e previa autorizzazione dell'ISVAP.

(1) Le parole "dall'articolo 132 del codice della crisi e dell'insolvenza" sostituiscono quelle "dall'articolo 35 della legge fallimentare" e le parole "a quanto disposto dall'articolo 307, comma 2, del medesimo codice" sostituiscono quelle "a quanto disposto dall'articolo 206, secondo comma, della medesima" ex art. 370, co. 1, lett. i), d.lg. 12/1/2019, n. 14.

258. Trattamento dei crediti derivanti da contratti di assicurazione o da contratti di riassicurazione (1). – 1. Gli attivi a copertura delle riserve tecniche dei rami vita e dei rami danni, che alla data del provvedimento di liquidazione coatta risultano iscritti nell'apposito registro, sono riservati in via prioritaria al soddisfacimento delle obbligazioni derivanti dai contratti ai quali essi si riferiscono.

2. Dalla pubblicazione del provvedimento di liquidazione, o dalla notifica all'impresa di assicurazione o di riassicurazione se anteriore, la composizione degli attivi indicati nel registro ed il registro medesimo non possono essere modificati dai commissari, ad eccezione della correzione di meri errori materiali, senza l'autorizzazione dell'ISVAP. I commissari includono nel registro, in deroga al vincolo di immodificabilità, i proventi finanziari maturati sugli attivi, nonché l'importo dei premi incassati nel periodo compreso fra l'apertura della liquidazione e il pagamento dei crediti di assicurazione e di riassicurazione o, nel caso di trasferimento del portafoglio, fino alla data del trasferimento stesso. Se il ricavato della liquidazione degli attivi è inferiore alla valutazione indicata nel registro, i commissari sono tenuti a darne giustificazione all'ISVAP (2).

3. Sugli attivi a copertura delle riserve tecniche dei rami vita si soddisfano con priorità rispetto agli altri titolari di crediti sorti anteriormente al provvedimento di liquidazione, ancorché assistiti da privilegio o ipoteca:

a) gli aventi diritto ai capitali o indennizzi per polizze scadute o sinistrate entro il sessantesimo giorno successivo alla data di pubblicazione del provvedimento di liquidazione e gli aventi diritto a rendite maturate entro lo stesso termine;

b) i titolari di crediti derivanti da operazioni di capitalizzazione;

c) gli aventi diritto alle somme dovute per riscatti;

d) i titolari dei contratti in corso alla data di cui alla lettera a), in proporzione dell'ammontare delle riserve matematiche;

e) i titolari dei contratti che non prevedono la costituzione di riserve matematiche, proporzionalmente alla frazione di premio corrispondente al rischio non corso. Se gli attivi a copertura delle riserve tecniche dei rami vita risultano insufficienti per soddisfare i crediti indicati in precedenza, quelli di cui alle lettere a), b), c), e d) sono preferiti ai crediti di cui alla lettera e).

4. Sugli attivi a copertura delle riserve tecniche dei rami danni si soddisfano, con priorità rispetto agli altri titolari di crediti sorti anteriormente al provvedimento di liquidazione, ancorché assistiti da privilegio o ipoteca:

a) gli aventi diritto a capitali o indennizzi per sinistri verificatisi entro il sessantesimo giorno successivo alla data di pubblicazione del provvedimento di liquidazione;

b) i titolari dei contratti in corso alla data di cui alla lettera a), in proporzione alla frazione del premio corrispondente al rischio non ancora corso. Se gli attivi a copertura delle riserve tecniche dei rami danni risultano insufficienti per soddisfare tutti i crediti indicati in precedenza, quelli di cui alla lettera a) sono preferiti ai crediti di cui alla lettera b).

4-bis. Gli impegni risultanti dalla partecipazione ad un contratto di coassicurazione comunitaria sono soddisfatti alla stessa stregua degli impegni risultanti dagli altri contratti di assicurazione senza distinzione di nazionalità per quanto riguarda gli aventi diritto alle prestazioni assicurative (3).

5. Se gli attivi a copertura delle riserve tecniche relative ai contratti di assicurazione obbligatoria della responsabilità civile derivante dalla circolazione dei veicoli a motore e dei natanti risultano insufficienti per soddisfare tutti i crediti indicati nel comma 4, si applicano le disposizioni previste dal capo I del titolo XVII.

6. Al pagamento dei crediti di cui ai commi 3 e 4 va anteposto il pagamento delle spese di cui all'articolo 221, comma 1, lettera a), del codice della crisi e dell'insolvenza (4). Le medesime spese gravano proporzionalmente sulle attività di ogni specie ancorché assistite da privilegio o ipoteca.

6-bis. In caso di liquidazione coatta amministrativa dell'impresa di riassicurazione, gli impegni derivanti dai contratti conclusi da una succursale o in regime di libera prestazione di servizi sono adempiuti alla stregua degli impegni derivanti dagli altri contratti di riassicurazione (3).

(1) Rubrica sostituita dall'art. 21 del d.lg. 29/2/2008, n. 56.

(2) Comma modificato dall'art. 21 del d.lg. 29/2/2008, n. 56.

(3) Comma aggiunto dal d.lg. 12/5/2015, n. 74.

(4) Le parole "all'articolo 221, comma 1, lettera a), del codice della crisi e dell'insolvenza" sostituiscono quelle "all'articolo 111, primo comma, numero 1, della legge fallimentare" ex art. 370, co. 1, lett. l), d.lg. 12/1/2019, n. 14.

259. Ulteriori disposizioni per il trattamento dei crediti derivanti da contratti di riassicurazione (1). – 1. In caso di liquidazione coatta amministrativa del riassicurato si applica l'articolo 1930 del codice civile.

2. In caso di liquidazione coatta amministrativa dell'impresa del riassicuratore o del riassicurato si applica l'articolo 1931 del codice civile.

(1) Rubrica sostituita dall'art. 21 del d.lg. 29/2/2008, n. 56.

260. Ripartizione dell'attivo. – 1. I commissari procedono, secondo l'ordine stabilito dall'articolo 221 del codice della crisi e dell'insolvenza (1), alla ripartizione dell'attivo liquidato. Le indennità e i rimborsi spettanti agli organi della procedura di amministrazione straordinaria e ai commissari della gestione provvisoria che abbiano preceduto la liquidazione coatta amministrativa sono equiparate alle spese indicate nell'articolo 221, comma 1, lettera a), del codice della crisi e dell'insolvenza (1).

2. I commissari, sentito il comitato di sorveglianza e previa autorizzazione dell'ISVAP, possono distribuire acconti o eseguire riparti parziali, sia a favore di tutti gli aventi diritto sia a favore di talune categorie di essi, anche prima che siano realizzate tutte le attività e accertate tutte le passività.

3. Nell'effettuare i riparti, i commissari, in presenza di pretese di creditori o di altri interessati per le quali non sia stata definita l'ammissione allo stato passivo, accantonano le somme corrispondenti ai riparti non effettuati a favore di ciascuno di detti soggetti, al fine della distribuzione agli stessi nel caso di riconoscimento dei diritti o, in caso contrario, della loro liberazione a favore degli altri aventi diritto.

4. Nei casi previsti dal comma 3, i commissari, con il parere favorevole del comitato di sorveglianza e previa autorizzazione dell'ISVAP, possono acquisire idonee garanzie in sostituzione degli accantonamenti.

5. La presentazione oltre i termini dei reclami e delle domande previste dall'articolo 252, commi 5 e 6, fa concorrere solo agli eventuali riparti successivi, nei limiti in cui le pretese sono accolte dai commissari o, dopo il deposito dello stato passivo, dal giudice in sede di opposizione.

6. Coloro che hanno proposto insinuazione tardiva, ai sensi dell'articolo 256, concorrono solo ai riparti eseguiti dopo la presentazione del ricorso.

(1) Le parole "dall'articolo 221 del codice della crisi e dell'insolvenza" sostituiscono quelle "dall'articolo 111 della legge fallimentare" e le parole "nell'articolo 221, comma 1, lettera a), del codice della crisi e dell'insolvenza" sostituiscono quelle "nell'articolo 111, comma primo, numero 1) della legge fallimentare" ex art. 370, co. 1, lett. m), d.lg. 12/1/2019, n. 14.

261. Adempimenti finali. – 1. Liquidato l'attivo e prima dell'ultimo riparto ai creditori, i commissari sottopongono il bilancio finale di liquidazione, il rendiconto finanziario e il piano di riparto, accompagnati da una relazione propria e da quella del comitato di sorveglianza, all'ISVAP, che ne autorizza il deposito presso la cancelleria del tribunale.

2. Dell'avvenuto deposito è data notizia mediante pubblicazione nel Bollettino. L'ISVAP può stabilire forme integrative di pubblicità.

3. Nel termine di venti giorni dalla data di pubblicazione nel Bollettino, gli interessati possono proporre le loro contestazioni con ricorso al tribunale. Si applicano le disposizioni dell'articolo 254, commi 1 e 2.

4. Decorso il termine indicato senza che siano state proposte contestazioni ovvero definite queste ultime con sentenza passata in giudicato, i commissari liquidatori provvedono al riparto finale in conformità di quanto previsto dall'articolo 260.

5. Le somme che non possono essere distribuite vengono depositate nei modi stabiliti dall'ISVAP per il successivo versamento agli aventi diritto, fatta salva la facoltà prevista dall'articolo 260, comma 4.

6. Si applicano le disposizioni del codice civile in materia di liquidazione delle società di capitali relative alla cancellazione della società e al deposito dei libri sociali.

7. La pendenza di ricorsi e giudizi, ivi compreso quello di accertamento dello stato di insolvenza, non preclude l'effettuazione degli adempimenti finali previsti ai commi da 1 a 6 e la chiusura della procedura di liquidazione coatta amministrativa. Tale chiusura è subordinata all'esecuzione di accantonamenti o all'acquisizione di garanzie ai sensi dell'articolo 260, commi 3 e 4.

8. Successivamente alla chiusura della procedura di liquidazione coatta, i commissari liquidatori mantengono la legittimazione processuale, anche nei successivi stati e gradi dei giudizi in corso. Ai commissari liquidatori, nello svolgimento delle attività connesse ai giudizi, si applicano i commi 2 e 3 dell'articolo 233, il comma 8 dell'articolo 234 ed i commi 1, 3 e 7 dell'articolo 250.

9. Nei casi di cessione ai sensi dell'articolo 257, commi 2 e 3, i commissari sono estromessi, su propria istanza, dai giudizi relativi ai rapporti oggetto della cessione nei quali sia subentrato il cessionario.

262. Concordato. – 1. In qualsiasi stadio della procedura di liquidazione coatta, i commissari, con il parere del comitato di sorveglianza, ovvero l'impresa ai sensi dell'articolo 265, comma 2, del codice della crisi e dell'insolvenza (1), con il parere degli organi liquidatori, possono proporre un concordato al tribunale del luogo dove l'impresa ha il centro degli interessi principali (1). La proposta di concordato è autorizzata dall'ISVAP.

2. La proposta di concordato indica la percentuale offerta ai creditori chirografari, il tempo del pagamento e le eventuali garanzie.

3. La proposta di concordato e il parere degli organi liquidatori sono depositati nella cancelleria del tribunale. L'ISVAP può stabilire altre forme di pubblicità.

4. Entro trenta giorni dal deposito, gli interessati possono proporre opposizione con ricorso depositato nella cancelleria, che viene comunicato ai commissari. In assenza di opposizioni il concordato diventa esecutivo.

5. In caso di opposizione il tribunale decide con sentenza in camera di consiglio sulla proposta di concordato, tenendo conto del parere reso dall'ISVAP. La sentenza è pubblicata mediante deposito in cancelleria e nelle altre forme stabilite dal tribunale. Del deposito viene data comunicazione ai commissari e agli opponenti con biglietto di cancelleria. Si applica l'articolo 254.

6. Durante la procedura di concordato i commissari possono procedere a parziali distribuzioni dell'attivo ai sensi dell'articolo 260.

7. Alla proposta di concordato e all'intervento nella procedura in qualità di assuntore del concordato medesimo è legittimata, previa autorizzazione del Ministro delle attività produttive, la CONSAP.

(1) Le parole "dell'articolo 265, comma 2, del codice della crisi e dell'insolvenza" sostituiscono quelle "dell'art. 152, secondo comma, della legge fallimentare" e le parole "dove l'impresa ha il centro degli interessi principali" sostituiscono quelle "del luogo dove l'impresa ha la sede legale" ex art. 370, co. 1, lett. n), d.lg. 12/1/2019, n. 14.

263. Esecuzione del concordato e chiusura della procedura. – 1. I commissari, con l'assistenza del comitato di sorveglianza, sovrintendono all'esecuzione del concordato secondo le direttive che sono stabilite dall'ISVAP in via generale con regolamento o che sono prescritte in via particolare con istruzioni specifiche.

2. Eseguito il concordato, i commissari convocano l'assemblea dei soci perché sia deliberata la modifica dell'oggetto sociale in relazione alla revoca dell'autorizzazione all'attività assicurativa o riassicurativa. Nel caso in cui non abbia luogo la modifica dell'oggetto sociale, i commissari procedono agli adempimenti per la cancellazione della società e il deposito dei libri sociali previsti dalle disposizioni del codice civile in materia di scioglimento e liquidazione delle società di capitali.

3. Si applicano gli articoli 250 e 251 del codice della crisi e dell'insolvenza (1).

(1) Le parole "Si applicano gli articoli 250 e 251 del codice della crisi e dell'insolvenza" sostituiscono quelle "Si applica l'articolo 215 della legge fallimentare" ex art. 370, co. 1, lett. o), d.lg. 12/1/2019, n. 14.

264. Imprese di assicurazione di Stati terzi e imprese di riassicurazione estere. – 1. Se un'impresa di assicurazione, che ha sede legale in uno Stato terzo, ha insediato una succursale nel territorio della Repubblica, la liquidazione coatta è disposta nei confronti della sede italiana. Si applica l'articolo 240, comma 3.

2. Se un'impresa di riassicurazione, che ha sede legale in uno Stato membro o in uno Stato terzo, ha insediato una sede secondaria nel territorio della Repubblica, la liquidazione coatta è disposta nei confronti della sede italiana. Si applica l'articolo 240, comma 3 (1).

3. Si applicano, in quanto compatibili, le disposizioni del presente capo.

(1) Comma modificato dall'art. 21 del d.lg. 29/2/2008, n. 56 e dal d.lg. 12/5/2015, n. 74.

265. Liquidazione coatta di imprese non autorizzate. – 1. Il Ministro delle attività produttive, su proposta dell'ISVAP, dispone la liquidazione coatta dell'impresa che esercita l'attività di assicurazione o di riassicurazione senza essere stata autorizzata.

2. Nel caso di assoluta mancanza di attività da liquidare l'ISVAP procede alla nomina dei commissari, solo previa motivata richiesta da parte dei creditori o di altri soggetti interessati che venga presentata nel termine perentorio di sessanta giorni dalla data di pubblicazione del provvedimento di liquidazione. In tal caso i commissari possono chiedere all'ISVAP, dopo aver provveduto al deposito dello stato passivo, l'autorizzazione a chiudere la liquidazione senza ulteriori formalità.

3. Si osservano le disposizioni di cui all'articolo 313 del codice della crisi e dell'insolvenza (1).

(1) Le parole "all'articolo 313 del codice della crisi e dell'insolvenza" sostituiscono quelle "all'articolo 213, secondo e terzo comma, della legge fallimentare" ex art. 370, co. 1, lett. p), d.lg. 12/1/2019, n. 14.

Capo V
Responsabilità per illecito amministrativo dipendente da reato

266. Responsabilità per illecito amministrativo dipendente da reato. – 1. Il pubblico ministero che iscrive, ai sensi dell'articolo 55 del decreto legislativo 8 giugno 2001, n. 231, nel registro delle notizie di reato un illecito amministrativo a carico di un'impresa di assicurazione o di riassicurazione ne dà comunicazione all'ISVAP. Nel corso del procedimento, ove il pubblico ministero ne faccia richiesta, viene sentito l'ISVAP, che ha facoltà di presentare relazioni scritte.

2. In ogni grado del giudizio di merito, prima della sentenza, il giudice dispone, anche d'ufficio, l'acquisizione dall'ISVAP di aggiornate informazioni sulla situazione dell'impresa, con particolare riguardo alla struttura organizzativa e di controllo.

3. La sentenza irrevocabile che irroga nei confronti di un'impresa di assicurazione o di riassicurazione le sanzioni interdittive previste dall'articolo 9, comma 2, lettere a) e b), del decreto legislativo 8 giugno 2001, n. 231, decorsi i termini per la conversione delle sanzioni medesime, è trasmessa per l'esecuzione dall'autorità giudiziaria all'ISVAP. A tal fine l'ISVAP può proporre o adottare gli atti previsti dai capi II, III e IV, avendo presenti le caratteristiche della sanzione irrogata e le preminenti finalità di salvaguardia della stabilità e di tutela degli assicurati e degli altri aventi diritto a prestazioni assicurative.

4. Le sanzioni interdittive indicate nell'articolo 9, comma 2, lettere a) e b), del decreto legislativo 8 giugno 2001, n. 231, non possono essere applicate in via cautelare alle imprese di assicurazione o di riassicurazione. Alle medesime non si applica, altresì, l'articolo 15 del decreto legislativo 8 giugno 2001, n. 231.

5. Il presente articolo si applica, in quanto compatibile, alle sedi secondarie italiane di imprese di altri Stati membri o di Stati terzi.

Capo VI
Effetti delle misure di risanamento e di liquidazione dell'impresa di assicurazione adottate da altri Stati membri

267. Rapporti di lavoro, contratti su beni immobili navi e aeromobili, strumenti finanziari. – 1. In caso di adozione di un provvedimento di risanamento o di una procedura di liquidazione, da parte di un altro Stato membro nei confronti dell'impresa di assicurazione che ha sede legale in tale Stato, restano soggetti alla legge italiana:

a) i rapporti di lavoro con l'impresa di assicurazione sorti in Italia;

b) i contratti stipulati con l'impresa di assicurazione che danno diritto all'utilizzo o all'acquisto di un bene immobile situato nel territorio della Repubblica;

c) i diritti dell'impresa di assicurazione su un bene immobile, su una nave o su un aeromobile, che richiedono un'iscrizione in un pubblico registro italiano.

2. Agli atti a titolo oneroso, stipulati successivamente all'adozione di un provvedimento di risanamento o di una procedura di liquidazione, per effetto dei quali l'impresa di assicurazione disponga di un bene immobile, di una nave o di un aeromobile soggetti all'iscrizione in pubblico registro ovvero di strumenti finanziari la cui esistenza o il cui trasferimento presuppongono l'iscrizione in un registro pubblico o l'immissione in un sistema di deposito accentrato, si applica la legge italiana se, rispettivamente, l'immobile è situato nel territorio della Repubblica, i pubblici registri della nave o dell'aeromobile ovvero il registro o il sistema di deposito accentrato degli strumenti finanziari sono disciplinati dalla legge italiana.

268. Diritti reali di terzi su beni situati nel territorio della Repubblica. – 1. L'adozione di un provvedimento di risanamento o di una procedura di liquidazione, da parte di un altro Stato membro nei confronti di un'impresa di assicurazione che ha sede legale in tale Stato, non pregiudica i diritti reali di terzi su beni, mobili o immobili, siano essi beni determinati o universalità di beni indeterminati, di proprietà dell'impresa di assicurazione che si trovano nel territorio della Repubblica.

2. È assimilato ad un diritto reale il diritto, iscritto in pubblico registro e opponibile a terzi, che consenta di ottenere un diritto reale ai sensi del comma 1.

3. La disposizione di cui al comma 1 non osta alle azioni di nullità, annullamento o di inopponibilità degli atti pregiudizievoli per la massa dei creditori previste dalla legislazione dello Stato membro dell'impresa nei confronti della quale è stata adottata la misura di risanamento o di liquidazione.

269. Diritti del venditore, in caso di riserva di proprietà sul bene situato nel territorio della Repubblica. – 1. L'adozione di un provvedimento di risanamento o di una procedura di liquidazione, da parte di un altro Stato membro nei confronti di un'impresa di assicurazione che ha sede legale in tale Stato e che ha stipulato un contratto preliminare di acquisto ovvero un contratto di acquisto con patto di riservato dominio di un bene, non pregiudica i diritti del venditore fondati sulla riserva di proprietà, allorché il bene si trovi, al momento dell'adozione del provvedimento o dell'apertura della procedura, nel territorio della Repubblica.

2. L'adozione di un provvedimento di risanamento o di una procedura di liquidazione da parte di un altro Stato membro nei confronti di un'impresa di assicurazione che ha sede legale in tale Stato e che ha stipulato un contratto di cui al comma 1, la cui consegna si sia verificata prima dell'adozione dei provvedimenti stessi, non costituisce causa di scioglimento del contratto e non impedisce che l'acquirente ne acquisti la proprietà dietro pagamento o adempimento delle obbligazioni pattuite, qualora tale bene si trovi in tale momento nel territorio della Repubblica.

3. Le disposizioni di cui ai commi precedenti non ostano alle azioni di nullità, di annullamento o di inopponibilità degli atti pregiudizievoli per la massa dei creditori previste dalla legislazione dello Stato membro dell'impresa nei confronti della quale è stata adottata la misura di risanamento o di liquidazione.

270. Diritto alla compensazione nei rapporti con l'impresa di assicurazione. – 1. L'adozione di un provvedimento di risanamento o di una procedura di liquidazione, da parte di un altro Stato membro nei confronti di un'impresa di assicurazione che ha sede legale in tale Stato, non pregiudica il diritto del creditore di invocare la compensazione nei rapporti con l'impresa di assicurazione secondo quanto previsto all'articolo 155 del codice della crisi e dell'insolvenza (1).

2. La disposizione di cui al comma 1 non osta alle azioni di annullamento, di nullità o di inopponibilità degli atti pregiudizievoli per la massa dei creditori previste dalla legislazione dello Stato membro dell'impresa nei confronti della quale è stata adottata la misura di risanamento o di liquidazione.

(1) Le parole "all'articolo 155 del codice della crisi e dell'insolvenza" sostituiscono quelle "dall'articolo 56 della legge fallimentare" ex art. 370, co. 1, lett. q), d.lg. 12/1/2019, n. 14.

271. Operazioni effettuate in mercati regolamentati italiani. – 1. Fermo quanto disposto dall'articolo 268, in caso di adozione di un provvedimento di risanamento o di una procedura di liquidazione, da parte di un altro Stato membro nei confronti di un'impresa di assicurazione che ha sede legale in tale Stato, restano soggetti alla legge italiana i diritti e gli obblighi, nei confronti dell'impresa di assicurazione, relativi alle operazioni di compensazione e novazione, al riacquisto ed alle cessioni con patto di riacquisto, nonché ad ogni altra operazione effettuata in mercati regolamentati di strumenti finanziari autorizzati in Italia in conformità al testo unico dell'intermediazione finanziaria, compresa la possibilità di esperire le azioni di nullità, di annullamento o di inopponibilità dei pagamenti o delle transazioni, pregiudizievoli per la massa dei creditori.

272. Condizione di proponibilità delle azioni relative agli atti pregiudizievoli. – 1. L'azione di annullamento, di nullità o di inopponibilità, fondata su disposizioni previste dalla legislazione dello Stato membro nel quale ha sede legale l'impresa di assicurazione nei confronti della quale è stata adottata la misura di risanamento o di liquidazione, è improponibile o improcedibile nei confronti di chi, avendo beneficiato dell'atto pregiudizievole per la massa dei creditori, prova che tale atto è soggetto alla legge di uno Stato membro diverso da quello dove ha sede legale l'impresa e che la legge applicabile alla fattispecie non consente di impugnare l'atto con alcun mezzo.

273. Cause pendenti relative allo spoglio di beni dell'impresa di assicurazione. – 1. Gli effetti di un provvedimento di risanamento o di una procedura di liquidazione, adottati da un altro Stato membro nei confronti di un'impresa di assicurazione che ha sede legale in tale Stato, su un giudizio pendente in Italia relativo alla rivendica di beni, nonché di diritti sugli stessi, dell'impresa di assicurazione sono regolati dalla legge italiana.

274. Riconoscimento e poteri dei commissari e dei liquidatori. – 1. I commissari o i liquidatori, nominati dall'autorità dello Stato membro nel quale ha sede legale l'impresa di assicurazione assoggettata ad un provvedimento di risanamento o ad una procedura di liquidazione, che intendano agire nel territorio della Repubblica, per l'esercizio delle relative funzioni, sono tenuti a documentare la nomina con la presentazione di una copia, conforme all'originale, rilasciata dall'autorità che ha emesso il provvedimento o mediante qualsiasi altra certificazione resa dalla competente autorità dello stesso Stato. Ai medesimi commissari o ai liquidatori può essere richiesta una traduzione nella lingua italiana della documentazione di cui al presente comma.

2. Possono essere designati, in base alla legge dello Stato membro di origine dell'impresa di assicurazione, persone incaricate di assistere o, all'occorrenza, di rappresentare i commissari o i liquidatori nello svolgimento dei compiti derivanti dal provvedimento di risanamento o della procedura di liquidazione nel territorio della Repubblica con particolare riferimento ai rapporti con i creditori italiani.

3. Fermo restando quanto disposto dal comma 4, i commissari e i liquidatori esercitano nel territorio della Repubblica gli stessi poteri che hanno il diritto di esercitare nello Stato membro di origine dell'impresa di assicurazione, ma non possono svolgere compiti riservati alla forza pubblica o funzioni attribuite alla magistratura.

4. I commissari e i liquidatori nominati dall'autorità dello Stato membro di origine dell'impresa di assicurazione sono tenuti, nell'esercizio delle loro funzioni nel territorio della Repubblica, al rispetto della legge italiana in particolare per quanto attiene alle modalità di realizzazione degli attivi e alla disciplina dei rapporti di lavoro subordinato con particolare riguardo all'informazione dei dipendenti. I commissari o i liquidatori nominati dall'autorità dello Stato membro di origine dell'impresa di assicurazione, nonché ogni altro soggetto autorizzato dalle medesime autorità, possono chiedere, fermi restando eventuali specifici obblighi di pubblicità previsti dalla legge italiana, che un provvedimento di risanamento o la decisione di apertura di una procedura di liquidazione sia annotata nei registri immobiliari, nel registro delle imprese o in altro pubblico registro italiano.

Capo VII
Disposizioni sul risanamento e sulla liquidazione nel gruppo assicurativo (1)

(1) Capo modificato dal d.lg. 12/5/2015, n. 74.

275. Amministrazione straordinaria della capogruppo assicurativa (1). – 1. Salvo quanto previsto dal presente articolo, alla capogruppo di un gruppo assicurativo si applicano le norme del capo II del presente titolo.

2. L'amministrazione straordinaria della capogruppo, oltre che nei casi previsti dall'articolo 231, può essere disposta quando:

a) risultino gravi inadempienze nell'esercizio dell'attività di direzione e di coordinamento per l'esecuzione delle istruzioni di vigilanza impartite dall'ISVAP;

b) una delle società del gruppo assicurativo sia stata sottoposta alla procedura del fallimento, del concordato preventivo, della liquidazione coatta amministrativa, dell'amministrazione straordinaria ovvero ad altra analoga procedura prevista da leggi speciali o dalla legislazione di altri Stati membri, nonché quando sia stato nominato l'amministratore giudiziario secondo le disposizioni del codice civile in materia di denuncia al tribunale di gravi irregolarità nella gestione e possa essere alterato in modo grave l'equilibrio finanziario o gestionale del gruppo.

3. L'amministrazione straordinaria della capogruppo dura un anno dalla data di emanazione del decreto del Ministro delle attività produttive, salvo che sia prescritto un termine più breve dal provvedimento medesimo o che ne sia disposta la chiusura anticipata. In casi eccezionali la procedura può essere prorogata per un periodo non superiore ad un anno.

4. I commissari straordinari, sentito il comitato di sorveglianza, previa autorizzazione dell'ISVAP, possono revocare o sostituire, anche in parte, gli amministratori delle società del gruppo al fine di realizzare i mutamenti degli indirizzi gestionali che si rendano necessari. I nuovi amministratori restano in carica al massimo sino al termine dell'amministrazione straordinaria della capogruppo. Gli amministratori revocati hanno titolo esclusivamente ad un indennizzo corrispondente ai compensi ordinari ad essi spettanti per la durata residua del mandato ma, comunque, per un periodo non superiore a sei mesi.

5. I commissari straordinari possono richiedere, previa autorizzazione dell'ISVAP sentiti i cessati amministratori della società, l'accertamento giudiziale dello stato di insolvenza delle società appartenenti al gruppo.

6. I commissari straordinari possono richiedere alle società del gruppo i dati, le informazioni e ogni altro elemento utile per adempiere al proprio mandato.

(1) Articolo modificato dal d.lg. 12/5/2015, n. 74.

276. Liquidazione coatta amministrativa della capogruppo assicurativa (1). – 1. Salvo quanto previsto dal presente articolo, alla capogruppo di un gruppo assicurativo si applicano le norme del capo IV del presente titolo.

2. La liquidazione coatta amministrativa della capogruppo, oltre che nei casi previsti dall'articolo 245, può essere disposta quando le inadempienze nell'esercizio dell'attività di direzione e di coordinamento per l'esecuzione delle istruzioni di vigilanza impartite dall'ISVAP siano di eccezionale gravità.

3. I commissari liquidatori depositano annualmente nel registro delle imprese una relazione sulla situazione contabile e sull'andamento della liquidazione, corredata da notizie sia sullo svolgimento delle procedure cui sono sottoposte altre società del gruppo sia sugli eventuali interventi a tutela degli assicurati e degli altri aventi diritto a prestazioni assicurative. La relazione è accompagnata da un rapporto del comitato di sorveglianza. L'ISVAP può prescrivere speciali forme di pubblicità per rendere noto l'avvenuto deposito della relazione.

4. Si applicano le disposizioni dell'articolo 275, commi 5 e 6.

5. Quando sia accertato giudizialmente lo stato di insolvenza, compete ai commissari l'esperimento dell'azione revocatoria prevista dall'articolo 166 del codice della crisi e dell'insolvenza (2) nei confronti delle altre società del gruppo. L'azione può essere esperita per gli atti indicati all'articolo 166, comma 1, lettere a), b) e c) del codice della crisi e dell'insolvenza che siano stati posti in essere nei cinque anni anteriori al provvedimento di liquidazione coatta, e per gli atti indicati all'articolo 166, comma 1, lettere a), b) e c) e comma 2 del codice della crisi e dell'insolvenza, che siano stati posti in essere nei tre anni anteriori (2).

(1) Articolo modificato dal d.lg. 12/5/2015, n. 74.

(2) Le parole "166 del codice della crisi e dell'insolvenza" sostituiscono quelle "67 della legge fallimentare"; le parole "per gli atti indicati all'articolo 166, comma 1, lettere a), b) e c) del codice della crisi e dell'insolvenza che siano stati posti in essere nei cinque anni anteriori al provvedimento di liquidazione coatta, e per gli atti indicati all'articolo 166, comma 1, lettere a), b) e c) e comma 2 del codice della crisi e dell'insolvenza, che siano stati posti in essere nei tre anni anteriori" sostituiscono quelle "per gli atti indicati ai numeri 1), 2) e 3) del primo comma dell'articolo 67dellalegge fallimentare, che siano stati posti in essere nei cinque anni anteriori al provvedimento di liquidazione coatta, e per gli atti indicati al numero 4) del primo comma e dal secondo comma del medesimo articolo 67, che siano stati posti in essere nei tre anni anteriori" ex art. 370, co. 1, lett. r), d.lg. 12/1/2019, n. 14.

277. Amministrazione straordinaria delle società del gruppo assicurativo (1). – 1. Salvo quanto previsto nel presente articolo, quando la capogruppo sia sottoposta ad amministrazione straordinaria o a liquidazione coatta amministrativa, alle società del gruppo si applicano, ove ne ricorrono i presupposti, le norme del capo II del presente titolo. L'amministrazione straordinaria può essere richiesta all'ISVAP anche dai commissari straordinari e dai commissari liquidatori della capogruppo.

2. Quando presso società del gruppo sia stato nominato l'amministratore giudiziario secondo le disposizioni del codice civile in materia di denuncia al tribunale di gravi irregolarità nella gestione, la procedura si converte in amministrazione straordinaria. Il tribunale competente, anche d'ufficio, dichiara con sentenza in camera di consiglio che la società è soggetta alla procedura di amministrazione straordinaria e ordina la trasmissione degli atti all'ISVAP. Gli organi della cessata procedura e quelli dell'amministrazione straordinaria provvedono con urgenza al passaggio delle consegne, dandone notizia con le forme di pubblicità stabilite dall'ISVAP. Restano salvi gli effetti degli atti legalmente compiuti.

3. Quando le società del gruppo da sottoporre all'amministrazione straordinaria siano soggette a vigilanza, il relativo provvedimento è adottato sentita l'autorità che esercita la vigilanza, alla quale, in caso di urgenza, potrà essere fissato un termine per la formulazione del parere.

4. La durata dell'amministrazione straordinaria delle società del gruppo è indipendente da quella della procedura cui è sottoposta la capogruppo.

(1) Articolo modificato dal d.lg. 12/5/2015, n. 74.

278. Liquidazione coatta amministrativa delle società del gruppo assicurativo (1). – 1. Salvo quanto previsto nel presente articolo, quando la capogruppo sia sottoposta ad amministrazione straordinaria o a liquidazione coatta amministrativa, alle società del gruppo si applicano, qualora ne sia stato accertato giudizialmente lo stato di insolvenza, le norme del capo IV del presente titolo. Per le imprese di assicurazione e di riassicurazione resta ferma comunque la disciplina del capo IV. La liquidazione coatta può essere richiesta all'ISVAP anche dai commissari straordinari e dai commissari liquidatori della capogruppo.

2. Quando presso società del gruppo siano in corso il fallimento, la liquidazione coatta o altre procedure concorsuali, queste si convertono nella liquidazione coatta disciplinata dal presente articolo. Fermo restando l'accertamento dello stato di insolvenza già operato, il tribunale competente, anche d'ufficio, dichiara con sentenza in camera di consiglio che la società è soggetta alla procedura di liquidazione prevista dal presente articolo e ordina la trasmissione degli atti all'ISVAP. Gli organi della cessata procedura e quelli della liquidazione provvedono con urgenza al passaggio delle consegne, dandone notizia con le forme di pubblicità stabilite dall'ISVAP. Restano salvi gli effetti degli atti legalmente compiuti.

3. Ai commissari liquidatori sono attribuiti i poteri previsti dall'articolo 276, comma 5.

(1) Articolo modificato dal d.lg. 12/5/2015, n. 74.

279. Procedure proprie delle singole società del gruppo assicurativo (1). – 1. Quando la capogruppo non sia sottoposta ad amministrazione straordinaria o a liquidazione coatta amministrativa, le società del gruppo sono soggette alle procedure previste dalle norme di legge a esse applicabili. Dei relativi provvedimenti viene data comunicazione all'ISVAP a cura dell'autorità amministrativa o giudiziaria che li ha emessi. Le autorità amministrative o giudiziarie che vigilano sulle procedure informano l'ISVAP di ogni circostanza, emersa nello svolgimento delle medesime, rilevante ai fini della vigilanza sul gruppo assicurativo.

2. In deroga al comma 1, la società del gruppo non è soggetta alla procedura ad essa altrimenti applicabile e, se avviata, viene convertita in amministrazione straordinaria o liquidazione coatta, se essa svolge funzioni strumentali essenziali per conto dell'impresa di assicurazione o di riassicurazione capogruppo. Si applicano, in quanto compatibili, gli articoli 277 e 278.

(1) Articolo modificato dal d.lg. 12/5/2015, n. 74.

280. Disposizioni comuni agli organi delle procedure (1). – 1. Fermo quanto disposto dagli articoli 233 e 246, le medesime persone possono essere nominate negli organi dell'amministrazione straordinaria e della liquidazione coatta amministrativa di società appartenenti allo stesso gruppo, quando ciò sia ritenuto utile per agevolare lo svolgimento delle procedure.

2. Il commissario che in una determinata operazione ha un interesse in conflitto con quello della società, a cagione della qualità di commissario di altra società del gruppo, ne dà notizia agli altri commissari, ove esistano, nonché al comitato di sorveglianza e all'ISVAP. In caso di omissione, a detta comunicazione sono tenuti i membri del comitato di sorveglianza che siano a conoscenza della situazione di conflitto. Il comitato di sorveglianza può prescrivere speciali cautele e formulare indicazioni in merito all'operazione, dell'inosservanza delle quali i commissari sono personalmente responsabili. Ferma la facoltà di revocare e sostituire i componenti gli organi delle procedure, l'ISVAP può impartire direttive o disporre, ove del caso, la nomina di un commissario per compiere determinati atti.

3. Le indennità spettanti ai commissari e ai componenti del comitato di sorveglianza sono determinate dall'ISVAP in base ai criteri dallo stesso stabiliti e sono a carico delle società. Le indennità sono determinate valutando in modo complessivo le prestazioni connesse alle cariche eventualmente ricoperte in altre procedure nel gruppo.

(1) Articolo modificato dal d.lg. 12/5/2015, n. 74.

281. Disposizioni comuni sulla competenza giurisdizionale (1). – 1. Quando la capogruppo sia sottoposta ad amministrazione straordinaria o a liquidazione coatta amministrativa, per l'azione revocatoria prevista dall'articolo 276, comma 5, nonché per tutte le controversie fra le società del gruppo è competente il tribunale dove tale società controllante ha il centro degli interessi principali (2).

2. Quando la capogruppo sia sottoposta ad amministrazione straordinaria o a liquidazione coatta amministrativa, per i ricorsi avverso i provvedimenti amministrativi concernenti o comunque connessi alle procedure di amministrazione straordinaria e di liquidazione coatta amministrativa della capogruppo e delle società del gruppo è competente il tribunale amministrativo regionale del Lazio con sede a Roma.

(1) Articolo modificato dal d.lg. 12/5/2015, n. 74.

(2) Le parole "tribunale dove tale società controllante ha il centro degli interessi principali" sostituiscono quelle "tribunale nella cui circoscrizione ha sede legale tale società controllante" ex art. 370, co. 1, lett. s), d.lg. 12/1/2019, n. 14.

282. Gruppi e società non iscritte all'albo (1). – 1. Le disposizioni degli articoli di cui al presente capo si applicano anche nei confronti dei gruppi e delle società per i quali, pur non essendo intervenuta l'iscrizione, ricorrano le condizioni per l'inserimento nell'albo dei gruppi assicurativi.

(1) Articolo modificato dal d.lg. 12/5/2015, n. 74.

TITOLO XVII
SISTEMI DI INDENNIZZO

Capo I
Disposizioni generali sul sistema di indennizzo dei danni derivanti dalla circolazione dei veicoli a motore e dei natanti

283. Sinistri verificatisi nel territorio della Repubblica. – 1. Il Fondo di garanzia per le vittime della strada, costituito presso la CONSAP, risarcisce i danni causati dalla circolazione dei veicoli e dei natanti, per i quali vi è obbligo di assicurazione, nei casi in cui:

a) il sinistro sia stato cagionato da veicolo o natante non identificato;

b) il veicolo o natante non risulti coperto da assicurazione;

c) il veicolo o natante risulti assicurato presso una impresa operante nel territorio della Repubblica, in regime di stabilimento o di libertà di prestazione di servizi, e che al momento del sinistro si trovi in stato di liquidazione coatta o vi venga posta successivamente;

d) il veicolo sia posto in circolazione contro la volontà del proprietario, dell'usufruttuario, dell'acquirente con patto di riservato dominio o del locatario in caso di locazione finanziaria;

d-bis) il veicolo sia stato spedito nel territorio della Repubblica italiana da uno Stato di cui all'articolo 1, comma 1, lettera bbb), e nel periodo indicato all'articolo 1, comma 1, lettera fff), numero 4-bis), lo stesso risulti coinvolto in un sinistro e sia privo di assicurazione (1);

d-ter) il sinistro sia cagionato da un veicolo estero con targa non corrispondente o non più corrispondente allo stesso veicolo (1).

2. Nel caso di cui al comma 1, lettera a), il risarcimento è dovuto solo per i danni alla persona. In caso di danni gravi alla persona, il risarcimento è dovuto anche per i danni alle cose, il cui ammontare sia superiore all'importo di euro 500, per la parte eccedente tale ammontare. Nei casi di cui al comma 1, lettere b), d-bis) e d-ter) il risarcimento è dovuto per i danni alla persona, nonché per i danni alle cose. Nel caso di cui al comma 1, lettera c), il risarcimento è dovuto per i danni alla persona, nonché per i danni alle cose. Nel caso di cui al comma 1, lettera d), il risarcimento è dovuto, limitatamente ai terzi non trasportati e a coloro che sono trasportati contro la propria volontà ovvero che sono inconsapevoli della circolazione illegale, sia per i danni alla persona sia per i danni a cose (2).

3. Nel caso previsto dal comma 1, lettera a), il danno è risarcito nei limiti dei minimi di garanzia previsti, per ogni persona danneggiata e per ogni sinistro, nel regolamento di cui all'articolo 128 relativamente alle autovetture ad uso privato. La percentuale di inabilità permanente, la qualifica di convivente a carico e la percentuale di reddito del danneggiato da calcolare a favore di ciascuno dei conviventi a carico sono determinate in base alle norme del testo unico delle disposizioni per l'assicurazione obbligatoria contro gli infortuni sul lavoro e le malattie professionali.

4. Nei casi previsti dal comma 1, lettere b), c), d), d-bis) e d-ter), il danno è risarcito nei limiti dei massimali indicati nel regolamento di cui all'articolo 128 per i veicoli o i natanti della categoria cui appartiene il mezzo che ha causato il danno (2).

5. Il Fondo di garanzia per le vittime della strada è surrogato, per l'importo pagato, nei diritti dell'assicurato, del danneggiato verso l'impresa posta in liquidazione coatta, beneficiando dello stesso trattamento previsto per i crediti di assicurazione indicati all'articolo 258, comma 4, lettera a). L'impresa di assicurazione che ha provveduto alla liquidazione del danno, ai sensi dell'articolo 150, ha diritto di regresso nei confronti del Fondo di garanzia per le vittime della strada in caso di liquidazione coatta dell'impresa di assicurazione del veicolo responsabile.

(1) Lettera aggiunta dall'art. 1 del d.lg. 6/11/2007, n. 198.
(2) Comma modificato dall'art. 1 del d.lg. 6/11/2007, n. 198.

284. Sinistri verificatisi in altro Stato membro. – 1. Il Fondo di garanzia per le vittime della strada è tenuto altresì a risarcire i sinistri causati sul territorio di un altro Stato membro da veicoli ivi immatricolati che siano assicurati presso un'impresa con sede legale in Italia operante in tale altro Stato in regime di stabilimento o di libertà di prestazione di servizi, che al momento del sinistro si trovi in stato di liquidazione coatta o vi venga posta successivamente. Si applica l'articolo 283, comma 5.

2. Il Ministro delle attività produttive autorizza, con decreto da pubblicare nella Gazzetta Ufficiale, la CONSAP a sottoscrivere le convenzioni con i fondi di garanzia degli altri Stati membri concernenti il risarcimento dei sinistri di cui al comma 1.

285. Fondo di garanzia per le vittime della strada. – 1. Il Fondo di garanzia per le vittime della strada è amministrato, sotto la vigilanza del Ministero delle attività produttive, dalla CONSAP con l'assistenza di un apposito comitato.

2. Il Ministro delle attività produttive disciplina, con regolamento, le condizioni e le modalità di amministrazione, di intervento e di rendiconto del Fondo di garanzia per le vittime della strada, nonché la composizione del comitato di cui al comma 1.

3. Le imprese autorizzate all'esercizio delle assicurazioni per la responsabilità civile per i danni causati dalla circolazione dei veicoli a motore e dei natanti sono tenute a versare annualmente alla CONSAP, gestione autonoma del Fondo di garanzia per le vittime della strada, un contributo commisurato al premio incassato per ciascun contratto stipulato in adempimento dell'obbligo di assicurazione.

4. Il regolamento di cui al comma 2 determina le modalità di fissazione annuale della misura del contributo, nel limite massimo del quattro per cento del premio imponibile, tenuto conto dei risultati della liquidazione dei danni che sono determinati nel rendiconto annualmente predisposto dal comitato di gestione del fondo.

Capo II
Liquidazione dei danni a cura dell'impresa designata

286. Liquidazione dei danni a cura dell'impresa designata. – 1. La liquidazione dei danni per i sinistri di cui all'articolo 283, comma 1, lettere a), b), c), d), d-bis) e d-ter), è effettuata a cura di un'impresa designata dall'ISVAP secondo quanto previsto nel regolamento adottato dal Ministro delle attività produttive. L'impresa provvede alla liquidazione dei danni anche per i sinistri verificatisi oltre la scadenza del periodo assegnato e fino alla data indicata nel provvedimento che designi altra impresa (1).

2. Le somme anticipate dalle imprese designate, comprese le spese ed al netto delle somme recuperate ai sensi dell'articolo 292, sono rimborsate dalla CONSAP – Fondo di garanzia per le vittime della strada, secondo le convenzioni, stipulate fra le imprese e il Fondo di garanzia per le vittime della strada, soggette all'approvazione del Ministro delle attività produttive su proposta dell'ISVAP.

3. Le imprese designate sono sottoposte, per l'attività oggetto delle convenzioni, alle direttive per il regolare svolgi-

mento delle operazioni di liquidazione dei danni emanate in via generale o particolare dalla CONSAP.

(1) Comma modificato dall'art. 1 del d.lg. 6/11/2007, n. 198.

287. Esercizio dell'azione di risarcimento. – 1. Nelle ipotesi previste dall'articolo 283, comma 1, lettere a), b), d), d-bis) e d-ter), l'azione per il risarcimento dei danni causati dalla circolazione dei veicoli e dei natanti, per i quali vi è obbligo di assicurazione, può essere proposta solo dopo che siano decorsi sessanta giorni da quello in cui il danneggiato abbia chiesto il risarcimento del danno, a mezzo raccomandata, all'impresa designata ed inviandone copia contestuale alla CONSAP – Fondo di garanzia per le vittime della strada. Nell'ipotesi prevista dall'articolo 283, comma 1, lettera c), l'azione per il risarcimento dei danni può essere proposta solo dopo che siano decorsi sei mesi dal giorno in cui il danneggiato ha richiesto il risarcimento del danno (1).

2. Il danneggiato che, nell'ipotesi prevista dall'articolo 283, comma 1, lettera a), abbia fatto richiesta all'impresa designata ed inviandone copia contestuale alla CONSAP – Fondo di garanzia per le vittime della strada, non è tenuto a rinnovare la domanda qualora successivamente venga identificata l'impresa di assicurazione del responsabile.

3. L'azione per il risarcimento del danno deve essere esercitata esclusivamente nei confronti dell'impresa designata. La CONSAP – Fondo di garanzia per le vittime della strada può tuttavia intervenire nel processo, anche in grado di appello.

4. Nei casi previsti dall'art. 283, comma 1, lettere b), d-bis) e d-ter), deve essere convenuto in giudizio anche il responsabile del danno (2).

5. Nel giudizio promosso ai sensi dell'articolo 283, comma 1, lettera c), deve essere convenuto in giudizio anche il commissario liquidatore dell'impresa di assicurazione.

(1) Comma modificato dall'art. 1 del d.lg. 6/11/2007, n. 198.

(2) Comma sostituito dall'art. 1 del d.lg. 6/11/2007, n. 198.

288. Diritti degli assicurati nei confronti del Fondo di garanzia per le vittime della strada. – 1. Gli assicurati con imprese che esercitano i rami di responsabilità civile dei veicoli a motore e dei natanti e che siano poste in liquidazione coatta possono far valere, nei limiti delle somme indicate dall'articolo 283, comma 4, i diritti derivanti dal contratto nei confronti della CONSAP – Fondo di garanzia per le vittime della strada, agendo nei confronti dell'impresa designata per il territorio in cui è avvenuto il sinistro.

289. Effetti della liquidazione coatta sulle sentenze passate in giudicato e sui giudizi pendenti. – 1. Le sentenze ottenute dal danneggiato nei confronti dell'impresa di assicurazione sono opponibili, se passate in giudicato prima che sia stato pubblicato il decreto di liquidazione coatta, all'impresa designata per il risarcimento dei danni entro i limiti fissati dall'articolo 283, comma 4.

2. Se il decreto di liquidazione coatta interviene prima della formazione del giudicato, il processo prosegue, nei confronti del commissario liquidatore e dell'impresa designata, decorsi sei mesi dalla pubblicazione del decreto di liquidazione coatta. In ogni caso le pronunce sono opponibili, entro i limiti di risarcibilità fissati dall'articolo 283, comma 4, nei confronti dell'impresa designata.

3. La disposizione di cui al comma 1 si applica anche per le ordinanze ottenute dal danneggiato che versi in stato di bisogno.

290. Prescrizione dell'azione. – 1. L'azione diretta che spetta al danneggiato nei confronti dell'impresa designata, nei casi previsti dall'articolo 283, comma 1, lettere a), b), d), d-bis) e d-ter), è soggetta al termine di prescrizione cui sarebbe soggetta l'azione verso il responsabile (1).

2. L'azione che spetta al danneggiato nei confronti dell'impresa designata, nel caso previsto dall'articolo 283, comma 1, lettera c), è proponibile fino a che non sia prescritta l'azione nei confronti dell'impresa posta in liquidazione coatta.

(1) Comma modificato dall'art. 1 del d.lg. 6/11/2007, n. 198.

291. Pluralità di danneggiati e supero del massimale. – 1. Qualora vi siano più persone danneggiate nello stesso sinistro ed il risarcimento dovuto dal responsabile superi le somme assicurate, i diritti delle persone danneggiate nei confronti dell'impresa designata sono proporzionalmente ridotti fino alla concorrenza del limite di risarcibilità rispettivamente indicato dai commi 3 o 4 dell'articolo 283.

2. L'impresa designata che, decorsi trenta giorni dall'incidente e ignorando l'esistenza di altre persone danneggiate, pur avendone ricercata l'identificazione con la normale diligenza, ha pagato ad alcuna di esse una somma superiore alla quota spettante, risponde verso le altre persone danneggiate nei limiti dell'eccedenza della somma assicurata rispetto alla somma versata.

3. Nel caso di cui al comma 2, le altre persone danneggiate, il cui credito rimanesse insoddisfatto, hanno diritto di ripetere, da chi abbia ricevuto il risarcimento dall'impresa di assicurazione, quanto sarebbe loro spettato in applicazione del comma 1.

4. Nei giudizi promossi fra l'impresa di assicurazione designata e le persone danneggiate sussiste litisconsorzio necessario, applicandosi l'articolo 102 del codice di procedura civile. L'impresa di assicurazione designata può effettuare il deposito di una somma, nei limiti del massimale, con effetto liberatorio nei confronti di tutte le persone aventi diritto al risarcimento, se il deposito è irrevocabile e vincolato a favore di tutti i danneggiati.

292. Diritto di regresso e di surroga dell'impresa designata. – 1. L'impresa designata che, anche in via di transazione, ha risarcito il danno nei casi previsti dall'articolo 283, comma 1, lettere a) b), d), d-bis) e d-ter), ha azione di regresso nei confronti dei responsabili del sinistro per il recupero dell'indennizzo pagato nonché degli interessi e delle spese (1).

2. Nel caso previsto dall'articolo 283, comma 1, lettera c), l'impresa designata che, anche in via di transazione, ha risarcito il danno è surrogata, per l'importo pagato, nei diritti dell'assicurato e del danneggiato verso l'impresa posta in liquidazione coatta con gli stessi privilegi stabiliti dalla legge a favore dei medesimi.

(1) Comma modificato dall'art. 1 del d.lg. 6/11/2007, n. 198.

Capo III
Liquidazione dei danni a cura del commissario dell'impresa in liquidazione coatta

293. Liquidazione dei danni a cura del commissario dell'impresa in liquidazione coatta. – 1. Il commissario dell'impresa in liquidazione può essere autorizzato, nel decreto che dispone la liquidazione coatta, a procedere, anche per conto del Fondo di garanzia per le vittime della strada ed in deroga all'articolo 286, comma 1, alla liquidazione dei danni causati dalla circolazione dei veicoli e dei natanti verificatisi anteriormente alla pubblicazione del decreto di liquidazione, nonché di quelli verificatisi successivamente e fino alla scadenza dei contratti di assicurazione in corso o del periodo di tempo per il quale è stato pagato il premio.

2. La CONSAP – Fondo di garanzia per le vittime della

strada anticipa al commissario le somme occorrenti per le spese del procedimento di liquidazione dei danni nei limiti di quanto previsto nel regolamento di cui all'articolo 285, comma 2. In caso di insufficienza dell'attivo le somme erogate restano definitivamente a carico della CONSAP – Fondo di garanzia per le vittime della strada.

3. Per l'assolvimento del compito di cui al comma 1 il commissario provvede a riassumere il personale già dipendente dall'impresa posta in liquidazione coatta. Il personale è retribuito con i minimi previsti nei contratti collettivi di categoria in relazione alle mansioni espletate.

294. Esercizio dell'azione di risarcimento. – 1. Gli aventi diritto al risarcimento dei danni presentano al commissario la domanda di risarcimento, a mezzo raccomandata, anche se sia stata precedentemente inviata all'impresa posta in liquidazione coatta.

2. Nessuna azione per il risarcimento può essere proposta nei confronti della procedura prima che siano decorsi sei mesi dalla richiesta. Le sentenze e gli altri provvedimenti che decidono sul risarcimento sono opponibili al Fondo di garanzia delle vittime della strada. La CONSAP – Fondo di garanzia delle vittime della strada può intervenire nel processo, anche in grado di appello.

3. Se il decreto di liquidazione coatta è pubblicato prima della formazione del giudicato, si applica l'articolo 289, comma 1.

295. Diritti degli assicurati nei confronti del Fondo di garanzia per le vittime della strada. – 1. Gli assicurati con imprese che esercitano l'assicurazione della responsabilità civile per i danni causati dalla circolazione dei veicoli a motore e dei natanti che siano poste in liquidazione coatta possono far valere, nei limiti delle somme indicate nell'articolo 283, comma 4, i diritti derivanti dal contratto nei confronti della CONSAP – Fondo di garanzia per le vittime della strada, agendo nei confronti del commissario.

Capo IV
Liquidazione dei danni a cura dell'Organismo di indennizzo italiano

296. Organismo di indennizzo italiano. – 1. Alla CONSAP, quale gestore del Fondo di garanzia per le vittime della strada, è riconosciuta la funzione di Organismo di indennizzo italiano.

2. L'Organismo di indennizzo italiano nello svolgimento delle sue funzioni può avvalersi dell'Ufficio centrale italiano secondo le modalità stabilite con apposita convenzione.

297. Ambito di intervento dell'Organismo di indennizzo italiano. – 1. L'Organismo di indennizzo italiano è incaricato di risarcire gli aventi diritto che abbiano residenza nel territorio della Repubblica, per danni a cose o a persone derivanti da sinistri avvenuti in un altro Stato membro e provocati dall'uso di:

a) un veicolo assicurato tramite uno stabilimento situato in altro Stato membro e stazionante in un altro Stato membro;

b) un veicolo di cui risulti impossibile l'identificazione;

c) un veicolo di cui risulti impossibile, entro due mesi dal sinistro, identificare l'impresa di assicurazione.

2. Nel caso di cui al comma 1, lettera a), l'Organismo di indennizzo italiano interviene anche qualora il sinistro sia avvenuto in uno Stato terzo il cui Ufficio nazionale per l'assicurazione abbia aderito al sistema della carta verde.

298. Sinistri causati da veicoli regolarmente assicurati. – 1. Nei casi previsti dall'articolo 297, commi 1, lettera a), e 2, gli aventi diritto possono presentare all'Organismo di indennizzo italiano richiesta di risarcimento:

a) qualora l'impresa di assicurazione o il suo mandatario per la liquidazione dei sinistri nel territorio della Repubblica non abbiano fornito una risposta motivata sugli elementi dedotti nella richiesta di risarcimento entro tre mesi dalla data in cui gli aventi diritto hanno presentato la propria richiesta di risarcimento all'impresa di assicurazione del veicolo, il cui uso ha provocato il sinistro o al mandatario per la liquidazione dei sinistri;

b) nel caso in cui l'impresa di assicurazione non abbia designato un mandatario per la liquidazione dei sinistri nel territorio della Repubblica; in tale caso gli aventi diritto non possono presentare all'Organismo di indennizzo italiano una richiesta di risarcimento, se hanno presentato una analoga richiesta direttamente all'impresa di assicurazione del veicolo il cui uso ha provocato il sinistro e hanno ricevuto una risposta motivata entro tre mesi dalla presentazione della richiesta.

2. L'Organismo di indennizzo italiano si astiene o cessa di intervenire a favore degli aventi diritto al risarcimento che hanno intrapreso o intraprendano un'azione legale direttamente contro l'impresa di assicurazione ovvero contro il responsabile del sinistro.

3. L'intervento dell'Organismo di indennizzo italiano è sussidiario rispetto alla richiesta nei confronti della persona o delle persone che hanno causato il sinistro ovvero nei confronti dell'impresa di assicurazione o del suo mandatario. L'Organismo di indennizzo italiano non può subordinare il risarcimento alla dimostrazione che il responsabile del danno sia insolvente o rifiuti di pagare.

4. Gli aventi diritto presentano all'Organismo di indennizzo italiano la propria richiesta di risarcimento nelle forme previste dal regolamento, adottato dal Ministro delle attività produttive, che dà attuazione al presente titolo.

5. L'Organismo di indennizzo italiano interviene entro due mesi dalla data in cui gli aventi diritto presentano ad esso la richiesta di risarcimento, ma pone fine al suo intervento in caso di successiva risposta motivata dell'impresa di assicurazione o del suo mandatario per la liquidazione dei sinistri alla richiesta degli aventi diritto al risarcimento, a condizione che tale risposta sia inviata entro il termine di due mesi dalla presentazione della richiesta all'organismo di indennizzo.

6. L'Organismo di indennizzo italiano informa immediatamente di aver ricevuto una richiesta di risarcimento dagli aventi diritto e che interverrà entro due mesi a decorrere dalla presentazione di detta richiesta, i seguenti soggetti:

a) l'impresa di assicurazione con la quale è assicurato il veicolo che ha causato il sinistro o il mandatario per la liquidazione dei sinistri;

b) l'organismo di indennizzo dello Stato membro dello stabilimento dell'impresa di assicurazione che ha stipulato il contratto;

c) la persona che ha causato il sinistro, se nota;

d) l'ufficio nazionale per l'assicurazione dello Stato ove è avvenuto il sinistro, se il sinistro è stato causato da un veicolo stazionante in un altro Stato rispetto a quello in cui è accaduto il sinistro.

7. L'organismo di indennizzo italiano cui è stata presentata la richiesta di risarcimento è tenuto a rispettare, per la determinazione della responsabilità e la quantificazione del danno, le norme di diritto positivo applicabili nello Stato ove è avvenuto il sinistro.

299. Rimborsi tra organismi di indennizzo. – 1. L'Organismo di indennizzo italiano, qualora abbia risarcito gli aventi diritto secondo quanto stabilito dall'articolo 298, acquisisce un credito, nei confronti dell'Organismo di indennizzo dello Stato membro ove ha sede lo stabilimento dell'impresa di assicurazione che ha stipulato il contratto di assicurazione del veicolo che ha causato il sinistro, per quanto anticipato a titolo di risarcimento e per quanto sostenuto a titolo di spese dirette e indirette relative alla liquidazione del danno, nella misura e con le modalità stabilite dall'accordo fra gli organismi di indennizzo e fra gli organismi di indennizzo e i fondi di garanzia.

2. Nel caso di sinistri avvenuti in uno Stato membro diverso dallo Stato di residenza degli aventi diritto al risarcimento o nel caso di sinistri avvenuti in uno Stato terzo aderente al sistema della carta verde e causati dalla circolazione dei veicoli assicurati con imprese stabilite nel territorio della Repubblica, l'Organismo di indennizzo italiano è tenuto al rimborso della somma eventualmente pagata dall'organismo di indennizzo dello Stato di residenza degli aventi diritto al risarcimento per danni subiti da questi ultimi.

3. L'Organismo di indennizzo italiano è surrogato nei diritti degli aventi diritto al risarcimento nei confronti dell'impresa di assicurazione o del responsabile del sinistro nella misura in cui l'organismo di indennizzo dello Stato membro di residenza degli aventi diritto ha risarcito questi ultimi per il danno subito. L'impresa è tenuta a rimborsare entro trenta giorni l'Organismo di indennizzo italiano di quanto da quest'ultimo corrisposto a titolo di risarcimento e di quanto dal medesimo corrisposto a titolo di spese dirette ed indirette di cui al comma 1, a semplice richiesta corredata della prova dell'avvenuto pagamento. L'importo da rimborsare può costituire oggetto di contestazione da parte dell'impresa esclusivamente nel caso in cui l'organismo di indennizzo estero abbia omesso di informare l'impresa di assicurazione italiana di aver ricevuto una richiesta di risarcimento da parte degli aventi diritto.

300. Sinistri causati da veicoli non identificati o non assicurati. – 1. Nei casi previsti dall'articolo 297, comma 1, lettere b) e c), l'Organismo di indennizzo italiano, ricevuta la richiesta di risarcimento, ne informa immediatamente:

a) il fondo di garanzia dello Stato membro in cui il veicolo che ha causato il sinistro staziona abitualmente, nel caso si tratti di un veicolo non assicurato, nonché il Fondo di garanzia dello Stato membro in cui è accaduto il sinistro se diverso da quello ove staziona abitualmente il veicolo;

b) il fondo di garanzia dello Stato membro in cui si è verificato il sinistro, nel caso in cui lo stesso sia stato causato da un veicolo non identificato ovvero da un veicolo non assicurato di uno Stato terzo.

2. L'Organismo di indennizzo italiano, ricevuta la richiesta di risarcimento, è tenuto a rispettare, per la determinazione della responsabilità e la quantificazione del danno, le norme del diritto positivo vigenti nello Stato ove è avvenuto il sinistro.

3. L'Organismo di indennizzo italiano, qualora abbia risarcito gli aventi diritto, secondo quanto previsto nel comma 1, ha diritto di richiedere il rimborso di quanto corrisposto a titolo di risarcimento e di quanto sostenuto a titolo di spese dirette e indirette nella misura e secondo le modalità stabilite dall'accordo fra gli organismi di indennizzo e fra gli organismi di indennizzo e i fondi di garanzia:

a) al Fondo di garanzia dello Stato membro in cui il veicolo staziona abitualmente, nel caso in cui non possa essere identificata l'impresa di assicurazione;

b) al Fondo di garanzia dello Stato membro ove si è verificato il sinistro, nel caso di veicolo non identificato;

c) al Fondo di garanzia dello Stato membro ove si è verificato il sinistro, nel caso di veicoli non assicurati di uno Stato terzo.

301. Rimborsi a carico del Fondo di garanzia per le vittime della strada. – 1. Il Fondo di garanzia per le vittime della strada rimborsa l'organismo di indennizzo dello Stato membro nel quale gli aventi diritto al risarcimento risiedono della somma con la quale il predetto organismo ha risarcito tali aventi diritto, nonché delle spese dirette e indirette di cui all'articolo 300, comma 3, nei seguenti casi:

a) sinistri avvenuti in uno Stato membro diverso da quello di residenza degli aventi diritto al risarcimento e causati da un veicolo stazionante abitualmente nel territorio della Repubblica per il quale non è possibile identificare l'impresa di assicurazione;

b) sinistri avvenuti nel territorio della Repubblica e causati da un veicolo non identificato o da un veicolo non assicurato di uno Stato terzo.

2. Il Fondo di garanzia per le vittime della strada, dopo aver rimborsato l'organismo di indennizzo, ha diritto di esercitare l'azione di regresso prevista dall'articolo 292.

Capo V
Sistema di indennizzo dei danni derivanti dall'esercizio dell'attività venatoria

302. Ambito di intervento. – 1. Il Fondo di garanzia per le vittime della caccia, costituito presso la CONSAP, risarcisce i danni causati nell'esercizio dell'attività venatoria per i quali vi è obbligo di assicurazione nei casi in cui:

a) l'esercente l'attività venatoria non sia identificato;

b) l'esercente l'attività venatoria responsabile dei danni non risulti coperto dall'assicurazione obbligatoria per la responsabilità civile;

c) l'esercente l'attività venatoria sia assicurato presso un'impresa operante nel territorio della Repubblica in regime di stabilimento o di prestazione di servizi e che, al momento del sinistro, si trovi in stato di liquidazione coatta o vi sia posta successivamente.

2. Nel caso di cui alla lettera a), il risarcimento è dovuto solo per i danni alla persona che abbiano comportato la morte od un'invalidità permanente superiore al venti per cento. Nel caso di cui alla lettera b), il risarcimento è dovuto per i danni alla persona nonché per i danni alle cose il cui ammontare sia superiore all'importo stabilito nel regolamento di attuazione del presente capo. Nel caso di cui alla lettera c), il risarcimento è dovuto per i danni alla persona nonché per i danni alle cose il cui ammontare sia superiore all'importo di euro cinquecento. La percentuale di inabilità permanente, la qualifica di convivente a carico e la percentuale di reddito del danneggiato da calcolare a favore di ciascuno dei conviventi a carico sono determinate in base alle norme del testo unico delle disposizioni per l'assicurazione obbligatoria contro gli infortuni sul lavoro e le malattie professionali.

3. In tutti i casi previsti dal comma 1, il danno è risarcito nei limiti dei minimi di garanzia previsti nella legge che disciplina l'esercizio dell'attività venatoria.

303. Fondo di garanzia per le vittime della caccia. – 1. Il Fondo di garanzia per le vittime della caccia è amministrato, sotto la vigilanza del Ministero delle attività produttive, dalla CONSAP con l'assistenza di un apposito comitato.

2. Il Ministro delle attività produttive disciplina, con regolamento, le condizioni e le modalità di amministrazione, di intervento e di rendiconto del Fondo di garanzia per le vittime della caccia, nonché la composizione del comitato di cui al comma 1.

3. Le imprese autorizzate all'esercizio delle assicurazioni per la responsabilità venatoria sono tenute a versare annualmente alla CONSAP, gestione autonoma del Fondo di garanzia per le vittime della caccia, un contributo commisurato al premio incassato per ciascun contratto stipulato in adempimento dell'obbligo di assicurazione.

4. Il regolamento di cui al comma 2 determina le modalità di fissazione annuale della misura del contributo, nel limite massimo del quindici per cento del premio imponibile tenuto

conto dei risultati della liquidazione dei danni che sono determinati nel rendiconto annualmente predisposto dal comitato di gestione del fondo (1).

(1) Comma modificato dalla l. 4/8/2017, n. 124.

304. Diritto di regresso e di surroga. – 1. Il Fondo di garanzia per le vittime della caccia che, anche in via di transazione, ha risarcito il danno nei casi previsti all'articolo 302, comma 1, lettere a) e b), ha azione di regresso nei confronti del responsabile del danno per il recupero dell'indennizzo pagato, nonché degli interessi e delle spese.

2. Nel caso previsto all'articolo 302, comma 1, lettera c), il Fondo di garanzia per le vittime della caccia che ha risarcito il danno è surrogato, per l'importo pagato, nei diritti dell'assicurato e del danneggiato verso l'impresa posta in liquidazione coatta, beneficiando dello stesso trattamento previsto per i crediti di assicurazione indicati all'articolo 258, comma 4, lettera a).

TITOLO XVIII
SANZIONI E PROCEDIMENTI SANZIONATORI

Capo I
Abusivismo

305. Attività abusivamente esercitata. – 1. Chiunque svolge attività assicurativa o riassicurativa in difetto di autorizzazione è punito con la reclusione da due a quattro anni e con la multa da euro ventimila ad euro duecentomila.

2. Chiunque esercita l'attività di intermediazione assicurativa o riassicurativa in difetto di iscrizione al registro di cui all'articolo 109 è punito con la reclusione da sei mesi a due anni e con la multa da euro diecimila a euro centomila.

3. Se vi è fondato sospetto che una società svolga attività assicurativa o riassicurativa in violazione del comma 1 o di intermediazione assicurativa o riassicurativa in violazione del comma 2, l'IVASS richiede al tribunale l'adozione dei provvedimenti previsti dall'articolo 2409 del codice civile ovvero allo stesso fine denunzia i fatti al pubblico ministero (1).

4. Le imprese di assicurazione o riassicurazione che si avvalgono di intermediari non iscritti alle sezioni del registro di cui all'articolo 109, comma 2, sono punite con la sanzione amministrativa pecuniaria da un minimo di euro diecimila ad un massimo di euro centomila.

5. L'esercizio dell'attività di perito di assicurazione in difetto di iscrizione al ruolo previsto dall'articolo 156 è punito a norma dell'articolo 348 del codice penale.

(1) Comma modificato dal d.lg. n. 68/2018.

306. Impedimenti all'esercizio delle funzioni di vigilanza. – 1. Fuori dai casi previsti dall'articolo 2638 del codice civile, chiunque ostacola le funzioni di vigilanza con il rifiuto dell'accesso ai locali o con il diniego all'ordine di esibizione della documentazione concernente l'attività assicurativa o riassicurativa o di intermediazione assicurativa o riassicurativa, che viene opposto ai funzionari dell'IVASS incaricati di accertare i fatti che possono configurare una violazione dell'articolo 305, è punito con la reclusione fino a due anni e la multa da euro diecimila ad euro centomila (1).

2. Fuori dai casi previsti al comma 1 ed all'articolo 2638 del codice civile, chiunque non ottempera nei termini alle richieste dell'IVASS ovvero ritarda l'esercizio delle sue funzioni è punito con la sanzione amministrativa pecuniaria da euro diecimila ad euro centomila (1).

(1) Il d.lg. 21/5/2018, n. 68 ha sostituito con «IVASS» il precedente «ISVAP».

307. Collaborazione con la Guardia di finanza. – 1. Nell'esercizio delle funzioni di vigilanza, l'ISVAP può avvalersi della Guardia di finanza, che esegue le verifiche e gli accertamenti richiesti agendo con i poteri di indagine ad essa attribuiti ai fini dell'accertamento dell'imposta sul valore aggiunto e delle imposte sui redditi.

2. Tutte le notizie, le informazioni e i dati acquisiti dalla Guardia di finanza nell'assolvimento dei compiti previsti dal comma 1 sono comunicati all'ISVAP.

308. Abuso di denominazione assicurativa. – 1. L'uso, nella denominazione sociale o in qualsiasi comunicazione al pubblico, delle parole assicurazione, riassicurazione, impresa o compagnia di assicurazione, impresa o compagnia di riassicurazione, mutua assicuratrice ovvero di altre parole o locuzioni, anche in lingua estera, idonee a trarre in inganno sulla legittimazione allo svolgimento dell'attività assicurativa o riassicurativa è vietato ai soggetti diversi, rispettivamente, da quelli autorizzati all'esercizio dell'attività di assicurazione o di riassicurazione (1).

2. L'uso nella ragione o nella denominazione sociale o in qualsiasi comunicazione al pubblico, delle parole intermediario di assicurazione, intermediario di riassicurazione, produttore di assicurazione, agente di assicurazione, broker, mediatore di assicurazione, mediatore di riassicurazione, produttore diretto di assicurazione, intermediario di assicurazione a titolo accessorio, perito di assicurazione ovvero di altre parole o locuzioni, anche in lingua estera, idonee a trarre in inganno sulla legittimazione allo svolgimento di attività di intermediazione assicurativa, riassicurativa o di attività peritale è vietato a soggetti diversi da quelli iscritti nel registro degli intermediari di assicurazione e di riassicurazione di cui all'articolo 109 o nel ruolo dei periti di assicurazione di cui all'articolo 156 (1).

3. L'ISVAP determina, con regolamento, le ipotesi in cui, per l'esistenza di controlli amministrativi o in base ad elementi di fatto, le parole o le locuzioni indicate nei commi 1 e 2 possono essere utilizzate da soggetti diversi dalle imprese o dagli intermediari.

4. Chiunque contravviene al disposto del comma 1 è punito, se persona fisica, con la sanzione amministrativa pecuniaria da euro cinquemila a euro cinque milioni e, se persona giuridica, con la sanzione amministrativa pecuniaria da euro trentamila al dieci per cento del fatturato. La misura della sanzione può essere aumentata secondo quanto previsto all'articolo 310, comma 2 (2).

4-bis. Chiunque contravviene al disposto del comma 2 è punito, se persona fisica, con la sanzione amministrativa pecuniaria da euro mille ad euro settecentomila e, se persona giuridica, con la sanzione amministrativa pecuniaria da euro cinquemila ad euro cinque milioni oppure, se superiore, al cinque per cento del fatturato. La misura della sanzione può essere aumentata secondo quanto previsto all'articolo 310, comma 2 (3).

(1) Comma modificato dal d.lg. 21/5/2018, n. 68.

(2) Comma modificato dal d.lg. 21/5/2018, n. 68. Il testo previgente disponeva «Chiunque contravviene al disposto dei commi 1 o 2 è punito con la sanzione amministrativa pecuniaria da euro duemila a euro ventimila».

(3) Comma aggiunto dal d.lg. 21/5/2018, n. 68.

308 bis. Inottemperanza alle richieste dell'IVASS o ritardo dell'esercizio delle funzioni di vigilanza (1). – 1. Fuori dai casi previsti dall'articolo 306 e dall'articolo 2638 del codice civile, chiunque non ottempera nei termini alle richieste dell'IVASS ovvero ritarda l'esercizio delle sue funzioni è punito, se persona fisica, con la sanzione amministrativa pecuniaria da euro cinquemila ad euro cinque milioni e, se persona giuridica, con la sanzione amministrativa pecuniaria da euro trentamila al dieci per cento del fatturato. La misura della sanzione può essere aumentata secondo quanto previsto all'articolo 310, comma 2.

(1) Articolo introdotto dal d.lg. 21/5/2018, n. 68.

Capo II
Imprese di assicurazione e di riassicurazione

309. Attività oltre i limiti consentiti. – 1. Le imprese che hanno sede legale nel territorio della Repubblica o in Stati terzi e che esercitano l'attività assicurativa oltre i limiti dell'autorizzazione in violazione degli articoli 11, 12, 13, 15, 16, 18, 21, 22, 28 e 29, sono punite con la sanzione amministrativa pecuniaria da euro diecimila ad euro centomila. Le imprese che hanno sede legale nel territorio della Repubblica o in Stati terzi e che esercitano l'attività riassicurativa oltre i limiti dell'autorizzazione in violazione degli articoli 57, 57-bis, 58, 59-bis, 59-ter, 59-quater, 59-quinquies e 60-bis, sono punite con la sanzione amministrativa pecuniaria da euro diecimila ad euro centomila (1).

1-bis Le imprese locali di cui al Titolo IV, Capo I, che esercitano l'attività assicurativa oltre i limiti di cui all'articolo 51-ter, comma 1, in violazione dell'articolo 51-quater, sono punite con la sanzione amministrativa pecuniaria da euro diecimila ad euro centomila (2).

2. Le mutue particolari mutue assicuratrici di cui all'articolo 52 che esercitano l'attività assicurativa oltre i limiti dell'autorizzazione in violazione degli articoli 53 e 55 sono punite con la sanzione amministrativa pecuniaria da euro cinquemila ad euro cinquantamila.

3. Alla sanzione amministrativa pecuniaria da euro cinquemila ad euro cinquantamila sono soggetti gli intermediari che, in proprio oppure attraverso collaboratori o altri ausiliari, operano per conto o a beneficio delle imprese di cui ai commi 1 bis e 2.

(1) Comma sostituito dall'art. 22 del d.lg. 29/2/2008, n. 56.
(2) Comma aggiunto d.lg. 12/5/2015, n. 74.

310. Condizioni di esercizio (1). – 1. Si applica la sanzione amministrativa pecuniaria da euro trentamila al dieci percento del fatturato per le seguenti violazioni:

a) inosservanza degli articoli 11, 12, 13, 15, 16, 18, 21, 22, 28, 29, 30, 30-bis, 30-ter, 30-quater, 30-quinquies, 30-sexies, 30-septies, 30-octies, 30-novies, 32, 33, 35-bis, 35-ter, 35-quater, 36-bis, 36-ter, 36-quater, 36-quinquies, 36-sexies, 36-septies, 36-octies, 36-novies, 36-decies, 36-undecies, 36-duodecies, 36-terdecies, 37-bis, 37-ter, 38, 41, 42, 42-bis, 43, 44-ter, 44-quater, 44-quinquies, 44-sexies, 44-septies, 44-octies, 44-novies, 44-decies, 47-quater, comma 1, 47-septies, 47-octies, 47-novies, 47-decies, 48, 48-bis, 49, 51-quater, 53, 55, 56, 57, 57-bis, 58, 59-bis, 59-ter, 59-quater, 59-quinquies, 60-bis, 62, 63, 64, 65, 65-bis, 66-sexies.1, 66-septies, 67, 73, 75, comma 1, 76, comma 2, 77, commi 1, 3 e 4, 88, 89, 90, 92, 93, 94, 95, 96, 98, 99, 100, 101, 188, 189, comma 1, 190, commi 1, 1-bis, 1-ter e 5-bis, 190-bis, comma 1, 191, 196, comma 2, 197, 210, 210-ter, comma 8, 213, 214-bis, 215-bis, 216, commi 1 e 2, 216-ter, 216-sexies, 216-octies, 216-novies, 220-novies, comma 1, 348 e 349, comma 1, o delle relative norme di attuazione;

b) inosservanza degli articoli 10-quater, 132-ter, 133, o delle relative norme di attuazione (2);

c) inosservanza degli articoli 125, comma 5-bis, 127, comma 3, limitatamente all'obbligo di rilascio del certificato di assicurazione, 134 ad eccezione del comma 2, 146, 148, 149, 150, 152, comma 5, e 183, o delle relative norme di attuazione e delle disposizioni di cui all'articolo 8 della legge 8 marzo 2017, n. 24 (2).

2. Se il vantaggio ottenuto dall'autore delle violazioni di cui al comma 1, lettere a) e b), come conseguenza delle violazioni stesse è superiore al massimo edittale indicato nel presente articolo, la sanzione amministrativa pecuniaria è elevata fino al doppio dell'ammontare del vantaggio ottenuto, purché tale ammontare sia determinabile.

(1) Articolo modificato dal d.lg. 21/5/2018, n. 68. Il testo previgente recitava «1. L'inosservanza delle disposizioni di cui agli articoli 30, 30-bis, 30-ter, 30-quater, 30-quinquies, 30-sexies, 30-septies, 30-octies, 30-novies, 32, 33, 35-bis, 35-ter, 35-quater, 36-bis, 36-ter, 36-quater, 36-quinquies, 36-sexies, 36-septies, 36-octies, 36-novies, 36-decies, 36-undecies, 36-duodecies, 36-terdecies, 37-bis, 37-ter, 38, 41, 42, 42-bis, 43, 44-ter, 44-quater, 44-quinquies, 44-sexies, 44-septies, 44-octies, 44-novies, 44-decies, 47-quater, comma 1, 47-septies, 47-octies, 47-novies, 47-decies, 48, 49, 56, 57-bis, 62, 63, 64, 65, 65-bis, 66-sexies.1, 66-septies, 67, 76, comma 2, 90, comma 1, lettere c) e d), 119, comma 2, ultimo periodo, 188, 189, comma 1, 190, commi 1, 1-bis, 1-ter e 5-bis, 190-bis, comma 1, 191, 196, comma 2, 197, 210, 210-ter, comma 8, 214-bis, 215-bis, 216-ter, e 216-sexies, 216-octies, 216-novies, 220-novies, comma 1, 348 e 349, comma 1, o delle relative norme di attuazione è punita con la sanzione amministrativa pecuniaria da euro cinquemila ad euro cinquantamila.
2. L'inosservanza delle disposizioni di cui agli articoli 48-bis, 67, comma 1, 88, 89, 90, comma 1, lettere a) e b), commi 2, 3 e 4, 92, 93, 94, 95, 96, 98, 99, 100 e 101 o delle relative norme di attuazione è punita con la sanzione amministrativa pecuniaria da euro duemila ad euro ventimila.
3. In caso di violazione degli obblighi di cui al Titolo XV, le sanzioni amministrative di cui al presente Titolo sono adottate nei confronti dell'ultima società controllante italiana come determinata dall'articolo 210, comma 2».
(2) Lettera sostituita dall'art. 1, co. 22, lett. a), d.lg. 30/12/2020, n. 187.

310 bis. Rifiuto ed elusione dell'obbligo a contrarre (1). – 1. L'inosservanza dell'articolo 132, commi 1, 1-bis e 1-ter, è punita con la sanzione amministrativa pecuniaria da euro duemilacinquecento ad euro quindicimila. 2. La violazione di cui al comma 1 è punita con la sanzione amministrativa pecuniaria da euro un milione ad euro cinque milioni qualora attuata con riferimento a determinate zone territoriali o a singole categorie di assicurati.

(1) Articolo inserito dal d.lg. 21/5/2018, n. 68.

310 ter. Scatole nere e altri dispositivi elettronici (1). – 1. Il mancato adeguamento, da parte dell'impresa di assicurazione o del provider di telematica assicurativa, alle condizioni stabilite dal regolamento previsto all'articolo 32, comma 1-bis, del decreto-legge 24 gennaio 2012, n. 1, convertito, con modificazioni, dalla legge 24 marzo 2012, n. 27, e successive modificazioni, è punito con la sanzione amministrativa pecuniaria di tremila euro per ogni giorno di ritardo.

(1) Articolo inserito dal d.lg. 21/5/2018, n. 68.

310 quater. Obblighi di comunicazione alle banche dati (1). – 1. L'omissione, l'incompletezza, l'erroneità o la tardività delle comunicazioni di cui all'articolo 134, comma 2, o all'articolo 135, comma 2, o all'articolo 154, commi 4 e 5, o alle relative norme di attuazione, accertata semestralmente e contestata con unico atto da notificare entro il termine di cui all'articolo 311-septies, comma 1, decorrente dal sessantesimo giorno successivo alla scadenza del semestre di riferimento, è punita con un'unica sanzione amministrativa pecuniaria da diecimila euro a centomila euro.

(1) Articolo inserito dal d.lg. 21/5/2018, n. 68.

310 quinquies. Inosservanza dei provvedimenti cautelari e interdittivi (1). – 1. La violazione dei provvedimenti interdittivi e cautelari adottati ai sensi degli articoli 182 e 184 è punita con la sanzione amministrativa pecuniaria da trentamila euro al dieci per cento del fatturato. La misura della sanzione può essere aumentata secondo quanto previsto 310, comma 2.

(1) Articolo inserito dal d.lg. 21/5/2018, n. 68.

311. Assetti proprietari (1). – 1. L'omissione delle comunicazioni prescritte dagli articoli 69, 71 e 79, compresa anche l'intenzione di assumere la partecipazione di controllo, o delle relative norme di attuazione è punita con la sanzione amministrativa pecuniaria da euro diecimila ad euro centomila.

(1) Articolo modificato dal d.lg. 12/5/2015, n. 74.

311 bis. Principio della rilevanza della violazione (1). – 1. Le sanzioni previste dall'articolo 310, comma 1, 310-bis, comma 1, e dall'articolo 310-quater si applicano quando le infrazioni rivestono carattere rilevante, secondo i criteri definiti dall'IVASS con regolamento tenendo conto dell'incidenza delle condotte sulla tutela degli assicurati e degli aventi diritto alle prestazioni assicurative, sulla complessiva organizzazione e sui profili di rischio aziendale nonché sull'esercizio delle funzioni di vigilanza.

(1) Articolo inserito dal d.lg. 21/5/2018, n. 68.

311 ter. Ordine di porre termine alle violazioni (1). – 1. Per le violazioni previste dall'articolo 310, comma 1, lettera a) e per quelle di cui alla lettera c), limitatamente all'articolo 183, [quando esse siano connotate da scarsa offensività o pericolosità,] l'IVASS può, in alternativa all'applicazione delle sanzioni amministrative pecuniarie, applicare nei confronti dell'impresa una sanzione consistente nell'ordine di eliminare le infrazioni, anche indicando le misure da adottare e il termine per l'adempimento (2).

2. Per l'inosservanza dell'ordine entro il termine stabilito, l'IVASS applica le sanzioni amministrative pecuniarie previste dall'articolo 310, comma 1, secondo i criteri di cui all'articolo 311-quinquies; l'importo delle sanzioni così determinato è aumentato sino a un terzo rispetto a quello previsto per la violazione originaria, fermi restando i massimali stabiliti dall'articolo 310.

(1) Articolo inserito dal d.lg. 21/5/2018, n. 68.
(2) Comma modificato dall'art. 1, co. 23, d.lg. 30/12/2020, n. 187.

311 quater. Accertamento unitario per violazioni della stessa indole (1). – 1. Per l'inosservanza degli articoli 125, comma 5-bis, 127, comma 3, limitatamente al certificato di assicurazione, 134, ad eccezione del comma 2, 146, 148, 149, 150, 152, comma 5, e 183, o delle relative norme di attuazione, IVASS provvede all'accertamento unitario delle violazioni della stessa indole, come definite all'articolo 8-bis, della legge n. 689 del 1981, effettuato con riferimento ad un determinato arco temporale, e alla contestazione degli addebiti con un unico atto da notificare entro il termine di cui all'articolo 311-septies. Nel caso di verifiche a distanza l'arco temporale di riferimento e il termine entro il quale si considera concluso l'accertamento delle violazioni rilevate non possono eccedere i dodici mesi. Con regolamento dell'IVASS è stabilito il termine entro il quale si considera concluso l'accertamento delle violazioni rilevate in sede di verifiche ispettive.

2. L'IVASS, qualora l'impresa in sede difensiva fornisca adeguata dimostrazione del fatto che le violazioni contestate ai sensi del comma 1 sono dipese dalla medesima disfunzione della propria organizzazione, comunica alla stessa il termine perentorio, non superiore a centottanta giorni, entro il quale effettuare gli interventi necessari per eliminare la disfunzione. L'IVASS, ricevuta la comunicazione relativa all'adozione delle misure correttive, verifica che siano state adottate le misure stesse e ne comunica gli esiti all'impresa.

3. Nel caso in cui le misure correttive adottate ai sensi del comma 2 siano risultate idonee ad eliminare la disfunzione, la misura della sanzione amministrativa pecuniaria prevista dall'articolo 310, comma 1, determinata secondo i criteri di cui all'articolo 311-quinquies, è ridotta da un terzo a due terzi, fatto salvo il minimo edittale. Eventuali rilievi formulati dall'IVASS sulle misure correttive adottate non precludono l'applicazione della riduzione, ma sono valutati in sede di determinazione della sanzione.

4. L'impresa può presentare osservazioni in ordine agli eventuali rilievi dell'IVASS sulle misure correttive adottate nel termine di sessanta giorni dal ricevimento della relativa comunicazione.

5. La riduzione di cui al comma 3 non è applicata: a) nel caso in cui l'impresa non abbia adottato gli interventi correttivi; b) nel caso in cui gli interventi adottati siano risultati inidonei ad eliminare la disfunzione; c) nel caso in cui l'impresa ne abbia già usufruito per violazioni della stessa indole sulla base di provvedimento esecutivo emesso nei tre anni precedenti.

(1) Articolo inserito dal d.lg. 21/5/2018, n. 68.

311 quinquies. Criteri per la determinazione delle sanzioni (1). – 1. Nella determinazione dell'ammontare delle sanzioni amministrative pecuniarie o della durata delle sanzioni accessorie previste per le violazioni non riguardanti la distribuzione assicurativa l'IVASS considera ogni circostanza rilevante e, in particolare, tenuto conto del fatto che il destinatario della sanzione sia persona fisica o giuridica, le seguenti, ove pertinenti: a) la gravità e la durata della violazione; b) il grado di responsabilità; c) la capacità finanziaria del responsabile della violazione; d) l'entità del vantaggio ottenuto o delle perdite evitate attraverso la violazione, nella misura in cui essa sia determinabile; e) i pregiudizi cagionati a terzi attraverso la violazione, nella misura in cui il loro ammontare sia determinabile; f) il livello di cooperazione del responsabile della violazione con l'IVASS; g) le precedenti violazioni in materia assicurativa commesse dal medesimo soggetto; h) le misure adottate successivamente alla violazione al fine di evitare in futuro il suo ripetersi; i) nell'ipotesi di accertamento unitario di una pluralità di violazioni della stessa indole ai sensi dell'articolo 311-quater, anche il numero e la tipologia delle infrazioni e l'importo della prestazione assicurativa liquidata.

(1) Articolo inserito dal d.lg. 21/5/2018, n. 68.

311 sexies. Sanzioni amministrative agli esponenti aziendali o al personale (1). – 1. Fermo restando quanto previsto all'articolo 325, comma 1 circa la responsabilità delle imprese nei confronti delle quali sono accertate le violazioni, per l'inosservanza delle norme richiamate nell'articolo 310, comma 1, lettera a) si applica, salvo che il fatto costituisca reato, la sanzione amministrativa pecuniaria da cinquemila euro a cinque milioni di euro nei confronti dei soggetti che svolgono le funzioni di amministrazione, di direzione, di controllo, nonché dei dipendenti o di coloro che operano sulla base di rapporti che ne determinano l'inserimento nell'organizzazione dell'impresa anche in forma diversa dal rapporto di lavoro subordinato quando l'inosservanza è conseguenza della violazione di doveri propri o dell'organo di appartenenza e ricorrono una o più delle seguenti condizioni:

a) la condotta ha inciso in modo rilevante sulla complessiva organizzazione o sui profili di rischio aziendali;

b) la condotta ha contribuito a determinare la mancata ottemperanza dell'impresa a provvedimenti specifici adottati ai sensi degli articoli 188, comma 3-bis, lettere a), b) e c) e 214-bis, comma 1;

c) le violazioni riguardano obblighi imposti ai sensi dell'articolo 76 o dell'articolo 79, comma 3, o dell'articolo

191, comma 1, lettera g) ovvero obblighi in materia di remunerazione e incentivazione, quando l'esponente o il personale è la parte interessata (2).

2. Nel caso in cui la condotta dei soggetti di cui al comma 1 abbia contribuito a determinare l'inosservanza dell'ordine previsto nell'articolo 311-ter da parte dell'impresa, si applica nei confronti dei soggetti stessi la sanzione amministrativa pecuniaria da cinquemila euro a cinque milioni di euro.

3. Con il provvedimento di applicazione della sanzione, tenuto conto dei criteri stabiliti dall'articolo 311-quinquies, l'IVASS può applicare la sanzione amministrativa accessoria dell'interdizione dallo svolgimento di funzioni di amministrazione, direzione e controllo presso imprese di assicurazione e di riassicurazione, per un periodo non inferiore a sei mesi e non superiore a tre anni.

4. La misura della sanzione amministrativa pecuniaria può essere aumentata secondo quanto previsto all'articolo 310, comma 2.

(1) Articolo inserito dal d.lg. 21/5/2018, n. 68 con applicazione a decorrere dal 1/10/2018.

(2) Lettera modificata dall'art. 3, co. 4, d.lg. 14/7/2020, n. 84.

311 septies. Procedura di applicazione delle sanzioni amministrative alle imprese e agli esponenti aziendali o al personale (1). – 1. L'IVASS, fermo restando quanto previsto dagli articoli 310-quater, 311-bis e 311-quater, nel termine di centoventi giorni dall'accertamento dell'infrazione, ovvero nel termine di centottanta giorni per i soggetti residenti all'estero, provvede alla contestazione degli addebiti nei confronti dei possibili responsabili della violazione.

2. Entro il termine di sessanta giorni dalla notifica della contestazione di cui al comma 1, il destinatario può presentare all'IVASS deduzioni difensive e istanza di audizione, cui può partecipare anche con l'assistenza di un avvocato.

3. L'IVASS, tenuto conto degli elementi istruttori acquisiti agli atti, applica le sanzioni o dispone l'archiviazione del procedimento con provvedimento motivato.

4. Il procedimento sanzionatorio è retto dai principi del contradditorio, della conoscenza degli atti istruttori, della verbalizzazione nonché della distinzione tra funzioni istruttorie e funzioni decisorie.

5. La tutela giurisdizionale davanti al giudice amministrativo è disciplinata dal codice del processo amministrativo. I ricorsi sono notificati all'IVASS che provvede alla difesa in giudizio con propri legali. L'opposizione non sospende l'esecuzione del provvedimento.

(1) Articolo inserito dal d.lg. 21/5/2018, n. 68.

312. Comunicazioni per la vigilanza di gruppo (1). – 1. L'omissione delle comunicazioni di cui all'articolo 213 o delle relative norme di attuazione è punita con la sanzione amministrativa pecuniaria da euro cinquemila ad euro cinquantamila. L'incompletezza o l'erroneità della comunicazione sono punite con la sanzione amministrativa pecuniaria da euro duemila ad euro ventimila.

2. L'omissione delle comunicazioni di cui all'articolo 216, comma 2, o delle relative norme di attuazione è punita con la sanzione amministrativa pecuniaria da euro duemila ad euro ventimila. Se l'omissione riguarda un'operazione da cui può derivare pregiudizio per gli interessi degli assicurati si applica la sanzione amministrativa pecuniaria da euro cinquemila ad euro cinquantamila. L'incompletezza o l'erroneità della comunicazione preventiva sono punite con la sanzione amministrativa pecuniaria da euro mille ad euro diecimila.

3. L'omissione della comunicazione periodica di cui all'articolo 216, comma 1, o delle relative norme di attuazione è punita con la sanzione amministrativa pecuniaria da euro millecinquecento ad euro quindicimila. L'incompletezza o l'erroneità delle comunicazioni periodiche successive sono punite con la sanzione amministrativa pecuniaria da euro cinquecento ad euro cinquemila.

(1) Articolo modificato dal d.lg. 12/5/2015, n. 74.

Capo III
Assicurazione obbligatoria per i veicoli a motore e i natanti

313. Trasparenza delle condizioni di premio e di contratto. – 1. L'inosservanza degli obblighi di cui all'articolo 131 è punita con la sanzione amministrativa pecuniaria da euro mille ad euro diecimila.

314. Rifiuto ed elusione dell'obbligo a contrarre e divieto di abbinamento. – 1. Il rifiuto o l'elusione dell'obbligo a contrarre di cui all'articolo 132, comma 1, è punito con la sanzione amministrativa pecuniaria da euro duemilacinquecento ad euro quindicimila (1).

2. La violazione o l'elusione dell'obbligo a contrarre di cui all'articolo 132, comma 1, che sia attuata con riferimento a determinate zone territoriali o a singole categorie di assicurati è punita con una sanzione amministrativa pecuniaria da euro un milione ad euro cinquemilioni.

3. La violazione del divieto di abbinamento di cui all'articolo 170 è punita con la sanzione amministrativa pecuniaria da euro mille ad euro tremila.

(1) Articolo modificato dal d.lg. 21/5/2018, n. 68.

315. Procedure liquidative. – 1. Nei casi previsti dagli articoli 148, 149 e 150 o dalle disposizioni di attuazione la formulazione dell'offerta o la corresponsione della somma che siano effettuate fino a centoventi giorni dalla scadenza del termine utile ovvero la mancata comunicazione del diniego dell'offerta nel medesimo termine è punita:

a) in caso di ritardo fino a trenta giorni, con la sanzione da euro trecento ad euro novecento;

b) in caso di ritardo fino a sessanta giorni, con la sanzione da euro novecento ad euro duemilasettecento;

c) in caso di ritardo fino a novanta giorni, con la sanzione da euro duemilasettecento ad euro cinquemilaquattrocento;

d) in caso di ritardo fino a centoventi giorni, con la sanzione da euro cinquemilaquattrocento ad euro diecimilaottocento.

2. Qualora, oltre i centoventi giorni dal termine utile, siano omesse la formulazione dell'offerta, la comunicazione dei motivi del diniego o il pagamento della somma, l'inosservanza degli obblighi previsti dagli articoli 148, 149 e 150 o delle disposizioni di attuazione è punita con la sanzione da euro diecimilaottocento ad euro trentamila in relazione a danni a cose e con la sanzione da euro ventimila ad euro sessantamila in relazione a danni a persone o per il caso morte.

3. Qualora l'impresa formuli l'offerta in ritardo rispetto al termine utile e contestualmente provveda al pagamento della somma, l'inosservanza degli obblighi previsti dagli articoli 148, 149 e 150 o delle disposizioni di attuazione è punita con le sanzioni rispettivamente previste ai commi 1 e 2, diminuite del trenta per cento.

316. Obblighi di comunicazione (1). – 1. L'omissione, l'incompletezza, l'erroneità o la tardività delle comunicazioni di cui all'articolo 135, comma 2, accertata semestralmente e contestata con unico atto da notificare entro il termine di cui all'articolo 326, comma 1, decorrente dal sessantesimo giorno successivo alla scadenza del semestre di riferimento, è punita con un'unica sanzione amministrativa pecuniaria da euro cinquemila a euro cinquantamila.

2. L'omissione, l'incompletezza, l'erroneità o la tardività delle comunicazioni di cui all'articolo 154, commi 4 e 5, accertata semestralmente e contestata con unico atto da notificare entro il termine di cui all'articolo 326, comma 1, decorrente dal sessantesimo giorno successivo alla scadenza del semestre di riferimento, è punita con un'unica sanzione amministrativa pecuniaria da euro diecimila a euro centomila.

(1) Articolo modificato dal d.lg. 21/5/2018, n. 68. Il testo previgente recitava «L'omissione delle comunicazioni periodiche di cui agli articoli 135, comma 2, 154, commi 4 e 5, sono punite con la sanzione amministrativa pecuniaria da euro mille ad euro diecimila. 2. L'incompletezza o l'erroneità delle comunicazioni di cui al comma 1 è punita con la sanzione amministrativa pecuniaria da euro cinquecento ad euro cinquemila, salvo che essa dipenda da fatto imputabile al danneggiato».

317. Altre violazioni. – 1. L'inosservanza degli articoli 133, 134, commi 2 e 3, 146 e 148, comma 11, o delle relative norme di attuazione, è punita, con la sanzione amministrativa pecuniaria da euro duemilacinquecento a euro settemilacinquecento.

2. L'inosservanza dell'obbligo di consegna del contrassegno o del certificato di assicurazione o dell'attestazione sullo stato del rischio è punita con la sanzione amministrativa pecuniaria da euro millecinquecento a euro quattromilacinquecento.

3. L'inosservanza degli articoli 125, comma 5-bis, e 152, comma 5, è punita con la sanzione amministrativa pecuniaria da euro 2.000 ad euro 6.000 (1).

(1) Comma sostituito dall'art. 1 del d.lg. 6/11/2007, n. 198.

Capo IV
Trasparenza delle operazioni e protezione dell'assicurato

318. Pubblicità di prodotti assicurativi. – 1. L'inosservanza delle disposizioni di cui all'articolo 182, commi 1 e 3, o delle relative norme di attuazione è punita con la sanzione amministrativa pecuniaria da euro duemila ad euro ventimila.

2. La diffusione di annunci pubblicitari effettuata in violazione dei provvedimenti cautelari e interdittivi adottati ai sensi dell'articolo 182, commi 4 e 5, è punita con la sanzione amministrativa pecuniaria da euro cinquemila ad euro cinquantamila e si applica a chi effettua annunci pubblicitari in violazione dei provvedimenti interdittivi adottati ai sensi dell'articolo 182, commi 4 e 5.

319. Regole di comportamento. – 1. L'inosservanza delle disposizioni di cui all'articolo 183 o delle relative norme di attuazione quando la commercializzazione riguarda prodotti assicurativi di cui all'articolo 2, comma 1, ad eccezione del ramo VI, o all'articolo 2, comma 3, è punita con la sanzione amministrativa pecuniaria da euro duemila ad euro ventimila.

2. La violazione dei provvedimenti interdittivi e cautelari adottati ai sensi degli articoli 182, comma 6, e 184, comma 1, è punita con la sanzione amministrativa pecuniaria da euro diecimila ad euro centomila.

320. Nota informativa. – 1. Chiunque ometta la consegna della nota informativa di cui all'articolo 185 prima della conclusione del contratto è punito con la sanzione amministrativa pecuniaria da euro duemilacinquecento ad euro venticinquemila.

Capo V
Doveri nei confronti dell'autorità di vigilanza

321. Doveri degli organi di controllo. – 1. Alle persone che compongono gli organi di controllo di un'impresa di assicurazione o di riassicurazione che omettono le comunicazioni previste dall'articolo 190, commi 1 e 3, si applica la sanzione amministrativa pecuniaria da euro cinquemila a cinque milioni di euro (1).

2. La medesima sanzione si applica alle persone che compongono i corrispondenti organi delle società ivi incluse le società di partecipazione assicurativa e di partecipazione finanziaria mista che controllano un'impresa di assicurazione o di riassicurazione o che sono da queste controllate le quali omettono le comunicazioni previste dall'articolo 190, commi 1 e 3.

3. L'ISVAP informa il Ministero dell'economia e delle finanze e la Consob dei provvedimenti sanzionatori adottati nei confronti dei revisori legali e delle società di revisione legale. Il Ministero dell'economia e delle finanze e la Consob informano l'ISVAP dei provvedimenti adottati (2).

4. Il Ministero della giustizia informa l'ISVAP dei provvedimenti adottati.*

(1) Comma modificato dal d.lg. 21/5/2018, n. 68.

(2) Comma modificato dall'art. 41 del d.lg. 27/1/2010, n. 39.

* Comma abrogato dall'art. 41 del d.lg. 27/1/2010, n. 39.

322. Doveri del revisore legale e della società di revisione legale (1). – 1. Il revisore legale e i legali rappresentanti della società di revisione legale di un'impresa di assicurazione o di riassicurazione che omettono le comunicazioni previste dall'articolo 190, commi 1, 2 e 4, sono segnalati dall'ISVAP alla CONSOB ai fini dell'adozione dei provvedimenti di competenza (2).

2. La medesima segnalazione è disposta nei confronti del revisore legale e dei legali rappresentanti della società di revisione legale che sono incaricate dalle società che controllano un'impresa di assicurazione o di riassicurazione o che sono da queste controllate i quali omettono le comunicazioni previste dall'articolo 190, commi 1, 2, 4 e 5 (2).

3. La CONSOB informa l'ISVAP dei provvedimenti adottati.

(1) Rubrica sostituita dall'art. 41 del d.lg. 27/1/2010, n. 39.

(2) Comma modificato dall'art. 41 del d.lg. 27/1/2010, n. 39, e successivamente modificato dal d.lg. 21/5/2018, n. 68. che ha soppresso l'inciso «di cui all'articolo 163 del testo unico dell'intermediazione finanziaria».

323. Doveri dell'attuario revisore e dell'attuario incaricato*. *– 1. All'attuario incaricato dalla società di revisione di un'impresa di assicurazione o di riassicurazione che omette le comunicazioni previste dall'articolo 190, commi 1, 2 e 4, si applica la sanzione amministrativa pecuniaria da euro cinquemila ad euro cinquantamila. All'attuario incaricato dal revisore legale o dalla società di revisione legale di un'impresa di assicurazione o di riassicurazione che viola l'articolo 103, comma 3, si applica la sanzione amministrativa pecuniaria da euro centomila a euro cinquecentomila. Si applicano, altresì, le sanzioni penali per il reato di corruzione del revisore. 2. All'attuario incaricato da un'impresa di assicurazione che omette le comunicazioni previste dall'articolo 31 o dall'articolo 34 si applica la sanzione amministrativa pecuniaria da euro duemila a euro ventimila. 3. L'Ordine degli attuari informa l'ISVAP dei provvedimenti adottati a seguito della comunicazione della sanzione irrogata ai sensi dei commi 1 e 2. 4. Nei casi previsti dai commi 1 e 2 che presentino particolare gravità l'ISVAP può disporre la revoca dell'incarico.*

* Articolo abrogato dal d.lg. 12/5/2015, n. 74.

Capo VI
Intermediari di assicurazione

324. Sanzioni relative alle violazioni delle disposizioni in materia di realizzazione e di distribuzione dei prodotti assicurativi, inclusi i prodotti di investimento assicurativo, commesse dagli intermediari (1). – 1. Gli intermediari assicurativi e riassicurativi, ivi inclusi quelli a titolo accessorio che nell'ambito delle attività di realizzazione e di distribuzione di prodotti assicurativi e di investimento assicurativi violano gli articoli 10-quater, 30-decies, 107, comma 5, 109, commi 2, ultimo periodo, 3, 4, 4-bis, 4-sexies, 4-septies e 6, 109-bis, 110, commi 2 e 3, 111, commi 4 e 5, 112, commi 2, 3 e 5, 113, comma 2, 117, 118, 119, comma 2, ultimo periodo, 119-bis, 119-ter, 120, 120-bis, commi 1, 2, 3 e 6, 120-ter, 120-quater, 120-quinquies, 121, 121-bis, 121-ter, 131, 170, 185, 185-bis, 185-ter, 187.1, in caso di mancata adesione a detti sistemi, 191 o le relative norme di attuazione, sono puniti secondo i criteri di cui all'articolo 324-sexies con una delle seguenti sanzioni (2):

a) richiamo;

b) censura;

c) sanzione amministrativa pecuniaria:

1) per le società, da cinquemila euro a cinque milioni di euro oppure, se superiore, pari al cinque per cento del fatturato complessivo annuo risultante dall'ultimo bilancio disponibile approvato dall'organo di amministrazione;

2) per le persone fisiche, da mille euro a settecentomila euro;

d) radiazione o, in caso di società di intermediazione, cancellazione.

2. Il richiamo, consistente in una dichiarazione scritta di biasimo motivato, è disposto per fatti di lieve manchevolezza. La censura è disposta per fatti di particolare gravità. La radiazione o la cancellazione della società di intermediazione è disposta per fatti di eccezionale gravità. La radiazione determina l'immediata risoluzione dei rapporti di intermediazione e, nel caso di esercizio dell'attività in forma societaria, comporta altresì la cancellazione della società nei casi di particolare gravità o di sistematica reiterazione dell'illecito.

3. La violazione dei provvedimenti interdittivi e cautelari adottati ai sensi dell'articolo 184 è punita con una delle sanzioni di cui al comma 1.

4. Gli intermediari che, in proprio oppure attraverso collaboratori o altri ausiliari, operano per conto o a beneficio di imprese di assicurazione e riassicurazione che hanno sede legale nel territorio della Repubblica o in Stati terzi, di imprese locali di cui al Titolo IV, Capo I e di particolari mutue assicuratrici di cui all'articolo 52, le quali esercitano l'attività assicurativa o riassicurativa oltre i limiti dell'autorizzazione, sono puniti con una delle sanzioni di cui al comma 1.

5. Quando le violazioni degli articoli, 119-bis, 119-ter, 120, 120-bis, 120-ter, 120-quater, 120-quinquies, 121, riguardano un prodotto di investimento assicurativo, l'IVASS applica le sanzioni di cui al comma 1 nei soli confronti degli intermediari di cui all'articolo 109, comma 2, lettere a) e b), e relativi collaboratori di cui alla lettera e), e degli intermediari di cui alla lettera c).

In tal caso, la misura massima della sanzione pecuniaria può essere determinata, in alternativa rispetto a quanto previsto al comma 1, lettera c), fino al doppio dell'ammontare dei profitti ricavati o delle perdite evitate grazie alla violazione, se possono essere determinati. L'IVASS, oltre alle sanzioni di cui al comma 1, può adottare una dichiarazione pubblica indicante la persona fisica o giuridica responsabile e la natura della violazione. Le medesime sanzioni di cui al presente comma si applicano nel caso di violazione degli articoli 121-quinquies, 121-sexies e 121-septies.

6. Quando la violazione degli articoli 30-decies e 121-bis riguarda un prodotto di investimento assicurativo, l'IVASS applica le sanzioni di cui al comma 1 nei confronti di tutti gli intermediari di cui al medesimo comma. La misura massima della sanzione pecuniaria può essere determinata, in alternativa rispetto a quanto previsto al comma 1, lettera c), fino al doppio dell'ammontare dei profitti ricavati o delle perdite evitate grazie alla violazione, se possono essere determinati. L'IVASS, oltre alle sanzioni di cui al comma 1, può adottare una dichiarazione pubblica indicante la persona fisica o giuridica responsabile e la natura della violazione.

7. Alle violazioni delle disposizioni richiamate all'articolo 24, paragrafo 1, del regolamento (UE) n. 1286/2014 diverse da quelle del presente articolo commesse dai soggetti di cui al comma 5 si applica l'articolo 193-quinquies del testo unico dell'intermediazione finanziaria. La nozione di fatturato è definita ai sensi dell'articolo 325-bis del presente codice.

7-bis. La disposizione di cui al comma 1 si applica anche agli intermediari iscritti al momento della commissione dell'illecito, anche se cancellati dal Registro (3).

(1) Articolo sostituito dall'art. 1, co. 54, d.lg. 21/5/2018, n. 68, con applicazione a decorrere dal 1/10/2018 e successivamente dall'art. 1, co. 24, lett. a), d.lg. 30/12/2020, n. 187.

(2) Alinea modificato dall'art. 1, co. 24, lett. b), d.lg. 30/12/2020, n. 187.

(3) Comma aggiunto dall'art. 1, co. 24, lett. c), d.lg. 30/12/2020, n. 187.

324 bis. Sanzioni relative alle violazioni delle disposizioni in materia di realizzazione e di distribuzione dei prodotti assicurativi, inclusi i prodotti di investimento assicurativo, commesse dalle imprese (1). – 1. Le imprese di assicurazione o di riassicurazione che nell'ambito delle attività di realizzazione e di distribuzione di prodotti assicurativi o di investimento assicurativi, violano gli articoli 10-quater, 30-decies, 107, comma 5, 109, comma 1-bis, e commi 4, ultimo periodo, nonché 4-ter e 6, 111, commi 1 e 2, 114-bis, 119, comma 2, ultimo periodo, 119-bis, 119-ter, 120, commi 2 e 3, 120-bis, commi 4 e 5, 120-quater, 120-quinquies, 121, 121-bis, 121-ter, 131, 170, 185, 185-bis, 185-ter, 186, 187, 187.1, in caso di mancata adesione a detti sistemi, 191 o le relative norme di attuazione, sono puniti secondo i criteri di cui all'articolo 324-sexies con la sanzione amministrativa pecuniaria da cinquemila euro a cinque milioni di euro oppure, se superiore, pari al cinque per cento del fatturato complessivo annuo risultante dall'ultimo bilancio disponibile approvato dall'organo di amministrazione (2).

2. La violazione dei provvedimenti interdittivi e cautelari adottati ai sensi dell'articolo 184 è punita con la sanzione di cui al comma 1.

3. Le imprese di assicurazione o di riassicurazione che si avvalgono di intermediari non iscritti alle Sezioni del registro di cui all'articolo 109, comma 2, sono punite con la sanzione amministrativa pecuniaria da cinquemila euro a cinque milioni di euro oppure, se superiore, pari al cinque per cento del fatturato complessivo annuo risultante dall'ultimo bilancio disponibile approvato dall'organo di amministrazione.

4. Quando le violazioni degli articoli 30-decies, 119-bis, 119-ter, 120, 120-bis, 120-quater, 120-quinquies, 121, 121-bis, riguardano un prodotto di investimento assicurativo, la misura massima della sanzione pecuniaria può essere determinata, in alternativa rispetto a quanto previsto al comma 1, fino al doppio dell'ammontare dei profitti ricavati o delle perdite evitate grazie alla violazione, se possono essere determinati. L'IVASS, oltre alle sanzioni di cui al comma 1, può adottare una dichiarazione pubblica indicante la persona giuridica o la persona fisica all'interno dell'organizzazione responsabile e la natura della violazione. Le medesime sanzioni di cui al presente comma si applicano nel caso di violazione degli articoli 121-quinquies, 121-sexies e 121-septies.

5. Alle violazioni delle disposizioni richiamate all'articolo 24, paragrafo 1, del regolamento (UE) n. 1286/2014 diverse da quelle del presente articolo si applica l'articolo 193-quinquies del testo unico dell'intermediazione finanziaria. La nozione di fatturato è definita ai sensi dell'articolo 325-bis del presente codice.

(1) Articolo inserito dall'art. 1, co. 55, d.lg. 21/5/2018, n. 68, con applicazione a decorrere dal 1/10/2018.

• Rubrica sostituita dall'art. 1, co. 25, lett. a), d.lg. 30/12/2020, n. 187.

(2) Comma modificato dall'art. 1, co. 25, lett. b), d.lg. 30/12/2020, n. 187.

324 quater. Ordine di porre termine alle violazioni (1). – 1. Fermo restando quanto previsto all'articolo 324-ter, per le violazioni previste dagli articoli 324 e 324-bis, l'IVASS in relazione alla tipologia e modalità della violazione può, in alternativa all'applicazione delle sanzioni amministrative ivi previste, applicare nei confronti dell'impresa o dell'intermediario una sanzione consistente nell'ordine di eliminare le infrazioni, anche indicando le misure da adottare e il termine per l'adempimento.

2. Per l'inosservanza dell'ordine entro il termine stabilito, l'IVASS applica alle imprese le sanzioni amministrative pecuniarie previste dall'articolo 324-bis, comma 1 secondo i criteri di cui all'articolo 324-sexies e l'importo delle sanzioni così determinato è aumentato sino a un terzo rispetto a quello previsto per la violazione originaria, fermi restando i massimali stabiliti dall'articolo 324-bis, comma 1. Nei confronti degli intermediari l'IVASS applica le sanzioni amministrative previste dall'articolo 324, comma 1, secondo i criteri di cui all'articolo 324-sexies e, nel caso di sanzione pecuniaria, l'aumento sino a un terzo rispetto a quello previsto per la violazione originaria.

(1) Articolo inserito dal d.lg. 21/5/2018, n. 68.

324 quinquies. Accertamento unitario delle violazioni della stessa indole (1). – 1. Per l'inosservanza degli articoli, 119-bis, comma 1, 119-ter, 120, 120-bis, 120-quater, 121, 131, 170, 185, 185-bis e 185-ter, o delle relative norme di attuazione, da parte delle imprese di assicurazione e riassicurazione, l'IVASS provvede all'accertamento unitario delle violazioni della stessa indole, come definita dall'articolo 8-bis della legge 24 novembre 1981, n. 689 effettuato con riferimento ad un determinato arco temporale, e alla contestazione degli addebiti con un unico atto da notificare entro il termine di cui all'articolo 311-septies. Nel caso di verifiche a distanza l'arco temporale di riferimento e il termine entro il quale si considera concluso l'accertamento delle violazioni rilevate non possono eccedere i dodici mesi. Con regolamento dell'IVASS è stabilito il termine entro il quale si considera concluso l'accertamento delle violazioni rilevate in sede di verifiche ispettive.

2. L'IVASS, qualora l'impresa in sede difensiva fornisca adeguata dimostrazione del fatto che le violazioni contestate ai sensi del comma 1 sono dipese dalla medesima disfunzione della propria organizzazione, comunica alla stessa il termine perentorio, non superiore a centottanta giorni, entro il quale effettuare gli interventi necessari per eliminare la disfunzione. L'IVASS, ricevuta la comunicazione relativa all'adozione delle misure correttive, verifica che siano state adottate le misure stesse e ne comunica gli esiti all'impresa.

3. Nel caso in cui le misure correttive adottate ai sensi del comma 2 siano risultate idonee ad eliminare la disfunzione, la misura della sanzione amministrativa pecuniaria prevista dall'articolo 324-bis, comma 1 applicabile secondo i criteri di cui all'articolo 324-sexies, è ridotta da un terzo a due terzi, fatto salvo il minimo edittale. Eventuali rilievi formulati dall'IVASS sulle misure correttive adottate non precludono l'applicazione della riduzione, ma sono valutati in sede di determinazione della sanzione.

4. L'impresa può presentare osservazioni in ordine agli eventuali rilievi dell'IVASS sulle misure correttive adottate nel termine di sessanta giorni dal ricevimento della relativa comunicazione.

5. La riduzione di cui al comma 3 non è applicata:

a) nel caso in cui l'impresa non abbia adottato gli interventi correttivi;

b) nel caso in cui gli interventi adottati siano risultati inidonei ad eliminare la disfunzione;

c) nel caso in cui l'impresa ne abbia già usufruito per violazioni della stessa indole sulla base di provvedimento esecutivo emesso nei tre anni precedenti.

6. Le disposizioni di cui ai commi 1, 2, 3, 4 e 5, si applicano anche nei confronti degli intermediari in caso di violazione degli articoli, 109, 117, 119-bis, comma 1, 119-ter, 120, 120-bis, 120-ter, 120-quater, 121, 131, 170, 185, 185-bis e 185-ter, soggetta all'applicazione di una delle sanzioni di cui all'articolo 324, comma 1 (2).

(1) Articolo inserito dal d.lg. 21/5/2018, n. 68.

(2) Comma modificato dall'art. 1, co. 26, lett. a), d.lg. 30/12/2020, n. 187.

324 sexies. Criteri per la determinazione delle sanzioni (1). – 1. Nella determinazione del tipo e dell'ammontare delle sanzioni amministrative o della durata delle sanzioni accessorie previste per le violazioni in materia di distribuzione assicurativa, l'IVASS considera ogni circostanza rilevante e, in particolare, tenuto conto del fatto che il destinatario della sanzione sia persona fisica o giuridica, le seguenti, ove pertinenti: a) la gravità e la durata della violazione; b) il grado di responsabilità; c) la capacità finanziaria del responsabile della violazione; d) l'entità del vantaggio ottenuto o delle perdite evitate attraverso la violazione, nella misura in cui essa sia determinabile; e) i pregiudizi cagionati a terzi attraverso la violazione, nella misura in cui il loro ammontare sia determinabile; f) il livello di cooperazione del responsabile della violazione con l'IVASS; g) le precedenti violazioni in materia assicurativa commesse dal medesimo soggetto; h) le misure adottate successivamente alla violazione al fine di evitare in futuro il suo ripetersi; i) nell'ipotesi di accertamento unitario di una pluralità di violazioni della stessa indole ai sensi dell'articolo 324-quinquies, anche il numero e la tipologia delle infrazioni e l'importo della prestazione assicurativa eventualmente liquidata.

(1) Articolo inserito dal d.lg. 21/5/2018, n. 68.

324 septies. Sanzioni amministrative agli esponenti aziendali o al personale delle imprese e delle società di intermediazione assicurativa o riassicurativa (1). – 1. Fermo restando quanto previsto all'articolo 325, comma 1 circa la responsabilità delle imprese nei confronti delle quali sono accertate le violazioni, per l'inosservanza delle norme richiamate nell'articolo 324-bis, comma 1, si applica, salvo che il fatto costituisca reato, la sanzione amministrativa pecuniaria da euro mille a euro settecentomila nei confronti dei soggetti che svolgono le funzioni di amministrazione, di direzione, di controllo, nonché dei dipendenti o di coloro che operano sulla base di rapporti che ne determinano l'inserimento nell'organizzazione dell'impresa anche in forma diversa dal rapporto di lavoro subordinato, quando l'inosservanza è conseguenza della violazione di doveri propri o dell'organo di appartenenza e la condotta ha inciso in modo rilevante sul bene giuridico tutelato.

2. Nel caso in cui la condotta dei soggetti di cui al comma 1 abbia contribuito a determinare l'inosservanza dell'ordine previsto nell'articolo 324-quater da parte dell'impresa, si applica nei confronti dei soggetti stessi la sanzione amministrativa pecuniaria da mille euro a settecentomila euro.

3. Con il provvedimento di applicazione della sanzione, tenuto conto dei criteri stabiliti dall'articolo 324-sexies, l'IVASS può applicare la sanzione amministrativa accessoria dell'interdizione dallo svolgimento di funzioni di amministrazione, direzione e controllo presso imprese di assicurazio-

ne e di riassicurazione, per un periodo non inferiore a sei mesi e non superiore a tre anni.

4. La misura della sanzione amministrativa pecuniaria può essere aumentata secondo quanto previsto all'articolo 310, comma 2. 5. Quando le ipotesi di cui ai commi 1 e 2 riguardano l'inosservanza delle norme richiamate all'articolo 324, comma 1, da parte di società di intermediazione assicurativa o riassicurativa, si applica la sanzione amministrativa dell'interdizione temporanea dall'esercizio di funzioni di gestione dei componenti dell'organo di amministrazione considerati responsabili, per il periodo di cui al comma 3.

(1) Articolo inserito dal d.lg. 21/5/2018, n. 68.

324 octies. Procedura di applicazione delle sanzioni amministrative nei confronti degli intermediari e degli esponenti aziendali o del personale della società di intermediazione assicurativa o riassicurativa (1). – 1. L'IVASS, fermo restando quanto previsto dagli articoli 324-ter e 324-quinquies, ai fini dell'irrogazione delle sanzioni amministrative di cui agli articoli 324, 324-quater nei confronti degli intermediari e 324-septies, comma 5, nel termine di centoventi giorni dall'accertamento dell'infrazione, ovvero nel termine di centottanta giorni per i soggetti residenti all'estero, provvede alla contestazione degli addebiti nei confronti dei soggetti iscritti nel registro degli intermediari, i collaboratori e gli altri soggetti ausiliari dell'intermediario di assicurazione o di riassicurazione, possibili responsabili della violazione e trasmette i relativi atti al Collegio di garanzia (2).

2. I destinatari di cui al comma 1 possono presentare, nel termine di sessanta giorni dalla notifica della contestazione, deduzioni difensive e chiedere l'audizione dinnanzi al Collegio di garanzia, cui possono partecipare con l'assistenza di un avvocato.

3. Il Collegio di garanzia è istituito presso l'IVASS ed è composto da un magistrato con qualifica non inferiore a consigliere della Corte di cassazione o equiparato, anche a riposo, con funzioni di presidente ovvero da un docente universitario di ruolo, e da due componenti esperti in materia assicurativa, di cui uno designato sentite le associazioni maggiormente rappresentative. Il mandato ha durata quadriennale ed è rinnovabile una sola volta. Il Collegio di garanzia può essere costituito in più sezioni, con corrispondente incremento del numero dei suoi componenti, qualora l'IVASS lo ritenga necessario per garantire condizioni di efficienza e tempestività nella definizione dei procedimenti sanzionatori. L'IVASS nomina il Collegio di garanzia, stabilisce le norme sulla procedura dinnanzi al Collegio nel rispetto dei principi del giusto procedimento e determina il regime delle incompatibilità ed il compenso dei componenti, che è posto a carico dell'Istituto (3).

4. A seguito dell'esercizio delle facoltà difensive di cui al comma 2 ovvero decorso inutilmente il relativo termine, il Collegio di garanzia, acquisiti i documenti in atti, esamina gli scritti difensivi e dispone l'audizione, alla quale le parti possono partecipare anche con l'assistenza di avvocati ed esperti di fiducia. Se non ritiene provata la violazione, il Collegio di garanzia può proporre l'archiviazione della contestazione o chiedere all'IVASS di disporre l'integrazione delle risultanze istruttorie. Se, invece, ritiene provata la violazione, trasmette per competenza all'IVASS la proposta motivata di determinazione della sanzione (4).

5. L'IVASS, ricevuta la proposta formulata dal Collegio di garanzia, decide la sanzione con provvedimento motivato, che viene successivamente comunicato alle parti del procedimento.

6. Il procedimento sanzionatorio è retto dai principi del contraddittorio, della conoscenza degli atti istruttori, della verbalizzazione nonché della distinzione tra funzioni istruttorie e funzioni decisorie.

7. Le controversie relative ai ricorsi avverso i provvedimenti che applicano la sanzione sono devolute alla giurisdizione esclusiva del giudice amministrativo. L'IVASS provvede alla difesa in giudizio con propri legali. L'opposizione non sospende l'esecuzione del provvedimento.

8. La procedura di cui al presente articolo si applica anche nel caso di violazioni commesse da esponenti aziendali o dal personale delle società di intermediazione assicurativa o riassicurativa.

(1) Articolo inserito dall'art. 1, co. 55, d.lg. 21/5/2018, n. 68, con applicazione a decorrere dal 1/10/2018.

(2) Comma modificato dall'art. 1, co. 27, lett. a), d.lg. 30/12/2020, n. 187.

(3) Vedi inoltre il Provvedimento 2/8/2018, n. 39.

(4) Comma modificato dall'art. 1, co. 27, lett. a), d.lg. 30/12/2020, n. 187.

324 novies. Procedura di applicazione delle sanzioni amministrative nei confronti delle imprese e degli esponenti aziendali e del personale (1). – 1. Fermo restando quanto previsto dagli articoli 324-ter e 324-quinquies, ai fini dell'irrogazione alle imprese delle sanzioni amministrative di cui agli articoli 324-bis, 324-quater nei confronti delle imprese e 324-septies, commi 1, 2, 3 e 4, si applica la disciplina di cui all'articolo 311-septies.

(1) Articolo inserito dall'art. 1, co. 57, d.lg. 21/5/2018, n. 68, con applicazione a decorrere dal 1/10/2018.

• Comma modificato dall'art. 1, co. 28, d.lg. 30/12/2020, n. 187.

Capo VII

Destinatari delle sanzioni amministrative pecuniarie e procedimento (1)

(1) In attuazione del presente Capo vedi il Regolamento Isvap 15/3/2006, n. 1 relativo alla procedura di irrogazione delle sanzioni amministrative pecuniarie.

325. Destinatari delle sanzioni amministrative pecuniarie. – 1. Ad eccezione delle sanzioni di cui al Capo V e fatto salvo quanto previsto dall'articolo 311, le sanzioni amministrative sono applicate nei confronti delle imprese di assicurazione o di riassicurazione, delle imprese locali e delle particolari mutue assicuratrici di cui al Titolo IV, dell'ultima società controllante italiana come determinata dall'articolo 210, comma 2, per la violazione degli obblighi di cui al Titolo XV, delle società di partecipazione assicurativa e di partecipazione finanziaria mista, degli intermediari e degli altri soggetti destinatari degli obblighi di cui al presente codice o delle relative norme di attuazione, responsabili della violazione (1).

2. Qualora i soggetti di cui al comma 1 dimostrino che la violazione è stata commessa da propri dipendenti o collaboratori, con abuso dei doveri di ufficio e per trarne personale vantaggio, la sanzione è comminata al dipendente o al collaboratore alla cui azione o omissione è imputabile l'infrazione. L'impresa e l'intermediario ne rispondono come responsabili civili, salvo rivalsa.

3. Le sanzioni per le violazioni commesse dai soggetti ai quali siano state affidate funzioni parzialmente comprese nel ciclo operativo delle imprese di assicurazione e di riassicurazione sono applicate nei confronti delle imprese stesse (1).

(1) Comma modificato dal d.lg. 21/5/2018, n. 68.

325 bis. Nozione di fatturato (1). – 1. Ai fini dell'applicazione delle sanzioni amministrative pecuniarie previste dal presente Codice, per fatturato si intende il fatturato totale annuo risultante dall'ultimo bilancio disponibile, approvato dall'organo competente, così come definito dalle disposizioni attuative dettate dall'IVASS. Ove il fatturato non sia, per qualsiasi motivo, determinabile, la sanzione applicabile è compresa tra un minimo di euro 5.000,00 e un massimo di euro 5 milioni (2).

(1) Articolo inserito dall'art. 1, co. 58, d.lg. 21/5/2018, n. 68, con applicazione a decorrere dal 1/10/2018.

• Vedi inoltre il Provvedimento 2/8/2018, n. 39.

(2) Comma modificato dall'art. 1, co. 29, d.lg. 30/12/2020, n. 187.

325 ter. Pubblicazione delle sanzioni (1). – 1. I provvedimenti di applicazione delle sanzioni, le sentenze dei giudici amministrativi che decidono i ricorsi e i decreti che decidono i ricorsi straordinari al Presidente della Repubblica sono pubblicati per estratto nel Bollettino e sul sito internet dell'IVASS. L'IVASS, tenuto conto della violazione e degli interessi coinvolti, può stabilire modalità ulteriori per dare pubblicità al provvedimento, ponendo le relative spese a carico dell'autore della violazione.

2. L'IVASS può disporre la pubblicazione in forma anonima del provvedimento sanzionatorio quando quella ordinaria:

a) abbia ad oggetto dati personali ai sensi del decreto legislativo 30 giugno 2003, n. 196, la cui pubblicazione appaia sproporzionata rispetto alla violazione sanzionata;

b) possa comportare rischi per la stabilità dei mercati finanziari o pregiudicare lo svolgimento di una indagine penale in corso;

c) possa causare un danno sproporzionato ai soggetti coinvolti, purché tale danno sia determinabile.

3. Se le situazioni descritte al comma 2 hanno carattere temporaneo, la pubblicazione può essere rimandata ed effettuata quando dette esigenze sono venute meno.

4. L'IVASS [, fatto salvo quanto previsto al comma 1,] può escludere la pubblicazione del provvedimento sanzionatorio nel caso in cui le opzioni stabilite dai commi 2 e 3 siano ritenute insufficienti ad assicurare (2):

a) che la stabilità dei mercati finanziari non sia messa a rischio (3);

b) la proporzionalità della pubblicazione delle decisioni rispetto all'irrogazione delle sanzioni previste.

(1) Articolo inserito dall'art. 1, co. 58, d.lg. 21/5/2018, n. 68, con applicazione a decorrere dal 1/10/2018.

(2) Alinea modificato dall'art. 1, co. 30, d.lg. 30/12/2020, n. 187.

(3) Comma modificato dall'art. 1, co. 30, d.lg. 30/12/2020, n. 187.

325 quater. Comunicazione all'AEAP delle sanzioni applicate per le violazioni delle disposizioni in materia di realizzazione e di distribuzione dei prodotti assicurativi, inclusi i prodotti di investimento assicurativo (1). – 1. L'IVASS comunica all'AEAP le sanzioni applicate per le violazioni alle disposizioni relative alle attività di realizzazione e di distribuzione di prodotti assicurativi, inclusi i prodotti di investimento assicurativi, ivi comprese le sanzioni pubblicate in forma anonima, o la cui pubblicazione sia stata rimandata o esclusa, nonché comunica le informazioni sulle impugnazioni dei provvedimenti e sull'esito delle stesse (2).

2. L'IVASS trasmette all'AEAP con cadenza annuale informazioni aggregate relative a tutte le sanzioni amministrative e alle altre misure applicate in conformità del Capo VI del presente Titolo (3).

(1) Articolo inserito dall'art. 1, co. 58, d.lg. 21/5/2018, n. 68, con applicazione a decorrere dal 1/10/2018.

• Rubrica sostituita dall'art. 1, co. 31, lett. a), d.lg. 30/12/2020, n. 187.

(2) Comma sostituito dall'art. 1, co. 31, lett. b), d.lg. 30/12/2020, n. 187.

(3) Comma modificato dall'art. 1, co. 31, lett. c), d.lg. 30/12/2020, n. 187.

326. Procedura di applicazione delle sanzioni amministrative pecuniarie (1). – 1. L'IVASS, ad eccezione dei casi di assoluta mancanza di pregiudizio per il tempestivo esercizio delle funzioni di vigilanza o per gli interessi degli assicurati e degli altri aventi diritto a prestazioni assicurative, nel termine di centoventi giorni dall'accertamento dell'infrazione, ovvero nel termine di centottanta per i soggetti residenti all'estero, provvede alla contestazione degli addebiti nei confronti dei possibili responsabili della violazione. Limitatamente alle violazioni di cui agli articoli 148 e149 e fermo quanto previsto ai commi 2 e 3, la procedura può essere sospesa dall'IVASS fino a novanta giorni qualora l'impresa dimostri che sono in corso accertamenti dovuti ad un fondato sospetto di frode. Alla scadenza del periodo di sospensione senza che l'impresa abbia proposto querela o denuncia, riprende a decorrere il termine di cui ai commi 2 e 3. La proposizione della querela o della denuncia sospende la procedura. La sentenza o il diverso provvedimento del giudice che decide il procedimento penale estingue la violazione.

2. Al di fuori dei casi previsti dall'articolo 328, comma 1, entro i successivi sessanta giorni le parti del procedimento possono provvedere al pagamento nella misura più favorevole fra la terza parte del massimo ed il doppio del minimo della pena edittale. Il pagamento estingue la violazione.

3. Quando le parti non effettuino il pagamento in misura ridotta o nei casi in cui tale facoltà non è prevista, possono proporre, nel termine di cui al comma 2, reclamo avverso la contestazione degli addebiti e chiedere l'audizione dinnanzi alla Commissione consultiva sui procedimenti sanzionatori.

4. La Commissione consultiva, nominata dal Ministro dello sviluppo economico, è composta da un magistrato, anche in pensione, con qualifica non inferiore a consigliere della Corte di cassazione o qualifiche equivalenti ovvero da un docente universitario di ruolo, anche a riposo, che la presiede, e da un dirigente del Ministero dello sviluppo economico ed un dirigente dell'IVASS. Il mandato ha durata quadriennale ed è rinnovabile per una sola volta. È stabilita con regolamento del Ministro dello sviluppo economico, nel rispetto dei principi del giusto procedimento, la procedura dinanzi alla Commissione consultiva e il regime di incompatibilità dei componenti. La Commissione consultiva opera presso l'IVASS, che provvede alle spese per il suo funzionamento ed al compenso dei componenti.

5. A seguito dell'esercizio della facoltà di reclamo di cui al comma 3, la Commissione consultiva acquisisce le risultanze istruttorie, esamina gli scritti difensivi e dispone l'audizione, alla quale le parti possono partecipare anche con l'assistenza di avvocati ed esperti di fiducia. Se non ritiene provata la violazione, la Commissione consultiva può disporre l'archiviazione della contestazione o chiedere l'integrazione delle risultanze istruttorie. Se, invece, ritiene provata la violazione, trasmette al Ministro dello sviluppo economico la proposta motivata di determinazione della sanzione amministrativa pecuniaria, avuto riguardo anche all'eventuale attenuazione o eliminazione delle conseguenze dannose ed all'adozione di misure idonee a prevenire la ripetizione della violazione. Si applicano, inoltre, gli articoli 8, 8-bis e 11 della legge 24 novembre 1981, n. 689.

6. Il Ministero dello sviluppo economico, sulle risultanze della proposta della Commissione consultiva o ad istanza dell'IVASS in assenza di reclamo, decide la sanzione con decreto dirigenziale, che viene successivamente comunicato dall'IVASS alle parti del procedimento.

7. La tutela giurisdizionale davanti al giudice amministrativo è disciplinata dal codice del processo amministrativo. I ricorsi sono notificati anche all'IVASS, che provvede alla difesa in giudizio con propri legali (2).

8. I provvedimenti dell'IVASS, che infliggono le sanzioni pecuniarie, e le sentenze dei giudici amministrativi che deci-

dono i ricorsi sono pubblicati nel Bollettino dell'IVASS. Il Ministero dello sviluppo economico, su richiesta dell'IIVASS, tenuto conto della violazione e degli interessi coinvolti, può stabilire modalità ulteriori per dare pubblicità al provvedimento, ponendo le relative spese a carico dell'autore della violazione (3).

(1) Comma modificato dal d.lg. 21/5/2018, n. 68.

(2) Comma sostituito dall'art. 3, co. 18, dell'Allegato 4 al d.lg. 2/7/2010, n. 104.

(3) Comma modificato dal d.lg. 12/5/2015, n. 74.

327. Pluralità di violazioni e misure correttive (1). – 1. Qualora vengano accertate più violazioni della stessa disposizione del presente codice, o delle norme di attuazione, per le quali sia prevista l'applicazione di sanzioni amministrative pecuniarie, attraverso una pluralità di azioni od omissioni la cui reiterazione sia dipesa dalla medesima disfunzione dell'organizzazione dell'impresa o dell'intermediario, l'IVASS provvede alla contestazione degli addebiti secondo quanto previsto all'articolo 326, commi 1, primo periodo, e con lo stesso provvedimento fissa un termine perentorio, non superiore a centottanta giorni entro il quale la parte deve effettuare gli interventi necessari per eliminare la disfunzione riscontrata, nel caso ritenga di avvalersi di tale facoltà.

2. La parte, che intenda effettuare gli interventi di cui al comma 1, deve darne comunicazione all'IVASS, entro sessanta giorni dal provvedimento di contestazione degli addebiti, indicandone modalità, caratteristiche ed effetti attesi. La comunicazione preclude l'esercizio della facoltà di estinguere le violazioni con il pagamento in misura ridotta ai sensi dell'articolo 326, comma 2, nei casi in cui ciò sia consentito dall'articolo 328.

3. Se la parte comunica che non intende effettuare gli interventi richiesti, ovvero omette di pronunciarsi entro sessanta giorni dal provvedimento di contestazione degli addebiti, inizia a decorrere il termine per il pagamento in misura ridotta ai sensi dell'articolo 326, comma 2, ove consentito, o per presentare il reclamo previsto dall'articolo 326, comma 3, rimanendo preclusa l'applicazione della sanzione sostitutiva alle violazioni accertate. La procedura prosegue secondo quanto previsto all'articolo 326, commi 5 e 6.

4. Nel caso in cui la parte si sia avvalsa della facoltà prevista dal comma 2, l'IVASS, entro trenta giorni dalla scadenza del termine assegnato per eliminare la disfunzione riscontrata, verifica che siano state adottate le misure correttive e ne comunica gli esiti alla parte del procedimento. L'adozione delle misure correttive secondo le modalità e le caratteristiche indicate nella comunicazione all'ISVAP rende applicabile un'unica sanzione amministrativa pecuniaria, sostitutiva di quelle derivanti dalle violazioni della medesima disposizione, che sarà determinata in misura non inferiore ad euro cinquantamila e non superiore ad euro cinquecentomila. Eventuali rilievi formulati dall'IVASS non precludono l'applicazione della sanzione sostitutiva, ma sono valutati in sede di determinazione della sanzione stessa.

5. Entro sessanta giorni dalla comunicazione dell'esito delle verifiche effettuate dall'IVASS, la parte può presentare osservazioni in ordine agli eventuali rilievi dell'IVASS sulle misure correttive adottate. In ogni caso l'IVASS trasmette alla Commissione consultiva sui procedimenti sanzionatori una relazione sullo stato delle misure adottate ai fini della proposta di determinazione della sanzione sostitutiva.

(1) Comma modificato dal d.lg. 21/5/2018, n. 68.

328. Norme sul pagamento delle sanzioni amministrative pecuniarie (1). – *1. Alle sanzioni pecuniarie previste dagli articoli 305, comma 4, 308, comma 4, 309, 310, 311, 312 e 319 non si applica la facoltà di estinguere la violazione con il pagamento in misura ridotta*.*

*2. Nei casi in cui è consentita la facoltà di estinguere il procedimento con il pagamento in misura ridotta e la parte rinunci espressamente al reclamo prima della fissazione della seduta di trattazione dinnanzi alla Commissione consultiva, il procedimento si estingue con il contestuale pagamento di una sanzione pari all'importo dell'oblazione, maggiorato del dieci per cento**.*

3. L'IVASS, con regolamento, determina le modalità e i termini di pagamento delle sanzioni amministrative pecuniarie. Alla riscossione coattiva delle sanzioni amministrative pecuniarie si provvede mediante ruolo secondo i termini e le modalità previsti dal decreto del Presidente della Repubblica 29 settembre 1973, n. 602 (2).

4. Sono versati alla CONSAP Spa - Gestione autonoma del Fondo di garanzia per le vittime della strada i proventi derivanti dalle sanzioni amministrative pecuniarie irrogate in applicazione dei seguenti articoli:

a) 310, comma 1, lettera b), ad eccezione di quelli derivanti dalle sanzioni irrogate per violazione dell'articolo 10-quater (3);

b) 310, comma 1, lettera c), ad eccezione di quelli derivanti dalle sanzioni irrogate per violazione dell'articolo 183;

c) 310-bis;

d) 310-ter;

e) 310-quater (4).

4-bis. Alle sanzioni amministrative pecuniarie previste dal presente Titolo non si applicano le disposizioni contenute negli articoli 6, 10, 11, 14, commi 1, 2 e 5 per la parte relativa alla facoltà di pagamento della sanzione in misura ridotta, 16 e 22 della legge 24 novembre 1981, n. 689. Per la notifica delle sanzioni amministrative, anche di natura non pecuniaria, irrogate dall'IVASS, si applica l'articolo 14, comma 4, della legge 24 novembre 1981, n. 689 (5).

(1) Vedi il Regolamento ISVAP 15/3/2006, n. 1 relativo alla procedura di irrogazione delle sanzioni amministrative pecuniarie.

* Comma abrogato dall'art. 1, co. 60, lett. a), d.lg. 21/5/2018, n. 68, con applicazione a decorrere dal 1/10/2018.

** Comma abrogato dall'art. 1, co. 60, lett. b), d.lg. 21/5/2018, n. 68, con applicazione a decorrere dal 1/10/2018.

(2) Comma modificato dall'art. 1, co. 213, d.lg. 12/5/2015, n. 74 e successivamente sostituito dall'art. 1, co. 60, lett. c), d.lg. 21/5/2018, n. 68, con applicazione a decorrere dal 1/10/2018.

• Per l'attuazione delle disposizioni di cui al presente comma vedi il Provvedimento 2/8/2018, n. 39.

(3) Lettera sostituita dall'art. 1, co. 32, lett. a), d.lg. 30/12/2020, n. 187.

(4) Così rettificato con Comunicato in G.U. 2/7/2010, n. 152. Successivamente sostituito dall'art. 1, co. 36, l. 4/8/2017, n. 124 e dall'art. 1, co. 60, lett. d), d.lg. 21/5/2018, n. 68, con applicazione a decorrere dal 1/10/2018.

(5) Comma inserito dall'art 1, co. 60, lett. d) del d.lg. 21/5/2018, n. 68, con applicazione a decorrere dal 1/10/2018 e successivamente modificato dall'art. 1, co. 32, lett. a), d.lg. 30/12/2020, n. 187.

Capo VIII
Destinatari delle sanzioni disciplinari e procedimento (1)

(1) In attuazione del presente Capo vedi il Regolamento Isvap 20/10/2006, n. 6 relativo alle sanzioni disciplinari nei confronti degli intermediari assicurativi e dei periti assicurativi e alle norme di funzionamento del Collegio di garanzia di cui all'art. 331.

329. Sanzioni disciplinari applicabili ai periti assicurativi (1). – 1. I periti assicurativi che nell'esercizio della loro attività violino le norme del presente codice o le relative norme di attuazione, sono puniti, in base alla gravità dell'infrazione e tenuto conto dell'eventuale recidiva, con una delle seguenti sanzioni: a) richiamo; b) censura; c) radiazione.

2. Il richiamo, consistente in una dichiarazione scritta di biasimo motivato, è disposto per fatti di lieve manchevolezza. La censura è disposta per fatti di particolare gravità. La radiazione è disposta per fatti di eccezionale gravità e determina l'immediata risoluzione dei rapporti di intermediazione e, nel caso di esercizio dell'attività in forma societaria, comporta altresì la cancellazione della società nei casi di particolare gravità o di sistematica reiterazione dell'illecito (2).

3. I provvedimenti disciplinari sono notificati all'interessato mediante lettera raccomandata e sono comunicati alle imprese con le quali il medesimo ha incarichi in corso di esecuzione.

(1) Articolo sostituito dal d.lg. 21/5/2018, n. 68. La rubrica previgente era: «**Intermediari e periti assicurativi**».

(2) Commi modificati dal d.lg. 21/5/2018, n. 68. Il testo previgente disponeva: «1. Gli intermediari di assicurazione o riassicurazione, compresi i produttori diretti, i collaboratori e gli altri soggetti ausiliari dell'intermediario di assicurazione o di riassicurazione, ed i periti assicurativi che nell'esercizio della loro attività, anche nei casi puniti ai sensi dell'articolo 324, violino le norme del presente codice o le relative norme di attuazione, sono puniti, in base alla gravità dell'infrazione e tenuto conto dell'eventuale recidiva, con una delle seguenti sanzioni: a) richiamo; b) censura; c) radiazione. 2. Il richiamo, consistente in una dichiarazione scritta di biasimo motivato, è disposto per fatti di lieve manchevolezza. La censura è disposta per fatti di particolare gravità. La radiazione è disposta per fatti di eccezionale gravità e determina l'immediata risoluzione dei rapporti di intermediazione».

330. Competenza ad adottare i provvedimenti disciplinari nei confronti dei periti assicurativi (1). – 1. Le sanzioni disciplinari di cui all'articolo 329 sono applicate dalla CONSAP ai sensi dell'articolo 331, nei confronti delle persone fisiche iscritte nel ruolo dei periti di assicurazione responsabili della violazione.

(1) Articolo sostituito dal d.lg. 21/5/2018, n. 68. Il testo previgente disponeva: «**Destinatari delle sanzioni disciplinari.** 1. Le sanzioni disciplinari sono applicate nei confronti delle persone fisiche iscritte nel registro degli intermediari, compresi i collaboratori e gli altri soggetti ausiliari dell'intermediario di assicurazione o di riassicurazione, o nel ruolo dei periti di assicurazione responsabili della violazione. 2. Nel caso di esercizio dell'attività in forma societaria la radiazione comporta altresì la cancellazione della società nei casi di particolare gravità o di sistematica reiterazione dell'illecito disciplinare».

331. Procedura di applicazione delle sanzioni disciplinari nei confronti dei periti (1). – 1. Ai fini dell'irrogazione delle sanzioni disciplinari di cui all'articolo 329, la CONSAP, nel termine di centoventi giorni dall'accertamento dell'infrazione, ovvero nel termine di centottanta per i soggetti residenti all'estero, provvede alla contestazione degli addebiti nei confronti dei periti di assicurazione, eventuali responsabili della violazione.

2. I destinatari di cui al comma 1 possono presentare, nel termine di sessanta giorni, scritti difensivi avverso la contestazione degli addebiti e chiedere l'audizione dinnanzi al Collegio di garanzia di cui all'articolo 324-octies, cui può partecipare con l'assistenza di un avvocato.

3. A seguito dell'esercizio delle facoltà difensive di cui al comma 2 ovvero decorso inutilmente il relativo termine, il Collegio di garanzia acquisisce le risultanze istruttorie, esamina gli scritti difensivi e dispone l'audizione, alla quale le parti possono partecipare anche con l'assistenza di avvocati ed esperti di fiducia. Se non ritiene provata la violazione, il Collegio di garanzia può proporre l'archiviazione della contestazione o chiedere alla CONSAP di disporre l'integrazione delle risultanze istruttorie. Se, invece, ritiene provata la violazione, trasmette per competenza alla CONSAP la proposta motivata di determinazione della sanzione.

4. La CONSAP, ricevuta la proposta formulata dal Collegio di garanzia, decide la sanzione con provvedimento motivato, che viene successivamente comunicato alle parti del procedimento.

5. Le controversie relative ai ricorsi avverso i provvedimenti che applicano la sanzione sono devolute alla giurisdizione esclusiva del giudice amministrativo. La CONSAP provvede alla difesa in giudizio con propri legali. L'opposizione non sospende l'esecuzione del provvedimento.

6. I provvedimenti che infliggono la sanzione disciplinare della radiazione, le sentenze dei giudici amministrativi che decidono i ricorsi e i decreti che decidono i ricorsi straordinari al Presidente della Repubblica sono pubblicati da CONSAP nel suo sito internet.

(1) Articolo modificato dal d.lg. 21/5/2018, n. 68. Il testo previgente disponeva: «**Procedura di applicazione delle sanzioni disciplinari.** 1. Ai fini dell'irrogazione delle sanzioni disciplinari di cui all'articolo 330, l'IVASS, nel termine di centoventi giorni dall'accertamento dell'infrazione, ovvero nel termine di centottanta per i soggetti residenti all'estero, provvede alla contestazione degli addebiti nei confronti dei soggetti iscritti nel registro degli intermediari, compresi i collaboratori e gli altri soggetti ausiliari dell'intermediario di assicurazione o di riassicurazione, possibili responsabili della violazione e trasmette i relativi atti al Collegio di garanzia sui procedimenti disciplinari. 1-bis. Ai fini dell'irrogazione delle sanzioni disciplinari di cui all'articolo 330, la CONSAP, nel termine di centoventi giorni dall'accertamento dell'infrazione, ovvero nel termine di centottanta per i soggetti residenti all'estero, provvede alla contestazione degli addebiti nei confronti dei periti di assicurazione, possibili responsabili della violazione.
2. I destinatari di cui ai commi 1 e 1-bis possono proporre, nel termine di sessanta giorni, reclamo avverso la contestazione degli addebiti e chiedere l'audizione dinnanzi al Collegio di garanzia sui procedimenti disciplinari.
3. Il Collegio di garanzia è istituito presso l'IVASS ed è composto da un magistrato con qualifica non inferiore a consigliere della Corte di cassazione o equiparato, anche a riposo, con funzioni di presidente ovvero da un docente universitario di ruolo, e da due componenti esperti in materia assicurativa, questi ultimi designati sentite le associazioni maggiormente rappresentative. Il mandato ha durata quadriennale ed è rinnovabile una sola volta. Il Collegio di garanzia può essere costituito in più sezioni, con corrispondente incremento del numero dei suoi componenti, qualora l'IVASS lo ritenga necessario per garantire condizioni di efficienza e tempestività nella definizione dei procedimenti disciplinari. L'IVASS nomina il Collegio di garanzia, stabilisce le norme sulla procedura dinnanzi al Collegio nel rispetto dei principi del giusto procedimento e determina il regime delle incompatibilità ed il compenso dei componenti, che è posto a carico dell'Istituto.
4. A seguito dell'esercizio della facoltà di reclamo di cui al comma 2 ovvero decorso inutilmente il relativo termine, il Collegio di garanzia acquisisce le risultanze istruttorie, esamina gli scritti difensivi e dispone l'audizione, alla quale le parti possono partecipare anche con l'assistenza di avvocati ed esperti di fiducia. Se non ritiene provata la violazione, il Collegio di garanzia può disporre l'archiviazione della contestazione o chiedere l'integrazione delle risultanze istruttorie. Se, invece, ritiene provata la violazione, trasmette per competenza all'IVASS o alla CONSAP la proposta motivata di determinazione della sanzione disciplinare.
5. L'IVASS o la CONSAP, ricevuta la proposta formulata dal Collegio di garanzia, decide la sanzione disciplinare con decreto, che viene successivamente comunicato alle parti del procedimento.
6. Le controversie relative ai ricorsi avverso i provvedimenti che applicano la sanzione disciplinare sono devolute alla giurisdizione esclusiva del giudice amministrativo. L'IVASS o la CONSAP provvede alla difesa in giudizio con propri legali.
7. I provvedimenti che infliggono la sanzione disciplinare della radiazione, le sentenze dei giudici amministrativi che decidono i ricorsi e i decreti che decidono i ricorsi straordinari al Presidente della Repubblica sono pubblicati nel Bollettino dell'IVASS o da CONSAP nel suo sito internet».

331 bis. Disposizioni di attuazione (1). – 1. L'IVASS emana disposizioni di attuazione del presente Titolo.

(1) Comma inserito dal d.lg. 21/5/2018, n. 68.

TITOLO XIX
DISPOSIZIONI TRIBUTARIE TRANSITORIE E FINALI

Capo I
Disposizioni tributarie

332. Fondo di integrazione a copertura del margine di solvibilità delle imprese di assicurazione. – 1. Il fondo di integrazione, costituito ai sensi dei commi 4, 5 e 6 dell'articolo 27 del decreto legislativo 17 marzo 1995, n. 174, e dai commi 4, 5 e 6 dell'articolo 28 del decreto legislativo 17 marzo 1995, n. 175, in data antecedente al 1° gennaio 2004, concorre alla formazione del reddito imponibile della società nell'esercizio e nella misura in cui sia attribuito ai soci anche mediante riduzione del capitale sociale.

2. La voce riserve di rivalutazione prevista nello stato patrimoniale del bilancio delle imprese di assicurazione contiene, fra l'altro, il fondo di integrazione di cui al comma 1 già iscritto nel bilancio dell'esercizio chiuso al 31 dicembre 2003.

333. Imposte e tasse sulle iscrizioni e sulle annotazioni di vincolo delle attività patrimoniali. – 1. Le iscrizioni ipotecarie e le annotazioni di vincolo, previste dall'articolo 224, comma 1, da eseguire sui beni immobili situati nel territorio della Repubblica sono soggette alle imposte ipotecarie in misura fissa.

2. La relativa spesa è posta a carico dell'impresa.

334. Contributo sui premi delle assicurazioni dei veicoli e dei natanti (1). – 1. Sui premi delle assicurazioni per la responsabilità civile per i danni causati dalla circolazione dei veicoli a motore e dei natanti si applica un contributo, sostitutivo delle azioni spettanti alle Regioni e agli altri enti che erogano prestazioni a carico del Servizio sanitario nazionale, nei confronti dell'impresa di assicurazione, del responsabile del sinistro o dell'impresa designata, per il rimborso delle prestazioni erogate ai danneggiati dalla circolazione dei veicoli a motore e dei natanti.

2. Il contributo si applica, con aliquota del dieci virgola cinque per cento, sui premi incassati e deve essere distintamente indicato in polizza e nelle quietanze. L'impresa di assicurazione ha diritto di rivalersi nei confronti del contraente per l'importo del contributo.

3. Per l'individuazione e la denuncia dei premi soggetti al contributo, per la riscossione e per le relative sanzioni si applica la legge 29 ottobre 1961, n. 1216, e successive modificazioni.

(1) A norma dell'art. 4, co. 76, l. 28/6/2012, n. 92, a decorrere dall'anno 2012, il contributo, di cui al presente articolo, applicato sui premi delle assicurazioni per la responsabilità civile per i danni causati dalla circolazione dei veicoli a motore e dei natanti, per il quale l'impresa di assicurazione ha esercitato il diritto di rivalsa nei confronti del contraente, è deducibile, ai sensi dell'art. 10, co. 1, lett. e), TU delle imposte sui redditi, di cui al d.P.R. 22/12/1986, n. 917, dal reddito complessivo del contraente medesimo per la parte che eccede 40 euro. Successivamente, a norma dell'art. 12, co. 2-bis, d.l. 31/8/2013, n. 102, conv., con modif., dalla l. 28/10/2013, n. 124, a decorrere dal periodo d'imposta in corso alla data del 31/12/2014, il contributo previsto nel presente articolo, è indeducibile ai fini delle imposte sui redditi e dell'imposta regionale sulle attività produttive.

Capo II
Contributi di vigilanza e di gestione (1)

(1) Capo modificato dal d.lg. 12/5/2015, n. 74.

335. Imprese di assicurazione e di riassicurazione. – 1. Sono tenute a versare all'IVASS un contributo annuale, denominato contributo di vigilanza sull'attività di assicurazione e di riassicurazione, nella misura prevista dal comma 2 (1):

a) le imprese di assicurazione con sede legale nel territorio della Repubblica ed iscritte alla sezione I dell'albo di cui all'articolo 14, comma 4;

b) le sedi secondarie delle imprese di assicurazione extracomunitarie stabilite nel territorio della Repubblica ed iscritte alla sezione II dell'albo previsto dagli articoli 14, comma 4, e 28, comma 5, ultimo periodo;

c) le imprese locali di cui all'articolo 51-bis, comma 1, lettera a), iscritte nella sezione dell'albo delle imprese di assicurazione rubricata «Imprese locali di cui al Titolo IV, Capo II, del Codice delle Assicurazioni private» e le particolari mutue assicuratrici di cui all'articolo 51-bis, comma 1, lettera b), ed iscritte nella sezione dell'albo rubricata «Particolari mutue assicuratrici di cui al Titolo IV, Capo III, del Codice delle Assicurazioni private (2);

d) le imprese di riassicurazione con sede legale nel territorio della Repubblica ed iscritte alla sezione IV dell'albo di cui all'articolo 59, comma 4;

e) le sedi secondarie delle imprese di riassicurazione extracomunitarie stabilite nel territorio della Repubblica ed iscritte alla sezione V dell'albo di cui all'articolo 60, comma 3.

e-bis) le imprese aventi sede legale in un altro Stato membro di cui al Titolo II, Capo III, iscritte negli elenchi in appendice all'albo di cui all'articolo 26 (3).

2. Il contributo di vigilanza è commisurato ad un importo non superiore al due per mille dei premi incassati in ciascun esercizio, escluse le tasse e le imposte ed al netto di un'aliquota per oneri di gestione calcolata dall'IVASS mediante apposita elaborazione dei dati risultanti dai bilanci dell'esercizio precedente. Per le imprese di cui al comma 1, lettera e-bis), detto contributo è commisurato a un importo non superiore alla metà di quello di cui al periodo precedente ed è calcolato sui premi incassati in Italia (4).

3. Il contributo di vigilanza dovuto dalle altre mutue di assicurazione è commisurato all'uno per mille dei premi incassati in ciascun esercizio, escluse le tasse e le imposte.

4. Il contributo di vigilanza è determinato entro il 30 maggio con decreto del Ministro dell'economia e delle finanze adottato, sentito l'IVASS, in modo da assicurare la copertura finanziaria degli oneri di vigilanza sulle imprese nonché delle spese di funzionamento dei sistemi di cui all'articolo 187.1, comma 1. Il decreto è pubblicato entro il 30 giugno nella Gazzetta Ufficiale e nel Bollettino dell'IVASS (5).

5. Il contributo, calcolato al netto dell'aliquota per oneri di gestione, è versato direttamente all'IVASS in due rate rispettivamente entro il 31 gennaio e entro il 31 luglio di ogni anno e viene iscritto in apposita voce del bilancio di previsione. L'eventuale residuo confluisce nell'avanzo di amministrazione e viene considerato nell'ambito del fabbisogno per l'esercizio successivo (6).

6. La riscossione coattiva avviene tramite ruolo e secondo le modalità di cui all'articolo 67, comma 2, del decreto del Presidente della Repubblica 28 gennaio 1988, n. 43.

(1) Alinea modificato dall'art. 1, co. 213, d.lg. 12/5/2015, n. 74.

(2) Lettera sostituita dall'art. 1, co. 191, lett. a), d.lg. 12/5/2015, n. 74.

(3) Lettera aggiunta dall'art. 1, co. 33, lett. a), d.lg. 30/12/2020, n. 187.

(4) Per la misura del contributo, di cui al presente comma, vedi:
– per l'anno 2015, il d.m. 27/7/2015;
– per l'anno 2016, il d.m. 3/8/2016;

– per l'anno 2017, il d.m. 1/8/2017;
– per l'anno 2018, il d.m. 28/9/2018;
– per l'anno 2019, il d.m. 5/8/2019;
– per l'anno 2020, il d.m. 11/8/2020.

• A norma del Provvedimento ISVAP 27/11/2006, n. 2478 l'aliquota di cui al presente comma è fissata, per l'esercizio 2007, nella misura del 5%. A norma del Provvedimento ISVAP 15/11/2007, n. 2563 l'aliquota di cui al presente comma è fissata, per l'esercizio 2008, nella misura del 5,17%. A norma dell'articolo unico del Provvedimento ISVAP 30/11/2012, n. 3025, per l'esercizio 2013 l'aliquota per gli oneri di gestione da dedurre dai premi incassati, di cui al presente comma, è fissata nella misura del 4,7% dei predetti premi; per l'esercizio 2015, a norma del Provvedimento ISVAP 2/12/2014, n. 24, l'aliquota per gli oneri di gestione da dedurre dai premi incassati, di cui al presente comma, è fissata nella misura del 4,4% dei predetti premi. A norma dell'articolo unico del Provvedimento ISVAP 29/11/2018, n. 80, per l'esercizio 2019 l'aliquota per gli oneri di gestione da dedurre dai premi incassati è fissata nella misura del 4,26% dei predetti premi. A norma dell'articolo unico del Provvedimento ISVAP 7/11/2019, n. 91, l'aliquota per gli oneri di gestione da dedurre dai premi incassati è fissata nella misura del 4,12% dei predetti premi. A norma dell'articolo unico del Provvedimento ISVAP 16/12/2020, n. 104, per l'esercizio 2021 l'aliquota per gli oneri di gestione da dedurre dai premi incassati è fissata nella misura del 4,07% dei predetti premi.

• Comma modificato dall'art. 1, co. 213, d.lg. 12/5/2015, n. 74 e dall'art. 1, co. 33, lett. b), d.lg. 30/12/2020, n. 187.

(5) Comma modificato dall'art. 1, co. 213, d.lg. 12/5/2015, n. 74 e dall'art. 1, co. 33, lett. c), d.lg. 30/12/2020, n. 187.

(6) Comma sostituito dall'art. 1, co. 191, lett. b), d.lg. 12/5/2015, n. 74.

336. Intermediari di assicurazione e di riassicurazione. – 1. Ciascun iscritto al registro di cui all'articolo 109 e all'elenco annesso al registro di cui agli articoli 116-quater e 116-quinquies è tenuto al pagamento all'IVASS di un contributo annuale, denominato contributo di vigilanza sugli intermediari di assicurazione e riassicurazione nella misura massima di: euro 100 per le persone fisiche iscritte al registro di cui all'articolo 109, comma 2, lettera a); euro 500 per le persone giuridiche iscritte al registro di cui all'articolo 109, comma 2, lettera a); euro 100 per le persone fisiche iscritte al registro di cui all'articolo 109, comma 2, lettera b); euro 500 per le persone giuridiche iscritte al registro di cui all'articolo 109, comma 2, lettera b), euro 50 per le persone fisiche iscritte al registro di cui all'articolo 109, comma 2, lettera c), euro 10.000,00 per le persone giuridiche iscritte al registro di cui all'articolo 109, comma 2, lettera d), euro 100 per le persone fisiche iscritte al registro di cui all'articolo 109, comma 2, lettera f); euro 500 per le persone giuridiche iscritte al registro di cui all'articolo 109, comma 2, lettera f); euro 5.000,00 per gli enti creditizi e le imprese di investimento di cui all'articolo 4, paragrafo 1, punti 1) e 2), del regolamento (UE) n. 575 del 26 giugno 2013 iscritti nell'elenco annesso al registro di cui agli articoli 116-quater e 116-quinquies, ed euro 250 e 50, rispettivamente, per altre persone giuridiche e per le persone fisiche iscritte nel medesimo elenco. Il contributo non è deducibile dal reddito dell'intermediario iscritto al registro di cui all'articolo 109 (1).

2. Il contributo di vigilanza è determinato entro il 30 maggio di ogni anno con decreto del Ministro dell'economia e delle finanze adottato, sentito l'IVASS, in modo da assicurare la copertura finanziaria degli oneri di vigilanza sugli intermediari iscritti al registro e all'elenco annesso nonché delle spese di funzionamento dei sistemi di cui all'articolo 187.1, comma 1. Il decreto è pubblicato entro il 30 giugno di ogni anno nella Gazzetta Ufficiale e nel Bollettino dell'IVASS (2).

3. Si applica l'articolo 335, commi 5 e 6. L'attestazione relativa al pagamento è comunicata all'IVASS nelle forme e con i termini stabiliti con il decreto di cui al comma 2 (3).

3-bis. Il decreto del Ministro dell'economia e delle finanze, di cui al comma 2, individua altresì il contributo a carico di coloro che intendono svolgere la prova di idoneità di cui all'articolo 110, comma 2, nella misura necessaria a garantire lo svolgimento di tale attività (4).

(1) Comma modificato dall'art. 1, co. 213, d.lg. 12/5/2015, n. 74; successivamente dall'art. 1, co. 66, d.lg. 21/5/2018, n. 68, con applicazione a decorrere dal 1/10/2018 e, da ultimo, sostituito dall'art. 1, co. 34, d.lg. 30/12/2020, n. 187.

(2) Per il contributo di vigilanza dovuto all'ISVAP, vedi:
– per l'anno 2007, l'art. 1 del d.m. 30/5/2007;
– per l'anno 2011, l'art. 1 del d.m. 27/6/2011;
– per l'anno 2012, l'art. 1 del d.m. 18/7/2012;
– per l'anno 2013, vedi l'art. 1 del d.m. 10/7/2013;
– per l'anno 2014, il d.m. 6/8/2014;
– per l'anno 2015, il d.m. 27/7/2015;
– per l'anno 2016, il d.m. 3/8/2016;
– per l'anno 2017, il d.m. 1/8/2017;
– per l'anno 2018, il d.m. 8/8/2018;
– per l'anno 2019, il d.m. 9/8/2019;
– per l'anno 2020, il d.m. 11/8/2020.

• Comma sostituito dall'art. 1, co. 34, d.lg. 30/12/2020, n. 187.

(3) Comma modificato dall'art. 1, co. 213, d.lg. 12/5/2015, n. 74.

(4) Comma inserito dall'art. 1, co. 67, d.lg. 21/5/2018, n. 68, con applicazione a decorrere dal 1/10/2018.

337. Periti assicurativi (1). – 1. Gli iscritti nel ruolo dei periti assicurativi sono tenuti al pagamento alla CONSAP di un contributo annuale, denominato contributo di gestione del ruolo dei periti assicurativi, nella misura massima di euro cento.

2. Il contributo di gestione è determinato entro il 30 maggio con decreto del Ministro dell'economia e delle finanze adottato, sentita la CONSAP, in modo da assicurare la copertura finanziaria degli oneri di gestione del ruolo dei periti assicurativi. Il decreto è pubblicato entro il 30 giugno nella Gazzetta Ufficiale e sul sito internet della CONSAP.

3. Il contributo di cui al presente articolo viene versato direttamente alla CONSAP entro il 31 luglio di ogni anno e viene iscritto in apposita voce del bilancio di previsione della stessa CONSAP. L'eventuale residuo confluisce nell'avanzo di amministrazione e viene considerato nell'ambito del fabbisogno per l'esercizio successivo.

4. L'attestazione relativa al pagamento è comunicata alla CONSAP nelle forme e con i termini stabiliti con il decreto di cui al comma 2. In caso di mancato pagamento si applica la disposizione di cui all'articolo 335, comma 6.

(1) Articolo sostituito dal d.lg. 12/5/2015, n. 74.

Capo III
Disposizioni transitorie

338. Imprese di assicurazione e di riassicurazione già autorizzate. – 1. Le imprese di assicurazione, che alla data di entrata in vigore del presente codice sono autorizzate ai sensi dell'articolo 7 del decreto legislativo 17 marzo 1995, n. 174, o dell'articolo 9 del decreto legislativo 17 marzo 1995, n. 175, o che alla data di entrata in vigore dei predetti decreti hanno conservato l'autorizzazione rilasciata sulla base di disposizioni previgenti, sono iscritte di diritto nella sezione I dell'albo previsto dall'articolo 14, comma 4.

2. Le sedi secondarie di imprese di assicurazione extracomunitarie, che alla data di entrata in vigore del presente codice sono autorizzate ai sensi dell'articolo 81 del decreto legislativo 17 marzo 1995, n. 174, o dell'articolo 93 del decreto legislativo 17 marzo 1995, n. 175, o che alla data di entrata in vigore dei predetti decreti hanno conservato l'autorizzazione rilasciata sulla base di disposizioni previgenti, sono iscritte di diritto nella sezione II dell'albo previsto dagli articoli 14,

comma 4, e 28, comma 5, ultimo periodo.

3. Le mutue di assicurazione non soggette ai decreti legislativi 17 marzo 1995, n. 174, e 17 marzo 1995, n. 175, che alla data di entrata in vigore del presente codice sono autorizzate ai sensi del decreto del Presidente della Repubblica 13 febbraio 1959, n. 449, sono iscritte di diritto nella sezione III dell'albo previsto dagli articoli 14, comma 4, e 55 comma 2.

4. Le imprese di riassicurazione, che alla data di entrata in vigore del presente codice sono autorizzate ai sensi del decreto del Presidente della Repubblica 13 febbraio 1959, n 449, o che alla data di entrata in vigore del predetto decreto hanno conservato l'autorizzazione rilasciata sulla base di disposizioni previgenti, sono iscritte di diritto nella sezione IV dell'albo previsto dagli articoli 14, comma 4, e 59, comma 5.

5. Le sedi secondarie di imprese di riassicurazione extracomunitarie, che alla data di entrata in vigore del presente codice sono autorizzate ai sensi del decreto del Presidente della Repubblica 13 febbraio 1959, n. 449, o che alla data di entrata in vigore del predetto decreto hanno conservato l'autorizzazione rilasciata sulla base di disposizioni previgenti, sono iscritte di diritto nella sezione IV dell'albo previsto dagli articoli 14, comma 4, e 60, comma 3.

6. Le imprese con sede legale in altri Stati membri, che alla data di entrata in vigore del presente codice operano nel territorio della Repubblica ai sensi dell'articolo 69 del decreto legislativo 17 marzo 1995, n. 174, o dell'articolo 80 del decreto legislativo 17 marzo 1995, n. 175, o che alla data di entrata in vigore dei predetti decreti hanno conservato l'autorizzazione rilasciata sulla base di disposizioni previgenti, sono iscritte di diritto nell'elenco delle imprese in regime di stabilimento previsto dall'articolo 26.

7. Le imprese con sede legale in altri Stati membri, che alla data di entrata in vigore del presente codice operano nel territorio della Repubblica ai sensi dell'articolo 70 del decreto legislativo 17 marzo 1995, n. 174, o dell'articolo 81 del decreto legislativo 17 marzo 1995, n. 175, o che alla data di entrata in vigore dei predetti decreti hanno conservato l'autorizzazione rilasciata sulla base di disposizioni previgenti, e le sedi secondarie di imprese italiane stabilite in altri Stati membri, che alla data di entrata in vigore del codice operano nel territorio della Repubblica ai sensi dell'articolo 49 del decreto legislativo 17 marzo 1995, n. 174, o dell'articolo 60 del decreto legislativo 17 marzo 1995, n. 175, sono iscritte di diritto nell'elenco delle imprese in regime di prestazione di servizi previsto dall'articolo 26.

339. Calcolo e copertura delle riserve tecniche dei rami vita*. *– 1. Per i contratti stipulati anteriormente al 19 maggio 1995 le imprese di assicurazione con sede legale nel territorio della Repubblica e le sedi secondarie di imprese di assicurazioni extracomunitarie continuano ad utilizzare i principi di calcolo previsti nelle disposizioni vigenti a tale data. 2. Le imprese di cui al comma 1, già tenute a cedere all'Istituto nazionale delle assicurazioni una quota parte dei rischi assunti, provvedono, anche in deroga alle disposizioni vigenti, alla copertura delle riserve tecniche limitatamente all'importo che si ottiene deducendo dalle riserve tecniche calcolate ai sensi del comma 1 un ammontare corrispondente alle cessioni legali effettuate anteriormente alla cessazione dell'obbligo. Restano fermi gli effetti delle convenzioni stipulate tra le medesime imprese e la CONSAP per la disciplina dei rapporti sorti in relazione alle cessioni legali.*

* Articolo abrogato dal d.lg. 12/5/2015, n. 74.

340. Margine di solvibilità disponibile nei rami vita. – 1. Sino al 31 dicembre 2009, su motivata richiesta dell'impresa che esercita i rami vita, l'ISVAP può autorizzare a comprendere nel margine di solvibilità disponibile, per periodi singolarmente non superiori a dodici mesi, una aliquota degli utili futuri dell'impresa, nei limiti ed alle condizioni previste dal regolamento di cui all'articolo 44, comma 4.

2. Ai fini della richiesta di cui al comma 1, l'impresa presenta una relazione, redatta e sottoscritta dall'attuario incaricato, che convalidi la plausibilità della realizzazione di detti utili nel futuro ed un piano che illustri come in seguito potranno essere rispettati i limiti, anche in relazione al venir meno della possibilità di utilizzo degli utili futuri, alla scadenza del periodo transitorio.

341. Imprese in liquidazione coatta. – 1. Le disposizioni di cui all'articolo 252 si applicano alle imprese poste in liquidazione coatta in data successiva all'entrata in vigore del decreto legislativo del 17 marzo 1995, n. 174, e del decreto legislativo del 17 marzo 1995, n. 175. Le liquidazioni coatte, intervenute in data anteriore all'entrata in vigore dei medesimi decreti, continuano ad essere disciplinate dalla legislazione vigente al momento della pubblicazione del relativo provvedimento nella Gazzetta Ufficiale. Gli articoli 246, commi 1, 2 e 3, 250, 252, comma 2, 261, 262 e 263 si applicano a tutte le procedure in corso alla data di entrata in vigore del presente codice.

2. Resta in vigore il decreto del Ministro del lavoro e delle politiche sociali, di concerto con il Ministro delle attività produttive, recante norme per agevolare, senza oneri a carico del bilancio dello Stato, l'esodo dei lavoratori provenienti da imprese esercenti l'assicurazione obbligatoria della responsabilità civile derivante dalla circolazione dei veicoli a motore e dei natanti, poste in liquidazione coatta amministrativa, che siano stati riassunti dal commissario liquidatore nell'ambito delle misure per il perseguimento di politiche attive di sostegno del reddito e dell'occupazione di cui all'articolo 2, comma 28, della legge 23 dicembre 1996, n. 662.

342. Partecipazioni già autorizzate. – 1. Restano autorizzate, salvo eventuali revoche, le partecipazioni qualificate o di controllo già consentite in applicazione dell'articolo 10 della legge 9 gennaio 1991, n. 20.

343. Intermediari già iscritti od operanti. – 1. I soggetti che alla data di entrata in vigore del presente codice sono iscritti all'Albo degli agenti di assicurazione o all'Albo nazionale dei mediatori di assicurazione e di riassicurazione sono iscritti di diritto nella corrispondente sezione del registro previsto dall'articolo 109, comma 2, previa dimostrazione dell'assolvimento dell'obbligo di stipulazione della polizza di responsabilità civile, di cui agli articoli 110, comma 3, e 112, comma 3, salvo quanto disposto all'articolo 109, comma 3, entro dodici mesi dalla data di entrata in vigore del presente codice.

2. I soggetti che sono stati cancellati dall'Albo degli agenti di assicurazione o dall'Albo dei mediatori di assicurazione e riassicurazione nel termine, rispettivamente, di cinque anni o di due anni dalla data di entrata in vigore del presente codice possono essere nuovamente iscritti a condizione che la richiesta sia effettuata entro dodici mesi dall'entrata in vigore del presente codice e che la cancellazione non sia stata disposta in forza di un provvedimento disciplinare definitivo. L'iscrizione, salvo quanto disposto all'articolo 109, comma 3, è subordinata all'assolvimento dell'obbligo di stipulazione della polizza di responsabilità civile di cui all'articolo 110, comma 3.

3. Le persone fisiche che, in vigenza della legge 7 febbraio 1979, n. 48, e della legge 28 novembre 1984, n. 792, avrebbero maturato i requisiti per l'iscrizione di diritto rispettivamente all'albo degli agenti di assicurazione o dei mediatori di assicurazione o di riassicurazione hanno titolo per l'iscrizione nella corrispondente sezione del registro previsto dall'articolo 109, se il periodo richiesto è completato entro dodici mesi

dalla data di entrata in vigore del presente codice. In pendenza del termine per l'iscrizione essi possono continuare ad esercitare l'attività precedentemente svolta.

4. I soggetti di cui all'articolo 109, comma 2, lettere c), d) ed e), che alla data di entrata in vigore del presente codice esercitano l'attività di intermediazione assicurativa o riassicurativa possono iscriversi, con le modalità stabilite all'articolo 109, comma 4, nella corrispondente sezione del registro entro i successivi dodici mesi. In pendenza del termine per l'iscrizione essi possono continuare ad esercitare l'attività precedentemente svolta.

5. Il Fondo di cui all'articolo 115 succede nei rapporti attivi e passivi al Fondo di garanzia per l'attività dei mediatori di assicurazione e di riassicurazione, di cui all'articolo 4, comma 1, lettera f), della legge 28 novembre 1984, n. 792, e continua ad operare nei casi previsti dal decreto del Ministro dell'industria, del commercio e dell'artigianato in data 30 aprile 1985, pubblicato nella Gazzetta Ufficiale n. 110 dell'11 maggio 1985.

6. Le persone fisiche di cui al presente articolo e quelle iscritte nel registro degli intermediari di assicurazione e di riassicurazione non sono soggette agli obblighi previsti a carico degli agenti di commercio in materia di previdenza integrativa.

344. Periti di assicurazione già iscritti. – 1. I periti di assicurazione che esercitano l'attività di accertamento e stima dei danni alle cose derivanti dalla circolazione, dal furto e dall'incendio dei veicoli a motore e dei natanti e che alla data di entrata in vigore del presente codice sono iscritti nel ruolo di cui all'articolo 2 della legge 17 febbraio 1992, n. 166, sono iscritti di diritto al ruolo previsto dall'articolo 156.

Capo III bis
Disposizioni transitorie relative all'entrata in vigore del regime solvibilità II (1)

(1) Capo inserito dal d.lg. 12/5/2015, n. 74.

Sezione I
Regime di applicazione immediata (1)

(1) Sezione inserita dal d.lg. 12/5/2015, n. 74.

344 bis. Regime di applicazione immediata (1). – 1. A decorrere dal 1° aprile 2015 l'IVASS decide sulle autorizzazioni relative a:

a) fondi propri accessori ai sensi dell'articolo 44-quinquies, commi 5, 6, 7 e 8;

b) classificazione degli elementi dei fondi propri di cui all'articolo 44-octies, commi 1, 6 e 7;

c) parametri specifici dell'impresa ai sensi dell'articolo 45-sexies, comma 7;

d) modello interno completo o parziale ai sensi degli articoli 46-bis e 46-ter;

e) stabilimento sul territorio italiano di società veicolo di cui all'articolo 57-bis;

f) fondi propri accessori di una società di partecipazione assicurativa intermedia conformemente all'articolo 216-sexies, comma 1, lettera e);

g) applicazione del modello interno di gruppo di cui agli articoli 207-octies, 216-sexies, comma 1, lettere a) e b);

h) applicazione del sottomodulo del rischio azionario basato sulla durata di cui all'articolo 45-novies;

i) applicazione dell'aggiustamento di congruità alla pertinente struttura per scadenza dei tassi d'interesse privi di rischio conformemente agli articoli 36-quinquies e 36-sexies;

l) applicazione della misura transitoria sui tassi d'interesse privi di rischio conformemente all'articolo 344-novies;

m) applicazione nella misura transitoria sulle riserve tecniche conformemente all'articolo 344-undecies.

2. Con riferimento alla vigilanza sul gruppo, a partire dal 1° aprile 2015, l'IVASS può:

a) disporre in merito all'applicazione delle disposizioni di vigilanza sul gruppo di cui ai Capi I, IV-bis e IV-ter del Titolo XV;

b) essere qualificata autorità di vigilanza sul gruppo, ai sensi degli articoli 207-sexies;

c) procedere all'istituzione di un Collegio delle Autorità di vigilanza, ai sensi dell'articolo 206-bis.

3. Con riferimento alla vigilanza sul gruppo, a partire dal 1° luglio 2015, l'IVASS può:

a) dedurre eventuali partecipazioni di cui all'articolo 216-sexies, comma 1, lettera d);

b) determinare la scelta del metodo di calcolo della solvibilità di gruppo, ai sensi dell'articolo 216-sexies, comma 1, lettera a);

c) effettuare la verifica in merito alla sussistenza di un regime di vigilanza equivalente, ai sensi degli articoli 216-sexies, comma 1, lettera e), e 220-septies;

d) prevedere l'applicazione delle disposizioni sulla vigilanza sul gruppo con gestione centralizzata dei rischi di cui agli articoli 217-quater e 217-quinquies, conformemente all'articolo 217-bis;

e) effettuare gli accertamenti di cui agli articoli 220-octies e 220-sexies;

4. A partire dal 1° luglio 2015, l'IVASS può prevedere l'applicazione di misure transitorie ai sensi della Sezione II del presente Capo.

5. Le autorizzazioni e le decisioni assunte dall'IVASS ai sensi dei commi 1, e dei commi 2 e 3, sono applicabili a partire dal 1° gennaio 2016.

(1) Articolo inserito dal d.lg. 12/5/2015, n. 74.

Sezione II
Misure transitorie (1)

(1) Sezione inserita dal d.lg. 12/5/2015, n. 74.

344 ter. Misure transitorie inerenti particolari tipi di imprese di assicurazione o di riassicurazione (1). – 1. Fino alle date di cui al comma 2, lettere a) e b), i Titoli I, II, III, IV, V, VI, VII, XIV, XV, XVI, XVIII del presente Codice non si applicano alle imprese di assicurazione o riassicurazione che al 1° gennaio 2016 abbiano cessato di stipulare nuovi contratti di assicurazione o di riassicurazione e si limitino ad amministrare il portafoglio esistente nella prospettiva di cessare l'attività se:

a) l'impresa ha dimostrato all'IVASS l'intenzione di cessare l'attività prima del 1° gennaio 2019; o

b) l'impresa è sottoposta a provvedimenti di risanamento di cui al Titolo XVI, Capo II, ed è stato nominato un commissario.

2. L'impresa di cui:

a) al comma 1, lettera a), è soggetta ai Titoli I, II, III, IV, V, VI, VII, XIV, XV, XVI, XVIII a decorrere dal 1° gennaio 2019 o da una data precedente qualora l'IVASS non sia soddisfatto dei progressi compiuti per la cessazione dell'attività;

b) al comma 1, lettera b), è soggetta ai Titoli I, II, III, IV, V, VI, VII, XIV, XV, XVI, XVIII a decorrere dal 1° gennaio 2021 o da una data precedente qualora l'IVASS non sia soddisfatto dei progressi compiuti per la cessazione dell'attività.

3. Le disposizioni di cui ai commi 1 e 2 si applicano se l'impresa di cui al comma 1 soddisfa le seguenti condizioni:

a) l'impresa non appartiene a un gruppo oppure, in caso contrario, tutte le imprese del gruppo cessano di stipulare nuovi contratti di assicurazione o di riassicurazione;

b) l'impresa presenta all'IVASS una relazione annuale che illustri i progressi compiuti verso la cessazione della sua attività;

c) l'impresa ha comunicato all'IVASS di applicare le misure transitorie. I commi 1 e 2 non ostano a che un'impresa operi in conformità dei titoli I, II, III, IV, V, VI, VII, XIV, XV, XVI, XVIII.

4. L'IVASS predispone un elenco delle imprese di assicurazione e di riassicurazione di cui al comma 1 e lo comunica a tutti gli altri Stati membri.

5. Ai fini e nei limiti dell'applicazione del comma 1, continuano ad applicarsi le disposizioni di cui ai Titoli I, II, III, IV, V, VI, VII, XIV, XV, XVI, XVIII nella formulazione vigente anteriormente al 1° gennaio 2016.

(1) Articolo inserito dal d.lg. 12/5/2015, n. 74.

344 quater. Misure transitorie inerenti l'informativa e il processo di controllo prudenziale (1). – 1. Fino al 31 dicembre 2019, il termine per la presentazione da parte dell'impresa dell'informativa annuale all'IVASS ai fini della verifica delle condizioni di esercizio di cui all'articolo 47-quater, diminuisce di due settimane per ogni esercizio finanziario, a cominciare da 20 settimane dopo la chiusura di esercizio dell'impresa in relazione all'esercizio avente fine il 31 dicembre 2016 fino al più tardi a 14 settimane dopo la chiusura di esercizio dell'impresa in relazione all'esercizio finanziario avente fine il 31 dicembre 2019.

2. Fino al 31 dicembre 2019, il termine per la presentazione da parte dell'impresa della relazione sulla solvibilità e sulla condizione finanziaria: di cui all'articolo 47-septies diminuisce di due settimane per ogni esercizio finanziario, a cominciare al più tardi da 20 settimane dopo la chiusura di esercizio dell'impresa in relazione all'esercizio avente fine il 31 dicembre 2016, fino al più tardi a 14 settimane dopo la chiusura dell'esercizio avente fine il 31 dicembre 2019.

3. Fino al 31 dicembre 2019, il termine per la presentazione da parte dell'impresa dell'informativa trimestrale all'IVASS ai fini della verifica delle condizioni di esercizio di cui all'articolo 47-quater, su base trimestrale, diminuisce di una settimana per ogni esercizio finanziario, a cominciare al più tardi da otto settimane per ogni trimestre a partire dalla chiusura del primo trimestre 2016 fino al più tardi a cinque settimane dopo la chiusura del primo trimestre 2019.

4. I termini previsti dai commi 1 e 3, aumentati di ulteriori sei settimane, si applicano all'ultima società controllante italiana di cui all'articolo 210, comma 2, con riferimento agli obblighi di informativa all'IVASS ai fini della verifica degli adempimenti sulla vigilanza sul gruppo di cui all'articolo 216-octies.

5. I termini previsti dal comma 2, aumentati di ulteriori sei settimane, si applicano all'ultima società controllante italiana di cui all'articolo 210, comma 2, con riferimento alla relazione relativa alla solvibilità di gruppo e alla condizione finanziaria di cui all'articolo 216-novies.

(1) Articolo inserito dal d.lg. 12/5/2015, n. 74.

344 quinquies. Misure transitorie in materia di fondi propri e investimenti (1). – 1. In deroga all'articolo 44-octies, commi 2, 3, 4 e 5, in materia di criteri per la classificazione in livelli, gli elementi dei fondi propri di base sono inseriti nei fondi propri di base di livello 1 per un periodo massimo di 10 anni a partire dal 1° gennaio 2016, se:

a) sono stati emessi entro il 1° gennaio 2016 o alla data di entrata in vigore dell'atto delegato di cui all'articolo 97 della direttiva 2009/138/CE, ove quest'ultima sia anteriore;

b) al 31 dicembre 2015 possono essere utilizzati per soddisfare il margine di solvibilità disponibile fino al 50 per cento del margine di solvibilità secondo le disposizioni legislative e regolamentari in materia di margine di solvibilità applicabili in tale data;

c) non sarebbero altrimenti classificati nel livello 1 o nel livello 2 conformemente all'articolo 44-octies, commi 2, 3, 4 e 5.

2. In deroga all'articolo 44-octies, commi 2, 3, 4 e 5, in materia di criteri per la classificazione in livelli, gli elementi dei fondi propri di base sono inseriti nei fondi propri di base di livello 2 per un periodo massimo di 10 anni a partire dal 1° gennaio 2016, se sono soddisfatte entrambe le seguenti condizioni:

a) sono stati emessi entro il 1° gennaio 2016 o alla data di entrata in vigore dell'atto delegato di cui all'articolo 97 della direttiva 2009/138/CE, ove quest'ultima sia anteriore;

b) al 31 dicembre 2015 possono essere utilizzati per soddisfare il margine di solvibilità disponibile fino al 25 per cento del margine di solvibilità legislative e regolamentari in materia di margine di solvibilità applicabili in tale data.

3. Per l'impresa che investe in titoli negoziabili e altri strumenti finanziari basati su prestiti «confezionati» emessi prima del 1° gennaio 2011, i requisiti che devono essere soddisfatti dalle imprese che «confezionano» i prestiti in titoli negoziabili e altri strumenti finanziari si applicano soltanto nell'eventualità in cui dopo il 31 dicembre 2014 siano state aggiunte o sostituite nuove esposizioni sottostanti.

(1) Articolo inserito dal d.lg. 12/5/2015, n. 74.

344 sexies. Misure transitorie in materia di Requisito Patrimoniale di Solvibilità (1). – 1. In deroga agli articoli 45-bis, 45-ter, comma 3, e 45-sexies, il calcolo del Requisito Patrimoniale di Solvibilità è effettuato secondo le disposizioni seguenti:

a) fino al 31 dicembre 2017 i parametri standard da utilizzare per il calcolo del sottomodulo per le concentrazioni del rischio di mercato e del sottomodulo di rischio di spread secondo la formula standard per le esposizioni verso le amministrazioni o le banche centrali degli Stati membri denominate e finanziate nella valuta nazionale di uno Stato membro sono gli stessi rispetto a quelli che sarebbero applicati alle esposizioni denominate e finanziate nella loro valuta nazionale;

b) nel 2018 i parametri standard da utilizzare per il calcolo del sottomodulo per le concentrazioni del rischio di mercato e del sottomodulo di rischio di spread secondo la formula standard sono ridotti dell'80 per cento in relazione alle esposizioni verso le amministrazioni o le banche centrali degli Stati membri denominate e finanziate nella valuta nazionale di un altro Stato membro;

c) nel 2019 i parametri standard da utilizzare per il calcolo del sottomodulo per le concentrazioni del rischio di mercato e del sottomodulo di rischio di spread secondo la formula standard sono ridotti del 50 per cento in relazione alle esposizioni verso le amministrazioni o le banche centrali degli Stati membri denominate e finanziate nella valuta nazionale di un altro Stato membro;

d) a decorrere dal 1° gennaio 2020 i parametri standard da utilizzare per il calcolo del sottomodulo per le concentrazioni del rischio di mercato e del sottomodulo di rischio di spread secondo la formula standard non sono ridotti in relazione alle esposizioni verso le amministrazioni o le banche centrali degli Stati membri denominate e finanziate nella valuta nazionale di un altro Stato membro.

2. In deroga agli articoli 45-bis, 45-ter, comma 3, e 45-sexies, in materia di calcolo del Requisito Patrimoniale di Solvibilità, i parametri standard da utilizzare per le azioni acquistate dall'impresa entro il 1° gennaio 2016, in sede di calcolo del sottomodulo del rischio azionario secondo la formula standard senza l'opzione prevista all'articolo 45-novies sono calcolati come media ponderata tra:

a) il parametro standard da utilizzare in sede di calcolo del sottomodulo del rischio azionario conformemente all'articolo 45-novies; nonché

b) il parametro standard da utilizzare in sede di calcolo del sottomodulo del rischio azionario secondo la formula standard senza l'opzione di cui all'articolo 45-novies.

3. La ponderazione relativa al parametro di cui al comma 2, lettera b), aumenta almeno linearmente alla fine di ogni anno, partendo dallo 0 per cento nell'anno avente inizio il 1° gennaio 2016 fino al 100 per cento al 1° gennaio 2023.

(1) Articolo inserito dal d.lg. 12/5/2015, n. 74.

344 septies. Misure transitorie in materia di misure di salvaguardia (1). – 1. In deroga all'articolo 222, commi 2-bis e 2-ter, in materia di violazione del Requisito Patrimoniale di Solvibilità e fatto salvo il comma 2-quater della medesima disposizione, se l'impresa rispetta il margine di solvibilità richiesto dalle disposizioni legislative e regolamentari in materia di margine di solvibilità applicabili al 31 dicembre 2015, ma, nel corso dell'anno 2016, non rispetta il Requisito Patrimoniale di Solvibilità di cui al Titolo III, capo IV bis, l'IVASS impone all'impresa di adottare i provvedimenti necessari per raggiungere il livello di fondi propri ammissibili a copertura del requisito patrimoniale di solvibilità o per ridurre il profilo di rischio dell'impresa al fine di garantire l'osservanza del requisito patrimoniale di solvibilità entro il 31 dicembre 2017.

2. Nei casi di cui al comma 1 l'impresa presenta all'IVASS, ogni tre mesi, una relazione concernente le misure adottate e i progressi realizzati per raggiungere il livello di fondi propri ammissibili a copertura del requisito patrimoniale di solvibilità o per ridurre il proprio profilo di rischio al fine di garantire l'osservanza del requisito patrimoniale di solvibilità.

3. L'estensione di cui al comma 1 è revocata dall'IVASS se dalla relazione sui progressi realizzati, di cui al comma 2, si evince che non vi sono stati progressi significativi nel ristabilire il livello di fondi propri ammissibili a copertura del requisito patrimoniale di solvibilità o nel ridurre il profilo di rischio al fine di garantire l'osservanza del requisito patrimoniale di solvibilità tra la data di rilevamento dell'inosservanza del Requisito Patrimoniale di Solvibilità e la data di presentazione della relazione sui progressi realizzati.

(1) Articolo inserito dal d.lg. 12/5/2015, n. 74.

344 octies. Disposizioni transitorie in materia di vigilanza sul gruppo (1). – 1. L'ultima società controllante italiana di cui all'articolo 210, comma 2, fino al 31 marzo 2022, può presentare all'IVASS la domanda per l'autorizzazione all'utilizzo di un modello interno di gruppo applicabile ad una parte del gruppo se l'impresa, cui si applica il modello interno di gruppo, ha sede nel territorio della Repubblica e se presenta un profilo di rischio sensibilmente diverso da quello del resto del gruppo.

2. Il regolamento IVASS di cui all'articolo 216-ter, comma 1, stabilisce le disposizioni transitorie, applicabili a livello di gruppo in deroga al Titolo XV, Capo III, in coerenza con le disposizioni transitorie di cui agli articoli 344-quinquies in materia di fondi propri, 344-sexies in materia di Requisito Patrimoniale di Solvibilità, 344-novies in materia di tassi d'interesse privi di rischio, 344-decies in materia di riserve tecniche.

3. In deroga alle previsioni di cui all'articolo 227 in materia di verifica della situazione di solvibilità di gruppo, nel caso in cui l'ultima società controllante italiana di cui all'articolo 210, comma 2, soddisfi il requisito di solvibilità corretta calcolato secondo le disposizioni legislative e regolamentari applicabili al 31 dicembre 2015 ma non soddisfi il requisito di solvibilità di gruppo di cui agli articoli 216-sexies e 216-septies (requisito patrimoniale di solvibilità di gruppo), l'IVASS impone alla società controllante di adottare i provvedimenti necessari per raggiungere il livello di fondi propri ammissibili a copertura del requisito patrimoniale di solvibilità di gruppo o per ridurre il profilo di rischio del gruppo al fine di garantire l'osservanza del requisito patrimoniale di solvibilità di gruppo entro il 31 dicembre 2017. Si applica l'articolo 344-septies, commi 2 e 3.

4. Nelle ipotesi di cui al comma 3, l'IVASS, in qualità di autorità di vigilanza sul gruppo, adotta le misure di cui all'articolo 344-septies, comma 1, nei confronti dell'impresa italiana al vertice del gruppo che non sia ultima società controllante italiana, ai sensi dell'articolo 210, comma 2. Si applicano i commi 2 e 3 dell'articolo 344-septies.

(1) Articolo inserito dal d.lg. 12/5/2015, n. 74.

344 novies. Misura transitoria sui tassi d'interesse privi di rischio (1). – 1. L'impresa di assicurazione o riassicurazione può applicare un adeguamento transitorio alla pertinente struttura per scadenza dei tassi d'interesse privi di rischio riguardo agli impegni di assicurazione e di riassicurazione ammissibili.

2. L'applicazione dell'adeguamento transitorio di cui al comma 1 è soggetto all'autorizzazione dell'IVASS.

3. Per ciascuna valuta l'adeguamento è calcolato come parte della differenza tra:

a) il tasso d'interesse quale determinato dall'impresa conformemente alle disposizioni legislative e regolamentari in materia di riserve tecniche applicabili al 31 dicembre 2015;

b) il tasso effettivo annuo, calcolato come tasso di attualizzazione unico che, laddove applicato ai flussi di cassa del portafoglio di impegni di assicurazione o riassicurazione ammissibili, ha come risultato un valore equivalente a quello della migliore stima del portafoglio di impegni di assicurazione o riassicurazione ammissibili, tenuto conto del valore temporale del denaro mediante utilizzo della pertinente struttura per scadenza dei tassi d'interesse privi di rischio di cui all'articolo 36-quater.

4. La parte di cui alla lettera a) della differenza di cui al comma 3 diminuisce linearmente alla fine di ogni anno, partendo dal 100 per cento al 1° gennaio 2016 fino allo 0 per cento al 1° gennaio 2032.

5. Se l'impresa applica l'aggiustamento per la volatilità di cui all'articolo 36-septies, la pertinente struttura per scadenza dei tassi d'interesse privi di rischio di cui alla lettera b) del comma 3 corrisponde alla pertinente struttura per scadenza dei tassi d'interesse privi di rischio rettificata di cui allo stesso articolo 36-septies.

6. Gli impegni di assicurazione e di riassicurazione ammissibili comprendono unicamente gli impegni di assicurazione o di riassicurazione che soddisfano i seguenti requisiti:

a) sono originati da contratti conclusi precedentemente al 31 dicembre 2015, esclusi i rinnovi contrattuali in tale data o in una successiva;

b) le relative riserve tecniche sono state stabilite in conformità alle disposizioni legislative e regolamentari in materia di riserve tecniche applicabili al 31 dicembre 2015;

c) a detti impegni non si applica l'aggiustamento per la congruità di cui all'articolo 36-quinquies.

7. L'impresa di assicurazione o di riassicurazione che applica il comma 1:

a) non include gli impegni di assicurazione e di riassicurazione ammissibili nel calcolo dell'aggiustamento per la volatilità di cui all'articolo 36-septies;

b) non applica l'articolo 344-decies;

c) nell'ambito della relazione sulla solvibilità e sulla condizione finanziaria di cui all'articolo 47-septies, rende pubblico il fatto che applica la struttura per scadenza dei tassi d'interesse privi di rischio transitoria e quantifica l'impatto che la mancata applicazione di tale misura transitoria avrebbe sulla posizione finanziaria dell'impresa.

(1) Articolo inserito dal d.lg. 12/5/2015, n. 74.

344 decies. Misura transitoria sulle riserve tecniche (1). – 1. L'impresa di assicurazione o di riassicurazione può applicare una deduzione transitoria alle riserve tecniche. La deduzione può essere applicata a livello dei gruppi di rischi omogenei di cui all'articolo 36-novies, comma 1.

2. L'applicazione della deduzione transitoria di cui al comma 1 è soggetta all'autorizzazione dell'IVASS.

3. La deduzione transitoria corrisponde a una parte della differenza tra i due importi seguenti:

a) le riserve tecniche, previa deduzione degli importi recuperabili da contratti di riassicurazione e società veicolo, calcolate secondo l'articolo 36-bis alla data del 1° gennaio 2016;

b) le riserve tecniche, previa deduzione degli importi recuperabili da contratti di riassicurazione, calcolate secondo le disposizioni legislative e regolamentari in materia di riserve tecniche in vigore al 31 dicembre 2015.

4. La deduzione transitoria massima diminuisce linearmente alla fine di ogni anno, partendo dal 100 per cento a partire dal 1° gennaio 2016 fino allo 0 per cento al 1° gennaio 2032.

5. Se l'impresa, al 1° gennaio 2016, applica l'aggiustamento per la volatilità di cui all'articolo 37-septies, l'importo di cui al comma 3, lettera a), è calcolato con l'aggiustamento per la volatilità al 1° gennaio 2016.

6. Gli importi delle riserve tecniche, compreso, se applicabile, l'importo dell'aggiustamento per la volatilità, utilizzati per calcolare la deduzione transitoria di cui al comma 3, possono essere ricalcolati ogni 24 mesi o con una frequenza maggiore in caso di rilevante variazione del profilo di rischio dell'impresa. Il ricalcolo è effettuato su autorizzazione o richiesta dell'IVASS.

7. La deduzione di cui al comma 3 può essere limitata dall'IVASS qualora la sua applicazione possa comportare una riduzione dei requisiti sulle risorse finanziarie applicati all'impresa rispetto a quelli calcolati secondo le disposizioni legislative e regolamentari in materia di riserve tecniche applicabili al 31 dicembre 2015.

8. L'impresa che applica il comma 1:

a) non applica l'articolo 344-novies (2);

b) se non può soddisfare il Requisito Patrimoniale di Solvibilità senza applicare la deduzione transitoria, presenta una relazione annuale all'IVASS concernente le misure adottate e i progressi realizzati per ristabilire, alla fine del periodo di transizione di cui al comma 4, un livello di fondi propri ammissibili a copertura del Requisito Patrimoniale di Solvibilità o per ridurre il profilo di rischio dell'impresa al fine di ripristinare l'osservanza del Requisito Patrimoniale di Solvibilità;

c) nell'ambito della relazione sulla solvibilità e sulla condizione finanziaria di cui all'articolo 47-septies, rende pubblico il fatto che applica la deduzione transitoria alle riserve tecniche e quantifica l'impatto che la mancata applicazione di tale deduzione avrebbe sulla posizione finanziaria dell'impresa.

(1) Articolo inserito dall'art. 1, co. 194, d.lg. 12/5/2015, n. 74.

(2) Lettera sostituita dall'art. 1, co. 34, d.lg. 30/12/2020, n. 187.

344 undecies. Piano di transizione sulle misure transitorie relative ai tassi d'interesse privi di rischio e sulle riserve tecniche (1). – 1. L'impresa che applica le misure transitorie di cui agli articoli 344-novies e 344-decies e rileva che senza l'applicazione di tali misure non potrebbe rispettare il Requisito Patrimoniale di Solvibilità, ne informa immediatamente l'IVASS.

2. Nei casi di cui al comma 1, l'IVASS impone all'impresa di adottare i provvedimenti necessari a garantire l'osservanza del requisito patrimoniale di solvibilità alla fine del periodo di transizione.

3. Entro due mesi dal rilevamento dell'inosservanza del Requisito Patrimoniale di Solvibilità che deriverebbe dalla mancata applicazione di tali misure transitorie, l'impresa presenta all'IVASS un piano di transizione contenente le misure previste per raggiungere il livello di fondi propri ammissibili a copertura del Requisito Patrimoniale di Solvibilità o per ridurre il profilo di rischio al fine di garantire l'osservanza del requisito patrimoniale di solvibilità alla fine del periodo di transizione.

4. Durante il periodo di transizione l'impresa interessata può aggiornare il piano di transizione.

5. L'impresa interessata presenta all'IVASS una relazione annuale concernente le misure adottate e i progressi realizzati per garantire l'osservanza del Requisito Patrimoniale di Solvibilità alla fine del periodo di transizione.

6. L'IVASS revoca l'approvazione ad applicare le misure transitorie di cui agli articoli 344-novies e 344-decies se dalla relazione sulle misure adottate e i progressi realizzati di cui al comma 5 si evince che l'osservanza del Requisito Patrimoniale di Solvibilità alla fine del periodo di transizione non è realisticamente conseguibile.

(1) Articolo inserito dal d.lg. 12/5/2015, n. 74.

344 duodecies. Comunicazione di informazioni all'AEAP (1). – 1. Fino al 1° gennaio 2021 l'IVASS fornisce all'AEAP informazioni sui seguenti aspetti, in coerenza con le disposizioni dell'Unione europea:

a) disponibilità di garanzie a lungo termine nei prodotti assicurativi sul mercato italiano e comportamento delle imprese di assicurazione e di riassicurazione in quanto investitori a lungo termine;

b) il numero di imprese di assicurazione e di riassicurazione che applicano l'aggiustamento di congruità, l'aggiustamento per la volatilità, l'estensione del periodo ammesso per il risanamento ai sensi dell'articolo 222, comma 2-ter, il sottomodulo del rischio azionario basato sulla durata e le misure transitorie di cui agli articoli 344-novies e 344-decies;

c) l'impatto dell'aggiustamento di congruità, dell'aggiustamento per la volatilità, del meccanismo di aggiustamento simmetrico del fabbisogno standard del rischio azionario (equity risk charge), del sottomodulo del rischio azionario basato sulla durata relativa (duration) nonché delle misure transitorie di cui agli articoli 344-novies e 344-decies sulla posizione finanziaria delle imprese di assicurazione e di riassicurazione, a livello nazionale e in forma anonima per ciascuna impresa;

d) gli effetti, sul comportamento delle imprese di assicurazione e di riassicurazione in materia di investimenti, dell'aggiustamento di congruità, dell'aggiustamento per la volatilità, del meccanismo di aggiustamento simmetrico del fabbisogno standard del rischio azionario (equity risk charge), e del sottomodulo del rischio azionario basato sulla durata, nonché l'eventuale indebito alleggerimento dei requisiti patrimoniali;

e) gli effetti di eventuali estensioni del periodo ammesso per il risanamento ai sensi dell'articolo 222, comma 2-ter, sugli sforzi profusi dalle imprese di assicurazione e di riassicurazione per ripristinare il livello di fondi propri ammissibili destinati alla copertura del Requisito Patrimoniale di Solvibilità oppure per ridurre il profilo di rischio al fine di garantire la conformità al requisito stesso;

f) per le imprese di assicurazione e di riassicurazione che applicano le misure transitorie di cui agli articoli 344-novies e 344-decies, l'effettivo rispetto dei piani di transizione di cui all'articolo 344-undecies e le prospettive di riduzione della dipendenza dalle misure transitorie stesse, anche per quanto concerne quelle adottate o che si prevede che siano adottate dalle imprese e dall'IVASS, tenendo conto del contesto normativo dello Stato Italiano.

(1) Articolo inserito dal d.lg. 12/5/2015, n. 74.

344 terdecies. Disposizioni transitorie riguardanti il rispetto del Requisito Patrimoniale Minimo (1). – 1. In deroga all'articolo 222-bis, le imprese di assicurazione e di riassicurazione che, al 31 dicembre 2015, rispettano il margine di solvibilità richiesto dalle disposizioni legislative e regolamentari in vigore a tale data ma non detengono fondi propri di base ammissibili sufficienti per coprire il Requisito Patrimoniale Minimo, si conformano alle disposizioni sul Requisito Patrimoniale Minimo di cui alla Sezione IV, Capo IV-bis, Titolo III, entro il 31 dicembre 2016.

2. L'autorizzazione all'esercizio dell'attività di assicurazione o riassicurazione è revocata, ai sensi dell'articolo 242, all'impresa di cui al comma 1 che non si è conformata alle disposizioni sul Requisito Patrimoniale Minimo di cui alla Sezione IV, Capo IV-bis, Titolo III, entro il 31 dicembre 2016.

(1) Articolo inserito dal d.lg. 12/5/2015, n. 74.

344 quaterdecies. Obblighi di informativa sulle maggiorazioni di capitale (1). – 1. Fermi restando gli obblighi di informativa previsti da altre disposizioni di legge o regolamentari, l'impresa, sebbene siano stati comunicati i Requisiti Patrimoniali di Solvibilità ai sensi dell'articolo 47-septies, comma 2, lettera e), punto 2), sino al 31 dicembre 2020, pubblica senza separata evidenza la maggiorazione di capitale o l'impatto dei parametri specifici cui l'impresa deve ricorrere ai sensi dell'articolo 45-terdecies.

(1) Articolo inserito dal d.lg. 12/5/2015, n. 74.

Capo IV
Disposizioni finali

345. Istituzioni e enti esclusi. – 1. Sono esclusi dall'ambito di applicazione delle disposizioni di cui al presente codice:

a) le Amministrazioni pubbliche, gli enti di previdenza amministrati per legge dal Ministero dell'economia e delle finanze, gli istituti, gli enti, le casse ed i fondi comunque denominati che gestiscono, in favore dei lavoratori o di singole categorie professionali, forme di previdenza e di assistenza comprese in un regime legale obbligatorio;

b) la Cassa di previdenza per l'assicurazione degli sportivi riconosciuta con regio decreto 16 ottobre 1934, n. 2047, e successive modificazioni;

c) la SACE Servizi assicurativi per il commercio estero S.p.a., di cui alla legge 24 maggio 1977, n. 227, e successive modificazioni, limitatamente alle attività che beneficiano della garanzia dello Stato e fatto salvo quanto previsto al comma 2;

d) il Fondo di solidarietà nazionale per la riassicurazione dei rischi agricoli istituito presso l'ISMEA dall'articolo 127 della legge 23 dicembre 2000, n. 388, e disciplinato dagli articoli 2 e 4 del decreto-legge 13 settembre 2002 n. 200, convertito, con modificazioni, dalla legge 13 novembre 2002, n. 256;

e) gli enti che garantiscono unicamente prestazioni in caso di decesso qualora le prestazioni siano erogate in natura o qualora l'importo della prestazione non superi il valore medio delle spese funerarie determinato nella misura di cui all'articolo 15, comma 1, lettera d), del testo unico delle imposte sui redditi, di cui al decreto del Presidente della Repubblica 22 dicembre 1986, n. 917, e successive modificazioni;

f) le società di mutuo soccorso costituite ai sensi della legge 15 aprile 1886, n. 3818, che provvedano direttamente al pagamento a favore degli iscritti di capitali o rendite di qualsiasi importo fatto salvo quanto previsto al comma 3;

g) le associazioni agrarie di mutua assicurazione, costituite ai sensi della legge 7 luglio 1907, n. 526, e del regio decreto-legge 2 settembre 1919, n. 1759, modificato dal regio decreto-legge 21 ottobre 1923, n. 2479, entrambi convertiti dalla legge 17 aprile 1925, n. 473, a sua volta modificata dall'articolo 9 del regio decreto-legge 12 luglio 1934, n. 1290, convertito dalla legge 12 febbraio 1935, n. 303.

2. In deroga a quanto previsto al comma 1, la SACE S.p.a. è sottoposta alle disposizioni dei capi I, II e III del titolo VIII del presente codice per le attività che beneficiano della garanzia dello Stato. Restano integralmente soggette alle disposizioni del presente codice le attività della SACE S.p.a. che non beneficiano della garanzia dello Stato.

3. Le società di mutuo soccorso di cui al comma 1, lettera f), se contraggono impegni al pagamento a favore degli iscritti di capitali o rendite complessivamente superiori a euro centomila per ciascun esercizio sono sottoposte alle disposizioni del titolo IV in quanto compatibili. Qualora le medesime società stipulino contratti di assicurazione per conto degli iscritti, ai soci sono comunque fornite le informazioni di cui al titolo IX, capo III, e XII in quanto compatibili.

4. Le casse di assistenza sanitaria autogestite sono sottoposte alle disposizioni del titolo IV in quanto compatibili.

346. Attività di assistenza prestata da enti e società non assicurative. – 1. Non costituisce esercizio di attività assicurativa nel ramo assistenza:

a) la prestazione di servizi di manutenzione o riparazione, di assistenza a clienti e la sola indicazione o messa a disposizione, in qualità di semplice intermediario, di un aiuto;

b) l'attività di assistenza effettuata da un soggetto residente o avente sede nel territorio della Repubblica in caso di incidente o di guasto meccanico di un veicolo avvenuti nel medesimo territorio, a condizione che l'attività stessa risulti limitata alle seguenti prestazioni:

1) soccorso sul posto, effettuato utilizzando in prevalenza personale e mezzi propri;

2) trasporto del veicolo fino all'officina più vicina o più idonea ad effettuare la riparazione ed eventuale accompagnamento, di regola con lo stesso mezzo di soccorso, del conducente e dei passeggeri fino al luogo più vicino, dal quale sia possibile proseguire il viaggio con altri mezzi.

2. La disposizione di cui al comma 1, lettera b), si applica anche nel caso in cui l'incidente od il guasto siano avvenuti all'estero ed il soggetto che effettua il soccorso od il trasporto del veicolo sia un organismo, analogo ad altro esistente in Italia, del quale chi riceve l'assistenza è membro, che fornisce la prestazione in base ad un accordo di reciprocità con l'organismo nazionale, su semplice presentazione della tessera di membro e senza pagamento di alcun compenso aggiuntivo.

3. L'attività di assistenza descritta al comma 1, lettera b), se effettuata da un'impresa di assicurazione, costituisce prestazione assicurativa nel ramo assistenza e, fatto salvo quanto previsto all'articolo 2, comma 5, può essere fornita solo da imprese autorizzate al ramo 18.

4. L'ISVAP disciplina, con regolamento, le condizioni di accesso e di esercizio, anche in deroga alle disposizioni dei titoli II, III e VIII, relative all'impresa di assicurazione che esercita unicamente l'attività di assistenza, allorché l'attività comporti soltanto prestazioni in natura, sia limitata ad un ambito territoriale puramente locale e l'importo complessivo annuale dei ricavi non superi duecentomila euro.

347. Potestà legislativa delle Regioni. – 1. Lo Stato esercita la legislazione nella materia assicurativa ai sensi dell'articolo 117, secondo comma, lettere e) ed l), della Costituzione.

2. Le Regioni a statuto speciale, alle quali sono riconosciuti, in base alle norme di attuazione dei rispettivi statuti, poteri nelle materie regolate dal presente codice, provvedono a emanare norme di attuazione nel rispetto delle disposizioni di principio non derogabili contenute nel codice medesimo.

3. Sono riservati alla competenza del Ministro delle attività produttive e all'ISVAP, secondo le norme dettate dal presente codice, i provvedimenti nei confronti delle imprese di assicurazione e di riassicurazione ammesse al mutuo riconoscimento, delle imprese comunitarie che operano nel territorio della Repubblica in regime di stabilimento o di prestazione di servizi, delle sedi secondarie di imprese di assicurazione e di riassicurazione extracomunitarie, degli intermediari di assicurazione e di riassicurazione e dei periti di assicurazione.

4. Nei casi in cui la normativa regionale preveda l'adozione di provvedimenti nei confronti delle mutue di assicurazione di cui al titolo IV, con particolare riferimento al rilascio ed alla revoca dell'autorizzazione all'esercizio dell'attività, all'approvazione delle modificazioni statutarie e all'approvazione delle operazioni di trasferimento del portafoglio, di trasformazione e di fusione o scissione, l'ISVAP esprime, ai fini di vigilanza, un parere vincolante. Le valutazioni di vigilanza sono riservate all'ISVAP.

5. Sono inderogabili e prevalgono sulle contrarie disposizioni già emanate le norme dettate dai commi 3 e 4.

348. Esercizio congiunto dei rami vita e danni. – 1. In deroga all'obbligo di limitazione dell'oggetto sociale all'esercizio dei rami vita o dei rami danni, della relativa riassicurazione e delle operazioni connesse a tali attività, di cui all'articolo 11, comma 2, è consentito l'esercizio congiunto dei rami vita e danni alle imprese a ciò autorizzate alla data del 15 marzo 1979.

2. L'impresa che, ai sensi del comma 1, esercita congiuntamente i rami vita e danni ha l'obbligo di tenere, per ciascuna delle due attività, una gestione distinta. L'ISVAP stabilisce, con regolamento, i criteri e le modalità di rappresentazione della gestione separata, prevedendo l'obbligo di:

a) indicare nello statuto quale parte del capitale, o del fondo di garanzia se mutua di assicurazione, e delle riserve patrimoniali è attribuita a ciascuna gestione;

b) tenere le scritture contabili in modo che, per ciascuna gestione, siano evidenziati i relativi risultati e la disponibilità del margine di solvibilità richiesto;

c) attribuire gli elementi costitutivi del margine di solvibilità, specifici di ciascuna attività, al margine di solvibilità della corrispondente gestione.

3. L'impresa che ha adempiuto agli obblighi di cui al comma 2 può, previa autorizzazione dell'ISVAP, utilizzare per l'una o l'altra gestione gli elementi costitutivi del patrimonio netto inclusi nel margine di solvibilità disponibile.

4. Le imprese di assicurazione con sede legale in altri Stati membri, che alla data di entrata in vigore del presente codice operano in regime di stabilimento o di prestazione di servizi e che sono autorizzate nei rispettivi Stati ad esercitare, congiuntamente uno o più rami vita e danni, possono continuare ad esercitare i medesimi rami nel territorio della Repubblica sia in regime di stabilimento che in regime di libertà di prestazione di servizi.

5. Le disposizioni del presente articolo si applicano anche alle imprese che successivamente alla data di cui al comma 1 vengono autorizzate ad esercitare congiuntamente i rami vita e i rami infortuni e malattia, con obbligo di osservare le disposizioni di cui al comma 2, lettera b), con il bilancio in corso alla data del rilascio dell'autorizzazione.

349. Imprese di assicurazione aventi la sede legale nella Confederazione elvetica (1). – 1. Le imprese di assicurazione che hanno sede legale nella Confederazione elvetica e che intendono esercitare nel territorio della Repubblica i rami danni non sono soggette alle disposizioni di cui al capo IV del titolo II e a quelle di cui al capo V del titolo III che sono individuate dall'ISVAP con regolamento.

2. Le imprese di cui al comma 1 devono unire alla richiesta di autorizzazione una dichiarazione rilasciata dall'autorità competente che attesti che l'impresa dispone del Requisito Patrimoniale di Solvibilità calcolato secondo quanto previsto al capo IV del titolo III.

3. Ai fini di cui al Titolo XV, le imprese di cui al comma 1 possono attribuire alla sede secondaria stabilita nel territorio della Repubblica le funzioni di direzione e coordinamento delle società del gruppo con sede legale in Italia. In tale caso la sede secondaria è considerata ultima società controllante italiana ai sensi dell'articolo 210, comma 2, ed è iscritta all'albo come impresa capogruppo ai sensi dell'articolo 210-ter, comma 1.

(1) Articolo così sostituito dal d.lg. 12/5/2015, n. 74.

350. Ricorsi giurisdizionali inerenti il registro degli intermediari ed il ruolo dei periti assicurativi. – 1. I provvedimenti adottati dall'ISVAP a norma del capo II del titolo IX in materia di diniego di iscrizione e di cancellazione dal registro degli intermediari di assicurazione e di riassicurazione sono impugnabili, entro sessanta giorni dalla relativa comunicazione, dinnanzi al giudice amministrativo.

2. I provvedimenti adottati dalla dalla CONSAP a norma del capo VI del titolo X in materia di diniego di iscrizione e di cancellazione dal ruolo dei periti assicurativi sono impugnabili, entro sessanta giorni dalla relativa comunicazione, dinnanzi al giudice amministrativo.

351. Modifiche ad altre norme in materia assicurativa. – 1. L'articolo 4 della legge 12 agosto 1982, n. 576, è sostituito dal seguente:

«4 (Funzioni dell'ISVAP). – 1. L'ISVAP, in conformità alla normativa dell'Unione europea in materia assicurativa e nell'ambito delle linee di politica assicurativa determinate dal Governo, svolge le funzioni di vigilanza previste nel codice delle assicurazioni private.

2. L'ISVAP svolge attività consultiva e di segnalazione nei confronti del Parlamento e del Governo, nell'ambito delle competenze per la regolazione e la vigilanza sul settore assicurativo.

3. L'ISVAP, entro il 31 maggio di ogni anno, presenta al Presidente del Consiglio dei Ministri, per la trasmissione al Parlamento, una relazione sull'attività svolta.

4. Il bilancio preventivo e il rendiconto finanziario dell'ISVAP è soggetto al controllo della Corte dei conti.».

2. Nell'articolo 14, primo comma, lettera d), della legge 12 agosto 1982, n. 576, le parole: «del contributo determinato ai sensi dell'articolo 25» sono sostituite dalle seguenti: «del gettito complessivo derivante dai contributi di vigilanza».

3. Nell'articolo 23, primo comma, primo capoverso, della legge 12 agosto 1982, n. 576, le parole; «all'articolo 67, primo comma, del testo unico delle leggi sull'esercizio delle assicurazioni private, approvato con decreto del Presidente della Repubblica 13 febbraio 1959, n. 449, e successive modificazioni» sono sostituite dalle seguenti: «agli articoli 335, articoli 336 e articoli 337 del codice delle assicurazioni private».

4. Nell'articolo 29, primo comma, della legge 12 agosto 1982, n. 576, le parole: «del contributo di vigilanza versato annualmente, dagli enti e dalle imprese di cui all'articolo 4, primo comma, della presente legge, ai sensi dell'articolo 67, primo comma, del testo unico delle leggi sull'esercizio delle assicurazioni private, approvato con decreto del Presidente della Repubblica 13 febbraio 1959, n. 449, e successive modificazioni» sono sostituite dalle seguenti: «complessivamen-

te derivanti dai contributi di vigilanza di cui agli articoli 335, articoli 336 e articoli 337 del codice delle assicurazioni private». Nel secondo comma le parole: «del tesoro» sono sostituite dalle seguenti: «dell'economia e delle finanze».

5. Dopo l'articolo 1 del decreto legislativo 26 maggio 1997, n. 173, è inserito il seguente:

«1-bis (Raccordo con il codice delle assicurazioni private). – 1. Le indicazioni formali relative alle voci, alle lettere, ai numeri romani ed arabi contenute nelle disposizioni di cui agli articoli 15, 16, 17, 19, 20, 21, 22, 23, 24, 26, 27, 28, 29, 30, 38, 41, 55 e 56 si intendono riferite alle corrispondenti classificazioni utilizzate nello schema del bilancio di esercizio adottato con il regolamento di cui all'articolo 90, comma 1, del codice delle assicurazioni private.».

6. Nel decreto legislativo 26 maggio 1997, n. 173, le parole: «titoli quotati in borsa» sono sostituite dalle seguenti: «titoli quotati in mercati regolamentati» ovunque ricorrano.

7. Nel comma 5 dell'articolo 16 del decreto legislativo 26 maggio 1997, n. 173, le parole: «negli articoli 7 e 8 del presente decreto» sono sostituite dalle seguenti: «nell'articolo 89, comma 1, del codice delle assicurazioni private».

8. Nel comma 1 dell'articolo 24 del decreto legislativo 26 maggio 1997, n. 173, le parole: «all'articolo 30, commi 1 e 2, del decreto legislativo 17 marzo 1995, n. 174» sono sostituite dalle seguenti: «all'articolo 41, commi 1 e 2, del codice delle assicurazioni private».

9. Il comma 5 dell'articolo 20 del decreto legislativo 26 maggio 1997, n. 173, è sostituito dal seguente: «5. È eccezionalmente consentito il trasferimento di investimenti dalla classe D alla classe C dell'attivo, sulla base del valore corrente rilevato nel momento del trasferimento, qualora si determini un valore di attività superiore alle corrispondenti riserve tecniche, per effetto della liberazione dal vincolo di copertura degli impegni tecnici di quote di attività, nei casi previsti dall'ISVAP con regolamento. La nota integrativa deve indicare le motivazioni del trasferimento operato, nonché specificare l'importo e la tipologia dell'investimento.».

10. Nel comma 2 dell'articolo 31 del decreto legislativo 26 maggio 1997, n. 173, le parole: «agli articoli 32, 33, 35, 36 e 37, commi 1 e 2, del presente decreto, nonché quelle previste agli articoli 23, comma 2, 24, 25, 26 del decreto legislativo 17 marzo 1995, n. 175, come modificati dall'articolo 80 del presente decreto» sono sostituite dalle seguenti: «all'articolo 36 del codice delle assicurazioni private».

11. Nel comma 3 dell'articolo 31 del decreto legislativo 26 maggio 1997, n. 173, le parole: «agli articoli 24 e 25 del decreto legislativo 17 marzo 1995, n. 174, come modificati dall'articolo 79 del presente decreto, nonché quella prevista all'articolo 34 del presente decreto» sono sostituite dalle seguenti: «all'articolo 37 del codice delle assicurazioni private».

12. Nel comma 1 dell'articolo 44 del decreto legislativo 26 maggio 1997, n. 173, le parole: «che rientrano nel campo di applicazione del decreto legislativo 17 marzo 1995, n. 175» sono sostituite dalle seguenti: «di cui all'articolo 2, comma 3, del codice delle assicurazioni private» e le parole: «che rientrano nel campo di applicazione del decreto legislativo 17 marzo 1995, n. 174,» sono sostituite dalle seguenti: «di cui all'articolo 2, comma 1, del codice delle assicurazioni private».

13. Nel comma 4 dell'articolo 45 del decreto legislativo 26 maggio 1997, n. 173, le parole: «all'articolo 6, comma 1, lettera c), del presente decreto» sono sostituite dalle seguenti: «di cui all'articolo 90, comma 1, del codice delle assicurazioni private».

14. Nel comma 2 dell'articolo 46 del decreto legislativo 26 maggio 1997, n. 173, le parole: «all'articolo 6, comma 1, lettera c), del presente decreto» sono sostituite dalle seguenti: «di cui all'articolo 90, comma 1, del codice delle assicurazioni private».

352. Coordinamento formale con altre norme di legge (1). – 1. Nel comma 3 dell'articolo 120 del codice per la protezione dei dati personali le parole: «dell'articolo 2, comma 5-quater, del decreto-legge 28 marzo 2000, n. 70, convertito, con modificazioni, dalla legge 26 maggio 2000, n. 137, e successive modificazioni» sono sostituite dalle seguenti: «dall'articolo 135 del codice delle assicurazioni private».

2. Nell'articolo 2, comma 1, lettera d), del decreto legislativo 28 febbraio 2005, n. 38, le parole: «del decreto legislativo 26 maggio 1997, n. 173» sono sostituite dalle seguenti: «dell'articolo 88, commi 1 e 2, e quelle di cui all'articolo 95, comma 2, del codice delle assicurazioni private». Nell'articolo 1, comma 1, lettera e), del decreto legislativo 30 maggio 2005, n. 142, le parole: «dei decreti legislativi 17 marzo 1995, n. 174 e 175» sono sostituite dalle seguenti: «dell'articolo 1, comma 1, lettera t), del codice delle assicurazioni private».

3. Nell'articolo 1, comma 1, lettera i), del decreto legislativo 30 maggio 2005, n. 142, le parole: «lettera e) del decreto legislativo 17 aprile 2001, n. 239» sono sostituite dalle seguenti: «dell'articolo 1, comma 1, lettera cc), del codice delle assicurazioni private».

4. Nell'articolo 1, comma 1, lettera l), del decreto legislativo 30 maggio 2005, n. 142, le parole: «le norme sulle assicurazioni e le relative disposizioni attuative» sono sostituite dalle seguenti: «il codice delle assicurazioni private».

5. Nell'articolo 1, comma 1, lettera q), del decreto legislativo 30 maggio 2005, n. 142, le parole: «e dell'articolo 10, comma 2, della legge 9 gennaio 1991, n. 20» sono sostituite dalle seguenti: «e dell'articolo 72, comma 2, del codice delle assicurazioni private».

6. Nell'articolo 1, comma 1, lettera r), del decreto legislativo 30 maggio 2005, n. 142, le parole: «e dell'articolo 10, comma 2, della legge 9 gennaio 1991, n. 20» sono sostituite dalle seguenti: «e dell'articolo 72, comma 2, del codice delle assicurazioni private».

7. Nell'articolo 13, comma 1, lettera c), del decreto legislativo 30 maggio 2005, n. 142, le parole: «dalla normativa in materia di assicurazioni private, incluse le disposizioni di cui alla legge 12 agosto 1982, n. 576» sono sostituite dalle seguenti: «dal titolo VII, capo III, e dal titolo XVI, capi I, II, III e IV del codice delle assicurazioni private».

8. Sono fatti salvi i poteri attribuiti alla Commissione di vigilanza sui fondi pensione (COVIP) dalla legge 23 agosto 2004, n. 243.

8-bis. Nell'articolo 13, comma 1, lettera a), del decreto legislativo 30 maggio 2005, n. 142, dopo l'espressione: «all'articolo 188», le parole: «, comma 1,» sono soppresse.

8-ter. Nell'articolo 13, comma 1, del decreto legislativo 30 maggio 2005, n. 142, dopo la lettera c), è aggiunta la seguente: «d) le misure previste dall'articolo 220-novies del CAP.».

8-quater. Nell'articolo 13, comma 2, del decreto legislativo 30 maggio 2005, n. 142, le parole «lettere da a-bis) a c)» sono sostituite con le parole «lettere da a-bis) a d)».

8-quinquies. Nell'articolo 31, comma 2, del decreto legislativo 26 maggio 1997, n. 173, le parole: «di cui all'articolo 36» sono sostituite dalle seguenti: " di cui al regolamento previsto dall'articolo 90, comma 1,».

8-sexies. Nell'articolo 31, comma 3, del decreto legislativo 26 maggio 1997, n. 173, le parole: «all'articolo 37» sono sostituite dalle seguenti: «dal regolamento di cui all'articolo 90, comma 1,».

(1) Articolo modificato dal d.lg. 12/5/2015, n. 74.

353. Integrazioni alle disposizioni relative all'imposta sui premi delle assicurazioni private. – 1. Dopo l'articolo 1 della legge 29 ottobre 1961, n. 1216, è inserito il seguente:

«1-bis (Imposta sui premi delle assicurazioni obbligatorie dei veicoli a motore e dei natanti). – 1. Le assicurazioni obbligatorie della responsabilità civile per i danni causati dalla circolazione dei veicoli e dei natanti sono soggette all'imposta sui premi nella misura del dodicivirgolacinque per cento. Tale misura resta ferma anche nel caso in cui con lo stesso contratto siano assicurati, insieme al rischio della responsabilità civile, anche altri rischi inerenti al veicolo o al natante o ai danni causati dalla loro circolazione.

2. Per le quietanze inerenti al pagamento di somme in dipendenza di contratti di assicurazione di cui al precedente comma, rilasciate all'impresa assicuratrice dall'assicurato o dal danneggiato o loro aventi causa, anche se risultanti da atto formale o aventi effetto transattivo e anche se comprensive, oltre che dell'indennizzo, di spese e competenze legali e di altri diritti accessori previsti dalla polizza si applicano le disposizioni dell'articolo 16.

3. Tutte le operazioni e gli atti necessari per il pagamento dei risarcimenti corrisposti dal Fondo di garanzia delle vittime della strada, nonché quelli inerenti i rapporti fra CONSAP – Concessionaria servizi assicurativi pubblici S.p.a., gestione autonoma del Fondo di garanzia delle vittime della strada e le imprese assicuratrici, sono esenti da qualsiasi tassa e imposta indiretta sugli affari e dalle formalità della registrazione.».

2. Nella tariffa in allegato A alla legge 29 ottobre 1961, n. 1216, è inserita la voce: «assicurazioni assistenza» ed è prevista un'aliquota pari al dieci per cento.

3. Dopo l'articolo 2 della legge 29 ottobre 1961, n. 1216, è inserito il seguente:

«2-bis (Sostituzione dell'impresa nella coassicurazione). – 1. Nel caso di subentro di un assicuratore in un rapporto di coassicurazione non è dovuta nuovamente l'imposta in relazione al premio ceduto all'assicuratore subentrante.».

4. Dopo l'articolo 4 della legge 29 ottobre 1961, n. 1216, è inserito il seguente:

«4-bis (Imposta sui premi dovuta sui contratti conclusi da imprese che operano in libera prestazione di servizi). – 1. Le imprese che intendono operare nel territorio della Repubblica in libera prestazione di servizi devono nominare un rappresentante fiscale ai fini del pagamento dell'imposta prevista dalla legge 29 ottobre 1961, n. 1216, e successive modificazioni, dovuta sui premi relativi ai contratti conclusi.

2. Il rappresentante deve avere la residenza nel territorio dello Stato e la nomina deve essere comunicata al competente ufficio dell'Agenzia delle entrate di Roma e all'ISVAP.

3. Le imprese di cui al comma 1, che dispongono nel territorio della Repubblica di un proprio stabilimento, possono far svolgere da tale stabilimento le funzioni attribuite al rappresentante fiscale.

4. Il rappresentante fiscale deve tenere un registro, in cui vengono elencati distintamente i contratti assunti dall'impresa in regime di stabilimento e di libertà di prestazione di servizi con l'indicazione per ciascuno di essi delle generalità del contraente, del numero del contratto, della data di decorrenza e di quella di scadenza, della natura del rischio assicurato, dell'ammontare del premio o delle rate di premio incassate, dell'aliquota di imposta e dell'ammontare di questa. Il registro deve essere tenuto in ordine cronologico con riguardo alla data di incasso del premio, o della rata di premio, e i contratti vanno inclusi nel registro entro il mese successivo alla predetta data. Il rappresentante deve tenere anche una copia di ciascun contratto.

5. Il rappresentante deve presentare ogni mese al competente ufficio dell'Agenzia delle entrate di Roma la denuncia dei premi incassati nel mese precedente, distinguendo i premi stessi a seconda dell'aliquota d'imposta applicabile. Contestualmente alla denuncia il rappresentante corrisponde l'imposta dovuta.

6. Si applicano al rappresentante fiscale le disposizioni previste dagli articoli 12, 24 e 28».

5. Dopo l'articolo 6 della legge 29 ottobre 1961, n. 1216, è inserito il seguente:

«6-bis (Imposta sui premi dovuta sui contratti stipulati in coassicurazione comunitaria). – 1. L'impresa che assume la posizione di coassicuratore delegatario, se stabilita nei territori o della Repubblica, è tenuta al pagamento dell'imposta di cui alla presente legge sull'importo globale del premio e degli accessori applicato al contratto stipulato con le modalità ed alle condizioni previste per la coassicurazione comunitaria, salvo il diritto a recuperare dagli altri coassicuratori la quota a loro carico.

2. L'impresa che assume la posizione di coassicuratore delegatario, se non è stabilita nel territorio della Repubblica, è tenuta a nominare un proprio rappresentante ai fini del pagamento dell'imposta di cui al comma 1.».

Capo V
Abrogazioni

354. Norme espressamente abrogate. – 1. Fermo quanto disposto dall'articolo 20, comma 3, lettera b), della legge 15 marzo 1997, n. 59, nel testo sostituito dall'articolo 1 della legge 23 luglio 2003, n. 229, sono o restano abrogati:

il regio decreto 23 marzo 1922, n. 387;

il regio decreto 4 gennaio 1925, n. 63;

il decreto del Presidente della Repubblica 13 febbraio 1959, n. 449;

la legge 24 dicembre 1969, n. 990;

il decreto-legge 23 dicembre 1976, n. 857, convertito, con modificazioni, dalla legge 26 febbraio 1977, n. 39;

il decreto-legge 26 settembre 1978, n. 576, convertito, con modificazioni, dalla legge 24 novembre 1978, n. 738;

la legge 7 febbraio 1979, n. 48;

gli articoli 5, commi 1, 2 e 3, 5-bis, 6, 6-bis, 7, 7-bis, 10, commi 5 e 6, e 25 della legge 12 agosto 1982, n. 576;

la legge 28 novembre 1984. n. 792;

la legge 22 ottobre 1986, n. 742;

la legge 22 dicembre 1986, n. 772;

la legge 7 agosto 1990, n. 242;

la legge 9 gennaio 1991, n. 20;

il decreto legislativo 26 novembre 1991, n. 393;

l'articolo 25 della legge 11 febbraio 1992, n. 157;

la legge 17 febbraio 1992, n. 166;

gli articoli 26, 30 e 33 della legge 19 febbraio 1992, n. 142;

il decreto del Presidente della Repubblica in data 19 aprile 1993, pubblicato nella Gazzetta Ufficiale n. 153 del 2 luglio 1993;

il decreto del Presidente della Repubblica 18 aprile 1994, n. 385;

l'articolo 12 del decreto-legge 19 dicembre 1994, n. 691, convertito, con modificazioni, dalla legge 16 febbraio 1995, n. 35;

il decreto legislativo 17 marzo 1995, n. 174;

il decreto legislativo 17 marzo 1995, n. 175;

il decreto legislativo 26 maggio 1997, n. 173, ad eccezione degli articoli 2, 4, 5, 14, 15, 16, commi da 1 a 16, 17, 18, 19, 20, 21, 22, 23, 24, 26, 27, 28, 29, 30, 31, commi 2, 3 e 4, 38, 40, 41, 42, 44, 45, 46, 47, 48, 49, 50, 51, 52, 53, 54, 55 e 56;

l'articolo 38 della legge 27 dicembre 1997, n. 449;

il decreto legislativo 13 ottobre 1998, n. 373;

l'articolo 45, comma 11, della legge 23 dicembre 1998, n. 448;

il decreto legislativo 4 agosto 1999, n. 343;

l'articolo 27, comma 13, della legge 23 dicembre 1999, n. 488;

il decreto-legge 28 marzo 2000, n. 70, convertito, con modificazioni, dalla legge 26 maggio 2000, n. 137;

l'articolo 89 della legge 23 dicembre 2000, n. 388;

gli articoli 1, 2, 3, 4, 5 e 6 della legge 5 marzo 2001, n. 57;

il decreto legislativo 17 aprile 2001, n. 239;
gli articoli 19, 20, 21, 22, 23, 25 e 26 della legge 12 dicembre 2002, n. 273;
l'articolo 81, comma 1, della legge 27 dicembre 2002, n. 289;
il decreto legislativo 9 aprile 2003, n. 93;
il decreto legislativo 30 giugno 2003, n. 190;
il decreto legislativo 3 novembre 2003, n. 307;
l'articolo 9, comma 2, del decreto legislativo 28 febbraio 2005, n. 38.

2. I regolamenti emanati dall'ISVAP ai sensi del presente codice si adeguano inoltre ai principi ed alle opzioni recati dalle previgenti disposizioni di attuazione della normativa comunitaria.

3. È abrogata ogni altra disposizione incompatibile con il presente codice. Il rinvio alle disposizioni abrogate fatto da leggi, da regolamenti o da altre norme si intende riferito alle corrispondenti disposizioni del presente codice e dei provvedimenti ivi previsti.

4. Le disposizioni di cui al comma 1 e quelle emanate in attuazione delle norme abrogate o sostituite continuano a essere applicate, in quanto compatibili, fino alla data di entrata in vigore dei provvedimenti adottati ai sensi del presente codice nelle corrispondenti materie e comunque non oltre trenta mesi dopo il termine previsto dal comma 2 dell'articolo 355. In caso di violazione si applicano, con la procedura sanzionatoria prevista dall'articolo 326, gli articoli di cui ai capi II, III, IV e V del titolo XVIII in relazione alle materie rispettivamente disciplinate (1).

5. Rimangono in vigore, in deroga al comma 4, e tengono luogo dei corrispondenti provvedimenti previsti nel presente codice i seguenti atti:

a) i decreti del Ministro dell'industria, del commercio e dell'artigianato in data 26 maggio 1971, pubblicato nella Gazzetta Ufficiale n. 141 del 4 giugno 1971, e in data 12 ottobre 1972, pubblicato nella Gazzetta Ufficiale n. 280 del 26 ottobre 1972, adottati ai sensi dell'articolo 6 della legge 24 dicembre 1969, n. 990;

b) il decreto del Ministro della salute, di concerto con il Ministro del lavoro e delle politiche sociali e con il Ministro delle attività produttive, in data 3 luglio 2003, pubblicato nella Gazzetta Ufficiale n. 211 dell'11 settembre 2003, adottato ai sensi dell'articolo 5 della legge 5 marzo 2001, n. 57, come modificato dall'articolo 23, comma 3, della legge 12 dicembre 2002, n. 273.

5-bis. A decorrere dall'adozione del regolamento previsto dall'articolo 76, comma 1, sono o restano abrogati i seguenti atti:

a) il decreto del Ministro dello sviluppo economico 11 novembre 2011, n. 220, pubblicato nella Gazzetta Ufficiale 9 gennaio 2012, n. 6;

b) il decreto del Ministro dello sviluppo economico 28 aprile 2008, n. 99, pubblicato nella Gazzetta Ufficiale 5 giugno 2008, n. 130 (2).

6. L'ISVAP, allo scopo di attuare l'obiettivo di semplificazione di cui alla legge 23 luglio 2003, n. 229, adotta, nell'ambito delle proprie competenze, le disposizioni previste dal presente codice con unico regolamento per ciascun titolo, abrogando integralmente ogni proprio previgente provvedimento a carattere generale.

7. I contratti già conclusi alla data di entrata in vigore del presente codice restano regolati dalle norme anteriori.

(1) Comma modificato dall'art. 4, co. 8, d.l. 3/6/2008, n. 97, conv., con modif., dalla l. 2/8/2008, n. 129; dall'art. 16, co. 1, d.l. 30/12/2008, n. 207, conv., con modif., con l. 27/2/2009, n. 14; dall'art. 23, co. 12, d.l. 1/7/2009, n. 78, conv., con modif., dalla l. 3/8/2009, n. 102 e, da ultimo, dall'art. 9, co. 3, d.l. 30/12/2009, n. 194, conv., con modif., dalla l. 26/2/2010, n. 25.

(2) Comma aggiunto dal d.lg. 12/5/2015, n. 74.

355. Entrata in vigore. – 1. Il presente codice entra in vigore il 1° gennaio 2006.

2. In sede di prima applicazione le disposizioni di attuazione sono emanate entro ventiquattro mesi dal termine di cui al comma 1.

Il presente decreto, munito del sigillo dello Stato, sarà inserito nella Raccolta ufficiale degli atti normativi della Repubblica italiana. È fatto obbligo a chiunque spetti di osservarlo e di farlo osservare.

D.P.R. 18 luglio 2006, n. 254

Regolamento recante disciplina del risarcimento diretto dei danni derivanti dalla circolazione stradale, a norma dell'articolo 150 del decreto legislativo 7 settembre 2005, n. 209

1. Definizioni. – 1. Ai fini del presente regolamento si intende per:

a) «codice»: il codice delle assicurazioni private di cui al decreto legislativo 7 settembre 2005, n. 209;

b) «Isvap»: l'Istituto per la vigilanza sulle assicurazioni private e di interesse collettivo;

c) «impresa»: la società autorizzata ad esercitare nel territorio della Repubblica l'assicurazione obbligatoria per la responsabilità civile autoveicoli;

d) «sinistro»: la collisione avvenuta nel territorio della Repubblica tra due veicoli a motore identificati e assicurati per la responsabilità civile obbligatoria dalla quale siano derivati danni ai veicoli o lesioni di lieve entità ai loro conducenti, senza coinvolgimento di altri veicoli responsabili;

e) «danneggiato»: il proprietario o il conducente del veicolo che abbia subito danni a seguito del sinistro;

f) «lesioni»: le lesioni di lieve entità definite all'articolo 139 del codice.

2. Restano ferme, inoltre, le definizioni contenute nell'articolo 1 del codice.

2. Oggetto del regolamento. – 1. Il presente regolamento disciplina le modalità attuative del sistema del risarcimento diretto, nell'ambito dell'assicurazione obbligatoria della responsabilità civile per i danni derivanti dalla circolazione stradale, in attuazione dell'articolo 150 del codice.

3. Ambito di applicazione. – 1. La disciplina del risarcimento diretto si applica in tutte le ipotesi di danni al veicolo e di lesioni di lieve entità al conducente, anche quando nel sinistro siano coinvolti terzi trasportati.

2. Qualora i terzi trasportati subiscano lesioni, la relativa richiesta del risarcimento del danno resta soggetta alla specifica procedura prevista dall'articolo 141 del codice.

4. Veicoli immatricolati all'estero. – 1. La disciplina del risarcimento diretto si applica ai sinistri che coinvolgono:

a) veicoli immatricolati in Italia;

b) veicoli immatricolati nella Repubblica di San Marino e nello Stato Città del Vaticano, se assicurati con imprese con sede legale nello Stato italiano o con imprese che esercitino l'assicurazione obbligatoria responsabilità civile auto ai sensi degli articoli 23 e 24 del codice e che abbiano aderito al sistema del risarcimento diretto.

5. Modalità della richiesta di risarcimento. – 1. Il danneggiato che si ritiene non responsabile, in tutto o in parte, del sinistro rivolge la richiesta di risarcimento all'impresa che ha stipulato il contratto relativo al veicolo utilizzato.

2. La richiesta è presentata mediante lettera raccomandata con avviso di ricevimento o con consegna a mano o a mezzo telegramma o telefax o in via telematica, salvo che nel contratto sia esplicitamente esclusa tale ultima forma di presentazione della richiesta di risarcimento.

3. L'impresa che ha ricevuto la richiesta ne dà immediata comunicazione all'impresa dell'assicurato ritenuto in tutto o in parte responsabile del sinistro, fornendo le sole informazioni necessarie per la verifica della copertura assicurativa e per l'accertamento delle modalità di accadimento del sinistro.

6. Contenuto della richiesta. – 1. Nell'ipotesi di danni al veicolo e alle cose, la richiesta di risarcimento contiene i seguenti elementi:

a) i nomi degli assicurati;

b) le targhe dei due veicoli coinvolti;

c) la denominazione delle rispettive imprese;

d) la descrizione delle circostanze e delle modalità del sinistro;

e) le generalità di eventuali testimoni;

f) l'indicazione dell'eventuale intervento degli Organi di polizia;

g) il luogo, i giorni e le ore in cui le cose danneggiate sono disponibili per la perizia diretta ad accertare l'entità del danno.

2. Nell'ipotesi di lesioni subite dai conducenti, la richiesta indica, inoltre:

a) l'età, l'attività e il reddito del danneggiato;

b) l'entità delle lesioni subite;

c) la dichiarazione di cui all'articolo 142 del codice circa la spettanza o meno di prestazioni da parte di istituti che gestiscono assicurazioni sociali obbligatorie;

d) l'attestazione medica comprovante l'avvenuta guarigione, con o senza postumi permanenti;

e) l'eventuale consulenza medico-legale di parte, corredata dall'indicazione del compenso spettante al professionista.

7. Integrazione e regolarizzazione della richiesta. – 1. In caso di richiesta incompleta, l'impresa, entro trenta giorni dalla ricezione, offrendo l'assistenza tecnica e informativa prevista dall'articolo 9, invita il danneggiato a fornire le integrazioni e i chiarimenti necessari per la regolarizzazione della richiesta.

2. Nell'ipotesi di cui al comma 1, i termini per la formulazione dell'offerta o per la comunicazione della mancata offerta sono sospesi fino alla data di ricezione delle integrazioni e dei chiarimenti richiesti.

8. Determinazioni dell'impresa. – 1. Con apposita comunicazione inviata al danneggiato, l'impresa indica, alternativamente:

a) una congrua offerta di risarcimento del danno, eventualmente in forma specifica, se previsto dal contratto;

b) gli specifici motivi che impediscono di formulare l'offerta di risarcimento del danno.

2. La comunicazione di cui al comma 1 è inviata entro i seguenti termini:

a) novanta giorni, nel caso di lesioni;

b) sessanta giorni, nel caso di danni riguardanti solo i veicoli o le cose;

c) trenta giorni, nel caso di danni ai veicoli o alle cose, qualora il modulo di denuncia del sinistro sia sottoscritto da entrambi i conducenti coinvolti nel sinistro.

9. Assistenza tecnica e informativa ai danneggiati. – 1. L'impresa, nell'adempimento degli obblighi contrattuali di correttezza e buona fede, fornisce al danneggiato ogni assistenza informativa e tecnica utile per consentire la migliore prestazione del servizio e la piena realizzazione del diritto al risarcimento del danno. Tali obblighi comprendono, in particolare, oltre a quanto stabilito espressamente dal contratto, il supporto tecnico nella compilazione della richiesta di risarcimento, anche ai fini della quantificazione dei danni alle cose e ai veicoli, il suo controllo e l'eventuale integrazione, l'illustrazione e la precisazione dei criteri di responsabilità di cui all'allegato A.

2. Nel caso in cui la somma offerta dall'impresa di assicurazione sia accettata dal danneggiato, sugli importi corrisposti non sono dovuti compensi per la consulenza o assistenza professionale di cui si sia avvalso il danneggiato diversa da quella medico-legale per i danni alla persona.

10. Accesso telematico. – 1. Ai fini della liquidazione dei danni derivanti dal sinistro, l'impresa ha diritto di accedere in via telematica agli archivi previsti dall'articolo 132, comma 3, del codice, per la verifica dei dati tecnici e del proprietario dell'altro veicolo.

11. Sinistri esclusi dal sistema di risarcimento diretto. – 1. Nel caso in cui il sinistro non rientra nell'ambito di applicazione previsto dall'articolo 3, l'impresa ne informa il danneggiato a mezzo raccomandata con avviso di ricevimento, entro trenta giorni decorrenti dalla ricezione della richiesta di risarcimento.

2. Entro il termine di cui al comma 1, l'impresa è tenuta a trasmettere la richiesta, corredata della documentazione acquisita per ogni ulteriore valutazione, all'impresa del responsabile qualora quest'ultima sia nota in base agli elementi in suo possesso.

3. I termini previsti dagli articoli 145 e 148 del codice iniziano a decorrere dal momento in cui l'impresa del responsabile del sinistro riceve la comunicazione di cui al comma 2.

12. Criteri di determinazione del grado di responsabilità delle parti. – 1. L'impresa adotta le proprie determinazioni in ordine alla richiesta del danneggiato, applicando i criteri di accertamento della responsabilità dei sinistri stabiliti nella tabella di cui all'allegato A, in conformità alla disciplina legislativa e regolamentare in materia di circolazione stradale.

2. Qualora il sinistro non rientri in alcuna delle ipotesi previste dalla tabella di cui al comma 1, l'accertamento della responsabilità è compiuto con riferimento alla fattispecie concreta, nel rispetto dei principi generali in tema di responsabilità derivante dalla circolazione dei veicoli.

13. Organizzazione e gestione del sistema di risarcimento diretto. – 1. Le imprese di assicurazione stipulano fra loro una convenzione ai fini della regolazione dei rapporti organizzativi ed economici per la gestione del risarcimento diretto.

2. Per la regolazione contabile dei rapporti economici, la convenzione deve prevedere una stanza di compensazione dei risarcimenti effettuati. Le compensazioni avvengono sulla base di costi medi che possono essere differenziati per grandi tipologie di veicoli assicurati e per danni a cose e danni alle persone, nonché, limitatamente ai danni a cose, per macroa-

ree territorialmente omogenee in numero non superiore a tre. I predetti criteri di differenziazione, applicati alternativamente o congiuntamente, non devono determinare una eccessiva frammentazione dei costi medi da prendere a base per le compensazioni. Le compensazioni possono avvenire anche sulla base di meccanismi che prevedano l'applicazione di franchigie a carico dell'impresa che ha risarcito il danno, secondo le regole definite dalla convenzione (1).

2-bis. Le differenziazioni delle compensazioni da applicare ai sensi del comma 2 sono stabilite e possono essere modificate con decreto del Ministro dello sviluppo economico, sentiti l'ISVAP e il Comitato tecnico di cui al comma 4, sulla base dell'andamento effettivo dei costi e dell'esperienza maturata sul sistema, senza tuttavia determinare mutamenti frequenti e in nessun caso per periodi di applicazione inferiori ad una annualità (2).

3. L'attività della stanza di compensazione deve svolgersi in regime di completa autonomia rispetto alle imprese di assicurazione ed ai loro organismi associativi.

4. I valori dei costi medi e delle eventuali franchigie di cui al comma 2 vengono calcolati annualmente sulla base dei risarcimenti effettivamente corrisposti nell'esercizio precedente per i sinistri rientranti nell'ambito di applicazione del sistema di risarcimento diretto. Per il calcolo annuale dei valori da assumere ai fini delle compensazioni, sulla base dei dati forniti dalla stanza di compensazione di cui al comma 2, è istituito presso il Ministero dello sviluppo economico un Comitato tecnico composto dai seguenti componenti:

a) un rappresentante del Ministero dello sviluppo economico, con funzioni di Presidente;

b) un rappresentante dell'ISVAP;

c) un rappresentante dell'Associazione nazionale fra le imprese assicuratrici;

d) un esperto in scienze statistiche ed attuariali;

e) due rappresentanti del Consiglio nazionale dei consumatori e degli utenti. L'esperto di cui alla lettera d) non deve avere svolto, nei due anni precedenti la nomina, incarichi presso imprese di assicurazione.

5. Per il primo anno di applicazione del sistema di risarcimento diretto, il Comitato tecnico calcola i valori di cui al comma 4 sulla base di statistiche di mercato.

6. I componenti il Comitato sono nominati con decreto del Ministro dello sviluppo economico per la durata di un triennio e possono essere riconfermati una sola volta. Il Comitato delibera a maggioranza e, in caso di parità, prevale il voto del Presidente.

7. Il costo relativo al funzionamento della convenzione è posto a carico delle imprese che aderiscono al sistema di risarcimento diretto.

8. Le imprese con sede legale in altri Stati membri dell'Unione europea che operano nel territorio della Repubblica, ai sensi degli articoli 23 e 24 del codice, hanno facoltà di aderire al sistema di risarcimento diretto mediante sottoscrizione della convenzione di cui al comma 1.

9. Non costituiscono prestazioni di servizi ai fini dell'imposta sul valore aggiunto le regolazioni dei rapporti tra imprese nell'ambito della procedura di risarcimento diretto.

10. Le informazioni, acquisite nell'ambito dei rapporti organizzativi ed economici per la gestione del risarcimento diretto, possono essere utilizzati, esclusivamente, per le finalità della stessa stanza di compensazione.

(1) Comma sostituito dall'articolo unico del d.P.R. 18/2/2009, n. 28.

(2) Comma inserito dall'articolo unico del d.P.R. 18/2/2009, n. 28.

14. Benefici derivanti agli assicurati. – 1. Il sistema del risarcimento diretto dovrà consentire effettivi benefici per gli assicurati, attraverso l'ottimizzazione della gestione, il controllo dei costi e l'innovazione dei contratti che potranno contemplare l'impiego di clausole che prevedano il risarcimento del danno in forma specifica con contestuale riduzione del premio per l'assicurato.

2. In presenza di clausole che prevedono il risarcimento del danno in forma specifica, nel contratto deve essere espressamente indicata la percentuale di sconto applicata.

15. Entrata in vigore. – 1. Il presente regolamento entra in vigore il 1° gennaio 2007 e si applica ai sinistri verificatisi a partire dal 1° febbraio 2007.

2. Per i sinistri che coinvolgono ciclomotori, il presente regolamento si applica a condizione che i ciclomotori stessi siano muniti di targa ai sensi del decreto del Presidente della Repubblica 6 marzo 2006, n. 153.

Il presente decreto, munito del sigillo dello Stato, sarà inserito nella Raccolta ufficiale degli atti normativi della Repubblica italiana. È fatto obbligo a chiunque spetti di osservarlo e di farlo osservare.

Sezione III

SALUTE E LIBERTÀ DI AUTODETERMINAZIONE

L. 26 giugno 1967, n. 458

Trapianto del rene tra persone viventi

Art. 1. – 1. In deroga al divieto di cui all'art. 5 del Codice civile, è ammesso disporre a titolo gratuito del rene al fine del trapianto tra persone viventi.

2. La deroga è consentita ai genitori, ai figli, ai fratelli germani o non germani del paziente che siano maggiorenni, purché siano rispettate le modalità previste dalla presente legge.

3. Solo nel caso che il paziente non abbia i consanguinei di cui al precedente comma o nessuno di essi sia idoneo o disponibile, la deroga può essere consentita anche per altri parenti e per donatori estranei.

Art. 2. – 1. L'atto di disposizione e destinazione del rene in favore di un determinato paziente è ricevuto dal pretore del luogo in cui risiede il donatore o ha sede l'Istituto autorizzato al trapianto.

2. La donazione di un rene può essere autorizzata, a condizione che il donatore abbia raggiunto la maggiore età, sia in possesso della capacità di intendere e di volere, sia a conoscenza dei limiti della terapia del trapianto del rene tra viventi e sia consapevole delle conseguenze personali che il suo sacrificio comporta.

3. Il pretore, accertata l'esistenza delle condizioni di cui al precedente comma e accertato altresì che il donatore si è determinato all'atto della donazione di un rene liberamente e spontaneamente, cura la redazione per iscritto delle relative dichiarazioni.

4. L'atto, che è a titolo gratuito e non tollera l'apposizione di condizioni o di altre determinazioni accessorie di volontà, è sempre revocabile sino al momento dell'intervento chirurgico e non fa sorgere diritti di sorta del donatore nei confronti del ricevente.

5. Il pretore, accertata l'esistenza del giudizio tecnico favorevole al prelievo ed al trapianto del rene contenuto nel referto medico collegiale di cui all'articolo seguente, può concedere, con decreto da emettersi entro tre giorni, il nulla osta all'esecuzione del trapianto.

In caso contrario ed entro lo stesso termine, dichiara, con decreto motivato, il proprio rifiuto.

6. Contro tale decreto si può proporre reclamo con ricorso al Tribunale, che si pronuncia in Camera di consiglio.

7. Tutti gli atti del procedimento davanti al pretore e al tribunale non sono soggetti alle disposizioni della legge sulle tasse di registro e bollo.

Art. 3. – 1. Il prelievo e il trapianto del rene possono essere effettuati in Centri per i trapianti di organi, in Istituti universitari, ed in Ospedali ritenuti idonei anche per la ricerca scientifica. I Centri, gli Istituti e gli Ospedali predetti devono disporre di sanitari particolarmente qualificati per competenza medica, chirurgica, biologica e devono essere autorizzati dal Ministro per la sanità, sentito il parere del Consiglio superiore di sanità e per gli Istituti universitari, anche il parere della I sezione del Consiglio superiore della pubblica istruzione.

2. Il direttore dell'Istituto che intende eseguire un trapianto del rene, esperite e controllate tutte le indagini necessarie, riunisce in collegio medico i suoi collaboratori con la partecipazione di un medico di fiducia del donatore e provvede a redigere apposito verbale attestante l'idoneità del donatore anche sotto l'aspetto della istocompatibilità, nonché l'esistenza della indicazione clinica al trapianto nel paziente.

3. Tale verbale conclusivo con un giudizio tecnico favorevole, viene rimesso al medico provinciale, il quale, constatata l'ottemperanza alle condizioni del precedente comma, lo trasmette, entro 24 ore, al pretore per il rilascio del nulla osta all'esecuzione del trapianto, di cui all'art. 2.

Art. 4. – 1. Il trapianto del rene legittimamente prelevato e destinato ad un determinato paziente non può aver luogo senza il consenso di questo o in assenza di uno stato di necessità.

Art. 5. – 1. Per l'intervento chirurgico del prelievo del rene, il donatore è ammesso a godere dei benefici previsti dalle leggi vigenti per i lavoratori autonomi o subordinati in stato di infermità; è altresì assicurato contro i rischi immediati e futuri inerenti all'intervento operatorio e alla menomazione subita.

Art. 6. – 1. Qualsiasi pattuizione privata che preveda un compenso in denaro o altra utilità in favore del donatore, per indurlo all'atto di disposizione e destinazione, è nulla e di nessun effetto.

Art. 7*. – *1. È punito con la reclusione da tre mesi ad un anno e con multa da lire 300.000 a lire 6.000.000* (1) *chiunque a scopo di lucro svolge opera di mediazione nella donazione di un rene.*

* Articolo abrogato dall'art. 4, co. 1, l. 11/12/2016, n. 236.

(1) La multa è stata così elevata dall'art. 113, co. 3, l. 24/11/1981, n. 689. La sanzione è esclusa dalla depenalizzazione in virtù dell'art. 32, co. 2, della citata l. n. 689/1981.

L. 13 maggio 1978, n. 180

Accertamenti e trattamenti sanitari volontari e obbligatori

1. Accertamenti e trattamenti sanitari volontari e obbligatori. – 1. Gli accertamenti e i trattamenti sanitari sono volontari.

2. Nei casi di cui alla presente legge e in quelli espressamente previsti da leggi dello Stato possono essere disposti dall'autorità sanitaria accertamenti e trattamenti sanitari obbligatori nel rispetto della dignità della persona e dei diritti civili e politici garantiti dalla Costituzione, compreso per quanto possibile il diritto alla libera scelta del medico e del luogo di cura.

3. Gli accertamenti e i trattamenti sanitari obbligatori a carico dello Stato e di enti o istituzioni pubbliche sono attuati dai presìdi sanitari pubblici territoriali e, ove necessiti la degenza, nelle strutture ospedaliere pubbliche o convenzionate.

4. Nel corso del trattamento sanitario obbligatorio chi vi è sottoposto ha diritto di comunicare con chi ritenga opportuno.

5. Gli accertamenti e i trattamenti sanitari obbligatori di cui ai precedenti commi devono essere accompagnati da iniziative rivolte ad assicurare il consenso e la partecipazione da parte di chi vi è obbligato.

6. Gli accertamenti e i trattamenti sanitari obbligatori sono disposti con provvedimento del sindaco, nella sua qualità di autorità sanitaria locale, su proposta motivata di un medico.

2. Accertamenti e trattamenti sanitari obbligatori per malattia mentale. – 1. Le misure di cui al secondo comma del precedente articolo possono essere disposte nei confronti delle persone affette da malattie mentali.

2. Nei casi di cui al precedente comma la proposta di trattamento sanitario obbligatorio può prevedere che le cure vengano prestate in condizioni di degenza ospedaliera solo se esistano alterazioni psichiche tali da richiedere urgenti interventi terapeutici, se gli stessi non vengano accettati dall'infermo e se non vi siano le condizioni e le circostanze che consentano di adottare tempestive ed idonee misure sanitarie extra ospedaliere.

3. Il provvedimento che dispone il trattamento sanitario obbligatorio in condizioni di degenza ospedaliera deve essere preceduto dalla convalida della proposta di cui all'ultimo comma dell'articolo 1 da parte di un medico della struttura sanitaria pubblica e deve essere motivato in relazione a quanto previsto nel precedente comma.

3. Procedimento relativo agli accertamenti e trattamenti sanitari obbligatori in condizioni di degenza ospedaliera per malattia mentale. – 1. Il provvedimento di cui all'articolo 2 con il quale il sindaco dispone il trattamento sanitario obbligatorio in condizioni di degenza ospedaliera, corredato dalla proposta medica motivata di cui all'ultimo comma dell'articolo 1 e dalla convalida di cui all'ultimo comma dell'articolo 2, deve essere notificato, entro 48 ore dal ricovero, tramite messo comunale, al giudice tutelare nella cui circoscrizione rientra il comune.

2. Il giudice tutelare, entro le successive 48 ore, assunte le informazioni e disposti gli eventuali accertamenti, provvede con decreto motivato a convalidare o non convalidare il provvedimento e ne dà comunicazione al sindaco. In caso di mancata convalida il sindaco dispone la cessazione del trattamento sanitario obbligatorio in condizioni di degenza ospedaliera.

3. Se il provvedimento di cui al primo comma del presente articolo è disposto dal sindaco di un comune diverso da quello di residenza dell'infermo, ne va data comunicazione al sindaco di questo ultimo comune. Se il provvedimento di cui al primo comma del presente articolo è adottato nei confronti di cittadini stranieri o di apolidi, ne va data comunicazione al Ministero dell'interno e al consolato competente, tramite il prefetto.

4. Nei casi in cui il trattamento sanitario obbligatorio debba protrarsi oltre il settimo giorno, ed in quelli di ulteriore prolungamento, il sanitario responsabile del servizio psichiatrico di cui all'articolo 6 è tenuto a formulare, in tempo utile, una proposta motivata al sindaco che ha disposto il ricovero, il quale ne dà comunicazione al giudice tutelare, con le modalità e per gli adempimenti di cui al primo e secondo comma del presente articolo, indicando la ulteriore durata presumibile del trattamento stesso.

5. Il sanitario di cui al comma precedente è tenuto a comunicare al sindaco, sia in caso di dimissione del ricoverato che in continuità di degenza, la cessazione delle condizioni che richiedono l'obbligo del trattamento sanitario; comunica altresì la eventuale sopravvenuta impossibilità a proseguire il trattamento stesso. Il sindaco, entro 48 ore dal ricevimento della comunicazione del sanitario, ne dà notizia al giudice tutelare.

6. Qualora ne sussista la necessità il giudice tutelare adotta i provvedimenti urgenti che possono occorrere per conservare e per amministrare il patrimonio dell'infermo.

7. La omissione delle comunicazioni di cui al primo, quarto e quinto comma del presente articolo determina la cessazione di ogni effetto del provvedimento e configura, salvo che non sussistano gli estremi di un delitto più grave, il reato di omissione di atti di ufficio.

4. Revoca e modifica del provvedimento di trattamento sanitario obbligatorio. – 1. Chiunque può rivolgere al sindaco richiesta di revoca o di modifica del provvedimento con il quale è stato disposto o prolungato il trattamento sanitario obbligatorio.

2. Sulla richiesta di revoca o di modifica il sindaco decide entro dieci giorni. I provvedimenti di revoca o di modifica sono adottati con lo stesso procedimento del provvedimento revocato o modificato.

5. Tutela giurisdizionale. – 1. Chi è sottoposto a trattamento sanitario obbligatorio, e chiunque vi abbia interesse, può proporre ricorso contro il provvedimento convalidato dal giudice tutelare (1).

2. [*Entro il termine di trenta giorni, decorrente dalla scadenza del termine di cui al secondo comma dell'articolo 3,*] il sindaco può proporre analogo ricorso avverso la mancata convalida del provvedimento che dispone il trattamento sanitario obbligatorio (2).

3. Alle controversie previste dal presente articolo si applica l'articolo 21 del decreto legislativo 1° settembre 2011, n. 150 (3).

4. Il presidente del tribunale fissa l'udienza di comparizione delle parti con decreto in calce al ricorso che, a cura del cancelliere, è notificato alle parti nonché al pubblico ministero. 5. Il presidente del tribunale, acquisito il provvedimento che ha disposto il trattamento sanitario obbligatorio e sentito il pubblico ministero, può sospendere il trattamento medesimo anche prima che sia tenuta l'udienza di comparizione. 6. Sulla richiesta di sospensiva il presidente del tribunale provvede entro dieci giorni. 7. Il tribunale provvede in camera di consiglio, sentito il pubblico ministero, dopo aver assunto informazioni e raccolte le prove disposte di ufficio o *richieste dalle parti. 8. I ricorsi ed i successivi procedimenti sono esenti da imposta di bollo. La decisione del processo non è soggetta a registrazione**.

(1) Comma sostituito dall'art. 34, co. 22, lett. a), d.lg. 1/9/2011, n. 150.

(2) Comma modificato dall'art. 34, co. 22, lett. b), d.lg. 1/9/2011, n. 150.

(3) Comma sostituito dall'art. 34, co. 22, lett. c), d.lg. 1/9/2011, n. 150.

* Commi abrogati dall'art. 34, co. 22, lett. c), d.lg. 1/9/2011, n. 150.

6. Modalità relative agli accertamenti e trattamenti sanitari obbligatori in condizioni di degenza ospedaliera per malattia mentale. – 1. Gli interventi di prevenzione, cura e riabilitazione relativi alle malattie mentali sono attuati di norma dai servizi e presìdi psichiatrici extra ospedalieri.

2. A decorrere dall'entrata in vigore della presente legge i trattamenti sanitari per malattie mentali che comportino la necessità di degenza ospedaliera e che siano a carico dello Stato o di enti e istituzioni pubbliche sono effettuati, salvo quanto disposto dal successivo articolo 8, nei servizi psichiatrici di cui ai successivi commi.

3. Le regioni e le province autonome di Trento e di Bolzano, anche con riferimento agli ambiti territoriali previsti dal secondo e terzo comma dell'articolo 25 del decreto del Presidente della Repubblica 24 luglio 1977, n. 616, individuano gli ospedali generali nei quali, entro sessanta giorni dall'entrata in vigore della presente legge, devono essere istituiti specifici servizi psichiatrici di diagnosi e cura.

4. I servizi di cui al secondo e terzo comma del presente articolo – che sono ordinati secondo quanto è previsto dal decreto del Presidente della Repubblica 27 marzo 1969, n. 128, per i servizi speciali obbligatori negli ospedali generali e che non devono essere dotati di un numero di posti letto superiore a 15 – al fine di garantire la continuità dell'intervento sanitario a tutela della salute mentale sono organicamente e funzionalmente collegati, in forma dipartimentale con gli altri servizi e presìdi psichiatrici esistenti nel territorio.

5. Le regioni e le province autonome di Trento e di Bolzano individuano le istituzioni private di ricovero e cura, in possesso dei requisiti prescritti, nelle quali possono essere attuati trattamenti sanitari obbligatori e volontari in regime di ricovero.

6. In relazione alle esigenze assistenziali, le province possono stipulare con le istituzioni di cui al precedente comma convenzioni ai sensi del successivo articolo 7.

7. Trasferimento alle regioni delle funzioni in materia di assistenza ospedaliera psichiatrica. – 1. A decorrere dall'entrata in vigore della presente legge le funzioni amministrative concernenti la assistenza psichiatrica in condizioni di degenza ospedaliera, già esercitate dalle province, sono trasferite, per i territori di loro competenza, alle regioni ordinarie e a statuto speciale. Resta ferma l'attuale competenza delle province autonome di Trento e di Bolzano.

2. L'assistenza ospedaliera disciplinata dagli articoli 12 e 13 del decreto-legge 8 luglio 1974, n. 264, convertito con modificazioni nella legge 17 agosto 1974, n. 386, comprende i ricoveri ospedalieri per alterazioni psichiche. Restano ferme fino al 31 dicembre 1978 le disposizioni vigenti in ordine alla competenza della spesa.

3. A decorrere dall'entrata in vigore della presente legge le regioni esercitano anche nei confronti degli ospedali psichiatrici le funzioni che svolgono nei confronti degli altri ospedali.

4. Sino alla data di entrata in vigore della riforma sanitaria, e comunque non oltre il 1° gennaio 1979, le province continuano ad esercitare le funzioni amministrative relative alla gestione degli ospedali psichiatrici e ogni altra funzione riguardante i servizi psichiatrici e di igiene mentale.

5. Le regioni e le province autonome di Trento e di Bolzano programmano e coordinano l'organizzazione dei presìdi e dei servizi psichiatrici e di igiene mentale con le altre strutture sanitarie operanti nel territorio e attuano il graduale superamento degli ospedali psichiatrici e la diversa utilizzazione delle strutture esistenti e di quelle in via di completamento.

6. Tali iniziative non possono comportare maggiori oneri per i bilanci delle amministrazioni provinciali.

7. È in ogni caso vietato costruire nuovi ospedali psichiatrici, utilizzare quelli attualmente esistenti come divisioni specialistiche psichiatriche di ospedali generali, istituire negli ospedali generali divisioni o sezioni psichiatriche e utilizzare come tali divisioni o sezioni neurologiche o neuropsichiatriche.

8. Agli ospedali psichiatrici dipendenti dalle amministrazioni provinciali o da altri enti pubblici o dalle istituzioni pubbliche di assistenza e beneficenza si applicano i divieti di cui all'articolo 6 del decreto-legge 29 dicembre 1977, n. 946, convertito con modificazioni nella legge 27 febbraio 1978, n. 43.

9. Ai servizi psichiatrici di diagnosi e cura degli ospedali generali, di cui all'articolo 6, è addetto personale degli ospedali psichiatrici e dei servizi e presìdi psichiatrici pubblici extra ospedalieri.

10. I rapporti tra le province, gli enti ospedalieri e le altre strutture di ricovero e cura sono regolati da apposite convenzioni, conformi ad uno schema tipo, da approvare entro trenta giorni dalla data di entrata in vigore della presente legge, con decreto del Ministro della sanità di intesa con le regioni e l'Unione delle province di Italia e sentite, per quanto riguarda i problemi del personale, le organizzazioni sindacali di categoria maggiormente rappresentative.

11. Lo schema tipo di convenzione dovrà disciplinare tra l'altro il collegamento organico e funzionale di cui al quarto comma dell'articolo 6, i rapporti finanziari tra le province e gli istituti di ricovero e l'impiego, anche mediante comando, del personale di cui all'ottavo comma, del presente articolo.

12. Con decorrenza dal 1° gennaio 1979 in sede di rinnovo contrattuale saranno stabilite norme per la graduale omogeneizzazione tra il trattamento economico e gli istituti normativi di carattere economico del personale degli ospedali psichiatrici pubblici e dei presìdi e servizi psichiatrici e di igiene mentale pubblici e il trattamento economico e gli istituti normativi di carattere economico delle corrispondenti categorie del personale degli enti ospedalieri (1).

(1) Vedi, ora, l'art. 64 della l. 23/12/1978, n. 833.

8. Infermi già ricoverati negli ospedali psichiatrici. – 1. Le norme di cui alla presente legge si applicano anche agli infermi ricoverati negli ospedali psichiatrici al momento dell'entrata in vigore della legge stessa.

2. Il primario responsabile della divisione, entro novanta giorni dalla entrata in vigore della presente legge, con singole relazioni motivate, comunica al sindaco dei rispettivi comuni di residenza, i nominativi dei degenti per i quali ritiene necessario il proseguimento del trattamento sanitario obbligatorio presso la stessa struttura di ricovero, indicando la durata presumibile del trattamento stesso. Il primario responsabile della divisione è altresì tenuto agli adempimenti di cui al quinto comma dell'articolo 3.

3. Il sindaco dispone il provvedimento di trattamento sanitario obbligatorio in condizioni di degenza ospedaliera secondo le norme di cui all'ultimo comma dell'articolo 2 e ne dà comunicazione al giudice tutelare con le modalità e per gli adempimenti di cui all'articolo 3.

4. L'omissione delle comunicazioni di cui ai commi precedenti determina la cessazione di ogni effetto del provvedimento e configura, salvo che non sussistano gli estremi di un

delitto più grave, il reato di omissione di atti di ufficio.

5. Tenuto conto di quanto previsto al quinto comma dell'articolo 7 e in temporanea deroga a quanto disposto dal secondo comma dell'articolo 6, negli attuali ospedali psichiatrici possono essere ricoverati, sempre che ne facciano richiesta, esclusivamente coloro che vi sono stati ricoverati anteriormente alla data di entrata in vigore della presente legge e che necessitano di trattamento psichiatrico in condizioni di degenza ospedaliera.

9. Attribuzioni del personale medico degli ospedali psichiatrici. – 1. Le attribuzioni in materia sanitaria del direttore, dei primari, degli aiuti e degli assistenti degli ospedali psichiatrici sono quelle stabilite, rispettivamente, dagli articoli 4 e 5 e dall'articolo 7 del decreto del Presidente della Repubblica 27 marzo 1969, n. 128.

10. Modifiche al codice penale. – 1. Nella rubrica del libro III, titolo I, capo I, sezione III, paragrafo 6 del codice penale sono soppresse le parole: "di alienati di mente".

2. Nella rubrica dell'art. 716 del codice penale sono soppresse le parole: "di infermi di mente o".

3. Nello stesso articolo sono soppresse le parole: "a uno stabilimento di cura o".

11. Norme finali. – 1. Sono abrogati gli articoli 1, 2, 3 e 3-bis della legge14 febbraio 1904, n. 36, concernente "Disposizioni sui manicomi e sugli alienati" e successive modificazioni, l'articolo 420 del codice civile, gli articoli 714, 715 e 717 del codice penale, il n. 1 dell'articolo 2 e l'articolo 3 del testo unico delle leggi recanti norme per la disciplina dell'elettorato attivo e per la tenuta e la revisione delle liste elettorali, approvato con decreto del Presidente della Repubblica 20 marzo 1967, n. 223, nonché ogni altra disposizione incompatibile con la presente legge.

2. Le disposizioni contenute negli articoli 1, 2, 3, 4, 5, 6, 7, 8 e 9 della presente legge restano in vigore fino alla data di entrata in vigore della legge istitutiva del servizio sanitario nazionale.

Fino a quando non si provvederà a modificare, coordinare e riunire in un testo unico le disposizioni vigenti in materia di profilassi internazionale e di malattie infettive e diffusive, ivi comprese le vaccinazioni obbligatorie, sono fatte salve in materia di trattamenti sanitari obbligatori le competenze delle autorità militari, dei medici di porto, di aeroporto e di frontiera e dei comandanti di navi o di aeromobili.

La presente legge entra in vigore il giorno successivo a quello della sua pubblicazione nella Gazzetta Ufficiale della Repubblica.

L. 22 maggio 1978, n. 194

(G.U. 22 maggio 1978, n. 140)

Norme per la tutela sociale della maternità e sull'interruzione volontaria della gravidanza

Art. 1. – Lo Stato garantisce il diritto alla procreazione cosciente e responsabile, riconosce il valore sociale della maternità e tutela la vita umana dal suo inizio [1, 254, 320, 462, 687, 715, 784, 1411].

L'interruzione volontaria della gravidanza, di cui alla presente legge, non è mezzo per il controllo delle nascite.

Lo Stato, le regioni e gli enti locali, nell'ambito delle proprie funzioni e competenze, promuovono e sviluppano i servizi socio-sanitari, nonché altre iniziative necessarie per evitare che lo aborto sia usato ai fini della limitazione delle nascite.

Art. 2. – I consultori familiari istituiti dalla legge 29 luglio 1975, n. 405, fermo restando quanto stabilito dalla stessa legge, assistono la donna in stato di gravidanza:

a) informandola sui diritti a lei spettanti in base alla legislazione statale e regionale, e sui servizi sociali, sanitari e assistenziali concretamente offerti dalle strutture operanti nel territorio;

b) informandola sulle modalità idonee a ottenere il rispetto delle norme della legislazione sul lavoro a tutela della gestante;

c) attuando direttamente o proponendo all'ente locale competente o alle strutture sociali operanti nel territorio speciali interventi, quando la gravidanza o la maternità creino problemi per risolvere i quali risultino inadeguati i normali interventi di cui alla lettera a);

d) contribuendo a far superare le cause che potrebbero indurre la donna all'interruzione della gravidanza.

I consultori sulla base di appositi regolamenti o convenzioni possono avvalersi, per i fini previsti dalla legge, della collaborazione volontaria di idonee formazioni sociali di base e di associazioni del volontariato, che possono anche aiutare la maternità difficile dopo la nascita.

La somministrazione su prescrizione medica, nelle strutture sanitarie e nei consultori, dei mezzi necessari per conseguire le finalità liberamente scelte in ordine alla procreazione responsabile è consentita anche ai minori.

Art. 3. – Anche per l'adempimento dei compiti ulteriori assegnati dalla presente legge ai consultori familiari, il fondo di cui all'articolo 5 della legge 29 luglio 1975, n. 405, è aumentato con uno stanziamento di L. 50.000.000.000 annui, da ripartirsi fra le regioni in base agli stessi criteri stabiliti dal suddetto articolo.

Alla copertura dell'onere di lire 50 miliardi relativo all'esercizio finanziario 1978 si provvede mediante corrispondente riduzione dello stanziamento iscritto nel capitolo 9001 dello stato di previsione della spesa del Ministero del tesoro per il medesimo esercizio. Il Ministro del tesoro è autorizzato ad apportare, con propri decreti, le necessarie variazioni di bilancio.

Art. 4. – Per l'interruzione volontaria della gravidanza entro i primi novanta giorni, la donna che accusi circostanze per le quali la prosecuzione della gravidanza, il parto o la maternità comporterebbero un serio pericolo per la sua salute fisica o psichica, in relazione o al suo stato di salute, o alle sue condizioni economiche, o sociali o familiari, o alle circostanze in cui è avvenuto il concepimento, o a previsioni di anomalie o malformazioni del concepito, si rivolge ad un consultorio pubblico istituito ai sensi dell'articolo 2, lettera a), della legge 29 luglio 1975 numero 405, o a una struttura socio-sanitaria a ciò abilitata dalla regione, o a un medico di sua fiducia.

Art. 5. – Il consultorio e la struttura socio-sanitaria, oltre a dover garantire i necessari accertamenti medici, hanno il compito in ogni caso, e specialmente quando la richiesta di interruzione della gravidanza sia motivata dall'incidenza delle condizioni economiche, o sociali, o familiari sulla salute della gestante, di esaminare con la donna e con il padre del concepito, ove la donna lo consenta, nel rispetto della dignità e della riservatezza della donna e della persona indicata come padre del concepito, le possibili soluzioni dei problemi proposti, di aiutarla a rimuovere le cause che la porterebbero alla interruzione della gravidanza, di metterla in grado di far valere i suoi diritti di lavoratrice e di madre, di promuovere ogni opportuno intervento atto a sostenere la donna, offrendole tutti gli aiuti necessari sia durante la gravidanza sia dopo il parto.

Quando la donna si rivolge al medico di sua fiducia questi compie gli accertamenti sanitari necessari, nel rispetto della dignità e della libertà della donna; valuta con la donna stessa e con il padre del concepito, ove la donna lo consenta, nel rispetto della dignità e della riservatezza della donna e della persona indicata come padre del concepito, anche sulla base dell'esito degli accertamenti di cui sopra, le circostanze che la determinano a chiedere l'interruzione della gravidanza; la informa sui diritti a lei spettanti e sugli interventi di carattere sociale cui può fare ricorso, nonché sui consultori e le strutture socio-sanitarie.

Quando il medico del consultorio o della struttura sociosanitaria, o il medico di fiducia, riscontra l'esistenza di condizioni tali da rendere urgente l'intervento, rilascia immediatamente alla donna un certificato attestante l'urgenza. Con tale certificato la donna stessa può presentarsi ad una delle sedi autorizzate a praticare la interruzione della gravidanza.

Se non viene riscontrato il caso di urgenza, al termine dell'incontro il medico del consultorio o della struttura sociosanitaria, o il medico di fiducia, di fronte alla richiesta della donna di interrompere la gravidanza sulla base delle circostanze di cui all'articolo 4, le rilascia copia di un documento, firmato anche dalla donna, attestante lo stato di gravidanza e l'avvenuta richiesta, e la invita a soprassedere per sette giorni. Trascorsi i sette giorni, la donna può presentarsi, per ottenere la interruzione della gravidanza, sulla base del documento rilasciatole ai sensi del presente comma, presso una delle sedi autorizzate.

Art. 6. – L'interruzione volontaria della gravidanza, dopo i primi novanta giorni, può essere praticata:

a) quando la gravidanza o il parto comportino un grave pericolo per la vita della donna;

b) quando siano accertati processi patologici, tra cui quelli relativi a rilevanti anomalie o malformazioni del nascituro, che determinino un grave pericolo per la salute fisica o psichica della donna.

Art. 7. – I processi patologici che configurino i casi previsti dall'articolo precedente vengono accertati da un medico del servizio ostetrico-ginecologico dell'ente ospedaliero in cui deve praticarsi l'intervento, che ne certifica l'esistenza. Il medico può avvalersi della collaborazione di specialisti. Il medico è tenuto a fornire la documentazione sul caso e a comunicare la sua certificazione al direttore sanitario dell'ospedale per l'intervento da praticarsi immediatamente.

Qualora l'interruzione della gravidanza si renda necessaria per imminente pericolo per la vita della donna, l'intervento può essere praticato anche senza lo svolgimento delle procedure previste dal comma precedente e al di fuori delle sedi di cui all'articolo 8. In questi casi, il medico è tenuto a darne comunicazione al medico provinciale.

Quando sussiste la possibilità di vita autonoma del feto, l'interruzione della gravidanza può essere praticata solo nel caso di cui alla lettera a) dell'articolo 6 e il medico che esegue l'intervento deve adottare ogni misura idonea a salvaguardare la vita del feto.

Art. 8. – L'interruzione della gravidanza è praticata da un medico del servizio ostetrico-ginecologico presso un ospedale generale tra quelli indicati nell'articolo 20 della legge 12 febbraio 1968, n. 132, il quale verifica anche l'inesistenza di controindicazioni sanitarie.

Gli interventi possono essere altresì praticati presso gli ospedali pubblici specializzati, gli istituti ed enti di cui all'articolo 1, penultimo comma, della legge 12 febbraio 1968, n. 132, e le istituzioni di cui alla legge 26 novembre 1973, n. 817, ed al decreto del Presidente della Repubblica 18 giugno 1958, n. 754, sempre che i rispettivi organi di gestione ne facciano richiesta.

Nei primi novanta giorni l'interruzione della gravidanza può essere praticata anche presso case di cura autorizzate dalla regione, fornite di requisiti igienico-sanitari e di adeguati servizi ostetrico-ginecologici.

Il Ministro della sanità con suo decreto limiterà la facoltà delle case di cura autorizzate, a praticare gli interventi di interruzione della gravidanza, stabilendo:

1) la percentuale degli interventi di interruzione della gravidanza che potranno avere luogo, in rapporto al totale degli interventi operatori eseguiti nell'anno precedente presso la stessa casa di cura;

2) la percentuale dei giorni di degenza consentiti per gli interventi di interruzione della gravidanza, rispetto al totale dei giorni di degenza che nell'anno precedente si sono avuti in relazione alle convenzioni con la regione.

Le percentuali di cui ai punti 1) e 2) dovranno essere non inferiori al 20 per cento e uguali per tutte le case di cura (1).

Le case di cura potranno scegliere il criterio al quale attenersi, fra i due sopra fissati.

Nei primi novanta giorni gli interventi di interruzione della gravidanza dovranno altresì poter essere effettuati, dopo la costituzione delle unità socio-sanitarie locali, presso poliambulatori pubblici adeguatamente attrezzati, funzionalmente collegati agli ospedali ed autorizzati dalla regione.

Il certificato rilasciato ai sensi del terzo comma dell'articolo 5 e, alla scadenza dei sette giorni, il documento consegnato alla donna ai sensi del quarto comma dello stesso articolo costituiscono titolo per ottenere in via d'urgenza l'intervento e, se necessario, il ricovero.

(1) Vedi il d.m. 20/10/1978.

Art. 9. – Il personale sanitario ed esercente le attività ausiliarie non è tenuto a prendere parte alle procedure di cui agli articoli 5 e 7 ed agli interventi per l'interruzione della gravidanza quando sollevi obiezione di coscienza, con preventiva dichiarazione. La dichiarazione dell'obiettore deve essere comunicata al medico provinciale e, nel caso di personale dipendente dello ospedale o dalla casa di cura, anche al direttore sanitario, entro un mese dall'entrata in vigore della presente legge o dal conseguimento della abilitazione o dall'assunzione presso un ente tenuto a fornire prestazioni dirette alla interruzione della gravidanza o dalla stipulazione di una convenzione con enti previdenziali che comporti l'esecuzione di tali prestazioni.

L'obiezione può sempre essere revocata o venire proposta anche al di fuori dei termini di cui al precedente comma, ma in tale caso la dichiarazione produce effetto dopo un mese dalla sua presentazione al medico provinciale.

L'obiezione di coscienza esonera il personale sanitario ed esercente le attività ausiliarie dal compimento delle procedure e delle attività specificamente e necessariamente dirette a determinare l'interruzione della gravidanza, e non dall'assistenza antecedente e conseguente all'intervento.

Gli enti ospedalieri e le case di cura autorizzate sono tenuti in ogni caso ad assicurare lo espletamento delle procedure previste dall'articolo 7 e l'effettuazione degli interventi di interruzione della gravidanza richiesti secondo le modalità previste dagli articoli 5, 7 e 8. La regione ne controlla e garantisce l'attuazione anche attraverso la mobilità del personale.

L'obiezione di coscienza non può essere invocata dal personale sanitario, ed esercente le attività ausiliarie quando, data la particolarità delle circostanze, il loro personale intervento è indispensabile per salvare la vita della donna in imminente pericolo.

L'obiezione di coscienza si intende revocata, con effetto, immediato, se chi l'ha sollevata prende parte a procedure o a interventi per l'interruzione della gravidanza previsti dalla presente legge, al di fuori dei casi di cui al comma precedente.

Art. 10. – L'accertamento, l'intervento, la cura e la eventuale degenza relativi alla interruzione della gravidanza nelle circostanze previste dagli articoli 4 e 6, ed attuati nelle istituzioni sanitarie di cui all'articolo 8, rientrano fra le prestazioni ospedaliere trasferite alle regioni dalla legge 17 agosto 1974, n. 386.

Sono a carico della regione tutte le spese per eventuali accertamenti, cure o degenze necessarie per il compimento della gravidanza nonché per il parto, riguardanti le donne che non hanno diritto all'assistenza mutualistica.

Le prestazioni sanitarie e farmaceutiche non previste dai precedenti commi e gli accertamenti effettuati secondo quanto previsto dal secondo comma dell'articolo 5 e dal primo comma dell'articolo 7 da medici dipendenti pubblici, o che esercitino la loro attività nell'ambito di strutture pubbliche o convenzionate con la regione, sono a carico degli enti mutualistici, sino a che non sarà istituito il servizio sanitario nazionale.

Art. 11. – L'ente ospedaliero, la casa di cura o il poliambulatorio nei quali l'intervento è stato effettuato sono tenuti ad inviare al medico provinciale competente per territorio una dichiarazione con la quale il medico che lo ha eseguito dà notizia dell'intervento stesso e della documentazione sulla base della quale è avvenuto, senza fare menzione dell'identità della donna.

Le lettere b) e f) dell'articolo 103 del testo unico delle leggi sanitarie, approvato con il regio decreto 27 luglio 1934, n. 1265 (1), sono abrogate.

(1) Vedi il d.m. 20/10/1978.

Art. 12. – La richiesta di interruzione della gravidanza secondo le procedure della presente legge è fatta personalmente dalla donna [2, 13 Cost.].

Se la donna è di età inferiore ai diciotto anni, per l'interruzione della gravidanza è richiesto lo assenso di chi esercita sulla donna stessa la responsabilità genitoriale o la tutela. Tuttavia, nei primi novanta giorni, quando vi siano seri motivi che impediscano o sconsiglino la consultazione delle persone esercenti la responsabilità genitoriale o la tutela, oppure queste, interpellate, rifiutino il loro assenso o esprimano pareri tra loro difformi, il consultorio o la struttura socio-sanitaria, o il medico di fiducia, espleta i compiti e le procedure di cui all'articolo 5 e rimette entro sette giorni dalla richiesta una relazione, corredata del proprio parere, al giudice tutelare del luogo in cui esso opera. Il giudice tutelare, entro cinque giorni, sentita la donna e tenuto conto della sua volontà, delle ragioni che adduce e della relazione trasmessagli, può autorizzare la donna, con atto non soggetto a reclamo, a decidere la interruzione della gravidanza.

Qualora il medico accerti l'urgenza dell'intervento a causa di un grave pericolo per la salute della minore di diciotto anni, indipendentemente dall'assenso di chi esercita la responsabilità genitoriale o la tutela e senza adire il giudice tutelare, certifica l'esistenza delle condizioni che giustificano l'interruzione della gravidanza. Tale certificazione costituisce titolo per ottenere in via d'urgenza l'intervento e, se necessario, il ricovero.

Ai fini dell'interruzione della gravidanza dopo i primi novanta giorni, si applicano anche alla minore di diciotto anni le procedure di cui all'articolo 7, indipendentemente dall'assenso di chi esercita la responsabilità genitoriale o la tutela (1).

(1) Articolo modificato dall'art. 99 del d.lg. 28/12/2013, n. 154 a decorrere dal 7/2/2014 come indicato dall'art. 108, co. 1, del citato decreto.

Art. 13. – Se la donna è interdetta per infermità di mente [404, 414, 415], la richiesta di cui agli articoli 4 e 6 può essere presentata, oltre che da lei personalmente, anche dal tutore o dal marito non tutore, che non sia legalmente separato.

Nel caso di richiesta presentata dall'interdetta o dal marito, deve essere sentito il parere del tutore. La richiesta presentata dal tutore o dal marito deve essere confermata dalla donna.

Il medico del consultorio o della struttura socio-sanitaria, o il medico di fiducia, trasmette al giudice tutelare, entro il termine di sette giorni dalla presentazione della richiesta, una relazione contenente ragguagli sulla domanda e sulla sua provenienza, sull'atteggiamento comunque assunto dalla donna e sulla gravidanza e specie dell'infermità mentale di essa nonché il parere del tutore, se espresso.

Il giudice tutelare, sentiti se lo ritiene opportuno gli interessati, decide entro cinque giorni dal ricevimento della relazione, con atto non soggetto a reclamo.

Il provvedimento del giudice tutelare ha gli effetti di cui all'ultimo comma dell'articolo 8.

Art. 14. – Il medico che esegue l'interruzione della gravidanza è tenuto a fornire alla donna le informazioni [2, 13 Cost.] e le indicazioni sulla regolazione delle nascite, nonché a renderla partecipe dei procedimenti abortivi, che devono comunque essere attuati in modo da rispettare la dignità personale della donna.

In presenza di processi patologici, fra cui quelli relativi ad anomalie o malformazioni del nascituro, il medico che esegue l'interruzione della gravidanza deve fornire alla donna i ragguagli necessari per la prevenzione di tali processi.

Art. 15. – Le regioni, d'intesa con le università e con gli enti ospedalieri, promuovono l'aggiornamento del personale sanitario ed esercente le arti ausiliarie sui problemi della procreazione cosciente e responsabile, sui metodi anticoncezionali, sul decorso della gravidanza, sul parto e sull'uso delle tecniche più moderne, più rispettose dell'integrità fisica e psichica della donna e meno rischiose per l'interruzione della gravidanza. Le regioni promuovono inoltre corsi ed incontri ai quali possono partecipare sia il personale sanitario ed esercente le arti ausiliarie sia le persone interessate ad approfondire le questioni relative all'educazione sessuale, al decorso della gravidanza, al parto, ai metodi anticoncezionali e alle tecniche per l'interruzione della gravidanza.

Al fine di garantire quanto disposto dagli articoli 2 e 5, le regioni redigono un programma annuale d'aggiornamento e di informazione sulla legislazione statale e regionale, e sui servizi sociali, sanitari e assistenziali esistenti nel territorio regionale.

Art. 16. – Entro il mese di febbraio, a partire dall'anno successivo a quello dell'entrata in vigore della Presente legge, il Ministro della sanità presenta al Parlamento una relazione sull'attuazione della legge stessa e sui suoi effetti, anche in riferimento al problema della prevenzione.

Le regioni sono tenute a fornire le informazioni necessarie entro il mese di gennaio di ciascun anno, sulla base di questionari predisposti dal Ministro.

Analoga relazione presenta il Ministro della giustizia per quanto riguarda le questioni di specifica competenza del suo Dicastero.

Art. 17*. – *Chiunque cagiona ad una donna per colpa l'interruzione della gravidanza è punito con la reclusione da tre mesi a due anni. Chiunque cagiona ad una donna per colpa un parto prematuro è punito con la pena prevista dal comma precedente, diminuita fino alla metà. Nei casi previsti dai commi precedenti, se il fatto è commesso con la violazione delle norme poste a tutela del lavoro la pena è aumentata.*

* Articolo abrogato dal d.lg. 1/3/2018, n. 21.

Art. 18*. – *Chiunque cagiona l'interruzione della gravidanza senza il consenso della donna è punito con la reclusione da quattro a otto anni. Si considera come non prestato il consenso estorto con violenza o minaccia ovvero carpito con l'inganno. La stessa pena si applica a chiunque provochi l'interruzione della gravidanza con azioni dirette a provocare lesioni alla donna. Detta pena è diminuita fino alla metà se da tali lesioni deriva l'acceleramento del parto. Se dai fatti previsti dal primo e dal secondo comma deriva la morte della donna si applica la reclusione da otto a sedici anni; se ne deriva una lesione personale gravissima si applica la reclusione da sei a dodici anni; se la lesione personale è grave questa ultima pena è diminuita. Le pene stabilite dai commi precedenti sono aumentate se la donna è minore degli anni diciotto.*

* Articolo abrogato dal d.lg. 1/3/2018, n. 21.

Art. 19. – Chiunque cagiona l'interruzione volontaria della gravidanza senza l'osservanza delle modalità indicate negli articoli 5 o 8, è punito con la reclusione sino a tre anni.

La donna è punita con la multa fino a lire centomila.

Se l'interruzione volontaria della gravidanza avviene senza l'accertamento medico dei casi previsti dalle lettere a) e b) dell'articolo 6 o comunque senza l'osservanza delle modalità previste dall'articolo 7, chi la cagiona è punito con la reclusione da uno a quattro anni.

La donna è punita con la reclusione sino a sei mesi.

Quando l'interruzione volontaria della gravidanza avviene su donna minore degli anni diciotto, o interdetta, fuori dei casi o senza l'osservanza delle modalità previste dagli articoli 12 e 13, chi la cagiona è punito con le pene rispettivamente previste dai commi precedenti aumentate fino alla metà. La donna non è punibile.

Se dai fatti previsti dai commi precedenti deriva la morte della donna, si applica la reclusione da tre a sette anni; se ne deriva una lesione personale gravissima si applica la reclusione da due a cinque anni; se la lesione personale è grave questa ultima pena è diminuita.

Le pene stabilite dal comma precedente sono aumentate se la morte o la lesione della donna derivano dai fatti previsti dal quinto comma.

Art. 20. – Le pene previste dagli articoli 18 e 19 per chi procura l'interruzione della gravidanza sono aumentate quando il reato è commesso da chi ha sollevato obiezione di coscienza ai sensi dell'articolo 9.

Art. 21. – Chiunque, fuori dei casi previsti dall'articolo 326 del codice penale, essendone venuto a conoscenza per ragioni di professione o di ufficio, rivela l'identità – o comunque divulga notizie idonee a rivelarla – di chi ha fatto ricorso alle procedure o agli interventi previsti dalla presente legge, è punito a norma dell'articolo 622 del codice penale.

Art. 22. – Il titolo X del libro II del codice penale è abrogato.

Sono altresì abrogati il n. 3) del primo comma e il n. 5) del secondo comma dell'art. 583 del codice penale.

Salvo che sia stata pronunciata sentenza irrevocabile di condanna, non è punibile per il reato di aborto di donna consenziente chiunque abbia commesso il fatto prima dell'entrata in vigore della presente legge, se il giudice accerta che sussistevano le condizioni previste dagli articoli 4 e 6.

L. 23 dicembre 1978, n. 833

Istituzione del servizio sanitario nazionale

(*Estratto, artt. 1, 2; 33-35*)

TITOLO I
IL SERVIZIO SANITARIO NAZIONALE

Capo I
Principi ed obiettivi

1. I princìpi. – 1. La Repubblica tutela la salute come fondamentale diritto dell'individuo e interesse della collettività mediante il servizio sanitario nazionale.

2. La tutela della salute fisica e psichica deve avvenire nel rispetto della dignità e della libertà della persona umana.

3. Il servizio sanitario nazionale è costituito dal complesso delle funzioni, delle strutture, dei servizi e delle attività destinati alla promozione, al mantenimento ed al recupero della salute fisica e psichica di tutta la popolazione senza distinzione di condizioni individuali o sociali e secondo modalità che assicurino l'eguaglianza dei cittadini nei confronti del servizio. L'attuazione del servizio sanitario nazionale compete allo Stato, alle regioni e agli enti locali territoriali, garantendo la partecipazione dei cittadini.

4. Nel servizio sanitario nazionale è assicurato il collegamento ed il coordinamento con le attività e con gli interventi di tutti gli altri organi, centri, istituzioni e servizi, che svolgono nel settore sociale attività comunque incidenti sullo stato di salute degli individui e della collettività.

5. Le associazioni di volontariato possono concorrere ai fini istituzionali del servizio sanitario nazionale nei modi e nelle forme stabiliti dalla presente legge.

2. Gli obiettivi. – 1. Il conseguimento delle finalità di cui al precedente articolo è assicurato mediante:

1) la formazione di una moderna coscienza sanitaria sulla base di un'adeguata educazione sanitaria del cittadino e delle comunità;

2) la prevenzione delle malattie e degli infortuni in ogni ambito di vita e di lavoro;

3) la diagnosi e la cura degli eventi morbosi quali che ne

siano le cause, la fenomenologia e la durata;

4) la riabilitazione degli stati di invalidità e di inabilità somatica e psichica;

5) la promozione e la salvaguardia della salubrità e dell'igiene dell'ambiente naturale di vita e di lavoro;

6) l'igiene degli alimenti, delle bevande, dei prodotti e avanzi di origine animale per le implicazioni che attengono alla salute dell'uomo, nonché la prevenzione e la difesa sanitaria degli allevamenti animali ed il controllo della loro alimentazione integrata e medicata;

7) una disciplina della sperimentazione, produzione, immissione in commercio e distribuzione dei farmaci e dell'informazione scientifica sugli stessi diretta ad assicurare l'efficacia terapeutica, la non nocività e la economicità del prodotto;

8) la formazione professionale e permanente nonché l'aggiornamento scientifico culturale del personale del servizio sanitario nazionale.

2. Il servizio sanitario nazionale nell'ambito delle sue competenze persegue:

a) il superamento degli squilibri territoriali nelle condizioni socio-sanitarie del paese;

b) la sicurezza del lavoro, con la partecipazione dei lavoratori e delle loro organizzazioni, per prevenire ed eliminare condizioni pregiudizievoli alla salute e per garantire nelle fabbriche e negli altri luoghi di lavoro gli strumenti ed i servizi necessari;

c) le scelte responsabili e consapevoli di procreazione e la tutela della maternità e dell'infanzia, per assicurare la riduzione dei fattori di rischio connessi con la gravidanza e con il parto, le migliori condizioni di salute per la madre e la riduzione del tasso di patologia e di mortalità perinatale ed infantile;

d) la promozione della salute nell'età evolutiva, garantendo l'attuazione dei servizi medico-scolastici negli istituti di istruzione pubblica e privata di ogni ordine e grado, a partire dalla scuola materna, e favorendo con ogni mezzo l'integrazione dei soggetti handicappati;

e) la tutela sanitaria delle attività sportive;

f) la tutela della salute degli anziani, anche al fine di prevenire e di rimuovere le condizioni che possono concorrere alla loro emarginazione;

g) la tutela della salute mentale privilegiando il momento preventivo e inserendo i servizi psichiatrici nei servizi sanitari generali in modo da eliminare ogni forma di discriminazione e di segregazione pur nella specificità delle misure terapeutiche, e da favorire il recupero ed il reinserimento sociale dei disturbati psichici;

*h) Omissis**.

* Lettera soppressa dal d.P.R. 5/6/1993, n. 177.

33. Norme per gli accertamenti ed i trattamenti sanitari volontari e obbligatori. – 1. Gli accertamenti ed i trattamenti sanitari sono di norma volontari.

2. Nei casi di cui alla presente legge e in quelli espressamente previsti da leggi dello Stato possono essere disposti dall'autorità sanitaria accertamenti e trattamenti sanitari obbligatori, secondo l'articolo 32 della Costituzione, nel rispetto della dignità della persona e dei diritti civili e politici, compreso per quanto possibile il diritto alla libera scelta del medico e del luogo di cura.

3. Gli accertamenti ed i trattamenti sanitari obbligatori sono disposti con provvedimento del sindaco nella sua qualità di autorità sanitaria, su proposta motivata di un medico.

Gli accertamenti e i trattamenti sanitari obbligatori sono attuati dai presidi e servizi sanitari pubblici territoriali e, ove, necessiti la degenza, nelle strutture ospedaliere pubbliche o convenzionate.

4. Gli accertamenti e i trattamenti sanitari obbligatori di cui ai precedenti commi devono essere accompagnati da iniziative rivolte ad assicurare il consenso e la partecipazione da parte di chi vi è obbligato. L'unità sanitaria locale opera per ridurre il ricorso ai suddetti trattamenti sanitari obbligatori, sviluppando le iniziative di prevenzione e di educazione sanitaria ed i rapporti organici tra servizi e comunità.

5. Nel corso del trattamento sanitario obbligatorio, l'infermo ha diritto di comunicare con chi ritenga opportuno.

6. Chiunque può rivolgere al sindaco richiesta di revoca o di modifica del provvedimento con il quale è stato disposto o prolungato il trattamento sanitario obbligatorio.

7. Sulle richieste di revoca o di modifica il sindaco decide entro dieci giorni. I provvedimenti di revoca o di modifica sono adottati con lo stesso procedimento del provvedimento revocato o modificato.

34. Accertamenti e trattamenti sanitari volontari e obbligatori per malattia mentale. – 1. La legge regionale, nell'ambito della unità sanitaria locale e nel complesso dei servizi generali per la tutela della salute, disciplina l'istituzione di servizi a struttura dipartimentale che svolgono funzioni preventive, curative e riabilitative relative alla salute mentale.

2. Le misure di cui al secondo comma dell'articolo precedente possono essere disposte nei confronti di persone affette da malattia mentale.

3. Gli interventi di prevenzione, cura e riabilitazione relativi alle malattie mentali sono attuati di norma dai servizi e presidi territoriali extraospedalieri di cui al primo comma.

4. Il trattamento sanitario obbligatorio per malattia mentale può prevedere che le cure vengano prestate in condizioni di degenza ospedaliera solo se esistano alterazioni psichiche tali da richiedere urgenti interventi terapeutici, se gli stessi non vengano accettati dall'infermo e se non vi siano le condizioni e le circostanze che consentano di adottare tempestive ed idonee misure sanitarie extraospedaliere. Il provvedimento che dispone il trattamento sanitario obbligatorio in condizioni di degenza ospedaliera deve essere preceduto dalla convalida della proposta di cui al terzo comma dell'articolo 33 da parte di un medico della unità sanitaria locale e deve essere motivato in relazione a quanto previsto nel presente comma.

5. Nei casi di cui al precedente comma il ricovero deve essere attuato presso gli ospedali generali, in specifici servizi psichiatrici di diagnosi e cura all'interno delle strutture dipartimentali per la salute mentale comprendenti anche i presidi e i servizi extraospedalieri, al fine di garantire la continuità terapeutica. I servizi ospedalieri di cui al presente comma sono dotati di posti letto nel numero fissato dal piano sanitario regionale.

35. Procedimento relativo agli accertamenti e trattamenti sanitari obbligatori in condizioni di degenza ospedaliera per malattia mentale e tutela giurisdizionale. – 1. Il provvedimento con il quale il sindaco dispone il trattamento sanitario obbligatorio in condizioni di degenza ospedaliera, da emanarsi entro 48 ore dalla convalida di cui all'articolo 34, quarto comma, corredato dalla proposta medica motivata di cui all'articolo 33, terzo comma, e dalla suddetta convalida deve essere notificato, entro 48 ore dal ricovero, tramite messo comunale, al giudice tutelare nella cui circoscrizione rientra il comune.

2. Il giudice tutelare, entro le successive 48 ore, assunte le informazioni e disposti gli eventuali accertamenti, provvede con decreto motivato a convalidare o non convalidare il provvedimento e ne dà comunicazione al sindaco. In caso di mancata convalida il sindaco dispone la cessazione del trattamento sanitario obbligatorio in condizioni di degenza ospedaliera.

3. Se il provvedimento di cui al primo comma del presente

articolo è disposto dal sindaco di un comune diverso da quello di residenza dell'infermo, ne va data comunicazione al sindaco di questo ultimo comune, nonché al giudice tutelare nella cui circoscrizione rientra il comune di residenza. Se il provvedimento di cui al primo comma del presente articolo è adottato nei confronti di cittadini stranieri o di apolidi, ne va data comunicazione al Ministero dell'interno, e al consolato competente, tramite il prefetto.

4. Nei casi in cui il trattamento sanitario obbligatorio debba protrarsi oltre il settimo giorno, ed in quelli di ulteriore prolungamento, il sanitario responsabile del servizio psichiatrico della unità sanitaria locale è tenuto a formulare, in tempo utile, una proposta motivata al sindaco che ha disposto il ricovero, il quale ne dà comunicazione al giudice tutelare, con le modalità e per gli adempimenti di cui al primo e secondo comma del presente articolo, indicando la ulteriore durata presumibile del trattamento stesso.

5. Il sanitario di cui al comma precedente è tenuto a comunicare al sindaco, sia in caso di dimissione del ricoverato che in continuità di degenza, la cessazione delle condizioni che richiedono l'obbligo del trattamento sanitario; comunica altresì la eventuale sopravvenuta impossibilità a proseguire il trattamento stesso. Il sindaco, entro 48 ore dal ricevimento della comunicazione del sanitario, ne dà notizia al giudice tutelare.

6. Qualora ne sussista la necessità il giudice tutelare adotta i provvedimenti urgenti che possono occorrere per conservare e per amministrare il patrimonio dell'infermo.

7. La omissione delle comunicazioni di cui al primo, quarto e quinto comma del presente articolo determina la cessazione di ogni effetto del provvedimento e configura, salvo che non sussistano gli estremi di un delitto più grave, il reato di omissione di atti di ufficio.

8. Chi è sottoposto a trattamento sanitario obbligatorio, e chiunque vi abbia interesse, può proporre al tribunale competente per territorio ricorso contro il provvedimento convalidato dal giudice tutelare.

9. Entro il termine di trenta giorni, decorrente dalla scadenza del termine di cui al secondo comma del presente articolo, il sindaco può proporre analogo ricorso avverso la mancata convalida del provvedimento che dispone il trattamento sanitario obbligatorio.

10. Nel processo davanti al tribunale le parti possono stare in giudizio senza ministero di difensore e farsi rappresentare da persona munita di mandato scritto in calce al ricorso o in atto separato. Il ricorso può essere presentato al tribunale mediante raccomandata con avviso di ricevimento.

11. Il presidente del tribunale fissa l'udienza di comparizione delle parti con decreto in calce al ricorso che, a cura del cancelliere, è notificato alle parti nonché al pubblico ministero.

12. Il presidente del tribunale, acquisito il provvedimento che ha disposto il trattamento sanitario obbligatorio e sentito il pubblico ministero, può sospendere il trattamento medesimo anche prima che sia tenuta l'udienza di comparizione.

13. Sulla richiesta di sospensiva il presidente del tribunale provvede entro dieci giorni.

14. Il tribunale provvede in camera di consiglio, sentito il pubblico ministero, dopo avere assunto le informazioni e raccolto le prove disposte di ufficio o richieste dalle parti.

15. I ricorsi ed i successivi provvedimenti sono esenti da imposta di bollo. La decisione del processo non è soggetta a registrazione.

Omissis.

L. 29 dicembre 1993, n. 578

Norme per l'accertamento e la certificazione di morte

1. Definizione di morte. – 1. La morte si identifica con la cessazione irreversibile di tutte le funzioni dell'encefalo.

2. Accertamento di morte. – 1. La morte per arresto cardiaco si intende avvenuta quando la respirazione e la circolazione sono cessate per un intervallo di tempo tale da comportare la perdita irreversibile di tutte le funzioni dell'encefalo e può essere accertata con le modalità definite con decreto emanato dal Ministro della sanità.

2. La morte nei soggetti affetti da lesioni encefaliche e sottoposti a misure rianimatorie si intende avvenuta quando si verifica la cessazione irreversibile di tutte le funzioni dell'encefalo ed è accertata con le modalità clinico-strumentali definite con decreto emanato dal Ministro della sanità.

3. Il decreto del Ministro della sanità di cui ai commi 1 e 2 è emanato entro quattro mesi dalla data di entrata in vigore della presente legge, previo parere obbligatorio e vincolante del Consiglio superiore di sanità, che deve esprimersi dopo aver sentito le società medico-scientifiche competenti nella materia. I successivi eventuali aggiornamenti e modifiche del citato decreto sono disposti con la medesima procedura.

4. Il decreto del Ministro della sanità di cui al comma 2 definisce le condizioni la cui presenza simultanea determina il momento della morte e definisce il periodo di osservazione durante il quale deve verificarsi il perdurare di tali condizioni, periodo che non può essere inferiore alle sei ore. Il citato decreto deve tener conto delle peculiarità dei soggetti di età inferiore ai cinque anni.

5. L'accertamento della morte dei soggetti affetti da lesioni encefaliche e sottoposti a misure rianimatorie è effettuato da un collegio medico nominato dalla direzione sanitaria, composto da un medico legale o, in mancanza, da un medico di direzione sanitaria o da un anatomo-patologo, da un medico specialista in anestesia e rianimazione e da un medico neurofisiopatologo o, in mancanza, da un neurologo o da un neurochirurgo esperti in elettroencefalografia. I componenti del collegio medico sono dipendenti di strutture sanitarie pubbliche.

6. In ogni struttura sanitaria pubblica, la direzione sanitaria nomina uno o più collegi medici per l'accertamento della morte dei soggetti affetti da lesioni encefaliche e sottoposti a misure rianimatorie. Ciascun singolo caso deve essere seguito dallo stesso collegio medico.

7. Il collegio medico è tenuto ad esercitare le sue funzioni anche in strutture sanitarie diverse da quella di appartenenza. Le case di cura private devono avvalersi per l'accertamento della morte nel caso di cui al comma 2 dei collegi medici costituiti nelle strutture sanitarie pubbliche.

8. La partecipazione al collegio medico è obbligatoria e rientra nei doveri di ufficio del nominato.

9. Il collegio medico deve esprimere un giudizio unanime sul momento della morte.

3. Obblighi per i sanitari nei casi di cessazione di attività cerebrale. – 1. Quando il medico della struttura sanitaria ritiene che sussistano le condizioni definite dal decreto del Ministro della sanità di cui all'articolo 2, comma 2, deve darne immediata comunicazione alla direzione sanitaria, che è tenuta a convocare prontamente il collegio medico di cui all'articolo 2, comma 5.

4. Periodo di osservazione dei cadaveri. – 1. Nei casi in cui l'accertamento di morte non viene effettuato secondo le procedure di cui all'articolo 2, nessun cadavere può essere chiuso in cassa, né essere sottoposto ad autopsia, a trattamenti conservativi, a conservazione in celle frigorifere, né essere inumato, tumulato, cremato prima che siano trascorse ventiquattro ore dal momento del decesso, salvi i casi di decapitazione o di maciullamento.

5. Sanzioni. – 1. Le regioni e le province autonome di Trento e di Bolzano, qualora accertino la violazione delle disposizioni di cui all'articolo 2, commi 6, 7 e 8, e all'articolo 4, irrogano la sanzione amministrativa pecuniaria da lire cinquecentomila a lire tremilioni, con le forme e le modalità previste dalla legge 24 novembre 1981, n. 689, senza pregiudizio per l'applicazione delle sanzioni penali qualora il fatto costituisca reato.

6. Abrogazione di norme. – 1. È abrogata ogni disposizione incompatibile o in contrasto con la presente legge.

2. Per quanto non specificatamente menzionato nella presente legge e con essa non incompatibile o non in contrasto, rimangono in vigore le norme previste dalla legge 2 dicembre 1975, n. 644.

L. 1 aprile 1999, n. 91

Disposizioni in materia di prelievi e di trapianti di organi e di tessuti

Capo I
Disposizioni generali

1. Finalità. – 1. La presente legge disciplina il prelievo di organi e di tessuti da soggetto di cui sia stata accertata la morte ai sensi della legge 29 dicembre 1993, n. 578, e regolamenta le attività di prelievo e di trapianto di tessuti e di espianto e di trapianto di organi anche da soggetto vivente, per quanto compatibili (1).

2. Le attività di trapianto di organi e di tessuti ed il coordinamento delle stesse costituiscono obiettivi del Servizio sanitario nazionale. Il procedimento per l'esecuzione dei trapianti è disciplinato secondo modalità tali da assicurare il rispetto dei criteri di trasparenza e di pari opportunità tra i cittadini, prevedendo criteri di accesso alle liste di attesa determinati da parametri clinici ed immunologici.

(1) Comma modificato dall'art. 1, co. 340, lett. a), l. 24/12/2012, n. 228.

2. Promozione dell'informazione. – 1. Il Ministro della sanità, d'intesa con i Ministri della pubblica istruzione e dell'università e della ricerca scientifica e tecnologica, sentito il Centro nazionale per i trapianti, di cui all'articolo 8, in collaborazione con gli enti locali, le scuole, le associazioni di volontariato e quelle di interesse collettivo, le società scientifiche, le aziende unità sanitarie locali, i medici di medicina generale e le strutture sanitarie pubbliche e private, promuove, nel rispetto di una libera e consapevole scelta, iniziative di informazione dirette a diffondere tra i cittadini:

a) la conoscenza delle disposizioni della presente legge, nonché della legge 29 dicembre 1993, n. 578, e del decreto del Ministro della sanità 22 agosto 1994, n. 582;

b) la conoscenza di stili di vita utili a prevenire l'insorgenza di patologie che possano richiedere come terapia anche il trapianto di organi;

c) la conoscenza delle possibilità terapeutiche e delle problematiche scientifiche collegate al trapianto di organi e di tessuti.

2. Le regioni e le aziende unità sanitarie locali, in collaborazione con i centri regionali o interregionali per i trapianti di cui all'articolo 10 e con i coordinatori locali di cui all'articolo 12, adottano iniziative volte a:

a) diffondere tra i medici di medicina generale e tra i medici delle strutture sanitarie pubbliche e private la conoscenza delle disposizioni della presente legge, nonché della legge 29 dicembre 1993, n. 578, e del decreto del Ministro della sanità 22 agosto 1994, n. 582;

b) diffondere tra i cittadini una corretta informazione sui trapianti di organi e di tessuti, anche avvalendosi dell'attività svolta dai medici di medicina generale;

c) promuovere nel territorio di competenza l'educazione sanitaria e la crescita culturale in materia di prevenzione primaria, di terapie tradizionali ed alternative e di trapianti.

3. Per le finalità di cui al presente articolo è autorizzata la spesa complessiva di lire 2.000 milioni annue a decorrere dal 1999, di cui lire 1.800 milioni per l'attuazione del comma 1 e lire 200 milioni per l'attuazione del comma 2.

Capo II
Dichiarazione di volontà in ordine al prelievo di organi e di tessuti

3. Prelievo di organi e di tessuti. – 1. Il prelievo di organi e di tessuti è consentito secondo le modalità previste dalla presente legge ed è effettuato previo accertamento della morte ai sensi della legge 29 dicembre 1993, n. 578, e del decreto del Ministro della sanità 22 agosto 1994, n. 582.

2. All'inizio del periodo di osservazione ai fini dell'accertamento di morte ai sensi della legge 29 dicembre 1993, n. 578, e del decreto del Ministro della sanità 22 agosto 1994, n. 582, i medici delle strutture di cui all'articolo 13 forniscono informazioni sulle opportunità terapeutiche per le persone in attesa di trapianto nonché sulla natura e sulle circostanze del prelievo al coniuge non separato o al convivente more uxorio o, in mancanza, ai figli maggiori di età o, in mancanza di questi ultimi, ai genitori ovvero al rappresentante legale.

3. È vietato il prelievo delle gonadi e dell'encefalo.

4. La manipolazione genetica degli embrioni è vietata anche ai fini del trapianto di organo.

4. Dichiarazione di volontà in ordine alla donazione. – 1. Entro i termini, nelle forme e nei modi stabiliti dalla presente legge e dal decreto del Ministro della sanità di cui all'articolo 5, comma 1, i cittadini sono tenuti a dichiarare la propria libera volontà in ordine alla donazione di organi e di tessuti del proprio corpo successivamente alla morte, e sono informati che la mancata dichiarazione di volontà è considerata quale assenso alla donazione, secondo quanto stabilito dai commi 4 e 5 del presente articolo.

2. I soggetti cui non sia stata notificata la richiesta di manifestazione della propria volontà in ordine alla donazione di organi e di tessuti, secondo le modalità indicate con il decreto del Ministro della sanità di cui all'articolo 5, comma 1, sono considerati non donatori.

3. Per i minori di età la dichiarazione di volontà in ordine alla donazione è manifestata dai genitori esercenti la potestà. In caso di non accordo tra i due genitori non è possibile procedere alla manifestazione di disponibilità alla donazione. Non è consentita la manifestazione di volontà in ordine alla donazione di organi per i nascituri, per i soggetti non aventi la capacità di agire nonché per i minori affidati o ricoverati presso istituti di assistenza pubblici o privati.

4. Fatto salvo quanto previsto dal comma 5, il prelievo di organi e di tessuti successivamente alla dichiarazione di morte è consentito:

a) nel caso in cui dai dati inseriti nel sistema informativo dei trapianti di cui all'articolo 7 ovvero dai dati registrati sui documenti sanitari personali risulti che il soggetto stesso abbia espresso in vita dichiarazione di volontà favorevole al prelievo;

b) qualora dai dati inseriti nel sistema informativo dei trapianti di cui all'articolo 7 risulti che il soggetto sia stato informato ai sensi del decreto del Ministro della sanità di cui all'articolo 5, comma 1, e non abbia espresso alcuna volontà.

5. Nei casi previsti dal comma 4, lettera b), il prelievo è consentito salvo che, entro il termine corrispondente al periodo di osservazione ai fini dell'accertamento di morte, di cui all'articolo 4 del decreto del Ministro della sanità 22 agosto 1994, n. 582, sia presentata una dichiarazione autografa di volontà contraria al prelievo del soggetto di cui sia accertata la morte.

6. Il prelievo di organi e di tessuti effettuato in violazione delle disposizioni di cui al presente articolo è punito con la reclusione fino a due anni e con l'interdizione dall'esercizio della professione sanitaria fino a due anni.

5. Disposizioni di attuazione delle norme sulla dichiarazione di volontà. – 1. Entro novanta giorni dalla data di entrata in vigore della presente legge il Ministro della sanità, con proprio decreto, disciplina:

a) i termini, le forme e le modalità attraverso i quali le aziende unità sanitarie locali sono tenute a notificare ai propri assistiti, secondo le modalità stabilite dalla legge, la richiesta di dichiarare la propria libera volontà in ordine alla donazione di organi e di tessuti del proprio corpo successivamente alla morte, a scopo di trapianto, secondo modalità tali da garantire l'effettiva conoscenza della richiesta da parte di ciascun assistito;

b) le modalità attraverso le quali accertare se la richiesta di cui alla lettera a) sia stata effettivamente notificata;

c) le modalità attraverso le quali ciascun soggetto di cui alla lettera a) è tenuto a dichiarare la propria volontà in ordine alla donazione di organi e di tessuti successivamente alla morte, prevedendo che la dichiarazione debba essere resa entro novanta giorni dalla data di notifica della richiesta ai sensi della lettera a);

d) le modalità attraverso le quali i soggetti che non hanno dichiarato alcuna volontà in ordine alla donazione di organi e di tessuti successivamente alla morte sono sollecitati periodicamente a rendere tale dichiarazione di volontà, anche attraverso l'azione dei medici di medicina generale e degli uffici della pubblica amministrazione nei casi di richiesta dei documenti personali di identità;

e) i termini e le modalità attraverso i quali modificare la dichiarazione di volontà resa;

f) le modalità di conservazione dei dati relativi ai donatori, ai soggetti che non hanno espresso alcuna volontà e ai non donatori presso le aziende unità sanitarie locali, nonché di registrazione dei medesimi dati sui documenti sanitari personali;

g) le modalità di trasmissione dei dati relativi ai donatori, ai soggetti che non hanno espresso alcuna volontà ed ai non donatori dalle aziende unità sanitarie locali al Centro nazionale per i trapianti, ai centri regionali o interregionali per i trapianti e alle strutture per i prelievi;

h) le modalità attraverso le quali i comuni trasmettono alle aziende unità sanitarie locali i dati relativi ai residenti.

2. Alle disposizioni del presente articolo è data attuazione contestualmente alla istituzione della tessera sanitaria di cui all'articolo 59, comma 50, della legge 27 dicembre 1997, n. 449, con modalità tali da non comportare oneri aggiuntivi per il bilancio dello Stato e degli enti di cui agli articoli 25 e 27 della legge 5 agosto 1978, n. 468, e successive modificazioni, rispetto a quelli necessari per la distribuzione della predetta tessera.

3. Con il decreto di cui al comma 1 sono altresì definiti i termini e le modalità della dichiarazione di volontà in ordine alla donazione di organi e di tessuti successivamente alla morte da parte degli stranieri regolarmente presenti sul territorio nazionale nonché degli stranieri che richiedono la cittadinanza.

6. Trapianto terapeutico. – 1. I prelievi di organi e di tessuti disciplinati dalla presente legge sono effettuati esclusivamente a scopo di trapianto terapeutico.

6 bis. Qualità e sicurezza degli organi (1). – 1. Le donazioni di organi di donatori viventi e deceduti sono volontarie e non remunerate. Il reperimento di organi non è effettuato a fini di lucro. È vietata ogni mediazione riguardante la necessità o la disponibilità di organi che abbia come fine l'offerta o la ricerca di un profitto finanziario o di un vantaggio analogo. È altresì vietata ogni pubblicità riguardante la necessità o la disponibilità di organi che abbia come fine l'offerta o la ricerca di un profitto finanziario o di un vantaggio analogo.

2. Il diritto alla protezione dei dati personali è tutelato in tutte le fasi delle attività di donazione e trapianto di organi, in conformità alle disposizioni di cui al decreto legislativo 30 giugno 2003, n. 196. È vietato qualsiasi accesso non autorizzato a dati o sistemi che renda possibile l'identificazione dei donatori o dei riceventi.

3. Il Ministro della salute, con decreto di natura non regolamentare da adottarsi entro 6 mesi dalla data di entrata in vigore del presente articolo su proposta del Centro nazionale trapianti e previa intesa in sede di Conferenza permanente per i rapporti tra lo Stato, le regioni e le province autonome di Trento e di Bolzano, nel rispetto dell'allegato di cui alla direttiva 2010/53/UE, determina i criteri di qualità e sicurezza che devono essere osservati in tutte le fasi del processo che va dalla donazione al trapianto o all'eliminazione.

4. Il decreto di cui al comma 3, in particolare, dispone l'adozione e l'attuazione di procedure operative per:

a) la verifica dell'identità del donatore;

b) la verifica delle informazioni relative al consenso, conformemente alle norme vigenti;

c) la verifica della caratterizzazione dell'organo e del donatore;

d) il reperimento, la conservazione, l'etichettatura e il trasporto degli organi;

e) la garanzia della tracciabilità nel rispetto delle norme di cui al decreto legislativo 30 giugno 2003, n. 196;

f) la segnalazione, l'esame, la registrazione e la trasmissione delle informazioni pertinenti e necessarie, concernenti gli eventi avversi e reazioni avverse gravi, che possono influire sulla qualità e sulla sicurezza degli organi;

g) ogni misura idonea ad assicurare la qualità e la sicurezza degli organi.

(1) Articolo inserito dall'art. 1, co. 340, lett. c), l. 24/12/2012, n. 228, come corretto con Comunicato 8/2/2013 (in G.U. 8/2/2013, n. 33).

Capo III
Organizzazione dei prelievi e dei trapianti di organi e di tessuti

7. Princìpi organizzativi. – 1. L'organizzazione nazionale dei prelievi e dei trapianti è costituita dal Centro nazionale per i trapianti, dalla Consulta tecnica permanente per i trapianti, dai centri regionali o interregionali per i trapianti, dalle strutture per i prelievi, dalle strutture per la conservazione dei tessuti prelevati, dalle strutture per i trapianti e dalle aziende unità sanitarie locali.

2. È istituito il sistema informativo dei trapianti nell'ambito del sistema informativo sanitario nazionale.

3. Il Ministro della sanità, entro novanta giorni dalla data di entrata in vigore della presente legge, con proprio decreto, d'intesa con la Conferenza permanente per i rapporti tra lo Stato, le regioni e le province autonome di Trento e di Bolzano, sentita l'Autorità per l'informatica nella pubblica amministrazione, stabilisce gli obiettivi, le funzioni e la struttura del sistema informativo dei trapianti, comprese le modalità del collegamento telematico tra i soggetti di cui al comma 1, nell'ambito delle risorse informatiche e telematiche disponibili per il Servizio sanitario nazionale ed in coerenza con le specifiche tecniche della rete unitaria della pubblica amministrazione.

4. Per l'istituzione del sistema informativo dei trapianti è autorizzata la spesa di lire 1.000 milioni annue a decorrere dal 1999.

8. Centro nazionale per i trapianti. – 1. È istituito presso l'Istituto superiore di sanità il Centro nazionale per i trapianti, di seguito denominato "Centro nazionale".

2. Il Centro nazionale è composto:

a) dal direttore dell'Istituto superiore di sanità, con funzioni di presidente;

b) da un rappresentante per ciascuno dei centri regionali o interregionali per i trapianti, designati dalla Conferenza permanente per i rapporti tra lo Stato, le regioni e le province autonome di Trento e di Bolzano;

c) dal direttore generale.

3. I componenti del Centro nazionale sono nominati con decreto del Ministro della sanità.

4. Il direttore generale è scelto tra i dirigenti di ricerca dell'Istituto superiore di sanità ovvero tra i medici non dipendenti dall'Istituto in possesso di comprovata esperienza in materia di trapianti ed è assunto con contratto di diritto privato di durata quinquennale. Al rapporto contrattuale si applicano, in quanto compatibili, le disposizioni previste dall'articolo 3 del decreto legislativo 30 dicembre 1992, n. 502, e successive modificazioni.

5. Per lo svolgimento delle proprie funzioni il Centro nazionale si avvale del personale dell'Istituto superiore di sanità.

6. Il Centro nazionale svolge le seguenti funzioni:

a) cura, attraverso il sistema informativo dei trapianti di cui all'articolo 7, la tenuta delle liste delle persone in attesa di trapianto, differenziate per tipologia di trapianto, risultanti dai dati trasmessi dai centri regionali o interregionali per i trapianti, ovvero dalle strutture per i trapianti e dalle aziende unità sanitarie locali, secondo modalità tali da assicurare la disponibilità di tali dati 24 ore su 24;

b) definisce i parametri tecnici ed i criteri per l'inserimento dei dati relativi alle persone in attesa di trapianto allo scopo di assicurare l'omogeneità dei dati stessi, con particolare riferimento alla tipologia ed all'urgenza del trapianto richiesto, e di consentire l'individuazione dei riceventi;

c) individua i criteri per la definizione di protocolli operativi per l'assegnazione degli organi e dei tessuti secondo parametri stabiliti esclusivamente in base alle urgenze ed alle compatibilità risultanti dai dati contenuti nelle liste di cui alla lettera a);

d) definisce linee guida rivolte ai centri regionali o interregionali per i trapianti allo scopo di uniformare l'attività di prelievo e di trapianto sul territorio nazionale;

e) verifica l'applicazione dei criteri e dei parametri di cui alla lettera c) e delle linee guida di cui alla lettera d);

f) procede all'assegnazione degli organi per i casi relativi alle urgenze, per i programmi definiti a livello nazionale e per i tipi di trapianto per i quali il bacino di utenza minimo corrisponde al territorio nazionale, secondo i criteri stabiliti ai sensi della lettera c);

g) definisce criteri omogenei per lo svolgimento dei controlli di qualità sui laboratori di immunologia coinvolti nelle attività di trapianto;

h) individua il fabbisogno nazionale di trapianti e stabilisce la soglia minima annuale di attività per ogni struttura per i trapianti e i criteri per una equilibrata distribuzione territoriale delle medesime;

i) definisce i parametri per la verifica di qualità e di risultato delle strutture per i trapianti;

l) svolge le funzioni attribuite ai centri regionali e interregionali per i tipi di trapianto il cui bacino di utenza minimo corrisponde al territorio nazionale;

m) promuove e coordina i rapporti con le istituzioni estere di settore al fine di facilitare lo scambio di organi.

m-bis) mantiene e cura il sistema di segnalazione e gestione degli eventi e delle reazioni avverse gravi, nel rispetto delle disposizioni di cui all'articolo 7 (1);

m-ter) controlla lo scambio di organi con gli altri Stati membri e con i Paesi terzi. Qualora siano scambiati organi tra Stati membri, il Centro nazionale trapianti trasmette le necessarie informazioni per garantire la tracciabilità degli organi (2);

m-quater): ai fini della protezione dei donatori viventi nonché della qualità e della sicurezza degli organi destinati al trapianto, cura la tenuta del registro dei donatori viventi in conformità delle disposizioni di cui al decreto legislativo 30 giugno 2003, n. 196 (2).

7. Per l'istituzione del Centro nazionale è autorizzata la spesa complessiva di lire 740 milioni annue a decorrere dal 1999 (2).

(1) Comma modificato dall'art. 92 della l. 23/12/2000, n. 388. Vedi, inoltre, l'art. 2-ter del d.l. 29/3/2004, n. 81.

(2) Lettera aggiunta dall'art. 1, co. 340, lett. b), l. 24/12/2012, n. 228.

9. Consulta tecnica permanente per i trapianti. – 1. È istituita la Consulta tecnica permanente per i trapianti, di seguito denominata "Consulta". La Consulta è composta dal direttore dell'Istituto superiore di sanità, o da un suo delegato, dal direttore generale del Centro nazionale, dai coordinatori dei centri regionali e interregionali per i trapianti, dai rappresentanti di ciascuna delle regioni che abbia istituito un centro interregionale, da tre clinici esperti in materia di trapianti di organi e di tessuti, di cui almeno uno rianimatore, e da tre esperti delle associazioni nazionali che operano nel settore dei trapianti e della promozione delle donazioni.

2. I componenti della Consulta sono nominati con decreto del Ministro della sanità per la durata di due anni, rinnovabili alla scadenza.

3. La Consulta predispone gli indirizzi tecnico-operativi per lo svolgimento delle attività di prelievo e di trapianto di organi e svolge funzioni consultive a favore del Centro nazionale.

4. Per l'istituzione della Consulta è autorizzata la spesa di lire 100 milioni annue a decorrere dal 1999.

10. Centri regionali e interregionali. – 1. Le regioni, qualora non abbiano già provveduto ai sensi della legge 2 dicembre 1975, n. 644, istituiscono un centro regionale per i trapianti ovvero, in associazione tra esse, un centro interregionale per i trapianti, di seguito denominati, rispettivamente, "centro regionale" e "centro interregionale".

2. Il Ministro della sanità stabilisce con proprio decreto, da emanare entro novanta giorni dalla data di entrata in vigore della presente legge, d'intesa con la Conferenza permanente per i rapporti tra lo Stato, le regioni e le province autonome di Trento e di Bolzano, il bacino di utenza minimo, riferito alla popolazione, in corrispondenza del quale le regioni provvedono all'istituzione di centri interregionali.

3. La costituzione ed il funzionamento dei centri interregionali sono disciplinati con convenzioni tra le regioni interessate.

4. Il centro regionale o interregionale ha sede presso una struttura pubblica e si avvale di uno o più laboratori di immunologia per i trapianti per l'espletamento delle attività di tipizzazione tissutale.

5. Qualora entro un anno dalla data di entrata in vigore della presente legge le regioni non abbiano promosso la costituzione dei centri regionali o interregionali il Consiglio dei ministri, su proposta del Ministro della sanità, previo invito alle regioni inadempienti a provvedere entro un termine congruo, attiva i poteri sostitutivi.

6. Il centro regionale o interregionale svolge le seguenti funzioni:

a) coordina le attività di raccolta e di trasmissione dei dati relativi alle persone in attesa di trapianto nel rispetto dei criteri stabiliti dal Centro nazionale;

b) coordina le attività di prelievo e i rapporti tra i reparti di rianimazione presenti sul territorio e le strutture per i trapianti, in collaborazione con i coordinatori locali di cui all'articolo 12;

c) assicura il controllo sull'esecuzione dei test immunologici necessari per il trapianto avvalendosi di uno o più laboratori di immunologia per i trapianti allo scopo di assicurare l'idoneità del donatore;

d) procede all'assegnazione degli organi in applicazione dei criteri stabiliti dal Centro nazionale, in base alle priorità risultanti dalle liste delle persone in attesa di trapianto di cui all'articolo 8, comma 6, lettera a);

e) assicura il controllo sull'esecuzione dei test di compatibilità immunologica nei programmi di trapianto nel territorio di competenza;

f) coordina il trasporto dei campioni biologici, delle équipes sanitarie e degli organi e dei tessuti nel territorio di competenza;

g) cura i rapporti di collaborazione con le autorità sanitarie del territorio di competenza e con le associazioni di volontariato (1).

7. Le regioni esercitano il controllo sulle attività dei centri regionali e interregionali sulla base di apposite linee guida emanate dal Ministro della sanità.

8. Per l'istituzione e il funzionamento dei centri regionali e interregionali è autorizzata la spesa di lire 4.200 milioni annue a decorrere dal 1999 (2).

(1) Per le finalità di cui al presente comma è autorizzata, a partire dal 2008, la spesa di euro 700.000 dall'art. 2, co. 307, l. 24/12/2007, n. 244.

(2) Vedi l'art. 2 ter del d.l. 29/3/2004, n. 81.

11. Coordinatori dei centri regionali e interregionali. – 1. Le attività dei centri regionali e dei centri interregionali sono coordinate da un coordinatore nominato dalla regione, o d'intesa tra le regioni interessate, per la durata di cinque anni, rinnovabili alla scadenza, tra i medici che abbiano acquisito esperienza nel settore dei trapianti.

2. Nello svolgimento dei propri compiti, il coordinatore regionale o interregionale è coadiuvato da un comitato regionale o interregionale composto dai responsabili, o loro delegati, delle strutture per i prelievi e per i trapianti presenti nell'area di competenza e da un funzionario amministrativo delle rispettive regioni.

12. Coordinatori locali. – 1. Le funzioni di coordinamento delle strutture per i prelievi sono svolte da un medico dell'azienda sanitaria competente per territorio che abbia maturato esperienza nel settore dei trapianti designato dal direttore generale dell'azienda per un periodo di cinque anni, rinnovabile alla scadenza.

2. I coordinatori locali provvedono, secondo le modalità stabilite dalle regioni:

a) ad assicurare l'immediata comunicazione dei dati relativi al donatore, tramite il sistema informativo dei trapianti di cui all'articolo 7, al centro regionale o interregionale competente ed al Centro nazionale, al fine dell'assegnazione degli organi;

b) a coordinare gli atti amministrativi relativi agli interventi di prelievo;

c) a curare i rapporti con le famiglie dei donatori;

d) ad organizzare attività di informazione, di educazione e di crescita culturale della popolazione in materia di trapianti nel territorio di competenza.

3. Nell'esercizio dei compiti di cui al comma 2 i coordinatori locali possono avvalersi di collaboratori scelti tra il personale sanitario ed amministrativo.

4. Per l'attuazione dell'articolo 11 e del presente articolo è autorizzata la spesa di lire 50 milioni annue a decorrere dal 1999.

13. Strutture per i prelievi. – 1. Il prelievo di organi è effettuato presso le strutture sanitarie accreditate dotate di reparti di rianimazione. L'attività di prelievo di tessuti da soggetto di cui sia stata accertata la morte ai sensi della legge 29 dicembre 1993, n. 578, e del decreto del Ministro della sanità 22 agosto 1994, n. 582, può essere svolta anche nelle strutture sanitarie accreditate non dotate di reparti di rianimazione.

2. Le regioni, nell'esercizio dei propri poteri di programmazione sanitaria e nell'ambito della riorganizzazione della rete ospedaliera di cui all'articolo 2 della legge 28 dicembre 1995, n. 549, come modificato dall'articolo 1 del decreto-legge 17 maggio 1996, n. 280, convertito, con modificazioni, dalla legge 18 luglio 1996, n. 382, provvedono, ove necessario, all'attivazione o al potenziamento dei dipartimenti di urgenza e di emergenza sul territorio ed al potenziamento dei centri di rianimazione e di neurorianimazione, con particolare riguardo a quelli presso strutture pubbliche accreditate ove, accanto alla rianimazione, sia presente anche un reparto neurochirurgico.

3. I prelievi possono altresì essere eseguiti, su richiesta, presso strutture diverse da quelle di appartenenza del sanitario chiamato ad effettuarli, nel rispetto delle vigenti disposizioni sulla incompatibilità dell'esercizio dell'attività libero-professionale, a condizione che tali strutture siano idonee ad effettuare l'accertamento della morte, ai sensi della legge 29 dicembre 1993, n. 578, e del decreto del Ministro della sanità 22 agosto 1994, n. 582.

14. Prelievi. – 1. Il collegio medico di cui all'articolo 2, comma 5, della legge 29 dicembre 1993, n. 578, nei casi in cui si possa procedere al prelievo di organi, è tenuto alla redazione di un verbale relativo all'accertamento della morte. I sanitari che procedono al prelievo sono tenuti alla redazione di un verbale relativo alle modalità di accertamento della volontà espressa in vita dal soggetto in ordine al prelievo di organi nonché alle modalità di svolgimento del prelievo.

2. I verbali di cui al comma 1 sono trasmessi in copia, a cura del direttore sanitario, entro le settantadue ore successive alle operazioni di prelievo, alla regione nella quale ha avuto luogo il prelievo ed agli osservatori epidemiologici regionali, a fini statistici ed epidemiologici.

3. Gli originali dei verbali di cui al comma 1, con la relativa documentazione clinica, sono custoditi nella struttura sanitaria ove è stato eseguito il prelievo.

4. Il prelievo è effettuato in modo tale da evitare mutilazioni o dissezioni non necessarie. Dopo il prelievo il cadavere è ricomposto con la massima cura.

5. Il Ministro della sanità, sentita la Consulta di cui all'articolo 9, definisce, con proprio decreto, da emanare entro sessanta giorni dalla data di entrata in vigore della presente legge, i criteri e le modalità per la certificazione dell'idoneità dell'organo prelevato al trapianto.

15. Strutture per la conservazione dei tessuti prelevati. – 1. Le regioni, sentito il centro regionale o interregionale, individuano le strutture sanitarie pubbliche aventi il compito di conservare e distribuire i tessuti prelevati, certificandone la idoneità e la sicurezza.

2. Le strutture di cui al comma 1 sono tenute a registrare i movimenti in entrata ed in uscita dei tessuti prelevati, inclusa l'importazione, secondo le modalità definite dalle regioni.

16. Strutture per i trapianti. – 1. Le regioni individuano, nell'ambito della programmazione sanitaria, tra le strutture accreditate quelle idonee ad effettuare i trapianti di organi e di tessuti. Con decreto del Ministro della sanità, sentiti il Consiglio superiore di sanità ed il Centro nazionale, sono definiti i criteri e le modalità per l'individuazione delle strutture di cui al presente articolo, in base ai requisiti previsti dal decreto del Ministro della sanità 29 gennaio 1992, pubblicato nella Gazzetta Ufficiale n. 26 del 1° febbraio 1992, nonché gli standard minimi di attività per le finalità indicate dal comma 2.

2. Le regioni provvedono ogni due anni alla verifica della qualità e dei risultati delle attività di trapianto di organi e di tessuti svolte dalle strutture di cui al presente articolo revocando l'idoneità a quelle che abbiano svolto nell'arco di un biennio meno del 50 per cento dell'attività minima prevista dagli standard di cui al comma 1.

3. Per l'attuazione degli articoli 13 e 15, nonché del presente articolo, è autorizzata la spesa di lire 2.450 milioni annue a decorrere dal 1999.

17. Determinazione delle tariffe. – 1. Il Ministero della sanità, sentita la Conferenza permanente per i rapporti tra lo Stato, le regioni e le province autonome di Trento e di Bolzano, determina periodicamente la tariffa per le prestazioni di prelievo e di trapianto di organi e di tessuti, prevedendo criteri per la ripartizione della stessa tra le strutture di cui agli articoli 13 e 16, secondo modalità tali da consentire il rimborso delle spese sostenute dal centro regionale o interregionale, nonché il rimborso delle spese aggiuntive relative al trasporto del feretro nel solo ambito del territorio nazionale sostenute dalla struttura nella quale è effettuato il prelievo.

2. Per il rimborso delle spese aggiuntive relative al trasporto del feretro, nei limiti indicati dal comma 1, è autorizzata la spesa di lire 200 milioni annue a decorrere dal 1999.

18. Obblighi del personale impegnato in attività di prelievo e di trapianto. – 1. I medici che effettuano i prelievi e i medici che effettuano i trapianti devono essere diversi da quelli che accertano la morte.

2. Il personale sanitario ed amministrativo impegnato nelle attività di prelievo e di trapianto è tenuto a garantire l'anonimato dei dati relativi al donatore ed al ricevente.

Capo IV
Esportazione e importazione di organi e di tessuti e trapianti all'estero

19. Esportazione e importazione di organi e di tessuti. – 1. L'esportazione a titolo gratuito di organi e di tessuti prelevati da soggetti di cui sia stata accertata la morte ai sensi della legge 29 dicembre 1993, n. 578, e del decreto del Ministro della sanità 22 agosto 1994, n. 582, nonché l'importazione a titolo gratuito di organi e di tessuti possono essere effettuate esclusivamente tramite le strutture di cui agli articoli 13 e 16, previa autorizzazione del rispettivo centro regionale o interregionale ovvero del Centro nazionale nei casi previsti dall'articolo 8, comma 6, lettera l), secondo modalità definite con decreto del Ministro della sanità, da emanare entro trenta giorni dalla data di entrata in vigore della presente legge, in base a princìpi che garantiscano la certificazione della qualità e della sicurezza dell'organo o del tessuto e la conoscenza delle generalità del donatore da parte della competente autorità sanitaria.

2. È vietata l'esportazione di organi e tessuti verso gli Stati che ne fanno libero commercio.

3. L'autorizzazione di cui al comma 1 non è richiesta per le esportazioni e le importazioni effettuate in esecuzione di convenzioni stipulate ai sensi dell'articolo 7 del decreto del Presidente della Repubblica 26 gennaio 1980, n. 197, nonché delle intese concluse ai sensi dell'accordo quadro tra la Repubblica italiana e la Repubblica d'Austria, reso esecutivo con legge 8 marzo 1995, n. 76.

4. È vietata l'importazione di tessuti e di organi a scopo di trapianto da Stati la cui legislazione prevede la possibilità di prelievo e relativa vendita di organi provenienti da cadaveri di cittadini condannati a morte.

20. Trapianti all'estero. – 1. Le spese di iscrizione in organizzazioni di trapianto estere e le spese di trapianto all'estero sono a carico del Servizio sanitario nazionale limitatamente al trapianto di organi e solo se la persona è stata iscritta nella lista di attesa di cui all'articolo 8, comma 6, lettera a), per un periodo di tempo superiore allo standard definito con decreto del Ministro della sanità per ciascuna tipologia di trapianto e secondo le modalità definite con il medesimo decreto.

2. Le spese di trapianto all'estero sono altresì a carico del Servizio sanitario nazionale nei casi in cui il trapianto sia ritenuto urgente secondo criteri stabiliti dal Centro nazionale.

Capo V
Formazione del personale

21. Formazione. – 1. Il Ministro della sanità, sentito il Ministro dell'università e della ricerca scientifica e tecnologica, con proprio decreto istituisce borse di studio per la formazione del personale di cui al comma 2, anche presso istituzioni straniere, e per l'incentivazione della ricerca nel campo dei prelievi e dei trapianti di organi e di tessuti.

2. Le borse di studio di cui al comma 1 sono riservate al personale delle strutture che svolgono le attività di cui alla presente legge nonché alla qualificazione del personale anche non laureato addetto all'assistenza ai donatori e alle persone sottoposte a trapianto.

3. Il numero e le modalità di assegnazione delle borse di studio sono annualmente stabiliti con il decreto di cui al comma 1 nel limite di lire 1.000 milioni annue a decorrere dal 1999.

4. Le regioni promuovono l'aggiornamento permanente degli operatori sanitari ed amministrativi coinvolti nelle attività connesse all'effettuazione dei trapianti.

Capo VI
Sanzioni

22. Sanzioni. – 1. Salvo che il fatto costituisca reato, chiunque viola le disposizioni degli articoli 13, 15 e 16 è punito con la sanzione amministrativa consistente nel pagamento di una somma da euro 2.064 a euro 20.658 (1).

2. La sanzione di cui al comma 1 è applicata dalle regioni con le forme e con le modalità previste dalla legge 24 novembre 1981, n. 689, e successive modificazioni.

3. Chiunque procura per scopo di lucro un organo o un tessuto prelevato da soggetto di cui sia stata accertata la morte ai sensi della legge 29 dicembre 1993, n. 578, e del decreto del Ministro della sanità 22 agosto 1994, n. 582, ovvero ne fa comunque commercio, è punito con la reclusione da due a cinque anni e con la multa da lire 20 milioni a lire 300 milioni. Se il fatto è commesso da persona che esercita una professione sanitaria, alla condanna consegue l'interdizione perpetua dall'esercizio della professione.

4. Chiunque procura, senza scopo di lucro, un organo o un tessuto prelevato abusivamente da soggetto di cui sia stata accertata la morte ai sensi della legge 29 dicembre 1993, n. 578, e del decreto del Ministro della sanità 22 agosto 1994, n. 582, è punito con la reclusione fino a due anni. Se il fatto è commesso da persona che esercita una professione sanitaria, alla condanna consegue l'interdizione temporanea fino ad un massimo di cinque anni dall'esercizio della professione.

(1) Comma modificato dall'art. 1, co. 340, lett. d), l. 24/12/2012, n. 228.

22 bis. Sanzioni in materia di traffico di organi destinati ai trapianti (1). – *1. Chiunque a scopo di lucro svolge opera di mediazione nella donazione di organi da vivente è punito con la reclusione da tre a otto anni e con la multa da euro 50.000 a euro 300.000. Se il fatto è commesso da persona che esercita una professione sanitaria alla condanna consegue l'interdizione perpetua dall'esercizio della professione* (2)*.

*2. Salvo che il fatto costituisca reato, chiunque pubblicizzi la richiesta d'offerta di organi al fine di conseguire un profitto finanziario o un vantaggio analogo è punito con la sanzione amministrativa pecuniaria da euro 10.000 a euro 50.000***.

3. Salvo che il fatto costituisca reato, chiunque senza autorizzazione acceda a sistemi che rendano possibile l'identificazione dei donatori o dei riceventi, o ne utilizzi i dati è punito con la sanzione amministrativa pecuniaria da euro 10.000 a euro 50.000.

(1) Articolo inserito dall'art. 1, co. 340, lett. e), l. 24/12/2012, n. 228.

(2) Comma modificato dalla l. 11/12/2016, n. 236.

* Comma abrogato dal d.lg. 1/3/2018, n. 21.

** Comma abrogato dalla l. 11/12/2016, n. 236.

Capo VII
Disposizioni transitorie e finali

23. Disposizioni transitorie. – 1. Fino alla data di cui all'articolo 28, comma 2, è consentito procedere al prelievo di organi e di tessuti da soggetto di cui sia stata accertata la morte ai sensi della legge 29 dicembre 1993, n. 578, e del decreto del Ministro della sanità 22 agosto 1994, n. 582, salvo che il soggetto abbia esplicitamente negato il proprio assenso.

2. Nelle ipotesi di cui al comma 1, il coniuge non separato o il convivente more uxorio o, in mancanza, i figli maggiori di età o, in mancanza di questi ultimi, i genitori ovvero il rappresentante legale possono presentare opposizione scritta entro il termine corrispondente al periodo di osservazione ai fini dell'accertamento di morte, di cui all'articolo 4 del decreto del Ministro della sanità 22 agosto 1994, n. 582.

3. La presentazione della opposizione scritta di cui al comma 2 non è consentita qualora dai documenti personali o dalle dichiarazioni depositate presso la azienda unità sanitaria locale di appartenenza, secondo le previsioni del decreto del Ministro della sanità di cui all'articolo 5, comma 1, risulti che il soggetto abbia espresso volontà favorevole al prelievo di organi e di tessuti, salvo il caso in cui gli stessi soggetti di cui al comma 2 presentino una successiva dichiarazione di volontà, della quale siano in possesso, contraria al prelievo.

4. Il Ministro della sanità, nel periodo che intercorre tra la data di entrata in vigore della presente legge e la data di cui all'articolo 28, comma 2, promuove una campagna straordinaria di informazione sui trapianti, secondo le modalità previste dall'articolo 2, comma 1.

5. Fino alla data di attivazione del sistema informativo dei trapianti di cui all'articolo 7, e comunque non oltre i ventiquattro mesi successivi alla data di entrata in vigore della presente legge, i centri istituiti ai sensi dell'articolo 13 della legge 2 dicembre 1975, n. 644, ovvero i centri regionali o interregionali di cui all'articolo 10 della presente legge, predispongono le liste delle persone in attesa di trapianto secondo criteri uniformi definiti con decreto del Ministro della sanità da emanare, sentito l'Istituto superiore di sanità, entro sessanta giorni dalla data di entrata in vigore della presente legge, e sono tenuti alla trasmissione reciproca delle informazioni relative alle caratteristiche degli organi e dei tessuti prelevati al fine di garantirne l'assegnazione in base all'urgenza ed alle compatibilità tissutali.

24. Disposizioni per le regioni a statuto speciale e per le province autonome di Trento e di Bolzano. – 1. Restano salve le competenze delle regioni a statuto speciale e delle province autonome di Trento e di Bolzano che disciplinano la materia di cui alla presente legge secondo i rispettivi statuti e le relative norme di attuazione.

25. Copertura finanziaria. – 1. Agli oneri derivanti dall'attuazione della presente legge, valutati complessivamente in lire 11.740 milioni annue a decorrere dal 1999, si provvede, per gli anni 1999, 2000 e 2001, mediante corrispondente riduzione dello stanziamento iscritto, ai fini del bilancio triennale 1999-2001, nell'ambito dell'unità previsionale di base di parte corrente "Fondo speciale" dello stato di previsione del Ministero del tesoro, del bilancio e della programmazione economica per l'anno 1999, allo scopo parzialmente utilizzando, quanto a lire 10.000 milioni l'accantonamento relativo alla Presidenza del Consiglio dei ministri e, quanto a lire 1.740 milioni, l'accantonamento relativo al Ministero della sanità.

2. Il Ministro del tesoro, del bilancio e della programmazione economica è autorizzato ad apportare, con propri decreti, le occorrenti variazioni di bilancio.

26. Verifica sull'attuazione. – 1. Il Ministro della sanità, nell'ambito della Relazione sullo stato sanitario del Paese prevista dall'articolo 1, comma 6, del decreto legislativo 30 dicembre 1992, n. 502, e successive modificazioni, riferisce sulla situazione dei trapianti e dei prelievi effettuati sul territorio nazionale.

27. Abrogazioni. – 1. La legge 2 dicembre 1975, n. 644, e successive modificazioni, è abrogata.

2. L'articolo 1 della legge 12 agosto 1993, n. 301, è abrogato a decorrere dalla data di cui all'articolo 28, comma 2. Le disposizioni recate dagli articoli 2, 3 e 4 della legge 12 agosto 1993, n. 301, continuano ad applicarsi ai prelievi ed agli innesti di cornea.

28. Entrata in vigore. – 1. La presente legge entra in vigore il giorno successivo a quello della sua pubblicazione nella Gazzetta Ufficiale.

2. Le disposizioni previste dall'articolo 4 acquistano efficacia a decorrere dalla data di attivazione del sistema informativo dei trapianti di cui all'articolo 7.

L. 28 marzo 2001, n. 145

Ratifica ed esecuzione della Convenzione del Consiglio d'Europa per la protezione dei diritti dell'uomo e della dignità dell'essere umano riguardo all'applicazione della biologia e della medicina: Convenzione sui diritti dell'uomo e sulla biomedicina, fatta a Oviedo il 4 aprile 1997, nonché del Protocollo addizionale del 12 gennaio 1998, n. 168, sul divieto di clonazione di esseri umani

Art. 1. – 1. Il Presidente della Repubblica è autorizzato a ratificare la Convenzione del Consiglio d'Europa per la protezione dei diritti dell'uomo e della dignità dell'essere umano riguardo all'applicazione della biologia e della medicina: Convenzione sui diritti dell'uomo e sulla biomedicina, fatta a Oviedo il 4 aprile 1997, nonché il Protocollo addizionale del 12 gennaio 1998, n. 168, sul divieto di clonazione di esseri umani.

Art. 2. – 1. Piena e intera esecuzione è data alla Convenzione e al Protocollo di cui all'articolo 1, a decorrere dalla data della loro entrata in vigore, in conformità a quanto disposto, rispettivamente, dall'articolo 33 della Convenzione e dall'articolo 5 del Protocollo.

Art. 3. – 1. Il Governo è delegato ad adottare, entro sei mesi dalla data di entrata in vigore della presente legge, uno o più decreti legislativi recanti ulteriori disposizioni occorrenti per l'adattamento dell'ordinamento giuridico italiano ai princìpi e alle norme della Convenzione e del Protocollo di cui all'articolo 1 (1).

2. Gli schemi dei decreti legislativi, di cui al comma 1, sono trasmessi al Senato della Repubblica e alla Camera dei deputati perché sia espresso dalle competenti Commissioni permanenti un parere entro il termine di quaranta giorni, decorso il quale i decreti legislativi sono emanati anche in mancanza del parere. La presente legge, munita del sigillo dello Stato, sarà inserita nella Raccolta ufficiale degli atti normativi della Repubblica italiana. È fatto obbligo a chiunque spetti di osservarla e di farla osservare come legge dello Stato.

(1) Vedi proroga di cui all'art. 49 della l. 16/1/2003, n. 3.

Convenzione per la protezione dei Diritti dell'Uomo e della dignità dell'essere umano nei confronti delle applicazioni della biologia e della medicina: Convenzione sui Diritti dell'Uomo e la biomedicina

Oviedo, 4 aprile 1997

PREAMBOLO

Gli Stati membri dei Consiglio d'Europa, gli altri Stati e la Comunità Europea firmatari della presente Convenzione,

Considerando la Dichiarazione universale dei Diritti dell'Uomo, proclamata dall'Assemblea Generale delle Nazioni Unite il 10 dicembre 1948;

Considerando la Convenzione di tutela dei Diritti dell'Uomo e delle Libertà Fondamentali del 4 novembre 1950;

Considerando la Carta sociale europea del 18 ottobre 1961;

Considerando il Patto Internazionale sul Diritti civili e politici e il Patto internazionale relativo ai diritti economici, sociali e culturali del 16 dicembre 1966;

Considerando la Convenzione per la protezione dell'individuo riguardo all'elaborazione dei dati a carattere personale del 28 gennaio 1981;

Considerando anche la Convenzione relativa ai diritti del bambino del 20 novembre 1989;

Considerando che lo scopo del Consiglio d'Europa è di realizzare una unione più stretta fra i suoi membri, e che uno dei mezzi per raggiungere questo scopo è la tutela e lo sviluppo dei diritti dell'Uomo e delle libertà fondamentali;

Consapevoli dei rapidi sviluppi della biologia e della medicina;

Convinti della necessità di rispettare l'essere umano sia come individuo che nella sua appartenenza alla specie umana e riconoscendo l'importanza di assicurare la sua dignità;

Consapevoli delle azioni che potrebbero mettere in pericolo la dignità umana da un uso improprio della biologia e della medicina;

Affermando che i progressi della biologia e della medicina debbono essere utilizzati per il beneficio delle generazioni presenti e future;

Sottolineando la necessità di una cooperazione internazionale affinché l'Umanità tutta intera possa beneficiare dell'apporto della biologia e della medicina;

Riconoscendo l'importanza di promuovere un dibattito pubblico sulle questioni poste dall'applicazione della biologia e della medicina e sulle risposte da fornire;

Desiderosi di ricordare a ciascun membro del corpo sociale i suoi diritti e le sue responsabilità;

Prendendo in considerazione i lavori dell'Assemblea Parlamentare in questo campo, compresa la Raccomandazione 1160 (1991) sull'elaborazione di una Convenzione di bioetica;

Decisi a prendere, nel campo delle applicazioni della biologia e della medicina, le misure proprie a garantire la dignità dell'essere umano e i diritti e le libertà fondamentali della persona;

Si sono accordati su ciò che segue:

CAPITOLO I
Disposizioni generali

1. Oggetto e finalità. – Le Parti di cui alla presente Convenzione proteggono l'essere umano nella sua dignità e nella sua identità e garantiscono ad ogni persona, senza discriminazione, il rispetto della sua integrità e dei suoi altri diritti e libertà fondamentali riguardo alle applicazioni della biologia e della medicina. Ogni Parte prende nel suo diritto interno le misure necessarie per rendere effettive le disposizioni della presente Convenzione.

2. Primato dell'essere umano. – L'interesse e il bene dell'essere umano debbono prevalere sul solo interesse della società o della scienza.

3. Accesso equo alle cure sanitarie. – Le Parti prendono, tenuto conto dei bisogni della salute e delle risorse disponibili, le misure appropriate in vista di assicurare, ciascuna nella propria sfera di giurisdizione, un accesso equo a cure della salute di qualità appropriata.

4. Obblighi professionali e regole di condotta. – Ogni intervento nel campo della salute, compresa la ricerca, deve essere effettuato nel rispetto delle norme e degli obblighi professionali, così come nel rispetto delle regole di condotta applicabili nella fattispecie 2.

CAPITOLO II
Consenso

5. Regola generale. – Un intervento nel campo della salute non può essere effettuato se non dopo che la persona interessata abbia dato consenso libero e informato.

Questa persona riceve innanzitutto una informazione adeguata sullo scopo e sulla natura dell'intervento e sulle sue conseguenze e i suoi rischi.

La persona interessata può, in qualsiasi momento, liberamente ritirare il proprio consenso.

6. Protezione delle persone che non hanno la capacità di dare consenso. – 1. Sotto riserva degli articoli 17 e 20, un intervento non può essere effettuato su una persona che non ha capacità di dare consenso, se non per un diretto beneficio della stessa.

2. Quando, secondo la legge, un minore non ha la capacità di dare consenso a un intervento, questo non può essere effettuato senza l'autorizzazione del suo rappresentante, di un'autorità o di una persona o di un organo designato dalla legge.

Il parere di un minore è preso in considerazione come un fattore sempre più determinante, in funzione della sua età e del suo grado di maturità.

3. Allorquando, secondo la legge, un maggiorenne, a causa di un handicap mentale, di una malattia o per un motivo similare, non ha la capacità di dare consenso ad un intervento, questo non può essere effettuato senza l'autorizzazione del suo rappresentante, di un'autorità o di una persona o di un organo designato dalla legge. La persona interessata deve nei limiti del possibile essere associata alla procedura di autorizzazione.

4. Il rappresentante, l'autorità, la persona o l'organo menzionati ai paragrafi 2 e 3 ricevono, alle stesse condizioni, l'informazione menzionata all'articolo 5.

5. L'autorizzazione menzionata ai paragrafi 2 e 3 può, in qualsiasi momento, essere ritirata nell'interesse della persona interessata.

7. Tutela delle persone che soffrono di un disturbo mentale. – La persona che soffre di un disturbo mentale grave non può essere sottoposta, senza il proprio consenso, a un intervento avente per oggetto il trattamento di questo disturbo se non quando l'assenza di un tale trattamento rischia di essere gravemente pregiudizievole alla sua salute e sotto riserva delle condizioni di protezione previste dalla legge comprendenti le procedure di sorveglianza e di controllo e le vie di ricorso.

8. Situazioni d'urgenza. – Allorquando in ragione di una situazione d'urgenza, il consenso appropriato non può essere ottenuto, si potrà procedere immediatamente a qualsiasi intervento medico indispensabile per il beneficio della salute della persona interessata.

9. Desideri precedentemente espressi. – I desideri precedentemente espressi a proposito di un intervento medico da parte di un paziente che, al momento dell'intervento, non è in grado di esprimere la sua volontà saranno tenuti in considerazione.

CAPITOLO III
Vita privata e diritto all'informazione

10. Vita privata e diritto all'informazione. – 1. Ogni persona ha diritto al rispetto della propria vita privata allorché si tratta di informazioni relative alla propria salute.

2. Ogni persona ha il diritto di conoscere ogni informazione raccolta sulla propria salute. Tuttavia, la volontà di una persona di non essere informata deve essere rispettata.

3. A titolo eccezionale, la legge può prevedere, nell'interesse del paziente, delle restrizioni all'esercizio dei diritti menzionati al paragrafo 2.

CAPITOLO IV
Genoma umano

11. Non discriminazione. – Ogni forma di discriminazione nei confronti di una persona in ragione del suo patrimonio genetico è vietata.

12. Test genetici predittivi. – Non si potrà procedere a dei test predittivi di malattie genetiche o che permettano sia di identificare il soggetto come portatore di un gene responsabile di una malattia sia di rivelare una predisposizione o una suscettibilità genetica a una malattia se non a fini medici o di ricerca medica, e sotto riserva di una consulenza genetica appropriata.

13. Interventi sul Genoma Umano. – Un intervento che ha come obiettivo di modificare il genoma umano non può essere intrapreso che per delle ragioni preventive, diagnostiche o terapeutiche e solamente se non ha come scopo di introdurre una modifica nel genoma dei discendenti.

14. Non selezione del sesso. – L'utilizzazione delle tecniche di assistenza medica alla procreazione non è ammessa per scegliere il sesso del nascituro, salvo che in vista di evitare una malattia ereditaria legata al sesso.

CAPITOLO V
Ricerca scientifica

15. Regola generale. – La ricerca scientifica nel campo della biologia e della medicina si esercita liberamente sotto riserva delle disposizioni della presente Convenzione e delle altre disposizioni giuridiche che assicurano la protezione dell'essere umano.

16. Tutela delle persone che si prestano ad una ricerca. – Nessuna ricerca può essere intrapresa su una persona a meno che le condizioni seguenti non siano riunite:

i. non esiste metodo alternativo alla ricerca sugli esseri umani, di efficacia paragonabile,

ii. i rischi che può correre la persona non sono sproporzionati in rapporto con i benefici potenziali della ricerca,

iii. il progetto di ricerca è stato approvato da un'istanza competente, dopo averne fatto oggetto di un esame indipendente sul piano della sua pertinenza scientifica, ivi compresa una valutazione dell'importanza dell'obiettivo della ricerca, nonché un esame pluridisciplinare della sua accettabilità sul piano etico,

iv. la persona che si presta ad una ricerca è informata dei suoi diritti e delle garanzie previste dalla legge per la sua tutela,

v. il consenso di cui all'articolo 5 è stato donato espressamente, specificamente ed è stato messo per iscritto. Questo consenso può, in ogni momento, essere liberamente ritirato.

17. Tutela delle persone che non hanno la capacità di consentire ad una ricerca. – 1. Una ricerca non può essere intrapresa su una persona che non ha, conformemente all'articolo 5, la capacità di consentirvi a meno che le condizioni seguenti siano riunite:

i. le condizioni enunciate all'articolo 16, dall'alinea (1) al (4) sono soddisfatte;

ii. i risultati attesi dalla ricerca comportano un beneficio reale e diretto per la sua salute;

iii. la ricerca non può effettuarsi con una efficacia paragonabile su dei soggetti capaci di consentirvi;

iv. l'autorizzazione prevista all'articolo 6 è stata data specificamente e per iscritto, e

v. la persona non vi oppone rifiuto.

2. A titolo eccezionale e nelle condizioni di tutela previste dalla legge, una ricerca di cui i risultati attesi non comportino dei benefici diretti per la salute della persona può essere autorizzata se le condizioni enunciate agli alinea (1), (3), (4) e (5) del paragrafo 1 qui sopra riportato, e le condizioni supplementari seguenti sono riunite:

i. la ricerca ha per oggetto di contribuire, con un miglioramento significativo della conoscenza scientifica dello stato della persona, della sua malattia o del suo disturbo, all'ottenimento, a termine, di risultati che permettano un beneficio per la persona interessata o per altre persone della stessa fascia d'età o che soffrano della medesima malattia o disturbo o che presentino le stesse caratteristiche,

ii. la ricerca non presenta per la persona che un rischio minimo e una costrizione minima.

18. Ricerca sugli embrioni in vitro. – 1. Quando la ricerca sugli embrioni in vitro è ammessa dalla legge, questa assicura una protezione adeguata all'embrione.

2. La costituzione di embrioni umani a fini di ricerca è vietata.

CAPITOLO VI
Prelievo di organi e di tessuti da donatori viventi a fini di trapianto

19. Regola generale. – 1. Il prelievo di organi o di tessuti a fini di trapianto non può essere effettuato su un donatore vivente che nell'interesse terapeutico del ricevente e allorché non si dispone di organo o di tessuto appropriati di una persona deceduta né di metodo terapeutico alternativo di efficacia paragonabile.

2. Il consenso di cui all'articolo 5 deve essere dato espressamente e specificamente, sia per iscritto sia davanti a un organo ufficiale.

20. Tutela delle persone incapaci di consentire al prelievo d'organo. – 1. Nessun prelievo d'organo o di tessuto può essere effettuato su una persona che non ha la capacità di consentire conformemente all'articolo 5.

2. A titolo eccezionale e nelle condizioni di tutela previste dalla legge, il prelievo di tessuti rigenerabili su una persona che non ha la capacità di consentire può essere autorizzata se le condizioni seguenti sono riunite:

i. non si dispone di un donatore compatibile che gode della capacità di consentire,

ii. il ricevente è un fratello o una sorella del donatore,

iii. la donazione deve essere di natura tale da preservare la vita del ricevente,

iv. l'autorizzazione prevista ai paragrafi 2 e 3 dell'articolo 6 è stata data specificamente e per iscritto, secondo la legge e in accordo con l'istanza competente,

v. il donatore potenziale non oppone rifiuto.

CAPITOLO VII
Divieto del profitto e utilizzazione di una parte del corpo umano

21. Divieto del profitto. – Il corpo umano e le sue parti non debbono essere, in quanto tali, fonte di profitto.

22. Utilizzo di una parte del corpo umano prelevato. – Allorquando una parte del corpo umano è stata prelevata nel corso di un intervento, questa non può essere conservata e utilizzata per scopo diverso da quello per cui è stata prelevata, se non in conformità alle procedure di informazione e di consenso appropriate.

CAPITOLO VIII
Violazione delle disposizioni della convenzione

23. Violazione dei diritti o principi. – Le Parti assicurano una tutela giurisdizionale appropriata al fine di impedire o far cessare a breve scadenza una violazione illecita ai diritti e ai principi riconosciuti nella presente Convenzione.

24. Risarcimento per danno ingiusto. – La persona che ha subito un danno ingiustificato risultante da un intervento ha diritto a un equo indennizzo nelle condizioni e secondo le modalità previste dalla legge.

25. Sanzioni. – Le Parti prevedono delle sanzioni appropriate nel caso di trasgressione alle disposizioni della presente Convenzione.

CAPITOLO IX
Relazione fra la presente convenzione e altre disposizioni

26. Restrizione all'esercizio dei diritti. – 1. L'esercizio dei diritti e le disposizioni di tutela contenute nella presente Convenzione non possono essere oggetto di altre restrizioni all'infuori di quelle che, previste dalla legge, costituiscono delle misure necessarie, in una società democratica, alla sicurezza pubblica, alla prevenzione delle infrazioni penali, alla protezione della salute pubblica o alla protezione dei diritti e libertà altrui.

2. Le restrizioni di cui all'alinea precedente non possono essere applicate agli articoli 11, 13, 14, 16, 17, 19, 20 e 21.

27. Protezione più estesa. – Nessuna delle disposizioni della presente Convenzione sarà interpretata come limitante o recante pregiudizio alla facoltà di ciascuna Parte di accordare una tutela più estesa a riguardo delle applicazioni della biologia e della medicina rispetto a quelle previste dalla presente Convenzione.

CAPITOLO X
Dibattito pubblico

28. Dibattito pubblico. – Le Parti di cui alla presente Convenzione vigilano a che le domande fondamentali poste dallo sviluppo della biologia e della medicina siano oggetto di un dibattito pubblico appropriato alla luce, in particolare, delle implicazioni mediche, sociali, economiche, etiche e giuridiche pertinenti, e che le loro possibili applicazioni siano oggetto di consultazioni appropriate.

CAPITOLO XI
Interpretazione e seguito della convenzione

29. Interpretazione della Convenzione. – La Corte europea dei diritti dell'uomo può dare, al di fuori di ogni lite concreta che si svolga davanti a una giurisdizione, dei pareri consultivi su delle questioni giuridiche che concernono l'interpretazione della presente Convenzione su richiesta:

– del Governo di una Parte, dopo averne informato le altre Parti,

– del Comitato istituito dall'articolo 32, nella sua composizione ristretta ai Rappresentanti delle Parti di cui alla presente Convenzione, per decisione presa a maggioranza dei due terzi dei voti espressi.

30. Rapporti sull'applicazione della Convenzione. – Ogni Parte fornirà, su domanda del Segretario Generale del Consiglio d'Europa, le spiegazioni richieste sul modo in cui il diritto interno del proprio Paese assicura l'applicazione effettiva di tutte le disposizioni di questa Convenzione.

CAPITOLO XII
Protocolli

31. Protocolli. – Dei Protocolli possono essere elaborati conformemente alle disposizioni dell'articolo 32, in vista di sviluppare, in campi specifici, i principi contenuti nella presente Convenzione.

I Protocolli sono aperti alla firma dei Firmatari la Convenzione. Essi saranno sottomessi a ratifica, accettazione o approvazione. Un firmatario non può ratificare, accettare o approvare i Protocolli senza avere precedentemente o contemporaneamente ratificato accettato o approvato la Convenzione.

Omissis.

L. 19 febbraio 2004, n. 40

Norme in materia di procreazione medicalmente assistita

Capo I
Principi generali

1. Finalità. – 1. Al fine di favorire la soluzione dei problemi riproduttivi derivanti dalla sterilità o dalla infertilità umana è consentito il ricorso alla procreazione medicalmente assistita, alle condizioni e secondo le modalità previste dalla presente legge, che assicura i diritti di tutti i soggetti coinvolti, compreso il concepito (1).

2. Il ricorso alla procreazione medicalmente assistita è consentito qualora non vi siano altri metodi terapeutici efficaci per rimuovere le cause di sterilità o infertilità (1).

(1) La Corte cost., con sent. 5/6/2015, n. 96 (in G.U. 10/6/2015, n. 23), ha dichiarato l'illegittimità costituzionale del presente comma nella parte in cui non consente il ricorso alle tecniche di procreazione medicalmente assistita alle coppie fertili portatrici di malattie genetiche trasmissibili, rispondenti ai criteri di gravità di cui all'art. 6, co. 1, lett. b), l. 22/5/1978, n. 194 (Norme per la tutela sociale della maternità e sull'interruzione volontaria della gravidanza), accertate da apposite strutture pubbliche.

2. Interventi contro la sterilità e la infertilità. – 1. Il Ministro della salute, sentito il Ministro dell'istruzione, dell'università e della ricerca, può promuovere ricerche sulle cause patologiche, psicologiche, ambientali e sociali dei fenomeni della sterilità e della infertilità e favorire gli interventi necessari per rimuoverle nonché per ridurne l'incidenza, può incentivare gli studi e le ricerche sulle tecniche di crioconservazione dei gameti e può altresì promuovere campagne di informazione e di prevenzione dei fenomeni della sterilità e della infertilità.

2. Per le finalità di cui al comma 1 è autorizzata la spesa massima di 2 milioni di euro a decorrere dal 2004.

3. All'onere derivante dall'attuazione del comma 2 si provvede mediante corrispondente riduzione dello stanziamento iscritto, ai fini del bilancio triennale 2004-2006, nell'ambito dell'unità previsionale di base di parte corrente "Fondo speciale" dello stato di previsione del Ministero dell'economia e delle finanze per l'anno 2004, allo scopo parzialmente utilizzando l'accantonamento relativo al Ministero della salute. Il Ministro dell'economia e delle finanze è autorizzato ad apportare, con propri decreti, le occorrenti variazioni di bilancio.

3. Modifica alla legge 29 luglio 1975, n. 405. – 1. Al primo comma dell'articolo 1 della legge 29 luglio 1975, n. 405, sono aggiunte, in fine, le seguenti lettere:

"d-bis) l'informazione e l'assistenza riguardo ai problemi della sterilità e della infertilità umana, nonché alle tecniche di procreazione medicalmente assistita;

d-ter) l'informazione sulle procedure per l'adozione e l'affidamento familiare".

2. Dall'attuazione del presente articolo non devono derivare nuovi o maggiori oneri a carico della finanza pubblica.

Capo II
Accesso alle tecniche

4. Accesso alle tecniche. – 1. Il ricorso alle tecniche di procreazione medicalmente assistita è consentito solo quando sia accertata l'impossibilità di rimuovere altrimenti le cause impeditive della procreazione ed è comunque circoscritto ai casi di sterilità o di infertilità inspiegate documentate da atto medico nonché ai casi di sterilità o di infertilità da causa accertata e certificata da atto medico (1).

2. Le tecniche di procreazione medicalmente assistita sono applicate in base ai seguenti principi:

a) gradualità, al fine di evitare il ricorso ad interventi aventi un grado di invasività tecnico e psicologico più gravoso per i destinatari, ispirandosi al principio della minore invasività;

b) consenso informato, da realizzare ai sensi dell'articolo 6.

3. È vietato il ricorso a tecniche di procreazione medicalmente assistita di tipo eterologo (2).

(1) La Corte cost., con sent. 5/6/2015, n. 96 (in G.U. 10/6/2015, n. 23), ha dichiarato l'illegittimità costituzionale del presente comma nella parte in cui non consente il ricorso alle tecniche di procreazione medicalmente assistita alle coppie fertili portatrici di malattie genetiche trasmissibili, rispondenti ai criteri di gravità di cui all'art. 6, co. 1, lett. b), l. 22/5/1978, n. 194 (Norme per la tutela sociale della maternità e sull'interruzione volontaria della gravidanza), accertate da apposite strutture pubbliche.

(2) La Corte cost., con sent. 10/6/2014, n. 162 ha dichiarato l'illegittimità costituzionale del presente comma, nella parte in cui stabilisce per la coppia di cui all'art. 5, co. 1, della presente legge, il divieto del ricorso a tecniche di procreazione medicalmente assistita di tipo eterologo, qualora sia stata diagnosticata una patologia che sia causa di sterilità o infertilità assolute ed irreversibili.

5. Requisiti soggettivi. – 1. Fermo restando quanto stabilito dall'articolo 4, comma 1, possono accedere alle tecniche di procreazione medicalmente assistita coppie di maggiorenni di sesso diverso, coniugate o conviventi, in età potenzialmente fertile, entrambi viventi.

6. Consenso informato (1). – 1. Per le finalità indicate dal comma 3, prima del ricorso ed in ogni fase di applicazione delle tecniche di procreazione medicalmente assistita il medico informa in maniera dettagliata i soggetti di cui all'articolo 5 sui metodi, sui problemi bioetici e sui possibili effetti collaterali sanitari e psicologici conseguenti all'applicazione delle tecniche stesse, sulle probabilità di successo e sui rischi dalle stesse derivanti, nonché sulle relative conseguenze giuridiche per la donna, per l'uomo e per il nascituro.

Alla coppia deve essere prospettata la possibilità di ricorrere a procedure di adozione o di affidamento ai sensi della legge 4 maggio 1983, n. 184, e successive modificazioni, come alternativa alla procreazione medicalmente assistita. Le informazioni di cui al presente comma e quelle concernenti il grado di invasività delle tecniche nei confronti della donna e dell'uomo devono essere fornite per ciascuna delle tecniche applicate e in modo tale da garantire il formarsi di una volontà consapevole e consapevolmente espressa.

2. Alla coppia devono essere prospettati con chiarezza i costi economici dell'intera procedura qualora si tratti di strutture private autorizzate.

3. La volontà di entrambi i soggetti di accedere alle tecniche di procreazione medicalmente assistita è espressa per iscritto congiuntamente al medico responsabile della struttura, secondo modalità definite con decreto dei Ministri della giustizia e della salute, adottato ai sensi dell'articolo 17, comma 3, della legge 23 agosto 1988, n. 400, entro tre mesi dalla data di entrata in vigore della presente legge. Tra la manifestazione della volontà e l'applicazione della tecnica deve intercorrere un termine non inferiore a sette giorni. La volontà può essere revocata da ciascuno dei soggetti indicati dal presente comma fino al momento della fecondazione dell'ovulo.

4. Fatti salvi i requisiti previsti dalla presente legge, il medico responsabile della struttura può decidere di non procedere alla procreazione medicalmente assistita, esclusivamente per motivi di ordine medico-sanitario. In tale caso deve fornire alla coppia motivazione scritta di tale decisione.

5. Ai richiedenti, al momento di accedere alle tecniche di procreazione medicalmente assistita, devono essere esplicitate con chiarezza e mediante sottoscrizione le conseguenze giuridiche di cui all'articolo 8 e all'articolo 9 della presente legge.

(1) Vedi d.m. 16/12/2004, n. 336.

7. Linee guida. – 1. Il Ministro della salute, avvalendosi dell'Istituto superiore di sanità, e previo parere del Consiglio superiore di sanità, definisce, con proprio decreto, da emanare entro tre mesi dalla data di entrata in vigore della presente legge, linee guida contenenti l'indicazione delle procedure e delle tecniche di procreazione medicalmente assistita.

2. Le linee guida di cui al comma 1 sono vincolanti per tutte le strutture autorizzate.

3. Le linee guida sono aggiornate periodicamente, almeno ogni tre anni, in rapporto all'evoluzione tecnico-scientifica, con le medesime procedure di cui al comma 1.

Capo III
Disposizioni concernenti la tutela del nascituro

8. Stato giuridico del nato. – 1. I nati a seguito dell'applicazione delle tecniche di procreazione medicalmente assistita hanno lo stato di figli nati nel matrimonio o di figli riconosciuti della coppia che ha espresso la volontà di ricorrere alle tecniche medesime ai sensi dell'articolo 6 (1).

(1) Articolo modificato dall'art. 102, co. 1, d.lg. 28/12/2013, n. 154 a decorrere dal 7/2/2014 come indicato dall'art. 108, co. 1, del citato decreto. Nel testo in vigore fino al 6/2/2014 la parola "nati nel matrimonio" era "legittimi".

9. Divieto del disconoscimento della paternità e dell'anonimato della madre. – 1. Qualora si ricorra a tecniche di procreazione medicalmente assistita di tipo eterologo in violazione del divieto di cui all'articolo 4, comma 3, il coniuge o il convivente il cui consenso è ricavabile da atti concludenti non può esercitare l'azione di disconoscimento della paternità nei casi previsti dall'articolo 235, primo comma, numeri 1) e 2), del codice civile, né l'impugnazione di cui all'articolo 263 dello stesso codice (1).

2. La madre del nato a seguito dell'applicazione di tecniche di procreazione medicalmente assistita non può dichiarare la volontà di non essere nominata, ai sensi dell'articolo 30, comma 1, del regolamento di cui al decreto del Presidente della Repubblica 3 novembre 2000, n. 396.

3. In caso di applicazione di tecniche di tipo eterologo in violazione del divieto di cui all'articolo 4, comma 3, il donatore di gameti non acquisisce alcuna relazione giuridica parentale con il nato e non può far valere nei suoi confronti alcun diritto né essere titolare di obblighi (1).

(1) La Corte cost., con sent. 10/6/2014, n. 162 ha dichiarato l'illegittimità costituzionale del presente comma, limitatamente alle parole "in violazione del divieto di cui all'articolo 4, comma 3".

Capo IV
Regolamentazione delle strutture autorizzate all'applicazione delle tecniche di procreazione medicalmente assistita

10. Strutture autorizzate. – 1. Gli interventi di procreazione medicalmente assistita sono realizzati nelle strutture pubbliche e private autorizzate dalle regioni e iscritte al registro di cui all'articolo 11.

2. Le regioni e le province autonome di Trento e di Bolzano definiscono con proprio atto, entro tre mesi dalla data di entrata in vigore della presente legge:

a) i requisiti tecnico-scientifici e organizzativi delle strutture;

b) le caratteristiche del personale delle strutture;

c) i criteri per la determinazione della durata delle autorizzazioni e dei casi di revoca delle stesse;

d) i criteri per lo svolgimento dei controlli sul rispetto delle disposizioni della presente legge e sul permanere dei requisiti tecnico-scientifici e organizzativi delle strutture.

11. Registro. – 1. È istituito, con decreto del Ministro della salute, presso l'Istituto superiore di sanità, il registro nazionale delle strutture autorizzate all'applicazione delle tecniche di procreazione medicalmente assistita, degli embrioni formati e dei nati a seguito dell'applicazione delle tecniche medesime.

2. L'iscrizione al registro di cui al comma 1 è obbligatoria.

3. L'Istituto superiore di sanità raccoglie e diffonde, in collaborazione con gli osservatori epidemiologici regionali, le informazioni necessarie al fine di consentire la trasparenza e la pubblicità delle tecniche di procreazione medicalmente assistita adottate e dei risultati conseguiti.

4. L'Istituto superiore di sanità raccoglie le istanze, le informazioni, i suggerimenti, le proposte delle società scientifiche e degli utenti riguardanti la procreazione medicalmente assistita.

5. Le strutture di cui al presente articolo sono tenute a fornire agli osservatori epidemiologici regionali e all'Istituto superiore di sanità i dati necessari per le finalità indicate dall'articolo 15 nonché ogni altra informazione necessaria allo svolgimento delle funzioni di controllo e di ispezione da parte delle autorità competenti.

6. All'onere derivante dall'attuazione del presente articolo, determinato nella misura massima di 154.937 euro a decorrere dall'anno 2004, si provvede mediante corrispondente riduzione dello stanziamento iscritto, ai fini del bilancio triennale 2004-2006, nell'ambito dell'unità previsionale di base di parte corrente "Fondo speciale" dello stato di previsione del Ministero dell'economia e delle finanze per l'anno 2004, allo scopo parzialmente utilizzando l'accantonamento relativo al Ministero della salute. Il Ministro dell'economia e delle finanze è autorizzato ad apportare, con propri decreti, le occorrenti variazioni di bilancio.

Capo V
Divieti e sanzioni

12. Divieti generali e sanzioni. – 1. Chiunque a qualsiasi titolo utilizza a fini procreativi gameti di soggetti estranei alla coppia richiedente, in violazione di quanto previsto dall'articolo 4, comma 3, è punito con la sanzione amministrativa pecuniaria da 300.000 a 600.000 euro (1).

2. Chiunque a qualsiasi titolo, in violazione dell'articolo 5, applica tecniche di procreazione medicalmente assistita a coppie i cui componenti non siano entrambi viventi o uno dei cui componenti sia minorenne ovvero che siano composte da soggetti dello stesso sesso o non coniugati o non conviventi è punito con la sanzione amministrativa pecuniaria da 200.000 a 400.000 euro.

3. Per l'accertamento dei requisiti di cui al comma 2 il medico si avvale di una dichiarazione sottoscritta dai soggetti richiedenti. In caso di dichiarazioni mendaci si applica l'articolo 76, commi 1 e 2, del testo unico delle disposizioni legislative e regolamentari in materia di documentazione amministrativa, di cui al decreto del Presidente della Repubblica 28 dicembre 2000, n. 445.

4. Chiunque applica tecniche di procreazione medicalmente assistita senza avere raccolto il consenso secondo le modalità di cui all'articolo 6 è punito con la sanzione amministrativa pecuniaria da 5.000 a 50.000 euro.

5. Chiunque a qualsiasi titolo applica tecniche di procreazione medicalmente assistita in strutture diverse da quelle di cui all'articolo 10 è punito con la sanzione amministrativa pecuniaria da 100.000 a 300.000 euro.

6. Chiunque, in qualsiasi forma, realizza, organizza o pubblicizza la commercializzazione di gameti o di embrioni o la surrogazione di maternità è punito con la reclusione da tre mesi a due anni e con la multa da 600.000 a un milione di euro.

7. Chiunque realizza un processo volto ad ottenere un essere umano discendente da un'unica cellula di partenza, eventualmente identico, quanto al patrimonio genetico nucleare, ad un altro essere umano in vita o morto, è punito con la reclusione da dieci a venti anni e con la multa da 600.000 a un milione di euro. Il medico è punito, altresì, con l'interdizione perpetua dall'esercizio della professione.

8. Non sono punibili l'uomo o la donna ai quali sono applicate le tecniche nei casi di cui ai commi 1, 2, 4 e 5.

9. È disposta la sospensione da uno a tre anni dall'esercizio professionale nei confronti dell'esercente una professione sanitaria condannato per uno degli illeciti di cui al presente articolo, salvo quanto previsto dal comma 7.

10. L'autorizzazione concessa ai sensi dell'articolo 10 alla struttura al cui interno è eseguita una delle pratiche vietate ai sensi del presente articolo è sospesa per un anno. Nell'ipotesi di più violazioni dei divieti di cui al presente articolo o di recidiva l'autorizzazione può essere revocata.

(1) La Corte cost., con sent. 10/6/2014, n. 162 ha dichiarato l'illegittimità costituzionale del presente comma, nei limiti di cui in motivazione.

Capo VI
Misure di tutela dell'embrione

13. Sperimentazione sugli embrioni umani. – 1. È vietata qualsiasi sperimentazione su ciascun embrione umano.

2. La ricerca clinica e sperimentale su ciascun embrione umano è consentita a condizione che si perseguano finalità esclusivamente terapeutiche e diagnostiche ad essa collegate volte alla tutela della salute e allo sviluppo dell'embrione stesso, e qualora non siano disponibili metodologie alternative.

3. Sono, comunque, vietati:

a) la produzione di embrioni umani a fini di ricerca o di sperimentazione o comunque a fini diversi da quello previsto dalla presente legge;

b) ogni forma di selezione a scopo eugenetico degli embrioni e dei gameti ovvero interventi che, attraverso tecniche di selezione, di manipolazione o comunque tramite procedimenti artificiali, siano diretti ad alterare il patrimonio genetico dell'embrione o del gamete ovvero a predeterminarne caratteristiche genetiche, ad eccezione degli interventi aventi finalità diagnostiche e terapeutiche, di cui al comma 2 del presente articolo (1);

c) interventi di clonazione mediante trasferimento di nucleo o di scissione precoce dell'embrione o di ectogenesi sia a fini procreativi sia di ricerca;

d) la fecondazione di un gamete umano con un gamete di specie diversa e la produzione di ibridi o di chimere.

4. La violazione dei divieti di cui al comma 1 è punita con la reclusione da due a sei anni e con la multa da 50.000 a 150.000 euro.

In caso di violazione di uno dei divieti di cui al comma 3 la pena è aumentata. Le circostanze attenuanti concorrenti con le circostanze aggravanti previste dal comma 3 non possono essere ritenute equivalenti o prevalenti rispetto a queste (1).

5. È disposta la sospensione da uno a tre anni dall'esercizio professionale nei confronti dell'esercente una professione sanitaria condannato per uno degli illeciti di cui al presente articolo.

(1) La Corte cost., con sent. 11/11/2015, n. 229 (in G.U. 18/11/2015, n. 46), ha dichiarato l'illegittimità costituzionale della presente lettera nella parte in cui contempla come ipotesi di reato la condotta di selezione degli embrioni anche nei casi in cui questa sia esclusivamente finalizzata ad evitare l'impianto nell'utero della donna di embrioni affetti da malattie genetiche trasmissibili rispondenti ai criteri di gravità di cui all'art. 6, co. 1, lett. b), l. 22/5/1978, n. 194 (Norme per la tutela della maternità e sulla interruzione della gravidanza) e accertate da apposite strutture pubbliche.

14. Limiti all'applicazione delle tecniche sugli embrioni. – 1. È vietata la crioconservazione e la soppressione di embrioni, fermo restando quanto previsto dalla legge 22 maggio 1978, n. 194.

2. Le tecniche di produzione degli embrioni, tenuto conto dell'evoluzione tecnico-scientifica e di quanto previsto dall'articolo 7, comma 3, non devono creare un numero di embrioni superiore a quello strettamente necessario ad un unico e contemporaneo impianto, comunque non superiore a tre (1).

3. Qualora il trasferimento nell'utero degli embrioni non risulti possibile per grave e documentata causa di forza maggiore relativa allo stato di salute della donna non prevedibile al momento della fecondazione è consentita la crioconservazione degli embrioni stessi fino alla data del trasferimento, da realizzare non appena possibile (2).

4. Ai fini della presente legge sulla procreazione medicalmente assistita è vietata la riduzione embrionaria di gravidanze plurime, salvo nei casi previsti dalla legge 22 maggio 1978, n. 194.

5. I soggetti di cui all'articolo 5 sono informati sul numero e, su loro richiesta, sullo stato di salute degli embrioni prodotti e da trasferire nell'utero.

6. La violazione di uno dei divieti e degli obblighi di cui ai commi precedenti è punita con la reclusione fino a tre anni e con la multa da 50.000 a 150.000 euro.

7. È disposta la sospensione fino ad un anno dall'esercizio professionale nei confronti dell'esercente una professione sanitaria condannato per uno dei reati di cui al presente articolo.

8. È consentita la crioconservazione dei gameti maschile e femminile, previo consenso informato e scritto.

9. La violazione delle disposizioni di cui al comma 8 è punita con la sanzione amministrativa pecuniaria da 5.000 a 50.000 euro.

(1) La Corte cost., con sent. 8/5/2009, n. 151 (in G.U. 13/5/2009, n. 19), ha dichiarato l'illegittimità costituzionale del presente comma, limitatamente alle parole "ad un unico e contemporaneo impianto, comunque non superiore a tre".

(2) La Corte cost., con sent. 8/5/2009, n. 151 (in G.U. 13/5/2009, n. 19), ha dichiarato l'illegittimità costituzionale del presente comma, nella parte in cui non prevede che il trasferimento degli embrioni, da realizzare non appena possibile, debba essere effettuato senza pregiudizio della salute della donna.

Capo VII
Disposizioni finali e transitorie

15. Relazione al Parlamento. – 1. L'Istituto superiore di sanità predispone, entro il 30 aprile 2011, una relazione annuale per il Ministro della salute in base ai dati raccolti ai sensi dell'articolo 11, comma 5, sull'attività delle strutture autorizzate, con particolare riferimento alla valutazione epidemiologica delle tecniche e degli interventi effettuati (1).

2. Il Ministro della salute, sulla base dei dati indicati al comma 1, presenta entro il 30 giugno di ogni anno una relazione al Parlamento sull'attuazione della presente legge.

(1) A norma dell'art. 1, co. 1, d.l. 29/12/2010, n. 225, il termine di scadenza di cui al presente comma, è stato sostituito al 31/3/2011.

• Comma modificato dall'art. 2, co. 1-quinques, d.l. 29/12/2010, n. 225, che ha sostituito il termine di scadenza del 28/2 di ciascun anno, di cui al presente comma, al 30/4/2011.

16. Obiezione di coscienza. – 1. Il personale sanitario ed esercente le attività sanitarie ausiliarie non è tenuto a prendere parte alle procedure per l'applicazione delle tecniche di procreazione medicalmente assistita disciplinate dalla presente legge quando sollevi obiezione di coscienza con preventiva dichiarazione. La dichiarazione dell'obiettore deve essere comunicata entro tre mesi dalla data di entrata in vigore della presente legge al direttore dell'azienda unità sanitaria locale o dell'azienda ospedaliera, nel caso di personale dipendente, al direttore sanitario, nel caso di personale dipendente da strutture private autorizzate o accreditate.

2. L'obiezione può essere sempre revocata o venire proposta anche al di fuori dei termini di cui al comma 1, ma in tale caso la dichiarazione produce effetto dopo un mese dalla sua presentazione agli organismi di cui al comma 1.

3. L'obiezione di coscienza esonera il personale sanitario ed esercente le attività sanitarie ausiliarie dal compimento delle procedure e delle attività specificatamente e necessariamente dirette a determinare l'intervento di procreazione medicalmente assistita e non dall'assistenza antecedente e conseguente l'intervento.

17. Disposizioni transitorie. – 1. Le strutture e i centri iscritti nell'elenco predisposto presso l'Istituto superiore di sanità ai sensi dell'ordinanza del Ministro della sanità del 5 marzo 1997, pubblicata nella Gazzetta Ufficiale n. 55 del 7 marzo 1997, sono autorizzati ad applicare le tecniche di procreazione medicalmente assistita, nel rispetto delle disposizioni della presente legge, fino al nono mese successivo alla data di entrata in vigore della presente legge.

2. Entro trenta giorni dalla data di entrata in vigore della presente legge, le strutture e i centri di cui al comma 1 trasmettono al Ministero della salute un elenco contenente l'indicazione numerica degli embrioni prodotti a seguito dell'applicazione di tecniche di procreazione medicalmente assistita nel periodo precedente la data di entrata in vigore della presente legge, nonché, nel rispetto delle vigenti disposizioni sulla tutela della riservatezza dei dati personali, l'indicazione nominativa di coloro che hanno fatto ricorso alle tecniche medesime a seguito delle quali sono stati formati gli embrioni. La violazione della disposizione del presente comma è punita con la sanzione amministrativa pecuniaria da 25.000 a 50.000 euro.

3. Entro tre mesi dalla data di entrata in vigore della presente legge il Ministro della salute, avvalendosi dell'Istituto superiore di sanità, definisce, con proprio decreto, le modalità e i termini di conservazione degli embrioni di cui al comma 2 (1).

(1) Vedi il d.m. 4/8/2004.

18. Fondo per le tecniche di procreazione medicalmente assistita (1). – 1. Al fine di favorire l'accesso alle tecniche di procreazione medicalmente assistita da parte dei soggetti di cui all'articolo 5, presso il Ministero della salute è istituito il Fondo per le tecniche di procreazione medicalmente assistita. Il Fondo è ripartito tra le regioni e le province autonome di Trento e di Bolzano sulla base di criteri determinati con decreto del Ministro della salute, da emanare entro sessanta giorni dalla data di entrata in vigore della presente legge, sentita la Conferenza permanente per i rapporti tra lo Stato, le regioni e le province autonome di Trento e di Bolzano.

2. Per la dotazione del Fondo di cui al comma 1 è autorizzata la spesa di 6,8 milioni di euro a decorrere dall'anno 2004.

3. All'onere derivante dall'attuazione del presente articolo si provvede mediante corrispondente riduzione dello stanziamento iscritto, ai fini del bilancio triennale 2004-2006, nell'ambito dell'unità previsionale di base di parte corrente "Fondo speciale" dello stato di previsione del Ministero dell'economia e delle finanze per l'anno 2004, allo scopo parzialmente utilizzando l'accantonamento relativo al Ministero medesimo. Il Ministro dell'economia e delle finanze è autorizzato ad apportare, con propri decreti, le occorrenti variazioni di bilancio.

La presente legge, munita del sigillo dello Stato, sarà inserita nella Raccolta ufficiale degli atti normativi della Repubblica italiana. È fatto obbligo a chiunque spetti di osservarla e di farla osservare come legge dello Stato.

(1) Per la ripartizione del Fondo di cui al presente articolo vedi il d.m. 15/3/2007. A norma dell'art. 1, co. 450, l. 30/12/2020, n. 178 il Fondo di cui al presente comma è incrementata di 5 milioni di euro per ciascuno degli anni 2021, 2022 e 2023.

L. 21 ottobre 2005, n. 219

Nuova disciplina delle attività trasfusionali e della produzione nazionale degli emoderivati

Capo I
Disposizioni di carattere generale

1. Finalità ed ambito di applicazione della legge. – 1. Con la presente legge lo Stato detta principi fondamentali in materia di attività trasfusionali allo scopo di conseguire le seguenti finalità:

a) il raggiungimento dell'autosufficienza regionale e nazionale di sangue, emocomponenti e farmaci emoderivati; alla donazione ed alla trasfusione del sangue;

b) una più efficace tutela della salute dei cittadini attraverso il conseguimento dei più alti livelli di sicurezza raggiungibili nell'ambito di tutto il processo finalizzato alla donazione ed alla trasfusione del sangue;

c) condizioni uniformi del servizio trasfusionale su tutto il territorio nazionale;

d) lo sviluppo della medicina trasfusionale, del buon uso del sangue e di specifici programmi di diagnosi e cura che si realizzano in particolare nell'ambito dell'assistenza a pazienti ematologici ed oncologici, del sistema urgenza-emergenza e dei trapianti.

2. Per il raggiungimento delle finalità di cui al comma 1, la presente legge disciplina in particolare i seguenti aspetti:

a) i livelli essenziali di assistenza sanitaria del servizio trasfusionale;

b) i principi generali per l'organizzazione, autorizzazione ed accreditamento delle strutture trasfusionali;

c) le attività delle associazioni e federazioni dei donatori di sangue e di cellule staminali emopoietiche, nonché delle associazioni e federazioni delle donatrici di sangue da cordone ombelicale;

d) le misure per la programmazione e il coordinamento del settore;

e) le misure per il raggiungimento dell'autosufficienza;

f) le norme per la qualità e la sicurezza del sangue e dei suoi prodotti.

3. Ai fini della presente legge si osservano le definizioni contenute nell'allegato l.

2. Attività trasfusionali. – 1. La presente legge disciplina le attività trasfusionali ovvero le attività riguardanti la promozione del dono del sangue, la raccolta di sangue intero, degli emocomponenti e delle cellule staminali emopoietiche autologhe, omologhe e cordonali; il frazionamento con mezzi fisici semplici; la validazione, la conservazione e la distribuzione del sangue umano e dei suoi componenti, nonché le attività di medicina trasfusionale e la produzione di farmaci emoderivati.

2. Le attività trasfusionali di cui al comma 1 sono parte integrante del Servizio sanitario nazionale e si fondano sulla donazione volontaria, periodica, responsabile, anonima e gratuita del sangue umano e dei suoi componenti.

3. Donazione di sangue, emocomponenti e cellule staminali emopoietiche. – 1. Sono consentiti la donazione di sangue o di emocomponenti, nonché il prelievo di cellule staminali emopoietiche periferiche, a scopo di infusione per allotrapianto e per autotrapianto, e di cellule staminali emopoietiche da cordone ombelicale, all'interno delle strutture trasfusionali autorizzate dalle regioni.

2. Le attività di cui al comma 1 possono essere effettuate in persone di almeno diciotto anni di età, previa espressione del consenso informato e verifica della loro idoneità fisica. Per le persone di età inferiore ai diciotto anni il consenso è espresso dagli esercenti la potestà dei genitori, o dal tutore o dal giudice tutelare. La partoriente di minore età può donare cellule staminali emopoietiche da cordone ombelicale previa espressione del consenso informato.

3. La donazione della placenta e del sangue da cordone ombelicale è un gesto volontario e gratuito al quale ogni donna può dare il proprio assenso informato al momento del parto.

4. I protocolli per l'accertamento della idoneità fisica del donatore e della donatrice e le modalità della donazione di sangue e di emocomponenti, nonché del prelievo di cellule staminali emopoietiche periferiche e da cordone ombelicale, sono definiti con decreto del Ministro della salute, previa intesa in sede di Conferenza permanente per i rapporti tra lo Stato, le regioni e le province autonome di Trento e di Bolzano, entro sei mesi dalla data di entrata in vigore della presente legge, sentiti il Centro nazionale sangue di cui all'articolo 12 e la Consulta tecnica permanente per il sistema trasfusionale di cui all'articolo 13, di seguito denominata «Consulta».

5. Le disposizioni di cui al presente articolo sono periodicamente aggiornate sulla base delle linee guida emanate dal Centro nazionale sangue ai sensi dell'articolo 12.

4. Gratuità del sangue e dei suoi prodotti. – 1. Il sangue umano non è fonte di profitti. Le spese sostenute per la produzione e la distribuzione del sangue e dei suoi prodotti, comprese le cellule staminali emopoietiche, non sono addebitabili al ricevente ed escludono comunque addebiti accessori ed oneri fiscali, compresa la partecipazione alla spesa sanitaria.

2. Le attività trasfusionali di cui all'articolo 2 rientrano nei livelli essenziali di assistenza sanitaria ed i relativi costi sono a carico del Fondo sanitario nazionale.

Capo II
Organizzazione del sistema trasfusionale

5. Livelli essenziali di assistenza sanitaria in materia di attività trasfusionale (1). – 1. Fermo restando quanto previsto da punto 6.4 dell'accordo tra Governo, regioni e province autonome di Trento e di Bolzano, sancito il 22 novembre 2001 dalla Conferenza permanente per i rapporti tra lo Stato le regioni e le province autonome di Trento e di Bolzano, in sede di adeguamento e manutenzione dei livelli essenziali di assistenza sanitaria di cui al decreto del Presidente del Consiglio dei ministri del 29 novembre 2001, pubblicato nel supplemento ordinario della Gazzetta Ufficiale n. 33 dell'8 febbraio 2002, i servizi e le prestazioni erogati dalle strutture del Servizio sanitario nazionale in rapporto alle specifiche competenze disciplinari, con esenzione dalla partecipazione alla spesa, in materia di attività trasfusionali comprendono:

a) attività di produzione, volte a garantire la costante disponibilità del sangue e dei suoi prodotti, nonché il raggiungimento dell'obiettivo di autosufficienza regionale e nazionale, consistenti in:

1) esecuzione delle procedure relative all'accertamento dell'idoneità alla donazione;

2) raccolta del sangue intero e di emocomponenti;

3) lavorazione del sangue e degli emocomponenti, compreso il plasma per le finalità relative alla produzione di farmaci emoderivati e invio del plasma stesso ai centri e alle aziende produttori di emoderivati, convenzionati secondo le modalità di cui all'articolo 15;

4) esecuzione delle indagini di laboratorio e delle procedure di inattivazione dei patogeni finalizzate alla certificazione dei requisiti di qualità e sicurezza previsti dalla legislazione vigente per le unità di sangue e gli emocomponenti, con particolare riferimento alla prevenzione delle malattie trasmissibili con la trasfusione;

5) conservazione e trasporto del sangue e degli emocomponenti;

6) cessione del sangue a strutture trasfusionali di altre aziende o di altre regioni;

7) collaborazione con le strutture trasfusionali militari per le scorte del sangue e dei suoi prodotti, per le urgenze sanitarie nonché per gli interventi in caso di calamità;

8) trasmissione al centro regionale di coordinamento e compensazione dei dati relativi alle prestazioni effettuate, come previsto dai flussi informativi di cui all'articolo 18;

9) indagini prenatali finalizzate alla prevenzione di problemi immunoematologici e prevenzione della malattia emolitica del neonato e tenuta di un registro dei soggetti da sottoporre alla profilassi;

10) attività immunoematologiche di riferimento per problemi trasfusionali clinici e sierologici;

11) gestione di una banca di sangue congelato per le emergenze;

12) gestione di una banca di cellule staminali congelate, ottenute da sangue periferico, midollare o cordonale;

13) servizio di tipizzazione tissutale;

14) tenuta di un registro di donatori di midollo e di donatori tipizzati per il sistema di istocompatibità HLA,

in attuazione degli articoli 2 e 4 della legge 6 marzo 2001, n. 52;

b) prestazioni di diagnosi e cura in medicina trasfusionale, organizzate in relazione alla complessità della rete ospedaliera pubblica e privata dell'ambito territoriale di competenza e comprendenti:

1) esecuzione da parte dei servizi trasfusionali delle indagini immunoematologiche sui pazienti finalizzate alla trasfusione;

2) verifica dell'appropriatezza della richiesta di sangue ed emocomponenti;

3) assegnazione e distribuzione del sangue e degli emocomponenti;

4) supporto trasfusionale nell'ambito del sistema dei servizi di urgenza e di emergenza;

5) pratica del predeposito a scopo autotrasfusionale;

6) coordinamento ed organizzazione delle attività di recupero perioperatorio e della emodiluizione;

7) svolgimento di attività di medicina trasfusionale e di emaferesi terapeutica e di assistenza ai pazienti, sia in costanza di ricovero sia in regime ambulatoriale;

8) raccolta, anche in relazione ai centri regionali già esistenti, di cellule staminali emopoietiche mediante aferesi e loro conservazione;

9) promozione del buon uso del sangue;

10) funzione di osservatorio epidemiologico per il territorio di competenza, ai fini dell'emovigilanza;

11) ulteriori attività di diagnosi e di cura, finalizzate alla trasfusione, individuate dalla programmazione regionale e aziendale;

c) promozione della donazione del sangue.

(1) In riferimento all'emergenza epidemiologica da Covid-19: donazioni di sangue ed emocomponenti, di cui al presente articolo, vedi: Circolare Ministero della Salute 10/3/2020, n. 8138.

6. Principi generali per l'organizzazione delle attività trasfusionali. – 1. Con uno o più accordi tra Governo, regioni e province autonome sanciti dalla Conferenza permanente per i rapporti tra lo Stato, le regioni e le province autonome di Trento e di Bolzano, ai sensi degli articoli 2, comma 1, lettera b), e 4 del decreto legislativo 28 agosto 1997, n. 281, entro sei mesi dalla data di entrata in vigore della presente legge:

a) viene promossa la uniforme erogazione dei livelli essenziali di assistenza in materia di attività trasfusionali, anche attraverso la qualificazione dei servizi trasfusionali, confermando la natura di struttura pubblica dei presidi e delle strutture addetti alle attività trasfusionali, l'omogeneizzazione e standardizzazione della organizzazione delle stesse nonché delle unità di raccolta, delle frigoemoteche e delle banche degli emocomponenti di gruppo raro e per le emergenze e di cellule staminali. Vengono altresì definiti, e periodicamente aggiornati, sulla base di ulteriori accordi, nel rispetto della complessiva cornice finanziaria prevista dal decreto del Presidente del Consiglio dei ministri 29 novembre 2001, pubblicato nel supplemento ordinario della Gazzetta Ufficiale n. 33 dell'8 febbraio 2002, i requisiti minimi organizzativi, strutturali e tecnologici delle strutture trasfusionali per gli ambiti territoriali coincidenti almeno con le aziende unità sanitarie locali (ASL);

b) viene adottato uno schema tipo per la stipula di convenzioni con le associazioni e federazioni di donatori di sangue per permettere la partecipazione delle stesse alle attività trasfusionali. Lo schema tipo di convenzione individua anche le tariffe di rimborso delle attività associative uniformi su tutto il territorio nazionale. Viene comunque garantita alle associazioni e federazioni di donatori di sangue la più ampia partecipazione alla definizione dell'accordo ed alla programmazione regionale e locale delle attività trasfusionali;

c) viene promossa la individuazione da parte delle regioni, in base alla propria programmazione, delle strutture e degli strumenti necessari per garantire un coordinamento intraregionale ed interregionale delle attività trasfusionali, dei flussi di scambio e di compensazione nonché il monitoraggio del raggiungimento degli obiettivi in relazione alle finalità di cui all'articolo 1 ed ai principi generali di cui all'articolo 11. A tal fine è autorizzata la spesa di 3.500.000 euro per l'anno 2005 per oneri di impianto e di 2.100.000 euro annui a decorrere dall'anno 2006 per oneri di funzionamento.

Capo III
Disposizioni riguardanti le associazioni e federazioni di donatori di sangue

7. Associazioni e federazioni di donatori. – 1. Lo Stato riconosce la funzione civica e sociale ed i valori umani e solidaristici che si esprimono nella donazione volontaria, periodica, responsabile, anonima e gratuita del sangue e dei suoi componenti.

2. Le associazioni di donatori volontari di sangue e le relative federazioni concorrono ai fini istituzionali del Servizio sanitario nazionale attraverso la promozione e lo sviluppo della donazione organizzata di sangue e la tutela dei donatori.

3. Rientrano tra le associazioni e le federazioni di cui al comma 2 quelle il cui statuto corrisponde alle finalità della presente legge, secondo le indicazioni fissate dal Ministro della salute con proprio decreto, da emanare entro sei mesi dalla data di entrata in vigore della presente legge, sentita la Consulta.

4. Le associazioni di donatori di cui al presente articolo, convenzionate ai sensi dell'articolo 6, comma 1, lettera b), possono organizzare e gestire singolarmente, o in forma aggregata, unità di raccolta previa autorizzazione della regione competente e in conformità alle esigenze indicate dalla programmazione sanitaria regionale.

5. La chiamata alla donazione è attuata dalle associazioni di donatori volontari di sangue e dalle relative federazioni, convenzionate ai sensi dell'articolo 6, comma 1, lettera b), secondo una programmazione definita di intesa con la struttura trasfusionale territorialmente competente.

6. Qualora le regioni non abbiano provveduto alla stipula delle convenzioni di cui all'articolo 6, comma 1, lettera b), entro sei mesi dalla data di entrata in vigore del decreto di cui al comma 3, il Consiglio dei ministri, su proposta del Ministro della salute, sentita la Consulta, previa diffida alle regioni inadempienti a provvedere entro tre mesi, attiva i poteri sostitutivi, nel rispetto dei principi di sussidiarietà e di leale collaborazione di cui all'articolo 120, secondo comma, della Costituzione.

7. Le associazioni di donatori volontari di sangue e le relative federazioni sono tenute a comunicare alle strutture trasfusionali competenti gli elenchi dei propri donatori iscritti.

8. Le strutture trasfusionali sono obbligate alla corretta tenuta e all'aggiornamento degli schedari dei donatori afferenti.

8. Astensione dal lavoro. – 1. I donatori di sangue e di emocomponenti con rapporto di lavoro dipendente, ovvero interessati dalle tipologie contrattuali di cui al decreto legislativo 10 settembre 2003 n. 276, hanno diritto ad astenersi dal lavoro per l'intera giornata in cui effettuano la donazione, conservando la normale retribuzione per l'intera giornata lavorativa. I relativi contributi previdenziali sono accreditati ai sensi dell'articolo 8 della legge 23 aprile 1981 n. 155.

2. In caso di inidoneità alla donazione è garantita la retribuzione dei donatori lavoratori dipendenti, limitatamente al tempo necessario all'accertamento dell'idoneità e alle relative procedure. A tal fine è autorizzata, a titolo di contributo a carico del bilancio dello Stato, la spesa massima di euro 406.000 annui a decorrere dall'anno 2005. Con decreto del Ministro dell'economia e delle finanze, di concerto con il Ministro della salute, sentita la Consulta, sono disciplinate le modalità di erogazione del contributo.

3. Ai fini dell'applicazione dei commi 1 e 2, i certificati relativi alle prestazioni effettuate sono rilasciati al donatore dalla struttura trasfusionale che le ha effettuate.

9. Disposizioni in materia fiscale. – 1. Non sono soggetti ad imposizione tributaria le attività e gli atti che le associazioni di donatori volontari di sangue e le relative federazioni di cui all'articolo 7 svolgono in adempimento delle finalità della presente legge e per gli scopi associativi.

Capo IV
Programmazione delle attività trasfusionali

10. Competenze del Ministero della salute. – 1. Il Ministero della salute svolge funzioni di indirizzo e programmazione del settore trasfusionale. Per le funzioni di coordinamento e controllo esso si avvale del Centro nazionale sangue di cui all'articolo 12.

2. Il Ministero della salute svolge le seguenti funzioni:

a) programmazione delle attività trasfusionali a livello nazionale;

b) attività normativa, anche in adeguamento agli indirizzi ed alle direttive comunitarie;

c) controllo della produzione nazionale di emoderivati, avvalendosi anche del Centro nazionale sangue;

d) controllo sul commercio e sull'informazione riguardanti gli emoderivati;

e) autorizzazione all'import-export del sangue e dei suoi prodotti;

f) registrazione di farmaci emoderivati e prodotti diagnostici;

g) promozione della ricerca e sperimentazione in campo trasfusionale, con riferimento in particolare alla riduzione del volume ematico da trasfondere, anche avvalendosi del Centro nazionale sangue;

h) definizione dei livelli essenziali di assistenza sanitaria uniformi e dei relativi criteri di finanziamento per le attività del servizio trasfusionale nazionale;

i) individuazione, in accordo con le associazioni di volontariato del sangue, di un programma nazionale di iniziative per la razionalizzazione ed il rafforzamento delle attività trasfusionali.

3. Entro nove mesi dalla data di entrata in vigore della presente legge, il Ministro della salute, con proprio decreto, predispone un progetto per l'istituzione di una rete nazionale di banche per la conservazione di cordoni ombelicali ai fini di trapianto, nonché programmi annuali di sviluppo delle relative attività, individuando le strutture trasfusionali pubbliche e private idonee sulla base di specifici accreditamenti (1).

4. Entro sei mesi dalla data di entrata in vigore della presente legge e successivamente ogni tre anni, il Ministro della salute, sentiti il Centro nazionale sangue e la Consulta, emana, nell'ambito del Piano sanitario nazionale, un atto di programmazione specifico per il settore trasfusionale denominato "Piano sangue e plasma nazionale".

(1) Per la proroga al 30/6/2008 del termine di cui al presente comma vedi l'art. 8-bis del d.l. 31/12/2007, n. 248.

• A norma dell'art. 35, co. 14, d.l. 30/12/2008, n. 207, il termine di cui al presente comma, per la predisposizione di una rete nazionale di banche per la conservazione di cordoni ombelicali, è differito al 31/12/2009.

11. Principi generali sulla programmazione sanitaria in materia di attività trasfusionali. – 1. In considerazione del fatto che l'autosufficienza di sangue e derivati costituisce un interesse nazionale sovraregionale e sovraziendale non frazionabile per il cui raggiungimento è richiesto il concorso delle regioni e delle aziende sanitarie, la presente legge definisce alcuni principi generali di programmazione sanitaria atti a favorire l'armonizzazione della legislazione in materia di attività trasfusionali.

2. A tale scopo a livello regionale:

a) viene promossa la donazione volontaria, periodica e non remunerata del sangue e degli emocomponenti, favorendo lo sviluppo sul territorio delle associazioni e federazioni dei donatori volontari di sangue;

b) viene istituito il sistema informativo regionale dei servizi trasfusionali, in raccordo funzionale con quello nazionale;

c) viene definito annualmente il programma di autosufficienza regionale, individuando i consumi storici, il fabbisogno reale, i livelli di produzione necessari, le risorse, i criteri di finanziamento del sistema, le modalità di compensazione intraregionale ed interregionale ed i livelli di importazione ed esportazione eventualmente necessari;

d) vengono definite le modalità per la stipula di convenzioni con le ditte produttrici di emoderivati, le modalità per l'invio del plasma alle aziende produttrici ed i controlli sulla distribuzione degli emoderivati ottenuti;

e) vengono curati i rapporti con la sanità militare per lo scambio di emocomponenti e delle frazioni plasmatiche, nell'ambito delle convenzioni di cui all'articolo 24, comma 4;

f) viene effettuato il controllo ispettivo delle strutture trasfusionali in relazione alle normative e procedure definite in ambito regionale e alle iniziative e ai programmi di cui all'articolo 6;

g) sono attivati programmi di monitoraggio e controllo sui consumi di sangue e dei suoi prodotti e sulla relativa spesa sanitaria;

h) sono promosse e finanziate attività di ricerca applicata e di sviluppo dei servizi nell'area della medicina trasfusionale, anche ai fini della riduzione del volume ematico da trasfondere;

i) viene promosso, per un migliore raggiungimento dell'autosufficienza, l'avvio di sperimentazioni gestionali ai sensi dell'articolo 9-bis del decreto legislativo 30 dicembre 1992, n. 502, e successive modificazioni, anche in forma consortile tra diverse aziende della stessa regione o di regioni diverse.

3. A livello regionale sono elaborati specifici progetti per la promozione delle donazioni periodiche di sangue e di emocomponenti al fine del raggiungimento dell'obiettivo dell'autosufficienza regionale e nazionale. Per il finanziamento dei progetti di cui al presente comma si applicano le disposizioni di cui all'articolo 1, comma 34-bis, della legge 23 dicembre 1996, n. 662, e successive modificazioni.

4. A livello regionale sono definiti, altresì gli obiettivi per l'autosufficienza integrata regionale ed interregionale, e per l'assistenza in materia trasfusionale.

Omissis

L. 15 marzo 2010, n. 38

Disposizioni per garantire l'accesso alle cure palliative e alla terapia del dolore

1. Finalità. – 1. La presente legge tutela il diritto del cittadino ad accedere alle cure palliative e alla terapia del dolore.

2. È tutelato e garantito, in particolare, l'accesso alle cure palliative e alla terapia del dolore da parte del malato, come definito dall'articolo 2, comma 1, lettera c), nell'ambito dei livelli essenziali di assistenza di cui al decreto del Presidente del Consiglio dei ministri 29 novembre 2001, pubblicato nel supplemento ordinario alla Gazzetta Ufficiale n. 33 dell'8 febbraio 2002, al fine di assicurare il rispetto della dignità e dell'autonomia della persona umana, il bisogno di salute, l'equità nell'accesso all'assistenza, la qualità delle cure e la loro appropriatezza riguardo alle specifiche esigenze, ai sensi dell'articolo 1, comma 2, del decreto legislativo 30 dicembre 1992, n. 502, e successive modificazioni.

3. Per i fini di cui ai commi 1 e 2, le strutture sanitarie che erogano cure palliative e terapia del dolore assicurano un programma di cura individuale per il malato e per la sua famiglia, nel rispetto dei seguenti princìpi fondamentali:

a) tutela della dignità e dell'autonomia del malato, senza alcuna discriminazione;

b) tutela e promozione della qualità della vita fino al suo termine;

c) adeguato sostegno sanitario e socio-assistenziale della persona malata e della famiglia.

2. Definizioni. – 1. Ai fini della presente legge si intende per:

a) «cure palliative»: l'insieme degli interventi terapeutici, diagnostici e assistenziali, rivolti sia alla persona malata sia al suo nucleo familiare, finalizzati alla cura attiva e totale dei pazienti la cui malattia di base, caratterizzata da un'inarrestabile evoluzione e da una prognosi infausta, non risponde più a trattamenti specifici;

b) «terapia del dolore»: l'insieme di interventi diagnostici e terapeutici volti a individuare e applicare alle forme morbose croniche idonee e appropriate terapie farmacologiche, chirurgiche, strumentali, psicologiche e riabilitative, tra loro variamente integrate, allo scopo di elaborare idonei percorsi diagnostico-terapeutici per la soppressione e il controllo del dolore;

c) «malato»: la persona affetta da una patologia ad andamento cronico ed evolutivo, per la quale non esistono terapie o, se esse esistono, sono inadeguate o sono risultate inefficaci ai fini della stabilizzazione della malattia o di un prolungamento significativo della vita, nonché la persona affetta da una patologia dolorosa cronica da moderata a severa;

d) «reti»: la rete nazionale per le cure palliative e la rete nazionale per la terapia del dolore, volte a garantire la continuità assistenziale del malato dalla struttura ospedaliera al suo domicilio e costituite dall'insieme delle strutture sanitarie, ospedaliere e territoriali, e assistenziali, delle figure professionali e degli interventi diagnostici e terapeutici disponibili nelle regioni e nelle province autonome, dedicati all'erogazione delle cure palliative, al controllo del dolore in tutte le fasi della malattia, con particolare riferimento alle fasi avanzate e terminali della stessa, e al supporto dei malati e dei loro familiari;

e) «assistenza residenziale»: l'insieme degli interventi sanitari, socio-sanitari e assistenziali nelle cure palliative erogati ininterrottamente da équipe multidisciplinari presso una struttura, denominata «hospice»;

f) «assistenza domiciliare»: l'insieme degli interventi sanitari, socio-sanitari e assistenziali che garantiscono l'erogazione di cure palliative e di terapia del dolore al domicilio della persona malata, per ciò che riguarda sia gli interventi di base, coordinati dal medico di medicina generale, sia quelli delle équipe specialistiche di cure palliative, di cui il medico di medicina generale è in ogni caso parte integrante, garantendo una continuità assistenziale ininterrotta;

g) «day hospice»: l'articolazione organizzativa degli hospice che eroga prestazioni diagnostico-terapeutiche e assistenziali a ciclo diurno non eseguibili a domicilio;

h) «assistenza specialistica di terapia del dolore»: l'insieme degli interventi sanitari e assistenziali di terapia del dolore erogati in regime ambulatoriale, di day hospital e di ricovero ordinario e sul territorio da équipe specialistiche.

Omissis.

7. Obbligo di riportare la rilevazione del dolore all'interno della cartella clinica. – 1. All'interno della cartella clinica, nelle sezioni medica ed infermieristica, in uso presso tutte le strutture sanitarie, devono essere riportati le caratteristiche del dolore rilevato e della sua evoluzione nel corso del ricovero, nonché la tecnica antalgica e i farmaci utilizzati, i relativi dosaggi e il risultato antalgico conseguito.

2. In ottemperanza alle linee guida del progetto «Ospedale senza dolore», previste dall'accordo tra il Ministro della sanità, le regioni e le province autonome di Trento e di Bolzano, in data 24 maggio 2001, pubblicato nella Gazzetta Ufficiale n. 149 del 29 giugno 2001, le strutture sanitarie hanno facoltà di scegliere gli strumenti più adeguati, tra quelli validati, per la valutazione e la rilevazione del dolore da riportare all'interno della cartella clinica ai sensi del comma 1.

8. Formazione e aggiornamento del personale medico e sanitario in materia di cure palliative e di terapia del dolore. – 1. Entro sei mesi dalla data di entrata in vigore della presente legge il Ministro dell'istruzione, dell'università e della ricerca, di concerto con il Ministro della salute, ai sensi dell'articolo 17, comma 95, della legge 15 maggio 1997, n. 127, e successive modificazioni, individua con uno o più decreti i criteri generali per la disciplina degli ordinamenti didattici di specifici percorsi formativi in materia di cure palliative e di terapia del dolore connesso alle malattie neoplastiche e a patologie croniche e degenerative. Con i medesimi decreti sono individuati i criteri per l'istituzione di master in cure palliative e nella terapia del dolore.

2. In sede di attuazione dei programmi obbligatori di formazione continua in medicina di cui all'articolo 16-bis del decreto legislativo 30 dicembre 1992, n. 502, e successive modificazioni, la Commissione nazionale per la formazione continua, costituita ai sensi dell'articolo 2, comma 357, della legge 24 dicembre 2007, n. 244, prevede che l'aggiornamento periodico del personale medico, sanitario e socio-sanitario, impegnato nella terapia del dolore connesso alle malattie neoplastiche e a patologie croniche e degenerative e nell'assistenza nel settore delle cure palliative, e in particolare di medici ospedalieri, medici specialisti ambulatoriali territoriali, medici di medicina generale e di continuità assistenziale e pediatri di libera scelta, si realizzi attraverso il conseguimento di crediti formativi su percorsi assistenziali multidisciplinari e multiprofessionali.

3. L'accordo di cui all'articolo 5, comma 2, individua i contenuti dei percorsi formativi obbligatori ai sensi della normativa vigente ai fini dello svolgimento di attività professionale nelle strutture sanitarie pubbliche e private e nelle organizzazioni senza scopo di lucro operanti nell'ambito delle due reti per le cure palliative e per la terapia del dolore, ivi inclusi i periodi di tirocinio obbligatorio presso le strutture delle due reti.

4. In sede di Conferenza permanente per i rapporti tra lo Stato, le regioni e le province autonome di Trento e di Bolzano, su proposta del Ministro della salute, mediante intesa ai sensi dell'articolo 8, comma 6, della legge 5 giugno 2003, n. 131, sentite le principali società scientifiche e organizzazioni senza scopo di lucro operanti nel settore delle cure palliative e della terapia del dolore, sono definiti percorsi formativi omogenei su tutto il territorio nazionale per i volontari che operano nell'ambito delle due reti.

5. All'attuazione del presente articolo si provvede nei limiti delle risorse umane, strumentali e finanziarie disponibili a legislazione vigente e, comunque, senza nuovi o maggiori oneri per la finanza pubblica.

9. Monitoraggio ministeriale per le cure palliative e per la terapia del dolore. – 1. Presso il Ministero della salute è attivato, eventualmente anche attraverso l'istituzione di una commissione nazionale, avvalendosi delle risorse umane disponibili a legislazione vigente, il monitoraggio per le cure palliative e per la terapia del dolore connesso alle malattie neoplastiche e a patologie croniche e degenerative. Le regioni e le province autonome di Trento e di Bolzano forniscono tutte le informazioni e i dati utili all'attività del Ministero e possono accedere al complesso dei dati e delle informazioni in possesso del Ministero. Il Ministero, alla cui attività collaborano l'Agenzia nazionale per i servizi sanitari regionali, la Commissione nazionale per la formazione continua, l'Agenzia italiana del farmaco e l'Istituto superiore di sanità, fornisce anche alle regioni elementi per la valutazione dell'andamento della prescrizione dei farmaci utilizzati per la terapia del dolore, del livello di attuazione delle linee guida di cui all'articolo 3, comma 2, nonché dello stato di realizzazione e di sviluppo delle due reti su tutto il territorio nazionale, con particolare riferimento alle disomogeneità territoriali e all'erogazione delle cure palliative in età neonatale, pediatrica e adolescenziale. Il Ministero provvede a monitorare, in particolare:

a) i dati relativi alla prescrizione e all'utilizzazione di farmaci nella terapia del dolore, e in particolare dei farmaci analgesici oppiacei;

b) lo sviluppo delle due reti, con particolare riferimento alla verifica del rispetto degli indicatori e dei criteri nazionali previsti dalla normativa vigente;

c) lo stato di avanzamento delle due reti, anche con riferimento al livello di integrazione delle strutture che ne fanno parte;

d) le prestazioni erogate e gli esiti delle stesse, anche attraverso l'analisi qualitativa e quantitativa dell'attività delle strutture delle due reti;

e) le attività di formazione a livello nazionale e regionale;

f) le campagne di informazione a livello nazionale e regionale;

g) le attività di ricerca;

h) gli aspetti economici relativi alla realizzazione e allo sviluppo delle due reti (1).

2. Entro il 31 dicembre di ciascun anno, il Ministero della salute redige un rapporto, finalizzato a rilevare l'andamento delle prescrizioni di farmaci per la terapia del dolore connesso alle malattie neoplastiche e a patologie croniche e degenerative, con particolare riferimento ai farmaci analgesici oppiacei, a monitorare lo stato di avanzamento delle due reti su tutto il territorio nazionale e il livello di omogeneità e di adeguatezza delle stesse, formulando proposte per la risoluzione dei problemi e delle criticità eventualmente rilevati, anche al fine di garantire livelli omogenei di trattamento del dolore su tutto il territorio nazionale (1).

3. Nei limiti delle risorse disponibili a legislazione vigente e senza nuovi o maggiori oneri per la finanza pubblica, il Ministero della salute può avvalersi di figure professionali del Servizio sanitario nazionale con dimostrate competenze specifiche e, anche tramite apposite convenzioni, della collaborazione di istituti di ricerca, società scientifiche e organizzazioni senza scopo di lucro operanti nei settori delle cure palliative e della terapia del dolore connesso alle malattie neoplastiche e a patologie croniche e degenerative.

4. Per le spese di funzionamento di tale attività, fatto salvo quanto previsto dal comma 3, è autorizzata la spesa di 150.000 euro annui a decorrere dall'anno 2010.

(1) Per la proroga dell'organismo di cui al presente comma, vedi l'art. 1, co. 2, d.l. 28/6/2012, n. 89. A norma dell'art. 2, co. 1, lett. o), d.P.R. 28/3/2013, n. 44, le funzioni in atto esercitate dall'organismo di cui al presente comma sono trasferite ad un unico organo collegiale, denominato: «Comitato tecnico sanitario».

10. Semplificazione delle procedure di accesso ai medicinali impiegati nella terapia del dolore. – 1. Al testo unico delle leggi in materia di disciplina degli stupefacenti e sostanze psicotrope, prevenzione, cura e riabilitazione dei relativi stati di tossicodipendenza, di cui al decreto del Presidente della Repubblica 9 ottobre 1990, n. 309, e successive modificazioni, sono apportate le seguenti modificazioni:

a) all'articolo 14, comma 1, lettera e), dopo il numero 3) è aggiunto il seguente:

«3-bis) in considerazione delle prioritarie esigenze terapeutiche nei confronti del dolore severo, composti medicinali utilizzati in terapia del dolore elencati nell'allegato III-bis, limitatamente alle forme farmaceutiche diverse da quella parenterale»;

b) nel titolo II, dopo l'articolo 25 è aggiunto il seguente:

«Art. 25-bis. – (Distruzione delle sostanze e delle composizioni in possesso dei soggetti di cui all'articolo 17 e delle farmacie). – 1. Le sostanze e le composizioni scadute o deteriorate non utilizzabili farmacologicamente, limitatamente a quelle soggette all'obbligo di registrazione, in possesso dei soggetti autorizzati ai sensi dell'articolo 17, sono distrutte previa autorizzazione del Ministero della salute.

2. La distruzione delle sostanze e composizioni di cui al comma 1 in possesso delle farmacie è effettuata dall'azienda sanitaria locale ovvero da un'azienda autorizzata allo smaltimento dei rifiuti sanitari. Delle operazioni di distruzione di cui al presente comma è redatto apposito verbale e, nel caso in cui la distruzione avvenga per il tramite di un'azienda autorizzata allo smaltimento dei rifiuti sanitari, il farmacista trasmette all'azienda sanitaria locale il relativo verbale. Gli oneri di trasporto, distruzione e gli altri eventuali oneri connessi sono a carico delle farmacie richiedenti la distruzione.

3. Le Forze di polizia assicurano, nell'ambito delle risorse umane, finanziarie e strumentali disponibili a legislazione vigente, adeguata assistenza alle operazioni di distruzione di cui al presente articolo»;

c) all'articolo 38, il primo e il secondo periodo del comma 1 sono sostituiti dal seguente: «La vendita o cessione, a qualsiasi titolo, anche gratuito, delle sostanze e dei medicinali compresi nelle tabelle I e II, sezioni A, B e C, di cui all'articolo 14 è fatta alle persone autorizzate ai sensi del presente testo unico in base a richiesta scritta da staccarsi da apposito bollettario "buoni acquisto" conforme al modello predisposto dal Ministero della salute»;

d) all'articolo 41, comma 1-bis, le parole: «di pazienti affetti da dolore severo in corso di patologia neoplastica o degenerativa» sono sostituite dalle seguenti: «di malati che hanno accesso alle cure palliative e alla terapia del dolore secondo le vigenti disposizioni»;

e) all'articolo 43, dopo il comma 4 è inserito il seguente:

«4-bis. Per la prescrizione, nell'ambito del Servizio sanitario nazionale, di farmaci previsti dall'allegato III-bis per il trattamento di pazienti affetti da dolore severo, in luogo del ricettario di cui al comma 1, contenente le ricette a ricalco di cui al comma 4, può essere utilizzato il ricettario del Servizio sanitario nazionale, disciplinato dal decreto del Ministro dell'economia e delle finanze 17 marzo 2008, pubblicato nel supplemento ordinario alla Gazzetta Ufficiale n. 86 dell'11 aprile 2008. Il Ministro della salute, sentiti il Consiglio superiore di sanità e la Presidenza del Consiglio dei ministri – Dipartimento per le politiche antidroga, può, con proprio decreto, aggiornare l'elenco dei farmaci di cui all'allegato III-bis»;

f) all'articolo 43, commi 7 e 8, le parole: «di pazienti affetti da dolore severo in corso di patologia neoplastica o degenerativa» sono sostituite dalle seguenti: «di malati che hanno accesso alle cure palliative e alla terapia del dolore secondo le vigenti disposizioni»;

g) all'articolo 45, comma 1, le parole: «che si accerta dell'identità dell'acquirente e prende nota degli estremi di un documento di riconoscimento da trascrivere sulla ricetta» sono sostituite dalle seguenti: «che annota sulla ricetta il nome, il cognome e gli estremi di un documento di riconoscimento dell'acquirente»;

h) all'articolo 45, comma 2, le parole: «sulle ricette previste dal comma 1» sono sostituite dalle seguenti: «sulle ricette previste dai commi 1 e 4-bis»;

i) all'articolo 45, dopo il comma 3 è inserito il seguente:

«3-bis. Il farmacista spedisce comunque le ricette che prescrivano un quantitativo che, in relazione alla posologia indicata, superi teoricamente il limite massimo di terapia di trenta giorni, ove l'eccedenza sia dovuta al numero di unità posologiche contenute nelle confezioni in commercio. In caso di ricette che prescrivano una cura di durata superiore a trenta giorni, il farmacista consegna un numero di confezioni sufficiente a coprire trenta giorni di terapia, in relazione alla posologia indicata, dandone comunicazione al medico prescrittore»;

l) all'articolo 45, dopo il comma 6 è inserito il seguente:

«6-bis. All'atto della dispensazione dei medicinali inseriti nella sezione D della tabella II, successivamente alla data del 15 giugno 2009, limitatamente alle ricette diverse da quella di cui al decreto del Ministro della salute 10 marzo 2006, pubblicato nella Gazzetta Ufficiale n. 76 del 31 marzo 2006, o da quella del Servizio sanitario nazionale, disciplinata dal decreto del Ministro dell'economia e delle finanze 17 marzo 2008, pubblicato nel supplemento ordinario alla Gazzetta Ufficiale n. 86 dell'11 aprile 2008, il farmacista deve annotare sulla ricetta il nome, il cognome e gli estremi di un documento di riconoscimento dell'acquirente. Il farmacista conserva per due anni, a partire dal giorno dell'ultima registrazione, copia o fotocopia della ricetta ai fini della dimostrazione della liceità del possesso dei farmaci consegnati dallo stesso farmacista al paziente o alla persona che li ritira»;

m) all'articolo 45, dopo il comma 10 è aggiunto il seguente:

«10-bis. Su richiesta del cliente e in caso di ricette che prescrivono più confezioni, il farmacista, previa specifica annotazione sulla ricetta, può spedirla in via definitiva consegnando un numero di confezioni inferiore a quello prescritto, dandone comunicazione al medico prescrittore, ovvero può consegnare, in modo frazionato, le confezioni, purché entro il termine di validità della ricetta e previa annotazione del numero di confezioni volta per volta consegnato»;

n) all'articolo 60:

1) al comma 1, sono aggiunti, in fine, i seguenti periodi: «Lo stesso termine è ridotto a due anni per le farmacie aperte al pubblico e per le farmacie ospedaliere. I direttori sanitari e i titolari di gabinetto di cui all'articolo 42, comma 1, conservano il registro di cui al presente comma per due anni dal giorno dell'ultima registrazione»;

2) il comma 2 è sostituito dal seguente:

«2. I responsabili delle farmacie aperte al pubblico e delle farmacie ospedaliere nonché delle aziende autorizzate al commercio all'ingrosso riportano sul registro il movimento dei medicinali di cui alla tabella II, sezioni A, B e C, secondo le modalità indicate al comma 1 e nel termine di quarantotto ore dalla dispensazione»;

3) al comma 4, dopo le parole: «Ministero della salute» sono aggiunte le seguenti: «e possono essere composti da un numero di pagine adeguato alla quantità di stupefacenti normalmente detenuti e movimentati»;

o) all'articolo 62, comma 1, le parole: «sezioni A e C,» sono sostituite dalle seguenti: «sezioni A, B e C,»;

p) all'articolo 63:

1) al comma 1, è aggiunto, in fine, il seguente periodo: «Tale registro è conservato per dieci anni a far data dall'ultima registrazione»;

2) il comma 2 è abrogato;

q) all'articolo 64, comma 1, le parole: «previsto dagli articoli 42, 46 e 47» sono sostituite dalle seguenti: «previsto dagli articoli 46 e 47»;

r) all'articolo 68, dopo il comma 1 è aggiunto il seguente:

«1-bis. Qualora le irregolarità riscontrate siano relative a violazioni della normativa regolamentare sulla tenuta dei registri di cui al comma 1, si applica la sanzione amministrativa del pagamento di una somma da euro 500 a euro 1.500»;

s) all'articolo 73, comma 4, le parole: «e C, di cui all'articolo 14» sono sostituite dalle seguenti: «, C e D, limitatamente a quelli indicati nel numero 3-bis) della lettera e) del comma 1 dell'articolo 14»;

t) all'articolo 75, comma 1, le parole: «e C» sono sostituite dalle seguenti: «, C e D, limitatamente a quelli indicati nel numero 3-bis) della lettera e) del comma 1 dell'articolo 14».

11. Relazione annuale al Parlamento. – 1. Il Ministro della salute, entro il 31 dicembre di ogni anno, presenta una relazione al Parlamento sullo stato di attuazione della presente legge, riferendo anche in merito alle informazioni e ai dati raccolti con il monitoraggio di cui all'articolo 9.

2. Ai fini di cui al comma 1, le regioni e le province autonome di Trento e di Bolzano trasmettono al Ministro della salute, entro il 31 ottobre di ciascun anno, tutti i dati relativi agli interventi di loro competenza disciplinati dalla presente legge.

12. Copertura finanziaria. – 1. Agli oneri derivanti dall'articolo 4, comma 3, dall'articolo 6, comma 1, e dall'articolo 9, comma 4, pari a 1.650.000 euro per l'anno 2010, a 1.300.000 euro per l'anno 2011, a 300.000 euro per l'anno 2012 e a 150.000 euro a decorrere dall'anno 2013, si provvede, quanto a 650.000 euro per l'anno 2010, mediante corrispondente riduzione dell'autorizzazione di spesa di cui all'articolo 48, comma 9, del decreto-legge 30 settembre 2003, n. 269, convertito, con modificazioni, dalla legge 24 novembre 2003, n. 326, come rideterminata dalla Tabella C allegata alla legge 23 dicembre 2009, n. 191, e, quanto a 1.000.000 di euro per l'anno 2010, a 1.300.000 euro per l'anno 2011 e a 300.000 euro per l'anno 2012, mediante corrispondente riduzione dello stanziamento del fondo speciale di parte corrente iscritto, ai fini del bilancio triennale 2010-2012, nell'ambito del programma «Fondi di riserva e speciali» della missione «Fondi da ripartire» dello stato di previsione del Ministero dell'economia e delle finanze per l'anno 2010, allo scopo parzialmente utilizzando gli accantonamenti di cui alla tabella 1 annessa alla presente legge.

2. Per la realizzazione delle finalità di cui alla presente legge, il Comitato interministeriale per la programmazione economica, in attuazione dell'articolo 1, comma 34, della legge 23 dicembre 1996, n. 662, vincola, per un importo non inferiore a 100 milioni di euro annui, una quota del Fondo sanitario nazionale su proposta del Ministro della salute, d'intesa con la Conferenza permanente per i rapporti tra lo Stato, le regioni e le province autonome di Trento e di Bolzano.

3. Il Ministro dell'economia e delle finanze è autorizzato ad apportare, con propri decreti, le occorrenti variazioni di bilancio.

L. 22 giugno 2016, n. 112

Disposizioni in materia di assistenza in favore delle persone con disabilità grave prive del sostegno familiare

(*Rinvio,* Parte V, Sezione XXVII)

L. 8 marzo 2017, n. 24

Disposizioni in materia di sicurezza delle cure e della persona assistita, nonché in materia di responsabilità professionale degli esercenti le professioni sanitarie

Art. 1. Sicurezza delle cure in sanità. – 1. La sicurezza delle cure è parte costitutiva del diritto alla salute [32 Cost.] ed è perseguita nell'interesse dell'individuo e della collettività [2 Cost.].

2. La sicurezza delle cure si realizza anche mediante l'insieme di tutte le attività finalizzate alla prevenzione e alla gestione del rischio connesso all'erogazione di prestazioni sanitarie e l'utilizzo appropriato delle risorse strutturali, tecnologiche e organizzative.

3. Alle attività di prevenzione del rischio messe in atto dalle strutture sanitarie e sociosanitarie, pubbliche e private, è tenuto a concorrere tutto il personale, compresi i liberi professionisti che vi operano in regime di convenzione con il Servizio sanitario nazionale.

Art. 2. Attribuzione della funzione di garante per il diritto alla salute al Difensore civico regionale o provinciale e istituzione dei Centri regionali per la gestione del rischio sanitario e la sicurezza del paziente. – 1. Le regioni e le province autonome di Trento e di Bolzano possono affidare all'ufficio del Difensore civico la funzione di garante per il diritto alla salute e disciplinarne la struttura organizzativa e il supporto tecnico.

2. Il Difensore civico, nella sua funzione di garante per il diritto alla salute, può essere adito gratuitamente da ciascun soggetto destinatario di prestazioni sanitarie, direttamente o mediante un proprio delegato, per la segnalazione di disfunzioni del sistema dell'assistenza sanitaria e sociosanitaria.

3. Il Difensore civico acquisisce, anche digitalmente, gli atti relativi alla segnalazione pervenuta e, qualora abbia verificato la fondatezza della segnalazione, interviene a tutela del diritto leso con i poteri e le modalità stabiliti dalla legislazione regionale.

4. In ogni regione è istituito, con le risorse umane, strumentali e finanziarie disponibili a legislazione vigente e comunque senza nuovi o maggiori oneri a carico della finanza pubblica, il Centro per la gestione del rischio sanitario e la sicurezza del paziente, che raccoglie dalle strutture sanitarie e sociosanitarie pubbliche e private i dati regionali sui rischi ed

eventi avversi e sul contenzioso e li trasmette annualmente, mediante procedura telematica unificata a livello nazionale, all'Osservatorio nazionale delle buone pratiche sulla sicurezza nella sanità, di cui all'articolo 3.

5. All'articolo 1, comma 539, della legge 28 dicembre 2015, n. 208, è aggiunta, in fine, la seguente lettera:

«d-bis) predisposizione di una relazione annuale consuntiva sugli eventi avversi verificatisi all'interno della struttura, sulle cause che hanno prodotto l'evento avverso e sulle conseguenti iniziative messe in atto. Detta relazione è pubblicata nel sito internet della struttura sanitaria».

Art. 3. Osservatorio nazionale delle buone pratiche sulla sicurezza nella sanità. – 1. Entro tre mesi dalla data di entrata in vigore della presente legge, con decreto del Ministro della salute, previa intesa in sede di Conferenza permanente per i rapporti tra lo Stato, le regioni e le province autonome di Trento e di Bolzano, è istituito, senza nuovi o maggiori oneri per la finanza pubblica, presso l'Agenzia nazionale per i servizi sanitari regionali (AGENAS), l'Osservatorio nazionale delle buone pratiche sulla sicurezza nella sanità, di seguito denominato «Osservatorio».

2. L'Osservatorio acquisisce dai Centri per la gestione del rischio sanitario e la sicurezza del paziente, di cui all'articolo 2, i dati regionali relativi ai rischi ed eventi avversi nonché alle cause, all'entità, alla frequenza e all'onere finanziario del contenzioso e, anche mediante la predisposizione, con l'ausilio delle società scientifiche e delle associazioni tecnico-scientifiche delle professioni sanitarie di cui all'articolo 5, di linee di indirizzo, individua idonee misure per la prevenzione e la gestione del rischio sanitario e il monitoraggio delle buone pratiche per la sicurezza delle cure nonché per la formazione e l'aggiornamento del personale esercente le professioni sanitarie.

3. Il Ministro della salute trasmette annualmente alle Camere una relazione sull'attività svolta dall'Osservatorio.

4. L'Osservatorio, nell'esercizio delle sue funzioni, si avvale anche del Sistema informativo per il monitoraggio degli errori in sanità (SIMES), istituito con decreto del Ministro del lavoro, della salute e delle politiche sociali 11 dicembre 2009, pubblicato nella Gazzetta Ufficiale n. 8 del 12 gennaio 2010.

Art. 4. Trasparenza dei dati. – 1. Le prestazioni sanitarie erogate dalle strutture pubbliche e private sono soggette all'obbligo di trasparenza [d.lg. 33/2013], nel rispetto del codice in materia di protezione dei dati personali, di cui al decreto legislativo 30 giugno 2003, n. 196.

2. La direzione sanitaria della struttura pubblica o privata, entro sette giorni dalla presentazione della richiesta da parte degli interessati aventi diritto, in conformità alla disciplina sull'accesso ai documenti amministrativi e a quanto previsto dal codice in materia di protezione dei dati personali, di cui al decreto legislativo 30 giugno 2003, n. 196, fornisce la documentazione sanitaria disponibile relativa al paziente, preferibilmente in formato elettronico; le eventuali integrazioni sono fornite, in ogni caso, entro il termine massimo di trenta giorni dalla presentazione della suddetta richiesta. Entro novanta giorni dalla data di entrata in vigore della presente legge, le strutture sanitarie pubbliche e private adeguano i regolamenti interni adottati in attuazione della legge 7 agosto 1990, n. 241, alle disposizioni del presente comma.

3. Le strutture sanitarie pubbliche e private rendono disponibili, mediante pubblicazione nel proprio sito internet, i dati relativi a tutti i risarcimenti erogati nell'ultimo quinquennio, verificati nell'ambito dell'esercizio della funzione di monitoraggio, prevenzione e gestione del rischio sanitario (risk management) di cui all'articolo 1, comma 539, della legge 28 dicembre 2015, n. 208, come modificato dagli articoli 2 e 16 della presente legge.

4. All'articolo 37 del regolamento di polizia mortuaria, di cui al decreto del Presidente della Repubblica 10 settembre 1990, n. 285, dopo il comma 2 è inserito il seguente:

«2-bis. I familiari o gli altri aventi titolo del deceduto possono concordare con il direttore sanitario o sociosanitario l'esecuzione del riscontro diagnostico, sia nel caso di decesso ospedaliero che in altro luogo, e possono disporre la presenza di un medico di loro fiducia».

Art. 5. Buone pratiche clinico-assistenziali e raccomandazioni previste dalle linee guida. – 1. Gli esercenti le professioni sanitarie, nell'esecuzione delle prestazioni sanitarie con finalità preventive, diagnostiche, terapeutiche, palliative, riabilitative e di medicina legale, **si attengono**, salve le specificità del caso concreto, alle **raccomandazioni previste dalle linee guida** pubblicate ai sensi del comma 3 ed elaborate da enti e istituzioni pubblici e privati nonché dalle società scientifiche e dalle associazioni tecnico-scientifiche delle professioni sanitarie **iscritte in apposito elenco istituito e regolamentato con decreto del Ministro della salute**, da emanare entro novanta giorni dalla data di entrata in vigore della presente legge, e da aggiornare con cadenza biennale. In mancanza delle suddette raccomandazioni, gli esercenti le professioni sanitarie si attengono alle **buone pratiche clinico-assistenziali**.

2. Nel regolamentare l'iscrizione in apposito elenco delle società scientifiche e delle associazioni tecnico-scientifiche di cui al comma 1, il decreto del Ministro della salute stabilisce:

a) i requisiti minimi di rappresentatività sul territorio nazionale;

b) la costituzione mediante atto pubblico e le garanzie da prevedere nello statuto in riferimento al libero accesso dei professionisti aventi titolo e alla loro partecipazione alle decisioni, all'autonomia e all'indipendenza, all'assenza di scopo di lucro, alla pubblicazione nel sito istituzionale dei bilanci preventivi, dei consuntivi e degli incarichi retribuiti, alla dichiarazione e regolazione dei conflitti di interesse e all'individuazione di sistemi di verifica e controllo della qualità della produzione tecnico-scientifica;

c) le procedure di iscrizione all'elenco nonché le verifiche sul mantenimento dei requisiti e le modalità di sospensione o cancellazione dallo stesso.

3. Le **linee guida** e gli aggiornamenti delle stesse elaborati dai soggetti di cui al comma 1 sono integrati nel Sistema nazionale per le linee guida (SNLG), il quale è disciplinato nei compiti e nelle funzioni con decreto del Ministro della salute, da emanare, previa intesa in sede di Conferenza permanente per i rapporti tra lo Stato, le regioni e le province autonome di Trento e di Bolzano, entro centoventi giorni dalla data di entrata in vigore della presente legge. L'Istituto superiore di sanità pubblica nel proprio sito internet le linee guida e gli aggiornamenti delle stesse indicati dal SNLG, previa verifica della conformità della metodologia adottata a standard definiti e resi pubblici dallo stesso Istituto, nonché della rilevanza delle evidenze scientifiche dichiarate a supporto delle raccomandazioni (1).

4. Le attività di cui al comma 3 sono svolte nell'ambito delle risorse umane, finanziarie e strumentali già disponibili a legislazione vigente e comunque senza nuovi o maggiori oneri per la finanza pubblica.

(1) Comma così modificato dalla l. 11/1/2018, n. 3.

Art. 6. Responsabilità penale dell'esercente la professione sanitaria. – 1. Dopo l'articolo 590-quinquies del codice penale è inserito il seguente:

«Art. 590-sexies (Responsabilità colposa per morte o lesioni personali in ambito sanitario). – Se i fatti di cui agli articoli 589 e 590 sono commessi nell'esercizio della professione sanitaria, si applicano le pene ivi previste salvo quanto disposto dal secondo comma.

Qualora l'evento si sia verificato a causa di imperizia, la punibilità è esclusa quando sono rispettate le raccomandazioni previste dalle linee guida come definite e pubblicate ai sensi di legge ovvero, in mancanza di queste, le buone pratiche clinico-assistenziali, sempre che le raccomandazioni previste dalle predette linee guida risultino adeguate alle specificità del caso concreto».

2. All'articolo 3 del decreto-legge 13 settembre 2012, n. 158, convertito, con modificazioni, dalla legge 8 novembre 2012, n. 189, il comma 1 è abrogato (1).

(1) L'art. 3 del d.l. 13/9/2012, n. 158 conv., con modif., in l. 8/11/2012, n. 189, *Disposizioni urgenti per promuovere lo sviluppo del Paese mediante un più alto livello di tutela della salute* (c.d. decreto Balduzzi) disponeva: «3. Responsabilità professionale dell'esercente le professioni sanitarie. – 1. L'esercente la professione sanitaria che nello svolgimento della propria attività si attiene a linee guida e buone pratiche accreditate dalla comunità scientifica non risponde penalmente per colpa lieve. In tali casi resta comunque fermo l'obbligo di cui all'articolo 2043 del codice civile. Il giudice, anche nella determinazione del risarcimento del danno, tiene debitamente conto della condotta di cui al primo periodo». Il testo del d.l. originario, precedente alle modifiche apportate dalla legge di conversione era il seguente: «1. Fermo restando il disposto dell'articolo 2236 del codice civile, nell'accertamento della colpa lieve nell'attività dell'esercente le professioni sanitarie il giudice, ai sensi dell'articolo 1176 del codice civile, tiene conto in particolare dell'osservanza, nel caso concreto, delle linee guida e delle buone pratiche accreditate dalla comunità scientifica nazionale e internazionale».

Art. 7. Responsabilità civile della struttura e dell'esercente la professione sanitaria. – 1. La struttura sanitaria o sociosanitaria pubblica o privata che, nell'adempimento della propria obbligazione, si avvalga dell'opera di esercenti la professione sanitaria, anche se scelti dal paziente e ancorché non dipendenti della struttura stessa, **risponde, ai sensi degli articoli 1218 e 1228 del codice civile, delle loro condotte dolose o colpose.**

2. La disposizione di cui al comma 1 **si applica anche alle prestazioni sanitarie svolte in regime di libera professione intramuraria** ovvero nell'ambito di attività di sperimentazione e di ricerca clinica ovvero in regime di convenzione con il Servizio sanitario nazionale nonché attraverso la telemedicina.

3. **L'esercente la professione sanitaria di cui ai commi 1 e 2 risponde del proprio operato ai sensi dell'articolo 2043 del codice civile**, salvo che abbia agito nell'adempimento di obbligazione contrattuale assunta con il paziente. Il giudice, nella determinazione del risarcimento del danno, tiene conto della condotta dell'esercente la professione sanitaria ai sensi dell'articolo 5 della presente legge e dell'articolo 590-sexies del codice penale, introdotto dall'articolo 6 della presente legge.

4. Il danno conseguente all'attività della struttura sanitaria o sociosanitaria, pubblica o privata, e dell'esercente la professione sanitaria è risarcito sulla base delle tabelle di cui agli articoli 138 e 139 del codice delle assicurazioni private, di cui al decreto legislativo 7 settembre 2005, n. 209, integrate, ove necessario, con la procedura di cui al comma 1 del predetto articolo 138 e sulla base dei criteri di cui ai citati articoli, per tener conto delle fattispecie da esse non previste, afferenti alle attività di cui al presente articolo.

5. Le disposizioni del presente articolo costituiscono **norme imperative** ai sensi del codice civile.

Art. 8. Tentativo obbligatorio di conciliazione. – 1. Chi intende esercitare un'azione innanzi al giudice civile relativa a una controversia di risarcimento del danno derivante da responsabilità sanitaria è tenuto preliminarmente a proporre ricorso ai sensi dell'articolo 696-bis del codice di procedura civile dinanzi al giudice competente.

2. La presentazione del ricorso di cui al comma 1 costituisce condizione di procedibilità della domanda di risarcimento. È fatta salva la possibilità di esperire in alternativa il procedimento di mediazione ai sensi dell'articolo 5, comma 1, del decreto legislativo 4 marzo 2010, n. 28. In tali casi non trova invece applicazione l'articolo 3 del decreto-legge 12 settembre 2014, n. 132, convertito, con modificazioni, dalla legge 10 novembre 2014, n. 162. L'improcedibilità deve essere eccepita dal convenuto, a pena di decadenza, o rilevata d'ufficio dal giudice, non oltre la prima udienza. Il giudice, ove rilevi che il procedimento di cui all'articolo 696-bis del codice di procedura civile non è stato espletato ovvero che è iniziato ma non si è concluso, assegna alle parti il termine di quindici giorni per la presentazione dinanzi a sé dell'istanza di consulenza tecnica in via preventiva ovvero di completamento del procedimento (1).

3. Ove la conciliazione non riesca o il procedimento non si concluda entro il termine perentorio di sei mesi dal deposito del ricorso, la domanda diviene procedibile e gli effetti della domanda sono salvi se, entro novanta giorni dal deposito della relazione o dalla scadenza del termine perentorio, è depositato, presso il giudice che ha trattato il procedimento di cui al comma 1, il ricorso di cui all'articolo 281-undecies del codice di procedura civile. In tal caso il giudice fissa l'udienza di comparizione delle parti; e procede con le forme del rito semplificato di cognizione a norma degli articoli 281-decies e seguenti (1).

4. La partecipazione al procedimento di consulenza tecnica preventiva di cui al presente articolo, effettuato secondo il disposto dell'articolo 15 della presente legge, è obbligatoria per tutte le parti, comprese le imprese di assicurazione di cui all'articolo 10, che hanno l'obbligo di formulare l'offerta di risarcimento del danno ovvero comunicare i motivi per cui ritengono di non formularla. In caso di sentenza a favore del danneggiato, quando l'impresa di assicurazione non ha formulato l'offerta di risarcimento nell'ambito del procedimento di consulenza tecnica preventiva di cui ai commi precedenti, il giudice trasmette copia della sentenza all'Istituto per la vigilanza sulle assicurazioni (IVASS) per gli adempimenti di propria competenza. In caso di mancata partecipazione, il giudice, con il provvedimento che definisce il giudizio, condanna le parti che non hanno partecipato al pagamento delle spese di consulenza e di lite, indipendentemente dall'esito del giudizio, oltre che ad una pena pecuniaria, determinata equitativamente, in favore della parte che è comparsa alla conciliazione.

(1) Comma modificato dall'art. 15, co. 2, lett. a), d.lg. 10/10/2022, n. 149, con effetto a decorrere dal 28/2/2023, come stabilito dall'art. 35, co. 1, d.lg. n. 149/2022 medesimo, come modificato dall'art. 1, co. 380, lett. a), l. 29/12/2022, n. 197.

Art. 9. Azione di rivalsa o di responsabilità amministrativa. – 1. L'azione di rivalsa nei confronti dell'esercente la professione sanitaria può essere esercitata solo in caso di dolo o colpa grave.

2. Se l'esercente la professione sanitaria non è stato parte del giudizio o della procedura stragiudiziale di risarcimento del danno, l'azione di rivalsa nei suoi confronti può essere esercitata soltanto successivamente al risarcimento avvenuto sulla base di titolo giudiziale o stragiudiziale ed è esercitata, a pena di decadenza, entro un anno dall'avvenuto pagamento.

3. La decisione pronunciata nel giudizio promosso contro la struttura sanitaria o sociosanitaria o contro l'impresa di assicurazione non fa stato nel giudizio di rivalsa se l'esercente la professione sanitaria non è stato parte del giudizio.

4. In nessun caso la transazione è opponibile all'esercente la professione sanitaria nel giudizio di rivalsa.

5. In caso di accoglimento della domanda di risarcimento proposta dal danneggiato nei confronti della struttura sanitaria o sociosanitaria pubblica, ai sensi dei commi 1 e 2 dell'articolo 7, o dell'esercente la professione sanitaria, ai sensi del comma 3 del medesimo articolo 7, l'azione di responsabilità amministrativa, per dolo o colpa grave, nei confronti dell'esercente la professione sanitaria è esercitata dal pubblico ministero presso la Corte dei conti. Ai fini della quantificazione del danno, fermo restando quanto previsto dall'articolo 1, comma 1-bis, della legge 14 gennaio 1994, n. 20, e dall'articolo 52, secondo comma, del testo unico di cui al regio decreto 12 luglio 1934, n. 1214, si tiene conto delle situazioni di fatto di particolare difficoltà, anche di natura organizzativa, della struttura sanitaria o sociosanitaria pubblica, in cui l'esercente la professione sanitaria ha operato. L'importo della condanna per la responsabilità amministrativa e della surrogazione di cui all'articolo 1916, primo comma, del codice civile, per singolo evento, in caso di colpa grave, non può superare una somma pari al triplo del valore maggiore della retribuzione lorda o del corrispettivo convenzionale conseguiti nell'anno di inizio della condotta causa dell'evento o nell'anno immediatamente precedente o successivo. Per i tre anni successivi al passaggio in giudicato della decisione di accoglimento della domanda di risarcimento proposta dal danneggiato, l'esercente la professione sanitaria, nell'ambito delle strutture sanitarie o sociosanitarie pubbliche, non può essere preposto ad incarichi professionali superiori rispetto a quelli ricoperti e il giudicato costituisce oggetto di specifica valutazione da parte dei commissari nei pubblici concorsi per incarichi superiori (1).

6. In caso di accoglimento della domanda proposta dal danneggiato nei confronti della struttura sanitaria o sociosanitaria privata o nei confronti dell'impresa di assicurazione titolare di polizza con la medesima struttura, la misura della rivalsa e quella della surrogazione richiesta dall'impresa di assicurazione, ai sensi dell'articolo 1916, primo comma, del codice civile, per singolo evento, in caso di colpa grave, non possono superare una somma pari al triplo del valore maggiore del reddito professionale, ivi compresa la retribuzione lorda, conseguito nell'anno di inizio della condotta causa dell'evento o nell'anno immediatamente precedente o successivo. Il limite alla misura della rivalsa, di cui al periodo precedente, non si applica nei confronti degli esercenti la professione sanitaria di cui all'articolo 10, comma 2 (1).

7. Nel giudizio di rivalsa e in quello di responsabilità amministrativa il giudice può desumere argomenti di prova dalle prove assunte nel giudizio instaurato dal danneggiato nei confronti della struttura sanitaria o sociosanitaria o dell'impresa di assicurazione se l'esercente la professione sanitaria ne è stato parte.

(1) Comma così modificato dalla l. 11/1/2018, n. 3.

Art. 10. Obbligo di assicurazione. – 1. Le strutture sanitarie e sociosanitarie pubbliche e private **devono** essere provviste di copertura assicurativa o di altre analoghe misure per la responsabilità civile verso terzi e per la responsabilità civile verso prestatori d'opera, ai sensi dell'articolo 27, comma 1-bis, del decreto-legge 24 giugno 2014, n. 90, convertito, con modificazioni, dalla legge 11 agosto 2014, n. 114, anche per danni cagionati dal personale a qualunque titolo operante presso le strutture sanitarie o sociosanitarie pubbliche e private, compresi coloro che svolgono attività di formazione, aggiornamento nonché di sperimentazione e di ricerca clinica. La disposizione del primo periodo si applica anche alle prestazioni sanitarie svolte in regime di libera professione intramuraria ovvero in regime di convenzione con il Servizio sanitario nazionale nonché attraverso la telemedicina. Le strutture di cui al primo periodo stipulano, altresì, polizze assicurative o adottano altre analoghe misure per la copertura della responsabilità civile verso terzi degli esercenti le professioni sanitarie anche ai sensi e per gli effetti delle disposizioni di cui al comma 3 dell'articolo 7, fermo restando quanto previsto dall'articolo 9. Le disposizioni di cui al periodo precedente non si applicano in relazione agli esercenti la professione sanitaria di cui al comma 2.

2. Per l'esercente la professione sanitaria che svolga la propria attività al di fuori di una delle strutture di cui al comma 1 del presente articolo o che presti la sua opera all'interno della stessa in regime libero-professionale ovvero che si avvalga della stessa nell'adempimento della propria obbligazione contrattuale assunta con il paziente ai sensi dell'articolo 7, comma 3, resta fermo l'obbligo di cui all'articolo 3, comma 5, lettera e), del decreto-legge 13 agosto 2011, n. 138, convertito, con modificazioni, dalla legge 14 settembre 2011, n. 148, all'articolo 5 del regolamento di cui al decreto del Presidente della Repubblica 7 agosto 2012, n. 137, e all'articolo 3, comma 2, del decreto-legge 13 settembre 2012, n. 158, convertito, con modificazioni, dalla legge 8 novembre 2012, n. 189.

3. Al fine di garantire efficacia alle azioni di cui all'articolo 9 e all'articolo 12, comma 3, ciascun esercente la professione sanitaria operante a qualunque titolo in strutture sanitarie o sociosanitarie pubbliche o private **provvede alla stipula, con oneri a proprio carico, di un'adeguata polizza di assicurazione per colpa grave.**

4. Le strutture di cui al comma 1 rendono nota, mediante pubblicazione nel proprio sito internet, la denominazione dell'impresa che presta la copertura assicurativa della responsabilità civile verso i terzi e verso i prestatori d'opera di cui al comma 1, indicando per esteso i contratti, le clausole assicurative ovvero le altre analoghe misure che determinano la copertura assicurativa.

5. Con decreto da emanare entro novanta giorni dalla data di entrata in vigore della presente legge, il Ministro dello sviluppo economico, di concerto con il Ministro della salute, definisce i criteri e le modalità per lo svolgimento delle funzioni di vigilanza e controllo esercitate dall'IVASS sulle imprese di assicurazione che intendano stipulare polizze con le strutture di cui al comma 1 e con gli esercenti la professione sanitaria.

6. Con decreto del Ministro dello sviluppo economico, da emanare entro centoventi giorni dalla data di entrata in vigore della presente legge, di concerto con il Ministro della salute e con il Ministro dell'economia e delle finanze, previa intesa in sede di Conferenza permanente per i rapporti tra lo Stato, le regioni e le province autonome di Trento e di Bolzano, sentiti l'IVASS, l'Associazione nazionale fra le imprese assicuratrici (ANIA), le Associazioni nazionali rappresentative delle strutture private che erogano prestazioni sanitarie e sociosanitarie, la Federazione nazionale degli ordini dei medici chirurghi e degli odontoiatri, le Federazioni nazionali degli ordini e dei collegi delle professioni sanitarie e le organizzazioni sindacali maggiormente rappresentative delle categorie professionali interessate, nonché le associazioni di tutela dei cittadini e dei pazienti, sono determinati i requisiti minimi delle polizze assicurative per le strutture sanitarie e sociosanitarie pubbliche e private e per gli esercenti le professioni sanitarie, prevedendo l'individuazione di classi di rischio a cui far corrispondere massimali differenziati. Il medesimo decreto stabilisce i requisiti minimi di garanzia e le condizioni generali di operatività delle altre analoghe misure, anche di assunzione diretta del rischio, richiamate dal comma 1; disciplina altresì le regole per il trasferimento del rischio nel caso di subentro contrattuale di un'impresa di assicurazione nonché la previsione nel bilancio delle strutture di un fondo rischi e di un fondo costituito dalla messa a riserva per competenza dei risarcimenti relativi ai sinistri denunciati. A tali fondi si applicano le disposizioni di cui all'articolo 1, commi 5 e 5-bis, del

decreto-legge 18 gennaio 1993, n. 9, convertito, con modificazioni, dalla legge 18 marzo 1993, n. 67.

7. Con decreto del Ministro dello sviluppo economico da emanare, di concerto con il Ministro della salute e sentito l'IVASS, entro centoventi giorni dalla data di entrata in vigore della presente legge, sono individuati i dati relativi alle polizze di assicurazione stipulate ai sensi dei commi 1 e 2, e alle altre analoghe misure adottate ai sensi dei commi 1 e 6 e sono stabiliti, altresì, le modalità e i termini per la comunicazione di tali dati da parte delle strutture sanitarie e sociosanitarie pubbliche e private e degli esercenti le professioni sanitarie all'Osservatorio. Il medesimo decreto stabilisce le modalità e i termini per l'accesso a tali dati.

Art. 11. Estensione della garanzia assicurativa. – 1. La garanzia assicurativa **deve** prevedere una **operatività temporale anche per gli eventi accaduti nei dieci anni antecedenti la conclusione del contratto assicurativo**, purché **denunciati all'impresa** di assicurazione durante la vigenza temporale della polizza. In caso di cessazione definitiva dell'attività professionale per qualsiasi causa deve essere previsto un **periodo di ultrattività della copertura per le richieste di risarcimento presentate per la prima volta entro i dieci anni successivi** e riferite a fatti generatori della responsabilità verificatisi nel periodo di efficacia della polizza, incluso il periodo di retroattività della copertura. L'ultrattività è estesa agli eredi e non è assoggettabile alla clausola di disdetta.

Art. 12. Azione diretta del soggetto danneggiato. – 1. Fatte salve le disposizioni dell'articolo 8, il soggetto danneggiato ha diritto di agire direttamente, entro i limiti delle somme per le quali è stato stipulato il contratto di assicurazione, nei confronti dell'impresa di assicurazione che presta la copertura assicurativa alle strutture sanitarie o sociosanitarie pubbliche o private di cui al comma 1 dell'articolo 10 e all'esercente la professione sanitaria di cui al comma 2 del medesimo articolo 10.

2. Non sono opponibili al danneggiato, per l'intero massimale di polizza, eccezioni derivanti dal contratto diverse da quelle stabilite dal decreto di cui all'articolo 10, comma 6, che definisce i requisiti minimi delle polizze assicurative per le strutture sanitarie e sociosanitarie pubbliche e private e per gli esercenti le professioni sanitarie di cui all'articolo 10, comma 2.

3. L'impresa di assicurazione ha diritto di rivalsa verso l'assicurato nel rispetto dei requisiti minimi, non derogabili contrattualmente, stabiliti dal decreto di cui all'articolo 10, comma 6.

4. Nel giudizio promosso contro l'impresa di assicurazione della struttura sanitaria o sociosanitaria pubblica o privata a norma del comma 1 è litisconsorte necessario la struttura medesima; nel giudizio promosso contro l'impresa di assicurazione dell'esercente la professione sanitaria a norma del comma 1 è litisconsorte necessario l'esercente la professione sanitaria. L'impresa di assicurazione, l'esercente la professione sanitaria e il danneggiato hanno diritto di accesso alla documentazione della struttura relativa ai fatti dedotti in ogni fase della trattazione del sinistro.

5. L'azione diretta del danneggiato nei confronti dell'impresa di assicurazione è soggetta al termine di prescrizione pari a quello dell'azione verso la struttura sanitaria o sociosanitaria pubblica o privata o l'esercente la professione sanitaria.

6. Le disposizioni del presente articolo si applicano a decorrere dalla data di entrata in vigore del decreto di cui al comma 6 dell'articolo 10 con il quale sono determinati i requisiti minimi delle polizze assicurative per le strutture sanitarie e sociosanitarie e per gli esercenti le professioni sanitarie.

Art. 13. Obbligo di comunicazione all'esercente la professione sanitaria del giudizio basato sulla sua responsabilità. – 1. Le strutture sanitarie e sociosanitarie di cui all'articolo 7, comma 1, e le imprese di assicurazione che prestano la copertura assicurativa nei confronti dei soggetti di cui all'articolo 10, commi 1 e 2, comunicano all'esercente la professione sanitaria l'instaurazione del giudizio promosso nei loro confronti dal danneggiato, entro quarantacinque giorni dalla ricezione della notifica dell'atto introduttivo, mediante posta elettronica certificata o lettera raccomandata con avviso di ricevimento contenente copia dell'atto introduttivo del giudizio. Le strutture sanitarie e sociosanitarie e le imprese di assicurazione entro quarantacinque giorni comunicano all'esercente la professione sanitaria, mediante posta elettronica certificata o lettera raccomandata con avviso di ricevimento, l'avvio di trattative stragiudiziali con il danneggiato, con invito a prendervi parte. L'omissione, la tardività o l'incompletezza delle comunicazioni di cui al presente comma preclude l'ammissibilità delle azioni di rivalsa o di responsabilità amministrativa di cui all'articolo 9 (1).

(1) Comma così modificato dalla l. 11/1/2018, n. 3.

Art. 14. Fondo di garanzia per i danni derivanti da responsabilità sanitaria. – 1. È istituito, nello stato di previsione del Ministero della salute, il Fondo di garanzia per i danni derivanti da responsabilità sanitaria. Il Fondo di garanzia è alimentato dal versamento di un contributo annuale dovuto dalle imprese autorizzate all'esercizio delle assicurazioni per la responsabilità civile per i danni causati da responsabilità sanitaria. A tal fine il predetto contributo è versato all'entrata del bilancio dello Stato per essere riassegnato al Fondo di garanzia. Il Ministero della salute con apposita convenzione affida alla Concessionaria servizi assicurativi pubblici (CONSAP) Spa la gestione delle risorse del Fondo di garanzia.

2. Con regolamento adottato con decreto del Ministro della salute, da emanare entro centoventi giorni dalla data di entrata in vigore della presente legge, di concerto con il Ministro dello sviluppo economico e con il Ministro e dell'economia e delle finanze, sentite la Conferenza permanente per i rapporti tra lo Stato, le regioni e le province autonome di Trento e di Bolzano e le rappresentanze delle imprese di assicurazione, sono definiti:

a) la misura del contributo dovuto dalle imprese autorizzate all'esercizio delle assicurazioni per la responsabilità civile per i danni causati da responsabilità sanitaria;

b) le modalità di versamento del contributo di cui alla lettera a);

c) i principi cui dovrà uniformarsi la convenzione tra il Ministero della salute e la CONSAP Spa;

d) le modalità di intervento, il funzionamento e il regresso del Fondo di garanzia nei confronti del responsabile del sinistro.

3. Il Fondo di garanzia di cui al comma 1 concorre al risarcimento del danno nei limiti delle effettive disponibilità finanziarie.

4. La misura del contributo di cui al comma 2, lettera a), è aggiornata annualmente con apposito decreto del Ministro della salute, da adottare di concerto con il Ministro dello sviluppo economico e con il Ministro dell'economia e delle finanze, in relazione alle effettive esigenze della gestione del Fondo di garanzia.

5. Ai fini della rideterminazione del contributo di cui al comma 2, lettera a), la CONSAP Spa trasmette ogni anno al Ministero della salute e al Ministero dello sviluppo economico un rendiconto della gestione del Fondo di garanzia di cui al comma 1, riferito all'anno precedente, secondo le disposizioni stabilite dal regolamento di cui al comma 2.

6. Gli oneri per l'istruttoria e la gestione delle richieste di risarcimento sono posti a carico del Fondo di garanzia di cui al comma 1.

7. Il Fondo di garanzia di cui al comma 1 risarcisce i danni cagionati da responsabilità sanitaria nei seguenti casi:

a) qualora il danno sia di importo eccedente rispetto ai massimali previsti dai contratti di assicurazione stipulati dalla struttura sanitaria o sociosanitaria pubblica o privata ovvero dall'esercente la professione sanitaria ai sensi del decreto di cui all'articolo 10, comma 6;

b) qualora la struttura sanitaria o sociosanitaria pubblica o privata ovvero l'esercente la professione sanitaria risultino assicurati presso un'impresa che al momento del sinistro si trovi in stato di insolvenza o di liquidazione coatta amministrativa o vi venga posta successivamente;

c) qualora la struttura sanitaria o sociosanitaria pubblica o privata ovvero l'esercente la professione sanitaria siano sprovvisti di copertura assicurativa per recesso unilaterale dell'impresa assicuratrice ovvero per la sopravvenuta inesistenza o cancellazione dall'albo dell'impresa assicuratrice stessa.

7-bis. Il Fondo di garanzia di cui al comma 1 assolve anche alla funzione di agevolare l'accesso alla copertura assicurativa da parte degli esercenti le professioni sanitarie che svolgono la propria attività in regime libero-professionale, ai sensi dell'articolo 10, comma 6 (1).

8. Il decreto di cui all'articolo 10, comma 6, prevede che il massimale minimo sia rideterminato in relazione all'andamento del Fondo per le ipotesi di cui alla lettera a) del comma 7 del presente articolo.

9. Le disposizioni di cui al presente articolo si applicano ai sinistri denunciati per la prima volta dopo la data di entrata in vigore della presente legge.

10. Il Ministro dell'economia e delle finanze è autorizzato ad apportare, con propri decreti, le occorrenti variazioni di bilancio.

(1) Comma inserito dalla l. 11/1/2018, n. 3.

Art. 15. Nomina dei consulenti tecnici d'ufficio e dei periti nei giudizi di responsabilità sanitaria. – 1. Nei procedimenti civili e nei procedimenti penali aventi ad oggetto la responsabilità sanitaria, l'autorità giudiziaria affida l'espletamento della consulenza tecnica e della perizia a un medico specializzato in medicina legale e a uno o più specialisti nella disciplina che abbiano specifica e pratica conoscenza di quanto oggetto del procedimento, avendo cura che i soggetti da nominare, scelti tra gli iscritti negli albi di cui ai commi 2 e 3, non siano in posizione di conflitto di interessi nello specifico procedimento o in altri connessi e che i consulenti tecnici d'ufficio da nominare nell'ambito del procedimento di cui all'articolo 8, comma 1, siano in possesso di adeguate e comprovate competenze nell'ambito della conciliazione acquisite anche mediante specifici percorsi formativi.

2. Negli albi dei consulenti di cui all'articolo 13 delle disposizioni per l'attuazione del codice di procedura civile e disposizioni transitorie, di cui al regio decreto 18 dicembre 1941, n. 1368, e dei periti di cui all'articolo 67 delle norme di attuazione, di coordinamento e transitorie del codice di procedura penale, di cui al decreto legislativo 28 luglio 1989, n. 271, devono essere indicate e documentate le specializzazioni degli iscritti esperti in medicina. In sede di revisione degli albi è indicata, relativamente a ciascuno degli esperti di cui al periodo precedente, l'esperienza professionale maturata, con particolare riferimento al numero e alla tipologia degli incarichi conferiti e di quelli revocati.

3. Gli albi dei consulenti di cui all'articolo 13 delle disposizioni per l'attuazione del codice di procedura civile e disposizioni transitorie, di cui al regio decreto 18 dicembre 1941, n. 1368, e gli albi dei periti di cui all'articolo 67 delle norme di attuazione, di coordinamento e transitorie del codice di procedura penale, di cui al decreto legislativo 28 luglio 1989, n. 271, devono essere aggiornati con cadenza almeno quinquennale, al fine di garantire, oltre a quella medico-legale, un'idonea e adeguata rappresentanza di esperti delle discipline specialistiche riferite a tutte le professioni sanitarie, tra i quali scegliere per la nomina tenendo conto della disciplina interessata nel procedimento.

4. Nei casi di cui al comma 1, l'incarico è conferito al collegio e, nella determinazione del compenso globale, non si applica l'aumento del 40 per cento per ciascuno degli altri componenti del collegio previsto dall'articolo 53 del testo unico delle disposizioni legislative e regolamentari in materia di spese di giustizia, di cui al decreto del Presidente della Repubblica 30 maggio 2002, n. 115.

Art. 16. Modifiche alla legge 28 dicembre 2015, n. 208, in materia di responsabilità professionale del personale sanitario. – 1. All'articolo 1, comma 539, lettera a), della legge 28 dicembre 2015, n. 208, il secondo periodo è sostituito dal seguente: «I verbali e gli atti conseguenti all'attività di gestione del rischio clinico non possono essere acquisiti o utilizzati nell'ambito di procedimenti giudiziari».

2. All'articolo 1, comma 540, della legge 28 dicembre 2015, n. 208, le parole da: «ovvero» fino alla fine del comma sono sostituite dalle seguenti: «, in medicina legale ovvero da personale dipendente con adeguata formazione e comprovata esperienza almeno triennale nel settore».

Art. 17. Clausola di salvaguardia. – 1. Le disposizioni della presente legge sono applicabili nelle regioni a statuto speciale e nelle province autonome di Trento e di Bolzano compatibilmente con i rispettivi statuti e le relative norme di attuazione, anche con riferimento alla legge costituzionale 18 ottobre 2001, n. 3.

Art. 18. Clausola di invarianza finanziaria. – 1. Le amministrazioni interessate provvedono all'attuazione delle disposizioni di cui alla presente legge nell'ambito delle risorse umane, strumentali e finanziarie disponibili a legislazione vigente e comunque senza nuovi o maggiori oneri per la finanza pubblica.

La presente legge, munita del sigillo dello Stato, sarà inserita nella Raccolta ufficiale degli atti normativi della Repubblica italiana. È fatto obbligo a chiunque spetti di osservarla e di farla osservare come legge dello Stato.

L. 31 luglio 2017, n. 119

Conversione in legge, con modificazioni, del decreto-legge 7 giugno 2017, n. 73, recante disposizioni urgenti in materia di prevenzione vaccinale

Art. 1. – 1. Il decreto-legge 7 giugno 2017, n. 73, recante disposizioni urgenti in materia di prevenzione vaccinale, è convertito in legge con le modificazioni riportate in allegato alla presente legge.

2. La presente legge entra in vigore il giorno successivo a quello della sua pubblicazione nella Gazzetta Ufficiale.

ALLEGATO
MODIFICAZIONI APPORTATE IN SEDE DI CONVERSIONE AL DECRETO-LEGGE 7 GIUGNO 2017, N. 73

All'articolo 1: il comma 1 è sostituito dai seguenti:

«1. Al fine di assicurare la tutela della salute pubblica e il mantenimento di adeguate condizioni di sicurezza epidemiologica in termini di profilassi e di copertura vaccinale, nonché di garantire il conseguimento degli obiettivi prioritari del Piano nazionale prevenzione vaccinale 2017/2019, di cui all'intesa sancita dalla Conferenza permanente per i rapporti tra lo Stato, le regioni e le province autonome di Trento e di Bolzano in data 19 gennaio 2017, pubblicato nella Gazzetta Ufficiale n. 41 del 18 febbraio 2017, ed il rispetto degli obblighi assunti a livello europeo ed internazionale, per i minori di età compresa tra zero e sedici anni e per tutti i minori stranieri non accompagnati sono obbligatorie e gratuite, in base alle specifiche indicazioni del Calendario vaccinale nazionale relativo a ciascuna coorte di nascita, le vaccinazioni di seguito indicate:

a) anti-poliomielitica;
b) anti-difterica;
c) anti-tetanica;
d) anti-epatite B;
e) anti-pertosse;
f) anti-Haemophilus influenzale tipo b.

1-bis. Agli stessi fini di cui al comma 1, per i minori di età compresa tra zero e sedici anni e per tutti i minori stranieri non accompagnati sono altresì obbligatorie e gratuite, in base alle specifiche indicazioni del Calendario vaccinale nazionale relativo a ciascuna coorte di nascita, le vaccinazioni di seguito indicate:

a) anti-morbillo;
b) anti-rosolia;
c) anti-parotite;
d) anti-varicella.

1-ter. Sulla base della verifica dei dati epidemiologici, delle eventuali reazioni avverse segnalate in attuazione delle vigenti disposizioni di legge e delle coperture vaccinali raggiunte nonché degli eventuali eventi avversi segnalati in attuazione delle vigenti disposizioni di legge, effettuata dalla Commissione per il monitoraggio dell'attuazione del decreto del Presidente del Consiglio dei ministri di definizione e aggiornamento dei livelli essenziali di assistenza, istituita con decreto del Ministro della salute 19 gennaio 2017, il Ministro della salute, con decreto da adottare decorsi tre anni dalla data di entrata in vigore della legge di conversione del presente decreto e successivamente con cadenza triennale, sentiti il Consiglio superiore di sanità, l'Agenzia italiana del farmaco (AIFA), l'Istituto superiore di sanità e la Conferenza permanente per i rapporti tra lo Stato, le regioni e le province autonome di Trento e di Bolzano e previo parere delle competenti Commissioni parlamentari, può disporre la cessazione dell'obbligatorietà per una o più delle vaccinazioni di cui al comma 1-bis. In caso di mancata presentazione alle Camere degli schemi di decreto, il Ministro della salute trasmette alle Camere una relazione recante le motivazioni della mancata presentazione nonché i dati epidemiologici e quelli sulle coperture vaccinali.

1-quater. Agli stessi fini di cui al comma 1, per i minori di età compresa tra zero e sedici anni, le regioni e le province autonome di Trento e di Bolzano assicurano l'offerta attiva e gratuita, in base alle specifiche indicazioni del Calendario vaccinale nazionale relativo a ciascuna coorte di nascita, delle vaccinazioni di seguito indicate:

a) anti-meningococcica B;
b) anti-meningococcica C;
c) anti-pneumococcica;
d) anti-rotavirus.

1-quinquies. Entro dieci giorni dalla data di entrata in vigore della legge di conversione del presente decreto e successivamente con cadenza semestrale, il Ministero della salute, sentito l'Istituto superiore di sanità, fornisce indicazioni operative per l'attuazione del comma 1-quater, anche sulla base della verifica dei dati epidemiologici e delle coperture vaccinali raggiunte, effettuata dalla Commissione per il monitoraggio dell'attuazione del decreto del Presidente del Consiglio dei ministri di definizione e aggiornamento dei livelli essenziali di assistenza, istituita con decreto del Ministro della salute 19 gennaio 2017»;

al comma 2 è aggiunto, in fine, il seguente periodo: «Conseguentemente il soggetto immunizzato adempie all'obbligo vaccinale di cui al presente articolo, di norma e comunque nei limiti delle disponibilità del Servizio sanitario nazionale, con vaccini in formulazione monocomponente o combinata in cui sia assente l'antigene per la malattia infettiva per la quale sussiste immunizzazione»;

dopo il comma 2 sono inseriti i seguenti:

«2-bis. Al fine di cui al comma 2, le procedure accentrate di acquisto di cui all'articolo 9, comma 3, del decreto-legge 24 aprile 2014, n. 66, convertito, con modificazioni, dalla legge 23 giugno 2014, n. 89, e all'articolo 1, comma 548, della legge 28 dicembre 2015, n. 208, con riferimento all'acquisto dei vaccini obbligatori, riguardano anche i vaccini in formulazione monocomponente.

2-ter. Annualmente l'AIFA pubblica nel proprio sito internet i dati relativi alla disponibilità dei vaccini in formulazione monocomponente e parzialmente combinata»;

al comma 3, dopo le parole: «di cui al comma 1» sono inserite le seguenti: «e al comma 1-bis»; dopo il comma 3 è inserito il seguente:

«3-bis. L'AIFA, senza nuovi o maggiori oneri per la finanza pubblica, provvede, avvalendosi della Commissione tecnico-scientifica, all'uopo integrata da esperti indipendenti e che non si trovino in situazioni di conflitto di interesse, e in collaborazione con l'Istituto superiore di sanità, a predisporre e a trasmettere al Ministero della salute una relazione annuale sui risultati del sistema di farmacovigilanza e sui dati degli eventi avversi per i quali è stata confermata un'associazione con la vaccinazione. Il Ministro della salute trasmette la predetta relazione alle Camere»;

al comma 4: è premesso il seguente periodo: «In caso di mancata osservanza dell'obbligo vaccinale di cui al presente articolo, i genitori esercenti la responsabilità genitoriale, i tutori o i soggetti affidatari sono convocati dall'azienda sanitaria locale territorialmente competente per un colloquio al fine di fornire ulteriori informazioni sulle vaccinazioni e di sollecitarne l'effettuazione.»;

il primo periodo è sostituito dal seguente: «In caso di mancata effettuazione delle vaccinazioni di cui ai commi 1 e 1-bis, ai genitori esercenti la responsabilità genitoriale, ai tutori o ai soggetti affidatari ai sensi della legge 4 maggio 1983, n. 184, è comminata la sanzione amministrativa pecuniaria da euro cento a euro cinquecento»; al secondo periodo, le parole: «di cui al primo periodo» sono sostituite dalle seguenti: «di cui al secondo periodo» e le parole: «e i tutori» sono sostituite dalle seguenti: «, i tutori e i soggetti affidatari»; è aggiunto, in fine, il seguente periodo: «All'accertamento, alla contestazione e all'irrogazione di cui al periodo precedente provvedono gli organi competenti in base alla normativa delle regioni o delle province autonome»;

il comma 5 è soppresso;

dopo il comma 6 sono aggiunti i seguenti:

«6-bis. I vaccini indicati nel Calendario vaccinale nazionale sono sottoposti alla negoziazione obbligatoria dell'AIFA, ai sensi dell'articolo 48, comma 33, del decreto-legge 30 settembre 2003, n. 269, convertito, con modificazioni, dalla legge 24 novembre 2003, n. 326. 6-ter. La Commissione per il monitoraggio dell'attuazione del decreto del Presidente del Consiglio dei ministri di definizione e aggiornamento dei livelli essenziali di assistenza, istituita con decreto del Ministro della salute 19 gennaio 2017, verifica il rispetto degli obiettivi del Calendario vaccinale nazionale e avvia le misure di competenza atte a garantire la piena e uniforme erogazione dei livelli essenziali di assistenza previste per i casi di mancata, ritardata o non corretta applicazione. In presenza di specifiche condizioni di rischio elevato per la salute pubblica, il Governo esercita i poteri sostitutivi, ai sensi dell'articolo 120, secondo comma, della Costituzione e secondo le procedure di cui all'articolo 8 della legge 5 giugno 2003, n. 131»;

la rubrica è sostituita dalla seguente: «Disposizioni in materia di vaccini».

All'articolo 2: al comma 1 sono aggiunte, in fine, le seguenti parole: «, e per promuovere un'adesione volontaria e consapevole alle vaccinazioni previste dal Piano nazionale di prevenzione vaccinale, nonché per diffondere nella popolazione e tra gli esercenti le professioni sanitarie la cultura delle vaccinazioni, senza nuovi o maggiori oneri a carico della finanza pubblica, da svolgersi anche con la collaborazione dei medici di medicina generale, dei pediatri di libera scelta e dei farmacisti delle farmacie del territorio, sentite le rispettive rappresentanze ordinistiche e le associazioni di categoria»;

dopo il comma 1 è inserito il seguente:

«1-bis. Ai consultori familiari di cui alla legge 29 luglio 1975, n. 405, è affidato il compito di diffondere le informazioni relative alle disposizioni di cui al presente decreto»;

al comma 2, dopo la parola: «genitori» sono aggiunte le seguenti: «e delle associazioni di categoria delle professioni sanitarie».

All'articolo 3: al comma 1: al primo periodo, dopo le parole: «sedici anni» sono inserite le seguenti: «e del minore straniero non accompagnato», le parole: «e ai tutori» sono sostituite dalle seguenti: «, ai tutori o ai soggetti affidatari», dopo le parole: «effettuazione delle vaccinazioni» è inserita la seguente: «obbligatorie», le parole: «comma 1» sono sostituite dalle seguenti: «commi 1 e 1-bis» e sono aggiunte, in fine, le seguenti parole: «, o la conclusione del calendario annuale dei servizi educativi per l'infanzia e dei corsi per i centri di formazione professionale regionale»; è aggiunto, in fine, il seguente periodo: «Fatto salvo quanto disposto dall'articolo 5, per i casi in cui la procedura di iscrizione avviene d'ufficio la documentazione di cui al primo periodo del presente comma deve essere presentata entro il 10 luglio di ciascun anno, senza preventiva presentazione di una dichiarazione resa ai sensi del citato decreto del Presidente della Repubblica n. 445 del 2000»; al comma 2, le parole: «commi 4 e 5» sono sostituite dalle seguenti: « comma 4»; al comma 3, secondo periodo, dopo le parole: «Per gli altri gradi di istruzione» sono inserite le seguenti: «e per i centri di formazione professionale regionale» e le parole: «gli esami» sono sostituite dalle seguenti: «, al centro ovvero agli esami»;

dopo il comma 3 è aggiunto il seguente:

«3-bis. Entro tre mesi dalla data di entrata in vigore della legge di conversione del presente decreto, gli operatori scolastici, sanitari e socio-sanitari presentano agli istituti scolastici e alle aziende sanitarie nei quali prestano servizio una dichiarazione, resa ai sensi del decreto del Presidente della Repubblica 28 dicembre 2000, n. 445, comprovante la propria situazione vaccinale».

Dopo l'articolo 3 è inserito il seguente:

«Art. 3-bis – (Misure di semplificazione degli adempimenti vaccinali per l'iscrizione alle istituzioni del sistema nazionale di istruzione, ai servizi educativi per l'infanzia, ai centri di formazione professionale regionale e alle scuole private non paritarie, a decorrere dall'anno 2019).

1. A decorrere dall'anno scolastico 2019/2020 nonché dall'inizio del calendario dei servizi educativi per l'infanzia e dei corsi per i centri di formazione professionale regionale 2019/2020, i dirigenti scolastici delle istituzioni del sistema nazionale di istruzione ed i responsabili dei servizi educativi per l'infanzia, dei centri di formazione professionale regionale e delle scuole private non paritarie sono tenuti a trasmettere alle aziende sanitarie locali territorialmente competenti, entro il 10 marzo, l'elenco degli iscritti per l'anno scolastico o per il calendario successivi di età compresa tra zero e sedici anni e minori stranieri non accompagnati.

2. Le aziende sanitarie locali territorialmente competenti provvedono a restituire, entro il 10 giugno, gli elenchi di cui al comma 1, completandoli con l'indicazione dei soggetti che risultano non in regola con gli obblighi vaccinali, che non ricadono nelle condizioni di esonero, omissione o differimento delle vaccinazioni in relazione a quanto previsto dall'articolo 1, commi 2 e 3, e che non abbiano presentato formale richiesta di vaccinazione all'azienda sanitaria locale competente.

3. Nei dieci giorni successivi all'acquisizione degli elenchi di cui al comma 2, i dirigenti delle istituzioni del sistema nazionale di istruzione e i responsabili dei servizi educativi per l'infanzia, dei centri di formazione professionale regionale e delle scuole private non paritarie invitano i genitori esercenti la responsabilità genitoriale, i tutori o i soggetti affidatari dei minori indicati nei suddetti elenchi a depositare, entro il 10 luglio, la documentazione comprovante l'effettuazione delle vaccinazioni ovvero l'esonero, l'omissione o il differimento delle stesse, in relazione a quanto previsto dall'articolo 1, commi 2 e 3, o la presentazione della formale richiesta di vaccinazione all'azienda sanitaria locale territorialmente competente.

4. Entro il 20 luglio i dirigenti scolastici delle istituzioni del sistema nazionale di istruzione e i responsabili dei servizi educativi per l'infanzia, dei centri di formazione professionale regionale e delle scuole private non paritarie trasmettono la documentazione di cui al comma 3 pervenuta, ovvero ne comunicano l'eventuale mancato deposito, alla azienda sanitaria locale che, qualora la medesima o altra azienda sanitaria non si sia già attivata in ordine alla violazione del medesimo obbligo vaccinale, provvede agli adempimenti di competenza e, ricorrendone i presupposti, a quello di cui all'articolo 1, comma 4.

5. Per i servizi educativi per l'infanzia e le scuole dell'infanzia, ivi incluse quelle private non paritarie, la mancata

presentazione della documentazione di cui al comma 3 nei termini previsti comporta la decadenza dall'iscrizione. Per gli altri gradi di istruzione e per i centri di formazione professionale regionale, la mancata presentazione della documentazione dì cui al comma 3 nei termini previsti non determina la decadenza dall'iscrizione né impedisce la partecipazione agli esami».

All'articolo 4, comma 2, le parole: «alunni non vaccinati» sono sostituite dalle seguenti: «minori non vaccinati».

Dopo l'articolo 4 sono inseriti i seguenti:

«Art. 4-bis – (Anagrafe nazionale vaccini).

1. Al fine di monitorare l'attuazione dei programmi vaccinali sul territorio nazionale, con decreto del Ministro della salute, d'intesa con la Conferenza permanente per i rapporti tra lo Stato, le regioni e le province autonome di Trento e di Bolzano, è istituita presso il Ministero della salute, anche attraverso il riuso di sistemi informatici o di parte di essi già realizzati da altre amministrazioni sanitarie, l'anagrafe nazionale vaccini, nella quale sono registrati i soggetti vaccinati e da sottoporre a vaccinazione, i soggetti di cui all'articolo 1, commi 2 e 3, del presente decreto, nonché le dosi e i tempi di somministrazione delle vaccinazioni effettuate e gli eventuali effetti indesiderati.

2. L'anagrafe nazionale vaccini di cui al comma 1 raccoglie i dati delle anagrafi regionali esistenti, i dati relativi alle notifiche effettuate dal medico curante, ai sensi dell'articolo 1 del decreto del Ministro della sanità 15 dicembre 1990, pubblicato nella Gazzetta Ufficiale n. 6 dell'8 gennaio 1991, nonché i dati concernenti gli eventuali effetti indesiderati delle vaccinazioni che confluiscono nella rete nazionale di farmacovigilanza di cui al decreto del Ministro della salute 30 aprile 2015, pubblicato nella Gazzetta Ufficiale n. 143 del 23 giugno 2015, in attuazione dell'articolo 1, comma 344, della legge 24 dicembre 2012, n. 228.

3. Agli oneri derivanti dal presente articolo, quantificati in 300.000 euro per l'anno 2018 e 10.000 euro a decorrere dall'anno 2019, si provvede mediante corrispondente riduzione dell'autorizzazione di spesa recata dall'articolo 1, comma 1, lettera a), del decreto-legge 29 marzo 2004, n. 81, convertito, con modificazioni, dalla legge 26 maggio 2004, n. 138.

4. Fatto salvo quanto previsto dal comma 3, alle attività di cui al presente articolo il Ministero della salute provvede con le risorse disponibili a legislazione vigente.

Art. 4-ter – (Unità di crisi).

1. Per il raggiungimento degli obiettivi di prevenzione e gestione delle emergenze sanitarie in materia di malattie infettive, entro tre mesi dalla data di entrata in vigore della legge di conversione del presente decreto, il Ministro della salute, con proprio decreto, senza nuovi o maggiori oneri per la finanza pubblica, integra gli obiettivi e la composizione dell'Unità di crisi permanente di cui al decreto del medesimo Ministro 27 marzo 2015 al fine di renderli funzionali alle esigenze di coordinamento tra tutti i soggetti istituzionali competenti in materia di prevenzione delle malattie infettive nonché di regia rispetto alle azioni da adottare in condizioni di rischio o allarme. La partecipazione all'Unità di crisi è a titolo gratuito e ai componenti non sono corrisposti gettoni, compensi o altri emolumenti, comunque denominati».

All'articolo 5: al comma 1, le parole: «Per l'anno scolastico 2017/2018» sono sostituite dalle seguenti: «Per l'anno scolastico 2017/2018 e per il calendario dei servizi educativi per l'infanzia e dei corsi per i centri di formazione professionale regionale 2017/2018», dopo le parole: «10 settembre 2017» sono inserite le seguenti: «presso i servizi educativi e le scuole per l'infanzia, ivi incluse quelle private non paritarie, ed entro il 31 ottobre 2017 presso le istituzioni del sistema nazionale di istruzione e i centri di formazione professionale regionale» e le parole: «anche ai fini degli adempimenti previsti dall'articolo 4» sono soppresse;

dopo il comma 1 è aggiunto il seguente:

«1-bis. Al fine di agevolare gli adempimenti vaccinali introdotti dal presente decreto, le regioni e le province autonome di Trento e di Bolzano possono prevedere che la prenotazione gratuita delle vaccinazioni di cui all'articolo 1, senza nuovi o maggiori oneri per la finanza pubblica, possa avvenire presso le farmacie convenzionate aperte al pubblico attraverso il Centro Unificato di Prenotazione (Sistema CUP) di cui al decreto legislativo 3 ottobre 2009, n. 153, e al decreto attuativo del Ministro della salute 8 luglio 2011, pubblicato nella Gazzetta Ufficiale n. 229 del 1° ottobre 2011, nonché nell'ambito delle finalità di cui all'articolo 11 della legge 18 giugno 2009, n. 69»;

alla rubrica, sono aggiunte, in fine, le seguenti parole: «e finali».

Dopo l'articolo 5 sono inseriti i seguenti:

«Art. 5-bis – (Controversie in materia di riconoscimento del danno da vaccino e somministrazione di farmaci).

1. Nei procedimenti relativi a controversie aventi ad oggetto domande di riconoscimento di indennizzo da vaccinazione di cui alla legge 25 febbraio 1992, n. 210, e ad ogni altra controversia volta al riconoscimento del danno da vaccinazione, nonché nei procedimenti relativi a controversie aventi ad oggetto domande di autorizzazione alla somministrazione di presunti farmaci non oggetto di sperimentazione almeno di fase 3 e da porre economicamente a carico del Servizio sanitario nazionale o di enti o strutture sanitarie pubblici, è litisconsorte necessario l'AIFA.

2. Le disposizioni di cui al presente articolo trovano applicazione esclusivamente nei giudizi introdotti in primo grado a partire dal trentesimo giorno successivo a quello della pubblicazione della legge di conversione del presente decreto nella Gazzetta Ufficiale.

3. Dalle disposizioni di cui al presente articolo non devono derivare nuovi o maggiori oneri a carico della finanza pubblica.

Art. 5-ter – (Definizione delle procedure di ristoro dei soggetti danneggiati da trasfusioni o da emoderivati infetti o da vaccinazioni obbligatorie).

1. Al fine di definire le procedure finalizzate al ristoro dei soggetti danneggiati da trasfusioni con sangue infetto, da somministrazione di emoderivati infetti o da vaccinazioni obbligatorie, il Ministero della salute, per le esigenze della Direzione generale della vigilanza sugli enti e della sicurezza delle cure, è autorizzato ad avvalersi di un contingente fino a venti unità di personale appartenente all'area III del comparto Ministeri in posizione di comando ai sensi dell'articolo 17, comma 14, della legge 15 maggio 1997, n. 127, da individuare prioritariamente tra quello in possesso di professionalità giuridico-amministrativa ed economico-contabile.

2. All'attuazione del comma 1, nel limite massimo di euro 359.000 per l'anno 2017 e di euro 1.076.000 per l'anno 2018, si provvede mediante corrispondente riduzione dell'autorizzazione di spesa di cui all'articolo 2, comma 361, della legge 24 dicembre 2007, n. 244. Il Ministro dell'economia e delle finanze è autorizzato ad apportare, con propri decreti, le occorrenti variazioni di bilancio.

Art. 5-quater – (Indennizzi a favore dei soggetti danneggiati da complicanze irreversibili da vaccinazioni).

1. Le disposizioni di cui alla legge 25 febbraio 1992, n. 210, si applicano a tutti i soggetti che, a causa delle vaccinazioni indicate nell'articolo 1, abbiano riportato lesioni o infermità dalle quali sia derivata una menomazione permanente dell'integrità psico-fisica».

All'articolo 6, comma 1, dopo la lettera b) è inserita la seguente:

«b-bis) l'articolo 3, secondo comma, della legge 20 marzo 1968, n. 419».

Dopo l'articolo 7 è inserito il seguente:

«Art. 7-bis – (Clausola di salvaguardia).

1. Le disposizioni del presente decreto sono applicabili nelle regioni a statuto speciale e nelle province autonome di Trento e di Bolzano compatibilmente con i rispettivi statuti e le relative norme di attuazione, anche con riferimento alla legge costituzionale 18 ottobre 2001, n. 3».

Al titolo, sono aggiunte, in fine, le seguenti parole: «, di malattie infettive e di controversie relative alla somministrazione di farmaci».

D.lg. 15 settembre 2017, n. 147

Disposizioni per l'introduzione di una misura nazionale di contrasto alla povertà

G.U. 13 ottobre 2017, n. 240

Capo I
Definizioni

1. Definizioni. – 1. Ai soli fini del presente decreto legislativo si applicano le seguenti definizioni:

a) «povertà»: la condizione del nucleo familiare la cui situazione economica non permette di disporre dell'insieme di beni e servizi necessari a condurre un livello di vita dignitoso, come definita, ai soli fini dell'accesso al reddito di inclusione, all'articolo 3;

b) «cittadino dell'Unione o suo familiare»: i soggetti di cui all'articolo 2 del decreto legislativo 6 febbraio 2007, n. 30;

c) «ambiti territoriali»: gli ambiti territoriali, di cui all'articolo 8, comma 3, lettera a), della legge 8 novembre 2000, n. 328;

d) «INPS»: l'Istituto nazionale della previdenza sociale;

e) «ISEE»: l'indicatore della situazione economica equivalente di cui al decreto del Presidente del Consiglio dei ministri 5 dicembre 2013, n. 159. Nel caso di nuclei familiari con minorenni, l'ISEE è calcolato ai sensi dell'articolo 7 del decreto del Presidente del Consiglio dei ministri n. 159 del 2013; in tutti gli altri casi, l'ISEE è calcolato in via ordinaria ai sensi dell'articolo 2, commi 2 e 3, del decreto del Presidente del Consiglio dei ministri n. 159 del 2013;

f) «ISR»: l'indicatore della situazione reddituale, di cui all'articolo 4 del decreto del Presidente del Consiglio dei ministri n. 159 del 2013;

g) «scala di equivalenza»: la scala di equivalenza, di cui all'allegato 1 del decreto del Presidente del Consiglio dei ministri n. 159 del 2013;

h) «ISRE»: l'ISR diviso per il parametro della scala di equivalenza corrispondente alla specifica composizione del nucleo familiare;

i) «DSU»: la dichiarazione sostitutiva unica a fini ISEE, di cui all'articolo 10 del decreto del Presidente del Consiglio dei ministri n. 159 del 2013, utilizzata per l'accesso al Reddito di inclusione – ReI;

l) «casa di abitazione»: la casa indicata come residenza familiare nella DSU;

m) «patrimonio immobiliare»: il valore del patrimonio immobiliare determinato ai sensi dell'articolo 5, commi 2 e 3, del decreto del Presidente del Consiglio dei ministri n. 159 del 2013;

n) «patrimonio mobiliare»: il valore del patrimonio mobiliare determinato ai sensi dell'articolo 5, commi 4 e 5, del decreto del Presidente del Consiglio dei ministri n. 159 del 2013;

o) «persona con disabilità»: persona per la quale sia stata accertata una condizione di disabilità media, grave o di non autosufficienza, come definita ai fini ISEE dall'allegato 3 del decreto del Presidente del Consiglio dei ministri n. 159 del 2013;

p) «trattamenti»: il valore delle prestazioni sociali di natura monetaria percepite dai componenti il nucleo familiare;

q) «presa in carico»: funzione esercitata dal servizio sociale professionale in favore di una persona o di un nucleo familiare in risposta a bisogni complessi che richiedono interventi personalizzati di valutazione, consulenza, orientamento, attivazione di prestazioni sociali, nonché attivazione di interventi in rete con altre risorse e servizi pubblici e privati del territorio, al fine di identificare percorsi di accompagnamento verso l'autonomia;

r) «Fondo Povertà»: il Fondo per la lotta alla povertà e all'esclusione sociale, di cui all'articolo 1, comma 386, della legge 28 dicembre 2015, n. 208;

s) «Fondo carta acquisti»: il Fondo di cui all'articolo 81, comma 29, del decreto-legge 25 giugno 2008, n. 112, convertito, con modificazioni, dalla legge 6 agosto 2008, n. 133;

t) «carta acquisti»: la carta acquisti di cui all'articolo 81, comma 32, del decreto-legge n. 112 del 2008, convertito, con modificazioni, dalla legge n. 133 del 2008, con le caratteristiche di cui al decreto del Ministero dell'economia e delle finanze e del Ministero del lavoro, della salute e delle politiche sociali 16 settembre 2008, pubblicato nella Gazzetta Ufficiale 1° dicembre 2008, n. 281, e successive modificazioni;

u) «stato di disoccupazione»: lo stato di disoccupazione definito ai sensi dell'articolo 19 del decreto legislativo 14 settembre 2015, n. 150, come integrato dalla previsione di cui all'articolo 3, comma 3;

v) «SIA»: la misura di contrasto alla povertà da avviare su tutto il territorio nazionale ai sensi dell'articolo 1, comma 387, lettera a), della legge n. 208 del 2015, intesa come estensione, rafforzamento e consolidamento della sperimentazione di cui all'articolo 60 del decreto-legge 9 febbraio 2012, n. 5, convertito, con modificazioni, dalla legge 4 aprile 2012, n. 35, già denominata sostegno per l'inclusione attiva (SIA) dall'articolo 1, comma 216, della legge 27 dicembre 2013, n. 147;

z) «ASDI»: l'assegno di disoccupazione di cui all'articolo 16 del decreto legislativo 4 marzo 2015, n. 22;

aa) «NASpI»: la Nuova prestazione di assicurazione sociale per l'impiego di cui all'articolo 1 del decreto legislativo n. 22 del 2015.

Capo II
*Misura nazionale unica di contrasto alla povertà**

* Capo abrogato dall'art. 11 del d.l. 28/1/2019, n. 4 a decorrere dal 1/4/2019, eccetto gli artt. 5, 6,7 e 10.

2. Reddito di inclusione – ReI*. – *1. A decorrere dal 1° gennaio 2018, è istituito il Reddito di inclusione, di seguito denominato «ReI», quale misura unica a livello nazionale di contrasto alla povertà e all'esclusione sociale. 2. Il ReI è una misura a carattere universale, condizionata alla prova dei mezzi e all'adesione a un progetto personalizzato di attivazione e di inclusione sociale e lavorativa finalizzato all'af-*

francamento dalla condizione di povertà. 3. Il ReI è riconosciuto ai nuclei familiari in una condizione di povertà, come definita, ai soli fini dell'accesso al ReI, all'articolo 3, ed è articolato in due componenti: a) un beneficio economico, definito ai sensi dell'articolo 4; b) una componente di servizi alla persona identificata, in esito ad una valutazione multidimensionale del bisogno del nucleo familiare di cui all'articolo 5, nel progetto personalizzato di cui all'articolo 6. 4. I servizi previsti nel progetto personalizzato, afferenti alla rete dei servizi e degli interventi sociali di cui alla legge n. 328 del 2000, sono rafforzati a valere su una quota delle risorse del Fondo povertà, ai sensi dell'articolo 7. 5. La progressiva estensione della platea dei beneficiari e il graduale incremento dell'entità del beneficio economico, nei limiti delle ulteriori risorse eventualmente disponibili a valere sul Fondo Povertà, sono disciplinati con il Piano nazionale per la lotta alla povertà e all'esclusione sociale, definito ai sensi dell'articolo 8. 6. Il ReI è richiesto presso specifici punti per l'accesso identificati dai comuni che si coordinano a livello di ambito territoriale, è riconosciuto dall'INPS previa verifica del possesso dei requisiti ed è erogato, per la componente di cui al comma 3, lettera a), per il tramite di uno strumento di pagamento elettronico secondo le modalità di cui all'articolo 9. 7. Al fine di semplificare gli adempimenti e migliorare la fedeltà nelle dichiarazioni, la situazione economica è dichiarata mediante DSU precompilata sulla base delle informazioni già disponibili presso l'INPS e l'anagrafe tributaria, avuto riguardo alla possibilità di aggiornare la situazione reddituale, secondo le modalità di cui all'articolo 10. 8. Il ReI è compatibile con lo svolgimento di attività lavorativa secondo i limiti definiti ai sensi dell'articolo 11. 9. Il progetto personalizzato connesso al ReI prevede impegni a cui i beneficiari sono tenuti ad attenersi, pena l'applicazione delle sanzioni di cui all'articolo 12. Sanzioni sono altresì applicate ai sensi del medesimo articolo nel caso in cui si accertino discordanze tra le componenti reddituali e patrimoniali rilevanti a fini ISEE effettivamente possedute e quanto indicato nella DSU, per effetto delle quali si accede illegittimamente alla prestazione o si incrementa il beneficio economico. 10. All'attuazione territoriale del ReI provvedono i comuni coordinandosi a livello di ambito territoriale, svolgendo le funzioni di cui all'articolo 13. Le regioni e le province autonome adottano specifici atti di programmazione per l'attuazione del ReI con riferimento ai servizi territoriali di competenza, anche nella forma di un Piano regionale per la lotta alla povertà, di cui all'articolo 14. Le regioni e le province autonome possono rafforzare il ReI con riferimento ai propri residenti a valere su risorse regionali, secondo le modalità di cui al medesimo articolo 14. 11. Il Ministero del lavoro e delle politiche sociali è responsabile dell'attuazione, del monitoraggio e della valutazione del ReI nelle modalità di cui all'articolo 15. 12. Al fine di agevolare l'attuazione del ReI, nonché di promuovere forme partecipate di programmazione e monitoraggio, sono istituiti un Comitato per la lotta alla povertà, che riunisce i diversi livelli di governo, e un Osservatorio sulle povertà, che, oltre alle istituzioni competenti, riunisce rappresentanti delle parti sociali, degli enti del Terzo settore ed esperti. Le modalità di funzionamento del Comitato e dell'Osservatorio sono definite all'articolo 16. 13. Il ReI costituisce livello essenziale delle prestazioni, ai sensi dell'articolo 117, secondo comma, lettera m), della Costituzione, nel limite delle risorse disponibili nel Fondo Povertà.

*Articolo abrogato dall'art. 11 del d.l. 28/1/2019, n. 4 a decorrere dal 1/4/2019.

3. Beneficiari*. *– 1. Il ReI è riconosciuto, su richiesta, ai nuclei familiari che risultano, al momento della presentazione della richiesta e per tutta la durata dell'erogazione del beneficio, in possesso congiuntamente dei seguenti requisiti: a) con riferimento ai requisiti di residenza e di soggiorno, il componente che richiede la misura deve essere congiuntamente: 1) cittadino dell'Unione o suo familiare che sia titolare del diritto di soggiorno o del diritto di soggiorno permanente, ovvero cittadino di paesi terzi in possesso del permesso di soggiorno UE per soggiornanti di lungo periodo; 2) residente in Italia, in via continuativa, da almeno due anni al momento di presentazione della domanda; b) con riferimento alla condizione economica, il nucleo familiare del richiedente deve essere in possesso congiuntamente di: 1) un valore dell'ISEE, in corso di validità, non superiore ad euro 6.000; 2) un valore dell'ISRE non superiore ad euro 3.000; 3) un valore del patrimonio immobiliare, diverso dalla casa di abitazione, non superiore ad euro 20.000; 4) un valore del patrimonio mobiliare, non superiore ad una soglia di euro 6.000, accresciuta di euro 2.000 per ogni componente il nucleo familiare successivo al primo, fino ad un massimo di euro 10.000; 5) un valore non superiore alle soglie di cui ai numeri 1 e 2 relativamente all'ISEE e all'ISRE riferiti ad una situazione economica aggiornata nei casi e secondo le modalità di cui agli articoli 10 e 11; c) con riferimento al godimento di beni durevoli e ad altri indicatori del tenore di vita, il nucleo familiare deve trovarsi congiuntamente nelle seguenti condizioni: 1) nessun componente intestatario a qualunque titolo o avente piena disponibilità di autoveicoli, ovvero motoveicoli immatricolati la prima volta nei ventiquattro mesi antecedenti la richiesta, fatti salvi gli autoveicoli e i motoveicoli per cui è prevista una agevolazione fiscale in favore delle persone con disabilità ai sensi della disciplina vigente; 2) nessun componente intestatario a qualunque titolo o avente piena disponibilità di navi e imbarcazioni da diporto di cui all'articolo 3, comma 1, del decreto legislativo 18 luglio 2005, n. 171. 2. Oltre ai requisiti di cui al comma 1, in sede di prima applicazione, ai fini dell'accesso al ReI il nucleo familiare, con riferimento alla sua composizione come risultante nella DSU, deve trovarsi al momento della richiesta in una delle seguenti condizioni: a) presenza di un componente di età minore di anni 18; b) presenza di una persona con disabilità e di almeno un suo genitore ovvero di un suo tutore; c) presenza di una donna in stato di gravidanza accertata. La documentazione medica attestante lo stato di gravidanza e la data presunta del parto è rilasciata da una struttura pubblica e allegata alla richiesta del beneficio, che può essere presentata non prima di quattro mesi dalla data presunta del parto; d) presenza di almeno un lavoratore di età pari o superiore a 55 anni, che si trovi in stato di disoccupazione per licenziamento, anche collettivo, dimissioni per giusta causa o risoluzione consensuale intervenuta nell'ambito della procedura di cui all'articolo 7 della legge 15 luglio 1966, n. 604, ed abbia cessato, da almeno tre mesi, di beneficiare dell'intera prestazione per la disoccupazione, ovvero, nel caso in cui non abbia diritto di conseguire alcuna prestazione di disoccupazione per mancanza dei necessari requisiti, si trovi in stato di disoccupazione da almeno tre mesi**. 3. Per le finalità di cui al presente decreto, si considerano in stato di disoccupazione anche i lavoratori il cui reddito da lavoro dipendente o autonomo corrisponde ad un'imposta lorda pari o inferiore alle detrazioni spettanti ai sensi dell'articolo 13 del testo unico delle imposte sui redditi di cui al decreto del Presidente della Repubblica 22 dicembre 1986, n. 917. 4. Il ReI non è in ogni caso compatibile con la contemporanea fruizione, da parte di qualsiasi componente il nucleo familiare, della NASpI o di altro ammortizzatore sociale per la disoccupazione involontaria.*

* Articolo abrogato dall'art. 11 del d.l. 28/1/2019, n. 4 a decorrere dal 1/4/2019.

** Comma già abrogato dalla l. 27/12/2017, n. 205.

***4. Beneficio economico*.** – 1. Il beneficio economico del ReI è pari, su base annua, al valore di euro 3.000 moltiplicato per il parametro della scala di equivalenza corrispondente alla specifica composizione del nucleo familiare, al netto delle maggiorazioni di cui all'allegato 1 del decreto del Presidente del Consiglio dei ministri n. 159 del 2013, nonché per un parametro pari, in sede di prima applicazione, al 75 per cento. Il beneficio non può eccedere, in sede di prima applicazione, il limite dell'ammontare su base annua dell'assegno sociale, di cui all'articolo 3, comma 6, della legge 8 agosto 1995, n. 335, incrementato del 10 per cento. Il valore mensile del ReI è pari ad un dodicesimo del valore su base annua* (1).

2. In caso di fruizione di altri trattamenti assistenziali da parte di componenti il nucleo familiare, il valore mensile del ReI di cui al comma 1 è ridotto del valore mensile dei medesimi trattamenti, esclusi quelli non sottoposti alla prova dei mezzi. A tal fine, nel caso di erogazioni che hanno periodicità diversa da quella mensile, l'ammontare dei trattamenti considerato è calcolato posteriormente all'erogazione in proporzione al numero di mesi a cui si riferisce. In caso di erogazioni in una unica soluzione, incluse le mensilità aggiuntive erogate ai titolari di trattamenti con periodicità mensile, tali trattamenti sono considerati in ciascuno dei dodici mesi successivi all'erogazione per un dodicesimo del loro valore. 3. Nel valore mensile dei trattamenti di cui al comma 2, non rilevano: a) le erogazioni riferite al pagamento di arretrati; b) le indennità per i tirocini finalizzati all'inclusione sociale, all'autonomia delle persone e alla riabilitazione, di cui all'accordo del 22 gennaio 2015 in sede di Conferenza permanente per i rapporti tra lo Stato, le regioni e le province autonome di Trento e Bolzano; c) le specifiche misure di sostegno economico, aggiuntive al beneficio economico del ReI, individuate nell'ambito del progetto personalizzato di cui all'articolo 6 a valere su risorse del comune o dell'ambito territoriale; d) le riduzioni nella compartecipazione al costo dei servizi, nonché eventuali esenzioni e agevolazioni per il pagamento di tributi; e) le erogazioni a fronte di rendicontazione di spese sostenute ovvero le erogazioni in forma di buoni servizio o altri titoli che svolgono la funzione di sostituzione di servizi. 4. In caso di percezione di redditi da parte dei componenti il nucleo familiare, il beneficio di cui al comma 1, eventualmente ridotto ai sensi del comma 2, è ridotto dell'ISR del nucleo familiare, al netto dei trattamenti assistenziali eventualmente inclusi nel medesimo indicatore. I redditi eventualmente non già compresi nell'ISR sono dichiarati all'atto della richiesta del beneficio e valutati secondo le modalità di cui all'articolo 11, comma 3. 5. Il beneficio economico del ReI è riconosciuto per un periodo continuativo non superiore a diciotto mesi e, superati tali limiti, non può essere rinnovato se non trascorsi almeno sei mesi da quando ne è cessato il godimento. In caso di rinnovo, la durata è fissata, in sede di prima applicazione, per un periodo non superiore a dodici mesi. Il Piano nazionale per la lotta alla povertà e all'esclusione sociale, anche in esito a valutazioni sull'efficacia del ReI in termini di fuoriuscita dall'area della povertà in relazione alla durata del beneficio, può prevedere la possibilità di rinnovare ulteriormente il beneficio per le durate e con sospensioni definite dal Piano medesimo, ferma restando la durata massima di cui al primo periodo per ciascun rinnovo e la previsione di un periodo di sospensione antecedente al rinnovo. Nel caso in cui all'atto del riconoscimento del ReI il beneficio economico risulti di ammontare inferiore o pari a euro 20 su base mensile, esso è versato in soluzioni annuali. Nel caso in cui il beneficio economico risulti di ammontare nullo, ai fini del rinnovo non decorrono i termini di cui al primo periodo del presente comma (1). *6. In caso di variazione del nucleo familiare in corso di fruizione del beneficio, fermi restando il mantenimento dei requisiti e la presentazione di una DSU aggiornata entro due mesi dalla variazione, i limiti temporali di cui al comma 5 si applicano al nucleo familiare modificato ovvero a ciascun nucleo familiare formatosi a seguito della variazione. 7. Nell'ipotesi di interruzione nella fruizione del beneficio, diversa dall'applicazione delle sanzioni di cui all'articolo 12, il beneficio può essere richiesto nuovamente per una durata complessiva non superiore al periodo residuo non goduto.*

* Articolo abrogato dall'art. 11 del d.l. 28/1/2019, n. 4.

(1) Comma già modificato dalla l. 27/12/2017, n. 205.

5. Valutazione multidimensionale (1). – 1. *Nel rispetto delle modalità organizzative regionali e di confronto con le autonomie locali, le regioni e le province autonome di Trento e Bolzano individuano, mediante gli atti di programmazione di cui all'articolo 14, comma 1, punti per l'accesso al ReI, presso i quali in ogni ambito territoriale è offerta informazione, consulenza e orientamento ai nuclei familiari sulla rete integrata degli interventi e dei servizi sociali e, qualora ricorrano le condizioni, assistenza nella presentazione della richiesta del ReI. I punti per l'accesso sono concretamente identificati dai comuni che si coordinano a livello di ambito territoriale e comunicati, entro novanta giorni dall'entrata in vigore del presente decreto, da ciascun ambito territoriale all'INPS, alla regione di competenza e al Ministero del lavoro e delle politiche sociali, che ne dà diffusione sul proprio sito istituzionale *.*

2. Agli interventi di cui al Patto per l'inclusione sociale per i beneficiari del Reddito di cittadinanza (Rdc), i nuclei familiari accedono previa valutazione multidimensionale finalizzata ad identificare i bisogni del nucleo familiare e dei suoi componenti, tenuto conto delle risorse e dei fattori di vulnerabilità del nucleo, nonché dei fattori ambientali e di sostegno presenti. In particolare, sono oggetto di analisi:

a) condizioni e funzionamenti personali e sociali;

b) situazione economica;

c) situazione lavorativa e profilo di occupabili';

d) educazione, istruzione e formazione;

e) condizione abitativa;

f) reti familiari, di prossimità e sociali (2).

3. La valutazione multidimensionale è organizzata in un'analisi preliminare e in un quadro di analisi approfondito, laddove necessario in base alla condizione del nucleo (2).

4. L'analisi preliminare è finalizzata ad orientare, mediante colloquio con il nucleo familiare, le successive scelte relative alla definizione del progetto personalizzato. L'analisi preliminare è effettuata da operatori sociali opportunamente identificati dai servizi competenti, senza nuovi o maggiori oneri per la finanza pubblica (2).

5. Laddove, in esito all'analisi preliminare, la situazione di povertà emerga come esclusivamente connessa alla sola dimensione della situazione lavorativa, i beneficiari sono indirizzati al competente centro per l'impiego per la sottoscrizione dei Patti per il lavoro connessi al Rdc, entro trenta giorni dall'analisi preliminare (2).

6. Nei casi di cui al comma 5, il responsabile dell'analisi preliminare verifica l'esistenza del patto o del programma e, in mancanza, contatta nel più breve tempo consentito il competente centro per l'impiego, affinché gli interessati siano convocati e il patto di servizio venga redatto entro il termine di venti giorni lavorativi dalla data in cui è stata effettuata l'analisi preliminare. Entro il medesimo termine, il patto è comunicato ai competenti servizi dell'ambito territoriale per le successive comunicazioni all'INPS ai fini della erogazione del ReI, ai sensi dell'articolo 6, comma 1.*

7. Laddove, in esito all'analisi preliminare, emerga la necessità di sviluppare un quadro di analisi approfondito, è costituita una equipe multidisciplinare composta da un operato-

re sociale identificato dal servizio sociale competente e da altri operatori afferenti alla rete dei servizi territoriali, identificati dal servizio sociale a seconda dei bisogni del nucleo più rilevanti emersi a seguito dell'analisi preliminare, con particolare riferimento ai servizi per l'impiego, la formazione, le politiche abitative, la tutela della salute e l'istruzione. Nel caso la persona sia stata già valutata da altri servizi e disponga di un progetto per finalità diverse, la valutazione e la progettazione sono acquisite ai fini della valutazione di cui al presente comma. Le equipe multidisciplinari operano a livello di ambito territoriale secondo le modalità di cui all'articolo 14, comma 4, disciplinate dalle regioni e dalle province autonome senza nuovi o maggiori oneri per la finanza pubblica.

8. Non si dà luogo alla costituzione di equipe multidisciplinari, oltre che nei casi di cui al comma 5, anche laddove, in esito all'analisi preliminare e all'assenza di bisogni complessi, non ne emerga la necessità. In tal caso, al progetto personalizzato eventualmente in versione semplificata, provvede il servizio sociale.

9. Al fine di assicurare omogeneità nei criteri di valutazione, con decreto del Ministro del lavoro e delle politiche sociali, su proposta del Comitato per la lotta alla povertà, e previa intesa in sede di Conferenza unificata, sono approvate linee guida per la definizione degli strumenti operativi per la valutazione multidimensionale.

10. I servizi per la valutazione multidimensionale costituiscono livelli essenziali delle prestazioni nei limiti delle risorse disponibili a legislazione vigente (2).

(1) Rubrica modificata dal d.l. 28/1/2019, n. 4.

* Comma abrogato dal d.l. 28/1/2019, n. 4.

(2) Comma modificato dal d.l. 28/1/2019, n. 4.

6. Progetto personalizzato. – 1. In esito alla valutazione multidimensionale, è definito un progetto personalizzato, sottoscritto dai componenti il nucleo familiare entro venti giorni lavorativi dalla data in cui è stata effettuata l'analisi preliminare (1).

2. Il progetto individua, sulla base dei fabbisogni del nucleo familiare come emersi nell'ambito della valutazione multidimensionale:

a) gli obiettivi generali e i risultati specifici che si intendono raggiungere in un percorso volto al superamento della condizione di povertà, all'inserimento o reinserimento lavorativo e all'inclusione sociale;

b) i sostegni, in termini di specifici interventi e servizi, di cui il nucleo necessita, oltre al beneficio economico (1);

c) gli impegni a svolgere specifiche attività, a cui il beneficio economico è condizionato, da parte dei componenti il nucleo familiare.

3. Gli obiettivi e i risultati di cui al comma 2, lettera a), sono definiti nel progetto personalizzato e devono:

a) esprimere in maniera specifica e concreta i cambiamenti che si intendono perseguire come effetto dei sostegni attivati;

b) costituire l'esito di un processo di negoziazione con i beneficiari, di cui si favorisce la piena condivisione evitando espressioni tecniche, generiche e astratte;

c) essere individuati coerentemente con quanto emerso in sede di valutazione, con l'indicazione dei tempi attesi di realizzazione.

4. I sostegni di cui al comma 2, lettera b), includono gli interventi e i servizi sociali per il contrasto alla povertà di cui all'articolo 7, nonché gli interventi afferenti alle politiche del lavoro, della formazione, sanitarie e socio-sanitarie, educative, abitative, e delle altre aree di intervento eventualmente coinvolte nella valutazione e progettazione, a cui i beneficiari possono accedere ai sensi della legislazione vigente. I beneficiari del Rdc accedono, nei limiti delle risorse disponibili a legislazione vigente, all'assegno di ricollocazione, di cui all'articolo 23 del decreto legislativo n. 150 del 2015. I sostegni sono richiamati nel progetto personalizzato in maniera non generica con riferimento agli specifici interventi, azioni e dispositivi adottati (1).

5. Gli impegni a svolgere specifiche attività, di cui al comma 2, lettera c), sono dettagliati nel progetto personalizzato con riferimento almeno alle seguenti aree:

a) frequenza di contatti con i competenti servizi responsabili del progetto; di norma la frequenza è mensile, se non diversamente specificato nel progetto personalizzato in ragione delle caratteristiche del nucleo beneficiario o delle modalità organizzative dell'ufficio;

b) atti di ricerca attiva di lavoro e disponibilità alle attività di cui all'articolo 20, comma 3, del decreto legislativo n. 150 del 2015. A tal fine il progetto personalizzato rimanda al patto di servizio stipulato ai sensi dell'articolo 20 del decreto legislativo n. 150 del 2015 ovvero al programma di ricerca intensiva di occupazione, di cui all'articolo 23 del medesimo decreto legislativo e, in caso si rendano opportune integrazioni, è redatto in accordo con i competenti centri per l'impiego;

c) frequenza e impegno scolastico;

d) comportamenti di prevenzione e cura volti alla tutela della salute, individuati da professionisti sanitari.

6. I servizi territoriali operano in stretto raccordo con gli enti del Terzo settore, di cui alla legge 6 giugno 2016, n. 106, attivi nel contrasto alla povertà. L'attività di tali enti è riconosciuta, agevolata e valorizzata da parte dei competenti servizi. Sulla base di specifici accordi di reciproco riconoscimento a livello di ambito territoriale o comunale, le equipe multidisciplinari includono nella progettazione personalizzata, ove opportuno, attività svolte dagli enti del Terzo settore o presso i medesimi. Sono in particolare promosse specifiche forme di collaborazione con gli enti attivi nella distribuzione alimentare a valere sulle risorse del Programma operativo del Fondo di aiuti europei agli indigenti (FEAD), anche al fine di facilitare l'accesso al facilitare l'accesso al Rdcdei beneficiari della distribuzione medesima, ove ricorrano le condizioni (1).

7. Il progetto è definito, anche nella sua durata, secondo principi di proporzionalità, appropriatezza e non eccedenza rispetto alle necessità di sostegno del nucleo familiare rilevate, in coerenza con la valutazione multidimensionale e con le risorse disponibili, in funzione della corretta allocazione delle risorse medesime. La durata del progetto può eccedere la durata del beneficio economico.

8. Il progetto personalizzato è definito con la più ampia partecipazione del nucleo familiare, in considerazione dei suoi desideri, aspettative e preferenze con la previsione del suo coinvolgimento nel successivo monitoraggio e nella valutazione, nonché promuovendo, laddove possibile, anche il coinvolgimento attivo dei minorenni per la parte del progetto a loro rivolto.

9. Il progetto personalizzato individua, sulla base della natura del bisogno prevalente emergente dalle necessità di sostegni definite nel progetto, una figura di riferimento che ne curi la realizzazione e il monitoraggio, attraverso il coordinamento e l'attività di impulso verso i vari soggetti responsabili della realizzazione dello stesso.

10. Il progetto definisce metodologie di monitoraggio, verifica periodica ed eventuale revisione, tenuto conto della soddisfazione e delle preferenze dei componenti il nucleo familiare.

11. Nel caso il componente del nucleo familiare sia già stato valutato dai competenti servizi territoriali e disponga di un progetto per finalità diverse da quelle di cui al presente decreto a seguito di precedente presa in carico, la valutazione e la progettazione sono integrate secondo i principi e con gli interventi e i servizi di cui al presente articolo.

12. Al fine di assicurare omogeneità e appropriatezza nell'individuazione degli obiettivi e dei risultati, dei sostegni,

nonché degli impegni, di cui al comma 2, con decreto del Ministro del lavoro e delle politiche sociali, su proposta del Comitato per la lotta alla povertà e d'intesa con la Conferenza unificata, sono approvate linee guida per la definizione dei progetti personalizzati, redatte anche in esito al primo periodo di applicazione del ReI.

13. Il progetto personalizzato e i sostegni in esso previsti costituiscono livelli essenziali delle prestazioni nei limiti delle risorse disponibili a legislazione vigente.

(1) Comma modificato dal d.l. 28/1/2019, n. 4.

7. Interventi e servizi sociali per il contrasto alla povertà. – 1. I servizi per l'accesso e la valutazione e i sostegni da individuare nel progetto personalizzato afferenti al sistema integrato di interventi e servizi sociali, di cui alla legge n. 328 del 2000, includono:

a) segretariato sociale (1);

b) servizio sociale professionale per la presa in carico, inclusa la componente sociale della valutazione multidimensionale di cui all'articolo 5, comma 2;

c) tirocini finalizzati all'inclusione sociale, all'autonomia delle persone e alla riabilitazione, di cui alle regolamentazioni regionali in attuazione dell'accordo del 22 gennaio 2015 in sede di Conferenza permanente per i rapporti tra lo Stato, le regioni e le province autonome di Trento e Bolzano;

d) sostegno socio-educativo domiciliare o territoriale, incluso il supporto nella gestione delle spese e del bilancio familiare;

e) assistenza domiciliare socio-assistenziale e servizi di prossimità;

f) sostegno alla genitorialità e servizio di mediazione familiare;

g) servizio di mediazione culturale;

h) servizio di pronto intervento sociale.

2. Al fine di garantire l'attuazione dei livelli essenziali di cui agli articoli 5 e 6, una quota del Fondo Povertà è attribuita agli ambiti territoriali delle regioni per il finanziamento degli interventi di cui al comma 1, fermi restando gli interventi afferenti alle politiche del lavoro, della formazione, sanitarie e socio-sanitarie, educative, abitative, nonché delle altre aree eventualmente coinvolte nella valutazione e progettazione previsti a legislazione vigente.

3. La quota del Fondo Povertà destinata al rafforzamento degli interventi e dei servizi sociali, di cui al comma 2, è pari, in sede di prima applicazione, a 262 milioni di euro nel 2018 e 277 milioni di euro annui a decorrere dal 2019, inclusivi delle risorse di cui al comma 9. Gli specifici rafforzamenti finanziabili, a valere sulla quota del Fondo Povertà attribuita agli ambiti territoriali di ogni regione e nei limiti della medesima, sono definiti, sulla base delle indicazioni programmatiche contenute nel Piano per gli interventi e i servizi sociali di contrasto alla povertà, di cui all'articolo 21, comma 6. Il Ministero del lavoro e delle politiche sociali procede all'erogazione delle risorse spettanti agli ambiti territoriali di ciascuna Regione una volta valutata la coerenza dello schema dell'atto di programmazione regionale con le finalità del Piano per gli interventi e i servizi sociali di contrasto alla povertà (1).

4. Con decreto del Ministro del lavoro e delle politiche sociali, di concerto con il Ministro dell'economia e delle finanze, previa intesa in sede di Conferenza unificata di cui all'articolo 8 del decreto legislativo 28 agosto 1997, n. 281, si definiscono i criteri di riparto della quota di cui al comma 2 con riferimento al complesso degli ambiti di ciascuna regione, nonché le modalità di monitoraggio e rendicontazione delle risorse trasferite. Ciascuna regione comunica al Ministero del lavoro e delle politiche sociali i criteri ai fini della successiva attribuzione delle risorse da parte del Ministero medesimo agli ambiti territoriali di rispettiva competenza.

5. Le regioni possono integrare per le finalità di cui al presente articolo, a valere su risorse proprie, la quota del Fondo Povertà di cui al comma 2. In tal caso, le regioni possono richiedere il versamento della quota medesima sul bilancio regionale per il successivo riparto, integrato con le risorse proprie, agli ambiti territoriali di competenza, da effettuarsi entro il termine di 60 giorni dall'effettivo versamento delle risorse alle regioni da parte del Ministero del lavoro e delle politiche sociali.

6. I comuni, coordinandosi a livello di ambito territoriale, concorrono con risorse proprie alla realizzazione dei servizi di cui al comma 1, nell'ambito delle risorse umane, strumentali e finanziarie disponibili a legislazione vigente e nell'ambito degli equilibri di finanza pubblica programmati. I servizi di cui al comma 1 sono programmati nei limiti delle risorse disponibili ai sensi del presente articolo. Le risorse di cui al primo periodo sono comunicate al Ministero del lavoro e delle politiche sociali ai sensi dell'articolo 15, comma 3.

7. Alle finalità di cui al presente articolo, in coerenza con quanto stabilito dall'Accordo di Partenariato 2014-2020 per l'impiego dei fondi strutturali e di investimento europei, concorrono altresì le risorse afferenti ai Programmi operativi nazionali (PON) e regionali (POR) riferite all'obiettivo tematico della lotta alla povertà e della promozione dell'inclusione sociale, fermo restando quanto previsto all'articolo 15, comma 6. Le regioni e le province autonome individuano le modalità attraverso le quali i POR rafforzano gli interventi e i servizi di cui al presente decreto, includendo, ove opportuno e compatibile, i beneficiari del Rdc tra i destinatari degli interventi, anche con riferimento all'obiettivo tematico della promozione dell'occupazione sostenibile e di qualità.

8. In deroga a quanto stabilito ai commi 3 e 4, per l'anno 2017, al fine di permettere una adeguata implementazione del ReI e di garantirne la tempestiva operatività mediante un rafforzamento dei servizi sociali territoriali, inclusi quelli di contrasto alla povertà e all'esclusione sociale, sono attribuite alle regioni, a valere sul Fondo Povertà, risorse pari a 212 milioni di euro, secondo i criteri di riparto e con le medesime modalità adottate per il Fondo nazionale per le politiche sociali, di cui all'articolo 20, comma 8, della legge n. 328 del 2000.

9. Nell'ambito della quota del Fondo Povertà di cui al comma 2 viene riservato un ammontare pari a 20 milioni di euro annui, a decorrere dall'anno 2018, per interventi e servizi in favore di persone in condizione di povertà estrema e senza dimora. Con il medesimo decreto di cui al comma 4, si stabiliscono i criteri di riparto della quota di cui al presente comma, avuto prioritariamente riguardo alla distribuzione territoriale dei senza dimora, in particolare individuando le grandi aree urbane in cui si concentra il maggior numero degli stessi. In sede di riparto, si definiscono altresì le condizioni di povertà estrema, nonché si indentificano le priorità di intervento a valere sulle risorse trasferite, in coerenza con le "Linee di indirizzo per il contrasto alla grave emarginazione adulta in Italia", oggetto di accordo in sede di Conferenza Unificata del 5 novembre 2015, ed eventuali successive iniziative ai sensi dell'articolo 21, comma 8. Gli interventi e i servizi di cui al presente comma sono oggetto di rilevazione da parte del sistema informativo di cui all'articolo 24 e di specifico monitoraggio da parte del Ministero del lavoro e delle politiche sociali, che ne dà conto nel Rapporto di cui all'articolo 15, comma 4.

(1) Comma modificato dal d.l. 28/1/2019, n. 4.

8. Piano nazionale per la lotta alla povertà e all'esclusione sociale*. – *1. Ai fini della progressiva estensione della platea dei beneficiari e del graduale incremento dell'entità del be-*

*neficio economico, nei limiti delle ulteriori risorse eventualmente disponibili a valere sul Fondo Povertà, il Piano nazionale per la lotta alla povertà e all'esclusione sociale, di seguito denominato «Piano», può modificare, con cadenza triennale ed eventuali aggiornamenti annuali, i seguenti elementi: a) le soglie degli indicatori della condizione economica, incrementando i valori di cui all'articolo 3, comma 1, lettera b); b) gli indicatori del tenore di vita, di cui all'articolo 3, comma 1, lettera c); c) l'estensione della platea dei beneficiari oltre i nuclei familiari con le caratteristiche di cui all'articolo 3, comma 2, a partire da quelli con persone di età pari o superiore a 55 anni, prive dei requisiti di cui al medesimo articolo 3, comma 2, eventualmente mediante l'utilizzo di una scala di valutazione del bisogno, di cui al comma 2**. d) il valore di euro 3.000, di cui all'articolo 4, comma 1, in coerenza con le modifiche delle soglie di cui alla lettera a), nonché il parametro per cui tale valore è moltiplicato, pari, in sede di prima applicazione, al settantacinque per cento, fino all'unità; e) la previsione di incremento delle soglie di accesso e del beneficio secondo la misura percentuale prevista per la rivalutazione automatica dei trattamenti pensionistici dell'assicurazione generale obbligatoria dei lavoratori dipendenti; f) il massimale del beneficio economico erogabile, di cui all'articolo 4, comma 1, in coerenza con le modifiche di cui alla lettera d), assicurando comunque che il beneficio non sia superiore a due volte l'ammontare, su base annua, dell'assegno sociale per i nuclei familiari con cinque o più componenti; a decorrere dal terzo Piano il massimale del beneficio economico può essere elevato oltre detto ammontare; g) l'elenco degli interventi e dei servizi sociali territoriali di contrasto alla povertà, di cui all'articolo 7, comma 1, e la quota, comunque non inferiore al quindici per cento, delle risorse disponibili a valere sul Fondo Povertà, di cui all'articolo 7, comma 2, vincolata al finanziamento dei medesimi interventi e dei servizi sociali; deroghe al limite inferiore della quota di cui al primo periodo della presente lettera sono ammesse solo con riferimento agli incrementi della dotazione del Fondo Povertà non destinati all'ampliamento del numero dei beneficiari; h) le modalità di rinnovo del beneficio ai sensi dell'articolo 4, comma 5; i) i termini temporali per la definizione della valutazione multidimensionale, della progettazione personalizzata, per lo scambio dei dati, la verifica dei requisiti e il riconoscimento del beneficio di cui all'articolo 9; l) il limite mensile di prelievo di contante mediante la Carta ReI, nonché le categorie di beni e servizi di prima necessità acquistabili mediante la medesima Carta. 2. Ai fini della progressiva estensione dei beneficiari del ReI, in caso le eventuali risorse aggiuntive non siano sufficienti alla universale copertura di tutti i nuclei familiari nelle condizioni di cui all'articolo 3, comma 1, il Piano può introdurre una scala di valutazione del bisogno per individuare, nei limiti delle risorse disponibili le caratteristiche dei nuclei. La scala di valutazione è costruita avuto riguardo alla condizione economica, ai carichi familiari e di cura e alla situazione occupazionale**. 3. Il Piano può procedere all'aggiornamento degli indicatori e degli altri elementi di cui al comma 1, anche in costanza di risorse disponibili a valere sul Fondo Povertà, laddove in esito al monitoraggio della spesa emerga una certificata e strutturale capienza del Fondo, sulla base della dotazione a legislazione vigente, in relazione all'estensione della platea o all'incremento del beneficio che si produce a seguito dell'aggiornamento. L'estensione della platea è individuata prioritariamente tra i nuclei familiari con persone di età pari o superiore a 55 anni non già inclusi all'articolo 3, comma 2. 4. Il Piano è adottato con decreto del Presidente del Consiglio dei ministri, su proposta del Ministro del lavoro e delle politiche sociali, di concerto con il Ministro dell'economia e delle finanze, d'intesa con la Conferenza unificata di cui all'articolo 8 del decreto legislativo n. 281 del 1997.*

* Articolo abrogato dall'art. 11 del d.l. 28/1/2019, n. 4.
** Comma abrogato già dalla l. 27/12/2017, n. 205.

9. Richiesta, riconoscimento ed erogazione del ReI*. – *1. Il ReI è richiesto presso i punti per l'accesso di cui all'articolo 5, comma 1, ovvero presso altra struttura identificata dai comuni ai sensi dell'articolo 13, comma 1, sulla base di apposito modulo di domanda predisposto dall'INPS, sentito il Ministero del lavoro e delle politiche sociali, entro sessanta giorni dalla data di entrata in vigore del presente decreto. Con riferimento alle informazioni già dichiarate dal nucleo familiare a fini ISEE, il modulo di domanda rimanda alla corrispondente DSU, a cui la domanda è successivamente associata dall'INPS. 2. Gli ambiti territoriali, eventualmente per il tramite dei comuni che li compongono, entro quindici giorni lavorativi dalla data della richiesta del ReI e nel rispetto dell'ordine cronologico di presentazione, comunicano all'INPS, anche attraverso il sistema di gestione delle agevolazioni sulle tariffe energetiche (SGATE), secondo adeguate modalità telematiche predisposte dall'Istituto non oltre il 31 ottobre 2017, le informazioni contenute nel modulo di domanda del ReI, inclusive del codice fiscale del richiedente, in assenza del quale le richieste non sono esaminate. 3. Gli ambiti territoriali e i comuni procedono, contestualmente alle attività di cui al comma 2, alla verifica dei requisiti di residenza e di soggiorno di cui all'articolo 3, comma 1, lettera a). L'esito delle verifiche è comunicato all'INPS nelle modalità di cui al comma 2 e, comunque, non oltre i quindici giorni lavorativi dalla richiesta del ReI. 4. L'INPS verifica, entro cinque giorni lavorativi dalla comunicazione di cui al comma 2, il possesso dei requisiti per l'accesso al ReI sulla base delle informazioni disponibili nei propri archivi e in quelli delle amministrazioni collegate. A tal fine l'INPS acquisisce, senza nuovi o maggiori oneri per la finanza pubblica, dall'Anagrafe tributaria, dal Pubblico registro automobilistico e dalle altre amministrazioni pubbliche detentrici dei dati, le informazioni rilevanti ai fini della concessione del ReI. Il possesso dei requisiti, anche ai fini della determinazione del beneficio, è verificato dall'INPS con cadenza trimestrale, ove non diversamente specificato, ferma restando la necessità di aggiornare l'ISEE alla scadenza del periodo di validità dell'indicatore. 5. In caso di esito positivo delle verifiche di competenza dei comuni e degli ambiti territoriali, comunicate all'INPS ai sensi del comma 3, nonché delle verifiche effettuate dall'INPS, ai sensi del comma 4, il ReI è riconosciuto dall'INPS, condizionatamente alla sottoscrizione del progetto personalizzato, eventualmente nelle forme del patto di servizio o del programma di ricerca intensiva di occupazione, ai sensi dell'articolo 5, comma 5. Il riconoscimento condizionato del beneficio è comunicato dall'INPS agli ambiti territoriali e ai comuni interessati entro il termine di cui al comma 4, primo periodo. 6. Il versamento del beneficio è disposto dall'INPS successivamente alla comunicazione dell'avvenuta sottoscrizione del progetto personalizzato ai sensi dell'articolo 6, comma 1, fatto salvo quanto previsto in sede di prima applicazione all'articolo 25, comma 2, e decorre dal mese successivo alla richiesta del beneficio. Le erogazioni sono disposte mensilmente. 7. Il beneficio economico è erogato per il tramite della Carta acquisti, ridenominata per le finalità del presente decreto «Carta ReI». Oltre che per l'acquisto dei generi previsti per la Carta acquisti, la Carta ReI garantisce la possibilità di prelievi di contante entro un limite mensile non superiore alla metà del beneficio massimo attribuibile. In esito al monitoraggio e alla valutazione del ReI, il limite mensile di prelievo può essere rideterminato dal Piano nazionale per la lotta alla povertà. 8. Alla Carta ReI possono essere associate specifiche agevolazioni e servizi definiti me-*

diante convenzioni con il Ministero del lavoro e delle politiche sociali, sentito il Ministero dell'economia e delle finanze. 9. Al fine di permettere l'erogazione nelle modalità di cui al comma 7, le disponibilità del Fondo Povertà, al netto della quota di cui all'articolo 7, comma 2, e fatto salvo quanto previsto all'articolo 20, comma 2, affluiscono in un apposito conto corrente infruttifero presso la Tesoreria centrale dello Stato, per essere eventualmente trasferite su un conto acceso presso il soggetto incaricato del servizio integrato di gestione delle carte acquisti e dei relativi rapporti amministrativi di cui all'articolo 81, comma 35, lettera b), del decreto-legge n. 112 del 2008, convertito, con modificazioni, dalla legge n. 133 del 2008, dal quale sono prelevate le risorse necessarie per l'erogazione del beneficio. 10. I beneficiari del ReI accedono all'assegno per i nuclei familiari con tre o più figli di età inferiore ai 18 anni, qualora ricorrano le condizioni previste dalla rispettiva disciplina, a prescindere dalla presentazione di apposita domanda. 11. Le agevolazioni relative alle tariffe elettriche riconosciute alle famiglie economicamente svantaggiate, di cui all'articolo 1, comma 375, della legge 23 dicembre 2005, n. 266, e quelle relative alla compensazione per la fornitura di gas naturale, estese ai medesimi soggetti dall'articolo 3, comma 9, del decreto-legge 29 novembre 2008, n. 185, convertito, con modificazioni dalla legge 28 gennaio 2009, n. 2, sono attivate in favore dei beneficiari del ReI, secondo le modalità previste per i beneficiari della Carta acquisti, ai quali è parimenti estesa l'agevolazione per la fornitura di gas naturale. Con decreto del Ministro del lavoro e delle politiche sociali, di concerto con il Ministro dello sviluppo economico e il Ministro dell'economia e delle finanze, sentita l'Autorità per l'energia elettrica, il gas e il sistema idrico, possono essere adottate modalità semplificate di estensione del beneficio. 12. Le attività di cui al presente articolo sono svolte dagli ambiti territoriali, dai comuni, dall'INPS e dalle altre amministrazioni interessate nell'ambito delle risorse umane, strumentali e finanziarie disponibili a legislazione vigente e nell'ambito degli equilibri di finanza pubblica programmati.

* Articolo abrogato dall'art. 11 del d.l. 28/1/2019, n. 4 a decorrere dal 1/4/2019.

10. ISEE precompilato e aggiornamento della situazione economica. – 1. A decorrere dal 2019, l'INPS precompila la DSU cooperando con l'Agenzia delle entrate. A tal fine sono utilizzate le informazioni disponibili nell'Anagrafe tributaria, nel Catasto e negli archivi dell'INPS, nonché le informazioni su saldi e giacenze medie del patrimonio mobiliare dei componenti il nucleo familiare comunicate ai sensi dell'articolo 7, sesto comma, del decreto del Presidente della Repubblica 29 settembre 1973, n. 605, e dell'articolo 11, comma 2, del decreto-legge 6 dicembre 2011, n. 201, convertito, con modificazioni, dalla legge 22 dicembre 2011, n. 214, e sono scambiati i dati mediante servizi anche di cooperazione applicativa.

2. La DSU precompilata può essere accettata o modificata, fatta eccezione per i trattamenti erogati dall'INPS e per le componenti già dichiarate a fini fiscali, per le quali è assunto il valore a tal fine dichiarato. Laddove la dichiarazione dei redditi non sia stata ancora presentata, le relative componenti rilevanti a fini ISEE possono essere modificate, fatta salva la verifica di coerenza rispetto alla dichiarazione dei redditi successivamente presentata e le eventuali sanzioni in caso di dichiarazione mendace. La DSU precompilata dall'INPS è resa disponibile mediante i servizi telematici dell'Istituto direttamente al cittadino, che può accedervi anche per il tramite del portale dell'Agenzia delle entrate attraverso sistemi di autenticazione federata, o, conferendo apposita delega, tramite un centro di assistenza fiscale di cui all'articolo 32 del decreto legislativo 9 luglio 1997, n. 241. Con provvedimento congiunto del Direttore dell'INPS e del Direttore dell'Agenzia delle entrate, sentito il Ministero del lavoro e delle politiche sociali e il Garante per la protezione dei dati personali, sono individuate le modalità tecniche per consentire al cittadino di accedere alla dichiarazione precompilata resa disponibile in via telematica dall'INPS (1).

2-bis. Fino al 31 dicembre 2022 resta ferma la possibilità di presentare la DSU nella modalità non precompilata. In tal caso, in sede di attestazione dell'ISEE, sono riportate le eventuali omissioni o difformità riscontrate nei dati dichiarati rispetto alle informazioni disponibili di cui al comma 1, incluse eventuali difformità su saldi e giacenze medie del patrimonio mobiliare, secondo modalità definite con il decreto di cui al comma 2. A decorrere dal 1° luglio 2023, la presentazione della DSU da parte del cittadino avviene prioritariamente in modalità precompilata, ferma restando la possibilità di presentare la DSU nella modalità ordinaria. Con decreto del Ministro del lavoro e delle politiche sociali, sentiti l'INPS, l'Agenzia delle entrate e il Garante per la protezione dei dati personali, sono individuate le modalità operative, le ulteriori semplificazioni e le modalità tecniche per consentire al cittadino la gestione della dichiarazione precompilata resa disponibile in via telematica dall'INPS. Resta fermo quanto previsto dal decreto del Presidente del Consiglio dei ministri 5 dicembre 2013, n. 159, per quanto attiene al trattamento dei dati e alle misure di sicurezza (2).

3. Ferme restando le decorrenze di cui al comma 4, con il medesimo decreto di cui al comma 2, è stabilita la data a partire dalla quale è possibile accedere alla modalità precompilata di presentazione della DSU, nonché la data a partire dalla quale è avviata una sperimentazione in materia, anche ai soli fini del rilascio dell'ISEE corrente ai sensi del comma 5. Con il medesimo decreto sono stabilite le componenti della DSU che restano interamente autodichiarate e non precompilate, suscettibili di successivo aggiornamento in relazione alla evoluzione dei sistemi informativi e dell'assetto dei relativi flussi d'informazione (2).

4. A decorrere dal 1° settembre 2019, la DSU ha validità dal momento della presentazione fino al successivo 31 agosto. In ciascun anno, all'avvio del periodo di validità fissato al 1° settembre, i dati sui redditi e i patrimoni presenti in DSU sono aggiornati prendendo a riferimento l'anno precedente. Le DSU in corso di validità alla data della decorrenza di cui al primo periodo, restano valide fino al 31 dicembre 2019 (2).

5. A decorrere dalla data indicata nel decreto di cui al comma 3, l'ISEE corrente e la sua componente reddituale ISRE possono essere calcolati, in presenza di un ISEE in corso di validità, qualora si sia verificata una variazione della situazione lavorativa, di cui all'articolo 9, comma 1, lettere a), b) e c) del decreto del Presidente del Consiglio dei ministri n. 159 del 2013, ovvero una variazione dell'indicatore della situazione reddituale corrente superiore al venticinque per cento, di cui al medesimo articolo 9, comma 2. La variazione della situazione lavorativa deve essere avvenuta posteriormente al 1° gennaio dell'anno cui si riferisce il reddito considerato nell'ISEE calcolato in via ordinaria di cui si chiede la sostituzione con l'ISEE corrente. Resta ferma, anteriormente alla data indicata nel decreto di cui al comma 3, la possibilità di richiedere l'ISEE corrente alle condizioni previste dalla disciplina vigente.

6. L'efficacia delle disposizioni di cui ai commi 4 e 5 cessa dal giorno successivo a quello di entrata in vigore delle corrispondenti modifiche al decreto del Presidente del Consiglio dei ministri n. 159 del 2013, da adottarsi entro il termine di sei mesi dalla data di entrata in vigore del presente decreto.

7. A decorrere dalla data stabilita nel decreto di cui al comma 3, al fine di agevolare la precompilazione della DSU per l'ISEE corrente, nonché la verifica delle comunicazioni di cui all'articolo 11, comma 2, da parte dell'INPS e per la veri-

fica dello stato di disoccupazione di cui all'articolo 3, comma 3, da parte degli organi competenti, le comunicazioni obbligatorie, di cui all'articolo 9-bis del decreto-legge 1° ottobre 1996, n. 510, convertito, con modificazioni, dalla legge 28 novembre 1996, n. 608, devono contenere l'informazione relativa alla retribuzione o al compenso.

(1) Comma modificato dal d.lg. 12/7/2018, n. 86.

(2) Comma modificato dal d.l. 28/1/2019, n. 4 conv., con modif., dalla l. 28/3/2019, n. 26 e successivamente modificato dall'art. 1, co. 353, lett. a), l. 29/12/2022, n. 197.

11. Compatibilità con lo svolgimento di attività lavorativa*. *– 1. Fermi restando i requisiti di cui all'articolo 3, comma 1, lettera b), il ReI è compatibile con lo svolgimento di attività lavorativa da parte di uno o più componenti il nucleo familiare. 2. In caso di variazione della situazione lavorativa nel corso dell'erogazione del ReI, i componenti del nucleo familiare per i quali la situazione è variata, sono tenuti, a pena di decadenza dal beneficio, a comunicare all'INPS il reddito annuo previsto entro trenta giorni dall'inizio dell'attività e, comunque, secondo le modalità di cui all'articolo 9, comma 2, o all'articolo 10, comma 1, primo periodo, del decreto legislativo n. 22 del 2015. 3. Le comunicazioni di cui al comma 2 sono effettuate anche all'atto della richiesta del beneficio in caso vi siano componenti del nucleo familiare in possesso di redditi da lavoro non rilevati per l'intera annualità nell'ISEE in corso di validità utilizzato per l'accesso al beneficio. 4. Nei casi di cui al comma 2, esclusivamente al fine della verifica della permanenza dei requisiti di cui all'articolo 3, comma 1, lettera b), numeri 1) e 2), il valore dell'ISEE e dell'ISRE è aggiornato dall'INPS sostituendo il reddito annuo previsto, oggetto della comunicazione ai sensi del medesimo comma 2, a quello di analoga natura utilizzato per il calcolo dell'ISEE in via ordinaria. 5. In caso di permanenza dei requisiti ai sensi del comma 3, il valore del beneficio economico connesso al ReI è corrispondentemente rideterminato tenuto conto dell'ISR aggiornato.*

* Articolo abrogato dall'art. 11 del d.l. 28/1/2019, n. 4 a decorrere dal 1/4/2019.

12. Sanzioni, sospensione e decadenza*. *– 1. I componenti il nucleo familiare beneficiario del ReI sono tenuti ad attenersi ai comportamenti previsti nel progetto personalizzato. 2. Oltre che per i contatti previsti nel progetto personalizzato ai sensi dell'articolo 6, comma 5, lettera a), i componenti in età attiva del nucleo beneficiario possono essere convocati nei giorni feriali con preavviso di almeno 24 ore e non più di 72 ore secondo modalità concordate nel medesimo progetto personalizzato. 3. In caso di mancata presentazione, in assenza di giustificato motivo, alle convocazioni di cui al comma 2 ovvero agli appuntamenti previsti nel progetto, di cui all'articolo 6, comma 5, lettera a), da parte anche di un solo componente il nucleo familiare, si applicano le seguenti sanzioni: a) la decurtazione di un quarto di una mensilità del beneficio economico del ReI, in caso di prima mancata presentazione; b) la decurtazione di una mensilità alla seconda mancata presentazione; c) la decadenza dalla prestazione, in caso di ulteriore mancata presentazione. 4. In caso di mancata partecipazione, in assenza di giustificato motivo, alle iniziative di orientamento di cui all'articolo 20, comma 3, lettera a) del decreto legislativo n. 150 del 2015, da parte anche di un solo componente il nucleo familiare, si applicano le seguenti sanzioni: a) la decurtazione di una mensilità, in caso di prima mancata presentazione; b) la decadenza dalla prestazione e, per gli interessati, la decadenza dallo stato di disoccupazione, in caso di ulteriore mancata presentazione. 5. La mancata partecipazione, in assenza di giustificato motivo, alle iniziative di carattere formativo o di riqualificazione o ad altra iniziativa di politica attiva o di attivazione, di cui all'articolo 20, comma 3, lettera b), e all'articolo 23, comma 5, lettera e), del decreto legislativo n. 150 del 2015, ovvero la mancata accettazione di un'offerta di lavoro congrua, definita ai sensi dell'articolo 25 del medesimo decreto legislativo, in assenza di giustificato motivo, da parte anche di un solo componente il nucleo familiare, comporta la decadenza dal beneficio e, per gli interessati, la decadenza dallo stato di disoccupazione. 6. In caso di mancato rispetto degli impegni di cui all'articolo 6, comma 5, lettere c) e d), ovvero di altri impegni specificati nel progetto personalizzato, in assenza di giustificato motivo, da parte anche di un solo componente il nucleo familiare, la figura di riferimento del progetto di cui all'articolo 6, comma 9, richiama formalmente il nucleo familiare al rispetto degli impegni medesimi. Nel caso in cui il richiamo non produca l'adesione agli impegni previsti, la figura di riferimento effettua un nuovo richiamo in cui si esplicitano puntualmente gli impegni e i tempi in cui adeguarsi, a pena di sospensione dal beneficio. In caso sia adottato il provvedimento di sospensione, sono specificati impegni e tempi per il ripristino del beneficio per la durata residua prevista al momento della sospensione. In caso di reiterati comportamenti inconciliabili con gli impegni richiamati, successivi al provvedimento di sospensione, è disposta la decadenza dal beneficio. 7. Nel caso in cui si accerti una discordanza tra le componenti reddituali e patrimoniali rilevanti a fini ISEE effettivamente possedute e quanto indicato nella DSU, per effetto della quale il nucleo familiare abbia percepito il beneficio economico del ReI in misura maggiore rispetto a quanto gli sarebbe spettato, fermo restando il recupero di quanto versato in eccesso, non si applica la sanzione di cui all'articolo 38, comma 3, del decreto-legge 31 maggio 2010, n. 78, convertito, con modificazioni, dalla legge 30 luglio 2010, n. 122, e si applicano le seguenti sanzioni: a) la decurtazione di una mensilità, nel caso in cui per effetto della accertata discordanza si sia prodotto un incremento del beneficio su base mensile inferiore a 100 euro; b) la decurtazione di due mensilità, nel caso in cui per effetto della accertata discordanza si sia prodotto un incremento del beneficio su base mensile da 100 euro a meno di 200 euro; c) la decadenza dal beneficio, nel caso in cui per effetto della accertata discordanza si sia prodotto un incremento del beneficio su base mensile pari o superiore a 200 euro. 8. Nel caso in cui si accerti una discordanza tra le componenti reddituali e patrimoniali rilevanti a fini ISEE effettivamente possedute e quanto indicato nella DSU, per effetto della quale il nucleo familiare abbia percepito illegittimamente il beneficio del ReI, altrimenti non spettante, ferma restando la restituzione dell'indebito e la decadenza dal beneficio, la sanzione di cui all'articolo 38, comma 3, del decreto-legge n. 78 del 2010, convertito, con modificazioni, dalla legge n. 122 del 2010, si applica nei seguenti ammontari: a) nella misura minima, nel caso in cui per effetto della accertata discordanza si sia prodotto un beneficio su base mensile inferiore a 100 euro; b) nella misura di 1.000 euro, nel caso in cui per effetto della accertata discordanza si sia prodotto un beneficio su base mensile da 100 euro a meno di 200 euro; c) nella misura di 2.000 euro, nel caso in cui per effetto della accertata discordanza si sia prodotto un beneficio su base mensile da 200 euro a meno di 300 euro; d) nella misura di 3.000 euro, nel caso in cui per effetto della accertata discordanza si sia prodotto un incremento del beneficio su base mensile pari a 300 euro o superiore; e) la sanzione è comunque applicata nella misura massima nel caso in cui i valori dell'ISEE, o delle sue componenti reddituali o patrimoniali accertati, siano pari o superiori a due volte le soglie indicate all'articolo 3, comma 1, lettera b). 9. In caso di variazioni nella composizione del nucleo familiare, rispetto a quanto dichiarato a fini ISEE, i nuclei familiari sono tenuti a presentare, entro due mesi dalla* *variazione una DSU aggiornata, a pena delle sanzioni di cui ai commi 7 e 8 in ragione dell'ammontare del beneficio su base mensile indebitamente percepito. 10. L'irrogazione delle sanzioni di cui al presente articolo, nonché il recupero dell'indebito, di cui ai commi 7 e 8, avviene ad opera dell'INPS. Gli indebiti recuperati e le sanzioni irrogate nelle modalità di cui all'articolo 38, comma 3, del decreto-legge n. 78 del 2010, convertito, con modificazioni, dalla legge n. 122 del 2010, al netto delle spese di recupero, sono riversate dall'INPS all'entrata del bilancio dello Stato per essere riassegnate al Fondo Povertà. L'INPS dispone altresì, ove prevista la decadenza dal beneficio, la disattivazione della Carta ReI. 11. In caso di decadenza dal beneficio ai sensi del presente articolo, il ReI può essere richiesto solo decorso un anno dalla data del provvedimento di decadenza nei casi di cui al comma 8, e decorsi sei mesi negli altri casi. 12. I servizi competenti comunicano all'INPS i fatti suscettibili di dar luogo alle sanzioni di cui ai commi da 3 a 6, ivi compresi i casi di cui all'articolo 23, comma 5, lettera e), del decreto legislativo n. 150 del 2015, nelle modalità stabilite dal medesimo Istituto, entro e non oltre cinque giorni lavorativi dal verificarsi dell'evento da sanzionare e, comunque, in tempo utile ad evitare il versamento della mensilità successiva. L'INPS rende noto agli ambiti territoriali gli eventuali conseguenti provvedimenti di decadenza dal beneficio. 13. La mancata comunicazione dei fatti suscettibili di dar luogo alle sanzioni di decurtazione o decadenza della prestazione determina responsabilità disciplinare e contabile del funzionario responsabile, ai sensi dell'articolo 1 della legge 14 gennaio 1994, n. 20.*

* Articolo abrogato dall'art. 11 del d.l. 28/1/2019, n. 4 a decorrere dal 1/4/2019.

13. Funzioni dei comuni e degli ambiti territoriali per l'attuazione del ReI*. – *1. I comuni, in forma singola o associata, rappresentano congiuntamente con l'INPS i soggetti attuatori del ReI. I comuni cooperano con riferimento all'attuazione del ReI a livello di ambito territoriale, come identificato dalla regione e dalla provincia autonoma ai sensi dell'articolo 23, comma 2, al fine di rafforzare l'efficacia e l'efficienza della gestione e di agevolare la programmazione e la gestione integrata degli interventi e dei servizi sociali con quelli degli altri enti od organismi competenti per l'inserimento lavorativo, l'istruzione e la formazione, le politiche abitative e la salute. 2. I comuni, coordinandosi a livello di ambito territoriale, svolgono inoltre le seguenti funzioni: a) favoriscono con la propria attività istituzionale la conoscenza del ReI tra i potenziali beneficiari, anche mediante campagne informative nell'ambito dell'attività di comunicazione istituzionale; b) assicurano il coinvolgimento degli enti del Terzo settore, di cui alla legge n. 106 del 2016, delle parti sociali, delle forze produttive del territorio e della comunità territoriale, nelle attività di promozione degli interventi di lotta alla povertà; c) effettuano le verifiche di competenza sul possesso dei requisiti per la concessione del ReI da parte dei nuclei familiari, ai sensi dell'articolo 9, comma 3, nonché ogni altro controllo di competenza, in particolare con riguardo all'effettiva composizione del nucleo familiare rispetto a quanto dichiarato in sede ISEE, atto a verificare l'effettiva situazione di bisogno; d) adottano atti di programmazione, ordinariamente nella forma di una sezione specificamente dedicata alla povertà nel piano di zona di cui all'articolo 19 della legge n. 328 del 2000, e comunque, in sede di prima applicazione, specificamente in attuazione dell'atto di programmazione o del Piano regionale per la lotta alla povertà, entro sessanta giorni dall'adozione del medesimo, in cui a livello di ambito territoriale si definiscono gli specifici rafforzamenti su base triennale del sistema di interventi e servizi sociali per il contrasto alla povertà di cui all'articolo 7, comma 1, finanziabili a valere sulla quota del Fondo Povertà di cui al comma 2 del medesimo articolo 7, integrando la programmazione con le risorse disponibili a legislazione vigente e le risorse afferenti ai Programmi operativi nazionali (PON) e regionali (POR) riferite all'obiettivo tematico della lotta alla povertà e della promozione dell'inclusione sociale; e) favoriscono la più ampia partecipazione dei nuclei familiari beneficiari del ReI nell'adozione degli interventi che li riguardano, secondo i principi di cui all'articolo 6, comma 8; f) operano in stretto raccordo con gli enti del Terzo settore, secondo le modalità di cui all'articolo 6, comma 6, nell'attuazione degli interventi, favorendo la co-progettazione, avendo cura di evitare conflitti di interesse e assicurando il rispetto dei principi di imparzialità, trasparenza e concorrenza; g) facilitano e semplificano l'accesso dei beneficiari del ReI alle altre prestazioni sociali di cui il comune ha la titolarità, ove ricorrano le condizioni stabilite dalla relativa disciplina.*

* Articolo abrogato dall'art. 11 del d.l. 28/1/2019, n. 4 a decorrere dal 1/4/2019.

14. Funzioni delle regioni e delle province autonome per l'attuazione del ReI*. – *1. Fatte salve le competenze regionali in materia di normazione e programmazione delle politiche sociali, le regioni e le province autonome adottano con cadenza triennale, ed in sede di prima applicazione entro centocinquanta giorni dall'entrata in vigore del presente decreto, un atto, anche nella forma di un Piano regionale per la lotta alla povertà, di programmazione dei servizi necessari per l'attuazione del ReI come livello essenziale delle prestazioni, nei limiti delle risorse disponibili, nel rispetto e nella valorizzazione delle modalità di confronto con le autonomie locali e favorendo la consultazione delle parti sociali e degli enti del Terzo settore territorialmente rappresentativi in materia di contrasto alla povertà. L'atto di programmazione ovvero il Piano regionale è comunicato al Ministero del lavoro e delle politiche sociali entro trenta giorni dalla sua adozione. 2. Gli ambiti territoriali e i comuni che li compongono, individuati ai sensi dell'articolo 23, comma 2, anche per la gestione associata del ReI, sono comunicati al Ministero del lavoro e delle politiche sociali entro sessanta giorni dall'entrata in vigore del presente decreto, anche ai fini del riparto della quota del Fondo Povertà di cui all'articolo 7, comma 2. Ogni successiva variazione nella composizione degli ambiti è comunicata entro i trenta giorni successivi alla determinazione della variazione. 3. Nell'atto di programmazione ovvero nel Piano regionale per la lotta alla povertà, le regioni definiscono, in particolare, gli specifici rafforzamenti su base triennale del sistema di interventi e servizi sociali per il contrasto alla povertà di cui all'articolo 7, comma 1, finanziabili a valere sulla quota del Fondo Povertà di cui al comma 2 del medesimo articolo 7, tenuto conto delle indicazioni contenute nel Piano per gli interventi e i servizi sociali di contrasto alla povertà. 4. Nell'atto di programmazione ovvero nel Piano regionale per la lotta alla povertà le regioni e le province autonome individuano, qualora non già definite, le modalità di collaborazione e di cooperazione tra i servizi sociali e gli altri enti od organismi competenti per l'inserimento lavorativo, l'istruzione e la formazione, le politiche abitative e la salute, necessarie all'attuazione del ReI, disciplinando in particolare le modalità operative per la costituzione delle equipe multidisciplinari di cui all'articolo 5, comma 7, e per il lavoro in rete finalizzato alla realizzazione dei progetti personalizzati. In caso di ambiti territoriali sociali, sanitari e del lavoro non coincidenti, nelle more dell'adozione dei provvedimenti di cui all'articolo 23, comma 2, le regioni e le province autonome individuano specifiche modalità per favorire la progettazione integrata in favore dei* *nuclei familiari residenti in comuni appartenenti ad ambiti territoriali non coincidenti. 5. Nei casi in cui, in esito al monitoraggio di cui all'articolo 15, comma 2, gli ambiti territoriali ovvero uno o più comuni tra quelli che li compongono, siano gravemente inadempienti nell'attuazione del ReI, e non risulti possibile avviare interventi di tutoraggio da parte della regione o provincia autonoma, né da parte del Ministero del lavoro e delle politiche sociali ai sensi dell'articolo 15, comma 2, lettera d), le regioni e le province autonome esercitano i poteri sostitutivi di cui all'articolo 8, comma 3, lettera o), della legge n. 328 del 2000. Le modalità di esercizio dei poteri sostitutivi sono indicate nel Piano regionale di cui al comma 1. 6. Le regioni e le province autonome di Trento e Bolzano, con riferimento ai propri residenti, possono integrare il ReI, a valere su risorse regionali, con misure regionali di contrasto alla povertà dalle caratteristiche di cui all'articolo 2, commi 1, 2 e 3, che amplino la platea dei beneficiari o incrementino l'ammontare del beneficio economico. A tal fine la regione o la provincia autonoma integra il Fondo Povertà con le risorse necessarie all'intervento richiesto. Tali risorse affluiscono in un apposito conto corrente infruttifero presso la Tesoreria centrale dello Stato nelle modalità di cui all'articolo 9, comma 9. 7. Con protocollo d'intesa tra il Presidente della Regione o della Provincia autonoma e il Ministro del lavoro e delle politiche sociali, sentito il Ministero dell'economia e delle finanze, sono stabilite le modalità di utilizzo, in favore dei residenti nel territorio di competenza, delle risorse versate ad integrazione del Fondo Povertà, ai sensi del comma 6. I rapporti finanziari sono regolati con apposita convenzione tra l'amministrazione regionale e il Ministero del lavoro e delle politiche sociali. 8. Previa intesa e regolazione dei rapporti finanziari nelle forme previste al comma 7, le province autonome di Trento e Bolzano, secondo i rispettivi statuti e le relative norme di attuazione, possono, in favore dei residenti nei propri territori, permettere l'accesso coordinato al ReI e alle misure locali di contrasto alla povertà disciplinate con normativa provinciale, anche mediante un unico modello di domanda e l'anticipazione dell'erogazione del ReI unitariamente alla prestazione provinciale, della quale non si tiene conto in sede di accesso alla misura nazionale. Restano fermi i requisiti stabiliti dal presente decreto e i flussi informativi con l'INPS al fine della verifica degli stessi e del rimborso delle anticipazioni della Provincia autonoma.*

* Articolo abrogato dall'art. 11 del d.l. 28/1/2019, n. 4 a decorrere dal 1/4/2019.

15. Funzioni del Ministero del lavoro e delle politiche sociali per l'attuazione del ReI*. *– 1. Al Ministero del lavoro e delle politiche sociali sono attribuite le competenze in materia di verifica e controllo del rispetto dei livelli essenziali delle prestazioni che devono essere garantiti in tutto il territorio nazionale, definiti con riferimento al ReI agli articoli da 3 a 6 del presente decreto. 2. Il Ministero del lavoro e delle politiche sociali favorisce l'attuazione del ReI attivando, nell'ambito della Direzione generale per la lotta alla povertà e per la programmazione sociale di cui all'articolo 22, un apposito servizio di informazione, promozione, consulenza e supporto tecnico. Il servizio svolge, in particolare, le seguenti funzioni: a) è responsabile del monitoraggio dell'attuazione del ReI e predispone il Rapporto annuale di cui al comma 4; a tal fine definisce entro la data di avvio del ReI, sentito il Comitato per la lotta alla povertà, gli indicatori per il monitoraggio dell'attuazione del ReI con riferimento al rispetto dei livelli essenziali di cui agli articoli da 3 a 6; b) favorisce la diffusione delle conoscenze e la qualità degli interventi, anche mediante atti di coordinamento operativo, sentito il Comitato per la lotta alla povertà; c) predispone protocolli formativi e operativi, previo parere del Comitato per la lotta alla povertà e successiva intesa in sede di Conferenza unificata; d) identifica gli ambiti territoriali che presentano particolari criticità nell'attuazione del ReI, sulla base delle evidenze emerse in sede di monitoraggio e analisi dei dati, segnala i medesimi alle regioni interessate e, su richiesta dell'ambito e d'intesa con la regione, fermi restando i poteri sostitutivi di cui all'articolo 14, comma 5, sostiene interventi di tutoraggio; nel monitoraggio delle criticità, specifica attenzione è rivolta alla presenza in organico di adeguate professionalità in materia sociale e alle ragioni delle eventuali carenze; e) fornisce segreteria tecnica al Comitato per la lotta alla povertà e all'Osservatorio sulle povertà, anche avvalendosi dell'Istituto nazionale per l'analisi delle politiche pubbliche (di seguito denominato «INAPP»), di cui all'articolo 10 del decreto legislativo n. 150 del 2015. 3. Anche al fine di facilitare l'esercizio delle competenze di cui al comma 1, per l'identificazione di ambiti territoriali che presentino le particolari criticità di cui al comma 2, lettera d), per la predisposizione del rapporto di cui al comma 4, per il monitoraggio sull'utilizzo delle risorse di cui all'articolo 7, comma 2, è costituita una apposita sezione denominata «Banca dati ReI» del Sistema informativo unitario dei servizi sociali, di cui all'articolo 24, secondo le modalità ivi definite, alimentata dagli ambiti territoriali, eventualmente per il tramite dei comuni che li compongono, con informazioni, per ciascun nucleo familiare, sulla valutazione multidimensionale, sui progetti personalizzati, sugli esiti dei progetti medesimi, nonché, con riferimento all'ambito, con informazioni sull'organizzazione e sulle caratteristiche dei servizi, incluse le professionalità impiegate. 4. Il Ministero del lavoro e delle politiche sociali, sentito il Comitato per la lotta alla povertà, predispone, sulla base delle informazioni di cui al comma 3 e delle altre informazioni disponibili in materia, un Rapporto annuale di monitoraggio sull'attuazione del ReI, nonché sulle altre prestazioni finalizzate al contrasto alla povertà, pubblicato sul sito internet istituzionale. 5. Il Ministero del lavoro e delle politiche sociali è responsabile della valutazione del ReI. La valutazione è operata, anche avvalendosi dell'INAPP secondo un apposito progetto di ricerca redatto in conformità all'articolo 3 del Codice di deontologia e buona condotta per i trattamenti di dati personali per scopi statistici e scientifici, allegato A4 al decreto legislativo 30 giugno 2003, n. 196. Con provvedimento del Ministero del lavoro e delle politiche sociali, sentito il Comitato per la lotta alla povertà, è individuato un campione di ambiti territoriali, corrispondente a non più del dieci per cento dei nuclei beneficiari, nel quale è effettuata la somministrazione di questionari di valutazione, previo parere del Garante per la protezione dei dati personali, e sono individuate le modalità di composizione dei gruppi di controllo, mediante procedura di selezione casuale, unicamente per i quali, in deroga a quanto previsto ordinariamente, l'erogazione del beneficio può non essere condizionata alla sottoscrizione del progetto personalizzato. I dati raccolti con i questionari sono acquisiti dalla Banca dati ReI di cui al comma 3 e messi a disposizione, con le modalità di cui all'articolo 24, comma 4, del Ministero del lavoro e delle politiche sociali al solo fine di elaborazione statistica per lo svolgimento delle attività di valutazione previste dal progetto di ricerca. I dati anonimi possono essere altresì messi a disposizione di università e enti di ricerca su richiesta motivata, per finalità di ricerca e valutazione. 6. Ai compiti di cui al presente articolo, il Ministero del lavoro e delle politiche sociali provvede nei limiti delle risorse finanziarie, umane e strumentali già previste a legislazione vigente e senza nuovi o maggiori oneri per la finanza pubblica, con esclusione di quanto previsto all'articolo 20, comma 5, e con il concorso delle risorse afferenti al Programma operativo nazionale «Inclusione» riferito all'obiettivo tematico della lotta alla povertà e della promozione dell'inclusione sociale in coerenza con quanto stabilito dal-*

l'Accordo di Partenariato 2014-2020 per l'impiego dei fondi strutturali e di investimento europei.

* Articolo abrogato dall'art. 11 del d.l. 28/1/2019, n. 4 a decorrere dal 1/4/2019.

16. Comitato per la lotta alla povertà e Osservatorio sulle povertà*. *– 1. Al fine di agevolare l'attuazione del ReI, è istituito il Comitato per la lotta alla povertà, di seguito denominato «Comitato», come organismo di confronto permanente tra i diversi livelli di governo. Il Comitato costituisce una specifica articolazione tecnica della Rete della protezione e dell'inclusione sociale di cui all'articolo 21. 2. Il Comitato è presieduto dal Ministero del lavoro e delle politiche sociali – Direzione generale per la lotta alla povertà e per la programmazione sociale, ed è composto da un rappresentante per ciascuna delle amministrazioni in seno alla Rete della protezione e dell'inclusione sociale. La composizione del Comitato è definita con decreto del Ministro del lavoro e delle politiche sociali, previa designazione dei rappresentanti da parte delle amministrazioni competenti. 3. Il Comitato svolge le seguenti funzioni: a) rappresenta il principale organismo di condivisione di esperienze, metodi e strumenti di lavoro, adottati a livello locale nel contrasto alla povertà; b) propone, per la successiva adozione le linee guida di cui all'articolo 5, comma 9, e all'articolo 6, comma 12; c) esprime il proprio parere su atti di coordinamento operativo per l'attuazione del ReI, inclusi protocolli formativi e operativi di cui all'articolo 15, comma 2, lettera c); d) collabora al monitoraggio dell'attuazione del ReI e delle altre prestazioni finalizzate al contrasto della povertà ed esprime il proprio parere sul Rapporto annuale di monitoraggio sull'attuazione del ReI, di cui all'articolo 15, comma 4. 4. Al fine di promuovere forme partecipate di programmazione e monitoraggio del ReI, nonché degli altri interventi di contrasto alla povertà e all'esclusione sociale, è istituito un Osservatorio sulle povertà, di seguito denominato «Osservatorio», presieduto dal Ministro del lavoro e delle politiche sociali, che costituisce un gruppo di lavoro permanente della Rete della protezione e dell'inclusione sociale. 5. L'Osservatorio è costituito da rappresentanti delle amministrazioni componenti la Rete della protezione e dell'inclusione sociale, dell'INPS, dell'ISTAT, delle parti sociali e degli enti del Terzo settore rappresentativi in materia di contrasto alla povertà, per un numero massimo di venti componenti, inclusi tre esperti eventualmente individuati dal Ministro del lavoro e delle politiche sociali. La composizione e le modalità di funzionamento dell'Osservatorio sono definite con decreto del Ministro del lavoro e delle politiche sociali. L'Osservatorio dura in carica tre anni ed è rinnovabile. 6. L'Osservatorio ha i seguenti compiti: a) predispone un Rapporto biennale sulla povertà, trasmesso alle Camere, in cui sono formulate analisi e proposte in materia di contrasto alla povertà, anche con riferimento alla povertà educativa, alla povertà alimentare e alla povertà estrema; b) promuove l'attuazione del ReI, evidenziando eventuali problematiche riscontrate, anche a livello territoriale; c) esprime il proprio parere sul Rapporto annuale di monitoraggio sull'attuazione del ReI. 7. Dalla istituzione e dal funzionamento del Comitato e dell'Osservatorio non devono derivare nuovi o maggiori oneri per la finanza pubblica. Ai componenti del Comitato e dell'Osservatorio non spetta alcun compenso, indennità, gettone di presenza, rimborso spese o altro emolumento comunque denominato.*

* Articolo abrogato dall'art. 11 del d.l. 28/1/2019, n. 4 a decorrere dal 1/4/2019.

Capo III
Riordino delle prestazioni assistenziali finalizzate al contrasto alla povertà

17. SIA. – 1. A far data dal 1° gennaio 2018, il SIA non è più riconosciuto.

2. Per coloro ai quali il SIA sia stato riconosciuto in data anteriore al 1° gennaio 2018, il beneficio continua ad essere erogato per la durata e secondo le modalità stabilite dal decreto di cui all'articolo 1, comma 387, lettera a), della legge n. 208 del 2015, come modificato dal decreto di cui all'articolo 1, comma 239, della legge 11 dicembre 2016, n. 232, fatta salva la possibilità di richiedere il ReI con le modalità di cui al comma 3. Ai soggetti di cui al presente comma è consentita la possibilità di prelievi di contante entro il limite mensile di cui all'articolo 9, comma 7. 3. I soggetti di cui al comma 2 in possesso dei requisiti per la richiesta del ReI ai sensi dell'articolo 3, possono richiedere la trasformazione del SIA in ReI secondo le modalità di cui all'articolo 9, fatta salva la fruizione del beneficio maggiore. Per l'anno 2018 è posta a carico del Fondo Povertà esclusivamente l'eventuale integrazione del beneficio economico nella trasformazione del SIA in ReI. La durata del beneficio economico del ReI ai sensi dell'articolo 4, comma 5, è corrispondentemente ridotta del numero di mesi per i quali si è goduto del SIA, fatto salvo l'adeguamento del progetto personalizzato secondo le modalità di cui all'articolo 6, ove necessario. Nei casi in cui non sia stata richiesta la trasformazione del SIA in ReI nel corso di fruizione del beneficio, il ReI può essere comunque richiesto senza soluzione di continuità nell'erogazione, ove ricorrano i requisiti di cui all'articolo 3 e comunque non prima della data di cui all'articolo 25, comma 1. L'intero periodo di fruizione del SIA è comunque dedotto dalla durata del ReI come definita dall'articolo 4, comma 5.

18. ASDI. – 1. A far data dal 1° gennaio 2018, l'ASDI non è più riconosciuto, fatti salvi gli aventi diritto che entro la medesima data hanno maturato i requisiti richiesti.

2. L'autorizzazione di spesa di cui all'articolo 16, comma 7, del decreto legislativo n. 22 del 2015, e successive modificazioni e integrazioni, confluisce integralmente nel Fondo Povertà a decorrere dal 2019.

3. Per gli effetti delle previsioni di cui al comma 1, nell'anno 2018 è accantonata una quota di 15 milioni di euro a valere sulle risorse del Fondo Povertà. In relazione all'effettivo utilizzo delle risorse di cui al primo periodo, a seguito di comunicazione dell'INPS dell'esaurimento delle erogazioni, nonché dell'ammontare complessivamente erogato, la quota non utilizzata è disaccantonata. Ogni altro accantonamento disposto sulle risorse del Fondo Povertà a legislazione vigente a partire dall'anno 2018 è rimosso.

19. Carta acquisti. – 1. A far data dal 1° gennaio 2018, ai nuclei familiari con componenti minorenni beneficiari della carta acquisti che abbiano fatto richiesta del ReI, il beneficio economico connesso al ReI è erogato sulla medesima carta, assorbendo integralmente il beneficio della carta acquisti eventualmente già riconosciuto.

2. Per effetto delle previsioni di cui al comma 1, i risparmi a valere sulle risorse attribuite al Fondo carta acquisti dall'articolo 1, comma 156, della legge 23 dicembre 2014, n. 190, confluiscono nel Fondo Povertà che è conseguentemente integrato per 55 milioni di euro nel 2018 e per 93 milioni di euro annui a decorrere dal 2019. All'onere derivante dal primo periodo del presente comma pari a 55 milioni di euro nel 2018 e 93 milioni di euro annui a decorrere dal 2019 si provvede mediante corrispondente riduzione dell'autorizzazione di spesa di cui all'articolo 1, comma 156, della legge n. 190 del 2014.

3. In relazione all'effettivo numero di beneficiari della carta acquisti, laddove, in esito al monitoraggio della spesa, effettuato a cura del Ministero del lavoro e delle politiche sociali e del Ministero dell'economia e delle finanze sulla base delle rendicontazioni inviate dall'INPS, emerga una strutturale e certificata possibilità di far fronte ai relativi oneri con un ammontare di risorse inferiore all'autorizzazione di spesa di cui all'articolo 1, comma 156, della legge n. 190 del 2014, come rideterminata ai sensi del comma 2, con decreto del Ministro del lavoro e delle politiche sociali, di concerto con il Ministro dell'economia e delle finanze, sono rideterminati l'integrazione del Fondo Povertà di cui al medesimo comma 2 e i conseguenti limiti di spesa di cui all'articolo 20, comma 1.

20. Disposizioni finanziarie. – 1. La dotazione del Fondo Povertà è determinata in 2.059 milioni di euro per l'anno 2018, di cui 15 milioni di euro accantonati ai sensi dell'articolo 18, comma 3, in 2.545 milioni di euro per l'anno 2019 e in 2.745 milioni di euro annui a decorrere dall'anno 2020. Ai fini dell'erogazione del beneficio economico del ReI di cui all'articolo 4, i limiti di spesa sono determinati in 1.747 milioni di euro per l'anno 2018, fatto salvo l'eventuale disaccantonamento delle somme di cui all'articolo 18, comma 3, in 2.198 milioni di euro per l'anno 2019, in 2.158 milioni di euro per l'anno 2020 e in 2.130 milioni di euro annui a decorrere dall'anno 2021. I limiti di spesa per l'erogazione del beneficio economico a decorrere dall'anno 2020 sono incrementati sulla base delle determinazioni del Piano nazionale per la lotta alla povertà e all'esclusione sociale, di cui all'articolo 8, comunque nei limiti di cui al primo periodo, tenuto conto della quota del Fondo Povertà di cui all'articolo 7, comma 2 (1).

2. Ai fini del rispetto dei limiti di spesa annuali di cui al comma 1, l'INPS accantona, alla concessione di ogni beneficio economico del ReI, un ammontare di risorse pari alle mensilità spettanti nell'anno, per ciascuna annualità in cui il beneficio è erogato. In caso di esaurimento delle risorse disponibili per l'esercizio di riferimento ai sensi del comma 1, secondo periodo e non accantonate, con decreto del Ministro del lavoro e delle politiche sociali di concerto con il Ministro dell'economia e delle finanze, da adottarsi entro trenta giorni dall'esaurimento di dette risorse, è ristabilita la compatibilità finanziaria mediante rimodulazione dell'ammontare del beneficio. Nelle more dell'adozione del decreto di cui al secondo periodo, l'acquisizione di nuove domande e le erogazioni sono sospese. La rimodulazione dell'ammontare del beneficio opera esclusivamente nei confronti delle erogazioni del beneficio successive all'esaurimento delle risorse non accantonate.

3. L'INPS provvede al monitoraggio delle erogazioni del beneficio economico del ReI, inviando entro il 10 di ciascun mese la rendicontazione con riferimento alla mensilità precedente delle domande accolte, dei relativi oneri, nonché delle risorse accantonate ai sensi del comma 2, al Ministero del lavoro e delle politiche sociali e al Ministero dell'economia e delle finanze, secondo le indicazioni fornite dai medesimi Ministeri. L'INPS comunica, in ogni caso, nel più breve tempo consentito, al Ministero del lavoro e delle politiche sociali e al Ministero dell'economia e delle finanze, il raggiungimento, da parte dell'ammontare di accantonamenti disposti ai sensi del comma 2, del novanta per cento delle risorse disponibili ai sensi del comma 1, secondo periodo.

4. Le risorse afferenti al Fondo Povertà eventualmente non impegnate nell'esercizio di competenza, possono esserlo in quello successivo, con priorità rispetto a quelle impegnabili nel medesimo esercizio successivo, assicurando comunque il rispetto dei limiti di spesa di cui al comma 1.

5. Nel rispetto dei limiti di spesa di cui al comma 1, le risorse non destinate al beneficio economico del ReI, ai sensi degli articoli 3 e 4, ovvero al rafforzamento degli interventi e dei servizi territoriali per il contrasto alla povertà, ai sensi dell'articolo 7, possono essere destinate al finanziamento di programmi straordinari volti a rafforzare e a favorire soluzioni innovative nei servizi di presa in carico, in particolare, mediante specifico supporto tecnico e di formazione sulla base dei protocolli formativi e operativi di cui all'articolo 15, comma 2, lettera c), nonché al finanziamento degli interventi di tutoraggio di cui all'articolo 15, comma 2, lettera d). Le risorse possono altresì essere utilizzate per agevolare l'implementazione della Banca dati ReI, per la valutazione degli interventi ai sensi dell'articolo 15, comma 5, nonché per le iniziative di comunicazione e informazione sul ReI. Con decreto del Ministro del lavoro e delle politiche sociali, di concerto con il Ministro dell'economia e delle finanze, sono individuate le risorse di cui al presente comma e gli specifici utilizzi in ciascun anno.

(1) Comma modificato dalla l. 27/12/2017, n. 205. Il testo previgente disponeva «Per gli effetti degli articoli 18 e 19, la dotazione del Fondo Povertà è rideterminata in 1.759 milioni di euro nel 2018, di cui 15 milioni di euro accantonati ai sensi dell'articolo 18, comma 3, in 1.845 milioni di euro annui a decorrere dal 2019. Ai fini dell'erogazione del beneficio economico del ReI di cui all'articolo 4, i limiti di spesa sono determinati in 1.482 milioni di euro nel 2018, fatto salvo l'eventuale disaccantonamento delle somme di cui all'articolo 18, comma 3, e in 1.568 milioni di euro annui a decorrere dal 2019».

Capo IV
Rafforzamento del coordinamento degli interventi in materia di servizi sociali

21. Rete della protezione e dell'inclusione sociale. – 1. Al fine di favorire una maggiore omogeneità territoriale nell'erogazione delle prestazioni e di definire linee guida per gli interventi, è istituita, presso il Ministero del lavoro e delle politiche sociali, la Rete della protezione e dell'inclusione sociale, di seguito denominata «Rete», quale organismo di coordinamento del sistema degli interventi e dei servizi sociali di cui alla legge n. 328 del 2000.

2. La Rete è presieduta dal Ministro del lavoro e delle politiche sociali e ne fanno parte, oltre a due rappresentanti della Presidenza del Consiglio dei ministri, di cui uno del Dipartimento per le politiche della famiglia, e ad un rappresentante del Ministero dell'economia e delle finanze, del Ministero dell'istruzione, dell'università e della ricerca, del Ministero della salute, del Ministero delle infrastrutture e dei trasporti:

a) un componente per ciascuna delle giunte regionali e delle province autonome, designato dal Presidente;

b) venti componenti designati dall'Associazione nazionale dei comuni d'Italia – ANCI, in rappresentanza dei comuni e degli ambiti territoriali. Fra i venti componenti, cinque sono individuati in rappresentanza dei comuni capoluogo delle città metropolitane di cui all'articolo 1, comma 5, della legge 7 aprile 2014, n. 56, e cinque in rappresentanza di comuni il cui territorio sia coincidente con quello del relativo ambito territoriale (1).

3. Alle riunioni della Rete partecipa, in qualità di invitato permanente, il Ministro delegato per la famiglia e le disabilità, ove nominato, nonché un rappresentante dell'INPS e possono essere invitati altri membri del Governo, nonché rappresentanti di amministrazioni statali, locali o di enti pubblici (1).

4. La Rete consulta le parti sociali e gli organismi rappresentativi del Terzo settore periodicamente e, comunque, almeno una volta l'anno nonché in occasione dell'adozione dei Piani di cui al comma 6 e delle linee di indirizzo di cui al comma 8. Al fine di formulare analisi e proposte per la definizione dei medesimi Piani e delle linee di indirizzo, la Rete

può costituire gruppi di lavoro con la partecipazione dei soggetti di cui al presente comma.

5. Nel rispetto delle modalità organizzative regionali e di confronto con le autonomie locali, la Rete si articola in tavoli regionali e a livello di ambito territoriale. Ciascuna regione e provincia autonoma definisce le modalità di costituzione e funzionamento dei tavoli, nonché la partecipazione e consultazione dei soggetti di cui al comma 4, avendo cura di evitare conflitti di interesse e ispirandosi a principi di partecipazione e condivisione delle scelte programmatiche e di indirizzo, nonché del monitoraggio e della valutazione territoriale in materia di politiche sociali. Gli atti che disciplinano la costituzione e il funzionamento della Rete a livello territoriale sono comunicati al Ministero del lavoro e delle politiche sociali.

6. La Rete è responsabile dell'elaborazione dei seguenti Piani:

a) un Piano sociale nazionale, quale strumento programmatico per l'utilizzo delle risorse del Fondo nazionale per le politiche sociali, di cui all'articolo 20 della legge n. 328 del 2000;

b) un Piano per gli interventi e i servizi sociali di contrasto alla povertà, quale strumento programmatico per l'utilizzo delle risorse della quota del Fondo Povertà di cui all'articolo 7, comma 2;

c) un Piano per la non autosufficienza, quale strumento programmatico per l'utilizzo delle risorse del Fondo per le non autosufficienze, di cui all'articolo 1, comma 1264, della legge 27 dicembre 2006, n. 296.

7. I Piani di cui al comma 6, di natura triennale con eventuali aggiornamenti annuali, individuano lo sviluppo degli interventi a valere sulle risorse dei fondi cui si riferiscono nell'ottica di una progressione graduale, nei limiti delle risorse disponibili, nel raggiungimento di livelli essenziali delle prestazioni assistenziali da garantire su tutto il territorio nazionale. A tal fine, i Piani individuano le priorità di finanziamento, l'articolazione delle risorse dei fondi tra le diverse linee di intervento, nonché i flussi informativi e gli indicatori finalizzati a specificare le politiche finanziate e a determinare eventuali target quantitativi di riferimento. Su proposta della Rete, i Piani sono adottati nelle medesime modalità con le quali i fondi cui si riferiscono sono ripartiti alle regioni.

8. La Rete elabora linee di indirizzo negli specifici campi d'intervento delle politiche afferenti al sistema degli interventi e dei servizi sociali. Le linee di indirizzo si affiancano ai Piani di cui al comma 6 e costituiscono strumenti operativi che orientano le pratiche dei servizi territoriali, a partire dalla condivisione delle esperienze, dei metodi e degli strumenti di lavoro, al fine di assicurare maggiore omogeneità nell'erogazione delle prestazioni. Su proposta della Rete, le linee di indirizzo sono adottate con decreto del Ministro del lavoro e delle politiche sociali, sentite le altre amministrazioni per i profili di competenza e previa intesa in sede di Conferenza unificata.

9. Ferme restando le competenze della Conferenza unificata di cui all'articolo 8 del decreto legislativo n. 281 del 1997, la Rete può formulare proposte e pareri in merito ad atti che producono effetti sul sistema degli interventi e dei servizi sociali. La Rete esprime, in particolare, il proprio parere sul Piano nazionale per la lotta alla povertà, prima dell'iscrizione all'ordine del giorno per la prevista intesa.

10. Le riunioni della Rete sono convocate dal Ministro del lavoro e delle politiche sociali. Le modalità di funzionamento sono stabilite con regolamento interno, approvato dalla maggioranza dei componenti. La segreteria tecnica della Rete e il coordinamento dei gruppi di lavoro di cui al comma 4 sono assicurate dalla Direzione generale per la lotta alla povertà e per la programmazione sociale. Dalla costituzione della Rete e della sua articolazione in tavoli regionali e territoriali non devono derivare nuovi o maggiori oneri per la finanza pubblica. Per la partecipazione ai lavori della Rete, anche a livello regionale e territoriale, non spetta alcun compenso, indennità, gettone di presenza, rimborso spese o altro emolumento comunque denominato.

(1) Comma modificato dal d.lg. 12/7/2018, n. 86.

22. Riorganizzazione del Ministero del lavoro e delle politiche sociali. – 1. In relazione ai compiti attribuiti dal presente decreto al Ministero del lavoro e delle politiche sociali, nelle more di una riorganizzazione del medesimo Ministero ai sensi dell'articolo 4, comma 1, del decreto legislativo 30 luglio 1999, n. 300, è istituita la Direzione generale per la lotta alla povertà e per la programmazione sociale, a cui sono trasferite le funzioni della Direzione generale per l'inclusione e le politiche sociali e i posti di funzione di un dirigente di livello generale e cinque uffici dirigenziali di livello non generale. Alla Direzione generale per la lotta alla povertà e per la programmazione sociale è altresì trasferito un ufficio dirigenziale di livello non generale dagli uffici di diretta collaborazione del Ministro del lavoro e delle politiche sociali ai fini della costituzione del servizio di informazione, promozione, consulenza e supporto tecnico per l'attuazione del ReI di cui all'articolo 15, comma 2, fermi i limiti della dotazione organica vigente e nei limiti del personale in servizio presso il Ministero del lavoro e delle politiche sociali. All'atto della costituzione della Direzione generale per la lotta alla povertà e per la programmazione sociale è contestualmente soppressa la Direzione generale per l'inclusione e le politiche sociali e sono contestualmente trasferite le relative risorse umane, finanziarie e strumentali.

2. All'individuazione delle funzioni degli uffici dirigenziali di livello non generale di cui al comma 1 si provvede entro sessanta giorni dalla data di entrata in vigore del presente decreto su proposta del Segretario generale, sentita la Direzione generale interessata, previa informativa alle organizzazioni sindacali, con decreto del Ministro del lavoro e delle politiche sociali, ai sensi dell'articolo 17, comma 4-bis, lettera e), della legge 23 agosto 1988, n. 400, e dell'articolo 4, commi 4 e 4-bis, del decreto legislativo, n. 300 del 1999.

3. Il Ministero del lavoro e delle politiche sociali assicura, attraverso l'ANPAL sulla base di appositi atti d'indirizzo, nell'ambito dei programmi cofinanziati dal Fondo sociale europeo, nonché dei programmi cofinanziati con fondi nazionali negli ambiti di intervento del Fondo sociale europeo, la programmazione integrata e il coordinamento tra le politiche per la lotta alla povertà e la promozione dell'inclusione sociale, le politiche di promozione dell'occupazione sostenibile e di qualità e le politiche relative agli altri obiettivi tematici.

4. L'efficacia della disposizione di cui al comma 1, secondo periodo, cessa a far data dall'entrata in vigore del decreto del Presidente della Repubblica recante il regolamento di organizzazione del Ministero del lavoro e delle politiche sociali che recepisce le conseguenti modifiche, da emanarsi entro il termine di sei mesi dalla data di entrata in vigore del presente decreto.

23. Coordinamento dei servizi territoriali e gestione associata dei servizi sociali. – 1. Nel rispetto delle modalità organizzative regionali e di confronto con le autonomie locali, le regioni e le Province autonome di Trento e Bolzano promuovono con propri atti di indirizzo accordi territoriali tra i servizi sociali e gli altri enti od organismi competenti per l'inserimento lavorativo, l'istruzione e la formazione, le politiche abitative e la salute finalizzati alla realizzazione di un'offerta integrata di interventi e di servizi.

2. Nel rispetto delle modalità organizzative regionali e di confronto con le autonomie locali, le regioni e le Province

autonome di Trento e Bolzano adottano, in particolare, ove non già previsto, ambiti territoriali di programmazione omogenei per il comparto sociale, sanitario e delle politiche per il lavoro, prevedendo che gli ambiti territoriali sociali trovino coincidenza per le attività di programmazione ed erogazione integrata degli interventi con le delimitazioni territoriali dei distretti sanitari e dei centri per l'impiego.

3. Sulla base di principi di riconoscimento reciproco, gli accordi di cui al comma 1 a livello di ambito territoriale includono, ove opportuno, le attività svolte dagli enti del Terzo settore impegnati nell'ambito delle politiche sociali.

4. L'offerta integrata di interventi e servizi secondo le modalità coordinate definite dalle regioni e province autonome ai sensi del presente articolo, costituisce livello essenziale delle prestazioni nei limiti delle risorse disponibili.

5. Nel rispetto delle modalità organizzative regionali e di confronto con le autonomie locali, le regioni e le Province autonome di Trento e Bolzano procedono, ove non già previsto nei rispettivi ordinamenti, all'individuazione di specifiche forme strumentali per la gestione associata dei servizi sociali a livello di ambito territoriale sulla base della legislazione vigente, inclusa la forma del consorzio ai sensi dell'articolo 1, comma 456, della legge n. 232 del 2016, finalizzate ad assicurare autonomia gestionale, amministrativa e finanziaria, e continuità nella gestione associata all'ente che ne è responsabile, fermo restando che dalla medesima gestione non derivino nuovi o maggiori oneri per la finanza pubblica.

6. Nel rispetto delle modalità organizzative regionali e di confronto con le autonomie locali, le regioni e le province autonome individuano altresì strumenti di rafforzamento della gestione associata nella programmazione e nella gestione degli interventi a livello di ambito territoriale, anche mediante la previsione di meccanismi premiali nella distribuzione delle risorse, ove compatibili e riferite all'obiettivo tematico della lotta alla povertà e della promozione dell'inclusione sociale, afferenti ai programmi operativi regionali previsti dall'Accordo di partenariato per l'utilizzo dei fondi strutturali europei 2014-2020, nei confronti degli ambiti territoriali che abbiano adottato o adottino forme di gestione associata dei servizi sociali che ne rafforzino l'efficacia e l'efficienza. Analoghi meccanismi premiali possono essere previsti dai programmi operativi nazionali.

24. Sistema informativo unitario dei servizi sociali. – 1. A decorrere dalla data di entrata in vigore del presente decreto è istituito, presso il Ministero del lavoro e delle politiche sociali, il Sistema informativo unitario dei servizi sociali, di seguito denominato «SIUSS», per le seguenti finalità:

a) assicurare una compiuta conoscenza dei bisogni sociali e delle prestazioni erogate dal sistema integrato degli interventi e dei servizi sociali e di tutte le informazioni necessarie alla programmazione, alla gestione, al monitoraggio e alla valutazione delle politiche sociali;

b) monitorare il rispetto dei livelli essenziali delle prestazioni;

c) rafforzare i controlli sulle prestazioni indebitamente percepite;

d) disporre di una base unitaria di dati funzionale alla programmazione e alla progettazione integrata degli interventi mediante l'integrazione con i sistemi informativi sanitari, del lavoro e delle altre aree di intervento rilevanti per le politiche sociali, nonché con i sistemi informativi di gestione delle prestazioni già nella disponibilità dei comuni;

e) elaborare dati a fini statistici, di ricerca e di studio.

2. Il SIUSS integra e sostituisce, senza nuovi o maggiori oneri per la finanza pubblica, il sistema informativo dei servizi sociali, di cui all'articolo 21 della legge n. 328 del 2000, e il casellario dell'assistenza, di cui all'articolo 13 del decreto-legge n. 78 del 2010, convertito, con modificazioni, dalla legge n. 122 del 2010, che sono conseguentemente soppressi.

3. Il SIUSS si articola nelle seguenti componenti:

a) Sistema informativo delle prestazioni e dei bisogni sociali, a sua volta articolato in:

1) Banca dati delle prestazioni sociali;

2) Banca dati delle valutazioni e progettazioni personalizzate;

2-bis) Piattaforma digitale del Reddito di cittadinanza per il Patto di inclusione sociale;

3) Sistema informativo dell'ISEE, di cui all'articolo 11 del decreto del Presidente del Consiglio dei ministri n. 159 del 2013;

b) Sistema informativo dell'offerta dei servizi sociali, a sua volta articolato in:

1) Banca dati dei servizi attivati;

2) Banca dati delle professioni e degli operatori sociali (1).

4. Il sistema informativo di cui al comma 3, lettera a), è organizzato su base individuale. I dati e le informazioni sono raccolti, conservati e gestiti dall'INPS e resi disponibili al Ministero del lavoro e delle politiche sociali, anche attraverso servizi di cooperazione applicativa, in forma individuale ma privi di ogni riferimento che ne permetta il collegamento con gli interessati e comunque secondo modalità che, pur consentendo il collegamento nel tempo delle informazioni riferite ai medesimi individui, rendono questi ultimi non identificabili.

5. I dati e le informazioni di cui al comma 4 sono trasmessi all'INPS dai comuni e dagli ambiti territoriali, anche per il tramite delle regioni e province autonome, ove previsto dalla normativa regionale, e da ogni altro ente erogatore di prestazioni sociali, incluse tutte le prestazioni erogate mediante ISEE, e prestazioni che, per natura e obiettivi, sono assimilabili alle prestazioni sociali. Il mancato invio dei dati e delle informazioni costituisce illecito disciplinare e determina, in caso di accertamento di fruizione illegittima di prestazioni non comunicate, responsabilità erariale del funzionario responsabile dell'invio.

6. Le modalità attuative del sistema informativo di cui al comma 3, lettera a), sono disciplinate, nel rispetto delle disposizioni del codice in materia di protezione dei dati personali di cui al decreto legislativo n. 196 del 2003, con decreto del Ministro del lavoro e delle politiche sociali, di concerto con il Ministro dell'economia e delle finanze, previa intesa in sede di Conferenza unificata, sentito il Garante per la protezione dei dati personali. Le prestazioni sociali oggetto della banca dati di cui al comma 3, lettera a), numero 1, sono quelle di cui agli articoli 3 e 4 del decreto del Ministro del lavoro e delle politiche sociali 16 dicembre 2014, n. 206. Nelle more dell'adozione del decreto di cui al presente comma, resta ferma, con riferimento alle banche dati di cui al comma 3, lettera a), numeri 1) e 2), la disciplina di cui al decreto n. 206 del 2014, e, con riferimento al sistema informativo dell'ISEE, la disciplina di cui all'articolo 11 del decreto del Presidente del Consiglio dei ministri n. 159 del 2013.

7. Il sistema informativo di cui al comma 3, lettera b), è organizzato avendo come unità di rilevazione l'ambito territoriale e assicura una compiuta conoscenza della tipologia, dell'organizzazione e delle caratteristiche dei servizi attivati, inclusi i servizi per l'accesso e la presa in carico, i servizi per favorire la permanenza a domicilio, i servizi territoriali comunitari e i servizi territoriali residenziali per le fragilità, anche nella forma di accreditamento e autorizzazione, nonché le caratteristiche quantitative e qualitative del lavoro professionale impiegato.

8. I dati e le informazioni di cui al comma 7 sono raccolti, conservati e gestiti dal Ministero del lavoro e delle politiche sociali e sono trasmessi dai comuni e dagli ambiti territoriali, anche per il tramite delle regioni e delle province autonome. Le modalità attuative del comma 7 sono disciplinate con decreto del Ministro del lavoro e delle politiche sociali, previa intesa in sede di Conferenza unificata.

9. Con riferimento ai beneficiari del ReI, sono identificate specifiche sezioni dei sistemi informativi di cui al comma 3, lettere a) e b), che costituiscono la Banca dati ReI. Le informazioni sono integrate dall'INPS con le altre informazioni relative ai beneficiari del ReI disponibili nel SIUSS, nonché con le informazioni disponibili nel sistema informativo unitario delle politiche del lavoro, di cui all'articolo 13 del decreto legislativo n. 150 del 2015, nella banca dati delle politiche attive e passive di cui all'articolo 8 del decreto-legge 28 giugno 2013, n. 76, convertito, con modificazioni, dalla legge 9 agosto 2013, n. 99, nella banca dati del collocamento mirato, di cui all'articolo 9, comma 6-bis, della legge 12 marzo 1999, n. 68, e nei sistemi informativi del Ministero dell'istruzione, dell'università e della ricerca scientifica con riferimento ai dati sulla frequenza e il successo scolastico. Le informazioni integrate ai sensi del presente comma sono rese disponibili dall'INPS al Ministero del lavoro e delle politiche sociali nelle modalità previste al comma 4. Le modalità attuative della Banca dati ReI sono disciplinate, nel rispetto delle disposizioni del Codice in materia di protezione dei dati personali di cui al decreto legislativo n. 196 del 2003, con decreto del Ministro del lavoro e delle politiche sociali, di concerto con il Ministro dell'economia e delle finanze, previa intesa in sede di Conferenza unificata, sentito il Garante per la protezione dei dati personali, da adottarsi entro sei mesi dalla data di entrata in vigore del presente decreto.*

10. Con riferimento alle persone con disabilità e non autosufficienti, le informazioni di cui al comma 3, lettera a), anche sensibili, trasmesse dagli enti pubblici responsabili dell'erogazione e della programmazione di prestazioni e di servizi sociali e socio-sanitari attivati a loro favore sono, senza nuovi o maggiori oneri per la finanza pubblica, integrate e coordinate dall'INPS con quelle raccolte dal Nuovo sistema informativo sanitario e dalla banca dati del collocamento mirato, di cui all'articolo 9, comma 6-bis, della legge n. 68 del 1999. Le informazioni integrate ai sensi del presente comma sono rese disponibili dall'INPS al Ministero del lavoro e delle politiche sociali e al Ministero della salute nelle modalità previste al comma 4. Le modalità attuative del presente comma sono disciplinate con decreto del Ministro del lavoro e delle politiche sociali, di concerto con il Ministro dell'economia e delle finanze e con il Ministro della salute, previa intesa in sede di Conferenza unificata, sentito il Garante per la protezione dei dati personali, da adottarsi entro dodici mesi dalla data di entrata in vigore del presente decreto.

11. Per la programmazione dei servizi e per le altre finalità istituzionali di competenza, nonché per elaborazioni a fini statistici, di ricerca e di studio, le informazioni relative ai beneficiari, incluse quelle di cui ai commi 9 e 10, sono rese disponibili dal Ministero del lavoro e delle politiche sociali alle regioni e alle province autonome con riferimento ai residenti nei territori di competenza, con le modalità di cui al comma 4. Le medesime informazioni sono rese disponibili agli ambiti territoriali e ai comuni da parte delle regioni e delle province autonome con riferimento ai residenti nei territori di competenza.

12. Al fine di migliorare l'efficienza e l'efficacia delle politiche sociali degli enti locali, attesa la complementarietà tra le prestazioni erogate dall'INPS e quelle erogate a livello locale, l'Istituto rende disponibili ai comuni che ne facciano richiesta, anche attraverso servizi di cooperazione applicativa e con riferimento ai relativi residenti, le informazioni, corredate di codice fiscale, sulle prestazioni erogate dal medesimo Istituto presenti nel SIUSS, oltre a quelle erogate dal comune stesso.

13. Al fine di una migliore programmazione delle politiche sociali e a supporto delle scelte legislative, sulla base delle informazioni del SIUSS, il Ministro del lavoro e delle politiche sociali presenta alle Camere, entro il 30 giugno di ogni anno, un Rapporto sulle politiche sociali, riferito all'anno precedente.

14. Le Province autonome di Trento e Bolzano adempiono agli obblighi informativi previsti dal presente articolo secondo procedure e modelli concordati con il Ministero del lavoro e delle politiche sociali, nel rispetto delle competenze ad esse attribuite, comunque provvedendo nei limiti delle risorse finanziarie, umane e strumentali già previste a legislazione vigente e senza nuovi o maggiori oneri per la finanza pubblica.

(1) Comma modificato dal d.l. 28/1/2019, n. 4.

* Comma abrogato dal d.l. 28/1/2019, n. 4.

Capo V
Disposizioni finali

25. Disposizioni transitorie e finali. – 1. A far data dal 1° dicembre 2017, il ReI può essere richiesto nelle modalità di cui all'articolo 9. Per coloro che effettuano la richiesta del ReI nel mese di dicembre 2017 e non sono già beneficiari del SIA, l'ISEE deve essere aggiornato entro il termine del primo trimestre 2018.

2. In sede di avvio del ReI, per l'anno 2018 e per l'anno 2019, in deroga a quanto previsto all'articolo 9, comma 6, l'INPS dispone il versamento del beneficio economico pur in assenza della comunicazione dell'avvenuta sottoscrizione del progetto personalizzato prevista all'articolo 6, comma 1. Il beneficio è comunque sospeso in assenza della comunicazione di cui al primo periodo decorsi sei mesi dal mese di prima erogazione. Il Piano nazionale per la lotta alla povertà e all'esclusione sociale, sulla base del monitoraggio dei flussi informativi tra INPS, ambiti territoriali e centri per l'impiego e dei tempi di definizione dei progetti, nonché dei patti di servizio, può rideterminare il periodo per cui è prevista la deroga alle previsioni di cui all'articolo 9, comma 6, nonché prevedere un periodo più breve decorso il quale, in assenza di comunicazione, il beneficio è sospeso ai sensi del secondo periodo (1).

3. Ai soggetti che hanno esaurito la fruizione del SIA alla data del 1° dicembre 2017 in possesso dei requisiti per la richiesta del ReI ai sensi dell'articolo 3, comma 1, lettera b), l'INPS dispone il versamento di un bimestre aggiuntivo al fine di permettere ai medesimi soggetti la richiesta del ReI senza soluzione di continuità nelle erogazioni. L'intero periodo di fruizione del SIA è comunque dedotto dalla durata del ReI come definita dall'articolo 4, comma 5.

4. Ai fini della detrazione dei trattamenti assistenziali di cui all'articolo 4, comma 2, nel caso in cui nel nucleo familiare siano presenti beneficiari dell'assegno di cui all'articolo 1, comma 125, della legge n. 190 del 2014, è dedotto dal ReI il solo incremento dell'assegno previsto per i nuclei familiari in una condizione economica corrispondente a un valore dell'ISEE non superiore a 7.000 euro annui.

5. Alle attività previste dal presente decreto, con esclusione di quanto stabilito ai sensi dell'articolo 7, commi 2, 3 e 8, e all'articolo 20, comma 1, secondo periodo, le amministrazioni pubbliche interessate provvedono nei limiti delle risorse finanziarie, umane e strumentali già previste a legislazione vigente e senza nuovi o maggiori oneri per la finanza pubblica.

6. Ai fini dell'attuazione del presente decreto, il Ministro dell'economia e delle finanze è autorizzato ad apportare, con propri decreti, le opportune variazioni di bilancio.

7. Sono in ogni caso fatte salve le potestà attribuite alle regioni a statuto speciale e alle Province autonome di Trento e Bolzano dai rispettivi statuti speciali e dalle relative norme di attuazione.

(1) Comma modificato dalla l. 28/12/2018, n. 145.

26. Abrogazioni. – 1. Dalla data di entrata in vigore del presente decreto sono abrogate le seguenti disposizioni:

a) articoli 21 e 23 della legge 8 novembre 2000, n. 328;

b) articolo 16, commi da 1 a 4, del decreto-legge 9 febbraio 2012, n. 5, convertito, con modificazioni, dalla legge 4 aprile 2012, n. 35.

2. A far data dal 1° gennaio 2018, fatto salvo quanto disposto all'articolo 18, sono abrogate le seguenti disposizioni:

a) articolo 16 del decreto legislativo 4 marzo 2015, n. 22;

b) articolo 21, commi 3 e 8, del decreto legislativo 14 settembre 2015, n. 150.

27. Entrata in vigore. – 1. Il presente decreto entra in vigore il giorno successivo a quello della sua pubblicazione nella Gazzetta Ufficiale della Repubblica italiana.

L. 22 dicembre 2017, n. 219

Norme in materia di consenso informato e di disposizioni anticipate di trattamento

G.U. 16 gennaio 2018, n. 12

1. Consenso informato. – 1. La presente legge, nel rispetto dei principi di cui agli articoli 2, 13 e 32 della Costituzione e degli articoli 1, 2 e 3 della Carta dei diritti fondamentali dell'Unione europea, tutela il diritto alla vita, alla salute, alla dignità e all'autodeterminazione della persona e stabilisce che **nessun trattamento sanitario** può essere iniziato o proseguito se privo del **consenso libero e informato della persona interessata**, tranne che nei casi espressamente previsti dalla legge.

2. È promossa e valorizzata la **relazione di cura e di fiducia tra paziente e medico** che si basa sul consenso informato nel quale si incontrano l'autonomia decisionale del paziente e la competenza, l'autonomia professionale e la responsabilità del medico (1). Contribuiscono alla relazione di cura, in base alle rispettive competenze, gli esercenti una professione sanitaria che compongono l'equipe sanitaria. In tale relazione sono coinvolti, se il paziente lo desidera, anche i suoi familiari o la parte dell'unione civile o il convivente ovvero una persona di fiducia del paziente medesimo.

3. Ogni persona ha il diritto di conoscere le proprie condizioni di salute e di essere informata in modo completo, aggiornato e a lei comprensibile riguardo alla diagnosi, alla prognosi, ai benefici e ai rischi degli accertamenti diagnostici e dei trattamenti sanitari indicati, nonché riguardo alle possibili alternative e alle conseguenze dell'eventuale rifiuto del trattamento sanitario e dell'accertamento diagnostico o della rinuncia ai medesimi. Può rifiutare in tutto o in parte di ricevere le informazioni ovvero indicare i familiari o una persona di sua fiducia incaricati di riceverle e di esprimere il consenso in sua vece se il paziente lo vuole. Il rifiuto o la rinuncia alle informazioni e l'eventuale indicazione di un incaricato sono registrati nella cartella clinica e nel fascicolo sanitario elettronico.

4. Il consenso informato, acquisito nei modi e con gli strumenti più consoni alle condizioni del paziente, è documentato in forma scritta o attraverso videoregistrazioni o, per la persona con disabilità, attraverso dispositivi che le consentano di comunicare. Il consenso informato, in qualunque forma espresso, è inserito nella cartella clinica e nel fascicolo sanitario elettronico.

5. Ogni persona capace di agire ha il **diritto di rifiutare**, in tutto o in parte, con le stesse forme di cui al comma 4, qualsiasi accertamento diagnostico o trattamento sanitario indicato dal medico per la sua patologia o singoli atti del trattamento stesso. Ha, inoltre, il **diritto di revocare** in qualsiasi momento, con le stesse forme di cui al comma 4, il consenso prestato, anche quando la revoca comporti l'interruzione del trattamento. Ai fini della presente legge, sono considerati trattamenti sanitari la nutrizione artificiale e l'idratazione artificiale, in quanto somministrazione, su prescrizione medica, di nutrienti mediante dispositivi medici. Qualora il paziente esprima la rinuncia o il rifiuto di trattamenti sanitari necessari alla propria sopravvivenza, il medico prospetta al paziente e, se questi acconsente, ai suoi familiari, le conseguenze di tale decisione e le possibili alternative e promuove ogni azione di sostegno al paziente medesimo, anche avvalendosi dei servizi di assistenza psicologica. Ferma restando la possibilità per il paziente di modificare la propria volontà, l'accettazione, la revoca e il rifiuto sono annotati nella cartella clinica e nel fascicolo sanitario elettronico.

6. **Il medico è tenuto a rispettare la volontà espressa dal paziente di rifiutare il trattamento sanitario o di rinunciare al medesimo** e, in conseguenza di ciò, è esente da responsabilità civile o penale. Il paziente non può esigere trattamenti sanitari contrari a norme di legge, alla deontologia professionale o alle buone pratiche clinico-assistenziali; a fronte di tali richieste, il medico non ha obblighi professionali.

7. Nelle situazioni di emergenza o di urgenza il medico e i componenti dell'equipe sanitaria assicurano le **cure necessarie**, nel rispetto della volontà del paziente ove le sue condizioni cliniche e le circostanze consentano di recepirla.

8. Il tempo della comunicazione tra medico e paziente costituisce tempo di cura.

9. Ogni struttura sanitaria pubblica o privata garantisce con proprie modalità organizzative la piena e corretta attuazione dei principi di cui alla presente legge, assicurando l'informazione necessaria ai pazienti e l'adeguata formazione del personale.

10. La formazione iniziale e continua dei medici e degli altri esercenti le professioni sanitarie comprende la formazione in materia di relazione e di comunicazione con il paziente, di terapia del dolore e di cure palliative.

11. È fatta salva l'applicazione delle norme speciali che disciplinano l'acquisizione del consenso informato per determinati atti o trattamenti sanitari.

(1) Vedi art. 1, co. 20 e art. 1, co. 39, l. 20/5/2016, n. 76 Regolamentazione delle unioni civili tra persone dello stesso sesso e disciplina delle convivenze.

2. Terapia del dolore, divieto di ostinazione irragionevole nelle cure e dignità nella fase finale della vita. – 1. Il medico, avvalendosi di mezzi appropriati allo stato del paziente, deve adoperarsi per alleviarne le sofferenze, anche in caso di rifiuto o di revoca del consenso al trattamento sanitario indicato dal medico. A tal fine, è sempre garantita un'appropriata terapia del dolore, con il coinvolgimento del medico di medicina generale e l'erogazione delle cure palliative di cui alla legge 15 marzo 2010, n. 38.

2. Nei casi di paziente con prognosi infausta a breve termine o di imminenza di morte, il medico deve astenersi da ogni ostinazione irragionevole nella somministrazione delle cure e dal ricorso a trattamenti inutili o sproporzionati. In presenza di

sofferenze refrattarie ai trattamenti sanitari, il medico può ricorrere alla sedazione palliativa profonda continua in associazione con la terapia del dolore, con il consenso del paziente.

3. Il ricorso alla sedazione palliativa profonda continua o il rifiuto della stessa sono motivati e sono annotati nella cartella clinica e nel fascicolo sanitario elettronico.

3. Minori e incapaci. – 1. La persona minore di età o incapace ha diritto alla valorizzazione delle proprie capacità di comprensione e di decisione, nel rispetto dei diritti di cui all'articolo 1, comma 1.

Deve ricevere informazioni sulle scelte relative alla propria salute in modo consono alle sue capacità per essere messa nelle condizioni di esprimere la sua volontà.

2. Il consenso informato al trattamento sanitario del minore è espresso o rifiutato dagli esercenti la responsabilità genitoriale o dal tutore tenendo conto della volontà della persona minore, in relazione alla sua età e al suo grado di maturità, e avendo come scopo la tutela della salute psicofisica e della vita del minore nel pieno rispetto della sua dignità.

3. Il consenso informato della persona interdetta ai sensi dell'articolo 414 del codice civile è espresso o rifiutato dal tutore, sentito l'interdetto ove possibile, avendo come scopo la tutela della salute psicofisica e della vita della persona nel pieno rispetto della sua dignità.

4. Il consenso informato della persona inabilitata è espresso dalla medesima persona inabilitata. Nel caso in cui sia stato nominato un amministratore di sostegno la cui nomina preveda l'assistenza necessaria o la rappresentanza esclusiva in ambito sanitario, il consenso informato è espresso o rifiutato anche dall'amministratore di sostegno ovvero solo da quest'ultimo, tenendo conto della volontà del beneficiario, in relazione al suo grado di capacità di intendere e di volere.

5. Nel caso in cui il rappresentante legale della persona interdetta o inabilitata oppure l'amministratore di sostegno, in assenza delle disposizioni anticipate di trattamento (DAT) di cui all'articolo 4, o il rappresentante legale della persona minore rifiuti le cure proposte e il medico ritenga invece che queste siano appropriate e necessarie, la decisione è rimessa al giudice tutelare su ricorso del rappresentante legale della persona interessata o dei soggetti di cui agli articoli 406 e seguenti del codice civile o del medico o del rappresentante legale della struttura sanitaria.

4. Disposizioni anticipate di trattamento. – 1. Ogni **persona maggiorenne e capace di intendere e di volere**, in previsione di un'eventuale **futura incapacità di autodeterminarsi** e dopo avere acquisito adeguate informazioni mediche sulle conseguenze delle sue scelte, può, attraverso le **DAT**, esprimere le proprie volontà in materia di trattamenti sanitari, nonché il consenso o il rifiuto rispetto ad accertamenti diagnostici o scelte terapeutiche e a singoli trattamenti sanitari. Indica altresì una persona di sua fiducia, di seguito denominata «fiduciario», che ne faccia le veci e la rappresenti nelle relazioni con il medico e con le strutture sanitarie.

2. Il fiduciario deve essere una persona maggiorenne e capace di intendere e di volere. L'accettazione della nomina da parte del fiduciario avviene attraverso la sottoscrizione delle DAT o con atto successivo, che è allegato alle DAT. Al fiduciario è rilasciata una copia delle DAT. Il fiduciario può rinunciare alla nomina con atto scritto, che è comunicato al disponente.

3. L'incarico del fiduciario può essere revocato dal disponente in qualsiasi momento, con le stesse modalità previste per la nomina e senza obbligo di motivazione.

4. Nel caso in cui le DAT non contengano l'indicazione del fiduciario o questi vi abbia rinunciato o sia deceduto o sia divenuto incapace, **le DAT mantengono efficacia in merito alle volontà del disponente**. In caso di necessità, il giudice tutelare provvede alla nomina di un **amministratore di sostegno**, ai sensi del capo I del titolo XII del libro I del codice civile.

5. Fermo restando quanto previsto dal comma 6 dell'articolo 1, **il medico è tenuto al rispetto delle DAT**, le quali possono essere disattese, in tutto o in parte, dal medico stesso, in accordo con il fiduciario, qualora esse appaiano palesemente incongrue o non corrispondenti alla condizione clinica attuale del paziente ovvero sussistano terapie non prevedibili all'atto della sottoscrizione, capaci di offrire concrete possibilità di miglioramento delle condizioni di vita. Nel caso di conflitto tra il fiduciario e il medico, si procede ai sensi del comma 5, dell'articolo 3.

6. Le DAT devono essere redatte per atto pubblico o per scrittura privata autenticata ovvero per scrittura privata consegnata personalmente dal disponente presso l'ufficio dello stato civile del comune di residenza del disponente medesimo, che provvede all'annotazione in apposito registro, ove istituito, oppure presso le strutture sanitarie, qualora ricorrano i presupposti di cui al comma 7. Sono esenti dall'obbligo di registrazione, dall'imposta di bollo e da qualsiasi altro tributo, imposta, diritto e tassa. Nel caso in cui le condizioni fisiche del paziente non lo consentano, le DAT possono essere espresse attraverso videoregistrazione o dispositivi che consentano alla persona con disabilità di comunicare. Con le medesime forme esse sono rinnovabili, modificabili e revocabili in ogni momento. Nei casi in cui ragioni di emergenza e urgenza impedissero di procedere alla revoca delle DAT con le forme previste dai periodi precedenti, queste possono essere revocate con dichiarazione verbale raccolta o videoregistrata da un medico, con l'assistenza di due testimoni.

7. Le regioni che adottano modalità telematiche di gestione della cartella clinica o il fascicolo sanitario elettronico o altre modalità informatiche di gestione dei dati del singolo iscritto al Servizio sanitario nazionale possono, con proprio atto, regolamentare la raccolta di copia delle DAT, compresa l'indicazione del fiduciario, e il loro inserimento nella banca dati, lasciando comunque al firmatario la libertà di scegliere se darne copia o indicare dove esse siano reperibili.

8. Entro sessanta giorni dalla data di entrata in vigore della presente legge, il Ministero della salute, le regioni e le aziende sanitarie provvedono a informare della possibilità di redigere le DAT in base alla presente legge, anche attraverso i rispettivi siti internet.

5. Pianificazione condivisa delle cure. – 1. Nella relazione tra paziente e medico di cui all'articolo 1, comma 2, rispetto all'evolversi delle conseguenze di una patologia cronica e invalidante o caratterizzata da inarrestabile evoluzione con prognosi infausta, può essere realizzata una pianificazione delle cure condivisa tra il paziente e il medico, alla quale il medico e l'equipe sanitaria sono tenuti ad attenersi qualora il paziente venga a trovarsi nella condizione di non poter esprimere il proprio consenso o in una condizione di incapacità.

2. Il paziente e, con il suo consenso, i suoi familiari o la parte dell'unione civile o il convivente ovvero una persona di sua fiducia sono adeguatamente informati, ai sensi dell'articolo 1, comma 3, in particolare sul possibile evolversi della patologia in atto, su quanto il paziente può realisticamente attendersi in termini di qualità della vita, sulle possibilità cliniche di intervenire e sulle cure palliative (1).

3. Il paziente esprime il proprio consenso rispetto a quanto proposto dal medico ai sensi del comma 2 e i propri intendimenti per il futuro, compresa l'eventuale indicazione di un fiduciario.

4. Il consenso del paziente e l'eventuale indicazione di un fiduciario, di cui al comma 3, sono espressi in forma scritta ovvero, nel caso in cui le condizioni fisiche del paziente non lo consentano, attraverso video-registrazione o dispositivi che consentano alla persona con disabilità di comunicare, e sono

inseriti nella cartella clinica e nel fascicolo sanitario elettronico. La pianificazione delle cure può essere aggiornata al progressivo evolversi della malattia, su richiesta del paziente o su suggerimento del medico.

5. Per quanto riguarda gli aspetti non espressamente disciplinati dal presente articolo si applicano le disposizioni dell'articolo 4.

(1) Vedi art. 1, co. 20, e art. 1, co. 39, l. 20/5/2016, n. 76 Regolamentazione delle unioni civili tra persone dello stesso sesso e disciplina delle convivenze.

6. Norma transitoria. – 1. Ai documenti atti ad esprimere le volontà del disponente in merito ai trattamenti sanitari, depositati presso il comune di residenza o presso un notaio prima della data di entrata in vigore della presente legge, si applicano le disposizioni della medesima legge (1).

(1) Vedi art. 1, co. 40 e art. 1, co. 41, l. 20/5/2016, n. 76 Regolamentazione delle unioni civili tra persone dello stesso sesso e disciplina delle convivenze, nonché art. 408 c.c.

7. Clausola di invarianza finanziaria. – 1. Le amministrazioni pubbliche interessate provvedono all'attuazione delle disposizioni della presente legge nell'ambito delle risorse umane, strumentali e finanziarie disponibili a legislazione vigente e, comunque, senza nuovi o maggiori oneri per la finanza pubblica.

8. Relazione alle Camere. – 1. Il Ministro della salute trasmette alle Camere, entro il 30 aprile di ogni anno, a decorrere dall'anno successivo a quello in corso alla data di entrata in vigore della presente legge, una relazione sull'applicazione della legge stessa. Le regioni sono tenute a fornire le informazioni necessarie entro il mese di febbraio di ciascun anno, sulla base di questionari predisposti dal Ministero della salute.

2. La presente legge, munita del sigillo dello Stato, sarà inserita nella Raccolta ufficiale degli atti normativi della Repubblica italiana. È fatto obbligo a chiunque spetti di osservarla e di farla osservare come legge dello Stato.

Sezione IV

BANCHE CREDITO E FINANZA

D.lg. 1 settembre 1993, n. 385

(G.U. 30 settembre 1993, n. 230, S.O. n. 92)

Testo unico delle leggi in materia bancaria e creditizia (1)

(1) A norma dell'art. 1 del d.lg. 6/2/2004, n. 37 le espressioni: "Ministro del tesoro" e "Ministro del tesoro, del bilancio e della programmazione economica", ovunque ricorrano, sono state sostituite dalle parole: "Ministro dell'economia e delle finanze"; e le parole: "Ministero del tesoro" e: "Ministero del tesoro, del bilancio e della programmazione economica", ovunque ricorrano, sono state sostituite dalle parole: "Ministero dell'economia e delle finanze".

• A norma dell'art. 3, co. 7, d.lg. 8/11/2021, n. 182 dalla data di entrata in vigore delle disposizioni di attuazione previste dall'art. 3, co. 6, d.lg. 8/11/2021, n. 182 ogni riferimento agli artt. 62 e 63 del presente decreto si intendono effettuati all'art. 61 del presente decreto nella versione precedente alle modifiche apportate dal medesimo d.lg. n. 182/2021.

1. Definizioni. – 1. Nel presente decreto legislativo l'espressione:

a) "autorità creditizie" indica il Comitato interministeriale per il credito e il risparmio, il Ministro dell'economia e delle finanze e la Banca d'Italia (1);

a-bis) «autorità di risoluzione» indica la Banca d'Italia o il Comitato di Risoluzione Unico stabilito dal regolamento (UE) n. 806/2014 del Parlamento europeo e del Consiglio, nell'ambito del riparto di competenze definite dal medesimo regolamento, nonché un'autorità non italiana deputata allo svolgimento delle funzioni di risoluzione (2);

b) "banca" indica l'impresa autorizzata all'esercizio dell'attività bancaria;

b-bis) «BCE» indica la Banca centrale europea (3);

c) "CICR" indica il Comitato interministeriale per il credito e il risparmio;

d) "CONSOB" indica la Commissione nazionale per le società e la borsa;

d-bis) "COVIP" indica la commissione di vigilanza sui fondi pensione (4);

e) "IVASS" indica l'Istituto per la vigilanza sulle assicurazioni (5);

e-bis) "MVU" indica il Meccanismo di vigilanza unica, ossia il sistema di vigilanza finanziaria composto dalla BCE e dalle autorità nazionali competenti degli Stati membri che vi partecipano (6);

e-ter) "Disposizioni del MVU" indica il regolamento (UE) n. 1024/2013 e le relative misure di esecuzione (6);

e-quater) «UIF» indica l'Unità di informazione finanziaria per l'Italia di cui all'articolo 6 del decreto legislativo 21 novembre 2007, n. 231 (7);

e-quinquies) «MRU»: indica il Meccanismo di risoluzione unico, ossia il sistema di risoluzione istituito ai sensi del regolamento (UE) n. 806/2014, del Parlamento europeo e del Consiglio, composto dal Comitato di Risoluzione Unico e dalle autorità nazionali di risoluzione degli Stati membri che vi partecipano (8);

f) "UIC" indica l'Ufficio italiano dei cambi;*

g) "Stato dell'Unione europea" indica lo Stato membro dell'Unione europea (9);

g-bis) "Stato di origine" indica lo Stato dell'Unione europea in cui la banca, l'IMEL o l'IP è stato autorizzato all'esercizio dell'attività (10);

g-ter) "Stato ospitante" indica lo Stato dell'Unione europea nel quale la banca, l'IMEL o l'IP ha una succursale o presta servizi (10);

h) «Stato terzo» indica lo Stato non membro dell'Unione europea (11);

h-bis) "SEVIF": il Sistema europeo di vigilanza finanziaria composto dalle seguenti parti:

1) "ABE": Autorità bancaria europea, istituita con regolamento (UE) n. 1093/2010;

2) "AEAP": Autorità europea delle assicurazioni e delle pensioni aziendali e professionali, istituita con regolamento (UE) n. 1094/2010;

3) "AESFEM": Autorità europea degli strumenti finanziari e dei mercati, istituita con regolamento (UE) n. 1095/2010;

4) "Comitato congiunto": il Comitato congiunto delle Autorità europee di vigilanza, previsto dall'articolo 54 del regolamento (UE) n. 1093/2010, del regolamento (UE) n. 1094/2010, del regolamento (UE) n. 1095/2010;

5) "CERS": Comitato europeo per il rischio sistemico, istituito dal regolamento (UE) n. 1092/2010;

6) "Autorità di vigilanza degli Stati membri": le autorità competenti o di vigilanza degli Stati membri specificate negli atti dell'Unione di cui all'articolo 1, paragrafo 2, del regolamento (UE) n. 1093/2010, del regolamento (UE) n. 1094/2010 e del regolamento (UE) n. 1095/2010 (12);

h-ter) "Stato partecipante al MVU" indica uno Stato dell'Unione europea la cui moneta è l'euro o che abbia instaurato una cooperazione stretta con la BCE a norma delle disposizioni del MVU (13);

i) "legge fallimentare" indica il regio decreto 16 marzo 1942, n. 267.

l) "autorità competenti" indica, a seconda dei casi, uno o più fra le autorità di vigilanza sulle banche, sulle imprese di investimento, sugli organismi di investimento collettivo del risparmio, sulle imprese di assicurazione e sui mercati finanziari (14).

l-bis) «autorità antiriciclaggio» indica le autorità responsabili della vigilanza sui soggetti obbligati di cui all'articolo 2, paragrafo 1, punti 1 e 2, della direttiva (UE) 2015/849, ai fini del rispetto degli obblighi previsti dalla medesima direttiva (15);

l-ter) «autorità di vigilanza su base consolidata» indica l'autorità di vigilanza su base consolidata come definita all'articolo 4, paragrafo 1, punto 41, del regolamento (UE) n. 575/2013 (15);

*m) "Ministero dell'economia e delle finanze" indica il Ministero dell'economia e delle finanze***.

2. Nel presente decreto legislativo si intendono per:

a) "banca italiana": la banca avente sede legale in Italia;

b) "banca dell'Unione europea": la banca avente sede legale e amministrazione centrale in un medesimo Stato dell'Unione europea diverso dall'Italia (16);

c) "banca di Stato terzo": la banca avente sede legale in uno Stato terzo (17);

d) "soggetto significativo": i soggetti definiti dall'articolo 2, n. 16, del regolamento (UE) n. 468/2014, sui quali la BCE esercita la vigilanza diretta in conformità delle disposizioni del MVU (18);

d-bis) "soggetto meno significativo": i soggetti, sottoposti a vigilanza nell'ambito del MVU, diversi da quelli di cui alla lettera d) (19);

e) "succursale": una sede che costituisce una parte, sprovvista di personalità giuridica, di una banca, un istituto di moneta elettronica o un istituto di pagamento, e che effettua direttamente, in tutto o in parte, l'attività a cui la banca o l'istituto è stato autorizzato (20);

f) "attività ammesse al mutuo riconoscimento": le attività di:

1) raccolta di depositi o di altri fondi con obbligo di restituzione;

2) operazioni di prestito (compreso in particolare il credito al consumo, il credito con garanzia ipotecaria, il factoring, le cessioni di credito pro soluto e pro solvendo, il credito commerciale incluso il "forfaiting");

3) leasing finanziario;

4) prestazione di servizi di pagamento [come definiti dagli articoli 1, comma 1, lettera b), e 2, comma 2, del decreto legislativo 27 gennaio 2010, n. 11] (21);

5) emissione e gestione di mezzi di pagamento («travellers cheques», lettere di credito), nella misura in cui quest'attività non rientra nel punto 4 (22);

6) rilascio di garanzie e di impegni di firma;

7) operazioni per proprio conto o per conto della clientela in:

– strumenti di mercato monetario (assegni, cambiali, certificati di deposito, ecc.);

– cambi;

– strumenti finanziari a termine e opzioni;

– contratti su tassi di cambio e tassi d'interesse;

– valori mobilitari;

8) partecipazione alle emissioni di titoli e prestazioni di servizi connessi;

9) consulenza alle imprese in materia di struttura finanziaria, di strategia industriale e di questioni connesse, nonché consulenza e servizi nel campo delle concentrazioni e del rilievo di imprese;

10) servizi di intermediazione finanziaria del tipo "money broking";

11) gestione o consulenza nella gestione di patrimoni;

12) custodia e amministrazione di valori mobiliari;

13) servizi di informazione commerciale;

14) locazione di cassette di sicurezza;

15) altre attività che, in virtù delle misure di adattamento assunte dalle autorità dell'Unione europea, sono aggiunte all'elenco allegato alla seconda direttiva in materia creditizia del Consiglio delle Comunità europee n. 89/646/CEE del 15 dicembre 1989 (16);

g) "intermediari finanziari": i soggetti iscritti nell'elenco previsto dall'art. 106.

h) "stretti legami": i rapporti tra una banca e un soggetto italiano o estero che:

1) controlla la banca;

2) è controllato dalla banca;

3) è controllato dallo stesso soggetto che controlla la banca;

4) partecipa al capitale della banca in misura pari almeno al 20% del capitale con diritto di voto;

5) è partecipato dalla banca in misura pari almeno al 20% del capitale con diritto di voto (23).

h-bis) "istituti di moneta elettronica": le imprese, diverse dalle banche, che emettono moneta elettronica (24);

h-bis.1) "istituti di moneta elettronica comunitari": gli istituti di moneta elettronica aventi sede legale e amministrazione centrale in uno stesso Stato dell'Unione europea diverso dall'Italia (25);

h-ter) 'moneta elettronica': il valore monetario memorizzato elettronicamente, ivi inclusa la memorizzazione magnetica, rappresentato da un credito nei confronti dell'emittente che sia emesso per effettuare operazioni di pagamento come definite all'articolo 1, comma 1, lettera c), del decreto legislativo 27 gennaio 2010, n. 11, e che sia accettato da persone fisiche e giuridiche diverse dall'emittente. Non costituisce moneta elettronica:

1) il valore monetario memorizzato sugli strumenti previsti dall'articolo 2, comma 2, lettera m), del decreto legislativo 27 gennaio 2010, n. 11;

2) il valore monetario utilizzato per le operazioni di pagamento previste dall'articolo 2, comma 2, lettera n), del decreto legislativo 27 gennaio 2010, n. 11 (26).

h-quater) 'partecipazioni': le azioni, le quote e gli altri strumenti finanziari che attribuiscono diritti amministrativi o comunque i diritti previsti dall'articolo 2351, ultimo comma, del codice civile (27);

*h-quinquies) 'partecipazioni rilevanti': le partecipazioni che comportano il controllo della società e le partecipazioni individuate dalla Banca d'Italia in conformità alle deliberazioni del CICR, con riguardo alle diverse fattispecie disciplinate, tenendo conto dei diritti di voto e degli altri diritti che consentono di influire sulla società****;

h-sexies) istituti di pagamento: le imprese, diverse dalle banche e dagli istituti di moneta elettronica, autorizzate a prestare i servizi di pagamento [di cui alla lettera f), n. 4)] (28);

h-septies) istituti di pagamento dell'Unione europea gli istituti di pagamento aventi sede legale e amministrazione centrale in uno stesso Stato comunitario diverso dall'Italia (29);

h-septies.1) "servizi di pagamento": le seguenti attività:

1) servizi che permettono di depositare il contante su un conto di pagamento nonché tutte le operazioni richieste per la gestione di un conto di pagamento;

2) servizi che permettono prelievi in contante da un conto di pagamento nonché tutte le operazioni richieste per la gestione di un conto di pagamento;

3) esecuzione di operazioni di pagamento, incluso il trasferimento di fondi su un conto di pagamento presso il prestatore di servizi di pagamento dell'utilizzatore o presso un altro prestatore di servizi di pagamento:

3.1) esecuzione di addebiti diretti, inclusi gli addebiti diretti una tantum;

3.2) esecuzione di operazioni di pagamento mediante carte di pagamento o dispositivi analoghi;

3.3) esecuzione di bonifici, inclusi gli ordini permanenti;

4) esecuzione di operazioni di pagamento quando i fondi rientrano in una linea di credito accordata ad un utilizzatore di servizi di pagamento:

4.1) esecuzione di addebiti diretti, inclusi gli addebiti diretti una tantum;

4.2) esecuzione di operazioni di pagamento mediante carte di pagamento o dispositivi analoghi;

4.3) esecuzione di bonifici, inclusi gli ordini permanenti;

5) emissione di strumenti di pagamento e/o convenzionamento di operazioni di pagamento;

6) rimessa di denaro;

7) servizi di disposizione di ordini di pagamento;

8) servizi di informazione sui conti (30);

h-octies) succursale di un istituto di pagamento: una sede che costituisce parte, sprovvista di personalità giuridica, di *un istituto di pagamento e che effettua direttamente, in tutto o in parte, l'attività dell'istituto di pagamento****.*

h-novies) "personale": i dipendenti e coloro che comunque operano sulla base di rapporti che ne determinano l'inserimento nell'organizzazione aziendale, anche in forma diversa dal rapporto di lavoro subordinato (31);

i) "punto di contatto centrale": il soggetto o la struttura designato dalle banche, dagli istituti di moneta elettronica o dagli istituti di pagamento dell'Unione Europea che operano sul territorio della Repubblica in regime di diritto di stabilimento, senza succursale, tramite gli agenti di cui all'articolo 128-quater (32);

3. La Banca d'Italia, può ulteriormente qualificare [, in conformità delle deliberazioni del CICR,] la definizione di stretti legami prevista dal comma 2, lettera h), al fine di evitare situazioni di ostacolo all'effettivo esercizio delle funzioni di vigilanza (33).

3-bis. Se non diversamente disposto, le norme del presente decreto legislativo che fanno riferimento al consiglio di amministrazione, all'organo amministrativo e agli amministratori si applicano anche al consiglio di gestione ed ai suoi componenti (34).

3-ter. Se non diversamente disposto, le norme del presente decreto legislativo che fanno riferimento al collegio sindacale, ai sindaci ed all'organo che svolge la funzione di controllo si applicano anche al consiglio di sorveglianza ed al comitato per il controllo sulla gestione e ai loro componenti (34).

3-quater. Se non diversamente disposto, ai fini della disciplina dei servizi di pagamento, nel presente decreto si applicano le definizioni del decreto legislativo 27 gennaio 2010, n. 11 (35).

(1) Lettera modificata dall'art. 1, co. 1, d.lg. 6/2/2004, n. 37.

(2) Lettera inserita dall'art. 1, co. 1, lett. a), d.lg. 16/11/2015, n. 181 e successivamente modificata dall'art. 2, co. 1, lett. a), n. 1, d.lg. 8/11/2021, n. 193.

(3) Lettera inserita dall'art. 2, co. 1, lett. a), n. 2, d.lg. 8/11/2021, n. 193.

(4) Lettera aggiunta dall'art. 1, co. 1, d.lg. 4/8/1999, n. 333.

(5) Lettera sostituita dall'art. 1, co. 1, lett. a), d.lg. 12/5/2015, n. 72. Vedi inoltre, l'art. 2 del d.lg. 12/5/2015, n. 72.

(6) Lettera inserita dall'art. 1, co. 1, lett. a), d.lg. 14/11/2016, n. 223.

(7) Lettera aggiunta dall'art. 1, co. 1, lett. a), punto 1), d.lg. 8/11/2021, n. 182.

(8) Lettera inserita dall'art. 2, co. 1, lett. a), n. 3, d.lg. 8/11/2021, n. 193.

* Lettera soppressa dall'art. 1, co. 1, lett. b), d.lg. 12/5/2015, n. 72. Vedi inoltre, l'art. 2 del d.lg. 12/5/2015, n. 72.

(9) Lettera modificata dall'art. 1, co. 1, lett. a), punto 2), d.lg. 8/11/2021, n. 182.

(10) Lettera aggiunta dall'art. 1, co. 1, d.lg. 9/7/2004, n. 197 e successivamente sostituita dall'art. 1, co. 1, lett. a), d.lg. 15/12/2017, n. 218.

(11) Lettera sostituita dall'art. 1, co. 1, lett. b), d.lg. 16/11/2015, n. 181.

(12) Lettera aggiunta dall'art. 1, co. 1, d.lg. 30/7/2012, n. 130.

(13) Lettera inserita dall'art. 1, co. 1, lett. b), d.lg. 14/11/2016, n. 223.

(14) Lettera aggiunta dall'art. 1, co. 2, d.lg. 4/8/1999, n. 333.

(15) Lettera aggiunta dall'art. 1, co. 1, lett. a), punto 3), d.lg. 8/11/2021, n. 182.

** Lettera aggiunta dall'art. 1, co. 3, d.lg. 4/8/1999, n. 333, successivamente, modificata dall'art. 1, co. 1, d.lg. 6/2/2004, n. 37 e da ultimo, soppressa dall'art. 1, co. 1, lett. c), d.lg. 12/5/2015, n. 72. Vedi inoltre, l'art. 2 del d.lg. 12/5/2015, n. 72.

(16) Lettera modificata dall'art. 1, co. 1, lett. b), punto 1), d.lg. 8/11/2021, n. 182.

(17) Lettera modificata dall'art. 1, co. 1, lett. c), d.lg. 16/11/2015, n. 181 e poi dall'art. 1, co. 1, lett. b), punto 2), d.lg. 8/11/2021, n. 182.

(18) Lettera sostituita dall'art. 1, co. 2, d.lg. 14/11/2016, n. 223.

(19) Lettera inserita dall'art. 1, co. 2, d.lg. 14/11/2016, n. 223.

(20) Lettera sostituita dall'art. 1, co. 1, lett. b), d.lg. 15/12/2017, n. 218.

(21) Numero sostituito dall'art. 1, co. 1, d.lg. 16/4/2012, n. 45 e successivamente modificato dall'art. 1, co. 1, lett. b), d.lg. 15/12/2017, n. 218.

(22) Numero sostituito dall'art. 35, co. 1, d.lg. 27/1/2010, n. 11.

(23) Lettera aggiunta dall'art. 1, co. 4, d.lg. 4/8/1999, n. 333.

(24) Lettera aggiunta dall'art. 55, co. 1, lett. a), l. 1/3/2002, n. 39.

(25) Lettera inserita dall'art. 1, co. 1, lett. d), d.lg. 12/5/2015, n. 72 e poi modificata dall'art. 1, co. 1, lett. b), punto 3), d.lg. 8/11/2021, n. 182. Vedi inoltre, l'art. 2 del d.lg. 12/5/2015, n. 72.

(26) Lettera aggiunta dall'art. 55, co. 1, lett. a), l. 1/3/2002, n. 39 e successivamente sostituita dall'art. 1, co. 2, d.lg. 16/4/2012, n. 45.

(27) Lettera aggiunta dall'art. 9.1 del d.lg. 17/1/2003, n. 6, nel testo introdotto dall'art. 2, co. 1, d.lg. 6/2/2004, n. 37.

*** Lettera aggiunta dall'art. 9.1 del d.lg. 17/1/2003, n. 6, nel testo introdotto dall'art. 2, co. 1, d.lg. 6/2/2004, n. 37 e successivamente soppressa dall'art. 1, co. 1, lett. a), d.lg. 27/1/2010, n. 21.

(28) Lettera aggiunta dall'art. 35, co. 2, d.lg. 27/1/2010, n. 11 e successivamente modificato dall'art. 1, co. 1, lett. b), d.lg. 15/12/2017, n. 218.

(29) Lettera aggiunta dall'art. 35, co. 2, d.lg. 27/1/2010, n. 11 e poi modificata dall'art. 1, co. 1, lett. b), punto 3), d.lg. 8/11/2021, n. 182.

(30) Lettera inserita dall'art. 1, co. 1, lett. b), d.lg. 15/12/2017, n. 218.

**** Lettera aggiunta dall'art. 35, co. 2, d.lg. 27/1/2010, n. 11 e successivamente abrogata dall'art. 1, co. 1, lett. b), d.lg. 15/12/2017, n. 218.

(31) Lettera inserita dall'art. 1, co. 1, lett. e), d.lg. 12/5/2015, n. 72. Vedi inoltre, l'art. 2 del d.lg. 12/5/2015, n. 72.

(32) Lettera inserita dall'art. 1, co. 1, lett. b), d.lg. 15/12/2017, n. 218 e poi modificata dall'art. 1, co. 1, lett. b), punto 3), d.lg. 8/11/2021, n. 182.

(33) Comma aggiunto dall'art. 1, co. 5, d.lg. 4/8/1999, n. 333 e successivamente modificato dall'art. 1, co. 1, lett. f), d.lg. 12/5/2015, n. 72. Vedi inoltre, l'art. 2 del d.lg. 12/5/2015, n. 72.

(34) Comma aggiunto dall'art. 9.1 del d.lg. 17/1/2003, n. 6, nel testo introdotto dall'art. 2, co. 1, d.lg. 6/2/2004, n. 37.

(35) Comma inserito dall'art. 1, co. 1, lett. c), d.lg. 15/12/2017, n. 218.

TITOLO I
AUTORITÀ CREDITIZIE

2. Comitato interministeriale per il credito e il risparmio. – 1. Il Comitato interministeriale per il credito e il risparmio ha l'alta vigilanza in materia di credito e di tutela del risparmio. Esso delibera nelle materie attribuite alla sua competenza dal presente decreto legislativo o da altre leggi. Il CICR è composto dal Ministro dell'economia e delle finanze, che lo presiede, [dal Ministro dell'economia e delle finanze,] dal Ministro del commercio internazionale, dal Ministro delle politiche agricole alimentari e forestali, dal Ministro dello sviluppo economico, dal Ministro delle infrastrutture, dal Ministro dei trasporti e dal Ministro per le politiche comunitarie. Alle sedute partecipa il Governatore della Banca d'Italia (1).

2. Il Presidente può invitare altri Ministri a intervenire a singole riunioni a fini consultivi. Agli stessi fini il Presidente può invitare i Presidenti delle altre Autorità competenti a prendere parte a singole riunioni in cui vengano trattati argomenti, attinenti a materie loro attribuite dalla legge, connessi a profili di stabilità complessiva, trasparenza ed efficienza del sistema finanziario (2).

3. Il CICR è validamente costituito con la presenza della maggioranza dei suoi membri e delibera con il voto favorevole della maggioranza dei presenti.

4. Il direttore generale del tesoro svolge funzioni di segretario. Il CICR determina le norme concernenti la propria organizzazione e il proprio funzionamento. Per l'esercizio delle proprie funzioni il CICR si avvale della Banca d'Italia.

(1) Comma modificato dall'art. 1, co. 1, d.lg. 4/8/1999, n. 342, dall'art. 1, co. 1, d.lg. 6/2/2004, n. 37 e, successivamente dall'art. 1, co. 1, d.lg. 29/12/2006, n. 303.

(2) Comma sostituito dall'art. 1, co. 1, d.lg. 29/12/2006, n. 303.

3. Ministro dell'economia e delle finanze (1). – 1. Il Ministro dell'economia e delle finanze adotta con decreto i provvedimenti di sua competenza previsti dal presente decreto legislativo e ha facoltà di sottoporli preventivamente al CICR (2).

2. In caso di urgenza il Ministro dell'economia e delle finanze sostituisce il CICR. Dei provvedimenti assunti è data notizia al CICR nella prima riunione successiva, che deve essere convocata entro trenta giorni (2).

(1) Rubrica modificata dall'art. 1, co. 1, d.lg. 6/2/2004, n. 37.

(2) Comma modificato dall'art. 1, co. 1, d.lg. 6/2/2004, n. 37.

4. Banca d'Italia. – 1. La Banca d'Italia, nell'esercizio delle funzioni di vigilanza, formula le proposte per le deliberazioni di competenza del CICR previste nel titolo II [e nell'art. 107]. La Banca d'Italia, inoltre, emana regolamenti nei casi previsti dalla legge, impartisce istruzioni e adotta i provvedimenti di carattere particolare di sua competenza (1).

2. La Banca d'Italia determina e rende pubblici previamente i principi e i criteri dell'attività di vigilanza.

3. La Banca d'Italia, fermi restando i diversi termini fissati da disposizioni di legge, stabilisce i termini per provvedere, individua il responsabile del procedimento, indica i motivi delle decisioni e pubblica i provvedimenti aventi carattere generale. Si applicano, in quanto compatibili, le disposizioni della legge 7 agosto 1990, n. 241. [intendendosi attribuiti al Governatore della Banca d'Italia i poteri per l'adozione degli atti amministrativi generali previsti da dette disposizioni] (2).

4. La Banca d'Italia pubblica annualmente una relazione sull'attività di vigilanza.

4-bis. Nell'esercizio delle funzioni previste dal presente decreto legislativo, alla Banca d'Italia, ai componenti dei suoi organi nonché ai suoi dipendenti si applica l'articolo 24, comma 6-bis, della legge 28 dicembre 2005, n. 262 (3).

(1) Comma modificato dall'art. 1, co. 1, lett. a), d.lg. 30/12/2010, n. 239, a decorrere dal 13/1/2011, e successivamente dall'art. 1, co. 2, d.lg. 12/5/2015, n. 72. Vedi inoltre, l'art. 2 del d.lg. 12/5/2015, n. 72.

(2) Comma modificato dall'art. 1, co. 2, d.lg. 30/7/2012, n. 130.

(3) Comma aggiunto dall'art. 1, co. 2, d.lg. 16/11/2015, n. 181, a decorrere dal 16/11/2015.

5. Finalità e destinatari della vigilanza. – 1. Le autorità creditizie esercitano i poteri di vigilanza a esse attribuiti dal presente decreto legislativo, avendo riguardo alla sana e prudente gestione dei soggetti vigilati, alla stabilità complessiva, all'efficienza e alla competitività del sistema finanziario nonché all'osservanza delle disposizioni in materia creditizia.

2. La vigilanza si esercita nei confronti delle banche, dei gruppi bancari, degli intermediari finanziari, degli istituti di moneta elettronica e degli istituti di pagamento (1).

3. Le autorità creditizie esercitano altresì gli altri poteri a esse attribuiti dalla legge.

(1) Comma modificato dall'art. 35, co. 3, d.lg. 27/1/2010, n. 11, a decorrere dal 1/3/2010.

6. Rapporti con il diritto dell'Unione europea e integrazione nel SEVIF, nel MVU e nel MRU (1) (2). – 1. Le autorità creditizie esercitano i poteri loro attribuiti in armonia con le disposizioni dell'Unione europea, applicano i regolamenti e le decisioni dell'Unione europea e provvedono in merito alle raccomandazioni in materia creditizia e finanziaria.

2. Nei casi e nei modi previsti dalle disposizioni dell'Unione europea, le autorità creditizie adempiono agli obblighi di comunicazione nei confronti delle autorità e dei comitati che compongono il SEVIF e il MRU, della BCE e delle altre autorità e istituzioni indicate dalle disposizioni dell'Unione europea (2).

3. La Banca d'Italia, nell'esercizio delle funzioni di vigilanza, è parte del SEVIF e del MVU e partecipa alle attività che essi svolgono, tenendo conto della convergenza degli strumenti e delle prassi di vigilanza in ambito europeo (3).

3-bis. Le autorità creditizie esercitano i poteri d'intervento a esse attribuiti dal presente decreto legislativo anche per assicurare il rispetto del regolamento (UE) n. 575/2013, delle relative norme tecniche di regolamentazione e di attuazione emanate dalla Commissione europea ai sensi degli articoli 10 e 15 del regolamento (CE) n. 1093/2010, ovvero in caso di inosservanza degli atti dell'ABE direttamente applicabili adottati ai sensi di quest'ultimo regolamento (4).

4. Nei casi e nei modi previsti dalle disposizioni dell'Unione europea, la Banca d'Italia può concludere accordi con l'ABE e con le autorità di vigilanza di altri Stati membri che prevedano anche la ripartizione di compiti e la delega di funzioni nonché ricorrere all'ABE per la risoluzione delle controversie con le autorità di vigilanza degli altri Stati membri in situazioni transfrontaliere.

(1) Articolo sostituito dall'art. 1, co. 3, d.lg. 30/7/2012, n. 130.

• Rubrica modificata dall'art. 1, co. 3, lett. a), d.lg. 14/11/2016, n. 223 e successivamente sostituita dall'art. 2, co. 1, lett. b), n. 1, d.lg. 8/11/2021, n. 193.

(2) Comma modificato dall'art. 1, co. 3, lett. b), d.lg. 14/11/2016, n. 223 e successivamente sostituita dall'art. 2, co. 1, lett. b), n. 2, d.lg. 8/11/2021, n. 193.

(3) Comma modificato dall'art. 1, co. 3, lett. c) e d), d.lg. 14/11/2016, n. 223.

(4) Comma inserito dall'art. 1, co. 3, d.lg. 12/5/2015, n. 72. Vedi inoltre, l'art. 2 del d.lg. 12/5/2015, n. 72.

6 bis. Partecipazione al MVU e poteri della Banca d'Italia (1). – 1. Nelle materie disciplinate dalle disposizioni del MVU, i poteri attribuiti alla Banca d'Italia dal presente decreto sono esercitati dalla Banca d'Italia stessa nei limiti e secondo le modalità stabilite dalle disposizioni del MVU che disciplinano l'esercizio di compiti di vigilanza sulle banche prevedendo, tra l'altro, differenti modalità di cooperazione tra la BCE e le autorità nazionali per i soggetti significativi e per quelli meno significativi.

2. Ai sensi del comma 1, la Banca d'Italia, in particolare:

a) formula alla BCE proposte per l'adozione dei provvedimenti di autorizzazione e revoca all'esercizio dell'attività bancaria ai sensi dell'articolo 14 e di autorizzazione all'acquisto di partecipazioni ai sensi dell'articolo 19;

b) fornisce alla BCE tutte le informazioni necessarie per lo svolgimento dei compiti ad essa attribuiti dalle disposizioni del MVU, fermo restando il potere della BCE di ottenere le informazioni dai soggetti vigilati e di condurre ispezioni;

c) assiste la BCE nella preparazione e attuazione degli atti relativi ai compiti di vigilanza ad essa attribuiti dalle disposizioni del MVU;

d) informa la BCE dell'attività di vigilanza svolta e dei procedimenti amministrativi avviati, nei casi e secondo le modalità previsti dalle disposizioni del MVU;

e) esercita i poteri, non attribuiti in via esclusiva alla BCE, previsti dal presente decreto nelle materie disciplinate dalle disposizioni del MVU, anche su richiesta o dietro istruzioni della BCE, informando quest'ultima delle attività svolte in esito alla richiesta;

f) esercita i poteri ad essa attribuiti dal presente decreto che non siano attribuiti alla BCE dalle disposizioni del MVU.

3. Nelle materie inerenti all'esercizio dei compiti attribuiti alla BCE dalle disposizioni del MVU, le sanzioni amministrative previste nel Titolo VIII sono applicate secondo quanto previsto dall'articolo 144-septies.

4. Ai fini dell'articolo 4, paragrafo 3, del regolamento (UE) n. 1024/2013, si intendono per "legislazione nazionale di recepimento delle direttive europee" e "legislazione nazionale di esercizio delle opzioni previste dai regolamenti europei" le disposizioni nazionali di carattere generale nelle materie disciplinate dalle disposizioni del MVU, incluse quelle adottate, ove previsto dalla legislazione nazionale, dalla Banca d'Italia, per l'attuazione delle direttive dell'Unione europea e per l'esercizio di opzioni rimesse dai regolamenti dell'Unione europea agli Stati membri o alle autorità competenti o designate negli Stati membri, quando non esercitate dalla BCE.

5. Nell'esercizio delle rispettive competenze la Banca d'Italia e la BCE operano in stretta collaborazione, secondo il principio di leale cooperazione.

(1) Articolo inserito dall'art. 1, co. 4, d.lg. 14/11/2016, n. 223.

7. Segreto d'ufficio e collaborazione tra autorità. – 1. Tutte le notizie, le informazioni e i dati in possesso della Banca d'Italia in ragione della sua attività di vigilanza sono coperti da segreto d'ufficio anche nei confronti delle pubbliche amministrazioni, a eccezione del Ministro dell'economia e delle finanze, Presidente del CICR. Il segreto non può essere opposto all'autorità giudiziaria quando le informazioni richieste siano necessarie per le indagini, o i procedimenti relativi a violazioni sanzionate penalmente (1).

2. I dipendenti e coloro che a qualunque titolo lavorano o hanno lavorato per la Banca d'Italia, nonché i consulenti e gli esperti dei quali la stessa si avvale o si è avvalsa, nell'esercizio delle funzioni di vigilanza, sono pubblici ufficiali e hanno l'obbligo di riferire esclusivamente al Direttorio tutte le irregolarità constatate, anche quando assumano la veste di reati. Restano ferme le disposizioni del MVU in materia di comunicazione delle informazioni alla BCE (2).

3. I dipendenti della Banca d'Italia sono vincolati dal segreto d'ufficio.

4. Le pubbliche amministrazioni e gli enti pubblici forniscono le informazioni e le altre forme di collaborazione richieste dalla Banca d'Italia, in conformità delle leggi disciplinanti i rispettivi ordinamenti.

5. La Banca d'Italia, la CONSOB, la COVIP e l'IVASS collaborano tra loro, anche mediante scambio di informazioni, al fine di agevolare le rispettive funzioni. Per il medesimo fine, la Banca d'Italia e la UIF collaborano tra loro, anche mediante scambio di informazioni. Detti organismi non possono reciprocamente opporsi il segreto d'ufficio (3).

6. Nel rispetto delle condizioni previste dalle disposizioni dell'Unione europea, la Banca d'Italia collabora, anche mediante scambio di informazioni, con le autorità e i comitati che compongono il SEVIF, il MVU e il MRU, nonché con le autorità di risoluzione e le autorità antiriciclaggio degli Stati dell'Unione europea, al fine di agevolare le rispettive funzioni. Le informazioni ricevute dalla Banca d'Italia possono essere trasmesse alle autorità italiane competenti, salvo diniego dell'autorità che ha fornito le informazioni (4).

7. Nell'ambito di accordi di cooperazione e di equivalenti obblighi di riservatezza, la Banca d'Italia può scambiare informazioni preordinate all'esercizio delle funzioni di vigilanza con le autorità competenti degli Stati terzi; le informazioni che la Banca d'Italia ha ricevuto da un altro Stato dell'Unione europea possono essere comunicate soltanto con l'assenso esplicito delle autorità che le hanno fornite (5).

8. La Banca d'Italia può scambiare informazioni con autorità amministrative o giudiziarie nell'ambito di procedimenti di liquidazione o di fallimento, in Italia o all'estero, relativi a banche, succursali di banche italiane all'estero o di banche dell'Unione europea o di Stato terzo in Italia, nonché relativi a soggetti inclusi nell'ambito della vigilanza consolidata. Nei rapporti con le autorità extracomunitarie lo scambio di informazioni avviene con le modalità di cui al comma 7 (6).

9. La Banca d'Italia può comunicare ai sistemi di garanzia italiani e, a condizione che sia assicurata la riservatezza, a quelli esteri informazioni e dati in suo possesso necessari al funzionamento dei sistemi stessi (7).

*9-bis. La Banca d'Italia può comunicare ai sistemi di garanzia italiani e, a condizione che sia assicurata la riservatezza, a quelli esteri informazioni e dati in suo possesso necessari al funzionamento dei sistemi stessi**.

10. Nel rispetto delle condizioni previste dalle disposizioni dell'Unione europea, la Banca d'Italia scambia informazioni con tutte le altre autorità e soggetti esteri indicati dalle disposizioni medesime (8).

10-bis. La Banca d'Italia è il punto di contatto per la ricezione delle richieste di informazioni o di collaborazione provenienti dalle autorità di altri Stati membri dell'Unione europea in relazione ai contratti di credito disciplinati dal capo I-bis del titolo VI (9).

(1) Comma sostituito dall'art. 2, co. 1, d.lg. 4/8/1999, n. 333 e, successivamente, modificato dall'art. 1, co. 1, d.lg. 6/2/2004, n. 37.

(2) Comma modificato dall'art. 1, co. 3, lett. a), d.lg. 16/11/2015, n. 181, dall'art. 1, co. 5, lett. a), d.lg. 14/11/2016, n. 223 e successivamente dall'art. 2, co. 1, d.lg. 5/11/2021, n. 201.

(3) Comma sostituito dall'art. 2, co. 2, d.lg. 4/8/1999, n. 333 e successivamente modificato dall'art. 1, co. 4, lett. a), d.lg. 30/7/2012, n. 130. A norma dell'art. 62 del d.lg. 21/11/2007, n. 231 l'Ufficio italiano cambi è soppresso; le competenze e i poteri, con le relative risorse strumentali, umane e finanziarie sono trasferite alla Banca d'Italia. Da ultimo, comma modificato dall'art. 1, co. 4, d.lg. 12/5/2015, n. 72. Vedi inoltre, l'art. 2 del d.lg. 12/5/2015, n. 72.

• Comma modificato dall'art. 1, co. 2, lett. a), d.lg. 8/11/2021, n. 182.

(4) Comma sostituito dall'art. 2, co. 2, d.lg. 4/8/1999, n. 333, successivamente modificato dall'art. 1, co. 4, lett. b), d.lg. 30/7/2012, n. 130 e dall'art. 1, co. 3, lett. b), d.lg. 16/11/2015, n. 181, dall'art. 1, co. 5, lett. b), d.lg. 14/11/2016, n. 223, dall'art. 1, co. 2, lett. b), d.lg. 8/11/2021, n. 182 ed infine dall'art. 2, co. 1, lett. c), d.lg. 8/11/2021, n. 193.

(5) Comma sostituito dall'art. 2, co. 2, d.lg. 4/8/1999, n. 333 modificato dall'art. 1, co. 3, lett. c), d.lg. 16/11/2015, n. 181 e successivamente dall'art. 1, co. 2, lett. c), d.lg. 8/11/2021, n. 182.

(6) A norma del combinato disposto degli artt. 349 e 389 del d.lg. 12/1/2019, n. 14, come modificato dall'art. 5, co. 1, d.l. 8/4/2020, n. 23, conv., con modif., dalla l. 5/6/2020, n. 40 e, da ultimo, dall'art. 1, co. 1, lett. a), d.l. 24/8/2021, n. 118, conv., con modif., dalla l. 21/10/2021, n. 147, a decorrere dal 16/5/2022, nelle disposizioni normative vigenti i termini "fallimento", "procedura fallimentare", "fallito" nonché le espressioni dagli stessi termini derivate devono intendersi sostituite, rispettivamente, con le espressioni "liquidazione giudiziale", "procedura di liquidazione giudiziale" e "debitore assoggettato a liquidazione giudiziale" e loro derivati, con salvezza della continuità delle fattispecie.

• Comma sostituito dall'art. 2, co. 2, d.lg. 4/8/1999, n. 333 e successivamente dall'art. 1, co. 2, lett. d), d.lg. 8/11/2021, n. 182.

(7) Comma sostituito dall'art. 2, co. 2, d.lg. 4/8/1999, n. 333.

* Comma implicitamente abrogato in seguito alla sostituzione degli originari co. 5, 6, 7, 8, 9, 9-bis e 10 con gli attuali co. 5, 6, 7, 8, 9 e 10 dall'art. 2, co. 1, d.lg. 4/8/1999, n. 333.

(8) Comma sostituito dall'art. 2, co. 2, d.lg. 4/8/1999, n. 333,

dall'art. 1, co. 1, lett. a), d.l. 27/12/2006, n. 297, conv., con modif., dalla l. 23/2/2007, n. 15 e, successivamente dall'art. 1, co. 4, lett. c), d.lg. 30/7/2012, n. 130.

(9) Comma aggiunto dall'art. 23, co. 1, lett. a), l. 23/12/2021, n. 238.

8. Pubblicazione di provvedimenti e di dati statistici. – 1. La Banca d'Italia pubblica sul proprio sito web i provvedimenti di carattere generale emanati dalle autorità creditizie nonché altri provvedimenti rilevanti relativi ai soggetti sottoposti a vigilanza (1).

2. Le delibere del CICR e i provvedimenti di carattere generale del Ministro dell'economia e delle finanze emanati ai sensi del presente decreto legislativo sono pubblicati nella Gazzetta Ufficiale della Repubblica italiana. I provvedimenti di carattere generale della Banca d'Italia sono pubblicati nella Gazzetta Ufficiale della Repubblica italiana quando le disposizioni in essi contenute sono destinate anche a soggetti diversi da quelli sottoposti a vigilanza (2).

3. La Banca d'Italia pubblica elaborazioni e dati statistici relativi ai soggetti sottoposti a vigilanza.

(1) Comma sostituito dall'art. 1, co. 5, d.lg. 12/5/2015, n. 72. Vedi inoltre, l'art. 2 del d.lg. 12/5/2015, n. 72.

(2) Comma modificato dall'art. 1, co. 1, d.lg. 6/2/2004, n. 37.

9. Reclamo al CICR. – 1. Contro i provvedimenti adottati dalla Banca d'Italia nell'esercizio dei poteri di vigilanza a essa attribuiti dal presente decreto legislativo è ammesso reclamo al CICR, da parte di chi vi abbia interesse, nel termine di 30 giorni dalla comunicazione o dalla pubblicazione. Si osservano, in quanto applicabili, le disposizioni del capo I del decreto del Presidente della Repubblica 24 novembre 1971, n. 1199.

2. Il reclamo è deciso dal CICR previa consultazione delle associazioni di categoria dei soggetti sottoposti a vigilanza, nel caso in cui la decisione comporti la risoluzione di questioni di interesse generale per la categoria.

3. Il CICR stabilisce in via generale, con propria deliberazione, le modalità per la consultazione prevista dal comma 2.

TITOLO II
BANCHE

Capo I
Nozione di attività bancaria e di raccolta del risparmio

10. Attività bancaria. – 1. La raccolta di risparmio tra il pubblico e l'esercizio del credito costituiscono l'attività bancaria. Essa ha carattere d'impresa.

2. L'esercizio dell'attività bancaria è riservato alle banche.

3. Le banche esercitano, oltre all'attività bancaria, ogni altra attività finanziaria, secondo la disciplina propria di ciascuna, nonché attività connesse o strumentali. Sono salve le riserve di attività previste dalla legge.

11. Raccolta del risparmio (1). – 1. Ai fini del presente decreto legislativo è raccolta del risparmio l'acquisizione di fondi con obbligo di rimborso, sia sotto forma di depositi sia sotto altra forma.

2. La raccolta del risparmio tra il pubblico è vietata ai soggetti diversi dalle banche (2).

2-bis. Non costituisce raccolta del risparmio tra il pubblico la ricezione di fondi connessa all'emissione di moneta elettronica (3).

2-ter. Non costituisce raccolta del risparmio tra il pubblico la ricezione di fondi da inserire in conti di pagamento utilizzati esclusivamente per la prestazione di servizi di pagamento (4).

3. Il CICR stabilisce limiti e criteri, anche con riguardo all'attività ed alla forma giuridica del soggetto che acquisisce fondi, in base ai quali non costituisce raccolta del risparmio tra il pubblico quella effettuata presso specifiche categorie individuate in ragione di rapporti societari o di lavoro (5).

4. Il divieto di raccolta del risparmio tra il pubblico non si applica:

a) agli Stati comunitari, agli organismi internazionali ai quali aderiscono uno o più Stati comunitari, agli enti pubblici territoriali ai quali la raccolta del risparmio è consentita in base agli ordinamenti nazionali degli Stati comunitari;

b) agli Stati terzi ed ai soggetti esteri abilitati da speciali disposizioni del diritto italiano (6);

c) alle società, per la raccolta effettuata ai sensi del codice civile mediante obbligazioni, titoli di debito od altri strumenti finanziari;

d) alle altre ipotesi di raccolta espressamente consentite dalla legge, nel rispetto del principio di tutela del risparmio (7).

4-bis. Il CICR determina i criteri per l'individuazione degli strumenti finanziari, comunque denominati, la cui emissione costituisce raccolta del risparmio (8).

4-ter. Se non disciplinati dalla legge, il CICR fissa limiti all'emissione e, su proposta formulata dalla Banca d'Italia sentita la CONSOB, può determinare durata e taglio degli strumenti finanziari, diversi dalle obbligazioni, utilizzati per la raccolta tra il pubblico (9).

4-quater. Il CICR, a fini di tutela della riserva dell'attività bancaria, stabilisce criteri e limiti, anche in deroga a quanto previsto dal codice civile, per la raccolta effettuata dai soggetti che esercitano nei confronti del pubblico attività di concessione di finanziamenti sotto qualsiasi forma (9).

4-quinquies. A fini di tutela del risparmio, gli investitori professionali, che ai sensi del codice civile rispondono della solvenza della società per le obbligazioni, i titoli di debito e gli altri strumenti finanziari emessi dalla stessa, devono rispettare idonei requisiti patrimoniali stabiliti dalle competenti autorità di vigilanza (9).

5. Nei casi previsti dal comma 4, lettere c) e d), sono comunque precluse la raccolta di fondi a vista ed ogni forma di raccolta collegata all'emissione od alla gestione di mezzi di pagamento a spendibilità generalizzata (10).

(1) Vedi la deliberazione CICR 19/7/2005, n. 1058.

(2) A norma dell'art. 58, co. 1, l. 23/12/1998, n. 448 il divieto di cui al presente comma non si applica alle società cooperative per la raccolta effettuata mediante titoli obbligazionari.

(3) Comma aggiunto dall'art. 55 della l. 1/3/2002, n. 39 (Legge comunitaria).

(4) Comma inserito dall'art. 35, co. 4, d.lg. 27/1/2010, n. 11.

(5) Comma sostituito dall'art. 9.2 del d.lg. 17/1/2003, n. 6, nel testo introdotto dall'art. 2 del d.lg. 6/2/2004, n. 37. Vedi la disciplina transitoria di cui all'art. 6 del medesimo d.lg. n. 37/2004.

(6) Comma modificato dall'art. 1, co. 4, d.lg. 16/11/2015, n. 181.

(7) Comma modificato dall'art. 64 del d.lg. 23/7/1996, n. 415, dall'art. 2 del d.lg. 4/8/1999, n. 342, e successivamente sostituito dall'art. 9.2 del d.lg. 17/1/2003, n. 6, nel testo introdotto dall'art. 2 del d.lg. 6/2/2004, n. 37. Vedi la disciplina transitoria di cui all'art. 6 del medesimo d.lg. n. 37/2004.

(8) Comma inserito dall'art. 64 del d.lg. 23/7/1996, n. 415, modificato dall'art. 2 del d.lg. 4/8/1999, n. 342, e successivamente sostituito dall'art. 9.2 del d.lg. 17/1/2003, n. 6, nel testo introdotto dall'art. 2 del d.lg. 6/2/2004, n. 37. Vedi la disciplina transitoria di cui all'art. 6 del medesimo d.lg. n. 37/2004.

(9) Comma inserito dall'art. 9.2 del d.lg. 17/1/2003, n. 6, nel testo introdotto dall'art. 2 del d.lg. 6/2/2004, n. 37. Vedi la disciplina transitoria di cui all'art. 6 del medesimo d.lg. n. 37/2004.

(10) Comma sostituito dall'art. 64 del d.lg. 23/7/1996, n. 415, dall'art. 2 del d.lg. 4/8/1999, n. 342, e successivamente sostituito dall'art. 9.2 del d.lg. 17/1/2003, n. 6, nel testo introdotto dall'art. 2

del d.lg. 6/2/2004, n. 37. Vedi la disciplina transitoria di cui all'art. 6 del medesimo d.lg. n. 37/2004.

12. Obbligazioni e titoli di deposito emessi dalle banche. – 1. Le banche, in qualunque forma costituite, possono emettere obbligazioni, anche convertibili, nominative o al portatore.

*2. Sono ammesse di diritto alle quotazioni in borsa le obbligazioni emesse dalle banche con azioni quotate in borsa. La disposizione si applica anche alle obbligazioni convertibili in titoli di altre società quando questi ultimi sono quotati**.

3. L'emissione delle obbligazioni non convertibili o convertibili in titoli di altre società è deliberata dall'organo amministrativo; non si applicano gli articoli 2410, 2412, 2413, 2414, primo comma, n. 3, 2414-bis, 2415, 2416, 2417, 2418 e 2419 del codice civile (1).

4. Alle obbligazioni convertibili in azioni proprie si applicano le norme del codice civile, eccetto l'articolo 2412 (2).

4-bis. I commi 3 e 4 si applicano anche agli strumenti finanziari assoggettati alla disciplina delle obbligazioni prevista dal codice civile, inclusi gli strumenti di debito chirografario di secondo livello di cui all'articolo 12-bis (3).

5. La Banca d'Italia [, in conformità delle deliberazioni del CICR,] disciplina l'emissione da parte delle banche delle obbligazioni non convertibili o convertibili in titoli di altre società nonché degli strumenti finanziari diversi dalle partecipazioni (4).

6. Le banche possono emettere titoli di deposito nominativi o al portatore. La Banca d'Italia [, in conformità delle deliberazioni del CICR,] può disciplinarne le modalità di emissione (5).

7. La Banca d'Italia disciplina le emissioni da parte delle banche di prestiti subordinati, irredimibili ovvero rimborsabili previa autorizzazione della medesima Banca d'Italia. Tali emissioni possono avvenire anche sotto forma di obbligazioni o di titoli di deposito.

* Comma abrogato dall'art. 64, co. 4, lett. a), d.lg. 23/7/1996, n. 415, con la decorrenza indicata dal medesimo dall'art. 64, co. 4.

(1) Comma sostituito dall'art. 9.3 del d.lg. 17/1/2003, n. 6, nel testo introdotto dall'art. 2 del d.lg. 6/2/2004, n. 37. Vedi la disciplina transitoria di cui all'art. 6 del medesimo d.lg. n. 37/2004.

(2) Comma modificato dall'art. 64, co. 4, lett. b), d.lg. 23/7/1996, n. 415, e successivamente sostituito dall'art. 9.3 del d.lg. 17/1/2003, n. 6, nel testo introdotto dall'art. 2 del d.lg. 6/2/2004, n. 37. Vedi la disciplina transitoria di cui all'art. 6 del medesimo d.lg. n. 37/2004.

(3) Comma inserito dall'art. 9.3 del d.lg. 17/1/2003, n. 6, nel testo introdotto dall'art. 2 del d.lg. 6/2/2004, n. 37. Vedi la disciplina transitoria di cui all'art. 6 del medesimo d.lg. n. 37/2004. Da ultimo modificato dall'art. 1, co. 1103, lett. a), l. 27/12/2017, n. 205.

(4) Comma sostituito dall'art. 9.3 del d.lg. 17/1/2003, n. 6, nel testo introdotto dall'art. 2 del d.lg. 6/2/2004, n. 37. Vedi la disciplina transitoria di cui all'art. 6 del medesimo d.lg. n. 37/2004. Da ultimo, comma modificato dall'art. 1, co. 6, lett. a), d.lg. 12/5/2015, n. 72. Vedi inoltre, l'art. 2 del d.lg. 12/5/2015, n. 72.

(5) Comma modificato dall'art. 1, co. 6, lett. b), d.lg. 12/5/2015, n. 72. Vedi inoltre, l'art. 2 del d.lg. 12/5/2015, n. 72.

12 bis. Strumenti di debito chirografario di secondo livello (1). – 1. Sono strumenti di debito chirografario di secondo livello le obbligazioni e gli altri titoli di debito, emessi da una banca o da uno degli altri soggetti di cui all'articolo 2 del decreto legislativo 16 novembre 2015, n. 180, aventi le seguenti caratteristiche (2):

a) la durata originaria degli strumenti di debito è pari ad almeno dodici mesi;

b) gli strumenti di debito non sono strumenti finanziari derivati, come definiti dall'articolo 1, comma 2-ter, del testo unico di cui al decreto legislativo 24 febbraio 1998, n. 58, non sono collegati a strumenti finanziari derivati, né includono caratteristiche ad essi proprie (3);

c) la documentazione contrattuale e, se previsto, il prospetto di offerta o di ammissione a quotazione degli strumenti di debito indicano che il rimborso del capitale e il pagamento degli interessi e di eventuali altri importi dovuti ai titolari sono disciplinati secondo quanto previsto dall'articolo 91, comma 1-bis, lettera c-bis).

2. L'applicazione dell'articolo 91, comma 1-bis, lettera c-bis), è subordinata al rispetto delle condizioni di cui al comma 1. Le clausole che prevedono diversamente sono nulle e la loro nullità non comporta la nullità del contratto.

3. Una volta emessi, gli strumenti di debito chirografario di secondo livello non possono essere modificati in maniera tale da far venire meno le caratteristiche indicate al comma 1. È nulla ogni pattuizione difforme.

4. La Banca d'Italia può disciplinare l'emissione e le caratteristiche degli strumenti di debito chirografario di secondo livello.

(1) Articolo aggiunto, a decorrere dal 1/1/2008, dall'art. 1, co. 1103, lett. b), l. 27/12/2017, n. 205.

• Vedi inoltre l'art. 1, co. 1105, l. 27/12/2017, n. 205.

(2) Alinea modificato dall'art. 2, co. 1, lett. d), n. 1, d.lg. 8/11/2021, n. 193.

(3) Lettera modificata dall'art. 2, co. 1, lett. d), n. 2, d.lg. 8/11/2021, n. 193.

12 ter. Valore nominale unitario minimo delle obbligazioni e degli altri strumenti di debito (1). – 1. Il valore nominale unitario delle obbligazioni subordinate e degli altri titoli di debito subordinato emessi da una banca è pari ad almeno euro 200.000.

2. Il valore nominale unitario degli strumenti di debito chirografario di secondo livello di cui all'articolo 12-bis emessi da una banca è pari ad almeno euro 150.000.

3. I commi 1 e 2 si applicano altresì alle obbligazioni subordinate, agli altri titoli di debito subordinati, nonché agli strumenti di debito chirografario di secondo livello di cui all'articolo 12-bis emessi da un soggetto di cui all'articolo 2 del decreto legislativo 16 novembre 2015, n. 180, diverso da una banca.

(1) Articolo inserito dall'art. 2, co. 1, lett. e), d.lg. 8/11/2021, n. 193.

Capo II
Autorizzazione all'attività bancaria, succursali e libera prestazione di servizi

13. Albo. – 1. Fermo restando quanto previsto dalle disposizioni del MVU in tema di pubblicazione dell'elenco dei soggetti vigilati, la Banca d'Italia iscrive in un apposito albo le banche italiane e le succursali in Italia di banche extracomunitarie, nonché le succursali delle banche comunitarie stabilite nel territorio della Repubblica (1).

2. Le banche indicano negli atti e nella corrispondenza l'iscrizione nell'albo.

(1) Comma sostituito dall'art. 1, co. 6, d.lg. 14/11/2016, n. 223.

14. Autorizzazione all'attività bancaria. – 1. L'autorizzazione all'attività bancaria è rilasciata quando ricorrano le seguenti condizioni (1):

a) sia adottata la forma di società per azioni o di società cooperativa per azioni a responsabilità limitata;

a-bis) la sede legale e la direzione generale siano situate nel territorio della Repubblica (2);

b) il capitale versato sia di ammontare non inferiore a quello determinato dalla Banca d'Italia;

c) venga presentato un programma concernente l'attività iniziale, unitamente all'atto costitutivo, allo statuto, all'indicazione, se del caso, della capogruppo, delle società di partecipazione finanziaria e delle società di partecipazione finanziaria mista appartenenti al gruppo, nonché alla descrizione dei dispositivi, dei processi e dei meccanismi relativi al governo societario, all'organizzazione amministrativa e contabile, ai controlli interni e ai sistemi di remunerazione e di incentivazione (3);

d) sussistano i presupposti per il rilascio dell'autorizzazione prevista dall'articolo 19 per i titolari delle partecipazioni ivi indicate ovvero, in assenza di questi ultimi, siano comunicati i nomi dei primi venti azionisti e le relative quote di capitale e di diritti di voto (4);

e) i soggetti che svolgono funzioni di amministrazione, direzione e controllo siano idonei, ai sensi dell'articolo 26 (5);

f) non sussistano, tra la banca o i soggetti del gruppo di appartenenza e altri soggetti, stretti legami che ostacolino l'effettivo esercizio delle funzioni di vigilanza (6).

2. L'autorizzazione è rilasciata dalla BCE, su proposta della Banca d'Italia; è negata, dalla Banca d'Italia o dalla BCE, quando dalla verifica delle condizioni indicate nel comma 1 non risulti garantita la sana e prudente gestione (7).

*2-bis. La Banca d'Italia disciplina la procedura di autorizzazione e le ipotesi di decadenza dalla stessa quando la banca autorizzata non abbia iniziato l'esercizio dell'attività**.

3. Non si può dare corso al procedimento per l'iscrizione nel registro delle imprese se non consti l'autorizzazione del comma 1.

3-bis. La revoca dell'autorizzazione è disposta dalla BCE, sentita la Banca d'Italia o su proposta di questa, quando sussiste una o più delle seguenti condizioni:

a) sono venute meno le condizioni in base alle quali l'autorizzazione è stata rilasciata;

b) l'autorizzazione è stata ottenuta presentando false dichiarazioni;

c) è accertata l'interruzione dell'attività bancaria per un periodo continuativo superiore a sei mesi (8).

3-ter. La revoca dell'autorizzazione è inoltre disposta dalla BCE, su proposta della Banca d'Italia, nei casi di liquidazione coatta amministrativa ai sensi dell'articolo 80 (8).

4. Lo stabilimento in Italia della prima succursale di una banca di Stato terzo è autorizzato dalla Banca d'Italia, sentito il Ministero degli affari esteri, subordinatamente al rispetto di condizioni corrispondenti a quelle del comma 1, lettere b), c) ed e). L'autorizzazione è rilasciata tenendo anche conto della condizione di reciprocità (9).

4-bis. La Banca d'Italia emana disposizioni attuative del presente articolo. [*, con particolare riguardo alla procedura di autorizzazione e alle modalità di presentazione dell'istanza, ai criteri di valutazione delle condizioni previste dal comma 1, alle ipotesi di decadenza e di revoca dell'autorizzazione*] (10).

(1) Alinea modificato dall'art. 1, co. 7, lett. a), d.lg. 14/11/2016, n. 223.

(2) Lettera aggiunta dall'art. 3, co. 1, d.lg. 4/8/1999, n. 333.

(3) Lettera modificata dall'art. 1, co. 3, lett. a), punto 1), d.lg. 8/11/2021, n. 182.

(4) Lettera sostituita dall'art. 9.4 del d.lg. 17/1/2003, n. 6, nel testo introdotto dall'art. 2 del d.lg. 6/2/2004, n. 37 e successivamente modificata dall'art. 1, co. 1, lett. b), d.lg. 27/1/2010, n. 21. Vedi la disciplina transitoria di cui all'art. 6 del medesimo d.lg. n. 37/2004. Da ultimo, la presente lettera è stata sostituita dall'art. 1, co. 7, lett. a), d.lg. 12/5/2015, n. 72 e poi modificata art. 1, co. 3, lett. a), punto 2), d.lg. 8/11/2021, n. 182. Vedi inoltre, l'art. 2 del d.lg. 12/5/2015, n. 72.

(5) Lettera sostituita dall'art. 9.4 del d.lg. 17/1/2003, n. 6, nel testo introdotto dall'art. 2 de! d.lg. 6/2/2004, n. 37. Vedi la disciplina transitoria di cui all'art. 6 del medesimo d.lg. n. 37/2004. Da ultimo, la presente lettera è stata sostituita dall'art. 1, co. 7, lett. b), d.lg. 12/5/2015, n. 72. Vedi inoltre, l'art. 2 del d.lg. 12/5/2015, n. 72.

(6) Lettera aggiunta dall'art. 3, co. 2, d.lg. 4/8/1999, n. 333.

(7) Comma modificato dall'art. 1, co. 7, lett. b), d.lg. 14/11/2016, n. 223.

* Comma aggiunto dall'art. 3 del d.lg. 4/8/1999, n. 342 e successivamente abrogato dall'art. 1, co. 7, lett. c), d.lg. 12/5/2015, n. 72. Vedi inoltre, l'art. 2 del d.lg. 12/5/2015, n. 72.

(8) Comma inserito dall'art. 1, co. 7, lett. c), d.lg. 14/11/2016, n. 223.

(9) Comma modificato dall'art. 1 del d.lg. 6/2/2004, n. 37, dall'art. 1, co. 2, d.lg. 29/12/2006, n. 303 e poi art. 1, co. 3, lett. b), d.lg. 8/11/2021, n. 182. Per il trasferimento delle funzioni di cui al presente comma vedi l'art. 26, co. 1, l. 28/12/2005, n. 262.

(10) Comma aggiunto dall'art. 1, co. 7, lett. d), d.lg. 12/5/2015, n. 72 e successivamente modificato dall'art. 1, co. 7, lett. d), d.lg. 14/11/2016, n. 223. Vedi inoltre, l'art. 2 del d.lg. 12/5/2015, n. 72. La parte in corsivo è stata abrogata.

15. Succursali. – 01. Le banche italiane possono stabilire succursali nel territorio della Repubblica e degli altri Stati comunitari in conformità delle procedure previste dalle disposizioni del MVU. Le banche degli altri Stati comunitari possono stabilire succursali nel territorio della Repubblica in conformità delle procedure previste dalle disposizioni del MVU e, per le banche degli Stati comunitari non partecipanti al MVU, del comma 3 (1).

1. Fermo restando quanto previsto dal comma 01, la Banca d'Italia può vietare lo stabilimento di una nuova succursale di un soggetto italiano meno significativo per motivi attinenti all'adeguatezza delle strutture organizzative o della situazione finanziaria, economica e patrimoniale del soggetto (2).

2. Le banche italiane possono stabilire succursali in uno Stato terzo previa autorizzazione della Banca d'Italia (3).

3. Per le banche degli Stati comunitari non partecipanti al MVU che intendono stabilire succursali nel territorio della Repubblica, il primo insediamento è preceduto da una comunicazione alla Banca d'Italia da parte dell'autorità competente dello Stato di appartenenza; la succursale inizia l'attività decorsi due mesi dalla comunicazione. Il primo insediamento è preceduto da una comunicazione alla Banca d'Italia da parte dell'autorità competente dello Stato di appartenenza; la succursale inizia l'attività decorsi due mesi dalla comunicazione. La Banca d'Italia e la CONSOB, nell'ambito delle rispettive competenze, indicano, se del caso, all'autorità competente dello Stato comunitario non partecipante al MVU e alla banca le condizioni alle quali, per motivi di interesse generale, è subordinato l'esercizio dell'attività della succursale (4).

4. Le banche extracomunitarie già operanti nel territorio della Repubblica con una succursale possono stabilire altre succursali previa autorizzazione della Banca d'Italia.

5. La Banca d'Italia, nei casi in cui sia previsto l'esercizio di attività di intermediazione mobiliare, dà notizia alla CONSOB delle comunicazioni ricevute ai sensi dei commi 01 e 3 e dell'apertura di succursali all'estero da parte di banche italiane (5).

(1) Comma premesso dall'art. 1, co. 3, lett. a), d.lg. 14/11/2016, n. 223.

(2) Comma sostituito dall'art. 1, co. 3, lett. b), d.lg. 14/11/2016, n. 223.

(3) Comma modificato, a decorrere dal 16/11/2015, dall'art. 1, co. 5, d.lg. 16/11/2015, n. 181.

(4) Comma modificato dall'art. 1, co. 3, lett. c), d.lg. 14/11/2016, n. 223.

(5) Comma modificato dall'art. 1, co. 3, lett. d), d.lg. 14/11/2016, n. 223.

16. Libera prestazione di servizi. – 1. Le banche italiane possono esercitare le attività ammesse al mutuo riconoscimento in uno Stato comunitario senza stabilirvi succursali secondo quanto stabilito dalle disposizioni del MVU e, nel rispetto delle procedure fissate dalla Banca d'Italia (1).

2. Le banche italiane possono operare in uno Stato terzo senza stabilirvi succursali previa autorizzazione della Banca d'Italia (2).

3. Le banche comunitarie possono esercitare le attività previste dal comma 1 nel territorio della Repubblica senza stabilirvi succursali dopo che la Banca d'Italia sia stata informata dall'autorità competente dello Stato di appartenenza.

4. Le banche extracomunitarie possono operare in Italia senza stabilirvi succursali previa autorizzazione della Banca d'Italia. L'autorizzazione è rilasciata tenendo anche conto della condizione di reciprocità. Allo svolgimento di servizi o attività di investimento, con o senza servizi accessori, si applica l'articolo 29-ter del decreto legislativo 24 febbraio 1998, n. 58 (3).

5. La Banca d'Italia, nei casi in cui sia previsto l'esercizio di attività di intermediazione mobiliare, dà notizia alla CONSOB delle comunicazioni ricevute ai sensi del comma 3 e della prestazione all'estero di servizi da parte di banche italiane.

(1) Comma modificato dall'art. 1, co. 9, d.lg. 14/11/2016, n. 223.

(2) Comma modificato, a decorrere dal 16/11/2015, dall'art. 1, co. 6, d.lg. 16/11/2015, n. 181.

(3) Comma modificato dall'art. 64 del d.lg. 23/7/1996, n. 415, successivamente sostituito, dall'art. 8, co. 1, d.lg. 3/8/2017, n. 129, a decorrere dal 26/8/2017, e da ultimo modificato dall'art. 19-bis, co. 1, d.l. 25/3/2019, n. 22, conv., con modif., dalla l. 20/5/2019, n. 41.

17. Attività non ammesse al mutuo riconoscimento. – 1. La Banca d'Italia [, *in conformità delle deliberazioni del CICR*,] disciplina l'esercizio di attività non ammesse al mutuo riconoscimento comunque effettuato da parte di banche comunitarie nel territorio della Repubblica (1).

(1) Comma modificato dall'art. 1, co. 8, d.lg. 12/5/2015, n. 72. Vedi inoltre, l'art. 2 del d.lg. 12/5/2015, n. 72. La parte in corsivo è stata abrogata.

18. Società finanziarie ammesse al mutuo riconoscimento. – 1. Le disposizioni dell'articolo 15, commi 01 e 1, e dell'art. 16, comma 1, si applicano anche alle società finanziarie con sede legale in Italia sottoposte a forme di vigilanza prudenziale, quando la partecipazione di controllo è detenuta da una o più banche italiane e ricorrono le condizioni stabilite dalla Banca d'Italia (1).

2. Le disposizioni dell'art. 15, comma 3, e dell'art. 16, comma 3, si applicano, in armonia con la normativa comunitaria, anche alle società finanziarie aventi sede legale in uno Stato comunitario quando la partecipazione di controllo è detenuta da una o più banche aventi sede legale nel medesimo Stato.

3. La Banca d'Italia, nei casi in cui sia previsto l'esercizio di attività di intermediazione mobiliare, comunica alla CONSOB le società finanziarie ammesse al mutuo riconoscimento ai sensi dei commi 1 e 2.

4. Alle società finanziarie ammesse al mutuo riconoscimento ai sensi dei commi 1 e 2 si applicano le disposizioni previste dall'art. 54, commi 1, 2 e 3.

5. Alle società finanziarie ammesse al mutuo riconoscimento ai sensi del comma 2 si applicano altresì le disposizioni previste dall'art. 79, commi 1, 3 e 4 (2).

(1) Comma modificato dall'art. 1, co. 10, d.lg. 14/11/2016, n. 223.

(2) Comma modificato dall'art. 1, co. 9, d.lg. 12/5/2015, n. 72. Vedi inoltre, l'art. 2 del d.lg. 12/5/2015, n. 72.

Capo III
Partecipazioni nelle banche (1)

(1) Rubrica sostituita dall'art. 1, co. 1, lett. c), d.lg. 27/1/2010, n. 21

19. Autorizzazioni (1). – 1. Sono soggette ad autorizzazione preventiva:

a) l'acquisizione a qualsiasi titolo in una banca di partecipazioni che comportano la possibilità di esercitare il controllo o un'influenza notevole sulla banca stessa o che attribuiscono una quota dei diritti di voto o del capitale almeno pari al 10 per cento, tenuto conto delle azioni o quote già possedute;

b) le variazioni delle partecipazioni quando la quota dei diritti di voto o del capitale raggiunge o supera il 20 per cento, 30 per cento o 50 per cento e, in ogni caso, quando le variazioni comportano il controllo della banca stessa;

c) l'acquisizione in una società che detiene le partecipazioni indicate alla lettera a):

1) del controllo;

2) di una quota dei diritti di voto o del capitale, quando, per effetto dell'acquisizione, è integrato uno dei casi indicati nell'articolo 22, comma 1, lettera b);

d) l'acquisizione a qualsiasi titolo, in assenza di acquisti di partecipazioni, anche per il tramite di un contratto con la banca o di una clausola del suo statuto, del controllo o dell'influenza notevole sulla banca, o di una quota dei diritti di voto o del capitale almeno pari al 10 per cento, 20 per cento, 30 per cento o 50 per cento, tenuto conto delle azioni o quote già possedute (2).

2. Sono soggette ad autorizzazione preventiva le variazioni delle partecipazioni quando la quota dei diritti di voto o del capitale raggiunge o supera il 20 per cento, 30 per cento o 50 per cento e, in ogni caso, quando le variazioni comportano il controllo sulla banca stessa.*

*3. L'autorizzazione è necessaria anche per l'acquisizione del controllo di una società che detiene le partecipazioni indicate al comma 1**.*

*4. La Banca d'Italia individua i soggetti tenuti a richiedere l'autorizzazione quando i diritti derivanti dalle partecipazioni indicate ai commi 1 e 2 spettano o sono attribuiti ad un soggetto diverso dal titolare delle partecipazioni stesse***.*

5. L'autorizzazione è rilasciata dalla BCE, su proposta della Banca d'Italia. La proposta è formulata quando ricorrono condizioni atte a garantire una gestione sana e prudente della banca, valutando la qualità del potenziale acquirente e la solidità finanziaria del progetto di acquisizione in base ai seguenti criteri: la reputazione del potenziale acquirente ai sensi dell'articolo 25; l'onorabilità, la correttezza, la professionalità e competenza, ai sensi dell'articolo 26, comma 3, di coloro che, in esito all'acquisizione, svolgeranno funzioni di amministrazione e direzione nella banca di rispettare a seguito dell'acquisizione le disposizioni che ne regolano l'attività; l'idoneità della struttura del gruppo del potenziale acquirente a consentire l'esercizio efficace della vigilanza; la mancanza di un fondato sospetto che l'acquisizione sia connessa ad operazioni di riciclaggio o di finanziamento del terrorismo. L'autorizzazione può essere sospesa o revocata se vengono meno o si modificano i presupposti e le condizioni per il suo rilascio (3).

5-bis. La Banca d'Italia propone alla BCE di negare l'autorizzazione all'acquisizione della partecipazione quando dalla verifica delle condizioni indicate nel comma 5 non risulti garantita la sana e prudente gestione della banca (4).

5-ter. Quando l'acquisizione viene effettuata nell'ambito di una risoluzione ai sensi del decreto legislativo 16 novembre 2015, n. 180, i provvedimenti previsti dai commi 1, 2, 3 e 5 sono adottati dalla Banca d'Italia (4).

6. I soggetti che, anche attraverso società controllate, svolgono in misura rilevante attività d'impresa in settori non bancari né finanziari non possono essere autorizzati ad acquisire partecipazioni quando la quota dei diritti di voto complessivamente detenuta sia superiore al 15 per cento o quando ne consegua, comunque, il controllo della banca. A tali fini, la Banca d'Italia individua i diritti di voto e gli altri diritti rilevanti. 7. La Banca d'Italia nega o revoca l'autorizzazione in presenza di accordi, in qualsiasi forma conclusi, *da cui derivi durevolmente, in capo ai soggetti indicati nel comma 6, una rilevante concentrazione di potere per la nomina o la revoca della maggioranza degli amministratori o dei componenti del consiglio di sorveglianza della banca, tale da pregiudicare la gestione sana e prudente della banca stessa*****.

8. La Banca d'Italia dà notizia al Ministro dell'economia e delle finanze, Presidente del CICR, delle domande di autorizzazione di cui al comma 1 (5).

*8-bis. Le autorizzazioni previste dal presente articolo [e il divieto previsto dal comma 6] si applicano anche all'acquisizione, in via diretta o indiretta, del controllo derivante da un contratto con la banca o da una clausola del suo statuto******.

9. La Banca d'Italia adotta disposizioni attuative del presente Capo, individuando, tra l'altro: i soggetti tenuti a richiedere l'autorizzazione quando i diritti derivanti dalle partecipazioni indicate nel presente articolo spettano o sono attribuiti ad un soggetto diverso dal titolare delle partecipazioni stesse; i criteri di calcolo dei diritti di voto rilevanti ai fini dell'applicazione delle soglie previste nel presente articolo, ivi inclusi i casi in cui i diritti di voto non sono computati; i casi di cui all'articolo 22, comma 1, lettera b); i criteri per l'individuazione dei casi di influenza notevole e di acquisizione involontaria; le modalità e i termini del procedimento di valutazione dell'acquisizione ai sensi dei commi 5, 5-bis e 5-ter (6).

(1) Articolo sostituito dall'art. 9.5 del d.lg. 17/1/2003, n. 6 nel testo introdotto dall'art. 2 del d.lg. 6/2/2004, n. 37. Vedi la disciplina transitoria di cui all'art. 6 del medesimo d.lg. n. 37/2004.

• Vedi la deliberazione CICR 19/7/2005, n. 1057 e le disposizioni di cui all'art. 19, co. 12, l. 28/12/2005, n. 262.

(2) Comma sostituito dall'art. 1, co. 1, lett. d), punto 1), d.lg. 27/1/2010, n. 21 modificato dall'art. 1, co. 11, lett. a), d.lg. 14/11/2016, n. 223 e successivamente dall'art. 1, co. 4, lett. a), d.lg. 8/11/2021, n. 182.

* Comma sostituito dall'art. 1, co. 1, lett. d), punto 2), d.lg. 27/1/2010, n. 21 modificato dall'art. 1, co. 11, lett. b), d.lg. 14/11/2016, n. 223 e successivamente abrogato dall'art. 1, co. 4, lett. d), d.lg. 8/11/2021, n. 182.

** Comma sostituito dall'art. 1, co. 11, lett. c), d.lg. 14/11/2016, n. 223 e successivamente abrogato dall'art. 1, co. 4, lett. d), d.lg. 8/11/2021, n. 182.

*** Comma modificato dall'art. 1, co. 1, lett. d), punto 3), d.lg. 27/1/2010, n. 21 e successivamente soppresso dall'art. 1, co. 11, lett. d), d.lg. 14/11/2016, n. 223.

(3) Comma sostituito dall'art. 1, co. 1, lett. d), punto 4), d.lg. 27/1/2010, n. 21, dall'art. 1, co. 10, lett. a), d.lg. 12/5/2015, n. 72 modificato dall'art. 1, co. 11, lett. e), d.lg. 14/11/2016, n. 223 e successivamente dall'art. 1, co. 4, lett. b), d.lg. 8/11/2021, n. 182. Vedi inoltre, l'art. 2 del d.lg. 12/5/2015, n. 72.

(4) Comma inserito dall'art. 1, co. 11, lett. f), d.lg. 14/11/2016, n. 223.

**** Commi abrogati dall'art. 14, co. 1, d.l. 29/11/2008, n. 185.

(5) Comma modificato dall'art. 1, co. 1, lett. d), punto 5), d.lg. 27/1/2010, n. 21, dall'art. 1, co. 7, d.lg. 16/11/2015, n. 181 e successivamente sostituito art. 1, co. 11, lett. g), d.lg. 14/11/2016, n. 223 e poi modificato dall'art. 1, co. 4, lett. e), d.lg. 8/11/2021, n. 182.

***** Comma inserito dall'art. 39 del d.lg. 28/12/2004, n. 310 modificato dall'art. 14, co. 1, d.l. 29/11/2008, n. 185 e successivamente abrogato dall'art. 1, co. 4, lett. d), d.lg. 8/11/2021, n. 182.

(6) Comma sostituito dall'art. 1, co. 1, lett. d), punto 6), d.lg. 27/1/2010, n. 21, successivamente modificato dall'art. 1, co. 10, lett. b), d.lg. 12/5/2015, n. 72 sostituito dall'art. 1, co. 11, lett. h), d.lg. 14/11/2016, n. 223 e dall'art. 1, co. 4, lett. c), d.lg. 8/11/2021, n. 182. Vedi inoltre, l'art. 2 del d.lg. 12/5/2015, n. 72.

20. Obblighi di comunicazione. – 1. La Banca d'Italia stabilisce, a fini informativi, obblighi di comunicazione in ordine a operazioni di acquisto o cessione di partecipazioni in banche (1).

2. Ogni accordo, in qualsiasi forma concluso, compresi quelli aventi forma di associazione, che regola o da cui comunque possa derivare l'esercizio concertato del voto in una banca, anche cooperativa, o in una società che la controlla deve essere comunicato alla Banca d'Italia dai partecipanti ovvero dai legali rappresentanti della banca o della società cui l'accordo si riferisce [entro cinque giorni dalla stipulazione ovvero, se non concluso in forma scritta, dal momento di accertamento delle circostanze che ne rivelano l'esistenza]. Quando dall'accordo derivi una concertazione del voto tale da pregiudicare la gestione sana e prudente della banca, la Banca d'Italia può sospendere il diritto di voto dei partecipanti all'accordo stesso (2).

2-bis. I soggetti autorizzati ai sensi dell'articolo 19 comunicano alla Banca d'Italia gli atti e i fatti idonei a far venire meno o modificare i presupposti e le condizioni sulla base dei quali l'autorizzazione è stata rilasciata (3).

3. La Banca d'Italia determina presupposti, modalità e termini delle comunicazioni previste dai commi 1 e 2-bis anche con riguardo alle ipotesi in cui il diritto di voto spetta o è attribuito a soggetto diverso dal titolare della partecipazione. La Banca d'Italia determina altresì le modalità e i termini delle comunicazioni previste dal comma 2 (4).

4. La Banca d'Italia, al fine di verificare l'osservanza degli obblighi indicati nei commi 1, 2 e 2-bis, può chiedere informazioni ai soggetti comunque interessati (5).

(1) Comma sostituito dall'art. 9.6 del d.lg. 17/1/2003, n. 6, nel testo introdotto dall'art. 2 del d.lg. 6/2/2004, n. 37 e, successivamente, dall'art. 1, co. 1, lett. e), punto 1), d.lg. 27/1/2010, n. 21. Vedi la disciplina transitoria di cui all'art. 6 del medesimo d.lg. n. 37/2004.

(2) Comma modificato dall'art. 9.6 del d.lg. 17/1/2003, n. 6, nel testo introdotto dall'art. 2 del d.lg. 6/2/2004, n. 37 e, successivamente, dall'art. 1, co. 1, lett. e), punto 2), d.lg. 27/1/2010, n. 21. Vedi la disciplina transitoria di cui all'art. 6 del medesimo d.lg. n. 37/2004.

(3) Comma inserito dall'art. 1, co. 5, lett. a), d.lg. 8/11/2021, n. 182.

• A norma dell'art. 3, co. 1, d.lg. 8/11/2021, n. 182, il presente comma si applica ai fatti e agli atti che si verificano successivamente alla data dell'entrata in vigore della relativa disciplina attuativa, emanata ai sensi dell'art. 20, co. 3, del presente decreto n. 385/1993.

(4) Comma modificato dall'art. 9.6 del d.lg. 17/1/2003, n. 6, nel testo introdotto dall'art. 2 del d.lg. 6/2/2004, n. 37 dall'art. 1, co. 1, lett. e), punto 3), d.lg. 27/1/2010, n. 21 e, successivamente, dall'art. 1, co. 5, lett. b), d.lg. 8/11/2021, n. 182. Vedi la disciplina transitoria di cui all'art. 6 del medesimo d.lg. n. 37/2004.

(5) Comma modificato dall'art. 1, co. 5, lett. c), d.lg. 8/11/2021, n. 182.

21. Richiesta di informazioni (1). – 1. La Banca d'Italia può richiedere alle banche ed alle società ed agli enti di qualsiasi natura che possiedono partecipazioni nelle banche medesime l'indicazione nominativa dei titolari delle partecipazioni secondo quanto risulta dal libro dei soci, dalle comunicazioni ricevute o da altri dati a loro disposizione.

2. La Banca d'Italia può altresì richiedere agli amministratori delle società e degli enti titolari di partecipazioni in banche l'indicazione dei soggetti controllanti.

3. Le società fiduciarie che abbiano intestato a proprio nome partecipazioni in società appartenenti a terzi comunicano alla Banca d'Italia, se questa lo richieda, le generalità dei fiducianti.

4. Le notizie previste dal presente articolo possono essere richieste anche a soggetti stranieri.

5. La Banca d'Italia informa la CONSOB delle richieste

che interessano società ed enti con titoli negoziati in un mercato regolamentato.

(1) Articolo sostituito dall'art. 9.7, co. 1, d.lg. 17/1/2003, n. 6, nel testo introdotto dall'art. 2 del d.lg. 6/2/2004, n. 37. Vedi la disciplina transitoria di cui all'art. 6 del medesimo d.lg. n. 37/2004.

22. Partecipazioni indirette (1). – 1. Ai fini dell'applicazione dei capi III e IV del presente Titolo si considerano anche:

a) le partecipazioni acquisite o comunque possedute per il tramite di società controllate, di società fiduciarie o per interposta persona;

b) i casi, individuati dalla Banca d'Italia, che conducono ad una delle situazioni indicate dall'articolo 19, comma 1, per effetto dei diritti di voto o delle quote di capitale posseduti attraverso società, anche non controllate, che a loro volta hanno diritti di voto o quote di capitale nella banca, tenendo conto della demoltiplicazione prodotta dalla catena partecipativa (2).

(1) Articolo sostituito dall'art. 9.8 del d.lg. 17/1/2003, n. 6, nel testo introdotto dall'art. 2 del d.lg. 6/2/2004, n. 37, modificato, dall'art. 1, co. 1, lett. f), punto 1), d.lg. 27/1/2010, n. 21 e in fine sostituito dall'art. 1, co. 6, d.lg. 8/11/2021, n. 182.

(2) A norma dell'art. 3, co. 2, d.lg. 8/11/2021, n. 182 i relativi obblighi di autorizzazione preventiva si applicano ai casi che si verificano successivamente alla data di entrata in vigore della relativa disciplina attuativa, emanata ai sensi dell'art. 19, co. 9, del presente d.lg. 1/9/1993, n. 385.

22 bis. Persone che agiscono di concerto (1). – 1. Ai fini dell'applicazione dei capi III e IV del presente Titolo, è soggetta ad autorizzazione preventiva ai sensi dell'articolo 19 anche l'acquisizione o la detenzione di partecipazioni da parte di più soggetti che, in base ad accordi in qualsiasi forma conclusi, ancorché invalidi o inefficaci, intendono esercitare in modo concertato i relativi diritti, quando tali partecipazioni, cumulativamente considerate, raggiungono o superano le soglie indicate nell'articolo 19 oppure comportano la possibilità di esercitare il controllo o un'influenza notevole.

2. Per le finalità di cui al comma 1, la Banca d'Italia individua i casi per i quali si presume che due o più persone agiscano di concerto, i casi in cui la cooperazione tra più persone non configura un'azione di concerto, nonché i casi in cui le modifiche agli accordi tra persone che agiscono di concerto, ivi comprese quelle relative alla composizione degli aderenti, sono soggette agli obblighi di autorizzazione o comunicazione ai sensi del presente Capo (2).

(1) Articolo inserito dall'art. 1, co. 7, d.lg. 8/11/2021, n. 182.

• Per l'applicazione del presente articolo come introdotto dall'art. 1, co. 7, d.lg. 8/11/2021, n. 182 vedi l'art. 3, co. 3, del medesimo d.lg. n. 182/2021.

(2) Per gli accordi conclusi antecedentemente alla data di entrata in vigore della disciplina attuativa emanata ai sensi del presente comma vedi art. 3, co. 4, d.lg. 8/11/2021, n. 182.

23. Nozione di controllo (1). – 1. Ai fini del presente capo il controllo sussiste, anche con riferimento a soggetti diversi dalle società, nei casi previsti dall'articolo 2359, commi primo e secondo, del codice civile e in presenza di contratti o di clausole statutarie che abbiano per oggetto o per effetto il potere di esercitare l'attività di direzione e coordinamento (2).

2. Il controllo si considera esistente nella forma dell'influenza dominante, salvo prova contraria, allorché ricorra una delle seguenti situazioni:

1) esistenza di un soggetto che, sulla base di accordi, ha il diritto di nominare o revocare la maggioranza degli amministratori o del consiglio di sorveglianza ovvero dispone da solo della maggioranza dei voti ai fini delle deliberazioni relative alle materie di cui agli articoli 2364 e 2364-bis del codice civile;

2) possesso di partecipazioni idonee a consentire la nomina o la revoca della maggioranza dei membri del consiglio di amministrazione o del consiglio di sorveglianza;

3) sussistenza di rapporti, anche tra soci, di carattere finanziario ed organizzativo idonei a conseguire uno dei seguenti effetti:

a) la trasmissione degli utili o delle perdite;

b) il coordinamento della gestione dell'impresa con quella di altre imprese ai fini del perseguimento di uno scopo comune;

c) l'attribuzione di poteri maggiori rispetto a quelli derivanti dalle partecipazioni possedute;

d) l'attribuzione, a soggetti diversi da quelli legittimati in base alla titolarità delle partecipazioni, di poteri nella scelta degli amministratori o dei componenti del consiglio di sorveglianza o dei dirigenti delle imprese;

4) assoggettamento a direzione comune, in base alla composizione degli organi amministrativi o per altri concordanti elementi.

(1) Articolo sostituito dall'art. 9.9 del d.lg. 17/1/2003, n. 6, nel testo introdotto dall'art. 2 del d.lg. 6/2/2004, n. 37. Vedi la disciplina transitoria di cui all'art. 6 del medesimo d.lg. n. 37/2004.

• Per la nuova disciplina in materia di specialisti in titoli di Stato vedi l'art. 33 del d.P.R. 30/12/2003, n. 398.

(2) Comma modificato dall'art. 40 del d.lg. 28/12/2004, n. 310.

24. Sospensione del diritto di voto e degli altri diritti, obbligo di alienazione (1). – 1. Non possono essere esercitati i diritti di voto e gli altri diritti che consentono di influire sulla società inerenti alle partecipazioni per le quali le autorizzazioni previste dall'articolo 19 non siano state ottenute ovvero siano state sospese o revocate. I diritti di voto e gli altri diritti, che consentono di influire sulla società, non possono essere altresì esercitati per le partecipazioni per le quali siano state omesse le comunicazioni previste dall'articolo 20, commi 1, 2 e 4 (2).

2. In caso di inosservanza del divieto, la deliberazione o il diverso atto, adottati con il voto o il contributo determinanti delle partecipazioni previste dal comma 1, sono impugnabili secondo le previsioni del codice civile. L'impugnazione può essere proposta anche dalla Banca d'Italia entro centottanta giorni dalla data della deliberazione ovvero, se questa è soggetta a iscrizione nel registro delle imprese, entro centottanta giorni dall'iscrizione o, se è soggetta solo a deposito presso l'ufficio del registro delle imprese, entro centottanta giorni dalla data di questo. Le partecipazioni per le quali non può essere esercitato il diritto di voto sono computate ai fini della regolare costituzione della relativa assemblea.

3. Le partecipazioni per le quali le autorizzazioni previste dall'articolo 19 non sono state ottenute o sono state revocate devono essere alienate entro i termini stabiliti dalla Banca d'Italia (3).

3-bis. Non possono essere esercitati i diritti derivanti dai contratti o dalle clausole statutarie per i quali le autorizzazioni previste dall'articolo 19 non siano state ottenute ovvero siano state sospese o revocate (4).

(1) Rubrica sostituita dall'art. 41, co. 1, lett. a), d.lg. 28/12/2004, n. 310.

(2) Comma modificato dall'art. 1, co. 8, d.lg. 8/11/2021, n. 182.

(3) Comma sostituito dall'art. 1, co. 1, lett. g), d.lg. 27/1/2010, n. 21.

(4) Comma aggiunto dall'art. 41, co. 1, lett. b), d.lg. 28/12/2004, n. 310.

• Articolo sostituito dall'art. 9.10 del d.lg. 17/1/2003, n. 6, nel testo introdotto dall'art. 2 del d.lg. 6/2/2004, n. 37. Vedi la disciplina transitoria di cui all'art. 6 del medesimo d.lg. n. 37/2004.

Capo IV
Partecipanti al capitale ed esponenti aziendali (1)

(1) Rubrica sostituita dall'art. 1, co. 11, d.lg. 12/5/2015, n. 72. Vedi inoltre, l'art. 2 del d.lg. 12/5/2015, n. 72.

25. Partecipanti al capitale (1). – 1. I titolari delle partecipazioni indicate all'articolo 19 devono possedere requisiti di onorabilità e soddisfare criteri di competenza e correttezza in modo da garantire la sana e prudente gestione della banca.

2. Il Ministro dell'economia e delle finanze, con decreto adottato sentita la Banca d'Italia, individua:

a) i requisiti di onorabilità;

b) i criteri di competenza, graduati in relazione all'influenza sulla gestione della banca che il titolare della partecipazione può esercitare;

c) i criteri di correttezza, con riguardo, tra l'altro, alle relazioni d'affari del titolare della partecipazione, alle condotte tenute nei confronti delle autorità di vigilanza e alle sanzioni o misure correttive da queste irrogate, a provvedimenti restrittivi inerenti ad attività professionali svolte, nonché a ogni altro elemento suscettibile di incidere sulla correttezza del titolare della partecipazione.

3. Qualora non siano soddisfatti i requisiti e i criteri non possono essere esercitati i diritti di voto e gli altri diritti, che consentono di influire sulla società, inerenti alle partecipazioni eccedenti le soglie indicate all'articolo 19, comma 1, lettera a). In caso di inosservanza, si applica l'articolo 24, comma 2. Le partecipazioni eccedenti devono essere alienate entro i termini stabiliti dalla Banca d'Italia (2).

(1) Articolo sostituito dall'art. 9.11 del d.lg. 17/1/2003, n. 6, nel testo introdotto dall'art. 2 del d.lg. 6/2/2004, n. 37, successivamente modificato dall'art. 1, co. 1, lett. h), d.lg. 27/1/2010, n. 21 e da ultimo sostituito dall'art. 1, co. 12, d.lg. 12/5/2015, n. 72. Vedi inoltre, l'art. 2 del d.lg. 12/5/2015, n. 72.

(2) Comma modificato dall'art. 1, co. 9, d.lg. 8/11/2021, n. 182.

• A norma dell'art. 3, co. 5, d.lg. 8/11/2021, n. 182 il presente comma nella versione precedente alle modifiche apportate dal d.lg. 12/5/2015, n. 72, è modificato come segue: «3. In mancanza dei requisiti non possono essere esercitati i diritti di voto e gli altri diritti, che consentono di influire sulla società, inerenti alle partecipazioni eccedenti le soglie indicate all'articolo 19, comma 1, lettera a). In caso di inosservanza, la deliberazione od il diverso atto, adottati con il voto o il contributo determinanti delle partecipazioni previste dal comma 1, sono impugnabili secondo le previsioni del codice civile. L'impugnazione può essere proposta anche dalla Banca d'Italia entro centottanta giorni dalla data della deliberazione ovvero, se questa è soggetta a iscrizione nel registro delle imprese, entro centottanta giorni dall'iscrizione o, se è soggetta solo a deposito presso l'ufficio del registro delle imprese, entro centottanta giorni dalla data di questo. Le partecipazioni per le quali non può essere esercitato il diritto di voto sono computate ai fini della regolare costituzione della relativa assemblea».

26. Esponenti aziendali (1). – 1. I soggetti che svolgono funzioni di amministrazione, direzione e controllo presso banche devono essere idonei allo svolgimento dell'incarico.

2. Ai fini del comma 1, gli esponenti devono possedere requisiti di professionalità, onorabilità e indipendenza, soddisfare criteri di competenza e correttezza, dedicare il tempo necessario all'efficace espletamento dell'incarico, in modo da garantire la sana e prudente gestione della banca.

3. Il Ministro dell'economia e delle finanze, con decreto adottato sentita la Banca d'Italia, individua:

a) i requisiti di onorabilità omogenei per tutti gli esponenti;

b) i requisiti di professionalità e indipendenza, graduati secondo principi di proporzionalità;

c) i criteri di competenza, coerenti con la carica da ricoprire e con le caratteristiche della banca, e di adeguata composizione dell'organo;

d) i criteri di correttezza, con riguardo, tra l'altro, alle relazioni d'affari dell'esponente, alle condotte tenute nei confronti delle autorità di vigilanza e alle sanzioni o misure correttive da queste irrogate, a provvedimenti restrittivi inerenti ad attività professionali svolte, nonché a ogni altro elemento suscettibile di incidere sulla correttezza dell'esponente;

e) i limiti al cumulo di incarichi per gli esponenti delle banche, graduati secondo principi di proporzionalità e tenendo conto delle dimensioni dell'intermediario;

f) le cause che comportano la sospensione temporanea dalla carica e la sua durata.

4. Con decreto del Ministro dell'economia e delle finanze possono essere determinati i casi in cui requisiti e criteri di idoneità si applicano anche ai responsabili delle principali funzioni aziendali nelle banche di maggiore rilevanza (2).

5. Gli organi di amministrazione e controllo delle banche valutano l'idoneità dei propri componenti e l'adeguatezza complessiva dell'organo, documentando il processo di analisi e motivando opportunamente l'esito della valutazione. In caso di specifiche e limitate carenze riferite ai criteri previsti ai sensi del comma 3, lettera c), i medesimi organi possono adottare misure necessarie a colmarle. In ogni altro caso il difetto di idoneità o la violazione dei limiti al cumulo degli incarichi determina la decadenza dall'ufficio; questa è pronunciata dall'organo di appartenenza entro trenta giorni dalla nomina o dalla conoscenza del difetto o della violazione sopravvenuti. Per i soggetti che non sono componenti di un organo la valutazione e la pronuncia della decadenza sono effettuate dall'organo che li ha nominati.

6. La Banca d'Italia, secondo modalità e tempi da essa stabiliti, anche al fine di ridurre al minimo gli oneri gravanti sulle banche, valuta l'idoneità degli esponenti e il rispetto dei limiti al cumulo degli incarichi, anche sulla base dell'analisi compiuta e delle eventuali misure adottate ai sensi del comma 5. In caso di difetto o violazione pronuncia la decadenza dalla carica.

(1) Articolo modificato dall'art. 9.12 del d.lg. 17/1/2003, n. 6, nel testo introdotto dall'art. 2 del d.lg. 6/2/2004, n. 37 e successivamente sostituito dall'art. 1, co. 13, d.lg. 12/5/2015, n. 72. Vedi inoltre, l'art. 2 del d.lg. 12/5/2015, n. 72.

(2) Per le norme di attuazione delle disposizioni di cui al presente comma, vedi d.m. 23/11/2020, n. 169.

27. Incompatibilità*. *– 1. Il CICR può disciplinare l'assunzione di cariche amministrative presso le banche da parte di dipendenti delle amministrazioni dello Stato. Resta ferma l'applicazione dell'art. 26.*

* Articolo abrogato dall'art. 1, co. 14, d.lg. 12/5/2015, n. 72. Vedi inoltre, l'art. 2 del d.lg. 12/5/2015, n. 72.

Capo V
Banche cooperative

28. Norme applicabili. – 1. L'esercizio dell'attività bancaria da parte di società cooperative è riservato alle banche popolari e alle banche di credito cooperativo disciplinate dalle sezioni I e II del presente capo.

2. Alle banche popolari e alle banche di credito cooperativo non si applicano i controlli sulle società cooperative attribuiti all'autorità governativa dal codice civile.

2-bis. Ai fini delle disposizioni fiscali di carattere agevolativo, sono considerate cooperative a mutualità prevalente le banche di credito cooperativo che rispettano i requisiti di mutualità previsti dall'articolo 2514 del codice civile ed i requisiti di operatività prevalente con soci previsti ai sensi dell'articolo 35 del presente decreto (1).

2-ter. Nelle banche popolari e nelle banche di credito cooperativo il diritto al rimborso delle azioni nel caso di recesso, anche a seguito di trasformazione, morte o esclusione del socio, è limitato secondo quanto previsto dalla Banca d'Italia, anche in deroga a norme di legge, laddove ciò sia necessario ad assicurare la computabilità delle azioni nel patrimonio di vigilanza di qualità primaria della banca. Agli stessi fini, la Banca d'Italia può limitare il diritto al rimborso degli altri strumenti di capitale emessi (2).

(1) Comma inserito dall'art. 9.13 del d.lg. 17/1/2003, n. 6, nel testo introdotto dall'art. 2 del d.lg. 6/2/2004, n. 37. Vedi la disciplina transitoria di cui all'art. 6 del medesimo d.lg. n. 37/2004.

(2) Comma aggiunto dall'art. 1, co. 1, lett. a), d.l. 24/1/2015, n. 3, conv., con modif., dalla l. 24/3/2015, n. 33 e successivamente sostituito dall'art. 1, co. 15, d.lg. 12/5/2015, n. 72. Vedi inoltre, l'art. 2 del d.lg. 12/5/2015, n. 72.

Sezione I
Banche popolari

29. Norme generali. – 1. Le banche popolari sono costituite in forma di società cooperativa per azioni a responsabilità limitata.

2. Il valore nominale delle azioni non può essere inferiore a due euro (1).

2-bis. L'attivo della banca popolare non può superare 8 miliardi di euro. Se la banca è capogruppo di un gruppo bancario, il limite è determinato a livello consolidato (2).

2-ter. In caso di superamento del limite di cui al comma 2-bis, l'organo di amministrazione convoca l'assemblea per le determinazioni del caso. Se entro un anno dal superamento del limite l'attivo non è stato ridotto al di sotto della soglia né è stata deliberata la trasformazione in società per azioni ai sensi dell'articolo 31 o la liquidazione, la Banca d'Italia, tenuto conto delle circostanze e dell'entità del superamento, può adottare il divieto di intraprendere nuove operazioni ai sensi dell'articolo 78, o i provvedimenti previsti nel titolo IV, capo I, sezione I, o proporre alla Banca centrale europea la revoca dell'autorizzazione all'attività bancaria e al Ministro dell'economia e delle finanze la liquidazione coatta amministrativa. Restano fermi i poteri di intervento e sanzionatori attribuiti alla Banca d'Italia dal presente decreto legislativo (2).

2-quater. La Banca d'Italia detta disposizioni di attuazione del presente articolo (2).

3. La nomina dei membri degli organi di amministrazione e controllo spetta esclusivamente ai competenti organi sociali.*

4. Alle banche popolari non si applicano le disposizioni del decreto legislativo 14 dicembre 1947, n. 1577, e successive modificazioni.

(1) Comma sostituito dall'art. 4 del d.lg. 24/6/1998, n. 213, a decorrere dal 1/1/2002. Tale disposizione si applica, comunque, fin dal 1/1/1999, alle società che si costituiscono con capitale espresso in euro. Vedi, anche, l'art. 145, co. 80, l. 23/12/2000, n. 388.

(2) Comma inserito dall'art. 1, co. 1, lett. b), n. 1, d.l. 24/1/2015, n. 3, conv., con modif., dalla l. 24/3/2015, n. 33.

* Comma sostituito dall'art. 42 del d.lg. 28/12/2004, n. 310 e successivamente abrogato dall'art. 1, co. 1, lett. b), n. 2, d.l. 24/1/2015, n. 3, conv., con modif., dalla l. 24/3/2015, n. 33.

30. Soci (1). – 1. Ogni socio ha un voto, qualunque sia il numero delle azioni possedute.

2. Nessuno, direttamente o indirettamente, può detenere azioni in misura eccedente l'1 per cento del capitale sociale, salva la facoltà statutaria di prevedere limiti più contenuti, comunque non inferiori allo 0,5 per cento. La banca, appena rileva il superamento di tale limite, contesta al detentore la violazione del divieto. Le azioni eccedenti devono essere alienate entro un anno dalla contestazione; trascorso tale termine, i relativi diritti patrimoniali maturati fino all'alienazione delle azioni eccedenti vengono acquisiti dalla banca (2).

2-bis. In deroga al comma 2, gli statuti possono fissare al 3 per cento la partecipazione delle fondazioni di origine bancaria di cui al decreto legislativo 17 maggio 1999, n. 153, che, alla data di entrata in vigore della presente disposizione, detengano una partecipazione al capitale sociale superiore ai limiti fissati dal citato comma 2, qualora il superamento del limite derivi da operazioni di aggregazione e fermo restando che tale partecipazione non può essere incrementata. Sono fatti salvi i limiti più stringenti previsti dalla disciplina propria dei soggetti di cui al presente comma e le autorizzazioni richieste ai sensi di norme di legge (3).

3. Il divieto previsto dal comma 2 non si applica agli organismi di investimento collettivo in valori mobiliari, per i quali valgono i limiti previsti dalla disciplina propria di ciascuno di essi.

4. Il numero minimo dei soci non può essere inferiore a duecento. Qualora tale numero diminuisca, la compagine sociale deve essere reintegrata entro un anno; in caso contrario, la banca è posta in liquidazione.

5. Le delibere del consiglio di amministrazione di rigetto delle domande di ammissione a socio debbono essere motivate avuto riguardo all'interesse della società, alle prescrizioni statutarie e allo spirito della forma cooperativa. Il consiglio di amministrazione è tenuto a riesaminare la domanda di ammissione su richiesta del collegio dei probiviri, costituito ai sensi dello statuto e integrato con un rappresentante dell'aspirante socio. L'istanza di revisione deve essere presentata entro trenta giorni dal ricevimento della comunicazione della deliberazione e il collegio dei probiviri si pronuncia entro trenta giorni dalla richiesta (4).

5-bis. Per favorire la patrimonializzazione della società, lo statuto può subordinare l'ammissione a socio, oltre che a requisiti soggettivi, al possesso di un numero minimo di azioni, il cui venir meno comporta la decadenza dalla qualità così assunta (5).

6. Coloro ai quali il consiglio di amministrazione abbia rifiutato l'ammissione a socio possono esercitare i diritti aventi contenuto patrimoniale relativi alle azioni possedute, fermo restando quanto disposto dal comma 2.

(1) Sull'applicabilità dei limiti di possesso azionario di cui al presente articolo, vedi l'art. 20, co. 1, lett. c), d.l. 23/12/2016, n. 237, conv., con modif., dalla l. 17/2/2017, n. 15.

(2) Comma modificato dall'art. 23-quater, co. 1, lett. a), n. 1, d.l. 18/10/2012, n. 179.

• Il termine di un anno per l'adempimento del dovere di alienazione di cui al presente comma, prorogato dall'art. 28-bis del d.l. 31/12/2007, n. 248, conv., con modif., dalla l. 28/2/2008, n. 31, e dall'art. 41 del d.l. 30/12/2008, n. 207, conv., con modif., dalla l. 27/2/2009, n. 14, è differito al 31/12/2011 per i soggetti che alla data del 31/12/2008 detenevano una partecipazione al capitale sociale superiore ai limiti fissati dal primo periodo del citato co. 2, qualora il superamento del limite derivi da operazioni di concentrazione tra banche oppure tra investitori, fermo restando che tale partecipazione non potrà essere incrementata, dall'art. 1, co. 1, d.l. 30/12/2009, n. 194, conv., con modif., dalla l. 26/2/2010, n. 25 e, da ultimo, è ulteriormente prorogato al 31/12/2014 per i soggetti che alla data del 31/12/2009 detenevano una partecipazione al capitale sociale superiore ai limiti fissati dal primo periodo del citato co. 2, qualora il superamento del limite derivi da operazioni di concentrazione tra banche oppure tra investitori, fermo restando che tale partecipazione non potrà essere incrementata dall'art. 2, co. 17-quaterdecies, d.l. 29/12/2010, n. 225.

(3) Comma inserito dall'art. 23-quater, co. 1, lett. a), n. 2, d.l. 18/10/2012, n. 179.

(4) Comma modificato dall'art. 4 del d.lg. 4/8/1999, n. 342.

(5) Comma inserito dall'art. 23-quater, co. 1, lett. a), n. 3, d.l. 18/10/2012, n. 179.

31. Trasformazioni e fusioni (1). – 1. Le trasformazioni di banche popolari in società per azioni o le fusioni a cui prendano parte banche popolari e da cui risultino società per azioni, le relative modifiche statutarie nonché le diverse determinazioni di cui all'articolo 29, comma 2-ter, sono deliberate:

a) in prima convocazione, con la maggioranza dei due terzi dei voti espressi, purché all'assemblea sia rappresentato almeno un decimo dei soci della banca;

b) in seconda convocazione, con la maggioranza di due terzi dei voti espressi, qualunque sia il numero dei soci intervenuti all'assemblea.

2. In caso di recesso resta fermo quanto previsto dall'articolo 28, comma 2-ter.

3. Si applicano gli articoli 56 e 57.

(1) Articolo sostituito dall'art. 1, co. 1, lett. c), d.l. 24/1/2015, n. 3, conv., con modif., dalla l. 24/3/2015, n. 33.

32. Utili. – 1. Le banche popolari devono destinare almeno il dieci per cento degli utili netti annuali a riserva legale.

2. La quota di utili non assegnata a riserva legale, ad altre riserve, ad altre destinazioni previste dallo statuto o non distribuita ai soci, è destinata a beneficenza o assistenza.

32 bis. Morte del socio (1). – 1. In caso di morte del socio, gli eredi subentrano nella partecipazione del socio deceduto.

2. Gli eredi hanno diritto di presentare domanda di ammissione a socio o, se privi dei requisiti, domanda di accertamento dell'insussistenza degli stessi. In mancanza, ovvero fino al rigetto della domanda di ammissione a socio o all'accertamento dell'insussistenza dei requisiti, gli eredi possono esercitare i diritti aventi contenuto patrimoniale relativi alle azioni possedute, fermo restando quanto previsto dall'articolo 30, comma 2.

3. Gli eredi ai quali il consiglio di amministrazione abbia rifiutato l'ammissione a socio o nei confronti dei quali abbia accertato l'insussistenza dei requisiti di ammissione hanno diritto al rimborso delle azioni, salvo quanto previsto dall'articolo 28, comma 2-ter.

(1) Articolo aggiunto dall'art. 23-bis, co. 1, d.l. 25/5/2021, n. 73, conv., con modif., dalla l. 23/7/2021, n. 106.

32 ter. Criteri di valutazione delle azioni in caso di rimborso (1). – 1. Fermo restando quanto previsto dall'articolo 28, comma 2-ter, in tutti i casi di rimborso delle azioni a seguito di recesso, morte nel caso previsto dall'articolo 32-bis, comma 3, o esclusione del socio, ai fini della determinazione del valore di rimborso delle azioni si applicano i criteri di cui all'articolo 2437-ter, secondo e quarto comma, del codice civile. Nel caso in cui le azioni siano quotate in mercati regolamentati si applicano i criteri di cui all'articolo 2437-ter, terzo comma, del codice civile.

(1) Articolo aggiunto dall'art. 23-bis, co. 1, d.l. 25/5/2021, n. 73, conv., con modif., dalla l. 23/7/2021, n. 106.

Sezione II
Banche di credito cooperativo (1)

(1) A norma dell'art. 4, co. 5-quinquies, d.l. 2/3/2012, n. 16, per le cooperative di cui alla presente Sezione, le disposizioni di cui ai co. 36-bis e 36-ter dell'art. 2 del d.l. 13/8/2011, n. 138, conv., con modif., dalla l. 14/9/2011, n. 148, si applicano a decorrere dal secondo periodo d'imposta successivo a quello in corso alla data di entrata in vigore della citata l. n. 148/2011.

33. Norme generali (1). – 1. Le banche di credito cooperativo sono costituite in forma di società cooperativa per azioni a responsabilità limitata.

1-bis. L'adesione a un gruppo bancario cooperativo è condizione per il rilascio dell'autorizzazione all'esercizio dell'attività bancaria in forma di banca di credito cooperativo, fatto salvo quanto previsto dall'articolo 37-bis, comma 1-bis (2).

1-ter. Non si può dare corso al procedimento per l'iscrizione nell'albo delle società cooperative di cui all'articolo 2512, secondo comma, del codice civile se non consti l'autorizzazione prevista dal comma 1-bis (3).

2. La denominazione deve contenere l'espressione "credito cooperativo".

3. La nomina dei membri degli organi di amministrazione e controllo spetta ai competenti organi sociali fatte salve le previsioni degli articoli 150-ter e 37-bis, comma 3 (4).

4. Il valore nominale di ciascuna azione non può essere inferiore a venticinque euro né superiore a cinquecento (5).

(1) A norma dell'art. 4, co. 5-quinquies, d.l. 2/3/2012, n. 16, per le cooperative di cui alla presente Sezione, le disposizioni di cui ai co. 36-bis e 36-ter dell'art. 2 del d.l. 13/8/2011, n. 138, conv., con modif., dalla l. 14/9/2011, n. 148, si applicano a decorrere dal secondo periodo d'imposta successivo a quello in corso alla data di entrata in vigore della citata l. n. 148/2011.

(2) Comma inserito dall'art. 1, co. 1, lett. a), d.l. 14/2/2016, n. 18, conv., con modif., dalla l. 8/4/2016, n. 49 e successivamente, modificato dall'art. 20-bis, co. 1, lett. a), d.l. 23/10/2018, n. 119, conv., con modif., dalla l. 17/12/2018, n. 136.

(3) Comma inserito dall'art. 1, co. 1, lett. a), d.l. 14/2/2016, n. 18, conv., con modif., dalla l. 8/4/2016, n. 49.

(4) Comma sostituito dall'art. 43 del d.lg. 28/12/2004, n. 310 e dall'art. 1, co. 1, lett. b), d.l. 14/2/2016, n. 18, conv., con modif., dalla l. 8/4/2016, n. 49.

(5) Comma sostituito dall'art. 4 del d.lg. 24/6/1998, n. 213.

34. Soci (1). – 1. Il numero minimo dei soci delle banche di credito cooperativo non può essere inferiore a cinquecento. Qualora tale numero diminuisca, la compagine sociale deve essere reintegrata entro un anno; in caso contrario, la banca è posta in liquidazione (2).

2. Per essere soci di una banca di credito cooperativo è necessario risiedere, aver sede ovvero operare con carattere di continuità nel territorio di competenza della banca stessa (3).

3. Ogni socio ha un voto, qualunque sia il numero delle azioni possedute.

4. Nessun socio può possedere azioni il cui valore nominale complessivo superi centomila euro (4).

4-bis. Lo statuto può prevedere, tra i requisiti per l'ammissione a socio, la sottoscrizione o l'acquisto di un numero minimo di azioni (5).

*5. Le banche di credito cooperativo non possono acquistare le proprie azioni, né fare anticipazioni su di esse, né compensarle con le obbligazioni dei soci**.

6. Si applica l'articolo 30, comma 5 (6).

(1) A norma dell'art. 4, co. 5-quinquies, d.l. 2/3/2012, n. 16, per le cooperative di cui alla presente Sezione, le disposizioni di cui ai co. 36-bis e 36-ter dell'art. 2 del d.l. 13/8/2011, n. 138, conv., con modif., dalla l. 14/9/2011, n. 148, si applicano a decorrere dal secondo periodo d'imposta successivo a quello in corso alla data di entrata in vigore della citata l. n. 148/2011.

(2) Comma modificato dall'art. 1, co. 2, lett. a), d.l. 14/2/2016, n. 18, conv., con modif., dalla l. 8/4/2016, n. 49.

(3) Vedi deroga di cui all'art. 2, co. 172, l. 23/12/2009, n. 191.

(4) Vedi deroga di cui all'art. 2, co. 172, l. 23/12/2009, n. 191.

• Comma sostituito dall'art. 4 del d.lg. 24/6/1998, n. 213 e successivamente modificato dall'art. 1, co. 2, lett. b), d.l. 14/2/2016, n. 18, conv., con modif., dalla l. 8/4/2016, n. 49.

(5) Comma inserito dall'art. 1, co. 2, lett. c), d.l. 14/2/2016, n. 18, conv., con modif., dalla l. 8/4/2016, n. 49.

* Comma abrogato dall'art. 5 del d.lg. 4/8/1999, n. 342.

(6) Comma sostituito dall'art. 5 del d.lg. 4/8/1999, n. 342.

35. Operatività (1). – 1. Le banche di credito cooperativo esercitano il credito prevalentemente a favore dei soci. La Banca d'Italia può autorizzare, per periodi determinati, le singole banche di credito cooperativo a una operatività prevalente a favore di soggetti diversi dai soci, unicamente qualora sussistano ragioni di stabilità.

2. Gli statuti contengono le norme relative alle attività, alle operazioni di impiego e di raccolta e alla competenza territoriale, nonché ai poteri attribuiti alla capogruppo ai sensi dell'articolo 37-bis, determinate sulla base dei criteri fissati dalla Banca d'Italia (2).

(1) A norma dell'art. 4, co. 5-quinquies, d.l. 2/3/2012, n. 16, per le cooperative di cui alla presente Sezione, le disposizioni di cui ai co. 36-bis e 36-ter dell'art. 2 del d.l. 13/8/2011, n. 138, conv., con modif., dalla l. 14/9/2011, n. 148, si applicano a decorrere dal secondo periodo d'imposta successivo a quello in corso alla data di entrata in vigore della citata l. n. 148/2011.

(2) Comma modificato dall'art. 1, co. 3, d.l. 14/2/2016, n. 18, conv., con modif., dalla l. 8/4/2016, n. 49.

36. Fusioni e trasformazioni (1). – 1. La Banca d'Italia autorizza, nell'interesse dei creditori e qualora sussistano ragioni di stabilità, fusioni tra banche di credito cooperativo e banche di diversa natura da cui risultino [banche popolari o] banche costituite in forma di società per azioni (2).

1-bis. In caso di recesso o esclusione da un gruppo bancario cooperativo, la banca di credito cooperativo, entro il termine stabilito con le disposizioni di cui all'articolo 37-bis, comma 7, previa autorizzazione rilasciata dalla Banca d'Italia avendo riguardo alla sana e prudente gestione della banca, può deliberare la propria trasformazione in società per azioni. In mancanza, la società delibera la propria liquidazione (3).

2. Le deliberazioni assembleari sono assunte con le maggioranze previste dagli statuti per le modificazioni statutarie; quando, in relazione all'oggetto delle modificazioni, gli statuti prevedano maggioranze differenziate, si applica quella meno elevata. È fatto salvo il diritto di recesso dei soci.

3. Si applicano gli articoli 56, comma 2, e 57, commi 2, 3 e 4 (4).

(1) Rubrica modificata dall'art. 1, co. 4, lett. a), d.l. 14/2/2016, n. 18, conv., con modif., dalla l. 8/4/2016, n. 49.

• A norma dell'art. 4, co. 5-quinquies, d.l. 2/3/2012, n. 16, per le cooperative di cui alla presente Sezione, le disposizioni di cui ai co. 36-bis e 36-ter dell'art. 2 del d.l. 13/8/2011, n. 138, conv., con modif., dalla l. 14/9/2011, n. 148, si applicano a decorrere dal secondo periodo d'imposta successivo a quello in corso alla data di entrata in vigore della citata l. n. 148/2011.

(2) Comma modificato dall'art. 1, co. 4, lett. b), d.l. 14/2/2016, n. 18, conv., con modif., dalla l. 8/4/2016, n. 49.

(3) Comma inserito dall'art. 1, co. 4, lett. c), d.l. 14/2/2016, n. 18, conv., con modif., dalla l. 8/4/2016, n. 49.

(4) Comma sostituito dall'art. 1, co. 4, lett. d), d.l. 14/2/2016, n. 18, conv., con modif., dalla l. 8/4/2016, n. 49.

37. Utili (1). – 1. Le banche di credito cooperativo devono destinare almeno il settanta per cento degli utili netti annuali a riserva legale.

2. Una quota degli utili netti annuali deve essere corrisposta ai fondi mutualistici per la promozione e lo sviluppo della cooperazione nella misura e con le modalità previste dalla legge.

3. La quota di utili che non è assegnata ai sensi dei commi precedenti e che non è utilizzata per la rivalutazione delle azioni o assegnata ad altre riserve o distribuita ai soci deve essere destinata a fini di beneficenza o mutualità.

(1) A norma dell'art. 4, co. 5-quinquies, d.l. 2/3/2012, n. 16, per le cooperative di cui alla presente Sezione, le disposizioni di cui ai co. 36-bis e 36-ter dell'art. 2 del d.l. 13/8/2011, n. 138, conv., con modif., dalla l. 14/9/2011, n. 148, si applicano a decorrere dal secondo periodo d'imposta successivo a quello in corso alla data di entrata in vigore della citata l. n. 148/2011.

37 bis. Gruppo Bancario Cooperativo (1). – 1. Il gruppo bancario cooperativo è composto da:

a) una società capogruppo costituita in forma di società per azioni e autorizzata all'esercizio dell'attività bancaria il cui capitale è detenuto in misura pari ad almeno il sessanta per cento dalle banche di credito cooperativo appartenenti al gruppo, che esercita attività di direzione e coordinamento sulle società del gruppo sulla base di un contratto conforme a quanto previsto dal comma 3 del presente articolo. Il medesimo contratto assicura l'esistenza di una situazione di controllo come definito dai principi contabili internazionali adottati dall'Unione europea; il requisito minimo di patrimonio netto della società capogruppo è di un miliardo di euro (2);

b) le banche di credito cooperativo che aderiscono al contratto e hanno adottato le connesse clausole statutarie;

c) le società bancarie, finanziarie e strumentali controllate dalla capogruppo, come definite dall'articolo 59.

c-bis) eventuali sottogruppi territoriali facenti capo a una banca costituita in forma di società per azioni sottoposta a direzione e coordinamento della capogruppo di cui alla lettera a) e composti dalle altre società di cui alle lettere b) e c).

1-bis. Le banche di credito cooperativo aventi sede legale nelle province autonome di Trento e di Bolzano possono rispettivamente costituire autonomi gruppi bancari cooperativi composti solo da banche aventi sede e operanti esclusivamente nella medesima provincia autonoma e che comunque non abbiano più di due sportelli siti in province limitrofe, tra cui la corrispondente banca capogruppo, la quale adotta una delle forme di cui all'articolo 14, comma 1, lettera a); il requisito minimo di patrimonio netto è stabilito dalla Banca d'Italia ai sensi del comma 7-bis. Le medesime banche hanno la facoltà di adottare, in alternativa alla costituzione del gruppo bancario cooperativo, sistemi di tutela istituzionale, in coerenza con quanto previsto dall'articolo 113, paragrafo 7, del regolamento (UE) n. 575/2013 del Parlamento europeo e del Consiglio, del 26 agosto 2013 (3).

2. Lo statuto della capogruppo indica il numero massimo delle azioni con diritto di voto che possono essere detenute da ciascun socio, direttamente o indirettamente, ai sensi dell'articolo 22, comma 1.

2-bis. Lo statuto della capogruppo stabilisce che i componenti dell'organo di amministrazione espressione delle banche di credito cooperativo aderenti al gruppo siano pari alla metà più due del numero complessivo dei consiglieri di amministrazione (4).

3. Il contratto di coesione che disciplina la direzione e il coordinamento della capogruppo sul gruppo indica:

a) la banca capogruppo, cui sono attribuiti la direzione e il coordinamento del gruppo;

b) i poteri della capogruppo che, nel rispetto delle finalità mutualistiche e del carattere localistico delle banche di credito cooperativo, includono (5):

1) l'individuazione e l'attuazione degli indirizzi strategici ed obiettivi operativi del gruppo, tenendo conto di quanto previsto dal comma 3-bis, nonché gli altri poteri necessari per l'attività di direzione e coordinamento, proporzionati alla rischiosità delle banche aderenti, ivi compresi i controlli ed i poteri di influenza sulle banche aderenti volti ad assicurare il rispetto dei requisiti prudenziali e delle altre disposizioni in materia bancaria e finanziaria applicabili al gruppo e ai suoi componenti (6);

2) i casi, comunque motivati [ed eccezionali], in cui la capogruppo può, rispettivamente, nominare, opporsi alla nomina o revocare uno o più componenti, fino a concorrenza della maggioranza, degli organi di amministrazione e controllo

delle società aderenti al gruppo e le modalità di esercizio di tali poteri;

3) l'esclusione di una banca dal gruppo in caso di gravi violazioni degli obblighi previsti dal contratto e le altre misure sanzionatorie graduate in relazione alla gravità della violazione;

c) i criteri di compensazione e l'equilibrio nella distribuzione dei vantaggi derivanti dall'attività comune;

d) i criteri e le condizioni di adesione, di diniego dell'adesione e di recesso dal contratto, nonché di esclusione dal gruppo, secondo criteri non discriminatori in linea con il principio di solidarietà tra le banche cooperative a mutualità prevalente.

3-bis. Con atto della capogruppo è disciplinato il processo di consultazione delle banche di credito cooperativo aderenti al gruppo in materia di strategie, politiche commerciali, raccolta del risparmio ed erogazione del credito nonché riguardo al perseguimento delle finalità mutualistiche. Al fine di tener conto delle specificità delle aree interessate, la consultazione avviene mediante assemblee territoriali delle banche di credito cooperativo, i cui pareri non sono vincolanti per la capogruppo (7).

3-ter. Le banche del gruppo che, sulla base del sistema di classificazione del rischio adottato dalla capogruppo, si collocano nelle classi di rischio migliori: a) definiscono in autonomia i propri piani strategici e operativi, nel quadro degli indirizzi impartiti dalla capogruppo e sulla base delle metodologie da quest'ultima definite; b) comunicano tali piani alla capogruppo che ne verifica la coerenza con i citati indirizzi; c) nominano i componenti dei propri organi di amministrazione e controllo e, in caso di mancato gradimento della capogruppo, sottopongono alla stessa, ai fini della sostituzione di ogni componente non gradito, una lista di tre candidati diversi da quelli già indicati nella medesima procedura di nomina, fermi restando i requisiti di cui al decreto del Ministro dell'economia e delle finanze adottato ai sensi dell'articolo 26. Ogni atto della capogruppo di specificazione del sistema di classificazione del rischio previsto nel contratto di coesione è sottoposto all'approvazione preventiva della Banca d'Italia (7).

4. Il contratto di cui al comma 3 prevede la garanzia in solido delle obbligazioni assunte dalla capogruppo e dalle altre banche aderenti, nel rispetto della disciplina prudenziale dei gruppi bancari e delle singole banche aderenti.

5. L'adesione, il rigetto delle richieste di adesione, il recesso e l'esclusione di una banca di credito cooperativo sono autorizzati dalla Banca d'Italia avendo riguardo alla sana e prudente gestione del gruppo e della singola banca.

6. Alle partecipazioni al capitale della capogruppo delle banche di credito cooperativo e delle banche cui fanno capo i sottogruppi territoriali non si applicano gli articoli 2359-bis, 2359-ter, 2359-quater e 2359-quinquies del codice civile.

7. Con decreto del Presidente del Consiglio dei ministri, su proposta del Ministro dell'economia e delle finanze, sentita la Banca d'Italia, può essere stabilita una soglia di partecipazione delle banche di credito cooperativo al capitale della società capogruppo diversa da quella indicata al comma 1, lettera a), tenuto conto delle esigenze di stabilità del gruppo. Il Ministro dell'economia e delle finanze, al fine di assicurare l'adeguatezza dimensionale e organizzativa del gruppo bancario cooperativo, può stabilire con proprio decreto, sentita la Banca d'Italia (8):

a) il numero minimo di banche di credito cooperativo di un gruppo bancario cooperativo;

b) una soglia di partecipazione delle banche di credito cooperativo al capitale della società capogruppo diversa da quella indicata al comma 1, lettera a), tenuto conto delle esigenze di stabilità del gruppo;*

c) le modalità e i criteri per assicurare il riconoscimento e la salvaguardia delle peculiarità linguistiche e culturali delle banche di credito cooperativo aventi sede legale nelle regioni a statuto speciale e nelle province autonome di Trento e di Bolzano.

7-bis. La Banca d'Italia, al fine di assicurare la sana e prudente gestione, la competitività e l'efficienza del gruppo bancario cooperativo, nel rispetto della disciplina prudenziale applicabile e delle finalità mutualistiche, detta disposizioni di attuazione del presente articolo e dell'articolo 37-ter, con particolare riferimento:

a) ai requisiti minimi organizzativi e operativi della capogruppo;

b) al contenuto minimo del contratto di cui al comma 3, alle caratteristiche della garanzia di cui al comma 4, al procedimento per la costituzione del gruppo e all'adesione al medesimo;

c) ai requisiti specifici, compreso il requisito minimo di patrimonio netto della capogruppo, relativi ai gruppi bancari cooperativi previsti dal comma 1-bis.

8. Al gruppo bancario cooperativo si applicano, in quanto compatibili, le disposizioni del Titolo III, Capo II.

(1) Articolo introdotto dall'art. 1, co. 5, d.l. 14/2/2016, n. 18, conv., con modif., dalla l. 8/4/2016, n. 49.

(2) Lettera modificata dall'art. 11, co. 2, lett. a), d.l. 25/7/2018, n. 91, conv., con modif., dalla l. 21/9/2018, n. 108.

(3) Comma modificato dall'art. 21, co. 1-bis, d.l. 23/12/2016, n. 237, conv., con modif., dalla l. 17/2/2017, n. 15 e successivamente dall'art. 20-bis, co. 1, lett. b), d.l. 23/10/2018, n. 119, conv., con modif., dalla l. 17/12/2018, n. 136.

(4) Comma inserito dall'art. 11, co. 2, lett. b), d.l. 25/7/2018, n. 91, conv., con modif., dalla l. 21/9/2018, n. 108.

(5) Alinea modificato dall'art. 11, co. 2, lett. c), d.l. 25/7/2018, n. 91, conv., con modif., dalla l. 21/9/2018, n. 108.

(6) Numero modificato dall'art. 11, co. 2, lett. d), d.l. 25/7/2018, n. 91, conv., con modif., dalla l. 21/9/2018, n. 108.

(7) Comma inserito dall'art. 11, co. 2, lett. e), d.l. 25/7/2018, n. 91, conv., con modif., dalla l. 21/9/2018, n. 108.

(8) Alinea modificato dall'art. 11, co. 2, lett. f), d.l. 25/7/2018, n. 91, conv., con modif., dalla l. 21/9/2018, n. 108.

* Lettera soppressa dall'art. 11, co. 2, lett. g), d.l. 25/7/2018, n. 91, conv., con modif., dalla l. 21/9/2018, n. 108.

37 ter. Costituzione del gruppo bancario cooperativo (1). – 1. La banca che intenda assumere il ruolo di capogruppo ai sensi dell'articolo 37-bis, comma 1, lettera a), trasmette alla Banca d'Italia:

a) uno schema di contratto conforme a quanto stabilito ai sensi dell'articolo 37-bis;

b) un elenco delle banche di credito cooperativo e delle altre società che intendono aderire al gruppo bancario cooperativo.

2. La Banca d'Italia accerta la sussistenza delle condizioni previste ai sensi dell'articolo 37-bis e, in particolare, il grado di adeguatezza patrimoniale e finanziaria del gruppo e l'idoneità del contratto a consentire la sana e prudente gestione del gruppo.

3. A seguito dell'accertamento previsto dal comma 2, le banche di credito cooperativo stipulano con la capogruppo il contratto di cui all'articolo 37-bis e provvedono alle necessarie modifiche statutarie, che sono approvate con le maggioranze previste dall'articolo 31, comma 1.

4. Il contratto è trasmesso alla Banca d'Italia, che provvede all'iscrizione del gruppo nell'albo dei gruppi. Successivamente, si dà corso all'iscrizione nel registro delle imprese ai sensi dell'articolo 2497-bis, secondo comma, del codice civile.

(1) Articolo inserito dall'art. 1, co. 5, d.l. 14/2/2016, n. 18, conv., con modif., dalla l. 8/4/2016, n. 49.

• Vedi inoltre l'art. 2 del d.l. 14/2/2016, n. 18, conv., con modif., dalla l. 8/4/2016, n. 49.

Capo VI
Norme relative a particolari operazioni di credito

Sezione I
Credito fondiario e alle opere pubbliche

38. Nozione di credito fondiario. – 1. Il credito fondiario ha per oggetto la concessione, da parte di banche, di finanziamenti a medio e lungo termine garantiti da ipoteca di primo grado su immobili.

2. La Banca d'Italia, in conformità delle deliberazioni del CICR, **determina l'ammontare massimo dei finanziamenti** [*117[8]//1418 CC[2]*], individuandolo in rapporto al valore dei beni ipotecati o al costo delle opere da eseguire sugli stessi, nonché le ipotesi in cui la presenza di precedenti iscrizioni ipotecarie non impedisce la concessione dei finanziamenti (1).

(1) Vedi la deliberazione CICR 22/4/1995 relativa a norme in materia di credito fondiario in attuazione del presente comma.

39. Ipoteche. – 1. Ai fini dell'iscrizione ipotecaria le banche possono eleggere domicilio presso la propria sede.

2. Quando la stipulazione del contratto e l'erogazione del denaro formino oggetto di atti separati, il conservatore dei registri immobiliari, in base alla quietanza rilasciata dal beneficiario del finanziamento, esegue, a margine dell'iscrizione già presa, l'annotazione dell'avvenuto pagamento e dell'eventuale variazione degli interessi convenuta dalle parti; in tal caso l'ipoteca iscritta fa collocare nello stesso grado gli interessi nella misura risultante dall'annotazione stessa.

3. Il credito della banca relativo a finanziamenti con clausole di indicizzazione è garantito dall'ipoteca iscritta fino a concorrenza dell'importo effettivamente dovuto per effetto dell'applicazione di dette clausole. L'adeguamento dell'ipoteca si verifica automaticamente se la nota d'iscrizione menziona la clausola di indicizzazione.

4. Le ipoteche a garanzia dei finanziamenti non sono assoggettate a revocatoria fallimentare quando siano state iscritte dieci giorni prima della pubblicazione della sentenza dichiarativa di fallimento. L'art. 67 della legge fallimentare non si applica ai pagamenti effettuati dal debitore a fronte di crediti fondiari (1).

5. I debitori, ogni volta che abbiano estinto la quinta parte del debito originario, hanno diritto a una riduzione proporzionale della somma iscritta. Essi hanno inoltre il diritto di ottenere la parziale liberazione di uno o più immobili ipotecati quando, dai documenti prodotti o da perizie, risulti che per le somme ancora dovute i rimanenti beni vincolati costituiscono una garanzia sufficiente ai sensi dell'art. 38.

6. In caso di edificio o complesso condominiale per il quale può ottenersi l'accatastamento delle singole porzioni che lo costituiscono, ancorché in corso di costruzione, il debitore, il terzo acquirente, il promissario acquirente o l'assegnatario del bene ipotecato o di parte dello stesso, questi ultimi limitatamente alla porzione immobiliare da essi acquistata o promessa in acquisto o in assegnazione, hanno diritto alla suddivisione del finanziamento in quote e, correlativamente, al frazionamento dell'ipoteca a garanzia (2).

6-bis. La banca deve provvedere agli adempimenti di cui al comma 6 entro il termine di novanta giorni dalla data di ricevimento della richiesta di suddivisione del finanziamento in quote corredata da documentazione idonea a comprovare l'identità del richiedente, la data certa del titolo e l'accatastamento delle singole porzioni per le quali è richiesta la suddivisione del finanziamento. Tale termine è aumentato a centoventi giorni, se la richiesta riguarda un finanziamento da suddividersi in più di cinquanta quote (3).

6-ter. Qualora la banca non provveda entro il termine indicato al comma 6-bis, il richiedente può presentare ricorso al presidente del tribunale nella cui circoscrizione è situato l'immobile; il presidente del tribunale, sentite le parti, ove accolga il ricorso, designa un notaio che, anche avvalendosi di ausiliari, redige un atto pubblico di frazionamento sottoscritto esclusivamente dal notaio stesso. Dall'atto di suddivisione del finanziamento o dal diverso successivo termine stabilito nel contratto di mutuo decorre, con riferimento alle quote frazionate, l'inizio dell'ammortamento delle somme erogate; di tale circostanza si fa menzione nell'atto stesso (3).

6-quater. Salvo diverso accordo delle parti, la durata dell'ammortamento è pari a quella originariamente fissata nel contratto di mutuo e l'ammortamento stesso è regolato al tasso di interesse determinato in base ai criteri di individuazione per il periodo di preammortamento immediatamente precedente. Il responsabile del competente Ufficio del territorio annota a margine dell'iscrizione ipotecaria il frazionamento del finanziamento e della relativa ipoteca, l'inizio e la durata dell'ammortamento ed il tasso relativo (3).

7. Agli effetti dei diritti di scritturato e degli emolumenti ipotecari, nonché dei compensi e dei diritti spettanti al notaio, gli atti e le formalità ipotecarie, anche di annotazione, si considerano come una sola stipula, una sola operazione sui registri immobiliari e un solo certificato. Gli onorari notarili sono ridotti alla metà.

(1) A norma dall'art. 369, co. 1, lett. a), d.lg. 12/1/2019, n. 14 al presente comma le parole: "a revocatoria fallimentare" sono sostituite dalle seguenti "alla revocatoria di cui all'articolo 166 del codice della crisi e dell'insolvenza" e le parole: "L'art. 67 della legge fallimentare" sono sostituite dalle seguenti: "L'articolo 166 del codice della crisi e dell'insolvenza" a decorrere dal 16/5/2022, ai sensi di quanto stabilito dall'art. 389, co. 1, d.lg. n. 14/2019, come modificato dall'art. 5, co. 1, d.l. 8/4/2020, n. 23, conv., con modif., dalla l. 5/6/2020, n. 40, dall'art. 38, co. 1, d.lg. 26/10/2020, n. 147 e successivamente dall'art. 1, co. 1, lett. b), d.l. 24/8/2021, n. 118, conv., con modif., dalla l. 21/10/2021, n. 147.

(2) Comma sostituito dall'art. 7 del d.lg. 20/6/2005, n. 122.

(3) Comma inserito dall'art. 7 del d.lg. 20/6/2005, n. 122.

40. Estinzione anticipata e risoluzione del contratto. – 1. I debitori hanno facoltà di estinguere anticipatamente, in tutto o in parte, il proprio debito, corrispondendo alla banca esclusivamente un compenso omnicomprensivo per l'estinzione contrattualmente stabilito. I contratti indicano le modalità di calcolo del compenso, secondo i criteri stabiliti dal CICR al solo fine di garantire la trasparenza delle condizioni (1).

2. La banca può invocare come causa di risoluzione del contratto il ritardato pagamento quando lo stesso si sia verificato almeno sette volte, anche non consecutive. A tal fine costituisce ritardato pagamento quello effettuato tra il trentesimo e il centoottantesimo giorno dalla scadenza della rata.

(1) Comma sostituito dall'art. 6 del d.lg. 4/8/1999, n. 342. Vedi, anche, il co. 2 del medesimo art. 6. Per la disciplina dell'estinzione anticipata dei mutui vedi deliberazione CICR 9/2/2000.

40 bis. Cancellazione delle ipoteche (1). – 1. Ai fini di cui all'articolo 2878 del codice civile e in deroga all'articolo 2847 del codice civile, l'ipoteca iscritta a garanzia di obbligazioni derivanti da contratto di mutuo stipulato o accollato a seguito di frazionamento, anche ai sensi del decreto legislativo 20 giugno 2005, n. 122, ancorché annotata su titoli cambiari, si estingue automaticamente alla data di estinzione dell'obbligazione garantita [ovvero in caso di mancata rinnovazione dell'iscrizione entro il termine di cui all'articolo 2847 del codice civile] (2).

2. Il creditore rilascia al debitore quietanza attestante la da-

ta di estinzione dell'obbligazione e trasmette al conservatore la relativa comunicazione entro trenta giorni dalla stessa data, senza alcun onere per il debitore e secondo le modalità determinate dall'Agenzia del territorio.

3. L'estinzione non si verifica se il creditore, ricorrendo un giustificato motivo ostativo, comunica all'Agenzia del territorio e al debitore, entro il termine di cui al comma 2 e con le modalità previste dal codice civile per la rinnovazione dell'ipoteca, che l'ipoteca permane. In tal caso l'Agenzia, entro il giorno successivo al ricevimento della dichiarazione, procede all'annotazione in margine all'iscrizione dell'ipoteca e fino a tale momento rende comunque conoscibile ai terzi richiedenti la comunicazione di cui al presente comma.

4. Decorso il termine di cui al comma 2 il conservatore, accertata la presenza della comunicazione di cui al medesimo comma e in mancanza della comunicazione di cui al comma 3, procede d'ufficio alla cancellazione dell'ipoteca entro il giorno successivo e fino all'avvenuta cancellazione rende comunque conoscibile ai terzi richiedenti la comunicazione di cui al comma 2. [La cancellazione d'ufficio si applica in tutte le fattispecie di estinzione di cui all'articolo 2878 del codice civile] (3).

5. Per gli atti previsti dal presente articolo non è necessaria l'autentica notarile.

6. Le disposizioni di cui al presente articolo si applicano ai mutui e ai finanziamenti, anche non fondiari, concessi da banche ed intermediari finanziari, ovvero concessi da enti di previdenza obbligatoria ai propri dipendenti o iscritti (4).

(1) Articolo inserito dall'art. 5, co. 1, d.lg. 13/8/2010, n. 141, con la decorrenza indicata al co. 2 dell'art. 6 del medesimo d.lg. n. 141/2010.

(2) Comma modificato dall'art. 27-ter, co. 1, lett. a), d.l. 24/1/2012, n. 1 e successivamente dall'art. 6, co. 5-quinquiesdecies, lett. a), n. 1, d.l. 2/3/2012, n. 16.

(3) Comma modificato dall'art. 27-ter, co. 1, lett. b), d.l. 24/1/2012, n. 1 e successivamente dall'art. 6, co. 5-quinquiesdecies, lett. a), n. 2, d.l. 2/3/2012, n. 16.

(4) Comma sostituito dall'art. 8, co. 8, lett. a), d.l. 13/5/2011, n. 70.

• Vedi quanto disposto dall'art. 161, come modificato dall'art. 6, co. 5-quinquiesdecies, lett. b), d.l. 2/3/2012, n. 16.

• Per le modalità di attuazione del procedimento di cancellazione, di cui al presente articolo, vedi il Provvedimento dell'Agenzia del Territorio 25/6/2012.

41. Procedimento esecutivo. – 1. Nel procedimento di espropriazione relativo a crediti fondiari è escluso l'obbligo della notificazione del titolo contrattuale esecutivo (1).

2. L'azione esecutiva sui beni ipotecati a garanzia di finanziamenti fondiari può essere iniziata o proseguita dalla banca anche dopo la dichiarazione di fallimento del debitore. Il curatore ha facoltà di intervenire nell'esecuzione. La somma ricavata dall'esecuzione, eccedente la quota che in sede di riparto risulta spettante alla banca, viene attribuita al fallimento.

3. Il custode dei beni pignorati, l'amministratore giudiziario e il curatore del fallimento del debitore versano alla banca le rendite degli immobili ipotecati a suo favore, dedotte le spese di amministrazione e i tributi, sino al soddisfacimento del credito vantato.

4. Con il provvedimento che dispone la vendita o l'assegnazione, il giudice dell'esecuzione prevede, indicando il termine, che l'aggiudicatario o l'assegnatario, che non intendano avvalersi della facoltà di subentrare nel contratto di finanziamento prevista dal comma 5, versino direttamente alla banca la parte del prezzo corrispondente al complessivo credito della stessa. L'aggiudicatario o l'assegnatario che non provvedano al versamento nel termine stabilito sono considerati inadempienti ai sensi dell'art. 587 del codice di procedura civile.

5. L'aggiudicatario o l'assegnatario possono subentrare, senza autorizzazione del giudice dell'esecuzione, nel contratto di finanziamento stipulato dal debitore espropriato, assumendosi gli obblighi relativi, purché entro quindici giorni dal decreto previsto dall'art. 574 del codice di procedura civile ovvero dalla data dell'aggiudicazione o dell'assegnazione paghino alla banca le rate scadute, gli accessori e le spese. Nel caso di vendita in più lotti, ciascun aggiudicatario o assegnatario è tenuto a versare proporzionalmente alla banca le rate scadute, gli accessori e le spese.

6. Il trasferimento del bene espropriato e il subentro nel contratto di finanziamento previsto dal comma 5 restano subordinati all'emanazione del decreto previsto dall'articolo 586 del codice di procedura civile.

(1) A norma del combinato disposto degli artt. 349 e 389 del d.lg. 12/1/2019, n. 14, come modificato dall'art. 5, co. 1, d.l. 8/4/2020, n. 23, conv., con modif., dalla l. 5/6/2020, n. 40 e, da ultimo, dall'art. 1, co. 1, lett. a), d.l. 24/8/2021, n. 118, conv., con modif., dalla l. 21/10/2021, n. 147, a decorrere dal 16/5/2022, nelle disposizioni normative vigenti i termini "fallimento", "procedura fallimentare", "fallito" nonché le espressioni dagli stessi termini derivate devono intendersi sostituite, rispettivamente, con le espressioni "liquidazione giudiziale", "procedura di liquidazione giudiziale" e "debitore assoggettato a liquidazione giudiziale" e loro derivati, con salvezza della continuità delle fattispecie.

42. Nozione di credito alle opere pubbliche. – 1. Il credito alle opere pubbliche ha per oggetto la concessione, da parte di banche, a favore di soggetti pubblici o privati, di finanziamenti destinati alla realizzazione di opere pubbliche o di impianti di pubblica utilità.

2. Quando la concessione del finanziamento avviene a favore di soggetti privati, il requisito di opera pubblica o di pubblica utilità deve risultare da leggi o da provvedimenti della pubblica amministrazione.

3. I finanziamenti possono essere assistiti dal privilegio previsto dall'art. 46.

4. Quando i finanziamenti siano garantiti da ipoteca su immobili, si applica la disciplina prevista dalla presente sezione per le operazioni di credito fondiario.

Sezione II
Credito agrario e peschereccio

43. Nozione. – 1. Il credito agrario ha per oggetto la concessione, da parte di banche, di finanziamenti destinati alle attività agricole e zootecniche nonché a quelle a esse connesse o collaterali.

2. Il credito peschereccio ha per oggetto la concessione, da parte di banche, di finanziamenti destinati alle attività di pesca e acquacoltura, nonché a quelle a esse connesse o collaterali.

3. Sono attività connesse o collaterali l'agriturismo, la manipolazione, conservazione, trasformazione, commercializzazione e valorizzazione dei prodotti, nonché le altre attività individuate dal CICR (1).

4. Le operazioni di credito agrario e di credito peschereccio possono essere effettuate mediante utilizzo, rispettivamente, di cambiale agraria e di cambiale pesca. La cambiale agraria e la cambiale pesca devono indicare lo scopo del finanziamento e le garanzie che lo assistono, nonché il luogo dell'iniziativa finanziata. La cambiale agraria e la cambiale pesca sono equiparate a ogni effetto di legge alla cambiale ordinaria.

(1) Per le norme in materia di credito agrario e peschereccio vedi deliberazione CICR 22/4/1995, in attuazione del presente comma.

44. Garanzie (1). – 1. I finanziamenti di credito agrario e di credito peschereccio, anche a breve termine, possono essere assistiti dal privilegio previsto dall'articolo 46.

2. I finanziamenti a breve e medio termine di credito agrario e di credito peschereccio sono assistiti da privilegio legale sui seguenti beni mobili dell'impresa finanziata:

a) frutti pendenti, prodotti finiti e in corso di lavorazione;

b) bestiame, merci, scorte, materie prime macchine, attrezzi e altri beni, comunque acquistati con il finanziamento concesso;

c) crediti, anche futuri, derivanti dalla vendita dei beni indicati nelle lettere a) e b).

3. Il privilegio legale si colloca nel grado immediatamente successivo ai crediti per le imposte sui redditi immobiliari di cui al numero 2) dell'articolo 2778 del codice civile.

4. In caso di inadempimento, il giudice del luogo in cui si trovano i beni sottoposti ai privilegi di cui ai commi 1 e 2 può, su istanza della banca creditrice, assunte sommarie informazioni, disporne l'apprensione e la vendita. Quest'ultima è effettuata ai sensi dell'articolo 1515 del codice civile.

5. Ove i finanziamenti di credito agrario e di credito peschereccio siano garantiti da ipoteca su immobili, si applica la disciplina prevista dalla sezione I del presente capo per le operazioni di credito fondiario.

(1) Articolo sostituito dall'art. 1 del d.l. 4/1/1994, n. 1, e successivamente dall'art. 7 del d.lg. 4/8/1999, n. 342.

45. Fondo interbancario di garanzia*. – *1. Le operazioni di credito agrario possono essere assistite dalla garanzia sussidiaria del Fondo interbancario di garanzia, avente personalità giuridica e gestione autonoma e sottoposto alla vigilanza del Ministero dell'economia e delle finanze. 2. Il Ministro dell'economia e delle finanze, sentito il Ministro per il coordinamento delle politiche agricole, alimentari e forestali, individua le operazioni alle quali si applica la garanzia e determina i criteri e i limiti degli interventi del Fondo, nonché l'entità delle contribuzioni a esso dovute da parte delle banche, in rapporto all'ammontare dei finanziamenti assistiti dalla garanzia (1). 3. L'organizzazione interna e il funzionamento del Fondo sono disciplinati dallo statuto, approvato con decreto del Ministro dell'economia e delle finanze. 4. Presso il Fondo è operante la Sezione speciale prevista dall'art. 21 della legge 9 maggio 1975, n. 153, dotata di autonomia patrimoniale e amministrativa. Alla Sezione si applicano le disposizioni dei commi 2 e 3. 5. Presso il Fondo è altresì operante una Sezione di garanzia per il credito peschereccio, avente personalità giuridica con amministrazione autonoma e gestione fuori bilancio ai sensi dell'art. 9 della legge 25 novembre 1971, n. 1041, e sottoposta alla vigilanza del Ministero dell'economia e delle finanze. Alla Sezione si applicano le disposizioni dei commi 2 e 3* (2).

* Articolo abrogato dall'art. 1, co. 3, d.lg. 29/12/2006, n. 303.

(1) Comma modificato dall'art. 1 del d.lg. 6/2/2004, n. 37.

(2) A norma dell'art. 10, co. 7, d.l. 14/3/2005, n. 35, in attuazione dell'art. 1, co. 512, l. 30/12/2004, n. 311, il Fondo interbancario di garanzia di cui al presente articolo è soppresso.

Sezione III
Altre operazioni

46. Finanziamenti alle imprese: costituzione di privilegi. – 1. La concessione di finanziamenti a medio e lungo termine da parte di banche alle imprese può essere garantita da privilegio speciale su beni mobili, comunque destinati all'esercizio dell'impresa, non iscritti nei pubblici registri. Il privilegio può avere a oggetto:

a) impianti e opere esistenti e futuri, concessioni e beni strumentali;

b) materie prime, prodotti in corso di lavorazione, scorte, prodotti finiti, frutti, bestiame e merci;

c) beni comunque acquistati con il finanziamento concesso;

d) crediti, anche futuri, derivanti dalla vendita dei beni indicati nelle lettere precedenti (1).

1-bis. Il privilegio previsto dal presente articolo può essere costituito anche per garantire obbligazioni e titoli similari emessi da società ai sensi degli articoli 2410 e seguenti o 2483 del codice civile, la cui sottoscrizione e circolazione è riservata a investitori qualificati ai sensi dell'articolo 100 del decreto legislativo 24 febbraio 1998, n. 58 (2).

2. Il privilegio, a pena di nullità, deve risultare da atto scritto. Nell'atto devono essere esattamente descritti i beni e i crediti sui quali il privilegio viene costituito, la banca creditrice o, nel caso di obbligazioni o titoli di cui al comma 1-bis, il sottoscrittore o i sottoscrittori di tali obbligazioni o un loro rappresentante, il debitore e il soggetto che ha concesso il privilegio, l'ammontare e le condizioni del finanziamento o, nel caso di obbligazioni o titoli di cui al comma 1-bis, gli elementi di cui ai numeri 1), 3), 4) e 6) dell'articolo 2414 del codice civile o di cui all'articolo 2483, comma 3, del codice civile nonché la somma di denaro per la quale il privilegio viene assunto (3).

3. L'opponibilità a terzi del privilegio sui beni è subordinata alla trascrizione, nel registro indicato nell'art. 1524, secondo comma, del codice civile, dell'atto dal quale il privilegio risulta. La trascrizione deve effettuarsi presso i competenti uffici del luogo ove ha sede l'impresa finanziata e presso quelli del luogo ove ha sede o risiede il soggetto che ha concesso il privilegio (1).

4. Il privilegio previsto dal presente articolo si colloca nel grado indicato nell'art. 2777, ultimo comma, del codice civile e non pregiudica gli altri titoli di prelazione di pari grado con data certa anteriore a quella della trascrizione.

5. Fermo restando quanto disposto dall'art. 1153 del codice civile, il privilegio può essere esercitato anche nei confronti dei terzi che abbiano acquistato diritti sui beni che sono oggetto dello stesso dopo la trascrizione prevista dal comma 3. Nell'ipotesi in cui non sia possibile far valere il privilegio nei confronti del terzo acquirente, il privilegio si trasferisce sul corrispettivo.

6. Gli onorari notarili sono ridotti alla metà (4).

(1) Comma sostituito dall'art. 8 del d.lg. 4/8/1999, n. 342.

(2) Comma inserito dall'art. 12, co. 6, lett. a), d.l. 23/12/2013, n. 145, conv., con modif., dalla l. 21/2/2014, n. 9.

(3) Comma modificato dall'art. 12, co. 6, lett. b), nn. 1 e 2, d.l. 23/12/2013, n. 145, conv., con modif., dalla l. 21/2/2014, n. 9.

(4) Comma aggiunto dall'art. 8 del d.lg. 4/8/1999, n. 342.

47. Finanziamenti agevolati e gestione di fondi pubblici (1). – 1. Tutte le banche possono erogare finanziamenti o prestare servizi previsti dalle vigenti leggi di agevolazione, purché essi siano regolati da contratto con l'amministrazione pubblica competente e rientrino tra le attività che le banche possono svolgere in via ordinaria. Ai finanziamenti si applicano integralmente le disposizioni delle leggi di agevolazione, ivi comprese quelle relative alle misure fiscali e tariffarie e ai privilegi di procedura.

2. L'assegnazione e la gestione di fondi pubblici di agevolazione creditizia previsti dalle leggi vigenti e la prestazione di servizi a essi inerenti, sono disciplinate da contratti stipulati tra l'amministrazione pubblica competente e le banche da questa prescelte. I contratti indicano criteri e modalità idonei a superare il conflitto di interessi tra la gestione dei fondi e l'attività svolta per proprio conto dalle banche; a tal fine possono essere istituiti organi distinti preposti all'assunzione delle deliberazioni in materia agevolativa e separate contabilità. I contratti determinano altresì i compensi e i rimborsi spettanti alle banche.

3. I contratti indicati nel comma 2 possono prevedere che

la banca alla quale è attribuita la gestione di un fondo pubblico di agevolazione è tenuta a stipulare a sua volta contratti con altre banche per disciplinare la concessione, a valere sul fondo, di contributi relativi a finanziamenti da queste erogati. Questi ultimi contratti sono approvati dall'amministrazione pubblica competente.

(1) Articolo sostituito dall'art. 9 del d.lg. 4/8/1999, n. 342.

48. Credito su pegno (1). – 1. Le banche possono intraprendere l'esercizio del credito su pegno di cose mobili disciplinato dalla legge 10 maggio 1938, n. 745, e dal regio decreto 25 maggio 1939, n. 1279, dotandosi delle necessarie strutture e dandone comunicazione alla Banca d'Italia.

(1) Articolo sostituito dall'art. 10 del d.lg. 4/8/1999, n. 342.

48 bis. Finanziamento alle imprese garantito da trasferimento di bene immobile sospensivamente condizionato (1). – 1. Il contratto di finanziamento concluso tra un imprenditore e una banca o altro soggetto autorizzato a concedere finanziamenti nei confronti del pubblico ai sensi dell'articolo 106 può essere garantito dal trasferimento, in favore del creditore o di una società dallo stesso controllata o al medesimo collegata ai sensi delle vigenti disposizioni di legge e autorizzata ad acquistare, detenere, gestire e trasferire diritti reali immobiliari, della proprietà di un immobile o di un altro diritto immobiliare dell'imprenditore o di un terzo, sospensivamente condizionato all'inadempimento del debitore a norma del comma 5. La nota di trascrizione del trasferimento sospensivamente condizionato di cui al presente comma deve indicare gli elementi di cui all'articolo 2839, secondo comma, numeri 4), 5) e 6), del codice civile.

2. In caso di inadempimento, il creditore ha diritto di avvalersi degli effetti del patto di cui al comma 1, purché al proprietario sia corrisposta l'eventuale differenza tra il valore di stima del diritto e l'ammontare del debito inadempiuto e delle spese di trasferimento.

3. Il trasferimento non può essere convenuto in relazione a immobili adibiti ad abitazione principale del proprietario, del coniuge o di suoi parenti e affini entro il terzo grado.

4. Il patto di cui al comma 1 può essere stipulato al momento della conclusione del contratto di finanziamento o, anche per i contratti in corso alla data di entrata in vigore della presente disposizione, per atto notarile, in sede di successiva modificazione delle condizioni contrattuali. Qualora il finanziamento sia già garantito da ipoteca, il trasferimento sospensivamente condizionato all'inadempimento, una volta trascritto, prevale sulle trascrizioni e iscrizioni eseguite successivamente all'iscrizione ipotecaria. Fatti salvi gli effetti dell'aggiudicazione, anche provvisoria, e dell'assegnazione, la disposizione di cui al periodo precedente si applica anche quando l'immobile è stato sottoposto ad espropriazione forzata in forza di pignoramento trascritto prima della trascrizione del patto di cui al comma 1 ma successivamente all'iscrizione dell'ipoteca; in tal caso, si applica il comma 10.

5. Per gli effetti del presente articolo, si ha inadempimento quando il mancato pagamento si protrae per oltre nove mesi dalla scadenza di almeno tre rate, anche non consecutive, nel caso di obbligo di rimborso a rate mensili; o per oltre nove mesi dalla scadenza anche di una sola rata, quando il debitore è tenuto al rimborso rateale secondo termini di scadenza superiori al periodo mensile; ovvero, per oltre nove mesi, quando non è prevista la restituzione mediante pagamenti da effettuarsi in via rateale, dalla scadenza del rimborso previsto nel contratto di finanziamento. Qualora alla data di scadenza della prima delle rate, anche non mensili, non pagate di cui al primo periodo il debitore abbia già rimborsato il finanziamento ricevuto in misura almeno pari all'85 per cento della quota capitale, il periodo di inadempimento di cui al medesimo primo periodo è elevato da nove a dodici mesi. Al verificarsi dell'inadempimento di cui al presente comma, il creditore è tenuto a notificare al debitore e, se diverso, al titolare del diritto reale immobiliare, nonché a coloro che hanno diritti derivanti da titolo iscritto o trascritto sull'immobile [successivamente alla trascrizione del patto di cui al comma 1] una dichiarazione di volersi avvalere degli effetti del patto di cui al medesimo comma, secondo quanto previsto dal presente articolo, precisando l'ammontare del credito per cui procede.

6. Decorsi sessanta giorni dalla notificazione della dichiarazione di cui al comma 5, il creditore chiede al presidente del tribunale del luogo nel quale si trova l'immobile la nomina di un perito per la stima, con relazione giurata, del diritto reale immobiliare oggetto del patto di cui al comma 1. Il perito procede in conformità ai criteri di cui all'articolo 568 del codice di procedura civile. Non può procedersi alla nomina di un perito per il quale ricorre una delle condizioni di cui all'articolo 51 del codice di procedura civile. Si applica l'articolo 1349, primo comma, del codice civile. Entro sessanta giorni dalla nomina, il perito comunica, ove possibile a mezzo di posta elettronica certificata, la relazione giurata di stima al debitore, e, se diverso, al titolare del diritto reale immobiliare, al creditore nonché a coloro che hanno diritti derivanti da titolo iscritto o trascritto sull'immobile. I destinatari della comunicazione di cui al periodo precedente possono, entro dieci giorni dalla medesima comunicazione, inviare note al perito; in tal caso il perito, entro i successivi dieci giorni, effettua una nuova comunicazione della relazione rendendo gli eventuali chiarimenti.

7. Qualora il debitore contesti la stima, il creditore ha comunque diritto di avvalersi degli effetti del patto di cui al comma 1 e l'eventuale fondatezza della contestazione incide sulla differenza da versare al titolare del diritto reale immobiliare.

8. La condizione sospensiva di inadempimento, verificatisi i presupposti di cui al comma 5, si considera avverata al momento della comunicazione al creditore del valore di stima di cui al comma 6 ovvero al momento dell'avvenuto versamento all'imprenditore della differenza di cui al comma 2, qualora il valore di stima sia superiore all'ammontare del debito inadempiuto, comprensivo di tutte le spese ed i costi del trasferimento. Il contratto di finanziamento o la sua modificazione a norma del comma 4 contiene l'espressa previsione di un apposito conto corrente bancario senza spese, intestato al titolare del diritto reale immobiliare, sul quale il creditore deve accreditare l'importo pari alla differenza tra il valore di stima e l'ammontare del debito inadempiuto.

9. Ai fini pubblicitari connessi all'annotazione di cancellazione della condizione sospensiva ai sensi dell'articolo 2668, terzo comma, del codice civile, il creditore, anche unilateralmente, rende nell'atto notarile di avveramento della condizione una dichiarazione, a norma dell'articolo 47 del decreto del Presidente della Repubblica 28 dicembre 2000, n. 445, con cui attesta l'inadempimento del debitore a norma del comma 5, producendo altresì estratto autentico delle scritture contabili di cui all'articolo 2214 del codice civile.

10. Può farsi luogo al trasferimento a norma del presente articolo anche quando il diritto reale immobiliare già oggetto del patto di cui al comma 1 sia sottoposto ad esecuzione forzata per espropriazione. In tal caso l'accertamento dell'inadempimento del debitore è compiuto, su istanza del creditore, dal giudice dell'esecuzione e il valore di stima è determinato dall'esperto nominato dallo stesso giudice. Il giudice dell'esecuzione provvede all'accertamento dell'inadempimento con ordinanza, fissando il termine entro il quale il creditore deve versare una somma non inferiore alle spese di esecuzione e, ove vi siano, ai crediti aventi diritto di prelazione anteriore a quello dell'istante ovvero pari all'eventuale differenza tra il valore di stima del bene e l'ammontare del debito inadempiu-

to. Avvenuto il versamento, il giudice dell'esecuzione, con decreto, dà atto dell'avveramento della condizione. Il decreto è annotato ai fini della cancellazione della condizione, a norma dell'articolo 2668 del codice civile. Alla distribuzione della somma ricavata si provvede in conformità alle disposizioni di cui al libro terzo, titolo II, capo IV del codice di procedura civile.

11. Il comma 10 si applica, in quanto compatibile, anche quando il diritto reale immobiliare è sottoposto ad esecuzione a norma delle disposizioni di cui al decreto del Presidente della Repubblica 29 settembre 1973, n. 602.

12. Quando, dopo la trascrizione del patto di cui al comma 1, sopravviene il fallimento del titolare del diritto reale immobiliare, il creditore, se è stato ammesso al passivo, può fare istanza al giudice delegato perché, sentiti il curatore e il comitato dei creditori, provveda a norma del comma 10, in quanto compatibile (2).

13. Entro trenta giorni dall'estinzione dell'obbligazione garantita il creditore provvede, mediante atto notarile, a dare pubblicità nei registri immobiliari del mancato definitivo avveramento della condizione sospensiva.

13-bis. Ai fini del concorso tra i creditori, il patto a scopo di garanzia di cui al comma 1 è equiparato all'ipoteca.

13-ter. La trascrizione del patto di cui al comma 1 produce gli effetti di cui all'articolo 2855 del codice civile, avendo riguardo, in luogo del pignoramento, alla notificazione della dichiarazione di cui al comma 5.

(1) Articolo inserito dall'art. 2, co. 1, d.l. 3/5/2016, n. 59, conv., con modif., dalla l. 30/6/2016, n. 119.

(2) A norma del combinato disposto degli artt. 349 e 389 del d.lg. 12/1/2019, n. 14, come modificato dall'art. 5, co. 1, d.l. 8/4/2020, n. 23, conv., con modif., dalla l. 5/6/2020, n. 40 e, da ultimo, dall'art. 1, co. 1, lett. a), d.l. 24/8/2021, n. 118, conv., con modif., dalla l. 21/10/2021, n. 147, a decorrere dal 16/5/2022, nelle disposizioni normative vigenti i termini "fallimento", "procedura fallimentare", "fallito" nonché le espressioni dagli stessi termini derivate devono intendersi sostituite, rispettivamente, con le espressioni "liquidazione giudiziale", "procedura di liquidazione giudiziale" e "debitore assoggettato a liquidazione giudiziale" e loro derivati, con salvezza della continuità delle fattispecie.

Capo VII
Assegni circolari e decreto ingiuntivo

49. Assegni circolari (1). – 1. La Banca d'Italia autorizza le banche alla emissione degli assegni circolari nonché di altri assegni a essi assimilabili o equiparabili. Il provvedimento di autorizzazione è pubblicato nella Gazzetta Ufficiale della Repubblica italiana.

2. La Banca d'Italia [, in conformità delle deliberazioni del CICR,] determina la misura, la composizione e le modalità per il versamento della cauzione che le banche emittenti sono tenute a costituire presso la medesima Banca d'Italia a fronte della circolazione degli assegni indicati nel comma 1 (2).

(1) Per la ridefinizione della disciplina in materia di assegni circolari e di altri assegni ad essi assimilabili o equiparabili vedi la deliberazione CICR 22/4/1995 di attuazione del presente articolo.

(2) Comma modificato dall'art. 1, co. 16, d.lg. 12/5/2015, n. 72. Vedi inoltre, l'art. 2 del d.lg. 12/5/2015, n. 72.

50. Decreto ingiuntivo. – 1. La Banca d'Italia e le banche possono chiedere il decreto d'ingiunzione previsto dall'art. 633 del codice di procedura civile anche in base all'estratto conto, certificato conforme alle scritture contabili da uno dei dirigenti della banca interessata, il quale deve altresì dichiarare che il credito è vero e liquido.

TITOLO III
VIGILANZA (1)

(1) A norma dell'art. 3, co. 6, d.lg. 8/11/2021, n. 182 fino all'entrata in vigore delle disposizioni della Banca d'Italia di attuazione del presente Titolo come modificato dal d.lg. 1/9/1993, n. 385, continua ad applicarsi il Titolo III, Capo II, Sezioni I e II nella versione precedente alle modifiche apportate dal medesimo decreto n. 182/2021 e la relativa disciplina attuativa. Dalla data di entrata in vigore delle disposizioni di attuazione previste art. 3, co. 6, d.lg. 8/11/2021, n. 182, le disposizioni normative che rinviano o comunque fanno riferimento a norme modificate o sostituite del Titolo III, Capo II, Sezioni I e II, del d.lg. 1/9/1993, n. 385, si intendono riferite al Titolo III, Capo II, Sezioni I e II, del d.lg. 1/9/1993, n. 385, come modificato dal medesimo decreto, in quanto compatibili.

Capo I
Vigilanza sulle banche

51. Vigilanza informativa. – 1. Le banche inviano alla Banca d'Italia, con le modalità e nei termini da essa stabiliti, le segnalazioni periodiche nonché ogni altro dato e documento richiesto. Esse trasmettono anche i bilanci con le modalità e nei termini stabiliti dalla Banca d'Italia.

1-bis. Le banche comunicano alla Banca d'Italia:

a) la nomina e la mancata nomina del soggetto incaricato della revisione legale dei conti;

b) le dimissioni del soggetto incaricato della revisione legale dei conti;

c) la risoluzione consensuale del mandato;

d) la revoca dell'incarico di revisione legale dei conti, fornendo adeguate spiegazioni in ordine alle ragioni che l'hanno determinata (1).

1-ter. La Banca d'Italia stabilisce modalità e termini per l'invio delle comunicazioni di cui al comma 1-bis (2).

1-quater. La Banca d'Italia può chiedere informazioni al personale delle banche anche per il tramite di queste ultime (3).

1-quinquies. Le previsioni del comma 1 si applicano anche ai soggetti ai quali le banche abbiano esternalizzato funzioni aziendali [essenziali o importanti] e al loro personale (4).

(1) Comma inserito dall'art. 39 del d.lg. 27/1/2010, n. 39.

(2) Comma inserito dall'art. 39 del d.lg. 27/1/2010, n. 39.

• Vedi l'art. 1, co. 1, d.l. 14/3/2014, n. 25, conv., con modif., dalla l. 12/5/2014, n. 75.

(3) Comma aggiunto dall'art. 1, co. 17, d.lg. 12/5/2015, n. 72. Vedi inoltre, l'art. 2 del d.lg. 12/5/2015, n. 72.

(4) Comma aggiunto dall'art. 1, co. 17, d.lg. 12/5/2015, n. 72. Vedi inoltre, l'art. 2 del d.lg. 12/5/2015, n. 72. Comma successivamente modificato dall'art. 1, co. 10, d.lg. 8/11/2021, n. 182.

52. Comunicazioni del collegio sindacale e dei soggetti incaricati della revisione legale dei conti (1). – 1. Il collegio sindacale informa senza indugio la Banca d'Italia di tutti gli atti o i fatti, di cui venga a conoscenza nell'esercizio dei propri compiti, che possano costituire una irregolarità nella gestione delle banche o una violazione delle norme disciplinanti l'attività bancaria. A tali fini lo statuto della banca, indipendentemente dal sistema di amministrazione e controllo adottato, assegna all'organo che svolge la funzione di controllo i relativi compiti e poteri (2).

2. Il soggetto incaricato della revisione legale dei conti comunica senza indugio alla Banca d'Italia gli atti o i fatti, rilevati nello svolgimento dell'incarico, che possano costituire una grave violazione delle norme disciplinanti l'attività bancaria ovvero che possano pregiudicare la continuità dell'impresa o comportare un giudizio negativo, un giudizio con rilievi o una dichiarazione di impossibilità di esprimere un giudizio sul bilancio. [Tale soggetto invia alla Banca d'Italia

ogni altro dato o documento richiesto] (3).

2-bis. Lo statuto delle banche di credito cooperativo può prevedere che il controllo contabile sia affidato al collegio sindacale.*

2-ter. Fermo restando quanto previsto dal comma 2, il soggetto incaricato della revisione legale dei conti fornisce alla Banca d'Italia, su richiesta di quest'ultima, ogni notizia, informazione o dato riguardanti la banca sottoposta a revisione legale dei conti (4).

3. I commi 1, primo periodo, e 2 si applicano anche ai soggetti che esercitano i compiti ivi previsti presso le società che controllano le banche o che sono da queste controllate ai sensi dell'articolo 23 (3).

3-bis. La Banca d'Italia può disporre la rimozione dall'incarico del soggetto incaricato della revisione legale dei conti o del responsabile dell'incarico di revisione legale, qualora il soggetto incaricato della revisione legale dei conti abbia violato gli obblighi previsti dal comma 2. Il presente comma non si applica ai soggetti indicati al comma 3, fermo restando quanto previsto dall'articolo 61, comma 5 (5).

4. La Banca d'Italia stabilisce modalità e termini per la trasmissione delle informazioni previste dai commi 1 e 2-ter (6).

4-bis. La Banca d'Italia trasmette alla BCE le informazioni ricevute ai sensi del presente articolo, nei casi e secondo le modalità stabiliti dalle disposizioni del MVU (7).

(1) Articolo sostituito dall'art. 211 del d.lg. 24/2/1998, n. 58.

• Rubrica sostituita dall'art. 11 del d.lg. 4/8/1999, n. 342 e dall'art. 39 del d.lg. 27/1/2010, n. 39.

(2) Comma modificato dall'art. 9.14 del d.lg. 17/1/2003, n. 6, nel testo introdotto dall'art. 2 del d.lg. 6/2/2004, n. 37. Vedi la disciplina transitoria di cui all'art. 6 del medesimo d.lg. n. 37/2004. Comma modificato dall'art. 39 del d.lg. 27/1/2010, n. 39.

(3) Comma modificato dall'art. 9.14 del d.lg. 17/1/2003, n. 6, nel testo introdotto dall'art. 2 del d.lg. 6/2/2004, n. 37. Vedi la disciplina transitoria di cui all'art. 6 del medesimo d.lg. n. 37/2004. Comma modificato dall'art. 39 del d.lg. 27/1/2010, n. 39 e successivamente dall'art. 1, co. 11, lett. a), d.lg. 8/11/2021, n. 182.

* Comma aggiunto dall'art. 9.14 del d.lg. 17/1/2003, n. 6, nel testo introdotto dall'art. 2 del d.lg. 6/2/2004, n. 37. Vedi la disciplina transitoria di cui all'art. 6 del medesimo d.lg. n. 37/2004. Successivamente il presente comma è stato abrogato dall'art. 39 del d.lg. 27/1/2010, n. 39 e a norma dell'art. 43, co. 1, lett. h), d.lg. 27/1/2010, n. 39, il presente comma è abrogato, ma continua ad essere applicato fino alla data di entrata in vigore dei regolamenti del Ministro dell'economia e delle finanze emanati ai sensi del d.lg. n. 39/2010 medesimo.

(4) Comma inserito dall'art. 1, co. 11, lett. b), d.lg. 8/11/2021, n. 182.

(5) Comma inserito dall'art. 1, co. 11, lett. c), d.lg. 8/11/2021, n. 182.

(6) Comma modificato dall'art. 1, co. 11, lett. d), d.lg. 8/11/2021, n. 182.

(7) Comma aggiunto dall'art. 1, co. 12, d.lg. 14/11/2016, n. 223.

52 bis. Sistemi interni di segnalazione delle violazioni (1). – 1. Le banche e le relative capogruppo adottano procedure specifiche per la segnalazione al proprio interno da parte del personale di atti o fatti che possano costituire una violazione delle norme disciplinanti l'attività bancaria.

2. Le procedure di cui al comma 1 sono idonee a:

a) garantire la riservatezza dei dati personali del segnalante e del presunto responsabile della violazione, ferme restando le regole che disciplinano le indagini o i procedimenti avviati dall'autorità giudiziaria in relazione ai fatti oggetto della segnalazione;

b) tutelare adeguatamente il soggetto segnalante contro condotte ritorsive, discriminatorie o comunque sleali conseguenti la segnalazione;

c) assicurare per la segnalazione un canale specifico, indipendente e autonomo.

3. La presentazione di una segnalazione non costituisce di per sé violazione degli obblighi derivanti dal rapporto di lavoro.

4. La disposizione di cui all'articolo 7, comma 2, del decreto legislativo 30 giugno 2003, n. 196, non trova applicazione con riguardo all'identità del segnalante, che può essere rivelata solo con il suo consenso o quando la conoscenza sia indispensabile per la difesa del segnalato.

5. La Banca d'Italia emana disposizioni attuative del presente articolo.

(1) Articolo aggiunto dall'art. 1, co. 18, d.lg. 12/5/2015, n. 72. Vedi inoltre, l'art. 2 del d.lg. 12/5/2015, n. 72.

52 ter. Segnalazione di violazioni alla Banca d'Italia (1). – 1. La Banca d'Italia riceve, da parte del personale delle banche e delle relative capogruppo, segnalazioni che si riferiscono a violazioni riguardanti norme del titolo II e III, nonché atti dell'Unione europea direttamente applicabili nelle stesse materie.

2. La Banca d'Italia tiene conto dei criteri di cui all'articolo 52-bis, comma 2, lettere a) e b), e può stabilire condizioni, limiti e procedure per la ricezione delle segnalazioni.

3. La Banca d'Italia si avvale delle informazioni contenute nelle segnalazioni, ove rilevanti, esclusivamente nell'esercizio delle funzioni di vigilanza e per il perseguimento delle finalità previste dall'articolo 5.

4. Nel caso di accesso ai sensi degli articoli 22, e seguenti, della legge 7 agosto 1990, n. 241, l'ostensione del documento è effettuata con modalità che salvaguardino comunque la riservatezza del segnalante. Si applica l'articolo 52-bis, commi 3 e 4.

4-bis. La Banca d'Italia inoltra alla BCE le segnalazioni ricevute, quando esse riguardano soggetti significativi o violazioni di regolamenti o decisioni della BCE. La Banca d'Italia può ricevere dalla BCE le segnalazioni relative a soggetti meno significativi. Nei casi previsti dal presente comma, la Banca d'Italia e la BCE scambiano informazioni nei modi e per le finalità stabiliti dalle disposizioni del MVU (2).

(1) Articolo aggiunto dall'art. 1, co. 18, d.lg. 12/5/2015, n. 72. Vedi inoltre, l'art. 2 del d.lg. 12/5/2015, n. 72.

(2) Comma aggiunto dall'art. 1, co. 13, d.lg. 14/11/2016, n. 223.

53. Vigilanza regolamentare. – 1. La Banca d'Italia [, in conformità delle deliberazioni del CICR,] emana disposizioni di carattere generale aventi a oggetto (1):

a) l'adeguatezza patrimoniale;

b) il contenimento del rischio nelle sue diverse configurazioni;

c) le partecipazioni detenibili;

d) il governo societario, l'organizzazione amministrativa e contabile, nonché i controlli interni e i sistemi di remunerazione e di incentivazione (2);

d-bis) l'informativa da rendere al pubblico sulle materie di cui alle lettere da a) a d) (3).

2. Le disposizioni emanate ai sensi del comma 1 possono prevedere che determinate operazioni siano sottoposte ad autorizzazione della Banca d'Italia.*

2-bis. Le disposizioni emanate ai sensi del comma 1, lettera a), prevedono che le banche possano utilizzare:

a) le valutazioni del rischio di credito rilasciate da società o enti esterni; le disposizioni disciplinano i requisiti, anche di competenza tecnica e di indipendenza, che tali soggetti devono possedere e le relative modalità di accertamento;

b) sistemi interni di misurazione dei rischi per la determinazione dei requisiti patrimoniali, previa autorizzazione della Banca d'Italia. Per le banche sottoposte alla vigilanza consolidata di un'autorità di un altro Stato dell'Unione europea, la decisione è di competenza della medesima autorità, qualora, entro sei mesi dalla presentazione della domanda di autorizzazione, non venga adottata una decisione congiunta con la Banca d'Italia e sempre che, entro il medesimo termine, il caso non sia stato rinviato all'ABE ai fini della procedura per la risoluzione delle controversie con le autorità di vigilanza degli altri Stati membri in situazioni transfrontaliere (4).

2-ter. Le società o enti esterni che, anche gestendo sistemi informativi creditizi, rilasciano alle banche valutazioni del rischio di credito o sviluppano modelli statistici per l'utilizzo ai fini di cui al comma 1, lettera a), conservano, per tale esclusiva finalità, anche in deroga alle altre vigenti disposizioni normative, i dati personali detenuti legittimamente per un periodo di tempo storico di osservazione che sia congruo rispetto a quanto richiesto dalle disposizioni emanate ai sensi del comma 2-bis. Le modalità di attuazione e i criteri che assicurano la non identificabilità sono individuati su conforme parere del Garante per la protezione dei dati personali (5).

3. La Banca d'Italia può: a) convocare gli amministratori, i sindaci e i dirigenti delle banche per esaminare la situazione delle stesse; b) ordinare la convocazione degli organi collegiali delle banche, fissandone l'ordine del giorno, e proporre l'assunzione di determinate decisioni; c) procedere direttamente alla convocazione degli organi collegiali delle banche quando gli organi competenti non abbiano ottemperato a quanto previsto dalla lettera b); d) adottare per le materie indicate nel comma 1, ove la situazione lo richieda, provvedimenti specifici nei confronti di singole banche, riguardanti anche: la restrizione delle attività o della struttura territoriale; il divieto di effettuare determinate operazioni, anche di natura societaria, e di distribuire utili o altri elementi del patrimonio, nonché, con riferimento a strumenti finanziari computabili nel patrimonio a fini di vigilanza, il divieto di pagare interessi; la fissazione di limiti all'importo totale della parte variabile delle remunerazioni nella banca, quando sia necessario per il mantenimento di una solida base patrimoniale. Per le banche che beneficiano di eccezionali interventi di sostegno pubblico, la Banca d'Italia può inoltre fissare limiti alla remunerazione complessiva degli esponenti aziendali (6)**.

4. La Banca d'Italia disciplina condizioni e limiti per l'assunzione, da parte delle banche o dei gruppi bancari, di attività di rischio nei confronti di coloro che possono esercitare, direttamente o indirettamente, un'influenza sulla gestione della banca o del gruppo bancario nonché dei soggetti a essi collegati. In ogni caso i soci e gli amministratori, fermi restando gli obblighi previsti dall'articolo 2391, primo comma, del codice civile, si astengono dalle deliberazioni in cui abbiano un interesse in conflitto, per conto proprio o di terzi. Ove verifichi in concreto l'esistenza di situazioni di conflitto di interessi, la Banca d'Italia può stabilire condizioni e limiti specifici per l'assunzione delle attività di rischio (7).

*4-bis. Le condizioni di cui al comma 4 sono determinate tenuto conto: a) dell'entità del patrimonio della banca; b) dell'entità della partecipazione eventualmente detenuta; c) dell'insieme delle attività di rischio del gruppo bancario nei confronti dei soggetti di cui al comma 4 e degli altri soggetti ai medesimi collegati secondo quanto stabilito dalla Banca d'Italia****.

4-ter. La Banca d'Italia individua i casi in cui il mancato rispetto delle condizioni di cui al comma 4 comporta la sospensione dei diritti amministrativi connessi con la partecipazione (8).

4-quater. La Banca d'Italia [, in conformità alle deliberazioni del CICR,] disciplina i conflitti d'interessi tra le banche e i soggetti indicati nel comma 4, in relazione ad altre tipologie di rapporti di natura economica (9).

4-quinquies. Le disposizioni emanate ai sensi del presente articolo possono prevedere che determinate operazioni siano sottoposte ad autorizzazione della Banca d'Italia. Possono inoltre prevedere che determinate decisioni in materia di remunerazione e di incentivazione siano rimesse alla competenza dell'assemblea dei soci, anche nel modello dualistico di amministrazione e controllo, stabilendo quorum costitutivi e deliberativi anche in deroga a norme di legge (10).

4-sexies. È nullo qualunque patto o clausola non conforme alle disposizioni in materia di sistemi di remunerazione e di incentivazione emanate ai sensi del comma 1, lettera d), o contenute in atti dell'Unione europea direttamente applicabili. La nullità della clausola non comporta la nullità del contratto. Le previsioni contenute nelle clausole nulle sono sostituite di diritto, ove possibile, con i parametri indicati nelle disposizioni suddette nei valori più prossimi alla pattuizione originaria (10).

(1) Alinea modificato dall'art. 1, co. 19, lett. a), d.lg. 12/5/2015, n. 72. Vedi inoltre, l'art. 2 del d.lg. 12/5/2015, n. 72.

(2) Lettera sostituita dall'art. 22, co. 2, lett. a), l. 15/12/2011, n. 217. Per l'attuazione della presente lettera vedi la deliberazione CICR 2/8/1996 e la deliberazione CICR 23/3/2004.

(3) Lettera aggiunta dall'art. 1, co. 1, lett. b), d.l. 27/12/2006, n. 297.

* Comma abrogato dall'art. 1, co. 19, lett. b), d.lg. 12/5/2015, n. 72. Vedi inoltre, l'art. 2 del d.lg. 12/5/2015, n. 72.

(4) Comma inserito dall'art. 1, co. 1, lett. b), d.l. 27/12/2006, n. 297 modificato dall'art. 1, co. 5, d.lg. 30/7/2012, n. 130 e successivamente dall'art. 1, co. 12, d.lg. 8/11/2021, n. 182.

(5) Comma inserito dall'art. 1, co. 1, lett. b), d.l. 27/12/2006, n. 297.

(6) Lettera sostituita dall'art. 1, co. 1, lett. b), d.l. 27/12/2006, n. 297, dall'art. 1, co. 1, lett. b), d.lg. 30/12/2010, n. 239 e dall'art. 22, co. 2, lett. a), l. 15/12/2011, n. 217.

• Per la ridefinizione della disciplina in materia di investimenti immobiliari delle banche vedi la Deliberazione CICR 22/4/1995, di attuazione del presente comma.

** Comma abrogato dall'art. 1, co. 19, lett. c), d.lg. 12/5/2015, n. 72. Vedi inoltre, l'art. 2 del d.lg. 12/5/2015, n. 72.

(7) Comma modificato dall'art. 9.15 del d.lg. 17/1/2003, n. 6, nel testo introdotto dall'art. 2 del d.lg. 6/2/2004, n. 37, e successivamente sostituito dall'art. 8 della l. 28/12/2005, n. 262 e dall'art. 1, co. 4, d.lg. 29/12/2006, n. 303 e da ultimo, dall'art. 1, co. 19, lett. d), d.lg. 12/5/2015, n. 72. Vedi inoltre, l'art. 2 del d.lg. 12/5/2015, n. 72.

*** Comma aggiunto dall'art. 8 della l. 28/12/2005, n. 262 e successivamente abrogato dall'art. 1, co. 4, d.lg. 29/12/2006, n. 303.

(8) Comma inserito dall'art. 8 della l. 28/12/2005, n. 262.

(9) Comma inserito dall'art. 8 della l. 28/12/2005, n. 262 e successivamente modificato dall'art. 1, co. 4, d.lg. 29/12/2006, n. 303 e dall'art. 1, co. 19, lett. e), d.lg. 12/5/2015, n. 72. Vedi inoltre, l'art. 2 del d.lg. 12/5/2015, n. 72.

(10) Comma inserito dall'art. 1, co. 19, lett. f), d.lg. 12/5/2015, n. 72. Vedi inoltre, l'art. 2 del d.lg. 12/5/2015, n. 72.

53 bis. Poteri di intervento (1). – 1. La Banca d'Italia può:

a) convocare gli amministratori, i sindaci e il personale delle banche;

b) ordinare la convocazione degli organi collegiali delle banche, fissandone l'ordine del giorno, e proporre l'assunzione di determinate decisioni;

c) procedere direttamente alla convocazione degli organi collegiali delle banche quando gli organi competenti non abbiano ottemperato a quanto previsto dalla lettera b);

d) adottare per le materie indicate nell'articolo 53, comma 1, ove la situazione lo richieda, provvedimenti specifici nei confronti di una o più banche o dell'intero sistema bancario riguardanti anche:

l'imposizione di un requisito di fondi propri aggiuntivi (2);

la restrizione delle attività o della struttura territoriale;

il divieto di effettuare determinate operazioni, anche di natura societaria, e di distribuire utili o altri elementi del patrimonio, nonché, con riferimento a strumenti finanziari computabili nel patrimonio a fini di vigilanza, il divieto di pagare interessi;

la fissazione di limiti all'importo totale della parte variabile delle remunerazioni nella banca, quando sia necessario per il mantenimento di una solida base patrimoniale; per le banche che beneficiano di eccezionali interventi di sostegno pubblico, possono inoltre essere fissati limiti alla remunerazione complessiva degli esponenti aziendali (3);

e) disporre, qualora la loro permanenza in carica sia di pregiudizio per la sana e prudente gestione della banca, la rimozione di uno o più esponenti aziendali; la rimozione non è disposta ove ricorrano gli estremi per pronunciare la decadenza ai sensi dell'articolo 26, salvo che sussista urgenza di provvedere.

2. La Banca d'Italia può altresì convocare gli amministratori, i sindaci e il personale dei soggetti ai quali siano state esternalizzate funzioni aziendali [essenziali o importanti] (2).

(1) Articolo aggiunto dall'art. 1, co. 20, d.lg. 12/5/2015, n. 72. Vedi inoltre, l'art. 2 del d.lg. 12/5/2015, n. 72.

(2) Comma modificato dall'art. 1, co. 13, lett. a), d.lg. 8/11/2021, n. 182.

(3) Lettera modificata dall'art. 1, co. 14, d.lg. 14/11/2016, n. 223.

53 ter. Misure macroprudenziali (1). – 1. La Banca d'Italia è autorità nazionale designata per l'adozione delle misure richiamate dall'articolo 5 del regolamento (UE) n. 1024/2013.

2. I poteri di vigilanza attribuiti alla Banca d'Italia dal presente decreto legislativo possono essere esercitati, per finalità macroprudenziali, anche nei confronti di soggetti significativi.

(1) Articolo aggiunto dall'art. 1, co. 20, d.lg. 12/5/2015, n. 72 e successivamente sostituito dall'art. 1, co. 15, d.lg. 14/11/2016, n. 223. Vedi inoltre, l'art. 2 del d.lg. 12/5/2015, n. 72.

54. Vigilanza ispettiva. – 1. La Banca d'Italia può effettuare ispezioni presso le banche e i soggetti ai quali esse abbiano esternalizzato funzioni aziendali [essenziali o importanti] e richiedere l'esibizione di documenti e gli atti che ritenga necessari (1).

2. La Banca d'Italia può richiedere alle autorità competenti di uno Stato dell'Unione europea che esse effettuino accertamenti presso succursali di banche italiane stabilite nel territorio di detto Stato ovvero concordare altre modalità delle verifiche (1).

3. Le autorità competenti di uno Stato comunitario, dopo aver informato la Banca d'Italia, possono ispezionare, anche tramite persone da esse incaricate, le succursali stabilite nel territorio della Repubblica di banche dalle stesse autorizzate. Se le autorità competenti di uno Stato comunitario lo richiedono, la Banca d'Italia può procedere direttamente agli accertamenti ovvero concordare altre modalità delle verifiche.

4. A condizione di reciprocità, la Banca d'Italia può concordare con le autorità competenti degli Stati terzi modalità per l'ispezione di succursali di banche insediate nei rispettivi territori (2).

5. La Banca d'Italia dà notizia alla CONSOB delle comunicazioni ricevute ai sensi del comma 3 (3).

(1) Comma sostituito dall'art. 1, co. 21, d.lg. 12/5/2015, n. 72. Vedi inoltre, l'art. 2 del d.lg. 12/5/2015, n. 72. Comma, poi modificato dall'art. 1, co. 14, lett. a), d.lg. 8/11/2021, n. 182.

(2) Comma modificato dall'art. 1, co. 8, d.lg. 16/11/2015, n. 181.

(3) Vedi l'art. 1, co. 1, d.l. 14/3/2014, n. 25, conv., con modif., dalla l. 12/5/2014, n. 75.

55. Controlli sulle succursali in Italia di banche dell'Unione europea (1). – 1. La Banca d'Italia esercita controlli sulle succursali di banche dell'Unione europea nel territorio della Repubblica, con le modalità da essa stabilite (2).

(1) Rubrica modificata dall'art. 1, co. 15, d.lg. 8/11/2021, n. 182.

(2) Comma sostituito dall'art. 1, co. 22, d.lg. 12/5/2015, n. 72. Vedi inoltre, l'art. 2 del d.lg. 12/5/2015, n. 72. Comma poi modificato dall'art. 1, co. 15, d.lg. 8/11/2021, n. 182.

56. Modificazioni statutarie. – 1. La Banca d'Italia accerta che le modificazioni degli statuti delle banche non contrastino con una sana e prudente gestione (1).

2. Non si può dare corso al procedimento per l'iscrizione nel registro delle imprese se non consti l'accertamento previsto dal comma 1.

(1) Vedi le disposizioni di cui all'art. 4, co. 14, l. 24/12/2003, n. 350.

57. Fusioni e scissioni. – 1. La Banca d'Italia autorizza le fusioni e le scissioni alle quali prendono parte banche quando non contrastino con il criterio di una sana e prudente gestione; l'autorizzazione non è necessaria quando l'operazione richiede l'autorizzazione della BCE ai sensi dell'articolo 14. È fatta salva l'applicazione delle disposizioni previste dal decreto legislativo 20 novembre 1990, n. 356 (1).

2. Non si può dare corso all'iscrizione nel registro delle imprese del progetto di fusione o di scissione e della deliberazione assembleare che abbia apportato modifiche al relativo progetto se non consti l'autorizzazione di cui al comma 1 (2).

3. Il termine previsto dall'art. 2503, primo comma, del codice civile è ridotto a quindici giorni.

4. I privilegi e le garanzie di qualsiasi tipo, da chiunque prestate o comunque esistenti, a favore di banche incorporate da altre banche, di banche partecipanti a fusioni con costituzione di nuove banche ovvero di banche scisse conservano la loro validità e il loro grado, senza bisogno di alcuna formalità o annotazione, a favore, rispettivamente, della banca incorporante, della banca risultante dalla fusione o della banca beneficiaria del trasferimento per scissione.

(1) Comma modificato dall'art. 1, co. 16, d.lg. 14/11/2016, n. 223.

(2) Comma sostituito dall'art. 9.16 del d.lg. 17/1/2003, n. 6, nel testo introdotto dall'art. 2 del d.lg. 6/2/2004, n. 37. Vedi la disciplina transitoria di cui all'art. 6 del medesimo d.lg. n. 37/2004.

58. Cessione di rapporti giuridici (1). – 1. La Banca d'Italia emana istruzioni per la cessione a banche di aziende, di rami d'azienda, di beni e rapporti giuridici individuabili in blocco. Le istruzioni possono prevedere che le operazioni di maggiore rilevanza siano sottoposte ad autorizzazione della Banca d'Italia.

2. La banca cessionaria dà notizia dell'avvenuta cessione mediante iscrizione nel registro delle imprese e pubblicazione nella Gazzetta Ufficiale della Repubblica italiana. La Banca d'Italia può stabilire forme integrative di pubblicità (2).

3. I privilegi e le garanzie di qualsiasi tipo, da chiunque prestate o comunque esistenti a favore del cedente, nonché le trascrizioni nei pubblici registri degli atti di acquisto dei beni oggetto di locazione finanziaria compresi nella cessione conservano la loro validità e il loro grado a favore del cessionario, senza bisogno di alcuna formalità o annotazione. Restano altresì applicabili le discipline speciali, anche di carattere processuale, previste per i crediti ceduti (3).

4. Nei confronti dei debitori ceduti gli adempimenti pubblicitari previsti dal comma 2 producono gli effetti indicati dall'art. 1264 del codice civile.

5. I creditori ceduti hanno facoltà, entro tre mesi dagli adempimenti pubblicitari previsti dal comma 2, di esigere dal

cedente o dal cessionario l'adempimento delle obbligazioni oggetto di cessione. Trascorso il termine di tre mesi, il cessionario risponde in via esclusiva.

6. Coloro che sono parte dei contratti ceduti possono recedere dal contratto entro tre mesi dagli adempimenti pubblicitari previsti dal comma 2 se sussiste una giusta causa, salvo in questo caso la responsabilità del cedente.

7. Le disposizioni del presente articolo si applicano anche alle cessioni in favore dei soggetti, diversi dalle banche, inclusi nell'ambito della vigilanza consolidata ai sensi degli articoli 65 e 109 e in favore degli intermediari finanziari previsti dall'articolo 106 (4).

(1) Rubrica sostituita dall'art. 12 del d.lg. 4/8/1999, n. 342.

(2) Comma sostituito dall'art. 9.17 del d.lg. 17/1/2003, n. 6, nel testo introdotto dall'art. 2 del d.lg. 6/2/2004, n. 37. Vedi la disciplina transitoria di cui all'art. 6 del medesimo d.lg. n. 37/2004.

(3) Comma sostituito dall'art. 12 del d.lg. 4/8/1999, n. 342.

(4) Comma aggiunto dall'art. 12 del d.lg. 4/8/1999, n. 342 e successivamente sostituito dall'art. 8, co. 1, d.lg. 13/8/2010, n. 141.

Capo II
Vigilanza su base consolidata (1)

(1) A norma dell'art. 3, co. 6, d.lg. 8/11/2021, n. 182 fino all'entrata in vigore delle disposizioni della Banca d'Italia di attuazione del presente Titolo come modificato dal d.lg. 1/9/1993, n. 385, continua ad applicarsi il Titolo III, Capo II, Sezioni I e II nella versione precedente alle modifiche apportate dal medesimo decreto n. 182/2021 e la relativa disciplina attuativa. Dalla data di entrata in vigore delle disposizioni di attuazione previste art. 3, co. 6, d.lg. 8/11/2021, n. 182, le disposizioni normative che rinviano o comunque fanno riferimento a norme modificate o sostituite del Titolo III, Capo II, Sezioni I e II, del d.lg. 1/9/1993, n. 385, si intendono riferite al Titolo III, Capo II, Sezioni I e II, del d.lg. 1/9/1993, n. 385, come modificato dal medesimo decreto, in quanto compatibili.

59. Definizioni. – 1. Ai fini del presente capo:

a) il controllo sussiste nei casi previsti dall'articolo 23;

b) per «società finanziarie» si intendono le società indicate nell'articolo 4, paragrafo 1, punto 26, del regolamento (UE) n. 575/2013;

b-bis) per «società di partecipazione finanziaria mista» si intendono le società di cui all'articolo 1, comma 1, lettera v), del decreto legislativo 30 maggio 2005, n. 142;

b-ter) per «società di partecipazione finanziaria» si intendono le società indicate nell'articolo 4, paragrafo 1, punto 20, del regolamento (UE) n. 575/2013;

c) per «società strumentali» si intendono le società indicate nell'articolo 4, paragrafo 1, punto 18, del regolamento (UE) n. 575/2013;

d) per «coordinatore del conglomerato finanziario» si intende l'autorità indicata nell'articolo 5 del decreto legislativo 30 maggio 2005, n. 142 (1);

b-bis) per 'di partecipazione finanziaria mista' si intendono le società di cui all'articolo 1, comma 1, lettera v), del decreto legislativo 30 maggio 2005, n. 142 (2);

c) per "società strumentali" si intendono le società che esercitano, in via esclusiva o prevalente, attività che hanno carattere ausiliario dell'attività delle società del gruppo, comprese quelle consistenti nella proprietà e nell'amministrazione di immobili e nella gestione di servizi anche informatici (3);

*1-bis. Le disposizioni del presente capo relative alle banche si applicano anche agli istituti di moneta elettronica**.

(1) Comma modificato dall'art. 44 del d.lg. 28/12/2004, n. 310, dall'art. 1, co. 1, lett. c), d.l. 27/12/2006, n. 297, dall'art. 1, co. 23, d.lg. 12/5/2015, n. 72 e successivamente sostituito dall'art. 1, co. 16, d.lg. 8/11/2021, n. 182.

(2) Lettera aggiunta dall'art. 2, co. 1, d.lg. 4/3/2014, n. 53.

(3) Lettera sostituita dall'art. 1, co. 1, lett. c), d.l. 27/12/2006, n. 297. Vedi disposizioni di cui all'art. 6 della l. 13/5/1999, n. 133.

* Comma aggiunto dall'art. 1, co. 1, lett. c), d.l. 27/12/2006, n. 297 e successivamente abrogato dall'art. 2, co. 1, d.lg. 16/4/2012, n. 45.

Sezione I
Gruppo bancario (1)

(1) A norma dell'art. 3, co. 6, d.lg. 8/11/2021, n. 182 fino all'entrata in vigore delle disposizioni della Banca d'Italia di attuazione del presente Titolo come modificato dal d.lg. 1/9/1993, n. 385, continua ad applicarsi il Titolo III, Capo II, Sezioni I e II nella versione precedente alle modifiche apportate dal medesimo decreto n. 182/2021 e la relativa disciplina attuativa. Dalla data di entrata in vigore delle disposizioni di attuazione previste art. 3, co. 6, d.lg. 8/11/2021, n. 182, le disposizioni normative che rinviano o comunque fanno riferimento a norme modificate o sostituite del Titolo III, Capo II, Sezioni I e II, del d.lg. 1/9/1993, n. 385, si intendono riferite al Titolo III, Capo II, Sezioni I e II, del d.lg. 1/9/1993, n. 385, come modificato dal medesimo decreto, in quanto compatibili.

60. Composizione (1). – 1. Il gruppo bancario è composto dalla capogruppo e dalle società bancarie, finanziarie e strumentali da questa controllate.

2. Capogruppo del gruppo bancario è:

a) la banca italiana che non sia a sua volta controllata da un'altra banca italiana o da una società di partecipazione finanziaria o società di partecipazione finanziaria mista con sede legale in Italia o in un altro Stato dell'Unione europea che possa essere considerata capogruppo ai sensi del presente articolo; o

b) la società di partecipazione finanziaria o la società di partecipazione finanziaria mista avente sede legale in Italia o in un altro Stato dell'Unione europea che non sia a sua volta controllata da una banca italiana o da un'altra società di partecipazione finanziaria o società di partecipazione finanziaria mista con sede legale in Italia o in un altro Stato dell'Unione europea che possa essere considerata capogruppo ai sensi del presente articolo, quando nell'insieme delle società controllate vi siano solo banche italiane oppure quando il totale dell'attivo delle banche italiane controllate sia maggiore di quello delle banche controllate in ciascuno Stato dell'Unione europea diverso dall'Italia oppure quando Banca d'Italia sia altrimenti nominata autorità di vigilanza su base consolidata; o

c) la società di partecipazione finanziaria o la società di partecipazione finanziaria mista con sede legale in Italia, ricompresa nella vigilanza su base consolidata di competenza delle autorità di vigilanza di un altro Stato dell'Unione europea, che non sia a sua volta controllata da una banca italiana o da un'altra società di partecipazione finanziaria o società di partecipazione finanziaria mista con sede legale in Italia e che controlli almeno una banca italiana (2).

(1) A norma dell'art. 3, co. 6, d.lg. 8/11/2021, n. 182 fino all'entrata in vigore delle disposizioni della Banca d'Italia di attuazione del presente Titolo come modificato dal d.lg. 1/9/1993, n. 385, continua ad applicarsi il Titolo III, Capo II, Sezioni I e II nella versione precedente alle modifiche apportate dal medesimo decreto n. 182/2021 e la relativa disciplina attuativa. Dalla data di entrata in vigore delle disposizioni di attuazione previste art. 3, co. 6, d.lg. 8/11/2021, n. 182, le disposizioni normative che rinviano o comunque fanno riferimento a norme modificate o sostituite del Titolo III, Capo II, Sezioni I e II, del d.lg. 1/9/1993, n. 385, si intendono riferite al Titolo III, Capo II, Sezioni I e II, del d.lg. 1/9/1993, n. 385, come modificato dal medesimo decreto, in quanto compatibili.

(2) Articolo modificato dall'art. 1, co. 1, lett. d), d.l. 27/12/2006, n. 297, dall'art. 2, co. 2, d.lg. 4/3/2014, n. 53, dall'art. 1, co. 24, d.lg. 12/5/2015, n. 72, e successivamente sostituito dall'art. 1, co. 17, d.lg. 8/11/2021, n. 182.

60 bis. Autorizzazione delle società di partecipazione finanziaria e delle società di partecipazione finanziaria mista capogruppo (1). – 1. Le società di partecipazione finanziaria e le società di partecipazione finanziaria mista indicate nell'articolo 60, comma 2, lettere b) e c), richiedono l'autorizzazione ad assumere la qualifica di capogruppo, salvo che presentino istanza di esenzione ai sensi del comma 3. L'autorizzazione è rilasciata e l'esenzione è concessa dalla Banca d'Italia congiuntamente, a seconda dei casi, con la diversa autorità competente per la vigilanza consolidata o con l'autorità competente dello Stato dell'Unione europea in cui ha sede legale la società di partecipazione finanziaria o la società di partecipazione finanziaria mista.

2. L'autorizzazione è rilasciata quando ricorrono tutte le seguenti condizioni:

a) gli assetti organizzativi e di controllo e l'articolazione dei compiti nell'ambito del gruppo assicurano il coordinamento efficace dei soggetti del gruppo di appartenenza, la prevenzione e la gestione dei conflitti di interesse e il rispetto delle norme che disciplinano l'attività bancaria su base consolidata;

b) la struttura del gruppo non ostacola l'effettivo esercizio della vigilanza su base individuale e consolidata delle banche del gruppo di appartenenza;

c) i soggetti che detengono nella società di partecipazione finanziaria o nella società di partecipazione finanziaria mista le partecipazioni indicate dall'articolo 19 soddisfano le condizioni ivi previste;

d) i soggetti che svolgono funzioni di amministrazione, direzione e controllo nella società di partecipazione finanziaria o nella società di partecipazione finanziaria mista sono idonei ai sensi dell'articolo 26;

e) non sussistono, tra la società di partecipazione finanziaria o la società di partecipazione finanziaria mista e i soggetti del gruppo di appartenenza e altri soggetti, stretti legami che ostacolino l'effettivo esercizio delle funzioni di vigilanza.

3. In deroga al comma 1, le società di partecipazione finanziaria o le società di partecipazione finanziaria mista indicate all'articolo 60, comma 2, lettere b) e c), possono presentare istanza di esenzione quando ricorrono tutte le seguenti condizioni:

a) la società di partecipazione finanziaria esercita in via esclusiva o prevalente l'attività di assunzione di partecipazioni di controllo ovvero la società di partecipazione finanziaria mista esercita in via esclusiva o prevalente l'attività di assunzione di partecipazioni di controllo in relazione a società bancarie e finanziarie;

b) la società di partecipazione finanziaria o la società di partecipazione finanziaria mista non è stata designata come ente sottoposto a risoluzione ai sensi del decreto legislativo 16 novembre 2015, n. 180;

c) è designata una banca avente sede legale in Italia per l'esercizio delle funzioni di direzione e coordinamento indicate all'articolo 61 e a questa sono assegnati i poteri e le risorse necessari per assicurare il rispetto delle norme che disciplinano l'attività bancaria su base consolidata;

d) lo statuto prevede espressamente che alla società di partecipazione finanziaria o alla società di partecipazione finanziaria mista è preclusa l'assunzione delle funzioni di direzione e coordinamento del gruppo bancario o la possibilità di assumere decisioni su aspetti gestionali, operativi e finanziari che incidono sul gruppo o sulle società bancarie e finanziarie controllate;

e) non vi sono ostacoli all'effettivo esercizio delle funzioni di vigilanza su base consolidata.

4. La società di partecipazione finanziaria o la società di partecipazione finanziaria mista chiede l'autorizzazione a norma del presente articolo se vengono meno le condizioni per l'esenzione previste dal comma 3.

5. La revoca dell'autorizzazione è disposta nei seguenti casi:

a) sono venute meno le condizioni in base alle quali l'autorizzazione è stata rilasciata;

b) l'autorizzazione è stata ottenuta presentando false dichiarazioni;

c) è disposta la liquidazione coatta amministrativa ai sensi dell'articolo 99.

6. Nei casi indicati all'articolo 60, comma 2, lettera b), la Banca d'Italia, in qualità di autorità di vigilanza consolidata sul gruppo bancario, rilascia e revoca l'autorizzazione indicata al comma 2 ovvero concede l'esenzione indicata al comma 3 congiuntamente con l'autorità competente dello Stato dell'Unione europea in cui ha sede legale la società di partecipazione finanziaria o la società di partecipazione finanziaria mista, se diverso dall'Italia.

7. Nei casi indicati all'articolo 60, comma 2, lettera c), la Banca d'Italia rilascia e revoca l'autorizzazione indicata al comma 2 ovvero concede l'esenzione indicata al comma 3 congiuntamente con l'autorità dello Stato dell'Unione europea competente per la vigilanza consolidata.

8. Qualora una decisione congiunta ai sensi dei commi 6 o 7 non venga adottata per disaccordo delle autorità entro due mesi dalla presentazione dell'istanza, la questione è trasmessa all'ABE per l'avvio della procedura per la risoluzione delle controversie con le autorità di vigilanza degli altri Stati membri in situazioni transfrontaliere.

9. La Banca d'Italia emana disposizioni attuative del presente articolo, con particolare riguardo alla procedura di autorizzazione ed esenzione, alle modalità di presentazione dell'istanza, al coordinamento con l'autorizzazione prevista dall'articolo 19, ai criteri di valutazione delle condizioni previste dai commi 2 e 3, alle ipotesi di revoca dell'autorizzazione previste dal comma 5.

10. Nel caso di società di partecipazione finanziaria o di società di partecipazione finanziaria mista avente sede in uno Stato dell'Unione europea diverso dall'Italia, ai fini del presente articolo si applicano le corrispondenti disposizioni di attuazione della direttiva 2013/36/UE in vigore nello Stato dell'Unione europea in cui ha sede legale la società di partecipazione finanziaria o la società di partecipazione finanziaria mista.

(1) Articolo inserito dall'art. 1, co. 18, d.lg. 8/11/2021, n. 182.

• A norma dell'art. 3, co. 6, d.lg. 8/11/2021, n. 182 fino all'entrata in vigore delle disposizioni della Banca d'Italia di attuazione del presente Titolo come modificato dal d.lg. 1/9/1993, n. 385, continua ad applicarsi il Titolo III, Capo II, Sezioni I e II nella versione precedente alle modifiche apportate dal medesimo decreto n. 182/2021 e la relativa disciplina attuativa. Dalla data di entrata in vigore delle disposizioni di attuazione previste art. 3, co. 6, d.lg. 8/11/2021, n. 182, le disposizioni normative che rinviano o comunque fanno riferimento a norme modificate o sostituite del Titolo III, Capo II, Sezioni I e II, del d.lg. 1/9/1993, n. 385, si intendono riferite al Titolo III, Capo II, Sezioni I e II, del d.lg. 1/9/1993, n. 385, come modificato dal medesimo decreto, in quanto compatibili.

61. Ruolo della capogruppo (1). – 1. La capogruppo esercita le funzioni di direzione e coordinamento del gruppo bancario, assicurando, tra l'altro, il rispetto delle norme che disciplinano l'attività bancaria su base consolidata (2).

2. La società finanziaria è considerata capogruppo quando nell'insieme delle società da essa controllate abbiano rilevanza determinante, secondo quanto stabilito dalla Banca d'Italia in conformità delle deliberazioni del CICR, quelle bancarie, finanziarie e strumentali.*

3. Ferma restando la specifica disciplina dell'attività bancaria, la capogruppo è soggetta ai controlli di vigilanza previsti dal presente Capo (3).

4. La capogruppo emana disposizioni alle componenti del gruppo per assicurare il rispetto e l'esecuzione dei provvedimenti di carattere generale e particolare impartiti dalla Banca d'Italia nell'interesse della stabilità del gruppo. Gli amministratori delle società del gruppo sono tenuti a fornire ogni

dato e informazione per l'emanazione delle disposizioni e la necessaria collaborazione per il rispetto delle norme sulla vigilanza su base consolidata (4).

5. Alla società di partecipazione finanziaria e alla società di partecipazione finanziaria mista capogruppo si applicano gli articoli 51, comma 1-bis, 52, 52-bis e 52-ter nonché le disposizioni del titolo II, capi III e IV salvo quanto previsto dall'articolo 67-bis. Nei confronti delle altre società appartenenti al gruppo bancario e dei titolari di partecipazioni nelle medesime società sono attribuiti alla Banca d'Italia i poteri previsti dall'articolo 21 (4).

(1) Rubrica sostituita dall'art. 1, co. 19, lett. a), d.lg. 8/11/2021, n. 182.

• A norma dell'art. 3, co. 6, d.lg. 8/11/2021, n. 182 fino all'entrata in vigore delle disposizioni della Banca d'Italia di attuazione del presente Titolo come modificato dal d.lg. 1/9/1993, n. 385, continua ad applicarsi il Titolo III, Capo II, Sezioni I e II nella versione precedente alle modifiche apportate dal medesimo decreto n. 182/2021 e la relativa disciplina attuativa. Dalla data di entrata in vigore delle disposizioni di attuazione previste art. 3, co. 6, d.lg. 8/11/2021, n. 182, le disposizioni normative che rinviano o comunque fanno riferimento a norme modificate o sostituite del Titolo III, Capo II, Sezioni I e II, del d.lg. 1/9/1993, n. 385, si intendono riferite al Titolo III, Capo II, Sezioni I e II, del d.lg. 1/9/1993, n. 385, come modificato dal medesimo decreto, in quanto compatibili.

(2) Comma modificato dall'art. 1, co. 1, lett. e), d.l. 27/12/2006, n. 297, conv., con modif., in l. 23/2/2007, n. 15 sostituito dall'art. 2, co. 1, lett. a), d.lg. 4/3/2014, n. 53 e successivamente dall'art. 1, co. 19, lett. b), d.lg. 8/11/2021, n. 182.

* Comma abrogato dall'art. 1, co. 1, lett. e), d.l. 27/12/2006, n. 297, conv., con modif., in l. 23/2/2007, n. 15.

(3) Comma sostituito dall'art. 1, co. 19, lett. c), d.lg. 8/11/2021, n. 182.

(4) Comma sostituito dall'art. 9.18 del d.lg. 17/1/2003, n. 6, nel testo introdotto dall'art. 2 del d.lg. 6/2/2004, n. 37. Vedi la disciplina transitoria di cui all'art. 6 del medesimo d.lg. n. 37/2004. Successivamente il presente comma è stato modificato dall'art. 2, co. 1, lett. b), d.lg. 4/3/2014, n. 53, poi sostituito dall'art. 1, co. 19, lett. d), d.lg. 8/11/2021, n. 182.

62. Idoneità degli esponenti*. – *1. Ai soggetti che svolgono funzioni di amministrazione, direzione e controllo presso la società finanziaria e la società di partecipazione finanziaria mista capogruppo si applica l'articolo 26 e le relative disposizioni attuative, salvo quanto previsto dall'articolo 67-bis.*

* Articolo modificato dall'art. 9.19 del d.lg. 17/1/2003, n. 6, nel testo introdotto dall'art. 2 del d.lg. 6/2/2004, n. 37, dall'art. 2, co. 4, d.lg. 4/3/2014, n. 53 e successivamente sostituito dall'art. 1, co. 25, d.lg. 12/5/2015, n. 72. Vedi inoltre, l'art. 2 del d.lg. 12/5/2015, n. 72. Articolo abrogato dall'art. 1, co. 65, d.lg. 8/11/2021, n. 182.

• A norma dell'art. 3, co. 6, d.lg. 8/11/2021, n. 182 fino all'entrata in vigore delle disposizioni della Banca d'Italia di attuazione del presente Titolo come modificato dal d.lg. 1/9/1993, n. 385, continua ad applicarsi il Titolo III, Capo II, Sezioni I e II nella versione precedente alle modifiche apportate dal medesimo decreto n. 182/2021 e la relativa disciplina attuativa. Dalla data di entrata in vigore delle disposizioni di attuazione previste art. 3, co. 6, d.lg. 8/11/2021, n. 182, le disposizioni normative che rinviano o comunque fanno riferimento a norme modificate o sostituite del Titolo III, Capo II, Sezioni I e II, del d.lg. 1/9/1993, n. 385, si intendono riferite al Titolo III, Capo II, Sezioni I e II, del d.lg. 1/9/1993, n. 385, come modificato dal medesimo decreto, in quanto compatibili.

• A norma dell'art. 3, co. 7, d.lg. 8/11/2021, n. 182 dalla data di entrata in vigore delle disposizioni di attuazione previste dall'art. 3, co. 6, d.lg. 8/11/2021, n. 182 ogni riferimento agli artt. 62 e 63 del presente decreto si intendono effettuati all'art. 61 del presente decreto nella versione precedente alle modifiche apportate dal medesimo d.lg. n. 182/2021.

63. Partecipazioni*. – *1. Alle società finanziarie e alle società di partecipazione finanziaria mista capogruppo si applicano le disposizioni del titolo II, capi III e IV salvo quanto previsto dall'articolo 67-bis* (1). *2. Nei confronti delle altre società appartenenti al gruppo bancario e dei titolari di partecipazioni nelle medesime società sono attribuiti alla Banca d'Italia i poteri previsti dall'articolo 21.*

* Articolo modificato dall'art. 13 del d.lg. 4/8/1999, n. 342, e successivamente sostituito dall'art. 9.20 del d.lg. 17/1/2003, n. 6, nel testo introdotto dall'art. 2 del d.lg. 6/2/2004, n. 37. Vedi la disciplina transitoria di cui all'art. 6 del medesimo d.lg. n. 37/2004. Articolo, in fine, abrogato dall'art. 1, co. 66, d.lg. 8/11/2021, n. 182.

• A norma dell'art. 3, co. 6, d.lg. 8/11/2021, n. 182 fino all'entrata in vigore delle disposizioni della Banca d'Italia di attuazione del presente Titolo come modificato dal d.lg. 1/9/1993, n. 385, continua ad applicarsi il Titolo III, Capo II, Sezioni I e II nella versione precedente alle modifiche apportate dal medesimo decreto n. 182/2021 e la relativa disciplina attuativa. Dalla data di entrata in vigore delle disposizioni di attuazione previste art. 3, co. 6, d.lg. 8/11/2021, n. 182, le disposizioni normative che rinviano o comunque fanno riferimento a norme modificate o sostituite del Titolo III, Capo II, Sezioni I e II, del d.lg. 1/9/1993, n. 385, si intendono riferite al Titolo III, Capo II, Sezioni I e II, del d.lg. 1/9/1993, n. 385, come modificato dal medesimo decreto, in quanto compatibili.

• A norma dell'art. 3, co. 7, d.lg. 8/11/2021, n. 182 dalla data di entrata in vigore delle disposizioni di attuazione previste dall'art. 3, co. 6, d.lg. 8/11/2021, n. 182 ogni riferimento agli artt. 62 e 63 del presente decreto si intendono effettuati all'art. 61 del presente decreto nella versione precedente alle modifiche apportate dal medesimo d.lg. n. 182/2021.

(1) Comma modificato dall'art. 45 del d.lg. 28/12/2004, n. 310 e successivamente dall'art. 2, co. 5, d.lg. 4/3/2014, n. 53.

64. Albo (1). – 1. Il gruppo bancario è iscritto in un apposito albo tenuto dalla Banca d'Italia.

2. La capogruppo comunica alla Banca d'Italia l'esistenza del gruppo bancario e la sua composizione aggiornata.

3. La Banca d'Italia può procedere d'ufficio all'accertamento dell'esistenza di un gruppo bancario e alla sua iscrizione nell'albo e può determinare la composizione del gruppo bancario anche in difformità da quanto comunicato dalla capogruppo. Nei casi in cui la capogruppo sia una società di partecipazione finanziaria o una società di partecipazione finanziaria mista, l'iscrizione nell'albo è subordinata all'autorizzazione indicata all'articolo 60-bis (2).

4. Le società appartenenti al gruppo indicano negli atti e nella corrispondenza l'iscrizione nell'albo.

5. La Banca d'Italia disciplina gli adempimenti connessi alla tenuta e all'aggiornamento dell'albo.

(1) A norma dell'art. 3, co. 6, d.lg. 8/11/2021, n. 182 fino all'entrata in vigore delle disposizioni della Banca d'Italia di attuazione del presente Titolo come modificato dal d.lg. 1/9/1993, n. 385, continua ad applicarsi il Titolo III, Capo II, Sezioni I e II nella versione precedente alle modifiche apportate dal medesimo decreto n. 182/2021 e la relativa disciplina attuativa. Dalla data di entrata in vigore delle disposizioni di attuazione previste art. 3, co. 6, d.lg. 8/11/2021, n. 182, le disposizioni normative che rinviano o comunque fanno riferimento a norme modificate o sostituite del Titolo III, Capo II, Sezioni I e II, del d.lg. 1/9/1993, n. 385, si intendono riferite al Titolo III, Capo II, Sezioni I e II, del d.lg. 1/9/1993, n. 385, come modificato dal medesimo decreto, in quanto compatibili.

(2) Comma modificato dall'art. 1, co. 20, d.lg. 8/11/2021, n. 182.

Sezione II
Ambito ed esercizio della vigilanza (1)

(1) A norma dell'art. 3, co. 6, d.lg. 8/11/2021, n. 182 fino all'entrata in vigore delle disposizioni della Banca d'Italia di attuazione del presente Titolo come modificato dal d.lg. 1/9/1993, n. 385, continua ad applicarsi il Titolo III, Capo II, Sezioni I e II nella versione precedente alle modifiche apportate dal medesimo decreto n.

182/2021 e la relativa disciplina attuativa. Dalla data di entrata in vigore delle disposizioni di attuazione previste art. 3, co. 6, d.lg. 8/11/2021, n. 182, le disposizioni normative che rinviano o comunque fanno riferimento a norme modificate o sostituite del Titolo III, Capo II, Sezioni I e II, del d.lg. 1/9/1993, n. 385, si intendono riferite al Titolo III, Capo II, Sezioni I e II, del d.lg. 1/9/1993, n. 385, come modificato dal medesimo decreto, in quanto compatibili.

(5) Lettera inserita dall'art. 1, co. 21, lett. b), punto 2), d.lg. 8/11/2021, n. 182.

(6) Lettera inserita dall'art. 1, co. 21, lett. c), d.lg. 8/11/2021, n. 182.

65. Soggetti inclusi nell'ambito della vigilanza su base consolidata (1). – 1. La Banca d'Italia esercita la vigilanza su base consolidata nei confronti dei seguenti soggetti:

a) società appartenenti a un gruppo bancario;

b) società bancarie, finanziarie e strumentali partecipate almeno per il venti per cento dalle società appartenenti a un gruppo bancario o da una singola banca (2);

c) società bancarie, finanziarie e strumentali non comprese in un gruppo bancario, ma controllate dalla persona fisica o giuridica che controlla un gruppo bancario ovvero una singola banca;

*d) società finanziarie, aventi sede legale in un altro Stato comunitario, che controllano una capogruppo o una singola banca italiana, sempreché tali società siano incluse nella vigilanza consolidata di competenza della Banca d'Italia ai sensi dell'art. 69; e) società bancarie, finanziarie e strumentali controllate dai soggetti di cui alla lettera d); f) società bancarie, finanziarie e strumentali partecipate almeno per il 20%, anche congiuntamente, dai soggetti indicati nelle lettere d) ed e); g) società finanziarie, diverse dalla capogruppo e dalle società indicate nella lettera d), che controllano almeno una banca**;

h) società che, [fermo restando quanto previsto dall'articolo 19, comma 6], controllano almeno una banca (3);

i) società diverse da quelle bancarie, finanziarie e strumentali quando siano controllate da una singola banca ovvero quando società appartenenti a un gruppo bancario ovvero soggetti indicati nella lettera h) detengano, anche congiuntamente, una partecipazione di controllo (4);

i-bis) società di partecipazione finanziaria o società di partecipazione finanziaria mista esentate ai sensi dell'articolo 60-bis, comma 3 (5);

i-ter) società, diverse da quelle indicate alle lettere precedenti, incluse nel perimetro di consolidamento prudenziale ai sensi dell'articolo 18 del regolamento (UE) n. 575/2013 e relative disposizioni attuative.

2. Nei confronti dei soggetti inclusi nell'ambito della vigilanza su base consolidata resta ferma l'applicazione di norme specifiche in tema di controlli e di vigilanza, secondo la disciplina vigente (6).

(1) Rubrica sostituita dall'art. 1, co. 21, lett. a), d.lg. 8/11/2021, n. 182.

• A norma dell'art. 3, co. 6, d.lg. 8/11/2021, n. 182 fino all'entrata in vigore delle disposizioni della Banca d'Italia di attuazione del presente Titolo come modificato dal d.lg. 1/9/1993, n. 385, continua ad applicarsi il Titolo III, Capo II, Sezioni I e II nella versione precedente alle modifiche apportate dal medesimo decreto n. 182/2021 e la relativa disciplina attuativa. Dalla data di entrata in vigore delle disposizioni di attuazione previste art. 3, co. 6, d.lg. 8/11/2021, n. 182, le disposizioni normative che rinviano o comunque fanno riferimento a norme modificate o sostituite del Titolo III, Capo II, Sezioni I e II, del d.lg. 1/9/1993, n. 385, si intendono riferite al Titolo III, Capo II, Sezioni I e II, del d.lg. 1/9/1993, n. 385, come modificato dal medesimo decreto, in quanto compatibili.

(2) Lettera sostituita dall'art. 1, co. 21, lett. b), punto 1), d.lg. 8/11/2021, n. 182.

* Lettere soppresse dall'art. 1, co. 1, lett. f), d.l. 27/12/2006, n. 297.

(3) Lettera sostituita dall'art. 1, co. 1, lett. f), d.l. 27/12/2006, n. 297 e successivamente modificata dall'art. 1, co. 1, lett. i), d.lg. 27/1/2010, n. 21.

(4) Lettera sostituita dall'art. 1, co. 1, lett. f), d.l. 27/12/2006, n. 297.

66. Vigilanza informativa (1). – 1. Al fine di esercitare la vigilanza su base consolidata, la Banca d'Italia richiede ai soggetti indicati nelle lettere a), b), c), i-bis) e i-ter) del comma 1 dell'articolo 65 la trasmissione, anche periodica, di situazioni e dati, nonché ogni altra informazione utile. La Banca d'Italia può altresì richiedere ai soggetti indicati nelle lettere h) ed i) del comma 1 dell'articolo 65 le informazioni utili all'esercizio della vigilanza su base consolidata (2).

2. La Banca d'Italia determina modalità e termini per la trasmissione delle situazioni, dei dati e delle informazioni indicati nel comma 1.

3. La Banca d'Italia può disporre nei confronti dei soggetti indicati nelle lettere a), b), c), i-bis) e i-ter) del comma 1 del comma 1 dell'articolo 65 l'applicazione delle disposizioni previste dalla parte IV, titolo III, capo II, sezione VI, del decreto legislativo 24 febbraio 1998, n. 58 (3).

4. Le società indicate nell'art. 65 forniscono alla capogruppo ovvero alla singola banca le situazioni, i dati e le informazioni richiesti per consentire l'esercizio della vigilanza su base consolidata (4).

5. Le società con sede legale in Italia ricomprese nella vigilanza su base consolidata di competenza delle autorità di vigilanza degli altri Stati dell'Unione europea forniscono ai soggetti individuati dalle stesse le informazioni necessarie per l'esercizio della vigilanza su base consolidata (5).

5-bis. La Banca d'Italia può chiedere informazioni al personale dei soggetti indicati al comma 1, anche per il tramite di questi ultimi, e per i medesimi fini ivi indicati (6).

5-ter. Gli obblighi previsti dai commi 1, 2 e 4 si applicano anche ai soggetti ai quali siano state esternalizzate funzioni aziendali [essenziali o importanti] e al loro personale (7).

(1) A norma dell'art. 3, co. 6, d.lg. 8/11/2021, n. 182 fino all'entrata in vigore delle disposizioni della Banca d'Italia di attuazione del presente Titolo come modificato dal d.lg. 1/9/1993, n. 385, continua ad applicarsi il Titolo III, Capo II, Sezioni I e II nella versione precedente alle modifiche apportate dal medesimo decreto n. 182/2021 e la relativa disciplina attuativa. Dalla data di entrata in vigore delle disposizioni di attuazione previste art. 3, co. 6, d.lg. 8/11/2021, n. 182, le disposizioni normative che rinviano o comunque fanno riferimento a norme modificate o sostituite del Titolo III, Capo II, Sezioni I e II, del d.lg. 1/9/1993, n. 385, si intendono riferite al Titolo III, Capo II, Sezioni I e II, del d.lg. 1/9/1993, n. 385, come modificato dal medesimo decreto, in quanto compatibili.

(2) Comma sostituito dall'art. 1, co. 1, lett. g), d.l. 27/12/2006, n. 297, conv., con modif., dalla l. 23/2/2007, n. 15 e successivamente modificato dall'art. 1, co. 22, lett. a), d.lg. 8/11/2021, n. 182.

(3) Comma sostituito dall'art. 1, co. 1, lett. g), d.l. 27/12/2006, n. 297, conv., con modif., dalla l. 23/2/2007, n. 15 e successivamente modificato dall'art. 1, co. 22, lett. b), d.lg. 8/11/2021, n. 182.

(4) Comma modificato dall'art. 1, co. 1, lett. g), d.l. 27/12/2006, n. 297, conv., con modif., dalla l. 23/2/2007, n. 15 e successivamente modificato dall'art. 1, co. 22, lett. c), d.lg. 8/11/2021, n. 182.

(5) Vedi l'art. 1, co. 1, d.l. 14/3/2014, n. 25, conv., con modif., dalla l. 12/5/2014, n. 75. Comma modificato dall'art. 1, co. 22, lett. d), d.lg. 8/11/2021, n. 182.

(6) Comma aggiunto dall'art. 1, co. 26, d.lg. 12/5/2015, n. 72. Vedi inoltre, l'art. 2 del d.lg. 12/5/2015, n. 72. Comma poi modificato dall'art. 1, co. 22, lett. d), d.lg. 8/11/2021, n. 182.

(7) Comma aggiunto dall'art. 1, co. 26, d.lg. 12/5/2015, n. 72. Vedi inoltre, l'art. 2 del d.lg. 12/5/2015, n. 72.

67. Vigilanza regolamentare (1). – 1. Al fine di esercitare la vigilanza su base consolidata, la Banca d'Italia impartisce alla capogruppo con sede legale in Italia e, ove ciò sia previsto dal regolamento (UE) n. 575/2013 e dalla direttiva 2013/36/UE per l'esercizio della vigilanza su base consolidata, alla società di partecipazione finanziaria capogruppo e alla società di partecipazione finanziaria mista capogruppo avente sede legale in uno Stato dell'Unione europea diverso dall'Italia, con provvedimenti di carattere generale, disposizioni concernenti il gruppo bancario complessivamente considerato o suoi componenti, aventi ad oggetto:

a) l'adeguatezza patrimoniale;

b) il contenimento del rischio nelle sue diverse configurazioni;

c) le partecipazioni detenibili;

d) il governo societario, l'organizzazione amministrativa e contabile, nonché i controlli interni e i sistemi di remunerazione e di incentivazione;

e) l'informativa da rendere al pubblico sulle materie indicate al presente comma (2).

*2. Le disposizioni emanate ai sensi del comma 1 possono prevedere che determinate operazioni siano sottoposte ad autorizzazione della Banca d'Italia**.

2-bis. Le disposizioni emanate ai sensi del comma 1, lettera a), prevedono la possibilità di utilizzare:

a) le valutazioni del rischio di credito rilasciate da società o enti esterni; le disposizioni disciplinano i requisiti che tali soggetti devono possedere e le relative modalità di accertamento da parte della Banca d'Italia;

b) sistemi interni di misurazione dei rischi per la determinazione dei requisiti patrimoniali, previa autorizzazione della Banca d'Italia. Per i gruppi sottoposti a vigilanza consolidata di un'autorità di un altro Stato dell'Unione europea, la decisione è di competenza della medesima autorità qualora, entro sei mesi dalla presentazione della domanda di autorizzazione, non venga adottata una decisione congiunta con la Banca d'Italia e sempre che, entro il medesimo termine, il caso non sia stato rinviato all'ABE ai fini della procedura per la risoluzione delle controversie con le autorità di vigilanza degli altri Stati membri in situazioni transfrontaliere (3).

*2-ter. I provvedimenti particolari adottati ai sensi del comma 1 possono riguardare anche: la restrizione delle attività o della struttura territoriale del gruppo; il divieto di effettuare determinate operazioni e di distribuire utili o altri elementi del patrimonio, nonché, con riferimento a strumenti finanziari computabili nel patrimonio a fini di vigilanza, il divieto di pagare interessi; la fissazione di limiti all'importo totale della parte variabile delle remunerazioni nella banca, quando sia necessario per il mantenimento di una solida base patrimoniale. Per le capogruppo che beneficiano di eccezionali interventi di sostegno pubblico, la Banca d'Italia può inoltre fissare limiti alla remunerazione complessiva degli esponenti aziendali***.

3. Le disposizioni emanate dalla Banca d'Italia per esercitare la vigilanza su base consolidata possono tenere conto, anche con riferimento alla singola banca, della situazione e delle attività dei soggetti indicati nelle lettere b), c), i-bis) e i-ter) del comma 1 dell'articolo 65 (4).

3-bis. La Banca d'Italia può impartire disposizioni, ai sensi del presente articolo, anche nei confronti di uno solo o di alcuni dei componenti il gruppo bancario (5).

3-ter. Si applicano l'articolo 53, commi 4-quinquies e 4-sexies, e l'articolo 53-ter (6).

(1) A norma dell'art. 3, co. 6, d.lg. 8/11/2021, n. 182 fino all'entrata in vigore delle disposizioni della Banca d'Italia di attuazione del presente Titolo come modificato dal d.lg. 1/9/1993, n. 385, continua ad applicarsi il Titolo III, Capo II, Sezioni I e II nella versione precedente alle modifiche apportate dal medesimo decreto n. 182/2021 e la relativa disciplina attuativa. Dalla data di entrata in vigore delle disposizioni di attuazione previste art. 3, co. 6, d.lg. 8/11/2021, n. 182, le disposizioni normative che rinviano o comunque fanno riferimento a norme modificate o sostituite del Titolo III, Capo II, Sezioni I e II, del d.lg. 1/9/1993, n. 385, si intendono riferite al Titolo III, Capo II, Sezioni I e II, del d.lg. 1/9/1993, n. 385, come modificato dal medesimo decreto, in quanto compatibili.

(2) Comma modificato dall'art. 1, co. 1, lett. h), n. 1, d.l. 27/12/2006, n. 297, conv., con modif., dalla l. 23/2/2007, n. 15, dall'art. 22, co. 2, lett. a), l. 15/12/2011, n. 217, sostituito dall'art. 1, co. 27, lett. a), d.lg. 12/5/2015, n. 72. Vedi inoltre, l'art. 2 del d.lg. 12/5/2015, n. 72. Comma in fine sostituito dall'art. 1, co. 23, lett. a), d.lg. 8/11/2021, n. 182.

* Comma abrogato dall'art. 1, co. 27, lett. b), d.lg. 12/5/2015, n. 72. Vedi inoltre, l'art. 2 del d.lg. 12/5/2015, n. 72.

(3) Comma inserito dall'art. 1, co. 1, lett. h), n. 2, d.l. 27/12/2006, n. 297, conv., con modif., dalla l. 23/2/2007, n. 15 modificato dall'art. 1, co. 6, d.lg. 30/7/2012, n. 130 e successivamente dall'art. 1, co. 23, lett. b), d.lg. 8/11/2021, n. 182.

** Comma inserito dall'art. 1, co. 1, lett. h), n. 2, d.l. 27/12/2006, n. 297, conv., con modif., dalla l. 23/2/2007, n. 15, successivamente sostituito dall'art. 1, co. 1, lett. c), d.lg. 30/12/2010, n. 239 e dall'art. 22, co. 2, lett. b), l. 15/12/2011, n. 217, e da ultimo abrogato dall'art. 1, co. 27, lett. c), d.lg. 12/5/2015, n. 72. Vedi inoltre, l'art. 2 del d.lg. 12/5/2015, n. 72.

(4) Comma sostituito dall'art. 1, co. 1, lett. h), n. 3, d.l. 27/12/2006, n. 297, conv., con modif., dalla l. 23/2/2007, n. 15 e successivamente modificato dall'art. 1, co. 23, lett. c), d.lg. 8/11/2021, n. 182.

(5) Comma inserito dall'art. 1, co. 1, lett. h), n. 4, d.l. 27/12/2006, n. 297, conv., con modif., dalla l. 23/2/2007, n. 15.

• Vedi deliberazione CICR 2/8/1996.

(6) Comma aggiunto dall'art. 1, co. 27, lett. d), d.lg. 12/5/2015, n. 72. Vedi inoltre, l'art. 2 del d.lg. 12/5/2015, n. 72.

67 bis. Disposizioni applicabili alla società di partecipazione finanziaria mista capogruppo (1). – 1. La Banca d'Italia può individuare le ipotesi in cui la società di partecipazione finanziaria mista capogruppo con sede legale in Italia è esentata dall'applicazione di una o più disposizioni adottate ai sensi del presente capo (2).

2. Le disposizioni previste negli articoli 61, comma 3, e nel Titolo II, Capo III e IV, come richiamate dall'articolo 61, comma 5, si applicano alla società di partecipazione finanziaria mista capogruppo con sede legale in Italia qualora il settore di maggiori dimensioni all'interno del conglomerato finanziario sia quello bancario, determinato ai sensi del decreto legislativo 30 maggio 2005, n. 142. I provvedimenti di decadenza ai sensi dell'articolo 26 e autorizzazione ai sensi dell'articolo 19 sono adottati dalla Banca d'Italia d'intesa con l'IVASS (3).

3. I provvedimenti previsti dal Titolo IV, Capo II, nei confronti della società di partecipazione finanziaria mista con sede legale in Italia sono adottati o proposti dalla Banca d'Italia d'intesa con l'IVASS (4).

3-bis. I provvedimenti indicati negli articoli 60-bis, commi 2 e 3, e 67-ter, comma 1, lettera d), sesto e settimo periodo, nei confronti delle società di partecipazione finanziaria mista capogruppo sono adottati conformemente al presente Capo e d'intesa con il coordinatore del conglomerato finanziario, se diverso dalla Banca d'Italia (5).

3-ter. Qualora il settore di maggiori dimensioni all'interno del conglomerato finanziario sia quello bancario, la Banca d'Italia, in qualità di autorità di vigilanza su base consolidata, può individuare le ipotesi in cui la società di partecipazione finanziaria mista capogruppo con sede legale in uno Stato dell'Unione europea diverso dall'Italia è esentata dall'applicazione di una o più disposizioni di attuazione della direttiva 2009/138/CE ivi adottate, se equivalenti alle disposizioni del presente Capo, d'intesa con l'autorità competente per la vigilanza sul settore assicurativo nello stato dell'Unione Europea in cui la società ha la sede legale (5).

3-quater. La Banca d'Italia conclude accordi con il coordinatore del conglomerato finanziario al fine di definire forme di collaborazione e coordinamento per agevolare l'esercizio della vigilanza su base consolidata (5).

(1) Articolo aggiunto dall'art. 2, co. 6, d.lg. 4/3/2014, n. 53.

• Rubrica sostituita dall'art. 1, co. 24, lett. a), d.lg. 8/11/2021, n. 182.

• A norma dell'art. 3, co. 6, d.lg. 8/11/2021, n. 182 fino all'entrata in vigore delle disposizioni della Banca d'Italia di attuazione del presente Titolo come modificato dal d.lg. 1/9/1993, n. 385, continua ad applicarsi il Titolo III, Capo II, Sezioni I e II nella versione precedente alle modifiche apportate dal medesimo decreto n. 182/2021 e la relativa disciplina attuativa. Dalla data di entrata in vigore delle disposizioni di attuazione previste art. 3, co. 6, d.lg. 8/11/2021, n. 182, le disposizioni normative che rinviano o comunque fanno riferimento a norme modificate o sostituite del Titolo III, Capo II, Sezioni I e II, del d.lg. 1/9/1993, n. 385, si intendono riferite al Titolo III, Capo II, Sezioni I e II, del d.lg. 1/9/1993, n. 385, come modificato dal medesimo decreto, in quanto compatibili.

(2) Comma modificato dall'art. 1, co. 24, lett. b), d.lg. 8/11/2021, n. 182.

(3) Comma sostituito dall'art. 1, co. 24, lett. c), d.lg. 8/11/2021, n. 182.

(4) Comma modificato dall'art. 1, co. 24, lett. d), d.lg. 8/11/2021, n. 182.

(5) Comma inserito dall'dall'art. 1, co. 24, lett. e), d.lg. 8/11/2021, n. 182.

67 ter. Poteri di intervento (1). – 1. La Banca d'Italia può:

a) convocare gli amministratori, i sindaci e il personale della capogruppo;

b) ordinare la convocazione degli organi collegiali della capogruppo, fissandone l'ordine del giorno, e proporre l'assunzione di determinate decisioni;

c) procedere direttamente alla convocazione degli organi collegiali della capogruppo quando gli organi competenti non abbiano ottemperato a quanto previsto dalla lettera b);

d) impartire le disposizioni previste dall'articolo 67 anche con provvedimenti di carattere particolare; questi possono essere indirizzati anche a più gruppi bancari o all'intero sistema bancario e riguardare anche:

l'imposizione di un requisito di fondi propri aggiuntivi (2);

la restrizione delle attività o della struttura territoriale del gruppo;

il divieto di effettuare determinate operazioni e di distribuire utili o altri elementi del patrimonio, nonché, con riferimento a strumenti finanziari computabili nel patrimonio a fini di vigilanza, il divieto di pagare interessi;

la fissazione di limiti all'importo totale della parte variabile delle remunerazioni nella capogruppo, quando sia necessario per il mantenimento di una solida base patrimoniale; per le capogruppo che beneficiano di eccezionali interventi di sostegno pubblico, possono inoltre essere fissati limiti alla remunerazione complessiva degli esponenti aziendali (3);

per le capogruppo che beneficiano di eccezionali interventi di sostegno pubblico, possono inoltre essere fissati limiti alla remunerazione complessiva degli esponenti aziendali;

per le società di partecipazione finanziaria capogruppo o le società di partecipazione finanziaria mista capogruppo, la sospensione dei diritti di voto spettanti nelle banche controllate, il trasferimento a favore dei loro soci delle partecipazioni detenute nelle banche controllate, l'alienazione, in tutto in parte, delle partecipazioni detenute in società bancarie e finanziarie; la designazione temporanea di un'altra società di partecipazione finanziaria, società di partecipazione finanziaria mista o banca del gruppo per l'esercizio delle funzioni indicate nell'articolo 61.

e) disporre, qualora la loro permanenza in carica sia di pregiudizio per la sana e prudente gestione del gruppo, la rimozione di uno o più esponenti aziendali della capogruppo; la rimozione non è disposta ove ricorrano gli estremi per pronunciare la decadenza ai sensi dell'articolo 26, salvo che sussista urgenza di provvedere.

1-bis. Per le società di partecipazione finanziaria o le società di partecipazione finanziaria mista indicate nell'articolo 60, comma 2, lettera b), i provvedimenti previsti al comma 1, lettera d), sono assunti dalla Banca d'Italia in qualità di autorità di vigilanza su base consolidata sul gruppo bancario, congiuntamente con l'autorità competente per la vigilanza dello Stato dell'Unione europea in cui ha sede legale la società finanziaria o la società di partecipazione finanziaria mista, se diverso dall'Italia. Si applica l'articolo 60-bis, comma 8 (4).

1-ter. Per le società di partecipazione finanziaria o le società di partecipazione finanziaria mista indicate nell'articolo 60, comma 2, lettera c), i provvedimenti previsti al comma 1, lettera d), sono assunti dalla Banca d'Italia congiuntamente con l'autorità dello Stato dell'Unione europea competente per la vigilanza su base consolidata. Si applica l'articolo 60-bis, comma 8.

2. La Banca d'Italia può altresì convocare gli amministratori, i sindaci e il personale dei soggetti ai quali la capogruppo abbia esternalizzato funzioni aziendali [essenziali o importanti] (2).

(1) Articolo aggiunto dall'art. 1, co. 28, d.lg. 12/5/2015, n. 72. Vedi inoltre, l'art. 2 del d.lg. 12/5/2015, n. 72.

• A norma dell'art. 3, co. 6, d.lg. 8/11/2021, n. 182 fino all'entrata in vigore delle disposizioni della Banca d'Italia di attuazione del presente Titolo come modificato dal d.lg. 1/9/1993, n. 385, continua ad applicarsi il Titolo III, Capo II, Sezioni I e II nella versione precedente alle modifiche apportate dal medesimo decreto n. 182/2021 e la relativa disciplina attuativa. Dalla data di entrata in vigore delle disposizioni di attuazione previste art. 3, co. 6, d.lg. 8/11/2021, n. 182, le disposizioni normative che rinviano o comunque fanno riferimento a norme modificate o sostituite del Titolo III, Capo II, Sezioni I e II, del d.lg. 1/9/1993, n. 385, si intendono riferite al Titolo III, Capo II, Sezioni I e II, del d.lg. 1/9/1993, n. 385, come modificato dal medesimo decreto, in quanto compatibili.

(2) Comma modificato dall'art. 1, co. 25, lett. a), d.lg. 8/11/2021, n. 182.

(3) Lettera modificata dall'art. 1, co. 17, d.lg. 14/11/2016, n. 223.

(4) Comma inserito dall'art. 1, co. 25, lett. b), d.lg. 8/11/2021, n. 182.

68. Vigilanza ispettiva (1). – 1. A fini di vigilanza su base consolidata, la Banca d'Italia può effettuare ispezioni presso i soggetti indicati nell'articolo 65 e presso i soggetti ai quali siano state esternalizzate da queste ultime funzioni aziendali [essenziali o importanti] e richiedere l'esibizione di documenti e gli atti che ritenga necessari. Le ispezioni nei confronti di società diverse da quelle bancarie, finanziarie e strumentali o da quelle alle quali siano state esternalizzate funzioni aziendali essenziali o importanti hanno il fine esclusivo di verificare l'esattezza dei dati e delle informazioni forniti per il consolidamento (2).

2. La Banca d'Italia può richiedere alle autorità competenti di uno Stato dell'Unione europea di effettuare accertamenti presso i soggetti indicati nel comma 1, stabiliti nel territorio di detto Stato, ovvero concordare altre modalità delle verifiche (3).

3. La Banca d'Italia, su richiesta delle autorità competenti di altri Stati dell'Unione europea o terzi, può effettuare ispezioni presso le società con sede legale in Italia ricomprese nella vigilanza su base consolidata di competenza delle autorità richiedenti. La Banca d'Italia può consentire che la verifica sia effettuata dalle autorità che hanno fatto la richiesta ovvero da un revisore o da un esperto. L'autorità competente richiedente, qualora non compia direttamente la verifica, può, se lo desidera, prendervi parte (4).

3-bis. La Banca d'Italia può consentire che autorità competenti di altri Stati dell'Unione europea partecipino, per i profili di interesse, ad ispezioni presso le capogruppo indicate nell'articolo 60, qualora queste abbiano controllate sottoposte alla vigilanza di dette autorità (5).

(1) A norma dell'art. 3, co. 6, d.lg. 8/11/2021, n. 182 fino all'entrata in vigore delle disposizioni della Banca d'Italia di attuazione del presente Titolo come modificato dal d.lg. 1/9/1993, n. 385, continua ad applicarsi il Titolo III, Capo II, Sezioni I e II nella versione precedente alle modifiche apportate dal medesimo decreto n. 182/2021 e la relativa disciplina attuativa. Dalla data di entrata in vigore delle disposizioni di attuazione previste art. 3, co. 6, d.lg. 8/11/2021, n. 182, le disposizioni normative che rinviano o comunque fanno riferimento a norme modificate o sostituite del Titolo III, Capo II, Sezioni I e II, del d.lg. 1/9/1993, n. 385, si intendono riferite al Titolo III, Capo II, Sezioni I e II, del d.lg. 1/9/1993, n. 385, come modificato dal medesimo decreto, in quanto compatibili.

(2) Comma sostituito dall'art. 1, co. 29, d.lg. 12/5/2015, n. 72. Vedi inoltre, l'art. 2 del d.lg. 12/5/2015, n. 72. Comma poi modificato dall'art. 1, co. 26, lett. a), d.lg. 8/11/2021, n. 182.

(3) Comma modificato dall'art. 1, co. 26, lett. b), d.lg. 8/11/2021, n. 182.

(4) Comma sostituito dall'art. 14 del d.lg. 4/8/1999, n. 342, successivamente integrato dall'art. 12, co. 4, d.lg. 30/5/2005, n. 142 dall'art. 1, co. 9, d.lg. 16/11/2015, n. 181 e, da ultimo, modificato dall'art. 1, co. 26, lett. c), d.lg. 8/11/2021, n. 182.

(5) Comma inserito dall'art. 1, co. 1, lett. i), d.l. 27/12/2006, n. 297 e, da ultimo, modificato dall'art. 1, co. 26, lett. c), d.lg. 8/11/2021, n. 182.

• Vedi l'art. 1, co. 1, d.l. 14/3/2014, n. 25, conv., con modif., dalla l. 12/5/2014, n. 75.

69. Collaborazione tra autorità e obblighi informativi (1). – 1. Al fine di agevolare l'esercizio della vigilanza su base consolidata nei confronti di gruppi operanti in più Stati dell'Unione europea la Banca d'Italia, sulla base di accordi con le autorità competenti, definisce forme di collaborazione e coordinamento, istituisce collegi di supervisori e partecipa ai collegi istituiti da altre autorità.

1-bis. Nell'ambito degli accordi previsti al comma 1, la Banca d'Italia può concordare specifiche ripartizioni di compiti e deleghe di funzioni, anche per l'esercizio della vigilanza su base consolidata:

a) sulle società di partecipazione finanziaria e sulle società di partecipazione finanziaria mista capogruppo, aventi sede legale in uno Stato dell'Unione europea diverso dall'Italia;

b) sulle società bancarie, finanziarie e strumentali controllate dai soggetti indicati alla lettera a);

c) sulle società bancarie, finanziarie e strumentali partecipate almeno per il venti per cento, anche congiuntamente, dai soggetti indicati nelle lettere a) e b).

1-ter. La Banca d'Italia, qualora nell'esercizio della vigilanza su base consolidata verifichi una situazione di emergenza potenzialmente lesiva della liquidità e della stabilità del sistema finanziario italiano o di un altro Stato dell'Unione europea in cui opera il gruppo bancario, informa tempestivamente l'ABE, il CERS, il Ministero dell'economia e delle finanze, nonché, in caso di gruppi operanti anche in altri Stati dell'Unione europea, le competenti autorità monetarie.

1-quater. I commi 1 e 1-ter si applicano anche nell'esercizio della vigilanza su singole banche che operano con succursali aventi rilevanza sistemica negli Stati dell'Unione europea ospitanti.

1-quinquies. Le autorità creditizie, nei casi di crisi o di tensioni sui mercati finanziari, tengono conto degli effetti dei propri atti sulla stabilità del sistema finanziario degli altri Stati dell'Unione europea interessati.

(1) Articolo modificato dall'art. 1, co. 1, lett. l), d.l. 27/12/2006, n. 297, successivamente sostituito, a decorrere dal 13/1/2011, dall'art. 1, co. 1, lett. d), d.lg. 30/12/2010, n. 239, dall'art. 1, co. 7, d.lg. 30/7/2012, n. 130, dall'art. 2, co. 7, d.lg. 4/3/2014, n. 53 e in fine sostituito dall'art. 1, co. 27, d.lg. 8/11/2021, n. 182.

• A norma dell'art. 3, co. 6, d.lg. 8/11/2021, n. 182 fino all'entrata in vigore delle disposizioni della Banca d'Italia di attuazione del presente Titolo come modificato dal d.lg. 1/9/1993, n. 385, continua ad applicarsi il Titolo III, Capo II, Sezioni I e II nella versione precedente alle modifiche apportate dal medesimo decreto n. 182/2021 e la relativa disciplina attuativa. Dalla data di entrata in vigore delle disposizioni di attuazione previste art. 3, co. 6, d.lg. 8/11/2021, n. 182, le disposizioni normative che rinviano o comunque fanno riferimento a norme modificate o sostituite del Titolo III, Capo II, Sezioni I e II, del d.lg. 1/9/1993, n. 385, si intendono riferite al Titolo III, Capo II, Sezioni I e II, del d.lg. 1/9/1993, n. 385, come modificato dal medesimo decreto, in quanto compatibili.

69.1. Autorizzazione delle società di partecipazione finanziaria e delle società di partecipazione finanziaria mista diverse dalla capogruppo (1). – 1. Le società di partecipazione finanziaria e le società di partecipazione finanziaria mista diverse dalle capogruppo presentano istanza di autorizzazione ai sensi del presente articolo quando ricorra una delle seguenti condizioni:

a) abbiano sede legale in Italia, non siano a loro volta controllate da una banca italiana o da un'altra società di partecipazione finanziaria o società di partecipazione finanziaria mista con sede legale in Italia, e nell'insieme delle società da esse controllate vi siano solo banche italiane oppure il totale dell'attivo delle banche italiane controllate sia maggiore di quello delle banche controllate aventi sede legale in Stati dell'Unione europea diversi dall'Italia oppure quando Banca d'Italia sia altrimenti nominata autorità di vigilanza su base consolidata;

b) abbiano sede legale in Italia o in un altro Stato dell'Unione europea e siano tenute al rispetto su base sub-consolidata del regolamento (UE) n. 575/2013 e delle disposizioni di attuazione della direttiva 2013/36/UE.

2. L'autorizzazione prevista al comma 1 è rilasciata dalla Banca d'Italia, in qualità di autorità di vigilanza su base consolidata, congiuntamente con l'autorità competente dello Stato dell'Unione europea in cui ha sede legale la società finanziaria o la società di partecipazione finanziaria mista, se diverso dall'Italia.

3. Si applicano gli articoli 60-bis, 65, 66, 67, 67-bis, 67-ter, 68, 69.

(1) Articolo inserito dall'art. 1, co. 28, d.lg. 8/11/2021, n. 182.

• A norma dell'art. 3, co. 6, d.lg. 8/11/2021, n. 182 fino all'entrata in vigore delle disposizioni della Banca d'Italia di attuazione del presente Titolo come modificato dal d.lg. 1/9/1993, n. 385, continua ad applicarsi il Titolo III, Capo II, Sezioni I e II nella versione precedente alle modifiche apportate dal medesimo decreto n. 182/2021 e la relativa disciplina attuativa. Dalla data di entrata in vigore delle disposizioni di attuazione previste art. 3, co. 6, d.lg. 8/11/2021, n. 182, le disposizioni normative che rinviano o comunque fanno riferimento a norme modificate o sostituite del Titolo III, Capo II, Sezioni I e II, del d.lg. 1/9/1993, n. 385, si intendono riferite al Titolo III, Capo II, Sezioni I e II, del d.lg. 1/9/1993, n. 385, come modificato dal medesimo decreto, in quanto compatibili.

69.2. Autorizzazione delle società di partecipazione finanziaria e delle società di partecipazione finanziaria mista appartenenti a gruppi soggetti a vigilanza su base consolidata di competenza di autorità di vigilanza di altri Stati dell'Unione europea (1). – 1. Fuori dai casi previsti nell'articolo 60, comma 2, le società di partecipazione finanziaria e le società di partecipazione finanziaria mista, aventi sede legale in Italia, che controllino società bancarie, finanziarie e strumentali soggette a vigilanza su base consolidata di competenza delle autorità di vigilanza degli altri Stati dell'Unione europea, presentano istanza di autorizzazione.

2. L'autorizzazione è rilasciata dalla Banca d'Italia congiuntamente all'autorità competente all'esercizio della vigilanza su base consolidata. Qualora entro due mesi non venga adottata una decisione congiunta ai sensi del presente comma, la questione è rinviata all'ABE ai fini della procedura per la risoluzione delle controversie con le autorità di vigilanza de-

gli altri Stati membri in situazioni transfrontaliere.

3. Si applicano gli articoli 60-bis, 61, 65, 66, 67, 67-bis, 67-ter, 68, 69. A tal fine la Banca d'Italia collabora con l'autorità di vigilanza su base consolidata e adotta, congiuntamente con essa, i provvedimenti indicati agli articoli 60-bis, commi 3 e 5, e 67-ter, comma 1, lettera d), sesto e settimo periodo. Le società indicate nel comma 1 sono iscritte in una sezione dell'albo tenuto dalla Banca d'Italia.

4. Alle società di partecipazione finanziaria e alle società di partecipazione finanziaria mista indicate al comma 1 non si applicano le disposizioni indicate al Titolo III, Capo I.

(1) Articolo inserito dall'art. 1, co. 28, d.lg. 8/11/2021, n. 182.

• A norma dell'art. 3, co. 6, d.lg. 8/11/2021, n. 182 fino all'entrata in vigore delle disposizioni della Banca d'Italia di attuazione del presente Titolo come modificato dal d.lg. 1/9/1993, n. 385, continua ad applicarsi il Titolo III, Capo II, Sezioni I e II nella versione precedente alle modifiche apportate dal medesimo decreto n. 182/2021 e la relativa disciplina attuativa. Dalla data di entrata in vigore delle disposizioni di attuazione previste art. 3, co. 6, d.lg. 8/11/2021, n. 182, le disposizioni normative che rinviano o comunque fanno riferimento a norme modificate o sostituite del Titolo III, Capo II, Sezioni I e II, del d.lg. 1/9/1993, n. 385, si intendono riferite al Titolo III, Capo II, Sezioni I e II, del d.lg. 1/9/1993, n. 385, come modificato dal medesimo decreto, in quanto compatibili.

Sezione III
Impresa madre intermedia (1)

(1) Sezione inserita dall'art. 1, co. 28, d.lg. 8/11/2021, n. 182.

69.3. Impresa madre UE intermedia (1). – 1. Ai fini del presente articolo, per «gruppo di Stato terzo» si intende un gruppo come definito all'articolo 4, paragrafo 1, punto 138, del regolamento (UE) n. 575/2013, la cui impresa madre, come definita all'articolo 4, paragrafo 1, punto 15, del medesimo regolamento, è stabilita in uno Stato terzo.

2. Una banca italiana che appartiene a un gruppo di Stato terzo è tenuta ad avere una impresa madre UE intermedia in Italia o in altro Stato dell'Unione europea se:

a) al gruppo di Stato terzo appartiene almeno un'altra banca o una società di partecipazione finanziaria o di partecipazione finanziaria mista stabilita nella Unione europea, oppure una Sim o un'impresa di investimento UE come definite all'articolo 1, comma 1, lettere e) ed f), del decreto legislativo 24 febbraio 1998, n. 58; e

b) il valore totale delle attività detenute nell'Unione europea dal gruppo di Stato terzo è pari o superiore a 40 miliardi di euro (2).

3. Ai fini del comma 2 è impresa madre UE intermedia una banca, o una società di partecipazione finanziaria o di partecipazione finanziaria mista autorizzata in conformità a quanto previsto dall'articolo 60-bis, avente sede legale in Italia o in un altro Stato dell'Unione europea e appartenente al gruppo di Stato terzo, che a sua volta non sia controllata da una banca, una società di partecipazione finanziaria o di partecipazione finanziaria mista autorizzata in conformità a quanto previsto dall'articolo 60-bis, avente sede legale in uno Stato dell'Unione europea e appartenente al gruppo di Stato terzo.

4. L'obbligo previsto dal comma 2 è rispettato anche quando una banca italiana è essa stessa l'impresa madre UE intermedia.

5. Nel caso in cui l'impresa madre UE intermedia sia una banca italiana o una società di partecipazione finanziaria o di partecipazione finanziaria mista autorizzata in conformità a quanto previsto dall'articolo 60-bis, si applicano le sezioni I e II del presente Capo.

6. La Banca d'Italia, quando è autorità di vigilanza su base consolidata, sentite le altre autorità competenti per i soggetti di cui al comma 2, lettera a), può consentire che il gruppo di Stato terzo abbia due imprese madri UE intermedie nel caso in cui accerti che nel caso di una sola impresa madre UE intermedia sia verificata almeno una delle seguenti condizioni:

a) vi sia incompatibilità con un requisito di separazione delle attività applicabile all'impresa madre del gruppo di Stato terzo;

b) la risolvibilità sia resa meno efficiente in base alla valutazione effettuata dall'autorità di risoluzione competente per la impresa madre UE intermedia.

7. Nel caso di cui al comma 6, lettera a), la seconda impresa madre UE intermedia può essere una impresa di investimento di cui all'articolo 11-bis, comma 5, del decreto legislativo 24 febbraio 1998, n. 58.

8. La Banca d'Italia emana disposizioni per l'attuazione del presente articolo, con particolare riguardo alle modalità per il calcolo del valore totale delle attività del gruppo di Stato terzo nella Unione europea, ivi incluse quelle delle succursali, e al relativo monitoraggio, nonché alla procedura per l'istituzione della impresa madre UE intermedia e, nei casi di cui al comma 6, per l'istituzione di due imprese madri UE intermedie.

(1) Articolo inserito dall'art. 1, co. 28, d.lg. 8/11/2021, n. 182.

(2) Per l'applicazione del presente comma vedi l'art. 3, co. 9, d.lg. 8/11/2021, n. 182.

TITOLO IV
MISURE PREPARATORIE, DI INTERVENTO PRECOCE E LIQUIDAZIONE COATTA AMMINISTRATIVA (1)

(1) Rubrica sostituita dall'art. 1, co. 10, d.lg. 16/11/2015, n. 181

69 bis. Definizioni (1). – 1. Ai fini del presente titolo si intendono per:

a) «alta dirigenza»: il direttore generale, i vice-direttori generali e le cariche ad esse assimilate, i responsabili delle principali aree di affari e coloro che rispondono direttamente all'organo amministrativo;

b) «autorità di risoluzione a livello di gruppo»: l'autorità di risoluzione dello Stato membro in cui si trova l'autorità di vigilanza su base consolidata;

c) «depositi»: i crediti relativi ai fondi acquisiti dalle banche con obbligo di rimborso; non costituiscono depositi i crediti relativi a fondi acquisiti dalla banca debitrice rappresentati da strumenti finanziari indicati dall'articolo 1, comma 2, del decreto legislativo 24 febbraio 1998, n. 58, ovvero il cui capitale non è rimborsabile alla pari, ovvero il cui capitale è rimborsabile alla pari solo in forza di specifici accordi o garanzie concordati con la banca o terzi; costituiscono depositi i certificati di deposito purché non rappresentati da valori mobiliari emessi in serie;

d) "depositi ammissibili al rimborso": i depositi che, ai sensi dell'articolo 96-bis.1, commi 1 e 2, sono astrattamente idonei a essere rimborsati da parte di un sistema di garanzia dei depositanti (2);

e) "depositi protetti": i depositi ammissibili al rimborso che non superano il limite di rimborso da parte del sistema di garanzia dei depositanti previsto dall'articolo 96-bis.1, commi 3 e 4 (3);

f) «provvedimenti di risanamento»: i provvedimenti con cui sono disposte:

1) l'amministrazione straordinaria, nonché le misure adottate nel suo ambito;

2) le misure previste nei Capi II, III e IV del Titolo IV, del decreto legislativo 16 novembre 2015, n. 180 (4);

3) le misure, equivalenti a quelle indicate ai numeri 1) e 2),

adottate da autorità di altri Stati dell'Unione europea;

g) «risoluzione»: la procedura di cui all'articolo 1, comma 1, lettera uu) del decreto legislativo 16 novembre 2015, n. 180, o all'articolo 18 del regolamento (UE) n. 806/2014 del Parlamento europeo e del Consiglio (5);

h) «sistema di tutela istituzionale»: un accordo riconosciuto dalla Banca d'Italia ai sensi dell'articolo 113, paragrafo 7, del regolamento (UE) n. 575/2013;

i) «sostegno finanziario pubblico straordinario»: gli aiuti di Stato e i sostegni finanziari pubblici di cui all'articolo 1, comma 1, lettera mmm), del decreto legislativo 16 novembre 2015, n. 180 o all'articolo 1, paragrafo 1, punto (29), del regolamento (UE) n. 806/2014 del Parlamento europeo e del Consiglio (5);

l) «succursale significativa»: una succursale di una banca in uno Stato dell'Unione europea considerata significativa dalla Banca d'Italia (6).

(1) Articolo inserito, a decorrere dal 16/11/2015, dall'art. 1, co. 11, d.lg. 16/11/2015, n. 181.

(2) Lettera sostituita, a decorrere dal 9/3/2016, dall'art. 1, co. 1, lett. a), d.lg. 15/2/2016, n. 30.

(3) Lettera sostituita, a decorrere dal 9/3/2016, dall'art. 1, co. 1, lett. b), d.lg. 15/2/2016, n. 30.

(4) Numero modificato dall'art. 2, co. 1, lett. f), n. 1, d.lg. 8/11/2021, n. 193.

(5) Lettera modificata dall'art. 2, co. 1, lett. f), n. 2, d.lg. 8/11/2021, n. 193.

(6) Comma modificato dall'art. 1, co. 29, d.lg. 8/11/2021, n. 182.

Capo 01
Piani di risanamento (1)

(1) Capo inserito dall'art. 1, co. 12, d.lg. 16/11/2015, n. 181.

69 ter. Ambito di applicazione (1). – 1. Le disposizioni del presente capo si applicano:

a) alle banche italiane e succursali italiane di banche di Stato terzo (2);

b) alle società italiane capogruppo di un gruppo bancario e alle società componenti il gruppo ai sensi degli articoli 60 e 61;

c) alle società incluse nell'ambito della vigilanza consolidata ai sensi dell'articolo 65, comma 1, lettere c), h), i-bis) e i-ter) (2).

2. Ai fini del presente capo, il controllo sussiste nei casi previsti dall'articolo 23.

(1) Articolo inserito, a decorrere dal 16/11/2015, dall'art. 1, co. 12, d.lg. 16/11/2015, n. 181.

(2) Lettera modificata dall'art. 1, co. 30, lett. a), d.lg. 8/11/2021, n. 182.

69 quater. Piani di risanamento (1). – 1. Le banche si dotano di un piano di risanamento individuale che preveda l'adozione di misure volte al riequilibrio della situazione patrimoniale e finanziaria in caso di suo significativo deterioramento. Il piano riguarda, se di interesse non trascurabile per il risanamento della banca, anche le società italiane ed estere incluse nella vigilanza consolidata indicate nell'articolo 69-ter, comma 1, lettera c).

2. Non sono tenute a dotarsi di piani di risanamento le banche appartenenti a un gruppo bancario, salvo che ciò non sia loro specificamente richiesto dalla Banca d'Italia. Per le banche sottoposte a vigilanza consolidata in un altro Stato dell'Unione europea, la richiesta di piani individuali è effettuata in conformità dell'articolo 69-septies (2).

3. Fatto salvo l'articolo 69-decies, il piano di risanamento contiene le informazioni richieste da provvedimenti di carattere generale e particolare della Banca d'Italia e da regolamenti della Commissione europea.

4. Il piano di risanamento non presuppone né contempla l'accesso a un sostegno finanziario pubblico straordinario.

5. Il piano di risanamento è approvato dall'organo amministrativo, che lo sottopone alla Banca d'Italia per le valutazioni di cui all'articolo 69-sexies. Il piano è riesaminato e, se necessario, aggiornato almeno annualmente o con la maggiore frequenza richiesta dalla Banca d'Italia. Si procede comunque al riesame e all'eventuale aggiornamento del piano in caso di significativo mutamento della struttura giuridica o organizzativa della banca o della sua situazione patrimoniale o finanziaria.

(1) Articolo inserito, a decorrere dal 16/11/2015, dall'art. 1, co. 12, d.lg. 16/11/2015, n. 181.

(2) Comma modificato dall'art. 1, co. 31, d.lg. 8/11/2021, n. 182.

69 quinquies. Piani di risanamento di gruppo (1). – 1. La capogruppo italiana di un gruppo bancario si dota di un piano di risanamento di gruppo che individua misure coordinate e coerenti da attuare per sé, per ogni società del gruppo e, se di interesse non trascurabile per il risanamento del gruppo, per le società italiane ed estere incluse nella vigilanza consolidata indicate nell'articolo 69-ter, comma 1, lettera c).

2. Non è tenuta a dotarsi di un piano di risanamento di gruppo la capogruppo di un gruppo bancario soggetto a vigilanza consolidata in un altro Stato dell'Unione europea, salvo che ciò non sia a essa specificamente richiesto in conformità dell'articolo 69-septies (2).

3. Il piano di risanamento di gruppo è finalizzato a ripristinare l'equilibrio patrimoniale e finanziario del gruppo bancario nel suo complesso e delle singole banche che ne facciano parte.

4. Il piano di risanamento di gruppo contiene almeno le informazioni richieste da provvedimenti di carattere generale o particolare della Banca d'Italia e da regolamenti della Commissione europea. Ove siano stati conclusi tra le società del gruppo accordi ai sensi del capo 02-I, il piano di risanamento contempla il ricorso al sostegno finanziario di gruppo conformemente ad essi. Il piano di risanamento di gruppo individua, altresì, i possibili ostacoli all'attuazione delle misure di risanamento, inclusi gli impedimenti di fatto o di diritto all'allocazione tempestiva di fondi propri e al pronto trasferimento di attività nonché al rimborso di passività fra società del gruppo.

5. Il piano di risanamento di gruppo è approvato dall'organo amministrativo della capogruppo e sottoposto alla Banca d'Italia, in conformità dell'articolo 69-septies se il gruppo ha articolazioni in altri Stati dell'Unione europea (3).

6. La Banca d'Italia, nel rispetto degli articoli 5 e 6 del decreto legislativo 16 novembre 2015, n. 180 e dell'articolo 7, trasmette il piano di risanamento di gruppo (4):

a) alle autorità competenti interessate rappresentate nei collegi delle autorità di vigilanza o con le quali sia stato stipulato un accordo di coordinamento e cooperazione;

b) alle autorità competenti degli Stati dell'Unione europea in cui le banche incluse nel piano abbiano stabilito succursali significative;

c) alle autorità di risoluzione delle società controllate incluse nel piano di risanamento di gruppo, nonché all'autorità di risoluzione a livello di gruppo (5).

7. Il piano di risanamento di gruppo è riesaminato e, se necessario, aggiornato almeno annualmente o con la maggiore frequenza richiesta dalla Banca d'Italia. Si procede comunque al riesame e all'eventuale aggiornamento del piano in caso di significativo mutamento della struttura giuridica o organizzativa del gruppo o della sua situazione patrimoniale o finanziaria.

7-bis. Le società indicate all'articolo 69.2 applicano i commi 1, 3, 4 e 5. Resta fermo l'articolo 69-novies, comma 2 (6).

7-ter. Il presente articolo si applica anche ai gruppi bancari cooperativi (7).

(1) Articolo inserito, a decorrere dal 16/11/2015, dall'art. 1, co. 12, d.lg. 16/11/2015, n. 181.

(2) Comma modificato dall'art. 1, co. 32, lett. a), d.lg. 8/11/2021, n. 182.

(3) Comma modificato dall'art. 1, co. 32, lett. b), d.lg. 8/11/2021, n. 182.

(4) Alinea modificato dall'art. 2, co. 1, lett. g), n. 1, d.lg. 8/11/2021, n. 193.

(5) Comma modificato dall'art. 1, co. 32, lett. c), d.lg. 8/11/2021, n. 182.

(6) Comma aggiunto dall'art. 1, co. 32, lett. c), d.lg. 8/11/2021, n. 182.

(7) Comma aggiunto dall'art. 2, co. 1, lett. g), n. 2, d.lg. 8/11/2021, n. 193.

69 sexies. Valutazione dei piani di risanamento individuali e di gruppo (1). – 1. La Banca d'Italia, entro sei mesi dalla presentazione del piano di risanamento e sentite, per le succursali significative, le autorità competenti degli Stati dell'Unione europea in cui esse siano stabilite, verifica la completezza e adeguatezza del piano in conformità dei criteri indicati nelle pertinenti disposizioni dell'Unione europea (2).

2. Il piano di risanamento è trasmesso all'autorità di risoluzione per la formulazione di eventuali raccomandazioni sui profili rilevanti per la risoluzione della banca o del gruppo bancario.

3. Se all'esito della verifica emergono carenze o impedimenti al conseguimento delle finalità del piano, la Banca d'Italia può, fissando i relativi termini:

a) richiedere alla banca o alla capogruppo di presentare un piano modificato;

b) indicare modifiche specifiche da apportare al piano;

c) ordinare modifiche da apportare all'attività, alla struttura organizzativa o alla forma societaria della banca o del gruppo bancario o ordinare altre misure necessarie per conseguire le finalità del piano.

4. Resta ferma la possibilità di adottare, ove le circostanze lo richiedano, una o più delle misure previste dagli articoli 53-bis e 67-ter.

(1) Articolo inserito, a decorrere dal 16/11/2015, dall'art. 1, co. 12, d.lg. 16/11/2015, n. 181.

(2) Comma modificato dall'art. 1, co. 33, d.lg. 8/11/2021, n. 182.

69 septies. Rapporti con le altre autorità e decisioni congiunte sui piani di risanamento (1). – 1. Nei casi e nei modi previsti dalle disposizioni dell'Unione europea, la Banca d'Italia coopera con le autorità competenti degli altri Stati dell'Unione europea per la valutazione dei piani di risanamento di gruppo che includono una banca in tali Stati e per l'applicazione delle misure di cui all'articolo 69-sexies, comma 3. Nella valutazione dei piani di risanamento di gruppo la Banca d'Italia tiene conto del possibile pregiudizio per le singole società del gruppo. Essa riconosce come valide e applicabili le decisioni prese in conformità delle disposizioni dell'Unione europea (2).

2. La Banca d'Italia può, nei casi previsti dal diritto dell'Unione, promuovere o partecipare a un procedimento di mediazione non vincolante dinanzi all'ABE, richiedere l'assistenza dell'ABE o deferire alla stessa le decisioni di cui al presente articolo. Se una decisione è stata deferita all'ABE, la Banca d'Italia si astiene dall'adottare provvedimenti e si attiene alle decisioni finali dell'ABE. In mancanza di decisione dell'ABE nei termini previsti dal diritto dell'Unione, la Banca d'Italia adotta i provvedimenti di propria competenza.

(1) Articolo inserito, a decorrere dal 16/11/2015, dall'art. 1, co. 12, d.lg. 16/11/2015, n. 181.

(2) Comma modificato dall'art. 1, co. 34, d.lg. 8/11/2021, n. 182.

69 octies. Misure attuative dei piani di risanamento (1). – 1. La decisione di adottare una misura prevista nel piano di risanamento o di astenersi dall'adottare una misura pur ricorrendone le circostanze è comunicata senza indugio alla Banca d'Italia.

(1) Articolo inserito, a decorrere dal 16/11/2015, dall'art. 1, co. 12, d.lg. 16/11/2015, n. 181.

69 nonies. Trasmissione dei piani di risanamento (1). – 1. Le banche e le capogruppo [italiane] controllate da una società estera inclusa nella vigilanza consolidata della Banca d'Italia provvedono alla trasmissione dei piani di risanamento, informazioni, documenti e ogni altro dato che debba essere trasmesso tra la società estera controllante e la Banca d'Italia (2).

2. Le società aventi sede legale in Italia che controllano una banca soggetta a vigilanza in un altro Stato dell'Unione europea collaborano con l'autorità competente di tale Stato al fine di assicurare la trasmissione dei piani di risanamento, informazioni, documenti e ogni altro dato rilevante per la valutazione dei piani di risanamento (2).

(1) Articolo inserito, a decorrere dal 16/11/2015, dall'art. 1, co. 12, d.lg. 16/11/2015, n. 181.

(2) Comma modificato dall'art. 1, co. 35, lett. a), d.lg. 8/11/2021, n. 182.

69 decies. Piani di risanamento in forma semplificata ed esenzioni (1). – 1. La Banca d'Italia può, con provvedimenti di carattere generale o particolare, prevedere modalità semplificate di adempimento degli obblighi stabiliti dal presente capo, avendo riguardo alle possibili conseguenze del dissesto della banca o del gruppo bancario in considerazione delle loro caratteristiche, ivi incluse le dimensioni, la complessità operativa, la struttura societaria, lo scopo mutualistico, l'adesione a un sistema di tutela istituzionale.

2. La Banca d'Italia può inoltre esentare dal rispetto delle disposizioni del presente capo una banca aderente a un sistema di tutela istituzionale. In tal caso, gli obblighi previsti dal presente capo sono assolti dal sistema di tutela istituzionale in cooperazione con la banca aderente esentata.

(1) Articolo inserito, a decorrere dal 16/11/2015, dall'art. 1, co. 12, d.lg. 16/11/2015, n. 181.

69 undecies. Disposizioni di attuazione (1). – 1. La Banca d'Italia può emanare disposizioni attuative del presente capo, anche per tener conto di orientamenti dell'ABE.

(1) Articolo inserito, a decorrere dal 16/11/2015, dall'art. 1, co. 12, d.lg. 16/11/2015, n. 181.

Capo 02
Sostegno finanziario di gruppo (1)

(1) Capo inserito dall'art. 1, co. 12, d.lg. 16/11/2015, n. 181.

69 duodecies. Accordo di gruppo (1). – 1. La capogruppo di un gruppo bancario, le società italiane ed estere appartenenti al gruppo bancario e le altre società incluse nella vigilanza consolidata indicate nell'articolo 69-ter, comma 1, lettera c), possono concludere un accordo per fornirsi sostegno finanziario per il caso in cui si realizzino per una di esse i presupposti dell'intervento precoce ai sensi dell'articolo 69-octiesdecies e siano soddisfatte le condizioni indicate nel presente capo. Il medesimo accordo può essere concluso anche dalle società indicate all'articolo 69.2 con le società da essa controllate e le altre società soggette a vigilanza su base consolidata in un altro Stato dell'Unione europea (2).

2. Fermo restando quanto previsto dal capo IX del titolo V del libro V del codice civile, il presente capo non si applica:

a) alle operazioni di finanziamento e di gestione della liquidità eseguite tra società del gruppo bancario se per nessuna di esse sussistono i presupposti dell'intervento precoce;

b) alla concessione di sostegno in qualsiasi forma, ivi incluso l'apporto di capitale, a un'altra società del gruppo al di fuori dei casi previsti dall'accordo, quando la società cui il sostegno è concesso si trovi in difficoltà e il sostegno sia in linea con le politiche del gruppo e sia finalizzato a preservare la stabilità del gruppo.

3. Le società che aderiscono all'accordo di sostegno finanziario di gruppo si obbligano a fornirsi sostegno finanziario in conformità dei termini dell'accordo. Possono essere previsti anche obblighi di sostegno reciproco.

4. Il sostegno finanziario può essere concesso in forma di finanziamento, di prestazione di garanzia o mediante la messa a disposizione di beni o attività da utilizzare come garanzia reale o finanziaria, nonché con qualsiasi combinazione di queste forme, mediante un'unica o più operazioni, anche tra il beneficiario del sostegno e soggetti terzi, anche esterni al gruppo e non partecipanti all'accordo.

5. L'accordo è conforme ai seguenti principi:

a) l'accordo è sottoscritto da ciascuna parte nell'esercizio della propria autonomia negoziale e in coerenza con le eventuali direttive impartite dalla capogruppo;

b) le parti chiamate a fornire sostegno finanziario devono essere pienamente informate sulla situazione dei beneficiari prima della decisione di fornire il sostegno;

c) l'accordo indica i criteri di calcolo per determinare, al momento in cui il sostegno finanziario viene fornito, il corrispettivo dovuto per qualsiasi operazione effettuata in virtù dell'accordo stesso; ove necessario per conseguire le finalità dell'accordo, i criteri possono non tenere conto del prezzo di mercato, in particolare se esso è influenzato da fattori anomali ed esterni al gruppo o se la parte che fornisce il sostegno dispone, in forza dell'appartenenza al gruppo del beneficiario, di informazioni non pubbliche rilevanti.

6. L'accordo di sostegno finanziario di gruppo non può essere concluso se, al momento della sua conclusione, per una delle parti dell'accordo sussistono, a giudizio dell'autorità competente, i presupposti dell'intervento precoce.

7. Nessun diritto, pretesa o azione derivante dall'accordo può essere esercitato da soggetti diversi dalle parti, neppure ai sensi dell'articolo 2900 del codice civile.

(1) Articolo inserito, a decorrere dal 16/11/2015, dall'art. 1, co. 12, d.lg. 16/11/2015, n. 181.

(2) Comma sostituito dall'art. 1, co. 36, d.lg. 8/11/2021, n. 182.

69 terdecies. Autorizzazione dell'accordo (1). – 1. Il progetto di accordo è sottoposto all'autorizzazione della Banca d'Italia, che valuta la sua coerenza con le condizioni previste nell'articolo 69-quinquiesdecies, congiuntamente con le altre autorità competenti sulle banche dell'Unione europea aderenti all'accordo, in conformità delle pertinenti disposizioni dell'Unione europea (2).

2. La Banca d'Italia disciplina il procedimento per l'autorizzazione di cui al comma 1.

3. Il progetto di accordo e ogni sua modifica sono trasmessi all'autorità di risoluzione a seguito dell'autorizzazione di cui al comma 1.

(1) Articolo inserito, a decorrere dal 16/11/2015, dall'art. 1, co. 12, d.lg. 16/11/2015, n. 181.

(2) Comma modificato dall'art. 1, co. 37, d.lg. 8/11/2021, n. 182.

69 quaterdecies. Approvazione dell'accordo da parte dell'assemblea dei soci e concessione del sostegno (1). – 1. Il progetto di accordo autorizzato ai sensi dell'articolo 69-terdecies è sottoposto all'approvazione dell'assemblea straordinaria dei soci di ciascuna società del gruppo che si propone di aderirvi, unitamente a un parere predisposto dai componenti indipendenti dell'organo amministrativo sull'interesse della società ad aderire all'accordo nonché sulla convenienza e sulla correttezza sostanziale delle relative condizioni. L'accordo produce effetti solo nei confronti delle società le cui assemblee hanno approvato il progetto.

2. La competenza a decidere sulla concessione o sull'accettazione del sostegno finanziario in esecuzione dell'accordo spetta all'organo amministrativo. La delibera di concessione del sostegno finanziario di gruppo è motivata, indica l'obiettivo del sostegno finanziario e la conformità alle condizioni stabilite all'articolo 69-quinquiesdecies.

3. L'organo amministrativo della società aderente all'accordo riferisce annualmente all'assemblea dei soci in merito all'esecuzione dell'accordo.

4. L'assemblea straordinaria dei soci può revocare la propria approvazione del progetto di accordo di cui al comma 1 se non si sono ancora realizzati i presupposti dell'intervento precoce ai sensi dell'articolo 69-octiesdecies in capo a una o più società aderenti all'accordo. La revoca diviene efficace solo a seguito della predisposizione di un piano di risoluzione individuale o di gruppo che tenga conto delle mutate circostanze o, in ogni caso, decorsi 12 mesi dalla revoca.

5. L'approvazione di un progetto di accordo di cui al comma 1 o la sua revoca non costituisce causa di recesso del socio dalla società.

6. La delibera di approvazione di un progetto di accordo di cui al comma 1 è pubblicata con gli stessi mezzi previsti per la pubblicazione delle informazioni ai sensi dell'articolo 53, comma 1, lettera d), unitamente a una descrizione sommaria del contenuto dell'accordo. La Banca d'Italia può dettare disposizioni sull'informativa al pubblico dovuta dalle banche e dalle società capogruppo sugli accordi di sostegno finanziario di gruppo.

(1) Articolo inserito, a decorrere dal 16/11/2015, dall'art. 1, co. 12, d.lg. 16/11/2015, n. 181.

69 quinquiesdecies. Condizioni per il sostegno (1). – 1. Il sostegno finanziario previsto dall'accordo è concesso se sono soddisfatte tutte le seguenti condizioni:

a) si può ragionevolmente prospettare che il sostegno fornito ponga sostanziale rimedio alle difficoltà finanziarie del beneficiario;

b) il sostegno finanziario è diretto a preservare o ripristinare la stabilità finanziaria del gruppo nel suo complesso o di una delle società del gruppo ed è nell'interesse della società del gruppo che fornisce il sostegno;

c) le condizioni del sostegno finanziario, ivi compreso il corrispettivo, sono determinate in conformità dell'articolo 69-duodecies, comma 5, lettera c);

d) vi è la ragionevole aspettativa, sulla base delle informazioni a disposizione dell'organo amministrativo della società che fornisce il sostegno al momento dell'assunzione della relativa decisione, che sarà pagato un corrispettivo e rimborsato il prestito da parte della società beneficiaria, qualora il sostegno sia concesso sotto forma di prestito, ovvero che, nell'ipotesi in cui il sostegno sia fornito in forma garanzia reale o personale e questa sia escussa, sarà possibile recuperare per intero, anche in via di surroga o regresso, capitale, interessi e spese;

e) la concessione del sostegno finanziario non mette a repentaglio la liquidità o solvibilità della società del gruppo che lo fornisce;

f) la concessione del sostegno finanziario non minaccia la stabilità del sistema finanziario, in particolare nello Stato dell'Unione europea in cui ha sede la società del gruppo che fornisce il sostegno (2);

g) la società del gruppo che fornisce il sostegno rispetta, nel momento in cui lo fornisce, i requisiti in materia di capitale, liquidità, grandi esposizioni e gli altri requisiti specifici eventualmente imposti in conformità del Regolamento (UE) n. 575/2013 e delle disposizioni di attuazione della direttiva 2013/36/UE, e la concessione del sostegno finanziario non è tale da determinare la violazione di questi requisiti da parte della società, fatta eccezione per il caso in cui l'autorità competente per la vigilanza sulla società abbia autorizzato una temporanea deroga a tali requisiti;

h) la concessione del sostegno finanziario non pregiudica la risolvibilità della società del gruppo che lo fornisce.

(1) Articolo inserito, a decorrere dal 16/11/2015, dall'art. 1, co. 12, d.lg. 16/11/2015, n. 181.

(2) Lettera modificata dall'art. 1, co. 38, d.lg. 8/11/2021, n. 182.

69 sexiesdecies. Opposizione della Banca d'Italia e comunicazioni (1). – 1. La delibera di concessione del sostegno è trasmessa alla Banca d'Italia, che può vietare o limitarne l'esecuzione se le condizioni per il sostegno finanziario di gruppo di cui all'articolo 69-quinquiesdecies non sono soddisfatte.

2. La delibera di cui al comma 1 è trasmessa all'ABE nonché, se diverse dalla Banca d'Italia, all'autorità competente per la vigilanza sulla società che riceve il sostegno e all'autorità competente per la vigilanza su base consolidata.

3. Il provvedimento della Banca d'Italia di cui al comma 1 è trasmesso all'ABE, agli altri soggetti indicati al comma 2, nonché, se la Banca d'Italia è l'autorità competente per la vigilanza su base consolidati, ai componenti del collegio di risoluzione istituito ai sensi del decreto legislativo 16 novembre 2015, n. 180 (2).

(1) Articolo inserito, a decorrere dal 16/11/2015, dall'art. 1, co. 12, d.lg. 16/11/2015, n. 181.

(2) Comma modificato dall'art. 2, co. 1, lett. h), d.lg. 8/11/2021, n. 193.

69 septiesdecies. Norme applicabili e disposizioni di attuazione (1). – 1. Alla conclusione degli accordi previsti dal presente capo e alla prestazione di sostegno finanziario in loro esecuzione non si applicano le disposizioni di cui all'articolo 53, comma 4, e agli articoli 2391-bis, 2467, 2497-quinquies e 2901 del codice civile, nonché agli articoli 64, 65, 66 e 67, 216, primo comma, n. 1) e terzo comma e 217 della legge fallimentare (2).

2. La Banca d'Italia può emanare disposizioni attuative del presente capo, anche per tener conto di orientamenti dell'ABE.

(1) Articolo inserito dall'art. 1, co. 12, d.lg. 16/11/2015, n. 181.

(2) A norma dell'art. 369, co. 1, lett. b), d.lg. 12/1/2019, n. 14 al presente comma le parole: "agli articoli 64, 65, 66 e 67, 216, primo comma, n. 1), e terzo comma, e 217 della legge fallimentare" sono sostituite dalle seguenti: "agli articoli 163, 164, 165, 166, 290, 292, 322, comma 1, lettera a), e comma 3, e 323 del codice della crisi e dell'insolvenza" a decorrere dal 16/5/2022, ai sensi di quanto stabilito dall'art. 389, co. 1, d.lg. n. 14/2019, come modificato dall'art. 5, co. 1, d.l. 8/4/2020, n. 23, conv., con modif., dalla l. 5/6/2020, n. 40, dall'art. 38, co. 1, d.lg. 26/10/2020, n. 147 e successivamente dall'art. 1, co. 1, lett. b), d.l. 24/8/2021, n. 118, conv., con modif., dalla l. 21/10/2021, n. 147.

Capo I
Banche

Sezione 01
Misure di intervento precoce (1)

(1) Sezione inserita dall'art. 1, co. 13, d.lg. 16/11/2015, n. 181.

69 octiesdecies. Presupposti (1). – 1. La Banca d'Italia può disporre le seguenti misure nei confronti di una banca, una capogruppo italiana di un gruppo bancario o una delle società indicate all'articolo 69.2: (2)

a) le misure di cui all'articolo 69-noviesdecies, quando risultano violazioni dei requisiti del regolamento (UE) n. 575/2013, delle disposizioni di attuazione della direttiva 2013/36/UE e del titolo II della direttiva 2014/65/UE o di uno degli articoli da 3 a 7, da 14 a 17, e 24, 25 e 26 del regolamento (UE) n. 600/2014, oppure si preveda la violazione dei predetti requisiti anche a causa di un rapido deterioramento della situazione della banca o del gruppo;

b) la rimozione degli esponenti di cui all'articolo 69-viciessemel, quando risultano gravi violazioni di disposizioni legislative, regolamentari o statutarie o gravi irregolarità nell'amministrazione ovvero quando il deterioramento della situazione della banca o del gruppo bancario sia particolarmente significativo, e sempre che gli interventi indicati nella [medesima] lettera a) o quelli previsti negli articoli 53-bis e 67-ter non siano sufficienti per porre rimedio alla situazione (3).

1-bis. Le misure adottate ai sensi della presente Sezione sono comunicate al Comitato di Risoluzione Unico, quando riguardano i soggetti indicati all'articolo 7, paragrafi 2, 4, lettera b) e 5, del regolamento (UE) n. 806/2014 (4).

(1) Articolo inserito, a decorrere dal 16/11/2015, dall'art. 1, co. 13, d.lg. 16/11/2015, n. 181.

(2) Alinea modificato dall'art. 1, co. 39, d.lg. 8/11/2021, n. 182.

(3) Lettera modificata dall'art. 2, co. 1, lett. i), n. 1, d.lg. 8/11/2021, n. 193.

(4) Comma aggiunto dall'art. 2, co. 1, lett. i), n. 2, d.lg. 8/11/2021, n. 193.

69 noviesdecies. Attuazione del piano di risanamento e altre misure (1). – 1. Fermi restando i poteri attribuiti dagli articoli 53-bis e 67-ter, la Banca d'Italia, al ricorrere dei presupposti di cui all'articolo 69-octiesdecies, comma 1, lettera a), può chiedere alla banca o alla capogruppo italiana di un gruppo bancario o a una delle società indicate all'articolo 69.2 di dare attuazione, anche parziale, al piano di risanamento adottato o di preparare un piano per negoziare la ristrutturazione del debito con tutti o alcuni creditori secondo il piano di risanamento, ove applicabile, o di modificare la propria forma societaria (2).

2. La Banca d'Italia, nell'esercizio del potere di cui al comma 1 può:

a) richiedere l'aggiornamento del piano di risanamento quando le condizioni che hanno condotto all'intervento precoce divergono rispetto alle ipotesi contemplate nel piano;

b) fissare un termine per l'attuazione del piano e l'eliminazione delle cause che formano presupposto dell'intervento precoce.

(1) Articolo inserito, a decorrere dal 16/11/2015, dall'art. 1, co. 13, d.lg. 16/11/2015, n. 181.

(2) Comma modificato dall'art. 1, co. 40, d.lg. 8/11/2021, n. 182.

69 vicies. Poteri di accertamento e flussi informativi (1). – 1. Quando sia accertata l'esistenza, in relazione a una banca o ad un gruppo bancario, delle circostanze di cui all'articolo 69-octiesdecies, i poteri di vigilanza informativa e ispettiva previsti agli articoli 51, 54, 66 e 67 possono essere esercitati anche al fine di acquisire le informazioni necessarie per l'aggiornamento del piano di risoluzione, l'eventuale esercizio del potere di riduzione o conversione di azioni, di altre partecipazioni e di strumenti di capitale, l'avvio della risoluzione o della liquidazione coatta amministrativa, nonché per la valutazione prevista dal Titolo IV, Capo I, Sezione II, del decreto legislativo 16 novembre 2015, n. 180 (2).

2. Le informazioni acquisite ai sensi del comma 1 sono trasmesse alle autorità di risoluzione.

(1) Articolo inserito, a decorrere dal 16/11/2015, dall'art. 1, co. 13, d.lg. 16/11/2015, n. 181.

(2) Comma modificato dall'art. 2, co. 1, lett. l), d.lg. 8/11/2021, n. 193.

69 vicies semel. Rimozione dei componenti degli organi di amministrazione e controllo e dell'alta dirigenza (1). – 1. Al ricorrere dei presupposti indicati all'articolo 69-octiesdecies, comma 1, lettera b), la Banca d'Italia può disporre la rimozione e ordinare il rinnovo di tutti i componenti degli organi con funzione di amministrazione e di controllo delle banche, delle capogruppo italiane di un gruppo bancario o delle società indicate all'articolo 69.2. Si applica il comma 4 dell'articolo 70 (2).

2. Il provvedimento fissa la data da cui decorrono gli effetti della rimozione. La Banca d'Italia convoca l'assemblea della società di cui al comma 1 con all'ordine del giorno il rinnovo degli organi con funzioni di amministrazione e controllo (3).

3. Ricorrendo i presupposti richiamati al comma 1, la Banca d'Italia può inoltre ordinare la rimozione di uno o più componenti dell'alta dirigenza della società di cui al comma 1 (4).

4. La Banca d'Italia approva la nomina dei componenti dei nuovi organi o della nuova alta dirigenza effettuata dal competente organo della società (5).

5. Resta salva la possibilità in ogni momento di disporre l'amministrazione straordinaria della banca o della capogruppo italiana o di una della società indicate all'articolo 69.2 in base agli articoli 70 e 98 (6).

6. Resta fermo il potere di rimuovere singoli esponenti aziendali ai sensi dell'articolo 53-bis, comma 1, lettera e), e dell'articolo 67-ter, comma 1, lettera e), se sufficiente per porre rimedio alla situazione.

(1) Articolo inserito, a decorrere dal 16/11/2015, dall'art. 1, co. 13, d.lg. 16/11/2015, n. 181.

(2) Comma modificato dall'art. 1, co. 41, lett. a), d.lg. 8/11/2021, n. 181.

(3) Comma modificato dall'art. 1, co. 41, lett. b), d.lg. 8/11/2021, n. 181.

(4) Comma modificato dall'art. 1, co. 41, lett. c), d.lg. 8/11/2021, n. 181.

(5) Comma modificato dall'art. 1, co. 41, lett. d), d.lg. 8/11/2021, n. 181.

(6) Comma modificato dall'art. 1, co. 41, lett. e), d.lg. 8/11/2021, n. 181.

69 vicies bis. Disposizioni di attuazione (1). – 1. La Banca d'Italia può emanare disposizioni attuative della presente sezione, anche per tener conto di orientamenti dell'ABE.

(1) Articolo inserito, a decorrere dal 16/11/2015, dall'art. 1, co. 13, d.lg. 16/11/2015, n. 181.

Sezione I
Amministrazione straordinaria

70. Provvedimento (1). – 1. La Banca d'Italia può disporre lo scioglimento degli organi con funzioni di amministrazione e di controllo delle banche quando ricorrono le violazioni o le irregolarità di cui all'articolo 69-octiesdecies, comma 1, lettera b), oppure sono previste gravi perdite del patrimonio ovvero quando lo scioglimento è richiesto con istanza motivata dagli organi amministrativi ovvero dall'assemblea straordinaria (2).

2. Le funzioni delle assemblee e degli altri organi diversi da quelli indicati nel comma 1 sono sospese per effetto del provvedimento di amministrazione straordinaria, salvo quanto previsto dall'articolo 72, comma 6 (3).

3. Il provvedimento è comunicato dai commissari nominati ai sensi dell'articolo 71 agli interessati, che ne facciano richiesta, non prima dell'insediamento ai sensi dell'articolo 73 (4).

4. Il provvedimento è pubblicato per estratto nella Gazzetta Ufficiale della Repubblica italiana (5).

5. L'amministrazione straordinaria dura sino ad un anno, salvo che il provvedimento previsto dal comma 1 preveda un termine più breve [o la Banca d'Italia ne autorizzi la chiusura anticipata]. La procedura può essere prorogata per lo stesso periodo di un anno, anche per più di una volta, se sussistono i presupposti indicati nel comma 1. Il provvedimento di proroga è pubblicato per estratto nella Gazzetta Ufficiale della Repubblica italiana (6).

6. La Banca d'Italia può disporre proroghe non superiori a due mesi del termine della procedura, anche se prorogato ai sensi del comma 5, per gli adempimenti connessi alla chiusura della procedura quando le relative modalità di esecuzione siano state già approvate dalla medesima Banca d'Italia.*

7. Alle banche non si applica il titolo IV della legge fallimentare e l'articolo 2409 del codice civile. Se vi è fondato sospetto che i soggetti con funzioni di amministrazione, in violazione dei propri doveri, abbiano compiuto gravi irregolarità nella gestione che possono arrecare danno alla banca o ad una o più società controllate, l'organo con funzioni di controllo od i soci che il codice civile o lo statuto abilitano a presentare denuncia al tribunale, possono denunciare i fatti alla Banca d'Italia, che decide con provvedimento motivato (7).

(1) Vedi le disposizioni di cui all'art. 39 del d.P.R. 30/12/2003, n. 398.

(2) Comma sostituito dall'art. 1, co. 14, lett. a), d.lg. 16/11/2015, n. 181.

(3) Comma modificato dall'art. 1, co. 14, lett. b), d.lg. 16/11/2015, n. 181.

(4) Comma modificato dall'art. 64 del d.lg. 23/7/1996, n. 415 e successivamente sostituito dall'art. 1, co. 14, lett. c), d.lg. 16/11/2015, n. 181.

(5) Comma modificato dall'art. 1, co. 14, lett. d), d.lg. 16/11/2015, n. 181.

(6) Comma sostituito dall'art. 1, co. 14, lett. e), d.lg. 16/11/2015, n. 181 e successivamente modificato dall'art. 1, co. 18, d.lg. 14/11/2016, n. 223.

* Comma abrogato dall'art. 1, co. 14, lett. f), d.lg. 16/11/2015, n. 181.

(7) Comma sostituito dall'art. 9.21 del d.lg. 17/1/2003, n. 6, nel testo introdotto dall'art. 2 del d.lg. 6/2/2004, n. 37 e successivamente modificato dall'art. 1, co. 14, lett. g), d.lg. 16/11/2015, n. 181. Vedi la disciplina transitoria di cui all'art. 6 del medesimo d.lg. n. 37/2004.

• A norma dell'articolo dall'art. 369, co. 1, lett. c), d.lg. 12/1/2019, n. 14 al presente comma le parole: "il titolo IV della legge fallimentare e" sono soppresse a decorrere dal 16/5/2022, ai sensi di quanto stabilito dall'art. 389, co. 1, d.lg. n. 14/2019, come modificato dall'art. 5, co. 1, d.l. 8/4/2020, n. 23, conv., con modif., dalla l. 5/6/2020, n. 40, dall'art. 38, co. 1, d.lg. 26/10/2020, n. 147 e successivamente dall'art. 1, co. 1, lett. b), d.l. 24/8/2021, n. 118, conv., con modif., dalla l. 21/10/2021, n. 147.

70 bis. Rimozione collettiva dei componenti degli organi di amministrazione e controllo*. – *1. La Banca d'Italia può disporre la rimozione di tutti i componenti degli organi con funzioni di amministrazione e di controllo delle banche al ricorrere dei presupposti indicati all'articolo 70, comma 1, lettera a). Si applica il comma 4 dell'articolo 70. 2. Il provvedimento fissa la data da cui decorre la rimozione dei componenti degli organi. La Banca d'Italia convoca l'assemblea della banca per il rinnovo degli organi con funzioni di amministrazione e controllo. 3. Resta salva la possibilità in ogni* *momento di disporre la gestione provvisoria di cui all'articolo 76 e l'amministrazione straordinaria della banca di cui all'articolo 70, secondo le modalità e con gli effetti previsti dal presente titolo.*

* Articolo aggiunto dall'art. 1, co. 30, d.lg. 12/5/2015, n. 72. Vedi inoltre, l'art. 2 del d.lg. 12/5/2015, n. 72. e successivamente abrogato, a decorrere dal 16/11/2015, dall'art. 1, co. 15, d.lg. 16/11/2015, n. 181.

71. Organi della procedura. – 1. Con il provvedimento di scioglimento degli organi la Banca d'Italia nomina (1):

a) uno o più commissari straordinari;

b) un comitato di sorveglianza, composto da tre a cinque membri, che nomina a maggioranza di voti il proprio presidente.

2. [Il provvedimento della Banca d'Italia e la delibera di nomina del presidente del comitato di sorveglianza sono pubblicati per estratto nella Gazzetta Ufficiale della Repubblica italiana.] Entro quindici giorni dalla comunicazione della nomina, i commissari depositano in copia gli atti di nomina degli organi della procedura e del presidente del comitato di sorveglianza per l'iscrizione nel registro delle imprese (2).

3. La Banca d'Italia può revocare o sostituire i commissari e i membri del comitato di sorveglianza.*

4. Le indennità spettanti ai commissari e ai componenti il comitato di sorveglianza sono determinate dalla Banca d'Italia in base ai criteri dalla stessa stabiliti e sono a carico della banca sottoposta alla procedura. Se necessario, esse possono essere anticipate dalla Banca d'Italia (3).

5. La Banca d'Italia, per ragioni di urgenza e fino all'insediamento degli organi straordinari, può nominare commissario provvisorio un proprio funzionario, che assume i medesimi poteri attribuiti ai commissari straordinari. Si applicano gli articoli 70, comma 3, e 72, comma 9 (4).

6. Agli organi della procedura si applica l'articolo 26, comma 3, lettere a) e d). I commissari devono, inoltre, possedere le competenze necessarie per svolgere le proprie funzioni ed essere esenti da conflitti di interesse (5).

(1) Alinea modificato dall'art. 1, co. 16, lett. a), d.lg. 16/11/2015, n. 181.

(2) Comma sostituito dall'art. 9.22 del d.lg. 17/1/2003, n. 6, nel testo introdotto dall'art. 2 del d.lg. 6/2/2004, n. 37 e successivamente modificato dall'art. 1, co. 16, lett. b), d.lg. 16/11/2015, n. 181. Vedi la disciplina transitoria di cui all'art. 6 del medesimo d.lg. n. 37/2004.

* Comma abrogato dall'art. 1, co. 16, lett. c), d.lg. 16/11/2015, n. 181.

(3) Comma modificato dall'art. 1, co. 16, lett. d), d.lg. 16/11/2015, n. 181.

(4) Comma modificato dall'art. 1, co. 16, lett. e), d.lg. 16/11/2015, n. 181.

(5) Comma aggiunto dall'art. 15 del d.lg. 4/8/1999, n. 342 e successivamente modificato dall'art. 1, co. 16, lett. f), d.lg. 16/11/2015, n. 181 e dall'art. 2, co. 1, lett. m), d.lg. 8/11/2021, n. 193.

72. Poteri e funzionamento degli organi straordinari. – 1. Salvo che non sia diversamente specificato all'atto della nomina, i commissari esercitano tutte le funzioni e tutti i poteri spettanti all'organo di amministrazione della banca ai sensi del codice civile, delle disposizioni di legge applicabili e dello statuto della banca. La Banca d'Italia, nel provvedimento di nomina, può stabilire che ai commissari sono attribuiti soltanto determinati poteri e funzioni di amministrazione (1).

1-bis. Salvo che non sia diversamente specificato nel provvedimento che dispone l'amministrazione straordinaria, ai commissari spettano i compiti di accertare la situazione aziendale, rimuovere le irregolarità e promuovere le soluzioni utili nell'interesse dei depositanti e della sana e prudente gestione. Le disposizioni del codice civile, statutarie o convenzionali relative ai poteri di controllo dei titolari di partecipazioni non si applicano agli atti dei commissari. All'atto della nomina, la Banca d'Italia può stabilire speciali limitazioni dei compiti dei commissari ovvero attribuire loro compiti ulteriori e diversi rispetto a quelli indicati nel presente comma (2).

2. Il comitato di sorveglianza esercita le funzioni di controllo e fornisce pareri ai commissari nei casi previsti dalla presente sezione o dalle disposizioni della Banca d'Italia (3).

2-bis. La Banca d'Italia può, in ogni momento, revocare o sostituire i commissari e i membri del comitato di sorveglianza oppure modificarne compiti e poteri (4).

3. Le funzioni degli organi straordinari hanno inizio con l'insediamento degli stessi ai sensi dell'art. 73, commi 1 e 2, e cessano con il passaggio delle consegne agli organi subentranti (5).

4. La Banca d'Italia può stabilire, all'atto della nomina o successivamente con istruzioni impartite ai commissari e ai membri del comitato di sorveglianza, che determinati atti dei commissari siano sottoposti ad autorizzazione della stessa Banca d'Italia ovvero imporre speciali cautele e limitazioni nella gestione della banca. I componenti gli organi straordinari sono personalmente responsabili dell'inosservanza delle prescrizioni della Banca d'Italia; queste non sono opponibili ai terzi che non ne abbiano avuto conoscenza (6).

5. L'esercizio dell'azione sociale di responsabilità contro i membri dei disciolti organi amministrativi e di controllo ed il direttore generale, nonché dell'azione contro il soggetto incaricato della revisione legale dei conti o della revisione, spetta ai commissari straordinari, sentito il comitato di sorveglianza, previa autorizzazione della Banca d'Italia. Gli organi succeduti all'amministrazione straordinaria proseguono le azioni di responsabilità e riferiscono alla Banca d'Italia in merito alle stesse (7).

5-bis. Nell'interesse della procedura i commissari, sentito il comitato di sorveglianza, previa autorizzazione della Banca d'Italia, possono sostituire il soggetto incaricato della revisione legale dei conti per la durata della procedura stessa (8).

6. Il potere di convocare l'assemblea dei soci e gli altri organi indicati all'articolo 70, comma 2, spetta esclusivamente ai commissari previa approvazione della Banca d'Italia. L'ordine del giorno è stabilito in via esclusiva dai commissari e non è modificabile dall'organo convocato (9).

7. Quando i commissari siano più di uno, essi decidono a maggioranza dei componenti in carica e i loro poteri di rappresentanza sono validamente esercitati con la firma congiunta di due di essi. È fatta salva la possibilità di conferire deleghe, anche per categorie di operazioni, a uno o più commissari.

8. Il comitato di sorveglianza delibera a maggioranza dei componenti in carica; in caso di parità prevale il voto del presidente.

9. La responsabilità dei commissari e dei membri del comitato di sorveglianza per atti compiuti nell'espletamento dell'incarico è limitata ai soli casi di dolo o colpa grave. Le azioni civili nei loro confronti sono promosse previa autorizzazione della Banca d'Italia (10).

9-bis. I commissari, nell'esercizio delle loro funzioni, sono pubblici ufficiali (11).

(1) Comma sostituito dall'art. 9.23 del d.lg. 17/1/2003, n. 6, nel testo introdotto dall'art. 2 del d.lg. 6/2/2004, n. 37 e successivamente dall'art. 1, co. 17, lett. a), d.lg. 16/11/2015, n. 181. Vedi la disciplina transitoria di cui all'art. 6 del medesimo d.lg. n. 37/2004.

(2) Comma inserito dall'art. 1, co. 17, lett. b), d.lg. 16/11/2015, n. 181.

(3) Comma sostituito dall'art. 9.23 del d.lg. 17/1/2003, n. 6, nel testo introdotto dall'art. 2 del d.lg. 6/2/2004, n. 37. Vedi la disciplina transitoria di cui all'art. 6 del medesimo d.lg. n. 37/2004.

(4) Comma inserito dall'art. 1, co. 17, lett. c), d.lg. 16/11/2015, n. 181.

(5) Comma modificato dall'art. 64 del d.lg. 23/7/1996, n. 415.

(6) Comma sostituito dall'art. 1, co. 17, lett. d), d.lg. 16/11/2015, n. 181.

(7) Comma sostituito dall'art. 9.23 del d.lg. 17/1/2003, n. 6, nel testo introdotto dall'art. 2 del d.lg. 6/2/2004, n. 37. Vedi la disciplina transitoria di cui all'art. 6 del medesimo d.lg. n. 37/2004 e, successivamente, modificato dall'art. 39 del d.lg. 27/1/2010, n. 39.

(8) Comma inserito dall'art. 9.23 del d.lg. 17/1/2003, n. 6, nel testo introdotto dall'art. 2 del d.lg. 6/2/2004, n. 37. Vedi la disciplina transitoria di cui all'art. 6 del medesimo d.lg. n. 37/2004 e, successivamente, modificato dall'art. 39 del d.lg. 27/1/2010, n. 39.

(9) Comma sostituito dall'art. 1, co. 17, lett. e), d.lg. 16/11/2015, n. 181.

(10) Comma sostituito dall'art. 1, co. 17, lett. f), d.lg. 16/11/2015, n. 181.

• Vedi le disposizioni di cui all'art. 39 del d.P.R. 30/12/2003, n. 398.

(11) Comma aggiunto dall'art. 1, co. 17, lett. g), d.lg. 16/11/2015, n. 181.

73. Adempimenti iniziali. – 1. I commissari straordinari si insediano prendono in consegna l'azienda dagli organi amministrativi disciolti con un sommario processo verbale. I commissari acquisiscono una situazione dei conti. Alle operazioni assiste almeno un componente il comitato di sorveglianza (1).

2. Qualora, per il mancato intervento degli organi amministrativi disciolti o per altre ragioni, non sia possibile l'esecuzione delle consegne, i commissari provvedono d'autorità a insediarsi, con l'assistenza di un notaio e, ove occorra, con l'intervento della forza pubblica.

3. Il commissario provvisorio assume la gestione della banca ed esegue le consegne ai commissari straordinari, secondo le modalità indicate nei commi 1 e 2.

4. Quando il bilancio relativo all'esercizio chiuso anteriormente all'inizio dell'amministrazione straordinaria non sia stato approvato, i commissari provvedono al deposito presso l'ufficio del registro delle imprese, in sostituzione del bilancio, di una relazione sulla situazione patrimoniale ed economica, redatta sulla base delle informazioni disponibili. La relazione è accompagnata da un rapporto del comitato di sorveglianza. È comunque esclusa ogni distribuzione di utili (2).

(1) Comma modificato dall'art. 64 del d.lg. 23/7/1996, n. 415.

(2) Comma sostituito dall'art. 9.24 del d.lg. 17/1/2003, n. 6, nel testo introdotto dall'art. 2 del d.lg. 6/2/2004, n. 37. Vedi la disciplina transitoria di cui all'art. 6 del medesimo d.lg. n. 37/2004.

74. Sospensione dei pagamenti (1). – 1. Se ricorrono circostanze eccezionali i commissari, al fine di tutelare gli interessi dei creditori, possono sospendere il pagamento delle passività di qualsiasi genere da parte della banca ovvero la restituzione degli strumenti finanziari ai clienti relativi ai servizi previsti dal decreto legislativo 24 febbraio 1998, n. 58. Il provvedimento è assunto sentito il comitato di sorveglianza, previa autorizzazione della Banca d'Italia che può emanare disposizioni per l'attuazione dello stesso. La sospensione ha luogo per un periodo non superiore a un mese, prorogabile eventualmente, con le stesse formalità, per altri due mesi (2).

2. Durante il periodo della sospensione non possono essere intrapresi o proseguiti atti di esecuzione forzata o atti cautelari sui beni della banca e sugli strumenti finanziari dei clienti. Durante lo stesso periodo non possono essere iscritte ipoteche sugli immobili o acquistati altri diritti di prelazione sui mobili della banca, se non in forza di provvedimenti giudiziali esecutivi anteriori all'inizio del periodo di sospensione.

3. La sospensione non costituisce stato d'insolvenza.

(1) Articolo sostituito dall'art. 64 del d.lg. 23/7/1996, n. 415.

(2) Comma modificato, a decorrere dal 16/11/2015, dall'art. 1, co. 18, d.lg. 16/11/2015, n. 181.

75. Adempimenti finali (1). – 1. I commissari straordinari e il comitato di sorveglianza, a intervalli periodici stabiliti all'atto della nomina o successivamente nonché al termine delle loro funzioni, redigono separati rapporti sull'attività svolta e li trasmettono alla Banca d'Italia. La Banca d'Italia cura che della chiusura dell'amministrazione straordinaria sia data notizia mediante avviso da pubblicarsi nella Gazzetta Ufficiale della Repubblica italiana (2).

2. La chiusura dell'esercizio in corso all'inizio dell'amministrazione straordinaria è protratta a ogni effetto di legge fino al termine della procedura. I commissari redigono il bilancio che viene presentato per l'approvazione alla Banca d'Italia entro quattro mesi dalla chiusura dell'amministrazione straordinaria e pubblicato nei modi di legge. L'esercizio cui si riferisce il bilancio redatto dai commissari costituisce un unico periodo d'imposta. Entro un mese dall'approvazione della Banca d'Italia, gli organi subentrati ai commissari presentano la dichiarazione dei redditi relativa a detto periodo secondo le disposizioni tributarie vigenti.

3. I commissari, prima della cessazione delle loro funzioni, provvedono perché siano ricostituiti gli organi dell'amministrazione ordinaria. Gli organi subentranti prendono in consegna l'azienda dai commissari secondo le modalità previste dall'art. 73, comma 1.

(1) Vedi le disposizioni di cui all'art. 39 del d.P.R. 30/12/2003, n. 398.

(2) Comma modificato, a decorrere dal 16/11/2015, dall'art. 1, co. 19, d.lg. 16/11/2015, n. 181.

75 bis. Commissari in temporaneo affiancamento (1). – 1. La Banca d'Italia, ricorrendo i presupposti indicati all'articolo 70, può nominare uno o più commissari in temporaneo affiancamento all'organo di amministrazione. La Banca d'Italia, nel provvedimento di nomina, individua funzioni, doveri e poteri dei commissari, specificandone i rapporti con l'organo amministrativo, ivi compreso, eventualmente, l'obbligo degli amministratori di consultare o di richiedere la previa autorizzazione dei commissari per l'assunzione di determinati atti o decisioni.

2. Si applicano, in quanto compatibili, le disposizioni della presente sezione.

(1) Articolo inserito, a decorrere dal 16/11/2015, dall'art. 1, co. 20, d.lg. 16/11/2015, n. 181.

***76. Gestione provvisoria**.** – *1. La Banca d'Italia, fatto salvo quanto stabilito negli articoli precedenti, può disporre, nei casi indicati nell'articolo 70, comma 1, e qualora concorrano ragioni di assoluta urgenza, che uno o più commissari assumano i poteri di amministrazione della banca. Le funzioni degli organi di amministrazione e di controllo sono frattanto sospese. Possono essere nominati commissari anche funzionari della Banca d'Italia. I commissari, nell'esercizio delle loro funzioni, sono pubblici ufficiali (1). 2. La gestione provvisoria non può avere una durata superiore a due mesi. Si applicano, in quanto compatibili, gli articoli 71, commi 2, 3, 4 e 6, 72, commi 3, 4, 7 e 9, 73, commi 1 e 2, 74 e 75, comma 1. 3. Qualora durante la gestione provvisoria intervenga lo scioglimento degli organi di amministrazione e di controllo a norma dell'art. 70, comma 1, i commissari indicati nel comma 1 assumono le attribuzioni del commissario provvisorio previsto dall'art. 71, comma 5. 4. Al termine della gestione provvisoria gli organi subentranti prendono in consegna l'azienda dai commissari indicati nel comma 1 secondo le modalità previste dall'art. 73, comma 1.*

* Articolo sostituito dall'art. 16, co. 1, d.lg. 4/8/1999, n. 342 e successivamente abrogato, a decorrere dal 16/11/2015, dall'art. 1, co. 21, d.lg. 16/11/2015, n. 181.

(1) Comma sostituito dall'art. 9.25 del d.lg. 17/1/2003, n. 6, nel testo introdotto dall'art. 2 del d.lg. 6/2/2004, n. 37. Vedi la disciplina transitoria di cui all'art. 6 del medesimo d.lg. n. 37/2004.

77. Succursali di banche di Stato terzo (1). – 1. Nel caso di amministrazione straordinaria di succursali di banche di Stato terzo stabilite nel territorio della Repubblica, i commissari straordinari e il comitato di sorveglianza assumono nei confronti delle succursali stesse i poteri degli organi di amministrazione e di controllo della banca di appartenenza (2).

1-bis. La Banca d'Italia informa dell'apertura della procedura di amministrazione straordinaria le autorità di vigilanza degli Stati dell'Unione europea che ospitano succursali della banca di Stato terzo. L'informazione è data, con ogni mezzo, possibilmente prima dell'apertura della procedura ovvero subito dopo (3).

2. Si applicano, in quanto compatibili, le disposizioni della presente sezione.

(1) Rubrica modificata dall'art. 1, co. 42, lett. a), d.lg. 8/11/2021, n. 182.

(2) Comma modificato dall'art. 1, co. 42, lett. b), d.lg. 8/11/2021, n. 182.

(3) Comma inserito, a decorrere dal 6/8/2004, dall'art. 3 del d.lg. 9/7/2004, n. 197 poi modificato dall'art. 1, co. 42, lett. c), d.lg. 8/11/2021, n. 182.

77 bis. Aumenti di capitale (1). – 1. In deroga ai termini previsti dagli articoli 2366 e 2369 del codice civile e 125-bis e 126 del decreto legislativo 24 febbraio 1998, n. 58, nelle banche nei confronti delle quali è stata adottata una misura di intervento precoce o disposto l'avvio dell'amministrazione straordinaria, le assemblee chiamate a deliberare aumenti di capitale finalizzati a ripristinare l'adeguatezza patrimoniale possono essere convocate fino a dieci giorni prima di quello fissato per l'assemblea, se così è previsto dallo statuto.

2. Nel caso previsto al comma 1, per le banche con azioni quotate nei mercati regolamentati italiani o di altri Stati dell'Unione europea (2):

a) la comunicazione effettuata dall'intermediario ai sensi dell'articolo 83-sexies del decreto legislativo 24 febbraio 1998, n. 58, è effettuata sulla base delle evidenze dei conti relative al termine della giornata contabile del terzo giorno di mercato aperto precedente la data fissata per l'assemblea;

b) il termine di cui all'articolo 126-bis, comma 1, del decreto legislativo 24 febbraio 1998, n. 58, è ridotto a cinque giorni;

c) non trovano applicazione le modalità di pubblicità di cui all'articolo 126-bis, comma 2, del decreto legislativo 24 febbraio 1998, n. 58.

3. Le previsioni di cui al comma 2, lettere b) e c), non si applicano alle banche nei confronti delle quali è stata disposta l'amministrazione straordinaria.

4. Il presente articolo si applica anche alle capogruppo italiane (3).

(1) Articolo inserito, a decorrere dal 16/11/2015, dall'art. 1, co. 22, d.lg. 16/11/2015, n. 181. Vedi inoltre l'art. 3, co. 3, d.lg. 16/11/2015, n. 181.

(2) Alinea modificato dall'art. 1, co. 43, lett. a), d.lg. 8/11/2021, n. 182.

(3) Comma modificato dall'art. 1, co. 43, lett. a), d.lg. 8/11/2021, n. 182.

Sezione II
Provvedimenti straordinari

78. Banche autorizzate in Italia. – 1. La Banca d'Italia può imporre il divieto di intraprendere nuove operazioni oppure ordinare la chiusura di succursali alle banche autorizzate in Italia, per violazione di disposizioni legislative, amministrative o statutarie che ne regolano l'attività, per irregolarità di gestione ovvero, nel caso di succursali di banche extracomunitarie, anche per insufficienza di fondi.

79. Banche comunitarie (1). – 1. In caso di violazione o di rilevante rischio di violazione da parte di banche comunitarie delle disposizioni relative alle succursali o alla prestazione di servizi nel territorio della Repubblica, il cui controllo spetta all'autorità competente dello Stato d'origine, la Banca d'Italia ne dà comunicazione a tale autorità per i provvedimenti necessari. In attesa di questi, se sussistono ragioni di urgenza la Banca d'Italia può adottare le misure provvisorie necessarie per la tutela delle ragioni dei depositanti, dei risparmiatori e degli altri soggetti ai quali sono prestati i servizi, comprese l'imposizione del divieto di intraprendere nuove operazioni e la sospensione dei pagamenti; le misure adottate sono comunicate all'autorità competente dello Stato d'origine, alla Commissione europea e all'ABE.

2. In deroga al comma 1, secondo periodo, se la violazione riguarda disposizioni relative alla liquidità della banca comunitaria o in ogni altro caso di deterioramento della situazione di liquidità della stessa, la Banca d'Italia può adottare le misure necessarie per la stabilità finanziaria o per la tutela delle ragioni dei depositanti, dei risparmiatori e degli altri soggetti ai quali sono prestati i servizi, se quelle prese dall'autorità competente dello Stato d'origine mancano o risultano inadeguate; le misure da adottare sono comunicate all'autorità competente dello Stato d'origine e all'ABE.

3. Quando i provvedimenti dell'autorità competente dello Stato d'origine indicati al comma 1 manchino o risultino inadeguati, la Banca d'Italia può ricorrere all'ABE ai fini della procedura per la risoluzione delle controversie con le autorità di vigilanza degli altri Stati membri in situazioni transfrontaliere.

4. In caso di violazione o di rilevante rischio di violazione da parte di banche comunitarie delle disposizioni relative alle succursali o alla prestazione di servizi nel territorio della Repubblica il cui controllo spetta alla Banca d'Italia, questa adotta le misure necessarie a prevenire o reprimere tali irregolarità, compresa l'imposizione del divieto di intraprendere nuove operazioni, la sospensione dei pagamenti e la chiusura della succursale, dandone comunicazione all'autorità competente dello Stato d'origine.

(1) Articolo modificato dall'art. 1, co. 8, d.lg. 30/7/2012, n. 130 e successivamente sostituito dall'art. 1, co. 31, d.lg. 12/5/2015, n. 72. Vedi inoltre, l'art. 2 del d.lg. 12/5/2015, n. 72.

Sezione III
Liquidazione coatta amministrativa

80. Provvedimento. – 1. Il Ministro dell'economia e delle finanze, su proposta della Banca d'Italia, può disporre con decreto la liquidazione coatta amministrativa delle banche, anche quando ne sia in corso l'amministrazione straordinaria ovvero la liquidazione secondo le norme ordinarie, se ricorrono i presupposti indicati nell'articolo 17 del decreto legislativo 16 novembre 2015, n. 180, ma non quelli di cui all'articolo 20, comma 2, del medesimo decreto per disporre la risoluzione, ovvero quelli indicati nell'articolo 18, paragrafo 1, lettere a) e b), ma non quelli di cui alla lettera c), del regolamento (UE) n. 806/2014 (1).

2. La liquidazione coatta può essere disposta, con il medesimo procedimento indicato nel comma 1, su istanza motivata degli organi amministrativi, dell'assemblea straordinaria, dei commissari straordinari o dei liquidatori.

3. Il decreto del Ministro dell'economia e delle finanze e la proposta della Banca d'Italia sono comunicati dai commissari

liquidatori agli interessati, che ne facciano richiesta, non prima dell'insediamento ai sensi dell'art. 85 (2).

4. Il decreto del Ministro dell'economia e delle finanze è pubblicato per estratto nella Gazzetta Ufficiale della Repubblica italiana (3).

5. Dalla data di emanazione del decreto cessano le funzioni degli organi amministrativi, di controllo e assembleari, nonché di ogni altro organo della banca. Sono fatte salve le ipotesi previste dagli articoli 93, comma 1, e 94, comma 2.

6. Le banche non sono soggette a procedure concorsuali diverse dalla liquidazione coatta prevista dalle norme della presente sezione; per quanto non espressamente previsto si applicano, se compatibili, le disposizioni della legge fallimentare (4).

(1) Comma modificato dall'art. 1, co. 1, d.lg. 6/2/2004, n. 37 e, successivamente, sostituito dall'art. 1, co. 23, d.lg. 16/11/2015, n. 181 e dall'art. 2, co. 1, lett. n), d.lg. 8/11/2021, n. 193.

(2) Comma modificato dall'art. 64 del d.lg. 23/7/1996, n. 415 e, successivamente, dall'art. 1, co. 1, d.lg. 6/2/2004, n. 37.

(3) Comma modificato dall'art. 1, co. 1, d.lg. 6/2/2004, n. 37.

(4) A norma dell'art. 369, co. 1, lett. d), d.lg. 12/1/2019, n. 14 al presente comma le parole: "della legge fallimentare" sono sostituite dalle seguenti: "del codice della crisi e dell'insolvenza" a decorrere dal 16/5/2022, ai sensi di quanto stabilito dall'art. 389, co. 1, d.lg. n. 14/2019, come modificato dall'art. 5, co. 1, d.l. 8/4/2020, n. 23, conv., con modif., dalla l. 5/6/2020, n. 40, dall'art. 38, co. 1, d.lg. 26/10/2020, n. 147 e successivamente dall'art. 1, co. 1, lett. b), d.l. 24/8/2021, n. 118, conv., con modif., dalla l. 21/10/2021, n. 147.

81. Organi della procedura. – 1. La Banca d'Italia nomina:

a) uno o più commissari liquidatori;

b) un comitato di sorveglianza composto da tre a cinque membri, che nomina a maggioranza di voti il proprio presidente.

1-bis. Possono essere nominati come liquidatori anche società o altri enti (1).

1-ter. I commissari e i componenti del comitato di sorveglianza sono individuati in base ai criteri stabiliti dalla Banca d'Italia che, a tal fine, tiene conto dei requisiti e dei criteri stabiliti ai sensi dell'articolo 26, comma 3, lettere a) e d) (2).

2. Il provvedimento della Banca d'Italia e la delibera di nomina del presidente del comitato di sorveglianza sono pubblicati per estratto sul sito web della Banca d'Italia. Entro quindici giorni dalla comunicazione della nomina, i commissari depositano in copia gli atti di nomina degli organi della liquidazione coatta e del presidente del comitato di sorveglianza per l'iscrizione nel registro delle imprese (3).

3. La Banca d'Italia può revocare o sostituire i commissari e i membri del comitato di sorveglianza.

4. Le indennità spettanti ai commissari e ai componenti il comitato di sorveglianza sono determinate dalla Banca d'Italia in base ai criteri dalla stessa stabiliti e sono a carico della liquidazione.

(1) Comma inserito, a decorrere dal 16/11/2015, dall'art. 1, co. 24, lett. a), d.lg. 16/11/2015, n. 181. Vedi inoltre l'art. 3, co. 4, d.lg. 16/11/2015, n. 181.

(2) Comma inserito dall'art. 2, co. 1, lett. o), d.lg. 8/11/2021, n. 193.

(3) Comma sostituito dall'art. 9.26 del d.lg. 17/1/2003, n. 6, nel testo introdotto dall'art. 2 del d.lg. 6/2/2004, n. 37. Vedi la disciplina transitoria di cui all'art. 6 del medesimo d.lg. n. 37/2004 e, successivamente, modificato dall'art. 1, co. 24, lett. b), d.lg. 16/11/2015, n. 181.

82. Accertamento giudiziale dello stato di insolvenza. – 1. Se una banca non sottoposta a liquidazione coatta amministrativa o a risoluzione si trova in stato di insolvenza, il tribunale del luogo in cui essa ha la sede legale, su richiesta di uno o più creditori, su istanza del pubblico ministero o d'ufficio, sentiti la Banca d'Italia e i rappresentanti legali della banca, dichiara lo stato di insolvenza con sentenza in camera di consiglio. Quando la banca sia sottoposta ad amministrazione straordinaria, il tribunale dichiara l'insolvenza anche su ricorso dei commissari straordinari, sentiti i commissari stessi, la Banca d'Italia e i cessati rappresentanti legali. Si applicano le disposizioni dell'art. 195, commi primo, secondo periodo, terzo, quarto, quinto, sesto e ottavo della legge fallimentare (1).

2. Se una banca, anche avente natura pubblica, si trova in stato di insolvenza al momento dell'emanazione del provvedimento di liquidazione coatta amministrativa e l'insolvenza non è stata dichiarata a norma del comma 1, il tribunale del luogo in cui la banca ha la sede legale, su ricorso dei commissari liquidatori, su istanza del pubblico ministero o d'ufficio, sentiti la Banca d'Italia e i cessati rappresentanti legali della banca, accerta tale stato con sentenza in camera di consiglio. Si applicano le disposizioni dell'art. 195, terzo, quarto, quinto e sesto comma della legge fallimentare (2).

3. La dichiarazione giudiziale dello stato di insolvenza prevista dai commi precedenti produce gli effetti indicati nell'art. 203 della legge fallimentare (3).

(1) Comma modificato dall'art. 1, co. 25, d.lg. 16/11/2015, n. 181.

• A norma dell'art. 369, co. 1, lett. e), d.lg. 12/1/2019, n. 14, come modificato dall'art. 6, co. 1, lett. a), n. 1, d.lg. 8/11/2021, n. 193 al presente comma le parole: "in cui essa ha la sede legale" sono sostituite dalle seguenti: "dove essa ha il centro degli interessi principali", le parole "dell'art. 195, commi primo, secondo periodo, terzo, quarto, quinto, sesto e ottavo della legge fallimentare" sono sostituite dalle seguenti: "dell'articolo 297 del codice della crisi e dell'insolvenza" a decorrere dal 16/5/2022, ai sensi di quanto stabilito dall'art. 389, co. 1, d.lg. n. 14/2019, come modificato dall'art. 5, co. 1, d.l. 8/4/2020, n. 23, conv., con modif., dalla l. 5/6/2020, n. 40, dall'art. 38, co. 1, d.lg. 26/10/2020, n. 147 e successivamente dall'art. 1, co. 1, lett. b), d.l. 24/8/2021, n. 118, conv., con modif., dalla l. 21/10/2021, n. 147.

(2) A norma dell'art. 369, co. 1, lett. e), d.lg. 12/1/2019, n. 14, come modificato dall'art. 6, co. 1, lett. a), n. 1, d.lg. 8/11/2021, n. 193, al presente comma le parole "del luogo in cui la banca ha la sede legale" sono sostituite dalle seguenti: "del luogo in cui la banca ha il centro degli interessi principali", le parole "dell'art. 195, terzo, quarto, quinto e sesto comma della legge fallimentare" sono sostituite dalle seguenti: "dell'articolo 298 del codice della crisi e dell'insolvenza" a decorrere dal 16/5/2022, ai sensi di quanto stabilito dall'art. 389, co. 1, d.lg. n. 14/2019, come modificato dall'art. 5, co. 1, d.l. 8/4/2020, n. 23, conv., con modif., dalla l. 5/6/2020, n. 40, dall'art. 38, co. 1, d.lg. 26/10/2020, n. 147 e successivamente dall'art. 1, co. 1, lett. b), d.l. 24/8/2021, n. 118, conv., con modif., dalla l. 21/10/2021, n. 147.

(3) A norma dell'art. 369, co. 1, lett. e), d.lg. 12/1/2019, n. 14, come modificato dall'art. 6, co. 1, lett. a), n. 1, d.lg. 8/11/2021, n. 193 al presente comma le parole "nell'art. 203 della legge fallimentare" sono sostituite dalle seguenti: "nell'articolo 299 del codice della crisi e dell'insolvenza" a decorrere dal 16/5/2022, ai sensi di quanto stabilito dall'art. 389, co. 1, d.lg. n. 14/2019, come modificato dall'art. 5, co. 1, d.l. 8/4/2020, n. 23, conv., con modif., dalla l. 5/6/2020, n. 40, dall'art. 38, co. 1, d.lg. 26/10/2020, n. 147 e successivamente dall'art. 1, co. 1, lett. b), d.l. 24/8/2021, n. 118, conv., con modif., dalla l. 21/10/2021, n. 147.

83. Effetti del provvedimento per la banca, per i creditori e sui rapporti giuridici preesistenti. – 1. Dalla data di insediamento degli organi liquidatori ai sensi dell'articolo 85, e comunque dal sesto giorno lavorativo successivo alla data di adozione del provvedimento che dispone la liquidazione coatta, sono sospesi il pagamento delle passività di qualsiasi genere e le restituzioni di beni di terzi. La data di insediamento dei commissari liquidatori, con l'indicazione del giorno, dell'ora e del minuto, è rilevata dalla Banca d'Italia sulla base del processo verbale previsto all'articolo 85 (1).

2. Dal termine indicato nel comma 1 si producono gli effet-

ti previsti dagli articoli 42, 44, 45 e 66, nonché dalle disposizioni del titolo II, capo III, sezione II e sezione IV della legge fallimentare (2).

3. Dal termine previsto nel comma 1 contro la banca in liquidazione non può essere promossa né proseguita alcuna azione, salvo quanto disposto dagli articoli 87, 88, 89 e 92, comma 3, né, per qualsiasi titolo, può essere parimenti promosso o proseguito alcun atto di esecuzione forzata o cautelare. Per le azioni civili di qualsiasi natura derivanti dalla liquidazione è competente esclusivamente il tribunale del luogo dove la banca ha la sede legale (3).

3-bis. In deroga all'articolo 56, primo comma, della legge fallimentare, la compensazione ha luogo solo se i relativi effetti siano stati fatti valere da una delle parti prima che sia disposta la liquidazione coatta amministrativa, salvo che la compensazione sia prevista da un contratto di garanzia finanziaria di cui al decreto legislativo 21 maggio 2004, n. 170, da un accordo di netting, come definito dall'articolo 1, comma 1, lettera a), del decreto legislativo 16 novembre 2015, n. 180 o da un accordo di compensazione ai sensi dell'articolo 1252 del codice civile (4).

(1) Comma sostituito dall'art. 64, co. 11, d.lg. 23/7/1996, n. 415; successivamente dall'art. 4 del d.lg. 9/7/2004, n. 197 e, da ultimo, modificato dall'art. 1, co. 25, lett. a), d.lg. 16/11/2015, n. 181.

(2) Comma sostituito dall'art. 64, co. 11, d.lg. 23/7/1996, n. 415.

• A norma dell'art. 369, co. 1, lett. f), d.lg. 12/1/2019, n. 14 al presente comma le parole: "dagli articoli 42, 44, 45 e 66, nonché dalle disposizioni del titolo II, capo III, sezione II e sezione IV della legge fallimentare" sono sostituite dalle seguenti: "dagli articoli 142, 144, 145 e 165, nonché dalle disposizioni del titolo V, capo I, sezione III e V del codice della crisi e dell'insolvenza" a decorrere dal 16/5/2022, ai sensi di quanto stabilito dall'art. 389, co. 1, d.lg. n. 14/2019, come modificato dall'art. 5, co. 1, d.l. 8/4/2020, n. 23, conv., con modif., dalla l. 5/6/2020, n. 40, dall'art. 38, co. 1, d.lg. 26/10/2020, n. 147 e successivamente dall'art. 1, co. 1, lett. b), d.l. 24/8/2021, n. 118, conv., con modif., dalla l. 21/10/2021, n. 147.

(3) Comma sostituito dall'art. 64, co. 11, d.lg. 23/7/1996, n. 415.

• A norma dell'art. 369, co. 1, lett. f), d.lg. 12/1/2019, n. 14 al presente comma le parole "del luogo dove la banca ha la sede legale" sono sostituite dalle seguenti: "del luogo in cui la banca ha il centro degli interessi principali" a decorrere dal 16/5/2022, ai sensi di quanto stabilito dall'art. 389, co. 1, d.lg. n. 14/2019, come modificato dall'art. 5, co. 1, d.l. 8/4/2020, n. 23, conv., con modif., dalla l. 5/6/2020, n. 40, dall'art. 38, co. 1, d.lg. 26/10/2020, n. 147 e successivamente dall'art. 1, co. 1, lett. b), d.l. 24/8/2021, n. 118, conv., con modif., dalla l. 21/10/2021, n. 147.

(4) Comma aggiunto dall'art. 1, co. 25, lett. b), d.lg. 16 novembre 2015, n. 181 e successivamente modificato dall'art. 2, co. 1, lett. p), d.lg. 8/11/2021, n. 193.

• A norma dell'art. 369, co. 1, lett. f), d.lg. 12/1/2019, n. 14 al presente comma le parole "all'articolo 56, primo comma, della legge fallimentare" sono sostituite dalle seguenti: "all'articolo 155, comma 1, del codice della crisi e dell'insolvenza" a decorrere dal 16/5/2022, ai sensi di quanto stabilito dall'art. 389, co. 1, d.lg. n. 14/2019, come modificato dall'art. 5, co. 1, d.l. 8/4/2020, n. 23, conv., con modif., dalla l. 5/6/2020, n. 40, dall'art. 38, co. 1, d.lg. 26/10/2020, n. 147 e successivamente dall'art. 1, co. 1, lett. b), d.l. 24/8/2021, n. 118, conv., con modif., dalla l. 21/10/2021, n. 147.

84. Poteri e funzionamento degli organi liquidatori. – 1. I commissari liquidatori hanno la rappresentanza legale della banca, esercitano tutte le azioni a essa spettanti e procedono alle operazioni della liquidazione. I commissari, nell'esercizio delle loro funzioni, sono pubblici ufficiali.

2. Il comitato di sorveglianza assiste i commissari nell'esercizio delle loro funzioni, controlla l'operato degli stessi e fornisce pareri nei casi previsti dalla presente sezione o dalle disposizioni della Banca d'Italia.

3. La Banca d'Italia può emanare direttive per lo svolgimento della procedura e può stabilire che talune categorie di operazioni o di atti debbano essere da essa autorizzate e che per le stesse sia preliminarmente sentito il comitato di sorveglianza. I membri degli organi liquidatori sono personalmente responsabili dell'inosservanza delle direttive della Banca d'Italia; queste non sono opponibili ai terzi che non ne abbiano avuto conoscenza.

4. I commissari devono presentare annualmente alla Banca d'Italia una relazione sulla situazione contabile e patrimoniale della banca e sull'andamento della liquidazione, accompagnata da un rapporto del Comitato di sorveglianza. I commissari pubblicano altresì una informativa periodica ai creditori, ai titolari dei diritti indicati nell'articolo 86, comma 2, e ai soci sull'andamento della liquidazione, secondo le direttive delle Banca d'Italia. [La Banca d'Italia stabilisce modalità e termini dell'informativa periodica ai creditori sull'andamento della liquidazione] (1).

5. L'esercizio dell'azione sociale di responsabilità e di quella dei creditori sociali contro i membri dei cessati organi amministrativi e di controllo ed il direttore generale, dell'azione contro il soggetto incaricato della revisione legale dei conti, nonché dell'azione del creditore sociale contro la società o l'ente che esercita l'attività di direzione e coordinamento, spetta ai commissari, sentito il comitato di sorveglianza, previa autorizzazione della Banca d'Italia (2).

6. Ai commissari liquidatori e al comitato di sorveglianza si applica l'art. 72, commi 7, 8 e 9.

7. I commissari, previa autorizzazione della Banca d'Italia e con il parere favorevole del comitato di sorveglianza, possono farsi coadiuvare nello svolgimento delle operazioni da terzi, sotto la propria responsabilità e con oneri a carico della liquidazione. In casi eccezionali, i commissari, previa autorizzazione della Banca d'Italia, possono a proprie spese delegare a terzi il compimento di singoli atti.

(1) Comma sostituito dall'art. 5 del d.lg. 9/7/2004, n. 197 e, successivamente, modificato dall'art. 1, co. 27, d.lg. 16/11/2015, n. 181. Vedi inoltre l'art. 3, co. 4, d.lg. 16/11/2015, n. 181. Da ultimo modificato dall'art. 2, co. 1, lett. q), d.lg. 8/11/2021, n. 193.

(2) Comma sostituito dall'art. 9.27 del d.lg. 17/1/2003, n. 6, nel testo introdotto dall'art. 2 del d.lg. 6/2/2004, n. 37. Vedi la disciplina transitoria di cui all'art. 6 del medesimo d.lg. n. 37/2004. Comma successivamente modificato dall'art. 39 del d.lg. 27/1/2010, n. 39.

85. Adempimenti iniziali. – 1. I commissari liquidatori si insediano prendendo in consegna l'azienda dai precedenti organi di amministrazione o di liquidazione ordinaria con un sommario processo verbale. I commissari acquisiscono una situazione dei conti e formano quindi l'inventario (1).

2. Si applica l'art. 73, commi 1, ultimo periodo, 2 e 4.

(1) Comma modificato dall'art. 64 del d.lg. 23/7/1996, n. 415.

86. Accertamento del passivo. – 1. Entro un mese dalla nomina i commissari comunicano a ciascun creditore l'indirizzo di posta elettronica certificata della procedura e le somme risultanti a credito di ciascuno secondo le scritture e i documenti della banca. La comunicazione s'intende effettuata con riserva di eventuali contestazioni e avviene a mezzo posta elettronica certificata se il relativo indirizzo del destinatario risulta dal registro delle imprese ovvero dall'Indice nazionale degli indirizzi di posta elettronica certificata delle imprese e dei professionisti e, in ogni altro caso, a mezzo lettera raccomandata [o telefax] presso la sede dell'impresa o la residenza del creditore. Se il destinatario ha sede o risiede all'estero, la comunicazione può essere effettuata con le stesse modalità al suo rappresentante in Italia, se esistente. Contestualmente i commissari invitano ciascun creditore ad indicare, entro il termine di cui al comma 4, il proprio indirizzo di posta elettronica certificata, le cui variazioni è onere comunicare ai commissari, con l'avvertimento sulle conseguenze di cui al comma 3 (1).

2. Analoga comunicazione viene inviata a coloro che risultino titolari di diritti reali sui beni e sugli strumenti finanziari relativi ai servizi previsti dal decreto legislativo 24 febbraio 1998, n. 58 in possesso della banca, nonché ai clienti aventi diritto alle restituzioni dei detti strumenti finanziari (2).

2-bis. Nei casi disciplinati dall'articolo 92-bis, i commissari, sentito il comitato di sorveglianza, possono provvedere alle comunicazioni di cui ai commi 1 e 2 anche per singole categorie di aventi diritto, mediante pubblicazione nella Gazzetta Ufficiale della Repubblica italiana e in uno o più quotidiani a diffusione nazionale o locale di un avviso contenente l'invito a consultare l'elenco provvisorio degli ammessi al passivo. L'elenco è depositato presso la sede della società o messo altrimenti a disposizione degli aventi diritto, fermo in ogni caso il diritto di ciascuno di prendere visione solo della propria posizione. Il termine per la presentazione delle domande di insinuazione ai sensi del comma 5 decorre dalla pubblicazione dell'avviso di cui al presente comma (3).

3. Tutte le successive comunicazioni sono effettuate dai commissari all'indirizzo di posta elettronica certificata indicato dagli interessati. In caso di mancata comunicazione dell'indirizzo di posta elettronica certificata o della sua variazione, ovvero nei casi di mancata consegna per cause imputabili al destinatario, esse si eseguono mediante deposito nella cancelleria del tribunale del luogo ove la banca ha la sede legale. Si applica l'articolo 31-bis, terzo comma, della legge fallimentare, intendendosi sostituito al curatore il commissario liquidatore (4).

4. Entro quindici giorni dal ricevimento della comunicazione, i creditori e i titolari dei diritti indicati nel comma 2 possono presentare o inviare, all'indirizzo di posta elettronica certificata della procedura, i loro reclami ai commissari, allegando i documenti giustificativi (5).

5. Entro sessanta giorni dalla pubblicazione del decreto di liquidazione nella Gazzetta Ufficiale della Repubblica italiana, i creditori e i titolari dei diritti indicati nel comma 2, i quali non abbiano ricevuto la comunicazione prevista dai commi 1 e 2, devono chiedere ai commissari, mediante raccomandata con avviso di ricevimento, il riconoscimento dei propri crediti e la restituzione dei propri beni, presentando i documenti atti a provare l'esistenza, la specie e l'entità dei propri diritti e indicando l'indirizzo di posta elettronica certificata al quale ricevere tutte le comunicazioni relative alla procedura. Si applica il comma 3 del presente articolo (6).

6. I commissari, trascorso il termine previsto dal comma 5 e non oltre i trenta giorni successivi, presentano alla Banca d'Italia, sentiti i cessati amministratori della banca, l'elenco dei creditori ammessi e delle somme riconosciute a ciascuno, indicando i diritti di prelazione e l'ordine degli stessi, nonché gli elenchi dei titolari dei diritti indicati nel comma 2 e di coloro cui è stato negato il riconoscimento delle pretese. I clienti aventi diritto alla restituzione degli strumenti finanziari relativi ai servizi previsti dal decreto legislativo 24 febbraio 1998, n. 58 sono iscritti in apposita e separata sezione dello stato passivo (7).

7. Nei medesimi termini previsti dal comma 6 i commissari depositano nella cancelleria del tribunale del luogo ove la banca ha la sede legale, a disposizione degli aventi diritto, gli elenchi dei creditori privilegiati, dei titolari di diritti indicati nel comma 2, nonché dei soggetti appartenenti alle medesime categorie cui è stato negato il riconoscimento delle pretese (8).

8. Successivamente i commissari comunicano senza indugio, a mezzo posta elettronica certificata, a coloro ai quali è stato negato in tutto o in parte il riconoscimento delle pretese, la decisione presa nei loro riguardi. Dell'avvenuto deposito dello stato passivo è dato avviso tramite pubblicazione nella Gazzetta Ufficiale della Repubblica italiana (9).

9. Espletati gli adempimenti indicati nei commi 6 e 7, lo stato passivo diventa esecutivo.

9-bis. I commissari, previa autorizzazione della Banca d'Italia e con il parere favorevole del comitato di sorveglianza, possono non procedere all'accertamento del passivo relativamente ai crediti di cui al comma 1 se risulta che non può essere acquisito attivo da distribuire ad alcuno dei titolari di tali crediti, salva la soddisfazione dei crediti prededucibili e delle spese di procedura (10).

9-ter. Le disposizioni di cui al comma 9-bis si applicano, in quanto compatibili, anche quando la condizione di insufficiente realizzo emerge successivamente alla presentazione alla Banca d'Italia degli elenchi di cui al comma 6 (10).

(1) Comma sostituito dall'art. 1, co. 28, lett. a), d.lg. 16/11/2015, n. 181 e successivamente modificato dall'art. 2, co. 1, lett. r), n. 1, d.lg. 8/11/2021, n. 193.

(2) Comma sostituito dall'art. 64 del d.lg. 23/7/1996, n. 415, e successivamente modificato dall'art. 17 del d.lg. 4/8/1999, n. 342.

(3) Comma inserito dall'art. 1, co. 28, lett. b), d.lg. 16/11/2015, n. 181.

(4) Comma sostituito dall'art. 1, co. 28, lett. c), d.lg. 16/11/2015, n. 181.

• A norma dell'art. 369, co. 1, lett. g), d.lg. 12/1/2019, n. 14 al presente comma le parole "del luogo ove la banca ha la sede legale" sono sostituite dalle seguenti: "del luogo in cui la banca ha il centro degli interessi principali" e le parole "Si applica l'articolo 31-bis, terzo comma, della legge fallimentare, intendendosi sostituito al curatore il commissario liquidatore" sono sostituite dalle seguenti: "In pendenza della procedura e per il periodo di due anni dalla chiusura della stessa, il commissario liquidatore è tenuto a conservare i messaggi di posta elettronica certificata inviati e ricevuti" a decorrere dal 16/5/2022, ai sensi di quanto stabilito dall'art. 389, co. 1, d.lg. n. 14/2019, come modificato dall'art. 5, co. 1, d.l. 8/4/2020, n. 23, conv., con modif., dalla l. 5/6/2020, n. 40, dall'art. 38, co. 1, d.lg. 26/10/2020, n. 147 e successivamente dall'art. 1, co. 1, lett. b), d.l. 24/8/2021, n. 118, conv., con modif., dalla l. 21/10/2021, n. 147.

(5) Comma sostituito dall'art. 1, co. 28, lett. d), d.lg. 16/11/2015, n. 181 e successivamente modificato dall'art. 2, co. 1, lett. r), n. 2, d.lg. 8/11/2021, n. 193.

(6) Comma modificato dall'art. 1, co. 28, lett. e), d.lg. 16/11/2015, n. 181.

(7) Comma modificato dall'art. 64 del d.lg. 23/7/1996, n. 415, e successivamente dall'art. 17 del d.lg. 4/8/1999, n. 342.

(8) A norma dell'art. 369, co. 1, lett. g), d.lg. 12/1/2019, n. 14 al presente comma le parole "del luogo ove la banca ha la sede legale" sono sostituite dalle seguenti: "del luogo in cui la banca ha il centro degli interessi principali" a decorrere dal 16/5/2022, ai sensi di quanto stabilito dall'art. 389, co. 1, d.lg. n. 14/2019, come modificato dall'art. 5, co. 1, d.l. 8/4/2020, n. 23, conv., con modif., dalla l. 5/6/2020, n. 40, dall'art. 38, co. 1, d.lg. 26/10/2020, n. 147 e successivamente dall'art. 1, co. 1, lett. b), d.l. 24/8/2021, n. 118, conv., con modif., dalla l. 21/10/2021, n. 147.

(9) Comma modificato dall'art. 1, co. 28, lett. f), d.lg. 16/11/2015, n. 181.

(10) Comma aggiunto dall'art. 2, co. 1, lett. r), n. 3, d.lg. 8/11/2021, n. 193.

87. Opposizioni allo stato passivo. – 1. Possono proporre opposizione allo stato passivo, relativamente alla propria posizione e contro il riconoscimento dei diritti in favore dei soggetti inclusi negli elenchi indicati nell'art. 86, comma 7, i soggetti le cui pretese non siano state accolte, in tutto o in parte, entro quindici giorni dal ricevimento della comunicazione prevista dall'art. 86, comma 8, e i soggetti ammessi entro lo stesso termine decorrente dalla data di pubblicazione dell'avviso previsto dal medesimo comma 8 (1).

2. L'opposizione si propone con deposito in cancelleria del ricorso al presidente del tribunale del luogo ove la banca ha la

sede legale. Si applica l'articolo 99, commi 2 e seguenti, della legge fallimentare (2).

3. Il presidente del tribunale assegna a un unico giudice relatore tutte le cause relative alla stessa liquidazione. Nei tribunali divisi in più sezioni il presidente assegna le cause a una di esse e il presidente di questa provvede alla designazione di un unico giudice relatore (3).

*4. Il giudice istruttore provvede all'istruzione delle varie cause di opposizione, che rimette al collegio perché siano definite con un'unica sentenza. Tuttavia, quando alcune opposizioni sono mature per la decisione e altre richiedono una più lunga istruzione, il giudice pronuncia ordinanza, con la quale separa le cause e rimette al collegio quelle mature per la decisione**.*

5. Quando sia necessario per decidere sulle contestazioni, il giudice richiede ai commissari l'esibizione di un estratto dell'elenco dei creditori chirografari previsto dall'art. 86, comma 6; l'elenco non viene messo a disposizione.

(1) Comma modificato dall'art. 1, co. 29, lett. a), d.lg. 16/11/2015, n. 181.

(2) Comma modificato dall'art. 1, co. 29, lett. b), d.lg. 16/11/2015, n. 181.

• A norma dell'art. 369, co. 1, d.lg. 12/1/2019, n. 14 al presente comma le parole "del luogo ove la banca ha la sede legale" sono sostituite dalle seguenti: "del luogo in cui la banca ha il centro degli interessi principali" e le parole "l'articolo 99, commi 2 e seguenti, della legge fallimentare" sono sostituite dalle seguenti: "l'articolo 206, comma 2 e seguenti, del codice della crisi e dell'insolvenza" a decorrere dal 16/5/2022, ai sensi di quanto stabilito dall'art. 389, co. 1, d.lg. n. 14/2019, come modificato dall'art. 5, co. 1, d.l. 8/4/2020, n. 23, conv., con modif., dalla l. 5/6/2020, n. 40, dall'art. 38, co. 1, d.lg. 26/10/2020, n. 147 e successivamente dall'art. 1, co. 1, lett. b), d.l. 24/8/2021, n. 118, conv., con modif., dalla l. 21/10/2021, n. 147.

(3) Comma sostituito dall'art. 1, co. 29, lett. c), d.lg. 16/11/2015, n. 181.

* Comma abrogato dall'art. 1, co. 29, lett. d), d.lg. 16/11/2015, n. 181.

88. Esecutività delle sentenze (1). – *1. Contro la sentenza del tribunale può essere proposto appello, anche dai commissari, entro il termine di quindici giorni dalla data di notificazione della stessa. Al giudizio di appello si applica l'art. 87, commi 4, in quanto compatibile, e 5. 2. Il termine per il ricorso per cassazione è ridotto alla metà e decorre dalla data di notificazione della sentenza di appello**.*

3. Le decisioni pronunciate in ogni grado del giudizio di opposizione sono esecutive quando diventano definitive (2).

*4. Per quanto non espressamente previsto dalle norme contenute nell'art. 87 e nel presente articolo, al giudizio di opposizione si applicano le disposizioni del codice di procedura civile sul processo di cognizione***.*

(1) Rubrica sostituita, a decorrere dal 16/11/2015, dall'art. 1, co. 30, lett. a), d.lg. 16/11/2015, n. 181.

* Commi abrogati, a decorrere dal 16/11/2015, dall'art. 1, co. 30, lett. b), d.lg. 16/11/2015, n. 181.

(2) Comma sostituito, a decorrere dal 16/11/2015, dall'art. 1, co. 30, lett. c), d.lg. 16/11/2015, n. 181.

** Comma abrogato, a decorrere dal 16/11/2015, dall'art. 1, co. 30, lett. d), d.lg. 16/11/2015, n. 181.

89. Insinuazioni tardive (1). – 1. Dopo il deposito dello stato passivo e fino a che non siano esauriti tutti i riparti e le restituzioni, i creditori e i titolari di diritti indicati nell'articolo 86, comma 2 che non abbiano ricevuto la comunicazione ai sensi dell'art. 86, comma 8, e non risultino inclusi nello stato passivo, possono chiedere di far valere i loro diritti secondo quanto previsto dall'art. 87, commi da 2 a 5, e dall'art. 88. Decorsi sei mesi dalla pubblicazione dell'avviso previsto dall'articolo 86, comma 8, le domande tardive sono ammissibili solo se l'istante dimostra che il ritardo è dipeso da causa a lui non imputabile (2).

(1) Articolo sostituito dall'art. 64 del d.lg. 23/7/1996, n. 415.

(2) Comma modificato, a decorrere dal 16/11/2015, dall'art. 1, co. 31, d.lg. 16/11/2015, n. 181. Vedi inoltre l'art. 3, co. 4, d.lg. 16/11/2015, n. 181.

90. Liquidazione dell'attivo. – 1. I commissari liquidatori hanno tutti i poteri occorrenti per realizzare l'attivo. In caso di alienazione di beni immobili e di altri beni iscritti in pubblici registri, una volta eseguita la vendita e riscosso interamente il prezzo, la Banca d'Italia, su richiesta dei commissari liquidatori, dispone la cancellazione delle iscrizioni relative ai diritti di prelazione, nonché delle trascrizioni dei pignoramenti e dei sequestri conservativi e di ogni altro vincolo (1).

2. I commissari, con il parere favorevole del comitato di sorveglianza e previa autorizzazione della Banca d'Italia, possono cedere attività e passività, l'azienda, rami d'azienda nonché beni e rapporti giuridici individuabili in blocco. Quando non ricorrono le condizioni per l'intervento dei sistemi di garanzia dei depositanti o l'intervento di questi è insufficiente, al fine di favorire lo svolgimento della liquidazione, la cessione può avere ad oggetto passività anche solo per una quota di ciascuna di esse. Resta in ogni caso fermo il rispetto della parità di trattamento dei creditori e del loro ordine di priorità. La cessione può avvenire in qualsiasi stadio della procedura, anche prima del deposito dello stato passivo; il cessionario risponde comunque delle sole passività risultanti dallo stato passivo, tenuto conto dell'esito delle eventuali opposizioni presentate ai sensi dell'articolo 87. Si applicano le disposizioni dell'art. 58, commi 2, 3 e 4, anche quando il cessionario non sia una banca o uno degli altri soggetti previsti dal comma 7 del medesimo articolo (2).

3. I commissari possono, nei casi di necessità e per il miglior realizzo dell'attivo, previa autorizzazione della Banca d'Italia, continuare l'esercizio dell'impresa o di determinati rami di attività, secondo le cautele indicate dal comitato di sorveglianza. La continuazione dell'esercizio dell'impresa disposta all'atto dell'insediamento degli organi liquidatori entro il termine indicato nell'articolo 83, comma 1, esclude lo scioglimento di diritto dei rapporti giuridici preesistenti previsto dalle norme richiamate dal comma 2 del medesimo articolo (3).

4. Anche ai fini dell'eventuale esecuzione di riparti agli aventi diritto, i commissari possono contrarre mutui, effettuare altre operazioni finanziarie passive e costituire in garanzia attività aziendali, secondo le prescrizioni e le cautele disposte dal comitato di sorveglianza e previa autorizzazione della Banca d'Italia.

(1) Comma modificato, a decorrere dal 16/11/2015, dall'art. 1, co. 32, lett. a), d.lg. 16/11/2015, n. 181. Vedi inoltre l'art. 3, co. 4, d.lg. 16/11/2015, n. 181.

(2) Comma modificato dall'art. 18 del d.lg. 4/8/1999, n. 342 e, successivamente, a decorrere dal 16/11/2015, dall'art. 1, co. 32, lett. b), d.lg. 16/11/2015, n. 181. Vedi inoltre l'art. 3, co. 4, d.lg. 16/11/2015, n. 181

(3) Comma modificato dall'art. 64 del d.lg. 23/7/1996, n. 415.

91. Restituzioni e riparti (1). – 1. I commissari procedono alle restituzioni dei beni nonché degli strumenti finanziari relativi ai servizi di cui al decreto legislativo 24 febbraio 1998, n. 58, e, secondo l'ordine stabilito dall'articolo 111 della legge fallimentare fatto salvo quanto previsto dal comma 1-bis, alla ripartizione dell'attivo liquidato. Le indennità e i rimborsi spettanti agli organi della procedura di amministrazione straordinaria e ai commissari della gestione provvisoria che abbiano preceduto la liquidazione coatta amministrativa sono equiparate alle spese indicate nell'articolo 111, comma primo, numero 1), della legge fallimentare. Il pagamento dei crediti prededucibili è effettuato previo parere favorevole del comitato di sorveglianza (2).

1-bis. In deroga a quanto previsto dall'articolo 2741 del codice civile e dall'articolo 111 della legge fallimentare, nella ripartizione dell'attivo liquidato ai sensi del comma 1 (3):

a) i seguenti crediti sono soddisfatti con preferenza rispetto agli altri crediti chirografari:

1) la parte dei depositi di persone fisiche, microimprese, piccole e medie imprese ammissibili al rimborso e superiore all'importo previsto dall'articolo 96-bis.1, commi 3 e 4 (4);

2) i medesimi depositi indicati al numero 1), effettuati presso succursali extracomunitarie di banche aventi sede legale in Italia;

b) sono soddisfatti con preferenza rispetto ai crediti indicati alla lettera a):

1) i depositi protetti;

2) i crediti vantati dai sistemi di garanzia dei depositanti a seguito della surroga nei diritti e negli obblighi dei depositanti protetti;

c) sono soddisfatti con preferenza rispetto agli altri crediti chirografari ma dopo che siano stati soddisfatti i crediti indicati alle lettere a) e b), gli altri depositi presso la banca (5);

c-bis) i crediti per il rimborso del capitale e il pagamento degli interessi e di eventuali altri importi dovuti ai titolari degli strumenti di debito chirografario di secondo livello indicati dall'articolo 12-bis sono soddisfatti dopo tutti gli altri crediti chirografari e con preferenza rispetto ai crediti subordinati alla soddisfazione dei diritti di tutti i creditori non subordinati della società (6);

c-ter) quando non sono computabili nei fondi propri come definiti dall'articolo 4, paragrafo 1, punto 118), del regolamento (UE) n. 575/2013 del Parlamento europeo e del Consiglio, del 26 giugno 2013, i crediti subordinati alla soddisfazione dei diritti di tutti i creditori non subordinati della società sono soddisfatti, per il rimborso del capitale, il pagamento degli interessi e eventuali altri importi dovuti, dopo i crediti indicati alla lettera c-bis) e con preferenza rispetto ai crediti derivanti da elementi di fondi propri, anche per la parte non computata nei fondi propri. Lo stesso trattamento si applica anche ai crediti subordinati, quando questi hanno cessato di essere computabili nei fondi propri (7).

2. Se risulta rispettata, ai sensi dell'articolo 22 del decreto legislativo 24 febbraio 1998, n. 58, la separazione del patrimonio della banca da quello dei clienti iscritti nell'apposita sezione separata dello stato passivo, ma non sia rispettata la separazione dei patrimoni dei detti clienti tra di loro ovvero gli strumenti finanziari non risultino sufficienti per l'effettuazione di tutte le restituzioni, i commissari procedono, ove possibile, alle restituzioni ai sensi del comma 1 in proporzione dei diritti per i quali ciascuno dei clienti è stato ammesso alla sezione separata dello stato passivo, ovvero alla liquidazione degli strumenti finanziari di pertinenza della clientela e alla ripartizione del ricavato secondo la medesima proporzione (8).

3. I clienti iscritti nell'apposita sezione separata dello stato passivo concorrono con i creditori chirografari ai sensi dell'articolo 111, comma 1, numero 3) della legge fallimentare, per l'intero, nell'ipotesi in cui non risulti rispettata la separazione del patrimonio della banca da quelli dei clienti ovvero per la parte del diritto rimasto insoddisfatto nei casi previsti dal comma 2 (9).

4. I commissari, sentito il comitato di sorveglianza e previa autorizzazione della Banca d'Italia, anche prima che siano realizzate tutte le attività e accertate tutte le passività, possono eseguire riparti parziali e restituzioni, anche integrali, sia a favore di tutti gli aventi diritto sia a favore di talune categorie di essi, anche per intero, trattenendo quanto stimato necessario per il pagamento dei debiti prededucibili (10).

5. Fatto salvo quanto previsto dai commi 8, 9 e 10, i riparti e le restituzioni non devono pregiudicare la possibilità della definitiva assegnazione delle quote e dei beni spettanti a tutti gli aventi diritto.

6. Nell'effettuare i riparti e le restituzioni, i commissari, in presenza di pretese di creditori o di altri interessati per le quali non sia stata definita l'ammissione allo stato passivo, accantonano le somme e gli strumenti finanziari corrispondenti ai riparti e alle restituzioni non effettuate a favore di ciascuno di detti soggetti, al fine della distribuzione o della restituzione agli stessi nel caso di riconoscimento dei diritti, o, in caso contrario, della loro liberazione a favore degli altri aventi diritto.

7. Nei casi previsti dal comma 6, i commissari, con il parere favorevole del comitato di sorveglianza, e previa autorizzazione della Banca d'Italia, possono acquisire idonee garanzie in sostituzione degli accantonamenti.

8. La presentazione oltre i termini dei reclami e delle domande previsti dall'articolo 85, commi 4 e 5, fa concorrere solo agli eventuali riparti e restituzioni successivi, nei limiti in cui le pretese sono accolte dal commissario o, dopo il deposito dello stato passivo, dal giudice in sede di opposizione proposta ai sensi dell'articolo 87, comma 1.

9. Coloro che hanno proposto insinuazione tardiva ai sensi dell'articolo 89, concorrono solo ai riparti e alle restituzioni che venissero eseguiti dopo la presentazione del ricorso.

10. Nei casi previsti dai commi 8 e 9, i diritti reali e i diritti di prelazioni sono salvi quando i beni ai quali si riferiscono non siano stati ancora alienati.

11. Fino alla restituzione o alla liquidazione degli strumenti finanziari gestiti dalla banca, i commissari provvedono affinché gli stessi siano amministrati in un'ottica conservativa con l'obiettivo di minimizzazione del rischio (11).

11-bis. Ai fini del presente articolo per microimprese, piccole e medie imprese si intendono quelle così definite in base al criterio del fatturato annuo previsto dall'articolo 2, paragrafo 1, dell'Allegato alla Raccomandazione della Commissione europea n. 2003/361/CE (12).

(1) Articolo sostituito dall'art. 64 del d.lg. 23/7/1996, n. 415.

(2) Comma sostituito dall'art. 19 del d.lg. 4/8/1999, n. 342 e dall'art. 1, co. 33, lett. a), d.lg. 16/11/2015, n. 181.

• A norma dell'art. 369, co. 1, lett. i), d.lg. 12/1/2019, n. 14 al primo periodo del presente comma, le parole "dall'articolo 111 della legge fallimentare" sono sostituite dalle seguenti: "dall'articolo 221 del codice della crisi e dell'insolvenza" e, al secondo periodo, le parole "nell'articolo 111, comma primo, numero 1) della legge fallimentare" sono sostituite dalle seguenti: "nell'articolo 221, comma 1, lettera a), del codice della crisi e dell'insolvenza" a decorrere dal 16/5/2022, ai sensi di quanto stabilito dall'art. 389, co. 1, d.lg. n. 14/2019, come modificato dall'art. 5, co. 1, d.l. 8/4/2020, n. 23, conv., con modif., dalla l. 5/6/2020, n. 40, dall'art. 38, co. 1, d.lg. 26/10/2020, n. 147 e successivamente dall'art. 1, co. 1, lett. b), d.l. 24/8/2021, n. 118, conv., con modif., dalla l. 21/10/2021, n. 147.

(3) A norma dell'art. 369, co. 1, lett. i), d.lg. 12/1/2019, n. 14 al presente comma le parole "dall'articolo 111 della legge fallimentare" sono sostituite dalle seguenti: "dall'articolo 221 del codice della crisi e dell'insolvenza" a decorrere dal 16/5/2022, ai sensi di quanto stabilito dall'art. 389, co. 1, d.lg. n. 14/2019, come modificato dall'art. 5, co. 1, d.l. 8/4/2020, n. 23, conv., con modif., dalla l. 5/6/2020, n. 40, dall'art. 38, co. 1, d.lg. 26/10/2020, n. 147 e successivamente dall'art. 1, co. 1, lett. b), d.l. 24/8/2021, n. 118, conv., con modif., dalla l. 21/10/2021, n. 147.

(4) Numero modificato dall'art. 1, co. 2, d.lg. 15/2/2016, n. 30.

(5) Comma inserito dall'art. 1, co. 33, lett. b), d.lg. 16/11/2015, n. 181. Vedi inoltre l'art. 3, co. 9, d.lg. 16/11/2015, n. 181.

(6) Lettera inserita dall'art. 1, co. 1103, lett. c), l. 27/12/2017, n. 205.

• A norma dell'art. 369, co. 1, lett. i), n. 2, d.lg. 12/1/2019, n. 14 al presente comma le parole "dall'articolo 111 della legge fallimentare" sono sostituite dalle seguenti: "dall'articolo 221 del codice della crisi e dell'insolvenza" a decorrere dal 16/5/2022, ai sensi di quanto stabilito dall'art. 389, co. 1, d.lg. n. 14/2019, come modificato dall'art. 5, co. 1, d.l. 8/4/2020, n. 23, conv., con modif., dalla l. 5/6/2020, n. 40, dall'art. 38, co. 1, d.lg. 26/10/2020, n. 147 e successivamente dall'art. 1, co. 1, lett. b), d.l. 24/8/2021, n. 118, conv., con modif., dalla l. 21/10/2021, n. 147.

(7) Lettera inserita dall'art. 2, co. 1, lett. s), n. 1, d.lg. 8/11/2021, n. 193.

(8) Comma modificato dall'art. 19 del d.lg. 4/8/1999, n. 342 e dall'art. 1, co. 33, lett. c), d.lg. 16/11/2015, n. 181.

(9) A norma dell'art. 369, co. 1, lett. i), d.lg. 12/1/2019, n. 14 al presente comma le parole "dell'articolo 111, comma 1, n. 3 della legge fallimentare" sono sostituite dalle seguenti: "dall'articolo 221, comma 1, lettera c) del codice della crisi e dell'insolvenza" a decorrere dal 16/5/2022, ai sensi di quanto stabilito dall'art. 389, co. 1, d.lg. n. 14/2019, come modificato dall'art. 5, co. 1, d.l. 8/4/2020, n. 23, conv., con modif., dalla l. 5/6/2020, n. 40, dall'art. 38, co. 1, d.lg. 26/10/2020, n. 147 e successivamente dall'art. 1, co. 1, lett. b), d.l. 24/8/2021, n. 118, conv., con modif., dalla l. 21/10/2021, n. 147.

(10) Comma sostituito dall'art. 1, co. 33, lett. d), d.lg. 16/11/2015, n. 181. Vedi inoltre l'art. 3, co. 4, d.lg. 16/11/2015, n. 181.

(11) Comma modificato dall'art. 2, co. 1, lett. s), n. 2, d.lg. 8/11/2021, n. 193.

(12) Comma aggiunto dall'art. 1, co. 33, lett. e), d.lg. 16/11/2015, n. 181.

92. Adempimenti finali (1). – 1. Liquidato l'attivo, o una parte rilevante dello stesso, e prima dell'ultimo riparto ai creditori o dell'ultima restituzione ai clienti, i commissari sottopongono il bilancio finale di liquidazione, il rendiconto finanziario e il piano di riparto, accompagnati da una relazione propria e da quella del comitato di sorveglianza, alla Banca d'Italia, che ne autorizza il deposito presso la cancelleria del tribunale. La liquidazione costituisce, anche ai fini fiscali, un unico esercizio; entro un mese dal deposito i commissari presentano la dichiarazione dei redditi relativa a detto periodo secondo le disposizioni tributarie vigenti (2).

2. I commissari danno comunicazione dell'avvenuto deposito ai creditori e ai clienti ammessi al passivo con le modalità di cui all'articolo 86, comma 3, e mediante pubblicazione nella Gazzetta Ufficiale della Repubblica italiana (3).

3. Nel termine di venti giorni dalla pubblicazione nella Gazzetta Ufficiale della Repubblica italiana, gli interessati possono proporre le loro contestazioni con ricorso al tribunale. Si applicano le disposizioni dell'art. 87, commi da 2 a 5 e dell'art. 88.

4. Decorso il termine indicato senza che siano state proposte contestazioni ovvero definite queste ultime con sentenza passata in giudicato, i commissari liquidatori provvedono al riparto o alla restituzione finale in conformità di quanto previsto dall'art. 91.

5. Le somme e gli strumenti che non possono essere distribuiti vengono depositati nei modi stabiliti dalla Banca d'Italia per la successiva distribuzione agli aventi diritto, fatta salva la facoltà prevista dall'art. 91, comma 7.

6. Si applicano le disposizioni del codice civile in materia di liquidazione delle società di capitali, relative alla cancellazione della società ed al deposito dei libri sociali (4).

7. La pendenza di ricorsi e giudizi, ivi compreso quello di accertamento dello stato di insolvenza, non preclude l'effettuazione degli adempimenti finali previsti ai commi precedenti e la chiusura della procedura di liquidazione coatta amministrativa. Tale chiusura è subordinata alla esecuzione di accantonamenti o all'acquisizione di garanzie ai sensi dell'articolo 91, commi 6 e 7.

8. Successivamente alla chiusura della procedura di liquidazione coatta, i commissari liquidatori mantengono la legittimazione processuale, anche nei successivi stati e gradi dei giudizi. Ai commissari liquidatori, nello svolgimento delle attività connesse ai giudizi, si applicano gli articoli 72, commi 7 e 9, 81, commi 3 e 4 e 84, commi 1, 3, 5 e 7 del presente decreto. I commissari liquidatori ripartiscono, in base alla documentazione di cui al comma 1, eventuali somme derivanti all'esito dei giudizi nonché quelle derivanti dalla cessione o liquidazione dell'attivo non ancora realizzato al momento di chiusura della procedura ovvero dagli accantonamenti eseguiti a quel momento (5).

9. I commissari liquidatori sono estromessi, su propria istanza, dai giudizi relativi ai rapporti oggetto di cessione nei quali sia subentrato il cessionario, ivi compresi i giudizi relativi allo stato passivo e quelli di costituzione di parte civile in giudizi penali (6).

(1) Articolo sostituito dall'art. 64 del d.lg. 23/7/1996, n. 415.

(2) Comma modificato, a decorrere dal 16/11/2015, dall'art. 1, co. 34, lett. a), d.lg. 16/11/2015, n. 181.

(3) Comma sostituito, a decorrere dal 16/11/2015, dall'art. 1, co. 34, lett. b), d.lg. 16/11/2015, n. 181.

(4) Comma sostituito dall'art. 9.28 del d.lg. 17/1/2003, n. 6, nel testo introdotto dall'art. 2 del d.lg. 6/2/2004, n. 37. Vedi la disciplina transitoria di cui all'art. 6 del medesimo d.lg. n. 37/2004.

(5) Comma modificato, a decorrere dal 16/11/2015, dall'art. 1, co. 34, lett. c), d.lg. 16/11/2015, n. 181 e successivamente dall'art. 2, co. 1, lett. t), d.lg. 8/11/2021, n. 193.

(6) Comma sostituito, a decorrere dal 16/11/2015, dall'art. 1, co. 34, lett. d), d.lg. 16/11/2015, n. 181.

92 bis. Procedure prive di risorse liquide o con risorse insufficienti (1). – 1. Il presente articolo si applica quando la liquidazione coatta amministrativa è priva di risorse liquide o queste sono stimate dai commissari insufficienti a soddisfare i crediti in prededuzione fino alla chiusura della procedura liquidatoria. Per clienti si intendono coloro che sono iscritti nella sezione separata dello stato passivo ai sensi dell'articolo 86, comma 6.

2. L'autorità di risoluzione italiana anticipa agli organi liquidatori, agli organi dell'amministrazione straordinaria e al commissario della gestione provvisoria che hanno preceduto la liquidazione coatta amministrativa le indennità ad essi spettanti e, sulla base della relativa documentazione giustificativa, le spese per lo svolgimento dell'incarico. Le somme anticipate a questo titolo, comprensive degli interessi legali, sono recuperate sulle risorse finanziarie della procedura che si rendano successivamente disponibili, dopo l'eventuale rimborso dei clienti ai sensi del comma 4 e prima del pagamento degli altri crediti prededucibili.

3. I commissari pagano, con priorità rispetto a tutti gli altri crediti prededucibili, le spese necessarie per il funzionamento della procedura, per lo svolgimento delle attività di interesse dei clienti, per l'accertamento del passivo, per la conservazione e il realizzo dell'attivo, per l'esecuzione di riparti e restituzioni e per la chiusura della procedura. A questo fine, i commissari utilizzano, nel seguente ordine:

a) le risorse liquide eventualmente disponibili della procedura;

b) le risorse liquide o agevolmente liquidabili dei clienti, proporzionalmente al valore dei rispettivi patrimoni, fino ad un importo pari alla somma delle spese necessarie per lo svolgimento delle attività di interesse dei clienti medesimi e della quota parte ad essi riferibile delle altre spese;

c) se le risorse dei clienti sono insufficienti, illiquide o di non agevole liquidazione, una somma che può essere anticipata dall'autorità di risoluzione fino ad un importo massimo di euro 400.000 o, se superiore, fino al doppio delle indennità degli organi liquidatori.

4. Le somme anticipate ai sensi del comma 3, lettera c),

comprensive degli interessi legali, sono recuperate sulle risorse liquide della procedura, con priorità rispetto al pagamento degli altri crediti prededucibili, e poi su quelle dei clienti che si rendano successivamente disponibili, nei limiti stabiliti dal comma 3, lettera b). Le somme indicate al comma 3, lettera b), comprensive degli interessi legali, sono recuperate a beneficio dei clienti sulle risorse liquide della procedura che si rendano successivamente disponibili, prima del pagamento degli altri crediti prededucibili e dopo il rimborso di quanto anticipato dall'autorità di risoluzione ai sensi del presente comma.

5. Il pagamento dei crediti prededucibili è effettuato previo parere favorevole del comitato di sorveglianza. Prima del pagamento, l'elenco di questi crediti è comunicato dai commissari all'autorità di risoluzione.

6. Se le risorse utilizzabili ai sensi dei commi 2 e 3 sono insufficienti per la prosecuzione della procedura o non vi sono prospettive di utile realizzo dei beni e dei diritti della procedura o dei clienti, i commissari procedono alla pubblicazione nella Gazzetta Ufficiale della Repubblica Italiana e in uno o più quotidiani a diffusione nazionale o locale di un avviso contenente l'invito a presentare offerte vincolanti per l'acquisto dei beni e dei diritti residui della procedura o dei clienti. Al termine della procedura competitiva, i beni e i diritti sono assegnati, indipendentemente dall'importo offerto, al migliore offerente. Gli assegnatari subentrano nei giudizi relativi ai beni e ai diritti oggetto di cessione e i commissari sono estromessi su propria richiesta.

(1) Articolo inserito, a decorrere dal 16/11/2015, dall'art. 1, co. 35, d.lg. 16/11/2015, n. 181.

93. Concordato di liquidazione. – 1. In qualsiasi stadio della procedura di liquidazione coatta, i commissari, con il parere del comitato di sorveglianza, ovvero la banca ai sensi dell'art. 152, secondo comma, della legge fallimentare, con il parere degli organi liquidatori, possono proporre un concordato al tribunale del luogo dove l'impresa ha la sede legale. La proposta di concordato deve essere autorizzata dalla Banca d'Italia (1).

2. La proposta di concordato deve indicare la percentuale offerta ai creditori [chirografari], il tempo del pagamento e le eventuali garanzie (2).

3. L'obbligo di pagare le quote di concordato può essere assunto da terzi con liberazione parziale o totale della banca concordataria. In tal caso l'azione dei creditori per l'esecuzione del concordato non può esperirsi che contro i terzi assuntori entro i limiti delle rispettive quote. La proposta può prevedere la cessione, oltre che dei beni compresi nell'attivo, anche delle azioni di pertinenza della massa, purché autorizzate dalla Banca d'Italia, con specifica indicazione dell'oggetto e del fondamento della pretesa. Il proponente può limitare gli impegni assunti con il concordato ai soli creditori ammessi al passivo, anche provvisoriamente, e a quelli che hanno proposto opposizione allo stato passivo o insinuazione tardiva al tempo della proposta, subentrando nei relativi giudizi. In tale caso, verso gli altri creditori continua a rispondere la banca. Gli effetti del concordato sono regolati dall'articolo 135 della legge fallimentare (3).

4. La proposta di concordato e il parere degli organi liquidatori sono depositati nella cancelleria del tribunale. La Banca d'Italia può stabilire altre forme di pubblicità.

5. Entro trenta giorni dal deposito, gli interessati possono proporre opposizione con ricorso depositato nella cancelleria, che viene comunicato al commissario.

6. Il tribunale decide con decreto motivato sulla proposta di concordato, tenendo conto delle opposizioni e del parere su queste ultime reso dalla Banca d'Italia. Il decreto è pubblicato mediante deposito in cancelleria e nelle altre forme stabilite dal tribunale. Del deposito viene data comunicazione ai commissari e agli opponenti con biglietto di cancelleria. Si applica l'articolo 131 della legge fallimentare (4).

7. Durante la procedura di concordato i commissari possono procedere a parziali distribuzioni dell'attivo ai sensi dell'art. 91.

(1) A norma dell'art. 369, co. 1, d.lg. 12/1/2019, n. 14 al presente comma le parole "del luogo dove l'impresa ha la sede legale" sono sostituite dalle seguenti: "del luogo dove l'impresa ha il centro degli interessi principali" e le parole "dell'art. 152, secondo comma, della legge fallimentare" sono sostituite dalle seguenti: "dell'articolo 265, comma 2, del codice della crisi e dell'insolvenza" a decorrere dal 16/5/2022, ai sensi di quanto stabilito dall'art. 389, co. 1, d.lg. n. 14/2019, come modificato dall'art. 5, co. 1, d.l. 8/4/2020, n. 23, conv., con modif., dalla l. 5/6/2020, n. 40, dall'art. 38, co. 1, d.lg. 26/10/2020, n. 147 e successivamente dall'art. 1, co. 1, lett. b), d.l. 24/8/2021, n. 118, conv., con modif., dalla l. 21/10/2021, n. 147.

(2) Comma modificato, a decorrere dal 16/11/2015, dall'art. 1, co. 36, lett. a), d.lg. 16/11/2015, n. 181. Vedi inoltre l'art. 3, co. 4, d.lg. 16/11/2015, n. 181.

(3) Comma modificato, a decorrere dal 16/11/2015, dall'art. 1, co. 36, lett. b), d.lg. 16/11/2015, n. 181. Vedi inoltre l'art. 3, co. 4, d.lg. 16/11/2015, n. 181.

• A norma dell'art. 369, co. 1, d.lg. 12/1/2019, n. 14 all'ultimo periodo del presente comma, le parole "dall'articolo 135 della legge fallimentare" sono sostituite dalle seguenti: "dall'articolo 248 del codice della crisi e dell'insolvenza" a decorrere dal 16/5/2022, ai sensi di quanto stabilito dall'art. 389, co. 1, d.lg. n. 14/2019, come modificato dall'art. 5, co. 1, d.l. 8/4/2020, n. 23, conv., con modif., dalla l. 5/6/2020, n. 40, dall'art. 38, co. 1, d.lg. 26/10/2020, n. 147 e successivamente dall'art. 1, co. 1, lett. b), d.l. 24/8/2021, n. 118, conv., con modif., dalla l. 21/10/2021, n. 147.

(4) Comma sostituito, a decorrere dal 16/11/2015, dall'art. 1, co. 36, lett. c), d.lg. 16/11/2015, n. 181. Vedi inoltre l'art. 3, co. 4, d.lg. 16/11/2015, n. 181.

• A norma dell'art. 369, co. 1, d.lg. 12/1/2019, n. 14 al presente comma le parole "l'articolo 131 della legge fallimentare" sono sostituite dalle seguenti: "l'articolo 247 del codice della crisi e dell'insolvenza" a decorrere dal 16/5/2022, ai sensi di quanto stabilito dall'art. 389, co. 1, d.lg. n. 14/2019, come modificato dall'art. 5, co. 1, d.l. 8/4/2020, n. 23, conv., con modif., dalla l. 5/6/2020, n. 40, dall'art. 38, co. 1, d.lg. 26/10/2020, n. 147 e successivamente dall'art. 1, co. 1, lett. b), d.l. 24/8/2021, n. 118, conv., con modif., dalla l. 21/10/2021, n. 147.

94. Esecuzione del concordato e chiusura della procedura. – 1. I commissari liquidatori, con l'assistenza del comitato di sorveglianza, sovrintendono all'esecuzione del concordato secondo le direttive della Banca d'Italia.

2. Eseguito il concordato, i commissari liquidatori convocano l'assemblea dei soci della banca perché sia deliberata la modifica dell'oggetto sociale in relazione alla revoca dell'autorizzazione all'attività bancaria. Nel caso in cui non abbia luogo la modifica dell'oggetto sociale, i commissari procedono agli adempimenti per la cancellazione della società ed il deposito dei libri sociali previsti dalle disposizioni del codice civile in materia di scioglimento e liquidazione delle società di capitali (1).

3. Si applicano l'articolo 215 della legge fallimentare e, in quanto compatibile, l'articolo 92 del presente decreto legislativo (2).

(1) Comma sostituito dall'art. 9.29 del d.lg. 17/1/2003, n. 6, nel testo introdotto dall'art. 2 del d.lg. 6/2/2004, n. 37. Vedi la disciplina transitoria di cui all'art. 6 del medesimo d.lg. n. 37/2004.

(2) Comma sostituito, a decorrere dal 16/11/2015, dall'art. 1, co. 37, d.lg. 16/11/2015, n. 181. Vedi inoltre l'art. 3, co. 4, d.lg. 16/11/2015, n. 181.

• A norma dell'art. 369, co. 1, lett. m), d.lg. 12/1/2019, n. 14 al presente comma le parole "l'articolo 215 della legge fallimentare" sono sostituite dalle seguenti: "l'articolo 315 del codice della crisi e dell'insolvenza" a decorrere dal 16/5/2022, ai sensi di quanto stabilito dall'art. 389, co. 1, d.lg. n. 14/2019, come modificato dall'art. 5, co. 1, d.l. 8/4/2020, n. 23, conv., con modif., dalla l. 5/6/2020, n. 40, dall'art. 38, co. 1, d.lg. 26/10/2020, n. 147 e successivamente dall'art. 1, co. 1, lett. b), d.l. 24/8/2021, n. 118, conv., con modif., dalla l. 21/10/2021, n. 147.

95. Succursali di banche extracomunitarie (1). – 1. Alle succursali di banche extracomunitarie si applicano le disposizioni previste dalla presente sezione e dall'articolo 77, comma 1-bis, in quanto compatibili.

(1) Articolo sostituito, a decorrere dal 6/8/2004, dall'art. 6, co. 1, d.lg. 9/7/2004, n. 197.

Sezione III bis
Banche operanti in ambito comunitario (1)

(1) Sezione inserita, a decorrere dal 6/8/2004, dall'art. 2, co. 1, d.lg. 9/7/2004, n. 197.

95 bis. Riconoscimento dei provvedimenti di risanamento e delle procedure di liquidazione (1). – 1. I provvedimenti di risanamento e le procedure di liquidazione di banche comunitarie sono disciplinati e producono i loro effetti, senza ulteriori formalità, nell'ordinamento italiano secondo la normativa dello Stato d'origine (2).

1-bis. Le misure adottate dalla Banca d'Italia ai sensi dell'articolo 79, comma 1, cessano di avere effetto dall'avvio della procedura di risanamento da parte dell'autorità competente dello Stato d'origine della banca comunitaria (3).

2. I provvedimenti di risanamento e di avvio della liquidazione coatta amministrativa di banche italiane si applicano e producono i loro effetti negli altri Stati comunitari e, sulla base di accordi internazionali, anche in altri Stati esteri (4).

2-bis. Quando è esercitato un potere di risoluzione o applicata una misura di risoluzione di cui al decreto legislativo 16 novembre 2015, n. 180, le disposizioni della presente sezione si applicano a tutti i soggetti indicati nell'articolo 2 del decreto stesso (5).

(1) Articolo inserito, a decorrere dal 6/8/2004, dall'art. 2 del d.lg. 9/7/2004, n. 197.

• Rubrica sostituita, a decorrere dal 16/11/2015, dall'art. 1, co. 38, lett. a), d.lg. 16/11/2015, n. 181.

(2) Comma modificato, a decorrere dal 16/11/2015, dall'art. 1, co. 38, lett. b), d.lg. 16/11/2015, n. 181.

(3) Comma inserito dall'art. 1, co. 32, d.lg. 12/5/2015, n. 72. Vedi inoltre, l'art. 2 del d.lg. 12/5/2015, n. 72.

• A norma dell'art. 58-bis, co. 2, lett. a), d.lg. 24/2/1998, n. 58, come modificato dall'art. 2, co. 5, d.lg. 16/11/2015, n. 181, il riferimento all'art. 79, co. 1, del presente decreto, contenuto nel presente comma, si intende effettuato all'art. 52, co. 1, del citato d.lg. n. 58/1998.

(4) Comma modificato, a decorrere dal 16/11/2015, dall'art. 1, co. 38, lett. c), d.lg. 16/11/2015, n. 181.

(5) Comma aggiunto, a decorrere dal 16/11/2015, dall'art. 1, co. 38, lett. d), d.lg. 16/11/2015, n. 181 e successivamente modificato dall'art. 2, co. 1, lett. u), d.lg. 8/11/2021, n. 193.

95 ter. Deroghe (1). – 1. In deroga a quanto previsto dall'articolo 95-bis, gli effetti di un provvedimento di risanamento o dell'apertura di una procedura di liquidazione:

a) su contratti e rapporti di lavoro, sono disciplinati dalla legge dello Stato comunitario applicabile al contratto di lavoro;

b) su contratti che danno diritto al godimento di un bene immobile o al suo acquisto, sono disciplinati dalla legge dello Stato comunitario nel cui territorio è situato l'immobile. Tale legge determina se un bene sia mobile o immobile;

c) sui diritti relativi a un bene immobile, a una nave o a un aeromobile soggetti a iscrizione in un pubblico registro, sono disciplinati dalla legge dello Stato comunitario sotto la cui autorità si tiene il registro;

d) sull'esercizio dei diritti di proprietà o altri diritti su strumenti finanziari la cui esistenza o il cui trasferimento presuppongano l'iscrizione in un registro, in un conto o in un sistema di deposito accentrato, sono disciplinati dalla legislazione dello Stato comunitario in cui si trova il registro, il conto o il sistema di deposito accentrato in cui sono iscritti tali diritti.

2. In deroga a quanto previsto dall'articolo 95-bis, sono disciplinati dalla legge che regola il contratto:

a) gli accordi di compensazione, di netting e di novazione, fatto salvo quanto previsto agli articoli 65 e 68 del decreto legislativo 16 novembre 2015, n. 180 (2);

b) le cessioni con patto di riacquisto e le transazioni effettuate in un mercato regolamentato, fatto salvo quanto previsto agli articoli 65 e 68 del decreto legislativo 16 novembre 2015, n. 180, nonché quanto previsto alla lettera d) del comma 1 (3).

3. Ferme restando le disposizioni dello Stato d'origine relative alle azioni di annullamento, di nullità o di inopponibilità degli atti compiuti in pregiudizio dei creditori, l'adozione di un provvedimento di risanamento o l'apertura di una procedura di liquidazione non pregiudica:

a) il diritto reale del creditore o del terzo sui beni materiali o immateriali mobili o immobili, di proprietà della banca, che al momento dell'adozione di un provvedimento di risanamento o dell'apertura di una procedura di liquidazione si trovano nel territorio di uno Stato comunitario diverso da quello di origine. Ai predetti fini è assimilato a un diritto reale il diritto, iscritto in un pubblico registro e opponibile a terzi, che consente di ottenere un diritto reale;

b) i diritti, nei confronti della banca, del venditore, basati sulla riserva di proprietà, e del compratore di beni che al momento dell'adozione del provvedimento o dell'apertura della procedura si trovano nel territorio di uno Stato comunitario diverso da quello di origine;

c) il diritto del creditore di invocare la compensazione del proprio credito con il credito della banca, quando la compensazione sia consentita dalla legge applicabile al credito della banca.

4. In deroga all'articolo 95-bis, la normativa dello Stato di origine non si applica alla nullità, all'annullamento o all'inopponibilità degli atti compiuti in pregiudizio dei creditori, quando il beneficiario di tali atti prova che l'atto pregiudizievole è disciplinato dalla legge di uno Stato comunitario che non consente, nella fattispecie, alcun tipo di impugnazione.

5. Gli effetti dell'adozione di un provvedimento di risanamento o dell'apertura di una procedura di liquidazione sulle cause pendenti relative a un bene o a un diritto del quale la banca è spossessata sono disciplinati dalla legge dello Stato comunitario in cui la causa è pendente.

6. Le previsioni di cui ai commi 1, 2 e 3 trovano applicazione soltanto ai casi e nei modi ivi indicati; esse non riguardano altri profili della disciplina delle procedure di risanamento e liquidazione, quali le norme in materia di ammissione allo stato passivo, anche con riferimento al grado e alla natura delle relative pretese, e di liquidazione e riparto dell'attivo, che restano soggetti alla disciplina dello Stato di origine della banca.

(1) Articolo inserito, a decorrere dal 6/8/2004, dall'art. 2 del d.lg. 9/7/2004, n. 197.

(2) Lettera modificata dall'art. 2, co. 1, lett. v), n. 1, d.lg. 8/11/2021, n. 193.

(3) Comma sostituito, a decorrere dal 16/11/2015, dall'art. 1, co. 39, d.lg. 16/11/2015, n. 181 e successivamente modificato modificata dall'art. 2, co. 1, lett. v), n. 2, d.lg. 8/11/2021, n. 193.

95 quater. Collaborazione tra autorità (1). – 1. Salvo che l'informazione non vada fornita ai sensi del decreto legislativo 16 novembre 2015, n. 180, la Banca d'Italia informa le autorità di vigilanza e, se diverse, le autorità di risoluzione degli Stati comunitari ospitanti e la Banca centrale europea dell'adozione dei provvedimenti di risanamento e dell'apertura della procedura di liquidazione coatta amministrativa, precisandone gli effetti. L'informazione è data, con ogni mezzo, possibilmente prima dell'adozione del provvedimento o dell'apertura della procedura ovvero subito dopo (2).

2. La Banca d'Italia, qualora ritenga necessaria l'applicazione in Italia di un provvedimento di risanamento nei confronti di una banca comunitaria, ne fa richiesta all'autorità di vigilanza o, se diversa, all'autorità di risoluzione dello Stato d'origine ovvero alla Banca centrale europea (3).

2-bis. Resta fermo quanto previsto dagli articoli 5, 6 e 32, commi 3, 4 e 5, del decreto legislativo 16 novembre 2015, n. 180 (4).

(1) Articolo inserito, a decorrere dal 6/8/2004, dall'art. 2 del d.lg. 9/7/2004, n. 197.

(2) Comma sostituito, a decorrere dal 16/11/2015, dall'art. 1, co. 40, lett. a), d.lg. 16/11/2015, n. 181 e successivamente modificato dall'art. 2, co. 1, lett. z), n. 1, d.lg. 8/11/2021, n. 193.

(3) Comma modificato, a decorrere dal 16/11/2015, dall'art. 1, co. 40, lett. b), d.lg. 16/11/2015, n. 181.

(4) Comma aggiunto, a decorrere dal 16/11/2015, dall'art. 1, co. 40, lett. c), d.lg. 16/11/2015, n. 181 e successivamente modificato dall'art. 2, co. 1, lett. z), n. 1, d.lg. 8/11/2021, n. 193.

95 quinquies. Pubblicità e informazione agli aventi diritto (1). – 1. I provvedimenti di risanamento e di avvio della procedura di liquidazione coatta amministrativa adottati nei confronti di una banca italiana che abbia succursali o presti servizi in altri Stati comunitari sono pubblicati per estratto anche nella Gazzetta Ufficiale delle Comunità europee e in due quotidiani a diffusione nazionale di ciascuno Stato ospitante (2).

2. Le comunicazioni previste dall'articolo 86, commi 1, 2 e 8, ai soggetti che hanno la residenza, il domicilio o la sede legale in altro Stato comunitario devono indicare i termini e le modalità di presentazione dei reclami previsti all'articolo 86, comma 4, e delle opposizioni previste dall'articolo 87, comma 1, nonché le conseguenze del mancato rispetto dei termini.

3. Le pubblicazioni e le comunicazioni di cui ai commi 1 e 2 sono effettuate in lingua italiana e recano un'intestazione in tutte le lingue ufficiali dell'Unione europea volta a chiarire la natura e lo scopo delle comunicazioni stesse.

4. I reclami e le istanze previsti dall'articolo 86, commi 4 e 5, le opposizioni di cui all'articolo 87 e le domande di insinuazione tardive di cui all'articolo 89, presentate da soggetti che hanno la residenza, il domicilio o la sede legale in altro Stato comunitario, possono essere redatti nella lingua ufficiale di tale Stato e recano un'intestazione in lingua italiana volta a chiarire la natura dell'atto. I commissari possono chiedere una traduzione in lingua italiana degli atti medesimi.

5. Per soggetti di cui al comma 2, i termini indicati dagli articoli 86, comma 4, e 87, comma 1, sono raddoppiati; il termine indicato nell'articolo 86, comma 5, decorre dalla data di pubblicazione nella Gazzetta Ufficiale delle Comunità europee prevista nel comma 1.

(1) Articolo inserito, a decorrere dal 6/8/2004, dall'art. 2 del d.lg. 9/7/2004, n. 197.

(2) Comma modificato, a decorrere dal 16/11/2015, dall'art. 1, co. 41, d.lg. 16/11/2015, n. 181.

95 sexies. Norme di attuazione (1). – 1. La Banca d'Italia adotta disposizioni di attuazione della presente sezione.

(1) Articolo inserito, a decorrere dal 6/8/2004, dall'art. 2 del d.lg. 9/7/2004, n. 197.

95 septies. Applicazione (1). – 1. Le disposizioni della presente sezione si applicano ai provvedimenti di risanamento e alle procedure di liquidazione coatta amministrativa, nonché ai provvedimenti di risanamento e liquidazione delle competenti autorità o della Banca centrale europea adottati dopo il 5 maggio 2004 (2).

(1) Articolo inserito, a decorrere dal 6/8/2004, dall'art. 2 del d.lg. 9/7/2004, n. 197.

(2) Comma modificato, a decorrere dal 16/11/2015, dall'art. 1, co. 42, d.lg. 16/11/2015, n. 181.

Sezione IV
Sistemi di garanzia dei depositanti (1)

(1) Sezione inserita dall'art. 2, co. 1, d.lg. 4/12/1996, n. 659.

96. Soggetti aderenti e natura dei sistemi di garanzia (1). – 1. Le banche italiane aderiscono a uno dei sistemi di garanzia dei depositanti istituiti e riconosciuti in Italia. [Le banche di credito cooperativo aderiscono al sistema di garanzia dei depositanti costituito nel loro ambito] (2).

1-bis. I sistemi di tutela istituzionale di cui all'articolo 113, paragrafo 7, del regolamento (UE) n. 575/2013 possono essere riconosciuti come sistemi di garanzia dei depositanti (3).

2. Le succursali di banche comunitarie operanti in Italia possono aderire a un sistema di garanzia italiana al fine di integrare la tutela offerta dal sistema di garanzia dello Stato di appartenenza.

3. Le succursali di banche extracomunitarie autorizzate in Italia aderiscono a un sistema di garanzia italiana salvo che partecipino a un sistema di garanzia estero equivalente almeno con riferimento al livello e all'ambito di copertura (4).

4. I sistemi di garanzia hanno natura di diritto privato; le risorse finanziarie per il perseguimento delle loro finalità sono fornite dalle banche aderenti in conformità di quanto previsto dalla presente Sezione (5).

5. La pubblicità e le comunicazioni che le banche sono tenute a effettuare per informare i clienti sulla garanzia dei depositanti sono disciplinate ai sensi del Titolo VI (6).

(1) Articolo sostituito dall'art. 2 del d.lg. 4/12/1996, n. 659. Vedi disposizioni di cui all'art. 4 del medesimo d.lg. n. 659/1996.

(2) Comma modificato, a decorrere dal 1/1/2014, dall'art. 1, co. 630, l. 27/12/2013, n. 147 e successivamente, a decorrere dal 1/7/2018, dall'art. 1, co. 3, lett. a), d.lg. 15/2/2016, n. 30.

(3) Comma aggiunto, a decorrere dal 9/3/2016, dall'art. 1, co. 3, lett. b), d.lg. 15/2/2016, n. 30.

(4) Comma modificato, a decorrere dal 9/3/2016, dall'art. 1, co. 3, lett. c), d.lg. 15/2/2016, n. 30.

(5) Comma modificato, a decorrere dal 9/3/2016, dall'art. 1, co. 3, lett. d), d.lg. 15/2/2016, n. 30.

(6) Comma sostituito, a decorrere dal 9/3/2016, dall'art. 1, co. 3, lett. e), d.lg. 15/2/2016, n. 30.

96.1. Dotazione finanziaria dei sistemi di garanzia (1). – 1. I sistemi di garanzia hanno una dotazione finanziaria proporzionata alle proprie passività e comunque pari almeno allo 0,8 per cento dell'importo dei depositi protetti delle banche aderenti ad eccezione di quelli indicati all'articolo 96-bis.1, comma 4, come risultante al 31 dicembre dell'anno precedente.

2. In fase di prima applicazione, il livello-obiettivo indicato al comma 1 è raggiunto, in modo graduale, entro il 3 luglio 2024. Il termine è prorogato sino al 3 luglio 2028, se prima del 3 luglio 2024 il sistema ha impiegato le proprie risorse per un ammontare superiore allo 0,8 per cento dell'importo dei depositi protetti delle banche aderenti al 31 dicembre

dell'anno precedente ad eccezione di quelli indicati all'articolo 96-bis.1, comma 4.

3. Il Ministro dell'economia e delle finanze, sentita la Banca d'Italia, può prevedere, previa approvazione della Commissione europea, una dotazione finanziaria inferiore a quella indicata al comma 1, e pari almeno allo 0,5 per cento dell'importo dei depositi protetti delle banche aderenti, ad eccezione di quelli indicati all'articolo 96-bis.1, comma 4, se:

a) è improbabile che una quota rilevante della dotazione finanziaria venga utilizzata per misure diverse da quelle di cui all'articolo 96-bis, comma 1-bis, lettere b) e c); e

b) il settore bancario in cui operano gli aderenti al sistema di garanzia è altamente concentrato e una grande quantità di attività è detenuta da un ridotto numero di banche o di gruppi bancari che, data la loro dimensione, in caso di dissesto sarebbero probabilmente soggetti a risoluzione.

4. Se, dopo la data indicata al comma 1, la dotazione finanziaria si riduce al di sotto del livello-obiettivo ivi indicato, o, se del caso, di quello stabilito ai sensi del comma 3, essa è ripristinata mediante il versamento di contributi periodici ai sensi dell'articolo 96.2, comma 1. Il ripristino avviene entro sei anni, se la dotazione finanziaria si riduce a meno di due terzi del livello-obiettivo.

5. La dotazione finanziaria costituisce un patrimonio autonomo, distinto a tutti gli effetti dal patrimonio del sistema di garanzia e da quello di ciascun aderente, nonché da ogni altro fondo istituito presso lo stesso sistema di garanzia. Delle obbligazioni contratte in relazione agli interventi e ai finanziamenti disciplinati dalla presente Sezione il sistema di garanzia risponde esclusivamente con la dotazione finanziaria. Salvo quanto previsto dalla presente Sezione, su di essa non sono ammesse azioni dei creditori del sistema di garanzia o nell'interesse di quest'ultimo, né quelle dei creditori dei singoli aderenti o degli altri fondi eventualmente istituiti presso lo stesso sistema di garanzia (2).

(1) Articolo inserito, a decorrere dal 9/3/2016, dall'art. 1, co. 3, lett. e), d.lg. 15/2/2016, n. 30.

• Vedi inoltre l'art. 4, co. 2, d.lg. 15/2/2016, n. 30.

(2) In deroga a quanto previsto dal presente comma, vedi l'art. 4, co. 3, d.lg. 15/2/2016, n. 30.

96.2. Finanziamento dei sistemi di garanzia e investimento delle risorse (1). – 1. Per costituire la dotazione finanziaria dei sistemi di garanzia, gli aderenti versano contributi almeno annualmente, per l'ammontare determinato dal sistema stesso ai sensi del comma 2. I contributi possono assumere la forma di impegni di pagamento, se ciò è autorizzato dal sistema di garanzia e nell'ammontare da esso determinato, comunque non superiore al 30 per cento dell'importo totale della dotazione finanziaria del sistema; il loro pagamento può essere richiesto nei casi predeterminati previsti dallo statuto del sistema di garanzia.

2. I contributi dovuti dalle banche aderenti sono proporzionati all'ammontare dei loro depositi protetti, ad eccezione di quelli indicati all'articolo 96-bis.1, comma 4, e al loro profilo di rischio. Essi possono essere determinati dai sistemi di garanzia sulla base dei propri metodi interni di valutazione del rischio e tenendo conto delle diverse fasi del ciclo economico, del possibile impatto prociclico e dell'eventuale partecipazione da parte delle banche aderenti a un sistema di tutela istituzionale di cui all'articolo 113, paragrafo 7, del regolamento (UE) n. 575/2013. La Banca d'Italia approva i metodi interni, informandone l'ABE.

3. Il sistema di garanzia, se deve procedere al rimborso dei depositi protetti e la dotazione finanziaria è insufficiente, chiede agli aderenti di integrarla mediante il versamento di contributi straordinari non superiori allo 0,5 per cento dei depositi protetti, ad eccezione di quelli indicati all'articolo 96-bis.1, comma 4, per anno solare o, in casi eccezionali e con il consenso della Banca d'Italia, di ammontare più elevato.

4. La Banca d'Italia può disporre il differimento, in tutto o in parte, del pagamento dei contributi di cui al comma 3 da parte di un aderente se il pagamento ne metterebbe a repentaglio la liquidità o la solvibilità. Il differimento è accordato per un periodo massimo di sei mesi ed è rinnovabile su richiesta dell'aderente. I contributi differiti sono in ogni caso versati se la Banca d'Italia accerta che le condizioni per il differimento sono venute meno.

5. I sistemi di garanzia assicurano di avere accesso a fonti di finanziamento alternative a breve termine per far fronte alle proprie obbligazioni e possono ricorrere a finanziamenti aggiuntivi provenienti da fonti ulteriori.

6. La dotazione finanziaria è investita in attività a basso rischio e con sufficiente diversificazione.

7. Entro il 31 marzo di ciascun anno la Banca d'Italia informa l'ABE circa l'importo dei depositi protetti dai sistemi di garanzia italiani e dell'importo della dotazione finanziaria dei sistemi al 31 dicembre del precedente anno.

(1) Articolo inserito, a decorrere dal 9/3/2016, dall'art. 1, co. 3, lett. e), d.lg. 15/2/2016, n. 30.

• Vedi inoltre l'art. 4, co. 3, d.lg. 15/2/2016, n. 30.

96 bis. Interventi (1). – 1. I sistemi di garanzia tutelano i depositanti:

a) delle banche italiane aderenti, incluse le loro succursali comunitarie e, se previsto dallo statuto, le loro succursali extracomunitarie;

b) delle succursali italiane delle banche extracomunitarie aderenti;

c) delle succursali italiane delle banche comunitarie aderenti (2).

1-bis. I sistemi di garanzia:

a) effettuano, nei limiti e secondo le modalità indicati negli articoli 96-bis.1 e 96-bis.2, rimborsi nei casi di liquidazione coatta amministrativa delle banche italiane e delle succursali italiane di banche extracomunitarie; per le succursali di banche comunitarie operanti in Italia che abbiano aderito in via integrativa a un sistema di garanzia italiano, i rimborsi hanno luogo se è intervenuto il sistema di garanzia dello Stato di appartenenza;

b) contribuiscono al finanziamento della risoluzione delle banche italiane e delle succursali italiane di banche extracomunitarie secondo le modalità e nei limiti previsti dal decreto legislativo 16 novembre 2015, n. 180;

c) se previsto dallo statuto, possono intervenire in operazioni di cessione di attività, passività, aziende, rami d'azienda, beni e rapporti giuridici individuabili in blocco di cui all'articolo 90, comma 2, se il costo dell'intervento non supera il costo che il sistema, secondo quanto ragionevolmente prevedibile in base alle informazioni disponibili al momento dell'intervento, dovrebbe sostenere per il rimborso dei depositi;

d) se previsto dallo statuto, possono effettuare interventi nei confronti di banche italiane e succursali italiane di banche extracomunitarie per prevenire o superare lo stato di dissesto o di rischio di dissesto di cui all'articolo 17, comma 1, lettera a), del decreto legislativo 16 novembre 2015, n. 180 (3).

1-ter. Lo statuto del sistema di garanzia definisce modalità e condizioni degli interventi di cui al comma 1-bis, lettera d), con particolare riguardo a:

a) gli impegni che la banca beneficiaria dell'intervento deve assumere per rafforzare i propri presidi dei rischi anche al fine di non pregiudicare l'accesso dei depositanti ai depositi;

b) la verifica sul rispetto degli impegni assunti dalla banca ai sensi della lettera a);

c) il costo dell'intervento, che non supera il costo che il sistema, secondo quanto ragionevolmente prevedibile, dovrebbe sostenere per effettuare altri interventi nei casi previsti dalla legge o dallo statuto (4)

1-quater. L'intervento di cui al comma 1-bis, lettera d), può essere effettuato, se la Banca d'Italia ha accertato che:

a) non è stata avviata un'azione di risoluzione ai sensi dell'articolo 1, comma 1, lettera f), del decreto legislativo 16 novembre 2015, n. 180 e comunque non ne sussistono le condizioni; e

b) le banche aderenti al sistema di garanzia cui aderisce la banca beneficiaria dell'intervento sono in grado di versare i contributi straordinari ai sensi dell'articolo 96.2, comma 3 (5).

1-quinquies. Dopo che il sistema di garanzia ha effettuato un intervento ai sensi del comma 1-bis, lettera d), le banche aderenti gli forniscono senza indugio, se necessario sotto forma di contributi straordinari, risorse pari a quelle utilizzate per l'intervento, se:

a) la dotazione finanziaria del sistema si è ridotta a meno del 25 per cento del livello-obiettivo di cui all'articolo 96.1, comma 1, o, se del caso, del diverso livello stabilito dal Ministro dell'economia e delle finanze ai sensi dell'articolo 96.1, comma 3; oppure

b) la dotazione finanziaria del sistema si è ridotta a meno di due terzi del livello-obiettivo di cui all'articolo 96.1, comma 1, o, se del caso, del diverso livello stabilito dal Ministro dell'economia e delle finanze ai sensi dell'articolo 96.1, comma 3, ed emerge la necessità di effettuare il rimborso di depositi protetti (4).

1-sexies. Finché il livello-obiettivo di cui all'articolo 96.1, comma 1, o, se del caso, del diverso livello stabilito dal Ministro dell'economia e delle finanze ai sensi dell'articolo 96.1, comma 3 non è raggiunto, le soglie di cui al comma 1-quinquies sono riferite all'effettiva dotazione finanziaria disponibile (4).

2. I sistemi di garanzia tutelano i depositanti delle succursali comunitarie delle banche italiane; essi possono altresì prevedere la tutela dei depositanti delle succursali extracomunitarie delle banche italiane. 3. Sono ammessi al rimborso i crediti relativi ai fondi acquisiti dalle banche con obbligo di restituzione, sotto forma di depositi o sotto altra forma nonché agli assegni circolari e agli altri titoli di credito ad essi assimilabili. 4. Sono esclusi dalla tutela: a) i depositi e gli altri fondi rimborsabili al portatore; b) le obbligazioni e i crediti derivanti da accettazioni, pagherò cambiari ed operazioni in titoli; c) il capitale sociale, le riserve e gli altri elementi patrimoniali della banca; c-bis) gli strumenti finanziari disciplinati dal codice civile (6)*; d) i depositi derivanti da transazioni in relazione alle quali sia intervenuta una condanna per i reati previsti negli articoli 648-bis e 648-ter del codice penale; e) i depositi delle amministrazioni dello Stato, degli enti regionali, provinciali, comunali e degli altri enti pubblici territoriali; f) i depositi effettuati da banche in nome e per conto proprio, nonché i crediti delle stesse; g) i depositi delle società finanziarie e delle società di partecipazione finanziaria mista indicate nell'articolo 59, comma 1, lettere b) e b-bis), delle compagnie di assicurazione; degli organismi di investimento collettivo del risparmio; di altre società dello stesso gruppo bancario; degli istituti di moneta elettronica* (7)*; h) i depositi, anche effettuati per interposta persona, dei componenti gli organi sociali e dell'alta direzione dalla banca o della capogruppo del gruppo bancario; i) i depositi, anche effettuati per interposta persona, dei titolari delle partecipazioni indicate nell'articolo 19* (8)*; l) i depositi per i quali il depositante ha ottenuto dalla banca, a titolo individuale, tassi e condizioni che hanno concorso a deteriorare la situazione finanziaria della banca, in base a quanto accertato dai commissari liquidatori*.*

*5. Il limite di rimborso per ciascun depositante è pari a 100.000 euro. La Banca d'Italia aggiorna tale limite per adeguarlo alle eventuali variazioni apportate dalla Commissione europea in funzione del tasso di inflazione***.

*6. Sono ammessi al rimborso i crediti, non esclusi ai sensi del comma 4, che possono essere fatti valere nei confronti della banca in liquidazione coatta amministrativa, secondo quanto previsto dalla sezione III del presente titolo****.

*7. Il rimborso è effettuato entro venti giorni lavorativi dalla data in cui si producono gli effetti del provvedimento di liquidazione coatta ai sensi dell'articolo 83, comma 1. Il termine può essere prorogato dalla Banca d'Italia, in circostanze del tutto eccezionali per un periodo complessivo non superiore a 10 giorni lavorativi*****.

*8. I sistemi di garanzia subentrano nei diritti dei depositanti nei confronti della banca in liquidazione coatta amministrativa nei limiti dei rimborsi effettuati, entro tali limiti, percepiscono i riparti erogati dalla liquidazione in via prioritaria rispetto ai depositanti destinatari dei rimborsi medesimi***.

(1) Articolo inserito dall'art. 2 del d.lg. 4/12/1996, n. 659. Vedi disposizioni di cui all'art. 4 del medesimo d.lg. n. 659/1996.

(2) Comma sostituito, a decorrere dal 9/3/2016, dall'art. 1, co. 5, lett. a), d.lg. 15/2/2016, n. 30.

(3) Comma aggiunto, a decorrere dal 9/3/2016, dall'art. 1, co. 5, lett. b), d.lg. 15/2/2016, n. 30 e successivamente modificato dall'art. 2, co. 1, lett. aa), n. 1, d.lg. 8/11/2021, n. 193.

(4) Comma aggiunto, a decorrere dal 9/3/2016, dall'art. 1, co. 5, lett. b), d.lg. 15/2/2016, n. 30.

(5) Comma aggiunto, a decorrere dal 9/3/2016, dall'art. 1, co. 5, lett. b), d.lg. 15/2/2016, n. 30 e successivamente modificato dall'art. 2, co. 1, lett. aa), n. 2, d.lg. 8/11/2021, n. 193.

* Commi abrogati, a decorrere dal 9/3/2016, dall'art. 1, co. 5, lett. c), d.lg. 15/2/2016, n. 30.

(6) Lettera inserita dall'art. 9.30 del d.lg. 17/1/2003, n. 6, nel testo introdotto dall'art. 2 del d.lg. 6/2/2004, n. 37. Vedi la disciplina transitoria di cui all'art. 6 del medesimo d.lg. n. 37/2004.

(7) Lettera modificata dall'art. 55 della legge 1/3/2002, n. 39 (Legge comunitaria) e successivamente dall'art. 2, co. 8, d.lg. 4/3/2014, n. 53.

(8) Lettera sostituita dall'art. 9.30 del d.lg. 17/1/2003, n. 6, nel testo introdotto dall'art. 2 del d.lg. 6/2/2004, n. 37 e successivamente modificata dall'art. 1, co. 1, lett. l), d.lg. 27/1/2010, n. 21. Vedi la disciplina transitoria di cui all'art. 6 del medesimo d.lg. n. 37/2004.

** Comma abrogato, a decorrere dal 9/3/2016, dall'art. 1, co. 5, lett. c), d.lg. 15/2/2016, n. 30.

*** Comma sostituito dall'art. 1, co. 1, lett. a), d.lg. 24/3/2011, n. 49 e successivamente abrogato dall'art. 1, co. 5, lett. c), d.lg. 15/2/2016, n. 30.

**** Comma sostituito dall'art. 1, co. 1, lett. b), d.lg. 24/3/2011, n. 49 e successivamente abrogato, a decorrere dal 9/3/2016, dall'art. 1, co. 5, lett. c), d.lg. 15/2/2016, n. 30.

96 bis.1. Depositi ammissibili al rimborso e ammontare massimo rimborsabile (1)**.** – 1. Sono ammissibili al rimborso i crediti che possono essere fatti valere nei confronti della banca in liquidazione coatta amministrativa, secondo quanto previsto dalla Sezione III, relativi ai fondi acquisiti dalla banca con obbligo di restituzione, sotto forma di depositi o sotto altra forma, nonché agli assegni circolari e agli altri titoli di credito ad essi assimilabili.

2. In deroga al comma 1, non sono ammissibili al rimborso:

a) i depositi effettuati in nome e per conto proprio da banche, enti finanziari come definiti dall'articolo 4, paragrafo 1, punto 26), del regolamento (UE) n. 575/2013 del Parlamento europeo e del Consiglio del 26 giugno 2013, imprese di investimento, imprese di assicurazione, imprese di riassicurazione, organismi di investimento collettivo del risparmio, fondi pensione, nonché enti pubblici;

b) i fondi propri come definiti dall'articolo 4, paragrafo 1, punto 118), del regolamento (UE) n. 575/2013 del Parlamento europeo o del Consiglio del 26 giugno 2013;

c) i depositi derivanti da transazioni in relazione alle quali sia intervenuta una condanna definitiva per i reati previsti dagli articoli 648-bis e 648-ter del codice penale; resta fermo quanto previsto dall'articolo 648-quater del codice penale;

d) i depositi i cui titolari, al momento dell'avvio della procedura di liquidazione coatta amministrativa, non risultano identificati ai sensi della disciplina in materia di prevenzione dell'utilizzo del sistema finanziario a scopo di riciclaggio dei proventi di attività criminose e di finanziamento del terrorismo;

e) le obbligazioni e i crediti derivanti da accettazioni, pagherò cambiari e operazioni in titoli.

3. L'ammontare massimo oggetto di rimborso ai sensi dell'articolo 96-bis, comma 1-bis, lettera a), è pari a 100.000 euro per ciascun depositante. Il limite è adeguato ai sensi dell'articolo 6, paragrafo 7, della direttiva 2014/49/UE.

4. Il limite indicato al comma 3 non si applica, nei nove mesi successivi al loro accredito o al momento in cui divengono disponibili, ai depositi di persone fisiche aventi ad oggetto importi derivanti da:

a) operazioni relative al trasferimento o alla costituzione di diritti reali su unità immobiliari adibite ad abitazione;

b) divorzio, pensionamento, scioglimento del rapporto di lavoro, invalidità o morte;

c) il pagamento di prestazioni assicurative, di risarcimenti o di indennizzi in relazione a danni per fatti considerati dalla legge come reati contro la persona o per ingiusta detenzione.

5. Ai fini del calcolo del limite di cui al comma 3:

a) i depositi presso un conto di cui due o più soggetti sono titolari come partecipanti di un ente senza personalità giuridica sono trattati come se fossero effettuati da un unico depositante;

b) se più soggetti hanno pieno diritto sulle somme depositate su un conto, la quota spettante a ciascuno di essi è considerata nel calcolo;

c) si tiene conto della compensazione di eventuali debiti del depositante nei confronti della banca, se esigibili alla data in cui si producono gli effetti del provvedimento di liquidazione coatta amministrativa ai sensi dell'articolo 83, comma 1, nella misura in cui la compensazione è possibile a norma delle disposizioni di legge o di previsioni contrattuali applicabili.

(1) Articolo inserito, a decorrere dal 9/3/2016, dall'art. 1, co. 6, d.lg. 15/2/2016, n. 30.

96 bis.2. Modalità del rimborso dei depositi (1). – 1. Il rimborso è effettuato entro sette giorni lavorativi dalla data in cui si producono gli effetti del provvedimento di liquidazione coatta amministrativa ai sensi dell'articolo 83, comma 1, senza che sia necessario presentare alcuna richiesta al sistema di garanzia. A tal fine, la banca aderente trasmette tempestivamente al sistema di garanzia le informazioni necessarie sui depositi e sui depositanti su richiesta del sistema stesso. Il rimborso è effettuato in euro o nella valuta dello Stato dove risiede il titolare del deposito; se il conto è denominato in una valuta diversa, il tasso di cambio utilizzato è quello della data in cui si producono gli effetti del provvedimento di liquidazione coatta amministrativa ai sensi dell'articolo 83, comma 1 (2).

2. Il sistema di garanzia può differire il rimborso nei seguenti casi:

a) vi è incertezza sul diritto del titolare a ricevere il rimborso o il deposito è oggetto di una controversia in sede giudiziale o presso un organismo di risoluzione stragiudiziale delle controversie, la cui definizione incide su tale diritto o sull'ammontare del rimborso;

b) il deposito è soggetto a misure restrittive imposte da uno Stato o da un'organizzazione internazionale, finché detta misura restrittiva è efficace;

c) se non è stata effettuata alcuna operazione relativa al deposito nei ventiquattro mesi precedenti la data di cui al comma 1; in questo caso il rimborso è effettuato entro sei mesi dalla data di cui al comma 1, fermo restando che non è dovuto alcun rimborso se il valore del deposito è inferiore ai costi amministrativi che il sistema di garanzia sosterrebbe per effettuare il rimborso medesimo;

d) l'importo da rimborsare come definito dall'articolo 96-bis.1, comma 4, eccede 100.000 euro; il differimento opera per la sola eccedenza e il rimborso è effettuato entro sei mesi dalla data prevista dal comma 1;

e) il rimborso va effettuato ai sensi dell'articolo 96-quater.2, comma 2; in tal caso, il termine di cui al comma 1 decorre dalla data in cui il sistema di garanzia riceve le risorse.

3. In deroga al comma 1, se un depositante, o altra persona avente diritto o un interesse sulle somme depositate su un conto, è sottoposto a un procedimento penale, a misura di prevenzione o a provvedimenti di sequestro connessi con il riciclaggio di proventi di attività illecite, il sistema di garanzia può sospendere i pagamenti relativi al depositante fino al passaggio in giudicato della sentenza di proscioglimento o assoluzione. Resta fermo quanto previsto dall'articolo 96-bis.1, comma 2, lettera c).

4. Il diritto al rimborso si estingue decorsi cinque anni dalla data in cui si producono gli effetti del provvedimento di avvio della liquidazione coatta amministrativa ai sensi dell'articolo 83, comma 1. La decadenza è impedita dalla proposizione della domanda giudiziale, salvo che il processo si estingua, o dal riconoscimento del diritto da parte del sistema di garanzia.

5. I sistemi di garanzia, quando effettuano i rimborsi ai sensi dell'articolo 96-bis, comma 1-bis, lettera a), subentrano nei diritti dei depositanti nei confronti della banca in liquidazione coatta amministrativa nei limiti dei rimborsi effettuati, beneficiando della preferenza di cui all'articolo 91, comma 1-bis, lettera b), numero 2).

(1) Articolo inserito, a decorrere dal 9/3/2016, dall'art. 1, co. 6, d.lg. 15/2/2016, n. 30.

(2) Sull'applicabilità del termine previsto dal presente comma, vedi l'art. 4, co. 4, d.lg. 15/2/2016, n. 30.

96 bis.3. Obblighi dei sistemi di garanzia (1). – 1. I sistemi di garanzia:

a) dispongono di assetti di governo, di strutture organizzative e di sistemi di controllo adeguati allo svolgimento della loro attività;

b) effettuano con regolarità, almeno ogni tre anni, prove di resistenza della propria capacità di effettuare gli interventi di cui all'articolo 96-bis: a tal fine essi possono chiedere informazioni alle banche aderenti, che sono conservate per il tempo strettamente necessario allo svolgimento delle prove di resistenza;

c) redigono la corrispondenza con i depositanti delle banche aderenti nella lingua o nelle lingue utilizzate dalla banca presso cui si trova il deposito protetto per le comunicazioni con i propri depositanti ai sensi del Titolo VI o in una delle lingue ufficiali dello Stato membro in cui è stabilita la succursale presso cui è costituito il deposito protetto;

d) garantiscono la riservatezza di notizie, informazioni e dati in loro possesso in ragione della propria attività istituzionale;

e) redigono il proprio bilancio, soggetto a revisione legale dei conti.

2. I componenti degli organi dei sistemi di garanzia e a coloro che prestano la loro attività per essi sono vincolati al segreto professionale in relazione alle notizie, le informazioni e i dati indicati al comma 1, lettera d).

3. Ai soggetti che svolgono funzioni di amministrazione,

direzione e controllo presso i sistemi di garanzia si applica l'articolo 26, ad eccezione del comma 3, lettere c) ed e) (2).

3-bis. Con riguardo agli atti compiuti per effettuare gli interventi di cui all'articolo 96-bis, la responsabilità dei sistemi di garanzia dei depositanti, dei soggetti che vi svolgono funzioni di amministrazione, direzione e controllo e dei loro dipendenti è limitata ai soli casi di dolo o colpa grave (3).

(1) Articolo inserito, a decorrere dal 9/3/2016, dall'art. 1, co. 6, d.lg. 15/2/2016, n. 30.

(2) Per l'applicabilità delle disposizioni di cui al presente comma vedi l'art. 4, co. 7, d.lg. 15/2/2016, n. 30.

(3) Comma aggiunto dall'art. 2, co. 1, lett. bb), d.lg. 8/11/2021, n. 193.

96 bis.4. Informazioni da fornire ai sistemi di garanzia (1). – 1. I sistemi di garanzia possono chiedere ai propri aderenti le informazioni necessarie ai fini del rimborso dei depositanti. A tal fine, le banche classificano i depositi in modo da consentire l'immediata identificazione di quelli ammessi al rimborso.

(1) Articolo inserito, a decorrere dal 9/3/2016, dall'art. 1, co. 6, d.lg. 15/2/2016, n. 30.

96 ter. Poteri della Banca d'Italia (1). – 1. La Banca d'Italia, avendo riguardo alla tutela dei depositanti e alla capacità dei sistemi di garanzia di effettuare i rimborsi dei depositi protetti:

a) riconosce i sistemi di garanzia, approvandone gli statuti, a condizione che i sistemi stessi presentino caratteristiche adeguate allo svolgimento delle funzioni disciplinate dalla presente sezione e tali da comportare una ripartizione equilibrata dei rischi di insolvenza sul sistema bancario; se lo statuto prevede che possano essere attuati gli interventi indicati all'articolo 96-bis, comma 1-bis, lettera d), verifica che il sistema di garanzia sia dotato di procedure e sistemi appropriati per selezionare la tipologia di intervento, darvi esecuzione e monitorarne i rischi;

b) vigila sul rispetto di quanto previsto ai sensi della presente sezione; a tal fine si applicano, in quanto compatibili, gli articoli 51, comma 1, 52 e 53-bis, comma 1, lettere a), b) e c), nonché, al fine di verificare l'esattezza dei dati e delle informazioni forniti alla Banca d'Italia, l'articolo 54, comma 1;

c) verifica che la tutela offerta dai sistemi di garanzia esteri cui aderiscono le succursali italiane di banche extracomunitarie sia equivalente a quella offerta dai sistemi di garanzia italiani ai sensi di quanto previsto all'articolo 96, comma 3;

d) le procedure di coordinamento definisce con le autorità degli Stati membri in ordine all'adesione delle succursali di banche comunitarie a un sistema di garanzia italiano e alla loro esclusione dallo stesso (2);

e) congiuntamente alle autorità degli Stati membri interessati, approva l'istituzione di sistemi di garanzia transfrontalieri o la fusione fra sistemi di garanzia di Stati membri diversi e partecipa alla vigilanza su di essi;

f) informa senza indugio i sistemi di garanzia se rileva che una banca aderente presenta criticità tali da poter determinare l'attivazione del sistema;

g) può emanare disposizioni attuative delle norme contenute nella presente Sezione.

2. I sistemi di garanzia informano tempestivamente la Banca d'Italia degli atti e degli eventi di maggior rilievo relativi all'esercizio delle proprie funzioni e trasmettono, entro il 31 marzo di ogni anno, una relazione dettagliata sull'attività svolta nell'anno precedente e sul piano delle attività predisposto per l'anno in corso.

(1) Articolo inserito dall'art. 2, co. 1, d.lg. 4/12/1996, n. 659. Vedi disposizioni di cui all'art. 4 del medesimo d.lg. n. 659/1996. Successivamente sostituito, a decorrere dal 9/3/2016, dall'art. 1, co. 7, d.lg. 15/2/2016, n. 30.

(2) Lettera modificata dall'art. 2, co. 1, lett. cc), d.lg. 8/11/2021, n. 193.

96 quater. Esclusione (1). – 1. Le banche possono essere escluse dai sistemi di garanzia in caso di inadempimento di eccezionale gravità agli obblighi derivanti dall'adesione ai sistemi stessi.

2. L'inadempimento è contestato dal sistema di garanzia, previo assenso della Banca d'Italia, concedendo alla banca un termine di sei mesi per adempiere. Decorso inutilmente il termine, prorogabile per un periodo non superiore a tre mesi, i sistemi di garanzia comunicano alla banca l'esclusione.

3. Sono protetti dal sistema di garanzia i fondi acquisiti fino alla data di ricezione della comunicazione di esclusione. Di tale comunicazione la banca esclusa dà tempestiva notizia ai depositanti secondo le modalità indicate dalla Banca d'Italia ai sensi del titolo VI.

4. La mancata adesione a un sistema di garanzia, o l'esclusione da esso, comporta la revoca dell'autorizzazione all'attività bancaria. Resta ferma la possibilità di disporre la liquidazione coatta amministrativa ai sensi dell'articolo 80 o la risoluzione ai sensi dell'articolo 32 del decreto legislativo 16 novembre 2015, n. 180.

(1) Articolo inserito dall'art. 2, co. 1, d.lg. 4/12/1996, n. 659. Vedi disposizioni di cui all'art. 4 del medesimo d.lg. n. 659/1996. Successivamente sostituito, a decorrere dal 9/3/2016, dall'art. 1, co. 8, d.lg. 15/2/2016, n. 30.

96 quater.1. Prestiti fra sistemi di garanzia (1). – 1. Un sistema di garanzia può erogare prestiti su base volontaria a un altro sistema di garanzia, anche se istituito in uno altro Stato membro, se quest'ultimo:

a) non è in grado di adempiere i propri obblighi di rimborso a causa dell'insufficienza della propria dotazione finanziaria;

b) ha già fatto ricorso ai contributi straordinari;

c) utilizza i fondi presi a prestito per il rimborso dei depositanti;

d) non deve rimborsare un prestito ad altri sistemi di garanzia;

e) indica l'importo richiesto, comunque non superiore allo 0,5 per cento dei depositi da esso garantiti, ad eccezione di quelli indicati all'articolo 96-bis.1, comma 4;

f) informa senza indugio l'ABE, dando comunicazione di quanto previsto alle lettere a), b), c), d), ed e).

2. L'erogazione del prestito è soggetta alle seguenti condizioni:

a) il prestito è rimborsato entro cinque anni; gli interessi sono corrisposti solo al momento del rimborso;

b) il tasso di interesse è pari almeno al tasso per operazioni di rifinanziamento marginale della Banca centrale europea durante la durata del prestito;

c) il sistema di garanzia mutuante informa l'ABE del tasso di interesse iniziale e della durata del prestito.

3. Se un sistema di garanzia ha preso in prestito fondi ai sensi del presente articolo, i contributi da versare al sistema sono determinati in misura sufficiente a ripagare l'importo preso a prestito e ristabilire la dotazione finanziaria quanto prima.

(1) Articolo inserito, a decorrere dal 9/3/2016, dall'art. 1, co. 9, d.lg. 15/2/2016, n. 30.

96 quater.2. Cooperazione fra sistemi di garanzia dei depositanti (1). – 1. Il rimborso dei depositanti delle succursali italiane di banche comunitarie è effettuato dal sistema di garanzia italiano individuato dalla Banca d'Italia, per conto del sistema di garanzia dello Stato membro di origine e dopo che quest'ultimo gli ha fornito i fondi necessari. Il sistema di garanzia italiano:

a) effettua i rimborsi conformemente alle istruzioni del sistema di garanzia dello Stato membro di origine e a fronte di un indennizzo per le spese sostenute; il sistema di garanzia italiano che effettua il rimborso non è responsabile degli atti compiuti conformemente alle istruzioni ricevute;

b) informa i depositanti interessati per conto del sistema di garanzia dello Stato membro di origine ed è abilitato a ricevere la corrispondenza proveniente da questi depositanti e indirizzata al sistema dello Stato membro di origine.

2. Quando si procede al rimborso dei depositi di una banca italiana con succursali stabilite in altri Stati membri, il sistema di garanzia cui la banca aderisce:

a) impartisce istruzioni al sistema di garanzia dello Stato membro ai fini del rimborso;

b) fornisce senza indugio al sistema di garanzia dello Stato membro i fondi necessari ai fini del rimborso e lo indennizza dei costi sostenuti.

3. I sistemi di garanzia istituiti in Italia scambiano con i sistemi di garanzia degli Stati membri in cui sono stabilite succursali di banche italiane le informazioni acquisite nell'ambito della propria attività istituzionale. Ai dati ricevuti si applica l'articolo 96-bis.3, commi 1, lettera d), e 2.

4. I sistemi di garanzia concludono fra di essi accordi di cooperazione, che tengono conto dei requisiti di cui all'articolo 96-bis.3, commi 1, lettera d), e 2. L'assenza degli accordi non influisce sui diritti dei depositanti. Gli accordi sono trasmessi alla Banca d'Italia, che ne informa l'ABE. In mancanza di un accordo o se vi è una disputa circa la sua interpretazione, il sistema di garanzia può deferire la questione all'ABE conformemente all'articolo 19 del regolamento (UE) n. 1093/2010.

5. Un sistema di garanzia istituito e riconosciuto in Italia può fondersi con sistemi di garanzia di altri Stati membri. Possono essere istituiti sistemi di garanzia transfrontalieri.

(1) Articolo inserito, a decorrere dal 9/3/2016, dall'art. 1, co. 9, d.lg. 15/2/2016, n. 30.

96 quater.3. Adesione ad altro sistema di garanzia (1). – 1. Una banca che intende aderire a un diverso sistema di garanzia, anche se istituito in un altro Stato membro, ne dà comunicazione con almeno sei mesi di anticipo alla Banca d'Italia e al sistema di garanzia a cui aderisce. Durante questo periodo, la banca è tenuta a versare i contributi al sistema di garanzia cui aderisce. Al momento dell'adesione al nuovo sistema, il sistema originario trasferisce al nuovo sistema i contributi ricevuti dalla banca durante i dodici mesi precedenti, ad eccezione dei contributi straordinari di cui all'articolo 96.2, comma 3.

2. Il trasferimento dei contributi previsto dal comma 1 non si applica se la banca è stata esclusa da un sistema di garanzia.

3. Se, a seguito di cessione, alcuni depositi della banca cedente divengono protetti da un sistema di garanzia diverso rispetto a quello a cui aderisce la banca cedente, il sistema cui aderisce la banca cedente trasferisce all'altro i contributi ricevuti dalla banca cedente durante i dodici mesi precedenti, ad eccezione dei contributi straordinari di cui all'articolo 96.2, comma 3, in proporzione all'importo dei depositi protetti trasferiti ad eccezione di quelli indicati all'articolo 96-bis.1, comma 4. Il presente comma si applica anche in caso di fusione o di scissione.

(1) Articolo inserito, a decorrere dal 9/3/2016, dall'art. 1, co. 9, d.lg. 15/2/2016, n. 30.

96 quater.4. Interventi finanziati su base volontaria (1). – 1. Fermo restando quanto previsto dall'articolo 96-bis, comma 1-bis, lettera d), e per le stesse finalità ivi indicate, il sistema di garanzia può effettuare, se previsto dallo statuto e secondo le modalità concordate tra le banche, interventi mediante risorse corrisposte su base volontaria dalle banche aderenti e senza ricorso alla dotazione finanziaria prevista dall'articolo 96.1. A tali risorse si applica l'articolo 96.1, comma 5.

(1) Articolo inserito, a decorrere dal 9/3/2016, dall'art. 1, co. 9, d.lg. 15/2/2016, n. 30.

96 quinquies. Liquidazione ordinaria (1). – 1. Le banche informano tempestivamente la Banca d'Italia del verificarsi di una causa di scioglimento della società. La Banca d'Italia accerta la sussistenza dei presupposti per un regolare svolgimento della procedura di liquidazione.

2. Non si può dar corso all'iscrizione nel registro delle imprese degli atti che deliberano o dichiarano lo scioglimento della società se non consti l'accertamento di cui al comma 1.

3. L'iscrizione di cui al comma 2 comporta la decadenza dall'autorizzazione all'attività bancaria a decorrere dal termine fissato dalla Banca d'Italia nell'accertamento di cui al comma 1. La decadenza non impedisce, previa autorizzazione della Banca d'Italia, la prosecuzione di attività ai sensi dell'articolo 2487 del codice civile (2).

4. Nei confronti della società in liquidazione restano fermi i poteri delle autorità creditizie previsti nel presente decreto.

(1) Articolo inserito, a decorrere dal 6/8/2004, dall'art. 7 del d.lg. 9/7/2004, n. 197.

(2) Comma modificato dall'art. 1, co. 19, d.lg. 14/11/2016, n. 223.

Sezione V
Liquidazione volontaria (1)

(1) Sezione aggiunta dall'art. 3 del d.lg. 4/12/1996, n. 659.

97. Sostituzione degli organi della liquidazione ordinaria. – 1. Fermo restando quanto previsto dall'art. 80, se la procedura di liquidazione di una banca secondo le norme ordinarie non si svolge con regolarità o con speditezza, la Banca d'Italia può disporre la sostituzione dei liquidatori, nonché dei membri degli organi di sorveglianza, determinandone il relativo compenso a carico della società (1).

2. Il provvedimento di sostituzione è pubblicato secondo le modalità previste dall'art. 81, comma 2.

3. La sostituzione degli organi liquidatori non comporta il mutamento della procedura di liquidazione.

(1) Comma modificato, a decorrere dal 16/11/2015, dall'art. 1, co. 43, d.lg. 16/11/2015, n. 181; a norma dell'art. 3, co. 1, del citato decreto, la presente disposizione si applica anche alle procedure di liquidazione coatta amministrativa in corso alla data di entrata in vigore del citato decreto e per le quali non sia stato già autorizzato il deposito della documentazione finale.

Sezione V bis
Responsabilità per illecito amministrativo dipendente da reato (1)

(1) Sezione inserita, a decorrere dal 6/8/2004, dall'art. 8, co. 1, d.lg. 9/7/2004, n. 197.

97 bis. Responsabilità per illecito amministrativo dipendente da reato (1). – 1. Il pubblico ministero che iscrive, ai sensi dell'articolo 55 del decreto legislativo 8 giugno 2001, n. 231, nel registro delle notizie di reato un illecito amministrativo a carico di una banca ne dà comunicazione alla Banca d'Italia e, con riguardo ai servizi di investimento, anche alla CONSOB. Nel corso del procedimento, ove il pubblico ministero ne faccia richiesta, vengono sentite la Banca d'Italia e, per i profili di competenza, anche la CONSOB, le quali hanno, in ogni caso, facoltà di presentare relazioni scritte.

2. In ogni grado del giudizio di merito, prima della sentenza, il giudice dispone, anche d'ufficio, l'acquisizione dalla Banca d'Italia e dalla CONSOB, per i profili di specifica competenza, di aggiornate informazioni sulla situazione della banca, con particolare riguardo alla struttura organizzativa e di controllo.

3. La sentenza irrevocabile che irroga nei confronti di una banca le sanzioni interdittive previste dall'articolo 9, comma 2, lettere a) e b), del decreto legislativo 8 giugno 2001, n. 231, decorsi i termini per la conversione delle sanzioni medesime, è trasmessa per l'esecuzione dall'Autorità giudiziaria alla Banca d'Italia. A tale fine la Banca d'Italia può proporre o adottare gli atti previsti dal titolo IV, avendo presenti le caratteristiche della sanzione irrogata e le preminenti finalità di salvaguardia della stabilità e di tutela dei diritti dei depositanti e della clientela.

4. Le sanzioni interdittive indicate nell'articolo 9, comma 2, lettere a) e b), del decreto legislativo 8 giugno 2001, n. 231, non possono essere applicate in via cautelare alle banche. Alle medesime non si applica, altresì, l'articolo 15 del decreto legislativo 8 giugno 2001, n. 231.

5. Il presente articolo si applica, in quanto compatibile, alle succursali italiane di banche comunitarie o extracomunitarie.

(1) Articolo inserito, a decorrere dal 6/8/2004, dall'art. 8 del d.lg. 9/7/2004, n. 197.

Capo II
Gruppo bancario

Sezione I
Capogruppo

98. Amministrazione straordinaria (1). – 1. Salvo quanto previsto dal presente articolo, alla capogruppo italiana di un gruppo bancario si applicano le norme del presente titolo, capo I, sezione I (2).

2. L'amministrazione straordinaria della capogruppo italiana, oltre che nei casi previsti dall'art. 70, può essere disposta quando:

a) risultino gravi inadempienze nell'esercizio dell'attività prevista dall'art. 61, comma 4;

b) una delle società del gruppo bancario sia stata sottoposta alla procedura del fallimento, dell'amministrazione controllata, del concordato preventivo, della liquidazione coatta amministrativa, della risoluzione dell'amministrazione straordinaria ovvero ad altra analoga procedura prevista da leggi speciali, o da altro Stato dell'Unione europea nonché quando sia stato nominato l'amministratore giudiziario secondo le disposizioni del codice civile in materia di denuncia al tribunale di gravi irregolarità nella gestione e possa essere alterato in modo grave l'equilibrio finanziario o gestionale del gruppo (3).

3. L'amministrazione straordinaria dura un anno, salvo che il provvedimento con cui è disposta non preveda un termine più breve o la Banca d'Italia ne autorizzi la chiusura anticipata. La procedura può essere prorogata per lo stesso periodo di un anno dalla Banca d'Italia, anche più di una volta, se sussistono i presupposti indicati nell'articolo 70 e nel comma 2 del presente articolo. In tal caso, la proroga può riguardare anche le procedure di amministrazione straordinaria relative alle società appartenenti al gruppo. Il provvedimento di proroga è pubblicato per estratto nella Gazzetta Ufficiale della Repubblica italiana (4).

4. I commissari straordinari, sentito il comitato di sorveglianza, previa autorizzazione della Banca d'Italia, possono revocare o sostituire, anche in parte, gli amministratori delle società del gruppo al fine di realizzare i mutamenti degli indirizzi gestionali che si rendano necessari. I nuovi amministratori restano in carica al massimo sino al termine dell'amministrazione straordinaria della capogruppo. Gli amministratori revocati hanno titolo esclusivamente a un indennizzo corrispondente ai compensi ordinari a essi spettanti per la durata residua del mandato ma, comunque, per un periodo non superiore a sei mesi.

5. I commissari straordinari possono richiedere l'accertamento giudiziale dello stato di insolvenza delle società appartenenti al gruppo.

6. I commissari possono richiedere alle società del gruppo i dati, le informazioni e ogni altro elemento utile per adempiere al proprio mandato.

7. Al fine di agevolare il superamento di difficoltà finanziarie, i commissari possono disporre la sospensione dei pagamenti nelle forme e con gli effetti previsti dall'art. 74, i cui termini sono triplicati.

8. La Banca d'Italia può disporre che sia data notizia, mediante speciali forme di pubblicità, dell'avvenuto deposito del bilancio previsto dall'art. 75, comma 2.

8-bis. Il presente articolo si applica anche alle società indicate all'articolo 69.2.

Le disposizioni relative al gruppo bancario si intendono riferite alle società da esse controllate e alle altre società soggette a vigilanza su base consolidata in un altro Stato dell'Unione europea (5).

(1) A norma del combinato disposto degli artt. 349 e 389 del d.lg. 12/1/2019, n. 14, come modificato dall'art. 5, co. 1, d.l. 8/4/2020, n. 23, conv., con modif., dalla l. 5/6/2020, n. 40 e, da ultimo, dall'art. 1, co. 1, lett. a), d.l. 24/8/2021, n. 118, conv., con modif., dalla l. 21/10/2021, n. 147, a decorrere dal 16/5/2022, nelle disposizioni normative vigenti i termini "fallimento", "procedura fallimentare", "fallito" nonché le espressioni dagli stessi termini derivate devono intendersi sostituite, rispettivamente, con le espressioni "liquidazione giudiziale", "procedura di liquidazione giudiziale" e "debitore assoggettato a liquidazione giudiziale" e loro derivati, con salvezza della continuità delle fattispecie.

(2) Comma modificato dall'art. 1, co. 44, lett. a), d.lg. 8/11/2021, n. 182.

(3) Lettera corretta con comunicato pubblicato in G.U. 12/1/1994, n. 8; successivamente sostituita dall'art. 9.31 del d.lg. 17/1/2003, n. 6, nel testo introdotto dall'art. 2 del d.lg. 6/2/2004, n. 37. Vedi la disciplina transitoria di cui all'art. 6 del medesimo d.lg. n. 37/2004 e, da ultima, modificata, a decorrere dal 16/11/2015, dall'art. 1, co. 44, lett. a), d.lg. 16/11/2015, n. 181. Comma modificato dall'art. 1, co. 44, lett. b), d.lg. 8/11/2021, n. 182.

(4) Comma sostituito, a decorrere dal 16/11/2015, dall'art. 1, co. 44, lett. b), d.lg. 16/11/2015, n. 181.

(5) Comma aggiunto dall'art. 1, co. 44, lett. c), d.lg. 8/11/2021, n. 182.

98 bis. Rimozione collettiva dei componenti degli organi di amministrazione e controllo*. – *1. La Banca d'Italia può disporre la rimozione di tutti i componenti degli organi con funzioni di amministrazione e di controllo della capogruppo al ricorrere dei presupposti indicati all'articolo 70, comma 1, lettera a), e 98, comma 2, lettera a). Si applica il comma 4 dell'articolo 70. 2. Il provvedimento fissa la data da cui decorre la rimozione dei componenti degli organi. La Banca d'Italia convoca l'assemblea della capogruppo per il rinnovo degli organi con funzioni di amministrazione e controllo. 3. Resta salva la possibilità in ogni momento di disporre l'amministrazione straordinaria della capogruppo di cui all'articolo 98, secondo le modalità e con gli effetti previsti dal presente capo.*

* Articolo inserito dall'art. 1, co. 33, d.lg. 12/5/2015, n. 72. Vedi inoltre, l'art. 2 del d.lg. 12/5/2015, n. 72 e successivamente abrogato, a decorrere dal 16/11/2015, dall'art. 1, co. 45, d.lg. 16/11/2015, n. 181.

99. Liquidazione coatta amministrativa. – 1. Salvo quanto previsto nel presente articolo, alla capogruppo italiana si applicano le norme del presente titolo, capo I, sezione III (1).

2. La liquidazione coatta amministrativa della capogruppo, oltre che nei casi previsti dall'art. 80, può essere disposta quando le inadempienze nell'esercizio dell'attività prevista dall'art. 61, comma 4, siano di eccezionale gravità.

3. I commissari liquidatori depositano annualmente presso l'ufficio del registro delle imprese una relazione sulla situazione contabile e sull'andamento della liquidazione, corredata da notizie sia sullo svolgimento delle procedure cui sono sottoposte altre società del gruppo sia sugli eventuali interventi a tutela dei depositanti. La relazione è accompagnata da un rapporto del comitato di sorveglianza. La Banca d'Italia può prescrivere speciali forme di pubblicità per rendere noto l'avvenuto deposito della relazione (2).

4. Si applicano le disposizioni dell'art. 98, commi 5 e 6.

5. Quando sia accertato giudizialmente lo stato di insolvenza, compete ai commissari l'esperimento dell'azione revocatoria prevista dall'art. 67 della legge fallimentare nei confronti di altre società del gruppo. L'azione può essere esperita per gli atti indicati ai numeri 1), 2) e 3) dell'art. 67 della legge fallimentare che siano stati posti in essere nei cinque anni anteriori al provvedimento di liquidazione coatta e per gli atti indicati al numero 4) e al secondo comma dello stesso articolo che siano stati posti in essere nei tre anni anteriori (3).

5-bis. I commi 1, 2, 3, e 5 si applicano anche alle società italiane indicate agli articoli 69.1 e 69.2. Le disposizioni relative al gruppo bancario si intendono riferite alle società da esse controllate e, nel caso delle società indicate all'articolo 69.2, alle altre società soggette a vigilanza su base consolidata in un altro Stato dell'Unione europea (4).

(1) Comma modificato dall'art. 1, co. 45, lett. a), d.lg. 8/11/2021, n. 182.

(2) Comma sostituito dall'art. 9.32 del d.lg. 17/1/2003, n. 6, nel testo introdotto dall'art. 2 del d.lg. 6/2/2004, n. 37. Vedi la disciplina transitoria di cui all'art. 6 del medesimo d.lg. n. 37/2004.

(3) A norma dell'art. 369, co. 1, lett. n), d.lg. 12/1/2019, n. 14 il presente comma è sostituito dal seguente: «5. Quando sia accertato giudizialmente lo stato di insolvenza, compete ai commissari l'esperimento dell'azione revocatoria prevista dall'articolo 166 del codice della crisi e dell'insolvenza nei confronti di altre società del gruppo. L'azione può essere esperita per gli atti indicati al comma 1, lettere a), b) e c), dell'articolo 166 del codice della crisi e dell'insolvenza, che siano stati posti in essere nei cinque anni anteriori al provvedimento di liquidazione coatta e per gli atti indicati al comma 1, lettera d), e al comma 2, dello stesso articolo che siano stati posti in essere nei tre anni anteriori.» a decorrere dal 16/5/2022, ai sensi di quanto stabilito dall'art. 389, co. 1, d.lg. n. 14/2019, come modificato dall'art. 5, co. 1, d.l. 8/4/2020, n. 23, conv., con modif., dalla l. 5/6/2020, n. 40, dall'art. 38, co. 1, d.lg. 26/10/2020, n. 147 e successivamente dall'art. 1, co. 1, lett. b), d.l. 24/8/2021, n. 118, conv., con modif., dalla l. 21/10/2021, n. 147.

(4) Comma aggiunto dall'art. 1, co. 45, lett. b), d.lg. 8/11/2021, n. 182.

99 bis. Liquidazione ordinaria (1). – 1. Le capogruppo italiane informano tempestivamente la Banca d'Italia del verificarsi di una causa di scioglimento della società.

La Banca d'Italia accerta la sussistenza dei presupposti per un regolare svolgimento della procedura di liquidazione.

2. Non si può dar corso all'iscrizione nel registro delle imprese degli atti che deliberano o dichiarano lo scioglimento della società se non consti l'accertamento di cui al comma 1.

3. L'iscrizione di cui al comma 2 comporta la decadenza dall'autorizzazione all'attività di capogruppo a decorrere dal termine fissato dalla Banca d'Italia nell'accertamento di cui al comma 1. La decadenza non impedisce, previa autorizzazione della Banca d'Italia, la prosecuzione di attività ai sensi dell'articolo 2487 del codice civile.

4. Nei confronti della società in liquidazione restano fermi i poteri delle autorità creditizie previsti nel presente decreto.

5. Alla procedura di liquidazione disciplinata dal presente articolo si applica l'articolo 97.

6. Il presente articolo si applica anche alle società italiane indicate agli articoli 69.1 e 69.2.

(1) Articolo inserito dall'art. 1, co. 46, d.lg. 8/11/2021, n. 182.

Sezione II
Società del gruppo

100. Amministrazione straordinaria. – 1. Salvo quanto previsto nel presente articolo, quando la capogruppo sia sottoposta ad amministrazione straordinaria o a liquidazione coatta amministrativa o, in caso di capogruppo con sede legale in un altro Stato dell'Unione europea, a procedure analoghe previste da quello Stato, alle società del gruppo si applicano, ove ne ricorrano i presupposti, le norme del presente titolo, capo I, sezione I. L'amministrazione straordinaria può essere richiesta alla Banca d'Italia anche dai commissari straordinari e dai commissari liquidatori della capogruppo o, nei casi di procedure in altri Stati membri dell'Unione europea, dai corrispondenti organi (1).

2. Quando presso una società del gruppo sia in corso l'amministrazione controllata o sia stato nominato l'amministratore giudiziario secondo le disposizioni del codice civile in materia di denuncia al tribunale di gravi irregolarità nella gestione, le relative procedure si convertono in amministrazione straordinaria. Il tribunale competente, anche d'ufficio, dichiara con sentenza in camera di consiglio che la società è soggetta alla procedura di amministrazione straordinaria e ordina la trasmissione degli atti alla Banca d'Italia. Gli organi della cessata procedura e quelli dell'amministrazione straordinaria provvedono con urgenza al passaggio delle consegne, dandone notizia con le forme di pubblicità stabilite dalla Banca d'Italia. Restano salvi gli effetti degli atti legalmente compiuti (2).

3. Quando le società del gruppo da sottoporre all'amministrazione straordinaria siano soggette a vigilanza, il relativo provvedimento è adottato sentita l'autorità che esercita la vigilanza, alla quale, in caso di urgenza, potrà essere fissato un termine per la formulazione del parere.

4. La durata dell'amministrazione straordinaria è indipendente da quella della procedura cui è sottoposta la capogruppo. Si applicano le disposizioni dell'art. 98, comma 8.

5. Al fine di agevolare il superamento di difficoltà finanziarie, i commissari straordinari, d'intesa con i commissari straordinari o liquidatori della capogruppo, possono disporre la sospensione dei pagamenti nelle forme e con gli effetti previsti dall'art. 74, i cui termini sono triplicati.

(1) Comma modificato dall'art. 1, co. 47, d.lg. 8/11/2021, n. 182.

(2) Comma modificato dall'art. 9.33 del d.lg. 17/1/2003, n. 6, nel testo introdotto dall'art. 2 del d.lg. 6/2/2004, n. 37. Vedi la disciplina transitoria di cui all'art. 6 del medesimo d.lg. n. 37/2004.

101. Liquidazione coatta amministrativa (1). – 1. Salvo quanto previsto nel presente articolo, quando la capogruppo sia sottoposta ad amministrazione straordinaria o a liquidazione coatta amministrativa o, in caso di capogruppo con sede legale in un altro Stato dell'Unione europea, a procedure analoghe previste da quello Stato, alle società del gruppo si applicano, qualora ne sia stato accertato giudizialmente lo stato di insolvenza, le norme del presente titolo, capo I, sezione III. Per le banche del gruppo resta ferma comunque la disciplina della sezione III. La liquidazione coatta può essere richiesta alla Banca d'Italia anche dai commissari straordinari e dai commissari liquidatori della capogruppo o, nei casi di procedure in altri Stati membri dell'Unione europea, dai corrispondenti organi (2).

2. Quando presso società del gruppo siano in corso il fallimento, la liquidazione coatta o altre procedure concorsuali, queste si convertono nella liquidazione coatta disciplinata dal presente articolo. Fermo restando l'accertamento dello stato di insolvenza già operato, il tribunale competente, anche d'ufficio, dichiara con sentenza in camera di consiglio che la società è soggetta alla procedura di liquidazione prevista dal presente articolo e ordina la trasmissione degli atti alla Banca d'Italia. Gli organi della cessata procedura e quelli della liquidazione provvedono con urgenza al passaggio delle consegne, dandone notizia con le forme di pubblicità stabilite dalla Banca d'Italia. Restano salvi gli effetti degli atti legalmente compiuti.

3. Ai commissari liquidatori sono attribuiti i poteri previsti dall'art. 99, comma 5.

(1) A norma del combinato disposto dagli artt. 349 e 389 del d.lg. 12/1/2019, n. 14, come modificato dall'art. 5, co. 1, d.l. 8/4/2020, n. 23, conv., con modif., dalla l. 5/6/2020, n. 40 e, da ultimo, dall'art. 1, co. 1, lett. a), d.l. 24/8/2021, n. 118, conv., con modif., dalla l. 21/10/2021, n. 147, a decorrere dal 16/5/2022, nelle disposizioni normative vigenti i termini "fallimento", "procedura fallimentare", "fallito" nonché le espressioni dagli stessi termini derivate devono intendersi sostituite, rispettivamente, con le espressioni "liquidazione giudiziale", "procedura di liquidazione giudiziale" e "debitore assoggettato a liquidazione giudiziale" e loro derivati, con salvezza della continuità delle fattispecie.

(2) Comma sostituito dall'art. 1, co. 48, d.lg. 8/11/2021, n. 182.

102. Procedure proprie delle singole società. – 1. Quando la capogruppo non sia sottoposta ad amministrazione straordinaria o a liquidazione coatta amministrativa o, in caso di capogruppo con sede legale in altro Stato dell'Unione europea, a procedure analoghe previste da quello Stato, le società del gruppo sono soggette alle procedure previste dalle norme di legge a esse applicabili, fermo restando l'articolo 102-bis. Dei relativi provvedimenti viene data immediata comunicazione alla Banca d'Italia a cura dell'autorità amministrativa o giudiziaria che li ha emessi. Le autorità amministrative o giudiziarie che vigilano sulle procedure informano la Banca d'Italia di ogni circostanza, emersa nello svolgimento delle medesime, rilevante ai fini della vigilanza sul gruppo bancario (1).

(1) Comma modificato dall'art. 1, co. 49, d.lg. 8/11/2021, n. 182 e successivamente dall'art. 2, co. 1, lett. dd), d.lg. 8/11/2021, n. 193.

102 bis. Ulteriore ipotesi di avvio della liquidazione coatta amministrativa (1). – 1. Anche al di fuori dei casi previsti dagli articoli 101 e 102, il Ministro dell'economia e delle finanze, su proposta della Banca d'Italia, può disporre con decreto la liquidazione coatta amministrativa delle singole società italiane del gruppo, diverse dalle società strumentali, se ricorrono in capo a queste ultime i presupposti di cui all'articolo 80, comma 1, revocandone, ove necessario, l'autorizzazione all'esercizio dell'attività. Si applicano le norme del presente titolo, capo I, sezione III. Per le banche del gruppo resta ferma comunque la disciplina della sezione III.

(1) Articolo inserito dall'art. 1, co. 50, d.lg. 8/11/2021, n. 182.

Sezione III
Disposizioni comuni

103. Organi delle procedure. – 1. Fermo quanto disposto dagli articoli 71 e 81, le medesime persone possono essere nominate negli organi dell'amministrazione straordinaria e della liquidazione coatta amministrativa di società appartenenti allo stesso gruppo, quando ciò sia ritenuto utile per agevolare lo svolgimento delle procedure.

2. Il commissario che in una determinata operazione ha un interesse in conflitto con quello della società, a cagione della propria qualità di commissario di altra società del gruppo, deve darne notizia agli altri commissari, ove esistano, nonché al comitato di sorveglianza e alla Banca d'Italia. In caso di omissione, a detta comunicazione sono tenuti i membri del comitato di sorveglianza che siano a conoscenza della situazione di conflitto. Il comitato di sorveglianza può prescrivere speciali cautele e formulare indicazioni in merito all'operazione, dell'inosservanza delle quali i commissari sono personalmente responsabili. Ferma la facoltà di revocare e sostituire i componenti gli organi delle procedure, la Banca d'Italia può impartire direttive o disporre, ove del caso, la nomina di un commissario per compiere determinati atti.

3. Le indennità spettanti ai commissari e ai componenti del comitato di sorveglianza sono determinate dalla Banca d'Italia in base ai criteri dalla stessa stabiliti e sono a carico delle società. Le indennità sono determinate valutando in modo complessivo le prestazioni connesse alle cariche eventualmente ricoperte in altre procedure nel gruppo.

104. Competenze giurisdizionali. – 1. Quando la capogruppo italiana sia sottoposta ad amministrazione straordinaria o a liquidazione coatta amministrativa, per l'azione revocatoria prevista dall'art. 99, comma 5, nonché per tutte le controversie fra le società del gruppo è competente inderogabilmente il tribunale nella cui circoscrizione ha la sede legale la capogruppo (1).

*2. Quando la capogruppo sia sottoposta ad amministrazione straordinaria o a liquidazione coatta amministrativa, per i ricorsi avverso i provvedimenti amministrativi concernenti o comunque connessi alle procedure di amministrazione straordinaria e di liquidazione coatta amministrativa della capogruppo e delle società del gruppo è competente il tribunale amministrativo regionale con sede a Roma**.

(1) Comma modificato, a decorrere dal 16/11/2015, dall'art. 1, co. 46, lett. a), d.lg. 16/11/2015, n. 181, e successivamente dall'art. 1, co. 51, d.lg. 8/11/2021, n. 182.

• A norma dell'art. 369, co. 1, lett. o), d.lg. 12/1/2019, n. 14 al presente comma le parole "ha sede legale la capogruppo" sono sostituite dalle seguenti: "la capogruppo ha il centro degli interessi principali" a decorrere dal 16/5/2022, ai sensi di quanto stabilito dall'art. 389, co. 1, d.lg. n. 14/2019, come modificato dall'art. 5, co. 1, d.l. 8/4/2020, n. 23, conv., con modif., dalla l. 5/6/2020, n. 40, dall'art. 38, co. 1, d.lg. 26/10/2020, n. 147 e successivamente dall'art. 1, co. 1, lett. b), d.l. 24/8/2021, n. 118, conv., con modif., dalla l. 21/10/2021, n. 147.

* Comma abrogato, a decorrere dal 16/11/2015, dall'art. 1, co. 46, lett. b), d.lg. 16/11/2015, n. 181.

105. Gruppi e società non iscritti all'albo. – 1. Le disposizioni degli articoli precedenti si applicano anche nei confronti dei gruppi e delle società per i quali, pur non essendo intervenuta l'iscrizione, ricorrano le condizioni per l'inserimento nell'albo previsto dall'articolo 64 o dall'articolo 69.2, comma 3 (1).

(1) A norma dell'art. 57, co. 6-ter, d.lg. 24/2/1998, n. 58, come modificato dall'art. 2, co. 4, lett. f), d.lg. 16/11/2015, n. 181, il riferimento all'art. 64 del presente decreto, contenuto nel presente articolo, si intende effettuato all'art. 11 del citato d.lg. n. 58/1998.

• Comma modificato dall'art. 1, co. 52, d.lg. 8/11/2021, n. 182.

105 bis. Cooperazione tra autorità (1). – 1. La Banca d'Italia informa l'ABE e consulta le altre autorità competenti prima di applicare una misura di intervento precoce o disporre l'amministrazione straordinaria nei confronti:

a) della capogruppo italiana di un gruppo bancario operante in altro Stato dell'Unione europea attraverso una banca controllata o una succursale significativa (2);

b) di una banca italiana soggetta a vigilanza consolidata dell'autorità competente di un altro Stato dell'Unione europea (3).

b-bis) di una delle società indicate all'articolo 69.2 (4).

2. La Banca d'Italia, se consultata sull'adozione di una misura di intervento precoce o dell'amministrazione straordinaria da parte dell'autorità competente per la vigilanza di una banca di una banca dell'Unione europea appartenente a un gruppo bancario, comunica le proprie valutazioni entro tre giorni dalla richiesta di consultazione (5).

3. Le decisioni di cui al comma 1 sono adottate dalla Banca d'Italia tenendo conto degli impatti sulle entità del gruppo insediate in altri Stati dell'Unione europea, secondo quanto emerga dalle procedure di cooperazione di cui al presente articolo, e sono notificate alla capogruppo, alle altre autorità competenti e all'ABE (6).

4. L'applicazione coordinata delle misure di intervento precoce o la nomina dei medesimi commissari straordinari per le società del gruppo operanti in diversi Stati dell'Unione europea è disposta dalla Banca d'Italia congiuntamente con le altre autorità competenti. Qualora l'accordo sul provvedimento congiunto non sia raggiunto entro cinque giorni dalla proposta dell'autorità competente, la Banca d'Italia può adottare le decisioni di propria competenza, salvo che il caso non sia rinviato all'ABE ai sensi del comma 5 (6).

5. La Banca d'Italia può, nei casi previsti dal diritto dell'Unione, richiedere l'assistenza dell'ABE o rinviare all'ABE le decisioni di cui al presente articolo. Qualora una decisione sia stata rinviata all'ABE nel previsto termine di tre giorni per la consultazione o di cinque giorni per l'accordo fra le autorità, la Banca d'Italia si astiene dall'adottare provvedimenti e si attiene alle decisioni finali dell'ABE. In mancanza di decisione dell'ABE nei termini previsti dal diritto dell'Unione, la Banca d'Italia adotta i provvedimenti di propria competenza.

(1) Articolo inserito, a decorrere dal 16/11/2015, dall'art. 1, co. 47, d.lg. 16/11/2015, n. 181.

(2) Lettera modificata dall'art. 1, co. 53, lett. a), punto 1), d.lg. 8/11/2021, n. 182.

(3) Lettera modificata dall'art. 1, co. 53, lett. a), punto 2), d.lg. 8/11/2021, n. 182.

(4) Lettera aggiunta dall'art. 1, co. 53, lett. a), punto 3), d.lg. 8/11/2021, n. 182.

(5) Comma modificato dall'art. 1, co. 53, lett. b), d.lg. 8/11/2021, n. 182.

(6) Comma modificato dall'art. 1, co. 53, lett. c), d.lg. 8/11/2021, n. 182.

105 ter. Commissari in temporaneo affiancamento (1). – 1. Ricorrendo i presupposti indicati agli articoli 70 e 98, il potere di nominare uno o più commissari in temporaneo affiancamento, di cui all'articolo 75-bis, può essere esercitato nei confronti della capogruppo italiana, di una società indicata all'articolo 69.2 e delle società di un gruppo bancario. Si applicano, in quanto compatibili, le disposizioni del presente capo (2).

(1) Articolo inserito, a decorrere dal 16/11/2015, dall'art. 1, co. 47, d.lg. 16/11/2015, n. 181.

(2) Comma modificato dall'art. 1, co. 54, d.lg. 8/11/2021, n. 182.

TITOLO V
SOGGETTI OPERANTI NEL SETTORE FINANZIARIO (1)

(1) Titolo sostituito dall'art. 7, co. 1, d.lg. 13/8/2010, n. 141.

106. Albo degli intermediari finanziari (1). – 1. L'esercizio nei confronti del pubblico dell'attività di concessione di finanziamenti sotto qualsiasi forma è riservato agli intermediari finanziari autorizzati, iscritti in un apposito albo tenuto dalla Banca d'Italia.

2. Oltre alle attività di cui al comma 1 gli intermediari finanziari possono:

a) emettere moneta elettronica e prestare servizi di pagamento a condizione che siano a ciò autorizzati ai sensi dell'articolo 114-quinquies, comma 4, e iscritti nel relativo albo, oppure prestare solo servizi di pagamento a condizione che siano a ciò autorizzati ai sensi dell'articolo 114-novies, comma 4, e iscritti nel relativo albo;

b) prestare servizi di investimento se autorizzati ai sensi dell'articolo 18, comma 3, del decreto legislativo 24 febbraio 1998, n. 58;

c) esercitare le altre attività a loro eventualmente consentite dalla legge nonché attività connesse o strumentali, nel rispetto delle disposizioni dettate dalla Banca d'Italia (2).

3. Il Ministro dell'economia e delle finanze, sentita la Banca d'Italia, specifica il contenuto delle attività indicate nel comma 1, nonché in quali circostanze ricorra l'esercizio nei confronti del pubblico (3).

(1) Articolo modificato dall'art. 20, co. 1, 2 e 3, d.lg. 4/8/1999, n. 342, dall'art. 9.34 del d.lg. 17/1/2003, n. 6, nel testo introdotto dagli artt. 1 e 2 del d.lg. 6/2/2004, n. 37; dall'art. 35, co. 5, d.lg. 27/1/2010, n. 11 e, da ultimo, sostituito dall'art. 7, co. 1, d.lg. 13/8/2010, n. 141.

(2) Comma sostituito dall'art. 2, co. 2, d.lg. 16/4/2012, n. 45.

(3) In attuazione del presente comma vedi il d.m. 2/4/2015, n. 53.

107. Autorizzazione (1). – 1. La Banca d'Italia autorizza gli intermediari finanziari ad esercitare la propria attività al ricorrere delle seguenti condizioni:

a) sia adottata la forma di società per azioni, in accomandita per azioni, a responsabilità limitata e cooperativa (2);

b) la sede legale e la direzione generale siano situate nel territorio della Repubblica;

c) il capitale versato sia di ammontare non inferiore a quello determinato dalla Banca d'Italia anche in relazione al tipo di operatività;

d) venga presentato un programma concernente l'attività iniziale e la struttura organizzativa, unitamente all'atto costitutivo e allo statuto;

e) sussistano i presupposti per il rilascio dell'autorizzazione prevista dall'articolo 19 per i titolari delle partecipazioni ivi indicate (3);

e-bis) i soggetti che svolgono funzioni di amministrazione, direzione e controllo siano idonei, secondo quanto previsto ai sensi dell'articolo 110 (4);

f) non sussistano, tra gli intermediari finanziari o i soggetti del gruppo di appartenenza e altri soggetti, stretti legami che ostacolino l'effettivo esercizio delle funzioni di vigilanza;

g) l'oggetto sociale sia limitato alle sole attività di cui ai commi 1 e 2 dell'articolo 106.

2. La Banca d'Italia nega l'autorizzazione quando dalla verifica delle condizioni indicate nel comma 1 non risulti garantita la sana e prudente gestione.

3. La Banca d'Italia disciplina la procedura di autorizzazione, i casi di revoca, nonché di decadenza, quando l'intermediario autorizzato non abbia iniziato l'esercizio dell'attività, e detta disposizioni attuative del presente articolo.

(1) Articolo modificato dall'art. 64, co. 19, lett. a), d.lg. 23/7/1996, n. 415; dall'art. 211, co. 2, d.lg. 24/2/1998, n. 58; dall'art. 21, co. 1, d.lg. 4/8/1999, n. 342; dall'art. 1 del d.lg. 6/2/2004, n. 37; dall'art. 9, co. 1, d.lg. 9/7/2004, n. 197; dall'art. 1, co. 1, lett. m), nn. 1, 2 e 3, d.l. 27/12/2006, n. 297, conv., con modif., dalla l. 23/2/2007, n. 15; dall'art. 35, co. 6, d.lg. 27/1/2010, n. 11 e, da ultimo, sostituito dall'art. 7, co. 1, d.lg. 13/8/2010, n. 141.

(2) Lettera modificata dall'art. 7, co. 1, d.lg. 13/8/2010, n. 141,

come modificato dall'art. 3, co. 1, lett. a), d.lg. 19/9/2012, n. 169.

(3) Lettera sostituita dall'art. 7, co. 1, d.lg. 13/8/2010, n. 141, come modificato dall'art. 3, co. 1, lett. b), d.lg. 19/9/2012, n. 169 e successivamente dall'art. 1, co. 34, lett. a), d.lg. 12/5/2015, n. 72. Vedi inoltre, l'art. 2 del d.lg. 12/5/2015, n. 72.

(4) Lettera inserita dall'art. 1, co. 34, lett. b), d.lg. 12/5/2015, n. 72. Vedi inoltre, l'art. 2 del d.lg. 12/5/2015, n. 72.

108. Vigilanza (1). – 1. La Banca d'Italia emana disposizioni di carattere generale aventi a oggetto: il governo societario, l'adeguatezza patrimoniale, il contenimento del rischio nelle sue diverse configurazioni, l'organizzazione amministrativa e contabile, i controlli interni e i sistemi di remunerazione e incentivazione nonché l'informativa da rendere al pubblico sulle predette materie. La Banca d'Italia può adottare, ove la situazione lo richieda, provvedimenti specifici nei confronti di singoli intermediari per le materie in precedenza indicate. Con riferimento a determinati tipi di attività la Banca d'Italia può inoltre dettare disposizioni volte ad assicurarne il regolare esercizio (2).

2. Le disposizioni emanate ai sensi del comma 1 prevedono che gli intermediari finanziari possano utilizzare:

a) le valutazioni del rischio di credito rilasciate da società o enti esterni previsti dall'articolo 53, comma 2-bis, lettera a);

b) sistemi interni di misurazione dei rischi per la determinazione dei requisiti patrimoniali, previa autorizzazione della Banca d'Italia.

3. La Banca d'Italia può:

a) convocare gli amministratori, i sindaci e i dirigenti degli intermediari finanziari per esaminare la situazione degli stessi;

b) ordinare la convocazione degli organi collegiali degli intermediari finanziari, fissandone l'ordine del giorno, e proporre l'assunzione di determinate decisioni;

c) procedere direttamente alla convocazione degli organi collegiali degli intermediari finanziari quando gli organi competenti non abbiano ottemperato a quanto previsto dalla lettera b);

d) adottare per le materie indicate nel comma 1, ove la situazione lo richieda, provvedimenti specifici nei confronti di singoli intermediari finanziari, riguardanti anche: la restrizione delle attività o della struttura territoriale; il divieto di effettuare determinate operazioni, anche di natura societaria, e di distribuire utili o altri elementi del patrimonio, nonché, con riferimento a strumenti finanziari computabili nel patrimonio a fini di vigilanza, il divieto di pagare interessi (3);

d-bis) disporre, qualora la loro permanenza in carica sia di pregiudizio per la sana e prudente gestione dell'intermediario finanziario, la rimozione dalla carica di uno o più esponenti aziendali; la rimozione non è disposta ove ricorrano gli estremi per pronunciare la decadenza ai sensi dell'articolo 26, salvo che sussista urgenza di provvedere (4).

3-bis. La Banca d'Italia può altresì convocare gli amministratori, i sindaci, i dirigenti dei soggetti ai quali siano state esternalizzate funzioni aziendali [essenziali o importanti] (5).

4. Gli intermediari finanziari inviano alla Banca d'Italia, con le modalità e nei termini da essa stabiliti, le segnalazioni periodiche nonché ogni altro dato e documento richiesto. Essi trasmettono anche i bilanci con le modalità e nei termini stabiliti dalla Banca d'Italia.

4-bis. La Banca d'Italia può chiedere informazioni al personale degli intermediari finanziari, anche per il tramite di questi ultimi (6).

4-ter. Gli obblighi previsti dal comma 4 si applicano anche ai soggetti ai quali gli intermediari finanziari abbiano esternalizzato funzioni aziendali [essenziali o importanti] e al loro personale (7).

5. La Banca d'Italia può effettuare ispezioni presso gli intermediari finanziari o i soggetti a cui sono esternalizzate funzioni aziendali [essenziali o importanti] e richiedere a essi l'esibizione di documenti e gli atti che ritenga necessari (8).

6. Nell'esercizio dei poteri di cui al presente articolo la Banca d'Italia osserva criteri di proporzionalità, avuto riguardo alla complessità operativa, dimensionale e organizzativa degli intermediari, nonché alla natura specifica dell'attività svolta.

(1) Articolo sostituito dall'art. 9.35 del d.lg. 17/1/2003, n. 6, nel testo introdotto dall'art. 2 del d.lg. 6/2/2004, n. 37, successivamente modificato dall'art. 1, co. 1, lett. m), d.lg. 27/1/2010, n. 21 e, da ultimo, sostituito dall'art. 7, co. 1, d.lg. 13/8/2010, n. 141.

(2) Comma modificato dall'art. 7, co. 1, d.lg. 13/8/2010, n. 141, come modificato dall'art. 3, co. 1, lett. c), d.lg. 19/9/2012, n. 169.

(3) Lettera sostituita dall'art. 7, co. 1, d.lg. 13/8/2010, n. 141, come modificato dall'art. 3, co. 1, lett. c), d.lg. 19/9/2012, n. 169.

(4) Lettera aggiunta dall'art. 1, co. 35, lett. a), d.lg. 12/5/2015, n. 72. Vedi inoltre, l'art. 2 del d.lg. 12/5/2015, n. 72.

(5) Comma aggiunto dall'art. 1, co. 35, lett. b), d.lg. 12/5/2015, n. 72. Vedi inoltre, l'art. 2 del d.lg. 12/5/2015, n. 72. Comma modificato dall'art. 1, co. 55, d.lg. 8/11/2021, n. 182.

(6) Comma aggiunto dall'art. 1, co. 35, lett. c), d.lg. 12/5/2015, n. 72. Vedi inoltre, l'art. 2 del d.lg. 12/5/2015, n. 72.

(7) Comma aggiunto dall'art. 1, co. 35, lett. c), d.lg. 12/5/2015, n. 72. Vedi inoltre, l'art. 2 del d.lg. 12/5/2015, n. 72. Comma modificato dall'art. 1, co. 55, d.lg. 8/11/2021, n. 182.

(8) Comma modificato dall'art. 1, co. 35, lett. d), d.lg. 12/5/2015, n. 72. Vedi inoltre, l'art. 2 del d.lg. 12/5/2015, n. 72. Comma modificato dall'art. 1, co. 55, d.lg. 8/11/2021, n. 182.

109. Vigilanza consolidata (1). – 1. La Banca d'Italia emana disposizioni volte a individuare, tra soggetti non sottoposti a vigilanza consolidata ai sensi del capo II, titolo III, ovvero del decreto legislativo 24 febbraio 1998, n. 58, il gruppo finanziario, composto da uno o più intermediari finanziari, delle banche di Stato terzo e dalle società finanziarie come definite dall'articolo 59, comma 1, lettera b). Società capogruppo è l'intermediario finanziario o la società finanziaria che esercita il controllo diretto o indiretto sugli altri componenti del gruppo (2).

2. La Banca d'Italia può esercitare la vigilanza su base consolidata, oltre che nei confronti dei soggetti di cui al comma 1 inclusi nel gruppo finanziario, nei confronti di:

a) intermediari finanziari e società bancarie, finanziarie e strumentali partecipate per almeno il venti per cento dalle società appartenenti a un gruppo finanziario o da un intermediario finanziario;

b) intermediari finanziari e società bancarie, finanziarie e strumentali non comprese in un gruppo finanziario, ma controllate dalla persona fisica o giuridica che controlla un gruppo finanziario o un intermediario finanziario;

c) società diverse dagli intermediari finanziari e da quelle bancarie, finanziarie e strumentali quando siano controllate da un intermediario finanziario ovvero quando società appartenenti a un gruppo finanziario detengano, anche congiuntamente, una partecipazione di controllo.

3. Al fine di esercitare la vigilanza ai sensi dei commi 1 e 2, la Banca d'Italia:

a) può impartire alla capogruppo, con provvedimenti di carattere generale o particolare, disposizioni concernenti il gruppo finanziario complessivamente considerato o i suoi componenti, sulle materie indicate nell'articolo 108, comma 1. L'articolo 108 si applica anche al gruppo finanziario. Le disposizioni emanate dalla Banca d'Italia per esercitare la vigilanza su base consolidata possono tenere conto, anche con riferimento al singolo intermediario finanziario, della situazione dei soggetti indicati nel comma 2, lettere a) e b). La Banca d'Italia può impartire disposizioni anche nei confronti di un solo o di alcuni componenti il gruppo finanziario;

b) può richiedere, nei termini e con le modalità dalla medesima determinati, alle società appartenenti al gruppo finanziario la trasmissione, anche periodica, di situazioni e dati, nonché ogni altra informazione utile e ai soggetti indicati nel comma 2, lettera c), nonché alle società che controllano l'intermediario finanziario e non appartengono al gruppo finanziario, le informazioni utili per consentire l'esercizio della vigilanza consolidata; tali soggetti forniscono alla capogruppo ovvero all'intermediario finanziario le situazioni, i dati e le informazioni richieste per consentire l'esercizio della vigilanza consolidata;

c) può effettuare ispezioni e richiedere l'esibizione di documenti e gli atti che ritenga necessari; le ispezioni nei confronti di società diverse da quelle bancarie, finanziarie e strumentali hanno il fine esclusivo di verificare l'esattezza dei dati e delle informazioni forniti per il consolidamento. I poteri previsti dalla presente lettera si applicano anche ai soggetti ai quali siano state esternalizzate funzioni aziendali [essenziali o importanti] (3).

3-bis. La Banca d'Italia può chiedere informazioni al personale dei soggetti indicati al comma 3, lettera b), anche per il tramite di questi ultimi e per i medesimi fini ivi indicati (4).

3-ter. Gli obblighi e i poteri previsti dal comma 3, lettera b), si applicano anche ai soggetti ai quali siano state esternalizzate funzioni aziendali essenziali o importanti e al loro personale (4).

(1) Articolo inizialmente modificato dall'art. 9.36 del d.lg. 17/1/2003, n. 6, nel testo introdotto dall'art. 2 del d.lg. 6/2/2004, n. 37 e successivamente sostituito dall'art. 7, co. 1, d.lg. 13/8/2010, n. 141.

• Vedi anche l'art. 6 del d.lg. 6/2/2004, n. 37.

(2) Comma sostituito dall'art. 7, co. 1, d.lg. 13/8/2010, n. 141, come modificato dall'art. 3, co. 1, lett. d), d.lg. 19/9/2012, n. 169 e successivamente dall'art. 1, co. 56, lett. a), d.lg. 8/11/2021, n. 182.

(3) Comma modificato dall'art. 1, co. 36, lett. a), d.lg. 12/5/2015, n. 72. Vedi inoltre, l'art. 2 del d.lg. 12/5/2015, n. 72. Comma successivamente modificato dall'art. 1, co. 56, lett. a), d.lg. 8/11/2021, n. 182.

(4) Comma aggiunto dall'art. 1, co. 36, lett. b), d.lg. 12/5/2015, n. 72. Vedi inoltre, l'art. 2 del d.lg. 12/5/2015, n. 72.

110. Rinvio (1). – 1. Agli intermediari finanziari si applicano, in quanto compatibili, le disposizioni contenute negli articoli 19, 20, 21, 22, 22-bis, 23, 24, 47, 52, 61, commi 4 e 5, 62, 63, 64, 78 e 82. I provvedimenti previsti nell'articolo 19 sono adottati dalla Banca d'Italia (2).

1-bis. Ai soggetti che svolgono funzioni di amministrazione, direzione e controllo presso intermediari finanziari si applica l'articolo 26, ad eccezione del comma 3, lettere c) ed e); il decreto di cui all'articolo 26 può prevedere l'applicazione dei criteri di competenza definiti ai sensi del medesimo articolo, comma 3, lettera c), avuto riguardo alla complessità operativa, dimensionale e organizzativa degli intermediari, nonché alla natura specifica dell'attività svolta (3).

1-ter. Ai titolari delle partecipazioni indicate all'articolo 19 in intermediari finanziari si applica l'articolo 25, ad eccezione del comma 2, lettera b); il decreto di cui all'articolo 25 può prevedere l'applicazione dei criteri di competenza definiti ai sensi del medesimo articolo, comma 2, lettera b), avuto riguardo alla complessità operativa, dimensionale e organizzativa degli intermediari, nonché alla natura specifica dell'attività svolta (3).

(1) Articolo modificato dall'art. 9.37 del d.lg. 17/1/2003, n. 6, nel testo introdotto dall'art. 2 del d.lg. 6/2/2004, n. 37, e dall'art. 1, co. 1, lett. n), d.lg. 27/1/2010, n. 21 e, da ultimo, sostituito dall'art. 7, co. 1, d.lg. 13/8/2010, n. 141.

(2) Comma sostituito dall'art. 1, co. 37, lett. a), d.lg. 12/5/2015, n. 72 modificato dall'art. 1, co. 20, d.lg. 14/11/2016, n. 223. Vedi inoltre, l'art. 2 del d.lg. 12/5/2015, n. 72. Comma successivamente modificato dall'art. 1, co. 57, d.lg. 8/11/2021, n. 182.

(3) Comma aggiunto dall'art. 1, co. 37, lett. b), d.lg. 12/5/2015, n. 72. Vedi inoltre, l'art. 2 del d.lg. 12/5/2015, n. 72.

111. Microcredito (1). – 1. In deroga all'articolo 106, comma 1, i soggetti iscritti in un apposito elenco, [tenuto dall'organismo indicato all'articolo 113,] possono concedere finanziamenti a persone fisiche o società di persone o società a responsabilità limitata semplificata di cui all'articolo 2463-bis codice civile o associazioni o società cooperative, per l'avvio o l'esercizio di attività di lavoro autonomo o di microimpresa, a condizione che i finanziamenti concessi abbiano le seguenti caratteristiche (2):

a) siano di ammontare non superiore a euro 75.000,00 e non siano assistiti da garanzie reali (3);

b) siano finalizzati all'avvio o allo sviluppo di iniziative imprenditoriali o all'inserimento nel mercato del lavoro;*

c) siano accompagnati dalla prestazione di servizi ausiliari di assistenza e monitoraggio dei soggetti finanziati.

1-bis. I soggetti iscritti nell'apposito elenco di cui al comma 1 possono concedere finanziamenti a società a responsabilità limitata senza le limitazioni indicate nel comma 1, lettera a), e comunque per un importo non superiore ad euro 100.000,00 (4).

2. L'iscrizione nell'elenco di cui al comma 1 è subordinata al ricorrere delle seguenti condizioni:

a) forma di società per azioni, in accomandita per azioni, a responsabilità limitata e cooperativa (5);

b) capitale versato di ammontare non inferiore a quello stabilito ai sensi del comma 5;

c) requisiti di onorabilità dei soci di controllo o rilevanti, nonché di onorabilità e professionalità degli esponenti aziendali, ai sensi del comma 5;

d) oggetto sociale limitato alle sole attività di cui al comma 1, nonché alle attività accessorie e strumentali;

e) presentazione di un programma di attività.

3. I soggetti di cui al comma 1 possono erogare in via non prevalente finanziamenti anche a favore di persone fisiche in condizioni di particolare vulnerabilità economica o sociale, purché i finanziamenti concessi siano di importo massimo di euro 10.000, non siano assistiti da garanzie reali, siano accompagnati dalla prestazione di servizi ausiliari di bilancio familiare, abbiano lo scopo di consentire l'inclusione sociale e finanziaria del beneficiario e siano prestati a condizioni più favorevoli di quelle prevalenti sul mercato (6).

3-bis. Nel caso di esercizio dell'attività di cui al comma 3, questa attività e quella di cui al comma 1 devono essere esercitate congiuntamente (7).

4. In deroga all'articolo 106, comma 1, i soggetti giuridici senza fini di lucro, in possesso delle caratteristiche individuate ai sensi del comma 5 nonché dei requisiti previsti dal comma 2, lettera c), possono svolgere l'attività indicata al comma 3, a tassi adeguati a consentire il mero recupero delle spese sostenute dal creditore (8).

5. Il Ministro dell'economia e delle finanze, sentita la Banca d'Italia, emana disposizioni attuative del presente articolo, anche disciplinando:

a) requisiti concernenti i beneficiari e le forme tecniche dei finanziamenti, prevedendo comunque una durata dei finanziamenti fino a quindici anni (9);

b) limiti oggettivi, riferiti al volume delle attività, alle condizioni economiche applicate e all'ammontare massimo dei singoli finanziamenti, anche modificando i limiti stabiliti dal comma 1, lettera a) e dal comma 3, escludendo comunque alcun tipo di limitazione riguardante i ricavi, il livello di indebitamento e l'attivo patrimoniale (10);

c) le caratteristiche dei soggetti che beneficiano della deroga prevista dal comma 4;

d) le informazioni da fornire alla clientela (11).

5-bis. L'utilizzo del sostantivo microcredito è subordinato alla concessione di finanziamenti secondo le caratteristiche di cui ai commi 1 e 3 (12).

(1) Articolo inizialmente modificato dall'art. 64 del d.lg. 23/7/1996, n. 415, dall'art. 211 del d.lg. 24/2/1998, n. 58, dall'art. 22 del d.lg. 4/8/1999, n. 342, dall'art. 9.38 del d.lg. 17/1/2003, n. 6, nel testo introdotto dall'art. 2 del d.lg. 6/2/2004, n. 37 e successivamente sostituito dall'art. 7, co. 1, d.lg. 13/8/2010, n. 141.

(2) Alinea modificato dall'art. 7, co. 1, d.lg. 13/8/2010, n. 141, come modificato dall'art. 3, co. 1, lett. e), d.lg. 19/9/2012, n. 169.

(3) Lettera modificata dall'art. 49, co. 5, d.l. 17/3/2020, n. 18, conv., con modif., dalla l. 24/4/2020, n. 27, e successivamente dall'art. 13, co. 9, d.l. 8/4/2020, n. 23, conv., con modif., dalla l. 5/6/2020, n. 40. Il medesimo art. 13 del d.l. n. 23/2020, al co. 12, ha inoltre abrogato l'art. 49 del d.l. n. 18/2020. Successivamente modificata dall'art. 1, co. 914, lett. a), l. 30/12/2021, n. 234.

* Lettera abrogata dall'art. 1, co. 914, lett. b), l. 30/12/2021, n. 234.

(4) Comma inserito dall'art. 1, co. 914, lett. c), l. 30/12/2021, n. 234.

(5) Lettera modificata dall'art. 7, co. 1, d.lg. 13/8/2010, n. 141, come modificato dall'art. 3, co. 1, lett. f), d.lg. 19/9/2012, n. 169.

(6) Comma modificato dall'art. 7, co. 1, d.lg. 13/8/2010, n. 141, come modificato dall'art. 16, co. 1, lett. b), d.lg. 14/12/2010, n. 218.

(7) Comma inserito dall'art. 7, co. 1, d.lg. 13/8/2010, n. 141, come modificato dall'art. 3, co. 1, lett. g), d.lg. 19/9/2012, n. 169.

(8) Comma sostituito dall'art. 7, co. 1, d.lg. 13/8/2010, n. 141, come modificato dall'art. 3, co. 1, lett. h), d.lg. 19/9/2012, n. 169.

(9) Lettera modificata dall'art. 1, co. 914, lett. d), l. 30/12/2021, n. 234.

(10) Lettera modificata dall'art. 1, co. 914, lett. e), l. 30/12/2021, n. 234.

(11) Per la disciplina del microcredito, in attuazione del presente comma, vedi il d.m. 17/10/2014, n. 176.

(12) Comma aggiunto dall'art. 7, co. 1, d.lg. 13/8/2010, n. 141, come modificato dall'art. 3, co. 1, lett. i), d.lg. 19/9/2012, n. 169.

111 bis. Finanza etica e sostenibile (1). – 1. Sono operatori bancari di finanza etica e sostenibile le banche che conformano la propria attività ai seguenti princìpi:

a) valutano i finanziamenti erogati a persone giuridiche secondo standard di rating etico internazionalmente riconosciuti, con particolare attenzione all'impatto sociale e ambientale;

b) danno evidenza pubblica, almeno annualmente, anche via web, dei finanziamenti erogati di cui alla lettera a), tenuto conto delle vigenti normative a tutela della riservatezza dei dati personali;

c) devolvono almeno il 20 per cento del proprio portafoglio di crediti a organizzazioni senza scopo di lucro o a imprese sociali con personalità giuridica, come definite dalla normativa vigente;

d) non distribuiscono profitti e li reinvestono nella propria attività;

e) adottano un sistema di governance e un modello organizzativo a forte orientamento democratico e partecipativo, caratterizzato da un azionariato diffuso;

f) adottano politiche retributive tese a contenere al massimo la differenza tra la remunerazione maggiore e quella media della banca, il cui rapporto comunque non può superare il valore di 5.

2. Non concorre a formare il reddito imponibile ai sensi dell'articolo 81 del testo unico delle imposte sui redditi, di cui al decreto del Presidente della Repubblica 22 dicembre 1986, n. 917, degli operatori bancari di finanza etica e sostenibile una quota pari al 75 per cento delle somme destinate a incremento del capitale proprio.

3. Il Ministro dell'economia e delle finanze, sentita la Banca d'Italia, stabilisce, con proprio decreto, le norme di attuazione delle disposizioni del presente articolo, dalle quali non possono derivare oneri a carico della finanza pubblica superiori a 1 milione di euro in ragione annua a decorrere dall'anno 2017.

4. L'agevolazione di cui al presente articolo è riconosciuta nel rispetto dei limiti di cui al regolamento (UE) n. 1407/2013 della Commissione, del 18 dicembre 2013, relativo all'applicazione degli articoli 107 e 108 del Trattato sul funzionamento dell'Unione europea agli aiuti "de minimis".

(1) Articolo inserito, a decorrere dal 1/1/2017, dall'art. 1, co. 51, l. 11/12/2016, n. 232.

112. Altri soggetti operanti nell'attività di concessione di finanziamenti (1). – 1. I confidi, anche di secondo grado, sono iscritti in un elenco tenuto dall'Organismo previsto dall'articolo 112-bis ed esercitano in via esclusiva l'attività di garanzia collettiva dei fidi e i servizi a essa connessi o strumentali, nel rispetto delle disposizioni dettate dal Ministro dell'economia e delle finanze e delle riserve di attività previste dalla legge. I confidi di cui al presente articolo possono detenere partecipazioni nei soggetti di cui all'articolo 111 (2).

1-bis. I confidi tenuti ad iscriversi nell'albo di cui all'articolo 106 sono esclusi dall'obbligo di iscrizione nell'elenco tenuto dall'Organismo previsto all'articolo 112-bis (3).

2. L'iscrizione è subordinata al ricorrere delle condizioni di forma giuridica, di capitale sociale o fondo consortile, patrimoniali, di oggetto sociale e di assetto proprietario individuate dall'articolo 13 del decreto-legge 30 settembre 2003, n. 269, convertito, con modificazioni, dalla legge 24 novembre 2003, n. 326, nonché al possesso da parte di coloro che detengono partecipazioni e dei soggetti che svolgono funzioni di amministrazione, direzione e controllo dei requisiti di onorabilità stabiliti ai sensi degli articoli 25, comma 2, lettera a), e 26, comma 3, lettera a). La sede legale e quella amministrativa devono essere situate nel territorio della Repubblica (4).

3. Il Ministro dell'economia e delle finanze, sentita la Banca d'Italia, determina i criteri oggettivi, riferibili al volume di attività finanziaria in base ai quali sono individuati i confidi che sono tenuti a chiedere l'autorizzazione per l'iscrizione nell'albo previsto dall'articolo 106. La Banca d'Italia stabilisce, con proprio provvedimento, gli elementi da prendere in considerazione per il calcolo del volume di attività finanziaria. In deroga all'articolo 106, per l'iscrizione nell'albo i confidi possono adottare la forma di società consortile a responsabilità limitata (5).

4. I confidi iscritti nell'albo esercitano in via prevalente l'attività di garanzia collettiva dei fidi.

5. I confidi iscritti nell'albo possono svolgere, prevalentemente nei confronti delle imprese consorziate o socie, le seguenti attività:

a) prestazione di garanzie a favore dell'amministrazione finanziaria dello Stato, al fine dell'esecuzione dei rimborsi di imposte alle imprese consorziate o socie;

b) gestione, ai sensi dell'articolo 47, comma 2, di fondi pubblici di agevolazione;

c) stipula, ai sensi dell'articolo 47, comma 3, di contratti con le banche assegnatarie di fondi pubblici di garanzia per disciplinare i rapporti con le imprese consorziate o socie, al fine di facilitarne la fruizione.

6. Fermo restando l'esercizio prevalente dell'attività di garanzia, i confidi iscritti nell'albo possono concedere altre forme di finanziamento sotto qualsiasi forma, ai sensi dell'articolo 106, comma 1 (6).

7. I soggetti diversi dalle banche, già operanti alla data di entrata in vigore della presente disposizione i quali, senza fine di lucro, raccolgono tradizionalmente in ambito locale somme di modesto ammontare ed erogano piccoli prestiti possono continuare a svolgere la propria attività, in considerazione del carattere marginale della stessa, nel rispetto delle modalità operative e dei limiti quantitativi determinati dal

CICR. Possono inoltre continuare a svolgere la propria attività, senza obbligo di iscrizione nell'albo di cui all'articolo 106, gli enti e le società cooperative costituiti entro il 1° gennaio 1993 tra i dipendenti di una medesima amministrazione pubblica, già iscritti nell'elenco generale di cui all'articolo 106 del decreto legislativo 1° settembre 1993, n. 385, vigente alla data del 4 settembre 2010, ove si verifichino le condizioni di cui all'articolo 2 del decreto del Ministro del tesoro del 29 marzo 1995. In attesa di un riordino complessivo degli strumenti di intermediazione finanziaria, e comunque non oltre il 31 dicembre 2018, possono continuare a svolgere la propria attività, senza obbligo di iscrizione nell'albo di cui all'articolo 106, le società cooperative di cui al capo I del titolo VI del libro quinto del codice civile, esistenti alla data del 1° gennaio 1996 e le cui azioni non siano negoziate in mercati regolamentati, che concedono finanziamenti sotto qualsiasi forma esclusivamente nei confronti dei propri soci, a condizione che (7):

a) non raccolgano risparmio sotto qualsivoglia forma tecnica;

b) il volume complessivo dei finanziamenti a favore dei soci non sia superiore a quindici milioni di euro;

c) l'importo unitario del finanziamento sia di ammontare non superiore a 20.000 euro;

d) i finanziamenti siano concessi a condizioni più favorevoli di quelli presenti sul mercato (8).

8. Le agenzie di prestito su pegno previste dall'articolo 115 del reale decreto 18 giugno 1931, n. 773, sono sottoposte alle disposizioni dell'articolo 106. La Banca d'Italia può dettare disposizioni per escludere l'applicazione alle agenzie di prestito su pegno di alcune disposizioni previste dal presente titolo.

(1) Articolo inizialmente modificato dall'art. 9.39 del d.lg. 17/1/2003, n. 6, nel testo introdotto dall'art. 2 del d.lg. 6/2/2004, n. 37 e successivamente sostituito dall'art. 7, co. 1, d.lg. 13/8/2010, n. 141.

(2) Comma modificato dall'art. 13-ter, co. 1, d.l. 8/4/2020, n. 23, conv., con modif., dalla l. 5/6/2020, n. 40.

(3) Comma inserito dall'art. 7, co. 1, d.lg. 13/8/2010, n. 141, come modificato dall'art. 3, co. 1, lett. l), d.lg. 19/9/2012, n. 169.

(4) Comma sostituito dall'art. 1, co. 38, d.lg. 12/5/2015, n. 72. Vedi inoltre, l'art. 2 del d.lg. 12/5/2015, n. 72.

(5) In attuazione del presente comma vedi il d.m. 2/4/2015, n. 53.

(6) Comma sostituito dall'art. 31-bis, co. 1, d.l. 19/5/2020, n. 34, conv., con modif., dalla l. 17/7/2020, n. 77.

(7) A norma dell'art. 1, co. 69, l. 30/12/2018, n. 145, per le società di cui all'ultimo periodo del presente alinea, le disposizioni continuano ad applicarsi fino al 31/12/2023.

(8) Comma sostituito dall'art. 7, co. 1, d.lg. 13/8/2010, n. 141, come modificato dall'art. 3, co. 1, lett. m), d.lg. 19/9/2012, n. 169, successivamente modificato dall'art. 56-quinquies, co. 1, d.l. 21/6/2013, n. 69, conv., con modif., dalla l. 9/8/2013, n. 98 e dall'art. 1, co. 176, l. 27/12/2013, n. 147, come modificato dall'art. 10, co. 4-bis, d.l. 31/12/2014, n. 192, conv., con modif., dalla l. 27/2/2015, n. 11.

112 bis. Organismo per la tenuta dell'elenco dei confidi (1). – 1. È istituito un Organismo, avente personalità giuridica di diritto privato [ed ordinato in forma di associazione], con autonomia organizzativa, statutaria e finanziaria competente per la gestione dell'elenco di cui all'articolo 112, comma 1. Il Ministro dell'economia e delle finanze approva lo Statuto dell'Organismo, sentita la Banca d'Italia, e nomina altresì un proprio rappresentante nell'organo di controllo (2).

2. L'Organismo svolge ogni attività necessaria per la gestione dell'elenco, determina la misura dei contributi a carico degli iscritti, entro il limite del cinque per mille delle garanzie concesse e riscuote i contributi e le altre somme dovute per l'iscrizione nell'elenco; vigila sul rispetto, da parte degli iscritti, della disciplina cui sono sottoposti anche ai sensi dell'articolo 112, comma 2. Nell'esercizio di tali attività può avvalersi delle Federazioni di rappresentanza dei Confidi espressione delle Organizzazioni nazionali di impresa (3).

3. Per lo svolgimento dei propri compiti, l'Organismo può chiedere agli iscritti la comunicazione di dati e notizie e la trasmissione di atti e documenti, fissando i relativi termini, e può effettuare ispezioni.

4. L'Organismo può disporre la cancellazione dall'elenco:

a) qualora vengano meno i requisiti per l'iscrizione;

b) qualora risultino gravi violazioni normative;

c) per il mancato pagamento del contributo ai sensi del comma 2;

d) per l'inattività dell'iscritto protrattasi per un periodo di tempo non inferiore a un anno.

5. Fermo restando le disposizioni di cui al precedente comma, l'Organismo, può imporre agli iscritti il divieto di intraprendere nuove operazioni o disporre la riduzione delle attività per violazioni di disposizioni legislative o amministrative che ne regolano l'attività (4).

6. La Banca d'Italia vigila sull'Organismo secondo modalità, dalla stessa stabilite, improntate a criteri di proporzionalità ed economicità dell'azione di controllo e con la finalità di verificare l'adeguatezza delle procedure interne adottate dall'Organismo per lo svolgimento della propria attività.

7. Su proposta della Banca d'Italia, il Ministro dell'economia e delle finanze può sciogliere gli organi di gestione e di controllo dell'Organismo qualora risultino gravi irregolarità nell'amministrazione, ovvero gravi violazioni delle disposizioni legislative, amministrative o statutarie che regolano l'attività dello stesso. La Banca d'Italia provvede agli adempimenti necessari alla ricostituzione degli organi di gestione e controllo dell'Organismo, assicurandone la continuità operativa, se necessario anche attraverso la nomina di un commissario. La Banca d'Italia può disporre la rimozione di uno o più componenti degli organi di gestione e controllo in caso di grave inosservanza dei doveri ad essi assegnati dalla legge, dallo statuto o dalle disposizioni di vigilanza, nonché dei provvedimenti specifici e di altre istruzioni impartite dalla Banca d'Italia, ovvero in caso di comprovata inadeguatezza, accertata dalla Banca d'Italia, all'esercizio delle funzioni cui sono preposti (5).

8. Il Ministro dell'economia e delle finanze, sentita la Banca d'Italia, disciplina:

a) la struttura, i poteri e le modalità di funzionamento dell'Organismo necessari a garantirne funzionalità ed efficienza;

b) i requisiti, ivi compresi quelli di professionalità e onorabilità, dei componenti degli organi di gestione e controllo dell'Organismo (6).

8-bis. Le Autorità di vigilanza e l'Organismo, nel rispetto delle proprie competenze, collaborano anche mediante lo scambio di informazioni necessarie per l'espletamento delle rispettive funzioni e in particolare per consentire all'Organismo l'esercizio dei poteri ad esso conferiti nei confronti dei soggetti iscritti nell'elenco. La trasmissione di informazioni all'Organismo per le suddette finalità non costituisce violazione del segreto d'ufficio da parte delle Autorità di vigilanza (7).

(1) Articolo inserito dall'art. 7, co. 1, d.lg. 13/8/2010, n. 141. Vedi anche l'art. 10, co. 8-ter e 8-quater del medesimo d.lg. n. 141/2010, inseriti dall'art. 5, co. 1, lett. d), d.lg. 19/9/2012, n. 169.

(2) Comma modificato dall'art. 7, co. 1, d.lg. 13/8/2010, n. 141, come modificato dall'art. 3, co. 1, lett. n) e o), d.lg. 19/9/2012, n. 169.

(3) Comma modificato dall'art. 7, co. 1, d.lg. 13/8/2010, n. 141, come modificato dall'art. 3, co. 1, lett. p), d.lg. 19/9/2012, n. 169.

(4) Comma modificato dall'art. 7, co. 1, d.lg. 13/8/2010, n. 141, come modificato dall'art. 3, co. 1, lett. q), d.lg. 19/9/2012, n. 169.

(5) Comma sostituito dall'art. 7, co. 1, d.lg. 13/8/2010, n. 141, come modificato dall'art. 3, co. 1, lett. r), d.lg. 19/9/2012, n. 169.

(6) Lettera sostituita dall'art. 7, co. 1, d.lg. 13/8/2010, n. 141, come modificato dall'art. 3, co. 1, lett. s), d.lg. 19/9/2012, n. 169.

(7) Comma aggiunto dall'art. 7, co. 1, d.lg. 13/8/2010, n. 141, come modificato dall'art. 3, co. 1, lett. t), d.lg. 19/9/2012, n. 169.

113. Controlli sull'elenco previsto dall'articolo 111 (1). – 1. La Banca d'Italia tiene l'elenco previsto dall'articolo 111 e vigila sul rispetto da parte degli iscritti della disciplina cui essi sono sottoposti anche ai sensi dell'articolo 111, comma 5; a tal fine può chiedere agli iscritti la comunicazione di dati e notizie e la trasmissione di atti e documenti, fissando i relativi termini, nonché effettuare ispezioni.

2. La Banca d'Italia può disporre la cancellazione dall'elenco:

a) qualora vengano meno i requisiti per l'iscrizione;

b) qualora risultino gravi violazioni di norme di legge e delle disposizioni emanate ai sensi del presente decreto legislativo;

c) per l'inattività dell'iscritto protrattasi per un periodo di tempo non inferiore a un anno.

3. Fermo restando quanto previsto al comma 2, la Banca d'Italia può imporre agli iscritti il divieto di intraprendere nuove operazioni o disporre la riduzione delle attività per violazioni di disposizioni legislative o amministrative che ne regolano l'attività.

4. Quando il numero di iscritti nell'elenco è sufficiente per consentire la costituzione di un Organismo, esso è costituito con decreto del Ministro dell'economia e delle finanze, sentita la Banca d'Italia; con il medesimo decreto ne sono nominati i componenti. L'Organismo svolge ogni attività necessaria per la gestione dell'elenco; determina la misura dei contributi a carico degli iscritti, entro il limite del cinque per mille dell'ammontare dei prestiti concessi; riscuote i contributi e le altre somme dovute per l'iscrizione nell'elenco e vigila sul rispetto da parte degli iscritti della disciplina cui sono sottoposti anche ai sensi dell'articolo 111, comma 5. Per l'espletamento di tali compiti, i poteri di cui ai commi 1, 2 e 3 sono attribuiti all'Organismo a far tempo dall'avvio della sua operatività; la cancellazione dall'elenco potrà essere disposta dall'Organismo anche per il mancato pagamento del contributo e delle altre somme dovute per l'iscrizione nell'elenco.

5. Si applica l'articolo 112-bis, commi 6, 7, 8 e 8 bis.

(1) Articolo modificato dall'art. 9.40 del d.lg. 17/1/2003, n. 6, nel testo introdotto dall'art. 2 del d.lg. 6/2/2004, n. 37 e successivamente sostituito dall'art. 7, co. 1, d.lg. 13/8/2010, n. 141, come modificato dall'art. 3, co. 1, lett. u), d.lg. 19/9/2012, n. 169.

113 bis. Sospensione degli organi di amministrazione e controllo (1). – 1. Qualora risultino gravi irregolarità nell'amministrazione ovvero gravi violazioni delle disposizioni legislative, amministrative o statutarie nonché ragioni di urgenza, la Banca d'Italia può disporre che uno o più commissari assumano i poteri di amministrazione dell'intermediario finanziario iscritto all'albo di cui all'articolo 106. Le funzioni degli organi di amministrazione e di controllo sono frattanto sospese. Il provvedimento della Banca d'Italia è pubblicato per estratto nella Gazzetta Ufficiale della Repubblica italiana (2).

2. Possono essere nominati commissari anche funzionari della Banca d'Italia. I commissari nell'esercizio delle loro funzioni, sono pubblici ufficiali.

3. La gestione provvisoria di cui al comma 1 non può avere una durata superiore ai sei mesi. Fermo restando quanto previsto dall'articolo 113-ter, comma 1, lettera c), i commissari restituiscono l'azienda agli organi di amministrazione e controllo secondo le modalità previste dall'articolo 73, comma 1 ovvero, qualora siano rilevate gravi irregolarità riferibili agli organi aziendali sospesi e previa autorizzazione della Banca d'Italia, convocano l'assemblea per la revoca e la nomina di nuovi organi di amministrazione e controllo. Si applicano, in quanto compatibili, gli articoli 71, commi 2, 4 e 6, 72, commi 2-bis, 3, 4, 7 e 9, 73, commi 1 e 2, 74 e 75, comma 1 (3).

(1) Articolo inserito dall'art. 7, co. 1, d.lg. 13/8/2010, n. 141.

(2) Comma modificato, a decorrere dal 16/11/2015, dall'art. 1, co. 48, lett. a), d.lg. 16/11/2015, n. 181.

(3) Comma modificato, a decorrere dal 16/11/2015, dall'art. 1, co. 48, lett. b), d.lg. 16/11/2015, n. 181.

113 ter. Revoca dell'autorizzazione e liquidazione (1). – 1. Fermo restando quanto previsto dall'articolo 113-bis, la Banca d'Italia, può disporre la revoca dell'autorizzazione di cui all'articolo 107, comma 1, quando:

a) risultino irregolarità eccezionalmente gravi nell'amministrazione, ovvero violazioni eccezionalmente gravi delle disposizioni legislative, amministrative o statutarie che regolano l'attività dell'intermediario;

b) siano previste perdite del patrimonio di eccezionale gravità;

c) la revoca sia richiesta su istanza motivata degli organi amministrativi, dell'assemblea straordinaria, dei commissari di cui all'articolo 113-bis, comma 1 o dei liquidatori.

2. Il provvedimento di revoca è pubblicato per estratto nella Gazzetta Ufficiale della Repubblica Italiana; della intervenuta revoca l'intermediario finanziario deve dare idonea evidenza nelle comunicazioni alla clientela e in ogni altra opportuna sede.

3. La revoca dell'autorizzazione costituisce causa di scioglimento della società. Entro sessanta giorni dalla comunicazione del provvedimento di revoca, l'intermediario finanziario comunica il programma di liquidazione della società alla Banca d'Italia che accerta la sussistenza dei presupposti per un regolare svolgimento della procedura di liquidazione ai sensi dell'articolo 96-quinquies. La Banca d'Italia può autorizzare, anche contestualmente alla revoca, l'esercizio provvisorio di attività ai sensi dell'articolo 2487 del codice civile. L'organo liquidatore trasmette alla Banca d'Italia riferimenti periodici sullo stato di avanzamento della liquidazione. Nei confronti della società in liquidazione restano fermi i poteri delle autorità creditizie previsti nel presente decreto legislativo (2).

3-bis. Ove la Banca d'Italia accerti, in sede di revoca dell'autorizzazione o successivamente, la mancata sussistenza dei presupposti per un regolare svolgimento della procedura di liquidazione, è disposta la liquidazione coatta amministrativa ai sensi del titolo IV, capo I, sezione III (3).

4. Agli intermediari finanziari si applicano l'articolo 96-quinquies, [fatto salvo quanto previsto dal comma 3,] e l'articolo 97 (4).

5. Ove la Banca d'Italia accerti la mancata sussistenza dei presupposti per un regolare svolgimento della procedura di liquidazione si applica il comma 6.*

6. In deroga ai commi precedenti, il Ministro dell'economia e delle finanze, su proposta della Banca d'Italia, può disporre con decreto la revoca dell'autorizzazione all'esercizio dell'attività e la liquidazione coatta amministrativa degli intermediari finanziari autorizzati all'esercizio dei servizi di investimento, anche quando ne siano stati sospesi gli organi di amministrazione e controllo ai sensi dell'articolo 113-bis o ne sia in corso la liquidazione, qualora:

a) risultino irregolarità eccezionalmente gravi nell'amministrazione, ovvero violazioni eccezionalmente gravi delle disposizioni legislative, amministrative o statutarie che regolano l'attività dell'intermediario;

b) siano previste perdite del patrimonio di eccezionale gravità;

c) la revoca e la liquidazione coatta amministrativa siano richieste su istanza motivata degli organi amministrativi, dell'assemblea straordinaria, dei commissari di cui all'articolo 113-bis, comma 1, o dei liquidatori (5).

6.bis. Nel caso previsto dal comma 6 si applica la procedura di liquidazione coatta amministrativa, ai sensi del titolo IV, capo I, sezione III. La liquidazione coatta amministrativa è inoltre disposta quando sia stato accertato lo stato di insolvenza ai sensi dell'articolo 82, comma 1. Agli intermediari finanziari indicati nel presente comma si applicano altresì gli articoli 96-quinquies e 97 (6).

7. Le disposizioni di cui al presente articolo si applicano anche alle succursali di intermediari finanziari aventi sede legale all'estero ammessi all'esercizio, in Italia, delle attività di cui all'articolo 106 comma 1. La Banca d'Italia comunica i provvedimenti adottati all'Autorità competente.

8. Resta fermo quanto previsto dall'articolo 114-terdecies.

(1) Articolo inserito dall'art. 7, co. 1, d.lg. 13/8/2010, n. 141.

• Rubrica sostituita, a decorrere dal 16/11/2015, dall'art. 1, co. 49, lett. a), d.lg. 16/11/2015, n. 181.

(2) Comma sostituito, a decorrere dal 16/11/2015, dall'art. 1, co. 49, lett. b), d.lg. 16/11/2015, n. 181 e successivamente modificato dall'art. 2, co. 1, lett. ee), d.lg. 8/11/2021, n. 193.

(3) Comma inserito, a decorrere dal 16/11/2015, dall'art. 1, co. 49, lett. c), d.lg. 16/11/2015, n. 181.

(4) Comma sostituito, a decorrere dal 16/11/2015, dall'art. 1, co. 49, lett. d), d.lg. 16/11/2015, n. 181 e successivamente modificato dall'art. 1, co. 16, d.lg. 14/11/2016, n. 223.

* Comma abrogato, a decorrere dal 16/11/2015, dall'art. 1, co. 49, lett. e), d.lg. 16/11/2015, n. 181.

(5) Comma sostituito, a decorrere dal 16/11/2015, dall'art. 1, co. 49, lett. f), d.lg. 16/11/2015, n. 181.

(6) Comma inserito, a decorrere dal 16/11/2015, dall'art. 1, co. 49, lett. g), d.lg. 16/11/2015, n. 181.

114. Norme finali (1). – 1. Fermo quanto disposto dall'articolo 18, il Ministro dell'economia e delle finanze disciplina l'esercizio nel territorio della Repubblica, da parte di soggetti aventi sede legale all'estero, delle attività indicate nell'articolo 106.

2. Le disposizioni del presente titolo non si applicano ai soggetti, individuati con decreto del Ministro dell'economia e delle finanze sentita la Banca d'Italia, già sottoposti, in base alla legge, a forme di vigilanza sull'attività finanziaria svolta.

2-bis. Non configura esercizio nei confronti del pubblico dell'attività di concessione di finanziamenti sotto qualsiasi forma l'operatività, diversa dal rilascio di garanzie, effettuata esclusivamente nei confronti di soggetti diversi dalle persone fisiche e dalle microimprese, come definite dall'articolo 2, paragrafo 1, dell'allegato alla raccomandazione 2003/361/CE della Commissione europea, del 6 maggio 2003, da parte di imprese di assicurazione italiane e di Sace entro i limiti stabiliti dal decreto legislativo 7 settembre 2005, n. 209, come modificato dalla presente legge, e dalle relative disposizioni attuative emanate dall'IVASS. I soggetti di cui al comma 2-bis inviano alla Banca d'Italia, con le modalità e nei termini da essa stabiliti, le segnalazioni periodiche nonché ogni altro dato e documento richiesto, e partecipano alla centrale dei Rischi della Banca d'Italia, secondo quanto stabilito dalla Banca d'Italia. La Banca d'Italia può prevedere che l'invio delle segnalazioni periodiche e di ogni altro dato e documento richiesto nonché la partecipazione alla centrale dei rischi avvengano per il tramite di banche e intermediari finanziari iscritti all'albo di cui all'articolo 106 (2).

(1) Articolo modificato dall'art. 4 del d.lg. 4/8/1999, n. 333, dall'art. 1 del d.lg. 6/2/2004, n. 37 e, da ultimo, sostituito dall'art. 7, co. 1, d.lg. 13/8/2010, n. 141.

• In attuazione delle norme di cui al presente articolo vedi il d.m. 2/4/2015, n. 53.

(2) Comma inserito art. 22, co. 3, d.l. 24/6/2014, n. 91, conv., con modif., dalla l. 11/8/2014, n. 116.

TITOLO V BIS
MONETA ELETTRONICA E ISTITUTI DI MONETA ELETTRONICA (1)

(1) Titolo inserito dall'art. 55 della l. 1/3/2002, n. 39 (Legge comunitaria) e successivamente sostituito dall'art. 1, co. 3, d.lg. 16/4/2012, n. 45.

114 bis. Emissione di moneta elettronica (1). – 1. L'emissione di moneta elettronica è riservata alle banche e agli istituti di moneta elettronica.

2. Possono emettere moneta elettronica, nel rispetto delle disposizioni ad essi applicabili, la Banca centrale europea, le banche centrali comunitarie, lo Stato italiano e gli altri Stati comunitari, le pubbliche amministrazioni statali, regionali e locali, nonché Poste Italiane.

3. L'emittente di moneta elettronica non concede interessi o qualsiasi altro beneficio commisurato alla giacenza della moneta elettronica.

(1) Articolo inserito dall'art. 55 della l. 1/3/2002, n. 39 (Legge comunitaria) e successivamente sostituito dall'art. 1, co. 3, d.lg. 16/4/2012, n. 45. Vedi anche quanto disposto dall'art. 4 del d.lg. 16/4/2012, n. 45.

114 bis.1. Distribuzione della moneta elettronica (1). – 1. Le banche e gli istituti di moneta elettronica possono avvalersi di soggetti convenzionati che agiscano in loro nome per la distribuzione e il rimborso della moneta elettronica.

2. Le banche aventi sede legale in uno Stato terzo possono avvalersi di soggetti convenzionati per la distribuzione e il rimborso della moneta elettronica in Italia, a condizione che stabiliscano una succursale, autorizzata dalla Banca d'Italia secondo quanto previsto dall'articolo 14, comma 4.

(1) Articolo inserito, a decorrere dal 13/1/2018, dall'art. 1, co. 2, d.lg. 15/12/2017, n. 218.

114 ter. Rimborso della moneta elettronica (1). – 1. L'emittente di moneta elettronica rimborsa, su richiesta del detentore, la moneta elettronica in ogni momento e al valore nominale, secondo le modalità e le condizioni indicate nel contratto di emissione in conformità dell'articolo 126-novies. Il diritto al rimborso si estingue per prescrizione nei termini ordinari di cui all'articolo 2946 del codice civile.

2. Il detentore può chiedere il rimborso:

a) prima della scadenza del contratto, nella misura richiesta;

b) alla scadenza del contratto o successivamente:

1) per il valore monetario totale della moneta elettronica detenuta;

2) nella misura richiesta, se l'emittente è un istituto di moneta elettronica autorizzato ai sensi dell'articolo 114-quinquies, comma 4, e i fondi di pertinenza del medesimo detentore possono essere impiegati per finalità diverse dall'utilizzo di moneta elettronica, senza che sia predeterminata la quota utilizzabile come moneta elettronica.

3. I soggetti, diversi da un consumatore, che accettino in pagamento moneta elettronica possono regolare in via contrattuale con l'emittente di moneta elettronica il diritto al rimborso loro spettante nei suoi confronti, anche in deroga al comma 2.

(1) Articolo inserito dall'art. 55, co. 1, lett. c), l. 1/3/2002, n. 39 (Leg-

ge comunitaria), modificato dall'art. 1, co. 1, lett. o), d.lg. 27/1/2010, n. 21 e, da ultimo, sostituito dall'art. 1, co. 3, d.lg. 16/4/2012, n. 45.

114 quater. Istituti di moneta elettronica (1). – 1. La Banca d'Italia iscrive in un apposito albo gli istituti di moneta elettronica autorizzati in Italia; sono altresì iscritte le succursali di istituti di moneta elettronica italiani stabilite in uno Stato comunitario diverso dall'Italia (2).

1-bis. La Banca d'Italia comunica senza indugio all'ABE le informazioni iscritte nell'albo e ogni relativa modifica, nonché, in caso di revoca dell'autorizzazione o dell'esenzione concessa ai sensi dell'articolo 114-quinquies.4, le ragioni che la hanno determinata (3).

2. Gli istituti di moneta elettronica trasformano immediatamente in moneta elettronica i fondi ricevuti dal richiedente [; per la distribuzione e il rimborso della moneta elettronica possono avvalersi di persone fisiche o giuridiche che agiscano in loro nome] (4).

3. Gli istituti di moneta elettronica possono:

a) prestare servizi di pagamento e le relative attività accessorie ai sensi dell'articolo 114-octies senza necessità di apposita autorizzazione ai sensi dell'articolo 114-novies;

b) prestare servizi operativi e accessori strettamente connessi all'emissione di moneta elettronica.

(1) Articolo inserito, a decorrere dal 1/3/2010, dall'art. 55, co. 1, lett. c), l. 1/3/2002, n. 39 (Legge comunitaria), modificato dall'art. 1, co. 1, lett. p), d.lg. 27/1/2010, n. 21, dall'art. 35, co. 7, d.lg. 27/1/2010, n. 11 e, da ultimo, sostituito dall'art. 1, co. 3, d.lg. 16/4/2012, n. 45. Vedi anche quanto disposto dall'art. 4 del d.lg. 16/4/2012, n. 45.

(2) Comma modificato, a decorrere dal 16/11/2015, dall'art. 1, co. 50, d.lg. 16/11/2015, n. 181, dall'art. 1, co. 3, lett. a), d.lg. 15/12/2017, n. 218 e successivamente dall'art. 1, co. 1, lett. a), d.lg. 8/4/2020, n. 36.

(3) Comma inserito, a decorrere dal 13/1/2018, dall'art. 1, co. 3, lett. b), d.lg. 15/12/2017, n. 218.

(4) Comma modificato, a decorrere dal 13/1/2018, dall'art. 1, co. 3, lett. c), d.lg. 15/12/2017, n. 218.

114 quinquies. Autorizzazione e operatività transfrontaliera (1). – 1. La Banca d'Italia autorizza gli istituti di moneta elettronica quando ricorrono le seguenti condizioni:

a) sia adottata la forma di società per azioni, di società in accomandita per azioni, di società a responsabilità limitata o di società cooperativa;

b) la sede legale e la direzione generale siano situate nel territorio della Repubblica ove è svolta almeno una parte dell'attività soggetta ad autorizzazione (2);

c) il capitale versato sia di ammontare non inferiore a quello determinato dalla Banca d'Italia;

d) venga presentato un programma concernente l'attività iniziale e la struttura organizzativa, unitamente all'atto costitutivo e allo statuto;

e) sussistano i presupposti per il rilascio dell'autorizzazione prevista dall'articolo 19 per i titolari delle partecipazioni ivi indicate (3);

e-bis) i soggetti che svolgono funzioni di amministrazione, direzione e controllo siano idonei, secondo quanto previsto ai sensi dell'articolo 114-quinquies.3 (4);

f) non sussistano, tra gli istituti di moneta elettronica o i soggetti del gruppo di appartenenza e altri soggetti, stretti legami che ostacolino l'effettivo esercizio delle funzioni di vigilanza.

1-bis. Fermo restando quanto previsto dal comma 1, agli istituti di moneta elettronica che intendono prestare il servizio di disposizione di ordini di pagamento si applica l'articolo 114-novies, comma 1-bis (5).

2. La Banca d'Italia nega l'autorizzazione quando dalla verifica delle condizioni indicate nel comma 1 non risulti garantita la sana e prudente gestione ovvero il regolare funzionamento del sistema dei pagamenti.

3. La Banca d'Italia disciplina la procedura di autorizzazione, i casi di revoca e le ipotesi di decadenza quando l'istituto autorizzato non abbia iniziato l'esercizio dell'attività.

4. La Banca d'Italia autorizza all'emissione di moneta elettronica soggetti che esercitino anche altre attività imprenditoriali quando:

a) ricorrano le condizioni indicate al comma 1, ad eccezione del possesso dei requisiti di professionalità degli esponenti aziendali;

b) per l'attività di emissione di moneta elettronica, la prestazione dei servizi di pagamento e per le relative attività accessorie e strumentali sia costituito un unico patrimonio destinato con le modalità e agli effetti stabiliti dagli articoli 114-quinquies.1, comma 5, e 114-terdecies;

c) siano individuati uno o più soggetti responsabili del patrimonio di cui alla lettera b); ad essi si applica l'articolo 26, comma 3, lettere a) e b) (6).

5. Se lo svolgimento delle attività imprenditoriali di cui al comma 4 rischia di danneggiare la solidità finanziaria dell'istituto di moneta elettronica o l'esercizio effettivo della vigilanza, la Banca d'Italia può imporre la costituzione di una società che svolga esclusivamente l'attività di emissione di moneta elettronica.

6. Gli istituti di moneta elettronica italiani possono operare:

a) in un altro Stato comunitario, anche senza stabilirvi succursali, nel rispetto delle procedure fissate dalla Banca d'Italia (7);

b) in uno Stato terzo, anche senza stabilirvi succursali, previa autorizzazione della Banca d'Italia (8).

7. Gli istituti di moneta elettronica con sede legale in un altro Stato comunitario [, che intendono operare in Italia,] possono operare nel territorio della Repubblica anche senza stabilirvi succursali dopo che la Banca d'Italia sia stata informata dall'autorità competente dello Stato di origine (9).

8. Gli istituti di moneta elettronica con sede legale in uno Stato terzo possono operare nel territorio della Repubblica a condizione che stabiliscano una succursale in Italia autorizzata dalla Banca d'Italia ai sensi del presente articolo in presenza di condizioni corrispondenti a quelle del comma 1, lettere c), d), e) ed f). L'autorizzazione è rilasciata, sentito il Ministero degli affari esteri, tenendo anche conto della condizione di reciprocità (10).

9. La Banca d'Italia detta disposizioni attuative del presente articolo.

(1) Articolo inserito dall'art. 55 della l. 1/3/2002, n. 39 (Legge comunitaria) e successivamente sostituito dall'art. 1, co. 3, d.lg. 16/4/2012, n. 45.

(2) Lettera modificata, a decorrere dal 13/1/2018, dall'art. 1, co. 4, lett. a), d.lg. 15/12/2017, n. 218.

(3) Lettera sostituita dall'art. 1, co. 39, lett. a), d.lg. 12/5/2015, n. 72. Vedi inoltre, l'art. 2 del d.lg. 12/5/2015, n. 72.

(4) Lettera aggiunta dall'art. 1, co. 39, lett. b), d.lg. 12/5/2015, n. 72. Vedi inoltre, l'art. 2 del d.lg. 12/5/2015, n. 72.

(5) Comma inserito, a decorrere dal 13/1/2018, dall'art. 1, co. 4, lett. b), d.lg. 15/12/2017, n. 218.

(6) Lettera sostituita dall'art. 1, co. 39, lett. c), d.lg. 12/5/2015, n. 72. Vedi inoltre, l'art. 2 del d.lg. 12/5/2015, n. 72.

(7) Lettera modificata, a decorrere dal 13/1/2018, dall'art. 1, co. 4, lett. c), d.lg. 15/12/2017, n. 218.

(8) Lettera modificata, a decorrere dal 16/11/2015, dall'art. 1, co. 51, lett. a), d.lg. 16/11/2015, n. 181.

(9) Comma modificato, a decorrere dal 13/1/2018, dall'art. 1, co. 4, lett. d), d.lg. 15/12/2017, n. 218.

(10) Comma modificato, a decorrere dal 16/11/2015, dall'art. 1, co. 51, lett. b), d.lg. 16/11/2015, n. 181 e successivamente sostituito, a decorrere dal 13/1/2018, dall'art. 1, co. 4, lett. e), d.lg. 15/12/2017, n. 218.

114 quinquies.1. Forme di tutela e patrimonio destinato (1). – 1. Gli istituti di moneta elettronica registrano per ciascun cliente in poste del passivo, nel rispetto delle modalità stabilite dalla Banca d'Italia, le somme di denaro ricevute dalla clientela per l'emissione di moneta elettronica.

2. Le somme di cui al comma 1 sono investite, nel rispetto delle modalità stabilite dalla Banca d'Italia, in attività che costituiscono patrimonio distinto a tutti gli effetti da quello dell'istituto di moneta elettronica. Su tale patrimonio distinto non sono ammesse azioni dei creditori dell'istituto di moneta elettronica o nell'interesse degli stessi, né quelle dei creditori dell'eventuale soggetto presso il quale le somme di denaro sono depositate. Le azioni dei creditori dei singoli clienti degli istituti di moneta elettronica sono ammesse nel limite di quanto registrato ai sensi del comma 1. Se le somme di denaro ricevute per l'emissione di moneta elettronica sono depositate presso terzi non operano le compensazioni legale e giudiziale e non può essere pattuita la compensazione convenzionale rispetto ai crediti vantati dal depositario nei confronti dell'istituto di moneta elettronica.

3. Ai fini dell'applicazione della disciplina della liquidazione coatta amministrativa all'istituto di moneta elettronica, i detentori di moneta elettronica sono equiparati ai clienti aventi diritto alla restituzione di strumenti finanziari.

4. Per la prestazione dei servizi di pagamento da parte degli istituti di moneta elettronica si applica l'articolo 114-duodecies.

5. Gli istituti di moneta elettronica che svolgano anche altre attività imprenditoriali diverse dall'emissione di moneta elettronica e dalla prestazione dei servizi di pagamento, autorizzati ai sensi dell'articolo 114-quinquies, comma 4, costituiscono un patrimonio destinato unico per l'emissione di moneta elettronica, la prestazione dei servizi di pagamento e per le relative attività accessorie e strumentali. A tale patrimonio destinato si applica l'articolo 114-terdecies, anche con riferimento all'emissione di moneta elettronica.

(1) Articolo inserito dall'art. 1, co. 3, d.lg. 16/4/2012, n. 45.

114 quinquies.2. Vigilanza (1). – 1. Gli istituti di moneta elettronica inviano alla Banca d'Italia, con le modalità e nei termini da essa stabiliti, le segnalazioni periodiche nonché ogni altro dato e documento richiesto. Essi trasmettono anche i bilanci con le modalità e nei termini stabiliti dalla Banca d'Italia.

1-bis. La Banca d'Italia può chiedere informazioni al personale degli istituti di moneta elettronica, anche per il tramite di questi ultimi (2).

1-ter. Gli obblighi previsti dal comma 1 si applicano anche ai soggetti ai quali gli istituti di moneta elettronica abbiano esternalizzato funzioni aziendali essenziali o importanti e al loro personale (2).

2. La Banca d'Italia emana disposizioni di carattere generale aventi a oggetto: il governo societario, l'adeguatezza patrimoniale, il contenimento del rischio nelle sue diverse configurazioni, l'organizzazione amministrativa e contabile, nonché i controlli interni e i sistemi di remunerazione e incentivazione.

3. La Banca d'Italia può:

a) convocare gli amministratori, i sindaci e i dirigenti degli istituti di moneta elettronica per esaminare la situazione degli stessi;

b) ordinare la convocazione degli organi collegiali degli istituti di moneta elettronica, fissandone l'ordine del giorno, e proporre l'assunzione di determinate decisioni;

c) procedere direttamente alla convocazione degli organi collegiali degli istituti di moneta elettronica quando gli organi competenti non abbiano ottemperato a quanto previsto dalla lettera b);

d) adottare per le materie indicate nel comma 2, ove la situazione lo richieda, provvedimenti specifici nei confronti di singoli istituti di moneta elettronica riguardanti anche la restrizione delle attività o della struttura territoriale, il divieto di effettuare determinate operazioni anche di natura societaria e di distribuire utili o altri elementi del patrimonio nonché, con riferimento a strumenti finanziari computabili nel patrimonio a fini di vigilanza, il divieto di pagare interessi;

d-bis) disporre, qualora la loro permanenza in carica sia di pregiudizio per la sana e prudente gestione dell'istituto di moneta elettronica, la rimozione dalla carica di uno o più esponenti; la rimozione non è disposta ove ricorrano gli estremi per pronunciare la decadenza ai sensi dell'articolo 26, salvo che sussista urgenza di provvedere (3).

3-bis. La Banca d'Italia può altresì convocare gli amministratori, i sindaci, i dirigenti dei soggetti ai quali siano state esternalizzate funzioni aziendali essenziali o importanti (4).

4. La Banca d'Italia può effettuare ispezioni presso gli istituti di moneta elettronica, i loro agenti o i soggetti a cui sono esternalizzate funzioni aziendali essenziali o importanti e richiedere a essi l'esibizione di documenti e gli atti che ritenga necessari. La Banca d'Italia notifica all'autorità competente dello Stato ospitante l'intenzione di effettuare ispezioni su succursali, agenti o soggetti a cui sono esternalizzate funzioni aziendali essenziali o importanti di istituti di moneta elettronica italiani operanti nel territorio di quest'ultimo ovvero richiede alle autorità competenti del medesimo Stato di effettuare tali accertamenti (5).

5. Le autorità competenti dello Stato di origine, dopo aver informato la Banca d'Italia, possono ispezionare, anche tramite persone da esse incaricate, succursali, agenti o soggetti a cui sono esternalizzate funzioni aziendali essenziali o importanti di istituti di moneta elettronica comunitari che operano nel territorio della Repubblica. Se le autorità competenti dello Stato di origine lo richiedono, la Banca d'Italia può procedere direttamente agli accertamenti (6).

6. Nel confronti degli istituti di moneta elettronica che svolgano anche altre attività imprenditoriali diverse dall'emissione di moneta elettronica e dalla prestazione dei servizi di pagamento, autorizzati ai sensi dell'articolo 114-quinquies, comma 2, la Banca d'Italia esercita i poteri di vigilanza indicati nel presente articolo sull'attività di emissione di moneta elettronica, prestazione dei servizi di pagamento e sulle attività connesse e strumentali, avendo a riferimento anche il responsabile della gestione dell'attività e il patrimonio destinato.

6-bis. Quando risulta la violazione, da parte di istituti di moneta elettronica comunitari che operano nel territorio della Repubblica, degli obblighi derivanti dalle disposizioni del presente Titolo, del Titolo VI e del decreto legislativo 27 gennaio 2010, n. 11, la Banca d'Italia ne dà comunicazione all'autorità dello Stato di origine affinché quest'ultima adotti i provvedimenti necessari a porre termine alle irregolarità (7).

6-ter. Quando mancano o risultano inadeguati i provvedimenti dell'autorità dello Stato di origine, quando le irregolarità commesse possono pregiudicare interessi generali ovvero nei casi di urgenza per la tutela delle ragioni degli utenti, dei risparmiatori e degli altri soggetti ai quali sono prestati i servizi, la Banca d'Italia può adottare in via provvisoria le misure necessarie, comprese l'imposizione del divieto di intraprendere nuove operazioni e la chiusura della succursale, dandone comunicazione all'autorità dello Stato di origine (7).

(1) Articolo inserito dall'art. 1, co. 3, d.lg. 16/4/2012, n. 45.

(2) Comma inserito dall'art. 1, co. 40, lett. a), d.lg. 12/5/2015, n. 72.

(3) Lettera inserita dall'art. 1, co. 40, lett. b), d.lg. 12/5/2015, n. 72.

(4) Comma inserito dall'art. 1, co. 40, lett. c), d.lg. 12/5/2015, n. 72.

(5) Comma sostituito dall'art. 1, co. 40, lett. d), d.lg. 12/5/2015, n. 72 e successivamente, a decorrere dal 13/1/2018, dall'art. 1, co. 5, lett. a), d.lg. 15/12/2017, n. 218.

(6) Comma sostituito dall'art. 1, co. 40, lett. e), d.lg. 12/5/2015, n. 72 e successivamente, a decorrere dal 13/1/2018, dall'art. 1, co. 5, lett. a), d.lg. 15/12/2017, n. 218.

(7) Comma inserito dall'art. 1, co. 40, lett. f), d.lg. 12/5/2015, n. 72 e successivamente sostituito, a decorrere dal 13/1/2018, dall'art. 1, co. 5, lett. b), d.lg. 15/12/2017, n. 218.

114 quinquies.3. Rinvio (1). – 1. Agli istituti di moneta elettronica si applicano, in quanto compatibili, le disposizioni contenute negli articoli 19, 20, 21, 22, 22-bis, 23, 24, 52, 139 e 140 nonché nel titolo VI. I provvedimenti previsti nell'articolo 19 sono adottati dalla Banca d'Italia. Agli emittenti che agiscono in veste di pubblica autorità si applicano solo gli articoli 114-ter e 126-novies nonché, relativamente a queste disposizioni, gli articoli 39 e 40 del decreto legislativo 27 gennaio 2010, n. 11 (2).

1-bis. Ai soggetti che svolgono funzioni di amministrazione, direzione e controllo presso istituti di moneta elettronica si applica l'articolo 26, ad eccezione del comma 3, lettere c) ed e); il decreto di cui all'articolo 26 può prevedere l'applicazione dei criteri di competenza definiti ai sensi del medesimo articolo, comma 3, lettera c), avuto riguardo alla complessità operativa, dimensionale e organizzativa degli istituti, nonché alla natura specifica dell'attività svolta (3).

1-ter. Ai titolari delle partecipazioni indicate all'articolo 19 in istituti di moneta elettronica si applica l'articolo 25, ad eccezione del comma 2, lettera b); il decreto di cui all'articolo 25 può prevedere l'applicazione dei criteri di competenza definiti ai sensi del medesimo articolo, comma 2, lettera b), avuto riguardo alla complessità operativa, dimensionale e organizzativa degli istituti, nonché alla natura specifica dell'attività svolta (3).

2. Agli istituti di moneta elettronica che non esercitano attività imprenditoriali diverse dall'emissione di moneta elettronica o dalla prestazione di servizi di pagamento, si applicano altresì gli articoli 78, 82, 113-bis e 113-ter (4).

3. La Banca d'Italia può dettare disposizioni attuative ai fini dell'applicazione delle norme di cui al presente articolo.

(1) Articolo inserito dall'art. 1, co. 3, d.lg. 16/4/2012, n. 45.

(2) Comma sostituito dall'art. 1, co. 41, lett. a), d.lg. 12/5/2015, n. 72, modificato dall'art. 1, co. 22, d.lg. 14/11/2016, n. 223 e successivamente dall'art. 1, co. 57, d.lg. 8/11/2021, n. 182.

(3) Comma inserito dall'art. 1, co. 41, lett. b), d.lg. 12/5/2015, n. 72.

(4) Comma sostituito dall'art. 1, co. 41, lett. c), d.lg. 12/5/2015, n. 72.

114 quinquies.4. Deroghe (1). – 1. La Banca d'Italia può esentare gli istituti di moneta elettronica dall'applicazione di disposizioni previste dal presente titolo, quando ricorrono congiuntamente le seguenti condizioni:

a) le attività complessive generano una moneta elettronica media in circolazione non superiore al limite stabilito dalla Banca d'Italia in base al piano aziendale dell'istituto di moneta elettronica; tale limite in ogni caso non supera i 5 milioni di euro;

b) coloro che svolgono funzioni di amministrazione, direzione e controllo nell'istituto di moneta elettronica non hanno subito condanne per riciclaggio di denaro o finanziamento del terrorismo o altri reati finanziari.

2. La Banca d'Italia può prevedere limiti di avvaloramento degli strumenti di moneta elettronica emessi dagli istituti di cui al comma 1.

3. Gli istituti di moneta elettronica esentati ai sensi del comma 1 non beneficiano delle disposizioni per il mutuo riconoscimento.

4. La Banca d'Italia stabilisce le procedure che i soggetti di cui al comma 1 seguono per comunicare ogni variazione delle condizioni di cui al comma 1 nonché le modalità con le quali devono essere comunicati i volumi operativi di cui al comma 1, lettera a).

5. Gli istituti di moneta elettronica esentati ai sensi del comma 1 possono prestare servizi di pagamento soltanto ove ricorrano le condizioni previste dall'articolo 114-sexiesdecies.

(1) Articolo inserito dall'art. 1, co. 3, d.lg. 16/4/2012, n. 45.

Titolo V ter
ISTITUTI DI PAGAMENTO (1)

(1) Titolo inserito dall'art. 33, co. 1, d.lg. 27/1/2010, n. 11.

114 sexies. Servizi di pagamento (1). – 1. La prestazione di servizi di pagamento è riservata alle banche, agli istituti di moneta elettronica e agli istituti di pagamento. Possono prestare servizi di pagamento, nel rispetto delle disposizioni ad essi applicabili, la Banca centrale europea, le banche centrali comunitarie, lo Stato italiano e gli altri Stati comunitari, le pubbliche amministrazioni statali, regionali e locali, nonché Poste Italiane.

(1) Articolo inserito, a decorrere dal 1/3/2010, dall'art. 33, co. 1, d.lg. 27/1/2010, n. 11.

114 septies. Albo degli istituti di pagamento (1). – 1. La Banca d'Italia iscrive in un apposito albo, consultabile pubblicamente, accessibile sul sito internet ed aggiornato periodicamente, gli istituti di pagamento autorizzati in Italia, con indicazione della tipologia di servizi che sono autorizzati a prestare e i relativi agenti; sono iscritte altresì le succursali di istituti di pagamento italiani stabilite in uno Stato comunitario diverso dall'Italia. Per i prestatori dei servizi di disposizione di ordini di pagamento, l'albo riporta anche i dati identificativi della polizza assicurativa o della analoga garanzia di cui al comma 1-bis dell'articolo 114-novies (2).

1-bis. La Banca d'Italia comunica senza indugio all'ABE le informazioni iscritte nell'albo e ogni relativa modifica, nonché, in caso di revoca dell'autorizzazione o dell'esenzione concessa ai sensi dell'articolo 114-sexiesdecies, le ragioni che le hanno determinate (3).

2. Gli istituti di pagamento indicano negli atti e nella corrispondenza l'iscrizione nell'albo.

2-bis. I soggetti che prestano esclusivamente il servizio di informazione sui conti sono iscritti in una sezione speciale dell'albo di cui al comma 1, se ricorrono le condizioni previste dall'articolo 114-novies, comma 1, lettere a), b), d), e-bis) e f) e se hanno stipulato una polizza di assicurazione della responsabilità civile o analoga garanzia per i danni arrecati al prestatore di servizi di pagamento di radicamento del conto o all'utente dei servizi di pagamento. I dati identificativi della polizza assicurativa o della analoga garanzia di cui al presente comma sono altresì pubblicati nell'albo di cui al comma 1 (4).

2-ter. Le informazioni rese ai sensi dell'articolo 2, comma 4-bis, del decreto legislativo 27 gennaio 2010, n. 11, sono pubblicate in un'appendice dell'albo previsto al comma 1, secondo le modalità stabilite dalla Banca d'Italia (4).

3. Per la prestazione dei servizi di pagamento in Italia gli istituti di pagamento possono avvalersi soltanto degli agenti in attività finanziaria, di cui al decreto legislativo 25 settembre 1999, n. 374, nonché degli altri soggetti autorizzati alla prestazione di servizi di pagamento di cui all'articolo 114-sexies.*

(1) Articolo inserito, a decorrere dal 1/3/2010, dall'art. 33, co. 1, d.lg. 27/1/2010, n. 11.

(2) Comma sostituito, a decorrere dal 13/1/2018, dall'art. 1, co. 6, lett. a), d.lg. 15/12/2017, n. 218.

(3) Comma inserito, a decorrere dal 13/1/2018, dall'art. 1, co. 6, lett. b), d.lg. 15/12/2017, n. 218.

(4) Comma inserito, a decorrere dal 13/1/2018, dall'art. 1, co. 6, lett. c), d.lg. 15/12/2017, n. 218.

* Comma abrogato dall'art. 28, co. 4, d.lg. 13/8/2010, n. 141.

114 octies. Attività accessorie esercitabili (1). – 1. Gli istituti di pagamento possono esercitare le seguenti attività accessorie alla prestazione di servizi di pagamento:

a) concedere crediti in stretta relazione ai servizi di pagamento prestati e nei limiti e con le modalità stabilite dalla Banca d'Italia;

b) prestare servizi operativi o strettamente connessi, come la prestazione di garanzie per l'esecuzione di operazioni di pagamento, servizi di cambio, attività di custodia e registrazione e trattamento di dati;

c) gestire sistemi di pagamento.

2. La Banca d'Italia detta specifiche disposizioni per la concessione di credito collegata all'emissione o alla gestione di carte di credito.

(1) Articolo inserito, a decorrere dal 1/3/2010, dall'art. 33, co. 1, d.lg. 27/1/2010, n. 11.

114 nonies. Autorizzazione (1). – 1. La Banca d'Italia autorizza gli istituti di pagamento quando ricorrano le seguenti condizioni:

a) sia adottata la forma di società per azioni, di società in accomandita per azioni, di società a responsabilità limitata o di società cooperativa (2);

b) la sede legale e la direzione generale siano situate nel territorio della Repubblica ove è svolta almeno una parte dell'attività avente a oggetto servizi di pagamento (3);

c) il capitale versato sia di ammontare non inferiore a quello determinato dalla Banca d'Italia (2);

d) venga presentato un programma concernente l'attività iniziale e la struttura organizzativa, unitamente all'atto costitutivo e allo statuto;

e) sussistano i presupposti per il rilascio dell'autorizzazione prevista dall'articolo 19 per i titolari delle partecipazioni ivi indicate (4);

e-bis) i soggetti che svolgono funzioni di amministrazione, direzione e controllo siano idonei, secondo quanto previsto ai sensi dell'articolo 114-undecies (5);

f) non sussistano, tra gli istituti di pagamento o i soggetti del gruppo di appartenenza e altri soggetti, stretti legami che ostacolino l'effettivo esercizio delle funzioni di vigilanza.

1-bis. Fermo restando quanto previsto dal comma 1, la Banca d'Italia autorizza gli istituti di pagamento alla prestazione del servizio di disposizione di ordini di pagamento a condizione che abbiano stipulato una polizza di assicurazione della responsabilità civile o analoga forma di garanzia per i danni arrecati nell'esercizio dell'attività derivanti da condotte proprie o di terzi (6).

2. La Banca d'Italia nega l'autorizzazione quando dalla verifica delle condizioni indicate nel comma 1 non risulti garantita la sana e prudente gestione ovvero il regolare funzionamento del sistema dei pagamenti.

3. La Banca d'Italia disciplina la procedura di autorizzazione i criteri di valutazione delle condizioni del comma 1, i casi di revoca e le ipotesi di decadenza quando l'istituto autorizzato non abbia iniziato l'esercizio dell'attività (7).

4. La Banca d'Italia, autorizza alla prestazione di servizi di pagamento soggetti che esercitino altre attività imprenditoriali quando:

a) ricorrano le condizioni indicate al comma 1, ad eccezione del possesso dei requisiti di professionalità degli esponenti aziendali;

b) per la prestazione dei servizi di pagamento e per le relative attività accessorie e strumentali sia costituito un patrimonio destinato con le modalità e agli effetti stabiliti dall'articolo 114-terdecies;

c) siano individuati uno o più soggetti responsabili del patrimonio di cui alla lettera b); ad essi si applica l'articolo 26, limitatamente ai requisiti di onorabilità e professionalità (8).

5. Se lo svolgimento delle altre attività imprenditoriali rischia di danneggiare la solidità finanziaria dell'istituto di pagamento o l'esercizio effettivo della vigilanza, la Banca d'Italia può imporre la costituzione di una società che svolga esclusivamente l'attività di prestazione dei servizi di pagamento (9).

5-bis. La Banca d'Italia detta disposizioni attuative del presente articolo (10).

(1) Articolo inserito, a decorrere dal 1/3/2010, dall'art. 33, co. 1, d.lg. 27/1/2010, n. 11.

(2) Lettera sostituita dall'art. 4, co. 1, d.lg. 29/12/2011, n. 230.

(3) Lettera modificata dall'art. 1, co. 7, lett. a), d.lg. 15/12/2017, n. 218.

(4) Lettera sostituita dall'art. 4, co. 1, d.lg. 29/12/2011, n. 230 e successivamente dall'art. 1, co. 42, lett. a), d.lg. 12/5/2015, n. 72. Vedi inoltre, l'art. 2 del d.lg. 12/5/2015, n. 72.

(5) Lettera aggiunta dall'art. 1, co. 42, lett. b), d.lg. 12/5/2015, n. 72. Vedi inoltre, l'art. 2 del d.lg. 12/5/2015, n. 72.

(6) Comma inserito, a decorrere dal 13/1/2018, dall'art. 1, co. 7, lett. b), d.lg. 15/12/2017, n. 218.

(7) Comma modificato, a decorrere dal 13/1/2018, dall'art. 1, co. 7, lett. c), d.lg. 15/12/2017, n. 218.

(8) Comma sostituito dall'art. 4, co. 2, d.lg. 29/12/2011, n. 230.

(9) Comma sostituito dall'art. 4, co. 3, d.lg. 29/12/2011, n. 230.

(10) Comma aggiunto dall'art. 4, co. 4, d.lg. 29/12/2011, n. 230.

114 decies. Operatività transfrontaliera (1). – 1. Gli istituti di pagamento italiani possono stabilire succursali nel territorio della Repubblica e degli altri Stati comunitari nel rispetto delle procedure fissate dalla Banca d'Italia.

2. Gli istituti di pagamento comunitari possono stabilire succursali nel territorio della Repubblica. Il primo insediamento è preceduto da una comunicazione alla Banca d'Italia da parte dell'autorità competente dello Stato di origine (2).

3. Gli istituti di pagamento italiani possono prestare i servizi di pagamento in un altro Stato comunitario senza stabilirvi succursali, nel rispetto delle procedure fissate dalla Banca d'Italia (3).

4. Gli istituti di pagamento comunitari possono prestare i servizi di pagamento nel territorio della Repubblica senza stabilirvi succursali dopo che la Banca d'Italia sia stata informata dall'autorità competente dello Stato di origine (4).

4-bis. Gli istituti di pagamento comunitari, che ai sensi dei commi 2 e 4 prestano servizi di pagamento in Italia, concedono credito collegato all'emissione o alla gestione di carte di credito nel rispetto delle condizioni stabilite dalla Banca d'Italia. Quando queste ultime non ricorrono, l'esercizio di tale attività è subordinato al rilascio dell'autorizzazione; si applica, in quanto compatibile, l'articolo 114-novies (5).

5. Gli istituti di pagamento italiani possono stabilire succursali o prestare servizi di pagamento in uno Stato terzo senza stabilirvi succursali previa autorizzazione della Banca d'Italia (6).

6. Il presente articolo si applica anche nel caso di operatività transfrontaliera mediante l'impiego di agenti.

(1) Articolo inserito, a decorrere dal 1/3/2010, dall'art. 33, co. 1, d.lg. 27/1/2010, n. 11.

(2) Comma modificato, a decorrere dal 13/1/2018, dall'art. 1, co. 8, lett. a), d.lg. 15/12/2017, n. 218.

(3) Comma sostituito, a decorrere dal 13/1/2018, dall'art. 1, co. 8, lett. b), d.lg. 15/12/2017, n. 218.

(4) Comma modificato, a decorrere dal 13/1/2018, dall'art. 1, co. 8, lett. c), d.lg. 15/12/2017, n. 218.

(5) Comma inserito dall'art. 2, co. 1, d.lg. 29/12/2011, n. 230 e successivamente modificato, a decorrere dal 13/1/2018, dall'art. 1, co. 8, lett. c), d.lg. 15/12/2017, n. 218.

(6) Comma modificato, a decorrere dal 16/11/2015, dall'art. 1, co. 52, d.lg. 16/11/2015, n. 181.

114 undecies. Rinvio (1). – 1. Agli istituti di pagamento si applicano, in quanto compatibili, le disposizioni contenute negli articoli 19, 20, 21, 22, 22-bis, 23, 24, 52, 139 e 140 nonché nel titolo VI. I provvedimenti previsti nell'articolo 19 sono adottati dalla Banca d'Italia (2).

1-bis. Ai soggetti che svolgono funzioni di amministrazione, direzione e controllo presso istituti di pagamento si applica l'articolo 26, ad eccezione del comma 3, lettere c) ed e); il decreto di cui all'articolo 26 può prevedere l'applicazione dei criteri di competenza definiti ai sensi del medesimo articolo, comma 3, lettera c), avuto riguardo alla complessità operativa, dimensionale e organizzativa degli istituti, nonché alla natura specifica dell'attività svolta (3).

1-ter. Ai titolari delle partecipazioni indicate all'articolo 19 in istituti di pagamento si applica l'articolo 25, ad eccezione del comma 2, lettera b); il decreto di cui all'articolo 25 può prevedere l'applicazione dei criteri di competenza definiti ai sensi del medesimo articolo, comma 2, lettera b), avuto riguardo alla complessità operativa, dimensionale e organizzativa degli istituti, nonché alla natura specifica dell'attività svolta (3).

2. Agli istituti di pagamento che non esercitino attività imprenditoriali diverse dalla prestazione dei servizi di pagamento ai sensi dell'articolo 114-novies, comma 4, si applicano altresì gli articoli 78, 82, 113-bis e 113-ter, ad eccezione del comma 7, [114-quinquies.2, commi 6-bis e 6-ter] (4).

2-bis. Agli istituti di pagamento si applica l'articolo 114-quinquies.2, commi 6-bis e 6-ter (5).

3. La Banca d'Italia può dettare disposizioni attuative ai fini dell'applicazione delle norme di cui al presente articolo.

(1) Articolo inserito, a decorrere dal 1/3/2010, dall'art. 33, co. 1, d.lg. 27/1/2010, n. 11 e, successivamente, sostituito dall'art. 4, co. 5, d.lg. 29/12/2011, n. 230.

(2) Comma sostituito dall'art. 1, co. 43, lett. a), del d.lg. 12/5/2015, n. 72 modificato dall'art. 1, co. 16, d.lg. 14/11/2016, n. 223 1, co. 23, d.lg. 14/11/2016, n. 223. Vedi inoltre, l'art. 2 del d.lg. 12/5/2015, n. 72. Successivamente modificato dall'art. 1, co. 59, d.lg. 8/11/2021, n. 182.

(3) Comma aggiunto dall'art. 1, co. 43, lett. b), d.lg. 12/5/2015, n. 72. Vedi inoltre, l'art. 2 del d.lg. 12/5/2015, n. 72.

(4) Comma sostituito dall'art. 1, co. 43, lett. c), d.lg. 12/5/2015, n. 72. Vedi inoltre, l'art. 2 del d.lg. 12/5/2015, n. 72. Da ultimo modificato, a decorrere dal 13/1/2018, dall'art. 1, co. 9, lett. a), d.lg. 15/12/2017, n. 218.

(5) Comma inserito, a decorrere dal 13/1/2018, dall'art. 1, co. 9, lett. b), d.lg. 15/12/2017, n. 218.

114 duodecies. Conti di pagamento e forme di tutela (1). – 1. Gli istituti di pagamento registrano per ciascun cliente in poste del passivo, nel rispetto delle modalità stabilite dalla Banca d'Italia, le somme di denaro della clientela in conti di pagamento utilizzati esclusivamente per la prestazione dei servizi di pagamento.

1-bis. Gli istituti di pagamento che prestano i servizi di pagamento di cui all'articolo 1, comma 2, lettera h-septies.1), numeri da 1 a 6, tutelano tutti i fondi ricevuti dagli utenti di servizi di pagamento, ivi inclusi quelli registrati in conti di pagamento di cui al comma 1 e tramite un altro prestatore di servizi di pagamento per l'esecuzione di operazioni di pagamento, secondo quanto previsto al comma 2 (2).

2. Le somme di denaro sono investite, nel rispetto delle modalità stabilite dalla Banca d'Italia, in attività che costituiscono patrimonio distinto a tutti gli effetti da quello dell'istituto di pagamento. Su tale patrimonio distinto non sono ammesse azioni dei creditori dell'istituto di pagamento o nell'interesse degli stessi, né quelle dei creditori dell'eventuale soggetto presso il quale le somme sono depositate. Le azioni dei creditori dei singoli clienti degli istituti di pagamento sono ammesse nel limite di quanto registrato ai sensi del comma 1. Se le somme di denaro ricevute dagli utenti di servizi di pagamento sono depositate presso terzi non operano le compensazioni legale e giudiziale e non può essere pattuita la compensazione convenzionale rispetto ai crediti vantati dal depositario nei confronti dell'istituto di pagamento (3).

3. Ai fini dell'applicazione della disciplina della liquidazione coatta amministrativa, i titolari di conti di pagamento sono equiparati ai clienti aventi diritto alla restituzione di strumenti finanziari.

(1) Articolo inserito, a decorrere dal 1/3/2010, dall'art. 33, co. 1, d.lg. 27/1/2010, n. 11 e, successivamente, sostituito dall'art. 4, co. 6, d.lg. 29/12/2011, n. 230.

(2) Comma inserito, a decorrere dal 13/1/2018, dall'art. 1, co. 10, lett. a), d.lg. 15/12/2017, n. 218.

(3) Comma modificato, a decorrere dal 13/1/2018, dall'art. 1, co. 10, lett. b), d.lg. 15/12/2017, n. 218.

114 terdecies. Patrimonio destinato (1). – 1. Gli istituti di pagamento che svolgano anche attività imprenditoriali diverse dalla prestazione dei servizi di pagamento, autorizzati ai sensi dell'articolo 114-novies, comma 4, devono costituire un patrimonio destinato per la prestazione dei servizi di pagamento e per le relative attività accessorie e strumentali. A tal fine essi adottano apposita deliberazione contenente l'esatta descrizione dei beni e dei rapporti giuridici destinati e delle modalità con le quali è possibile disporre, integrare e sostituire elementi del patrimonio destinato. La deliberazione è depositata e iscritta a norma dell'articolo 2436 del codice civile. Si applica il secondo comma dell'articolo 2447-quater del codice civile.

2. Decorso il termine di cui al secondo comma dell'articolo 2447-quater del codice civile ovvero dopo l'iscrizione nel registro delle imprese del provvedimento del tribunale ivi previsto, i beni e i rapporti giuridici individuati sono destinati esclusivamente al soddisfacimento dei diritti degli utenti dei servizi di pagamento e di quanti vantino diritti derivanti dall'esercizio delle attività accessorie e strumentali e costituiscono patrimonio separato a tutti gli effetti da quello dell'istituto e dagli altri eventuali patrimoni destinati. Fino al completo soddisfacimento dei diritti dei soggetti a cui vantaggio la destinazione è effettuata, sul patrimonio destinato e sui frutti e proventi da esso derivanti sono ammesse azioni soltanto a tutela dei diritti dei predetti soggetti. Si applica l'articolo 114-duodecies, comma 2.

3. In caso di incapienza del patrimonio destinato l'istituto di pagamento risponde anche con il proprio patrimonio delle obbligazioni nei confronti degli utenti dei servizi di pagamento e di quanti vantino diritti derivanti dall'esercizio delle attività accessorie e strumentali.

4. Con riferimento al patrimonio destinato l'istituto di pagamento tiene separatamente i libri e le scritture contabili prescritti dagli articoli 2214, e seguenti, del codice civile, nel rispetto dei principi contabili internazionali. Gli amministratori redigono un separato rendiconto per il patrimonio destinato, da allegare al bilancio d'esercizio dell'istituto di pagamento (2).

5. In caso di sottoposizione a procedura concorsuale del soggetto autorizzato alla prestazione di servizi di pagamento ai sensi dell'articolo 114-novies, comma 4, l'amministrazione del patrimonio destinato è attribuita agli organi della procedura, che provvedono con gestione separata alla liquidazione dello stesso secondo le regole ordinarie. Gli ordini di pagamento e le attività accessorie e strumentali a valere sul patrimonio destinato che siano state avviate prima dell'avvio della procedura continuano ad avere esecuzione e ad esso continuano ad applicarsi le previsioni contenute nel presente articolo. A decorrere dalla data di apertura della procedura non possono essere accettati nuovi ordini di pagamento né stipulati nuovi contratti. Gli organi della procedura possono trasferire o affidare in gestione a banche o altri intermediari autorizzati alla prestazione di servizi di pagamento, i beni e i rapporti giuridici ricompresi nel patrimonio destinato e le relative passività. Ai fini della liquidazione del patrimonio destinato si applica l'articolo 91, commi 2 e 3, intendendosi equiparati gli utenti dei servizi di pagamento ai clienti aventi diritto alla restituzione di strumenti finanziari.

6. La Banca d'Italia può nominare un liquidatore per gli adempimenti di cui al comma 5, in luogo degli organi della procedura, ove ciò sia necessario per l'ordinata liquidazione del patrimonio destinato.

7. Il tribunale competente per l'avvio della procedura concorsuale del soggetto autorizzato alla prestazione di servizi di pagamento informa la Banca d'Italia della pendenza del procedimento.

7-bis. Ai patrimoni destinati costituiti ai sensi del presente articolo si applicano esclusivamente le disposizioni del codice civile espressamente richiamate (3).

(1) Articolo inserito, a decorrere dal 1/3/2010, dall'art. 33, co. 1, d.lg. 27/1/2010, n. 11.

(2) Comma modificato dall'art. 1, co. 1, d.lg. 29/12/2011, n. 230.

(3) Comma aggiunto dall'art. 4, co. 7, d.lg. 29/12/2011, n. 230.

114 quaterdecies. Vigilanza (1). – 1. Gli istituti di pagamento inviano alla Banca d'Italia, con le modalità e nei termini da essa stabiliti, le segnalazioni periodiche nonché ogni altro dato e documento richiesto. Essi trasmettono anche i bilanci con le modalità e nei termini stabiliti dalla Banca d'Italia.

1-bis. La Banca d'Italia può chiedere informazioni al personale degli istituti di pagamento, anche per il tramite di questi ultimi (2).

1-ter. Gli obblighi previsti dal comma 1 si applicano anche ai soggetti ai quali gli istituti di pagamento abbiano esternalizzato funzioni aziendali essenziali o importanti e al loro personale (2).

2. La Banca d'Italia emana disposizioni di carattere generale aventi a oggetto: il governo societario, l'adeguatezza patrimoniale, il contenimento del rischio nelle sue diverse configurazioni, l'organizzazione amministrativa e contabile nonché i controlli interni e i sistemi di remunerazione e incentivazione (3).

3. La Banca d'Italia può:

a) convocare gli amministratori, i sindaci e i dirigenti degli istituti di pagamento per esaminare la situazione degli stessi;

b) ordinare la convocazione degli organi collegiali degli istituti di pagamento, fissandone l'ordine del giorno, e proporre l'assunzione di determinate decisioni;

c) procedere direttamente alla convocazione degli organi collegiali degli istituti di pagamento quando gli organi competenti non abbiano ottemperato a quanto previsto dalla lettera b);

d) adottare per le materie indicate nel comma 2, ove la situazione lo richieda, provvedimenti specifici nei confronti di singoli istituti di pagamento, riguardanti anche: la restrizione delle attività o della struttura territoriale; il divieto di effettuare determinate operazioni, anche di natura societaria, e di distribuire utili o altri elementi del patrimonio, nonché, con riferimento a strumenti finanziari computabili nel patrimonio a fini di vigilanza, il divieto di pagare interessi (4);

d-bis) disporre, qualora la loro permanenza in carica sia di pregiudizio per la sana e prudente gestione dell'istituto di pagamento, la rimozione dalla carica di uno o più esponenti aziendali; la rimozione non è disposta ove ricorrano gli estremi per pronunciare la decadenza ai sensi dell'articolo 26, salvo che sussista urgenza di provvedere (5).

3-bis. La Banca d'Italia può altresì convocare gli amministratori, i sindaci e i dirigenti dei soggetti ai quali siano state esternalizzate funzioni aziendali essenziali o importanti (6).

4. La Banca d'Italia può effettuare ispezioni presso gli istituti di pagamento, i loro agenti o i soggetti a cui sono esternalizzate funzioni aziendali essenziali o importanti e richiedere a essi l'esibizione di documenti e gli atti che ritenga necessari. La Banca d'Italia notifica all'autorità competente dello Stato ospitante l'intenzione di effettuare ispezioni su succursali, agenti o soggetti a cui sono esternalizzate funzioni aziendali essenziali o importanti di istituti di pagamento italiani operanti nel territorio di quest'ultimo ovvero richiede alle autorità competenti del medesimo Stato di effettuare tali accertamenti (7).

5. Le autorità competenti dello Stato di origine, dopo aver informato la Banca d'Italia, possono ispezionare, anche tramite persone da esse incaricate, succursali, agenti o soggetti a cui sono esternalizzate funzioni aziendali essenziali o importanti di istituti di pagamento comunitari che operano nel territorio della Repubblica. Se le autorità competenti dello Stato di origine lo richiedono, la Banca d'Italia può procedere direttamente agli accertamenti (8).

6. Nei confronti degli istituti di pagamento che svolgano anche attività imprenditoriali diverse dalla prestazione dei servizi di pagamento, autorizzati ai sensi dell'articolo 114-novies, comma 4, la Banca d'Italia esercita i poteri di vigilanza indicati nel presente articolo sull'attività di prestazione dei servizi di pagamento e sulle attività connesse e strumentali, avendo a riferimento anche il responsabile della gestione dell'attività e il patrimonio destinato.

(1) Articolo inserito, a decorrere dal 1/3/2010, dall'art. 33, co. 1, d.lg. 27/1/2010, n. 11.

(2) Comma aggiunto dall'art. 1, co. 44, lett. a), d.lg. 12/5/2015, n. 72. Vedi inoltre, l'art. 2 del d.lg. 12/5/2015, n. 72.

(3) Comma sostituito dall'art. 27, co. 1, lett. a), d.lg. 19/9/2012, n. 169.

(4) Lettera sostituita dall'art. 4, co. 8, d.lg. 29/12/2011, n. 230 e successivamente dall'art. 27, co. 1, lett. b), d.lg. 19/9/2012, n. 169

(5) Lettera aggiunta dall'art. 1, co. 44, lett. b), d.lg. 12/5/2015, n. 72. Vedi inoltre, l'art. 2 del d.lg. 12/5/2015, n. 72.

(6) Comma aggiunto dall'art. 1, co. 44, lett. c), d.lg. 12/5/2015, n. 72. Vedi inoltre, l'art. 2 del d.lg. 12/5/2015, n. 72.

(7) Comma sostituito dall'art. 1, co. 44, lett. d), d.lg. 12/5/2015, n. 72. Vedi inoltre, l'art. 2 del d.lg. 12/5/2015, n. 72. Successivamente sostituito, a decorrere dal 13/1/2018, dall'art. 1, co. 11, lett. a), d.lg. 15/12/2017, n. 218.

(8) Comma sostituito dall'art. 1, co. 44, lett. e), d.lg. 12/5/2015, n. 72. Vedi inoltre, l'art. 2 del d.lg. 12/5/2015, n. 72. Successivamente sostituito, a decorrere dal 13/1/2018, dall'art. 1, co. 11, lett. b), d.lg. 15/12/2017, n. 218.

114 quinquiesdecies. Scambio di informazioni (1). – 1. Fermo restando quanto previsto nell'articolo 7, la Banca d'Italia scambia informazioni con:

a) la Banca centrale europea e le banche centrali nazionali degli Stati membri, in quanto autorità monetarie e di sorveglianza sul sistema dei pagamenti, e, se opportuno, altre autorità pubbliche responsabili della sorveglianza sui sistemi di pagamento e di regolamento;

b) altre autorità competenti ai sensi di disposizioni comunitarie applicabili ai prestatori di servizi di pagamento.

(1) Articolo inserito, a decorrere dal 1/3/2010, dall'art. 33, co. 1, d.lg. 27/1/2010, n. 11.

114 sexiesdecies. Deroghe (1). – 1. La Banca d'Italia può esentare i soggetti iscritti nell'albo degli istituti di pagamento dall'applicazione, in tutto o in parte, di alcune delle disposizioni previste dal presente titolo, quando ricorrono congiuntamente le seguenti condizioni (2):

a) la media mensile, calcolata sui precedenti dodici mesi, dell'importo complessivo delle operazioni di pagamento eseguite dal soggetto interessato, compreso qualsiasi agente di cui è responsabile, non superi i 3 milioni di euro; la Banca d'Italia valuta tale condizione in base al piano aziendale prodotto dal soggetto interessato;

b) nessuna delle persone fisiche responsabili della gestione o del funzionamento dell'impresa abbia subito condanne per riciclaggio di denaro o finanziamento del terrorismo o altri reati finanziari.

2. La Banca d'Italia stabilisce quali tra i servizi di pagamento di cui all'articolo 1, comma 2, lettera h-septies.1), numeri da 1) a 6), possono essere prestati dai soggetti di cui al comma 1 (3).

3. Ai soggetti esentati ai sensi del comma 1 non si applica l'articolo 114-decies.

4. La Banca d'Italia stabilisce le procedure che i soggetti di cui al comma 1 devono seguire per comunicare ogni variazione delle condizioni di cui ai commi 1, 2 e 3 (4).

(1) Articolo inserito, a decorrere dal 1/3/2010, dall'art. 33, co. 1, d.lg. 27/1/2010, n. 11.

(2) Alinea modificato, a decorrere dal 13/1/2018, dall'art. 1, co. 12, lett. a), d.lg. 15/12/2017, n. 218.

(3) Comma modificato, a decorrere dal 13/1/2018, dall'art. 1, co. 12, lett. b), d.lg. 15/12/2017, n. 218.

(4) A norma dell'art. 5, co. 4, d.lg. 15/12/2017, n. 218, gli istituti di cui al presente articolo autorizzati a operare alla data del 13/1/2018 possono continuare a esercitare le attività cui si riferisce l'autorizzazione fino al 13/1/2019.

114 septiesdecies. Prestatori del servizio di informazione sui conti (1). – 1. Ai soggetti che prestano unicamente il servizio di informazione sui conti non si applicano gli articoli 114-octies, 114-novies, commi 4 e 5, 114-undecies, commi 1 e 1-ter, 114-duodecies, 114-terdecies, 114-sexiesdecies; si applicano gli articoli 126-bis, comma 4, 126-quater, comma 1, lettera a), 128, [128-bis,] 128-ter (2).

(1) Articolo inserito, a decorrere dal 13/1/2018, dall'art. 1, co. 13, d.lg. 15/12/2017, n. 218.

(2) Comma modificato dall'art. 1, co. 1, lett. b), d.lg. 8/4/2020, n. 36.

114 octiesdecies. Apertura e mantenimento di conti di pagamento presso una banca (1). – 1. Le banche assicurano agli istituti di pagamento l'apertura e il mantenimento di conti di pagamento che consentono a questi ultimi di fornire servizi di pagamento in modo agevole, efficiente e non discriminatorio. Le banche possono negare o revocare l'apertura di conti di pagamento in caso di contrasto con obiettivi di ordine pubblico o di pubblica sicurezza individuati ai sensi dell'articolo 126 o qualora ricorrano altri giustificati motivi ostativi in base alle disposizioni in materia di contrasto del riciclaggio e del finanziamento del terrorismo.

2. Le banche notificano immediatamente alla Banca d'Italia il rifiuto dell'apertura di un conto di pagamento o la sua revoca. La notifica contiene tutte le necessarie e adeguate motivazioni relative alla chiusura o revoca del conto di pagamento. La Banca d'Italia individua, con proprio provvedimento, le modalità della notifica.

(1) Articolo inserito, a decorrere dal 13/1/2018, dall'art. 1, co. 13, d.lg. 15/12/2017, n. 218.

TITOLO VI
TRASPARENZA DELLE CONDIZIONI CONTRATTUALI E DEI RAPPORTI CON I CLIENTI (1)

(1) Rubrica sostituita dall'art. 4 del d.lg. 13/8/2010, n. 141.

Capo I
Operazioni e servizi bancari e finanziari (1)

(1) Capo sostituito dall'art. 4 del d.lg. 13/8/2010, n. 141, con la decorrenza indicata al co. 2 dell'art. 6 del medesimo d.lg. n. 141/2010.

115. Ambito di applicazione (1). – 1. Le norme del presente titolo si applicano alle attività svolte nel territorio della Repubblica dalle banche e dagli intermediari finanziari (2).

2. Il Ministro dell'economia e delle finanze può individuare, in considerazione dell'attività svolta, altri soggetti da sottoporre alle norme del presente capo.

3. Le disposizioni del presente capo, a meno che siano espressamente richiamate, non si applicano ai contratti di credito disciplinati dai capi I-bis e II e ai servizi di pagamento disciplinati dal capo II-bis (3).

(1) Articolo modificato, a decorrere dal 1/3/2021, dall'art. 34, co. 1, lett. a), d.lg. 27/1/2010, n. 11 e sostituito dall'art. 4 del d.lg. 13/8/2010, n. 141, con la decorrenza indicata al co. 2 dell'art. 6 del medesimo d.lg. n. 141/2010.

(2) Comma modificato dall'art. 1, co. 1, lett. a), d.lg. 21/4/2016, n. 72. Per l'applicazione, vedi l'art. 3, co. 1, d.lg. n. 72/2016 medesimo.

(3) Comma modificato dall'art. 1, co. 1, lett. b), d.lg. 21/4/2016, n. 72. Per l'applicazione, vedi l'art. 3, co. 1, d.lg. n. 72/2016 medesimo.

116. Pubblicità (1). – 1. Le banche e gli intermediari finanziari rendono noti in modo chiaro ai clienti i tassi di interesse, i prezzi e le altre condizioni economiche relative alle operazioni e ai servizi offerti, ivi compresi gli interessi di mora e le valute applicate per l'imputazione degli interessi. Per le operazioni di finanziamento, comunque denominate, è pubblicizzato il tasso effettivo globale medio previsto dall'articolo 2, commi 1 e 2, della legge 7 marzo 1996, n. 108. Non può essere fatto rinvio agli usi.

1-bis. Le banche e gli intermediari finanziari rendono noti gli indicatori che assicurano la trasparenza informativa alla clientela, quali l'indicatore sintetico di costo e il profilo dell'utente, anche attraverso gli sportelli automatici e gli strumenti di accesso tramite internet ai servizi bancari (2).

2. Il Ministro dell'economia e delle finanze, sentite la CONSOB e la Banca d'Italia, stabilisce, con riguardo ai titoli di Stato:

a) criteri e parametri per la determinazione delle eventuali commissioni massime addebitabili alla clientela in occasione del collocamento;

b) criteri e parametri volti a garantire la trasparente determinazione dei rendimenti;

c) gli ulteriori obblighi di pubblicità, trasparenza e propaganda, da osservare nell'attività di collocamento.

3. Il CICR:

a) individua le operazioni e i servizi da sottoporre a pubblicità;

b) dette disposizioni relative alla forma, al contenuto, alle modalità della pubblicità e alla conservazione agli atti dei documenti comprovanti le informazioni pubblicizzate;

c) stabilisce criteri uniformi per l'indicazione dei tassi d'interesse e per il calcolo degli interessi e degli altri elementi che incidono sul contenuto economico dei rapporti;

d) individua gli elementi essenziali, fra quelli previsti dal comma 1, che devono essere indicati negli annunci pubblicitari e nelle offerte, con qualsiasi mezzo effettuati, con cui i soggetti indicati nell'articolo 115 rendono nota la disponibilità delle operazioni e dei servizi.

4. Le informazioni pubblicizzate non costituiscono offerta al pubblico a norma dell'articolo 1336 del codice civile.

(1) Per le norme sull'applicabilità delle disposizioni di cui al presente articolo, vedi l'art. 3, co. 2, d.lg. 21/4/2016, n. 72.

• Articolo modificato dall'art. 23 del d.lg. 4/8/1999, n. 342, dall'art. 1 del d.lg. 6/2/2004, n. 37, dall'art. 25 della l. 28/12/2005, n. 262, dall'art. 13 della l. 28/12/2005, n. 262, dall'art. 1, co. 5, d.lg. 29/12/2006, n. 303 e sostituito dall'art. 4 del d.lg. 13/8/2010, n. 141, con la decorrenza indicata al co. 2 dell'art. 6 del medesimo d.lg. n. 141/2010.

(2) Comma inserito dall'art. 2, co. 17, d.l. 24/1/2015, n. 3, conv., con modif., dalla l. 24/3/2015, n. 33. Successivamente l'art. 2, co. 17, d.l. n. 3/2015 citato è stato abrogato dall'art. 2, co. 1, lett. c), d.lg. 15/3/2017, n. 37, a decorrere dal 13/6/2017.

116 bis. Decisioni di rating*. – *1. La Banca d'Italia può disporre che le banche e gli intermediari finanziari illustrino alle imprese che ne facciano richiesta i principali fattori alla base dei rating che le riguardano. L'eventuale conseguente comunicazione non dà luogo ad oneri per il cliente.*

* Articolo inserito dall'art. 1, co. 1, lett. n), d.l. 27/12/2006, n. 297, conv., con modif., dalla l. 23/2/2007, n. 15 e soppresso dall'art. 4 del d.lg. 13/8/2010, n. 141, con la decorrenza indicata al co. 2 dell'art. 6 del medesimo d.lg. n. 141/2010.

117. Contratti (1). – 1. I contratti sono redatti per iscritto e un esemplare è consegnato ai clienti.

2. Il CICR può prevedere che, per motivate ragioni tecniche, particolari contratti possano essere stipulati in altra forma.

3. Nel caso di inosservanza della forma prescritta il contratto è nullo.

4. I contratti indicano il tasso d'interesse e ogni altro prezzo e condizione praticati, inclusi, per i contratti di credito, gli eventuali maggiori oneri in caso di mora.

*5. Sono nulle e si considerano non apposte le clausole contrattuali di rinvio agli usi per la determinazione dei tassi di interesse e di ogni altro prezzo e condizione praticati nonché quelle che prevedono tassi, prezzi e condizioni più sfavorevoli per i clienti di quelli pubblicizzati**.

6. Sono nulle e si considerano non apposte le clausole contrattuali di rinvio agli usi per la determinazione dei tassi di interesse e di ogni altro prezzo e condizione praticati nonché quelle che prevedono tassi, prezzi e condizioni più sfavorevoli per i clienti di quelli pubblicizzati (2).

7. In caso di inosservanza del comma 4 e nelle ipotesi di nullità indicate nel comma 5, si applicano:

a) il tasso nominale minimo e quello massimo, rispettivamente per le operazioni attive e per quelle passive, dei buoni ordinari del tesoro annuali o di altri titoli similari eventualmente indicati dal Ministro dell'economia e delle finanze, emessi nei dodici mesi precedenti la conclusione del contratto o, se più favorevoli per il cliente, emessi nei dodici mesi precedenti lo svolgimento dell'operazione;

b) gli altri prezzi e condizioni pubblicizzati per le corrispondenti categorie di operazioni e servizi al momento della conclusione del contratto o, se più favorevoli per il cliente, al momento in cui l'operazione è effettuata o il servizio viene reso; in mancanza di pubblicità nulla è dovuto (2).

8. La Banca d'Italia può prescrivere che determinati contratti, individuati attraverso una particolare denominazione o sulla base di specifici criteri qualificativi, abbiano un contenuto tipico determinato. **I contratti difformi sono nulli [*38*//1418 CC]**. Resta ferma la responsabilità della banca o dell'intermediario finanziario per la violazione delle prescrizioni della Banca d'Italia (2).

(1) Articolo modificato dall'art. 25 della l. 28/12/2005, n. 262 e sostituito dall'art. 4 del d.lg. 13/8/2010, n. 141, con la decorrenza indicata al co. 2 dell'art. 6 del medesimo d.lg. n. 141/2010.

* A norma dell'art. 3, co. 1, d.lg. 14/12/2010, n. 218, il presente comma deve intendersi soppresso.

(2) Comma rinumerato dall'art. 4, co. 2, d.lg. 13/8/2010, n. 141, come modificato dall'art. 3, co. 1, d.lg. 14/12/2010, n. 218.

117 bis. Remunerazione degli affidamenti e degli sconfinamenti (1). – 1. I contratti di apertura di credito possono prevedere, quali unici oneri a carico del cliente, una commissione onnicomprensiva, calcolata in maniera proporzionale rispetto alla somma messa a disposizione del cliente e alla durata dell'affidamento, e un tasso di interesse debitore sulle somme prelevate. L'ammontare della commissione, determinata in coerenza con la delibera del CICR anche in relazione alle specifiche tipologie di apertura di credito e con particolare riguardo per i conti correnti, non può superare lo 0,5 per cento, per trimestre, della somma messa a disposizione del cliente (2).

2. A fronte di sconfinamenti in assenza di affidamento ovvero oltre il limite del fido, i contratti di conto corrente e di apertura di credito possono prevedere, quali unici oneri a carico del cliente, una commissione di istruttoria veloce determinata in misura fissa, espressa in valore assoluto, commisurata ai costi e un tasso di interesse debitore sull'ammontare dello sconfinamento (3).

3. Le clausole che prevedono oneri diversi o non conformi rispetto a quanto stabilito nei commi 1 e 2 sono nulle. La nullità della clausola non comporta la nullità del contratto.

4. Il CICR adotta disposizioni applicative del presente articolo, ivi comprese quelle in materia di trasparenza e comparabilità, e può prevedere che esso si applichi ad altri contratti per i quali si pongano analoghe esigenze di tutela del cliente; il CICR prevede i casi in cui, in relazione all'entità e alla durata dello sconfinamento, non sia dovuta la commissione di istruttoria veloce di cui al comma 2 (4).

(1) Articolo inserito dall'art. 6-bis, co. 1, d.l. 6/12/2011, n. 201, conv., con modif., dalla l. 22/12/2011, n. 214.

(2) Comma modificato dall'art. 1, co. 1-bis, d.l. 24/3/2012, n. 29, conv., con modif., dalla l. 18/5/2012, n. 62.

(3) Per la disapplicazione delle disposizioni di cui al presente comma, vedi l'art. 1, co. 1-ter, d.l. 24/3/2012, n. 29, conv., con modif., dalla l. 18/5/2012, n. 62.

(4) Comma modificato dall'art. 1, co. 1-quater, d.l. 24/3/2012, n. 29.

• Per l'attuazione del presente articolo vedi il Decreto del Comitato Interministeriale per il credito ed il risparmio 30/6/2012.

118. Modifica unilaterale delle condizioni contrattuali (1). – 1. Nei contratti a tempo indeterminato può essere convenuta, con clausola approvata specificamente dal cliente, la facoltà di modificare unilateralmente i tassi, i prezzi e le altre condizioni previste dal contratto qualora sussista un giustificato motivo. Negli altri contratti di durata la facoltà di modifica unilaterale può essere convenuta esclusivamente per le clausole non aventi ad oggetto i tassi di interesse, sempre che sussista un giustificato motivo.

2. Qualunque modifica unilaterale delle condizioni contrattuali deve essere comunicata espressamente al cliente secondo modalità contenenti in modo evidenziato la formula: "Pro-

posta di modifica unilaterale del contratto", con preavviso minimo di due mesi, in forma scritta o mediante altro supporto durevole preventivamente accettato dal cliente. Nei rapporti al portatore la comunicazione è effettuata secondo le modalità stabilite dal CICR. La modifica si intende approvata ove il cliente non receda, senza spese, dal contratto entro la data prevista per la sua applicazione. In tale caso, in sede di liquidazione del rapporto, il cliente ha diritto all'applicazione delle condizioni precedentemente praticate.

2-bis. Se il cliente non è un consumatore né una microimpresa come definita dall'articolo 1, comma 1, lettera t), del decreto legislativo 27 gennaio 2010, n. 11, nei contratti di durata diversi da quelli a tempo indeterminato di cui al comma 1 del presente articolo possono essere inserite clausole, espressamente approvate dal cliente, che prevedano la possibilità di modificare i tassi di interesse al verificarsi di specifici eventi e condizioni, predeterminati nel contratto (2).

3. Le variazioni contrattuali per le quali non siano state osservate le prescrizioni del presente articolo sono inefficaci, se sfavorevoli per il cliente.

4. Le variazioni dei tassi di interesse adottate in previsione o in conseguenza di decisioni di politica monetaria riguardano contestualmente sia i tassi debitori che quelli creditori, e si applicano con modalità tali da non recare pregiudizio al cliente.

(1) Articolo sostituito dall'art. 10 del d.l. 4/7/2006, n. 223, conv., con modif., dalla l. 4/8/2006, n. 248, modificato, a decorrere dal 1/1/2008, dall'art. 2, co. 451, l. 24/12/2007, n. 244 e sostituito dall'art. 4 del d.lg. 13/8/2010, n. 141, con la decorrenza indicata al co. 2 dell'art. 6 del medesimo d.lg. n. 141/2010.

(2) Comma inserito dall'art. 8, co. 5, lett. f), d.l. 13/5/2011, n. 70, conv., con modif., dalla l. 12/7/2011, n. 106.

119. Comunicazioni periodiche alla clientela (1). – 1. Nei contratti di durata i soggetti indicati nell'articolo 115 forniscono al cliente, in forma scritta o mediante altro supporto durevole preventivamente accettato dal cliente stesso, alla scadenza del contratto e comunque almeno una volta all'anno, una comunicazione chiara in merito allo svolgimento del rapporto. Il CICR indica il contenuto e le modalità della comunicazione.

2. Per i rapporti regolati in conto corrente l'estratto conto è inviato al cliente con periodicità annuale o, a scelta del cliente, con periodicità semestrale, trimestrale o mensile.

3. In mancanza di opposizione scritta da parte del cliente, gli estratti conto e le altre comunicazioni periodiche alla clientela si intendono approvati trascorsi sessanta giorni dal ricevimento.

4. Il cliente, colui che gli succede a qualunque titolo e colui che subentra nell'amministrazione dei suoi beni hanno diritto di ottenere, a proprie spese, entro un congruo termine e comunque non oltre novanta giorni, copia della documentazione inerente a singole operazioni poste in essere negli ultimi dieci anni. Al cliente possono essere addebitati solo i costi di produzione di tale documentazione (2).

(1) Articolo modificato dall'art. 24 del d.lg. 4/8/1999, n. 342 e sostituito dall'art. 4 del d.lg. 13/8/2010, n. 141, con la decorrenza indicata al co. 2 dell'art. 6 del medesimo d.lg. n. 141/2010.

(2) Comma modificato dall'art. 4, co. 2, d.lg. 13/8/2010, n. 141, come modificato dall'art. 3, co. 2, d.lg. 14/12/2010, n. 218.

120. Decorrenza delle valute e calcolo degli interessi (1). – 01. Il titolare del conto corrente ha la disponibilità economica delle somme relative agli assegni circolari o bancari versati sul suo conto, rispettivamente emessi da o tratti su una banca insediata in Italia, entro i quattro giorni lavorativi successivi al versamento (2).

1. Gli interessi sul versamento di assegni presso una banca sono conteggiati fino al giorno del prelevamento e con le seguenti valute:

a) dal giorno in cui è effettuato il versamento, per gli assegni circolari emessi dalla stessa banca e per gli assegni bancari tratti sulla stessa banca presso la quale è effettuato il versamento;

b) per gli assegni diversi da quelli di cui alla lettera a), dal giorno lavorativo successivo al versamento, se si tratta di assegni circolari emessi da una banca insediata in Italia, e dal terzo giorno lavorativo successivo al versamento, se si tratta di assegni bancari tratti su una banca insediata in Italia (2).

1-bis. Il CICR può stabilire termini inferiori a quelli previsti nei commi 1 e 1-bis in relazione all'evoluzione delle procedure telematiche disponibili per la gestione del servizio di incasso degli assegni (2).

2. Il CICR stabilisce modalità e criteri per la produzione di interessi nelle operazioni poste in essere nell'esercizio dell'attività bancaria, prevedendo in ogni caso che:

a) nei rapporti di conto corrente o di conto di pagamento sia assicurata, nei confronti della clientela, la stessa periodicità nel conteggio degli interessi sia debitori sia creditori, comunque non inferiore ad un anno; gli interessi sono conteggiati il 31 dicembre di ciascun anno e, in ogni caso, al termine del rapporto per cui sono dovuti (3);

b) gli interessi debitori maturati, ivi compresi quelli relativi a finanziamenti a valere su carte di credito, non possono produrre interessi ulteriori, salvo quelli di mora, e sono calcolati esclusivamente sulla sorte capitale; per le aperture di credito regolate in conto corrente e in conto di pagamento, per gli sconfinamenti anche in assenza di affidamento ovvero oltre il limite del fido:

1) gli interessi debitori sono conteggiati al 31 dicembre e divengono esigibili il 1° marzo dell'anno successivo a quello in cui sono maturati; nel caso di chiusura definitiva del rapporto, gli interessi sono immediatamente esigibili;

2) il cliente può autorizzare, anche preventivamente, l'addebito degli interessi sul conto al momento in cui questi divengono esigibili; in questo caso la somma addebitata è considerata sorte capitale; l'autorizzazione è revocabile in ogni momento, purché prima che l'addebito abbia avuto luogo (3).

3. Per gli strumenti di pagamento diversi dagli assegni circolari e bancari restano ferme le disposizioni sui tempi di esecuzione, data valuta e disponibilità di fondi previste dagli articoli da 19 a 23 del decreto legislativo 27 gennaio 2010, n. 11.

(1) Articolo modificato dall'art. 25 del d.lg. 4/8/1999, n. 342 e sostituito dall'art. 4 del d.lg. 13/8/2010, n. 141, con la decorrenza indicata al co. 2 dell'art. 6 del medesimo d.lg. n. 141/2010.

(2) Comma rinumerato dall'art. 4, co. 2, d.lg. 13/8/2010, n. 141, come modificato dall'art. 3, co. 3, d.lg. 14/12/2010, n. 218.

(3) Lettera sostituita dall'art. 17-bis del d.l. 14/2/2016, n. 18, conv., con modif., dalla l. 8/4/2016, n. 49.

• Comma sostituito dall'art. 1, co. 629, l. 27/12/2013, n. 147.

120 bis. Recesso (1). – 1. Il cliente ha diritto di recedere in ogni momento da un contratto a tempo indeterminato senza penalità e senza spese. Il CICR individua i casi in cui la banca o l'intermediario finanziario possono chiedere al cliente un rimborso delle spese sostenute in relazione a servizi aggiuntivi da questo richiesti in occasione del recesso.

(1) Articolo inserito dall'art. 4 del d.lg. 13/8/2010, n. 141, con la decorrenza indicata al co. 2 dell'art. 6 del medesimo d.lg. n. 141/2010.

120 ter. Estinzione anticipata dei mutui immobiliari (1). – 1. È nullo qualunque patto o clausola, anche posteriore alla conclusione del contratto, con il quale si convenga che il mutuatario sia tenuto al pagamento di un compenso o penale o ad altra prestazione a favore del soggetto mutuante per l'estinzione anticipata o parziale dei mutui stipulati o accollati a seguito di frazionamento, anche ai sensi del decreto legislativo 20 giugno 2005, n. 122, per l'acquisto o per la ristrutturazione di unità immobiliari adibite ad abitazione ovvero allo svolgimento della propria attività economica o professionale da parte di persone fisiche. La nullità del patto o della clausola opera di diritto e non comporta la nullità del contratto.

2. Le disposizioni di cui al presente articolo [e quelle contenute nell'articolo 40-bis] trovano applicazione, nei casi e alle condizioni ivi previsti, anche per i finanziamenti concessi da enti di previdenza obbligatoria ai loro iscritti (2).

(1) Articolo inserito dall'art. 4 del d.lg. 13/8/2010, n. 141, con la decorrenza indicata al co. 2 dell'art. 6 del medesimo d.lg. n. 141/2010.

(2) Comma modificato dall'art. 8, co. 8, lett. b), d.l. 13/5/2011, n. 70, conv., con modif., dalla l. 12/7/2011, n. 106.

120 quater. Surrogazione nei contratti di finanziamento. Portabilità (1). – 1. In caso di contratti di finanziamento conclusi da intermediari bancari e finanziari, l'esercizio da parte del debitore della facoltà di surrogazione di cui all'articolo 1202 del codice civile non è precluso dalla non esigibilità del credito o dalla pattuizione di un termine a favore del creditore.

2. Per effetto della surrogazione di cui al comma 1, il mutuante surrogato subentra nelle garanzie, personali e reali, accessorie al credito cui la surrogazione si riferisce.

3. La surrogazione di cui al comma 1 comporta il trasferimento del contratto, alle condizioni stipulate tra il cliente e l'intermediario subentrante, con esclusione di penali o altri oneri di qualsiasi natura. L'annotamento di surrogazione può essere richiesto al conservatore senza formalità, allegando copia autentica dell'atto di surrogazione stipulato per atto pubblico o scrittura privata. Con provvedimento del direttore dell'Agenzia del territorio di concerto con il Ministero della giustizia, sono stabilite specifiche modalità di presentazione, per via telematica, dell'atto di surrogazione (2).

4. Non possono essere imposte al cliente spese o commissioni per la concessione del nuovo finanziamento, per l'istruttoria e per gli accertamenti catastali, che si svolgono secondo procedure di collaborazione tra intermediari improntate a criteri di massima riduzione dei tempi, degli adempimenti e dei costi connessi. In ogni caso, gli intermediari non applicano alla clientela costi di alcun genere, neanche in forma indiretta, per l'esecuzione delle formalità connesse alle operazioni di surrogazione.

5. Nel caso in cui il debitore intenda avvalersi della facoltà di surrogazione di cui al comma 1, resta salva la possibilità del finanziatore originario e del debitore di pattuire la variazione senza spese delle condizioni del contratto in essere, mediante scrittura privata anche non autenticata.

6. È nullo ogni patto, anche posteriore alla stipulazione del contratto, con il quale si impedisca o si renda oneroso per il debitore l'esercizio della facoltà di surrogazione di cui al comma 1. La nullità del patto non comporta la nullità del contratto.

7. La surrogazione di cui al comma 1 deve perfezionarsi entro il termine di trenta giorni lavorativi dalla data in cui il cliente chiede al mutuante surrogato di acquisire dal finanziatore originario l'esatto importo del proprio debito residuo. Nel caso in cui la surrogazione non si perfezioni entro il termine di trenta giorni lavorativi, per cause dovute al finanziatore originario, quest'ultimo è comunque tenuto a risarcire il cliente in misura pari all'1 per cento del valore del finanziamento per ciascun mese o frazione di mese di ritardo. Resta ferma la possibilità per il finanziatore originario di rivalersi sul mutuante surrogato, nel caso in cui il ritardo sia dovuto a cause allo stesso imputabili (3).

8. La surrogazione per volontà del debitore e la rinegoziazione di cui al presente articolo non comportano il venir meno dei benefici fiscali.

9. Le disposizioni di cui al presente articolo:

a) si applicano, nei casi e alle condizioni ivi previsti, anche ai finanziamenti concessi da enti di previdenza obbligatoria ai loro iscritti;

a-bis) si applicano ai soli contratti di finanziamento conclusi da intermediari bancari e finanziari con persone fisiche o micro-imprese, come definite dall'articolo 1, comma 1, lettera t), del decreto legislativo 27 gennaio 2010, n. 11 (4);

b) non si applicano ai contratti di locazione finanziaria.

10. Sono fatti salvi i commi 4-bis, 4-ter e 4-quater dell'articolo 8 del decreto-legge 31 gennaio 2007, n. 7, convertito, con modificazioni, dalla legge 2 aprile 2007, n. 40.21/4/2016

(1) Articolo inserito dall'art. 4 del d.lg. 13/8/2010, n. 141, con la decorrenza indicata al co. 2 dell'art. 6 del medesimo d.lg. n. 141/2010.

(2) Comma modificato dall'art. 8, co. 8, lett. c), n. 1, d.l. 13/5/2011, n. 70.

(3) Comma sostituito dall'art. 8, co. 8, lett. c), n. 2, d.l. 13/5/2011, n. 70, dall'art. 27-quinquies, co. 1, d.l. 24/1/2012, n. 1 e, da ultimo, modificato dall'art. 23-bis, co. 1, d.l. 18/10/2012, n. 179.

(4) Lettera inserita dall'art. 8, co. 8, lett. c), n. 3, d.l. 13/5/2011, n. 70, conv., con modif., dalla l. 12/7/2011, n. 106.

Capo I-bis
Credito immobiliare ai consumatori (1)

(1) Capo inserito dall'art. 1, co. 2, d.lg. 21/4/2016, n. 72. Per l'applicazione, vedi l'art. 3, co. 1, d.lg. n. 72/2016 medesimo.

120 quinquies. Definizioni (1). – 1. Nel presente capo, l'espressione:

a) «Codice del consumo» indica il decreto legislativo 6 settembre 2005, n. 206;

b) «consumatore» indica una persona fisica che agisce per scopi estranei all'attività imprenditoriale, commerciale, artigianale o professionale eventualmente svolta;

c) «contratto di credito» indica un contratto di credito con cui un finanziatore concede o si impegna a concedere a un consumatore un credito sotto forma di dilazione di pagamento, di prestito o di altra facilitazione finanziaria, quando il credito è garantito da un'ipoteca sul diritto di proprietà o su altro diritto reale avente a oggetto beni immobili residenziali o è finalizzato all'acquisto o alla conservazione del diritto di proprietà su un terreno o su un immobile edificato o progettato;

d) «costo totale del credito» indica gli interessi e tutti gli altri costi, incluse le commissioni, le imposte e le altre spese, a eccezione di quelle notarili, che il consumatore deve pagare in relazione al contratto di credito e di cui il finanziatore è a conoscenza;

e) «finanziatore» indica un soggetto che, essendo abilitato a erogare finanziamenti a titolo professionale nel territorio della Repubblica, offre o stipula contratti di credito;

f) «importo totale del credito» indica il limite massimo o la somma totale degli importi messi a disposizione in virtù di un contratto di credito;

g) «intermediario del credito» indica gli agenti in attività finanziaria, i mediatori creditizi o qualsiasi altro soggetto, diverso dal finanziatore, che nell'esercizio della propria attività commerciale o professionale svolge, a fronte di un compenso in denaro o di altro vantaggio economico oggetto di pattuizione e nel rispetto delle riserve di attività previste dalla legislazione vigente, almeno una delle seguenti attività:

1) presentazione o proposta di contratti di credito ovvero altre attività preparatorie in vista della conclusione di tali contratti;

2) conclusione di contratti di credito per conto del finanziatore;

h) «servizio accessorio connesso con il contratto di credito» indica un servizio offerto al consumatore in combinazione con il contratto di credito;

i) «servizio di consulenza» indica le raccomandazioni personalizzate fornite al consumatore ai sensi dell'articolo 120-terdecies in merito a una o più operazioni relative a contratti di credito; l'offerta di contratti di credito e le attività indicate negli articoli 120-octies, 120-novies, 120-decies, 120-undecies, 120-duodecies non implicano un servizio di consulenza;

l) «supporto durevole» indica ogni strumento che permetta al consumatore di conservare le informazioni che gli sono personalmente indirizzate in modo da potervi accedere in futuro per un periodo di tempo adeguato alle finalità cui esse sono destinate e che permetta la riproduzione identica delle informazioni memorizzate;

m) «Tasso annuo effettivo globale» o «TAEG» indica il costo totale del credito per il consumatore espresso in percentuale annua dell'importo totale del credito;

n) «valuta estera» indica una valuta diversa da quella in cui, al momento della conclusione del contratto, il consumatore percepisce il proprio reddito o detiene le attività con le quali dovrà rimborsare il finanziamento ovvero una valuta diversa da quella avente corso legale nello Stato membro dell'Unione europea in cui il consumatore ha la residenza al momento della conclusione del contratto.

2. Nel costo totale del credito sono inclusi anche i costi relativi a servizi accessori connessi con il contratto di credito, compresi i premi assicurativi, se la conclusione di un contratto avente ad oggetto tali servizi è un requisito per ottenere il credito, o per ottenerlo alle condizioni offerte. Sono inoltre inclusi i costi della valutazione dei beni se essa è necessaria per ottenere il credito. Sono esclusi i costi di connessi con la trascrizione dell'atto di compravendita del bene immobile e le eventuali penali pagabili dal consumatore per l'inadempimento degli obblighi stabiliti nel contratto di credito.

3. La Banca d'Italia, in conformità alle deliberazioni del CICR, stabilisce le modalità di calcolo del TAEG, secondo le disposizioni della direttiva 2014/17/UE e del presente decreto.

(1) Articolo inserito dall'art. 1, co. 2, d.lg. 21/4/2016, n. 72. Per l'applicazione, vedi l'art. 3, co. 1, d.lg. n. 72/2016 medesimo.

120 sexies. Ambito di applicazione (1). – 1. Le disposizioni del presente capo si applicano ai contratti di credito, comunque denominati, a eccezione dei seguenti casi:

a) contratti di credito in cui il finanziatore:

1) concede una tantum o periodicamente una somma di denaro o eroga credito sotto altre forme in cambio di una somma derivante dalla vendita futura di un bene immobile residenziale o di un diritto reale su un bene immobile residenziale; e;

2) non chiede il rimborso del credito fino al verificarsi di uno o più eventi specifici afferenti la vita del consumatore, salvo in caso di violazione, da parte del consumatore, dei propri obblighi contrattuali che consenta al finanziatore di domandare la risoluzione del contratto di credito;

b) contratti di credito mediate i quali un datore di lavoro, al di fuori della sua attività principale, concede ai dipendenti crediti senza interessi o a un TAEG inferiore a quello prevalente sul mercato e non offerti al pubblico in genere;

c) contratti di credito, individuati dalla legge, relativi a prestiti concessi a un pubblico ristretto, con finalità di interesse generale, che non prevedono il pagamento di interessi o prevedono tassi inferiori a quelli prevalenti sul mercato oppure ad altre condizioni più favorevoli per il consumatore rispetto a quelle prevalenti sul mercato e a tassi debitori non superiori a quelli prevalenti sul mercato;

d) contratti di credito in cui il credito è concesso senza interessi o ulteriori oneri, a esclusione di quelli per il recupero dei costi direttamente connessi all'ipoteca;

e) contratti di credito nella forma dell'apertura di credito, qualora il credito sia da rimborsare entro un mese;

f) contratti di credito risultanti da un accordo raggiunto davanti a un giudice o altra autorità prevista dalla legge;

g) contratti di credito relativi alla dilazione, senza spese, del pagamento di un debito esistente, se non comportano l'iscrizione di un'ipoteca;

h) contratti di credito non garantiti finalizzati alla ristrutturazione di un bene immobile residenziale;

i) contratti di credito in cui la durata non è determinata o in cui il credito deve essere rimborsato entro dodici mesi ed è destinato ad essere utilizzato come finanziamento temporaneo in vista di altre soluzioni per finanziarie l'acquisto della proprietà di un bene immobile.

(1) Articolo inserito dall'art. 1, co. 2, d.lg. 21/4/2016, n. 72. Per l'applicazione, vedi l'art. 3, co. 1, d.lg. n. 72/2016 medesimo.

120 septies. Principi generali (1). – 1. Il finanziatore e l'intermediario del credito, nell'ambito delle attività disciplinate dal presente capo:

a) si comportano con diligenza, correttezza, e trasparenza, tenendo conto dei diritti e degli interessi dei consumatori;

b) basano la propria attività sulle informazioni rilevanti riguardanti la situazione del consumatore, su ogni bisogno particolare che questi ha comunicato, su ipotesi ragionevoli con riguardo ai rischi cui è esposta la situazione del consumatore per la durata del contratto di credito.

(1) Articolo inserito dall'art. 1, co. 2, d.lg. 21/4/2016, n. 72. Per l'applicazione, vedi l'art. 3, co. 1, d.lg. n. 72/2016 medesimo.

120 octies. Pubblicità (1). – 1. Fermo restando quanto previsto dalla parte II, titolo III, del Codice del consumo, gli annunci pubblicitari relativi a contratti di credito sono effettuati in forma corretta, chiara e non ingannevole. Essi non contengono formulazioni che possano indurre nel consumatore false aspettative sulla disponibilità o il costo del credito.

2. Gli annunci pubblicitari che riportano il tasso di interesse o altre cifre concernenti il costo del credito indicano le seguenti informazioni di base, in maniera chiara, precisa, evidenziata e, a seconda del mezzo usato, facilmente leggibile o udibile:

a) il finanziatore o, se del caso, l'intermediario del credito;

b) se del caso, il fatto che il contratto di credito sarà garantito da un'ipoteca su beni immobili residenziali oppure su un diritto reale avente a oggetto beni immobili residenziali;

c) il tasso d'interesse, precisando se fisso o variabile o una combinazione dei due tipi, corredato di informazioni dettagliate relative alle commissioni e agli altri oneri compresi nel costo totale del credito per il consumatore;

d) l'importo totale del credito;

e) il TAEG, che deve avere un'evidenza all'interno dell'annuncio almeno equivalente a quella di ogni tasso di interesse;

f) l'esistenza di eventuali servizi accessori necessari per ottenere il credito o per ottenerlo alle condizioni pubblicizzate, qualora i costi relativi a tali servizi non siano inclusi nel TAEG in quanto non determinabili in anticipo;

g) la durata del contratto di credito, se determinata;

h) se del caso, l'importo delle rate;

i) se del caso, l'importo totale che il consumatore è tenuto a pagare;

l) se del caso, il numero delle rate;

m) in caso di finanziamenti in valuta estera, un'avvertenza relativa al fatto che eventuali fluttuazioni del tasso di cambio potrebbero incidere sull'importo che il consumatore è tenuto a pagare.

3. Le informazioni elencate al comma 2, lettere c), d), e), f), g), h), i), l), sono specificate con l'impiego di un esempio rappresentativo.

4. Il CICR, su proposta della Banca d'Italia, precisa le caratteristiche delle informazioni da includere negli annunci pubblicitari, le modalità per la loro divulgazione e i criteri per la definizione dell'esempio rappresentativo.

(1) Articolo inserito dall'art. 1, co. 2, d.lg. 21/4/2016, n. 72. Per l'applicazione, vedi l'art. 3, co. 2, d.lg. n. 72/2016 medesimo.

120 nonies. Obblighi precontrattuali (1). – 1. Il finanziatore o l'intermediario del credito mette a disposizione del consumatore, in qualsiasi momento, un documento contenente informazioni generali chiare e comprensibili sui contratti di credito offerti, su supporto cartaceo o altro supporto durevole. Il documento precisa anche:

a) le informazioni e le evidenze documentali che il consumatore deve fornire ai sensi dell'articolo 120-undecies, comma 1, e il termine entro il quale esse devono essere fornite;

b) l'avvertimento che il credito non può essere accordato se la valutazione del merito creditizio non può essere effettuata a causa della scelta del consumatore di non fornire le informazioni o gli elementi di verifica necessari alla valutazione;

c) se verrà consultata una banca dati, in conformità dell'articolo 13 del decreto legislativo 30 giugno 2003, n. 196;

d) se del caso, la possibilità di ricevere servizi di consulenza.

2. Il finanziatore o l'intermediario del credito fornisce al consumatore le informazioni personalizzate necessarie per consentire il confronto delle diverse offerte di credito sul mercato, valutarne le implicazioni e prendere una decisione informata in merito alla conclusione di un contratto di credito. Le informazioni personalizzate sono fornite su supporto cartaceo o su altro supporto durevole attraverso la consegna del modulo denominato «Prospetto informativo europeo standardizzato». Il modulo è consegnato tempestivamente dopo che il consumatore ha fornito le informazioni necessarie circa le sue esigenze, la sua situazione finanziaria e le sue preferenze in conformità all'articolo 120-undecies, comma 1, e comunque in tempo utile, prima che il consumatore sia vincolato da un contratto di credito o da un'offerta. Le informazioni aggiuntive che il finanziatore o l'intermediario del credito debba o voglia fornire al consumatore sono riportate in un documento distinto.

3. Prima della conclusione del contratto di credito, il consumatore ha diritto a un periodo di riflessione di almeno sette giorni per confrontare le diverse offerte di credito sul mercato, valutarne le implicazioni e prendere una decisione informata. Durante il periodo di riflessione, l'offerta è vincolante per il finanziatore e il consumatore può accettare l'offerta in qualunque momento.

4. Quando al consumatore è proposta un'offerta vincolante per il finanziatore, l'offerta è fornita su supporto cartaceo o su altro supporto durevole e include la bozza del contratto di credito; essa è accompagnata dalla consegna del modulo denominato «Prospetto informativo europeo standardizzato» se:

a) il modulo non è stato fornito in precedenza al consumatore; o

b) le caratteristiche dell'offerta sono diverse dalle informazioni contenute nel modulo denominato «Prospetto informativo europeo standardizzato» precedentemente fornito.

5. Il finanziatore o l'intermediario del credito fornisce al consumatore chiarimenti adeguati sui contratti di credito ed eventuali servizi accessori proposti, in modo che questi possa valutare se il contratto di credito e i servizi accessori proposti siano adatti alle sue esigenze e alla sua situazione finanziaria.

6. Il CICR, su proposta della Banca d'Italia, detta disposizioni di attuazione del presente articolo, anche con riferimento a:

a) il contenuto, i criteri di redazione, le modalità di messa a disposizione delle informazioni precontrattuali;

b) le modalità e la portata dei chiarimenti da fornire al consumatore ai sensi del comma 5;

c) gli obblighi specifici da osservare nei casi di comunicazioni mediante telefonia vocale, anche prevedendo informazioni aggiuntive rispetto a quanto previsto dall'articolo 67-novies del Codice del consumo;

d) l'informazione da rendere al consumatore sul contenuto e sui possibili effetti dell'accordo previsto dall'articolo 120-quinquiesdecies, comma 3.

(1) Articolo inserito dall'art. 1, co. 2, d.lg. 21/4/2016, n. 72. Per l'applicazione, vedi l'art. 3, co. 2, d.lg. n. 72/2016 medesimo.

120 decies. Obblighi di informazione relativi agli intermediari del credito (1). – 1. L'intermediario del credito, in tempo utile prima dell'esercizio di una delle attività di intermediazione del credito, fornisce al consumatore almeno le seguenti informazioni, su supporto cartaceo o su altro supporto durevole:

a) la denominazione e la sede dell'intermediario del credito;

b) il registro in cui è iscritto, il numero di registrazione e i mezzi esperibili per verificare la registrazione;

c) se l'intermediario del credito è soggetto a vincolo di mandato o opera in via esclusiva con uno o più finanziatori; in questo caso, l'intermediario del credito indica la denominazione del finanziatore o dei finanziatori per i quali opera. L'intermediario del credito può dichiarare di essere indipendente se è un consulente indipendente ai sensi dell'articolo 120-terdecies, comma 2;

d) se presta servizi di consulenza;

e) se previsto, il compenso che il consumatore deve versare all'intermediario del credito per i suoi servizi o, ove non sia determinato, il metodo per il calcolo di tale compenso;

f) le procedure attraverso le quali i consumatori o le altre parti interessate possono presentare reclami nei confronti dell'intermediario del credito e le modalità di accesso a un meccanismo extragiudiziale di reclamo e di ricorso, ove esistente;

g) l'esistenza e, se noto, l'importo di eventuali commissioni o altre somme che il finanziatore o terzi dovranno versare all'intermediario del credito per i servizi dallo stesso prestati in relazione al contratto di credito. Se l'importo non è noto al momento della comunicazione, l'intermediario del credito informa il consumatore che l'importo effettivo sarà comunicato in una fase successiva nel modulo denominato «Prospetto informativo europeo standardizzato»;

h) se l'intermediario del credito richiede il pagamento di un compenso da parte del consumatore e riceve anche una commissione da parte del finanziatore o da un terzo, la spiegazione circa l'eventuale detrazione della commissione, in tutto o in parte, dal compenso corrisposto dal consumatore stesso;

i) se l'intermediario del credito riceve commissioni da uno o più finanziatori, il diritto del consumatore di chiedere e ottenere informazioni indicate al comma 2.

2. Nel caso indicato al comma 1, lettera i), l'intermediario del credito, su richiesta del consumatore, fornisce a quest'ultimo informazioni comparabili sull'ammontare delle commissioni percepite da ciascun finanziatore.

3. Ai fini del calcolo del TAEG da inserire nel modulo denominato «Prospetto informativo europeo standardizzato», l'intermediario del credito comunica al finanziatore l'eventuale compenso che il consumatore è tenuto a versargli in relazione ai servizi di intermediazione del credito (2).

4. Gli intermediari del credito assicurano che, in aggiunta alle informazioni previste dal presente articolo, i propri collaboratori e dipendenti comunichino al consumatore, al mo-

mento di contattarlo o prima di trattare con lo stesso, la qualifica in base alla quale operano e l'intermediario del credito che essi rappresentano.

(1) Articolo inserito dall'art. 1, co. 2, d.lg. 21/4/2016, n. 72. Per l'applicazione, vedi l'art. 3, co. 1, d.lg. n. 72/2016 medesimo.
(2) Per l'applicazione delle disposizioni di cui al presente comma, vedi l'art. 3, co. 2, d.lg. 21/4/2016, n. 72.

120 undecies. Verifica del merito creditizio (1). – 1. Prima della conclusione del contratto di credito, il finanziatore svolge una valutazione approfondita del merito creditizio del consumatore, tenendo conto dei fattori pertinenti per verificare le prospettive di adempimento da parte del consumatore degli obblighi stabiliti dal contratto di credito. La valutazione del merito creditizio è effettuata sulla base delle informazioni sulla situazione economica e finanziaria del consumatore necessarie, sufficienti e proporzionate e opportunamente verificate.

2. Le informazioni di cui al comma 1 comprendono quelle fornite dal consumatore anche mediante l'intermediario del credito; il finanziatore può chiedere chiarimenti al consumatore sulle informazioni ricevute, se necessario per consentire la valutazione del merito creditizio.

3. Il finanziatore non risolve il contratto di credito concluso con il consumatore né vi apporta modifiche svantaggiose per il consumatore, ai sensi dell'articolo 118, in ragione del fatto che la valutazione del merito creditizio è stata condotta scorrettamente o che le informazioni fornite dal consumatore prima della conclusione del contratto di credito ai sensi del comma 1 erano incomplete, salvo che il consumatore abbia intenzionalmente omesso di fornire tali informazioni o abbia fornito informazioni false.

4. Prima di procedere a un aumento significativo dell'importo totale del credito dopo la conclusione del contratto di credito, il finanziatore svolge una nuova valutazione del merito creditizio del consumatore sulla base di informazioni aggiornate, a meno che il credito supplementare fosse previsto e incluso nella valutazione del merito creditizio originaria.

5. Quando la domanda di credito è respinta, il finanziatore informa il consumatore senza indugio del rifiuto e, se del caso, del fatto che la decisione è basata sul trattamento automatico di dati.

6. Il presente articolo non pregiudica l'applicazione del decreto legislativo 30 giugno 2003, n. 196.

7. Si applica quanto stabilito ai sensi dell'articolo 125.

8. I finanziatori elaborano e documentano la propria politica di offerta di contratti di credito, che include l'elencazione dei tipi di diritti e beni su cui può vertere l'ipoteca.

9. La Banca d'Italia detta disposizioni attuative del presente articolo.

(1) Articolo inserito dall'art. 1, co. 2, d.lg. 21/4/2016, n. 72. Per l'applicazione, vedi l'art. 3, co. 1, d.lg. n. 72/2016 medesimo.

120 duodecies. Valutazione dei beni immobili (1). – 1. I finanziatori applicano standard affidabili per la valutazione dei beni immobili residenziali ai fini della concessione di credito garantito da ipoteca. Quando la valutazione è condotta da soggetti terzi, i finanziatori assicurano che questi ultimi adottino standard affidabili.

2. La valutazione è svolta da persone competenti sotto il profilo professionale e indipendenti dal processo di commercializzazione del credito, in modo da poter fornire una valutazione imparziale ed obiettiva, documentata su supporto cartaceo o su altro supporto durevole.

3. La Banca d'Italia detta disposizioni di attuazione del presente articolo, tenendo anche conto della banca dati dell'Osservatorio del mercato immobiliare dell'Agenzia delle entrate; ai fini del comma 1 può essere prevista l'applicazione di standard elaborati in sede di autoregolamentazione.

(1) Articolo inserito dall'art. 1, co. 2, d.lg. 21/4/2016, n. 72. Per l'applicazione, vedi l'art. 3, co. 1, d.lg. n. 72/2016 medesimo.

120 terdecies. Servizi di consulenza (1). – 1. Il servizio di consulenza è riservato ai finanziatori e agli intermediari del credito.

2. Il servizio di consulenza può essere qualificato come indipendente solo se è reso dai consulenti di cui all'articolo 128-sexies, comma 2-bis.

3. Nello svolgimento del servizio di consulenza i finanziatori e gli intermediari del credito:

a) agiscono nel migliore interesse del consumatore;

b) acquisiscono informazioni aggiornate sulla situazione personale e finanziaria, sugli obiettivi e sulle preferenze del consumatore;

c) forniscono al consumatore una raccomandazione personalizzata in merito a una o più operazioni relative a contratti di credito, adeguata rispetto ai suoi bisogni e alla sua situazione personale e finanziaria; la raccomandazione, fornita in forma cartacea o su altro supporto durevole, riguarda anche eventuali servizi accessori connessi con il contratto di credito e tiene conto di ipotesi ragionevoli circa i rischi per la situazione del consumatore per tutta la durata del contratto di credito raccomandato;

d) prendono in considerazione, ai fini della raccomandazione, un numero sufficientemente ampio di contratti di credito nell'ambito della gamma di prodotti da essi stessi offerti o, nel caso dei mediatori creditizi, un numero sufficientemente ampio di contratti di credito disponibili sul mercato.

4. Prima della prestazione di servizi di consulenza, il finanziatore o l'intermediario del credito fornisce al consumatore le seguenti informazioni su supporto cartaceo o su altro supporto durevole:

a) la gamma di prodotti presi in considerazione ai fini della raccomandazione;

b) se del caso, il compenso dovuto dal consumatore per i servizi di consulenza o, qualora al momento della comunicazione l'importo non possa essere accertato, il metodo utilizzato per calcolarlo;

c) quando consentito, se percepiscono un compenso dai finanziatori in relazione al servizio di consulenza.

(1) Articolo inserito dall'art. 1, co. 2, d.lg. 21/4/2016, n. 72. Per l'applicazione, vedi l'art. 3, co. 1, d.lg. n. 72/2016 medesimo.

120 quaterdecies. Finanziamenti denominati in valuta estera (1). – 1. Se il credito è denominato in una valuta estera, il consumatore ha il diritto di convertire in qualsiasi momento la valuta in cui è denominato il contratto in una delle seguenti valute:

a) la valuta in cui è denominata la parte principale del suo reddito o in cui egli detiene le attività con le quali dovrà rimborsare il finanziamento, come indicato al momento della più recente valutazione del merito creditizio condotta in relazione al contratto di credito;

b) la valuta avente corso legale nello Stato membro dell'Unione europea in cui il consumatore aveva la residenza al momento della conclusione del contratto o ha la residenza al momento della richiesta di conversione.

2. Il CICR, su proposta della Banca d'Italia, può stabilire condizioni per il diritto alla conversione, con particolare riguardo a:

a) la variazione minima del tasso di cambio che deve aver avuto luogo rispetto al momento della conclusione del contratto, comunque non superiore rispetto a quella indicata al comma 4;

b) il compenso onnicomprensivo che il consumatore può essere tenuto a corrispondere al finanziatore in base al contratto.

3. Salvo che non sia diversamente previsto nel contratto, il

tasso di cambio al quale avviene la conversione è pari al tasso rilevato dalla Banca centrale europea nel giorno in cui è stata presentata la domanda di conversione.

4. Se il valore dell'importo totale del credito o delle rate residui varia di oltre il 20 per cento rispetto a quello che risulterebbe applicando il tasso di cambio tra la valuta in cui è denominato il finanziamento e l'euro al momento in cui è stato concluso il contratto di credito, il finanziatore ne informa il consumatore nell'ambito delle comunicazioni previste ai sensi dell'articolo 119. La comunicazione informa il consumatore del diritto di convertire il finanziamento in una valuta alternativa e delle condizioni per farlo.

(1) Articolo inserito dall'art. 1, co. 2, d.lg. 21/4/2016, n. 72. Per l'applicazione, vedi l'art. 3, co. 1, d.lg. n. 72/2016 medesimo.

120 quaterdecies.1. Rimborso anticipato (1). – 1. Il consumatore può rimborsare anticipatamente in qualsiasi momento, in tutto o in parte, l'importo dovuto al finanziatore e ha diritto a una riduzione del costo totale del credito, in misura pari all'importo degli interessi e dei costi dovuti per la vita residua del contratto.

(1) Articolo inserito dall'art. 11-octies, co. 1, lett. a), d.l. 25/5/2021, n. 73, conv., con modif., dalla l. 23/7/2021, n. 106.

120 quinquiesdecies. Inadempimento del consumatore (1). – 1. Fermo restando quanto previsto ai sensi dell'articolo 40, comma 2, il finanziatore adotta procedure per gestire i rapporti con i consumatori in difficoltà nei pagamenti. La Banca d'Italia adotta disposizioni di attuazione del presente comma, con particolare riguardo agli obblighi informativi e di correttezza del finanziatore, nonché ai casi di eventuale stato di bisogno o di particolare debolezza del consumatore.

2. Il finanziatore non può imporre al consumatore oneri, derivanti dall'inadempimento, superiori a quelli necessari a compensare i costi sostenuti a causa dell'inadempimento stesso.

3. Fermo quanto previsto dall'articolo 2744 del codice civile, le parti possono convenire, con clausola espressa, al momento della conclusione del contratto di credito, che in caso di inadempimento del consumatore la restituzione o il trasferimento del bene immobile oggetto di garanzia reale o dei proventi della vendita del medesimo bene comporta l'estinzione dell'intero debito a carico del consumatore derivante dal contratto di credito anche se il valore del bene immobile restituito o trasferito ovvero l'ammontare dei proventi della vendita è inferiore al debito residuo. Se il valore dell'immobile come stimato dal perito ovvero l'ammontare dei proventi della vendita è superiore al debito residuo, il consumatore ha diritto all'eccedenza. In ogni caso, il finanziatore si adopera con ogni diligenza per conseguire dalla vendita il miglior prezzo di realizzo. La clausola non può essere pattuita in caso di surrogazione nel contratto di credito ai sensi dell'articolo 120-quater.

4. Agli effetti del comma 3:

a. il finanziatore non può condizionare la conclusione del contratto di credito alla sottoscrizione della clausola;

b. se il contratto di credito contiene la clausola, il consumatore è assistito, a titolo gratuito, da un consulente al fine di valutarne la convenienza;

c. costituisce inadempimento il mancato pagamento di un ammontare equivalente a diciotto rate mensili; non costituiscono inadempimento i ritardati pagamenti che consentono la risoluzione del contratto ai sensi dell'articolo 40, comma 2;

d. il valore del bene immobile oggetto della garanzia è stimato da un perito indipendente scelto dalle parti di comune accordo ovvero, in caso di mancato raggiungimento dell'accordo, nominato dal Presidente del Tribunale territorialmente competente con le modalità di cui al terzo comma dell'articolo 696 del codice di procedura civile, con una perizia successiva all'inadempimento. Si applica quanto previsto ai sensi dell'articolo 120-duodecies (2).

5. Con decreto, il Ministro dell'economia e delle finanze, di concerto con il Ministro della giustizia, sentita la Banca d'Italia, detta disposizioni di attuazione dei commi 3 e 4.

6. Nei casi, diversi da quelli di cui al comma 3, in cui il finanziatore fa ricorso all'espropriazione immobiliare e, a seguito dell'escussione della garanzia residui un debito a carico del consumatore, il relativo obbligo di pagamento decorre dopo sei mesi dalla conclusione della procedura esecutiva.

(1) Articolo inserito dall'art. 1, co. 2, d.lg. 21/4/2016, n. 72. Per l'applicazione, vedi l'art. 3, co. 1, d.lg. n. 72/2016 medesimo.

(2) Sull'applicabilità delle disposizioni di cui al presente comma, vedi l'art. 3, co. 4, d.lg. 21/4/2016, n. 72.

120 sexiesdecies. Osservatorio del mercato immobiliare (1). – 1. L'Osservatorio del mercato immobiliare istituito presso l'Agenzia delle entrate assicura il controllo statistico sul mercato immobiliare residenziale ed effettua le opportune comunicazioni ai fini dei controlli di vigilanza macro-prudenziale.

(1) Articolo inserito dall'art. 1, co. 2, d.lg. 21/4/2016, n. 72. Per l'applicazione, vedi l'art. 3, co. 1, d.lg. n. 72/2016 medesimo.

120 septiesdecies. Remunerazioni e requisiti di professionalità (1). – 1. I finanziatori remunerano il personale e, se del caso, gli intermediari del credito in modo da assicurare il rispetto degli obblighi previsti ai sensi del presente capo.

2. I finanziatori assicurano che il personale abbia un livello di professionalità adeguato per predisporre, offrire e concludere contratti di credito o contratti accessori a quest'ultimo nonché prestare servizi di consulenza.

3. La Banca d'Italia detta disposizioni di attuazione del presente articolo, anche individuando le categorie di personale interessate.

(1) Articolo inserito dall'art. 1, co. 2, d.lg. 21/4/2016, n. 72. Per l'applicazione, vedi l'art. 3, co. 1, d.lg. n. 72/2016 medesimo.

120 octiesdecies. Pratiche di commercializzazione abbinata (1). – 1. È vietata l'offerta o la commercializzazione di un contratto di credito in un pacchetto che comprende altri prodotti o servizi finanziari distinti, qualora il contratto di credito non sia disponibile per il consumatore separatamente.

2. È fatto salvo quanto stabilito dall'articolo 23, comma 4, del decreto legislativo 24 febbraio 1998, n. 58, dall'articolo 28 del decreto-legge 24 gennaio 2012, n. 1, convertito, con modificazioni, dalla legge 24 marzo 2012, n. 27, e dall'articolo 21, comma 3-bis, del Codice del consumo.

(1) Articolo inserito dall'art. 1, co. 2, d.lg. 21/4/2016, n. 72. Per l'applicazione, vedi l'art. 3, co. 1, d.lg. n. 72/2016 medesimo.

120 noviesdecies. Disposizioni applicabili (1). – 1. Ai contratti di credito disciplinati dal presente capo si applicano gli articoli 117, 118, 119, 120, comma 2, 120-ter e 120-quater (2).

2. Il finanziatore e l'intermediario del credito forniscono gratuitamente ai consumatori le informazioni previste ai sensi del presente capo, anche in deroga a quanto previsto dall'articolo 127-bis.

(1) Articolo inserito dall'art. 1, co. 2, d.lg. 21/4/2016, n. 72. Per l'applicazione, vedi l'art. 3, co. 1, d.lg. n. 72/2016 medesimo.

(2) Comma sostituito dall'art. 11-octies, co. 1, lett. b), d.l. 25/5/2021, n. 73, conv., con modif., dalla l. 23/7/2021, n. 106.

Capo II
Credito ai consumatori (1)

(1) Capo sostituito dall'art. 1 del d.lg. 13/8/2010, n. 141.

121. Definizioni (1). – 1. Nel presente capo, l'espressione:

a) "Codice del consumo" indica il decreto legislativo 6 settembre 2005, n. 206;

b) "consumatore" indica una persona fisica che agisce per scopi estranei all'attività imprenditoriale, commerciale, artigianale o professionale eventualmente svolta;

c) "contratto di credito" indica il contratto con cui un finanziatore concede o si impegna a concedere a un consumatore un credito sotto forma di dilazione di pagamento, di prestito o di altra facilitazione finanziaria;

d) "contratto di credito collegato" indica un contratto di credito finalizzato esclusivamente a finanziare la fornitura di un bene o la prestazione di un servizio specifici se ricorre almeno una delle seguenti condizioni:

1) il finanziatore si avvale del fornitore del bene o del prestatore del servizio per promuovere o concludere il contratto di credito;

2) il bene o il servizio specifici sono esplicitamente individuati nel contratto di credito;

e) "costo totale del credito" indica gli interessi e tutti gli altri costi, incluse le commissioni, le imposte e le altre spese, a eccezione di quelle notarili, che il consumatore deve pagare in relazione al contratto di credito e di cui il finanziatore è a conoscenza;

f) "finanziatore" indica un soggetto che, essendo abilitato a erogare finanziamenti a titolo professionale nel territorio della Repubblica, offre o stipula contratti di credito;

g) "importo totale del credito" indica il limite massimo o la somma totale degli importi messi a disposizione in virtù di un contratto di credito;

h) "intermediario del credito" indica gli agenti in attività finanziaria, i mediatori creditizi o qualsiasi altro soggetto, diverso dal finanziatore, che nell'esercizio della propria attività commerciale o professionale svolge, a fronte di un compenso in denaro o di altro vantaggio economico oggetto di pattuizione e nel rispetto delle riserve di attività previste dal Titolo VI-bis, almeno una delle seguenti attività:

1) presentazione o proposta di contratti di credito ovvero altre attività preparatorie in vista della conclusione di tali contratti;

2) conclusione di contratti di credito per conto del finanziatore;

i) "sconfinamento" indica l'utilizzo da parte del consumatore di fondi concessi dal finanziatore in eccedenza rispetto al saldo del conto corrente in assenza di apertura di credito ovvero rispetto all'importo dell'apertura di credito concessa;

l) "supporto durevole" indica ogni strumento che permetta al consumatore di conservare le informazioni che gli sono personalmente indirizzate in modo da potervi accedere in futuro per un periodo di tempo adeguato alle finalità cui esse sono destinate e che permetta la riproduzione identica delle informazioni memorizzate;

m) "tasso annuo effettivo globale" o "TAEG" indica il costo totale del credito per il consumatore espresso in percentuale annua dell'importo totale del credito.

2. Nel costo totale del credito sono inclusi anche i costi relativi a servizi accessori connessi con il contratto di credito, compresi i premi assicurativi, se la conclusione di un contratto avente ad oggetto tali servizi è un requisito per ottenere il credito, o per ottenerlo alle condizioni offerte.

3. La Banca d'Italia, in conformità alle deliberazioni del CICR, stabilisce le modalità di calcolo del TAEG, ivi inclusa la specificazione dei casi in cui i costi di cui al comma 2 sono compresi nel costo totale del credito.

(1) Articolo sostituito dall'art. 1 del d.lg. 13/8/2010, n. 141.

122. Ambito di applicazione (1). – 1. Le disposizioni del presente capo si applicano ai contratti di credito comunque denominati, a eccezione dei seguenti casi:

a) finanziamenti di importo inferiore a 200 euro o superiore a 75.000 euro. Ai fini del computo della soglia minima si prendono in considerazione anche i crediti frazionati concessi attraverso più contratti, se questi sono riconducibili a una medesima operazione economica;

b) contratti di somministrazione previsti dagli articoli 1559, e seguenti, del codice civile e contratti di appalto di cui all'articolo 1677 del codice civile;

c) finanziamenti nei quali è escluso il pagamento di interessi o di altri oneri;

d) finanziamenti a fronte dei quali il consumatore è tenuto a corrispondere esclusivamente commissioni per un importo non significativo, qualora il rimborso del credito debba avvenire entro tre mesi dall'utilizzo delle somme;

e) finanziamenti destinati all'acquisto o alla conservazione di un diritto di proprietà su un terreno o su un immobile edificato o progettato;

f) finanziamenti garantiti da ipoteca su beni immobili [aventi una durata superiore a cinque anni] (2);

g) finanziamenti, concessi da banche o da imprese di investimento, finalizzati a effettuare un'operazione avente a oggetto strumenti finanziari quali definiti dall'articolo 1, comma 2, del decreto legislativo 24 febbraio 1998, n. 58, e successive modificazioni, purché il finanziatore partecipi all'operazione;

h) finanziamenti concessi in base a un accordo raggiunto dinanzi all'autorità giudiziaria o a un'altra autorità prevista dalla legge;

i) dilazioni del pagamento di un debito preesistente concesse gratuitamente dal finanziatore;

l) finanziamenti garantiti da pegno su un bene mobile, se il consumatore non è obbligato per un ammontare eccedente il valore del bene;

m) contratti di locazione, a condizione che in essi sia prevista l'espressa clausola che in nessun momento la proprietà della cosa locata possa trasferirsi, con o senza corrispettivo, al locatario;

n) iniziative di microcredito ai sensi dell'articolo 111 e altri contratti di credito individuati con legge relativi a prestiti concessi a un pubblico ristretto, con finalità di interesse generale, che non prevedono il pagamento di interessi o prevedono tassi inferiori a quelli prevalenti sul mercato oppure ad altre condizioni più favorevoli per il consumatore rispetto a quelle prevalenti sul mercato e a tassi d'interesse non superiori a quelli prevalenti sul mercato;

o) contratti di credito sotto forma di sconfinamento del conto corrente, salvo quanto disposto dall'articolo 125-octies.

1-bis. In deroga a quanto previsto al comma 1, lettera a), il presente capo si applica ai contratti di credito non garantiti finalizzati alla ristrutturazione di un immobile residenziale, anche se il finanziamento ha un importo superiore a 75.000 euro (3).

2. Alle aperture di credito regolate in conto corrente, qualora il rimborso delle somme prelevate debba avvenire su richiesta della banca ovvero entro tre mesi dal prelievo, non si applicano [il comma 5 e] gli articoli 123, comma 1, lettere da d) a f), 124, comma 5, 125-ter, 125-quater, 125-sexies, 125-octies (4).

3. Ai contratti di locazione finanziaria (leasing) che, anche sulla base di accordi separati, non comportano l'obbligo di acquisto della cosa locata da parte del consumatore, non si applica l'articolo 125-ter, commi da 1 a 4.

4. Alle dilazioni del pagamento e alle altre modalità agevolate di rimborso di un debito preesistente, concordate tra le parti a seguito di un inadempimento del consumatore, non si applicano gli articoli 124, comma 5, 124-bis, 125-ter, 125-quinquies, 125-septies nei casi stabiliti dal CICR (5).

5. I venditori di beni e servizi possono concludere contratti di credito nella sola forma della dilazione del prezzo con

esclusione del pagamento degli interessi e di altri oneri.

(1) Articolo sostituito dall'art. 1 del d.lg. 13/8/2010, n. 141.

• Vedi l'art. 2 del d.lg. 25/2/2000, n. 63.

(2) Lettera modificata dall'art. 1, co. 3, lett. a), d.lg. 21/4/2016, n. 72. Per l'applicazione, vedi l'art. 3, co. 1, d.lg. n. 72/2016 medesimo.

(3) Comma inserito dall'art. 1, co. 3, lett. b), d.lg. 21/4/2016, n. 72. Per l'applicazione, vedi l'art. 3, co. 1, d.lg. n. 72/2016 medesimo.

(4) Comma modificato dall'art. 1, co. 1, d.lg. 14/12/2010, n. 218 e successivamente dall'art. 1 del d.lg. 13/8/2010, n. 141, come modificato dall'art. 1, co. 1, lett. a), d.lg. 19/9/2012, n. 169.

(5) Comma modificato dall'art. 1 del d.lg. 13/8/2010, n. 141, come modificato dall'art. 1, co. 1, lett. b), d.lg. 19/9/2012, n. 169.

123. Pubblicità (1). – 1. Fermo restando quanto previsto dalla parte II, titolo III, del Codice del consumo, gli annunci pubblicitari che riportano il tasso d'interesse o altre cifre concernenti il costo del credito indicano le seguenti informazioni di base, in forma chiara, concisa e graficamente evidenziata con l'impiego di un esempio rappresentativo (2):

a) il tasso d'interesse, specificando se fisso o variabile, e le spese comprese nel costo totale del credito;

b) l'importo totale del credito;

c) il TAEG;

d) l'esistenza di eventuali servizi accessori necessari per ottenere il credito o per ottenerlo alle condizioni pubblicizzate, qualora i costi relativi a tali servizi non siano inclusi nel TAEG in quanto non determinabili in anticipo;

e) la durata del contratto, se determinata;

f) se determinabile in anticipo, l'importo totale dovuto dal consumatore, nonché l'ammontare delle singole rate.

2. La Banca d'Italia, in conformità alle deliberazioni del CICR, precisa le caratteristiche delle informazioni da includere negli annunci pubblicitari e le modalità della loro divulgazione.

(1) Articolo sostituito dall'art. 1 del d.lg. 13/8/2010, n. 141.

(2) Capoverso modificato dall'art. 2, co. 1, d.lg. 14/12/2010, n. 218.

124. Obblighi precontrattuali (1). – 1. Il finanziatore o l'intermediario del credito, sulla base delle condizioni offerte dal finanziatore e, se del caso, delle preferenze espresse e delle informazioni fornite dal consumatore, forniscono al consumatore, prima che egli sia vincolato da un contratto o da un'offerta di credito, le informazioni necessarie per consentire il confronto delle diverse offerte di credito sul mercato, al fine di prendere una decisione informata e consapevole in merito alla conclusione di un contratto di credito.

2. Le informazioni di cui al comma 1 sono fornite dal finanziatore o dall'intermediario del credito su supporto cartaceo o su altro supporto durevole attraverso il modulo contenente le "Informazioni europee di base sul credito ai consumatori". Gli obblighi informativi di cui al comma 1 si considerano assolti attraverso la consegna di tale modulo. Il finanziatore o l'intermediario forniscono qualsiasi informazione aggiuntiva in un documento distinto, che può essere allegato al modulo.

3. Se il contratto di credito è stato concluso, su richiesta del consumatore, usando un mezzo di comunicazione a distanza che non consente di fornire le informazioni di cui al comma 1, il finanziatore o l'intermediario del credito forniscono al consumatore il modulo di cui al comma 2 immediatamente dopo la conclusione del contratto di credito.

4. Su richiesta, al consumatore, oltre al modulo di cui al comma 2, è fornita gratuitamente copia della bozza del contratto di credito, salvo che il finanziatore o l'intermediario del credito, al momento della richiesta, non intenda procedere alla conclusione del contratto di credito con il consumatore (2).

5. Il finanziatore o l'intermediario del credito forniscono al consumatore chiarimenti adeguati, in modo che questi possa valutare se il contratto di credito proposto sia adatto alle sue esigenze e alla sua situazione finanziaria, eventualmente illustrando le informazioni precontrattuali che devono essere fornite ai sensi dei commi 1 e 2, le caratteristiche essenziali dei prodotti proposti e gli effetti specifici che possono avere sul consumatore, incluse le conseguenze del mancato pagamento. In caso di offerta contestuale di più contratti non collegati ai sensi dell'articolo 121, comma 1, lettera d), è comunque specificato se la validità dell'offerta è condizionata alla conclusione congiunta di detti contratti.

6. I fornitori di merci o prestatori di servizi che agiscono come intermediari del credito a titolo accessorio non sono tenuti a osservare gli obblighi di informativa precontrattuale previsti dal presente articolo. Il finanziatore assicura che il consumatore riceva comunque le informazioni precontrattuali; assicura inoltre che i fornitori di merci o prestatori di servizi rispettino la disciplina ad essi applicabile ai sensi del presente Capo (3).

7. La Banca d'Italia, in conformità alle deliberazioni del CICR, detta disposizioni di attuazione del presente articolo, con riferimento a:

a) il contenuto, i criteri di redazione, le modalità di messa a disposizione delle informazioni precontrattuali;

b) le modalità e la portata dei chiarimenti da fornire al consumatore ai sensi del comma 5, anche in caso di contratti conclusi congiuntamente;

c) gli obblighi specifici o derogatori da osservare nei casi di: comunicazioni mediante telefonia vocale; aperture di credito regolate in conto corrente; dilazioni di pagamento non gratuite e altre modalità agevolate di rimborso di un credito preesistente, concordate tra le parti a seguito di un inadempimento del consumatore; offerta attraverso intermediari del credito che operano a titolo accessorio.

(1) Articolo modificato dall'art. 1 del d.lg. 6/2/2004, n. 37 e, successivamente, sostituito dall'art. 1 del d.lg. 13/8/2010, n. 141.

• Vedi inoltre l'art. 5 del d.m. 3/2/2011.

(2) Comma modificato dall'art. 2, co. 3, d.lg. 14/12/2010, n. 218.

(3) Comma sostituito dall'art. 1, co. 1, d.lg. 13/8/2010, n. 141, come modificato dall'art. 1, co. 1, lett. c), d.lg. 19/9/2012, n. 169.

124 bis. Verifica del merito creditizio (1). – 1. Prima della conclusione del contratto di credito, il finanziatore valuta il merito creditizio del consumatore sulla base di informazioni adeguate, se del caso fornite dal consumatore stesso e, ove necessario, ottenute consultando una banca dati pertinente.

2. Se le parti convengono di modificare l'importo totale del credito dopo la conclusione del contratto di credito, il finanziatore aggiorna le informazioni finanziarie di cui dispone riguardo al consumatore e valuta il merito creditizio del medesimo prima di procedere ad un aumento significativo dell'importo totale del credito.

3. La Banca d'Italia, in conformità alle deliberazioni del CICR, detta disposizioni attuative del presente articolo.

(1) Articolo inserito dall'art. 1 del d.lg. 13/8/2010, n. 141.

• Vedi inoltre l'art. 6 del d.m. 3/2/2011.

125. Banche dati (1). – 1. I gestori delle banche dati contenenti informazioni nominative sul credito consentono l'accesso dei finanziatori degli Stati membri dell'Unione europea alle proprie banche dati a condizioni non discriminatorie rispetto a quelle previste per gli altri finanziatori abilitati nel territorio della Repubblica. Il CICR, sentito il Garante per la protezione dei dati personali, individua le condizioni di accesso, al fine di garantire il rispetto del principio di non discriminazione.

2. Se il rifiuto della domanda di credito si basa sulle informazioni presenti in una banca dati, il finanziatore informa il consumatore immediatamente e gratuitamente del risultato della consultazione e degli estremi della banca dati.

3. I finanziatori informano preventivamente il consumatore la prima volta che segnalano a una banca dati le informazioni negative previste dalla relativa disciplina. L'informativa è resa unitamente all'invio di solleciti, altre comunicazioni, o in via autonoma.

4. I finanziatori assicurano che le informazioni comunicate alle banche dati siano esatte e aggiornate. In caso di errore rettificano prontamente i dati errati.

5. I finanziatori informano il consumatore sugli effetti che le informazioni negative registrate a suo nome in una banca dati possono avere sulla sua capacità di accedere al credito.

6. Il presente articolo non pregiudica l'applicazione del decreto legislativo 30 giugno 2003, n. 196.

(1) Articolo modificato dall'art. 146 del d.lg. 6/9/2005, n. 206 e successivamente sostituito dall'art. 1 del d.lg. 13/8/2010, n. 141.

• Vedi inoltre l'art. 7 del d.m. 3/2/2011.

125 bis. Contratti e comunicazioni (1). – 1. I contratti di credito sono redatti su supporto cartaceo o su altro supporto durevole che soddisfi i requisiti della forma scritta nei casi previsti dalla legge e contengono in modo chiaro e conciso le informazioni e le condizioni stabilite dalla Banca d'Italia, in conformità alle deliberazioni del CICR. Una copia del contratto è consegnata ai clienti (2).

2. Ai contratti di credito si applicano l'articolo 117, commi 2, 3 e 6, nonché gli articoli 118, 119, comma 4, e 120, comma 2.

3. In caso di offerta contestuale di più contratti da concludere per iscritto, diversi da quelli collegati ai sensi dell'articolo 121, comma 1, lettera d), il consenso del consumatore va acquisito distintamente per ciascun contratto attraverso documenti separati.

4. Nei contratti di credito di durata il finanziatore fornisce periodicamente al cliente, su supporto cartaceo o altro supporto durevole una comunicazione completa e chiara in merito allo svolgimento del rapporto. La Banca d'Italia, in conformità alle deliberazioni del CICR, fissa i contenuti e le modalità di tale comunicazione (3).

5. Nessuna somma può essere richiesta o addebitata al consumatore se non sulla base di espresse previsioni contrattuali.

6. Sono nulle le clausole del contratto relative a costi a carico del consumatore che, contrariamente a quanto previsto ai sensi dell'articolo 121, comma 1, lettera e), non sono stati inclusi o sono stati inclusi in modo non corretto nel TAEG pubblicizzato nella documentazione predisposta secondo quanto previsto dall'articolo 124.

La nullità della clausola non comporta la nullità del contratto.

7. Nei casi di assenza o di nullità delle relative clausole contrattuali:

a) il TAEG equivale al tasso nominale minimo dei buoni del tesoro annuali o di altri titoli similari eventualmente indicati dal Ministro dell'economia e delle finanze, emessi nei dodici mesi precedenti la conclusione del contratto. Nessuna altra somma è dovuta dal consumatore a titolo di tassi di interesse, commissioni o altre spese;

b) la durata del credito è di trentasei mesi.

8. Il contratto è nullo se non contiene le informazioni essenziali ai sensi del comma 1 su:

a) il tipo di contratto;

b) le parti del contratto;

c) l'importo totale del finanziamento e le condizioni di prelievo e di rimborso.

9. In caso di nullità del contratto, il consumatore non può essere tenuto a restituire più delle somme utilizzate e ha facoltà di pagare quanto dovuto a rate, con la stessa periodicità prevista nel contratto o, in mancanza, in trentasei rate mensili.

(1) Articolo inserito dall'art. 1 del d.lg. 13/8/2010, n. 141.

(2) Vedi inoltre l'art. 8 del d.m. 3/2/2011.

(3) Vedi inoltre l'art. 9 del d.m. 3/2/2011.

125 ter. Recesso del consumatore (1). – 1. Il consumatore può recedere dal contratto di credito entro quattordici giorni; il termine decorre dalla conclusione del contratto o, se successivo, dal momento in cui il consumatore riceve tutte le condizioni e le informazioni previste ai sensi dell'articolo 125-bis, comma 1. In caso di uso di tecniche di comunicazione a distanza il termine è calcolato secondo l'articolo 67-duodecies, comma 3, del Codice del consumo.

2. Il consumatore che recede:

a) ne dà comunicazione al finanziatore inviandogli, prima della scadenza del termine previsto dal comma 1, una comunicazione secondo le modalità prescelte nel contratto tra quelle previste dall'articolo 64, comma 2, del Codice del consumo;

b) se il contratto ha avuto esecuzione in tutto o in parte, entro trenta giorni dall'invio della comunicazione prevista dalla lettera a), restituisce il capitale e paga gli interessi maturati fino al momento della restituzione, calcolati secondo quanto stabilito dal contratto. Inoltre, rimborsa al finanziatore le somme non ripetibili da questo corrisposte alla pubblica amministrazione.

3. Il finanziatore non può pretendere somme ulteriori rispetto a quelle previste dal comma 2, lettera b).

4. Il recesso disciplinato dal presente articolo si estende automaticamente, anche in deroga alle condizioni e ai termini eventualmente previsti dalla normativa di settore, ai contratti aventi a oggetto servizi accessori connessi col contratto di credito, se tali servizi sono resi dal finanziatore ovvero da un terzo sulla base di un accordo col finanziatore. L'esistenza dell'accordo è presunta. È ammessa, da parte del terzo, la prova contraria.

5. Salvo quanto previsto dai commi 1 e 2, ai contratti disciplinati dal presente capo non si applicano gli articoli 64, 65, 66, 67-duodecies e 67-ter decies del Codice del consumo.

(1) Articolo inserito dall'art. 1 del d.lg. 13/8/2010, n. 141.

125 quater. Contratti a tempo indeterminato (1). – 1. Fermo restando quanto previsto dall'articolo 125-ter, nei contratti di credito a tempo indeterminato il consumatore ha il diritto di recedere in ogni momento senza penalità e senza spese. Il contratto può prevedere un preavviso non superiore a un mese.

2. I contratti di credito a tempo indeterminato possono prevedere il diritto del finanziatore a:

a) recedere dal contratto con un preavviso di almeno due mesi, comunicato al consumatore su supporto cartaceo o altro supporto durevole;

b) sospendere, per una giusta causa, l'utilizzo del credito da parte del consumatore, dandogliene comunicazione su supporto cartaceo o altro supporto durevole in anticipo e, ove ciò non sia possibile, immediatamente dopo la sospensione.

(1) Articolo inserito dall'art. 1 del d.lg. 13/8/2010, n. 141.

125 quinquies. Inadempimento del fornitore (1). – 1. Nei contratti di credito collegati, in caso di inadempimento da parte del fornitore dei beni o dei servizi il consumatore, dopo aver inutilmente effettuato la costituzione in mora del fornitore, ha diritto alla risoluzione del contratto di credito, se con riferimento al contratto di fornitura di beni o servizi ricorrono le condizioni di cui all'articolo 1455 del codice civile.

2. La risoluzione del contratto di credito comporta l'obbligo del finanziatore di rimborsare al consumatore le rate già pagate, nonché ogni altro onere eventualmente applicato. La

risoluzione del contratto di credito non comporta l'obbligo del consumatore di rimborsare al finanziatore l'importo che sia stato già versato al fornitore dei beni o dei servizi. Il finanziatore ha il diritto di ripetere detto importo nei confronti del fornitore stesso.

3. In caso di locazione finanziaria (leasing) il consumatore, dopo aver inutilmente effettuato la costituzione in mora del fornitore dei beni o dei servizi, può chiedere al finanziatore di agire per la risoluzione del contratto. La richiesta al fornitore determina la sospensione del pagamento dei canoni. La risoluzione del contratto di fornitura determina la risoluzione di diritto, senza penalità e oneri, del contratto di locazione finanziaria. Si applica il comma 2.

4. I diritti previsti dal presente articolo possono essere fatti valere anche nei confronti del terzo al quale il finanziatore abbia ceduto i diritti derivanti dal contratto di concessione del credito.

(1) Articolo inserito dall'art. 1 del d.lg. 13/8/2010, n. 141.

125 sexies. Rimborso anticipato (1). – 1. Il consumatore può rimborsare anticipatamente in qualsiasi momento, in tutto o in parte, l'importo dovuto al finanziatore e, in tal caso, ha diritto alla riduzione, in misura proporzionale alla vita residua del contratto, degli interessi e di tutti i costi compresi nel costo totale del credito, escluse le imposte.

2. I contratti di credito indicano in modo chiaro i criteri per la riduzione proporzionale degli interessi e degli altri costi, indicando in modo analitico se trovi applicazione il criterio della proporzionalità lineare o il criterio del costo ammortizzato. Ove non sia diversamente indicato, si applica il criterio del costo ammortizzato.

3. Salva diversa pattuizione tra il finanziatore e l'intermediario del credito, il finanziatore ha diritto di regresso nei confronti dell'intermediario del credito per la quota dell'importo rimborsato al consumatore relativa al compenso per l'attività di intermediazione del credito.

4. In caso di rimborso anticipato, il finanziatore ha diritto a un indennizzo equo e oggettivamente giustificato per eventuali costi direttamente collegati al rimborso anticipato del credito. L'indennizzo non può superare l'1 per cento dell'importo rimborsato in anticipo, se la vita residua del contratto è superiore a un anno, ovvero lo 0,5 per cento del medesimo importo, se la vita residua del contratto è pari o inferiore a un anno. In ogni caso, l'indennizzo non può superare l'importo degli interessi che il consumatore avrebbe pagato per la vita residua del contratto.

5. L'indennizzo di cui al comma 4 non è dovuto:

a) se il rimborso anticipato è effettuato in esecuzione di un contratto di assicurazione destinato a garantire il credito;

b) se il rimborso anticipato riguarda un contratto di apertura di credito;

c) se il rimborso anticipato ha luogo in un periodo in cui non si applica un tasso di interesse espresso da una percentuale specifica fissa predeterminata nel contratto;

d) se l'importo rimborsato anticipatamente corrisponde all'intero debito residuo ed è pari o inferiore a 10.000 euro.

(1) Articolo inserito dall'art. 1 del d.lg. 13/8/2010, n. 141 e successivamente sostituito dall'art. 11-octies, co. 1, lett. c), d.l. 25/5/2021, n. 73, conv., con modif., dalla l. 23/7/2021, n. 106.

• Per l'applicazione del presente articolo vedi l'art. 11-octies, co. 2, d.l. 25/5/2021, n. 73, conv., con modif., dalla l. 23/7/2021, n. 106.

125 septies. Cessione dei crediti (1). – 1. In caso di cessione del credito o del contratto di credito, il consumatore può sempre opporre al cessionario tutte le eccezioni che poteva far valere nei confronti del cedente, ivi inclusa la compensazione, anche in deroga al disposto dell'articolo 1248 del codice civile.

2. Il consumatore è informato della cessione del credito, a meno che il cedente, in accordo con il cessionario, continui a gestire il credito nei confronti del consumatore. La Banca d'Italia, in conformità alle deliberazioni del CICR, individua le modalità con cui il consumatore è informato.

(1) Articolo inserito dall'art. 1 del d.lg. 13/8/2010, n. 141.

125 octies. Sconfinamento (1). – 1. Se un contratto di conto corrente prevede la possibilità che al consumatore sia concesso uno sconfinamento, si applicano le disposizioni del capo I.

2. In caso di sconfinamento consistente che si protragga per oltre un mese, il creditore comunica senza indugio al consumatore, su supporto cartaceo o altro supporto durevole:

a) lo sconfinamento;

b) l'importo interessato;

c) il tasso debitore;

d) le penali, le spese o gli interessi di mora eventualmente applicabili.

3. La Banca d'Italia, in conformità alle deliberazioni del CICR, detta disposizioni di attuazione del comma 2, con riferimento:

a) al termine di invio della comunicazione;

b) ai criteri per la determinazione della consistenza dello sconfinamento (2).

(1) Articolo inserito dall'art. 1 del d.lg. 13/8/2010, n. 141.

(2) Comma modificato dall'art. 2, co. 4, d.lg. 14/12/2010, n. 218.

125 nonies. Intermediari del credito (1). – 1. L'intermediario del credito indica, negli annunci pubblicitari e nei documenti destinati ai consumatori, l'ampiezza dei propri poteri e in particolare se lavori a titolo esclusivo con uno o più finanziatori oppure a titolo di mediatore (2).

2. Il consumatore è informato dell'eventuale compenso da versare all'intermediario del credito per i suoi servizi. Il compenso è oggetto di accordo tra il consumatore e l'intermediario del credito su supporto cartaceo o altro supporto durevole prima della conclusione del contratto di credito.

3. L'intermediario del credito comunica al finanziatore l'eventuale compenso che il consumatore deve versare all'intermediario del credito per i suoi servizi, al fine del calcolo del TAEG, secondo quanto stabilito dal CICR.

(1) Articolo inserito dall'art. 1 del d.lg. 13/8/2010, n. 141.

• Vedi inoltre l'art. 12 del d.m. 3/2/2011.

(2) Comma modificato dall'art. 2, co. 5, d.lg. 14/12/2010, n. 218.

126. Riservatezza delle informazioni (1). – 1. Il Ministro dell'economia e delle finanze può individuare, con regolamento adottato ai sensi dell'articolo 17, comma 3, della legge 23 agosto 1988, n. 400, i casi in cui le comunicazioni previste dall'articolo 125, comma 2, e 125-quater, comma 2, lettera b), non sono effettuate in quanto vietate dalla normativa comunitaria o contrarie all'ordine pubblico o alla pubblica sicurezza (2).

(1) Articolo sostituito dall'art. 1 del d.lg. 13/8/2010, n. 141.

(2) Comma modificato dall'art. 2, co. 6, d.lg. 14/12/2010, n. 218.

Capo II bis
Servizi di pagamento (1)

(1) Capo inserito dall'art. 34, co. 1, lett. b), d.lg. 27/1/2010, n. 11.

126 bis. Disposizioni di carattere generale (1). – 1. Il presente capo si applica ai contratti quadro relativi a servizi di pagamento e alle operazioni di pagamento, anche se queste non rientrano in un contratto quadro, quando i servizi sono offerti sul territorio della Repubblica.

2. Ai fini del presente capo, per servizi di pagamento si intende anche l'emissione di moneta elettronica. Allo Stato italiano, agli altri Stati comunitari, alle pubbliche amministrazioni statali, regionali e locali, che, agendo in veste di pubblica autorità, emettono moneta elettronica, si applica soltanto l'articolo 126-novies (2).

3. In deroga all'articolo 127, comma 1, le parti possono accordarsi nel senso che le previsioni del presente capo non si applicano, interamente o parzialmente, se l'utilizzatore di servizi di pagamento non è un consumatore, né una microimpresa. Resta fermo in ogni caso quanto stabilito dal Regolamento (UE) 2015/751 (3).

4. Spetta al prestatore dei servizi di pagamento l'onere della prova di aver correttamente adempiuto agli obblighi previsti dal presente capo.

5. La Banca d'Italia adotta i provvedimenti previsti dal presente capo avendo riguardo, per i servizi di pagamento regolati in conto corrente o commercializzati unitamente a un conto corrente, alle disposizioni previste ai sensi del capo I.

6. Nell'esercizio dei poteri regolamentari previsti dal presente capo, la Banca d'Italia tiene conto anche della finalità di garantire un adeguato livello di affidabilità ed efficienza dei servizi di pagamento.

(1) Articolo inserito dall'art. 34, co. 1, lett. b), d.lg. 27/1/2010, n. 11.

(2) Comma modificato dall'art. 1, co. 4, d.lg. 16/4/2012, n. 45.

(3) Comma modificato dall'art. 1, co. 14, d.lg. 15/12/2017, n. 218.

***126 ter. Spese applicabili**.** – *1. Il prestatore dei servizi di pagamento non può richiedere all'utilizzatore spese inerenti all'informativa resa ai sensi di legge* (1). *2. Il prestatore di servizi di pagamento e l'utilizzatore possono concordare le spese relative a informazioni supplementari o più frequenti, rispetto a quelle rese ai sensi di legge, ovvero quelle relative alla trasmissione con strumenti di comunicazione diversi rispetto a quelli previsti dal contratto quadro. Le spese sono adeguate e conformi ai costi effettivi sostenuti dal prestatore dei servizi di pagamento* (2).

* Articolo inserito dall'art. 34, co. 1, lett. b), d.lg. 27/1/2010, n. 11 e successivamente abrogato dall'art. 1, co. 15, d.lg. 15/12/2017, n. 218.

(1) Comma modificato dall'art. 2, co. 2, lett. a), d.lg. 29/12/2011, n. 230.

(2) Comma sostituito dall'art. 2, co. 2, lett. b), d.lg. 29/12/2011, n. 230.

126 quater. Informazioni relative alle operazioni di pagamento e ai contratti (1). – 1. La Banca d'Italia disciplina:

a) contenuti e modalità delle informazioni e delle condizioni che il prestatore dei servizi di pagamento fornisce o rende disponibili all'utilizzatore di servizi di pagamento, al pagatore e al beneficiario. Le informazioni e le condizioni sono redatte in termini di facile comprensione e in forma chiara e leggibile. In particolare, l'utilizzatore dei servizi di pagamento è informato di tutte le spese dovute al prestatore di servizi di pagamento e della loro suddivisione. Sono previsti obblighi di trasparenza semplificati nel caso di utilizzo di strumenti di pagamento che riguardino operazioni o presentino limiti di spesa o avvaloramento inferiori a soglie fissate dalla stessa Banca d'Italia;

b) casi, contenuti e modalità delle comunicazioni periodiche sulle operazioni di pagamento, ivi incluse le operazioni di pagamento disposte tramite un prestatore di servizi di disposizione di ordine di pagamento (2).

2. Non si applicano gli articoli 67-quinquies, 67-sexies, comma 1, lettere a), b) ed h), 67-septies, comma 1, lettere b), c), f) e g), 67-octies, comma 1, lettera a), del decreto legislativo 6 settembre 2005, n. 206.

*3. Prima di disporre l'operazione di pagamento l'utilizzatore è informato: a) dal beneficiario, di eventuali spese imposte o riduzioni proposte per l'utilizzo di un determinato strumento di pagamento; b) dal prestatore di servizi di pagamento o da un terzo, di eventuali spese imposte per l'utilizzo di un determinato strumento di pagamento**.

(1) Articolo inserito dall'art. 34, co. 1, lett. b), d.lg. 27/1/2010, n. 11.

(2) Lettera modificata, a decorrere dal 13/1/2018, dall'art. 1, co. 16, lett. a), d.lg. 15/12/2017, n. 218.

* Comma abrogato, a decorrere dal 13/1/2018, dall'art. 1, co. 16, lett. b), d.lg. 15/12/2017, n. 218.

126 quinquies. Contratto quadro (1). – 1. Ai contratti quadro si applica l'articolo 117, commi 1, 2, 3, 4, 6 e 7. Il potere previsto dall'articolo 117, comma 2, è esercitato dalla Banca d'Italia.

2. In qualsiasi momento del rapporto, l'utilizzatore di servizi di pagamento che ha concluso un contratto quadro può richiedere le condizioni contrattuali del contratto quadro nonché le informazioni relative al contratto quadro previste ai sensi dell'articolo 126-quater, comma 1, lettera a), su supporto cartaceo o su altro supporto durevole.

(1) Articolo inserito dall'art. 34, co. 1, lett. b), d.lg. 27/1/2010, n. 11.

126 sexies. Modifica unilaterale delle condizioni (1). – 1. Ogni modifica del contratto quadro o delle condizioni e informazioni a esso relative fornite all'utilizzatore ai sensi dell'articolo 126-quater, comma 1, lettera a), è proposta dal prestatore dei servizi di pagamento secondo le modalità stabilite dalla Banca d'Italia, con almeno due mesi di anticipo rispetto alla data di applicazione indicata nella proposta (2).

2. Il contratto quadro può prevedere che la modifica delle condizioni contrattuali si ritiene accettata dall'utilizzatore a meno che questi non comunichi al prestatore dei servizi di pagamento, prima della data indicata nella proposta per l'applicazione della modifica, che non intende accettarla. In questo caso, la comunicazione di cui al comma 1, contenente la proposta di modifica, specifica che in assenza di espresso rifiuto la proposta si intende accettata e che l'utilizzatore ha diritto di recedere senza spese prima della data prevista per l'applicazione della modifica (3).

3. Le modifiche dei tassi di interesse o di cambio possono essere applicate con effetto immediato e senza preavviso; tuttavia, se sono sfavorevoli per l'utilizzatore, è necessario che ciò sia previsto nel contratto quadro e che la modifica sia la conseguenza della variazione dei tassi di interesse o di cambio di riferimento convenuti nel contratto. L'utilizzatore è informato della modifica dei tassi di interesse nei casi e secondo le modalità stabilite dalla Banca d'Italia.

4. Le modifiche dei tassi di interesse o di cambio utilizzati nelle operazioni di pagamento sono applicate e calcolate in modo da non creare discriminazioni tra utilizzatori, secondo quanto stabilito dalla Banca d'Italia (4).

4-bis. Se il cliente è un consumatore, il contratto quadro o le condizioni e informazioni a esso relative fornite all'utilizzatore ai sensi dell'articolo 126-quater, comma 1, lettera a), possono essere modificate se sussiste un giustificato motivo (5).

*5. Restano ferme, in quanto compatibili, le disposizioni di cui all'articolo 33, commi 3 e 4, del decreto legislativo 6 settembre 2005, n. 206**.

(1) Articolo inserito, a decorrere dal 1/3/2010, dall'art. 34, co. 1, lett. b), d.lg. 27/1/2010, n. 11.

(2) Comma modificato, a decorrere dal 13/1/2018, dall'art. 1, co.

17, lett. a), d.lg. 15/12/2017, n. 218.

(3) Comma modificato, a decorrere dal 13/1/2018, dall'art. 1, co. 17, lett. b), d.lg: 15/12/2017, n. 218.

(4) Comma modificato, a decorrere dal 13/1/2018, dall'art. 1, co. 17, lett. c), d.lg. 15/12/2017, n. 218.

(5) Comma inserito, a decorrere dal 13/1/2018, dall'art. 1, co. 17, lett. d), d.lg. 15/12/2017, n. 218.

* Comma abrogato, a decorrere dal 13/1/2018, dall'art. 1, co. 17, lett. e), d.lg. 15/12/2017, n. 218.

126 septies. Recesso (1). – 1. L'utilizzatore di servizi di pagamento ha sempre la facoltà di recedere dal contratto quadro senza penalità e senza spese di chiusura.

2. Il prestatore di servizi di pagamento può recedere da un contratto quadro a tempo indeterminato se ciò è previsto dal contratto e con un preavviso di almeno due mesi, secondo le modalità stabilite dalla Banca d'Italia.

3. In caso di recesso dal contratto dell'utilizzatore o del prestatore di servizi di pagamento, le spese per i servizi fatturate periodicamente sono dovute dall'utilizzatore solo in misura proporzionale per il periodo precedente al recesso; se pagate anticipatamente, esse sono rimborsate in maniera proporzionale.

(1) Articolo inserito, a decorrere dal 1/3/2010, dall'art. 34, co. 1, lett. b), d.lg. 27/1/2010, n. 11.

126 octies. Denominazione valutaria dei pagamenti (1). – 1. I pagamenti sono effettuati nella valuta concordata dalle parti.

2. Se al pagatore è offerto, prima di disporre un'operazione di pagamento, un servizio di conversione valutaria dal beneficiario ovvero presso uno sportello automatico o presso il punto vendita da un venditore di merci o da un fornitore di servizi, colui che propone il servizio di conversione [gli] comunica al pagatore tutte le spese e il tasso di cambio che sarà utilizzato per la conversione. Il pagatore accetta il servizio su tale base (2).

(1) Articolo inserito, a decorrere dal 1/3/2010, dall'art. 34, co. 1, lett. b), d.lg. 27/1/2010, n. 11.

(2) Comma modificato, a decorrere dal 13/1/2018, dall'art. 1, co. 18, d.lg. 15/12/2017, n. 218.

126 nonies. Commissioni applicabili al rimborso della moneta elettronica (1). – 1. Il rimborso della moneta elettronica previsto dall'articolo 114-ter può essere soggetto al pagamento di una commissione adeguata e conforme ai costi effettivamente sostenuti dall'emittente, solo se previsto dal contratto e in uno dei seguenti casi:

a) il rimborso è chiesto prima della scadenza del contratto;

b) il detentore di moneta elettronica recede dal contratto prima della sua scadenza;

c) il rimborso è chiesto più di un anno dopo la data di scadenza del contratto.

2. I soggetti, diversi da un consumatore, che accettino in pagamento moneta elettronica possono regolare in via contrattuale con l'emittente di moneta elettronica le condizioni del rimborso loro spettante nei suoi confronti, anche in deroga al comma 1.

3. L'emittente di moneta elettronica fornisce al detentore, prima che egli sia vincolato da un contratto o da un'offerta, le informazioni relative alle modalità e alle condizioni del rimborso, secondo quanto stabilito dalla Banca d'Italia.

4. Il contratto tra l'emittente e il detentore di moneta elettronica indica chiaramente ed esplicitamente le modalità e le condizioni del rimborso.

(1) Articolo inserito dall'art. 1, co. 5, d.lg. 16/4/2012, n. 45.

Capo II-ter
Disposizioni particolari relative ai conti di pagamento (1)

(1) Capo inserito dall'art. 1, co. 1, d.lg. 15/3/2017, n. 37.

126 decies. Oggetto, ambito di applicazione e definizioni (1). – 1. Il presente capo reca disposizioni in materia di trasparenza e comparabilità delle spese relative al conto di pagamento, trasferimento di taluni servizi connessi al conto di pagamento, accesso ai conti di pagamento con caratteristiche di base.

2. Il presente capo si applica ai conti di pagamento offerti a o sottoscritti da consumatori, che consentono almeno l'esecuzione di tutte le seguenti operazioni: versamento di fondi; prelievo di contanti; esecuzione e ricezione di operazioni di pagamento.

3. Ai fini del presente capo, l'espressione:

a) "servizi collegati al conto" indica tutti i servizi connessi all'apertura, alla gestione e alla chiusura di un conto di pagamento, ivi compresi l'apertura di credito, lo sconfinamento e le operazioni indicate all'articolo 2, comma 2, lettera g), del decreto legislativo 27 gennaio 2010, n. 11;

b) "servizio di trasferimento" indica il trasferimento, su richiesta del consumatore, da un prestatore di servizi di pagamento ad un altro, delle informazioni su tutti o su alcuni ordini permanenti di bonifico, addebiti diretti ricorrenti e bonifici in entrata ricorrenti eseguiti sul conto di pagamento, o il trasferimento dell'eventuale saldo positivo da un conto di pagamento d'origine a un conto di pagamento di destinazione, o entrambi, con o senza la chiusura del conto di pagamento di origine;

c) "operazioni in numero superiore" indica le operazioni, delle tipologie individuate ai sensi dell'articolo 126-vicies semel, comma 1, eseguite dal consumatore sul conto di base oltre i limiti numerici stabiliti ai sensi del medesimo articolo;

d) "operazioni aggiuntive" indica, in relazione al conto di base, i servizi e le operazioni, delle tipologie diverse da quelle individuate ai sensi dell'articolo 126-vicies semel, comma 1, che il consumatore può richiedere sul conto di base. Si applicano le definizioni previste dall'articolo 1 del decreto legislativo 27 gennaio 2010, n. 11, e dall'articolo 121, comma 1, lettera i);

e) "consumatore" indica una persona fisica che agisce per scopi estranei all'attività imprenditoriale, commerciale, artigianale o professionale eventualmente svolta;

f) "prestatori di servizi di pagamento" indica le banche, gli istituti di moneta elettronica, gli istituti di pagamento e Poste Italiane s.p.a., per le attività di bancoposta di cui al decreto del Presidente della Repubblica 14 marzo 2001, n. 144;

g) "conto di base" indica un conto di pagamento denominato in euro con le caratteristiche di cui alla sezione III.

4. Fatto salvo quanto previsto dal comma 3, ai fini del presente capo si applicano inoltre le ulteriori definizioni di cui all'articolo 2 della direttiva 2014/92/UE.

5. Per quanto non diversamente previsto dal presente capo, si applicano le disposizioni del capo II-bis.

6. La Banca d'Italia detta disposizioni di attuazione del presente capo, in conformità a quanto previsto dalla direttiva 2014/92/UE e dalle relative norme tecniche di regolamentazione e di attuazione emanate dalla Commissione europea, al fine di assicurare la trasparenza e la comprensibilità delle informazioni per i consumatori, favorire la mobilità, agevolare l'accesso ai servizi bancari e finanziari da parte della clientela. Si applica l'articolo 126-bis, comma 5.

7. La Banca d'Italia è designata quale autorità competente per lo svolgimento dei compiti indicati dagli articoli 21 e 22 della direttiva 2014/92/UE.

8. Le norme del presente capo non si applicano a conti di pagamento eventualmente in essere presso la Banca d'Italia e la Cassa Depositi e Prestiti.

(1) Articolo inserito dall'art. 1, co. 1, d.lg. 15/3/2017, n. 37.

Sezione I

Trasparenza e comparabilità delle spese (1)

(1) Sezione inserita dall'art. 1, co. 1, d.lg. 15/3/2017, n. 37.

126 undecies. Terminologia standardizzata europea (1). – 1. La Banca d'Italia pubblica sul proprio sito web l'elenco dei servizi collegati al conto di pagamento più rappresentativi a livello nazionale in conformità a quanto stabilito dalla direttiva 2014/92/UE. L'elenco impiega la terminologia standardizzata europea definita dalla Commissione europea ai sensi della direttiva 2014/92/UE.

2. L'elenco dei servizi collegati al conto di pagamento più rappresentativi a livello nazionale è aggiornato in conformità a quanto previsto dall'articolo 3, paragrafo 6, della direttiva 2014/92/UE. La Banca d'Italia pubblica l'elenco nazionale aggiornato.

3. I prestatori di servizi di pagamento impiegano, ove applicabile, la terminologia standardizzata europea nei documenti previsti dall'articolo 126-duodecies, nei contratti e in ogni altra informazione e comunicazione resa ai consumatori.

4. I prestatori di servizi di pagamento possono utilizzare denominazioni e marchi commerciali per individuare i propri servizi nelle comunicazioni e informazioni precontrattuali, contrattuali, commerciali e pubblicitarie indirizzate ai consumatori, nel rispetto dei limiti eventualmente stabiliti con disposizioni della Banca d'Italia.

(1) Articolo inserito dall'art. 1, co. 1, d.lg. 15/3/2017, n. 37.

126 duodecies. Informazioni precontrattuali e comunicazioni periodiche (1). – 1. I prestatori di servizi di pagamento forniscono ai consumatori le informazioni precontrattuali e le comunicazioni periodiche relative al conto di pagamento, rispettivamente, attraverso un "Documento informativo sulle spese" e un "Riepilogo delle spese" in conformità alle norme tecniche di attuazione adottate dalla Commissione europea ai sensi dell'articolo 4, paragrafo 6 e dell'articolo 5, paragrafo 4, della direttiva 2014/92/UE.

2. Il Documento informativo sulle spese e il Riepilogo delle spese sono forniti insieme alle altre informazioni richieste per i conti di pagamento ai sensi dei capi I e II-bis secondo quanto previsto con disposizioni della Banca d'Italia.

3. I prestatori di servizi di pagamento mettono a disposizione dei consumatori un glossario dei principali termini impiegati nei documenti previsti dal presente articolo, redatto in termini di facile comprensione e in forma chiara e leggibile.

4. Il "Documento informativo sulle spese" e il "Riepilogo delle spese" di cui al comma 1 sono redatti in conformità alle disposizioni emanate dalla Banca d'Italia. Con disposizioni della Banca d'Italia sono stabiliti anche i casi e le modalità di calcolo, comunicazione e presentazione di un apposito indicatore sintetico di costo relativo al conto di pagamento, da includere almeno nel "Documento informativo sulle spese".

(1) Articolo inserito dall'art. 1, co. 1, d.lg. 15/3/2017, n. 37. Per l'applicazione delle disposizioni di cui al presente articolo, vedi l'art. 2, co. 1, lett. a), d.lg. 15/3/2017, n. 37.

126 terdecies. Siti web di confronto (1). – 1. I prestatori di servizi di pagamento che offrono conti di pagamento destinati ai consumatori partecipano a uno o più siti web, costituiti anche per il tramite delle associazioni di categoria degli intermediari o da associazioni di consumatori, per il confronto tra le offerte relative ai conti di pagamento, dandone indicazione sul proprio sito web, ove disponibile.

2. I siti web previsti dal comma 1:

a) sono accessibili gratuitamente dai consumatori;

b) consentono almeno il confronto delle spese applicabili per i servizi inclusi nell'elenco di cui all'articolo 126-undecies, comma 1, nonché dell'indicatore sintetico di costo previsto dalle disposizioni della Banca d'Italia;

c) sono funzionalmente indipendenti e assicurano parità di trattamento tra i prestatori di servizi di pagamento nella partecipazione al sito e nella visualizzazione dei risultati di ricerca;

d) contengono informazioni chiare e facilmente accessibili sull'identità dei soggetti che costituiscono e gestiscono il sito, nonché sui criteri utilizzati per il confronto tra le offerte, da definirsi in modo semplice e oggettivo;

e) impiegano un linguaggio facilmente comprensibile e, ove applicabile, la terminologia standardizzata europea di cui all'articolo 126-undecies;

f) forniscono informazioni corrette e aggiornate, indicando la data dell'ultimo aggiornamento;

g) comprendono un'ampia gamma di offerte di conti di pagamento rappresentative di una quota significativa del mercato e, nel caso in cui non forniscano un quadro completo del mercato, indicano chiaramente tale circostanza prima di mostrare i risultati della ricerca;

h) prevedono adeguate procedure per la segnalazione di errori nelle informazioni pubblicate;

i) non possono svolgere attività di mediazione;

l) non possono rifiutare le richieste di adesione da parte dei prestatori di servizi di pagamento;

m) escludono i prestatori di servizi di pagamento aderenti per i giustificati motivi previsti con il decreto del Ministro dell'economia e delle finanze, sentita la Banca d'Italia di cui al comma 3;

n) pubblicano la lista dei prestatori di servizi di pagamento aderenti;

o) dispongono della certificazione e di una verifica annuale positiva secondo quanto previsto dal comma 3.

3. La sussistenza dei requisiti di cui al comma 2 è certificata e annualmente verificata da un ente specializzato, con apposita relazione. I titolari dei siti web inviano la relazione dell'ente specializzato alla Banca d'Italia che ne dà notizia sul proprio sito web. Con decreto del Ministro dell'economia e delle finanze, sentita la Banca d'Italia, sono individuate le caratteristiche dell'ente certificatore, la procedura di accreditamento che dovrà garantire il rispetto dei principi di imparzialità, indipendenza, correttezza e competenza, e i casi di giustificati motivi di esclusione di cui al comma 2, lettera m) (2).

4. I prestatori di servizi di pagamento inviano al sito web i dati necessari per il confronto tra le offerte, secondo quanto stabilito dalla Banca d'Italia.

5. I titolari dei siti web comunicano la cessazione del funzionamento del sito alla Banca d'Italia.

(1) Articolo inserito dall'art. 1, co. 1, d.lg. 15/3/2017, n. 37. Per l'applicazione delle disposizioni di cui al presente articolo, vedi l'art. 2, co. 1, lett. b), d.lg. 15/3/2017, n. 37.

(2) Per l'attuazione delle disposizioni di cui al presente comma, vedi d.m. 22/12/2020.

126 quaterdecies. Conti di pagamento offerti in un pacchetto insieme ad altri prodotti (1). – 1. Quando il conto di pagamento è offerto congiuntamente ad altri prodotti o servizi diversi da quelli menzionati all'articolo 126-decies, comma 3, lettera a), come parte di un pacchetto, il prestatore di servizi di pagamento comunica al consumatore se l'acquisto del conto di pagamento è condizionato alla sottoscrizione dei prodotti o servizi offerti congiuntamente. Nel caso in cui sia consentito l'acquisto separato, il prestatore di servizi di pagamento fornisce separatamente al consumatore le informazioni relative ai prodotti o servizi offerti congiuntamente, in conformità alla disciplina eventualmente applicabile a ciascuno di essi e specificando almeno i costi e le spese relativi a ciascuno dei prodotti e servizi offerti con il pacchetto che possono essere acquistati separatamente.

2. È fatto salvo quanto stabilito dall'articolo 21, comma 3-bis, del decreto legislativo 6 settembre 2005, n. 206, e dall'articolo 120-octiesdecies.

(1) Articolo inserito dall'art. 1, co. 1, d.lg. 15/3/2017, n. 37.

Sezione II
Trasferimento dei servizi di pagamento connessi al conto di pagamento (1)

(1) Sezione inserita dall'art. 1, co. 1, d.lg. 15/3/2017, n. 37.

126 quinquiesdecies. Servizio di trasferimento (1). – 1. I prestatori di servizi di pagamento forniscono il servizio di trasferimento tra i conti di pagamento detenuti nella stessa valuta a tutti i consumatori che intendono aprire o che sono titolari di un conto di pagamento presso un prestatore di servizi di pagamento stabilito nel territorio della Repubblica.

2. Il servizio di trasferimento è avviato dal prestatore di servizi di pagamento ricevente su richiesta del consumatore. A tal fine, il consumatore rilascia al prestatore di servizi di pagamento ricevente una specifica autorizzazione all'esecuzione del servizio di trasferimento. Quando i conti hanno due o più titolari, l'autorizzazione all'esecuzione del servizio di trasferimento è fornita da ciascuno di essi. Con riguardo alla forma dell'autorizzazione si applica l'articolo 117, commi 1 e 2. Il prestatore di servizi di pagamento ricevente trasmette copia dell'autorizzazione al prestatore di servizi di pagamento trasferente ove richiesto da quest'ultimo; la richiesta non interrompe né sospende il termine per l'esecuzione del servizio di trasferimento.

3. Il servizio di trasferimento è eseguito entro dodici giorni lavorativi dalla ricezione da parte del prestatore di servizi di pagamento ricevente dell'autorizzazione del consumatore completa di tutte le informazioni necessarie, in conformità alla procedura stabilita dall'articolo 10 della direttiva 2014/92/UE. La Banca d'Italia può dettare disposizioni attuative del presente comma.

4. Attraverso l'autorizzazione il consumatore:

a) fornisce al prestatore di servizi di pagamento trasferente e al prestatore di servizi di pagamento ricevente il consenso specifico a eseguire ciascuna delle operazioni relative al servizio di trasferimento, per quanto di rispettiva competenza;

b) quando intende trasferire solo alcuni dei servizi collegati al conto di pagamento, identifica specificamente i bonifici ricorrenti in entrata, gli ordini permanenti di bonifico e gli ordini relativi ad addebiti diretti per l'addebito in conto che devono essere trasferiti;

c) indica la data a partire dalla quale gli ordini permanenti di bonifico e gli addebiti diretti devono essere eseguiti o addebitati a valere sul conto di pagamento di destinazione. Tale data è fissata ad almeno sei giorni lavorativi a decorrere dal giorno in cui il prestatore di servizi di pagamento ricevente riceve i documenti trasmessi dal prestatore di servizi di pagamento trasferente;

d) indica se intende avvalersi della facoltà di ottenere il reindirizzamento automatico dei bonifici previsto dal comma 7.

5. Il prestatore di servizi di pagamento ricevente è responsabile dell'avvio e della gestione della procedura per conto del consumatore. Il consumatore può chiedere al prestatore di servizi di pagamento ricevente di effettuare il trasferimento di tutti o di alcuni bonifici in entrata, ordini permanenti di bonifico o ordini di addebito diretto. Il prestatore di servizi di pagamento trasferente fornisce al prestatore di servizi di pagamento ricevente tutte le informazioni necessarie per riattivare i pagamenti sul conto di pagamento di destinazione, in conformità a quanto indicato nell'autorizzazione del consumatore, ivi compresi l'elenco degli ordini permanenti in essere relativi a bonifici e le informazioni disponibili sugli ordini di addebito diretto che vengono trasferiti, nonché le informazioni disponibili sui bonifici ricorrenti in entrata e sugli addebiti diretti ordinati dal creditore eseguiti sul conto di pagamento del consumatore nei precedenti 13 mesi.

6. Quando le informazioni fornite dal prestatore di servizi di pagamento trasferente non sono sufficienti a consentire l'esecuzione del servizio di trasferimento entro il termine di cui al comma 3, ferma restando la responsabilità del prestatore di servizi di pagamento trasferente ai sensi dell'articolo 126-septiesdecies, il prestatore di servizi di pagamento ricevente può chiedere al consumatore di fornire le informazioni mancanti.

7. Il prestatore di servizi di pagamento trasferente assicura gratuitamente il reindirizzamento automatico dei bonifici ricevuti sul conto di pagamento di origine verso il conto di pagamento di destinazione detenuto presso il prestatore di servizi di pagamento ricevente, per un periodo di 12 mesi a decorrere dalla data specificata nell'autorizzazione del consumatore all'esecuzione del servizio di trasferimento. Il prestatore di servizi di pagamento trasferente, se cessa di accettare i bonifici in entrata alla scadenza dei 12 mesi o in mancanza di richiesta da parte del consumatore del servizio di reindirizzamento, è tenuto a informare tempestivamente il pagatore o il beneficiario delle ragioni del rifiuto dell'operazione di pagamento.

8. Fermo restando quanto previsto dall'articolo 6, comma 2, del decreto legislativo 27 gennaio 2010, n. 11, il prestatore di servizi di pagamento trasferente assicura al consumatore la fruizione dei servizi di pagamento fino al giorno precedente la data indicata dal consumatore nell'autorizzazione. Il prestatore di servizi di pagamento ricevente assicura la fruizione dei servizi di pagamento a partire da tale data. Il prestatore di servizi di pagamento trasferente non blocca gli strumenti di pagamento collegati al conto di origine prima della data indicata dal consumatore nell'autorizzazione.

9. Se il consumatore ha obblighi pendenti che non consentono la chiusura del conto di pagamento di origine, il prestatore di servizi di pagamento trasferente ne informa immediatamente il consumatore. In tal caso, resta fermo l'obbligo del prestatore di servizi di pagamento trasferente di effettuare tutte le operazioni necessarie all'esecuzione del servizio di trasferimento entro i termini previsti, ad eccezione della chiusura del conto di pagamento di origine. L'esecuzione del servizio di trasferimento non può essere condizionata alla restituzione da parte del consumatore di carte, assegni o altri strumenti di pagamento collegati al conto di origine.

10. La continuità nella fruizione dei servizi di pagamento è assicurata al consumatore anche quando il trasferimento del conto è l'effetto di operazioni di cessione di rapporti giuridici ad altro prestatore di servizi di pagamento, secondo quanto stabilito dalla Banca d'Italia (2).

(1) Articolo inserito dall'art. 1, co. 1, d.lg. 15/3/2017, n. 37.

(2) Per l'applicazione delle disposizioni di cui al presente comma, vedi l'art. 2, co. 1, lett. d), d.lg. 15/3/2017, n. 37.

126 sexiesdecies. Spese applicabili per il servizio di trasferimento (1). – 1. Il prestatore di servizi di pagamento trasferente fornisce le informazioni richieste dal prestatore di servizi di pagamento ricevente e relative all'elenco degli ordini permanenti in essere relativi a bonifici e le informazioni disponibili sugli ordini di addebito diretto che vengono trasferiti e ai bonifici ricorrenti in entrata e sugli addebiti diretti ordinati dal creditore eseguiti sul conto di pagamento del consumatore nei precedenti tredici mesi, senza addebito di spese a carico del consumatore o del prestatore di servizi di pagamento ricevente.

2. Fermo restando quanto previsto dai commi 1 e 4, il prestatore di servizi di pagamento trasferente e il prestatore di servizi di pagamento ricevente non addebitano spese al consumatore per il servizio di trasferimento.

3. Per il periodo di sei mesi dal rilascio dell'autorizzazione da parte del consumatore, il prestatore di servizi di pagamento trasferente e il prestatore di servizi di pagamento ricevente consentono gratuitamente al consumatore l'accesso alle informazioni che lo riguardano rilevanti per l'esecuzione del servizio di trasferimento e relative agli ordini permanenti e agli addebiti diretti in essere presso il medesimo prestatore di servizi di pagamento.

4. Se nell'ambito del servizio di trasferimento il consumatore richiede la chiusura del conto di pagamento di origine, si applica l'articolo 126-septies, commi 1 e 3.

(1) Articolo inserito dall'art. 1, co. 1, d.lg. 15/3/2017, n. 37.

126 septiesdecies. Obblighi informativi e responsabilità (1). – 1. I prestatori di servizi di pagamento mettono a disposizione dei consumatori a titolo gratuito informazioni riguardanti il servizio di trasferimento. Il contenuto delle informazioni e le modalità con cui queste sono messe a disposizione del consumatore sono disciplinati ai sensi dei capi I e II-bis.

2. Salvo il diritto al risarcimento del danno ulteriore, anche non patrimoniale, in caso di mancato rispetto degli obblighi e dei termini per il trasferimento dei servizi di pagamento, il prestatore di servizi di pagamento inadempiente è tenuto a corrispondere al consumatore, senza indugio e senza che sia necessaria la costituzione in mora, una somma di denaro, a titolo di penale, pari a quaranta euro. Tale somma è maggiorata inoltre per ciascun giorno di ritardo di un ulteriore importo determinato applicando alla disponibilità esistente sul conto di pagamento al momento della richiesta di trasferimento un tasso annuo pari al valore più elevato del limite stabilito ai sensi e in conformità all'articolo 2, comma 4, della legge 7 marzo 1996, n. 108, nel periodo di riferimento.

(1) Articolo inserito dall'art. 1, co. 1, d.lg. 15/3/2017, n. 37.

126 octiesdecies. Apertura di un conto di pagamento in altro Stato comunitario (1). – 1. Il consumatore titolare di un conto di pagamento che intenda aprire un conto di pagamento in un altro Stato comunitario può richiedere assistenza al prestatore di servizi di pagamento presso il quale detiene il conto. Se richiesto dal consumatore, il prestatore di servizi di pagamento di origine:

a) fornisce gratuitamente al consumatore le informazioni disponibili relative agli ordini permanenti di bonifico e agli addebiti diretti ordinati dal debitore attivi sul conto di pagamento, nonché quelle relative ai bonifici in entrata ricorrenti e agli addebiti diretti ordinati dal creditore eseguiti sul conto del consumatore nei precedenti tredici mesi. Il prestatore di servizi di pagamento di origine informa altresì il consumatore che tale elenco non comporta per il nuovo prestatore di servizi di pagamento alcun obbligo di attivare servizi che esso non offre;

b) trasferisce l'eventuale saldo positivo del conto di origine verso il conto di pagamento aperto o detenuto dal consumatore presso il nuovo prestatore di servizi di pagamento, purché la richiesta del consumatore identifichi con precisione il prestatore di servizi di pagamento e il conto di destinazione;

c) chiude il conto di pagamento di origine.

2. Salvi eventuali obblighi pendenti del consumatore che impediscono la chiusura del conto di pagamento, il prestatore di servizi di pagamento di origine esegue le operazioni previste dal comma 1 alla data specificata dal consumatore nella richiesta. La data è fissata ad almeno sei giorni lavorativi dalla ricezione della richiesta da parte del prestatore di servizi di pagamento di origine, salvo diverso accordo con il consumatore. Il prestatore di servizi di pagamento di origine comunica immediatamente al consumatore l'eventuale esistenza di obblighi pendenti che impediscono la chiusura del conto di pagamento.

(1) Articolo inserito dall'art. 1, co. 1, d.lg. 15/3/2017, n. 37.

Sezione III
Conto di base (1)

(1) Sezione inserita dall'art. 1, co. 1, d.lg. 15/3/2017, n. 37.

126 noviesdecies. Diritto al conto di base (1). – 1. Le banche, la società Poste italiane s.p.a. e gli altri prestatori di servizi di pagamento abilitati ad offrire servizi a valere su un conto di pagamento sono tenuti, limitatamente ai servizi di pagamento che essi offrono ai consumatori, a offrire un conto di pagamento denominato in euro con caratteristiche di base, "conto di base".

2. Tutti i consumatori soggiornanti legalmente nell'Unione europea, senza discriminazioni e a prescindere dal luogo di residenza, hanno diritto all'apertura di un conto di base nei casi e secondo le modalità previste dalla presente sezione.

3. Ai fini della presente sezione, per consumatore soggiornante legalmente nell'Unione europea si intende chiunque abbia il diritto di soggiornare in uno Stato membro dell'Unione europea in virtù del diritto dell'Unione o del diritto italiano, compresi i consumatori senza fissa dimora e i richiedenti asilo ai sensi della Convenzione di Ginevra del 28 luglio 1951 relativa allo status dei rifugiati, del relativo protocollo del 31 gennaio 1967 nonché ai sensi degli altri trattati internazionali in materia.

(1) Articolo inserito dall'art. 1, co. 1, d.lg. 15/3/2017, n. 37.

126 vicies. Apertura del conto di base (1). – 1. Fermo restando l'obbligo di osservare le disposizioni in materia di contrasto del riciclaggio e del finanziamento del terrorismo, il prestatore di servizi di pagamento può rifiutare la richiesta di apertura di un conto di base solo in mancanza dei requisiti previsti dall'articolo 126-noviesdecies o se il consumatore è già titolare in Italia di un conto di pagamento che gli consente di utilizzare i servizi indicati dall'allegato A salvo il caso di trasferimento del conto o salvo che il consumatore dichiari di aver ricevuto comunicazione dal proprio prestatore di servizi di pagamento che il conto verrà chiuso. A tal fine, prima di aprire un conto di base, il prestatore di servizi di pagamento può chiedere al consumatore di dichiarare per iscritto se lo stesso è già titolare in Italia di un conto di pagamento che gli consente di utilizzare tutti i servizi indicati dall'allegato A.

2. In caso di rifiuto di apertura del conto, il prestatore di servizi di pagamento ne informa il consumatore immediatamente, e al più tardi entro dieci giorni lavorativi dalla ricezione della richiesta, per iscritto e senza spese, indicando le specifiche motivazioni del rifiuto e informando il cliente delle procedure di reclamo disponibili e della sua facoltà di inviare un esposto alla Banca d'Italia o di adire i sistemi di risoluzione stragiudiziale delle controversie previsti dall'articolo 128-bis. La comunicazione delle motivazioni del rifiuto non è tuttavia dovuta ove tale comunicazione sia in contrasto con obiettivi di ordine pubblico o di pubblica sicurezza, individuati ai sensi dell'articolo 126, o ricorrano altri giustificati motivi ostativi in base alle disposizioni in materia di contrasto del riciclaggio e del finanziamento del terrorismo.

3. L'apertura del conto di base non può essere condizionata

all'acquisto di servizi accessori o di azioni del prestatore di servizi di pagamento, salvo che questa condizione si applichi in modo uniforme a tutta la clientela del prestatore di servizi di pagamento.

(1) Articolo inserito dall'art. 1, co. 1, d.lg. 15/3/2017, n. 37.

126 vicies semel. Caratteristiche del conto di base (1). – 1. Il conto di base include, a fronte di un canone annuale onnicomprensivo, il numero di operazioni annue effettuabili senza addebito di ulteriori spese definito con decreto del Ministro dell'economia e delle finanze, sentita la Banca d'Italia. Il decreto individua, per uno o più profili di clientela ai quali il conto di base è destinato, un numero di operazioni sufficiente a coprire l'uso personale da parte del consumatore. Le operazioni e i servizi inclusi nel conto di base comprendono almeno quelli elencati nell'allegato A, nonché le relative eventuali scritturazioni contabili. Sul conto di base non possono essere concesse aperture di credito né sconfinamenti.

2. Il titolare del conto di base può eseguire le operazioni avvalendosi, senza maggiori costi, dei canali telematici disponibili presso il prestatore di servizi di pagamento per i conti analoghi, fermo restando il possibile addebito di spese per le operazioni aggiuntive o in numero superiore.

3. Il titolare del conto può richiedere, ma il prestatore di servizi di pagamento non può imporre, l'effettuazione di operazioni aggiuntive o in numero superiore a quello individuato ai sensi del comma 1. Alle spese addebitabili per tali operazioni si applica l'articolo 126-vicies-bis. In ogni caso, il conto di base non può prevedere limiti al numero di operazioni che il consumatore può effettuare, in relazione ai servizi elencati nell'allegato A, in eccedenza rispetto a quanto stabilito dal decreto del Ministro dell'economia e delle finanze di cui al comma 1.

4. Il prestatore di servizi di pagamento non agisce da intermediario, a qualsiasi titolo, per la conclusione di contratti tra terzi fornitori di beni e servizi e titolari di conti di base.

(1) Articolo inserito dall'art. 1, co. 1, d.lg. 15/3/2017, n. 37.

• Per le norme di attuazione del presente articolo vedi d.m. 3/5/2018, n. 70.

126 vicies bis. Spese applicabili (1). – 1. Nessuna spesa, salvo il canone annuo onnicomprensivo e gli oneri fiscali previsti per legge, può essere addebitata al titolare del conto per il numero annuo di operazioni individuato ai sensi dell'articolo 126-vicies semel, comma 1, e le relative eventuali scritturazioni contabili.

2. Il canone annuo onnicomprensivo e il costo delle operazioni aggiuntive o in numero superiore sono ragionevoli e coerenti con finalità di inclusione finanziaria, avendo riguardo al livello di reddito nazionale e ai costi mediamente addebitati dai prestatori di servizi di pagamento a livello nazionale per i servizi collegati al conto di pagamento, secondo quanto stabilito con decreto del Ministro dell'economia e delle finanze, sentita la Banca d'Italia, tenendo anche conto delle condizioni dei soggetti socialmente svantaggiati.

3. Il costo delle operazioni in numero superiore non è in ogni caso superiore a quello pubblicizzato dallo stesso prestatore di servizi di pagamento per i conti di pagamento offerti a consumatori con esigenze di base.

(1) Articolo inserito dall'art. 1, co. 1, d.lg. 15/3/2017, n. 37.

• Per le norme di attuazione del presente articolo, vedi d.m. 3/5/2018, n. 70.

126 vicies ter. Recesso (1). – 1. Il consumatore può esercitare il diritto di recesso ai sensi dell'articolo 126-septies, commi 1 e 3.

2. Il prestatore di servizi di pagamento può recedere dal contratto relativo al conto di base solo se ricorre una o più delle seguenti condizioni:

a) il consumatore ha usato intenzionalmente il conto per fini illeciti;

b) alla data del 31 dicembre il conto risulta incapiente e non movimentato per oltre 24 mesi consecutivi su ordine o su iniziativa del consumatore, salvo che il consumatore provveda al ripristino dei fondi entro il termine di preavviso indicato al comma 3;

c) l'accesso al conto di base è stato ottenuto dal consumatore sulla base di informazioni errate, determinanti per ottenerlo;

d) il consumatore non soggiorna più legalmente nell'Unione europea;

e) il consumatore, successivamente al conto di base, ha aperto in Italia un altro conto di pagamento che gli consente di utilizzare i servizi indicati dall'allegato A.

3. In caso di recesso, il prestatore di servizi di pagamento comunica al consumatore i motivi del recesso con un preavviso di almeno due mesi per iscritto e senza spese. Nei casi di cui al comma 2, lettere a) e c), il recesso ha effetto immediato. Si applicano l'articolo 126-septies, comma 3 e, con riferimento alla comunicazione delle motivazioni del recesso, l'articolo 126 e le disposizioni in materia di contrasto del riciclaggio e del finanziamento del terrorismo.

4. Nella comunicazione del recesso il consumatore è informato delle procedure di reclamo disponibili, della sua facoltà di inviare un esposto alla Banca d'Italia o di adire i sistemi di risoluzione stragiudiziale delle controversie previsti dall'articolo 128-bis.

5. Fermo restando il divieto di concedere aperture di credito o sconfinamenti sul conto di base, il prestatore di servizi di pagamento può disporre, per eventuali situazioni di incapienza, la sospensione dei servizi collegati al conto fino al ripristino dei fondi.

(1) Articolo inserito dall'art. 1, co. 1, d.lg. 15/3/2017, n. 37.

126 vicies quater. Conti di base per particolari categorie di consumatori (1). – 1. Con decreto del Ministro dell'economia e delle finanze, sentita la Banca d'Italia, sono individuate le fasce di clientela socialmente svantaggiate e i titolari di trattamenti pensionistici ai quali il conto di base è offerto senza spese. Il medesimo decreto definisce altresì le condizioni e le modalità per l'accesso ai conti di base gratuiti e le loro caratteristiche.

(1) Articolo inserito dall'art. 1, co. 1, d.lg. 15/3/2017, n. 37.

• Per l'attuazione delle disposizioni di cui al presente articolo vedi d.m. 3/5/2018, n. 70.

126 vicies quinquies. Informazioni sul conto di base (1). – 1. I prestatori di servizi di pagamento forniscono chiarimenti e informazioni sul conto di base, secondo quanto previsto dalle disposizioni della Banca d'Italia.

(1) Articolo inserito dall'art. 1, co. 1, d.lg. 15/3/2017, n. 37.

• Vedi inoltre Provvedimento 3/8/2017.

126 vicies sexies. Educazione finanziaria (1). – 1. La Banca d'Italia promuove iniziative dirette a fornire ai consumatori, e in particolare a quelli individuati ai sensi dell'articolo 126-vicies quater, informazioni chiare e comprensibili sul conto di base, sulle relative condizioni generali di prezzo, sulle procedure per accedervi e sulle possibilità di ricorso a procedure alternative di risoluzione delle controversie.

2. La Banca d'Italia può promuovere la redazione di codici di condotta per l'offerta indipendente di iniziative di educazione finanziaria da parte degli intermediari, finalizzate a favorire l'orientamento della clientela e l'assistenza per la gestione responsabile delle finanze personali.

(1) Articolo inserito dall'art. 1, co. 1, d.lg. 15/3/2017, n. 37.

Capo III
Regole generali e controlli (1)

(1) Capo sostituito dall'art. 4 del d.lg. 13/8/2010, n. 141, con la decorrenza indicata al co. 2 dell'art. 6 del medesimo d.lg. n. 141/2010.

127. Regole generali (1). – 01. Le Autorità creditizie esercitano i poteri previsti dal presente titolo avendo riguardo, oltre che alle finalità indicate nell'articolo 5, alla trasparenza delle condizioni contrattuali e alla correttezza dei rapporti con la clientela. A questi fini la Banca d'Italia, in conformità delle deliberazioni del CICR, può dettare anche disposizioni in materia di organizzazione e controlli interni (2).

02. Ai confidi iscritti nell'elenco previsto dall'articolo 112, le norme del presente titolo si applicano secondo quanto stabilito dal CICR (3).

1. Le disposizioni del presente titolo sono derogabili solo in senso più favorevole al cliente (3).

1-bis. Le informazioni fornite ai sensi del presente titolo sono rese almeno in lingua italiana (3).

2. Le nullità previste dal presente titolo operano soltanto a vantaggio del cliente e possono essere rilevate d'ufficio dal giudice (3).

3. Le deliberazioni di competenza del CICR previste nel presente titolo sono assunte su proposta della Banca d'Italia, d'intesa con la CONSOB (3).

(1) Articolo modificato dall'art. 26 del d.lg. 4/8/1999, n. 342, dall'art. 25 della l. 28/12/2005, n. 262 e sostituito dall'art. 4 del d.lg. 13/8/2010, n. 141, con la decorrenza indicata al co. 2 dell'art. 6 del medesimo d.lg. n. 141/2010.

(2) Comma prima rinumerato dall'art. 4, co. 2, d.lg. 13/8/2010, n. 141, come modificato dall'art. 3, co. 4, d.lg. 14/12/2010, n. 218, e da ultimo modificato dall'art. 4, co. 3, d.lg. 13/8/2010, n. 141, come modificato dall'art. 2, co. 1, lett. a), d.lg. 19/9/2012, n. 169.

(3) Comma rinumerato dall'art. 4, co. 2, d.lg. 13/8/2010, n. 141 come modificato dall'art. 3, co. 4, d.lg. 14/12/2010, n. 218.

127 bis. Spese addebitabili (1). – 1. Non possono essere addebitate al cliente spese, comunque denominate, inerenti alle informazioni e alle comunicazioni previste ai sensi di legge se trasmesse al cliente con strumenti di comunicazione telematica o allo stesso fornite su supporto durevole diverso da quello cartaceo. Per le informazioni e le comunicazioni previste ai sensi di legge relative a servizi di pagamento non possono essere addebitate al cliente spese, comunque denominate, qualunque sia lo strumento di comunicazione o il tipo di supporto utilizzato. Le informazioni precontrattuali e le comunicazioni previste ai sensi dell'articolo 118 sono sempre gratuite qualunque sia lo strumento di comunicazione o il tipo di supporto utilizzato (2).

2. Il contratto può prevedere che, se il cliente richiede [alla banca o all'intermediario finanziario] informazioni o comunicazioni ulteriori o più frequenti rispetto a quelle previste dal presente titolo ovvero la loro trasmissione con strumenti di comunicazione diversi da quelli previsti nel contratto, le relative spese sono a carico del cliente (3).

3. Se, in relazione a informazioni o comunicazioni, vengono addebitate spese al cliente, queste sono ragionevoli e proporzionate ai costi effettivamente sostenuti dalla banca o dall'intermediario finanziario o dal prestatore di servizi di pagamento (4).

4. In deroga al comma 1, nei contratti di finanziamento la consegna di documenti personalizzati può essere subordinata al pagamento delle spese di istruttoria, nei limiti e alle condizioni stabilite dal CICR.

5. Resta fermo quanto previsto dall'articolo 119, comma 4 e, per i servizi di pagamento, [dall'articolo 126-ter e] dall'articolo 16, comma 4, del decreto legislativo 27 gennaio 2010, n. 11 (5).

(1) Articolo inserito dall'art. 4 del d.lg. 13/8/2010, n. 141, con la decorrenza indicata al co. 2 dell'art. 6 del medesimo d.lg. n. 141/2010.

(2) Comma modificato dall'art. 4, co. 3, d.lg. 13/8/2010, n. 141, come modificato dall'art. 2, co. 1, lett. b), d.lg. 19/9/2012, n. 169 e successivamente sostituito dall'art. 1, co. 19, lett. a), d.lg. 15/12/2017, n. 218.

(3) Comma modificato dall'art. 1, co. 19, lett. b), d.lg. 15/12/2017, n. 218.

(4) Comma modificato dall'art. 1, co. 19, lett. c), d.lg. 15/12/2017, n. 218.

(5) Comma modificato dall'art. 1, co. 19, lett. d), d.lg. 15/12/2017, n. 218.

128. Controlli (1). – 1. Al fine di verificare il rispetto delle disposizioni del presente titolo, la Banca d'Italia può acquisire informazioni, atti e documenti ed eseguire ispezioni presso le banche, gli istituti di moneta elettronica, gli istituti di pagamento e gli intermediari finanziari. Resta fermo quanto previsto dagli articoli 114-quinquies.2, commi 6-bis e 6-ter, e 114-undecies, comma 2-bis (2).

2. Con riguardo ai beneficiari e ai terzi destinatari delle disposizioni previste dall'articolo 126-quater, comma 3, i controlli previsti dal comma 1 sono demandati al Ministro dello sviluppo economico al quale compete, inoltre, l'irrogazione delle sanzioni previste dall'articolo 144, commi 1, lettere b), c), d), ed e), e 4.*

3. Con riguardo ai soggetti individuati ai sensi dell'articolo 115, comma 2, il CICR indica le autorità competenti a effettuare i controlli previsti dal comma 1 e a irrogare le sanzioni previste dall'articolo 144, commi 1, lettere b), c), d), e), ed e-bis), e 4 (3).

(1) Articolo sostituito dall'art. 27 del d.lg. 4/8/1999, n. 342, modificato dall'art. 1 del d.lg. 6/2/2004, n. 37; a decorrere dal 1/3/2010, dall'art. 35, co. 8, d.lg. 27/1/2010, n. 11 e sostituito dall'art. 4 del d.lg. 13/8/2010, n. 141, con la decorrenza indicata al co. 2 dell'art. 6 del medesimo d.lg. n. 141/2010.

(2) Comma modificato, a decorrere dal 13/1/2018, dall'art. 1, co. 20, lett. a), d.lg. 15/12/2017, n. 218 e successivamente dall'art. 1, co. 1, lett. c), n. 1, d.lg. 8/4/2020, n. 36.

* Comma sostituito dall'art. 1, co. 45, lett. a), d.lg. 12/5/2015, n. 72. Vedi inoltre, l'art. 2 del d.lg. 12/5/2015, n. 72. Successivamente abrogato, a decorrere dal 13/1/2018, dall'art. 1, co. 20, lett. b), d.lg. 15/12/2017, n. 218.

(3) Comma sostituito dall'art. 1, co. 45, lett. b), d.lg. 12/5/2015, n. 72. Vedi inoltre, l'art. 2 del d.lg. 12/5/2015, n. 72. Successivamente sostituito dall'art. 1, co. 1, lett. c), n. 2, d.lg. 8/4/2020, n. 36.

128 bis. Risoluzione delle controversie (1). – 1. I soggetti di cui all'articolo 115 aderiscono a sistemi di risoluzione stragiudiziale delle controversie con la clientela.

2. Con deliberazione del CICR, su proposta della Banca d'Italia, sono determinati i criteri di svolgimento delle procedure di risoluzione delle controversie e di composizione dell'organo decidente, in modo che risulti assicurata l'imparzialità dello stesso e la rappresentatività dei soggetti interessati. Le procedure devono in ogni caso assicurare la rapidità, l'economicità della soluzione delle controversie e l'effettività della tutela.

3. Fermo restando quanto previsto dall'articolo 5, comma 1, del decreto legislativo 4 marzo 2010, n. 28, le disposizioni di cui ai commi 1 e 2 non pregiudicano per il cliente il ricorso a ogni altro mezzo di tutela previsto dall'ordinamento.

3-bis. La Banca d'Italia, quando riceve un esposto da parte della clientela dei soggetti di cui al comma 1, indica all'esponente la possibilità di adire i sistemi previsti dal presente articolo (2).

(1) Articolo inserito dall'art. 29 della l. 28/12/2005, n. 262, modificato dall'art. 1, co. 6, d.lg. 29/12/2006, n. 303, modificato, a decorrere dal 1/3/2010, dall'art. 35, co. 10, d.lg. 27/1/2010, n. 11 e sostituito dall'art. 4 del d.lg. 13/8/2010, n. 141, con la decorrenza indicata al co. 2 dell'art. 6 del medesimo d.lg. n. 141/2010.

(2) Comma modificato dall'art. 1, co. 2, d.lg. 15/3/2017, n. 37.

128 ter. Misure inibitorie (1). – 1. Qualora nell'esercizio dei controlli previsti dall'articolo 128 emergano irregolarità, la Banca d'Italia può:

a) inibire ai soggetti che prestano le operazioni e i servizi disciplinati dal presente titolo la continuazione dell'attività, anche di singole aree o sedi secondarie, e ordinare la restituzione delle somme indebitamente percepite e altri comportamenti conseguenti;

b) inibire specifiche forme di offerta, promozione o conclusione di contratti disciplinati dal presente titolo;

c) disporre in via provvisoria la sospensione, per un periodo non superiore a novanta giorni, delle attività di cui alle lettere a) e b), laddove sussista particolare urgenza;

d) pubblicare i provvedimenti di cui al presente articolo sul sito web della Banca d'Italia e disporre altre forme di pubblicazione, eventualmente a cura e spese dell'intermediario (2).

(1) Articolo inserito dall'art. 4 del d.lg. 13/8/2010, n. 141, con la decorrenza indicata al co. 2 dell'art. 6 del medesimo d.lg. n. 141/2010.

(2) Lettera sostituita dall'art. 1, co. 46, d.lg. 12/5/2015, n. 72. Vedi inoltre, l'art. 2 del d.lg. 12/5/2015, n. 72.

TITOLO VI BIS
AGENTI IN ATTIVITÀ FINANZIARIA E MEDIATORI CREDITIZI (1)

(1) Titolo inserito dall'art. 11, co. 1, d.lg. 13/8/2010, n. 141.

128 quater. Agenti in attività finanziaria (1). – 1. È agente in attività finanziaria il soggetto che promuove e conclude contratti relativi alla concessione di finanziamenti sotto qualsiasi forma o alla prestazione di servizi di pagamento, su mandato diretto di intermediari finanziari previsti dal titolo V, istituti di pagamento, istituti di moneta elettronica, banche o Poste Italiane. Gli agenti in attività finanziaria possono svolgere esclusivamente l'attività indicata nel presente comma, nonché attività connesse o strumentali (2).

2. L'esercizio professionale nei confronti del pubblico dell'attività di agente in attività finanziaria è riservato ai soggetti iscritti in un apposito elenco tenuto dall'Organismo previsto dall'articolo 128-undecies.

3. Fermo restando la riserva di attività prevista dall'articolo 30 del decreto legislativo 24 febbraio 1998, n. 58, e in deroga a quanto previsto al comma 1, gli agenti in attività finanziaria possono svolgere attività di promozione e collocamento di contratti relativi a prodotti bancari su mandato diretto di banche ed a prodotti di Bancoposta su mandato diretto di Poste Italiane S.p.A.; tale attività dà titolo all'iscrizione nell'elenco previsto al comma 2, nel rispetto dei requisiti di cui all'articolo 128-quinquies.*

4. Gli agenti in attività finanziaria svolgono la loro attività su mandato di un solo intermediario o di più intermediari appartenenti al medesimo gruppo. Nel caso in cui l'intermediario conferisca un mandato solo per specifici prodotti o servizi, è tuttavia consentito all'agente, al fine di offrire l'intera gamma di prodotti o servizi, di assumere due ulteriori mandati (3).

5. Il mandante risponde solidalmente dei danni causati dall'agente in attività finanziaria, anche se tali danni siano conseguenti a responsabilità accertata in sede penale.

6. Gli agenti in attività finanziaria che prestano esclusivamente i servizi di pagamento sono iscritti in una sezione speciale dell'elenco di cui al comma 2 quando ricorrono le condizioni e i requisiti stabiliti con regolamento adottato ai sensi dell'articolo 17, comma 3, legge 23 agosto 1988, n. 400, dal Ministro dell'economia e delle finanze, sentita la Banca d'Italia. I requisiti tengono conto del tipo di attività svolta. Ai soggetti iscritti nella sezione speciale non si applicano il secondo periodo del comma 1 e il comma 4 (4).

7. La riserva di attività prevista dal presente articolo non si applica ai soggetti convenzionati e agli agenti comunque denominati di cui all'articolo 1, comma 2, lettera nn), del decreto legislativo 21 novembre 2007, n. 231, e successive modificazioni, che prestano servizi di pagamento per conto di istituti di moneta elettronica o prestatori di servizi di pagamento aventi sede legale e amministrazione centrale in altro stato comunitario. Al fine di consentire l'esercizio dei controlli e l'osservanza delle misure dettate in funzione di prevenzione del riciclaggio e del finanziamento del terrorismo, i predetti istituti designano un punto di contatto centrale, ai sensi delle disposizioni di cui al Titolo II, capo V del decreto legislativo 21 novembre 2007, n. 231, e successive modificazioni (5).

7-bis. Per le finalità di cui al comma 7, i prestatori di servizi di pagamento e gli istituti di moneta elettronica, aventi sede legale e amministrazione centrale in altro stato comunitario, comunicano tempestivamente all'Organismo previsto dall'articolo 128-undecies, per l'iscrizione in apposita sezione del registro di cui all'articolo 45 del decreto legislativo 21 novembre 2007, n. 231, gli estremi identificativi del punto di contatto di cui all'articolo 1, comma 2, lettera ii), del decreto legislativo 21 novembre 2007, n. 231, e successive modificazioni, per il tramite del quale operano sul territorio nazionale. Il punto di contatto è tenuto a comunicare all'Organismo l'avvio della propria operatività e ogni variazione ad essa attinente. L'Organismo stabilisce la periodicità e le modalità di invio della comunicazione. L'omessa comunicazione è sanzionata ai sensi dell'articolo 61, comma 2, del decreto legislativo 21 novembre 2007, n. 231, e successive modificazioni (6).

*8. I soggetti di cui alle lettere a) e b) del comma 2 dell'articolo 109 del decreto legislativo 7 settembre 2005, n. 209, regolarmente iscritti nel Registro unico degli intermediari assicurativi e riassicurativi, possono promuovere e concludere contratti relativi alla concessione di finanziamenti sotto qualsiasi forma o alla prestazione di servizi di pagamento su mandato diretto di banche, intermediari finanziari previsti dal titolo V, istituti di pagamento o istituti di moneta elettronica, compagnie di assicurazione, senza che sia loro richiesta l'iscrizione nell'elenco tenuto dall'Organismo di cui all'articolo 128-undicies. Essi sono tuttavia tenuti alla frequenza di un corso di aggiornamento professionale nelle materie rilevanti per esercizio dell'agenzia in attività finanziaria della durata complessiva di venti ore per biennio realizzato secondo gli standard definiti dall'Organismo di cui all'articolo 128-undecies**.*

(1) Articolo inserito dall'art. 11, co. 1, d.lg. 13/8/2010, n. 141.

(2) Comma modificato dall'art. 11, co. 1, d.lg. 13/8/2010, n. 141, come modificato dall'art. 6, co. 1, lett. a), n. 1, d.lg. 19/9/2012, n. 169.

* Comma abrogato dall'art. 11, co. 1, d.lg. 13/8/2010, n. 141, come modificato dall'art. 6, co. 1, lett. a), n. 2, d.lg. 19/9/2012, n. 169.

(3) Comma modificato dall'art. 11, co. 1, d.lg. 13/8/2010, n. 141, come modificato dall'art. 6, co. 1, lett. a), n. 3, d.lg. 19/9/2012, n. 169.

(4) Comma modificato dall'art. 11, co. 1, d.lg. 13/8/2010, n. 141, come modificato dall'art. 8, co. 1, d.lg. 14/12/2010, n. 218. Per il Regolamento concernente le condizioni e i requisiti per l'iscrizione nella sezione speciale dell'elenco degli agenti in attività finanziaria da parte degli agenti che prestano esclusivamente i servizi di pagamento vedi il d.m. 28/12/2012, n. 256. Da ultimo il presente comma è stato modificato dall'art. 8, co. 2, d.lg. 25/5/2017, n. 90.

(5) Comma sostituito dall'art. 11, co. 1, d.lg. 13/8/2010, n. 141, come modificato dall'art. 6, co. 1, lett. a), n. 4, d.lg. 19/9/2012, n. 169 e successivamente dall'art. 8, co. 3, d.lg. 25/5/2017, n. 90.

(6) Comma inserito dall'art. 8, co. 4, d.lg. 25/5/2017, n. 90.

** Comma inizialmente modificato dall'art. 11, co. 1, d.lg. 13/8/2010, n. 141, come modificato dall'art. 8, co. 2, 3 e 4, d.lg. 14/12/2010, n. 218 e successivamente abrogato dall'art. 11, co. 1, d.lg. 13/8/2010, n. 141, come modificato dall'art. 6, co. 1, lett. a), n. 5, d.lg. 19/9/2012, n. 169.

128 quinquies. Requisiti per l'iscrizione nell'elenco degli agenti in attività finanziaria (1). – 1. L'iscrizione all'elenco di cui all'articolo 128-quater, comma 2, è subordinata al ricorrere dei seguenti requisiti:

a) per le persone fisiche: cittadinanza italiana o di uno Stato dell'Unione europea ovvero di Stato diverso secondo le disposizioni dell'articolo 2 del testo unico delle disposizioni concernenti la disciplina [del testo unico delle disposizioni concernenti la disciplina] dell'immigrazione e norme sulla condizione dello straniero, di cui al decreto legislativo 25 luglio 1998, n. 286, e domicilio nel territorio della Repubblica (2);

b) per i soggetti diversi dalle persone fisiche: sede legale e amministrativa o, per i soggetti comunitari, stabile organizzazione nel territorio della Repubblica;

c) requisiti di onorabilità e professionalità, compreso il superamento di un apposito esame. Per i soggetti diversi dalle persone fisiche, i requisiti si applicano a coloro che svolgono funzioni di amministrazione, direzione e controllo e, limitatamente ai requisiti di onorabilità, anche a coloro che detengono il controllo;

d) stipula di una polizza di assicurazione della responsabilità civile per i danni arrecati nell'esercizio dell'attività derivanti da condotte proprie o di terzi del cui operato essi rispondono a norma di legge;*

e) per i soggetti diversi dalle persone fisiche sono inoltre richiesti un oggetto sociale conforme con quanto disposto dall'articolo 128-quater, comma 1, ed il rispetto di requisiti patrimoniali, organizzativi e di forma giuridica.

1-bis. L'efficacia dell'iscrizione è condizionata alla stipula di una polizza di assicurazione della responsabilità civile per i danni arrecati nell'esercizio dell'attività derivanti da condotte proprie o di terzi del cui operato gli agenti rispondono a norma di legge (3).

2. La permanenza nell'elenco è subordinata, in aggiunta ai requisiti indicati ai commi 1 e 1-bis, all'esercizio effettivo dell'attività e all'aggiornamento professionale (4).

(1) Articolo inserito dall'art. 11, co. 1, d.lg. 13/8/2010, n. 141.

(2) Lettera modificata dall'art. 11, co. 1, d.lg. 13/8/2010, n. 141, come modificata dall'art. 8, co. 5, d.lg. 14/12/2010, n. 218.

* Lettera soppressa dall'art. 11, co. 1, d.lg. 13/8/2010, n. 141, come modificata dall'art. 6, co. 1, lett. b), n. 1, d.lg. 19/9/2012, n. 169.

(3) Comma inserito dall'art. 11, co. 1, d.lg. 13/8/2010, n. 141, come modificato dall'art. 6, co. 1, lett. b), n. 2, d.lg. 19/9/2012, n. 169.

(4) Comma modificato dall'art. 11, co. 1, d.lg. 13/8/2010, n. 141, come modificato dall'art. 6, co. 1, lett. b), n. 3, d.lg. 19/9/2012, n. 169.

128 sexies. Mediatori creditizi (1). – 1. È mediatore creditizio il soggetto che mette in relazione, anche attraverso attività di consulenza, banche o intermediari finanziari previsti dal titolo V con la potenziale clientela per la concessione di finanziamenti sotto qualsiasi forma.

2. L'esercizio professionale nei confronti del pubblico dell'attività di mediatore creditizio è riservato ai soggetti iscritti in un apposito elenco tenuto dall'Organismo previsto dall'articolo 128-undecies.

2-bis. Il soggetto che presta professionalmente in via esclusiva servizi di consulenza indipendente avente a oggetto la concessione di finanziamenti sotto qualsiasi forma, è iscritto in una sezione speciale dell'elenco di cui al comma 2 (2).

3. Il mediatore creditizio può svolgere esclusivamente l'attività indicata al comma 1 nonché attività connesse o strumentali.

3-bis. Il soggetto di cui al comma 2-bis può svolgere esclusivamente l'attività ivi indicata nonché attività connesse o strumentali. Per queste attività è remunerato esclusivamente dal cliente (3).

4. Il mediatore creditizio ovvero il consulente di cui al comma 2-bis, svolge la propria attività senza essere legato ad alcuna delle parti da rapporti che ne possano compromettere l'indipendenza (4).

(1) Articolo inserito dall'art. 11, co. 1, d.lg. 13/8/2010, n. 141.

(2) Comma inserito dall'art. 1, co. 4, lett. a), d.lg. 21/4/2016, n. 72. Per l'applicazione, vedi l'art. 3, co. 1, d.lg. n. 72/2016 medesimo.

(3) Comma inserito dall'art. 1, co. 4, lett. b), d.lg. 21/4/2016, n. 72. Per l'applicazione, vedi l'art. 3, co. 1, d.lg. n. 72/2016 medesimo.

(4) Comma modificato dall'art. 11 del d.lg. 13/8/2010, n. 141, come modificato dall'art. 8, co. 6, d.lg. 14/12/2010, n. 218 e successivamente dall'art. 1, co. 4, lett. c), d.lg. 21/4/2016, n. 72. Per l'applicazione, vedi l'art. 3, co. 1, d.lg. n. 72/2016 medesimo.

128 septies. Requisiti per l'iscrizione nell'elenco dei mediatori creditizi (1). – 1. L'iscrizione nell'elenco di cui all'articolo 128-sexies, comma 2, ovvero nella sezione speciale di cui all'articolo 128-sexies, comma 2-bis, è subordinata al ricorrere dei seguenti requisiti (2):

a) forma di società per azioni, di società in accomandita per azioni, di società a responsabilità limitata o di società cooperativa;

b) sede legale e amministrativa o, per i soggetti comunitari, stabile organizzazione nel territorio della Repubblica;

c) oggetto sociale conforme con quanto previsto dall'articolo 128-sexies, comma 3, e rispetto dei requisiti di organizzazione;

d) possesso da parte di coloro che detengono il controllo e dei soggetti che svolgono funzioni di amministrazione, direzione e controllo dei requisiti di onorabilità;

e) possesso da parte dei soggetti che svolgono funzioni di amministrazione, direzione e controllo, di requisiti di professionalità, compreso il superamento di un apposito esame;

f) stipula di una polizza di assicurazione della responsabilità civile, per i danni arrecati nell'esercizio dell'attività derivanti da condotte proprie o di terzi del cui operato essi rispondono a norma di legge.*

1-bis. La permanenza nell'elenco è subordinata, in aggiunta ai requisiti indicati ai commi 1 e 1-ter, all'esercizio effettivo dell'attività e all'aggiornamento professionale (3).

1-ter. L'efficacia dell'iscrizione è condizionata alla stipula di una polizza di assicurazione della responsabilità civile per i danni arrecati nell'esercizio dell'attività derivanti da condotte proprie o di terzi del cui operato i mediatori rispondono a norma di legge (4).

(1) Articolo inserito dall'art. 11, co. 1, d.lg. 13/8/2010, n. 141.

(2) Alinea modificato dall'art. 1, co. 5, d.lg. 21/4/2016, n. 72. Per l'applicazione, vedi l'art. 3, co. 1, d.lg. n. 72/2016 medesimo.

* Lettera soppressa dall'art. 11, co. 1, d.lg. 13/8/2010, n. 141, come modificata dall'art. 6, co. 1, lett. c), n. 1, d.lg. 19/9/2012, n. 169.

(3) Comma inizialmente aggiunto dall'art. 11, co. 1, d.lg. 13/8/2010, n. 141, come modificato dall'art. 8, co. 7, d.lg. 14/12/2010, n. 218 e successivamente modificato dall'art. 11, co. 1, d.lg. 13/8/2010, n. 141, come modificato dall'art. 6, co. 1, lett. c), n. 2, d.lg. 19/9/2012, n. 169.

(4) Comma inserito dall'art. 11, co. 1, d.lg. 13/8/2010, n. 141, come modificato dall'art. 6, co. 1, lett. c), n. 3, d.lg. 19/9/2012, n. 169.

128 octies. Incompatibilità (1). – 1. È vietata la contestuale iscrizione nell'elenco degli agenti in attività finanziaria e dei mediatori creditizi.

1-bis. Il Ministro dell'economia e delle finanze individua, con regolamento adottato, sentita la Banca d'Italia, ai sensi dell'articolo 17, comma 3, della legge 23 agosto 1988, n. 400, le cause di incompatibilità con l'esercizio dell'attività di cui all'articolo 128-sexies, comma 2-bis (2).

2. I collaboratori di agenti in attività finanziaria e di mediatori creditizi sono persone fisiche e non possono svolgere contemporaneamente la propria attività a favore di più soggetti iscritti (3).

(1) Articolo inserito dall'art. 11, co. 1, d.lg. 13/8/2010, n. 141.

(2) Comma inserito dall'art. 1, co. 6, d.lg. 21/4/2016, n. 72. Per l'applicazione, vedi l'art. 3, co. 1, d.lg. n. 72/2016 medesimo.

(3) Comma modificato dall'art. 11, co. 1, d.lg. 13/8/2010, n. 141, come modificato dall'art. 6, co. 1, lett. d), nn. 1 e 2, d.lg. 19/9/2012, n. 169.

128 nonies. Dipendenti e collaboratori (1). – 1. Gli agenti in attività finanziaria e i mediatori creditizi assicurano e verificano, anche attraverso l'adozione di adeguate procedure interne, che i propri dipendenti e collaboratori di cui si avvalgono per il contatto con il pubblico, rispettino le norme loro applicabili, possiedano i requisiti di onorabilità e professionalità indicati all'articolo 128-quinquies, lettera c), ad esclusione del superamento dell'apposito esame e all'articolo 128-septies, lettere d) ed e), ad esclusione del superamento dell'apposito esame, e curino l'aggiornamento professionale. Tali soggetti sono comunque tenuti a superare una prova valutativa i cui contenuti sono stabiliti dall'Organismo di cui all'articolo 128-undecies.

2. Per il contatto con il pubblico, gli agenti in attività finanziaria che siano persone fisiche o costituiti in forma di società di persone si avvalgono di dipendenti o collaboratori iscritti nell'elenco di cui all'articolo 128-quater, comma 2.

3. I mediatori creditizi e gli agenti in attività finanziaria diversi da quelli indicati al comma 2 trasmettono all'Organismo di cui all'articolo 128-undecies l'elenco dei propri dipendenti e collaboratori.

4. Gli agenti in attività finanziaria e i mediatori creditizi rispondono in solido dei danni causati nell'esercizio dell'attività dai dipendenti e collaboratori di cui si essi si avvalgono, anche in relazione a condotte penalmente sanzionate.

(1) Articolo inserito dall'art. 11, co. 1, d.lg. 13/8/2010, n. 141.

128 nonies.1. Operatività transfrontaliera (1). – 1. Gli agenti in attività finanziaria e i mediatori creditizi possono svolgere le attività alle quali sono abilitati, relative ai contratti di credito disciplinati dal capo I-bis del titolo VI, in un altro Stato membro dell'Unione europea, anche senza stabilirvi succursali, previa comunicazione all'Organismo di cui all'articolo 128-undecies.

2. Con riguardo ai contratti di credito disciplinati dal capo I-bis del titolo VI, i soggetti abilitati dall'autorità competente di un altro Stato membro dell'Unione europea a svolgere una o più delle attività previste dall'articolo 120-quinquies, comma 1, lettera g), possono svolgere le stesse attività nel territorio della Repubblica, anche senza stabilirvi succursali, dopo che l'autorità competente dello Stato membro di origine ne ha dato comunicazione all'Organismo di cui all'articolo 128-undecies. L'avvio dell'attività è consentito decorso un mese dalla data in cui il soggetto abilitato è stato informato della comunicazione.

3. I soggetti di cui al comma 2 del presente articolo sono iscritti in un apposito elenco tenuto dall'Organismo di cui all'articolo 128-undecies. L'Organismo procede all'iscrizione entro un mese dalla ricezione della comunicazione di cui al comma 2

(1) Articolo inserito dall'art. 23, co. 1, lett. b), l. 23/12/2021, n. 238.

128 decies. Disposizioni di trasparenza e connessi poteri di controllo (1). – 1. Agli agenti in attività finanziaria, agli agenti previsti dall'articolo 128-quater, comma 7, e ai mediatori creditizi si applicano, in quanto compatibili, le norme del Titolo VI. La Banca d'Italia può stabilire ulteriori regole per garantire trasparenza e correttezza nei rapporti con la clientela.

2. L'intermediario mandante risponde alla Banca d'Italia del rispetto delle disposizioni del Titolo VI da parte dei propri agenti in attività finanziaria. La Banca d'Italia può effettuare ispezioni presso l'agente in attività finanziaria, anche avvalendosi della Guardia di Finanza che agisce con i poteri ad essa attribuiti per l'accertamento dell'imposta sul valore aggiunto e delle imposte sui redditi, utilizzando strutture e personale esistenti in modo da non determinare oneri aggiuntivi.

2-bis. Le banche, gli istituti di pagamento e gli istituti di moneta elettronica comunitari che prestano, in regime di diritto di stabilimento senza succursale, servizi di pagamento nel territorio della Repubblica per il tramite degli agenti di cui all'articolo 128-quater, designano in Italia un punto di contatto centrale nei casi e per l'esercizio delle funzioni previsti dalle norme tecniche di regolamentazione emanate dalla Commissione europea ai sensi dell'articolo 29, paragrafo 7, della direttiva 2366/2015/UE, secondo le disposizioni dettate dalla Banca d'Italia. Restano ferme le disposizioni dettate per finalità di prevenzione del riciclaggio e di finanziamento del terrorismo dall'articolo 43, commi 3 e 4 e dall'articolo 45 del decreto legislativo 21 novembre 2007, n. 231 e successive modificazioni (2).

3. Fino al 30 giugno 2014 la Banca d'Italia esercita il controllo sugli agenti insediati in Italia per conto di istituti di moneta elettronica o istituto di pagamento comunitari per verificare l'osservanza delle disposizioni di cui al comma 1 e della relativa disciplina di attuazione. Il punto di contatto centrale previsto dall'articolo 43, comma 3, del decreto legislativo 21 novembre 2007, n. 231, e successive modificazioni risponde alla Banca d'Italia del rispetto delle disposizioni del Titolo VI da parte degli agenti insediati in Italia dell'istituto di moneta elettronica o istituto di pagamento comunitari, che ad esso fanno capo. La Banca d'Italia può effettuare ispezioni presso gli agenti insediati in Italia per conto di istituti di moneta elettronica o istituto di pagamento comunitari nonché presso il punto di contatto anche avvalendosi della Guardia di Finanza che agisce con i poteri ad essa attribuiti per l'accertamento dell'imposta sul valore aggiunto e delle imposte sui redditi, utilizzando strutture e personale esistenti in modo da non determinare oneri aggiuntivi (3).

4. Fino al 30 giugno 2014 la Banca d'Italia esercita il controllo sui mediatori creditizi per verificare l'osservanza delle disposizioni di cui al comma 1 e della relativa disciplina di attuazione. La Banca d'Italia può effettuare ispezioni presso i mediatori creditizi anche avvalendosi della Guardia di Finanza che agisce con i poteri ad essa attribuiti per l'accertamento dell'imposta sul valore aggiunto e delle imposte sui redditi, utilizzando strutture e personale esistenti in modo da non determinare oneri aggiuntivi (4).

4-bis. Dal 1° luglio 2014 il controllo sugli agenti insediati in Italia per conto di istituti di moneta elettronica o istituti di pagamento comunitari e sui mediatori creditizi per verificare l'osservanza delle disposizioni di cui al comma 1 e della relativa disciplina di attuazione è esercitato dall'Organismo. A tali fini, l'Organismo potrà effettuare ispezioni anche avvalendosi della Guardia di Finanza che agisce con i poteri ad essa attribuiti per l'accertamento dell'imposta sul valore aggiunto e delle imposte sui redditi, utilizzando strutture e personale esistenti in modo da non determinare oneri aggiuntivi (5).

4-ter. Con riguardo ai soggetti di cui all'articolo 128-novies.1, comma 2, l'autorità competente dello Stato membro di origine, dopo aver informato l'Organismo di cui all'articolo 128-undecies, può effettuare ispezioni presso le succursali stabilite nel territorio della Repubblica (6).

5. Il mediatore creditizio risponde anche del rispetto del titolo VI da parte dei propri dipendenti e collaboratori.

(1) Articolo sostituito dall'art. 11, co. 1, d.lg. 13/8/2010, n. 141, come modificato dall'art. 6, co. 1, lett. e), d.lg. 19/9/2012, n. 169.

(2) Comma inserito dall'art. 1, co. 21, lett. a), d.lg. 15/12/2017, n. 218.

(3) Comma modificato dall'art. 9, co. 4, d.l. 30/12/2013, n. 150, conv., con modif., in l. 27/2/2014, n. 15 e successivamente dall'art. 8, co. 5, d.lg. 25/5/2017, n. 90.

(4) Comma modificato dall'art. 9, co. 4, d.l. 30/12/2013, n. 150, conv., con modif., in l. 27/2/2014, n. 15.

(5) Comma modificato dall'art. 9, co. 5, d.l. 30/12/2013, n. 150, conv., con modif., in l. 27/2/2014, n. 15.

(6) Comma inserito dall'art. 23 della l. 23/12/2021, n. 238.

128 undecies. Organismo (1). – 1. È istituito un Organismo, avente personalità giuridica di diritto privato [ed ordinato in forma di associazione], con autonomia organizzativa, statutaria e finanziaria competente per la gestione degli elenchi degli agenti in attività finanziaria e dei mediatori creditizi. L'Organismo è dotato dei poteri sanzionatori necessari per lo svolgimento di tali compiti (2).

2. I primi componenti dell'organo di gestione dell'Organismo sono nominati con decreto del Ministro dell'economia e delle finanze, su proposta della Banca d'Italia, e restano in carica tre anni a decorrere dalla data di costituzione dell'Organismo. Il Ministero dell'economia e delle finanze approva con regolamento lo Statuto dell'Organismo, sentita la Banca d'Italia (3).

3. L'Organismo provvede all'iscrizione negli elenchi di cui all'articolo 128-quater, comma 2, e all'articolo 128-sexies, comma 2, previa verifica dei requisiti previsti, e svolge ogni altra attività necessaria per la loro gestione; determina e riscuote i contributi e le altre somme dovute per l'iscrizione negli elenchi; svolge gli altri compiti previsti dalla legge.

4. L'Organismo verifica il rispetto da parte degli agenti in attività finanziaria e dei mediatori creditizi della disciplina cui essi sono sottoposti; per lo svolgimento dei propri compiti, l'Organismo può effettuare ispezioni e può chiedere la comunicazione di dati e notizie e la trasmissione di atti e documenti, fissando i relativi termini.

4-bis. L'Organismo collabora con le autorità di altri Stati membri dell'Unione europea competenti sui soggetti di cui all'articolo 128-novies.1, comma 2; a tale fine può scambiare informazioni con queste autorità, entro i limiti e nel rispetto delle procedure previsti dal diritto dell'Unione europea (4).

(1) Articolo inserito dall'art. 11, co. 1, d.lg. 13/8/2010, n. 141.

• Vedi inoltre l'art. 9, co. 6, d.lg. 25/5/2017, n. 90.

(2) Comma modificato dall'art. 11, co. 1, d.lg. 13/8/2010, n. 141, come modificato dall'art. 6, co. 1, lett. f), n. 1, d.lg. 19/9/2012, n. 169.

(3) Comma sostituito dall'art. 11, co. 1, d.lg. 13/8/2010, n. 141, come modificato dall'art. 6, co. 1, lett. f), n. 2, d.lg. 19/9/2012, n. 169.

(4) Comma aggiunto dall'art. 23, co. 1, lett. d), l. 23/12/2021, n. 238.

128 duodecies. Disposizioni procedurali (1). – 1. Per il mancato pagamento dei contributi o altre somme dovute ai fini dell'iscrizione negli elenchi di cui agli articoli 128-quater, comma 2, e 128-sexies, comma 2, per l'inosservanza degli obblighi di aggiornamento professionale, la violazione di norme legislative o amministrative che regolano l'attività di agenzia in attività finanziaria o di mediazione creditizia, la mancata comunicazione o trasmissione di informazioni o documenti richiesti, l'Organismo applica nei confronti degli iscritti:

a) il richiamo scritto;

a-bis) la sanzione pecuniaria da euro cinquecento a euro cinquemila nei confronti degli iscritti persone fisiche e la sanzione pecuniaria da euro mille fino al 10 per cento del fatturato nei confronti degli iscritti persone giuridiche. Se il vantaggio ottenuto dall'autore della violazione come conseguenza della violazione stessa è superiore ai massimali indicati alla presente lettera, le sanzioni pecuniarie sono elevate fino al doppio dell'ammontare del vantaggio ottenuto, purché tale ammontare sia determinabile. Chi con un'azione od omissione viola diverse disposizioni o commette più violazioni della stessa disposizione, soggiace alla sanzione prevista per la violazione più grave, aumentata sino al triplo. I proventi derivanti dalle sanzioni previste dalla presente lettera affluiscono al bilancio dello Stato (2);

b) la sospensione dall'esercizio dell'attività per un periodo non inferiore a dieci giorni e non superiore a un anno (3);

c) la cancellazione dagli elenchi previsti dagli articoli 128-quater, comma 2 e 128-sexies, comma 2.

1-bis. L'organismo, quando applica al punto di contatto centrale di cui all'articolo 1, comma 2, lettera ii) del decreto legislativo 21 novembre 2007, n. 231, e successive modificazioni, la sanzione per le violazioni gravi, ripetute o sistematiche ovvero plurime degli obblighi di cui all'articolo 45 del medesimo decreto ovvero per la violazione dell'obbligo di cui all'articolo 128-quater, comma 7-bis ne dà comunicazione alla Banca d'Italia per l'adozione dei provvedimenti di competenza, ivi compresi quelli adottati ai sensi dell'articolo 48, paragrafo 4 della direttiva (UE) 2015/849 (4).

1-ter. Nella determinazione delle sanzioni di cui al comma 1, l'Organismo considera ogni circostanza rilevante e, in particolare, le seguenti, ove pertinenti:

a) la gravità e la durata della violazione;

b) il grado di responsabilità;

c) la capacità finanziaria del responsabile della violazione;

d) l'entità del vantaggio ottenuto o delle perdite evitate attraverso la violazione, nella misura in cui sia determinabile;

e) i pregiudizi cagionati a terzi attraverso la violazione;

f) il livello di cooperazione del responsabile della violazione con l'Organismo;

g) le precedenti violazioni delle disposizioni che regolano l'attività di agenzia in attività finanziaria, di mediazione creditizia e di consulenza del credito;

h) le potenziali conseguenze sistemiche della violazione;

i) le misure adottate dal responsabile della violazione, successivamente alla violazione stessa, al fine di evitare, in futuro, il suo ripetersi (5).

1-quater. L'Organismo, entro un mese dalla ricezione della comunicazione di cui all'articolo 128-novies.1, comma 1, comunica l'intenzione dell'agente in attività finanziaria o del mediatore creditizio di svolgere in un altro Stato membro dell'Unione europea le attività relative ai contratti di credito disciplinati dal capo I-bis del titolo VI all'autorità competente dell'altro Stato membro; la comunicazione all'autorità competente comprende l'indicazione delle banche o degli intermediari finanziari previsti dal titolo V su mandato dei quali l'agente in attività finanziaria svolge la propria attività. L'Organismo definisce le modalità della comunicazione di cui all'articolo 128-novies.1, comma 1, e della successiva comunicazione all'autorità competente dell'altro Stato membro (6).

1-quinquies. Con riguardo alle attività diverse da quelle alle quali si applicano le disposizioni sull'operatività transfrontaliera di cui all'articolo 128-novies.1, l'Organismo informa i soggetti di cui all'articolo 128-novies.1, comma 2, delle condizioni previste per il loro svolgimento in Italia. L'informazione è fornita prima dell'avvio dell'operatività della succursale o comunque entro due mesi dalla comunicazione di cui all'articolo 128-novies.1, comma 2 (6).

1-sexies. L'Organismo verifica il rispetto delle disposizioni applicabili ai soggetti di cui all'articolo 128-novies.1, comma 2. A questo fine può:

a) chiedere loro di fornire informazioni e di trasmettere atti e documenti secondo le modalità e i termini stabiliti dall'Organismo stesso, nonché procedere ad audizione personale;

b) effettuare ispezioni presso le succursali dopo averne informato l'autorità competente dello Stato membro di origine;

c) ordinare ai soggetti che operano attraverso una succursale di porre termine alla violazione delle disposizioni previste dagli articoli 120-septies, 120-octies, 120-novies, 120-decies, 120-undecies, comma 2, 120-terdecies e 120-noviesdecies, comma 2, del presente testo unico e dell'articolo 13, comma 1-bis, lettera b), numero 1), del decreto legislativo 13 agosto 2010, n. 141; se il destinatario dell'ordine non pone termine alla violazione, l'Organismo può adottare le ulteriori misure necessarie, compreso il divieto di intraprendere nuove operazioni, dopo averne informato l'autorità competente dello Stato membro di origine; della misura è data tempestiva comunicazione alla Commissione europea;

d) chiedere ai medesimi soggetti di apportare alla struttura organizzativa della succursale le modifiche necessarie per assicurare il rispetto delle disposizioni di cui alla lettera c) o per consentire all'autorità competente dello Stato membro di origine di assicurare il rispetto delle disposizioni sulla remunerazione del personale;

e) informare l'autorità competente dello Stato membro di origine della violazione delle disposizioni previste ai sensi del capo I-bis del titolo VI diverse da quelle indicate alla lettera c), commesse da soggetti che operano attraverso una succursale; se l'autorità competente dello Stato membro di origine non adotta misure adeguate entro un mese dalla comunicazione o il soggetto comunque persiste nell'agire in modo tale da mettere a repentaglio gli interessi dei consumatori o l'ordinato funzionamento dei mercati, l'Organismo può vietare di intraprendere nuove operazioni, dopo averne informato l'autorità competente dello Stato membro di origine; della misura è data tempestiva comunicazione alla Commissione europea e all'ABE; l'Organismo può chiedere alla Banca d'Italia di ricorrere all'ABE ai sensi dell'articolo 6, comma 4;

f) procedere ai sensi di quanto previsto dalla lettera e), quando un soggetto che opera in regime di libera prestazione dei servizi ha commesso una violazione delle disposizioni previste ai sensi del capo I-bis del titolo VI del presente testo unico e dell'articolo 13, comma 1-bis, lettera b), numero 1), del decreto legislativo 13 agosto 2010, n. 141 (7).

1-septies. Con decreto del Ministro dell'economia e delle finanze sono stabilite, sentita la Banca d'Italia, le forme e le modalità con le quali l'Organismo esercita i poteri previsti dal comma 1-sexies (6).

*2. Per le violazioni previste dal comma 1, contestati gli addebiti agli interessati e valutate le deduzioni presentate entro trenta giorni, è applicata una delle misure di cui al comma 1, tenuto conto della rilevanza delle infrazioni accertate. La delibera di applicazione è pubblicata, per estratto, entro il termine di trenta giorni dalla data di notificazione, a cura e spese del soggetto interessato, su almeno due quotidiani a diffusione nazionale, di cui uno economico**.*

3. È disposta altresì la cancellazione dagli elenchi di cui agli articoli 128-quater, comma 2, e 128-sexies, comma 2, [nel caso previsto dall'articolo 144 comma 8, e] nei seguenti casi (8):

a) perdita di uno dei requisiti richiesti per l'esercizio dell'attività;

b) inattività protrattasi per oltre un anno salvo comprovati motivi (9);

c) cessazione dell'attività.

*3-bis. Fatte salve le ipotesi disciplinate ai commi precedenti, la Banca d'Italia nell'esercizio delle proprie attribuzioni di vigilanza, individua le ulteriori ipotesi di revoca dell'abilitazione degli intermediari del credito (oppure di cancellazione dagli elenchi) per violazioni gravi e sistematiche delle disposizioni previste dal Titolo VI, Capo I-bis [del decreto legislativo 1° settembre 1993, n. 385]. Con decreto del Ministro dell'economia e delle finanze da adottarsi, sentita la Banca d'Italia, sono individuati i meccanismi di coordinamento per garantire l'efficiente espletamento dei procedimenti di irrogazione delle sanzioni di competenza delle Autorità di vigilanza di settore***.

4. L'agente in attività finanziaria e il mediatore creditizio cancellati ai sensi del comma 1 possono richiedere una nuova iscrizione purché siano decorsi cinque anni dalla pubblicazione della cancellazione.

5. [Fermo restando l'articolo 144, comma 8,] in caso di necessità e urgenza, può essere disposta in via cautelare la sospensione dagli elenchi previsti dagli articoli 128-quater e 128-sexies per un periodo massimo di otto mesi, qualora sussistano precisi elementi che facciano presumere gravi violazioni di norme legislative o amministrative che regolano l'attività di agenzia in attività finanziaria o di mediazione creditizia (10).

6. l'Organismo annota negli elenchi i provvedimenti adottati ai sensi del comma 1, lettere b) e c), e del comma 3 (11).

(1) Articolo inserito dall'art. 11, co. 1, d.lg. 13/8/2010, n. 141.

(2) Lettera aggiunta dall'art. 11, co. 1, d.lg. 13/8/2010, n. 141, come modificato dall'art. 8, co. 17, lett. a), d.lg. 25/5/2017, n. 90.

(3) Lettera modificata dall'art. 11, co. 1, d.lg. 13/8/2010, n. 141, come modificato dall'art. 8, co. 17, lett. b), d.lg. 25/5/2017, n. 90.

(4) Comma inserito dall'art. 11, co. 1, d.lg. 13/8/2010, n. 141, come modificato dall'art. 6, co. 1, lett. g), n. 1, d.lg. 19/9/2012, n. 169 e successivamente sostituito dall'art. 8, co. 6, d.lg. 25/5/2017, n. 90.

(5) Comma aggiunto dall'art. 11, co. 1, d.lg. 13/8/2010, n. 141, come modificato dall'art. 8, co. 17, lett. c), d.lg. 25/5/2017, n. 90.

(6) Comma inserito dall'art. 23, co. 1, lett. e), l. 23/12/2021, n. 238.

(7) Comma inserito dall'art. 23, co. 1, lett. e), l. 23/12/2021, n. 238. Per l'applicazione del presente comma vedi l'art. 23, co. 2 della medesima l. 23/12/2021, n. 238.

* Comma abrogato dall'art. 11, co. 1, d.lg. 13/8/2010, n. 141, come modificato dall'art. 6, co. 1, lett. g), n. 2, d.lg. 19/9/2012, n. 169.

(8) Alinea modificato dall'art. 11, co. 1, d.lg. 13/8/2010, n. 141, come modificato dall'art. 6, co. 1, lett. g), n. 3, d.lg. 19/9/2012, n. 169.

(9) Lettera modificata dall'art. 11, co. 1, d.lg. 13/8/2010, n. 141, come modificata dall'art. 6, co. 1, lett. g), n. 3, d.lg. 19/9/2012, n. 169.

** Comma inserito dall'art. 1, co. 7, d.lg. 21/4/2016, n. 72. Per l'applicazione, vedi l'art. 3, co. 1, d.lg. n. 72/2016 medesimo. Successivamente modificato dall'art. 1, co. 1, lett. d), d.lg. 8/4/2020, n. 36 e da ultimo abrogato dall'art. 27, co. 2-ter, lett. a), d.l. 6/11/2021, n. 152, conv., con modif., dalla l. 29/12/2021, n. 233.

(10) Comma modificato dall'art. 11, co. 1, d.lg. 13/8/2010, n. 141, come modificato dall'art. 6, co. 1, lett. g), n. 4, d.lg. 19/9/2012, n. 169.

(11) Comma inizialmente modificato dall'art. 11, co. 1, d.lg. 13/8/2010, n. 141, come modificato dall'art. 8, co. 8, d.lg. 14/12/2010, n. 218 e successivamente sostituito dall'art. 11, co. 1, d.lg. 13/8/2010, n. 141, come modificato dall'art. 6, co. 1, lett. g), n. 5, d.lg. 19/9/2012, n. 169. Ulteriormente modificato dall'art. 1, co. 8, d.lg. 21/4/2016, n. 72. Per l'applicazione, vedi l'art. 3, co. 1, d.lg. n. 72/2016 medesimo. Da ultimo modificato dall'art. 27, co. 2-ter, d.l. 6/11/2021, n. 152, conv., con modif., dalla l. 29/12/2021, n. 233.

128 terdecies. Vigilanza della Banca d'Italia sull'Organismo (1). – 1. La Banca d'Italia vigila sull'Organismo secondo modalità, dalla stessa stabilite, improntate a criteri di proporzionalità ed economicità dell'azione di controllo e con la finalità di verificare l'adeguatezza delle procedure interne adottate dall'Organismo per lo svolgimento dei compiti a questo affidati.

2. Per le finalità indicate al comma 1, la Banca d'Italia può accedere al sistema informativo che gestisce gli elenchi in forma elettronica, richiedere all'Organismo la comunicazione periodica di dati e notizie e la trasmissione di atti e documenti

con le modalità e nei termini dalla stessa stabiliti, effettuare ispezioni nonché richiedere l'esibizione dei documenti e il compimento degli atti ritenuti necessari presso l'Organismo, convocare i componenti dell'Organismo.

3. Su proposta della Banca d'Italia, il Ministro dell'economia e delle finanze può sciogliere gli organi di gestione e di controllo dell'Organismo qualora risultino gravi irregolarità nell'amministrazione, ovvero gravi violazioni delle disposizioni legislative, amministrative o statutarie che regolano l'attività dello stesso. Il Ministero dell'economia e delle finanze provvede agli adempimenti necessari alla ricostituzione degli organi di gestione e controllo dell'Organismo, assicurandone la continuità operativa, se necessario anche attraverso la nomina di un commissario. La Banca d'Italia può disporre la rimozione di uno o più componenti degli organi di gestione e controllo in caso di grave inosservanza dei doveri ad essi assegnati dalla legge, dallo statuto o dalle disposizioni di vigilanza, nonché dei provvedimenti specifici e di altre istruzioni impartite dalla Banca d'Italia, ovvero in caso di comprovata inadeguatezza, accertata dalla Banca d'Italia, all'esercizio delle funzioni cui sono preposti (2).

4. L'Organismo informa tempestivamente la Banca d'Italia degli atti e degli eventi di maggior rilievo relativi all'esercizio delle proprie funzioni e trasmette, entro il 31 gennaio di ogni anno, una relazione dettagliata sull'attività svolta nell'anno precedente e sul piano delle attività predisposto per l'anno in corso.

4-bis. La Banca d'Italia e l'Organismo, nel rispetto delle proprie competenze, collaborano anche mediante lo scambio di informazioni necessarie per lo svolgimento delle rispettive funzioni e in particolare per consentire all'Organismo l'esercizio dei poteri ad esso conferiti. La trasmissione di informazioni all'Organismo per le suddette finalità non costituisce violazione del segreto d'ufficio da parte della Banca d'Italia (3).

(1) Articolo inserito dall'art. 11, co. 1, d.lg. 13/8/2010, n. 141.

(2) Comma sostituito dall'art. 11, co. 1, d.lg. 13/8/2010, n. 141, come modificato dall'art. 6, co. 1, lett. h), d.lg. 19/9/2012, n. 169.

(3) Comma aggiunto dall'art. 23, co. 1, lett. f), l. 23/12/2021, n. 238.

128 quaterdecies. Ristrutturazione dei crediti (1). – 1. Per l'attività di consulenza e gestione dei crediti a fini di ristrutturazione e recupero degli stessi, svolta successivamente alla costituzione dell'Organismo di cui all'articolo 128-undecies, le banche e gli intermediari finanziari possono avvalersi di agenti in attività finanziaria iscritti nell'elenco di cui all'articolo 128-quater, comma 2 (2).

(1) Articolo inserito dall'art. 11, co. 1, d.lg. 13/8/2010, n. 141.

(2) Comma modificato dall'articolo art. 11 del d.lg. 13/8/2010, n. 141, come modificato dall'art. 8, co. 9, d.lg. 14/12/2010, n. 218.

TITOLO VII
ALTRI CONTROLLI

129. Emissione di strumenti finanziari (1). – 1. La Banca d'Italia può richiedere a chi emette od offre strumenti finanziari segnalazioni periodiche, dati e informazioni a carattere consuntivo riguardanti gli strumenti finanziari emessi od offerti in Italia, ovvero all'estero da soggetti italiani, al fine di acquisire elementi conoscitivi sull'evoluzione dei prodotti e dei mercati finanziari.

2. La Banca d'Italia emana disposizioni attuative del presente articolo.

(1) Articolo sostituito dall'art. 64 del d.lg. 23/7/1996, n. 415, modificato dall'art. 9.41 del d.lg. 17/1/2003, n. 6, nel testo introdotto dall'art. 2 del d.lg. 6/2/2004, n. 37, ed infine sostituito dall'art. 1, co. 7, d.lg. 29/12/2006, n. 303.

• Rubrica sostituita dall'art. 1 del d.lg. 29/12/2006, n. 303.

• In attuazione di quanto disposto dal presente articolo, vedi il Provvedimento 25/8/2015.

TITOLO VIII
SANZIONI (1)

(1) A norma dell'art. 39, co. 1, l. 28/12/2005, n. 262 le pene previste dal presente decreto sono raddoppiate entro i limiti posti per ciascun tipo di pena dal libro I, titolo II, capo II, del codice penale.

Capo I
Abusivismo bancario e finanziario (1)

(1) L'originario Capo I, intitolato sanzioni penali, è stato soppresso, mentre l'originaria Sezione I (Abusivismo bancario e finanziario) è stata trasformata in Capo I dall'art. 64 del d.lg. 23/7/1996, n. 415, mentre il Capo II è stato soppresso.

130. Abusiva attività di raccolta del risparmio (1). – 1. Chiunque svolge l'attività di raccolta del risparmio tra il pubblico in violazione dell'art. 11 è punito con l'arresto da uno a tre anni e con l'ammenda da euro 12.911 (lire venticinque milioni) a euro 51.645 (lire cento milioni).

(1) A norma dell'art. 39, co. 1, l. 28/12/2005, n. 262 le pene previste dal presente decreto sono raddoppiate entro i limiti posti per ciascun tipo di pena dal libro I, titolo II, capo II, del codice penale.

131. Abusiva attività bancaria (1). – 1. Chiunque svolge l'attività di raccolta del risparmio tra il pubblico in violazione dell'art. 11 ed esercita il credito è punito con la reclusione da uno a otto anni e con la multa da euro 4.130 a euro 10.329 (2).

(1) A norma dell'art. 39, co. 1, l. 28/12/2005, n. 262 le pene previste dal presente decreto sono raddoppiate entro i limiti posti per ciascun tipo di pena dal libro I, titolo II, capo II, del codice penale. Originariamente la pena era da sei mesi a quattro anni.

(2) Multa aumentata dall'art. 39, co. 1, l. 28/12/2005, n. 262. Originariamente la multa era da 2.065 (lire quattro milioni) a 10.329 (lire venti milioni) euro.

131 bis. Abusiva emissione di moneta elettronica (1). – 1. Chiunque emette moneta elettronica in violazione della riserva prevista dall'articolo 114-bis senza essere iscritto nell'albo previsto dall'articolo 13 o in quello previsto dall'articolo 114-bis, comma 2, è punito con la reclusione da uno a otto anni e con la multa da 4.132 euro a 10.329 euro (2).

(1) Articolo inserito dall'art. 55 della l. 1/3/2002, n. 39 (Legge comunitaria).

• A norma dell'art. 39, co. 1, l. 28/12/2005, n. 262 le pene previste dal presente decreto sono raddoppiate entro i limiti posti per ciascun tipo di pena dal libro I, titolo II, capo II, del codice penale. Originariamente la pena era da sei mesi a quattro anni.

(2) Multa aumentata dall'art. 39, co. 1, l. 28/12/2005, n. 262. Originariamente la multa era da 7 euro 2.066 (lire quattro milioni) a euro 10.329 (lire venti milioni).

• Comma modificato dall'art. 2, co. 3, d.lg. 16/4/2012, n. 45.

131 ter. Abusiva attività di prestazione di servizi di pagamento (1). – 1. Chiunque presta servizi di pagamento in violazione della riserva prevista dall'articolo 114-sexies senza essere autorizzato ai sensi dell'articolo 114-novies è punito con la reclusione da sei mesi a quattro anni e con la multa da 2.066 euro a 10.329 euro (2).

(1) Articolo inserito, a decorrere dal 1/3/2010, dall'art. 35, co. 11, d.lg. 27/1/2010, n. 11.

(2) Comma modificato dall'art. 2, co. 4, d.lg. 16/4/2012, n. 45.

132. Abusiva attività finanziaria (1). – 1. Chiunque svolge, nei confronti del pubblico una o più attività finanziarie previste dall'articolo 106, comma 1, in assenza dell'autorizzazione di cui all'articolo 107 o dell'iscrizione di cui all'articolo 111 ovvero dell'articolo 112, è punito con la reclusione da sei mesi a quattro anni e con la multa da euro 2.065 ad euro 10.329.

(1) Articolo modificato dall'art. 5, co. 1, l. 7/3/1996, n. 108, e, successivamente, sostituito dall'art. 64, co. 23, d.lg. 23/7/1996, n. 415, in seguito modificato dall'art. 28 del d.lg. 4/8/1999, n. 342 e dall'art. 38 della l. 28/12/2005, n. 262 e, da ultimo, sostituito dall'art. 8, co. 2, d.lg. 13/8/2010, n. 141.

132 bis. Denunzia al pubblico ministero ed al tribunale (1). – 1. Se vi è fondato sospetto che una società svolga attività di raccolta del risparmio, attività bancaria, attività di emissione di moneta elettronica, prestazione di servizi di pagamento o attività finanziaria in violazione degli articoli 130, 131, 131-bis, 131-ter e 132, la Banca d'Italia o l'UIC possono denunziare i fatti al pubblico ministero ai fini dell'adozione dei provvedimenti previsti dall'articolo 2409 del codice civile, ovvero possono richiedere al tribunale l'adozione dei medesimi provvedimenti. Le spese per l'ispezione sono a carico della società (2).

(1) Articolo inserito dall'art. 29 del d.lg. 4/8/1999, n. 342, sostituito dall'art. 55 della l. 1/3/2002, n. 39 (Legge comunitaria), e successivamente dall'art. 9.42 del d.lg. 17/1/2003, n. 6, nel testo introdotto dall'art. 2 del d.lg. 6/2/2004, n. 37.

(2) Comma modificato, a decorrere dal 1/3/2010, dall'art. 35, co. 12, d.lg. 27/1/2010, n. 11.

133. Abuso di denominazione (1). – 1. L'uso, nella denominazione o in qualsivoglia segno distintivo o comunicazione rivolta al pubblico, delle parole "banca", "banco", "credito", "risparmio" ovvero di altre parole o locuzioni, anche in lingua straniera, idonee a trarre in inganno sulla legittimazione allo svolgimento dell'attività bancaria è vietato a soggetti diversi dalle banche.

1-bis. L'uso, nella denominazione o in qualsivoglia segno distintivo o comunicazione rivolta al pubblico, dell'espressione "moneta elettronica" ovvero di altre parole o locuzioni, anche in lingua straniera, idonee a trarre in inganno sulla legittimazione allo svolgimento dell'attività di emissione di moneta elettronica è vietato a soggetti diversi dagli istituti di moneta elettronica e dalle banche (2).

1-ter. L'uso, nella denominazione o in qualsivoglia segno distintivo o comunicazione rivolta al pubblico, dell'espressione «istituto di pagamento» ovvero di altre parole o locuzioni, anche in lingua straniera, idonee a trarre in inganno sulla legittimazione allo svolgimento dell'attività di prestazione di servizi di pagamento è vietato a soggetti diversi dagli istituti di pagamento (3).

1-quater. L'uso, nella denominazione o in qualsivoglia segno distintivo o comunicazione rivolta al pubblico, della parola "finanziaria" ovvero di altre parole o locuzioni, anche in lingua straniera, idonee a trarre in inganno sulla legittimazione allo svolgimento dell'attività finanziaria loro riservata è vietato ai soggetti diversi dagli intermediari finanziari di cui all'articolo 106 (4).

2. La Banca d'Italia determina in via generale le ipotesi in cui, per l'esistenza di controlli amministrativi o in base a elementi di fatto, le parole o le locuzioni indicate nei commi 1, 1-bis, 1-ter e 1-quater possono essere utilizzate da soggetti diversi dalle banche, dagli istituti di moneta elettronica, dagli istituti di pagamento e dagli intermediari finanziari (5).

3. Chiunque contravviene al disposto dei commi 1, 1-bis, 1-ter e 1-quater è punito con la sanzione amministrativa pecuniaria da 5.000 a 5 milioni di euro. Se la violazione è commessa da una società o un ente, è applicata la sanzione amministrativa pecuniaria da euro 30.000 fino al 10 per cento del fatturato. Le stesse sanzioni si applicano a chi, attraverso informazioni e comunicazioni in qualsiasi forma, induce in altri il falso convincimento di essere sottoposto alla vigilanza della Banca d'Italia ai sensi dell'articolo 108 o di essere abilitato all'esercizio delle attività di cui all'articolo 111 (6).

3-bis. Si applica l'articolo 144, comma 9 (7).

(1) Rubrica sostituita dall'art. 55 della l. 1/3/2002, n. 39 (Legge comunitaria).

(2) Comma aggiunto dall'art. 55 della l. 1/3/2002, n. 39 (Legge comunitaria).

(3) Comma inserito dall'art. 35, co. 13, d.lg. 27/1/2010, n. 11.

(4) Comma inserito dall'art. 8, co. 3, lett. a), d.lg. 13/8/2010, n. 141

(5) Comma modificato dall'art. 55 della l. 1/3/2002, n. 39 (Legge comunitaria), sostituito dall'art. 35, co. 14, d.lg. 27/1/2010, n. 11 successivamente sostituito dall'art. 8, co. 3, lett. a-bis), d.lg. 13/8/2010, n. 141, come modificato dall'art. 5, co. 1, d.lg. 14/12/2010, n. 218.

(6) Comma modificato dall'art. 64 del d.lg. 23/7/1996, n. 415, dall'art. 30 del d.lg. 4/8/1999, n. 342, dall'art. 35, co. 15, d.lg. 27/1/2010, n. 11 e dall'art. 8, co. 3, lett. b) e c), d.lg. 13/8/2010, n. 141. Da ultimo sostituito dall'art. 1, co. 47, lett. a), d.lg. 12/5/2015, n. 72. Vedi inoltre, l'art. 2 del d.lg. 12/5/2015, n. 72.

• La misura della sanzione amministrativa pecuniaria di cui al presente comma era stata così elevata ai sensi di quanto disposto dall'art. 39, co. 3, l. 28/12/2005, n. 262.

(7) Comma aggiunto dall'art. 1, co. 47, lett. b), d.lg. 12/5/2015, n. 72. Vedi inoltre, l'art. 2 del d.lg. 12/5/2015, n. 72.

Capo II
Attività di vigilanza (1)

(1) L'originaria Sezione II è stata trasformata nell'attuale Capo II dall'art. 64 del d.lg. 23/7/1996, n. 415.

134. Tutela dell'attività di vigilanza bancaria e finanziaria**. *– 1. Chi svolge funzioni di amministrazione, direzione e controllo presso banche, intermediari finanziari e soggetti inclusi nell'ambito della vigilanza consolidata ed espone, nelle comunicazioni alla Banca d'Italia, fatti non rispondenti al vero sulle condizioni economiche delle banche, degli intermediari finanziari o dei citati soggetti o nasconde, in tutto o in parte, fatti concernenti le condizioni stesse al fine di ostacolare l'esercizio delle funzioni di vigilanza, è punito, sempre che il fatto non costituisca reato più grave, con la reclusione da uno a cinque anni e con la multa da lire due milioni a lire venti milioni. 2. Fuori dei casi previsti dal comma 1, chi svolge funzioni di amministrazione, direzione e controllo presso banche, intermediari finanziari, soggetti inclusi nell'ambito della vigilanza consolidata ovvero presso altre società comunque sottoposte alla vigilanza della Banca d'Italia e ne ostacola le funzioni di vigilanza è punito con l'arresto fino a un anno e con l'ammenda da lire venticinque milioni a lire cento milioni.*

* Articolo abrogato dall'art. 8 del d.lg. 11/4/2002, n. 61.

Capo III
Banche e gruppi bancari (1)

(1) L'originaria Sezione III è stata trasformata nell'attuale Capo II dall'art. 64 del d.lg. 23/7/1996, n. 415.

135. Reati societari (1). – 1. Le disposizioni contenute nel titolo XI del libro V del codice civile si applicano a chi svolge funzioni di amministrazione, direzione e controllo presso banche, anche se non costituite in forma societaria.

(1) Articolo sostituito dall'art. 9.43 del d.lg. 17/1/2003, n. 6, nel testo introdotto dall'art. 2 del d.lg. 6/2/2004, n. 37. Vedi la disciplina transitoria di cui all'art. 6 del medesimo d.lg. n. 37/2004.

136. Obbligazioni degli esponenti bancari. – 1. Chi svolge funzioni di amministrazione, direzione e controllo presso una banca non può contrarre obbligazioni di qualsiasi natura o compiere atti di compravendita, direttamente od indirettamente, con la banca che amministra, dirige o controlla, se non previa deliberazione dell'organo di amministrazione presa all'unanimità con l'esclusione del voto dell'esponente interessato e col voto favorevole di tutti i componenti dell'organo di controllo, fermi restando gli obblighi previsti dal codice civile in materia di interessi degli amministratori e di operazioni con parti correlate. È facoltà del consiglio di amministrazione delegare l'approvazione delle operazioni di cui ai periodi precedenti nel rispetto delle modalità ivi previste (1).

2. *Le medesime disposizioni si applicano anche a chi svolge funzioni di amministrazione, direzione e controllo, presso una banca o società facenti parte di un gruppo bancario, per le obbligazioni e per gli atti indicati nel comma 1 posti in essere con la società medesima o per le operazioni di finanziamento poste in essere con altra società o con altra banca del gruppo. In tali casi l'obbligazione o l'atto sono deliberati, con le modalità previste dal comma 1, dagli organi della società o banca contraente e con l'assenso della capogruppo. 2-bis. Per l'applicazione dei commi 1 e 2 rilevano anche le obbligazioni intercorrenti con società controllate dai soggetti di cui ai medesimi commi o presso le quali gli stessi soggetti svolgono funzioni di amministrazione, direzione o controllo, nonché con le società da queste controllate o che le controllano. Il presente comma non si applica alle obbligazioni contratte tra società appartenenti al medesimo gruppo bancario ovvero tra banche per le operazioni sul mercato interbancario* (2)*.

3. L'inosservanza delle disposizioni del comma 1 è punita con la reclusione da uno a tre anni e con la multa da 206 a 2.066 euro (3).

(1) Comma sostituito dall'art. 9.44 del d.lg. 17/1/2003, n. 6, nel testo introdotto dall'art. 2 del d.lg. 6/2/2004, n. 37; successivamente modificato dall'art. 1, co. 8, d.lg. 29/12/2006, n. 303 e, da ultimo modificato dall'art. 24-ter, co. 1, lett. a), d.l. 18/10/2012, n. 179 e dall'art. 1, co. 48, lett. a), d.lg. 12/5/2015, n. 72. Vedi inoltre, l'art. 2 del d.lg. 12/5/2015, n. 72.

(2) Comma inserito dall'art. 8 della l. 28/12/2005, n. 262, con la decorrenza indicata dall'art. 34-quater del d.l. 10/1/2006, n. 4, e successivamente modificato dall'art. 1, co. 8, d.lg. 29/12/2006, n. 303.

* Commi abrogati dall'art. 24-ter, co. 1, lett. b), d.l. 18/10/2012, n. 179.

(3) Comma sostituito dall'art. 9.44 del d.lg. 17/1/2003, n. 6, nel testo introdotto dall'art. 2 del d.lg. 6/2/2004, n. 37, e successivamente modificato dall'art. 8 della l. 28/12/2005, n. 262, con la decorrenza indicata dall'art. 34-quater del d.l. 10/1/2006, n. 4. A norma dell'art. 39, co. 1, l. 28/12/2005, n. 262 le pene previste dal presente decreto sono raddoppiate entro i limiti posti per ciascun tipo di pena dal libro I, titolo II, capo II, del codice penale. Da ultimo sostituito dall'art. 1, co. 48, lett. b), d.lg. 12/5/2015, n. 72. Vedi inoltre, l'art. 2 del d.lg. 12/5/2015, n. 72.

137. Mendacio e falso interno [bancario] (1). – *1. Salvo che il fatto costituisca reato più grave, chi, al fine di ottenere concessioni di credito per sé o per le aziende che amministra, o di mutare le condizioni alle quali il credito venne prima concesso, fornisce dolosamente a una banca notizie o dati falsi sulla costituzione o sulla situazione economica, patrimoniale e finanziaria delle aziende comunque interessate alla concessione del credito, è punito con la reclusione fino a un anno e con la multa fino a lire dieci milioni**.

1-bis. Salvo che il fatto costituisca reato più grave, chi, al fine di ottenere concessioni di credito per sé o per le aziende che amministra, o di mutare le condizioni alle quali il credito venne prima concesso, fornisce dolosamente ad una banca notizie o dati falsi sulla costituzione o sulla situazione economica, patrimoniale o finanziaria delle aziende comunque interessate alla concessione del credito, è punito con la reclusione fino a un anno e con la multa fino ad euro 10.000. Nel caso in cui le notizie o i dati falsi siano forniti ad un intermediario finanziario, si applica la pena dell'arresto fino a un anno o dell'ammenda fino ad euro 10.000 (2).

2. Salvo che il fatto costituisca reato più grave, chi svolge funzioni di amministrazione o di direzione presso una banca o un intermediario finanziario, nonché i dipendenti di banche o intermediari finanziari che, al fine di concedere o far concedere credito ovvero di mutare le condizioni alle quali il credito venne prima concesso ovvero di evitare la revoca del credito concesso, consapevolmente omettono di segnalare dati o notizie di cui sono a conoscenza o utilizzano nella fase istruttoria notizie o dati falsi sulla costituzione o sulla situazione economica, patrimoniale e finanziaria del richiedente il fido, sono puniti con l'arresto da uno a tre anni e con l'ammenda fino euro 10.329 (3).

(1) Rubrica modificata dall'art. 8, co. 4, lett. a), d.lg. 13/8/2010, n. 141

* Comma abrogato dall'art. 8 del d.lg. 11/4/2002, n. 61.

(2) Comma inserito dall'art. 33 della l. 28/12/2005, n. 262 e successivamente modificato dall'art. 8, co. 4, lett. b), d.lg. 13/8/2010, n. 141.

(3) A norma dell'art. 39, co. 1, l. 28/12/2005, n. 262 le pene previste dal presente decreto sono raddoppiate entro i limiti posti per ciascun tipo di pena dal libro I, titolo II, capo II, del codice penale.

• Comma modificato dall'art. 8, co. 5, d.lg. 13/8/2010, n. 141.

***138. Aggiotaggio bancario**.** – *1. Chiunque divulga, in qualunque forma, notizie false, esagerate o tendenziose riguardanti banche o gruppi bancari, atte a turbare i mercati finanziari o a indurre il panico nei depositanti, o comunque a menomare la fiducia del pubblico, è punito con le pene stabilite dall'art. 501 del codice penale. Restano fermi l'art. 501 del codice penale, l'art. 2628 del codice civile e l'art. 181 del decreto legislativo 24 febbraio 1998, n. 58.*

* Articolo modificato dall'art. 31 del d.lg. 4/8/1999, n. 342, e successivamente abrogato dall'art. 8 del d.lg. 11/4/2002, n. 61.

Capo IV
Partecipazioni (1)

(1) Rubrica modificata dall'art. 64 del d.lg. 23/7/1996, n. 415, e successivamente sostituita dall'art. 9.45 del d.lg. 17/1/2003, n. 6, nel testo introdotto dall'art. 2 del d.lg. 6/2/2004, n. 37. Vedi la disciplina transitoria di cui all'art. 6 del medesimo d.lg. n. 37/2004.

139. Partecipazioni in banche, in società di partecipazione finanziaria e società di partecipazione finanziaria mista capogruppo e in intermediari finanziari (1). – 1. L'omissione delle domande di autorizzazione previste dall'articolo 19, la violazione degli obblighi di comunicazione previsti dall'articolo 20, commi 2 e 2-bis, nonché la violazione delle disposizioni dell'articolo 24, commi 1 e 3, dell'articolo 25, comma 3, sono punite con la sanzione amministrativa pecuniaria da 5.000 a 5 milioni di euro. Se la violazione è commessa da una società o un ente, è applicata la sanzione amministrativa pecuniaria da euro 30.000 fino al 10 per cento del fatturato (2).

1-bis. Le medesime sanzioni si applicano alla violazione delle norme di cui al comma 1, in quanto richiamate dall'articolo 110 (3).

2. Salvo che il fatto costituisca reato più grave, chiunque nelle domande di autorizzazione previste dall'articolo 19 o nelle comunicazioni previste dall'articolo 20, comma 2, anche in quanto richiamati dall'articolo 110 fornisce false indicazioni è punito con l'arresto fino a tre anni (4).

3. La sanzione amministrativa pecuniaria prevista dal com-

ma 1 e la pena prevista dal comma 2 si applicano per le medesime violazioni in materia di partecipazioni nelle società di partecipazione finanziaria e nelle società di partecipazione finanziaria mista autorizzate ad assumere la qualifica di capogruppo ai sensi dell'articolo 60-bis. La sanzione amministrativa prevista dal comma 1 si applica per le medesime violazioni in materia di partecipazioni nelle società di partecipazione finanziaria e nelle società di partecipazione finanziaria mista autorizzate ai sensi degli articoli 69.1 e 69.2 (5).

3-bis. Si applica l'articolo 144, comma 9 (6).

(1) Articolo sostituito dall'art. 64, co. 27, d.lg. 23/7/1996, n. 415.

• Rubrica sostituita dall'art. 9.46 del d.lg. 17/1/2003, n. 6, nel testo introdotto dall'art. 2 del d.lg. 6/2/2004, n. 37, modificata dall'art. 2, co. 9, lett. a), d.lg. 4/3/2014, n. 53 e successivamente sostituita dall'art. 1, co. 60, lett. a), d.lg. 8/11/2021, n. 182.

• Per l'applicazione del presente articolo e relativa entrata in vigore delle modifiche apportate dal d.lg. 8/11/2021, n. 182 vedi l'art. 3, co. 10, del medesimo d.lg.

(2) Comma modificato dall'art. 1, co. 60, lett. b), d.lg. 8/11/2021, n. 182.

(3) Comma inserito dall'art. 8, co. 6, d.lg. 13/8/2010, n. 141 e successivamente sostituito dall'art. 1, co. 49, lett. b), d.lg. 12/5/2015, n. 72. Vedi inoltre, l'art. 2 del d.lg. 12/5/2015, n. 72.

(4) Comma modificato dall'art. 8, co. 7, d.lg. 13/8/2010, n. 141.

(5) Comma sostituito dall'art. 9.46 del d.lg. 17/1/2003, n. 6, nel testo introdotto dall'art. 2 del d.lg. 6/2/2004, n. 37. Vedi la disciplina transitoria di cui all'art. 6 del medesimo d.lg. n. 37/2004. Successivamente, il presente comma è stato modificato dall'art. 2, co. 9, lett. b), d.lg. 4/3/2014, n. 53 e poi sostituito dall'art. 1, co. 60, lett. c), d.lg. 8/11/2021, n. 182.

(6) Comma aggiunto dall'art. 1, co. 49, lett. c), d.lg. 12/5/2015, n. 72. Vedi inoltre, l'art. 2 del d.lg. 12/5/2015, n. 72.

140. Comunicazioni relative alle partecipazioni in banche, in società appartenenti ad un gruppo bancario, in società di partecipazione finanziaria e società di partecipazione finanziaria mista ed in intermediari finanziari (1). – 1. L'omissione delle comunicazioni previste dagli articoli 20, commi 1, 3, primo periodo, e 4, 21, commi 1, 2, 3 e 4, 63 è punita con la sanzione amministrativa pecuniaria da 5.000 a 5 milioni di euro. Se la violazione è commessa da una società o un ente, è applicata la sanzione amministrativa pecuniaria da euro 30.000 fino al 10 per cento del fatturato (2).

1-bis. Le medesime sanzioni si applicano per l'omissione delle comunicazioni di cui alle norme indicate nel comma 1, in quanto richiamate dall'articolo 110 (3).

2. Salvo che il fatto costituisca reato più grave, chiunque nelle comunicazioni indicate nel comma 1 e nel comma 1-bis fornisce indicazioni false è punito con l'arresto fino a tre anni (4).

2-bis. Si applica l'articolo 144, comma 9 (5).

(1) Articolo sostituito dall'art. 64 del d.lg. 23/7/1996, n. 415.

• Rubrica sostituita dall'art. 9.47 del d.lg. 17/1/2003, n. 6, nel testo introdotto dall'art. 2 del d.lg. 6/2/2004, n. 37. Vedi la disciplina transitoria di cui all'art. 6 del medesimo d.lg. n. 37/2004. Rubrica in ultimo sostituita dall'art. 1, co. 61, d.lg. 8/11/2021, n. 182.

• Per l'applicazione del presente articolo e relativa entrata in vigore delle modifiche apportate dal d.lg. 8/11/2021, n. 182 vedi l'art. 3, co. 10, del medesimo d.lg.

(2) Comma sostituito dall'art. 32 del d.lg. 4/8/1999, n. 342. L'importo della sanzione di cui al presente comma è stato così elevato ai sensi di quanto disposto dall'art. 39, co. 3, l. 28/12/2005, n. 262. Successivamente, il presente comma è stato modificato dall'art. 8, co. 8, d.lg. 13/8/2010, n. 141 e da ultimo sostituito dall'art. 1, co. 50, lett. a), d.lg. 12/5/2015, n. 72. Vedi inoltre, l'art. 2 del d.lg. 12/5/2015, n. 72.

(3) Comma inserito dall'art. 8, co. 8, d.lg. 13/8/2010, n. 141, come modificato dall'art. 5, co. 2, d.lg. 14/12/2010, n. 218 e successivamente sostituito dall'art. 1, co. 50, lett. b), d.lg. 12/5/2015, n. 72. Vedi inoltre, l'art. 2 del d.lg. 12/5/2015, n. 72.

(4) Comma modificato dall'art. 8, co. 9, d.lg. 13/8/2010, n. 141.

(5) Comma inserito dall'art. 1, co. 50, lett. c), d.lg. 12/5/2015, n. 72. Vedi inoltre, l'art. 2 del d.lg. 12/5/2015, n. 72.

Capo IV-bis
Agenti in attività finanziaria e mediatori creditizi (1)

(1) Capo inserito dall'art. 25, co. 1, d.lg. 13/8/2010, n. 141.

140 bis. Esercizio abusivo dell'attività (1). – 1. Chiunque esercita professionalmente nei confronti del pubblico l'attività di agente in attività finanziaria senza essere iscritto nell'elenco di cui all'articolo 128-quater, comma 2, è punito con la reclusione da 6 mesi a 4 anni e con la multa da euro 2.065 a euro 10.329.

2. Chiunque esercita professionalmente nei confronti del pubblico l'attività di mediatore creditizio senza essere iscritto nell'elenco di cui all'articolo 128-sexies, comma 2, è punito con la reclusione da 6 mesi a 4 anni e con la multa da euro 2.065 a euro 10.329.

(1) Articolo inserito dall'art. 25, co. 1, d.lg. 13/8/2010, n. 141.

Capo V
Altre sanzioni (1)

(1) L'originaria Sezione V è stata trasformata nell'attuale Capo V dall'art. 64 del d.lg. 23/7/1996, n. 415.

141. False comunicazioni relative a intermediari finanziari* *. – 1. Salvo che il fatto costituisca reato più grave, per le comunicazioni previste dall'articolo 106, commi 6 e 7, contenenti indicazioni false si applica la pena dell'arresto fino a tre anni.*

* Articolo sostituito dall'art. 64, co. 29, d.lg. 23/7/1996, n. 415 e successivamente abrogato dall'art. 8, co. 10, d.lg. 13/8/2010, n. 141.

142. Requisiti di onorabilità degli esponenti di intermediari finanziari: omessa dichiarazione di decadenza o di sospensione* *. – 1. L'omessa dichiarazione di decadenza dall'ufficio o di sospensione dalla carica presso gli intermediari finanziari prevista dall'art. 109, commi 2 e 3, è punita con la reclusione fino a un anno e con la multa da lire cinquecentomila a lire cinquemilioni.*

* Articolo abrogato dall'art. 64 del d.lg. 23/7/1996, n. 415.

143. Emissione di valori mobiliari (1). – *1. L'inosservanza delle disposizioni di cui all'articolo 129, commi 2 e 4, è punita con la sanzione amministrativa pecuniaria da euri 25.820 sino a due volte e mezzo del valore totale dell'operazione; nel caso di inosservanza delle disposizioni di cui ai commi 3, 6 e 7 del medesimo articolo, si applica la sanzione amministrativa pecuniaria da euro 516 a euro 25.822* (2)*.

(1) Articolo sostituito dall'art. 64 del d.lg. 23/7/1996, n. 415.

(2) L'importo della sanzione di cui al presente comma è stato così elevato ai sensi di quanto disposto dall'art. 39, co. 3, l. 28/12/2005, n. 262. Originariamente la sanzione era da euro da euro 5.164 (lire dieci milioni) sino alla metà del valore totale dell'operazione.

* Comma abrogato dall'art. 1, co. 9, d.lg. 29/12/2006, n. 303.

144. Altre sanzioni amministrative alle società o enti (1). – 1. Nei confronti delle banche, degli intermediari finanziari delle società di partecipazione finanziaria, delle società di partecipazione finanziaria mista, delle rispettive capogruppo e dei soggetti ai quali sono state esternalizzate funzioni aziendali [*essenziali o importanti*] (2), nonché di quelli incaricati della revisione legale dei conti, si applica la sanzione amministrativa pecuniaria da euro 30.000 fino al 10 per cento del fatturato e, nei confronti degli istituti di pagamento e degli istituti di moneta elettronica e dei soggetti ai quali sono state esternalizzate funzioni aziendali essenziali o importanti, nonché di quelli incaricati della revisione legale dei conti, fino al massimale di euro 5 milioni ovvero fino al 10 per cento del fatturato, quando tale importo è superiore a euro 5 milioni e il fatturato è disponibile e determinabile, per le seguenti violazioni (2):

a) inosservanza degli articoli 18, comma 4, 26, 28, comma 2-ter, 34, comma 2, 35, 49, 51, 52, 52-bis, 53, 53-bis, 53-ter, 54, 55, 60-bis, commi 1 e 4, 61, 64, commi 2 e 4, 66, 67, 67-ter, 68, 69.1, 69.2, 69.3, commi 2 e 8, 69-quater, 69-quinquies, 69-sexies, 69-octies, 69-novies, 69-sexiesdecies, 69-noviesdecies, 69-viciessemel, 108, 109, comma 3, 110 in relazione agli articoli 26, 52, 61, comma 5, 64, commi 2 e 4, 114-quinquies.1, 114-quinquies.2, 114-quinquies.3, in relazione agli articoli 26 e 52, 114-octies, 114-undecies in relazione agli articoli 26 e 52, 114-duodecies, 114-terdecies, 114-quaterdecies, 114-octiesdecies, 129, comma 1, 145, comma 3, 146, comma 2, 147, o delle relative disposizioni generali o particolari impartite dalle autorità creditizie (3);

b) inosservanza degli articoli 116, 123, 124, 126-quater e 126-novies, comma 3, 126-undecies, commi 3 e 4, 126-duodecies, 126-quaterdecies, comma 1, 126-septiesdecies, comma 1, e 126-vicies quinquies o delle relative disposizioni generali o particolari impartite dalle autorità creditizie (4);

c) inosservanza degli articoli 117, commi 1, 2 e 4, 118, 119, 120, 120-quater, 125, commi 2, 3 e 4, 125-bis, commi 1, 2, 3 e 4, 125-octies, commi 2 e 3, 126, 126-quinquies, comma 2, 126-sexies, 126-septies 126-quinquiesdecies, 126-octiesdecies, 126-noviesdecies, comma 1, 126-vicies, 126-vicies semel, 126-vicies ter, 127, comma 01 e 128-decies, comma 2 e comma 2-bis, o delle relative disposizioni generali o particolari impartite dalle autorità creditizie (5);

d) inserimento nei contratti di clausole nulle o applicazione alla clientela di oneri non consentiti, in violazione dell'articolo 40-bis o del titolo VI, ovvero offerta di contratti in violazione dell'articolo 117, comma 8;

e) inserimento nei contratti di clausole aventi l'effetto di imporre al debitore oneri superiori a quelli consentiti per il recesso o il rimborso anticipato ovvero ostacolo all'esercizio del diritto di recesso da parte del cliente, ivi compresa l'omissione del rimborso delle somme allo stesso dovute per effetto del recesso (6);

e-bis) inosservanza, da parte delle banche e degli intermediari finanziari iscritti nell'albo previsto dall'articolo 106, degli articoli 120-octies, 120-novies, 120-undecies, 120-duodecies, 120-terdecies, 120-quaterdecies, 120-septiesdecies, 120-octiesdecies, 120-noviesdecies (7).

1-bis. La stessa sanzione di cui al comma 1 si applica a una società di partecipazione finanziaria o a una società di partecipazione finanziaria mista che, nonostante l'ottenimento dell'esenzione prevista dall'articolo 60-bis, comma 3, o la revoca dell'autorizzazione disposta ai sensi dell'articolo 60-bis, comma 5, eserciti il ruolo di capogruppo ai sensi dell'articolo 61, comma 1 (8).

*2. Le sanzioni previste nel comma 1 si applicano anche ai soggetti che svolgono funzioni di controllo per la violazione delle norme e delle disposizioni indicate nel medesimo comma o per non aver vigilato affinché le stesse fossero osservate da altri. Per la violazione degli articoli 52, 61, comma 5, 110 in relazione agli articoli 52 e 61, comma 5, 114-quinquies.3, in relazione all'articolo 52, e 114-undecies, in relazione all'articolo 52, si applica la sanzione prevista dal comma 1**.

2-bis. Si applica la sanzione amministrativa pecuniaria da euro duemilacinquecentottanta a euro centoventinovemilacentodieci, nei confronti delle banche e degli intermediari finanziari in caso di violazione delle disposizioni previste dagli articoli 4, paragrafo 1, comma 1, e 5-bis del regolamento (CE) n. 1060/2009 del Parlamento europeo e del Consiglio, del 16 settembre 2009, relativo alle agenzie di rating del credito, e delle relative disposizioni attuative (9).

*3. Nei confronti dei soggetti che svolgono funzioni di amministrazione o di direzione, nonché dei dipendenti, si applica la sanzione amministrativa pecuniaria da euro 5160 a euro 64.555 per l'inosservanza delle norme contenute negli articoli 116, 123, 124, 126-quater e 126-novies, comma 3, e delle relative disposizioni generali o particolari impartite dalle autorità creditizie***.

3-bis. Nei confronti dei soggetti che svolgono funzioni di amministrazione o di direzione, nonché dei dipendenti, si applica la sanzione amministrativa pecuniaria da euro 5160 a euro 64.555 per le seguenti condotte [, qualora esse rivestano carattere rilevante] (10)*: a) inosservanza degli 117, commi 1, 2 e 4, 118, 119, 120, 120-quater, 125, commi 2, 3 e 4, 125-bis, commi 1, 2, 3 e 4, 125-octies, commi 2 e 3, 126, 126-quinquies, comma 2, 126-sexies, 126-septies e 128-decies, comma 2 e delle relative disposizioni generali o particolari impartite dalle autorità creditizie* (11)*; b) inserimento nei contratti di clausole nulle o applicazione alla clientela di oneri non consentiti, in violazione dell'articolo 40-bis o del titolo VI, ovvero offerta di contratti in violazione dell'articolo 117, comma 8* (12)*; c) inserimento nei contratti di clausole aventi l'effetto di imporre al debitore oneri superiori a quelli consentiti per il recesso o il rimborso anticipato ovvero ostacolo all'esercizio del diritto di recesso da parte del cliente, ivi compresa l'omissione del rimborso delle somme allo stesso dovute per effetto del recesso****.

4. La stessa sanzione di cui al comma 1 si applica:

a) per l'inosservanza delle norme contenute nell'articolo 128, comma 1, ovvero nei casi di ostacolo all'esercizio delle funzioni di controllo previste dal medesimo articolo 128, di mancata adesione ai sistemi di risoluzione stragiudiziale delle controversie previsti dall'articolo 128-bis, nonché di inottemperanza alle misure inibitorie adottate dalla Banca d'Italia ai sensi dell'articolo 128-ter;

b) nel caso di frazionamento artificioso di un unico contratto di credito al consumo in una pluralità di contratti dei quali almeno uno sia di importo inferiore al limite inferiore previsto ai sensi dell'articolo 122, comma 1, lettera a);

c) nel caso di mancata partecipazione ai siti web di confronto previsti dall'articolo 126-terdecies, ovvero di mancata trasmissione agli stessi siti web dei dati necessari per il confronto tra le offerte (13).

*5. Le sanzioni amministrative pecuniarie previste per i dipendenti dai commi 1, 3, 3-bis e 4 si applicano anche a coloro che operano sulla base di rapporti che ne determinano l'inserimento nell'organizzazione del soggetto vigilato, anche in forma diversa dal rapporto di lavoro subordinato*****.

5-bis. Nel caso in cui l'intermediario mandante rilevi nel comportamento dell'agente in attività finanziaria le violazioni previste dai commi 1, lettere b), c), d), e) ed e-bis), e 4, l'inosservanza degli obblighi previsti dall'articolo 120-decies o dall'articolo 125-novies o la violazione dell'articolo 128-decies, comma 1, ultimo periodo, adotta immediate misure correttive e trasmette la documentazione relativa alle violazioni riscontrate, anche ai fini dell'applicazione dell'articolo 128-duodecies, all'Organismo di cui all'articolo 128-undecies (14).

*6. Le sanzioni amministrative previste dai commi 3, 3-bis e 4, ultimo periodo, si applicano anche nei confronti dell'agente, del legale rappresentante della società di agenzia in attività finanziaria o del legale rappresentante della società di mediazione creditizia******.

7. Nei confronti dell'agente in attività finanziaria, del legale rappresentante della società di agenzia in attività finanzia-

*ria o del legale rappresentante della società di mediazione creditizia, nonché dei dipendenti, si applica la sanzione amministrativa pecuniaria da euro 2.065 a euro 129.110 per la violazione dell'articolo 128-decies, comma 2, ovvero nei casi di ostacolo all'esercizio delle funzioni di controllo previste dal medesimo articolo 128-decies*******.

8. Le sanzioni previste dai commi 1, lettere b), c), d), e) ed e-bis), e 4 si applicano quando le infrazioni rivestono carattere rilevante, secondo i criteri definiti dalla Banca d'Italia, con provvedimento di carattere generale, tenuto conto dell'incidenza delle condotte sulla complessiva organizzazione e sui profili di rischio aziendali (15).

9. Se il vantaggio ottenuto dall'autore della violazione come conseguenza della violazione stessa è superiore ai massimali indicati nel presente articolo, le sanzioni amministrative pecuniarie di cui al presente articolo sono elevate fino al doppio dell'ammontare del vantaggio ottenuto, purché tale ammontare sia determinabile (16).

(1) Articolo modificato dall'dall'art. 64 del d.lg. 23/7/1996, n. 415, dall'art. 33 del d.lg. 4/8/1999, n. 342, dall'art. 55 della l. 1/3/2002, n. 39 (Legge comunitaria), dall'art. 39, co. 3, l. 28/12/2005, n. 262, dall'art. 1, co. 10, d.lg. 29/12/2006, n. 303, dall'art. 35, co. 16, d.lg. 27/1/2010, n. 11 e sostituito dall'art. 4 del d.lg. 13/8/2010, n. 141.

• Rubrica sostituita dall'art. 4, co. 4, d.lg. 13/8/2010, n. 141, come modificato dall'art. 2, co. 2, lett. a), d.lg. 19/9/2012, n. 169 e successivamente modificata dall'art. 1, co. 51, lett. a), d.lg. 12/5/2015, n. 72. Vedi inoltre, l'art. 2 del d.lg. 12/5/2015, n. 72.

(2) Alinea sostituito dall'art. 1, co. 22, lett. a), d.lg. 15/12/2017, n. 218 e successivamente modificato dall'art. 1, co. 62, lett. a), punto 1), d.lg. 8/11/2021, n. 182. La parte in corsivo è stata abrogata.

(3) Lettera modificata dall'art. 1, co. 53, d.lg. 16/11/2015, n. 181, dall'art. 1, co. 22, lett. b), d.lg. 15/12/2017, n. 218, successivamente sostituita dall'art. 1, co. 62, lett. a), punto 2), d.lg. 8/11/2021, n. 182. Per l'applicazione del presente articolo e relativa entrata in vigore delle modifiche apportate dal d.lg. 8/11/2021, n. 182, vedi l'art. 3, co. 10, del medesimo d.lg. Lettera da ultimo modificata dall'art. 2, co. 1, lett. ff), d.lg. 8/11/2021, n. 193.

(4) Lettera modificata dall'art. 1, co. 3, lett. a), d.lg. 15/3/2017, n. 37.

(5) Lettera modificata dall'art. 1, co. 3, lett. b), d.lg. 15/3/2017, n. 37 e successivamente dall'art. 1, co. 22, lett. c), d.lg. 15/12/2017, n. 218.

(6) Comma modificato dall'art. 4, co. 2, d.lg. 13/8/2010, n. 141, come modificato dall'art. 3, co. 5, d.lg. 14/12/2010, n. 218, dall'art. 2, co. 5, d.lg. 16/4/2012, n. 45 e successivamente sostituito dall'art. 1, co. 51, lett. b), d.lg. 12/5/2015, n. 72. Vedi inoltre, l'art. 2 del d.lg. 12/5/2015, n. 72.

(7) Lettera inserita dall'art. 1, co. 9, lett. a), d.lg. 21/4/2016, n. 72. Per l'applicazione, vedi l'art. 3, co. 1, d.lg. n. 72/2016 medesimo.

(8) Comma inserito dall'art. 1, co. 62, lett. b), d.lg. 8/11/2021, n. 182.

* Comma modificato dall'art. 2, co. 6, d.lg. 16/4/2012, n. 45 e successivamente abrogato dall'art. 1, co. 51, lett. c), d.lg. 12/5/2015, n. 72. Vedi inoltre, l'art. 2 del d.lg. 12/5/2015, n. 72.

(9) Comma inserito dall'art. 2, co. 1, d.lg. 7/5/2015, n. 66.

** Comma modificato dall'art. 2, co. 7, d.lg. 16/4/2012, n. 45, dall'art. 4, co. 4, d.lg. 13/8/2010, n. 141, come modificato dall'art. 2, co. 2, lett. b), d.lg. 19/9/2012, n. 169 e successivamente abrogato dall'art. 1, co. 51, lett. d), d.lg. 12/5/2015, n. 72. Vedi inoltre, l'art. 2 del d.lg. 12/5/2015, n. 72.

(10) Alinea modificato dall'art. 4, co. 4, d.lg. 13/8/2010, n. 141, come modificato dall'art. 2, co. 2, lett. c), d.lg. 19/9/2012, n. 169.

(11) Lettera modificata dall'art. 4, co. 2, d.lg. 13/8/2010, n. 141, come modificato dall'art. 3, co. 6, lett. a) e b), d.lg. 14/12/2010, n. 218 e successivamente dall'art. 4, co. 4, d.lg. 13/8/2010, n. 141, come modificato dall'art. 2, co. 2, lett. c), d.lg. 19/9/2012, n. 169.

(12) Lettera modificata dall'art. 4, co. 2, d.lg. 13/8/2010, n. 141, come modificato dall'art. 3, co. 6, lett. a), d.lg. 14/12/2010, n. 218.

*** Comma abrogato dall'art. 1, co. 51, lett. c), d.lg. 12/5/2015, n. 72. Vedi inoltre, l'art. 2 del d.lg. 12/5/2015, n. 72.

(13) Comma sostituito dall'art. 1, co. 51, lett. f), d.lg. 12/5/2015, n. 72. Vedi inoltre, l'art. 2 del d.lg. 12/5/2015, n. 72. Successivamente sostituito dall'art. 1, co. 3, lett. c), d.lg. 15/3/2017, n. 37.

**** Comma modificato dall'art. 2, co. 8, d.lg. 16/4/2012, n. 45 e successivamente abrogato dall'art. 1, co. 51, lett. g), d.lg. 12/5/2015, n. 72. Vedi inoltre, l'art. 2 del d.lg. 12/5/2015, n. 72.

(14) Comma modificato dall'art. 4, co. 2, d.lg. 13/8/2010, n. 141, come modificato dall'art. 3, co. 7, d.lg. 14/12/2010, n. 218 e successivamente sostituito dall'art. 4, co. 4, d.lg. 13/8/2010, n. 141, come modificato dall'art. 2, co. 2, lett. d), d.lg. 19/9/2012, n. 169, e da ultimo sostituito dall'art. 1, co. 51, lett. h), d.lg. 12/5/2015, n. 72. Vedi inoltre, l'art. 2 del d.lg. 12/5/2015, n. 72. Da ultimo modificato dall'art. 1, co. 9, lett. b), d.lg. 21/4/2016, n. 72. Per l'applicazione, vedi l'art. 3, co. 1, d.lg. n. 72/2016 medesimo. E ulteriormente modificato dall'art. 1, co. 1, lett. e), d.lg. 8/4/2020, n. 36.

***** Comma abrogato dall'art. 4, co. 4, d.lg. 13/8/2010, n. 141, come modificato dall'art. 2, co. 2, lett. e), d.lg. 19/9/2012, n. 169.

****** Comma modificato dall'art. 4, co. 2, d.lg. 13/8/2010, n. 141, come modificato dall'art. 3, co. 8, d.lg. 14/12/2010, n. 218 e successivamente abrogato dall'art. 4, co. 4, d.lg. 13/8/2010, n. 141, come modificato dall'art. 2, co. 2, lett. e), d.lg. 19/9/2012, n. 169.

(15) Comma sostituito dall'art. 4, co. 4, d.lg. 13/8/2010, n. 141, come modificato dall'art. 2, co. 2, lett. f), d.lg. 19/9/2012, n. 169 e successivamente dall'art. 1, co. 51, lett. i), d.lg. 12/5/2015, n. 72. Vedi inoltre, l'art. 2 del d.lg. 12/5/2015, n. 72. Da ultimo modificato dall'art. 1, co. 9, lett. c), d.lg. 21/4/2016, n. 72. Per l'applicazione, vedi l'art. 3, co. 1, d.lg. n. 72/2016 medesimo.

(16) Comma sostituito dall'art. 1, co. 51, lett. i), d.lg. 12/5/2015, n. 72. Vedi inoltre, l'art. 2 del d.lg. 12/5/2015, n. 72.

144 bis. Ordine di porre termine alle violazioni (1). – 1. Per le violazioni previste dall'articolo 144, comma 1, lettera a), quando esse siano connotate da scarsa offensività o pericolosità, la Banca d'Italia può, in alternativa all'applicazione delle sanzioni amministrative pecuniarie, applicare nei confronti della società o dell'ente una sanzione consistente nell'ordine di eliminare le infrazioni, anche indicando le misure da adottare e il termine per l'adempimento.

2. Per l'inosservanza dell'ordine entro il termine stabilito la Banca d'Italia applica le sanzioni amministrative pecuniarie previste dall'articolo 144, comma 1; l'importo delle sanzioni è aumentato sino a un terzo rispetto a quello previsto per la violazione originaria, fermi restando i massimali stabiliti dall'articolo 144.

(1) Articolo inserito dall'art. 1, co. 52, d.lg. 12/5/2015, n. 72. Vedi inoltre, l'art. 2 del d.lg. 12/5/2015, n. 72.

144 ter. Altre sanzioni amministrative agli esponenti o al personale (1). – 1. Fermo restando quanto previsto per le società e gli enti nei confronti dei quali sono accertate le violazioni, per l'inosservanza delle norme richiamate dall'articolo 144, comma 1, lettera a) [*e comma 1-bis*] (2), si applica la sanzione amministrativa pecuniaria da euro 5.000 fino a 5 milioni di euro nei confronti dei soggetti che svolgono funzioni di amministrazione, di direzione o di controllo, nonché del personale, quando l'inosservanza è conseguenza della violazione di doveri propri o dell'organo di appartenenza e ricorrono una o più delle seguenti condizioni:

a) la condotta ha inciso in modo rilevante sulla complessiva organizzazione o sui profili di rischio aziendali;

b) la condotta ha contribuito a determinare la mancata ottemperanza della società o dell'ente a provvedimenti specifici adottati ai sensi degli articoli 53-bis, comma 1, lettera d), 67-ter, comma 1, lettera d), 108, comma 3, lettera d), 109, comma 3, lettera a), 114-quinquies.2, comma 3, lettera d), 114-quaterdecies, comma 3, lettera d);

c) le violazioni riguardano obblighi imposti ai sensi dell'articolo 26 o dell'articolo 53, commi 4, 4-ter, e 4-quater, ovvero obblighi in materia di remunerazione e incentivazione, quando l'esponente o il personale è la parte interessata.

2. Nei confronti dei soggetti che svolgono funzioni di amministrazione, di direzione o di controllo, nonché del personale, nei casi in cui la loro condotta abbia contribuito a determinare l'inosservanza dell'ordine di cui all'articolo 144-bis da parte della società o dell'ente, si applica la sanzione amministrativa pecuniaria da euro 5.000 fino a 5 milioni di euro.

3. Con il provvedimento di applicazione della sanzione, in ragione della gravità della violazione accertata e tenuto conto dei criteri stabiliti dall'articolo 144-quater, la Banca d'Italia può applicare la sanzione amministrativa accessoria dell'interdizione, per un periodo non inferiore a sei mesi e non superiore a tre anni, dallo svolgimento di funzioni di amministrazione, direzione e controllo presso intermediari autorizzati ai sensi del presente decreto legislativo, del decreto legislativo 24 febbraio 1998, n. 58, del decreto legislativo 7 settembre 2005, n. 209, o presso fondi pensione.

4. Si applica l'articolo 144, comma 9.

(1) Articolo inserito dall'art. 1, co. 52, d.lg. 12/5/2015, n. 72. Vedi inoltre, l'art. 2 del d.lg. 12/5/2015, n. 72.

(2) Alinea modificato dall'art. 1, co. 63, d.lg. 8/11/2021, n. 182. Per l'applicazione del presente articolo e relativa entrata in vigore delle modifiche apportate dal d.lg. 8/11/2021, n. 182 vedi l'art. 3, co. 10, del medesimo d.lg. La parte in corsivo è stata abrogata.

144 quater. Criteri per la determinazione delle sanzioni (1). – 1. Nella determinazione dell'ammontare delle sanzioni amministrative pecuniarie o della durata delle sanzioni accessorie previste nel presente titolo la Banca d'Italia considera ogni circostanza rilevante e, in particolare, tenuto conto del fatto che il destinatario della sanzione sia persona fisica o giuridica, le seguenti, ove pertinenti:

a) gravità e durata della violazione;

b) grado di responsabilità;

c) capacità finanziaria del responsabile della violazione;

d) entità del vantaggio ottenuto o delle perdite evitate attraverso la violazione, nella misura in cui essa sia determinabile;

e) pregiudizi cagionati a terzi attraverso la violazione, nella misura in cui il loro ammontare sia determinabile;

f) livello di cooperazione del responsabile della violazione con la Banca d'Italia;

g) precedenti violazioni in materia bancaria o finanziaria commesse da parte del medesimo soggetto;

h) potenziali conseguenze sistemiche della violazione.

(1) Articolo inserito dall'art. 1, co. 52, d.lg. 12/5/2015, n. 72. Vedi inoltre, l'art. 2 del d.lg. 12/5/2015, n. 72.

144 quinquies. Sanzioni per violazioni di disposizioni dell'Unione europea direttamente applicabili (1). – 1. Nelle materie a cui si riferiscono le disposizioni richiamate agli articoli 139, 140, 144, 144-bis e 144-ter le sanzioni ivi previste si applicano, nella misura e con le modalità stabilite nel presente titolo, anche in caso di inosservanza del regolamento UE n. 575/2013, delle norme tecniche di regolamentazione e di attuazione del medesimo regolamento e della direttiva 2013/36/UE emanate dalla Commissione Europea ai sensi degli articoli 10 e 15 del regolamento (CE) n. 1093/2010, ovvero in caso di inosservanza degli atti dell'ABE direttamente applicabili ai soggetti vigilati adottati ai sensi di quest'ultimo regolamento (2).

(1) Articolo inserito dall'art. 1, co. 52, d.lg. 12/5/2015, n. 72. Vedi inoltre, l'art. 2 del d.lg. 12/5/2015, n. 72.

(2) Comma sostituito dall'art. 1, co. 64, d.lg. 8/11/2021, n. 182. Per l'applicazione del presente articolo e relativa entrata in vigore delle modifiche apportate dal d.lg. 8/11/2021, n. 182 vedi l'art. 3, co. 10, del medesimo d.lg.

144 sexies. Obbligo di astensione (1). – 1. I soci e gli amministratori che violano l'obbligo di astensione di cui all'articolo 53, comma 4, secondo periodo, sono puniti con una sanzione amministrativa pecuniaria da euro 50.000 a euro 150.000.

(1) Articolo inserito dall'art. 1, co. 52, d.lg. 12/5/2015, n. 72. Vedi inoltre, l'art. 2 del d.lg. 12/5/2015, n. 72.

144 septies. Applicazione delle sanzioni nell'ambito del MVU (1). – 1. Il presente articolo si applica in caso di violazioni commesse dai soggetti significativi o dai loro soci, esponenti o personale in materie inerenti l'esercizio dei compiti attribuiti alla BCE dalle disposizioni del MVU.

2. Con riferimento ai soggetti indicati al comma 1, la Banca d'Italia può applicare le sanzioni amministrative previste nel presente Titolo esclusivamente su richiesta della BCE, quando ricorre una o più delle seguenti condizioni:

a) la violazione ha ad oggetto disposizioni diverse da quelle dell'Unione europea direttamente applicabili;

b) la sanzione è diretta a persone fisiche, nei casi previsti dagli articoli 139, 140, 144-ter, 144-quinquies e 144-sexies;

c) la sanzione ha natura non pecuniaria.

3. Nei casi indicati al comma 2, la procedura sanzionatoria si svolge secondo quanto previsto dall'articolo 145. La conclusione della procedura ed il suo esito sono comunicati tempestivamente alla BCE.

4. La Banca d'Italia può chiedere alla BCE di formulare una richiesta di avvio di procedura sanzionatoria ai sensi del comma 2.

5. L'applicazione delle sanzioni per le violazioni dei regolamenti e delle decisioni della BCE è riservata alla stessa BCE, sia per i soggetti significativi sia per quelli meno significativi, nei casi e secondo le modalità stabiliti dalle disposizioni dell'Unione europea.

(1) Articolo inserito dall'art. 1, co. 24, d.lg. 14/11/2016, n. 223.

144 octies. Società di partecipazione finanziaria e società di partecipazione finanziaria mista aventi sede in uno Stato dell'Unione europea diverso dall'Italia (1). – 1. Nel caso di violazione delle disposizioni richiamate nell'articolo 60-bis, comma 10, la Banca d'Italia chiede all'autorità competente dello Stato dell'Unione europea in cui ha sede legale la società di partecipazione finanziaria o la società di partecipazione finanziaria mista di applicare le sanzioni previste dalle disposizioni di attuazione della direttiva 2013/36/UE in vigore in quello Stato.

(1) Articolo inserito dall'art. 1, co. 65, d.lg. 8/11/2021, n. 182. Per l'applicazione del presente articolo vedi l'art. 3, co. 10, del medesimo d.lg.

144 nonies. Società di partecipazione finanziaria e società di partecipazione finanziaria mista aventi sede in Italia e appartenenti a gruppi soggetti a vigilanza su base consolidata di competenza di autorità di vigilanza di altri Stati dell'Unione europea (1). – 1. La Banca d'Italia applica le sanzioni previste per la violazione delle disposizioni richiamate nell'articolo 69.2 esclusivamente su richiesta dell'autorità dello Stato dell'Unione europea competente all'esercizio della vigilanza consolidata. In questi casi la procedura sanzionatoria si svolge secondo quanto previsto dall'articolo 145.

2. La Banca d'Italia può chiedere all'autorità dello Stato dell'Unione europea competente all'esercizio della vigilanza consolidata di formulare una richiesta di avvio di procedura sanzionatoria ai sensi del comma 1.

(1) Articolo inserito dall'art. 1, co. 65, d.lg. 8/11/2021, n. 182. Per l'applicazione del presente articolo vedi l'art. 3, co. 10, del medesimo d.lg.

Capo VI
Disposizioni generali in materia di sanzioni amministrative (1)

(1) Capo inserito dall'art. 64 del d.lg. 23/7/1996, n. 415.

145. Procedura sanzionatoria (1). – 1. Per le violazioni previste nel presente titolo cui è applicabile una sanzione amministrativa, la Banca d'Italia contestati gli addebiti ai soggetti interessati, tenuto conto del complesso delle informazioni raccolte, applica le sanzioni con provvedimento motivato. I soggetti interessati possono, entro trenta giorni dalla contestazione, presentare deduzioni e chiedere un'audizione personale in sede di istruttoria, cui possono partecipare anche con l'assistenza di un avvocato (2).

1-bis. Il procedimento sanzionatorio è retto dai principi del contraddittorio, della conoscenza degli atti istruttori, della verbalizzazione nonché della distinzione tra funzioni istruttorie e funzioni decisorie (3).

*2. Il Ministro dell'economia e delle finanze, sulla base della proposta della Banca d'Italia, provvede ad applicare le sanzioni con decreto motivato**.

3. Il provvedimento di applicazione delle sanzioni previste dal presente titolo è pubblicato senza ritardo e per estratto sul sito web della Banca d'Italia. Nel caso in cui avverso il provvedimento di applicazione della sanzione sia adita l'autorità giudiziaria, la Banca d'Italia menziona l'avvio dell'azione giudiziaria e l'esito della stessa nel proprio sito web a margine della pubblicazione. La Banca d'Italia, tenuto conto della natura della violazione e degli interessi coinvolti, può stabilire modalità ulteriori per dare pubblicità al provvedimento, ponendo le relative spese a carico dell'autore della violazione (4).

3-bis. Nel provvedimento di applicazione della sanzione la Banca d'Italia dispone la pubblicazione in forma anonima del provvedimento sanzionatorio quando quella ordinaria:

a) abbia ad oggetto dati personali ai sensi del decreto legislativo 30 giugno 2003, n. 196, la cui pubblicazione appaia sproporzionata rispetto alla violazione sanzionata;

b) possa comportare rischi per la stabilità dei mercati finanziari o pregiudicare lo svolgimento di un'indagine penale in corso;

c) possa causare un pregiudizio sproporzionato ai soggetti coinvolti, purché tale pregiudizio sia determinabile (5).

3-ter. Se le situazioni descritte nel comma 3-bis hanno carattere temporaneo, la pubblicazione è effettuata quando queste sono venute meno (5).

4. Contro il provvedimento che applica la sanzione è ammesso ricorso alla corte di appello di Roma. Il ricorso è notificato, a pena di decadenza, alla Banca d'Italia nel termine di trenta giorni dalla comunicazione del provvedimento impugnato, ovvero sessanta giorni se il ricorrente risiede all'estero, ed è depositato in cancelleria, unitamente ai documenti offerti in comunicazione, nel termine perentorio di trenta giorni dalla notifica (6).

5. L'opposizione non sospende l'esecuzione del provvedimento. La corte di appello, se ricorrono gravi motivi, può disporre la sospensione con ordinanza non impugnabile (7).

6. Il Presidente della corte di appello designa il giudice relatore e fissa con decreto l'udienza pubblica per la discussione dell'opposizione. Il decreto è notificato alle parti a cura della cancelleria almeno sessanta giorni prima dell'udienza. La Banca d'Italia deposita memorie e documenti nel termine di dieci giorni prima dell'udienza. Se alla prima udienza l'opponente non si presenta senza addurre alcun legittimo impedimento, il giudice, con ordinanza ricorribile per cassazione, dichiara il ricorso improcedibile, ponendo a carico dell'opponente le spese del procedimento (8).

7. All'udienza, la Corte di appello dispone, anche d'ufficio, i mezzi di prova che ritiene necessari, nonché l'audizione personale delle parti che ne abbiano fatto richiesta. Successivamente le parti procedono alla discussione orale della causa. La sentenza è depositata in cancelleria entro sessanta giorni. Quando almeno una delle parti manifesta l'interesse alla pubblicazione anticipata del dispositivo rispetto alla sentenza, il dispositivo è pubblicato mediante deposito in cancelleria non oltre sette giorni dall'udienza di discussione (9).

7-bis. Con la sentenza la Corte d'Appello può rigettare l'opposizione, ponendo a carico dell'opponente le spese del procedimento, o accoglierla, annullando in tutto o in parte il provvedimento o riducendo l'ammontare o la durata della sanzione (10).

8. Copia della sentenza è trasmessa, a cura della cancelleria della corte di appello, alla Banca d'Italia, anche ai fini della pubblicazione prevista dal comma 3 (11).

9. Alla riscossione delle sanzioni previste dal presente titolo si provvede mediante ruolo secondo i termini e le modalità previsti dal decreto del Presidente della Repubblica 23 settembre 1973, n. 602, come modificato dal decreto legislativo 26 febbraio 1999, n. 46. I proventi derivanti dalle sanzioni previste dal presente titolo affluiscono al bilancio dello Stato (12).

*10. Le banche, le società o gli enti ai quali appartengono i responsabili delle violazioni rispondono, in solido con questi, del pagamento della sanzione e delle spese di pubblicità previste dal primo periodo del comma 3 e sono tenuti ad esercitare il regresso verso i responsabili***.

11. Alle sanzioni amministrative pecuniarie previste dal presente titolo non si applicano le disposizioni contenute negli articoli 6, 10, 11 e 16 della legge 24 novembre 1981, n. 689 (13).

(1) Articolo modificato dall'art. 64 del d.lg. 23/7/1996, n. 415, e successivamente sostituito dall'art. 34 del d.lg. 4/8/1999, n. 342. Per la definizione dei procedimenti in materia di diritto societario e di intermediazione finanziaria, nonché in materia bancaria e creditizia vedi d.lg. 17/1/2003, n. 5. Vedi anche quanto disposto dal provvedimento della Banca d'Italia 14/6/2006, n. 682855.

(2) Comma sostituito dall'art. 26 della l. 28/12/2005, n. 262. A norma dell'art. 62 del d.lg. 21/11/2007, n. 231 l'Ufficio italiano cambi è soppresso; le competenze e i poteri, con le relative risorse strumentali, umane e finanziarie sono trasferite alla Banca d'Italia. Successivamente il presente comma è stato ulteriormente sostituito dall'art. 1, co. 53, lett. a), d.lg. 12/5/2015, n. 72. Vedi inoltre, l'art. 2 del d.lg. 12/5/2015, n. 72.

(3) Comma aggiunto dall'art. 1, co. 53, lett. b), d.lg. 12/5/2015, n. 72. Vedi inoltre, l'art. 2 del d.lg. 12/5/2015, n. 72.

* Comma abrogato dall'art. 26 della l. 28/12/2005, n. 262.

(4) Comma inizialmente sostituito dall'art. 26 della l. 28/12/2005, n. 262 e successivamente modificato dall'art. 5, co. 2, d.lg. 13/8/2010, n. 141, con la decorrenza indicata al co. 2 dell'art. 6 del medesimo d.lg. n. 141/2010. Da ultimo sostituito dall'art. 1, co. 53, lett. c), d.lg. 12/5/2015, n. 72. Vedi inoltre, l'art. 2 del d.lg. 12/5/2015, n. 72.

(5) Comma inserito dall'art. 1, co. 53, lett. d), d.lg. 12/5/2015, n. 72. Vedi inoltre, l'art. 2 del d.lg. 12/5/2015, n. 72.

(6) Comma sostituito dall'art. 26 della l. 28/12/2005, n. 262.

• Comma abrogato dall'art. 4, co. 1, punto 17), dell'Allegato 4 al d.lg. 2/7/2010, n. 104. Successivamente, la Corte costituzionale, con sent. 15/4/2014, n. 94 (in G.U. 23/4/2014, n. 18), ha dichiarato l'illegittimità costituzionale del n. 17 del co. 1 dell'art. 4 dell'Allegato 4 al d.lg. 2/7/2010, n. 104, nella parte in cui abroga il presente comma. Da ultimo il presente comma è stato sostituito dall'art. 1, co. 53, lett. e), d.lg. 12/5/2015, n. 72. Vedi inoltre, l'art. 2 del d.lg. 12/5/2015, n. 72.

(7) Comma abrogato dall'art. 4, co. 1, punto 17), dell'Allegato 4 al d.lg. 2/7/2010, n. 104. Successivamente, la Corte costituzionale, con sent. 15/4/2014, n. 94 (in G.U. 23/4/2014, n. 18), ha dichiarato l'illegittimità costituzionale del n. 17 del co. 1 dell'art. 4 dell'Allegato 4 al d.lg. 2/7/2010, n. 104, nella parte in cui abroga il presente comma. Da ultimo il presente comma è stato modificato

dall'art. 1, co. 53, lett. f), d.lg. 12/5/2015, n. 72. Vedi inoltre, l'art. 2 del d.lg. 12/5/2015, n. 72.

(8) Comma abrogato dall'art. 4, co. 1, punto 17), dell'Allegato 4 al d.lg. 2/7/2010, n. 104. Successivamente, la Corte costituzionale, con sent. 15/4/2014, n. 94 (in G.U. 23/4/2014, n. 18), ha dichiarato l'illegittimità costituzionale del n. 17 del co. 1 dell'art. 4 dell'Allegato 4 al d.lg. 2/7/2010, n. 104, nella parte in cui abroga il presente comma. Da ultimo il presente comma è stato sostituito dall'art. 1, co. 53, lett. g), d.lg. 12/5/2015, n. 72. Vedi inoltre, l'art. 2 del d.lg. 12/5/2015, n. 72.

(9) Comma abrogato dall'art. 4, co. 1, punto 17), dell'Allegato 4 al d.lg. 2/7/2010, n. 104. Successivamente, la Corte costituzionale, con sent. 15/4/2014, n. 94 (in G.U. 23/4/2014, n. 18), ha dichiarato l'illegittimità costituzionale del n. 17 del co. 1 dell'art. 4 dell'Allegato 4 al d.lg. 2/7/2010, n. 104, nella parte in cui abroga il presente comma. Da ultimo il presente comma è stato sostituito dall'art. 1, co. 53, lett. h), d.lg. 12/5/2015, n. 72. Vedi inoltre, l'art. 2 del d.lg. 12/5/2015, n. 72.

(10) Comma inserito dall'art. 1, co. 53, lett. i), d.lg. 12/5/2015, n. 72. Vedi inoltre, l'art. 2 del d.lg. 12/5/2015, n. 72.

(11) Comma sostituito dall'art. 26 della l. 28/12/2005, n. 262.

• Comma abrogato dall'art. 4, co. 1, punto 17), dell'Allegato 4 al d.lg. 2/7/2010, n. 104. Successivamente, la Corte costituzionale, con sent. 15/4/2014, n. 94 (in G.U. 23/4/2014, n. 18), ha dichiarato l'illegittimità costituzionale del n. 17 del co. 1 dell'art. 4 dell'Allegato 4 al d.lg. 2/7/2010, n. 104, nella parte in cui abroga il presente comma. Da ultimo il presente comma è stato sostituito dall'art. 1, co. 53, lett. l), d.lg. 12/5/2015, n. 72. Vedi inoltre, l'art. 2 del d.lg. 12/5/2015, n. 72.

(12) Comma modificato dall'art. 1, co. 53, lett. m), d.lg. 12/5/2015, n. 72. Vedi inoltre, l'art. 2 del d.lg. 12/5/2015, n. 72.

** Comma abrogato dall'art. 1, co. 53, lett. n), d.lg. 12/5/2015, n. 72. Vedi inoltre, l'art. 2 del d.lg. 12/5/2015, n. 72.

(13) Comma modificato dall'art. 1, co. 53, lett. n), d.lg. 12/5/2015, n. 72. Vedi inoltre, l'art. 2 del d.lg. 12/5/2015, n. 72.

145 bis. Procedure contenziose (1). – 1. I provvedimenti sanzionatori emessi dagli Organismi di cui agli articoli 112-bis, 113 e 128-duodecies sono disposti con atto motivato, previa contestazione degli addebiti agli interessati da effettuarsi entro centoventi giorni dall'accertamento ovvero entro duecentoquaranta giorni se l'interessato ha la sede o la residenza all'estero e valutate le deduzioni da essi presentate, rispettivamente, nei successivi quarantacinque e novanta giorni. Nello stesso termine gli interessati possono altresì chiedere di essere sentiti personalmente.

2. La tutela giurisdizionale davanti al giudice amministrativo è disciplinata dal codice del processo amministrativo (2).

*3. Si applicano le norme procedurali del processo amministrativo, in quanto compatibili, compresa la sospensione della dell'esecutività del provvedimento impugnato per gravi motivi**.

4. Copia della sentenza del tribunale amministrativo regionale è trasmessa, a cura delle parti, all'Organismo ai fini della pubblicazione, per estratto (3).

(1) Articolo inserito dall'art. 8, co. 11, d.lg. 13/8/2010, n. 141.

(2) Comma modificato dall'art. 8, co. 11, d.lg. 13/8/2010, n. 141, come modificato dall'art. 5, co. 3, d.lg. 14/12/2010, n. 218. Successivamente sostituito dall'art. 3, co. 5-bis, lett. a), dell'Allegato 4 al d.lg. 2/7/2010, n. 104 come modificato dall'art. 1, co. 3, lett. a), n. 1, d.lg. 15/11/2011, n. 195.

* Comma abrogato dall'art. 4, co. 1, n. 17, dell'Allegato 4 al d.lg. 2/7/2010, n. 104 come modificato dall'art. 1, co. 3, lett. b), n. 6, d.lg. 15/11/2011, n. 195.

(3) Comma sostituito dall'art. 3, co. 5-bis, lett. b), dell'Allegato 4 al d.lg. 2/7/2010, n. 104 come modificato dall'art. 1, co. 3, lett. a), n. 1, d.lg. 15/11/2011, n. 195.

145 ter. Comunicazione all'ABE sulle sanzioni applicate (1). – 1. La Banca d'Italia comunica all'ABE le sanzioni amministrative applicate ai sensi del presente titolo, ivi comprese quelle pubblicate in forma anonima, nonché le informazioni ricevute dai soggetti interessati sulle azioni da essi avviate avverso i provvedimenti sanzionatori e sull'esito delle stesse.

(1) Articolo aggiunto dall'art. 1, co. 54, d.lg. 12/5/2015, n. 72. Vedi inoltre, l'art. 2 del d.lg. 12/5/2015, n. 72.

145 quater. Disposizioni di attuazione (1). – 1. La Banca d'Italia emana disposizioni di attuazione del presente titolo.

(1) Articolo aggiunto dall'art. 1, co. 54, d.lg. 12/5/2015, n. 72. Vedi inoltre, l'art. 2 del d.lg. 12/5/2015, n. 72.

TITOLO IX
DISPOSIZIONI TRANSITORIE E FINALI

146. Sorveglianza sul sistema dei pagamenti (1). – 1. La Banca d'Italia esercita la sorveglianza sul sistema dei pagamenti avendo riguardo al suo regolare funzionamento, alla sua affidabilità ed efficienza nonché alla tutela degli utenti di servizi di pagamento.

2. Per le finalità di cui al comma 1 la Banca d'Italia, nei confronti dei soggetti che emettono o gestiscono strumenti di pagamento, prestano servizi di pagamento, gestiscono sistemi di scambio, di compensazione e di regolamento o gestiscono infrastrutture strumentali tecnologiche o di rete, può:

a) richiedere la comunicazione, anche periodica, con le modalità e i termini da essa stabiliti, di dati, notizie, atti e documenti concernenti l'attività esercitata;

b) emanare disposizioni di carattere generale aventi a oggetto:

1) il contenimento dei rischi che possono inficiare il regolare funzionamento, l'affidabilità e l'efficienza del sistema dei pagamenti;

2) l'accesso dei prestatori di servizi di pagamento ai sistemi di scambio, di compensazione e di regolamento nonché alle infrastrutture strumentali tecnologiche o di rete;

3) il funzionamento, le caratteristiche e le modalità di prestazione dei servizi offerti;

4) gli assetti organizzativi e di controllo relativi alle attività svolte nel sistema dei pagamenti;

c) disporre ispezioni, chiedere l'esibizione di documenti e prenderne copia al fine di verificare il rispetto delle norme disciplinanti la corretta esecuzione dei servizi di pagamento nonché di ogni disposizione e provvedimento emanati ai sensi del presente articolo;

d) adottare per le materie indicate alla lettera b), ove la situazione lo richieda, provvedimenti specifici volti a far cessare le infrazioni accertate o a rimuoverne le cause, ivi inclusi il divieto di effettuare determinate operazioni e la restrizione delle attività dei soggetti sottoposti a sorveglianza nonché, nei casi più gravi, la sospensione dell'attività.

3. Nei confronti dei soggetti che emettono o gestiscono strumenti di pagamento e di quelli che prestano servizi di pagamento resta fermo quanto previsto ai sensi degli articoli 51, 53, 54, 66, 67, 68, 78, 79, 114-quater, 114-quaterdecies e del titolo VI.

4. La Banca d'Italia partecipa all'esercizio dei poteri conferiti al SEBC in materia di sistemi di pagamento.

(1) Articolo inserito dall'art. 35, co. 18, d.lg. 27/1/2010, n. 11.

147. Altri poteri delle autorità creditizie. – 1. Le autorità creditizie continuano a esercitare, nei confronti di tutte le banche che operano nel territorio della Repubblica, i poteri previsti dall'art. 32, primo comma, lettere d) ed f), e dall'art. 35, secondo comma, lettera b), del regio decreto-legge 12 marzo 1936, n. 375, convertito, con modificazioni, dalla legge 7 marzo 1938, n. 141, e successive modificazioni.

148. Obbligazioni stanziabili*. – *1. Le obbligazioni emesse dalle banche possono essere stanziate in anticipazione presso la Banca d'Italia.*

* Articolo abrogato dall'art. 6 del d.lg. 10/3/1998, n. 43, con effetto a decorrere dalla data di adozione della moneta unica da parte della Banca d'Italia, come disposto dall'art. 11, co. 2, del medesimo d.lg. n. 43/1998 (1/1/1999).

149. Banche popolari. – 1. Le banche popolari esistenti alla data del 20 marzo 1992 adeguano, entro cinque anni da tale data, il valore nominale delle loro azioni a quello stabilito dal comma 2 dell'art. 29.

2. I soci delle banche popolari che alla data del 20 marzo 1992 partecipavano al capitale sociale in misura compresa tra il limite previsto dal comma 2 dell'art. 30 e il valore nominale di lire quindici milioni possono continuare a detenere le relative azioni.

3. Entro tre anni dalla data di entrata in vigore del presente decreto legislativo i consorzi economici a garanzia limitata esercenti attività bancaria, devono trasformarsi in società per azioni o in banca popolare ovvero deliberare fusioni con banche da cui risultino società per azioni o banche popolari. Le deliberazioni assembleari sono assunte con le maggioranze previste dagli statuti per le modificazioni statutarie; quando, in relazione all'oggetto delle modificazioni, gli statuti prevedono maggioranze differenziate, si applica quella meno elevata. È fatto salvo il diritto di recesso dei soci.

150. Banche di credito cooperativo. – 1. Le banche di credito cooperativo costituite anteriormente al 1° gennaio 1993 possono mantenere l'originaria denominazione purché integrata dall'espressione "credito cooperativo".

2. Le banche indicate nel comma 1 si uniformano a quanto previsto dagli articoli 33, comma 1, 34, commi 1 e 2, e 35, comma 2, del presente decreto legislativo entro il 1° gennaio 1997. Le relative modificazioni statutarie sono deliberate con le maggioranze previste dagli statuti per le deliberazioni dell'assemblea ordinaria.

3. Le banche di credito cooperativo costituite prima del 22 febbraio 1992 non sono tenute ad adeguarsi alle prescrizioni dell'art. 33, comma 4, relative al limite minimo del valore nominale delle azioni.

4. Il comma 3 dell'art. 21 della legge 31 gennaio 1992, n. 59, così come sostituito dal comma 9 dell'art. 42 del decreto legislativo 14 dicembre 1992, n. 481, è sostituito dal seguente: "3. Alle banche di credito cooperativo si applicano gli articoli 2, 7, 9, 11, 12, 14, comma 4, 18, commi 3 e 4, e 21, commi 1 e 2, della presente legge.".

5. La Banca d'Italia impartisce istruzioni per il graduale rispetto dell'obbligo previsto dall'art. 35, comma 1, alle banche di credito cooperativo che, a fine esercizio 1992, abbiano in essere impieghi a non soci in misura eccedente quella consentita.

6. Le disposizioni dettate dall'art. 37 si applicano a decorrere dall'approvazione del bilancio relativo all'esercizio 1993. Le relative modificazioni statutarie sono deliberate con le maggioranze previste dagli statuti per le deliberazioni dell'assemblea ordinaria.

150 bis. Disposizioni in tema di banche cooperative (1). – 1. Alle banche di credito cooperativo non si applicano le seguenti disposizioni del codice civile: 2349, secondo comma, 2513, 2514, secondo comma, 2519, secondo comma, 2522, 2525 primo, secondo, terzo e quarto comma, 2527, secondo e terzo comma, 2528, terzo e quarto comma, 2530 secondo, terzo, quarto e quinto comma, 2538, secondo comma, secondo periodo, terzo e quarto comma, 2540, secondo comma, 2541, 2542 quarto comma, 2543 primo e secondo comma, 2545-bis, 2545-quater, 2545-quinquies, 2545-octies, 2545-decies, 2545-undecies, terzo comma, 2545-terdecies, 2545-quinquiesdecies, 2545-sexiesdecies, 2545-septiesdecies e 2545-octiesdecies (2).

2. Alle banche popolari non si applicano le seguenti disposizioni del codice civile: 2349, secondo comma, 2512, 2513, 2514, 2519, secondo comma, 2522, 2525, primo, secondo, terzo e quarto comma, 2527, secondo e terzo comma, 2528, terzo e quarto comma, 2530, primo, secondo, terzo, quarto e quinto comma, 2534, 2535, secondo comma, primo periodo, 2538, secondo comma, secondo periodo, e quarto comma, 2540, secondo comma, 2542, secondo e quarto comma, 2543, primo e secondo comma, 2545-bis, 2545-quater, 2545-quinquies, 2545-octies, 2545-decies, 2545-undecies, terzo comma, 2545-terdecies, 2545-quinquiesdecies, 2545-sexiesdecies, 2545-septiesdecies e 2545-octiesdecies (3).

2-bis. In deroga a quanto previsto dall'articolo 2539, primo comma, del codice civile, gli statuti delle banche popolari determinano il numero massimo di deleghe che possono essere conferite ad un socio; in ogni caso, questo numero non è inferiore a 10 e non è superiore a 20 (4).

3. Alle banche di credito cooperativo continuano ad applicarsi le disposizioni degli articoli 7 e 9 della legge 31 gennaio 1992, n. 59, in quanto compatibili.

4. Lo statuto delle banche di credito cooperativo contiene le clausole previste dall'articolo 2514, primo comma, del codice civile.

5. Nei casi di fusione e trasformazione previsti dall'articolo 36, nonché di cessione di rapporti giuridici in blocco e scissione da cui risulti una banca costituita in forma di società per azioni, restano fermi gli effetti di devoluzione del patrimonio stabiliti dall'articolo 17 della legge 23 dicembre 2000, n. 388. [Tali effetti non si producono se la banca di credito cooperativo che effettua le operazioni di cui al periodo precedente ha un patrimonio netto superiore a duecento milioni di euro. In tal caso, le riserve sono affrancate corrispondendo all'erario un'imposta straordinaria pari al venti per cento della loro consistenza.] (5).

6. L'atto costitutivo delle banche popolari e delle banche di credito cooperativo può prevedere, determinandone i criteri, la ripartizione di ristorni ai soci secondo quanto previsto dall'articolo 2545-sexies del codice civile.

7. Il termine per l'adeguamento degli statuti delle banche di credito cooperativo alle nuove disposizioni del comma 2-bis dell'articolo 52 è fissato al 30 giugno 2005.

(1) Articolo inserito dall'art. 38 del d.lg. 28/12/2004, n. 310.

(2) Comma modificato dall'art. 1, co. 1, lett. d), n. 1, d.l. 24/1/2015, n. 3, conv., con modif., dalla l. 24/3/2015, n. 33 e successivamente sostituito dall'art. 1, co. 6, lett. a), d.l. 14/2/2016, n. 18, conv., con modif., dalla l. 8/4/2016, n. 49.

(3) Comma sostituito dall'art. 1, co. 1, lett. d), n. 2, d.l. 24/1/2015, n. 3, conv., con modif., dalla l. 24/3/2015, n. 33 e successivamente modificato dall'art. 23-bis, co. 2, d.l. 25/5/2021, n. 73, conv., con modif., dalla l. 23/7/2021, n. 106.

(4) Comma inserito dall'art. 23-quater, co. 1, lett. a), n. 3, d.l. 18/10/2012, n. 179 e successivamente sostituito dall'art. 1, co. 1, lett. d), n. 3, d.l. 24/1/2015, n. 3, conv., con modif., dalla l. 7/3/1994, n. 33.

(5) Comma sostituito dall'art. 1, co. 6, lett. b), d.l. 14/2/2016, n. 18, conv., con modif., dalla l. 8/4/2016, n. 49.

150 ter. Disposizioni in tema di partecipazione a banche di credito cooperativo (1). – 01. Le banche di credito cooperativo emettono le azioni previste dall'articolo 2526 del codice civile nei casi e nei modi previsti dal presente articolo (2).

1. Alle banche di credito cooperativo che versino in una situazione di inadeguatezza patrimoniale, ovvero siano sottoposte ad amministrazione straordinaria [, ai sensi dell'articolo 70, comma 1, lettera b),] è consentita, previa modifica dello statuto sociale [ed in deroga alle previsioni di cui all'articolo

150-bis, comma 1], l'emissione di azioni di finanziamento di cui all'articolo 2526 del codice civile (3).

2. L'emissione delle azioni di cui al comma 1 deve essere autorizzata dalla Banca d'Italia e, fatto salvo quanto previsto dal comma 4-bis, esse sono sottoscrivibili solo da parte dei sistemi di garanzia istituiti tra banche di credito cooperativo e dei fondi mutualistici per la promozione e lo sviluppo della cooperazione, di cui alla legge 31 gennaio 1992, n. 59, in deroga ai limiti di cui all'articolo 34, commi 2 e 4 (4).

3. I diritti patrimoniali e amministrativi, spettanti ai soci finanziatori, anche in deroga ai limiti previsti dall'articolo 2526, secondo comma, terzo periodo, del codice civile, e all'articolo 34, comma 3, del presente decreto, sono stabiliti dallo statuto, ma ad essi spetta comunque il diritto di designare uno o più componenti dell'organo amministrativo ed il presidente dell'organo che svolge la funzione di controllo (5).

4. I sottoscrittori delle azioni di finanziamento possono chiedere il rimborso del valore nominale delle azioni e, ove versato, del sovrapprezzo. L'organo amministrativo, sentito l'organo che svolge la funzione di controllo, delibera sulla richiesta di rimborso avendo riguardo alla situazione di liquidità, finanziaria e patrimoniale attuale e prospettica della banca di credito cooperativo. L'efficacia della delibera è condizionata alla preventiva autorizzazione della Banca d'Italia (6).

4-bis. Le azioni di finanziamento possono essere sottoscritte, in deroga ai limiti di cui all'articolo 34, commi 2 e 4, anche dalla capogruppo del gruppo bancario cooperativo a cui appartiene l'emittente. In tal caso, l'emissione è consentita anche fuori dei casi indicati al comma 1, si applicano i commi 3 e 4 e l'autorizzazione della Banca d'Italia ai sensi del comma 4 ha riguardo alla situazione di liquidità, finanziaria e patrimoniale attuale e prospettica della singola banca di credito cooperativo emittente e del gruppo nel suo complesso (7).

4-ter. Le azioni di cui al presente articolo non possono essere cedute con effetto verso la società, se la cessione non è autorizzata dagli amministratori. Non si applicano gli articoli 2542, secondo comma e terzo comma, secondo periodo, 2543, terzo comma, 2544, secondo comma, primo periodo, e terzo comma, del codice civile (7).

(1) Articolo inserito dall'art. 22, co. 3-bis, d.l. 24/6/2014, n. 91, conv., con modif., dalla l. 11/8/2014, n. 116.

(2) Comma inserito dall'art. 1, co. 7, lett. a), d.l. 14/2/2016, n. 18, conv., con modif., dalla l. 8/4/2016, n. 49.

(3) Comma modificato dall'art. 1, co. 7, lett. b), d.l. 14/2/2016, n. 18, conv., con modif., dalla l. 8/4/2016, n. 49.

(4) Comma sostituito dall'art. 1, co. 7, lett. c), d.l. 14/2/2016, n. 18, conv., con modif., dalla l. 8/4/2016, n. 49.

(5) Comma sostituito dall'art. 1, co. 7, lett. d), d.l. 14/2/2016, n. 18, conv., con modif., dalla l. 8/4/2016, n. 49.

(6) Comma sostituito dall'art. 1, co. 7, lett. e), d.l. 14/2/2016, n. 18, conv., con modif., dalla l. 8/4/2016, n. 49.

(7) Comma inserito dall'art. 1, co. 7, lett. f), d.l. 14/2/2016, n. 18, conv., con modif., dalla l. 8/4/2016, n. 49.

150 quater. Disposizioni in materia di partecipazione a banche popolari (1). – 1. Le banche popolari possono emettere le azioni previste dall'articolo 2526 del codice civile nei casi e nei modi previsti dal presente articolo, previa modifica dello statuto sociale.

2. I soci finanziatori possono detenere azioni di finanziamento anche in deroga ai limiti di cui all'articolo 30, comma 2. Lo statuto stabilisce i diritti patrimoniali e amministrativi attribuiti ai soci finanziatori e il numero dei voti a loro spettanti, anche in deroga ai limiti previsti dall'articolo 30, comma 1, e ne assicura la computabilità come capitale di qualità primaria. L'emissione deve essere autorizzata dalla Banca d'Italia.

3. Le maggioranze richieste per la costituzione delle assemblee delle banche popolari emittenti azioni di finanziamento e per la validità delle deliberazioni sono determinate dallo statuto e sono calcolate secondo il numero dei voti spettanti ai soci cooperatori e ai soci finanziatori.

4. Le banche popolari che versino in una situazione di inadeguatezza patrimoniale o che siano sottoposte ad amministrazione straordinaria possono emettere le azioni di finanziamento anche in deroga ai limiti previsti dall'articolo 2526, secondo comma, terzo periodo, del codice civile. Non si applicano gli articoli 2542, terzo comma e quarto comma, secondo periodo, 2543, terzo comma, e 2544, secondo comma, primo periodo, e terzo comma, del codice civile.

(1) Articolo inserito dall'art. 23-ter del d.l. 25/5/2021, n. 73, conv., con modif., dalla l. 23/7/2021, n. 106.

151. Banche pubbliche residue. – 1. L'operatività, l'organizzazione e il funzionamento delle banche pubbliche residue sono disciplinati dal presente decreto legislativo, dagli statuti e dalle altre norme in questi richiamate.

152. Casse comunali di credito agrario e Monti di credito su pegno di seconda categoria. – 1. Entro il 1° gennaio 1996 le casse comunali di credito agrario e i monti di credito su pegno di seconda categoria che non raccolgono risparmio tra il pubblico devono assumere iniziative che portino alla cessazione dell'esercizio dell'attività creditizia ovvero alla estinzione degli enti stessi. Trascorso tale termine le casse e i monti che non abbiano provveduto sono posti in liquidazione.

2. Fino all'adozione delle misure previste dal comma 1, i monti di seconda categoria che non raccolgono risparmio tra il pubblico continuano a esercitare l'attività di credito su pegno. A tali enti si applicano, in quanto compatibili, le disposizioni del presente decreto legislativo.

153. Disposizioni relative a particolari operazioni di credito. – 1. Fino all'emanazione delle disposizioni della Banca d'Italia previste dall'art. 38, comma 2, continua ad applicarsi in materia la disciplina dettata dalle norme previgenti.

2. Le disposizioni disciplinanti le cartelle fondiarie, ancorché abrogate, continuano a essere applicate alle cartelle in circolazione, a eccezione delle norme che prevedono interventi della Banca d'Italia.

3. Gli enti non bancari abilitati a effettuare operazioni di credito agrario continuano a esercitarlo con le limitazioni previste nei rispettivi provvedimenti autorizzativi.

4. Quando nelle norme statali e regionali sono richiamate le disposizioni del regio decreto-legge 29 luglio 1927, n. 1509, convertito con modificazioni dalla legge 5 luglio 1928, n. 1760, e del decreto ministeriale 23 gennaio 1928, e successive modificazioni e integrazioni, dette disposizioni continuano a integrare le norme suddette che a esse fanno riferimento.

5. Fino alla stipulazione delle convenzioni previste dall'art. 47 continuano ad applicarsi le disposizioni vigenti in materia di assegnazione e gestione di fondi pubblici di agevolazione creditizia.

154. Fondo interbancario di garanzia. – 1. Al fondo, alla sezione speciale e alla sezione di garanzia per il credito peschereccio, previsti dall'art. 45, si applicano le disposizioni dell'art. 22 del decreto del Presidente della Repubblica del 29 settembre 1973, n. 601.

155. Soggetti operanti nel settore finanziario**. – *1. I soggetti che esercitano le attività previste dall'art. 106, comma 1, si adeguano alle disposizioni del comma 2 e del comma 3, lettera b), del medesimo articolo entro diciotto mesi dalla data di entrata in vigore del presente decreto legislativo. 2. L'art. 107 trova applicazione anche nei confronti delle società fi-*

nanziarie per l'innovazione e lo sviluppo previste dall'art. 2 della legge 5 ottobre 1991, n. 317. 3. Le agenzie di prestito su pegno previste dal terzo comma dell'art. 32 della legge 10 maggio 1938, n. 745, sono sottoposte alle disposizioni dell'art. 106. 4. I confidi, anche di secondo grado, sono iscritti in un'apposita sezione dell'elenco previsto dall'articolo 106, comma 1. L'iscrizione nella sezione non abilita a effettuare le altre operazioni riservate agli intermediari finanziari iscritti nel citato elenco. A essi non si applica il titolo V del presente decreto legislativo (1). *4-bis. Il Ministro dell'economia e delle finanze, sentita la Banca d'Italia, determina i criteri oggettivi, riferibili al volume di attività finanziaria e ai mezzi patrimoniali, in base ai quali sono individuati i confidi che sono tenuti a chiedere l'iscrizione nell'elenco speciale previsto dall'articolo 107. La Banca d'Italia stabilisce, con proprio provvedimento, gli elementi da prendere in considerazione per il calcolo del volume di attività finanziaria e dei mezzi patrimoniali. Per l'iscrizione nell'elenco speciale i confidi devono adottare una delle forme societarie previste dall'articolo 106, comma 3* (2). *4-ter. I confidi iscritti nell'elenco speciale esercitano in via prevalente l'attività di garanzia collettiva dei fidi* (2). *4-quater. I confidi iscritti nell'elenco speciale possono svolgere, prevalentemente nei confronti delle imprese consorziate o socie, le seguenti attività: a) prestazione di garanzie a favore dell'amministrazione finanziaria dello Stato, al fine dell'esecuzione dei rimborsi di imposte alle imprese consorziate o socie; b) gestione, ai sensi dell'articolo 47, comma 2, di fondi pubblici di agevolazione; c) stipula, ai sensi dell'articolo 47, comma 3, di contratti con le banche assegnatarie di fondi pubblici di garanzia per disciplinare i rapporti con le imprese consorziate o socie, al fine di facilitarne la fruizione* (2). *4-quinquies. I confidi iscritti nell'elenco speciale possono svolgere in via residuale, nei limiti massimi stabiliti dalla Banca d'Italia, le attività riservate agli intermediari finanziari iscritti nel medesimo elenco* (2). *4-sexies. Ai confidi iscritti nell'elenco speciale si applicano gli articoli 107, commi 2, 3, 4 e 4-bis, 108, 109, 110 e 112. La Banca d'Italia dispone la cancellazione dall'elenco speciale qualora risultino gravi violazioni di norme di legge o delle disposizioni emanate ai sensi del presente decreto legislativo; si applica l'articolo 111, commi 3 e 4* (2). *5. I soggetti che esercitano professionalmente l'attività di cambiavalute, consistente nella negoziazione a pronti di mezzi di pagamento in valuta, sono iscritti in un'apposita sezione dell'elenco previsto dall'articolo 106, comma 1. A tali soggetti si applicano, in quanto compatibili, le disposizioni degli articoli 106, comma 6, 108, 109, con esclusivo riferimento ai requisiti di onorabilità, e 111. L'iscrizione nella sezione non abilita a effettuare le altre operazioni riservate agli intermediari finanziari. Il Ministro dell'economia e delle finanze, sentiti la Banca d'Italia e l'UIC, emana disposizioni applicative del presente comma individuando, in particolare, le attività che possono essere esercitate congiuntamente con quella di cambiavalute. Il Ministro dell'economia e delle finanze detta altresì norme transitorie dirette a disciplinare le abilitazioni già concesse ai cambiavalute ai sensi dell'articolo 4, comma 2, del decreto legge 3 maggio 1991, n. 143, convertito, con modificazioni, dalla legge 5 luglio 1991, n. 197* (3). *6. I soggetti diversi dalle banche, già operanti alla data di entrata in vigore della presente disposizione, i quali, senza fine di lucro, raccolgono tradizionalmente in ambito locale somme di modesto ammontare ed erogano piccoli prestiti, possono continuare a svolgere la propria attività, in considerazione del carattere marginale della stessa, nel rispetto delle modalità operative e dei limiti quantitativi determinati dal CICR* (4).

* Articolo abrogato dall'art. 8, co. 12, d.lg. 13/8/2010, n. 141.

(1) Comma sostituito dall'art. 35 del d.lg. 4/8/1999, n. 342, e successivamente dall'art. 13, co. 37, d.l. 30/9/2003, n. 269.

(2) Comma aggiunto dall'art. 13, co. 32, d.l. 30/9/2003, n. 269.

(3) Comma aggiunto dall'art. 35 del d.lg. 4/8/1999, n. 342. Per il regolamento contenente disposizioni applicative del presente comma vedi d.m. 31/7/2001, n. 372. Per le istruzioni per l'iscrizione, la variazione dei dati e la cancellazione dei cambiavalute nell'apposita sezione dell'Elenco generale previsto dal presente comma vedi provvedimento dell'Ufficio italiano dei cambi 21/12/2001. A norma dell'art. 62 del d.lg. 21/11/2007, n. 231 l'Ufficio italiano cambi è soppresso; le competenze e i poteri, con le relative risorse strumentali, umane e finanziarie sono trasferite alla Banca d'Italia.

(4) Comma aggiunto dall'art. 35 del d.lg. 4/8/1999, n. 342. Per l'attuazione del presente comma vedi deliberazione CICR 9/2/2000 e le diposizioni integrative di cui al d.m. 28/7/2000.

156. Modifica di disposizioni legislative. – 1. L'art. 10 del decreto-legge 3 maggio 1991, n. 143, convertito, con modificazioni, dalla legge 5 luglio 1991, n. 197, è sostituito dal seguente:

"Art. 10 (Doveri del collegio sindacale). – 1. Ferme le disposizioni del codice civile e delle leggi speciali, i sindaci degli intermediari di cui all'art. 4 vigilano sull'osservanza delle norme contenute nel presente decreto. Gli accertamenti e le contestazioni del collegio sindacale concernenti violazioni delle norme di cui al capo I del presente decreto sono trasmessi in copia entro dieci giorni al Ministero dell'economia e delle finanze. L'omessa trasmissione è punita con la reclusione fino a un anno e con la multa da lire duecentomila a lire due milioni." (1).

2. La lettera c) dell'art. 1, comma 1, della legge 21 febbraio 1991, n. 52, è sostituita dalla seguente:

"c) il cessionario è una banca o un intermediario finanziario disciplinato dal testo unico delle leggi in materia bancaria e creditizia emanato ai sensi dell'art. 25, comma 2, della legge 19 febbraio 1992, n. 142, il cui oggetto sociale preveda l'esercizio dell'attività di acquisto di crediti d'impresa.".

3. L'art. 11, secondo comma, della legge 12 giugno 1973, n. 349, è sostituito dal seguente:

"Per l'inosservanza delle norme contenute nell'art. 9, primo comma, è applicabile la sanzione amministrativa pecuniaria prevista dall'art. 144, comma 1, del testo unico delle leggi in materia bancaria e creditizia emanato ai sensi dell'art. 25, comma 2, della legge 19 febbraio 1992, n. 142. Si applica l'art. 145 del medesimo testo unico.".

4. L'art. 213 del regio decreto 6 maggio 1940, n. 635, è sostituito dal seguente:

"Art. 213. – Gli oggetti non riscattati entro trenta giorni dalla scadenza del prestito sono venduti all'asta pubblica secondo le norme contenute negli articoli 529 e seguenti del codice di procedura civile, ovvero con altro procedimento proposto dall'agente e approvato dall'autorità di pubblica sicurezza." (2).

5. Il comma 3 dell'art. 4 del decreto del Presidente della Repubblica 31 marzo 1988, n. 148, è sostituito dal seguente:

"3. Le banche e gli altri intermediari finanziari effettuano le operazioni valutarie e in cambi nel rispetto delle norme che li disciplinano." (2).

6. L'art. 58 della legge 23 dicembre 1998, n. 448, è sostituito dal seguente:

"Art. 58 (Obbligazioni delle società cooperative). – 1. Le società cooperative emittenti obbligazioni ai sensi dell'art. 11 del decreto legislativo 1° settembre 1993, n. 385, sono sottoposte alle disposizioni degli articoli 2411 e seguenti del codice civile e, ove ne ricorrano i presupposti, all'obbligo di certificazione secondo le modalità previste dall'art. 15, comma 2, della legge 31 gennaio 1992, n. 59, nonché a quanto previsto dagli articoli 114 e 115 del decreto legislativo 24 febbraio 1998, n. 58, in quanto compatibili con la legislazione cooperativa." (2).

7. Nel comma 1 dell'art. 3 della legge 26 novembre 1993, n. 489, le parole: "sentita la Banca d'Italia" sono soppresse." (2).

(1) Comma modificato dall'art. 1, co. 1, d.lg. 6/2/2004, n. 37.

(2) Comma aggiunto dall'art. 36, co. 1, d.lg. 4/8/1999, n. 342.

157. Modifiche al decreto legislativo 27 gennaio 1992, n. 87. – 1. L'art. 1 del decreto legislativo 27 gennaio 1992, n. 87, è sostituito dal seguente:

"Art. 1 (Ambito d'applicazione). – 1. Le disposizioni del presente decreto si applicano:

a) alle banche;

b) alle società di gestione previste dalla legge 23 marzo 1983, n. 77;

c) alle società finanziarie capogruppo dei gruppi bancari iscritti nell'albo;

d) alle società previste dalla legge 2 gennaio 1991, n. 1;

e) ai soggetti operanti nel settore finanziario previsti dal titolo V del testo unico delle leggi in materia bancaria e creditizia emanato ai sensi dell'art. 25, comma 2, della legge 19 febbraio 1992, n. 142, nonché alle società esercenti altre attività finanziarie indicate nell'art. 59, comma 1, lettera b), dello stesso testo unico.

2. Il Ministro dell'economia e delle finanze con riferimento ai soggetti previsti nel comma 1, lettera e), stabilisce criteri di esclusione dall'applicazione del presente decreto con particolare riguardo all'incidenza dell'attività di carattere finanziario su quella complessivamente svolta, ai soggetti nei cui confronti l'attività è esercitata, alla composizione finanziaria o meno del portafoglio partecipativo, all'esigenza di evitare criteri e tecniche di redazione disomogenei ai fini della predisposizione del bilancio consolidato (1).

3. Ai fini del presente decreto, l'attività di assunzione di partecipazioni al fine di successivi smobilizzi è in ogni caso considerata attività finanziaria.

4. Per l'applicazione del presente decreto i soggetti previsti dal comma 1 sono definiti enti creditizi e finanziari.

5. Per le società disciplinate dalla legge 2 gennaio 1991, n. 1, le norme previste dal presente decreto sono attuate, avuto riguardo alla specialità della disciplina della legge stessa, con disposizioni emanate dalla Banca d'Italia d'intesa con la Commissione nazionale per le società e la borsa (CONSOB).".

2. L'art. 4, comma 3, del decreto legislativo 27 gennaio 1992, n. 87, è sostituito dal seguente:

"3. Ai fini del presente decreto il controllo ricorre nelle ipotesi previste dall'art. 59, comma 1, lettera a), del testo unico delle leggi in materia bancaria e creditizia.".

3. L'art. 5 del decreto legislativo 27 gennaio 1992, n. 87, è sostituito dal seguente:

"Art. 5 (Poteri delle autorità). – 1. Gli enti creditizi e finanziari si attengono alle disposizioni che la Banca d'Italia emana relativamente alle forme tecniche, su base individuale e su base consolidata, dei bilanci e delle situazioni dei conti destinate al pubblico nonché alle modalità e ai termini della pubblicazione delle situazioni dei conti.

2. I poteri conferiti dal comma 1 sono esercitati anche per le modifiche, le integrazioni e gli aggiornamenti delle forme tecniche stabilite dal presente decreto nonché per l'adeguamento della disciplina nazionale all'evolversi della disciplina, dei princìpi e degli orientamenti comunitari.

3. Nel caso dei soggetti operanti nel settore finanziario iscritti nell'elenco speciale previsto dall'art. 107 del testo unico delle leggi in materia bancaria e creditizia, le istruzioni della Banca d'Italia sono emanate d'intesa con la CONSOB. Per le società previste dalla legge 23 marzo 1983, n. 77, le istruzioni della Banca d'Italia sono emanate sentita la CONSOB. Per le società previste dalla legge 2 gennaio 1991, n. 1, le istruzioni sono emanate dalla Banca d'Italia d'intesa con la CONSOB, tenendo conto della specialità della disciplina della legge stessa.

4. Gli atti emanati nell'esercizio dei poteri previsti dal presente articolo sono pubblicati nella Gazzetta Ufficiale della Repubblica italiana.".

4. L'art. 11, comma 3, del decreto legislativo 27 gennaio 1992, n. 87, è sostituito dal seguente:

"3. Le disposizioni del comma 2 si applicano in ogni caso alle società e agli enti finanziari che rientrano nei gruppi bancari iscritti nell'albo previsto dall'art. 64 del testo unico delle leggi in materia bancaria e creditizia.".

5. L'art. 19, comma 1, del decreto legislativo 27 gennaio 1992, n. 87, è sostituito dal seguente:

"1. In alternativa a quanto disposto dall'art. 18, le partecipazioni in imprese controllate e quelle sulle quali è esercitata un'influenza notevole possono essere valutate, con riferimento a una o a più tra dette imprese, secondo il metodo indicato nel presente articolo. Si ha influenza notevole quando l'impresa partecipante disponga di almeno un quinto dei diritti di voto esercitabili nell'assemblea ordinaria della partecipata.".

6. La lettera b), del comma 1, dell'art. 23, del decreto legislativo 27 gennaio 1992, n. 87, è sostituita dalla seguente:

"b) l'elenco delle imprese controllate e di quelle sottoposte a influenza notevole ai sensi dell'art. 19, comma 1, possedute direttamente o per il tramite di società fiduciarie o per interposta persona, indicando per ciascuna la denominazione, la sede, l'importo del patrimonio netto, l'utile o la perdita dell'ultimo esercizio chiuso, la quota posseduta, il valore attribuito in bilancio;".

7. L'art. 24, comma 3, del decreto legislativo 27 gennaio 1992, n. 87, è abrogato.

8. L'art. 25 del decreto legislativo 27 gennaio 1992, n. 87, è sostituito dal seguente:

"Art. 25 (Impresa capogruppo). – 1. Agli effetti dell'art. 24 è impresa capogruppo:

a) l'ente creditizio o la società finanziaria capogruppo di un gruppo bancario iscritto nell'albo previsto dall'art. 64 del testo unico delle leggi in materia bancaria e creditizia;

b) l'ente finanziario che controlla imprese di cui all'art. 28, comma 1, lettere a) e b), e che non sia a sua volta controllato da enti creditizi e finanziari tenuti alla redazione del bilancio consolidato.

2. Restano salve le disposizioni riguardanti gli enti e le società che abbiano emesso titoli quotati in borsa.".

9. L'art. 26, comma 3, del decreto legislativo 27 gennaio 1992, n. 87, è abrogato.

10. L'art. 26, comma 5, del decreto legislativo 27 gennaio 1992, n. 87, è sostituito dal seguente:

"5. Le imprese capogruppo di cui all'art. 25 che operino anche secondo una direzione unitaria ai sensi del comma 1 o del comma 2 del presente articolo sono tenute alla redazione del bilancio consolidato esclusivamente in base al comma 4, salvo che si tratti delle banche e delle società finanziarie capogruppo dei gruppi bancari iscritti nell'albo previsto dall'art. 64 del testo unico delle leggi in materia bancaria e creditizia. Restano salve le disposizioni riguardanti gli enti e le società che abbiano emesso titoli quotati in borsa.".

11. L'art. 27, comma 3, del decreto legislativo 27 gennaio 1992, n. 87, è abrogato.

12. L'art. 28 del decreto legislativo 27 gennaio 1992, n. 87, è sostituito dal seguente:

"Art. 28 (Imprese incluse nel consolidamento). – 1. Sono incluse nel consolidamento l'impresa capogruppo o le imprese che operano secondo una direzione unitaria e le imprese controllate, ovunque costituite, purché queste ultime appartengano a una delle seguenti categorie:

a) enti creditizi e finanziari;

b) imprese che esercitano, in via esclusiva o prevalente, attività strumentale, come definita dall'art. 59, comma 1, lettera c), del testo unico delle leggi in materia bancaria e creditizia.

2. L'ente creditizio o la società finanziaria capogruppo di un gruppo bancario iscritto nell'albo previsto dall'art. 64 del testo unico delle leggi in materia bancaria e creditizia include nel consolidamento le imprese che compongono il gruppo stesso.".

13. L'art. 45 del decreto legislativo 27 gennaio 1992, n. 87, è sostituito dal seguente:

"Art. 45 (Sanzioni amministrative pecuniarie). – 1. Per la violazione dell'art. 3 del capo I;

delle disposizioni del capo II, sezioni I, II, III e V; delle disposizioni del capo III, sezioni II e IV; dell'art. 41 del capo IV; degli articoli 42, comma 1, 43 e 46 del capo V, nonché degli atti di cui all'art. 5, è applicabile la sanzione amministrativa pecuniaria da lire quindici milioni a lire novanta milioni nei confronti dei soggetti che svolgono funzioni di amministrazione, direzione e controllo in enti creditizi e finanziari.

2. Si applica l'art. 145 del testo unico delle leggi in materia bancaria e creditizia.

3. Con riferimento ai soggetti previsti nell'art. 1, comma 1, lettera e), i commi 1 e 2 del presente articolo si applicano solo a quelli iscritti nell'elenco speciale previsto dall'art. 107 del testo unico delle leggi in materia bancaria e creditizia.".

(1) Comma modificato dall'art. 1, co. 1, d.lg. 6/2/2004, n. 37.

158. Disposizioni applicabili alle banche e alle società finanziarie comunitarie che esercitano attività di intermediazione mobiliare*. – *1. Alle banche comunitarie e alle società finanziarie indicate nell'art. 18, che esercitano nel territorio della Repubblica attività di intermediazione mobiliare, si applicano le disposizioni concernenti gli obblighi di informazione e correttezza e la regolarità delle negoziazioni di valori mobiliari nonché quelle concernenti la vigilanza della CONSOB previste dalla legge 2 gennaio 1991, n. 1. 2. La CONSOB e la Banca d'Italia, nell'ambito delle rispettive competenze e con le procedure prescritte dalla legge n. 1 del 1991, stabiliscono, nel rispetto della disciplina comunitaria in materia, le altre norme del titolo I della legge n. 1 del 1991 applicabili ai soggetti indicati nel comma 1. 3. Con le modalità previste dal comma 2, la CONSOB e la Banca d'Italia possono concedere ai soggetti indicati nel comma 1 deroghe all'osservanza degli obblighi previsti dal presente articolo ovvero stabilire modalità particolari di adempimento; tali interventi devono essere giustificati dall'esistenza di obblighi equivalenti nell'ordinamento di appartenenza oppure dalla particolare struttura soggettiva od operativa degli stessi soggetti.*

* Articolo abrogato dall'art. 66, co. 2, lett. c), d.lg. 23/7/1996, n. 415.

159. Regioni a statuto speciale. – 1. Le valutazioni di vigilanza sono riservate alla Banca d'Italia.

2. Nei casi in cui i provvedimenti previsti dagli articoli 14, 31, 36, 56 e 57 sono attribuiti alla competenza delle regioni, la Banca d'Italia esprime, a fini di vigilanza, un parere vincolante.

3. Sono inderogabili e prevalgono sulle contrarie disposizioni già emanate le norme dettate dai commi 1 e 2 nonché dagli articoli 15, 16, 26 e 47. [*Restano peraltro ferme le competenze attribuite agli organi regionali nella materia disciplinata dall'art. 26.*] (1).

4. Le regioni a statuto speciale, alle quali sono riconosciuti, in base alle norme di attuazione dei rispettivi statuti, poteri nelle materie disciplinate dalla direttiva 2013/36/UE, provvedono a emanare norme di recepimento della direttiva stessa nel rispetto delle disposizioni di principio non derogabili contenute nei commi precedenti (2).

4-bis. Le competenze delle regioni di cui al presente articolo sono esercitate nei limiti derivanti dalle disposizioni del MVU e in armonia con esse (3).

(1) Comma modificato dall'art. 1, co. 55, lett. a), d.lg. 12/5/2015, n. 72. Vedi inoltre, l'art. 2 del d.lg. 12/5/2015, n. 72. La parte in corsivo è stata abrogata.

(2) Comma modificato dall'art. 1, co. 55, lett. b), d.lg. 12/5/2015, n. 72. Vedi inoltre, l'art. 2 del d.lg. 12/5/2015, n. 72.

(3) Comma aggiunto dall'art. 1, co. 25, d.lg. 14/11/2016, n. 223.

159 bis. Informazioni da inserire nei piani di risanamento (1). – 1. Fino all'emanazione dei provvedimenti della Banca d'Italia previsti dall'articolo 69-quater, comma 3, e 69-quinquies, comma 4, i piani di risanamento individuali o di gruppo riportano almeno le seguenti informazioni:

a) una sintesi degli elementi fondamentali del piano e una sintesi della capacità complessiva di risanamento;

b) una sintesi delle modifiche sostanziali apportate alla banca o al gruppo bancario dopo l'ultimo piano di risanamento;

c) un piano di comunicazione e informazione pubblica che delinea in che modo la banca o capogruppo intende gestire le eventuali reazioni negative del mercato;

d) una gamma di azioni sul capitale e sulla liquidità necessarie per mantenere o ripristinare l'equilibrio patrimoniale e finanziario della banca o del gruppo bancario nel suo complesso e delle singole banche che ne fanno parte;

e) una stima dei tempi necessari per l'esecuzione di ciascun aspetto sostanziale del piano;

f) una descrizione dettagliata degli eventuali impedimenti sostanziali all'esecuzione efficace e tempestiva del piano tenuto conto anche dell'impatto sul resto del gruppo, sulla clientela e sulle controparti;

g) l'individuazione delle funzioni essenziali;

h) una descrizione dettagliata delle procedure per determinare il valore e la trasferibilità delle linee di business principali, delle operazioni e delle attività dell'ente;

i) una descrizione dettagliata delle modalità con cui la pianificazione del risanamento è integrata nella struttura di governo societario della banca o della capogruppo;

l) una descrizione dettagliata delle politiche e procedure che disciplinano l'approvazione del piano di risanamento e l'identificazione delle persone responsabili della preparazione e dell'attuazione del piano all'interno dell'organizzazione;

m) dispositivi e misure per conservare o ripristinare i fondi propri della banca o del gruppo bancario;

n) dispositivi e misure intesi a garantire che la banca o la capogruppo abbia un accesso adeguato a fonti di finanziamento di emergenza, comprese le potenziali fonti di liquidità;

o) una valutazione delle garanzie reali disponibili e una valutazione della possibilità di trasferire liquidità tra entità del gruppo e linee di business, affinché la banca o il gruppo bancario possa continuare a svolgere le proprie funzioni e rispettare i propri obblighi;

p) dispositivi e misure intesi a ridurre il rischio e la leva finanziaria;

q) dispositivi e misure per ristrutturare le passività;

r) dispositivi e misure per ristrutturare le linee di business;

s) dispositivi e misure necessari per assicurare la continuità dell'accesso alle infrastrutture dei mercati finanziari;

t) dispositivi e misure necessari per assicurare la continuità del funzionamento dei processi operativi della banca o del gruppo bancario, compresi infrastrutture e servizi informatici;

u) dispositivi preparatori per agevolare la vendita di attività o di linee di business in tempi adeguati per il ripristino della solidità finanziaria;

v) altre azioni o strategie di gestione intese a ripristinare la solidità finanziaria nonché effetti finanziari previsti di tali azioni o strategie;

z) misure preparatorie che la banca o la capogruppo ha attuato o intende attuare al fine di agevolare l'attuazione del piano di risanamento, comprese le misure necessarie per consentire una ricapitalizzazione tempestiva della banca o del gruppo bancario;

aa) un quadro di indicatori nel quale siano identificati i casi in cui possano essere adottate le azioni opportune riportate nel piano.

2. Il piano di risanamento indica altresì le modalità e la tempistica con cui, nelle situazioni previste dal piano, la banca o il gruppo potrebbe chiedere di ricorrere a forme di assistenza della Banca centrale europea e identifica le attività che, a tal fine, potrebbero essere considerate idonee quali garanzie.

3. Il piano di risanamento include infine le misure che la banca o il gruppo può adottare qualora sussistano le condizioni per un intervento precoce a norma dell'articolo 69-octiesdecies.

(1) Articolo inserito, a decorrere dal 16/11/2015, dall'art. 1, co. 54, d.lg. 16/11/2015, n. 181.

160. Conferma di disposizioni vigenti in materia di valori mobiliari*. – *1. Restano ferme le disposizioni della legge 2 gennaio 1991, n. 1, della legge 17 maggio 1991, n. 157, quelle concernenti la quotazione dei valori mobiliari nei mercati regolamentati, nonché la disciplina della sollecitazione del pubblico risparmio.*

* Articolo abrogato, a decorrere dal 1/7/1998, dall'art. 211 del d.lg. 24/2/1998, n. 58.

161. Norme abrogate. – 1. Sono o restano abrogati (1):

il regio decreto 16 luglio 1905, n. 646;

la legge 15 luglio 1906, n. 441;

il regio decreto 5 maggio 1910, n. 472;

il regio decreto 4 settembre 1919, n. 1620;

il regio decreto-legge 2 settembre 1919, n. 1709, convertito dalla legge 6 luglio 1922, n. 1158;

il regio decreto 9 aprile 1922, n. 932;

il regio decreto-legge 7 ottobre 1923, n. 2283;

il regio decreto-legge 15 dicembre 1923, n. 3148, convertito dalla legge 17 aprile 1925, n. 473;

il regio decreto-legge 4 maggio 1924, n. 993, convertito, con modificazioni, dalla legge 11 febbraio 1926, n. 255;

il regio decreto 23 ottobre 1925, n. 2063;

il regio decreto-legge 1° luglio 1926, n. 1297, convertito dalla legge 14 aprile 1927, n. 531;

il regio decreto-legge 7 settembre 1926, n. 1511, convertito dalla legge 23 giugno 1927, n. 1107;

il regio decreto-legge 6 novembre 1926, n. 1830, convertito dalla legge 23 giugno 1927, n. 1108;

il regio decreto-legge 13 febbraio 1927, n. 187, convertito dalla legge 22 dicembre 1927, n. 2537;

il regio decreto-legge 29 luglio 1927, n. 1509, convertito dalla legge 5 luglio 1928, n. 1760, e successive modificazioni e integrazioni;

il decreto ministeriale 23 gennaio 1928, e successive modificazioni e integrazioni. Resta salvo quanto previsto dal comma 3 del presente articolo;

il regio decreto-legge 5 luglio 1928, n. 1817, convertito dalla legge 25 dicembre 1928, n. 3154;

il regio decreto-legge 4 ottobre 1928, n. 2307, convertito dalla legge 13 dicembre 1928, n. 3040;

il regio decreto 25 aprile 1929, n. 967, e successive modificazioni;

il regio decreto 5 febbraio 1931, n. 225;

il regio decreto-legge 19 marzo 1931, n. 693, convertito dalla legge 17 dicembre 1931, n. 1640;

il regio decreto-legge 13 novembre 1931, n. 1398, convertito, con modificazioni, dalla legge 15 dicembre 1932, n. 1581;

la legge 30 maggio 1932, n. 635;

il regio decreto-legge 24 maggio 1932, n. 721, convertito dalla legge 22 dicembre 1932, n. 1710;

la legge 30 maggio 1932, n. 805;

la legge 3 giugno 1935, n. 1281;

l'art. 9 della legge 13 giugno 1935, n. 1143;

il regio decreto-legge 4 ottobre 1935, n. 1883, convertito dalla legge 9 gennaio 1936, n. 225;

il regio decreto-legge 12 marzo 1936, n. 375, convertito, con modificazioni, dalla legge 7 marzo 1938, n. 141, e successive modificazioni e integrazioni, fatta eccezione per il Titolo III e per gli articoli 32, primo comma, lettere d) e f) e 35, secondo comma, lettera b);

il regio decreto-legge 12 marzo 1936, n. 376, convertito dalla legge 18 gennaio 1937, n. 169;

il regio decreto-legge 15 ottobre 1936, n. 2008, convertito dalla legge 4 gennaio 1937, n. 50;

il regio decreto-legge 12 agosto 1937, n. 1561, convertito dalla legge 20 dicembre 1937, n. 2352;

il regio decreto 26 agosto 1937, n. 1706, e successive modificazioni e integrazioni;

il regio decreto-legge 24 febbraio 1938, n. 204, convertito, con modificazioni, dalla legge 3 giugno 1938, n. 778;

la legge 7 aprile 1938, n. 378;

la legge 10 maggio 1938, n. 745, fatta eccezione per gli articoli 10, 11, 12, commi primo e secondo, 13, 14, 15 e 31;

il regio decreto-legge 3 giugno 1938, n. 883, convertito dalla legge 5 gennaio 1939, n. 86;

il regio decreto 25 maggio 1939, n. 1279, fatta eccezione per gli articoli 37, 38, 39, 40, commi secondo e terzo, 41, 42, 43, 44, 45, 46, 47, 48, 49, 50, 51, 52;

la legge 16 novembre 1939, n. 1797;

la legge 14 dicembre 1939, n. 1922;

la legge 21 maggio 1940, n. 657;

la legge 10 giugno 1940, n. 933;

il regio decreto 25 novembre 1940, n. 1955;

gli articoli 2766 e 2778, numeri 3 e 9, del codice civile, approvato con regio decreto 16 marzo 1942, n. 262;

il decreto legislativo luogotenenziale 14 settembre 1944, n. 226;

il capo III del decreto legislativo luogotenenziale 28 dicembre 1944, n. 416;

i capi III e IV del decreto legislativo luogotenenziale 28 dicembre 1944, n. 417;

il decreto legislativo del Capo provvisorio dello Stato 12 agosto 1946, n. 76;

il decreto legislativo del Capo provvisorio dello Stato 13 ottobre 1946, n. 244;

il decreto legislativo del Capo provvisorio dello Stato 23 agosto 1946, n. 370;

il regio decreto legislativo 29 maggio 1946, n. 453;

il regio decreto legislativo 2 giugno 1946, n. 491;

il decreto legislativo del Capo provvisorio dello Stato 17 luglio 1947, n. 691, fatta eccezione per gli articoli 3, 4, 5 [e per le competenze valutarie del CICR previste dall'art. 1, primo comma] (2);

il decreto legislativo del Capo provvisorio dello Stato 15 dicembre 1947, n. 1418;

il decreto legislativo del Capo provvisorio dello Stato 15 dicembre 1947, n. 1419;

il decreto legislativo del Capo provvisorio dello Stato 15 dicembre 1947, n. 1421;

il decreto legislativo 10 febbraio 1948, n. 105, e successive modificazioni;

il decreto legislativo 16 aprile 1948, n. 569;

la legge 29 luglio 1949, n. 474;

la legge 22 giugno 1950, n. 445;

la legge 10 agosto 1950, n. 717;

la legge 17 novembre 1950, n. 1095;

la legge 27 novembre 1951, n. 1350;

i capi V e VI della legge 25 luglio 1952, n. 949, fatta eccezione per gli articoli 21, 37, 38, primo e secondo comma, 39,

primo comma, 40, primo comma, e 41, secondo comma;
la legge 11 dicembre 1952, n. 3093;
la legge 24 febbraio 1953, n. 101;
la legge 13 marzo 1953, n. 208;
la legge 11 aprile 1953, n. 298;
la legge 8 aprile 1954, n. 102;
la legge 31 luglio 1957, n. 742;
la legge 24 dicembre 1957, n. 1295, e successive modificazioni e integrazioni, fatta eccezione per gli articoli 2, quarto comma, 3, settimo comma, e 5;
l'art. 155 del decreto del Presidente della Repubblica 29 gennaio 1958, n. 645;
la legge 21 luglio 1959, n. 607;
la legge 11 ottobre 1960, n. 1235;
la legge 23 ottobre 1960, n. 1320;
la legge 3 febbraio 1961, n. 39;
la legge 21 maggio 1961, n. 456;
la legge 27 giugno 1961, n. 562;
la legge 28 luglio 1961, n. 850;
la legge 24 novembre 1961, n. 1306;
la legge 30 aprile 1962, n. 265;
gli articoli 1, 2, 3 e 4 della legge 25 novembre 1962, n. 1679;
il decreto del Presidente della Repubblica 12 dicembre 1962, n. 1907;
la legge 10 maggio 1964, n. 407;
la legge 5 luglio 1964, n. 627;
la legge 31 ottobre 1965, n. 1244;
la legge 11 maggio 1966, n. 297;
la legge 24 dicembre 1966, n. 1262;
gli articoli 6, 7, 8 e 16 della legge 6 agosto 1967, n. 700, nonché ogni altra disposizione della medesima legge relativa all'organizzazione, al funzionamento e all'operatività della "Sezione credito" della Banca nazionale delle comunicazioni;
l'art. 41 della legge 14 agosto 1967, n. 800;
la legge 31 ottobre 1967, n. 1084;
la legge 28 ottobre 1968, n. 1178;
la legge 27 marzo 1969, n. 120;
l'art. 4 della legge 10 dicembre 1969, n. 970;
la legge 28 ottobre 1970, n. 866;
il decreto del Presidente della Repubblica 21 agosto 1971, n. 896;
la legge 26 ottobre 1971, n. 917;
la legge 3 dicembre 1971, n. 1033;
la legge 5 dicembre 1972, n. 848;
la legge 29 novembre 1973, n. 812;
il decreto del Presidente della Repubblica 8 novembre 1973, n. 916;
la legge 11 marzo 1974, n. 75;
la legge 14 agosto 1974, n. 392;
la legge 14 agosto 1974, n. 395;
gli articoli 11 e 12 del decreto-legge 13 agosto 1975, n. 376, convertito, con modificazioni, dalla legge 16 ottobre 1975, n. 492;
l'art. 2 della legge 16 ottobre 1975, n. 492;
l'art. 11 della legge 1° luglio 1977, n. 403;
la legge 10 febbraio 1981, n. 23;
gli articoli 10, 11 e 13 della legge 1° agosto 1981, n. 423;
l'art. 15 della legge 19 marzo 1983, n. 72;
l'art. 11 della legge 23 marzo 1983, n. 77, e successive modificazioni e integrazioni;
l'art. 3 della legge 18 luglio 1984, n. 359;
la legge 18 luglio 1984, n. 360;
gli articoli 12 e 21 della legge 27 febbraio 1985, n. 49;
gli articoli 9, 9-bis, 10, 11 e 21 della legge 4 giugno 1985, n. 281, e successive modificazioni e integrazioni;
la legge 17 aprile 1986, n. 114;
la legge 17 aprile 1986, n. 115;
l'art. 2 della legge 27 ottobre 1988, n. 458;
gli articoli 1, 2, 3, comma 1, l'art. 4, commi 1, 2, 3 e 4, gli articoli 5 e 6, commi 2 e 3, e gli articoli 8 e 15 della legge 28 agosto 1989, n. 302. Resta fermo quanto previsto dal comma 2 del presente articolo;
l'art. 5 della legge 30 luglio 1990, n. 218;
il titolo V della legge 10 ottobre 1990, n. 287 e successive modificazioni;
l'art. 18 e il titolo VII del decreto legislativo 20 novembre 1990, n. 356;
la legge 6 giugno 1991, n. 175;
l'art. 6, commi 1, 2, 2-bis, 4-bis, 5, 6, 8, 9 e 10, l'art. 7 e l'art. 8, comma 2-ter, del decreto-legge 3 maggio 1991, n. 143, convertito, con modificazioni, dalla legge 5 luglio 1991, n. 197. Resta fermo quanto previsto dal comma 2 del presente articolo;
l'art. 2, comma 6, della legge 5 ottobre 1991, n. 317;
l'art. 1 della legge 17 febbraio 1992, n. 207, salvo quanto previsto nell'art. 2, comma 1, della medesima legge;
il decreto legislativo 14 dicembre 1992, n. 481, fatta eccezione per gli articoli 43, 45 e 49, commi 5 e 6;
il decreto legislativo 30 dicembre 1992, n. 528.

2. Sono abrogati ma continuano a essere applicati fino alla data di entrata in vigore dei provvedimenti emanati dalle autorità creditizie ai sensi del presente decreto legislativo:
l'art. 36 della legge 2 giugno 1961, n. 454;
gli articoli 21 e 22, secondo, terzo e quarto comma, della legge 9 maggio 1975, n. 153;
la legge 5 marzo 1985, n. 74;
il decreto del Presidente della Repubblica 27 giugno 1985, n. 350;
gli articoli 10, 11, 12, 13 e 14 della legge 28 agosto 1989, n. 302;
gli articoli 23 e 24 della legge 29 dicembre 1990, n. 428;
il decreto legislativo 10 settembre 1991, n. 301;
il decreto legislativo 10 settembre 1991, n. 302, fatta salva la disciplina fiscale prevista dal comma 5 dell'art. 2;
l'art. 2 della legge 21 febbraio 1991, n. 52;
l'art. 6, commi 3 e 4, l'art. 8, commi 1, 2 e 2-bis, e l'art. 9 del decreto-legge 3 maggio 1991, n. 143, convertito, con modificazioni, dalla legge 5 luglio 1991, n. 197;
il capo II, sezione I, della legge 19 febbraio 1992, n. 142;
la legge 17 febbraio 1992, n. 154, fatta eccezione per l'art. 10;
il decreto del Ministro dell'economia e delle finanze 12 maggio 1992, n. 334.

3. Gli articoli 28 e 31 del decreto ministeriale 23 gennaio 1928, così come successivamente modificati, continuano a essere applicati fino all'attuazione dell'art. 152 del presente decreto legislativo.

3-bis. Sono abrogati i commi 4, 5 e 6 dell'articolo 4 del decreto del Presidente della Repubblica 31 marzo 1988, n. 148; tuttavia essi continuano a essere applicati fino all'attuazione dell'articolo 155, comma 5, del presente decreto legislativo (3).

4. È abrogata ogni altra disposizione incompatibile con il presente decreto legislativo.

5. Le disposizioni emanate dalle autorità creditizie ai sensi di norme abrogate o sostituite continuano a essere applicate fino alla data di entrata in vigore dei provvedimenti emanati ai sensi del presente decreto legislativo.

6. I contratti già conclusi e i procedimenti esecutivi in corso alla data di entrata in vigore del presente decreto legislativo restano regolati dalle norme anteriori.

7. Restano autorizzate, salvo eventuali revoche, le partecipazioni già consentite in sede di prima applicazione del titolo V della legge 10 ottobre 1990, n. 287.

7-bis. Le disposizioni di cui all'articolo 40-bis si applicano ai contratti di mutuo stipulati a decorrere dal 2 giugno 2007. Dalla stessa data decorrono i termini di cui ai commi 2 e 3 del medesimo articolo per i mutui immobiliari estinti a decorrere dal 3 aprile 2007 e sono abrogate le disposizioni legislative e regolamentari statali incompatibili con le disposizioni di cui all'articolo 40-bis e le clausole in contrasto con il medesimo articolo sono nulle e non comportano la nullità del contratto. Per i mutui immobiliari estinti prima del 3 aprile 2007 e la cui ipoteca non sia stata cancellata alla medesima data, il termine di cui al comma 2 dell'articolo 40-bis decorre dalla data della richiesta della quietanza da parte del debitore, da effettuarsi mediante lettera raccomandata con avviso di ricevimento (4).

7-ter. Le disposizioni di cui ai commi 1 e 2 dell'articolo 120-ter si applicano ai contratti di mutuo per l'acquisto della prima casa stipulati a decorrere dal 2 febbraio 2007 e ai contratti di mutuo per l'acquisto o per la ristrutturazione di unità immobiliari adibite ad abitazione ovvero allo svolgimento della propria attività economica o professionale da parte di persone fisiche stipulati o accollati a seguito di frazionamento, anche ai sensi del decreto legislativo 20 giugno 2005, n. 122, a decorrere dal 3 aprile 2007. La misura massima dell'importo della penale dovuta per il caso di estinzione anticipata o parziale dei mutui indicati nel comma 1 dell'articolo 120-ter stipulati antecedentemente al 2 febbraio 2007 è quella definita nell'accordo siglato il 2 maggio 2007 dall'Associazione bancaria italiana e dalle associazioni dei consumatori rappresentative a livello nazionale, ai sensi dell'articolo 137 del decreto legislativo 6 settembre 2005, n. 206. Le banche e gli intermediari finanziari non possono rifiutare la rinegoziazione dei contratti di mutuo stipulati prima del 2 febbraio 2007, nei casi in cui il debitore proponga la riduzione dell'importo della penale entro i limiti stabiliti ai sensi dell'accordo di cui al periodo precedente (4).

7-quater. Per i mutui a tasso variabile e a rata variabile per tutta la durata del contratto, stipulati o accollati, anche a seguito di frazionamento, per l'acquisto, la ristrutturazione o la costruzione dell'abitazione principale entro il 29 gennaio 2009, gli atti di consenso alla surrogazione di cui all'articolo 120-quater, comma 3, sono autenticati dal notaio senza l'applicazione di alcun onorario e con il solo rimborso delle spese. A tal fine, la quietanza rilasciata dal finanziatore originario e il contratto stipulato con il creditore surrogato sono forniti al notaio per essere prodotti unitamente all'atto di surrogazione. Con il provvedimento di cui al comma 3 dell'articolo 120-quater sono stabilite le modalità con cui la quietanza, il contratto e l'atto di surrogazione sono presentati al conservatore al fine dell'annotazione. Per eventuali attività aggiuntive non necessarie all'operazione, espressamente richieste dalle parti, gli onorari di legge restano a carico della parte richiedente (5).

7-quinquies. A decorrere dal 2 maggio 2012, la cancellazione di cui all'articolo 40-bis si esegue anche con riferimento alle ipoteche, ivi previste, iscritte da oltre venti anni e non rinnovate ai sensi dell'articolo 2847 del codice civile. Per tali ipoteche il creditore, entro sei mesi dalla data in cui ne ha ricevuto richiesta da parte del debitore mediante lettera raccomandata con avviso di ricevimento e salvo che ricorra un giustificato motivo ostativo da comunicare al debitore medesimo, trasmette al conservatore la comunicazione attestante la data di estinzione dell'obbligazione ovvero l'insussistenza di ragioni di credito da garantire con l'ipoteca. Per le richieste ricevute prima del 2 maggio 2012, il termine di sei mesi decorre dalla medesima data. Il conservatore procede d'ufficio alla cancellazione dell'ipoteca, senza alcun onere per il debitore, entro il giorno successivo a quello di ricezione della comunicazione. Con provvedimento del Direttore dell'Agenzia del territorio, da emanare entro il 30 giugno 2012, sono definite le modalità di attuazione delle disposizioni di cui al presente comma (6).

(1) Così corretto in G.U. 7/3/1994, n. 54.

(2) Alinea modificato dall'art. 1, co. 56, d.lg. 12/5/2015, n. 72. Vedi inoltre, l'art. 2 del d.lg. 12/5/2015, n. 72.

(3) Comma aggiunto dall'art. 37 del d.lg. 4/8/1999, n. 342.

(4) Comma aggiunto dall'art. 6, co. 1, d.lg. 13/8/2010, n. 141, con la decorrenza indicata al co. 2 del medesimo art. 6.

(5) Comma aggiunto dall'art. 6, co. 1, d.lg. 13/8/2010, n. 141, con la decorrenza indicata al co. 2 del medesimo art. 6. Successivamente il presente comma è stato modificato dall'art. 8, co. 8, lett. d), d.l. 13/5/2011, n. 70.

(6) Comma aggiunto dall'art. 6, co. 5-quinquiesdecies, lett. b), d.l. 2/3/2012, n. 16.

162. Entrata in vigore. – 1. Il presente decreto legislativo entra in vigore il 1° gennaio 1994.

D.lg. 24 febbraio 1998, n. 58

Testo unico delle disposizioni in materia di intermediazione finanziaria, ai sensi degli articoli 8 e 21 della legge 6 febbraio 1996, n. 52

PARTE I
DISPOSIZIONI COMUNI

1. Definizioni. – 1. Nel presente decreto legislativo si intendono per:

a) "legge fallimentare": il regio decreto 16 marzo 1942, n. 267 e successive modificazioni;

b) "Testo Unico bancario" (T.U. bancario): il decreto legislativo 1° settembre 1993, n. 385 e successive modificazioni;

c) "CONSOB": la Commissione nazionale per le società e la borsa;

c-bis) "COVIP": la Commissione di vigilanza sui fondi pensione (1);

d) 'IVAS': L'Istituto per la Vigilanza sulle Assicurazioni;

d-bis) "SEVIF": il Sistema europeo di vigilanza finanziaria composto dalle seguenti parti:

1) "ABE": Autorità bancaria europea, istituita con regolamento (UE) n. 1093/2010;

2) "AEAP": Autorità europea delle assicurazioni e delle pensioni aziendali e professionali, istituita con regolamento (UE) n. 1094/2010;

3) "AESFEM": Autorità europea degli strumenti finanziari e dei mercati, istituita con regolamento (UE) n. 1095/2010;

4) "Comitato congiunto": il Comitato congiunto delle Autorità europee di vigilanza, previsto dall'articolo 54 del regolamento (UE) n. 1093/2010, del regolamento (UE) n. 1094/2010, del regolamento (UE) n. 1095/2010;

5) "CERS": Comitato europeo per il rischio sistemico, istituito dal regolamento (UE) n. 1092/2010;

6) "Autorità di vigilanza degli Stati membri": le autorità competenti o di vigilanza degli Stati membri specificate negli atti dell'Unione di cui all'articolo 1, paragrafo 2, del regolamento (UE) n. 1093/2010, del regolamento (UE) n.

1094/2010 e del regolamento (UE) n. 1095/2010;

d-ter) "UE": l'Unione europea (2);

d-ter.1) "Meccanismo di Vigilanza Unico (MVU)": il sistema di vigilanza finanziaria composto dalla Banca Centrale Europea e dalle autorità nazionali competenti degli Stati membri che vi partecipano (3);

d-ter.2) "Meccanismo di Risoluzione Unico (MRU)": il sistema di risoluzione istituito ai sensi del Regolamento (UE) 806/2014, composto dal Comitato di Risoluzione Unico e dalle autorità nazionali di risoluzione degli Stati membri che vi partecipano (3);

d-quater) "impresa di investimento": l'impresa la cui occupazione o attività abituale consiste nel prestare uno o più servizi di investimento a terzi e/o nell'effettuare una o più attività di investimento a titolo professionale (2);

d-quinquies) "banca": la banca come definita dall'articolo 1, comma 1, lettera b), del Testo unico bancario (2);

d-sexies) "banca dell'Unione europea" o "banca UE": la banca avente sede legale e amministrazione centrale in un medesimo Stato dell'Unione europea diverso dall'Italia (2);

e) "società di intermediazione mobiliare" (Sim): l'impresa di investimento avente forma di persona giuridica con sede legale e direzione generale in Italia, diversa dalle banche e dagli intermediari finanziari iscritti nell'albo previsto dall'articolo 106 del T.U. bancario, autorizzata a svolgere servizi o attività di investimento (4);

e-bis) "Sim di classe 1": la Sim che soddisfa i requisiti previsti dall'articolo 4, paragrafo 1, punto 1), lettera b), del regolamento (UE) n. 575/2013 (5);

e-ter) "Sim di classe 1-minus": la Sim che soddisfa i requisiti previsti dall'articolo 1, paragrafo 2, lettere a) o b), del regolamento (UE) 2019/2033, o la Sim destinataria di una decisione dell'autorità competente ai sensi dell'articolo 7-undecies, commi 3 o 4 (5);

f) "impresa di investimento dell'Unione europea" o "impresa di investimento UE": l'impresa di investimento, diversa dalla banca, autorizzata a svolgere servizi o attività di investimento, avente sede legale e direzione generale in un medesimo Stato dell'Unione europea, diverso dall'Italia (6);

g) "impresa di paesi terzi": l'impresa che non ha la propria sede legale o direzione generale nell'Unione europea, la cui attività è corrispondente a quella di un'impresa di investimento UE o di una banca UE che presta servizi o attività di investimento (7);

[*h) "imprese di investimento": le SIM e le imprese di investimento comunitarie ed extracomunitarie**];

i) 'società di investimento a capitale variabile' (Sicav): l'Oicr aperto costituito in forma di società per azioni a capitale variabile con sede legale e direzione generale in Italia avente per oggetto esclusivo l'investimento collettivo del patrimonio raccolto mediante l'offerta di proprie azioni;

i-bis) 'società di investimento a capitale fisso' (Sicaf): l'Oicr chiuso costituito in forma di società per azioni a capitale fisso con sede legale e direzione generale in Italia avente per oggetto esclusivo l'investimento collettivo del patrimonio raccolto mediante l'offerta di proprie azioni e di altri strumenti finanziari partecipativi;

i-ter) "personale": i dipendenti e coloro che comunque operano sulla base di rapporti che ne determinano l'inserimento nell'organizzazione aziendale, anche in forma diversa dal rapporto di lavoro subordinato (8);

i-quater) società di investimento semplice (SiS): il FIA italiano costituito in forma di Sicaf che gestisce direttamente il proprio patrimonio e che rispetta tutte le seguenti condizioni:

1) il patrimonio netto non eccede euro 25 milioni;

2) ha per oggetto esclusivo l'investimento diretto del patrimonio raccolto in PMI non quotate su mercati regolamentati di cui all'articolo 2 paragrafo 1, lettera f), primo alinea, del regolamento (UE) 2017/1129 del Parlamento europeo e del Consiglio del 14 giugno 2017 che si trovano nella fase di sperimentazione, di costituzione e di avvio dell'attività, in deroga all'articolo 35-bis, comma 1, lettera f);

3) non ricorre alla leva finanziaria;

4) dispone di un capitale sociale almeno pari a quello previsto dall'articolo 2327 del codice civile, in deroga all'articolo 35-bis, comma 1, lettera c) (9);

j) 'fondo comune di investimento': l'Oicr costituito in forma di patrimonio autonomo, suddiviso in quote, istituito e gestito da un gestore;

k) 'Organismo di investimento collettivo del risparmio' (Oicr): l'organismo istituito per la prestazione del servizio di gestione collettiva del risparmio, il cui patrimonio è raccolto tra una pluralità di investitori mediante l'emissione e l'offerta di quote o azioni, gestito in monte nell'interesse degli investitori e in autonomia dai medesimi nonché investito in strumenti finanziari, crediti, inclusi quelli erogati, a favore di soggetti diversi dai consumatori, a valere sul patrimonio dell'OICR, partecipazioni o altri beni mobili o immobili, in base a una politica di investimento predeterminata (10);

k-bis) 'Oicr aperto': l'Oicr i cui partecipanti hanno il diritto di chiedere il rimborso delle quote o azioni a valere sul patrimonio dello stesso, secondo le modalità e con la frequenza previste dal regolamento, dallo statuto e dalla documentazione d'offerta dell'Oicr;

k-ter) 'Oicr chiuso': l'Oicr diverso da quello aperto;

l) 'Oicr italiani': i fondi comuni d'investimento, le Sicav e le Sicaf;

m) 'Organismi di investimento collettivo in valori mobiliari italiani' (OICVM italiani): il fondo comune di investimento e la Sicav rientranti nell'ambito di applicazione della direttiva 2009/65/CE;

m-bis) 'Organismi di investimento collettivo in valori mobiliari UE' (OICVM UE): gli Oicr rientranti nell'ambito di applicazione della direttiva 2009/65/CE, costituiti in uno Stato dell'UE diverso dall'Italia;

m-ter) 'Oicr alternativo italiano' (FIA italiano): il fondo comune di investimento, la Sicav e la Sicaf rientranti nell'ambito di applicazione della direttiva 2011/61/UE;

m-quater) 'FIA italiano riservato': il FIA italiano la cui partecipazione è riservata a investitori professionali e alle categorie di investitori individuate dal regolamento di cui all'articolo 39;

m-quinquies) Oicr alternativi UE (FIA UE)': gli Oicr rientranti nell'ambito di applicazione della direttiva 2011/61/UE, costituiti in uno Stato dell'UE diverso dall'Italia;

m-sexies) 'Oicr alternativi non UE (FIA non UE)': gli Oicr rientranti nell'ambito di applicazione della direttiva 2011/61/UE, costituiti in uno Stato non appartenente all'UE;

m-septies) 'fondo europeo per il venture capital' (EuVECA): l'Oicr rientrante nell'ambito di applicazione del regolamento (UE) n. 345/2013;

m-octies) 'fondo europeo per l'imprenditoria sociale' (EuSEF); l'Oicr rientrante nell'ambito di applicazione del regolamento (UE) n. 346/2013;

m-octies.1) 'fondo di investimento europeo a lungo termine" (ELTIF): l'Oicr rientrante nell'ambito di applicazione del regolamento (UE) n. 2015/760 (11);

m-octies.2) 'fondo comune monetario' (FCM): l'Oicr rientrante nell'ambito di applicazione del regolamento (UE) 2017/1131 (12);

m-novies) 'Oicr feeder': l'Oicr che investe le proprie attività totalmente o in prevalenza nell'Oicr master;

m-decies) 'Oicr master': l'Oicr nel quale uno o più Oicr-feeder investono totalmente o in prevalenza le proprie attività;

m-undecies) 'clienti professionali' o 'investitori professionali': i clienti professionali ai sensi dell'articolo 6, commi 2-quinquies e 2-sexies (13);

m-undecies.1) 'Business Angel': gli investitori a supporto dell'innovazione che hanno investito in maniera diretta o indiretta una somma pari ad almeno euro 40.000 nell'ultimo triennio; (14)

m-duodecies) "clienti al dettaglio o investitori al dettaglio": i clienti o gli investitori che non sono clienti professionali o investitori professionali (15);

n) 'gestione collettiva del risparmio': il servizio che si realizza attraverso la gestione di Oicr e dei relativi rischi;

o) "società di gestione del risparmio" (SGR): la società per azioni con sede legale e direzione generale in Italia autorizzata a prestare il servizio di gestione collettiva del risparmio;

o-bis) 'società di gestione UE': la società autorizzata ai sensi della direttiva 2009/65/CE in uno Stato dell'UE diverso dall'Italia, che esercita l'attività di gestione di uno o più OICVM;

p) 'gestore di FIA UE' (GEFIA UE): la società autorizzata ai sensi della direttiva 2011/61/UE in uno Stato dell'UE diverso dall'Italia, che esercita l'attività di gestione di uno o più FIA;

q) 'gestore di FIA non UE' (GEFIA non UE): la società autorizzata ai sensi della direttiva 2011/61/UE con sede legale in uno Stato non appartenente all'UE, che esercita l'attività di gestione di uno o più FIA;

q-bis) 'gestore': la Sgr, la Sicav e la Sicaf che gestiscono direttamente i propri patrimoni, la società di gestione UE, il GEFIA UE, il GEFIA non UE, il gestore di EuVECA, il gestore di EuSEF e il gestore di ELTIF (16);

q-ter) 'depositario di Oicr': il soggetto autorizzato nel paese di origine dell'Oicr ad assumere l'incarico di depositario;

q-quater) 'depositario dell'Oicr master o dell'Oicrfeeder': il depositario dell'Oicr master o dell'Oicr feeder ovvero, se l'Oicr master o l'Oicr feeder è unOicr UE o non UE, il soggetto autorizzato nello Stato di origine a svolgere i compiti di depositario;

q-quinquies) 'quote e azioni di Oicr': le quote dei fondi comuni di investimento, le azioni di Sicav e le azioni e altri strumenti finanziari partecipativi di Sicaf;

r) "soggetti abilitati": le Sim, le imprese di investimento UE con succursale in Italia, le imprese di paesi terzi autorizzate in Italia, le Sgr, le società di gestione UE con succursale in Italia, le Sicav, le Sicaf, i GEFIA UE con succursale in Italia, i GEFIA non UE autorizzati in Italia, i GEFIA non UE autorizzati in uno Stato dell'UE diverso dall'Italia con succursale in Italia, nonché gli intermediari finanziari iscritti nell'albo previsto dall'articolo 106 del T.U. bancario, le banche italiane e le banche UE con succursale in Italia autorizzate all'esercizio dei servizi o delle attività di investimento (17);

r-bis) "Stato di origine della società di gestione armonizzata": lo Stato dell'UE dove la società di gestione UE ha la propria sede legale e direzione generale;

r-ter) "Stato di origine dell'OICR": Stato dell'UE in cui l'OICR è stato costituito;

r-ter.1) "indice di riferimento" o "benchmark": l'indice di cui all'articolo 3, paragrafo 1, punto 3), del regolamento (UE) 2016/1011 (18);

r-ter.2) "amministratore di indici di riferimento": la persona fisica o giuridica di cui all'articolo 3, paragrafo 1, punto 6), del regolamento (UE) 2016/1011 (18);

r-quater) 'rating del credito': un parere relativo al merito creditizio di un'entità, così come definito dall'articolo 3, paragrafo 1, lettera a), del regolamento (CE) n. 1060/2009 (19);

r-quinquies) 'agenzia di rating del credito': una persona giuridica la cui attività include l'emissione di rating del credito a livello professionale (19);

s) "servizi ammessi al mutuo riconoscimento": le attività e i servizi elencati nelle sezioni A e B dell'Allegato I al presente decreto, autorizzati nello Stato dell'UE di origine (20);

t) "offerta al pubblico di prodotti finanziari": ogni comunicazione rivolta a persone, in qualsiasi forma e con qualsiasi mezzo, che presenti sufficienti informazioni sulle condizioni dell'offerta e dei prodotti finanziari offerti così da mettere un investitore in grado di decidere di acquistare o di sottoscrivere tali prodotti finanziari, incluso il collocamento tramite soggetti abilitati;

u) "prodotti finanziari": gli strumenti finanziari e ogni altra forma di investimento di natura finanziaria; non costituiscono prodotti finanziari i depositi bancari o postali non rappresentati da strumenti finanziari;

v) "offerta pubblica di acquisto o di scambio": ogni offerta, invito a offrire o messaggio promozionale, in qualsiasi forma effettuati, finalizzati all'acquisto o allo scambio di prodotti finanziari e rivolti a un numero di soggetti e di ammontare complessivo superiore a quelli indicati nel regolamento previsto dall'articolo 100, comma 3, lettere b) e c); non costituisce offerta pubblica di acquisto o di scambio quella avente a oggetto titoli emessi dalle banche centrali degli Stati comunitari (21);

w) "emittenti quotati": i soggetti, italiani o esteri, inclusi i trust, che emettono strumenti finanziari quotati in un mercato regolamentato italiano. Nel caso di ricevute di deposito ammesse alle negoziazioni in un mercato regolamentato, per emittente si intende l'emittente dei valori mobiliari rappresentati, anche qualora tali valori non sono ammessi alla negoziazione in un mercato regolamentato (22);

w-bis) soggetti abilitati alla distribuzione assicurativa: gli intermediari assicurativi iscritti nella sezione d) del registro unico degli intermediari assicurativi di cui all'articolo 109 del decreto legislativo n. 209 del 2005, i soggetti dell'Unione europea iscritti nell'elenco annesso di cui all'articolo 116-quinquies, comma 5, del decreto legislativo n. 209 del 2005, quali le banche, le società di intermediazione mobiliare e le imprese di investimento, anche quando operano con i collaboratori di cui alla sezione E del registro unico degli intermediari assicurativi di cui all'articolo 109 del decreto legislativo n. 209 del 2005 (23);

w-bis.1) «prodotto di investimento al dettaglio e assicurativo preassemblato» o «PRIIP»: un prodotto ai sensi all'articolo 4, numero 3), del regolamento (UE) n. 1286/2014 (24);

w-bis.2) «prodotto d'investimento al dettaglio preassemblato» o «PRIP»: un investimento ai sensi dell'articolo 4, numero 1), del regolamento (UE) n. 1286/2014 (24);

w-bis.3) «prodotto di investimento assicurativo»: un prodotto ai sensi dell'articolo 4, numero 2), del regolamento (UE) n. 1286/2014. Tale definizione non include: 1) i prodotti assicurativi non vita elencati all'allegato I della direttiva 2009/138/CE; 2) i contratti assicurativi vita, qualora le prestazioni previste dal contratto siano dovute soltanto in caso di decesso o per incapacità dovuta a lesione, malattia o disabilità; 3) i prodotti pensionistici che, ai sensi del diritto nazionale, sono riconosciuti come aventi lo scopo precipuo di offrire all'investitore un reddito durante la pensione e che consentono all'investitore di godere di determinati vantaggi; 4) i regimi pensionistici aziendali o professionali ufficialmente riconosciuti che rientrano nell'ambito di applicazione della direttiva 2003/41/CE o della direttiva 2009/138/CE; 5) i singoli prodotti pensionistici per i quali il diritto nazionale richiede un contributo finanziario del datore di lavoro e nei quali il lavoratore o il datore di lavoro non può scegliere il fornitore o il prodotto pensionistico (25);

w-bis.4) «ideatore di prodotti d'investimento al dettaglio preassemblati e assicurativi» o «ideatore di PRIIP»: un soggetto di cui all'articolo 4, numero 4), del regolamento (UE) n. 1286/2014 (24);

w-bis.5) «persona che vende un PRIIP»: un soggetto di cui all'articolo 4, numero 5), del regolamento (UE) n. 1286/2014 (24);

w-bis.6) «investitore al dettaglio in PRIIP»: un cliente ai sensi dell'articolo 4, numero 6), del regolamento (UE) n. 1286/2014 (24);

w-bis.7) "gestore del mercato": il soggetto che gestisce e/o amministra l'attività di un mercato regolamentato e può coincidere con il mercato regolamentato stesso (26);

w-ter) "mercato regolamentato": sistema multilaterale amministrato e/o gestito da un gestore del mercato, che consente o facilita l'incontro, al suo interno e in base alle sue regole non discrezionali, di interessi multipli di acquisto e di vendita di terzi relativi a strumenti finanziari, in modo da dare luogo a contratti relativi a strumenti finanziari ammessi alla negoziazione conformemente alle sue regole e/o ai suoi sistemi, e che è autorizzato e funziona regolarmente e conformemente alla parte III (27);

w-quater) "emittenti quotati aventi l'Italia come Stato membro d'origine":

1) gli emittenti azioni ammesse alle negoziazioni in mercati regolamentati italiani o di altro Stato membro dell'Unione europea, aventi sede legale in Italia (28);

2) gli emittenti titoli di debito di valore nominale unitario inferiore ad euro mille, o valore corrispondente in valuta diversa, ammessi alle negoziazioni in mercati regolamentati italiani o di altro Stato membro dell'Unione europea, aventi sede legale in Italia (29);

3) gli emittenti valori mobiliari di cui ai numeri 1) e 2), aventi sede legale in uno Stato non appartenente all'Unione europea, che hanno scelto l'Italia come Stato membro d'origine tra gli Stati membri in cui i propri valori mobiliari sono ammessi alla negoziazione in un mercato regolamentato. La scelta dello Stato membro d'origine resta valida salvo che l'emittente abbia scelto un nuovo Stato membro d'origine ai sensi del numero 4-bis) e abbia comunicato tale scelta (30);

4) gli emittenti valori mobiliari diversi da quelli di cui ai numeri 1) e 2), aventi sede legale in Italia o i cui valori mobiliari sono ammessi alle negoziazioni in un mercato regolamentato italiano, che hanno scelto l'Italia come Stato membro d'origine. L'emittente può scegliere un solo Stato membro d'origine. La scelta resta valida per almeno tre anni, salvo il caso in cui i valori mobiliari dell'emittente non sono più ammessi alla negoziazione in alcun mercato regolamentato dell'Unione europea, o salvo che l'emittente, nel triennio, rientri tra gli emittenti di cui ai numeri 1), 2), 3) e 4-bis), della presente lettera (31);

4-bis) gli emittenti di cui ai numeri 3) e 4) i cui valori mobiliari non sono più ammessi alla negoziazione in un mercato regolamentato dello Stato membro d'origine, ma sono stati ammessi alla negoziazione in un mercato regolamentato italiano o di altri Stati membri e, se del caso, aventi sede legale in Italia oppure che hanno scelto l'Italia come nuovo Stato membro d'origine (32);

w-quater.1) "PMI": fermo quanto previsto da altre disposizioni di legge, le piccole e medie imprese, emittenti azioni quotate, che abbiano una capitalizzazione di mercato inferiore ai 500 milioni di euro. Non si considerano PMI gli emittenti azioni quotate che abbiano superato tale limite per tre anni consecutivi. La Consob stabilisce con regolamento le disposizioni attuative della presente lettera, incluse le modalità informative cui sono tenuti tali emittenti in relazione all'acquisto ovvero alla perdita della qualifica di PMI. La Consob pubblica l'elenco delle PMI tramite il proprio sito internet (33);

w-quinquies) "controparti centrali": i soggetti indicati nell'articolo 2, punto 1), del regolamento (UE) n. 648/2012 del Parlamento europeo e del Consiglio, del 4 luglio 2012, concernente gli strumenti derivati OTC, le controparti centrali e i repertori di dati sulle negoziazioni;

w-sexies) "provvedimenti di risanamento": i provvedimenti con cui sono disposte (34):

1) l'amministrazione straordinaria, nonché le misure adottate nel suo ambito;

2) le misure adottate ai sensi dell'articolo 60-bis.4;

3) le misure, equivalenti a quelle indicate ai punti 1 e 2, adottate da autorità di altri Stati dell'Unione europea (35) (22);

w-septies) "depositari centrali di titoli o depositari centrali": i soggetti indicati nell'articolo 2, paragrafo 1, punto 1), del regolamento (UE) n. 909/2014 del Parlamento europeo e del Consiglio, del 23 luglio 2014, relativo al miglioramento del regolamento titoli nell'Unione europea e ai depositari centrali di titoli (36).

1-bis. Per "valori mobiliari" si intendono categorie di valori che possono essere negoziati nel mercato dei capitali, quali ad esempio:

a) azioni di società e altri titoli equivalenti ad azioni di società, di partnership o di altri soggetti e ricevute di deposito azionario;

b) obbligazioni e altri titoli di debito, comprese le ricevute di deposito relative a tali titoli;

c) qualsiasi altro valore mobiliare che permetta di acquisire o di vendere i valori mobiliari indicati alle lettere a) e b) o che comporti un regolamento a pronti determinato con riferimento a valori mobiliari, valute, tassi di interesse o rendimenti, merci o altri indici o misure (37).

1-ter. Per "strumenti del mercato monetario" si intendono categorie di strumenti normalmente negoziati nel mercato monetario, quali, ad esempio, i buoni del Tesoro, i certificati di deposito e le carte commerciali.

1-quater. Per "ricevute di deposito" si intendono titoli negoziabili sul mercato dei capitali, rappresentanti la proprietà dei titoli di un emittente non domiciliato, ammissibili alla negoziazione in un mercato regolamentato e negoziati indipendentemente dai titoli dell'emittente non domiciliato (38).

2. Per "strumento finanziario" si intende qualsiasi strumento riportato nella Sezione C dell'Allegato I. Gli strumenti di pagamento non sono strumenti finanziari (39).

2-bis. Il Ministro dell'economia e delle finanze, con il regolamento di cui all'articolo 18, comma 5, può individuare:

a) gli altri contratti derivati di cui al punto 7, sezione C, dell'Allegato I aventi le caratteristiche di altri strumenti finanziari derivati;

b) gli altri contratti derivati di cui al punto 10, sezione C, dell'Allegato I aventi le caratteristiche di altri strumenti finanziari derivati, negoziati in un mercato regolamentato, in un sistema multilaterale di negoziazione o in un sistema organizzato di negoziazione (40).

2-ter. Nel presente decreto legislativo si intendono per:

a) "strumenti derivati": gli strumenti finanziari citati nell'Allegato I, sezione C, punti da 4 a 10, nonché gli strumenti finanziari previsti dal comma 1-bis, lettera c);

b) "derivati su merci": gli strumenti finanziari che fanno riferimento a merci o attività sottostanti di cui all'Allegato I, sezione C, punti 5), 6), 7) e 10), nonché gli strumenti finanziari previsti dal comma 1-bis, lettera c), quando fanno riferimento a merci o attività sottostanti menzionati all'Allegato I, sezione C, punto 10);

c) "contratti derivati su prodotti energetici C6": i contratti di opzione, i contratti finanziari a termine standardizzati (future), gli swap e tutti gli altri contratti derivati concernenti carbone o petrolio menzionati nella Sezione C, punto 6, dell'Allegato I che sono negoziati in un sistema organizzato di negoziazione e devono essere regolati con consegna fisica del sottostante (41).

[*3. Per "strumenti finanziari derivati" si intendono gli strumenti finanziari previsti dal comma 2, lettere d), e), f), g), h), i) e j), nonché gli strumenti finanziari previsti dal comma 1-bis, lettera d)***].

[*4. I mezzi di pagamento non sono strumenti finanziari. Sono strumenti finanziari ed, in particolare, contratti finanziari differenziali, i contratti di acquisto e vendita di valuta, estranei a transazioni commerciali e regolati per differenza, anche mediante operazioni di rinnovo automatico (c.d. "roll-over"). Sono altresì strumenti finanziari le ulteriori operazioni su valute individuate ai sensi dell'articolo 18, comma 5***].

5. Per "servizi e attività di investimento" si intendono i seguenti, quando hanno per oggetto strumenti finanziari:

a) negoziazione per conto proprio;

b) esecuzione di ordini per conto dei clienti;

c) assunzione a fermo e/o collocamento sulla base di un impegno irrevocabile nei confronti dell'emittente (42);

c-bis) collocamento senza impegno irrevocabile nei confronti dell'emittente (43);

d) gestione di portafogli;

e) ricezione e trasmissione di ordini;

f) consulenza in materia di investimenti;

g) gestione di sistemi multilaterali di negoziazione;

g-bis) gestione di sistemi organizzati di negoziazione (44).

5-bis. Per "negoziazione per conto proprio" si intende l'attività di acquisto e vendita di strumenti finanziari, in contropartita diretta (45).

5-bis.1. Per "sistema multilaterale" si intende un sistema che consente l'interazione tra interessi multipli di acquisto e di vendita di terzi relativi a strumenti finanziari (46).

5-ter. Per "internalizzatore sistematico" si intende l'impresa di investimento che in modo organizzato, frequente, sistematico e sostanziale negozia per conto proprio eseguendo gli ordini dei clienti al di fuori di un mercato regolamentato, di un sistema multilaterale di negoziazione o di un sistema organizzato di negoziazione senza gestire un sistema multilaterale. Il modo frequente e sistematico si misura per numero di negoziazioni fuori listino (OTC) su strumenti finanziari effettuate per conto proprio eseguendo gli ordini dei clienti. Il modo sostanziale si misura per dimensioni delle negoziazioni OTC effettuate dal soggetto su uno specifico strumento finanziario in relazione al totale delle negoziazioni effettuate sullo strumento finanziario dal soggetto medesimo o all'interno dell'Unione europea (47).

5-quater. Per "market maker" si intende una persona che si propone, nelle sedi di negoziazione e/o al di fuori delle stesse, su base continuativa, come disposta a negoziare per conto proprio acquistando e vendendo strumenti finanziari in contropartita diretta ai prezzi dalla medesima definiti (47).

5-quinquies. Per "gestione di portafogli" si intende la gestione, su base discrezionale e individualizzata, di portafogli di investimento che includono uno o più strumenti finanziari e nell'ambito di un mandato conferito dai clienti.

5-sexies. Il servizio di cui al comma 5, lettera e), comprende la ricezione e la trasmissione di ordini, nonché l'attività consistente nel mettere in contatto due o più investitori, rendendo così possibile la conclusione di un'operazione fra loro (mediazione).

5-septies. Per "consulenza in materia di investimenti" si intende la prestazione di raccomandazioni personalizzate a un cliente, dietro sua richiesta o per iniziativa del prestatore del servizio, riguardo a una o più operazioni relative a strumenti finanziari (48).

5-septies.1. Per "esecuzione di ordini per conto dei clienti" si intende la conclusione di accordi di acquisto o di vendita di uno o più strumenti finanziari per conto dei clienti, compresa la conclusione di accordi per la sottoscrizione o la compravendita di strumenti finanziari emessi da un'impresa di investimento o da una banca al momento della loro emissione (49).

5-septies.2. Per "agente collegato" si intende la persona fisica o giuridica che, sotto la piena e incondizionata responsabilità di una sola impresa di investimento per conto della quale opera, promuove servizi di investimento e/o servizi accessori presso clienti o potenziali clienti, riceve e trasmette le istruzioni o gli ordini dei clienti riguardanti servizi di investimento o strumenti finanziari, colloca strumenti finanziari o presta consulenza ai clienti o potenziali clienti rispetto a detti strumenti o servizi finanziari (49).

5-septies.3. Per "consulente finanziario abilitato all'offerta fuori sede" si intende la persona fisica iscritta nell'apposita sezione dell'albo previsto dall'articolo 31, comma 4, del presente decreto che, in qualità di agente collegato, esercita professionalmente l'offerta fuori sede come dipendente, agente o mandatario (49).

5-octies. Nel presente decreto legislativo si intendono per:

a) "sistema multilaterale di negoziazione": un sistema multilaterale gestito da un'impresa di investimento o da un gestore del mercato che consente l'incontro, al suo interno e in base a regole non discrezionali, di interessi multipli di acquisto e di vendita di terzi relativi a strumenti finanziari, in modo da dare luogo a contratti conformemente alla parte II e alla parte III;

b) "sistema organizzato di negoziazione": un sistema multilaterale diverso da un mercato regolamentato o da un sistema multilaterale di negoziazione che consente l'interazione tra interessi multipli di acquisto e di vendita di terzi relativi a obbligazioni, strumenti finanziari strutturati, quote di emissioni e strumenti derivati, in modo da dare luogo a contratti conformemente alla parte II e alla parte III;

c) "sede di negoziazione": un mercato regolamentato, un sistema multilaterale di negoziazione o un sistema organizzato di negoziazione (50).

5-octies.1. Per "ordine con limite di prezzo" si intende un ordine di acquisto o di vendita di uno strumento finanziario al prezzo limite fissato o a un prezzo più vantaggioso e per un quantitativo fissato (51).

5-novies. Per "portale per la raccolta di capitali per le piccole e medie imprese e per le imprese sociali" si intende una piattaforma on line che abbia come finalità esclusiva la facilitazione della raccolta di capitale di rischio da parte delle piccole e medie imprese, come definite dall'articolo 2, paragrafo 1, lettera (f), primo alinea, del regolamento (UE) 2017/1129, delle imprese sociali e degli organismi di investimento collettivo del risparmio o di altre società che investono prevalentemente in piccole e medie imprese (52).

[*5-decies. Per «start-up innovativa» si intende la società definita dall'articolo 25, comma 2, del decreto-legge 18 ottobre 2012, n. 179****].

[*5-undecies. Per «piccola e media impresa innovativa» o «PMI innovativa» si intende la PMI definita dall'articolo 4, comma 1, del decreto-legge 24 gennaio 2015, n. 3* (53)***].

5-duodecies. Per "imprese sociali" si intendono le imprese sociali ai sensi del decreto legislativo 3 luglio 2017, n. 112, costituite in forma di società di capitali o di società cooperativa (54).

6. Per "servizio accessorio" si intende qualsiasi servizio riportato nella sezione B dell'Allegato I (55).

6-bis. Per "partecipazioni" si intendono le azioni, le quote e gli altri strumenti finanziari che attribuiscono diritti amministrativi o comunque quelli previsti dall'articolo 2351, ultimo comma, del codice civile.

6-bis.1. Per "controllante" si intende un'impresa controllante ai sensi degli articoli 2, paragrafo 9, e 22 della direttiva 2013/34/UE (56).

6-bis.2. Per "controllata" si intende un'impresa controllata ai sensi degli articoli 2, paragrafo 10, e 22 della direttiva 2013/34/UE; l'impresa controllata di un'impresa controllata è parimenti considerata impresa controllata dell'impresa controllante che è a capo di tali imprese (56).

6-bis.3. Per "stretti legami" si intende la situazione nella quale due o più persone fisiche o giuridiche sono legate:

a) da una «partecipazione», ossia dal fatto di detenere, direttamente o tramite un legame di controllo, il 20 per cento o più dei diritti di voto o del capitale di un'impresa;

b) da un legame di «controllo», ossia dalla relazione esistente tra un'impresa controllante e un'impresa controllata, in tutti i casi di cui all'articolo 22, paragrafi 1 e 2, della direttiva 2013/34/UE, o relazione analoga esistente tra persone fisiche e giuridiche e un'impresa, nel qual caso ogni impresa controllata di un'impresa controllata è considerata impresa controllata dell'impresa controllante che è a capo di tali imprese;

c) da un legame duraturo tra due o tutte le suddette persone e uno stesso soggetto che sia una relazione di controllo (56).

6-ter. Se non diversamente disposto, le norme del presente decreto legislativo che fanno riferimento al consiglio di amministrazione, all'organo amministrativo ed agli amministratori si applicano anche al consiglio di gestione e ai suoi componenti.

6-quater. Se non diversamente disposto, le norme del presente decreto legislativo che fanno riferimento al collegio sindacale, ai sindaci e all'organo che svolge la funzione di controllo si applicano anche al consiglio di sorveglianza e al comitato per il controllo sulla gestione e ai loro componenti.

6-quinquies. Per "negoziazione algoritmica" si intende la negoziazione di strumenti finanziari in cui un algoritmo informatizzato determina automaticamente i parametri individuali degli ordini, come ad esempio l'avvio dell'ordine, la relativa tempistica, il prezzo, la quantità o le modalità di gestione dell'ordine dopo l'invio, con intervento umano minimo o assente, ad esclusione dei sistemi utilizzati unicamente per trasmettere ordini a una o più sedi di negoziazione, per trattare ordini che non comportano la determinazione di parametri di negoziazione, per confermare ordini o per eseguire il regolamento delle operazioni (57).

6-sexies. Per "accesso elettronico diretto" si intende un accordo in base al quale un membro o un partecipante o un cliente di una sede di negoziazione consente a un terzo l'utilizzo del proprio codice identificativo di negoziazione per la trasmissione in via elettronica direttamente alla sede di negoziazione di ordini relativi a uno strumento finanziario, sia nel caso in cui l'accordo comporti l'utilizzo da parte del terzo dell'infrastruttura del membro, del partecipante o del cliente, o di qualsiasi sistema di collegamento fornito dal membro, partecipante o cliente per trasmettere gli ordini (accesso diretto al mercato) sia nel caso in cui non vi sia tale utilizzo (accesso sponsorizzato) (57).

6-septies. Per "tecnica di negoziazione algoritmica ad alta frequenza" si intende qualsiasi tecnica di negoziazione algoritmica caratterizzata da:

a) infrastrutture volte a ridurre al minimo le latenze di rete e di altro genere, compresa almeno una delle strutture per l'inserimento algoritmico dell'ordine: co-ubicazione, hosting di prossimità o accesso elettronico diretto a velocità elevata;

b) determinazione da parte del sistema dell'inizializzazione, generazione, trasmissione o esecuzione dell'or-dine senza intervento umano per il singolo ordine o negoziazione, e

c) elevato traffico infra-giornaliero di messaggi consistenti in ordini, quotazioni o cancellazioni (57).

6-octies. Per "negoziazione matched principal" si intende una negoziazione in cui il soggetto che si interpone tra l'acquirente e il venditore non è mai esposto al rischio di mercato durante l'intera esecuzione dell'operazione, con l'acquisto e la vendita eseguiti simultaneamente ad un prezzo che non permette a tale soggetto di realizzare utili o perdite, fatta eccezione per le commissioni, gli onorari o le spese dell'operazione previamente comunicati (57).

6-novies. Per "pratica di vendita abbinata" si intende l'offerta di un servizio di investimento insieme a un altro servizio o prodotto come parte di un pacchetto o come condizione per l'ottenimento dello stesso accordo o pacchetto (57).

6-decies. Per "deposito strutturato" si intende un deposito quale definito all'articolo 69-bis, comma 1, lettera c), del T.U. bancario che è pienamente rimborsabile alla scadenza in base a termini secondo i quali qualsiasi interesse o premio sarà rimborsato (o è a rischio) secondo una formula comprendente fattori quali:

a) un indice o una combinazione di indici, eccetto i depositi a tasso variabile il cui rendimento è direttamente legato a un tasso di interesse quale l'Euribor o il Libor;

b) uno strumento finanziario o una combinazione degli strumenti finanziari;

c) una merce o combinazione di merci o di altri beni infungibili, materiali o immateriali; o

d) un tasso di cambio o una combinazione di tassi di cambio (57).

6-undecies. Nel presente decreto legislativo si intendono per:

a) "dispositivo di pubblicazione autorizzato" o "APA": un soggetto quale definito all'articolo 2, paragrafo 1, punto 34), del regolamento (UE) n. 600/2014 a cui si applica la deroga prevista dall'articolo 2, paragrafo 3, del medesimo regolamento e dai relativi atti delegati (58);

[*b) "fornitore di un sistema consolidato di pubblicazione" o "CTP": un soggetto autorizzato ai sensi della direttiva 2014/65/UE a fornire il servizio di raccolta presso mercati regolamentati, sistemi multilaterali di negoziazione, sistemi organizzati di negoziazione e APA dei report delle operazioni concluse per gli strumenti finanziari di cui agli articoli 6, 7, 10, 12, 13, 20 e 21 del regolamento (UE) n 600/2014 e di consolidamento delle suddette informazioni in un flusso elettronico di dati attualizzati in continuo, in grado di fornire informazioni sui prezzi e sul volume per ciascuno strumento finanziario*****];

c) "meccanismo di segnalazione autorizzato" o "ARM": un soggetto quale definito all'articolo 2, paragrafo 1, punto 36), del regolamento (UE) n. 600/2014 a cui si applica la deroga prevista dall'articolo 2, paragrafo 3, del medesimo regolamento e dai relativi atti delegati; (59);

[*d) "servizi di comunicazione dati": la gestione di un dispositivo di pubblicazione autorizzato (APA) o di un sistema consolidato di pubblicazione (CTP) o di un meccanismo di segnalazione autorizzato (ARM)*****];

[*e) "fornitore di servizi di comunicazione dati": un APA, un CTP o un ARM*****].

6-duodecies. Nel presente decreto legislativo si intendono per:

a) "Stato membro d'origine dell'impresa di investimento":

1) se l'impresa di investimento è una persona fisica, lo Stato membro in cui tale persona ha la propria sede principale;

2) se l'impresa di investimento è una persona giuridica, lo Stato membro in cui si trova la sua sede legale;

3) se, in base al diritto nazionale cui è soggetta, l'impresa di investimento non ha una sede legale, lo Stato membro in cui è situata la sua direzione generale;

b) "Stato membro d'origine del mercato regolamentato": lo Stato membro in cui è registrato il mercato regolamentato o se, in base al diritto nazionale di tale Stato membro detto mercato non ha una sede legale, lo Stato membro in cui è situata la propria direzione generale;

[c) "Stato membro d'origine di un APA, di un sistema consolidato di pubblicazione o di meccanismo di segnalazione autorizzato":]

[*1) se il dispositivo di pubblicazione autorizzato, il meccanismo di segnalazione autorizzato o il sistema consolidato di pubblicazione è una persona fisica, lo Stato membro in cui tale persona ha la propria direzione generale;******]

[*2) se il dispositivo di pubblicazione autorizzato, il meccanismo di segnalazione autorizzato o il sistema consolidato di pubblicazione è una persona giuridica, lo Stato membro in cui si trova la sua sede legale;******]

[*3) "meccanismo di segnalazione autorizzato" o "ARM": un soggetto quale definito all'articolo 2, paragrafo 1, punto 36), del regolamento (UE) n. 600/2014 a cui si applica la deroga prevista dall'articolo 2, paragrafo 3, del medesimo regolamento e dai relativi atti delegati* (57)*****].

6-terdecies. Nel presente decreto legislativo si intendono per:

a) "Stato membro ospitante l'impresa di investimento": lo Stato membro, diverso dallo Stato membro d'origine, in cui un'impresa di investimento ha una succursale o presta servizi di investimento e/o esercita attività di investimento;

b) "Stato membro ospitante il mercato regolamentato": lo Stato membro in cui un mercato regolamentato adotta opportune misure in modo da facilitare l'accesso alla negoziazione a distanza nel suo sistema da parte di membri o partecipanti stabiliti in tale Stato membro (57).

6-quaterdecies. Per "prodotto energetico all'ingrosso" si intende un prodotto energetico all'ingrosso quale definito all'articolo 2, punto 4, del regolamento (UE) n. 1227/2011 (57).

6-quinquiesdecies. Per "derivati su merci agricole" si intendono i contratti derivati connessi a prodotti di cui all'articolo 1 e all'allegato I, parti da I a XXIV/1 del regolamento (UE) n. 1308/2013 (57).

6-sexiesdecies. Per "emittente sovrano" si intende uno dei seguenti emittenti di titoli di debito:

a) l'Unione europea;

b) uno Stato membro, ivi inclusi un ministero, un'agenzia o una società veicolo di tale Stato membro;

c) in caso di Stato membro federale, un membro della federazione;

d) una società veicolo per conto di diversi Stati membri;

e) un ente finanziario internazionale costituito da due o più Stati membri con l'obiettivo di mobilitare risorse e fornire assistenza finanziaria a beneficio dei suoi membri che stanno affrontando o sono minacciati da gravi crisi finanziarie; o

f) la Banca europea per gli investimenti (57).

6-septiesdecies. Per "debito sovrano" si intende un titolo di debito emesso da un emittente sovrano (57).

6-octiesdecies. Per "supporto durevole" si intende qualsiasi strumento che:

a) permetta al cliente di memorizzare informazioni a lui personalmente dirette, in modo che possano essere agevolmente recuperate per un periodo di tempo adeguato ai fini cui sono destinate le informazioni stesse; e

b) che consenta la riproduzione inalterata delle informazioni memorizzate (57).

(1) Lettera inserita dall'art. 1, co. 1, lett. a), d.lg. 13/2/2019, n. 19.

(2) Lettera inserita dall'art. 1, co. 1, lett. a), d.lg. 3/8/2017, n. 129, a decorrere dal 26/8/2017.

(3) Lettera inserita dall'art. 1, co. 1, lett. a), n. 1), d.lg. 5/11/2021, n. 201, a decorrere dal 2/12/2021, ai sensi di quanto disposto dall'art. 3, co. 1, del medesimo d.lg. n. 201/2021.

(4) Lettera, da ultimo, così sostituita dall'art. 1, co. 1, lett. b), d.lg. 3/8/2017, n. 129, a decorrere dal 26/8/2017; per l'applicabilità di tale ultima disposizione vedi le norme transitorie e finali di cui al citato art. 10 del d.lg. n. 129/2017.

(5) Lettera inserita dall'art. 1, co. 1, lett. a), n. 2), d.lg. 5/11/2021, n. 201, a decorrere dal 2 dicembre 2021, ai sensi di quanto disposto dall'art. 3, co. 1, del medesimo d.lg. n. 201/2021.

(6) Lettera, da ultimo, così sostituita dall'art. 1, co. 1, lett. b), d.lg. 3/8/2017, n. 129, a decorrere dal 26/8/2017; per l'applicabilità di tale ultima disposizione vedi le norme transitorie e finali di cui al citato art. 10 del d.lg. n. 129/2017.

(7) Lettera, da ultimo, così sostituita dall'art. 1, co. 1, lett. b), d.lg. 3/8/2017, n. 129, a decorrere dal 26/8/2017; per l'applicabilità di tale ultima disposizione vedi le norme transitorie e finali di cui al citato art. 10 del d.lg. n. 129/2017.

* Lettera abrogata dall'art. 1, co. 1, lett. c), d.lg. 3/8/2017, n. 129, a decorrere dal 26/8/2017; per l'applicabilità di tale ultima disposizione vedi le norme transitorie e finali di cui al citato art. 10 del d.lg. n. 129/2017.

(8) Lettera inserita dall' art. 4, co. 1, d.lg. 12/5/2015, n. 72.

(9) Lettera inserita dall'art. 27, co. 1, d.l. 30/4/2019, n. 34, conv., con modif., dalla l. 28/6/2019, n. 58.

(10) Lettera, da ultimo, così sostituita dall'art. 17, co. 1, lett. a), d.l. 14/2/2016, n. 18, conv., con modif., dalla l. 8/4/2016, n. 49.

(11) Lettera inserita dall'art. 1, co. 1, lett. a), d.lg. 15/12/2017, n. 233.

(12) Lettera inserita dall'art. 1, co. 1, lett. a), d.lg. 2/2/2021, n. 17.

(13) Lettera, da ultimo, così modificata dall'art. 1, co. 1, lett. d), d.lg. 3/8/2017, n. 129, a decorrere dal 26/8/2017; per l'applicabilità di tale ultima disposizione vedi le norme transitorie e finali di cui al citato art. 10 del d.lg. n. 129/2017.

(14) Lettera inserita dall'art. 1, co. 217, l. 30/12/2018, n. 145, a decorrere dal 1/1/2019.

(15) La presente lettera è stata, da ultimo, così sostituita dall'art. 1, co. 1, lett. e), d.lg. 3/8/2017, n. 129, a decorrere dal 26/8/2017; per l'applicabilità di tale ultima disposizione vedi le norme transitorie e finali di cui al citato art. 10 del d.lg. n. 129/2017.

(16) La presente lettera è stata così modificata dall'art. 1, co. 1, lett. b), d.lg. 15/12/2017, n. 233.

(17) Lettera, da ultimo, così sostituita dall'art. 1, co. 1, lett. f), d.lg. 3/8/2017, n. 129, a decorrere dal 26/8/2017; per l'applicabilità di tale ultima disposizione vedi le norme transitorie e finali di cui al citato art. 10 del d.lg. n. 129/2017.

(18) Lettera inserita dall'art. 1, co. 1, lett. b), d.lg. 13/2/2019, n. 19.

(19) Lettera inserita dall' art. 1, co. 1, d.lg. 7/5/2015, n. 66.

(20) La presente lettera è stata, da ultimo, così modificata dall'art. 1, comm. 1, lett. g), d.lg. 3/8/2017, n. 129, a decorrere dal 26/8/2017; per l'applicabilità di tale ultima disposizione vedi le norme transitorie e finali di cui al citato art. 10 del d.lg. n. 129/2017.

(21) Lettera così modificata dall'art. 1, co. 1, d.lg. 19/11/2007, n. 229 e, successivamente, dall'art. 5, co. 1, lett. a), d.lg. 5/11/2021, n. 191.

(22) Lettera così sostituita dall' art. 1, co. 1, lett. a), d.lg. 15/2/2016, n. 25.

(23) Lettera così sostituita dall'art. 2, co. 1, lett. a), d.lg. 21/5/2018, n. 68; per l'applicabilità di tale ultima disposizione vedi l'art. 4, co. 7, del medesimo d.lg. n. 68/2018.

(24) Lettera inserita dall'art. 1, co. 1, d.lg. 14/11/2016, n. 224.

(25) La presente lettera è stata così modificata dall'art. 2, co. 1, lett. b), d.lg. 21/5/2018, n. 68; per l'applicabilità di tale disposizione vedi l'art. 4, co. 7, del medesimo d.lg. n. 68/2018.

(26) Lettera inserita dall'art. 1, co. 1, lett. h), d.lg. 3/8/2017, n. 129, a decorrere dal 26/8/2017; per l'applicabilità di tale ultima disposizione vedi le norme transitorie e finali di cui al citato art. 10 del d.lg. n. 129/2017.

(27) Lettera, da ultimo, così sostituita dall'art. 1, co. 1, lett. i), d.lg. 3/8/2017, n. 129, a decorrere dal 26/8/2017; per l'applicabilità di tale ultima disposizione vedi le norme transitorie e finali di cui al citato art. 10 del d.lg. n. 129/2017.

(28) Numero così modificato dall'art. 1, co. 1, lett. b), n. 1), d.lg. 15/2/2016, n. 25.

(29) Numero così modificato dall'art. 1, co. 1, lett. b), n. 2), d.lg. 15/2/2016, n. 25.

(30) Numero così sostituito dall'art. 1, co. 1, lett. b), n. 3), d.lg. 15/2/2016, n. 25.

(31) Numero così modificato dall'art. 1, co. 1, lett. b), n. 4), d.lg. 15/2/2016, n. 25.

(32) Numero aggiunto dall'art. 1, co. 1, lett. b), n. 5), d.lg. 15/2/2016, n. 25.

(33) Lettera inserita dall'art. 20, co. 1, lett. a), d.l. 24/6/2014, n. 91, conv., con modif., dalla l. 11/8/2014, n. 116, e sostituita dall'art. 1, co. 1, lett. c), d.lg. 15/2/2016, n. 25. Successivamente, la presente lettera è stata così modificata dall'art. 44-bis, co. 1, lett. a), b) e c), d.l. 16/7/2020, n. 76, conv., con modif., dalla l. 11/9/2020, n. 120.

(34) Lettera aggiunta dall' art. 2, co. 1, d.lg. 16/11/2015, n. 181.

(35) Numero così modificato dall'art. 1, co. 1, lett. l), d.lg. 3/8/2017, n. 129, a decorrere dal 26/8/2017; per l'applicabilità di tale ultima disposizione vedi le norme transitorie e finali di cui al citato art. 10 del d.lg. n. 129/2017.

(36) Lettera, da ultimo, così modificata dall'art. 1, co. 1, lett. m), d.lg. 3/8/2017, n. 129, a decorrere dal 26/8/2017; per l'applicabilità di tale ultima disposizione vedi le norme transitorie e finali di cui al citato art. 10 del d.lg. n. 129/2017.

(37) Comma, da ultimo, così sostituito dall'art. 1, co. 1, lett. n), d.lg. 3/8/2017, n. 129, a decorrere dal 26/8/2017; per l'applicabilità di tale ultima disposizione vedi le norme transitorie e finali di cui al citato art. 10 del d.lg. n. 129/2017.

(38) Comma inserito dall'art. 1, co. 1, lett. o), d.lg. 3/8/2017, n. 129, a decorrere dal 26/8/2017; per l'applicabilità di tale ultima disposizione vedi le norme transitorie e finali di cui al citato art. 10 del d.lg. n. 129/2017.

(39) Comma, da ultimo, così sostituito dall'art. 1, co. 1, lett. p), d.lg. 3/8/2017, n. 129, a decorrere dal 26/8/2017; per l'applicabilità di tale ultima disposizione vedi le norme transitorie e finali di cui al citato art. 10 del d.lg. n. 129/2017.

(40) Comma, da ultimo, così sostituito dall' art. 1, comma 1, lett. p), d.lg. 3 agosto 2017, n. 129, a decorrere dal 26 agosto 2017; per l'applicabilità di tale ultima disposizione vedi le norme transitorie e finali di cui al citato art. 10, d.lg. n. 129/2017.

(41) Comma inserito dall'art. 1, co. 1, lett. q), d.lg. 3/8/2017, n. 129, a decorrere dal 26/8/2017; per l'applicabilità di tale ultima disposizione vedi le norme transitorie e finali di cui al citato art. 10 del d.lg. n. 129/2017.

** Comma abrogato dall'art. 1, co. 1, lett. r), d.lg. 3/8/2017, n. 129; per l'applicabilità di tale ultima disposizione vedi le norme transitorie e finali di cui al citato art. 10, d.lg. n. 129/2017.

(42) Lettera così sostituita dall'art. 1, co. 1, lett. s), n. 1), d.lg. 3/8/2017, n. 129; per l'applicabilità di tale ultima disposizione vedi le norme transitorie e finali di cui al citato art. 10 del d.lg. n. 129/2017.

(43) Lettera così modificata dall art. 1, co. 1, lett. s), n. 2), d.lg. 3/8/2017, n. 129; per l'applicabilità di tale ultima disposizione vedi le norme transitorie e finali di cui al citato art. 10 del d.lg. n. 129/2017.

(44) Lettera aggiunta dall'art. 1, co. 1, lett. s), n. 3), d.lg. 3/8/2017, n. 129; per l'applicabilità di tale ultima disposizione vedi le norme transitorie e finali di cui al citato art. 10 del d.lg. n. 129/2017.

(45) Comma così modificato dall'art. 1, co. 1, lett. t), d.lg. 3/8/2017, n. 129; per l'applicabilità di tale ultima disposizione vedi le norme transitorie e finali di cui al citato art. 10 del d.lg. n. 129/2017.

(46) Comma inserito dall'art. 1, co. 1, lett. u), d.lg. 3/8/2017, n. 129; per l'applicabilità di tale ultima disposizione vedi le norme transitorie e finali di cui al citato art. 10, d.lg. n. 129/2017.

(47) Comma così sostituito dall'art. 1, co. 1, lett. v), d.lg. 3/8/2017, n. 129; per l'applicabilità di tale ultima disposizione vedi le norme transitorie e finali di cui al citato art. 10 del d.lg. n. 129/2017.

(48) Comma così sostituito dall'art. 1, co. 1, lett. z), d.lg. 3/8/2017, n. 129; per l'applicabilità di tale ultima disposizione vedi le norme transitorie e finali di cui al citato art. 10 del d.lg. n. 129/2017.

(49) Comma inserito dall'art. 1, co. 1, lett. aa), d.lg. 3/8/2017, n. 129; per l'applicabilità di tale ultima disposizione vedi le norme transitorie e finali di cui al citato art. 10 del d.lg. n. 129/2017.

(50) Comma così sostituito dall'art. 1, co. 1, lett. bb), d.lg. 3/8/2017, n. 129; per l'applicabilità di tale ultima disposizione vedi le norme transitorie e finali di cui al citato art. 10 del d.lg. n. 129/2017.

(51) Comma inserito dall'art. 1, co. 1, lett. cc), d.lg. 3/8/2017, n. 129; per l'applicabilità di tale ultima disposizione vedi le norme transitorie e finali di cui al citato art. 10 del d.lg. n. 129/2017.

(52) Il presente comma è stato, da ultimo, così sostituito dall'art. 1, co. 1, lett. dd), d.lg. 3/8/2017, n. 129, a decorrere dal 26/8/2017; per l'applicabilità di tale ultima disposizione vedi le norme transitorie e finali di cui al citato art. 10 del d.lg. n. 129/2017.

*** Comma abrogato dall'art. 1, co. 1, lett. ee), d.lg. 3/8/2017, n. 129; per l'applicabilità di tale ultima disposizione vedi le norme transitorie e finali di cui al citato art. 10 del d.lg. n. 129/2017.

(53) Comma inserito dall'art. 4, co. 10, lett. 0a), n. 2), d.l. 24/1/2015, n. 3, conv., con modif., dalla l. 24/3/2015, n. 33.

(54) Comma aggiunto dall'art. 18, co. 8, lett. a), n. 2), d.lg. 3/7/2017, n. 112, a decorrere dal 20/7/2017, ai sensi di quanto disposto dall'art. 21, co. 1, del medesimo d.lg. n. 112/2017; per l'efficacia di tale disposizione vedi l'art. 18, co. 9, del citato d.lg. n. 112/2017. Successivamente, il presente comma è stato così modificato dall'art. 8, co. 3, d.lg. 20/7/2018, n. 95, a decorrere dall'11/8/2018, ai sensi di quanto disposto dall'art. 10, co. 1, del medesimo d.lg. n. 95/2018.

(55) Comma così sostituito dall'art. 1, co. 1, lett. ff), d.lg. 3/8/2017, n. 129; per l'applicabilità di tale ultima disposizione vedi le norme transitorie e finali di cui al citato art. 10 del d.lg. n. 129/2017.

(56) Comma inserito dall'art. 1, co. 1, lett. gg), d.lg. 3/8/2017, n. 129, a decorrere dal 26/8/2017; per l'applicabilità di tale ultima disposizione vedi le norme transitorie e finali di cui al citato art. 10 del d.lg. n. 129/2017.

(57) Lettera sostituita dall'art. 50, co. 2, lett. a), n. 2), d.l. 17/5/2022, n. 50, conv., con modif., dalla l. 15/7/2022, n. 91.

(58) Lettera così sostituita dall'art. 50, co. 2, lett. a), n. 1), d.l. 17/5/2022, n. 50, conv., con modif., dalla l. 15/7/2022, n. 91.

**** Lettera abrogata dall'art. 50, co. 2, lett. a), n. 3), d.l. 17/5/2022, n. 50, conv., con modif., dalla l. 15/7/2022, n. 91.

(59) Lettera così sostituita dall'art. 50, co. 2, lett. a), n. 2), d.l. 17/5/2022, n. 50, conv., con modif., dalla l. 15/7/2022, n. 91.

***** Lettera abrogata dall'art. 50, co. 2, lett. b), d.l. 17/5/2022, n. 50, conv., con modif., dalla l. 15/7/2022, n. 91.

2. Rapporti con il diritto dell'Unione europea e integrazione nel SEVIF (1). – 1. Il Ministero dell'economia e delle finanze, la Banca d'Italia e la Consob esercitano i poteri loro attribuiti in armonia con le disposizioni dell'Unione europea, applicano i regolamenti e le decisioni dell'Unione europea e provvedono in merito alle raccomandazioni concernenti le materie disciplinate dal presente decreto.

2. La Banca d'Italia e la Consob, nell'esercizio delle rispettive competenze, sono parti del SEVIF e partecipano alle attività che esso svolge, tenendo conto della convergenza in ambito europeo degli strumenti e delle prassi di vigilanza.

2-bis. Le Autorità indicate al comma 1 esercitano, ciascuna per quanto di competenza, i poteri d'intervento attribuiti loro dalle parti I e II del presente decreto legislativo anche per assicurare il rispetto del regolamento UE n. 575/2013, delle relative norme tecniche di regolamentazione e di attuazione emanate dalla Commissione europea ai sensi degli articoli 10 e 15 del regolamento UE n. 1093/2010, ovvero in caso di inosservanza degli atti dell'AESFEM o dell'ABE direttamente applicabili adottati ai sensi di questi ultimi regolamenti (2).

3. La Banca d'Italia e la Consob, nei casi di crisi o di tensioni sui mercati finanziari, tengono conto degli effetti dei propri atti sulla stabilità del sistema finanziario degli altri Stati membri, anche avvalendosi degli opportuni scambi di informazioni con l'AESFEM, il Comitato congiunto, il CERS e le autorità di vigilanza degli altri Stati membri.

(1) Articolo sostituito dall'art. 2, co. 2, d.lg. 30/7/2012, n. 130.

(2) Comma inserito dall'art. 4 del d.lg. 12/5/2015, n. 72.

3. Provvedimenti. – 1. I regolamenti ministeriali previsti dal presente decreto sono adottati ai sensi dell'articolo 17, comma 3, della legge 23 agosto 1988, n. 400.

2. La Banca d'Italia e la CONSOB stabiliscono i termini e le procedure per l'adozione degli atti e dei provvedimenti di propria competenza.

3. I regolamenti e i provvedimenti di carattere generale della Banca d'Italia e della Consob sono pubblicati nella Gazzetta Ufficiale. Gli altri provvedimenti rilevanti relativi ai soggetti sottoposti a vigilanza sono pubblicati nel sito internet della Banca d'Italia o della Consob. Si applicano, in quanto compatibili, le disposizioni dell'articolo 195-bis 1 (1).

4. Entro il 31 gennaio di ogni anno, tutti i regolamenti e i provvedimenti di carattere generale emanati ai sensi del presente decreto nonché i regolamenti dei mercati sono pubblicati, a cura del Ministero dell'economia e delle finanze in un unico compendio, anche in forma elettronica, ove anche uno solo di essi sia stato modificato nel corso dell'anno precedente (2).

(1) Comma così modificato dall'art. 4 del d.lg. 12/5/2015, n. 72 che ha sostituito le parole: "sono pubblicati dalla Banca d'Italia e dalla CONSOB nei rispettivi Bollettini" con le parole: "sono pubblicati dalla Banca d'Italia nel proprio sito internet e dalla CONSOB, in formato elettronico, nel proprio Bollettino".

(2) Comma modificato dall'art. 1 del d.lg. 6/2/2004, n. 37.

4. Collaborazione tra autorità e segreto d'ufficio. – 1. La Banca d'Italia, la Consob, la COVIP e l'IVASS collaborano tra loro, anche mediante scambio di informazioni, al fine di agevolare le rispettive funzioni. Dette autorità non possono reciprocamente opporsi il segreto d'ufficio (1).

2. La Banca d'Italia e la Consob collaborano, anche mediante scambio di informazioni, con le autorità e i comitati che compongono il SEVIF e con la Banca Centrale Europea (BCE) al fine di agevolare le rispettive funzioni. Nei casi e nei modi stabiliti dalla normativa europea adempiono agli obblighi di comunicazione nei confronti di tali soggetti e delle altre autorità e istituzioni indicate dalle disposizioni dell'Unione europea (2).

2-bis. Ai fini indicati al comma 2, la Consob e la Banca d'Italia possono concludere con le autorità competenti degli Stati membri dell'Unione europea, con l'AESFEM e la BCE accordi di collaborazione, che possono prevedere la delega reciproca di compiti di vigilanza. La Consob e la Banca d'Italia possono ricorrere all'AESFEM per la risoluzione delle controversie con le autorità di vigilanza degli altri Stati membri in situazioni transfrontaliere (3).

2-ter. La Consob è il punto di contatto per la ricezione delle richieste di informazioni provenienti da autorità competenti di Stati membri dell'Unione europea in materia di servizi e attività di investimento svolti da soggetti abilitati, di sedi di negoziazione e di APA o ARM La Consob interessa la Banca d'Italia per gli aspetti di competenza di questa ultima. La Banca d'Italia trasmette le informazioni contestualmente all'autorità competente dello Stato membro dell'Unione europea che le ha richieste e alla Consob (4).

3. [Al medesimo fine,] la Banca d'Italia e la CONSOB possono cooperare, anche mediante scambio di informazioni, con le autorità competenti degli Stati extracomunitari (5).

4. Le informazioni ricevute dalla Banca d'Italia e dalla CONSOB ai sensi dei commi 1, 2 e 3 non possono essere trasmesse a terzi né ad altre autorità italiane, ivi incluso il Ministro dell'economia e delle finanze, senza il consenso dell'autorità che le ha fornite (6).

5. La Banca d'Italia e al CONSOB possono scambiare informazioni:

a) con autorità amministrative e giudiziarie nell'ambito di procedimenti di liquidazione o di fallimento, in Italia o all'estero, relativi a soggetti abilitati;

b) con gli organismi preposti all'amministrazione dei sistemi di indennizzo;

c) con le controparti centrali e i depositari centrali (7);

d) con i gestori delle sedi di negoziazione, al fine di garantire il regolare funzionamento delle sedi da essi gestite (8).

5-bis. Lo scambio di informazioni con autorità di Paesi extracomunitari è subordinato all'esistenza di norme in materia di segreto di ufficio (9).

6. Le informazioni indicate nel comma 5, lettere b), c) e d), possono essere rivelate a terzi con il consenso del soggetto che le ha fornite. Si può prescindere dal consenso se le informazioni siano fornite in ottemperanza a obblighi di cooperazione e collaborazione internazionale.

7. La Banca d'Italia e la CONSOB possono esercitare i poteri a esse assegnati dall'ordinamento anche ai fini della cooperazione con altre autorità e su richiesta delle medesime. Le autorità competenti di Stati comunitari o extracomunitari possono chiedere alla Banca d'Italia e alla CONSOB di effettuare per loro conto, secondo le norme previste nel presente decreto, un'indagine sul territorio dello Stato, nonché di eseguire, per loro conto, notifiche sul territorio dello Stato inerenti ai provvedimenti da esse adottati. Le predette autorità possono chiedere che venga consentito ad alcuni membri del loro personale di accompagnare il personale della Banca d'Italia e della CONSOB durante l'espletamento dell'indagine (10).

8. Restano ferme le norme che disciplinano il segreto d'ufficio sulle notizie, i dati e le informazioni in possesso della Banca d'Italia.

9. Al fine di agevolare l'esercizio della vigilanza su base consolidata nei confronti di gruppi operanti in più Stati comunitari la Banca d'Italia, sulla base di accordi con le autorità competenti, definisce forme di collaborazione e coordinamento, istituisce collegi di supervisori e partecipa ai collegi istituiti da altre autorità. In tale ambito, la Banca d'Italia può concordare specifiche ripartizioni di compiti e deleghe di funzioni (11).

10. Tutte le notizie, le informazioni e i dati in possesso della CONSOB in ragione della sua attività di vigilanza sono coperti dal segreto d'ufficio anche nei confronti delle pubbliche amministrazioni, a eccezione del Ministro dell'economia e delle finanze. Sono fatti salvi i casi previsti dalla legge per le indagini relative a violazioni sanzionate penalmente.

11. I dipendenti della CONSOB, nell'esercizio delle funzioni di vigilanza, sono pubblici ufficiali e hanno l'obbligo di riferire esclusivamente alla Commissione tutte le irregolarità constatate, anche quando integrino ipotesi di reato.

12. I dipendenti della CONSOB, i consulenti e gli esperti dei quali la stessa si avvale sono vincolati dal segreto d'ufficio.

13. Le pubbliche amministrazioni e gli enti pubblici forniscono dati, notizie e documenti e ogni ulteriore collaborazione richiesta dalla CONSOB, in conformità delle leggi disciplinanti i rispettivi ordinamenti.

13 bis. Ai fini della cooperazione, mediante scambio di informazioni, con le autorità competenti di Stati membri dell'Unione europea e con l'AESFEM, la Consob e la Banca d'Italia stabiliscono con il Ministero della giustizia, anche sulla base di un protocollo d'intesa, le modalità di acquisizione delle informazioni relative alle sanzioni penali applicate dall'Autorità giudiziaria, per i reati di cui all'articolo 2638 del codice civile e agli articoli 166, 167, 168, 169, 170-bis e 173-bis, per la successiva comunicazione all'AESFEM, ai sensi dell'articolo 195-ter, comma 1-bis (12).

13-ter. Per i medesimi fini di cui al comma 13-bis e fermo restando il divieto di cui all'articolo 329 del codice di procedura penale, la Consob e la Banca d'Italia possono richiedere informazioni all'autorità giudiziaria procedente in ordine alle indagini e ai procedimenti penali per i reati previsti dal comma 13-bis (13).

(1) Comma così modificato dall'art. 1 del d.lg. 13/2/2019, n. 19 che ha sostituito le parole: "Commissione di vigilanza sui fondi pensione" con la parola: "COVIP".

(2) Comma sostituito dall'art. 2, co. 3, lett. b), d.lg. 30/7/2012, n.

130 e successivamente modificato dall'art. 1, co. 3, lett. a), d.lg. 3/8/2017, n. 129. Per l'applicazione, vedi l'art. 10, co. 2, d.lg. n. 129/2017 medesimo.

(3) Comma inserito dall'art. 1 del d.lg. 17/9/2007, n. 164, con la decorrenza indicata nell'art. 19 dello stesso decreto e successivamente sostituito dall'art. 2, co. 3, lett. c), d.lg. 30/7/2012, n. 130 e da ultimo modificato dall'art. 1, co. 3, lett. b), d.lg. 3/8/2017, n. 129. Per l'applicazione, vedi l'art. 10, co. 2, d.lg. n. 129/2017 medesimo.

(4) Comma inserito dall'art. 1 del d.lg. 17/9/2007, n. 164, con la decorrenza indicata nell'art. 19 dello stesso decreto e da ultimo modificato dall'art. 1, co. 3, lett. c), d.lg. 3/8/2017, n. 129. Per l'applicazione, vedi l'art. 10, co. 2, d.lg. n. 129/2017 medesimo. Da ultimo il presente comma è stato modificato dall'art. 50, co. 2, lett. c), d.l. 17/5/2022, n. 50, conv., con modif., dalla l. 15/7/2022, n. 91.

(5) Comma modificato dall'art. 1 del d.lg. 17/9/2007, n. 164, con la decorrenza indicata nell'art. 19 dello stesso decreto.

(6) Comma sostituito dall'art. 3 del d.lg. 1/8/2003, n. 274, e successivamente dall'art. 9 della l. 18/4/2005, n. 62 (Legge comunitaria 2004).

(7) Lettera modificata dall'art. 33, co. 1, lett. b), l. 6/8/2013, n. 97 e successivamente sostituita dall'art. 1, co. 2, lett. a), d.lg. 12/8/2016, n. 176. Il testo previgente così disponeva: «con gli organismi preposti alla compensazione o alla liquidazione delle negoziazioni dei mercati».

(8) Lettera sostituita dall'art. 1, co. 3, lett. d), d.lg. 3/8/2017, n. 129. Per l'applicazione, vedi l'art. 10, co. 2, d.lg. n. 129/2017 medesimo.

(9) Comma aggiunto dall'art. 3 del d.lg. 1/8/2003, n. 274, e successivamente modificato dall'art. 9 della l. 18/4/2005, n. 62 (Legge comunitaria 2004).

(10) Comma modificato dall'art. 9 della l. 18/4/2005, n. 62 (Legge comunitaria 2004) e successivamente dall'art. 1 del d.lg. 19/11/2007, n. 229.

(11) Comma sostituito dall'art. 2, co. 1, lett. a), d.lg. 30/12/2010, n. 239.

(12) Comma aggiunto dall'art. 1, co. 1, lett. a), d.lg. 18/4/2016, n. 71.

(13) Comma aggiunto dall'articolo 1, comma 1, lettera a), del d.lg. 18 aprile 2016, n. 71 e successivamente modificato dall'articolo 1, comma 2, lettera b), del d.lg. 12 agosto 2016, n. 176.

4 bis. Individuazione dell'autorità competente ai fini del regolamento (CE) n. 1060/2009, e successive modificazioni, relativo alle agenzie di rating del credito (1). – 1. La Consob è l'autorità competente ai sensi dell'articolo 22 del regolamento (CE) n. 1060/2009 del Parlamento europeo e del Consiglio, del 16 settembre 2009, relativo alle agenzie di rating del credito, ed esercita i poteri previsti dal predetto regolamento.

2. La Consob, la Banca d'Italia, l'Ivass e la Covip sono le autorità settoriali competenti, ai sensi dell'articolo 3, paragrafo 1, lettera r), del regolamento di cui al comma 1. Le predette autorità collaborano tra loro e si scambiano informazioni, anche sulla base di appositi protocolli d'intesa.

(1) Articolo inserito dall'art. 1, co. 1, d.lg. 5/10/2010, n. 176 e poi così sostituito dall'art. 1 del d.lg. 7/5/2015, n. 66.

4 ter. Individuazione delle autorità nazionali competenti ai sensi del regolamento (UE) n. 236/2012 relativo alle vendite allo scoperto e a taluni aspetti dei contratti derivati aventi ad oggetto la copertura del rischio di inadempimento dell'emittente (credit default swap) (1). – 1. Il Ministero dell'economia e delle finanze, la Banca d'Italia e la Consob sono le autorità nazionali competenti ai sensi del regolamento (UE) n. 236/2012 relativo alle vendite allo scoperto e a taluni aspetti dei contratti derivati aventi ad oggetto la copertura del rischio di inadempimento dell'emittente (credit default swap), secondo quanto disposto dai commi seguenti.

2. La Consob è l'autorità competente per ricevere le notifiche, attuare le misure ed esercitare le funzioni e i poteri previsti dal regolamento di cui al comma 1 con riferimento a strumenti finanziari diversi dai titoli del debito sovrano e credit default swap su emittenti sovrani.

3. Salvo quanto previsto dal comma 4, la Banca d'Italia e la Consob, nell'ambito delle rispettive attribuzioni, sono le autorità competenti per ricevere le notifiche, attuare le misure e esercitare le funzioni e i poteri previsti dal regolamento di cui al comma 1 con riferimento ai titoli del debito sovrano e ai credit default swap su emittenti sovrani.

4. Con riferimento al debito sovrano e ai credit default swap su emittenti sovrani, i poteri di temporanea sospensione delle restrizioni e i poteri di intervento in circostanze eccezionali, previsti dal regolamento di cui al comma 1, sono esercitati dal Ministero dell'economia e delle finanze, su proposta della Banca d'Italia, sentita la Consob.

5. La Consob è l'autorità responsabile per coordinare la cooperazione e lo scambio di informazioni con la Commissione dell'Unione europea, l'AESFEM e le autorità competenti degli altri Stati membri, ai sensi dell'articolo 32 del regolamento di cui al comma 1.

6. Al fine di coordinare l'esercizio delle funzioni di cui al comma 3 e 4, il Ministero dell'economia e delle finanze, la Banca d'Italia e la Consob stabiliscono mediante un protocollo di intesa le modalità della cooperazione e del reciproco scambio di informazioni rilevanti ai fini dell'esercizio delle predette funzioni, anche con riferimento alle irregolarità rilevate e alle misure adottate nell'esercizio delle rispettive competenze nonché le modalità di ricezione delle predette notifiche, tenuto conto dell'esigenza di ridurre al minimo gli oneri gravanti sugli operatori.

7. La Banca d'Italia e la Consob per adempiere alle rispettive competenze come definite dal presente articolo e assicurare il rispetto delle misure adottate ai sensi del Regolamento di cui al comma 1, ivi comprese quelle demandate al Ministero dell'economia e delle finanze ai sensi del comma 4, dispongono dei poteri previsti dall'articolo 187-octies.

(1) Articolo inserito dall'art. 24, co. 1, lett. a), d.l. 18/10/2012, n. 179, come modificato in sede di conversione.

4 quater. Individuazione delle autorità nazionali competenti ai sensi del regolamento (UE) n. 648/2012 del Parlamento europeo e del Consiglio, del 4 luglio 2012, e ai sensi del regolamento (UE) 2015/2365 del Parlamento europeo e del Consiglio, del 25 novembre 2015 (1). – *1. La Banca d'Italia e la Consob sono le autorità competenti per l'autorizzazione e la vigilanza delle controparti centrali, ai sensi dell'articolo 22, paragrafo 1, del regolamento (UE) n. 648/2012, secondo quanto disposto dai commi seguenti e dall'articolo 69-bis. 2. La Consob è l'autorità competente, ai sensi dell'articolo 22, paragrafo 1, del regolamento di cui al comma 1, per il coordinamento della cooperazione e dello scambio di informazioni con la Commissione europea, l'Autorità europea degli strumenti finanziari e dei mercati (AESFEM), le autorità competenti degli altri Stati membri, l'Autorità bancaria europea (ABE) e i membri interessati del Sistema europeo delle Banche centrali, conformemente agli articoli 23, 24, 83 e 84 del regolamento di cui al comma 1*.*

2-bis. La Banca d'Italia, la Consob, l'IVASS e la COVIP sono le autorità competenti per il rispetto degli obblighi posti dal regolamento (UE) n. 648/2012 e dal regolamento (UE) 2015/2365 a carico dei soggetti vigilati dalle medesime autorità, secondo le rispettive attribuzioni di vigilanza (2).

3. La Consob è l'autorità competente nei confronti delle controparti non finanziarie, come definite rispettivamente dal regolamento (UE) n. 648/2012 e dal regolamento (UE) 2015/2365, che non siano soggetti vigilati da altra autorità ai sensi del presente articolo, per il rispetto degli obblighi previsti dagli articoli 9, 10 e 11 del regolamento (UE) n. 648/2012

e dagli articoli 4 e 15 del regolamento (UE) 2015/2365. A tal fine la Consob esercita i poteri previsti dall'articolo 187-octies del presente decreto legislativo, secondo le modalità ivi stabilite, e può dettare disposizioni inerenti alle modalità di esercizio dei poteri di vigilanza (3).

*4. La Banca d'Italia istituisce, gestisce e presiede il collegio di autorità previsto dall'articolo 18 del regolamento di cui al comma 1. 5. La Banca d'Italia è l'autorità competente ai sensi dell'articolo 25, paragrafo 3, lettera a), del regolamento di cui al comma 1, nell'ambito della procedura per il riconoscimento delle controparti centrali dei Paesi terzi; il parere è reso all'AESFEM dalla Banca d'Italia, d'intesa con la Consob**.*

(1) Rubrica così modificata dall'art. 1 del d.lg. 13/2/2019, n. 19. La precedente formulazione era: «Individuazione delle autorità nazionali competenti ai sensi del regolamento (UE) n. 648/2012 del Parlamento europeo e del Consiglio, del 4 luglio 2012».

* Commi abrogati ad opera dell'art. 1, co. 3, lett. a), d.lg. 12/8/2016, n. 176.

(2) Comma dapprima inserito dall'art. 11 della l. 30/10/2014, n. 161 e poi modificato dall'art. 1 del d.lg. 12/8/2016, n. 176 che ha sostituito le parole: "di cui al comma 1" con le parole: "(UE) n. 648/2012" e dall'art. 1 del d.lg. 13/2/2019, n. 19 che ha sostituito le parole: "Commissione di vigilanza sui fondi pensione (COVIP)" con le parole: "COVIP" e dopo le parole: "dal regolamento (UE) n. 648/2012" ha inserito le parole: "e dal regolamento (UE) 2015/2365".

(3) Comma modificato dapprima dall'art. 11 della l. 30/10/2014, n. 161 che ha sostituito il primo periodo, poi dall'art. 1 del d.lg. 12/8/2016, n. 176 che, nel primo periodo, ha sostituito le parole: "comma 1" con le parole: "comma 2-bis" e ha soppresso le parole: "del comma 2-bis" e infine dall'art. 1 del d.lg. 13/2/2019, n. 19 che ha sostituito il primo periodo. La precedente formulazione era: «Ai sensi dell'articolo 10, paragrafo 5, del regolamento di cui al comma 2-bis, la Consob è l'autorità competente nei confronti delle controparti non finanziarie, che non siano soggetti vigilati da altra autorità ai sensi del presente articolo, per il rispetto degli obblighi previsti dagli articoli 9, 10 e 11 del medesimo regolamento. A tal fine la Consob esercita i poteri previsti dall'articolo 187-octies del presente decreto legislativo, secondo le modalità ivi stabilite, e può dettare disposizioni inerenti alle modalità di esercizio dei poteri di vigilanza».

** Comma modificato dall'art. 11, co. 1, lett. b), l. 30/10/2014, n. 161 e successivamente abrogato dall'art. 1, co. 3, lett. d), d.lg. 12/8/2016, n. 176.

4 quinquies. Individuazione delle autorità nazionali competenti ai sensi del regolamento (UE) n. 345/2013, relativo ai fondi europei per il venture capital (EuVECA), e del regolamento (UE) n. 346/2013, relativo ai fondi europei per l'imprenditoria sociale (EuSEF) (1). – 1. La Banca d'Italia e la Consob, secondo le rispettive attribuzioni e le finalità indicate dall'articolo 5, sono le autorità nazionali competenti ai sensi del regolamento (UE) n. 345/2013 e del regolamento (UE) n. 346/2013. La Banca d'Italia e la Consob si trasmettono tempestivamente le informazioni che ciascuna di esse è competente a ricevere ai sensi del presente articolo. Fermo restando quanto previsto dall'articolo 4, la Banca d'Italia e la Consob collaborano tra loro e, anche mediante scambio informazioni, con le autorità competenti degli Stati membri ospitanti in cui un fondo EuVECA o EuSEF è commercializzato (2).

2. La Banca d'Italia, sentita la Consob per i soggetti non iscritti agli albi previsti dagli articoli 35 e 35-ter, registra e cancella i gestori italiani di EuVECA e di EuSEF ai sensi degli articoli 14,14-bis e 21, paragrafo 2, lettera b), del regolamento (UE) n. 345/2013 e degli articoli 15, 15-bis e 22, paragrafo 2, lettera b), del regolamento (UE) n. 346/2013. Tali gestori sono iscritti in una sezione distinta dell'albo di cui all'articolo 35, tenuto dalla Banca d'Italia. Si applicano gli articoli 34, 35, commi 2 e 3, 35-bis, 35-ter, 35-quinquies, da 35-septies a 35-undecies, comma 1, e 35-duodecies e la relativa disciplina di attuazione in quanto compatibile con il regolamento (UE) n. 345/2013 e il regolamento (UE) n. 346/2013 (3).

2-bis. La Banca d'Italia è l'autorità competente a effettuare:

a) la notifica nei confronti delle autorità competenti degli Stati membri ospitanti prevista dall'articolo 16, paragrafo 1, del regolamento (UE) n. 345/2013 e dall'articolo 17, paragrafo 1, del regolamento (UE) n. 346/2013 con riferimento alla registrazione o cancellazione dal registro di un gestore di EuVECA e di EuSEF;

b) la notifica, corredata di motivazioni, prevista dall'articolo 14-ter del regolamento (UE) n. 345/2013 e dall'articolo 15-ter del regolamento (UE) n. 346/2013 in caso di rifiuto di registrare i gestori di EuVECA e di EuSEF (4).

2-ter. La Banca d'Italia è l'autorità competente ad adottare le misure previste:

a) dall'articolo 21, paragrafo 2, lettera a), del regolamento (UE) n. 345/2013 nei casi indicati al paragrafo 1, lettere a), c), e) e h) del medesimo articolo, ai fini del rispetto degli articoli 5, 12, 14 e 14-bis del citato regolamento;

b) dall'articolo 22, paragrafo 2, lettera a), del regolamento (UE) n. 346/2013 nei casi indicati al paragrafo 1, lettere a), c), e) e h) del medesimo articolo, ai fini del rispetto degli articoli 5, 13, 15 e 15-bis del citato regolamento (4).

2-quater. La Consob è l'autorità competente ad adottare le misure previste:

a) dall'articolo 21, paragrafo 2, lettera a), del regolamento (UE) n. 345/2013 nei casi indicati al paragrafo 1, lettere b), d) e i) del medesimo articolo, ai fini del rispetto degli articoli 6, 3, lettera b), punto iii) e 13 del citato regolamento;

b) dall'articolo 22, paragrafo 2, lettera a), del regolamento (UE) n. 346/2013 nei casi indicati al paragrafo 1, lettere b), d) e i) del medesimo articolo, ai fini del rispetto degli articoli 6, 3, paragrafo 1, lettera b), punto iii) e 14 del citato regolamento (4).

2-quinquies. La Banca d'Italia e la Consob, secondo le rispettive attribuzioni e le finalità indicate all'articolo 5, sono le autorità competenti ad adottare le misure previste:

a) dall'articolo 21, paragrafo 2, lettera a), del regolamento (UE) n. 345/2013 nei casi indicati al paragrafo 1, lettere f) e g) del medesimo articolo ai fini del rispetto dell'articolo 7, lettere a) e b), del citato regolamento;

b) dall'articolo 22, paragrafo 2, lettera a), del regolamento (UE) n. 346/2013 nei casi indicati al paragrafo 1, lettere f) e g) del medesimo articolo ai fini del rispetto dell'articolo 7, lettere a) e b), del citato regolamento (4).

2-sexies. La Banca d'Italia e la Consob si informano reciprocamente delle misure adottate ai sensi dei commi 2-ter, 2-quater e 2-quinquies (4).

3. La Banca d'Italia è l'autorità competente a ricevere dai gestori italiani di EuVECA e di EuSEF la comunicazione prescritta dall'articolo 15 del regolamento (UE) n. 345/2013 e dall'articolo 16 del regolamento (UE) n. 346/2013. Essa riceve inoltre la notifica prevista dall'articolo 16, paragrafo 1, del regolamento (UE) n. 345/2013 e dall'articolo 17 del regolamento (UE) n. 346/2013 con riferimento alla registrazione o cancellazione dal registro di un gestore di EuVECA o di EuSEF da parte delle autorità competenti degli Stati membri d'origine di questi gestori (5).

3-bis. La Consob è l'autorità competente a ricevere dai gestori italiani di EuVECA e EuSEF la comunicazione relativa alle attività di pre-commercializzazione prevista dall'articolo 4-bis del regolamento (UE) n. 345/2013 e dall'articolo 4-bis del regolamento (UE) n. 346/2013, e a informare le autorità competenti degli Stati membri in cui i gestori italiani svolgono o hanno svolto la pre-commercializzazione, come definita dall'articolo 3, lettera o), del regolamento (UE) n. 345/2013 e dall'articolo 3, lettera o), del regolamento (UE) n. 346/2013 (6).

3-ter. Qualora gestori di EuVECA o di EuSEF stabiliti in uno Stato membro diverso dall'Italia svolgono o hanno svolto la pre-commercializzazione in Italia, la Consob è l'autorità competente a ricevere da parte dell'autorità competente dello Stato d'origine di tali gestori l'informativa relativa alle attività di pre-commercializzazione di cui al comma 3-bis e a chiedere a tale autorità di fornire ulteriori informazioni sulla pre-commercializzazione che si effettua o è stata effettuata in Italia, ai sensi dell'articolo 4-bis, paragrafo 4, del regolamento (UE) n. 345/2013 e dell'articolo 4-bis, paragrafo 4, del regolamento (UE) n. 346/2013 (6).

4. La Consob effettua le notifiche previste dall'articolo 16 del regolamento (UE) n. 345/2013 e dall'articolo 17 del regolamento (UE) n. 346/2013 nei confronti dell'AESFEM e, limitatamente a ogni aggiunta o cancellazione nell'elenco degli Stati membri di cui all'articolo 14, paragrafo 1, lettera d), del regolamento (UE) n. 345/2013 e all'articolo 15, paragrafo 1, lettera d), del regolamento (UE) n. 346/2013, nei confronti delle autorità competenti degli Stati membri in cui i gestori italiani di EuVECAe di EuSEF registrati ai sensi del comma 2 intendono commercializzare i relativi Oicr in conformità con la disciplina dei regolamenti stessi (7).

4-bis. La Consob è responsabile di mettere a disposizione dell'AESFEM:

a) le informazioni necessarie per lo svolgimento delle verifiche inter pares previste dagli articoli 16-bis e 19 del regolamento (UE) n. 345/2013 e dagli articoli 17-bis e 20 del regolamento (UE) n. 346/2013;

b) le informazioni previste dall'articolo 12, paragrafo 4, del regolamento (UE) n. 345/2013 e dall'articolo 13, paragrafo 5, del regolamento (UE) n. 346/2013 (8).

4-ter. Con riferimento all'articolo 21, paragrafi 3 e 5, del regolamento (UE) n. 345/2013 e all'articolo 22, paragrafi 3 e 5, del regolamento (UE) n. 346/2013:

a) la Banca d'Italia effettua l'informativa alle autorità competenti degli Stati membri ospitanti in cui il fondo è commercializzato prevista dall'articolo 21, paragrafo 3, del regolamento (UE) n. 345/2013 e dall'articolo 22, paragrafo 3, del regolamento (UE) n. 346/2013 con riferimento alla cancellazione dal registro di un gestore di EuVECA o di EuSEF in caso di violazioni;

b) la Consob effettua l'informativa all'AESFEM con riferimento all'articolo 21, paragrafo 3, del regolamento (UE) n. 345/2013 e all'articolo 22, paragrafo 3, del regolamento (UE) n. 346/2013;

c) la Consob effettua senza indugio la comunicazione nei confronti dell'AESFEM ai sensi dell'articolo 21, paragrafo 5, del regolamento (UE) n. 345/2013 e dell'articolo 22, paragrafo 5, del regolamento (UE) n. 346/2013 e assicura il tempestivo coinvolgimento della Banca d'Italia nelle interlocuzioni con l'AESFEM, quando la Banca d'Italia è l'autorità competente ai sensi dei commi 2-ter e 2-quinquies. A questo fine, la Banca d'Italia e la Consob stabiliscono, mediante un protocollo di intesa, le modalità del coinvolgimento e del reciproco scambio di informazioni (8).

5. I gestori di EuVECA o di EuSEF stabiliti in uno Stato membro diverso dall'Italia che soddisfano i requisiti previsti nei regolamenti (UE) n. 345/2013 e n. 346/2013 e che intendono commercializzare in Italia gli Oicr dagli stessi gestiti effettuano, per il tramite della competente autorità dello Stato d'origine, la notifica prescritta dall'articolo 16 del regolamento (UE) n. 345/2013 e dall'articolo 17 del regolamento (UE) n. 346/2013[, una volta ottenuta la registrazione ai sensi di citati regolamenti]. La Consob è l'autorità competente a ricevere tale notifica limitatamente a ogni aggiunta o cancellazione nell'elenco degli Stati membri di cui all'articolo 14, paragrafo 1, lettera d) del regolamento (UE) n. 345/2013 e all'articolo 15, paragrafo 1, lettera d), del regolamento (UE) n. 346/2013 (7).

6. Nel caso di superamento della soglia di cui all'articolo 3, paragrafo 2, lettera b), della direttiva 2011/61/UE, ai gestori indicati dai commi 2 e 5 si applicano le disposizioni previste per il gestore dal presente decreto legislativo e dalle relative disposizioni di attuazione. In tale ipotesi, la denominazione di EuVECA o EuSEF può essere mantenuta solo ove previsto dai suddetti regolamenti dell'UE.

7. Per assicurare il rispetto del presente articolo nonché dei regolamenti indicati al comma 1, la Banca d'Italia e la Consob dispongono, secondo le rispettive attribuzioni e le finalità dell'articolo 5, dei poteri loro attribuiti dal presente decreto legislativo.

(1) Articolo aggiunto dall'art. 1, co. 3, d.lg. 4/3/2014, n. 44.

(2) Comma modificato dall'art. 1, co. 1, lett. a), d.lg. 2/8/2022, n. 113.

(3) Comma modificato dall'art. 1, co. 2, d.lg. 15/12/2017, n. 233 e successivamente sostituito dall'art. 1, co. 1, lett. b), d.lg. 2/8/2022, n. 113.

(4) Comma inserito dall'art. 1, co. 1, lett. c), d.lg. 2/8/2022, n. 113.

(5) Comma modificato dall'art. 1, co. 1, lett. d), d.lg. 2/8/2022, n. 113.

(6) Comma inserito dall'art. 1, co. 1, lett. a), d.lg. 5/11/2021, n. 191.

(7) Comma modificato dall'art. 1, co. 1, lett. e), d.lg. 2/8/2022, n. 113.

(8) Comma inserito dall'art. 1, co. 1, lett. f), d.lg. 2/8/2022, n. 113.

4 quinquies.1. Individuazione delle autorità nazionali competenti ai sensi del regolamento (UE) n. 2015/760 relativo ai fondi di investimento europei a lungo termine (ELTIF) (1). – 1. La Banca d'Italia e la Consob, secondo le rispettive attribuzioni e le finalità indicate dall'articolo 5, sono le autorità nazionali competenti ai sensi del regolamento (UE) n. 2015/760.

2. La Banca d'Italia è l'autorità competente ad autorizzare la gestione di un ELTIF da parte di un gestore e ad approvare il regolamento dell'ELTIF in conformità all'articolo 5 del regolamento (UE) n. 2015/760. Nel caso di prima istituzione di un ELTIF da parte di un gestore, l'autorizzazione è rilasciata dalla Banca d'Italia, sentita la Consob, sui profili indicati dall'articolo 5, paragrafo 1, lettera d), del regolamento (UE) n. 2015/760. La Banca d'Italia provvede a iscrivere i gestori autorizzati in una sezione distinta degli albi di cui agli articoli 35 e 35-ter. Si applicano gli articoli 35, commi 2 e 3, e 35-ter, commi 2 e 3.

3. La Banca d'Italia autorizza la proroga prevista dall'articolo 17, paragrafo 1, del regolamento (UE) n. 2015/760.

4. La Consob è l'autorità competente a:

a) ricevere dalla Sgr e dalla Sicaf che gestiscono l'ELTIF la notifica prevista dall'articolo 31, paragrafo 1, del regolamento (UE) n. 2015/760, per la commercializzazione in Italia delle quote o delle azioni dell'ELTIF agli investitori professionali e agli investitori al dettaglio;

b) ricevere dalla Sgr e dalla Sicaf che gestiscono l'ELTIF la notifica prevista dall'articolo 31, paragrafo 2, del regolamento (UE) n. 2015/760 per la commercializzazione in uno Stato dell'UE diverso dall'Italia delle quote o delle azioni dell'ELTIF agli investitori professionali e agli investitori al dettaglio;

c) ricevere dall'autorità dello Stato membro di origine del gestore dell'ELTIF la notifica prevista dall'articolo 31, paragrafo 2, del regolamento (UE) n. 2015/760 per la commercializzazione in Italia delle quote o delle azioni dell'ELTIF agli investitori professionali e agli investitori al dettaglio;

d) adempiere agli obblighi informativi verso l'AESFEM previsti dall'articolo 3, paragrafo 3, del regolamento (UE) n. 2015/760 (2);

e) ricevere il prospetto, e le relative modifiche, di cui all'articolo 24, paragrafo 1, del regolamento (UE) n. 2015/760 con le modalità e nei termini stabiliti con proprio regolamento.

5. Alle procedure per la notifica di cui al comma 4, lettere a), b) e c), si applicano, in quanto compatibili, l'articolo 43 e le relative disposizioni attuative; non è richiesta l'intesa della Banca d'Italia prevista nei commi 4 e 5 di tale articolo, né l'acquisizione del parere di tale autorità ai sensi dei commi 6 e 8 del medesimo articolo.

6. La Consob individua con regolamento le eventuali informazioni aggiuntive da inserire nel prospetto rispetto a quelle previste nell'articolo 23, paragrafi 2, 3 e 4, del regolamento (UE) n. 2015/760, al fine di permettere agli investitori di effettuare una valutazione informata sull'investimento loro proposto e, in particolare, sui relativi rischi.

7. Per assicurare il rispetto del presente articolo nonché del regolamento indicato dal comma 1, la Banca d'Italia e la Consob dispongono, secondo le rispettive attribuzioni e le finalità dell'articolo 5, dei poteri loro attribuiti dal presente decreto in materia di gestione collettiva del risparmio, nonché dei poteri previsti dal regolamento (UE) n. 2015/760.

(1) Articolo inserito dall'art. 1, co. 3, d.lg. 15/12/2017, n. 233.

(2) Comma modificato dall'art. 1, co. 1, lett. b), d.lg. 5/11/2021, n. 191.

4 quinquies.2. Individuazione delle autorità nazionali competenti ai sensi del regolamento (UE) 2017/1131 relativo ai fondi comuni monetari (FCM) (1). – 1. La Banca d'Italia e la Consob, secondo le rispettive attribuzioni e le finalità indicate dall'articolo 5, sono le autorità nazionali competenti ai sensi del regolamento (UE) 2017/1131. La Banca d'Italia e la Consob si trasmettono tempestivamente le informazioni che ciascuna di esse è competente a ricevere ai sensi del presente articolo.

2. La Banca d'Italia è l'autorità competente ad autorizzare un FCM ai sensi dell'articolo 4, paragrafi 2 e 3, del regolamento (UE) 2017/1131.

3. La Banca d'Italia è l'autorità competente a:

a) autorizzare la deroga prevista dall'articolo 17, paragrafo 7, del regolamento (UE) 2017/1131;

b) ricevere il riesame delle metodologie di valutazione della qualità creditizia ai sensi dell'articolo 19, paragrafo 4, lettera e), del regolamento (UE) 2017/1131;

c) ricevere le valutazioni effettuate a norma dei paragrafi 2, 3, 4, 6 e 7 dell'articolo 29 del regolamento (UE) 2017/1131, ai sensi del paragrafo 5 del medesimo articolo 29;

d) ricevere i dettagli delle decisioni relative alle procedure di gestione della liquidità ai sensi dell'articolo 34, paragrafo 3, del regolamento (UE) 2017/1131;

e) ricevere la relazione dettagliata contenente i risultati delle prove di stress e il piano d'azione e svolgere il riesame ai sensi dell'articolo 28, paragrafo 5, secondo comma, del regolamento (UE) 2017/1131;

f) adottare le misure specifiche previste dal regolamento (UE) 2017/1131 nell'articolo 41, paragrafo 2, con riferimento alle violazioni previste al paragrafo 1, lettere a), b), c), d), e), f) del medesimo articolo, con riferimento alla violazione degli articoli 21, 23, 26, 27 e 28, e g), del citato regolamento. Nei casi previsti dall'articolo 41, paragrafo 1, lettera f), con riferimento alla violazione dell'articolo 36 del regolamento (UE) 2017/1131, la revoca dell'autorizzazione rilasciata ai sensi del comma 2 è adottata su proposta della Consob.

4. La Consob è l'autorità competente a:

a) adempiere agli obblighi informativi verso l'ESMA previsti dagli articoli 4, paragrafo 6, 28, paragrafo 6, e 37, paragrafo 5, del regolamento (UE) 2017/1131;

b) adottare le misure specifiche previste dal regolamento (UE) 2017/1131 nell'articolo 41, paragrafo 2, lettera a), nei casi previsti dall'articolo 41, paragrafo 1, lettera f), per la violazione dell'articolo 36 del medesimo regolamento. In presenza di tali violazioni, la Consob può altresì proporre alla Banca d'Italia, ai sensi dell'articolo 41, paragrafo 2, lettera b), la revoca dell'autorizzazione rilasciata ai sensi del comma 2.

5. Per assicurare il rispetto del presente articolo nonché del regolamento indicato dal comma 1, la Banca d'Italia e la Consob dispongono, secondo le rispettive attribuzioni e le finalità dell'articolo 5, dei poteri loro attribuiti dal presente decreto nonché dei poteri previsti dall'articolo 39 del citato regolamento (UE) 2017/1131.

(1) Articolo inserito dall'art. 1, co. 2, d.lg. 2/2/2021, n. 17.

4 quinquies.3. Individuazione delle autorità nazionali competenti ai sensi del regolamento (UE) 2019/1156 per facilitare la distribuzione transfrontaliera degli organismi di investimento collettivo e che modifica i regolamenti (UE) n. 345/2013, (UE) n. 346/2013 e (UE) n. 1286/2014 (1). – 1. La Banca d'Italia e la Consob, secondo le rispettive attribuzioni e le finalità indicate dall'articolo 5, sono le autorità nazionali competenti ai sensi del regolamento (UE) 2019/1156 per quanto riguarda la pubblicazione e la gestione sui rispettivi siti internet delle informazioni previste dall'articolo 5, paragrafo 1, del regolamento (UE) 2019/1156.

2. La Consob è l'autorità competente a pubblicare e gestire sul proprio sito internet le informazioni previste dall'articolo 10, paragrafo 1, del regolamento (UE) 2019/1156 e a comunicare all'AESFEM le informazioni previste dall'articolo 5, paragrafo 2, dall'articolo 8, paragrafo 1, dall'articolo 10, paragrafo 2, e dall'articolo 13, paragrafo 1, del regolamento (UE) 2019/1156.

(1) Articolo inserito dall'art. 1, co. 1, lett. d), d.lg. 5/11/2021, n. 191.

4 sexies. Individuazione delle autorità nazionali competenti ai sensi del regolamento (UE) n. 1286/2014, relativo ai documenti contenenti le informazioni chiave per i prodotti d'investi-mento al dettaglio e assicurativi preassemblati (PRIIPs) (1). – 1. La Consob e l'IVASS sono le autorità nazionali competenti designate ai sensi dell'articolo 4, numero 8), del regolamento (UE) n. 1286/2014 ai fini della vigilanza sul rispetto degli obblighi che il medesimo regolamento (UE) n. 1286/2014 impone agli ideatori di PRIIP e alle persone che forniscono consulenza sui PRIIP o vendono i PRIIP, anche mediante i rispettivi poteri di vigilanza, d'indagine e sanzionatori, secondo le rispettive attribuzioni e conformemente a quanto disposto dal presente articolo.

2. Ai fini di cui al comma 1, la Consob è l'autorità competente:

a) ad assicurare l'osservanza degli obblighi imposti dal regolamento (UE) n. 1286/2014 agli ideatori di un PRIIP e alle persone che forniscono consulenza sui PRIIP o vendono i PRIIP, fatto salvo quanto disposto al comma 3, lettera a);

b) a esercitare, con riferimento ai prodotti di investimento assicurativo commercializzati, distribuiti o venduti in Italia, oppure a partire dall'Italia, l'attività di monitoraggio e i poteri di cui agli articoli 15, paragrafo 2, 17 e 18, paragrafo 3, del regolamento (UE) n. 1286/2014, per quanto riguarda la tutela degli investitori o l'integrità e l'ordinato funzionamento dei mercati, fatto salvo quanto disposto al comma 3, lettera b), per i soggetti ivi indicati (2);

*c) a ricevere dall'ideatore di PRIIP, o dalla persona che vende un PRIIP, la notifica preventiva del documento contenente le informazioni chiave conformi ai requisiti stabiliti ai sensi del regolamento (UE) n. 1286/2014, prima che i PRIIP siano commercializzati in Italia, nonché la notifica delle versioni riviste del documento stesso ai sensi dell'articolo 10 del regolamento medesimo**.

2-bis. In conformità alle attribuzioni individuate al comma

2, la Consob esercita i poteri di vigilanza e d'indagine di cui alla Parte II (3).

3. Ai fini di cui al comma 1, l'IVASS è l'autorità competente:

a) ad assicurare l'osservanza degli obblighi imposti dal regolamento (UE) n. 1286/2014 alle persone che forniscono consulenza sui prodotti d'investimento assicurativo, o vendono tali prodotti, con riguardo alle imprese di assicurazione e agli intermediari assicurativi di cui all'articolo 109, comma 2, lettere a) e b) del decreto legislativo 7 settembre 2005, n. 209, agli altri soggetti di cui questi intermediari assicurativi eventualmente si avvalgono iscritti nella sezione del registro di cui alla lettera e) dell'articolo 109, comma 2, del decreto legislativo n. 209 del 2005, e ai soggetti iscritti nella sezione del registro di cui alla lettera c) dell'articolo 109, comma 2, del decreto legislativo n. 209 del 2005 (4);

b) a esercitare, con riferimento ai prodotti di investimento assicurativo commercializzati, distribuiti o venduti in Italia, oppure a partire dall'Italia, l'attività di monitoraggio e i poteri di cui agli articoli 15, paragrafo 2, 17 e 18, paragrafo 3, del regolamento (UE) n. 1286/2014 [per quanto riguarda la tutela degli investitori o l'integrità e l'ordinato funzionamento dei mercati] nel caso di prodotti distribuiti dalle imprese di assicurazione e dagli intermediari assicurativi di cui all'articolo 109, comma 2, lettere a) e b), del decreto legislativo 7 settembre 2005, n. 209, dagli altri soggetti di cui questi intermediari assicurativi eventualmente si avvalgono iscritti nella sezione del registro di cui alla lettera e) dell'articolo 109, comma 2, del decreto legislativo 7 settembre 2005, n. 209, e dai soggetti iscritti nella sezione del registro di cui alla lettera c) dell'articolo 109, comma 2, del decreto legislativo 7 settembre 2005, n. 209 (5);

c) a esercitare con riferimento ai prodotti di investimento assicurativo commercializzati, distribuiti o venduti in Italia, oppure a partire dall'Italia, l'attività di monitoraggio e i poteri di cui agli articoli 15, paragrafo 2, 17 e 18, paragrafo 3, del regolamento (UE) n. 1286/2014 con riguardo ai profili attinenti alla stabilità del sistema finanziario e assicurativo o di una sua parte [, nonché per quanto riguarda i rischi inerenti alla stabilità delle imprese di assicurazione nei confronti delle imprese di assicurazione medesime] (6).

4. La Consob e l'IVASS, nel rispetto della reciproca indipendenza, individuano forme di coordinamento operativo, anche ai sensi dell'articolo 20 della legge 28 dicembre 2005, n. 262, per l'esercizio delle competenze e dei poteri loro attribuiti ai sensi del presente articolo e dell'articolo 4-septies, anche attraverso protocolli d'intesa, senza nuovi o maggiori oneri a carico della finanza pubblica, perseguendo l'obiettivo di semplificare, ove possibile, gli oneri per i soggetti vigilati. La Consob e l'IVASS collaborano tra loro, anche ai sensi dell'articolo 21 della legge 28 dicembre 2005, n. 262, per agevolare l'esercizio delle competenze e dei poteri loro attribuiti ai sensi del presente articolo e si danno reciproca comunicazione dei provvedimenti adottati ai sensi degli articoli 17 e 18, paragrafo 3, del regolamento (UE) n. 1286/2014 (7).

5. La Consob, sentita l'IVASS, adotta con proprio regolamento le disposizioni attuative del comma 2, individuando altresì, a fini di vigilanza, modalità di accesso ai documenti contenenti le informazioni chiave prima che i PRIIP siano commercializzati in Italia, tenendo conto dell'esigenza di contenimento degli oneri per i soggetti vigilati, in conformità agli atti delegati e alle norme tecniche di regolamentazione adottate dalla Commissione europea ai sensi del regolamento (UE) n. 1286/2014 (8).

6. L'IVASS, sentita la Consob, adotta con proprio regolamento le disposizioni attuative del comma 3.

7. La Consob e l'IVASS adottano le disposizioni di cui ai commi 5 e 6 avuto riguardo all'esigenza di semplificare, ove possibile, gli oneri per i soggetti vigilati e alla ripartizione delle competenze secondo i principi indicati ai commi 2 e 3.

(1) Articolo inserito dall'art. 1, co. 2, d.lg. 14/11/2016, n. 224, a decorrere dalla data di applicazione del regolamento (UE) n. 1286/2014 di cui all'art. 3, co. 1, dello stesso decreto, prevista per il 31/12/2016.

(2) Lettera modificata dall'art. 3.2, co. 2, lett. a), d.lg. 21/5/2018, n. 68, con applicazione a decorrere dal 1/10/2018.

* Lettera soppressa dall'art. 1 del d.lg. 25/11/2019, n. 165.

(3) Comma inserito dall'art. 1 del d.lg. 25/11/2019, n. 165.

(4) Lettera così sostituita dall'art. 1 del d.lg. 25/11/2019, n. 165.

(5) Lettera modificata dall'art. 3.2, co. 2, lett. b), d.lg. 21/5/2018, n. 68, con applicazione a decorrere dal 1/10/2018.

(6) Lettera modificata dall'art. 3.2, co. 2, lett. c), d.lg. 21/5/2018, n. 68, con applicazione a decorrere dal 1/10/2018.

(7) Comma modificato dall'art. 3.2, co. 2, lett. d), d.lg. 21/5/2018, n. 68, con applicazione a decorrere dal 1/10/2018.

(8) Comma così modificato dall'art. 1 del d.lg. 25/11/2019, n. 165 che ha sostituito le parole: "stabilendo in ogni caso una disciplina delle modalità di assolvimento degli obblighi di notifica preventiva del documento contenente le informazioni chiave di cui al comma 2, lettera c) e all'articolo 4-decies" con le parole: "individuando altresì, a fini di vigilanza, modalità di accesso ai documenti contenenti le informazioni chiave prima che i PRIIP siano commercializzati in Italia, tenendo conto dell'esigenza di contenimento degli oneri per i soggetti vigilati".

4 septies. Poteri d'intervento relativi alla violazione delle disposizioni previste dal regolamento (UE) n. 1286/2014 (1). – 1. Fermi restando le attribuzioni e i poteri di cui agli articoli 15, paragrafo 2, 17 e 18, paragrafo 3, del regolamento (UE) n. 1286/2014, in caso di violazione delle disposizioni previste dall'articolo 5, paragrafo 1, dagli articoli 6 e 7, dall'articolo 8, paragrafi da 1 a 3, dall'articolo 9 e dall'articolo 10, paragrafo 1, [dall'articolo 13, paragrafi 1, 3 e 4, e dagli articoli 14 e 19] del regolamento (UE) n. 1286/2014, [o in caso di mancata notifica alla Consob del documento concernente le informazioni chiave o delle versioni riviste dello stesso ai sensi dell'articolo 4-decies e delle relative disposizioni attuative,] la Consob può, tenuto conto, in quanto compatibili, dei criteri stabiliti dall'articolo 194-bis (2):

a) sospendere, per un periodo non superiore a 60 giorni [lavorativi consecutivi] per ciascuna volta, la commercializzazione di un PRIIP (3);

b) vietare l'offerta;

c) vietare la fornitura di un documento contenente le informazioni chiave che non rispetti i requisiti di cui agli articoli 6, 7, 8 o 10 del regolamento (UE) n. 1286/2014 e imporre la pubblicazione di una nuova versione di un documento contenente le informazioni chiave.

1-bis. Fermo restando quanto previsto dal comma 1, in caso di violazione degli articoli 13, paragrafi 1, 3 e 4, 14 e 19 del regolamento (UE) n. 1286/2014, la Consob o l'IVASS, secondo le rispettive competenze definite ai sensi dell'articolo 4-sexies, possono, tenuto conto, in quanto compatibili, dei criteri stabiliti dall'articolo 194-bis, esercitare i poteri di cui al comma 1 (4).

2. La Consob e l'IVASS possono imporre, secondo le rispettive competenze definite ai sensi dell'articolo 4-sexies, agli ideatori di PRIIP o ai soggetti che forniscono consulenza sui PRIIP o vendono tali prodotti, di trasmettere una comunicazione diretta all'investitore al dettaglio in PRIIP interessato, fornendogli informazioni circa le misure amministrative adottate e comunicando le modalità per la presentazione di eventuali reclami o domande di risarcimento anche mediante il ricorso ai meccanismi di risoluzione stragiudiziale delle controversie previsti dal decreto legislativo 8 ottobre 2007, n. 179.

3. I provvedimenti adottati dalla Consob ai sensi del presente articolo sono pubblicati in conformità alle disposizioni

sulla pubblicazione dei provvedimenti sanzionatori di cui all'articolo 195-bis.

4. Ai provvedimenti adottati dall'IVASS ai sensi del presente articolo si applicano, in quanto compatibili, le disposizioni del Titolo XVIII del decreto legislativo 7 settembre 2005, n. 209.

5. La Consob e l'IVASS adottano, secondo le rispettive competenze definite ai sensi dell'articolo 4-sexies e sentita l'altra autorità, le disposizioni attuative del presente articolo, avuto riguardo all'esigenza di semplificare, ove possibile, gli oneri per i destinatari delle disposizioni stesse.*

(1) Articolo inserito dall'art. 1, co. 2, d.lg. 14/11/2016, n. 224, a decorrere dalla data di applicazione del regolamento (UE) n. 1286/2014 di cui all'art. 3, co. 1, dello stesso decreto, prevista per il 31/12/2016.

(2) Alinea modificato dall'art. 2, co. 3, lett. a), d.lg. 21/5/2018, n. 68, con applicazione a decorrere dal 1/10/2018 e successivamente dall'art. 1, co. 2, d.lg. 25/11/2019, n. 165.

(3) Comma modificato dall'art. 1, co. 4, d.lg. 3/8/2017, n. 129. Per l'applicazione, vedi l'art. 10, co. 2, d.lg. n. 129/2017 medesimo.

(4) Comma inserito dall'art. 2, co. 3, lett. b), d.lg. 21/5/2018, n. 68, con applicazione a decorrere dal 1/10/2018.

* Comma abrogato dall'art. 2, co. 3, lett. c), d.lg. 21/5/2018, n. 68, con applicazione a decorrere dal 1/10/2018.

4 septies.1 (1). – 1. Ai sensi dell'articolo 40, paragrafo 1, del regolamento (UE) 2016/1011, la Consob è l'autorità competente sugli amministratori di indici di riferimento e sui contributori di dati sottoposti a vigilanza, come definiti dall'articolo 3, paragrafo 1, punto 10), del citato regolamento, stabiliti nel territorio della Repubblica.

2. Fermo restando quanto previsto al comma 1, la Banca d'Italia è autorità competente sui contributori di dati sottoposti alla propria vigilanza, ai fini della partecipazione ai collegi prevista dall'articolo 46, paragrafi 2 e 3, del regolamento (UE) 2016/1011, e collabora con l'autorità competente sugli amministratori di indici di riferimento come previsto dall'articolo 23 del medesimo regolamento. Per assolvere a questi compiti la Consob e la Banca d'Italia stabiliscono, mediante un protocollo d'intesa, le modalità della collaborazione e del reciproco scambio di informazioni.

3. Ai sensi dell'articolo 40, paragrafo 1, del regolamento (UE) 2016/1011, la Consob, la Banca d'Italia, l'IVASS e la COVIP sono le autorità competenti, secondo le rispettive attribuzioni di vigilanza, sui soggetti dalle medesime vigilati che fanno uso di un indice di riferimento, secondo quanto disposto dall'articolo 3, paragrafo 1, punto 7), del regolamento citato.

4. Ai sensi dell'articolo 40, paragrafo 2, del regolamento (UE) 2016/1011, la Consob è l'autorità competente responsabile del coordinamento, della cooperazione, dello scambio di informazioni con la Commissione dell'Unione europea, l'AESFEM e le autorità competenti degli altri Stati membri.

5. Ai fini dello svolgimento dei compiti previsti dal regolamento (UE) 2016/1011, la Consob, la Banca d'Italia, l'IVASS e la COVIP esercitano i poteri di vigilanza e di indagine loro rispettivamente attribuiti dalla normativa di settore. La Consob può esercitare, altresì, gli ulteriori poteri previsti dall'articolo 187-octies, secondo le modalità ivi stabilite.

(1) Articolo inserito dall'art. 1, co. 4, d.lg. 13/2/2019, n. 19.

4 octies. Sistemi interni di segnalazione delle violazioni del regolamento (UE) n. 1286/2014*. *– 1. L'articolo 8-bis si applica anche con riferimento alle procedure di segnalazione a livello interno delle violazioni effettive o potenziali del regolamento (UE) n. 1286/2014 che devono essere messe in atto da parte dei soggetti abilitati e delle relative capogruppo in conformità alle prescrizioni dell'articolo 28, paragrafo 4, del regolamento stesso, tenendo a tal fine conto anche dell'obiettivo di ridurre al minimo gli oneri gravanti sugli ideatori di PRIIP e sulle persone che vendono PRIIP o che forniscono consulenza su PRIIP. 2. Le imprese di assicurazione mettono in pratica le procedure di segnalazione interne di cui al comma 1 in conformità alle disposizioni attuative adottate dall'IVASS, sentita la Consob.*

* Articolo inserito dall'art. 1, co. 2, d.lg. 14/11/2016, n. 224, a decorrere dalla data di applicazione del regolamento (UE) n. 1286/2014 di cui all'art. 3, co. 1, dello stesso decreto, prevista per il 31/12/2016 e successivamente abrogato dall'art. 1, co. 3, lett. b), d.lg. 3/8/2017, n. 129. Per l'applicazione, vedi l'art. 10, co. 2, d.lg. n. 129/2017 medesimo.

4 novies. Procedura di segnalazione alle Autorità di Vigilanza*. *– 1. La Consob e l'IVASS, ciascuna secondo le rispettive competenze, definite ai sensi dell'articolo 4-sexies, mettono in atto i meccanismi efficaci di cui all'articolo 28 del regolamento (UE) n. 1286/2014 con riferimento alle segnalazioni che si riferiscono a: a) violazioni effettive o potenziali delle norme del regolamento (UE) n. 1286/2014; b) violazioni effettive o potenziali delle norme dell'articolo 4-decies e delle relative disposizioni attuative; c) la mancata osservanza delle misure adottate ai sensi dell'articolo 4-septies. 2. Le disposizioni previste nell'articolo 8-ter, commi 2, 3 e 4, si applicano anche alle segnalazioni alla Consob e all'IVASS dei fatti indicati al comma 1, lettere a), b) e c), effettuate in conformità all'articolo 28 del regolamento (UE) n. 1286/2014.*

* Articolo inserito dall'art. 1, co. 2, d.lg. 14/11/2016, n. 224, a decorrere dalla data di applicazione del regolamento (UE) n. 1286/2014 di cui all'art. 3, co. 1, dello stesso decreto, prevista per il 31/12/2016 e successivamente abrogato dall'art. 1, co. 5, d.lg. 3/8/2017, n. 129. Per l'applicazione, vedi l'art. 10, co. 2, d.lg. n. 129/2017 medesimo.

4 decies. Obbligo di notifica preventiva del documento contenente le informazioni chiave sui PRIIP*. *– 1. L'ideatore di PRIIP, o la persona che vende PRIIP, notificano alla Consob il documento contenente le informazioni chiave redatto in conformità a quanto stabilito ai sensi del regolamento (UE) n. 1286/2014, prima che i PRIIP in questione siano commercializzati in Italia. 2. L'obbligo di notifica di cui al comma 1 si applica anche alle versioni riviste del documento contenente le informazioni chiave da predisporre in ottemperanza all'articolo 10 del regolamento (UE) n. 1286/2014.*

* Articolo abrogato dall'art. 1 del d.lg. 25/11/2019, n. 165.

4 undecies. Sistemi interni di segnalazione delle violazioni (1). – 1. I soggetti di cui alle parti II e III [e le imprese di assicurazione] adottano procedure specifiche per la segnalazione al proprio interno, da parte del personale, di atti o fatti che possano costituire violazioni delle norme disciplinanti l'attività svolta, nonché del regolamento prospetto come definito all'articolo 93-bis, comma 1, lettera a), e del regolamento (UE) n. 596/2014 (2).

2. Le procedure previste al comma 1 sono idonee a garantire:

a) la riservatezza dei dati personali del segnalante e del presunto responsabile della violazione, ferme restando le regole che disciplinano le indagini o i procedimenti avviati dall'autorità giudiziaria in relazione ai fatti oggetto della segnalazione; l'identità del segnalante è sottratta all'applicazione dell'articolo 7, comma 2, del decreto legislativo 30 giugno 2003, n. 196, e non può essere rivelata per tutte le fasi della procedura, salvo suo consenso o quando la conoscenza sia indispensabile per la difesa del segnalato;

b) la tutela adeguata del soggetto segnalante contro condotte ritorsive, discriminatorie o comunque sleali conseguenti la segnalazione;

c) un canale specifico, indipendente e autonomo per la segnalazione.

3. Fuori dei casi di responsabilità a titolo di calunnia o diffamazione, ovvero per lo stesso titolo ai sensi dell'articolo 2043 del Codice civile, la presentazione di una segnalazione nell'ambito della procedura di cui al comma 1 non costituisce violazione degli obblighi derivanti dal rapporto di lavoro. Si applicano le disposizioni contenute nell'articolo 6, commi 2-ter e 2-quater, del decreto legislativo 8 giugno 2001, n. 231 (3).

4. La Banca d'Italia e la Consob adottano, secondo le rispettive competenze, le disposizioni attuative del presente articolo, avuto riguardo all'esigenza di coordinare le funzioni di vigilanza e ridurre al minimo gli oneri gravanti sui soggetti destinatari. [Le imprese di assicurazione osservano le disposizioni attuative adottate dall'IVASS, sentita la Consob.] (4)

(1) Articolo inserito dall'art. 1, co. 6, d.lg. 3/8/2017, n. 129. Per l'applicazione, vedi l'art. 10, co. 2, d.lg. n. 129/2017 medesimo.

(2) Comma modificato dall'art. 2, co. 4, lett. a), d.lg. 21/5/2018, n. 68, con applicazione a decorrere dal 1/10/2018 e successivamente dall'art. 1, co. 3, lett. a), d.lg. 2/2/2021, n. 17.

(3) Comma modificato dall'art. 1, co. 3, lett. b), d.lg. 2/2/2021, n. 17.

(4) Comma modificato dall'art. 2, co. 4, lett. a), d.lg. 21/5/2018, n. 68, con applicazione a decorrere dal 1/10/2018.

• In riferimento al Regolamento di attuazione di cui al presente articolo, vedi Delibera della Banca d'Italia 5/12/2019.

4 duodecies. Procedura di segnalazione alle Autorità di Vigilanza (1). – 1. La Banca d'Italia e la Consob (2):

a) ricevono, ciascuna per le materie di propria competenza, da parte del personale dei soggetti indicati dall'articolo 4-undecies, segnalazioni che si riferiscono a violazioni delle norme del presente decreto, nonché di atti dell'Unione europea direttamente applicabili nelle stesse materie;

b) tengono conto dei criteri previsti all'articolo 4-undecies, comma 2, lettere a) e b), e possono stabilire condizioni, limiti e procedure per la ricezione delle segnalazioni;

c) si avvalgono delle informazioni contenute nelle segnalazioni, ove rilevanti, esclusivamente nell'esercizio delle funzioni di vigilanza;

d) prevedono, mediante protocollo d'intesa, le opportune misure di coordinamento nello svolgimento delle attività di rispettiva competenza, ivi compresa l'applicazione delle relative sanzioni, in modo da coordinare l'esercizio delle funzioni di vigilanza e ridurre al minimo gli oneri gravanti sui soggetti vigilati.

1-bis. Il comma 1 si applica alle segnalazioni alla Consob, da chiunque effettuate, di violazioni del regolamento prospetto come definito all'articolo 93-bis, comma 1, lettera a), o di violazioni del regolamento (UE) n. 596/2014. Le procedure sono adottate dalla Consob conformemente a quanto previsto dalla direttiva di esecuzione (UE) 2015/2392 (3).

2. Gli atti relativi alle segnalazioni di cui ai commi 1 e 1-bis sono sottratti all'accesso previsto dagli articoli 22 e seguenti della legge 7 agosto 1990, n. 241, e successive modificazioni (4).

2-bis. Alle segnalazioni di violazioni effettuate con le procedure di cui al presente articolo si applica l'articolo 4-undecies, comma 3 (5).

(1) Articolo inserito dall'art. 1, co. 6, d.lg. 3/8/2017, n. 129. Per l'applicazione, vedi l'art. 10, co. 2, d.lg. n. 129/2017 medesimo.

(2) Alinea sostituito dall'art. 1, co. 1, lett. a), d.lg. 10/8/2018, n. 107.

(3) Comma inserito dall'art. 1, co. 1, lett. b), d.lg. 10/8/2018, n. 107 e successivamente modificato dall'art. 1, co. 4, lett. a), d.lg. 2/2/2021, n. 17.

(4) Comma modificato dall'art. 1, co. 1, lett. c), d.lg. 10/8/2018, n. 107.

(5) Comma aggiunto dall'art. 1, co. 4, lett. b), d.lg. 2/2/2021, n. 17.

4 terdecies. Esenzioni (1). – 1. Le disposizioni contenute nella parte II non si applicano:

a) alle imprese di assicurazione né alle imprese che svolgono le attività di riassicurazione e di retrocessione di cui al decreto legislativo 7 settembre 2005, n. 209 [, ad eccezione dell'articolo 25-ter] (2);

b) ai soggetti che prestano servizi di investimento esclusivamente nei confronti di soggetti controllanti, controllati o sottoposti a comune controllo;

c) ai soggetti che prestano servizi di investimento a titolo accessorio nell'ambito di un'attività professionale disciplinata da disposizioni legislative o regolamentari o da un codice di deontologia professionale che ammettano la prestazione di detti servizi, fermo restando quanto previsto dal presente decreto per gli intermediari iscritti nell'albo previsto dall'articolo 106 del T.U. bancario;

d) ai soggetti che negoziano per conto proprio in strumenti finanziari diversi dagli strumenti derivati su merci o dalle quote di emissione o relativi strumenti derivati e che non prestano altri servizi di investimento o non esercitano altre attività di investimento in strumenti finanziari diversi dagli strumenti derivati su merci, dalle quote di emissione o relativi derivati, salvo che tali soggetti:

1) siano market maker,

2) siano membri o partecipanti di un mercato regolamentato o sistema multilaterale di negoziazione o abbiano accesso elettronico diretto a una sede di negoziazione, secondo quanto previsto dal regolamento delegato (UE) 2017/565, ad eccezione dei soggetti non finanziari che eseguono in una sede di negoziazione operazioni di cui è oggettivamente possibile misurare la capacità di ridurre i rischi direttamente connessi all'attività commerciale o all'attività di finanziamento della tesoreria propria o del gruppo di appartenenza;

3) applichino una tecnica di negoziazione algoritmica ad alta frequenza, o 4) negozino per conto proprio quando eseguono gli ordini dei clienti.

I gestori di Oicr, le Sicav, le Sicaf e i relativi depositari, le controparti centrali e i soggetti esentati a norma delle lettere a), h), i) e l), non sono tenuti, ai fini dell'esenzione, a soddisfare le condizioni enunciate nella presente lettera.

e) agli operatori soggetti agli obblighi previsti dalla direttiva 2003/87/CE, che, quando trattano quote di emissione, non eseguono ordini di clienti e non prestano servizi o attività di investimento diversi dalla negoziazione per conto proprio, a condizione che non applichino tecniche di negoziazione algoritmica ad alta frequenza;

f) ai soggetti che prestano servizi di investimento consistenti esclusivamente nella gestione di sistemi di partecipazione dei lavoratori;

g) ai soggetti che prestano servizi di investimento consistenti esclusivamente nel gestire sistemi di partecipazione dei lavoratori e nel prestare servizi di investimento esclusivamente per la propria controllante, le proprie controllate o altre controllate della propria controllante;

h) alla Banca centrale europea, alla Banca d'Italia, ad altri membri del SEBC e ad altri organismi nazionali che svolgono funzioni analoghe nell'Unione europea, al Ministero dell'economia e delle finanze e ad altri organismi pubblici che sono incaricati o che intervengono nella gestione del debito pubblico nell'Unione europea e ad istituzioni finanziarie internazionali create da due o più Stati membri allo scopo di mobilitare risorse e fornire assistenza finanziaria a quelli, tra i loro membri, che stiano affrontando o siano minacciati da gravi difficoltà finanziarie;

i) ai fondi pensione, siano essi armonizzati o meno dal diritto dell'Unione europea, nonché ai loro soggetti depositari;

l) ai soggetti:

i) compresi i market maker, che negoziano per conto proprio strumenti derivati su merci o quote di emissione o derivati dalle stesse, esclusi quelli che negoziano per conto proprio eseguendo ordini di clienti; o ii) che prestano servizi di investimento diversi dalla negoziazione per conto proprio, in strumenti derivati su merci o quote di emissione o strumenti derivati dalle stesse ai clienti o ai fornitori della loro attività principale;

purché:

1) per ciascuno di tali casi, considerati sia singolarmente che in forma aggregata, si tratti di un'attività accessoria alla loro attività principale considerata nell'ambito del gruppo, purché tale attività principale non consista nella prestazione di servizi di investimento ai sensi del presente decreto, di attività bancarie ai sensi T.U. bancario o in attività di market making in relazione agli strumenti derivati su merci;

2) tali soggetti non applichino una tecnica di negoziazione algoritmica ad alta frequenza; e 3) detti soggetti comunichino formalmente, entro il 31 dicembre di ogni anno alla Consob, se si servono di tale esenzione e, su richiesta della Consob, su quale base ritengono che la loro attività ai sensi dei punti i) e ii) sia accessoria all'attività principale.

L'avvenuta perdita dei requisiti previsti per l'esenzione di cui alla presente lettera deve essere comunicata senza indugio alla Consob dai soggetti interessati che possono continuare ad esercitare le attività indicate sub i) e ii) purché, entro sei mesi dalla suddetta comunicazione, presentino domanda di autorizzazione secondo le norme previste dal presente decreto (3);

m) ai soggetti che forniscono consulenza in materia di investimenti nell'esercizio di un'altra attività professionale non contemplata dalla direttiva 2014/65/UE, purché tale consulenza non sia specificamente remunerata;

n) agli agenti di cambio le cui attività e funzioni sono disciplinate dall'articolo 201 del presente decreto;

o) ai gestori del sistema di trasmissione quali definiti all'articolo 2, paragrafo 4, della direttiva 2009/72/CE o all'articolo 2, paragrafo 4, della direttiva 2009/73/CE, quando svolgono le loro funzioni in conformità delle suddette direttive o del regolamento (CE) n. 714/2009 o del regolamento (CE) n. 715/2009 o dei codici di rete o degli orientamenti adottati a norma di tali regolamenti, alle persone che agiscono in qualità di prestatori di servizi per loro conto per espletare i loro compiti ai sensi di tali atti legislativi o dei codici di rete o degli orientamenti adottati a norma di tali regolamenti, o a qualsiasi gestore o amministratore di un meccanismo di bilanciamento dell'energia, di una rete o sistema di condotte per bilanciare le forniture e i consumi di energia quando svolgono detti compiti. Tale esenzione si applica alle persone che esercitano le attività menzionate nella presente lettera solo quando effettuano attività di investimento o prestano servizi di investimento relativi ai derivati su merci al fine di svolgere tali attività. Tale esenzione non si applica in relazione alla gestione di un mercato secondario, incluse le piattaforme per la negoziazione secondaria di diritti di trasmissione finanziari;

p) ai depositari centrali autorizzati ai sensi del regolamento (UE) n. 909/2014, salvo quanto previsto dall'articolo 79-noviesdecies.1 del presente decreto.

(1) Articolo inserito dall'art. 1, co. 6, d.lg. 3/8/2017, n. 129. Per l'applicazione, vedi l'art. 10, co. 2, d.lg. n. 129/2017 medesimo.

(2) Lettera modificata dall'art. 2, co. 5, d.lg. 21/5/2018, n. 68, con applicazione a decorrere dal 1/10/2018.

(3) Lettera così modificata dall'art. 1 del d.lg. 25/11/2019, n. 165 che, al punto ii), n. 3, ha sostituito le parole: "entro il 31 dicembre di ogni anno" con le parole: "con cadenza annuale" ed ha sostituito interamente l'ultimo periodo.

PARTE II
DISCIPLINA DEGLI INTERMEDIARI (1)

(1) Vedi la deliberazione CONSOB 1/7/1998, n. 11522, successivamente la deliberazione CONSOB n. 11522/1998 è stata abrogata dall'art. 113 della deliberazione 29/10/2007, n. 16190. Per il nuovo regolamento in materia di intermediari vedi la medesima deliberazione CONSOB 29/10/2007, n. 16190.

TITOLO I
DISPOSIZIONI GENERALI E POTERI DI VIGILANZA (1)

(1) Rubrica sostituita dall'art. 2, co. 1, d.lg. 3/8/2017, n. 129. Per l'applicazione, vedi l'art. 10, co. 2, d.lg. n. 129/2017 medesimo.

Capo I
Vigilanza

5. Finalità e destinatari della vigilanza. – 1. La vigilanza sulle attività disciplinate dalla presente parte ha per obiettivi:

a) la salvaguardia della fiducia nel sistema finanziario;

b) la tutela degli investitori;

c) la stabilità e il buon funzionamento del sistema finanziario;

d) la competitività del sistema finanziario;

e) l'osservanza delle disposizioni in materia finanziaria (1).

2. Per il perseguimento degli obiettivi di cui al comma 1, la Banca d'Italia è competente per quanto riguarda il contenimento del rischio, la stabilità patrimoniale e la sana e prudente gestione degli intermediari (1).

3. Per il perseguimento degli obiettivi di cui al comma 1, la Consob è competente per quanto riguarda la trasparenza e la correttezza dei comportamenti (1).

4. La Banca d'Italia e la Consob esercitano i poteri di vigilanza nei confronti dei soggetti abilitati; ciascuna vigila sull'osservanza delle disposizioni legislative e regolamentari secondo le competenze definite dai commi 2 e 3 (1).

5. La Banca d'Italia e al CONSOB operano in modo coordinato anche al fine di ridurre al minimo gli oneri gravanti sui soggetti abilitati e si danno reciproca comunicazione dei provvedimenti assunti e delle irregolarità rilevate nell'esercizio dell'attività di vigilanza.

5-bis. La Banca d'Italia e la Consob, al fine di coordinare l'esercizio delle proprie funzioni di vigilanza e di ridurre al minimo gli oneri gravanti sui soggetti abilitati, stipulano un protocollo d'intesa, avente ad oggetto:

a) i compiti di ciascuna e le modalità del loro svolgimento, secondo il criterio della prevalenza delle funzioni di cui ai commi 2 e 3;

b) lo scambio di informazioni, anche con riferimento alle irregolarità rilevate e ai provvedimenti assunti nell'esercizio dell'attività di vigilanza (2).

5-ter. Il protocollo d'intesa di cui al comma 5-bis è reso pubblico dalla Banca d'Italia e dalla Consob con le modalità da esse stabilite [ed è allegato al regolamento di cui all'articolo 6, comma 2-bis] (2).

(1) Comma sostituito dall'art. 2 del d.lg. 17/9/2007, n. 164, con la decorrenza indicata nell'art. 19 dello stesso decreto.

(2) Comma inserito dall'art. 2 del d.lg. 17/9/2007, n. 164, con la decorrenza indicata nell'art. 19 dello stesso decreto e successivamente modificato dall'art. 2, co. 2, d.lg. 3/8/2017, n. 129. Per l'applicazione, vedi l'art. 10, co. 2, d.lg. n. 129/2017 medesimo.

6. Poteri regolamentari (1). – 01. Nell'esercizio dei poteri regolamentari, la Banca d'Italia e la Consob osservano i seguenti principi:

a) valorizzazione dell'autonomia decisionale dei soggetti abilitati;

b) proporzionalità, intesa come criterio di esercizio del potere adeguato al raggiungimento del fine, con il minore sacrificio degli interessi dei destinatari;

c) riconoscimento del carattere internazionale del mercato finanziario e salvaguardia della posizione competitiva dell'industria italiana;

d) agevolazione dell'innovazione e della concorrenza (2).

02. La Banca d'Italia e la Consob possono mantenere o imporre nei regolamenti obblighi aggiuntivi rispetto a quelli previsti dall'articolo 16, paragrafi 8, 9 e 10, della direttiva 2014/65/UE e dai relativi atti delegati, nonché dall'articolo 24 della direttiva medesima, solo nei casi eccezionali in cui tali obblighi sono obiettivamente giustificati e proporzionati, tenuto conto della necessità di fare fronte a rischi specifici per la protezione degli investitori o l'integrità del mercato che presentano particolare rilevanza nel contesto della struttura del mercato italiano (3).

03. La Banca d'Italia e la Consob comunicano al Ministero dell'economia e delle finanze le disposizioni regolamentari recanti gli obblighi aggiuntivi di cui al comma 02 ai fini della loro notifica alla Commissione europea (2).

1. La Banca d'Italia, sentita la CONSOB, disciplina con regolamento:

a) gli obblighi delle SIM e delle SGR in materia di adeguatezza patrimoniale, contenimento del rischio nelle sue diverse configurazioni e partecipazioni detenibili, nonché l'informativa da rendere al pubblico sulle stesse materie e sul governo societario, l'organizzazione amministrativa e contabile, i controlli interni e i sistemi di remunerazione e di incentivazione (4);

b) gli obblighi delle Sim, delle imprese di paesi terzi, delle Sgr, nonché degli intermediari finanziari iscritti nell'albo previsto dall'articolo 106 del Testo Unico bancario, delle banche italiane autorizzate all'esercizio dei servizi o delle attività di investimento, in materia di modalità di deposito e di sub-deposito degli strumenti finanziari e del denaro di pertinenza della clientela (5);

c) le regole applicabili agli Oicr italiani aventi a oggetto:

1) i criteri e i divieti relativi all'attività di investimento, avuto riguardo anche ai rapporti di gruppo;

2) le norme prudenziali di contenimento e frazionamento del rischio, limitatamente agli Oicr diversi dai FIA riservati. La Banca d'Italia può prevedere l'applicazione ai FIA italiani riservati di limiti di leva finanziaria massima e di norme prudenziali per assicurare la stabilità e l'integrità del mercato finanziario;

3) gli schemi tipo e le modalità di redazione dei prospetti contabili che le società di gestione del risparmio, le Sicav e le Sicaf redigono periodicamente;

4) i metodi di calcolo del valore delle quote o azioni di Oicr;

5) i criteri e le modalità da adottare per la valutazione dei beni e dei valori in cui è investito il patrimonio e la periodicità della valutazione. Per la valutazione di beni non negoziati in mercati regolamentati, la Banca d'Italia può prevedere il ricorso a esperti indipendenti e richiederne l'intervento anche in sede di acquisto e vendita dei beni da parte del gestore;

6) le condizioni per la delega a terzi della valutazione dei beni in cui è investito il patrimonio dell'Oicr e del calcolo del valore delle relative quote o azioni (6).

c-bis) gli obblighi dei soggetti abilitati relativi alla prestazione dei servizi e delle attività di investimento e alla gestione collettiva del risparmio, in materia di:

1) governo societario e requisiti generali di organizzazione, compresa l'attuazione dell'articolo 4-undecies;

2) sistemi di remunerazione e di incentivazione;

3) continuità dell'attività;

4) organizzazione amministrativa e contabile, compresa l'istituzione della funzione di controllo della conformità alle norme;

5) gestione del rischio dell'impresa;

6) audit interno;

7) responsabilità dell'alta dirigenza;

8) esternalizzazione di funzioni operative essenziali o importanti o di servizi o di attività (7).

1-bis. Le disposizioni di cui al comma 1, lettera a), prevedono la possibilità di adottare sistemi interni di misurazione dei rischi per la determinazione dei requisiti patrimoniali, previa autorizzazione della Banca d'Italia, nonché di utilizzare valutazioni del rischio di credito rilasciate da società o enti esterni (8).

2. La Consob, sentita la Banca d'Italia, tenuto conto delle differenti esigenze di tutela degli investitori connesse con la qualità e l'esperienza professionale dei medesimi, disciplina con regolamento gli obblighi dei soggetti abilitati in materia di:

a) trasparenza, ivi inclusi:

1) gli obblighi informativi nella prestazione dei servizi e delle attività di investimento, nonché della gestione collettiva del risparmio, con particolare riferimento al grado di rischiosità di ciascun tipo specifico di prodotto finanziario e delle gestioni di portafogli offerti, all'impresa e ai servizi prestati, alla salvaguardia degli strumenti finanziari o delle disponibilità liquide detenuti dall'impresa, ai costi, agli incentivi, alle strategie di esecuzione degli ordini e alle pratiche di vendita abbinata (9);

2) le modalità e i criteri da adottare nella diffusione di comunicazioni pubblicitarie e promozionali e di ricerche in materia di investimenti;

3) gli obblighi di comunicazione ai clienti relativi all'esecuzione degli ordini, alla gestione di portafogli, alle operazioni con passività potenziali e ai rendiconti di strumenti finanziari o delle disponibilità liquide dei clienti detenuti dall'impresa;

3-bis) gli obblighi informativi nei confronti degli investitori dei FIA italiani, dei FIA UE e dei FIA non UE (10);

b) correttezza dei comportamenti, ivi inclusi:

1) gli obblighi di acquisizione di informazioni dai clienti o dai potenziali clienti ai fini della valutazione di adeguatezza o di appropriatezza delle operazioni o dei servizi forniti, ivi inclusi i casi di pratiche di vendita abbinata (11);

2) le misure per eseguire gli ordini alle condizioni più favorevoli per i clienti;

3) gli obblighi in materia di gestione degli ordini;

4) l'obbligo di assicurare che la gestione di portafogli si svolga con modalità aderenti alle specifiche esigenze dei singoli investitori e che quella su base collettiva avvenga nel rispetto degli obiettivi di investimento dell'OICR;

5) le condizioni alle quali possono essere corrisposti o percepiti incentivi (12).

b-bis) prestazione dei servizi e delle attività di investimento e di gestione collettiva del risparmio, relativi:

1) alle procedure, anche di controllo interno, per la corretta e trasparente prestazione dei servizi e delle attività di investimento, ivi incluse quelle per:

a) il governo degli strumenti finanziari e dei depositi strutturati;

b) la percezione o la corresponsione di incentivi;

2) alle procedure, anche di controllo interno, per la corretta e trasparente prestazione della gestione collettiva del risparmio, ivi incluse quelle per la percezione o la corresponsione di incentivi;

3) alle modalità di esercizio della funzione di controllo della conformità alle norme;

4) al trattamento dei reclami;

5) alle operazioni personali;

6) alla gestione dei conflitti di interesse potenzialmente

pregiudizievoli per i clienti, ivi inclusi quelli derivanti dai sistemi di remunerazione e di incentivazione;

7) alla conservazione delle registrazioni;

8) alla conoscenza e competenza delle persone fisiche che forniscono consulenza alla clientela in materia di investimenti o informazioni su strumenti finanziari, servizi di investimento o accessori per conto dei soggetti abilitati (13).

2-bis. Con riferimento alle materie indicate al comma 1, lettera c-bis), numeri 1), 2), 3), 7) e 8), la Banca d'Italia acquisisce l'intesa della Consob sugli aspetti di disciplina rilevanti per le finalità di cui all'articolo 5, comma 3. Con riferimento alle materie indicate al comma 2, lettera b-bis), numero 6), la Consob acquisisce l'intesa della Banca d'Italia sugli aspetti di disciplina rilevanti per le finalità di cui all'articolo 5, comma 2. Gli aspetti di disciplina rilevanti per le finalità di competenza della Banca d'Italia e della Consob sono specificati nel protocollo previsto all'articolo 5, comma 5-bis. Per l'esercizio della vigilanza ai sensi della presente parte, sono competenti la Banca d'Italia per il rispetto delle disposizioni adottate ai sensi del comma 1, lettera c-bis), numeri 1), 2), 3), 7) e 8), e la Consob per il rispetto delle disposizioni adottate ai sensi del comma 2, lettera b-bis), numero 6); inoltre, la Banca d'Italia e la Consob, in relazione agli aspetti sui quali hanno fornito l'intesa e per le finalità di cui all'articolo 5, commi 2 e 3, possono:

a) esercitare i poteri di vigilanza informativa e di indagine loro attribuiti dal presente capo, anche al fine di adottare i provvedimenti di intervento di propria competenza, secondo le modalità previste nel protocollo;

b) comunicare le irregolarità riscontrate all'altra Autorità ai fini dell'adozione dei provvedimenti di competenza (14).

2-ter. Per l'esercizio della vigilanza, nelle materie di cui al comma 2-bis, sono competenti:

a) la Banca d'Italia per gli aspetti previsti dalle lettere a), b), c), f), g) e h);

b) la Consob per gli aspetti previsti dalle lettere d), e), i), j), l), m) e n);

*c) la Banca d'Italia e la Consob, secondo le rispettive funzioni di cui all'articolo 5, commi 2 e 3, per gli aspetti previsti dalla lettera k)**.

2-quater. La Consob, sentita la Banca d'Italia, individua con regolamento:

*a) le norme di condotta che non si applicano ai rapporti fra gestori di sistemi multilaterali di negoziazione e i partecipanti ai medesimi***;

b) le condizioni alle quali i soggetti abilitati non sono obbligati a osservare le disposizioni regolamentari di cui al comma 2, lettera b), numero 1), quando prestano i servizi di cui all'articolo 1, comma 5, lettere b) ed e);

c) la disciplina specifica di condotta applicabile ai rapporti tra soggetti abilitati e clienti professionali;

d) le norme di condotta che non si applicano ai rapporti fra soggetti abilitati che prestano i servizi di cui all'articolo 1, comma 5, lettere a), b) ed e), e controparti qualificate, intendendosi per tali:

1) le Sim, le imprese di investimento UE, le banche, le imprese di assicurazione, gli Oicr, i gestori, i fondi pensione, gli intermediari finanziari iscritti nell'albo previsto dall'articolo 106 del Testo Unico bancario, le società di cui all'articolo 18 del Testo Unico bancario, gli istituti di moneta elettronica, le fondazioni bancarie, i Governi nazionali e i loro corrispondenti uffici, compresi gli organismi pubblici incaricati di gestire il debito pubblico, le banche centrali e le organizzazioni sovranazionali a carattere pubblico;

2) le altre categorie di soggetti privati individuati con regolamento dalla Consob, sentita Banca d'Italia, nel rispetto dei criteri di cui alla direttiva 2014/65/UE e alle relative misure di esecuzione;

3) le categorie corrispondenti a quelle dei numeri 1) e 2) di soggetti di paesi non appartenenti all'Unione europea (15);

2-quinquies. La Consob, sentita la Banca d'Italia, individua con regolamento:

a) i clienti professionali privati (16);

b) i criteri di identificazione dei soggetti privati che su richiesta possono essere trattati come clienti professionali e la relativa procedura di richiesta (17).

2-sexies. Il Ministro dell'economia e delle finanze, sentite la Banca d'Italia e la Consob, individua con regolamento:

a) i clienti professionali pubblici;

b) i criteri di identificazione dei soggetti pubblici che su richiesta possono essere trattati come clienti professionali e la relativa procedura di richiesta (18).

2-septies. Le disposizioni in materia di sistemi di remunerazione e di incentivazione emanate ai sensi del comma 1, lettera c-bis), numero 2), possono prevedere che determinate decisioni in materia di remunerazione e di incentivazione siano rimesse alla competenza dell'assemblea dei soci, anche nel modello dualistico di amministrazione e controllo, stabilendo quorum costitutivi e deliberativi anche in deroga a norme di legge (19).

2-octies. È nullo qualunque patto o clausola non conforme alle disposizioni in materia di sistemi di remunerazione e di incentivazione emanate ai sensi del comma 1, lettera c-bis), numero 2), o contenute in atti dell'Unione europea direttamente applicabili. La nullità della clausola non comporta la nullità del contratto. Le previsioni contenute nelle clausole nulle sono sostituite di diritto, ove possibile, con i parametri indicati nelle disposizioni suddette nei valori più prossimi alla pattuizione originaria (19).

2-novies. I soci e gli amministratori dei soggetti abilitati, fermi restando gli obblighi previsti dall'articolo 2391, primo comma, del codice civile, si astengono dalle deliberazioni in cui abbiano un interesse in conflitto, per conto proprio o di terzi (20).

(1) Rubrica sostituita dall'art. 2, co. 3, lett. a), d.lg. 3/8/2017, n. 129. Per l'applicazione, vedi l'art. 10, co. 2, d.lg. n. 129/2017 medesimo.

(2) Comma inserito dall'art. 2 del d.lg. 17/9/2007, n. 164, con la decorrenza indicata nell'art. 19 dello stesso decreto e successivamente modificato dall'art. 2, co. 3, lett. b), d.lg. 3/8/2017, n. 129. Per l'applicazione, vedi l'art. 10, co. 2, d.lg. n. 129/2017 medesimo.

(3) Comma inserito dall'art. 2 del d.lg. 17/9/2007, n. 164, con la decorrenza indicata nell'art. 19 dello stesso decreto e successivamente sostituito dall'art. 2, co. 3, lett. c), d.lg. 3/8/2017, n. 129. Per l'applicazione, vedi l'art. 10, co. 2, d.lg. n. 129/2017 medesimo.

(4) Lettera modificata dall'art. 2, co. 1, lett. a), d.l. 27/12/2006, n. 297 e sostituita dall'art. 2 del d.lg. 17/9/2007, n. 164, con la decorrenza indicata nell'art. 19 dello stesso decreto e infine così modificata dall'art. 4 del d.lg. 12/5/2015, n. 72 che ha aggiunto, in fine, le seguenti parole: ", nonché l'informativa da rendere al pubblico sulle stesse materie e sul governo societario, l'organizzazione amministrativa e contabile, i controlli interni e i sistemi di remunerazione e di incentivazione". Vedi regolamento Banca d'Italia del 24/10/2007 (pubblicato nel S.O. n. 247 alla G.U. 28/11/2007, n. 277.

(5) Lettera sostituita dall'art. 2 del d.lg. 17/9/2007, n. 164, con la decorrenza indicata nell'art. 19 dello stesso decreto e successivamente modificata dall'art. 1, co. 2, lett. e), d.lg. 16/4/2012, n. 47. Da ultimo sostituita dall'art. 2, co. 3, lett. d), d.lg. 3/8/2017, n. 129. Per l'applicazione, vedi l'art. 10, co. 2, d.lg. n. 129/2017 medesimo.

(6) Lettera sostituita dall'art. 2, co. 1, lett. a), d.lg. 4/3/2014, n. 44.

(7) Lettera inserita dall'art. 2, co. 3, lett. e), d.lg. 3/8/2017, n. 129. Per l'applicazione, vedi l'art. 10, co. 2, d.lg. n. 129/2017 medesimo.

(8) Comma inserito dall'art. 2, co. 1, lett. a), d.l. 27/12/2006, n. 297.

(9) Numero modificato dall'art. 2, co. 3, lett. f) e g), d.lg. 3/8/2017, n. 129 che ha sostituito le parole: "e alle strategie di esecuzione degli ordini" con le parole: ", alle strategie di esecuzione degli ordini e alle pratiche di vendita abbinata". Per l'applicazione, vedi l'art. 10, co. 2, d.lg. n. 129/2017 medesimo.

(10) Lettera modificata dall'art. 2, co. 1, lett. b), d.lg. 4/3/2014, n. 44.

(11) Numero modificato dall'art. 2, co. 3, lett. f) e g), d.lg. 3/8/2017, n. 129 che ha aggiunto in fine le parole: ", ivi inclusi i casi di pratiche di vendita abbinata".

(12) Comma sostituito dall'art. 2 del d.lg. 17/9/2007, n. 164, con la decorrenza indicata nell'art. 19 dello stesso decreto. Per l'attuazione del presente comma vedi deliberazione Consob 29/10/2007, n. 16190.

(13) Lettera inserita dall'art. 2, co. 3, lett. h), d.lg. 3/8/2017, n. 129. Per l'applicazione, vedi l'art. 10, co. 2, d.lg. n. 129/2017 medesimo.

(14) Comma già aggiunto dall'art. 10 della l. 28/12/2005, n. 262, poi modificato dall'art. 22 della l. 15/12/2011, n. 217, in seguito sostituito dapprima dall'art. 2 del d.lg. 17/9/2007, n. 164 e poi dall'art. 2 del d.lg. 3/8/2017, n. 129 Vedi il regolamento congiunto Banca d'Italia/Consob del 29/10/2007 (pubblicato nella G.U. 2/11/2007, n. 255 e nel Bollettino Consob 2/10/2007, n. 10).

* Comma inserito dall'art. 2 del d.lg. 17/9/2007, n. 164, con la decorrenza indicata nell'art. 19 dello stesso decreto e successivamente abrogato dall'art. 2, co. 3, lett. l), d.lg. 3/8/2017, n. 129. Per l'applicazione, vedi l'art. 10, co. 2, d.lg. n. 129/2017 medesimo.

** Lettera abrogata dall'art. 2, co. 3, lett. m), d.lg. 3/8/2017, n. 129. Per l'applicazione, vedi l'art. 10, co. 2, d.lg. n. 129/2017 medesimo.

(15) Comma inserito dall'art. 2 del d.lg. 17/9/2007, n. 164, con la decorrenza indicata nell'art. 19 dello stesso decreto. Per l'attuazione del presente comma vedi deliberazione Consob 29/10/2007, n. 16190.

• Lettera modificata dall'art. 33, co. 1, lett. d), l. 6/8/2013, n. 97, dall'art. 2, co. 1, lett. c), d.lg. 4/3/2014, n. 44 e successivamente sostituita dall'art. 2, co. 3, lett. m), d.lg. 3/8/2017, n. 129. Per l'applicazione, vedi l'art. 10, co. 2, d.lg. n. 129/2017 medesimo.

(16) Il co. 16 dell'art. 10 del d.lg. 3/8/2017, n. 129 dispone che: «Fermo restando quanto previsto dall'articolo 54, paragrafo 1, del regolamento (UE) n. 600/2014, le imprese di paesi terzi (già denominate imprese di investimento extracomunitarie) e le banche di paesi terzi (già denominate banche extracomunitarie) che alla data del 2 gennaio 2018 risultino autorizzate alla libera prestazione di servizi e attività di investimento nel territorio della Repubblica e che abbiano la propria sede legale in paesi per i quali, alla medesima data, la Commissione europea non abbia adottato una decisione a norma dell'articolo 47, paragrafo 1, del medesimo regolamento, possono continuare ad avvalersi dell'autorizzazione a prestare tali servizi e attività, limitatamente all'attività svolta nei confronti di controparti qualificate o clienti professionali come individuati ai sensi dell'articolo 6, comma 2-quinquies, lettera a), e comma 2-sexies, lettera a), del decreto legislativo 24 febbraio 1998, n. 58, fino all'adozione di detta decisione e comunque non oltre il 3 gennaio 2021».

(17) Comma inserito dall'art. 2 del d.lg. 17/9/2007, n. 164, con la decorrenza indicata nell'art. 19 dello stesso decreto. Per l'attuazione del presente comma vedi Deliberazione CONSOB 29/10/2007, n. 16190. Successivamente sostituito dall'art. 2, co. 3, lett. n), d.lg. 3/8/2017, n. 129. Per l'applicazione, vedi l'art. 10, co. 2, d.lg. n. 129/2017 medesimo.

(18) Comma inserito dall'art. 2 del d.lg. 17/9/2007, n. 164, con la decorrenza indicata nell'art. 19 dello stesso decreto e successivamente sostituito dall'art. 2, co. 3, lett. n), d.lg. 3/8/2017, n. 129. Per l'applicazione, vedi l'art. 10, co. 2, d.lg. n. 129/2017 medesimo. Per il regolamento che definisce ed individua i clienti professionali pubblici, i criteri di identificazione dei soggetti pubblici che su richiesta possono essere trattati come clienti professionali e relativa procedura di richiesta, vedi il d.m. 11/9/2011, n. 236.

(19) Comma inserito dall'art. 4 del d.lg. 12/5/2015, n. 72. Vedi inoltre, l'art. 6 del d.lg. 12/5/2015, n. 72. Successivamente modificato dall'art. 2, co. 3, lett. o), d.lg. 3/8/2017, n. 129. Per l'applicazione, vedi l'art. 10, co. 2, d.lg. n. 129/2017 medesimo.

(20) Comma aggiunto dall'art. 4, co. 4, lett. b), d.lg. 12/5/2015, n. 72. Vedi inoltre, l'art. 6 del d.lg. 12/5/2015, n. 72.

6 bis. Poteri informativi e di indagine (1). – 1. La Banca d'Italia può chiedere, nell'ambito delle sue competenze, ai soggetti abilitati la comunicazione di dati e notizie e la trasmissione di atti e documenti con le modalità e nei termini dalla stessa stabiliti. La Banca d'Italia, nell'ambito delle sue competenze, può chiedere informazioni al personale dei soggetti abilitati, anche per il tramite di questi ultimi.

2. Gli obblighi previsti dal comma 1 si applicano anche a coloro ai quali i soggetti abilitati abbiano esternalizzato funzioni aziendali essenziali o importanti e al loro personale.

3. I poteri previsti dal comma 1 possono essere esercitati anche nei confronti del soggetto incaricato della revisione legale dei conti.

4. La Consob, nell'ambito delle sue competenze, può:

a) chiedere a chiunque la comunicazione di dati e notizie e la trasmissione di atti e documenti con le modalità e nei termini dalla stessa stabiliti, che possano essere pertinenti ai fini dell'esercizio della propria funzione di vigilanza;

b) procedere ad audizione personale nei confronti di chiunque possa essere in possesso di informazioni pertinenti.

5. La Consob, nell'ambito delle sue competenze, può altresì, nei confronti dei soggetti abilitati:

a) procedere a perquisizioni nei modi previsti dall'articolo 33 del decreto del Presidente della Repubblica 29 settembre 1973, n. 600, e dall'articolo 52 del decreto del Presidente della Repubblica 26 ottobre 1972, n. 633;

b) richiedere le registrazioni esistenti relative a conversazioni telefoniche, comunicazioni elettroniche o scambi di dati conservate da un soggetto abilitato;

c) richiedere le registrazioni detenute da un operatore di telecomunicazioni riguardanti le comunicazioni telefoniche e gli scambi di dati di un soggetto abilitato;

d) avvalersi della collaborazione delle pubbliche amministrazioni, richiedendo la comunicazione di dati ed informazioni anche in deroga ai divieti di cui all'articolo 25, comma 1, del decreto legislativo 30 giugno 2003, n. 196, ed accedere al sistema informativo dell'anagrafe tributaria secondo le modalità previste dagli articoli 2 e 3, comma 1, del decreto legislativo 12 luglio 1991, n. 212;

e) richiedere la comunicazione di dati personali anche in deroga ai divieti di cui all'articolo 25, comma 1, del decreto legislativo 30 giugno 2003, n. 196;

f) avvalersi, ove necessario, dei dati contenuti nell'anagrafe dei conti e dei depositi di cui all'articolo 20, comma 4, della legge 30 dicembre 1991, n. 413, nonché acquisire, anche mediante accesso diretto, i dati contenuti nell'archivio indicato all'articolo 13 del decreto-legge 15 dicembre 1979, n. 625, convertito, con modificazioni, dalla legge 6 febbraio 1980, n. 15;

g) accedere direttamente, mediante apposita connessione telematica, ai dati contenuti nella Centrale dei rischi della Banca d'Italia;

h) avvalersi, ove necessario, anche mediante connessione telematica, dei dati contenuti nell'apposita sezione dell'anagrafe tributaria di cui all'articolo 7, comma sesto, del decreto del Presidente della Repubblica 29 settembre 1973, n. 605;

i) procedere al sequestro dei beni che possono formare oggetto di confisca ai sensi dell'articolo 187-sexies del presente decreto. Si applicano i commi 9, 10 e 11 dell'articolo 187-octies del presente decreto.

6. È fatta salva l'applicazione delle disposizioni degli articoli 199, 200, 201, 202 e 203 del codice di procedura penale, in quanto compatibili.

7. I poteri di cui al comma 5, lettere a), c) ed i), sono esercitati previa autorizzazione del procuratore della Repubblica.

8. Nei casi previsti dal comma 4, lettera b), dal comma 5, lettere a) ed i), e dal comma 9 viene redatto processo verbale dei dati e delle informazioni acquisite o dei fatti accertati, dei sequestri eseguiti, e delle dichiarazioni rese dagli interessati, i quali sono invitati a firmare il processo verbale e hanno diritto di averne copia.

9. Nell'esercizio dei poteri previsti dai commi 4 e 5 la Consob può avvalersi della Guardia di Finanza che esegue gli

accertamenti richiesti agendo con i poteri di indagine ad essa attribuiti ai fini dell'accertamento dell'imposta sul valore aggiunto e delle imposte sui redditi.

10. Tutte le notizie, le informazioni e i dati acquisiti dalla Guardia di Finanza nell'assolvimento dei compiti previsti dal comma 9 sono coperti dal segreto d'ufficio e vengono, senza indugio, comunicati esclusivamente alla Consob.

11. La Banca d'Italia, nell'ambito delle sue competenze, può esercitare il potere previsto dal comma 4, lettera b), nei confronti degli esponenti e del personale dei soggetti abilitati. In tale caso si applica il comma 8.

(1) Articolo inserito dall'art. 2, co. 4, d.lg. 3/8/2017, n. 129. Per l'applicazione, vedi l'art. 10, co. 2, d.lg. n. 129/2017 medesimo.

7. Poteri di intervento sui soggetti abilitati (1). – 1. La Banca d'Italia e la Consob, nell'ambito delle rispettive competenze, possono, con riguardo ai soggetti abilitati:

a) convocare gli amministratori, i sindaci e il personale (2);

b) ordinare la convocazione degli organi collegiali, fissandone l'ordine del giorno;

c) procedere direttamente alla convocazione degli organi collegiali quando gli organi competenti non abbiano ottemperato a quanto previsto dalla lettera b).

1-bis. La Banca d'Italia e la Consob, nell'ambito delle rispettive competenze, possono altresì convocare gli amministratori, i sindaci e il personale di coloro ai quali i soggetti abilitati abbiano esternalizzato funzioni aziendali essenziali o importanti (3).

1-ter. La Banca d'Italia e la Consob, nell'ambito delle rispettive competenze, possono pubblicare avvertimenti al pubblico (3).

1-quater. La Consob intima ai soggetti abilitati di non avvalersi, nell'esercizio della propria attività e per un periodo non superiore a tre anni, dell'attività professionale di un soggetto ove possa essere di pregiudizio per la trasparenza e la correttezza dei comportamenti (3).

2. La Banca d'Italia può adottare, a fini di stabilità, provvedimenti specifici aventi a oggetto le materie disciplinate dall'articolo 6, comma 1, lettera a), e, ove la situazione lo richieda: adottare, sentita la Consob, provvedimenti restrittivi o limitativi concernenti i servizi, le attività, le operazioni e la struttura territoriale; vietare la distribuzione di utili o di altri elementi del patrimonio; con riferimento a strumenti finanziari computabili nel patrimonio a fini di vigilanza, vietare il pagamento di interessi; fissare limiti all'importo totale della parte variabile delle remunerazioni nei soggetti abilitati, quando sia necessario per il mantenimento di una solida base patrimoniale. I provvedimenti possono essere emanati nei confronti di uno o più soggetti abilitati, nonché di una o più categorie di essi (4).

2-bis. La Banca d'Italia, nell'ambito delle sue competenze, può disporre, sentita la Consob, la rimozione di uno o più esponenti aziendali di Sim, società di gestione del risparmio, Sicav e Sicaf, qualora la loro permanenza in carica sia di pregiudizio per la sana e prudente gestione del soggetto abilitato; la rimozione non è disposta ove ricorrano gli estremi per pronunciare la decadenza ai sensi dell'articolo 13, salvo che sussista urgenza di provvedere (5).

2-ter. La Consob, nell'ambito delle sue competenze, dispone, sentita la Banca d'Italia, la rimozione di uno o più esponenti aziendali di Sim, banche italiane, società di gestione del risparmio, Sicav e Sicaf, qualora la loro permanenza in carica sia di pregiudizio alla trasparenza e correttezza dei comportamenti dei soggetti abilitati; la rimozione non è disposta ove ricorrano gli estremi per pronunciare la decadenza ai sensi dell'articolo 13, salvo che sussista urgenza di provvedere (6).

3. Nell'interesse pubblico o dei partecipanti la Banca d'Italia e la CONSOB, ciascuna per quanto di competenza, possono ordinare la sospensione o la limitazione temporanea dell'emissione o del rimborso delle quote o azioni di OICR.

3-bis. La Consob ordina la sospensione per un periodo non superiore a 60 giorni per ciascuna volta della commercializzazione o della vendita di strumenti finanziari in caso di violazione delle disposizioni di attuazione dell'articolo 6, comma 2, lettera b-bis), numero 1), lettera a), e di esistenza di un pregiudizio per la tutela degli investitori (7).

(1) Rubrica sostituita dall'art. 2, co. 5, lett. a), d.lg. 3/8/2017, n. 129. Per l'applicazione, vedi l'art. 10, co. 2, d.lg. n. 129/2017 medesimo.

(2) Lettera così modificata dall'art. 4 del d.lg. 12/5/2015, n. 72 che ha sostituito le parole: "i dirigenti" con le parole: "il personale".

(3) Comma inserito dall'art. 2, co. 5, lett. b), d.lg. 3/8/2017, n. 129. Per l'applicazione, vedi l'art. 10, co. 2, d.lg. n. 129/2017 medesimo.

(4) Comma modificato dall'art. 2, co. 1, lett. b), d.l. 27/12/2006, n. 297, sostituito dall'art. 2, co. 1, lett. b), d.lg. 30/12/2010, n. 239 e successivamente sostituito dall'art. 22, co. 3, lett. b), l. 15/12/2011, n. 217 e infine dall'art. 4 del d.lg. 12/5/2015, n. 72. Vedi regolamento Banca d'Italia del 24/10/2007 (pubblicato nel S.O. n. 247 alla G.U. 28/11/2007, n. 277).

(5) Comma aggiunto dall'art. 4, co. 5, lett. c), d.lg. 12/5/2015, n. 72. Vedi inoltre, l'art. 6 del d.lg. 12/5/2015, n. 72. Successivamente modificato dall'art. 2, co. 5, lett. c), d.lg. 3/8/2017, n. 129. Per l'applicazione, vedi l'art. 10, co. 2, d.lg. n. 129/2017 medesimo.

(6) Comma inserito dall'art. 2, co. 5, lett. d), d.lg. 3/8/2017, n. 129. Per l'applicazione, vedi l'art. 10, co. 2, d.lg. n. 129/2017 medesimo.

(7) Comma inserito dall'art. 2, co. 5, lett. e), d.lg. 3/8/2017, n. 129. Per l'applicazione, vedi l'art. 10, co. 2, d.lg. n. 129/2017 medesimo.

7 bis. Poteri di intervento di cui al Titolo VII, Capo I, del regolamento (UE) n. 600/2014 (1). – 1. La Banca d'Italia e la Consob sono le autorità nazionali competenti ai fini dell'applicazione delle disposizioni di cui al Titolo VII, Capo I, del regolamento (UE) n. 600/2014. Esse esercitano i poteri e adottano le misure di vigilanza previsti dall'articolo 39, paragrafo 3, dall'articolo 42 e dall'articolo 43, paragrafo 3, del regolamento (UE) n. 600/2014, in conformità anche a quanto stabilito dagli atti delegati emanati ai sensi dell'articolo 42, paragrafo 7, del predetto regolamento.

2. Ai fini di cui al comma 1, la Consob è competente per quanto riguarda la protezione degli investitori, l'ordinato funzionamento e integrità dei mercati finanziari o dei mercati delle merci, nonché per le finalità di cui all'articolo 42, paragrafo 2, lettera a), punto ii), del regolamento (UE) n. 600/2014.

3. Ai fini di cui al comma 1, la Banca d'Italia è competente per quanto riguarda la stabilità dell'insieme o di una parte del sistema finanziario.

4. Al fine di coordinare l'esercizio delle funzioni di cui al comma 1, la Banca d'Italia e la Consob stabiliscono, anche sulla base di un apposito protocollo d'intesa, le modalità della cooperazione e del reciproco scambio di informazioni rilevanti ai fini dell'esercizio delle predette funzioni e dell'esercizio da parte della Consob delle funzioni di punto di contatto ai sensi dell'articolo 4 del presente decreto.

5. Fermi restando i poteri previsti dall'articolo 39, paragrafo 3, dall'articolo 42 e dall'articolo 43, paragrafo 3, del regolamento (UE) n. 600/2014, la Banca d'Italia e la Consob, nell'ambito delle rispettive competenze, possono altresì ordinare la sospensione per un periodo non superiore a 60 giorni per ciascuna volta della commercializzazione o della vendita di strumenti finanziari o di depositi strutturati qualora le condizioni di cui agli articoli 40,41 o 42 del regolamento (UE) n. 600/2014 risultino soddisfatte.

6. Ciascuna autorità esercita i poteri e adotta le misure di vigilanza in conformità ai commi 1 e 5 del presente articolo sentita l'altra autorità.

(1) Articolo inserito dall'art. 4 del d.lg. 12/5/2015, n. 72. Vedi inol-

tre, l'art. 6 del d.lg. 12/5/2015, n. 72. Successivamente sostituito dall'art. 2, co. 6, d.lg. 3/8/2017, n. 129. Per l'applicazione, vedi l'art. 10, co. 2, d.lg. n. 129/2017 medesimo.

7 ter. Poteri ingiuntivi nei confronti degli intermediari nazionali e non UE (1). – 1. In caso di violazione da parte di Sim, di imprese di paesi terzi e di società di gestione del risparmio, di Sicav, di Sicaf, di GEFIA non UE autorizzati in Italia e di banche autorizzate alla prestazione di servizi e attività di investimento aventi sede in Italia di obblighi derivanti da disposizioni dell'ordinamento italiano e dell'Unione europea loro applicabili nelle materie del presente decreto, la Banca d'Italia o la Consob, nell'ambito delle rispettive competenze, possono ordinare alle stesse, anche in via cautelare, la cessazione temporanea o permanente di tali irregolarità.

2. L'autorità di vigilanza che procede, sentita l'altra autorità, vieta ai soggetti indicati nel comma 1 di intraprendere nuove operazioni, nonché imporre ogni altra limitazione riguardante singole tipologie di operazioni, singoli servizi o attività, anche limitatamente a singole succursali o dipendenze dell'intermediario, quando:

a) le violazioni commesse possono pregiudicare gli interessi inerenti agli obiettivi di carattere generale elencati nell'articolo 5, comma 1;

b) nei casi di urgenza per la tutela degli interessi degli investitori.

(1) Articolo inserito dall'art. 2, co. 7, d.lg. 3/8/2017, n. 129. Per l'applicazione, vedi l'art. 10, co. 2, d.lg. n. 129/2017 medesimo.

7 quater. Poteri ingiuntivi nei confronti di intermediari UE (1). – 1. In caso di violazione da parte di imprese di investimento UE con succursale in Italia, di società di gestione UE, di GEFIA UE e non UE autorizzati in uno Stato dell'UE diverso dall'Italia, di banche UE con succursale in Italia e di società finanziarie previste dall'articolo 18, comma 2, del T.U. bancario, di obblighi derivanti da disposizioni dell'ordinamento italiano e dell'Unione europea loro applicabili nelle materie del presente decreto, la Banca d'Italia o la Consob, nell'ambito delle rispettive competenze, possono ordinare alle stesse di porre termine a tali irregolarità, dandone comunicazione anche all'Autorità di vigilanza dello Stato membro in cui l'intermediario ha sede legale per i provvedimenti eventualmente necessari.

2. L'autorità di vigilanza che procede adotta i provvedimenti necessari, sentita l'altra autorità, compresa l'imposizione del divieto di intraprendere nuove operazioni, nonché ogni altra limitazione riguardante singole tipologie di operazioni, singoli servizi o attività anche limitatamente a singole succursali o dipendenze dell'intermediario, ovvero ordinare la chiusura della succursale, quando:

a) mancano o risultano inadeguati i provvedimenti dell'autorità competente dello Stato in cui l'intermediario ha sede legale;

b) risultano violazioni delle norme di comportamento;

c) le irregolarità commesse possono pregiudicare gli interessi inerenti agli obiettivi di carattere generale elencati nell'articolo 5, comma 1;

d) nei casi di urgenza per la tutela degli interessi degli investitori.

3. I provvedimenti previsti dal comma 2 sono comunicati dall'autorità che li ha adottati all'autorità competente dello Stato UE in cui l'intermediario ha sede legale.

4. Se vi è fondato sospetto che un'impresa di investimento UE o una banca UE, operanti in regime di libera prestazione di servizi in Italia, non ottemperano agli obblighi derivanti dalle disposizioni dell'Unione europea, la Banca d'Italia o la Consob informano l'autorità competente dello Stato membro in cui l'intermediario ha sede legale per i provvedimenti necessari. Se, nonostante le misure adottate dall'autorità competente, l'intermediario persiste nell'agire in modo tale da pregiudicare gli interessi degli investitori o il buon funzionamento dei mercati, la Banca d'Italia o la Consob, dopo avere informato l'autorità competente dello Stato membro in cui l'intermediario ha sede legale, adottano tutte le misure necessarie compresa l'imposizione del divieto di intraprendere nuove operazioni in Italia. La Banca d'Italia o la Consob procedono sentita l'altra autorità, e informano la Commissione europea delle misure adottate.

5. Il comma 4 si applica anche nel caso di violazioni, da parte di imprese di investimento UE o banche UE, con succursale in Italia, ovvero società di gestione UE, GEFIA UE e non UE autorizzati in uno Stato dell'UE diverso dall'Italia, di obblighi derivanti da disposizioni dell'Unione europea per le quali è competente lo Stato membro in cui l'intermediario ha sede legale.

6. Se la violazione riguarda disposizioni relative alla liquidità dell'impresa d'investimento UE o in ogni altro caso di deterioramento della situazione di liquidità della stessa, la Banca d'Italia può adottare le misure necessarie per la stabilità finanziaria o per la tutela delle ragioni dei soggetti ai quali sono prestati i servizi, se quelle prese dall'autorità competente dello Stato d'origine mancano o risultano inadeguate; le misure da adottare sono comunicate all'autorità competente dello Stato d'origine.

(1) Articolo inserito dall'art. 2, co. 7, d.lg. 3/8/2017, n. 129. Per l'applicazione, vedi l'art. 10, co. 2, d.lg. n. 129/2017 medesimo.

7 quinquies. Poteri ingiuntivi nei confronti degli OICVM UE, FIA UE e non UE con quote o azioni offerte in Italia (1). – 1. Quando sussistono elementi che fanno presumere l'inosservanza da parte degli OICVM UE, dei FIA UE e non UE di obblighi derivanti da disposizioni dell'ordinamento italiano e dell'Unione europea loro applicabili nelle materie del presente decreto, la Banca d'Italia o la Consob, nell'ambito delle rispettive competenze, possono sospendere in via cautelare, per un periodo non superiore a sessanta giorni, l'offerta delle relative quote o azioni. In caso di accertata violazione, le autorità di vigilanza, nell'ambito delle rispettive competenze, possono sospendere temporaneamente ovvero vietare l'offerta delle quote o delle azioni degli Oicr.

2. Se vi è fondato sospetto che un OICVM UE, un FIA UE e non UE le cui quote o azioni sono offerte in Italia, ovvero il gestore di tale Oicr, non ottemperi agli obblighi derivanti da disposizioni dell'Unione europea per le quali sia competente lo Stato di origine dell'Oicr, la Banca d'Italia o la Consob informano l'autorità competente di tale Stato affinché assuma i provvedimenti necessari.

Se, nonostante le misure adottate dall'autorità competente, l'Oicr, ovvero il suo gestore, persiste nell'agire in modo tale da pregiudicare gli interessi degli investitori o il buon funzionamento dei mercati, la Banca d'Italia o la Consob, dopo aver informato l'autorità dello Stato di origine, adottano le misure necessarie per proteggere gli investitori o assicurare il buon funzionamento dei mercati, ivi compreso il divieto di offerta delle quote o azioni dell'Oicr.

(1) Articolo inserito dall'art. 2, co. 7, d.lg. 3/8/2017, n. 129. Per l'applicazione, vedi l'art. 10, co. 2, d.lg. n. 129/2017 medesimo.

7 sexies. Sospensione degli organi amministrativi (1). – 1. Il Presidente della Consob dispone, in via d'urgenza, ove ricorrano situazioni di pericolo per i clienti o per i mercati, la sospensione degli organi di amministrazione delle Sim e la nomina di un commissario che ne assume la gestione quando risultino gravi irregolarità nell'amministrazione ovvero gravi violazioni delle disposizioni legislative, amministrative o statutarie. Il provvedimento assunto dal Presidente della Consob è sottoposto all'approvazione della Commissione.

2. Il commissario dura in carica per un periodo massimo di sessanta giorni. Il commissario, nell'esercizio delle sue funzioni, è pubblico ufficiale. Il Presidente dalla Consob può stabilire speciali cautele e limitazioni per la gestione della Sim.

3. L'indennità spettante al commissario è determinata dalla Consob in base a criteri dalla stessa stabiliti ed è a carico della società commissariata. Si applica l'articolo 91, comma 1, ultimo periodo, del T.U. bancario.

4. Le azioni civili contro il commissario, per atti compiuti nell'espletamento dell'incarico, sono promosse previa autorizzazione della Consob.

5. Il presente articolo si applica anche alle succursali italiane di imprese di paesi terzi diverse dalle banche. Il commissario assume nei confronti delle succursali i poteri degli organi di amministrazione dell'impresa.

6. Il presente articolo si applica anche alle società di gestione del risparmio e alle Sicav. Il Presidente della Consob dispone il provvedimento, sentito il Governatore della Banca d'Italia.

(1) Articolo inserito dall'art. 2, co. 7, d.lg. 3/8/2017, n. 129. Per l'applicazione, vedi l'art. 10, co. 2, d.lg. n. 129/2017 medesimo.

7 septies. Poteri cautelari applicabili ai consulenti finanziari autonomi, alle società di consulenza finanziaria ed ai consulenti finanziari abilitati all'offerta fuori sede (1). – 1. L'Organismo di vigilanza e tenuta dell'albo unico dei consulenti finanziari, in caso di necessità e urgenza, dispone in via cautelare la sospensione del consulente finanziario autonomo, della società di consulenza finanziaria e del consulente finanziario abilitato all'offerta fuori sede dall'esercizio dell'attività per un periodo massimo di centottanta giorni, qualora sussistano elementi che facciano presumere l'esistenza di gravi violazioni di legge ovvero di disposizioni generali o particolari emanate in forza del presente decreto.

2. L'Organismo di cui al comma 1 dispone in via cautelare, per un periodo massimo di un anno, la sospensione dall'esercizio dell'attività qualora il soggetto iscritto all'albo sia sottoposto a una delle misure cautelari personali del libro IV, titolo I, capo II, del codice di procedura penale o assuma la qualità di imputato ai sensi dell'articolo 60 dello stesso codice in relazione ai seguenti reati:

a) delitti previsti nel titolo XI del libro V del codice civile e nella legge fallimentare;

b) delitti contro la pubblica amministrazione, contro la fede pubblica, contro il patrimonio, contro l'ordine pubblico, contro l'economia pubblica, ovvero delitti in materia tributaria;

c) reati previsti dal titolo VIII del T.U. bancario;

d) reati previsti dal presente decreto.

(1) Articolo inserito dall'art. 2, co. 7, d.lg. 3/8/2017, n. 129. Per l'applicazione, vedi l'art. 10, co. 2, d.lg. n. 129/2017 medesimo.

7 octies. Poteri di contrasto all'abusivismo (1). – 1. La Consob può, nei confronti di chiunque offre o svolge servizi o attività di investimento tramite la rete internet senza esservi abilitato ai sensi del presente decreto:

a) rendere pubblica, anche in via cautelare, la circostanza che il soggetto non è autorizzato allo svolgimento delle attività indicate dall'articolo 1, comma 5;

b) ordinare di porre termine alla violazione.

(1) Articolo inserito dall'art. 2, co. 7, d.lg. 3/8/2017, n. 129. Per l'applicazione, vedi l'art. 10, co. 2, d.lg. n. 129/2017 medesimo.

7 novies. Riserve di capitale (1). – 1. La Banca d'Italia adotta le misure sulle riserve di capitale previste dal Capo IV del Titolo VII della direttiva 2013/36/UE, nonché quelle di natura macroprudenziale previste dal regolamento (UE) n. 575/2013, quale autorità designata ai sensi di tali normative europee nei confronti delle Sim e delle succursali di imprese di paesi terzi diverse dalle banche.

(1) Articolo inserito dall'art. 2, co. 7, d.lg. 3/8/2017, n. 129. Per l'applicazione, vedi l'art. 10, co. 2, d.lg. n. 129/2017 medesimo.

7 decies. Vigilanza sul rispetto di disposizioni dell'Unione europea direttamente applicabili (1). – 1. La Banca d'Italia e la Consob vigilano, ciascuna per quanto di competenza, ai sensi della presente parte, sul rispetto delle disposizioni dettate dal regolamento (UE) n. 600/2014, nonché dagli atti delegati e dalle norme tecniche di regolamentazione e di attuazione del citato regolamento e della direttiva 2014/65/UE.

(1) Articolo inserito dall'art. 2, co. 7, d.lg. 3/8/2017, n. 129. Per l'applicazione, vedi l'art. 10, co. 2, d.lg. n. 129/2017 medesimo.

8. Doveri informativi (1). – *1. La Banca d'Italia e la CONSOB possono chiedere, nell'ambito delle rispettive competenze, ai soggetti abilitati la comunicazione di dati e notizie e la trasmissione di atti e documenti con le modalità e nei termini dalle stesse stabiliti. La Banca d'Italia e la Consob, nell'ambito delle rispettive competenze, possono chiedere informazioni al personale dei soggetti abilitati, anche per il tramite di questi ultimi**.*

1-bis. Gli OICR che investono in crediti partecipano alla Centrale dei Rischi della Banca d'Italia, secondo quanto stabilito dalla Banca d'Italia. La Banca d'Italia può prevedere che la partecipazione alla centrale dei rischi avvenga per il tramite di banche e intermediari iscritti all'albo di cui all'articolo 106 (2).

*1-ter. Gli obblighi previsti dal comma 1 si applicano anche a coloro ai quali i soggetti abilitati abbiano esternalizzato funzioni aziendali essenziali o importanti e al loro personale**.*

*2. I poteri previsti dal comma 1 possono essere esercitati anche nei confronti del soggetto incaricato della revisione legale dei conti***.*

3. Il collegio sindacale informa senza indugio la Banca d'Italia e la CONSOB di tutti gli atti o i fatti, di cui venga a conoscenza nell'esercizio dei propri compiti, che possano costituire un'irregolarità nella gestione ovvero una violazione delle norme che disciplinano l'attività delle SIM, delle società di gestione del risparmio, delle Sicav o delle Sicaf. A tali fini lo statuto delle SIM, delle società di gestione del risparmio, delle Sicav o delle Sicaf, indipendentemente dal sistema di amministrazione e controllo adottato, assegna all'organo che svolge la funzione di controllo i relativi compiti e poteri (3).

4. I soggetti incaricati della revisione legale dei conti delle SIM, delle società di gestione del risparmio, delle Sicav o delle Sicaf comunicano senza indugio alla Banca d'Italia e alla CONSOB gli atti o i fatti, rilevati nello svolgimento dell'incarico, che possano costituire una grave violazione delle norme disciplinanti l'attività delle società sottoposte a revisione ovvero che possano pregiudicare la continuità dell'impresa o comportare un giudizio negativo, un giudizio con rilievi o una dichiarazione di impossibilità di esprimere un giudizio sui bilanci o sui prospetti periodici degli OICR (4).

5. I commi 3, primo periodo, e 4 si applicano anche all'organo che svolge funzioni di controllo ed ai soggetti incaricati della revisione legale dei conti presso le società che controllano le SIM, le società di gestione del risparmio, le Sicav o le Sicaf o che sono da queste controllate ai sensi dell'articolo 23 del testo unico bancario (5).

*5-bis. La Consob, nell'ambito delle sue competenze, può esercitare sui soggetti abilitati i poteri previsti dall'articolo 187-octies. La Banca d'Italia, nell'ambito delle sue competenze, può esercitare sui soggetti abilitati i poteri previsti dall'articolo 187-octies, comma 3, lettera c)****.*

6. I commi 3, 4, 5 e [5-bis] si applicano alle banche limitatamente alla prestazione dei servizi e delle attività di investimento (6).

(1) Rubrica sostituita dall'art. 2, co. 8, lett. a), d.lg. 3/8/2017, n. 129. Per l'applicazione, vedi l'art. 10, co. 2, d.lg. n. 129/2017 medesimo.

• Per le disposizioni concernenti gli obblighi di comunicazione di dati e notizie e la trasmissione di atti e documenti da parte dei soggetti abilitati e degli agenti di cambio, vedi la deliberazione Consob 1/4/2003, n. 14015.

* Comma modificato dall'art. 2 del d.lg. 17/9/2007, n. 164, con la decorrenza indicata nell'art. 19 dello stesso decreto che ha sostituito le parole: "per le materie di rispettiva competenza" con le parole: "nell'ambito delle rispettive competenze" e poi dall'art. 4 del d.lg. 12/5/2015, n. 72 che ha aggiunto, in fine, il seguente periodo: "La Banca d'Italia e la Consob, nell'ambito delle rispettive competenze, possono chiedere informazioni al personale dei soggetti abilitati, anche per il tramite di questi ultimi". Vedi inoltre, l'art. 6 del d.lg. 12/5/2015, n. 72. Da ultimo abrogato dall'art. 2, co. 8, lett. a), d.lg. 3/8/2017, n. 129. Per l'applicazione, vedi l'art. 10, co. 2, d.lg. n. 129/2017 medesimo.

(2) Comma inserito art. 22, co. 5, lett. b), d.l. 24/6/2014, n. 91, conv., con modif., dalla l. 11/8/2014, n. 116.

** Comma inserito dall'art. 4 del d.lg. 12/5/2015, n. 72. Vedi inoltre, l'art. 6 del d.lg. 12/5/2015, n. 72. Da ultimo abrogato dall'art. 2, co. 8, lett. b), d.lg. 3/8/2017, n. 129. Per l'applicazione, vedi l'art. 10, co. 2, d.lg. n. 129/2017 medesimo.

*** Comma modificato dall'art. 40 del d.lg. 27/1/2010, n. 39 e successivamente abrogato dall'art. 2, co. 8, lett. b), d.lg. 3/8/2017, n. 129. Per l'applicazione, vedi l'art. 10, co. 2, d.lg. n. 129/2017 medesimo.

(3) Comma modificato dall'art. 9.49 del d.lg. 17/1/2003, n. 6, nel testo introdotto dall'art. 3 del d.lg. 6/2/2004, n. 37 e successivamente modificato dall'art. 2, co. 2, lett. a), d.lg. 4/3/2014, n. 44. Vedi la disciplina transitoria di cui all'art. 6 del medesimo d.lg. n. 37/2004.

(4) Comma modificato dall'art. 40 del d.lg. 27/1/2010, n. 39 e successivamente dall'art. 2, co. 2, lett. b), d.lg. 4/3/2014, n. 44.

(5) Comma dapprima sostituito con d.lg. 6/2/2004, n. 37 e poi modificato dapprima dall'art. 40 del d.lg. 27/1/2010, n. 39 che ha sostituito le parole: "alle società incaricate della revisione contabile" con le parole: "ai soggetti incaricati della revisione legale dei conti" e poi dall'art. 2 del d.lg. 4/3/2014, n. 44 che ha sostituito le parole: "o le Sicav" con le parole: ", le Sicav o le Sicaf".

**** Comma inserito dall'art. 2, co. 3, lett. b), d.lg. 17/9/2007, n. 164, con la decorrenza indicata nell'art. 19 dello stesso decreto e successivamente abrogato dall'art. 2, co. 8, lett. b), d.lg. 3/8/2017, n. 129. Per l'applicazione, vedi l'art. 10, co. 2, d.lg. n. 129/2017 medesimo.

(6) Comma sostituito dall'art. 2, co. 3, lett. c), d.lg. 17/9/2007, n. 164, con la decorrenza indicata nell'art. 19 dello stesso decreto e successivamente modificato dall'art. 2, co. 8, lett. c), d.lg. 3/8/2017, n. 129. Per l'applicazione, vedi l'art. 10, co. 2, d.lg. n. 129/2017 medesimo.

8 bis. Sistemi interni di segnalazione delle violazioni*. – *1. I soggetti abilitati e le relative capogruppo adottano procedure specifiche per la segnalazione al proprio interno da parte del personale, di atti o fatti che possano costituire una violazione delle norme disciplinanti l'attività svolta. 2. Le procedure previste al comma 1 sono idonee a: a) garantire la riservatezza dei dati personali del segnalante e del presunto responsabile della violazione, ferme restando le regole che disciplinano le indagini o i procedimenti avviati dall'autorità giudiziaria in relazione ai fatti oggetto della segnalazione; b) tutelare adeguatamente il soggetto segnalante contro condotte ritorsive, discriminatorie o comunque sleali conseguenti la segnalazione; c) assicurare per la segnalazione un canale specifico, indipendente e autonomo. 3. La presentazione di una segnalazione non costituisce di per sé violazione degli obblighi derivanti dal rapporto di lavoro. 4. L'articolo 7, comma 2, del decreto legislativo 30 giugno 2003, n. 196, non si applica con riguardo all'identità del segnalante, che può essere rivelata solo con il suo consenso o quando la conoscenza sia indispensabile per la difesa del segnalato. 5. La Banca d'Italia e la Consob emanano, con regolamento congiunto, le disposizioni attuative del presente articolo.*

* Articolo inserito dall'art. 4 del d.lg. 12/5/2015, n. 72 e successivamente abrogato dall'art. 2, co. 9, d.lg. 3/8/2017, n. 129. Per l'applicazione, vedi l'art. 10, co. 2, d.lg. n. 129/2017 medesimo.

8 ter. Segnalazione di violazioni alla Banca d'Italia e alla Consob*. – *1. La Banca d'Italia e la Consob ricevono, ciascuna per le materie di propria competenza, da parte del personale dei soggetti abilitati e delle relative capogruppo, segnalazioni che si riferiscono a violazioni riguardanti le norme della parte II, titolo I, II e III del presente decreto legislativo, nonché atti dell'Unione europea direttamente applicabili nelle stesse materie. 2. La Banca d'Italia e la Consob tengono conto dei criteri previsti all'articolo 8-bis, comma 2, lettere a) e b), e possono stabilire condizioni, limiti e procedure per la ricezione delle segnalazioni. 3. La Banca d'Italia e la Consob si avvalgono delle informazioni contenute nelle segnalazioni, ove rilevanti, esclusivamente nell'esercizio delle funzioni di vigilanza e per il perseguimento delle finalità previste dall'articolo 5. 4. Nel caso di accesso ai sensi degli articoli 22 e seguenti della legge 7 agosto 1990, n. 241, l'ostensione del documento è effettuata con modalità che salvaguardino comunque la riservatezza del segnalante. Si applica l'articolo 8-bis, commi 3 e 4.*

* Articolo inserito dall'art. 4 del d.lg. 12/5/2015, n. 72 e successivamente abrogato dall'art. 2, co. 9, d.lg. 3/8/2017, n. 129. Per l'applicazione, vedi l'art. 10, co. 2, d.lg. n. 129/2017 medesimo.

9. Revisione legale (1). – 1. Alle SIM, alle società di gestione del risparmio, alle Sicav e alle Sicaf si applica l'articolo 159, comma 1 (2).

2. Per le società di gestione del risparmio, il revisore legale o la società di revisione legale incaricati della revisione provvedono con apposita relazione di revisione a rilasciare un giudizio sul rendiconto del fondo comune di diritto italiano (3).

2-bis. Per i fondi comuni di diritto italiano gestiti da società di gestione UE, GEFIA UE e non UE, il giudizio sul rendiconto del fondo, in conformità ai principi di cui all'articolo 11 del decreto legislativo 27 gennaio 2010, n. 39, è rilasciato da un revisore legale o da una società di revisione legale iscritti nel Registro di cui all'articolo 1, comma 1, lettera g), del medesimo decreto. Ferme restando le disposizioni concernenti le modalità di conferimento, revoca e dimissioni dall'incarico vigenti negli ordinamenti nazionali in cui le società di gestione UE, GEFIA UE e non UE hanno sede legale, si applicano le disposizioni previste dal decreto legislativo 27 gennaio 2010, n. 39, con riferimento agli enti sottoposti a regime intermedio (4).

(1) Articolo modificato dall'art. 3, co. 2, d.lg. 29/12/2006, n. 303 e sostituito dall'art. 40 del d.lg. 27/1/2010, n. 39.

(2) Comma modificato dall'art. 2, co. 3, d.lg. 4/3/2014, n. 44.

(3) Comma modificato dall'art. 2, co. 1, lett. a), d.lg. 2/2/2021, n. 17.

(4) Comma aggiunto dall'art. 2, co. 1, lett. b), d.lg. 2/2/2021, n. 17.

10. Vigilanza ispettiva*. – *1. La Banca d'Italia e la CONSOB possono, nell'ambito delle rispettive competenze, e in armonia con le disposizioni comunitarie, effettuare ispezioni e richiedere l'esibizione dei documenti e il compimento degli atti ritenuti necessari presso i soggetti abilitati* (1). *1-bis. La Consob può richiedere al soggetto incaricato della revisione legale dei conti di procedere a verifiche ispettive. Le relative spese, la cui congruità è valutata dalla Consob, sono poste a carico del soggetto ispezionato* (2). *1-ter. La Banca d'Italia e la Consob possono effettuare ispezioni, richiedere l'esibizione dei documenti e il compimento degli atti ritenuti neces-*

sari anche presso coloro ai quali i soggetti abilitati abbiano esternalizzato funzioni aziendali essenziali o importanti e al loro personale (3). *2. Ciascuna autorità comunica le ispezioni disposte all'altra autorità, la quale può chiedere accertamenti su profili di propria competenza. 3. La Banca d'Italia e la CONSOB possono chiedere alle autorità competenti di uno Stato comunitario di effettuare accertamenti presso succursali di SIM, di SGR e di banche stabilite sul territorio di detto Stato ovvero concordare altre modalità per le verifiche* (4). *4. Le autorità competenti di uno Stato comunitario, dopo aver informato la Banca d'Italia e la CONSOB, possono ispezionare, anche tramite loro incaricati, le succursali di imprese di investimento, di banche comunitarie e di società di gestione UE e di GEFIA UE dalle stesse autorizzate, stabilite nel territorio della Repubblica. Se le autorità di uno Stato comunitario lo richiedono, la Banca d'Italia e la CONSOB, nell'ambito delle rispettive competenze, procedono direttamente agli accertamenti ovvero concordano altre modalità per le verifiche* (5). *5. La Banca d'Italia e la CONSOB possono concordare, nell'ambito delle rispettive competenze, con le autorità competenti degli Stati extracomunitari modalità per l'ispezione di succursali di imprese di investimento e di banche insediate nei rispettivi territori* (6).

* Articolo abrogato dall'art. 2, co. 9, d.lg. 3/8/2017, n. 129. Per l'applicazione, vedi l'art. 10, co. 2, d.lg. n. 129/2017 medesimo.

(1) Comma modificato dall'art. 2, co. 4, lett. a), d.lg. 17/9/2007, n. 164, con la decorrenza indicata nell'art. 19 dello stesso decreto.

(2) Comma inserito dall'art. 2, co. 4, lett. b), d.lg. 17/9/2007, n. 164, con la decorrenza indicata nell'art. 19 dello stesso decreto e modificato dall'art. 40 del d.lg. 27/1/2010, n. 39.

(3) Comma inserito dall'art. 4 del d.lg. 12/5/2015, n. 72.

(4) Comma sostituito dall'art. 4 del d.lg. 1/8/2003, n. 274. Vedi l'art. 25 del medesimo d.lg. n. 274/2003.

(5) Comma sostituito dall'art. 4 del d.lg. 1/8/2003, n. 274. Vedi l'art. 25 del medesimo d.lg. n. 274/2003, e successivamente modificato dall'art. 2, co. 4, d.lg. 4/3/2014, n. 44.

(6) Comma modificato dall'art. 2, co. 4, lett. c), d.lg. 17/9/2007, n. 164, con la decorrenza indicata nell'art. 19 dello stesso decreto.

11. Composizione del gruppo. – 1. La Banca d'Italia, sentita la Consob:

a) determina la nozione di gruppo rilevante ai fini della verifica dei requisiti previsti dagli articoli 19, comma 1, lettera h), e 34, comma 1, lettera f);

a-bis) individua le disposizioni di cui al Capo II del presente Titolo applicabili alle società che controllano una Sim o una società di gestione del risparmio, individuate ai sensi della lettera b) (1);

b) emana disposizioni volte a individuare l'insieme dei soggetti da sottoporre a vigilanza su base consolidata tra quelli esercenti attività bancaria e servizi di investimento o di gestione collettiva del risparmio, nonché attività connesse e strumentali o altre attività finanziarie, come individuate ai sensi dell'articolo 59, comma 1, lettera b) e lettera b-bis), del T.U. bancario. Tali soggetti sono individuati tra quelli che, non sottoposti a vigilanza consolidata ai sensi del medesimo testo unico (2):

1) sono controllati, direttamente o indirettamente, da una SIM o da una società di gestione del risparmio;

2) controllano, direttamente o indirettamente, una SIM o una società di gestione del risparmio (3).

1-bis. Il gruppo individuato ai sensi del comma 1, lettera b), è iscritto in un apposito albo tenuto dalla Banca d'Italia. La capogruppo comunica tempestivamente alla Banca d'Italia l'esistenza del gruppo e la sua composizione aggiornata. Copia della predetta comunicazione è trasmessa dalla Banca d'Italia alla Consob (4).

(1) Lettera aggiunta dall'art. 4, co. 1, lett. a), d.lg. 4/3/2014, n. 53.

(2) Lettera modificata dall'art. 4, co. 1, lett. b), d.lg. 4/3/2014, n. 53.

(3) Comma sostituito dall'art. 2, co. 1, lett. c), d.l. 27/12/2006, n. 297, conv., con modif., in l. 23/2/2007, n. 15.

(4) Comma aggiunto dall'art. 2, co. 1, lett. c), d.l. 27/12/2006, n. 297, conv., con modif., in l. 23/2/2007, n. 15.

12. Vigilanza sul gruppo. – 1. La Banca d'Italia impartisce alla società posta al vertice del gruppo individuato ai sensi dell'articolo 11, comma 1, lettera b), disposizioni riferite al complesso dei soggetti individuati ai sensi del medesimo articolo, aventi ad oggetto le materie dell'articolo 6, comma 1, lettera a), e lettera c-bis), numeri 1), 2), 3), 4) e 6), e comma 1-bis. Ove lo richiedano esigenze di stabilità, la Banca d'Italia può emanare nelle stesse materie disposizioni di carattere particolare (1).

1-bis. In armonia con la disciplina comunitaria, la Banca d'Italia individua le ipotesi di esenzione dall'applicazione delle disposizioni adottate ai sensi del comma 1 (2).

2. La società capogruppo, nell'esercizio dell'attività di direzione e coordinamento, emana disposizioni alle singole componenti del gruppo individuato ai sensi dell'articolo 11, comma 1, lettera b), per l'esecuzione delle istruzioni impartite dalla Banca d'Italia. Gli organi amministrativi delle società del gruppo sono tenuti a fornire ogni dato e informazione per l'emanazione delle disposizioni e la necessaria collaborazione per il rispetto delle norme sulla vigilanza consolidata (3).

3. La Banca d'Italia e la Consob possono chiedere, nell'ambito delle rispettive competenze, ai soggetti individuati ai sensi dell'articolo 11, comma 1, lettera b), al soggetto che controlla la società capogruppo di cui all'articolo 11, comma 1-bis, la SIM o la società di gestione del risparmio, nonché a quelli che sono controllati, direttamente o indirettamente, ovvero partecipati almeno per il venti per cento da uno dei soggetti individuati ai sensi dell'articolo 11, comma 1, lettera b), la trasmissione, anche periodica, di dati e informazioni (4).

3-bis. Nell'esercizio della vigilanza su base consolidata, la Banca d'Italia può impartire disposizioni, ai sensi del presente articolo, nei confronti di tutti i soggetti inclusi nel gruppo individuato ai sensi dell'articolo 11, comma 1, lettera b) (2).

4. La Banca d'Italia può disporre nei confronti dei soggetti appartenenti al gruppo l'applicazione delle disposizioni previste dalla parte IV, titolo III, capo II, sezione VI.*

5. La Banca d'Italia e la Consob possono, nell'ambito delle rispettive competenze:

a) effettuare ispezioni presso i soggetti individuati ai sensi dell'articolo 11, comma 1, lettera b);

b) al fine esclusivo di verificare l'esattezza dei dati e delle informazioni forniti, effettuare ispezioni presso i soggetti controllati, direttamente o indirettamente, ovvero partecipati almeno per il venti per cento da uno dei soggetti individuati ai sensi dell'articolo 11, comma 1, lettera b).

b-bis) effettuare ispezioni presso soggetti ai quali siano state esternalizzate funzioni aziendali essenziali o importanti da parte dei soggetti indicati dalle lettere a) e b), limitatamente alle finalità ivi richiamate (5).

5-bis. Nell'esercizio della vigilanza su base consolidata, la Banca d'Italia può adottare i provvedimenti previsti dall'articolo 7, comma 2, nei confronti dei soggetti di cui all'articolo 11, comma 1, lettera b) (2).

5-ter. La Banca d'Italia può disporre, qualora la loro permanenza in carica sia di pregiudizio per la sana e prudente gestione del gruppo, la rimozione di uno o più esponenti aziendali della capogruppo; la rimozione non è disposta ove ricorrano gli estremi per pronunciare la decadenza ai sensi dell'articolo 13, salvo che sussista urgenza di provvedere (6).

5-quater. La Banca d'Italia e la Consob possono chiedere, nell'ambito delle rispettive competenze, informazioni anche al personale dei soggetti indicati al comma 3, anche per il tramite di questi ultimi (6).

5-quinquies. Gli obblighi previsti dai commi 2 e 3 si applicano anche ai soggetti ai quali siano state esternalizzate funzioni aziendali essenziali o importanti e al loro personale (6).

5-sexies. Alla società capogruppo si applicano gli articoli 6, commi 2-septies e 2-octies, e 7, commi 1 e 1-bis (6).

(1) Comma sostituito dall'art. 2, co. 1, lett. d), d.l. 27/12/2006, n. 297 e successivamente modificato dall'art. 2, co. 5, lett. a), d.lg. 17/9/2007, n. 164, con la decorrenza indicata nell'art. 19 dello stesso decreto. Da ultimo sostituito dall'art. 2, co. 10, d.lg. 3/8/2017, n. 129. Per l'applicazione, vedi l'art. 10, co. 2, d.lg. n. 129/2017 medesimo.

(2) Comma inserito dall'art. 2, co. 1, lett. d), d.l. 27/12/2006, n. 297.

(3) Comma sostituito dall'art. 2, co. 1, lett. d), d.l. 27/12/2006, n. 297.

(4) Comma sostituito dall'art. 2, co. 1, lett. d), d.l. 27/12/2006, n. 297 e successivamente modificato dall'art. 2, co. 5, lett. b), d.lg. 17/9/2007, n. 164, con la decorrenza indicata nell'art. 19 dello stesso decreto.

* Comma abrogato dall'art. 40 del d.lg. 27/1/2010, n. 39.

(5) Comma sostituito dall'art. 2, co. 1, lett. d), d.l. 27/12/2006, n. 297 e successivamente modificato dall'art. 2, co. 5, lett. c), d.lg. 17/9/2007, n. 164, con la decorrenza indicata nell'art. 19 dello stesso decreto e infine dall'art. 4 del d.lg. 12/5/2015, n. 72 che ha aggiunto la lett. b-bis).

(6) Comma inserito dall'art. 4 del d.lg. 12/5/2015, n. 72.

Capo II
Esponenti aziendali e partecipanti al capitale

13. Esponenti aziendali (1). – 1. I soggetti che svolgono funzioni di amministrazione, direzione e controllo presso Sim, società di gestione del risparmio, Sicav e Sicaf devono essere idonei allo svolgimento dell'incarico.

2. Ai fini del comma 1, gli esponenti possiedono requisiti di professionalità, onorabilità e indipendenza, soddisfano criteri di competenza e correttezza, dedicano il tempo necessario all'efficace espletamento dell'incarico.

3. Il Ministro dell'economia e delle finanze, con regolamento adottato sentite la Banca d'Italia e la Consob, individua:

a) requisiti di onorabilità omogenei per tutti gli esponenti;

b) i requisiti di professionalità e indipendenza, graduati secondo principi di proporzionalità;

c) i criteri di competenza, coerenti con la carica da ricoprire e con le caratteristiche del soggetto abilitato, e di adeguata composizione dell'organo;

d) i criteri di correttezza per gli esponenti delle Sim, con riguardo, tra l'altro, alle relazioni d'affari dell'esponente, alle condotte tenute nei confronti delle autorità di vigilanza e alle sanzioni o misure correttive da queste irrogate, a provvedimenti restrittivi inerenti ad attività professionali svolte, nonché a ogni altro elemento suscettibile di incidere sulla correttezza dell'esponente;

e) i limiti al cumulo di incarichi per gli esponenti delle Sim, graduati secondo principi di proporzionalità e tenendo conto delle dimensioni dell'intermediario;

f) le cause che comportano la sospensione temporanea dalla carica e la sua durata.

4. Con il regolamento previsto dal comma 3 possono essere determinati i casi in cui i requisiti e criteri di idoneità si applicano anche ai responsabili delle principali funzioni aziendali nei soggetti indicati al comma 1 di maggiore rilevanza.

5. Gli organi di amministrazione e controllo dei soggetti indicati al comma 1 valutano l'idoneità dei propri componenti e l'adeguatezza complessiva dell'organo, documentando il processo di analisi e motivando opportunamente l'esito della valutazione. In caso di specifiche e limitate carenze riferite ai criteri previsti ai sensi del comma 3, lettera c), i medesimi organi possono adottare misure necessarie a colmarle. In ogni altro caso il difetto di idoneità o la violazione dei limiti al cumulo degli incarichi determina la decadenza dall'ufficio; questa è pronunciata dall'organo di appartenenza entro trenta giorni dalla nomina o dalla conoscenza del difetto o della violazione sopravvenuti. Per i soggetti che non sono componenti di un organo la valutazione e la pronuncia della decadenza sono effettuate dall'organo che li ha nominati.

6. La Banca d'Italia e la Consob, nell'ambito delle rispettive competenze, secondo modalità e tempi stabiliti congiuntamente, anche al fine di ridurre al minimo gli oneri gravanti sui soggetti abilitati: valutano l'idoneità degli esponenti e il rispetto dei limiti al cumulo degli incarichi, anche sulla base dell'analisi compiuta e delle eventuali misure adottate ai sensi del comma 5; in caso di difetto o violazione, pronunciano la decadenza dalla carica (2).

(1) Articolo modificato dall'art. 9.50 del d.lg. 17/1/2003, n. 6, nel testo introdotto dall'art. 3 del d.lg. 6/2/2004, n. 37, dall'art. 2, co. 5, d.lg. 4/3/2014, n. 44 e successivamente sostituito dall'art. 4, co. 11, d.lg. 12/5/2015, n. 72. Vedi inoltre, l'art. 6 del d.lg. 12/5/2015, n. 72.

(2) Comma così modificato dall'art. 2 del d.lg. 25/11/2019, n. 165 che ha sostituito le parole: "con regolamento congiunto" con le parole: "congiuntamente".

14. Partecipanti al capitale (1). – 1. I titolari delle partecipazioni indicate all'articolo 15 possiedono requisiti di onorabilità e soddisfano criteri di competenza e correttezza in modo da garantire la sana e prudente gestione della società partecipata.

2. Il Ministro dell'economia e delle finanze, con regolamento adottato sentite la Banca d'Italia e la Consob, individua:

a) i requisiti di onorabilità;

b) i criteri di competenza, graduati in relazione all'influenza sulla gestione della società che il titolare della partecipazione può esercitare;

c) i criteri di correttezza, con riguardo, tra l'altro, alle relazioni d'affari del titolare della partecipazione, alle condotte tenute nei confronti delle autorità di vigilanza e alle sanzioni o misure correttive da queste irrogate, a provvedimenti restrittivi inerenti ad attività professionali svolte, nonché a ogni altro elemento suscettibile di incidere sulla correttezza del titolare della partecipazione.

3. Ai fini dell'applicazione del presente articolo e dell'articolo 15, per le Sicav e le Sicaf si fa riferimento alle sole azioni nominative e le disposizioni di cui al comma 2 stabiliscono le ipotesi in cui, al fine dell'attribuzione del diritto di voto, tali azioni sono considerate come azioni al portatore, con riguardo alla data di acquisto.

4. Ai fini dei commi 1 e 2 si considerano anche le partecipazioni possedute per il tramite di società controllate, di società fiduciarie o per interposta persona, nonché i casi in cui i diritti derivanti dalle partecipazioni spettano o sono attribuiti ad un soggetto diverso dal titolare delle partecipazioni stesse od esistono accordi concernenti l'esercizio dei diritti di voto.

5. Fermo restando quanto previsto dall'articolo 16, qualora non siano soddisfatti i requisiti e i criteri di cui ai commi 1 e 2 non possono essere esercitati i diritti di voto e gli altri diritti che consentono di influire sulla società, inerenti alle partecipazioni eccedenti le soglie previste dall'articolo 15, comma 1.

6. In caso di inosservanza del divieto, la deliberazione od il diverso atto, adottati con il voto o, comunque, il contributo determinanti delle partecipazioni di cui al comma 1, sono impugnabili secondo le previsioni del codice civile. Le partecipazioni per le quali non può essere esercitato il diritto di voto sono computate ai fini della regolare costituzione della relativa assemblea.

7. L'impugnazione può essere proposta anche dalla Banca

d'Italia o dalla Consob entro centottanta giorni dalla data della deliberazione ovvero, se questa è soggetta a iscrizione nel registro delle imprese, entro centottanta giorni dall'iscrizione o, se è soggetta solo a deposito presso l'ufficio del registro delle imprese, entro centottanta giorni dalla data di questo.

8. Le partecipazioni, eccedenti le soglie previste dall'articolo 15, comma 1, dei soggetti privi dei requisiti di onorabilità devono essere alienate entro i termini stabiliti dalla Banca d'Italia o dalla Consob.

(1) Articolo sostituito dall'art. 9.51 del d.lg. 17/1/2003, n. 6, nel testo introdotto dall'art. 3 del d.lg. 6/2/2004, n. 37, successivamente modificato dall'art. 2, co. 1, lett. a), d.lg. 27/1/2010, n. 21, dall'art. 2, co. 6, lett. b), d.lg. 4/3/2014, n. 44, e da ultimo sostituito dall'art. 4, co. 12, d.lg. 12/5/2015, n. 72. Vedi inoltre, l'art. 6 del d.lg. 12/5/2015, n. 72.

15. Acquisizione e cessione di partecipazioni (1). – 1. Chiunque, a qualsiasi titolo, intenda acquisire o cedere, direttamente od indirettamente, in una Sim, società di gestione del risparmio, Sicav o Sicaf una partecipazione che comporta il controllo o la possibilità di esercitare un'influenza notevole sulla società o che attribuisce una quota dei diritti di voto o del capitale almeno pari al 10 per cento, tenuto conto delle azioni o quote già possedute, deve darne preventiva comunicazione alla Banca d'Italia. La comunicazione preventiva è dovuta anche per le variazioni delle partecipazioni quando la quota dei diritti di voto o del capitale raggiunga o superi, in aumento o in diminuzione, il 20 per cento, 30 per cento o 50 per cento e, in ogni caso, quando le variazioni comportano l'acquisizione o la perdita del controllo della società (2).

2. La Banca d'Italia può vietare entro il termine stabilito ai sensi del comma 5, lettera c), l'acquisizione della partecipazione quando ritenga che non ricorrono condizioni atte a garantire una gestione sana e prudente dell'intermediario, valutando la qualità del potenziale acquirente e la solidità finanziaria del progetto di acquisizione in base ai seguenti criteri: la reputazione del potenziale acquirente ai sensi dell'articolo 14; l'idoneità, ai sensi dell'articolo 13, da parte di coloro che, in esito all'acquisizione, svolgeranno funzioni di amministrazione, direzione e controllo; la solidità finanziaria del potenziale acquirente; la capacità dell'intermediario di rispettare a seguito dell'acquisizione le disposizioni che ne regolano l'attività; l'idoneità della struttura del gruppo del potenziale acquirente a consentire l'esercizio efficace della vigilanza; l'assenza di fondato sospetto che l'acquisizione sia connessa a operazioni di riciclaggio o di finanziamento del terrorismo. La Banca d'Italia può fissare un termine massimo per l'acquisizione nonché comunicare, anche prima della scadenza del termine, che nulla osta all'operazione (3).

3. Gli acquisti e le cessioni indicati nel comma 1 sono comunicati, una volta avvenuti, alla Banca d'Italia, alla CONSOB e alla società. [La comunicazione è dovuta anche per le variazioni della partecipazione che comportino il superamento, in aumento o in diminuzione, delle soglie partecipative stabilite ai sensi del comma 5, ovvero l'acquisizione del controllo della società] (4).

4. Le partecipazioni si considerano acquisite o cedute indirettamente quando l'acquisto o la cessione avvengano per il tramite di società controllate, di società fiduciarie o per interposta persona. Il controllo sussiste nei casi previsti dall'articolo 23 del T.U. bancario.

5. La Banca d'Italia, determina con regolamento:

a) i criteri di calcolo dei diritti di voto rilevanti ai fini dell'applicazione delle soglie previste al comma 1, ivi inclusi i casi in cui i diritti di voto non sono computati ai fini dell'applicazione del medesimo comma, nonché i criteri per l'individuazione dei casi di influenza notevole (5);

b) i soggetti tenuti ad effettuare le comunicazioni quando i diritti derivanti dalle partecipazioni spettano o sono attribuiti a un soggetto diverso dal titolare delle partecipazioni stesse, nonché quando esistono accordi concernenti l'esercizio del diritto di voto;

c) le procedure ed i termini per l'effettuazione delle comunicazioni, nonché per condurre la valutazione prevista al comma 2 (6).

(1) Rubrica sostituita dapprima dall'art. 2 del d.lg. 27/1/2010, n. 21 e poi dall'art. 4 del d.lg. 12/5/2015, n. 72.

(2) Comma sostituito dall'art. 9.52, co. 1, lett. a), d.lg. 17/1/2003, n. 6, nel testo introdotto dall'art. 3 del d.lg. 6/2/2004, n. 37 e dall'art. 2, co. 1, lett. b), punto 2, d.lg. 27/1/2010, n. 21. Vedi la disciplina transitoria di cui all'art. 6 del medesimo d.lg. n. 37/2004. Successivamente il presente comma è stato modificato dall'art. 2, co. 7, d.lg. 4/3/2014, n. 44.

(3) Comma dapprima modificato dall'art. 2 del d.lg. 27/1/2010, n. 21 e poi così sostituito dall'art. 4 del d.lg. 12/5/2015, n. 72.

(4) Comma modificato dall'art. 2, co. 1, lett. b), punto 4, d.lg. 27/1/2010, n. 21.

(5) Lettera sostituita dall'art. 2, co. 1, lett. b), punto 5, d.lg. 27/1/2010, n. 21.

(6) Comma sostituito dall'art. 9.52, co. 1, lett. b), d.lg. 17/1/2003, n. 6, nel testo introdotto dall'art. 3 del d.lg. 6/2/2004, n. 37 e successivamente modificato dall'art. 2, co. 1, lett. b), punto 5, d.lg. 27/1/2010, n. 21. Vedi la disciplina transitoria di cui all'art. 6 del medesimo d.lg. n. 37/2004.

16. Sospensione del diritto di voto, obbligo di alienazione (1). – 1. Il diritto di voto e gli altri diritti, che consentono di influire sulla società, inerenti alle partecipazioni eccedenti le soglie stabilite ai sensi dell'articolo 15, comma 5, non possono essere esercitati quando non siano state effettuate le comunicazioni previste dall'articolo 15, commi 1 e 3, quando sia intervenuto il divieto della Banca d'Italia o non sia ancora decorso il termine entro il quale la Banca d'Italia può vietare l'acquisizione o quando sia scaduto il termine massimo eventualmente fissato ai sensi dell'articolo 15, comma 2 (2).

2. La Banca d'Italia, anche su proposta della CONSOB, può in ogni momento sospendere il diritto di voto e gli altri diritti, che consentono di influire sulla società, inerenti a una partecipazione qualificata in una SIM, in una società di gestione del risparmio, in una Sicav o in una Sicaf, quando l'influenza esercitata dal titolare della partecipazione possa pregiudicarne la gestione sana e prudente o l'effettivo esercizio della vigilanza (3).

3. In caso di inosservanza dei divieti previsti dai commi 1 e 2, si applica l'articolo 14, commi 5 e 6.

4. La Banca d'Italia può fissare un termine entro il quale devono essere alienate le partecipazioni eccedenti i limiti stabiliti ai sensi dell'articolo 15, comma 5, quando non siano state effettuate le comunicazioni preventive previste dall'articolo 15, comma 1, ovvero quando, ai sensi dell'articolo 15, comma 2, sia intervenuto il divieto della Banca d'Italia all'acquisto o sia scaduto il termine massimo per l'acquisizione eventualmente fissato (4).

(1) Rubrica sostituita dall'art. 9.53 del d.lg. 17/1/2003, n. 6, nel testo introdotto dall'art. 3 del d.lg. 6/2/2004, n. 37. Vedi la disciplina transitoria di cui all'art. 6 del medesimo d.lg. n. 37/2004.

(2) Comma sostituito dall'art. 9.53 del d.lg. 17/1/2003, n. 6, nel testo introdotto dall'art. 3 del d.lg. 6/2/2004, n. 37. Vedi la disciplina transitoria di cui all'art. 6 del medesimo d.lg. n. 37/2004.

(3) Comma sostituito dall'art. 9.53 del d.lg. 17/1/2003, n. 6, nel testo introdotto dall'art. 3 del d.lg. 6/2/2004, n. 37. Vedi la disciplina transitoria di cui all'art. 6 del medesimo d.lg. n. 37/2004. Successivamente il presente comma è stato modificato dall'art. 2, co. 8, d.lg. 4/3/2014, n. 44.

(4) Comma aggiunto dall'art. 9.53 del d.lg. 17/1/2003, n. 6, nel testo introdotto dall'art. 3 del d.lg. 6/2/2004, n. 37. Vedi la disciplina transitoria di cui all'art. 6 del medesimo d.lg. n. 37/2004.

17. Richiesta di informazioni sulle partecipazioni (1). – 1. La Banca d'Italia e la CONSOB, indicando il termine per la risposta, possono richiedere:

a) alle SIM, alle società di gestione del risparmio, alle Sicav e alle Sicaf, l'indicazione nominativa dei titolari delle partecipazioni secondo quanto risulta dal libro dei soci, dalle comunicazioni ricevute e da altri dati a loro disposizione (2);

b) alle società ed agli enti di qualsiasi natura che possiedono partecipazioni nei soggetti indicati nella lettera a), l'indicazione nominativa dei titolari delle partecipazioni secondo quanto risulta dal libro dei soci, dalle comunicazioni ricevute e da altri dati a loro disposizione;

c) agli amministratori delle società e degli enti titolari di partecipazioni nelle SIM, nelle società di gestione del risparmio, nelle Sicav e nelle Sicaf, l'indicazione dei soggetti controllanti (3);

d) alle società fiduciarie che abbiano intestato a proprio nome partecipazioni in società indicate nella lettera c), le generalità dei fiducianti.

(1) Articolo sostituito dall'art. 9.54 del d.lg. 17/1/2003, n. 6, nel testo introdotto dall'art. 3 del d.lg. 6/2/2004, n. 37. Vedi la disciplina transitoria di cui all'art. 6 del medesimo d.lg. n. 37/2004.

• Per la disciplina degli obblighi di comunicazione di dati e notizie e la trasmissione di atti e documenti da parte dei soggetti abilitati e degli agenti di cambio vedi la deliberazione Consob 1/4/2003, n. 14015.

(2) Lettera modificata dall'art. 2, co. 9, lett. a), d.lg. 4/3/2014, n. 44.

(3) Lettera modificata dall'art. 2, co. 9, lett. b), d.lg. 4/3/2014, n. 44.

TITOLO II
SERVIZI E ATTIVITÀ DI INVESTIMENTO (1)

(1) Rubrica modificata dall'art. 3 del d.lg. 17/9/2007, n. 164, con la decorrenza indicata nell'art. 19 dello stesso decreto.

Capo I
Soggetti e autorizzazione

18. Soggetti. – 1. L'esercizio professionale nei confronti del pubblico dei servizi e delle attività di investimento è riservato alle Sim, alle imprese di investimento UE, alle banche italiane, alle banche UE e alle imprese di paesi terzi (1).

2. Le Sgr possono prestare professionalmente nei confronti del pubblico i servizi previsti dall'articolo 1, comma 5, lettere d) ed f). Le Sgr possono, altresì, prestare professionalmente nei confronti del pubblico il servizio previsto dall'articolo 1, comma 5, lettera e), qualora autorizzate a prestare il servizio di gestione di FIA. Le società di gestione UE possono prestare professionalmente nei confronti del pubblico i servizi previsti dall'articolo 1, comma 5, lettere d) ed f), qualora autorizzate nello Stato membro d'origine (2).

3. Gli intermediari finanziari iscritti nell'albo previsto dall'articolo 106 del testo unico bancario possono esercitare professionalmente nei confronti del pubblico, nei casi e alle condizioni stabilite dalla Banca d'Italia, sentita la Consob, i servizi e le attività previsti dall'articolo 1, comma 5, lettere a) e b), limitatamente agli strumenti finanziari derivati, nonché il servizio previsto dall'articolo 1, comma 5, lettere c) e c-bis) (3).

*3-bis. Le società di gestione di mercati regolamentati possono essere abilitate a svolgere l'attività di cui all'articolo 1, comma 5, lettera g)**;

4. Le SIM possono prestare professionalmente nei confronti del pubblico i servizi accessori e altre attività finanziarie, nonché attività connesse o strumentali. Sono salve le riserve di attività previste dalla legge.

5. Il Ministro dell'economia e delle finanze, con regolamento adottato sentite la Banca d'Italia e la CONSOB:

a) può individuare, al fine di tener conto dell'evoluzione dei mercati finanziari e delle norme di adattamento stabilite dalle autorità comunitarie, nuove categorie di strumenti finanziari, nuovi servizi e attività di investimento e nuovi servizi accessori, indicando quali soggetti sottoposti a forme di vigilanza prudenziale possono esercitare i nuovi servizi e attività (4);

b) adotta le norme di attuazione di integrazione delle riserve di attività previste dal presente articolo, nel rispetto delle disposizioni europee (5).

(1) Comma modificato dall'art. 3, co. 2, lett. a), d.lg. 17/9/2007, n. 164, con la decorrenza indicata nell'art. 19 dello stesso decreto e successivamente sostituito dall'art. 2, co. 11, lett. a), d.lg. 3/8/2017, n. 129. Per l'applicazione, vedi l'art. 10, co. 2, d.lg. n. 129/2017 medesimo.

(2) Comma sostituito dall'art. 5 del d.lg. 1/8/2003, n. 274. Vedi l'art. 25 del medesimo d.lg. n. 274/2003. Successivamente il presente comma è stato ulteriormente sostituito dall'art. 3, co. 2, lett. b), d.lg. 17/9/2007, n. 164, con la decorrenza indicata nell'art. 19 dello stesso decreto e da ultimo, dall'art. 2, co. 10, d.lg. 4/3/2014, n. 44.

(3) Comma sostituito dall'art. 3, co. 2, lett. b), d.lg. 17/9/2007, n. 164, con la decorrenza indicata nell'art. 19 dello stesso decreto e successivamente modificato dall'art. 2, co. 11, lett. b), d.lg. 3/8/2017, n. 129. Per l'applicazione, vedi l'art. 10, co. 2, d.lg. n. 129/2017 medesimo.

* Comma inserito dall'art. 3, co. 2, lett. c), d.lg. 17/9/2007, n. 164, con la decorrenza indicata nell'art. 19 dello stesso decreto e successivamente abrogato dall'art. 2, co. 11, lett. c), d.lg. 3/8/2017, n. 129. Per l'applicazione, vedi l'art. 10, co. 2, d.lg. n. 129/2017 medesimo.

(4) Lettera sostituita dall'art. 3, co. 2, lett. d), d.lg. 17/9/2007, n. 164, con la decorrenza indicata nell'art. 19 dello stesso decreto.

(5) Lettera modificata dall'art. 2, co. 11, lett. d), d.lg. 3/8/2017, n. 129. Per l'applicazione, vedi l'art. 10, co. 2, d.lg. n. 129/2017 medesimo.

18 bis. Consulenti finanziari autonomi (1). – 1. La riserva di attività di cui all'articolo 18 non pregiudica la possibilità per le persone fisiche, in possesso dei requisiti di professionalità, onorabilità, indipendenza e patrimoniali stabiliti con regolamento adottato dal Ministro dell'economia e delle finanze, sentita la Consob, ed iscritte in una sezione apposita dell'albo di cui all'articolo 31, comma 4, di prestare la consulenza in materia di investimenti, relativamente a valori mobiliari e a quote di organismi di investimento collettivo, senza detenere fondi o titoli appartenenti ai clienti. I requisiti di professionalità per l'iscrizione nell'albo sono accertati sulla base di rigorosi criteri valutativi che tengono conto della pregressa esperienza professionale, validamente documentata, ovvero sulla base di prove valutative.

2. Ai consulenti finanziari autonomi si applicano le disposizioni stabilite dalla Consob con il regolamento di cui all'articolo 31, comma 6.

(1) Articolo modificato dall'art. 3, co. 3, d.lg. 17/9/2007, n. 164, dall'art. 1, co. 1, d.lg. 17/7/2009, n. 101, dall'art. 1, co. 39, l. 28/12/2015, n. 208 e da ultimo sostituito dall'art. 2, co. 12, d.lg. 3/8/2017, n. 129. Per l'applicazione, vedi l'art. 10, co. 2, d.lg. n. 129/2017 medesimo.

18 ter. Società di consulenza finanziaria (1). – 1. La riserva di attività di cui all'articolo 18 non pregiudica la possibilità per le società costituite in forma di società per azioni o società a responsabilità limitata, in possesso dei requisiti patrimoniali e di indipendenza stabiliti con regolamento adottato dal Ministro dell'economia e delle finanze, sentita la Consob, ed iscritte in una sezione apposita dell'albo di cui all'articolo 31, comma 4, di prestare la consulenza in materia di investimenti relativamente a valori mobiliari e a quote di organismi d'investimento collettivo, senza detenere fondi o titoli appartenenti ai clienti (2).

2. Il Ministro dell'economia e delle finanze, sentita la Consob, stabilisce con regolamento i requisiti di professionalità, onorabilità e indipendenza che gli esponenti aziendali devono possedere (2).

*3. Nell'albo di cui all'articolo 18-bis, comma 2, è istituita una sezione dedicata alle società di consulenza finanziaria per la quale si applicano i commi 3, 4, 5, 6, 7 e 8 del medesimo articolo**.

3-bis. Alle società di consulenza finanziaria si applicano le disposizioni stabilite dalla Consob con il regolamento di cui all'articolo 31, comma 6 (3).

3-ter. Le società di consulenza finanziaria rispondono in solido dei danni arrecati a terzi dai consulenti finanziari autonomi di cui esse si avvalgono nell'esercizio dell'attività, anche se tali danni siano conseguenti a responsabilità accertata in sede penale (3).

(1) Articolo inserito dall'art. 2, co. 1, l. 18/6/2009, n. 69.

• Per il regolamento d'attuazione del presente articolo vedi la delibera 12/1/2010, n. 17130.

(2) Comma sostituito dall'art. 2, co. 13, lett. a), d.lg. 3/8/2017, n. 129. Per l'applicazione, vedi l'art. 10, co. 2, d.lg. n. 129/2017 medesimo.

* Comma abrogato dall'art. 2, co. 13, lett. b), d.lg. 3/8/2017, n. 129. Per l'applicazione, vedi l'art. 10, co. 2, d.lg. n. 129/2017 medesimo.

(3) Comma aggiunto dall'art. 2, co. 13, lett. c), d.lg. 3/8/2017, n. 129. Per l'applicazione, vedi l'art. 10, co. 2, d.lg. n. 129/2017 medesimo.

19. Autorizzazione. – 1. La Consob, sentita la Banca d'Italia, autorizza, entro sei mesi dalla presentazione della domanda completa, l'esercizio dei servizi e delle attività di investimento da parte delle Sim, quando, in conformità a quanto specificato dalle pertinenti norme tecniche di regolamentazione e di attuazione emanate dalla Commissione europea ai sensi della direttiva 2014/65/UE, ricorrono le seguenti condizioni:

a) sia adottata la forma di società per azioni;

b) la denominazione sociale comprenda le parole "società di intermediazione mobiliare";

c) la sede legale e la direzione generale della società siano situate nel territorio della Repubblica;

d) il capitale versato sia di ammontare non inferiore a quello determinato in via generale dalla Banca d'Italia;

e) vengano fornite tutte le informazioni, compreso un programma di attività, che indichi in particolare i tipi di operazioni previste e la struttura organizzativa;

f) i soggetti che svolgono funzioni di amministrazione, direzione e controllo siano idonei ai sensi dell'articolo 13;

g) i titolari delle partecipazioni indicate nell'articolo 15, comma 1, abbiano i requisiti e soddisfino i criteri stabiliti ai sensi dell'articolo 14 e non ricorrano le condizioni per il divieto previsto dall'articolo 15, comma 2;

h) la struttura del gruppo di cui è parte la società non sia tale da pregiudicare l'effettivo esercizio della vigilanza sulla società stessa e siano fornite almeno le informazioni richieste ai sensi dell'articolo 15, comma 5;

i) siano rispettati, per la gestione di sistemi multilaterali di negoziazione o di sistemi organizzati di negoziazione, gli ulteriori requisiti dettati nella parte III (1).

2. L'autorizzazione è negata quando dalla verifica delle condizioni indicate nel comma 1 non risulta garantita la sana e prudente gestione, e assicurata la capacità dell'impresa di esercitare correttamente i servizi o le attività di investimento (2).

3. La Consob disciplina la procedura di autorizzazione delle Sim (3).

3-bis. Le Sim comunicano alla Consob e alla Banca d'Italia ogni modifica rilevante, intervenuta successivamente all'autorizzazione, alle condizioni di cui al comma 1 (4).

3-ter. La Consob, sentita la Banca d'Italia, disciplina le ipotesi di decadenza dall'autorizzazione di una Sim. La Consob, sentita la Banca d'Italia, pronuncia la decadenza dall'autorizzazione qualora la Sim non abbia iniziato lo svolgimento dei servizi e delle attività entro il termine di un anno dal rilascio dall'autorizzazione oppure vi rinunci espressamente (5).

4. La Banca d'Italia, sentita la Consob, autorizza l'esercizio dei servizi e delle attività d'investimento da parte delle banche italiane e delle succursali italiane di banche di paesi terzi, nonché l'esercizio dei servizi e delle attività indicati nell'articolo 18, comma 3, da parte di intermediari finanziari iscritti nell'albo previsto dall'articolo 106 del Testo unico bancario (6).

4-bis. La Banca d'Italia, sentita la Consob, pronuncia la decadenza dall'autorizzazione qualora la banca non abbia iniziato lo svolgimento dei servizi e delle attività entro il termine di un anno dal rilascio dall'autorizzazione oppure vi rinunci espressamente (7).

4-ter. I commi 3-ter e 4-bis si applicano anche alle imprese di paesi terzi autorizzate ai sensi degli articoli 28 e 29-ter (7).

(1) Comma modificato dall'art. 9.55 del d.lg. 17/1/2003, n. 6, nel testo introdotto dall'art. 3 del d.lg. 6/2/2004, n. 37, dall'art. 3, co. 4, lett. a), d.lg. 17/9/2007, n. 164, dall'art. 2, co. 1, lett. c), d.lg. 27/1/2010, n. 21, dall'art. 4, co. 14, lett. a), d.lg. 12/5/2015, n. 72 e da ultimo sostituito dall'art. 2, co. 14, lett. a), d.lg. 3/8/2017, n. 129. Per l'applicazione, vedi l'art. 10, co. 2, d.lg. n. 129/2017 medesimo.

(2) Comma modificato dall'art. 3, co. 4, lett. c), d.lg. 17/9/2007, n. 164, con la decorrenza indicata nell'art. 19 dello stesso decreto.

(3) Comma modificato dall'art. 3, co. 4, lett. d), d.lg. 17/9/2007, n. 164, con la decorrenza indicata nell'art. 19 dello stesso decreto e successivamente sostituito dall'art. 2, co. 14, lett. b), d.lg. 3/8/2017, n. 129. Per l'applicazione, vedi l'art. 10, co. 2, d.lg. n. 129/2017 medesimo.

• Per l'attuazione del presente comma vedi deliberazione Consob 29/10/2007, n. 16190.

(4) Comma inserito dall'art. 3, co. 4, lett. e), d.lg. 17/9/2007, n. 164, con la decorrenza indicata nell'art. 19 dello stesso decreto.

(5) Comma inserito dall'art. 2, co. 14, lett. c), d.lg. 3/8/2017, n. 129. Per l'applicazione, vedi l'art. 10, co. 2, d.lg. n. 129/2017 medesimo.

(6) Comma sostituito dall'art. 3, co. 4, lett. f), d.lg. 17/9/2007, n. 164, con la decorrenza indicata nell'art. 19 dello stesso decreto e successivamente dall'art. 2, co. 14, lett. d), d.lg. 3/8/2017, n. 129. Per l'applicazione, vedi l'art. 10, co. 2, d.lg. n. 129/2017 medesimo.

(7) Comma aggiunto dall'art. 2, co. 14, lett. c), d.lg. 3/8/2017, n. 129. Per l'applicazione, vedi l'art. 10, co. 2, d.lg. n. 129/2017 medesimo.

20. Albo (1). – 1. Ferme restando le disposizioni del Titolo VIII del regolamento (UE) n. 600/2014, la Consob iscrive in un apposito albo le Sim e le imprese di paesi terzi diverse dalle banche. Le imprese di investimento UE sono iscritte in un apposito elenco allegato all'albo (2).

2. La CONSOB comunica alla Banca d'Italia le iscrizioni all'albo.

3. I soggetti indicati nel comma 1 indicano negli atti e nella corrispondenza gli estremi dell'iscrizione all'albo o all'elenco.

(1) Per l'istituzione dell'albo di cui al presente articolo vedi la deliberazione Consob 22/12/1998, n. 11760.

(2) Comma sostituito dall'art. 2, co. 15, d.lg. 3/8/2017, n. 129. Per l'applicazione, vedi l'art. 10, co. 2, d.lg. n. 129/2017 medesimo.

20 bis. Revoca dell'autorizzazione (1). – 1. Le disposizioni del presente articolo trovano applicazione nei casi in cui non ricorrano i presupposti per l'applicazione degli articoli 57, comma 1, e 60-bis.4, del presente decreto, nonché degli articoli 17 e 20 del decreto legislativo 16 novembre 2015, n. 180, e dell'articolo 80 del T.U. bancario.

2. La Consob, sentita la Banca d'Italia, revoca l'autorizzazione all'esercizio dei servizi e delle attività d'investimento delle Sim quando:

a) l'esercizio dei servizi e delle attività di investimento è interrotto da più di sei mesi;

b) l'autorizzazione è stata ottenuta presentando false dichiarazioni o con qualsiasi altro mezzo irregolare;

c) vengono meno le condizioni cui è subordinata l'autorizzazione.

3. La revoca dell'autorizzazione ai sensi del comma 2 costituisce causa di scioglimento della società quando riguarda tutti i servizi e attività di investimento al cui esercizio la Sim è autorizzata. Entro sessanta giorni dalla comunicazione del provvedimento di revoca, la Sim comunica alla Banca d'Italia e alla Consob il programma di liquidazione della società. La Consob, sentita la Banca d'Italia, può autorizzare, anche contestualmente alla revoca, l'esercizio provvisorio di attività ai sensi dell'articolo 2487 del codice civile. L'organo liquidatore trasmette riferimenti periodici sullo stato di avanzamento della liquidazione alla Banca d'Italia e, per il periodo di eventuale esercizio provvisorio di attività, alla Consob. La Banca d'Italia vigila sul regolare svolgimento della procedura di liquidazione. Nei confronti delle società in liquidazione restano fermi i poteri del Ministero dell'economia e delle finanze, della Banca d'Italia e della Consob previsti nel presente decreto.

4. La revoca dell'autorizzazione all'esercizio dei servizi e delle attività d'investimento delle banche, nei casi previsti dal comma 2, è disposta dalla Banca d'Italia, sentita la Consob.

5. Il presente articolo si applica anche alle imprese di paesi terzi autorizzate ai sensi degli articoli 28 e 29-ter.

(1) Articolo inserito dall'art. 2, co. 16, d.lg. 3/8/2017, n. 129. Per l'applicazione, vedi l'art. 10, co. 2, d.lg. n. 129/2017 medesimo.

20 ter. Autorizzazione e vigilanza dei soggetti legittimati a presentare domanda di partecipazione al mercato delle aste, ai sensi del regolamento (UE) n. 1031/2010 della Commissione, del 12 novembre 2010, relativo ai tempi, alla gestione e ad altri aspetti della vendita all'asta delle quote di emissioni dei gas a effetto serra, come modificato dal regolamento (UE) n. 1210/2011 della Commissione, del 23 novembre 2011 (1). – 1. Ai sensi dell'articolo 59 del regolamento (UE) n. 1031/2010 della Commissione, del 12 novembre 2010, la Consob autorizza a presentare offerte nel mercato delle aste delle quote di emissione dei gas a effetto serra, secondo quanto previsto dall'articolo 18, paragrafo 2, del medesimo regolamento, i soggetti stabiliti nel territorio della Repubblica che beneficiano dell'esenzione prevista dall'articolo 4-terdecies, comma 1, lettera l), del presente decreto.

2. La Consob esercita nei confronti dei soggetti autorizzati ai sensi del comma 1 i poteri informativi, di indagine, ispettivi, di intervento, nonché il potere di adottare provvedimenti ingiuntivi previsti nella presente parte, al fine di assicurare l'osservanza delle disposizioni di cui all'articolo 59 del regolamento (UE) n. 1031/2010 e delle relative disposizioni di attuazione previste ai sensi del comma 4 del presente articolo.

3. Fermo restando quanto previsto dall'articolo 18, paragrafo 1, lettere b) e c), del regolamento (UE) n. 1031/2010 in relazione alla presentazione di offerte in conto proprio, le banche italiane iscritte nell'albo previsto dall'articolo 13 del testo unico di cui al decreto legislativo 1° settembre 1993, n. 385, e le Sim iscritte nell'albo previsto dall'articolo 20 del presente decreto, possono presentare offerte nel mercato delle aste delle quote di emissione dei gas a effetto serra per conto dei loro clienti, se autorizzate ai sensi del presente decreto allo svolgimento dei servizi di negoziazione per conto proprio o di esecuzione di ordini per conto dei clienti. Resta ferma l'applicazione delle disposizioni previste nel citato testo unico di cui al decreto legislativo 1° settembre 1993, n. 385, e nel presente decreto, anche ai fini del rispetto, da parte di tali soggetti, delle norme di condotta di cui all'articolo 59, paragrafi 2, 3 e 5, del regolamento (UE) n. 1031/2010.

4. Fermo restando quanto previsto dall'articolo 6, commi 2 e 2-bis, del presente decreto, la Consob può dettare disposizioni di attuazione dell'articolo 59, paragrafi 2, 3, 4, 5 e 6, del regolamento (UE) n. 1031/2010, con riferimento alla procedura di autorizzazione dei soggetti previsti dal comma 1 del presente articolo, e per l'eventuale revoca dell'autorizzazione nelle ipotesi di cui all'articolo 59, paragrafo 6, lettere b) e c), del regolamento (UE) n. 1031/2010, nonché alle regole di condotta che i soggetti legittimati a presentare domanda di partecipazione al mercato delle aste sono tenuti ad osservare ai sensi del predetto regolamento.

(1) Articolo aggiunto dall'art. 13, co. 1, lett. a), l. 3/5/2019, n. 37.

Capo II
Svolgimento dei servizi e delle attività

21. Criteri generali. – 1. Nella prestazione dei servizi e delle attività di investimento e accessori i soggetti abilitati devono:

a) comportarsi con diligenza, correttezza e trasparenza, per servire al meglio l'interesse dei clienti e per l'integrità dei mercati;

b) acquisire le informazioni necessarie dai clienti e operare in modo che essi siano sempre adeguatamente informati;

c) utilizzare comunicazioni pubblicitarie e promozionali corrette, chiare e non fuorvianti;

d) disporre di risorse e procedure, anche di controllo interno, idonee ad assicurare l'efficiente svolgimento dei servizi e delle attività (1).

1-bis. Nella prestazione dei servizi e delle attività di investimento e dei servizi accessori, le Sim, le imprese di paesi terzi autorizzate in Italia, le Sgr, i GEFIA non UE autorizzati in Italia, gli intermediari finanziari iscritti nell'albo previsto dall'articolo 106 del Testo Unico bancario e le banche italiane:

a) adottano ogni misura idonea ad identificare e prevenire o gestire i conflitti di interesse che potrebbero insorgere tra tali soggetti, inclusi i dirigenti, i dipendenti e gli agenti collegati o le persone direttamente o indirettamente connesse e i loro clienti o tra due clienti al momento della prestazione di qualunque servizio di investimento o servizio accessorio o di una combinazione di tali servizi;

b) mantengono e applicano disposizioni organizzative e amministrative efficaci al fine di adottare tutte le misure ragionevoli volte ad evitare che i conflitti di interesse incidano negativamente sugli interessi dei loro clienti;

c) quando le disposizioni organizzative e amministrative adottate a norma della lettera b) non sono sufficienti ad assicurare, con ragionevole certezza, che il rischio di nuocere agli interessi dei clienti sia evitato, informano chiaramente i clienti, prima di agire per loro conto, della natura generale e/o delle fonti dei conflitti di interesse nonché delle misure adottate per mitigare i rischi connessi;

d) svolgono una gestione indipendente, sana e prudente e adottano misure idonee a salvaguardare i diritti dei clienti sui beni affidati (2).

1-ter. Le disposizioni di cui alle lettere a), b) e c) del comma 1-bis si applicano anche ai conflitti di interesse determinati dalla percezione da parte di Sim, imprese di paesi terzi autorizzate in Italia, Sgr, GEFIA non UE autorizzati in Italia, intermediari finanziari iscritti nell'albo previsto dall'articolo 106 del Testo Unico bancario e banche italiane di incentivi corrisposti da soggetti terzi o determinati dalle politiche di remunerazione e dalle strutture di incentivazione da loro adottate (3).

2. Nello svolgimento dei servizi e delle attività di investimento è possibile agire in nome proprio e per conto del cliente previo consenso scritto di quest'ultimo (4).

2-bis. Quando realizzano strumenti finanziari per la vendita alla clientela, i soggetti abilitati alla prestazione dei servizi e delle attività di investimento fanno sì che tali prodotti siano concepiti per soddisfare le esigenze di un determinato mercato di riferimento di clienti finali individuato all'interno della pertinente categoria di clienti e che la strategia di distribuzione degli strumenti finanziari sia compatibile con i clienti target. I soggetti di cui al presente comma adottano inoltre misure ragionevoli per assicurare che lo strumento finanziario sia distribuito ai clienti all'interno del mercato target (5).

2-ter. Il soggetto abilitato deve conoscere gli strumenti finanziari offerti o raccomandati, valutarne la compatibilità con le esigenze della clientela cui fornisce servizi di investimento tenendo conto del mercato di riferimento di clienti finali di cui al comma 2-bis, e fare in modo che gli strumenti finanziari siano offerti o raccomandati solo quando ciò sia nell'interesse del cliente (5).

(1) Comma modificato dall'art. 14, co. 1, lett. a), l. 28/12/2005, n. 262 e, successivamente, sostituito dall'art. 4 del d.lg. 17/9/2007, n. 164, con la decorrenza indicata nell'art. 19 dello stesso decreto.

(2) Comma inserito dall'art. 4, co. 2, lett. b), d.lg. 17/9/2007, n. 164, con la decorrenza indicata nell'art. 19 dello stesso decreto e successivamente sostituito dall'art. 2, co. 17, lett. a), d.lg. 3/8/2017, n. 129. Per l'applicazione, vedi l'art. 10, co. 2, d.lg. n. 129/2017 medesimo.

(3) Comma inserito dall'art. 2, co. 17, lett. b), d.lg. 3/8/2017, n. 129. Per l'applicazione, vedi l'art. 10, co. 2, d.lg. n. 129/2017 medesimo.

(4) Comma sostituito dall'art. 2, co. 17, lett. c), d.lg. 3/8/2017, n. 129. Per l'applicazione, vedi l'art. 10, co. 2, d.lg. n. 129/2017 medesimo.

(5) Comma aggiunto dall'art. 2, co. 17, lett. d), d.lg. 3/8/2017, n. 129. Per l'applicazione, vedi l'art. 10, co. 2, d.lg. n. 129/2017 medesimo.

22. Separazione patrimoniale. – 1. Nella prestazione dei servizi di investimento e accessori, gli strumenti finanziari e le somme di denaro dei singoli clienti, a qualunque titolo detenuti dalla Sim, dall'impresa di investimento UE, dall'impresa di paesi terzi diversa dalla banca, dalla Sgr, dalla società di gestione UE, dai GEFIA UE o dagli intermediari finanziari iscritti nell'albo previsto dall'articolo 106 del T.U. bancario, nonché gli strumenti finanziari dei singoli clienti a qualsiasi titolo detenuti dalla banca, costituiscono patrimonio distinto a tutti gli effetti da quello dell'intermediario e da quello degli altri clienti. Su tale patrimonio non sono ammesse azioni dei creditori dell'intermediario o nell'interesse degli stessi, né quelle dei creditori dell'eventuale depositario o subdepositario o nell'interesse degli stessi. Le azioni dei creditori dei singoli clienti sono ammesse nei limiti del patrimonio di proprietà di questi ultimi (1).

2. Per i conti relativi a strumenti finanziari e a somme di denaro depositati presso terzi non operano le compensazioni legale e giudiziale e non può essere pattuita la compensazione convenzionale rispetto ai crediti vantati dal depositario o dal sub-depositario nei confronti dell'intermediario o del depositario.

3. Salvo consenso scritto dei clienti, la Sim, l'impresa di investimento UE, l'impresa di paesi terzi diversa dalla banca, la Sgr, la società di gestione UE, il GEFIA UE, l'intermediario finanziario iscritto nell'albo previsto dall'articolo 106 del T.U. bancario e la banca non possono utilizzare, nell'interesse proprio o di terzi, gli strumenti finanziari di pertinenza dei clienti, da essi detenuti a qualsiasi titolo. La Sim, l'impresa di investimento UE, l'impresa di paesi terzi diversa dalla banca, l'intermediario finanziario iscritto nell'albo previsto dall'articolo 106 del T.U. bancario, la Sgr, la società di gestione UE e il GEFIA UE non possono utilizzare, nell'interesse proprio o di terzi, le disponibilità liquide degli investitori, da esse detenute a qualsiasi titolo (2).

(1) Comma sostituito dall'art. 6 del d.lg. 1/8/2003, n. 274. Vedi l'art. 25 del medesimo d.lg. n. 274/2003. Successivamente il presente comma è stato modificato dall'art. 3, co. 1, lett. a), d.lg. 4/3/2014, n. 44 e da ultimo dall'art. 2, co. 18, lett. a), d.lg. 3/8/2017, n. 129. Per l'applicazione, vedi l'art. 10, co. 2, d.lg. n. 129/2017 medesimo.

(2) Comma sostituito dall'art. 6 del d.lg. 1/8/2003, n. 274. Vedi l'art. 25 del medesimo d.lg. n. 274/2003. Successivamente il presente comma è stato modificato dall'art. 3, co. 1, lett. b), d.lg. 4/3/2014, n. 44 e da ultimo dall'art. 2, co. 18, lett. b), d.lg. 3/8/2017, n. 129. Per l'applicazione, vedi l'art. 10, co. 2, d.lg. n. 129/2017 medesimo.

23. Contratti. – 1. I contratti relativi alla prestazione dei servizi di investimento, e, se previsto, i contratti relativi alla prestazione dei servizi accessori, sono redatti per iscritto, in conformità a quanto previsto dagli atti delegati della direttiva 2014/65/UE, e un esemplare è consegnato ai clienti. La Consob, sentita la Banca d'Italia, può prevedere con regolamento che, per motivate ragioni o in relazione alla natura professionale dei contraenti, particolari tipi di contratto possano o debbano essere stipulati in altra forma, assicurando nei confronti dei clienti al dettaglio appropriato livello di garanzia. Nei casi di inosservanza della forma prescritta, il contratto è nullo (1).

2. È nulla ogni pattuizione di rinvio agli usi per la determinazione del corrispettivo dovuto dal cliente e di ogni altro onere a suo carico. In tali casi nulla è dovuto.

3. Nei casi previsti dai commi 1 e 2 la nullità può essere fatta valere solo dal cliente.

4. Le disposizioni del titolo VI, del T.U. bancario non si applicano:

a) ai servizi e attività di investimento;

b) al collocamento di prodotti finanziari;

c) alle operazioni e ai servizi che siano componenti di prodotti finanziari assoggettati alla disciplina degli articoli 25-bis e 25-ter ovvero della parte IV, titolo II, capo I. In ogni caso, alle operazioni di credito nonché ai servizi e conti di pagamento disciplinati dai capi I-bis, II, II-bis e II-ter del T.U. bancario si applicano le pertinenti disposizioni del titolo VI del T.U. bancario (2).

4-bis. Nella prestazione dei servizi e delle attività di investimento e dei servizi accessori non vengono conclusi contratti di garanzia finanziaria con trasferimento del titolo di proprietà con clienti al dettaglio al fine di assicurare o coprire obbligazioni presenti o future, effettive o condizionate o potenziali dei clienti. Sono nulli i contratti conclusi in violazione della presente disposizione. La Consob disciplina le modalità di svolgimento dell'attività di cui al presente comma in caso di clienti professionali e di controparti qualificate (3).

5. Nell'ambito della prestazione dei servizi e attività di investimento, agli strumenti finanziari derivati nonché a quelli analoghi individuati ai sensi dell'articolo 18, comma 5, lettera a), non si applica l'articolo 1933 del codice civile (4).

6. Nei giudizi di risarcimento dei danni cagionati al cliente nello svolgimento dei servizi di investimento e di quelli accessori, spetta ai soggetti abilitati l'onere della prova di aver agito con la specifica diligenza richiesta.

(1) Comma modificato dall'art. 4, co. 3, lett. a) e b), d.lg. 17/9/2007, n. 164, con la decorrenza indicata nell'art. 19 dello stesso decreto. Per l'attuazione del presente comma vedi delibe-

razione Consob 29/10/2007, n. 16190. Successivamente sostituito dall'art. 2, co. 19, lett. a), d.lg. 3/8/2017, n. 129. Per l'applicazione, vedi l'art. 10, co. 2, d.lg. n. 129/2017 medesimo.

(2) Comma modificato dall'art. 3, co. 3, d.lg. 29/12/2006, n. 303 e dall'art. 4, co. 3, lett. c) e d), d.lg. 17/9/2007, n. 164, con la decorrenza indicata nell'art. 19 dello stesso decreto. Successivamente sostituito dall'art. 2, co. 19, lett. b), d.lg. 3/8/2017, n. 129. Per l'applicazione, vedi l'art. 10, co. 2, d.lg. n. 129/2017 medesimo.

(3) Comma inserito dall'art. 2, co. 19, lett. c), d.lg. 3/8/2017, n. 129. Per l'applicazione, vedi l'art. 10, co. 2, d.lg. n. 129/2017 medesimo.

(4) Comma modificato dall'art. 4, co. 3, lett. e), d.lg. 17/9/2007, n. 164, con la decorrenza indicata nell'art. 19 dello stesso decreto.

24. Gestione di portafogli [di investimento] (1). – 1. Al servizio di gestione di portafogli si applicano le seguenti regole:

a) il cliente può impartire istruzioni vincolanti in ordine alle operazioni da compiere;

b) il cliente può recedere in ogni momento dal contratto, fermo restando il diritto di recesso del prestatore del servizio ai sensi dell'articolo 1727 del codice civile;

c) la rappresentanza per l'esercizio dei diritti di voto inerenti agli strumenti finanziari in gestione può essere conferita al prestatore del servizio con procura da rilasciarsi per iscritto e per singola assemblea nel rispetto dei limiti e con le modalità stabiliti con regolamento dal Ministro dell'economia e delle finanze, sentite la Banca d'Italia e la Consob (2).

1-bis. Nella prestazione del servizio di gestione di portafogli non devono essere accettati e trattenuti onorari, commissioni o altri benefici monetari o non monetari pagati o forniti da terzi o da una persona che agisce per conto di terzi, ad eccezione dei benefici non monetari di entità minima che possono migliorare la qualità del servizio offerto ai clienti e che, per la loro portata e natura, non possono essere considerati tali da pregiudicare il rispetto del dovere di agire nel migliore interesse dei clienti. Tali benefici non monetari di entità minima devono essere chiaramente comunicati ai clienti (3).

2. Sono nulli i patti contrari alle disposizioni del presente articolo; la nullità può essere fatta valere solo dal cliente.

(1) Rubrica modificata dall'art. 4, co. 4, lett. a), d.lg. 17/9/2007, n. 164, con la decorrenza indicata nell'art. 19 dello stesso decreto.

(2) Comma sostituito dall'art. 4, co. 4, lett. b), d.lg. 17/9/2007, n. 164, con la decorrenza indicata nell'art. 19 dello stesso decreto. Successivamente modificato dall'art. 2, co. 20, d.lg. 3/8/2017, n. 129. Per l'applicazione, vedi l'art. 10, co. 2, d.lg. n. 129/2017 medesimo.

• Il regolamento di cui alla presente lettera è stato emanato con d.m. 11/11/1998, n. 470.

(3) Comma inserito dall'art. 2, co. 20, d.lg. 3/8/2017, n. 129. Per l'applicazione, vedi l'art. 10, co. 2, d.lg. n. 129/2017 medesimo.

24 bis. Consulenza in materia di investimenti (1). – 1. In caso di esercizio della consulenza in materia di investimenti, il cliente è informato, in tempo utile prima della prestazione del servizio, anche di quanto segue:

a) se la consulenza è fornita su base indipendente o meno;

b) se la consulenza è basata su un'analisi del mercato ampia o più ristretta delle varie tipologie di strumenti finanziari, e in particolare se la gamma è limitata agli strumenti finanziari emessi o forniti da entità che hanno con il prestatore del servizio stretti legami o altro stretto rapporto legale o economico, come un rapporto contrattuale talmente stretto da comportare il rischio di compromettere l'indipendenza della consulenza prestata;

c) se verrà fornita ai clienti la valutazione periodica dell'adeguatezza degli strumenti finanziari raccomandati.

2. Nella prestazione del servizio di consulenza in materia di investimenti su base indipendente, si applicano le seguenti regole:

a) è valutata una congrua gamma di strumenti finanziari disponibili sul mercato, che siano sufficientemente diversificati in termini di tipologia ed emittenti o fornitori di prodotti in modo da garantire che gli obiettivi di investimento del cliente siano opportunamente soddisfatti e non siano limitati agli strumenti finanziari emessi o forniti:

i) dal prestatore del servizio o da entità che hanno con esso stretti legami, o

ii) da altre entità che hanno con il prestatore del servizio stretti legami o rapporti legali o economici, come un rapporto contrattuale talmente stretto da comportare il rischio di compromettere l'indipendenza della consulenza prestata;

b) non sono accettati e trattenuti onorari, commissioni o altri benefici monetari o non monetari pagati o forniti da terzi o da una persona che agisce per conto di terzi, ad eccezione dei benefici non monetari di entità minima che possono migliorare la qualità del servizio offerto ai clienti e che, per la loro portata e natura, non possono essere considerati tali da pregiudicare il rispetto del dovere di agire nel migliore interesse dei clienti. Tali benefici non monetari di entità minima sono chiaramente comunicati ai clienti.

(1) Articolo inserito dall'art. 2, co. 21, d.lg. 3/8/2017, n. 129. Per l'applicazione, vedi l'art. 10, co. 2, d.lg. n. 129/2017 medesimo.

25. Attività di negoziazione nei mercati regolamentati, nei sistemi multilaterali di negoziazione e nei sistemi organizzati di negoziazione (1). – 1. Le Sim e le banche italiane autorizzate all'esercizio dei servizi e attività di negoziazione per conto proprio o di esecuzione di ordini per conto dei clienti possono operare nelle sedi di negoziazione italiane o di un altro Stato membro dell'Unione europea e nei mercati extra-UE riconosciuti dalla Consob ai sensi dell'articolo 70.

(1) Articolo modificato dall'art. 10, co. 3, l. 6/2/2007, n. 13 (Legge comunitaria 2006) e, successivamente, sostituito dall'art. 4, co. 5, d.lg. 17/9/2007, n. 164, con la decorrenza indicata nell'art. 19 dello stesso decreto e da ultimo sostituito dall'art. 2, co. 22, d.lg. 3/8/2017, n. 129. Per l'applicazione, vedi l'art. 10, co. 2, d.lg. n. 129/2017 medesimo.

25 bis. Depositi strutturati e prodotti finanziari, diversi dagli strumenti finanziari, emessi da banche) (1). – 1. Gli articoli 21, 23 e 24-bis si applicano all'offerta e alla consulenza aventi ad oggetto depositi strutturati e prodotti finanziari, diversi dagli strumenti finanziari, emessi da banche. Rimane fermo quanto stabilito ai sensi dell'articolo 3 del decreto legislativo 15 febbraio 2016, n. 30.

In relazione ai prodotti di cui al comma 1 e nel perseguimento delle finalità di cui all'articolo 5, comma 3, la Consob esercita sui soggetti abilitati e sulle banche non autorizzate all'esercizio dei servizi o delle attività di investimento, ferme restando le attribuzioni delle autorità competenti degli Stati membri di origine, i poteri di cui all'articolo 6, commi 2, 2-bis e 2-quater; all'articolo 6-bis, commi 4, 5, 6, 7, 8, 9 e 10; all'articolo 6-ter, commi 1, 2, 3 e 4; all'articolo 7, ad eccezione dei commi 2, 2-bis e 3; all'articolo 7-bis, fermi restando i poteri della Banca d'Italia previsti dal medesimo articolo. I poteri previsti dall'articolo 6, comma 2, lettera b), numero 2, non si applicano ai depositi strutturati (2).

(1) Articolo dapprima inserito dall'art. 11 della l. 28/12/2005, n. 262 e poi modificato dall'art. 3 del d.lg. 29/12/2006, n. 303, dall'art. 4 del d.lg. 17/9/2007, n. 164, dall'art. 40 del d.lg. 27/1/2010, n. 39 e dall'art. 4 del d.lg. 12/5/2015, n. 72 nei termini indicati nelle successive note.

• Articolo modificato dall'art. 3, co. 4, d.lg. 29/12/2006, n. 303, dall'art. 4, co. 6, d.lg. 17/9/2007, n. 164, dall'art. 40, co. 4, lett. b), d.lg. 27/1/2010, n. 39, dall'art. 4, co. 22, d.lg. 12/5/2015, n. 72 e da ultimo sostituito dall'art. 2, co. 23, d.lg. 3/8/2017, n. 129. Per l'applicazione, vedi l'art. 10, co. 2, d.lg. n. 129/2017 medesimo.

(2) Comma così sostituito dall'art. 2 del d.lg. 25/11/2019, n. 165.

25 ter. Prodotti di investimento assicurativo (1). – 1. La distribuzione dei prodotti d'investimento assicurativi è disciplinata dalle disposizioni di cui al Titolo IX del decreto legislativo 7 settembre 2005, n. 209, e dalla normativa europea direttamente applicabile (2).

2. In relazione ai prodotti di cui al comma 1 e nel perseguimento delle finalità di cui all'articolo 5, comma 3, la Consob esercita sui soggetti abilitati e sulle imprese di assicurazione i poteri di cui all'articolo 6, comma 2; all'articolo 6-bis, commi 4, 5, 6, 7, 8, 9 e 10; all'articolo 6-ter, commi 1, 2, 3 e 4; all'articolo 7, commi 1, 1-bis, 1-ter e 3-bis.

2-bis. Con riferimento ai prodotti di investimento assicurativo, il potere di cui all'articolo 6, comma 2, è esercitato dalla CONSOB, sentita l'IVASS, in modo da garantire uniformità alla disciplina applicabile alla vendita dei prodotti d'investimento assicurativo a prescindere dal canale distributivo e la coerenza e l'efficacia complessiva del sistema di vigilanza sui prodotti di investimento assicurativi, nonché il rispetto della normativa europea direttamente applicabile (3).

2-ter. La Consob e l'IVASS si accordano sulle modalità di esercizio dei poteri di vigilanza, secondo le rispettive competenze, in modo da ridurre gli oneri a carico dei soggetti vigilati (3).

2-quater. L'Organismo di vigilanza e tenuta dell'albo unico dei consulenti finanziari esercita i poteri di cui all'articolo 31, comma 4, nei confronti dei consulenti finanziari abilitati all'offerta fuori sede, iscritti nella sezione e) del registro unico degli intermediari assicurativi previsto dall'articolo 109 del decreto legislativo 7 settembre 2005, n. 209, che distribuiscono prodotti di investimento assicurativi per conto dei soggetti abilitati alla distribuzione assicurativa (4).

2-quinquies. L'IVASS, l'Organismo per la registrazione degli intermediari di cui all'articolo 108-bis del decreto legislativo 7 settembre 2005, n. 209 e l'Organismo di vigilanza e tenuta dell'albo unico dei consulenti finanziari collaborano tra loro, anche mediante scambio di informazioni, al fine di agevolare lo svolgimento delle rispettive funzioni (4).

*3. Il collegio sindacale, il consiglio di sorveglianza o il comitato per il controllo sulla gestione delle imprese di assicurazione informa senza indugio la Consob di tutti gli atti o i fatti, di cui venga a conoscenza nell'esercizio dei propri compiti, che possano costituire una violazione delle norme di cui al presente capo ovvero delle disposizioni generali o particolari emanate dalla Consob ai sensi del comma 2. 4. I soggetti incaricati della revisione legale dei conti delle imprese di assicurazione comunicano senza indugio alla Consob gli atti o i fatti, rilevati nello svolgimento dell'incarico, che possano costituire una grave violazione delle norme di cui al presente capo ovvero delle disposizioni generali o particolari emanate dalla Consob ai sensi del comma 2. 5. I commi 3 e 4 si applicano anche all'organo che svolge funzioni di controllo e ai soggetti incaricati della revisione legale dei conti presso le società che controllano l'impresa di assicurazione o che sono da queste controllate ai sensi dell'articolo 2359 del codice civile. 6. L'IVASS e la Consob si comunicano reciprocamente le ispezioni da ciascuna disposte sulle imprese di assicurazione. Ciascuna autorità può chiedere all'altra di svolgere accertamenti su aspetti di propria competenza**.

(1) Articolo inserito dall'art. 2, co. 24, d.lg. 3/8/2017, n. 129. Per l'applicazione, vedi l'art. 10, co. 2, d.lg. n. 129/2017 medesimo.

• Rubrica sostituita dall'art. 2, co. 6, lett. a), d.lg. 21/5/2018, n. 68, con applicazione a decorrere dal 1/10/2018.

(2) Comma sostituito dall'art. 2, co. 6, lett. b), d.lg. 21/5/2018, n. 68, con applicazione a decorrere dal 1/10/2018.

(3) Comma inserito dall'art. 2, co. 6, lett. c), d.lg. 21/5/2018, n. 68, con applicazione a decorrere dal 1/10/2018.

(4) Comma inserito dall'art. 2 del d.lg. 25/11/2019, n. 165.

* Commi abrogati dall'art. 2, co. 6, lett. d), d.lg. 21/5/2018, n. 68, con applicazione a decorrere dal 1/10/2018.

Capo III
Operatività transfrontaliera

26. Succursali e libera prestazione di servizi di SIM (1). – 1. Le Sim, previa comunicazione alla Consob e in conformità a quanto previsto dal comma 4, possono prestare servizi e attività di investimento, con o senza servizi accessori, in altri Stati dell'Unione europea, nell'esercizio del diritto di stabilimento, mediante succursali o agenti collegati stabiliti nel territorio dello Stato membro ospitante.

2. La Consob, sentita la Banca d'Italia, procede, in conformità a quanto previsto dal comma 4, a comunicare all'autorità competente dello Stato membro ospitante le informazioni oggetto della comunicazione di cui al comma 1, a meno di avere motivi di dubitare dell'adeguatezza della struttura organizzativa o della situazione finanziaria, economica o patrimoniale della Sim interessata.

3. Le Sim, previa comunicazione alla Consob e in conformità a quanto previsto dal comma 4, possono prestare servizi e attività di investimento, con o senza servizi accessori, in altri Stati dell'Unione europea in regime di libera prestazione di servizi, anche mediante l'impiego di agenti collegati stabiliti nel territorio della Repubblica. La Consob, sentita la Banca d'Italia, comunica all'autorità competente dello Stato membro ospitante l'impiego di agenti collegati in conformità a quanto previsto dal comma 4.

4. Le condizioni necessarie e le procedure che devono essere rispettate perché le Sim possano prestare negli altri Stati UE i servizi ammessi al mutuo riconoscimento mediante il diritto di stabilimento ovvero attraverso la libera prestazione di servizi sono disciplinate dalla Consob, in conformità alle relative norme tecniche di regolamentazione e di attuazione emanate dalla Commissione europea ai sensi della direttiva 2014/65/UE.

5. Le Sim possono prestare negli altri Stati dell'UE le attività non ammesse al mutuo riconoscimento, previa autorizzazione della Consob, sentita la Banca d'Italia.

6. Le Sim, possono operare in uno Stato non UE, anche senza stabilirvi succursali, previa autorizzazione della Consob, sentita la Banca d'Italia.

7. Costituiscono in ogni caso condizioni per il rilascio delle autorizzazioni di cui ai commi 5 e 6 l'esistenza di apposite intese di collaborazione con le competenti autorità dello Stato ospitante.

8. La Consob, sentita la Banca d'Italia, stabilisce con regolamento:

a) le procedure previste nel caso in cui non intenda procedere alla comunicazione di cui al comma 2, qualora vi siano motivi di dubitare dell'adeguatezza della struttura organizzativa o della situazione finanziaria, economica o patrimoniale della Sim interessata;

b) le condizioni e le procedure per il rilascio alle Sim dell'autorizzazione a prestare negli altri Stati dell'UE le attività non ammesse al mutuo riconoscimento e negli Stati non UE i propri servizi.

(1) Articolo sostituito dall'art. 2, co. 25, d.lg. 3/8/2017, n. 129. Per l'applicazione, vedi l'art. 10, co. 2, d.lg. n. 129/2017 medesimo.

27. Imprese di investimento dell'Unione europea (1). – 1. Le imprese di investimento dell'UE possono prestare servizi e attività di investimento, con o senza servizi accessori, nell'esercizio del diritto di stabilimento mediante succursali o agenti collegati stabiliti nel territorio della Repubblica. Il primo insediamento è preceduto da una comunicazione alla Consob da parte dell'autorità competente dello Stato di origine, in conformità a quanto previsto dalle relative norme tecniche di regolamentazione e di attuazione emanate dalla Commissione europea ai sensi della direttiva 2014/65/UE. La succursale o l'agente collegato iniziano l'attività dal momento in cui ricevono apposita comunicazione dalla Consob ovvero, in caso di silenzio, decorsi due mesi dalla comunicazione alla Consob da parte dell'autorità dello Stato membro di origine.

2. Le imprese di investimento dell'UE possono prestare servizi e attività di investimento, con o senza servizi accessori, nel territorio della Repubblica in regime di libera prestazione di servizi, anche avvalendosi di agenti collegati stabiliti nello Stato membro d'origine, i quali non possono detenere denaro e/o strumenti finanziari dei clienti o potenziali clienti del soggetto per cui operano, a condizione che la Consob sia stata informata dall'autorità competente dello Stato d'origine, in conformità a quanto previsto dalle relative norme tecniche di regolamentazione e di attuazione indicate nel comma 1.

3. La Consob, sentita la Banca d'Italia, disciplina con regolamento le procedure relative alle eventuali richieste di modifica da parte della Consob delle disposizioni riguardanti le succursali da stabilire nel territorio della Repubblica.

4. La Consob, sentita la Banca d'Italia, disciplina con regolamento l'autorizzazione all'esercizio di attività non ammesse al mutuo riconoscimento comunque effettuato da parte delle imprese di investimento dell'UE nel territorio della Repubblica. Articolo modificato dall'articolo 5, comma 1, lettera a), del D.Lgs. 17 settembre 2007, n. 164, con la decorrenza indicata nell'articolo 19 dello stesso decreto e successivamente sostituito dall'articolo 2, comma 25, del D.Lgs. 3 agosto 2017, n. 129. Per l'applicazione, vedi l'articolo 10, comma 2, del D.Lgs. 129/2017 medesimo.

(1) Articolo modificato dall'art. 5, co. 1, lett. a), d.lg. 17/9/2007, n. 164, con la decorrenza indicata nell'art. 19 dello stesso decreto e successivamente sostituito dall'art. 2, co. 25, d.lg. 3/8/2017, n. 129. Per l'applicazione, vedi l'art. 10, co. 2, d.lg. n. 129/2017 medesimo.

28. Imprese di paesi terzi diverse dalle banche (1). – 1. Lo stabilimento in Italia di succursali da parte di imprese di paesi terzi diverse dalle banche è autorizzato dalla Consob, sentita la Banca d'Italia. L'autorizzazione è subordinata:

a) alla sussistenza, in capo alla succursale, di requisiti corrispondenti a quelli previsti dall'articolo 19, comma 1, lettere d) ed f);

b) alla trasmissione di tutte le informazioni, compresi un programma di attività, che illustri in particolare i tipi di operazioni previste e la struttura organizzativa della succursale, specificate ai sensi del comma 4;

c) all'autorizzazione, alla vigilanza e all'effettivo svolgimento nello Stato d'origine dei servizi o attività di investimento e dei servizi accessori che l'impresa istante intende prestare in Italia, nonché alla circostanza che l'autorità competente dello Stato d'origine presti debita attenzione alle raccomandazioni del GAFI nel contesto delle azioni contro il riciclaggio di denaro e del contrasto al finanziamento del terrorismo;

d) all'esistenza di accordi di collaborazione tra la Banca d'Italia, la Consob e le competenti autorità dello Stato d'origine, comprendenti disposizioni disciplinanti lo scambio di informazioni, allo scopo di preservare l'integrità del mercato e garantire la protezione degli investitori;

e) all'esistenza di un accordo tra l'Italia e lo Stato d'origine che rispetta pienamente le norme di cui all'articolo 26 del Modello di Convenzione fiscale sul reddito e il patrimonio dell'OCSE e assicura un efficace scambio di informazioni in materia fiscale, compresi eventuali accordi fiscali multilaterali;

f) all'adesione da parte dell'impresa istante ad un sistema di indennizzo a tutela degli investitori riconosciuto ai sensi dell'articolo 60, comma 2.

2. L'autorizzazione di cui al comma 1 è negata se non risulta garantita la capacità della succursale dell'impresa di paesi terzi diversa dalla banca di rispettare gli obblighi alla stessa applicabili ai sensi del presente decreto o contenuti in atti dell'Unione europea direttamente applicabili.

3. Le imprese di paesi terzi diverse dalle banche possono prestare servizi e attività di investimento, con o senza servizi accessori, a clienti al dettaglio o a clienti professionali su richiesta come individuati ai sensi dell'articolo 6, comma 2-quinquies, lettera b), e comma 2-sexies, lettera b), del presente decreto esclusivamente mediante stabilimento di succursali nel territorio della Repubblica, in conformità al comma 1.

4. La Consob, sentita la Banca d'Italia, può disciplinare le condizioni per il rilascio dell'autorizzazione allo svolgimento dei servizi e delle attività di cui ai commi 1 e 6.

5. Alla prestazione in Italia di servizi e attività di investimento, con o senza servizi accessori, in regime di libera prestazione di servizi, nei confronti di controparti qualificate o di clienti professionali come individuati ai sensi dell'articolo 6, comma 2-quinquies, lettera a), e comma 2-sexies, lettera a), del presente decreto, da parte di imprese di paesi terzi diverse dalle banche, si applica il Titolo VIII del regolamento (UE) n. 600/2014.

6. Le imprese di paesi terzi diverse dalle banche possono prestare servizi e attività di investimento, con o senza servizi accessori, a controparti qualificate o a clienti professionali come individuati ai sensi dell'articolo 6, comma 2-quinquies, lettera a), e comma 2-sexies, lettera a), del presente decreto, anche senza stabilimento di succursali nel territorio della Repubblica, in mancanza di una decisione della Commissione europea a norma dell'articolo 47, paragrafo 1, del regolamento (UE) n. 600/2014 oppure ove tale decisione non sia più vigente, sempreché ricorrano le condizioni previste dal comma 1, lettere b), c), d) ed e), e venga presentato un programma concernente l'attività che si intende svolgere nel territorio della Repubblica. L'autorizzazione è rilasciata dalla Consob, sentita la Banca d'Italia.

7. La Consob, sentita la Banca d'Italia, può indicare, in via generale, i servizi e le attività che, ai sensi del comma 6, le imprese di paesi terzi diverse dalle banche non possono prestare nel territorio della Repubblica senza stabilimento di succursali.

(1) Articolo modificato dall'art. 5, co. 2, lett. a), d.lg. 17/9/2007, n. 164, con la decorrenza indicata nell'art. 19 dello stesso decreto e successivamente sostituito dall'art. 2, co. 25, d.lg. 3/8/2017, n. 129. Per l'applicazione, vedi l'art. 10, co. 2, d.lg. n. 129/2017 medesimo.

29. Banche italiane (1). – 1. Le banche italiane possono prestare servizi o attività di investimento, con o senza servizi accessori, in altri Stati dell'Unione europea, nell'esercizio del diritto di stabilimento, mediante succursali o agenti collegati stabiliti nel territorio dello Stato membro ospitante. Lo stabilimento di succursali è disciplinato dall'articolo 15 del T.U. bancario. La Banca d'Italia può vietare, sentita la Consob, l'impiego di agenti collegati per motivi attinenti all'adeguatezza delle strutture organizzative o della situazione finanziaria, economica o patrimoniale della banca. La Banca d'Italia, sentita la Consob, comunica l'impiego di agenti collegati all'autorità competente dello Stato membro ospitante in conformità a quanto previsto dalle disposizioni del comma 4.

2. Le banche italiane possono prestare servizi e attività di investimento, con o senza servizi accessori, in altri Stati dell'Unione europea, in regime di libera prestazione di servizi, anche mediante l'impiego di agenti collegati stabiliti nel territorio della Repubblica, secondo quanto previsto dalle disposizioni di cui al comma 4.

3. Alla prestazione di servizi e attività di investimento, con o senza servizi accessori, da parte di banche italiane in Stati non UE si applicano gli articoli 15 e 16 del T.U. bancario.

4. La Banca d'Italia disciplina le modalità e le procedure

per la prestazione dei servizi di investimento ai sensi dei commi 1, 2 e 3, in conformità con le disposizioni previste dal Meccanismo di Vigilanza Unico istituito ai sensi del regolamento (UE) n. 1024/2013.

(1) Articolo modificato dall'art. 5, co. 3, d.lg. 17/9/2007, n. 164, con la decorrenza indicata nell'art. 19 dello stesso decreto e successivamente sostituito dall'art. 2, co. 25, d.lg. 3/8/2017, n. 129. Per l'applicazione, vedi l'art. 10, co. 2, d.lg. n. 129/2017 medesimo.

Capo IV
Disciplina dell'offerta fuori sede e della vigilanza sui consulenti finanziari (1)

(1) Rubrica sostituita dall'art. 2, co. 27, d.lg. 3/8/2017, n. 129. Per l'applicazione, vedi l'art. 10, co. 2, d.lg. n. 129/2017 medesimo.

30. Offerta fuori sede. – 1. Per offerta fuori sede si intendono la promozione e il collocamento presso il pubblico:

a) di strumenti finanziari in luogo diverso dalla sede legale o dalle dipendenze dell'emittente, del proponente l'investimento o del soggetto incaricato della promozione o del collocamento;

b) di servizi e attività di investimento in luogo diverso dalla sede legale o dalle dipendenze di chi presta, promuove o colloca il servizio o l'attività (1).

2. Non costituisce offerta fuori sede:

a) l'offerta effettuata nei confronti di clienti professionali, come individuati ai sensi dell'articolo 6, commi 2-quinquies e 2-sexies;

b) l'offerta di propri strumenti finanziari rivolta ai componenti del consiglio di amministrazione ovvero del consiglio di gestione, ai dipendenti, nonché ai collaboratori non subordinati dell'emittente, della controllante ovvero delle sue controllate, effettuata presso le rispettive sedi o dipendenze (2).

3. L'offerta fuori sede di strumenti finanziari può essere effettuata:

a) dai soggetti autorizzati allo svolgimento dei servizi previsti dall'articolo 1, comma 5, lettere c) e c-bis) (3);

b) dalle Sgr, dalle società di gestione UE, dalle Sicav, dalle Sicaf, dai GEFIA UE e non UE, limitatamente alle quote o azioni di Oicr (4).

4. Le Sim, le imprese di investimento UE, le imprese di paesi terzi, le banche, gli intermediari finanziari iscritti nell'albo previsto dall'articolo 106 del Testo Unico bancario, le Sgr, le società di gestione UE, i GEFIA UE e non UE possono effettuare l'offerta fuori sede dei propri servizi e attività di investimento. Ove l'offerta abbia per oggetto servizi e attività prestati da altri intermediari, le Sim, le imprese di investimento UE, le imprese di paesi terzi e le banche devono essere autorizzate allo svolgimento dei servizi previsti dall'articolo 1, comma 5, lettere c) o c-bis) (5).

5. Le Sim, le imprese di investimento UE, le imprese di paesi terzi diverse dalle banche possono procedere all'offerta fuori sede di prodotti diversi dagli strumenti finanziari e dai servizi e attività d'investimento, le cui caratteristiche sono stabilite con regolamento dalla CONSOB, sentita la Banca d'Italia (6).

6. L'efficacia dei contratti di collocamento di strumenti finanziari o di gestione di portafogli individuali conclusi fuori sede [ovvero collocati a distanza ai sensi dell'articolo 32] è sospesa per la durata di sette giorni decorrenti dalla data di sottoscrizione da parte dell'investitore. Entro detto termine l'investitore può comunicare il proprio recesso senza spese né corrispettivo al consulente finanziario abilitato all'offerta fuori sede o al soggetto abilitato; tale facoltà è indicata nei moduli o formulari consegnati all'investitore. Ferma restando l'applicazione della disciplina di cui al primo e al secondo periodo ai servizi di investimento di cui all'articolo 1, comma 5, lettere c), c-bis) e d), per i contratti sottoscritti a decorrere dal 1° settembre 2013 la medesima disciplina si applica anche ai servizi di investimento di cui all'articolo 1, comma 5, lettera a). La medesima disciplina si applica alle proposte contrattuali effettuate fuori sede [ovvero a distanza ai sensi dell'articolo 32] (7).

7. L'omessa indicazione della facoltà di recesso nei moduli o formulari comporta la nullità dei relativi contratti, che può essere fatta valere solo dal cliente.

8. Il comma 6 non si applica alle offerte pubbliche di vendita o di sottoscrizione di azioni con diritto di voto o di altri strumenti finanziari che permettano di acquisire o sottoscrivere tali azioni, purché le azioni o gli strumenti finanziari siano negoziati in mercati regolamentati italiani o di paesi dell'Unione europea.

9. Il presente articolo si applica anche ai depositi strutturati e ai prodotti finanziari diversi dagli strumenti finanziari (8).

(1) Lettera sostituita dall'art. 6, co. 1, lett. a), d.lg. 17/9/2007, n. 164, con la decorrenza indicata nell'art. 19 dello stesso decreto.

(2) Comma sostituito dall'art. 6, co. 1, lett. b), d.lg. 17/9/2007, n. 164, con la decorrenza indicata nell'art. 19 dello stesso decreto e, successivamente, dall'art. 1, co. 1, d.lg. 11/10/2012, n. 184.

(3) Lettera sostituita dall'art. 6, co. 1, lett. c), d.lg. 17/9/2007, n. 164, con la decorrenza indicata nell'art. 19 dello stesso decreto.

(4) Lettera sostituita dall'art. 7 del d.lg. 1/8/2003, n. 274. Vedi l'art. 25 del medesimo d.lg. n. 274/2003. Successivamente la presente lettera è stata sostituita dall'art. 3, co. 2, lett. a), d.lg. 4/3/2014, n. 44.

(5) Comma sostituito dall'art. 7 del d.lg. 1/8/2003, n. 274. Vedi l'art. 25 del medesimo d.lg. n. 274/2003. Comma sostituito dall'art. 6, co. 1, lett. d), d.lg. 17/9/2007, n. 164, con la decorrenza indicata nell'art. 19 dello stesso decreto e successivamente dall'art. 3, co. 2, lett. b), d.lg. 4/3/2014, n. 44 e da ultimo dall'art. 2, co. 28, lett. a), d.lg. 3/8/2017, n. 129. Per l'applicazione, vedi l'art. 10, co. 2, d.lg. n. 129/2017 medesimo.

(6) Comma modificato dall'art. 6, co. 1, lett. e), d.lg. 17/9/2007, n. 164, con la decorrenza indicata nell'art. 19 dello stesso decreto. Per l'attuazione del presente comma vedi deliberazione Consob 29/10/2007, n. 16190. Successivamente modificato dall'art. 2, co. 28, lett. b), d.lg. 3/8/2017, n. 129. Per l'applicazione, vedi l'art. 10, co. 2, d.lg. n. 129/2017 medesimo.

(7) Comma modificato dall'art. 6, co. 1, lett. f) e g), d.lg. 17/9/2007, n. 164, con la decorrenza indicata nell'art. 19 dello stesso decreto e, successivamente dall'art. 56-quater, co. 1, d.l. 21/6/2013, n. 69, conv., con modif., dalla l. 9/8/2013, n. 98 e infine dall'art. 1, co. 39, l. 28/12/2015, n. 208 che ha sostituito le parole: "promotore finanziario" con le parole: "consulente finanziario abilitato all'offerta fuori sede".

(8) Comma già sostituito dall'art. 11, co. 2, l. 28/12/2005, n. 262, successivamente modificato dapprima dall'art. 3, co. 5, d.lg. 29/12/2006, n. 303, poi dall'art. 2 del d.lg. 3/8/2017, n. 129 che dopo le parole: "si applica anche" ha inserite le parole: "ai depositi strutturati e" e dopo le parole: "strumenti finanziari" ha inserito le parole: "emessi da banche", dall'art. 2 del d.lg. 21/5/2018, n. 68 che ha soppresso le parole: "e, limitatamente ai soggetti abilitati, ai prodotti finanziari emessi da imprese di assicurazione" e infine dall'art. 2 del d.lg. 25/11/2019, n. 165 che ha soppresso le parole: "emessi da banche".

30 bis. Modalità di prestazione del servizio di consulenza in materia di investimenti da parte dei consulenti finanziari autonomi e delle società di consulenza finanziaria (1). – 1. I consulenti finanziari autonomi, iscritti nell'albo di cui all'articolo 31, comma 4, possono promuovere e prestare il servizio di consulenza in materia di investimenti anche in luogo diverso dal domicilio eletto. Le società di consulenza finanziaria, iscritte nell'albo di cui all'articolo 31, comma 4, possono promuovere e prestare il servizio di consulenza in materia di investimenti anche in luogo diverso dalla sede legale mediante consulenti finanziari autonomi.

2. L'efficacia del contratto di consulenza concluso in luogo diverso dal domicilio eletto o dalla sede legale è sospesa per la durata di sette giorni decorrenti dalla data di sottoscrizione da parte del cliente al dettaglio. Entro detto termine il cliente può comunicare il proprio recesso senza spese, né corrispettivo al consulente finanziario autonomo o alla società di consulenza finanziaria; tale facoltà è indicata nei moduli o formulari consegnati al cliente al dettaglio.

3. L'omessa indicazione della facoltà di recesso nei moduli o formulari comporta la nullità dei relativi contratti, che può essere fatta valere solo dal cliente dal dettaglio.

(1) Articolo inserito dall'art. 2, co. 29, d.lg. 3/8/2017, n. 129. Per l'applicazione, vedi l'art. 10, co. 2, d.lg. n. 129/2017 medesimo.

31. Consulenti finanziari abilitati all'offerta fuori sede e Organismo di vigilanza e tenuta dell'albo unico dei consulenti finanziari (1). – 1. Per l'offerta fuori sede le Sim, le banche italiane, le imprese di investimento e le banche UE, le imprese di paesi terzi, le Sgr, le società di gestione UE, le Sicav, le Sicaf, i GEFIA UE e non UE, gli intermediari finanziari iscritti nell'albo previsto dall'articolo 106 del testo unico bancario si avvalgono di consulenti finanziari abilitati all'offerta fuori sede, fermo restando quanto previsto dagli articoli 27, comma 2, e 29-bis, comma 2. I consulenti finanziari abilitati all'offerta fuori sede stabiliti sul territorio della Repubblica di cui si avvalgono le imprese di investimento UE, le banche UE, le imprese di paesi terzi, le società di gestione UE, i GEFIA UE e non UE sono equiparati, ai fini dell'applicazione delle regole di condotta, a una succursale costituita nel territorio della Repubblica (2).

2. L'attività di consulente finanziario abilitato all'offerta fuori sede è svolta esclusivamente nell'interesse di un solo soggetto. Il consulente finanziario abilitato all'offerta fuori sede promuove e colloca i servizi d'investimento e/o i servizi accessori presso clienti o potenziali clienti, riceve e trasmette le istruzioni o gli ordini dei clienti riguardanti servizi d'investimento o prodotti finanziari, promuove e colloca prodotti finanziari, presta consulenza in materia di investimenti ai clienti o potenziali clienti rispetto a detti prodotti o servizi finanziari. Il consulente finanziario abilitato all'offerta fuori sede può promuovere e collocare contratti relativi alla concessione di finanziamenti o alla prestazione di servizi di pagamento per conto del soggetto nell'interesse del quale esercita l'attività di offerta fuori sede (3).

2-bis. I consulenti finanziari abilitati all'offerta fuori sede non possono detenere denaro e/o strumenti finanziari dei clienti o potenziali clienti del soggetto per cui operano (4).

3. Il soggetto che conferisce l'incarico è responsabile in solido dei danni arrecati a terzi dal consulente finanziario abilitato all'offerta fuori sede, anche se tali danni siano conseguenti a responsabilità accertata in sede penale (5).

3-bis. I soggetti di cui al comma 1 garantiscono che i consulenti finanziari abilitati all'offerta fuori sede comunichino immediatamente a qualsiasi cliente o potenziale cliente in che veste operano e quale soggetto rappresentano. I soggetti di cui al comma 1 adottano tutti i necessari controlli sulle attività esercitate dai consulenti finanziari abilitati all'offerta fuori sede in modo che essi stessi continuino a rispettare le disposizioni del presente decreto e delle relative norme di attuazione. I soggetti che si avvalgono di consulenti finanziari abilitati all'offerta fuori sede verificano che i medesimi possiedano le conoscenze e la competenza adeguate per essere in grado di prestare i servizi d'investimento o i servizi accessori e di comunicare accuratamente tutte le informazioni riguardanti i servizi proposti al cliente o potenziale cliente. I soggetti che nominano consulenti finanziari abilitati all'offerta fuori sede adottano misure adeguate per evitare qualsiasi eventuale impatto negativo delle attività di questi ultimi che non rientrano nell'ambito di applicazione della direttiva 2014/65/UE sulle attività esercitate dagli stessi per loro conto (6).

4. È istituito l'albo unico dei consulenti finanziari, nel quale sono iscritti in tre distinte sezioni i consulenti finanziari abilitati all'offerta fuori sede, i consulenti finanziari autonomi e le società di consulenza finanziaria. Alla tenuta dell'albo provvede l'Organismo di vigilanza e tenuta dell'albo unico dei consulenti finanziari che è costituito dalle associazioni professionali rappresentative dei consulenti finanziari abilitati all'offerta fuori sede, dei consulenti finanziari autonomi, delle società di consulenza finanziaria e dei soggetti abilitati. Alle riunioni dell'assemblea dell'Organismo può assistere un rappresentante della Consob. L'Organismo ha personalità giuridica ed è ordinato in forma di associazione, con autonomia organizzativa e statutaria, nel rispetto del principio di articolazione territoriale delle proprie strutture e attività. L'Organismo esercita i poteri cautelari di cui all'articolo 7-septies e i poteri sanzionatori di cui all'articolo 196. I provvedimenti dell'Organismo sono pubblicati sul proprio sito internet. Lo statuto e il regolamento interno dell'Organismo, e le loro successive modifiche, sono trasmessi al Ministero dell'economia e delle finanze per l'approvazione, sentita la Consob. Il Ministero dell'economia e delle finanze nomina il Presidente del collegio sindacale dell'Organismo. Nell'ambito della propria autonomia finanziaria l'Organismo determina e riscuote i contributi e le altre somme dovute dagli iscritti, dai richiedenti l'iscrizione e da coloro che intendono sostenere la prova valutativa di cui al comma 5, nella misura necessaria per garantire lo svolgimento delle proprie attività. Il provvedimento con cui l'Organismo ingiunge il pagamento dei contributi dovuti ha efficacia di titolo esecutivo. Decorso inutilmente il termine fissato per il pagamento, l'Organismo procede alla esazione delle somme dovute in base alle norme previste per la riscossione, mediante ruolo, delle entrate dello Stato, degli enti territoriali, degli enti pubblici e previdenziali. Esso provvede all'iscrizione all'albo, previa verifica dei necessari requisiti, alla cancellazione dall'albo nelle ipotesi stabilite dalla Consob con il regolamento di cui al comma 6, e svolge ogni altra attività necessaria per la tenuta dell'albo. L'Organismo opera nel rispetto dei principi e dei criteri stabiliti con regolamento della Consob, e sotto la vigilanza della medesima. All'Organismo, nell'esercizio dell'attività di vigilanza sui soggetti iscritti all'albo, si applica il regime di responsabilità previsto per l'esercizio delle funzioni di controllo da parte della Consob ai sensi dell'articolo 24, comma 6-bis, della legge 28 dicembre 2005, n. 262 (7).

5. Il Ministro dell'economia e delle finanze, con regolamento adottato sentita la CONSOB, determina i requisiti di onorabilità e di professionalità per l'iscrizione dei consulenti finanziari abilitati all'offerta fuori sede all'albo previsto dal comma 4. I requisiti di professionalità per l'iscrizione all'albo sono accertati sulla base di rigorosi criteri valutativi che tengano conto della pregressa esperienza professionale, validamente documentata, ovvero sulla base di prove valutative (8).

6. La CONSOB determina, con regolamento, i principi e i criteri relativi:

a) alla formazione dell'albo previsto dal comma 4 e alle relative forme di pubblicità;

b) ai requisiti di rappresentatività delle associazioni professionali dei consulenti finanziari abilitati all'offerta fuori sede, dei consulenti finanziari autonomi, delle società di consulenza finanziaria e dei soggetti abilitati;

c) all'iscrizione, alla cancellazione e alle cause di riammissione all'albo previsto dal comma 4;

d) alle cause di incompatibilità;

d-bis) all'attività di vigilanza svolta dall'Organismo;

e) ai provvedimenti cautelari e alle sanzioni disciplinati, rispettivamente, dagli articoli 7-septies e 196 e alle violazioni cui si applicano le sanzioni previste dallo stesso articolo 196, comma 1;

f) all'esame, da parte della stessa CONSOB, dei reclami contro le delibere dell'Organismo di cui al comma 4, relative ai provvedimenti indicati alla lettera c);

g) alle regole di presentazione e di comportamento che i consulenti finanziari abilitati all'offerta fuori sede, i consulenti finanziari autonomi e le società di consulenza finanziaria devono osservare nei rapporti con la clientela;

h) alle modalità di tenuta della documentazione concernente l'attività svolta dai consulenti finanziari abilitati all'offerta fuori sede, dai consulenti finanziari autonomi e dalle società di consulenza finanziaria;

i) all'attività dell'Organismo di cui al comma 4;

l) alle modalità di aggiornamento professionale dei consulenti finanziari abilitati all'offerta fuori sede, dei consulenti finanziari autonomi e dei soggetti che svolgono, per conto delle società di cui all'articolo 18-ter, attività di consulenza in materia di investimenti nei confronti della clientela (9).

6-bis. Per le società di consulenza finanziaria di cui all'articolo 18-ter, la Consob adotta le disposizioni attuative dell'articolo 4-undecies (10).

7. L'Organismo può chiedere ai consulenti finanziari abilitati all'offerta fuori sede o ai soggetti che si avvalgono dei medesimi, ai consulenti finanziari autonomi ed alle società di consulenza finanziaria la comunicazione di dati e notizie e la trasmissione di atti e documenti fissando i relativi termini. Esso può inoltre effettuare ispezioni e richiedere l'esibizione di documenti e il compimento degli atti ritenuti necessari nonché procedere ad audizione personale. Nell'esercizio dell'attività ispettiva, l'Organismo può avvalersi, previa comunicazione alla Consob, della Guardia di Finanza che agisce con i poteri ad essa attribuiti per l'accertamento dell'imposta sul valore aggiunto e delle imposte sui redditi, utilizzando strutture e personale esistenti in modo da non determinare oneri aggiuntivi. I contenuti e le modalità di collaborazione tra l'Organismo e la Guardia di finanza sono definite in apposito protocollo d'intesa (11).

(1) Rubrica così modificata dall'art. 1, co. 39, l. 28/12/2015, n. 208 che ha sostituito le parole: "promotori finanziari" con le parole: "consulenti finanziari abilitati all'offerta fuori sede" e successivamente sostituita dall'art. 2, co. 30, lett. a), d.lg. 3/8/2017, n. 129. Per l'applicazione, vedi l'art. 10, co. 2, d.lg. n. 129/2017 medesimo.

(2) Comma sostituito dapprima dall'art. 6 del d.lg. 17/9/2007, n. 164, successivamente dall'art. 3 del d.lg. 4/3/2014, n. 44, poi modificato dall'art. 1, co. 39, l. 28/12/2015, n. 208 che ha sostituito le parole: "promotori finanziari" con le parole: "consulenti finanziari abilitati all'offerta fuori sede", in seguito di nuovo sostituito dall'art. 2 del d.lg. 3/8/2017, n. 129 e dall'art. 2 del d.lg. 25/11/2019, n. 165.

(3) Comma dapprima sostituito dall'art. 6 del d.lg. 17/9/2007, n. 164, successivamente modificato dall'art. 1, co. 39, l. 28/12/2015, n. 208 che ha sostituito le parole: "promotore finanziario" con le parole: "consulente finanziario abilitato all'offerta fuori sede", in seguito di nuovo sostituito dall'art. 2 del d.lg. 3/8/2017, n. 129 e dall'art. 2 del d.lg. 25/11/2019, n. 165.

(4) Comma inserito dall'art. 2, co. 30, lett. c), d.lg. 3/8/2017, n. 129. Per l'applicazione, vedi l'art. 10, co. 2, d.lg. n. 129/2017 medesimo.

(5) Comma modificato dapprima dall'art. 1, co. 39, l. 28/12/2015, n. 208 che ha sostituito le parole: "promotore finanziario" con le parole: "consulente finanziario abilitato all'offerta fuori sede" e poi dall'art. 2 del d.lg. 25/11/2019, n. 165 che ha sostituito le parole: "soggetto abilitato" con le parole: "soggetto".

(6) Comma dapprima inserito dall'art. 2 del d.lg. 3/8/2017, n. 129 e poi così sostituito dall'art. 2 del d.lg. 25/11/2019, n. 165.

(7) Comma sostituito dall'art. 14, co. 1, l. 28/12/2005, n. 262. Per l'applicazione del presente comma vedi deliberazione Consob 28/6/2000, n. 12636. Successivamente, il presente comma è stato sostituito dall'art. 1, co. 2, d.lg. 17/7/2009, n. 101. Da ultimo, modificato dall'art. 1, co. 39, l. 28/12/2015, n. 208. A norma dell'art. 1, co. 37, l. 28/12/2015, n. 208 l'albo unico dei promotori finanziari di cui al presente comma assume la denominazione di "albo unico dei consulenti finanziari". Da ultimo il presente comma è stato sostituito dall'art. 2, co. 30, lett. e), d.lg. 3/8/2017, n. 129. Per l'applicazione, vedi l'art. 10, co. 2, d.lg. n. 129/2017 medesimo.

(8) Comma modificato dall'art. 14, co. 1, l. 28/12/2005, n. 262. Per il regolamento relativo all'individuazione dei requisiti di onorabilità e di professionalità per l'iscrizione all'Albo unico nazionale dei promotori finanziari vedi d.m. 11/11/1998, n. 472. Da ultimo, comma modificato dall'art. 1, co. 39, l. 28/12/2015, n. 208 e dall'art. 2, co. 30, lett. f), d.lg. 3/8/2017, n. 129. Per l'applicazione, vedi l'art. 10, co. 2, d.lg. n. 129/2017 medesimo.

(9) Comma sostituito dall'art. 14, co. 1, l. 28/12/2005, n. 262. Per l'attuazione del presente comma vedi Deliberazione Consob 29/10/2007, n. 16190. Da ultimo, modificato dall'art. 1, co. 39, l. 28/12/2015, n. 208 e dall'art. 2, co. 30, lett. g), d.lg. 3/8/2017, n. 129. Per l'applicazione, vedi l'art. 10, co. 2, d.lg. n. 129/2017 medesimo.

(10) Comma inserito dall'art. 2, co. 30, lett. h), d.lg. 3/8/2017, n. 129. Per l'applicazione, vedi l'art. 10, co. 2, d.lg. n. 129/2017 medesimo.

(11) Vedi disposizioni di cui art. 42, co. 2, l. 28/12/2005, n. 262. A norma dell'art. 1, co. 36, l. 28/12/2015, n. 208, i riferimenti all'organismo di tenuta dell'albo dei consulenti finanziari nonché alla Consob, contenuto nel presente comma, si intendono sostituiti da riferimenti all'organismo di cui al primo periodo del citato co. 36. Comma da ultimo modificato dall'art. 1, co. 39, l. 28/12/2015, n. 208.

• A norma dell'art. 1, co. 39, l. 28/12/2015, n. 208, i promotori finanziari di cui al presente articolo assumono la denominazione di "consulenti finanziari abilitati all'offerta fuori sede".

• Comma sostituito dall'art. 2, co. 30, lett. i), d.lg. 3/8/2017, n. 129. Per l'applicazione, vedi l'art. 10, co. 2, d.lg. n. 129/2017 medesimo.

31 bis. Vigilanza della Consob sull'Organismo (1). – 1. La Consob vigila sull'Organismo secondo modalità, dalla stessa stabilite, improntate a criteri di proporzionalità ed economicità dell'azione di controllo e con la finalità di verificare l'adeguatezza delle procedure interne adottate dall'Organismo per lo svolgimento dei compiti a questo affidati.

2. Per le finalità indicate al comma 1, la Consob può accedere al sistema informativo che gestisce l'albo, richiedere all'Organismo la comunicazione periodica di dati e notizie e la trasmissione di atti e documenti con le modalità e nei termini dalla stessa stabiliti, effettuare ispezioni, richiedere l'esibizione dei documenti e il compimento degli atti ritenuti necessari, nonché convocare i componenti dell'Organismo.

3. L'Organismo informa tempestivamente la Consob degli atti e degli eventi di maggior rilievo relativi all'esercizio delle proprie funzioni e trasmette, entro il 31 gennaio di ogni anno, una relazione dettagliata sull'attività svolta nell'anno precedente e sul piano delle attività predisposto per l'anno in corso.

4. La Consob, le altre autorità di cui all'articolo 4, comma 1 e l'Organismo collaborano tra loro, anche mediante scambio di informazioni, al fine di agevolare lo svolgimento delle rispettive funzioni (2).

5. Tutte le notizie, le informazioni e i dati in possesso dell'Organismo in ragione della sua attività di vigilanza sono coperti dal segreto d'ufficio. Sono fatti salvi i casi previsti dalla legge per le indagini relative a violazioni sanzionate penalmente.

L'Organismo non può opporre il segreto d'ufficio alla Banca d'Italia, all'IVASS, alla Covip e al Ministro dell'economia e delle finanze.

6. Il Ministero dell'economia e delle finanze, su proposta della Consob, può disporre con decreto lo scioglimento degli organi di gestione e di controllo dell'organismo di cui all'articolo 31 qualora risultino gravi irregolarità nell'amministrazione, ovvero gravi violazioni delle disposizioni legislative, amministrative o statutarie che regolano l'attività dello

stesso. Il Ministero dell'economia e delle finanze provvede agli adempimenti necessari alla ricostituzione degli organi di gestione e controllo dell'organismo, assicurandone la continuità operativa, se necessario anche attraverso la nomina di un commissario. La Consob può disporre la rimozione di uno o più componenti degli organi di gestione e controllo in caso di grave inosservanza dei doveri ad essi assegnati dalla legge, dallo statuto o dalle disposizioni di vigilanza, nonché dei provvedimenti specifici e di altre istruzioni impartite dalla Consob, ovvero in caso di comprovata inadeguatezza, accertata dalla Consob, all'esercizio delle funzioni cui sono preposti. Articolo inserito dall'articolo 2, comma 31, del D.Lgs. 3 agosto 2017, n. 129. Per l'applicazione, vedi l'articolo 10, comma 2, del D.Lgs. 129/2017 medesimo.

(1) Articolo inserito dall'art. 2, co. 31, d.lg. 3/8/2017, n. 129. Per l'applicazione, vedi l'art. 10, co. 2, d.lg. n. 129/2017 medesimo.

(2) Comma così modificato dall'art. 2 del d.lg. 25/11/2019, n. 165 che dopo le parole: "La Consob" ha inserito le parole: ", le altre autorità di cui all'art. 4, comma 1".

32. Promozione e collocamento a distanza di servizi e attività di investimento e di prodotti finanziari (1). – 1. Per tecniche di comunicazione a distanza si intendono le tecniche di contatto con la clientela, diverse dalla pubblicità, che non comportano la presenza fisica e simultanea del cliente e del soggetto offerente o di un suo incaricato.

2. La Consob, sentita la Banca d'Italia, può disciplinare con regolamento, in conformità dei principi stabiliti negli articoli 30 e 30-bis e nel decreto legislativo 19 agosto 2005, n. 190, la promozione e il collocamento mediante tecniche di comunicazione a distanza di servizi e attività di investimento e di prodotti finanziari (2).

(1) Rubrica così modificata dall'art. 2 del d.lg. 25/11/2019, n. 165. La precedente formulazione era: «Promozione e collocamento a distanza di servizi e attività di investimento e strumenti finanziari».

(2) Comma dapprima modificato dall'art. 3 del d.lg. 29/12/2006, n. 303, in seguito sostituito dall'art. 6 del d.lg. 17/9/2007, n. 164 e infine così modificato dall'art. 2 del d.lg. 25/11/2019, n. 165 che ha sostituito parole: "nell'articolo 30" con le parole: "negli articoli 30 e 30-bis". Il d.lg. 19/8/2005, n. 190 è stato abrogato dall'art. 21 del d.lg. 23/10/2007, n. 221 che ha inserito la disciplina relativa alla "commercializzazione a distanza di servizi finanziari ai consumatori" nel d.lg. 6/9/2005, n. 206.

Capo IV bis
Tutela degli investitori

32 bis. Tutela degli interessi collettivi degli investitori. – 1. Le associazioni dei consumatori inserite nell'elenco di cui all'articolo 137 del decreto legislativo 6 settembre 2005, n. 206, sono legittimate ad agire per la tutela degli interessi collettivi degli investitori, connessi alla prestazione di servizi e attività di investimento e di servizi accessori e di gestione collettiva del risparmio, nelle forme previste dagli articoli 139 e 140 del predetto decreto legislativo (1).

(1) Articolo inserito dall'art. 7 del d.lg. 17/9/2007, n. 164, con la decorrenza indicata nell'art. 19 dello stesso decreto.

32 ter. Risoluzione stragiudiziale di controversie. – 1. I soggetti nei cui confronti la Consob esercita la propria attività di vigilanza, da individuarsi con il regolamento di cui al comma 2, devono aderire a sistemi di risoluzione stragiudiziale delle controversie con gli investitori diversi dai clienti professionali di cui all'articolo 6, commi 2-quinquies e 2-sexies, del presente decreto. In caso di mancata adesione, alle società e agli enti si applicano le sanzioni di cui all'articolo 190, comma 1, e alle persone fisiche di cui all'articolo 18-bis si applicano le sanzioni di cui all'articolo 187-quinquiesdecies, comma 1-bis, del presente decreto.

2. La Consob determina, con proprio regolamento, nel rispetto dei principi, delle procedure e dei requisiti di cui alla parte V, titolo II-bis, del decreto legislativo 6 settembre 2005, n. 206, e successive modificazioni, i criteri di svolgimento delle procedure di risoluzione delle controversie di cui al comma 1 nonché i criteri di composizione dell'organo decidente, in modo che risulti assicurata l'imparzialità dello stesso e la rappresentatività dei soggetti interessati.

3. Alla copertura delle relative spese di funzionamento si provvede, senza nuovi o maggiori oneri per la finanza pubblica, con le risorse di cui all'articolo 40, comma 3, della legge 23 dicembre 1994, n. 724, e successive modificazioni, oltre che con gli importi posti a carico degli utenti delle procedure medesime (1).

(1) Articolo inserito dall'art. 7 del d.lg. 17/9/2007, n. 164, con la decorrenza indicata nell'art. 19 dello stesso decreto e successivamente sostituito dall'art. 2, co. 32, d.lg. 3/8/2017, n. 129. Per l'applicazione, vedi l'art. 10, co. 12, d.lg. n. 129/2017 medesimo.

32 ter.1. Fondo per la tutela stragiudiziale dei risparmiatori e degli investitori (1). – 1. I soggetti nei cui confronti la Consob esercita la propria attività di vigilanza, da individuarsi con il regolamento di cui al comma 2, nonché i consulenti finanziari autonomi e le società di consulenza finanziaria aderiscono a sistemi di risoluzione stragiudiziale delle controversie con gli investitori diversi dai clienti professionali di cui all'articolo 6, commi 2-quinquies e 2-sexies. In caso di mancata adesione, alle società e agli enti si applicano le sanzioni di cui all'articolo 190, comma 1, e alle persone fisiche di cui all'articolo 18-bis si applicano le sanzioni di cui all'articolo 187-quinquiesdecies, comma 1-bis. Le sanzioni previste dal presente comma sono applicate ai consulenti finanziari autonomi e alle società di consulenza finanziaria secondo il procedimento disciplinato dall'articolo 196, comma 2 (2).

2. Il Fondo è finanziato con il versamento della metà degli importi delle sanzioni amministrative pecuniarie riscosse per la violazione delle norme che disciplinano le attività di cui alla parte II del presente decreto, nonché, nel limite di 250.000 euro annui a decorrere dall'anno 2016, con le risorse iscritte in un apposito capitolo dello stato di previsione del Ministero dell'economia e delle finanze in relazione ai versamenti effettuati all'entrata del bilancio dello Stato per il pagamento della tassa sulle concessioni governative di cui al decreto del Presidente della Repubblica 26 ottobre 1972, n. 641, per l'iscrizione nell'albo di cui all'articolo 31, comma 4, del presente decreto. L'impiego delle somme affluite al Fondo, con riguardo a quelle relative alla violazione delle norme che disciplinano le attività di cui alla parte II del presente decreto, è condizionato all'accertamento, con sentenza passata in giudicato o con lodo arbitrale non più impugnabile, della violazione sanzionata. Nel caso di incapienza del Fondo resta fermo quanto previsto dal comma 3 dell'articolo 32-ter del presente decreto. La Consob adotta le occorrenti misure affinché gli importi delle sanzioni amministrative pecuniarie di cui al primo periodo affluiscano, nella misura spettante, contestualmente al versamento da parte del soggetto obbligato, direttamente al bilancio della Consob, per essere destinate al Fondo.

(1) Articolo inserito dall'art. 2, co. 34, d.lg. 3/8/2017, n. 129. Per l'applicazione, vedi l'art. 10, co. 2, d.lg. n. 129/2017 medesimo.

(2) Comma così sostituito dall'art. 2 del d.lg. 25/11/2019, n. 165.

TITOLO III
GESTIONE COLLETTIVA DEL RISPARMIO

Capo I
Soggetti autorizzati e attività esercitabili (1)

(1) Capo sostituito dall'art. 4, co. 1, d.lg. 4/3/2014, n. 44.

32 quater. Riserva di attività (1). – 1. L'esercizio in via professionale del servizio di gestione collettiva del risparmio è riservato alle Sgr, alle Sicav, alle Sicaf, alle società di gestione UE che gestiscono OICVM italiani, ai GEFIA UE e ai GEFIA non UE che gestiscono un FIA italiano, secondo le disposizioni del presente titolo.

2. Le disposizioni del presente titolo non si applicano:

a) alle istituzioni sovranazionali, quali la Banca centrale europea, la Banca europea per gli investimenti, il Fondo europeo per gli investimenti, le istituzioni europee di finanziamento allo sviluppo e le banche sviluppo bilaterali, la Banca Mondiale, il Fondo Monetario Internazionale, e le altre istituzioni sovranazionali e organizzazioni internazionali analoghe, quando tali istituzioni o organizzazioni gestiscono FIA per finalità di interesse pubblico;

b) alle Banche centrali nazionali;

c) agli Stati, agli enti pubblici territoriali e agli altri enti che gestiscono fondi destinati al finanziamento dei regimi di sicurezza sociale e dei sistemi pensionistici;

d) alle società di partecipazione finanziaria, intese come società che detengono partecipazioni in una o più imprese, con lo scopo di realizzare strategie imprenditoriali per contribuire all'aumento del valore nel lungo termine delle stesse, attraverso l'esercizio del controllo, dell'influenza notevole o dei diritti derivanti da partecipazioni e che:

1) operano per proprio conto e le cui azioni sono ammesse alla negoziazione in un mercato regolamentato dell'Unione europea;

oppure 2) non sono costituite con lo scopo principale di generare utili per i propri investitori mediante disinvestimenti delle partecipazioni nelle società controllate, sottoposte a influenza notevole o partecipate, come comprovato dal loro bilancio e da altri documenti societari;

e) ai regimi di partecipazione dei lavoratori all'impresa o ai regimi di risparmio dei lavoratori;

f) alle società di cartolarizzazione dei crediti;

g) alle forme pensionistiche previste dal decreto legislativo 5 dicembre 2005, n. 252.

3. La Banca d'Italia, sentita la Consob, adotta con proprio regolamento le disposizioni attuative del presente articolo, nel rispetto delle disposizioni dell'Unione europea.

(1) Articolo aggiunto dall'art. 4, co. 1, d.lg. 4/3/2014, n. 44.

33. Attività esercitabili (1). – 1. Le Sgr gestiscono il patrimonio e i rischi degli Oicr nonché amministrano e commercializzano gli Oicr gestiti.

2. Le Sgr possono altresì:

a) prestare il servizio di gestione di portafogli;

b) istituire e gestire fondi pensione;

c) svolgere le attività connesse o strumentali;

d) prestare i servizi accessori di cui all'Allegato I, Sezione B, numero 1), limitatamente alle quote di Oicr gestiti (2);

e) prestare il servizio di consulenza in materia di investimenti;

f) commercializzare quote o azioni di Oicr gestiti da terzi, in conformità alle regole di condotta stabilite dalla Consob, sentita la Banca d'Italia;

g) prestare il servizio di ricezione e trasmissione di ordini, qualora autorizzate a prestare il servizio di gestione di FIA.

3. Le Sicav e le Sicaf prestano il servizio di gestione collettiva del risparmio e le attività previste dal comma 1 in relazione al patrimonio raccolto mediante l'offerta di azioni proprie; esse possono altresì svolgere le attività connesse e strumentali.

4. Le Sgr, le Sicav e le Sicaf possono delegare a soggetti terzi specifiche funzioni inerenti alla prestazione dei servizi di cui al presente capo. La delega è effettuata con modalità tali da evitare lo svuotamento di attività della società stessa ed è esercitata nel rispetto delle disposizioni in materia di esternalizzazione di funzioni previste in attuazione dell'articolo 6, comma 1, lettera c-bis), numero 8), e comma 2-bis), ferma restando la responsabilità della Sgr, della Sicav e della Sicaf nei confronti degli investitori per l'operato dei soggetti delegati (3).

5. La Banca d'Italia, sentita la Consob, detta, con proprio regolamento, disposizioni attuative del presente articolo, nel rispetto delle disposizioni dell'Unione europea.

(1) Articolo modificato dall'art. 8 del d.lg. 1/8/2003, n. 274, dall'art. 8, co. 1, lett. a), d.lg. 17/9/2007, n. 164, dall'art. 1, co. 3, lett. a), d.lg. 16/4/2012, n. 47 e successivamente sostituito dall'art. 4, co. 1, d.lg. 4/3/2014, n. 44.

(2) Lettera modificata dall'art. 2, co. 34, d.lg. 3/8/2017, n. 129. Per l'applicazione, vedi l'art. 10, co. 2, d.lg. n. 129/2017 medesimo.

(3) Comma modificato dall'art. 2, co. 34, d.lg. 3/8/2017, n. 129. Per l'applicazione, vedi l'art. 10, co. 2, d.lg. n. 129/2017 medesimo.

Capo I bis
Disciplina dei soggetti autorizzati (1)

(1) Capo dapprima inserito dall'art. 4 del d.lg. 4/3/2014, n. 44 e successivamente modificato dall'art. 4 del d.lg. 12/5/2015, n. 72 nei termini indicati nelle successive note.

Sezione I
Società di gestione del risparmio

34. Autorizzazione della società di gestione del risparmio (1). – 1. La Banca d'Italia, sentita la Consob, autorizza le Sgr all'esercizio del servizio di gestione collettiva del risparmio con riferimento sia agli OICVM sia ai FIA, nonché all'esercizio del servizio di gestione di portafogli, del servizio di consulenza in materia di investimenti e del servizio di ricezione e trasmissione di ordini, quando ricorrono le seguenti condizioni (2):

a) sia adottata la forma di società per azioni;

b) la sede legale e la direzione generale della società siano situate nel territorio della Repubblica;

c) il capitale sociale versato sia di ammontare non inferiore a quello determinato in via generale dalla Banca d'Italia;

d) i soggetti che svolgono funzioni di amministrazione, direzione e controllo siano idonei, secondo quanto previsto dall'articolo 13 (3);

e) i titolari delle partecipazioni indicate all'articolo 15, comma 1, hanno i requisiti e soddisfano i criteri stabiliti ai sensi dell'articolo 14 e non ricorrono le condizioni per il divieto previsto dall'articolo 15, comma 2 (4);

f) la struttura del gruppo di cui è parte la società non sia tale da pregiudicare l'effettivo esercizio della vigilanza sulla società stessa e siano fornite almeno le informazioni richieste ai sensi dell'articolo 15, comma 5;

g) venga presentato, unitamente all'atto costitutivo e allo statuto, un programma concernente l'attività iniziale nonché una relazione sulla struttura organizzativa;

h) la denominazione sociale contenga le parole "società di gestione del risparmio".

2. L'autorizzazione è negata quando dalla verifica delle

condizioni indicate nel comma 1 non risulta garantita la sana e prudente gestione.

3. La Banca d'Italia, sentita la CONSOB, disciplina la procedura di autorizzazione e le ipotesi di decadenza dall'autorizzazione quando la società di gestione del risparmio non abbia iniziato o abbia interrotto lo svolgimento dei servizi autorizzati.

4. La Banca d'Italia, sentita la CONSOB, autorizza le operazioni di fusione o di scissione di società di gestione del risparmio.

(1) Il presente articolo, prima della modifica di cui all'art. 4, co. 2, d.lg. 4/3/2014, n. 44, era contenuto nel Capo II.

(2) Inciso modificato dall'art. 8, co. 2, d.lg. 17/9/2007, n. 164, con la decorrenza indicata nell'art. 19 dello stesso decreto e successivamente sostituito dall'art. 4, co. 3, d.lg. 4/3/2014, n. 44.

(3) Lettera sostituita dapprima dal d.lg. 6/2/2004, n. 37 e poi dall'art. 4 del d.lg. 12/5/2015, n. 72.

(4) Lettera sostituita dapprima dal d.lg. 6/2/2004, n. 37, successivamente dall'art. 2 del d.lg. 27/1/2010, n. 21 e infine dall'art. 4 del d.lg. 12/5/2015, n. 72.

35. Albo (1). – 1. Le Sgr sono iscritte in un apposito albo tenuto dalla Banca d'Italia distinto in due sezioni per la gestione di OICVM e di FIA. Le società di gestione UE e i GEFIA UE e non UE che hanno effettuato le comunicazioni ai sensi degli articoli 41-bis, 41-ter e 41-quater, sono iscritte in sezioni distinte di un apposito elenco allegato all'albo (2).

2. La Banca d'Italia comunica alla CONSOB le iscrizioni all'albo di cui al comma 1 (3).

3. I soggetti indicati nel comma 1 indicano negli atti e nella corrispondenza gli estremi dell'iscrizione all'albo.

(1) Il presente articolo, prima della modifica di cui all'art. 4, co. 4, d.lg. 4/3/2014, n. 44, era contenuto nel Capo II.

(2) Comma sostituito dall'art. 9 del d.lg. 1/8/2003, n. 274. Vedi l'art. 25 del medesimo d.lg. n. 274/2003. Successivamente il presente comma è stato sostituito dall'art. 4, co. 4, d.lg. 4/3/2014, n. 44.

(3) Comma sostituito dall'art. 9 del d.lg. 1/8/2003, n. 274. Vedi l'art. 25 del medesimo d.lg. n. 274/2003.

Sezione II
Sicav e Sicaf (1)

(1) Sezione dapprima inserita dall'art. 4 del d.lg. 4/3/2014, n. 44 e successivamente modificata dall'art. 4 del d.lg. 12/5/2015, n. 72 nei termini indicati nelle successive note.

35 bis. Costituzione (1). – 1. La Banca d'Italia, sentita la Consob, autorizza la costituzione delle Sicav e delle Sicaf se ricorrono le seguenti condizioni:

a) è adottata la forma di società per azioni nel rispetto delle disposizioni del presente capo;

b) la sede legale e la direzione generale della società sono situate nel territorio della Repubblica;

c) il capitale sociale è di ammontare non inferiore a quello determinato in via generale dalla Banca d'Italia;

d) i soggetti che svolgono funzioni di amministrazione, direzione e controllo siano idonei secondo quanto previsto dall'articolo 13 (2);

e) i titolari delle partecipazioni indicate all'articolo 15, comma 1, hanno i requisiti e soddisfano i criteri stabiliti ai sensi dell'articolo 14 e non ricorrono le condizioni per il divieto previsto dall'articolo 15, comma 2 (2);

f) per le Sicav lo statuto prevede come oggetto esclusivo l'investimento collettivo del patrimonio raccolto mediante offerta delle proprie azioni; per le Sicaf lo statuto prevede come oggetto esclusivo l'investimento collettivo del patrimonio raccolto mediante offerta delle proprie azioni e degli strumenti finanziari partecipativi indicati nello statuto stesso;

g) la struttura del gruppo di cui è parte la società non è tale da pregiudicare l'effettivo esercizio della vigilanza sulla società e sono fornite almeno le informazioni richieste ai sensi dell'articolo 15, comma 5;

h) è presentato, unitamente all'atto costitutivo e allo statuto, un programma concernente l'attività iniziale nonché una relazione sulla struttura organizzativa.

2. La Banca d'Italia, sentita la Consob, con regolamento:

a) disciplina la procedura di autorizzazione prevista dal comma 1 e le ipotesi di decadenza dalla stessa;

b) individua la documentazione che i soci fondatori sono tenuti a presentare unitamente alla richiesta di autorizzazione e al contenuto del progetto di atto costitutivo e di statuto.

3. La Banca d'Italia attesta la conformità del progetto di atto costitutivo e di statuto alle prescrizioni di legge e di regolamento e, con riferimento alle Sicav e alle Sicaf diverse dai FIA riservati, ai criteri generali dalla stessa predeterminati.

4. I soci fondatori della Sicav o della Sicaf procedono alla costituzione della società e ad effettuare i versamenti relativi al capitale iniziale sottoscritto entro trenta giorni dalla data di rilascio dell'autorizzazione. Il capitale iniziale deve essere interamente versato.

5. La denominazione sociale della Sicav contiene l'indicazione di società di investimento per azioni a capitale variabile. La denominazione sociale della Sicaf contiene l'indicazione di società di investimento per azioni a capitale fisso. Tali denominazioni risultano in tutti i documenti delle società. Alla Sicav e alla Sicaf non si applicano gli articoli 2333, 2334, 2335 e 2336 del codice civile; per le Sicav non sono ammessi i conferimenti in natura.

6. Nel caso di Sicav e Sicaf multicomparto, ciascun comparto costituisce patrimonio autonomo, distinto a tutti gli effetti da quello degli altri comparti. Il patrimonio di una medesima Sicav può essere suddiviso in comparti costituiti esclusivamente da FIA o da OICVM.

(1) Articolo aggiunto dall'art. 4, co. 5, d.lg. 4/3/2014, n. 44.

(2) Lettera così sostituita dall'art. 4 del d.lg. 12/5/2015, n. 72.

35 ter. Albi (1). – 1. Le Sicav e le Sicaf autorizzate in Italia sono iscritte in appositi albi tenuti dalla Banca d'Italia. L'albo delle Sicav è articolato in due sezioni distinte a seconda che le Sicav siano costituite in forma di OICVM o FIA.

2. La Banca d'Italia comunica alla Consob le iscrizioni all'albo di cui al comma 1.

3. I soggetti previsti dal comma 1 indicano negli atti e nella corrispondenza gli estremi dell'iscrizione all'albo.

(1) Articolo aggiunto dall'art. 4, co. 5, d.lg. 4/3/2014, n. 44.

35 quater. Capitale e azioni della Sicav (1). – 1. Il capitale della Sicav è sempre uguale al patrimonio netto detenuto dalla società, così come determinato ai sensi dell'articolo 6, comma 1, lettera c), n. 5).

2. Alla Sicav non si applicano gli articoli da 2438 a 2447-decies del codice civile.

3. Le azioni rappresentative del capitale della Sicav devono essere interamente liberate al momento della loro emissione.

4. Le azioni della Sicav possono essere nominative o al portatore secondo quanto stabilito dallo statuto. Le azioni al portatore attribuiscono un solo voto per ogni socio indipendentemente dal numero di azioni di tale categoria possedute.

5. Lo statuto della Sicav indica le modalità di determinazione del valore delle azioni e del prezzo di emissione e di rimborso nonché la periodicità con cui le azioni possono essere emesse e rimborsate.

6. Lo statuto della Sicav può prevedere:

a) limiti all'emissione di azioni nominative;

b) particolari vincoli di trasferibilità delle azioni nominative;

c) l'esistenza di più comparti di investimento per ognuno

dei quali può essere emessa una particolare categoria di azioni; in tal caso sono stabiliti i criteri di ripartizione delle spese generali tra i vari comparti;

d) la possibilità di emettere frazioni di azioni, fermo restando che l'attribuzione e l'esercizio dei diritti sociali sono comunque subordinati al possesso di almeno un'azione, secondo la disciplina del presente capo.

7. Alla Sicav non si applicano gli articoli 2346, comma sesto, 2348, commi secondo e terzo, 2349, 2350, commi secondo e terzo, 2351, 2352, comma terzo, 2353, 2354, comma terzo, numeri 3) e 4), 2355-bis e 2356 del codice civile.

8. La Sicav non può emettere obbligazioni o azioni di risparmio né acquistare o comunque detenere azioni proprie.

(1) Articolo aggiunto dall'art. 4, co. 5, d.lg. 4/3/2014, n. 44.

35 quinquies. Capitale e azioni della Sicaf (1). – 1. Alla Sicaf non si applicano gli articoli da 2447-bis a 2447-decies del codice civile.

2. Le azioni della Sicaf possono essere nominative o al portatore secondo quanto stabilito dallo statuto. Le azioni al portatore attribuiscono un solo voto per ogni socio indipendentemente dal numero di azioni di tale categoria possedute.

3. Lo statuto della Sicaf indica le modalità di determinazione del valore delle azioni e degli eventuali strumenti finanziari partecipativi emessi.

4. Lo statuto della Sicaf può prevedere:

a) limiti all'emissione di azioni nominative;

b) particolari vincoli di trasferibilità delle azioni nominative;

c) l'esistenza di più comparti di investimento per ognuno dei quali può essere emessa una particolare categoria di azioni; in tal caso sono stabiliti i criteri di ripartizione delle spese generali tra i vari comparti;

d) la possibilità di emettere frazioni di azioni, fermo restando che l'attribuzione e l'esercizio dei diritti sociali sono comunque subordinati al possesso di almeno un'azione, secondo la disciplina del presente capo;

e) nel caso di Sicaf riservata e fermo restando quanto previsto dall'articolo 35-bis, comma 4, la possibilità di effettuare i versamenti relativi alle azioni sottoscritte in più soluzioni, a seguito dell'impegno dell'azionista a effettuare il versamento a richiesta della Sicaf stessa in base alle esigenze di investimento.

5. Alle Sicaf non si applicano gli articoli 2349, 2350, commi secondo e terzo, e 2353 del codice civile. Alle Sicaf non riservate a investitori professionali e alle categorie di investitori individuate dal regolamento di cui all'articolo 39 non si applica, altresì, l'articolo 2356 del codice civile.

6. Le Sicaf non possono emettere obbligazioni.

(1) Articolo aggiunto dall'art. 4, co. 5, d.lg. 4/3/2014, n. 44.

35 sexies. Assemblea della Sicav (1). – 1. L'assemblea ordinaria e l'assemblea straordinaria in seconda convocazione della Sicav sono regolarmente costituite e possono validamente deliberare qualunque sia la parte del capitale sociale intervenuta.

2. Il voto può essere dato per corrispondenza se ciò è ammesso dallo statuto. In tal caso l'avviso di convocazione deve contenere per esteso la deliberazione proposta. Non si tiene conto del voto in tal modo espresso se la delibera sottoposta a votazione dall'assemblea non è conforme a quella contenuta nell'avviso di convocazione, ma le azioni relative sono computate ai fini della regolare costituzione dell'assemblea straordinaria. Con regolamento del Ministro dell'economia e delle finanze, sentite la Banca d'Italia e la Consob, sono stabilite le modalità operative per l'esercizio del voto per corrispondenza.

3. L'avviso previsto dall'articolo 2366, comma secondo, del codice civile è pubblicato anche con le modalità previste dallo statuto per la pubblicazione del valore patrimoniale della società e il valore unitario delle azioni; il termine indicato nello stesso articolo 2366, comma secondo, è fissato in trenta giorni.

(1) Articolo aggiunto dall'art. 4, co. 5, d.lg. 4/3/2014, n. 44.

35 septies. Modifiche dello statuto (1). – 1. La Banca d'Italia approva le modifiche dello statuto della Sicav e della Sicaf non riservate.

2. Le deliberazioni comportanti modifiche allo statuto della Sicav e della Sicaf non riservate non possono essere iscritte ai sensi e per gli effetti previsti dall'articolo 2436 del codice civile, se non hanno ottenuto l'approvazione nei termini e con le modalità previste dal comma 1. La delibera è inviata alla Banca d'Italia entro quindici giorni dalla data di svolgimento dell'assemblea; il deposito previsto dall'articolo 2436 del codice civile deve essere effettuato entro quindici giorni dalla data di ricezione del provvedimento di approvazione della Banca d'Italia. Non si applica l'articolo 2376 del codice civile.

(1) Articolo aggiunto dall'art. 4, co. 5, d.lg. 4/3/2014, n. 44.

35 octies. Scioglimento e liquidazione volontaria (1). – 1. Alle Sicav non si applica l'articolo 2484, primo comma, numeri 4) e 5), del codice civile. Quando il capitale della Sicav si riduce al di sotto della misura determinata ai sensi dell'articolo 35-bis, comma 1, lettera c), e permane tale per un periodo di sessanta giorni, la società si scioglie. Il termine è sospeso qualora sia iniziata una procedura di fusione con altra Sicav o una Sicaf.

2. Per le Sicav e le Sicaf, gli atti per i quali è prevista la pubblicità dall'articolo 2484, terzo e quarto comma, del codice civile, sono pubblicati anche con le modalità previste dallo statuto per la pubblicazione del valore patrimoniale della società e comunicati alla Banca d'Italia nel termine di dieci giorni dall'avvenuta iscrizione nel registro delle imprese. L'emissione ed il rimborso di azioni sono sospesi, nel caso previsto dall'articolo 2484, primo comma, numero 6), del codice civile, dalla data di assunzione della delibera, nei casi previsti dall'articolo 2484 del codice civile e, per le Sicav, dal comma 1 del presente articolo, dal momento dell'assunzione della delibera del consiglio di amministrazione ovvero dal momento dell'iscrizione presso il registro delle imprese del decreto del presidente del tribunale. La delibera del consiglio di amministrazione è trasmessa anche alla Consob nel medesimo termine.

3. La nomina, la revoca e la sostituzione dei liquidatori spetta all'assemblea straordinaria. Si applicano l'articolo 2487 del codice civile, ad eccezione del comma 1, lettera c), e l'articolo 97 del testo unico bancario.

4. Alla Banca d'Italia sono preventivamente comunicati il piano di smobilizzo e quello di riparto. I liquidatori provvedono a liquidare l'attivo della società nel rispetto delle disposizioni stabilite dalla Banca d'Italia.

5. Il bilancio di liquidazione è sottoposto al giudizio del soggetto incaricato della revisione legale dei conti ed è pubblicato sui quotidiani indicati nello statuto.

6. Il depositario procede, su istruzione dei liquidatori, al rimborso delle azioni nella misura prevista dal bilancio finale di liquidazione.

7. Per quanto non previsto dal presente articolo alla Sicav e alla Sicaf si applicano, in quanto compatibili, le disposizioni del libro V, titolo V, capo VIII, del codice civile.

(1) Articolo aggiunto dall'art. 4, co. 5, d.lg. 4/3/2014, n. 44.

35 nonies. Trasformazione (1). – 1. Le Sicav che hanno la forma di OICVM non possono trasformarsi in un organismo diverso da un OICVM italiano. Le Sicav che hanno la forma di FIA e le Sicaf non possono trasformarsi in un organismo diverso da un Oicr italiano.

(1) Articolo aggiunto dall'art. 4, co. 5, d.lg. 4/3/2014, n. 44.

Sezione III
Disposizioni comuni e deroghe (1)

(1) Sezione dapprima inserita dall'art. 4 del d.lg. 4/3/2014, n. 44 e successivamente modificata dall'art. 1 del d.lg. 7/5/2015, n. 66 nei termini indicati nella successiva nota.

35 decies. Regole di comportamento e diritto di voto (1). – 1. Le Sgr, le Sicav e le Sicaf che gestiscono i propri patrimoni:

a) operano con diligenza, correttezza e trasparenza nel miglior interesse degli Oicr gestiti, dei relativi partecipanti e dell'integrità del mercato;

b) si organizzano in modo tale da ridurre al minimo il rischio di conflitti di interesse anche tra i patrimoni gestiti e, in situazioni di conflitto, agiscono in modo da assicurare comunque un equo trattamento degli Oicr gestiti;

c) adottano misure idonee a salvaguardare i diritti dei partecipanti agli Oicr gestiti e dispongono di adeguate risorse e procedure idonee ad assicurare l'efficiente svolgimento dei servizi;

d) assicurano la parità di trattamento nei confronti di tutti i partecipanti a uno stesso Oicr gestito nel rispetto delle condizioni stabilite dalla Consob, sentita la Banca d'Italia, in conformità al diritto dell'Unione europea. In relazione ai FIA riservati, trattamenti preferenziali nei confronti di uno o più investitori o categorie di investitori sono consentiti nel rispetto della direttiva 2011/61/UE e delle relative disposizioni attuative;

e) provvedono, nell'interesse dei partecipanti, all'esercizio dei diritti di voto inerenti agli strumenti finanziari di pertinenza degli Oicr gestiti, salvo diversa disposizione di legge.

(1) Articolo aggiunto dall'art. 4, co. 5, d.lg. 4/3/2014, n. 44.

35 undecies. Deroghe per i GEFIA italiani (1). – 1. Per le finalità indicate dall'articolo 6, comma 01, la Banca d'Italia e la Consob, nell'ambito delle rispettive competenze, possono esentare i gestori autorizzati che gestiscono FIA italiani riservati il cui valore totale dei beni gestiti non supera 100 milioni di euro ovvero 500 milioni se gli Oicr gestiti non fanno ricorso alla leva finanziaria e non consentono agli investitori di esercitare il diritto di rimborso per 5 anni dopo l'investimento iniziale, dall'applicazione delle disposizioni attuative dell'articolo 6, commi 1, 2 e 2-bis.

1-bis. Le SiS non applicano le disposizioni attuative dell'articolo 6, commi 1, 2 e 2-bis). Il sistema di governo e controllo è adeguato per assicurare la sana e prudente gestione delle SiS e l'osservanza delle disposizioni loro applicabili. Le SiS stipulano un'assicurazione sulla responsabilità civile professionale adeguata ai rischi derivanti dall'attività svolta. Le SiS applicano le disposizioni dettate dalla Consob in materia di commercializzazione di OICR (2).

1-ter. In deroga all'articolo 35-bis, comma 1, lettera e), i titolari di partecipazioni indicati all'articolo 15, comma 1, rispettano i soli requisiti di onorabilità previsti dall'articolo 14. In deroga all'articolo 35-bis, comma 5, la denominazione sociale della SiS contiene l'indicazione di società di investimento semplice per azioni a capitale fisso.

1-quater. I soggetti che controllano una SiS, i soggetti da questi direttamente o indirettamente controllati o controllanti, ovvero sottoposti a comune controllo anche in virtù di patti parasociali o vincoli contrattuali ai sensi dell'articolo 2359 del codice civile, nonché i soggetti che svolgono funzioni di amministrazione, direzione e controllo presso una o più SiS possono procedere alla costituzione di una o più SiS, nel rispetto del limite complessivo di euro 25 milioni.

(1) Articolo aggiunto dall'art. 4, co. 5, d.lg. 4/3/2014, n. 44.

(2) Comma aggiunto dall'art. 27, co. 2, d.l. 30/4/2019, n. 34, conv. con la l. n. 58/2019.

35 duodecies. Valutazione del merito di credito (1). – 1. I gestori, per la valutazione del merito di credito dei beni in cui investono gli Oicr, adottano sistemi e procedure che non prevedono l'affidamento esclusivo o meccanico alle valutazioni emesse da agenzie di rating del credito.

2. Tenendo conto della natura, della portata e della complessità delle attività degli Oicr, la Banca d'Italia e la Consob, nell'ambito delle rispettive competenze, verificano l'adeguatezza dei sistemi e delle procedure adottati dai gestori ai sensi del comma 1 e valutano che l'utilizzo, nell'ambito delle politiche di investimento degli Oicr, dei riferimenti ai rating del credito emessi da agenzie di rating del credito, sia effettuato in modo da ridurre l'affidamento esclusivo o meccanico agli stessi.

(1) Articolo inserito dall'art. 1 del d.lg. 7/5/2015, n. 66.

Capo II
Oicr italiani (1)

(1) Capo dapprima sostituito dall'art. 4 del d.lg. 4/3/2014, n. 44 e successivamente modificato dall'art. 4 del d.lg. 12/5/2015, n. 72 nei termini indicati nelle successive note.

Sezione I
Fondi comuni di investimento

36. Fondi comuni di investimento (1). – 1. Il fondo comune di investimento è gestito dalla società di gestione del risparmio che lo ha istituito o dalla società di gestione subentrata nella gestione, in conformità alla legge e al regolamento.

2. Il rapporto di partecipazione al fondo comune di investimento è disciplinato dal regolamento del fondo. La Banca d'Italia, sentita la Consob, determina i criteri generali di redazione del regolamento del fondo diverso dal FIA riservato e il suo contenuto minimo, a integrazione di quanto previsto dall'articolo 39.

3. La Sgr che ha istituito il fondo o la società di gestione che è subentrata nella gestione agiscono in modo indipendente e nell'interesse dei partecipanti al fondo, assumendo verso questi ultimi gli obblighi e le responsabilità del mandatario.

4. Ciascun fondo comune di investimento, o ciascun comparto di uno stesso fondo, costituisce patrimonio autonomo, distinto a tutti gli effetti dal patrimonio della società di gestione del risparmio e da quello di ciascun partecipante, nonché da ogni altro patrimonio gestito dalla medesima società; delle obbligazioni contratte per conto del fondo, la Sgr risponde esclusivamente con il patrimonio del fondo medesimo. Su tale patrimonio non sono ammesse azioni dei creditori della società di gestione del risparmio o nell'interesse della stessa, né quelle dei creditori del depositario o del sub depositario o nell'interesse degli stessi. Le azioni dei creditori dei singoli investitori sono ammesse soltanto sulle quote di partecipazione dei medesimi. La società di gestione del risparmio non può in alcun caso utilizzare, nell'interesse proprio o di terzi, i beni di pertinenza dei fondi gestiti.

5. Le quote di partecipazione ai fondi comuni, sono nominative o al portatore, secondo quanto previsto nel regolamento del fondo. La Banca d'Italia può stabilire in via generale, sentita la Consob, le caratteristiche dei certificati e il valore nominale unitario iniziale delle quote, tenendo conto anche dell'esigenza di assicurare la portabilità delle quote.

(1) Articolo modificato dall'art. 10 del d.lg. 1/8/2003, n. 274, dall'art. 32, co. 1, lett. b), d.l. 31/5/2010, n. 78, dall'art. 1, co. 4, lett. a), d.lg. 16/4/2012, n. 47 e successivamente sostituito dall'art. 4, co. 6, d.lg. 4/3/2014, n. 44.

37. Regolamento del fondo (1). – 1. Il regolamento di ciascun fondo comune di investimento definisce le caratteristiche del fondo, ne disciplina il funzionamento, indica il gestore e il depositario, definisce la ripartizione dei compiti tra tali soggetti, regola i rapporti intercorrenti tra tali soggetti e i partecipanti al fondo.

2. Il regolamento stabilisce in particolare:

a) la denominazione e la durata del fondo;

b) le modalità di partecipazione al fondo, i termini e le modalità dell'emissione ed estinzione dei certificati e della sottoscrizione e del rimborso delle quote nonché le modalità di liquidazione del fondo;

c) gli organi competenti per la scelta degli investimenti e i criteri di ripartizione degli investimenti medesimi;

d) il tipo di beni, di strumenti finanziari e di altri valori in cui è possibile investire il patrimonio del fondo;

e) i criteri relativi alla determinazione dei proventi e dei risultati della gestione nonché le eventuali modalità di ripartizione e distribuzione dei medesimi;

f) le spese a carico del fondo e quelle a carico della società di gestione del risparmio;

g) la misura o i criteri di determinazione delle provvigioni spettanti alla società di gestione del risparmio e degli oneri a carico dei partecipanti;

h) le modalità di pubblicità del valore delle quote di partecipazione;

i) se il fondo è un fondo feeder.

3. Il regolamento dei fondi chiusi diversi dai FIA riservati prevede che i partecipanti possono riunirsi in assemblea esclusivamente per deliberare sulla sostituzione del gestore. L'assemblea è convocata dal consiglio di amministrazione della società di gestione anche su richiesta dei partecipanti che rappresentano almeno il 5 per cento del valore delle quote in circolazione e le deliberazioni sono approvate con il voto favorevole della maggioranza assoluta delle quote degli intervenuti all'assemblea. Il quorum deliberativo non può in ogni caso essere inferiore al 10 per cento del valore di tutte le quote in circolazione.

4. La Banca d'Italia approva il regolamento dei fondi diversi dai FIA riservati e le relative modificazioni, valutandone in particolare la completezza e la compatibilità con i criteri generali determinati ai sensi degli articoli 36 e 37.

5. La Banca d'Italia individua le ipotesi in cui, in base all'oggetto dell'investimento, alla categoria di investitori o alle regole di funzionamento del fondo, il regolamento e le sue modificazioni si intendono approvati in via generale. Negli altri casi il regolamento si intende approvato quando la Banca d'Italia non adotta un provvedimento di diniego nel termine dalla medesima preventivamente stabilito.

(1) Articolo modificato dal d.m. 24/5/1999, n. 228, dall'art. 5 del d.l. 25/9/2001, n. 351, dall'art. 41-bis, co. 7, d.l. 30/9/2003, n. 269, dall'art. 3, co. 124, l. 24/12/2003, n. 350, dall'art. 32, co. 1, lett. c), d.l. 31/5/2010, n. 78, dall'art. 1, co. 5, d.lg. 16/4/2012, n. 47 e da ultimo sostituito dall'art. 4, co. 6, d.lg. 4/3/2014, n. 44.

Sezione II
Sicav e Sicaf in gestione esterna

38. Sicav e Sicaf che designano un gestore esterno (1). – 1. La Banca d'Italia, sentita la Consob, autorizza la costituzione di Sicav e di Sicaf che designano per la gestione del proprio patrimonio un gestore esterno quando ricorrono le seguenti condizioni:

a) è adottata la forma di società per azioni nel rispetto delle disposizioni del presente capo;

b) la sede legale e la direzione generale della società sono situate nel territorio della Repubblica;

c) il capitale sociale è di ammontare non inferiore a quello determinato in via generale dalla Banca d'Italia;

d) i soggetti che svolgono funzioni di amministrazione, direzione e controllo siano idonei secondo quanto previsto dall'articolo 13 (2);

e) i titolari delle partecipazioni indicate all'articolo 15, comma 1, posseggono i requisiti di onorabilità e soddisfano i criteri stabiliti ai sensi dell'articolo 14 e non ricorrono le condizioni per l'adozione del divieto previsto dall'articolo 15, comma 2 (3);

f) nello statuto è previsto:

1) per le Sicav, come oggetto sociale esclusivo, l'investimento collettivo del patrimonio raccolto mediante offerta al pubblico delle proprie azioni; per le Sicaf, come oggetto sociale esclusivo, l'investimento collettivo del patrimonio raccolto mediante offerta al pubblico delle proprie azioni e degli altri strumenti finanziari partecipativi previsti dallo statuto stesso;

2) l'affidamento della gestione dell'intero patrimonio a un gestore esterno e l'indicazione della società designata;

g) la stipula di un accordo tra il gestore, se diverso da una Sgr, e il depositario che assicura a quest'ultimo la disponibilità delle informazioni necessarie per lo svolgimento delle proprie funzioni, secondo quanto previsto nell'articolo 41-bis, comma 2-bis. 2. Si applica l'articolo 35-bis, commi 3, 4, 5 e 6.

(1) Articolo modificato dall'art. 11 del d.lg. 1/8/2003, n. 274, dall'art. 1, co. 6, d.lg. 16/4/2012, n. 47 e successivamente sostituito dall'art. 4, co. 6, d.lg. 4/3/2014, n. 44.

(2) Lettera così sostituita dall'art. 4 del d.lg. 12/5/2015, n. 72.

(3) Lettera così modificata dall'art. 4 del d.lg. 12/5/2015, n. 72 che dopo la parola: "requisiti di onorabilità" ha aggiunto le parole: "e soddisfano i criteri".

Sezione III
Disposizioni comuni

39. Struttura degli Oicr italiani (1). – 1. Il Ministro dell'economia e delle finanze, con regolamento adottato sentite la Banca d'Italia e la Consob, determina i criteri generali cui devono uniformarsi gli Oicr italiani con riguardo:

a) all'oggetto dell'investimento;

b) alle categorie di investitori cui è destinata l'offerta delle quote o azioni.

c) alla forma aperta o chiusa e alle modalità di partecipazione, con particolare riferimento alla frequenza di emissione e rimborso delle quote, all'eventuale ammontare minimo delle sottoscrizioni e alle procedure da seguire;

d) all'eventuale durata minima e massima;

e) alle condizioni e alle modalità con le quali devono essere effettuati gli acquisti o i conferimenti dei beni, sia in fase costitutiva che in fase successiva alla costituzione del fondo (2).

2. Il regolamento previsto dal comma 1 stabilisce inoltre:

a) le categorie di investitori non professionali nei cui confronti è possibile commercializzare quote di FIA italiani riservati, secondo le modalità previste dall'articolo 43;

b) le scritture contabili, il rendiconto e i prospetti periodici che le società di gestione del risparmio redigono, in aggiunta a quanto prescritto per le imprese commerciali, nonché gli obblighi di pubblicità del rendiconto e dei prospetti periodici;

c) le ipotesi nelle quali la società di gestione del risparmio deve chiedere l'ammissione alla negoziazione in un mercato regolamentato delle quote dei fondi;

d) i requisiti e i compensi degli esperti indipendenti indicati nell'articolo 6, comma 1, lettera c), numero 5).

(1) Articolo modificato dall'art. 12 del d.lg. 1/8/2003, n. 274, dall'art. 1, co. 7, d.lg. 16/4/2012, n. 47 e successivamente sostituito dall'art. 4, co. 6, d.lg. 4/3/2014, n. 44.

(2) Vedi Regolamento del Ministro dell'economia e delle finanze adottato con d.m. 5/3/2015, n. 30, pubblicato in G.U. 19/3/2015, n. 65.

Sezione IV
Strutture master-feeder

40. Autorizzazione e regole di funzionamento delle strutture master-feeder (1). – 1. La Banca d'Italia autorizza l'investimento dell'Oicr italiano feeder nell'Oicr master, quando ricorrono le seguenti condizioni:

a) sussistono accordi, rispettivamente, tra i gestori, i depositari e i revisori legali o le società di revisione legale degli Oicr master e degli Oicr feeder, che consentono la disponibilità dei documenti e delle informazioni necessari a svolgere i rispettivi compiti;

b) nel caso in cui l'Oicr master e l'Oicr feeder hanno lo stesso gestore, quest'ultimo adotta norme interne di comportamento che assicurano la medesima disponibilità di documenti e informazioni di cui alla lettera a);

c) l'Oicr master e l'Oicr feeder possiedono le caratteristiche previste dal regolamento di cui al comma 2.

2. La Banca d'Italia, sentita la Consob, disciplina con regolamento:

a) la procedura di autorizzazione dell'investimento dell'Oicr feeder nell'Oicr master, nonché le informazioni e i documenti da fornire con l'istanza di autorizzazione;

b) il contenuto degli accordi e delle norme interne di comportamento di cui al comma 1;

c) i requisiti dell'Oicr master e dell'Oicr feeder, nonché le regole ad essi applicabili;

d) le regole applicabili all'Oicr feeder nel caso di liquidazione, fusione, scissione, sospensione temporanea del riacquisto, del rimborso o della sottoscrizione delle quote dell'Oicr master, nonché le regole applicabili all'Oicr feeder e all'Oicr master per coordinare la tempistica del calcolo e della pubblicazione del loro valore patrimoniale netto;

e) gli obblighi di comunicazione e lo scambio di informazioni e documenti tra il gestore, il depositario, il revisore legale o la società di revisione legale, rispettivamente dell'Oicr master e dell'Oicr feeder, nonché tra tali soggetti e la Banca d'Italia, la Consob e le autorità competenti dell'Oicr master e dell'Oicr feeder UE e non UE.

3. Agli Oicr master e agli Oicr feeder si applicano, in quanto compatibili, le disposizioni delle sezioni I, II, III e V del presente capo.

4. Agli OICVM UE master, che non commercializzano in Italia le proprie quote nei confronti di soggetti diversi dagli Oicr feeder, non si applica l'articolo 42, commi 1, 2, 3 e 4. Ai FIA master UE e non UE si applicano le disposizioni del capo II-ter.

5. Fermo restando quanto previsto nell'articolo 9, il revisore legale o la società di revisione legale incaricati della revisione dell'Oicr feeder indicano nella relativa relazione sulla revisione le irregolarità evidenziate nella relazione di revisione dell'Oicr master nonché l'impatto delle irregolarità riscontrate nell'Oicr feeder. Nel caso in cui gli esercizi sociali dell'Oicr master e dell'Oicr feeder si chiudano in date diverse, il revisore legale o la società di revisione legale incaricati della revisione dell'Oicr master redigono una specifica relazione di revisione con riferimento alla data di chiusura dell'esercizio dell'Oicr feeder.

6. La Banca d'Italia e la Consob, in conformità alle disposizioni dell'UE, comunicano al gestore dell'Oicr feeder ovvero all'autorità competente dell'OICVM feeder UE i provvedimenti assunti per il mancato rispetto delle disposizioni contenute nel presente capo nei confronti dei soggetti individuati dal presente articolo, nonché le informazioni ricevute ai sensi dell'articolo 8, comma 4, relative al gestore dell'Oicr master e all'Oicr master.

7. Le norme del presente articolo non si applicano ai FIA italiani riservati.

(1) Articolo modificato dall'art. 13 del d.lg. 1/8/2003, n. 274 e successivamente sostituito dall'art. 4, co. 6, d.lg. 4/3/2014, n. 44.

Sezione V
Fusione e scissione di organismi di investimento del risparmio

40 bis. Fusione e scissione di Oicr (1). – 1. La Banca d'Italia autorizza, dandone comunicazione alla Consob, la fusione o la scissione di Oicr italiani sulla base dei relativi progetti, delle attestazioni di conformità rese dai depositari dei fondi coinvolti e dell'informativa ai partecipanti che deve essere idonea a consentire di pervenire ad un fondato giudizio sull'impatto della fusione sull'investimento. La Banca d'Italia può individuare le ipotesi, in base alle caratteristiche degli Oicr oggetto dell'operazione o al contenuto dell'informativa ai partecipanti, in cui l'autorizzazione alla fusione o alla scissione di Oicr è rilasciata in via generale.

2. Le Sgr mettono a disposizione dei partecipanti ai fondi e della Banca d'Italia una relazione, redatta dal depositario ovvero da un revisore legale o da una società di revisione legale, che attesta la correttezza dei criteri adottati per la valutazione delle attività e delle passività del fondo, dell'eventuale conguaglio in denaro, del metodo di calcolo e del livello effettivo del rapporto di cambio alla data di riferimento di tale rapporto.

3. Le Sicav e le Sicaf coinvolte in operazioni di fusione o scissione applicano gli articoli contenuti nel libro V, titolo V, capo X, sezioni II e III del codice civile, in quanto compatibili. Il progetto di fusione o quello di scissione, redatti sulla base di quanto richiesto dal regolamento della Banca d'Italia di cui al comma 4, e le eventuali deliberazioni assembleari di modifica dei medesimi progetti sono preventivamente autorizzati dalla Banca d'Italia. In assenza dell'autorizzazione prevista dal comma 1, non è possibile dare corso alle iscrizioni nel registro delle imprese.

4. La Banca d'Italia, sentita la Consob, disciplina con regolamento:

a) la procedura di autorizzazione e le relative condizioni;

b) l'individuazione della data di efficacia dell'operazione e i criteri di imputazione dei costi dell'operazione;

c) l'informativa da rendere ai partecipanti;

d) le forme ammesse per le fusioni e le scissioni;

e) l'oggetto delle attestazioni di conformità e della relazione previste dai commi 1 e 2;

f) i diritti dei partecipanti.

5. Le norme del presente articolo non si applicano ai FIA italiani riservati.

(1) Articolo aggiunto dall'art. 4, co. 6, d.lg. 4/3/2014, n. 44.

40 ter. Fusione transfrontaliera di OICVM (1). – 1. Alle fusioni tra OICVM UE e OICVM italiani e a quelle che coinvolgono OICVM italiani le cui quote sono commercializzate in un altro Stato dell'UE ai sensi dell'articolo 41, comma 2, lettera a), si applicano, oltre all'articolo 40-bis, le disposizioni contenute nel presente articolo.

2. Nel caso in cui l'OICVM risultante dalla fusione o incorporante non sia un OICVM italiano, l'autorizzazione alla fusione è rilasciata dalla Banca d'Italia, secondo quanto previsto dalle disposizioni dell'Unione europea.

3. Nel caso in cui l'OICVM risultante dalla fusione o incorporante sia un OICVM italiano, la Banca d'Italia può richiedere per tale OICVM la modifica dell'informativa ai par-

tecipanti, secondo quanto previsto dalle disposizioni dell'Unione europea.

4. La Banca d'Italia, sentita la Consob, definisce con regolamento le disposizioni di attuazione del presente articolo, nel rispetto delle disposizioni dell'Unione europea.

(1) Articolo aggiunto dall'art. 4, co. 6, d.lg. 4/3/2014, n. 44.

Capo II bis
Operatività transfrontaliera dei gestori (1)

(1) Capo inserito dall'art. 14 del d.lg. 1/8/2003, n. 274. Vedi l'art. 25 del medesimo d.lg. n. 274/2003. Successivamente il presente Capo è stato sostituito dall'art. 4, co. 6, d.lg. 4/3/2014, n. 44.

41. Operatività transfrontaliera delle Sgr (1). – 1. Le Sgr possono operare, anche senza stabilirvi succursali, in uno Stato UE e non UE, in conformità al regolamento previsto dal comma 2.

2. La Banca d'Italia, sentita la Consob, stabilisce con regolamento le norme di attuazione delle disposizioni dell'UE concernenti le condizioni e le procedure che le Sgr rispettano per:

a) la prestazione negli Stati dell'UE delle attività per le quali sono autorizzate ai sensi della direttiva 2009/65/CE e delle relative disposizioni attuative, ivi inclusa l'istituzione di OICVM;

b) l'operatività in via transfrontaliera negli Stati UE e non UE, in conformità alle previsioni della direttiva 2011/61/UE e delle relative disposizioni attuative, fermo restando quanto previsto nel capo II-ter.

3. La Banca d'Italia, nel regolamento previsto dal comma 2, definisce altresì le condizioni e le procedure in base alle quali le Sgr sono autorizzate dalla Banca d'Italia, d'intesa con la Consob, per operare in via transfrontaliera negli Stati UE e non UE nei casi esclusi dall'ambito di applicazione delle direttive 2009/65/CE e 2011/61/UE. Ai fini dell'operatività delle Sgr in uno Stato non UE è necessaria la sussistenza di apposite intese di collaborazione con le competenti autorità dello Stato ospitante.

4. Le disposizioni del presente articolo si applicano anche alle Sicav e alle Sicaf che gestiscono i propri patrimoni.

(1) Articolo sostituito dall'art. 15 del d.lg. 1/8/2003, n. 274, successivamente modificato dall'art. 1, co. 8, d.lg. 16/4/2012, n. 47 e da ultimo sostituito dall'art. 4, co. 6, d.lg. 4/3/2014, n. 44.

41 bis. Società di gestione UE (1). – 1. Per l'esercizio delle attività per le quali sono autorizzate ai sensi delle disposizioni dell'Unione europea, le società di gestione UE possono stabilire succursali nel territorio della Repubblica. Il primo insediamento è preceduto da una comunicazione alla Banca d'Italia e alla Consob da parte dell'autorità competente dello Stato di origine. La succursale inizia l'attività decorsi due mesi dalla comunicazione.

2. Salvo quanto previsto dall'articolo 42, le società di gestione UE possono svolgere le attività per le quali sono autorizzate ai sensi delle disposizioni dell'Unione europea nel territorio della Repubblica senza stabilirvi succursali, a condizione che la Banca d'Italia e la Consob siano informate dall'autorità competente dello Stato di origine.

3. Le società di gestione UE che intendono gestire un OICVM italiano rispettano le disposizioni previste nel capo II, nonché le disposizioni di attuazione dell'articolo 6, comma 1, lettera c). La Banca d'Italia approva il regolamento del fondo ai sensi dell'articolo 37 o autorizza la Sicav a condizione che:

a) il fondo o la Sicav rispetti le norme richiamate nel presente comma;

b) la società di gestione UE sia autorizzata a gestire nello Stato di origine un OICVM con caratteristiche analoghe a quello oggetto di approvazione;

c) la società di gestione UE abbia stipulato con il depositario un accordo che assicura al depositario la disponibilità delle informazioni necessarie per lo svolgimento dei propri compiti.

4. Qualora la Banca d'Italia intenda rifiutare l'approvazione del regolamento del fondo o l'autorizzazione della Sicav di cui al comma 3, consulta l'autorità competente dello Stato di origine della società di gestione UE.

5. La Banca d'Italia, sentita la Consob, disciplina con regolamento le condizioni e le procedure che le società di gestione UE devono rispettare per svolgere nel territorio della Repubblica le attività richiamate ai commi 1, 2 e 3 mediante stabilimento di succursali o in regime di libera prestazione di servizi, nonché il contenuto dell'accordo tra la società di gestione UE e il depositario previsto nel comma 3, lettera c).

6. Le società di gestione UE che svolgono le attività di cui ai commi 1 e 3 nel territorio della Repubblica, mediante stabilimento di succursali, sono tenute a rispettare le norme di condotta previste all'articolo 35-decies. La Banca d'Italia e la Consob possono chiedere, nell'ambito delle rispettive competenze, alle società di gestione UE la comunicazione di dati e notizie e la trasmissione di atti e documenti con le modalità e nei termini dalle stesse stabiliti. La Banca d'Italia e la Consob, nell'ambito delle rispettive competenze, possono chiedere informazioni al personale delle società di gestione UE, anche per il tramite di queste ultime (2).

(1) Articolo inserito dall'art. 16 del d.lg. 1/8/2003, n. 274, modificato dall'art. 1, co. 9, d.lg. 16/4/2012, n. 47 e successivamente sostituito dall'art. 4, co. 6, d.lg. 4/3/2014, n. 44.

(2) Comma sostituito dall'art. 2, co. 35, d.lg. 3/8/2017, n. 129. Per l'applicazione, vedi l'art. 10, co. 2, d.lg. n. 129/2017 medesimo.

41 ter. GEFIA UE (1). – 1. Fermo restando quanto previsto nel capo II-ter, i GEFIA UE possono svolgere l'attività di gestione collettiva del risparmio per la quale sono autorizzati ai sensi delle disposizioni dell'UE nel territorio della Repubblica in libera prestazione di servizi o mediante stabilimento di succursali, a condizione che la Banca d'Italia sia informata dall'autorità competente dello Stato di origine. La Banca d'Italia trasmette tempestivamente copia di tale comunicazione alla Consob.

2. I GEFIA UE che intendono gestire un FIA italiano rispettano le disposizioni previste nel capo II, le disposizioni di attuazione dell'articolo 6, comma 1, lettera c), e le seguenti condizioni:

a) sono autorizzati a gestire nello Stato di origine FIA con caratteristiche analoghe a quelli che intendono istituire e gestire in Italia;

b) hanno stipulato con il depositario un accordo idoneo ad assicurare a quest'ultimo la disponibilità delle informazioni necessarie per lo svolgimento dei propri compiti.

3. La Banca d'Italia, sentita la Consob, disciplina con regolamento il contenuto dell'accordo tra la società di gestione e il depositario previsto dal comma 2, lettera b).

4. I GEFIA UE che svolgono le attività previste dal comma 1 e dal capo II-ter nel territorio della Repubblica mediante stabilimento di succursali, sono tenute a rispettare le norme di condotta previste dall'articolo 35-decies e dalle relative disposizioni di attuazione e gli obblighi in materia di gestione dei conflitti di interessi adottati in attuazione dell'articolo 6, comma 2, lettera b-bis), numero 6), e comma 2-bis. La Banca d'Italia e la Consob possono chiedere, nell'ambito delle rispettive competenze, ai GEFIA UE la comunicazione di dati e notizie e la trasmissione di atti e documenti con le modalità e nei termini dalle stesse stabiliti. La Banca d'Italia e la Consob, nell'ambito delle rispettive competenze, possono chiede-

re informazioni al personale dei GEFIA UE, anche per il tramite di questi ultimi (2).

(1) Articolo aggiunto dall'art. 4, co. 6, d.lg. 4/3/2014, n. 44.

(2) Comma sostituito dall'art. 2, co. 36, d.lg. 3/8/2017, n. 129. Per l'applicazione, vedi l'art. 10, co. 2, d.lg. n. 129/2017 medesimo.

41 quater. GEFIA non UE (1). – 1. La Banca d'Italia, d'intesa con la Consob, autorizza i GEFIA non UE alla gestione di FIA italiani e FIA UE o alla commercializzazione nel territorio dell'UE dei FIA gestiti, quando l'Italia è, ai sensi della direttiva 2011/61/UE, lo Stato di riferimento. La Banca d'Italia trasmette tempestivamente alla Consob copia della richiesta di autorizzazione delle suddette società. La Banca d'Italia iscrive i GEFIA non UE autorizzati in un'apposita sezione dell'albo previsto dall'articolo 35. La Banca d'Italia comunica alla Consob le avvenute iscrizioni.

2. Ai GEFIA non UE autorizzati in un altro Stato dell'UE che intendono gestire un FIA italiano in libera prestazione di servizi o mediante stabilimento di succursali si applica, in quanto compatibile, l'articolo 41-ter.

3. I GEFIA non UE che svolgono le attività previste dal comma 1 nel territorio della Repubblica mediante stabilimento di succursali, rispettano le norme di condotta previste dall'articolo 35-decies e dalle relative disposizioni di attuazione e gli obblighi in materia di gestione dei conflitti di interessi adottate in attuazione dell'articolo 6, comma 2, lettera b-bis), numero 6), e comma 2-bis. La Banca d'Italia e la Consob possono chiedere, nell'ambito delle rispettive competenze, alle succursali italiane di GEFIA non UE la comunicazione di dati e notizie e la trasmissione di atti e documenti con le modalità e nei termini dalle stesse stabiliti. La Banca d'Italia e la Consob, nell'ambito delle rispettive competenze, possono chiedere informazioni al personale delle succursali italiane di GEFIA non UE, anche per il tramite di queste ultime (2).

4. La Banca d'Italia, sentita la Consob, stabilisce con regolamento:

a) le condizioni e la procedura per il rilascio dell'autorizzazione di cui al comma 1;

b) le norme di attuazione delle disposizioni dell'UE concernenti le condizioni e le procedure che i GEFIA non UE autorizzati in Italia rispettano per operare in via transfrontaliera negli Stati dell'UE in conformità alle previsioni della direttiva 2011/61/UE e delle relative disposizioni attuative, fermo restando quanto previsto dal capo II-ter.

(1) Articolo aggiunto dall'art. 4, co. 6, d.lg. 4/3/2014, n. 44.

(2) Comma sostituito dall'art. 2, co. 37, d.lg. 3/8/2017, n. 129. Per l'applicazione, vedi l'art. 10, co. 2, d.lg. n. 129/2017 medesimo.

Capo II ter
Commercializzazione di Oicr

42. Commercializzazione in Italia di quote o di azioni di OICVM UE (1). – 1. La commercializzazione in Italia di quote o di azioni di OICVM UE è preceduta da una notifica alla Consob da parte dell'autorità dello Stato di origine dell'OICVM, secondo le procedure previste dalle disposizioni dell'UE e nel rispetto delle relative norme di attuazione adottate con regolamento dalla Consob, sentita la Banca d'Italia. Con il medesimo regolamento la Consob determina le modalità di esercizio in Italia dei diritti degli investitori, avuto riguardo alle attività concernenti i pagamenti, il riacquisto e il rimborso delle quote.

2. Alle società di gestione UE che intendono offrire in Italia, senza stabilimento di succursali, quote di OICVM dalle stesse gestiti non si applicano le disposizioni dell'articolo 41-bis.

3. La Consob, sentita la Banca d'Italia, con regolamento:

a) individua le informazioni da fornire al pubblico nell'ambito della commercializzazione delle quote o delle azioni nel territorio della Repubblica nonché le modalità con cui tali informazioni devono essere fornite;

b) determina le modalità con cui devono essere resi pubblici il prezzo di emissione o di vendita, di riacquisto o di rimborso delle quote o delle azioni.

4. La Banca d'Italia e la Consob possono richiedere, nell'ambito delle rispettive competenze, agli emittenti e a coloro che curano la commercializzazione delle quote o delle azioni indicate nel comma 1 la comunicazione, anche periodica, di dati e notizie e la trasmissione di atti e documenti.

(1) Articolo modificato dall'art. 1, co. 10, d.lg. 16/4/2012, n. 47 e successivamente sostituito dall'art. 4, co. 6, d.lg. 4/3/2014, n. 44.

• Il presente articolo, prima della modifica di cui all'art. 4, co. 6, d.lg. 4/3/2014, n. 44, era contenuto all'interno del Capo II-bis.

43. Commercializzazione di FIA riservati (1). – 1. La commercializzazione di FIA è l'offerta, anche indiretta, su iniziativa o per conto del gestore, delle quote o azioni del FIA gestito rivolta ad investitori residenti o aventi sede legale nel territorio dell'UE.

2. La commercializzazione in Italia delle quote o delle azioni di FIA italiani riservati, FIA UE e FIA non UE gestiti da una Sgr o da un GEFIA non UE autorizzato in Italia e la commercializzazione in uno Stato dell'UE diverso dall'Italia, nei confronti di investitori professionali, delle quote o azioni di FIA italiani, FIA UE e FIA non UE gestiti da una Sgr o da un GEFIA non UE autorizzato in Italia, sono precedute da una notifica alla Consob. La Consob trasmette tempestivamente alla Banca d'Italia le informazioni contenute nella notifica e i documenti ivi allegati.

3. La notifica contiene:

a) la lettera di notifica, corredata del programma di attività che individua il FIA oggetto della commercializzazione e lo Stato di origine del FIA;

b) il regolamento o lo statuto del FIA;

c) l'identità del depositario del FIA;

d) la descrizione del FIA e le altre informazioni messe a disposizione degli investitori ai sensi dell'articolo 6, comma 2, lettera a), n. 3-bis), e della relativa disciplina attuativa;

e) l'indicazione dello Stato d'origine dell'OICR master se l'OICR oggetto di commercializzazione è un OICR feeder;

f) se rilevante, l'indicazione dello Stato dell'UE diverso dall'Italia in cui le quote o azioni del FIA saranno commercializzate;

g) le informazioni sulle modalità stabilite per impedire la commercializzazione delle quote o azioni del FIA nei confronti di investitori al dettaglio. A tal fine, il regolamento o lo statuto e la documentazione messa a disposizione degli investitori prevedono che le quote o le azioni dei FIA possono essere commercializzate solo nei confronti di investitori professionali.

4. La Consob, d'intesa con la Banca d'Italia, se non sussistono motivi ostativi, entro 20 giorni lavorativi dal ricevimento della notifica:

a) comunica alla Sgr o al GEFIA non UE che può avviare la commercializzazione in Italia delle quote o azioni del FIA oggetto della notifica. Nel caso di commercializzazione in Italia di un FIA UE, la comunicazione è effettuata anche nei confronti dell'autorità competente dello Stato d'origine del FIA;

b) trasmette all'autorità competente dello Stato dell'UE diverso dall'Italia in cui la Sgr o il GEFIA non UE intende commercializzare il FIA il fascicolo di notifica che include la documentazione prevista dal comma 3 e l'attestato di cui al comma 5. La Consob informa tempestivamente il gestore dell'avvenuta trasmissione del fascicolo di notifica. Il gestore non può avviare la commercializzazione prima della ricezione di tale comunicazione.

5. La Banca d'Italia esprime la propria intesa sui profili indicati dalle lettere a), b), c) ed e) del comma 3, e in ordine all'adeguatezza del gestore a gestire il FIA oggetto di notifica. Nel caso di commercializzazione in uno Stato membro dell'UE diverso dall'Italia, la Banca d'Italia, ove rilasci la propria intesa, attesta che il gestore è autorizzato a gestire il FIA oggetto di notifica.

6. La Consob, sentita la Banca d'Italia, definisce con regolamento le procedure per la notifica prevista dal comma 2.

7. Nel caso di modifiche rilevanti delle informazioni e dei documenti indicati nel comma 3, il gestore comunica tali modifiche alla Consob almeno trenta giorni prima della relativa vigenza o, nel caso di modifiche che non è possibile pianificare, non appena esse intervengono. La Consob trasmette tempestivamente alla Banca d'Italia le informazioni contenute nella notifica ed i documenti alla stessa allegati. Entro trenta giorni dal ricevimento della comunicazione la Consob e la Banca d'Italia, nell'ambito delle rispettive competenze, possono disporre il divieto della modifica.

8. La commercializzazione in Italia, a investitori professionali e alle categorie di investitori individuate dal regolamento di cui all'articolo 39, delle quote o azioni di FIA italiani riservati, FIA UE e non UE gestiti da un GEFIA UE o da un GEFIA non UE autorizzato in uno Stato dell'UE diverso dall'Italia, è preceduta da una notifica alla Consob da parte dell'autorità dello Stato membro di origine per ciascun FIA oggetto di commercializzazione. La Consob trasmette tempestivamente alla Banca d'Italia le informazioni contenute nella notifica e i documenti alla stessa allegati. Nel caso di commercializzazione di quote o azioni di FIA italiani resta fermo quanto previsto nell'articolo 41-ter, commi 2 e 3. La Consob, sentita la Banca d'Italia, definisce con regolamento la procedura per la notifica prevista dal presente comma.

9. Le disposizioni del presente articolo relative alle Sgr, ai GEFIA UE e ai GEFIA non UE si applicano anche ai FIA italiani, ai FIA UE e ai FIA non UE che gestiscono i propri patrimoni.

(1) Articolo modificato dall'art. 17 del d.lg. 1/8/2003, n. 274, dall'art. 9.57, co. 1, d.lg. 17/1/2003, n. 6, nel testo introdotto dall'art. 3 del d.lg. 6/2/2004, n. 37, dall'art. 2, co. 1, lett. e), d.lg. 27/1/2010, n. 21, e successivamente sostituito dall'art. 4, co. 6, d.lg. 4/3/2014, n. 44.

• Il presente articolo, prima della modifica di cui all'art. 4, co. 6, d.lg. 4/3/2014, n. 44, era contenuto all'interno del Capo III.

43 bis. SICAV che designano una SGR o una società di gestione armonizzata*. *– 1. La Banca d'Italia, sentita la CONSOB, autorizza la costituzione di SICAV che designano per la gestione del proprio patrimonio una SGR o una società di gestione armonizzata quando ricorrono le seguenti condizioni: a) sia adottata la forma di società per azioni nel rispetto delle disposizioni del presente capo; b) la sede legale e la direzione generale della società siano situate nel territorio della Repubblica; c) il capitale sociale sia di ammontare non inferiore a quello determinato in via generale dalla Banca d'Italia; d) i soggetti che svolgono funzioni di amministrazione, direzione e controllo abbiano i requisiti di professionalità e di onorabilità stabiliti ai sensi dell'articolo 13; e) i titolari delle partecipazioni indicate all'articolo 15, comma 1 abbiano i requisiti di onorabilità stabiliti ai sensi dell'articolo 14 e non ricorrano le condizioni per il divieto previsto dall'articolo 15, comma 2* (1); *f) lo statuto preveda: 1) come oggetto esclusivo l'investimento collettivo del patrimonio raccolto mediante offerta al pubblico delle proprie azioni; 2) l'affidamento della gestione dell'intero patrimonio a una SGR o ad una società di gestione armonizzata e l'indicazione della società designata. L'affidamento della gestione a una società di gestione armonizzata è subordinato all'esistenza di intese di collaborazione con le competenti Autorità dello Stato di origine, al fine di assicurare l'effettiva vigilanza sulla gestione del patrimonio della SICAV. f-bis) sia stato stipulato un accordo tra la società di gestione armonizzata e la banca depositaria che assicuri a quest'ultima la disponibilità delle informazioni necessarie per lo svolgimento delle proprie funzioni, secondo quanto previsto nell'articolo 41-bis, comma 2-bis* (2). *2. Ai fini di quanto dispone il comma 1, si applicano i commi 3, 4, 5 e 8 dell'articolo 43.*

* Articolo inserito dall'art. 18 del d.lg. 1/8/2003, n. 274. Vedi l'art. 25 del medesimo d.lg. n. 274/2003. Successivamente, il presente articolo è stato implicitamente abrogato, in quanto non più previsto, a seguito della sostituzione della Parte II, Titolo III, Capo I, disposta dal d.lg. 4/3/2014, n. 44.

(1) Lettera sostituita dall'art. 2, co. 1, lett. f), d.lg. 27/1/2010, n. 21.

(2) Lettera inserita dall'art. 1, co. 11, d.lg. 16/4/2012, n. 47.

44. Commercializzazione di FIA non riservati (1). – 1. Fermo restando quanto previsto dagli articoli 35-bis, 37, 38 e 39, la commercializzazione in Italia di quote o azioni di FIA italiani non riservati alle categorie di investitori di cui all'articolo 43, è preceduta da una notifica inoltrata dal gestore alla Consob per ciascun FIA oggetto di commercializzazione.

2. Alla lettera di notifica è allegata la seguente documentazione:

a) il prospetto destinato alla pubblicazione;

b) il regolamento o lo statuto del FIA oggetto di commercializzazione;

c) il documento contenente le ulteriori informazioni da mettere a disposizione prima dell'investimento ai sensi dell'articolo 6, comma 2, lettera a), n. 3-bis), e delle relative disposizioni di attuazione, da cui risulta l'assenza di trattamenti preferenziali nei confronti di uno o più investitori o categorie di investitori.

3. La Consob comunica al gestore che può iniziare a commercializzare agli investitori al dettaglio non rientranti nelle categorie di investitori cui possono essere commercializzati i FIA italiani riservati, i FIA indicati nella notifica entro 10 giorni lavorativi dal ricevimento della medesima quando è verificata la completezza, la coerenza e la comprensibilità delle informazioni contenute nella documentazione allegata alla lettera di notifica. Il gestore non può avviare la commercializzazione agli investitori al dettaglio non rientranti nelle categorie di investitori cui possono essere commercializzati i FIA italiani riservati, prima della ricezione della comunicazione.

4. La Consob, sentita la Banca d'Italia, disciplina la procedura per la notifica prevista dal comma 1.

5. I gestori di FIA UE e FIA non UE che commercializzano nello Stato di origine dei FIA medesimi le relative azioni o quote nei confronti di investitori al dettaglio ed intendono commercializzare tali FIA in Italia nei confronti di investitori al dettaglio non rientranti nelle categorie di investitori cui possono essere commercializzati i FIA italiani riservati, presentano istanza di autorizzazione alla Consob. La Consob, d'intesa con la Banca d'Italia sui profili di cui alle lettere b) e c), autorizza la commercializzazione se sono rispettate le seguenti condizioni:

a) i gestori hanno completato le procedure previste dall'articolo 43;

b) gli schemi di funzionamento e le norme di contenimento e di frazionamento del rischio di tali FIA sono compatibili con quelli previsti per i FIA italiani;

c) la disciplina del depositario di FIA è equivalente a quella applicabile ai FIA italiani non riservati;

d) il regolamento o lo statuto del FIA non consente trattamenti preferenziali nei confronti di uno o più investitori o categorie di investitori ai sensi dell'articolo 35-decies, comma 1, lettera d), e delle disposizioni dell'UE vigenti che disciplinano la materia;

e) il modulo organizzativo adottato assicura in Italia l'esercizio dei diritti patrimoniali degli investitori in conformità alle disposizioni regolamentari dettate dalla Consob, sentita la Banca d'Italia;

f) le informazioni da mettere a disposizione degli investitori al dettaglio prima dell'investimento risultano complete, coerenti e comprensibili.

6. La Consob, sentita la Banca d'Italia, disciplina con regolamento le procedure per il rilascio dell'autorizzazione prevista dal comma 5.

7. All'offerta al pubblico e all'ammissione alle negoziazioni delle quote o azioni dei FIA commercializzati ai sensi del presente articolo si applicano le disposizioni previste dalla parte IV, titolo II, capo I e titolo III, capo I, e le relative norme di attuazione.

8. Nel caso di FIA soggetti alla disciplina prevista dalla parte IV, titolo II, capo I, sezione I, per la cui offerta l'Italia è lo Stato membro d'origine, la notifica prevista dal comma 1 si considera effettuata anche ai fini e per gli effetti dell'articolo 94, comma 1, e la verifica della completezza, coerenza e comprensibilità delle informazioni contenute nel documento di cui al comma 2, lettera c), è effettuata nel corso della procedura prevista dall'articolo 94-bis, comma 2. La comunicazione prevista dal comma 3 è effettuata con il provvedimento di approvazione del prospetto.

9. La Consob e la Banca d'Italia esercitano i poteri previsti dagli articoli 6-bis e 6-ter nei confronti degli organismi esteri indicati al comma 5 e dei relativi gestori. A tali soggetti si applica altresì l'articolo 8 (2).

(1) Articolo sostituito dall'art. 4, co. 6, d.lg. 4/3/2014, n. 44.

• Il presente articolo, prima della modifica di cui all'art. 4, co. 6, d.lg. 4/3/2014, n. 44, era contenuto all'interno del Capo III.

(2) Comma sostituito dall'art. 2, co. 38, d.lg. 3/8/2017, n. 129. Per l'applicazione, vedi l'art. 10, co. 2, d.lg. n. 129/2017 medesimo.

Capo II quater
Obblighi delle Sgr i cui FIA acquisiscono partecipazioni rilevanti e di controllo di società non quotate e di emittenti (1)

(1) Capo aggiunto dall'art. 4, co. 6, d.lg. 4/3/2014, n. 44.

45. Obblighi relativi all'acquisizione di partecipazioni rilevanti o di controllo di società non quotate (1). – 1. Le Sgr comunicano alla Consob il raggiungimento, il superamento o la riduzione al di sotto delle soglie del 10%, 20%, 30%, 50% e 75% dei diritti di voto in una società non quotata in conseguenza dell'acquisto, della detenzione o della cessione di partecipazioni al capitale sociale da parte del FIA italiano, del FIA UE o non UE da esse gestito. Tale comunicazione è effettuata entro dieci giorni lavorativi dalla data dell'operazione.

2. Le Sgr i cui FIA italiani, FIA UE o non UE acquisiscono o detengono, anche indirettamente per il tramite di fiduciari o per interposta persona, la maggioranza assoluta dei diritti di voto esercitabili nell'assemblea di una società non quotata, comunicano l'acquisizione del controllo, entro dieci giorni lavorativi:

a) alla società;

b) agli azionisti le cui identità e i cui indirizzi sono a disposizione della Sgr ovvero possono essere messi a disposizione tramite la società non quotata ovvero tramite un registro a cui la Sgr può avere accesso;

c) alla Consob.

3. Le disposizioni contenute nei commi 1 e 2 si applicano anche:

a) alle Sgr i cui FIA acquisiscono, anche congiuntamente, una partecipazione rilevante in una società non quotata;

b) alle Sgr che gestiscono uno o più FIA che, individualmente o congiuntamente in base a un accordo, acquisiscono il controllo di una società non quotata;

c) alle Sgr che cooperano con altre Sgr ovvero con GEFIA UE o non UE, in base ad un accordo in virtù del quale i FIA dalle stesse gestiti acquisiscono congiuntamente il controllo di una società non quotata;

d) alle Sicav e alle Sicaf che gestiscono direttamente i propri patrimoni che si trovano nelle situazioni previste dalle lettere a), b) e c).

4. Ai fini del presente articolo, sono considerate società non quotate le società aventi sede legale nell'Unione europea non aventi azioni ammesse alle negoziazioni in un mercato regolamentato, diverse dalle:

a) microimprese, piccole imprese e medie imprese, come definite dall'articolo 2, paragrafo 1, dell'allegato alla raccomandazione 2003/361/CE della Commissione europea, del 6 maggio 2003;

b) società veicolo finalizzate all'acquisto, alla detenzione o all'amministrazione di beni immobili.

5. La Consob, nel rispetto delle disposizioni della direttiva 2011/61/UE, stabilisce con regolamento:

a) le modalità di effettuazione delle comunicazioni previste dal comma 1;

b) il contenuto e le modalità di adempimento degli obblighi informativi nei confronti dei soggetti indicati al comma 2, nonché dei rappresentanti dei lavoratori della società non quotata ovvero, in loro mancanza, dei lavoratori stessi;

c) il contenuto delle informazioni ulteriori da inserire nella relazione annuale della società non quotata controllata, nonché le modalità e i termini con cui la stessa è messa a disposizione dall'organo amministrativo ai rappresentanti dei lavoratori o, in loro mancanza, ai lavoratori stessi;

d) gli obblighi che le Sgr sono tenute ad osservare al fine di garantire la tutela del capitale ed impedire lo scorporo delle attività della società non quotata per un periodo di ventiquattro mesi dall'acquisizione del controllo da parte degli Oicr gestiti.

(1) Articolo modificato dall'art. 19 del d.lg. 1/8/2003, n. 274, dall'art. 9.58 del d.lg. 17/1/2003, n. 6, nel testo introdotto dall'art. 3 del d.lg. 6/2/2004, n. 37 e successivamente sostituito dall'art. 4, co. 6, d.lg. 4/3/2014, n. 44.

• Il presente articolo, prima della modifica di cui all'art. 4, co. 6, d.lg. 4/3/2014, n. 44, era contenuto all'interno del Capo III.

46. Obblighi relativi all'acquisizione di partecipazioni di controllo di un emittente (1). – 1. Le Sgr i cui FIA italiani, FIA UE e non UE acquisiscono una partecipazione di controllo al capitale di un emittente comunicano le informazioni stabilite dalla Consob con proprio regolamento, secondo le modalità e nei termini ivi stabiliti, nei confronti:

a) dell'emittente;

b) degli azionisti le cui identità e i cui indirizzi sono a disposizione della Sgr ovvero possono essere messi a disposizione tramite l'emittente ovvero tramite un registro a cui la Sgr può avere accesso;

c) della Consob.

2. Ai fini di quanto previsto dal comma 1, per acquisto di una partecipazione di controllo si intende l'acquisto da parte di una Sgr, individualmente o in accordo con altre Sgr, anche indirettamente per il tramite di fiduciari o per interposta persona, di una partecipazione che attribuisca diritti di voto in misura pari o superiore alla soglia del trenta per cento del capitale di un'emittente avente sede legale in Italia, ovvero alla diversa soglia determinata ai sensi dell'articolo 5, paragrafo 3, della direttiva 2004/25/CE, concernente le offerte pubbliche d'acquisto, secondo l'ordinamento dello Stato membro ove ha sede l'emittente.

3. Il presente articolo si applica anche:

a) alle Sgr che gestiscono uno o più FIA italiani, FIA UE o

non UE che, individualmente o congiuntamente in base a un accordo, acquisiscono il controllo di un emittente;

b) alle Sgr che cooperano con altre Sgr ovvero con GEFIA UE o non UE, in base ad un accordo in virtù del quale i FIA italiani, i FIA UE o non UE dalle stesse gestiti acquisiscono congiuntamente il controllo di un emittente;

c) alle Sicav e alle Sicaf che gestiscono direttamente i propri patrimoni che si trovano nelle situazioni previste dalle lettere a) e b).

4. La Consob, nel rispetto delle disposizioni della direttiva 2011/61/UE, stabilisce con regolamento:

a) il contenuto e le modalità di adempimento degli obblighi informativi nei confronti dei soggetti indicati al comma 1, nonché dei rappresentanti dei lavoratori dell'emittente;

b) ovvero, in loro mancanza, dei lavoratori stessi;

c) gli obblighi che le Sgr sono tenute ad osservare al fine di garantire la tutela del capitale ed impedire lo scorporo delle attività dell'emittente per un periodo di ventiquattro mesi dall'acquisizione del controllo da parte degli Oicr gestiti.

5. Ai fini del presente articolo, sono considerate emittenti le società aventi azioni ammesse alle negoziazioni in un mercato regolamentato, diverse dalle:

a) microimprese, piccole imprese e medie imprese, come definite dall'articolo 2, paragrafo 1, dell'allegato alla raccomandazione 2003/361/CE della Commissione europea, del 6 maggio 2003;

b) società veicolo finalizzate all'acquisto, alla detenzione o all'amministrazione di beni immobili.

(1) Articolo sostituito dall'art. 4, co. 6, d.lg. 4/3/2014, n. 44.

• Il presente articolo, prima della modifica di cui all'art. 4, co. 6, d.lg. 4/3/2014, n. 44, era contenuto all'interno del Capo III.

• Vedi il d.m. 26/3/1999, n. 139.

Capo II quinquies
Oicr di credito (1)

(1) Capo inserito dall'art. 17, co. 1, d.l. 14/2/2016, n. 18.

46 bis. Erogazione diretta di crediti da parte di FIA italiani (1). – I FIA italiani possono investire in crediti, a valere sul proprio patrimonio, a favore di soggetti diversi da consumatori, nel rispetto delle norme del presente decreto e delle relative disposizioni attuative adottate ai sensi degli articoli 6, comma 1, e 39.

(1) Articolo inserito dall'art. 17, co. 1, d.l. 14/2/2016, n. 18, conv., con modif., dalla l. 8/4/2016, n. 49.

46 ter. Erogazione diretta di crediti da parte di FIA UE in Italia (1). – 1. I FIA UE possono investire in crediti, a valere sul proprio patrimonio, a favore di soggetti diversi da consumatori, in Italia nel rispetto delle seguenti condizioni:

a) il FIA UE è autorizzato dall'autorità competente dello stato membro d'origine a investire in crediti, inclusi quelli erogati a valere sul proprio patrimonio, nel paese di origine;

b) il FIA UE ha forma chiusa e lo schema di funzionamento dello stesso, in particolare per quanto riguarda le modalità di partecipazione, è analogo a quello dei FIA italiani che investono in crediti;

c) le norme del paese d'origine del FIA UE in materia di contenimento e di frazionamento del rischio, inclusi i limiti di leva finanziaria, sono equivalenti alle norme stabilite per i FIA italiani che investono in crediti. L'equivalenza rispetto alle norme italiane può essere verificata con riferimento anche alle sole disposizioni statutarie o regolamentari del FIA UE, a condizione che l'autorità competente dello stato membro di origine ne assicuri l'osservanza.

2. I gestori che gestiscono FIA UE che intendono investire in crediti a valere sul proprio patrimonio in Italia comunicano tale intenzione alla Banca d'Italia. Il FIA UE non può iniziare ad operare prima che siano trascorsi sessanta giorni dalla comunicazione, entro i quali la Banca d'Italia può vietare l'investimento in crediti a valere sul proprio patrimonio in Italia.

3. La Banca d'Italia e la Consob possono chiedere, nell'ambito delle rispettive competenze, ai gestori, la comunicazione di dati e notizie e la trasmissione di atti e documenti con le modalità e nei termini dalle stesse stabiliti. La Banca d'Italia e la Consob, nell'ambito delle rispettive competenze, possono chiedere informazioni al personale dei gestori, anche per il tramite di questi ultimi. La Banca d'Italia può prevedere la partecipazione dei FIA UE di cui al comma 1 alla centrale dei rischi e può prevedere altresì che la partecipazione avvenga per il tramite di banche e intermediari iscritti all'albo di cui all'articolo 106 del decreto legislativo 1° settembre 1993, n. 385 (2).

4. Restano ferme le disposizioni italiane applicabili ai FIA UE sulla commercializzazione di azioni o quote e in ogni altra materia non espressamente regolata dal presente articolo.

5. La Banca d'Italia detta le disposizioni attuative del presente articolo.

(1) Articolo inserito dall'art. 17, co. 1, d.l. 14/2/2016, n. 18, conv., con modif., dalla l. 8/4/2016, n. 49.

(2) Comma modificato dall'art. 2, co. 39, d.lg. 3/8/2017, n. 129. Per l'applicazione, vedi l'art. 10, co. 2, d.lg. n. 129/2017 medesimo.

46 quater. Altre disposizioni applicabili (1). – 1. Ai crediti erogati in Italia da parte di FIA italiani e FIA UE, a valere sul proprio patrimonio, si applicano le disposizioni sulla trasparenza delle condizioni contrattuali e dei rapporti con i clienti di cui al Titolo VI, Capi I e III, con esclusione dell'articolo 128-bis, e le disposizioni sulle sanzioni amministrative di cui al Titolo VIII, Capi V e VI, del decreto legislativo 1° settembre 1993, n. 385, fermo restando quanto previsto dall'articolo 23, comma 4 del presente decreto.

2. Al rispetto degli obblighi previsti dalle disposizioni indicate al comma 1 è tenuto il gestore del FIA.

(1) Articolo inserito dall'art. 17, co. 1, d.l. 14/2/2016, n. 18, conv., con modif., dalla l. 8/4/2016, n. 49.

Capo III
Depositario (1)

(1) Capo sostituito dall'art. 4, co. 6, d.lg. 4/3/2014, n. 44.

47. Incarico di depositario (1). – 1. Per ciascun Oicr il gestore conferisce l'incarico di depositario a un unico soggetto, cui sono affidati i beni dell'Oicr secondo quanto previsto nel presente capo.

2. L'incarico di depositario può essere assunto da banche italiane, succursali italiane di banche UE e di banche di paesi terzi, Sim e succursali italiane di imprese di investimento UE e di imprese di paesi terzi diverse dalle banche (2).

3. La Banca d'Italia autorizza l'esercizio delle funzioni di depositario e disciplina, sentita la Consob, le condizioni per l'assunzione dell'incarico.

4. Gli amministratori e i sindaci del depositario riferiscono senza ritardo alla Banca d'Italia e alla Consob, ciascuna per le proprie competenze, sulle irregolarità riscontrate nell'amministrazione del gestore e nella gestione degli Oicr e forniscono, su richiesta della Banca d'Italia e della Consob, informazioni su atti o fatti di cui sono venuti a conoscenza nell'esercizio delle funzioni di depositario.

(1) Articolo sostituito dall'art. 4, co. 6, d.lg. 4/3/2014, n. 44.

(2) Comma sostituito dall'art. 2, co. 40, d.lg. 3/8/2017, n. 129. Per l'applicazione, vedi l'art. 10, co. 2, d.lg. n. 129/2017 medesimo.

48. Compiti del depositario (1). – 1. Il depositario agisce in modo indipendente e nell'interesse dei partecipanti all'Oicr. Esso adotta ogni misura idonea a prevenire potenziali conflitti di interesse tra l'esercizio delle funzioni di depositario e le altre attività svolte.

2. Il depositario adempie agli obblighi di custodia degli strumenti finanziari ad esso affidati e alla verifica della proprietà nonché alla tenuta delle registrazioni degli altri beni. Se non sono affidate a soggetti diversi, detiene altresì le disponibilità liquide degli Oicr.

3. Il depositario, nell'esercizio delle proprie funzioni:

a) accerta la legittimità delle operazioni di vendita, emissione, riacquisto, rimborso e annullamento delle quote del fondo, nonché la destinazione dei redditi dell'Oicr;

b) accerta la correttezza del calcolo del valore delle parti dell'Oicr [o, nel caso di OICVM italiani, su incarico del gestore, provvede esso stesso a tale calcolo] (2);

c) accerta che nelle operazioni relative all'Oicr la controprestazione sia rimessa nei termini d'uso;

d) esegue le istruzioni del gestore se non sono contrarie alla legge, al regolamento o alle prescrizioni degli organi di vigilanza;

e) monitora i flussi di liquidità dell'Oicr, nel caso in cui la liquidità non sia affidata al medesimo.

3-bis. Il depositario può svolgere altre attività nei confronti del gestore, incluso il calcolo del valore delle parti dell'OICVM, ferma restando l'applicazione della disciplina in materia di esternalizzazione ai sensi dell'articolo 6, comma 1, lettera c-bis), numero 8), e comma 2-bis e a condizione che separi, sotto il profilo gerarchico e funzionale, l'espletamento delle funzioni di depositario dagli altri suoi compiti potenzialmente configgenti e che i potenziali conflitti di interesse siano identificati, gestiti, monitorati e comunicati agli investitori dell'Oicr (3).

4. La Banca d'Italia, sentita la Consob, emana disposizioni di attuazione del presente articolo, anche con riferimento all'individuazione dei soggetti diversi dal depositario cui possono essere affidate le disponibilità liquide, alle modalità di deposito di tali disponibilità liquide, nonché alle condizioni per la delega della custodia e il riuso dei beni dell'Oicr da parte del depositario.

(1) Articolo modificato dall'art. 9.59, co. 1, lett. a), d.lg. 17/1/2003, n. 6, nel testo introdotto dall'art. 3 del d.lg. 6/2/2004, n. 37, dall'art. 40, co. 5, d.lg. 27/1/2010, n. 39 e successivamente sostituito dall'art. 4, co. 6, d.lg. 4/3/2014, n. 44.

(2) Parole "o, nel caso di OICVM italiani, su incarico del gestore, provvede esso stesso a tale calcolo" soppresse dall'art. 1, co. 1, lett. b), n. 1, d.lg. 18/4/2016, n. 71.

(3) Comma inserito dall'art. 1, co. 1, lett. b), n. 2, d.lg. 18/4/2016, n. 71 e successivamente modificato dall'art. 2, co. 41, d.lg. 3/8/2017, n. 129. Per l'applicazione, vedi l'art. 10, co. 2, d.lg. n. 129/2017 medesimo.

49. Responsabilità del depositario (1). – 1. Il depositario è responsabile nei confronti del gestore e dei partecipanti all'Oicr di ogni pregiudizio da essi subito in conseguenza dell'inadempimento dei propri obblighi.

2. In caso di perdita di strumenti finanziari detenuti in custodia, il depositario, se non prova che l'inadempimento è stato determinato da caso fortuito o forza maggiore, è tenuto a restituire senza indebito ritardo strumenti finanziari della stessa specie o una somma di importo corrispondente, salva la responsabilità per ogni altra perdita subita dall'Oicr o dagli investitori in conseguenza del mancato rispetto, intenzionale o dovuto a negligenza, dei propri obblighi.

3. In caso di perdita di strumenti finanziari da parte del terzo al quale è stata delegata la custodia, resta impregiudicata la responsabilità del depositario, fatta salva l'eventuale stipula di accordi scritti tra il gestore, il depositario e il terzo al quale è stata delegata la custodia, volti a determinare l'assunzione in via esclusiva della responsabilità da parte del terzo. Per l'eventuale stipula di tali accordi il gestore, il depositario e il terzo si attengono alla disciplina, stabilita dalla Banca d'Italia, sentita la Consob, che individua i casi in cui tali accordi sono consentiti e il loro contenuto minimo.

4. In caso di assunzione in via esclusiva della responsabilità da parte del terzo ai sensi del comma 3, esso risponde ai sensi del comma 2. Resta impregiudicata la responsabilità del terzo, qualora deleghi a sua volta la custodia degli strumenti finanziari a un altro soggetto, fatta salva la possibilità di accordi secondo quanto previsto dal comma 3.

(1) Articolo modificato dall'art. 9.60 del d.lg. 17/1/2003, n. 6, nel testo introdotto dall'art. 3 del d.lg. 6/2/2004, n. 37, dall'art. 8 del d.lg. 17/9/2007, n. 164 e, da ultimo, sostituito dall'art. 1, co. 12, d.lg. 16/4/2012, n. 47 e dall'art. 4, co. 6, d.lg. 4/3/2014, n. 44.

50. Altre disposizioni applicabili* . – *1. Alle SICAV, per quanto non disciplinato dal presente capo, si applicano gli articoli 36, comma 2, 37, 38, 40 e 41. Alle SICAV autorizzate ai sensi dell'articolo 43, si applica altresì l'articolo 33, comma 4* (1). *2. All'offerta in Italia di azioni di SICAV comunitarie ed extracomunitarie si applica l'articolo 42* (2).

* Articolo abrogato dall'art. 4, co. 7, d.lg. 4/3/2014, n. 44.

(1) Comma sostituito dall'art. 20 del d.lg. 1/8/2003, n. 274 e successivamente modificato dall'art. 1, co. 13, lett. a), d.lg. 16/4/2012, n. 47. Vedi l'art. 25 del medesimo d.lg. n. 274/2003.

(2) Comma modificato dall'art. 1, co. 13, lett. b), d.lg. 16/4/2012, n. 47.

Capo III bis
*Strutture master-feeder**

* Capo inserito dall'art. 1, co. 14, d.lg. 16/4/2012, n. 47 e successivamente abrogato dall'art. 4, co. 8, d.lg. 4/3/2014, n. 44.

50 bis. Autorizzazione e regole di funzionamento delle strutture master-feeder*. – *1. La Banca d'Italia autorizza l'investimento dell'OICR feeder nell'OICR master, quando ricorrono le seguenti condizioni: a) sussistano accordi, rispettivamente, tra i gestori, i depositari e i revisori legali o le società di revisione legale degli OICR master e degli OICR feeder, che consentano la disponibilità dei documenti e delle informazioni necessari a svolgere i rispettivi compiti; b) nel caso in cui l'OICR master e l'OICR feeder abbiano lo stesso gestore, esso adotta norme interne di comportamento che assicurino la medesima disponibilità di documenti e informazioni di cui alla lettera a); c) l'OICR master e l'OICR feeder possiedano le caratteristiche previste dal regolamento di cui al comma 2. 2. La Banca d'Italia, sentita la Consob, disciplina con regolamento: a) la procedura di autorizzazione dell'investimento dell'OICR feeder nell'OICR master, nonché le informazioni e i documenti da fornire con l'istanza di autorizzazione; b) il contenuto degli accordi e delle norme interne di comportamento di cui al comma 1; c) i requisiti specifici dell'OICR master e dell'OICR feeder, nonché le regole loro applicabili; d) le regole specifiche applicabili all'OICR feeder nel caso di liquidazione, fusione, scissione, sospensione temporanea del riacquisto, del rimborso o della sottoscrizione delle quote dell'OICR master, nonché le regole applicabili all'OICR feeder e l'OICR master per coordinare la tempistica del calcolo e della pubblicazione del loro valore patrimoniale netto; e) gli obblighi di comunicazione e lo scambio di informazioni e documenti tra il gestore, il depositario, il revisore legale o la società di revisione legale, rispettivamente dell'OICR master e dell'OICR feeder, nonché tra tali soggetti e la Banca d'Italia, la Consob e le autorità competenti dell'OICR master e dell'OICR feeder comunitari ed extracomunitari. 3. Agli OICR master e agli OICR feeder si* *applicano, in quanto compatibili, le disposizioni dei Capi II, III e III-ter del presente Titolo. 4. Agli OICR master comunitari armonizzati, che non commercializzano in Italia le proprie quote a soggetti diversi dagli OICR feeder, non si applica l'articolo 42, commi da 1 a 4. Agli OICR master comunitari non armonizzati o extracomunitari si applica l'articolo 42, commi da 5 a 8. 5. Fermo restando quanto previsto nell'articolo 9, il revisore legale o la società di revisione legale incaricati della revisione dell'OICR feeder indica nella relazione sulla revisione le irregolarità evidenziate nella relazione di revisione dell'OICR master e l'impatto delle irregolarità riscontrate sull'OICR feeder. Nel caso in cui gli esercizi dell'OICR master e dell'OICR feeder si chiudano in date diverse, il revisore legale o la società di revisione legale incaricati della revisione dell'OICR master redigono una specifica relazione di revisione con riferimento la data di chiusura dell'esercizio dell'OICR feeder. 6. La Banca d'Italia e la Consob, in conformità con le disposizioni comunitarie, comunicano al gestore dell'OICR feeder ovvero all'autorità competente dell'OICR feeder comunitario armonizzato i provvedimenti assunti per il mancato rispetto delle disposizioni del presente Capo nei confronti dei soggetti indicati nel presente articolo, nonché le informazioni ricevute ai sensi dell'articolo 8, comma 4, relative al gestore dell'OICR master e all'OICR master.*

* Articolo inserito dall'art. 1, co. 14, d.lg. 16/4/2012, n. 47 e successivamente abrogato dall'art. 4, co. 8, d.lg. 4/3/2014, n. 44.

Capo III ter
*Fusione e scissione di organismi di investimento del risparmio**

* Capo inserito dall'art. 1, co. 14, d.lg. 16/4/2012, n. 47 e successivamente abrogato dall'art. 4, co. 8, d.lg. 4/3/2014, n. 44.

***50 ter. Fusione e scissione di OICR**.** *– 1. La Banca d'Italia autorizza, dandone comunicazione alla Consob, la fusione o la scissione di OICR sulla base dei relativi progetti, delle attestazioni di conformità rese dalle banche depositarie dei fondi coinvolti e dell'informativa ai partecipanti che deve essere idonea a consentire loro di pervenire ad un fondato giudizio sull'impatto della fusione sull'investimento. La Banca d'Italia può individuare le ipotesi, in base alle caratteristiche degli OICR oggetto dell'operazione o al contenuto dell'informativa ai partecipanti, in cui l'autorizzazione alla fusione o alla scissione di OICR è rilasciata in via generale. 2. Le SGR mettono a disposizione dei partecipanti ai fondi e della Banca d'Italia una relazione, redatta da una banca depositaria ovvero da un revisore legale o da una società di revisione legale, che attesti la correttezza dei criteri adottati per la valutazione delle attività e delle passività del fondo, dell'eventuale conguaglio in denaro, del metodo di calcolo e del livello effettivo del rapporto di cambio alla data di riferimento di tale rapporto. 3. Le SICAV coinvolte in operazioni di fusione o scissione applicano gli articoli 2501 e seguenti del codice civile, in quanto compatibili. Il progetto di fusione o quello di scissione, redatti sulla base di quanto richiesto dal regolamento della Banca d'Italia di cui al comma 4, e le eventuali deliberazioni assembleari di modifica dei relativi progetti sono preventivamente autorizzati dalla Banca d'Italia. In assenza dell'autorizzazione di cui al comma 1 non si può dare corso alle iscrizioni nel registro delle imprese previste dal codice civile. 4. La Banca d'Italia, sentita la Consob, disciplina con regolamento: a) la procedura di autorizzazione e le relative condizioni; b) la data di efficacia dell'operazione e i criteri di imputazione dei costi dell'operazione; c) l'informativa da rendere ai partecipanti; d) le forme ammesse per le fusioni e le scissioni; e) l'oggetto delle attestazioni di conformità e della relazione di cui ai commi 1 e 2; f) i diritti dei partecipanti.*

* Articolo inserito dall'art. 1, co. 14, d.lg. 16/4/2012, n. 47 e successivamente abrogato dall'art. 4, co. 8, d.lg. 4/3/2014, n. 44.

***50 quater. Fusione transfrontaliera di OICR armonizzati**.** *– 1. Alle fusioni tra OICR comunitari armonizzati e OICR italiani armonizzati e a quelle che coinvolgono OICR italiani armonizzati le cui quote sono commercializzate in un altro Stato comunitario ai sensi dell'articolo 41, comma 2, lettera a), si applicano, oltre alle disposizioni di cui all'articolo 50-ter, le disposizioni del presente articolo. 2. Nel caso in cui l'OICR risultante dalla fusione o incorporante non sia un OICR italiano, l'autorizzazione alla fusione è rilasciata dalla Banca d'Italia, secondo quanto previsto dalle disposizioni comunitarie. 3. Nel caso in cui l'OICR risultante dalla fusione o incorporante sia un OICR italiano, la Banca d'Italia può richiedere per tale OICR la modifica dell'informativa ai partecipanti, secondo quanto previsto dalle disposizioni comunitarie. 4. La Banca d'Italia, sentita la Consob, definisce con regolamento le disposizioni di attuazione del presente articolo, nel rispetto di quanto previsto dalle disposizioni comunitarie.*

* Articolo inserito dall'art. 1, co. 14, d.lg. 16/4/2012, n. 47 e successivamente abrogato dall'art. 4, co. 8, d.lg. 4/3/2014, n. 44.

TITOLO III-BIS (1)
GESTIONE DI PORTALI PER LA RACCOLTA DI CAPITALI PER LE PICCOLE E MEDIE IMPRESE E PER LE IMPRESE SOCIALI

(1) Titolo inserito dall'art. 2 del d.lg. 25/11/2019, n. 165.

Capo I
Gestione di portali per la raccolta di capitali per le piccole e medie imprese e per le imprese sociali (1)

(1) Il Capo III-quater del Titolo III della Parte II è stato rinominato come Capo I del Titolo III-bis della Parte II dall'art. 2 del d.lg. 25/11/2019, n. 165. La precedente rubrica era: «Gestione di portali per la raccolta di capitali per le PMI».

• Rubrica modificata dall'art. 4 del d.l. 24/1/2015, n. 3, conv., con modif., dalla l. 24/3/2015, n. 33, che recitava «Gestione di portali per la raccolta di capitali per le start-up innovative e le PMI innovative» e da ultimo nuovamente modificata dall'art. 1, co. 70, lett. c), l. 11/12/2016, n. 232 che ha sostituito le parole "per le start-up innovative e le PMI innovative" con le parole "per le PMI".

50 quinquies. Gestione di portali per la raccolta di capitali per le piccole e medie imprese e per le imprese sociali (1). – 1. È gestore di portali il soggetto che esercita professionalmente il servizio di gestione di portali per la raccolta di capitali per le piccole e medie imprese e per le imprese sociali ed è iscritto nel registro di cui al comma 2 (2).

2. L'attività di gestione di portali per la raccolta di capitali per le piccole e medie imprese e per le imprese sociali è riservata alle Sim, alle imprese di investimento UE, alle imprese di paesi terzi diverse dalle banche autorizzate in Italia, ai gestori di cui all'articolo 1, comma 1, lettera q-bis), limitatamente all'offerta di quote o azioni di Oicr che investono prevalentemente in piccole e medie imprese e alle banche, autorizzati ai relativi servizi di investimento, nonché ai soggetti iscritti in un apposito registro tenuto dalla Consob, a condizione che questi ultimi trasmettano gli ordini riguardanti la sottoscrizione e la compravendita di strumenti finanziari rappresentativi di capitale esclusivamente a banche, Sim, impre-

se di investimento UE e imprese di paesi terzi diverse dalla banche, e gli ordini riguardanti azioni o quote degli Oicr ai relativi gestori. Ai soggetti iscritti in tale registro non si applicano le disposizioni della parte II, titolo II, capo II e dell'articolo 32 (3).

3. L'iscrizione nel registro di cui al comma 2 è subordinata al ricorrere dei seguenti requisiti:

a) forma di società per azioni, di società in accomandita per azioni, di società a responsabilità limitata o di società cooperativa;

b) sede legale e amministrativa o, per i soggetti comunitari, stabile organizzazione nel territorio della Repubblica;

c) oggetto sociale conforme con quanto previsto dal comma 1;

d) possesso da parte di coloro che detengono il controllo e dei soggetti che svolgono funzioni di amministrazione, direzione e controllo dei requisiti di onorabilità stabiliti dalla Consob;

e) possesso da parte dei soggetti che svolgono funzioni di amministrazione, direzione e controllo, di requisiti di professionalità stabiliti dalla Consob.

e-bis) stipula di un'assicurazione di responsabilità professionale che garantisca un'adeguata protezione alla clientela, secondo i criteri stabiliti dalla Consob con regolamento (4);

4. I soggetti iscritti nel registro di cui al comma 2 non possono detenere somme di denaro o strumenti finanziari di pertinenza di terzi.

5. La Consob determina, con regolamento, i principi e i criteri relativi:

a) alla formazione del registro e alle relative forme di pubblicità;

b) alle eventuali ulteriori condizioni per l'iscrizione nel registro, alle cause di sospensione, radiazione e riammissione e alle misure applicabili nei confronti degli iscritti nel registro;

c) alle eventuali ulteriori cause di incompatibilità;

d) alle regole di condotta che i gestori di portali devono rispettare nel rapporto con gli investitori, prevedendo un regime semplificato per i clienti professionali.

6. La Consob esercita la vigilanza sui gestori di portali per verificare l'osservanza delle disposizioni di cui al presente articolo e della relativa disciplina di attuazione. A questo fine la Consob può convocare gli amministratori, i sindaci e il personale dei gestori, chiedere la comunicazione di dati e di notizie e la trasmissione di atti e di documenti, fissando i relativi termini, nonché effettuare ispezioni (5).

6-bis. La Consob adotta le disposizioni attuative dell'articolo 4-undecies (6).

*7. I gestori di portali che violano le norme del presente articolo o le disposizioni emanate dalla Consob in forza di esso, sono puniti, in base alla gravità della violazione e tenuto conto dell'eventuale recidiva, con una sanzione amministrativa pecuniaria da euro cinquecento a euro venticinquemila. Per i soggetti iscritti nel registro di cui al comma 2, può altresì essere disposta la sospensione da uno a quattro mesi o la radiazione dal registro. Si applicano i commi 2 e 3 dell'articolo 196. Resta fermo quanto previsto dalle disposizioni della parte II, titolo IV, capo I, applicabili alle imprese di investimento, alle banche, alle SGR e alle società di gestione armonizzate**.

(1) Articolo inserito dall'art. 30, co. 2, d.l. 18/10/2012, n. 179.

• Rubrica modificata dall'art. 4, co. 10, lett. b), n. 1, d.l. 24/1/2015, n. 3, conv., con modif., dalla l. 24/3/2015, n. 33, che dopo le parole: "start-up innovative" ha inserito le parole: "e le PMI innovative", e dall'art. 1, co. 70, lett. b), l. 11/12/2016, n. 232 e successivamente sostituita dall'art. 18, co. 8, lett. c), n. 1, d.lg. 3/7/2017, n. 112 e dall'art. 2, co. 43, lett. a), d.lg. 3/8/2017, n. 129. Per l'applicazione, vedi l'art. 10, co. 2, d.lg. n. 129/2017 medesimo.

(2) Il presente comma è stato modificato dapprima dall'art. 4, co. 10, lett. b), n. 2, d.l. 24/1/2015, n. 3, conv., con modif., dalla l. 24/3/2015, n. 33 e così recitava: «È gestore di portali il soggetto che esercita professionalmente il servizio di gestione di portali per la raccolta di capitali per le start-up innovative, per le PMI innovative, per gli organismi di investimento collettivo del risparmio e per le società di capitali che investono prevalentemente in start-up innovative e in PMI innovative ed è iscritto nel registro di cui al comma 2». Successivamente è stato nuovamente modificato nella versione attuale dall'art. 1, co. 70, lett. b), l. 11/12/2016, n. 232 e dall'art. 18, co. 8, lett. c), n. 2, d.lg. 3/7/2017, n. 112, e da ultimo sostituito dall'art. 2, co. 43, lett. b), d.lg. 3/8/2017, n. 129. Per l'applicazione, vedi l'art. 10, co. 2, d.lg. n. 129/2017 medesimo.

(3) Il presente comma è stato dapprima modificato dall'art. 4, co. 10, lett. b), n. 3, d.l. 24/1/2015, n. 3, conv., con modif., dalla l. 24/3/2015, n. 33 e così recitava: «L'attività di gestione di portali per la raccolta di capitali le start-up innovative, per le PMI innovative, per gli organismi di investimento collettivo del risparmio e per le società di capitali che investono prevalentemente in start-up innovative e in PMI innovative è riservata alle imprese di investimento e alle banche autorizzate ai relativi servizi di investimento nonché ai soggetti iscritti in un apposito registro tenuto dalla Consob, a condizione che questi ultimi trasmettano gli ordini riguardanti la sottoscrizione e la compravendita di strumenti finanziari rappresentativi di capitale esclusivamente a banche e imprese di investimento. Ai soggetti iscritti in tale registro non si applicano le disposizioni della parte II, titolo II, capo II e dell'articolo 32». Successivamente è stato nuovamente modificato nella versione attuale dall'art. 1, co. 70, lett. b), l. 11/12/2016, n. 232 e dall'art. 18, co. 8, lett. c), n. 2, d.lg. 3/7/2017, n. 112, e da ultimo sostituito dall'art. 2, co. 43, lett. b), d.lg. 3/8/2017, n. 129. Per l'applicazione, vedi l'art. 10, co. 2, d.lg. n. 129/2017 medesimo.

(4) Lettera così sostituita dall'art. 2 del d.lg. 25/11/2019, n. 165.

(5) Comma modificato dall'art. 2, co. 43, lett. d), d.lg. 3/8/2017, n. 129. Per l'applicazione, vedi l'art. 10, co. 2, d.lg. n. 129/2017 medesimo.

(6) Comma inserito dall'art. 2, co. 43, lett. e), d.lg. 3/8/2017, n. 129. Per l'applicazione, vedi l'art. 10, co. 2, d.lg. n. 129/2017 medesimo.

* Comma abrogato dall'art. 2, co. 43, lett. f), d.lg. 3/8/2017, n. 129. Per l'applicazione, vedi l'art. 10, co. 2, d.lg. n. 129/2017 medesimo.

TITOLO IV
PROVVEDIMENTI INGIUNTIVI E CRISI

Capo I
*Disciplina dei provvedimenti ingiuntivi**

* Capo abrogato dall'art. 2, co. 44, d.lg. 3/8/2017, n. 129. Per l'applicazione, vedi l'art. 10, co. 2, d.lg. n. 129/2017 medesimo.

51. Provvedimenti ingiuntivi nei confronti di intermediari nazionali ed extracomunitari. *– 1. In caso di violazione da parte di SIM, di imprese di investimento e di banche extracomunitarie, di società di gestione del risparmio, di SICAV, di Sicaf, di GEFIA non UE autorizzati in Italia e di banche autorizzate alla prestazione di servizi e attività di investimento aventi sede in Italia delle disposizioni loro applicabili ai sensi del presente decreto, la Banca d'Italia o la CONSOB, nell'ambito delle rispettive competenze, possono ordinare alle stesse di porre termine a tali irregolarità* (1). *2. L'autorità di vigilanza che procede può altresì, sentita l'altra autorità, vietare ai soggetti indicati nel comma 1 di intraprendere nuove operazioni, nonché imporre ogni altra limitazione riguardante singole tipologie di operazioni, singoli servizi o attività, anche limitatamente a singole succursali o dipendenze dell'intermediario, quando* (2): *a) le violazioni commesse possono pregiudicare interessi di carattere generale; b) nei casi di urgenza per la tutela degli interessi degli investitori.*

* Articolo abrogato dall'art. 2, co. 44, d.lg. 3/8/2017, n. 129. Per l'applicazione, vedi l'art. 10, co. 2, d.lg. n. 129/2017 medesimo.

(1) Comma modificato dall'art. 9, co. 1, lett. a) e b), d.lg. 17/9/2007, n. 164, con la decorrenza indicata nell'art. 19 dello stesso decreto e successivamente dall'art. 5, co. 1, d.lg. 4/3/2014, n. 44.

(2) Alinea modificato dall'art. 9, co. 1, lett. c), d.lg. 17/9/2007, n. 164, con la decorrenza indicata nell'art. 19 dello stesso decreto.

52. Provvedimenti ingiuntivi nei confronti di intermediari comunitari*. – *1. In caso di violazione da parte di imprese di investimento comunitarie con succursale in Italia, di società di gestione UE, di GEFIA UE e non UE autorizzati in uno Stato dell'UE diverso dall'Italia, di banche comunitarie con succursale in Italia e di società finanziarie previste dall'articolo 18, comma 2, del testo unico bancario, delle disposizioni loro applicabili secondo l'ordinamento italiano, la Banca d'Italia o la Consob, nell'ambito delle rispettive competenze, possono ordinare alle stesse di porre termine a tali irregolarità, dandone comunicazione anche all'Autorità di vigilanza dello Stato membro in cui l'intermediario ha sede legale per i provvedimenti eventualmente necessari* (1). *2. L'autorità di vigilanza che procede può adottare i provvedimenti necessari, sentita l'altra autorità, compresa l'imposizione del divieto di intraprendere nuove operazioni, nonché ogni altra limitazione riguardante singole tipologie di operazioni, singoli servizi o attività anche limitatamente a singole succursali o dipendenze dell'intermediario, ovvero ordinare la chiusura della succursale, quando* (2)*: a) manchino o risultino inadeguati i provvedimenti dell'autorità competente dello Stato in cui l'intermediario ha sede legale; b) risultino violazioni delle norme di comportamento; c) le irregolarità commesse possano pregiudicare interessi di carattere generale; d) nei casi di urgenza per la tutela degli interessi degli investitori. 3. I provvedimenti previsti dal comma 2 sono comunicati dall'autorità che li ha adottati all'autorità competente dello Stato comunitario in cui l'intermediario ha sede legale. 3-bis. Se vi è fondato sospetto che un'impresa di investimento comunitaria o una banca comunitaria operanti in regime di libera prestazione di servizi in Italia non ottemperano agli obblighi derivanti dalle disposizioni dell'Unione europea, la Banca d'Italia o la Consob informano l'autorità competente dello Stato membro in cui l'intermediario ha sede legale per i provvedimenti necessari. Se, nonostante le misure adottate dall'autorità competente, l'intermediario persiste nell'agire in modo tale da pregiudicare gli interessi degli investitori o il buon funzionamento dei mercati, la Banca d'Italia o la Consob, dopo avere informato l'autorità competente dello Stato membro in cui l'intermediario ha sede legale, adottano tutte le misure necessarie compresa l'imposizione del divieto di intraprendere nuove operazioni in Italia. La Banca d'Italia o la Consob procedono sentita l'altra autorità, e informano la Commissione europea delle misure adottate* (3). *3-ter. Il comma 3-bis si applica anche nel caso di violazioni, da parte di imprese di investimento o banche comunitarie con succursale in Italia ovvero società di gestione UE, GEFIA UE e non UE autorizzati in uno Stato dell'UE diverso dall'Italia, di obblighi derivanti da disposizioni dell'Unione europea per le quali è competente lo Stato membro in cui l'intermediario ha sede legale* (4). *3-quater. Se la violazione riguarda disposizioni relative alla liquidità dell'impresa d'investimento comunitaria o in ogni altro caso di deterioramento della situazione di liquidità della stessa, la Banca d'Italia può adottare le misure necessarie per la stabilità finanziaria o per la tutela delle ragioni dei soggetti ai quali sono prestati i servizi, se quelle prese dall'autorità competente dello Stato d'origine mancano o risultano inadeguate; le misure da adottare sono comunicate all'autorità competente dello Stato d'origine* (5).

* Articolo abrogato dall'art. 2, co. 45, d.lg. 3/8/2017, n. 129. Per l'applicazione, vedi l'art. 10, co. 2, d.lg. n. 129/2017 medesimo.

(1) Comma sostituito dall'art. 21 del d.lg. 1/8/2003, n. 274. Vedi l'art. 25 del medesimo d.lg. n. 274/2003. Successivamente sostituito dall'art. 9, co. 2, lett. a), d.lg. 17/9/2007, n. 164, con la decorrenza indicata nell'art. 19 dello stesso decreto e, da ultimo, modificato dall'art. 1, co. 15, lett. a), d.lg. 16/4/2012, n. 47 e dall'art. 5, co. 2, lett. a), d.lg. 4/3/2014, n. 44.

(2) Alinea sostituito dall'art. 9, co. 2, lett. b), d.lg. 17/9/2007, n. 164, con la decorrenza indicata nell'art. 19 dello stesso decreto.

(3) Comma aggiunto dall'art. 9, co. 2, lett. c), d.lg. 17/9/2007, n. 164, con la decorrenza indicata nell'art. 19 dello stesso decreto e successivamente modificato dall'art. 1, co. 15, lett. b), d.lg. 16/4/2012, n. 47 e dall'art. 5, co. 2, lett. b), d.lg. 4/3/2014, n. 44.

(4) Comma aggiunto dall'art. 9, co. 2, lett. c), d.lg. 17/9/2007, n. 164, con la decorrenza indicata nell'art. 19 dello stesso decreto e successivamente, modificato dall'art. 1, co. 15, lett. b), d.lg. 16/4/2012, n. 47 e dall'art. 5, co. 2, lett. c), d.lg. 4/3/2014, n. 44.

(5) Comma aggiunto dall'art. 4 del d.lg. 12/5/2015, n. 72.

53. Sospensione degli organi amministrativi*. – *1. Il presidente della CONSOB può disporre in via d'urgenza, ove ricorrano situazioni di pericolo per i clienti o per i mercati, la sospensione degli organi di amministrazione delle SIM e la nomina di un commissario che ne assume la gestione quando risultino gravi irregolarità nell'amministrazione ovvero gravi violazioni delle disposizioni legislative, amministrative o statutarie. 2. Il commissario dura in carica per un periodo massimo di sessanta giorni. Il commissario nell'esercizio delle sue funzioni, è pubblico ufficiale. Il Presidente della CONSOB può stabilire speciali cautele e limitazioni per la gestione della SIM. 3. L'indennità spettante al commissario è determinata dalla CONSOB in base a criteri dalla stessa stabiliti ed è a carico della società commissariata. Si applica l'articolo 91, comma 1, ultimo periodo del T.U. bancario. 4. Le azioni civili contro il commissario, per atti compiuti nell'espletamento dell'incarico, sono promosse previa autorizzazione della CONSOB. 5. Il presente articolo si applica anche alle succursali italiane di imprese di investimento extracomunitarie. Il commissario assume nei confronti delle succursali i poteri degli organi di amministrazione dell'impresa di investimento. 6. Il presente articolo si applica anche alle società di gestione del risparmio e alle SICAV. Il presidente della CONSOB dispone il provvedimento sentito il Governatore della Banca d'Italia.*

* Articolo abrogato dall'art. 2, co. 44, d.lg. 3/8/2017, n. 129. Per l'applicazione, vedi l'art. 10, co. 2, d.lg. n. 129/2017 medesimo.

54. Provvedimenti ingiuntivi nei confronti degli OICVM UE, FIA UE e non UE con quote o azioni offerte in Italia*. – *1. Quando sussistono elementi che fanno presumere l'inosservanza da parte degli OICVM UE, dei FIA UE e non UE delle disposizioni loro applicabili ai sensi del presente decreto, la Banca d'Italia o la CONSOB, nell'ambito delle rispettive competenze, possono sospendere in via cautelare, per un periodo non superiore a sessanta giorni, l'offerta delle relative quote o azioni. In caso di accertata violazione, le autorità di vigilanza, nell'ambito delle rispettive competenze, possono sospendere temporaneamente ovvero vietare l'offerta delle quote o delle azioni degli OICR* (1). *1-bis. Se vi è fondato sospetto che un OICVM UE, un FIA UE e non UE le cui quote o azioni sono offerte in Italia, ovvero il gestore di tale OICR, non ottemperi agli obblighi derivanti da disposizioni dell'Unione europea per le quali sia competente lo Stato di origine dell'OICR, la Banca d'Italia o la Consob informano l'autorità competente di tale Stato affinché assuma i provvedimenti necessari. Se, nonostante le misure adottate dall'autorità competente, l'OICR, ovvero il suo gestore, persiste nell'agire in modo tale da pregiudicare gli interessi degli investitori o il buon funzionamento dei mercati, la Banca d'Italia o la Consob, dopo aver informato l'autorità dello*

Stato di origine, adottano le misure necessarie per proteggere gli investitori o assicurare il buon funzionamento dei mercati, ivi compreso il divieto di offerta delle quote o azioni dell'OICR (2).

* Articolo abrogato dall'art. 2, co. 45, d.lg. 3/8/2017, n. 129. Per l'applicazione, vedi l'art. 10, co. 2, d.lg. n. 129/2017 medesimo.

• Rubrica sostituita dall'art. 1, co. 16, lett. a), d.lg. 16/4/2012, n. 47 e successivamente dall'art. 5, co. 3, lett. a), d.lg. 4/3/2014, n. 44.

(1) Comma modificato dall'art. 1, co. 16, lett. b), d.lg. 16/4/2012, n. 47 e successivamente dall'art. 5, co. 3, lett. b), d.lg. 4/3/2014, n. 44.

(2) Comma inserito dall'art. 1, co. 16, lett. c), d.lg. 16/4/2012, n. 47 e successivamente modificato dall'art. 5, co. 3, lett. c), d.lg. 4/3/2014, n. 44.

55. ***Provvedimenti cautelari applicabili ai consulenti finanziari abilitati all'offerta fuori sede****. – *1. La [CONSOB], in caso di necessità e urgenza, può disporre in via cautelare la sospensione del promotore finanziario dall'esercizio dell'attività per un periodo massimo di sessanta giorni, qualora sussistano elementi che facciano presumere l'esistenza di gravi violazioni di legge ovvero di disposizioni generali o particolari impartite dalla CONSOB* (1). *2. La [CONSOB] può disporre in via cautelare, per un periodo massimo di un anno, la sospensione dall'esercizio dell'attività qualora il promotore finanziario sia sottoposto a una delle misure cautelari personali del libro IV, titolo I, capo II, del codice di procedura penale o assuma la qualità di imputato ai sensi dell'articolo 60 dello stesso codice in relazione ai seguenti reati: a) delitti previsti nel titolo XI, del libro V del codice civile e nella legge fallimentare; b) delitti contro la pubblica amministrazione, contro la fede pubblica, contro il patrimonio, contro l'ordine pubblico, contro l'economia pubblica, ovvero delitti in materia tributaria; c) reati previsti dal titolo VIII del T.U. bancario; d) reati previsti dal presente decreto* (2).

* Articolo abrogato dall'art. 2, co. 44, d.lg. 3/8/2017, n. 129. Per l'applicazione, vedi l'art. 10, co. 2, d.lg. n. 129/2017 medesimo.

• Rubrica così modificata dall'art. 1, co. 39, l. 28/12/2015, n. 208 che ha sostituito le parole: "promotori finanziari" con le parole: "consulenti finanziari abilitati all'offerta fuori sede".

(1) Comma modificato dall'art. 1, co. 39, l. 28/12/2015, n. 208.

(2) A norma dell'art. 1, co. 36, l. 28/12/2015, n. 208, i riferimenti all'organismo di tenuta dell'albo dei consulenti finanziari nonché alla Consob, contenuto nel presente articolo, si intendono sostituiti da riferimenti all'organismo di cui al primo periodo del citato co. 36.

Capo I bis
Piani di risanamento, sostegno finanziario di gruppo e intervento precoce (1)

(1) Capo inserito dall'art. 2 del d.lg. 16/11/2015, n. 181.

55 bis. Ambito di applicazione (1). – 1. Il presente Capo si applica alle Sim aventi sede legale in Italia che prestano uno o più dei seguenti servizi o attività di investimento:

a) negoziazione per conto proprio;

b) sottoscrizione e/o collocamento con assunzione a fermo o assunzione di garanzia nei confronti dell'emittente;

c) gestione di sistemi multilaterali di negoziazione.

2. Ai fini del presente Capo si applicano le definizioni contenute nell'articolo 69-bis del Testo unico bancario.

3. La Banca d'Italia adotta disposizioni attuative del presente Capo, anche per tenere conto di orientamenti dell'ABE.

(1) Articolo inserito dall'art. 2 del d.lg. 16/11/2015, n. 181.

55 ter. Piani di risanamento (1). – 1. Le Sim si dotano di un piano di risanamento individuale secondo quanto previsto dall'articolo 69-quater del Testo unico bancario. Non sono tenute a dotarsi di piani di risanamento individuali le Sim appartenenti a un gruppo bancario o a un gruppo individuato ai sensi dell'articolo 11, salvo che ciò non sia loro specificamente richiesto dalla Banca d'Italia. Per le Sim sottoposte a vigilanza consolidata in un altro Stato comunitario, la richiesta di piani individuali è effettuata in conformità dell'articolo 69-septies del Testo unico bancario.

2. La società posta al vertice di un gruppo ai sensi dell'articolo 11 si dota di un piano di risanamento di gruppo nei casi e secondo quanto previsto dall'articolo 69-quinquies del Testo unico bancario.

3. La Banca d'Italia, sentita la Consob per i profili di competenza, valuta i piani di risanamento indicati ai commi 1 e 2 secondo quanto previsto dagli articoli 69-sexies e 69-septies del Testo unico bancario. Essa può prevedere modalità semplificate di adempimento degli obblighi stabiliti dal presente articolo secondo quanto previsto dall'articolo 69-decies del Testo unico bancario.

4. Si applicano gli articoli 69-octies e 69-novies del Testo unico bancario.

(1) Articolo inserito dall'art. 2 del d.lg. 16/11/2015, n. 181.

55 quater. Sostegno finanziario di gruppo (1). – 1. Le Sim appartenenti a un gruppo ai sensi dell'articolo 11 possono concludere con altre componenti del gruppo accordi per fornirsi sostegno finanziario per il caso in cui per una di esse si realizzino i presupposti dell'intervento precoce ai sensi dell'articolo 55-quinquies. Agli accordi si applicano, in quanto compatibili, gli articoli 69-duodecies, 69-terdecies, 69-quaterdecies, 69-quinquiesdecies, 69-sexiesdecies e 69-septiesdecies del Testo unico bancario.

(1) Articolo inserito dall'art. 2 del d.lg. 16/11/2015, n. 181.

55 quinquies. Intervento precoce (1). – 1. La Banca d'Italia può, sentita la Consob per i profili di competenza, disporre le misure indicate agli articoli 69-noviesdecies e 69-viciessemel del Testo unico bancario nei confronti di una Sim o di una società posta al vertice di un gruppo ai sensi dell'articolo 11 al ricorrere dei presupposti indicati dall'articolo 69-octiesdecies del Testo unico bancario. A tal fine la Banca d'Italia esercita i poteri indicati dagli articoli 6-bis, commi 1, 2, 3, 11; 6-ter, commi 1, 5, 6, 7, 8; e 12, comma 5. Le misure sono adottate su proposta della Consob quando le violazioni riguardano disposizioni sul cui rispetto questa vigila (2).

2. Alle Sim disciplinate dal presente Capo non si applica l'articolo 56-bis.

(1) Articolo inserito dall'art. 2 del d.lg. 16/11/2015, n. 181.

(2) Comma modificato dall'art. 2, co. 45, d.lg. 3/8/2017, n. 129. Per l'applicazione, vedi l'art. 10, co. 2, d.lg. n. 129/2017 medesimo.

Capo II
Disciplina delle crisi

56. Amministrazione straordinaria. – 1. La Banca d'Italia, di propria iniziativa o su proposta formulata dalla Consob nell'ambito delle sue competenze, può disporre lo scioglimento degli organi con funzione di amministrazione e di controllo delle Sim, delle società di gestione del risparmio, delle Sicav e delle Sicaf quando:

a) risultino gravi irregolarità nell'amministrazione ovvero gravi violazioni delle disposizioni legislative, amministrative o statutarie che ne regolano l'attività, sempre che gli interventi indicati dagli articoli 55-quinquies o 56-bis, ove applicabili, non siano sufficienti per porre rimedio alla situazione;

b) siano previste gravi perdite del patrimonio della società;

c) lo scioglimento sia richiesto con istanza motivata dagli organi amministrativi o dall'assemblea straordinaria ovvero dal commissario nominato ai sensi dell'articolo 7-sexies (1).

2. Il provvedimento previsto dal comma 1 può essere adottato anche nei confronti delle succursali italiane di imprese di paesi terzi diverse dalle banche e di GEFIA non UE autorizzati in Italia: in tale ipotesi i commissari straordinari e il comitato di sorveglianza assumono nei confronti delle succursali stesse i poteri degli organi di amministrazione e di controllo dell'impresa (2).

3. La direzione della procedura e tutti gli adempimenti a essa connessi spettano alla Banca d'Italia. Si applicano, in quanto compatibili, gli articoli 70, commi 2, 3, 4 e 5, 71, 72, 73, 74, 75, 75-bis e 77-bis del Testo unico bancario, intendendosi le suddette disposizioni riferite agli investitori in luogo dei depositanti, alle SIM, alle imprese di paesi terzi diverse dalle banche, alle società di gestione del risparmio, alle Sicav, alle Sicaf e ai GEFIA non UE autorizzati in Italia in luogo delle banche, e l'espressione "strumenti finanziari" riferita agli strumenti finanziari e al denaro (3).

4. Alle SIM, alle società di gestione del risparmio, alle Sicav e alle Sicaf non si applica il titolo IV della legge fallimentare (4).

4-bis. La procedura disciplinata dal presente articolo trova applicazione anche nei confronti della società posta al vertice del gruppo di Sim ai sensi dell'articolo 11 e delle altre componenti del gruppo. Si applicano gli articoli 98, 100, 102, 103, 104, 105 del decreto legislativo 1° settembre 1993, n. 385, intendendosi le suddette disposizioni riferite alle Sim in luogo delle banche, nonché alla società posta al vertice del gruppo ai sensi dell'articolo 11 in luogo della capogruppo. Il riferimento all'articolo 64 del decreto legislativo 1° settembre 1993, n. 385, contenuto nell'articolo 105 del decreto legislativo 1° settembre 1993, n. 385, si intende effettuato all'articolo 11 del presente decreto (5).

(1) Comma dapprima modificato dall'art. 9 del d.lg. 17/9/2007, n. 164 e dall'art. 5 del d.lg. 4/3/2014, n. 44 e infine così sostituito dall'art. 2 del d.lg. 16/11/2015, n. 181 e, da ultimo modificato dall'art. 2, co. 46, lett. a), d.lg. 3/8/2017, n. 129. Per l'applicazione, vedi l'art. 10, co. 2, d.lg. n. 129/2017 medesimo.

(2) Comma modificato dall'art. 5, co. 4, lett. b), d.lg. 4/3/2014, n. 44 e successivamente dall'art. 2, co. 3, lett. b), d.lg. 16/11/2015, n. 181 e, da ultimo modificato dall'art. 2, co. 46, lett. a), d.lg. 3/8/2017, n. 129. Per l'applicazione, vedi l'art. 10, co. 2, d.lg. n. 129/2017 medesimo.

(3) Comma modificato dall'art. 5, co. 4, lett. c), d.lg. 4/3/2014, n. 44 e successivamente dall'art. 2, co. 3, lett. b), d.lg. 16/11/2015, n. 181 e dall'art. 2, co. 46, lett. c), d.lg. 3/8/2017, n. 129. Per l'applicazione, vedi l'art. 10, co. 2, d.lg. n. 129/2017 medesimo.

(4) Comma modificato dall'art. 5, co. 4, lett. d), d.lg. 4/3/2014, n. 44.

(5) Comma aggiunto dall'art. 2 del d.lg. 16/11/2015, n. 181.

56 bis. Rimozione collettiva dei componenti degli organi di amministrazione e controllo (1). – 1. La Banca d'Italia, sentita la Consob può disporre la rimozione di tutti i componenti degli organi con funzione di amministrazione e di controllo delle Sim, delle società di gestione del risparmio, delle Sicav e delle relative società capogruppo, al ricorrere dei presupposti indicati all'articolo 56, comma 1, lettera a). Il provvedimento è pubblicato per estratto nella Gazzetta Ufficiale della Repubblica italiana (2).

2. Il provvedimento fissa la data da cui decorre la rimozione dei componenti degli organi. La Banca d'Italia convoca l'assemblea della Sim, della società di gestione del risparmio, della Sicav o della società capogruppo con all'ordine del giorno il rinnovo degli organi con funzioni di amministrazione e controllo.

3. Resta salva la possibilità di disporre in ogni momento l'amministrazione straordinaria nei casi previsti dall'articolo 56, secondo le modalità e con gli effetti previsti dal presente titolo.

(1) Articolo inserito dall'art. 4 del d.lg. 12/5/2015, n. 72.

(2) Comma modificato dall'art. 2, co. 47, d.lg. 3/8/2017, n. 129. Per l'applicazione, vedi l'art. 10, co. 2, d.lg. n. 129/2017 medesimo.

57. Liquidazione coatta amministrativa. – 1. Il Ministero dell'economia e delle finanze, su proposta della Banca d'Italia o della CONSOB, nell'ambito delle rispettive competenze, può disporre con decreto la revoca dell'autorizzazione all'esercizio dell'attività e la liquidazione coatta amministrativa delle SIM, delle società di gestione del risparmio, delle Sicav e delle Sicaf, anche quando ne sia in corso l'amministrazione straordinaria ovvero la liquidazione secondo le norme ordinarie, qualora le irregolarità nell'amministrazione ovvero le violazioni delle disposizioni legislative, amministrative o statutarie o le perdite previste dall'articolo 56 siano di eccezionale gravità. Nei confronti delle Sim indicate all'articolo 55-bis, comma 1, la liquidazione è disposta se ricorrono i presupposti indicati all'articolo 17 del decreto legislativo 16 novembre 2015, n. 180, ma non sussiste quella indicata all'articolo 20 del medesimo decreto per disporre la risoluzione (1).

2. La liquidazione coatta può essere disposta con il medesimo procedimento previsto dal comma 1, su istanza motivata dagli organi amministrativi, dell'assemblea straordinaria, del commissario nominato ai sensi dell'articolo 7-sexies, dei commissari straordinari o dei liquidatori (2).

3. La direzione della procedura e tutti gli adempimenti a essa connessi spettano alla Banca d'Italia. Si applicano, in quanto compatibili, l'articolo 80, comma da 3 a 6, e gli articoli 81, 82, 83, 84, 85, 86, a eccezione dei commi 6 e 7, 87, commi 2 e 3, 88, 89, 90, 91, a eccezione dei commi 1-bis e 11-bis, 92, 92-bis, 93, 94 e 97 del Testo unico bancario, intendendosi le suddette disposizioni riferite alle Sim, alle società di gestione del risparmio, alle Sicav, alle Sicaf in luogo delle banche, e l'espressione "strumenti finanziari" riferita agli strumenti finanziari e al denaro. Ai fini dell'applicazione dell'articolo 92-bis del Testo unico bancario alle società di gestione del risparmio, le disposizioni ivi contenute relative ai clienti iscritti nella sezione separata si intendono riferite ai fondi o ai comparti gestiti dalla società (3).

3-bis. Se è disposta la liquidazione coatta di una società di gestione del risparmio, i commissari liquidatori provvedono alla liquidazione o alla cessione dei fondi da questa gestiti e dei relativi comparti, esercitando a tali fini i poteri di amministrazione degli stessi. Si applicano, in quanto compatibili, gli articoli 83, 86, ad eccezione dei commi 6 e 7, 87, commi 2 e 3, 88, 89, 90, 91 ad eccezione dei commi 1-bis, 2, 3 e 11-bis, 92, 92-bis, 93 e 94 del T.U. bancario, nonché i commi 4 e 5 del presente articolo. I partecipanti ai fondi o ai comparti hanno diritto esclusivamente alla ripartizione del residuo netto di liquidazione in misura proporzionale alle rispettive quote di partecipazione; dalla data dell'emanazione del decreto di liquidazione coatta amministrativa cessano le funzioni degli organi del fondo (4).

4. I commissari, trascorso il termine previsto dall'articolo 86, comma 5, del T.U. bancario e non oltre i trenta giorni successivi, sentiti i cessati amministratori, depositano presso la Banca d'Italia e, a disposizione degli aventi diritto, nella cancelleria del tribunale del luogo dove la SIM, la società di gestione del risparmio, la Sicav e la Sicaf hanno la sede legale gli elenchi dei creditori ammessi, indicando i diritti di prelazione e l'ordine degli stessi, dei titolari dei diritti indicati nel comma 2 del predetto articolo, nonché dei soggetti appartenenti alle medesime categorie cui è stato negato il riconoscimento delle pretese. I clienti aventi diritto alla restituzione degli strumenti finanziari e del denaro relativi ai servizi e alle attività previsti dal presente decreto sono iscritti in apposita e separata sezione dello stato passivo. Il presente comma si applica in luogo dell'articolo 86, commi 6 e 7 del T.U. bancario (5).

5. Possono proporre opposizione allo stato passivo, relativamente alla propria posizione e contro il riconoscimento dei diritti in favore dei soggetti inclusi negli elenchi indicati nella disposizione del comma 4, i soggetti le cui pretese non siano state accolte, in tutto o in parte, entro 15 giorni dal ricevimento della comunicazione prevista dall'articolo 86, comma 8, del T.U. bancario e i soggetti ammessi entro lo stesso termine decorrente dalla data di pubblicazione dell'avviso previsto dal medesimo comma 8. Il presente comma si applica in luogo dell'articolo 87, comma 1 del T.U. bancario (6).

6. Se il provvedimento di liquidazione coatta amministrativa riguarda una SICAV o una Sicaf, i commissari, entro trenta giorni dalla nomina comunicano ai soci il numero e la specie delle azioni risultanti di pertinenza di ciascuno secondo le scritture e i documenti della società (7).

6-bis. Qualora le attività del fondo o del comparto non consentano di soddisfare le obbligazioni dello stesso e non sussistano ragionevoli prospettive che tale situazione possa essere superata, uno o più creditori o la SGR possono chiedere la liquidazione del fondo al tribunale del luogo in cui la SGR ha la sede legale. Il tribunale, sentiti la Banca d'Italia e i rappresentanti legali della SGR, quando ritenga fondato il pericolo di pregiudizio, dispone la liquidazione del fondo con sentenza deliberata in camera di consiglio. In tale ipotesi, la Banca d'Italia nomina uno o più liquidatori che provvedono secondo quanto disposto dal comma 3-bis; possono essere nominati liquidatori anche SGR o enti. Il provvedimento della Banca d'Italia è pubblicato per estratto nella Gazzetta Ufficiale della Repubblica italiana. Si applica ai liquidatori, in quanto compatibile, l'articolo 84, ad eccezione dei commi 2 e 5, del T.U. bancario. Se la SGR che gestisce il fondo è successivamente sottoposta a liquidazione coatta amministrativa, i commissari liquidatori della SGR assumono l'amministrazione del fondo sulla base di una situazione dei conti predisposta dai liquidatori del fondo stesso. Quando il fondo o il comparto sia privo di risorse liquide o queste siano stimate dai liquidatori insufficienti a soddisfare i crediti in prededuzione fino alla chiusura della liquidazione, i liquidatori pagano, con priorità rispetto a tutti gli altri crediti prededucibili, le spese necessarie per il funzionamento della liquidazione, le indennità e le spese per lo svolgimento dell'incarico dei liquidatori, le spese per l'accertamento del passivo, per la conservazione e il realizzo dell'attivo, per l'esecuzione di riparti e restituzioni e per la chiusura della liquidazione stessa, utilizzando dapprima le risorse liquide eventualmente disponibili della liquidazione, e poi le somme messe a disposizione dalla società di gestione del risparmio che gestisce il fondo o il comparto, somme che restano a carico della società stessa. Non si applica l'articolo 92-bis, commi 1, 2, 3, 4 e 5, del Testo unico bancario; il comma 6 del medesimo articolo si applica nel caso in cui non vi siano prospettive di utile realizzo dei beni del fondo o del comparto (8).

6-ter. La procedura disciplinata dal presente articolo trova applicazione anche nei confronti della società posta al vertice del gruppo di Sim ai sensi dell'articolo 11 e delle altre componenti del gruppo. Si applicano gli articoli 99, 101, 102, 103, 104, 105 del decreto legislativo 1° settembre 1993, n. 385, intendendosi le suddette disposizioni riferite alle Sim in luogo delle banche, nonché alla società posta al vertice del gruppo ai sensi dell'articolo 11 in luogo della capogruppo. Il riferimento all'articolo 64 del decreto legislativo 1° settembre 1993, n. 385, contenuto nell'articolo 105 del decreto legislativo 1° settembre 1993, n. 385, si intende effettuato all'articolo 11 del presente decreto (9).

(1) Comma modificato dall'art. 9, co. 4, lett. a), d.lg. 17/9/2007, n. 164, con la decorrenza indicata nell'art. 19 dello stesso decreto e successivamente dall'art. 5, co. 5, lett. a), d.lg. 4/3/2014, n. 44 e infine dall'art. 2 del d.lg. 16/11/2015, n. 181 che ha aggiunto l'ultimo periodo, successivamente dall'art. 2, co. 4, lett. a), d.lg. 16/11/2015, n. 181 e, da ultimo dall'art. 2, co. 48, lett. a), d.lg. 3/8/2017, n. 129. Per l'applicazione, vedi l'art. 10, co. 2, d.lg. n. 129/2017 medesimo.

(2) Comma modificato dall'art. 2, co. 48, lett. b), d.lg. 3/8/2017, n. 129. Per l'applicazione, vedi l'art. 10, co. 2, d.lg. n. 129/2017 medesimo.

(3) Comma modificato dall'art. 5, co. 5, lett. b), d.lg. 4/3/2014, n. 44 e infine così sostituito dall'art. 2 del d.lg. 16/11/2015, n. 181.

(4) Comma inserito dall'art. 1, co. 17, lett. a), d.lg. 16/4/2012, n. 47 e poi così modificato dall'art. 2 del d.lg. 16/11/2015, n. 181 che ha sostituito le parole: "Si applicano, in quanto compatibili, gli articoli 83, 86, ad eccezione dei commi 6 e 7, 87, commi 2, 3 e 4, 88, 89, 90, 91 ad eccezione dei commi 2 e 3, 92, 93 e 94 del Testo unico bancario," con le parole: "Si applicano, in quanto compatibili, gli articoli 83, 86, ad eccezione dei commi 6 e 7, 87, commi 2 e 3, 88, 89, 90, 91 ad eccezione dei commi 1-bis, 2, 3 e 11-bis, 92, 92-bis, 93 e 94 del T.U. bancario,".

(5) Comma modificato dall'art. 9, co. 4, lett. b), d.lg. 17/9/2007, n. 164, con la decorrenza indicata nell'art. 19 dello stesso decreto e successivamente dall'art. 5, co. 5, lett. c), d.lg. 4/3/2014, n. 44.

(6) Comma così modificato dall'art. 2 del d.lg. 16/11/2015, n. 181 che ha sostituito la parola: "raccomandata" con la parola: "comunicazione".

(7) Comma modificato dall'art. 5, co. 5, lett. d), d.lg. 4/3/2014, n. 44.

(8) Comma dapprima introdotto dall'art. 1 del d.lg. 16/4/2012, n. 47 e poi così modificato dall'art. 2 del d.lg. 16/11/2015, n. 181 che ha aggiunto l'ultimo periodo.

(9) Comma aggiunto dall'art. 2 del d.lg. 16/11/2015, n. 181.

58. Succursali in Italia di imprese di investimento e di gestori esteri (1). – 1. Quando a una impresa di investimento UE, a una società di gestione UE, a un GEFIA UE o a un GEFIA non UE autorizzato in uno Stato membro dell'UE diverso dall'Italia è revocata l'autorizzazione all'attività da parte dell'autorità competente, le succursali italiane possono essere sottoposte alla procedura di liquidazione coatta amministrativa secondo le disposizioni dell'articolo 57, in quanto compatibili (2).

2. Alle succursali italiane di imprese di paesi terzi diverse dalle banche e di GEFIA non UE autorizzati in Italia si applicano le disposizioni dell'articolo 57, in quanto compatibili (3).

(1) Articolo modificato dall'art. 22 del d.lg. 1/8/2003, n. 274 e successivamente sostituito dall'art. 5, co. 6, d.lg. 4/3/2014, n. 44.

(2) Comma modificato dall'art. 2, co. 49, lett. a), d.lg. 3/8/2017, n. 129. Per l'applicazione, vedi l'art. 10, co. 2, d.lg. n. 129/2017 medesimo.

(3) Comma modificato dall'art. 2, co. 49, lett. b), d.lg. 3/8/2017, n. 129. Per l'applicazione, vedi l'art. 10, co. 2, d.lg. n. 129/2017 medesimo.

58 bis. Imprese di investimento operanti nell'Unione europea (1). – 1. Ai provvedimenti di risanamento e alle procedure di liquidazione delle Sim indicate all'articolo 55-bis, comma 1, e delle imprese di investimento UE che svolgono le attività indicate dal medesimo articolo si applicano gli articoli 95-bis, 95-ter, 95-quater, 95-quinquies e 95-septies del Testo unico bancario, intendendosi suddette disposizioni riferite alle Sim o alle imprese di investimento comunitarie in luogo delle banche (2).

2. Ai fini del comma 1:

a) il riferimento all'articolo 79, comma 1, del Testo unico bancario contenuto nell'articolo 95-bis, comma 1-bis, del medesimo decreto si intende riferito all'articolo 7-quater, comma 1, del presente decreto (3);

b) la richiesta di cui all'articolo 95-quater, comma 2, del Testo unico bancario può essere effettuata anche a seguito di una segnalazione della Consob al ricorrere dei presupposti previsti dall'articolo 56, comma 1, lettera a);

c) la Banca d'Italia può emanare disposizioni di attuazione

del presente articolo ai sensi dell'articolo 95-sexies del Testo unico bancario.

(1) Articolo inserito dall'art. 2, co. 5, d.lg. 16/11/2015, n. 181.

• Rubrica sostituita dall'art. 2, co. 50, lett. a), d.lg. 3/8/2017, n. 129. Per l'applicazione, vedi l'art. 10, co. 2, d.lg. n. 129/2017 medesimo.

(2) Comma modificato dall'art. 2, co. 50, lett. b), d.lg. 3/8/2017, n. 129. Per l'applicazione, vedi l'art. 10, co. 2, d.lg. n. 129/2017 medesimo.

(3) Lettera modificata dall'art. 2, co. 50, lett. c), d.lg. 3/8/2017, n. 129. Per l'applicazione, vedi l'art. 10, co. 2, d.lg. n. 129/2017 medesimo.

59. Sistemi d'indennizzo. – 1. Il rilascio dell'autorizzazione alla prestazione di servizi e attività di investimento è subordinato all'adesione a un sistema di indennizzo a tutela degli investitori riconosciuto dal Ministro dell'economia e delle finanze, sentite la Banca d'Italia e la CONSOB (1).

2. Il Ministro dell'economia e delle finanze, sentite la Banca d'Italia e la CONSOB, disciplina con regolamento l'organizzazione e il funzionamento dei sistemi di indennizzo.

3. La Banca d'Italia sentita la CONSOB, coordina con regolamento l'operatività dei sistemi d'indennizzo con la procedura di liquidazione coatta amministrativa, e in generale, con l'attività di vigilanza.

4. I sistemi di indennizzo sono surrogati nei diritti degli investitori fino alla concorrenza dei pagamenti effettuati a loro favore.

5. Gli organi della procedura concorsuale verificano e attestano se i crediti ammessi allo stato passivo derivano dall'esercizio dei servizi e delle attività di investimento tutelati dai sistemi di indennizzo (2).

6. Per le cause relative alle richieste di indennizzo è competente il giudice del luogo ove ha sede legale il sistema di indennizzo.

(1) Comma modificato dall'art. 9, co. 5, lett. a), d.lg. 17/9/2007, n. 164, con la decorrenza indicata nell'art. 19 dello stesso decreto.

(2) Comma modificato dall'art. 9, co. 5, lett. b), d.lg. 17/9/2007, n. 164, con la decorrenza indicata nell'art. 19 dello stesso decreto.

60. Adesione ai sistemi d'indennizzo da parte di intermediari esteri. – 1. Le succursali di imprese di investimento UE, di società di gestione UE, di GEFIA UE e di GEFIA non UE autorizzati in uno Stato membro dell'UE diverso dall'Italia o di banche UE insediate in Italia possono aderire, al fine di integrare la tutela offerta dal sistema di indennizzo del Paese di origine, a un sistema di indennizzo riconosciuto, limitatamente all'attività svolta in Italia (1).

2. Salvo che aderiscano a un sistema di indennizzo estero equivalente, le succursali di imprese di paesi terzi insediate in Italia devono aderire a un sistema di indennizzo riconosciuto, limitatamente all'attività svolta in Italia. La Banca d'Italia verifica che la copertura offerta dai sistemi di indennizzo esteri cui aderiscono le succursali di imprese di paesi terzi operanti in Italia possa considerarsi equivalente a quella offerta dai sistemi di indennizzo riconosciuti (2).

(1) Comma sostituito dall'art. 23 del d.lg. 1/8/2003, n. 274 e successivamente modificato dall'art. 5, co. 7, d.lg. 4/3/2014, n. 44 e dall'art. 2, co. 51, lett. a), d.lg. 3/8/2017, n. 129. Per l'applicazione, vedi l'art. 10, co. 2, d.lg. n. 129/2017 medesimo.

(2) Comma modificato dall'art. 2, co. 51, lett. b), d.lg. 3/8/2017, n. 129. Per l'applicazione, vedi l'art. 10, co. 2, d.lg. n. 129/2017 medesimo.

60 bis. Responsabilità delle Sim, delle Sgr, delle Sicav e delle Sicaf per illecito amministrativo dipendente da reato (1). – 1. Il pubblico ministero che iscrive, ai sensi dell'articolo 55 del decreto legislativo 8 giugno 2001, n. 231, nel registro delle notizie di reato un illecito amministrativo a carico di una SIM, di una SGR, di una Sicav o di una Sicaf, ne dà comunicazione alla Banca d'Italia e alla CONSOB. Nel corso del procedimento, ove il pubblico ministero ne faccia richiesta, vengono sentite la Banca d'Italia e la CONSOB, le quali hanno, in ogni caso, facoltà di presentare relazioni scritte (2).

2. In ogni grado del giudizio di merito, prima della sentenza, il giudice dispone, anche d'ufficio, l'acquisizione dalla Banca d'Italia e dalla CONSOB di aggiornate informazioni sulla situazione dell'intermediario, con particolare riguardo alla struttura organizzativa e di controllo.

3. La sentenza irrevocabile che irroga nei confronti di una SIM, di una SGR, di una Sicav, o di una Sicaf le sanzioni interdittive di cui all'articolo 9, comma 2, lettere a) e b), del decreto legislativo 8 giugno 2001, n. 231, decorsi i termini per la conversione delle sanzioni medesime, è trasmessa per l'esecuzione dall'Autorità giudiziaria alla Banca d'Italia e alla CONSOB; a tal fine, la CONSOB o la Banca d'Italia, ciascuna nell'ambito delle rispettive competenze, possono proporre o adottare gli atti previsti dagli articoli 7-ter, 7-quater, 7-quinquies, 7-sexies e dal titolo IV della parte II, avendo presenti le caratteristiche della sanzione irrogata e le preminenti finalità di salvaguardia della stabilità e di tutela dei diritti degli investitori (3).

4. Le sanzioni interdittive indicate nell'articolo 9, comma 2, lettere a) e b), del decreto legislativo 8 giugno 2001, n. 231, non possono essere applicate in via cautelare alle SIM, SGR, Sicav e Sicaf. Ai medesimi intermediari non si applica, altresì, l'articolo 15 del decreto legislativo 8 giugno 2001, n. 231 (4).

5. Il presente articolo si applica, in quanto compatibile, alle succursali italiane di imprese di investimento UE o di imprese di paesi terzi diverse dalle banche, di società di gestione UE, di GEFIA UE, di GEFIA non UE autorizzati in Italia e di GEFIA non UE autorizzati in uno Stato membro dell'UE diverso dall'Italia (5).

(1) Articolo inserito dall'art. 10 del d.lg. 19/7/2004, n. 197.

• Rubrica sostituita dall'art. 5, co. 8, lett. a), d.lg. 4/3/2014, n. 44.

(2) Comma modificato dall'art. 5, co. 8, lett. b), d.lg. 4/3/2014, n. 44.

(3) Comma modificato dall'art. 5, co. 8, lett. c), d.lg. 4/3/2014, n. 44 e successivamente dall'art. 2, co. 52, lett. a), d.lg. 3/8/2017, n. 129.

(4) Comma modificato dall'art. 5, co. 8, lett. d), d.lg. 4/3/2014, n. 44.

(5) Comma modificato dall'art. 5, co. 8, lett. e), d.lg. 4/3/2014, n. 44 e successivamente dall'art. 2, co. 52, lett. b), d.lg. 3/8/2017, n. 129.

Capo II bis

Risoluzione delle Sim (1)

(1) Capo inserito dall'art. 2, co. 6, d.lg. 16/11/2015, n. 181.

60 bis.1. Ambito di applicazione (1). – 1. Il presente Capo si applica alle Sim indicate all'articolo 55-bis, comma 1, e alle succursali italiane di imprese di paesi terzi diverse dalle banche che svolgono le attività indicate dal medesimo articolo, se non rientrano nel campo di applicazione del decreto [di recepimento della direttiva 2014/59/UE] (2).

2. Le Sim che rientrano nel campo di applicazione previsto dall'articolo 2 del decreto legislativo 16 novembre 2015, n. 180 sono equiparate alle banche ai fini dell'applicazione del decreto medesimo (3).

3. In relazione a quanto disciplinato dal presente Capo, e anche in deroga agli articoli 1, 2, 3, 4, 4-bis e 4-ter, si applicano gli articoli 3, 4, 5 e 6 del decreto legislativo 16 novembre 2015, n. 180, nonché le definizioni contenute nell'articolo 1 del medesimo decreto (3).

4. Quando nel presente capo si fa rinvio a disposizioni del decreto legislativo 16 novembre 2015, n. 180, le disposizioni

riferite alle banche si intendono riferite alle Sim e quelle riferite alla capogruppo si intendono riferite alla società posta al vertice del gruppo ai sensi dell'articolo 11 (3).

(1) Articolo inserito dall'art. 2, co. 6, d.lg. 16/11/2015, n. 181.

(2) Comma modificato dall'art. 2, co. 53, lett. a), d.lg. 3/8/2017, n. 129.

(3) Comma modificato dall'art. 2, co. 53, lett. b), d.lg. 3/8/2017, n. 129.

60 bis.2. Piani di risoluzione (1). – 1. La Banca d'Italia predispone, sentita la Consob per i profili di competenza:

a) un piano di risoluzione individuale per ciascuna Sim non sottoposta a vigilanza su base consolidata secondo quanto previsto dall'articolo 7 del decreto [di recepimento della direttiva 2014/59/UE]; ovvero

b) un piano di risoluzione di gruppo per i gruppi indicati dall'articolo 11, secondo quanto previsto dagli articoli 8, 9 e 10 del decreto [di recepimento della direttiva 2014/59/UE].

2. I piani di risoluzione sono comunicati alla Consob.

3. Si applicano, in quanto compatibili, il Titolo III, Capo I, del decreto [di recepimento della direttiva 2014/59/UE] e le disposizioni da esso richiamate.

(1) Articolo inserito dall'art. 2, co. 6, d.lg. 16/11/2015, n. 181.

60 bis.3. Risolvibilità (1). – 1. La Banca d'Italia valuta se una Sim non facente parte di un gruppo è risolvibile secondo quanto previsto dall'articolo 12 del decreto [di recepimento della direttiva 2014/59/UE] e dalle disposizioni da esso richiamate.

2. La Banca d'Italia valuta se un gruppo individuato ai sensi dell'articolo 11 è risolvibile, quando ne è l'autorità di risoluzione di gruppo, nei casi e secondo quanto previsto dall'articolo 13 del decreto [di recepimento della direttiva 2014/59/UE] e dalle disposizioni da esso richiamate.

3. Se, a seguito della valutazione effettuata ai sensi dei commi 1 e 2, risultano impedimenti sostanziali alla risolvibilità di una Sim o di un gruppo, la Banca d'Italia procede secondo quanto previsto dagli articoli 14, 15 e 16 del decreto [di recepimento della direttiva 2014/59/UE], adottando, ove opportuno, le misure ivi disciplinate, sentita la Consob per i profili di competenza.

(1) Articolo inserito dall'art. 2, co. 6, d.lg. 16/11/2015, n. 181.

60 bis.4. Risoluzione e altre procedure di gestione delle crisi (1). – 1. Alle Sim si applicano i Titoli IV e VI nonché gli articoli 99, 102, 103, 104 e 105 del decreto [di recepimento della direttiva 2014/59/UE]. I provvedimenti, indicati all'articolo 20 del medesimo decreto legislativo, con cui è disposta la riduzione o la conversione di azioni, di altre partecipazioni e di strumenti di capitale, o l'avvio della risoluzione o della liquidazione coatta amministrativa sono adottati sentita la Consob per i profili di competenza.

2. Ai fini del comma 1, i riferimenti contenuti nel decreto [di recepimento della direttiva 2014/59/UE] alla disciplina in materia di acquisto di partecipazioni qualificate, amministrazione straordinaria e liquidazione coatta amministrativa prevista ai sensi del Testo unico bancario si intendono effettuati alle corrispondenti disposizioni del presente decreto legislativo.

(1) Articolo inserito dall'art. 2, co. 6, d.lg. 16/11/2015, n. 181.

60 bis.4 bis. Strumenti di debito chirografario di secondo livello (1). – 1. Le Sim indicate all'articolo 55-bis, comma 1, possono emettere gli strumenti di debito chirografario di secondo livello ai sensi dell'articolo 12-bis del Testo unico bancario. Si applica l'articolo 91, comma 1-bis, lettera c-bis), del Testo unico bancario.

(1) Articolo inserito dall'art. 1, co. 1104, l. 27/12/2017, n. 205.

60 ter. Principi di regolamentazione (1). – 1. La Banca d'Italia e la Consob esercitano i poteri regolamentari previsti dal presente titolo nell'osservanza dei principi di cui all'articolo 6, comma 01.

(1) Articolo inserito dall'art. 10 del d.lg. 17/9/2007, n. 164, con la decorrenza indicata nell'art. 19 dello stesso decreto.

PARTE III
DISCIPLINA DEI MERCATI (1)

(1) Rubrica così sostituita ad opera dell'art. 2, co. 1, d.lg. 12/8/2016, n. 176. Il testo previgente era: "Disciplina dei mercati e della gestione accentrata di strumenti finanziari".

TITOLO I
DISCIPLINA DEI SISTEMI DI NEGOZIAZIONE (1)

(1) Vedi deliberazione Consob 1/7/1998, n. 11521. Rubrica così sostituita dall'art. 2, co. 2, d.lg. 12/8/2016, n. 176. Il testo previgente era: "Disciplina dei mercati".

Capo I
Mercati regolamentati

61. Definizioni (1). – 1. Nella presente parte si intendono per:

a) "strategia di market making": ai fini degli articoli 65-sexies e 67-ter, la strategia perseguita da chi svolge negoziazioni algoritmiche quando, operando per conto proprio in qualità di membro o partecipante di una o più sedi di negoziazione, la strategia comporta l'immissione di quotazioni irrevocabili e simultanee di acquisto e di vendita, di misura comparabile e a prezzi competitivi, relative a uno o più strumenti finanziari su un'unica sede di negoziazione o su diverse sedi di negoziazione, con il risultato di fornire liquidità in modo regolare e frequente al mercato;

b) "fondi indicizzati quotati" (exchange-traded funds – ETF): gli Oicr con almeno una particolare categoria di azioni o quote negoziata per tutta la giornata in almeno una sede di negoziazione, nell'ambito della quale almeno un market-maker interviene per assicurare che il prezzo delle sue azioni o quote nella sede di negoziazione non si discosti in maniera significativa dal rispettivo valore netto di inventario né, se del caso, da quello indicativo calcolato in tempo reale (indicative net asset value);

c) "certificates": i titoli negoziabili quali definiti all'articolo 2, paragrafo 1, punto 27), del regolamento (UE) n. 600/2014;

d) "strumenti finanziari strutturati": gli strumenti finanziari strutturati quali definiti all'articolo 2, paragrafo 1, punto 28), del regolamento (UE) n. 600/2014;

e) "sedi di negoziazione all'ingrosso": le sedi di negoziazione di titoli di Stato o di titoli obbligazionari privati e pubblici, diversi da titoli di Stato, nonché di strumenti del mercato monetario e di strumenti finanziari derivati su titoli pubblici, su tassi di interesse e su valute che, in base alle regole adottate dal gestore della sede, consentono esclusivamente le negoziazioni tra operatori che impegnano posizioni proprie ovvero, nel caso dei soggetti abilitati, quelle nelle quali gli operatori eseguono in contropartita diretta, con posizioni proprie, ordini di clienti professionali;

f) "operatore principale": i soggetti indicati nell'articolo 2, paragrafo 1, lettera n), del regolamento (UE) n. 236/2012, relativo alle vendite allo scoperto e a taluni aspetti dei contratti derivati aventi ad oggetto la copertura del rischio di inadempimento dell'emittente (credit default swap);

g) "mercato di crescita per le piccole e medie imprese": un sistema multilaterale di negoziazione registrato come un mercato di crescita per le piccole e medie imprese in conformità all'articolo 69 (2);

h) "piccola o media impresa": un'impresa come definita dall'articolo 2, paragrafo 1, lettera (f), del regolamento (UE) 2017/1129.

(1) Articolo modificato dall'art. 11, co. 1, lett. a), d.lg. 17/9/2007, n. 164, dall'art. 40 del d.lg. 27/1/2010, n. 39, dall'art. 4, co. 20, d.lg. 12/5/2015, n. 72 e da ultimo sostituito dall'art. 3, co. 1, d.lg. 3/8/2017, n. 129. Per l'applicazione, vedi l'art. 10, co. 2, d.lg. n. 129/2017 medesimo.

(2) Lettera così sostituita dall'art. 3 del d.lg. 25/11/2019, n. 165.

61 bis. Principi di regolamentazione (1). – 1. La Banca d'Italia e la Consob esercitano i poteri regolamentari previsti dalla presente parte nell'osservanza dei principi di cui all'articolo 6, comma 01.

(1) Articolo inserito dall'art. 3, co. 1, d.lg. 3/8/2017, n. 129. Per l'applicazione, vedi l'art. 10, co. 2, d.lg. n. 129/2017 medesimo.

TITOLO I-BIS
DISCIPLINA DELLE SEDI DI NEGOZIAZIONE E INTERNALIZZATORI SISTEMATICI (1)

(1) Titolo introdotto dall'art. 3 del d.lg. 3/8/2017, n. 129.

Capo I
Finalità e destinatari della vigilanza (1)

(1) Capo inserito dall'art. 3, co. 1, d.lg. 3/8/2017, n. 129. Per l'applicazione, vedi l'art. 10, co. 2, d.lg. n. 129/2017 medesimo.

62. Vigilanza sulle sedi di negoziazione (1). – 1. La Consob vigila sulle sedi di negoziazione e, fermi restando i poteri e le attribuzioni della Consob e della Banca d'Italia ai sensi della parte II del presente decreto, sui relativi gestori, al fine di assicurare la trasparenza, l'ordinato svolgimento delle negoziazioni e la tutela degli investitori.

2. La Consob vigila affinché la regolamentazione del mercato regolamentato e le regole delle altre sedi di negoziazione, adottate dai relativi gestori, siano idonee ad assicurare l'effettivo conseguimento della trasparenza del mercato, l'ordinato svolgimento delle negoziazioni e la tutela degli investitori e può richiedere ai gestori delle sedi di negoziazione le opportune modifiche idonee a eliminare le disfunzioni riscontrate.

3. In caso di necessità e urgenza, la Consob adotta nei confronti dei mercati regolamentati e per le finalità indicate al comma 1 i provvedimenti necessari, anche sostituendosi al gestore del mercato regolamentato.

4. I provvedimenti previsti dal comma 3 possono essere adottati dal Presidente della Consob o da chi lo sostituisce in caso di sua assenza o impedimento. Essi sono immediatamente esecutivi e sono sottoposti all'approvazione della Commissione che delibera nel termine di cinque giorni; i provvedimenti perdono efficacia se non approvati entro tale termine.

(1) Articolo modificato dall'art. 14, co. 1, l. 28/12/2005, n. 262, dall'art. 11, co. 2, lett. a), d.lg. 17/9/2007, n. 164, dall'art. 1, co. 2, d.lg. 11/10/2012, n. 184, dall'art. 33, co. 1, lett. e), l. 6/8/2013, n. 97, dall'art. 1, co. 2, lett. a), d.lg. 15/2/2016, n. 25 e successivamente sostituito dall'art. 3, co. 1, d.lg. 3/8/2017, n. 129. Per l'applicazione, vedi l'art. 10, co. 2, d.lg. n. 129/2017 medesimo. Il presente articolo, prima della sostituzione di cui all'art. 3, co. 1, d.lg. 3/8/2017, n. 129 era contenuto nel Titolo I, Capo I.

62 bis. Sedi di negoziazione all'ingrosso di titoli di Stato e operatori principali (1). – 1. Il Ministro dell'economia e delle finanze, sentite la Banca d'Italia e la Consob, con regolamento può stabilire requisiti specifici per le sedi di negoziazione all'ingrosso di titoli di Stato e per i relativi gestori, individuare ulteriori modalità di negoziazione e/o tipologie di operatori ammessi su tali sedi, nonché definire criteri per attribuire la qualifica di operatore principale ai soggetti operanti sulle sedi di negoziazione di titoli di Stato.

(1) Articolo inserito dall'art. 3, co. 1, d.lg. 3/8/2017, n. 129. Per l'applicazione, vedi l'art. 10, co. 2, d.lg. n. 129/2017 medesimo.

62 ter. Vigilanza sulle sedi di negoziazione all'ingrosso (1). – 1. Ferme restando le competenze e i poteri della Consob ai sensi del presente decreto, la Banca d'Italia vigila sulle sedi di negoziazione all'ingrosso di titoli di Stato e, fermi restando i poteri e le attribuzioni della Consob e della Banca d'Italia ai sensi della parte II del presente decreto, sui relativi gestori, avendo riguardo all'efficienza complessiva del mercato e all'ordinato svolgimento delle negoziazioni.

2. La Banca d'Italia vigila affinché la regolamentazione del mercato regolamentato all'ingrosso di titoli di Stato e le regole delle altre sedi di negoziazione all'ingrosso di titoli di Stato, adottate dai relativi gestori, siano idonee ad assicurare una negoziazione corretta e ordinata e un'esecuzione efficiente degli ordini e può richiedere ai gestori delle sedi di negoziazione le opportune modifiche idonee a eliminare le disfunzioni riscontrate.

3. In caso di necessità e urgenza, la Banca d'Italia adotta, nei confronti dei mercati regolamentati e per le finalità indicate al comma 1, i provvedimenti necessari, anche sostituendosi al gestore del mercato regolamentato.

4. La Banca d'Italia e la Consob, al fine di coordinare l'esercizio delle proprie funzioni di vigilanza e di ridurre al minimo gli oneri gravanti sulle sedi di negoziazione all'ingrosso, stipulano un protocollo d'intesa avente ad oggetto i compiti di ciascuna e le modalità della cooperazione e dello scambio di informazioni nello svolgimento delle rispettive competenze, anche con riferimento all'operatività in Italia di sedi di negoziazione di altri Stati membri che scambiano all'ingrosso titoli di Stato, nonché alle irregolarità rilevate e ai provvedimenti assunti nell'esercizio dell'attività di vigilanza. Il protocollo d'intesa è reso pubblico dalla Banca d'Italia e dalla Consob con le modalità da esse stabilite.

(1) Articolo inserito dall'art. 3, co. 1, d.lg. 3/8/2017, n. 129. Per l'applicazione, vedi l'art. 10, co. 2, d.lg. n. 129/2017 medesimo.

62 quater. Vigilanza regolamentare e informativa sulle sedi di negoziazione all'ingrosso (1). – 1. La Banca d'Italia con proprio provvedimento individua gli obblighi informativi e di comunicazione dei gestori delle sedi di negoziazione all'ingrosso dei titoli di Stato nei propri confronti, indicando anche contenuto, termini e modalità di comunicazione.

2. Per le sedi di negoziazione all'ingrosso di titoli di Stato:

a) i poteri regolamentari previsti negli articoli 64, comma 4; 64-bis, comma 6; 64-ter, comma 9; 65, comma 2; 65-quater, comma 5; 65-sexies, comma 7; 74, comma 2 e 76, comma 2, sono esercitati dalla Consob, d'intesa con la Banca d'Italia;

b) le attribuzioni della Consob di cui agli articoli 64, comma 5; 64-quater, commi 1, 6, 7 e 9 e 64-quinquies, comma 1, sono esercitate dal Ministero dell'economia e delle finanze, sentite la Banca d'Italia e la Consob;

c) le attribuzioni della Consob di cui agli articoli 64, comma 7; 64-bis, commi 5, 8 e 9; 64-ter, comma 7; 64-quinquies, commi 2, 4, 5 e 6; 65-sexies, comma 6; 67, commi 8 e 11 e 67-bis, comma 2, spettano alla Banca d'Italia; il diritto di accesso al book di negoziazione, ai sensi dell'articolo 65-septies, comma 2, è attribuito, oltre che alla Consob, anche alla Banca d'Italia;

d) le informazioni, le comunicazioni e le segnalazioni previste dagli articoli 64-bis, commi 3 e 4; 64-ter, comma 8; 64-quater, comma 8; 65-bis, comma 3; 65-septies, comma 3; e 66-ter, comma 3, sono trasmesse al Ministero dell'economia e delle finanze, alla Banca d'Italia e alla Consob;

e) le informazioni e le comunicazioni previste dalle disposizioni incluse nel capo II sono trasmesse alla Banca d'Italia in luogo della Consob, ad eccezione delle comunicazioni previste dall'articolo 65-septies, commi 4 e 5.

3. Per le sedi di negoziazione all'ingrosso di titoli obbligazionari privati e pubblici, diversi da titoli di Stato, nonché di strumenti del mercato monetario e di strumenti finanziari derivati su titoli pubblici, su tassi di interesse e su valute, i poteri e le attribuzioni di cui agli articoli 64, commi 4, 5 e 7; 64-bis, commi 5, 6, 8 e 9; 64-ter, commi 7 e 9; 64-quater, commi 1, 6, 7 e 9; 64-quinquies comma 1, 2, 4, 5 e 6; 65, comma 2; 65-quater, comma 5; 65-sexies, comma 7, sono esercitati dalla Consob, sentita la Banca d'Italia.

4. La Banca d'Italia e la Consob si scambiano reciprocamente le informazioni e le comunicazioni acquisite con riguardo alle sedi di negoziazione all'ingrosso di titoli obbligazionari privati e pubblici, inclusi i titoli di Stato, nonché di strumenti di mercato monetario e di strumenti finanziari derivati su titoli pubblici, su tassi di interesse e su valute secondo le modalità stabilite nel protocollo di intesa di cui all'articolo 62-ter, comma 4.

(1) Articolo inserito dall'art. 3, co. 1, d.lg. 3/8/2017, n. 129. Per l'applicazione, vedi l'art. 10, co. 2, d.lg. n. 129/2017 medesimo.

62 quinquies. Vigilanza sul rispetto di disposizioni dell'Unione europea direttamente applicabili (1). – 1. La Consob e la Banca d'Italia vigilano, ciascuna per quanto di competenza, ai sensi della presente parte, sul rispetto delle disposizioni dettate dal regolamento (UE) n. 600/2014 nonché dagli atti delegati, dalle norme tecniche di regolamentazione e di attuazione del citato regolamento e della direttiva 2014/65/UE.

(1) Articolo inserito dall'art. 3, co. 1, d.lg. 3/8/2017, n. 129. Per l'applicazione, vedi l'art. 10, co. 2, d.lg. n. 129/2017 medesimo.

62 sexies. Vigilanza sulle sedi di negoziazione di strumenti finanziari sull'energia e il gas (1). – 1. Ai mercati regolamentati per la negoziazione di strumenti finanziari derivati sull'energia elettrica e il gas e alle società che organizzano e gestiscono tali mercati si applicano le disposizioni del presente titolo, fatto salvo quanto indicato ai commi 2, 3, 4, 5 e 6.

2. I provvedimenti di cui agli articoli 62, comma 2; 64-bis, commi 5 e 8; 64-quater, commi 1, 2 e 6; 64-quinquies, commi 1 e 5; 67, comma 9; 70, commi 1 e 2; 90-quinquies, comma 2, lettera b), e 90-sexies, comma 2, sono adottati dalla Consob, d'intesa con l'Autorità per l'energia elettrica, il gas e il sistema idrico.

3. I poteri e le attribuzioni della Consob previsti dall'articolo 67, comma 10, sono esercitati dalla Consob, sentita l'Autorità per l'energia elettrica, il gas e il sistema idrico.

4. L'Autorità per l'energia elettrica, il gas e il sistema idrico esercita le attribuzioni previste nel presente articolo in funzione delle generali esigenze di stabilità, economicità e concorrenzialità dei mercati dell'energia elettrica e del gas, nonché di sicurezza e efficiente funzionamento delle reti nazionali di trasporto dell'energia elettrica e del gas.

5. Nell'esercizio delle funzioni previste dal presente articolo, la Consob e l'Autorità per l'energia elettrica, il gas e il sistema idrico si prestano reciproca assistenza e collaborano tra loro anche mediante scambio di informazioni, senza che sia opponibile il segreto d'ufficio. La Consob e l'Autorità per l'energia elettrica, il gas e il sistema idrico agiscono in modo coordinato, a tal fine stipulando appositi protocolli di intesa.

6. L'Autorità per l'energia elettrica, il gas e il sistema idrico informa il Ministero dello sviluppo economico sull'attività di vigilanza svolta e sulle irregolarità riscontrate che possono incidere sul funzionamento dei mercati fisici dei prodotti sottesi nonché sulla sicurezza e sull'efficiente funzionamento delle reti nazionali di trasporto dell'energia elettrica e del gas.

(1) Articolo inserito dall'art. 3, co. 1, d.lg. 3/8/2017, n. 129. Per l'applicazione, vedi l'art. 10, co. 2, d.lg. n. 129/2017 medesimo.

62 septies. Vigilanza sui sistemi multilaterali di scambio di depositi monetari in euro (1). – 1. La Banca d'Italia vigila sull'efficienza e sul buon funzionamento dei sistemi multilaterali di scambio di depositi monetari in euro, nonché sui soggetti gestori, e può richiedere le opportune modifiche alle regole del sistema idonee a eliminare le disfunzioni riscontrate.

2. La Banca d'Italia, con le modalità e nei termini da essa stabiliti, può richiedere la comunicazione anche periodica di dati, notizie, atti e documenti ai soggetti gestori dei sistemi multilaterali di scambio di depositi monetari in euro e agli operatori che vi partecipano. La Banca d'Italia può eseguire ispezioni presso i medesimi soggetti gestori e richiedere l'esibizione di documenti e il compimento degli atti ritenuti necessari. Gli stessi poteri possono essere esercitati anche nei confronti di altri soggetti coinvolti nell'attività del soggetto gestore. A tale fine, la Banca d'Italia può procedere anche ad audizioni personali. La Banca d'Italia può autorizzare i revisori dei conti o gli esperti a procedere a verifiche presso i soggetti gestori; le relative spese sono poste a carico del soggetto ispezionato.

3. La Banca d'Italia con proprio provvedimento individua gli obblighi informativi e di comunicazione dei gestori nei propri confronti, indicando anche contenuto, termini e modalità di comunicazione.

4. Agli scambi previsti dal comma 1 non si applicano le disposizioni dettate nella presente parte per i sistemi multilaterali di negoziazione.

(1) Articolo inserito dall'art. 3, co. 1, d.lg. 3/8/2017, n. 129. Per l'applicazione, vedi l'art. 10, co. 2, d.lg. n. 129/2017 medesimo.

62 octies. Poteri informativi e di indagine (1). – 1. La Consob e la Banca d'Italia, nell'ambito delle rispettive competenze e nel perseguimento delle finalità previste dagli articoli 62, comma 1, e 62-ter, comma 1, possono:

a) chiedere a chiunque la comunicazione, anche periodica, di dati e notizie e la trasmissione di atti e documenti con le modalità e nei termini da esse stabiliti;

b) procedere ad audizione personale nei confronti di chiunque possa essere in possesso di informazioni pertinenti;

c) richiedere ai revisori legali o alle società di revisione delle sedi di negoziazione di fornire informazioni.

2. Nel caso previsto dalla lettera b) del comma 1, viene redatto processo verbale dei dati, delle informazioni acquisite e delle dichiarazioni rese dagli interessati, i quali sono invitati a firmare il processo verbale e hanno diritto di averne copia.

3. La Consob, nell'ambito delle sue competenze e nel perseguimento delle finalità previste dall'articolo 62, comma 1, può esercitare nei confronti di chiunque gli ulteriori poteri previsti dall'articolo 187-octies secondo le modalità ivi previste.

4. Per le finalità di cui agli articoli 62, comma 1, e 62-ter, comma 1, la Consob e la Banca d'Italia possono esercitare nei confronti degli operatori ammessi alle sedi di negoziazione, diversi dai soggetti abilitati, e dei partecipanti remoti, i poteri di cui al comma 1. In caso di partecipanti remoti, l'autorità competente dello Stato membro d'origine del partecipante remoto è informata.

(1) Articolo inserito dall'art. 3, co. 1, d.lg. 3/8/2017, n. 129. Per l'applicazione, vedi l'art. 10, co. 2, d.lg. n. 129/2017 medesimo.

62 nonies. Poteri ispettivi (1). – 1. Nell'ambito delle rispettive competenze e nel perseguimento delle finalità previste dagli articoli 62, comma 1, e 62-ter, comma 1, la Consob e la Banca d'Italia possono effettuare ispezioni e richiedere l'esibizione di documenti e il compimento degli atti ritenuti necessari nei confronti dei gestori delle sedi di negoziazione e di coloro ai quali i gestori medesimi abbiano esternalizzato funzioni operative essenziali o importanti e al loro personale. Nell'esercizio di tali poteri da parte della Consob si applicano i commi 12 e 13 dell'articolo 187-octies.

2. La Consob può richiedere ai soggetti incaricati della revisione legale dei conti dei mercati regolamentati di fornire informazioni. Quando sussistono particolari necessità e non sia possibile provvedere con risorse proprie, la Consob può altresì autorizzare revisori legali o società di revisione legale a procedere a verifiche o ispezioni per suo conto. Il soggetto autorizzato a procedere a verifiche o ispezioni agisce in veste di Pubblico Ufficiale.

3. La Banca d'Italia può richiedere ai soggetti incaricati della revisione legale dei conti delle sedi di negoziazione all'ingrosso dei titoli di Stato di fornire informazioni. Quando sussistono particolari necessità e non sia possibile provvedere con risorse proprie, la Banca d'Italia può altresì autorizzare revisori legali o società di revisione legale a procedere a verifiche o ispezioni per suo conto. Il soggetto autorizzato a procedere a verifiche o ispezioni agisce in veste di pubblico ufficiale.

4. Per le finalità di cui agli articoli 62, comma 1, e 62-ter, comma 1, la Consob e la Banca d'Italia possono esercitare nei confronti degli operatori ammessi alle sedi di negoziazione, diversi dai soggetti abilitati, e dei partecipanti remoti, i rispettivi poteri di cui ai commi 1, 2 e 3. In caso di partecipanti remoti, l'autorità competente dello Stato membro d'origine del partecipante remoto è informata.

5. Nei casi previsti dal presente articolo, la Consob redige processo verbale dei dati, delle informazioni acquisite e delle dichiarazioni rese dagli interessati, i quali sono invitati a firmare il processo verbale e hanno diritto di averne copia. Gli esiti degli accertamenti ispettivi effettuati dalla Banca d'Italia ai sensi del presente articolo sono comunicati per iscritto agli interessati con le modalità stabilite dalla Banca d'Italia con proprio provvedimento.

(1) Articolo inserito dall'art. 3, co. 1, d.lg. 3/8/2017, n. 129. Per l'applicazione, vedi l'art. 10, co. 2, d.lg. n. 129/2017 medesimo.

62 decies. Poteri di intervento (1). – 1. Al fine di garantire il rispetto delle disposizioni della presente parte, la Consob e la Banca Art. 62-decies d'Italia, nell'ambito delle rispettive competenze e nel perseguimento delle finalità previste dagli articoli 62, comma 1, e 62-ter, comma 1, possono:

a) pubblicare avvertimenti al pubblico nel sito internet della Consob o della Banca d'Italia;

b) intimare ai gestori delle sedi di negoziazione di non avvalersi, nell'esercizio della propria attività e per un periodo non superiore a tre anni, dell'attività professionale di un soggetto ove possa essere di pregiudizio per la trasparenza, l'ordinato svolgimento delle negoziazioni, la tutela degli investitori e l'efficienza complessiva del mercato;

c) disporre la rimozione di uno o più esponenti aziendali del gestore di un mercato regolamentato ovvero, sentita l'altra autorità, della Sim o della banca italiana che gestisce un sistema multilaterale di negoziazione o un sistema organizzato di negoziazione, qualora la loro permanenza in carica sia di pregiudizio al perseguimento delle finalità previste dagli articoli 62, comma 1 e 62-ter, comma 1; la rimozione non è disposta ove ricorrano gli estremi per pronunciare la decadenza ai sensi dell'articolo 64-ter, salvo che sussista urgenza di provvedere;

d) nei confronti di chiunque, ivi inclusi gli operatori, diversi dai soggetti abilitati, ammessi alle sedi di negoziazione, anche come partecipanti remoti, ordinare, anche in via cautelare, la cessazione temporanea o permanente di pratiche o condotte contrarie alle disposizioni della presente parte;

In caso di intervento nei confronti dei partecipanti remoti, l'autorità competente dello Stato membro d'origine del partecipante remoto è informata.

2. In caso di necessità e urgenza, la Consob e la Banca d'Italia possono altresì adottare, nell'ambito delle rispettive competenze e nel perseguimento delle finalità previste dagli articoli 62, comma 1, e 62-ter, comma 1, ogni misura idonea al mantenimento di ordinate condizioni di negoziazione sui mercati regolamentati, sui sistemi multilaterali di negoziazione e sui sistemi organizzati di negoziazione.

(1) Articolo inserito dall'art. 3, co. 1, d.lg. 3/8/2017, n. 129. Per l'applicazione, vedi l'art. 10, co. 2, d.lg. n. 129/2017 medesimo.

Capo II
Le sedi di negoziazione

63. Sistemi multilaterali per la negoziazione di strumenti finanziari (1). – 1. Ciascun sistema multilaterale per la negoziazione di strumenti finanziari opera come mercato regolamentato, sistema multilaterale di negoziazione o sistema organizzato di negoziazione, nel rispetto delle relative disposizioni della presente parte.

(1) Articolo modificato dall'art. 11, co. 3, lett. a), d.lg. 17/9/2007, n. 164, con la decorrenza indicata nell'art. 19 dello stesso decreto e successivamente sostituito dall'art. 3, co. 1, d.lg. 3/8/2017, n. 129. Per l'applicazione, vedi l'art. 10, co. 2, d.lg. n. 129/2017 medesimo. Il presente articolo, prima della sostituzione di cui all'art. 3, co. 1, d.lg. 3/8/2017, n. 129 era contenuto nel Titolo I, Capo I.

Sezione I
Autorizzazione del mercato regolamentato e requisiti del gestore

64. L'attività di organizzazione e gestione di mercati regolamentati (1). – 1. L'attività di organizzazione e gestione di mercati regolamentati di strumenti finanziari è esercitata da società per azioni anche senza scopo di lucro (gestore del mercato regolamentato).

2. Il gestore del mercato regolamentato:

a) predispone le strutture, fornisce i servizi del mercato e determina i corrispettivi a esso dovuti;

b) assicura e verifica il rispetto dei requisiti del mercato regolamentato previsti nel presente titolo;

c) dispone l'ammissione, l'esclusione e la sospensione degli strumenti finanziari dalla quotazione e dalle negoziazioni e degli operatori dalle negoziazioni;

d) adotta tutti gli atti necessari per l'ordinato funzionamento del mercato regolamentato;

e) adotta le disposizioni e gli atti necessari a prevenire e identificare abusi di informazioni privilegiate e manipolazioni del mercato;

f) provvede agli altri compiti a esso eventualmente affidati dalle autorità competenti.

3. Il gestore del mercato regolamentato esercita i diritti che corrispondono al mercato regolamentato e ha la responsabilità di garantire che il mercato gestito soddisfi, al momento dell'autorizzazione e continuativamente, i requisiti stabiliti dalla presente parte, anche qualora l'esecuzione di funzioni operative essenziali sia affidata a terzi.

4. La Consob, con regolamento:

a) individua le attività connesse e strumentali che possono essere svolte dal gestore del mercato regolamentato;

b) stabilisce i requisiti generali di organizzazione del gestore del mercato regolamentato;

c) adotta le disposizioni attuative dell'articolo 4-undecies.

5. La Consob verifica che le modificazioni statutarie dei gestori dei mercati regolamentati non contrastino con i requisiti previsti dal presente capo. Non si può dare corso al procedimento per l'iscrizione nel registro delle imprese se non consti tale verifica.

6. Ai gestori dei mercati regolamentati si applicano le disposizioni della parte IV, titolo III, capo II, sezione VI, a eccezione degli articoli 157 e 158.

7. Il gestore del mercato regolamentato può gestire un sistema multilaterale di negoziazione o un sistema organizzato di negoziazione, previa verifica da parte della Consob che esso rispetti le pertinenti disposizioni contenute nella parte III.

(1) Articolo modificato dall'art. 9, co. 1, l. 18/4/2005, n. 62 (Legge comunitaria 2004), dall'art. 14, co. 1, l. 28/12/2005, n. 262, dall'art. 3, co. 7, d.lg. 29/12/2006, n. 303, dall'art. 11, co. 4, lett. a), d.lg. 17/9/2007, n. 164, con la decorrenza indicata nell'art. 19 dello stesso decreto, dall'art. 1, co. 2, d.lg. 6/11/2007, n. 195, dall'art. 1, co. 3, lett. a), d.lg. 15/2/2016, n. 25 e da ultimo sostituito dall'art. 3, co. 1, d.lg. 3/8/2017, n. 129. Per l'applicazione, vedi l'art. 10, co. 2, d.lg. n. 129/2017 medesimo. Il presente articolo, prima della sostituzione di cui all'art. 3, co. 1, d.lg. 3/8/2017, n. 129 era contenuto nel Titolo I, Capo I.

64 bis. Obblighi riguardanti le persone che esercitano un'influenza significativa sulla gestione del mercato regolamentato (1). – 1. Le persone che sono nella posizione di esercitare, direttamente o indirettamente, un'influenza significativa sulla gestione del mercato regolamentato devono rispettare i requisiti di onorabilità determinati con regolamento dal Ministro dell'economia e delle finanze, sentita la Consob e la Banca d'Italia.

2. Gli acquisti delle partecipazioni nel capitale del gestore del mercato regolamentato e le successive variazioni, effettuati direttamente o indirettamente, anche per il tramite di società controllate, di società fiduciarie o per interposta persona, devono essere comunicati dal soggetto acquirente entro ventiquattro ore al gestore del mercato. Nel caso in cui l'acquisto determini la possibilità di esercitare un'influenza significativa l'acquirente trasmette, altresì, al gestore del mercato regolamentato, la documentazione attestante il possesso dei requisiti individuati ai sensi del comma 1.

3. I gestori dei mercati regolamentati:

a) trasmettono alla Consob e rendono pubbliche le informazioni sulla proprietà del gestore del mercato regolamentato, e in particolare l'identità delle parti che sono in grado di esercitare un'influenza significativa sulla sua gestione e l'entità dei loro interessi;

b) comunicano alla Consob e rendono pubblico qualsiasi trasferimento di proprietà che determini un cambiamento dell'identità delle persone che esercitano un'influenza significativa sul funzionamento del mercato regolamentato.

4. Chiunque, a qualsiasi titolo, intenda acquisire o cedere, direttamente o indirettamente: a) una partecipazione nel capitale del gestore del mercato o nel soggetto che, anche indirettamente, controlla il gestore del mercato, in misura tale che la quota dei diritti di voto o del capitale detenuta raggiunga o superi, in aumento o in diminuzione, il 10%, 20%, 30% o 50%; b) il controllo del gestore del mercato; ne dà preventiva comunicazione alla Consob. Il controllo sussiste nei casi previsti dall'articolo 2359, commi primo e secondo, del codice civile (2).

4-bis. Ai fini del comma 4, il controllo si presume esistente nella forma dell'influenza dominante, salvo prova contraria, allorché ricorra una delle situazioni indicate dall'articolo 23, comma 2, del decreto legislativo del 1° settembre 1993, n. 385, ove applicabili (3).

5. Entro 90 giorni dalla comunicazione prevista dal comma 4, la Consob può opporsi all'acquisizione della partecipazione di cui al comma 4 o ai cambiamenti negli assetti di controllo quando vi siano ragioni obiettive e dimostrabili per ritenere che venga messa a repentaglio la gestione sana e prudente del mercato, valutando tra l'altro la qualità del potenziale acquirente e la solidità finanziaria del progetto di acquisizione in base ai criteri indicati dall'articolo 15, comma 2, ove applicabili (4).

6. La Consob disciplina con regolamento:

a) i criteri per l'individuazione dei casi e delle soglie di partecipazione che determinano un'influenza significativa ai sensi del comma 1;

b) contenuto, termini e modalità delle comunicazioni previste dai commi 3 e 4;

c) contenuto, termini e modalità di pubblicazione da parte del gestore del mercato regolamentato delle informazioni relative ai partecipanti al capitale e di ogni successivo cambiamento nell'identità delle persone che possiedono una partecipazione che comporta la possibilità di esercitare un'influenza significativa.

7. In assenza dei requisiti di onorabilità o in mancanza delle comunicazioni previste dai commi 2 e 4, nonché in caso di opposizione ai sensi del comma 5, non possono essere esercitati, nell'assemblea del gestore del mercato, il diritto di voto inerente alle azioni eccedenti le soglie individuate ai sensi del comma 4, o alla partecipazione acquisita in violazione dei commi 4 e 5 e gli altri diritti che consentono di influire sul gestore del mercato (5).

8. In caso di inosservanza del divieto previsto dal comma 7, si applica l'articolo 14, comma 6. L'impugnazione può essere proposta anche dalla Consob entro il termine previsto dall'articolo 14, comma 7.

9. La Consob può imporre che le azioni per le quali non può essere esercitato il diritto di voto a norma del comma 7 siano alienate, fissando un termine.

(1) Articolo inserito dall'art. 3, co. 1, d.lg. 3/8/2017, n. 129. Per l'applicazione, vedi l'art. 10, co. 2, d.lg. n. 129/2017 medesimo.

(2) Comma così sostituito dall'art. 75 del d.l. 14/8/2020, n. 104, conv., con modif., dalla l. 13/10/2020, n. 126.

(3) Comma aggiunto dall'art. 75 del d.l. 14/8/2020, n. 104, conv., con modif., dalla l. 13/10/2020, n. 126.

(4) Comma così modificato dall'art. 75 del d.l. 14/8/2020, n. 104, conv., con modif., dalla l. 13/10/2020, n. 126, che dopo le parole: "la Consob può opporsi" ha inserito le parole: "all'acquisizione della partecipazione di cui al comma 4 o"; ha sostituito le parole: "tali cambiamenti mettono" con le parole: "venga messa"; e dopo le parole: "gestione sana e prudente del mercato" ha inserito le parole: ", valutando tra l'altro la qualità del potenziale acquirente e la solidità finanziaria del progetto di acquisizione in base ai criteri indicati dall'articolo 15, comma 2, ove applicabili".

(5) Comma così modificato dall'art. 75 del d.l. 14/8/2020, n. 104, conv., con modif., dalla l. 13/10/2020, n. 126, che ha sostituito le parole: "può essere esercitato" con le parole: "possono essere esercitati, nell'assemblea del gestore del mercato,"; ha sostituito le parole: "6, lettera a)," con la parola: "4"; e dopo le parole: "in violazione dei commi 4 e 5" ha aggiunto le parole: "e gli altri diritti che consentono di influire sul gestore del mercato".

64 ter. Requisiti degli esponenti aziendali del gestore del mercato regolamentato (1). – 1. I soggetti che svolgono funzioni di amministrazione, direzione e controllo nel gestore del mercato regolamentato possiedono i requisiti di onorabilità, professionalità e indipendenza previsti con regolamento dal Ministero dell'economia e delle finanze, sentita la Consob e la Banca d'Italia. Con il medesimo regolamento, il Ministero dell'economia e delle finanze, sentita la Consob e la Banca d'Italia, individua le cause che comportano il venir meno dei requisiti previsti nel presente articolo e che determinano la sospensione temporanea o la decadenza dall'incarico.

2. L'organo di amministrazione possiede conoscenze,

competenze ed esperienze adeguate, ha una composizione tale da garantire un apporto sufficientemente ampio di esperienze e i relativi membri dedicano tempo sufficiente all'esercizio delle proprie funzioni.

3. Il gestore del mercato regolamentato destina risorse umane e finanziarie adeguate alla preparazione e alla formazione dei membri dell'organo di amministrazione.

4. I gestori di mercati regolamentati significativi in base alle dimensioni, organizzazione interna, e tipologia, portata e complessità delle attività, istituiscono un comitato per le nomine composto dai membri dell'organo di amministrazione che non esercitano funzioni esecutive presso il gestore del mercato regolamentato interessato.

5. L'organo di amministrazione di un gestore del mercato regolamentato definisce e vigila sull'applicazione di misure di governo societario, anche in materia di separazione delle funzioni aziendali e prevenzione dei conflitti di interesse, che garantiscono la sana e prudente gestione e promuovono l'integrità del mercato.

L'organo di amministrazione controlla e valuta periodicamente l'efficacia delle misure di governo societario del gestore del mercato regolamentato e adotta misure opportune per rimediare a eventuali carenze.

6. I soggetti che svolgono funzioni di amministrazione e controllo hanno accesso adeguato alle informazioni e ai documenti necessari per vigilare e valutare periodicamente il processo decisionale della dirigenza.

7. La sospensione o la decadenza degli esponenti aziendali per le cause individuate dal regolamento di cui al comma 1 sono dichiarate dall'organo di appartenenza entro 30 giorni dalla nomina o dalla conoscenza della causa sopravvenuta. Per i soggetti che non sono componenti di un organo la dichiarazione della sospensione o della decadenza è effettuata dall'organo che li ha nominati. In caso di inerzia vi provvede la Consob.

8. Ai fini della verifica del rispetto dei requisiti previsti nel presente articolo, il gestore del mercato regolamentato trasmette alla Consob le informazioni relative agli esponenti aziendali e ai soggetti che dirigono effettivamente l'attività e le operazioni del mercato regolamentato e di ogni successivo cambiamento.

9. La Consob, con proprio regolamento:

a) specifica i requisiti previsti dai commi 2, 3 e 4, anche con riferimento al numero di incarichi assumibili dai membri dell'organo di amministrazione e alle funzioni svolte dal comitato per le nomine;

b) stabilisce contenuto, termini e modalità delle comunicazioni previste dal comma 8.

(1) Articolo inserito dall'art. 3, co. 1, d.lg. 3/8/2017, n. 129. Per l'applicazione, vedi l'art. 10, co. 2, d.lg. n. 129/2017 medesimo.

64 quater. Autorizzazione dei mercati regolamentati (1). – 1. La Consob rilascia l'autorizzazione a operare in qualità di mercato regolamentato ai sistemi che ottemperano alle disposizioni del presente titolo.

2. La Consob iscrive i mercati regolamentati in un elenco, curando l'adempimento delle disposizioni dell'Unione europea in materia.

3. L'autorizzazione è altresì subordinata all'accertamento che:

a) il gestore del mercato rispetta i requisiti previsti dal presente titolo;

b) il regolamento del mercato è conforme alla disciplina dell'Unione europea e idoneo ad assicurare la trasparenza del mercato, l'ordinato svolgimento delle negoziazioni e la tutela degli investitori.

4. Il regolamento del mercato determina quantomeno:

a) le condizioni e le modalità di ammissione alle negoziazioni e di esclusione e sospensione dalle negoziazioni degli operatori;

b) le condizioni e le modalità di ammissione alla quotazione e alle negoziazioni e di esclusione e sospensione dalla quotazione e dalle negoziazioni degli strumenti finanziari;

c) le condizioni e le modalità per lo svolgimento delle negoziazioni e gli eventuali obblighi degli operatori e degli emittenti;

d) le modalità di accertamento, pubblicazione e diffusione dei prezzi;

e) i tipi di contratti ammessi alle negoziazioni nonché i criteri per la determinazione dei quantitativi minimi negoziabili;

f) le condizioni e le modalità per la compensazione e il regolamento delle operazioni concluse sui mercati;

g) le modalità di emanazione delle disposizioni di attuazione del regolamento da parte del gestore.

5. Il regolamento del mercato è deliberato dall'assemblea ordinaria o dal consiglio di sorveglianza del gestore del mercato regolamentato ovvero, ove così previsto dallo statuto, dall'organo di amministrazione. Qualora le azioni del gestore del mercato regolamentato siano quotate in un mercato regolamentato, il regolamento del mercato è deliberato dal consiglio di amministrazione o dal consiglio di gestione della società medesima.

6. La Consob approva le modificazioni al regolamento del mercato regolamentato.

7. Fermo restando quanto previsto dai commi 1 e 3, la Consob rifiuta l'autorizzazione anche se:

a) i soggetti che svolgono funzioni di amministrazione, direzione e controllo nel gestore del mercato non rispettano i requisiti previsti dall'articolo 64-ter; o

b) esistano ragioni obiettive e dimostrabili per ritenere che l'organo di amministrazione del gestore del mercato può metterne a repentaglio la gestione efficace, sana e prudente e l'integrità del mercato.

8. Il gestore del mercato fornisce alla Consob tutte le informazioni, fra cui un programma di attività che illustri i tipi di attività previsti e la struttura organizzativa, necessarie per accertare che il mercato regolamentato abbia instaurato tutti i dispositivi necessari per rispettare gli obblighi stabiliti dal presente titolo.

9. La Consob pronuncia la decadenza dell'autorizzazione rilasciata a un mercato regolamentato allorché questo non si avvale dell'autorizzazione entro dodici mesi.

(1) Articolo inserito dall'art. 3, co. 1, d.lg. 3/8/2017, n. 129. Per l'applicazione, vedi l'art. 10, co. 2, d.lg. n. 129/2017 medesimo.

64 quinquies. Revoca dell'autorizzazione, provvedimenti straordinari a tutela del mercato e crisi del gestore del mercato regolamentato (1). – 1. La Consob può revocare l'autorizzazione del mercato regolamentato quando:

a) l'autorizzazione è stata ottenuta presentando false dichiarazioni o con qualsiasi altro mezzo irregolare;

b) non sono più soddisfatte le condizioni cui è subordinata l'autorizzazione;

c) sono state violate in modo grave e sistematico le disposizioni del presente titolo relative al mercato regolamentato o al gestore del mercato;

d) abbia cessato di funzionare da più di sei mesi o rinunci espressamente all'autorizzazione.

2. In caso di gravi irregolarità nella gestione del mercato regolamentato ovvero nell'amministrazione del gestore del mercato regolamentato e comunque quando lo richiede la tutela degli investitori, il Ministero dell'economia e delle finanze, su proposta della Consob, dispone lo scioglimento degli organi amministrativi e di controllo del gestore del mercato. I poteri dei disciolti organi amministrativi sono attribuiti a un commissario nominato con il medesimo provvedimento,

che li esercita, sulla base delle direttive e sotto il controllo della Consob, sino alla ricostituzione degli organi. L'indennità spettante al commissario è determinata con decreto del Ministero ed è a carico del gestore del mercato regolamentato. Si applicano, per quanto compatibili, gli articoli 70, commi 2, 3, 4 e 5, 72, a eccezione dei commi 2, 2-bis e 8, e 75 del T.U. bancario, intendendosi le suddette disposizioni riferite alla Consob in luogo della Banca d'Italia, ai partecipanti in luogo dei depositanti e al gestore del mercato regolamentato in luogo delle banche.

3. La procedura indicata al comma 2 può determinare la revoca dell'autorizzazione prevista dal comma 1.

4. Entro trenta giorni dalla comunicazione del provvedimento di revoca dell'autorizzazione del mercato, gli amministratori del gestore del mercato o il commissario nominato ai sensi del comma 2 convocano l'assemblea per modificare l'oggetto sociale ovvero per deliberare la liquidazione volontaria del gestore del mercato.

Qualora non si provveda alla convocazione entro detto termine ovvero l'assemblea non deliberi entro tre mesi dalla data della comunicazione del provvedimento di revoca, il Ministero dell'economia e delle finanze, su proposta della Consob, può disporre lo scioglimento del gestore del mercato regolamentato nominando i liquidatori. Si applicano le disposizioni sulla liquidazione delle società per azioni, di cui al libro V, titolo V, capo VIII, del codice civile, a eccezione di quelle concernenti la revoca dei liquidatori.

5. Nei casi previsti dai commi 1 e 2, la Consob promuove gli accordi necessari ad assicurare la continuità delle negoziazioni. A tal fine può disporre il trasferimento temporaneo della gestione del mercato ad altro gestore, previo consenso di quest'ultimo. Il trasferimento definitivo della gestione del mercato può avvenire anche in deroga alle disposizioni del titolo II, capo VI, della legge fallimentare.

6. Le iniziative per la dichiarazione di fallimento o per l'ammissione alle procedure di concordato preventivo o amministrazione controllata e i relativi provvedimenti del tribunale sono comunicati entro tre giorni alla Consob a cura del cancelliere.

(1) Articolo inserito dall'art. 3, co. 1, d.lg. 3/8/2017, n. 129. Per l'applicazione, vedi l'art. 10, co. 2, d.lg. n. 129/2017 medesimo.

Sezione II
Organizzazione e funzionamento delle sedi di negoziazione

65. Requisiti organizzativi dei mercati regolamentati (1). – 1. Il mercato regolamentato dispone di:

a) misure per identificare chiaramente e gestire le potenziali conseguenze negative, per il funzionamento del mercato regolamentato o per i suoi membri o partecipanti, di qualsiasi conflitto tra gli interessi del mercato regolamentato, dei suoi proprietari o del gestore del mercato e il suo ordinato funzionamento, in particolare quando tali conflitti possono risultare pregiudizievoli per l'assolvimento di qualsiasi funzione delegata al mercato regolamentato dall'autorità competente;

b) procedure per gestire i rischi ai quali sono esposti, dispositivi e sistemi adeguati per identificare tutti i rischi che possono comprometterne il funzionamento e misure efficaci per attenuare tali rischi;

c) misure per garantire una gestione sana delle operazioni tecniche del sistema, comprese misure di emergenza efficaci per far fronte ai rischi di disfunzione del sistema;

d) regole e procedure trasparenti e non discrezionali che garantiscono un processo di negoziazione corretto e ordinato nonché di criteri obiettivi che consentono l'esecuzione efficiente degli ordini;

e) misure efficaci atte ad agevolare il regolamento efficiente delle operazioni eseguite nell'ambito del sistema;

f) risorse finanziarie sufficienti per renderne possibile il funzionamento ordinato, tenendo conto della natura e dell'entità delle operazioni concluse nel mercato, nonché della portata e del grado dei rischi ai quali esso è esposto.

2. La Consob può ulteriormente dettagliare, con regolamento, i requisiti organizzativi del mercato regolamentato e può dettare la metodologia di determinazione dell'entità delle risorse finanziarie previste nel comma 1, lettera f).

3. Per le operazioni concluse su un mercato regolamentato, i membri e i partecipanti non sono tenuti ad applicarsi reciprocamente gli obblighi specificamente individuati ai sensi dell'articolo 6, comma 2. I membri o i partecipanti di un mercato regolamentato applicano detti obblighi per quanto concerne i loro clienti quando, operando per conto di questi ultimi, ne eseguono gli ordini su un mercato regolamentato.

(1) Articolo sostituito dall'art. 11, co. 5, d.lg. 17/9/2007, n. 164, con la decorrenza indicata nell'art. 19 dello stesso decreto e successivamente dall'art. 3, co. 1, d.lg. 3/8/2017, n. 129. Per l'applicazione, vedi l'art. 10, co. 2, d.lg. n. 129/2017 medesimo. Il presente articolo, prima della sostituzione di cui all'art. 3, co. 1, d.lg. 3/8/2017, n. 129 era contenuto nel Titolo I, Capo I.

65 bis. Requisiti dei sistemi multilaterali di negoziazione e dei sistemi organizzati di negoziazione (1). – 1. Il gestore di un sistema multilaterale di negoziazione o di un sistema organizzato di negoziazione dispone di:

a) regole e procedure trasparenti che garantiscono un processo di negoziazione corretto e ordinato nonché di criteri obiettivi che consentono l'esecuzione efficiente degli ordini;

b) misure per garantire una gestione sana dell'operatività del sistema, compresi dispositivi di emergenza efficaci per far fronte ai rischi di disfunzione del sistema;

c) misure atte ad individuare puntualmente e a gestire le potenziali conseguenze negative per l'operatività dei sistemi da essi gestiti o per i loro membri o partecipanti e clienti di eventuali conflitti tra gli interessi del sistema multilaterale di negoziazione, del sistema organizzato di negoziazione, dei loro proprietari, del gestore del sistema multilaterale di negoziazione o del sistema organizzato di negoziazione e il sano funzionamento dei sistemi;

d) almeno tre membri o partecipanti o clienti concretamente attivi, ciascuno dei quali con la possibilità di interagire con tutti gli altri per quanto concerne la formazione dei prezzi.

2. Il gestore di un sistema multilaterale di negoziazione o di un sistema organizzato di negoziazione adotta altresì le misure necessarie per favorire il regolamento efficiente delle operazioni concluse nel sistema multilaterale di negoziazione o sistema organizzato di negoziazione e informa chiaramente i membri o partecipanti o clienti delle rispettive responsabilità per quanto concerne il regolamento delle operazioni effettuate nel sistema.

3. Il gestore di un sistema multilaterale di negoziazione o di un sistema organizzato di negoziazione fornisce alla Consob:

a) una descrizione dettagliata del funzionamento del sistema tra cui, fatto salvo quanto previsto dall'articolo 65-quater, commi 2, 3 e 4, gli eventuali legami o la partecipazione di un mercato regolamentato, un sistema multilaterale di negoziazione, un sistema organizzato di negoziazione o un internalizzatore sistematico di proprietà dello stesso gestore;

b) un elenco dei membri, partecipanti o clienti.

(1) Articolo inserito dall'art. 3, co. 1, d.lg. 3/8/2017, n. 129. Per l'applicazione, vedi l'art. 10, co. 2, d.lg. n. 129/2017 medesimo.

65 ter. Requisiti specifici per i sistemi multilaterali di negoziazione (1). – 1. Il gestore di un sistema multilaterale di negoziazione, oltre a soddisfare i requisiti di cui all'articolo 65-bis, dispone di:

a) regole non discrezionali per l'esecuzione degli ordini nel sistema;

b) procedure per gestire i rischi ai quali è esposto il sistema, meccanismi e sistemi adeguati ad identificare tutti i rischi che possano compromettere il funzionamento del sistema e misure efficaci per attenuare tali rischi;

c) risorse finanziarie sufficienti ad assicurare il funzionamento ordinato, tenuto conto della tipologia di operazioni concluse sul mercato e dei relativi volumi, nonché della portata e del grado di rischio al quale il sistema è esposto.

2. Gli obblighi individuati ai sensi dell'articolo 6, comma 2, non si applicano alle operazioni concluse in base alle norme che disciplinano un sistema multilaterale di negoziazione tra i membri del medesimo o i suoi partecipanti ovvero tra il sistema multilaterale di negoziazione e i suoi membri o i suoi partecipanti in relazione all'impiego del sistema multilaterale di negoziazione. I membri del sistema multilaterale di negoziazione o i suoi partecipanti rispettano detti obblighi nei confronti dei loro clienti quando, agendo per conto di questi ultimi, eseguono i loro ordini tramite i sistemi di un sistema multilaterale di negoziazione.

(1) Articolo inserito dall'art. 3, co. 1, d.lg. 3/8/2017, n. 129. Per l'applicazione, vedi l'art. 10, co. 2, d.lg. n. 129/2017 medesimo.

65 quater. Requisiti specifici per i sistemi organizzati di negoziazione (1). – 1. Fatto salvo quanto disposto dall'articolo 65-bis e nel rispetto degli obblighi individuati ai sensi dell'articolo 6, comma 2, lettera b), numero 2), in un sistema organizzato di negoziazione l'esecuzione degli ordini è svolta su base discrezionale. Il gestore di un sistema organizzato di negoziazione esercita la propria discrezionalità quando decide di:

a) collocare o ritirare un ordine sul proprio sistema; o b) non abbinare lo specifico ordine di un cliente con gli altri ordini disponibili nel sistema in un determinato momento, purché ciò avvenga nel rispetto delle specifiche istruzioni ricevute dal cliente, nonché degli obblighi individuati ai sensi dell'articolo 6, comma 2, lettera b), numero 2).

1-bis. Il gestore di un sistema organizzato di negoziazione che abbina gli ordini dei clienti può decidere se, quando e in che misura abbinare due o più ordini all'interno del sistema. Fatto salvo il rispetto di quanto previsto dal presente articolo e dall'articolo 65-quinquies, il gestore di un sistema organizzato di negoziazione può facilitare la negoziazione tra clienti, in modo da far incrociare due o più interessi di negoziazione potenzialmente compatibili in un'operazione.

2. Il gestore di un sistema organizzato di negoziazione non può operare anche come internalizzatore sistematico. Un sistema organizzato di negoziazione non si collega a un internalizzatore sistematico in modo tale da consentire l'interazione tra i propri ordini e gli ordini o quotazioni in un internalizzatore sistematico, né si collega a un altro sistema organizzato di negoziazione in modo tale da consentire l'interazione tra gli ordini dei diversi sistemi.

3. Il gestore di un sistema organizzato di negoziazione può impiegare un'impresa di investimento per svolgere l'attività di market maker in tale sistema su base indipendente, a condizione che non vi siano stretti legami con il gestore medesimo.

4. Il gestore di un sistema organizzato di negoziazione stabilisce meccanismi volti a impedire che siano eseguiti ordini di clienti nel sistema in contropartita diretta con il gestore o con un'entità dello stesso gruppo del gestore.

5. La Consob stabilisce con regolamento le informazioni che una Sim o una banca italiana o un gestore del mercato regolamentato devono fornire, per dimostrare il rispetto dei requisiti specifici dettati dal presente articolo, in sede di autorizzazione alla gestione di un sistema organizzato di negoziazione o ai fini della verifica richiesta dall'articolo 64, comma 7.

6. Alle operazioni concluse in un sistema organizzato di negoziazione si applicano i pertinenti obblighi individuati ai sensi dell'articolo 6, comma 2.

(1) Articolo inserito dall'art. 3, co. 1, d.lg. 3/8/2017, n. 129. Per l'applicazione, vedi l'art. 10, co. 2, d.lg. n. 129/2017 medesimo.

65 quinquies. Negoziazione «matched principal» (1). – 1. Il gestore di un sistema organizzato di negoziazione può svolgere negoziazione «matched principal» esclusivamente nel caso in cui:

a) il cliente vi abbia acconsentito; e b) la negoziazione interviene su obbligazioni, strumenti finanziari strutturati, quote di emissione e strumenti derivati non appartenenti a una categoria di derivati dichiarata soggetta all'obbligo di compensazione in conformità dell'articolo 5 del regolamento (UE) n. 648/2012.

2. Lo svolgimento di negoziazione «matched principal» non deve generare conflitti di interesse tra il gestore e la sua clientela.

3. Il gestore di un sistema organizzato di negoziazione può effettuare negoziazione per conto proprio diversa dalla negoziazione «matched principal» in relazione a titoli di debito sovrano privi di un mercato liquido.

4. Ai fini del comma 3, per mercato liquido si intende il mercato di uno strumento finanziario o di una categoria di strumenti finanziari in cui vi siano venditori e compratori pronti e disponibili su base continua, valutato conformemente ai criteri sottoelencati, tenendo conto delle specifiche strutture di mercato del particolare strumento finanziario o della particolare categoria di strumenti finanziari:

a) la frequenza e le dimensioni medie delle operazioni in una serie di condizioni di mercato, tenendo conto della natura e del ciclo di vita dei prodotti della categoria di strumenti finanziari;

b) il numero e il tipo di partecipanti al mercato, compreso il rapporto tra i partecipanti al mercato e gli strumenti negoziati in relazione a un determinato prodotto;

c) le dimensioni medie dei differenziali tra le quotazioni in acquisto e vendita, ove disponibili.

5. Il gestore di un mercato regolamentato o di un sistema multilaterale di negoziazione non può eseguire gli ordini in contropartita diretta all'interno del sistema, né svolgere negoziazione «matched principal».

(1) Articolo inserito dall'art. 3, co. 1, d.lg. 3/8/2017, n. 129. Per l'applicazione, vedi l'art. 10, co. 2, d.lg. n. 129/2017 medesimo.

65 sexies. Requisiti operativi delle sedi di negoziazione (1). – 1. I mercati regolamentati e i gestori di un sistema multilaterale di negoziazione o di un sistema organizzato di negoziazione dispongono di sistemi, procedure e meccanismi efficaci atti ad assicurare che i sistemi di negoziazione:

a) siano resilienti e abbiano capacità sufficiente a gestire i picchi di volume di ordini e messaggi;

b) siano in grado di garantire negoziazioni ordinate in condizioni di mercato critiche;

c) siano pienamente testati per garantire il rispetto delle condizioni di cui alle lettere a) e b);

d) siano soggetti a efficaci disposizioni in materia di continuità operativa per garantire la continuità dei servizi in caso di malfunzionamento.

2. I mercati regolamentati e i gestori di un sistema multilaterale di negoziazione o di un sistema organizzato di negoziazione dispongono di sistemi, procedure e meccanismi efficaci:

a) per garantire che i sistemi algoritmici di negoziazione utilizzati dai membri o partecipanti o clienti non possano creare o contribuire a creare condizioni di negoziazione anormali sulla sede di negoziazione e per gestire qualsiasi condizione di negoziazione anormale causata dagli stessi;

b) per identificare, attraverso la segnalazione di membri o

partecipanti o clienti, gli ordini generati mediante negoziazione algoritmica, i diversi algoritmi utilizzati per la creazione degli ordini e le corrispondenti persone che avviano tali ordini;

c) per rifiutare gli ordini che eccedono soglie predeterminate di prezzo e volume o sono chiaramente errati;

d) per sospendere o limitare temporaneamente le negoziazioni qualora si registri un'oscillazione significativa nel prezzo di uno strumento finanziario nel mercato gestito o in un mercato correlato in un breve lasso di tempo;

e) in casi eccezionali, per cancellare, modificare o correggere qualsiasi operazione;

f) per controllare gli ordini inseriti, incluse le cancellazioni e le operazioni eseguite dai loro membri o partecipanti o clienti, per identificare le violazioni delle regole del sistema, le condizioni di negoziazione anormali o gli atti che possono indicare comportamenti vietati dal regolamento (UE) n. 596/2014 o le disfunzioni del sistema in relazione a uno strumento finanziario.

3. I mercati regolamentati e i gestori di un sistema multilaterale di negoziazione o di un sistema organizzato di negoziazione sottoscrivono accordi scritti vincolanti con i membri o partecipanti o clienti che perseguono strategie di market making sul sistema, e si adoperano affinché un numero sufficiente di soggetti aderisca a tali accordi, in virtù dei quali sono tenuti a trasmettere quotazioni irrevocabili a prezzi concorrenziali, con il risultato di fornire liquidità al mercato su base regolare e prevedibile, qualora tale requisito sia adeguato alla natura e alle dimensioni delle negoziazioni nelle sedi di negoziazione in questione.

4. I mercati regolamentati e i gestori di un sistema multilaterale di negoziazione o di un sistema organizzato di negoziazione dispongono di misure e procedure efficaci, tra cui le necessarie risorse, per il controllo regolare dell'ottemperanza alle proprie regole.

5. I mercati regolamentati e i gestori di un sistema multilaterale di negoziazione o di un sistema organizzato di negoziazione:

a) sincronizzano, unitamente ai loro membri o partecipanti o clienti, gli orologi utilizzati per registrare la data e l'ora degli eventi che possono essere oggetto di negoziazione;

b) adottano regole trasparenti, eque e non discriminatorie in materia di servizi di co-ubicazione;

c) adottano una struttura delle commissioni, incluse le commissioni di esecuzione delle operazioni, le commissioni accessorie e i rimborsi, trasparente, equa e non discriminatoria;

d) adottano regimi in materia di dimensioni dei tick di negoziazione per azioni, ricevute di deposito, fondi indicizzati quotati, certificates e altri strumenti finanziari analoghi.

6. La Consob approva gli accordi che il gestore di una sede di negoziazione intende concludere per l'esternalizzazione a soggetti terzi di tutte o parte delle funzioni operative critiche relative ai sistemi della sede da esso gestita che consentono la negoziazione algoritmica, intendendosi come funzioni operative critiche quelle indicate dall'articolo 65, comma 1, lettere b), c) ed e).

7. La Consob individua con regolamento i requisiti operativi specifici di cui le sedi di negoziazione devono dotarsi con riguardo a:

a) il contenuto minimo degli accordi scritti richiesti ai sensi del comma 3 e gli obblighi di controllo del gestore della sede di negoziazione in merito ai medesimi;

b) i sistemi, le procedure e i dispositivi in materia di sistemi algoritmici di negoziazione previsti dal comma 2, lettere a) e b);

c) i criteri in base ai quali fissare i parametri per la sospensione delle negoziazioni e le relative modalità di gestione;

d) i requisiti per l'accesso elettronico diretto alle sedi di negoziazione;

e) i requisiti della struttura delle commissioni di cui al comma 5, lettera c);

f) i parametri per calibrare i regimi in materia di dimensioni dei tick di negoziazione indicati nel comma 5, lettera d).

8. Le disposizioni di cui al comma 7, lettera b), sono adottate dalla Consob, sentita la Banca d'Italia, per i sistemi multilaterali di negoziazione e i sistemi organizzati di negoziazione che siano gestiti da Sim e banche italiane.

(1) Articolo inserito dall'art. 3, co. 1, d.lg. 3/8/2017, n. 129. Per l'applicazione, vedi l'art. 10, co. 2, d.lg. n. 129/2017 medesimo.

65 septies. Obblighi informativi e di comunicazione (1). – 1. La Consob, con proprio regolamento, individua gli obblighi informativi e di comunicazione nei propri confronti dei gestori delle sedi di negoziazione, indicandone contenuto, termini e modalità di adempimento.

2. Le sedi di negoziazione mettono a disposizione della Consob, su richiesta, i dati relativi al book di negoziazione, anche mediante accesso allo stesso.

3. Fermi restando gli obblighi previsti dal comma 1, i gestori delle sedi di negoziazione segnalano senza indugio alla Consob le violazioni significative delle regole del mercato o le condizioni di negoziazione anormali o disfunzioni del sistema in relazione a uno strumento finanziario, nonché le conseguenti iniziative assunte.

4. I gestori delle sedi di negoziazione segnalano altresì senza indugio alla Consob gli atti che possono indicare un comportamento vietato ai sensi del regolamento (UE) n. 596/2014.

5. I gestori delle sedi di negoziazione comunicano senza indugio alla Consob le informazioni pertinenti per le indagini e per l'accertamento degli abusi di mercato nei sistemi gestiti, e offrono piena assistenza in relazione agli abusi di mercato commessi nei loro sistemi o per loro tramite.

6. I gestori delle sedi di negoziazione mettono a disposizione del pubblico, con frequenza almeno annuale e senza oneri, i dati relativi alla qualità dell'esecuzione delle operazioni, ivi inclusi i dati sul prezzo, i costi, la velocità e la probabilità dell'esecuzione per singoli strumenti finanziari.

(1) Articolo inserito dall'art. 3, co. 1, d.lg. 3/8/2017, n. 129. Per l'applicazione, vedi l'art. 10, co. 2, d.lg. n. 129/2017 medesimo.

Sezione III
Ammissione, sospensione ed esclusione di strumenti finanziari dalla quotazione e dalle negoziazioni

66. Criteri generali di ammissione alla quotazione e alle negoziazioni (1). – 1. I mercati regolamentati:

a) si dotano di regole chiare e trasparenti riguardanti l'ammissione degli strumenti finanziari alla quotazione e alla negoziazione;

b) adottano e mantengono meccanismi efficaci per verificare che gli emittenti dei valori mobiliari ammessi alla negoziazione nel mercato regolamentato rispettino gli obblighi cui sono soggetti ai sensi del diritto dell'Unione europea in materia di informativa iniziale, continuativa e ad hoc;

c) si dotano di meccanismi atti ad agevolare ai loro membri e ai loro partecipanti l'accesso alle informazioni che sono state pubblicate in base al diritto dell'Unione europea.

2. Le regole di cui al comma 1, lettera a), assicurano che gli strumenti finanziari ammessi alla negoziazione in un mercato regolamentato possano essere negoziati in modo corretto, ordinato ed efficiente e, nel caso dei valori mobiliari, siano liberamente negoziabili. Nel caso degli strumenti derivati, tali regole assicurano in particolare che le caratteristiche del contratto derivato siano compatibili con un processo ordinato di formazione del suo prezzo, nonché con l'esistenza di con-

dizioni efficaci di regolamento.

3. I gestori di un sistema multilaterale di negoziazione o di un sistema organizzato di negoziazione:

a) instaurano regole trasparenti concernenti i criteri per la determinazione degli strumenti finanziari che possono essere negoziati nell'ambito del proprio sistema;

b) forniscono o si accertano che siano accessibili al pubblico informazioni sufficienti per permettere ai loro clienti di emettere un giudizio in materia di investimenti, tenuto conto sia della categoria dei clienti che delle tipologie di strumenti negoziati.

4. Le sedi di negoziazione si dotano dei meccanismi necessari a controllare regolarmente l'osservanza dei requisiti di ammissione per gli strumenti finanziari ammessi alla quotazione e alla negoziazione.

5. Un valore mobiliare, una volta ammesso alla negoziazione in un mercato regolamentato e in ottemperanza alle pertinenti disposizioni del regolamento 2017/1129/UE può essere ammesso alla negoziazione, anche senza il consenso dell'emittente, in altri mercati regolamentati, i quali ne informano l'emittente.

6. Quando uno strumento finanziario che è stato ammesso alla negoziazione in un mercato regolamentato è negoziato anche in un sistema multilaterale di negoziazione o in un sistema organizzato di negoziazione senza il consenso dell'emittente, quest'ultimo non è soggetto ad alcun obbligo nei confronti di tale sistema per quanto riguarda la divulgazione iniziale, continuativa o ad hoc di informazioni finanziarie.

(1) Articolo modificato dall'art. 11, co. 6, d.lg. 17/9/2007, n. 164, con la decorrenza indicata nell'art. 19 dello stesso decreto e successivamente sostituito dall'art. 3, co. 1, d.lg. 3/8/2017, n. 129. Per l'applicazione, vedi l'art. 10, co. 2, d.lg. n. 129/2017 medesimo. Il presente articolo, prima della sostituzione di cui all'art. 3, co. 1, d.lg. 3/8/2017, n. 129 era contenuto nel Titolo I, Capo I.

66 bis. Condizioni per la quotazione di determinate società (1). – 1. Il regolamento del mercato regolamentato può stabilire che le azioni di società controllanti, il cui attivo sia prevalentemente composto dalla partecipazione, diretta o indiretta, in una o più società con azioni quotate in mercati regolamentati, vengano negoziate in un segmento distinto del mercato.

2. La Consob determina con proprio regolamento:

a) i criteri di trasparenza contabile e di adeguatezza della struttura organizzativa e del sistema dei controlli interni che le società controllate, costituite e regolate dalla legge di Stati non appartenenti all'Unione europea, devono rispettare affinché le azioni della società controllante possano essere quotate in un mercato regolamentato italiano. Si applica la nozione di controllo di cui all'articolo 93;

b) le condizioni in presenza delle quali non possono essere quotate le azioni di società controllate sottoposte all'attività di direzione e coordinamento di altra società;

c) i criteri di trasparenza e i limiti per l'ammissione alla quotazione sul mercato mobiliare italiano delle società finanziarie, il cui patrimonio è costituito esclusivamente da partecipazioni.

(1) Articolo modificato dall'art. 11, co. 6, d.lg. 17/9/2007, n. 164, con la decorrenza indicata nell'art. 19 dello stesso decreto e successivamente sostituito dall'art. 3, co. 1, d.lg. 3/8/2017, n. 129. Per l'applicazione, vedi l'art. 10, co. 2, d.lg. n. 129/2017 medesimo. Il presente articolo, prima della sostituzione di cui all'art. 3, co. 1, d.lg. 3/8/2017, n. 129 era contenuto nel Titolo I, Capo I.

66 ter. Provvedimenti di ammissione, sospensione ed esclusione di strumenti finanziari dalla quotazione e dalle negoziazioni adottati dal gestore della sede di negoziazione (1). – 1. Fatto salvo il potere della Consob di cui all'articolo 66-quater, comma 1, di richiedere la sospensione o l'esclusione di uno strumento finanziario dalle negoziazioni, il gestore di una sede di negoziazione può sospendere o escludere dalle negoziazioni gli strumenti finanziari che cessano di rispettare le regole del sistema, a meno che tale sospensione o esclusione non rischi di causare un danno rilevante agli interessi degli investitori o al funzionamento ordinato del mercato.

2. Il gestore di una sede di negoziazione che sospende o esclude dalle negoziazioni uno strumento finanziario, sospende o esclude anche gli strumenti finanziari derivati di cui all'Allegato I, sezione C, punti da 4 a 10, relativi o riferiti a detto strumento finanziario, qualora necessario per sostenere le finalità della sospensione o dell'esclusione dello strumento finanziario sottostante.

3. Il gestore di una sede di negoziazione rende pubbliche le decisioni di ammissione alla quotazione e alle negoziazioni, nonché di sospensione ed esclusione dalla quotazione e dalle negoziazioni, di strumenti finanziari e le comunica immediatamente alla Consob.

4. Nel caso di mercati regolamentati, l'esecuzione delle decisioni di ammissione alla quotazione di azioni ordinarie, di obbligazioni e di altri strumenti finanziari emessi da soggetti diversi dagli Stati membri dell'Unione europea, dalle banche UE e dalle società con azioni quotate in un mercato regolamentato, nonché delle decisioni di esclusione di azioni dalle negoziazioni, è sospesa finché non sia decorso il termine indicato al comma 6.

5. La sospensione indicata al comma 4 non si applica nel caso di ammissione alla quotazione di strumenti finanziari in regime di esenzione dall'obbligo di pubblicare il prospetto o sulla base di un prospetto per il quale l'Italia risulta Stato membro ospitante, nonché per l'ammissione di lotti supplementari di azioni già ammesse alle negoziazioni.

6. La Consob:

a) può vietare l'esecuzione delle decisioni di ammissione alla quotazione e di esclusione dalle negoziazioni di cui al comma 4, ovvero ordinare la revoca di una decisione di sospensione degli strumenti finanziari dalle negoziazioni, entro cinque giorni di mercato aperto dal ricevimento della comunicazione di cui al comma 3 se, sulla base degli elementi informativi diversi da quelli valutati, ai sensi del regolamento del mercato, dal gestore del mercato nel corso della propria istruttoria, ritiene la decisione contraria alle finalità di cui all'articolo 62, comma 1;

b) può chiedere al gestore del mercato regolamentato tutte le informazioni che ritenga utili per i fini di cui alla lettera a).

(1) Articolo inserito dall'art. 3, co. 1, d.lg. 3/8/2017, n. 129. Per l'applicazione, vedi l'art. 10, co. 2, d.lg. n. 129/2017 medesimo.

66 quater. Provvedimenti di sospensione ed esclusione di strumenti finanziari dalle negoziazioni su iniziativa della Consob (1). – 1. La Consob può sospendere o escludere uno strumento finanziario dalle negoziazioni o richiedere che vi provveda il gestore di una sede di negoziazione. A tal fine la Consob può chiedere al gestore medesimo tutte le informazioni che ritenga utili. Per le sedi di negoziazione all'ingrosso di titoli di Stato, i poteri di cui al presente comma sono esercitati dalla Banca d'Italia, che ne dà tempestiva comunicazione alla Consob, ai fini dell'esercizio da parte della Consob delle funzioni di punto di contatto ai sensi dell'articolo 4 del presente decreto (2).

1-bis. La Consob può esercitare i poteri di cui al comma 1 anche nei confronti degli internalizzatori sistematici (3).

2. Nel caso in cui un gestore di una sede di negoziazione sospenda o escluda, ai sensi dell'articolo 66-ter, commi 1 e 2, uno strumento finanziario dalle negoziazioni, la Consob prescrive che le altre sedi di negoziazione e gli internalizzatori sistematici che negoziano lo stesso strumento finanziario o gli

strumenti finanziari derivati di cui all'Allegato I, Sezione C, punti da 4 a 10, relativi o riferiti a detto strumento finanziario, sospendano o escludano anch'essi tale strumento finanziario o tali strumenti derivati dalla negoziazione, se la sospensione o l'esclusione è dovuta a presunti abusi di mercato, a un'offerta pubblica di acquisto o alla mancata divulgazione di informazioni privilegiate riguardanti l'emittente o lo strumento finanziario in violazione degli articoli 7 e 17 del regolamento (UE) n. 596/2014, tranne qualora tale sospensione o esclusione possa causare un danno rilevante agli interessi dell'investitore o all'ordinato funzionamento del mercato.

3. Salvo quando ciò possa causare danni agli interessi degli investitori o all'ordinato funzionamento del mercato, la Consob prescrive alle sedi di negoziazione e agli internalizzatori sistematici di sospendere o escludere uno strumento finanziario dalle negoziazioni nei casi in cui tale strumento finanziario sia stato oggetto di provvedimento di sospensione o esclusione da parte di autorità competenti di altri Stati membri ovvero di una decisione assunta da parte di autorità competenti di altri Stati membri in relazione alle decisioni di sospensione ed esclusione adottate dai gestori delle sedi di negoziazione da esse vigilate, se la sospensione o l'esclusione è dovuta a presunti abusi di mercato, a un'offerta d'acquisto o alla mancata divulgazione di informazioni privilegiate riguardanti l'emittente o lo strumento finanziario in violazione degli articoli 7 e 17 del regolamento (UE) n. 596/2014.

4. Qualora la sospensione o l'esclusione ai sensi del comma 3 debba essere disposta con riferimento a una sede di negoziazione all'ingrosso di titoli obbligazionari privati e pubblici, diversi da titoli di Stato, nonché di strumenti del mercato monetario e di strumenti finanziari derivati su titoli pubblici, su tassi di interesse e su valute, la decisione della Consob è adottata sentita la Banca d'Italia. Qualora la sospensione o l'esclusione ai sensi del comma 3 debba essere disposta con riferimento ad una sede di negoziazione all'ingrosso di titoli di Stato, la decisione è adottata dalla Banca d'Italia; a tal fine, la Consob informa la Banca d'Italia delle decisioni assunte dalle autorità competenti degli altri Stati membri.

5. I commi 2, 3 e 4 si applicano anche in caso di revoca della sospensione dalla negoziazione di uno strumento finanziario o degli strumenti finanziari derivati di cui all'Allegato I, Sezione C, punti da 4 a 10, relativi o riferiti a detto strumento finanziario.

*6. La procedura di notifica di cui al presente articolo si applica anche nel caso in cui la decisione di sospendere o escludere dalla negoziazione lo strumento finanziario o gli strumenti finanziari derivati di cui all'Allegato I, Sezione C, punti da 4 a 10 relativi o riferiti a detto strumento finanziario sia adottata dalla Consob ai sensi del comma 1**.

(1) Articolo inserito dall'art. 3, co. 1, d.lg. 3/8/2017, n. 129. Per l'applicazione, vedi l'art. 10, co. 2, d.lg. n. 129/2017 medesimo.

(2) Comma così modificato dall'art. 3 del d.lg. 25/11/2019, n. 165 che ha sostituito le parole: "delle comunicazioni previste dal comma 3" con le parole: "dell'esercizio da parte della Consob delle funzioni di punto di contatto ai sensi dell'articolo 4 del presente decreto".

(3) Comma inserito dall'art. 3 del d.lg. 25/11/2019, n. 165.

* Comma abrogato dall'art. 3 del d.lg. 25/11/2019, n. 165.

66 quinquies. Negoziazione di strumenti finanziari emessi dal gestore del mercato regolamentato (1). – 1. La Consob dispone l'ammissione, l'esclusione e la sospensione dalla quotazione e dalle negoziazioni degli strumenti finanziari emessi da un gestore del mercato in un mercato regolamentato da esso gestito.

2. La Consob determina le modificazioni da apportare al regolamento del mercato regolamentato per assicurare la trasparenza, l'ordinato svolgimento delle negoziazioni e la tutela degli investitori, nonché per regolare le ipotesi di conflitto d'interessi. L'ammissione a quotazione e a negoziazione è subordinata all'adeguamento del regolamento del mercato regolamentato.

3. La Consob vigila sul rispetto da parte del gestore del mercato delle disposizioni del regolamento del mercato relative agli strumenti finanziari di cui al comma 1.

(1) Articolo inserito dall'art. 3, co. 1, d.lg. 3/8/2017, n. 129. Per l'applicazione, vedi l'art. 10, co. 2, d.lg. n. 129/2017 medesimo.

Sezione IV
Accesso alle sedi di negoziazione

67. Criteri generali di accesso degli operatori (1). 1. Il gestore di un mercato regolamentato o di un sistema multilaterale di negoziazione o di un sistema organizzato di negoziazione stabilisce, attua e mantiene regole trasparenti e non discriminatorie, basate su criteri oggettivi, che disciplinano l'accesso in qualità di membri o partecipanti o clienti.

2. Ai mercati regolamentati e ai sistemi multilaterali di negoziazione possono accedere in qualità di membri o partecipanti le Sim, le banche italiane, le imprese di investimento UE, le banche UE e le imprese di paesi terzi autorizzate all'esercizio dei servizi o attività di negoziazione per conto proprio o di esecuzione di ordini per conto dei clienti ai sensi degli articoli 28 e 29-ter.

3. Le imprese di investimento UE, le banche UE e le imprese di paesi terzi autorizzate all'esercizio dei servizi o attività di negoziazione per conto proprio o di esecuzione di ordini per conto dei clienti ai sensi degli articoli 28 e 29-ter, possono essere ammesse in qualità di membri o partecipanti dei mercati regolamentati o sistemi multilaterali di negoziazione stabiliti sul territorio della Repubblica secondo una delle seguenti modalità:

a) direttamente, stabilendo una succursale;

b) diventando membri remoti o avendo accesso remoto al mercato regolamentato o al sistema multilaterale di negoziazione, quando le procedure e i sistemi di negoziazione della sede in questione non richiedono una presenza fisica per la conclusione delle operazioni.

4. Possono altresì accedere ai mercati regolamentati e ai sistemi multilaterali di negoziazione, tenuto conto delle regole adottate dal gestore della sede di negoziazione, i soggetti che:

a) godono di sufficiente buona reputazione;

b) dispongono di un livello sufficiente di capacità di negoziazione, di competenza ed esperienza;

c) dispongono di adeguati dispositivi organizzativi;

d) dispongono di risorse sufficienti per il ruolo che devono svolgere, tenendo conto delle varie disposizioni finanziarie eventualmente fissate dal mercato regolamentato per garantire l'adeguato regolamento delle operazioni.

5. Il gestore di un mercato regolamentato o di un sistema multilaterale di negoziazione specifica, nell'ambito delle regole previste dal comma 1, i criteri per la partecipazione diretta o remota al mercato regolamentato e gli obblighi imposti ai membri o partecipanti derivanti:

a) dall'istituzione e dalla gestione della sede di negoziazione;

b) dalle disposizioni riguardanti le operazioni eseguite nella sede di negoziazione;

c) dagli standard professionali imposti al personale di membri o partecipanti che operano sulla sede di negoziazione;

d) dalle condizioni stabilite, a norma del comma 4, per i membri o partecipanti diversi da Sim, banche italiane, imprese di investimento UE, banche UE e imprese di paesi terzi autorizzate all'esercizio dei servizi o attività di negoziazione per conto proprio o di esecuzione di ordini per conto dei clienti ai sensi degli articoli 28 e 29-ter;

e) dalle norme e procedure per la compensazione e il regolamento delle operazioni concluse nel mercato regolamentato.

6. I membri o partecipanti ai mercati regolamentati e ai sistemi multilaterali di negoziazione e i clienti dei sistemi organizzati di negoziazione si comportano con diligenza, correttezza e trasparenza al fine di non compromettere l'integrità dei mercati.

7. Il Ministero dell'economia e delle finanze e la Banca d'Italia sono ammessi alle negoziazioni sulle sedi di negoziazione all'ingrosso di titoli di Stato.

7-bis. Possono essere ammessi alle negoziazioni per conto proprio sulle sedi di negoziazione all'ingrosso in titoli di Stato, in qualità di membri o di partecipanti, i soggetti di cui all'articolo 2, paragrafo 5, punti da 3) a 22), della direttiva 2013/36/UE del Parlamento europeo e del Consiglio, del 26 giugno 2013 (2).

8. Il gestore di una sede di negoziazione comunica alla Consob lo Stato membro in cui intende predisporre dispositivi appropriati per facilitare l'accesso e la negoziazione ai membri, partecipanti o clienti remoti ivi stabiliti. La Consob trasmette, entro un mese, detta informazione allo Stato membro in cui si intende predisporre tali dispositivi. Su richiesta dell'autorità competente dello Stato membro ospitante, la Consob comunica tempestivamente l'identità dei membri o dei partecipanti o dei clienti della sede di negoziazione che ha stabilito i propri dispositivi nel territorio dell'altro Stato membro.

9. Il gestore di una sede di negoziazione di un altro Stato membro può dotarsi di dispositivi appropriati, nel territorio della Repubblica, per facilitare l'accesso e la negoziazione ai suoi membri, partecipanti o clienti remoti ivi stabiliti, a condizione che la Consob ne abbia ricevuto preventiva comunicazione da parte dell'autorità competente dello Stato membro d'origine della sede di negoziazione. La Consob può chiedere all'autorità competente dello Stato membro d'origine di comunicare l'identità dei membri, partecipanti o clienti delle sedi di negoziazione che hanno stabilito i propri dispositivi sul territorio della Repubblica.

10. La Consob, al fine di assicurare la trasparenza, l'ordinato svolgimento delle negoziazioni e la tutela degli investitori, stipula accordi con le autorità di vigilanza dello Stato membro di origine delle sedi di negoziazione di altri Stati membri di cui al comma 9 che abbiano acquisito un'importanza sostanziale per il funzionamento del mercato finanziario italiano e la tutela degli investitori in Italia, idonei ad assicurare il coordinamento della cooperazione in materia di vigilanza e dello scambio di informazioni su base transfrontaliera. Tali accordi sono stipulati dalla Consob congiuntamente con Banca d'Italia, previa informativa al Ministero dell'economia e delle finanze, qualora le sedi di negoziazione di altri Stati membri abbiano acquisito un'importanza sostanziale per il funzionamento del mercato finanziario italiano nonché per l'ordinato svolgimento delle negoziazioni e l'efficienza complessiva delle sedi di negoziazione all'ingrosso di titoli di Stato. Il Ministero dell'economia e delle finanze può richiedere alla Banca d'Italia le informazioni acquisite ai sensi degli accordi anzidetti.

11. La Consob stipula altresì i citati accordi di cooperazione con le autorità di vigilanza dello Stato membro ospitante di sedi di negoziazione italiane che abbiano acquisito un'importanza sostanziale per il funzionamento del mercato finanziario di tale Stato membro e la tutela degli investitori nello stesso.

12. Quando ha motivi chiari e dimostrabili di ritenere che un mercato regolamentato, un sistema multilaterale di negoziazione o un sistema organizzato di negoziazione che si siano dotati di dispositivi nel territorio della Repubblica, ai sensi del comma 9, violino gli obblighi derivanti dalle disposizioni della presente parte, la Consob ne informa l'autorità competente dello Stato membro d'origine della sede di negoziazione. Se, nonostante le misure adottate dall'autorità competente dello Stato membro d'origine o per via dell'inadeguatezza di tali misure, la sede di negoziazione persiste nell'agire in un modo che mette chiaramente a repentaglio gli interessi degli investitori domestici o il buon funzionamento dei mercati, la Consob, dopo avere informato l'autorità competente dello Stato membro d'origine, adotta tutte le misure adeguate e necessarie per tutelare gli investitori e assicurare il buon funzionamento dei mercati, che comprendono la possibilità di impedire a tale sede di negoziazione di rendere accessibili i loro dispositivi ai membri o partecipanti a distanza stabiliti nel territorio della Repubblica. Le misure adottate ai sensi del presente comma, che comportano sanzioni o restrizioni delle attività di un'impresa di investimento o di un mercato regolamentato sono opportunamente giustificate e comunicate all'impresa di investimento o al mercato regolamentato interessato.

(1) Articolo modificato dall'art. 11, co. 8, lett. a), d.lg. 17/9/2007, n. 164 e successivamente sostituito dall'art. 3, co. 1, d.lg. 3/8/2017, n. 129. Per l'applicazione, vedi l'art. 10, co. 2, d.lg. n. 129/2017 medesimo. Il presente articolo, prima della sostituzione di cui all'art. 3, co. 1, d.lg. 3/8/2017, n. 129 era contenuto nel Titolo I, Capo I.

(2) Comma inserito dall'art. 19-ter del d.l. 25/3/2019, n. 22, conv., con modif., dalla l. 20/5/2019, n. 41 e successivamente modificato dall'art. 1, co. 267, l. 30/12/2020, n. 178.

67 bis. Ammissione, sospensione ed esclusione degli operatori da un mercato regolamentato (1). – 1. Il gestore del mercato regolamentato comunica immediatamente alla Consob le proprie decisioni di ammissione, esclusione e sospensione degli operatori dalle negoziazioni.

2. La Consob può:

a) ordinare la revoca di una decisione di sospensione degli operatori dalle negoziazioni, entro cinque giorni dal ricevimento della comunicazione di cui al comma 1 se, sulla base degli elementi informativi diversi da quelli valutati, ai sensi del regolamento del mercato, dal gestore del mercato regolamentato nel corso della propria istruttoria, ritiene la decisione contraria alle finalità di assicurare la trasparenza, l'ordinato svolgimento delle negoziazioni e la tutela degli investitori;

b) chiedere al gestore del mercato regolamentato tutte le informazioni che ritenga utili per i fini di cui alla lettera a);

c) chiedere al gestore del mercato regolamentato l'esclusione o la sospensione degli operatori dalle negoziazioni.

(1) Articolo inserito dall'art. 3, co. 1, d.lg. 3/8/2017, n. 129. Per l'applicazione, vedi l'art. 10, co. 2, d.lg. n. 129/2017 medesimo.

67 ter. Negoziazione algoritmica, accesso elettronico diretto, partecipazione a controparti centrali (1). – 1. Le Sim e le banche italiane che svolgono negoziazione algoritmica:

a) pongono in essere controlli dei sistemi e del rischio efficaci e idonei alla luce dell'attività esercitata sulle sedi di negoziazione, volti a garantire che i propri sistemi di negoziazione algoritmica siano resilienti e dispongano di sufficiente capacità, siano soggetti a soglie e limiti di negoziazione appropriati, impediscano di inviare ordini erronei o comunque recare pregiudizio all'ordinato svolgimento delle negoziazioni;

b) pongono in essere controlli efficaci dei sistemi e del rischio per garantire che i sistemi di negoziazione algoritmica non possano essere utilizzati per finalità contrarie al regolamento (UE) n. 596/2014 o alle regole della sede di negoziazione;

c) dispongono di meccanismi efficaci di continuità operativa per rimediare a malfunzionamenti dei sistemi di negoziazione algoritmica e provvedono affinché i loro sistemi siano soggetti a verifica e monitoraggio in modo adeguato per garantirne la conformità ai requisiti del presente comma.

2. Le Sim e le banche italiane che effettuano negoziazioni algoritmiche lo notificano alla Consob e, se diversa, all'autorità competente dello Stato membro della sede di negoziazione in cui effettuano la negoziazione algoritmica quali membri o partecipanti o clienti della sede di negoziazione. La notifica è altresì effettuata alla Banca d'Italia per le sedi di negoziazione all'ingrosso di titoli di Stato.

3. Ferme restando le competenze di vigilanza prudenziale della Banca d'Italia, la Consob vigila sul rispetto dei requisiti previsti nel presente articolo da parte di Sim e banche italiane che svolgono negoziazione algoritmica. A tale fine la Consob può chiedere, su base regolare o ad hoc, ai soggetti sopra indicati:

a) una descrizione della natura delle strategie di negoziazione algoritmica;

b) i dettagli sui parametri o sui limiti di negoziazione a cui il sistema è soggetto;

c) i controlli di conformità e di rischio attuati per assicurare che le condizioni stabilite al comma 1 siano soddisfatte;

d) i dettagli sulla verifica dei sistemi;

e) ulteriori informazioni sulla negoziazione algoritmica effettuata e sui sistemi utilizzati.

4. La Consob comunica alla Banca d'Italia le informazioni che riceve ai sensi del comma 3 o dall'autorità competente dello Stato membro d'origine della banca UE o dell'impresa di investimento UE, quando dette informazioni si riferiscono a membri o partecipanti o clienti che effettuano negoziazione algoritmica nelle sedi di negoziazioni all'ingrosso di titoli di Stato.

5. Le Sim e le banche italiane possono fornire accesso elettronico diretto a una sede di negoziazione a condizione che esse pongano in essere efficaci controlli dei sistemi e del rischio.

6. La Consob, sentita la Banca d'Italia, disciplina con regolamento:

a) gli obblighi di registrazione cui sono tenuti i soggetti di cui al comma 1 che pongono in essere tecniche di negoziazione algoritmica;

b) le condizioni in base alle quali le Sim e le banche italiane possono fornire accesso elettronico diretto a una sede di negoziazione e le caratteristiche dei controlli di conformità e di rischio attuati per assicurare che le condizioni stabilite al comma 1 siano soddisfatte;

c) gli obblighi di notifica, di informazione e di registrazione cui sono tenuti le Sim e le banche italiane che forniscono un accesso elettronico diretto a una sede di negoziazione;

d) gli obblighi delle Sim e delle banche italiane che effettuano negoziazione algoritmica per perseguire una strategia di market making.

7. La Consob, su richiesta dell'autorità competente della sede di negoziazione di un altro Stato membro nella quale una Sim o una banca italiana svolgono negoziazione algoritmica o forniscono accesso elettronico diretto, comunica tempestivamente alla stessa le informazioni ricevute ai sensi del comma 3.

8. Le disposizioni di cui al presente articolo si applicano anche:

a) ai membri o partecipanti di mercati regolamentati e sistemi multilaterali di negoziazione che non sono tenuti a essere autorizzati a norma dell'articolo 4-terdecies, comma 1, lettere a), e), g), i) e l) o che sono gestori di Oicr, Sicav o Sicaf;

b) alle imprese di paesi terzi autorizzate all'esercizio dei servizi o attività di negoziazione per conto proprio o di esecuzione di ordini per conto dei clienti ai sensi degli articoli 28 e 29-ter, nonché agli operatori del paese non UE che accedono alla sede di negoziazione che ha ottenuto l'autorizzazione o il nulla-osta ai sensi degli articoli 26, comma 6, 29, comma 3, o 70, comma 2 (2).

8-bis. La Consob detta con regolamento i requisiti di cui al comma 6 applicabili ai soggetti di cui al comma 8 quando effettuano negoziazione algoritmica e/o forniscono accesso elettronico diretto a una sede di negoziazione.

9. Le Sim e le banche italiane e le imprese di paesi terzi autorizzate all'esercizio dei servizi e attività di investimento, con o senza servizi accessori, ai sensi degli articoli 28 e 29-ter, che agiscono in qualità di partecipanti alle controparti centrali per conto di propri clienti:

a) pongono in essere controlli e sistemi efficaci per garantire che possano fruire dei servizi di compensazione solo persone idonee e che a tali persone siano imposti requisiti appropriati per ridurre i rischi per la Sim o per la banca e per il mercato;

b) assicurano che vi sia un accordo scritto vincolante tra gli stessi e la persona per la quale agiscono per quanto riguarda i diritti e gli obblighi essenziali derivanti dalla prestazione del servizio.

(1) Articolo inserito dall'art. 3, co. 1, d.lg. 3/8/2017, n. 129. Per l'applicazione, vedi l'art. 10, co. 2, d.lg. n. 129/2017 medesimo.

(2) Comma così modificato dall'art. 3 del d.lg. 25/11/2019, n. 165 che dopo le parole: "28 e 29-ter" ha aggiunto le parole: ", nonché agli operatori del paese non UE che accedono alla sede di negoziazione che ha ottenuto l'autorizzazione o il nulla-osta ai sensi degli articoli 26, comma 6, 29, comma 3, o 70, comma 2".

Sezione V

Limiti di posizione e controlli sulla gestione delle posizioni in strumenti derivati su merci

68. Limiti alle posizioni in strumenti derivati su merci (1). – 1. Al fine di prevenire abusi di mercato e favorire condizioni ordinate di formazione dei prezzi e di regolamento delle operazioni, la Consob stabilisce e vigila sull'applicazione dei limiti di posizione sull'entità di una posizione netta che può essere detenuta da una persona in qualsiasi momento per ciascun contratto di strumenti derivati su merci negoziati in sedi di negoziazione, e contratti negoziati fuori listino (OTC) economicamente equivalenti, secondo quanto previsto con proprio regolamento, conformemente alla metodologia di calcolo determinata dall'AESFEM.

2. Le Sim e le banche italiane che negoziano derivati su merci o quote di emissione o loro prodotti derivati al di fuori di una sede di negoziazione forniscono all'autorità competente della sede di negoziazione in cui sono negoziati derivati su merci o quote di emissione o strumenti derivati sulle stesse o all'autorità competente centrale nel caso in cui gli strumenti menzionati siano scambiati in più di una giurisdizione, i dati disaggregati delle loro posizioni assunte in derivati su merci o quote di emissione o strumenti derivati sulle stesse negoziati in una sede di negoziazione e i contratti OTC economicamente equivalenti, distinguendo fra le posizioni identificate come atte a ridurre, in una maniera oggettivamente misurabile, i rischi direttamente connessi alle attività commerciali e le altre posizioni (2).

3. La Consob comunica all'AESFEM i limiti di posizione che intende stabilire al fine di ricevere il parere dell'autorità in merito alla compatibilità dei limiti di posizione con le finalità enunciate al comma 1 e con la metodologia di calcolo determinata dall'AESFEM. Se necessario la Consob modifica i limiti di posizione in conformità al parere dell'AESFEM o fornisce a quest'ultima le ragioni per cui non ritiene necessario modificarli, rendendo pubbliche tempestivamente le motivazioni di tale decisione sul proprio sito internet.

4. Qualora siano negoziati quantitativi rilevanti del medesimo strumento derivato su merci presso sedi di negoziazione di più Stati membri, la Consob, nel caso in cui sia l'autorità competente della sede in cui è negoziato il quantitativo più elevato (autorità competente centrale) stabilisce, secondo quanto previsto con il regolamento di cui al comma 1, il limite di posizione unico da applicare a tutte le negoziazioni rela-

tive a tale contratto di strumento derivato su merci. In tale caso la Consob consulta le autorità competenti di altre sedi in cui è negoziato un ingente quantitativo del derivato in questione, in merito al limite di posizione unico da applicare e all'eventuale riesame di tale limite.

5. A seguito di ricezione, da parte della Consob, della comunicazione di un'autorità competente centrale, dei limiti di posizione applicabili ad un contratto di strumento derivato su merci negoziato per quantitativi ingenti in sedi di negoziazione soggette alla sua vigilanza, la Consob, in caso di disaccordo, espone per iscritto le ragioni complete e dettagliate per cui non considera soddisfatti i requisiti enunciati al comma 1.

6. La Consob conclude accordi di cooperazione con le altre autorità competenti delle sedi in cui è negoziato il medesimo strumento derivato su merci negoziato su una sede soggetta alla sua vigilanza, e con le autorità competenti dei titolari di posizioni in tale strumento derivato, al fine di prevedere lo scambio reciproco di dati pertinenti e al fine di verificare e far rispettare il limite di posizione unico.

7. In casi eccezionali, la Consob può imporre limiti più restrittivi di quelli adottati a norma del comma 1 che siano debitamente giustificati e proporzionati, tenendo conto della liquidità e dell'ordinato funzionamento del mercato specifico. La decisione di imporre limiti di posizione più restrittivi è valida per un periodo che non può superare i sei mesi a decorrere dalla data della relativa pubblicazione sul sito internet della Consob e può essere prorogata di sei mesi in sei mesi, se continuano a sussistere i motivi che hanno determinato la restrizione. In assenza di una proroga espressa, al decorrere del periodo di sei mesi i limiti più restrittivi decadono automaticamente.

8. La Consob pubblica sul proprio sito internet le decisioni adottate ai sensi del comma 7, incluse informazioni sui limiti di posizione più restrittivi e le comunica all'AESFEM, unitamente alle ragioni che hanno portato all'adozione delle decisioni medesime affinché tale autorità possa pronunciarsi sulla necessità dei limiti di posizione più restrittivi alla luce dell'eccezionalità del caso. Qualora la Consob imponga limiti in contrasto con il parere dell'AESFEM, pubblica immediatamente sul proprio sito internet una comunicazione in cui spiega le ragioni che l'hanno indotta a prendere tale decisione.

(1) Articolo modificato dall'art. 2, co. 4, d.lg. 12/8/2016, n. 176 e successivamente sostituito dall'art. 3, co. 1, d.lg. 3/8/2017, n. 129. Per l'applicazione, vedi l'art. 10, co. 2, d.lg. n. 129/2017 medesimo. Il presente articolo, prima della sostituzione di cui all'art. 3, co. 1, d.lg. 3/8/2017, n. 129 era contenuto nel Titolo I, Capo I.

(2) Comma così sostituito dall'art. 3 del d.lg. 25/11/2019, n. 165.

68 bis. Controlli del gestore della sede di negoziazione sulle posizioni in strumenti derivati su merci (1). – 1. Il gestore di una sede di negoziazione che negozia derivati su merci si dota di un sistema di controlli sulla gestione delle posizioni che includono almeno la facoltà del gestore di:

a) controllare le posizioni aperte delle persone;

b) ottenere dalle persone accesso alle informazioni, compresa tutta la documentazione pertinente, in relazione all'entità e alle finalità di una posizione o esposizione assunta, alle informazioni sui titolari effettivi o sottostanti, a qualsiasi misura concertata e alle eventuali attività e passività nel mercato sottostante;

c) imporre a una persona di chiudere o ridurre una posizione in via temporanea o permanente a seconda del caso specifico e di adottare unilateralmente le misure appropriate per la chiusura o la riduzione nel caso in cui la persona non ottemperi; e

d) se del caso, esigere che la persona reimmetta temporaneamente liquidità nel mercato a un prezzo e un volume convenuti, con l'esplicito intento di lenire gli effetti di una posizione elevata o dominante.

(1) Articolo inserito dall'art. 3, co. 1, d.lg. 3/8/2017, n. 129. Per l'applicazione, vedi l'art. 10, co. 2, d.lg. n. 129/2017 medesimo.

68 ter. Caratteristiche dei limiti e dei controlli sulla gestione delle posizioni e obblighi di informazione (1). – 1. I limiti di posizione e i controlli sulla gestione delle posizioni sono trasparenti e non discriminatori, specificano come si applicano alle persone e tengono conto della natura e della composizione dei membri e partecipanti al mercato e dell'utilizzo che essi fanno dei contratti presentati alla negoziazione.

2. Il gestore della sede di negoziazione informa dettagliatamente la Consob circa i controlli sulla gestione delle posizioni, secondo le modalità e i termini da quest'ultima stabiliti con regolamento.

(1) Articolo inserito dall'art. 3, co. 1, d.lg. 3/8/2017, n. 129. Per l'applicazione, vedi l'art. 10, co. 2, d.lg. n. 129/2017 medesimo.

68 quater. Notifica dei titolari di posizioni in base alle categorie (1). – 1. Il gestore di una sede di negoziazione nella quale sono negoziati derivati su merci o quote di emissione o strumenti derivati sulle stesse pubblica una relazione settimanale indicante le posizioni aggregate detenute dalle differenti categorie di persone per i differenti strumenti finanziari derivati su merci o quote di emissione o strumenti derivati sulle stesse, negoziati sulla sede di negoziazione, quando sia il numero delle persone sia le loro posizioni aperte superano soglie minime, distinguendo fra le posizioni identificate come atte a ridurre, in una maniera oggettivamente misurabile, i rischi direttamente connessi alle attività commerciali e le altre posizioni. Tale relazione è trasmessa alla Consob e all'AESFEM.

2. Le Sim e le banche italiane che negoziano derivati su merci o quote di emissione o loro prodotti derivati al di fuori di una sede di negoziazione forniscono alla Consob o all'autorità competente centrale, se diversa dalla Consob, nel caso in cui gli strumenti menzionati siano scambiati in più di una giurisdizione, i dati disaggregati delle loro posizioni assunte in derivati su merci o quote di emissione o strumenti derivati sulle stesse negoziati in una sede di negoziazione e i contratti OTC economicamente equivalenti, distinguendo fra le posizioni identificate come atte a ridurre, in una maniera oggettivamente misurabile, i rischi direttamente connessi alle attività commerciali e le altre posizioni.

3. I membri o partecipanti ai mercati regolamentati e ai sistemi multilaterali di negoziazione e i clienti dei sistemi organizzati di negoziazione comunicano al gestore della sede di negoziazione informazioni dettagliate sulle loro posizioni detenute mediante contratti negoziati nella sede di negoziazione in oggetto, almeno su base giornaliera, comprese le posizioni dei loro clienti, e dei clienti di detti clienti, fino a raggiungere il cliente finale.

4. La Consob prevede con regolamento:

a) i tempi e le modalità di invio da parte del gestore della sede di negoziazione, dei dati disaggregati inerenti alle posizioni di tutte le persone, compresi i membri o partecipanti e i relativi clienti nella sede di negoziazione;

b) le modalità di classificazione, da parte dei gestori delle sedi di negoziazione, ai fini dell'informativa da rendere ai sensi del presente articolo, delle persone che detengono posizioni in strumenti derivati su merci ovvero quote di emissione o strumenti derivati delle stesse.

(1) Articolo inserito dall'art. 3, co. 1, d.lg. 3/8/2017, n. 129. Per l'applicazione, vedi l'art. 10, co. 2, d.lg. n. 129/2017 medesimo.

68 quinquies. Poteri della Consob e obblighi di collaborazione (1). – 1. Nello svolgimento dei compiti di vigilanza ai sensi della presente sezione, la Consob esercita i poteri previsti dagli articoli 62-octies, 62-novies, 62-decies e può altresì:

a) richiedere a chiunque informazioni, notizie, dati o l'esibizione di documenti, in originale o in copia, in relazione all'entità e alla finalità di una posizione o esposizione aperta mediante uno strumento derivato su merci e alle eventuali attività e passività nel mercato sottostante;

b) limitare la possibilità di chiunque di concludere un contratto derivato su merci, anche introducendo limiti sull'entità di una posizione che detto soggetto può detenere in ogni momento a norma dell'articolo 68;

c) richiedere a chiunque di adottare misure per ridurre l'entità di una posizione o esposizione in strumenti derivati su merci.

2. La Consob comunica alle autorità competenti degli altri Stati membri le informazioni relative a:

a) eventuali richieste di riduzione dell'entità di una posizione o esposizione, ai sensi del comma 1, lettera c);

b) eventuali limitazioni alla possibilità delle persone di aprire una posizione in un derivato su merci, ai sensi del comma 1, lettera b).

2-bis. La notifica, se del caso, include informazioni dettagliate sulla richiesta o sulla domanda, ai sensi del comma 1, lettera a), compresa l'identità della o delle persone cui è stata indirizzata e le ragioni addotte, come pure la portata delle limitazioni introdotte a norma del comma 1, lettera b), compresa la persona interessata, gli strumenti finanziari applicabili, eventuali limiti all'entità delle posizioni che qualsiasi persona può detenere in qualsiasi momento, le eventuali esenzioni concesse ai sensi del comma 2 e le ragioni addotte. La notifica è fatta almeno 24 ore prima dell'entrata in vigore prevista degli interventi o delle misure. In circostanze eccezionali, la notifica può essere effettuata meno di 24 ore prima dell'entrata in vigore della misura quando non sia possibile rispettare tale termine. Se le misure adottate ai sensi del comma 1, lettere b) o c) sono relative a prodotti energetici all'ingrosso, la Consob ne informa anche l'Agenzia per la collaborazione fra i regolatori nazionali dell'energia (ACER) istituita a norma del regolamento (CE) n. 713/2009. La Consob invia una notifica in conformità del presente comma anche quando ha intenzione di adottare le misure di cui alle lettere b) e c) del comma 1.

3. La Consob, a seguito della ricezione di una notifica, da parte di autorità competenti di altri Stati membri, di misure di riduzione dell'entità di una posizione o esposizione o di limitazione alla possibilità delle persone di aprire una posizione in un derivato su merci, può adottare misure in conformità del comma 1, lettere b) o c), quando tali misure sono necessarie per conseguire l'obiettivo dell'autorità competente di altro Stato membro che ha effettuato la notifica.

(1) Articolo inserito dall'art. 3, co. 1, d.lg. 3/8/2017, n. 129. Per l'applicazione, vedi l'art. 10, co. 2, d.lg. n. 129/2017 medesimo.

Sezione VI
Mercati di crescita per le piccole e medie imprese (1)

(1) Rubrica così modificata dall'art. 3 del d.lg. 25/11/2019, n. 165 che ha sostituito la parola: "PMI" con le parole: "piccole e medie imprese".

69. Mercati di crescita per le piccole e medie imprese (1). – 1. La Consob, su domanda del gestore di un sistema multilaterale di negoziazione, registra un sistema come mercato di crescita per le piccole e medie imprese se sono soddisfatti i requisiti di cui al comma 2 (2).

2. Fermo restando il rispetto degli altri obblighi del presente decreto relativi alla gestione di un sistema multilaterale di negoziazione, ai fini della registrazione di cui al comma 1, il sistema multilaterale di negoziazione dispone di regole, sistemi e procedure efficaci, atti a garantire che siano soddisfatte le seguenti condizioni:

a) almeno il 50 per cento degli emittenti i cui strumenti finanziari sono ammessi alla negoziazione sul sistema sono PMI, sia al momento della registrazione come mercato di crescita per le PMI sia successivamente, con riferimento a ciascun anno civile;

b) sono stabiliti criteri appropriati per l'ammissione e la permanenza alla negoziazione degli strumenti finanziari sul sistema;

c) al momento dell'ammissione alla negoziazione di uno strumento finanziario sul mercato sono state pubblicate informazioni sufficienti per permettere agli investitori di effettuare una scelta consapevole in merito all'investimento. Tali informazioni possono consistere in un appropriato documento di ammissione o in un prospetto se i requisiti di cui al regolamento 2017/1129/UE sono applicabili con riguardo a un'offerta pubblica presentata insieme all'ammissione alla negoziazione dello strumento finanziario sul sistema multilaterale di negoziazione;

d) sul mercato esiste un'adeguata informativa finanziaria periodica, messa a disposizione dall'emittente o da altri per suo conto, che comprenda quantomeno la relazione finanziaria annuale sottoposta a revisione;

e) gli emittenti, le persone che esercitano responsabilità di direzione e le persone ad esse strettamente legate, come individuati rispettivamente dai punti 21), 25) e 26) dell'articolo 3, paragrafo 1, del regolamento (UE) n. 596/2014, rispettano i requisiti loro applicabili dettati dal citato regolamento;

f) le informazioni regolamentate riguardanti gli emittenti sono conservate e divulgate pubblicamente;

g) esistono sistemi e controlli efficaci tesi a prevenire e individuare gli abusi di mercato secondo quanto prescritto dal regolamento (UE) n. 596/2014.

3. Il gestore di un mercato di crescita per le piccole e medie imprese può prevedere requisiti aggiuntivi a quelli previsti dal comma 2 (2).

4. La Consob può revocare la registrazione di un sistema multilaterale di negoziazione come mercato di crescita per le piccole e medie imprese su richiesta del gestore ovvero (2) quando il sistema non rispetta i requisiti previsti dal comma 2.

5. Uno strumento finanziario di un emittente ammesso alla negoziazione su un mercato di crescita per le piccole e medie imprese può essere negoziato anche su un altro mercato di crescita per le piccole e medie imprese solo se l'emittente è stato preventivamente informato e non ha sollevato obiezioni alla negoziazione su un altro mercato. In tal caso l'emittente non è soggetto ad alcun obbligo relativo al governo societario o all'informativa iniziale, continuativa o ad hoc con riguardo a quest'ultimo mercato di crescita per le piccole e medie imprese (2).

(1) Rubrica così modificata dall'art. 3 del d.lg. 25/11/2019, n. 165 che ha sostituito la parola: "PMI" con le parole: "piccole e medie imprese".

(2) Comma così modificato dall'art. 3 del d.lg. 25/11/2019, n. 165 che ha sostituito la parola: "PMI" con le parole: "piccole e medie imprese".

*69 bis. **Autorizzazione e vigilanza delle controparti centrali****. – *1. La Banca d'Italia autorizza lo svolgimento dei servizi di compensazione in qualità di controparte centrale da parte di persone giuridiche stabilite nel territorio nazionale, ai sensi degli articoli 14 e 15 e secondo la procedura prevista dall'articolo 17 del regolamento (UE) n. 648/2012. La medesima autorità revoca l'autorizzazione allo svolgimento di servizi da parte di una controparte centrale quando ricorrono i presupposti di cui all'articolo 20 del medesimo regolamento. Si applicano l'articolo 80, commi 4, 5 e 10, e l'articolo 83 del presente decreto legislativo. 2. La Banca d'Italia, in qualità di presidente del collegio di autorità previsto dall'articolo 18 del regolamento di cui al comma 1, può rin-*

viare la questione dell'adozione di un parere comune negativo sull'autorizzazione di una controparte centrale all'AESFEM, come previsto dall'articolo 17, paragrafo 4, del medesimo regolamento, interrompendo i termini del procedimento di autorizzazione. 3. La vigilanza sulle controparti centrali è esercitata dalla Banca d'Italia, avendo riguardo alla stabilità e al contenimento del rischio sistemico, e dalla Consob, avendo riguardo alla trasparenza e alla tutela degli investitori. A tale fine la Banca d'Italia e la Consob possono chiedere alle controparti centrali e agli operatori la comunicazione anche periodica di dati, notizie, atti e documenti e possono effettuare ispezioni. Le modalità di esercizio dei poteri di vigilanza informativa sono disciplinate con regolamento adottato dalla Banca d'Italia, d'intesa con la Consob; con il medesimo regolamento possono essere stabiliti requisiti supplementari per lo svolgimento dei servizi di controparte centrale, in conformità al regolamento di cui al comma 1. 4. In caso di necessità e urgenza, la Banca d'Italia adotta, per le finalità attribuite ai sensi del comma 3, i provvedimenti necessari anche sostituendosi alle controparti centrali. Dei provvedimenti adottati la Banca d'Italia dà tempestiva comunicazione alla Consob, all'AESFEM, al collegio di autorità richiamato al comma 2, alle rilevanti autorità del Sistema europeo delle Banche centrali e alle altre autorità interessate, ai sensi dell'articolo 24 del regolamento di cui al comma 1. 5. La Banca d'Italia esercita le competenze specificamente indicate dagli articoli 41, paragrafo 2, 49, paragrafo 1, e 54, paragrafo 1, del regolamento di cui al comma 1 e adotta, d'intesa con la Consob, i provvedimenti richiesti ai sensi degli articoli 7, paragrafo 4, 31, paragrafi 1 e 2, e 35, paragrafo 1, del medesimo regolamento. Si applica l'articolo 80, commi 6, 7 e 8, del presente decreto legislativo. 6. La Consob, d'intesa con la Banca d'Italia, adotta i provvedimenti di cui all'articolo 8, paragrafo 4, del regolamento di cui al comma 1. 7. Ove non diversamente specificato dal presente articolo, le competenze previste dal regolamento di cui al comma 1 in materia di vigilanza delle controparti centrali sono esercitate dalla Banca d'Italia e dalla Consob, ciascuna nell'ambito delle rispettive attribuzioni. 8. La Banca d'Italia e la Consob stabiliscono, mediante un protocollo di intesa, le modalità della cooperazione nello svolgimento delle rispettive competenze, con particolare riferimento alle posizioni rappresentate nell'ambito dei collegi e alla gestione delle situazioni di emergenza, nonché le modalità del reciproco scambio di informazioni rilevanti, anche con riferimento alle irregolarità rilevate e ai provvedimenti assunti nell'esercizio delle rispettive funzioni, tenuto conto dell'esigenza di ridurre al minimo gli oneri gravanti sugli operatori e dell'economicità dell'azione delle autorità di vigilanza. Il protocollo d'intesa è reso pubblico dalla Banca d'Italia e dalla Consob con le modalità da esse stabilite.

* Articolo inserito dall'art. 33, co. 1, lett. g), l. 6/8/2013, n. 97 e successivamente abrogato dall'art. 2, co. 4, d.lg. 12/8/2016, n. 176.

• A norma dell'art. 3, co. 1, d.lg. 3/8/2017, n. 129, nel nuovo testo del presente Capo l'art. 69-bis non è più previsto.

70. Riconoscimento dei mercati (1). – 1. La Consob, previa stipula di accordi con le corrispondenti autorità, può riconoscere mercati extra-UE di strumenti finanziari, al fine di estenderne l'operatività sul territorio della Repubblica.

2. I gestori dei mercati regolamentati che intendano estendere in Stati non UE l'operatività dei mercati da essi gestiti, ne danno comunicazione alla Consob, che rilascia il proprio nulla-osta previa stipula di accordi con le corrispondenti autorità estere. Per i mercati regolamentati all'ingrosso di titoli di Stato la comunicazione è data alla Banca d'Italia, che rilascia il proprio nulla-osta previa stipula di accordi con le competenti autorità estere e ne informa la Consob.

3. Nei casi di cui ai commi 1 e 2, la Consob o la Banca d'Italia, secondo le rispettive competenze, accertano che le informazioni sugli strumenti finanziari e sugli emittenti, le modalità di formazione dei prezzi, le modalità di liquidazione dei contratti, le norme di vigilanza sui mercati e sugli intermediari siano equivalenti a quanto disposto dalla normativa vigente in Italia con riferimento ai mercati regolamentati, e comunque in grado di assicurare adeguata tutela degli investitori.

4. La Consob può specificare, con regolamento, le modalità e le condizioni per riconoscere mercati extra-UE di strumenti finanziari.

(1) Articolo modificato dall'art. 11, co. 4, d.lg. 21/5/2004, n. 170, dall'art. 11, co. 19, d.lg. 17/9/2007, n. 164, successivamente sostituito dall'art. 33, co. 1, lett. h), l. 6/8/2013, n. 97, e abrogato dall'art. 2, co. 4, d.lg. 12/8/2016, n. 176. Successivamente sostituito dall'art. 3, co. 1, d.lg. 3/8/2017, n. 129. Per l'applicazione, vedi l'art. 10, co. 2, d.lg. n. 129/2017 medesimo. Il presente articolo, prima della sostituzione di cui all'art. 3, co. 1, d.lg. 3/8/2017, n. 129 era contenuto nel Titolo I, Capo I.

70 bis. Accesso alle controparti centrali e ai sistemi di liquidazione delle operazioni su strumenti finanziari*. *– 1. Le imprese di investimento e le banche comunitarie autorizzate all'esercizio dei servizi o delle attività di investimento possono accedere alle controparti centrali e ai sistemi di cui agli articoli 68 e 69, per finalizzare o per disporre la finalizzazione delle operazioni su strumenti finanziari* (1). *2. Le società di gestione assicurano ai partecipanti ai mercati da esse gestiti il diritto di designare un sistema di compensazione e liquidazione delle operazioni su strumenti finanziari effettuate su tali mercati, diverso da quello designato dal mercato stesso, qualora risultino rispettate le seguenti condizioni: a) la presenza di collegamenti e dispositivi fra il sistema di compensazione e liquidazione designato e i sistemi e la struttura del mercato regolamentato per garantire il regolamento efficace ed economico delle operazioni; b) il riconoscimento da parte della Consob che le condizioni tecniche di regolamento delle operazioni concluse nel mercato regolamentato tramite un sistema diverso da quello designato dal mercato stesso siano tali da consentire il regolare e ordinato funzionamento dei mercati. Nei casi di società di gestione di mercati regolamentati all'ingrosso di titoli di Stato il riconoscimento è effettuato dalla Banca d'Italia. 3. Le società di gestione comunicano alla Consob le designazioni effettuate dai partecipanti al mercato ai sensi del comma 2. Tali comunicazioni sono effettuate alla Banca d'Italia nel caso dei mercati all'ingrosso dei titoli di Stato. 4. Il riconoscimento di cui al comma 2, lettera b), è effettuato, sentita la Banca d'Italia, nei casi di società di gestione di mercati regolamentati all'ingrosso di titoli obbligazionari privati e pubblici, diversi da titoli di Stato, nonché di società di gestione di mercati regolamentati di strumenti previsti dall'articolo 1, comma 2, lettera d), e di strumenti finanziari derivati su titoli pubblici, su tassi di interesse e su valute.*

* Articolo inserito dall'art. 11, co. 11, d.lg. 17/9/2007, n. 164, con la decorrenza indicata nell'art. 19 dello stesso decreto e successivamente abrogato dall'art. 2, co. 4, d.lg. 12/8/2016, n. 176.

• Rubrica sostituita dall'art. 33, co. 1, lett. i), n. 1, l. 6/8/2013, n. 97.

(1) Comma sostituito dall'art. 33, co. 1, lett. i), n. 2, l. 6/8/2013, n. 97.

70 ter. Accordi conclusi dalle società di gestione dei mercati regolamentati con controparti centrali o con società che gestiscono servizi di liquidazione*. *– 1. Le società di gestione dei mercati regolamentati possono concludere accordi con le controparti centrali o con le società che gestiscono servizi di liquidazione di un altro Stato membro al fine di disporre la compensazione o la liquidazione di alcune o tutte le operazioni concluse dai partecipanti al mercato regolamentato* (1).

2. La Consob, d'intesa con la Banca d'Italia, può opporsi agli accordi di cui al comma 1 qualora, tenuto anche conto delle condizioni previste all'articolo 70-bis, comma 2, ciò si renda necessario per preservare l'ordinato funzionamento del mercato regolamentato. A tale fine, la Consob, d'intesa con la Banca d'Italia, disciplina con regolamento gli adempimenti informativi delle società di gestione in occasione degli accordi di cui al comma 1 (2). *3. I provvedimenti di cui al comma 2 sono adottati dalla Banca d'Italia, d'intesa con la Consob, per i mercati all'ingrosso dei titoli di Stato.*

* Articolo inserito dall'art. 11, co. 11, d.lg. 17/9/2007, n. 164, con la decorrenza indicata nell'art. 19 dello stesso decreto e successivamente abrogato dall'art. 2, co. 4, d.lg. 12/8/2016, n. 176.

• Rubrica sostituita dall'art. 33, co. 1, lett. l), n. 1, l. 6/8/2013, n. 97.

(1) Comma sostituito dall'art. 33, co. 1, lett. l), n. 2, l. 6/8/2013, n. 97.

(2) Per l'adozione del Regolamento recante norme di attuazione del presente decreto, in materia di mercati, vedi ora la Deliberazione Consob 29/10/2007, n. 16191.

Capo III
Gli internalizzatori sistematici

71. Obblighi dell'internalizzatore sistematico (1). – 1. L'impresa di investimento che supera i limiti stabiliti nel regolamento delegato (UE) 2017/565, in relazione al modo frequente, sistematico e sostanziale, per l'applicazione del regime degli internalizzatori sistematici o che sceglie comunque di assoggettarsi a tale regime, ne informa la Consob.

2. Ai fini della verifica della permanenza delle caratteristiche richieste dalla definizione di internalizzatore sistematico, la Consob può chiedere agli internalizzatori sistematici, con le modalità e nei termini da essa stabiliti, la comunicazione anche periodica di dati, notizie, atti e documenti.

3. Agli internalizzatori sistematici si applica l'articolo 65-septies, comma 6.

(1) Articolo abrogato dall'art. 13, co. 1, d.lg. 12/4/2001, n. 210 e successivamente sostituito dall'art. 3, co. 1, d.lg. 3/8/2017, n. 129. Per l'applicazione, vedi l'art. 10, co. 2, d.lg. n. 129/2017 medesimo. Il presente articolo, prima della sostituzione di cui all'art. 3, co. 1, d.lg. 3/8/2017, n. 129 era contenuto nel Titolo I, Capo I.

Capo IV
Obblighi di negoziazione, di trasparenza e di segnalazione di operazioni in strumenti finanziari

72. Individuazione dell'autorità competente (1). – 1. Il Ministero dell'economia e delle finanze, la Consob e la Banca d'Italia sono le autorità nazionali competenti ai sensi dell'articolo 2, paragrafo 1, punto 18), del regolamento (UE) n. 600/2014, secondo quanto disposto dal presente capo.

(1) Articolo modificato dall'art. 13, co. 2, d.lg. 12/4/2001, n. 210 sostituito dall'art. 4, co. 1, lett. a), d.lg. 24/3/2011, n. 48, successivamente, modificato dall'art. 33, co. 1, lett. m), n. 1, l. 6/8/2013, n. 97, e abrogato dall'art. 2, co. 4, d.lg. 12/8/2016, n. 176. Da ultimo sostituito dall'art. 3, co. 1, d.lg. 3/8/2017, n. 129. Per l'applicazione, vedi l'art. 10, co. 2, d.lg. n. 129/2017 medesimo. Il presente articolo, prima della sostituzione di cui all'art. 3, co. 1, d.lg. 3/8/2017, n. 129 era contenuto nel Titolo I, Capo I.

73. Vigilanza (1). – 1. La Consob vigila sull'osservanza delle disposizioni di cui ai Titoli II, III e IV del regolamento (UE) n. 600/2014, sugli obblighi di negoziazione previsti dagli articoli 23 e 28 del regolamento (UE) n. 600/2014, nonché sull'accesso non discriminatorio agli indici di riferimento e sull'obbligo di concedere una licenza per gli stessi, secondo quanto previsto dall'articolo 37 del medesimo regolamento, nonché sul rispetto delle inerenti norme tecniche di regolamentazione e di attuazione. A tali fini si avvale dei poteri previsti dagli articoli 62-octies, 62-novies e 62-decies.

(1) Articolo modificato dall'art. 11, co. 12, lett. a), d.lg. 17/9/2007, n. 164, e successivamente dall'art. 3, co. 1, d.lg. 3/8/2017, n. 129. Per l'applicazione, vedi l'art. 10, co. 2, d.lg. n. 129/2017 medesimo. Il presente articolo, prima della sostituzione di cui all'art. 3, co. 1, d.lg. 3/8/2017, n. 129 era contenuto nel Titolo I, Capo I.

74. Esenzioni dai requisiti di trasparenza pre-negoziazione delle sedi di negoziazione (1). – 1. Fermo restando quanto previsto dal comma 4 e in conformità a quanto previsto dagli articoli 4, paragrafo 1, e 9, paragrafi 1 e 2, del regolamento (UE) n. 600/2014, la Consob può esentare il gestore di una sede di negoziazione dagli obblighi di pubblicare le informazioni pre-negoziazione stabiliti dagli articoli 3 e 8 del citato regolamento nonché revocare le esenzioni concesse.

2. La Consob disciplina con regolamento il contenuto e le modalità di presentazione della domanda di esenzione da parte del gestore di una sede di negoziazione.

3. La Consob adotta i provvedimenti di sospensione delle esenzioni concesse, ai sensi dell'articolo 5, paragrafi 2 e 3, del regolamento indicato al primo comma.

4. I provvedimenti di esenzione dagli obblighi di trasparenza pre-negoziazione sono adottati dalla Consob, d'intesa con la Banca d'Italia, nei confronti dei gestori delle sedi di negoziazione all'ingrosso di titoli di Stato. Gli stessi provvedimenti sono adottati dalla Consob, sentita la Banca d'Italia, nei confronti dei gestori delle sedi di negoziazione all'ingrosso di titoli obbligazionari privati e pubblici, diversi dai titoli di Stato, nonché di titoli normalmente negoziati sul mercato monetario e di strumenti finanziari derivati su titoli pubblici, su tassi di interesse e su valute.

5. Il Ministero dell'economia e delle finanze e la Banca d'Italia sono informati dalla Consob delle domande di esenzione dagli obblighi di trasparenza pre-negoziazione su titoli di Stato ricevute, nonché dell'adozione dei provvedimenti di esenzione dagli obblighi di trasparenza pre-negoziazione aventi ad oggetto titoli di Stato.

(1) Articolo modificato dall'art. 14, co. 1, l. 28/12/2005, n. 262, dall'art. 11, co. 13, lett. a), d.lg. 17/9/2007, n. 164, e successivamente sostituito dall'art. 3, co. 1, d.lg. 3/8/2017, n. 129. Per l'applicazione, vedi l'art. 10, co. 2, d.lg. n. 129/2017 medesimo. Il presente articolo, prima della sostituzione di cui all'art. 3, co. 1, d.lg. 3/8/2017, n. 129 era contenuto nel Titolo I, Capo I.

75. Provvedimenti di temporanea sospensione degli obblighi di trasparenza pre-negoziazione (1). – 1. Al ricorrere delle condizioni previste dall'articolo 9, paragrafo 4, del regolamento (UE) n. 600/2014 la Consob adotta i provvedimenti di temporanea sospensione degli obblighi di pubblicare le informazioni pre-negoziazione stabiliti, dall'articolo 8 del regolamento citato, per gli strumenti finanziari non rappresentativi di capitale.

2. I provvedimenti di cui al comma 1 sono adottati dal Ministero dell'economia e delle finanze, su proposta della Banca d'Italia d'intesa con la Consob, relativamente agli obblighi di pubblicazione riguardanti i titoli di Stato. Gli stessi provvedimenti sono adottati dalla Consob, sentita la Banca d'Italia, relativamente agli obblighi di pubblicazione riguardanti i titoli obbligazionari privati e pubblici, diversi dai titoli di Stato, nonché i titoli normalmente negoziati sul mercato monetario e gli strumenti finanziari derivati su titoli pubblici, su tassi di interesse e su valute.

(1) Articolo modificato dall'art. 11, co. 14, lett. a), d.lg. 17/9/2007, n. 164 e successivamente sostituito dall'art. 3, co. 1, d.lg. 3/8/2017, n. 129. Per l'applicazione, vedi l'art. 10, co. 2, d.lg. n. 129/2017 medesimo. Il presente articolo, prima della sostituzione di cui all'art. 3, co. 1, d.lg. 3/8/2017, n. 129 era contenuto nel Titolo I, Capo I.

76. Autorizzazioni alla pubblicazione differita (1). – 1. Fermo restando quanto previsto dal comma 3 e in conformità a quanto previsto dagli articoli 7, 11, 20 e 21 del regolamento (UE) n. 600/2014, la Consob ha il potere di:

a) autorizzare il gestore di una sede di negoziazione o un'impresa di investimento che concluda, anche come internalizzatore sistematico, per proprio conto o per conto dei clienti, operazioni in strumenti finanziari, a differire la pubblicazione delle informazioni post-negoziazione sulle operazioni, stabilite dagli articoli 6 e 10 del citato regolamento;

b) applicare le misure previste dall'articolo 11, paragrafo 3, del medesimo regolamento;

c) revocare l'autorizzazione concessa ai sensi del presente comma.

2. La Consob disciplina con regolamento il contenuto e le modalità di presentazione della domanda di autorizzazione alla pubblicazione differita.

3. I provvedimenti di autorizzazione alla pubblicazione differita delle informazioni post-negoziazione sono adottati dalla Consob, d'intesa con la Banca d'Italia, nei confronti dei gestori delle sedi di negoziazione all'ingrosso di titoli di Stato. Gli stessi provvedimenti sono adottati dalla Consob, sentita la Banca d'Italia, nei confronti dei gestori delle sedi di negoziazione all'ingrosso di titoli obbligazionari privati e pubblici, diversi dai titoli di Stato, nonché di titoli normalmente negoziati sul mercato monetario e di strumenti finanziari derivati su titoli pubblici, su tassi di interesse e su valute.

4. Il Ministero dell'economia e delle finanze e la Banca d'Italia vengono informati dalla Consob delle domande di autorizzazione alla pubblicazione differita delle informazioni post-negoziazione su operazioni in titoli di Stato ricevute, nonché dell'adozione dei provvedimenti di autorizzazione alla pubblicazione differita delle informazioni post-negoziazione aventi ad oggetto titoli di Stato.

(1) Articolo modificato dall'art. 11, co. 15, lett. a), d.lg. 17/9/2007, n. 164, con la decorrenza indicata nell'art. 19 dello stesso decreto e successivamente sostituito dall'art. 3, co. 1, d.lg. 3/8/2017, n. 129. Per l'applicazione, vedi l'art. 10, co. 2, d.lg. n. 129/2017 medesimo. Il presente articolo, prima della sostituzione di cui all'art. 3, co. 1, d.lg. 3/8/2017, n. 129 era contenuto nel Titolo I, Capo I.

77. Provvedimenti di temporanea sospensione degli obblighi di trasparenza post-negoziazione (1). – 1. Al ricorrere delle condizioni previste dall'articolo 11, paragrafo 2, del regolamento (UE) n. 600/2014 la Consob adotta i provvedimenti di temporanea sospensione degli obblighi di pubblicare le informazioni post-negoziazione stabiliti, dall'articolo 10 del regolamento citato, per gli strumenti finanziari non rappresentativi di capitale.

2. I provvedimenti di cui al comma 1 sono adottati dal Ministero dell'economia e delle finanze, su proposta della Banca d'Italia d'intesa con la Consob, relativamente agli obblighi di pubblicazione delle informazioni post-negoziazione riguardanti i titoli di Stato. Gli stessi provvedimenti sono adottati dalla Consob, sentita la Banca d'Italia, relativamente agli obblighi di pubblicazione delle informazioni post-negoziazione riguardanti i titoli obbligazionari privati e pubblici, diversi dai titoli di Stato, nonché i titoli normalmente negoziati sul mercato monetario e gli strumenti finanziari derivati su titoli pubblici, su tassi di interesse e su valute.

(1) Articolo modificato dall'art. 11, co. 16, d.lg. 17/9/2007, n. 164, dall'art. 33, co. 1, lett. n), n. 1, l. 6/8/2013, n. 97, successivamente abrogato dall'art. 2, co. 4, d.lg. 12/8/2016, n. 176 e da ultimo sostituito dall'art. 3, co. 1, d.lg. 3/8/2017, n. 129. Per l'applicazione, vedi l'art. 10, co. 2, d.lg. n. 129/2017 medesimo. Il presente articolo, prima della sostituzione di cui all'art. 3, co. 1, d.lg. 3/8/2017, n. 129 era contenuto nel Titolo I, Capo I.

*77 bis. **Sistemi multilaterali di negoziazione****. *– 1. La Consob individua con proprio regolamento i requisiti minimi di funzionamento dei sistemi multilaterali di negoziazione, ivi inclusi gli obblighi dei loro gestori in materia di: a) processo di negoziazione e finalizzazione di operazioni; b) ammissione di strumenti finanziari; c) informazioni fornite al pubblico e agli utenti; d) accesso al sistema; e) controllo dell'ottemperanza da parte degli utenti delle regole del sistema. 2. La Consob: a) può chiedere ai soggetti che gestiscono un sistema multilaterale di negoziazione l'esclusione o la sospensione degli strumenti finanziari dalle negoziazioni sul sistema multilaterale di negoziazione; b) può chiedere ai soggetti che gestiscono un sistema multilaterale di negoziazione tutte le informazioni che ritenga utili per i fini di cui alla lettera a); c) vigila, al momento dell'autorizzazione e in via continuativa, che le regole e le procedure adottate dai sistemi multilaterali di negoziazione siano conformi alle disposizioni comunitarie. 3. Salvo quando ciò possa causare danni agli interessi degli investitori o all'ordinato funzionamento del mercato, la Consob richiede la sospensione o l'esclusione di uno strumento finanziario dalle negoziazioni in un sistema multilaterale di negoziazione nei casi in cui tale strumento finanziario sia ammesso alle negoziazioni in un mercato regolamentato e sia stato oggetto di provvedimento di sospensione o esclusione da parte di autorità competenti di altri Stati membri.*

*4. Agli accordi conclusi dai soggetti che gestiscono un sistema multilaterale di negoziazione con le controparti centrali o con le società che gestiscono servizi di liquidazione si applica l'articolo 70-ter, commi 1 e 2**. 5. Agli operatori ammessi alle negoziazioni in un sistema multilaterale di negoziazione, diversi dai soggetti abilitati, si applicano gli articoli 8, comma 1, e 10, comma 1. 6. Il provvedimento previsto dal comma 1 è adottato dalla Consob, sentita la Banca d'Italia, quando riguarda i sistemi all'ingrosso di titoli obbligazionari privati e pubblici, diversi dai titoli di Stato, nonché di titoli normalmente negoziati sul mercato monetario e di strumenti finanziari derivati su titoli pubblici, su tassi di interesse e su valute, e dal Ministero dell'economia e delle finanze, sentite la Banca d'Italia e la Consob, quando riguarda sistemi all'ingrosso di titoli di Stato. Per questi ultimi le attività di cui ai commi 2 e 3 sono svolte dalla Banca d'Italia, sentita la Consob.*

* Articolo inserito dall'art. 12, co. 1, d.lg. 17/9/2007, n. 164, con la decorrenza indicata nell'art. 19 dello stesso decreto. Per l'adozione del Regolamento recante norme di attuazione del presente decreto, in materia di mercati, vedi la Deliberazione Consob 29/10/2007, n. 16191. Per l'applicazione, vedi l'art. 10, co. 2, d.lg. n. 129/2017 medesimo. Il presente articolo, prima della modifica di cui all'art. 3, co. 1, d.lg. 3/8/2017, n. 129 era contenuto nel Titolo I, Capo II. Da ultimo il presente articolo è da ritenersi abrogato per effetto della sostituzione di cui all'art. 3, co. 1, d.lg. 3/8/2017, n. 129.

** Comma sostituito dall'art. 33, co. 1, lett. o), l. 6/8/2013, n. 97 e successivamente abrogato dall'art. 2, co. 5, d.lg. 12/8/2016, n. 176.

78. Informazioni da fornire ai fini della trasparenza e dell'effettuazione degli altri calcoli e obblighi di pubblicazione (1). – 1. Al fine dell'applicazione dei requisiti di trasparenza pre e post-negoziazione imposti dagli articoli da 3 a 11 e da 14 a 21 del regolamento (UE) n. 600/2014 e dell'implementazione del regime previsto dall'articolo 32 del medesimo regolamento in connessione con l'obbligo di negoziazione su strumenti derivati, nonché per determinare se un'impresa di investimento è un internalizzatore sistematico, la Consob, secondo le modalità e i termini dalla stessa determinati con regolamento, può chiedere informazioni:

a) alle sedi di negoziazione;

b) ai dispositivi di pubblicazione autorizzati; e c) ai fornitori di un sistema consolidato di pubblicazione.

2. Gli obblighi di pubblicazione imposti dalle disposizioni contenute nei Titoli II e III del regolamento (UE) n. 600/2014

e dalle inerenti norme tecniche di regolamentazione e di attuazione sono assolti dalla Consob attraverso la messa a disposizione dei dati e delle informazioni sul proprio sito internet.

3. Le informazioni necessarie allo svolgimento delle funzioni assegnate alla Banca d'Italia nel presente capo, ottenute ai sensi del comma 1, sono trasmesse dalla Consob alla Banca d'Italia secondo il contenuto, le modalità e i tempi stabiliti nel protocollo di intesa previsto dall'articolo 62-ter, comma 4.

(1) Articolo modificato dall'art. 10, co. 4, l. 6/2/2007, n. 13 (Legge comunitaria 2006) e, successivamente, sostituito dall'art. 12 del d.lg. 17/9/2007, n. 164, e dall'art. 3, co. 1, d.lg. 3/8/2017, n. 129. Per l'applicazione, vedi l'art. 10, co. 2, d.lg. n. 129/2017 medesimo. Il presente articolo, prima della sostituzione di cui all'art. 3, co. 1, d.lg. 3/8/2017, n. 129 era contenuto nel Titolo I, Capo II.

TITOLO I-TER
AUTORIZZAZIONE E VIGILANZA DI APA E ARM (1)

(1) Titolo inserito dall'art. 3, co. 1, d.lg. 3/8/2017, n. 129. Per l'applicazione, vedi l'art. 10, co. 2, d.lg. n. 129/2017 medesimo.

79 Individuazione dell'autorità competente (1). – 1. La gestione di un APA o di un ARM è soggetta ad autorizzazione preventiva da parte della CONSOB, in conformità a quanto previsto dal Titolo IV-bis del regolamento (UE) n. 600/2014 e dai relativi atti delegati. La CONSOB revoca l'autorizzazione concessa ai sensi del presente comma quando ricorrono i presupposti di cui all'articolo 27-sexies del regolamento (UE) n. 600/2014 (2).

1-bis. La CONSOB pubblica sul proprio sito internet l'elenco dei soggetti autorizzati ai sensi del comma 1 (3).

2. La CONSOB vigila sui soggetti di cui al comma 1 e sui gestori delle sedi di negoziazione che forniscono i servizi di un APA o di un ARM per accertare che essi rispettino le condizioni di esercizio previste dal regolamento (UE) n. 600/2014 e dai relativi atti delegati. A tali fini la CONSOB esercita i poteri previsti dagli articoli 62-octies, 62-novies e 62-decies, comma 1, lettere a), b) e d) (4).

2-bis. La CONSOB può disciplinare con regolamento la procedura di autorizzazione e di revoca di cui al comma 1 (5).

(1) Articolo sostituito dall'art. 12, co. 4, d.lg. 17/9/2007, n. 164, con la decorrenza indicata nell'art. 19 dello stesso decreto e successivamente dall'art. 3, co. 1, d.lg. 3/8/2017, n. 129. Per l'applicazione, vedi l'art. 10, co. 2, d.lg. n. 129/2017 medesimo. Il presente articolo, prima della sostituzione di cui all'art. 3, co. 1, d.lg. 3/8/2017, n. 129 era contenuto nel Titolo I, Capo II.

(2) Comma sostituito dall'art. 50, co. 2, lett. e), n. 1, d.l. 17/5/2022, n. 50, conv., con modif., dalla l. 15/7/2022, n. 91.

(3) Comma inserito dall'art. 50, co. 2, lett. e), n. 2, d.l. 17/5/2022, n. 50, conv., con modif., dalla l. 15/7/2022, n. 91.

(4) Comma sostituito dall'art. 50, co. 2, lett. e), n. 3, d.l. 17/5/2022, n. 50, conv., con modif., dalla l. 15/7/2022, n. 91.

(5) Comma aggiunto dall'art. 50, co. 2, lett. e), n. 4, d.l. 17/5/2022, n. 50, conv., con modif., dalla l. 15/7/2022, n. 91.

79 bis. Autorizzazione e revoca*. – *1. L'autorizzazione è rilasciata a condizione che il richiedente soddisfi tutti i requisiti derivanti dal presente titolo. Il gestore di una sede di negoziazione può gestire i servizi di comunicazione dati previa verifica che esso rispetti le disposizioni del presente titolo. Il servizio è inserito nell'autorizzazione del gestore della sede di negoziazione. 2. Fermo restando quanto previsto dal comma 1, la Consob rifiuta l'autorizzazione anche se ritiene che le persone che dirigeranno effettivamente l'attività del fornitore di servizi di comunicazione dati non possiedono i requisiti di onorabilità e professionalità o laddove esistono ragioni obiettive e dimostrabili per ritenere che le stesse possano mettere a repentaglio la gestione sana e prudente e non consentano di tenere adeguatamente conto degli interessi dei clienti e dell'integrità del mercato. 3. Il fornitore di servizi di comunicazione dati fornisce tutte le informazioni, compreso un programma di attività che includa i tipi di servizi previsti e la struttura organizzativa, necessarie per permettere alla Consob di accertarsi che tale fornitore abbia adottato, al momento dell'autorizzazione iniziale, tutte le misure per adempiere agli obblighi derivanti dalle disposizioni del presente titolo. 4. La Consob disciplina con regolamento il contenuto e le modalità di presentazione della domanda di autorizzazione e iscrive i soggetti autorizzati ai servizi di comunicazione dati in un registro, accessibile al pubblico e regolarmente aggiornato. 5. L'autorizzazione specifica i servizi che i fornitori di servizi di comunicazione dati sono autorizzati a prestare. Un soggetto autorizzato che intende ampliare la propria attività aggiungendovi altri servizi di comunicazione dati presenta una richiesta di estensione dell'autorizzazione. 6. L'autorizzazione rilasciata ai sensi del presente articolo è valida in tutta l'Unione europea. 7. La Consob pronuncia la decadenza dell'autorizzazione rilasciata a un fornitore di servizi di comunicazione dati allorché questo non si avvale dell'autorizzazione entro dodici mesi. 8. La Consob può revocare l'autorizzazione prevista dal comma 1 quando: a) il fornitore di servizi di comunicazione dati ha ottenuto l'autorizzazione presentando false dichiarazioni o con qualsiasi altro mezzo irregolare; b) il fornitore di servizi di comunicazione dati non soddisfa più le condizioni cui è subordinata l'autorizzazione; c) il fornitore di servizi di comunicazione dati ha violato in modo grave e sistematico le disposizioni del presente titolo; d) il servizio di comunicazione dati è interrotto da più di sei mesi o il fornitore rinunci espressamente all'autorizzazione.*

* Articolo inserito dall'art. 13 del d.lg. 17/9/2007, n. 164, con la decorrenza indicata nell'art. 19 dello stesso decreto e successivamente sostituito dall'art. 3, co. 1, d.lg. 3/8/2017, n. 129. Per l'applicazione, vedi l'art. 10, co. 2, d.lg. n. 129/2017 medesimo. Il presente articolo, prima della sostituzione di cui all'art. 3, co. 1, d.lg. 3/8/2017, n. 129 era contenuto nel Titolo I, Capo II-bis. Da ultimo il presente articolo è stato abrogato dall'art. 50, co. 2, lett. f), d.l. 17/5/2022, n. 50, conv., con modif., dalla l. 15/7/2022, n. 91.

79 ter. Requisiti dei soggetti che svolgono funzioni di amministrazione presso il fornitore di servizi di comunicazione dati*. – *1. I membri dell'organo di amministrazione di un fornitore di servizi di comunicazione dati soddisfano requisiti di onorabilità, professionalità e indipendenza, possiedono conoscenze, competenze ed esperienze adeguate e dedicano tempo sufficiente all'esercizio delle proprie funzioni. 2. Se un gestore del mercato chiede l'autorizzazione per gestire un APA, un CTP o un ARM e i soggetti che svolgono funzioni di amministrazione, direzione e controllo nell'APA, CTP o ARM sono gli stessi che svolgono le medesime funzioni nel mercato regolamentato, tali soggetti sono tenuti al rispetto dei requisiti previsti al comma 1. 3. L'organo di amministrazione di un fornitore di servizi di comunicazione dati: a) possiede collettivamente conoscenze, competenze ed esperienze adeguate per essere in grado di comprendere le attività del fornitore di servizi di comunicazione dati; b) definisce dispositivi di governo societario che garantiscono un'efficace e prudente gestione, compresa la separazione delle funzioni aziendali sotto un profilo organizzativo e la prevenzione dei conflitti di interesse, in modo tale da promuovere l'integrità del mercato e gli interessi dei propri clienti. 4. La Consob, con proprio regolamento: a) specifica i requisiti dell'organo di amministrazione del fornitore di servizi di comunicazione dati e dei relativi membri, previsti dal comma 1; b) stabilisce contenuto, termini e modalità di comunicazione alla Consob, da parte del fornitore di servizi di comunicazione dati, delle informazioni relative ai soggetti che svolgono funzioni di* *amministrazione, direzione e controllo e ai soggetti che dirigono effettivamente l'attività e le operazioni del servizio e di ogni successivo cambiamento.*

* Articolo inserito dall'art. 13 del d.lg. 17/9/2007, n. 164, con la decorrenza indicata nell'art. 19 dello stesso decreto e successivamente sostituito dall'art. 3, co. 1, d.lg. 3/8/2017, n. 129. Per l'applicazione, vedi l'art. 10, co. 2, d.lg. n. 129/2017 medesimo. Il presente articolo, prima della sostituzione di cui all'art. 3, co. 1, d.lg. 3/8/2017, n. 129 era contenuto nel Titolo I, Capo II-bis. Da ultimo il presente articolo è stato abrogato dall'art. 50, co. 2, lett. g), d.l. 17/5/2022, n. 50, conv., con modif., dalla l. 15/7/2022, n. 91.

79 ter.1. Requisiti organizzativi dei fornitori di servizi di comunicazione dati*. – *1. I fornitori di servizi di comunicazione dati dispongono, al momento dell'autorizzazione e continuativamente, di: a) dispositivi efficaci al fine di evitare conflitti di interesse con i clienti. In particolare, un APA o un ARM che opera anche come gestore del mercato regolamentato o come impresa di investimento ovvero un gestore del mercato regolamentato o un APA che gestisce anche un CTP tratta tutte le informazioni raccolte in modo non discriminatorio e applica e mantiene dispositivi adeguati per tenere separate le differenti aree di attività; b) risorse adeguate e dispositivi di back-up al fine di poter offrire e mantenere i propri servizi in ogni momento. 2. La Consob detta con regolamento: a) i requisiti organizzativi specifici dei meccanismi di pubblicazione (APA), dei sistemi consolidati di pubblicazione (CTP) e dei meccanismi di segnalazione (ARM); b) gli elementi minimi che le informazioni rese pubbliche dall'APA e le informazioni consolidate dal CTP devono riportare; c) le disposizioni attuative dell'articolo 4-undecies. 3. Qualora una sede di negoziazione effettui segnalazioni di operazioni in strumenti finanziari per conto di un'impresa di investimento, ai sensi di quanto previsto dall'articolo 26 del regolamento (UE) n. 600/2014, essa rispetta le disposizioni previste al comma 1, lettera b), nonché le disposizioni emanate dalla Consob ai sensi del comma 2, lettera a).*

* Articolo inserito dall'art. 3, co. 1, d.lg. 3/8/2017, n. 129. Per l'applicazione, vedi l'art. 10, co. 2, d.lg. n. 129/2017 medesimo. Da ultimo il presente articolo è stato abrogato dall'art. 50, co. 2, lett. h), d.l. 17/5/2022, n. 50, conv., con modif., dalla l. 15/7/2022, n. 91.

TITOLO II
DISCIPLINA DELLE CONTROPARTI CENTRALI (1)

(1) Rubrica così modificata dall'art. 2, co. 6, d.lg. 12/8/2016, n. 176. Il testo previgente era "Gestione accentrata di strumenti finanziari".

79 quater. Definizioni*. – *1. Ai fini del presente titolo per "intermediari" si intendono i soggetti, individuati dal regolamento indicato nell'articolo 81, comma 1, abilitati alla tenuta dei conti sui quali sono registrati gli strumenti finanziari e i relativi trasferimenti.*

* Articolo inserito dall'art. 2 del d.lg. 27/1/2010, n. 27 e successivamente abrogato dall'art. 2, co. 7, d.lg. 12/8/2016, n. 176.

Capo I
Le controparti centrali (1)

(1) Capo così sostituito dall'art. 2, co. 8, d.lg. 12/8/2016, n. 176. Il previgente capo I, che comprendeva gli artt. da 80 a 83, era così rubricato: "Disciplina delle società di gestione accentrata".

79 quinquies. Individuazione delle autorità nazionali competenti sulle controparti centrali (1). – 1. La Banca d'Italia e la Consob sono le autorità competenti per l'autorizzazione e la vigilanza delle controparti centrali, ai sensi dell'articolo 22, paragrafo 1, del regolamento (UE) n. 648/2012, secondo quanto disposto dai commi seguenti e dall'articolo 79-sexies.

2. La Consob è l'autorità competente, ai sensi dell'articolo 22, paragrafo 1, del regolamento di cui al comma 1, per il coordinamento della cooperazione e dello scambio di informazioni con la Commissione europea, l'AESFEM, le autorità competenti degli altri Stati membri, l'ABE e i membri interessati del Sistema europeo delle Banche centrali, conformemente agli articoli 23, 24, 83 e 84 del regolamento di cui al comma 1.

3. La Banca d'Italia istituisce, gestisce e presiede il collegio di autorità previsto dall'articolo 18 del regolamento di cui al comma 1.

4. La Banca d'Italia è l'autorità competente ai sensi dell'articolo 25, paragrafo 3, lettera a), del regolamento di cui al comma 1, nell'ambito della procedura per il riconoscimento delle controparti centrali dei Paesi terzi. Il parere è reso all'AESFEM dalla Banca d'Italia, d'intesa con la Consob.

(1) Articolo aggiunto dall'art. 2, co. 8, d.lg. 12/8/2016, n. 176.

79 sexies. Autorizzazione e vigilanza delle controparti centrali (1). – 1. La Banca d'Italia autorizza lo svolgimento dei servizi di compensazione in qualità di controparte centrale da parte di persone giuridiche stabilite nel territorio nazionale, ai sensi degli articoli 14 e 15 e secondo la procedura prevista dall'articolo 17 del regolamento (UE) n. 648/2012. La medesima autorità revoca l'autorizzazione allo svolgimento di servizi da parte di una controparte centrale quando ricorrono i presupposti di cui all'articolo 20 del medesimo regolamento. Si applicano l'articolo 79-octiesdecies e l'articolo 79-bisdecies.

2. La Banca d'Italia, in qualità di presidente del collegio di autorità previsto dall'articolo 18 del regolamento di cui al comma 1, può rinviare la questione dell'adozione di un parere comune negativo sull'autorizzazione di una controparte centrale all'AESFEM, come disposto dall'articolo 17, paragrafo 4, del medesimo regolamento, interrompendo i termini del procedimento di autorizzazione.

3. La vigilanza sulle controparti centrali è esercitata dalla Banca d'Italia, avendo riguardo alla stabilità e al contenimento del rischio sistemico, e dalla Consob, avendo riguardo alla trasparenza e alla tutela degli investitori. A tale fine la Banca d'Italia e la Consob, nell'ambito delle rispettive competenze, possono nei confronti delle controparti centrali e dei partecipanti:

a) chiedere la comunicazione anche periodica di dati e notizie e la trasmissione di atti e documenti, con le modalità e nei termini da esse stabiliti;

b) procedere ad audizione personale;

c) eseguire ispezioni;

d) richiedere l'esibizione di documenti e il compimento degli atti ritenuti necessari.

Nel caso previsto alla lettera b) del presente comma, la Banca d'Italia e la Consob redigono processo verbale dei dati, delle informazioni acquisite e delle dichiarazioni rese dagli interessati, i quali sono invitati a firmare il processo verbale e hanno diritto di averne copia. La Consob redige il processo verbale anche nel caso previsto dalla lettera c) del presente comma. Le modalità di esercizio dei poteri di vigilanza informativa sono disciplinate con regolamento adottato dalla Banca d'Italia, d'intesa con la Consob; con il medesimo regolamento possono essere stabiliti requisiti supplementari per lo svolgimento dei servizi di controparte centrale, in conformità al regolamento di cui al comma 1. La Banca d'Italia e la Consob, nell'ambito delle rispettive competenze e nel perseguimento delle finalità previste nel presente comma, possono imporre alle controparti centrali di adottare le azioni e le misure necessarie per assicurare il rispetto del regolamento di cui al comma 1, dei relativi atti delegati, delle norme tecniche di regolamentazione e di attuazione, nonché del presente titolo.

4. In caso di necessità e urgenza, la Banca d'Italia adotta, per le finalità attribuite ai sensi del comma 3, i provvedimenti necessari anche sostituendosi alle controparti centrali. Dei provvedimenti adottati la Banca d'Italia dà tempestiva comunicazione alla Consob, all'AESFEM, al collegio di autorità di cui al comma 2, alle rilevanti autorità del Sistema europeo delle Banche centrali e alle altre autorità interessate, ai sensi dell'articolo 24 del regolamento di cui al comma 1.

5. La Banca d'Italia esercita le competenze specificamente indicate dagli articoli 41, paragrafo 2, 49, paragrafo 1, e 54, paragrafo 1, del regolamento di cui al comma 1 e adotta, d'intesa con la Consob, i provvedimenti richiesti ai sensi degli articoli 31, paragrafi 1 e 2, e 35, paragrafo 1, del medesimo regolamento.

6. Ai sensi dell'articolo 32, paragrafo 4, del regolamento di cui al comma 1, la Banca d'Italia e la Consob individuano e rendono pubbliche le informazioni necessarie per effettuare la valutazione prevista dal medesimo articolo.

7. Il Ministro dell'economia e delle finanze, sentite la Banca d'Italia e la Consob, determina con regolamento i requisiti di onorabilità, professionalità e indipendenza dei soggetti che svolgono funzioni di amministrazione, direzione e controllo nella controparte centrale, in conformità a quanto previsto dall'articolo 13. Il difetto dei requisiti determina la decadenza dalla carica.

Essa è dichiarata dal consiglio di amministrazione, dal consiglio di sorveglianza o dal consiglio di gestione entro trenta giorni dalla nomina o dalla conoscenza del difetto sopravvenuto. In caso di inerzia, la decadenza è pronunciata dalla Banca d'Italia o dalla Consob.

8. Il regolamento previsto dal comma 7 stabilisce le cause che comportano la sospensione temporanea dalla carica e la sua durata. Si applica il comma 7, terzo e quarto periodo.

9. In caso di violazione delle disposizioni previste dall'articolo 31 del regolamento di cui al comma 1 per il trasferimento di partecipazioni qualificate nelle controparti centrali, non possono essere esercitati i diritti di voto inerenti alle partecipazioni detenute.

10. In caso di inosservanza del divieto di cui al comma precedente, la deliberazione o il diverso atto, adottati con il voto o, comunque, il contributo determinanti delle partecipazioni di cui al medesimo comma, sono impugnabili secondo le previsioni del codice civile. Le partecipazioni per le quali non può essere esercitato il diritto di voto sono computate ai fini della regolare costituzione della relativa assemblea.

11. L'impugnazione può essere proposta anche dalla Banca d'Italia o dalla Consob entro centottanta giorni dalla data della deliberazione ovvero, se questa è soggetta a iscrizione nel registro delle imprese, entro centottanta giorni dall'iscrizione o, se è soggetta solo a deposito presso l'ufficio del registro delle imprese, entro centottanta giorni dalla data di questo.

11-bis. La Banca d'Italia può adottare, d'intesa con la Consob, le disposizioni previste dall'articolo 4-undecies, comma 4 (2).

12. Ove non diversamente specificato dal presente decreto, le competenze previste dal regolamento di cui al comma 1 in materia di vigilanza delle controparti centrali sono esercitate dalla Banca d'Italia e dalla Consob, ciascuna nell'ambito delle rispettive attribuzioni.

13. La Banca d'Italia e la Consob stabiliscono, mediante un protocollo di intesa, le modalità della cooperazione nello svolgimento delle rispettive competenze, con particolare riferimento alle posizioni rappresentate nell'ambito dei collegi e alla gestione delle situazioni di emergenza, nonché le modalità del reciproco scambio di informazioni rilevanti, anche con riferimento alle irregolarità rilevate e ai provvedimenti assunti nell'esercizio delle rispettive funzioni, tenuto conto dell'esigenza di ridurre al minimo gli oneri gravanti sugli operatori e dell'economicità dell'azione delle autorità di vigilanza. Il protocollo d'intesa è reso pubblico dalla Banca d'Italia e dalla Consob con le modalità da esse stabilite.

(1) Articolo aggiunto dall'art. 2, co. 8, d.lg. 12/8/2016, n. 176.

(2) Comma inserito dall'art. 3, co. 2, d.lg. 3/8/2017, n. 129. Per l'applicazione, vedi l'art. 10, co. 2, d.lg. n. 129/2017 medesimo.

79 septies. Garanzie acquisite nell'esercizio dell'attività di controparte centrale e prevalenza delle disposizioni in materia di segregazione e portabilità delle posizioni e delle garanzie della clientela (1). – 1. I margini e le altre prestazioni acquisite da una controparte centrale a titolo di garanzia dell'adempimento degli obblighi derivanti dall'attività di compensazione svolta in favore dei propri partecipanti non possono essere soggetti ad azioni esecutive o cautelari da parte dei creditori del singolo partecipante o della controparte centrale, anche in caso di apertura di procedure concorsuali. Le garanzie acquisite possono essere utilizzate esclusivamente secondo quanto previsto dal regolamento (UE) n. 648/2012. L'apertura di una procedura di insolvenza nei confronti di un partecipante non pregiudica l'adozione e l'efficacia delle misure previste dall'articolo 48 del predetto regolamento da parte della controparte centrale, in conformità al medesimo articolo, finalizzate alla gestione delle posizioni del partecipante insolvente e funzionali alla portabilità delle medesime e delle relative garanzie o alla restituzione di queste ultime ai clienti, secondo quanto previsto dal predetto regolamento. Tali misure non possono essere dichiarate inefficaci in virtù dell'applicazione di altre norme dell'ordinamento.

2. In caso di apertura di una procedura di insolvenza nei confronti di un partecipante italiano ad una controparte centrale autorizzata ai sensi del regolamento di cui al comma 1 ma stabilita in un altro Stato membro, l'opponibilità alla procedura delle misure adottate dalla controparte centrale ai sensi dell'articolo 48 del regolamento di cui al comma 1 è disciplinata dalla legge regolatrice del sistema, secondo quanto previsto dall'articolo 7 del decreto legislativo 12 aprile 2001, n. 210.

3. In caso di apertura di una procedura di insolvenza nei confronti di un partecipante italiano ad una controparte centrale stabilita in un Paese terzo ma riconosciuta ai sensi del regolamento (UE) n. 648/2012, si applicano le tutele previste al comma 1.

(1) Articolo aggiunto dall'art. 2, co. 8, d.lg. 12/8/2016, n. 176.

Capo II
Autorità nazionali competenti per l'esercizio di ulteriori poteri di vigilanza (1)

(1) Capo così sostituito dall'art. 2, co. 8, d.lg. 12/8/2016, n. 176. Il previgente capo II, che comprendeva gli originari art. da 83-bis a 84 (sezione I) e da 85 a 89 (sezione II) era così rubricato: "Disciplina della gestione accentrata".

79 octies. Individuazione delle autorità nazionali competenti per l'esercizio di ulteriori poteri di vigilanza ai sensi del regolamento (UE) n. 648/2012 (1). – 1. La Consob è l'autorità nazionale competente per il rispetto degli obblighi di cui all'articolo 4, paragrafo 3, del regolamento n. 648/2012 e delle relative norme tecniche di regolamentazione da parte dei soggetti che agiscono in qualità di partecipanti alle controparti centrali o in qualità di clienti di questi ultimi, come definiti dall'articolo 2, punto 15), del citato regolamento, nonché degli obblighi di cui all'articolo 38, paragrafo 1, e all'articolo 39, paragrafi 4, 5, 6 e 7 del medesimo regolamento, da parte dei soggetti che agiscono in qualità di partecipanti alle controparti centrali.

(1) Articolo aggiunto dall'art. 2, co. 8, d.lg. 12/8/2016, n. 176.

79 octies.1. Individuazione delle autorità nazionali competenti per l'esercizio di ulteriori poteri di vigilanza ai sensi del regolamento (UE) n. 600/2014 (1). – 1. La Consob è l'autorità competente per il rispetto degli obblighi di cui all'articolo 29, paragrafi 1 e 2, del regolamento (UE) n. 600/2014 da parte delle sedi di negoziazione, delle Sim, delle banche italiane, nonché delle imprese dei paesi terzi autorizzate ai sensi dell'articolo 28 o dell'articolo 29-ter del presente decreto, che operano in qualità di partecipanti alle controparti centrali.

2. La Consob è l'autorità competente per il rispetto degli obblighi connessi agli accordi stipulati ai sensi dell'articolo 30 del regolamento di cui al comma 1 da parte dei soggetti che agiscono in qualità di partecipanti alle controparti centrali o in qualità di clienti di questi ultimi, come definiti dall'articolo 2, punto 15), del regolamento (UE) n. 648/2012.

3. La Consob è l'autorità competente per il rispetto degli obblighi di cui all'articolo 31, paragrafi 2 e 3, del regolamento di cui al comma 1 da parte delle Sim, delle banche italiane, nonché delle imprese dei paesi terzi autorizzate ai sensi dell'articolo 28 o dell'articolo 29-ter del presente decreto e dei gestori dei mercati regolamentati.

4. La Banca d'Italia è l'autorità competente per il rispetto degli obblighi di cui al comma 3 per i mercati all'ingrosso di titoli di Stato.

(1) Articolo inserito dall'art. 3, co. 3, d.lg. 3/8/2017, n. 129. Per l'applicazione, vedi l'art. 10, co. 2, d.lg. n. 129/2017 medesimo.

79 novies. Poteri di vigilanza (1). – 1. Ai fini dello svolgimento delle funzioni attribuite dal presente titolo, nei confronti dei soggetti che agiscono in qualità di partecipanti alle controparti centrali o in qualità di clienti di questi ultimi, la Consob dispone dei poteri previsti dagli articoli 6-bis, 6-ter e 7. Nei confronti dei gestori delle sedi di negoziazione la Consob e la Banca d'Italia dispongono dei poteri previsti dagli articoli 62-octies, 62-novies e 62-decies (2).

(1) Articolo aggiunto dall'art. 2, co. 8, d.lg. 12/8/2016, n. 176.

(2) Comma sostituito dall'art. 3, co. 4, d.lg. 3/8/2017, n. 129. Per l'applicazione, vedi l'art. 10, co. 2, d.lg. n. 129/2017 medesimo.

TITOLO II-BIS
DISCIPLINA DEI DEPOSITARI CENTRALI E DELLE ATTIVITÀ DI REGOLAMENTO E DI GESTIONE ACCENTRATA (1)

(1) Titolo, capi I e II e relativi artt. da 79 decies a 90 inseriti dall'art. 2, co. 9, d.lg. 12/8/2016, n. 176.

79 decies. Definizioni (1). – 1. Nel presente titolo si intendono per:

a) "autorità rilevanti": le autorità indicate nell'articolo 12, paragrafo 1, del regolamento (UE) n. 909/2014;

b) "intermediari": i soggetti abilitati alla tenuta dei conti sui quali sono registrati gli strumenti finanziari e i relativi trasferimenti.

(1) Articolo aggiunto dall'art. 2, co. 8, d.lg. 12/8/2016, n. 176.

Capo I
Autorità nazionali competenti e rilevanti (1)

(1) Capo e relativi artt. da 79-undecies a 79-terdecies inseriti dall'art. 2, co. 9, d.lg. 12/8/2016, n. 176.

79 undecies. Individuazione delle autorità nazionali competenti sui depositari centrali (1). – 1. La Consob e la Banca d'Italia sono le autorità nazionali competenti per l'autorizzazione e la vigilanza dei depositari centrali stabiliti nel territorio della Repubblica, ai sensi dell'articolo 11, paragrafo 1, del regolamento (UE) n. 909/2014, secondo quanto disposto dai capi I e II.

2. La Consob, d'intesa con la Banca d'Italia, autorizza la prestazione dei servizi in qualità di depositario centrale di titoli da parte di persone giuridiche stabilite nel territorio della Repubblica, nonché l'estensione delle attività o l'esternalizzazione a terzi dei servizi, ai sensi degli articoli 16 e 19 del regolamento n. 909/2014 e secondo la procedura prevista dall'articolo 17 del medesimo regolamento. La Consob, d'intesa con la Banca d'Italia, revoca l'autorizzazione quando ricorrono i presupposti di cui all'articolo 20 del regolamento di cui al comma 1.

3. La Consob, d'intesa con la Banca d'Italia, autorizza i depositari centrali stabiliti nel territorio della Repubblica a prestare in proprio i servizi accessori di tipo bancario, nonché a designare uno o più banche italiane o UE e a estendere i menzionati servizi, ai sensi degli articoli 54 e 56 e secondo la procedura prevista dall'articolo 55 del regolamento di cui al comma 1. La Consob, d'intesa con la Banca d'Italia, revoca l'autorizzazione quando ricorrono i presupposti di cui all'articolo 57 dell'indicato regolamento (2).

4. La Consob comunica al soggetto richiedente l'esito del procedimento di autorizzazione di cui ai commi 2 e 3.

5. La Consob è l'autorità responsabile della cooperazione con le autorità competenti e le autorità rilevanti degli altri Stati membri, l'AESFEM e l'ABE. La medesima autorità è il punto di contatto nello scambio di informazioni e interessa la Banca d'Italia per gli aspetti di competenza di questa ultima.

6. La Consob adotta, d'intesa con la Banca d'Italia, i provvedimenti richiesti ai sensi degli articoli 18, paragrafo 3, e 27, paragrafo 8, del regolamento di cui al comma 1.

7. La Consob esercita, d'intesa con la Banca d'Italia, le competenze indicate dall'articolo 23 del regolamento di cui al comma 1 in qualità di autorità competente dello Stato membro d'origine e in qualità di autorità competente dello Stato membro ospitante.

8. Fermo restando quanto previsto dal comma 5, la Consob e la Banca d'Italia, nell'ambito delle rispettive attribuzioni, collaborano con le autorità dello Stato membro d'origine o di quello ospitante, scambiano informazioni, concludono gli accordi di cooperazione previsti dall'articolo 24, paragrafo 4, del regolamento di cui al comma 1. Le predette autorità, nell'ambito delle rispettive attribuzioni, adottano le misure previste dal paragrafo 5 del medesimo articolo e possono effettuare ispezioni presso le succursali. Ciascuna autorità comunica le ispezioni disposte all'altra autorità, la quale può chiedere di svolgere accertamenti su aspetti di propria competenza.

9. La Consob esercita, d'intesa con la Banca d'Italia, le competenze indicate dall'articolo 25, paragrafi 6 e 7, del regolamento di cui al comma 1.

9-bis. La Consob può adottare, d'intesa con la Banca d'Italia, le disposizioni previste dall'articolo 4-undecies, comma 4 (3).

10. La Consob adotta, d'intesa con la Banca d'Italia, le ulteriori misure previste dagli atti delegati e dalle norme tecniche di regolamentazione e di attuazione del regolamento di cui al comma 1.

(1) Articolo aggiunto dall'art. 2, co. 8, d.lg. 12/8/2016, n. 176.

(2) Comma modificato dall'art. 3, co. 5, lett. a), d.lg. 3/8/2017, n. 129. Per l'applicazione, vedi l'art. 10, co. 2, d.lg. n. 129/2017 medesimo.

(3) Comma inserito dall'art. 3, co. 5, lett. b), d.lg. 3/8/2017, n. 129. Per l'applicazione, vedi l'art. 10, co. 2, d.lg. n. 129/2017 medesimo.

79 duodecies. Individuazione delle autorità nazionali competenti a svolgere le ulteriori funzioni previste dal regolamento (UE) n. 909/2014 (1). – 1. Le autorità competenti a vigilare sull'applicazione della disciplina in materia di scritture contabili, prevista dall'articolo 3 del regolamento (UE) n. 909/2014, sono:

a) la Banca d'Italia, per quanto riguarda gli obblighi a carico delle controparti di un contratto di garanzia finanziaria e delle sedi di negoziazione all'ingrosso dei titoli di Stato;

b) la Consob, per quanto riguarda gli obblighi a carico delle altre sedi di negoziazione e degli emittenti.

2. Le autorità competenti a vigilare sull'applicazione della disciplina in materia di data fissata per il regolamento titoli prevista dall'articolo 5 del regolamento (UE) n. 909/2014 sono:

a) la Consob e la Banca d'Italia, per quanto riguarda gli obblighi a carico dei partecipanti a un sistema di regolamento titoli;

b) la Banca d'Italia, per quanto riguarda gli obblighi a carico delle sedi di negoziazione all'ingrosso dei titoli di Stato;

c) la Consob, per quanto riguarda gli obblighi a carico delle altre sedi di negoziazione.

3. La Consob è l'autorità competente a vigilare sull'adempimento degli obblighi previsti dall'articolo 6, paragrafo 2, del regolamento di cui al comma 1 da parte delle Sim e delle banche italiane autorizzate all'esercizio dei servizi o delle attività di investimento.

4. Le autorità competenti a vigilare sull'applicazione della disciplina degli acquisti forzosi, prevista dall'articolo 7 del regolamento di cui al comma 1, sono:

a) la Banca d'Italia e la Consob, per gli obblighi relativi alle operazioni compensate mediante controparte centrale, di cui all'articolo 7, paragrafo 10, lettera a), del regolamento di cui al comma 1;

b) la Banca d'Italia, per gli obblighi relativi alle operazioni non compensate mediante controparte centrale ma eseguite in una sede di negoziazione all'ingrosso di titoli di Stato, e la Consob, per le operazioni eseguite nelle altre sedi di negoziazione, di cui all'articolo 7, paragrafo 10, lettera b), del regolamento di cui al comma 1;

c) la Banca d'Italia, per gli obblighi relativi alle operazioni su titoli di Stato non compensate mediante controparte centrale ed eseguite al di fuori di una sede di negoziazione, e la Consob, per gli obblighi relativi alle operazioni eseguite su altri strumenti finanziari, di cui all'articolo 7, paragrafo 10, lettera c), del regolamento di cui al comma 1.

5. La Consob e la Banca d'Italia ricevono i dati trasmessi dagli internalizzatori di regolamento ai sensi dell'articolo 9, paragrafo 1, primo comma, del regolamento di cui al comma 1.

6. La Consob è l'autorità competente per vigilare sull'adempimento degli obblighi previsti dall'articolo 38, paragrafi 5 e 6, del regolamento di cui al comma 1 da parte dei partecipanti a un sistema di regolamento titoli.

(1) Articolo aggiunto dall'art. 2, co. 8, d.lg. 12/8/2016, n. 176.

79 terdecies. Individuazione delle autorità nazionali rilevanti (1). – 1. La Banca d'Italia e la Consob sono le autorità rilevanti ai sensi dell'articolo 12, paragrafo 1, lettera a), del regolamento (UE) n. 909/2014.

(1) Articolo aggiunto dall'art. 2, co. 8, d.lg. 12/8/2016, n. 176.

Capo II
Finalità e destinatari della vigilanza (1)

(1) Capo e relativi artt. da 79-quaterdecies a 79-septiesdecies inseriti ad opera dell'art. 2, co. 9, d.lg. 12/8/2016, n. 176.

79 quaterdecies. Finalità e poteri di vigilanza (1). – 1. La vigilanza sui depositari centrali è esercitata dalla Consob, avendo riguardo alla trasparenza, all'ordinata prestazione dei servizi svolti dai depositari centrali, all'integrità dei mercati e alla tutela degli investitori, e dalla Banca d'Italia, avendo riguardo alla stabilità e al contenimento del rischio sistemico.

2. Ove non diversamente specificato nel presente decreto, le competenze previste dal regolamento (UE) n. 909/2014 in materia di vigilanza sono esercitate dalla Consob e dalla Banca d'Italia, ciascuna nell'ambito delle rispettive attribuzioni.

3. La Consob e la Banca d'Italia, nell'ambito delle rispettive competenze e nel perseguimento delle finalità previste nel comma 1, possono, nei confronti dei depositari centrali, degli intermediari e degli altri soggetti tenuti all'applicazione del regolamento di cui al comma 2:

a) chiedere la comunicazione anche periodica di dati e notizie e la trasmissione di atti e documenti, con le modalità e nei termini da esse stabiliti;

b) procedere ad audizione personale;

c) eseguire ispezioni;

d) richiedere l'esibizione di documenti e il compimento degli atti ritenuti necessari.

4. Nel caso previsto dal comma 3, lettera b), la Banca d'Italia e la Consob redigono processo verbale dei dati e delle informazioni acquisite e delle dichiarazioni rese dagli interessati, i quali sono invitati a firmare il processo verbale e hanno diritto di averne copia. La Consob redige il processo verbale anche nel caso previsto dalla lettera c) del comma 3.

5. La Consob e la Banca d'Italia, nell'ambito delle rispettive competenze e nel perseguimento delle finalità previste nel comma 1, possono imporre ai depositari centrali di adottare le azioni e le misure necessarie per assicurare il rispetto del regolamento di cui al comma 2, dei relativi atti delegati, delle norme tecniche di regolamentazione e di attuazione, nonché del presente titolo.

6. La Consob può esercitare gli ulteriori poteri previsti dall'articolo 187-octies, comma 4, lettere a), c), d) ed e-bis), e comma 6.

7. In caso di necessità e urgenza, la Banca d'Italia adotta, per le finalità indicate al comma 1, i provvedimenti necessari, anche sostituendosi ai depositari centrali.

8. La Consob e la Banca d'Italia possono dettare disposizioni inerenti alle modalità di esercizio dei poteri di vigilanza.

9. Al fine di coordinare l'esercizio delle funzioni di cui al presente titolo, la Consob e la Banca d'Italia stabiliscono, mediante un protocollo di intesa, le modalità della cooperazione e del reciproco scambio delle informazioni rilevanti, tenuto conto dell'esigenza di ridurre al minimo gli oneri gravanti sui soggetti vigilati e di assicurare l'economicità dell'azione delle autorità di vigilanza. Il protocollo d'intesa è reso pubblico dalla Consob e dalla Banca d'Italia con le modalità da esse stabilite.

(1) Articolo aggiunto dall'art. 2, co. 8, d.lg. 12/8/2016, n. 176.

79 quinquiesdecies. Regolamento dei servizi (1). – 1. I depositari centrali disciplinano con regolamento i servizi da essi prestati, le relative modalità di svolgimento e i criteri di ammissione dei partecipanti.

2. La Consob, d'intesa con la Banca d'Italia, approva in sede di autorizzazione iniziale i regolamenti di cui al comma 1, ogni successiva modificazione e può richiedere di apportare modificazioni idonee a eliminare le disfunzioni riscontrate nei servizi prestati.

(1) Articolo aggiunto dall'art. 2, co. 8, d.lg. 12/8/2016, n. 176.

79 sexiesdecies. Sistemi interni di segnalazione delle violazioni* *– 1. Ai depositari centrali e ai soggetti tenuti all'osservanza del regolamento (UE) n. 909/2014 si applica l'articolo 8-bis.*

* Articolo aggiunto dall'art. 2, co. 8, d.lg. 12/8/2016, n. 176 e successivamente abrogato dall'art. 3, co. 6, d.lg. 3/8/2017, n. 129. Per l'applicazione, vedi l'art. 10, co. 2, d.lg. n. 129/2017 medesimo.

*79 septiesdecies. **Segnalazione di violazioni alla Banca d'Italia e alla Consob****. – 1. La Banca d'Italia e la Consob ricevono, ciascuna secondo le rispettive attribuzioni di vigilanza, da parte del personale dei depositari centrali e dei soggetti tenuti all'osservanza del regolamento (UE) n. 909/2014, segnalazioni che si riferiscono a violazioni riguardanti le norme di cui al medesimo regolamento e la parte III, titolo II-bis e II-ter. 2. Si applicano le disposizioni previste nell'articolo 8-ter, commi 2, 3 e 4.*

* Articolo aggiunto dall'art. 2, co. 8, d.lg. 12/8/2016, n. 176 e successivamente abrogato dall'art. 3, co. 6, d.lg. 3/8/2017, n. 129. Per l'applicazione, vedi l'art. 10, co. 2, d.lg. n. 129/2017 medesimo.

Capo III
I depositari centrali (1)

(1) Capo, sezione I e II e relativi artt. da 79-octiesdecies a 79-bis decies inseriti ad opera dell'art. 2, co. 9, d.lg. 12/8/2016, n. 176.

Sezione I
Disciplina dei depositari centrali (1)

(1) V. nota in calce al presente capo III.

79 octiesdecies. Revisione legale dei conti (1). – 1. Ai depositari centrali stabiliti nel territorio della Repubblica si applicano gli articoli 155, comma 2, 156, comma 4 e 159, comma 1.

(1) Articolo aggiunto dall'art. 2, co. 8, d.lg. 12/8/2016, n. 176.

79 noviesdecies. Modifiche all'assetto di controllo (1). – 1. In caso di violazione delle disposizioni previste dall'articolo 27, paragrafi 7 e 8, del regolamento (UE) n. 909/2014 per il trasferimento delle partecipazioni che danno origine a cambiamenti dell'identità delle persone che esercitano il controllo sul funzionamento del depositario centrale di titoli, non possono essere esercitati i diritti di voto inerenti alle partecipazioni detenute.

In caso di inosservanza del divieto, la deliberazione o il diverso atto, adottati con il voto o, comunque, il contributo determinanti delle medesime partecipazioni, sono impugnabili secondo le previsioni del codice civile. Le partecipazioni per le quali non può essere esercitato il diritto di voto sono computate ai fini della regolare costituzione della relativa assemblea.

2. L'impugnazione può essere proposta anche dalla Consob o dalla Banca d'Italia entro centottanta giorni dalla data della deliberazione ovvero, se questa è soggetta a iscrizione nel registro delle imprese, entro centottanta giorni dall'iscrizione o, se è soggetta solo a deposito presso l'ufficio del registro delle imprese, entro centottanta giorni dalla data di questo.

(1) Articolo aggiunto dall'art. 2, co. 8, d.lg. 12/8/2016, n. 176.

79 noviesdecies.1. Disposizioni applicabili allo svolgimento di servizi e attività di investimento da parte dei depositari centrali (1). – 1. Fermo restando quanto previsto dal presente titolo e dal titolo II-ter, ai depositari centrali autorizzati ai sensi del regolamento (UE) n. 909/2014 e stabiliti nel territorio della Repubblica o stabiliti in un altro Stato membro aventi succursale in Italia, che svolgono servizi e attività di investimento in aggiunta alla prestazione dei servizi esplicitamente elencati alle sezioni A e B dell'allegato all'indicato regolamento, si applicano le disposizioni del presente decreto disciplinanti la prestazione di tali servizi e attività, ad eccezione degli articoli 13, 14, 15, 16, 17, 18, 19, 20 e 20-bis, in conformità a quanto previsto dall'articolo 73 del predetto regolamento.

(1) Articolo inserito dall'art. 3, co. 7, d.lg. 3/8/2017, n. 129. Per l'applicazione, vedi l'art. 10, co. 2, d.lg. n. 129/2017 medesimo.

Sezione II
Crisi dei depositari centrali (1)

(1) V. nota in calce al presente Capo III.

79 bis decies. Crisi (1). – 1. Nel caso di accertate gravi irregolarità, il Ministero dell'economia e delle finanze, su proposta della Consob o della Banca d'Italia, può disporre lo scioglimento degli organi amministrativi dei depositari centrali stabiliti nel territorio della Repubblica, con decreto pubblicato nella Gazzetta Ufficiale della Repubblica Italiana. Con tale decreto sono nominati uno o più commissari straordinari per l'amministrazione del depositario centrale di titoli e sono determinate le indennità spettanti ai commissari, a carico della società stessa. Si applicano gli articoli 70, commi da 2 a 5, 72, ad eccezione dei commi 2 e 8, e 75 del decreto legislativo 1° settembre 1993, n. 385, intendendosi attribuiti all'autorità che ha proposto il provvedimento i poteri della Banca d'Italia.

2. Se è dichiarato lo stato di insolvenza di un depositario centrale ai sensi dell'articolo 195 della legge fallimentare ovvero sia disposta la revoca dell'autorizzazione ai sensi del regolamento (UE) n. 909/2014, il Ministero dell'economia e delle finanze dispone con decreto la liquidazione coatta amministrativa con esclusione del fallimento, secondo le disposizioni degli articoli 80, commi 3, 4, 5 e 6, 81, 82, 83, 84, ad eccezione del comma 2, da 85 a 90, 91 ad eccezione dei commi 1-bis e 11-bis, 92, 93 e 94 del decreto legislativo 1° settembre 1993, n. 385, in quanto compatibili.

(1) Articolo aggiunto dall'art. 2, co. 8, d.lg. 12/8/2016, n. 176.

*80. **Attività di gestione accentrata di strumenti finanziari****. – *1. L'attività di gestione accentrata di strumenti finanziari ha carattere di impresa ed è esercitata nella forma di società per azioni, anche senza fine di lucro. 2. Le società di gestione accentrata hanno per oggetto esclusivo la prestazione del servizio di gestione accentrata di strumenti finanziari, ai sensi del capo II del presente titolo. Esse possono svolgere attività connesse e strumentali. 3. La Consob, d'intesa con la Banca d'Italia, determina con regolamento le risorse finanziarie e i requisiti di organizzazione delle società e le attività connesse e strumentali, tra le quali non rientra, in ogni caso, l'attività di rappresentanza nell'assemblea delle società per azioni quotate. 4. Il Ministro dell'economia e delle finanze, sentite la Banca d'Italia e la Consob, determina con regolamento i requisiti di onorabilità, professionalità e indipendenza dei soggetti che svolgono funzioni di amministrazione, direzione e controllo nella società, in conformità a quanto previsto ai sensi dell'articolo 13. Il difetto dei requisiti determina la decadenza dalla carica. Essa è dichiarata dal consiglio di amministrazione, dal consiglio di sorveglianza o dal consiglio di gestione entro trenta giorni dalla nomina o dalla conoscenza del difetto sopravvenuto. In caso di inerzia, la decadenza è pronunciata dalla Banca d'Italia o dalla Consob* (1)*. 5. Il regolamento previsto dal comma 4 stabilisce le cause che comportano la sospensione temporanea dalla carica e la sua durata. Si applica il comma 4, terzo e quarto periodo* (2)*. 6. Il Ministro dell'economia e delle finanze, con regolamento adottato sentite la Consob e la Banca d'Italia, determina i requisiti di onorabilità dei partecipanti al capitale, individuando la soglia partecipativa a tal fine rilevante. 7. Gli acquisti e le cessioni di partecipazioni rilevanti ai sensi del comma 6, effettuati direttamente o indirettamente, anche per il tramite di società controllate, di società fiduciarie o per interposta persona, devono essere comunicati entro ventiquattro ore dal soggetto acquirente alla Consob, alla Banca d'Italia e alla società di gestione unitamente alla documentazione attestante il possesso da parte degli acquirenti dei requisiti determinati ai sensi del comma 6. 8. In assenza dei* *requisiti o in mancanza della comunicazione non può essere esercitato il diritto di voto inerente alle azioni eccedenti la soglia determinata ai sensi del comma 6. In caso di inosservanza del divieto, si applica l'articolo 14, commi 5 e 6. 9. La Consob, d'intesa con la Banca d'Italia, autorizza la società all'esercizio dell'attività di gestione accentrata di strumenti finanziari quando sussistono i requisiti previsti dai commi 1, 2, 3, 4, 5 e 6, e il regolamento dei servizi di cui all'articolo 81, comma 2, sia conforme alla disciplina contenuta nel presente titolo e alle relative norme di attuazione. 10. Alle società di gestione accentrata si applicano gli articoli 155, comma 2, 156, comma 4 e 159, comma 1.*

* Articolo modificato dall'art. 14, co. 1, lett. a), b) e c), d.lg. 17/9/2007, n. 164 e, successivamente, sostituito dall'art. 2, co. 1, d.lg. 27/1/2010, n. 27. Da ultimo il presente articolo è stato abrogato dall'art. 2, co. 9, d.lg. 12/8/2016, n. 176.

(1) Comma modificato dall'art. 4, co. 21, lett. a) e b), d.lg. 12/5/2015, n. 72. Vedi inoltre, l'art. 6 del d.lg. 12/5/2015, n. 72.

(2) Comma modificato dall'art. 4, co. 21, lett. c), d.lg. 12/5/2015, n. 72. Vedi inoltre, l'art. 6 del d.lg. 12/5/2015, n. 72.

81. Regolamento di attuazione e regolamento dei servizi*. *– 1. La Consob, d'intesa con la Banca d'Italia, individua con regolamento, al fine di assicurare la trasparenza del sistema di gestione accentrata, l'ordinata prestazione dei servizi e la tutela degli investitori* (1)*: a) i requisiti che debbono possedere gli intermediari e le attività, previste dal presente titolo, che essi sono abilitati a svolgere; b) gli strumenti finanziari ammessi alla gestione accentrata; c) le caratteristiche di diffusione tra il pubblico degli strumenti finanziari indicate all'articolo 83-bis, comma 2, ai fini dell'assoggettamento dei medesimi alle disposizioni del presente titolo* (2)*; d) le procedure e le modalità per assoggettare o sottrarre alla disciplina del presente titolo strumenti finanziari, in dipendenza del sorgere o del cessare dei relativi presupposti; e) il contenuto minimo ed essenziale del contratto da stipularsi tra la società di gestione accentrata e l'emittente, ovvero l'intermediario; f) le caratteristiche tecniche ed il contenuto delle registrazioni e dei conti accesi presso la società di gestione accentrata e l'intermediario; g) le forme e le modalità che la società di gestione accentrata deve osservare nella tenuta dei conti e nelle registrazioni sugli stessi, rispettando il principio di separatezza tra i conti propri e quelli intestati ai singoli intermediari; h) le forme e le modalità che gli intermediari devono osservare nella tenuta dei conti e nell'effettuazione delle registrazioni sugli stessi, rispettando il principio di separatezza tra i conti propri e quelli intestati ai singoli titolari dei conti; i) le modalità con le quali la società di gestione accentrata deve garantire la continua corrispondenza tra le evidenze dei conti intestati agli emittenti e di quelli intestati agli intermediari, nonché le relative comunicazioni; l) le modalità con le quali gli intermediari devono garantire la continua corrispondenza tra le evidenze dei conti propri presso la società di gestione accentrata e quelle dei conti propri e dei conti intestati ai clienti; m) fatto salvo quanto previsto dall'articolo 83-sexies, comma 4, i modelli, le modalità, i termini e l'intermediario responsabile per il rilascio e la revoca delle certificazioni nonché per l'effettuazione e la rettifica delle comunicazioni previste, rispettivamente, dall'articolo 83-quinquies, comma 3, e dall'articolo 83-sexies* (3)*; n) i criteri e le modalità di svolgimento dell'attività indicata nell'articolo 83-octies; o) i termini entro i quali gli intermediari e le società di gestione accentrata adempiono, ai sensi dell'articolo 83-novies, comma 1, lettere d), e), j e g), e dell'articolo 89, rispettivamente, agli obblighi di segnalazione agli emittenti dei nominativi degli aventi diritti sulle azioni e delle registrazioni effettuate ai sensi dell'articolo 83-octies; o-bis) le modalità e i termini di comunicazione, su richiesta, nei casi e ai soggetti individuati dal regolamento stesso, dei dati identificativi dei titolari degli strumenti finanziari e degli intermediari che li detengono, fatta salva la possibilità per i titolari degli strumenti finanziari di vietare espressamente la comunicazione dei propri dati identificativi e fatto altresì salvo quanto previsto dall'articolo 83-duodecies per gli strumenti finanziari ivi previsti* (4)*; p) le ulteriori disposizioni necessarie per l'attuazione di quanto previsto nel presente titolo e quelle comunque dirette a perseguire le finalità indicate nella prima parte del presente comma* (5)*. 2. La società di gestione accentrata adotta il regolamento dei servizi nel quale indica i servizi svolti, le modalità di svolgimento, i criteri per l'ammissione alla gestione accentrata dei soggetti e degli strumenti finanziari, sulla base di principi non discriminatori, trasparenti e obiettivi. Il regolamento dei servizi è approvato dalla Consob, d'intesa con la Banca d'Italia. La Consob, d'intesa con la Banca d'Italia, può stabilire che i corrispettivi per i servizi svolti dalla società di gestione accentrata, nonché i corrispettivi richiesti dagli intermediari per le certificazioni, comunicazioni e segnalazioni previste dal capo II del presente titolo, siano soggetti ad approvazione da parte delle medesime autorità. 2-bis. Il regolamento previsto nel comma 1 può demandare al regolamento dei servizi la disciplina di alcune delle materie delegate, ai sensi del medesimo comma o di altre disposizioni del presente titolo, alla potestà regolamentare della Consob esercitata d'intesa con la Banca d'Italia* (6).

* Articolo modificato dall'art. 14 del d.lg. 17/9/2007, n. 164, sostituito dall'art. 2 del d.lg. 27/1/2010, n. 27 e successivamente abrogato dall'art. 2, co. 9, d.lg. 12/8/2016, n. 176.

(1) Alinea modificato dall'art. 2, co. 1, lett. a), d.lg. 18/6/2012, n. 91.

(2) Lettera modificata dall'art. 2, co. 1, lett. b), d.lg. 18/6/2012, n. 91.

(3) Lettera modificata dall'art. 2, co. 1, lett. c), d.lg. 18/6/2012, n. 91.

(4) Lettera inserita dall'art. 2, co. 1, lett. d), d.lg. 18/6/2012, n. 91.

(5) Lettera modificata dall'art. 2, co. 1, lett. e), d.lg. 18/6/2012, n. 91.

(6) Comma modificato dall'art. 2, co. 2, lett. a), b) e c), d.lg. 18/6/2012, n. 91.

81 bis. Accesso alla gestione accentrata*. *– 1. Le imprese di investimento e le banche comunitarie autorizzate all'esercizio dei servizi o delle attività di investimento possono accedere al sistema di gestione accentrata.*

* Articolo inserito dall'art. 2 del d.lg. 27/1/2010, n. 27 e successivamente abrogato dall'art. 2, co. 9, d.lg. 12/8/2016, n. 176.

Capo IV
Gestione accentrata di strumenti finanziari (1)

(1) Capo così inserito ad opera dell'art. 2, co. 10, d.lg. 12/8/2016, n. 176.

82. Attività e regolamento della gestione accentrata (1). – 1. L'attività di gestione accentrata è esercitata da depositari centrali autorizzati ai sensi del regolamento (UE) n. 909/2014 alla prestazione dei servizi di cui alla Sezione A, punti 1) e 2), dell'Allegato al medesimo regolamento e relativi servizi accessori.

2. Al fine di assicurare il perseguimento delle finalità di cui all'articolo 79-quaterdecies, comma 1, la Consob, d'intesa con la Banca d'Italia, può individuare con regolamento nel rispetto delle disposizioni del regolamento di cui al comma 1, della direttiva 2007/36/CE e delle relative disposizioni attuative (2):

a) le modalità di svolgimento e le caratteristiche del servizio di cui alla Sezione A, punto 1), e dei servizi accessori di tipo non bancario elencati nella Sezione B, punti 2) e 3), dell'Allegato al regolamento di cui al comma 1, nonché di ogni ulteriore servizio di tipo non bancario, accessorio ai servizi di cui alla Sezione A, punti 1) e 2), consentito ma non esplicitamente elencato nella sezione B dell'Allegato al regolamento di cui al comma 1;

b) le categorie di intermediari che possono detenere conti titoli presso il depositario centrale e le attività, previste dal presente capo, che gli intermediari sono abilitati a svolgere;

c) le caratteristiche degli strumenti finanziari indicati all'articolo 83-bis, comma 2, ai fini dell'assoggettamento dei medesimi alle disposizioni della sezione I del presente capo;

d) fatto salvo quanto previsto dall'articolo 83-sexies, comma 4, i modelli, le modalità, i termini e l'intermediario responsabile per il rilascio e la revoca delle certificazioni nonché per l'effettuazione e la rettifica delle comunicazioni;

e) i criteri e le modalità di svolgimento dell'attività indicata nell'articolo 83-octies;

f) i termini entro i quali gli intermediari e i depositari centrali adempiono, ai sensi dell'articolo 83-novies, comma 1, lettere d), e), f) e g), e dell'articolo 89, rispettivamente, agli obblighi di segnalazione agli emittenti dei dati identificativi degli aventi diritti sulle azioni e delle registrazioni effettuate ai sensi dell'articolo 83-octies;

g) le modalità e i termini di comunicazione, su richiesta, nei casi e ai soggetti individuati dal regolamento stesso, dei dati identificativi dei titolari di strumenti finanziari diversi da quelli di cui all'articolo 83-duodecies e degli intermediari che li detengono, fatta salva la possibilità per i titolari degli strumenti finanziari di vietare espressamente la comunicazione dei propri dati identificativi (3);

h) i requisiti che i corrispettivi indicati al comma 3 e i corrispettivi richiesti dagli intermediari per la tenuta dei conti devono rispettare;

i) le altre modalità operative per la gestione delle operazioni societarie da parte degli intermediari e le ulteriori disposizioni necessarie per l'attuazione di quanto previsto nel presente capo e quelle comunque dirette a perseguire le finalità indicate nella prima parte del presente comma.

3. La Consob, sentita la Banca d'Italia, può stabilire che i corrispettivi per i servizi di cui alla Sezione A, punti 1), 2) e 3), dell'Allegato al regolamento di cui al comma 1, svolti dai depositari centrali, nonché i corrispettivi richiesti dagli intermediari per le certificazioni, comunicazioni e segnalazioni previste dal presente capo siano soggetti ad approvazione da parte della medesima autorità.

4. Il regolamento previsto nel comma 2 può demandare al regolamento previsto dall'articolo 79-quinquiesdecies, comma 1, la disciplina di alcune delle materie delegate, ai sensi del medesimo comma o di altre disposizioni del presente capo, alla potestà regolamentare della Consob esercitata d'intesa con la Banca d'Italia.

4-bis (4). La Consob, d'intesa con la Banca d'Italia, individua con regolamento:

a) le attività che depositari centrali ed intermediari sono tenuti a svolgere in conformità con gli articoli 3-bis, 3-ter e 3-quater della direttiva 2007/36/CE;

b) i soggetti coinvolti nel processo di identificazione degli azionisti di cui all'articolo 83-duodecies e le relative modalità operative;

c) le modalità e i termini per la conservazione e il trattamento dei dati identificativi, acquisiti dagli emittenti ai sensi dell'articolo 83-duodecies, comma 1;

d) le modalità operative per la trasmissione delle informazioni e l'agevolazione dell'esercizio dei diritti degli azionisti;

e) le ulteriori disposizioni attuative della citata direttiva per gli aspetti connessi alla disciplina dell'attività di gestione accentrata.

(1) Articolo modificato dall'art. 14, co. 2, d.lg. 17/9/2007, n. 164, sostituito dall'art. 2 del d.lg. 27/1/2010, n. 27, successivamente modificato dall'art. 2, co. 3, lett. a) e b), d.lg. 18/6/2012, n. 91 e da ultimo sostituito dall'art. 2, co. 11, d.lg. 12/8/2016, n. 176.

(2) Alinea così modificato dall'art. 2 del d.lg. 10/5/2019, n. 49 che dopo le parole: "nel rispetto delle disposizioni del regolamento di cui al comma 1" ha inserito le seguenti parole: ", della direttiva 2007/36/CE e delle relative disposizioni attuative".

(3) Lettera così sostituita dall'art. 2 del d.lg. 10/5/2019, n. 49.

(4) Comma aggiunto dall'art. 2 del d.lg. 10/5/2019, n. 49.

Sezione I
Gestione accentrata in regime di dematerializzazione (1)

(1) Sezione inserita ad opera dell'art. 2, co. 12, d.lg. 12/8/2016, n. 176.

83. Crisi delle società di gestione accentrata*. – *1. Nel caso di accertate gravi irregolarità, il Ministero dell'economia e delle finanze, su proposta della Consob o della Banca d'Italia, può disporre lo scioglimento degli organi amministrativi delle società di gestione accentrata, con decreto pubblicato nella Gazzetta Ufficiale. Con tale decreto sono nominati uno o più commissari straordinari per l'amministrazione della società e sono determinate le indennità spettanti ai commissari, a carico della società stessa. Si applicano gli articoli 70, commi da 2 a 6, 72, ad eccezione dei commi 2 e 8, e 75 del T.U. bancario, intendendosi attribuiti all'autorità che ha proposto il provvedimento i poteri della Banca d'Italia. 1-bis. Nel caso siano accertate irregolarità di eccezionale gravità, la Consob può disporre, d'intesa con la Banca d'Italia, la revoca dell'autorizzazione di cui all'articolo 80, comma 9. 2. Se è dichiarato lo stato di insolvenza della società ai sensi dell'articolo 195 della legge fallimentare ovvero sia disposta la revoca dell'autorizzazione ai sensi del comma 1-bis, il Ministero dell'economia e delle finanze dispone con decreto la liquidazione coatta amministrativa con esclusione del fallimento, secondo le disposizioni degli articoli 80, commi 3, 4, 5 e 6, 81, 82, 83, 84, ad eccezione del comma 2, e da 85 a 94 del T.U. bancario, in quanto compatibili.*

* Articolo sostituito dall'art. 2 del d.lg. 27/1/2010, n. 27 e successivamente abrogato dall'art. 2, co. 13, d.lg. 12/8/2016, n. 176.

83 bis. Ambito di applicazione (1). – 1. I valori mobiliari regolati dalla legge italiana ammessi alla negoziazione o negoziati in una sede di negoziazione italiana o di altro Paese dell'Unione europea con il consenso dell'emittente possono esistere solo in forma scritturale (2).

1-bis. L'obbligo di cui al comma 1 può essere assolto tramite emissione diretta o immissione, in regime di dematerializzazione, presso un depositario centrale stabilito nel territorio della Repubblica, o presso un depositario centrale autorizzato alla prestazione transfrontaliera dei servizi nel territorio della Repubblica, ai sensi dell'articolo 23 del regolamento (UE) n. 909/2014 (3).

2. [In funzione della loro diffusione tra il pubblico] il regolamento indicato dall'articolo 81, comma 2, può prevedere che siano assoggettati alla disciplina della presente sezione anche strumenti finanziari non aventi le caratteristiche indicate al comma 1 al fine di agevolarne la circolazione (4).

3. L'emittente strumenti finanziari diversi da quelli di cui al comma 1 può volontariamente assoggettarli al regime di dematerializzazione presso un depositario centrale stabilito nel territorio della Repubblica, secondo la disciplina della presente sezione (5).

(1) Articolo inserito dall'art. 2 del d.lg. 27/1/2010, n. 27.

(2) Comma modificato dall'art. 2, co. 4, lett. a), d.lg. 18/6/2012, n.

91 e successivamente sostituito dall'art. 2, co. 14, lett. a), d.lg. 12/8/2016, n. 176. Il testo previgente così prevedeva: «Gli strumenti finanziari negoziati o destinati alla negoziazione sui mercati regolamentati italiani non possono essere rappresentati da documenti».

(3) Comma aggiunto dall'art. 2, co. 14, lett. b), d.lg. 12/8/2016, n. 176.

(4) Comma modificato dall'art. 2, co. 4, lett. b), d.lg. 18/6/2012, n. 91. Parole "In funzione della loro diffusione tra il pubblico" sono state soppresse dall'art. 2, co. 14, lett. c), n. 1, d.lg. 12/8/2016, n. 176. Parole "81, comma 2" così sostituite a quelle "81, comma 1" dall'art. 2, co. 14, lett. c), n. 2, d.lg. 12/8/2016, n. 176. Parole "al fine di agevolarne la circolazione" inserite dall'art. 2, co. 14, lett. c), n. 3, d.lg. 12/8/2016, n. 176.

(5) Comma sostituito dall'art. 2, co. 14, lett. d), d.lg. 12/8/2016, n. 176. Il testo previgente così recitava: "L'emittente strumenti finanziari può assoggettarli alla disciplina della presente sezione".

83 ter. Emissione di strumenti finanziari**. – *1. Per ciascuna emissione di strumenti finanziari soggetti alla disciplina della presente sezione deve essere scelta un'unica società di gestione accentrata. L'emittente comunica alla società l'ammontare globale dell'emissione di strumenti finanziari, il suo frazionamento ed ogni ulteriore caratteristica stabilita dal regolamento indicato nell'articolo 81, comma 1. La società di gestione accentrata apre per ogni emissione un conto a nome dell'emittente.*

* Articolo inserito dall'art. 2 del d.lg. 27/1/2010, n. 27 e successivamente abrogato dall'art. 2, co. 15, d.lg. 12/8/2016, n. 176.

• Rubrica sostituita dall'art. 2, co. 5, d.lg. 18/6/2012, n. 91.

83 quater. Attribuzioni dei depositari centrali e degli intermediari (1). – 1. Il trasferimento degli strumenti finanziari soggetti alla disciplina della presente sezione nonché l'esercizio dei relativi diritti patrimoniali possono effettuarsi soltanto tramite gli intermediari.

2. A nome e su richiesta degli intermediari, i depositari centrali accendono (2) per ogni intermediario conti destinati a registrare i movimenti degli strumenti finanziari disposti tramite lo stesso.

3. L'intermediario, qualora incaricato dello svolgimento del servizio, registra per ogni titolare di conto gli strumenti finanziari di sua pertinenza nonché il trasferimento, gli atti di esercizio ed i vincoli di cui all'articolo 83-octies, disposti dal titolare o a carico del medesimo, in conti distinti e separati sia tra loro sia rispetto agli eventuali conti di pertinenza dell'intermediario stesso. In ogni altro caso l'intermediario fornisce comunicazione dell'avvenuta operazione all'intermediario presso cui il titolare ha aperto il conto, per i successivi adempimenti. La registrazione dei trasferimenti è effettuata dagli intermediari d'esito del regolamento delle relative operazioni.

4. Le rilevazioni e le comunicazioni prescritte dalle norme vigenti che prevedono la individuazione numerica dei certificati sono effettuate mediante l'indicazione della specie e della quantità degli strumenti finanziari cui esse si riferiscono.

(1) Articolo inserito dall'art. 2 del d.lg. 27/1/2010, n. 27.

• Rubrica così sostituita dall'art. 2, co. 16, lett. a), d.lg. 1/8/2016, n. 176.

(2) Parole "i depositari centrali accendono" così sostituite a quelle "la società di gestione accentrata accende" ad opera dell'art. 2, co. 16, lett. b), d.lg. 12/8/2016, n. 176.

83 quinquies. Diritti del titolare del conto (1). – 1. Effettuata la registrazione, il titolare del conto indicato nell'articolo 83-quater, comma 3, ha la legittimazione piena ed esclusiva all'esercizio dei diritti relativi agli strumenti finanziari in esso registrati, secondo la disciplina propria di ciascuno di essi e le norme del presente titolo. Il titolare può disporre degli strumenti finanziari registrati nel conto in conformità con quanto previsto dalle norme vigenti in materia.

2. Colui il quale ha ottenuto la registrazione in suo favore, in base a titolo idoneo e in buona fede, non è soggetto a pretese o azioni da parte di precedenti titolari.

3. Salvo quanto previsto all'articolo 83-sexies, la legittimazione all'esercizio dei diritti indicati nel comma 1 è attestata dall'esibizione di certificazioni o da comunicazioni all'emittente, rilasciate o effettuate dagli intermediari, in conformità alle proprie scritture contabili, in favore del soggetto a cui spetta il diritto e recanti l'indicazione del diritto sociale esercitabile, secondo quanto previsto dal regolamento di cui all'articolo 82, comma 2 (2).

4. Le certificazioni e le comunicazioni non conferiscono altri diritti oltre alla legittimazione sopra indicata. Sono nulli gli atti di disposizione aventi a oggetto le certificazioni suddette (3).

4-bis. Fuori dai casi previsti dall'articolo 2352, ultimo comma, del codice civile non può esservi, per gli stessi strumenti finanziari, più di una certificazione o comunicazione ai fini della legittimazione all'esercizio degli stessi diritti (4).

(1) Articolo inserito dall'art. 2 del d.lg. 27/1/2010, n. 27.

(2) Comma sostituito dall'art. 2, co. 17, lett. a), d.lg. 12/8/2016, n. 176 e successivamente modificato dall'art. 3, co. 8, d.lg. 3/8/2017, n. 129. Per l'applicazione, vedi l'art. 10, co. 2, d.lg. n. 129/2017 medesimo.

(3) Comma modificato dall'art. 2, co. 6, d.lg. 18/6/2012, n. 91 e successivamente dall'art. 2, co. 17, lett. a), d.lg. 12/8/2016, n. 176.

(4) Comma aggiunto dall'art. 2, co. 17, lett. b), d.lg. 12/8/2016, n. 176.

83 sexies. Diritto d'intervento in assemblea ed esercizio del voto (1). – 1. La legittimazione all'intervento in assemblea e all'esercizio del diritto di voto è attestata da una comunicazione all'emittente, effettuata dall'intermediario, in conformità alle proprie scritture contabili, in favore del soggetto a cui spetta il diritto di voto.

2. Per le assemblee dei portatori di strumenti finanziari ammessi alla negoziazione con il consenso dell'emittente nei mercati regolamentati o nei sistemi multilaterali di negoziazione italiani o di altri Paesi dell'Unione europea, la comunicazione prevista al comma 1 è effettuata dall'intermediario sulla base delle evidenze dei conti indicati all'articolo 83-quater, comma 3, relative al termine della giornata contabile del settimo giorno di mercato aperto precedente la data fissata per l'assemblea. Le registrazioni in accredito o in addebito compiute sui conti successivamente a tale termine non rilevano ai fini della legittimazione all'esercizio del diritto di voto nell'assemblea. Ai fini della presente disposizione si ha riguardo alla data della prima convocazione purché le date delle eventuali convocazioni successive siano indicate nell'unico avviso di convocazione; in caso contrario si ha riguardo alla data di ciascuna convocazione (2).

3. Per le assemblee diverse da quelle indicate al comma 2, lo statuto può richiedere che gli strumenti finanziari oggetto di comunicazione siano registrati nel conto del soggetto a cui spetta il diritto di voto a partire da un termine prestabilito, eventualmente prevedendo che essi non possano essere ceduti fino alla chiusura dell'assemblea. Con riferimento alle assemblee dei portatori di azioni diffuse tra il pubblico in misura rilevante il termine non può essere superiore a due giorni non festivi. Qualora lo statuto non impedisca la cessione degli strumenti finanziari, l'eventuale cessione degli stessi comporta l'obbligo per l'intermediario di rettificare la comunicazione precedentemente inviata (3).

4. Le comunicazioni indicate nel comma 1 devono pervenire all'emittente entro la fine del terzo giorno di mercato aperto precedente la data indicata nel comma 2, ultimo periodo ovvero il diverso termine stabilito dalla Consob, d'intesa con

la Banca d'Italia con regolamento, oppure entro il successivo termine indicato nello statuto ai sensi del comma 3 e del comma 5. Resta ferma la legittimazione all'intervento e al voto qualora le comunicazioni siano pervenute all'emittente oltre i termini indicati nel presente comma, purché entro l'inizio dei lavori assembleari della singola convocazione (4).

5. Alle assemblee dei portatori di strumenti finanziari emessi dalle società cooperative si applicano i commi 1, 3 e 4. Con riferimento alle assemblee dei portatori di strumenti finanziari ammessi alla negoziazione con il consenso dell'emittente nei mercati regolamentati o nei sistemi multilaterali di negoziazione italiani o di altri Paesi dell'Unione europea, il termine indicato al comma 3 non può essere superiore a due giorni non festivi (5).

(1) Articolo inserito dall'art. 2 del d.lg. 27/1/2010, n. 27.

(2) Comma sostituito dall'art. 2, co. 7, lett. a), d.lg. 18/6/2012, n. 91, con la decorrenza indicata dall'art. 5, co. 1, del medesimo d.lg. n. 91/2012.

(3) Comma sostituito dall'art. 2, co. 7, lett. b), d.lg. 18/6/2012, n. 91, con la decorrenza indicata dall'art. 5, co. 1, del medesimo d.lg. n. 91/2012.

(4) Comma modificato dall'art. 2, co. 7, lett. c), d.lg. 18/6/2012, n. 91, con la decorrenza indicata dall'art. 5, co. 1, del medesimo d.lg. n. 91/2012.

(5) Comma sostituito dall'art. 2, co. 7, lett. d), d.lg. 18/6/2012, n. 91, con la decorrenza indicata dall'art. 5, co. 1, del medesimo d.lg. n. 91/2012.

83 septies. Eccezioni opponibili (1). – 1. All'esercizio dei diritti inerenti agli strumenti finanziari da parte del soggetto in favore del quale è avvenuta la registrazione l'emittente può opporre soltanto le eccezioni personali al soggetto stesso e quelle comuni a tutti gli altri titolari degli stessi diritti.

(1) Articolo inserito dall'art. 2 del d.lg. 27/1/2010, n. 27.

83 octies. Costituzione di vincoli (1). – 1. I vincoli di ogni genere sugli strumenti finanziari disciplinati dalla presente sezione, ivi compresi quelli previsti dalla normativa speciale sui titoli di debito pubblico, si costituiscono unicamente con le registrazioni in apposito conto tenuto dall'intermediario.

2. Possono essere accesi specifici conti destinati a consentire la costituzione di vincoli sull'insieme degli strumenti finanziari in essi registrati; in tal caso l'intermediario è responsabile dell'osservanza delle istruzioni ricevute all'atto di costituzione del vincolo in ordine alla conservazione dell'integrità del valore del vincolo ed all'esercizio dei diritti relativi agli strumenti finanziari.

(1) Articolo inserito dall'art. 2 del d.lg. 27/1/2010, n. 27.

83 novies. Compiti dell'intermediario (1). – 1. L'intermediario:

a) esercita, in nome e per conto del titolare del conto i diritti inerenti agli strumenti finanziari, qualora quest'ultimo gli abbia conferito il relativo mandato;

b) a richiesta dell'interessato, effettua le comunicazioni e rilascia le certificazioni di cui all'articolo 83-quinqiues, comma 3, quando necessarie per l'esercizio dei diritti relativi agli strumenti finanziari (2);

c) effettua, a richiesta dell'interessato, le comunicazioni previste dall'articolo 83-sexies; la richiesta può essere effettuata con riferimento a tutte le assemblee di uno o più emittenti, fino a diversa indicazione; in tal caso, l'intermediario provvede senza necessità di ulteriori richieste all'invio delle comunicazioni;

d) segnala all'emittente i dati identificativi dei soggetti che hanno richiesto la certificazione prevista dall'articolo 83-quinquies, comma 3, nonché di coloro ai quali sono stati pagati dividendi e di coloro che, esercitando il diritto di opzione o altro diritto, hanno acquisito la titolarità di strumenti finanziari nominativi, specificandone le relative quantità ai fini degli adempimenti a carico dell'emittente; salvo quanto previsto dalla lettera f), nei casi in cui si dà luogo alla comunicazione, essa soddisfa gli obblighi di segnalazione (3);

e) segnala altresì all'emittente, a richiesta dell'interessato ovvero quando previsto dalle disposizioni vigenti i dati identificativi (4) degli aventi diritti sugli strumenti finanziari ai fini degli adempimenti a carico dell'emittente;

f) nei casi in cui siano diversi dai soggetti richiedenti le certificazioni o a cui favore siano state effettuate le comunicazioni [per l'intervento in assemblea], segnala all'emittente i dati identificativi degli aventi diritti sugli strumenti finanziari ai fini degli adempimenti a carico dell'emittente (5);

g) nei casi in cui effettua le comunicazioni di cui alle lettere b) e c) (6) e le segnalazioni di cui alle lettere d), e) ed), segnala all'emittente i vincoli sugli strumenti finanziari iscritti ai sensi dell'articolo 83-octies (7);

g-bis) trasmette le informazioni necessarie per l'esercizio dei diritti degli azionisti nei casi individuati dal regolamento di cui all'articolo 82, comma 4-bis (8).

2. Il deposito delle certificazioni rilasciate dall'intermediario e la ricezione delle comunicazioni da parte dell'emittente sostituiscono, ad ogni effetto di legge, il deposito del titolo previsto da disposizioni vigenti (9).

*3. L'obbligo di rilasciare le certificazioni si applica altresì con riferimento agli strumenti finanziari non ammessi alla gestione accentrata ai sensi del capo I e registrati presso i conti degli intermediari**.

(1) Articolo inserito dall'art. 2 del d.lg. 27/1/2010, n. 27.

(2) Lettera sostituita dall'art. 2, co. 18, lett. a), d.lg. 12/8/2016, n. 176.

(3) Lettera sostituita dall'art. 2, co. 18, lett. b), d.lg. 12/8/2016, n. 176.

(4) Parole "dati identificativi" così sostituiti a quella "nominativi" ad opera dell'art. 2, co. 18, lett. c), d.lg. 12/8/2016, n. 176.

(5) Lettera modificata dall'art. 2, co. 18, lett. c), d.lg. 12/8/2016, n. 176 e successivamente dall'art. 3, co. 9, d.lg. 3/8/2017, n. 129. Per l'applicazione, vedi l'art. 10, co. 2, d.lg. n. 129/2017 medesimo.

(6) Parole "alle lett. b) e c)" così sostituite a quelle "alla lett. c)" ad opera dell'art. 2, co. 18, lett. c), d.lg. 12/8/2016, n. 176.

(7) Lettera modificata dall'art. 2, co. 8, d.lg. 18/6/2012, n. 91.

(8) Lettera aggiunta dall'art. 2 del d.lg. 10/5/2019, n. 49.

(9) Comma sostituito dall'art. 2, co. 18, lett. e), d.lg. 12/8/2016, n. 176.

* Comma abrogato dall'art. 2, co. 18, lett. e), d.lg. 12/8/2016, n. 176.

83 novies.1. Non discriminazione, proporzionalità e trasparenza dei costi (1) – 1. Gli intermediari e i depositari centrali comunicano al pubblico i corrispettivi per i servizi prestati ai sensi del capo I-bis della direttiva 2007/36/CE, distintamente per ciascun servizio.

2. I corrispettivi che gli intermediari e i depositari centrali applicano agli azionisti, agli emittenti con azioni ammesse alle negoziazioni nei mercati regolamentati italiani o di altri Stati membri dell'Unione europea, e agli altri intermediari, devono essere non discriminatori e proporzionati ai costi effettivi sostenuti per la prestazione dei servizi. Qualsiasi differenza fra i corrispettivi applicati per l'esercizio dei diritti a livello nazionale e transfrontaliero è consentita unicamente se debitamente giustificata e se tiene conto della variazione dei costi effettivi sostenuti per la prestazione dei connessi servizi.

(1) Articolo aggiunto dall'art. 2 del d.lg. 10/5/2019, n. 49.

83 decies. Responsabilità dell'intermediario (1). – 1. L'intermediario è responsabile:

a) verso il titolare del conto, per i danni derivanti dall'esercizio dell'attività di trasferimento suo tramite degli strumenti finanziari, di tenuta dei conti, e per il puntuale adempimento degli obblighi posti dal presente decreto e dal regolamento di cui all'articolo 82, comma 2 (2);

b) verso l'emittente, per l'adempimento degli obblighi di comunicazione e segnalazione imposti dal presente decreto e dal regolamento di cui all'articolo 82, comma 2 (2).

(1) Articolo inserito dall'art. 2 del d.lg. 27/1/2010, n. 27.

(2) Parole "art. 82, comma 2" così sostituite a quelle "art.81, comma 1" ad opera dell'art. 2, co. 19, d.lg. 12/8/2016, n. 176.

83 undecies. Obblighi degli emittenti azioni (1). – 1. Gli emittenti azioni aggiornano il libro dei soci in conformità alle comunicazioni e alle segnalazioni effettuate dagli intermediari ai sensi dell'articolo 83-novies, comma 1, lettere b), c), d), e), f) e g), dell'articolo 83-duodecies nonché, nell'ipotesi di sollecitazione di deleghe promossa dall'emittente stesso, in conformità alle comunicazioni effettuate dagli intermediari ai sensi dell'articolo 144, comma 1, entro trenta giorni dal ricevimento delle medesime (2).

2. Fermo restando l'articolo 2421 del codice civile, anche qualora il libro soci non sia formato o tenuto con strumenti informatici, le risultanze del medesimo libro sono messe a disposizione dei soci, a loro richiesta, anche su supporto informatico in un formato comunemente utilizzato (3).

3. Alle società cooperative non si applica il comma 1 (4).

4. Resta fermo quanto previsto dall'articolo 7 della legge 29 dicembre 1962, n. 1745.

(1) Articolo inserito dall'art. 2 del d.lg. 27/1/2010, n. 27.

(2) Comma modificato dall'art. 2, co. 9, lett. a), d.lg. 18/6/2012, n. 91.

(3) Comma modificato dall'art. 2, co. 9, lett. b), d.lg. 18/6/2012, n. 91.

(4) Comma sostituito dall'art. 2, co. 9, lett. c), d.lg. 18/6/2012, n. 91.

83 duodecies. Identificazione degli azionisti (1). – 1. Al fine di facilitare la comunicazione degli emittenti con gli azionisti nonché l'esercizio dei diritti sociali, anche in modo coordinato, da parte degli azionisti, gli emittenti italiani con azioni ammesse alle negoziazioni nei mercati regolamentati italiani o di altri Stati membri dell'Unione europea hanno il diritto di richiedere ai soggetti indicati dal regolamento di cui all'articolo 82, comma 4-bis, l'identificazione degli azionisti che detengono azioni in misura superiore allo 0,5% del capitale sociale con diritto di voto. La richiesta di identificazione può essere avanzata anche tramite un soggetto terzo designato dall'emittente. I costi del processo di identificazione sono a carico dell'emittente (2).

2. Le segnalazioni indicate nel comma 1 pervengono all'emittente entro dieci giorni di mercato aperto dal giorno della richiesta, ovvero il diverso termine stabilito dalla Consob, d'intesa con la Banca d'Italia, con regolamento.*

2-bis. Gli intermediari e i depositari centrali sono legittimati ad adempiere alle richieste dei dati identificativi degli azionisti formulate da emittenti aventi la sede legale in un altro Stato membro dell'Unione europea, con azioni ammesse alle negoziazioni nei mercati regolamentati italiani o di altri Stati membri dell'Unione europea 604 (3).

3. L'emittente è tenuto a effettuare la medesima richiesta su istanza di tanti soci che rappresentino almeno la metà della quota minima di partecipazione stabilita dalla Consob ai sensi dell'articolo 147-ter, comma 1. I relativi costi sono ripartiti tra l'emittente ed i soci richiedenti secondo i criteri stabiliti dalla Consob con regolamento, avendo riguardo all'esigenza di non incentivare l'uso dello strumento da parte dei soci per finalità non coerenti con l'obiettivo di facilitare il coordinamento tra i soci stessi al fine di esercitare i diritti che richiedono una partecipazione qualificata (4).

4. Gli emittenti pubblicano tempestivamente, secondo le modalità previste dalla Consob con regolamento, un comunicato con cui danno notizia dell'avvenuta presentazione dell'istanza di identificazione, rendendo note le relative motivazioni nel caso di richiesta ai sensi del comma 1, o l'identità e la partecipazione complessiva dei soci istanti nel caso di richiesta ai sensi del comma 3. I dati ricevuti sono messi a disposizione dei soci su supporto informatico in un formato comunemente utilizzato senza oneri a loro carico, fermo restando l'obbligo di aggiornamento del libro soci (5).

5. Gli statuti delle società italiane con azioni ammesse alle negoziazioni con il consenso dell'emittente nei sistemi multilaterali di negoziazione italiani o di altri Paesi dell'Unione europea possono prevedere che si applichi il presente articolo. Il presente articolo non si applica alle società cooperative (4).

(1) Articolo inserito dall'art. 2 del d.lg. 27/1/2010, n. 27.

(2) Comma modificato dapprima dall'art. 2 del d.lg. 18/6/2012, n. 91, in seguito dall'art. 2 del d.lg. 12/8/2016, n. 176 e infine così sostituito dall'art. 2 del d.lg. 10/5/2019, n. 49.

* Comma abrogato dall'art. 2 del d.lg. 10/5/2019, n. 49.

(3) Comma inserito dall'art. 2 del d.lg. 10/5/2019, n. 49.

(4) Comma sostituito dall'art. 2 del d.lg. 10/5/2019, n. 49.

(5) Comma modificato dall'art. 2 del d.lg. 10/5/2019, n. 49. che ha sostituito le parole: "Le società" con le parole: "Gli emittenti".

83 terdecies. Pagamento dei dividendi (1). – 1. In deroga all'articolo 4 della legge 29 dicembre 1962, n. 1745, la legittimazione al pagamento degli utili e delle altre distribuzioni afferenti gli strumenti finanziari registrati nei conti indicati all'articolo 83-quater, comma 3, è determinata con riferimento alle evidenze dei conti relative al termine della giornata contabile individuata dall'emittente che stabilisce altresì le modalità del relativo pagamento.

(1) Articolo inserito dall'art. 2, co. 11, d.lg. 18/6/2012, n. 91, come corretto con Comunicato 5/7/2012.

83 quaterdecies. Accesso degli emittenti ad un depositario centrale stabilito in un altro Stato membro (1). – 1. Le disposizioni contenute nella presente sezione costituiscono disciplina applicabile, ai sensi dell'articolo 49, paragrafo 1, secondo e terzo comma, del regolamento (UE) n. 909/2014, anche nel caso di emissione diretta o immissione di valori mobiliari regolati dalla legge italiana in un sistema di scritture contabili gestito da un depositario centrale stabilito in un altro Stato membro.

(1) Articolo aggiunto dall'art. 2, co. 9, d.lg. 12/8/2016, n. 176.

Sezione II
Gestione accentrata di strumenti finanziari cartolari

84. Rilevazioni e comunicazioni inerenti agli strumenti finanziari accentrati*. – *1. L'immissione degli strumenti finanziari nel sistema non modifica gli obblighi di legge connessi con la titolarità di diritti sugli strumenti finanziari stessi. Le rilevazioni e le comunicazioni prescritte dalle norme vigenti che prevedono la individuazione numerica dei certificati sono effettuate mediante l'indicazione della specie e della quantità degli strumenti finanziari cui esse si riferiscono. 2. Restano fermi gli obblighi di rilevazione e di aggiornamento del libro dei soci previsti dall'articolo 5 della legge 29 dicembre 1962, n. 1745, da parte degli emittenti e dei soggetti incaricati ai sensi dell'articolo 6 della stessa legge. Il termine per le annotazioni nel libro dei soci indicato nell'ultimo comma del predetto articolo 5 decorre dalla data di pagamento degli utili o da quella del rilascio della certificazione* *per l'intervento in assemblea. 3. Restano altresì fermi gli obblighi di comunicazione allo Schedario generale dei titoli azionari previsti dall'articolo 7 della legge 29 dicembre 1962, n. 1745, da parte degli emittenti e dei soggetti incaricati ai sensi dell'articolo 6 della stessa legge. Il Ministro delle finanze, con propri decreti, detta, ove occorrano, le norme di applicazione della presente disposizione e di quella prevista dall'articolo 89, comma 2.*

* Articolo da ritenersi implicitamente abrogato in quanto non riproposto nell'attuale Titolo II, come modificato dall'art. 2 del d.lg. 27/1/2010, n. 27.

85. Deposito accentrato (1). – 1. Nei casi in cui gli strumenti finanziari immessi nel sistema di gestione accentrata siano rappresentati da documenti, lo svolgimento e gli effetti dell'attività di gestione accentrata sono disciplinati dalla presente sezione. Si applicano, ove non altrimenti previsto dalla presente sezione, gli articoli da 83-quater a 83-undecies (2).

2. La clausola del contratto di deposito stipulato con i soggetti individuati nel regolamento previsto dall'articolo 82, comma 2 (3), avente a oggetto gli strumenti finanziari individuati nel medesimo regolamento, che attribuisce al depositario la facoltà di procedere al subdeposito degli strumenti finanziari stessi presso un depositario centrale di titoli (3) deve essere approvata per iscritto. Nell'esercizio di tale facoltà il depositario ha tutti i poteri necessari, compreso quello di appone la girata a favore del depositario centrale di titoli (3), quando si tratta di strumenti finanziari nominativi. Il deposito può essere effettuato direttamente dall'emittente.

3. Gli strumenti finanziari sono immessi nel sistema in deposito regolare. Il depositario centrale di titoli (4) è legittimato (4) a compiere tutte le operazioni inerenti alla gestione in conformità al regolamento dei servizi previsto dall'articolo 79-*quinquiesdecies*, comma 1 (4), nonché le azioni conseguenti alla distruzione, allo smarrimento e alla sottrazione degli strumenti finanziari.

(1) Articolo modificato dall'art. 9.61 del d.lg. 17/1/2003, n. 6, nel testo introdotto dall'art. 3 del d.lg. 6/2/2004, n. 37 e, successivamente, sostituito dall'art. 2 del d.lg. 27/1/2010, n. 27.

(2) Comma modificato dall'art. 2, co. 13, d.lg. 18/6/2012, n. 91. Le parole "83-quater" sono state così sostituite a quelle "83-ter" dall'art. 2, co. 22, lett. a), d.lg. 12/8/2016, n. 176.

(3) Comma così modificato dall'art. 2, co. 22, lett. b), d.lg. 12/8/2016, n. 176 che ha sostituito le parole "81, comma 1" con le parole "82, comma 2", le parole "la società di gestione accentrata" con le parole "un depositario centrale di titoli" e le parole "della società di gestione accentrata" con le parole "del depositario centrale di titoli".

(4) Comma così modificato dall'art. 2, co. 22, lett. c), d.lg. 12/8/2016, n. 176 che ha sostituito le parole "La società di gestione accentrata" con le parole "Il depositario centrale di titoli", la parola "legittimata" con la parola "legittimato" e le parole "81, comma 2" con le parole "79-quinquiesdecies, comma 1".

86. Trasferimento dei diritti inerenti agli strumenti finanziari depositati (1). – 1. Il depositante degli strumenti finanziari immessi nel sistema può, tramite il depositario e secondo le modalità indicate nel regolamento dei servizi previsto dall'articolo 79-quinquiesdecies, comma 1, chiedere la consegna di un corrispondente quantitativo di strumenti finanziari della stessa specie in deposito presso il depositario centrale di titoli (2).

2. Il proprietario degli strumenti finanziari immessi nel sistema assume tutti i diritti e gli obblighi conseguenti al deposito quando provi che il depositante non aveva titolo per effettuarlo.

(1) Articolo sostituito dall'art. 2 del d.lg. 27/1/2010, n. 27.

(2) Comma così modificato dall'art. 2, co. 23, d.lg. 12/8/2016, n. 176 che ha sostituito le parole "81, comma 2" con le parole "79-quinquiesdecies", e le parole "la società di gestione accentrata" con le parole "il depositario centrale di titoli".

87. Vincoli sugli strumenti finanziari accentrati (1). – 1. I vincoli gravanti sugli strumenti finanziari immessi nel sistema si trasferiscono, senza effetti novativi, sui diritti del depositante con la girata al depositario centrale di titoli; le annotazioni dei vincoli sui certificati si hanno per non apposte; di ciò è fatta menzione sul titolo (2).

2. Nel caso di ritiro di strumenti finanziari dal sistema, il depositario fa annotazione dei vincoli sui relativi certificati con l'indicazione della data della loro costituzione.

3. Nel caso di pignoramento di strumenti finanziari immessi nel sistema gli adempimenti nei confronti dei comproprietari previsti dagli articoli 599 e 600 del codice di procedura civile sono eseguiti nei confronti dei depositari.

(1) Articolo modificato dall'art. 11, co. 1 e 2, d.lg. 21/5/2004, n. 170 e sostituito dall'art. 2 del d.lg. 27/1/2010, n. 27.

(2) Comma così modificato dall'art. 2, co. 24, d.lg. 12/8/2016, n. 176 che ha sostituito le parole "alla società di gestione accentrata" con le parole "al depositario centrale di titoli".

88. Ritiro degli strumenti finanziari accentrati (1). – 1. Il depositario centrale di titoli mette a disposizione del depositario gli strumenti finanziari di cui è chiesto il ritiro. Gli strumenti finanziari nominativi sono girati al nome del depositario che completa la girata con il nome del giratario. Il completamento della girata è convalidato con timbro, data e firma del depositario (2).

2. Il depositario centrale di titoli può autenticare la sottoscrizione del girante anche quando la girata è fatta a proprio favore. La sottoscrizione da esse apposta sul titolo in qualità di girante non ha bisogno di autenticazione. La girata e la intestazione a favore del depositario centrale di titoli di strumenti finanziari da immettere nel sistema fanno esplicita menzione del presente decreto (3).

(1) Articolo sostituito dall'art. 2 del d.lg. 27/1/2010, n. 27.

(2) Comma così modificato dall'art. 2, co. 25, lett. a), d.lg. 12/8/2016, n. 176 che ha sostituito le parole "La società di gestione accentrata" con le parole "Il depositario centrale di titoli".

(3) Comma così modificato dall'art. 2, co. 25, lett. b), d.lg. 12/8/2016, n. 176 che ha sostituito le parole "La società di gestione accentrata" con le parole "Il depositario centrale di titoli" e le parole "della società di gestione accentrata" con le parole "del depositario centrale di titoli".

89. Aggiornamento del libro soci (1). – 1. Il depositario centrale di titoli comunica agli emittenti le azioni nominative ad essa girate ai fini dell'aggiornamento del libro dei soci (2).

(1) Articolo sostituito dall'art. 2 del d.lg. 27/1/2010, n. 27.

(2) Comma così modificato dall'art. 2, co. 26, d.lg. 12/8/2016, n. 176 che ha sostituito le parole "La società di gestione accentrata" con le parole "Il depositario centrale di titoli".

Sezione III
Gestione accentrata dei titoli di Stato (1)

(1) Sezione così sostituita all'originario Capo III, recante "Disciplina della gestione accentrata dei titoli di Stato" ad opera dell'art. 2, co. 27, d.lg. 12/8/2016, n. 176.

90. Gestione accentrata dei titoli di Stato (1). – 1. Il Ministro dell'economia e delle finanze stabilisce con regolamento le modalità di individuazione dei depositari centrali dei titoli di Stato nonché i criteri per la fornitura dei relativi servizi.

(1) Articolo sostituito dall'art. 2 del d.lg. 27/1/2010, n. 27 e, successivamente, nuovamente modificato dall'art. 2, co. 27, d.lg. 12/8/2016, n. 176.

TITOLO II-TER
ACCESSO ALLE INFRASTRUTTURE DI POST-TRADING E TRA SEDI DI NEGOZIAZIONE E INFRASTRUTTURE DI POST-TRADING (1)

(1) Titolo, capi I, II, III e relativi artt. da 90-bis a 90-septies inseriti dall'art. 2, co. 28, d.lg. 12/8/2016, n. 176.

Capo I
Autorità nazionali competenti (1)

(1) V. nota in calce al presente titolo II-ter.

90 bis. Individuazione delle autorità nazionali competenti in materia di accesso ai depositari centrali stabiliti sul territorio della Repubblica (1). – 1. La Consob è l'autorità competente a ricevere i reclami ed esercitare, d'intesa con la Banca d'Italia, le competenze in materia di accesso ai depositari centrali stabiliti nel territorio della Repubblica da parte di:

a) partecipanti, ai sensi dell'articolo 33, paragrafo 3, del regolamento (UE) n. 909/2014;

b) emittenti, ai sensi dell'articolo 49, paragrafo 4, del medesimo regolamento;

c) depositari centrali, ai sensi dell'articolo 52, paragrafo 2, del medesimo regolamento.

(1) Articolo aggiunto dall'art. 2, co. 8, d.lg. 12/8/2016, n. 176.

90 ter. Individuazione delle autorità nazionali competenti in materia di accesso tra sedi di negoziazione e infrastrutture di post-trading (1). – 1. La Consob è l'autorità competente a ricevere i reclami e svolgere, d'intesa con la Banca d'Italia, le funzioni in materia di accesso di controparti centrali e sedi di negoziazione ai servizi di regolamento gestiti da depositari centrali, ai sensi dell'articolo 53, paragrafo 1, secondo comma, e paragrafo 3, del regolamento (UE) n. 909/2014.

2. In materia di accesso alle sedi di negoziazione, la Consob è l'autorità competente a:

a) svolgere le funzioni previste dall'articolo 8, paragrafo 4, del regolamento (UE) n. 648/2012 e dall'articolo 36, paragrafo 4, del regolamento (UE) n. 600/2014, quando le richieste di accesso sono presentate da controparti centrali (2);

b) ricevere i reclami e svolgere le funzioni indicate all'articolo 53, paragrafo 1, primo comma, e paragrafo 3, del regolamento (UE) n. 909/2014, quando le richieste di accesso sono presentate da depositari centrali.

3. Le competenze di cui al comma 2 sono esercitate dalla Banca d'Italia con riguardo alle sedi di negoziazione all'ingrosso dei titoli di Stato.

4. In materia di accesso alle controparti centrali, la Banca d'Italia, d'intesa con la Consob, è l'autorità competente a:

a) svolgere le funzioni previste dall'articolo 7, paragrafo 4, del regolamento (UE) n. 648/2012 e dall'articolo 35, paragrafo 4, del regolamento (UE) n. 600/2014, quando le richieste di accesso sono presentate da sedi di negoziazione (3);

b) ricevere i reclami e svolgere le funzioni indicate all'articolo 53, paragrafo 1, primo comma, e paragrafo 3, del regolamento (UE) n. 909/2014, quando le richieste di accesso sono presentate da depositari centrali.

(1) Articolo aggiunto dall'art. 2, co. 8, d.lg. 12/8/2016, n. 176

(2) Lettera modificata dall'art. 3, co. 10, lett. a), d.lg. 3/8/2017, n. 129. Per l'applicazione, vedi l'art. 10, co. 2, d.lg. n. 129/2017 medesimo.

(3) Lettera modificata dall'art. 3, co. 10, lett. b), d.lg. 3/8/2017, n. 129. Per l'applicazione, vedi l'art. 10, co. 2, d.lg. n. 129/2017 medesimo.

Capo II
Diritto di accesso e accordi (1)

(1) V. nota in calce al presente titolo II-ter.

90 quater. Accesso alle controparti centrali su base transfrontaliera (1). – 1. Fatti salvi i titoli III, IV e V del regolamento (UE) n. 648/2012, le imprese di investimento UE e le banche UE autorizzate all'esercizio dei servizi o delle attività di investimento hanno diritto di accedere direttamente e indirettamente alle controparti centrali stabilite nel territorio della Repubblica, per finalizzare o per disporre la finalizzazione delle operazioni su strumenti finanziari (2).

(1) Articolo aggiunto dall'art. 2, co. 8, d.lg. 12/8/2016, n. 176.

(2) Comma modificato dall'art. 3, co. 11, d.lg. 3/8/2017, n. 129. Per l'applicazione, vedi l'art. 10, co. 2, d.lg. n. 129/2017 medesimo.

90 quinquies. Accesso ai servizi di regolamento delle operazioni su strumenti finanziari su base transfrontaliera (1). – 1. Fatto salvo l'articolo 33 del regolamento (UE) n. 909/2014, le imprese di investimento UE e le banche UE autorizzate all'esercizio dei servizi o delle attività di investimento hanno il diritto di accedere direttamente e indirettamente ai servizi di regolamento gestiti da depositari centrali stabiliti nel territorio della Repubblica, per finalizzare o per disporre la finalizzazione delle operazioni su strumenti finanziari (2).

2. Le società di gestione assicurano ai partecipanti ai mercati da esse gestiti il diritto di designare un sistema di regolamento delle operazioni su strumenti finanziari effettuate su tali mercati, diverso da quello designato dal mercato stesso, qualora risultino rispettate le seguenti condizioni:

a) la presenza di collegamenti e dispositivi fra il sistema di regolamento designato e i sistemi e la struttura del mercato regolamentato per garantire il regolamento efficace ed economico delle operazioni;

b) il riconoscimento da parte della Consob che le condizioni tecniche di regolamento delle operazioni concluse nel mercato regolamentato tramite un sistema diverso da quello designato dal mercato stesso siano tali da consentire il regolare e ordinato funzionamento dei mercati. Nei casi di gestori di mercati regolamentati all'ingrosso di titoli di Stato il riconoscimento è effettuato dalla Banca d'Italia (3).

3. I gestori dei mercati comunicano alla Consob le designazioni effettuate dai partecipanti al mercato ai sensi del comma 2. Tali comunicazioni sono effettuate alla Banca d'Italia nel caso dei mercati all'ingrosso dei titoli di Stato (4).

4. Il riconoscimento di cui al comma 2, lettera b), è effettuato sentita la Banca d'Italia, nei casi di gestori di mercati regolamentati all'ingrosso di titoli obbligazionari privati e pubblici, diversi da titoli di Stato, nonché di gestori di mercati regolamentati di strumenti del mercato monetario, e di strumenti finanziari derivati su titoli pubblici, su tassi di interesse e su valute (5).

(1) Articolo aggiunto dall'art. 2, co. 8, d.lg. 12/8/2016, n. 176.

(2) Comma modificato dall'art. 3, co. 12, d.lg. 3/8/2017, n. 129. Per l'applicazione, vedi l'art. 10, co. 2, d.lg. n. 129/2017 medesimo.

(3) Comma così modificato dall'art. 3 del d.lg. 25/11/2019, n. 165 che ha sostituito le parole: "società di gestione" con la parola: "gestori" e le parole: "le società di gestione" con le parole: "i gestori".

(4) Comma così modificato dall'art. 3 del d.lg. 25/11/2019, n. 165 che ha sostituito le parole: "le società di gestione" con le parole: "i gestori".

(5) Comma dapprima modificato dall'art. 3 del d.lg. 25/11/2019, n. 165 che ha sostituito le parole: "società di gestione" con la parola: "gestori" e poi dall'art. 1 del d.lg. 14/7/2020, n. 84 che ha sostituito le parole: "strumenti previsti dall'articolo 1, comma 2, lettera d)," con le parole: "strumenti del mercato monetario".

90 sexies. Accordi conclusi dai gestori dei mercati regolamentati e dei sistemi multilaterali di negoziazione con controparti centrali o con depositari centrali che gestiscono servizi di regolamento (1). – 1. Fatti salvi gli articoli 7 e 8 e il Titolo V del regolamento (UE) n. 648/2012, l'articolo 53 del regolamento (UE) n. 909/2014, nonché gli articoli 35 e 36 del regolamento (UE) n. 600/2014, i gestori di un mercato regolamentato o di un sistema multilaterale di negoziazione possono concludere accordi con le controparti centrali o con i depositari centrali stabiliti in un altro Stato membro al fine di disporre la compensazione o il regolamento di alcune o tutte le operazioni concluse dai partecipanti al mercato regolamentato o al sistema multilaterale di negoziazione (2).

2. La Consob può opporsi agli accordi di cui al comma 1 qualora, tenuto anche conto delle condizioni previste all'articolo 90-quinquies, comma 2, ciò si renda necessario per preservare l'ordinato funzionamento dei mercati regolamentati e dei sistemi multilaterali di negoziazione.

3. I provvedimenti di cui al comma 2 sono adottati dalla Banca d'Italia per i mercati regolamentati e i sistemi multilaterali di negoziazione all'ingrosso dei titoli di Stato.

4. La Consob e Banca d'Italia possono disciplinare con regolamento gli adempimenti informativi dei gestori in occasione degli accordi di cui al comma 1.

(1) Articolo aggiunto dall'art. 2, co. 8, d.lg. 12/8/2016, n. 176.

(2) Comma modificato dall'art. 3, co. 13, d.lg. 3/8/2017, n. 129. Per l'applicazione, vedi l'art. 10, co. 2, d.lg. n. 129/2017 medesimo.

Capo III
Vigilanza (1)

(1) V. nota in calce al presente titolo II-ter.

90 septies. Poteri di vigilanza (1). – 1. Ai fini dello svolgimento delle funzioni attribuite dal presente Titolo, la Consob e la Banca d'Italia dispongono, nei confronti dei gestori delle sedi di negoziazione, delle controparti centrali e dei depositari centrali, dei poteri rispettivamente previsti dagli articoli 62-octies, 62-novies, 62-decies, 79-sexies e 79-quaterdecies (2).

(1) Articolo aggiunto dall'art. 2, co. 8, d.lg. 12/8/2016, n. 176.

(2) Comma modificato dall'art. 3, co. 14, d.lg. 3/8/2017, n. 129. Per l'applicazione, vedi l'art. 10, co. 2, d.lg. n. 129/2017 medesimo.

PARTE IV
DISCIPLINA DEGLI EMITTENTI

TITOLO I
DISPOSIZIONI GENERALI

91. Poteri della CONSOB. – 1. La CONSOB esercita i poteri previsti dalla presente parte avendo riguardo alla tutela degli investitori nonché all'efficienza e alla trasparenza del mercato del controllo societario e del mercato dei capitali.

91 bis. Comunicazione dello Stato membro d'origine (1). – 1. Nei casi previsti dall'articolo 1, comma 1, lettera w-quater), gli emittenti comunicano lo Stato membro d'origine in conformità all'articolo 113-ter e alle disposizioni adottate dalla Consob con regolamento. La medesima comunicazione è effettuata alle autorità competenti dello Stato membro in cui l'emittente ha la sede legale, ove applicabile, nonché alle autorità competenti dello Stato membro d'origine e degli Stati membri ospitanti.

2. Per gli emittenti indicati all'articolo 1, comma 1, lettera w-quater), numeri 3), 4) e 4-bis), che non hanno effettuato la comunicazione dello Stato membro d'origine entro tre mesi dalla data in cui i valori mobiliari sono stati ammessi alla negoziazione, per la prima volta nell'Unione europea, unicamente in un mercato regolamentato italiano, lo Stato membro d'origine è l'Italia. Per gli emittenti valori mobiliari ammessi alla negoziazione in mercati regolamentati di più Stati membri, inclusa l'Italia, in assenza della comunicazione richiesta dal comma 1, sia l'Italia che tali altri Stati membri sono considerati Stato membro d'origine, fino alla successiva scelta e relativa comunicazione.

(1) Articolo inserito dall'art. 1, co. 4, d.lg. 15/2/2016, n. 25.

92. Parità di trattamento (1). – 1. Gli emittenti quotati e gli emittenti quotati aventi l'Italia come Stato membro d'origine assicurano il medesimo trattamento a tutti i portatori degli strumenti finanziari quotati che si trovino in identiche condizioni.

2. Gli emittenti quotati e gli emittenti quotati aventi l'Italia come Stato membro d'origine garantiscono a tutti i portatori degli strumenti finanziari quotati gli strumenti e le informazioni necessari per l'esercizio dei loro diritti.

3. La Consob detta con regolamento, in conformità alla normativa comunitaria, disposizioni di attuazione del comma 2, prevedendo anche la possibilità dell'utilizzo di mezzi elettronici per la trasmissione delle informazioni.

(1) Articolo sostituito dall'art. 1, co. 3, d.lg. 6/11/2007, n. 195.

93. Definizione di controllo. – 1. Nella presente parte sono considerate imprese controllate, oltre a quelle indicate nell'articolo 2359, primo comma, numeri 1 e 2, del codice civile, anche:

a) le imprese, italiane o estere, su cui un soggetto ha il diritto, in virtù di un contratto o di una clausola statutaria, di esercitare un'influenza dominante, quando la legge applicabile consenta tali contratti o clausole;

b) le imprese, italiane o estere, su cui un socio, in base ad accordi con altri soci, dispone da solo di voti sufficienti a esercitare un'influenza dominante nell'assemblea ordinaria.

2. Ai fini del comma 1 si considerano anche i diritti spettanti a società controllate o esercitati per il tramite di fiduciari o di interposte persone; non si considerano quelli spettanti per conto di terzi.

TITOLO II
APPELLO AL PUBBLICO RISPARMIO OFFERTA AL PUBBLICO DI SOTTOSCRIZIONE E DI VENDITA (1)

(1) Capo sostituito dall'art. 3 del d.lg. 28/3/2007, n. 51.

Capo I
Offerta al pubblico di sottoscrizione e di vendita

93 bis. Definizioni (1). – 1. Nel presente Capo e nel Capo I del Titolo III si intendono per:

a) "regolamento prospetto": regolamento (UE) 2017/1129 del Parlamento europeo e del Consiglio, del 14 giugno 2017;

b) "disposizioni attuative": gli atti delegati adottati dalla Commissione europea ai sensi dell'articolo 44 del regolamento prospetto e le relative norme tecniche di regolamentazione e di attuazione adottate dalla Commissione europea ai sensi degli articoli 10 e 15 del regolamento (UE) n. 1095/2010 del Parlamento europeo e del Consiglio, del 24 novembre 2010;

c) "titoli": i valori mobiliari individuati dall'articolo 2, paragrafo 1, lettera a), del regolamento prospetto, ivi incluse le quote o azioni di Oicr chiusi;

d) "responsabile del collocamento": il soggetto che organizza e costituisce il consorzio di collocamento, il coordinatore del collocamento o il collocatore unico;

e) "Stato membro d'origine":

1) in relazione all'offerta di titoli, lo Stato membro d'origine di cui all'articolo 2, paragrafo 1, lettera m), del regolamento prospetto;

2) in relazione all'offerta di quote o azioni di Oicr armonizzati, lo Stato membro della UE in cui l'Oicr è stato costituito;

f) "Stato membro ospitante": lo Stato membro della UE in cui viene effettuata l'offerta o viene chiesta l'ammissione alla negoziazione in un mercato regolamentato, qualora sia diverso dallo Stato membro d'origine (2).

(1) Articolo aggiunto dall'art. 3 del d.lg. 28/3/2007, n. 51.

(2) Comma modificato dall'art. 15, co. 1, d.lg. 17/9/2007, n. 164, dall'art. 1, co. 18, d.lg. 16/4/2012, n. 47, dall'art. 6, co. 1, lett. a), d.lg. 4/3/2014, n. 44, dall'art. 1, co. 5, d.lg. 15/2/2016, n. 25 e successivamente sostituito dall'art. 3, co. 1, d.lg. 2/2/2021, n. 17.

Sezione I
Offerta al pubblico di strumenti finanziari comunitari e di prodotti finanziari diversi dalle quote o azioni di Oicr aperti (1)

(1) Sezione aggiunta dall'art. 3 del d.lg. 28/3/2007, n. 51.

94. Prospetto d'offerta (1). – 1. L'offerta pubblica di titoli è disciplinata dal regolamento prospetto e dalle disposizioni attuative, nonché dalle disposizioni della presente sezione.

2. La Consob è l'autorità nazionale competente ai sensi dell'articolo 31 del regolamento di cui al comma 1.

3. Coloro che intendono effettuare un'offerta al pubblico di titoli presentano la domanda di approvazione del prospetto alla Consob, allegandone una bozza.

4. Al fine di assicurare l'efficienza del procedimento di approvazione del prospetto avente ad oggetto titoli bancari, la Consob stipula accordi di collaborazione con la Banca d'Italia.

5. L'emittente o l'offerente, a seconda dei casi, nonché l'eventuale garante e le persone responsabili di talune parti delle informazioni contenute nel prospetto rispondono, queste ultime limitatamente a tali parti, dei danni subiti dall'investitore che abbia fatto ragionevole affidamento sulla veridicità e completezza delle informazioni contenute nel prospetto e in un suo eventuale supplemento, a meno che non provi di aver adottato ogni diligenza allo scopo di assicurare che le informazioni in questione fossero conformi ai fatti e non presentassero omissioni tali da alterarne il senso.

6. Le persone responsabili del prospetto e degli eventuali supplementi ai sensi del comma 5, sono chiaramente indicate nel prospetto con i loro nomi e la loro funzione o, nel caso di persone giuridiche, con la denominazione e la sede legale; è inoltre riportata una loro attestazione certificante che, per quanto a loro conoscenza, le informazioni del prospetto sono conformi ai fatti e che nel prospetto non vi sono omissioni tali da alterarne il senso.

7. La responsabilità per informazioni false o per omissioni idonee ad influenzare le decisioni di un investitore ragionevole grava sull'intermediario responsabile del collocamento, a meno che non provi di aver adottato ogni diligenza allo scopo di verificare che le informazioni contenute nel prospetto fossero conformi ai fatti e non presentassero omissioni tali da alterarne il senso.

8. Nessuno può essere ritenuto civilmente responsabile esclusivamente in base alla nota di sintesi, redatta ai sensi dell'articolo 7 del regolamento prospetto o alla nota di sintesi specifica di un prospetto UE della crescita ai sensi dell'articolo 15, paragrafo 1, secondo comma, del medesimo regolamento, comprese le sue eventuali traduzioni, a meno che la nota di sintesi sia fuorviante, imprecisa o incoerente se letta insieme con altre parti del prospetto o non offra, se letta insieme con le altre parti del prospetto, le informazioni chiave per aiutare gli investitori al momento di valutare l'opportunità di investire nei titoli.

9. Le azioni risarcitorie sono esercitate entro cinque anni dalla pubblicazione del prospetto, salvo che l'investitore provi di avere scoperto le falsità delle informazioni o le omissioni nei due anni precedenti l'esercizio dell'azione.

(1) Articolo modificato dall'art. 14, co. 1, l. 28/12/2005, n. 262, successivamente sostituito dall'art. 3 del d.lg. 28/3/2007, n. 51; ulteriormente modificato dall'art. 1, co. 3, lett. a), d.lg. 11/10/2012, n. 184, dall'art. 6, co. 2, d.lg. 4/3/2014, n. 44 e da ultimo sostituito dall'art. 3, co. 3, d.lg. 2/2/2021, n. 17.

94 bis. Approvazione del prospetto (1). – 1. Coloro che intendono effettuare un'offerta al pubblico di prodotti finanziari diversi dai titoli e dalle quote o azioni di Oicr aperti pubblicano preventivamente un prospetto. A tal fine, presentano la domanda di approvazione dello stesso alla Consob, allegandone la bozza. Il prospetto non può essere pubblicato finché non è approvato dalla Consob ai sensi dell'articolo 95, comma 1, lettera b). Il prospetto contiene, in una forma facilmente analizzabile e comprensibile, tutte le informazioni che, a seconda delle caratteristiche dell'emittente e dei prodotti finanziari offerti, siano rilevanti per un investitore affinché possa procedere ad una valutazione con cognizione di causa della situazione patrimoniale, dei risultati economici, della situazione finanziaria e delle prospettive dell'emittente e degli eventuali garanti, nonché dei diritti connessi ai titoli, delle ragioni dell'emissione e del suo impatto sull'emittente. Il prospetto contiene, altresì, una nota di sintesi la quale, concisamente e con linguaggio non tecnico, fornisce le informazioni chiave. Il formato e il contenuto della nota di sintesi forniscono, unitamente al prospetto, informazioni adeguate circa le caratteristiche fondamentali dei prodotti finanziari che aiutino gli investitori al momento di valutare se investire in tali prodotti.

2. Se il prospetto dell'offerta non è disciplinato ai sensi dell'articolo 95, comma 1, lettera b), la Consob stabilisce, su richiesta dell'emittente o dell'offerente, il contenuto del prospetto di cui al comma 1.

3. La Consob, previa verifica della completezza, della coerenza e della comprensibilità delle informazioni fornite, approva il prospetto nei termini e secondo le modalità e le procedure da essa stabiliti con il regolamento previsto dall'articolo 95, comma 1, lettera b). La mancata decisione da parte della Consob nei termini previsti non costituisce approvazione del prospetto.

4. Qualunque fatto nuovo significativo, errore o imprecisione rilevanti relativi alle informazioni contenute nel prospetto che possano influire sulla valutazione dei prodotti finanziari e che sopravvengano o siano rilevati tra il momento in cui è approvato il prospetto e quello in cui si chiude il periodo di offerta deve essere menzionato senza indebito ritardo in un supplemento al prospetto.

5. La Consob pubblica nel proprio sito internet almeno un elenco dei prospetti approvati ai sensi del presente articolo.

6. Ove il prospetto non indichi il prezzo d'offerta definitivo o la quantità di prodotti finanziari definitiva da offrire al pubblico, né siano presenti il prezzo massimo o la quantità massima di prodotti finanziari o i metodi di valutazione ed i criteri

o le condizioni in base ai quali il prezzo di offerta definitivo deve essere determinato, nonché una spiegazione dei metodi di valutazione utilizzati, l'accettazione dell'acquisto o della sottoscrizione dei prodotti finanziari può essere revocata entro il termine indicato nel prospetto e comunque entro un termine non inferiore a due giorni lavorativi calcolati a decorrere dal momento in cui vengono depositati il prezzo d'offerta definitivo o la quantità dei prodotti finanziari offerti al pubblico.

7. Gli investitori che hanno già accettato di acquistare o sottoscrivere i prodotti finanziari prima della pubblicazione di un supplemento hanno il diritto, esercitabile entro due giorni lavorativi dopo tale pubblicazione, di revocare la loro accettazione, sempre che il fatto nuovo significativo, l'errore o l'imprecisione rilevante siano emersi o siano stati rilevati prima della chiusura del periodo di offerta o della consegna dei prodotti finanziari, se precedente. Tale termine può essere prorogato dall'emittente o dall'offerente. La data ultima entro la quale il diritto di revoca dell'accettazione è esercitabile è indicata nel supplemento.

8. Alle offerte al pubblico di prodotti finanziari diversi dai titoli e dalle quote o azioni di Oicr aperti si applica l'articolo 94, commi 5, 6, 7 e 9. Per la predisposizione della nota di sintesi, si applica il regime di responsabilità previsto dal comma 8 dell'articolo 94.

(1) Articolo aggiunto dall'art. 3 del d.lg. 28/3/2007, n. 51, modificato dall'art. 1, co. 3, d.lg. 17/7/2009, n. 101 e dall'art. 1, co. 4, d.lg. 11/10/2012, n. 184 e successivamente sostituito dall'art. 3, co. 3, d.lg. 2/2/2021, n. 17.

95. Disposizioni di attuazione (1). – 1. La Consob, conformemente alle disposizioni europee di riferimento, detta con regolamento disposizioni di attuazione della presente Sezione anche differenziate in relazione alle caratteristiche dei prodotti finanziari, degli emittenti e dei mercati. Il regolamento stabilisce in particolare:

a) con riferimento alle offerte di titoli, la procedura di approvazione del prospetto e degli eventuali supplementi, nonché il contenuto della domanda di approvazione rivolta alla Consob prevista dall'articolo 94, comma 3;

b) con riferimento alle offerte di prodotti finanziari diversi dai titoli, la procedura e i termini di approvazione del prospetto, e degli eventuali supplementi, nonché il contenuto della domanda di approvazione alla Consob, prevista dall'articolo 94-bis, comma 1, la Consob può, stabilire con regolamento il contenuto del prospetto in relazione a particolari categorie di prodotti finanziari;

c) le modalità da osservare per diffondere notizie, per svolgere indagini di mercato ovvero per raccogliere intenzioni di acquisto o di sottoscrizione;

d) le modalità di svolgimento dell'offerta anche al fine di assicurare la parità di trattamento tra i destinatari;

e) le procedure organizzative e decisionali interne per l'adozione dell'atto finale di approvazione del prospetto, anche mediante attribuzione della competenza a personale con qualifica dirigenziale.

2. La Consob individua con regolamento le norme di correttezza che sono tenuti ad osservare l'emittente, l'offerente e gli intermediari finanziari incaricati dell'offerta pubblica di prodotti finanziari nonché coloro che si trovano in rapporto di controllo o di collegamento con tali soggetti.

3. Con proprio regolamento la Consob può stabilire, secondo un criterio di proporzionalità degli oneri amministrativi a carico degli emittenti, i casi in cui vige l'obbligo di sostituzione previsto dall'articolo 7, paragrafo 7, secondo comma, del regolamento prospetto.

(1) Articolo sostituito dall'art. 3 del d.lg. 28/3/2007, n. 51, modificato dall'art. 1, co. 5, lett. a), d.lg. 11/10/2012, n. 184 e da ultimo sostituito dall'art. 3, co. 3, d.lg. 2/2/2021, n. 17.

95 bis. Revoca dell'acquisto o della sottoscrizione*. – *1. Ove il prospetto non indichi le condizioni o i criteri in base ai quali il prezzo di offerta definitivo e la quantità dei prodotti da offrirsi al pubblico sono determinati o, nel caso del prezzo, il prezzo massimo, l'accettazione dell'acquisto o della sottoscrizione di prodotti finanziari può essere revocata entro il termine indicato nel prospetto e comunque entro un termine non inferiore a due giorni lavorativi calcolati a decorrere dal momento in cui vengono depositati il prezzo d'offerta definitivo e la quantità dei prodotti finanziari offerti al pubblico. 2. Gli investitori che hanno già accettato di acquistare o sottoscrivere i prodotti finanziari prima della pubblicazione di un supplemento hanno il diritto, esercitabile entro due giorni lavorativi dopo tale pubblicazione, di revocare la loro accettazione, sempre che i nuovi fatti, errori o imprecisioni previsti dall'articolo 94, comma 7, siano intervenuti prima della chiusura definitiva dell'offerta al pubblico o della consegna dei prodotti finanziari. Tale termine può essere prorogato dall'emittente o dall'offerente. La data ultima entro la quale il diritto di revoca è esercitabile è indicata nel supplemento* (1).

* Articolo aggiunto dall'art. 3 del d.lg. 28/3/2007, n. 51 e successivamente abrogato dall'art. 3, co. 4, d.lg. 2/2/2021, n. 17.

(1) Comma sostituito dall'art. 1, co. 6, d.lg. 11/10/2012, n. 184.

96. Bilanci dell'emittente (1). – 1. Nelle offerte aventi ad oggetto prodotti finanziari diversi dai titoli, l'ultimo bilancio e il bilancio consolidato eventualmente redatto dall'emittente nonché il bilancio e il bilancio consolidato eventualmente approvati o redatti nel periodo dell'offerta sono corredati delle relazioni di revisione nelle quali un revisore legale o una società di revisione legale iscritti nel registro tenuto dal Ministero dell'economia e delle finanze esprimono il proprio giudizio. L'offerta non può essere effettuata se il revisore legale o la società di revisione legale hanno espresso un giudizio negativo ovvero si sono dichiarati impossibilitati ad esprimere un giudizio (2).

(1) Articolo sostituito l'art. 3 del d.lg. 28/3/2007, n. 51 e, successivamente, dall'art. 40 del d.lg. 27/1/2010, n. 39.

(2) Comma sostituito dall'art. 3, co. 5, d.lg. 2/2/2021, n. 17.

97. Obblighi informativi (1). –1. Fermo quanto previsto dal Titolo III, Capo I, al fine di vigilare sul rispetto delle disposizioni del presente Capo, del regolamento prospetto e delle disposizioni attuative, si applicano l'articolo 114, commi 5 e 6, agli emittenti e agli offerenti, e l'articolo 115 agli emittenti, agli offerenti, ai soggetti che li controllano o che sono da essi controllati, ai componenti degli organi sociali, ai dirigenti e ai revisori legali degli emittenti e degli offerenti, nonché agli intermediari incaricati dell'offerta pubblica.

2. La Consob individua con regolamento quali delle disposizioni richiamate nel comma 1 si applicano agli altri soggetti indicati nell'articolo 95, comma 2, nonché ai soggetti che prestano i servizi accessori di cui all'Allegato I, Sezione B, numero 6.

3. Qualora sussista fondato sospetto di violazione delle disposizioni contenute nel presente Capo o delle relative norme di attuazione, la Consob, allo scopo di acquisire elementi conoscitivi, può richiedere, entro un anno dall'acquisto o dalla sottoscrizione, la comunicazione di dati e notizie e la trasmissione di atti e documenti agli acquirenti o sottoscrittori dei titoli e dei prodotti finanziari diversi dai titoli di cui alla presente Sezione, fissando i relativi termini. Il potere di richiesta può essere esercitato anche nei confronti di coloro per i quali vi è fondato sospetto che svolgano, o abbiano svolto, un'offerta al pubblico in violazione delle disposizioni previste dagli articoli 94 e 94-bis.

(1) Articolo modificato dall'art. 9, co. 1, l. 18/4/2005, n. 62 (Legge

comunitaria 2004), sostituito dall'art. 3 del d.lg. 28/3/2007, n. 51 e modificato dall'art. 1, co. 4, d.lg. 17/7/2009, n. 101, dall'art. 40, co. 8, d.lg. 27/1/2010, n. 39 e da ultimo sostituito dall'art. 3, co. 6, d.lg. 2/2/2021, n. 17.

98. Validità comunitaria del prospetto (1). – Nel caso di offerta al pubblico di quote o azioni di FIA chiusi per le quali l'Italia è lo Stato membro d'origine, o di offerta al pubblico di quote o azioni di FIA UE chiusi per le quali l'Italia è lo Stato membro ospitante, il prospetto è pubblicato quando si è conclusa la procedura prevista, rispettivamente, dall'articolo 43 e dall'articolo 44 e dalle relative disposizioni di attuazione.

(1) Articolo sostituito dall'art. 3 del d.lg. 28/3/2007, n. 51, modificato dall'art. 1, co. 7, d.lg. 11/10/2012, n. 184 e dall'art. 6, co. 3, d.lg. 4/3/2014, n. 44; e da ultimo sostituito dall'art. 3, co. 6, d.lg. 2/2/2021, n. 17.

98 bis. Emittenti di Paesi extracomunitari*. *– 1. Nel caso di emittenti aventi la loro sede legale in un Paese extracomunitario, per i quali l'Italia sia lo Stato membro d'origine, la Consob può approvare il prospetto redatto secondo la legislazione del Paese extracomunitario, ove ricorrano le seguenti condizioni: a) il prospetto sia stato redatto conformemente a standard internazionali definiti dagli organismi internazionali delle Commissioni di vigilanza dei mercati, compresi i Disclosure Standards della IOSCO e b) le informazioni richieste, incluse le informazioni di natura finanziaria, siano equivalenti alle prescrizioni previste dalle disposizioni comunitarie. 2. Ove l'offerta sia prevista in Italia quale Stato membro ospitante si applica l'articolo 98, commi 2 e 3.*

* Articolo aggiunto dall'art. 3 del d.lg. 28/3/2007, n. 51 e successivamente abrogato dall'art. 3, co. 7, d.lg. 2/2/2021, n. 17.

Sezione II
Offerta al pubblico di quote o azioni di Oicr aperti (1)

(1) Sezione aggiunta dall'art. 3 del d.lg. 28/3/2007, n. 51.

98 ter. Documento contenente le informazioni chiave per gli investitori e prospetto (1). – 1. L'offerta al pubblico di quote o azioni di Oicr aperti italiani, FIA UE e non UE è preceduta da una comunicazione alla Consob. Nel caso di offerta di OICVM italiani, alla comunicazione sono allegati il documento contenente le informazioni chiave per gli investitori e il prospetto destinati alla pubblicazione. Nel caso di offerta di FIA italiani aperti, FIA UE e non UE, alla comunicazione è allegata la documentazione d'offerta individuata dalla Consob ai sensi dell'articolo 98-quater, lett. a-bis) (2).

2. Il documento contenente le informazioni chiave per gli investitori è redatto in conformità ai regolamenti comunitari che disciplinano la materia e alle relative disposizioni attuative adottate in sede comunitaria.

3. Il documento contenente le informazioni chiave per gli investitori e il prospetto devono consentire agli investitori di poter ragionevolmente comprendere la natura e i rischi dell'investimento proposto e, di conseguenza, effettuare una scelta consapevole in merito all'investimento. Il documento contenente le informazioni chiave per gli investitori e il prospetto hanno natura precontrattuale. Le informazioni chiave per gli investitori sono corrette, chiare, non fuorvianti e coerenti con le corrispondenti parti del prospetto.

4. Si applica l'articolo 94, commi 5, 6, 7 e 9. Nessuno può essere chiamato a rispondere esclusivamente sulla base del documento contenente le informazioni chiave per gli investitori, ivi compresa la relativa traduzione, a meno che esse possano risultare fuorvianti, imprecise o non coerenti con le corrispondenti parti del prospetto (3).

5. Nel caso di offerta di quote o azioni di OICVM comunitari, il documento contenente le informazioni chiave per gli investitori e il prospetto possono essere pubblicati in Italia una volta espletata la procedura di notifica prevista dall'articolo 42 (4).

5-bis. Nel caso di offerta al pubblico di quote o azioni di FIA italiani, di FIA UE e non UE aperti, la documentazione d'offerta è pubblicata quando si è conclusa la procedura prevista dall'articolo 43 o dall'articolo 44 e dalle relative disposizioni di attuazione (5).

(1) Articolo aggiunto dall'art. 3 del d.lg. 28/3/2007, n. 51 e, successivamente, sostituito dall'art. 1, co. 19, d.lg. 16/4/2012, n. 47.

(2) Comma sostituito dall'art. 6, co. 4, lett. a), d.lg. 4/3/2014, n. 44.

(3) Comma modificato dall'art. 3, co. 8, d.lg. 2/2/2021, n. 17.

(4) Comma modificato dall'art. 6, co. 4, lett. b), d.lg. 4/3/2014, n. 44.

(5) Comma aggiunto dall'art. 6, co. 4, lett. c), d.lg. 4/3/2014, n. 44.

98 quater. Disposizioni di attuazione (1). – 1. La Consob detta con regolamento disposizioni di attuazione della presente sezione anche differenziate in relazione alle caratteristiche degli OICR aperti, degli emittenti e dei mercati. In armonia con le disposizioni dell'Unione europea, il regolamento stabilisce in particolare (2):

a) il contenuto della comunicazione alla Consob e del prospetto relativo all'offerta di quote o azioni di OICVM italiani, nonché le modalità e i termini di pubblicazione del documento contenente le informazioni chiave per gli investitori e del prospetto, il relativo regime di consegna ed il loro eventuale aggiornamento (3);

a-bis) il contenuto della documentazione d'offerta di quote o azioni di FIA italiani, FIA UE e non UE, il relativo regime di consegna e di pubblicazione (3);

b) le modalità da osservare per diffondere notizie, svolgere indagini di mercato ovvero raccogliere intenzioni di acquisto o di sottoscrizione;

c) le modalità di svolgimento dell'offerta anche al fine di assicurare la parità di trattamento tra i destinatari.

2. Ove le caratteristiche degli OICR lo richiedano la Consob può consentire, su istanza degli offerenti, l'inserimento nella documentazione d'offerta di informazioni ulteriori o equivalenti a quelle previste dal regolamento di cui al comma 1.

(1) Articolo aggiunto dall'art. 3 del d.lg. 28/3/2007, n. 51 e successivamente sostituito dall'art. 1, co. 20, d.lg. 16/4/2012, n. 47.

(2) Allinea modificato dall'art. 6, co. 5, lett. a), d.lg. 4/3/2014, n. 44.

(3) Lettera sostituita dall'art. 6, co. 5, lett. b), d.lg. 4/3/2014, n. 44.

98 quinquies. Obblighi informativi (1). – 1. Fermo quanto previsto dal Titolo III, Capo I, agli offerenti quote o azioni di OICR aperti si applicano:

a) l'articolo 114, commi 5 e 6, dalla data di pubblicazione dei prospetti fino alla conclusione dell'offerta;

b) l'articolo 115, dalla data della comunicazione prevista dall'articolo 98-ter fino a un anno dalla conclusione dell'offerta.

2. La CONSOB individua con regolamento quali delle disposizioni richiamate nel comma 1 si applicano, nei medesimi periodi, agli altri soggetti indicati nell'articolo 98-quater, comma 3, nonché ai soggetti che prestano i servizi indicati nell'articolo 1, comma 6, lett. e).*

3. Qualora sussista fondato sospetto di violazione delle disposizioni contenute nel presente Capo o delle relative norme di attuazione, la CONSOB, allo scopo di acquisire elementi conoscitivi, può richiedere, entro un anno dall'acquisto o dalla sottoscrizione, la comunicazione di dati e notizie e la trasmissione di atti e documenti agli acquirenti o sottoscrittori delle quote o azioni di OICR aperti, fissando i relativi termini. Il potere di richiesta può essere esercitato anche nei con-

fronti di coloro per i quali vi è fondato sospetto che svolgano un'offerta al pubblico in violazione delle disposizioni previste dall'articolo 98-ter.

(1) Articolo aggiunto dall'art. 3 del d.lg. 28/3/2007, n. 51.

* Comma abrogato dall'art. 6, co. 6, d.lg. 4/3/2014, n. 44.

98 sexies. Obblighi relativi alla segnalazione delle violazioni* *– 1. Gli articoli 8-bis e 8-ter si applicano anche con riferimento alle violazioni commesse nell'ambito di un'offerta al pubblico di quote o azioni di OICVM.*

* Articolo inserito dall'art. 1, co. 1, lett. c), d.lg. 18/4/2016, n. 71 e successivamente abrogato dall'art. 4, co. 1, d.lg. 3/8/2017, n. 129. Per l'applicazione, vedi l'art. 10, co. 2, d.lg. n. 129/2017 medesimo.

Sezione III
Disposizioni comuni (1)

(1) Sezione aggiunta dall'art. 3 del d.lg. 28/3/2007, n. 51.

99. Poteri della Consob (1). – 1. La Consob può:

a) sospendere in via cautelare, per un periodo non superiore a dieci giorni lavorativi consecutivi per ciascuna volta, l'offerta avente ad oggetto titoli, in caso di fondato sospetto di violazione delle disposizioni del presente Capo o delle relative norme di attuazione, nonché del regolamento prospetto e delle disposizioni attuative;

b) sospendere in via cautelare, per un periodo non superiore a novanta giorni, l'offerta avente ad oggetto prodotti finanziari diversi da quelli di cui alla lettera a), in caso di fondato sospetto di violazione delle disposizioni del presente Capo o delle relative norme di attuazione;

c) vietare l'offerta nel caso di accertata violazione o di fondato sospetto che potrebbero essere violate le disposizioni del presente Capo o delle relative norme di attuazione, nonché del regolamento prospetto e delle disposizioni attuative;

d) vietare l'offerta in caso di accertata violazione dei provvedimenti di cui alle lettere a) o b);

e) rendere pubblico il fatto che l'offerente o l'emittente non ottempera ai propri obblighi;

f) fermo restando il potere previsto nell'articolo 66-quater, co. 1, sospendere o imporre al gestore di una sede di negoziazione la sospensione in via cautelare, per un periodo non superiore a dieci giorni lavorativi consecutivi per ciascuna volta, delle negoziazioni in un mercato regolamentato, in un MTF o in un OTF in caso di fondato sospetto di violazione delle disposizioni del presente Capo o delle relative norme di attuazione, nonché del regolamento prospetto e delle disposizioni attuative;

g) fermo restando il potere previsto nell'articolo 66-quater, comma 1, vietare o imporre al gestore di una sede di negoziazione di vietare le negoziazioni in un mercato regolamentato, in un MTF o in un OTF in caso di accertata violazione delle disposizioni del presente Capo o delle relative norme di attuazione, oppure del regolamento prospetto e delle disposizioni attuative;

h) sospendere il procedimento di approvazione del prospetto o sospendere o limitare l'offerta pubblica di strumenti finanziari nel caso in cui l'autorità competente si avvalga del potere di imporre un divieto o una restrizione a norma dell'articolo 42 del regolamento (UE) n. 600/2014 del Parlamento europeo e del Consiglio, del 15 maggio 2014, fino a quando tale divieto o restrizione siano cessati;

i) esercitare i poteri cautelari di cui all'articolo 37 del regolamento prospetto, nei casi ivi previsti;

l) esigere che l'emittente o l'offerente includa nel prospetto informazioni supplementari, se è necessario per la tutela degli investitori;

m) fermo restando il potere previsto nell'articolo 66-quater, comma 1, sospendere o imporre ai gestori dei mercati regolamentati, degli MTF o degli OTF, di sospendere la negoziazione dei titoli se la situazione dell'emittente è tale che la negoziazione pregiudicherebbe gli interessi degli investitori.

(1) Articolo sostituito dall'art. 3 del d.lg. 28/3/2007, n. 51, successivamente modificato dall'art. 4, co. 2, d.lg. 3/8/2017, n. 129 e da ultimo sostituito dall'art. 3, co. 9, d.lg. 2/2/2021, n. 17.

100. Casi di inapplicabilità (1). – 1. Le disposizioni del presente Capo non si applicano alle offerte di cui all'articolo 1, paragrafo 2, lettere da b) a f), del regolamento prospetto.

2. Sono esentate dall'obbligo di pubblicazione del prospetto, ove ricorrano le condizioni di cui all'articolo 3, paragrafo 2, del regolamento prospetto, le offerte di titoli di ammontare complessivo non superiore a quello indicato dalla Consob, comunque nei limiti di importo monetario compreso tra un minimo di 1 milione di euro e un massimo di 8 milioni di euro, con il regolamento di cui alla lettera c) del comma 3.

3. Le disposizioni del presente Capo non si applicano alle offerte aventi ad oggetto prodotti finanziari diversi dai titoli e:

a) rivolte ai soli investitori qualificati, come definiti dalla Consob con regolamento in base ai criteri fissati dalle disposizioni comunitarie;

b) rivolte a un numero di soggetti non superiore a quello indicato dalla Consob con regolamento;

c) di ammontare complessivo non superiore a quello indicato dalla Consob con regolamento;

d) aventi ad oggetto strumenti del mercato monetario emessi da banche con una scadenza inferiore a dodici mesi.

4. La Consob può individuare con regolamento le offerte al pubblico di prodotti finanziari diversi dai titoli alle quali le disposizioni del presente Capo non si applicano in tutto o in parte.

(1) Articolo modificato dall'art. 11, co. 2, l. 28/12/2005, n. 262, dall'art. 3 del d.lg. 28/3/2007, n. 51, dall'art. 1, co. 8, d.lg. 11/10/2012, n. 184 dall'art. 1, co. 3, d.lg. 14/11/2016, n. 224 e successivamente sostituito dall'art. 3, co. 9, d.lg. 2/2/2021, n. 17.

100 bis. Circolazione dei prodotti finanziari (1). – 1. L'acquirente, che agisce per scopi estranei all'attività imprenditoriale o professionale, può far valere la nullità del contratto nel caso in cui i titoli o i prodotti finanziari diversi dai titoli offerti al pubblico siano stati già oggetto, in Italia o all'estero, di un collocamento riservato a investitori qualificati e, nei dodici mesi successivi, siano stati sistematicamente rivenduti al pubblico in assenza del prospetto di offerta, a meno che tale rivendita non ricada in una delle ipotesi di esenzione previste all'articolo 1, paragrafo 4, lettere da a) a d), del regolamento prospetto o all'articolo 100, comma 1, del presente decreto. I soggetti abilitati presso i quali è avvenuta la rivendita dei titoli rispondono del danno arrecato. Resta fermo quanto stabilito dagli articoli 2412, secondo comma, 2483, secondo comma, e 2526, quarto comma, del codice civile.

2. Alla rivendita successiva dei prodotti finanziari diversi dai titoli si applicano le disposizioni di cui all'articolo 5 del regolamento prospetto, nonché le disposizioni di cui al comma 1.

(1) Articolo inserito dall'art. 11 della l. 28/12/2005, n. 262, successivamente modificato dall'art. 34-quater del d.l. 10/1/2006, n. 4, dall'art. 3, co. 8, d.lg. 29/12/2006, n. 303, dall'art. 3 del d.lg. 28/3/2007, n. 51, dall'art. 15, co. 2, lett. a), d.lg. 17/9/2007, n. 164, dall'art. 1, co. 5, d.lg. 17/7/2009, n. 101, dall'art. 1, co. 9, lett. a), d.lg. 11/10/2012, n. 184 e da ultimo sostituito dall'art. 3, co. 9, d.lg. 2/2/2021, n. 17.

100 ter. Offerte attraverso portali per la raccolta di capitali (1). – 1. Le offerte al pubblico condotte attraverso uno o più portali per la raccolta di capitali possono avere ad oggetto soltanto la sottoscrizione di strumenti finanziari emessi dalle piccole e medie imprese, come definite dall'articolo 61, comma 1, lettera h), dalle imprese sociali e dagli organismi di investimento collettivo del risparmio o altre società di capitali che investono prevalentemente in piccole e medie imprese. Le offerte relative a strumenti finanziari emessi da piccole e medie imprese devono avere un corrispettivo totale inferiore a quello determinato dalla Consob ai sensi dell'articolo 100, comma 1, lettera c) (2).

1-bis. In deroga a quanto previsto dall'articolo 2468, primo comma, del codice civile, le quote di partecipazione in piccole e medie imprese costituite in forma di società a responsabilità limitata possono costituire oggetto di offerta al pubblico di prodotti finanziari, anche attraverso i portali per la raccolta di capitali, nei limiti previsti dal presente decreto (3).

1-ter. La sottoscrizione di obbligazioni o di titoli di debito è riservata, nei limiti stabiliti dal codice civile, agli investitori professionali e a particolari categorie di investitori eventualmente individuate dalla Consob ed è effettuata in una sezione del portale diversa da quella in cui si svolge la raccolta del capitale di rischio (4).

2. La Consob determina la disciplina applicabile alle offerte di cui al comma 1, al fine di assicurare la sottoscrizione da parte di investitori professionali o particolari categorie di investitori dalla stessa individuate di una quota degli strumenti finanziari offerti, quando l'offerta non sia riservata esclusivamente a clienti professionali, e di tutelare gli investitori diversi dai clienti professionali nel caso in cui i soci di controllo della piccola e media impresa o dell'impresa sociale cedano le proprie partecipazioni a terzi successivamente all'offerta (5).

2-bis. In alternativa a quanto stabilito dall'articolo 2470, secondo comma, del codice civile e dall'articolo 36, comma 1-bis, del decreto-legge 25 giugno 2008, n. 112, convertito, con modificazioni, dalla legge 6 agosto 2008, n. 133, e successive modificazioni, per la sottoscrizione e per la successiva alienazione di quote rappresentative del capitale di piccole e medie imprese e di imprese sociali costituite in forma di società a responsabilità limitata:

a) la sottoscrizione può essere effettuata per il tramite di intermediari abilitati alla prestazione di uno o più dei servizi di investimento previsti dall'articolo 1, comma 5, lettere a), b), c), c-bis), ed e); gli intermediari abilitati effettuano la sottoscrizione delle quote in nome proprio e per conto dei sottoscrittori o degli acquirenti che abbiano aderito all'offerta tramite portale;

b) entro i trenta giorni successivi alla chiusura dell'offerta, gli intermediari abilitati depositano al registro delle imprese una certificazione attestante la loro titolarità di soci per conto di terzi, sopportandone il relativo costo; a tale fine, le condizioni di adesione pubblicate nel portale devono espressamente prevedere che l'adesione all'offerta, in caso di buon fine della stessa e qualora l'investitore decida di avvalersi del regime alternativo di cui al presente comma, comporta il contestuale e obbligatorio conferimento di mandato agli intermediari incaricati affinché i medesimi:

1) effettuino l'intestazione delle quote in nome proprio e per conto dei sottoscrittori, tenendo adeguata evidenza dell'identità degli stessi e delle quote possedute;

2) rilascino, a richiesta del sottoscrittore o del successivo acquirente, una certificazione comprovante la titolarità delle quote; tale certificazione ha natura di puro titolo di legittimazione per l'esercizio dei diritti sociali, è nominativamente riferita al sottoscrittore, non è trasferibile, neppure in via temporanea né a qualsiasi titolo, a terzi e non costituisce valido strumento per il trasferimento della proprietà delle quote;

3) consentano ai sottoscrittori che ne facciano richiesta di alienare le quote secondo quanto previsto alla lettera c) del presente comma;

4) accordino ai sottoscrittori e ai successivi acquirenti la facoltà di richiedere, in ogni momento, l'intestazione diretta a se stessi delle quote di loro pertinenza;

c) l'alienazione delle quote da parte di un sottoscrittore o del successivo acquirente avviene mediante semplice annotazione del trasferimento nei registri tenuti dall'intermediario; la scritturazione e il trasferimento non comportano costi o oneri né per l'acquirente né per l'alienante; la successiva certificazione effettuata dall'intermediario, ai fini dell'esercizio dei diritti sociali, sostituisce ed esaurisce le formalità di cui all'articolo 2470, secondo comma, del codice civile (6).

2-ter. Il regime alternativo di trasferimento delle quote di cui al comma 2-bis deve essere chiaramente indicato nel portale, ove sono altresì predisposte apposite idonee modalità per consentire all'investitore di esercitare l'opzione ovvero indicare l'intenzione di applicare il regime ordinario di cui all'articolo 2470, secondo comma, del codice civile e all'articolo 36, comma 1-bis, del decreto-legge 25 giugno 2008, n. 112, convertito, con modificazioni, dalla legge 6 agosto 2008, n. 133, e successive modificazioni (7).

2-quater. L'esecuzione di sottoscrizioni, acquisti e alienazioni di strumenti finanziari emessi da piccole e medie imprese e da imprese sociali ovvero di quote rappresentative del capitale delle medesime, effettuati secondo le modalità previste alle lettere b) e c) del comma 2-bis del presente articolo, non necessita della stipulazione di un contratto scritto. Ogni corrispettivo, spesa o onere gravante sul sottoscrittore, acquirente o alienante deve essere indicato nel portale dell'offerta, con separata e chiara evidenziazione delle condizioni praticate da ciascuno degli intermediari coinvolti, nonché in apposita sezione del sito internet di ciascun intermediario. In difetto, nulla è dovuto agli intermediari (8).

*2-quinquies. Trascorsi due anni dalla data in cui la società interessata abbia cessato di essere una start-up innovativa per il decorso del termine previsto dall'articolo 25, commi 2, lettera b), e 3, del decreto-legge 18 ottobre 2012, n. 179, convertito, con modificazioni, dalla legge 17 dicembre 2012, n. 221, e successive modificazioni, gli intermediari provvedono a intestare le quote detenute per conto dei sottoscrittori e degli acquirenti direttamente agli stessi. L'intestazione ha luogo mediante comunicazione dell'elenco dei titolari delle partecipazioni al registro delle imprese ed è soggetta a un diritto di segreteria unico, a carico dell'intermediario. Nel caso di opzione per il regime di cui al comma 2-bis del presente articolo, la successiva registrazione effettuata dal registro delle imprese sostituisce ed esaurisce le formalità di cui all'articolo 2470, secondo comma, del codice civile**.

(1) Articolo inserito dall'art. 30, co. 3, d.l. 18/10/2012, n. 179.

(2) Comma già modificato dall'art. 4 del d.l. 24/1/2015, n. 3, conv., con modif., dalla l. 24/3/2015, n. 33 e dall'art. 18 del d.lg. 3/7/2017, n. 112, in seguito sostituito dall'art. 4 del d.lg. 3/8/2017, n. 129 e infine così modificato dall'art. 4 del d.lg. 25/11/2019, n. 165 che dopo le parole: "strumenti finanziari emessi dalle piccole e medie imprese," ha inserito le parole: "come definite dall'articolo 61, comma 1, lettera h),".

(3) Comma inserito dall'art. 4, co. 3, lett. b), d.lg. 3/8/2017, n. 129. Per l'applicazione, vedi l'art. 10, co. 2, d.lg. n. 129/2017 medesimo.

(4) Comma inserito dall'art. 1, co. 238, l. 30/12/2018, n. 145.

(5) Comma modificato dall'art. 4, co. 10, lett. c), d.l. 24/1/2015, n. 3, conv., con modif., dalla l. 24/3/2015, n. 33, dall'art. 18, co. 8, lett. e), d.lg. 3/7/2017, n. 112 e successivamente dall'art. 4, co. 3, lett. d), d.lg. 3/8/2017, n. 129. Per l'applicazione, vedi l'art. 10, co. 2, d.lg. n. 129/2017 medesimo.

(6) Comma aggiunto dall'art. 4, co. 10, lett. c-ter), d.l. 24/1/2015, n. 3, conv., con modif., dalla l. 24/3/2015, n. 33, successivamente modificato dall'art. 18, co. 8, lett. f), d.lg. 3/7/2017, n. 112 e da ultimo sostituito dall'art. 4, co. 3, lett. e), d.lg. 3/8/2017, n. 129. Per l'applicazione, vedi l'art. 10, co. 2, d.lg. n. 129/2017 medesimo.

(7) Comma modificato dall'art. 4, co. 10, lett. c), d.l. 24/1/2015, n. 3, conv., con modif., dalla l. 24/3/2015, n. 33 e successivamente

modificato dall'art. 4, co. 3, lett. f), d.lg. 3/8/2017, n. 129. Per l'applicazione, vedi l'art. 10, co. 2, d.lg. n. 129/2017 medesimo.

(8) Comma modificato dall'art. 4, co. 10, lett. c), d.l. 24/1/2015, n. 3, conv., con modif., dalla l. 24/3/2015, n. 33 e successivamente modificato dall'art. 18, co. 8, lett. g), d.lg. 3/7/2017, n. 112 e dall'art. 4, co. 3, lett. g), d.lg. 3/8/2017, n. 129. Per l'applicazione, vedi l'art. 10, co. 2, d.lg. n. 129/2017 medesimo.

* Comma modificato dall'art. 4, co. 10, lett. c), d.l. 24/1/2015, n. 3, conv., con modif., dalla l. 24/3/2015, n. 33.e successivamente abrogato dall'art. 4, co. 3, lett. h), d.lg. 3/8/2017, n. 129. Per l'applicazione, vedi l'art. 10, co. 2, d.lg. n. 129/2017 medesimo.

101. Attività pubblicitaria (1). – 1. La Consob individua con proprio regolamento, tenendo conto dell'esigenza di contenimento degli oneri per i soggetti vigilati, le modalità e i termini per l'acquisizione della documentazione relativa a qualsiasi tipo di pubblicità effettuata in Italia concernente un'offerta.

2. Prima della pubblicazione del prospetto è vietata la diffusione di qualsiasi annuncio pubblicitario riguardante offerte al pubblico di prodotti finanziari diversi dai titoli.

3. La pubblicità relativa a un'offerta al pubblico di prodotti finanziari diversi dai titoli è effettuata secondo i criteri stabiliti dalla Consob con regolamento in conformità alle disposizioni europee e, in ogni caso, avendo riguardo alla correttezza dell'informazione e alla sua coerenza con quella contenuta nel prospetto.

4. La Consob può:

a) con riferimento all'offerta avente ad oggetto titoli, sospendere in via cautelare, per un periodo non superiore a dieci giorni lavorativi consecutivi per ciascuna occasione, la pubblicità, in caso di fondato sospetto di violazione delle disposizioni previste nei commi 1, 2 e 3, o delle relative norme di attuazione, nonché del regolamento prospetto e delle disposizioni attuative;

b) con riferimento all'offerta avente ad oggetto prodotti finanziari diversi da quelli di cui alla lettera a), sospendere in via cautelare, per un periodo non superiore a novanta giorni, la pubblicità in caso di fondato sospetto di violazione delle disposizioni previste nei commi 1, 2 e 3, o delle relative norme di attuazione;

c) vietare la pubblicità, in caso di accertata violazione delle disposizioni o delle norme indicate nelle lettere a) o b);

d) vietare l'esecuzione dell'offerta, in caso di mancata ottemperanza ai provvedimenti previsti dalle lettere a), b) o c).

5. A prescindere dall'obbligo di pubblicazione di un prospetto, le informazioni rilevanti fornite dall'emittente o dall'offerente agli investitori qualificati o a categorie speciali di investitori, comprese le informazioni comunicate nel corso di riunioni riguardanti offerte di prodotti finanziari diversi dai titoli, devono essere divulgate a tutti gli investitori qualificati o a tutte le categorie speciali di investitori a cui l'offerta è diretta in esclusiva.

(1) Articolo sostituito dall'art. 3 del d.lg. 28/3/2007, n. 51 e successivamente dall'art. 3, co. 10, d.lg. 2/2/2021, n. 17.

101 bis. Definizioni e ambito applicativo (1). – 1. Ai fini del presente capo si intendono per "società italiane quotate" le società con sede legale nel territorio italiano e con titoli ammessi alla negoziazione in un mercato regolamentato di uno Stato comunitario.

2. Ai fini del presente capo e dell'articolo 123-bis, per "titoli" si intendono gli strumenti finanziari che attribuiscono il diritto di voto, anche limitatamente a specifici argomenti, nell'assemblea ordinaria o straordinaria.

3. Gli articoli 102, commi 2 e 5, l'articolo 103, comma 3-bis, ogni altra disposizione del presente decreto che pone a carico dell'offerente o della società emittente specifici obblighi informativi nei confronti dei dipendenti o dei loro rappresentanti, nonché gli articoli 104, 104-bis e 104-ter, non si applicano alle:

a) offerte pubbliche di acquisto o di scambio aventi ad oggetto prodotti finanziari diversi dai titoli;

b) offerte pubbliche di acquisto o scambio che non hanno ad oggetto titoli che attribuiscono il diritto di voto sugli argomenti di cui all'articolo 105, commi 2 e 3;

c) offerte pubbliche di acquisto o di scambio promosse da chi detiene individualmente, direttamente o indirettamente, la maggioranza dei diritti di voto esercitabili nell'assemblea ordinaria della società (2);

d) offerte pubbliche di acquisto aventi ad oggetto azioni proprie.

3-bis. Salvo quanto previsto dal comma 3, la CONSOB può individuare con regolamento le offerte pubbliche di acquisto o di scambio, aventi ad oggetto prodotti finanziari diversi dai titoli, alle quali le disposizioni della presente Sezione non si applicano in tutto o in parte, ove ciò non contrasti con le finalità indicate all'articolo 91 (3).

4. Per "persone che agiscono di concerto" si intendono i soggetti che cooperano tra di loro sulla base di un accordo, espresso o tacito, verbale o scritto, ancorché invalido o inefficace, volto ad acquisire, mantenere o rafforzare il controllo della società emittente o a contrastare il conseguimento degli obiettivi di un'offerta pubblica di acquisto o di scambio (4).

4-bis. Sono, in ogni caso, persone che agiscono di concerto:

a) gli aderenti a un patto, anche nullo, previsto dall'articolo 122, comma 1 e comma 5 lettere a), b), c) e d);

b) un soggetto, il suo controllante, e le società da esso controllate;

c) le società sottoposte a comune controllo;

d) una società e i suoi amministratori, componenti del consiglio di gestione, o di sorveglianza o direttori generali (5).

4-ter. Fermo restando il comma 4-bis, la CONSOB individua con regolamento:

a) i casi per i quali si presume che i soggetti coinvolti siano persone che agiscono di concerto ai sensi del comma 4, salvo che provino che non ricorrono le condizioni di cui al medesimo comma;

b) i casi nei quali la cooperazione tra più soggetti non configura un'azione di concerto ai sensi del comma 4 (5).

(1) Articolo inserito dall'art. 2, co. 1, d.lg. 19/11/2007, n. 229.

(2) Lettera modificata dall'art. 1, co. 1, lett. a), d.lg. 25/9/2009, n. 146.

(3) Comma inserito dall'art. 1, co. 1, lett. b), d.lg. 25/9/2009, n. 146.

(4) Comma sostituito dall'art. 1, co. 1, lett. c), d.lg. 25/9/2009, n. 146.

(5) Comma inserito dall'art. 1, co. 1, lett. d), d.lg. 25/9/2009, n. 146.

101 ter. Autorità di vigilanza e diritto applicabile (1). – 1. La CONSOB vigila sulle offerte pubbliche di acquisto o di scambio in conformità alle disposizioni del presente capo.

2. Ai fini del riparto delle competenze tra la CONSOB e le autorità degli altri Stati comunitari con riguardo alle offerte pubbliche di acquisto o di scambio, aventi ad oggetto titoli di società regolate dal diritto di uno Stato comunitario, e strumentali o successive all'acquisizione del controllo secondo il diritto nazionale della società emittente, si osservano le disposizioni seguenti.

3. La CONSOB vigila sullo svolgimento delle offerte pubbliche:

a) aventi a oggetto titoli emessi da una società la cui sede legale è situata nel territorio italiano e ammessi alla negoziazione su uno o più mercati regolamentati italiani;

b) aventi ad oggetto titoli emessi da una società la cui sede legale è situata in uno Stato comunitario diverso dall'Italia e ammessi alla negoziazione esclusivamente su mercati regolamentati italiani;

c) aventi ad oggetto titoli emessi da una società la cui sede legale è situata in uno Stato comunitario diverso dall'Italia e ammessi alla negoziazione su mercati regolamentati italiani e di altri Stati comunitari diversi da quello dove la società ha la propria sede legale, qualora siano stati ammessi per la prima volta alla negoziazione su un mercato regolamentato italiano ovvero, qualora i titoli siano stati ammessi per la prima volta alla negoziazione contemporaneamente sui mercati regolamentati italiani e di altri Stati comunitari, nel caso in cui la società emittente scelga la CONSOB quale autorità di vigilanza, informandone i suddetti mercati e le loro autorità di vigilanza il primo giorno della negoziazione. La CONSOB stabilisce con regolamento le modalità e i termini per la comunicazione al pubblico della decisione della società emittente relativa alla scelta dell'autorità competente per la vigilanza sull'offerta.

4. Nei casi in cui la CONSOB sia l'autorità di vigilanza competente ai sensi del comma 3, lettere b) e c), sono disciplinate dal diritto italiano le questioni inerenti al corrispettivo dell'offerta, alla procedura, con particolare riguardo agli obblighi di informazione sulla decisione dell'offerente di procedere all'offerta, al contenuto del documento di offerta e alla divulgazione dell'offerta. Per le questioni riguardanti l'informazione che deve essere fornita ai dipendenti della società emittente, per le questioni di diritto societario con particolare riguardo a quelle relative alla soglia al cui superamento consegue l'obbligo di offerta pubblica di acquisto, alle deroghe a tale obbligo e alle condizioni in presenza delle quali l'organo di amministrazione della società emittente può compiere atti od operazioni che possano contrastare il conseguimento degli obiettivi dell'offerta, le norme applicabili e l'autorità competente sono quelle dello Stato membro in cui la società emittente ha la propria sede legale.

5. Nei casi in cui l'offerta abbia ad oggetto titoli emessi da società la cui sede legale è situata nel territorio italiano e ammessi alla negoziazione esclusivamente su uno o più mercati regolamentati di altri Stati comunitari, sono disciplinate dal diritto italiano le materie indicate nel comma 4, secondo periodo e l'autorità competente in relazione ad esse è la CONSOB.

(1) Articolo inserito dall'art. 2 del d.lg. 19/11/2007, n. 229.

Capo II
Offerte pubbliche di acquisto o di scambio

Sezione I
Disposizioni generali

102. Obblighi degli offerenti e poteri interdittivi (1). – 1. La decisione ovvero il sorgere dell'obbligo di promuovere un'offerta pubblica di acquisto o di scambio sono senza indugio comunicati alla CONSOB e contestualmente resi pubblici. La CONSOB stabilisce con regolamento i contenuti e le modalità di pubblicazione della comunicazione.

2. Non appena l'offerta sia stata resa pubblica, il consiglio di amministrazione o di gestione della società emittente e dell'offerente ne informano i rispettivi rappresentanti dei lavoratori o, in mancanza di rappresentanti, i lavoratori stessi.

3. Salvo quanto previsto dall'articolo 106, comma 2, l'offerente promuove l'offerta tempestivamente, e comunque non oltre venti giorni dalla comunicazione di cui al comma 1, presentando alla CONSOB il documento d'offerta destinato alla pubblicazione. In caso di mancato rispetto del termine il documento d'offerta è dichiarato irricevibile e l'offerente non può promuovere un'ulteriore offerta avente a oggetto prodotti finanziari del medesimo emittente nei successivi dodici mesi.

4. Entro quindici giorni dalla presentazione del documento d'offerta, la CONSOB lo approva se esso è idoneo a consentire ai destinatari di pervenire ad un fondato giudizio sull'offerta. Con l'approvazione la CONSOB può indicare all'offerente informazioni integrative da fornire, specifiche modalità di pubblicazione del documento d'offerta nonché particolari garanzie da prestare. Il termine è di trenta giorni per le offerte aventi ad oggetto o corrispettivo prodotti finanziari non quotati o diffusi tra il pubblico ai sensi dell'articolo 116. Qualora si renda necessario richiedere all'offerente informazioni supplementari, tali termini sono sospesi, per una sola volta, fino alla ricezione delle stesse. Tali informazioni sono fornite entro il termine fissato dalla CONSOB, comunque non superiore a quindici giorni. Nell'ipotesi in cui, per lo svolgimento dell'offerta, la normativa di settore richieda autorizzazioni di altre autorità, la CONSOB approva il documento d'offerta entro cinque giorni dalla comunicazione delle autorizzazioni stesse. Decorsi i termini di cui al presente comma, il documento d'offerta si considera approvato.

4-bis. Limitatamente alle offerte pubbliche di scambio che abbiano ad oggetto obbligazioni e altri titoli di debito, l'offerente può richiedere alla CONSOB che l'offerta sia soggetta, anche in deroga alle disposizioni del presente capo, alla disciplina delle offerte al pubblico di vendita e di sottoscrizione, di cui al capo I del presente titolo. La CONSOB, entro quindici giorni dalla presentazione della richiesta, accoglie la medesima, ove ciò non contrasti con le finalità indicate nell'articolo 91 (2).

5. Non appena il documento sia stato reso pubblico, il consiglio di amministrazione o di gestione della società emittente e dell'offerente lo trasmettono ai rispettivi rappresentanti dei lavoratori o, in mancanza di rappresentanti, ai lavoratori stessi.

6. In pendenza dell'offerta la CONSOB può:

a) sospenderla in via cautelare, in caso di fondato sospetto di violazione delle disposizioni del presente capo o delle norme regolamentari;

b) sospenderla, per un termine non superiore a trenta giorni, nel caso intervengano fatti nuovi o non resi noti in precedenza tali da non consentire ai destinatari di pervenire ad un fondato giudizio sull'offerta;

c) dichiararla decaduta, in caso di accertata violazione delle disposizioni o delle norme indicate nella lettera a).

7. Ai fini dell'esercizio delle proprie funzioni di vigilanza sul rispetto delle disposizioni del presente capo, la CONSOB esercita i poteri previsti dall'articolo 115, comma 1, lettere a) e b), nei confronti di chiunque appaia informato dei fatti. In caso di fondato sospetto di violazione delle disposizioni del presente capo o delle norme regolamentari si applica l'articolo 187-octies.

8. In presenza di indiscrezioni comunque diffuse tra il pubblico in merito ad una possibile offerta pubblica di acquisto o scambio e di irregolarità nell'andamento del mercato dei titoli interessati, ai potenziali offerenti si applica l'articolo 114, commi 5 e 6.

(1) Articolo sostituito dall'art. 2, co. 2, d.lg. 19/11/2007, n. 229.

(2) Comma inserito dall'art. 1, co. 2, d.lg. 25/9/2009, n. 146.

103. Svolgimento dell'offerta. – 1. L'offerta è irrevocabile. Ogni clausola contraria è nulla. L'offerta è rivolta a parità di condizioni a tutti i titolari dei prodotti finanziari che ne formano oggetto.

2. Fermo quanto previsto dal titolo III, capo I, agli emittenti, agli offerenti, alle persone che agiscono di concerto con essi, nonché agli intermediari incaricati di raccogliere le adesioni si applicano gli articoli 114, commi 5 e 6, e 115 dalla data della comunicazione prevista dall'articolo 102, comma 1, e fino ad un anno dalla chiusura dell'offerta (1).

3. Il consiglio di amministrazione dell'emittente diffonde un comunicato contenente ogni dato utile per l'apprezzamento dell'offerta e la propria valutazione sulla medesima. Per le società organizzate secondo il modello dualistico il

comunicato, eventualmente congiunto, è approvato dal consiglio di gestione e dal consiglio di sorveglianza (2).

3-bis. Il comunicato contiene altresì una valutazione degli effetti che l'eventuale successo dell'offerta avrà sugli interessi dell'impresa, nonché sull'occupazione e la localizzazione dei siti produttivi. Contestualmente alla sua diffusione, il comunicato è trasmesso ai rappresentanti dei lavoratori della società o, in loro mancanza, ai lavoratori direttamente. Se ricevuto in tempo utile, al comunicato è allegato il parere dei rappresentanti dei lavoratori quanto alle ripercussioni sull'occupazione (3).

4. La CONSOB detta con regolamento disposizioni di attuazione della presente sezione e, in particolare, disciplina:

a) il contenuto del documento d'offerta, nonché le modalità per la pubblicazione del documento e per lo svolgimento dell'offerta;

b) la correttezza e la trasparenza delle operazioni sui prodotti finanziari oggetto dell'offerta;

c) gli effetti sul corrispettivo dell'offerta degli acquisti di prodotti finanziari che ne sono oggetto, effettuati dagli offerenti o dalle persone che agiscono di concerto con essi dopo la comunicazione di cui all'articolo 102, comma 1, in pendenza dell'offerta o nei sei mesi successivi alla chiusura di questa;

d) le modifiche all'offerta, le offerte di aumento e quelle concorrenti, senza limitare il numero dei rilanci, effettuabili fino alla scadenza di un termine massimo;

e) il riconoscimento dei documenti d'offerta approvati da autorità di vigilanza di altri Stati comunitari o da autorità di vigilanza di Stati extracomunitari con le quali vi siano accordi di cooperazione;

f) le modalità di pubblicazione dei provvedimenti da essa adottati ai sensi della presente sezione (1).

*5. La CONSOB individua con regolamento quali delle disposizioni richiamate nel comma 2 si applicano, nei periodi ivi indicati, agli offerenti, ai soggetti in rapporto di controllo con gli offerenti e con l'emittente nonché agli intermediari incaricati di raccogliere le adesioni**.

(1) Comma modificato dall'art. 9, co. 1, l. 18/4/2005, n. 62 (Legge comunitaria 2004) e sostituito dall'art. 2 del d.lg. 19/11/2007, n. 229.

(2) Comma sostituito dall'art. 2, co. 3, d.lg. 19/11/2007, n. 229.

(3) Comma aggiunto dall'art. 2, co. 3, d.lg. 19/11/2007, n. 229.

* Per l'attuazione del presente comma vedi deliberazione Consob 14/5/1999, n. 11971. Comma abrogato dall'art. 2 del d.lg. 19/11/2007, n. 229.

104. Difese (1). – 1. Salvo autorizzazione dell'assemblea ordinaria o di quella straordinaria per le delibere di competenza, le società italiane quotate i cui titoli sono oggetto dell'offerta si astengono dal compiere atti od operazioni che possono contrastare il conseguimento degli obiettivi dell'offerta. L'obbligo di astensione si applica dalla comunicazione di cui all'articolo 102, comma 1, e fino alla chiusura dell'offerta ovvero fino a quando l'offerta stessa non decada. La mera ricerca di altre offerte non costituisce atto od operazione in contrasto con gli obiettivi dell'offerta. Resta ferma la responsabilità degli amministratori, dei componenti del consiglio di gestione e di sorveglianza e dei direttori generali per gli atti e le operazioni compiuti (2).

1-bis. L'autorizzazione assembleare prevista dal comma 1 è richiesta anche per l'attuazione di ogni decisione presa prima dell'inizio del periodo indicato nel comma 1, che non sia ancora stata attuata in tutto o in parte, che non rientri nel corso normale delle attività della società e la cui attuazione possa contrastare il conseguimento degli obiettivi dell'offerta (3).

1-ter. Gli statuti possono derogare, in tutto o in parte, alle disposizioni dei commi 1 e 1-bis. Le società comunicano le deroghe approvate ai sensi del presente comma alla Consob e alle autorità di vigilanza in materia di offerte pubbliche di acquisto degli Stati membri in cui i loro titoli sono ammessi alla negoziazione su un mercato regolamentato o in cui è stata chiesta tale ammissione. Tali deroghe sono altresì tempestivamente comunicate al pubblico secondo le modalità previste dalla Consob con regolamento (4).

2. L'avviso di convocazione relativo alle assemblee di cui al presente articolo è pubblicato con le modalità di cui all'articolo 125-bis entro il quindicesimo giorno precedente la data fissata per l'assemblea (5).

(1) Articolo modificato dall'art. 9.62 del d.lg. 17/1/2003, n. 6, dall'art. 3 del d.lg. 6/2/2004, n. 37, dall'art. 2 del d.lg. 19/11/2007, n. 229 e, da ultimo, sostituito dall'art. 13, co. 1, d.l. 29/11/2008, n. 185.

(2) Comma sostituito dall'art. 1, co. 3, lett. a), d.lg. 25/9/2009, n. 146, con effetto dal 1/7/2010.

(3) Comma sostituito dall'art. 1, co. 3, lett. b), d.lg. 25/9/2009, n. 146, con effetto dal 1/7/2010.

(4) Comma sostituito dall'art. 1, co. 3, lett. c), d.lg. 25/9/2009, n. 146, con effetto dal 1/7/2010.

(5) Comma sostituito dall'art. 3 del d.lg. 27/1/2010, n. 27 e successivamente dall'art. 3, co. 1, d.lg. 10/8/2018, n. 107.

104 bis. Regola di neutralizzazione (1). – 1. Fermo quanto previsto dall'articolo 123, comma 3, gli statuti delle società italiane quotate, diverse dalle società cooperative, possono prevedere che, quando sia promossa un'offerta pubblica di acquisto o di scambio avente ad oggetto i titoli da loro emessi si applichino le regole previste dai commi 2 e 3 (2).

2. Nel periodo di adesione all'offerta non hanno effetto nei confronti dell'offerente le limitazioni al trasferimento di titoli previste nello statuto né hanno effetto, nelle assemblee chiamate a decidere sugli atti e le operazioni previsti dall'articolo 104, le limitazioni al diritto di voto previste nello statuto o da patti parasociali. Nelle medesime assemblee le azioni a voto plurimo conferiscono soltanto un voto e non si computano i diritti di voto assegnati ai sensi dell'articolo 127-quinquies (3).

3. Quando, a seguito di un'offerta di cui al comma 1, l'offerente venga a detenere almeno il settantacinque per cento del capitale con diritto di voto nelle deliberazioni riguardanti la nomina o la revoca degli amministratori o dei componenti del consiglio di gestione o di sorveglianza, nella prima assemblea che segue la chiusura dell'offerta, convocata per modificare lo statuto o per revocare o nominare gli amministratori o i componenti del consiglio di gestione o di sorveglianza, le azioni a voto plurimo conferiscono soltanto un voto e non hanno effetto (4):

a) le limitazioni al diritto di voto previste nello statuto o da patti parasociali;

b) qualsiasi diritto speciale in materia di nomina o revoca degli amministratori o dei componenti del consiglio di gestione o di sorveglianza previsto nello statuto.

b-bis) le maggiorazioni di voto spettanti ai sensi dell'articolo 127-quinquies (5).

4. Le disposizioni di cui ai commi 2 e 3 non si applicano alle limitazioni statutarie al diritto di voto attribuito da titoli dotati di privilegi di natura patrimoniale.

5. Qualora l'offerta di cui al comma 1 abbia avuto esito positivo, l'offerente è tenuto a corrispondere un equo indennizzo per l'eventuale pregiudizio patrimoniale subito dai titolari dei diritti che l'applicazione delle disposizioni di cui ai commi 2 e 3 abbia reso non esercitabili, purché le disposizioni statutarie o contrattuali che costituiscono tali diritti fossero efficaci anteriormente alla comunicazione di cui all'articolo 102, comma 1. La richiesta di indennizzo deve essere presentata all'offerente, a pena di decadenza, entro novanta giorni dalla chiusura dell'offerta ovvero, nel caso di cui al comma 3, entro novanta giorni dalla data dell'assemblea. In mancanza di accordo, l'ammontare dell'indennizzo eventualmente do-

vuto è fissato dal giudice in via equitativa, avendo riguardo, tra l'altro, al raffronto tra la media dei prezzi di mercato del titolo nei dodici mesi antecedenti la prima diffusione della notizia dell'offerta e l'andamento dei prezzi successivamente all'esito positivo dell'offerta.

6. L'indennizzo di cui al comma 5 non è dovuto per l'eventuale pregiudizio patrimoniale derivante dall'esercizio del diritto di voto in contrasto con un patto parasociale, se al momento dell'esercizio del diritto di voto è già stata presentata la dichiarazione di recesso di cui all'articolo 123, comma 3.

7. Restano ferme le disposizioni in materia di poteri speciali di cui all'articolo 2 del decreto-legge 31 maggio 1994, n. 332, convertito, con modificazioni, dalla legge 30 luglio 1994, n. 474, e successive modificazioni, e in materia di limiti di possesso azionario e al diritto di voto di cui all'articolo 3 del medesimo decreto-legge (6).

(1) Articolo aggiunto dall'art. 2, co. 5, d.lg. 19/11/2007, n. 229.

(2) Comma sostituito dall'art. 13, co. 2, d.l. 29/11/2008, n. 185.

(3) Comma modificato dall'art. 20, co. 1, lett. b), d.l. 24/6/2014, n. 91, conv., con modif., dalla l. 11/8/2014, n. 116.

(4) Alinea modificato dall'art. 20, co. 1, lett. b), d.l. 24/6/2014, n. 91, conv., con modif., dalla l. 11/8/2014, n. 116.

(5) Lettera aggiunta dall'art. 20, co. 1, lett. b), d.l. 24/6/2014, n. 91, conv., con modif., dalla l. 11/8/2014, n. 116.

(6) Comma modificato dall'art. 13, co. 2, d.l. 29/11/2008, n. 185.

104 ter. Clausola di reciprocità (1). – 1. Le disposizioni di cui all'articolo 104, commi 1 e 1-bis, e, qualora previste negli statuti, le disposizioni di cui all'articolo 104-bis, commi 2 e 3, non si applicano in caso di offerta pubblica promossa da chi non sia soggetto a tali disposizioni ovvero a disposizioni equivalenti, ovvero da una società o ente da questi controllata. In caso di offerta promossa di concerto, è sufficiente che a tali disposizioni non sia soggetto anche uno solo fra gli offerenti (2).

*2. Nel caso in cui i soggetti di cui al comma 1 applichino disposizioni analoghe all'articolo 104, commi 1 e 1-ter, ma, anche con riguardo ad uno solo tra essi, la relativa assemblea sia costituita o deliberi secondo regole meno rigorose di quelle stabilite all'articolo 104, comma 1, le assemblee ivi previste sono costituite e deliberano con le maggioranze di cui agli articoli 2368 e 2369 del codice civile, secondo l'oggetto della delibera**.

3. La CONSOB, su istanza dell'offerente o della società emittente ed entro venti giorni dalla presentazione di questa, determina se le disposizioni applicabili ai soggetti di cui al comma 1 siano equivalenti a quelle cui è soggetta la società emittente. La CONSOB stabilisce con regolamento i contenuti e le modalità di presentazione di tale istanza.

4. Qualsiasi misura idonea a contrastare il conseguimento degli obiettivi dell'offerta adottata dalla società emittente in virtù di quanto disposto al comma 1 deve essere espressamente autorizzata dall'assemblea in vista di una eventuale offerta pubblica, nei diciotto mesi anteriori alla comunicazione della decisione di promuovere l'offerta ai sensi dell'articolo 102, comma 1. L'autorizzazione prevista dal presente comma è tempestivamente comunicata al mercato secondo le modalità previste dalla Consob con regolamento (3).

(1) Articolo aggiunto dall'art. 2, co. 5, d.lg. 19/11/2007, n. 229.

(2) Comma modificato dall'art. 13, co. 3, lett. a), d.l. 29/11/2008, n. 185, e dall'art. 1, co. 4, d.lg. 25/9/2009, n. 146, con effetto dal 1/7/2010.

* Comma soppresso dall'art. 13, co. 3, lett. b), d.l. 29/11/2008, n. 185.

(3) Comma sostituito dall'art. 13, co. 3, lett. c), d.l. 29/11/2008, n. 185 e successivamente modificato dall'art. 3, co. 2, d.lg. 10/8/2018, n. 107.

Sezione II
Offerte pubbliche di acquisto obbligatorie

105. Disposizioni generali (1). – 1. Salvo quanto previsto dall'articolo 101-ter, commi 4 e 5, le disposizioni della presente sezione si applicano alle società italiane con titoli ammessi alla negoziazione in mercati regolamentati italiani (2).

2. Ai fini della presente sezione, per partecipazione si intende una quota, detenuta anche indirettamente per il tramite di fiduciari o per interposta persona, dei titoli emessi da una società di cui al comma 1 che attribuiscono diritti di voto nelle deliberazioni assembleari riguardanti nomina o revoca [o responsabilità] degli amministratori o del consiglio di sorveglianza (2).

3. La CONSOB può con regolamento includere nella partecipazione categorie di titoli che attribuiscono diritti di voto su uno o più argomenti diversi tenuto conto della natura e del tipo di influenza sulla gestione della società che può avere il loro esercizio anche congiunto. La CONSOB determina, altresì, con regolamento i criteri di calcolo della partecipazione di cui al comma 2 nelle ipotesi in cui i titoli di cui al medesimo comma, risultino privati, per effetto di disposizioni legislative o regolamentari, del diritto di voto ovvero nelle ipotesi in cui lo statuto preveda la maggiorazione del diritto di voto (3).

3-bis. La CONSOB stabilisce con regolamento i casi e le modalità con cui gli strumenti finanziari derivati detenuti sono computati nella partecipazione di cui al comma 2 (4).

(1) Articolo sostituito dall'art. 9.63 del d.lg. 17/1/2003, n. 6, nel testo introdotto dall'art. 3 del d.lg. 6/2/2004, n. 37. Vedi la disciplina transitoria di cui all'art. 6 del medesimo d.lg. n. 37/2004.

(2) Comma modificato dall'art. 3, co. 1, d.lg. 19/11/2007, n. 229.

(3) Comma modificato dall'art. 3, co. 1, d.lg. 19/11/2007, n. 229 e, successivamente, dall'art. 20, co. 1, lett. c), d.l. 24/6/2014, n. 91, conv., con modif., dalla l. 11/8/2014, n. 116.

(4) Comma inserito dall'art. 2, co. 1, d.lg. 25/9/2009, n. 146.

106. Offerta pubblica di acquisto totalitaria (1). – 1. Chiunque, a seguito di acquisti ovvero di maggiorazione dei diritti di voto, venga a detenere una partecipazione superiore alla soglia del trenta per cento ovvero a disporre di diritti di voto in misura superiore al trenta per cento dei medesimi promuove un'offerta pubblica di acquisto rivolta a tutti i possessori di titoli sulla totalità dei titoli ammessi alla negoziazione in un mercato regolamentato in loro possesso (2).

1-bis. Nelle società diverse dalle PMI l'offerta di cui al comma 1 è promossa anche da chiunque, a seguito di acquisti, venga a detenere una partecipazione superiore alla soglia del venticinque per cento in assenza di altro socio che detenga una partecipazione più elevata (3).

1-ter. Gli statuti delle PMI possono prevedere una soglia diversa da quella indicata nel comma 1, comunque non inferiore al venticinque per cento né superiore al quaranta per cento. Se la modifica dello statuto interviene dopo l'inizio delle negoziazioni dei titoli in un mercato regolamentato, i soci che non hanno concorso alla relativa deliberazione hanno diritto di recedere per tutti o parte dei loro titoli; si applicano gli articoli 2437-bis, 2437-ter e 2437-quater del codice civile (3).

2. Per ciascuna categoria di titoli, l'offerta è promossa entro venti giorni a un prezzo non inferiore a quello più elevato pagato dall'offerente e da persone che agiscono di concerto con il medesimo, nei dodici mesi anteriori alla comunicazione di cui all'articolo 102, comma 1, per acquisti di titoli della medesima categoria. Qualora non siano stati effettuati acquisti a titolo oneroso di titoli della medesima categoria nel periodo indicato, l'offerta è promossa per tale categoria di titoli ad un prezzo non inferiore a quello medio ponderato di mercato degli ultimi dodici mesi o del minor periodo disponibile.

Il medesimo prezzo si applica, in mancanza di acquisti a un prezzo più elevato, in caso di superamento della soglia relativa ai diritti di voto per effetto della maggiorazione ai sensi dell'articolo 127-quinquies (4).

2-bis. Il corrispettivo dell'offerta può essere costituito in tutto o in parte da titoli. Nel caso in cui i titoli offerti quale corrispettivo dell'offerta non siano ammessi alla negoziazione su di un mercato regolamentato in uno Stato comunitario ovvero l'offerente o le persone che agiscono di concerto con questi, abbia acquistato verso un corrispettivo in denaro, nel periodo di cui al comma 2 e fino alla chiusura dell'offerta, titoli che conferiscono almeno il cinque per cento dei diritti di voto esercitabili nell'assemblea della società i cui titoli sono oggetto di offerta, l'offerente deve proporre ai destinatari dell'offerta, almeno in alternativa al corrispettivo in titoli, un corrispettivo in contanti.

3. La CONSOB disciplina con regolamento le ipotesi in cui:

a) la partecipazione indicata nei commi 1, 1-bis e 1-ter è acquisita mediante l'acquisto di partecipazioni o alla maggiorazione dei diritti di voto in misura superiore al cinque per cento dei medesimi, in società il cui patrimonio è prevalentemente costituito da titoli emessi da altra società di cui all'articolo 105, comma 1 (5);

b) l'obbligo di offerta consegue ad acquisti superiori al cinque per cento o alla maggiorazione dei diritti di voto in misura superiore al cinque per cento dei medesimi, da parte di coloro che già detengono la partecipazione indicata nei commi 1 e 1-ter senza detenere la maggioranza dei diritti di voto nell'assemblea ordinaria (6);

c) l'offerta, previo provvedimento motivato della CONSOB, è promossa ad un prezzo inferiore a quello più elevato pagato, fissando i criteri per determinare tale prezzo e purché ricorra una delle seguenti circostanze:

1) i prezzi di mercato siano stati influenzati da eventi eccezionali o vi sia il fondato sospetto che siano stati oggetto di manipolazione;

2) il prezzo più elevato pagato dall'offerente o dalle persone che agiscono di concerto con il medesimo nel periodo di cui al comma 2 sia il prezzo di operazioni di compravendita sui titoli oggetto dell'offerta effettuate a condizioni di mercato e nell'ambito della gestione ordinaria della propria attività caratteristica ovvero sia il prezzo di operazioni di compravendita che avrebbero beneficiato di una delle esenzioni di cui al comma 5 (7);

d) l'offerta, previo provvedimento motivato della CONSOB, è promossa ad un prezzo superiore a quello più elevato pagato purché ciò sia necessario per la tutela degli investitori e ricorra almeno una delle seguenti circostanze:

1) l'offerente o le persone che agiscono di concerto con il medesimo abbiano pattuito l'acquisto di titoli ad un prezzo più elevato di quello pagato per l'acquisto di titoli della medesima categoria;

2) vi sia stata collusione tra l'offerente o le persone che agiscono di concerto con il medesimo e uno o più venditori;

*3) l'offerente o le persone che agiscono di concerto con il medesimo abbiano posto in essere operazioni volte ad eludere l'obbligo di offerta pubblica di acquisto**;

4) vi sia il fondato sospetto che i prezzi di mercato siano stati oggetto di manipolazione.

3-bis. La CONSOB, tenuto conto delle caratteristiche degli strumenti finanziari emessi, può stabilire con regolamento le ipotesi in cui l'obbligo di offerta consegue ad acquisti che determinino la detenzione congiunta di titoli e altri strumenti finanziari con diritto di voto sugli argomenti indicati nell'articolo 105, in misura tale da attribuire un potere complessivo di voto equivalente a quella di chi detenga la partecipazione indicata nei commi 1, 1-bis e 1-ter (8).

3-ter. I provvedimenti di cui alle lettere c) e d) del comma 3 sono resi pubblici con le modalità indicate nel regolamento di cui all'articolo 103, comma 4, lettera f).

3-quater. L'obbligo di offerta previsto dal comma 3, lettera b), non si applica alle MI, a condizione che ciò sia previsto dallo statuto, sino alla data dell'assemblea convocata per approvare il bilancio relativo al quinto esercizio successivo alla quotazione (9).

4. L'obbligo di offerta non sussiste se la partecipazione indicata nei commi 1, 1-bis e 1-ter è detenuta a seguito di un'offerta pubblica di acquisto o di scambio rivolta a tutti i possessori di titoli per la totalità dei titoli in loro possesso, purché, nel caso di offerta pubblica di scambio, siano offerti titoli quotati in un mercato regolamentato di uno Stato comunitario o sia offerto come alternativa un corrispettivo in contanti (8).

5. La CONSOB stabilisce con regolamento i casi in cui il superamento della partecipazione indicata nei commi 1, 1-bis e 1-ter o nel comma 3, lettera b), non comporta l'obbligo di offerta ove sia realizzato in presenza di uno o più soci che detengono il controllo o sia determinato da (8):

a) operazioni dirette al salvataggio di società in crisi;

b) trasferimento dei titoli previsti dall'articolo 105 tra soggetti legati da rilevanti rapporti di partecipazione;

c) cause indipendenti dalla volontà dell'acquirente;

d) operazioni ovvero superamenti della soglia di carattere temporaneo (10);

e) operazioni di fusione o di scissione;

f) acquisti a titolo gratuito.

6. La CONSOB può con provvedimento motivato, disporre che il superamento della partecipazione indicata nei commi 1, 1-bis e 1-ter o nel comma 3, lettera b), non comporta obbligo di offerta con riguardo a casi riconducibili alle ipotesi di cui al comma 5, ma non espressamente previsti nel regolamento approvato ai sensi del medesimo comma (8).

(1) Articolo modificato dall'art. 9.64 del d.lg. 17/1/2003, n. 6, nel testo introdotto dall'art. 3 del d.lg. 6/2/2004, n. 37 e, successivamente, sostituito dall'art. 3, co. 2, d.lg. 19/11/2007, n. 229.

(2) Comma sostituito dall'art. 20, co. 1, lett. d), d.l. 24/6/2014, n. 91, conv., con modif., dalla l. 11/8/2014, n. 116.

(3) Comma inserito dall'art. 20, co. 1, lett. e), d.l. 24/6/2014, n. 91, conv., con modif., dalla l. 11/8/2014, n. 116.

(4) Comma modificato dall'art. 20, co. 1, lett. f), d.l. 24/6/2014, n. 91, conv., con modif., dalla l. 11/8/2014, n. 116.

(5) Comma modificato dall'art. 20, co. 1, lett. g) e h), d.l. 24/6/2014, n. 91, conv., con modif., dalla l. 11/8/2014, n. 116.

(6) Lettera sostituita dall'art. 7, co. 3-quater, d.l. 10/2/2009, n. 5; successivamente, modificata dall'art. 2, co. 2, lett. a), d.lg. 25/9/2009, n. 146 e, da ultimo, dall'art. 20, co. 1, lett. g) e h), d.l. 24/6/2014, n. 91, conv., con modif., dalla l. 11/8/2014, n. 116.

(7) Numero modificato dall'art. 2, co. 2, lett. b), d.lg. 25/9/2009, n. 146.

* Numero abrogato dall'art. 2, co. 2, lett. c), d.lg. 25/9/2009, n. 146.

(8) Comma modificato dall'art. 20, co. 1, lett. g), d.l. 24/6/2014, n. 91, conv., con modif., dalla l. 11/8/2014, n. 116.

(9) Comma inserito dall'art. 20, co. 1, lett. l), d.l. 24/6/2014, n. 91, conv., con modif., dalla l. 11/8/2014, n. 116.

(10) Lettera sostituita dall'art. 20, co. 1, lett. m), d.l. 24/6/2014, n. 91, conv., con modif., dalla l. 11/8/2014, n. 116.

107. Offerta pubblica di acquisto preventiva. – 1. Oltre che nei casi indicati nell'articolo 106, commi 4 e 5, l'obbligo di offerta pubblica previsto dal medesimo articolo, commi 1 e 3, non sussiste se la partecipazione viene a essere detenuta a seguito di un'offerta pubblica di acquisto o di scambio avente a oggetto almeno il sessanta per cento dei titoli di ciascuna categoria, ove ricorrano congiuntamente le seguenti condizioni (1):

a) l'offerente e le persone che agiscono di concerto con lui, non abbiano acquistato partecipazioni in misura superiore all'uno per cento, anche mediante contratti a termine con scadenza successiva, nei dodici mesi precedenti la comunicazione alla CONSOB prevista dall'articolo 102, comma 1, né durante l'offerta (2);

b) l'efficacia dell'offerta sia stata condizionata all'approvazione di tanti possessori di titoli che possiedano la maggioranza dei titoli stessi, escluse dal computo i titoli detenuti, in conformità dei criteri stabiliti ai sensi dell'articolo 120, comma 4, lettera b), dall'offerente, dal socio di maggioranza, anche relativa, se la sua partecipazione sia superiore al dieci per cento, e dalle persone che agiscono di concerto con lui (3);

c) la CONSOB accordi l'esenzione, previa verifica della sussistenza delle condizioni indicate nelle lettere a) e b).

2. Le modalità di approvazione sono stabilite dalla CONSOB con regolamento. Possono esprimere il proprio giudizio sull'offerta ai sensi del comma 1, lettera b) anche i soci che non vi aderiscono (4).

3. L'offerente è tenuto a promuovere l'offerta pubblica prevista dall'articolo 106 se, nei dodici mesi successivi alla chiusura dell'offerta preventiva:

a) l'offerente medesimo o persone che agiscono di concerto con esso, abbiano effettuato acquisti di partecipazioni in misura superiore all'uno per cento, anche mediante contratti a termine con scadenza successiva (5);

b) la società emittente abbia deliberato operazioni di fusione o di scissione (6).

(1) Alinea modificato dall'art. 9.65 del d.lg. 17/1/2003, n. 6, nel testo introdotto dall'art. 3 del d.lg. 6/2/2004, n. 37 e, successivamente, dall'art. 3 del d.lg. 19/11/2007, n. 229.

(2) Lettera modificata dall'art. 2, co. 3, lett. a), d.lg. 25/9/2009, n. 146 e, successivamente, dall'art. 3 del d.lg. 19/11/2007, n. 229.

(3) Lettera modificata dall'art. 9.65 del d.lg. 17/1/2003, n. 6, nel testo introdotto dall'art. 3 del d.lg. 6/2/2004, n. 37, dall'art. 3 del d.lg. 19/11/2007, n. 229 e, successivamente, dall'art. 2, co. 3, lett. b), d.lg. 25/9/2009, n. 146.

(4) Per l'attuazione del presente comma vedi deliberazione Consob 14/5/1999, n. 11971.

(5) Lettera modificata dall'art. 2, co. 3, lett. c), d.lg. 25/9/2009, n. 146.

(6) Lettera sostituita dall'art. 9.65 del d.lg. 17/1/2003, n. 6, nel testo introdotto dall'art. 3 del d.lg. 6/2/2004, n. 37. Vedi la disciplina transitoria di cui all'art. 6 del medesimo d.lg. n. 37/2004.

108. Obbligo di acquisto (1). – 1. L'offerente che venga a detenere, a seguito di un'offerta pubblica totalitaria, una partecipazione almeno pari al novantacinque per cento del capitale rappresentato da titoli in una società italiana quotata ha l'obbligo di acquistare i restanti titoli da chi ne faccia richiesta. Qualora siano emesse più categorie di titoli, l'obbligo sussiste solo per le categorie di titoli per le quali sia stata raggiunta la soglia del novantacinque per cento (2).

2. Salvo quanto previsto al comma 1, chiunque venga a detenere una partecipazione superiore al novanta per cento del capitale rappresentato da titoli ammessi alla negoziazione in un mercato regolamentato, ha l'obbligo di acquistare i restanti titoli ammessi alla negoziazione in un mercato regolamentato da chi ne faccia richiesta se non ripristina entro novanta giorni un flottante sufficiente ad assicurare il regolare andamento delle negoziazioni. Qualora siano emesse più categorie di titoli, l'obbligo sussiste soltanto in relazione alle categorie di titoli per le quali sia stata raggiunta la soglia del novanta per cento.

3. Nell'ipotesi di cui al comma 1, nonché nei casi di cui al comma 2 in cui la partecipazione ivi indicata sia raggiunta esclusivamente a seguito di offerta pubblica totalitaria, il corrispettivo è pari a quello dell'offerta pubblica totalitaria precedente, sempre che, in caso di offerta volontaria, l'offerente abbia acquistato a seguito dell'offerta stessa, titoli che rappresentano non meno del novanta per cento del capitale con diritto di voto compreso nell'offerta.

4. Al di fuori dei casi di cui al comma 3, il corrispettivo è determinato dalla Consob, tenendo conto anche del corrispettivo dell'eventuale offerta precedente o del prezzo di mercato del semestre anteriore all'annuncio dell'offerta effettuato ai sensi dell'articolo 102, comma 1, o dell'articolo 17 del regolamento (UE) n. 596/2014, ovvero antecedente l'acquisto che ha determinato il sorgere dell'obbligo (3).

5. Nell'ipotesi di cui al comma 1, nonché nei casi di cui al comma 2 in cui la partecipazione ivi indicata sia raggiunta esclusivamente a seguito di offerta pubblica totalitaria, il corrispettivo assume la stessa forma di quello dell'offerta, ma il possessore dei titoli può sempre esigere che gli sia corrisposto un corrisposto in misura integrale un corrispettivo in contanti, determinato in base a criteri generali definiti dalla CONSOB con regolamento (4).

6. Se il corrispettivo offerto è pari a quello proposto nell'offerta precedente l'obbligo può essere adempiuto attraverso una riapertura dei termini della stessa.

7. La CONSOB detta con regolamento norme di attuazione del presente articolo riguardanti in particolare:

a) gli obblighi informativi connessi all'attuazione del presente articolo;

b) i termini entro i quali i possessori dei titoli residui possono richiedere di cedere i suddetti titoli;

c) la procedura da seguire per la determinazione del prezzo.

(1) Articolo sostituito dall'art. 9.66 del d.lg. 17/1/2003, n. 6, nel testo introdotto dall'art. 3 del d.lg. 6/2/2004, n. 37; successivamente modificato dall'articolo unico della deliberazione Consob 8/8/2006, n. 15540 e, da ultimo, sostituito dall'art. 3, co. 4, d.lg. 19/11/2007, n. 229.

(2) Comma modificato dall'art. 2, co. 4, lett. a), d.lg. 25/9/2009, n. 146.

(3) Comma sostituito dall'art. 2, co. 4, lett. b), d.lg. 25/9/2009, n. 146 e successivamente modificato dall'art. 3, co. 3, d.lg. 10/8/2018, n. 107.

(4) Comma modificato dall'art. 2, co. 4, lett. c), d.lg. 25/9/2009, n. 146.

109. Acquisto di concerto (1). – 1. Sono solidalmente tenuti agli obblighi previsti dagli articoli 106 e 108 le persone che agiscono di concerto quando vengano a detenere, a seguito di acquisti effettuati anche da uno solo di essi, una partecipazione complessiva superiore alle percentuali indicate nei predetti articoli. I medesimi obblighi sussistono in capo a coloro che agiscono di concerto, a seguito di maggiorazione, anche a favore di uno solo di essi, dei diritti di voto, qualora essi vengano a disporre di diritti di voto in misura superiore alle percentuali indicate nell'articolo 106 (2).

2. Il comma 1, primo periodo, non si applica quando la detenzione di una partecipazione complessiva superiore alle percentuali indicate agli articoli 106 e 108 costituisce effetto della stipula di un patto, anche nullo, di cui all'articolo 122, salvo che gli aderenti siano venuti a detenere una partecipazione complessiva superiore alle predette percentuali nei dodici mesi precedenti la stipulazione del patto (3).

3. Ai fini dell'applicazione del comma 1, le fattispecie di cui all'articolo 101-bis, comma 4-bis, assumono rilievo anche congiuntamente, limitatamente ai soggetti che detengono partecipazioni (4).

(1) Articolo sostituito dall'art. 3, co. 5, d.lg. 19/11/2007, n. 229.

(2) Comma modificato dall'art. 20, co. 1, lett. n), d.l. 24/6/2014, n. 91, conv., con modif., dalla l. 11/8/2014, n. 116.

(3) Comma modificato dall'art. 20, co. 1, lett. o), d.l. 24/6/2014, n. 91, conv., con modif., dalla l. 11/8/2014, n. 116.

(4) Comma modificato dall'art. 2, co. 5, d.lg. 25/9/2009, n. 146.

110. Inadempimento degli obblighi (1). – 1. In caso di violazione degli obblighi previsti dalla presente sezione, il diritto di voto inerente all'intera partecipazione detenuta non può essere esercitato e i titoli eccedenti le percentuali indicate negli articoli 106 e 108 e devono essere alienati entro dodici mesi. Nel caso in cui il diritto di voto venga esercitato, si applica l'articolo 14, comma 5. L'impugnazione può essere proposta anche dalla CONSOB entro il termine indicato nell'articolo 14, comma 6 (2).

1-bis. Fermo restando quanto stabilito dall'articolo 192, comma 1, la CONSOB, in alternativa all'alienazione di cui al comma 1, con provvedimento motivato, avuto riguardo tra l'altro alle ragioni del mancato adempimento, agli effetti che conseguirebbero all'alienazione e alle modifiche intervenute nella compagine azionaria, può imporre la promozione dell'offerta totalitaria al prezzo da essa stabilito, anche tenendo conto del prezzo di mercato dei titoli (3).

1-ter. L'alienazione prevista dal comma 1 o la promozione dell'offerta prevista dal comma 1-bis fanno venire meno la sospensione del diritto di voto di cui al comma 1 (3).

(1) Rubrica modificata dall'art. 3, co. 6, d.lg. 19/11/2007, n. 229.

(2) Comma modificato dall'art. 3, co. 6, d.lg. 19/11/2007, n. 229.

(3) Comma inserito dall'art. 3, co. 6, d.lg. 19/11/2007, n. 229.

111. Diritto di acquisto. – 1. L'offerente che venga a detenere a seguito di offerta pubblica totalitaria una partecipazione almeno pari al novantacinque per cento del capitale rappresentato da titoli in una società italiana quotata ha diritto di acquistare i titoli residui entro tre mesi dalla scadenza del termine per l'accettazione dell'offerta, se ha dichiarato nel documento d'offerta l'intenzione di avvalersi di tale diritto. Qualora siano emesse più categorie di titoli, il diritto di acquisto può essere esercitato soltanto per le categorie di titoli per le quali sia stata raggiunta la soglia del novantacinque per cento (1).

2. Il corrispettivo e la forma che esso deve assumere sono determinati ai sensi dell'articolo 108, commi 3, 4 e 5 (2).

3. Il trasferimento ha efficacia dal momento della comunicazione dell'avvenuto deposito del prezzo di acquisto presso una banca alla società emittente, che provvede alle conseguenti annotazioni nel libro dei soci.

(1) Comma sostituito dall'art. 3, co. 7, d.lg. 19/11/2007, n. 229 e, successivamente, modificato dall'art. 2, co. 6, d.lg. 25/9/2009, n. 146.

(2) Comma sostituito dall'art. 3, co. 7, d.lg. 19/11/2007, n. 229.

112. Disposizioni di attuazione (1). – 1. La CONSOB detta con regolamento disposizioni di attuazione della presente sezione; con provvedimento da pubblicare nella Gazzetta Ufficiale, essa può, sentita la società di gestione del mercato, elevare per singole società la percentuale prevista dall'articolo 108.

(1) Per l'attuazione del presente articolo vedi deliberazione Consob 14/5/1999, n. 11971.

TITOLO III
EMITTENTI

Capo I
Informazione societaria

113. Ammissione alle negoziazioni di strumenti finanziari comunitari (1). – 1. L'ammissione alle negoziazioni di titoli in un mercato regolamentato è disciplinata dal regolamento prospetto e dalle disposizioni attuative, nonché del presente articolo. Si applicano, anche nei confronti della persona che chiede l'ammissione alle negoziazioni, gli articoli 94, commi 3, 5, 6, 8 e 9, 95, comma 1, lettera a), e 95, comma 2.

2. La Consob può:

a) esigere che gli emittenti o le persone che chiedono l'ammissione alla negoziazione in un mercato regolamentato includano nel prospetto informazioni supplementari, se è necessario per la tutela degli investitori;

b) sospendere il procedimento di approvazione dei prospetti o sospendere o limitare l'ammissione alla negoziazione in un mercato regolamentato nel caso in cui l'autorità competente si avvalga del potere di imporre un divieto o una restrizione a norma dell'articolo 42 del regolamento (UE) n. 600/2014 del Parlamento europeo e del Consiglio, del 15 maggio 2014, fino a quando tale divieto o restrizione siano cessati;

c) esercitare i poteri cautelari di cui all'articolo 37 del regolamento prospetto, nei casi ivi previsti;

d) vietare l'ammissione alla negoziazione in un mercato regolamentato in caso di accertata violazione o di fondato sospetto di violazione delle disposizioni del presente articolo o delle relative disposizioni di attuazione, oppure delle disposizioni europee di cui al comma 1;

e) fermo restando il potere previsto nell'articolo 66-quater, comma 1, sospendere o imporre ai gestori dei mercati regolamentati, degli MTF o degli OTF di sospendere la negoziazione dei titoli se la situazione dell'emittente è tale che la negoziazione pregiudicherebbe gli interessi degli investitori;

f) esercitare i poteri previsti negli articoli 114, commi 5 e 6, e 115, nei confronti dell'emittente, della persona che chiede l'ammissione alle negoziazioni, e i poteri previsti nell'articolo 115 nei confronti delle persone che li controllano o che sono da essi controllati, dei revisori legali e dei dirigenti dell'emittente o della persona che chiede l'ammissione alle negoziazioni, nonché degli intermediari finanziari incaricati della domanda di ammissione alla negoziazione in un mercato regolamentato;

g) sospendere l'ammissione alle negoziazioni in un mercato regolamentato per un massimo di dieci giorni lavorativi consecutivi per ciascuna volta in caso di fondato sospetto di violazione delle disposizioni indicate nel presente articolo, delle relative norme di attuazione, o delle disposizioni europee di cui al comma 1;

h) fermo restando il potere previsto nell'articolo 66-quater, comma 1, sospendere o imporre al gestore della sede di negoziazione la sospensione, per un periodo non superiore a dieci giorni lavorativi consecutivi per ciascuna occasione, delle negoziazioni in un mercato regolamentato, in un MTF o in un OTF in caso di fondato sospetto di violazione delle disposizioni indicate nel presente articolo, delle relative norme di attuazione, o delle disposizioni europee di cui al comma 1;

i) fermo restando il potere previsto nell'articolo 66-quater, comma 1, vietare o chiedere al gestore della sede di negoziazione di vietare le negoziazioni in un mercato regolamentato, in un MTF, o in un OTF in caso di accertata violazione delle disposizioni indicate nel presente articolo, delle relative norme di attuazione, o delle disposizioni europee di cui al comma 1;

l) rendere pubblico il fatto che l'emittente o la persona che chiede l'ammissione alle negoziazioni non ottempera ai propri obblighi;

m) richiedere, anche in via generale, agli intermediari incaricati della domanda di ammissione a negoziazione in un mercato regolamentato, di dichiarare alla Consob di non essere a conoscenza di informazioni diverse da quelle contenute nel prospetto di ammissione alla negoziazione dei titoli.

3. Alla pubblicità relativa ad un'ammissione di titoli alla negoziazione in un mercato regolamentato si applica l'articolo 101, comma 4.

(1) Articolo sostituito dall'art. 4 del d.lg. 28/3/2007, n. 51, modificato dall'art. 3, co. 4, d.lg. 10/8/2018, n. 107 e da ultimo sostituito dall'art. 3, co. 11, d.lg. 2/2/2021, n. 17.

113 bis. Ammissione alle negoziazioni di quote o azioni di OICR aperti (1). – 1. Prima della data stabilita per l'inizio delle negoziazioni delle quote o azioni di OICR aperti in un mercato regolamentato l'emittente pubblica un prospetto contenente le informazioni indicate nell'articolo 98-ter [, comma 2] (2).

2. La Consob:

a) determina con regolamento i contenuti del prospetto e le relative modalità di pubblicazione ferma restando la necessità di pubblicazione tramite mezzi di informazione su giornali quotidiani nazionali, e di aggiornamento del prospetto dettando specifiche disposizioni per i casi in cui l'ammissione alla quotazione in un mercato regolamentato avvenga simultaneamente ad un'offerta al pubblico (3);

b) può indicare all'emittente informazioni integrative da inserire nel prospetto e specifiche modalità di pubblicazione;

c) detta disposizioni per coordinare le funzioni della società di gestione del mercato con quelle proprie e, su richiesta di questa, può affidarle compiti inerenti al controllo del prospetto tenuto anche conto delle caratteristiche dei singoli mercati.

3. Il prospetto approvato dall'autorità competente di un altro Stato membro dell'Unione europea è riconosciuto dalla Consob, con le modalità e alle condizioni stabilite nel regolamento previsto dal comma 2, quale prospetto per l'ammissione alle negoziazioni in un mercato regolamentato. La Consob può richiedere, con il regolamento previsto dal comma 2, la pubblicazione di un documento per la quotazione.

4. Alla pubblicità relativa ad un'ammissione di quote o azioni di OICR aperti alla negoziazione in un mercato regolamentato si applica l'articolo 101.

(1) Articolo aggiunto dall'art. 4 del d.lg. 28/3/2007, n. 51.

(2) Comma modificato dall'art. 3, co. 12, d.lg. 2/2/2021, n. 17.

(3) Lettera modificata dall'art. 1, co. 6, d.lg. 17/7/2009, n. 101.

113 ter. Disposizioni generali in materia di informazioni regolamentate (1). – 1. Per informazioni regolamentate si intendono quelle che devono essere pubblicate dagli emittenti quotati, dagli emittenti quotati aventi l'Italia come Stato membro d'origine o dai soggetti che li controllano, ai sensi delle disposizioni contenute nel Capo 3 del regolamento (UE) n. 596/2014, nel presente Titolo, Capo I e Capo II, Sezioni I, I-bis [, II] e V-bis, e nei relativi regolamenti di attuazione ovvero delle disposizioni previste da Paesi extracomunitari ritenute equivalenti dalla Consob (2).

2. Le informazioni regolamentate sono depositate presso la Consob e il gestore del mercato per il quale l'emittente ha richiesto o ha approvato l'ammissione alla negoziazione dei propri valori mobiliari o quote di fondi chiusi, al fine di assicurare l'esercizio delle funzioni attribuite a detto gestore ai sensi della Parte III, Titolo I-bis, del presente decreto (3).

3. La CONSOB, nell'esercizio dei poteri ad essa attribuiti dal presente Titolo, stabilisce modalità e termini di diffusione al pubblico delle informazioni regolamentate, ferma restando la necessità di pubblicazione tramite mezzi di informazione su giornali quotidiani nazionali, tenuto conto della natura di tali informazioni, al fine di assicurarne un accesso rapido, non discriminatorio e ragionevolmente idoneo a garantirne l'effettiva diffusione in tutta la Comunità europea (4).

4. La CONSOB:

a) autorizza soggetti terzi rispetto all'emittente all'esercizio dei servizi di diffusione delle informazioni regolamentate;

b) autorizza il servizio di stoccaggio centralizzato delle informazioni regolamentate;

c) organizza e gestisce il servizio di stoccaggio centralizzato delle informazioni in assenza di soggetti autorizzati ai sensi della lettera b).

5. La CONSOB, in relazione alle informazioni regolamentate, stabilisce con regolamento:

a) modalità e termini per il deposito di cui al comma 2;

b) requisiti e condizioni per il rilascio dell'autorizzazione all'esercizio del servizio di diffusione, nonché disposizioni per lo svolgimento di tale attività, avendo riguardo agli obiettivi di cui al comma 3;

c) requisiti e condizioni per il rilascio dell'autorizzazione all'esercizio del servizio di stoccaggio, nonché disposizioni per lo svolgimento di tale attività che garantiscano sicurezza, certezza delle fonti d'informazione, registrazione dell'ora e della data della ricezione delle informazioni regolamentate, agevole accesso per gli utenti finali, procedure allineate con quelle previste per il deposito presso la CONSOB;

d) la lingua in cui devono essere comunicate;

e) eventuali esenzioni dagli obblighi di deposito, diffusione e stoccaggio in conformità alla disciplina comunitaria.

6. Se un soggetto ha chiesto, senza il consenso dell'emittente, l'ammissione alla negoziazione in un mercato regolamentato di valori mobiliari o quote di fondi chiusi, gli obblighi di comunicazione delle informazioni regolamentate sono osservati da tale soggetto, salvo il caso in cui l'emittente comunica al pubblico, ai sensi delle disposizioni del proprio Stato di origine, le informazioni regolamentate richieste dalla normativa comunitaria.

7. I soggetti tenuti alla comunicazione al pubblico delle informazioni regolamentate non possono esigere corrispettivi per tale comunicazione.

8. La CONSOB può rendere pubblico il fatto che i soggetti tenuti alla comunicazione delle informazioni regolamentate non ottemperano ai loro obblighi.

9. Fermo restando quanto previsto dall'articolo 66-quater, comma 1, la Consob può (5):

a) sospendere o richiedere che il mercato regolamentato interessato sospenda la negoziazione dei valori mobiliari o quote di fondi chiusi per un massimo di dieci giorni per volta, se ha motivi ragionevoli di sospettare che le disposizioni relative alle informazioni regolamentate siano state violate dal soggetto obbligato, ai sensi del presente articolo, alla comunicazione delle informazioni regolamentate;

b) proibire la negoziazione in un mercato regolamentato se accerta che le disposizioni indicate alla lettera a) sono state violate.

(1) Articolo inserito dall'art. 1, co. 7, d.lg. 6/11/2007, n. 195.

(2) Comma modificato dall'art. 3 del d.lg. 27/1/2010, n. 27 e successivamente modificato dall'art. 3, co. 5, lett. a), d.lg. 10/8/2018, n. 107.

(3) Comma sostituito dall'art. 3, co. 5, lett. b), d.lg. 10/8/2018, n. 107.

(4) Comma modificato dall'art. 1, co. 7, d.lg. 17/7/2009, n. 101.

(5) Alinea modificato dall'art. 3, co. 5, lett. c), d.lg. 10/8/2018, n. 107.

114. Comunicazioni al pubblico (1). – 1. Gli emittenti quotati comunicano al pubblico le informazioni privilegiate ai sensi dell'articolo 17 del regolamento (UE) n. 596/2014, secondo le modalità stabilite dalle norme tecniche di attuazione adottate dalla Commissione europea ai sensi del medesimo articolo 17, paragrafo 10. La Consob detta disposizioni per coordinare le funzioni attribuite al gestore del mercato con le proprie e può individuare compiti da affidargli per il corretto svolgimento delle funzioni previste dall'articolo 64, comma 2, lettera d) (2).

2. Gli emittenti quotati impartiscono le disposizioni occorrenti affinché le società controllate forniscano tutte le notizie necessarie per adempiere gli obblighi di comunicazione previsti dalla legge e dal regolamento (UE) n. 596/2014. Le società controllate trasmettono tempestivamente le notizie richieste (3).

3. Gli emittenti quotati, in caso di ritardo nella comunica-

zione al pubblico di informazioni privilegiate, trasmettono su successiva richiesta della Consob la documentazione comprovante l'assolvimento dell'obbligo previsto dall'articolo 17, paragrafo 4, del regolamento (UE) n. 596/2014 e dalle relative norme tecniche di attuazione (4).

*4. Qualora i soggetti indicati al comma 1, o una persona che agisca in loro nome o per loro conto, comunichino nel normale esercizio del lavoro, della professione, della funzione o dell'ufficio le informazioni indicate al comma 1 ad un terzo che non sia soggetto ad un obbligo di riservatezza legale, regolamentare, statutario o contrattuale, gli stessi soggetti indicati al comma 1 ne danno integrale comunicazione al pubblico, simultaneamente nel caso di divulgazione intenzionale e senza indugio in caso di divulgazione non intenzionale**.

5. La CONSOB può, anche in via generale, richiedere agli emittenti, ai soggetti che li controllano, agli emittenti quotati aventi l'Italia come Stato membro d'origine, ai componenti degli organi di amministrazione e controllo e ai dirigenti, nonché ai soggetti che detengono una partecipazione rilevante ai sensi dell'articolo 120 o che partecipano a un patto previsto dall'articolo 122 che siano resi pubblici, con le modalità da essa stabilite, notizie e documenti necessari per l'informazione del pubblico. In caso di inottemperanza, la CONSOB provvede direttamente a spese del soggetto inadempiente (5).

6. Qualora gli emittenti, i soggetti che li controllano e gli emittenti quotati aventi l'Italia come Stato membro d'origine oppongano, con reclamo motivato, che dalla comunicazione al pubblico delle informazioni, richiesta ai sensi del comma 5, possa derivare loro grave danno, gli obblighi di comunicazione sono sospesi. La CONSOB, entro sette giorni, può escludere anche parzialmente o temporaneamente la comunicazione delle informazioni, sempre che ciò non possa indurre in errore il pubblico su fatti e circostanze essenziali. Trascorso tale termine, il reclamo si intende accolto (6).

7. Chiunque detenga azioni in misura almeno pari al dieci per cento del capitale sociale, nonché ogni altro soggetto che controlla l'emittente quotato, comunicano alla Consob e al pubblico le operazioni, aventi ad oggetto azioni emesse dall'emittente o altri strumenti finanziari ad esse collegati, da loro effettuate, anche per interposta persona. Tale comunicazione è effettuata anche dalle persone strettamente legate ai soggetti sopra indicati, individuati dalla Consob con regolamento. La Consob individua con lo stesso regolamento le operazioni, le modalità e i termini delle comunicazioni, le modalità e i termini di diffusione al pubblico delle informazioni, nonché i casi in cui detti obblighi si applicano anche con riferimento alle società in rapporto di controllo con l'emittente (3).

*8. I soggetti che producono o diffondono ricerche o valutazioni, con l'esclusione delle società di rating, riguardanti gli strumenti finanziari indicati all'articolo 180, comma 1, lettera a), o gli emittenti di tali strumenti, nonché i soggetti che producono o diffondono altre informazioni che raccomandano o propongono strategie di investimento destinate ai canali di divulgazione o al pubblico, devono presentare l'informazione in modo corretto e comunicare l'esistenza di ogni loro interesse o conflitto di interessi riguardo agli strumenti finanziari cui l'informazione si riferisce***.

9. Al fine di garantire che il pubblico sia correttamente informato, la Consob può richiedere la pubblicazione delle raccomandazioni in materia di investimenti e delle altre informazioni che raccomandano o consigliano una strategia di investimento da parte degli emittenti quotati, dei soggetti abilitati, nonché dei soggetti in rapporto di controllo con essi, secondo le modalità stabilite con regolamento (3).

10. La Consob valuta, preventivamente e in via generale, con le modalità da essa stabilite, la sussistenza delle condizioni indicate dall'articolo 20, paragrafo 3, quarto comma, del regolamento (UE) n. 596/2014, con riguardo alle norme di autoregolamentazione dei soggetti che esercitano l'attività giornalistica, e comunica il relativo esito, nonché le medesime norme di autoregolamentazione, al Ministero dell'economia e delle finanze (7).

*11. Le istituzioni che diffondono al pubblico dati o statistiche idonei ad influenzare sensibilmente il prezzo degli strumenti finanziari indicati all'articolo 180, comma 1, lettera a), devono divulgare tali informazioni in modo corretto e trasparente****.

12. Le disposizioni del presente articolo si applicano anche ai soggetti italiani ed esteri che:

a) hanno chiesto o autorizzato l'ammissione di strumenti finanziari di propria emissione alla negoziazione su un mercato regolamentato italiano;

b) hanno chiesto o autorizzato la negoziazione degli strumenti finanziari di propria emissione su un sistema multilaterale di negoziazione italiano;

c) hanno autorizzato la negoziazione degli strumenti finanziari di propria emissione su un sistema organizzato di negoziazione italiano (3).

(1) Articolo sostituito dall'art. 9, co. 1, lett. e), l. 18/4/2005, n. 62.

(2) Comma modificato dall'art. 1, co. 8, d.lg. 17/7/2009, n. 101. Per l'attuazione del presente comma vedi deliberazione Consob 14/5/1999, n. 11971. Il presente comma è stato ulteriormente modificato dall'art. 1, co. 10, lett. a), d.lg. 11/10/2012, n. 184 e da ultimo dall'art. 4, co. 4, d.lg. 3/8/2017, n. 129. Per l'applicazione, vedi l'art. 10, co. 2, d.lg. n. 129/2017 medesimo. Successivamente modificato dall'art. 3, co. 6, d.lg. 10/8/2018, n. 107.

(3) Comma sostituito dall'art. 3, co. 6, d.lg. 10/8/2018, n. 107.

(4) Per l'attuazione del presente comma vedi deliberazione Consob 14/5/1999, n. 11971. Comma modificato dall'art. 1, co. 10, lett. b), d.lg. 11/10/2012, n. 184 e successivamente sostituito dall'art. 3, co. 6, d.lg. 10/8/2018, n. 107.

* Comma abrogato dall'art. 4, co. 6, d.lg. 10/8/2018, n. 107.

(5) Comma sostituito dall'art. 14, co. 1, lett. g), n. 1, l. 28/12/2005, n. 262 e successivamente modificato dall'art. 1, co. 5, d.lg. 6/11/2007, n. 195. Per l'attuazione del presente comma vedi deliberazione Consob 14/5/1999, n. 11971. Il presente comma è stato ulteriormente modificato dall'art. 1, co. 10, lett. c), d.lg. 11/10/2012, n. 184.

(6) Comma modificato dall'art. 1, co. 9, d.lg. 17/7/2009, n. 101 e successivamente dall'art. 1, co. 10, lett. d), d.lg. 11/10/2012, n. 184.

** Comma sostituito dall'art. 14, co. 1, lett. g), n. 2, l. 28/12/2005, n. 262 e successivamente abrogato dall'art. 3, co. 6, d.lg. 10/8/2018, n. 107.

(7) Per le norme di autoregolamentazione dei giornalisti vedi deliberazione Consob 5/6/2007, n. 15964.

• Comma sostituito dall'art. 3, co. 6, d.lg. 10/8/2018, n. 107.

*** Comma abrogato dall'art. 3, co. 6, d.lg. 10/8/2018, n. 107.

114 bis. Informazione al mercato in materia di attribuzione di strumenti finanziari a esponenti aziendali, dipendenti o collaboratori (1). – 1. I piani di compensi basati su [azioni o] strumenti finanziari a favore di componenti del consiglio di amministrazione ovvero del consiglio di gestione, di dipendenti o di collaboratori non legati alla società da rapporti di lavoro subordinato, ovvero di componenti del consiglio di amministrazione ovvero del consiglio di gestione, di dipendenti o di collaboratori di altre società controllanti o controllate sono approvati dall'assemblea ordinaria dei soci. Nei termini e con le modalità previsti dall'articolo 125-ter, comma 1, l'emittente mette a disposizione del pubblico la relazione con le informazioni concernenti (2):

a) le ragioni che motivano l'adozione del piano;

b) i componenti del consiglio di amministrazione ovvero del consiglio di gestione della società, delle controllanti o controllate, che beneficiano del piano (3);

b-bis) le categorie di dipendenti, o di collaboratori della

società e delle società controllanti o controllate della società, che beneficiano del piano (4);

c) le modalità e le clausole di attuazione del piano, specificando se la sua attuazione è subordinata al verificarsi di condizioni e, in particolare, al conseguimento di risultati determinati;

d) l'eventuale sostegno del piano da parte del Fondo speciale per l'incentivazione della partecipazione dei lavoratori nelle imprese, di cui all'articolo 4, comma 112, della legge 24 dicembre 2003, n. 350;

e) le modalità per la determinazione dei prezzi o dei criteri per la determinazione dei prezzi per la sottoscrizione o per l'acquisto delle azioni;

f) i vincoli di disponibilità gravanti sulle azioni ovvero sui diritti di opzione attribuiti, con particolare riferimento ai termini entro i quali sia consentito o vietato il successivo trasferimento alla stessa società o a terzi.

2. Le disposizioni del presente articolo si applicano agli emittenti quotati e agli emittenti strumenti finanziari diffusi fra il pubblico in misura rilevante ai sensi dell'articolo 116 (5).

3. La CONSOB definisce con proprio regolamento le informazioni, relative agli elementi indicati nel comma 1, che devono essere fornite in relazione alle varie modalità di realizzazione del piano, prevedendo informazioni più dettagliate per piani di particolare rilevanza (6).

(1) Articolo inserito dall'art. 16, co. 1, l. 28/12/2005, n. 262.

• Rubrica modificata dall'art. 3, co. 9, lett. a), d.lg. 29/12/2006, n. 303.

(2) Alinea modificato dall'art. 3, co. 9, lett. b), c) e d), d.lg. 29/12/2006, n. 303 e successivamente dall'art. 3, co. 3, d.lg. 27/1/2010, n. 27.

(3) Lettera sostituita dall'art. 3, co. 9, lett. e), d.lg. 29/12/2006, n. 303.

(4) Lettera aggiunta dall'art. 3, co. 9, lett. f), d.lg. 29/12/2006, n. 303.

(5) Comma modificato dall'art. 3, co. 9, lett. g), d.lg. 29/12/2006, n. 303.

(6) Comma sostituito dall'art. 3, co. 9, lett. h), d.lg. 29/12/2006, n. 303.

115. Comunicazioni alla CONSOB. – 1. La CONSOB, al fine di vigilare sulla correttezza delle informazioni fornite al pubblico può, anche in via generale:

a) richiedere agli emittenti quotati, agli emittenti quotati aventi l'Italia come Stato membro d'origine, ai soggetti che li controllano e alle società dagli stessi controllate, la comunicazione di notizie e documenti, fissandone le relative modalità (1);

b) assumere notizie, anche mediante la loro audizione, dai componenti degli organi sociali, dai direttori generali, dai dirigenti preposti alla redazione dei documenti contabili societari e dagli altri dirigenti, dai revisori legali e dalle società di revisione legale, dalle società e dai soggetti indicati nella lettera a) (2);

c) eseguire ispezioni presso i soggetti indicati nelle lettere a) e b), al fine di controllare i documenti aziendali e di acquisirne copia (3);

c-bis) esercitare gli ulteriori poteri previsti dall'art. 187-octies (4).

2. I poteri previsti dalle lettere a), b) e c) possono essere esercitati nei confronti dei soggetti che detengono una partecipazione rilevante ai sensi dell'art. 120 o che partecipano a un patto previsto dall'art. 122 (5).

2-bis. Le disposizioni del comma 1 si applicano anche nei confronti degli emittenti che hanno chiesto o autorizzato la negoziazione degli strumenti finanziari di propria emissione su un sistema multilaterale di negoziazione italiano, nonché degli emittenti che hanno autorizzato la negoziazione degli strumenti finanziari di propria emissione su un sistema organizzato di negoziazione italiano (6).

3. La CONSOB può altresì richiedere alle società o agli enti che partecipano direttamente o indirettamente a società con azioni quotate l'indicazione nominativa, in base ai dati disponibili, dei soci e, nel caso di società fiduciarie, dei fiducianti.

(1) Lettera modificata dall'art. 1, co. 6, d.lg. 6/11/2007, n. 195.

(2) Lettera sostituita dall'art. 14, co. 1, lett. h), n. 1, l. 28/12/2005, n. 262 e successivamente modificata dall'art. 40, co. 9, d.lg. 27/1/2010, n. 39.

(3) Lettera modificata dall'art. 14, co. 1, lett. h), n. 2, l. 28/12/2005, n. 262.

(4) Lettera aggiunta dall'art. 9, co. 1, lett. f), l. 18/4/2005, n. 62.

(5) Comma modificata dall'art. 14, co. 1, lett. h), n. 3, l. 28/12/2005, n. 262.

(6) Comma inserito dall'art. 3, co. 7, d.lg. 10/8/2018, n. 107.

115 bis. Registri delle persone che hanno accesso ad informazioni privilegiate* – *1. Gli emittenti quotati e i soggetti da questi controllati, o le persone che agiscono in loro nome o per loro conto, devono istituire, e mantenere regolarmente aggiornato, un registro delle persone che, in ragione dell'attività lavorativa o professionale ovvero in ragione delle funzioni svolte, hanno accesso alle informazioni indicate all'articolo 114, comma 1. La CONSOB determina con regolamento le modalità di istituzione, tenuta e aggiornamento dei registri* (1).

* Articolo inserito dall'art. 9, co. 1, l. 18/4/2005, n. 62 (Legge comunitaria 2004) e successivamente abrogato dall'art. 3, co. 8, d.lg. 10/8/2018, n. 107.

(1) Comma modificato dall'art. 1, co. 11, d.lg. 11/10/2012, n. 184.

115 ter. Comunicazioni relative alle quote di emissioni (1). – 1. Ai partecipanti al mercato delle quote di emissioni, come definiti dall'articolo 3, paragrafo 1, n. 20, del regolamento (UE) n. 596/2014, si applicano gli articoli 114 e 115, comma 1.

2. Ai fini di quanto previsto dagli articoli 18, paragrafo 8, e 19, paragrafo 10, del regolamento (UE) n. 596/2014, gli articoli 114, commi 5 e 6, e 115, comma 1, si applicano altresì nei confronti delle piattaforme d'asta, dei commissari d'asta e dei sorveglianti d'asta, in relazione alle aste di quote di emissioni o di altri prodotti correlati messi all'asta tenute ai sensi del regolamento (UE) n. 1031/2010.

(1) Articolo inserito dall'art. 3, co. 9, d.lg. 10/8/2018, n. 107.

116. Strumenti finanziari diffusi tra il pubblico. – 1. La Consob stabilisce con regolamento i criteri per l'individuazione degli emittenti strumenti finanziari che, ancorché non quotati in mercati regolamentati italiani, siano diffusi tra il pubblico in misura rilevante. (1)

1-bis. Gli emittenti indicati al comma 1 informano, quanto prima possibile, il pubblico dei fatti non di pubblico dominio concernenti direttamente detti emittenti e che, se resi pubblici, potrebbero avere un effetto significativo sul valore degli strumenti finanziari di propria emissione. Con il medesimo regolamento di cui al comma 1, la Consob stabilisce le modalità di informazione del pubblico e i casi di esenzione dall'osservanza dei predetti obblighi informativi, qualora gli emittenti siano comunque tenuti agli obblighi previsti dal regolamento (UE) n. 596/2014. (2) (3)

2. Agli emittenti indicati al comma 1 si applicano gli articoli 114, commi 5 e 6, e 115, nonché le disposizioni della parte IV, titolo III, capo II, sezione VI, ad eccezione degli articoli 157 e 158. (4)

[*2-bis. Gli articoli 114, ad eccezione del comma 7, e 115, si applicano anche agli emittenti strumenti finanziari ammessi alle negoziazioni nei sistemi multilaterali di negoziazione che presentano le caratteristiche stabilite dalla Consob con* *regolamento e a condizione che l'ammissione sia stata richiesta o autorizzata dall'emittente.*]*

[*2-ter. Agli emittenti azioni diffuse tra il pubblico in misura rilevante si applicano le disposizioni degli articoli 125-bis, commi 1 e 3, e, in quanto compatibile, 4, 125-ter, 125-quater, 126, 126-bis e 127. La Consob può estendere, con regolamento, in tutto o in parte, gli obblighi previsti negli articoli 125-bis, 125-ter e 125-quater agli emittenti strumenti finanziari, diversi dalle azioni, diffusi tra il pubblico in misura rilevante. La Consob può dispensare dall'osservanza delle suddette disposizioni gli emittenti strumenti finanziari quotati in mercati regolamentati di altri Paesi dell'Unione europea o in mercati di Paesi extracomunitari, in considerazione degli obblighi informativi a cui sono tenuti in forza della quotazione.*]

(1) Comma modificato dall'art. 9, comma 1, lett. h), L. 18 aprile 2005, n. 62. Successivamente, il presente comma è stato così sostituito dall'art. 3, comma 10, lett. a), D.Lgs. 10 agosto 2018, n. 107.

(2) Comma inserito dall'art. 3, comma 10, lett. b), d.lg. 10 agosto 2018, n. 107.

(3) Vedi, anche, l'art. 6, comma 1, d.lg. 10 agosto 2018, n. 107.

(4) Comma sostituito dall'art. 9.67, comma 1, d.lg. 17 gennaio 2003, n. 6, come modificato dall'art. 3, comma 1, d.lg. 6 febbraio 2004, n. 37 e, successivamente, modificato dall'art. 18, comma 1, lett. a), L. 28 dicembre 2005, n. 262 e dall'art. 40, comma 10, d.lg. 27 gennaio 2010, n. 39. Infine, il presente comma è stato così modificato dall'art. 3, comma 10, lett. c), d.lg. 10 agosto 2018, n. 107.

* Comma abrogato dall'art. 3, comma 10, lett. d), d.lg. 10 agosto 2018, n. 107.

117. Informazione contabile. – 1. Alle società italiane con azioni quotate in mercati regolamentati italiani o di altri paesi dell'Unione Europea non si applicano i casi di esonero dall'obbligo di redazione del bilancio consolidato previsti dall'articolo 27 del decreto legislativo 9 aprile 1991, n. 127, dall'articolo 27 del decreto legislativo 27 gennaio 1992, n. 87 e dall'articolo 61 del decreto legislativo 26 maggio 1997, n. 173.

2. Il Ministro di grazia e la giustizia, di concerto con il Ministro dell'economia e delle finanze, individua con regolamento tra i principi contabili riconosciuti in ambito internazionale e compatibili con quelli delle direttive emanate in materia dall'Unione Europea quelli sulla base dei quali gli emittenti strumenti finanziari quotati sia in mercati regolamentati italiani o di altri paesi dell'Unione sia in mercati di paesi extracomunitari possono, in deroga alle vigenti disposizioni in materia, redigere il bilancio consolidato, sempre che i suddetti principi siano accettati nei mercati di paesi extracomunitari. L'individuazione dei principi ha luogo su proposta della CONSOB, da formularsi d'intesa con la Banca d'Italia per le banche e per le società finanziarie previste dall'articolo 1, comma 1, del decreto legislativo 27 gennaio 1992, n. 87, e con l'Ivass per le imprese di assicurazione e di riassicurazione previste dall'articolo 1 del decreto legislativo 26 maggio 1997, n. 173 (1).

(1) A norma dell'art. 1 del d.lg. 6/2/2004, n. 6 le espressioni: "Ministro del tesoro" e: "Ministro del tesoro, del bilancio e della programmazione economica", ovunque ricorrano, sono state sostituite dalle parole: "Ministro dell'economia e delle finanze" e le parole: "Ministero del tesoro" e: "Ministero del tesoro, del bilancio e della programmazione economica", ovunque ricorrano, sono state sostituite dalle parole: "Ministero dell'economia e delle finanze".

• Comma modificato dall'art. 4, co. 22, d.lg. 12/5/2015, n. 72 che ha sostituito la parola: "Isvap" con la parola: "Ivass". Vedi inoltre, l'art. 6 del d.lg. 12/5/2015, n. 72.

***117 bis. Fusioni fra società con azioni quotate e società con azioni non quotate**.** – *1. Sono assoggettate alle disposizioni dell'articolo 113 le operazioni di fusione nelle quali una società con azioni non quotate viene incorporata in una società con azioni quotate, quando l'entità degli attivi di quest'ultima, diversi dalle disponibilità liquide e dalle attività finanziarie che non costituiscono immobilizzazioni, sia significativamente inferiore alle attività della società incorporata. 2. Fermi restando i poteri previsti dall'articolo 113, comma 2, la CONSOB, con proprio regolamento, stabilisce disposizioni specifiche relative alle operazioni di cui al comma 1 del presente articolo.*

* Articolo inserito dall'art. 14, co. 1, l. 28/12/2005, n. 262 e successivamente abrogato dall'art. 3, co. 13, d.lg. 2/2/2021, n. 17.

117 ter. Disposizioni in materia di finanza etica (1). – 1. La CONSOB, previa consultazione con tutti i soggetti interessati e sentite le Autorità di vigilanza competenti, determina con proprio regolamento gli specifici obblighi di informazione e di rendicontazione cui sono tenuti i soggetti abilitati [e le imprese di assicurazione] che promuovono prodotti e servizi qualificati come etici o socialmente responsabili (2).

(1) Articolo inserito dall'art. 14, co. 1, l. 28/12/2005, n. 262. Per l'attuazione del presente articolo vedi deliberazione Consob 29/10/2007, n. 16190.

(2) Comma modificato dall'art. 2, co. 8, d.lg. 21/5/2018, n. 68, con applicazione a decorrere dal 1/10/2018.

118. Casi di inapplicabilità. – 1. Le disposizioni della presente sezione non si applicano agli strumenti finanziari previsti dall'articolo 100, comma 1, lettere d) ed e).

2. I commi 1 e 2 dell'articolo 116 non si applicano agli strumenti finanziari emessi dalle banche, diversi dalle azioni o dagli strumenti finanziari che permettono di acquisire o sottoscrivere azioni (1).

(1) Comma sostituito dall'art. 11, co. 1, lett. d), l. 28/12/2005, n. 262, e successivamente, modificato dall'art. 1, co. 11, d.lg. 17/7/2009, n. 101.

118 bis. Controllo sulle informazioni fornite al pubblico (1). – 1. La CONSOB stabilisce con regolamento, tenuto conto dei principi internazionali in materia di vigilanza sull'informazione societaria, le modalità e i termini per il controllo dalla stessa effettuato sulle informazioni comunicate al pubblico ai sensi di legge, comprese le informazioni contenute nei documenti contabili, dagli emittenti quotati e dagli emittenti quotati aventi l'Italia come Stato membro d'origine (2).

(1) Articolo inserito dall'art. 14, co. 1, l. 28/12/2005, n. 262.

• Rubrica modificata dall'art. 3, co. 10, d.lg. 29/12/2006, n. 303.

(2) Comma modificato dall'art. 3, co. 10, d.lg. 29/12/2006, n. 303 e, successivamente, dall'art. 1, co. 12, d.lg. 17/7/2009, n. 101.

Capo II
Disciplina delle società con azioni quotate

119. Ambito di applicazione. – 1. Le disposizioni del presente capo si applicano, salvo che sia diversamente specificato, alle società italiane con azioni quotate in mercati regolamentati italiani o di altri paesi dell'Unione Europea (società con azioni quotate).

Sezione I
Assetti proprietari

120. Obblighi di comunicazione delle partecipazioni rilevanti. – 1. Ai fini della presente sezione, per capitale di società per azioni si intende quello rappresentato da azioni con diritto di voto. Nelle società i cui statuti consentono la maggiorazione del diritto di voto o hanno previsto l'emissione di azioni a voto plurimo, per capitale si intende il numero complessivo dei diritti di voto (1).

2. Coloro che partecipano in un emittente azioni quotate avente l'Italia come Stato membro d'origine in misura superiore al tre per cento del capitale ne danno comunicazione alla società partecipata e alla CONSOB. Nel caso in cui l'emittente sia una PMI, tale soglia è pari al cinque per cento (2).

2-bis. La CONSOB può, con provvedimento motivato da esigenze di tutela degli investitori nonché di efficienza e trasparenza del mercato del controllo societario e del mercato dei capitali, prevedere, per un limitato periodo di tempo, soglie inferiori a quella indicata nel comma 2 per società [ad elevato valore corrente di mercato e] ad azionariato particolarmente diffuso (3).

[*3. Gli emittenti azioni quotate aventi l'Italia come Stato membro d'origine che partecipano in misura superiore al dieci per cento del capitale in una società con azioni non quotate o in una società a responsabilità limitata, anche estere, ne danno comunicazione alla società partecipata e alla CONSOB*]*.

4. La CONSOB, tenuto anche conto delle caratteristiche degli investitori, stabilisce con regolamento:

a) le variazioni delle partecipazioni indicate nel comma 2 che comportano obbligo di comunicazione (4);

b) i criteri per il calcolo delle partecipazioni, avendo riguardo anche alle partecipazioni indirettamente detenute, alle ipotesi in cui il diritto di voto spetta o è attribuito a soggetto diverso dal socio nonché a quelle di maggiorazione dei diritti di voto (5);

c) il contenuto e le modalità delle comunicazioni e dell'informazione del pubblico, nonché le eventuali deroghe per quest'ultima;

d) i termini per la comunicazione e per l'informazione del pubblico [, che nel caso previsto dal comma 3 possono avere carattere periodico] (6);

d-bis) i casi in cui le comunicazioni sono dovute dai possessori di strumenti finanziari dotati dei diritti previsti dall'articolo 2351, ultimo comma, del codice civile (7).

d-ter) i casi in cui la detenzione di strumenti finanziari derivati determina obblighi di comunicazione (8);

d-quater) le ipotesi di esenzione dall'applicazione delle presenti disposizioni (8).

4-bis. In occasione dell'acquisto di una partecipazione in emittenti quotati pari o superiore alle soglie del 10 per cento, 20 per cento e 25 per cento del relativo capitale, salvo quanto previsto dall'articolo 106, comma 1-bis, il soggetto che effettua le comunicazioni di cui ai commi 2 e seguenti del presente articolo deve dichiarare gli obiettivi che ha intenzione di perseguire nel corso dei sei mesi successivi. Nella dichiarazione sono indicati sotto la responsabilità del dichiarante:

a) i modi di finanziamento dell'acquisizione;

b) se agisce solo o in concerto;

c) se intende fermare i suoi acquisti o proseguirli nonché se intende acquisire il controllo dell'emittente o comunque esercitare un'influenza sulla gestione della società e, in tali casi, la strategia che intende adottare e le operazioni per metterla in opera;

d) le sue intenzioni per quanto riguarda eventuali accordi e patti parasociali di cui è parte;

e) se intende proporre l'integrazione o la revoca degli organi amministrativi o di controllo dell'emittente.

La CONSOB può individuare con proprio regolamento i casi in cui la suddetta dichiarazione non è dovuta, tenendo conto delle caratteristiche del soggetto che effettua la dichiarazione o della società di cui sono state acquistate le azioni.

La dichiarazione è trasmessa alla società di cui sono state acquistate le azioni e alla CONSOB, nonché è oggetto di comunicazione al pubblico secondo le modalità e i termini stabiliti con il regolamento della CONSOB emanato in attuazione del comma 4, lettere c) e d). La CONSOB può, con provvedimento motivato da esigenze di tutela degli investitori nonché di efficienza e trasparenza del mercato del controllo societario e del mercato dei capitali, prevedere, per un limitato periodo di tempo, in aggiunta alle (soglie indicate nel primo periodo del presente comma una soglia del 5 per cento per società ad azionariato particolarmente diffuso (9).

5. Il diritto di voto inerente alle azioni quotate od agli strumenti finanziari per i quali sono state omesse le comunicazioni previste dal comma 2 o la dichiarazione prevista dal comma 4-bis non può essere esercitato. In caso di inosservanza, si applica l'articolo 14, comma 6. L'impugnazione può essere proposta anche dalla Consob entro il termine indicato nell'articolo 14, comma 7 (10).

6. Il comma 2 non si applica alle partecipazioni detenute, per il tramite di società controllate, dal Ministero dell'economia e delle finanze. I relativi obblighi di comunicazione sono adempiuti dalle società controllate.

(1) Comma modificato dall'art. 20, co. 1, lett. q), d.l. 24/6/2014, n. 91, conv., con modif. dalla l. 11/8/2014, n. 116.

(2) Comma modificato dall'art. 1 del d.lg. 6/11/2007, n. 195, dall'art. 20, co. 1, lett. r), d.l. 24/6/2014, n. 91, conv., con modif. dalla l. 11/8/2014, n. 116 e, successivamente, dall'art. 1, co. 6, d.lg. 15/2/2016 n. 25.

(3) Comma inserito dall'art. 7, co. 3-quinquies, lett. a), d.l. 10/2/2009, n. 5 e successivamente modificato dall'art. 17, co. 1, lett. a), d.l. 8/4/2020, n. 23, conv. con modif., dalla l. 5/6/2020, n. 40.

* Comma modificato dall'art. 1 del d.lg. 6/11/2007, n. 195, e, successivamente, abrogato dall'art. 1, co. 12, lett. a), d.lg. 11/10/2012, n. 184.

(4) Lettera modificata dall'art. 1, co. 12, lett. b), d.lg. 11/10/2012, n. 184.

(5) Lettera sostituita dall'art. 20, co. 1, lett. s), d.l. 24/6/2014, n. 91, conv., con modif., dalla l. 11/8/ 2014, n. 116.

(6) Lettera modificata dall'art. 1, co. 12, lett. c), d.lg. 11/10/2012, n. 184.

(7) Lettera inserita dall'art. 9.68 del d.lg. 17/1/2003, n. 6, nel testo introdotto dall'art. 3 del d.lg. 6/2/2004, n. 37. Vedi la disciplina transitoria di cui all'art. 6 del medesimo d.lg. n. 37/2004. Per l'attuazione del presente comma vedi la deliberazione CONSOB 24/11/1998, n. 11715 e la deliberazione CONSOB 14/5/1999, n. 11971.

(8) Lettera aggiunta dall'art. 1, co. 7, d.lg. 6/11/2007, n. 195.

(9) Comma inserito dall'art. 13, co. 1, lett. a), n. 1), d.l. 16/10/2017, n. 148, conv., con modif., dalla l. 4/12/2017, n. 172 e successivamente modificato dall'art. 17, co. 1, lett. b), d.l. 8/4/2020, n. 23, conv., con modif., dalla l. 5/6/2020, n. 40.

(10) Comma sostituito dall'art. 9.68 del d.lg. 17/1/2003, n. 6, nel testo introdotto dall'art. 3 del d.lg. 6/2/2004, n. 37. Vedi la disciplina transitoria di cui all'art. 6 del medesimo d.lg. 37/2004. Successivamente modificato dall'art. 13, co. 1, lett. a), n. 2), d.l. 16/10/2017, n. 148, conv., con modif., dalla l. 4/12/2017, n. 172 e dall'art. 4, co. 2, d.lg. 25/11/2019, n. 165.

121. Disciplina delle partecipazioni reciproche. – 1. Fuori dai casi previsti dall'articolo 2359-bis del codice civile, in caso di partecipazioni reciproche eccedenti il limite indicato nell'articolo 120, comma 2, la società che ha superato il limite successivamente non può esercitare il diritto di voto inerente alle azioni eccedenti e deve alienarle entro dodici mesi dalla data in cui ha superato il limite. In caso di mancata alienazione entro il termine previsto la sospensione del diritto di voto si estende all'intera partecipazione. Se non è possibile accertare quale delle due società ha superato il limite successivamente, la sospensione del diritto di voto e l'obbligo di alienazione si applicano a entrambe, salvo loro diverso accordo (1).

2. Il limite richiamato nel comma 1 è elevato al cinque per cento, ovvero, nei casi previsti dall'articolo 120, comma 2, secondo periodo, al dieci per cento, a condizione che il superamento della soglia da parte di entrambe le società abbia

luogo a seguito di un accordo preventivamente autorizzato dall'assemblea ordinaria delle società interessate (2).

3. Se un soggetto detiene una partecipazione in misura superiore alla soglia indicata nel comma 2 di una società con azioni quotate, questa o il soggetto che la controlla non possono acquisire una partecipazione superiore a tale limite in una società con azioni quotate controllata dal primo. In caso di inosservanza il diritto di voto inerente alle azioni eccedenti il limite indicato è sospeso. Se non è possibile accertare quale dei due soggetti ha superato il limite successivamente, la sospensione del diritto di voto si applica a entrambi, salvo loro diverso accordo (3).

4. Per il calcolo delle partecipazioni si applicano i criteri stabiliti ai sensi dell'articolo 120, comma 4, lettera b).

5. I commi 1, 2 e 3 non si applicano quando i limiti ivi indicati sono superati a seguito di un'offerta pubblica di acquisto o di scambio diretta a conseguire almeno il sessanta per cento delle azioni ordinarie (4).

6. In caso di inosservanza dei divieti di esercizio del voto previsti dai commi 1 e 3, si applica l'articolo 14, comma 6. L'impugnazione può essere proposta anche dalla Consob entro il termine indicato nell'articolo 14, comma 7 (5).

(1) Comma modificato dall'art. 1, co. 13, d.lg. 11/10/2012, n. 184.

(2) Comma sostituito dall'art. 20, co. 1, lett. t), d.l. 24/6/2014, n. 91, conv., con modif., dalla l. 11/8/2014, n. 116.

(3) Comma modificato dall'art. 20, co. 1, lett. u), d.l. 24/6/2014, n. 91, conv., con modif., dalla l. 11/8/2014, n. 116.

(4) Comma modificato dall'art. 3, co. 1, d.lg. 25/9/2009, n. 146.

(5) Comma così modificato dall'art. 4 del d.lg. 25/11/2019, n. 165 che ha sostituito le parole: "articolo 14, comma 5" con le parole: "articolo 14, comma 6" e le parole: "articolo 14, comma 6" con le parole: "articolo 14, comma 7".

122. Patti parasociali. – 1. I patti, in qualunque forma stipulati, aventi per oggetto l'esercizio del diritto di voto nelle società con azioni quotate e nelle società che le controllano entro cinque giorni dalla stipulazione sono:

a) comunicati alla CONSOB;

b) pubblicati per estratto sulla stampa quotidiana;

c) depositati presso il registro delle imprese del luogo ove la società ha la sua sede legale;

d) comunicati alle società con azioni quotate (1).

2. La CONSOB stabilisce con regolamento le modalità e i contenuti della comunicazione, dell'estratto e della pubblicazione (2).

3. In caso di inosservanza degli obblighi previsti dal comma 1 i patti sono nulli.

4. Il diritto di voto inerente alle azioni quotate per le quali non sono stati adempiuti gli obblighi previsti dal comma 1 non può essere esercitato. In caso di inosservanza, si applica l'articolo 14, comma 6. L'impugnazione può essere proposta anche dalla Consob entro il termine indicato nell'articolo 14, comma 7 (3).

5. Il presente articolo si applica anche ai patti, in qualunque forma stipulati:

a) che istituiscono obblighi di preventiva consultazione per l'esercizio del diritto di voto nelle società con azioni quotate e nelle società che le controllano;

b) che pongono limiti al trasferimento delle relative azioni o di strumenti finanziari che attribuiscono diritti di acquisto o di sottoscrizione delle stesse;

c) che prevedono l'acquisto delle azioni o degli strumenti finanziari previsti dalla lettera b);

d) aventi per oggetto o per effetto l'esercizio anche congiunto di un'influenza dominante su tali società.

d-bis) volti a favorire o a contrastare il conseguimento degli obiettivi di un'offerta pubblica di acquisto o di scambio, ivi inclusi gli impegni a non aderire ad un'offerta (4).

5-bis. Ai patti di cui al presente articolo non si applicano gli articoli 2341-bis e 2341-ter del codice civile (5).

5-ter. Gli obblighi di comunicazione di cui al comma 1 del presente articolo non si applicano ai patti, in qualunque forma stipulati, aventi ad oggetto partecipazioni complessivamente inferiori alla soglia indicata all'articolo 120, comma 2 (6).

(1) Comma sostituito dall'art. 3, co. 2, lett. a), d.lg. 25/9/2009, n. 146.

(2) Per l'attuazione del presente comma vedi la deliberazione Consob 24/11/1998, n. 11715 e la deliberazione Consob 14/5/1999, n. 11971.

(3) Comma così modificato dall'art. 4 del d.lg. 25/11/2019, n. 165 che ha sostituito le parole: "articolo 14, comma 5" con le parole: "articolo 14, comma 6" e le parole: "articolo 14, comma 6" con le parole: "articolo 14, comma 7".

(4) Lettera aggiunta dall'art. 4 del d.lg. 19/11/2007, n. 229.

(5) Comma aggiunto dall'art. 9.69 del d.lg. 17/1/2003, n. 6, nel testo introdotto dall'art. 3 del d.lg. 6/2/2004, n. 37. Vedi la disciplina transitoria di cui all'art. 6 del medesimo d.lg. n. 37/2004.

(6) Comma inserito dall'art. 3, co. 2, lett. b), d.lg. 25/9/2009, n. 146.

123. Durata dei patti e diritto di recesso. – 1. I patti indicati nell'articolo 122, se a tempo determinato, non possono avere durata superiore a tre anni e si intendono stipulati per tale durata anche se le parti hanno previsto un termine maggiore; i patti sono rinnovabili alla scadenza.

2. I patti possono essere stipulati anche a tempo indeterminato; in tal caso ciascun contraente ha diritto di recedere con un preavviso di sei mesi. Al recesso si applica l'articolo 122, commi 1 e 2.

3. Gli azionisti che intendono aderire a un'offerta pubblica di acquisto o di scambio promossa ai sensi degli articoli 106 o 107 possono recedere senza preavviso dai patti indicati nell'articolo 122. La dichiarazione di recesso non produce effetto se non si è perfezionato il trasferimento delle azioni.

123 bis. Relazione sul governo societario e gli assetti proprietari (1). – 1. La relazione sulla gestione delle società emittenti valori mobiliari ammessi alle negoziazioni in mercati regolamentati contiene in una specifica sezione, denominata: «Relazione sul governo societario e gli assetti proprietari», informazioni dettagliate riguardanti:

a) la struttura del capitale sociale, compresi i titoli che non sono negoziati su un mercato regolamentato di uno Stato comunitario, con l'indicazione delle varie categorie di azioni e, per ogni categoria di azioni, i diritti e gli obblighi connessi, nonché la percentuale del capitale sociale che esse rappresentano;

b) qualsiasi restrizione al trasferimento di titoli, quali ad esempio limiti al possesso di titoli o la necessità di ottenere il gradimento da parte della società o di altri possessori di titoli;

c) le partecipazioni rilevanti nel capitale, dirette o indirette, ad esempio tramite strutture piramidali o di partecipazione incrociata, secondo quanto risulta dalle comunicazioni effettuate ai sensi dell'articolo 120;

d) se noti, i possessori di ogni titolo che conferisce diritti speciali di controllo e una descrizione di questi diritti;

e) il meccanismo di esercizio dei diritti di voto previsto in un eventuale sistema di partecipazione azionaria dei dipendenti, quando il diritto di voto non è esercitato direttamente da questi ultimi;

f) qualsiasi restrizione al diritto di voto, ad esempio limitazioni dei diritti di voto ad una determinata percentuale o ad un certo numero di voti, termini imposti per l'esercizio del diritto di voto o sistemi in cui, con la cooperazione della società, i diritti finanziari connessi ai titoli sono separati dal possesso dei titoli;

g) gli accordi che sono noti alla società ai sensi dell'articolo 122;

h) gli accordi significativi dei quali la società o sue controllate siano parti e che acquistano efficacia, sono modificati o si estinguono in caso di cambiamento di controllo della società, e i loro effetti, tranne quando sono di natura tale per cui la loro divulgazione arrecherebbe grave pregiudizio alla società; tale deroga non si applica quando la società ha l'obbligo specifico di divulgare tali informazioni sulla base di altre disposizioni di legge;

i) gli accordi tra la società e gli amministratori, i componenti del consiglio di gestione o di sorveglianza, che prevedono indennità in caso di dimissioni o licenziamento senza giusta causa o se il loro rapporto di lavoro cessa a seguito di un'offerta pubblica di acquisto;

l) le norme applicabili alla nomina e alla sostituzione degli amministratori e dei componenti del consiglio di gestione e di sorveglianza, nonché alla modifica dello statuto, se diverse da quelle legislative e regolamentari applicabili in via suppletiva;

m) l'esistenza di deleghe per gli aumenti di capitale ai sensi dell'articolo 2443 del codice civile ovvero del potere in capo agli amministratori o ai componenti del consiglio di gestione di emettere strumenti finanziari partecipativi nonché di autorizzazioni all'acquisto di azioni proprie.

2. Nella medesima sezione della relazione sulla gestione di cui al comma 1 sono riportate le informazioni riguardanti:

a) l'adesione ad un codice di comportamento in materia di governo societario promosso da società di gestione di mercati regolamentati o da associazioni di categoria, motivando le ragioni dell'eventuale mancata adesione ad una o più disposizioni, nonché le pratiche di governo societario effettivamente applicate dalla società al di là degli obblighi previsti dalle norme legislative o regolamentari. La società indica altresì dove il codice di comportamento in materia governo societario al quale aderisce è accessibile al pubblico;

b) le principali caratteristiche dei sistemi di gestione dei rischi e di controllo interno esistenti in relazione al processo di informativa finanziaria, anche consolidata, ove applicabile;

c) i meccanismi di funzionamento dell'assemblea degli azionisti, i suoi principali poteri, i diritti degli azionisti e le modalità del loro esercizio, se diversi da quelli previsti dalle disposizioni legislative e regolamentari applicabili in via suppletiva;

d) la composizione e il funzionamento degli organi di amministrazione e controllo e dei loro comitati;

d-bis) una descrizione delle politiche in materia di diversità applicate in relazione alla composizione degli organi di amministrazione, gestione e controllo relativamente ad aspetti quali l'età, la composizione di genere e il percorso formativo e professionale, nonché una descrizione degli obiettivi, delle modalità di attuazione e dei risultati di tali politiche. Nel caso in cui nessuna politica sia applicata, la società motiva in maniera chiara e articolata le ragioni di tale scelta (2).

3. Le informazioni di cui ai commi 1 e 2 possono figurare in una relazione distinta dalla relazione sulla gestione, approvata dall'organo di amministrazione, e pubblicata congiuntamente alla relazione sulla gestione. In alternativa, la relazione sulla gestione può indicare la sezione del sito internet dell'emittente dove è pubblicato tale documento.

4. La società di revisione esprime il giudizio di cui all'art. 14, comma 2, lett. e), del d.lgs. 27 gennaio 2010, n. 39 (3), sulle informazioni di cui al comma 1, lettere c), d), f), l) e m), e al comma 2, lettera b), e verifica che siano state fornite le informazioni di cui al comma 2, lettere a), c), d) e d-bis), del presente articolo (4).

5. Le società che non emettono azioni ammesse alle negoziazioni in mercati regolamentati o in sistemi multilaterali di negoziazione, possono omettere la pubblicazione delle informazioni di cui ai commi 1 e 2, salvo quelle di cui al comma 2, lettera b).

5-bis. Possono omettere la pubblicazione delle informazioni di cui al comma 2, lettera d-bis), le società che alla data di chiusura dell'esercizio di riferimento non superino almeno due dei seguenti parametri:

a) totale dello stato patrimoniale: 20.000.000 di euro;

b) totale dei ricavi netti delle vendite e delle prestazioni: 40.000.000 di euro;

c) numero medio di dipendenti durante l'esercizio finanziario pari a duecentocinquanta (5).

(1) Articolo aggiunto dall'art. 4, co. 2, d.lg. 19/11/2007, n. 229 e, successivamente, sostituito dall'art. 5, co. 1, d.lg. 3/11/2008, n. 173.

(2) Lettera aggiunta dall'art. 10, co. 1, lett. a), d.lg. 30/12/2016, n. 254.

(3) Parole "di cui all'art. 14, co. 2, lett. e), d.lg. n. 27/2010, n. 39" così sostituite a quelle "di cui all'art. 156, comma 4-bis, lett. d)" dall'art. 10, co. 1, lett. b), d.lg. 30/12/2016, n. 254.

(4) Parole "siano state fornite le informazioni di cui al comma 2, lettere a), c), d) e d-bis), del presente articolo" così sostituite a quelle "sia stata elaborata una relazione sul governo societario e gli assetti proprietari" dall'art. 10, co. 1, lett. b), d.lg. 30/12/2016, n. 254.

(5) Comma aggiunto dall'art. 10, co. 1, lett. c), d.lg. 30/12/2016, n. 254.

123 ter. Relazione sulla politica in materia di remunerazione e sui compensi corrisposti (1). – 1. Almeno ventuno giorni prima della data dell'assemblea prevista dall'articolo 2364, secondo comma, o dell'assemblea prevista dall'articolo 2364-bis, secondo comma, del codice civile, le società con azioni quotate mettono a disposizione del pubblico una relazione sulla politica di remunerazione e sui compensi corrisposti, presso la sede sociale, sul proprio sito Internet e con le altre modalità stabilite dalla Consob con regolamento (2).

2. La relazione è articolata nelle due sezioni previste ai commi 3 e 4 ed è approvata dal consiglio di amministrazione. Nelle società che adottano il sistema dualistico la relazione è approvata dal consiglio di sorveglianza, su proposta, limitatamente alla sezione prevista dal comma 4, lettera b), del consiglio di gestione (3).

3. La prima sezione della relazione illustra in modo chiaro e comprensibile (4):

a) la politica della società in materia di remunerazione dei componenti degli organi di amministrazione, dei direttori generali e dei dirigenti con responsabilità strategiche con riferimento almeno all'esercizio successivo e, fermo restando quanto previsto dall'articolo 2402 del codice civile, dei componenti degli organi di controllo (5);

b) le procedure utilizzate per l'adozione e l'attuazione di tale politica.

3-bis. La politica di remunerazione contribuisce alla strategia aziendale, al perseguimento degli interessi a lungo termine e alla sostenibilità della società e illustra il modo in cui fornisce tale contributo. Fermo quanto previsto dal comma 3-ter, le società sottopongono al voto dei soci la politica di remunerazione di cui al comma 3 con la cadenza richiesta dalla durata della politica definita ai sensi del comma 3, lettera a), e comunque almeno ogni tre anni o in occasione di modifiche della politica medesima. Le società attribuiscono compensi solo in conformità con la politica di remunerazione da ultimo approvata dai soci. In presenza di circostanze eccezionali le società possono derogare temporaneamente alla politica di remunerazione, purché la stessa preveda le condizioni procedurali in base alle quali la deroga può essere applicata e specifichi gli elementi della politica a cui si può derogare. Per circostanze eccezionali si intendono solamente situazioni in cui la deroga alla politica di remunerazione è necessaria ai fini del perseguimento degli interessi a lungo termine e della sostenibilità della società nel suo complesso o per assicurarne la capacità di stare sul mercato (6).

3-ter. La deliberazione prevista dal comma 3-bis è vincolante. Qualora l'assemblea dei soci non approvi la politica di remunerazione sottoposta al voto ai sensi del comma 3-bis la società continua a corrispondere remunerazioni conformi alla più recente politica di remunerazione approvata dall'assemblea o, in mancanza, può continuare a corrispondere remunerazioni conformi alle prassi vigenti. La società sottopone al voto dei soci una nuova politica di remunerazione al più tardi in occasione della successiva assemblea prevista dall'articolo 2364, secondo comma, o dell'assemblea prevista dall'articolo 2364-bis, secondo comma, del codice civile (6).

4. La seconda sezione della relazione, in modo chiaro e comprensibile e, nominativamente per i componenti degli organi di amministrazione e di controllo, i direttori generali e in forma aggregata, salvo quanto previsto dal regolamento emanato ai sensi del comma 8, per i dirigenti con responsabilità strategiche (7):

a) fornisce un'adeguata rappresentazione di ciascuna delle voci che compongono la remunerazione, compresi i trattamenti previsti in caso di cessazione dalla carica o di risoluzione del rapporto di lavoro, evidenziandone la coerenza con la politica della società in materia di remunerazione relativa all'esercizio di riferimento (8);

b) illustra analiticamente i compensi corrisposti nell'esercizio di riferimento a qualsiasi titolo e in qualsiasi forma dalla società e da società controllate o collegate, segnalando le eventuali componenti dei suddetti compensi che sono riferibili ad attività svolte in esercizi precedenti a quello di riferimento ed evidenziando, altresì, i compensi da corrispondere in uno o più esercizi successivi a fronte dell'attività svolta nell'esercizio di riferimento, eventualmente indicando un valore di stima per le componenti non oggettivamente quantificabili nell'esercizio di riferimento;

b-bis) illustra come la società ha tenuto conto del voto espresso l'anno precedente sulla seconda sezione della relazione (9).

5. Alla relazione sono allegati i piani di compensi previsti dall'articolo 114-bis ovvero è indicata nella relazione la sezione del sito Internet della società dove tali documenti sono reperibili.

6. Fermo restando quanto previsto dagli articoli 2389 e 2409-terdecies, primo comma, lettera a), del codice civile, e dall'articolo 114-bis, l'assemblea convocata ai sensi dell'articolo 2364, secondo comma, ovvero dell'articolo 2364-bis, secondo comma, del codice civile, delibera in senso favorevole o contrario sulla seconda sezione della relazione prevista dal comma 4. La deliberazione non è vincolante. L'esito della votazione è posto a disposizione del pubblico ai sensi dell'articolo 125-quater, comma 2 (10).

7. La Consob con regolamento, adottato sentite Banca d'Italia e Ivass per quanto concerne i soggetti rispettivamente vigilati e nel rispetto di quanto previsto dalla normativa europea di settore, indica le informazioni da includere nella prima sezione della relazione e le caratteristiche di tale politica in conformità con l'articolo 9-bis della direttiva 2007/36/CE e nel rispetto di quanto previsto dal paragrafo 3 della raccomandazione 2004/913/CE e dal paragrafo 5 della raccomandazione 2009/385/CE (10).

8. La CONSOB, con il regolamento adottato ai sensi del comma 7, indica altresì le informazioni da includere nella sezione della relazione sulla remunerazione prevista dal comma 4. La CONSOB può:

a) individuare i dirigenti con responsabilità strategiche per i quali le informazioni sono fornite in forma nominativa;

b) differenziare il livello di dettaglio delle informazioni in funzione della dimensione della società.

8-bis. Il soggetto incaricato di effettuare la revisione legale del bilancio verifica l'avvenuta predisposizione da parte degli amministratori della seconda sezione della relazione (6).

8-ter. Rimangono ferme le disposizioni previste in materia di remunerazioni da normative di settore (6).

(1) Rubrica così sostituita dall'art. 3 del d.lg. 10/5/2019, n. 49. La formulazione previgente era: "Relazione sulla remunerazione".

(2) Comma così modificato dall'art. 3 del d.lg. 10/5/2019, n. 49 che ha sostituito le parole: "una relazione sulla remunerazione" con le parole: "una relazione sulla politica di remunerazione e sui compensi corrisposti".

(3) Comma così modificato dall'art. 3 del d.lg. 10/5/2019, n. 49 che ha soppresso le parole: "sulla remunerazione".

(4) Alinea così modificato dall'art. 3 del d.lg. 10/5/2019, n. 49 che ha soppresso le parole: "sulla remunerazione" e dopo la parola: "illustra" ha inserito le parole: "in modo chiaro e comprensibile".

(5) Lettera così modificata dall'art. 3 del d.lg. 10/5/2019, n. 49 che dopo le parole: "almeno all'esercizio successivo" ha inserito le parole: "e, fermo restando quanto previsto dall'articolo 2402 del codice civile, dei componenti degli organi di controllo".

(6) I commi 3-bis e 3-ter sono stati inseriti dall'art. 3 del d.lg. 10/5/2019, n. 49.

(7) Alinea così modificato dall'art. 3 del d.lg. 10/5/2019, n. 49 che dopo le parole: "La seconda sezione" ha inserito le parole: "della relazione, in modo chiaro e comprensibile e".

(8) Lettera così modificata dall'art. 3 del d.lg. 10/5/2019, n. 49 che ha sostituito le parole: "approvata nell'esercizio precedente" con le parole: "relativa all'esercizio di riferimento".

(9) Lettera aggiunta dall'art. 3 del d.lg. 10/5/2019, n. 49.

(10) Comma così sostituito dall'art. 3 del d.lg. 10/5/2019, n. 49.

124. Casi di inapplicabilità. – 1. La CONSOB può dichiarare inapplicabili gli articoli 120, 121, 122 e 123, comma 2, secondo periodo, alle società italiane con azioni quotate solo in mercati regolamentati di altri paesi dell'Unione Europea, in considerazione della normativa applicabile a tali società in forza della quotazione.

Sezione I bis
Informazioni sull'adesione a codici di comportamento (1)

(1) Sezione inserita dall'art. 14, co. 1, l. 28/12/2005, n. 262.

124 bis. Obblighi di informazione relativi ai codici di comportamento*. – *1. Le società di cui al presente capo diffondono annualmente, nei termini e con le modalità stabiliti dalla CONSOB, informazioni sull'adesione a codici di comportamento promossi da società di gestione di mercati regolamentati o da associazioni di categoria degli operatori e sull'osservanza degli impegni a ciò conseguenti, motivando le ragioni dell'eventuale inadempimento.*

* Articolo inserito dall'art. 14, co. 1, l. 28/12/2005, n. 262 e, successivamente, abrogato dall'art. 5 del d.lg. 3/11/2008, n. 173.

124 ter. Informazione relativa ai codici di comportamento (1). – 1. La CONSOB, negli ambiti di propria competenza, stabilisce le forme di pubblicità cui sono sottoposti i codici di comportamento in materia di governo societario promossi da società di gestione del mercato o da associazioni di categoria.

(1) Articolo inserito dall'art. 14, co. 1, l. 28/12/2005, n. 262, modificato dall'art. 3, co. 11, lett. a) e b), d.lg. 29/12/2006, n. 303 e, da ultimo, sostituito dall'art. 5 del d.lg. 3/11/2008, n. 173.

Sezione I ter (1)
Trasparenza degli investitori istituzionali, dei gestori di attivi e dei consulenti in materia di voto

(1) Sezione inserita dall'art. 3 del d.lg. 10/5/2019, n. 49.

124 quater. Definizioni e ambito applicativo. – 1. Nella presente sezione si intendono per:

a) "gestore di attivi": le Sgr, le Sicav e le Sicaf che gestiscono direttamente i propri patrimoni, e i soggetti autorizzati in Italia a prestare il servizio di cui all'articolo 1, comma 5, lettera d);

b) "investitore istituzionale":

1) un'impresa di assicurazione o di riassicurazione come definite alle lettere u) e cc) del comma 1 dell'articolo 1 del decreto legislativo 7 settembre 2005, n. 209, incluse le sedi secondarie in Italia di imprese aventi sede legale in uno Stato terzo, autorizzate ad esercitare attività di assicurazione o di riassicurazione nei rami vita ai sensi dell'articolo 2, commi 1 e 2, del medesimo decreto;

2) i fondi pensione con almeno cento aderenti, che risultino iscritti all'albo tenuto dalla COVIP e che rientrino tra quelli di cui agli articoli 4, comma 1, e 12 del decreto legislativo 5 dicembre 2005, n. 252, ovvero tra quelli dell'articolo 20 del medesimo decreto aventi soggettività giuridica; c) "consulente in materia di voto": un soggetto che analizza, a titolo professionale e commerciale, le informazioni diffuse dalle società e, se del caso, altre informazioni riguardanti società europee con azioni quotate nei mercati regolamentati di uno Stato membro dell'Unione europea nell'ottica di informare gli investitori in relazione alle decisioni di voto fornendo ricerche, consigli o raccomandazioni di voto connessi all'esercizio dei diritti di voto.

2. Le disposizioni previste nella presente sezione si applicano agli investitori istituzionali e ai gestori di attivi che investono in società con azioni ammesse alla negoziazione in un mercato regolamentato italiano o di un altro Stato membro dell'Unione europea.

3. Le disposizioni previste nella presente sezione per i consulenti in materia di voto si applicano ai soggetti:

a) aventi la sede legale in Italia;

b) aventi una sede, anche secondaria, in Italia, qualora non abbiano la sede legale o la sede principale in un altro Stato membro dell'Unione europea.

124 quinquies. Politica di impegno. – 1. Salvo quanto previsto dal comma 3, gli investitori istituzionali e i gestori di attivi adottano e comunicano al pubblico una politica di impegno che descriva le modalità con cui integrano l'impegno in qualità di azionisti nella loro strategia di investimento. La politica descrive le modalità con cui monitorano le società partecipate su questioni rilevanti, compresi la strategia, i risultati finanziari e non finanziari nonché i rischi, la struttura del capitale, l'impatto sociale e ambientale e il governo societario, dialogano con le società partecipate, esercitano i diritti di voto e altri diritti connessi alle azioni, collaborano con altri azionisti, comunicano con i pertinenti portatori di interesse delle società partecipate e gestiscono gli attuali e potenziali conflitti di interesse in relazione al loro impegno.

2. Salvo quanto previsto dal comma 3, gli investitori istituzionali e i gestori di attivi comunicano al pubblico, su base annua, le modalità di attuazione di tale politica di impegno, includendo una descrizione generale del comportamento di voto, una spiegazione dei voti più significativi e del ricorso ai servizi dei consulenti in materia di voto. Essi comunicano al pubblico come hanno espresso il voto nelle assemblee generali delle società di cui sono azionisti e possono escludere i voti ritenuti non significativi in relazione all'oggetto della votazione o alle dimensioni della partecipazione nelle società.

3. Gli investitori istituzionali e i gestori di attivi forniscono una comunicazione al pubblico chiara e motivata delle ragioni dell'eventuale scelta di non adempiere ad una o più delle disposizioni di cui ai commi 1 e 2.

4. Gli investitori istituzionali e i gestori di attivi rispettano le disposizioni relative ai conflitti di interessi previste dalle discipline di settore anche nell'attuazione della politica di impegno adottata dagli stessi e pubblicata ai sensi del comma 1.

5. Le informazioni di cui ai commi 1, 2 e 3, sono messe a disposizione del pubblico gratuitamente sul sito internet degli investitori istituzionali o dei gestori di attivi o attraverso altri mezzi facilmente accessibili on-line.

6. Nel caso in cui i gestori di attivi attuino la politica di impegno con riferimento all'esercizio del diritto di voto per conto di investitori istituzionali, questi ultimi indicano dove i gestori di attivi hanno reso pubbliche le informazioni riguardanti il voto.

124 sexies. Strategia d'investimento degli investitori istituzionali e accordi con i gestori di attivi. – 1. Gli investitori istituzionali comunicano al pubblico in che modo gli elementi principali della loro strategia di investimento azionario sono coerenti con il profilo e la durata delle loro passività, in particolare delle passività a lungo termine, e in che modo contribuiscono al rendimento a medio e lungo termine dei loro attivi.

2. Salvo quanto previsto dal comma 3, gli investitori istituzionali che investono per il tramite di gestori di attivi, come definiti all'articolo 2, lettera f), della direttiva 2007/36/CE, comunicano al pubblico le seguenti informazioni relative all'accordo di gestione, su base individuale o collettiva, con il predetto gestore di attivi:

a) le modalità con cui l'accordo incentiva il gestore di attivi ad allineare la strategia e le decisioni di investimento al profilo e alla durata delle passività degli investitori istituzionali, in particolare delle passività a lungo termine;

b) le modalità con cui l'accordo incentiva il gestore di attivi a prendere decisioni di investimento basate sulle valutazioni relative ai risultati finanziari e non finanziari a lungo e medio termine delle società partecipate e a impegnarsi con tali società al fine di migliorarne i risultati a medio e lungo termine;

c) le modalità con cui il metodo e l'orizzonte temporale di valutazione dei risultati del gestore di attivi e la sua remunerazione per l'attività di gestione, sono in linea con il profilo e la durata delle passività dell'investitore istituzionale, in particolare delle passività a lungo termine, e tengono conto dei risultati assoluti a lungo termine;

d) le modalità con cui l'investitore istituzionale controlla i costi di rotazione del portafoglio sostenuti dal gestore di attivi, nonché le modalità con cui definisce e controlla un valore prefissato di rotazione del portafoglio e il relativo intervallo di variazione;

e) l'eventuale durata dell'accordo con il gestore di attivi.

3. Qualora l'accordo con il gestore di attivi di cui al comma 2 non includa uno o più degli elementi indicati nel medesimo comma, l'investitore istituzionale illustra in modo chiaro e articolato le ragioni di tale scelta.

4. Le informazioni di cui al presente articolo sono messe a disposizione del pubblico gratuitamente sul sito internet dell'investitore istituzionale o attraverso altri mezzi facilmente accessibili on-line e, salvo modifiche sostanziali, sono aggiornate su base annua.

5. Le imprese di cui all'articolo 124-quater, comma 1, lettera b), n. 1), inseriscono tali informazioni nella relazione relativa alla solvibilità e alla condizione finanziaria di cui all'articolo 47-septies del decreto legislativo 7 settembre 2005, n. 209. Si applicano altresì gli articoli 47-octies, 47-novies e 47-decies del medesimo decreto legislativo.

124 septies. Trasparenza dei gestori di attivi. – 1. I gestori di attivi comunicano, con frequenza annuale, agli investitori istituzionali indicati all'articolo 2, lettera e), della direttiva 2007/36/CE, con cui hanno concluso gli accordi di cui all'articolo 124-sexies, in che modo la loro strategia d'investimento e la relativa attuazione rispettano tali accordi e contribuiscono al rendimento a medio e lungo termine degli attivi degli investitori istituzionali o dei fondi.

2. La comunicazione prevista al comma 1 comprende:

a) le relazioni sui principali rischi a medio e lungo termine associati agli investimenti, sulla composizione del portafoglio, sulla sua rotazione e sui relativi costi, sul ricorso ai consulenti in materia di voto ai fini delle attività di impegno e, ove applicabile, sulla loro politica di concessione di titoli in prestito nonché il modo in cui quest'ultima viene implementata al fine di perseguire le loro attività di impegno, in particolare in occasione delle assemblee generali delle società partecipate;

b) informazioni in merito all'eventuale adozione, e alle relative modalità, di decisioni di investimento sulla base di una valutazione dei risultati a medio e lungo termine delle società partecipate, compresi i risultati non finanziari;

c) informazioni in merito all'eventuale insorgenza di conflitti di interessi in connessione con le attività di impegno e le misure adottate dai gestori di attivi per gestirli.

3. I gestori di attivi non provvedono alla comunicazione di cui al presente articolo, qualora le informazioni richieste siano già a disposizione del pubblico.

4. Le informazioni di cui al comma 1 sono comunicate con la relazione annuale del fondo o, nel caso del servizio di investimento di gestione del portafoglio, con il rendiconto periodico.

124 octies. Trasparenza dei consulenti in materia di voto. – 1. I consulenti in materia di voto, anche al fine di informare adeguatamente i clienti sull'accuratezza e affidabilità delle loro attività, pubblicano annualmente una relazione che contenga almeno le seguenti informazioni in relazione all'elaborazione delle loro ricerche, dei loro consigli e delle loro raccomandazioni di voto:

a) le caratteristiche essenziali delle metodologie e dei modelli applicati;

b) le principali fonti di informazione utilizzate;

c) le procedure messe in atto per garantire la qualità delle ricerche, dei consigli e delle raccomandazioni di voto nonché le qualifiche del personale coinvolto;

d) le modalità con cui, eventualmente, tengono conto delle condizioni normative e del mercato nazionale nonché delle condizioni specifiche delle società;

e) le caratteristiche essenziali delle politiche di voto applicate per ciascun mercato;

f) la portata e la natura del dialogo, se del caso, intrattenuto con le società oggetto delle loro ricerche, dei loro consigli o delle loro raccomandazioni di voto e con i portatori di interesse della società;

g) la politica relativa alla prevenzione e alla gestione dei potenziali conflitti di interesse;

h) l'eventuale adesione ad un codice di comportamento ovvero l'illustrazione in maniera chiara e motivata delle ragioni della mancata adesione. I consulenti in materia di voto che aderiscono ad un codice di comportamento riferiscono altresì in merito all'applicazione di tale codice, anche con riferimento alle informazioni richieste dalle lettere precedenti, specificando l'eventuale mancata adesione ad una o più disposizioni del codice, le ragioni della stessa e le eventuali misure alternative adottate.

2. La relazione indicata al comma 1 è resa disponibile al pubblico, gratuitamente, sul sito internet del consulente in materia di voto e rimane a disposizione del pubblico per almeno tre anni a decorrere dalla data di pubblicazione.

3. Ai consulenti in materia di voto si applicano gli articoli 114, commi 5 e 6, e 115, comma 1, lettere a), b) e c).

4. I consulenti in materia di voto, nell'ambito dello svolgimento del servizio richiesto, individuano e comunicano senza indugio ai loro clienti qualsiasi conflitto di interesse reale o potenziale o relazione commerciale che possa influenzare l'elaborazione delle loro ricerche, dei loro consigli o delle loro raccomandazioni di voto e le azioni intraprese per eliminare, attenuare o gestire gli eventuali conflitti di interesse reali o potenziali.

124 novies. Poteri regolamentari. – 1. La Consob, sentite la Banca d'Italia, l'IVASS e la COVIP, disciplina con regolamento termini e modalità della comunicazione, prevista dall'articolo 124-septies, agli investitori istituzionali da parte dei gestori di attivi.

2. La Consob, sentita la Banca d'Italia, stabilisce con regolamento termini e modalità di pubblicazione della politica di impegno dei gestori di attivi, delle modalità di attuazione della stessa e degli ulteriori elementi informativi, di cui all'articolo 124-quinquies, commi 1, 2 e 3.

3. L'IVASS e la COVIP disciplinano con proprio regolamento, secondo le rispettive attribuzioni di vigilanza e con riferimento ai soggetti vigilati dalle medesime autorità, i termini e le modalità di pubblicazione delle seguenti informazioni:

a) la politica di impegno degli investitori istituzionali, le modalità di attuazione e gli ulteriori elementi informativi, di cui all'articolo 124-quinquies, commi 1, 2 e 3;

b) gli elementi della strategia di investimento azionario adottata dagli investitori istituzionali o dell'accordo stipulato con il gestore di attivi e gli elementi informativi, di cui all'articolo 124-sexies, commi 1, 2 e 3.

4. La Consob detta con regolamento termini e modalità di pubblicazione da parte dei consulenti in materia di voto della relazione indicata all'articolo 124-octies.

Sezione II
Diritti dei soci (1)

(1) Rubrica sostituita dall'art. 3 del d.lg. 27/1/2010, n. 27.

125. Convocazione dell'assemblea su richiesta della minoranza*. – *1. Gli amministratori convocano l'assemblea entro trenta giorni dalla richiesta quando ne fanno domanda tanti soci che rappresentino almeno il dieci per cento del capitale sociale o la minore percentuale stabilita nell'atto costitutivo e nella domanda sono indicati gli argomenti da trattare. 2. Entro il termine indicato nel comma 1, gli amministratori, in considerazione degli argomenti da trattare, possono, nell'interesse della società, deliberare di non procedere alla convocazione. 3. Il presidente del tribunale, su ricorso dei soci che hanno richiesto la convocazione, può ordinare con decreto, sentiti gli amministratori e i sindaci, la convocazione dell'assemblea, designando la persona che deve presiederla. 4. Se la richiesta è fatta da tanti soci che rappresentino almeno il quinto del capitale sociale, si applica l'art. 2367 del codice civile.*

* Articolo abrogato dall'art. 9 del d.lg. 6/2/2004, n. 37. Vedi la disciplina transitoria di cui all'art. 6 del medesimo d.lg. n. 37/2004.

125 bis. Avviso di convocazione dell'assemblea (1). – 1. L'assemblea è convocata mediante avviso pubblicato sul sito Internet della società entro il trentesimo giorno precedente la data dell'assemblea, nonché con le altre modalità ed entro i termini previsti dalla CONSOB con regolamento emanato ai sensi dell'articolo 113-ter, comma 3, ivi inclusa la pubblicazione per estratto sui giornali quotidiani (2).

2. Nel caso di assemblea convocata per l'elezione mediante voto di lista dei componenti degli organi di amministrazione e controllo, il termine per la pubblicazione dell'avviso di convocazione è anticipato al quarantesimo giorno precedente la data dell'assemblea (3).

3. Per le assemblee previste dagli articoli 2446, 2447 e 2487 del codice civile, il termine indicato nel comma 1 è po-

sticipato al ventunesimo giorno precedente la data dell'assemblea.

4. L'avviso di convocazione reca:

a) l'indicazione del giorno, dell'ora e del luogo dell'adunanza nonché l'elenco delle materie da trattare;

b) una descrizione chiara e precisa delle procedure da rispettare per poter partecipare e votare in assemblea, ivi comprese le informazioni riguardanti:

1) i termini per l'esercizio del diritto di porre domande prima dell'assemblea e del diritto di integrare l'ordine del giorno o di presentare ulteriori proposte su materie già all'ordine del giorno, nonché, anche mediante riferimento al sito Internet della società, le eventuali ulteriori modalità per l'esercizio di tali diritti;

2) la procedura per l'esercizio del voto per delega e, in particolare, le modalità per il reperimento dei moduli utilizzabili in via facoltativa per il voto per delega nonché le modalità per l'eventuale notifica, anche elettronica, delle deleghe di voto;

3) la procedura per il conferimento delle deleghe al soggetto eventualmente designato dalla società ai sensi dell'articolo 135-undecies, con la precisazione che la delega non ha effetto con riguardo alle proposte per le quali non siano state conferite istruzioni di voto;

4) le procedure di voto per corrispondenza o con mezzi elettronici, se previsto dallo statuto;

c) la data indicata nell'articolo 83-sexies, comma 2, con la precisazione che coloro che diventeranno titolari delle azioni solo successivamente a tale data non avranno il diritto di intervenire e votare in assemblea;

d) le modalità e i termini di reperibilità del testo integrale delle proposte di deliberazione, unitamente alle relazioni illustrative, e dei documenti che saranno sottoposti all'assemblea;

d-bis) le modalità e i termini di presentazione delle liste per l'elezione dei componenti del consiglio di amministrazione e del componente di minoranza del collegio sindacale o del consiglio di sorveglianza;

e) l'indirizzo del sito Internet indicato nell'articolo 125-quater;

f) le altre informazioni la cui indicazione nell'avviso di convocazione è richiesta da altre disposizioni (4).

(1) Articolo inserito dall'art. 3, co. 6, d.lg. 27/1/2010, n. 27.

(2) Comma sostituito dall'art. 3, co. 2, lett. a), d.lg. 18/6/2012, n. 91, con la decorrenza indicata dall'art. 5, co. 1, del medesimo d.lg. n. 91/2012.

(3) Comma modificato dall'art. 3, co. 2, lett. b), d.lg. 18/6/2012, n. 91, con la decorrenza indicata dall'art. 5, co. 1, del medesimo d.lg. n. 91/2012.

(4) Comma sostituito dall'art. 3, co. 2, lett. c), d.lg. 18/6/2012, n. 91, con la decorrenza indicata dall'art. 5, co. 1, del medesimo d.lg. n. 91/2012.

125 ter. Relazioni sulle materie all'ordine del giorno (1). – 1. Ove già non richiesto da altre disposizioni di legge, l'organo di amministrazione entro il termine di pubblicazione dell'avviso di convocazione dell'assemblea previsto in ragione di ciascuna delle materie all'ordine del giorno, mette a disposizione del pubblico presso la sede sociale, sul sito Internet della società, e con le altre modalità previste dalla CONSOB con regolamento, una relazione su ciascuna delle materie all'ordine del giorno (2).

2. Le relazioni predisposte ai sensi di altre norme di legge sono messe a disposizione del pubblico nei termini indicati dalle medesime norme, con le modalità previste dal comma 1. La relazione di cui all'articolo 2446, primo comma, del codice civile è messa a disposizione del pubblico almeno ventuno giorni prima dell'assemblea. Resta fermo quanto previsto dall'articolo 154-ter, commi 1, 1-bis e 1-ter.

3. Nel caso di convocazione dell'assemblea ai sensi dell'articolo 2367 del codice civile, la relazione sulle [proposte concernenti le] materie da trattare è predisposta dai soci che richiedono la convocazione dell'assemblea. L'organo di amministrazione ovvero i sindaci o il consiglio di sorveglianza o il comitato per il controllo sulla gestione, ove abbiano provveduto alla convocazione ai sensi dell'articolo 2367, secondo comma, primo periodo, del codice civile, mettono a disposizione del pubblico la relazione, accompagnata dalle proprie eventuali valutazioni, contestualmente alla pubblicazione dell'avviso di convocazione dell'assemblea con le modalità di cui al comma 1 (3).

(1) Articolo inserito dall'art. 3, co. 6, d.lg. 27/1/2010, n. 27.

(2) Comma modificato dall'art. 3, co. 3, lett. a), d.lg. 18/6/2012, n. 91.

(3) Comma modificato dall'art. 3, co. 3, lett. b), d.lg. 18/6/2012, n. 91.

125 quater. Sito Internet (1). – 1. Fermo restando quanto previsto negli articoli 125-bis e 125-ter, sono messi a disposizione sul sito Internet della società:

a) entro il termine di pubblicazione dell'avviso di convocazione previsto per ciascuna delle materie all'ordine del giorno a cui si riferiscono, ovvero il successivo termine previsto dalla legge per la loro pubblicazione, i documenti che saranno sottoposti all'assemblea;

b) entro il termine di pubblicazione dell'avviso di convocazione, i moduli utilizzabili in via facoltativa per il voto per delega e, qualora previsto dallo statuto, per il voto per corrispondenza;

c) entro il termine di pubblicazione dell'avviso di convocazione, informazioni sull'ammontare del capitale sociale con l'indicazione del numero e delle categorie di azioni in cui è suddiviso (2).

2. Un rendiconto sintetico delle votazioni contenente il numero di azioni rappresentate in assemblea e delle azioni per le quali è stato espresso il voto, la percentuale di capitale che tali azioni rappresentano, nonché il numero di voti favorevoli e contrari alla delibera e il numero di astensioni, è reso disponibile sul sito Internet della società entro cinque giorni dalla data dell'assemblea. Il verbale dell'assemblea di cui all'articolo 2375 del codice civile è comunque reso disponibile sul sito Internet entro trenta giorni dalla data dell'assemblea.

2-bis. La società trasmette ai depositari centrali, con le modalità indicate nel regolamento adottato ai sensi dell'articolo 82, comma 4-bis, le informazioni previste dal comma 1 e le altre informazioni individuate con le disposizioni adottate ai sensi dell'articolo 92, comma 3 (3).

(1) Articolo inserito dall'art. 3, co. 6, d.lg. 27/1/2010, n. 27.

(2) Comma sostituito dall'art. 3, co. 4, d.lg. 18/6/2012, n. 91.

(3) Comma aggiunto dall'art. 3 del d.lg. 10/5/2019, n. 49.

126. Convocazioni successive alla prima (1). – *1. L'assemblea straordinaria è regolarmente costituita, in prima e in seconda convocazione, con la partecipazione di tanti soci che rappresentano la parte di capitale indicata rispettivamente negli articoli 2368, ultimo comma, e 2369, terzo comma, del codice civile*.*

2. Qualora lo statuto preveda la possibilità di convocazioni successive alla prima, se il giorno per la seconda convocazione o per quelle successive non è indicato nell'avviso di convocazione, l'assemblea in seconda o successiva convocazione è tenuta entro trenta giorni. In tal caso i termini previsti dall'articolo 125-bis, commi 1 e 2, sono ridotti a ventuno giorni purché l'elenco delle materie da trattare non venga modificato. Nel caso di assemblea convocata ai sensi dell'articolo 125-bis, comma 2, le liste per l'elezione dei com-

ponenti del consiglio di amministrazione e del componente di minoranza del collegio sindacale o del consiglio di sorveglianza già depositate presso l'emittente sono considerate valide anche in relazione alla nuova convocazione. È consentita la presentazione di nuove liste e i termini previsti dall'articolo 147-ter, comma 1-bis, sono ridotti rispettivamente a quindici e dieci giorni (2).

*3. In terza convocazione l'assemblea è regolarmente costituita con la presenza di un numero di soci che rappresentano più di un quinto del capitale sociale, se l'atto costitutivo non richiede una quota di capitale più elevata. 4. L'assemblea straordinaria delibera, in prima, seconda e terza convocazione, con il voto favorevole di almeno i due terzi del capitale rappresentato in assemblea. L'atto costitutivo può richiedere una maggioranza più elevata. 5. Restano ferme per le società cooperative le disposizioni del codice civile***.

(1) Rubrica sostituita dall'art. 3 del d.lg. 27/1/2010, n. 27.

* Comma abrogato dall'art. 9 del d.lg. 6/2/2004, n. 37. Vedi la disciplina transitoria di cui all'art. 6 del medesimo d.lg. n. 37/2004.

(2) Comma sostituito dall'art. 3 del d.lg. 27/1/2010, n. 27 e dall'art. 3, co. 5, d.lg. 18/6/2012, n. 91.

** Commi abrogati dall'art. 9 del d.lg. 6/2/2004, n. 37. Vedi la disciplina transitoria di cui all'art. 6 del medesimo d.lg. n. 37/2004.

126 bis. Integrazione dell'ordine del giorno dell'assemblea e presentazione di nuove proposte di delibera (1). – 1. I soci che, anche congiuntamente, rappresentino almeno un quarantesimo del capitale sociale possono chiedere, entro dieci giorni dalla pubblicazione dell'avviso di convocazione dell'assemblea, ovvero entro cinque giorni nel caso di convocazione ai sensi dell'articolo 125-bis, comma 3, o dell'articolo 104, comma 2, l'integrazione dell'elenco delle materie da trattare, indicando nella domanda gli ulteriori argomenti da essi proposti ovvero presentare proposte di deliberazione su materie già all'ordine del giorno. Le domande, unitamente alla certificazione attestante la titolarità della partecipazione, sono presentate per iscritto, anche per corrispondenza ovvero in via elettronica, nel rispetto degli eventuali requisiti strettamente necessari per l'identificazione dei richiedenti indicati dalla società. Colui al quale spetta il diritto di voto può presentare individualmente proposte di deliberazione in assemblea. Per le società cooperative la misura del capitale è determinata dagli statuti anche in deroga all'articolo 135 (2).

2. Delle integrazioni all'ordine del giorno o della presentazione di ulteriori proposte di deliberazione su materie già all'ordine del giorno, ai sensi del comma 1, è data notizia, nelle stesse forme prescritte per la pubblicazione dell'avviso di convocazione, almeno quindici giorni prima di quello fissato per l'assemblea. Le ulteriori proposte di deliberazione su materie già all'ordine del giorno sono messe a disposizione del pubblico con le modalità di cui all'articolo 125-ter, comma 1, contestualmente alla pubblicazione della notizia della presentazione. Il termine è ridotto a sette giorni nel caso di assemblea convocata ai sensi dell'articolo 104, comma 2, ovvero nel caso di assemblea convocata ai sensi dell'articolo 125-bis, comma 3.

3. L'integrazione dell'ordine del giorno non è ammessa per gli argomenti sui quali l'assemblea delibera, a norma di legge, su proposta dell'organo di amministrazione o sulla base di un progetto o di una relazione da essi predisposta, diversa da quelle indicate all'articolo 125-ter, comma 1.

4. I soci che richiedono l'integrazione ai sensi del comma 1 predispongono una relazione che riporti la motivazione delle proposte di deliberazione sulle nuove materie di cui essi propongono la trattazione ovvero la motivazione relativa alle ulteriori proposte di deliberazione presentate su materie già all'ordine del giorno. La relazione è trasmessa all'organo di amministrazione entro il termine ultimo per la presentazione della richiesta di integrazione. L'organo di amministrazione mette a disposizione del pubblico la relazione, accompagnata dalle proprie eventuali valutazioni, contestualmente alla pubblicazione della notizia dell'integrazione o della presentazione, con le modalità indicate all'articolo 125-ter, comma 1.

5. Se l'organo di amministrazione, ovvero, in caso di inerzia di questo, il collegio sindacale, o il consiglio di sorveglianza o il comitato per il controllo sulla gestione, non provvedono all'integrazione dell'ordine del giorno con le nuove materie o proposte presentate ai sensi del comma 1, il tribunale, sentiti i componenti degli organi di amministrazione e di controllo, ove il rifiuto di provvedere risulti ingiustificato, ordina con decreto l'integrazione. Il decreto è pubblicato con le modalità previste dall'articolo 125-ter, comma 1.

(1) Articolo inserito dall'art. 5 della l. 28/12/2005, n. 262, successivamente sostituito dall'art. 3, co. 8, d.lg. 27/1/2010, n. 27 e, da ultimo, dall'art. 3, co. 6, d.lg. 18/6/2012, n. 91.

(2) Comma modificato dall'art. 23-quater, co. 2, lett. a), d.l. 18/10/2012, n. 179.

127. Voto per corrispondenza o in via elettronica (1). – 1. La CONSOB stabilisce con regolamento le modalità di esercizio del voto e di svolgimento dell'assemblea nei casi previsti dall'articolo 2370, comma quarto, del codice civile.

(1) Articolo sostituito dall'art. 3, co. 9, d.lg. 27/1/2010, n. 27.

• Per l'attuazione del presente articolo vedi la deliberazione Consob 14/5/1999, n. 11971.

127 bis. Annullabilità delle deliberazioni e diritto di recesso (1). – 1. Ai fini dell'articolo 2377 del codice civile colui a cui favore sia effettuata la registrazione delle azioni successivamente alla data indicata nell'articolo 83-sexies, comma 2 e prima dell'apertura dei lavori dell'assemblea, è considerato assente all'assemblea.

2. Ai fini dell'esercizio del diritto di recesso previsto dall'articolo 2437 del codice civile, colui a cui favore sia effettuata, successivamente alla data di cui all'articolo 83-sexies, comma 2, e prima dell'apertura dei lavori dell'assemblea, la registrazione in conto delle azioni è considerato non aver concorso all'approvazione delle deliberazioni.

3. La presente disposizione si applica anche alle società italiane con azioni ammesse nei sistemi multilaterali di negoziazione italiani o di altri paesi dell'unione europea con il consenso dell'emittente.

(1) Articolo inserito dall'art. 3 del d.lg. 27/1/2010, n. 27.

127 ter. Diritto di porre domande prima dell'assemblea (1). – 1. Coloro ai quali spetta il diritto di voto possono porre domande sulle materie all'ordine del giorno anche prima dell'assemblea. Alle domande pervenute prima dell'assemblea è data risposta al più tardi durante la stessa. La società può fornire una risposta unitaria alle domande aventi lo stesso contenuto.

1-bis. L'avviso di convocazione indica il termine entro il quale le domande poste prima dell'assemblea devono pervenire alla società. Il termine non può essere anteriore a cinque giorni di mercato aperto precedenti la data dell'assemblea in prima o unica convocazione, ovvero alla data indicata nell'articolo 83-sexies, comma 2, qualora l'avviso di convocazione preveda che la società fornisca, prima dell'assemblea, una risposta alle domande pervenute. In tale ultimo caso le risposte sono fornite almeno due giorni prima dell'assemblea anche mediante pubblicazione in una apposita sezione del sito internet della società e la titolarità del diritto di voto può essere attestata anche successivamente all'invio delle domande purché entro il terzo giorno successivo alla data indicata nell'articolo 83-sexies, comma 2 (2).

2. Non è dovuta una risposta, neppure in assemblea, alle domande poste prima della stessa, quando le informazioni richieste siano già disponibili in formato "domanda e risposta" nella sezione del sito Internet della società indicata nel comma 1-bis ovvero quando la risposta sia stata pubblicata ai sensi del medesimo comma.

3. Si considera fornita in assemblea la risposta in formato cartaceo messa a disposizione, all'inizio dell'adunanza, di ciascuno degli aventi diritto al voto.

(1) Articolo inserito dall'art. 3, co. 10, d.lg. 27/1/2010, n. 27 e, successivamente, sostituito dall'art. 3, co. 7, d.lg. 18/6/2012, n. 91, come corretto con Comunicato 5/7/2012.

(2) Comma così sostituito dall'art. 3 del d.lg. 10/5/2019, n. 49.

127 quater. Maggiorazione del dividendo (1). – 1. In deroga all'articolo 2350, comma 1, del codice civile, gli statuti possono disporre che ciascuna azione detenuta dal medesimo azionista per un periodo continuativo indicato nello statuto, comunque non inferiore ad un anno o al minor periodo intercorrente tra due date consecutive di pagamento del dividendo annuale, attribuisca il diritto ad una maggiorazione non superiore al 10 per cento del dividendo distribuito alle altre azioni. Gli statuti possono subordinare l'assegnazione della maggiorazione a condizioni ulteriori. Il beneficio può estendersi anche alle azioni assegnate ai sensi dell'articolo 2442 del codice civile a un azionista che abbia diritto alla maggiorazione indicata nel primo periodo (2).

2. Qualora il medesimo soggetto, durante la maturazione del periodo indicato nel comma 1, abbia detenuto, direttamente, o indirettamente per il tramite di fiduciari, di società controllate o per interposta persona, una partecipazione superiore allo 0,5 per cento del capitale della società o la minore percentuale indicata nello statuto, la maggiorazione può essere attribuita solo per le azioni che rappresentino complessivamente tale partecipazione massima. La maggiorazione non può altresì essere attribuita alle azioni detenute da chi durante il suddetto periodo abbia esercitato, anche temporaneamente, un'influenza dominante, individuale o congiunta con altri soci tramite un patto parasociale previsto dall'articolo 122, ovvero un'influenza notevole sulla società. In ogni caso la maggiorazione non può essere attribuita alle azioni che durante il periodo indicato nel comma 1 siano state conferite, anche temporaneamente, ad un patto parasociale previsto dall'articolo 122 che nel medesimo periodo o parte di esso abbia avuto ad oggetto una partecipazione complessiva superiore a quella indicata nell'articolo 106, comma 1 (3).

3. La cessione dell'azione a titolo oneroso o gratuito comporta la perdita dei benefici previsti nel comma 1. I benefici sono conservati in caso di successione universale, nonché in caso di fusione e scissione del titolare delle azioni. In caso di fusione o scissione della società che abbia emesso le azioni indicate nel comma 1, i benefici si trasferiscono sulle azioni emesse dalle società risultanti, ferma l'applicazione del comma 2 con riferimento a tali società.

4. Le azioni a cui si applicano i benefici indicati nel comma 1 non costituiscono una categoria speciale di azioni ai sensi dell'articolo 2348 del codice civile.

4-bis. Colui che ha ottenuto l'assegnazione della maggiorazione dichiara, su richiesta della società, l'insussistenza delle condizioni ostative previste dal comma 2 ed esibisce la certificazione prevista dall'articolo 83-quinquies attestante la durata della detenzione delle azioni per le quali è richiesto il beneficio nonché le attestazioni relative alla sussistenza delle eventuali ulteriori condizioni alle quali lo statuto subordina l'assegnazione del beneficio (4).

4-ter. La deliberazione di modifica dello statuto prevista al comma 1 non attribuisce il diritto di recesso ai sensi dell'articolo 2437 del codice civile (4).

(1) Articolo inserito dall'art. 3, co. 10, d.lg. 27/1/2010, n. 27.

(2) Comma modificato dall'art. 3, co. 8, lett. a), d.lg. 18/6/2012, n. 91.

(3) Comma modificato dall'art. 3, co. 8, lett. b), d.lg. 18/6/2012, n. 91.

(4) Comma inserito dall'art. 3, co. 8, lett. c), d.lg. 18/6/2012, n. 91.

127 quinquies. Maggiorazione del voto (1). – 1. Gli statuti possono disporre che sia attribuito voto maggiorato, fino a un massimo di due voti, per ciascuna azione appartenuta al medesimo soggetto per un periodo continuativo non inferiore a ventiquattro mesi a decorrere dalla data di iscrizione nell'elenco previsto dal comma 2. In tal caso, gli statuti possono altresì prevedere che colui al quale spetta il diritto di voto possa irrevocabilmente rinunciare, in tutto o in parte, al voto maggiorato.

2. Gli statuti stabiliscono le modalità per l'attribuzione del voto maggiorato e per l'accertamento dei relativi presupposti, prevedendo in ogni caso un apposito elenco. La CONSOB stabilisce con proprio regolamento le disposizioni di attuazione del presente articolo al fine di assicurare la trasparenza degli assetti proprietari e l'osservanza delle disposizioni del titolo II, capo II, sezione II. Restano fermi gli obblighi di comunicazione previsti in capo ai titolari di partecipazioni rilevanti (2).

3. La cessione dell'azione a titolo oneroso o gratuito, ovvero la cessione diretta o indiretta di partecipazioni di controllo in società o enti che detengono azioni a voto maggiorato in misura superiore alla soglia prevista dall'articolo 120, comma 2, comporta la perdita della maggiorazione del voto. Se lo statuto non dispone diversamente, il diritto di voto maggiorato:

a) è conservato in caso di successione per causa di morte nonché in caso di fusione e scissione del titolare delle azioni;

b) si estende alle azioni di nuova emissione in caso di aumento di capitale ai sensi dell'articolo 2442 del codice civile.

4. Il progetto di fusione o di scissione di una società il cui statuto prevede la maggiorazione del voto può prevedere che il diritto di voto maggiorato spetti anche alle azioni spettanti in cambio di quelle a cui è attribuito voto maggiorato. Lo statuto può prevedere che la maggiorazione del voto si estenda proporzionalmente alle azioni emesse in esecuzione di un aumento di capitale mediante nuovi conferimenti.

5. Le azioni cui si applica il beneficio previsto dal comma 1 non costituiscono una categoria speciale di azioni ai sensi dell'articolo 2348 del codice civile.

6. La deliberazione di modifica dello statuto con cui viene prevista la maggiorazione del voto non attribuisce il diritto di recesso ai sensi dell'articolo 2437 del codice civile.

7. Qualora la deliberazione di modifica dello statuto di cui al comma 6 sia adottata nel corso del procedimento di quotazione in un mercato regolamentato delle azioni di una società non risultante da una fusione che coinvolga una società con azioni quotate, la relativa clausola può prevedere che ai fini del possesso continuativo previsto dal comma 1 sia computato anche il possesso anteriore alla data di iscrizione nell'elenco previsto dal comma 2.

8. Se lo statuto non dispone diversamente, la maggiorazione del diritto di voto si computa anche per la determinazione dei quorum costitutivi e deliberativi che fanno riferimento ad aliquote del capitale sociale. La maggiorazione non ha effetto sui diritti, diversi dal voto, spettanti in forza del possesso di determinate aliquote di capitale.

(1) Articolo inserito dall'art. 20, co. 1, lett. aa), d.l. 24/6/2014, n. 91, conv., con modif., dalla l. 11/8/2014, n. 116.

(2) A norma dell'art. 20, co. 8-quater, d.l. 24/6/2014, n. 91, conv., con modif., dalla l. 11/8/2014, n. 116, il regolamento di cui al presente comma, è adottato dalla Consob entro il 31/12/2014.

127 sexies. Azioni a voto plurimo (1). – 1. In deroga all'articolo 2351, quarto comma, del codice civile, gli statuti non possono prevedere l'emissione di azioni a voto plurimo.

2. Le azioni a voto plurimo emesse anteriormente all'inizio delle negoziazioni in un mercato regolamentato mantengono le loro caratteristiche e diritti. Se lo statuto non dispone diversamente, al fine di mantenere inalterato il rapporto tra le varie categorie di azioni, le società che hanno emesso azioni a voto plurimo ovvero le società risultanti dalla fusione o dalla scissione di tali società possono procedere all'emissione di azioni a voto plurimo con le medesime caratteristiche e diritti di quelle già emesse limitatamente ai casi di:

a) aumento di capitale ai sensi dell'articolo 2442 del codice civile ovvero mediante nuovi conferimenti senza esclusione o limitazione del diritto d'opzione;

b) fusione o scissione.

3. Nel caso previsto dal comma 2 gli statuti non possono prevedere ulteriori maggiorazioni del diritto di voto a favore di singole categorie di azioni né ai sensi dell'articolo 127-quinquies.

(1) Articolo inserito dall'art. 20, co. 1, lett. aa-bis), d.l. 24/6/2014, n. 91, conv., con modif., dalla l. 11/8/2014, n. 116.

128. Denuncia al collegio sindacale e al tribunale*. – *1. L'art. 2408, secondo comma, del codice civile si applica quando la denuncia è fatta da tanti soci che rappresentano almeno il due per cento del capitale sociale. 2. La denuncia al tribunale prevista dall'art. 2409, primo comma, del codice civile può essere presentata da tanti soci che rappresentano almeno il cinque per cento del capitale sociale. 3. L'atto costitutivo può stabilire percentuali di capitale inferiori a quelle previste dai commi 1 e 2. 4. Resta fermo quanto previsto dall'art. 70, comma 7, del T.U. bancario.*

* Articolo abrogato dall'art. 9 del d.lg. 6/2/2004, n. 37. Vedi la disciplina transitoria di cui all'art. 6 del medesimo d.lg. n. 37/2004.

129. Azione sociale di responsabilità*. – *1. Tanti soci, iscritti da almeno sei mesi nel libro dei soci, che rappresentano almeno il cinque per cento del capitale sociale o la minore percentuale stabilita nell'atto costitutivo possono esercitare l'azione sociale di responsabilità contro gli amministratori, i sindaci e i direttori generali, anche se la società è in liquidazione. La società deve essere chiamata in giudizio. Se l'azione è esercitata nei confronti degli amministratori o dei direttori generali, l'atto di citazione è notificato alla società anche in persona del presidente del collegio sindacale. 2. I soci che intendono promuovere l'azione nominano, a maggioranza del capitale posseduto, uno o più rappresentanti comuni per l'esercizio della stessa e per il compimento degli atti conseguenti. La società può rinunziare all'azione o transigere ai sensi dell'art. 2393 del codice civile purché non vi sia il voto contrario di tanti soci che rappresentano almeno il cinque per cento del capitale sociale. 3. In caso di accoglimento della domanda, la società rimborsa agli attori le spese del giudizio che il giudice non abbia posto a carico dei soccombenti o che non sia possibile recuperare a seguito dell'escussione degli stessi.*

* Articolo abrogato dall'art. 9 del d.lg. 6/2/2004, n. 37. Vedi la disciplina transitoria di cui all'art. 6 del medesimo d.lg. n. 37/2004.

130. Informazione dei soci. – 1. I soci hanno diritto di prendere visione di tutti gli atti depositati presso la sede sociale per assemblee già convocate e di ottenere copia a proprie spese.

131. Diritto di recesso in caso di fusioni e scissioni*. – *1. Gli azionisti dissenzienti dalle deliberazioni di fusione o di scissione che comportino l'assegnazione di azioni non quotate hanno diritto di recedere ai sensi dell'art. 2437 del codice civile.*

* Articolo abrogato dall'art. 9 del d.lg. 6/2/2004, n. 37. Vedi la disciplina transitoria di cui all'art. 6 del medesimo d.lg. n. 37/2004.

132. Acquisto di azioni proprie e della società controllante. – 1. Gli acquisti di azioni proprie, operati ai sensi degli articoli 2357 e 2357-bis, primo comma, numero 1), del codice civile, da società con azioni quotate, devono essere effettuati in modo da assicurare la parità di trattamento tra gli azionisti, secondo modalità stabilite dalla CONSOB con proprio regolamento (1).

2. Il comma 1 si applica anche agli acquisti di azioni quotate effettuati ai sensi dell'articolo 2359-bis del codice civile da parte di una società controllata.

3. I commi 1 e 2 non si applicano agli acquisti di azioni proprie o della società controllante possedute da dipendenti della società emittente, di società controllate o della società controllante e assegnate o sottoscritte a norma degli articoli 2349 e 2441, ottavo comma, del codice civile, ovvero rivenienti da piani di compenso approvati ai sensi dell'articolo 114-bis (2).

3-bis. Le disposizioni del presente articolo si applicano anche agli acquisti di azioni proprie effettuati da emittenti che hanno richiesto o autorizzato la negoziazione di azioni di propria emissione su un sistema multilaterale di negoziazione italiano, o da società controllate (3).

(1) Comma sostituito dall'art. 9, co. 1, l. 18/4/2005, n. 62 (Legge comunitaria 2004).

(2) Comma modificato dall'art. 2, co. 1, d.lg. 29/11/2010, n. 224.

(3) Comma aggiunto dall'art. 3, co. 11, d.lg. 10/8/2018, n. 107.

133. Esclusione su richiesta dalle negoziazioni (1). – 1. Le società italiane con azioni quotate nei mercati regolamentati italiani, previa deliberazione dell'assemblea straordinaria, possono richiedere l'esclusione dalle negoziazioni dei propri strumenti finanziari, secondo quanto previsto dal regolamento del mercato, se ottengono l'ammissione su altro mercato regolamentato italiano o di altro paese dell'Unione Europea, purché sia garantita una tutela equivalente degli investitori, secondo i criteri stabiliti dalla CONSOB con regolamento.

(1) In attuazione del presente articolo vedi deliberazione Consob 14/5/1999, n. 11971.

134. Aumenti di capitale. – *1. Per le società con azioni quotate, il termine previsto dall'articolo 2441, secondo comma, del codice civile è ridotto alla metà*.*

2. Alle deliberazioni di aumento di capitale previste dall'articolo 2441, ottavo comma, secondo periodo, del codice civile si applica la maggioranza richiesta per le assemblee straordinarie, a condizione che l'aumento non ecceda la misura dell'uno per cento del capitale (1).

*3. L'art. 2441, ottavo comma, del codice civile si applica anche alle deliberazioni di aumento di capitale con esclusione del diritto di opzione che prevedono l'offerta in sottoscrizione delle azioni ai dipendenti di società controllanti o controllate**.*

* Comma soppresso dall'art. 20, co. 1, lett. bb), d.l. 24/6/2014, n. 91, conv., con modif., dalla l. 11/8/2014, n. 116.

(1) Comma sostituito dall'art. 9.70 del d.lg. 17/1/2003, n. 6, nel testo introdotto dall'art. 3 del d.lg. 6/2/2004, n. 37. Vedi la disciplina transitoria di cui all'art. 6 del medesimo d.lg. n. 37/2004.

** Comma abrogato dall'art. 9 del d.lg. 17/1/2003, n. 6, nel testo introdotto dall'art. 3 del d.lg. 6/2/2004, n. 37. Vedi la disciplina transitoria di cui all'art. 6 del medesimo d.lg. n. 37/2004. Successivamente, l'abrogazione è stata riconfermata dall'art. 1, co. 14, d.lg. 11/10/2012, n. 184.

Sezione II bis
Società cooperative (1)

(1) Sezione dapprima inserita dall'art. 3 del d.lg. 27/1/2010, n. 27 e poi modificata dall'art. 3 del d.lg. 18/6/2012, n. 91.

135. Percentuali di capitale (1). – 1. Per le società cooperative le percentuali di capitale individuate nel codice civile e nel presente decreto per l'esercizio di diritti da parte dei soci sono rapportate al numero complessivo dei soci stessi.

(1) Articolo sostituito dall'art. 9.71 del d.lg. 17/1/2003, n. 6, nel testo introdotto dall'art. 3 del d.lg. 6/2/2004, n. 37. Vedi la disciplina transitoria di cui all'art. 6 del medesimo d.lg. n. 37/2004 e, successivamente, dall'art. 3, co. 11, d.lg. 27/1/2010, n. 27. Da ultimo modificato dall'art. 3, co. 9, d.lg. 18/6/2012, n. 91, con la decorrenza indicata dall'art. 5, co. 1, del medesimo d.lg. n. 91/2012.

135 bis. Disciplina delle società cooperative (1). – 1. Alle società cooperative non si applica il comma 2 dell'articolo 125-bis, nonché il comma 4, lettera b), numero 1), limitatamente alle parole: "del diritto di porre domande prima dell'assemblea" e numero 3, e lettera c), del medesimo articolo. Non si applicano altresì gli articoli 127-bis, 127-ter e 127-quater.

2. Restano ferme le altre esclusioni espressamente previste dal presente decreto.

3. Il termine previsto dall'articolo 126-bis, comma 2, primo periodo, è ridotto a dieci giorni.

(1) Articolo inserito dall'art. 3, co. 11, d.lg. 27/1/2010, n. 27 e, successivamente, sostituito dall'art. 3, co. 10, d.lg. 18/6/2012, n. 91, con la decorrenza indicata dall'art. 5, co. 1, del medesimo d.lg. n. 91/2012.

135 ter. Informazione al mercato in materia di attribuzione di strumenti finanziari a esponenti aziendali, dipendenti o collaboratori*. – *1. In deroga all'articolo 114-bis, comma 1, la relazione prevista dalla medesima disposizione è messa a disposizione del pubblico almeno quindici giorni prima del termine fissato per l'assemblea con le modalità previste dalla CONSOB con regolamento emanato ai sensi dell'articolo 113-ter, comma 3.*

* Articolo inserito dall'art. 3, co. 11, d.lg. 27/1/2010, n. 27 e, successivamente, abrogato dall'art. 3, co. 11, d.lg. 18/6/2012, n. 91, con la decorrenza indicata dall'art. 5, co. 1, del medesimo d.lg. n. 91/2012.

135 quater. Assemblea straordinaria*. – *1. L'assemblea straordinaria, se i soci intervenuti in seconda convocazione non rappresentano il numero di voti richiesto per la costituzione, può essere nuovamente convocata entro trenta giorni. In tal caso il termine stabilito dall'articolo 2366, secondo comma, del codice civile è ridotto a otto giorni.*

* Articolo inserito dall'art. 3, co. 11, d.lg. 27/1/2010, n. 27 e, successivamente, abrogato dall'art. 3, co. 11, d.lg. 18/6/2012, n. 91, con la decorrenza indicata dall'art. 5, co. 1, del medesimo d.lg. n. 91/2012.

135 quinquies. Integrazione dell'ordine del giorno dell'assemblea*. – *1. I soci che rappresentano almeno un quarantesimo del numero complessivo dei soci stessi possono chiedere, entro cinque giorni dalla pubblicazione dell'avviso di convocazione dell'assemblea, l'integrazione dell'elenco delle materie da trattare, indicando nella domanda gli ulteriori argomenti da essi proposti. 2. Delle integrazioni all'elenco delle materie che l'assemblea dovrà trattare a seguito delle richieste di cui al comma 1 è data notizia, nelle stesse forme prescritte per la pubblicazione dell'avviso di convocazione, almeno dieci giorni prima di quello fissato per l'assemblea. 3. L'integrazione dell'elenco delle materie da trattare, ai sensi del comma 1, non è ammessa per gli argomenti sui quali l'assemblea delibera, a norma di legge, su proposta degli amministratori o sulla base di un progetto o di una relazione da essi predisposta.*

* Articolo inserito dall'art. 3, co. 11, d.lg. 27/1/2010, n. 27 e, successivamente, abrogato dall'art. 3, co. 11, d.lg. 18/6/2012, n. 91, con la decorrenza indicata dall'art. 5, co. 1, del medesimo d.lg. n. 91/2012.

135 sexies. Relazioni finanziarie*. – *1. Fermi restando i termini di cui agli articoli 2429 del codice civile, entro centoventi giorni dalla chiusura dell'esercizio le società cooperative quotate aventi l'Italia come Stato membro d'origine approvano il bilancio d'esercizio e pubblicano con le modalità previste dalla CONSOB con regolamento emanato ai sensi dell'articolo 113-ter, comma 3, la relazione finanziaria annuale comprendente il bilancio di esercizio, il bilancio consolidato, ove redatto, la relazione sulla gestione e l'attestazione di cui all'articolo 154-bis, comma 5.*

* Articolo inserito dall'art. 3, co. 11, d.lg. 27/1/2010, n. 27 e, successivamente, abrogato dall'art. 3, co. 11, d.lg. 18/6/2012, n. 91, con la decorrenza indicata dall'art. 5, co. 1, del medesimo d.lg. n. 91/2012.

135 septies. Relazioni di revisione*. – *1. Le relazioni di revisione di cui all'articolo 156 devono restare depositate presso la sede della società durante i quindici giorni che precedono l'assemblea o la riunione del consiglio di sorveglianza che approva il bilancio e finché il bilancio non è approvato e sono pubblicate integralmente insieme alla relazione finanziaria annuale.*

* Articolo inserito dall'art. 3, co. 11, d.lg. 27/1/2010, n. 27 e, successivamente, abrogato dall'art. 3, co. 11, d.lg. 18/6/2012, n. 91, con la decorrenza indicata dall'art. 5, co. 1, del medesimo d.lg. n. 91/2012.

135 octies. Proposte di aumento di capitale*. – *1. La relazione degli amministratori e il parere della società di revisione di cui all'articolo 158 devono restare depositati nella sede della società durante i quindici giorni che precedono l'assemblea e finché questa abbia deliberato. Tali documenti devono essere allegati agli altri documenti richiesti per l'iscrizione della deliberazione nel registro delle imprese.*

* Articolo inserito dall'art. 3, co. 11, d.lg. 27/1/2010, n. 27 e, successivamente, abrogato dall'art. 3, co. 11, d.lg. 18/6/2012, n. 91, con la decorrenza indicata dall'art. 5, co. 1, del medesimo d.lg. n. 91/2012.

Sezione II ter
Deleghe di voto (1)

(1) Sezione dapprima inserita dall'art. 3 del d.lg. 27/1/2010, n. 27 e poi modificata dall'art. 3 del d.lg. 18/6/2012, n. 91.

135 novies. Rappresentanza nell'assemblea (1). – 1. Colui al quale spetta il diritto di voto può indicare un unico rappresentante per ciascuna assemblea, salva la facoltà di indicare uno o più sostituti (2).

2. In deroga al comma 1, colui al quale spetta il diritto di voto può delegare un rappresentante diverso per ciascuno dei conti, destinati a registrare i movimenti degli strumenti finanziari, a valere sui quali sia stata effettuata la comunicazione prevista dall'articolo 83-sexies.

3. In deroga al comma 1, qualora il soggetto indicato come titolare delle azioni nella comunicazione prevista dall'articolo 83-sexies agisca, anche mediante intestazioni fiduciarie, per conto di propri clienti, questi può indicare come rappresentante i soggetti per conto dei quali esso agisce ovvero uno o più terzi designati da tali soggetti.

4. Se la delega prevede tale facoltà, il delegato può farsi sostituire da un soggetto di propria scelta, fermo il rispetto dell'articolo 135-decies, comma 3, e ferma la facoltà del rappresentato di indicare uno o più sostituti (3).

5. Il rappresentante può, in luogo dell'originale, consegnare o trasmettere una copia, anche su supporto informatico, della delega, attestando sotto la propria responsabilità la conformità della delega all'originale e l'identità del delegante. Il rappresentante conserva l'originale della delega e tiene traccia delle istruzioni di voto eventualmente ricevute per un anno a decorrere dalla conclusione dei lavori assembleari.

6. La delega può essere conferita con documento informatico sottoscritto in forma elettronica ai sensi dell'articolo 21, comma 2, del decreto legislativo 7 marzo 2005, n. 82. Le società indicano nello statuto almeno una modalità di notifica elettronica della delega (4).

7. I commi 1, 2, 3 e 4 si applicano anche nel caso di trasferimento delle azioni per procura.

8. Resta fermo quanto previsto dall'articolo 2372 del codice civile. In deroga all'articolo 2372, secondo comma, del codice civile, le Sgr, le Sicav, le società di gestione armonizzate, nonché i soggetti extracomunitari che svolgono attività di gestione collettiva del risparmio, possono conferire la rappresentanza per più assemblee (5).

(1) Articolo inserito dall'art. 3, co. 11, d.lg. 27/1/2010, n. 27.

(2) Comma modificato dall'art. 3, co. 12, lett. a), d.lg. 18/6/2012, n. 91.

(3) Comma modificato dall'art. 3, co. 12, lett. b), d.lg. 18/6/2012, n. 91.

(4) Comma sostituito dall'art. 3, co. 12, lett. c), d.lg. 18/6/2012, n. 91.

(5) Comma modificato dall'art. 3, co. 12, lett. d), d.lg. 18/6/2012, n. 91.

135 decies. Conflitto di interessi del rappresentante e dei sostituti (1). – 1. Il conferimento di una delega ad un rappresentante in conflitto di interessi è consentito purché il rappresentante comunichi per iscritto al socio le circostanze da cui deriva tale conflitto e purché vi siano specifiche istruzioni di voto per ciascuna delibera in relazione alla quale il rappresentante dovrà votare per conto del socio. Spetta al rappresentante l'onere della prova di aver comunicato al socio le circostanze che danno luogo al conflitto d'interessi. Non si applica l'articolo 1711, secondo comma, del codice civile (2).

2. Ai fini del presente articolo, sussiste in ogni caso un conflitto di interessi ove il rappresentante o il sostituto:

a) controlli, anche congiuntamente, la società o ne sia controllato, anche congiuntamente, ovvero sia sottoposto a comune controllo con la società,

b) sia collegato alla società o eserciti un'influenza notevole su di essa ovvero quest'ultima eserciti sul rappresentante stesso un'influenza notevole (3);

c) sia un componente dell'organo di amministrazione o di controllo della società o dei soggetti indicati alle lettere a) e b);

d) sia un dipendente o un revisore della società o dei soggetti indicati alla lettera a);

e) sia coniuge, parente o affine entro quarto grado dei soggetti indicati alle lettere da a) a c;

f) sia legato alla società o ai soggetti indicati alle lettere a), b), c) ed e) da rapporti di lavoro autonomo o subordinato ovvero da altri rapporti di natura patrimoniale che ne compromettano l'indipendenza.

3. La sostituzione del rappresentante con un sostituto in conflitto di interessi è consentita solo qualora il sostituto sia stato indicato dal socio. Si applica in tal caso il comma 1. Gli obblighi di comunicazione e il relativo onere della prova rimangono in capo al rappresentante.

4. Il presente articolo si applica anche nel caso di trasferimento delle azioni per procura.

(1) Articolo inserito dall'art. 3, co. 11, d.lg. 27/1/2010, n. 27.

(2) Comma modificato dall'art. 3, co. 13, lett. a), d.lg. 18/6/2012, n. 91.

(3) Lettera modificata dall'art. 3, co. 13, lett. b), d.lg. 18/6/2012, n. 91.

135 undecies. Rappresentante designato dalla società con azioni quotate (1). – 1. Salvo che lo statuto disponga diversamente, le società con azioni quotate designano per ciascuna assemblea un soggetto al quale i soci possono conferire, entro la fine del secondo giorno di mercato aperto precedente la data fissata per l'assemblea, anche in convocazione successiva alla prima, una delega con istruzioni di voto su tutte o alcune delle proposte all'ordine del giorno. La delega ha effetto per le sole proposte in relazione alle quali siano conferite istruzioni di voto (2).

2. La delega è conferita mediante la sottoscrizione di un modulo di delega il cui contenuto è disciplinato dalla CONSOB con regolamento. Il conferimento della delega non comporta spese per il socio. La delega e le istruzioni di voto sono sempre revocabili entro il termine indicato nel comma 1.

3. Le azioni per le quali è stata conferita la delega, anche parziale, sono computate ai fini della regolare costituzione dell'assemblea. In relazione alle proposte per le quali non siano state conferite istruzioni di voto, le azioni [del socio] non sono computate ai fini del calcolo della maggioranza e della quota di capitale richiesta per l'approvazione delle delibere (3).

4. Il soggetto designato come rappresentante è tenuto a comunicare eventuali interessi che per conto proprio o di terzi abbia rispetto alle proposte di delibera all'ordine del giorno. Mantiene altresì la riservatezza sul contenuto delle istruzioni di voto ricevute fino all'inizio dello scrutinio, salva la possibilità di comunicare tali informazioni ai propri dipendenti e ausiliari, i quali sono soggetti al medesimo di dovere di riservatezza. Al soggetto designato come rappresentante non possono essere conferite deleghe se non nel rispetto del presente articolo (4).

5. Con il regolamento di cui al comma 2, la CONSOB può stabilire i casi in cui il rappresentante che non si trovi in alcuna delle condizioni indicate all'articolo 135-decies può esprimere un voto difforme da quello indicato nelle istruzioni (5).

(1) Articolo inserito dall'art. 3, co. 11, d.lg. 27/1/2010, n. 27.

(2) Comma modificato dall'art. 3, co. 14, lett. a), d.lg. 18/6/2012, n. 91.

(3) Comma modificato dall'art. 3, co. 14, lett. b), d.lg. 18/6/2012, n. 91.

(4) Comma modificato dall'art. 3, co. 14, lett. c), d.lg. 18/6/2012, n. 91.

(5) Comma modificato dall'art. 3, co. 14, lett. d), d.lg. 18/6/2012, n. 91.

135 duodecies. Società cooperative (1). – 1. Le disposizioni della presente sezione non si applicano alle società cooperative.

(1) Articolo inserito dall'art. 3, co. 11, d.lg. 27/1/2010, n. 27.

Sezione III
Sollecitazione di deleghe (1)

(1) Rubrica sostituita dall'art. 3 del d.lg. 27/1/2010, n. 27.

136. Definizioni (1). – 1. Ai fini della presente sezione, si intendono per:

a) "delega di voto", il conferimento della rappresentanza per l'esercizio del voto nelle assemblee;

b) "sollecitazione", la richiesta di conferimento di deleghe di voto rivolta a più di duecento azionisti su specifiche proposte di voto ovvero accompagnata da raccomandazioni, dichiarazioni o altre indicazioni idonee a influenzare il voto;

c) "promotore", il soggetto, compreso l'emittente, o i soggetti che congiuntamente promuovono la sollecitazione (2).

(1) Articolo sostituito dall'art. 3, co. 13, d.lg. 27/1/2010, n. 27.

(2) Lettera modificata dall'art. 3, co. 15, d.lg. 18/6/2012, n. 91.

137. Disposizioni generali. – 1. Al conferimento di deleghe di voto ai sensi della presente sezione si applicano gli articoli 135-novies e 135-decies (1).

2. Le clausole statutarie che limitano in qualsiasi modo la rappresentanza nelle assemblee non si applicano alle deleghe di voto conferite in conformità delle disposizioni della presente sezione.

3. Lo statuto può prevedere disposizioni integrative dirette a facilitare l'espressione del voto tramite delega da parte degli azionisti dipendenti (2).

4. Le disposizioni della presente sezione non si applicano alle società cooperative.

4-bis. Le disposizioni della presente sezione si applicano anche alle società italiane con strumenti finanziari diversi dalle azioni ammessi con il consenso dell'emittente alla negoziazione sui mercati regolamentati italiani o di altri Paesi dell'Unione europea, con riguardo al conferimento della rappresentanza per l'esercizio del diritto di voto nelle assemblee dei titolari di tali strumenti finanziari (3).

(1) Comma sostituito dall'art. 3, co. 14, d.lg. 27/1/2010, n. 27.

(2) Comma modificato dall'art. 3, co. 14, d.lg. 27/1/2010, n. 27.

(3) Comma inserito dall'art. 3, co. 16, d.lg. 18/6/2012, n. 91.

138. Sollecitazione (1). – 1. La sollecitazione è effettuata dal promotore mediante la diffusione di un prospetto e di un modulo di delega.

2. Il voto relativo alle azioni per le quali è stata rilasciata la delega è esercitato dal promotore. Il promotore può farsi sostituire solo da chi sia espressamente indicato nel modulo di delega e nel prospetto di sollecitazione.

(1) Articolo sostituito dall'art. 3, co. 15, d.lg. 27/1/2010, n. 27.

139. Requisiti del committente*. – *1. Il committente deve possedere azioni che gli consentano l'esercizio del diritto di voto nell'assemblea per la quale è richiesta la delega in misura pari almeno all'uno per cento del capitale sociale rappresentato da azioni con diritto di voto nella stessa. La CONSOB stabilisce per società a elevata capitalizzazione e ad azionariato particolarmente diffuso percentuali di capitale inferiori* (1). *2. Ai fini previsti dal comma 1, per le società di gestione del risparmio e per i soggetti abilitati alla istituzione di fondi pensione si tiene conto anche delle azioni di pertinenza dei fondi per conto dei quali essi esercitano il diritto di voto.*

* Articolo abrogato dall'art. 3, co. 16, d.lg. 27/1/2010, n. 27.

(1) Comma modificato dall'art. 4 della l. 28/12/2005, n. 262 e, successivamente, modificato dall'art. 3, co. 12, d.lg. 29/12/2006, n. 303.

140. Soggetti abilitati alla sollecitazione*. – *1. La sollecitazione è riservata alle imprese di investimento, alle banche, alle società di gestione del risparmio, alle società di investimento a capitale variabile e alle società di capitali aventi per oggetto esclusivo l'attività di sollecitazione e la rappresentanza di soci in assemblea. Per tali ultime società, gli esponenti aziendali devono possedere i requisiti di onorabilità previsti per le SIM.*

* Articolo abrogato dall'art. 3 del d.lg. 27/1/2010, n. 27.

141. Associazione di azionisti (1). – 1. Non costituisce sollecitazione ai sensi dell'articolo 136, comma 1, lettera b), la richiesta di conferimento di deleghe di voto accompagnata da raccomandazioni, dichiarazioni o altre indicazioni idonee a influenzare il voto rivolta ai propri associati dalle associazioni di azionisti che:

a) sono costituite con scrittura privata autenticata;

b) non esercitano attività di impresa, salvo quelle direttamente strumentali al raggiungimento dello scopo associativo;

c) sono composte da almeno cinquanta persone fisiche ciascuna delle quali è proprietaria di un quantitativo di azioni non superiore allo 0,1 per cento del capitale sociale rappresentato da azioni con diritto di voto.

2. Le deleghe conferite all'associazione di azionisti ai sensi del comma 1 non sono computate ai fini del calcolo del limite di duecento azionisti previsto dall'articolo 136, comma 1, lettera b).

(1) Articolo sostituito dall'art. 3, co. 17, d.lg. 27/1/2010, n. 27.

142. Delega di voto. – 1. La delega di voto è sottoscritta dal delegante, è revocabile, e può essere conferita soltanto per singole assemblee già convocate, con effetto per le eventuali convocazioni successive; essa non può essere rilasciata in bianco e indica la data, il nome del delegato e le istruzioni di voto.

2. La delega può essere conferita anche solo per alcune delle proposte di voto indicate nel modulo di delega o solo per alcune materie all'ordine del giorno. Il rappresentante è tenuto a votare per conto del delegante anche sulle materie iscritte all'ordine del giorno, sulle quali abbia ricevuto istruzioni, non oggetto della sollecitazione. Le azioni per le quali è stata conferita la delega, anche parziale, sono computate ai fini della regolare costituzione dell'assemblea (1).

(1) Comma modificato dall'art. 3, co. 18, d.lg. 27/1/2010, n. 27.

143. Responsabilità. – 1. Le informazioni contenute nel prospetto o nel modulo di delega e quelle eventualmente diffuse nel corso della sollecitazione [o della raccolta di deleghe] devono essere idonee a consentire all'azionista di assumere una decisione consapevole; dell'idoneità risponde il promotore (1).

2. Il promotore è responsabile della completezza delle informazioni diffuse nel corso della sollecitazione (2).

3. Nei giudizi di risarcimento dei danni derivanti da violazione delle disposizioni della presente sezione e delle relative norme regolamentari spetta al promotore l'onere della prova di avere agito con la diligenza richiesta (3).

(1) Comma modificato dall'art. 3, co. 19, lett. a), d.lg. 27/1/2010, n. 27.

(2) Comma modificato dall'art. 3, co. 19, lett. b), d.lg. 27/1/2010, n. 27.

(3) Comma modificato dall'art. 3, co. 19, lett. c), d.lg. 27/1/2010, n. 27.

144. Svolgimento della sollecitazione e della raccolta. – 1. La CONSOB stabilisce con regolamento regole di trasparenza e correttezza per lo svolgimento della sollecitazione e della raccolta di deleghe. Il regolamento, in particolare, disciplina (1):

a) il contenuto del prospetto e del modulo di delega, nonché le relative modalità di diffusione;

b) le procedure di sollecitazione e di raccolta di deleghe, nonché le condizioni e modalità da seguire per l'esercizio e la revoca delle stesse;

c) le forme di collaborazione tra il promotore e i soggetti in possesso delle informazioni relative all'identità dei soci, al fine di consentire lo svolgimento della sollecitazione (2).

2. La CONSOB può:

a) richiedere che il prospetto e il modulo di delega contengano informazioni integrative e stabilire particolari modalità di diffusione degli stessi;

b) sospendere l'attività di sollecitazione in caso di fondato sospetto di violazione delle disposizioni della presente sezione ovvero vietarla in caso di accertata violazione delle predette disposizioni (3);

c) esercitare nei confronti dei promotori i poteri previsti dagli articoli 114, comma 5, e 115, comma 1 (4).

3. Il Ministro di grazia e giustizia, sentita la CONSOB, disciplina con regolamento i termini di convocazione dell'assemblea, anche in deroga alle vigenti disposizioni di legge, *assicurando una sufficiente e tempestiva pubblicità delle proposte di deliberazione**.

4. Nei casi in cui la legge preveda forme di controllo sulle partecipazioni al capitale delle società, copia del prospetto e del modulo di delega deve essere inviata alle autorità di vigilanza competenti prima della sollecitazione. Le autorità vietano la sollecitazione quando pregiudica il perseguimento delle finalità inerenti ai controlli sulle partecipazioni al capitale (5).

(1) Alinea modificato dall'art. 3, co. 17, lett. a), d.lg. 18/6/2012, n. 91.

(2) Lettera modificata dall'art. 3, co. 20, lett. a), d.lg. 27/1/2010, n. 27.

• Per l'attuazione del presente comma vedi la deliberazione Consob 14/5/1999, n. 11971.

(3) Lettera sostituita dall'art. 3, co. 17, lett. b), d.lg. 18/6/2012, n. 91.

(4) Comma sostituito dall'art. 3, co. 20, lett. b), d.lg. 27/1/2010, n. 27.

* Comma abrogato dall'art. 3, co. 20, lett. c), d.lg. 27/1/2010, n. 27.

(5) Comma sostituito dall'art. 3, co. 20, lett. d), d.lg. 27/1/2010, n. 27.

Sezione IV
Azioni di risparmio ed altre categorie di azioni (1)

(1) Rubrica sostituita dall'art. 9.74 del d.lg. 17/1/2003, n. 6, nel testo introdotto dall'art. 3 del d.lg. 6/2/2004, n. 37. Vedi la disciplina transitoria di cui all'art. 6 del medesimo d.lg. n. 37/2004.

145. Emissione delle azioni. – 1. Le società italiane con azioni ordinarie quotate in mercati regolamentati italiani o di altri paesi dell'Unione europea possono emettere azioni prive del diritto di voto dotate di particolari privilegi di natura patrimoniale.

2. L'atto costitutivo determina il contenuto del privilegio, le condizioni, i limiti, le modalità e i termini per il suo esercizio; stabilisce altresì i diritti spettanti agli azionisti di risparmio in caso di esclusione dalle negoziazioni delle azioni ordinarie e di risparmio.

3. Le azioni devono contenere, in aggiunta alle indicazioni prescritte dall'articolo 2354 del codice civile, la denominazione di "azioni di risparmio" e l'indicazione dei privilegi che le assistono; le azioni possono essere al portatore, salvo il disposto dell'articolo 2354, secondo comma, del codice civile. Le azioni appartenenti agli amministratori, ai sindaci e ai direttori generali devono essere nominative (1).

*4. Il valore nominale complessivo delle azioni di risparmio, in concorso con quello delle azioni con voto limitato emesse ai sensi dell'art. 2351 del codice civile, non può superare la metà del capitale sociale**.

5. Se, in conseguenza della riduzione del capitale per perdite, l'ammontare delle azioni di risparmio e delle azioni a voto limitato supera la metà del capitale sociale, il rapporto indicato nel comma 4 deve essere ristabilito entro due anni mediante emissione di azioni ordinarie da attribuire in opzione ai possessori di azioni ordinarie. Tuttavia, se la parte di capitale rappresentata da azioni ordinarie si è ridotta al di sotto del quarto del capitale sociale, deve essere riportata almeno al quarto entro sei mesi. La società si scioglie se il rapporto tra azioni ordinarie e azioni di risparmio e con voto limitato non è ristabilito entro i termini predetti.

6. Della parte di capitale sociale rappresentata da azioni di risparmio non si tiene conto ai fini della costituzione dell'assemblea e della validità delle deliberazioni, né per il calcolo delle aliquote stabilite dagli articoli 2367, 2393, quinto e sesto comma, 2393-bis, 2408, secondo comma e 2409, primo comma, del codice civile (2).

7. Le azioni di risparmio possono essere emesse sia in sede di aumento del capitale sociale, osservando le disposizioni dell'articolo 2441 del codice civile, sia in sede di conversione di azioni già emesse, ordinarie o di altra categoria; il diritto di conversione è attribuito ai soci con deliberazione dell'assemblea straordinaria.

8. Salvo diversa disposizione dell'atto costitutivo, in caso di aumento di capitale a pagamento per il quale non sia stato escluso o limitato il diritto di opzione, i possessori di azioni di risparmio hanno diritto di opzione su azioni di risparmio della stessa categoria ovvero, in mancanza o per la differenza, nell'ordine, su azioni di risparmio di altra categoria, su azioni privilegiate ovvero su azioni ordinarie.

(1) Comma modificato dall'art. 9.72 del d.lg. 17/1/2003, n. 6, nel testo introdotto dall'art. 3 del d.lg. 6/2/2004, n. 37. Vedi la disciplina transitoria di cui all'art. 6 del medesimo d.lg. n. 37/2004.

* Comma abrogato dall'art. 9.72 del d.lg. 17/1/2003, n. 6, nel testo introdotto dall'art. 3 del d.lg. 6/2/2004, n. 37. Vedi la disciplina transitoria di cui all'art. 6 del medesimo d.lg. n. 37/2004.

(2) Comma sostituito dall'art. 9.72 del d.lg. 17/1/2003, n. 6, nel testo introdotto dall'art. 3 del d.lg. 6/2/2004, n. 37, e successivamente modificato dall'art. 3, co. 2, l. 28/12/2005, n. 262.

146. Assemblea speciale. – 1. L'assemblea speciale dei possessori di azioni di risparmio delibera:

a) sulla nomina e sulla revoca del rappresentante comune e sull'azione di responsabilità nei suoi confronti;

b) sull'approvazione delle deliberazioni dell'assemblea della società che pregiudicano i diritti della categoria, con il voto favorevole di tante azioni che rappresentino almeno il venti per cento delle azioni di categoria;

c) sulla costituzione di un fondo per le spese necessarie alla tutela dei comuni interessi e sul rendiconto relativo; il fondo è anticipato dalla società, che può rivalersi sugli utili spettanti agli azionisti di risparmio in eccedenza al minimo eventualmente garantito;

d) sulla transazione delle controversie con la società, con il voto favorevole di tante azioni che rappresentino almeno il venti per cento delle azioni di categoria;

e) sugli altri oggetti di interesse comune.

2. L'assemblea speciale dei possessori di azioni di risparmio è convocata dal rappresentante comune degli azionisti di risparmio, ovvero dal consiglio di amministrazione o dal consiglio di gestione, entro sessanta giorni dall'emissione o dalla conversione delle azioni e quando lo ritengano necessario o ne sia fatta richiesta da tanti possessori di azioni di risparmio che rappresentino almeno l'uno per cento delle azioni di risparmio della categoria (1).

2-bis. In caso di omissione o di ingiustificato ritardo da parte del consiglio di amministrazione o del consiglio di gestione l'assemblea speciale è convocata dal collegio sindacale o dal consiglio di sorveglianza o, nel caso di richiesta da parte degli azionisti ai sensi del comma precedente, dal comitato per il controllo sulla gestione (2).

3. In deroga all'articolo 2376, secondo comma, del codice civile l'assemblea, salvo i casi previsti dal comma 1, lettere b) e d), delibera in prima e in seconda convocazione col voto favorevole di tante azioni che rappresentino rispettivamente almeno il venti e il dieci per cento delle azioni in circolazione; in terza o unica convocazione l'assemblea delibera a maggioranza dei presenti, qualunque sia la parte di capitale rappresentata dai soci intervenuti. Si applica l'articolo 2416 del codice civile (3).

(1) Comma sostituito dall'art. 9.73 del d.lg. 17/1/2003, n. 6, nel testo introdotto dall'art. 3 del d.lg. 6/2/2004, n. 37. Vedi la disciplina transitoria di cui all'art. 6 del medesimo d.lg. n. 37/2004. Successivamente modificato dall'art. 3, co. 18, lett. a), d.lg. 18/6/2012, n. 91.

(2) Comma inserito dall'art. 9.73 del d.lg. 17/1/2003, n. 6, nel testo introdotto dall'art. 3 del d.lg. 6/2/2004, n. 37. Vedi la disciplina transitoria di cui all'art. 6 del medesimo d.lg. n. 37/2004. Successivamente modificato dall'art. 3, co. 18, lett. b), d.lg. 18/6/2012, n. 91.

(3) Comma modificato dall'art. 3, co. 18, lett. c), d.lg. 18/6/2012, n. 91.

147. Rappresentante comune. – 1. Al rappresentante comune degli azionisti di risparmio si applica l'articolo 2417 del codice civile, intendendosi l'espressione obbligazionisti riferita ai possessori di azioni di risparmio.

2. Possono essere nominate rappresentante comune anche le persone giuridiche autorizzate all'esercizio dei servizi d'investimento nonché le società fiduciarie.*

3. Il rappresentante comune ha gli obblighi e i poteri previsti dall'articolo 2418 del codice civile, intendendosi l'espressione obbligazionisti riferita ai possessori di azioni di risparmio; egli inoltre ha diritto di esaminare i libri indicati nell'articolo 2421, numeri 1) e 3), del codice civile e di ottenerne estratti, di assistere all'assemblea della società e di impugnarne le deliberazioni. Le spese sono imputate al fondo previsto dall'articolo 146, comma 1, lettera c).

4. L'atto costitutivo può attribuire al rappresentante comune e all'assemblea ulteriori poteri a tutela degli interessi dei possessori di azioni di risparmio e deve prevedere le modalità per assicurare un'adeguata informazione al rappresentante comune sulle operazioni societarie che possano influenzare l'andamento delle quotazioni delle azioni della categoria.

* Comma abrogato dall'art. 9, co. 1, lett. d), d.lg. 6/2/2004, n. 37.

147 bis. Assemblee di categoria (1). – 1. Gli articoli 146 e 147 si applicano alle assemblee speciali previste dall'articolo 2376, comma 1, del codice civile, qualora le azioni siano quotate in mercati regolamentati italiani o di altri Paesi dell'Unione europea.

(1) Articolo inserito dall'art. 9.75 del d.lg. 17/1/2003, n. 6, nel testo introdotto dall'art. 3 del d.lg. 6/2/2004, n. 37. Vedi la disciplina transitoria di cui all'art. 6 del medesimo d.lg. n. 37/2004.

Sezione IV bis
Organi di amministrazione (1)

(1) Sezione inserita dall'art. 1 della l. 28/12/2005, n. 262.

147 ter. Elezione e composizione del consiglio di amministrazione (1). – 1. Lo statuto prevede che i componenti del consiglio di amministrazione siano eletti sulla base di liste di candidati e determina la quota minima di partecipazione richiesta per la presentazione di esse, in misura non superiore a un quarantesimo del capitale sociale o alla diversa misura stabilita dalla CONSOB con regolamento tenendo conto della capitalizzazione, del flottante e degli assetti proprietari delle società quotate; per le società cooperative la misura è stabilita dagli statuti anche in deroga all'articolo 135. Le liste indicano quali sono gli amministratori in possesso dei requisiti di indipendenza stabiliti dalla legge e dallo statuto. Lo statuto può prevedere che, ai fini del riparto degli amministratori da eleggere, non si tenga conto delle liste che non hanno conseguito una percentuale di voti almeno pari alla metà di quella richiesta dallo statuto per la presentazione delle stesse (2).

1-bis. Le liste sono depositate presso l'emittente, anche tramite un mezzo di comunicazione a distanza, nel rispetto degli eventuali requisiti strettamente necessari per l'identificazione dei richiedenti indicati dalla società, entro il venticinquesimo giorno precedente la data dell'assemblea convocata per deliberare sulla nomina dei componenti del consiglio di amministrazione e messe a disposizione del pubblico presso la sede sociale, sul sito Internet e con le altre modalità previste dalla CONSOB con regolamento almeno ventuno giorni prima della data dell'assemblea. La titolarità della quota minima di partecipazione prevista dal comma 1 è determinata avendo riguardo alle azioni che risultano registrate a favore del socio nel giorno in cui le liste sono depositate presso l'emittente. La relativa certificazione può essere prodotta anche successivamente al deposito purché entro il temine previsto per la pubblicazione delle liste da parte dell'emittente (3).

1-ter. Lo statuto prevede, inoltre, che il riparto degli amministratori da eleggere sia effettuato in base a un criterio che assicuri l'equilibrio tra i generi. Il genere meno rappresentato deve ottenere almeno un terzo degli amministratori eletti. Tale criterio di riparto si applica per tre mandati consecutivi. Qualora la composizione del consiglio di amministrazione risultante dall'elezione non rispetti il criterio di riparto previsto dal presente comma, la CONSOB diffida la società interessata affinché si adegui a tale criterio entro il termine massimo di quattro mesi dalla diffida. In caso di inottemperanza alla diffida, la CONSOB applica una sanzione amministrativa pecuniaria da euro 100.000 a euro 1.000.000, secondo criteri e modalità stabiliti con proprio regolamento e fissa un nuovo termine di tre mesi ad adempiere. In caso di ulteriore inottemperanza rispetto a tale nuova diffida, i componenti eletti decadono dalla carica. Lo statuto provvede a disciplinare le modalità di formazione delle liste ed i casi di sostituzione in corso di mandato al fine di garantire il rispetto del criterio di riparto previsto dal presente comma. La CONSOB statuisce in ordine alla violazione, all'applicazione ed al rispetto delle disposizioni in materia di quota di genere, anche con riferimento alla fase istruttoria e alle procedure da adottare, in base a proprio regolamento da adottare entro sei mesi dalla data di entrata in vigore delle disposizioni recate dal presente comma. Le disposizioni del presente comma si applicano anche alle società organizzate secondo il sistema monistico (4).

2. Per le elezioni alle cariche sociali le votazioni devono sempre svolgersi con scrutinio segreto.*

3. Salvo quanto previsto dall'articolo 2409-septiesdecies del codice civile, almeno uno dei componenti del consiglio di amministrazione è espresso dalla lista di minoranza che abbia ottenuto il maggior numero di voti e non sia collegata in alcun modo, neppure indirettamente, con i soci che hanno presentato o votato la lista risultata prima per numero di voti. Nelle società organizzate secondo il sistema monistico, il componente espresso dalla lista di minoranza deve essere in possesso dei requisiti di onorabilità, professionalità e indipendenza determinati ai sensi dell'articolo 148, commi 3 e 4. Il difetto dei requisiti determina la decadenza dalla carica (5).

4. In aggiunta a quanto disposto dal comma 3, almeno uno dei componenti del consiglio di amministrazione, ovvero due se il consiglio di amministrazione sia composto da più di sette componenti, devono possedere i requisiti di indipendenza stabiliti per i sindaci dall'articolo 148, comma 3, nonché, se lo statuto lo prevede, gli ulteriori requisiti previsti da codici di comportamento redatti da società di gestione di mercati regolamentati o da associazioni di categoria. Il presente comma non si applica al consiglio di amministrazione delle società organizzate secondo il sistema monistico, per le quali rimane fermo il disposto dell'articolo 2409-septiesdecies, secondo comma, del codice civile. L'amministratore indipendente che, successivamente alla nomina, perda i requisiti di indipendenza deve darne immediata comunicazione al consiglio di amministrazione e, in ogni caso, decade dalla carica (5).

(1) Articolo inserito dall'art. 1 della l. 28/12/2005, n. 262.

(2) Comma modificato dall'art. 3, co. 13, d.lg. 29/12/2006, n. 303. A norma dell'art. 8, co. 5, d.lg. 29/12/2006, n. 303 in sede di prima applicazione, la Consob emana il regolamento di cui al presente comma entro il 31/3/2007. Successivamente modificato dall'art. 23-quater, co. 2, lett. b), d.l. 18/10/2012, n. 179.

(3) Comma inserito dall'art. 3, co. 21, d.lg. 27/1/2010, n. 27 e successivamente modificato dall'art. 3, co. 19, lett. a) e b), d.lg. 18/6/2012, n. 91.

(4) Comma aggiunto dall'art. 1, co. 1, l. 12/7/2011, n. 120.

* Comma abrogato dall'art. 3, co. 13, d.lg. 29/12/2006, n. 303.

(5) Comma modificato dall'art. 3, co. 13, d.lg. 29/12/2006, n. 303.

147 quater. Composizione del consiglio di gestione (1). – 1. Qualora il consiglio di gestione sia composto da più di quattro membri, almeno uno di essi deve possedere i requisiti di indipendenza stabiliti per i sindaci dall'articolo 148, comma 3, nonché, se lo statuto lo prevede, gli ulteriori requisiti previsti da codici di comportamento redatti da società di gestione di mercati regolamentati o da associazioni di categoria.

1-bis. Qualora il consiglio di gestione sia costituito da un numero di componenti non inferiore a tre, ad esso si applicano le disposizioni dell'articolo 147-ter, comma 1-ter (2).

(1) Articolo inserito dall'art. 1 della l. 28/12/2005, n. 262.

(2) Comma aggiunto dall'art. 1, co. 2, l. 12/7/2011, n. 120.

147 quinquies. Requisiti di onorabilità (1). – 1. I soggetti che svolgono funzioni di amministrazione e direzione devono possedere i requisiti di onorabilità stabiliti per i membri degli organi di controllo con il regolamento emanato dal Ministro della giustizia ai sensi dell'articolo 148, comma 4.

2. Il difetto dei requisiti determina la decadenza dalla carica.

(1) Articolo inserito dall'art. 1 della l. 28/12/2005, n. 262.

Sezione V
Organi di controllo (1)

(1) Rubrica sostituita dall'art. 9.76 del d.lg. 17/1/2003, n. 6, nel testo introdotto dall'art. 3 del d.lg. 6/2/2004, n. 37. Vedi la disciplina transitoria di cui all'art. 6 del medesimo d.lg. n. 37/2004.

148. Composizione. – 1. L'atto costitutivo della società stabilisce per il collegio sindacale:

a) il numero, non inferiore a tre, dei membri effettivi;

b) il numero, non inferiore a due, dei membri supplenti;

c) i criteri e modalità per la nomina del presidente; *d) limiti al cumulo degli incarichi**.

1-bis. L'atto costitutivo della società stabilisce, inoltre, che il riparto dei membri di cui al comma 1 sia effettuato in modo che il genere meno rappresentato ottenga almeno due quinti dei membri effettivi del collegio sindacale. Tale criterio di riparto si applica per sei mandati consecutivi. Qualora la composizione del collegio sindacale risultante dall'elezione non rispetti il criterio di riparto previsto dal presente comma, la Consob diffida la società interessata affinché si adegui a tale criterio entro il termine massimo di quattro mesi dalla diffida. In caso di inottemperanza alla diffida, la Consob applica una sanzione amministrativa pecuniaria da euro 20.000 a euro 200.000 e fissa un nuovo termine di tre mesi ad adempiere. In caso di ulteriore inottemperanza rispetto a tale nuova diffida, i componenti eletti decadono dalla carica. La Consob statuisce in ordine alla violazione, all'applicazione ed al rispetto delle disposizioni in materia di quota di genere, anche con riferimento alla fase istruttoria e alle procedure da adottare, in base a proprio regolamento da adottare entro sei mesi dalla data di entrata in vigore delle disposizioni recate dal presente comma (1).

2. La CONSOB stabilisce con regolamento modalità per l'elezione, con voto di lista, di un membro effettivo del collegio sindacale da parte dei soci di minoranza che non siano collegati, neppure indirettamente, con i soci che hanno presentato o votato la lista risultata prima per numero di voti. Si applica l'articolo 147-ter, comma l-bis (2).

2-bis. Il presidente del collegio sindacale è nominato dall'assemblea tra i sindaci eletti dalla minoranza (3).

3. Non possono essere eletti sindaci e, se eletti, decadono dall'ufficio:

a) coloro che si trovano nelle condizioni previste dall'articolo 2382 del codice civile;

b) il coniuge, i parenti e gli affini entro il quarto grado degli amministratori della società, gli amministratori, il coniuge, i parenti e gli affini entro il quarto grado degli amministratori delle società da questa controllate, delle società che la controllano e di quelle sottoposte a comune controllo (4);

c) coloro che sono legati alla società od alle società da questa controllate od alle società che la controllano od a quelle sottoposte a comune controllo ovvero agli amministratori della società e ai soggetti di cui alla lettera b) da rapporti di lavoro autonomo o subordinato ovvero da altri rapporti di natura patrimoniale o professionale che ne compromettano l'indipendenza (5).

4. Con regolamento adottato ai sensi dell'articolo 17, comma 3, della legge 23 agosto 1988, n. 400, dal Ministro della giustizia, di concerto con il Ministro dell'economia e delle finanze, sentiti la CONSOB, la Banca d'Italia e l'Ivass, sono stabiliti i requisiti di onorabilità e di professionalità dei membri del collegio sindacale, del consiglio di sorveglianza e del comitato per il controllo sulla gestione. Il difetto dei requisiti determina la decadenza dalla carica (6).

4-bis. Al consiglio di sorveglianza si applicano le disposizioni di cui ai commi 1-bis, 2 e 3 (7).

4-ter. Al comitato per il controllo sulla gestione si applicano le disposizioni dei commi 2-bis e 3. Il rappresentante della minoranza è il membro del consiglio di amministrazione eletto ai sensi dell'articolo 147-ter, comma 3 (8).

4-quater. Nei casi previsti dal presente articolo, la decadenza è dichiarata dal consiglio di amministrazione o, nelle società organizzate secondo i sistemi dualistico e monistico, dall'assemblea entro trenta giorni dalla nomina o dalla conoscenza del difetto sopravvenuto. In caso di inerzia, vi provvede la CONSOB, su richiesta di qualsiasi soggetto interessato o qualora abbia avuto comunque notizia dell'esistenza della causa di decadenza (8).

* Lettera abrogata dall'art. 2 della l. 28/12/2005, n. 262.

(1) Comma sostituito dapprima dall'art. 58-sexies, co. 2, d.l. 26/10/2019, n. 124, conv., con modif., dalla l. 19/12/2019, n. 157 e poi dall'art. 1, co. 303, l. 27/12/2019, n. 160 nel testo ripubblicato nella G.U. 17/1/2020, n. 13.

(2) Comma sostituito dall'art. 2 della l. 28/12/2005, n. 262, modificato dall'art. 3, co. 14, d.lg. 29/12/2006, n. 303 e dall'art. 3, co. 22, d.lg. 27/1/2010, n. 27.

(3) Comma inserito dall'art. 2 della l. 28/12/2005, n. 262.

(4) Lettera sostituita dall'art. 9.77 del d.lg. 17/1/2003, n. 6, nel testo introdotto dall'art. 3 del d.lg. 6/2/2004, n. 37. Vedi la disciplina transitoria di cui all'art. 6 del medesimo d.lg. n. 37/2004.

(5) Lettera sostituita dall'art. 9.77 del d.lg. 17/1/2003, n. 6, nel testo introdotto dall'art. 3 del d.lg. 6/2/2004, n. 37, e successivamente modificata dall'art. 2 della l. 28/12/2005, n. 262.

(6) Comma dapprima sostituito dall'art. 2 della l. 28/12/2005, n. 262 e poi così modificato dall'art. 4 del d.lg. 12/5/2015, n. 72 che ha sostituito la parola: "Isvap" con la parola: "Ivass".

(7) Comma aggiunto dall'art. 9.77 del d.lg. 17/1/2003, n. 6, nel testo introdotto dall'art. 3 del d.lg. 6/2/2004, n. 37, sostituito dall'art. 2 della l. 28/12/2005, n. 262, e successivamente modificato dall'art. 1, co. 3, lett. b), l. 12/7/2011, n. 120.

(8) Comma aggiunto dall'art. 9.77 del d.lg. 17/1/2003, n. 6, nel testo introdotto dall'art. 3 del d.lg. 6/2/2004, n. 37, e successivamente sostituito dall'art. 2 della l. 28/12/2005, n. 262.

148 bis. Limiti al cumulo degli incarichi (1). – 1. Con regolamento della CONSOB sono stabiliti limiti al cumulo degli incarichi di amministrazione e controllo che i componenti degli organi di controllo delle società di cui al presente capo, nonché delle società emittenti strumenti finanziari diffusi fra il pubblico in misura rilevante ai sensi dell'articolo 116, possono assumere presso tutte le società di cui al libro V, titolo V, capi V, VI e VII, del codice civile. La CONSOB stabilisce tali limiti avendo riguardo all'onerosità e alla complessità di ciascun tipo di incarico, anche in rapporto alla dimensione della società, al numero e alla dimensione delle imprese incluse nel consolidamento, nonché all'estensione e all'articolazione della sua struttura organizzativa.

2. Fermo restando quanto previsto dall'articolo 2400, quarto comma, del codice civile, i componenti degli organi di controllo delle società di cui al presente capo, nonché delle società emittenti strumenti finanziari diffusi fra il pubblico in misura rilevante ai sensi dell'articolo 116, informano la CONSOB e il pubblico, nei termini e modi prescritti dalla stessa CONSOB con il regolamento di cui al comma 1, circa gli incarichi di amministrazione e controllo da essi rivestiti presso tutte le società di cui al libro V, titolo V, capi V, VI e VII, del codice civile. La CONSOB dichiara la decadenza dagli incarichi assunti dopo il raggiungimento del numero massimo previsto dal regolamento di cui al primo periodo.

(1) Articolo inserito dall'art. 2 della l. 28/12/2005, n. 262.

149. Doveri. – 1. Il collegio sindacale vigila:

a) sull'osservanza della legge e dell'atto costitutivo;

b) sul rispetto dei principi di corretta amministrazione;

c) sull'adeguatezza della struttura organizzativa della società per gli aspetti di competenza, del sistema di controllo interno e del sistema amministrativo-contabile nonché sull'affidabilità di quest'ultimo nel rappresentare correttamente i fatti di gestione;

c-bis) sulle modalità di concreta attuazione delle regole di governo societario previste da codici di comportamento redatti da società di gestione di mercati regolamentati o da associazioni di categoria, cui la società, mediante informativa al pubblico, dichiara di attenersi (1);

d) sull'adeguatezza delle disposizioni impartite dalla società alle società controllate ai sensi dell'articolo 114, comma 2.

2. I membri del collegio sindacale assistono alle assemblee ed alle riunioni del consiglio di amministrazione e del comitato esecutivo. I sindaci, che non assistono senza giustificato motivo alle assemblee o, durante un esercizio sociale, a due adunanze del consiglio d'amministrazione o del comitato esecutivo, decadono dall'ufficio (2).

3. Il collegio sindacale comunica senza indugio alla CONSOB le irregolarità riscontrate nell'attività di vigilanza e trasmette i relativi verbali delle riunioni e degli accertamenti svolti e ogni altra utile documentazione.

4. Il comma 3 non si applica alle società con azioni quotate solo in mercati regolamentati di altri paesi dell'Unione europea.

4-bis. Al consiglio di sorveglianza si applicano i commi 1, 3 e 4. Almeno un componente del consiglio di sorveglianza partecipa alle riunioni del consiglio di gestione (3).

4-ter. Al comitato per il controllo sulla gestione si applicano i commi 1, limitatamente alle lettere c-bis) e d), 3 e 4 (4).

(1) Lettera inserita dall'art. 2 della l. 28/12/2005, n. 262.

(2) Comma sostituito dall'art. 9.78, co. 1, lett. a), d.lg. 17/1/2003, n. 6, nel testo introdotto dall'art. 3 del d.lg. 6/2/2004, n. 37. Vedi la disciplina transitoria di cui all'art. 6 del medesimo d.lg. n. 37/2004.

(3) Comma aggiunto dall'art. 9.78, co. 1, lett. b), d.lg. 17/1/2003, n. 6, nel testo introdotto dall'art. 3 del d.lg. 6/2/2004, n. 37. Vedi la disciplina transitoria di cui all'art. 6 del medesimo d.lg. n. 37/2004.

(4) Comma aggiunto dall'art. 9.78, co. 1, lett. b), d.lg. 17/1/2003, n. 6, nel testo introdotto dall'art. 3 del d.lg. 6/2/2004, n. 37, e successivamente modificato dall'art. 2 della l. 28/12/2005, n. 262.

150. Informazione (1). – 1. Gli amministratori riferiscono tempestivamente, secondo le modalità stabilite dallo statuto e con periodicità almeno trimestrale, al collegio sindacale sull'attività svolta e sulle operazioni di maggior rilievo economico, finanziario e patrimoniale, effettuate dalla società o dalle società controllate; in particolare, riferiscono sulle operazioni nelle quali essi abbiano un interesse, per conto proprio o di terzi, o che siano influenzate dal soggetto che esercita l'attività di direzione e coordinamento.

2. L'obbligo previsto dal comma precedente è adempiuto, nel sistema dualistico, dal consiglio di gestione nei confronti del consiglio di sorveglianza e, in quello monistico, dagli organi delegati nei confronti del comitato per il controllo sulla gestione.

3. Il collegio sindacale e il revisore legale o la società di revisione legale si scambiano tempestivamente i dati e le informazioni rilevanti per l'espletamento dei rispettivi compiti (2).

4. Coloro che sono preposti al controllo interno riferiscono anche al collegio sindacale di propria iniziativa o su richiesta anche di uno solo dei sindaci.

5. Le disposizioni previste dai commi 3 e 4 si applicano anche al consiglio di sorveglianza ed al comitato per il controllo sulla gestione.

(1) Articolo sostituito dall'art. 9.79 del d.lg. 17/1/2003, n. 6, nel testo introdotto dall'art. 3 del d.lg. 6/2/2004, n. 37. Vedi la disciplina transitoria di cui all'art. 6 del medesimo d.lg. n. 37/2004.

(2) Comma modificato dall'art. 40, co. 11, d.lg. 27/1/2010, n. 39.

151. Poteri. – 1. I sindaci possono, anche individualmente, procedere in qualsiasi momento ad atti di ispezione e di controllo, nonché chiedere agli amministratori notizie, anche con riferimento a società controllate, sull'andamento delle operazioni sociali o su determinati affari, ovvero rivolgere le medesime richieste di informazione direttamente agli organi di amministrazione e di controllo delle società controllate (1).

2. Il collegio sindacale può scambiare informazioni con i corrispondenti organi delle società controllate in merito ai sistemi di amministrazione e controllo ed all'andamento generale dell'attività sociale. Può altresì, previa comunicazione al presidente del consiglio di amministrazione, convocare l'assemblea dei soci, il consiglio di amministrazione od il comitato esecutivo ed avvalersi di dipendenti della società per l'espletamento delle proprie funzioni. I poteri di convocazione e di richiesta di collaborazione possono essere esercitati anche individualmente da ciascun membro del collegio, ad eccezione del potere di convocare l'assemblea dei soci, che può essere esercitato da almeno due membri (2).

3. Al fine di valutare l'adeguatezza e l'affidabilità del sistema amministrativo-contabile, i sindaci, sotto la propria responsabilità e a proprie spese, possono avvalersi, anche individualmente, di propri dipendenti e ausiliari che non si trovino in una delle condizioni previste dall'articolo 148, comma 3. La società può rifiutare agli ausiliari l'accesso a informazioni riservate.

4. Gli accertamenti eseguiti devono risultare dal libro delle adunanze e delle deliberazioni del collegio sindacale da tenersi, a cura del collegio, nella sede della società. Si applicano le disposizioni dell'articolo 2421, ultimo comma, del codice civile.

(1) Comma sostituito dall'art. 9.80, co. 1, lett. a), d.lg. 17/1/2003, n. 6, nel testo introdotto dall'art. 3 del d.lg. 6/2/2004, n. 37 e successivamente, modificato dall'art. 2 della l. 28/12/2005, n. 262.

(2) Comma sostituito dall'art. 9.80, co. 1, lett. b), d.lg. 17/1/2003, n. 6, nel testo introdotto dall'art. 3 del d.lg. 6/2/2004, n. 37 e successivamente, modificato dall'art. 2 della l. 28/12/2005, n. 262.

151 bis. Poteri del consiglio di sorveglianza (1). – 1. I componenti del consiglio di sorveglianza possono, anche individualmente, chiedere notizie ai consiglieri di gestione, anche con riferimento a società controllate, sull'andamento delle operazioni sociali o su determinati affari. Le notizie sono fornite a tutti i componenti del consiglio di sorveglianza, ovvero rivolgere le medesime richieste di informazione direttamente agli organi di amministrazione e di controllo delle società controllate (2).

2. I componenti del consiglio di sorveglianza possono, anche individualmente, chiedere al presidente la convocazione dell'organo, indicando gli argomenti da trattare. La riunione deve essere convocata senza ritardo, salvo che vi ostino ragioni tempestivamente comunicate al richiedente ed illustrate al consiglio alla prima riunione successiva.

3. Il consiglio di sorveglianza può, previa comunicazione al presidente del consiglio di gestione, convocare l'assemblea dei soci, il consiglio di gestione ed avvalersi di dipendenti della società per l'espletamento delle proprie funzioni. I poteri di convocazione e di richiesta di collaborazione possono essere esercitati anche individualmente da ciascun membro del consiglio, ad eccezione del potere di convocare l'assemblea dei soci, che può essere esercitato da almeno due membri (2).

4. Il consiglio di sorveglianza, od un componente dello stesso appositamente delegato, può procedere in qualsiasi momento ad atti d'ispezione e di controllo nonché scambiare informazioni con i corrispondenti organi delle società controllate in merito ai sistemi di amministrazione e controllo ed all'andamento generale dell'attività sociale.

(1) Articolo inserito dall'art. 9.81, co. 1, d.lg. 17/1/2003, n. 6, nel testo introdotto dall'art. 3 del d.lg. 6/2/2004, n. 37. Vedi la disciplina transitoria di cui all'art. 6 del medesimo d.lg. n. 37/2004.

(2) Comma modificato dall'art. 2 della l. 28/12/2005, n. 262.

151 ter. Poteri del comitato per il controllo sulla gestione (1). – 1. I componenti del comitato per il controllo sulla gestione possono, anche individualmente, chiedere agli altri amministratori notizie, anche con riferimento a società controllate, sull'andamento delle operazioni sociali o su determinati affari, ovvero rivolgere le medesime richieste di informazione direttamente agli organi di amministrazione e di controllo delle società controllate. Le notizie sono fornite a tutti i componenti del comitato per il controllo sulla gestione (2).

2. I componenti del comitato per il controllo sulla gestione possono, anche individualmente, chiedere al presidente la convocazione del comitato, indicando gli argomenti da trattare. La riunione deve essere convocata senza ritardo, salvo che vi ostino ragioni tempestivamente comunicate al richiedente ed illustrate al comitato alla prima riunione successiva.

3. Il comitato per il controllo sulla gestione può, previa comunicazione al presidente del consiglio di amministrazione, convocare il consiglio di amministrazione od il comitato esecutivo ed avvalersi di dipendenti della società per l'espletamento delle proprie funzioni. I poteri di convocazione e di richiesta di collaborazione possono essere esercitati anche individualmente da ciascun membro del comitato (2).

4. Il comitato per il controllo sulla gestione, od un componente dello stesso appositamente delegato, può procedere in qualsiasi momento ad atti d'ispezione e di controllo nonché scambiare informazioni con i corrispondenti organi delle società controllate in merito ai sistemi di amministrazione e controllo ed all'andamento generale dell'attività sociale.

(1) Articolo inserito dall'art. 9.81, co. 1, d.lg. 17/1/2003, n. 6, nel testo introdotto dall'art. 3 del d.lg. 6/2/2004, n. 37. Vedi la disciplina transitoria di cui all'art. 6 del medesimo d.lg. n. 37/2004.

(2) Comma modificato dall'art. 2 della l. 28/12/2005, n. 262.

152. Denuncia al tribunale. – 1. Il collegio sindacale o il consiglio di sorveglianza o il comitato per il controllo sulla gestione, se ha fondato sospetto che gli amministratori, in violazione dei loro doveri, abbiano compiuto gravi irregolarità nella gestione che possono recare danno alla società o ad una o più società controllate, possono denunziare i fatti al tribunale ai sensi dell'articolo 2409 del codice civile. In tale ipotesi le spese per l'ispezione sono a carico della società ed il tribunale può revocare anche i soli amministratori (1).

2. La CONSOB, se ha fondato sospetto di gravi irregolarità nell'adempimento dei doveri di vigilanza del collegio sindacale, del consiglio di sorveglianza o del comitato per il controllo sulla gestione, può denunziare i fatti al tribunale ai sensi dell'articolo 2409 del codice civile; le spese per l'ispezione sono a carico della società (1).

3. Il comma 2 si applica alle società con azioni quotate solo in mercati regolamentati di altri paesi dell'Unione europea.

4. Resta fermo quanto previsto dall'articolo 70, comma 7, del T.U. bancario.

(1) Comma sostituito dall'art. 9.82 del d.lg. 17/1/2003, n. 6, nel testo introdotto dall'art. 3 del d.lg. 6/2/2004, n. 37. Vedi la disciplina transitoria di cui all'art. 6 del medesimo d.lg. n. 37/2004.

153. Obbligo di riferire all'assemblea. – 1. Il collegio sindacale, il consiglio di sorveglianza ed il comitato per il controllo sulla gestione riferiscono sull'attività di vigilanza svolta e sulle omissioni e sui fatti censurabili rilevati all'assemblea convocata per l'approvazione del bilancio di esercizio ovvero ai sensi dell'articolo 2364-bis, comma 2, del codice civile (1).

2. Il collegio sindacale può fare proposte all'assemblea in ordine al bilancio e alla sua approvazione nonché alle materie di propria competenza.

(1) Comma sostituito dall'art. 9.83 del d.lg. 17/1/2003, n. 6, nel testo introdotto dall'art. 3 del d.lg. 6/2/2004, n. 37. Vedi la disciplina transitoria di cui all'art. 6 del medesimo d.lg. n. 37/2004.

154. Disposizioni non applicabili (1). – 1. Al collegio sindacale delle società con azioni quotate non si applicano gli articoli 2397, 2398, 2399, 2403, 2403-bis, 2405, 2426, numeri 5 e 6, 2429, secondo comma, e 2441, sesto comma, del codice civile.

2. Al consiglio di sorveglianza delle società con azioni quotate non si applicano gli articoli 2409-septies, 2409-duodecies, decimo comma, 2409-terdecies, primo comma, lettere c), e) ed f), del codice civile.

3. Al comitato per il controllo sulla gestione delle società con azioni quotate non si applicano gli articoli 2399, primo comma, e 2409-septies del codice civile.

(1) Articolo sostituito dall'art. 9.84 del d.lg. 17/1/2003, n. 6, nel testo introdotto dall'art. 3 del d.lg. 6/2/2004, n. 37. Vedi la disciplina transitoria di cui all'art. 6 del medesimo d.lg. n. 37/2004.

Sezione V bis
Informazione finanziaria (1)

(1) Sezione inserita dall'art. 14 della l. 28/12/2005, n. 262. Rubrica sostituita dall'art. 1 del d.lg. 6/11/2007, n. 195.

154 bis. Dirigente preposto alla redazione dei documenti contabili societari (1). – 1. Lo statuto degli emittenti quotati aventi l'Italia come Stato membro d'origine prevede i requisiti di professionalità e le modalità di nomina di un dirigente preposto alla redazione dei documenti contabili societari, previo parere obbligatorio dell'organo di controllo (2).

2. Gli atti e le comunicazioni della società diffusi al mercato, e relativi all'informativa contabile anche infrannuale della stessa società, sono accompagnati da una dichiarazione scritta del dirigente preposto alla redazione dei documenti contabili societari, che ne attestano la corrispondenza alle risultanze documentali, ai libri e alle scritture contabili (3).

3. Il dirigente preposto alla redazione dei documenti contabili societari predispone adeguate procedure amministrative e contabili per la formazione del bilancio di esercizio e, ove previsto, del bilancio consolidato nonché di ogni altra comunicazione di carattere finanziario (4).

4. Il consiglio di amministrazione vigila affinché il dirigen-

te preposto alla redazione dei documenti contabili societari disponga di adeguati poteri e mezzi per l'esercizio dei compiti a lui attribuiti ai sensi del presente articolo, nonché sul rispetto effettivo delle procedure amministrative e contabili (5).

5. Gli organi amministrativi delegati e il dirigente preposto alla redazione dei documenti contabili societari attestano con apposita relazione sul bilancio di esercizio, sul bilancio semestrale abbreviato e, ove redatto, sul bilancio consolidato:

a) l'adeguatezza e l'effettiva applicazione delle procedure di cui al comma 3 nel corso del periodo cui si riferiscono i documenti;

b) che i documenti sono redatti in conformità ai principi contabili internazionali applicabili riconosciuti nella Comunità europea ai sensi del regolamento (CE) n. 1606/2002 del Parlamento europeo e del Consiglio, del 19 luglio 2002;

c) la corrispondenza dei documenti alle risultanze dei libri e delle scritture contabili;

d) l'idoneità dei documenti a fornire una rappresentazione veritiera e corretta della situazione patrimoniale, economica e finanziaria dell'emittente e dell'insieme delle imprese incluse nel consolidamento;

e) per il bilancio d'esercizio e per quello consolidato, che la relazione sulla gestione comprende un'analisi attendibile dell'andamento e del risultato della gestione, nonché della situazione dell'emittente e dell'insieme delle imprese incluse nel consolidamento, unitamente alla descrizione dei principali rischi e incertezze cui sono esposti;

f) per il bilancio semestrale abbreviato, che la relazione intermedia sulla gestione contiene un'analisi attendibile delle informazioni di cui al comma 4 dell'articolo 154-ter (6).

5-bis. L'attestazione di cui al comma 5 è resa secondo il modello stabilito con regolamento dalla CONSOB (7).

6. Le disposizioni che regolano la responsabilità degli amministratori si applicano anche ai dirigenti preposti alla redazione dei documenti contabili societari, in relazione ai compiti loro spettanti, salve le azioni esercitabili in base al rapporto di lavoro con la società.

(1) Articolo inserito dall'art. 14, co. 1, lett. n), l. 28/12/2005, n. 262.

(2) Comma modificato dall'art. 3, co. 15, lett. a), d.lg. 29/12/2006, n. 303 e, successivamente, dall'art. 1, co. 9, lett. a), d.lg. 6/11/2007, n. 195.

(3) Comma modificato dall'art. 3, co. 15, lett. b), c) e d), d.lg. 29/12/2006, n. 303.

(4) Comma modificato dall'art. 3, co. 15, lett. e), d.lg. 29/12/2006, n. 303.

(5) Comma sostituito dall'art. 3, co. 15, lett. f), d.lg. 29/12/2006, n. 303.

(6) Comma sostituito dall'art. 3, co. 15, lett. g), d.lg. 29/12/2006, n. 303 e, successivamente, dall'art. 1, co. 9, lett. b), d.lg. 6/11/2007, n. 195.

(7) Comma inserito dall'art. 1, co. 9, lett. c), d.lg. 6/11/2007, n. 195.

154 ter. Relazioni finanziarie (1). – 1. Fermo restando quanto previsto dagli articoli 2364, secondo comma, e 2364-bis, secondo comma, del codice civile, entro quattro mesi dalla chiusura dell'esercizio, gli emittenti quotati aventi l'Italia come Stato membro d'origine mettono a disposizione del pubblico presso la sede sociale, sul sito Internet e con le altre modalità previste dalla Consob con regolamento, la relazione finanziaria annuale, comprendente il progetto di bilancio di esercizio o, per le società che abbiano adottato il sistema di amministrazione e controllo dualistico, il bilancio di esercizio, nonché il bilancio consolidato, ove redatto, la relazione sulla gestione e l'attestazione prevista all'articolo 154-bis, comma 5. Nelle ipotesi previste dall'articolo 2409-terdecies, secondo comma, del codice civile, in luogo del bilancio di esercizio, è pubblicato, ai sensi del presente comma, il progetto di bilancio di esercizio. La relazione di revisione redatta dal revisore legale o dalla società di revisione legale nonché la relazione indicata nell'articolo 153 sono messe integralmente a disposizione del pubblico entro il medesimo termine (2).

1-bis. Tra la pubblicazione di cui al comma 1 e la data dell'assemblea convocata ai sensi degli articoli 2364, secondo comma, e 2364-bis, secondo comma, del codice civile, intercorrono non meno di ventuno giorni (3).

1-ter. In deroga all'articolo 2429, primo coma, del codice civile il progetto di bilancio di esercizio è comunicato dagli amministratori al collegio sindacale, al revisore legale o alla società di revisione legale, con la relazione sulla gestione, almeno quindici giorni prima della pubblicazione di cui al comma 1 (4).

2. Gli emittenti quotati aventi l'Italia come Stato membro d'origine pubblicano, quanto prima possibile e comunque entro tre mesi dalla chiusura del primo semestre dell'esercizio, una relazione finanziaria semestrale comprendente il bilancio semestrale abbreviato, la relazione intermedia sulla gestione e l'attestazione prevista dall'articolo 154-bis, comma 5. La relazione sul bilancio semestrale abbreviato del revisore legale o della società di revisione legale, ove redatta, è pubblicata integralmente entro il medesimo termine (5).

3. Il bilancio semestrale abbreviato di cui al comma 2, è redatto in conformità ai principi contabili internazionali applicabili riconosciuti nella Comunità europea ai sensi del regolamento (CE) n. 1606/2002. Tale bilancio è redatto in forma consolidata se l'emittente quotato avente l'Italia come Stato membro d'origine è obbligato a redigere il bilancio consolidato.

4. La relazione intermedia sulla gestione contiene almeno riferimenti agli eventi importanti che si sono verificati nei primi sei mesi dell'esercizio e alla loro incidenza sul bilancio semestrale abbreviato, unitamente a una descrizione dei principali rischi e incertezze per i sei mesi restanti dell'esercizio. Per gli emittenti azioni quotate aventi l'Italia come Stato membro d'origine, la relazione intermedia sulla gestione contiene, altresì, informazioni sulle operazioni rilevanti con parti correlate.

5. Con il regolamento di cui al comma 6, la Consob può disporre, nei confronti di emittenti aventi l'Italia come Stato membro d'origine, inclusi gli enti finanziari, l'obbligo di pubblicare informazioni finanziarie periodiche aggiuntive consistenti al più in:

a) una descrizione generale della situazione patrimoniale e dell'andamento economico dell'emittente e delle sue imprese controllate nel periodo di riferimento;

b) una illustrazione degli eventi rilevanti e delle operazioni che hanno avuto luogo nel periodo di riferimento e la loro incidenza sulla situazione patrimoniale dell'emittente e delle sue imprese controllate (6).

5-bis. Prima dell'eventuale introduzione degli obblighi di cui al comma 5, la Consob rende pubblica l'analisi di impatto effettuata ai sensi dell'articolo 14, comma 24-quater, della legge 28 novembre 2005, n. 246. Quest'ultima, in conformità alla disciplina comunitaria di riferimento, esamina, anche in chiave comparatistica, la sussistenza delle seguenti condizioni:

a) le informazioni finanziarie periodiche aggiuntive non comportano oneri sproporzionati, in particolare per i piccoli e medi emittenti interessati;

b) il contenuto delle informazioni finanziarie periodiche aggiuntive richieste è proporzionato ai fattori che contribuiscono alle decisioni di investimento assunte dagli investitori;

c) le informazioni finanziarie periodiche aggiuntive richieste non favoriscono un'attenzione eccessiva ai risultati e al rendimento a breve termine degli emittenti e non incidono negativamente sulle possibilità di accesso dei piccoli e medi emittenti ai mercati regolamentati (7).

6. La Consob, in conformità alla disciplina europea, stabilisce con regolamento (8):

a) i termini e le modalità di pubblicazione dei documenti di cui ai commi 1 e 2 e delle eventuali informazioni aggiuntive di cui al comma 5, nonché del documento di registrazione universale ai sensi dell'articolo 9, paragrafo 12, del regolamento prospetto (9);

b) i casi di esenzione dall'obbligo di pubblicazione delle relazioni finanziarie (10);

c) il contenuto delle informazioni sulle operazioni rilevanti con parti correlate di cui al comma 4;

d) le modalità di applicazione del presente articolo per gli emittenti quote di fondi chiusi.

7. Fermi restando i poteri previsti dall'articolo 157, comma 2, la Consob, nel caso in cui abbia accertato che i documenti che compongono le relazioni finanziarie di cui al presente articolo non sono conformi alle norme che ne disciplinano la redazione, può chiedere all'emittente di rendere pubblica tale circostanza e di provvedere alla pubblicazione delle informazioni supplementari necessarie a ripristinare una corretta informazione del mercato.

(1) Articolo aggiunto dall'art. 1, co. 10, d.lg. 6/11/2007, n. 195.

(2) Comma sostituito dall'art. 3, co. 23, lett. a), d.lg. 27/1/2010, n. 27, successivamente modificato dall'art. 40, co. 12, lett. a), d.lg. 27/1/2010, n. 39, sostituito dall'art. 3, co. 20, lett. a), d.lg. 18/6/2012, n. 91 e da ultimo modificato dall'art. 1, co. 7, lett. a), d.lg. 15/2/2016, n. 25.

(3) Comma aggiunto dall'art. 3, co. 23, lett. b), d.lg. 27/1/2010, n. 27 e successivamente modificato dall'art. 3, co. 20, lett. b), d.lg. 18/6/2012, n. 91.

(4) Comma aggiunto dall'art. 3, co. 23, lett. b), d.lg. 27/1/2010, n. 27 e successivamente modificato dall'art. 1, co. 7, lett. b), d.lg. 15/2/2016, n. 25.

(5) Comma modificato dall'art. 40, co. 12, lett. b), d.lg. 27/1/2010, n. 39 e successivamente dall'art. 1, co. 7, lett. c), d.lg. 15/2/2016, n. 25.

(6) Comma sostituito dall'art. 1, co. 7, lett. d), d.lg. 15/2/2016, n. 25.

(7) Comma aggiunto dall'art. 1, co. 7, lett. e), d.lg. 15/2/2016, n. 25.

(8) Alinea modificato dall'art. 1, co. 7, lett. f), d.lg. 15/2/2016, n. 25.

(9) Lettera sostituita dall'art. 1, co. 7, lett. g), d.lg. 15/2/2016, n. 25 e successivamente modificata dall'art. 3, co. 14, d.lg. 2/2/2021, n. 17.

(10) Lettera modificata dall'art. 1, co. 15, d.lg. 11/10/2012, n. 184.

154 quater. Trasparenza dei pagamenti ai governi (1). – 1. Gli emittenti quotati aventi l'Italia come Stato membro d'origine, operanti in uno dei settori di cui all'articolo 1, comma 1, lettere h) ed i), del decreto legislativo 18 agosto 2015, n. 139, pubblicano, nel proprio sito internet e con le altre modalità previste dalla Consob con regolamento, la relazione sui pagamenti ai governi redatta in conformità alle disposizioni contenute nel Capo I del medesimo decreto, entro sei mesi dalla data di chiusura dell'esercizio.

2. La medesima relazione resta a disposizione del pubblico per un periodo di dieci anni dalla prima pubblicazione.

3. I pagamenti ai governi sono riportati a livello consolidato.

(1) Articolo inserito dall'art. 1, co. 8, d.lg. 15/2/2016, n. 25.

Sezione VI
Revisione legale dei conti (1)

(1) Rubrica sostituita dall'art. 40 del d.lg. 27/1/2010, n. 39.

155. Attività di revisione contabile. – *1. Una società di revisione iscritta nell'albo speciale previsto dall'articolo 161 verifica: a) nel corso dell'esercizio, la regolare tenuta della contabilità sociale e la corretta rilevazione dei fatti di gestione nelle scritture contabili; b) che il bilancio di esercizio e il bilancio consolidato corrispondano alle risultanze delle scritture contabili e degli accertamenti eseguiti e che siano conformi alle norme che li disciplinano*.*

2. Il revisore legale o la società di revisione legale informano senza indugio la CONSOB e l'organo di controllo dei fatti ritenuti censurabili rilevati nello svolgimento dell'attività di revisione legale sul bilancio d'esercizio e consolidato (1).

3. La società di revisione riporta in apposito libro tenuto presso la sede della società che ha conferito l'incarico le informazioni concernenti l'attività di revisione svolta, secondo i criteri e le modalità stabiliti dalla CONSOB con regolamento. Si applica l'articolo 2421, terzo comma, del codice civile.*

* Comma abrogato dall'art. 40, co. 21, d.lg. 27/1/2010, n. 39.

(1) Comma sostituito dall'art. 40, co. 14, d.lg. 27/1/2010, n. 39.

156. Relazioni di revisione (1). – *1. La società di revisione esprime con apposite relazioni un giudizio sul bilancio di esercizio e sul bilancio consolidato. Le relazioni sono datate e sottoscritte dal responsabile della revisione contabile, che deve essere socio o amministratore della società di revisione e iscritto nel registro dei revisori contabili istituito presso il Ministero di grazia e giustizia. 2. La società di revisione esprime un giudizio senza rilievi se il bilancio di esercizio e il bilancio consolidato sono conformi alle norme che ne disciplinano i criteri di redazione e se rappresentano in modo veritiero e corretto la situazione patrimoniale e finanziaria e il risultato economico dell'esercizio*.*

*3. La società di revisione può esprimere un giudizio con rilievi, un giudizio negativo ovvero rilasciare una dichiarazione di impossibilità di esprimere un giudizio. In tali casi la società espone analiticamente nelle relazioni i motivi della propria decisione**.*

4. In caso di giudizio negativo o di dichiarazione di impossibilità di esprimere un giudizio o in presenza di richiami di informativa relativi a dubbi significativi sulla continuità aziendale il revisore legale o la società di revisione legale informano tempestivamente la CONSOB (2).

*4-bis. Oltre al giudizio sul bilancio, le relazioni comprendono: a) un paragrafo introduttivo che identifica il bilancio sottoposto a revisione e il quadro delle regole di redazione applicate dalla società che ha conferito l'incarico; b) una descrizione della portata della revisione svolta con l'indicazione dei principi di revisione osservati; c) eventuali richiami di informativa che il revisore sottopone all'attenzione dei destinatari del bilancio, senza che essi costituiscano rilievi; d) un giudizio sulla coerenza della relazione sulla gestione con il bilancio***.*

*5. Le relazioni sui bilanci sono depositate a norma dell'articolo 2435 del codice civile [e devono restare depositate presso la sede della società durante i quindici giorni che precedono l'assemblea o la riunione del consiglio di sorveglianza che approva il bilancio e finché il bilancio non è approvato****.*

(1) Rubrica sostituita dall'art. 2 del d.lg. 2/2/2007, n. 32.

* Commi modificati dall'art. 2 del d.lg. 2/2/2007, n. 32 e successivamente abrogati dall'art. 40 del d.lg. 27/1/2010, n. 39.

** Comma abrogato dall'art. 40 del d.lg. 27/1/2010, n. 39.

(2) Comma sostituito dall'art. 40 del d.lg. 27/1/2010, n. 39.

*** Comma inserito dall'art. 2 del d.lg. 2/2/2007, n. 32 e successivamente abrogato dall'art. 40 del d.lg. 27/1/2010, n. 39.

**** Comma sostituito dall'art. 9.85 del d.lg. 17/1/2003, n. 6, nel testo introdotto dall'art. 3 del d.lg. 6/2/2004, n. 37. Vedi la disciplina transitoria di cui all'art. 6 del medesimo d.lg. n. 37/2004, successivamente modificato dall'art. 3 del d.lg. 27/1/2010, n. 27 e da ultimo abrogato dall'art. 40 del d.lg. 27/1/2010, n. 39.

157. Effetti dei giudizi sui bilanci. – 1. Salvi i casi previsti dall'articolo 156, comma 4, la deliberazione dell'assemblea o del consiglio di sorveglianza che approva il bilancio d'esercizio può essere impugnata, per mancata conformità del bilancio alle norme che ne disciplinano i criteri di redazione, da tanti soci che rappresentano almeno il cinque per cento del capitale sociale. Tanti soci che rappresentano la medesima quota di capitale della società con azioni quotate possono richiedere al tribunale di accertare la conformità del bilancio consolidato alle norme che ne disciplinano i criteri di redazione (1).

2. La CONSOB può esercitare in ogni caso le azioni previste dal comma 1 entro sei mesi dalla data di deposito del bilancio d'esercizio e del bilancio consolidato presso l'ufficio del registro delle imprese.

3. Il presente articolo non si applica alle società con azioni quotate solo in mercati regolamentati di altri Paesi dell'Unione Europea.

4. Per le società cooperative, la percentuale di capitale indicata nel comma 1 è rapportata al numero complessivo dei soci.

(1) Comma sostituito dall'art. 9.86 del d.lg. 17/1/2003, n. 6, nel testo introdotto dall'art. 3 del d.lg. 6/2/2004, n. 37. Vedi la disciplina transitoria di cui all'art. 6 del medesimo d.lg. n. 37/2004.

158. Proposte di aumento di capitale [di fusione, di scissione e di distribuzione di acconti sui dividendi] (1). – 1. In caso di aumento di capitale con esclusione o limitazione del diritto di opzione, il parere sulla congruità del prezzo di emissione delle azioni è rilasciato da un revisore legale o da una società di revisione legale. Le proposte di aumento del capitale sociale sono comunicate al revisore legale o alla società di revisione legale, unitamente alla relazione illustrativa degli amministratori prevista dall'articolo 2441, sesto comma, del codice civile, almeno quarantacinque giorni prima di quello fissato per l'assemblea che deve esaminarle. [La società di revisione esprime il proprio parere entro trenta giorni] (2).

2. La relazione degli amministratori e il parere del revisore legale o della società di revisione legale sono messe a disposizione del pubblico con le modalità di cui all'articolo 125-ter, comma 1, almeno ventuno giorni prima dell'assemblea e finché questa abbia deliberato. Tali documenti devono essere allegati agli altri documenti richiesti per l'iscrizione della deliberazione nel registro delle imprese (3).

3. La disposizione del comma precedente si applica anche alla relazione del revisore legale o della società di revisione legale prevista dall'articolo 2441, comma 4, seconda parte, del codice civile (4).

3-bis. La relazione giurata dell'esperto designato dal tribunale ai sensi dell'articolo 2343 del codice civile ovvero la documentazione indicata dall'articolo 2343-ter, terzo comma, del codice civile, sono messe a disposizione del pubblico con le modalità previste all'articolo 125-ter, comma 1, almeno ventuno giorni prima dell'assemblea e finché questa non abbia deliberato (5).

*4. La società incaricata della revisione contabile di più di una delle società partecipanti a una fusione o a una scissione può redigere la relazione sulla congruità del rapporto di cambio esclusivamente per una delle società partecipanti. 5. Il parere previsto dall'art. 2433-bis, quinto comma, del codice civile è reso dalla società incaricata della revisione contabile**.

(1) Rubrica modificata dall'art. 3 del d.lg. 27/1/2010, n. 27.

(2) Comma modificato dall'art. 3 del d.lg. 27/1/2010, n. 27, successivamente dall'art. 40 del d.lg. 27/1/2010, n. 39 e, da ultimo, dall'art. 1, co. 16, d.lg. 11/10/2012, n. 184.

(3) Comma modificato dall'art. 3 del d.lg. 27/1/2010, n. 27 e successivamente dall'art. 40 del d.lg. 27/1/2010, n. 39.

(4) Comma sostituito dall'art. 9.87 del d.lg. 17/1/2003, n. 6, nel testo introdotto dall'art. 3 del d.lg. 6/2/2004, n. 37. Vedi la disciplina transitoria di cui all'art. 6 del medesimo d.lg. n. 37/2004. Successivamente il presente comma è stato modificato dall'art. 40 del d.lg. 27/1/2010, n. 39.

(5) Comma aggiunto dall'art. 3, co. 21, d.lg. 18/6/2012, n. 91.

* Commi soppressi dall'art. 9.87 del d.lg. 17/1/2003, n. 6, nel testo introdotto dall'art. 3 del d.lg. 6/2/2004, n. 37. Vedi la disciplina transitoria di cui all'art. 6 del medesimo d.lg. n. 37/2004.

159. Conferimento e revoca dell'incarico (1). – 1. In caso di mancata nomina del revisore legale o della società di revisione legale, la società che deve conferire l'incarico informa tempestivamente la CONSOB, esponendo le cause che hanno determinato il ritardo nell'affidamento dell'incarico (2).

*2. L'assemblea revoca l'incarico, su proposta motivata dell'organo di controllo, quando ricorra una giusta causa, provvedendo contestualmente a conferire l'incarico ad altra società di revisione secondo le modalità di cui al comma 1. Non costituisce giusta causa di revoca la divergenza di opinioni rispetto a valutazioni contabili o a procedure di revisione. Le funzioni di controllo contabile continuano ad essere esercitate dalla società revocata fino a quando la deliberazione di conferimento dell'incarico non sia divenuta efficace ovvero fino al conferimento d'ufficio da parte della CONSOB**.

3. Alle deliberazioni previste dai commi 1 e 2 adottate dall'assemblea delle società in accomandita per azioni con azioni quotate in mercati regolamentati si applica l'articolo 2459 del codice civile (3).

*4. L'incarico ha durata di nove esercizi e non può essere rinnovato o nuovamente conferito se non siano decorsi almeno tre anni dalla data di cessazione del precedente. 5. Le deliberazioni previste dai commi 1 e 2 sono trasmesse alla CONSOB entro il termine fissato ai sensi del comma 7, lettera b). Entro venti giorni dalla data di ricevimento della deliberazione di revoca, la CONSOB può vietarne l'esecuzione qualora rilevi la mancanza di una giusta causa. La deliberazione di revoca dell'incarico ha effetto dalla scadenza del termine di cui al periodo precedente, qualora la CONSOB non ne abbia vietata l'esecuzione***.

*6. La CONSOB dispone d'ufficio la revoca dell'incarico di revisione contabile qualora rilevi una causa di incompatibilità ovvero qualora siano state accertate gravi irregolarità nello svolgimento dell'attività di revisione, anche in relazione ai principi e criteri di revisione stabiliti ai sensi dell'articolo 162, comma 2, lettera a). Il provvedimento di revoca è notificato alla società di revisione e comunicato immediatamente alla società interessata, con l'invito alla società medesima a deliberare il conferimento dell'incarico ad altra società di revisione, secondo le disposizioni del comma 1, entro trenta giorni dalla data di ricevimento della comunicazione. Qualora la deliberazione non sia adottata entro tale termine, la CONSOB provvede d'ufficio al conferimento dell'incarico entro trenta giorni. Le funzioni di controllo contabile continuano ad essere esercitate dalla società revocata fino a quando la deliberazione di conferimento dell'incarico non sia divenuta efficace ovvero fino al provvedimento della CONSOB. 7. La CONSOB stabilisce con regolamento: a) i criteri generali per la determinazione del corrispettivo per l'incarico di revisione contabile. La corresponsione del compenso non può comunque essere subordinata ad alcuna condizione relativa all'esito della revisione, né la misura di esso può dipendere in alcun modo dalla prestazione di servizi aggiuntivi da parte della società di revisione; b) la documentazione da inviare unitamente alle deliberazioni previste dai commi 1 e 2, le modalità e i termini di trasmissione; c) le modalità e i termini per l'adozione e la comunicazione agli interessati dei provvedimenti da essa assunti; d) i termini entro i quali gli amministratori o i membri del consiglio di gestione depositano presso il registro delle imprese le deliberazioni e i provvedimenti indicati ai commi 1, 2, 5 e 6. 8. Non si applica l'articolo 2409-quater del codice civile****.

(1) Articolo modificato dall'art. 9.88, co. 1, d.lg. 17/1/2003, n. 6, nel testo introdotto dall'art. 3 del d.lg. 6/2/2004, n. 37 e, successivamente, sostituito dall'art. 18, co. 1, lett. b), l. 28/12/2005, n. 262.

(2) Comma modificato dall'art. 3, co. 16, d.lg. 29/12/2006, n. 303 e, successivamente, sostituito dall'art. 40, co. 17, d.lg. 27/1/2010, n. 39.

* Comma modificato dall'art. 3, co. 16, d.lg. 29/12/2006, n. 303 e, successivamente, abrogato dall'art. 40, co. 21, d.lg. 27/1/2010, n. 39.

(3) Comma sostituito dall'art. 3, co. 16, d.lg. 29/12/2006, n. 303. Vedi, anche, l'art. 8, co. 7, del medesimo d.lg. 29/12/2006, n. 303.

** Commi modificati dall'art. 3, co. 16, d.lg. 29/12/2006, n. 303 e, successivamente, abrogati dall'art. 40, co. 21, d.lg. 27/1/2010, n. 39.

*** Commi abrogati dall'art. 40, co. 21, d.lg. 27/1/2010, n. 39.

160. Incompatibilità*. – *1. Al fine di assicurare l'indipendenza della società e del responsabile della revisione, l'incarico non può essere conferito a società di revisione che si trovino in una delle situazioni di incompatibilità stabilite con regolamento dalla CONSOB* (1). *1-bis. Con il regolamento adottato ai sensi del comma 1, la CONSOB individua altresì i criteri per stabilire l'appartenenza di un'entità alla rete di una società di revisione, costituita dalla struttura più ampia cui appartiene la società stessa e che si avvale della medesima denominazione o attraverso la quale vengono condivise risorse professionali, e comprendente comunque le società che controllano la società di revisione, le società che sono da essa controllate, ad essa collegate o sottoposte con essa a comune controllo; determina le caratteristiche degli incarichi e dei rapporti che possono compromettere l'indipendenza della società di revisione; stabilisce le forme di pubblicità dei compensi che la società di revisione e le entità appartenenti alla sua rete hanno percepito, distintamente, per incarichi di revisione e per la prestazione di altri servizi, indicati per tipo o categoria. Può stabilire altresì prescrizioni e raccomandazioni, rivolte alle società di revisione, per prevenire la possibilità che gli azionisti di queste o delle entità appartenenti alla loro rete nonché i soggetti che svolgono funzioni di amministrazione, direzione e controllo presso le medesime intervengano nell'esercizio dell'attività di revisione in modo tale da compromettere l'indipendenza e l'obiettività delle persone che la effettuano* (2). *1-ter. La società di revisione e le entità appartenenti alla rete della medesima, i soci, gli amministratori, i componenti degli organi di controllo e i dipendenti della società di revisione stessa e delle società da essa controllate, ad essa collegate o che la controllano o sono sottoposte a comune controllo non possono fornire alcuno dei seguenti servizi alla società che ha conferito l'incarico di revisione e alle società da essa controllate o che la controllano o sono sottoposte a comune controllo: a) tenuta dei libri contabili e altri servizi relativi alle registrazioni contabili o alle relazioni di bilancio; b) progettazione e realizzazione dei sistemi informativi contabili; c) servizi di valutazione e stima ed emissione di pareri pro veritate; d) servizi attuariali; e) gestione esterna dei servizi di controllo interno; f) consulenza e servizi in materia di organizzazione aziendale diretti alla selezione, formazione e gestione del personale; g) intermediazione di titoli, consulenza per l'investimento o servizi bancari d'investimento; h) prestazione di difesa giudiziale; i) altri servizi e attività, anche di consulenza, inclusa quella legale, non collegati alla revisione, individuati, in ottemperanza ai principi di cui alla ottava direttiva n. 84/253/CEE del Consiglio, del 10 aprile 1984, in tema di indipendenza delle società di revisione, dalla CONSOB con il regolamento adottato ai sensi del comma 1* (3). *1-quater. L'incarico di responsabile della revisione dei bilanci di una stessa società non può essere esercitato dalla medesima persona per un periodo eccedente sei esercizi sociali, né questa persona può assumere nuovamente tale incarico, neppure per conto di una diversa società di revisione, se non siano decorsi almeno tre anni dalla cessazione del precedente. La persona medesima, al termine di tale incarico svolto per sei esercizi, non potrà assumere né continuare ad esercitare incarichi relativi alla revisione dei bilanci di società controllate dalla suddetta società, di società ad essa collegate, che la controllano o sono sottoposte a comune controllo, se non siano decorsi almeno tre anni* (3). *1-quinquies. Coloro che hanno preso parte alla revisione del bilancio di una società con funzioni di direzione e supervisione, i soci e gli amministratori della società di revisione alla quale è stato conferito l'incarico di revisione e delle società da essa controllate o che la controllano non possono rivestire cariche sociali negli organi di amministrazione e controllo nella società che ha conferito l'incarico di revisione e nelle società da essa controllate o che la controllano, né possono prestare lavoro autonomo o subordinato in favore delle medesime società svolgendo funzioni dirigenziali di rilievo, se non sia decorso almeno un triennio dalla scadenza o dalla revoca dell'incarico, ovvero dal momento in cui abbiano cessato di essere soci, amministratori o dipendenti della società di revisione e delle società da essa controllate o che la controllano. Si applica la nozione di controllo di cui all'art. 93* (4). *1-sexies. Coloro che siano stati amministratori, componenti degli organi di controllo, direttori generali o dirigenti preposti alla redazione dei documenti contabili societari presso una società non possono esercitare la revisione contabile dei bilanci della medesima società né delle società da essa controllate o ad essa collegate o che la controllano, se non sia decorso almeno un triennio dalla cessazione dei suddetti incarichi o rapporti di lavoro* (2). *1-septies. La misura della retribuzione dei dipendenti delle società di revisione che partecipano allo svolgimento delle attività di revisione non può essere in alcun modo determinata, neppure parzialmente, dall'esito delle revisioni da essi compiute né dal numero degli incarichi di revisione ricevuti o dall'entità dei compensi per essi percepiti dalla società* (2). *1-octies. La violazione dei divieti previsti dal presente articolo è punita con la sanzione amministrativa pecuniaria da centomila a cinquecentomila euro irrogata dalla CONSOB* (2). *2. Il divieto previsto dall'articolo 2372, quinto comma, del codice civile si applica anche alla società di revisione alla quale sia stato conferito l'incarico e al responsabile della revisione* (5).

* Articolo abrogato dall'art. 40, co. 21, d.lg. 27/1/2010, n. 39.

(1) Comma sostituito dall'art. 18 della l. 28/12/2005, n. 262.

(2) Comma inserito dall'art. 18 della l. 28/12/2005, n. 262.

(3) Comma inserito dall'art. 18 della l. 28/12/2005, n. 262 e successivamente modificato dall'art. 3, co. 17, d.lg. 29/12/2006, n. 303.

(4) Comma inserito dall'art. 18 della l. 28/12/2005, n. 262 e, successivamente, sostituito dall'art. 3, co. 17, d.lg. 29/12/2006, n. 303.

(5) Comma modificato dall'art. 9.90, co. 1, d.lg. 17/1/2003, n. 6, nel testo introdotto dall'art. 3 del d.lg. 6/2/2004, n. 37, e successivamente sostituito dall'art. 18 della l. 28/12/2005, n. 262.

161. Albo speciale delle società di revisione*. – *1. La CONSOB provvede alla tenuta di un albo speciale delle società di revisione abilitate all'esercizio delle attività previste dagli articoli 155 e 158. 2. La CONSOB iscrive le società di revisione nell'albo speciale previo accertamento dei requisiti previsti dall'articolo 6, comma 1, del decreto legislativo 27 gennaio 1992, n. 88, e del requisito di idoneità tecnica. Non può essere iscritta nell'albo speciale la società di revisione il cui amministratore si trovi in una delle situazioni previste dall'articolo 8, comma 1, del decreto legislativo 27 gennaio 1992, n. 88. 3. Le società di revisione costituite all'estero possono essere iscritte nell'albo se in possesso dei requisiti previsti dal comma 2. Tali società trasmettono alla CONSOB una situazione contabile annuale riferita all'attività di revisione e organizzazione contabile esercitata in Italia. 4. Per* *l'iscrizione nell'albo le società di revisione devono essere munite di idonea garanzia prestata da banche, assicurazioni o intermediari iscritti nell'elenco speciale previsto dall'articolo 107 del decreto legislativo 1° settembre 1993, n. 385, o avere stipulato una polizza di assicurazione della responsabilità civile per negligenze o errori professionali, comprensiva della garanzia per infedeltà dei dipendenti, per la copertura dei rischi derivanti dall'esercizio dell'attività di revisione contabile. L'ammontare della garanzia o della copertura assicurativa è stabilito annualmente dalla CONSOB per classi di volume d'affari e in base agli ulteriori parametri da essa eventualmente individuati con regolamento* (1).

* Articolo abrogato dall'art. 40 del d.lg. 27/1/2010, n. 39. Successivamente a norma dell'art. 43, co. 1, lett. i), d.lg. 27/1/2010, n. 39, il presente articolo è abrogato, ma continua ad essere applicato fino alla data di entrata in vigore dei regolamenti del Ministro dell'economia e delle finanze emanati ai sensi del d.lg. n. 39/2010 medesimo.

(1) Comma modificato dall'art. 18 della l. 28/12/2005, n. 262, con la decorrenza indicata dall'art. 42, co. 4, della medesima l. n. 262/2005.

***162. Vigilanza sulle società di revisione**.** – *1. La CONSOB vigila sull'organizzazione e sull'attività delle società iscritte nell'albo speciale per controllarne l'indipendenza e l'idoneità tecnica. Nello svolgimento di tale attività, la CONSOB provvede periodicamente, e comunque almeno ogni tre anni, a effettuare controlli di qualità sulle società di revisione iscritte nell'albo speciale tenuto dalla CONSOB. La CONSOB redige una relazione contenente le principali conclusioni del controllo eseguito ed eventuali raccomandazioni alla società di revisione di effettuare specifici interventi entro un termine prefissato. In caso di mancata, incompleta o tardiva effettuazione di tali interventi la CONSOB può applicare nei confronti della società di revisione i provvedimenti di cui all'articolo 163. I risultati complessivi dei controlli di qualità sono illustrati dalla CONSOB nella relazione di cui all'articolo 1, comma 13, del decreto-legge 8 aprile 1974, n. 95, convertito, con modificazioni, dalla legge 7 giugno 1974, n. 216* (1). *2. Nell'esercizio della vigilanza, la CONSOB: a) stabilisce, sentito il parere del Consiglio nazionale dell'Ordine dei dottori commercialisti e degli esperti contabili, i principi e i criteri da adottare per la revisione contabile, anche in relazione alla tipologia delle strutture societarie, amministrative e contabili delle società sottoposte a revisione; b) può richiedere la comunicazione, anche periodica, di dati e notizie e la trasmissione di atti e documenti, fissando i relativi termini; c) può eseguire ispezioni e assumere notizie e chiarimenti dai soci, dagli amministratori, dai membri degli organi di controllo e dai dirigenti della società di revisione* (2). *3. Le società di revisione iscritte nell'albo speciale comunicano alla CONSOB entro trenta giorni la sostituzione degli amministratori, dei soci che rappresentano la società nella revisione contabile e dei direttori generali, nonché il trasferimento delle quote e delle azioni; entro lo stesso termine comunicano ogni altra modificazione della compagine sociale, dell'organo amministrativo e dei patti sociali, che incide sui requisiti indicati nell'articolo 161, comma 2* (3). *3-bis. Le società di revisione, in relazione a ciascun incarico di revisione loro conferito, comunicano alla CONSOB i nomi dei responsabili della revisione entro dieci giorni dalla data in cui essi sono stati designati* (4).

* Articolo abrogato dall'art. 40 del d.lg. 27/1/2010, n. 39.

(1) Comma modificato dall'art. 18 della l. 28/12/2005, n. 262, e successivamente dall'art. 3, co. 18, d.lg. 29/12/2006, n. 303.

(2) Comma sostituito dall'art. 18 della l. 28/12/2005, n. 262.

(3) A norma dell'art. 43, co. 1, lett. j), d.lg. 27/1/2010, n. 39, il presente comma è abrogato, ma continua ad essere applicato fino alla data di entrata in vigore dei regolamenti del Ministro dell'economia e delle finanze emanati ai sensi del d.lg. n. 39/2010 medesimo.

(4) Comma inserito dall'art. 18 della l. 28/12/2005, n. 262. A norma dell'art. 43, co. 1, lett. j), d.lg. 27/1/2010, n. 39, il presente comma è abrogato, ma continua ad essere applicato fino alla data di entrata in vigore dei regolamenti del Ministro dell'economia e delle finanze emanati ai sensi del d.lg. n. 39/2010 medesimo.

***163. Provvedimenti della CONSOB**.** – *1. La CONSOB, quando accerta irregolarità nello svolgimento dell'attività di revisione, tenendo conto della loro gravità, può: a) applicare alla società di revisione una sanzione amministrativa pecuniaria da diecimila a cinquecentomila euro; b) intimare alle società di revisione di non avvalersi nell'attività di revisione contabile, per un periodo non superiore a cinque anni, del responsabile di una revisione contabile al quale sono ascrivibili le irregolarità* (1)*; c) revocare gli incarichi di revisione contabile ai sensi dell'articolo 159, comma 6; d) vietare alla società di accettare nuovi incarichi di revisione contabile per un periodo non superiore a tre anni* (2). *1-bis. Quando l'irregolarità consista nella violazione delle disposizioni dell'articolo 160, l'irrogazione della sanzione prevista dal comma 1-octies del medesimo articolo non pregiudica l'applicabilità dei provvedimenti indicati nel comma 1 del presente articolo nei riguardi della società di revisione* (3). *2. La CONSOB dispone la cancellazione dall'albo speciale quando: a) le irregolarità sono di particolare gravità* (1)*; b) vengono meno i requisiti previsti per l'iscrizione nell'albo speciale e la società non provvede a ripristinarli entro il termine, non superiore a sei mesi, assegnato dalla CONSOB* (1)*; c) la società non ottempera ai provvedimenti indicati nel comma 1* (1). *c-bis) la violazione attiene al divieto previsto dall'articolo 160, qualora risulti la responsabilità della società. In tutti i casi, la CONSOB comunica i nomi dei soci o dei dipendenti personalmente responsabili della violazione al Ministro della giustizia, il quale ne dispone la cancellazione dal registro dei revisori contabili con il procedimento previsto dall'articolo 10 del decreto legislativo 27 gennaio 1992, n. 88* (4). *3. La CONSOB può altresì disporre la cancellazione dall'albo speciale delle società di revisione che per un periodo continuativo di cinque anni non abbiano svolto incarichi di revisione approvati dalla CONSOB o affidati ai sensi dell'articolo 159. 4. I provvedimenti di cancellazione dall'albo speciale e quelli previsti dal comma 1 sono comunicati agli interessati e al Ministero della giustizia; quest'ultimo comunica alla CONSOB i provvedimenti adottati nei confronti dei soggetti iscritti nel registro dei revisori contabili* (1). *5. Il provvedimento di cancellazione dall'albo speciale è comunicato immediatamente alle società che hanno conferito l'incarico di revisione. Si applicano le disposizioni dell'articolo 159, comma 6* (1).

* Articolo abrogato dall'art. 40 del d.lg. 27/1/2010, n. 39.

(1) A norma dell'art. 43, co. 1, lett. k), d.lg. 27/1/2010, n. 39, la presente lettera è abrogata, ma continua ad essere applicata fino alla data di entrata in vigore dei regolamenti del Ministro dell'economia e delle finanze emanati ai sensi del d.lg. n. 39/2010 medesimo.

(2) Comma sostituito dall'art. 18, co. 1, lett. f), n. 1, l. 28/12/2005, n. 262.

(3) Comma inserito dall'art. 18, co. 1, lett. f), n. 1, l. 28/12/2005, n. 262.

(4) Lettera inserita dall'art. 18, co. 1, lett. f), n. 2, l. 28/12/2005, n. 262.

***164. Responsabilità**.** – *1. Alla società di revisione si applicano le disposizioni dell'articolo 2407, del codice civile* (1). *2. I responsabili della revisione e i dipendenti che hanno effettuato l'attività di revisione contabile sono responsabili, in solido con la società di revisione, per i danni conseguenti da* *propri inadempimenti o da fatti illeciti nei confronti della società che ha conferito l'incarico e nei confronti dei terzi danneggiati.*

* Articolo abrogato dall'art. 40, co. 21, d.lg. 27/1/2010, n. 39.

(1) Comma modificato dall'art. 9.89 del d.lg. 17/1/2003, n. 6, nel testo introdotto dall'art. 3 del d.lg. 6/2/2004, n. 37. Vedi la disciplina transitoria di cui all'art. 6 del medesimo d.lg. n. 37/2004.

165. Revisione contabile dei gruppi*. – *1. Le disposizioni della presente sezione, a eccezione dell'articolo 157, si applicano anche alle società controllate da società con azioni quotate. I controlli previsti dall'art. 155, comma 1, sono esercitati in via esclusiva da una società di revisione, ferme restando le altre competenze attribuite al collegio sindacale dal codice civile* (1). *1-bis. La società incaricata della revisione contabile della società capogruppo quotata è interamente responsabile per la revisione del bilancio consolidato del gruppo. A questo fine, essa riceve i documenti di revisione dalle società incaricate della revisione contabile delle altre società appartenenti al gruppo; può chiedere alle suddette società di revisione o agli amministratori delle società appartenenti al gruppo ulteriori documenti e notizie utili alla revisione, nonché procedere direttamente ad accertamenti, ispezioni e controlli presso le medesime società. Ove ravvisi fatti censurabili, ne informa senza indugio la CONSOB e gli organi di controllo della società capogruppo e della società interessata* (2). *2. La CONSOB detta con regolamento disposizioni attuative del presente articolo stabilendo, in particolare, criteri di esenzione per le società controllate che non rivestono significativa rilevanza ai fini del consolidamento. Il regolamento è emanato d'intesa con le competenti autorità di vigilanza per la disciplina relativa ai soggetti da esse vigilati* (3).

* Articolo abrogato dall'art. 40, co. 21, d.lg. 27/1/2010, n. 39.

(1) Comma modificato dall'art. 9, co. 2, d.lg. 6/2/2004, n. 37.

(2) Comma inserito dall'art. 18, co. 1, lett. g), l. 28/12/2005, n. 262.

(3) Per l'attuazione del presente comma vedi la deliberazione Consob 14/5/1999, n. 11971.

165 bis. Società che controllano società con azioni quotate*. – *1. Le disposizioni della presente sezione, ad eccezione dell'articolo 157, si applicano altresì alle società che controllano società con azioni quotate e alle società sottoposte con queste ultime a comune controllo. 2. Alla società incaricata della revisione contabile della società capogruppo si applicano le disposizioni dell'articolo 165, comma 1-bis. 3. La CONSOB detta con regolamento disposizioni attuative del presente articolo, stabilendo, in particolare, criteri di esenzione per le società sottoposte a comune controllo, di cui al comma 1, che non rivestono significativa rilevanza ai fini del consolidamento, tenuto conto anche dei criteri indicati dall'articolo 28 del decreto legislativo 9 aprile 1991, n. 127.*

* Articolo inserito dall'art. 18, co. 1, lett. h), l. 28/12/2005, n. 262 e, successivamente, abrogato dall'art. 40, co. 21, d.lg. 27/1/2010, n. 39.

Sezione VI bis

Rapporti con società estere aventi sede legale in Stati che non garantiscono la trasparenza societaria (1)

(1) Sezione inserita dall'art. 6 della l. 28/12/2005, n. 262.

165 ter. Ambito di applicazione (1). – 1. Sono soggette alle disposizioni contenute nella presente sezione le società italiane con azioni quotate in mercati regolamentati, di cui all'articolo 119, e le società italiane emittenti strumenti finanziari diffusi fra il pubblico in misura rilevante, ai sensi dell'articolo 116, le quali controllino società aventi sede legale in Stati i cui ordinamenti non garantiscono la trasparenza della costituzione, della situazione patrimoniale e finanziaria e della gestione delle società, nonché le società italiane con azioni quotate in mercati regolamentati o emittenti strumenti finanziari diffusi fra il pubblico in misura rilevante, le quali siano collegate alle suddette società estere o siano da queste controllate.

2. Si applicano le nozioni di controllo previste dall'articolo 93 e quelle di collegamento previste dall'articolo 2359, terzo comma, del codice civile.

3. Gli Stati di cui al comma 1 sono individuati con decreti del Ministro della giustizia, di concerto con il Ministro dell'economia e delle finanze, sulla base dei seguenti criteri:

a) per quanto riguarda le forme e le condizioni per la costituzione delle società:

1) mancanza di forme di pubblicità dell'atto costitutivo e dello statuto, nonché delle successive modificazioni di esso;

2) mancanza del requisito di un capitale sociale minimo, idoneo a garantire i terzi creditori, per la costituzione delle società, nonché della previsione di scioglimento in caso di riduzione del capitale al di sotto del minimo legale, salvo il caso di reintegrazione entro un termine definito;

3) mancanza di norme che garantiscano l'effettività e l'integrità del capitale sociale sottoscritto, in particolare con la sottoposizione dei conferimenti costituiti da beni in natura o crediti alla valutazione da parte di un esperto appositamente nominato;

4) mancanza di forme di controllo, da parte di soggetti o organismi a ciò abilitati da specifiche disposizioni di legge, circa la conformità degli atti di cui al numero 1) alle condizioni richieste per la costituzione delle società;

b) per quanto riguarda la struttura delle società, mancanza della previsione di un organo di controllo distinto dall'organo di amministrazione, o di un comitato di controllo interno all'organo amministrativo, dotato di adeguati poteri di ispezione, controllo e autorizzazione sulla contabilità, sul bilancio e sull'assetto organizzativo della società, e composto da soggetti forniti di adeguati requisiti di onorabilità, professionalità e indipendenza;

c) per quanto riguarda il bilancio di esercizio:

1) mancanza della previsione dell'obbligo di redigere tale bilancio, comprendente almeno il conto economico e lo stato patrimoniale, con l'osservanza dei seguenti principi:

1.1) rappresentazione chiara, veritiera e corretta della situazione patrimoniale e finanziaria della società e del risultato economico dell'esercizio;

1.2) illustrazione chiara dei criteri di valutazione adottati nella redazione del conto economico e dello stato patrimoniale;

2) mancanza dell'obbligo di deposito, presso un organo amministrativo o giudiziario, del bilancio, redatto secondo i principi di cui al numero 1);

3) mancanza dell'obbligo di sottoporre la contabilità e il bilancio delle società a verifica da parte dell'organo o del comitato di controllo di cui alla lettera b) ovvero di un revisore legale dei conti;

d) la legislazione del Paese ove la società ha sede legale impedisce o limita l'operatività della società stessa sul proprio territorio;

e) la legislazione del Paese ove la società ha sede legale esclude il risarcimento dei danni arrecati agli amministratori rimossi senza una giusta causa, ovvero consente che tale clausola sia contenuta negli atti costitutivi delle società o in altri strumenti negoziali;

f) mancata previsione di un'adeguata disciplina che impedisca la continuazione dell'attività sociale dopo l'insolvenza, senza ricapitalizzazione o prospettive di risanamento;

g) mancanza di adeguate sanzioni penali nei confronti degli esponenti aziendali che falsificano la contabilità e i bilanci.

4. Con i decreti del Ministro della giustizia, di cui al comma 3, possono essere individuati, in relazione alle forme e alle discipline societarie previste in ordinamenti stranieri, criteri equivalenti in base ai quali possano considerarsi soddisfatti i requisiti di trasparenza e di idoneità patrimoniale e organizzativa determinati nel presente articolo.

5. I decreti di cui al comma 3 possono individuare Stati i cui ordinamenti presentino carenze particolarmente gravi con riguardo ai profili indicati alle lettere b), c) e g) del medesimo comma 3.

6. Con proprio regolamento la CONSOB detta criteri in base ai quali è consentito alle società italiane di cui all'articolo 119 e alle società italiane emittenti strumenti finanziari diffusi tra il pubblico in misura rilevante ai sensi dell'articolo 116 di controllare imprese aventi sede in uno degli Stati di cui al comma 5. A tal fine sono prese in considerazione le ragioni di carattere imprenditoriale che motivano il controllo e l'esigenza di assicurare la completa e corretta informazione societaria.

7. In caso di inottemperanza alle disposizioni emanate ai sensi dei commi 5 e 6, la CONSOB può denunziare i fatti al tribunale ai fini dell'adozione delle misure previste dall'articolo 2409 del codice civile.

(1) Articolo inserito dall'art. 6 della l. 28/12/2005, n. 262, con la decorrenza indicata dall'art. 42, co. 3, della medesima l. n. 262/2005.

165 quater. Obblighi delle società italiane controllanti (1). – 1. Le società italiane con azioni quotate in mercati regolamentati, di cui all'articolo 119, e le società italiane emittenti strumenti finanziari diffusi fra il pubblico in misura rilevante, ai sensi dell'articolo 116, le quali controllano società aventi sede legale in uno degli Stati determinati con i decreti di cui all'articolo 165-ter, comma 3, allegano al proprio bilancio di esercizio o bilancio consolidato, qualora siano tenute a predisporlo, il bilancio della società estera controllata, redatto secondo i principi e le regole applicabili ai bilanci delle società italiane o secondo i principi contabili internazionalmente riconosciuti.

2. Il bilancio della società estera controllata, allegato al bilancio della società italiana ai sensi del comma 1, è sottoscritto dagli organi di amministrazione, dal direttore generale e dal dirigente preposto alla redazione dei documenti contabili societari di quest'ultima, che attestano la veridicità e la correttezza della rappresentazione della situazione patrimoniale e finanziaria e del risultato economico dell'esercizio. Al bilancio della società italiana è altresì allegato il parere espresso dall'organo di controllo della medesima sul bilancio della società estera controllata.

3. Il bilancio della società italiana controllante è corredato da una relazione degli amministratori sui rapporti intercorrenti fra la società italiana e la società estera controllata, con particolare riguardo alle reciproche situazioni debitorie e creditorie, e sulle operazioni compiute tra loro nel corso dell'esercizio cui il bilancio si riferisce, compresa la prestazione di garanzie per gli strumenti finanziari emessi in Italia o all'estero dai predetti soggetti. La relazione è altresì sottoscritta dal direttore generale e dal dirigente preposto alla redazione dei documenti contabili societari. È allegato ad essa il parere espresso dall'organo di controllo.

4. Il bilancio della società estera controllata, allegato al bilancio della società italiana ai sensi del comma 1, è sottoposto a revisione da parte del revisore legale o della società di revisione legale incaricata della revisione del bilancio della società italiana; ove tale soggetto non operi nello Stato in cui ha sede la società estera controllata, deve avvalersi di altro idoneo revisore o società di revisione, assumendo la responsabilità dell'operato di quest'ultimo. Ove la società italiana, non avendone l'obbligo, non abbia incaricato della revisione legale dei conti un revisore legale o una società di revisione legale, deve comunque conferire tale incarico relativamente al bilancio della società estera controllata (2).

5. Il bilancio della società estera controllata, sottoscritto ai sensi del comma 2, con la relazione, i pareri ad esso allegati e il giudizio espresso dal soggetto responsabile della revisione ai sensi del comma 4, sono trasmessi alla CONSOB (3).

(1) Articolo inserito dall'art. 6, co. 1, l. 28/12/2005, n. 262, con la decorrenza indicata dall'art. 42, co. 3, della medesima l. n. 262/2005.

(2) Comma sostituito dall'art. 40, co. 18, d.lg. 27/1/2010, n. 39.

(3) Comma modificato dall'art. 40, co. 19, d.lg. 27/1/2010, n. 39.

165 quinquies. Obblighi delle società italiane collegate (1). – 1. Il bilancio delle società italiane con azioni quotate in mercati regolamentati, di cui all'articolo 119, e delle società italiane emittenti strumenti finanziari diffusi fra il pubblico in misura rilevante, ai sensi dell'articolo 116, le quali siano collegate a società aventi sede legale in uno degli Stati determinati con i decreti di cui all'articolo 165-ter, comma 3, è corredato da una relazione degli amministratori sui rapporti intercorrenti fra la società italiana e la società estera collegata, con particolare riguardo alle reciproche situazioni debitorie e creditorie, e sulle operazioni compiute tra loro nel corso dell'esercizio cui il bilancio si riferisce, compresa la prestazione di garanzie per gli strumenti finanziari emessi in Italia o all'estero dai predetti soggetti. La relazione è altresì sottoscritta dal direttore generale e dal dirigente preposto alla redazione dei documenti contabili societari. È allegato ad essa il parere espresso dall'organo di controllo.

(1) Articolo inserito dall'art. 6 della l. 28/12/2005, n. 262, con la decorrenza indicata dall'art. 42, co. 3, della medesima l. n. 262/2005.

165 sexies. Obblighi delle società italiane controllate (1). – 1. Il bilancio delle società italiane con azioni quotate in mercati regolamentati, di cui all'articolo 119, e delle società italiane emittenti strumenti finanziari diffusi fra il pubblico in misura rilevante, ai sensi dell'articolo 116, ovvero che hanno ottenuto rilevanti concessioni di credito, le quali siano controllate da società aventi sede legale in uno degli Stati determinati con i decreti di cui all'articolo 165-ter, comma 3, è corredato da una relazione degli amministratori sui rapporti intercorrenti fra la società italiana e la società estera controllante, nonché le società da essa controllate o ad essa collegate o sottoposte a comune controllo, con particolare riguardo alle reciproche situazioni debitorie e creditorie, e sulle operazioni compiute tra loro nel corso dell'esercizio cui il bilancio si riferisce, compresa la prestazione di garanzie per gli strumenti finanziari emessi in Italia o all'estero dai predetti soggetti. La relazione è altresì sottoscritta dal direttore generale e dal dirigente preposto alla redazione dei documenti contabili societari. È allegato ad essa il parere espresso dall'organo di controllo.

(1) Articolo inserito dall'art. 6 della l. 28/12/2005, n. 262.

165 septies. Poteri della CONSOB e disposizioni di attuazione (1). – 1. La CONSOB esercita i poteri previsti dagli articoli 114 e 115, con le finalità indicate dall'articolo 91, nei riguardi delle società italiane di cui alla presente sezione. Per accertare l'osservanza degli obblighi di cui alla presente sezione da parte delle società italiane, può esercitare i medesimi poteri nei riguardi delle società estere, previo consenso delle competenti autorità straniere, o chiedere l'assistenza o la collaborazione di queste ultime, anche sulla base di accordi di cooperazione con esse.

2. La CONSOB emana, con proprio regolamento, le disposizioni per l'attuazione della presente sezione.

(1) Articolo inserito dall'art. 6 della l. 28/12/2005, n. 262.

PARTE V
SANZIONI

TITOLO I
SANZIONI PENALI (1)

(1) A norma dell'art. 39, co. 1, l. 28/12/2005, n. 262 le pene previste dal presente decreto sono raddoppiate entro i limiti posti per ciascun tipo di pena dal Libro I, Titolo II, Capo II, del codice penale.

Capo I
Intermediari e mercati

166. Abusivismo. – È punito con la reclusione da uno a otto anni e con la multa da euro quattromila a euro diecimila chiunque, senza esservi abilitato ai sensi del presente decreto (1):

a) svolge servizi o attività di investimento o di gestione collettiva del risparmio (2);

b) offre in Italia quote o azioni di OICR;

c) offre fuori sede, ovvero promuove o colloca mediante tecniche di comunicazione a distanza, prodotti finanziari o strumenti finanziari o servizi o attività di investimento (3) (4).

c-bis) gestisce un APA o un ARM a cui si applicherebbe la deroga prevista dall'articolo 2, paragrafo 3, del regolamento (UE) n. 600/2014 e dai relativi atti delegati (5).

2. Con la stessa pena è punito chiunque esercita l'attività di consulente finanziario abilitato all'offerta fuori sede senza essere iscritto nell'albo indicato dall'articolo 31 (6).

2-bis. Con la stessa pena è punito chiunque esercita l'attività di controparte centrale di cui al regolamento (UE) n. 648/2012 del Parlamento europeo e del Consiglio, del 4 luglio 2012, senza aver ottenuto la preventiva autorizzazione ivi prevista (7).

3. Se vi è fondato sospetto che una società svolga servizi o attività di investimento o il servizio di gestione collettiva del risparmio o la gestione di un APA o di un ARM a cui si applicherebbe la deroga prevista dall'articolo 2, paragrafo 3, del regolamento (UE) n. 600/2014 e dai relativi atti delegati ovvero l'attività di cui al comma 2-bis senza esservi abilitata ai sensi del presente decreto, la Banca d'Italia o la Consob denunziano i fatti al pubblico ministero ai fini dell'adozione dei provvedimenti previsti dall'articolo 2409 del codice civile ovvero possono richiedere al tribunale l'adozione dei medesimi provvedimenti. Le spese per l'ispezione sono a carico della società (8).

(1) Alinea sostituito dall'art. 5, co. 1, lett. a), d.lg. 3/8/2017, n. 129. Per l'applicazione, vedi l'art. 10, co. 2, d.lg. n. 129/2017 medesimo.

(2) Lettera modificata dall'art. 16 del d.lg. 17/9/2007, n. 164, con la decorrenza indicata nell'art. 19 dello stesso decreto.

(3) Lettera modificata dall'art. 16 del d.lg. 17/9/2007, n. 164, con la decorrenza indicata nell'art. 19 dello stesso decreto e successivamente modificata dall'art. 5, co. 1, lett. b), d.lg. 3/8/2017, n. 129. Per l'applicazione, vedi l'art. 10, co. 2, del d.lg. n. 129/2017 medesimo.

(4) A norma dell'art. 39, co. 1, l. 28/12/ 2005, n. 262 le pene previste dal presente comma sono raddoppiate entro i limiti posti per ciascun tipo di pena dal libro I, titolo II, capo II, del codice penale.

(5) Lettera aggiunta dall'art. 5, co. 1, lett. b), d.lg. 3/8/2017, n. 129. Per l'applicazione, vedi l'art. 10, co. 2, d.lg. n. 129/2017 medesimo. Da ultimo lettera sostituita dall'art. 50, co. 2, lett. i), n. 1), d.l. 17/5/2022, n. 50, conv., con modif., dalla l. 15/7/2022, n. 91.

(6) A norma dell'art. 39, co. 1, l. 28/12/2005, n. 262 le pene previste dal presente comma sono raddoppiate entro i limiti posti per ciascun tipo di pena dal libro I, titolo II, capo II, del codice penale. Comma successivamente modificato dall'art. 1, co. 39, l. 28/12/2015, n. 208.

(7) Comma inserito dall'art. 33, co. 1, lett. p), n. 1), l. 6/8/2013, n. 97.

(8) Comma sostituito dall'art. 9.91 del d.lg. 17/1/2003, n. 6, nel testo introdotto dall'art. 3 del d.lg. 6/2/2004, n. 37. Vedi la disciplina transitoria di cui all'articolo 6 del medesimo d.lg. n. 37/2004. Successivamente il presente comma è stato modificato dall' articolo 16 del d.lg. 17/9/2007, n. 164, con la decorrenza indicata nell'ar. 19 dello stesso decreto e, da ultimo, dall'art. 33, co. 1, lett. p), n. 2), l.6 agosto 2013, n. 97. Il presente comma è stato ulteriormente modificato dall'art. 5, co. 1, lett. d), d.lg. 3/8/2017, n. 129. Per l'applicazione, vedi l'art. 10, co. 2, d.lg. n. 129/2017 medesimo. Da ultimo il presente comma è stato modificato dall'art. 50, co. 2, lett. i), n. 2), d.l. 17/5/2022, n. 50, conv., con modif., dalla l. 15/7/2022, n. 91.

167. Gestione infedele. – 1. Salvo che il fatto costituisca reato più grave, chi, nella prestazione del servizio di gestione di portafogli [di investimento su base individuale] o del servizio di gestione collettiva del risparmio, in violazione delle disposizioni regolanti i conflitti di interesse, pone in essere operazioni che arrecano danno agli investitori, al fine di procurare a sé o ad altri un ingiusto profitto, è punito con l'arresto da sei mesi a tre anni e con l'ammenda da lire dieci milioni a lire duecento milioni (1).

(1) A norma dell'art. 39, co. 1, l. 28/12/2005, n. 262 le pene previste dal presente comma sono raddoppiate entro i limiti posti per ciascun tipo di pena dal Libro I, Titolo II, Capo II, del codice penale.

• Comma modificato dall'art. 16 del d.lg. 17/9/2007, n. 164, con la decorrenza indicata nell'art. 19 dello stesso decreto.

168. Confusione di patrimoni. – 1. Salvo che il fatto costituisca reato più grave, chi, nell'esercizio di servizi o attività di investimento o di gestione collettiva del risparmio, ovvero nella custodia degli strumenti finanziari e delle disponibilità liquide di un OICR, al fine di procurare a sé o ad altri un ingiusto profitto, viola le disposizioni concernenti la separazione patrimoniale arrecando danno agli investitori, è punito con l'arresto da sei mesi a tre anni e con l'ammenda da lire dieci milioni a lire duecento milioni (1).

(1) A norma dell'art. 39, co. 1, l. 28/12/2005, n. 262 le pene previste dal presente comma sono raddoppiate entro i limiti posti per ciascun tipo di pena dal Libro I, Titolo II, Capo II, del codice penale.

• Comma modificato dall'art. 16 del d.lg. 17/9/2007, n. 164, con la decorrenza indicata nell'art. 19 dello stesso decreto.

169. Partecipazioni al capitale. – 1. Salvo che il fatto costituisca reato più grave, chiunque fornisce informazioni false nelle comunicazioni previste dagli articoli 15, commi 1 e 3, 64-bis, comma 2, o in quelle richieste ai sensi dell'articolo 17 del presente decreto, o in quelle previste dall'articolo 31, paragrafo 2, del regolamento (UE) n. 648/2012 e dall'articolo 27, paragrafo 7, secondo periodo, del regolamento (UE) n. 909/2014 è punito con l'arresto da un anno a tre anni e con l'ammenda da euro cinquemilacentosessantacinque a euro cinquantunomilaseicentoquarantasei (1).

(1) A norma dell'art. 39, co. 1, l. 28/12/2005, n. 262 le pene previste dal presente comma sono raddoppiate entro i limiti posti per ciascun tipo di pena dal Libro I, Titolo II, Capo II, del codice penale. Successivamente il presente comma è stato sostituito dall'art. 3, co. 1, d.lg. 12/8/2016, n. 176 e dall'art. 5, co. 2, d.lg. 3/8/2017, n. 129. Per l'applicazione, vedi l'art. 10, co. 2, d.lg. n. 129/2017 medesimo. Il testo previgente così prevedeva: «Salvo che il fatto costituisca reato più grave, chiunque fornisce informazioni false nelle comunicazioni previste dagli articoli 15, commi 1 e 3, 61, comma 6, e 80, comma 7, o in quelle richieste ai sensi dell'articolo 17 è punito con l'arresto da sei mesi a tre anni e con l'ammenda da lire dieci milioni a lire cento milioni».

170. Gestione accentrata di strumenti finanziari. – 1. Chiunque, nelle registrazioni o nelle certificazioni effettuate o rilasciate nell'ambito della gestione accentrata, attesta falsamente fatti, di cui la registrazione o la certificazione è destinata a provare la verità ovvero dà corso al trasferimento o alla consegna degli strumenti finanziari o al trasferimento dei relativi diritti senza aver ottenuto in restituzione le certificazioni, è punito con la reclusione da tre mesi a due anni (1).

(1) A norma dell'art. 39, co. 1, l. 28/12/2005, n. 262 le pene previste dal presente comma sono raddoppiate entro i limiti posti per ciascun tipo di pena dal Libro I, Titolo II, Capo II, del codice penale.

170 bis. Ostacolo alle funzioni di vigilanza della Banca d'Italia e della CONSOB (1). – 1. Fuori dai casi previsti dall'articolo 2638 del codice civile, chiunque ostacola le funzioni di vigilanza attribuite alla Banca d'Italia e alla CONSOB è punito con la reclusione fino a due anni e con la multa da euro diecimila ad euro duecentomila (2).

(1) Articolo inserito dall'art. 9, co. 1, l. 18/4/2005, n. 62 (Legge comunitaria 2004).

• Rubrica sostituita dall'art. 24, co. 1, lett. b), n. 1, d.l. 18/10/2012, n. 179.

(2) A norma dell'art. 39, co. 1, l. 28/12/2005, n. 262 le pene previste dal presente decreto sono raddoppiate entro i limiti posti per ciascun tipo di pena dal Libro I, Titolo II, Capo II, del codice penale.

• Comma modificato dall'art. 24, co. 1, lett. b), n. 2, d.l. 18/10/2012, n. 179.

171. Tutela dell'attività di vigilanza*. – *1. Fuori dai casi previsti dall'art. 134, comma 1, del T.U. bancario, chi svolge funzioni di amministrazione, direzione e controllo presso soggetti abilitati allo svolgimento di servizi di investimento o di gestione collettiva del risparmio e, al fine di ostacolare l'esercizio delle funzioni di vigilanza, espone, nelle comunicazioni alla Banca d'Italia o alla CONSOB, fatti non rispondenti al vero sulle condizioni economiche di detti soggetti o sulle attività svolte per conto degli investitori, ovvero, allo stesso fine, nasconde, in tutto o in parte, fatti, che avrebbe dovuto comunicare, concernenti le condizioni o le attività stesse, è punito, sempre che il fatto non costituisca reato più grave, con la reclusione da uno a cinque anni e con la multa da lire due milioni a lire venti milioni. 2. Fuori dai casi previsti dal comma 1 e dall'art. 134 del T.U. bancario, chi esercita funzioni di amministrazione, direzione e controllo presso soggetti abilitati allo svolgimento di servizi di investimento o di gestione collettiva del risparmio e ostacola le funzioni di vigilanza attribuite alla Banca d'Italia o alla CONSOB è punito con l'arresto fino a un anno e con l'ammenda da lire venticinque milioni a lire cento milioni. 3. Le disposizioni previste dai commi 1 e 2 si applicano anche: a) agli esperti indipendenti di cui la Banca d'Italia può richiedere l'intervento ai sensi dell'art. 6; b) a chi svolge funzioni di amministrazione, direzione e controllo presso soggetti esteri abilitati all'offerta di quote o azioni di OICR ai sensi dell'art. 42; c) a chi svolge funzioni di amministrazione, direzione o controllo presso le società di gestione indicate negli articoli 61 e 80; d) agli organizzatori di scambi indicati negli articoli 78 e 79, agli operatori che effettuano tali scambi e agli emittenti indicati nell'art. 78; e) ai promotori finanziari e agli agenti di cambio; f) a chi svolge funzioni di amministrazione, direzione o controllo presso la società indicata nell'art. 69, comma 1; g) ai soggetti che gestiscono i sistemi indicati negli articoli 68, 69, comma 2, e 70.*

* Articolo abrogato dall'art. 8 del d.lg. 11/4/2002, n. 61.

Capo II
Emittenti (1)

(1) Vedi la deliberazione Consob 1/7/1998, n. 11520.

172. Irregolare acquisto di azioni. – 1. Gli amministratori di società con azioni quotate o di società da queste controllate che acquistano azioni proprie o della società controllante in violazione delle disposizioni dell'articolo 132 sono puniti con la reclusione da sei mesi a tre anni e con la multa da lire quattrocentomila a lire due milioni (1).

2. La disposizione prevista dal comma 1 non si applica se l'acquisto è operato [sul mercato regolamentato] secondo modalità diverse da quelle stabilite dalla Consob con regolamento, ma comunque idonee ad assicurare la parità di trattamento tra gli azionisti (2).

2-bis. La disposizione prevista dal comma 1 si applica agli amministratori di società con azioni negoziate su un sistema multilaterale di negoziazione italiano (3).

(1) A norma dell'art. 39, co. 1, l. 28/12/2005, n. 262 le pene previste dal presente decreto sono raddoppiate entro i limiti posti per ciascun tipo di pena dal Libro I, Titolo II, Capo II, del codice penale.

(2) Comma sostituito dall'art. 2 del d.lg. 29/11/2010, n. 224 e successivamente modificato dall'art. 4, co. 1, lett. a), d.lg. 10/8/2018, n. 107.

(3) Comma aggiunto dall'art. 4, co. 1, lett. b), d.lg. 10/8/2018, n. 107.

173. Omessa alienazione di partecipazioni. – 1. Gli amministratori di società con azioni quotate, o di società che partecipano al capitale di società con azioni quotate, i quali violano gli obblighi di alienazione delle partecipazioni previsti dagli articoli 110 e 121 sono puniti con la reclusione fino a un anno e con la multa da euro venticinquemila a euro duemilionicinquecentomila (1).

(1) A norma dell'art. 39, co. 1, l. 28/12/2005, n. 262 le pene previste dal presente decreto sono raddoppiate entro i limiti posti per ciascun tipo di pena dal Libro I, Titolo II, Capo II, del codice penale.

• Comma modificato dall'art. 5 del d.lg. 19/11/2007, n. 229.

173 bis. Falso in prospetto (1). – 1. Chiunque, allo scopo di conseguire per sé o per altri un ingiusto profitto, nei prospetti richiesti per la offerta al pubblico di prodotti finanziari o l'ammissione alla quotazione nei mercati regolamentati, ovvero nei documenti da pubblicare in occasione delle offerte pubbliche di acquisto o di scambio, con l'intenzione di ingannare i destinatari del prospetto, espone false informazioni od occulta dati o notizie in modo idoneo a indurre in errore i suddetti destinatari, è punito con la reclusione da uno a cinque anni (2).

(1) Articolo inserito dall'art. 34, co. 1, l. 28/12/2005, n. 262.

(2) Comma modificato dall'art. 4, co. 1, lett. c), d.lg. 28/3/2007, n. 51.

174. False comunicazioni e ostacolo alle funzioni della CONSOB*. – *1. Salvo che il fatto costituisca reato più grave, chi espone false informazioni nelle comunicazioni previste dagli articoli 94, 102, 113, 114, 115, 120, commi 2 e 3, e 144, commi 2 e 4, è punito con l'arresto da sei mesi a tre anni e con l'ammenda da lire dieci milioni a lire cento milioni. 2. Fuori dai casi previsti al comma 1, chi svolge funzioni di amministrazione, direzione e controllo presso emittenti quotati e ostacola l'esercizio delle funzioni della CONSOB è punito con l'arresto da sei mesi a tre anni e con l'ammenda da lire venticinque milioni a lire cento milioni.*

* Articolo abrogato dall'art. 8 del d.lg. 11/4/2002, n. 61.

Capo III
Revisione contabile

174 bis. Falsità nelle relazioni o nelle comunicazioni delle società di revisione*. – *1. I responsabili della revisione delle* *società con azioni quotate, delle società da queste controllate e delle società che emettono strumenti finanziari diffusi fra il pubblico in misura rilevante ai sensi dell'articolo 116, i quali, nelle relazioni o in altre comunicazioni, con l'intenzione di ingannare i destinatari, attestano il falso od occultano informazioni concernenti la situazione economica, patrimoniale o finanziaria della società, dell'ente o del soggetto sottoposto a revisione, in modo idoneo a indurre in errore i destinatari sulla predetta situazione, sono puniti con la reclusione da uno a cinque anni. 2. Nel caso in cui il fatto previsto dal comma 1 sia commesso per denaro o altra utilità data o promessa, ovvero in concorso con gli amministratori, i direttori generali o i sindaci della società assoggettata a revisione, la pena è aumentata fino alla metà. 3. La stessa pena prevista dai commi 1 e 2 si applica a chi dà o promette l'utilità nonché agli amministratori, ai direttori generali e ai sindaci della società assoggettata a revisione, che abbiano concorso a commettere il fatto.*

* Articolo inserito dall'art. 35 della l. 28/12/2005, n. 262 e abrogato dall'art. 40 del d.lg. 27/1/2010, n. 39.

174 ter. Corruzione dei revisori. – 1. Gli amministratori, i soci, i responsabili della revisione contabile e i dipendenti della società di revisione, i quali, nell'esercizio della revisione contabile delle società con azioni quotate, delle società da queste controllate e delle società che emettono strumenti finanziari diffusi fra il pubblico in misura rilevante ai sensi dell'articolo 116, fuori dei casi previsti dall'articolo 174-bis, per denaro o altra utilità data o promessa, compiono od omettono atti in violazione degli obblighi inerenti all'ufficio, sono puniti con la reclusione da uno a cinque anni. 2. La stessa pena di cui al comma 1 si applica a chi dà o promette l'utilità.*

* Articolo inserito dall'art. 35 della l. 28/12/2005, n. 262 e abrogato dall'art. 40, co. 21, d.lg. 27/1/2010, n. 39.

175. Falsità nelle relazioni o comunicazioni della società di revisione. – 1. Gli amministratori e i soci responsabili della revisione contabile della società di revisione che nelle relazioni, o in altre comunicazioni relative alla società assoggettata a revisione attestano il falso o espongono fatti non rispondenti al vero o nascondono, in tutto o in parte, fatti concernenti le condizioni economiche della società, sono puniti con la reclusione da uno a cinque anni e con la multa da lire due milioni a lire venti milioni.*

* Articolo abrogato dall'art. 8 del d.lg. 11/4/2002, n. 61.

176. Utilizzazione e divulgazione di notizie riservate. – 1. Gli amministratori, i soci responsabili della revisione contabile e i dipendenti della società di revisione che utilizzano, a profitto proprio o altrui, notizie riservate avute a causa della loro attività, relative alla società assoggettata a revisione contabile, sono puniti con la reclusione da sei mesi a due anni e con la multa da lire ottocentomila a otto milioni. 2. Gli amministratori, i soci responsabili della revisione contabile e i dipendenti della società di revisione che, senza giustificato motivo, comunicano notizie avute a causa della loro attività, relative alla società assoggettata a revisione contabile, sono puniti, se dal fatto può derivare pregiudizio alla società stessa, con la reclusione fino ad un anno. 3. I delitti previsti dal presente articolo sono punibili a querela della società alla quale si riferiscono le notizie utilizzate o comunicate.*

* Articolo abrogato dall'art. 8 del d.lg. 11/4/2002, n. 61.

177. Illeciti rapporti patrimoniali con la società assoggettata a revisione. – 1. Gli amministratori, i soci responsabili della revisione contabile e i dipendenti della società di revisione che contraggono prestiti, sotto qualsiasi forma, sia direttamente che per interposta persona, con la società assoggettata a revisione o con una società che la controlla, o ne è controllata, o si fanno prestare da una di tali società garanzie per debiti propri, sono puniti con la reclusione da uno a tre anni e con la multa da lire quattrocentomila a lire quattro milioni* (1).

* Articolo abrogato dall'art. 40 del d.lg. 27/1/2010, n. 39.

(1) A norma dell'art. 39, co. 1, l. 28/12/2005, n. 262 le pene previste dal presente decreto sono raddoppiate entro i limiti posti per ciascun tipo di pena dal Libro I, Titolo II, Capo II, del codice penale.

178. Compensi illegali. – 1. Gli amministratori, i soci responsabili della revisione contabile e i dipendenti della società di revisione che percepiscono, direttamente o indirettamente, dalla società assoggettata a revisione contabile compensi in denaro o in altra forma, oltre quelli legittimamente pattuiti, sono puniti con la reclusione da sei mesi a tre anni e con la multa da lire quattrocentomila a lire due milioni* (1). *2. La stessa pena si applica agli amministratori, ai dirigenti e ai liquidatori della società assoggettata a revisione contabile che hanno corrisposto il compenso non dovuto.*

* Articolo abrogato dall'art. 40 del d.lg. 27/1/2010, n. 39.

(1) A norma dell'art. 39, co. 1, l. 28/12/2005, n. 262 le pene previste dal presente comma sono raddoppiate entro i limiti posti per ciascun tipo di pena dal Libro I, Titolo II, Capo II, del codice penale.

179. Disposizioni comuni. – 1. Se dai fatti previsti dagli articoli del presente Capo deriva alla società di revisione o alla società assoggettata a revisione un danno di rilevante gravità, la pena è aumentata fino alla metà. 2. La sentenza penale pronunciata a carico di amministratori, soci e dipendenti della società di revisione per reati commessi nell'esercizio o a causa delle attribuzioni previste dal presente decreto, è comunicata alla CONSOB a cura del cancelliere dell'autorità giudiziaria che ha emesso la sentenza. 3. Le disposizioni del presente capo si applicano nei casi di revisione contabile obbligatoria a norma del presente decreto o in forza di altre disposizioni di legge o di regolamento, nonché nei casi in cui la revisione contabile o la sottoposizione del bilancio al giudizio della società di revisione costituisce, per disposizione di legge o di regolamento, condizione per l'esercizio di determinate attività o per l'ottenimento di benefici o agevolazioni.*

* A norma dell'art. 39, co. 1, l. 28/12/2005, n. 262 le pene previste dal presente comma sono raddoppiate entro i limiti posti per ciascun tipo di pena dal Libro I, Titolo II, Capo II, del codice penale. Articolo abrogato dall'art. 40 del d.lg. 27/1/2010, n. 39.

TITOLO I-BIS (1)
ABUSO DI MERCATO (2)

(1) A norma dell'art. 9, co. 2, l. 18/4/2005, n. 62 (Legge comunitaria 2004) il presente Titolo sostituisce la ripartizione precedente del Capo IV del Titolo I della Parte V. Le disposizioni previste dal presente Titolo si applicano anche alle violazioni commesse anteriormente alla data di entrata in vigore della medesima legge che le ha depenalizzate, quando il relativo procedimento penale non sia stato definito. Per ogni altro effetto si applica l'art. 2 CP.

(2) Rubrica così sostituita dall'art. 4 del d.lg. 10/8/2018, n. 107.

Capo I
Disposizioni generali (1)

(1) A norma dell'art. 9, co. 2, l. 18/4/2005, n. 62 (Legge comunitaria 2004) il Titolo I-bis, contenente il presente Capo, sostituisce la ripartizione precedente del Capo IV del Titolo I della Parte V.

180. Definizioni (1). – Ai fini del presente titolo si intendono per:

a) "strumenti finanziari":

1) gli strumenti finanziari di cui all'articolo 1, comma 2, ammessi alla negoziazione o per i quali è stata presentata una richiesta di ammissione alle negoziazioni in un mercato regolamentato italiano o di altro Paese dell'Unione europea [, *nonché qualsiasi altro strumento ammesso o per il quale è stata presentata una richiesta di ammissione alle negoziazioni in un mercato regolamentato di un Paese dell'Unione europea*] (2);

2) gli strumenti finanziari di cui all'articolo 1, comma 2, ammessi alla negoziazione o per i quali è stata presentata una richiesta di ammissione alle negoziazioni in un sistema multilaterale di negoziazione italiano o di altro Paese dell'Unione europea (3);

2-bis) gli strumenti finanziari negoziati su un sistema organizzato di negoziazione italiano o di altro Paese dell'Unione europea (4);

2-ter) gli strumenti finanziari non contemplati dai precedenti numeri, il cui prezzo o valore dipende dal prezzo o dal valore di uno strumento finanziario ivi menzionato, ovvero ha un effetto su tale prezzo o valore, compresi, non in via esclusiva, i credit default swap e i contratti differenziali (4);

b) "contratto a pronti su merci": un contratto a pronti su merci quale definito nell'articolo 3, paragrafo 1, punto 15), del regolamento (UE) n. 596/2014 (5);

b-bis) "programma di riacquisto di azioni proprie": la negoziazione di azioni proprie ai sensi dell'articolo 132 (6);

b-ter) "informazione privilegiata": l'informazione contemplata dall'articolo 7, paragrafi da 1 a 4, del regolamento (UE) n. 596/2014 (6);

b-quater) "indice di riferimento (benchmark)": l'indice di riferimento (benchmark), quale definito nell'articolo 3, paragrafo 1, punto 29), del regolamento (UE) n. 596/2014 (6);

c) "prassi di mercato ammessa": prassi ammessa dalla Consob conformemente all'articolo 13 del regolamento (UE) n. 596/2014 (7);

c-bis) "stabilizzazione": la stabilizzazione quale definita nell'articolo 3, paragrafo 2, lettera d), del regolamento (UE) n. 596/2014 (8); •

c-ter) "emittente": l'emittente quale definito nell'articolo 3, paragrafo 1, punto 21), del regolamento (UE) n. 596/2014 (8);

d) "ente": uno dei soggetti indicati nell'articolo 1 del decreto legislativo 8 giugno 2001, n. 231.

(1) Articolo sostituito dall'art. 9, co. 2, lett. a), l. 18/4/2005, n. 62 (Legge comunitaria 2004).

(2) Numero modificato dall'art. 4, co. 3, lett. a), d.lg. 10/8/2018, n. 107.

(3) Numero sostituito dall'art. 4, co. 3, lett. b), d.lg. 10/8/2018, n. 107.

• Lettera sostituita dall'art. 1, co. 13, d.lg. 17/7/2009, n. 101.

(4) Numero inserito dall'art. 4, co. 3, lett. c), d.lg. 10/8/2018, n. 107.

(5) Lettera sostituita dall'art. 4, co. 3, lett. d), d.lg. 10/8/2018, n. 107.

(6) Lettera inserita dall'art. 4, co. 3, lett. e), d.lg. 10/8/2018, n. 107.

(7) Lettera sostituita dall'art. 4, co. 3, lett. f), d.lg. 10/8/2018, n. 107.

• Per l'adozione del Regolamento recante norme di attuazione del presente decreto, in materia di mercati, vedi ora la Deliberazione Consob 29/10/2007, n. 16191. Per l'ammissione delle prassi di mercato previste dalla presente lettera vedi la Deliberazione 19/3/2009, n. 16839.

(8) Lettera inserita dall'art. 4, co. 3, lett. g), d.lg. 10/8/2018, n. 107.

181. Informazione privilegiata*. *– 1. Ai fini del presente titolo per informazione privilegiata si intende un'informazione di carattere preciso, che non è stata resa pubblica, concernente, direttamente o indirettamente, uno o più emittenti strumenti finanziari o uno o più strumenti finanziari, che, se resa pubblica, potrebbe influire in modo sensibile sui prezzi di tali strumenti finanziari. 2. In relazione ai derivati su merci, per informazione privilegiata si intende un'informazione di carattere preciso, che non è stata resa pubblica, concernente, direttamente o indirettamente, uno o più derivati su merci, che i partecipanti ai mercati su cui tali derivati sono negoziati si aspettano di ricevere secondo prassi di mercato ammesse in tali mercati* (1). *3. Un'informazione si ritiene di carattere preciso se: a) si riferisce ad un complesso di circostanze esistente o che si possa ragionevolmente prevedere che verrà ad esistenza o ad un evento verificatosi o che si possa ragionevolmente prevedere che si verificherà; b) è sufficientemente specifica da consentire di trarre conclusioni sul possibile effetto del complesso di circostanze o dell'evento di cui alla lettera a) sui prezzi degli strumenti finanziari. 4. Per informazione che, se resa pubblica, potrebbe influire in modo sensibile sui prezzi di strumenti finanziari si intende un'informazione che presumibilmente un investitore ragionevole utilizzerebbe come uno degli elementi su cui fondare le proprie decisioni di investimento. 5. Nel caso delle persone incaricate dell'esecuzione di ordini relativi a strumenti finanziari, per informazione privilegiata si intende anche l'informazione trasmessa da un cliente e concernente gli ordini del cliente in attesa di esecuzione, che ha un carattere preciso e che concerne, direttamente o indirettamente, uno o più emittenti di strumenti finanziari o uno o più strumenti finanziari, che, se resa pubblica, potrebbe influire in modo sensibile sui prezzi di tali strumenti finanziari.*

* Articolo sostituito dall'art. 9, co. 2, l. 18/4/2005, n. 62 (Legge comunitaria 2004) e successivamente abrogato dall'art. 4, co. 4, d.lg. 10/8/2018, n. 107.

(1) Per l'adozione del Regolamento recante norme di attuazione del presente decreto, in materia di mercati, vedi ora la deliberazione Consob 29/10/2007, n. 16191.

182. Ambito di applicazione (1). – 1. I reati e gli illeciti previsti dal presente titolo sono puniti secondo la legge italiana anche se commessi all'estero, qualora attengano a strumenti finanziari ammessi o per i quali è stata presentata una richiesta di ammissione alla negoziazione in un mercato regolamentato italiano o in un sistema multilaterale di negoziazione italiano, o a strumenti finanziari negoziati su un sistema organizzato di negoziazione italiano (2).

2. Salvo quanto previsto dal comma 1, le disposizioni degli articoli 184, 185, 187-bis e 187-ter si applicano ai fatti concernenti strumenti finanziari ammessi alla negoziazione o per i quali è stata presentata una richiesta di ammissione alla negoziazione in un mercato regolamentato italiano o di altri Paesi dell'Unione europea.

2-bis. Le disposizioni degli articoli 184, 185, 187-bis e 187-ter si applicano anche alle condotte o alle operazioni, comprese le offerte, relative alle aste su una piattaforma d'asta autorizzata come un mercato regolamentato di quote di emissioni o di altri prodotti oggetto d'asta correlati, anche quando i prodotti oggetto d'asta non sono strumenti finanziari, ai sensi del regolamento (UE) n. 1031/2010 (3).

(1) Articolo sostituito dall'art. 9, co. 2, l. 18/4/2005, n. 62 (Legge comunitaria 2004).

(2) Comma modificato dall'art. 1, co. 14, d.lg. 17/7/2009, n. 101 e dall'art. 4, co. 5, lett. a), d.lg. 10/8/2018, n. 107.

(3) Comma inserito dall'art. 1, co. 15, d.lg. 17/7/2009, n. 101 e successivamente sostituito dall'art. 4, co. 5, lett. b), d.lg. 10/8/2018, n. 107.

183. Esenzioni (1). – 1. Le disposizioni di cui al presente titolo non si applicano:

a) alle operazioni, agli ordini o alle condotte previsti dall'articolo 6 del regolamento (UE) n. 596/2014, dai soggetti ivi indicati, nell'ambito della politica monetaria, della politica dei cambi o nella gestione del debito pubblico, nonché nell'ambito delle attività della politica climatica dell'Unione o nell'ambito della politica agricola comune o della politica comune della pesca dell'Unione;

b) alle negoziazioni di azioni proprie effettuate ai sensi dell'articolo 5 del regolamento (UE) n. 596/2014.

(1) Articolo sostituito dall'art. 9, co. 2, l. 18/4/2005, n. 62 (Legge comunitaria 2004) e da ultimo sostituito dall'art. 4, co. 6, d.lg. 10/8/2018, n. 107.

Capo II
Sanzioni penali (1)

(1) A norma dell'art. 9, co. 2, l. 18/4/2005, n. 62 (Legge comunitaria 2004) il Titolo I-bis, contenente il presente Capo, sostituisce la ripartizione precedente del Capo IV del Titolo I della Parte V.

184. Abuso di informazioni privilegiate (1). – 1. È punito con la reclusione da uno a sei anni e con la multa da euro ventimila a euro tre milioni chiunque, essendo in possesso di informazioni privilegiate in ragione della sua qualità di membro di organi di amministrazione, direzione o controllo dell'emittente, della partecipazione al capitale dell'emittente, ovvero dell'esercizio di un'attività lavorativa, di una professione o di una funzione, anche pubblica, o di un ufficio:

a) acquista, vende o compie altre operazioni, direttamente o indirettamente, per conto proprio o per conto di terzi, su strumenti finanziari utilizzando le informazioni medesime;

b) comunica tali informazioni ad altri, al di fuori del normale esercizio del lavoro, della professione, della funzione o dell'ufficio o di un sondaggio di mercato effettuato ai sensi dell'articolo 11 del regolamento (UE) n. 596/2014 (2);

c) raccomanda o induce altri, sulla base di esse, al compimento di taluna delle operazioni indicate nella lettera a) (3).

2. La stessa pena di cui al comma 1 si applica a chiunque essendo in possesso di informazioni privilegiate a motivo della preparazione o esecuzione di attività delittuose compie taluna delle azioni di cui al medesimo comma 1.

3. Il giudice può aumentare la multa fino al triplo o fino al maggiore importo di dieci volte il prodotto o il profitto conseguito dal reato quando, per la rilevante offensività del fatto, per le qualità personali del colpevole o per l'entità del prodotto o del profitto conseguito dal reato, essa appare inadeguata anche se applicata nel massimo.

3-bis. Nel caso di operazioni relative agli strumenti finanziari di cui all'articolo 180, comma 1, lettera a), numeri 2), 2-bis) e 2-ter), limitatamente agli strumenti finanziari il cui prezzo o valore dipende dal prezzo o dal valore di uno strumento finanziario di cui ai numeri 2) e 2-bis) ovvero ha un effetto su tale prezzo o valore, o relative alle aste su una piattaforma d'asta autorizzata come un mercato regolamentato di quote di emissioni, la sanzione penale è quella dell'ammenda fino a euro centotremila e duecentonovantuno e dell'arresto fino a tre anni (4).

*4. Ai fini del presente articolo per strumenti finanziari si intendono anche gli strumenti finanziari di cui all'articolo 1, comma 2, il cui valore dipende da uno strumento finanziario di cui all'articolo 180, comma 1, lettera a)**.

(1) Articolo sostituito dall'art. 9, co. 2, l. 18/4/2005, n. 62 (Legge comunitaria 2004).

(2) Lettera modificata dall'art. 4, co. 7, lett. a), d.lg. 10/8/2018, n. 107.

(3) A norma dell'art. 39, co. 1, l. 28/12/2005, n. 262 le pene previste dal presente comma sono raddoppiate entro i limiti posti per ciascun tipo di pena dal Libro I, Titolo II, Capo II, del codice penale.

(4) Comma inserito dall'art. 1, co. 17, d.lg. 17/7/2009, n. 101 e successivamente modificato dall'art. 4, co. 7, lett. b), d.lg. 10/8/2018, n. 107.

* Comma abrogato dall'art. 4, co. 7, lett. c), d.lg. 10/8/2018, n. 107.

185. Manipolazione del mercato (1). – 1. Chiunque diffonde notizie false o pone in essere operazioni simulate o altri artifizi concretamente idonei a provocare una sensibile alterazione del prezzo di strumenti finanziari, è punito con la reclusione da uno a sei anni e con la multa da euro ventimila a euro cinque milioni (2).

1-bis. Non è punibile chi ha commesso il fatto per il tramite di ordini di compravendita o operazioni effettuate per motivi legittimi e in conformità a prassi di mercato ammesse, ai sensi dell'articolo 13 del regolamento (UE) n. 596/2014 (3).

2. Il giudice può aumentare la multa fino al triplo o fino al maggiore importo di dieci volte il prodotto o il profitto conseguito dal reato quando, per la rilevante offensività del fatto, per le qualità personali del colpevole o per l'entità del prodotto o del profitto conseguito dal reato, essa appare inadeguata anche se applicata nel massimo.

2-bis. Nel caso di operazioni relative agli strumenti finanziari di cui all'articolo 180, comma 1, lettera a), numeri 2), 2-bis) e 2-ter), limitatamente agli strumenti finanziari il cui prezzo o valore dipende dal prezzo o dal valore di uno strumento finanziario di cui ai numeri 2) e 2-bis) ovvero ha un effetto su tale prezzo o valore, o relative alle aste su una piattaforma d'asta autorizzata come un mercato regolamentato di quote di emissioni, la sanzione penale è quella dell'ammenda fino a euro centotremila e duecentonovantuno e dell'arresto fino a tre anni (4).

2-ter. Le disposizioni del presente articolo si applicano anche:

a) ai fatti concernenti i contratti a pronti su merci che non sono prodotti energetici all'ingrosso, idonei a provocare una sensibile alterazione del prezzo o del valore degli strumenti finanziari di cui all'articolo 180, comma 1, lettera a);

b) ai fatti concernenti gli strumenti finanziari, compresi i contratti derivati o gli strumenti derivati per il trasferimento del rischio di credito, idonei a provocare una sensibile alterazione del prezzo o del valore di un contratto a pronti su merci, qualora il prezzo o il valore dipendano dal prezzo o dal valore di tali strumenti finanziari;

c) ai fatti concernenti gli indici di riferimento (benchmark) (5).

(1) Articolo sostituito dall'art. 9, co. 2, l. 18/4/2005, n. 62 (Legge comunitaria 2004).

(2) A norma dell'art. 39, co. 1, l. 28/12/2005, n. 262 le pene previste dal presente comma sono raddoppiate entro i limiti posti per ciascun tipo di pena dal Libro I, Titolo II, Capo II, del codice penale.

(3) Comma inserito dall'art. 4, co. 8, lett. a), d.lg. 10/8/2018, n. 107.

(4) Comma inserito dall'art. 1, co. 18, d.lg. 17/7/2009, n. 101 e successivamente modificato dall'art. 4, co. 8, lett. b), d.lg. 10/8/2018, n. 107.

(5) Comma aggiunto dall'art. 4, co. 8, lett. c), d.lg. 10/8/2018, n. 107.

186. Pene accessorie (1). – 1. La condanna per taluno dei delitti previsti dal presente capo importa l'applicazione delle pene accessorie previste dagli articoli 28, 30, 32-bis e 32-ter del codice penale per una durata non inferiore a sei mesi e non superiore a due anni, nonché la pubblicazione della sentenza su almeno due quotidiani, di cui uno economico, a diffusione nazionale.

(1) Articolo sostituito dall'art. 9, co. 2, l. 18/4/2005, n. 62 (Legge comunitaria 2004).

187. Confisca (1). – 1. In caso di condanna per uno dei reati previsti dal presente capo è disposta la confisca del prodotto o del profitto conseguito dal reato e dei beni utilizzati per commetterlo.

2. Qualora non sia possibile eseguire la confisca a norma

del comma 1, la stessa può avere ad oggetto una somma di denaro o beni di valore equivalente.

3. Per quanto non stabilito nei commi 1 e 2 si applicano le disposizioni dell'articolo 240 del codice penale.

(1) Articolo sostituito dall'art. 9, co. 2, l. 18/4/2005, n. 62 (Legge comunitaria 2004).

Capo III
Sanzioni amministrative (1)

(1) A norma dell'art. 9, co. 2, l. 18/4/2005, n. 62 (Legge comunitaria 2004) il Titolo I-bis, contenente il presente Capo, sostituisce la ripartizione precedente del Capo IV del Titolo I della Parte V.

187 bis. Abuso e comunicazione illecita di informazioni privilegiate (1). – 1. Salve le sanzioni penali quando il fatto costituisce reato, è punito con la sanzione amministrativa pecuniaria da ventimila euro a cinque milioni di euro chiunque viola il divieto di abuso di informazioni privilegiate e di comunicazione illecita di informazioni privilegiate di cui all'articolo 14 del regolamento (UE) n. 596/2014 (2).

2. La stessa sanzione di cui al comma 1 si applica a chiunque essendo in possesso di informazioni privilegiate a motivo della preparazione o esecuzione di attività delittuose compie taluna delle azioni di cui al medesimo comma 1. 3. Ai fini del presente articolo per strumenti finanziari si intendono anche gli strumenti finanziari di cui all'articolo 1, comma 2, il cui valore dipende da uno strumento finanziario di cui all'articolo 180, comma 1, lettera a). 4. La sanzione prevista al comma 1 si applica anche a chiunque, in possesso di informazioni privilegiate, conoscendo o potendo conoscere in base ad ordinaria diligenza il carattere privilegiato delle stesse, compie taluno dei fatti ivi descritti.*

5. Le sanzioni amministrative pecuniarie previste dal presente articolo sono aumentate fino al triplo o fino al maggiore importo di dieci volte il profitto conseguito ovvero le perdite evitate per effetto dell'illecito quando, tenuto conto dei criteri elencati all'articolo 194-bis e della entità del prodotto o del profitto dell'illecito, esse appaiono inadeguate anche se applicate nel massimo (3).

6. Per le fattispecie previste dal presente articolo il tentativo è equiparato alla consumazione.

(1) Articolo inserito dall'art. 7 del d.lg. 11/4/2002, n. 61 e, successivamente, sostituito dall'art. 9, co. 2, l. 18/4/2005, n. 62 (Legge comunitaria 2004).

• Rubrica sostituita dall'art. 4, co. 9, lett. a), d.lg. 10/8/2018, n. 107.

(2) Comma modificato dall'art. 39, co. 3, l. 28/12/2005, n. 262 e successivamente sostituito dall'art. 4, co. 9, lett. b), d.lg. 10/8/2018, n. 107.

* Commi abrogati dall'art. 4, co. 9, lett. c), d.lg. 10/8/2018, n. 107.

(3) Comma sostituito dall'art. 4, co. 9, lett. d), d.lg. 10/8/2018, n. 107.

187 ter. Manipolazione del mercato (1). – 1. Salve le sanzioni penali quando il fatto costituisce reato, è punito con la sanzione amministrativa pecuniaria da ventimila euro a cinque milioni di euro chiunque viola il divieto di manipolazione del mercato di cui all'articolo 15 del regolamento (UE) n. 596/2014 (2).

2. Si applica la disposizione dell'articolo 187-bis, comma 5 (3).

3. Salve le sanzioni penali quando il fatto costituisce reato, è punito con la sanzione amministrativa pecuniaria di cui al comma 1 chiunque pone in essere: a) operazioni od ordini di compravendita che forniscano o siano idonei a fornire indicazioni false o fuorvianti in merito all'offerta, alla domanda o al prezzo di strumenti finanziari; b) operazioni od ordini di compravendita che consentono, tramite l'azione di una o di più persone che agiscono di concerto, di fissare il prezzo di mercato di uno o più strumenti finanziari ad un livello anomalo o artificiale; c) operazioni od ordini di compravendita che utilizzano artifizi od ogni altro tipo di inganno o di espediente; d) altri artifizi idonei a fornire indicazioni false o fuorvianti in merito all'offerta, alla domanda o al prezzo di strumenti finanziari.*

4. Non può essere assoggettato a sanzione amministrativa ai sensi del presente articolo chi dimostri di avere agito per motivi legittimi e in conformità alle prassi di mercato ammesse nel mercato interessato (4).

*5. Le sanzioni amministrative pecuniarie previste dai commi precedenti sono aumentate fino al triplo o fino al maggiore importo di dieci volte il prodotto o il profitto conseguito dall'illecito quando, per le qualità personali del colpevole, per l'entità del prodotto o del profitto conseguito dall'illecito ovvero per gli effetti prodotti sul mercato, esse appaiono inadeguate anche se applicate nel massimo. 6. Il Ministero dell'economia e delle finanze, sentita la CONSOB ovvero su proposta della medesima, può individuare, con proprio regolamento, in conformità alle disposizioni di attuazione della direttiva 2003/6/CE adottate dalla Commissione europea, secondo la procedura di cui all'articolo 17, paragrafo 2, della stessa direttiva, le fattispecie, anche ulteriori rispetto a quelle previste nei commi precedenti, rilevanti ai fini dell'applicazione del presente articolo. 7. La CONSOB rende noti, con proprie disposizioni, gli elementi e le circostanze da prendere in considerazione per la valutazione dei comportamenti idonei a costituire manipolazioni di mercato, ai sensi della direttiva 2003/6/CE e delle disposizioni di attuazione della stessa*** (5).

(1) Articolo inserito dall'art. 9, co. 2, l. 18/4/2005, n. 62 (Legge comunitaria 2004).

(2) L'importo della sanzione amministrativa prevista dal presente comma è così elevato a norma dell'art. 39, co. 3, l. 28/12/2005, n. 262 e successivamente sostituito dall'art. 4, co. 10, lett. a), d.lg. 10/8/2018, n. 107.

(3) Comma sostituito dall'art. 4, co. 10, lett. a), d.lg. 10/8/2018, n. 107.

* Comma abrogato dall'art. 4, co. 10, lett. b), d.lg. 10/8/2018, n. 107.

(4) Comma sostituito dall'art. 4, co. 10, lett. c), d.lg. 10/8/2018, n. 107.

** Commi abrogati dall'art. 4, co. 10, lett. d), d.lg. 10/8/2018, n. 107.

(5) Per l'adozione del Regolamento recante norme di attuazione del presente decreto, in materia di mercati, vedi ora la deliberazione Consob 29/10/2007, n. 16191.

187 ter.1. Sanzioni relative alle violazioni delle disposizioni del regolamento (UE) n. 596/2014 del Parlamento europeo e del Consiglio, del 16 aprile 2014 (1). – 1. Nei confronti di un ente o di una società, in caso di violazione degli obblighi previsti dall'articolo 16, paragrafi 1 e 2, dall'articolo 17, paragrafi 1, 2, 4, 5 e 8, del regolamento (UE) n. 596/2014, dagli atti delegati e dalle relative norme tecniche di regolamentazione e di attuazione, nonché dell'articolo 114, comma 3, del presente decreto, si applica una sanzione amministrativa pecuniaria da cinquemila euro fino a duemilionicinquecentomila euro, ovvero al due per cento del fatturato, quando tale importo è superiore a duemilionicinquecentomila euro e il fatturato è determinabile ai sensi dell'articolo 195, comma 1-bis.

2. Se le violazioni indicate dal comma 1 sono commesse da una persona fisica, si applica nei confronti di quest'ultima una sanzione amministrativa pecuniaria da cinquemila euro fino a un milione di euro.

3. Fermo quanto previsto dal comma 1, la sanzione indicata dal comma 2 si applica nei confronti degli esponenti aziendali e del personale della società o dell'ente responsabile della violazione, nei casi previsti dall'articolo 190-bis, comma 1, lettera a).

4. Nei confronti di un ente o di una società, in caso di violazione degli obblighi previsti dall'articolo 18, paragrafi da 1 a 6, dall'articolo 19, paragrafi 1, 2, 3, 5, 6, 7 e 11, dall'articolo 20, paragrafo 1, del regolamento (UE) n. 596/2014, dagli atti delegati e dalle relative norme tecniche di regolamentazione e di attuazione, si applica una sanzione amministrativa pecuniaria da cinquemila euro fino a un milione di euro.

5. Se le violazioni indicate dal comma 4 sono commesse da una persona fisica, si applica nei confronti di quest'ultima una sanzione amministrativa pecuniaria da cinquemila euro fino a cinquecentomila euro.

6. Fermo quanto previsto dal comma 4, la sanzione indicata dal comma 5 si applica nei confronti degli esponenti aziendali e del personale della società o dell'ente responsabile della violazione, nei casi previsti dall'articolo 190-bis, comma 1, lettera a).

7. Se il vantaggio ottenuto dall'autore della violazione come conseguenza della violazione stessa è superiore ai limiti massimi indicati nel presente articolo, la sanzione amministrativa pecuniaria è elevata fino al triplo dell'ammontare del vantaggio ottenuto, purché tale ammontare sia determinabile.

8. La Consob, anche unitamente alle sanzioni amministrative pecuniarie previste dal presente articolo, può applicare una o più delle misure amministrative previste dall'articolo 30, paragrafo 2, lettere da a) a g), del regolamento (UE) n. 596/2014.

9. Quando le infrazioni sono connotate da scarsa offensività o pericolosità, in luogo delle sanzioni pecuniarie previste dal presente articolo, la Consob, ferma la facoltà di disporre la confisca di cui all'art. 187-sexies, può applicare una delle seguenti misure amministrative:

a) un ordine di eliminare le infrazioni contestate, con eventuale indicazione delle misure da adottare e del termine per l'adempimento, e di astenersi dal ripeterle;

b) una dichiarazione pubblica avente ad oggetto la violazione commessa e il soggetto responsabile, quando l'infrazione contestata è cessata.

10. L'inosservanza degli obblighi prescritti con le misure di cui all'articolo 30, paragrafo 2, del regolamento (UE) n. 596/2014, entro il termine stabilito, importa l'aumento fino ad un terzo della sanzione amministrativa pecuniaria irrogata ovvero l'applicazione della sanzione amministrativa pecuniaria prevista per la violazione originariamente contestata aumentata fino ad un terzo.

11. Alle sanzioni amministrative pecuniarie previste dal presente articolo non si applicano gli articoli 6, 10, 11 e 16 della legge 24 novembre 1981, n. 689.

(1) Articolo inserito dall'art. 4, co. 11, d.lg. 10/8/2018, n. 107.

187 quater. Sanzioni amministrative accessorie (1). – 1. L'applicazione delle sanzioni amministrative pecuniarie previste dagli articoli 187-bis e 187-ter importa:

a) l'interdizione temporanea dallo svolgimento di funzioni di amministrazione, direzione e controllo presso soggetti autorizzati ai sensi del presente decreto, del decreto legislativo 1° settembre 1993, n. 385, del decreto legislativo 7 settembre 2005, n. 209, o presso fondi pensione;

b) l'interdizione temporanea dallo svolgimento di funzioni di amministrazione, direzione e controllo di società quotate e di società appartenenti al medesimo gruppo di società quotate;

c) la sospensione dal Registro, ai sensi dell'articolo 26, commi 1, lettera d), e 1-bis, del decreto legislativo 27 gennaio 2010, n. 39, del revisore legale, della società di revisione legale o del responsabile dell'incarico;

d) la sospensione dall'albo di cui all'articolo 31, comma 4, per i consulenti finanziari abilitati all'offerta fuori sede;

e) la perdita temporanea dei requisiti di onorabilità per i partecipanti al capitale dei soggetti indicati alla lettera a) (2).

1-bis. Fermo quanto previsto dal comma 1, la Consob, con il provvedimento di applicazione delle sanzioni amministrative pecuniarie previste dall'articolo 187-ter.1, può applicare le sanzioni amministrative accessorie indicate dal comma 1, lettere a) e b) (3).

2. Le sanzioni amministrative accessorie di cui ai commi 1 e 1-bis hanno una durata non inferiore a due mesi e non superiore a tre anni (4).

2-bis. Quando l'autore dell'illecito ha già commesso, due o più volte negli ultimi dieci anni, uno dei reati previsti nel Capo II ovvero una violazione, con dolo o colpa grave, delle disposizioni previste dagli articoli 187-bis e 187-ter, si applica la sanzione amministrativa accessoria dell'interdizione permanente dallo svolgimento delle funzioni di amministrazione, direzione e controllo all'interno dei soggetti indicati nel comma 1, lettere a) e b), nel caso in cui al medesimo soggetto sia stata già applicata l'interdizione per un periodo complessivo non inferiore a cinque anni (5).

3. Con il provvedimento di applicazione delle sanzioni amministrative pecuniarie previste dal presente capo la CONSOB, tenuto conto della gravità della violazione e del grado della colpa, può intimare ai soggetti abilitati, ai gestori del mercato, agli emittenti quotati e alle società di revisione di non avvalersi, nell'esercizio della propria attività e per un periodo non superiore a tre anni, dell'autore della violazione, e richiedere ai competenti ordini professionali la temporanea sospensione del soggetto iscritto all'ordine dall'esercizio dell'attività professionale, nonché applicare nei confronti dell'autore della violazione l'interdizione temporanea dalla conclusione di operazioni, ovvero alla immissione di ordini di compravendita in contropartita diretta di strumenti finanziari, per un periodo non superiore a tre anni (6).

(1) Articolo inserito dall'art. 9, co. 2, l. 18/4/2005, n. 62 (Legge comunitaria 2004).

(2) Comma così modificato dall'art. 1, co. 39, l. 28/12/2015, n. 208 che ha sostituito le parole: "promotori finanziari" con le parole: "consulenti finanziari abilitati all'offerta fuori sede" e successivamente sostituito dall'art. 4, co. 12, lett. a), d.lg. 10/8/2018, n. 107.

(3) Comma inserito dall'art. 4, co. 12, lett. b), d.lg. 10/8/2018, n. 107.

(4) Comma sostituito dall'art. 4, co. 12, lett. c), d.lg. 10/8/2018, n. 107.

(5) Comma inserito dall'art. 4, co. 12, lett. d), d.lg. 10/8/2018, n. 107.

(6) Comma modificato dall'art. 4, co. 12, lett. e) ed f), d.lg. 10/8/2018, n. 107.

187 quinquies. Responsabilità dell'ente (1). – 1. L'ente è punito con la sanzione amministrativa pecuniaria da ventimila euro fino a quindici milioni di euro, ovvero fino al quindici per cento del fatturato, quando tale importo è superiore a quindici milioni di euro e il fatturato è determinabile ai sensi dell'articolo 195, comma 1-bis, nel caso in cui sia commessa nel suo interesse o a suo vantaggio una violazione del divieto di cui all'articolo 14 o del divieto di cui all'articolo 15 del regolamento (UE) n. 596/2014 (2):

a) da persone che rivestono funzioni di rappresentanza, di amministrazione o di direzione dell'ente o di una sua unità organizzativa dotata di autonomia finanziaria o funzionale nonché da persone che esercitano, anche di fatto, la gestione e il controllo dello stesso;

b) da persone sottoposte alla direzione o alla vigilanza di uno dei soggetti di cui alla lettera a).

2. Se, in seguito alla commissione degli illeciti di cui al comma 1, il prodotto o il profitto conseguito dall'ente è di rilevante entità, la sanzione è aumentata fino a dieci volte tale prodotto o profitto.

3. L'ente non è responsabile se dimostra che le persone indicate nel comma 1 hanno agito esclusivamente nell'interesse proprio o di terzi.

4. In relazione agli illeciti di cui al comma 1 si applicano, in quanto compatibili, gli articoli 6, 7, 8 e 12 del decreto legislativo 8 giugno 2001, n. 231. Il Ministero della giustizia formula le osservazioni di cui all'articolo 6 del decreto legislativo 8 giugno 2001, n. 231, sentita la CONSOB, con riguardo agli illeciti previsti dal presente titolo.

(1) Articolo inserito dall'art. 9, co. 2, l. 18/4/2005, n. 62 (Legge comunitaria 2004).

(2) Alinea sostituito dall'art. 4, co. 13, d.lg. 10/8/2018, n. 107.

187 sexies. Confisca (1). – 1. L'applicazione delle sanzioni amministrative pecuniarie previste dal presente capo importa la confisca del prodotto o del profitto dell'illecito (2).

2. Qualora non sia possibile eseguire la confisca a norma del comma 1, la stessa può avere ad oggetto somme di denaro, beni o altre utilità di valore equivalente.

3. In nessun caso può essere disposta la confisca di beni che non appartengono ad una delle persone cui è applicata la sanzione amministrativa pecuniaria.

(1) Articolo inserito dall'art. 9, co. 2, l. 18/4/2005, n. 62 (Legge comunitaria 2004). La Corte costituzionale, con sent. 25/10/2018, n. 223 (in G.U. 12/12/2018, n. 49) ha dichiarato l'illegittimità costituzionale dell'art. 9, co. 6, l. 18/4/2005, n. 62 (Disposizioni per l'adempimento di obblighi derivanti dall'appartenenza dell'Italia alle Comunità europee. Legge comunitaria 2004), nella parte in cui stabilisce che la confisca per equivalente prevista dall'art. 187-sexies del d.lg. 24/2/1998, n. 58 (Testo unico delle disposizioni in materia di intermediazione finanziaria, ai sensi degli artt. 8 e 21 della l. 6/2/1996, n. 52), si applica, allorché il procedimento penale non sia stato definito, anche alle violazioni commesse anteriormente alla data di entrata in vigore della stessa l. n. 62/2005, quando il complessivo trattamento sanzionatorio conseguente all'intervento di depenalizzazione risulti in concreto più sfavorevole di quello applicabile in base alla disciplina previgente.

(2) Comma sostituito dall'art. 4, co. 14, d.lg. 10/8/2018, n. 107.

187 septies. Procedura sanzionatoria (1). – 1. Le sanzioni amministrative previste dal presente capo sono applicate dalla CONSOB con provvedimento motivato, previa contestazione degli addebiti agli interessati, da effettuarsi entro centottanta giorni dall'accertamento ovvero entro trecentosessanta giorni se l'interessato risiede o ha la sede all'estero. I soggetti interessati possono, entro trenta giorni dalla contestazione, presentare deduzioni e chiedere un'audizione personale in sede di istruttoria, cui possono partecipare anche con l'assistenza di un avvocato (2).

2. Il procedimento sanzionatorio è retto dai principi del contraddittorio, della conoscenza degli atti istruttori, della verbalizzazione nonché della distinzione tra funzioni istruttorie e funzioni decisorie.

*3. Il provvedimento di applicazione delle sanzioni è pubblicato per estratto nel Bollettino della CONSOB. Avuto riguardo alla natura delle violazioni e degli interessi coinvolti, possono essere stabilite dalla CONSOB modalità ulteriori per dare pubblicità al provvedimento, ponendo le relative spese a carico dell'autore della violazione. La CONSOB, anche dietro richiesta degli interessati, può differire ovvero escludere, in tutto o in parte, la pubblicazione del provvedimento, quando da questa possa derivare grave pregiudizio alla integrità del mercato ovvero questa possa arrecare un danno sproporzionato alle parti coinvolte**.

4. Avverso il provvedimento che applica la sanzione è ammesso ricorso alla corte d'appello nella cui circoscrizione è la sede legale o la residenza dell'opponente. Se l'opponente non ha la sede legale o la residenza nello Stato, è competente la corte d'appello del luogo in cui è stata commessa la violazione. Quando tali criteri non risultano applicabili, è competente la corte d'appello di Roma. Il ricorso è notificato, a pena di decadenza, all'Autorità che ha emesso il provvedimento nel termine di trenta giorni dalla comunicazione del provvedimento impugnato, ovvero sessanta giorni se il ricorrente risiede all'estero, ed è depositato in cancelleria, unitamente ai documenti offerti in comunicazione, nel termine perentorio di trenta giorni dalla notifica (3).

5. L'opposizione non sospende l'esecuzione del provvedimento. La corte d'appello, se ricorrono gravi motivi, può disporre la sospensione con ordinanza non impugnabile (4).

6. Il Presidente della corte d'appello designa il giudice relatore e fissa con decreto l'udienza pubblica per la discussione dell'opposizione. Il decreto è notificato alle parti a cura della cancelleria almeno sessanta giorni prima dell'udienza. L'Autorità deposita memorie e documenti nel termine di dieci giorni prima dell'udienza. Se alla prima udienza l'opponente non si presenta senza addurre alcun legittimo impedimento, il giudice, con ordinanza ricorribile per Cassazione, dichiara il ricorso improcedibile, ponendo a carico dell'opponente le spese del procedimento (5).

6-bis. All'udienza la corte d'appello dispone, anche d'ufficio, i mezzi di prova che ritiene necessari, nonché l'audizione personale delle parti che ne abbiano fatto richiesta. Successivamente le parti procedono alla discussione orale della causa. La sentenza è depositata in cancelleria entro sessanta giorni. Quando almeno una delle parti manifesta l'interesse alla pubblicazione anticipata del dispositivo rispetto alla sentenza, il dispositivo è pubblicato mediante deposito in cancelleria non oltre sette giorni dall'udienza di discussione (6).

6-ter. Con la sentenza la corte d'appello può rigettare l'opposizione, ponendo a carico dell'opponente le spese del procedimento o accoglierla, annullando in tutto o in parte il provvedimento o riducendo l'ammontare o la durata della sanzione (6).

7. Copia della sentenza è trasmessa, a cura della cancelleria della corte d'appello, all'Autorità che ha emesso il provvedimento, anche ai fini della pubblicazione prevista dall'articolo 195-bis (7).

8. Alle sanzioni amministrative pecuniarie previste dal presente capo non si applica l'articolo 16 della legge 24 novembre 1981, n. 689 (8).

(1) Articolo inserito dall'art. 9, co. 2, l. 18/4/2005, n. 62 (Legge comunitaria 2004).

(2) Comma modificato dall'art. 1, co. 19, d.lg. 17/7/2009, n. 101 e successivamente sostituito dall'art. 5, co. 1, lett. a), d.lg. 12/5/2015, n. 72. Vedi inoltre, l'art. 6 del d.lg. 12/5/2015, n. 72.

* Comma abrogato dall'art. 5, co. 1, lett. b), d.lg. 12/5/2015, n. 72. Vedi inoltre, l'art. 6 del d.lg. 12/5/2015, n. 72.

(3) Comma abrogato, a decorrere dal 16/9/2010, dall'art. 4, co. 1, punto 19), dell'Allegato 4 al d.lg. 2/7/2010, n. 104. Successivamente, la Corte costituzionale, con sent. 27/6/2012, n. 162 (in G.U. 4/7/2012, n. 27), ha dichiarato l'illegittimità costituzionale del suddetto punto 19) del co. 1 dell'art. 4 dell'Allegato 4 al d.lg. 2/7/2010, n. 104. Successivamente, l'art. 3, co. 1, d.lg. 14/9/2012, n. 160, ha soppresso il punto 19) del co. 1 dell'art. 4 dell'Allegato 4 al d.lg. 2/7/2010, n. 104. Da ultimo, la Corte costituzionale, con sent. 15/4/2014, n. 94 (in G.U. 23/4/2014, n. 18), ha dichiarato l'illegittimità costituzionale del n. 19 del co. 1 dell'art. 4 dell'Allegato 4 al d.lg. 2/7/2010, n. 104, nella parte in cui abroga il presente comma. Successivamente il presente comma è stato sostituito dall'art. 5, co. 1, lett. c), d.lg. 12/5/2015, n. 72. Vedi inoltre, l'art. 6 del d.lg. 12/5/2015, n. 72.

(4) Comma abrogato, a decorrere dal 16/9/2010, dall'art. 4, co. 1, punto 19), dell'Allegato 4 al d.lg. 2/7/2010, n. 104. Successivamente, la Corte costituzionale, con sent. 27/6/2012, n. 162 (in G.U. 4/7/2012, n. 27), ha dichiarato l'illegittimità costituzionale del suddetto punto 19) del co. 1 dell'art. 4 dell'Allegato 4 al d.lg. 2/7/2010, n. 104. Successivamente, l'art. 3, co. 1, d.lg. 14/9/2012, n. 160, ha soppresso il punto 19) del co. 1 dell'art. 4 dell'Allegato

4 al d.lg. 2/7/2010, n. 104. Da ultimo, la Corte costituzionale, con sent. 15/4/2014, n. 94 (in G.U. 23/4/2014, n. 18), ha dichiarato l'illegittimità costituzionale del n. 19 del co. 1 dell'art. 4 dell'Allegato 4 al d.lg. 2/7/2010, n. 104, nella parte in cui abroga il presente comma. Successivamente il presente comma è stato modificato dall'art. 5, co. 1, lett. d), d.lg. 12/5/2015, n. 72. Vedi inoltre, l'art. 6 del d.lg. 12/5/2015, n. 72.

(5) Comma abrogato, a decorrere dal 16/9/2010, dall'art. 4, co. 1, punto 19), dell'Allegato 4 al d.lg. 2/7/2010, n. 104. Successivamente, la Corte costituzionale, con sent. 27/6/2012, n. 162 (in G.U. 4/7/2012, n. 27), ha dichiarato l'illegittimità costituzionale del suddetto punto 19) del co. 1 dell'art. 4 dell'Allegato 4 al d.lg. 2/7/2010, n. 104. Successivamente, l'art. 3, co. 1, d.lg. 14/9/2012, n. 160, ha soppresso il punto 19) del co. 1 dell'art. 4 dell'Allegato 4 al d.lg. 2/7/2010, n. 104. Da ultimo, la Corte costituzionale, con sent. 15/4/2014, n. 94 (in G.U. 23/4/2014, n. 18), ha dichiarato l'illegittimità costituzionale del n. 19 del co. 1 dell'art. 4 dell'Allegato 4 al d.lg. 2/7/2010, n. 104, nella parte in cui abroga il presente comma. Successivamente il presente comma è stato sostituito dall'art. 5, co. 1, lett. e), d.lg. 12/5/2015, n. 72. Vedi inoltre, l'art. 6 del d.lg. 12/5/2015, n. 72.

(6) Comma aggiunto dall'art. 5, co. 1, lett. f), d.lg. 12/5/2015, n. 72. Vedi inoltre, l'art. 6 del d.lg. 12/5/2015, n. 72.

(7) Comma abrogato, a decorrere dal 16/9/2010, dall'art. 4, co. 1, punto 19), dell'Allegato 4 al d.lg. 2/7/2010, n. 104. Successivamente, la Corte costituzionale, con sent. 27/6/2012, n. 162 (in G.U. 4/7/2012, n. 27), ha dichiarato l'illegittimità costituzionale del suddetto punto 19) del co. 1 dell'art. 4 dell'Allegato 4 al d.lg. 2/7/2010, n. 104. Successivamente, l'art. 3, co. 1, d.lg. 14/9/2012, n. 160, ha soppresso il punto 19) del co. 1 dell'art. 4 dell'Allegato 4 al d.lg. 2/7/2010, n. 104. Da ultimo, la Corte costituzionale, con sent. 15/4/2014, n. 94 (in G.U. 23/4/2014, n. 18), ha dichiarato l'illegittimità costituzionale del n. 19 del co. 1 dell'art. 4 dell'Allegato 4 al d.lg. 2/7/2010, n. 104, nella parte in cui abroga il presente comma. Successivamente il presente comma è stato sostituito dall'art. 5, co. 1, lett. g), d.lg. 12/5/2015, n. 72. Vedi inoltre, l'art. 6 del d.lg. 12/5/2015, n. 72.

(8) Comma abrogato, a decorrere dal 16/9/2010, dall'art. 4, co. 1, punto 19), dell'Allegato 4 al d.lg. 2/7/2010, n. 104. Successivamente, la Corte costituzionale, con sent. 27/6/2012, n. 162 (in G.U. 4/7/2012, n. 27), ha dichiarato l'illegittimità costituzionale del suddetto punto 19) del co. 1 dell'art. 4 dell'Allegato 4 al d.lg. 2/7/2010, n. 104. Successivamente, l'art. 3, co. 1, d.lg. 14/9/2012, n. 160, ha soppresso il punto 19) del co. 1 dell'art. 4 dell'Allegato 4 al d.lg. 2/7/2010, n. 104. Da ultimo, la Corte costituzionale, con sent. 15/4/2014, n. 94 (in G.U. 23/4/2014, n. 18), ha dichiarato l'illegittimità costituzionale del n. 19 del co. 1 dell'art. 4 dell'Allegato 4 al d.lg. 2/7/2010, n. 104, nella parte in cui abroga il presente comma.

Capo IV
Poteri della Consob (1)

(1) A norma dell'art. 9, co. 2, l. 18/4/2005, n. 62 (Legge comunitaria 2004) il Titolo I-bis, contenente il presente Capo, sostituisce la ripartizione precedente del Capo IV del Titolo I della Parte V.

187 octies. Poteri della Consob (1). – 1. La Consob è l'autorità nazionale competente ai sensi dell'articolo 22 del regolamento (UE) n. 596/2014, relativo agli abusi di mercato (2).

2. La Consob compie tutti gli atti necessari all'accertamento delle violazioni delle disposizioni contenute nel regolamento (UE) n. 596/2014 e nel presente titolo, utilizzando i poteri ad essa attribuiti dal presente decreto (3).

3. La Consob può nei confronti di chiunque possa essere informato sui fatti:

a) richiedere notizie, dati o documenti sotto qualsiasi forma stabilendo il termine per la relativa comunicazione;

b) richiedere le registrazioni esistenti relative a conversazioni telefoniche, a comunicazioni elettroniche e allo scambio di dati, stabilendo il termine per la relativa trasmissione (4);

c) procedere ad audizione personale;

c-bis) in relazione a strumenti derivati su merci, richiedere dati sulle operazioni e accedere direttamente ai sistemi dei partecipanti al mercato (5);

d) procedere al sequestro dei beni che possono formare oggetto di confisca ai sensi dell'articolo 187-sexies;

e) procedere ad ispezioni, anche mediante autorizzazione di revisori legali o società di revisione legale a procedere a verifiche o ispezioni per suo conto quando sussistono particolari necessità e non sia possibile provvedere con risorse proprie; il soggetto autorizzato a procedere alle predette verifiche ed ispezioni agisce in veste di pubblico ufficiale (6);

f) procedere a perquisizioni nei modi previsti dall'articolo 33 del decreto del Presidente della Repubblica 29 settembre 1973, n. 600, e dall'articolo 52 del decreto del Presidente della Repubblica 26 ottobre 1972, n. 633.

4. La Consob può altresì:

a) avvalersi della collaborazione delle pubbliche amministrazioni, richiedendo la comunicazione di dati ed informazioni anche in deroga ai divieti di cui all'articolo 25, comma 1, del decreto legislativo 30 giugno 2003, n. 196, ed accedere al sistema informativo dell'anagrafe tributaria secondo le modalità previste dagli articoli 2 e 3, comma 1, del decreto legislativo 12 luglio 1991, n. 212;

a-bis) accedere direttamente, mediante apposita connessione telematica, ai dati contenuti negli elenchi di cui all'articolo 55, comma 7, del decreto legislativo 1° agosto 2003, n. 259 (7);

b) chiedere l'acquisizione presso il fornitore dei dati relativi al traffico di cui al decreto legislativo 30 giugno 2003, n. 196, o acquisire direttamente tali dati mediante connessione telematica (8);

c) richiedere la comunicazione di dati personali anche in deroga ai divieti di cui all'articolo 25, comma 1, del decreto legislativo 30 giugno 2003, n. 196;

d) avvalersi, ove necessario, dei dati contenuti nell'anagrafe dei conti e dei depositi di cui all'articolo 20, comma 4, della legge 30 dicembre 1991, n. 413, secondo le modalità indicate dall'articolo 3, comma 4, lettera b), del decreto-legge 3 maggio 1991, n. 143, convertito, con modificazioni, dalla legge 5 luglio 1991, n. 197, nonché acquisire anche mediante accesso diretto i dati contenuti nell'archivio indicato all'articolo 13 del decreto-legge 15 dicembre 1979, n. 625, convertito, con modificazioni, dalla legge 6 febbraio 1980, n. 15;

e) accedere direttamente, mediante apposita connessione telematica, ai dati contenuti nella Centrale dei rischi della Banca d'Italia, di cui alla deliberazione del Comitato interministeriale per il credito e il risparmio del 29 marzo 1994, pubblicata nella Gazzetta Ufficiale n. 91 del 20 aprile 1994.

e-bis) avvalersi, ove necessario, anche mediante connessione telematica, dei dati contenuti nell'apposita sezione dell'anagrafe tributaria di cui all'articolo 7, sesto comma, del decreto del Presidente della Repubblica 29 settembre 1973, n. 605 (9).

5. I poteri di cui al comma 3, lettere d) e f), e al comma 4, lettera b), sono esercitati previa autorizzazione del procuratore della Repubblica. Detta autorizzazione è necessaria anche in caso di esercizio dei poteri di cui al comma 3, lettere b) ed e), e al comma 4, lettera c), nei confronti di soggetti diversi dai soggetti abilitati e dagli altri soggetti vigilati ai sensi del regolamento (UE) n. 596/2014 e del presente decreto (10).

6. Qualora sussistano elementi che facciano presumere l'esistenza di violazioni delle norme del regolamento (UE) n. 596/2014 e del presente titolo, la Consob può anche in via cautelare:

a) ordinare la cessazione temporanea o permanente di qualunque pratica o condotta;

b) salvo quanto previsto dall'articolo 114, comma 5, adottare tutte le misure necessarie a garantire che il pubblico sia correttamente informato con riguardo, tra l'altro, alla correzione di informazioni false o fuorvianti precedentemente divulgate, anche imponendo ai soggetti interessati di pubblicare una dichiarazione di rettifica (11).

7. È fatta salva l'applicazione delle disposizioni degli articoli 199, 200, 201, 202 e 203 del codice di procedura penale, in quanto compatibili.

8. Nei casi previsti dai commi 3, lettere c), d), e) e f), e 12 viene redatto processo verbale dei dati e delle informazioni acquisite o dei fatti accertati, dei sequestri eseguiti e delle dichiarazioni rese dagli interessati, i quali sono invitati a firmare il processo verbale e hanno diritto di averne copia.

9. Quando si è proceduto a sequestro ai sensi del comma 3, lettera d), gli interessati possono proporre opposizione alla Consob.

10. Sull'opposizione la decisione è adottata con provvedimento motivato emesso entro il trentesimo giorno successivo alla sua proposizione.

11. I valori sequestrati devono essere restituiti agli aventi diritto quando:

a) è deceduto l'autore della violazione;

b) viene provato che gli aventi diritto sono terzi estranei all'illecito;

c) l'atto di contestazione degli addebiti non è notificato nei termini prescritti dall'articolo 187-septies, comma 1 (12).

d) la sanzione amministrativa pecuniaria non è stata applicata entro il termine di due anni dall'accertamento della violazione.

12. Nell'esercizio dei poteri previsti dai commi 2, 3 e 4 la Consob può avvalersi della Guardia di finanza che esegue gli accertamenti richiesti agendo con i poteri di indagine ad essa attribuiti ai fini dell'accertamento dell'imposta sul valore aggiunto e delle imposte sui redditi.

13. Tutte le notizie, le informazioni e i dati acquisiti dalla Guardia di finanza nell'assolvimento dei compiti previsti dal comma 12 sono coperti dal segreto d'ufficio e vengono, senza indugio, comunicati esclusivamente alla Consob.

14. Il provvedimento della Consob che infligge la sanzione pecuniaria ha efficacia di titolo esecutivo. Decorso inutilmente il termine fissato per il pagamento, la Consob procede alla esazione delle somme dovute in base alle norme previste per la riscossione, mediante ruolo, delle entrate dello Stato, degli enti territoriali, degli enti pubblici e previdenziali.

15. Quando l'autore della violazione esercita un'attività professionale, il provvedimento che infligge la sanzione è trasmesso al competente ordine professionale.

(1) Articolo inserito dall'art. 9, co. 2, l. 18/4/2005, n. 62 (Legge comunitaria 2004).

(2) Comma sostituito dall'art. 4, co. 15, lett. a), d.lg. 10/8/2018, n. 107.

(3) Comma modificato dall'art. 4, co. 15, lett. b), d.lg. 10/8/2018, n. 107.

(4) Lettera sostituita dall'art. 4, co. 15, lett. c), d.lg. 10/8/2018, n. 107.

(5) Lettera inserita dall'art. 4, co. 15, lett. d), d.lg. 10/8/2018, n. 107.

(6) Lettera modificata dall'art. 4, co. 15, lett. e), d.lg. 10/8/2018, n. 107.

(7) Lettera inserita dall'art. 4, co. 15, lett. f), d.lg. 10/8/2018, n. 107.

(8) Lettera modificata dall'art. 4, co. 15, lett. g), d.lg. 10/8/2018, n. 107.

(9) Lettera inserita dall'art. 1, co. 20, d.lg. 17/7/2009, n. 101.

(10) Comma modificato dall'art. 4, co. 15, lett. h), d.lg. 10/8/2018, n. 107.

(11) Comma sostituito dall'art. 4, co. 15, lett. i), d.lg. 10/8/2018, n. 107.

(12) Lettera modificata dall'art. 4, co. 15, lett. l), d.lg. 10/8/2018, n. 107.

187 nonies. Operazioni sospette*. *– 1. I soggetti abilitati, gli agenti di cambio iscritti nel ruolo unico nazionale e le società di gestione del mercato devono segnalare senza indugio alla Consob le operazioni che, in base a ragionevoli motivi, possono ritenersi configurare una violazione delle disposizioni di cui al presente titolo. La Consob stabilisce, con regolamento, le categorie di soggetti tenuti a tale obbligo, gli elementi e le circostanze da prendere in considerazione per la valutazione dei comportamenti idonei a costituire operazioni sospette, nonché le modalità e i termini di tali segnalazioni.*

* Articolo inserito dall'art. 9, co. 2, l. 18/4/2005, n. 62 (Legge comunitaria 2004) e successivamente abrogato dall'art. 4, co. 16, d.lg. 10/8/2018, n. 107.

• Per l'adozione del Regolamento recante norme di attuazione del presente decreto, in materia di mercati, vedi ora la deliberazione Consob 29/10/2007, n. 16191.

Capo V
Rapporti tra procedimenti (1)

(1) A norma dell'art. 9, co. 2, l. 18/4/2005, n. 62 (Legge comunitaria 2004) il Titolo I-bis, contenente il presente Capo, sostituisce la ripartizione precedente del Capo IV del Titolo I della Parte V.

187 decies. Rapporti con la magistratura (1). – 1. Quando ha notizia di uno dei reati previsti dal capo II il pubblico ministero ne informa senza ritardo il Presidente della Consob.

2. Il Presidente della Consob trasmette al pubblico ministero, con una relazione motivata, la documentazione raccolta nello svolgimento dell'attività di accertamento nel caso in cui emergano elementi che facciano presumere la esistenza di un reato. La trasmissione degli atti al pubblico ministero avviene al più tardi al termine dell'attività di accertamento delle violazioni delle disposizioni di cui al presente titolo, capo III.

3. La Consob e l'autorità giudiziaria collaborano tra loro, anche mediante scambio di informazioni, al fine di agevolare l'accertamento delle violazioni di cui al presente titolo anche quando queste non costituiscono reato. A tale fine la Consob può utilizzare i documenti, i dati e le notizie acquisiti dalla Guardia di finanza nei modi e con le forme previsti dall'articolo 63, primo comma, del decreto del Presidente della Repubblica 26 ottobre 1972, n. 633, e dall'articolo 33, terzo comma, del decreto del Presidente della Repubblica 29 settembre 1973, n. 600.

(1) Articolo inserito dall'art. 9, co. 2, l. 18/4/2005, n. 62 (Legge comunitaria 2004).

187 undecies. Facoltà della Consob nel procedimento penale (1). – 1. Nei procedimenti per i reati previsti dagli articoli 184 e 185, la Consob esercita i diritti e le facoltà attribuiti dal codice di procedura penale agli enti e alle associazioni rappresentativi di interessi lesi dal reato.

2. La Consob può costituirsi parte civile e richiedere, a titolo di riparazione dei danni cagionati dal reato all'integrità del mercato, una somma determinata dal giudice, anche in via equitativa, tenendo comunque conto dell'offensività del fatto, delle qualità personali del colpevole e dell'entità del prodotto o del profitto conseguito dal reato.

(1) Articolo inserito dall'art. 9, co. 2, l. 18/4/2005, n. 62 (Legge comunitaria 2004).

187 duodecies. Rapporti tra procedimento penale e procedimento amministrativo e di opposizione (1). – 1. Il procedimento amministrativo di accertamento e il procedimento di opposizione di cui all'articolo 187-septies non possono essere sospesi per la pendenza del procedimento penale avente ad oggetto i medesimi fatti o fatti dal cui accertamento dipende la relativa definizione.

(1) Articolo inserito dall'art. 9, co. 2, l. 18/4/2005, n. 62 (Legge comunitaria 2004).

187 terdecies. Applicazione ed esecuzione delle sanzioni penali ed amministrative (1). – 1. Quando per lo stesso fatto è stata applicata, a carico del reo, dell'autore della violazione o dell'ente una sanzione amministrativa pecuniaria ai sensi dell'articolo 187-septies ovvero una sanzione penale o una sanzione amministrativa dipendente da reato:

a) l'autorità giudiziaria o la Consob tengono conto, al momento dell'irrogazione delle sanzioni di propria competenza, delle misure punitive già irrogate;

b) l'esazione della pena pecuniaria, della sanzione pecuniaria dipendente da reato ovvero della sanzione pecuniaria amministrativa è limitata alla parte eccedente quella riscossa, rispettivamente, dall'autorità amministrativa ovvero da quella giudiziaria.

(1) Articolo inserito dall'art. 9, co. 2, l. 18/4/2005, n. 62 (Legge comunitaria 2004), modificato dall'art. 3, co. 19, d.lg. 29/12/2006, n. 303 e da ultimo sostituito dall'art. 4, co. 17, d.lg. 10/8/2018, n. 107.

187 quaterdecies. Procedure consultive (1). – 1. La Consob definisce entro dodici mesi dalla data di entrata in vigore della presente disposizione, con proprio regolamento, le modalità e i tempi delle procedure consultive da attivare, mediante costituzione di un Comitato, con organismi rappresentativi dei consumatori e dei prestatori di servizi finanziari e degli altri soggetti vigilati, in occasione delle modifiche regolamentari in materia di abusi di mercato e in altre materie rientranti nelle proprie competenze istituzionali.

(1) Articolo inserito dall'art. 9, co. 2, l. 18/4/2005, n. 62 (Legge comunitaria 2004).

TITOLO II
SANZIONI AMMINISTRATIVE (1)

(1) A norma dell'art. 39, co. 3, l. 28/12/2005, n. 262 le sanzioni amministrative pecuniarie previste dal presente decreto, che non siano già state modificate dalla medesima l. n. 262/2005, sono quintuplicate.

187 quinquiesdecies. Tutela dell'attività di vigilanza della Banca d'Italia e della Consob (1). – 1. Fuori dai casi previsti dall'articolo 2638 del codice civile, è punito ai sensi del presente articolo chiunque non ottempera nei termini alle richieste della Banca d'Italia e della Consob, ovvero non coopera con le medesime autorità al fine dell'espletamento delle relative funzioni di vigilanza, ovvero ritarda l'esercizio delle stesse (2).

1-bis. Se la violazione è commessa da una persona fisica, si applica nei confronti di quest'ultima la sanzione amministrativa pecuniaria da euro diecimila fino a euro cinque milioni (3).

1-ter. Se la violazione è commessa da una società o un ente, si applica nei confronti di questi ultimi la sanzione amministrativa pecuniaria da euro diecimila fino a euro cinque milioni, ovvero fino al dieci per cento del fatturato, quando tale importo è superiore a euro cinque milioni e il fatturato è determinabile ai sensi dell'articolo 195, comma 1-bis. Fermo restando quanto previsto per le società e gli enti nei confronti dei quali sono accertate le violazioni, si applica la sanzione amministrativa pecuniaria prevista dal comma 1-bis nei confronti degli esponenti aziendali e del personale della società o dell'ente nei casi previsti dall'articolo 190-bis, comma 1, lettera a) (3).

1-quater. Se il vantaggio ottenuto dall'autore della violazione come conseguenza della violazione stessa è superiore ai limiti massimi indicati nel presente articolo, la sanzione amministrativa pecuniaria è elevata fino al doppio dell'ammontare del vantaggio ottenuto, purché tale ammontare sia determinabile (3).

(1) Articolo inserito dall'art. 9, co. 2, l. 18/4/2005, n. 62 (Legge comunitaria 2004).

• La Corte costituzionale, con sent. 30/4/2021, n. 84, ha dichiarato l'illegittimità costituzionale dell'art. 187-quinquiesdecies del d.lg. 24/2/1998, n. 58 (Testo unico delle disposizioni in materia di intermediazione finanziaria, ai sensi degli artt. 8 e 21 della l. 6/2/1996, n. 52), nel testo originariamente introdotto dall'art. 9, co. 2, lett. b), l. 18/4/2005, n. 62 (Disposizioni per l'adempimento di obblighi derivanti dall'appartenenza dell'Italia alle Comunità europee. Legge comunitaria 2004), nella parte in cui si applica anche alla persona fisica che si sia rifiutata di fornire alla Consib risposte che possano far emergere la sua responsabilità per un illecito passibile di sanzioni amministrative di carattere punitivo, ovvero per un reato.

• Rubrica sostituita dall'art. 24, co. 1, lett. c), n. 1, d.l. 18/10/2012, n. 179.

(2) Comma modificato dall'art. 24, co. 1, lett. c), n. 2, d.l. 18/10/2012, n. 179 e successivamente sostituito dall'art. 5, co. 3, lett. a), d.lg. 3/8/2017, n. 129. Per l'applicazione, vedi l'art. 10, co. 2, d.lg. n. 129/2017 medesimo. L'importo della sanzione amministrativa prevista dal presente comma è così elevato a norma dell'art. 39, co. 3, l. 28/12/2005, n. 262.

(3) Comma aggiunto dall'art. 5, co. 3, lett. b), d.lg. 3/8/2017, n. 129. Per l'applicazione, vedi l'art. 10, co. 2, d.lg. n. 129/2017 medesimo.

188. Abuso di denominazione (1). – 1. 'L'uso, nella denominazione o in qualsivoglia segno distintivo o comunicazione rivolta al pubblico, delle parole: "Sim" o "società di intermediazione mobiliare" o "impresa di investimento"; "Sgr" o "società di gestione del risparmio"; "Sicav" o "società di investimento a capitale variabile"; "Sicaf" o "società di investimento a capitale fisso"; "EuVECA" o "fondo europeo per il venture capital"; "EuSEF" o "fondo europeo per l'imprenditoria sociale"; "ELTIF" o "fondo di investimento europeo a lungo termine"; "FCM" o "fondo comune monetario"; "APA" o "dispositivo di pubblicazione autorizzato"; "CTP" o "fornitore di un sistema consolidato di pubblicazione"; "ARM" o "meccanismo di segnalazione autorizzato"; "mercato regolamentato"; "mercato di crescita per le piccole e medie imprese"; ovvero di altre parole o locuzioni, anche in lingua straniera, idonee a trarre in inganno sulla legittimazione allo svolgimento dei servizi o delle attività di investimento o del servizio di gestione collettiva del risparmio o dei servizi di comunicazione dati o dell'attività di gestione di mercati regolamentati è vietato a soggetti diversi, rispettivamente, dalle imprese di investimento, dalle società di gestione del risparmio, dalle Sicav, dalle Sicaf, dai soggetti abilitati a tenore dei regolamenti (UE) n. 345/2013, relativo ai fondi europei per il venture capital (EuVECA), n. 346/2013, relativo ai fondi europei per l'imprenditoria sociale (EuSEF), n. 2015/760, relativo ai fondi di investimento europei a lungo termine, e n. 2017/1131, relativo ai fondi comuni monetari, dai fornitori autorizzati allo svolgimento dei servizi di comunicazione dati, dai mercati regolamentati e dai sistemi registrati come un mercato di crescita per le piccole e medie imprese, ai sensi del presente decreto. Chiunque contravviene al divieto previsto dal presente articolo è punito con la sanzione amministrativa pecuniaria da euro cinquemila fino a euro cinque milioni. Se la violazione è commessa da una società o un ente, è applicata la sanzione amministrativa pecuniaria da euro trentamila fino a euro cinque milioni, ovvero fino al dieci per cento del fatturato, quando tale importo è superiore a euro cinque milioni e il fatturato è determinabile ai sensi dell'articolo 195, comma 1-bis (2).

2. Si applica l'articolo 187-quinquiesdecies, comma 1-quater.

(1) Articolo modificato dall'art. 24 del d.lg. 1/8/2003, n. 274, dall'art. 39, co. 3, l. 28/12/2005, n. 262, dall'art. 16 del d.lg. 17/9/2007, n. 164, dall'art. 7, co. 1, d.lg. 4/3/2014, n. 44, dall'art. 5, co. 2, lett. a), d.lg. 12/5/2015, n. 72. Vedi inoltre, l'art. 6 del d.lg. 12/5/2015, n. 72. Ulteriormente modificato dall'art. 1, co. 1, lett. d), d.lg. 18/4/2016, n. 71 e da ultimo sostituito dall'art. 5, co. 4, d.lg.

3/8/2017, n. 129. Per l'applicazione, vedi l'art. 10, co. 2, d.lg. n. 129/2017 medesimo.

(2) Comma modificato dall'art. 2, co. 1, d.lg. 15/12/2017, n. 233 e successivamente dall'art. 5, co. 1, d.lg. 25/11/2019, n. 165 e dall'art. 4, co. 1, d.lg. 2/2/2021, n. 17. Da ultimo il presente comma è stato sostituito dall'art. 50, co. 2, lett. l), d.l. 17/5/2022, n. 50, conv., con modif., dalla l. 15/7/2022, n. 91.

189. Partecipazioni al capitale (1). – 1. La violazione degli obblighi di comunicazione previsti dagli articoli 15, commi 1 e 3, 64-bis, comma 2, e delle relative disposizioni attuative, e di quelli richiesti ai sensi dell'articolo 17, nonché di quelli previsti dall'articolo 31, paragrafo 2, del regolamento (UE) n. 648/2012 e dall'articolo 27, paragrafo 7, secondo periodo, del regolamento (UE) n. 909/2014, è punita con la sanzione amministrativa pecuniaria da euro cinquemila fino a euro cinque milioni. Se la violazione è commessa da una società o un ente, è applicata la sanzione amministrativa pecuniaria da euro trentamila fino a euro cinque milioni, ovvero fino al dieci per cento del fatturato, quando tale importo è superiore a euro cinque milioni e il fatturato è determinabile ai sensi dell'articolo 195, comma 1-bis.

2. La stessa sanzione si applica in caso di violazione dei divieti di esercizio dei diritti e in caso di inadempimento degli obblighi di alienazione previsti dagli articoli 14, commi 4 e 7; 16, commi 1, 2 e 4; 64-bis, commi 7 e 9; 79-sexies, comma 9; e 79-noviesdecies, comma 1 (2).

3. Si applica l'articolo 187-quinquiesdecies, comma 1-quater.

(1) Articolo modificato dall'art. 9.92 del d.lg. 17/1/2003, n. 6, nel testo introdotto dall'art. 3 del d.lg. 6/2/2004, n. 37, dall'art. 39, co. 3, l. 28/12/2005, n. 262, dall'art. 5, co. 3, lett. a), d.lg. 12/5/2015, n. 72, dall'art. 1, co. 1, lett. e), d.lg. 18/4/2016, n. 71, dall'art. 3, co. 2, lett. a), d.lg. 12/8/2016, n. 176 e da ultimo sostituito dall'art. 5, co. 5, d.lg. 3/8/2017, n. 129. Per l'applicazione, vedi l'art. 10, co. 2, d.lg. n. 129/2017 medesimo.

(2) Comma così modificato dall'art. 5 del d.lg. 25/11/2019, n. 165 che ha sostituito le parole "64-bis, comma 5" con le parole: "64-bis, commi 7 e 9".

190. Sanzioni amministrative pecuniarie in tema di disciplina degli intermediari (1). – 1. Salvo che il fatto costituisca reato ai sensi dell'articolo 166, nei confronti dei soggetti abilitati, delle holding di investimento come definite all'articolo 4, paragrafo 1, punto 23, del regolamento (UE) 2019/2033, delle società di partecipazione finanziaria mista come definite all'articolo 4, paragrafo 1, punto 40, del medesimo regolamento, dei depositari e dei soggetti ai quali sono state esternalizzate funzioni operative essenziali o importanti si applica la sanzione amministrativa pecuniaria da euro trentamila fino a euro cinque milioni, ovvero fino al dieci per cento del fatturato, quando tale importo è superiore a euro cinque milioni e il fatturato è determinabile ai sensi dell'articolo 195, comma 1-bis, per la mancata osservanza degli articoli 6; 6-bis; 6-ter; 7, commi 2, 2-bis, 2-ter, 3 e 3-bis; 7-bis, comma 5; 7-ter; 9; 11-bis; 12; 12-bis; 13, comma 3; 21; 22; 23, commi 1 e 4-bis; 24, commi 1 e 1-bis; 24-bis; 25; 25-bis; [25-ter, commi 1 e 2;] 26, commi 1, 3 e 4; 27, commi 1 e 3; 28, comma 4; 29; 29-bis, comma 1; 29-ter, comma 4; 30, comma 5; 31, commi 1, 2, 2-bis, 3-bis, 5, 6 e 7; 32, comma 2; 33, comma 4; 35-bis, comma 6; 35-novies; 35-decies; 36, commi 2, 3 e 4; 37, commi 1, 2 e 3; 39; 40, commi 2, 4 e 5; 40-bis, comma 4; 40-ter, comma 4; 41, commi 2, 3 e 4; 41-bis; 41-ter; 41-quater; 42-bis, commi 2, 3, 4, 5, 8, 9 e 10, 43, commi 2, 3, 4, 7, 7-bis, 7-ter, 8 e 9; 44, commi 1, 2, 3, 4, lettera b) e 5; 45; 46, commi 1, 3 e 4; 47; 48; 49, commi 3 e 4; 55-ter; 55-quater; 55-quinquies; ovvero delle disposizioni generali o particolari emanate in base ai medesimi articoli (2).

1-bis. Nelle materie a cui si riferiscono le disposizioni richiamate al comma 1, le sanzioni ivi previste si applicano anche in caso di inosservanza delle norme tecniche di regolamentazione e di attuazione emanate dalla Commissione europea ai sensi degli articoli 10 e 15 del regolamento UE n. 1095/2010, ovvero in caso di inosservanza degli atti dell'AESFEM direttamente applicabili ai soggetti vigilati adottati ai sensi di quest'ultimo regolamento.*

1-bis.1. Chiunque eserciti l'attività di gestore di portale in assenza dell'iscrizione nel registro previsto dall'articolo 50-quinquies è punito con la sanzione amministrativa pecuniaria da euro cinquemila fino a euro cinque milioni. Se la violazione è commessa da una società o un ente, si applica nei confronti di questi ultimi la sanzione amministrativa pecuniaria da euro trentamila fino a euro cinque milioni, ovvero fino al dieci per cento del fatturato, quando tale importo è superiore a euro cinque milioni e il fatturato è determinabile ai sensi dell'articolo 195, comma 1-bis (3).

2. La stessa sanzione prevista dal comma 1 si applica:

a) alle banche non autorizzate alla prestazione di servizi o di attività di investimento, nel caso in cui non osservino le disposizioni dell'articolo 25-bis e di quelle emanate in base ad esse;

b) ai soggetti abilitati alla distribuzione assicurativa, nel caso in cui non osservino le disposizioni previste dall'articolo 25-ter, commi 1 e 2, e quelle emanate in base ad esse (4);

c) ai depositari centrali che prestano servizi o attività di investimento per la violazione delle disposizioni del presente decreto richiamate dall'articolo 79-noviesdecies.1 (5).

2-bis. La medesima sanzione prevista dal comma 1 si applica

a) ai gestori dei fondi europei per il venture capital (EuVECA), in caso di violazione delle disposizioni previste dagli articoli 2, 4-bis, 5, 6, 7, 8, 9, 10, 11, 12, 13, 14 e 14-bis del regolamento (UE) n. 345/2013 e delle relative disposizioni attuative (6);

b) ai gestori dei fondi europei per l'imprenditoria sociale (EuSEF), in caso di violazione delle disposizioni previste dagli articoli 2, 4-bis, 5, 6, 7, 8, 9, 10, 11, 12, 13, 14, 15 e 15-bis del regolamento (UE) n. 346/2013 e delle relative disposizioni attuative (7).

b-bis) ai gestori e ai depositari di FIA, in caso di violazione delle disposizioni del regolamento delegato (UE) n. 231/2013 della Commissione, del regolamento (UE) n. 2015/760, e delle relative disposizioni attuative (8);

b-ter) ai gestori e ai depositari di OICVM, in caso di violazione delle disposizioni del regolamento delegato (UE) n. 438/2016 della Commissione e delle relative disposizioni attuative (9).

b-quater) ai gestori di OICVM e di FIA, in caso di violazione delle disposizioni dell'articolo 13 del regolamento (UE) 2015/2365 e delle relative disposizioni attuative (10);

b-quinquies) ai gestori di OICVM e di FIA, in caso di violazione delle disposizioni del regolamento (UE) 2017/1131 e delle relative disposizioni attuative (11).

2-bis.1. La medesima sanzione prevista dal comma 1 si applica anche in caso di inosservanza delle norme tecniche di regolamentazione e di attuazione relative ai regolamenti di cui al comma 2-bis, lettere a), b), b-bis), b-ter) e b-quinquies), emanate dalla Commissione europea ai sensi degli articoli 10 e 15 del regolamento (CE) n. 1095/2010 (12).

2-ter. Si applica la sanzione amministrativa pecuniaria da euro duemilacinquecento a euro centocinquantamila:

a) nei confronti di Sim, imprese di investimento comunitarie con succursale in Italia, imprese di investimento extracomunitarie, intermediari finanziari iscritti nell'elenco previsto dall'articolo 106 del TUB, banche italiane, banche comunitarie con succursale in Italia e banche extracomunitarie autorizzate all'esercizio dei servizi o delle attività di investimento, nonché nei confronti dei soggetti che svolgono funzio-

*ni di amministrazione o di direzione delle controparti centrali, in caso di violazione delle disposizioni previste dagli articoli 4, paragrafo 1, comma 1, e 5-bis del regolamento (CE) n. 1060/2009 del Parlamento europeo e del Consiglio, del 16 settembre 2009, relativo alle agenzie di rating del credito, e delle relative disposizioni attuative; b) nei confronti dei gestori in caso di violazione dell'articolo 35-duodecies e dell'articolo 4, paragrafo 1, comma 1, del regolamento di cui alla lettera a), e delle relative disposizioni attuative***.

b-quater) ai gestori di OICVM e di FIA, in caso di violazione delle disposizioni dell'articolo 13 del regolamento (UE) 2015/2365 e delle relative disposizioni attuative (13).

2-quater. La medesima sanzione prevista al comma 1 si applica per la violazione dell'articolo 59, paragrafi 2, 3 e 5, del regolamento (UE) n. 1031/2010 e delle relative disposizioni di attuazione nei confronti di:

a) Sim e banche italiane autorizzate a presentare offerte nel mercato delle aste delle quote di emissione dei gas a effetto serra per conto dei loro clienti ai sensi dell'articolo 20-ter;

b) soggetti stabiliti nel territorio della Repubblica che beneficiano dell'esenzione prevista dall'articolo 4-terdecies, comma 1, lettera l), autorizzate a presentare offerte nel mercato delle aste delle quote di emissione dei gas a effetto serra ai sensi dell'articolo 20-ter (14).

2-quinquies. La Consob applica nei confronti dei soggetti abilitati la sanzione prevista dal comma 1 per l'inosservanza dell'articolo 25-quater (15).

2-sexies. La medesima sanzione prevista al comma 1 si applica alle Sim autorizzate ai sensi dell'articolo 19 che soddisfano i requisiti previsti dall'articolo 4, paragrafo 1, punto 1), lettera b), del regolamento (UE) n. 575/2013 e, fuori dal caso previsto dall'articolo 20-bis.1, comma 3, svolgono uno dei servizi di investimento indicati nell'Allegato I, Sezione A, numeri 3) e 6), in assenza dell'autorizzazione prevista dall'articolo 20-bis.1 (16).

3. Si applica l'articolo 187-quinquiesdecies, comma 1-quater (17).

3-bis. I soggetti che svolgono funzioni di amministrazione, direzione o controllo nei soggetti abilitati, i quali non osservano le disposizioni previste dall'articolo 6, comma 2-bis, ovvero le disposizioni generali o particolari emanate in base al medesimo comma dalla Banca d'Italia, sono puniti con la sanzione amministrativa pecuniaria da cinquantamila euro a cinquecentomila euro (18).

*4. Salvo quanto previsto dall'articolo 194-quinquies, alle sanzioni amministrative pecuniarie previste dal presente articolo non si applicano gli articoli 6, 10, 11 e 16 della legge 24 novembre 1981, n. 689****.

(1) Rubrica sostituita dall'art. 4, co. 1, lett. a), d.lg. 27/1/2010, n. 27, dall'art. 3, co. 3, lett. a), d.lg. 12/8/2016, n. 176 e successivamente dall'art. 5, co. 6, lett. a), d.lg. 3/8/2017, n. 129. Per l'applicazione, vedi l'art. 10, co. 2, d.lg. n. 129/2017 medesimo.

(2) Comma modificato dall'art. 9, co. 1, lett. m), l. 18/4/2005, n. 62 (Legge comunitaria 2004); dall'art. 3, co. 20, d.lg. 29/12/2006, n. 303; dall'art. 16, co. 5, lett. a) e b), d.lg. 17/9/2007, n. 164, con la decorrenza indicata nell'art. 19 dello stesso decreto; dall'art. 1, co. 21 e 22, d.lg. 17/7/2009, n. 101; successivamente sostituito dall'art. 1, co. 21, d.lg. 16/4/2012, n. 47, dall'art. 30, co. 4, d.l. 18/10/2012, n. 179, dall'art. 7, co. 2, lett. a), d.lg. 4/3/2014, n. 44 e dall'art. 5, co. 4, lett. a), d.lg. 12/5/2015, n. 72. Vedi inoltre, l'art. 6 del d.lg. 12/5/2015, n. 72. Comma modificato dall'art. 2, co. 7, d.lg. 16/11/2015, n. 181 e dall'art. 1, co. 1, lett. f), n. 1) e 2), d.lg. 18/4/2016, n. 71. Comma ulteriormente sostituito dall'art. 5, co. 6, lett. b), d.lg. 3/8/2017, n. 129. Per l'applicazione, vedi l'art. 10, co. 2, d.lg. n. 129/2017 medesimo. Da ultimo ulteriormente modificato dall'art. 2, co. 9, lett. a), d.lg. 21/5/2018, n. 68. Per l'applicazione, vedi l'art. 4, co. 7, d.lg. n. 68/2018 medesimo. Il presente comma è stato ulteriormente modificato dall'art. 2, co. 8, d.lg. 8/11/2021, n. 182, dall'art. 1, co. 1, lett. u), d.lg. 5/11/2021, n. 201 e dall'art. 4, co. 1, lett. a), n. 1, d.lg. 5/11/2021, n. 191.

• L'importo della sanzione amministrativa prevista dal presente comma è stato così elevato dall'art. 39, co. 3, l. 28/12/2005, n. 262.

* Comma aggiunto dall'art. 7, co. 2, lett. b), d.lg. 4/3/2014, n. 44 e successivamente abrogato dall'art. 5, co. 4, lett. b), d.lg. 12/5/2015, n. 72. Vedi inoltre, l'art. 6 del d.lg. 12/5/2015, n. 72.

(3) Comma inserito dall'art. 5, co. 6, lett. c), d.lg. 3/8/2017, n. 129. Per l'applicazione, vedi l'art. 10, co. 2, d.lg. n. 129/2017 medesimo.

(4) Lettera modificata dall'art. 2, co. 9, lett. b), d.lg. 21/5/2018, n. 68. Per l'applicazione, vedi l'art. 4, co. 7, d.lg. n. 68/2018 medesimo. Successivamente modificata dall'art. 5, co. 3, d.lg. 25/11/2019, n. 165.

(5) Comma modificato dall'art. 14 della l. 28/12/2005, n. 262, dall'art. 16 del d.lg. 17/9/2007, n. 164, dall'art. 1, co. 23, d.lg. 17/7/2009, n. 101, dall'art. 4, co. 1, lett. b), d.lg. 27/1/2010, n. 27, dall'art. 33, co. 1, lett. q), l. 6/8/2013, n. 97, e successivamente sostituito dall'art. 5, co. 4, lett. c), d.lg. 12/5/2015, n. 72. Vedi inoltre, l'art. 6 del d.lg. 12/5/2015, n. 72. Da ultimo modificato dall'art. 3, co. 3, lett. b), d.lg. 12/8/2016, n. 176 e successivamente sostituito dall'art. 5, co. 6, lett. d), d.lg. 3/8/2017, n. 129. Per l'applicazione, vedi l'art. 10, co. 2, d.lg. n. 129/2017 medesimo.

(6) Lettera modificata dall'art. 4, co. 1, lett. a), n. 2, d.lg. 5/11/2021, n. 191 e successivamente dall'art. 1, co. 2, d.lg. 2/8/2022, n. 113.

(7) Lettera modificata dall'art. 4, co. 1, lett. a), n. 2, d.lg. 5/11/2021, n. 191 e successivamente dall'art. 1, co. 2, d.lg. 2/8/2022, n. 113.

• Comma aggiunto dall'art. 7, co. 2, lett. c), d.lg. 4/3/2014, n. 44 e successivamente sostituito dall'art. 5, co. 4, lett. d), d.lg. 12/5/2015, n. 72. Vedi inoltre, l'art. 6 del d.lg. 12/5/2015, n. 72.

(8) Lettera aggiunta dall'art. 1, co. 1, lett. f), n. 3, d.lg. 18/4/2016, n. 71 e successivamente modificata dall'art. 2, co. 2, lett. a), d.lg. 15/12/2017, n. 233.

(9) Lettera aggiunta dall'art. 1, co. 1, lett. f), n. 3, d.lg. 18/4/2016, n. 71.

(10) Lettera aggiunta dall'art. 2, co. 1, d.lg. 13/2/2019, n. 19.

(11) Lettera inserita dall'art. 4, co. 2, lett. a), d.lg. 2/2/2021, n. 17.

(12) Comma inserito dall'art. 2, co. 2, lett. b), d.lg. 15/12/2017, n. 233 e successivamente modificato dall'art. 4, co. 2, lett. b), d.lg. 2/2/2021, n. 17.

** Comma inserito dall'art. 1, co. 4, d.lg. 7/5/2015, n. 66 e successivamente abrogato dall'art. 5, co. 6, lett. e), d.lg. 3/8/2017, n. 129. Per l'applicazione, vedi l'art. 10, co. 2, d.lg. n. 129/2017 medesimo.

(13) Lettera aggiunta dall'art. 2, co. 1, d.lg. 13/2/2019, n. 19.

(14) Comma aggiunto dall'art. 13, co. 1, lett. b), l. 3/5/2019, n. 37 (Legge europea 2018).

(15) Comma inserito dall'art. 3, co. 1, lett. h), d.lg. 8/11/2021, n. 193.

(16) Comma aggiunto dall'art. 1, co. 1, lett. u), d.lg. 5/11/2021, n. 201.

(17) Comma modificato dall'art. 7, co. 2, lett. d), d.lg. 4/3/2014, n. 44 e successivamente sostituito dall'art. 5, co. 4, lett. e), d.lg. 12/5/2015, n. 72. Vedi inoltre, l'art. 6 del d.lg. 12/5/2015, n. 72. Da ultimo modificato dall'art. 5, co 6, lett. f), d.lg. 3/8/2017, n. 129. Per l'applicazione, vedi l'art. 10, co. 2, d.lg. n. 129/2017 medesimo.

(18) Comma inserito dall'art. 10 della l. 28/12/2005, n. 262; il citato art. 10 è stato successivamente abrogato dall'art. 10, co. 6, l. 6/2/2007, n. 13 (Legge comunitaria 2006).

*** Comma sostituito dall'art. 5, co. 4, lett. f), d.lg. 12/5/2015, n. 72. Vedi inoltre, l'art. 6 del d.lg. 12/5/2015, n. 72. Da ultimo abrogato dall'art. 5, co. 6, lett. g), d.lg. 3/8/2017, n. 129. Per l'applicazione, vedi l'art. 10, co. 2, d.lg. n. 129/2017 medesimo.

190.1. Sanzioni amministrative pecuniarie in tema di disciplina della gestione accentrata di strumenti finanziari (1). – 1. Nei confronti dei depositari centrali di titoli, nel caso di inosservanza delle disposizioni previste dal Capo IV del titolo II-bis della parte III e di quelle emanate dalla Consob, d'intesa o sentita la Banca d'Italia, ai sensi dell'articolo 82, si applica la sanzione amministrativa pecuniaria da euro trentamila fino a euro cinque milioni, ovvero fino al dieci per cento del fatturato, quando tale importo è superiore a euro dieci milioni (2).

2. La stessa sanzione prevista dal comma 1 si applica:

a) agli intermediari indicati nell'articolo 79-decies, comma 1, lettera b), per inosservanza delle disposizioni di cui all'articolo 83-quater, comma 3, 83-novies, comma 1, 83-novies.1, 83-duodecies, e di quelle emanate in base ad esse (3);

b) agli emittenti azioni in caso di inosservanza di quanto previsto dall'articolo 83-undecies, comma 1.

3. Si applica l'articolo 187-quinquiesdecies, comma 1-quater.*

(1) Articolo aggiunto dall'art. 3, co. 4, d.lg. 12/8/2016, n. 176.

(2) Comma modificato dapprima dall'art. 5 del d.lg. 3/8/2017, n. 129 che ha sostituito le parole: "disponibile e determinabile" con le parole: "determinabile ai sensi dell'articolo 195, comma 1-bis" e poi dall'art. 2 del d.lg. 14/7/2020, n. 84 che ha sostituito le parole: "cinque milioni, ovvero fino al dieci per cento del fatturato, quando tale importo è superiore a euro cinque milioni e il fatturato è determinabile ai sensi dell'articolo 195, comma 1-bis" con le parole: "dieci milioni".

(3) Lettera così modificata dall'art. 2 del d.lg. 14/7/2020, n. 84 che ha sostituito le parole: "83-novies, comma 1, lettere c), d), e) ed f)," con le parole: "83-quater, comma 3, 83-novies, comma 1, 83-novies.1,".

* Comma abrogato dall'art. 2 del d.lg. 14/7/2020, n. 84.

190.2. Sanzioni amministrative pecuniarie relative alla violazione delle disposizioni previste dal regolamento (UE) n. 909/2014 (1). – 1. Nei confronti dei depositari centrali e delle banche designate ai sensi dell'articolo 54 del regolamento (UE) n. 909/2014, in caso di inosservanza delle disposizioni richiamate dall'articolo 63, paragrafo 1, del medesimo regolamento si applica la sanzione amministrativa pecuniaria da euro trentamila fino a euro venti milioni, ovvero fino al dieci per cento del fatturato, quando tale importo è superiore a euro venti milioni e il fatturato è determinabile ai sensi dell'articolo 195, comma 1-bis. La medesima sanzione si applica altresì in caso di inosservanza delle norme tecniche di regolamentazione e di attuazione emanate dalla Commissione europea ai sensi del predetto regolamento (2).

2. Chiunque presti i servizi elencati nell'Allegato al regolamento (UE) n. 909/2014 e quelli consentiti, ma non esplicitamente elencati dal medesimo Allegato, in violazione degli articoli 16, 25 e 54 del predetto regolamento, è punito con la sanzione amministrativa pecuniaria da euro cinquemila fino a euro cinque milioni. Se la violazione è commessa da una società o un ente, è applicata la sanzione amministrativa pecuniaria da euro trentamila fino a euro venti milioni, ovvero fino al dieci per cento del fatturato, quando tale importo è superiore a euro venti milioni e il fatturato è determinabile ai sensi dell'articolo 195, comma 1-bis (2).

3. Si applica la sanzione amministrativa pecuniaria da euro duemilacinquecento fino a euro centocinquantamila:

a) ai gestori delle sedi di negoziazione, in caso di inosservanza delle disposizioni previste dall'articolo 3, paragrafo 2, comma 1, del regolamento di cui al comma 1;

b) alle controparti di un contratto di garanzia finanziaria, in caso di violazione delle disposizioni previste dall'articolo 3, paragrafo 2, comma 2, del regolamento di cui al comma 1;

c) alle imprese di investimento, in caso di inosservanza delle disposizioni previste dall'articolo 6, paragrafo 2, del regolamento di cui al comma 1 e delle relative disposizioni attuative;

d) ai depositari centrali, in caso di inosservanza delle disposizioni previste dall'articolo 6, paragrafi 3 e 4, e dall'articolo 7, paragrafi 1 e 2, del regolamento di cui al comma 1, e delle relative disposizioni attuative;

e) ai depositari centrali, alle controparti centrali e alle sedi di negoziazione, in caso di inosservanza delle disposizioni previste dall'articolo 7, paragrafi 9 e 10, del regolamento di cui al comma 1, e delle relative disposizioni attuative;

f) ai partecipanti, in caso di inosservanza delle disposizioni previste dall'articolo 38, paragrafi 5 e 6, del regolamento di cui al comma 1;

g) a chiunque non osservi le disposizioni previste dall'articolo 7, paragrafi 3, 6, 7 e 8, e dall'articolo 9, paragrafo 1, del regolamento di cui al comma 1 e dalle relative disposizioni attuative.

4. Alle fattispecie disciplinate dai commi 1 e 2 si applica l'articolo 187-quinquiesdecies, comma 1-quater (3).

5. Alle fattispecie disciplinate dal comma 3 si applica l'articolo 188, comma 2.*

(1) Articolo aggiunto dall'art. 3, co. 4, d.lg. 12/8/2016, n. 176.

(2) Comma modificato dall'art. 5, co. 8, lett. a), d.lg. 3/8/2017, n. 129. Per l'applicazione, vedi l'art. 10, co. 2 e 13, d.lg. n. 129/2017 medesimo.

(3) Comma modificato dall'art. 5, co. 8, lett. b), d.lg. 3/8/2017, n. 129. Per l'applicazione, vedi l'art. 10, co. 2 e 13, d.lg. n. 129/2017 medesimo.

* Comma abrogato dall'art. 5, co. 8, lett. c), d.lg. 3/8/2017, n. 129. Per l'applicazione, vedi l'art. 10, co. 2 e 13, d.lg. n. 129/2017 medesimo.

190.3. Sanzioni amministrative in tema di disciplina dei mercati [e dei servizi di comunicazione dati] (1). – 1. Salvo che il fatto costituisca reato ai sensi dell'articolo 166, si applica la sanzione amministrativa pecuniaria da euro trentamila fino a euro cinque milioni ovvero fino al dieci per cento del fatturato, quando tale importo è superiore a euro cinque milioni e il fatturato è determinabile ai sensi dell'articolo 195, comma 1-bis:

a) ai gestori delle sedi negoziazione, nel caso di inosservanza delle disposizioni previste dal capo II del titolo I-bis della parte III e di quelle emanate in base ad esse;

a-bis) ai gestori dei mercati regolamentati, nel caso di inosservanza delle disposizioni previste dall'articolo 90-quinquies, commi 2 e 3 (2);

b) agli internalizzatori sistematici, nel caso di inosservanza delle disposizioni previste dal capo III del titolo I-bis della parte III e di quelle emanate in base ad esse;

c) agli organizzatori e agli operatori dei sistemi multilaterali di depositi in euro, nel caso di inosservanza delle disposizioni previste dall'articolo 62-septies e di quelle emanate in base ad esse;

d) ai membri e ai partecipanti ammessi ai mercati regolamentati e ai sistemi multilaterali di negoziazione nonché ai clienti di sistemi organizzati di negoziazione, nel caso di inosservanza delle disposizioni previste dal capo II del titolo I-bis della parte III e di quelle emanate in base ad esse;

e) ai soggetti indicati nell'articolo 187-novies, nel caso di inosservanza delle disposizioni previste dal medesimo articolo e di quelle emanate in base ad esse;*

*f) ai fornitori di servizi di comunicazione dati, nel caso di inosservanza delle disposizioni previste dagli articoli 79-bis, 79-ter e 79-ter.1 e di quelle emanate in base ad esse**.*

2. Chiunque viola le disposizioni previste dall'articolo 68, comma 1, e dalle relative norme attuative, ovvero viola le misure adottate in base alle medesime disposizioni è punito con la sanzione amministrativa pecuniaria da euro cinquemila fino a euro cinque milioni. Se la violazione è commessa da una società o un ente, si applica nei confronti di questi ultimi la sanzione amministrativa pecuniaria da euro trentamila fino a euro cinque milioni, ovvero fino al dieci per cento del fatturato, quando tale importo è superiore a euro cinque milioni e il fatturato è determinabile ai sensi dell'articolo 195, comma 1-bis.

3. Per la violazione delle disposizioni previste dagli articoli

67-ter, 68, comma 1, e 68-quater, commi 2 e 3, in ragione della gravità della violazione accertata e tenuto conto dei criteri stabiliti dall'articolo 194-bis, può essere applicata anche la sanzione amministrativa accessoria dell'interdizione temporanea, per un periodo non inferiore a sei mesi e non superiore a tre anni, a essere membro o partecipante di un mercato regolamentato, di un sistema multilaterale di negoziazione o a essere cliente di un sistema organizzato di negoziazione.

4. Si applica l'articolo 187-quinquiesdecies, comma 1-quater.

(1) Articolo inserito dall'art. 5, co. 9, d.lg. 3/8/2017, n. 129. Per l'applicazione, vedi l'art. 10, co. 2 e 13, d.lg. n. 129/2017 medesimo.

• Rubrica modificata dall'art. 50, co. 2, lett. m), n. 1, d.l. 17/5/2022, n. 50, conv., con modif., dalla l. 15/7/2022, n. 91.

(2) Lettera inserita dall'art. 5, co. 4, d.lg. 25/11/2019, n. 165.

* Lettera soppressa dall'art. 4, co. 18, d.lg. 10/8/2018, n. 107.

** Lettera abrogata dall'art. 50, co. 2, lett. m), n. 2, d.l. 17/5/2022, n. 50, conv., con modif., dalla l. 15/7/2022, n. 91.

190.4. Sanzioni amministrative pecuniarie relative alle violazioni delle disposizioni previste dal regolamento (UE) n. 600/2014, dagli atti delegati e dalle norme tecniche di regolamentazione e di attuazione della direttiva 2014/65/UE e del regolamento (UE) n. 600/2014 (1). – 1. La violazione delle norme del regolamento (UE) n. 600/2014 richiamate dall'articolo 70, paragrafi 3, lettera b), e 4, lettera b), della direttiva 2014/65/UE e dell'articolo 22, paragrafo 1, del medesimo regolamento, nonché delle relative disposizioni attuative, ovvero la mancata osservanza delle misure adottate ai sensi dell'articolo 42 del regolamento (UE) n. 600/2014, è punita con la sanzione amministrativa pecuniaria da euro cinquemila fino a euro cinque milioni. Se la violazione è commessa da una società o un ente, è applicata la sanzione amministrativa pecuniaria da euro trentamila fino a euro cinque milioni, ovvero fino al dieci per cento del fatturato, quando tale importo è superiore a euro cinque milioni e il fatturato è determinabile ai sensi dell'articolo 195, comma 1-bis.

2. La stessa sanzione prevista dal comma 1 si applica anche in caso di violazione delle disposizioni contenute negli atti delegati e nelle norme tecniche di regolamentazione e di attuazione della direttiva 2014/65/UE e del regolamento (UE) n. 600/2014, nelle materie a cui si riferiscono le disposizioni richiamate al comma 1 e agli articoli 190 e 190.3.

3. Si applica l'articolo 187-quinquiesdecies, comma 1-quater.

(1) Articolo inserito dall'art. 5, co. 9, d.lg. 3/8/2017, n. 129. Per l'applicazione, vedi l'art. 10, co. 2 e 13, d.lg. n. 129/2017 medesimo.

190.5. Sanzioni amministrative pecuniarie in tema di agenzie di rating del credito relative alle violazioni delle disposizioni previste dal regolamento (CE) n. 1060/20091 (1). – 1. Si applica la sanzione amministrativa pecuniaria da euro duemilacinquecento a euro centocinquantamila:

a) nei confronti di Sim, imprese di investimento UE con succursale in Italia, imprese di paesi terzi autorizzate in Italia, intermediari finanziari iscritti nell'albo previsto dall'articolo 106 del T.U. bancario, banche italiane e banche UE con succursale in Italia autorizzate alla prestazione di servizi e attività di investimento, nonché nei confronti dei soggetti che svolgono funzioni di amministrazione o di direzione delle controparti centrali, in caso di violazione delle disposizioni previste dagli articoli 4, paragrafo 1, comma 1, e 5-bis del regolamento (CE) n. 1060/2009 del Parlamento europeo e del Consiglio, del 16 settembre 2009, relativo alle agenzie di rating del credito, e delle relative disposizioni attuative;

b) nei confronti dei gestori, in caso di violazione dell'articolo 35-duodecies del presente decreto e dell'articolo 4, paragrafo 1, comma 1, del regolamento di cui alla lettera a), e delle relative disposizioni attuative;

c) nei confronti degli emittenti, degli offerenti o delle persone che chiedono l'ammissione alla negoziazione sui mercati regolamentati italiani, in caso di violazione dell'articolo 4, paragrafo 1, comma 2, del regolamento di cui alla lettera a);

d) nei confronti degli emittenti, cedenti o promotori di strumenti di finanza strutturata, in caso di violazione dell'articolo 8-ter del regolamento di cui alla lettera a);

e) nei confronti degli emittenti o terzi collegati come definiti dall'articolo 3, paragrafo 1, lettera i), del regolamento di cui alla lettera a), in caso di violazione degli articoli 8-quater e 8-quinquies del predetto regolamento.

2. Si applica l'articolo 187-quinquiesdecies, comma 1-quater.

(1) Articolo inserito dall'art. 5, co. 9, d.lg. 3/8/2017, n. 129. Per l'applicazione, vedi l'art. 10, co. 2 e 13, d.lg. n. 129/2017 medesimo.

190 bis. Responsabilità degli esponenti aziendali e del personale per le violazioni in tema di disciplina degli intermediari, dei mercati, dei depositari centrali e della gestione accentrata di strumenti finanziari e dei servizi di APA e di ARM (1). – 1. Fermo restando quanto previsto per le società e gli enti nei confronti dei quali sono accertate le violazioni, per l'inosservanza delle disposizioni richiamate dagli articoli 188, 189, 190, 190.1, 190.2, commi 1 e 2, 190.3, 190.4, e 190.5, si applica la sanzione amministrativa pecuniaria da euro cinquemila fino a euro cinque milioni nei confronti dei soggetti che svolgono funzioni di amministrazione, di direzione o di controllo, nonché nei confronti del personale, quando l'inosservanza è conseguenza della violazione di doveri propri o dell'organo di appartenenza e ricorrono una o più delle seguenti condizioni (2):

a) la condotta ha inciso in modo rilevante sulla complessiva organizzazione o sui profili di rischio aziendali, ovvero ha provocato un grave pregiudizio per la tutela degli investitori o per la trasparenza, l'integrità e il corretto funzionamento del mercato (3);

b) la condotta ha contribuito a determinare la mancata ottemperanza della società o dell'ente a provvedimenti specifici adottati ai sensi degli articoli 7, comma 2, e 12, comma 5-bis;

c) le violazioni riguardano obblighi imposti ai sensi dell'articolo 6, commi, 2-septies, 2-octies, 2-novies, o dell'articolo 13, ovvero obblighi in materia di remunerazione e incentivazione, quando l'esponente o il personale è la parte interessata.

2. Nei confronti dei soggetti che svolgono funzioni di amministrazione, di direzione o di controllo, nonché del personale, nei casi in cui la loro condotta abbia contribuito a determinare l'inosservanza dell'ordine di cui all'articolo 194-quater da parte della società o dell'ente, si applica la sanzione amministrativa pecuniaria da euro cinquemila fino a euro cinque milioni (4).

3. Con il provvedimento di applicazione della sanzione, in ragione della gravità della violazione accertata e tenuto conto dei criteri stabiliti dall'articolo 194-bis, la Banca d'Italia o la Consob possono applicare la sanzione amministrativa accessoria dell'interdizione, per un periodo non inferiore a sei mesi e non superiore a tre anni, dallo svolgimento di funzioni di amministrazione, direzione e controllo presso soggetti autorizzati ai sensi del presente decreto legislativo, del decreto legislativo 1° settembre 1993, n. 385, del decreto legislativo 7 settembre 2005, n. 209, o presso fondi pensione (5).

3-bis. La Banca d'Italia o la Consob, in ragione della gravità della violazione accertata e tenuto conto dei criteri stabiliti dall'articolo 194-bis, possono applicare la sanzione amministrativa accessoria dell'interdizione permanente dallo svolgimento delle funzioni richiamate al comma 3, nel caso in cui al medesimo soggetto sia stata già applicata, due o più volte negli ultimi dieci anni, sempre per le violazioni commesse con dolo o colpa grave, l'interdizione di cui al comma 3, per un periodo complessivo non inferiore a cinque anni (6).

4. Si applica l'articolo 187-quinquiesdecies, comma 1-quater (7).

(1) Articolo aggiunto dall'art. 5, co. 5, d.lg. 12/5/2015, n. 72. Vedi inoltre, l'art. 6 del d.lg. 12/5/2015, n. 72.

• Rubrica sostituita dall'art. 3, co. 5, lett. a), d.lg. 12/8/2016, n. 176 e successivamente modificata dall'art. 5, co. 10, lett. a), d.lg. 3/8/2017, n. 129. Per l'applicazione, vedi l'art. 10, co. 2, d.lg. n. 129/2017 medesimo. Da ultimo la presente rubrica è stata modificata dall'art. 50, co. 2, lett. n), d.l. 17/5/2022, n. 50, conv., con modif., dalla l. 15/7/2022, n. 91.

(2) Alinea modificato dall'art. 3, co. 5, lett. b), d.lg. 12/8/2016, n. 176 e successivamente modificato dall'art. 5, co. 10, lett. b), d.lg. 3/8/2017, n. 129. Per l'applicazione, vedi l'art. 10, co. 2, d.lg. n. 129/2017 medesimo.

(3) Lettera modificata dall'art. 5, co. 10, lett. c), d.lg. 3/8/2017, n. 129. Per l'applicazione, vedi l'art. 10, co. 2, d.lg. n. 129/2017 medesimo.

(4) Comma modificato dall'art. 5, co. 10, lett. d), d.lg. 3/8/2017, n. 129. Per l'applicazione, vedi l'art. 10, co. 2, d.lg. n. 129/2017 medesimo.

(5) Comma modificato dall'art. 5, co. 10, lett. e), d.lg. 3/8/2017, n. 129. Per l'applicazione, vedi l'art. 10, co. 2, d.lg. n. 129/2017 medesimo.

(6) Comma inserito dall'art. 1, co. 1, lett. g), d.lg. 18/4/2016, n. 71 e successivamente modificato dall'art. 5, co. 10, lett. f), d.lg. 3/8/2017, n. 129. Per l'applicazione, vedi l'art. 10, co. 2, d.lg. n. 129/2017 medesimo.

(7) Comma modificato dall'art. 5, co. 10, lett. g), d.lg. 3/8/2017, n. 129. Per l'applicazione, vedi l'art. 10, co. 2, d.lg. n. 129/2017 medesimo.

190 bis.1. Sanzioni amministrative relative alle violazioni delle disposizioni del regolamento (UE) 2016/1011 (1). – 1. Per le violazioni degli articoli 4, 5, 6, 7, 8, 9, 10, dell'articolo 11, paragrafo 1, lettere a), b), c) ed e), dell'articolo 11, paragrafi 2 e 3, degli articoli 12, 13, 14, 15, 16, 21, 23, 24, 25, 26, 27, 28, 29 e 34 del regolamento (UE) 2016/1011 e delle norme tecniche di regolamentazione e attuazione previste dal medesimo regolamento, si applica:

a) nei confronti delle persone giuridiche, la sanzione amministrativa pecuniaria da euro diecimila fino a euro un milione, ovvero fino al dieci per cento del fatturato totale annuo, quando tale importo è superiore a euro un milione e il fatturato è determinabile ai sensi dell'articolo 195, comma 1-bis, del presente decreto e ai sensi dell'articolo 325-bis del decreto legislativo 7 settembre 2005, n. 209;

b) nei confronti delle persone fisiche, la sanzione amministrativa pecuniaria da euro cinquemila fino a euro cinquecentomila.

2. Fermo quanto previsto dal comma 1, lettera a), la sanzione indicata dal comma 1, lettera b) si applica nei confronti dei soggetti che svolgono funzioni di amministrazione, di direzione o controllo e del personale delle società e degli enti nei confronti dei quali sono accertate le violazioni, nei casi previsti dall'articolo 190-bis, comma 1, lettera a).

3. Per le violazioni dell'articolo 11, paragrafi 1, lettera d), e 4, del regolamento (UE) 2016/1011, si applica:

a) nei confronti delle persone giuridiche, la sanzione amministrativa pecuniaria da euro diecimila fino a euro duecentocinquantamila ovvero fino al due per cento del fatturato, quando tale importo è superiore a euro duecentocinquantamila e il fatturato è determinabile ai sensi dell'articolo 195, comma 1-bis, del presente decreto e ai sensi dell'articolo 325-bis del decreto legislativo 7 settembre 2005, n. 209;

b) nei confronti delle persone fisiche, la sanzione amministrativa pecuniaria da euro cinquemila fino a euro centomila.

4. Fermo quanto previsto dal comma 3, lettera a), la sanzione indicata dal comma 3, lettera b) si applica nei confronti dei soggetti che svolgono funzioni di amministrazione, di direzione o controllo e del personale delle società e degli enti nei confronti dei quali sono accertate le violazioni, nei casi previsti dall'articolo 190-bis, comma 1, lettera a).

5. Se il vantaggio ottenuto dall'autore della violazione, come conseguenza della violazione stessa, è superiore ai limiti massimi indicati nel presente articolo, la sanzione amministrativa pecuniaria è elevata fino al triplo dell'ammontare del vantaggio ottenuto, purché tale ammontare sia determinabile.

6. Con il provvedimento di applicazione della sanzione amministrativa pecuniaria, in ragione della gravità della violazione accertata e tenuto conto dei criteri stabiliti dall'articolo 194-bis, può essere applicata nei confronti della persona fisica ritenuta responsabile della violazione la sanzione amministrativa accessoria dell'interdizione, per un periodo non inferiore a sei mesi e non superiore a tre anni, dallo svolgimento di funzioni di amministrazione, direzione e controllo presso amministratori di indici di riferimento o contributori di dati sottoposti a vigilanza.

7. L'applicazione della sanzione amministrativa pecuniaria comporta la confisca del prodotto o del profitto dell'illecito. Si applica, in tal caso, l'articolo 187-sexies, commi 2 e 3.

8. Le sanzioni amministrative previste dal presente articolo sono applicate dalla Banca d'Italia, dalla Consob, dall'IVASS e dalla COVIP, sui soggetti dalle medesime vigilati e secondo le attribuzioni di vigilanza specificate all'articolo 4-septies.1 e le rispettive procedure sanzionatorie. Nei riguardi dell'IVASS e della COVIP trovano comunque applicazione, per quanto di rispettiva competenza e ai fini del presente articolo, gli articoli 194-bis, 194-quater, 194-septies e 195-ter, comma 1-bis. IVASS e COVIP pubblicano le sanzioni irrogate secondo le procedure di settore.

(1) Articolo inserito dall'art. 2, co. 2, d.lg. 13/2/2019, n. 19.

190 bis.2. Sanzioni amministrative relative alle violazioni delle disposizioni del regolamento (UE) 2017/2402 (1). – 1. Per le violazioni degli articoli 3, 5, 6, 7, 9, 18,19, 20, 21, 22, 23, 24, 25, 26, 27 paragrafi 1 e 4 e 28 paragrafo 2 del regolamento (UE) 2017/2402 e delle norme tecniche di regolamentazione e attuazione previste dal medesimo regolamento, si applica:

a) nei confronti delle società ed enti che rivestono il ruolo di cedente, prestatore originario, promotore, SSPE, investitore istituzionale, venditore di una posizione verso la cartolarizzazione di cui all'articolo 3 del regolamento (UE) 2017/2402, gestore che riceve istruzioni da un investitore istituzionale di cui all'articolo 5, paragrafo, 5 del regolamento (UE) 2017/2402 o verificatore terzo di cui all'articolo 27, comma 2, del regolamento (UE) 2017/2402, la sanzione amministrativa pecuniaria da euro trentamila fino a euro cinque milioni, ovvero fino al dieci per cento del fatturato totale annuo, quando tale importo è superiore a euro cinque milioni e il fatturato è determinato secondo quanto previsto dalla normativa di settore dell'autore della violazione;

b) nei confronti delle persone fisiche di cui al comma 4 del presente articolo, la sanzione amministrativa pecuniaria da euro cinquemila fino a euro cinque milioni.

2. Fermo restando quanto previsto al comma 1, per le violazioni degli articoli 19, 20, 21, 22, 23, 24, 25, 26, 27 paragrafo 1 del regolamento (UE) 2017/2402, si applica nei confronti del cedente e del promotore per un periodo non inferiore a sei mesi e non superiore a tre anni il divieto di notificare, ai sensi dell'articolo 27 paragrafo 1, del regolamento (UE) 2017/2402, che una cartolarizzazione soddisfa i requisiti stabiliti agli articoli da 19 a 22 o agli articoli da 23 a 26 del citato regolamento.

3. Fermo restando quanto previsto al comma 1, per le violazioni dell'articolo 28 paragrafo 2 del regolamento (UE) 2017/2402, si applica nei confronti del soggetto di cui all'articolo 28 del regolamento (UE) 2017/2402 la sospensione da uno a quattro mesi dell'autorizzazione di cui al medesimo articolo.

4. Fermo quanto previsto dal comma 1, lettera a), la sanzione indicata dal comma 1, lettera b) si applica nei confronti dei soggetti che svolgono funzioni di amministrazione, di direzione o controllo e del personale delle società e degli enti nei confronti dei quali sono accertate le violazioni, nei casi previsti dall'articolo 190-bis, comma 1, lettera a).

5. Alle violazioni previste dal presente articolo si applica l'articolo 187-quinquiesdecies, comma 1-quater.

6. Con il provvedimento di applicazione della sanzione amministrativa pecuniaria, in ragione della gravità della violazione accertata e tenuto conto dei criteri stabiliti dall'articolo 194-bis e di quelli stabiliti nel paragrafo 2 dell'articolo 33 del regolamento (UE) 2017/2402, può essere applicata nei confronti della persona fisica ritenuta responsabile della violazione la sanzione amministrativa accessoria dell'interdizione, per un periodo non inferiore a sei mesi e non superiore a tre anni, dallo svolgimento di funzioni di amministrazione, direzione e controllo presso cedenti, promotori o SSPE.

7. Le sanzioni amministrative previste dal presente articolo sono disposte e irrogate dalla Banca d'Italia, dalla CONSOB, dall'IVASS e dalla COVIP secondo le rispettive attribuzioni di vigilanza specificate all'articolo 4-septies.2 e le rispettive procedure sanzionatorie. Nei riguardi dell'IVASS e della COVIP trovano comunque applicazione, per quanto di rispettiva competenza e ai fini del presente articolo, gli articoli, 194-quater, 194-septies e 195-ter, comma 1-bis. IVASS e COVIP pubblicano le sanzioni irrogate secondo le procedure di settore.

(1) Articolo inserito dall'art. 1, co. 2, d.lg. 3/8/2022, n. 131.

190 ter. Altre violazioni in tema di attività riservate*. – *1. Si applica la sanzione amministrativa pecuniaria da euro cinquemila fino a cinque milioni di euro: a) in caso di esercizio dell'attività di consulente finanziario o di promotore finanziario in assenza dell'iscrizione negli albi prevista, rispettivamente, agli articoli 18-bis e 31; b) ai membri dell'organismo dei consulenti finanziari in caso di inosservanza delle disposizioni previste dall'articolo 18-bis e di quelle emanate in base ad esso **; c) ai membri dell'organismo dei promotori finanziari in caso di inosservanza delle disposizioni previste dall'articolo 31 e di quelle emanate in base ad esso **; d) alle persone fisiche, in caso di inosservanza dell'articolo 32-quater, commi 1 e 3, ovvero in caso di esercizio dell'attività di gestore di portale in assenza dell'iscrizione nel registro di cui all'articolo 50-quinquies. 2. Si applica l'articolo 188, commi 2 e 2-bis. 2-bis. Su proposta della CONSOB, il Ministro dell'economia e delle finanze può sciogliere gli organi di gestione e di controllo dell'organismo di cui all'articolo 31 qualora risultino gravi irregolarità nell'amministrazione, ovvero gravi violazioni delle disposizioni legislative, amministrative o statutarie che regolano l'attività dello stesso. Il Ministero dell'economia e delle finanze provvede agli adempimenti necessari alla ricostituzione degli organi di gestione e controllo dell'organismo, assicurandone la continuità operativa, se necessario anche attraverso la nomina di un commissario. La CONSOB può disporre la rimozione di uno o più componenti degli organi di gestione e controllo in caso di grave inosservanza dei doveri ad essi assegnati dalla legge, dallo statuto o dalle disposizioni di vigilanza, nonché dei provvedimenti specifici e di altre istruzioni impartite dalla CONSOB, ovvero in caso di comprovata inadeguatezza, accertata dalla CONSOB, all'esercizio delle funzioni cui sono preposti* (1).

* Articolo aggiunto dall'art. 5, co. 5, d.lg. 12/5/2015, n. 72. Vedi inoltre, l'art. 6 del d.lg. 12/5/2015, n. 72. Articolo da ultimo abrogato dall'art. 5, co. 11, d.lg. 3/8/2017, n. 129. Per l'applicazione, vedi l'art. 10, co. 2, d.lg. n. 129/2017 medesimo.

** Lettera abrogata dall'art. 1, co. 43, lett. a), l. 28/12/2015, n. 208.

(1) Comma aggiunto dall'art. 1, co. 43, lett. b), l. 28/12/2015, n. 208.

190 quater. Sanzioni amministrative in tema di gestione di portali (1). – 1. I gestori di portali per la raccolta di capitali per le piccole e medie imprese che violano le norme degli articoli 50-quinquies e 100-ter o le relative disposizioni attuative sono puniti con una sanzione amministrativa pecuniaria da euro cinquecento a euro venticinquemila. Per i soggetti iscritti nel registro di cui al comma 2 dell'articolo 50-quinquies, può altresì essere disposta la sospensione da uno a quattro mesi o la radiazione dal registro.

(1) Articolo inserito dall'art. 5, co. 12, d.lg. 3/8/2017, n. 129. Per l'applicazione, vedi l'art. 10, co. 2, d.lg. n. 129/2017 medesimo.

191. Offerta al pubblico di sottoscrizione e di vendita di prodotti finanziari e ammissione alla negoziazione di titoli (1). – 1. Nei confronti degli enti e delle società che commettono una violazione delle disposizioni richiamate dall'articolo 38, paragrafo 1, lettera a), del regolamento prospetto e delle relative disposizioni attuative, si applica la sanzione amministrativa pecuniaria da cinquemila euro fino a cinque milioni di euro, ovvero fino al tre per cento del fatturato, quando tale importo è superiore a euro cinque milioni e il fatturato è determinabile ai sensi dell'articolo 195, comma 1-bis.

2. Se la violazione delle disposizioni di cui al comma 1 è commessa da una persona fisica si applica la sanzione amministrativa pecuniaria da cinquemila euro a settecentomila euro.

3. Fermo quanto previsto dal comma 1, la sanzione indicata dal comma 2 si applica nei confronti degli esponenti aziendali e del personale della società o dell'ente responsabile della violazione, nei casi previsti dall'articolo 190-bis, comma 1, lettera a).

3-bis. Nei confronti degli enti e delle società richiamati dall'articolo 2, lettere a), c) e d), del regolamento (UE) 2019/1156, che commettono una violazione dell'articolo 4 del medesimo regolamento relativamente a fondi di investimento alternativi chiusi, si applica la sanzione prevista dal comma 1. Si applicano altresì i commi 2 e 3 (2).

4. Chiunque effettua un'offerta al pubblico in assenza di un prospetto approvato dalla Consob ai sensi dell'articolo 94-bis, comma 3, è punito con la sanzione amministrativa pecuniaria da venticinquemila euro fino a cinque milioni di euro.

5. Chiunque viola gli articoli 94-bis, commi 1 e 4, 96, 97, commi 1 e 3, 101, o le disposizioni generali o particolari emanate dalla Consob ai sensi degli articoli 94-bis, comma 2, 95, commi 1 e 2, 97, comma 2, 99, comma 1, lettere a), b), c), d) e l), 113, comma 2, lettera f), è punito con la sanzione amministrativa pecuniaria da cinquemila euro fino a settecentocinquantamila euro.

6. Se all'osservanza delle disposizioni indicate dai commi 4 e 5 è tenuta una società o un ente, le sanzioni amministrative pecuniarie ivi previste si applicano altresì nei confronti degli esponenti aziendali e del personale dell'ente o della società responsabile della violazione, nei casi previsti dall'articolo 190-bis, comma 1, lettera a). Se all'osservanza delle medesime disposizioni è tenuta una persona fisica, in caso di violazione, la sanzione si applica nei confronti di quest'ultima.

7. Si applica l'articolo 187-quinquiesdecies, comma 1-quater.

(1) Articolo modificato dall'art. 14 della l. 28/12/2005, n. 262, dall'art. 39, co. 3, l. 28/12/2005, n. 262 e, successivamente, sostituito dall'art. 4 del d.lg. 28/3/2007, n. 51, modificato dall'art. 5, co.

6, lett. a), d.lg. 12/5/2015, n. 72, dall'art. 1, co. 39, l. 28/12/2015, n. 208 e, da ultimo, sostituito dall'art. 1, co. 1, lett. h), d.lg. 18/4/2016, n. 71. Ulteriormente modificato dall'art. 5, co. 13, lett. a), d.lg. 3/8/2017, n. 129 e successivamente sostituito dall'art. 4, co. 3, d.lg. 2/2/2021, n. 17.

(2) Comma inserito dall'art. 4, co. 1, lett. b), d.lg. 5/11/2021, n. 191.

191 bis. Sanzioni accessorie (1). – 1. La Consob, con il provvedimento di applicazione delle sanzioni amministrative pecuniarie previste dall'articolo 191 nei confronti delle persone fisiche nei casi ivi previsti, in ragione della gravità della violazione accertata e tenuto conto dei criteri stabiliti dall'articolo 194-bis, può disporre:

a) l'interdizione temporanea dallo svolgimento di funzioni di amministrazione, direzione e controllo presso soggetti autorizzati ai sensi del presente decreto, del decreto legislativo 1° settembre 1993, n. 385, del decreto legislativo 7 settembre 2005, n. 209, o presso fondi pensione;

b) l'interdizione temporanea dallo svolgimento di funzioni di amministrazione, direzione e controllo di società quotate e di società appartenenti al medesimo gruppo di società quotate;

c) la sospensione dal Registro, ai sensi dell'articolo 26, commi 1, lettera d), e 1-bis, del decreto legislativo 27 gennaio 2010, n. 39, del revisore legale, della società di revisione legale o del responsabile dell'incarico;

d) la sospensione dall'albo di cui all'articolo 31, comma 4, per i consulenti finanziari abilitati all'offerta fuori sede;

e) la perdita temporanea dei requisiti di onorabilità per i partecipanti al capitale dei soggetti indicati alla lettera a).

2. Le sanzioni amministrative accessorie di cui al comma 1 hanno una durata non inferiore a due mesi e non superiore a tre anni.

3. Quando l'emittente, l'offerente o il soggetto che chiede l'ammissione alla negoziazione in un mercato regolamentato, ha già commesso, due o più volte negli ultimi cinque anni, una violazione con dolo o colpa grave delle disposizioni indicate all'art. 191, la Consob può negare l'approvazione di un prospetto redatto dal medesimo soggetto per un periodo massimo di cinque anni.

(1) Articolo inserito dall'art. 4, co. 4, d.lg. 2/2/2021, n. 17.

191 ter. Offerta al pubblico di sottoscrizione e di vendita e ammissione alle negoziazioni di quote o azioni di OICR aperti (1). – 1. Chiunque effettua un'offerta al pubblico in violazione dell'articolo 98-ter, comma 1, è punito con la sanzione amministrativa pecuniaria da venticinquemila euro fino a cinque milioni di euro. La stessa sanzione si applica in caso di violazione dell'articolo 98, limitatamente ai casi di offerta al pubblico di quote o azioni di FIA chiusi per le quali l'Italia è lo Stato membro d'origine.

2. Chiunque viola l'articolo 98-ter, commi 2 e 3, ovvero le relative disposizioni generali o particolari emanate dalla Consob ai sensi dell'articolo 98-quater, è punito con la sanzione amministrativa pecuniaria da cinquemila euro fino a cinque milioni di euro. Le medesime sanzioni si applicano alla violazione dell'articolo 101 e alla violazione dell'articolo 4 del regolamento (UE) 2019/1156, quando le stesse sono commesse nell'ambito di un'offerta di OICR aperti (2).

3. Se la violazione è commessa da una società o un ente, l'importo massimo delle sanzioni amministrative pecuniarie previste dai commi 1 e 2 è elevato fino al dieci per cento del fatturato, quando tale importo è superiore a cinque milioni di euro e il fatturato è determinabile ai sensi dell'articolo 195, comma 1-bis.

4. Le sanzioni amministrative pecuniarie previste dai commi 1 e 2 si applicano nei confronti degli esponenti aziendali e del personale della società o dell'ente responsabile della violazione, nei casi previsti dall'articolo 190-bis, comma 1, lettera a).

5. Alle violazioni previste dai commi 1 e 2 si applica l'articolo 190-bis, commi 2, 3 e 3-bis.

6. Fermo restando quanto previsto dal comma 5, l'applicazione delle sanzioni amministrative pecuniarie previste dal comma 1, importa la perdita temporanea dei requisiti di idoneità previsti dal presente decreto per gli esponenti aziendali dei soggetti abilitati e dei requisiti previsti per i consulenti finanziari abilitati all'offerta fuori sede, per i consulenti finanziari autonomi e per gli esponenti aziendali delle società di consulenza finanziaria nonché l'incapacità temporanea ad assumere incarichi di amministrazione, direzione e controllo nell'ambito di società aventi titoli quotati nei mercati regolamentati o diffusi tra il pubblico in maniera rilevante e di società appartenenti al medesimo gruppo. La sanzione amministrativa accessoria ha durata non inferiore a due mesi e non superiore a tre anni.

7. Nei confronti dell'emittente o della persona che chiede l'ammissione alle negoziazioni di quote o azioni di Oicr aperti, in caso di violazione delle disposizioni contenute nell'articolo 113-bis, commi 1, 2, lettere a) e b), e 4, ovvero delle relative disposizioni generali o particolari emanate dalla Consob, si applica la sanzione amministrativa pecuniaria da cinquemila euro a settecentocinquantamila euro.

8. Alle violazioni previste dal presente articolo si applica l'articolo 187-quinquiesdecies, comma 1-quater.

(1) Articolo inserito dall'art. 4, co. 4, d.lg. 2/2/2021, n. 17.

(2) Comma modificato dall'art. 4, co. 1, lett. c), d.lg. 5/11/2021, n. 191.

192. Offerte pubbliche di acquisto o di scambio. – 1. Chiunque viola l'obbligo di promuovere un'offerta pubblica di acquisto o di scambio ovvero effettua un'offerta pubblica di acquisto o di scambio in violazione delle disposizioni dell'articolo 102, commi 1, 3 e 6, è punito con la sanzione amministrativa pecuniaria di importo non inferiore ad euro venticinquemila e non superiore al corrispettivo complessivamente dovuto dall'offerente ovvero che sarebbe stato complessivamente dovuto dall'offerente se l'offerta fosse stata promossa (1).

2. La sanzione indicata nel comma 1 si applica a chi:

a) non rispetta le indicazioni fornite dalla CONSOB ai sensi dell'articolo 102, comma 4, ovvero viola le disposizioni dei regolamenti emanati a norma dell'articolo 102, comma 1 e dell'articolo 103, comma 4 (2);

a-bis) viola le disposizioni di cui all'articolo 103, commi 3 e 3-bis (3);

a-ter) viola le disposizioni relative all'obbligo di acquisto di cui all'articolo 108, commi 1 e 2 e le disposizioni del regolamento emanato a norma dell'articolo 108, comma 7 (3);

b) esercita il diritto di voto in violazione delle disposizioni dell'articolo 110;

b-bis) viola l'obbligo di cui all'articolo 110, comma 1-bis (4).

2-bis. Se all'osservanza delle disposizioni previste dai commi 1 e 2 è tenuta una società o un ente, le sanzioni ivi previste si applicano nei confronti di questi ultimi; la stessa sanzione si applica nei confronti degli esponenti aziendali e del personale della società o dell'ente nei casi previsti dall'art. 190-bis, comma 1, lettera a). Se all'osservanza delle medesime disposizioni è tenuta una persona fisica, in caso di violazione, la sanzione si applica nei confronti di quest'ultima. La sanzione massima applicabile ad una persona fisica per le violazioni previste ai commi 1 e 2 non può essere superiore a euro cinque milioni (5).

2-ter. Si applica l'articolo 187-quinquiesdecies, comma 1-quater (5).

3. Gli amministratori, i componenti del consiglio di gestione e di sorveglianza di società con azioni quotate in mercati regolamentati italiani che eseguono operazioni in violazione *dell'obbligo di astensione previsto dall'articolo 104, comma 1, sono puniti con la sanzione amministrativa pecuniaria da euro venticinquemila a euro cinquecentoquindicimila**.

(1) L'importo della sanzione amministrativa prevista dal presente comma è così elevato a norma dell'art. 39, co. 3, l. 28/12/2005, n. 262.

• Comma modificato dall'art. 5, co. 2, lett. a), d.lg. 19/11/2007, n. 229.

(2) Lettera modificata dall'art. 5, co. 2, lett. b), d.lg. 19/11/2007, n. 229.

(3) Lettera inserita dall'art. 4, co. 1, lett. a), d.lg. 25/9/2009, n. 146.

(4) Lettera aggiunta dall'art. 5, co. 2, lett. b), d.lg. 19/11/2007, n. 229.

(5) Comma aggiunto dall'art. 5, co. 7, d.lg. 12/5/2015, n. 72. Vedi inoltre, l'art. 6 del d.lg. 12/5/2015, n. 72. Da ultimo modificato dall'art. 5, co. 14, lett. a), d.lg. 3/8/2017, n. 129. Per l'applicazione, vedi l'art. 10, co. 2, d.lg. n. 129/2017 medesimo.

* Comma sostituito dall'art. 5, comma 2, lettera c), d.lg. 19/11/2007, n. 229 e successivamente abrogato dall'art. 4, co. 1, lett. b), d.lg. 25/9/2009, n. 146.

• L'importo della sanzione amministrativa prevista dal presente comma è così elevato a norma dell'art. 39, co. 3, l. 28/12/2005, n. 262.

192 bis. Sanzioni amministrative in tema di informazioni sul governo societario e di politica di remunerazione e compensi corrisposti (1). – 1. Salvo che il fatto costituisca reato, nei confronti delle società quotate nei mercati regolamentati che omettono le comunicazioni prescritte dall'articolo 123-bis, comma 2, lettera a), si applica una delle seguenti sanzioni amministrative (2):

a) una dichiarazione pubblica indicante la persona giuridica responsabile della violazione e la natura della stessa, quando questa sia connotata da scarsa offensività o pericolosità e l'infrazione contestata sia cessata (3);

b) un ordine di eliminare le infrazioni contestate, con eventuale indicazione delle misure da adottare e del termine per l'adempimento, e di astenersi dal ripeterle, quando le infrazioni stesse siano connotate da scarsa offensività o pericolosità;

c) una sanzione amministrativa pecuniaria da euro diecimila a euro dieci milioni, ovvero, fino al cinque per cento del fatturato quando tale importo è superiore a euro dieci milioni e il fatturato è determinabile ai sensi dell'articolo 195, comma 1-bis (4).

1.1. Salvo che il fatto costituisca reato, nei confronti delle società quotate nei mercati regolamentati che violano le disposizioni previste dall'articolo 123-ter e le relative disposizioni attuative [nonché nei confronti dei soggetti che svolgono funzioni di amministrazione, di direzione o di controllo, qualora la loro condotta abbia contribuito a determinare la violazione delle disposizioni sopra richiamate da parte della società], si applica la sanzione amministrativa pecuniaria da euro diecimila a euro dieci milioni ovvero le sanzioni previste dal comma 1, lettere a) e b) (5).

1.1-bis. Salvo che il fatto costituisca reato, per le violazioni delle disposizioni indicate dal comma 1.1, nei confronti dei soggetti che svolgono funzioni di amministrazione, di direzione o di controllo, qualora la loro condotta abbia contribuito a determinare la violazione delle disposizioni del medesimo comma 1.1 da parte della società, si applica la sanzione amministrativa pecuniaria da euro diecimila a euro due milioni ovvero le sanzioni previste dal comma 1, lettere a) e b) (6).

1-bis. Per l'omissione delle comunicazioni indicate al comma 1, nei casi previsti dall'articolo 190-bis, comma 1, lettera a), salvo che il fatto costituisca reato, nei confronti dei soggetti che svolgono funzioni di amministrazione, di direzione o di controllo, nonché del personale, qualora la loro condotta abbia contribuito a determinare l'omissione delle comunicazioni da parte della società o dell'ente, si applica una delle seguenti sanzioni amministrative:

a) una dichiarazione pubblica indicante la persona responsabile della violazione e la natura della stessa, quando questa sia connotata da scarsa offensività o pericolosità e l'infrazione contestata sia cessata;

b) un ordine di eliminare le infrazioni contestate, con eventuale indicazione delle misure da adottare e del termine per l'adempimento, e di astenersi dal ripeterle, quando le infrazioni stesse siano connotate da scarsa offensività o pericolosità;

c) una sanzione amministrativa pecuniaria da euro diecimila a euro due milioni (7).

1-ter. Alle omissioni delle comunicazioni prescritte dall'articolo 123-bis, comma 2, lettera a), e richiamate dai commi 1 e 1-bis del presente articolo si applica l'articolo 187-quinquiesdecies, comma 1-quater (8).

1-quater. Nei casi di inosservanza dell'ordine di eliminare le infrazioni contestate e di astenersi dal ripeterle, si applica la sanzione amministrativa pecuniaria prevista per la violazione originariamente contestata aumentata fino ad un terzo. Fermo restando quanto previsto per le persone giuridiche nei confronti delle quali è accertata l'inosservanza dell'ordine, si applica la sanzione amministrativa pecuniaria da euro diecimila a euro due milioni nei confronti dei soggetti che svolgono funzioni di amministrazione, di direzione o di controllo, nonché del personale, qualora la loro condotta abbia contribuito a determinare l'inosservanza dell'ordine da parte della persona giuridica (9).

(1) Articolo inserito dall'art. 36, co. 1, l. 28/12/2005, n. 262; modificato dall'art. 3, co. 21, d.lg. 29/12/2006, n. 303, dall'art. 5 del d.lg. 3/11/2008, n. 173 e, da ultimo, dall'art. 5, co. 8, lett. a), d.lg. 12/5/2015, n. 72. Vedi inoltre, l'art. 6 del d.lg. 12/5/2015, n. 72.

• Rubrica sostituita dall'art. 5 del d.lg. 3/11/2008, n. 173 e successivamente dall'art. 4, co. 2, lett. a), d.lg. 10/5/2019, n. 49.

(2) Alinea modificato dall'art. 5, co. 15, lett. a), d.lg. 3/8/2017, n. 129. Per l'applicazione, vedi l'art. 10, co. 2, d.lg. n. 129/2017 medesimo.

(3) Lettera modificata dall'art. 5, co. 15, lett. b), d.lg. 3/8/2017, n. 129. Per l'applicazione, vedi l'art. 10, co. 2, d.lg. n. 129/2017 medesimo.

(4) Lettera modificata dall'art. 5, co. 15, lett. c), d.lg. 3/8/2017, n. 129. Per l'applicazione, vedi l'art. 10, co. 2, d.lg. n. 129/2017 medesimo.

• Comma sostituito dall'art. 1, co. 9, lett. a), d.lg. 15/2/2016, n. 25 e successivamente modificato dall'art. 5, co. 15, lett. e), d.lg. 3/8/2017, n. 129. Per l'applicazione, vedi l'art. 10, co. 2, d.lg. n. 129/2017 medesimo. Da ultimo modificato dall'art. 5, co. 15, lett. c), d.lg. 3/8/2017, n. 129. Per l'applicazione, vedi l'art. 10, co. 2, d.lg. n. 129/2017 medesimo.

(5) Comma inserito dall'art. 4, co. 2, lett. b), d.lg. 10/5/2019, n. 49 e successivamente modificato dall'art. 2, co. 3, lett. a), d.lg. 14/7/2020, n. 84. Per le modalità di applicazione delle presenti disposizioni, vedi l'art. 4, co. 1, d.lg. n. 84/2020 medesimo.

(6) Comma inserito dall'art. 2, co. 3, lett. b), d.lg. 14/7/2020, n. 84. Per le modalità di applicazione delle presenti disposizioni, vedi l'art. 4, co. 1, d.lg. n. 84/2020 medesimo.

(7) Comma inserito dall'art. 5, co. 8, lett. b), d.lg. 12/5/2015, n. 72. Vedi inoltre, l'art. 6 del d.lg. 12/5/2015, n. 72. Comma successivamente sostituito dall'art. 1, co. 9, lett. b), d.lg. 15/2/2016, n. 25. Da ultimo modificato dall'art. 5, co. 15, lett. f), d.lg. 3/8/2017, n. 129. Per l'applicazione, vedi l'art. 10, co. 2, d.lg. n. 129/2017 medesimo.

(8) Comma inserito dall'art. 5, co. 8, lett. b), d.lg. 12/5/2015, n. 72. Vedi inoltre, l'art. 6 del d.lg. 12/5/2015, n. 72. Successivamente sostituito dall'art. 4, co. 2, lett. c), d.lg. 10/5/2019, n. 49.

(9) Comma inserito dall'art. 1, co. 9, lett. c), d.lg. 15/2/2016, n. 25.

***192 ter. Ammissione alle negoziazioni**.** *– 1. Nei confronti dell'emittente o della persona che chiede l'ammissione alle negoziazioni che viola le disposizioni contenute negli articoli 113, commi 2, 3, lettere a), d) f), e 4, e 113-bis, commi 1, 2, lettere a) e b), e 4, ovvero le disposizioni generali o particolari emanate dalla Consob in base ai medesimi articoli, si* *applica la sanzione amministrativa pecuniaria da euro cinquemila a euro settecentocinquantamila* (1).

*2. La Consob pubblica, ai sensi del comma 3 dell'articolo 195, le misure e le sanzioni applicate per la violazione delle disposizioni richiamate nel presente articolo, salvo il caso in cui la pubblicazione possa turbare gravemente i mercati o possa arrecare un danno sproporzionato alle parti coinvolte***.

2-bis. La sanzione prevista al comma 1 si applica [anche] nei confronti degli esponenti aziendali e del personale della società o dell'ente nei casi previsti dall'articolo 190-bis, comma 1, lettera a) (2).

*3. Alle sanzioni amministrative pecuniarie previste dal presente articolo non si applica l'articolo 16 della legge 24 novembre 1981, n. 689****. *3-bis. Si applica l'articolo 187-quinquiesdecies, comma 1-quater* (3).

* Articolo aggiunto dall'art. 4 del d.lg. 28/3/2007, n. 51 e successivamente abrogato dall'art. 4, co. 5, d.lg. 2/2/2021, n. 17.

(1) Comma inserito dall'art. 5, co. 9, lett. a), d.lg. 12/5/2015, n. 72. Vedi inoltre, l'art. 6 del d.lg. 12/5/2015, n. 72.

** Comma abrogato dall'art. 5, co. 9, lett. b), d.lg. 12/5/2015, n. 72. Vedi inoltre, l'art. 6 del d.lg. 12/5/2015, n. 72.

(2) Comma inserito dall'art. 5, co. 9, lett. c), d.lg. 12/5/2015, n. 72. Vedi inoltre, l'art. 6 del d.lg. 12/5/2015, n. 72. Da ultimo modificato dall'art. 5, co. 16, lett. a), d.lg. 3/8/2017, n. 129. Per l'applicazione, vedi l'art. 10, co. 2, d.lg. n. 129/2017 medesimo.

*** Comma abrogato dall'art. 5, co. 9, lett. d), d.lg. 12/5/2015, n. 72. Vedi inoltre, l'art. 6 del d.lg. 12/5/2015, n. 72.

(3) Comma inserito dall'art. 5, co. 9, lett. e), d.lg. 12/5/2015, n. 72. Vedi inoltre, l'art. 6 del d.lg. 12/5/2015, n. 72. Da ultimo modificato dall'art. 5, co. 16, lett. a), d.lg. 3/8/2017, n. 129. Per l'applicazione, vedi l'art. 10, co. 2, d.lg. n. 129/2017 medesimo.

192 quater. Obbligo di astensione (1). – 1. I soci e gli amministratori che violano l'obbligo di astensione di cui all'articolo 6, comma 2-novies, sono puniti con una sanzione amministrativa pecuniaria da euro cinquantamila a euro centocinquantamila.

(1) Articolo inserito dall'art. 5, co. 10, d.lg. 12/5/2015, n. 72. Vedi inoltre, l'art. 6 del d.lg. 12/5/2015, n. 72.

192 quinquies. Sanzioni amministrative in tema di operazioni con parti correlate (1). – 1. Nei confronti delle società quotate nei mercati regolamentati che violano l'articolo 2391-bis del codice civile e le relative disposizioni di attuazione adottate dalla Consob ai sensi del medesimo articolo, si applica una sanzione amministrativa pecuniaria da euro diecimila a euro dieci milioni (2).

2. Salvo che il fatto costituisca reato, per le violazioni indicate nel comma 1, nei confronti dei soggetti che svolgono funzioni di amministrazione e di direzione si applica, nei casi previsti dall'articolo 190-bis, comma 1, lettera a), una sanzione amministrativa pecuniaria da eurocinquemila a euro un milione e cinquecentomila (3).

(1) Articolo inserito dall'art. 4 del d.lg. 10/5/2019, n. 49.

(2) Comma così modificato dall'art. 2 del d.lg. 14/7/2020, n. 84 che ha sostituito la parola: "centocinquantamila" con le parole: "dieci milioni".

(3) Comma così modificato dall'art. 2 del d.lg. 14/7/2020, n. 84 che ha sostituito la parola: "centocinquantamila" con le parole: "un milione e cinquecentomila".

193. Sanzioni amministrative in tema di informazione societaria e doveri dei sindaci, dei revisori legali e delle società di revisione legale (1). – 1. Salvo che il fatto costituisca reato, nei confronti di società, enti o associazioni tenuti a effettuare le comunicazioni previste dagli articoli 114, commi 5, 7 e 9, 114-bis, 115, 116, comma 1-bis, 154-bis, 154-ter e 154-quater, per l'inosservanza delle disposizioni degli articoli medesimi o delle relative disposizioni attuative, si applica una delle seguenti sanzioni amministrative (2):

a) una dichiarazione pubblica indicante la persona giuridica responsabile della violazione e la natura della stessa, quando questa sia connotata da scarsa offensività o pericolosità e l'infrazione contestata sia cessata;

b) un ordine di eliminare le infrazioni contestate, con eventuale indicazione delle misure da adottare e del termine per l'adempimento, e di astenersi dal ripeterle, quando le infrazioni stesse siano connotate da scarsa offensività o pericolosità;

c) una sanzione amministrativa pecuniaria da euro cinquemila a euro dieci milioni, ovvero fino al cinque per cento del fatturato quando tale importo è superiore a euro dieci milioni e il fatturato è determinabile ai sensi dell'articolo 195, comma 1-bis (3).

1.1. Se le comunicazioni indicate nel comma 1 sono dovute da una persona fisica, salvo che il fatto costituisca reato, in caso di violazione si applicano nei confronti di quest'ultima, [salvo che ricorra la causa di esenzione prevista dall'articolo 114, comma 10,] una delle seguenti sanzioni amministrative (4):

a) una dichiarazione pubblica indicante la persona responsabile della violazione e la natura della stessa;

b) un ordine di eliminare le infrazioni contestate, con eventuale indicazione delle misure da adottare e del termine per l'adempimento, e di astenersi dal ripeterle, quando le infrazioni stesse siano connotate da scarsa offensività o pericolosità;

c) una sanzione amministrativa pecuniaria da euro cinquemila a euro due milioni.

1.2. Per le violazioni indicate nel comma 1, nei confronti dei soggetti che svolgono funzioni di amministrazione, di direzione o di controllo, nonché del personale, qualora la loro condotta abbia contribuito a determinare dette violazioni da parte della persona giuridica si applicano, nei casi previsti dall'articolo 190-bis, comma 1, lettera a), le sanzioni amministrative previste dal comma 1.1 (5).

*1-bis. Alla stessa sanzione di cui al comma 1 soggiacciono coloro i quali esercitano funzioni di amministrazione, di direzione e di controllo presso le società e gli enti che svolgono le attività indicate all'articolo 114, commi 8 e 11, nonché i loro dipendenti, e i soggetti indicati nell'articolo 114, comma 7, in caso di inosservanza delle disposizioni ivi previste nonché di quelle di attuazione emanate dalla Consob**.

*1-ter. La stessa sanzione di cui al comma 1 è applicabile in caso di inosservanza delle disposizioni previste dall'articolo 114, commi 8 e 11, nonché di quelle di attuazione emanate dalla Consob, nei confronti della persona fisica che svolge le attività indicate nel comma 1-bis e, quando non ricorra la causa di esenzione prevista dall'articolo 114, comma 10, nei confronti della persona fisica che svolge l'attività di giornalista***.

1-quater. Le stesse sanzioni indicate ai commi 1, 1.1 e 1.2 si applicano, in caso di inosservanza delle disposizioni di attuazione emanate dalla Consob ai sensi dell'articolo 113-ter, comma 5, lettere b) e c), nei confronti dei soggetti autorizzati dalla Consob all'esercizio del servizio di diffusione e di stoccaggio delle informazioni regolamentate (6).

*1-quinquies. Si applica la sanzione amministrativa pecuniaria da euro cinquemila a euro centocinquantamila: a) agli emittenti, agli offerenti o alle persone che chiedono l'ammissione alla negoziazione sui mercati regolamentati italiani, in caso di violazione dell'articolo 4, paragrafo 1, comma 2, del regolamento (CE) n. 1060/2009 del Parlamento europeo e del Consiglio, del 16 settembre 2009, relativo alle agenzie di rating del credito; b) agli emittenti, ai cedenti o ai promotori di strumenti di finanza strutturata, in caso di violazione dell'articolo 8-ter del regolamento di cui alla lettera a); c) agli emittenti o ai terzi collegati come definiti dall'articolo 3, paragrafo 1, lettera i), del regolamento di cui alla lettera a), in caso di violazione degli articoli 8-quater e 8-quinquies del predetto regolamento****.

1-sexies. Al soggetto di cui all'articolo 123-ter, comma 8-bis, che omette di verificare l'avvenuta predisposizione della seconda sezione della relazione si applica una sanzione amministrativa pecuniaria da euro diecimila ad euro centomila (7).

2. Salvo che il fatto costituisca reato, nei casi di omissione delle comunicazioni delle partecipazioni rilevanti e dei patti parasociali previste, rispettivamente dagli articoli 120, commi 2, 2-bis, 4 e 4-bis, e 122, commi 1, 2 e 5, nonché di violazione dei divieti previsti dagli articoli 120, comma 5, 121, commi 1 e 3, e 122, comma 4, nei confronti di società, enti o associazioni, si applica una delle seguenti sanzioni amministrative:

a) una dichiarazione pubblica indicante il soggetto responsabile della violazione e la natura della stessa, quando questa sia connotata da scarsa offensività o pericolosità e l'infrazione contestata sia cessata;

b) un ordine di eliminare le infrazioni contestate, con eventuale indicazione delle misure da adottare e del termine per l'adempimento, e di astenersi dal ripeterle, quando le infrazioni stesse siano connotate da scarsa offensività o pericolosità;

c) una sanzione amministrativa pecuniaria da euro diecimila a euro dieci milioni, ovvero fino al cinque per cento del fatturato quando tale importo è superiore a euro dieci milioni e il fatturato è determinabile ai sensi dell'articolo 195, comma 1-bis (8).

2.1. Salvo che il fatto costituisca reato, ove le comunicazioni indicate nel comma 2 sono dovute da una persona fisica, in caso di violazione si applica una delle seguenti sanzioni amministrative:

a) una dichiarazione pubblica indicante la persona responsabile della violazione e la natura della stessa, quando questa sia connotata da scarsa offensività o pericolosità e l'infrazione contestata sia cessata;

b) un ordine di eliminare le infrazioni contestate, con eventuale indicazione delle misure da adottare e del termine per l'adempimento, e di astenersi dal ripeterle, quando le infrazioni stesse siano connotate da scarsa offensività o pericolosità;

c) una sanzione amministrativa pecuniaria da euro diecimila a euro due milioni (9).

2.2. Per le violazioni indicate nel comma 2, nei confronti dei soggetti che svolgono funzioni di amministrazione, di direzione o di controllo, nonché del personale, qualora la loro condotta abbia contribuito a determinare dette violazioni da parte della persona giuridica si applicano, nei casi previsti dall'articolo 190-bis, comma 1, lettera a), le sanzioni amministrative previste dal comma 2.1 (10).

2.3. Nei casi di ritardo delle comunicazioni previste dall'articolo 120, commi 2, 2-bis e4, non superiore a due mesi, l'importo minimo edittale delle sanzioni amministrative pecuniarie indicate nei commi 2 e 2.1 è pari a euro cinquemila (9).

2.4. Se il vantaggio ottenuto dall'autore della violazione come conseguenza della violazione stessa è superiore ai limiti massimi edittali indicati nei commi 1, 1.1, 2 e 2.1, del presente articolo, la sanzione amministrativa pecuniaria è elevata fino al doppio dell'ammontare del vantaggio ottenuto, purché tale ammontare sia determinabile (9).

*2-bis. Le sanzioni indicate ai commi 1 e 2 si applicano nei confronti degli esponenti aziendali e del personale della società o dell'ente nei casi previsti dall'art. 190-bis, comma 1, lettera a)*****.

3. Si applica la sanzione amministrativa pecuniaria da euro diecimila a euro un milione e cinquecentomila (10):

a) ai componenti del collegio sindacale, del consiglio di sorveglianza e del comitato per il controllo sulla gestione che commettono irregolarità nell'adempimento dei doveri previsti dall'articolo 149, commi 1, 4-bis, primo periodo, e 4-ter, ovvero omettono le comunicazioni previste dall'articolo 149, comma 3 (11);

*b) agli amministratori delle società di revisione che violano le disposizioni contenute nell'articolo 162, comma 3******.

3-bis. Salvo che il fatto costituisca reato, i componenti degli organi di controllo, i quali omettano di eseguire nei termini prescritti le comunicazioni di cui all'articolo 148-bis, comma 2, sono puniti con la sanzione amministrativa in misura pari al doppio della retribuzione annuale prevista per l'incarico relativamente al quale è stata omessa la comunicazione. Con il provvedimento sanzionatorio è dichiarata altresì la decadenza dall'incarico (12).

*3-ter. Salvo quanto previsto dall'articolo 194-quinquies, alle sanzioni amministrative pecuniarie previste dal presente articolo non si applicano gli articoli 6, 10, 11 e 16 della legge 24 novembre 1981, n. 689*******.

3-quater. Nel caso di violazione degli ordini previsti dal presente articolo si applica l'articolo 192-bis, comma 1-quater (13).

(1) Rubrica sostituita dall'art. 4 del d.lg. 10/5/2019, n. 49. La formulazione precedente era: «Informazione societaria e doveri dei sindaci, dei revisori legali e delle società di revisione legale».

(2) Alinea modificato dall'art. 4, co. 19, lett. a), d.lg. 10/8/2018, n. 107.

(3) Comma modificato dall'art. 9, co. 1, l. 18/4/2005, n. 62 (Legge comunitaria 2004), successivamente sostituito dall'art. 14 della l. 28/12/2005, n. 262, ed infine modificato dall'art. 3, co. 22, d.lg. 29/12/2006, n. 303, dall'art. 4 del d.lg. 28/3/2007, n. 51 e dall'art. 1 del d.lg. 6/11/2007, n. 195 e dall'art. 5, co. 11, lett. a), d.lg. 12/5/2015, n. 72. Vedi inoltre, l'art. 6 del d.lg. 12/5/2015, n. 72. Da ultimo il presente comma è stato sostituito dall'art. 1, co. 10, lett. a), d.lg. 15/2/2016, n. 25 e successivamente modificato dall'art. 5, co. 17, d.lg. 3/8/2017, n. 129. Per l'applicazione, vedi l'art. 10, co. 2, d.lg. n. 129/2017 medesimo.

(4) Alinea modificato dall'art. 4, co. 19, lett. b), d.lg. 10/8/2018, n. 107.

(5) Comma inserito dall'art. 1, co. 10, lett. b), d.lg. 15/2/2016, n. 25.

* Comma inserito dall'art. 9, co. 1, l. 18/4/2005, n. 62 (Legge comunitaria 2004) e successivamente abrogato dall'art. 5, co. 2, lett. b), d.lg. 12/5/2015, n. 72. Vedi inoltre, l'art. 6 del d.lg. 12/5/2015, n. 72.

** Comma inserito dall'art. 9, co. 1, l. 18/4/2005, n. 62 (Legge comunitaria 2004) e successivamente abrogato dall'art. 5, co. 2, lett. c), d.lg. 12/5/2015, n. 72. Vedi inoltre, l'art. 6 del d.lg. 12/5/2015, n. 72.

(6) Comma inserito dall'art. 1, co. 11, d.lg. 6/11/2007, n. 195 e successivamente modificato dall'art. 1, co. 10, lett. c), d.lg. 15/2/2016, n. 25.

*** Comma inserito dall'art. 1, co. 2, d.lg. 5/10/2010, n. 176 e successivamente sostituito dall'art. 1, co. 5, d.lg. 7/5/2015, n. 66 e da ultimo abrogato dall'art. 5, co. 17, d.lg. 3/8/2017, n. 129. Per l'applicazione, vedi l'art. 10, co. 2, d.lg. n. 129/2017 medesimo.

(7) Comma inserito dall'art. 4 del d.lg. 10/5/2019, n. 49.

(8) Comma modificato dall'art. 9, co. 1, l. 18/4/2005, n. 62 (Legge comunitaria 2004), sostituito dall'art. 1 del d.lg. 6/11/2007, n. 195 e dall'art. 7, co. 3-quinquies, lett. b), d.l. 10/2/2009, n. 5 e successivamente dall'art. 5, co. 2, lett. d), d.lg. 12/5/2015, n. 72. Vedi inoltre, l'art. 6 del d.lg. 12/5/2015, n. 72. Da ultimo il presente comma è stato sostituito dall'art. 1, co. 10, lett. d), d.lg. 15/2/2016, n. 25. Da ultimo il presente comma è stato sostituito dall'art. 1, co. 10, lett. d), d.lg. 15/2/2016, n. 25 e successivamente modificato dall'art. 5, co. 17, d.lg. 3/8/2017, n. 129. Per l'applicazione, vedi l'art. 10, co. 2, d.lg. n. 129/2017 medesimo. Successivamente modificato dall'art. 13, co. 1, lett. b), d.l. 16/10/2017, n. 148, conv., con modif., dalla l. 4/12/2017, n. 172.

• L'importo della sanzione amministrativa prevista dal presente comma è così elevato a norma dell'art. 39, co. 3, l. 28/12/2005, n. 262. Vedi le disposizioni di cui all'art. 24, co. 4, l. 28/12/2005, n. 262.

(9) Comma inserito dall'art. 1, co. 10, lett. e), d.lg. 15/2/2016, n. 25 e successivamente modificato dall'art. 5, co. 17, d.lg. 3/8/2017, n. 129. Per l'applicazione, vedi l'art. 10, co. 2, d.lg. n. 129/2017 medesimo.

(10) Alinea modificato dall'art. 5, co. 2, lett. f), d.lg. 12/5/2015, n.

72. Vedi inoltre, l'art. 6 del d.lg. 12/5/2015, n. 72. Da ultimo modificato dall'art. 1, co. 10, lett. g), d.lg. 15/2/2016, n. 25.

**** Comma inserito dall'art. 5, co. 2, lett. e), d.lg. 12/5/2015, n. 72. Vedi inoltre, l'art. 6 del d.lg. 12/5/2015, n. 72. Da ultimo il presente comma è stato soppresso dall'art. 1, co. 10, lett. f), d.lg. 15/2/2016, n. 25.

(11) Lettera sostituita dall'art. 2 della l. 28/12/2005, n. 262.

***** Lettera abrogata dall'art. 40, co. 21, d.lg. 27/1/2010, n. 39.

(12) Comma inserito dall'art. 9, co. 1, l. 18/4/2005, n. 62 (Legge comunitaria 2004), e successivamente sostituito dall'art. 37 della l. 28/12/2005, n. 262.

****** Comma inserito dall'art. 5, co. 2, lett. g), d.lg. 12/5/2015, n. 72. Vedi inoltre, l'art. 6 del d.lg. 12/5/2015, n. 72. Da ultimo il presente comma è stato abrogato dall'art. 5, co. 17, d.lg. 3/8/2017, n. 129. Per l'applicazione, vedi l'art. 10, co. 2, d.lg. n. 129/2017 medesimo.

(13) Comma inserito dall'art. 1, co. 10, lett. h), d.lg. 15/2/2016, n. 25.

193 bis. Rapporti con società estere aventi sede legale in Stati che non garantiscono la trasparenza societaria (1). – 1. Coloro che sottoscrivono il bilancio della società estera di cui all'articolo 165-quater, comma 2, le relazioni e i pareri di cui agli articoli 165-quater, commi 2 e 3, 165-quinquies, comma 1, e 165-sexies, comma 1, e coloro che esercitano la revisione ai sensi dell'articolo 165-quater, comma 4, sono soggetti a responsabilità civile, penale e amministrativa secondo quanto previsto in relazione al bilancio delle società italiane.

2. Salvo che il fatto costituisca reato, la violazione degli obblighi derivanti dall'esercizio dei poteri attribuiti alla Consob dall'articolo 165-septies, comma 1, è punita con la sanzione amministrativa pecuniaria prevista dall'articolo 193, comma 1.

(1) Articolo inserito dall'art. 6 della l. 28/12/2005, n. 262.

193 bis.1. Sanzioni amministrative in tema di trasparenza degli investitori istituzionali, dei gestori di attivi e dei consulenti in materia di voto (1). – 1. Salvo che il fatto costituisca reato, nei confronti degli investitori istituzionali e dei gestori di attivi in caso di violazione degli articoli 124-quinquies, 124-sexies e 124-septies, nonché nei confronti dei consulenti in materia di voto in caso di violazione dell'articolo 124-octies ovvero delle relative disposizioni attuative, si applica una sanzione amministrativa pecuniaria da euro duemilacinquecento a euro centocinquantamila.

2. Le sanzioni previste al comma 1 sono applicate, secondo le rispettive competenze e rispettive procedure sanzionatorie, dalla Consob per le violazioni compiute dai gestori di attivi e dai consulenti in materia di voto, dall'IVASS per le violazioni compiute dagli investitori istituzionali come definiti dall'articolo 124-quater, comma 1, lettera b), n. 1) e dalla COVIP per le violazioni compiute dai fondi pensione indicati all'articolo 124-quater, comma 1, lettera b), n. 2). Nei riguardi di IVASS e COVIP trova comunque applicazione l'articolo 194-bis. IVASS e COVIP pubblicano le sanzioni irrogate secondo le procedure di settore.

(1) Articolo inserito dall'art. 4 del d.lg. 10/5/2019, n. 49.

193 ter. Sanzioni amministrative pecuniarie relative alle violazioni delle prescrizioni di cui al regolamento (UE) n. 236/2012 (1). – 1. Chiunque non osservi le disposizioni previste dagli articoli 5, 6, 7, 8, 9, 15, 17, 18 e 19 del regolamento (UE) n. 236/2012 e relative disposizioni attuative, è soggetto alla sanzione amministrativa del pagamento di una somma da euro venticinquemila a euro duemilionicinquecentomila.

2. La stessa sanzione del comma 1 è applicabile a chi:

a) violi le disposizioni di cui agli articoli 12, 13 e 14 del regolamento indicato al comma 1 e relative disposizioni attuative (2);

b) violi le misure adottate dall'autorità competente di cui all'articolo 4-ter ai sensi degli articoli 20, 21 e 23 del medesimo regolamento.

3. Le sanzioni amministrative pecuniarie previste al comma 2, lettere a) e b), sono aumentate fino al triplo o fino al maggiore importo di dieci volte il prodotto o il profitto conseguito dall'illecito quando, per le qualità personali del colpevole, per l'entità del prodotto o del profitto conseguito dall'illecito ovvero per gli effetti prodotti sul mercato, esse appaiono inadeguate anche se applicate nel massimo.

4. L'applicazione delle sanzioni amministrative pecuniarie previste dal presente articolo comporta sempre la confisca del prodotto o del profitto dell'illecito. Qualora non sia possibile eseguire la confisca, la stessa può avere ad oggetto somme di denaro, beni o altre utilità di valore equivalente.

*5. Alle sanzioni amministrative pecuniarie previste dal presente articolo non si applica l'articolo 16 della legge 24 novembre 1981, n. 689**.

(1) Articolo inserito dall'art. 24, co. 1, lett. d), d.l. 18/10/2012, n. 179.

(2) Lettera modificata dall'art. 5, co. 18, d.lg. 3/8/2017, n. 129. Per l'applicazione, vedi l'art. 10, co. 2, d.lg. n. 129/2017 medesimo.

* Comma abrogato dall'art. 5, co. 18, d.lg. 3/8/2017, n. 129. Per l'applicazione, vedi l'art. 10, co. 2, d.lg. n. 129/2017 medesimo.

193 quater. Sanzioni amministrative relative alla violazione delle disposizioni previste dal regolamento (UE) n. 648/2012 del Parlamento europeo e del Consiglio, del 4 luglio 2012, e dal regolamento (UE) 2015/2365 del Parlamento europeo e del Consiglio, del 25 novembre 2015 (1). – 1. Le controparti centrali, i gestori delle sedi di negoziazione, le controparti finanziarie e le controparti non finanziarie, come definite dall'articolo 2, punti 1), 4), 8) e 9), del regolamento (UE) n. 648/2012 del Parlamento europeo e del Consiglio, del 4 luglio 2012, i soggetti che agiscono in qualità di partecipanti alle controparti centrali o in qualità di clienti di questi ultimi, come definiti dall'articolo 2, punto 15), del citato regolamento, i quali non osservano le disposizioni previste dai titoli II, III, IV e V del medesimo regolamento e le relative disposizioni attuative, sono puniti con la sanzione amministrativa pecuniaria da euro cinquemila fino a euro cinque milioni, se sono persone fisiche. Se la violazione è commessa da una società o da un ente, si applica nei confronti di questi ultimi la sanzione amministrativa pecuniaria da euro trentamila fino a euro cinque milioni, ovvero fino al dieci per cento del fatturato, quando tale importo è superiore a euro cinque milioni e il fatturato è determinabile ai sensi dell'articolo 195, comma 1-bis, del presente decreto e ai sensi dell'articolo 325-bis del decreto legislativo 7 settembre 2005, n. 209 (2).

1-bis. Le controparti finanziarie e le controparti non finanziarie, come definite dall'articolo 3, punti 3) e 4), del regolamento (UE) 2015/2365 del Parlamento europeo e del Consiglio, del 25 novembre 2015, le quali non osservano le disposizioni previste dall'articolo 4 del medesimo regolamento e le norme tecniche di regolamentazione e attuazione previste dal medesimo regolamento, sono punite con la sanzione amministrativa pecuniaria da euro cinquemila fino a euro cinque milioni, se sono persone fisiche. Se la violazione è commessa da una società o da un ente, si applica nei confronti di questi ultimi la sanzione amministrativa pecuniaria da euro trentamila fino a euro cinque milioni, ovvero fino al dieci per cento del fatturato complessivo annuo, quando tale importo è superiore a euro cinque milioni e il fatturato è determinabile ai sensi dell'articolo 195, comma 1-bis, del presente decreto e ai sensi dell'articolo 325-bis del decreto legislativo 7 settembre 2005, n. 209 (3).

1-ter. Nei confronti delle controparti indicate al comma 1-bis, le quali non osservano le disposizioni previste dall'articolo 15 del regolamento (UE) 2015/2365 si applica la sanzione amministrativa pecuniaria da euro cinquemila fino a euro cinque milioni, se sono persone fisiche. Se la violazione è commessa da una società o da un ente, si applica nei confronti di questi ultimi la sanzione amministrativa pecuniaria da euro trentamila fino a euro quindici milioni, ovvero fino al dieci per cento del fatturato, quando tale importo è superiore a euro quindici milioni e il fatturato è determinabile ai sensi dell'articolo 195, comma 1-bis, del presente decreto e ai sensi dell'articolo 325-bis del decreto legislativo 7 settembre 2005, n. 209 (3).

*2. Le sanzioni previste dal comma 1 si applicano anche ai soggetti che svolgono funzioni di controllo nelle controparti centrali, nelle sedi di negoziazione, nelle controparti finanziarie e nelle controparti non finanziarie, come definite al comma 1, i quali abbiano violato le disposizioni previste dai titoli II, III, IV e V del regolamento di cui al comma 1 o non abbiano vigilato, in conformità ai doveri inerenti al loro ufficio, affinché le disposizioni stesse non siano da altri violate**.

2-bis. Fermo quanto previsto per le società e per gli enti nei confronti dei quali sono accertate le violazioni, nei confronti dei soggetti che svolgono funzioni di amministrazione, di direzione o controllo e del personale si applicano le sanzioni previste per le persone fisiche dai commi 1, 1-bis e 1-ter, nei casi previsti dall'articolo 190-bis, comma 1, lettera a) (3).

2-ter. Con il provvedimento di applicazione della sanzione amministrativa pecuniaria prevista dal comma 2-bis, in ragione della gravità della violazione accertata e tenuto conto dei criteri stabiliti dall'articolo 194-bis, può essere applicata la sanzione amministrativa accessoria dell'interdizione, per un periodo non inferiore a sei mesi e non superiore a tre anni, dallo svolgimento di funzioni di amministrazione, direzione e controllo presso le controparti centrali, i gestori delle sedi di negoziazione e le controparti finanziarie, come definite rispettivamente dagli articoli 2, punto 8), del regolamento (UE) n. 648/2012 e 3, punto 3), del regolamento (UE) 2015/2365 (3).

2-quater. Se il vantaggio ottenuto dall'autore della violazione come conseguenza della violazione stessa è superiore ai limiti massimi indicati nel presente articolo, la sanzione amministrativa pecuniaria è elevata fino al triplo dell'ammontare del vantaggio ottenuto, purché tale ammontare sia determinabile (3).

3. Le sanzioni previste dal presente articolo sono applicate dalla Banca d'Italia, dalla Consob, dall'IVASS e dalla COVIP, sui soggetti dalle medesime vigilati e secondo le attribuzioni di vigilanza specificate all'articolo 4-quater e le rispettive procedure sanzionatorie. Nei riguardi dell'IVASS e della COVIP trovano comunque applicazione, per quanto di rispettiva competenza e ai fini del presente articolo, gli articoli 194-bis, 194-quater, 194-septies e 195-ter, comma 1-bis. IVASS e COVIP pubblicano le sanzioni irrogate secondo le procedure di settore (4).

*4. Si applica l'articolo 187-quinquiesdecies, comma 1-quater***.

(1) Rubrica così sostituita dall'art. 2 del d.lg. 13/2/2019, n. 19. La precedente formulazione era: «Sanzioni amministrative pecuniarie relative alla violazione delle disposizioni previste dal regolamento (UE) n. 648/2012 del Parlamento europeo e del Consiglio, del 4 luglio 2012».

(2) Comma così modificato dall'art. 2 del d.lg. 13/2/2019, n. 19 che dopo le parole "comma 1-bis" ha aggiunto, in fine, le parole: ", del presente decreto e ai sensi dell'art. 325-bis del decreto legislativo 7/9/2005, n. 209".

(3) Coma inserito dall'art. 2 del d.lg. 13/2/2019, n. 19.

* Comma abrogato dall'art. 5, co. 12, lett. b), d.lg. 12/5/2015, n. 72. Vedi inoltre, l'art. 6 del d.lg. 12/5/2015, n. 72.

(4) Comma sostituito dall'art. 2 del d.lg. 13/2/2019, n. 19.

** Comma abrogato dall'art. 2 del d.lg. 13/2/2019, n. 19.

193 quinquies. Sanzioni amministrative pecuniarie relative alle violazioni delle disposizioni previste dal regolamento (UE) n. 1286/2014 (1). – 1. La violazione delle disposizioni richiamate dall'articolo 24, paragrafo 1, del regolamento (UE) n. 1286/2014, ovvero la mancata osservanza delle misure adottate ai sensi dell'articolo 4-sexies, comma 5, nonché delle misure adottate ai sensi dell'articolo 4-septies, comma 1, è punita con la sanzione amministrativa pecuniaria da euro cinquemila fino a euro settecentomila con provvedimento adottato dalla Consob o dall'IVASS secondo le rispettive competenze definite ai sensi dell'articolo 4-sexies. Se la violazione è commessa da una società o un ente, è applicata la sanzione amministrativa pecuniaria da euro trentamila fino a euro cinque milioni, ovvero fino al tre per cento del relativo fatturato quando tale importo è superiore a euro cinque milioni e il fatturato è determinabile ai sensi dell'articolo 195, comma 1-bis (2).

*2. La violazione degli obblighi di notifica di cui all'articolo 4-decies e delle relative disposizioni attuative è punita con le sanzioni previste dal comma 1**.

3. Le sanzioni previste ai commi 1 e 2 per le persone fisiche si applicano nei confronti degli esponenti aziendali e del personale della società o dell'ente nei casi previsti dall'articolo 190-bis, comma 1, lettera a).

4. Se il profitto ottenuto dall'autore della violazione come conseguenza della violazione stessa o la perdita evitata grazie alla violazione sono superiori ai limiti massimi indicati nel comma 1, la sanzione amministrativa pecuniaria è elevata fino al doppio dell'ammontare dei profitti ottenuti o delle perdite evitate, purché tale ammontare sia determinabile.

5. La Consob e l'IVASS possono imporre, secondo le rispettive competenze definite ai sensi dell'articolo 4-sexies, agli ideatori di PRIIP o ai soggetti che forniscono consulenza sui PRIIP o vendono tali prodotti, di trasmettere una comunicazione diretta all'investitore al dettaglio in PRIIP interessato, fornendogli informazioni circa le sanzioni adottate e comunicando le modalità per la presentazione di eventuali reclami o domande di risarcimento anche mediante il ricorso ai meccanismi di risoluzione stragiudiziale delle controversie previsti dal decreto legislativo 8 ottobre 2007, n. 179.

(1) Articolo inserito dall'art. 1, co. 4, d.lg. 14/11/2016, n. 224, a decorrere dalla data di applicazione del regolamento (UE) n. 1286/2014 di cui all'art. 3, co. 1, d.lg. 14/11/2016, n. 224.

(2) Comma da ultimo modificato dall'art. 5 del d.lg. 25/11/2019, n. 165 che dopo le parole: "ai sensi dell'articolo" ha inserito le parole: "4-sexies, comma 5, nonché delle misure adottate ai sensi dell'articolo".

* Comma abrogato dall'art. 5 del d.lg. 25/11/2019, n. 165.

193 sexies. Sistemi interni di segnalazione (1). – 1. In caso di inosservanza delle disposizioni previste dall'articolo 4-undecies e dalle relative disposizioni attuative, si applica la sanzione amministrativa pecuniaria da euro trentamila fino a euro cinque milioni, ovvero fino al dieci per cento del fatturato, quando tale importo è superiore a euro cinque milioni e il fatturato è determinabile ai sensi dell'articolo 195, comma 1-bis. In tal caso, fermo restando quanto previsto per le società e gli enti nei confronti dei quali sono accertate le violazioni, si applica anche la sanzione amministrativa pecuniaria da euro cinquemila fino a euro cinque milioni nei confronti degli esponenti aziendali e del personale della società o dell'ente nei casi previsti dall'articolo 190-bis, comma 1, lettera a).

(1) Articolo inserito dall'art. 5, co. 21, d.lg. 3/8/2017, n. 129. Per l'applicazione, vedi l'art. 10, co. 2, d.lg. n. 129/2017 medesimo.

194. Deleghe di voto. – *1. Chiunque effettua o dà incarico di effettuare una sollecitazione o una raccolta di deleghe di voto in assemblea di società con azioni quotate in mercati rego-*

*lamentati italiani o di altri paesi dell'Unione europea senza esservi abilitato ai sensi dell'articolo 140 ovvero senza possedere i requisiti previsti dagli articoli 139 e 141 è punito con la sanzione amministrativa pecuniaria da lire cinquanta milioni a lire un miliardo**.

2. Il soggetto che promuove una sollecitazione di deleghe di voto che viola le norme degli articoli 138, 142, commi 1 e 2, 144, comma 4, e del regolamento emanato a norma dell'articolo 144, comma 1, è punito con la sanzione amministrativa pecuniaria da euro cinquemila a euro settecentocinquantamila (1).

2-bis. La sanzione prevista al comma 2 si applica al rappresentante designato dalla società con azioni quotate che viola l'articolo 135-undecies, comma 4 (2).

2-ter. Se all'osservanza delle disposizioni previste dal comma 2 è tenuta una società o un ente le sanzioni ivi previste si applicano nei confronti di questi; la stessa sanzione si applica nei confronti degli esponenti aziendali e del personale della società o dell'ente nei casi previsti dall'articolo 190-bis, comma 1, lettera a). Se all'osservanza delle medesime disposizioni è tenuta una persona fisica, in caso di violazione, la sanzione si applica nei confronti di quest'ultima (3).

*2-quater. Salvo quanto previsto dall'articolo 194-quinquies, alle sanzioni amministrative pecuniarie previste dal presente articolo non si applicano gli articoli 6, 10, 11 e 16 della legge 24 novembre 1981, n. 689***.

* L'importo della sanzione amministrativa prevista dal presente comma è così elevato a norma dell'art. 39, co. 3, l. 28/12/2005, n. 262. Comma abrogato dall'art. 4, co. 2, lett. a), d.lg. 27/1/2010, n. 27.

(1) Comma modificato dall'art. 39, co. 3, l. 28/12/2005, n. 262 e successivamente sostituito dall'art. 4, co. 2, lett. b), d.lg. 27/1/2010, n. 27 e dall'art. 5, co. 13, lett. a), d.lg. 12/5/2015, n. 72. Vedi inoltre, l'art. 6 del d.lg. 12/5/2015, n. 72.

(2) Comma inserito dall'art. 4, co. 2, lett. c), d.lg. 27/1/2010, n. 27.

(3) Comma inserito dall'art. 5, co. 13, lett. b), d.lg. 12/5/2015, n. 72. Vedi inoltre, l'art. 6 del d.lg. 12/5/2015, n. 72.

** Comma inserito dall'art. 5, co. 13, lett. b), d.lg. 12/5/2015, n. 72. Vedi inoltre, l'art. 6 del d.lg. 12/5/2015, n. 72. Da ultimo il presente comma è stato abrogato dall'art. 5, co. 22, d.lg. 3/8/2017, n. 129. Per l'applicazione, vedi l'art. 10, co. 2, d.lg. n. 129/2017 medesimo.

194 bis. Criteri per la determinazione delle sanzioni (1). – 1. Nella determinazione del tipo, della durata e dell'ammontare delle sanzioni previste dal presente decreto, la Banca d'Italia o la Consob considerano ogni circostanza rilevante e, in particolare, tenuto conto del fatto che il destinatario della sanzione sia persona fisica o giuridica, le seguenti, ove pertinenti (2):

a) gravità e durata della violazione;

b) grado di responsabilità;

c) capacità finanziaria del responsabile della violazione;

d) entità del vantaggio ottenuto o delle perdite evitate attraverso la violazione, nella misura in cui essa sia determinabile;

e) pregiudizi cagionati a terzi attraverso la violazione, nella misura in cui il loro ammontare sia determinabile;

f) livello di cooperazione del responsabile della violazione con la Banca d'Italia o la Consob;

g) precedenti violazioni in materia bancaria o finanziaria commesse da parte del medesimo soggetto;

g-bis) la criticità dell'indice di riferimento per la stabilità finanziaria (3);

h) potenziali conseguenze sistemiche della violazione;

h-bis) misure adottate dal responsabile della violazione, successivamente alla violazione stessa, al fine di evitare, in futuro, il suo ripetersi (4).

(1) Articolo inserito dall'art. 5, co. 14, d.lg. 12/5/2015, n. 72. Vedi inoltre, l'art. 6 del d.lg. 12/5/2015, n. 72.

(2) Alinea modificato dall'art. 1, co. 11, d.lg. 15/2/2016, n. 25. Parole da "Nella determinazione" fino a "sanzioni" così sostituite a quelle "Nella determinazione del tipo e dell'ammontare delle sanzioni amministrative pecuniarie o della durata delle sanzioni accessorie" dall'art. 1, co. 1, lett. i), n. 1, d.lg. 18/4/2016, n. 71, di attuazione della direttiva 2014/91/UE.

(3) Lettera inserita dall'art. 2 del d.lg. 13/2/2019, n. 19.

(4) Lettera aggiunta dall'art. 1, co. 1, lett. i), n. 2, d.lg. 18/4/2016, n. 71.

194 ter. Sanzioni amministrative pecuniarie relative alle violazioni delle disposizioni previste dal regolamento (UE) n. 575/2013 e delle relative norme tecniche di regolamentazione e di attuazione (1). – 1. Nelle materie a cui si riferiscono le disposizioni richiamate agli articoli 189, 190, 190.3 e 190-bis, le sanzioni ivi previste si applicano, nella misura, secondo la ripartizione di competenze e con le modalità ivi stabilite, anche in caso di inosservanza del regolamento UE n. 575/2013, delle relative norme tecniche di regolamentazione e di attuazione emanate dalla Commissione europea ai sensi degli articoli 10 e 15 del regolamento UE n. 1093/2010, ovvero in caso di inosservanza degli atti dell'AESFEM o dell'ABE direttamente applicabili ai soggetti vigilati adottati ai sensi di questi ultimo regolamento o del regolamento UE n. 1095/2010 (2).

(1) Articolo inserito dall'art. 5, co. 14, d.lg. 12/5/2015, n. 72. Vedi inoltre, l'art. 6 del d.lg. 12/5/2015, n. 72.

• Rubrica modificata dall'art. 5, co. 23, lett. a), d.lg. 3/8/2017, n. 129. Per l'applicazione, vedi l'art. 10, co. 2, d.lg. n. 129/2017 medesimo.

(2) Comma modificato dall'art. 5, co. 23, lett. b), d.lg. 3/8/2017, n. 129. Per l'applicazione, vedi l'art. 10, co. 2, d.lg. n. 129/2017 medesimo.

194 quater. Ordine di porre termine alle violazioni (1). – 1. Quando le violazioni sono connotate da scarsa offensività o pericolosità, nei confronti delle società o degli enti interessati, può essere applicata, in alternativa alle sanzioni amministrative pecuniarie, una sanzione consistente nell'ordine di eliminare le infrazioni contestate, anche indicando le misure da adottare e il termine per l'adempimento, nel caso di inosservanza:

a) delle norme previste dagli articoli 4-undecies; 6; 12; 21; 33, comma 4; 35-decies; 67-ter; 68, commi 1 e 2; 68-quater, commi 2 e 3; 98-ter, commi 2 e 3, e delle relative disposizioni attuative (2);

b) delle disposizioni generali o particolari emanate dalla Consob ai sensi dell'articolo 98-quater;

c) delle norme richiamate dall'articolo 63, paragrafo 1, del regolamento (UE) n. 909/2014 e delle relative disposizioni attuative;

c-bis) delle norme del regolamento (UE) n. 600/2014 richiamate dall'articolo 70, paragrafo 3, lettera b), della direttiva 2014/65/UE e delle relative disposizioni attuative (3);

c-ter) dell'articolo 59, paragrafi 2, 3 e 5, del regolamento (UE) n. 1031/2010 e delle relative disposizioni di attuazione, richiamate dall'articolo 190, comma 2-quater (4);

c-quater) delle norme del regolamento (UE) n. 648/2012 e del regolamento (UE) 2015/2365 richiamate dall'articolo 193-quater, commi 1, 1-bis e 1-ter (5);

c-quinquies) delle norme del regolamento (UE) 2016/1011 richiamate dall'articolo 190-bis.1, commi 1 e 3 (5).

c-sexies) delle norme previste dagli articoli 124-quinquies, 124-sexies, 124-septies, 124-octies e delle relative disposizioni attuative (6);

c-septies) delle disposizioni richiamate dall'articolo 191, commi 1, 4 e 5 (7);

c-octies) delle norme del regolamento (UE) 2019/2033 richiamate dall'articolo 194-ter.1 e delle relative disposizioni attuative (8);

c-novies) delle norme del regolamento (UE) n. 575/2013 richiamate dall'articolo 194-ter e delle relative disposizioni attuative (8);

c-decies) delle norme del regolamento (UE) 2017/2402 richiamate dall'articolo 190-bis.2, comma 1 (9).

2. Per l'inosservanza dell'ordine entro il termine stabilito si applica la sanzione amministrativa pecuniaria prevista per la violazione originariamente contestata aumentata fino ad un terzo.

(1) Articolo inserito dall'art. 5, co. 14, d.lg. 12/5/2015, n. 72, successivamente modificato dall'art. 1, co. 12, d.lg. 15/2/2016, n. 25, dall'art. 1, co. 1, lett. l), d.lg. 18/4/2016, n. 71, e da ultimo sostituito dall'art. 3, co. 7, d.lg. 12/8/2016, n. 176.

(2) Lettera sostituita dall'art. 5, co. 24, d.lg. 3/8/2017, n. 129. Per l'applicazione, vedi l'art. 10, co. 2, d.lg. n. 129/2017 medesimo.

(3) Lettera aggiunta dall'art. 5, co. 24, d.lg. 3/8/2017, n. 129. Per l'applicazione, vedi l'art. 10, co. 2, d.lg. n. 129/2017 medesimo.

(4) Lettera aggiunta dall'art. 13, co. 1, lett. c), l. 3/5/2019, n. 37 (Legge europea 2018).

(5) Lettera aggiunta dall'art. 2, co. 5, d.lg. 13/2/2019, n. 19 e successivamente rinumerata dall'art. 45, co. 2, d.l. 30/4/2019, n. 34, conv., con modif., dalla l. 28/6/2019, n. 58.

(6) Lettera aggiunta dall'art. 4, co. 6, d.lg. 10/5/2019, n. 49.

(7) Lettera aggiunta dall'art. 4, co. 6, d.lg. 2/2/2021, n. 17 e successivamente modificata dall'art. 1, co. 1, lett. x), n. 1, d.lg. 5/11/2021, n. 201.

(8) Lettera inserita dall'art. 1, co. 1, lett. x), n. 2, d.lg. 5/11/2021, n. 201.

(9) Lettera inserita dall'art. 1, co. 3, d.lg. 3/8/2022, n. 131.

194 quinquies. Pagamento in misura ridotta (1). – 1. Possono essere estinte mediante pagamento, nel termine di trenta giorni dalla notificazione della lettera di contestazione, di una somma pari al doppio del minimo della sanzione edittale, quando non sussistano le circostanze previste dal comma 2, le violazioni previste:

a) dall'articolo 190, per la violazione degli articoli 45, comma 1, 46, comma 1, 65, [83-novies, comma 1, lettere c), d), e) ed f), 83-duodecies,] e delle relative disposizioni attuative [adottate dalla Consob] (2);

a-bis) dall'articolo 190.1, per la violazione degli articoli 83-quater, comma 3, 83-novies, comma 1, 83-novies.1, comma 1, 83-duodecies, e delle relative disposizioni attuative (3);

*a-bis.1) dall'articolo 190.1-bis, per la violazione degli articoli 83-novies, comma 1, lettere g) e g-bis), 83-novies.1, e delle relative disposizioni attuative**;

a-ter) dall'articolo 190.3, per la violazione degli articoli 64-ter, commi 2, 3 e 4, [e 79-ter.1,] e delle relative disposizioni attuative (4);

a-quater) dall'articolo 190.4, per la violazione dell'articolo 3, paragrafo 1; dell'articolo 6, paragrafo 1; dell'articolo 8, paragrafo 1; dell'articolo 10, paragrafo 1; dell'articolo 12, paragrafo 1; dell'articolo 15, paragrafo 1, primo comma, paragrafo 2 e paragrafo 4, seconda frase; dell'articolo 18, paragrafo 6, primo comma; dell'articolo 20, paragrafi 1 e 2, prima frase; dell'articolo 21, paragrafi 1, 2 e 3; dell'articolo 26, paragrafo 1, primo comma, paragrafi da 2 a 5 e 6, primo comma, e paragrafo 7, commi dal primo al terzo, del regolamento (UE) n. 600/2014, e delle relative disposizioni attuative e, in caso di APA o di ARM, degli articoli 27-octies, paragrafi da 1 a 5, e 27-decies, paragrafi da 1 a 4, del medesimo regolamento (5);

b) dall'articolo 191, comma 5, per la violazione degli articoli 96 e 101, commi 2 e 3, e relative disposizioni attuative e dall'articolo 191-ter, comma 2, per la violazione dell'articolo 101, commi 2 e 3, e relative disposizioni attuative (6);

c) dall'articolo 193, commi 1, 1.1 e 1.2, per la violazione degli articoli 113-ter, comma 5, lettera b), 114, commi 2 e 7, e dall'articolo 193, commi 2, 2.1, 2.2 e 2.3, per la violazione dell'articolo 120 (4);

d) dall'articolo 194, comma 2, per la violazione dell'articolo 142, e dell'articolo 194, comma 2-bis e delle relative disposizioni attuative (7).

2. Il pagamento in misura ridotta non può essere effettuato nel caso in cui il soggetto interessato abbia già usufruito di tale misura nei dodici mesi precedenti alla violazione contestata.

(1) Articolo inserito dall'art. 5, co. 14, d.lg. 12/5/2015, n. 72. Vedi inoltre, l'art. 6 del d.lg. 12/5/2015, n. 72.

(2) Lettera modificata dall'art. 3, co. 8, lett. a), d.lg. 12/8/2016, n. 176 e successivamente dall'art. 5, co. 25, lett. a), d.lg. 3/8/2017, n. 129. Per l'applicazione, vedi l'art. 10, co. 2, d.lg. n. 129/2017 medesimo.

(3) Lettera aggiunta dall'art. 3, co. 8, lett. b), d.lg. 12/8/2016, n. 176 e successivamente modificata dall'art. 2, co. 5, lett. a), d.lg. 14/7/2020, n. 84. Per le modalità di applicazione delle presenti disposizioni, vedi l'art. 4, co. 1, d.lg. n. 84/2020 medesimo.

* Lettera inserita dall'art. 4, co. 7, d.lg. 10/5/2019, n. 49 e successivamente abrogata dall'art. 2, co. 5, lett. b), d.lg. 14/7/2020, n. 84. Per le modalità di applicazione delle presenti disposizioni, vedi l'art. 4, co. 1, d.lg. n. 84/2020 medesimo.

(4) Lettera inserita dall'art. 5, co. 25, lett. b), d.lg. 3/8/2017, n. 129. Per l'applicazione, vedi l'art. 10, co. 2, d.lg. n. 129/2017 medesimo. Successivamente la presente lettera è stata modificata dall'art. 50, co. 2, lett. o), n. 1, d.l. 17/5/2022, n. 50, conv., con modif., dalla l. 15/7/2022, n. 91.

(5) Lettera inserita dall'art. 5, co. 25, lett. b), d.lg. 3/8/2017, n. 129. Per l'applicazione, vedi l'art. 10, co. 2, d.lg. n. 129/2017 medesimo. Successivamente la presente lettera è stata modificata dall'art. 50, co. 2, lett. o), n. 2, d.l. 17/5/2022, n. 50, conv., con modif., dalla l. 15/7/2022, n. 91.

(6) Lettera modificata dall'art. 3, co. 8, lett. c), d.lg. 12/8/2016, n. 176 e successivamente dall'art. 5, co. 25, lett. c), d.lg. 3/8/2017, n. 129. Per l'applicazione, vedi l'art. 10, co. 2, d.lg. n. 129/2017 medesimo. Da ultimo sostituita dall'art. 4, co. 7, d.lg. 2/2/2021, n. 17.

(7) Lettera modificata dall'art. 1, co. 13, d.lg. 15/2/2016, n. 25 e successivamente dall'art. 5, co. 25, lett. c), d.lg. 3/8/2017, n. 129. Per l'applicazione, vedi l'art. 10, co. 2, d.lg. n. 129/2017 medesimo.

194 sexies. Condotte inoffensive (1). – 1. Nei casi previsti dall'articolo 194-quinquies, la Consob non procede alla contestazione delle violazioni nei casi di assoluta mancanza di pregiudizio per la tutela degli investitori e per la trasparenza del mercato del controllo societario e del mercato dei capitali, ovvero per il tempestivo esercizio delle funzioni di vigilanza.

(1) Articolo inserito dall'art. 5, co. 14, d.lg. 12/5/2015, n. 72. Vedi inoltre, l'art. 6 del d.lg. 12/5/2015, n. 72.

194 septies. Dichiarazione pubblica (1). – 1. Quando le violazioni sono connotate da scarsa offensività o pericolosità e l'infrazione contestata sia cessata, può essere applicata, in alternativa alle sanzioni amministrative pecuniarie, una sanzione consistente nella dichiarazione pubblica avente ad oggetto la violazione commessa e il soggetto responsabile, nel caso di inosservanza:

a) delle norme previste dagli articoli 4-undecies; 6; 12; 21; 22; 24, comma 1-bis; 24-bis; 29; 33, comma 4; 35-decies; 67-ter; 68, commi 1 e 2; 68-quater, commi 2 e 3; 98-ter, commi 2 e 3; e 187-quinquiesdecies, comma 1, e delle relative disposizioni attuative;

b) delle disposizioni generali o particolari emanate dalla Consob ai sensi dell'articolo 98-quater;

c) delle norme richiamate dall'articolo 63, paragrafo 1, del regolamento (UE) n. 909/2014 e delle relative disposizioni attuative;

d) delle norme richiamate dall'articolo 24, paragrafo 1, del regolamento (UE) n. 1286/2014, [dell'obbligo di notifica di cui all'articolo 4-decies e delle relative disposizioni attuative,] nonché per la mancata osservanza delle misure adottate ai sensi dell'articolo 4-sexies, comma 5, e dell'articolo 4-septies, comma 1 (2);

e) delle norme del regolamento (UE) n. 600/2014 richiamate dall'articolo 70, paragrafo 3, lettera b), della direttiva 2014/65/UE e delle relative disposizioni attuative e delle misure adottate dalla Consob ai sensi dell'articolo 42 del medesimo regolamento;

e-bis) dell'articolo 59, paragrafi 2, 3 e 5, del regolamento (UE) n. 1031/2010 e delle relative disposizioni di attuazione, richiamate dall'articolo 190, comma 2-quater (3);

e-ter) delle norme del regolamento (UE) n. 648/2012 e del regolamento (UE) 2015/2365 richiamate dall'articolo 193-quater, commi 1, 1-bis e 1-ter (4);

e-quater) delle norme del regolamento (UE) 2016/1011 richiamate dall'articolo 190-bis.1, commi 1 e 3 (4);

e-quinquies) delle norme previste dagli articoli 124-quinquies, 124-sexies, 124-septies, 124-octies e delle relative disposizioni attuative (5);

e-sexies) delle disposizioni richiamate dall'articolo 191, commi 1, 4 e 5 (6);

e-septies) delle norme del regolamento (UE) 2019/2033 richiamate dall'articolo 194-ter.1 e delle relative disposizioni attuative (7);

e-octies) delle norme del regolamento (UE) n. 575/2013 richiamate dall'articolo 194-ter e delle relative disposizioni attuative (7);

e-novies) delle norme del regolamento (UE) 2017/2402 richiamate dall'articolo 190-bis.2, comma 1 (8).

(1) Articolo inserito dall'art. 1, co. 1, lett. m), d.lg. 18/4/2016, n. 71, modificato dall'art. 3, co. 9, d.lg. 12/8/2016, n. 176, dall'art. 1, co. 5, d.lg. 14/11/2016, n. 224 e successivamente sostituito dall'art. 5, co. 26, d.lg. 3/8/2017, n. 129. Per l'applicazione, vedi l'art. 10, co. 2, d.lg. n. 129/2017 medesimo.

(2) Lettera modificata dall'art. 5, co. 6, d.lg. 25/11/2019, n. 165.

(3) Lettera aggiunta dall'art. 13, co. 1, lett. d), l. 3/5/2019, n. 37 (Legge europea 2018).

(4) Lettera aggiunta dall'art. 2, co. 6, d.lg. 13/2/2019, n. 19 e successivamente rinumerata dall'art. 45, co. 2, d.l. 30/4/2019, n. 34, conv., con modif., dalla l. 28/6/2019, n. 58.

(5) Lettera aggiunta dall'art. 4, co. 8, d.lg. 10/5/2019, n. 49.

(6) Lettera aggiunta dall'art. 4, co. 8, d.lg. 2/2/2021, n. 17 e successivamente modificata dall'art. 1, co. 1, lett. y), n. 1, d.lg. 5/11/2021, n. 201.

(7) Lettera inserita dall'art. 1, co. 1, lett. y), n. 2, d.lg. 5/11/2021, n. 201.

(8) Lettera inserita dall'art. 1, co. 4, d.lg. 3/8/2022, n. 131.

195. Procedura sanzionatoria (1). – 1. Le sanzioni amministrative previste nel presente titolo sono applicate dalla Banca d'Italia o dalla Consob, secondo le rispettive competenze, con provvedimento motivato, previa contestazione degli addebiti agli interessati, da effettuarsi entro centottanta giorni dall'accertamento ovvero entro trecentosessanta giorni se l'interessato risiede o ha la sede all'estero. I soggetti interessati possono, entro trenta giorni dalla contestazione, presentare deduzioni e chiedere un'audizione personale in sede di istruttoria, cui possono partecipare anche con l'assistenza di un avvocato (2).

1-bis. Ai fini dell'applicazione delle sanzioni amministrative pecuniarie previste dal presente titolo, per fatturato si intende il fatturato totale annuo della società o dell'ente, risultante dall'ultimo bilancio disponibile approvato dall'organo competente, così come definito dalle disposizioni attuative di cui all'articolo 196-bis (3).

2. Il procedimento sanzionatorio è retto dai principi del contraddittorio, della conoscenza degli atti istruttori, della verbalizzazione nonché della distinzione tra funzioni istruttorie e funzioni decisorie.

*3. Il provvedimento di applicazione delle sanzioni è pubblicato per estratto nel Bollettino della Banca d'Italia o della CONSOB. La Banca d'Italia o la CONSOB, tenuto conto della natura della violazione e degli interessi coinvolti, possono stabilire modalità ulteriori per dare pubblicità al provvedimento, ponendo le relative spese a carico dell'autore della violazione, ovvero escludere la pubblicità del provvedimento, quando la stessa possa mettere gravemente a rischio i mercati finanziari o arrecare un danno sproporzionato alle parti**.

4. Avverso il provvedimento che applica la sanzione è ammesso ricorso alla corte d'appello del luogo in cui ha sede la società o l'ente cui appartiene l'autore della violazione ovvero, nei casi in cui tale criterio non sia applicabile, del luogo in cui la violazione è stata commessa. Il ricorso è notificato, a pena di decadenza, all'Autorità che ha emesso il provvedimento nel termine di trenta giorni dalla comunicazione del provvedimento impugnato, ovvero sessanta giorni se il ricorrente risiede all'estero, ed è depositato in cancelleria, unitamente ai documenti offerti in comunicazione, nel termine perentorio di trenta giorni dalla notifica (4).

5. L'opposizione non sospende l'esecuzione del provvedimento. La corte d'appello, se ricorrono gravi motivi, può disporre la sospensione con ordinanza non impugnabile (5).

6. Il Presidente della corte d'appello designa il giudice relatore e fissa con decreto l'udienza pubblica per la discussione dell'opposizione. Il decreto è notificato alle parti a cura della cancelleria almeno sessanta giorni prima dell'udienza. L'Autorità deposita memorie e documenti nel termine di dieci giorni prima dell'udienza. Se alla prima udienza l'opponente non si presenta senza addurre alcun legittimo impedimento, il giudice, con ordinanza ricorribile per Cassazione, dichiara il ricorso improcedibile, ponendo a carico dell'opponente le spese del procedimento (6).

7. All'udienza la corte d'appello dispone, anche d'ufficio, i mezzi di prova che ritiene necessari, nonché l'audizione personale delle parti che ne abbiano fatto richiesta. Successivamente le parti procedono alla discussione orale della causa. La sentenza è depositata in cancelleria entro sessanta giorni. Quando almeno una delle parti manifesta l'interesse alla pubblicazione anticipata del dispositivo rispetto alla sentenza, il dispositivo è pubblicato mediante deposito in cancelleria non oltre sette giorni dall'udienza di discussione (7).

7-bis. Con la sentenza la corte d'appello può rigettare l'opposizione, ponendo a carico dell'opponente le spese del procedimento o accoglierla, annullando in tutto o in parte il provvedimento o riducendo l'ammontare o la durata della sanzione (8).

8. Copia della sentenza è trasmessa, a cura della cancelleria della corte d'appello, all'Autorità che ha emesso il provvedimento, anche ai fini della pubblicazione prevista dall'articolo 195-bis (9).

*9. Le società e gli enti ai quali appartengono gli autori delle violazioni rispondono, in solido con questi, del pagamento della sanzione e delle spese di pubblicità previste dal secondo periodo del comma 3 e sono tenuti ad esercitare il diritto di regresso verso i responsabili***.

(1) Articolo sostituito dall'art. 9, co. 2, l. 18/4/2005, n. 62 (Legge comunitaria 2004).

(2) Comma modificato dall'art. 16 del d.lg. 17/9/2007, n. 164, con la decorrenza indicata nell'art. 19 dello stesso decreto e successivamente sostituito dall'art. 5, co. 15, lett. a), d.lg. 12/5/2015, n. 72. Vedi inoltre, l'art. 6 del d.lg. 12/5/2015, n. 72.

(3) Comma inserito dall'art. 5, co. 27, d.lg. 3/8/2017, n. 129. Per l'applicazione, vedi l'art. 10, co. 2, d.lg. n. 129/2017 medesimo.

* Comma modificato dall'art. 16 del d.lg. 17/9/2007, n. 164, con la decorrenza indicata nell'art. 19 dello stesso decreto e successi-

vamente abrogato dall'art. 5, co. 2, lett. b), d.lg. 12/5/2015, n. 72. Vedi inoltre, l'art. 6 del d.lg. 12/5/2015, n. 72

(4) Comma modificato dall'art. 16 del d.lg. 17/9/2007, n. 164, con la decorrenza indicata nell'art. 19 dello stesso decreto. Successivamente, il presente comma è stato modificato dall'art. 1, co. 25, d.lg. 17/7/2009, n. 101.

• Comma abrogato dall'art. 4, co. 1, punto 19), dell'Allegato 4 al d.lg. 2/7/2010, n. 104. Successivamente, la Corte costituzionale, con sent. 27/6/2012, n. 162 (in G.U. 4/7/2012, n. 27), ha dichiarato l'illegittimità costituzionale del suddetto punto 19) del co. 1 dell'art. 4 dell'Allegato 4 al d.lg. 2/7/2010, n. 104. Successivamente, l'art. 3, co. 1, d.lg. 14/9/2012, n. 160, ha soppresso il punto 19) del co. 1 dell'art. 4 dell'Allegato 4 al d.lg. 2/7/2010, n. 104. Da ultimo, la Corte costituzionale, con sent. 15/4/2014, n. 94 (in G.U. 23/4/2014, n. 18), ha dichiarato l'illegittimità costituzionale del n. 19 del co. 1 dell'art. 4 dell'Allegato 4 al d.lg. 2/7/2010, n. 104, nella parte in cui abroga il presente comma. Successivamente sostituito dall'art. 5, co. 2, lett. c), d.lg. 12/5/2015, n. 72. Vedi inoltre, l'art. 6 del d.lg. 12/5/2015, n. 72.

(5) Comma abrogato dall'art. 4, co. 1, punto 19), dell'Allegato 4 al d.lg. 2/7/2010, n. 104. Successivamente, la Corte costituzionale, con sent. 27/6/2012, n. 162 (in G.U. 4/7/2012, n. 27), ha dichiarato l'illegittimità costituzionale del suddetto punto 19) del co. 1 dell'art. 4 dell'Allegato 4 al d.lg. 2/7/2010, n. 104. Successivamente, l'art. 3, co. 1, d.lg. 14/9/2012, n. 160, ha soppresso il punto 19) del co. 1 dell'art. 4 dell'Allegato 4 al d.lg. 2/7/2010, n. 104. Da ultimo, la Corte costituzionale, con sent. 15/4/2014, n. 94 (in G.U. 23/4/2014, n. 18), ha dichiarato l'illegittimità costituzionale del n. 19 del co. 1 dell'art. 4 dell'Allegato 4 al d.lg. 2/7/2010, n. 104, nella parte in cui abroga il presente comma. Successivamente sostituito dall'art. 5, co. 2, lett. d), d.lg. 12/5/2015, n. 72. Vedi inoltre, l'art. 6 del d.lg. 12/5/2015, n. 72.

(6) Comma abrogato dall'art. 4, co. 1, punto 19), dell'Allegato 4 al d.lg. 2/7/2010, n. 104. Successivamente, la Corte costituzionale, con sent. 27/6/2012, n. 162 (in G.U. 4/7/2012, n. 27), ha dichiarato l'illegittimità costituzionale del suddetto punto 19) del co. 1 dell'art. 4 dell'Allegato 4 al d.lg. 2/7/2010, n. 104. Successivamente, l'art. 3, co. 1, d.lg. 14/9/2012, n. 160, ha soppresso il punto 19) del co. 1 dell'art. 4 dell'Allegato 4 al d.lg. 2/7/2010, n. 104. Da ultimo, la Corte costituzionale, con sent. 15/4/2014, n. 94 (in G.U. 23/4/2014, n. 18), ha dichiarato l'illegittimità costituzionale del n. 19 del co. 1 dell'art. 4 dell'Allegato 4 al d.lg. 2/7/2010, n. 104, nella parte in cui abroga il presente comma. Successivamente sostituito dall'art. 5, co. 2, lett. e), d.lg. 12/5/2015, n. 72. Vedi inoltre, l'art. 6 del d.lg. 12/5/2015, n. 72.

(7) Comma abrogato dall'art. 4, co. 1, punto 19), dell'Allegato 4 al d.lg. 2/7/2010, n. 104. Successivamente, la Corte costituzionale, con sent. 27/6/2012, n. 162 (in G.U. 4/7/2012, n. 27), ha dichiarato l'illegittimità costituzionale del suddetto punto 19) del co. 1 dell'art. 4 dell'Allegato 4 al d.lg. 2/7/2010, n. 104. Successivamente, l'art. 3, co. 1, d.lg. 14/9/2012, n. 160, ha soppresso il punto 19) del co. 1 dell'art. 4 dell'Allegato 4 al d.lg. 2/7/2010, n. 104. Da ultimo, la Corte costituzionale, con sent. 15/4/2014, n. 94 (in G.U. 23/4/2014, n. 18), ha dichiarato l'illegittimità costituzionale del n. 19 del co. 1 dell'art. 4 dell'Allegato 4 al d.lg. 2/7/2010, n. 104, nella parte in cui abroga il presente comma. Successivamente sostituito dall'art. 5, co. 2, lett. f), d.lg. 12/5/2015, n. 72. Vedi inoltre, l'art. 6 del d.lg. 12/5/2015, n. 72.

(8) Comma inserito dall'art. 5, co. 2, lett. f), d.lg. 12/5/2015, n. 72. Vedi inoltre, l'art. 6 del d.lg. 12/5/2015, n. 72.

(9) Comma abrogato dall'art. 4, co. 1, punto 19), dell'Allegato 4 al d.lg. 2/7/2010, n. 104. Successivamente, la Corte costituzionale, con sent. 27/6/2012, n. 162 (in G.U. 4/7/2012, n. 27), ha dichiarato l'illegittimità costituzionale del suddetto punto 19) del co. 1 dell'art. 4 dell'Allegato 4 al d.lg. 2/7/2010, n. 104. Successivamente, l'art. 3, co. 1, d.lg. 14/9/2012, n. 160, ha soppresso il punto 19) del co. 1 dell'art. 4 dell'Allegato 4 al d.lg. 2/7/2010, n. 104. Da ultimo, la Corte costituzionale, con sent. 15/4/2014, n. 94 (in G.U. 23/4/2014, n. 18), ha dichiarato l'illegittimità costituzionale del n. 19 del co. 1 dell'art. 4 dell'Allegato 4 al d.lg. 2/7/2010, n. 104, nella parte in cui abroga il presente comma. Successivamente sostituito dall'art. 5, co. 2, lett. h), d.lg. 12/5/2015, n. 72. Vedi inoltre, l'art. 6 del d.lg. 12/5/2015, n. 72.

** Comma abrogato dall'art. 5, co. 2, lett. i), d.lg. 12/5/2015, n. 72. Vedi inoltre, l'art. 6 del d.lg. 12/5/2015, n. 72.

195 bis. Pubblicazione delle sanzioni (1). – 1. Il provvedimento di applicazione delle sanzioni previste dal presente decreto è pubblicato senza ritardo e per estratto nel sito internet della Banca d'Italia o [nel Bollettino] della Consob, in conformità alla normativa europea di riferimento. Nel caso in cui avverso il provvedimento di applicazione della sanzione sia adita l'autorità giudiziaria, la Banca d'Italia o la Consob menzionano l'avvio dell'azione giudiziaria e l'esito della stessa a margine della pubblicazione. La Banca d'Italia o la Consob, tenuto conto della natura della violazione e degli interessi coinvolti, possono stabilire modalità ulteriori per dare pubblicità al provvedimento, ponendo le relative spese a carico dell'autore della violazione [, ovvero escludere la pubblicità del provvedimento, quando la stessa possa mettere gravemente a rischio i mercati finanziari o arrecare un danno sproporzionato alle parti] (2).

2. Nel provvedimento di applicazione della sanzione, la Banca d'Italia o la Consob dispongono la pubblicazione in forma anonima del provvedimento sanzionatorio quando quella ordinaria:

a) abbia ad oggetto dati personali ai sensi del regolamento (UE) 2016/679 del Parlamento europeo e del Consiglio, del 27 aprile 2016, la cui pubblicazione appaia sproporzionata rispetto alla violazione sanzionata (3);

b) possa comportare rischi per la stabilità dei mercati finanziari o pregiudicare lo svolgimento di un'indagine penale in corso;

c) possa causare un danno sproporzionato ai soggetti coinvolti, purché tale danno sia determinabile.

3. Se le situazioni descritte nel comma 2 hanno carattere temporaneo, la pubblicazione può essere rimandata ed effettuata quando dette esigenze sono venute meno.

3-bis. La Banca d'Italia o la Consob possono escludere la pubblicità del provvedimento sanzionatorio, se consentito dal diritto dell'Unione europea, nel caso in cui le opzioni stabilite dai commi 2 e 3 siano ritenute insufficienti ad assicurare:

a) che la stabilità dei mercati finanziari non sia messa a rischio;

b) la proporzionalità della pubblicazione delle decisioni rispetto all'irrogazione della sanzione prevista dall'articolo 194-quater (4).

(1) Articolo inserito dall'art. 5, co. 16, d.lg. 12/5/2015, n. 72. Vedi inoltre, l'art. 6 del d.lg. 12/5/2015, n. 72.

(2) Comma modificato dall'art. 1, co. 14, d.lg. 15/2/2016, n. 25 e successivamente dall'art. 1, co. 1, lett. n), n. 1, d.lg. 18/4/2016, n. 71.

(3) Lettera modificata dall'art. 4, co. 9, d.lg. 2/2/2021, n. 17.

(4) Comma aggiunto dall'art. 1, co. 1, lett. n), n. 2, d.lg. 18/4/2016, n. 71 e successivamente modificato dall'art. 3, co. 10, d.lg. 12/8/2016, n. 176.

195 ter. Comunicazione all'ABE e all'AESFEM sulle sanzioni applicate (1). – 1. La Banca d'Italia comunica all'ABE le sanzioni amministrative applicate alle banche alle Sim, alle imprese di investimento UE e alle imprese di paesi terzi diverse dalle banche ai sensi degli articoli 189, 190, 190.3, 190-bis, 194-ter, 194-quater e 194-septies, ivi comprese quelle pubblicate in forma anonima, nonché le informazioni ricevute dai soggetti interessati sulle azioni da essi avviate avverso i provvedimenti sanzionatori e sull'esito delle stesse (2).

1-bis. La Consob e la Banca d'Italia, secondo le rispettive competenze, comunicano all'AESFEM le informazioni relative alle sanzioni amministrative da esse applicate, nonché alle sanzioni penali applicate dall'Autorità giudiziaria, necessarie ai fini dell'adempimento degli obblighi informativi previsti dalla normativa europea nei confronti dell'AESFEM (3).

(1) Articolo inserito dall'art. 5, co. 16, d.lg. 12/5/2015, n. 72. Vedi inoltre, l'art. 6 del d.lg. 12/5/2015, n. 72.

• Rubrica sostituita dall'art. 1, co. 1, lett. o), n. 1, d.lg. 18/4/2016, n. 71.

(2) Comma sostituito dall'art. 3, co. 11, d.lg. 12/8/2016, n. 176 e successivamente modificato dall'art. 5, co. 28, d.lg. 3/8/2017, n. 129. Per l'applicazione, vedi l'art. 10, co. 2, d.lg. n. 129/2017 medesimo.

(3) Comma aggiunto dall'art. 1, co. 1, lett. o), n. 2, d.lg. 18/4/2016, n. 71.

195 quater. Sanzioni in caso di risoluzione (1). – 1. Nei confronti delle Sim disciplinate dal Capo II-bis della Parte II, Titolo IV e delle succursali stabilite in Italia delle imprese di paesi terzi diverse dalle banche che svolgono le attività indicate all'articolo 55-bis la Banca d'Italia applica la sanzione amministrativa pecuniaria prevista dall'articolo 190, comma 1, per l'inosservanza degli articoli 9, 15, 16, 19, comma 1, 33, comma 6, 50, 58, 59, 60, comma 1, lettere a) ed h), 68-bis, 70, commi 2 e 3, 80, comma 1, 82 e 83 del decreto legislativo 16 novembre 2015, n. 180, in quanto applicabili ai sensi del presente decreto legislativo, o delle relative disposizioni generali o particolari emanate dalla Banca d'Italia (2).

2. Per l'inosservanza delle norme richiamate al comma 1, si applica l'articolo 194-quater, al ricorrere delle condizioni e secondo le modalità da esso stabilite. In caso di inosservanza dell'ordine di porre termine alle violazioni ivi previsto, si applicano le sanzioni stabilite dagli articoli 194-quater, comma 2, e 190-bis, comma 2, nei confronti dei soggetti e al ricorrere delle condizioni ivi previsti.

3. Fermo restando quanto previsto dai commi 1 e 2, per l'inosservanza delle norme richiamate dai medesimi commi si applicano le sanzioni amministrative previste dall'articolo 190-bis nei confronti dei soggetti che svolgono funzioni di amministrazione, di direzione o di controllo, nonché del personale, al ricorrere delle condizioni e secondo le modalità previste dall'articolo 190-bis.

4. Alle sanzioni amministrative disciplinate dal presente articolo si applicano gli articoli 194-bis, 195 e 196-bis.

5. Nelle materie a cui si riferiscono le disposizioni richiamate al comma 1, le sanzioni ivi previste si applicano, nella medesima misura e con le stesse modalità, anche in caso di inosservanza degli atti delegati o delle norme tecniche di regolamentazione e di attuazione emanati dalla Commissione europea ai sensi della direttiva 2014/59/UE o degli articoli 10 e 15 del regolamento (UE) n. 1093/2010, o in caso di inosservanza degli atti dell'ABE direttamente applicabili ai soggetti vigilati adottati ai sensi di quest'ultimo regolamento.

6. La Banca d'Italia comunica all'ABE le sanzioni amministrative applicate ai sensi del presente articolo, ivi comprese quelle pubblicate in forma anonima, nonché le informazioni ricevute dai soggetti interessati sulle azioni da essi avviate avverso i provvedimenti sanzionatori e sull'esito delle stesse.

(1) Articolo inserito dall'art. 2, co. 8, d.lg. 16/11/2015, n. 181.

(2) Comma modificato dall'art. 5, co. 29, d.lg. 3/8/2017, n. 129. Per l'applicazione, vedi l'art. 10, co. 2, d.lg. n. 129/2017 medesimo. Successivamente modificato dall'art. 3, co. 1, lett. i), d.lg. 8/11/2021, n. 193.

195 quinquies. Inapplicabilità di specifiche disposizioni della legge 24 novembre 1981, n. 689 (1). – 1. Alle sanzioni amministrative pecuniarie previste dal presente titolo non si applicano gli articoli 6,10,11 e 16 della legge 24 novembre 1981, n. 689.

2. In deroga a quanto previsto dal comma 1, alle sanzioni amministrative previste dall'articolo 196 si applicano le disposizioni contenute nella legge 24 novembre 1981, n. 689, ad eccezione dell'articolo 16.

(1) Articolo inserito dall'art. 5, co. 30, d.lg. 3/8/2017, n. 129. Per l'applicazione, vedi l'art. 10, co. 2, d.lg. n. 129/2017 medesimo.

196. Sanzioni applicabili ai consulenti finanziari (1). – 1. I soggetti iscritti all'albo di cui all'articolo 31, comma 4 che violano le norme del presente decreto o le disposizioni generali o particolari emanate [dalla CONSOB] in forza di esso, sono puniti, in base alla gravità della violazione e tenuto conto dell'eventuale recidiva, con una delle seguenti sanzioni (2):

a) richiamo scritto;

b) sanzione amministrativa pecuniaria da lire cinque milioni a lire duecentocinquanta milioni (3);

c) sospensione da uno a quattro mesi dall'albo;

d) radiazione dall'albo.

2. Il procedimento sanzionatorio è retto dai principi del contraddittorio, della conoscenza degli atti istruttori, della verbalizzazione nonché della distinzione tra funzioni istruttorie e funzioni decisorie. Le sanzioni sono applicate dall'Organismo di vigilanza e tenuta dell'albo unico dei consulenti finanziari previsto dall'articolo 31, comma 4, con provvedimento motivato, previa contestazione degli addebiti agli interessati, da effettuarsi entro centottanta giorni dall'accertamento ovvero entro trecentossessanta giorni se l'interessato risiede o ha la sede all'estero, e valutate le deduzioni da essi presentate nei successivi trenta giorni. Nello stesso termine gli interessati possono altresì chiedere di essere sentiti personalmente (4).

*3. Alle sanzioni previste dal presente articolo si applicano le disposizioni contenute nella legge 24 novembre 1981, n. 689, a eccezione dell'articolo 16***.*

4. Le società che si avvalgono dei responsabili delle violazioni rispondono, in solido con essi, del pagamento delle sanzioni pecuniarie e sono tenute a esercitare il regresso verso i responsabili.

4-bis. Avverso le decisioni adottate ai sensi del comma 1 dall'Organismo di vigilanza e tenuta dell'albo unico dei consulenti finanziari è ammesso ricorso dinanzi alla Corte d'Appello. Si applicano i commi 4, 5, 6, 7, 7-bis e 8 dell'articolo 195 (5).

(1) Rubrica modificata dall'art. 1, co. 39, l. 28/12/2015, n. 208 e successivamente sostituita dall'art. 5, co. 31, lett. a), d.lg. 3/8/2017, n. 129. Per l'applicazione, vedi l'art. 10, co. 2, d.lg. n. 129/2017 medesimo.

(2) Alinea modificato dall'art. 1, co. 39, l. 28/12/2015, n. 208 e successivamente dall'art. 5, co. 31, lett. b), d.lg. 3/8/2017, n. 129. Per l'applicazione, vedi l'art. 10, co. 2, d.lg. n. 129/2017 medesimo.

(3) L'importo della sanzione amministrativa prevista dal presente comma è così elevato a norma dell'art. 39, co. 3, l. 28/12/2005, n. 262.

(4) Comma modificato dall'art. 1, co. 26, d.lg. 17/7/2009, n. 101. A norma dell'art. 1, co. 36, l. 28/12/2015, n. 208, i riferimenti all'organismo di tenuta dell'albo dei consulenti finanziari nonché alla Consob, contenuto nel presente comma, si intendono sostituiti da riferimenti all'organismo di cui al primo periodo del citato comma 36. Da ultimo sostituito dall'art. 5, co. 31, lett. c), d.lg. 3/8/2017, n. 129. Per l'applicazione, vedi l'art. 10, co. 2, d.lg. n. 129/2017 medesimo.

* Comma abrogato dall'art. 5, co. 31, lett. d), d.lg. 3/8/2017, n. 129. Per l'applicazione, vedi l'art. 10, co. 2, d.lg. n. 129/2017 medesimo.

(5) Comma aggiunto dall'art. 5, co. 31, lett. e), d.lg. 3/8/2017, n. 129. Per l'applicazione, vedi l'art. 10, co. 2, d.lg. n. 129/2017 medesimo.

196 bis. Disposizioni di attuazione (1). – 1. La Consob e la Banca d'Italia, secondo le rispettive competenze, emanano disposizioni di attuazione del presente titolo.

(1) Articolo inserito dall'art. 5, co. 17, d.lg. 12/5/2015, n. 72. Vedi inoltre, l'art. 6 del d.lg. 12/5/2015, n. 72.

PARTE VI
DISPOSIZIONI TRANSITORIE E FINALI

197. Personale della CONSOB. – 1. Al fine di assicurare il pieno e tempestivo esercizio delle funzioni di controllo previste dall'articolo 62 della legge 27 dicembre 1997, n. 449, la CONSOB provvede direttamente a tutte le procedure necessarie per l'immediata copertura dei posti di organico secondo i criteri concorsuali ivi previsti, nei limiti delle autonome risorse finanziarie e senza oneri per la finanza pubblica.

198. Girata di titoli azionari. – 1. Il potere di autenticare le girate dei titoli azionari previsto dall'articolo 12 del regio decreto-legge 29 marzo 1942, n. 239, può essere esercitato anche da SIM.

199. Società fiduciarie (1). – 1. Fino alla riforma organica della disciplina delle società fiduciarie e di revisione conservano vigore le disposizioni previste dalla legge 23 novembre 1939, n. 1966, e dell'articolo 60, comma 4, del decreto legislativo 23 luglio 1996, n. 415.

2. Le società fiduciarie di cui alla legge 23 novembre 1939, n. 1966, che svolgono attività di custodia e amministrazione di valori mobiliari e che, alternativamente, sono controllate direttamente o indirettamente da una banca o da un intermediario finanziario o hanno adottato la forma di società per azioni ed hanno capitale versato di ammontare non inferiore al doppio di quello richiesto dall'articolo 2327 del codice civile, sono autorizzate e iscritte in una sezione separata dell'albo previsto dall'articolo 106 del decreto legislativo 1° settembre 1993, n. 385, ma non possono esercitare le attività elencate nel comma 1 del medesimo articolo. All'istanza si applica l'articolo 107 del decreto legislativo 1° settembre 1993, n. 385, in quanto compatibile. Il diniego dell'autorizzazione, con la relativa motivazione, è comunicato al Ministero dello sviluppo economico e comporta la revoca dell'autorizzazione di cui all'articolo 2 della legge 23 novembre 1939, n. 1966, ove non vengano meno, nel termine di novanta giorni dalla notifica del provvedimento di diniego, le condizioni che comportano l'obbligo di iscrizione. La Banca d'Italia esercita i poteri indicati all'articolo 108 del decreto legislativo 1° settembre 1993, n. 385, al fine di assicurare il rispetto da parte delle società fiduciarie iscritte nella sezione separata delle disposizioni contenute nel decreto legislativo 21 novembre 2007, n. 231. Alle società fiduciarie iscritte si applicano gli articoli 110, 113-bis, 113-ter del decreto legislativo 1° settembre 1993, n. 385, in quanto compatibili.

3. Il Ministero dello sviluppo economico e la Banca d'Italia, per quanto concerne le società di cui al comma 2, si danno reciproca comunicazione dei provvedimenti adottati ai fini dell'adozione dei rispettivi provvedimenti di competenza.

(1) Articolo sostituito dall'art. 9, co. 8, d.lg. 13/8/2010, n. 141, come modificato dall'art. 6, co. 2, d.lg. 14/12/2010, n. 218 e, da ultimo, sostituto dall'art. 1, co. 1, lett. b), d.lg. 19/9/2012, n. 169.

200. Intermediari già autorizzati. – 1. Le imprese di investimento che alla data di entrata in vigore del presente decreto sono iscritte nell'albo previsto dall'articolo 9 del decreto legislativo 23 luglio 1996, n. 415 sono iscritte di diritto nell'albo previsto dall'articolo 20.

2. Le società di gestione che alla data di entrata in vigore del presente decreto sono iscritte nell'albo previsto dall'articolo 7, comma 1 della legge 23 marzo 1983, n. 77, nell'albo previsto dall'articolo 3, comma 1 della legge 14 agosto 1993, n. 344, e nell'albo previsto dall'articolo 3, comma 1, della legge 25 gennaio 1994, n. 86, vengono iscritte di diritto nell'albo previsto dall'articolo 35 e si intendono autorizzate ai sensi dell'articolo 34.

3. Le SICAV che alla data di entrata in vigore del presente decreto sono iscritte nell'albo previsto dall'articolo 9, comma 1 del decreto legislativo 25 gennaio 1992, n. 84, vengono iscritte di diritto nell'albo previsto dall'articolo 44.

4. Le banche che alla data di entrata in vigore del presente decreto sono autorizzate a prestare servizi di investimento restano autorizzate a prestare i servizi medesimi.

201. Agenti di cambio. – 1. Sono sciolti, a cura del Consiglio nazionale degli ordini degli agenti di cambio, gli Ordini professionali previsti dall'articolo 3 della legge 29 maggio 1967, n. 402, a eccezione degli Ordini professionali di Milano e di Roma.

2. Gli agenti di cambio sono iscritti all'Albo professionale tenuto da uno degli Ordini indicati nel comma 1, al quale affluiscono i pagamenti della tassa annuale fissata dall'Ordine medesimo, avuto riguardo all'iscrizione al ruolo speciale o al ruolo nazionale previsti dai commi 5 e 6. L'Ordine è tenuto a conservare i libri degli agenti di cambio defunti o cancellati dal ruolo unico nazionale.

3. Restano ferme le altre disposizioni previste dalla legge 29 maggio 1967, n. 402. Non possono essere banditi concorsi per la nomina di agenti di cambio. Gli agenti di cambio cessano di appartenere ai ruoli previsti dai commi 5 e 6 al compimento del settantesimo anno di età. Gli agenti di cambio nominati prima dell'entrata in vigore della legge 23 maggio 1956, n. 515, sono collocati nella posizione di fuori ruolo al compimento del settantesimo anno di età conservando i diritti e gli obblighi inerenti alla carica.

4. Le disponibilità del Fondo comune degli agenti di cambio e delle cauzioni esistenti alla data di entrata in vigore del presente decreto sono restituite agli aventi diritto.

5. Gli agenti di cambio in carica che siano soci, amministratori, dirigenti, dipendenti o collaboratori di SIM, di banche o di società di gestione del risparmio sono iscritti in un ruolo speciale tenuto dal Ministero dell'economia e delle finanze. Essi non possono prestare servizi di investimento e possono essere dirigenti, dipendenti o collaboratori soltanto di uno dei predetti intermediari. Essi restano individualmente assoggettati alle incompatibilità previste dal comma 11.

6. Gli agenti di cambio in carica che non siano iscritti nel ruolo speciale previsto dal comma 5 sono iscritti nel ruolo unico nazionale tenuto dal Ministero dell'economia e delle finanze.

7. Gli agenti di cambio iscritti nel ruolo unico nazionale possono svolgere i servizi di investimento indicati nell'articolo 1, comma 5, lettere b), c-bis), d), e) ed f). Essi possono svolgere altresì l'offerta fuori sede dei propri servizi di investimento e i servizi accessori indicati nell'Allegato I, Sezione B, numero 2), limitatamente alla conclusione di contratti di riporto e altre operazioni in uso sui mercati, e numero 4), nonché attività connesse e strumentali, ferme restando le riserve di attività previste dalla legge (1).

8. Gli agenti di cambio iscritti nel ruolo unico nazionale devono tenere le scritture contabili previste dagli articoli 2214 e seguenti del codice civile; la CONSOB, con proprio regolamento, stabilisce le modalità del controllo contabile da parte di società di revisione iscritte nell'albo speciale previsto dall'articolo 161 (2).

9. Il mancato esercizio del servizio di esecuzione di ordini per conto dei clienti per un periodo di tempo superiore a sei mesi comporta la decadenza dalla carica; il Ministero dell'economia e delle finanze, in presenza di comprovati motivi di salute, può prorogare, sentita la CONSOB, detto termine fino a un periodo massimo di 18 mesi (3).

10. Per l'esercizio dei servizi di investimento gli agenti di cambio aderiscono ai sistemi di indennizzo previsti dall'arti-

colo 59. Il coordinamento dell'operatività dei sistemi di indennizzo con la procedura di fallimento dell'agente di cambio è disciplinato dal regolamento previsto dall'articolo 59, comma 3.

11. La posizione di agente di cambio iscritto nel ruolo unico nazionale è incompatibile con l'esercizio di qualsiasi attività commerciale, con la partecipazione in qualità di soci illimitatamente responsabili in società di qualsiasi natura, con la qualità di amministratore o dirigente di società che esercitano attività commerciale e, in particolare, con la qualità di socio, amministratore, dirigente, dipendente o collaboratore di banche, SIM, società di gestione del risparmio e di ogni altro intermediario finanziario.

12. Agli agenti di cambio iscritti nel ruolo unico nazionale si applicano gli articoli 6, commi 1, lettera b) e lettera c-bis), 2 e 2-bis; 6-bis e 6-ter, in quanto compatibili; 7-bis; 21; 22; 23; 24; 24-bis; 25; 25-bis; 31; 32; 167; 187-quinquiesdecies; 190; 190.4; 193-sexies; 194-bis; 194-quater; 194-septies; 195; 195-bis e 196-bis (4).

13. È vietato agli agenti di cambio, compiere anche per interposta persona qualsiasi negoziazione in proprio di strumenti finanziari, salvo i casi di investimento del patrimonio personale; tali investimenti sono immediatamente comunicati alla CONSOB.

14. Il Presidente della CONSOB può disporre in via d'urgenza, ove ricorrano situazioni di pericolo per i clienti o per i mercati, la sospensione dell'agente di cambio iscritto nel ruolo unico nazionale dall'esercizio delle attività svolte e la nomina di un commissario che assume la gestione delle attività stesse quando risultino gravi violazioni delle disposizioni legislative o amministrative. Si applicano i commi 2, 3 e 4 dell'articolo 7-sexies (5).

15. Il Ministero dell'economia e delle finanze, su proposta della CONSOB, può disporre con decreto la cancellazione dell'agente di cambio dal ruolo unico nazionale qualora le irregolarità o le violazioni delle disposizioni legislative o amministrative siano di eccezionale gravità. Il provvedimento può essere adottato su proposta del commissario previsto dal comma 14 o su richiesta dell'agente di cambio.

16. Nel caso previsto dal comma 15, il Ministero dell'economia e delle finanze nomina un commissario preposto alla tutela e alla restituzione dei patrimoni di proprietà dei clienti. Il commissario nell'esercizio delle sue funzioni è pubblico ufficiale; egli si affianca agli organi delle procedure concorsuali, ove disposte. Il Ministero può prevedere speciali cautele e limitazioni all'attività del commissario e procedere alla sua revoca o sostituzione. L'indennità spettante al commissario è determinata dal Ministero ed è a carico dell'agente di cambio. I provvedimenti previsti dal presente comma possono essere assunti anche successivamente alla morte dell'agente di cambio, su proposta della CONSOB o del commissario nominato ai sensi del comma 14, ovvero su richiesta dei clienti.

17. La cancellazione dell'agente di cambio dal ruolo unico nazionale consegue di diritto all'accertamento giudiziale dello stato di insolvenza. La CONSOB denuncia al tribunale civile l'insolvenza dichiarata ai sensi dell'articolo 72.

18. Per la violazione dei commi 8, 11 e 13, si applica l'articolo 190.

(1) Comma sostituito dall'art. 17, co. 1, lett. a), d.lg. 17/9/2007, n. 164, con la decorrenza indicata nell'art. 19 dello stesso decreto e successivamente modificato dall'art. 6, co. 1, lett. a), d.lg. 3/8/2017, n. 129. Per l'applicazione, vedi l'art. 10, co. 2, d.lg. n. 129/2017 medesimo.

(2) Per l'attuazione del presente comma vedi deliberazione Consob 29/10/2007, n. 16190.

(3) Comma modificato dall'art. 6, co. 1, lett. b), d.lg. 3/8/2017, n. 129. Per l'applicazione, vedi l'art. 10, co. 2, d.lg. n. 129/2017 medesimo.

(4) Comma modificato dall'art. 17, co. 1, lett. b), d.lg. 17/9/2007, n. 164, con la decorrenza indicata nell'art. 19 dello stesso decreto.

• Per il Regolamento in materia di organizzazione e procedure degli intermediari che prestano servizi di investimento o di gestione collettiva del risparmio adottato a norma del presente comma vedi il provvedimento Consob 29/10/2007. Successivamente sostituito dall'art. 6, co. 1, lett. c), d.lg. 3/8/2017, n. 129. Per l'applicazione, vedi l'art. 10, co. 2, d.lg. n. 129/2017 medesimo.

(5) Comma modificato dall'art. 6, co. 1, lett. d), d.lg. 3/8/2017, n. 129. Per l'applicazione, vedi l'art. 10, co. 2, d.lg. n. 129/2017 medesimo.

202. Disposizioni in tema di liquidazione coattiva di borsa*. *– 1. Salvo quanto previsto dall'articolo 72, le disposizioni relative alla liquidazione coattiva dei contratti conclusi dagli agenti di cambio si applicano, in quanto compatibili, alle imprese di investimento e alle banche autorizzate all'esercizio delle attività previste dall'articolo 1, comma 5, lettere a) e b). 2. Le competenze in materia di liquidazione coattiva dei contratti spettano alla CONSOB, la quale può coordinare con regolamento tale procedura con quella prevista dall'articolo 72.*

* Articolo abrogato dall'art. 4, co. 1, lett. b), d.lg. 24/3/2011, n. 48.

203. Contratti a termine. – 1. Fermi restando la decorrenza degli effetti della liquidazione coatta amministrativa ai sensi dell'articolo 83 del T.U. bancario, e quanto previsto dall'articolo 90, comma 3, del medesimo T.U. bancario, l'articolo 76 della legge fallimentare si applica agli strumenti finanziari derivati, a quelli analoghi individuati ai sensi dell'articolo 18, comma 5, lettera a), alle operazioni a termine su valute nonché alle operazioni di prestito titoli, di pronti contro termine e di riporto. Ai fini del presente articolo sono ricompresi tutti i contratti conclusi, ancorché non ancora eseguiti in tutto o in parte, entro la data di dichiarazione del fallimento o di efficacia del provvedimento di liquidazione coatta amministrativa.

2. Per l'applicazione dell'articolo 76 della legge fallimentare agli strumenti finanziari e alle operazioni indicati nel comma 1, può farsi riferimento anche al costo di sostituzione dei medesimi, calcolato secondo i valori di mercato alla data di dichiarazione di fallimento o di efficacia del provvedimento di liquidazione coatta amministrativa.

204. Gestione accentrata. – 1. Entro ventiquattro mesi dalla data di entrata in vigore del presente decreto, la Banca d'Italia promuove la vendita della partecipazione al capitale della "Monte Titoli S.p.A. Istituto per la custodia e l'amministrazione accentrata di valori mobiliari" dalla stessa detenuta.

2. Fino all'emanazione dei decreti previsti dall'articolo 90, la gestione accentrata dei titoli di Stato presso la Banca d'Italia resta disciplinata dalle previgenti disposizioni.

205. Quotazioni di prezzi. – 1. Le offerte di acquisto e di vendita di prodotti finanziari effettuate in mercati regolamentati, nei sistemi multilaterali di negoziazione e, se ricorrono le condizioni indicate dalla CONSOB con regolamento, da internalizzatori sistematici non costituiscono offerta al pubblico di prodotti finanziari né offerta pubblica di acquisto o di scambio ai sensi della parte IV, titolo II (1).

(1) Articolo modificato dall'art. 4 del d.lg. 28/3/2007, n. 51; dall'art. 17 del d.lg. 17/9/2007, n. 164, con la decorrenza indicata nell'art. 19 dello stesso decreto e, successivamente, sostituito dall'art. 1, co. 17, d.lg. 11/10/2012, n. 184.

206. Disposizioni applicabili alle società quotate in mercati diversi dalla borsa. – 1. Le disposizioni dettate dal codice civile per le società con azioni quotate in borsa si applicano a tutte le società con azioni quotate in mercati regolamentati italiani e di altri paesi dell'Unione Europea.

207. Patti parasociali. – 1. I patti parasociali previsti dall'articolo 122 ed esistenti alla data di entrata in vigore del medesimo articolo sono depositati presso il registro delle imprese entro un mese da tale data.

2. I patti parasociali a tempo determinato esistenti alla data di entrata in vigore del presente decreto restano efficaci fino al termine finale pattuito, ma comunque non oltre il 1° luglio 2001.

3. Salvo quanto previsto dal comma 2, l'articolo 123 si applica ai patti anche a tempo indeterminato esistenti alla data di entrata in vigore del presente decreto.

208. Deleghe di voto, azioni di risparmio, collegio sindacale e revisione contabile. – 1. Le disposizioni in materia di deleghe di voto si applicano alle assemblee convocate a partire dal sessantesimo giorno successivo all'emanazione dei regolamenti previsti dall'articolo 144.

2. Le disposizioni in materia di azioni di risparmio si applicano anche alle azioni di risparmio già emesse alla data di entrata in vigore del presente decreto.

3. Le società con azioni quotate applicano le disposizioni in materia di nomina del collegio sindacale a partire dal primo rinnovo successivo all'entrata in vigore del presente decreto. Fino all'emanazione del regolamento previsto dall'articolo 148, comma 4, si applica l'articolo 2397, secondo comma, del codice civile.

4. I collegi sindacali nominati prima dell'entrata in vigore del presente decreto ma successivamente alla sua pubblicazione nella Gazzetta Ufficiale restano in carica per un solo esercizio.

5. Le altre disposizioni in materia di collegio sindacale e quelle in materia di società di revisione si applicano a partire dall'esercizio sociale che inizia il 1° luglio 1998 o successivamente a tale data.

209. Società di revisione. – 1. Le società di revisione che alla data di entrata in vigore del presente decreto sono iscritte nell'albo previsto dall'articolo 8 del decreto del Presidente della Repubblica 31 marzo 1975, n. 136, sono iscritte di diritto nell'albo previsto dall'articolo 161.

2. Ai fini dell'iscrizione nel registro dei revisori contabili istituito presso il Ministero di grazia e giustizia il termine previsto dall'articolo 13, comma 1, della legge 13 maggio 1997, n. 132, è prorogato fino a sessanta giorni successivi alla data di entrata in vigore del presente decreto.

3. Le società con azioni quotate conservano copia della relazione della società di revisione sul bilancio d'esercizio, ai fini degli eventuali accertamenti dell'amministrazione finanziaria sulle corrispondenti dichiarazioni dei redditi. In caso di omissione si applicano le disposizioni dell'articolo 39, secondo comma, del decreto del Presidente della Repubblica 29 settembre 1973, n. 600.

210. Modifiche al codice civile. – 1. Nell'art. 2372, quarto comma, del codice civile sono soppresse le parole: "né ad aziende ed istituti di credito".

2. L'art. 2441, settimo comma, del codice civile è sostituito dal seguente:

"Non si considera escluso né limitato il diritto di opzione qualora la deliberazione di aumento di capitale preveda che le azioni di nuova emissione siano sottoscritte da banche, da enti o società finanziarie soggetti al controllo della Commissione nazionale per le società e la borsa ovvero da altri soggetti autorizzati all'esercizio dell'attività di collocamento di strumenti finanziari, con obbligo di offrirle agli azionisti della società, con operazioni di qualsiasi tipo, in conformità con i primi tre commi del presente articolo. Nel periodo di detenzione delle azioni offerte agli azionisti e comunque fino a quando non sia stato esercitato il diritto di opzione, i medesimi soggetti non possono esercitare il diritto di voto. Le spese dell'operazione sono a carico della società e la deliberazione di aumento di capitale deve indicarne l'ammontare.".

3. All'art. 2630, primo comma, del codice civile è inserito il seguente numero:

"4) omettono di offrire in borsa nei termini e con le modalità stabilite dal terzo comma dell'art. 2441 i diritti di opzione non esercitati, se le relative azioni vengano sottoscritte.".

4. All'art. 2633 del codice civile è aggiunto il seguente comma:

"Gli amministratori che emettono obbligazioni convertibili senza le indicazioni prescritte nell'ultimo comma dell'art. 2420-bis sono puniti con l'ammenda da lire 2 milioni a lire 10 milioni.".

5. Nelle disposizioni per l'attuazione del codice civile e disposizioni transitorie, approvate con regio decreto 30 marzo 1942, n. 318, è inserito, dopo l'art. 211, il seguente articolo:

"211-bis. Il secondo periodo dell'art. 2441, settimo comma, del codice non si applica alle azioni detenute, alla data del 7 marzo 1992, dai soggetti indicati nel medesimo comma, con obbligo di offrirle agli azionisti.".

211. Modifiche del T.U. bancario. – 1. L'art. 52 del T.U. bancario è sostituito dal seguente:

"Art. 52 (Comunicazioni del collegio sindacale e dei soggetti incaricati del controllo legale dei conti). – 1. Il collegio sindacale informa senza indugio la Banca d'Italia di tutti gli atti o i fatti, di cui venga a conoscenza nell'esercizio dei propri compiti, che possano costituire una irregolarità nella gestione delle banche o una violazione delle norme disciplinanti l'attività bancaria.

2. Le società che esercitano attività di revisione contabile presso le banche comunicano senza indugio alla Banca d'Italia gli atti o i fatti, rilevati nello svolgimento dell'incarico, che possano costituire una grave violazione delle norme disciplinanti l'attività bancaria ovvero che possano pregiudicare la continuità dell'impresa o comportare un giudizio negativo, un giudizio con rilievi o una dichiarazione di impossibilità di esprimere un giudizio sul bilancio. Tali società inviano alla Banca d'Italia ogni altro dato o documento richiesto.

3. I commi 1 e 2 si applicano anche ai soggetti che esercitano i compiti ivi previsti presso le società che controllano le banche o che sono da queste controllate ai sensi dell'art. 23.

4. La Banca d'Italia stabilisce modalità e termini per la trasmissione delle informazioni previste dai commi 1 e 2.".

2. All'art. 107 del T.U. bancario è aggiunto il seguente comma:

"6. Gli intermediari finanziari iscritti nell'elenco speciale, quando siano stati autorizzati all'esercizio di servizi di investimento ovvero abbiano acquisito fondi con obbligo di rimborso per un ammontare superiore al patrimonio, sono assoggettati alle disposizioni previste nel titolo IV, capo I, sezioni I e III; in luogo degli articoli 86, commi 6 e 7, 87, comma 1, si applica l'art. 57, commi 4 e 5, del testo unico delle disposizioni in materia di mercati finanziari, emanato ai sensi dell'art. 21 della legge 6 febbraio 1996, n. 52.".

3. All'art. 111 del T.U. bancario è aggiunto il seguente comma:

"5. Il presente articolo non si applica nei casi previsti dall'art. 107, comma 6.".

4. L'art. 160 del T.U. bancario è abrogato.

212. Disposizioni in materia. di privatizzazioni. – 1. Il secondo periodo dell'art. 3, comma 3, del decreto-legge 31 maggio 1994, n. 332, convertito, con modificazioni, dalla legge 30 luglio 1994, n. 474, è sostituito dal seguente: "La clausola che prevede un limite di possesso decade comunque allorché il limite sia superato per effetto di un'offerta pubblica di acquisto promossa ai sensi degli articoli 106 o 107 del testo unico delle disposizioni in materia di mercati finanziari, emanato ai sensi dell'art. 21 della legge 6 febbraio 1996, n. 52.".

213. Conversione del fallimento. in liquidazione coatta amministrativa. – 1. Dalla data di entrata in vigore del presente decreto le procedure di fallimento degli intermediari previsti dall'articolo 107 del T.U. bancario, per i quali ricorrano i presupposti indicati nel comma 6 del medesimo articolo e non sia stata dichiarata l'esecutività dello stato passivo, sono convertite in procedure di liquidazione coatta amministrativa.

2. Fermo restando l'accertamento dello stato di insolvenza già dichiarato, il tribunale, anche d'ufficio, dichiara con sentenza in camera di consiglio che la società è soggetta alla procedura di liquidazione coatta e ordina la trasmissione degli atti al Ministero dell'economia e delle finanze, per l'emanazione del relativo decreto, e alla Banca d'Italia.

3. Gli organi del cessato fallimento e quelli della liquidazione coatta provvedono con urgenza al passaggio delle consegne, dandone notizia con le forme di pubblicità stabilite dalla Banca d'Italia. Restano salvi gli effetti degli atti legalmente compiuti.

214. Abrogazioni. – 1. Sono o restano abrogati, salvo quanto previsto dai commi 2 e 3:

a) gli articoli 11, comma 1, da 12 a 17, 22, 25, 26, 28, 31, da 45 a 52, da 58 a 60 della legge 20 marzo 1913, n. 272 e successive modificazioni;

b) gli articoli da 26 a 43, 44, comma 2, 46, comma 2, 47, 49, 51, 54, ultimo periodo, 56, 61, comma 2, 97, da 106 a 108, del regio decreto 4 agosto 1913, n. 1068;

c) gli articoli da 2 a 10 del regio decreto legge 7 marzo 1925, n. 222, convertito dalla legge 21 marzo 1926, n. 597;

d) il regio decreto legge 9 aprile 1925, n. 375, convertito dalla legge 21 marzo 1926, n. 597;

e) il regio decreto 9 aprile 1925, n. 376;

f) gli articoli 4, 6 e 7 del regio decreto legge 14 maggio 1925, n. 601, convertito dalla legge 18 marzo 1926, n. 562;

g) il regio decreto legge 26 giugno 1925, n. 1047, convertito dalla legge 18 marzo 1926, n. 562;

h) il regio decreto legge 29 luglio 1925, n. 1261, convertito dalla legge 18 marzo 1926, n. 562;

i) il regio decreto legge 11 ottobre 1925, n. 1748, convertito dalla legge 18 marzo 1926, n. 562;

j) il regio decreto legge 19 febbraio 1931, n. 950, convertito dalla legge 31 dicembre 1931, n. 1657;

k) gli articoli da 1 a 11 e da 14 a 18 del regio decreto legge 30 giugno 1932, n. 815, convertito dalla legge 5 gennaio 1933, n. 118;

l) il regio decreto legge 20 dicembre 1932, n. 1607, convertito dalla legge 20 aprile 1932, n. 291;

m) la legge 4 dicembre 1939, n. 1913;

n) l'articolo 2369-bis del codice civile, approvato con regio decreto 16 marzo 1942, n. 262;

o) il decreto legislativo luogotenenziale 18 settembre 1944, n. 250;

p) il decreto legislativo luogotenenziale 19 aprile 1946, n. 321;

q) la legge 23 maggio 1956, n. 515;

r) la legge 31 dicembre 1962, n. 1778;

s) gli articoli 1, undicesimo comma, 2, decimo comma, primo e secondo periodo, 3, 4, 4-bis, 4-ter, 5-quinquies, 5-sexies, 9, secondo comma, 13, secondo comma, 14, 15, 16, 17, 18, sesto comma, 18-ter, 18-quinquies, quinto comma, 18-septies, secondo periodo, del decreto legge 8 aprile 1974, n. 95, convertito, con modificazioni, dalla legge 7 giugno 1974, n. 216, e successive modificazioni e integrazioni;

t) il decreto del Presidente della Repubblica 31 marzo 1975, n. 136;

u) il decreto del Presidente della Repubblica 31 marzo 1975, n. 137;

v) il decreto del Presidente della Repubblica 31 marzo 1975, n. 138 a eccezione degli articoli 16 e 18;

w) la legge 23 febbraio 1977, n. 49;

x) la legge 23 marzo 1983, n. 77, a eccezione degli articoli 9 e 10-ter;

y) la legge 19 giugno 1986, n. 289;

z) il decreto del Presidente della Repubblica 12 dicembre 1987, n. 556;

aa) la legge 2 gennaio 1991, n. 1;

bb) la legge 17 maggio 1991, n. 157, a eccezione dell'articolo 10;

cc) il decreto legislativo 25 gennaio 1992, n. 84, a eccezione dell'articolo 14;

dd) il decreto legislativo 27 gennaio 1992, n. 86, a eccezione dell'articolo 4;

ee) la legge 18 febbraio 1992, n. 149;

ff) la legge 14 agosto 1993, n. 344, a eccezione dell'articolo 11;

gg) l'art. 1, comma 1, lettera m), e l'art. 2, comma 1, lettera f), della legge 28 dicembre 1993, n. 561 (1);

hh) la legge 25 gennaio 1994, n. 86, a eccezione degli articoli 14-bis e 15;

ii) l'articolo 5, commi 3, 4 e 5, e l'articolo 8 del decreto legge 31 maggio 1994, n. 332, convertito, con modificazioni, dalla legge 30 luglio 1994, n. 474;

jj) il decreto legislativo 23 luglio 1996, n. 415, a eccezione degli articoli 60, comma 4, 62, 63, 64 e 65.

2. Sono abrogati, ma continuano a essere applicati fino alla data di entrata in vigore dei provvedimenti emanati ai sensi del presente decreto:

a) gli articoli 5, 5-bis, 5-ter, 5-quater, del decreto legge 8 aprile 1974, n. 95, convertito, con modificazioni, dalla legge 7 giugno 1974, n. 216, e successive modificazioni e integrazioni; le relative violazioni sono punite ai sensi degli articoli 173 e 174 o sanzionate ai sensi dell'articolo 193, comma 2;

b) 18, a eccezione del sesto comma, 18-bis, 18-quater, 18-quinquies, a eccezione del quinto comma, 18-sexies e 18-septies, a eccezione del secondo periodo, del decreto legge 8 aprile 1974, n. 95, convertito, con modificazioni, dalla legge 7 giugno 1974, n. 216, e successive modificazioni e integrazioni; le relative violazioni sono sanzionate ai sensi dell'articolo 191;

c) l'articolo 3, del decreto del Presidente della Repubblica 31 marzo 1975, n. 136;

d) gli articoli 1, commi 1, 2, 3, 4, 5, 6, 7, 8, 9 e 11; 2, commi 2 e 3; 2-bis, commi 3, 4, 5 e 7; 2-ter; 3, commi 3 e 4; 4, commi 2, 3, 4, 5, 6, 7, 8, 9, 10, 11, 12, 13 e 14; 5; 7, commi 3, 5 e 6; 10-bis, della legge 23 marzo 1983, n. 77; le relative violazioni sono sanzionate ai sensi dell'articolo 190;

e) gli articoli 3, comma 2, lettere b), c), d) ed e); 4, comma 2; 9 commi 12, 13, 14; 15 della legge 2 gennaio 1991, n. 1; le relative violazioni sono punite ai sensi dell'articolo 169 o sanzionate ai sensi degli articoli 189 e 190;

f) l'articolo 6 della legge 17 maggio 1991, n. 157; le relative violazioni sono punite ai sensi dell'articolo 174 o sanzionate ai sensi dell'articolo 193;

g) gli articoli 2; 3; 4; 6; 7 della legge 18 febbraio 1992, n. 149; le relative violazioni sono sanzionate ai sensi dell'articolo 191;

h) gli articoli 10; 14; 15; 16, comma 1; 20, commi 1 e 4; 22; 23; 24; 25; 27; 28 della legge 18 febbraio 1992, n. 149; le relative violazioni sono sanzionate ai sensi dell'articolo 192;

i) gli articoli 1; 2, commi 3 e 4; 4, commi 1 e 4; 5, commi 3, 6, 7, 8, 9, 10 e 11; 6, comma 2; 7, commi 1, 2, 3, 4, 5 e 6; 8; 9, commi 2 e 3, del decreto legislativo 25 gennaio 1992, n. 84; le relative violazioni sono sanzionate ai sensi dell'articolo 190;

j) gli articoli 1 e 2, comma 2, lettera a), del decreto legislativo 27 gennaio 1992, n. 86;

k) gli articoli 1, commi 1, 2, 3, 4, 5, 6 e 7; 3, comma 2, ultimo periodo; 4, commi 1, 2, 3, 4, 5; 5, commi 1, 2, 3 e 4; 8, commi 2, 4 e 5; 9; 10 della legge 14 agosto 1993, n. 344; le relative violazioni sono sanzionate ai sensi dell'articolo 190;

l) gli articoli 1, commi 1, 2, 3, 4, 5 e 6; 3, comma 2, ultimo periodo; 4, commi 1, 2, 3, 4, 5 e 6; 5, commi 1, 2, 3 e 4; 7; 8; 9; 12, comma 2 e 5; 13; 14 della legge 25 gennaio 1994, n. 86; le relative violazioni sono sanzionate ai sensi dell'articolo 190;

m) gli articoli 2, comma 4; 6, commi 3 e 4; 7; 8; 10; 13; 14; 15; 18, commi 1 e 3; 20, comma 1, lettera e); 21, commi 2 e 3; 22, comma 2; 23, commi 5 e 6; 24; 25; 35, commi 2 e 3; 66, comma 1, lettere b), c) ed e), del decreto legislativo 23 luglio 1996, n. 415; le relative violazioni sono punite ai sensi dell'articolo 169 o sanzionate ai sensi degli articoli 189 e 190.

3. Fino all'emanazione dei regolamenti previsti dall'articolo 80, commi 4, 5 e 6, e comunque fino al completamento della vendita prevista dall'articolo 204, comma 1, si applicano gli articoli 1, 10, 11, 12, 13, 14 della legge 19 giugno 1986, n. 289.

4. È abrogata ogni altra disposizione incompatibile con il presente decreto. Il rinvio alle disposizioni abrogate fatto da leggi, da regolamenti o da altre norme si intende riferito alle corrispondenti disposizioni del presente decreto e dei provvedimenti ivi previsti.

5. Le disposizioni emanate ai sensi delle norme abrogate o sostituite continuano a essere applicate, in quanto compatibili, fino alla data di entrata in vigore dei provvedimenti emanati ai sensi del presente decreto legislativo nelle corrispondenti materie. In caso di violazione, si applicano, con la procedura prevista dall'articolo 195, gli articoli 190, 191, 192 e 193, in relazione alle materie rispettivamente disciplinate.

(1) Lettera sostituita dall'art. 15 della l. 25/6/1999, n. 205.

215. Disposizioni di attuazione. – 1. In sede di prima applicazione i regolamenti e i provvedimenti di carattere generale da emanarsi ai sensi del presente decreto sono adottati entro sei mesi dalla data di entrata in vigore del medesimo.

216. Entrata in vigore. – Il presente decreto entra in vigore il 1° luglio 1998.

R.d. 14 dicembre 1933, n. 1669

Legge cambiaria

Art. 1. – Alle disposizioni contenute nel codice di commercio concernenti la cambiale sono sostituite le norme sulla cambiale e sul vaglia cambiario allegate al presente decreto e firmate d'ordine Nostro dal Ministro Guardasigilli.

Restano abrogate le disposizioni di leggi speciali concernenti la materia regolata dalle anzidette norme.

Art. 2. – Le norme sulla cambiale e sul vaglia cambiario approvate con il presente decreto entreranno in vigore il 1° gennaio 1934.

TITOLO I
DELLA CAMBIALE

Capo I
Della emissione e della forma della cambiale

Art. 1. – La cambiale contiene:

1) la denominazione di cambiale inserita nel contesto del titolo ed espressa nella lingua in cui esso è redatto;

2) l'ordine incondizionato di pagare una somma determinata;

3) il nome, il luogo e la data di nascita ovvero il codice fiscale di chi è designato a pagare (trattario);

4) l'indicazione della scadenza;

5) l'indicazione del luogo di pagamento;

6) il nome di colui al quale o all'ordine del quale deve farsi il pagamento;

7) l'indicazione della data e del luogo dove la cambiale è emessa;

8) la sottoscrizione di colui che emette la cambiale (traente).

Art. 2. – Il titolo nel quale manchi alcuno dei requisiti indicati nell'articolo precedente non vale come cambiale, salvo i casi previsti nei seguenti comma.

La cambiale senza indicazione di scadenza si considera pagabile a vista.

In mancanza d'indicazione speciale, il luogo indicato accanto al nome del trattario si reputa luogo del pagamento, e insieme, domicilio del trattario.

La cambiale in cui non è indicato il luogo di emissione si considera sottoscritta nel luogo indicato accanto al nome del traente.

Se sono indicati più luoghi di pagamento, s'intende che il portatore possa presentare in qualunque di essi la cambiale per l'accettazione ed il pagamento.

Art. 3. – La cambiale può essere all'ordine dello stesso traente.

Può essere tratta sullo stesso traente.

Può essere tratta per conto di un terzo.

Art. 4. – La cambiale può essere pagabile al domicilio di un terzo, sia nel luogo del domicilio del trattario, sia in altro luogo.

Se non è detto che il pagamento sarà fatto presso il terzo dal trattario, si intende che sarà fatto dal terzo.

Art. 5. – Nella cambiale pagabile a vista o a certo tempo vista il traente può disporre che la somma sia produttiva d'interessi. In qualunque altra specie di cambiale la promessa d'interessi si ha per non scritta.

Il tasso d'interesse deve essere indicato nella cambiale; mancando tale indicazione, la clausola si ha per non scritta.

Gli interessi decorrono dalla data della cambiale quando non sia indicata una decorrenza diversa.

Art. 6. – La cambiale con la somma da pagarsi scritta in lettere ed in cifre, vale, in caso di differenza, per la somma indicata in lettere.

Se la somma da pagarsi è scritta più di una volta in lettere o in cifre, la cambiale, in caso di differenza, vale per la somma minore.

Art. 7. – Se la cambiale contiene firme di persone incapaci di obbligarsi cambiariamente, firme false o di persone immaginarie, ovvero firme che per qualsiasi altra ragione non obbligano le persone che hanno firmata la cambiale o col nome delle quali essa è stata firmata, le obbligazioni degli altri firmatari restano tuttavia valide.

Art. 8. – Ogni sottoscrizione cambiaria deve contenere il nome e cognome o la ditta di colui che si obbliga. È valida tuttavia la sottoscrizione nella quale il nome sia abbreviato o indicato con la sola iniziale.

Art. 9. – Il minore emancipato non autorizzato all'esercizio del commercio e l'inabilitato non assumono obbligazioni cambiarie se la loro firma non sia accompagnata da quella del curatore con la clausola "per assistenza" o altra equivalente. Se sia omessa detta clausola o altra equivalente il curatore è obbligato personalmente.

Art. 10. – Il genitore o il tutore non autorizzato all'esercizio del commercio per conto del minore o dell'interdetto si può obbligare cambiariamente in nome di costoro, il primo con l'autorizzazione del tribunale, l'altro con l'autorizzazione del consiglio di famiglia o di tutela omologata dal tribunale, l'una e l'altra anche di carattere generale.

Art. 11. – Chi appone la firma sulla cambiale quale rappresentante di una persona per la quale non ha il potere di agire, è obbligato cambiariamente come se avesse firmato in proprio e, se ha pagato, ha gli stessi diritti che avrebbe avuto il preteso rappresentato. La stessa disposizione si applica al rappresentante che abbia ecceduto i suoi poteri.

Art. 12. – La facoltà generale di obbligarsi in nome e per conto altrui non fa presumere, salvo prova contraria, la facoltà di obbligarsi cambiariamente.

La facoltà generale di obbligarsi in nome e per conto di un commerciante comprende anche quella di obbligarsi cambiariamente, salvo che l'atto di rappresentanza, pubblicato a norma dell'art. 9 del codice di commercio [2206 CC.] non disponga diversamente.

Art. 13. – Il traente risponde dell'accettazione e del pagamento.

Egli può esonerarsi dalla responsabilità per l'accettazione; ogni clausola con la quale si esoneri dalla responsabilità per il pagamento si ha per non scritta.

Art. 14. – Se una cambiale, incompleta quando fu emessa, venga completata contrariamente agli accordi interceduti, la inosservanza di tali accordi non può essere opposta al portatore, a meno che questi abbia acquistato la cambiale in mala fede, ovvero abbia commesso colpa grave acquistandola.

Il portatore decade dal diritto di riempire la cambiale in bianco dopo tre anni dal giorno dell'emissione del titolo.

Tale decadenza non è opponibile al portatore di buona fede, al quale il titolo sia pervenuto già completo.

Capo II
Della girata

Art. 15. – La cambiale ancorché non espressamente tratta all'ordine è trasferibile mediante girata.

Se il traente abbia inserito nella cambiale le parole "non all'ordine" o una espressione equivalente, il titolo è trasferibile solo nella forma e con gli effetti di una cessione ordinaria.

La girata può essere fatta anche a favore del trattario, abbia o non abbia accettato, del traente o di qualunque altro obbligato. Essi possono girare di nuovo la cambiale.

Art. 16. – La girata deve essere incondizionata. Qualsiasi condizione alla quale sia subordinata si ha per non scritta.

La girata parziale è nulla.

La girata al portatore vale come girata in bianco.

Art. 17. – La girata deve essere scritta sulla cambiale o su un foglio ad essa attaccato (allungamento). Deve essere sottoscritta dal girante.

La girata è valida ancorché il beneficiario non sia indicato o il girante abbia apposto soltanto la firma (girata in bianco). In questo caso la girata per essere valida deve essere scritta a tergo della cambiale o sull'allungamento.

Art. 18. – La girata trasferisce tutti i diritti inerenti alla cambiale.

Se la girata è in bianco, il portatore può:

1) riempirla col proprio nome o con quello di altra persona;

2) girare la cambiale di nuovo in bianco o a persona determinata;

3) trasmettere la cambiale a un terzo, senza riempire la girata in bianco e senza girarla.

Art. 19. – Il girante, se non vi sia clausola contraria, risponde dell'accettazione e del pagamento.

Egli può vietare una nuova girata; in questo caso non è responsabile verso coloro ai quali la cambiale sia stata ulteriormente girata.

Art. 20. – Il detentore della cambiale è considerato portatore legittimo se giustifica il suo diritto con una serie continua di girate, anche se l'ultima è in bianco. Le girate cancellate si hanno, a questo effetto, per non scritte. Se una girata in bianco è seguita da un'altra girata, si reputa che il sottoscrittore di quest'ultima abbia acquistato la cambiale per effetto della girata in bianco.

Se una persona ha perduto per qualsiasi ragione il possesso di una cambiale, il nuovo portatore che giustifichi il suo diritto nella maniera indicata nel precedente comma, non è tenuto a consegnarla se non quando l'abbia acquistata in mala fede ovvero abbia commesso colpa grave acquistandola.

Art. 21. – La persona contro la quale sia promossa azione cambiaria non può opporre al portatore le eccezioni fondate sui rapporti suoi personali col traente o con i portatori precedenti a meno che il portatore, acquistando la cambiale, abbia agito scientemente a danno del debitore.

Art. 22. – Se alla girata è apposta la clausola "valuta per incasso", "per incasso", "per procura" od ogni altra che implichi un semplice mandato, il portatore può esercitare tutti i diritti inerenti alla cambiale, ma non può girarla che per procura.

Gli obbligati non possono in questo caso opporre al portatore se non le eccezioni che avrebbero potuto opporre al girante.

Il mandato contenuto in una girata per procura non si estingue per la morte del mandante o per la sopravvenuta sua incapacità.

Art. 23. – Se alla girata è apposta la clausola "valuta in garanzia", "valuta in pegno" od ogni altra che implichi un pegno, il portatore può esercitare tutti i diritti inerenti alla cambiale, ma la girata da lui fatta vale solo come girata per procura.

Gli obbligati non possono opporre al portatore le eccezioni fondate sui loro rapporti personali col girante, a meno che il portatore, ricevendo la cambiale, abbia agito scientemente a danno del debitore.

Art. 24. – La girata posteriore alla scadenza produce gli stessi effetti di una girata anteriore. Nondimeno la girata fatta posteriormente al protesto, per mancato pagamento o dopo spirato il termine per levare protesto, produce solo gli effetti di una cessione ordinaria.

La girata senza data si presume, fino a prova contraria, fatta prima dello spirare del termine stabilito per levare protesto.

Art. 25. – Con la cessione della cambiale, sia derivante da una girata fatta posteriormente al protesto per mancato pagamento o dopo spirato il termine per levare protesto, sia derivante da atto separato, ancorché anteriore alla scadenza, si trasmettono al cessionario tutti i diritti cambiari del cedente, ma egli resta soggetto alle eccezioni opponibili a questo.

Il cessionario ha diritto alla consegna della cambiale.

Capo III
Dell'accettazione

Art. 26. – La cambiale può, dal portatore o da un semplice detentore, essere presentata per l'accettazione al trattario nel suo domicilio fino alla scadenza.

Art. 27. – In qualsiasi cambiale il traente può prescrivere che essa sia presentata per l'accettazione, fissando o non fissando un termine.

Egli può vietare nella cambiale che essa sia presentata alla accettazione, a meno che non sia pagabile presso un terzo, o in luogo diverso da quello del domicilio del trattario, o sia tratta a certo tempo vista.

Egli può anche prescrivere che la presentazione per l'accettazione non abbia luogo prima di un certo termine.

Ogni girante può prescrivere che la cambiale sia presentata per l'accettazione, fissando o non fissando un termine, salvo che il traente l'abbia dichiarata non accettabile.

Art. 28. – La cambiale a certo tempo vista deve essere presentata all'accettazione entro un anno dalla sua data.

Il traente può abbreviare questo termine o prolungarlo.

Detti termini possono essere abbreviati dai giranti.

Art. 29. – Il trattario può chiedere che gli sia fatta una seconda presentazione il giorno seguente alla prima. Gli interessati non possono prevalersi dell'inosservanza di tale richiesta se non sia stata menzionata nel protesto.

Il portatore non è obbligato a consegnare al trattario la cambiale presentata per l'accettazione.

Art. 30. – L'accettazione è scritta sulla cambiale. È espressa colla parola "accettato", "visto" o con altre equivalenti; è sottoscritta dal trattario; il trattario indica il luogo e la data di nascita ovvero il codice fiscale. La semplice sottoscrizione del trattario sulla faccia anteriore della cambiale vale accettazione. Ciò vale anche per la cambiale a certo tempo vista.

Se la cambiale è pagabile a certo tempo vista o, in virtù di clausola speciale, deve essere presentata per l'accettazione entro un termine stabilito, l'accettazione deve portare la data del giorno in cui è fatta a meno che il portatore non esiga che vi sia apposta la data della presentazione. Se manca la data, il portatore, per conservare il regresso contro i giranti e contro il traente, deve far constatare la mancanza con protesto levato in tempo utile.

Art. 31. – L'accettazione deve essere incondizionata; il trattario può limitarla ad una parte della somma.

Qualsiasi altra modificazione apportata nell'accettazione al tenore della cambiale equivale a rifiuto di accettazione; nondimeno l'accettante resta obbligato nei termini della sua accettazione.

Art. 32. – Se il traente ha indicato nella cambiale un luogo di pagamento diverso da quello del domicilio del trattario, ma non una terza persona presso la quale il pagamento deve essere effettuato, il trattario può indicarla al momento della accettazione. In mancanza di tale indicazione si reputa che l'accettante sia tenuto a pagare egli stesso nel luogo di pagamento.

Se la cambiale è pagabile al domicilio del trattario, questi può indicare nell'accettazione un indirizzo nello stesso luogo in cui il pagamento deve essere effettuato.

Art. 33. – Con l'accettazione il trattario si obbliga di pagare la cambiale alla scadenza.

In mancanza di pagamento il portatore, ancorché sia il traente, ha contro l'accettante un'azione cambiaria diretta per tutto quanto può essere chiesto ai sensi degli artt. 55 e 56.

Il trattario che accetta resta obbligato anche se ignora il fallimento del traente.

Art. 34. – Se l'accettazione apposta sulla cambiale del trattario è da lui cancellata prima di restituire il titolo, l'accettazione si ha per rifiutata. La cancellazione si reputa fatta, fino a prova contraria, prima della restituzione del titolo.

Nondimeno, se il trattario ha dato notizia dell'accettazione per iscritto al portatore, o a un firmatario qualsiasi, è tenuto verso di essi nei termini dell'accettazione.

Capo IV
Dell'avallo

Art. 35. – Il pagamento di una cambiale può essere garantito con avallo per tutta o parte della somma.

Questa garanzia può essere prestata da un terzo o anche da un firmatario della cambiale.

Art. 36. – L'avallo è apposto sulla cambiale o sull'allungamento.

È espresso con le parole "per avallo" o con ogni altra formula equivalente; è sottoscritto dall'avallante.

Si considera dato con la sola firma dell'avallante apposta sulla faccia anteriore della cambiale, purché non si tratti della firma del trattario o del traente.

L'avallo deve indicare per chi è dato. In mancanza di questa indicazione si intende dato per il traente.

Art. 37. – L'avallante è obbligato nello stesso modo di colui per il quale l'avallo è stato dato.

La sua obbligazione è valida ancorché l'obbligazione garantita sia nulla per qualsiasi altra causa che un vizio di forma.

L'avallante che paga la cambiale acquista i diritti ad essa inerenti contro l'avallato e contro coloro che sono obbligati cambiariamente verso quest'ultimo.

Capo V
Della scadenza

Art. 38. – La cambiale può essere tratta:

a vista;

a certo tempo vista;

a certo tempo data;

a giorno fisso.

Le cambiali ad altre scadenze o a scadenze successive sono nulle.

Art. 39. – La cambiale a vista è pagabile alla presentazione. Essa deve essere presentata per il pagamento nel termine di un anno dalla sua data. Il traente può abbreviare questo termine o prolungarlo. Tali termini possono essere abbreviati dai giranti.

Il traente può stabilire che una cambiale pagabile a vista non sia presentata per il pagamento prima di una certa data. In questo caso il termine di presentazione decorre da tale data.

Art. 40. – La scadenza della cambiale a certo tempo vista è determinata dalla data dell'accettazione o da quella del protesto.

In mancanza di protesto l'accettazione non datata si reputa data, rispetto all'accettante, l'ultimo giorno del termine previsto per la presentazione all'accettazione.

Art. 41. – La cambiale tratta a uno o più mesi data o vista scade nel giorno corrispondente del mese in cui il pagamento deve essere effettuato. In mancanza del giorno corrispondente la cambiale scade l'ultimo del mese.

Se la cambiale è tratta a uno o più mesi e mezzo data o vista, si computano prima i mesi interi.

Se la scadenza è fissata al principio, alla metà (metà gennaio, metà febbraio, ecc.) o alla fine del mese, la cambiale scade il primo, il quindici o l'ultimo giorno del mese.

Con le espressioni "otto giorni" o "quindici giorni" s'intende non già una o due settimane ma otto o quindici giorni effettivi.

Con la espressione "mezzo mese" si intende il termine di quindici giorni.

Art. 42. – Se la cambiale è pagabile a giorno fisso in un luogo in cui il calendario è differente da quello del luogo di emissione, la data della scadenza si intende fissata secondo il calendario del luogo di pagamento.

Se una cambiale tratta fra due piazze che hanno calendari diversi è pagabile a certo tempo data, la scadenza è stabilita contando dal giorno che, secondo il calendario del luogo di pagamento, corrisponde al giorno dell'emissione.

I termini di presentazione delle cambiali sono calcolati in conformità alle disposizioni del comma precedente.

Queste disposizioni non si applicano se da clausola della cambiale o anche dalle sole enunciazioni del titolo risulti la intenzione di adottare norme diverse.

Capo VI
Del pagamento

Art. 43. – Il portatore di una cambiale pagabile a giorno fisso, o a certo tempo data, o vista, deve presentarla al pagamento nel giorno in cui essa è pagabile o in uno dei due giorni feriali successivi.

La presentazione della cambiale ad una stanza di compensazione equivale a presentazione per il pagamento.

Art. 44. – La cambiale deve essere presentata per il pagamento nel luogo e all'indirizzo indicato sul titolo.

Quando manchi tale indirizzo deve essere presentata per il pagamento:

1) al domicilio del trattario o della persona designata sul titolo a pagare per esso;

2) al domicilio dell'accettante per intervento o della persona designata sul titolo a pagare per esso;

3) al domicilio dell'indicato al bisogno.

Art. 45. – Il trattario che paga la cambiale può esigere che gli sia consegnata quietanzata dal portatore.

Il portatore non può rifiutare un pagamento parziale.

In caso di pagamento parziale il trattario può esigere che ne sia fatta menzione sulla cambiale e gliene sia data quietanza.

Art. 46. – Il portatore della cambiale non è tenuto a riceverne il pagamento prima della scadenza.

Il trattario che paga prima della scadenza lo fa a suo rischio e pericolo.

Chi paga alla scadenza è validamente liberato, a meno che da parte sua non vi sia dolo o colpa grave. Egli è tenuto ad accertare la regolare continuità delle girate ma non a verificare l'autenticità delle firme dei giranti.

Art. 47. – Se la cambiale è pagabile in moneta che non ha corso nel luogo di pagamento, la somma può essere pagata nella moneta del paese secondo il suo valore nel giorno della scadenza. Se il debitore è in ritardo, il portatore può a sua scelta domandare che la somma sia pagata nella moneta del paese secondo il valore del giorno di scadenza o in quello del pagamento.

Il valore della moneta estera è determinato dagli usi del luogo di pagamento. Il traente può tuttavia stabilire che la somma da pagare sia calcolata secondo il corso indicato nella cambiale.

Le disposizioni precedenti non si applicano nel caso in cui il traente abbia stabilito che il pagamento sia fatto in una moneta espressamente indicata (clausola di pagamento effettivo in moneta estera).

Se la somma è indicata in una moneta avente la stessa denominazione ma un valore diverso nel paese di emissione e in quello del pagamento, si presume che l'indicazione si riferisca alla moneta del luogo di pagamento.

Art. 48. – Se la cambiale non è presentata per il pagamento nel termine fissato dall'art. 43, qualsiasi debitore ha facoltà di depositare la somma presso l'autorità competente, a spese, rischio e pericolo del portatore del titolo.

Per le cambiali pagabili nel territorio dello Stato l'autorità competente a ricevere il deposito e l'Istituto di emissione.

Capo VII
Del regresso per mancata accettazione o per mancato pagamento

Art. 49. – L'azione cambiaria è diretta o di regresso: diretta contro l'accettante ed i suoi avallanti; di regresso contro ogni altro obbligato.

Art. 50. – Il portatore può esercitare il regresso contro i giranti, il traente e gli altri obbligati:

alla scadenza, se il pagamento non ha avuto luogo;

anche prima della scadenza:

1) se l'accettazione sia stata rifiutata in tutto o in parte;

2) in caso di fallimento del trattario, abbia o non abbia accettato; di cessazione dei pagamenti, ancorché non constatata con sentenza; di esecuzione infruttuosa sui suoi beni;

3) in caso di fallimento del traente di una cambiale non accettabile.

Art. 51. – Il rifiuto dell'accettazione o del pagamento deve essere constatato con atto autentico (protesto per mancata accettazione o per mancato pagamento).

Il protesto per mancata accettazione deve essere levato nei termini fissati per la presentazione all'accettazione. Se la prima presentazione, nel caso previsto dall'art. 29, comma 1°, è stata fatta nell'ultimo giorno del termine, il protesto può essere levato anche il giorno successivo.

Il protesto per mancato pagamento di una cambiale, pagabile a giorno fisso o a certo tempo data o vista deve essere levato in uno dei due giorni feriali seguenti al giorno in cui la cambiale è pagabile. Se la cambiale è a vista, il protesto deve essere levato secondo le norme del precedente comma relativo al protesto per mancata accettazione.

Il protesto per mancata accettazione dispensa dalla presentazione al pagamento e dal protesto per mancato pagamento.

In caso di cessazione di pagamenti del trattario, abbia o non abbia accettato, o in caso di esecuzione infruttuosa sui suoi beni, il portatore non può esercitare il regresso che dopo aver presentato la cambiale al trattario per il pagamento e dopo aver levato protesto.

In caso di fallimento del trattario, abbia o non abbia accettato, e nel caso di fallimento del traente di una cambiale non accettabile, la produzione della sentenza dichiarativa del fallimento basta al portatore per esercitare il regresso.

Art. 52. – Il portatore deve dare avviso al proprio girante e al traente della mancata accettazione o del mancato pagamento entro i quattro giorni feriali successivi al giorno del protesto o della presentazione se vi sia la clausola "senza spese". Ogni girante nei due giorni feriali successivi al giorno in cui ha ricevuto l'avviso deve informare il precedente girante dell'avviso ricevuto, indicando i nomi e gli indirizzi di coloro che hanno dato gli avvisi precedenti, e così di seguito, risalendo fino al traente. I termini predetti decorrono dal ricevimento dell'avviso precedente.

Se in conformità del precedente comma l'avviso è dato ad un firmatario della cambiale, analogo avviso deve essere dato entro lo stesso termine anche al suo avallante.

Se un girante non ha indicato il suo indirizzo o lo ha indicato in maniera illeggibile, basta che l'avviso sia dato al girante che lo precede.

Chi è tenuto a dare l'avviso può darlo in una forma qualsiasi, anche col semplice rinvio della cambiale.

Egli deve provare di aver dato l'avviso nel termine stabilito. Il termine si considera rispettato se una lettera contenente l'avviso sia stata spedita per posta nel termine predetto.

Chi non dà l'avviso nel termine sopra indicato non decade dal regresso; tuttavia è responsabile della sua negligenza se abbia causato danno, senza però che l'ammontare del risarcimento possa superare quello della cambiale.

Art. 53. – Il traente, il girante o l'avallante può, con la clausola "senza spese", "senza protesto", od ogni altra equivalente, apposta sulla cambiale e firmata, dispensare il portatore dal protesto per mancata accettazione o per mancato pagamento, per esercitare il regresso.

Tale clausola non dispensa il portatore dalla presentazione della cambiale nei termini prescritti, né dagli avvisi. La prova dell'inosservanza dei termini incombe a colui che la oppone al portatore.

Se la clausola è apposta dal traente produce i suoi effetti nei confronti di tutti i firmatari; se è apposta da un girante o da un avallante, produce i suoi effetti soltanto rispetto a costui. Se la clausola è apposta dal traente e il portatore fa levare il protesto, le spese restano a suo carico. Se la clausola è apposta da un girante o da un avallante le spese per il protesto, qualora sia levato, sono ripetibili contro tutti i firmatari.

Art. 54. – Il traente, l'accettante, il girante e l'avallante della cambiale rispondono in solido verso il portatore.

Il portatore ha diritto di agire contro queste Persone individualmente o congiuntamente e non è tenuto ad osservare l'ordine nel quale si sono obbligate.

Lo stesso diritto spetta ad ogni firmatario che abbia pagato la cambiale.

L'azione promossa contro uno degli obbligati non impedisce di agire contro gli altri, anche se posteriori a colui contro il quale si sia prima proceduto.

Art. 55. – Il portatore può chiedere in via di regresso:

1) l'ammontare della cambiale non accettata o non pagata con gli interessi, se siano stati indicati;

2) gli interessi dalla scadenza in misura uguale a quella indicata nel titolo a norma dell'art. 5 o, in mancanza, al tasso legale;

3) le spese per il protesto, per gli avvisi dati e le altre spese.

Se il regresso è esercitato prima della scadenza, sarà dedotto uno sconto dallo ammontare della cambiale. Tale sconto è calcolato in base al tasso ufficiale vigente (tasso della Banca di emissione) alla data del regresso nel luogo del domicilio del portatore.

Art. 56. – Chi ha pagato la cambiale può ripetere dai suoi garanti:

1) la somma integrale sborsata;

2) gli interessi sulla somma in misura uguale a quella indicata nel titolo a norma dell'art. 5 o, in mancanza, al tasso legale, dal giorno del disborso;

3) le spese sostenute.

Art. 57. – Qualsiasi obbligato contro il quale sia stato o possa essere promosso il regresso può esigere, contro pagamento, la consegna della cambiale col protesto e col conto di ritorno quietanzato.

Qualsiasi girante che ha pagato la cambiale può cancellare la propria girata e quella dei giranti susseguenti.

Art. 58. – In caso di regresso dopo un'accettazione parziale, chi paga la somma per la quale la cambiale non è stata accettata, può esigere che del pagamento sia fatta menzione sulla cambiale e che gliene sia data quietanza. Il portatore deve inoltre rilasciargli copia certificata conforme della cambiale ed il protesto per rendere possibile l'esercizio degli ulteriori regressi.

Art. 59. – Chi ha il diritto di esercitare il regresso può, salvo clausola contraria, rimborsarsi con una nuova cambiale (rivalsa) tratta a vista su uno dei propri garanti e pagabile al domicilio di costui.

La rivalsa comprende, oltre le somme indicate negli artt. 55 e 56, un diritto di provvigione e la tassa di bollo sulla rivalsa.

Se la rivalsa è tratta dal portatore, l'ammontare ne è fissato secondo il corso di una cambiale a vista tratta dal luogo dove la cambiale originaria era pagabile sul luogo del domicilio del garante. Se la rivalsa è tratta da un girante, l'ammontare ne è fissato secondo il corso di una cambiale a vista tratta dal luogo dove il traente della rivalsa ha il suo domicilio sul luogo del domicilio del garante.

Art. 60. – Spirati i termini stabiliti:

per la presentazione di una cambiale a vista o a certo tempo vista;

per levare il protesto per mancata accettazione o mancato pagamento;

per la presentazione al pagamento se vi sia la clausola "senza spese";

il portatore decade dai suoi diritti contro i giranti, contro il traente e contro gli altri obbligati, ad eccezione dell'accettante.

Se la cambiale non è presentata per l'accettazione nel termine stabilito dal traente, il portatore decade dal diritto di esercitare il regresso sia per mancato pagamento sia per mancata accettazione, salvo che non risulti dal tenore del titolo che il traente abbia inteso di esonerarsi soltanto dalla garanzia per l'accettazione.

Se un termine per la presentazione è fissato in una girata, solo il girante può prevalersene.

Art. 61. – Se un ostacolo insormontabile (disposizione di legge di uno Stato o altro caso di forza maggiore) impedisce di presentare la cambiale o di levare il protesto nei termini stabiliti questi sono prolungati.

Il portatore è tenuto a dare avviso senza indugio nel caso di forza maggiore al girante precedente e a fare, sulla cambiale o sull'allungamento, menzione datata e sottoscritta di questo avviso; per il resto si applicano le disposizioni dell'articolo 52.

Cessata la forza maggiore, il portatore deve presentare senza indugio la cambiale per l'accettazione o per il pagamento e, se necessario, levare protesto.

Se la forza maggiore dura oltre trenta giorni dalla scadenza, il regresso può essere esercitato senza bisogno di presentazione e di protesto.

Nelle cambiali a vista o a certo tempo vista, il termine di trenta giorni decorre dalla data in cui il portatore, anche prima che sia scaduto il termine di presentazione, ha dato avviso della forza maggiore al girante precedente; nelle cambiali a certo tempo vista al termine di trenta giorni si aggiunge il termine dalla vista indicato nella cambiale.

Non sono considerati casi di forza maggiore i fatti puramente personali al portatore o alla persona da lui incaricata di presentare la cambiale o di levare il protesto.

Art. 62. – Fra più obbligati che abbiano assunto una posizione di pari grado nella cambiale non ha luogo l'azione cambiaria e il rapporto è regolato con le norme relative alle obbligazioni solidali.

Art. 63. – La cambiale ha gli effetti di titolo esecutivo per il capitale e per gli accessori a norma degli artt. 55, 56 e 59.

La cambiale emessa all'estero ha gli stessi effetti in quanto questi siano ammessi dalla legge del luogo in cui la cambiale è stata emessa.

Il precetto deve contenere la trascrizione della cambiale o del protesto e degli altri documenti necessari a dimostrare la somma dovuta.

Nelle obbligazioni cambiarie sottoscritte per procura il precetto deve indicare anche l'atto dal quale risulta il mandato.

Art. 64. – L'opposizione al precetto non sospende l'esecuzione; ma il presidente del tribunale, o il pretore competente per valore, su ricorso dell'opponente che disconosca la propria firma o la rappresentanza, oppure adduca gravi e fondati motivi, può, con decreto motivato non soggetto a gravame, esaminati i documenti prodotti, sospendere in tutto o in parte gli atti esecutivi, imponendo idonea cauzione.

Art. 65. – Nei giudizi cambiari, tanto di cognizione quanto di opposizione al precetto il debitore può opporre soltanto le eccezioni di nullità della cambiale a termini dell'art. 2 e quelle non vietate dall'art. 21.

Se le eccezioni siano di lunga indagine, il giudice, su istanza del creditore, deve emettere sentenza provvisoria di condanna, con cauzione o senza.

Può anche concedere su richiesta del debitore, quando concorrano gravi ragioni, la sospensione della esecuzione, imponendo, se lo ritenga opportuno, idonea cauzione.

Se la sospensione fosse stata già concessa col decreto indicato nell'articolo precedente, il giudice in prosieguo di giudizio deciderà la conferma o la revocazione del provvedimento.

Art. 66. – Se dal rapporto che diede causa alla emissione o alla trasmissione della cambiale derivi un'azione, questa permane nonostante l'emissiòne o la trasmissione della cambiale salvo che si provi che vi fu novazione.

Tale azione non può esercitarsi se non dopo accertata col protesto la mancanza di accettazione o di pagamento.

Il portatore non può esercitare l'azione causale se non offrendo al debitore la restituzione della cambiale e depositandola presso la cancelleria del giudice competente, purché abbia adempiuto le formalità necessarie per conservare al debitore stesso le azioni di regresso che possano competergli.

Art. 67. – Quando il portatore abbia perduto l'azione cambiaria contro tutti gli obbligati e non abbia contro i medesimi azione causale, può agire contro il traente o l'accettante o il girante per la somma di cui si siano arricchiti ingiustamente a suo danno.

Art. 68. – Il protesto deve essere fatto con un solo atto da un notaro o da un ufficiale giudiziario.

Nei comuni nei quali non esista notaro o ufficiale giudiziario il protesto può essere levato dal segretario comunale.

Non è richiesta l'assistenza di testimoni per levare protesto.

Art. 69. – Il protesto può essere fatto con atto separato, oppure essere scritto sulla cambiale o sul duplicato o sulla copia ovvero sul foglio di allungamento. Questo foglio può essere aggiunto anche dal notaro o dall'ufficiale giudiziario o dal segretario comunale, i quali in ogni caso dovranno apporre il proprio sigillo sulla linea di congiunzione.

Se il protesto è fatto con atto separato chi vi procede deve farne menzione sulla cambiale o sul duplicato o sulla copia o sul foglio di allungamento, a meno che si sia dovuto procedere al protesto pur non avendo il possesso del titolo.

Art. 70. – Il protesto si deve fare nei luoghi indicati dall'art. 44 contro le persone ivi rispettivamente indicate, anche se non presenti.

Se il domicilio di dette persone non si può rintracciare, il protesto può esser fatto in qualsiasi località nel luogo di pagamento a scelta di chi vi procede.

L'incapacità delle persone alle quali la cambiale deve essere presentata non dispensa dall'obbligo di levare il protesto contro di esse, salvo quanto è disposto nell'ultimo comma dell'art. 51.

Se la persona alla quale la cambiale deve essere presentata è morta, il protesto si leva egualmente al suo nome secondo le regole precedenti.

Art. 71. – Il protesto deve contenere:

1) la data;

2) il nome del richiedente;

3) l'indicazione dei luoghi in cui è fatto e la menzione delle ricerche eseguite a termine dell'art. 44;

4) l'oggetto delle richieste, il nome delle persone richieste, le risposte avute o i motivi pei quali non se ne ebbe alcuna;

5) la sottoscrizione del notaro o dell'ufficiale giudiziario o del segretario comunale.

Il protesto per atto separato deve contenere la trascrizione della cambiale.

Per più cambiali da pagarsi dalla stessa persona nello stesso luogo, il creditore può levare protesto con unico atto separato.

Art. 72. – A meno che il traente non abbia prescritto sullo stesso titolo l'obbligo del protesto, questo può essere sostituito, se il portatore lo consente, da una dichiarazione di rifiuto dell'accettazione o del pagamento, scritta e datata sulla cambiale o sul foglio di allungamento o su atto separato e firmata dal trattario.

Questa dichiarazione per avere gli effetti del protesto deve essere sottoposta a registrazione nei termini del protesto medesimo.

Nei casi previsti nel primo comma la girata senza data si presume latta anteriormente alla dichiarazione.

Art. 73. – I notari, gli ufficiali giudiziari e i segretari comunali debbono tener nota, nel repertorio, dei protesti, indicando i requisiti di cui agli articoli precedenti, giorno per giorno e per ordine di data.

L'originale del protesto fatto per atto separato deve essere consegnato al portatore della cambiale.

Capo VIII
Dell'intervento

Sezione I
Disposizioni generali

Art. 74. – Il traente, il girante o l'avallante può indicare una persona per accettare o pagare al bisogno.

La cambiale può, nelle condizioni sottoindicate, essere accettata o pagata da una persona che interviene per qualsiasi obbligato in via di regresso.

L'interveniente può essere un terzo, lo stesso trattario o una persona già obbligata cambiariamente tranne l'accettante.

L'interveniente deve, nei due giorni feriali successivi all'intervento, darne avviso a colui per il quale è intervenuto. In caso di inosservanza di tale termine egli è responsabile della sua negligenza se abbia causato danno, senza però che l'ammontare del risarcimento possa superare quello della cambiale.

Sezione II
Dell'accettazione per intervento

Art. 75. – L'accettazione per intervento può essere fatta ogni qualvolta il portatore di una cambiale accettabile possa esercitare il regresso prima della scadenza.

Se sulla cambiale è stata indicata una persona per accettarla o pagarla al bisogno nel luogo del pagamento, il portatore non può esercitare prima della scadenza il regresso contro colui che ha apposto l'indicazione e contro i firmatari susseguenti a meno che egli abbia presentato la cambiale alla persona indicata e, avendone questa rifiutato l'accettazione, il rifiuto sia stato constatato con protesto.

Negli altri casi d'intervento il portatore può rifiutare l'accettazione per intervento. Tuttavia, se l'ammette, perde il diritto di agire prima della scadenza in via di regresso contro colui per il quale l'accettazione è stata data e contro i firmatari susseguenti.

Art. 76. – L'accettazione per intervento è apposta sulla cambiale ed è firmata dall'interveniente. Essa indica per chi è stata data; in mancanza di questa indicazione l'accettazione si reputa data per il traente.

Art. 77. – L'accettante per intervento risponde verso il portatore e verso i giranti susseguenti a colui per il quale è intervenuto, nello stesso modo di questo.

Nonostante l'accettazione per intervento, colui per il quale è stata data e i suoi garanti possono chiedere al portatore, contro rimborso della somma indicata nell'art. 55, la consegna della cambiale, del protesto e del conto di ritorno quietanzato, se del caso.

Se la cambiale non sia presentata all'accettante per intervento non più tardi del giorno seguente all'ultimo giorno consentito per levare il protesto per mancato pagamento l'obbligazione dell'accettante per intervento si estingue.

Sezione III
Del pagamento per intervento

Art. 78. – Il pagamento per intervento può essere fatto ogni qualvolta il portatore possa esercitare il regresso alla scadenza o prima di essa.

Il pagamento deve comprendere tutta la somma che avrebbe dovuto essere pagata da colui per il quale l'intervento ha luogo.

Esso deve essere fatto al più tardi nel giorno successivo all'ultimo giorno consentito per levare il protesto per mancato pagamento.

Il pagamento per intervento deve risultare dal protesto e, se questo era stato già levato, deve essere annotato in prosecuzione del protesto dal pubblico ufficiale che vi ha proceduto. Le spese del protesto sono ripetibili ancorché il traente abbia apposto sulla cambiale la clausola "senza spese".

Art. 79. – Se la cambiale è stata accettata da intervenienti che hanno il loro domicilio nel luogo del pagamento o se sono state indicate per pagare al bisogno persone che hanno il loro domicilio nel detto luogo, il portatore deve presentare la cambiale a tutte queste persone e, se del caso, levare protesto per mancato pagamento non più tardi del giorno seguente all'ultimo consentito per levare il protesto.

Se il protesto non è levato entro questo termine, colui che ha apposto l'indicazione al bisogno o per il quale la cambiale è stata accettata e i giranti susseguenti sono liberati.

Art. 80. – Il portatore che rifiuta il pagamento per intervento perde il regresso contro coloro che sarebbero stati liberati.

Art. 81. – Del pagamento per intervento deve essere data quietanza sulla cambiale coll'indicazione per chi è fatto. In mancanza di tale indicazione, il pagamento si intende fatto per il traente.

La cambiale e il protesto, se sia stato levato, devono essere consegnati a chi paga per intervento.

Art. 82. – Chi paga per intervento acquista i diritti inerenti alla cambiale contro colui per il quale ha pagato e contro coloro che sono obbligati cambiariamente verso quest'ultimo; ma non può girare nuovamente la cambiale.

I giranti susseguenti all'obbligato per il quale il pagamento è stato fatto sono liberati.

Se più persone offrono il pagamento per intervento, è preferita quella il cui pagamento libera il maggiore numero di obbligati. Chi scientemente interviene in contrasto con questa disposizione perde il regresso contro coloro che sarebbero stati liberati.

Capo IX
Dei duplicati e delle copie

Sezione I
Dei duplicati

Art. 83. – La cambiale può essere tratta in più esemplari identici (duplicati).

I duplicati devono essere numerati nel contesto di ciascun titolo; in difetto, si considerano come altrettante cambiali distinte.

Il portatore può chiedere il rilascio di duplicati a sue spese, salvo che dalla cambiale risulti che essa è tratta come sola di cambio. A tale effetto egli deve rivolgersi al suo girante immediato il quale è tenuto a prestare l'opera sua verso il proprio girante e così di seguito fino al traente. I giranti sono tenuti a riprodurre le girate sui duplicati.

Art. 84. – Il pagamento di un duplicato è liberatorio, ancorché non sia dichiarato che tale pagamento annulli gli effetti degli altri duplicati. Il trattario resta però obbligato per ogni duplicato accettato del quale non abbia ottenuta la restituzione.

Il girante che ha trasferito i duplicati a persone diverse e i giranti susseguenti sono obbligati per tutti i duplicati che portino la loro firma e non siano stati restituiti.

Art. 85. – Chi ha inviato un duplicato per la accettazione deve indicare sugli altri il nome della persona presso cui esso si trova. Questa è tenuta a consegnarlo al portatore legittimo di un altro duplicato.

Se essa si rifiuta, il portatore non può esercitare il regresso che dopo aver fatto constare con protesto:

1) che il duplicato inviato per l'accettazione non gli è stato consegnato malgrado sua richiesta;

2) che l'accettazione o il pagamento non ha potuto essere ottenuto su altro duplicato.

Sezione II
Delle copie

Art. 86. – Qualsiasi portatore di una cambiale ha diritto di farne una o più copie.

La copia deve riprodurre esattamente l'originale con le girate e tutte le altre indicazioni che vi figurano; essa deve indicare fin dove arriva.

Può essere girata ed avallata nello stesso modo e con gli stessi effetti dell'originale.

Art. 87. – La copia deve indicare chi detiene il titolo originale. Questi è tenuto a consegnarlo al Portatore legittimo della copia.

In caso di rifiuto il portatore non può esercitare il regresso contro le persone che hanno girato o avallato la copia se non dopo aver fatto constare con protesto che l'originale non gli è stato consegnato malgrado sua richiesta.

Se l'originale, dopo l'ultima girata apposta prima che la copia sia stata fatta, porti la clausola "da qui la girata non vale che sulla copia" od ogni altra formula equivalente, la girata fatta ulteriormente sull'originale è nulla.

Capo X
Delle alterazioni

Art. 88. – In caso di alterazione del testo della cambiale chi ha firmato dopo l'alterazione risponde nei termini del testo alterato; chi ha firmato prima risponde nei termini del testo originario.

Qualora non risulti dal titolo o non si dimostri che la firma sia stata apposta prima o dopo, si presume che sia stata apposta prima.

Capo XI
Dell'ammortamento

Art. 89. – In caso di smarrimento, sottrazione o distruzione, il portatore della cambiale può farne denuncia al trattario e chiedere l'ammortamento del titolo con ricorso al presidente del tribunale del luogo in cui la cambiale è pagabile, o al pretore del luogo in cui egli ha domicilio.

Il ricorso deve indicare i requisiti essenziali della cambiale e, se si tratta di cambiale in bianco, quelli sufficienti a identificarla.

Il presidente del tribunale o il pretore, premessi gli opportuni accertamenti sulla verità dei fatti e sul diritto del portatore, emette nel più breve tempo possibile un decreto con il quale, menzionando i dati della cambiale, ne pronuncia l'ammortamento e ne autorizza il pagamento dopo trenta giorni dalla data di pubblicazione del decreto nella Gazzetta Ufficiale della Repubblica, se la cambiale sia già scaduta o sia a vista, oppure dalla data della scadenza, se questa sia successiva alla detta pubblicazione, purché non venga fatta nel frattempo opposizione dal detentore.

Il decreto deve essere, a cura del ricorrente, notificato al trattario e pubblicato nella Gazzetta Ufficiale della Repubblica.

Malgrado la denuncia, il pagamento della cambiale al detentore prima della notificazione del decreto libera il debitore.

Art. 90. – L'opposizione del detentore deve essere in ogni caso proposta con citazione da notificarsi al ricorrente e al trattario della cambiale per comparire davanti al tribunale del luogo di pagamento.

Art. 91. – Durante il termine stabilito nell'art. 89, il ricorrente può esercitare tutti gli atti che tendono a conservare i suoi diritti e, trattandosi di cambiale a vista o già scaduta o che sia venuta intanto a scadere, è in facoltà di esigerne il pagamento mediante cauzione o di chiedere il deposito giudiziario della somma.

Art. 92. – Trascorso il termine indicato nell'art. 89 senza opposizione, o rigettata la opposizione con sentenza definitiva, la cambiale smarrita non ha più alcuna efficacia. Colui che ottenne l'ammortamento può, su presentazione del decreto e di un certificato del cancelliere del tribunale comprovante la non interposta opposizione, o su presentazione della sentenza definitiva che respinge l'opposizione, esigere il pagamento e, qualora la cambiale sia in bianco o non sia ancora scaduto, un duplicato.

Sulle cambiali sia scadute sia a vista dichiarate inefficaci sono dovuti interessi nella misura indicata negli artt. 55 e 56 salvo che la somma sia stata depositata a norma dell'art. 48 per conto della persona a favore della quale ha luogo l'ammortamento o è pronunciata la sentenza.

Art. 93. – L'ammortamento estingue ogni diritto derivante dalla cambiale ammortizzata, ma non pregiudica le eventuali ragioni del portatore verso chi ottenne l'ammortamento.

Capo XII
Della prescrizione

Art. 94. – Le azioni cambiarie contro l'accettante si prescrivono in tre anni a decorrere dalla data della scadenza.

Le azioni del portatore contro i giranti e contro il traente si prescrivono in un anno a decorrere dalla data del protesto levato in tempo utile o da quella della scadenza, se vi sia la clausola "senza spese".

Le azioni dei giranti gli uni contro gli altri e quelle contro il traente si prescrivono in sei mesi a decorrere dal giorno in cui il girante ha pagato la cambiale o dal giorno in cui l'azione di regresso è stata promossa contro di lui.

L'azione di arricchimento si prescrive nel termine di un anno dal giorno della perdita dell'azione cambiaria.

Art. 95. – La interruzione della prescrizione non vale che contro colui rispetto al quale è stato compiuto l'atto interruttivo.

Capo XIII
Disposizioni generali

Art. 96. – Il pagamento della cambiale che scade in giorno festivo legale non si può chiedere che il primo giorno feriale successivo. Ugualmente tutti gli altri atti relativi alla cambiale, e in particolare la presentazione per l'accettazione e il protesto, non possono essere fatti che in giorno feriale.

Se uno di questi atti deve essere fatto entro un termine il cui ultimo giorno è festivo legale, il termine è prorogato fino al primo giorno feriale successivo. I giorni festivi intermedi sono compresi nel computo del termine.

Art. 97. – Nei termini legali o convenzionali non si computa il giorno da cui cominciano a decorrere.

Art. 98. – Non sono ammessi giorni di rispetto né legali né giudiziari.

Art. 99. – Agli effetti della presente legge col termine domicilio si intende il luogo di residenza e col termine luogo di pagamento l'intero territorio del comune.

TITOLO II
DEL VAGLIA CAMBIARIO

Art. 100. – Il vaglia cambiario contiene:

1) la denominazione del titolo inserita nel contesto ed espressa nella lingua in cui esso è redatto;

2) la promessa incondizionata di pagare una somma determinata;

3) l'indicazione della scadenza;

4) l'indicazione del luogo di pagamento;

5) il nome di colui al quale o all'ordine del quale deve farsi il pagamento;

6) l'indicazione della data e del luogo in cui il vaglia è emesso;

7) la sottoscrizione di colui che emette il titolo (emittente);

7-bis) l'indicazione del luogo e della data di nascita ovvero del codice fiscale dell'emittente.

Il vaglia cambiario può anche denominarsi "pagherò cambiario" o "cambiale".

Art. 101. – Il titolo nel quale manchi alcuno dei requisiti indicati nell'articolo precedente non vale come vaglia cambiario, salvo nei casi previsti nei seguenti comma.

Il vaglia cambiario senza indicazione di scadenza si considera pagabile a vista.

In mancanza d'indicazione speciale, il luogo di emissione del titolo si reputa luogo del pagamento ed insieme domicilio dell'emittente.

Il vaglia cambiario in cui non è indicato il luogo di emissione si considera sottoscritto nel luogo indicato accanto al nome dell'emittente.

Art. 102. – In quanto non siano incompatibili con la natura del vaglia cambiario, sono applicabili ad esso le disposizioni relative alla cambiale e concernenti:

la girata;

la scadenza;

il pagamento;

l'azione cambiaria, il regresso per mancato pagamento ed il protesto;

il pagamento per intervento;

le copie;

le alterazioni;

la prescrizione;

i giorni festivi il computo dei termini e l'inammissibilità dei giorni di rispetto.

Sono egualmente applicabili al vaglia cambiario le disposizioni concernenti la cambiale pagabile presso un terzo o in luogo diverso da quello del domicilio del trattario, la promessa di interessi, la differenza nell'indicazione della somma, gli effetti delle firme apposte nelle circostanze previste dall'art. 7, quelli della firma di persona che agisce senza poteri o eccedendo i suoi poteri e la cambiale in bianco.

Sono egualmente applicabili al vaglia cambiario le disposizioni relative all'avallo; se l'avallo nel caso previsto dall'art. 36, ultimo comma, non indica per chi è dato, si reputa dato per l'emittente.

Sono egualmente applicabili al vaglia cambiario le disposizioni relative all'ammortamento e quelle dell'art. 99.

Art. 103. – L'emittente è obbligato nello stesso modo dell'accettante di una cambiale.

Il vaglia cambiario pagabile a certo tempo vista deve essere presentato al visto dell'emittente nel termine fissato dall'articolo 28. Il termine dalla vista decorre dalla data del visto apposto dall'emittente sul vaglia. Il rifiuto dell'emittente di apporre il visto datato è constatato con protesto, la cui data serve a fissare l'inizio del termine dalla vista.

TITOLO III
DISPOSIZIONI TRIBUTARIE

Art. 104. – La validità della cambiale e del vaglia cambiario, compresi quelli a vista o a certo tempo vista, non è subordinata all'osservanza delle disposizioni della legge sul bollo. Essi tuttavia, se non siano stati regolarmente bollati originariamente, o nel tempo prescritto dalla legge, non hanno la qualità di titolo esecutivo.

Il portatore non può esercitare i diritti cambiari inerenti al titolo se non abbia corrisposto la tassa di bollo dovuta e pagato la relativa penalità.

La inefficacia come titolo esecutivo dev'essere rilevata e pronunciata dai giudici anche d'ufficio.

Art. 105. – Qualora la cambiale pagabile a vista o a certo tempo vista od il vaglia cambiario pagabile a vista o a certo tempo vista portino l'indicazione di interessi, la tassa graduale di bollo è dovuta oltre che sul capitale anche sullo importo degli interessi, i quali debbono essere calcolati in base al saggio indicato sul titolo e in ragione del periodo di validità del titolo stesso nei riguardi del bollo. In nessun caso gli interessi possono essere calcolati per un periodo superiore a dieci mesi.

TITOLO IV
DISPOSIZIONI TRANSITORIE E FINALI

Art. 106. – Le cambiali ed i vaglia cambiari anche se in bianco, emessi prima dell'entrata in vigore della presente legge, sono regolati a tutti gli effetti, anche nei riguardi del bollo, dalla legge anteriore, ancorché alcune delle obbligazioni in essi contenute siano state assunte successivamente.

Ad essi sono invece applicabili le disposizioni della presente legge che riguardano la forma e i termini del protesto e le disposizioni sull'ammortamento. Sono applicabili inoltre le disposizioni dell'art. 61.

Gli effetti degli atti, che valgono ad evitare la decadenza dell'azione cambiaria o ad interrompere la prescrizione dell'azione, e che siano stati compiuti prima dell'entrata in vigore della presente legge, sono regolati dalla legge anteriore. Se gli atti stessi sono invece compiuti dopo l'entrata in vigore della presente legge, gli effetti sono regolati dall'art. 94 per ciò che concerne la prescrizione, salvo l'osservanza della legge anteriore per quanto riguarda la decadenza.

Art. 107. – Le disposizioni dell'art. 14 si applicano anche alle cambiali e ai vaglia cambiari rilasciati in bianco anteriormente all'entrata in vigore della presente legge.

Il termine di tre anni previsto nell'articolo 14 decorre, per i titoli suddetti, dal giorno dell'entrata in vigore della presente legge, a meno che la prescrizione decennale del diritto di riempimento si compia, secondo la legge anteriore, prima della scadenza del termine medesimo.

R.d. 21 dicembre 1933, n. 1736

Disposizioni sull'assegno bancario, sull'assegno circolare e su alcuni titoli speciali dell'Istituto di emissione, del Banco di Napoli e del Banco di Sicilia

Art. 1. – Alle disposizioni sull'assegno bancario contenute nel codice di commercio sono sostituite le norme sull'assegno bancario, sull'assegno circolare e su alcuni titoli speciali dell'Istituto di emissione, del Banco di Napoli e del Banco di Sicilia, allegate al presente decreto e firmate, di ordine Nostro, dal Ministro Guardasigilli.

Le disposizioni sugli assegni circolari e sui titoli speciali dell'Istituto di emissione, del Banco di Napoli e del Banco di Sicilia contenute in leggi speciali restano in vigore, in quanto non siano incompatibili con le norme anzidette.

Art. 2. – Le norme approvate col presente decreto entreranno in vigore il 1° gennaio 1934.

DISPOSIZIONE

TITOLO I
DELL'ASSEGNO BANCARIO

Capo I
Della emissione e della forma dell'assegno bancario

Art. 1. – L'assegno bancario (chéque) contiene:

1) la denominazione di assegno bancario (chéque) inserita nel contesto del titolo ed espressa nella lingua in cui esso è redatto;

2) l'ordine incondizionato di pagare una somma determinata;

3) il nome di chi è designato a pagare (trattario);

4) l'indicazione del luogo di pagamento;

5) l'indicazione della data e del luogo dove l'assegno bancario è emesso;

6) la sottoscrizione di colui che emette l'assegno bancario (traente).

Art. 2. – Il titolo nel quale manchi alcuno dei requisiti indicati nell'articolo precedente non vale come assegno bancario, salvo i casi previsti nei seguenti comma.

In mancanza di indicazione speciale, il luogo indicato accanto al nome del trattario si reputa luogo del pagamento. Se più luoghi sono indicati accanto al nome del trattario, l'assegno bancario è pagabile nel luogo indicato per primo.

In mancanza di queste o di ogni altra indicazione, l'assegno bancario è pagabile nel luogo in cui è stato emesso; e, se in esso non vi è uno stabilimento del trattario, nel luogo dove questi ha lo stabilimento principale.

L'assegno bancario in cui non è indicato il luogo di emissione si considera sottoscritto nel luogo indicato accanto al nome del traente.

Art. 3. – L'assegno bancario è tratto su di un banchiere. Tuttavia il titolo emesso o pagabile fuori del territorio della Repubblica o di territori soggetti alla sovranità italiana è valido come assegno bancario anche se tratto su persona che non sia banchiere (1).

L'assegno bancario non può essere emesso se il traente non abbia fondi disponibili presso il trattario dei quali abbia diritto di disporre per assegno bancario, e in conformità di una convenzione espressa o tacita. Il titolo tuttavia vale come assegno bancario anche se non sia osservata tale prescrizione.

(1) Comma così modificato dall'art. unico del r.d.l. 27/6/1935, n. 1217.

Art. 4. – L'assegno bancario non può essere accettato. Ogni menzione di accettazione apposta sull'assegno bancario si ha per non scritta.

Ogni menzione di certificazione, conferma, visto e ogni altra equivalente, scritta sul titolo e firmata dal trattario, ha soltanto l'effetto di accertare l'esistenza dei fondi ed impedirne il ritiro da parte del traente prima della scadenza del termine di presentazione.

Art. 5. – L'assegno bancario può essere pagabile:

a una persona determinata con o senza l'espressa clausola "all'ordine";

a una persona determinata con la clausola "non all'ordine" o altra equivalente;

al portatore.

L'assegno bancario a favore di una persona determinata, con la clausola "o al portatore" ovvero con altra equivalente, vale come assegno bancario al portatore.

L'assegno bancario senza indicazione del prenditore vale come assegno bancario al portatore.

Art. 6. – L'assegno bancario può essere all'ordine dello stesso traente.

L'assegno bancario può essere tratto per conto di un terzo.

L'assegno bancario non può essere tratto sullo stesso traente, salvo che il titolo sia tratto fra diversi stabilimenti di uno stesso traente. In questo caso l'assegno non può essere al portatore.

Art. 7. – Qualsiasi promessa d'interessi inserita nell'assegno bancario si ha per non scritta.

Art. 8. – L'assegno bancario può essere pagabile al domicilio di un terzo sia nel luogo del domicilio del trattario, sia in altro luogo, ancorché il terzo non sia banchiere.

Art. 9. – L'assegno bancario con la somma da pagarsi scritta in lettere ed in cifre vale, in caso di differenza, per la somma indicata in lettere.

Se la somma da pagarsi è scritta più di una volta in lettere o in cifre, l'assegno bancario, in caso di differenza, vale per la somma minore.

Art. 10. – Se l'assegno bancario contiene firme di persone incapaci di obbligarsi per l'assegno, firme false o di persone immaginarie ovvero firme che per qualsiasi altra ragione non obbligano le persone che hanno firmato l'assegno bancario o col nome delle quali esso è stato firmato, le obbligazioni degli altri firmatari restano tuttavia valide.

Art. 11. – Ogni sottoscrizione deve contenere il nome e il cognome o la ditta di colui che si obbliga. È valida tuttavia la sottoscrizione nella quale il nome sia abbreviato o indicato con la sola iniziale.

Art. 12. – Il minore emancipato non autorizzato all'esercizio del commercio e l'inabilitato non assumono obbligazioni se la loro firma non sia accompagnata da quella del curatore con la clausola "per assistenza" o altra equivalente. Se sia omessa detta clausola o altra equivalente il curatore è obbligato personalmente.

Art. 13. – Il genitore o il tutore non autorizzato all'esercizio del commercio per conto del minore o dell'interdetto, si può obbligare in nome di costoro, il primo con l'autorizzazione del tribunale, l'altro con l'autorizzazione del consiglio di famiglia o di tutela omologata dal tribunale, l'una e l'altra anche di carattere generale.

Art. 14. – Chi appone la firma sull'assegno bancario quale rappresentante di una persona per la quale non ha il potere di agire, è obbligato per effetto dell'assegno bancario come se l'avesse firmato in proprio, e, se ha pagato, ha gli stessi diritti che avrebbe avuto il preteso rappresentato. La stessa disposizione si applica al rappresentante che abbia ecceduto i suoi poteri.

Art. 15. – La facoltà generale di obbligarsi in nome e per conto altrui comprende anche quella di emettere e girare assegni, salvo che l'atto di rappresentanza disponga diversamente.

Art. 16. – Il traente risponde del pagamento. Ogni clausola con la quale si esoneri da tale responsabilità si ha per non scritta.

Capo II
Del trasferimento

Art. 17. – L'assegno bancario pagabile ad una persona determinata con o senza la clausola espressa "all'ordine" è trasferibile mediante girata.

L'assegno bancario pagabile ad una persona determinata con la clausola "non all'ordine" o altra equivalente, non può essere trasferito che nella forma e con gli effetti della cessione ordinaria.

La girata può essere fatta anche a favore del traente o di qualunque altro obbligato. Essi possono girare di nuovo l'assegno bancario.

Art. 18. – La girata deve essere incondizionata. Qualsiasi condizione alla quale sia subordinata si ha per non scritta.

La girata parziale è nulla.

È ugualmente nulla la girata del trattario.

La girata al portatore vale come girata in bianco.

La girata al trattario vale come quietanza, salvo il caso che il trattario abbia diversi stabilimenti e la girata sia fatta ad uno stabilimento diverso da quello sul quale l'assegno bancario è stato tratto.

Art. 19. – La girata deve essere scritta sull'assegno bancario o su un foglio ad esso attaccato (allungamento). Deve essere sottoscritta dal girante.

La girata è valida ancorché il beneficiario non sia indicato o il girante abbia apposto soltanto la firma (girata in bianco). In questo caso la girata per essere valida deve essere scritta a tergo dell'assegno bancario o sull'allungamento.

Art. 20. – La girata trasferisce tutti i diritti inerenti all'assegno bancario.

Se la girata è in bianco, il portatore può:

1) riempirla col proprio nome o con quello di altra persona;

2) girare l'assegno bancario di nuovo in bianco o a persona determinata;

3) trasmettere l'assegno bancario ad un terzo, senza riempire la girata in bianco e senza girarlo.

Art. 21. – Il girante, se non vi sia clausola contraria, risponde del pagamento.

Egli può vietare una nuova girata; in questo caso non è responsabile verso coloro ai quali l'assegno bancario sia ulteriormente girato.

Art. 22. – Il detentore dell'assegno bancario trasferibile per girata è considerato portatore legittimo se giustifica il suo diritto con una serie continua di girate, anche se l'ultima è in bianco. Le girate cancellate si hanno, a questo effetto per non scritte. Se una girata in bianco è seguita da un'altra girata, si reputa che il sottoscrittore di quest'ultima abbia acquistato l'assegno bancario per effetto della girata in bianco.

Art. 23. – Una girata apposta ad un assegno bancario al portatore rende il girante responsabile secondo le norme sul regresso; ma non trasforma il titolo in un assegno bancario all'ordine.

Art. 24. – Se una persona ha perduto per qualsiasi ragione il possesso di un assegno bancario, il nuovo portatore, cui è pervenuto l'assegno bancario – sia che si tratti di assegno bancario al portatore, sia che si tratti di assegno bancario trasferibile per girata e rispetto al quale il portatore giustifichi il suo diritto nella maniera indicata nell'art. 22 – non è tenuto a consegnarlo se non quando l'abbia acquistato in mala fede ovvero abbia commesso colpa grave acquistandolo.

Art. 25. – La persona contro la quale sia promossa azione in virtù dell'assegno bancario, non può opporre al portatore le eccezioni fondate sui suoi rapporti personali col traente e con i portatori precedenti, a meno che il portatore, acquistando l'assegno bancario, abbia agito scientemente a danno del debitore.

Art. 26. – Se alla girata è apposta la clausola "valuta per incasso", "per incasso", "per procura", od ogni altra che implichi un semplice mandato, il portatore può esercitare tutti i diritti inerenti all'assegno bancario, ma non può girarlo che per procura.

Gli obbligati non possono in questo caso opporre al portatore se non le eccezioni che avrebbero potuto opporre al girante.

Il mandato contenuto in una girata per procura non si estingue per la morte del mandante o per la sopravvenuta sua incapacità.

Art. 27. – La girata fatta dopo il protesto o dopo una constatazione equivalente oppure dopo spirato il termine per la presentazione produce solo gli effetti di una cessione ordinaria.

La girata senza data si presume, fino a prova contraria, fatta prima del protesto o della constatazione equivalente, oppure prima dello spirare del termine indicato nel comma precedente.

Capo III
Dell'avallo

Art. 28. – Il pagamento di un assegno bancario può essere garantito con avallo per tutta o parte della somma.

Questa garanzia può essere prestata da un terzo, escluso il trattario, o anche da un firmatario dell'assegno bancario.

Art. 29. – L'avallo è apposto sull'assegno bancario o sull'allungamento.

È espresso con le parole "per avallo" o con ogni altra formula equivalente; è sottoscritto dall'avallante.

Si considera dato con la sola firma dell'avallante apposta sulla faccia anteriore dell'assegno bancario, purché non si tratti della firma del traente.

L'avallo deve indicare per chi è dato. In mancanza di questa indicazione si intende dato per il traente.

Art. 30. – L'avallante è obbligato nello stesso modo di colui per il quale l'avallo è stato dato.

La sua obbligazione è valida ancorché l'obbligazione garantita sia nulla per qualsiasi altra causa che un vizio di forma.

L'avallante che paga l'assegno bancario acquista i diritti ad esso inerenti contro l'avallato e contro coloro che sono obbligati verso di lui per effetto dell'assegno bancario.

Capo IV
Della presentazione e del pagamento

Art. 31. – L'assegno bancario è pagabile a vista. Ogni contraria disposizione si ha per non scritta.

L'assegno bancario presentato al pagamento prima del giorno indicato come data di emissione è pagabile nel giorno di presentazione.

L'assegno bancario può essere presentato al pagamento, anche nel caso previsto dall'articolo 34, in forma sia cartacea sia elettronica (1).

(1) Articolo modificato dall'art. 8, co. 7, lett. b), d.l. 13/5/2011, n. 70.

Art. 32. – L'assegno bancario deve essere presentato al pagamento nel termine di otto giorni se è pagabile nello stesso comune in cui fu emesso; di quindici giorni se pagabile in altro comune della Repubblica; di trenta giorni se pagabile nei territori comunque soggetti alla sovranità italiana compresi nel bacino del Mediterraneo; di sessanta giorni se è pagabile negli altri territori soggetti alla sovranità italiana.

L'assegno bancario emesso in un paese diverso da quello nel quale è pagabile deve essere presentato entro il termine di venti giorni o di sessanta giorni a seconda che il luogo di emissione e quello di pagamento siano nello stesso o in diversi continenti.

A questo effetto gli assegni bancari emessi in un paese di Europa e pagabili in un paese litoraneo del Mediterraneo o viceversa sono considerati come assegni bancari emessi e pagabili nello stesso continente.

I termini suddetti decorrono dal giorno indicato nell'assegno bancario come data di emissione.

Art. 33. – Se un assegno bancario è tratto fra due piazze che hanno calendari diversi, il giorno dell'emissione è sostituito con quello corrispondente del calendario del luogo di pagamento.

Art. 34. – La presentazione ad una stanza di compensazione equivale a presentazione per il pagamento.

Art. 35. – L'ordine di non pagare la somma dell'assegno bancario non ha effetto che dopo spirato il termine di presentazione.

In mancanza di tale ordine, il trattario può pagare anche dopo spirato detto termine.

Art. 36. – La morte del traente e la sua incapacità sopravvenuta dopo l'emissione lasciano inalterati gli effetti dell'assegno bancario.

Art. 37. – Il trattario che paga l'assegno bancario può esigere che esso gli sia consegnato quietanzato dal portatore.

Il portatore non può rifiutare un pagamento parziale.

In caso di pagamento parziale, il trattario può esigere che ne sia fatta menzione sull'assegno bancario e gliene sia data quietanza.

Art. 38. – Il trattario che paga un assegno bancario trasferibile per girata è tenuto ad accertare la regolare continuità delle girate, ma non a verificare la autenticità delle firme dei giranti.

Art. 39. – Se l'assegno bancario è pagabile in moneta che non ha corso nel luogo di pagamento la somma può essere pagata entro il termine di presentazione nella moneta del paese secondo il suo valore nel giorno del pagamento. Se il pagamento non è stato fatto alla presentazione, il portatore può a sua scelta domandare che la somma sia pagata nella moneta del paese secondo il valore nel giorno della presentazione o in quello del pagamento.

Il valore della moneta estera è determinato dagli usi del luogo di pagamento. Il traente può tuttavia stabilire che la somma da pagare sia calcolata secondo il corso indicato nell'assegno bancario.

Le disposizioni precedenti non si applicano nel caso in cui il traente abbia stabilito che il pagamento sia fatto in una moneta espressamente indicata (clausola di pagamento effettivo in moneta estera).

Se la somma è indicata in una moneta avente la stessa denominazione, ma un valore diverso nel paese di emissione e in quello del pagamento, si presume che l'indicazione si riferisca alla moneta del luogo di pagamento.

Capo V
Dell'assegno bancario sbarrato, dell'assegno bancario da accreditare, dell'assegno bancario "non trasferibile", e dell'assegno turistico

Art. 40. – Il traente o il portatore dell'assegno bancario può sbarrarlo con gli effetti indicati nell'articolo seguente.

Lo sbarramento è fatto con due sbarre parallele opposte sulla faccia anteriore. Esso può essere generale o speciale.

Lo sbarramento è generale se tra le due sbarre non vi è alcuna indicazione o vi è la semplice parola "banchiere" o altra equivalente; è speciale se tra le due sbarre è scritto il nome di un banchiere.

Lo sbarramento generale può essere trasformato in sbarramento speciale; ma questo non può essere trasformato in sbarramento generale.

La cancellazione dello sbarramento o del nome del banchiere si ha per non fatta.

Art. 41. – L'assegno bancario con sbarramento generale non può essere pagato dal trattario che a un banchiere o a un cliente del trattario.

Un assegno bancario con sbarramento speciale non può essere pagato dal trattario che al banchiere designato, o, se questi è il trattario, a un suo cliente. Tuttavia il banchiere designato può servirsi per l'incasso di altro banchiere.

Un banchiere non può acquistare un assegno sbarrato che da un suo cliente o da altro banchiere. Non può incassarlo per conto di altre persone tranne le anzidette.

Un assegno bancario con diversi sbarramenti speciali non può essere pagato dal trattario salvo il caso che si tratti di due sbarramenti, di cui uno per l'incasso a mezzo di una stanza di compensazione.

Il trattario o il banchiere che non osservi le precedenti disposizioni risponde del danno nei limiti dell'importo dell'assegno bancario.

Art. 42. – Il traente o il portatore di un assegno bancario può vietare che esso sia pagato in contanti, apponendo sulla faccia anteriore in senso trasversale le parole "da accreditare" o altra espressione equivalente.

In questo caso l'assegno bancario non può essere regolato dal trattario che a mezzo di una scritturazione contabile (accreditamento in conto, giro in conto, compensazione). Il regolamento per scritturazione contabile equivale a pagamento.

La cancellazione delle parole "da accreditare" si ha per non fatta.

Il trattario che non osservi le norme sopra indicate risponde del danno nei limiti dell'importo dell'assegno bancario. Il trattario non è tenuto ad accreditare l'assegno che ad un proprio correntista.

Art. 43. – L'assegno bancario emesso con la clausola "non trasferibile" non può essere pagato se non al prenditore o, a richiesta di costui, accreditato nel suo conto corrente. Questi non può girare l'assegno se non ad un banchiere, per l'incasso, il quale non può ulteriormente girarlo. Le girate apposte nonostante il divieto si hanno per non scritte. La cancellazione della clausola si ha per non avvenuta.

Colui che paga un assegno non trasferibile a persona diversa dal prenditore o dal banchiere giratario per l'incasso risponde del pagamento.

La clausola "non trasferibile" deve essere apposta anche dal banchiere su richiesta del cliente.

La stessa clausola può essere apposta da un girante con i medesimi effetti.

Le disposizioni del presente articolo si applicano soltanto agli assegni pagabili nel territorio della Repubblica o nei territori soggetti alla sovranità italiana (1).

(1) Per gli assegni di importo superiore a 20 milioni, vedi l'art. 1 del d.l. 3/5/1991, n. 143.

Art. 44. – Il traente dell'assegno bancario può subordinarne il pagamento all'esistenza sul titolo, nel momento della presentazione, di una doppia firma conforme del prenditore (assegno turistico).

Capo VI
Del regresso per mancato pagamento

Art. 45. – Il portatore può esercitare il regresso contro i giranti, il traente e gli altri obbligati se l'assegno bancario, presentato in tempo utile, non è pagato, purché il rifiuto del pagamento sia constatato:

1) con atto autentico (protesto), oppure:

2) con dichiarazione del trattario scritta sull'assegno bancario con l'indicazione del luogo e del giorno della presentazione, oppure:

3) con dichiarazione della Banca d'Italia, quale gestore delle stanze di compensazione o delle attività di compensazione e di regolamento delle operazioni relative agli assegni, attestante che l'assegno bancario, presentato in forma elettronica, non è stato pagato.

Il portatore mantiene i suoi diritti contro il traente, sebbene l'assegno bancario non sia stato presentato tempestivamente o non sia stato fatto il protesto o la constatazione equivalente. Se, dopo decorso il termine di presentazione, la disponibilità della somma sia venuta a mancare per fatto del trattario, il portatore perde tali diritti in tutto o limitatamente alla parte della somma che sia venuta a mancare (1).

(1) Articolo modificato dall'art. 8, co. 7, lett. b), d.l. 13/5/2011, n. 70.

Art. 46. – Il protesto o la constatazione equivalente deve farsi prima che sia spirato il termine di presentazione.

Se la presentazione è fatta l'ultimo giorno del termine, il protesto o la constatazione equivalente può farsi il primo giorno feriale successivo.

Art. 47. – Il portatore deve dare avviso al proprio girante ed al traente del mancato pagamento entro i quattro giorni feriali successivi al giorno del protesto o della dichiarazione equivalente e, se vi sia la clausola "senza spese", lo stesso giorno della presentazione. Ogni girante nei due giorni feriali successivi al giorno in cui ha ricevuto l'avviso deve informare il precedente girante dell'avviso ricevuto, indicando i nomi e gli indirizzi di coloro che hanno dato gli avvisi precedenti, e così di seguito, risalendo fino al traente. I termini predetti decorrono dal ricevimento dell'avviso precedente.

Se in conformità del precedente comma l'avviso è dato a un firmatario dell'assegno bancario, analogo avviso deve essere dato entro lo stesso termine al suo avallante.

Se un girante non ha indicato il suo indirizzo, o lo ha indicato in maniera illeggibile, basta che l'avviso sia dato al girante che lo precede.

Chi è tenuto a dare l'avviso può darlo in una forma qualsiasi anche col semplice rinvio dell'assegno bancario.

Egli deve provare di aver dato l'avviso nel termine stabilito. Il termine si considera rispettato se una lettera contenente l'avviso sia stata spedita per posta nel termine predetto.

Chi non dà l'avviso nel termine sopra indicato non decade dal regresso; tuttavia è responsabile della sua negligenza se abbia causato danno, senza però che l'ammontare del risarcimento possa superare quello dell'assegno bancario.

Art. 48. – Il traente, il girante o l'avallante può, con la clausola "senza spese", "senza protesto" od ogni altra equivalente, apposta sul titolo e firmata, dispensare il portatore dall'obbligo del protesto o della dichiarazione equivalente per esercitare il regresso.

Tale clausola, salvo il disposto dell'art. 45, ultimo comma, non dispensa il portatore dalla presentazione dell'assegno bancario, nei termini prescritti, né dagli avvisi. La prova dell'inosservanza dei termini incombe a colui che la oppone al portatore.

Se la clausola è apposta dal traente, essa produce i suoi effetti nei confronti di tutti i firmatari; se è apposta da un girante o da un avallante, produce i suoi effetti soltanto rispetto a costui. Se la clausola è apposta dal traente e il portatore fa levare il protesto o la constatazione equivalente, le spese restano a suo carico. Se la clausola è apposta da un girante o da un avallante, le spese del protesto o della constatazione equivalente, qualora uno di tali atti sia stato fatto, sono ripetibili contro tutti i firmatari.

Art. 49. – Tutte le persone obbligate in virtù dell'assegno bancario rispondono in solido verso il portatore.

Il portatore ha diritto di agire contro tutti i firmatari individualmente o congiuntamente e non è tenuto ad osservare l'ordine nel quale si sono obbligati.

Lo stesso diritto spetta a ogni firmatario che abbia pagato l'assegno bancario.

L'azione promossa contro uno degli obbligati non impedisce di agire contro gli altri, anche se posteriori a colui contro il quale si sia prima proceduto.

Art. 50. – Il portatore può chiedere in via di regresso:

1) l'ammontare dell'assegno bancario non pagato;

2) gli interessi al tasso legale dal giorno della presentazione;

3) le spese per il protesto o la constatazione equivalente, quelle per gli avvisi dati e le altre spese.

Art. 51. – Chi ha pagato l'assegno bancario può ripetere dai suoi garanti:

1) la somma integrale sborsata;

2) gli interessi sulla somma calcolati al tasso legale dal giorno del rimborso;

3) le spese sostenute.

Art. 52. – Qualsiasi obbligato contro il quale sia stato o possa essere promosso il regresso può esigere, contro pagamento, la consegna dell'assegno bancario col protesto o la constatazione equivalente e il conto di ritorno quietanzato.

Qualsiasi girante che ha pagato l'assegno bancario può cancellare la propria girata e quelle dei giranti susseguenti.

Art. 53. – Se un ostacolo insormontabile (disposizione di legge di uno Stato o altro caso di forza maggiore) impedisce di presentare l'assegno bancario, di levare il protesto o di ottenere la constatazione equivalente nei termini stabiliti, questi sono prolungati.

Il portatore è tenuto a dare avviso senza indugio del caso di forza maggiore al girante precedente e a fare, sull'assegno bancario o sull'allungamento, menzione datata e sottoscritta di questo avviso: per il resto si applicano le disposizioni dell'art. 47.

Cessata la forza maggiore, il portatore deve presentare senza indugio l'assegno bancario per il pagamento e, se necessario, levare protesto od ottenere la constatazione equivalente.

Se la forza maggiore dura oltre quindici giorni dal giorno in cui il portatore ha dato avviso della forza maggiore al precedente girante, ancorché detto avviso sia stato dato prima dello spirare del termine di presentazione, il regresso può essere esercitato senza bisogno di presentazione, di protesto o della constatazione equivalente.

Non sono considerati casi di forza maggiore i fatti puramente personali al portatore o alla persona da lui incaricata di presentare l'assegno bancario, di levare il protesto o di ottenere la constatazione equivalente.

Art. 54. – Fra più obbligati che abbiano assunto una posizione di pari grado nell'assegno bancario non ha luogo l'azione cambiaria e il rapporto è regolato con le norme relative alle obbligazioni solidali.

Art. 55. – L'assegno bancario ha gli effetti di titolo esecutivo per il capitale e per gli accessori a norma degli artt. 50 e 51.

L'assegno emesso all'estero ha gli stessi effetti in quanto questi siano ammessi dalla legge del luogo in cui l'assegno è stato emesso.

Il precetto deve contenere la trascrizione dell'assegno bancario o del protesto e degli altri documenti necessari a dimostrare la somma dovuta.

Art. 56. – L'opposizione al precetto non sospende l'esecuzione, ma il presidente del tribunale o il pretore competente per valore, su ricorso dell'opponente che disconosca la propria firma o la rappresentanza oppure adduca gravi e fondati motivi, può, con decreto motivato non soggetto a gravame, esaminati i documenti prodotti, sospendere in tutto o in parte gli atti esecutivi imponendo idonea cauzione.

Art. 57. – Nei giudizi, tanto di cognizione quanto di opposizione al precetto, il debitore può proporre soltanto le eccezioni di nullità dell'assegno bancario a termini dell'art. 2 e quelle non vietate dall'art. 25.

Se le eccezioni siano di lunga indagine, il giudice, su istanza del creditore, deve emettere sentenza provvisoria di condanna, con cauzione o senza.

Può anche concedere su richiesta del debitore, quando concorrano gravi ragioni, la sospensione dell'esecuzione imponendo, se lo ritenga opportuno, idonea cauzione.

Se la sospensione fosse stata già concessa col decreto indicato nell'articolo precedente, il giudice in prosieguo di giudizio deciderà la conferma o la revocazione del provvedimento.

Art. 58. – Se dal rapporto che diede causa alla emissione o alla trasmissione dell'assegno bancario derivi una azione, questa permane nonostante la emissione o la trasmissione del titolo, salvo che si provi che vi fu novazione.

Il possessore non può esercitare l'azione causale se non offrendo al debitore la restituzione dell'assegno bancario e depositandolo presso la cancelleria del giudice competente purché abbia adempiuto le formalità necessarie per conservare al debitore stesso le azioni di regresso che possano competergli.

Art. 59. – Qualora il portatore abbia perduto l'azione cambiaria contro tutti gli obbligati e non abbia contro i medesimi azione causale, può agire contro il traente che non abbia fatto provvista o si sia comunque arricchito ingiustamente a suo danno.

Eguale azione può esercitarsi nelle condizioni suddette anche contro i giranti.

Art. 60. – Il protesto dev'essere fatto con un solo atto da un notaro o da un ufficiale giudiziario.

Nei comuni nei quali non esista notaro o ufficiale giudiziario, il protesto può essere levato dal segretario comunale.

Non è richiesta l'assistenza di testimoni per levare protesto.

Art. 61. – Il protesto può essere fatto con atto separato, oppure essere scritto sull'assegno bancario o sul duplicato ovvero sul foglio di allungamento. Questo foglio può essere aggiunto anche dal notaro o dall'ufficiale giudiziario o dal segretario comunale, i quali in ogni caso dovranno apporre il proprio sigillo sulla linea di congiunzione.

Se il protesto è fatto con atto separato chi vi procede deve farne menzione sull'assegno bancario o sul duplicato o sul foglio di allungamento, a meno che si sia dovuto procedere al protesto pur non avendo il possesso del titolo (1).

Il protesto o la constatazione equivalente possono essere effettuati in forma elettronica sull'assegno presentato al pagamento in forma elettronica (1).

(1) Comma aggiunto dall'art. 8, co. 7, lett. b), d.l. 13/5/2011, n. 70.

Art. 62. – Il protesto si deve fare nel luogo di pagamento e contro il trattario o il terzo indicati per il pagamento anche se non presenti.

Se il domicilio di dette persone non si può rintracciare, il protesto può essere fatto in qualsiasi località nel luogo di pagamento a scelta di chi vi procede.

L'incapacità del trattario o del terzo indicato nell'art. 8 non dispensa dall'obbligo di levare il protesto contro di esso, salvo che il trattario sia fallito, nel qual caso la produzione della sentenza dichiarativa di fallimento basta per agire in regresso.

Se il trattario o il terzo è morto, il protesto si leva egualmente al suo nome secondo le regole precedenti.

Art. 63. – Il protesto deve contenere:

1) la data;

2) il nome del richiedente;

3) l'indicazione del luogo in cui è fatto e la menzione delle ricerche eseguite;

4) l'oggetto delle richieste, il nome della persona richiesta, le risposte avute o i motivi pei quali non se ne ebbe alcuna;

5) la sottoscrizione del nostro o dell'ufficiale giudiziario o del segretario comunale.

Il protesto per atto separato deve contenere la trascrizione dell'assegno bancario.

Per più assegni da pagarsi dalla stessa persona nello stesso luogo, il creditore può levare protesto con unico atto separato.

Art. 64. – Il protesto, ai sensi dell'art. 45 può essere sostituito, se il portatore lo consente, da una dichiarazione di rifiuto del pagamento, scritta e datata sul titolo o sul foglio di allungamento e firmata dal trattario.

Questa dichiarazione per avere gli effetti del protesto deve essere sottoposta a registrazione nei termini del protesto.

Nei casi previsti nel primo comma la girata senza data si presume fatta anteriormente alla dichiarazione.

Art. 65. – I notari, gli ufficiali giudiziari e i segretari comunali debbono tener nota, nel repertorio, dei protesti, indicando i requisiti di cui agli articoli precedenti, giorno per giorno e per ordine di data.

L'originale del protesto fatto per atto separato deve essere consegnato al portatore dell'assegno bancario.

Capo VII
Dei duplicati

Art. 66. – Ad eccezione degli assegni bancari al portatore, qualsiasi assegno bancario, emesso in un paese e pagabile in un altro paese oppure in una parte d'oltre mare dello stesso paese o viceversa, oppure emesso e pagabile nella stessa o in diverse parti d'oltre mare dello stesso paese, può essere emesso in diversi esemplari (duplicati). Se un assegno bancario è emesso in diversi duplicati, questi devono essere numerati nel contesto di ciascun titolo; in difetto, si considerano come altrettanti assegni bancari distinti.

Le copie informatiche di assegni cartacei sostituiscono ad ogni effetto di legge gli originali da cui sono tratte se la loro conformità all'originale è assicurata dalla banca negoziatrice mediante l'utilizzo della propria firma digitale e nel rispetto delle disposizioni attuative e delle regole tecniche dettate ai sensi dell'articolo 8, comma 7, lettere d) ed e), del decreto-legge 13 maggio 2011, n. 70 (1).

(1) Comma aggiunto dall'art. 8, co. 7, lett. c), d.l. 13/5/2011, n. 70.

Art. 67. – Il pagamento di un duplicato è liberatorio ancorché non sia dichiarato che tale pagamento annulli gli effetti degli altri duplicati.

Il girante che ha trasferito i duplicati a persone diverse ed i giranti susseguenti sono obbligati per tutti i duplicati che portino la loro firma e non siano stati restituiti.

Capo VIII
Delle alterazioni

Art. 68. – In caso di alterazione del testo di un assegno bancario chi ha firmato dopo l'alterazione risponde nei termini del testo alterato, chi ha firmato prima risponde nei termini del testo originario.

Qualora non risulti dal titolo o non si dimostri che la firma sia stata apposta prima o dopo, si presume che sia stata apposta prima.

Capo IX
Dell'ammortamento

Art. 69. – In caso di smarrimento, sottrazione o distruzione dell'assegno bancario, se ne può fare denuncia al trattario e chiedere l'ammortamento con ricorso al presidente del tribunale del luogo in cui l'assegno bancario è pagabile o al pretore del luogo in cui il richiedente ha domicilio.

Il ricorso deve indicare i requisiti essenziali dell'assegno bancario.

Il presidente del tribunale o il pretore, premessi gli opportuni accertamenti sulla verità dei fatti e sul diritto del portatore, emette nel più breve termine possibile un decreto con il quale, menzionando i dati dell'assegno bancario, ne pronuncia l'ammortamento e ne autorizza il pagamento dopo quindici giorni dalla data di pubblicazione del decreto nella Gazzetta Ufficiale della Repubblica, purché non venga fatta nel frattempo opposizione dal detentore.

Il decreto deve essere, a cura del ricorrente, notificato al traente e al trattario e pubblicato nella Gazzetta Ufficiale della Repubblica.

Malgrado la denuncia, il pagamento dell'assegno bancario al detentore prima della notificazione del decreto libera il trattario.

Art. 70. – L'opposizione del detentore deve essere in ogni caso proposta con citazione, da notificarsi al ricorrente, al trattario e al traente per comparire davanti al tribunale del luogo di pagamento.

Art. 71. – Durante il termine stabilito nell'art. 69 il ricorrente può esercitare tutti gli atti che tendono a conservare i suoi diritti ed è in facoltà di esigere il pagamento dell'assegno mediante cauzione o di chiedere il deposito giudiziario della somma.

Art. 72. – Trascorso il termine indicato nell'art. 69 senza opposizione, o rigettata l'opposizione con sentenza definitiva, l'assegno bancario smarrito non ha più alcuna efficacia. Colui che ottenne l'ammortamento può, su presentazione del decreto e di un certificato del cancelliere del tribunale, comprovante la non interposta opposizione, o su presentazione della sentenza definitiva che respinge l'opposizione, esigere il pagamento.

Art. 73. – Nel caso di assegno bancario emesso colla clausola "non trasferibile" non si fa luogo ad ammortamento, ma il prenditore ha diritto di ottenere a proprie spese un duplicato denunciando lo smarrimento, la distruzione o la sottrazione al trattario e al traente.

Art. 74. – L'ammortamento estingue ogni diritto derivante dall'assegno dichiarato inefficace, ma non pregiudica le eventuali ragioni del portatore verso chi ottenne l'ammortamento.

Capo X
Della prescrizione

Art. 75. – Il regresso del portatore contro i giranti, il traente e gli altri obbligati si prescrive in sei mesi dallo spirare del termine di presentazione.

Le azioni di regresso tra i diversi obbligati al pagamento dell'assegno bancario gli uni contro gli altri si prescrivono in sei mesi a decorrere dal giorno in cui l'obbligato ha pagato l'assegno bancario o dal giorno in cui l'azione di regresso è stata promossa contro di lui.

L'azione di arricchimento si prescrive nel termine di un anno dal giorno della perdita della azione nascente dal titolo.

Art. 76. – L'interruzione della prescrizione non vale che contro colui rispetto al quale è stato compiuto l'atto interruttivo.

Capo XI
Disposizioni generali

Art. 77. – Nella presente legge sotto il nome di banchiere si comprendono anche le persone o le istituzioni assimilate per legge ai banchieri.

Art. 78. – La presentazione e il protesto dell'assegno bancario non possono farsi che in giorno feriale.

Se l'ultimo giorno del termine stabilito dalla legge per compiere atti relativi all'assegno bancario e in particolare per la presentazione, per levare il protesto o per ottenere un atto equivalente è un giorno festivo legale, il termine è prorogato fino al primo giorno feriale successivo. I giorni festivi intermedi sono compresi nel computo del termine.

Art. 79. – Nei termini previsti dalla presente legge non si computa il giorno da cui cominciano a decorrere.

Art. 80. – Non sono ammessi giorni di rispetto né legali né giudiziari.

Art. 81. – Agli effetti della presente legge col termine domicilio s'intende il luogo di residenza, e col termine luogo di pagamento l'intero territorio del comune.

TITOLO II
DELL'ASSEGNO CIRCOLARE

Art. 82. – L'assegno circolare è un titolo di credito all'ordine emesso da un istituto di credito a ciò autorizzato dall'autorità competente, per somme che siano presso di esso disponibili al momento dell'emissione, e pagabile a vista presso tutti i recapiti comunque indicati dall'emittente.

L'istituto autorizzato ad emettere assegni circolari è tenuto a costituire in conformità delle leggi speciali, a garanzia dei medesimi una cauzione sulla quale i portatori dei titoli hanno privilegio speciale.

Art. 83. – L'assegno circolare contiene:

1) la denominazione di "assegno circolare" inserita nel contesto del titolo;

2) la promessa incondizionata di pagare a vista una somma determinata;

3) l'indicazione del prenditore;

4) l'indicazione della data e del luogo nel quale l'assegno circolare è emesso;

5) la sottoscrizione dell'istituto emittente.

Il titolo mancante di alcuno dei suddetti requisiti, non vale come assegno circolare.

Art. 84. – Il possessore decade dall'azione di regresso, se non presenta il titolo per il pagamento entro trenta giorni dall'emissione.

L'azione contro l'emittente si prescrive nel termine di tre anni dalla emissione.

La girata a favore dell'emittente estingue l'assegno.

Art. 85. – L'istituto può affidare l'emissione di assegni circolari muniti del suo visto ad un banchiere suo corrispondente, il quale deve firmare l'assegno come rappresentante dell'istituto.

Art. 86. – In quanto non siano incompatibili con la natura dell'assegno circolare o non siano derogate dalle norme della presente legge, sono applicabili all'assegno circolare le disposizioni della cambiale relative alla girata, al pagamento, al protesto, al regresso, alla prescrizione, nonché quelle relative ai titoli con firme false o di persone incapaci, e alle sottoscrizioni; ed anche quelle dell'assegno bancario sbarrato da accreditare, non trasferibile e turistico. All'assegno circolare si applica altresì la disposizione dell'assegno bancario di cui all'articolo 31, terzo comma (1).

Nella procedura di ammortamento dell'assegno circolare si applicano le disposizioni degli artt. 69 e 74, con le seguenti modificazioni.

Il ricorso deve essere fatto al presidente del tribunale del luogo in cui sia uno stabilimento dell'istituto emittente o al pretore del luogo in cui il ricorrente ha domicilio.

La notificazione del decreto deve essere fatta ad uno dei più vicini stabilimenti dell'istituto, il quale, a spese del ricorrente, ne darà subito comunicazione a tutti i recapiti presso i quali l'assegno è pagabile. L'eventuale opposizione deve essere proposta, con citazione da notificarsi al ricorrente ed al rappresentante dell'istituto, dinanzi al tribunale che ha emesso il decreto o, nel caso di decreto emesso dal pretore, dinanzi al tribunale nella cui giurisdizione è compresa la pretura.

La denuncia di smarrimento non rende responsabile l'istituto che paga l'assegno circolare al detentore prima della notificazione del decreto. Parimenti la notificazione del decreto non rende responsabile l'istituto qualora il pagamento del titolo venga effettuato presso uno stabilimento o un recapito al quale, per fatto non imputabile all'istituto, non sia ancora pervenuta la notizia del decreto.

Nel caso di smarrimento, distruzione o sottrazione di un assegno circolare emesso con la clausola "non trasferibile" non si fa luogo alla procedura di ammortamento, ma il prenditore ha diritto di ottenere, dopo venti giorni dalla denuncia, il pagamento dell'assegno presso la filiale alla quale fu fatta la denuncia.

(1) Comma modificato dall'art. 8, co. 7, lett. b), d.l. 13/5/2011, n. 70. Per l'efficacia della presente disposizione vedi l'art. 8, co. 7, lett. f), d.l. 70/2011.

TITOLO III
DEI TITOLI SPECIALI DELL'ISTITUTO DI EMISSIONE

Capo I
Del vaglia cambiario

Art. 87*. *– Il vaglia cambiario emesso dalla Banca d'Italia è un titolo di credito all'ordine, pagabile a vista presso qualsiasi filiale della Banca stessa.*

* Articolo abrogato dall'art. 31, co. 1, d.l. 21/6/2022, n. 73, conv., con modif., dalla l. 4/8/2022, n. 122. Per l'applicazione vedi l'art. 46, co. 2, del medesimo d.l. n. 73/2022.

Art. 88*. *– Il vaglia cambiario della Banca d'Italia contiene:*

1) la denominazione di "vaglia cambiario" inserita nel contesto del titolo;

2) la promessa incondizionata di pagare una somma determinata, indicata in lettere e in cifre;

3) la indicazione del prenditore;

4) la indicazione della data e del luogo in cui il vaglia è emesso;

5) la sottoscrizione dell'istituto.

Il vaglia cambiario, steso su carta filigranata, ha un numero progressivo di emissione e deve essere munito di una tabella numerica laterale destinata a controllare l'esattezza della cifra di emissione.

* Articolo abrogato dall'art. 31, co. 1, d.l. 21/6/2022, n. 73, conv., con modif., dalla l. 4/8/2022, n. 122. Per l'applicazione vedi l'art. 46, co. 2, del medesimo d.l. n. 73/2022.

Art. 89*. *– Il vaglia cambiario non può essere rilasciato se non contro versamento nelle casse dell'Istituto del corrispondente valore in biglietti di banca o in valuta legale.*

* Articolo abrogato dall'art. 31, co. 1, d.l. 21/6/2022, n. 73, conv., con modif., dalla l. 4/8/2022, n. 122. Per l'applicazione vedi l'art. 46, co. 2, del medesimo d.l. n. 73/2022.

Art. 90*. *– Sono applicabili al vaglia cambiario della Banca d'Italia le norme relative al vaglia cambiario, tranne quelle concernenti l'avallo, il pagamento per intervento, le copie, la cambiale pagabile presso un terzo o in luogo diverso da quello del domicilio del trattario, la promessa di interessi, la cambiale in bianco, e le disposizioni derogate dal presente capo.*

* Articolo abrogato dall'art. 31, co. 1, d.l. 21/6/2022, n. 73, conv., con modif., dalla l. 4/8/2022, n. 122. Per l'applicazione vedi l'art. 46, co. 2, del medesimo d.l. n. 73/2022.

Art. 91.– A garanzia dei vaglia cambiari, la Banca d'Italia è tenuta, a norma di legge, a costituire apposita riserva in oro o in divisa di paesi esteri nei quali abbia vigore la convertibilità dei biglietti di banca in oro.*

* Articolo abrogato dall'art. 31, co. 1, d.l. 21/6/2022, n. 73, conv., con modif., dalla l. 4/8/2022, n. 122. Per l'applicazione vedi l'art. 46, co. 2, del medesimo d.l. n. 73/2022.

Art. 92. – Il vaglia cambiario, se l'Istituto ne sia richiesto, deve essere emesso con la clausola "non trasferibile" con gli effetti di cui all'art. 43.*

* Articolo abrogato dall'art. 31, co. 1, d.l. 21/6/2022, n. 73, conv., con modif., dalla l. 4/8/2022, n. 122. Per l'applicazione vedi l'art. 46, co. 2, del medesimo d.l. n. 73/2022.

Art. 93 – In caso di smarrimento, sottrazione o distruzione di un vaglia cambiario della Banca di Italia, il possessore può farne denuncia e chiedere, con ricorso al presidente del tribunale del luogo ove sia una filiale dell'Istituto, che si proceda all'ammortamento del titolo. Il ricorso deve contenere la trascrizione o una esatta descrizione del vaglia.*

Il presidente del tribunale, premessi gli opportuni accertamenti sulla verità dei fatti e sul diritto del possessore, emette un decreto con il quale, menzionando i dati del vaglia, ne pronuncia l'ammortamento e autorizza l'Istituto a pagarlo decorsi quindici giorni dalla data di pubblicazione del decreto nella Gazzetta Ufficiale della Repubblica, purché non venga, nel frattempo, fatta opposizione dal detentore.

Il decreto deve essere notificato alla filiale dell'Istituto esistente nel luogo in cui trovasi il tribunale che ha emesso il decreto, affinché, a spese del procedente, ne venga data subito comunicazione a tutte le filiali.

La denuncia di smarrimento non rende responsabile la Banca d'Italia che paga il vaglia al detentore prima della notificazione del decreto. Parimenti la notificazione del decreto non rende responsabile la Banca qualora il pagamento del titolo venga effettuato da una filiale alla quale, per fatto non imputabile all'Istituto, non sia ancora pervenuta notizia del decreto.

* Articolo abrogato dall'art. 31, co. 1, d.l. 21/6/2022, n. 73, conv., con modif., dalla l. 4/8/2022, n. 122. Per l'applicazione vedi l'art. 46, co. 2, del medesimo d.l. n. 73/2022.

Art. 94. – L'opposizione del detentore deve essere proposta con citazione del ricorrente e della Banca d'Italia in persona del locale direttore, per comparire dinanzi al tribunale che ha pronunciato l'ammortamento.*

* Articolo abrogato dall'art. 31, co. 1, d.l. 21/6/2022, n. 73, conv., con modif., dalla l. 4/8/2022, n. 122. Per l'applicazione vedi l'art. 46, co. 2, del medesimo d.l. n. 73/2022.

Art. 95. – Durante il termine stabilito dall'art. 93, il ricorrente può esercitare tutti gli atti che tendono a conservare i suoi diritti ed ha facoltà di esigere il pagamento mediante cauzione o di chiedere il deposito giudiziario della somma.*

* Articolo abrogato dall'art. 31, co. 1, d.l. 21/6/2022, n. 73, conv., con modif., dalla l. 4/8/2022, n. 122. Per l'applicazione vedi l'art. 46, co. 2, del medesimo d.l. n. 73/2022.

Art. 96. – Trascorso il termine indicato nell'art. 93 senza opposizione, o rigettata l'opposizione con sentenza definitiva, il vaglia smarrito non ha più alcuna efficacia. Colui che ottenne l'ammortamento può, su presentazione del decreto e di un certificato del cancelliere del tribunale comprovante la non interposta opposizione, o su presentazione della sentenza definitiva che respinge questa ultima, esigere il pagamento.*

Sui vaglia dichiarati inefficaci non sono dovuti interessi dall'Istituto. Si applica inoltre la disposizione dell'art. 74.

* Articolo abrogato dall'art. 31, co. 1, d.l. 21/6/2022, n. 73, conv., con modif., dalla l. 4/8/2022, n. 122. Per l'applicazione vedi l'art. 46, co. 2, del medesimo d.l. n. 73/2022.

Art. 97. – Nel caso di smarrimento, distruzione o sottrazione di un vaglia cambiario emesso con la clausola "non trasferibile", non si fa luogo alla procedura di ammortamento, ma il prenditore ha diritto di ottenere, dopo quindici giorni dalla denuncia fattane, il pagamento del titolo presso la filiale alla quale fu fatta la denuncia.*

* Articolo abrogato dall'art. 31, co. 1, d.l. 21/6/2022, n. 73, conv., con modif., dalla l. 4/8/2022, n. 122. Per l'applicazione vedi l'art. 46, co. 2, del medesimo d.l. n. 73/2022.

Capo II
Dell'assegno bancario libero

Art. 98. – L'assegno bancario libero della Banca di Italia è un titolo di credito all'ordine emesso, per conto dell'Istituto, e contro versamento del corrispondente valore in biglietti di banca o in valuta legale, a mezzo di corrispondenti all'uopo autorizzati a seguito di versamento di idonea cauzione.

Esso è pagabile a vista presso qualsiasi filiale dell'Istituto.

Art. 99. – L'assegno bancario libero contiene:

1) la denominazione di "assegno bancario libero" inserita nel contesto del titolo;

2) l'ordine incondizionato di pagare una somma determinata indicata in lettere e in cifre;

3) l'indicazione della Banca d'Italia quale trattaria;

4) l'indicazione del prenditore;

5) l'indicazione della data e del luogo di emissione;

6) la sottoscrizione del traente.

L'assegno bancario libero, redatto su carta filigranata, ha un numero progressivo di emissione tanto dell'istituto trattario quanto del corrispondente traente. Esso dev'essere munito di una tabella numerica laterale destinata a controllare l'esattezza della cifra di emissione. Deve contenere inoltre l'indicazione, a timbro, del corrispondente che lo ha emesso.

Art. 100. – Le disposizioni sull'assegno bancario relative al trasferimento, alla presentazione, al pagamento, alla clausola di non trasferibilità, al protesto, al regresso, alla prescrizione, nonché quelle relative ai titoli con firme false o di persone incapaci e alle sottoscrizioni, sono applicabili all'assegno bancario libero in quanto non siano derogate dalle disposizioni del presente capo.

La disposizione sul vaglia cambiario della Banca d'Italia, relativa alla speciale garanzia è applicabile all'assegno bancario libero. Ad esso sono pure applicabili le disposizioni relative all'ammortamento, con le sole varianti che il decreto e l'eventuale citazione per l'opposizione debbono essere notificate tanto al traente quanto alla Banca d'Italia.

Capo III
Dell'assegno bancario piazzato

Art. 101. – La Banca d'Italia può consentire ai propri corrispondenti di emettere assegni bancari piazzati, cioè pagabili presso una sola filiale dell'Istituto, nei limiti della cauzione che i corrispondenti stessi hanno presso di esso.

Art. 102. – L'assegno bancario piazzato è un titolo di credito all'ordine a doppia matrice, una delle quali deve essere inviata, dal corrispondente che emette l'assegno, alla filiale dell'Istituto cui esso è aggregato, perché questa, dopo di aver munita la matrice del visto, la faccia pervenire, ove non sia essa medesima la filiale trattaria, alla filiale sulla quale l'assegno è tratto.

L'assegno è pagabile a vista presso la filiale sulla quale è tratto, non appena a questa ultima sia pervenuta la relativa matrice debitamente vistata.

Art. 103. – L'assegno bancario piazzato contiene:

1) la denominazione di "assegno bancario piazzato" inserita nel contesto del titolo;

2) l'ordine di pagare una somma determinata, indicata in lettere e cifre;

3) l'indicazione della Banca d'Italia quale trattaria;

4) l'indicazione del prenditore;

5) l'indicazione della data e del luogo di emissione, nonché di quello di pagamento;

6) la clausola che l'assegno sarà pagato soltanto dopo che la filiale sulla quale è tratto abbia ricevuto la relativa matrice;

7) la sottoscrizione del traente.

Art. 104. – Le disposizioni sull'assegno bancario relative al trasferimento, al pagamento, alla clausola di non trasferibilità, al protesto, al regresso, alla prescrizione, nonché quelle relative ai titoli con firme false o di persone incapaci e alle sottoscrizioni, sono applicabili all'assegno bancario piazzato, in quanto non siano derogate dalle disposizioni del presente capo.

Art. 105. – Sono applicabili all'assegno bancario piazzato le disposizioni relative all'ammortamento dell'assegno bancario libero della Banca d'Italia, salvo che la competenza per tale dichiarazione spetta al tribunale del luogo ove l'assegno è pagabile.

TITOLO IV
DEI TITOLI SPECIALI DEL BANCO DI NAPOLI E DEL BANCO DI SICILIA

Capo I
Del vaglia cambiario

Art. 106. – Al vaglia cambiario del Banco di Napoli e del Banco di Sicilia si applicano le disposizioni per l'analogo titolo dell'Istituto di emissione ad eccezione di quelle degli artt. 89 e 91.

Per quanto concerne la procedura di ammortamento sono applicabili le disposizioni dell'articolo 86.

Capo II
Dell'assegno di corrispondenti

Art. 107. – All'assegno di corrispondenti del Banco di Napoli e del Banco di Sicilia si applicano le disposizioni per l'assegno bancario libero dell'Istituto di emissione, eccetto quella dell'art. 91.

Per quanto concerne la procedura di ammortamento sono applicabili le disposizioni dell'articolo 86.

Capo III
Della fede di credito

Art. 108. – La fede di credito o polizzino del Banco di Napoli e del Banco di Sicilia è un titolo di credito all'ordine, pagabile a vista presso qualunque filiale del Banco, emesso a madre e figlia.

Art. 109. – La fede di credito contiene:

1) la denominazione di "fede di credito" inserita nel contesto del titolo;

2) la promessa di pagare una somma determinata;

3) l'indicazione del prenditore;

4) l'indicazione della data e del luogo di emissione;

5) la sottoscrizione del Banco come emittente.

Gli altri requisiti di forma della fede di credito sono determinati dal regolamento del Banco da approvarsi con regio decreto.

Art. 110. – La girata può contenere l'indicazione della causale del pagamento che viene disposto dal prenditore o girante e le condizioni alle quali il pagamento è subordinato. In tal caso l'intera girata deve essere scritta a mano e sottoscritta dal girante.

La condizione sospende il pagamento da parte del Banco, finché non sia dimostrato il suo adempimento.

Art. 111. – La firma del girante, quando sia stata apposta una condizione nella girata, deve essere autenticata da notaro.

Deve essere egualmente autenticata da notaro la firma di quietanza del portatore per pagamenti fatti in dipendenza di contratti o per pagamenti accettati a saldo finale.

Art. 112. – Il girante può annullare la girata con una formula di annullamento "cassa per me", "annullo la girata", o altra equivalente, da lui scritta e firmata; ma non può apportare sulla girata cancellazioni o abrasioni.

Art. 113. – Nel caso di smarrimento o di distruzione di una fede di credito, il Banco, su domanda dell'interessato, dopo quindici giorni dalla presentazione della domanda, può rimborsare la somma al denunciante previa stipulazione di una obbligazione garantita da fideiussore di gradimento del Banco e solidalmente responsabile col denunciante, o con la costituzione di una garanzia reale a scelta del Banco stesso.

Se il titolo sia intestato a persona diversa dal denunciante, il Banco può esigere il consenso dell'intestatario, con firma autentica.

La presentazione della domanda e il pagamento della somma non impediscono che il titolo sia pagato a chi se ne dimostri proprietario in base a una serie continua di girate.

Art. 114. – Le azioni risultanti dalla fede di credito si prescrivono in tre anni a decorrere dalla data dell'emissione. Nondimeno se la fede di credito sia stata girata con clausole o condizioni speciali, si applicano i termini di prescrizione previsti dal codice di commercio o dal codice civile, secondo la natura del negozio giuridico.

Capo IV
Della polizza notata del Banco di Napoli

Art. 115. – Resta salva la facoltà per il Banco di Napoli di emettere in conformità del proprio statuto polizze notate.

TITOLO V
DISPOSIZIONI PENALI

Art. 116*. – *È punito con la multa da lire 10.000 a lire 1.000.000 e nei casi più gravi anche con la reclusione sino a sei mesi, salvo che il fatto costituisca reato punibile con pena maggiore* (1)*: 1° chiunque emette un assegno bancario senza averne avuto dal trattario l'autorizzazione; 2° chiunque emette un assegno bancario senza che presso il trattario esista la somma sufficiente, ovvero, dopo averlo emesso e prima della scadenza dei termini fissati per la sua presentazione, dispone altrimenti in tutto o in parte della somma; 3° chiun-*

que emette un assegno bancario con data falsa o mancante di uno dei requisiti indicati ai numeri 1°, 2°, 3° e 5° dell'art. 1 e all'art. 11; 4° chiunque emette un assegno bancario contro le disposizioni dell'ultimo capoverso dell'art. 6. Nei casi più gravi la condanna per uno dei delitti previsti nei numeri 1 e 2 del comma precedente importa, indipendentemente dall'applicazione dell'art. 69 del codice penale, la pubblicazione della sentenza di condanna e il divieto di emettere assegni bancari o postali per un periodo da uno a tre anni (2). *Se il colpevole, nei casi preveduti nei numeri 2 e 3 fornisce al trattario la somma prima della presentazione dell'assegno, la pena è ridotta alla metà e, qualora l'emissione sia stata compiuta per un fatto scusabile, va esente da pena.*

* Articolo abrogato dall'art.12 della l. 15/12/1990, n. 386.

(1) Importo modificato dall'art. 3 della l. 12/7/1961, n. 603 e dall'art. 11 della l. 24/11/1981, n. 689.

(2) Comma aggiunto dall'art. 139 della l. 24/11/1981, n. 689.

***Art. 116 bis*.** – Chiunque, avendo riportato la pena accessoria prevista dall'articolo precedente, trasgredisce agli obblighi ad essa inerenti è punito, per il solo fatto dell'emissione dell'assegno, ai sensi dell'art. 389 del codice penale. Si applica la reclusione da sei mesi a due anni e la multa da lire centomila a lire due milioni, a chi, violando il divieto di emettere assegni bancari e postali, commette uno dei delitti previsti dai numeri 1 e 2 del primo comma dell'articolo precedente. La condanna importa la pubblicazione della sentenza e il divieto di emettere assegni bancari e postali per la durata di due anni.*

* Articolo aggiunto dall'art. 140 della l. 24/11/1981, n. 689 e successivamente abrogato dall'art. 12 della l. 15/12/1990, n. 386.

Art. 117. – L'istituto non autorizzato o al quale sia stata revocata l'autorizzazione, che emetta assegni circolari, è colpito da una pena pecuniaria da 2.000.000 a 20.000.000 di lire, salvo le altre sanzioni previste da altre disposizioni di legge (1).

La mancanza di autorizzazione non pregiudica i diritti del portatore di buona fede di ottenere dall'Istituto emittente il pagamento della somma e di esercitare le eventuali azioni di regresso.

(1) A norma dell'art. 32 della l. 24/11/1981, n. 689 la pena di cui al presente comma è stata trasformata in sanzione amministrativa e il relativo importo è stato elevato dall'art. 3 della l. 12/7/1961, n. 603 e successivamente dall'art. 114 della prima legge indicata.

TITOLO VI
Disposizioni tributarie

Art. 118. – La validità dell'assegno bancario non è subordinata all'osservanza delle disposizioni della legge sul bollo. Esso tuttavia se non è stato regolarmente bollato originariamente, o nel tempo prescritto dalla legge, non ha la qualità di titolo esecutivo.

Il possessore non può esercitare i diritti cambiari inerenti al titolo se non abbia corrisposto la tassa di bollo dovuta e pagata la relativa penalità.

La inefficacia come titolo esecutivo deve essere rilevata e pronunciata dai giudici anche d'ufficio.

***Art. 119*.** – Il possessore di un assegno bancario, nel caso del n. 2 dell'art. 116, per esercitare i suoi diritti di regresso, deve esibire l'assegno, irregolare nei rapporti del bollo, all'ufficio del registro per la regolarizzazione col pagamento della sola tassa graduale di bollo dovuta, nel termine di quindici giorni dalla data della presentazione dell'assegno per il pagamento. In tal caso l'ufficio del registro accerta la contravvenzione al bollo soltanto in confronto dell'emittente.*

* Articolo abrogato dall'art. 8 della tariffa allegato A del d.P.R. 25/6/1953, n. 492, come modificato dall'articolo unico della l. 28/4/1967, n. 263.

Art. 120. – Per ogni menzione scritta sull'assegno ai sensi del capoverso dell'art. 4, efficace unicamente ad accertare l'esistenza dei fondi, è dovuta, indipendentemente dalla tassa di bollo sull'assegno, altra tassa di bollo di lire 500 per ogni ventimila lire o frazione di ventimila lire dell'importo dell'assegno, col massimo di lire quaranta di tassa. Questa ultima tassa sarà riscossa mediante applicazione di marche a tassa fissa da annullarsi con la firma e la data del trattario.

Art. 121. – Qualora nell'assegno venga indicata una data di emissione posteriore a quella dell'effettiva emissione dell'assegno non giustificata dal periodo di tempo necessario per far pervenire il titolo al destinatario o da altra materiale impossibilità di presentazione e sempreché la data non differisca di oltre quattro giorni da quella dell'emissione, si rende applicabile la tassa graduale delle cambiali, salvo le sanzioni di cui all'art. 66, n. 5 della legge del bollo 30 dicembre 1923, n. 3268 (1).

(1) Vedi, ora, l'art. 25 del d.P.R. 26/10/1972, n. 642.

Art. 122. – Sono soggette a bollo e registro le girate e le dichiarazioni apposte sulle fedi di credito (titolo apodissari) dei Banchi di Napoli e di Sicilia a seconda del rapporto giuridico che contengono.

TITOLO VII
DISPOSIZIONI FINALI E TRANSITORIE

Art. 123. – Gli assegni bancari emessi prima della entrata in vigore della presente legge sono regolati a tutti gli effetti, anche nei riguardi del bollo, dalla legge anteriore, ancorché alcune delle obbligazioni in essi contenute siano state assunte successivamente.

Ad essi sono invece applicabili le disposizioni della presente legge che riguardano la forma e i termini del protesto e le disposizioni sull'ammortamento. Sono applicabili inoltre le disposizioni dell'art. 53.

Gli effetti degli atti, che valgono ad evitare la decadenza o ad interrompere la prescrizione dell'azione, e che siano stati compiuti prima dell'entrata in vigore della presente legge, sono regolati dalla legge anteriore; se gli atti stessi sono invece compiuti dopo l'entrata in vigore della presente legge, gli effetti sono regolati dall'art. 75 per ciò che concerne la prescrizione, salvo l'osservanza della legge anteriore, per quanto riguarda la decadenza.

Art. 124. – All'atto del rilascio di moduli di assegno bancario o postale, il richiedente deve dichiarare al trattario di non essere in alcun modo interdetto dall'emissione di assegni.

Il richiedente che dichiari il falso è punito, qualora vengano rilasciati uno o più moduli di assegno, con la reclusione da sei mesi a due anni (1).

(1) Articolo aggiunto dall'art. 141 della l. 24/11/1981, n. 689, modificato dall'art. 6 della l. 15/12/1990, n. 386 e successivamente sostituito dall'art. 37 del d.lg. 30/12/1999, n. 507.

Art. 125. – Prima del rilascio di moduli di assegno bancario o postale il dipendente responsabile accerta, sulla base dei dati risultanti dall'archivio previsto dall'articolo 10-bis della legge 15 dicembre 1990, n. 386, che il richiedente non risulti in alcun modo interdetto dall'emissione di assegni bancari o postali, ovvero soggetto a revoca delle autorizzazioni ad emettere assegni a norma dell'articolo 9 della medesima legge.

Il dipendente responsabile che consegna moduli di assegno bancario o postale a persona interdetta, in base ai dati dell'archivio, dall'emissione di assegni o soggetta a revoca delle autorizzazioni, è punito, salvo che il fatto costituisca più grave reato, con la reclusione fino ad un anno (1).

(1) Articolo aggiunto dall'art. 141 della l. 24/11/1981, n. 689, modificato dall'art. 6 della legge e successivamente sostituito dall'art. 37 del d.lg. 30/12/1999, n. 507. A norma dell'art. 105 del medesimo decreto legislativo le disposizioni del presente articolo entrano in vigore decorsi centocinquanta giorni dalla pubblicazione nella Gazzetta Ufficiale del regolamento previsto dall'art. 36 dello stesso decreto.

L. 15 dicembre 1990, n. 386

Nuova disciplina sanzionatoria degli assegni bancari

1. Emissione di assegno senza autorizzazione. – 1. Chiunque emette un assegno bancario o postale senza l'autorizzazione del trattario è punito con la sanzione amministrativa del pagamento di una somma da lire due milioni a lire dodici milioni.

2. Se l'importo dell'assegno è superiore a lire venti milioni o nel caso di reiterazione delle violazioni, si applica la sanzione amministrativa pecuniaria da lire quattro milioni a lire ventiquattro milioni.

3. Nei casi previsti dai commi 1 e 2 non è ammesso il pagamento in misura ridotta ai sensi dell'articolo 16 della legge 24 novembre 1981, n. 689 (1).

(1) Articolo così sostituito dall'art. 28 del d.lg. 30/12/1999, n. 507.

2. Emissione di assegno senza provvista. – 1. Fuori dei casi previsti dall'articolo 1, chiunque emette un assegno bancario o postale che, presentato in tempo utile, non viene pagato in tutto o in parte per difetto di provvista è punito con la sanzione amministrativa pecuniaria da lire un milione a lire sei milioni.

2. Se l'importo dell'assegno è superiore a lire venti milioni o nel caso di reiterazione delle violazioni, si applica la sanzione amministrativa pecuniaria da lire due milioni a lire dodici milioni.

3. Nei casi previsti dai commi 1 e 2 non è ammesso il pagamento in misura ridotta ai sensi dell'articolo 16 della legge 24 novembre 1981, n. 689 (1).

(1) Articolo così sostituito dall'art. 29 del d.lg. 30/12/1999, n. 507.

3. Clausola penale. – 1. Nei casi previsti dall'articolo 2 il mancato pagamento, anche solo parziale, dell'assegno bancario presentato in tempo utile obbliga l'emittente a corrispondere al prenditore o al giratario che agisce nei suoi confronti per il pagamento del titolo una penale pari al dieci per cento della somma dovuta e non pagata.

2. L'assegno bancario ha gli effetti di titolo esecutivo anche per la somma rappresentante la penale.

4. Autorità competente. – 1. Per l'applicazione delle sanzioni previste dagli articoli 1 e 2 e delle conseguenti sanzioni amministrative accessorie è competente il prefetto del luogo di pagamento dell'assegno (1).

(1) Articolo così sostituito dall'art. 30 del d.lg. 30/12/1999, n. 507.

5. Sanzioni amministrative accessorie. – 1. La violazione dell'articolo 1 comporta il divieto di emettere assegni bancari e postali. La stessa sanzione amministrativa accessoria si applica in caso di violazione dell'articolo 2, quando l'importo dell'assegno, ovvero di più assegni emessi in tempi ravvicinati e sulla base di una programmazione unitaria, è superiore a lire cinque milioni.

2. Se l'importo dell'assegno o di più assegni emessi in tempi ravvicinati e sulla base di una programmazione unitaria è superiore a lire cento milioni, ovvero risulta che il traente, nei cinque anni precedenti, ha commesso due o più violazioni delle disposizioni previste dagli articoli 1 e 2 per un importo superiore complessivamente a lire venti milioni, accertate còn provvedimento esecutivo, l'emissione di assegno senza autorizzazione o senza provvista comporta anche l'applicazione di una o più delle seguenti sanzioni amministrative accessorie:

a) interdizione dall'esercizio di un'attività professionale o imprenditoriale;

b) interdizione dall'esercizio degli uffici direttivi delle persone giuridiche e delle imprese;

c) incapacità di contrattare con la pubblica amministrazione (1).

(1) Articolo così sostituito dall'art. 31 del d.lg. 30/12/1999, n. 507.

5 bis. Effetti e durata delle sanzioni amministrative accessorie. – 1. L'interdizione dall'esercizio di un'attività professionale o imprenditoriale priva, temporaneamente, il soggetto della capacità di esercitare una professione, industria o un commercio, per i quali è richiesto uno speciale permesso o una speciale abilitazione, autorizzazione o licenza dell'autorità.

2. L'interdizione dall'esercizio degli uffici direttivi delle persone giuridiche e delle imprese importa l'incapacità del soggetto di esercitare l'ufficio di amministratore, sindaco, liquidatore e direttore generale, nonché ogni altro ufficio con potere di rappresentanza della persona giuridica o dell'imprenditore.

3. L'incapacità di contrattare con la pubblica amministrazione importa il divieto di concludere contratti con la pubblica amministrazione, salvo che per ottenere le prestazioni di un pubblico servizio.

4. Le sanzioni amministrative accessorie previste dai commi 1, 2 e 3 non possono avere una durata inferiore a due mesi, né superiore a due anni. Il divieto di emettere assegni bancari e postali non può avere una durata inferiore a due anni, né superiore a cinque anni.

5. Il prefetto, nel determinare il numero e la durata delle sanzioni amministrative accessorie da applicare, tiene conto della gravità dell'illecito e dell'importo dell'assegno o degli assegni emessi (1).

(1) Articolo aggiunto dall'art. 31 del d.lg. 30/12/1999, n. 507.

6. Rilascio di assegni e responsabilità del dipendente dell'istituto trattario. – 1. Il primo comma dell'art. 124 delle disposizioni approvate con regio decreto 21 dicembre 1933, n. 1736, introdotto dall'art. 141 della legge 24 novembre 1981, n. 689, è sostituito dal seguente: "All'atto del rilascio di moduli di assegno bancario o postale il dipendente responsabile fa sottoscrivere al richiedente una dichiarazione dalla quale risulta che lo stesso non è interdetto dall'emissione di assegni bancari e postali e non ha riportato, nel semestre precedente, sentenza penale di condanna non definitiva o decreto penale di condanna anche non esecutivo per i reati di emissione di assegno senza autorizzazione o senza provvista".

2. Il secondo comma dell'art. 125 delle disposizioni approvate con regio decreto 21 dicembre 1933, n. 17366, introdotto dall'art. 141 della legge 24 novembre 1981, n. 689, è sostituito dal seguente: "Il dipendente che consegna moduli di assegno bancario o postale a chi abbia dichiarato di essere stato interdetto dall'emissione di assegni bancari e postali o di aver riportato, nel semestre precedente, sentenza penale di condanna non definitiva o decreto penale di condanna anche non esecutivo per i reati di emissione di assegno senza autorizzazione o senza provvista, è punito, salvo che il fatto costituisca più grave reato, con la reclusione da sei mesi a due anni".

7. Inosservanza delle sanzioni amministrative accessorie. – 1. Ferma restando l'applicabilità delle sanzioni amministrative di cui agli articoli 1 e 2, chiunque trasgredisce ai divieti conseguenti alle sanzioni amministrative accessorie di cui all'articolo 5 ed al comma 2 del presente articolo è punito con la reclusione da sei mesi a tre anni.

2. La condanna per il reato di cui al comma 1 importa la pubblicazione della sentenza e il divieto di emettere assegni bancari e postali per un periodo non inferiore a due anni, né superiore a cinque anni (1).

(1) Articolo così sostituito dall'art. 32 del d.lg. 30/12/1999, n. 507.

8. Pagamento dell'assegno emesso senza provvista dopo la scadenza del termine di presentazione (1). – 1. Nei casi previsti dall'articolo 2, le sanzioni amministrative non si applicano se il traente, entro sessanta giorni dalla data di scadenza del termine di presentazione del titolo, effettua il pagamento dell'assegno, degli interessi, della penale e delle eventuali spese per il protesto o per la constatazione equivalente.

2. Il pagamento può essere effettuato nelle mani del portatore del titolo o presso lo stabilimento trattario mediante deposito vincolato al portatore del titolo, ovvero presso il pubblico ufficiale che ha levato il protesto o ha effettuato la constatazione equivalente.

3. La prova dell'avvenuto pagamento deve essere fornita dal traente allo stabilimento trattario o, in caso di levata del protesto o di rilascio della constatazione equivalente, al pubblico ufficiale tenuto alla presentazione del rapporto mediante quietanza del portatore con firma autenticata ovvero, in caso di pagamento a mezzo di deposito vincolato, mediante attestazione della banca comprovante il versamento dell'importo dovuto.

3-bis. L'autenticazione di cui al comma 3 del presente articolo è effettuata ai sensi dell'articolo 21, comma 2, del testo unico di cui al decreto del Presidente della Repubblica 28 dicembre 2000, n. 445. L'autenticazione deve essere rilasciata gratuitamente, tranne i previsti diritti, nella stessa data della richiesta, salvo motivato diniego (2).

4. Il procedimento per l'applicazione delle sanzioni amministrative non può essere iniziato prima che sia decorso il termine per il pagamento indicato nel comma 1.

(1) Articolo così sostituito dall'art. 33 del d.lg. 30/12/1999, n. 507.
(2) Comma inserito dall'art. 8, co. 7, lett. f-bis), d.l. 13/5/2011, n. 70.

8 bis. Procedimento per l'applicazione delle sanzioni amministrative. – 1. Nei casi previsti dall'articolo 1, se viene levato il protesto o effettuata la constatazione equivalente, il pubblico ufficiale trasmette il rapporto di accertamento della violazione al prefetto territorialmente competente. Nei casi in cui non si leva il protesto o non si effettua la constatazione equivalente, il prefetto viene direttamente informato dal trattario.

2. Nei casi previsti dall'articolo 2, il trattario dà comunicazione del mancato pagamento al pubblico ufficiale che deve levare il protesto o effettuare la constatazione equivalente; il pubblico ufficiale, se non è stato effettuato il pagamento dell'assegno nel termine previsto dall'articolo 8, trasmette il rapporto di accertamento della violazione al prefetto territorialmente competente. Nei casi in cui non si leva il protesto o non si effettua la constatazione equivalente, il trattario, decorso inutilmente il termine previsto dall'articolo 8, informa direttamente il prefetto territorialmente competente.

3. Entro novanta giorni dalla ricezione del rapporto o dell'informativa il prefetto notifica all'interessato gli estremi della violazione a norma dell'articolo 14 della legge 24 novembre 1981, n. 689. Se l'interessato risiede all'estero il termine per la notifica è di trecentosessanta giorni.

4. L'interessato, entro trenta giorni dalla notifica, può presentare scritti difensivi e documenti.

5. Il prefetto, dopo aver valutato le deduzioni presentate, determina, con ordinanza motivata, la somma dovuta per la violazione e ne ingiunge il pagamento, insieme con le spese, ovvero emette ordinanza motivata di archiviazione degli atti.

6. Si applicano, per quanto non previsto dal presente articolo, le disposizioni delle sezioni I e II del capo I della legge 24 novembre 1981, n. 689 e successive modificazioni, in quanto compatibili (1).

(1) Articolo aggiunto dall'art. 33 del d.lg. 30/12/1999, n. 507.

9. Revoca delle autorizzazioni. – 1. In caso di mancato pagamento, in tutto o in parte, di un assegno per mancanza di autorizzazione o di provvista, il trattario iscrive il nominativo del traente nell'archivio previsto dall'articolo 10-bis.

2. L'iscrizione è effettuata:

a) nel caso di mancanza di autorizzazione, entro il ventesimo giorno dalla presentazione al pagamento del titolo;

b) nel caso di difetto di provvista, quando è decorso il termine stabilito dall'articolo 8 senza che il traente abbia fornito la prova dell'avvenuto pagamento, salvo quanto previsto dall'articolo 9-bis, comma 3.

3. L'iscrizione nell'archivio determina la revoca di ogni autorizzazione ad emettere assegni. Una nuova autorizzazione non può essere data prima che sia trascorso il termine di sei mesi dall'iscrizione del nominativo nell'archivio.

4. La revoca comporta il divieto, della durata di sei mesi, per qualunque banca e ufficio postale di stipulare nuove convenzioni di assegno con il traente e di pagare gli assegni tratti dal medesimo dopo l'iscrizione nell'archivio, anche se emessi nei limiti della provvista (1).

(1) Articolo così sostituito dall'art. 34 del d.lg. 30/12/1999, n. 507 a decorrere dal centocinquantesimo giorno dalla pubblicazione in Gazzetta Ufficiale del regolamento previsto dall'art. 36, co. 2, d.lg. n. 507/1999, cit.

9 bis. Preavviso di revoca (1). – 1. Nel caso di mancato pagamento, in tutto o in parte, di un assegno per difetto di provvista, il trattario comunica al traente che, scaduto il termine indicato nell'articolo 8 senza che abbia fornito la prova dell'avvenuto pagamento, il suo nominativo sarà iscritto nell'archivio di cui all'articolo 10-bis e che dalla stessa data gli sarà revocata ogni autorizzazione ad emettere assegni. Con la comunicazione il traente è invitato a restituire, alla scadenza del medesimo termine e sempre che non sia effettuato il pagamento, tutti i moduli di assegno in suo possesso alle banche e agli uffici postali che li hanno rilasciati.

2. La comunicazione è effettuata presso il domicilio eletto dal traente a norma dell'articolo 9-ter entro il decimo giorno dalla presentazione al pagamento del titolo, mediante telegramma o lettera raccomandata con avviso di ricevimento, ovvero con altro mezzo concordato tra le parti di cui sia certa la data di spedizione e quella di ricevimento.

3. Anche in deroga a quanto stabilito dall'articolo 9, comma 2, lettera b), l'iscrizione del nominativo del traente nell'archivio non può aver luogo se non sono decorsi almeno dieci giorni dalla data di ricevimento della comunicazione.

4. La comunicazione si ha per effettuata ove consti l'impossibilità di eseguirla presso il domicilio eletto.

5. Se la comunicazione non è effettuata entro il termine indicato nel comma 2, il trattario è obbligato a pagare gli assegni emessi dal traente dopo tale data e fino al giorno successivo alla comunicazione, anche se manca o è insufficiente la provvista, nel limite di lire venti milioni per ogni assegno (2).

(1) In riferimento al presente articolo vedi: Parere Autorità garante per la protezione dei dati personali 6/6/2013, n. 2536446.

(2) Articolo aggiunto dall'art. 34, d.lg. 30/12/1999, n. 507 a decorrere dal centocinquantesimo giorno dalla pubblicazione in Gazzetta Ufficiale del regolamento previsto dall'art. 36, co. 2, d.lg. n. 507/1999, cit.

9 ter. Elezione di domicilio ai fini delle comunicazioni. – 1. All'atto della conclusione di convenzioni di assegno, il cliente elegge domicilio ai fini delle comunicazioni previste dall'articolo 9-bis.

2. Eventuali variazioni del domicilio eletto debbono essere comunicate con dichiarazione presentata direttamente alla banca o all'ufficio postale, ovvero mediante telegramma o lettera raccomandata con avviso di ricevimento, o con altro mezzo concordato dalle parti, di cui sia certa la data di ricevimento (1).

(1) Articolo aggiunto dall'art. 34, d.lg. 30/12/1999, n. 507 a decorrere dal centocinquantesimo giorno dalla pubblicazione in Gazzetta Ufficiale del regolamento previsto dall'art. 36, co. 2, d.lg. n. 507/1999, cit.

10. Responsabilità solidale del trattario. – 1. Il trattario che omette o ritarda l'iscrizione nell'archivio di cui all'articolo 10-bis, ovvero che autorizza il rilascio di moduli di assegni in favore di persona il cui nominativo risulta iscritto nell'archivio, è obbligato in solido con il traente a pagare gli assegni emessi dallo stesso traente nel periodo in cui avrebbe dovuto operare la revoca, anche se manca o è insufficiente la provvista, nel limite di lire venti milioni per ogni assegno (1).

(1) Articolo così sostituito dall'art. 35, d.lg. 30/12/1999, n. 507 a decorrere dal centocinquantesimo giorno dalla pubblicazione in Gazzetta Ufficiale del regolamento previsto dall'art. 36, co. 2, d.lg. n. 507/1999, cit.

10 bis. Archivio degli assegni **bancari e postali e delle carte di pagamento irregolari** (1). – 1. Al fine del regolare funzionamento dei sistemi di pagamento, è istituito presso la Banca d'Italia un archivio informatizzato degli assegni bancari e postali e delle carte di pagamento, nel quale sono inseriti i seguenti dati (1):

a) generalità dei traenti degli assegni bancari o postali emessi senza autorizzazione o senza provvista;

b) assegni bancari e postali emessi senza autorizzazione o senza provvista, nonché assegni non restituiti alle banche e agli uffici postali dopo la revoca dell'autorizzazione;

c) sanzioni amministrative pecuniarie e accessorie applicate per l'emissione di assegni bancari e postali senza autorizzazione o senza provvista, nonché sanzioni penali e connessi divieti applicati per l'inosservanza degli obblighi imposti a titolo di sanzione amministrativa accessoria;

d) generalità del soggetto al quale è stata revocata l'autorizzazione all'utilizzo di carte di pagamento;

e) carte di pagamento per le quali sia stata revocata l'autorizzazione all'utilizzo;

f) assegni bancari e postali e carte di pagamento di cui sia stato denunciato il furto o lo smarrimento.

2. La Banca d'Italia, quale titolare del trattamento dei dati, può avvalersi di un ente esterno per la gestione dell'archivio, secondo quanto previsto dall'articolo 8 della legge 31 dicembre 1996, n. 675.

3. Il soggetto interessato ha diritto ad accedere alle informazioni che lo riguardano contenute nell'archivio e di esercitare gli altri diritti previsti dall'articolo 13 della legge 31 dicembre 1996, n. 675.

4. I prefetti, le banche, gli intermediari finanziari vigilati e gli uffici postali possono accedere alle informazioni contenute nell'archivio per le finalità previste dalla presente legge e per quelle connesse alla verifica della corretta utilizzazione degli assegni e delle carte di pagamento. L'autorità giudiziaria ha accesso diretto alle informazioni contenute nell'archivio, per lo svolgimento delle proprie funzioni (2).

(1) In riferimento al presente articolo vedi: Parere Autorità garante per la protezione dei dati personali 6/6/2013, n. 2536446.

(2) Si veda il d.m. 7/11/2001, n. 458.

10 ter. Preavviso di revoca dell'autorizzazione all'utilizzo di carte di pagamento e annotazione dell'avvenuto pagamento delle ragioni di debito (1). – 1. Prima della revoca dell'autorizzazione all'utilizzo di carte di pagamento, gli emittenti carte di pagamento comunicano al titolare della carta che:

a) a partire dalla data indicata nella comunicazione sarà revocata l'autorizzazione all'utilizzo della carta, con conseguente iscrizione del suo nominativo nell'archivio di cui al precedente art.10-bis;

b) l'iscrizione di cui alla lettera a) può essere evitata provvedendo, entro la predetta data, al pagamento di tutte le ragioni di debito nei confronti dell'emittente;

c) qualora il pagamento di tutte le ragioni di debito nei confronti dell'emittente venga effettuato successivamente all'iscrizione nel menzionato archivio, tale circostanza sarà annotata dall'emittente nell'archivio stesso.

2. L'obbligo di annotazione di cui al comma 1, lettera c), a carico degli emittenti carte di pagamento decorre dal momento in cui è operativo l'adeguamento della struttura tecnica dell'archivio, così come comunicato dalla Banca d'Italia.

3. La comunicazione di cui al comma 1 è effettuata all'indirizzo indicato dal titolare della carta, secondo quanto concordato tra le parti, con mezzi di cui sia certa la data di spedizione e quella di ricevimento, e può essere resa in via autonoma o unitamente all'invio di altre comunicazioni.

(1) Articolo inserito dall'art. 6, co. 3, d.lg. 15/12/2017, n. 218.

11. Disposizioni transitorie. – 1. Non si procede per i reati previsti dall'articolo 2, commessi prima della data di entrata in vigore della presente legge, se l'imputato effettua, entro novanta giorni dalla data suddetta, il pagamento dell'assegno, degli interessi, della penale e delle spese per il protesto o per la constatazione equivalente, nei modi indicati nel secondo periodo del comma 1 dell'articolo 8. La prova dell'avvenuto pagamento deve essere fornita in sede penale mediante quietanza del portatore con firma autenticata o attestazione del pubblico ufficiale che ha ricevuto il pagamento ovvero attestazione dell'azienda di credito comprovante l'effettuazione del deposito vincolato (1).

2. I procedimenti penali relativi ai reati indicati nel comma 1 sono sospesi per il periodo di novanta giorni decorrente dalla data di entrata in vigore della presente legge.

(1) La Corte costituzionale, con sent. 23/11/1993, n. 407, ha dichiarato l'illegittimità costituzionale del presente comma, nella parte in cui prevede che «la prova dell'avvenuto pagamento deve essere fornita in sede penale mediante quietanza del portatore con firma autenticata o attestazione del pubblico ufficiale che ha ricevuto il pagamento ovvero attestazione dell'azienda di credito comprovante l'effettuazione del deposito vincolato».

12. Disposizioni abrogate. – 1. Sono abrogati gli articoli 116 e 116-bis delle disposizioni approvate con regio decreto 21 dicembre 1933, n. 1736, e successive modificazioni e integrazioni. È altresì abrogato il secondo comma dell'articolo 139 del testo unico approvato con decreto del Presidente della Repubblica 29 marzo 1973, n. 156.

L. 30 aprile 1999, n. 130

Disposizioni sulla cartolarizzazione dei crediti

1. Ambito di applicazione e definizioni. – 1. La presente legge si applica alle operazioni di cartolarizzazione realizzate mediante cessione a titolo oneroso di crediti pecuniari, sia esistenti sia futuri, individuabili in blocco se si tratta di una pluralità di crediti, quando ricorrono i seguenti requisiti:

a) il cessionario sia una società prevista dall'art. 3;

b) le somme corrisposte dal debitore o dai debitori ceduti siano destinate in via esclusiva, dalla società cessionaria, al soddisfacimento dei diritti incorporati nei titoli emessi, dalla stessa o da altra società, per finanziare l'acquisto di tali crediti, nonché al pagamento dei costi dell'operazione.

1-bis. La presente legge si applica altresì alle operazioni di cartolarizzazione realizzate mediante la sottoscrizione o l'acquisto di obbligazioni e titoli similari ovvero cambiali finanziarie, esclusi comunque titoli rappresentativi del capitale sociale, titoli ibridi e convertibili, da parte della società di cartolarizzazione. Nel caso di operazioni realizzate mediante sottoscrizione o acquisto di titoli, i richiami ai debitori ceduti si intendono riferiti alla società emittente i titoli. Nel caso in cui i titoli emessi dalla società di cartolarizzazione siano destinati a investitori qualificati ai sensi dell'articolo 100 del testo unico di cui al decreto legislativo 24 febbraio 1998, n. 58, i titoli di debito destinati ad essere sottoscritti da una società di cartolarizzazione possono essere emessi anche in deroga all'articolo 2483, secondo comma, del codice civile e il requisito della quotazione previsto dall'articolo 2412 del medesimo codice si considera soddisfatto rispetto alle obbligazioni anche in caso di quotazione dei soli titoli emessi dalla società di cartolarizzazione (1).

1-ter. Le società di cartolarizzazione di cui all'articolo 3 possono, anche contestualmente e in aggiunta alle operazioni realizzate con le modalità di cui ai commi 1 e 1-bis del presente articolo, concedere finanziamenti nei confronti di soggetti diversi dalle persone fisiche e dalle imprese che presentino un totale di bilancio inferiore a 2 milioni di euro, nel rispetto delle seguenti condizioni (2):

a) i prenditori dei finanziamenti siano individuati da una banca o da un intermediario finanziario iscritto nell'albo di cui all'articolo 106 del decreto legislativo 1° settembre 1993, n. 385, e successive modificazioni, i quali possono svolgere altresì i compiti indicati all'articolo 2, comma 3, lettera c);

b) i titoli emessi dalle stesse per finanziare l'erogazione dei finanziamenti siano destinati ad investitori qualificati come definiti ai sensi dell'articolo 100 del decreto legislativo 24 febbraio 1998, n. 58;

c) la banca o l'intermediario finanziario di cui alla lettera a) trattenga un significativo interesse economico nell'operazione, nel rispetto delle modalità stabilite dalle disposizioni di attuazione della Banca d'Italia (3).

2. Nella presente legge si intende per "testo unico bancario" il decreto legislativo 1° settembre 1993, n. 385 e successive modificazioni, recante il testo unico delle leggi in materia bancaria e creditizia.

(1) Comma inserito dall'art. 12, co. 1, lett. a), d.l. 23/12/2013, n. 145, conv., con modif., dalla l. 21/2/2014, n. 9 e successivamente modificato dall'art. 1, co. 1090, lett. a), n. 1) e 2), l. 30/12/2018, n. 145.

(2) Alinea modificato dall'art. 1, co. 1090, lett. a), n. 1) e 2), l. 30/12/2018, n. 145.

(3) Comma inserito dall'art. 22, co. 6, lett. a), d.l. 24/6/2014, n. 91, conv., con modif. dalla l. 11/8/2014, n. 116.

2. Programma dell'operazione. – 1. I titoli di cui all'art. 1 sono strumenti finanziari e agli stessi si applicano le disposizioni del d.lg. 24 febbraio 1998, n. 58, recante il testo unico delle disposizioni in materia di intermediazione finanziaria.

2. La società cessionaria o la società emittente i titoli, se diversa dalla società cessionaria, redige il prospetto informativo.

3. Nel caso in cui i titoli oggetto delle operazioni di cartolarizzazione siano offerti ad investitori professionali, il prospetto informativo contiene le seguenti indicazioni:

a) il soggetto cedente, la società cessionaria, le caratteristiche dell'operazione, con riguardo sia ai crediti sia ai titoli emessi per finanziarla;

b) i soggetti incaricati di curare l'emissione ed il collocamento dei titoli;

c) i soggetti incaricati della riscossione dei crediti ceduti e dei servizi di cassa e di pagamento;

d) le condizioni in presenza delle quali, a vantaggio dei portatori dei titoli, è consentita alla società cessionaria la cessione dei crediti acquistati;

e) le condizioni in presenza delle quali la società cessionaria può reinvestire in altre attività finanziarie i fondi derivanti dalla gestione dei crediti ceduti non immediatamente impiegati per il soddisfacimento dei diritti derivanti dai titoli;

f) le eventuali operazioni finanziarie accessorie stipulate per il buon fine dell'operazione di cartolarizzazione;

g) il contenuto minimo essenziale dei titoli emessi e l'indicazione delle forme di pubblicità del prospetto informativo idonee a garantirne l'agevole conoscibilità da parte dei portatori dei titoli;

h) i costi dell'operazione e le condizioni alle quali la società cessionaria può detrarli dalle somme corrisposte dal debitore o dai debitori ceduti, nonché l'indicazione degli utili previsti dall'operazione e il percettore;

i) gli eventuali rapporti di partecipazione tra il soggetto cedente e la società cessionaria.

i-bis) il soggetto di cui all'articolo 7.1, comma 8 (1).

4. Nel caso in cui i titoli oggetto delle operazioni di cartolarizzazione siano offerti ad investitori non professionali, l'operazione deve essere sottoposta alla valutazione del merito di credito da parte di operatori terzi.

4-bis. Nel caso in cui i titoli oggetto delle operazioni di cartolarizzazione siano destinati ad investitori qualificati ai sensi dell'articolo 100 del decreto legislativo 24 febbraio 1998, n. 58, i titoli possono essere sottoscritti anche da un unico investitore (2).

5. La Commissione nazionale per le società e la borsa (CONSOB), con proprio regolamento da pubblicare nella Gazzetta Ufficiale, stabilisce i requisiti di professionalità e i criteri per assicurare l'indipendenza degli operatori che svolgono la valutazione del merito di credito e l'informazione

sugli eventuali rapporti esistenti tra questi e i soggetti che a vario titolo partecipano all'operazione, anche qualora la valutazione non sia obbligatoria (3).

6. I servizi indicati nel comma 3, lettera c), possono essere svolti da banche o da intermediari finanziari iscritti nell'albo previsto dall'articolo 106 del decreto legislativo 1° settembre 1993, n. 385. Gli altri soggetti che intendono prestare i servizi indicati nel comma 3, lettera c), chiedono l'iscrizione nell'albo previsto dall'articolo 106 del decreto legislativo 1° settembre 1993, n. 385, anche qualora non esercitino le attività elencate nel comma 1 del medesimo articolo purché possiedano i relativi requisiti (4).

6-bis. I soggetti di cui al comma 6 verificano che le operazioni siano conformi alla legge ed al prospetto informativo (5).

7. Il prospetto informativo deve essere, a semplice richiesta, consegnato ai portatori dei titoli.

(1) Lettera aggiunta dall'art. 60-sexies, co. 1, lett. a), d.l. 24 aprile 2017, n. 50, conv., con modif., l. 21/6/2017, n. 96.

(2) Comma inserito dall'art. 12, co. 1, lett. b), d.l. 23/12/2013, n. 145, conv., con modif., dalla l. 21/2/2014, n. 9.

(3) Per il regolamento di cui al presente comma vedi deliberazione Consob 2/11/1999, n. 12175.

(4) Comma sostituito dall'art. 9, co. 1, d.lg. 13/8/2010, n. 141.

• Vedi inoltre la deroga di cui all'art. 15, co. 11, l. 23/12/1998, n. 448, nel testo modificato dall'art. 22 del d.l. 25/9/2001, n. 350, e le disposizioni di cui all'art. 2 del d.l. 25/9/2001, n. 351.

(5) Comma inserito dall'art. 9, co. 1, d.lg. 13/8/2010, n. 141.

3. Società per la cartolarizzazione dei crediti. – 1. La società cessionaria, o la società emittente titoli se diversa dalla società cessionaria, hanno per oggetto esclusivo la realizzazione di una o più operazioni di cartolarizzazione dei crediti.

2. I crediti relativi a ciascuna operazione (per tali intendendosi sia i crediti vantati nei confronti del debitore o dei debitori ceduti, sia ogni altro credito maturato dalla società di cui al comma 1 nel contesto dell'operazione), i relativi incassi e le attività finanziarie acquistate con i medesimi costituiscono patrimonio separato a tutti gli effetti da quello della società e da quello relativo alle altre operazioni. Su ciascun patrimonio non sono ammesse azioni da parte di creditori diversi dai portatori dei titoli emessi per finanziare l'acquisto dei crediti stessi (1).

2-bis. Non sono ammesse azioni da parte di soggetti diversi da quelli di cui al comma 2 sui conti delle società di cui al comma 1 aperti presso la banca depositaria ovvero presso i soggetti di cui all'articolo 2, comma 3, lettera c), dove vengono accreditate le somme corrisposte dai debitori ceduti nonché ogni altra somma pagata o comunque di spettanza della società ai sensi delle operazioni accessorie condotte nell'ambito di ciascuna operazione di cartolarizzazione o comunque ai sensi dei contratti dell'operazione. Tali somme possono essere utilizzate dalle società di cui al comma 1 esclusivamente per il soddisfacimento di crediti vantati dai soggetti di cui al comma 2 e dalle controparti dei contratti derivati con finalità di copertura dei rischi insiti nei crediti e nei titoli ceduti, nonché per il pagamento degli altri costi dell'operazione. In caso di avvio nei confronti del depositario di procedimenti di cui al titolo IV del testo unico bancario, nonché di procedure concorsuali, le somme accreditate su tali conti e quelle affluite in corso di procedura non sono soggette a sospensione dei pagamenti e vengono immediatamente e integralmente restituite alla società senza la necessità di deposito di domanda di ammissione al passivo o di rivendica e al di fuori dei piani di riparto o di restituzione di somme (2).

2-ter. Sui conti correnti dove vengono accreditate le somme incassate per conto delle società di cui al comma 1 corrisposte dai debitori ceduti – aperti dai soggetti che svolgono nell'ambito di operazioni di cartolarizzazione dei crediti, anche su delega dei soggetti di cui all'articolo 2, comma 6, i servizi indicati nell'articolo 2, comma 3, lettera c), non sono ammesse azioni da parte dei creditori di tali soggetti se non per l'eccedenza delle somme incassate e dovute alle società di cui al comma 1. In caso di avvio nei confronti di tali soggetti di procedimenti concorsuali, le somme accreditate su tali conti e quelle affluite in corso di procedura, per un importo pari alle somme incassate e dovute alle società di cui al comma 1, vengono immediatamente e integralmente restituite alle società di cui al comma 1 senza la necessità di deposito di domanda di ammissione al passivo o di rivendica e al di fuori dei piani riparto o di restituzione di somme (3).

3. Le società di cui al comma 1 si costituiscono in forma di società di capitali. Fermi restando gli obblighi di segnalazione previsti per finalità statistiche, la Banca d'Italia, in base alle deliberazioni del CICR, può imporre alle società di cui al comma 1 obblighi di segnalazione ulteriori relativi ai crediti cartolarizzati al fine di censire la posizione debitoria dei soggetti cui i crediti si riferiscono (4).

(1) Comma modificato dall'art. 22, co. 6, lett. b), d.l. 24/6/2014, n. 91, conv., con modif., dalla l. 11/8/2014, n. 116.

(2) Comma aggiunto dall'art. 12, co. 1, lett. c), d.l. 23/12/2013, n. 14, conv., con modif., dalla l. 21/2/2014, n. 9 e successivamente sostituito dall'art. 22, co. 6, lett. c), d.l. 24/6/2014, n. 91, conv., con modif. dalla l. 11/8/2014, n. 116.

(3) Comma aggiunto dall'art. 12, co. 1, lett. c), d.l. 23/12/2013, n. 145, conv. con modif. dalla l. 21/2/2014, n. 9 e successivamente sostituito dall'art. 22, co. 6, lett. d), d.l. 24/6/2014, n. 91, conv. modif. dalla l. 11/8/2014, n. 116.

(4) Comma sostituito dall'art. 9, co. 3, d.lg. 13/8/2010, n. 141 come sostituito dall'art. 6, co. 1, d.lg. 14/12/2010, n. 218.

4. Modalità ed efficacia della cessione. – 1. Alle cessioni dei crediti poste in essere ai sensi della presente legge si applicano le disposizioni contenute nell'articolo 58, commi 2, 3 e 4, del testo unico bancario. Alle cessioni, anche non in blocco, aventi ad oggetto crediti di cui all'articolo 1 della legge 21 febbraio 1991, n. 52, per gli effetti di cui al comma 2 del presente articolo, è sufficiente che la pubblicazione nella Gazzetta Ufficiale dell'avvenuta cessione contenga l'indicazione del cedente, del cessionario e della data di cessione. Alle medesime cessioni può altresì applicarsi, su espressa volontà delle parti, il disposto dell'articolo 5, commi 1, 1-bis e 2, della legge 21 febbraio 1991, n. 52 (1).

2. Dalla data della pubblicazione della notizia dell'avvenuta cessione nella Gazzetta Ufficiale o dalla data certa dell'avvenuto pagamento, anche in parte, del corrispettivo della cessione, sui crediti acquistati e sulle somme corrisposte dai debitori ceduti sono ammesse azioni soltanto a tutela dei diritti di cui all'articolo 1, comma 1, lettera b), e, in deroga ad ogni altra disposizione, non è esercitabile dai relativi debitori ceduti la compensazione tra i crediti acquistati dalla società di cartolarizzazione e i crediti di tali debitori nei confronti del cedente sorti posteriormente a tale data. Dalla stessa data la cessione dei crediti è opponibile:

a) agli altri aventi causa del cedente, il cui titolo di acquisto non sia stato reso efficace verso i terzi in data anteriore;

b) ai creditori del cedente che non abbiano pignorato il credito prima della pubblicazione della cessione (1).

2-bis. In caso di cessione di crediti derivanti da aperture di credito, anche regolate in conto corrente, l'espletamento delle formalità di opponibilità previste dal presente articolo produce gli effetti ivi indicati anche con riferimento a tutti i crediti futuri nascenti da tali contratti, a condizione che i contratti siano stipulati prima della data di espletamento di tali formalità (2).

3. Ai pagamenti effettuati dai debitori ceduti alla società

cessionaria non si applicano l'articolo 65 e l'art. 67 del regio decreto 16 marzo 1942, n. 267 e successive modificazioni (3).

4. Per le operazioni di cartolarizzazione disciplinate dalla presente legge i termini di due anni e di un anno previsti dall'art. 67 del regio decreto 16 marzo 1942, n. 267 e successive modificazioni, sono ridotti, rispettivamente, a sei ed a tre mesi.

4-bis. Alle cessioni effettuate nell'ambito di operazioni di cartolarizzazione non si applicano gli articoli 69 e 70 del regio decreto 18 novembre 1923, n. 2440, nonché le altre disposizioni che richiedano formalità diverse o ulteriori rispetto a quelle di cui alla presente legge. Dell'affidamento o trasferimento delle funzioni di cui all'articolo 2, comma 3, lettera c), a soggetti diversi dal cedente è dato avviso mediante pubblicazione nella Gazzetta Ufficiale nonché comunicazione mediante lettera raccomandata con avviso di ricevimento alle pubbliche amministrazioni debitrici (4).

4-ter. In caso di cessione di crediti derivanti da aperture di credito, anche regolate in conto corrente, il diritto di rendere esigibile il credito ceduto è esercitato dalla società cessionaria in conformità alle previsioni del relativo contratto o, in mancanza, con un preavviso non inferiore a quindici giorni (4).

(1) Comma sostituito dall'art. 145, conv., con modif., dalla l. 21/2/2014, n. 9.

(2) Comma inserito dall'art. 145, conv., con modif., dalla l. 21/2/2014, n. 9.

(3) Comma modificato dall'art. 12, co. 1, lett. d), n. 2), d.l. 23/12/2013, n. 145, conv., con modif., dalla l. 21/2/2014, n. 9.

(4) Comma aggiunto dall'art. 12, co. 1, lett. d), n. 3), d.l. 23/12/2013 n. 145, conv., con modif., dalla l. 21/2/2014, n. 9.

5. Titoli emessi a fronte dei crediti acquistati. – 1. Ai titoli emessi dalla società cessionaria o dalla società emittente titoli, per finanziare l'acquisto dei crediti, si applicano gli articoli 129 e 143 del testo unico bancario.

2. Alle emissioni dei titoli non si applicano il divieto di raccolta di risparmio tra il pubblico previsto dall'art. 11, comma 2, del testo unico bancario, né i limiti quantitativi alla raccolta prescritti dalla normativa vigente; non trovano altresì applicazione gli articoli da 2410 a 2420 del codice civile.

2-bis. I titoli emessi nell'ambito di operazioni di cartolarizzazione di cui all'articolo 1, [comma 1-bis,] anche non destinati ad essere negoziati in un mercato regolamentato o in sistemi multilaterali di negoziazione e anche privi di valutazione del merito di credito da parte di operatori terzi, costituiscono attivi ammessi a copertura delle riserve tecniche delle imprese di assicurazione ai sensi dell'articolo 38 del decreto legislativo 7 settembre 2005, n. 209, e successive modificazioni. Entro 30 giorni dall'entrata in vigore della presente disposizione, l'IVASS adotta un regolamento che disciplini le misure di dettaglio per la copertura delle riserve tecniche tramite gli attivi sopra menzionati. L'investimento nei titoli di cui al presente comma è altresì compatibile con le vigenti disposizioni in materia di limiti di investimento di fondi pensione (1).

(1) Comma aggiunto dall'art. 12, co. 1, lett. e), d.l. 23/12/2013, n. 145, conv., con modif., dalla l. 21/2/2014, n. 9 e successivamente modificato dall'art. 22, co. 5, lett. e), d.l. 24/6/2014, n. 91, conv. con modif. dalla l. 11/8/2014, n. 116.

6. Disposizioni fiscali e di bilancio. – 1. Ai fini delle imposte sui redditi, ai titoli indicati nell'art. 5 si applica lo stesso trattamento stabilito per obbligazioni emesse dalle società per azioni con azioni negoziate in mercati regolamentati italiani e per titoli similari, ivi compreso il trattamento previsto dal decreto legislativo 1° aprile 1996, n. 239.

2. Se la cessione ha per oggetto crediti derivanti dalle operazioni indicate negli articoli 15, 16 e 19 del decreto del Presidente della Repubblica 29 settembre 1973, n. 601, continuano ad applicarsi le agevolazioni previste nel citato art. 15.

3. Le diminuzioni di valore registrate sugli attivi ceduti, sulle garanzie rilasciate al cessionario e sulle attività, diverse da quelle oggetto di cessione, poste a copertura delle operazioni di cartolarizzazione, nonché gli accantonamenti effettuati a fronte delle garanzie rilasciate al cessionario, possono essere imputati direttamente alle riserve patrimoniali, se relativi a contratti di cartolarizzazione stipulati entro due anni dalla data di entrata in vigore della presente legge; essi vanno imputati sul conto economico in quote costanti nell'esercizio in cui si sono registrati la diminuzione di valore o gli accantonamenti e nei quattro successivi. Delle operazioni di cartolarizzazione, delle eventuali diminuzioni di valore e degli accantonamenti non ancora inclusi nel conto economico occorre fornire indicazione nella nota integrativa di bilancio.

4. Nelle ipotesi di cui al comma 3, le diminuzioni di valore ivi previste concorrono alla determinazione del reddito di impresa negli esercizi in cui sono iscritte al conto economico.

5. Alle minori entrate derivanti dal presente articolo, pari a lire 300 milioni annue per ciascuno degli anni dal 1999 al 2005, si provvede, per gli anni 1999, 2000 e 2001, mediante corrispondente riduzione dello stanziamento iscritto, ai fini del bilancio triennale 1999-2001, nell'ambito dell'unità previsionale di base di parte corrente "Fondo speciale" dello stato di previsione del Ministero del tesoro, del bilancio e della programmazione economica per l'anno finanziario 1999, allo scopo parzialmente utilizzando l'accantonamento relativo al Ministero medesimo.

6. Il Ministro del tesoro, del bilancio e della programmazione economica è autorizzato ad apportare, con propri decreti, le occorrenti variazioni di bilancio.

7. Altre operazioni. – 1. Le disposizioni della presente legge si applicano, in quanto compatibili:

a) alle operazioni di cartolarizzazione dei crediti realizzate mediante l'erogazione di un finanziamento al soggetto cedente da parte della società per la cartolarizzazione dei crediti emittente i titoli, avente per effetto il trasferimento del rischio inerente ai crediti nella misura e alle condizioni concordate (1);

b) alle cessioni a fondi comuni di investimento, aventi per oggetto crediti, costituiti ai sensi del decreto legislativo 24 febbraio 1998, n. 58.

b-bis) alle operazioni di cartolarizzazione dei proventi derivanti dalla titolarità di beni immobili, beni mobili registrati e diritti reali o personali aventi ad oggetto i medesimi beni (2).

2. Nel caso di operazioni realizzate mediante erogazione di un finanziamento, i richiami al cedente e al cessionario devono intendersi riferiti, rispettivamente, al soggetto finanziato e al soggetto finanziatore.

2-bis. Nel caso di operazioni realizzate mediante cessione a un fondo comune di investimento, i servizi indicati nell'articolo 2, comma 3, lettera c), possono essere svolti, in alternativa ai soggetti di cui all'articolo 2, comma 6, dalla società di gestione del risparmio che gestisce il fondo. Alle cessioni dei crediti effettuate in favore del fondo si applicano gli articoli 4 e 6, comma 2, della presente legge, nonché le restanti disposizioni della presente legge, in quanto compatibili (3).

2-ter. Le disposizioni di cui all'articolo 5, comma 2-bis, si applicano, in quanto compatibili, alle imprese ed ai soggetti ivi menzionati ai fini dell'investimento nelle quote dei fondi di cui all'articolo 7, comma 2-bis (3).

2-quater. La presente legge si applica altresì alle operazioni di cartolarizzazione di crediti sorti dalla concessione di uno o più finanziamenti da parte della società emittente i titoli. Nel caso di operazioni realizzate mediante concessione di finanziamenti, i richiami al cedente e al cessionario devono intendersi riferiti, rispettivamente, al soggetto finanziato e al soggetto finanziatore e i richiami ai debitori ceduti si intendono riferiti ai soggetti finanziati. A tali operazioni si applicano, in quanto compatibili, le disposizioni dell'articolo 1, 2, 3, 5, 6 e 7 (4).

2-quinquies. Dalla data certa dell'avvenuta erogazione, anche in parte, del finanziamento relativo alle operazioni di cartolarizzazione di cui al comma 2-quater, sui crediti sorti e sulle somme corrisposte dai debitori sono ammesse azioni soltanto a tutela dei diritti di cui all'articolo 1, comma 1, lettera b) (4).

2-sexies. Nelle operazioni di cui al comma 2-quater i titoli emessi dalle società per finanziare l'erogazione dei finanziamenti o l'acquisto dei crediti sono destinati ad investitori qualificati ai sensi dell'articolo 100 del decreto legislativo 24 febbraio 1998, n. 58 (4).

2-septies. I soggetti di cui all'articolo 2, comma 6, in aggiunta agli altri obblighi previsti dalla presente legge, verificano la correttezza delle operazioni poste in essere ai sensi del comma 2-quater e la conformità delle stesse alla normativa applicabile (4).

2-octies. Il soggetto finanziato titolare dei crediti oggetto di operazioni di cartolarizzazione di cui al comma 1, lettera a), può destinare i crediti stessi, nonché i diritti e i beni che in qualunque modo costituiscano la garanzia del rimborso di tali crediti, al soddisfacimento dei diritti della società di cartolarizzazione o ad altre finalità, anche effettuando la segregazione dei medesimi crediti, diritti e beni, con facoltà di costituire un pegno sui beni e sui diritti predetti a garanzia dei crediti derivanti dal finanziamento concesso dalla società di cartolarizzazione (5).

2-novies. Il contratto relativo all'operazione suddetta può prevedere l'obbligo del soggetto finanziato di corrispondere alla società di cartolarizzazione tutte le somme derivanti dai crediti cartolarizzati, analogamente ad una cessione (6).

(1) Lettera modificata dall'art. 1, co. 1088, lett. a), n. 1), l. 30/12/2018, n. 145.

(2) Lettera aggiunta dall'art. 1, co. 1088, lett. a), n. 2), l. 30/12/2018, n. 145.

(3) Comma aggiunto dall'art. 12, co. 1, lett. f), d.l. 23/12/2013, n. 145, conv., con modif., dalla l. 21/2/2014, n. 9.

(4) Comma inserito dall'art. 22, co. 6, lett. f), d.l. 24/6/2014, n. 91, conv., con modif., dalla l. 11/8/2014, n. 116.

(5) Comma aggiunto dall'art. 1, co. 1088, lett. b), l. 30/12/2018, n. 145.

(6) Comma aggiunto dall'art. 1, co. 1088, lett. b), l. 30/12/2018, n. 145.

7.1. Cartolarizzazione di crediti deteriorati da parte di banche e intermediari finanziari (1). – 1. Alle cessioni di crediti, qualificati come deteriorati in base alle disposizioni dell'autorità competente, ceduti da banche e intermediari finanziari iscritti nell'albo di cui all'articolo 106 del testo unico bancario aventi sede legale in Italia, si applicano altresì le disposizioni del presente articolo.

2. Le società di cartolarizzazione di cui all'articolo 3 che si sono rese cessionarie dei crediti di cui al comma 1 possono concedere finanziamenti finalizzati a migliorare le prospettive di recupero di tali crediti e a favorire il ritorno in bonis del debitore ceduto, nel rispetto delle condizioni previste all'articolo 1, comma 1-ter.

3. Nell'ambito di piani di riequilibrio economico e finanziario concordati con il soggetto cedente o di accordi stipulati ai sensi degli articoli 124, 160, 182-bis e 186-bis del regio decreto 16 marzo 1942, n. 267, ovvero di analoghi accordi o procedure volti al risanamento o alla ristrutturazione previsti da altre disposizioni di legge, le società di cartolarizzazione di cui all'articolo 3 possono acquisire o sottoscrivere azioni, quote e altri titoli e strumenti partecipativi derivanti dalla conversione di parte dei crediti del cedente e concedere finanziamenti al fine di migliorare le prospettive di recupero dei crediti oggetto di cessione e di favorire il ritorno in bonis del debitore ceduto. Non si applicano in questo caso le disposizioni degli articoli 2467 e 2497-quinquies del codice civile. Le somme in qualsiasi modo rivenienti da tali azioni, quote e altri titoli e strumenti partecipativi sono assimilate, agli effetti della presente legge, ai pagamenti effettuati dai debitori ceduti e sono destinate in via esclusiva al soddisfacimento dei diritti incorporati nei titoli emessi e al pagamento dei costi dell'operazione.

4. Può essere costituita una società veicolo, nella forma di società di capitali, avente come oggetto sociale esclusivo il compito di acquisire, gestire e valorizzare, nell'interesse esclusivo dell'operazione di cartolarizzazione, i beni immobili e mobili registrati nonché gli altri beni e diritti concessi o costituiti, in qualunque forma, a garanzia dei crediti oggetto di cartolarizzazione, ivi compresi i beni oggetto di contratti di locazione finanziaria, anche se risolti, eventualmente insieme con i rapporti derivanti da tali contratti. Le somme in qualsiasi modo rivenienti dalla detenzione, gestione o dismissione di tali beni e diritti, dovute dalla società veicolo alla società di cartolarizzazione di cui all'articolo 3, sono assimilate, agli effetti della presente legge, ai pagamenti effettuati dai debitori ceduti e sono destinate in via esclusiva al soddisfacimento dei diritti incorporati nei titoli emessi e al pagamento dei costi dell'operazione.

5. Qualora la cessione abbia ad oggetto, unitamente ai beni oggetto di locazione finanziaria, i relativi contratti di locazione finanziaria ovvero i rapporti giuridici derivanti dalla risoluzione di tali contratti, la società veicolo di cui al comma 4 deve essere consolidata nel bilancio di una banca, anche se non facente parte di un gruppo bancario, e deve essere costituita per specifiche operazioni di cartolarizzazione e destinata a essere liquidata una volta conclusa l'operazione; le limitazioni dell'oggetto sociale, delle possibilità operative e della capacità di indebitamento devono risultare dalla disciplina contrattuale e statutaria. Gli adempimenti derivanti dai contratti e rapporti di locazione finanziaria ceduti ai sensi del presente articolo sono eseguiti dal soggetto che presta i servizi indicati nell'articolo 2, comma 3, lettera c), ovvero da un soggetto abilitato all'esercizio dell'attività di locazione finanziaria individuato ai sensi del comma 8 del presente articolo. Le disposizioni in materia fiscale applicabili alle società che esercitano attività di locazione finanziaria si applicano integralmente alla società veicolo cessionaria dei contratti e rapporti di locazione finanziaria e dei beni derivanti da tale attività. Alle cessioni di immobili effettuate dalla medesima società si applicano integralmente le agevolazioni originariamente previste dall'articolo 35, comma 10-ter.1, del decreto-legge 4 luglio 2006, n. 223, convertito, con modificazioni, dalla legge 4 agosto 2006, n. 248.

6. Per gli effetti di cui all'articolo 4, comma 2, le cessioni effettuate da parte di banche e intermediari finanziari ai sensi del presente articolo, aventi ad oggetto crediti non individuati in blocco, sono pubblicate mediante iscrizione nel registro delle imprese e pubblicazione nella Gazzetta Ufficiale dell'avviso di avvenuta cessione, recante indicazione del cedente, del cessionario, della data di cessione, delle informazioni orientative sulla tipologia di rapporti da cui i crediti ceduti derivano e sul periodo in cui tali rapporti sono sorti o sorgeranno, nonché del sito internet in cui il cedente e il cessionario renderanno disponibili, fino alla loro estinzione, i dati indicativi dei crediti ceduti e la conferma della avvenuta cessione ai debitori ceduti che ne faranno richiesta. Dalla data di pubblicazione della notizia dell'avvenuta cessione nella Gazzetta Ufficiale, nei confronti dei debitori ceduti si producono gli effetti indicati all'articolo 1264 del codice civile e i privilegi e le garanzie di qualsiasi tipo, da chiunque prestati o comunque esistenti a favore del cedente, nonché le trascrizio-

ni nei pubblici registri degli atti di acquisto dei beni oggetto di locazione finanziaria compresi nella cessione conservano la loro validità e il loro grado a favore del cessionario, senza necessità di alcuna formalità o annotazione. Restano altresì applicabili le discipline speciali, anche di carattere processuale, previste per i crediti ceduti.

7. Nel caso previsto dal comma 2, la gestione dei crediti ceduti e dei finanziamenti concessi dalla società di cartolarizzazione di cui all'articolo 3 è affidata a una banca o a un intermediario finanziario iscritto nell'albo di cui all'articolo 106 del testo unico bancario.

8. Nel caso previsto dal comma 3, la società di cartolarizzazione individua un soggetto di adeguata competenza e dotato delle necessarie abilitazioni o autorizzazioni in conformità alle disposizioni di legge applicabili, cui sono conferiti, nell'interesse dei portatori dei titoli, compiti di gestione o amministrazione e potere di rappresentanza. Qualora tale soggetto sia una banca, un intermediario finanziario iscritto nell'albo di cui all'articolo 106 del testo unico bancario, una società di intermediazione mobiliare o una società di gestione del risparmio, lo stesso soggetto verifica altresì la conformità dell'attività e delle operazioni della società di cartolarizzazione di cui all'articolo 3 alla legge e al prospetto informativo.

(1) Articolo aggiunto dall'art. 60-sexies, co. 1, lett. b), d.l. 24/4/2017, n. 50, conv., con modif., dalla l. 21/6/2017, n. 96.

7 bis. Obbligazioni bancarie garantite (1). – 1. Le disposizioni di cui all'articolo 3, commi 2, 2-bis, 2-ter e 3, all'articolo 4 e all'articolo 6, comma 2, si applicano, salvo quanto specificato ai commi 2 e 3 del presente articolo, alle operazioni aventi ad oggetto le cessioni di crediti fondiari e ipotecari, di crediti nei confronti delle pubbliche amministrazioni o garantiti dalle medesime, anche individuabili in blocco, nonché di titoli emessi nell'ambito di operazioni di cartolarizzazione aventi ad oggetto crediti della medesima natura, effettuate da banche in favore di società il cui oggetto esclusivo sia l'acquisto di tali crediti e titoli, mediante l'assunzione di finanziamenti concessi o garantiti anche dalle banche cedenti, e la prestazione di garanzia per le obbligazioni emesse dalle stesse banche ovvero da altre (2).

2. I crediti ed i titoli acquistati dalla società di cui al comma 1 e le somme corrisposte dai relativi debitori sono destinati al soddisfacimento dei diritti, anche ai sensi dell'articolo 1180 del codice civile, dei portatori delle obbligazioni di cui al comma 1 e delle controparti dei contratti derivati con finalità di copertura dei rischi insiti nei crediti e nei titoli ceduti e degli altri contratti accessori, nonché al pagamento degli altri costi dell'operazione, in via prioritaria rispetto al rimborso dei finanziamenti di cui al comma 1.

3. Le disposizioni di cui agli articoli 3, comma 2, e 4, comma 2, si applicano a beneficio dei soggetti di cui al comma 2 del presente articolo. A tali fini, per portatori di titoli devono intendersi i portatori delle obbligazioni di cui al comma 1.

4. Alle cessioni di cui al comma 1 non si applicano gli articoli 69 e 70 del 2440. Dell'affidamento o trasferimento delle funzioni di cui all'articolo 2, comma 3, lettera c), a soggetti diversi dalla banca cedente, è dato avviso mediante pubblicazione nella Gazzetta Ufficiale nonché comunicazione mediante lettera raccomandata con avviso di ricevimento alle pubbliche amministrazioni debitrici. Ai finanziamenti concessi alle società di cui al comma 1 e alla garanzia prestata dalle medesime società si applica l'articolo, e successive modificazioni (3).

5. Il Ministro dell'economia e delle finanze, con regolamento emanato ai sensi della legge 23 agosto 1988, n. 400, sentita la Banca d'Italia, adotta disposizioni di attuazione del presente articolo aventi ad oggetto, in particolare, il rapporto massimo tra le obbligazioni oggetto di garanzia e le attività cedute, la tipologia di tali attività e di quelle, dagli equivalenti profili di rischio, utilizzabili per la loro successiva integrazione, nonché le caratteristiche della garanzia di cui al comma 1.

6. Ai sensi dell'articolo 53 del testo unico delle leggi in materia bancaria e creditizia, di cui al decreto legislativo 1° settembre 1993, n. 385, e successive modificazioni, sono emanate disposizioni di attuazione del presente articolo. Tali disposizioni disciplinano anche i requisiti delle banche emittenti, i criteri che le banche cedenti adottano per la valutazione dei crediti e dei titoli ceduti e le relative modalità di integrazione, nonché i controlli che le banche effettuano per il rispetto degli obblighi previsti dal presente articolo, anche per il tramite di società di revisione allo scopo incaricate.

7. Ogni imposta e tassa è dovuta considerando le operazioni di cui al comma 1 come non effettuate e i crediti e i titoli che hanno formato oggetto di cessione come iscritti nel bilancio della banca cedente, se per le cessioni è pagato un corrispettivo pari all'ultimo valore di iscrizione in bilancio dei crediti e dei titoli, e il finanziamento di cui al comma 1 è concesso o garantito dalla medesima banca cedente.

(1) Articolo inserito dall'art. 2, co. 4-ter, d.l. 14/3/2005, n. 35, conv., con modif., dalla l. 14/5/2005, n. 80. Per l'applicabilità delle disposizioni di cui al presente articolo vedi l'art. 1, co. 368, l. 23/12/2005, n. 266.

• Per il regolamento di attuazione, in materia di obbligazioni bancarie garantite, del presente articolo, vedi il d.m. 14/12/2006, n. 310.

(2) Comma modificato dall'art. 12, co. 1, lett. g), d.l. 23/12/2013, n. 145, conv., con modif., dalla l. 21/2/2014, n. 9.

(3) Comma modificato dall'art. 1, co. 389, l. 23/12/2005, n. 266.

7 ter. Norme applicabili (1). – 1. Alla costituzione di patrimoni destinati aventi ad oggetto i crediti ed i titoli di cui all'articolo 7-bis, comma 1, e alla destinazione dei relativi proventi, effettuate ai sensi dell'articolo 2447-bis del codice civile, per garantire i diritti dei portatori delle obbligazioni emesse da banche di cui all'articolo 7-bis, comma 1, si applicano le disposizioni di cui all'articolo 7-bis, commi 5 e 6.

1-bis. Ai soggetti cessionari di cui all'articolo 7-bis si applicano, nei limiti stabiliti dal Ministro dell'economia e delle finanze con regolamento emanato, sentita la Banca d'Italia, ai sensi dell'articolo 17, comma 3, della legge 23 agosto 1988, n. 400, le disposizioni previste per gli intermediari finanziari dal Titolo V° del decreto legislativo 1° settembre 1993, n. 385 (2).

(1) Articolo inserito dall'art. 35, conv., con modif., dalla l. 14/5/2005, n. 80.

(2) Comma aggiunto dall'art. 9, co. 3, d.lg. 13/8/2010, n. 141, come modificato dall'art. 6, co. 1, d.lg. 14/12/2010, n. 218.

7 quater. Cessione di ulteriori crediti e titoli (1). – 1. Gli articoli 7-bis, commi 1, 2, 3, 4, 5, 6 e 7, e 7-ter, comma 1, e le disposizioni ivi richiamate si applicano anche alle operazioni, ivi disciplinate, aventi ad oggetto obbligazioni e titoli similari ovvero cambiali finanziarie, crediti garantiti da ipoteca navale, crediti nei confronti di piccole e medie imprese, crediti derivanti da contratti di leasing o di factoring, nonché di titoli emessi nell'ambito di operazioni di cartolarizzazione aventi ad oggetto crediti della medesima natura. Tali crediti e titoli possono essere ceduti anche da società facenti parte di un gruppo bancario (2).

2. Il regolamento di cui al comma 5 dell'articolo 7-bis adotta anche disposizioni di attuazione del presente articolo con riferimento ai medesimi profili ivi menzionati. Il medesimo regolamento individua le categorie di crediti o titoli di cui al comma 1, cui si applicano le disposizioni di cui al presente

articolo, e regola l'emissione di titoli di cui al presente articolo differenziandoli dai titoli emessi ai sensi dell'articolo 7-bis.

(1) Articolo inserito dall'art. 12, co. 1, lett. h), d.l. 23/12/2013, n. 145, conv., con modif., dalla l. 21/2/2014, n. 9.

(2) Comma modificato dall'art. 13-bis del d.l. 14/2/2016, n. 18, conv., con modif., dalla l. 8/4/2016, n. 49.

D.lg. 25 settembre 1999, n. 374

Estensione delle disposizioni in materia di riciclaggio dei capitali di provenienza illecita ed attività finanziarie particolarmente suscettibili di utilizzazione a fini di riciclaggio, a norma dell'art. 15 della legge 6 febbraio 1996, n. 52

(*Estratto, artt. 2, 3*)

Omissis.

2. Requisiti di onorabilità. – 1. Quando non sono espressamente previsti da specifiche norme di settore o dal presente decreto, costituiscono requisiti di onorabilità per l'esercizio delle attività di cui all'art. 1 quelli di cui all'art. 11 del regio decreto 18 giugno 1931, n. 773.

3. Agenzia in attività finanziaria* (1). – *1. L'esercizio professionale nei confronti del pubblico dell'agenzia in attività finanziaria, indicata nell'art. 1, comma 1, lettera n), è riservato ai soggetti iscritti in un elenco istituito presso l'UIC. 2. Il Ministro del tesoro, del bilancio e della programmazione economica, con regolamento, adottato sentito l'UIC, specifica il contenuto dell'attività indicata al comma 1, stabilisce le condizioni di compatibilità con lo svolgimento di altre attività professionali, prevede in quali circostanze ricorra l'esercizio nei confronti del pubblico e ne disciplina l'esercizio nel territorio della Repubblica da parte di soggetti aventi sede legale all'estero. 3. L'UIC procede all'iscrizione nell'elenco quando ricorrono le condizioni seguenti: a) per le persone fisiche: 1) cittadinanza italiana o di uno Stato dell'Unione europea ovvero di Stato diverso secondo le disposizioni dell'art. 2 del decreto legislativo 25 luglio 1998, n. 286; 2) domicilio nel territorio della Repubblica; 3) diploma di scuola media superiore o titolo equipollente a tutti gli effetti di legge; 4) possesso dei requisiti di onorabilità stabiliti nel regolamento emanato ai sensi dell'art. 109 del testo unico bancario; b) per i soggetti diversi dalle persone fisiche: 1) previsione nell'oggetto sociale dello svolgimento dell'attività di agenzia in attività finanziaria; 2) i partecipanti al capitale e i soggetti che svolgono funzioni di amministrazione, direzione e controllo abbiano i requisiti di onorabilità stabiliti nei regolamenti emanati rispettivamente ai sensi degli articoli 108 e 109 del testo unico bancario; 3) la sede legale e la sede amministrativa siano situate nel territorio della Repubblica; 4) siano rispettati i requisiti patrimoniali e di forma giuridica stabiliti dal Ministro del tesoro, del bilancio e della programmazione economica con regolamento adottato su proposta dell'UIC. 4. Nei casi di perdita dei requisiti di onorabilità in capo ai soggetti indicati nella lettera b), n. 2), del comma 3, si applicano gli articoli 108, comma 3, e 109, comma 2, del testo unico bancario. 5. I soggetti indicati nella lettera b) del comma 3 svolgono la propria attività esclusivamente per il tramite di persone fisiche iscritte nell'elenco. 6. L'UIC esercita il controllo sui soggetti iscritti nell'elenco per verificare l'osservanza delle disposizioni del presente decreto. A tal fine, può richiedere la comunicazione di dati e notizie e la trasmissione di dati e documenti fissando i relativi termini. Esso può, altresì, chiedere la collaborazione del nucleo speciale di polizia valutaria della Guardia di finanza. 7. L'UIC disciplina la procedura e i termini per l'iscrizione nell'elenco, nonché le forme di pubblicità dell'elenco stesso* (2). *8. Il Ministro del tesoro, del bilancio e della programmazione economica, su proposta dell'UIC, dispone la cancellazione dall'elenco per gravi violazioni di norme di legge, delle norme del presente decreto legislativo o delle disposizioni emanate ai sensi di esso. Il Ministro del tesoro, del bilancio e della programmazione economica, sentito l'UIC, disciplina la procedura per la sospensione cautelare dall'elenco.*

* Articolo abrogato dall'art. 28, co. 1, lett. a), d.lg. 13/8/2010, n. 141.

(1) In attuazione del presente articolo vedi il d.m. 13/12/2001, n. 485.

(2) Vedi provvedimento 11/7/2002.

Omissis.

D.lg. 21 maggio 2004, n. 170

Attuazione della direttiva 2002/47/CE, in materia di contratti di garanzia finanziaria

1. Definizioni. – 1. Nel presente decreto legislativo si intendono per:

a) testo unico bancario: il decreto legislativo 1° settembre 1993, n. 385, e successive modificazioni;

b) testo unico della finanza: il decreto legislativo 24 febbraio 1998, n. 58, e successive modificazioni;

c) attività finanziarie: il contante, gli strumenti finanziari, i crediti e con riferimento alle operazioni connesse con le funzioni del sistema delle banche centrali europee e dei sistemi di cui all'articolo 1, comma 1, lettera r), del decreto legislativo 12 aprile 2001, n. 210, le altre attività accettate a garanzia di tali operazioni (1);

c-bis) crediti: crediti in denaro derivanti da un contratto con il quale un ente creditizio, secondo la definizione dell'articolo 4, punto 1), della direttiva 2006/48/CE, compresi gli enti elencati all'articolo 2 della stessa direttiva, concede un credito in forma di prestito (2);

d) contratto di garanzia finanziaria: il contratto di pegno o il contratto di cessione del credito o di trasferimento della proprietà di attività finanziarie con funzione di garanzia, ivi compreso il contratto di pronti contro termine, e qualsiasi altro contratto di garanzia reale avente ad oggetto attività finanziarie e volto a garantire l'adempimento di obbligazioni finanziarie, allorché le parti contraenti rientrino in una delle seguenti categorie:

1) autorità pubbliche, inclusi gli organismi del settore pubblico degli Stati membri incaricati della gestione del debito pubblico o che intervengano in tale gestione o che siano autorizzati a detenere conti dei clienti, con l'esclusione delle imprese assistite da garanzia pubblica;

2) banche centrali, la Banca centrale europea, la Banca dei regolamenti internazionali, le banche multilaterali di sviluppo, come definite dall'allegato VI, parte 1, sezione 4, della direttiva 2006/48/CE del Parlamento europeo e del Consiglio, del 20 marzo 2000, il Fondo monetario internazionale e la Banca europea per gli investimenti (3);

3) enti finanziari sottoposti a vigilanza prudenziale, inclusi:

a) enti creditizi, come definiti dall'articolo 4, punto 1), della direttiva 2006/48/CE, inclusi gli enti elencati all'articolo 2, della medesima direttiva (4);

b) imprese di investimento, come definite dall'articolo 4, paragrafo 1, punto 1), della direttiva 2004/39/CE, del 10 maggio 1993 (5);

c) enti finanziari, come definiti dall'articolo 4, punto 5), della direttiva 2006/48/CE (6);

d) imprese di assicurazione, come definite dall'articolo 1, lettera a), della direttiva 92/49/CEE del Consiglio, del 18 giugno 1992, e dall'articolo 1, paragrafo 1, lettera a), della direttiva 2002/83/CE (7);

e) organismi di investimento collettivo in valori mobiliari, quali definiti dall'articolo 1, paragrafo 2, della direttiva 85/611/CEE del Consiglio, del 20 dicembre 1985;

f) società di gestione, quali definite dall'articolo 1-bis, paragrafo 2, della direttiva 85/611/CEE del Consiglio, del 20 dicembre 1985;

4) controparti centrali, agenti di regolamento o stanze di compensazione, quali definiti dalla direttiva 98/26/CE, del Parlamento europeo e del Consiglio, del 19 maggio 1998, articolo 2, rispettivamente alle lettere c), d) ed e), inclusi enti analoghi che operano sui mercati dei contratti futures, come definiti dall'articolo 1, comma 2, lettera f), del testo unico della finanza, delle opzioni e dei prodotti finanziari derivati non sottoposti a tale direttiva;

5) persone diverse dalle persone fisiche, incluse imprese e associazioni prive di personalità giuridica, purché la controparte sia un ente definito ai numeri da 1) a 4);

e) clausola di integrazione: la clausola del contratto di garanzia finanziaria che prevede l'obbligo di prestare una garanzia finanziaria o di integrare la garanzia finanziaria già prestata:

1) in caso di variazione dell'importo dell'obbligazione finanziaria garantita, a seguito di variazione dei valori di mercato correnti, o del valore della garanzia originariamente prestata;

2) in caso di variazione dell'importo dell'obbligazione finanziaria garantita per causa diversa da quella di cui al numero 1);

f) clausola di interruzione dei rapporti e pagamento del saldo netto, clausola di «close-out netting»: la clausola di un contratto di garanzia finanziaria o di un contratto che comprende un contratto di garanzia finanziaria oppure, in mancanza di una previsione contrattuale, una norma di legge in base alla quale, in caso di evento determinante l'escussione della garanzia finanziaria:

1) le obbligazioni diventano immediatamente esigibili e vengono convertite nell'obbligazione di versare un importo pari al loro valore corrente stimato, oppure esse sono estinte e sostituite dall'obbligazione di versare tale importo, ovvero

2) viene calcolato il debito di ciascuna parte nei confronti dell'altra con riguardo alle singole obbligazioni e viene determinata la somma netta globale risultante dal saldo e dovuta dalla parte il cui debito è più elevato, ad estinzione dei reciproci rapporti;

g) clausola di sostituzione: la clausola del contratto di garanzia finanziaria che prevede la possibilità di sostituire in tutto o in parte l'oggetto, nei limiti di valore dei beni originariamente costituiti in garanzia;

h) contante: denaro accreditato su un conto od analoghi crediti alla restituzione di denaro, quali i depositi sul mercato monetario;

i) evento determinante l'escussione della garanzia:

l'inadempimento o qualsiasi altro evento analogo convenuto fra le parti il cui verificarsi dà diritto al beneficiario della garanzia, in base al contratto o per effetto di legge, di procedere all'escussione della garanzia finanziaria o di attivare la clausola di «close-outnetting»;

l) garanzia equivalente: quando la garanzia ha ad oggetto il contante, un ammontare dello stesso importo e nella stessa valuta; quando la garanzia ha ad oggetto strumenti finanziari, strumenti finanziari del medesimo emittente o debitore, appartenenti alla medesima emissione o classe e con stesso importo nominale, stessa valuta e stessa descrizione o, quando il contratto di garanzia finanziaria prevede il trasferimento di altre attività al verificarsi di un evento che riguardi o influenzi strumenti finanziari forniti come garanzia finanziaria, queste altre attività;

m) legge fallimentare: il regio decreto 16 marzo 1942, n. 267;

n) giorno e momento di apertura di una procedura di risanamento o di liquidazione: il giorno e il momento in cui si producono gli effetti di sospensione dei pagamenti delle passività o di restituzione dei beni ai terzi secondo le disposizioni dell'articolo 3, commi 1, 2 e 3, del decreto legislativo 12 aprile 2001, n. 210;

o) obbligazioni finanziarie: le obbligazioni, anche condizionali ovvero future, al pagamento di una somma di denaro ovvero alla consegna di strumenti finanziari, anche qualora il debitore sia persona diversa dal datore della garanzia;

p) obbligazioni finanziarie garantite: le obbligazioni finanziarie assistite da un contratto di garanzia finanziaria;

q) prestazione della garanzia: l'avvenuto compimento degli atti, quali la consegna, il trasferimento, la registrazione delle attività finanziarie, in esito ai quali le attività finanziarie stesse risultino nel possesso o sotto il controllo del beneficiario della garanzia o di persona che agisce per conto di quest'ultimo o, nel caso di pegno o di cessione del credito, la consegna per iscritto di un atto al beneficiario della garanzia contenente l'individuazione del credito (8);

r) procedure di liquidazione: il fallimento, la liquidazione coatta amministrativa, nonché ogni altra misura destinata alla liquidazione delle imprese e che comportano l'intervento delle autorità amministrative o giudiziarie;

s) procedure di risanamento: l'amministrazione controllata, il concordato preventivo, il provvedimento di sospensione dei pagamenti delle passività e delle restituzioni dei beni ai terzi ai sensi degli articoli 74, 77, comma 2, 107, comma 6, del testo unico bancario, e dell'articolo 56, comma 3, del testo unico della finanza, nonché ogni altra misura destinata al risanamento delle imprese e che incide sui diritti dei terzi;

t) strumenti finanziari: gli strumenti finanziati di cui

all'articolo 1, comma 2, lettere da a) ad e), del testo unico della finanza e gli altri individuati con decreto del Ministro dell'economia e delle finanze, su proposta della Banca d'Italia e della Commissione nazionale per le società e la Borsa, in relazione alle previsioni della direttiva 2002/47/CE del Parlamento europeo e del Consiglio, del 6 giugno 2002.

(1) Lettera sostituita dall'art. 2, co. 1, lett. a), d.lg. 24/3/2011, n. 48.

(2) Lettera inserita dall'art. 2, co. 1, lett. b), d.lg. 24/3/2011, n. 48.

(3) Numero modificato dall'art. 2, co. 1, lett. c), d.lg. 24/3/2011, n. 48.

(4) Lettera modificata dall'art. 2, co. 1, lett. d), d.lg. 24/3/2011, n. 48.

(5) Lettera modificata dall'art. 2, co. 1, lett. e), d.lg. 24/3/2011, n. 48.

(6) Lettera modificata dall'art. 2, co. 1, lett. f), d.lg. 24/3/2011, n. 48.

(7) Lettera modificata dall'art. 2, co. 1, lett. g), d.lg. 24/3/2011, n. 48.

(8) Lettera modificata dall'art. 2, co. 1, lett. h), d.lg. 24/3/2011, n. 48.

2. Ambito di applicazione. – 1. Il presente decreto legislativo si applica ai contratti di garanzia finanziaria a condizione che:

a) il contratto di garanzia finanziaria sia provato per iscritto;

b) la garanzia finanziaria sia stata prestata e tale prestazione sia provata per iscritto. La prova deve consentire l'individuazione della data di costituzione e delle attività finanziarie costituite in garanzia. A tale fine è sufficiente la registrazione degli strumenti finanziari sui conti degli intermediari ai sensi degli articoli 83-bis e seguenti del decreto legislativo 24 febbraio 1998, n. 58, e l'annotazione del contante sui conti di pertinenza. Per i crediti, la consegna per iscritto di un atto al beneficiario della garanzia contenente l'individuazione del credito è sufficiente a provare la fornitura del credito costituito in garanzia finanziaria tra le parti (1).

2. Nel presente decreto legislativo, l'espressione: «per iscritto» si intende riferita anche alla forma elettronica e a qualsiasi altro supporto durevole, secondo la normativa vigente in materia.

2-bis. Le disposizioni del presente decreto non si applicano ai crediti per i quali il debitore è un consumatore quale definito dall'articolo 3, lettera a), della direttiva 2008/48/CE, salvo i casi in cui il beneficiario della garanzia o il datore della garanzia di tali crediti sia uno degli enti di cui all'articolo 1, comma 1, lettera d), numero 2) (2).

2-ter. Fatto salvo il divieto di clausole abusive nei contratti stipulati con i consumatori previsto dalla direttiva 93/13/CEE, e dal decreto legislativo 6 settembre 2005, n. 206, i debitori dei crediti possono rinunciare per iscritto:

a) ai diritti di compensazione nei confronti dei creditori del credito e nei confronti delle persone a cui il creditore ha ceduto, impegnato o altrimenti mobilizzato il credito come garanzia;

b) ai diritti derivanti da norme sul segreto bancario che impedirebbero o limiterebbero la capacità del creditore del credito di fornire informazioni sul credito o sul debitore ai fini dell'utilizzo del credito come garanzia (2).

(1) Lettera sostituita dall'art. 2, co. 2, lett. a), d.lg. 24/3/2011, n. 48.

(2) Comma inserito dall'art. 2, co. 2, lett. b), d.lg. 24/3/2011, n. 48.

3. Efficacia della garanzia finanziaria. – 1. L'attribuzione dei diritti previsti dal presente decreto legislativo al beneficiario della garanzia e la loro opponibilità ai terzi non richiedono requisiti ulteriori rispetto a quelli indicati nell'articolo 2, anche se previsti da vigenti disposizioni di legge.

1-bis. Nel caso di pegno o di cessione del credito la garanzia che rispetti i requisiti di cui all'articolo 2 è efficace fra le parti del contratto di garanzia finanziaria. Salvo quanto previsto dal comma seguente, ai fini dell'opponibilità ai terzi e al debitore ceduto o debitore del credito dato in pegno restano fermi i requisiti di notificazione al debitore o di accettazione da parte del debitore previsti dal codice civile (1).

1-ter. Qualora, al fine di soddisfare anche in modo indiretto esigenze di liquidità, la Banca d'Italia effettui operazioni di finanziamento o di altra natura che siano garantite mediante pegno o cessione di credito, la garanzia ha effetto nei confronti dei terzi dal momento della sua prestazione, ai sensi degli articoli 1, comma 1 lettera q), e 2, comma 1, lettera b), e in deroga agli articoli 1265, 2800 e 2914 n. 2), del codice civile. In deroga agli articoli 1248 e 2805 del codice civile, il debitore ceduto o il debitore del credito dato in pegno non possono opporre in compensazione alla Banca d'Italia eventuali crediti vantati nei confronti del soggetto rispettivamente cedente o datore di pegno, indipendentemente dal fatto che tali crediti siano sorti, acquisiti o divenuti esigibili prima della prestazione della garanzia a favore della Banca d'Italia o dopo la stessa. Agli altri effetti di legge, ai fini dell'opponibilità della garanzia al debitore ceduto o al debitore del credito dato in pegno restano fermi i requisiti di notificazione o di accettazione previsti dal codice civile (2).

1-quater. Quando le garanzie indicate nel comma 1-ter sono costituite da crediti ipotecari, non è richiesta l'annotazione prevista dall'articolo 2843 del codice civile. Alle operazioni della Banca d'Italia indicate al comma 1-ter si applica l'articolo 67, comma 4, del regio decreto 16 marzo 1942, n. 267 (2).

(1) Comma inserito dall'art. 2, co. 3, d.lg. 24/3/2011, n. 48 e successivamente modificato dall'art. 26, co. 1, lett. a), d.l. 23/12/2016, n. 237, conv., con modif., dalla l. 17/2/2017, n. 15.

(2) Comma inserito dall'art. 26, co. 1, lett. b), d.l. 23/12/2016, n. 237, conv., con modif., dalla l. 17/2/2017, n. 15.

4. Escussione del pegno. – 1. Al verificarsi di un evento determinante l'escussione della garanzia, il creditore pignoratizio ha facoltà, anche in caso di apertura di una procedura di risanamento o di liquidazione, di procedere osservando le formalità previste nel contratto:

a) alla vendita delle attività finanziarie oggetto del pegno, trattenendo il corrispettivo a soddisfacimento del proprio credito, fino a concorrenza del valore dell'obbligazione finanziaria garantita;

b) all'appropriazione delle attività finanziarie oggetto del pegno, diverse dal contante, fino a concorrenza del valore dell'obbligazione finanziaria garantita, a condizione che tale facoltà sia prevista nel contratto di garanzia finanziaria e che lo stesso ne preveda i criteri di valutazione;

c) all'utilizzo del contante oggetto della garanzia per estinguere l'obbligazione finanziaria garantita.

2. Nei casi previsti dal comma 1 il creditore pignoratizio informa immediatamente per iscritto il datore della garanzia stessa o, se del caso, gli organi della procedura di risanamento o di liquidazione in merito alle modalità di escussione adottate e all'importo ricavato e restituisce contestualmente l'eccedenza.

5. Potere di disposizione delle attività finanziarie oggetto del pegno. – 1. Il creditore pignoratizio può disporre, anche mediante alienazione, delle attività finanziarie oggetto del pegno, se previsto nel contratto di garanzia finanziaria e conformemente alle pattuizioni in esso contenute.

2. Il creditore pignoratizio che si sia avvalso della facoltà indicata nel comma 1 ha l'obbligo di ricostituire la garanzia equivalente in sostituzione della garanzia originaria entro la data di scadenza dell'obbligazione finanziaria garantita.

3. La ricostituzione della garanzia equivalente non comporta costituzione di una nuova garanzia e si considera effettuata alla data di prestazione della garanzia originaria.

4. Qualora, prima dell'adempimento dell'obbligo indicato nel comma 2, si verifichi un evento determinante l'escussione

della garanzia, tale obbligo può essere oggetto della clausola di «close-out netting». In mancanza di tale clausola, il creditore pignoratizio procede all'escussione della garanzia equivalente in conformità a quanto previsto nell'articolo 4.

4-bis. Il presente articolo non si applica ai crediti (1).

(1) Comma inserito dall'art. 2, co. 4, d.lg. 24/3/2011, n. 48.

6. Cessione del credito o trasferimento della proprietà con funzione di garanzia. – 1. I contratti di garanzia finanziaria che prevedono il trasferimento della proprietà con funzione di garanzia, compresi i contratti di pronti contro termine, hanno effetto in conformità ai termini in essi stabiliti, indipendentemente dalla loro qualificazione.

2. Ai contratti di garanzia finanziaria che prevedono il trasferimento della proprietà con funzione di garanzia, compresi i contratti di pronti contro termine, non si applica l'articolo 2744 del codice civile.

3. Ai contratti di cessione del credito o di trasferimento della proprietà con funzione di garanzia si applica quanto previsto dall'articolo 5, commi da 2 a 4.

7. Clausola di «close-out netting». – 1. La clausola di «close-out netting» è valida ed ha effetto in conformità di quanto dalla stessa previsto, anche in caso di apertura di una procedura di risanamento o di liquidazione nei confronti di una delle parti.

8. Condizioni di realizzo e criteri di valutazione. – 1. Le condizioni di realizzo delle attività finanziarie ed i criteri di valutazione delle stesse e delle obbligazioni finanziarie garantite devono essere ragionevoli sotto il profilo commerciale. Detta ragionevolezza si presume nel caso in cui le clausole contrattuali concernenti le condizioni di realizzo, nonché i criteri di valutazione, siano conformi agli schemi contrattuali individuati dalla Banca d'Italia, d'intesa con la CONSOB, in relazione alle clausole di garanzia elaborate nell'ambito della prassi internazionale.

2. La violazione della ragionevolezza sotto il profilo commerciale delle condizioni di realizzo delle attività finanziarie può essere fatta valere in giudizio entro tre mesi dalla comunicazione indicata nell'articolo 4, comma 2, qualora non siano state previamente concordate tra le parti, ai fini della rideterminazione di quanto dovuto ai sensi del medesimo articolo.

3. Gli organi della procedura di liquidazione, entro sei mesi dal momento di apertura della procedura stessa, possono far valere, agli stessi fini indicati nel comma 2, anche la violazione della ragionevolezza sotto il profilo commerciale nella determinazione tra le parti delle condizioni di realizzo delle attività finanziarie, nonché dei criteri di valutazione delle stesse e delle obbligazioni finanziarie garantite, qualora la determinazione sia intervenuta entro l'anno che precede l'apertura della procedura di liquidazione stessa.

9. Effetti delle procedure di liquidazione sulle garanzie finanziarie. – 1. La garanzia finanziaria prestata, anche in conformità ad una clausola di integrazione o di sostituzione, ed il contratto relativo alla garanzia stessa non possono essere dichiarati inefficaci nei confronti dei creditori soltanto in base al fatto che la prestazione della garanzia finanziaria o il sorgere dell'obbligazione finanziaria garantita siano avvenuti:

a) il giorno di apertura della procedura medesima e prima del momento di apertura di detta procedura;

b) il giorno di apertura della procedura medesima e dopo il momento di apertura di detta procedura, qualora il beneficiario della garanzia possa dimostrare di non essere stato, né di aver potuto essere, a conoscenza dell'apertura della procedura.

2. Agli effetti di cui agli articoli 66 e 67 della legge fallimentare:

a) il contratto di cessione del credito o di trasferimento della proprietà con funzione di garanzia e la prestazione della medesima sono equiparati al pegno;

b) la prestazione della garanzia in conformità ad una clausola di sostituzione non comporta costituzione di una nuova garanzia e si considera effettuata alla data della prestazione della garanzia originaria;

c) la prestazione della garanzia in conformità ad una clausola di integrazione si considera effettuata contestualmente al debito garantito e, nel caso indicato nell'articolo 1, lettera e), numero 1), al momento della prestazione della garanzia originaria o, in assenza di garanzia originaria, al momento della stipula del contratto di garanzia finanziaria; nel caso indicato nell'articolo 1, lettera e), numero 2), nel momento in cui la garanzia integrativa è stata prestata.

3. Salvi gli effetti degli accordi tra le parti, ai contratti di garanzia finanziaria e alle garanzie finanziarie prestate in conformità al presente decreto legislativo non si applicano l'articolo 203 del testo unico della finanza, né l'articolo 76 della legge fallimentare.

10. Legge regolante i diritti su strumenti finanziari in forma scritturale. – 1. Quando i diritti, che hanno ad oggetto o sono relativi a strumenti finanziari, risultino da registrazioni o annotazioni in un libro contabile, conto o sistema di gestione o di deposito accentrato, le modalità di trasferimento di tali diritti, nonché di costituzione e di realizzazione delle garanzie e degli altri vincoli sugli stessi, sono disciplinati esclusivamente dalla legge dell'ordinamento dello Stato in cui è situato il libro contabile, il conto o il sistema di gestione o di deposito accentrato in cui vengono effettuate le registrazioni o annotazioni direttamente a favore del titolare del diritto, con esclusione del rinvio alla legge di un altro Stato.

2. Gli eventuali patti in deroga al comma 1 sono nulli.

3. Qualora il libro contabile, il conto o il sistema di gestione o deposito accentrato sia situato in Italia e gli strumenti finanziari non siano immessi in un sistema italiano in regime di dematerializzazione ai sensi del decreto legislativo 24 giugno 1998, n. 213, le modalità di trasferimento dei diritti, nonché di costituzione e realizzazione delle garanzie e degli altri vincoli sugli stessi sono regolate dalle disposizioni del decreto legislativo 24 febbraio 1998, n. 58 (1).

(1) Comma sostituito dall'art. 2, co. 5, d.lg. 24/3/2011, n. 48.

11. Abrogazioni e modifiche. – 1. All'articolo 87, comma 1, del testo unico della finanza, il secondo periodo è sostituito dal seguente: «A detti vincoli e a quelli successivamente costituiti si applicano le disposizioni dell'articolo 34 del decreto legislativo 24 giugno 1998, n. 213, e successive modificazioni.».

2. All'articolo 87, comma 2, del testo unico della finanza, il primo periodo è abrogato.

3. L'articolo 6, comma 3, l'articolo 8, commi 2, 3, 4, 5 e 7, e l'articolo 9 del decreto legislativo 12 aprile 2001, n. 210, sono abrogati.

4. All'articolo 70 del testo unico della finanza sono apportate le seguenti modificazioni:

a) la rubrica è sostituita dalla seguente: «(Compensazione e garanzia delle operazioni su strumenti finanziari);

b) il comma 1 è sostituito dal seguente:

«1. La Banca d'Italia, d'intesa con la CONSOB, può disciplinare il funzionamento di sistemi di compensazione e garanzia delle operazioni aventi ad oggetto strumenti finanziari, anche prevedendo che i partecipanti al sistema effettuino versamenti di margini o altre prestazioni a titolo di garanzia dell'adempimento degli obblighi derivanti dalla partecipazione al sistema stesso. Le garanzie acquisite non possono essere distratte dalla destinazione prevista né essere soggette ad azioni esecutive o cautelari da parte dei creditori del singolo partecipante o del soggetto che gestisce il sistema, anche in caso di apertura di procedure concorsuali.».

5. Le disposizioni di cui all'articolo 3 si applicano solo alle garanzie costituite successivamente alla data di entrata in vigore del presente decreto legislativo.

L. 2 aprile 2015, n. 44

Modifica all'articolo 11-quaterdecies del d.l. 30 settembre 2005, n. 203, convertito, con modificazioni, dalla legge 2 dicembre 2005, n. 248, in materia di disciplina del prestito vitalizio ipotecario

(Estratto, art. 1)

Art. 1. – 1. Il comma 12 dell'articolo 11-quaterdecies del decreto-legge 30 settembre 2005, n. 203, convertito, con modificazioni, dalla legge 2 dicembre 2005, n. 248, è sostituito dai seguenti:

«12. Il prestito vitalizio ipotecario ha per oggetto la concessione da parte di banche nonché di intermediari finanziari, di cui all'articolo 106 del testo unico di cui al decreto legislativo 1° settembre 1993, n. 385, e successive modificazioni, di finanziamenti a medio e lungo termine, con capitalizzazione annuale di interessi e di spese, riservati a persone fisiche con età superiore a sessanta anni compiuti, il cui rimborso integrale in un'unica soluzione può essere richiesto al momento della morte del soggetto finanziato ovvero qualora vengano trasferiti, in tutto o in parte, la proprietà o altri diritti reali o di godimento sull'immobile dato in garanzia o si compiano atti che ne riducano significativamente il valore, inclusa la costituzione di diritti reali di garanzia in favore di terzi che vadano a gravare sull'immobile.

12-bis. È fatta salva la volontà del finanziato di concordare, al momento della stipulazione del contratto, modalità di rimborso graduale della quota di interessi e delle spese, prima del verificarsi degli eventi di cui al comma 12, sulla quale non si applica la capitalizzazione annuale degli interessi. In caso di inadempimento si applica l'articolo 40, comma 2, del testo unico di cui al decreto legislativo 1° settembre 1993, n. 385.

12-ter. Ai fini dell'applicazione della disciplina prevista dagli articoli 15 e seguenti del decreto del Presidente della Repubblica 29 settembre 1973, n. 601, e successive modificazioni, non rileva la data di rimborso del prestito vitalizio ipotecario.

12-quater. I finanziamenti di cui al comma 12 del presente articolo sono garantiti da ipoteca di primo grado su immobili residenziali e agli stessi si applica l'articolo 39, commi 1, 2, 3, 4 e 7, del testo unico di cui al decreto legislativo 1° settembre 1993, n. 385. L'ipoteca di primo grado a garanzia del finanziamento di cui al comma 12 non può essere iscritta contemporaneamente su più immobili di proprietà del finanziato. Qualora il finanziamento non sia integralmente rimborsato entro dodici mesi dal verificarsi degli eventi di cui al citato comma 12, il finanziatore vende l'immobile ad un valore pari a quello di mercato, determinato da un perito indipendente incaricato dal finanziatore, utilizzando le somme ricavate dalla vendita per estinguere il credito vantato in dipendenza del finanziamento stesso. Trascorsi ulteriori dodici mesi senza che sia stata perfezionata la vendita, tale valore viene decurtato del 15 per cento per ogni dodici mesi successivi fino al perfezionamento della vendita dell'immobile. In alternativa, l'erede può provvedere alla vendita dell'immobile, in accordo con il finanziatore, purché la compravendita si perfezioni entro dodici mesi dal conferimento dello stesso. Le eventuali somme rimanenti, ricavate dalla vendita e non portate a estinzione del predetto credito, sono riconosciute al soggetto finanziato o ai suoi aventi causa. L'importo del debito residuo non può superare il ricavato della vendita dell'immobile, al netto delle spese sostenute. Nei confronti dell'acquirente dell'immobile non hanno effetto le domande giudiziali di cui all'articolo 2652, primo comma, numeri 7) e 8), del codice civile trascritte successivamente alla trascrizione dell'acquisto.

12-quinquies. Il Ministro dello sviluppo economico, entro tre mesi dalla data di entrata in vigore della presente disposizione, sentite l'Associazione bancaria italiana e le associazioni dei consumatori, con proprio decreto, adotta un regolamento nel quale sono stabilite le regole per l'offerta dei prestiti vitalizi ipotecari e sono individuati i casi e le formalità che comportino una riduzione significativa del valore di mercato dell'immobile, tale da giustificare la richiesta di rimborso integrale del finanziamento, e con il quale garantire trasparenza e certezza dell'importo oggetto del finanziamento, dei termini di pagamento, degli interessi e di ogni altra spesa dovuta.

12-sexies. I finanziamenti stipulati prima della data di entrata in vigore della presente disposizione continuano a essere regolati dalle disposizioni vigenti a tale data».

La presente legge, munita del sigillo dello Stato, sarà inserita nella Raccolta ufficiale degli atti normativi della Repubblica italiana. È fatto obbligo a chiunque spetti di osservarla e di farla osservare come legge dello Stato.

D.lg. 16 novembre 2015, n. 180

Attuazione della direttiva 2014/59/UE del Parlamento europeo e del Consiglio, del 15 maggio 2014, che istituisce un quadro di risanamento e risoluzione degli enti creditizi e delle imprese di investimento e che modifica la direttiva 82/891/CEE del Consiglio, e le direttive 2001/24/CE, 2002/47/CE, 2004/25/CE, 2005/56/CE, 2007/36/CE, 2011/35/UE, 2012/30/UE e 2013/36/UE e i regolamenti (UE), n. 1093/2010 e (UE) n. 648/2012, del Parlamento europeo e del Consiglio

TITOLO I
DISPOSIZIONI DI CARATTERE GENERALE

1. Definizioni. – 1. Ai fini del presente decreto si intende per:

a) «accordo di *netting*»: un accordo in virtù del quale determinati crediti o obbligazioni possono essere convertiti in un unico credito netto, compresi gli accordi di *netting* per *close-out* di cui all'articolo 1, comma 1, lettera f), del decreto legislativo 21 maggio 2004, n. 170;

b) «alta dirigenza»: il direttore generale, i vice-direttori generali e le cariche ad esse assimilate, i responsabili delle principali aree di affari e coloro che sono rispondono direttamente all'organo amministrativo;

c) «autorità competente»: la Banca d'Italia, la Banca centrale europea relativamente ai compiti specifici ad essa attribuiti dal Regolamento (UE) n. 1024/2013, o altra autorità competente straniera per l'esercizio della vigilanza ai sensi all'articolo 4, paragrafo 1, punto 40, del Regolamento (UE) n. 575/2013;

d) «autorità di vigilanza su base consolidata»: l'autorità di vigilanza come definita all'articolo 4, paragrafo 1, punto 41, del Regolamento (UE) n. 575/2013;

e) «autorità di risoluzione di gruppo»: l'autorità di risoluzione dello Stato membro in cui ha sede l'autorità di vigilanza su base consolidata;

f) «azione di risoluzione»: la decisione di sottoporre un soggetto a risoluzione ai sensi dell'articolo 32, l'esercizio di uno o più poteri di cui al Titolo IV, Capo V oppure l'applicazione di una o più misure di risoluzione di cui al Titolo IV, Capo IV;

g) «*bail-in*»: la riduzione o la conversione in capitale dei diritti degli azionisti e dei creditori, secondo quanto previsto dal Titolo IV, Capo IV, Sezione III;

h) «banca»: una banca come definita all'articolo 1, comma 1, lettera b), del Testo Unico Bancario;

i) «capitale primario di classe 1»: le azioni, le riserve e gli altri strumenti finanziari computabili nel capitale primario di classe 1 ai sensi del Regolamento (UE) n. 575/2013;

l) «capogruppo»: la capogruppo di un gruppo bancario ai sensi dell'articolo 61 del Testo Unico Bancario;

m) «cessionario»: il soggetto al quale sono ceduti azioni, altre partecipazioni, titoli di debito, attività, diritti o passività, o una combinazione degli stessi, dall'ente sottoposto a risoluzione;

n) «clausola di *close-out netting*»: una clausola come definita all'articolo 1, comma 1, lettera f), del decreto legislativo 21 maggio 2004, n. 170;

o) «contratti finanziari» i seguenti contratti e accordi:

1) contratti su valori mobiliari, fra cui:

i) contratti di acquisto, vendita o prestito di un titolo o gruppi o indici di titoli;

ii) opzioni su un titolo o gruppi o indici di titoli;

iii) operazioni di vendita attive o passive con patto di riacquisto su ciascuno di questi titoli, o gruppi o indici di titoli;

2) contratti connessi a merci, fra cui:

i) contratti di acquisto, vendita o prestito di merci o gruppi o indici di merci per consegna futura;

ii) opzioni su merci o gruppi o indici di merci;

iii) operazioni di vendita con patto di riacquisto attive o passive su merci o gruppi o indici di merci;

3) contratti standardizzati a termine (*futures*) e contratti differenziali a termine (*forward*), compresi i contratti per l'acquisto, la vendita o la cessione, a un dato prezzo a una data futura, di merci o beni di qualsiasi altro tipo, servizi, diritti o interessi;

4) accordi di *swap*, tra cui:

i) *swap* e opzioni su tassi d'interesse; accordi a pronti (spot) o altri accordi su cambi, valute, indici azionari o azioni, indici obbligazionari o titoli di debito, indici di merci o merci, variabili climatiche, quote di emissione o tassi di inflazione;

ii) *total return swap, credit default swap o credit swap*;

iii) accordi o transazioni analoghe agli accordi di cui ai punti i) o ii) negoziati abitualmente sui mercati degli *swap* o dei derivati;

5) accordi di prestito interbancario in cui la scadenza del prestito è pari o inferiore a tre mesi;

6) accordi quadro per i contratti o accordi di cui ai numeri 1, 2, 3, 4 e 5;

p) «controparte centrale»: un soggetto di cui all'articolo 2, punto 1, del Regolamento (UE) n. 648/2012;

q) «depositi»: i crediti relativi ai fondi acquisiti dalle banche con obbligo di rimborso; non costituiscono depositi i crediti relativi a fondi acquisiti dalla banca debitrice rappresentati da strumenti finanziari indicati dall'articolo 1, comma 2, del Testo Unico della Finanza, o il cui capitale non è rimborsabile alla pari, o il cui capitale è rimborsabile alla pari solo in forza di specifici accordi o garanzie concordati con la banca o terzi; costituiscono depositi i certificati di deposito purché non rappresentati da valori mobiliari emessi in serie;

r) «depositi ammissibili al rimborso»: i depositi che, ai sensi dell'articolo 96-bis.1, commi 1 e 2, del testo unico bancario, sono astrattamente idonei a essere rimborsati da un sistema di garanzia dei depositanti (1);

s) «depositi protetti»: i depositi ammissibili al rimborso che non superano il limite di rimborso da parte del sistema di garanzia dei depositanti previsto dall'articolo 96-bis.1, commi 3 e 4, comma 5, del testo unico bancario (2);

t) «derivato»: uno strumento derivato come definito all'articolo 2, punto 5, del Regolamento (UE) n. 648/2012;

u) «elementi di classe 2»: gli strumenti di capitale e i prestiti subordinati ai sensi del Regolamento (UE) n. 575/2013 (Tier 2) o della direttiva 2006/48/CE del Parlamento europeo e del Consiglio e delle relative disposizioni di attuazione;

v) «ente-ponte»: la società di capitali costituita ai sensi del Titolo IV, Capo IV, Sezione II, Sottosezione II, per acquisire, detenere e vendere, in tutto o in parte, azioni o altre partecipazioni emesse da un ente sottoposto a risoluzione, o attività, diritti e passività di uno o più enti sottoposti a risoluzione per preservarne le funzioni essenziali;

z) «ente sottoposto a risoluzione»: uno dei soggetti indicati all'articolo 2 in relazione al quale è avviata un'azione di risoluzione;

aa) «evento determinante l'escussione della garanzia»: un evento come definito all'articolo 1, comma 1, lettera i), del decreto legislativo 21 maggio 2004, n. 170;

bb) «funzioni essenziali»: attività, servizi o operazioni la cui interruzione potrebbe compromettere la prestazione in uno o più Stati membri di servizi essenziali per il sistema economico o la stabilità finanziaria, in ragione della dimensione, della quota di mercato, delle interconnessioni esterne o interne, della complessità o dell'operatività transfrontaliera di una banca o di un gruppo, con particolare riguardo alla sostituibilità dell'attività, dei servizi o delle operazioni;

cc) «giorno lavorativo»: qualsiasi giorno tranne il sabato, la domenica o le festività pubbliche;

dd) «gruppo»: una società controllante e le società da essa controllate ai sensi dell'articolo 23 del Testo Unico Bancario;

ee) «infrastruttura di mercato»: un sistema di gestione accentrata, un sistema di pagamento, un sistema di regolamento titoli, una controparte centrale o un repertorio di dati sulle negoziazioni;

ff) «legge fallimentare»: il r.d. 16 marzo 1942, n. 267, e successive modificazioni;

hh) «linee di operatività principali»: linee di operatività e servizi connessi che rappresentano fonti significative di entrate, di utili o di valore di avviamento della banca o di un gruppo di cui fa parte una banca;

ii) «meccanismi terminativi»: clausole che attribuiscono alle parti di un contratto il diritto di sciogliere lo contratto o chiuderlo per *close-out*, di esigere l'intera prestazione con decadenza dal beneficio del termine, di compensare obbligazioni, anche secondo un meccanismo di *netting*, e ogni analoga disposizione che consente la sospensione, la modifica o l'estinzione di un'obbligazione da parte di un contraente o che impedisce l'insorgere di un obbligo previsto dal contratto;

ll) «misura di gestione della crisi»: un'azione di risoluzione o la nomina di un commissario speciale ai sensi dell'articolo 37;

mm) «misura di prevenzione della crisi»: l'esercizio dei poteri previsti dall'articolo 69-sexies, comma 3, del Testo Unico Bancario, l'applicazione di una misura di intervento precoce o dell'amministrazione straordinaria a norma del Testo Unico Bancario, l'esercizio dei poteri previsti dagli articoli 14 e 15 e dei poteri di riduzione o di conversione a norma del Titolo IV, Capo II;

nn) «obbligazioni bancarie garantite»: i titoli di debito di cui all'articolo 7-bis, della legge 30 aprile 1999, n. 130;

oo) «organo di amministrazione»: l'organo o gli organi di una società cui è conferito il potere di stabilire gli indirizzi strategici, gli obiettivi e la direzione generale, che supervisionano e monitorano le decisioni della dirigenza e comprendono le persone che dirigono di fatto la società; nelle società per azioni, società in accomandita per azioni e società cooperative per azioni a responsabilità limitata aventi sede legale in Italia, esso identifica:

(i) quando è adottato il sistema tradizionale o quello monistico, il consiglio di amministrazione;

(ii) quando è adottato il sistema dualistico, il consiglio di gestione; nel caso in cui sia adottato il sistema dualistico e lo statuto attribuisca al consiglio di sorveglianza il compito di deliberare in ordine alle operazioni strategiche e ai piani industriali e finanziari della società ai sensi dell'articolo 2409-terdecies, comma 1, lettera f-bis, del codice civile, anche il consiglio di sorveglianza;

pp) «partecipazioni»: azioni, quote, altri strumenti finanziari che attribuiscono diritti amministrativi o comunque i diritti previsti dall'articolo 2351, ultimo comma, del codice civile, nonché titoli convertibili in – o che conferiscono il diritto di acquisire, o che rappresentano – azioni, quote o i suddetti altri strumenti finanziari;

qq) «passività ammissibili»: gli strumenti di capitale non computabili nel patrimonio di vigilanza e le altre passività e di uno dei soggetti indicati all'articolo 2, non escluse dall'ambito di applicazione del bail-in in virtù dell'articolo 49, comma 1;

rr) «passività garantita»: una passività per la quale il diritto del creditore al pagamento o ad altra forma di adempimento è garantito da privilegio, pegno o ipoteca, o da contratti di garanzia con trasferimento del titolo in proprietà o con costituzione di garanzia reale, comprese le passività derivanti da operazioni di vendita con patto di riacquisto;

ss) «prestazione della garanzia»: il compimento degli atti indicati all'articolo 1, comma 1, lettera q), del decreto legislativo 21 maggio 2004, n. 170;

tt) «repertorio di dati sulle negoziazioni»: un soggetto di cui all'articolo 2, punto 2, del Regolamento (UE) n. 648/2012;

uu) «risoluzione»: l'applicazione di una o più misure previste al Titolo IV, Capo IV, per realizzare gli obiettivi indicati nell'articolo 21;

vv) «sede di negoziazione»: un mercato regolamentato, un sistema multilaterale di negoziazione o un sistema organizzato di negoziazione come definiti dall'articolo 4, paragrafo 1, della direttiva 2014/65/UE;

zz) «SEVIF»: il Sistema europeo di vigilanza finanziaria di cui all'articolo 1, comma 1, lettera h-bis), del Testo Unico Bancario;

aaa) «SIM»: una società di intermediazione mobiliare, come definita ai sensi dell'articolo 1, comma 1, lettera e), del decreto legislativo 24 febbraio 1998, n. 58, o un'impresa di investimento avente sede legale in un altro Stato membro, come definita ai sensi dell'articolo 4, paragrafo 1, punto 2, del Regolamento (UE) n. 575/2013 che presta uno o più dei seguenti servizi o attività di investimento:

1) negoziazione per conto proprio;

2) sottoscrizione e/o collocamento con assunzione a fermo o assunzione di garanzia nei confronti dell'emittente;

3) gestione di sistemi multilaterali di negoziazione;

bbb) «sistema di gestione accentrata»: un soggetto che presta i servizi di cui alla Sezione A, punti 1 e/o 2, dell'Allegato al Regolamento (UE) n. 909/2014;

ccc) «sistema di pagamento»: un accordo di cui all'articolo 2, punto 1, del Regolamento (UE) n. 795/2014;

ddd) «sistema di regolamento titoli»: un sistema di cui all'articolo 2, paragrafo 1, punto 10, del Regolamento (UE) n. 909/2014;

eee) «sistema di tutela istituzionale» o «IPS»: un accordo riconosciuto dalla Banca d'Italia ai sensi dell'articolo 113, paragrafo 7, del Regolamento (UE) n. 575/2013;

fff) «società controllante»: la società controllante ai sensi dell'articolo 23 del Testo Unico Bancario;

ggg) «società controllate»: le società che sono controllate ai sensi dell'articolo 23 del Testo Unico Bancario;

hhh) «società finanziarie»: le società di cui all'articolo 59, comma 1, lettera b), del Testo Unico Bancario;

lll) «società veicolo per la gestione delle attività»: una società di capitali costituita ai sensi del Titolo IV, Capo IV, Sezione II, Sottosezione III, per acquisire, in tutto o in parte, le attività, i diritti o le passività di uno o più enti sottoposti a risoluzione o di un ente-ponte;

mmm) «sostegno finanziario pubblico straordinario»: un aiuto di Stato ai sensi dell'articolo 107, paragrafo 1, del Trattato sul Funzionamento dell'Unione Europea o qualsiasi altro sostegno finanziario pubblico a livello sovranazionale che se erogato a livello nazionale configurerebbe un aiuto di stato, fornito per mantenere o ripristinare la solidità, la liquidità o la solvibilità di uno dei soggetti indicati all'articolo 2;

nnn) «Stato terzo»: uno Stato non facente parte dell'Unione Europea;

ooo) «Stato membro»: uno Stato facente parte dell'Unione Europea;

ppp) «strumenti di capitale»: gli strumenti di capitale aggiuntivo di classe 1 e gli elementi di classe 2 ai sensi del Regolamento (UE) n. 575/2013 o della direttiva 2006/48/CE del Parlamento europeo e del Consiglio e relative disposizioni di attuazione;

qqq) «strumenti di capitale aggiuntivo di classe 1»: gli strumenti di cui all'articolo 52, paragrafo 1, del Regolamento (UE) n. 575/2013 o alla direttiva 2006/48/CE del Parlamento europeo e del Consiglio e relative disposizioni di attuazione;

rrr) «succursale significativa»: una succursale considerata significativa nello Stato membro nel quale essa è stabilita ai sensi dell'articolo 51, paragrafo 1, della direttiva 2013/36/UE;

sss) «Testo Unico Bancario»: il decreto legislativo 1° settembre 1993, n. 385;

uuu) «Testo Unico della Finanza»: il decreto legislativo 24 febbraio 1998, n. 58;

vvv) «titoli di debito»: le obbligazioni e altre forme di debito trasferibile, gli strumenti che creano o riconoscono un debito e quelli che conferiscono diritti di acquistare titoli di debito.

(1) Lettera così sostituita dall'art. 2, co. 1, lett. a), d.lg. 15/2/2016, n. 30.

(2) Lettera così sostituita dall'art. 2, co. 1, lett. b), d.lg. 15/2/2016, n. 30.

2. Ambito di applicazione. – 1. Il presente decreto si applica ai seguenti soggetti:

a) banche aventi sede legale in Italia;

b) società italiane capogruppo di un gruppo bancario e società appartenenti a un gruppo bancario ai sensi degli articoli 60 e 61 del Testo Unico Bancario;

c) società incluse nella vigilanza consolidata ai sensi dell'articolo 65, comma 1, lettere c) e h), del Testo Unico Bancario;

d) società aventi sede legale in Italia incluse nella vigilanza consolidata in un altro Stato membro.

TITOLO II
AUTORITÀ

3. Banca d'Italia. – 1. La Banca d'Italia svolge le funzioni ed esercita i poteri disciplinati dal presente decreto in qualità di autorità di risoluzione nei confronti dei soggetti di cui all'articolo 2, quando essi hanno sede legale in Italia, salvo ove diversamente indicato. Nei casi previsti dal presente decreto, le stesse funzioni e poteri sono esercitati nei confronti delle succursali stabilite in Italia di banche extracomunitarie.

2. La Banca d'Italia svolge le funzioni ed esercita i poteri disciplinati dal presente decreto in qualità di autorità di risoluzione di gruppo nei confronti dei gruppi quando essa è l'autorità di vigilanza su base consolidata in base al Regolamento (UE) n. 575/2013, anche se la vigilanza su base consolidata è svolta dalla Banca Centrale Europea ai sensi del Regolamento (UE) n. 1024/2013.

3. Quando i gruppi di cui al comma 2 includono componenti aventi sede legale in un altro Stato membro dell'Unione europea, la Banca d'Italia svolge le funzioni attribuite all'autorità di risoluzione di gruppo in materia di predisposizione e aggiornamento dei piani di risoluzione di gruppo, valutazione della risolvibilità, determinazione del requisito minimo di passività soggette a *bail-in* ai sensi dell'articolo 50, avvio della risoluzione e adozione delle relative misure anche con riguardo alle componenti del gruppo aventi sede legale in un altro Stato membro dell'Unione europea, nel rispetto delle competenze dell'autorità di risoluzione di quello Stato e nei termini disciplinati dal presente decreto e da disposizioni dell'Unione europea.

4. La Banca d'Italia emana regolamenti nei casi previsti dalla legge, impartisce istruzioni e adotta i provvedimenti di carattere particolare di sua competenza. Essa inoltre applica le norme tecniche di regolamentazione e di attuazione e gli atti delegati adottati dalla Commissione Europea, anche su proposta dell'ABE; può emanare disposizioni di attuazione del presente decreto, anche in attuazione di orientamenti dell'ABE.

5. La Banca d'Italia, fermi restando i diversi termini fissati da disposizioni di legge, e salve le deroghe previste dal presente decreto, stabilisce, per i procedimenti di propria competenza, i termini per provvedere, individua il responsabile del procedimento e indica i motivi delle decisioni. Si applicano, in quanto compatibili, e salvo che sia diversamente previsto dal presente decreto, le disposizioni della legge 7 agosto 1990, n. 241.

6. La Banca d'Italia esercita i poteri di risoluzione in armonia con le disposizioni dell'Unione Europea; collabora con la Banca Centrale Europea, con le autorità e i comitati che compongono il SEVIF e con le altre autorità e istituzioni indicate dalle disposizioni dell'Unione europea; nei casi e nei modi previsti dalle disposizioni dell'Unione europea, adempie agli obblighi di comunicazione nei confronti di essi; nei casi e nei modi previsti dalle disposizioni dell'Unione Europea, la Banca d'Italia può inoltre concludere accordi con l'ABE e con le autorità di risoluzione di altri Stati membri che prevedano anche la ripartizione di compiti, la delega di funzioni e, ferme restando le disposizioni di cui al Titolo IV, Capo VI, ricorrere all'ABE per la risoluzione di controversie con le autorità di risoluzione degli altri Stati membri in situazioni transfrontaliere. La Banca d'Italia, nell'esercizio della propria autonomia organizzativa, prevede adeguate forme di separazione tra le funzioni connesse con la gestione delle crisi e le altre funzioni da essa svolte, in modo da assicurarne l'indipendenza operativa, e istituisce forme di collaborazione e coordinamento tra le relative strutture. Essa rende pubbliche le misure adottate per conseguire gli obiettivi di cui al presente comma.

7. La Banca d'Italia informa annualmente il Ministro dell'economia e delle finanze degli atti adottati ai sensi dell'articolo 34.

8. La Banca d'Italia pubblica i provvedimenti di carattere generale emanati ai sensi del presente decreto, nonché altri provvedimenti rilevanti relativi ai soggetti che possono essere sottoposti a risoluzione.

9. I provvedimenti di carattere generale della Banca d'Italia sono pubblicati nella Gazzetta Ufficiale della Repubblica italiana quando le disposizioni in essi contenute sono destinate anche a soggetti diversi da quelli che possono essere sottoposti a risoluzione.

10. Nell'esercizio delle funzioni previste dal presente decreto, alla Banca d'Italia, ai componenti dei suoi organi nonché ai suoi dipendenti si applica l'articolo 24, comma 6-bis, della legge 28 dicembre 2005, n. 262.

4. Ministro dell'economia e delle finanze. – 1. Il Ministro dell'economia e delle finanze approva il provvedimento di cui all'articolo 32 con cui la Banca d'Italia dispone l'avvio della risoluzione ed esercita le funzioni di sua competenza previste dal presente decreto. La Banca d'Italia e il Ministero dell'economia e delle finanze concordano modalità per la tempestiva condivisione delle informazioni al fine di garantire efficacia e efficienza della gestione delle crisi.

5. Segreto. – 1. Tutte le notizie, le informazioni e i dati in possesso della Banca d'Italia in ragione della sua attività di risoluzione sono coperti da segreto d'ufficio anche nei confronti delle pubbliche amministrazioni, ad eccezione del Ministero dell'economia e delle finanze nell'esercizio delle funzioni previste dal presente decreto. Il segreto non può essere opposto all'autorità giudiziaria quando le informazioni richieste siano necessarie per le indagini o i procedimenti relativi a violazioni sanzionate penalmente.

2. I dipendenti della Banca d'Italia sono vincolati dal segreto d'ufficio. Nell'esercizio delle funzioni di risoluzione, essi sono pubblici ufficiali e hanno l'obbligo di riferire esclusivamente al Direttorio le irregolarità constatate, anche quando assumono la veste di reati.

3. Sono altresì coperti da segreto d'ufficio le notizie, le informazioni e i dati di cui vengono a conoscenza o in possesso i seguenti soggetti in ragione dell'attività svolta in relazione alle funzioni disciplinate dal presente decreto:

a) il Ministro dell'economia e delle finanze, nonché il personale del Ministero dell'economia e delle finanze;

b) la Consob, la COVIP, l'IVASS e ogni altra pubblica amministrazione o autorità coinvolta nella risoluzione, fermo restando l'articolo 6, commi 1 e 2;

c) i commissari speciali di cui all'articolo 37.

4. Sono obbligati al segreto con riferimento alle informazioni e i dati acquisiti nell'ambito di attività svolte in connessione con l'espletamento di compiti disciplinati dal presente decreto:

a) coloro che sono stati contattati, direttamente o indirettamente, dalla Banca d'Italia in qualità di potenziali acquirenti nell'ambito di una risoluzione, indipendentemente dall'esito del contatto o della sollecitazione, i componenti dei relativi organi e coloro che prestano la loro attività per essi;

b) i soggetti direttamente o indirettamente incaricati dalla Banca d'Italia dello svolgimento di funzioni disciplinate dal presente decreto, i componenti dei relativi organi e coloro che prestano la loro attività per essi;

c) i componenti degli organi dei soggetti presso cui sono istituiti i fondi di risoluzione e coloro che prestano la loro attività per questi ultimi;

d) un ente-ponte o una società veicolo per la gestione delle attività istituiti ai sensi del presente decreto, nella persona dei propri rappresentanti, nonché i componenti dei relativi organi e coloro che prestano la loro attività per essi;

e) i sistemi di garanzia dei depositanti, i componenti dei relativi organi e coloro che prestano la propria attività per essi;

f) i sistemi di indennizzo degli investitori, i componenti dei relativi organi e coloro che prestano la propria attività per essi.

5. La Banca d'Italia e i soggetti di cui al comma 3, lettere a) e b), e di cui al comma 4, adottano adeguati presidi per assicurare il rispetto del segreto da parte delle persone coinvolte nell'esercizio di attività connesse alla risoluzione e per valutare i possibili effetti in caso di violazione del segreto.

6. Quando necessario per pianificare o attuare una misura di risoluzione, in deroga a quanto previsto dai commi 1, 3 e 4:

a) la Banca d'Italia può trasmettere informazioni o autorizzarne la trasmissione a soggetti terzi;

b) i soggetti indicati ai commi 3 e 4 possono trasmettere a soggetti terzi le informazioni, diverse da quelle ad essi trasmesse dalla Banca d'Italia ai sensi della lettera a), acquisite nell'ambito di attività connesse alla risoluzione.

7. Nei casi indicati nel comma 6, i terzi destinatari delle informazioni sono obbligati al segreto sulle medesime.

6. Collaborazione tra autorità. – 1. Le pubbliche amministrazioni e gli enti pubblici forniscono le informazioni e le altre forme di collaborazione richieste dalla Banca d'Italia, in conformità delle leggi disciplinanti i rispettivi ordinamenti.

2. La Banca d'Italia, la Consob, la COVIP e l'IVASS collaborano tra loro, anche mediante scambio di informazioni, per agevolare le rispettive funzioni e non possono reciprocamente opporsi il segreto d'ufficio.

3. La Banca d'Italia collabora, anche mediante scambio di informazioni, con le autorità e i comitati che compongono il SEVIF, nonché con le autorità di risoluzione degli altri Stati membri, per agevolare le rispettive funzioni. Le informazioni ricevute dalla Banca d'Italia possono essere trasmesse alle autorità italiane competenti, salvo diniego dell'autorità dello Stato membro che ha fornito le informazioni.

4. Nel rispetto delle condizioni previste dalle disposizioni dell'Unione europea, la Banca d'Italia scambia informazioni con le autorità e i soggetti esteri indicati dalle disposizioni medesime. La collaborazione e lo scambio di informazioni con le autorità di Stati terzi sono disciplinati dagli articoli 76 e 77.

TITOLO III
MISURE PREPARATORIE

Capo I
Piani di Risoluzione

7. Piani di risoluzione individuali. – 1. La Banca d'Italia predispone, sentita la Banca Centrale Europea se questa è l'autorità competente, un piano di risoluzione per ciascuna banca non sottoposta a vigilanza su base consolidata. Se la banca ha una o più succursali significative in altri Stati membri, sono sentite anche le autorità di risoluzione di quegli Stati.

2. Fatto salvo l'articolo 11, il piano è preparato in base alle informazioni fornite ai sensi dell'articolo 9 e prevede le modalità per l'applicazione alla banca delle misure e dei poteri da attivare in caso di risoluzione secondo quanto stabilito dalla Banca d'Italia, anche con provvedimenti di carattere generale.

3. Nell'elaborare il piano, sono identificati eventuali ostacoli rilevanti per la risoluzione e stabilite modalità d'intervento atte ad affrontarli, in conformità al Capo II.

4. Il piano è riesaminato, e se necessario aggiornato, almeno annualmente, nonché in caso di significativo mutamento della struttura societaria o organizzativa, della attività o della situazione patrimoniale o finanziaria della banca.

8. Piani di risoluzione di gruppo. – 1. Per ciascun gruppo che include una banca italiana, è predisposto un piano di risoluzione, che individua misure per la risoluzione delle società appartenenti al gruppo bancario e delle società incluse nella vigilanza consolidata, indicate all'articolo 2, comma 1, lettera c).

2. Il piano di risoluzione è preparato in base alle informazioni fornite ai sensi dell'articolo 9 e prevede le modalità per l'applicazione al gruppo delle misure e dei poteri da attivare in caso di risoluzione secondo quanto stabilito dalla Banca d'Italia, anche con provvedimenti di carattere generale.

3. Il piano di risoluzione è riesaminato e, se necessario, aggiornato almeno annualmente, nonché in caso di significativo mutamento della struttura giuridica o organizzativa del gruppo, o della sua situazione patrimoniale o finanziaria, avendo riguardo a ogni componente del gruppo.

4. Il piano è predisposto dalla Banca d'Italia quando essa è l'autorità di risoluzione di gruppo. Sono sentite le autorità di risoluzione e le autorità competenti degli Stati membri in cui sono stabilite succursali significative delle società del gruppo; sono inoltre sentite le autorità competenti per la vigilanza su base consolidata.

5. Se il gruppo include società aventi sede legale in altri Stati membri, il piano è predisposto e aggiornato secondo quanto previsto dall'articolo 70, sia quando la Banca d'Italia è l'autorità di risoluzione di gruppo sia quando essa è l'autorità di risoluzione di una componente del gruppo.

9. Cooperazione. – 1. I soggetti cui il piano di risoluzione si riferisce collaborano ai fini della predisposizione e del tempestivo aggiornamento del piano, e forniscono, anche per il tramite della Banca Centrale Europea se questa è l'autorità competente, le informazioni necessarie per la predisposizione, l'aggiornamento e l'applicazione dei piani di risoluzione. Essi conservano documentazione dettagliata dei contratti finanziari di cui sono parte e la mettono a disposizione della Banca d'Italia secondo i termini e le modalità da questa stabiliti.

2. Le banche e le capogruppo italiane controllate da una società estera inclusa nella vigilanza consolidata della Banca d'Italia provvedono alla trasmissione dei piani, delle informazioni, dei documenti, e di ogni altro dato che debba essere trasmesso tra la società estera controllante e la Banca d'Italia.

3. Le società aventi sede legale in Italia che controllano una banca soggetta a vigilanza consolidata in un altro Stato membro collaborano con l'autorità di risoluzione di tale Stato al fine di assicurare la trasmissione delle informazioni, dei documenti, e di ogni altro dato rilevante per la predisposizione dei piani di risoluzione.

4. La Banca d'Italia riceve dalle banche e dalle società che controllano una banca soggetta a vigilanza consolidata in Italia, nonché dalla Banca Centrale Europea, se questa è l'autorità competente, comunicazione immediata di qualsiasi cambiamento che comporta la necessità di revisione o aggiornamento dei piani di risoluzione.

10. Trasmissione delle informazioni e dei piani di risoluzione di gruppo. – 1. La capogruppo trasmette alla Banca d'Italia le informazioni richieste in conformità dell'articolo 9. Le informazioni riguardano tutti i soggetti cui il piano di risoluzione si riferisce.

2. La Banca d'Italia trasmette le informazioni acquisite a norma del comma 1 all'ABE, nonché, in caso di gruppo con componenti aventi sede legale in altri Stati membri:

a) alle autorità di risoluzione delle società controllate;

b) alle autorità di risoluzione degli altri Stati membri in cui sono stabilite succursali significative, per quanto attiene alle succursali;

c) ove rilevanti, alle autorità competenti rappresentate nei collegi delle autorità di vigilanza o con le quali è stato stipulato un accordo di coordinamento e cooperazione;

d) alle autorità di risoluzione degli altri Stati membri in cui hanno sede legale le società diverse da una banca o una SIM, che controllano una banca.

3. Le informazioni trasmesse alle autorità di cui al comma 2, lettere a), b), c), nonché alle autorità competenti delle società controllate comprendono almeno tutte le informazioni riguardanti la società controllata o la succursale significativa di loro rispettiva competenza.

Le informazioni fornite all'ABE comprendono tutte le informazioni d'interesse dell'ABE in relazione ai piani di risoluzione di gruppo. Le informazioni relative a società controllate aventi sede legale in Stati terzi sono trasmesse previo consenso dell'autorità competente o di risoluzione interessata.

4. I piani di risoluzione e i piani di risoluzione di gruppo, nonché ogni loro eventuale modifica, sono trasmessi alle autorità competenti interessate.

5. Alla banca interessata è trasmessa una sintesi degli elementi fondamentali del piano.

11. Piani di risoluzione in forma semplificata. – 1. La Banca d'Italia può, con provvedimenti di carattere generale o particolare, prevedere modalità semplificate di adempimento degli obblighi stabiliti dal presente Capo, avendo riguardo alle possibili conseguenze del dissesto della banca o del gruppo in considerazione delle loro caratteristiche, ivi inclusi le dimensioni, la complessità operativa, la struttura societaria, lo scopo mutualistico, l'adesione a un sistema di tutela istituzionale.

Capo II
Risolvibilità

12. Valutazione della risolvibilità. – 1. La Banca d'Italia valuta, sentita la Banca Centrale Europea quando questa è l'autorità competente, se una banca non facente parte di un gruppo è risolvibile. Se la banca ha una o più succursali significative in altri Stati membri, sono sentite anche le autorità di risoluzione di quegli Stati.

2. Una banca si intende risolvibile quando, anche in presenza di situazioni di instabilità finanziaria generalizzata o di eventi sistemici, essa può essere assoggettata a liquidazione coatta amministrativa o a risoluzione, minimizzando le conseguenze negative significative per il sistema finanziario italiano, di altri Stati membri o dell'Unione europea e nella prospettiva di assicurare la continuità delle funzioni essenziali.

3. Per valutare la risolvibilità si considerano gli elementi indicati dalla Banca d'Italia, anche con provvedimenti di carattere generale, e quanto stabilito dai regolamenti della Commissione Europea. La valutazione non fa affidamento sulle seguenti misure:

a) sostegno finanziario pubblico straordinario, fatto salvo l'utilizzo dei fondi di risoluzione;

b) assistenza di liquidità di emergenza fornita dalla banca centrale;

c) assistenza di liquidità fornita dalla banca centrale con garanzie durata e tasso di interesse non standard.

4. La valutazione è effettuata in occasione della preparazione e dell'aggiornamento del piano di risoluzione in conformità dell'articolo 7, che ne tiene debitamente conto. La Banca d'Italia, se ritiene che la banca non è risolvibile, lo comunica tempestivamente all'ABE. In tal caso, l'obbligo di predisporre o aggiornare il piano di risoluzione è sospeso fino alla definitiva individuazione delle misure per la rimozione degli impedimenti sostanziali alla risolvibilità ai sensi dell'articolo 14.

13. Valutazione della risolvibilità dei gruppi. – 1. La Banca d'Italia valuta se un gruppo è risolvibile, quando è l'autorità di risoluzione di gruppo: sono sentite le autorità competenti per la vigilanza su base consolidata e individuale. Se le banche del gruppo hanno una o più succursali significative in altri Stati membri, sono sentite anche le autorità di risoluzione e competenti di quegli Stati.

2. Un gruppo si intende risolvibile, anche in presenza di situazioni di instabilità finanziaria generalizzata o di eventi sistemici, quando le componenti del gruppo possono essere assoggettate alle procedure concorsuali rispettivamente applicabili oppure alla risoluzione, in modo da minimizzare le conseguenze negative significative per il sistema finanziario degli Stati membri in cui le componenti del gruppo sono stabilite, di altri Stati membri o dell'Unione europea e nella prospettiva di assicurare la continuità delle funzioni essenziali svolte dalle componenti del gruppo mediante la loro separazione, se facilmente praticabile in modo tempestivo, o con altri mezzi.

3. Per valutare la risolvibilità si considerano gli elementi indicati dalla Banca d'Italia, anche con provvedimenti di carattere generale, e quanto stabilito dai regolamenti della Commissione Europea. La valutazione non fa affidamento sulle misure indicate nell'art. 12, comma 3.

4. La valutazione è effettuata in occasione della preparazione e dell'aggiornamento del piano di risoluzione di gruppo in conformità all'art. 8, che ne tiene debitamente conto. La Banca d'Italia, in qualità di autorità di risoluzione di gruppo, se ritiene che il gruppo non è risolvibile, lo comunica tempestivamente all'ABE. In tal caso, l'obbligo di predisporre o aggiornare il piano di risoluzione di gruppo o di concorrere a

una decisione congiunta su di esso è sospeso fino alla definitiva individuazione delle misure per la rimozione degli impedimenti sostanziali alla risolvibilità ai sensi dell'art. 15.

14. Rimozione degli impedimenti alla risolvibilità di banche non facenti parte di un gruppo. – 1. Se, a seguito della valutazione effettuata conformemente all'articolo 12, risultano impedimenti sostanziali alla risolvibilità di una banca, la Banca d'Italia ne dà comunicazione alla banca stessa, alla Banca Centrale Europea se questa è l'autorità competente, nonché alle autorità di risoluzione degli Stati membri in cui sono stabilite succursali significative. In caso di gruppo, si procede a norma dell'articolo 15.

2. Entro quattro mesi dalla data di ricevimento della comunicazione, la banca propone misure per superare gli impedimenti. Le misure sono approvate se ritenute adeguate e dell'approvazione è data comunicazione alla banca. In caso contrario, la Banca d'Italia indica alla banca, direttamente o per il tramite della Banca Centrale Europea quando questa è l'autorità competente, le misure alternative da adottare tra quelle elencate all'articolo 16, commi 1 e 2. Esse sono individuate tenuto conto del possibile impatto degli impedimenti sulla stabilità finanziaria e dell'effetto delle misure alternative sull'attività della banca, sulla sua stabilità e sulla sua capacità di contribuire al sistema economico, nonché sul mercato interno dei servizi finanziari e sulla stabilità finanziaria di altri Stati membri e dell'Unione. La banca propone entro un mese un piano per conformarsi ad esse.

15. Rimozione degli impedimenti alla risolvibilità di gruppi. – 1. Se, a seguito della valutazione effettuata conformemente all'articolo 13, risultano impedimenti sostanziali alla risolvibilità di un gruppo con componenti aventi sede legale solo in Italia, la Banca d'Italia ne dà comunicazione alla capogruppo, alla Banca Centrale Europea se questa è l'autorità competente, nonché alle autorità di risoluzione degli Stati membri in cui sono stabilite succursali significative.

2. La Banca d'Italia, in collaborazione con la Banca Centrale Europea se questa è l'autorità di vigilanza su base consolidata e con l'ABE conformemente all'articolo 25, paragrafo 1, del Regolamento (UE) n. 1093/2010, prepara una relazione e la trasmette alla capogruppo, nonché alle autorità di risoluzione degli Stati membri in cui sono stabilite succursali significative. La relazione analizza gli impedimenti sostanziali alla risoluzione e raccomanda misure mirate e rispondenti al principio di proporzionalità, avendone valutato l'impatto sulle banche o sulle SIM facenti parte del gruppo.

3. Entro quattro mesi dalla data di ricezione della relazione, la capogruppo può presentare osservazioni e proporre misure alternative per superare gli impedimenti individuati nella relazione. La Banca d'Italia comunica alla Banca Centrale Europea, se questa è l'autorità di vigilanza su base consolidata, all'ABE, alle autorità di risoluzione degli Stati membri in cui sono stabilite succursali significative, le misure proposte dalla capogruppo.

4. La Banca d'Italia, sentite le autorità competenti e le autorità di risoluzione degli Stati membri in cui sono stabilite succursali significative, decide sulle misure proposte dalla capogruppo, tenendo conto dell'impatto delle misure in tutti gli Stati membri in cui il gruppo opera ed eventualmente indica le misure da adottare tra quelle elencate all'articolo 16, commi 1 e 2.

5. La decisione è motivata e adottata entro quattro mesi che decorrono dalla presentazione di eventuali osservazioni da parte della capogruppo o, in mancanza di osservazioni, alla scadenza del termine di quattro mesi di cui al comma 3. La decisione è trasmessa alla capogruppo.

6. In caso di gruppo con componenti aventi sede legale in altri Stati membri, si applica la procedura di cui all'articolo 70.

16. Misure di rimozione degli impedimenti alla risolvibilità. – 1. Ai fini degli articoli 14, comma 2, e 15, commi 4 e 6, la Banca d'Italia può ordinare a una banca di:

a) modificare o adottare accordi di finanziamento infragruppo, o elaborare contratti di servizio, infragruppo o con terzi, per la prestazione di funzioni essenziali;

b) limitare il livello massimo di esposizione ai rischi, individuali e aggregati;

c) fornire informazioni rilevanti ai fini della risoluzione, anche su base periodica;

d) cedere o dismettere determinati beni o rapporti giuridici;

e) limitare, sospendere o cessare determinate attività, linee di business, vendita di prodotti, o astenersi da intraprenderne di nuovi.

2. Ai fini degli articoli 14, comma 2, e 15, commi 4 e 6, la Banca d'Italia può inoltre:

a) imporre modifiche alla forma giuridica o alla struttura operativa della banca o di società del gruppo, o alla struttura del gruppo, per ridurne la complessità e assicurare che le funzioni essenziali possano, in caso di risoluzione, essere separate dalle altre funzioni; se per dare attuazione alle modifiche è richiesto il conferimento dell'intera azienda bancaria a una società controllata, ai soci non spetta il diritto di recesso ai sensi dell'art. 2437 del codice civile;

b) imporre a una società non finanziaria di cui all'art. 65, comma 1, lettera h), del Testo Unico Bancario, anche se avente sede legale in altri Stati membri, di costituire una società finanziaria intermedia che controlli la banca, se necessario per agevolarne la risoluzione ed evitare che la risoluzione determini conseguenze negative sulle componenti non finanziarie del gruppo;

c) ordinare a un soggetto di cui all'art. 2 di emettere passività ammissibili per ottemperare ai requisiti di cui all'art. 50 o adottare altre misure per rispettare il requisito minimo di fondi propri e passività ammissibili ai sensi dell'art. 50, anche intraprendendo trattative per modificare le clausole applicabili alle passività ammissibili, agli strumenti aggiuntivi di classe 1 o agli elementi di classe 2 emessi per rendere efficace, secondo la legge che governa gli strumenti, l'eventuale riduzione o conversione disposta dalla Banca d'Italia.

TITOLO IV

RISOLUZIONE E ALTRE PROCEDURE DI GESTIONE DELLA CRISI

Sezione I

Presupposti e obiettivi

17. Presupposti comuni alla risoluzione e alle altre procedure di gestione delle crisi. – 1. Una banca è sottoposta a una delle misure indicate all'articolo 20 quando ricorrono congiuntamente i seguenti presupposti:

a) la banca è in dissesto o a rischio di dissesto secondo quanto previsto dal comma 2;

b) non si possono ragionevolmente prospettare misure alternative che permettono di superare la situazione di cui alla lettera a) in tempi adeguati, tra cui l'intervento di uno o più soggetti privati o di un sistema di tutela istituzionale, o un'azione di vigilanza, che può includere misure di intervento precoce o l'amministrazione straordinaria ai sensi del Testo Unico Bancario.

2. La banca è considerata in dissesto o a rischio di dissesto in una o più delle seguenti situazioni:

a) risultano irregolarità nell'amministrazione o violazioni di disposizioni legislative, regolamentarie o statutarie che regolano l'attività della banca di gravità tale che giustificherebbero la revoca dell'autorizzazione all'esercizio dell'attività;

b) risultano perdite patrimoniali di eccezionale gravità, tali da privare la banca dell'intero patrimonio o di un importo significativo del patrimonio;

c) le sue attività sono inferiori alle passività;

d) essa non è in grado di pagare i propri debiti alla scadenza;

e) elementi oggettivi indicano che una o più delle situazioni indicate nelle lettere a), b), c) e d) si realizzeranno nel prossimo futuro;

f) è prevista l'erogazione di un sostegno finanziario pubblico straordinario a suo favore, fatto salvo quanto previsto dall'articolo 18.

3. Le misure indicate all'articolo 20 possono essere disposte anche se non sono state precedentemente adottate misure di intervento precoce o l'amministrazione straordinaria.

18. Sostegno finanziario pubblico straordinario. – 1. Ai fini dell'articolo 17, comma 2, lettera f), una banca non è considerata in dissesto o a rischio di dissesto nei casi in cui, per evitare o porre rimedio a una grave perturbazione dell'economia e preservare la stabilità finanziaria, il sostegno finanziario pubblico straordinario viene concesso

a) in una delle seguenti forme:

i) una garanzia dello Stato a sostegno degli strumenti di liquidità forniti dalla banca centrale alle condizioni da essa applicate;

ii) una garanzia dello Stato sulle passività di nuova emissione;

iii) la sottoscrizione di fondi propri o l'acquisto di strumenti di capitale effettuati a prezzi e condizioni che non conferiscono un vantaggio alla banca, se al momento della sottoscrizione o dell'acquisto questa non versa in una delle situazioni di cui all'articolo 17, comma 2, lettere a), b), c), d) o e), né ricorrono i presupposti per la riduzione o la conversione ai sensi del Capo II;

b) nonché a condizione che il sostegno finanziario pubblico straordinario:

i) sia erogato previa approvazione ai sensi della disciplina sugli aiuti di Stato e, nei casi di cui alla lettera a), punti i) e ii), sia riservato a banche con patrimonio netto positivo;

ii) sia adottato su base cautelativa e temporanea, in misura proporzionale alla perturbazione dell'economia; e

iii) non venga utilizzato per coprire perdite ha registrato o verosimilmente registrerà nel prossimo futuro.

2. Nel caso di cui alla lettera a), punto iii), la sottoscrizione è effettuata unicamente per far fronte a carenze di capitale evidenziate nell'ambito di prove di stress condotte a livello nazionale, dell'Unione europea, o del Meccanismo di Vigilanza Unico, o nell'ambito delle verifiche della qualità degli attivi o di analoghi esercizi condotti dalla Banca Centrale Europea, dall'ABE o da autorità nazionali.

19. Accertamento dei presupposti. – 1. L'organo di amministrazione o di controllo di una banca informa tempestivamente la Banca d'Italia o la Banca Centrale Europea, quali autorità competenti, se ritiene che la banca è in dissesto o a rischio di dissesto ai sensi dell'art. 17, comma 1, lettera a). Se l'autorità competente è la Banca Centrale Europea, essa ne dà senza indugio comunicazione alla Banca d'Italia.

2. La sussistenza del presupposto previsto dall'art. 17, comma 1, lettera a), è accertata dalla Banca d'Italia o dalla Banca Centrale Europea, quali autorità competenti. Quando la Banca Centrale Europea è l'autorità competente, è sentita la Banca d'Italia quale autorità di risoluzione. La Banca d'Italia, in qualità di autorità di risoluzione, può inoltre accertare in via autonoma la sussistenza del presupposto previsto dall'art. 17, comma 1, lettera a); essa acquisisce dalla Banca Centrale Europea, quando questa è l'autorità competente, un parere e tutte le informazioni necessarie.

3. La Banca d'Italia accerta la sussistenza del presupposto previsto dall'art. 17, comma 1, lettera b), sentita la Banca Centrale Europea, quando questa è l'autorità competente.

20. Individuazione della procedura di crisi. – 1. Quando risultano accertati i presupposti indicati all'articolo 17, è disposta alternativamente nei confronti di una banca:

a) la riduzione o conversione di azioni, di altre partecipazioni e di strumenti di capitale emessi dalla banca, secondo quanto previsto dal Capo II, quando ciò consente di rimediare allo stato di dissesto o di rischio di dissesto di cui all'articolo 17, comma 1, lettera a);

b) la risoluzione della banca secondo quanto previsto dal Capo III o la liquidazione coatta amministrativa secondo quanto previsto dall'articolo 80 del Testo Unico Bancario se la misura indicata alla lettera a) non consente di rimediare allo stato di dissesto o di rischio di dissesto.

2. La risoluzione è disposta quando la Banca d'Italia ha accertato la sussistenza dell'interesse pubblico che ricorre quando la risoluzione è necessaria e proporzionata per conseguire uno o più obiettivi indicati all'articolo 21 e la sottoposizione della banca a liquidazione coatta amministrativa non consentirebbe di realizzare questi obiettivi nella stessa misura.

21. Obiettivi della risoluzione. – 1. La Banca d'Italia esercita i poteri ad essa attribuiti dal presente decreto avendo riguardo alla continuità delle funzioni essenziali dei soggetti di cui all'articolo 2, alla stabilità finanziaria, al contenimento degli oneri a carico delle finanze pubbliche, alla tutela dei depositanti e degli investitori protetti da sistemi di garanzia o di indennizzo, nonché dei fondi e delle altre attività della clientela.

2. Nel perseguire gli obiettivi di cui al comma 1, si tiene conto dell'esigenza di minimizzare i costi della risoluzione e di evitare, per quanto possibile, distruzione di valore.

22. Princìpi della risoluzione. – 1. La risoluzione si conforma ai seguenti principi:

a) le perdite sono subite dagli azionisti e dai creditori, nell'ordine e nei modi stabiliti dal presente decreto;

b) salvo che sia diversamente previsto dal presente decreto, gli azionisti e i creditori aventi la stessa posizione nell'ordine di priorità applicabile in sede concorsuale ricevono pari trattamento e subiscono le perdite secondo l'ordine medesimo;

c) nessun azionista e creditore subisce perdite maggiori di quelle che subirebbe se l'ente sottoposto a risoluzione fosse liquidato, secondo la liquidazione coatta amministrativa disciplinata dal Testo Unico Bancario o altra analoga procedura concorsuale applicabile;

d) i depositi protetti non subiscono perdite;

e) gli organi con funzioni di amministrazione e di controllo e l'alta dirigenza dell'ente sottoposto a risoluzione sono sostituiti, salvo i casi in cui la permanenza in carica di tutti o di alcuni di essi sia necessaria per conseguire gli obiettivi della risoluzione; i componenti di tali organi forniscono alla Banca d'Italia o ai commissari speciali l'assistenza necessaria, anche in caso di cessazione dalla carica;

f) agli azionisti, ai creditori e agli altri soggetti interessati dalla risoluzione sono applicate le salvaguardie previste dal Titolo VI;

g) i soggetti che hanno dolosamente o colposamente dato causa o contribuito al dissesto dell'ente sottoposto a risoluzione ne rispondono secondo quanto previsto dalla legge;

h) i provvedimenti adottati ai sensi del presente decreto sono volti a ridurre al minimo gli effetti negativi della risoluzione sulla stabilità finanziaria nell'Unione Europea e nei suoi Stati membri, nonché, se l'ente sottoposto a risoluzione fa parte di un gruppo, sulle altre componenti del gruppo e sul gruppo nel suo complesso.

2. Le azioni di risoluzione tengono conto della complessità

operativa, dimensionale e organizzativa dei soggetti coinvolti, nonché della natura dell'attività svolta; esse sono effettuate nel rispetto della disciplina sugli aiuti di Stato dell'Unione Europea.

Sezione II
Valutazione

23. Valutazione. – 1. L'avvio della risoluzione o la riduzione e conversione di azioni, di altre partecipazioni e di strumenti di capitale ai sensi del Capo II nei confronti di un soggetto di cui all'articolo 2 è preceduto da una valutazione equa, prudente e realistica delle sue attività e passività.

2. La valutazione è effettuata su incarico della Banca d'Italia da un esperto indipendente, ivi incluso il commissario straordinario nominato ai sensi dell'articolo 71 del Testo Unico Bancario.

3. Per i danni cagionati dalla valutazione, l'esperto, i componenti dei suoi organi nonché i suoi dipendenti rispondono in caso di dolo o colpa grave.

24. Finalità e contenuto della valutazione. – 1. La valutazione è volta a:

a) fornire elementi perché sia accertata l'esistenza dei presupposti per la risoluzione, o per la riduzione e conversione delle azioni, delle altre partecipazioni e degli strumenti di capitale prevista dal Capo II;

b) fornire elementi perché siano individuate le azioni di risoluzione più appropriate, tenendo anche conto di quanto previsto nel piano di risoluzione;

c) quantificare l'entità della riduzione o conversione delle azioni, delle altre partecipazioni e degli strumenti di capitale, necessaria per coprire le perdite e assicurare il rispetto dei requisiti prudenziali;

d) se tra le azioni di risoluzione è indicato il *bail-in*, quantificare l'entità della riduzione e conversione delle passività ammissibili;

e) se tra le azioni di risoluzione è indicata la cessione ai sensi del Capo IV, Sezione II, fornire elementi utili per:

i) individuare i beni e i rapporti giuridici che possono essere ceduti all'ente-ponte o alla società veicolo per la gestione delle attività e quantificare gli eventuali corrispettivi da pagare, a fronte della cessione, all'ente soggetto a risoluzione o, a seconda dei casi, ai titolari delle azioni o di altre partecipazioni;

ii) individuare i beni e i rapporti giuridici che possono essere ceduti a soggetti terzi diversi dall'ente-ponte o dalla società veicolo per la gestione delle attività nonché accertare le condizioni commerciali che devono sussistere a norma dell'articolo 40, comma 2.

2. La valutazione si fonda su ipotesi prudenti, anche per quanto concerne i tassi di insolvenza e la gravità delle perdite. Queste sono accertate con riferimento al momento in cui è effettuata la valutazione; ove possibile, è altresì fornita una stima delle perdite che potrebbero risultare al momento dell'applicazione delle azioni di risoluzione o dell'esercizio del potere di riduzione o conversione delle azioni, delle altre partecipazioni e gli strumenti di capitale.

3. La valutazione non può basarsi sull'eventualità che sia concesso un sostegno finanziario pubblico straordinario o un'assistenza di liquidità di emergenza o un'assistenza di liquidità della banca centrale con caratteristiche non standard di garanzia, durata e tasso d'interesse.

4. La valutazione tiene inoltre conto degli interessi o commissioni che il fondo di risoluzione può imputare per eventuali prestiti o garanzie forniti all'ente soggetto a risoluzione.

5. La valutazione identifica le diverse categorie di azionisti e creditori in relazione al rispettivo ordine di priorità applicabile in sede concorsuale e stima il trattamento che ciascuna categoria di azionisti e creditori riceverebbe se l'ente fosse liquidato, secondo la liquidazione coatta amministrativa disciplinata dal Testo Unico Bancario o altra analoga procedura concorsuale applicabile.

6. La valutazione è accompagnata dalle seguenti informazioni, risultanti dai libri e registri contabili:

a) stato patrimoniale più recente e relazione sulla situazione finanziaria;

b) analisi e stima del valore contabile delle attività;

c) elenco delle passività in bilancio o fuori bilancio, con indicazione dell'ordine di priorità applicabile in sede concorsuale;

7. Quando opportuno per le decisioni di cui al comma 1, lettera e), l'analisi e la stima del valore contabile delle attività e delle passività sono integrate con una stima del valore di mercato delle attività e delle passività.

25. Valutazione provvisoria. – 1. Quando sussistono motivi di urgenza che non permettono di procedere ai sensi dell'articolo 24, l'avvio di un'azione di risoluzione e la riduzione o conversione delle azioni, delle altre partecipazioni e degli strumenti di capitale possono essere disposti sulla base di una valutazione provvisoria.

2. La valutazione provvisoria è effettuata dalla Banca d'Italia o dal commissario straordinario nominato ai sensi dell'articolo 71 del Testo Unico Bancario. Essa include una stima adeguatamente motivata di eventuali ulteriori perdite. Si applicano l'articolo 23, commi 1, primo periodo, e 3, e l'articolo 24, commi 1, 4 e 5, ove possibile.

3. La valutazione provvisoria è seguita, non appena possibile, da una valutazione definitiva conforme agli articoli 23 e 24. Se quest'ultima è effettuata insieme alla valutazione prevista dall'articolo 88, deve rimanere da essa distinta.

4. La valutazione definitiva è finalizzata ad assicurare che eventuali perdite siano pienamente rilevate e a fornire elementi utili per la decisione di ripristinare, in tutto o in parte, il valore dei diritti degli azionisti o dei creditori o incrementare il corrispettivo pagato, in conformità agli articoli 29, comma 3, e 51, comma 2.

26. Tutela giurisdizionale e indennità spettanti ai soggetti incaricati della valutazione. – 1. La decisione di applicare una misura di risoluzione o esercitare un potere di risoluzione o esercitare il potere di ridurre o convertire le azioni, le altre partecipazioni e gli strumenti di capitale si basa sulla valutazione di cui all'art. 23 o all'art. 25. La valutazione è parte integrante della decisione.

2. Non è ammessa tutela giurisdizionale contro la valutazione, finché non è stata adottata la decisione di cui al comma 1. Davanti al giudice amministrativo non è ammessa tutela autonoma contro la valutazione, ma essa può essere oggetto di contestazione solo nell'ambito dell'impugnazione della decisione, ai sensi dell'art. 95.

3. Alle indennità spettanti ai soggetti incaricati della valutazione ai sensi della presente Sezione si applica l'art. 37, commi 7 e 8.

Capo II
Riduzione e conversione di azioni, di altre partecipazioni e di strumenti di capitale

27. Presupposti. – 1. Le azioni, le altre partecipazioni e gli strumenti di capitale emessi da un soggetto indicato nell'articolo 2 sono ridotti o convertiti, secondo quanto previsto dal presente Capo:

a) indipendentemente dall'avvio della risoluzione o della liquidazione coatta amministrativa, nei casi previsti dall'articolo 20, comma 1, lettera a), anche in combinazione con l'intervento di uno o più soggetti terzi, incluso un sistema di garanzia dei depositanti;

b) in combinazione con un'azione di risoluzione, quando il programma di risoluzione di cui all'articolo 32 prevede misure che comportano per azionisti e creditori la riduzione di valore dei loro diritti o la conversione in capitale; in questo caso, essa è disposta immediatamente prima o contestualmente all'applicazione di tali misure.

28. Strumenti soggetti a riduzione o conversione. – 1. La riduzione o la conversione è disposta con riferimento alle riserve, alle azioni, alle altre partecipazioni e gli strumenti di capitale emessi da una banca avente sede legale in Italia computabili nei fondi propri su base individuale, quando si realizzano per la banca i presupposti indicati nell'articolo 20, comma 1, lettera a).

2. Quando i presupposti indicati nell'articolo 20, comma 1, lettera a), si realizzano per il gruppo, la riduzione o la conversione è disposta con riferimento a:

a) le riserve, le azioni, le altre partecipazioni e gli strumenti di capitale emessi dalla capogruppo, computabili nei fondi propri su base individuale o consolidata;

b) le riserve, le azioni, le altre partecipazioni e gli strumenti di capitale emessi da un soggetto indicato all'articolo 2 diverso dalla capogruppo e computabili nei fondi propri su base sia individuale sia consolidata; se del gruppo fa parte una società avente sede legale in un altro Stato membro, la misura è disposta in conformità dell'articolo 30.

3. La riduzione o la conversione è disposta nell'ordine indicato dall'articolo 52, comma 1, lettera a), punti i), ii) e iii), e lettere b) e c). Si applica inoltre l'articolo 52, commi 2, 3, 5 e 6.

29. Riduzione o conversione. – 1. La riduzione o la conversione è disposta dalla Banca d'Italia.

2. Si applicano gli articoli 55, 57, e 59 e, anche ai fini della realizzazione di operazioni di capitalizzazione con l'intervento di soggetti terzi, 58.

3. L'importo della riduzione o della conversione è determinato nella misura necessaria per coprire le perdite e assicurare il rispetto dei requisiti prudenziali, come quantificata nella valutazione effettuata ai sensi del Capo I, Sezione II. Se la valutazione è provvisoria e gli importi della riduzione o della conversione in essa indicati risultano superiori a quelli risultanti dalla valutazione definitiva, l'importo della riduzione o della conversione può essere ripristinato per la differenza.

4. Nei casi previsti dall'articolo 28, comma 2, il valore delle azioni, delle altre partecipazioni e degli strumenti di capitale emessi da una società controllata e computabili nei fondi propri su base consolidata non può essere ridotto in misura maggiore o essere convertito a condizioni meno favorevoli per il suo titolare rispetto alla misura della riduzione di valore o alle condizioni di conversione degli strumenti dello stesso rango emessi dalla capogruppo o dalla società posta al vertice del gruppo soggetto a vigilanza consolidata e computabili nei fondi propri su base consolidata.

30. Cooperazione fra autorità. – 1. La Banca d'Italia collabora con le autorità degli altri Stati membri per l'adozione della decisione congiunta prevista dall'articolo 62 della direttiva 2014/59/UE sulla sussistenza dei presupposti per la riduzione o la conversione quando gli strumenti su cui applicare queste misure sono computati nei fondi propri su base individuale e consolidata e ricorre una delle seguenti circostanze:

a) il gruppo bancario soggetto alla vigilanza consolidata della Banca d'Italia comprende un soggetto di cui all'articolo 2 con sede legale in un altro Stato membro;

b) un soggetto di cui all'articolo 2 avente sede legale in Italia è sottoposto a vigilanza consolidata in un altro Stato membro.

2. La Banca d'Italia attua senza ritardo le decisioni congiunte di riduzione del valore o di conversione degli strumenti di capitale nei confronti di società aventi sede in Italia.

3. Se non è raggiunta una decisione congiunta, la Banca d'Italia assume le determinazioni di propria competenza circa la sussistenza dei presupposti per la riduzione o la conversione in relazione a:

a) gli strumenti computabili nei fondi propri su base individuale emessi da banche italiane, ancorché soggette a vigilanza consolidata in un altro Stato membro;

b) gli strumenti computabili nei fondi propri su base consolidata emessi da soggetti di cui all'articolo 2, lettere b) e c), aventi sede legale in uno Stato membro e inclusi nella vigilanza consolidata della Banca d'Italia.

4. Nell'assumere le determinazioni di propria competenza, la Banca d'Italia tiene conto del potenziale impatto della misura di riduzione o di conversione in tutti gli Stati membri in cui operano la banca o il gruppo interessati.

31. Ulteriori previsioni in caso di conversione. – 1. Ai titolari degli strumenti soggetti a conversione possono essere attribuite azioni computabili nel capitale primario di classe 1 emesse, oltre che dalla società nei cui confronti è stata disposta la riduzione o la conversione, anche da altre componenti del gruppo, inclusa la società posta al vertice del gruppo. Se queste hanno sede legale in un altro Stato membro, l'attribuzione degli strumenti è disposta previo accordo con l'autorità di risoluzione dello Stato membro interessato.

2. Ai titolari degli strumenti soggetti a conversione non possono essere attribuiti strumenti di capitale primario di classe 1 che siano stati emessi dopo un apporto di fondi propri da parte dello Stato o di società controllate dallo Stato.

3. All'assunzione di partecipazioni conseguente alla conversione si applica l'articolo 53.

Capo III
Avvio e chiusura della risoluzione

32. Avvio della risoluzione. – 1. Quando risultano accertati i presupposti indicati all'articolo 20, commi 1, lettera b), e 2, la Banca d'Italia, previa approvazione del Ministro dell'economia e delle finanze, dispone l'avvio della risoluzione con un provvedimento che contiene:

a) l'indicazione dei presupposti per l'avvio della risoluzione;

b) il programma di risoluzione, nel quale, tra l'altro:

1) sono individuate le misure di risoluzione da adottare sulla base della valutazione effettuata ai sensi del Capo I, Sezione II;

2) in caso di applicazione del *bail-in*, sono indicati il suo ammontare e le categorie di passività escluse ai sensi dell'articolo 49, comma 2;

3) è indicato se si farà ricorso al fondo di risoluzione;

4) vengono, se del caso, indicati i termini e il periodo della sospensione o della restrizione di cui agli articoli 66, 67 e 68;

5) viene, se del caso, disposta la permanenza nella carica dei componenti dell'organo di amministrazione o di controllo o dell'alta dirigenza ai sensi dell'articolo 22, comma 1, lettera d);

6) se è prevista la costituzione di un ente-ponte o di una società veicolo per la gestione delle attività, sono indicati:

i) i beni e i rapporti giuridici da cedere all'ente ponte o alla società;

ii) le modalità di costituzione dell'ente-ponte o della società;

iii) le modalità di cessione delle partecipazioni al capitale sociale dell'ente-ponte o delle sue attività o passività.

2. L'approvazione del Ministro dell'economia e delle finanze è condizione di efficacia del provvedimento. La Banca d'Italia, ricevuta la comunicazione dell'approvazione del Ministro dell'economia e delle finanze, determina la decorrenza

degli effetti del provvedimento, anche in deroga all'articolo 21-bis della legge 7 agosto 1990, n. 241.

3. Il provvedimento con cui è disposto l'avvio della risoluzione, unitamente all'atto della Banca d'Italia previsto dal comma 2, sono pubblicati per estratto nella Gazzetta Ufficiale della Repubblica italiana, sul sito internet della Banca d'Italia, e su quello dell'ente sottoposto a risoluzione, nel registro delle imprese nonché sugli altri mezzi di comunicazione indicati dalla Banca d'Italia.

4. Il provvedimento con cui è disposto l'avvio della risoluzione, unitamente all'atto della Banca d'Italia previsto dal comma 2, sono trasmessi alla Banca Centrale Europea, all'ente sottoposto a risoluzione, al sistema di garanzia dei depositi e al sistema di indennizzo degli investitori ai quali l'ente aderisce, al fondo di risoluzione, alla Commissione europea, all'ABE, all'AESFEM, all'AEAP, al CERS nonché, se del caso, alla Consob, alle autorità di altri Stati membri competenti per la vigilanza su base consolidata o la risoluzione di gruppo, alle autorità competenti per la vigilanza sulle succursali dell'ente sottoposto a risoluzione o ai gestori dei sistemi di pagamento o di regolamento titoli, nonché alle controparti centrali cui l'ente aderisce, e alle rispettive autorità di vigilanza su tali soggetti.

5. Le comunicazioni di cui ai commi 3 e 4 sono effettuate in tempi coerenti con la necessità di non pregiudicare gli obiettivi della risoluzione. La Banca d'Italia può stabilire forme integrative di pubblicità.

6. Il programma di risoluzione può essere modificato con provvedimento della Banca d'Italia approvato dal Ministro dell'economia e delle finanze ai sensi dell'articolo 4. Si applicano i commi 2, 3, 4 e 5.

7. Ai procedimenti previsti dal presente articolo non si applicano le disposizioni della legge 7 agosto 1990, n. 241, in materia di partecipazione al procedimento amministrativo.

33. Presupposti per l'avvio della risoluzione di altri soggetti. – 1. Una società finanziaria avente sede legale in Italia controllata da una società inclusa nella vigilanza su base consolidata può essere sottoposta a risoluzione se la sussistenza dei presupposti di cui all'articolo 20, commi 1, lettera b), e 2 è verificata in capo a essa e alla società controllante inclusa nella vigilanza consolidata.

2. Salvo quanto previsto dai commi 3 e 5, una società, avente sede legale in Italia, diversa da una banca o da una SIM, che controlla una banca può essere sottoposta a risoluzione se la sussistenza dei presupposti di cui all'articolo 20, commi 1, lettera b), e 2, è verificata in capo a essa e ad almeno una banca da essa controllata o, quando la sede legale della banca è stabilita fuori dell'Unione Europea, se l'autorità dello Stato terzo ha determinato che per essa sussistono i presupposti per l'avvio della risoluzione secondo il proprio ordinamento. Alle stesse condizioni può essere sottoposta a risoluzione la società avente sede legale in Italia diversa da una banca o da una SIM che controlla una banca avente sede legale in un altro Stato membro.

3. Se per una società di cui al comma 2 non sussistono i presupposti indicati all'articolo 20, commi 1, lettera b), e 2, la risoluzione può essere avviata quando:

a) la sussistenza dei presupposti indicati all'articolo 20, commi 1, lettera b), e 2, è verificata con riguardo ad almeno una banca da essa controllata, e

b) la risoluzione della società di cui al comma 2 è necessaria per la risoluzione della banca controllata o del gruppo nel suo complesso, e

c) la situazione patrimoniale della banca controllata è tale che il suo dissesto minaccia un'altra banca o il gruppo nel suo complesso oppure la disciplina concorsuale applicabile richiede che la crisi del gruppo sia trattata in maniera unitaria, salvo quanto previsto dal comma 5.

4. Ai fini della verifica ai sensi dei commi 2 e 3, lettera a), circa la sussistenza dei presupposti indicati all'articolo 20, commi 1, lettera b), e 2, in capo alla banca controllata non si tiene conto di trasferimenti infragruppo, anche per effetto di riduzione o conversione di azioni, altre partecipazioni e strumenti di capitale, quando ciò è stato convenuto con le autorità di risoluzione estere coinvolte.

5. Quando la società indicata al comma 2 è una società non finanziaria, la risoluzione non è avviata nei suoi confronti se:

a) la risoluzione non è indispensabile per conseguire gli obiettivi stabiliti dall'articolo 21; o

b) la società controlla la banca indirettamente attraverso una società finanziaria intermedia; in questo caso la risoluzione può essere avviata nei confronti della società finanziaria intermedia, se ne sussistono i presupposti ai sensi del presente articolo.

6. L'organo di amministrazione o quello di controllo di una società indicata ai commi 1 e 2 informa tempestivamente la Banca d'Italia o la Banca Centrale Europea, quali autorità competenti, quando reputa che la società versa in una situazione di dissesto o è a rischio di dissesto ai sensi dell'articolo 17, comma 1, lettera a). In questo caso, la Banca Centrale Europea, quale autorità competente, ne dà senza indugio comunicazione alla Banca d'Italia.

34. Attuazione del programma di risoluzione. – 1. La Banca d'Italia dà esecuzione al programma di risoluzione, come definito con il provvedimento di cui all'articolo 32, comma 1, attuando le misure ivi indicate ed esercitando i poteri previsti dal Capo V.

2. Il programma è attuato dalla Banca d'Italia in una o più delle seguenti modalità:

a) con atti di uno o più commissari speciali dalla stessa nominati, che esercitano i poteri disciplinati dall'articolo 37 e dal Capo V;

b) con atti che tengono luogo di quelli dei competenti organi sociali, degli azionisti e dei titolari di altre partecipazioni;

c) con provvedimenti di carattere particolare, anche rivolti agli organi dell'ente sottoposto a risoluzione, ai sensi del comma 4.

3. La decorrenza degli effetti dei provvedimenti di carattere particolare di cui al comma 2 è stabilita anche in deroga all'articolo 21-bis della legge 7 agosto 1990, n. 241. Non si applicano le disposizioni della legge 7 agosto 1990, n. 241, in materia di partecipazione al procedimento amministrativo.

4. Gli atti e i provvedimenti con i quali la Banca d'Italia e i commissari nominati ai sensi dell'articolo 37 danno attuazione alle misure ed esercitano i poteri indicati al comma 1 sono soggetti agli obblighi pubblicitari previsti dall'articolo 32, commi 3 e 5.

35. Effetti della risoluzione. – 1. Quando il programma di risoluzione viene attuato con le modalità previste dall'articolo 34, comma 2, lettere a) o b), dall'insediamento dei commissari speciali o dal primo atto compiuto dalla Banca d'Italia in luogo dei competenti organi sociali si producono i seguenti effetti:

a) sono sospesi i diritti di voto in assemblea e gli altri diritti derivanti da partecipazioni che consentono di influire sull'ente sottoposto a risoluzione;

b) decadono gli organi di amministrazione e di controllo e l'alta dirigenza dell'ente sottoposto a risoluzione, salvo che diversamente disposto dal provvedimento di avvio della risoluzione.

2. Gli atti posti in essere nel corso della risoluzione non sono soggetti ad azioni revocatorie.

3. L'esercizio dell'azione sociale di responsabilità e di quella dei creditori sociali contro i membri degli organi amministrativi e di controllo e il direttore generale, dell'azione

contro il soggetto incaricato della revisione legale dei conti, nonché dell'azione del creditore sociale contro la società o l'ente che esercita l'attività di direzione e coordinamento spetta ai commissari speciali sentito il comitato di sorveglianza, previa autorizzazione della Banca d'Italia. In mancanza di loro nomina, l'esercizio dell'azione spetta al soggetto a tal fine disegnato dalla Banca d'Italia.

36. Dichiarazione dello stato di insolvenza. – 1. Se l'ente sottoposto a risoluzione si trova in stato di insolvenza alla data di adozione del provvedimento di avvio della risoluzione di cui all'articolo 32, si applica l'articolo 82, comma 2, del Testo Unico Bancario. La legittimazione dei commissari liquidatori ivi prevista spetta ai commissari speciali di cui all'articolo 37. Laddove questi ultimi non siano stati nominati, il ricorso può essere presentato dalla Banca d'Italia o da un soggetto da essa appositamente designato.

2. Il tribunale accerta lo stato di insolvenza dell'ente sottoposto a risoluzione avendo riguardo alla situazione esistente al momento dell'avvio della risoluzione. Le disposizioni del Titolo IX del codice della crisi d'impresa e dell'insolvenza trovano applicazione anche quando lo stato di insolvenza è superato per effetto della risoluzione (1).

3. Accertato giudizialmente lo stato di insolvenza a norma del comma 1, l'esercizio delle azioni di revoca degli atti compiuti in frode dei creditori compete ai commissari speciali, ove nominati, o a un soggetto appositamente designato dalla Banca d'Italia. I termini di cui agli articoli 163, 164, comma 1, 166, comma 1, 169 e 170 del codice della crisi d'impresa e dell'insolvenza decorrono dalla data di avvio della risoluzione. Non sono esperibili le azioni previste dall'articolo 166, comma 2, del codice della crisi d'impresa e dell'insolvenza (2).

(1) Comma modificato dall'art. 369, co. 5, lett. a), n. 1), d.lg. 12/1/2019, n. 14, a decorrere dal 15/7/2022, ai sensi di quanto stabilito dall'art. 389, co. 1, d.lg. 14/2019, come modificato dall'art. 5, co. 1, d.l. 8/4/2020, n. 23, conv., con modif., dalla l. 5/6/2020, n. 40, dall'art. 38, co. 1, d.lg. 26/10/2020, n. 147, dall'art. 1, co. 1, lett. b), d.l. 24/8/2021, n. 118, conv., con modif., dalla l 21/10/2021, n. 147 e successivamente dall'art. 42, co. 1, d.l. 30/4/2022, n. 36, conv., con modif., dalla l. 29/6/2022, n. 79. Vedi inoltre il co. 6 del medesimo art. 369.

(2) Comma modificato dall'art. 369, co. 5, lett. a), n. 2), d.lg. 12/1/2019, n. 14, a decorrere dal 15/7/2022, ai sensi di quanto stabilito dall'art. 389, co. 1, d.lg. 14/2019, come modificato dall'art. 5, co. 1, d.l. 8/4/2020, n. 23, conv., con modif., dalla l. 5/6/2020, n. 40, dall'art. 38, co. 1, d.lg. 26/10/2020, n. 147, dall'art. 1, co. 1, lett. b), d.l. 24/8/2021, n. 118, conv., con modif., dalla l. 21/10/2021, n. 147 e successivamente dall'art. 42, co. 1, d.l. 30/4/2022, n. 36, conv., con modif., dalla l. 29/6/2022, n. 79. Vedi inoltre il co. 6 del medesimo art. 369.

37. Commissari speciali. – 1. I commissari speciali, salva diversa previsione del provvedimento di nomina, hanno la rappresentanza legale dell'ente sottoposto a risoluzione, assumono i poteri degli azionisti, dei titolari di altre partecipazioni e dell'organo di amministrazione di quest'ultimo, promuovono e adottano le misure necessarie per conseguire gli obiettivi della risoluzione, secondo quanto disposto dalla Banca d'Italia e previa sua autorizzazione, quando prevista dall'atto di nomina o successivamente.

2. I commissari speciali sono in possesso di adeguate competenze per lo svolgimento delle funzioni. Il provvedimento di nomina dei commissari è pubblicato per estratto sul sito internet della Banca d'Italia. I commissari speciali, nell'esercizio delle loro funzioni, sono pubblici ufficiali.

3. Ai commissari speciali si applicano le disposizioni relative ai commissari liquidatori contenute nell'articolo 81, commi 1-ter, 2 e 3, nell'articolo 84, commi 3, 4, 6, 7, e nell'articolo 85 del Testo Unico Bancario (1).

4. Al momento della nomina la Banca d'Italia indica la durata dell'incarico dei commissari. Il periodo può essere prorogato.

5. Quando la risoluzione riguarda un gruppo, possono essere nominati gli stessi commissari speciali per tutte le componenti del gruppo sottoposte a risoluzione, per agevolare lo svolgimento delle procedure e il ripristino della stabilità del gruppo.

6. Unitamente ai commissari speciali, è nominato un comitato di sorveglianza, composto da tre a cinque membri, che designa a maggioranza di voti il proprio presidente. Al comitato si applicano le disposizioni relative al comitato di sorveglianza contenute negli articoli 81, commi 1-ter, 2 e 3, e 84 del Testo Unico Bancario (2).

7. Le indennità spettanti ai commissari speciali e ai membri del comitato di sorveglianza sono determinate dalla Banca d'Italia in base a criteri dalla stessa stabiliti e sono a carico dell'ente sottoposto a risoluzione. Esse possono essere anticipate dalla Banca d'Italia, che si rivale, secondo i casi e in relazione alla misura di risoluzione utilizzata:

a) sul corrispettivo pagato in caso di cessione ai titolari delle azioni o delle partecipazioni cedute o all'ente sottoposto a risoluzione;

b) sull'ente sottoposto a risoluzione;

c) sull'eventuale residuo attivo dell'ente-ponte o della società veicolo per la gestione delle attività oggetto di liquidazione.

8. I crediti per le indennità spettanti ai commissari speciali e ai membri del comitato di sorveglianza e quello di cui al comma 7, lettere b) e c), sono muniti di privilegio generale e sono, in caso di concorso, prededucibili ai sensi dell'articolo 6, comma 1, lettera d), del codice della crisi d'impresa e dell'insolvenza (3).

(1) Comma modificato dall'art. 1, co. 1, lett. oo), n. 1), d.lg. 8/11/2021, n. 193.

(2) Comma modificato dall'art. 1, co. 1, lett. oo), n. 2), d.lg. 8/11/2021, n. 193.

(3) Comma modificato dall'art. 369, co. 5, lett. b), d.lg. 12/1/2019, n. 14, a decorrere dal 15/7/2022, ai sensi di quanto stabilito dall'art. 389, co. 1, d.lg. 14/2019, come modificato dall'art. 5, co. 1, d.l. 8/4/2020, n. 23, conv., con modif., dalla l. 5/6/2020, n. 40, dall'art. 38, co. 1, d.lg. 26/10/2020, n. 147, dall'art. 1, co. 1, lett. b), d.l. 24/8/2021, n. 118, conv., con modif., dalla l. 21/10/2021, n. 147 e successivamente dall'art. 42, co. 1, d.l. 30/4/2022, n. 36, conv., con modif., dalla l. 29/6/2022, n. 79. Vedi inoltre il co. 6 del medesimo art. 369.

37 bis. Altre spese (1). – 1. La Banca d'Italia recupera le somme corrisposte a terzi da essa o dal fondo di risoluzione unico in relazione all'esecuzione di adempimenti e procedure previsti dalla legge ai fini dello svolgimento delle cessioni di cui al Capo IV, Sezione II, secondo una o più delle seguenti modalità:

a) a valere sul corrispettivo pagato dal cessionario ai titolari delle azioni o delle partecipazioni cedute o all'ente sottoposto a risoluzione;

b) dall'ente sottoposto a risoluzione, come creditore privilegiato;

c) a valere su eventuali proventi dell'ente-ponte o della società veicolo per la gestione di attività.

(1) Articolo inserito dall'art. 1, co. 1, lett. pp), d.lg. 8/11/2021, n. 193.

38. Chiusura della risoluzione – 1. La Banca d'Italia, quando determina che la risoluzione ha conseguito i propri obiettivi o che questi ultimi non possono essere più utilmente perseguiti, informata [la Banca Centrale Europea quando essa è] l'autorità competente, dichiara chiusa la risoluzione e ordina ai commissari speciali e ai componenti del comitato di sorveglianza, ove nominati, o agli organi di amministrazione e controllo dell'ente sottoposto a risoluzione, di redigere separati rapporti sull'attività svolta nell'ambito della risoluzione. I rapporti sono trasmessi alla Banca d'Italia (1).

2. Della chiusura della risoluzione è data notizia mediante avviso da pubblicarsi secondo quanto previsto dall'articolo 32, comma 3.

3. Quando a seguito dell'adozione delle sole misure di cui al Capo IV, Sezione II, Sottosezione I e II, residuano attività o passività in capo all'ente sottoposto a risoluzione, quest'ultimo è sottoposto a liquidazione coatta amministrativa secondo quanto previsto dal Testo Unico Bancario non appena possibile, tenuto conto della necessità di conseguire gli obiettivi della risoluzione, nonché di assicurare che l'ente in risoluzione fornisca al cessionario i servizi necessari ai sensi dell'articolo 62 per la continuazione dell'attività ceduta. Se è dichiarato lo stato di insolvenza, i termini di cui agli articoli 163, 164, 166, comma 1, e 169 del codice della crisi d'impresa e dell'insolvenza decorrono dalla data determinata dalla Banca d'Italia ai sensi dell'articolo 32, comma 2 (2).

(1) Comma modificato dall'art. 1, co. 1, lett. qq), d.lg. 8/11/2021, n. 193.

(2) Comma modificato dall'art. 369, co. 5, lett. c), d.lg. 12/1/2019, n. 14, a decorrere dal 15/7/2022, ai sensi di quanto stabilito dall'art. 389, co. 1, d.lg. 14/2019, come modificato dall'art. 5, co. 1, d.l. 8/4/2020, n. 23, conv., con modif., dalla l. 5/6/2020, n. 40, dall'art. 38, co. 1, d.lg. 26/10/2020, n. 147, dall'art. 1, co. 1, lett. b), d.l. 24/8/2021, n. 118, conv., con modif., dalla l. 21/10/2021, n. 147 e successivamente dall'art. 42, co. 1, d.l. 30/4/2022, n. 36, conv., con modif., dalla l. 29/6/2022, n. 79. Vedi inoltre il co. 6 del medesimo art. 369.

Capo IV
Misure di risoluzione

Sezione I
Disposizioni generali

39. Misure di risoluzione. – 1. Sono misure di risoluzione:

a) la cessione di beni e rapporti giuridici a un soggetto terzo;

b) la cessione di beni e rapporti giuridici a un ente-ponte;

c) la cessione di beni e rapporti giuridici a una società veicolo per la gestione delle attività;

d) il bail-in.

2. La cessione di beni e rapporti giuridici a una società veicolo per la gestione delle attività è disposta solo congiuntamente a una delle altre misure indicate nel comma 1.

Sezione II
Cessione di beni e rapporti giuridici

Sottosezione I
Cessione a un soggetto terzo

40. Cessione. – 1. La cessione, in una o più soluzioni, a un soggetto terzo, diverso da un ente-ponte o da una società veicolo per la gestione delle attività, ha ad oggetto:

a) tutte le azioni o le altre partecipazioni emesse da un ente sottoposto a risoluzione, o parte di esse;

b) tutti i diritti, le attività o le passività, anche individuabili in blocco, di un ente sottoposto a risoluzione, o parte di essi.

2. La cessione è effettuata a condizioni di mercato secondo quanto previsto dal presente articolo, sulla base della valutazione effettuata a norma del Capo I, Sezione II.

3. Il corrispettivo pagato dal cessionario è corrisposto a:

a) i titolari delle azioni o delle altre partecipazioni, nel caso previsto dal comma 1, lettera a);

b) l'ente sottoposto a risoluzione, nel caso previsto dal comma 1, lettera b).

4. La cessione è condotta nel rispetto dei seguenti principi:

a) assicurare la massima trasparenza e la correttezza delle informazioni concernenti l'oggetto della cessione, tenuto conto delle circostanze e compatibilmente con l'obiettivo di preservare la stabilità finanziaria;

b) evitare discriminazioni tra i potenziali cessionari, prevedere presidi volti a evitare conflitti di interesse, nonché tenere conto delle esigenze di celerità di svolgimento della risoluzione;

c) ottenere il prezzo più alto possibile.

5. La cessione può essere effettuata sulla base di trattative con potenziali cessionari a livello individuale, nel rispetto di quanto stabilito dal comma 4, lettera b), salvo quanto previsto dal comma 7.

6. Le comunicazioni al pubblico delle informazioni privilegiate ai sensi dell'articolo 17 del Regolamento (UE) n. 596/2014, relative alla cessione, possono essere differite nel rispetto dei paragrafi 4 o 5 del medesimo articolo.

7. La cessione può essere disposta in deroga al comma 4, quando è ragionevolmente prevedibile che l'applicazione dei principi ivi indicati comprometterebbe l'esito della cessione o il raggiungimento degli obiettivi della risoluzione e aggraverebbe la minaccia per la stabilità finanziaria.

8. La Banca d'Italia, se del caso su richiesta della Banca Centrale Europea in qualità di autorità competente, può, in vista dell'avvio della risoluzione, chiedere a una banca o a una capogruppo di contattare potenziali acquirenti per predisporre la cessione di beni e rapporti giuridici ai sensi del presente articolo nel rispetto dell'articolo 5.

41. Autorizzazioni. – 1. Se la cessione ha ad oggetto rapporti afferenti ad attività riservate, la pertinente autorizzazione può essere rilasciata al cessionario che ne sia privo, su istanza di quest'ultimo, anche contestualmente alla cessione.

2. I provvedimenti previsti ai sensi del Titolo II, Capo III, del Testo Unico Bancario sono adottati tempestivamente, anche in deroga ai termini ivi stabiliti.

3. Quando i provvedimenti di cui al comma 2 non sono stati adottati alla data della cessione delle azioni o delle altre partecipazioni:

a) la cessione di azioni o altre partecipazioni è immediatamente efficace;

b) sino all'adozione dei provvedimenti o sino alla scadenza del termine concesso per l'alienazione ai sensi del comma 4, i diritti di voto in assemblea e gli altri diritti derivanti dalle partecipazioni cedute che consentono di influire sulla società sono sospesi e possono essere esercitati esclusivamente dalla Banca d'Italia, la quale non risponde per l'esercizio di tali diritti o per l'astensione dall'esercizio degli stessi, se non in caso di dolo o colpa grave;

c) sino all'adozione dei provvedimenti o sino alla scadenza del termine concesso per l'alienazione ai sensi del comma 4, non si applicano le sanzioni e le altre misure amministrative per le violazioni delle norme in materia di acquisizione e cessione di partecipazioni qualificate previste dal Testo Unico Bancario.

4. Non appena adottati, i provvedimenti in merito all'acquisizione delle azioni o delle altre partecipazioni sono comunicati alla Banca d'Italia e al cessionario. Se l'acquisizione è stata autorizzata, i diritti di voto in assemblea e gli altri diritti derivanti dalle partecipazioni cedute che consentono di influire sulla società possono essere esercitati dal cessionario dal momento in cui viene ricevuta la comunicazione. Quando, invece, l'acquisizione non è stata autorizzata:

a) per i diritti di voto in assemblea e gli altri diritti derivanti dalle partecipazioni cedute che consentono di influire sulla società si continua ad applicare il comma 3, lettera b);

b) le azioni o le altre partecipazioni devono essere alienate entro il termine stabilito dalla Banca d'Italia, tenendo conto delle condizioni di mercato. 5. In caso di mancata alienazione entro il termine stabilito ai sensi del comma 4, lettera b), la Banca d'Italia o la Banca Centrale Europea, in qualità di autorità competente, d'intesa con la Banca d'Italia, irroga le sanzioni e adotta le altre misure amministrative previste per le violazioni delle norme in materia di acquisizione e cessione di partecipazioni qualificate disciplinate dal Testo Unico Bancario.

Sottosezione II
Cessione a un ente-ponte

42. Costituzione e funzionamento dell'ente-ponte. – 1. L'ente-ponte è costituito per gestire beni e rapporti giuridici acquistati ai sensi dell'articolo 43, con l'obiettivo di mantenere la continuità delle funzioni essenziali precedentemente svolte dall'ente sottoposto a risoluzione e, quando le condizioni di mercato sono adeguate, cedere a terzi le partecipazioni al capitale o i diritti, le attività o le passività acquistate. Sono fatte salve le eventuali limitazioni stabilite ai sensi della disciplina a tutela della concorrenza.

2. Il capitale dell'ente-ponte è interamente o parzialmente detenuto dal fondo di risoluzione o da autorità pubbliche.

3. La Banca d'Italia, con provvedimento emanato ai sensi dell'articolo 34, comma 2, lettera c):

a) approva l'atto costitutivo e lo statuto dell'ente ponte, nonché la strategia e il profilo di rischio;

b) approva la nomina dei componenti degli organi di amministrazione e controllo dell'ente-ponte, l'attribuzione di deleghe e le remunerazioni;

c) stabilisce restrizioni all'attività dell'ente-ponte, ove necessario per assicurare il rispetto della disciplina degli aiuti di Stato.

4. In caso di applicazione del *bail-in* ai sensi dell'articolo 48, comma 1, lettera b), l'eventuale conversione in capitale delle passività cedute all'ente-ponte non preclude alla Banca d'Italia l'esercizio su quest'ultimo dei poteri alla stessa attribuiti dal presente articolo.

5. L'ente-ponte esercita l'attività bancaria o la prestazione di servizi e attività di investimento se è autorizzato allo svolgimento delle medesime attività ai sensi della normativa vigente.

6. L'ente-ponte, nello svolgimento dell'attività bancaria o nella prestazione di servizi e attività di investimento, rispetta i requisiti previsti dal Regolamento (UE) n. 575/2013, dal Testo Unico Bancario o dal Testo Unico della Finanza e dalle relative disposizioni attuative.

7. In deroga a quanto disposto dai commi 5 e 6, l'ente ponte, ove necessario per conseguire gli obiettivi della risoluzione, è autorizzato provvisoriamente a esercitare l'attività bancaria o a prestare servizi e attività di investimento anche se non soddisfa inizialmente i requisiti stabiliti dalla normativa applicabile. La Banca d'Italia presenta una richiesta all'autorità responsabile per i relativi provvedimenti.

8. L'ente-ponte, i componenti dei suoi organi di amministrazione e controllo, nonché l'alta dirigenza rispondono solo per dolo o colpa grave nei confronti degli azionisti e dei creditori propri e dell'ente sottoposto a risoluzione.

43. Cessione. – 1. La cessione, in una o più soluzioni, a un ente-ponte ha ad oggetto:

a) tutte le azioni o le altre partecipazioni emesse da uno o più enti sottoposti a risoluzione, o parte di esse;

b) tutti i diritti, le attività o le passività, anche individuabili in blocco, di uno o più enti sottoposti a risoluzione, o parte di essi.

2. Il valore complessivo delle passività cedute all'ente ponte non supera il valore totale dei diritti e delle attività ceduti o provenienti da altre fonti.

3. La Banca d'Italia, su istanza dell'ente-ponte, può disporre la cessione a un terzo delle azioni o delle altre partecipazioni o dei diritti, delle attività o delle passività da esso acquisiti, secondo una procedura aperta, trasparente, non discriminatoria nei confronti dei potenziali acquirenti, assicurando che la cessione avvenga a condizioni di mercato.

4. Fermo restando l'articolo 47, comma 9, l'ente-ponte succede all'ente sottoposto a risoluzione nei diritti, nelle attività o nelle passività ceduti, salvo che la Banca d'Italia disponga diversamente ove necessario per conseguire gli obiettivi della risoluzione.

5. Si applica l'articolo 40, comma 3.

44. Cessazione dell'ente-ponte. – 1. La Banca d'Italia dichiara la cessazione della qualifica di ente-ponte al verificarsi di una delle seguenti situazioni:

a) l'ente-ponte si fonde con un altro soggetto o i soggetti indicati all'articolo 42, comma 2, cedono a terzi la propria partecipazione;

b) la totalità, o la quasi totalità, dei diritti, delle attività o delle passività dell'ente-ponte è ceduta ad un terzo;

c) sono completati la liquidazione delle attività e il pagamento delle passività dell'ente-ponte; d) è scaduto il termine di cui al comma 2 o, se del caso, al comma 3.

2. La cessazione della qualifica di ente-ponte è disposta quando è accertato che nessuna delle situazioni di cui al comma 1, lettere a), b) o c), ha ragionevoli probabilità di verificarsi e, in ogni caso, entro due anni dalla data in cui è stata effettuata l'ultima cessione all'ente-ponte.

3. Con provvedimento motivato, anche in relazione alle condizioni di mercato attuali e prospettiche, il termine di cui al comma 2 può essere prorogato per uno o più periodi della durata di un anno ciascuno quando:

a) nel periodo di proroga potrebbero verificarsi le situazioni indicate al comma 1, lettere a), b) o c); o

b) la proroga è necessaria per mantenere la continuità di servizi bancari o finanziari essenziali.

4. Quando si verificano le situazioni indicate al comma 1, lettere b) o d), l'ente-ponte è liquidato secondo le modalità previste dal Testo Unico Bancario o dal Testo Unico della Finanza. L'eventuale residuo attivo risultante dal bilancio finale dell'ente-ponte è distribuito tra i suoi soci. Quando l'ente-ponte è cessionario di diritti, attività o passività di più enti sottoposti a risoluzione, si procede alla liquidazione delle attività o al pagamento delle passività cedute da ciascuno di questi e non dell'ente-ponte stesso.

Sottosezione III
Cessione a una società veicolo per la gestione di attività

45. Costituzione e funzionamento della società veicolo per la gestione delle attività. – 1. La società veicolo per la gestione delle attività è costituita per amministrare i beni e i rapporti giuridici a essa ceduti con l'obiettivo di massimizzarne il valore attraverso una successiva cessione o la liquidazione della società veicolo medesima. Il capitale della società è interamente o parzialmente detenuto dal fondo di risoluzione o da autorità pubbliche.

2. La Banca d'Italia approva, con provvedimento emanato ai sensi dell'articolo 34, comma 2, lettera c):

a) l'atto costitutivo e lo statuto della società, nonché la strategia e il profilo di rischio;

b) la nomina dei componenti degli organi di amministrazione e controllo della società, l'attribuzione di deleghe e le remunerazioni.

46. Cessione. – 1. La cessione di diritti, attività o passività dell'ente sottoposto a risoluzione o dell'ente-ponte a una o più società veicolo per la gestione delle attività può essere disposta, in una o più soluzioni, al verificarsi di almeno uno dei seguenti presupposti:

a) le condizioni di mercato sono tali che la liquidazione dei diritti e delle attività nell'ambito della procedura concorsuale applicabile potrebbe avere effetti negativi sui mercati finanziari;

b) la cessione è necessaria per garantire il corretto funzionamento dell'ente sottoposto a risoluzione o dell'ente-ponte;

c) la cessione è necessaria per massimizzare i proventi ricavabili dalla liquidazione.

2. Il corrispettivo per la cessione è determinato in conformità con la valutazione effettuata ai sensi del Capo I, Sezione II. Il corrispettivo può essere simbolico o anche mancare. Esso può consistere in titoli di debito emessi dalla società veicolo. Se il valore di quanto ceduto è negativo, l'atto di cessione può prevedere che l'ente sottoposto a risoluzione o l'ente-ponte versi somme a titolo di corrispettivo per l'assunzione delle passività o a titolo di finanziamento. Resta ferma la disciplina sugli aiuti di Stato.

3. La società veicolo, i componenti dei suoi organi di amministrazione e controllo, nonché l'alta dirigenza rispondono solo per dolo o colpa grave nei confronti degli azionisti e dei creditori dell'ente sottoposto a risoluzione, nei confronti degli azionisti e dei creditori dell'ente-ponte e nei confronti degli azionisti e dei creditori della società veicolo.

Sottosezione IV
Disposizioni comuni

47. Disposizioni comuni alle cessioni. – 1. Il presente articolo si applica alle cessioni disciplinate dalle sottosezioni I, II e III.

2. Le cessioni non richiedono il consenso di soggetti diversi dal cessionario.

3. Della cessione è data notizia secondo quanto previsto dall'articolo 32, commi 3 e 5. Se la cessione ha ad oggetto crediti, si applica l'articolo 58, comma 3 del Testo Unico Bancario.

4. Se la cessione ha ad oggetto contratti, il contraente ceduto può opporre al cessionario tutte le eccezioni derivanti dal contratto, ma non quelle fondate su altri rapporti col cedente. Non trovano applicazione gli articoli 1407, comma 1, 1408, comma 2, e 2558, comma 2, del codice civile.

5. Se la cessione ha ad oggetto passività, il cedente è liberato dagli obblighi di adempimento anche in deroga agli articoli 1273, 2112, 2558 e 2560 del codice civile.

6. La cessione ha efficacia a seguito della pubblicazione sul sito internet della Banca d'Italia ai sensi del comma 3 e non sono richiesti gli adempimenti previsti dalla legge a fini costitutivi, di pubblicità notizia o dichiarativa, ivi inclusi quelli richiesti dagli articoli 1264, 2022, 2355, 2470, 2525 e 2556 del codice civile. Non si applicano gli obblighi di comunicazione previsti dagli articoli 68 e 79 del Codice delle assicurazioni private. Il cessionario svolge gli adempimenti eventualmente richiesti a fini costitutivi, di pubblicità notizia o dichiarativa entro 180 giorni dall'ultima cessione dei cespiti acquisiti. Restano fermi gli obblighi di comunicazione previsti dall'articolo 120 del Testo Unico della Finanza.

7. Salvo quanto è disposto dal Titolo VI, gli azionisti, i titolari di altre partecipazioni o i creditori dell'ente sottoposto a risoluzione e gli altri terzi i cui diritti, attività, o passività non sono oggetto di cessione non possono esercitare pretese sui diritti, sulle attività o sulle passività oggetto della cessione e, nelle cessioni disciplinate dalle sottosezioni II e III, nei confronti dei membri degli organi di amministrazione e controllo o dell'alta dirigenza del cessionario.

8. In seguito alla cessione, può essere disposto, secondo la disciplina prevista ai commi 2, 3, 4, 5, 6 e 7 il ritrasferimento agli originari titolari o all'ente sottoposto a risoluzione, o, nel caso di cessione alla società veicolo, anche all'ente-ponte, rispettivamente, delle azioni o delle altre partecipazioni oppure dei diritti, delle attività o delle passività cedute, nei termini e alle condizioni eventualmente previsti nell'atto di cessione, se, alternativamente:

a) la possibilità di ritrasferire è stata prevista espressamente nell'atto di cessione;

b) le azioni, le altre partecipazioni, i diritti, le attività o le passività ceduti non rientrano fra quelli indicati nell'atto di cessione o comunque non rispettano le condizioni previste per la cessione nel suddetto atto.

9. Nelle cessioni disciplinate dalle sottosezioni I e II, il cessionario succede all'ente sottoposto a risoluzione, limitatamente ai diritti, alle attività o alle passività ceduti:

a) nel diritto alla libera prestazione dei servizi in un altro Stato membro;

b) nel diritto allo stabilimento in un altro Stato membro;

c) nei diritti di partecipazione dell'ente sottoposto a risoluzione a infrastrutture di mercato, a sedi di negoziazione, a sistemi di indennizzo degli investitori e a sistemi di garanzia dei depositanti, purché il cessionario rispetti i requisiti per la partecipazione a detti sistemi.

10. In deroga al comma 9, lettera c):

a) l'accesso ai sistemi o ai mercati non può essere negato per il fatto che il cessionario non possiede una valutazione del merito di credito emessa da un'agenzia di valutazione del merito di credito o che la valutazione non è sufficiente per ottenere l'accesso ai sistemi o ai mercati;

b) se il cessionario non rispetta i requisiti per l'appartenenza o l'accesso ai sistemi o ai mercati, l'appartenenza o l'accesso ai sistemi o ai mercati può comunque essere disposto dalla Banca d'Italia per un periodo non superiore a 24 mesi, rinnovabile su richiesta del cessionario.

Sezione III
Bail-in

48. Finalità del *bail-in*. – 1. Il *bail-in* è disposto:

a) per ripristinare il patrimonio di un soggetto di cui all'articolo 2 sottoposto a risoluzione nella misura necessaria al rispetto dei requisiti prudenziali e idonea a ristabilire la fiducia del mercato, se l'applicazione del *bail-in*, anche unitamente alle misure di riorganizzazione aziendale, è sufficiente a prospettarne il risanamento; o

b) in caso di cessione ai sensi della Sezione II, per ridurre il valore nominale delle passività cedute, inclusi i titoli di debito, o per convertire queste passività in capitale.

2. Nei confronti del soggetto al quale viene applicato il *bail-in* può essere disposta la trasformazione della forma giuridica, anche successivamente alla chiusura della risoluzione. Non si applicano gli articoli 2437, 2497-*quater*, 2545-*undecies*, né le disposizioni della Sezione I del Capo X del Titolo V del Libro V del codice civile, ad eccezione degli articoli 2498 e 2500, che si applicano in quanto compatibili.

49. Passività escluse dal *bail-in*. – 1. Sono soggette al *bail-in* tutte le passività, ad eccezione delle seguenti:

a) i depositi protetti;

b) le passività garantite, incluse le obbligazioni bancarie garantite, le passività derivanti da contratti derivati di copertura dei rischi dei crediti e dei titoli ceduti a garanzia delle obbligazioni, nel limite del valore delle attività poste a garanzia delle stesse, nonché le passività nei confronti dell'amministrazione tributaria ed enti previdenziali, se i relativi crediti sono assistiti da privilegio o altra causa legittima di prelazione;

c) qualsiasi obbligo derivante dalla detenzione da parte

dell'ente sottoposto a risoluzione di disponibilità dei clienti, inclusa la disponibilità detenuta nella prestazione di servizi e attività di investimento e accessori ovvero da o per conto di organismi d'investimento collettivo o fondi di investimento alternativi, a condizione che questi clienti siano protetti nelle procedure concorsuali applicabili;

d) qualsiasi obbligo sorto per effetto di un rapporto fiduciario tra l'ente sottoposto a risoluzione e un terzo, in qualità di beneficiario, a condizione che quest'ultimo sia protetto nelle procedure concorsuali applicabili;

e) passività con durata originaria inferiore a sette giorni nei confronti di banche o SIM non facenti parte del gruppo dell'ente sottoposto a risoluzione;

f) passività con durata residua inferiore a sette giorni nei confronti di un sistema di pagamento o di regolamento titoli o di una controparte centrale, nonché dei suoi gestori o partecipanti, purché le passività derivino dalla partecipazione dell'ente sottoposto a risoluzione ai sistemi;

g) passività nei confronti dei seguenti soggetti:

i) dipendenti, limitatamente alle passività riguardanti la retribuzione fissa, i benefici pensionistici o altra componente fissa della remunerazione. Il *bail-in* è applicato alla componente variabile della remunerazione, salvo che essa sia stabilita da contratti collettivi. In ogni caso, esso è applicato alla componente variabile della remunerazione del personale più rilevante identificato ai sensi del Regolamento (UE) n. 604/2014;

ii) fornitori di beni o servizi necessari per il normale funzionamento dell'ente sottoposto a risoluzione;

iii) sistemi di garanzia dei depositanti, limitatamente ai contributi dovuti dall'ente sottoposto a risoluzione per l'adesione ai sistemi.

2. Possono eccezionalmente essere escluse, del tutto o in parte, dall'applicazione del bail-in passività diverse da quelle elencate nel comma 1 quando si verifica almeno una delle seguenti condizioni:

a) non sarebbe possibile applicare il *bail-in* a tali passività in tempi ragionevoli;

b) l'esclusione è strettamente necessaria e proporzionata per:

i) assicurare la continuità delle funzioni essenziali e delle principali linee di operatività dell'ente sottoposto a risoluzione, in modo da consentirgli di preservare la propria operatività e la fornitura di servizi chiave;

ii) evitare un contagio che perturberebbe gravemente il funzionamento dei mercati finanziari e delle infrastrutture di mercato con gravi ricadute negative sull'economia di uno Stato membro o dell'Unione europea;

c) l'inclusione di tali passività nell'applicazione del *bail-in* determinerebbe una distruzione di valore tale che gli altri creditori sopporterebbero perdite maggiori rispetto a quelle che essi subirebbero in caso di esclusione di tali passività dall'applicazione del *bail-in.*

3. Le esclusioni ai sensi del comma 2 sono disposte avendo riguardo a:

a) il principio secondo cui le perdite sono sostenute dagli azionisti e, solo successivamente, dai creditori dell'ente sottoposto a risoluzione, secondo il rispettivo ordine di priorità applicabile in sede concorsuale; le passività escluse dal *bail-in* possono ricevere un trattamento più favorevole rispetto a quello che spetterebbe a passività ammissibili dello stesso grado o di grado sovraordinato se l'ente sottoposto a risoluzione fosse liquidato, secondo la liquidazione coatta amministrativa disciplinata dal Testo Unico Bancario o altra analoga procedura concorsuale applicabile;

b) la capacità di assorbimento delle perdite dell'ente sottoposto a risoluzione che ne risulterebbe;

c) la necessità di mantenere risorse adeguate per il finanziamento di altre procedure di risoluzione;

d) quanto previsto negli atti delegati adottati dalla Commissione Europea ai sensi dell'articolo 44, paragrafo 11 della direttiva 2014/59/UE;

e) la natura dei titolari delle passività, ivi inclusi i titolari dei depositi di cui all'articolo 91, comma 1-bis, lettera a), numero 1), del Testo unico bancario.

4. L'esclusione di passività ai sensi del comma 2 è preventivamente notificata dalla Banca d'Italia alla Commissione Europea. Se l'esclusione richiede il contributo del fondo di risoluzione o di una fonte alternativa di finanziamento, la Banca d'Italia dispone l'esclusione, salvo che la Commissione Europea, entro 24 ore dal momento in cui è stata informata dalla Banca d'Italia, o entro il diverso termine concordato con quest'ultima, comunichi il proprio divieto o chieda di apportare modifiche. Negli altri casi l'esclusione è disposta senza indugio.

5. Se è disposta l'esclusione ai sensi del comma 2, le perdite che le passività escluse avrebbero dovuto assorbire sono trasferite, alternativamente o congiuntamente, su:

a) i titolari delle altre passività soggette a *bail-in* mediante la loro riduzione o conversione in capitale, fatto salvo l'articolo 22, comma 1, lettera c);

b) il fondo di risoluzione, il quale, in tal caso, effettua conferimenti nel capitale dell'ente sottoposto a risoluzione in misura almeno sufficiente a portare a zero il patrimonio netto o da ripristinare il coefficiente di capitale primario di classe 1.

6. L'intervento del fondo di risoluzione ai sensi del comma 5, lettera b), può essere disposto a condizione che:

a) il contributo al ripianamento delle perdite e alla ricapitalizzazione dell'ente sottoposto a risoluzione fornito dalle riserve, dai suoi azionisti, dai detentori di altre partecipazioni o di strumenti di capitale e dai detentori di passività soggette a *bail-in* sia pari ad almeno l'8 per cento delle passività totali, inclusi i fondi propri, dell'ente; e

b) il contributo del fondo di risoluzione non superi il 5 per cento delle passività totali, inclusi i fondi propri, dell'ente sottoposto a risoluzione. Al fine dell'applicazione del presente comma, le passività totali dell'ente sottoposto a risoluzione, inclusi i suoi fondi propri, sono determinati secondo la valutazione disciplinata da dal Capo I, Sezione II.

7. Il contributo del fondo di risoluzione di cui al comma 5, lettera b), può essere finanziato da:

a) i contributi ordinari;

b) i contributi straordinari che il fondo può riscuotere in tre anni;

c) se gli importi indicati alle lettere a) e b) sono insufficienti, le altre forme di sostegno finanziario previste dall'articolo 78, comma 1, lettera c).

8. In deroga a quanto disposto dal comma 6, lettera a), può essere disposto l'intervento del fondo di risoluzione ai sensi del comma 5, lettera b), a condizione che:

a) il contributo al ripianamento delle perdite e alla ricapitalizzazione dell'ente sottoposto a risoluzione fornito dalle riserve, dagli azionisti, dai detentori di altre partecipazioni o di strumenti di capitale e dai detentori di passività soggette a *bail-in* sia pari ad almeno il 20 per cento delle attività ponderate per il rischio dell'ente; e

b) il fondo di risoluzione disponga di un importo pari ad almeno il 3 per cento dei depositi protetti, ad eccezione di quelli indicati all'articolo 96-bis.1, comma 4, del testo unico bancario, di tutte le banche italiane e le succursali italiane di banche extracomunitarie derivante da contributi ordinari e l'ente sottoposto a risoluzione abbia un attivo su base consolidata inferiore a 900 miliardi di euro (1).

9. In casi straordinari, si possono reperire ulteriori finanziamenti da fonti alternative a condizione che:

a) il contributo del fondo di risoluzione abbia raggiunto il limite del 5 per cento stabilito dal comma 6, lettera b);

b) siano state interamente ridotte o convertite tutte le passività chirografarie soggette a *bail-in*, fatta eccezione per i depositi ammissibili al rimborso.

10. Al ricorrere delle condizioni indicate al comma 9, possono altresì essere utilizzate eventuali disponibilità del fondo di risoluzione derivanti da contributi ordinari anche oltre il limite del 5 per cento stabilito dal comma 6, lettera b).

(1) Lettera così modificata dall'art. 2 co. 2, d.lg. 15/2/2016, n. 30 che dopo le parole: "depositi protetti" ha inserito le seguenti: ", ad eccezione di quelli indicati all'articolo 96-bis.1, comma 4, del testo unico bancario,".

50. Requisito minimo di passività soggette a *bail-in*. – 1. Per assicurare l'applicabilità del *bail-in* le banche rispettano, su base individuale e consolidata, un requisito minimo di passività soggette al *bail-in*.

2. Il requisito da rispettare su base individuale è determinato dalla Banca d'Italia, se del caso previa consultazione con la Banca Centrale Europea quale autorità competente, avendo riguardo a:

a) la necessità di assicurare che la banca possa essere sottoposta a risoluzione in modo da conseguire gli obiettivi indicati all'articolo 21;

b) la necessità di assicurare che la banca, in caso di applicazione del *bail-in*, abbia passività sufficienti per assorbire le perdite e per assicurare il rispetto del requisito di capitale primario di classe 1 previsto per l'autorizzazione all'esercizio dell'attività bancaria, nonché per ingenerare nel mercato una fiducia sufficiente in essa;

c) la necessità di assicurare che, se il piano di risoluzione prevede che certe categorie di passività possono essere escluse dal *bail-in*, la banca abbia passività sufficienti per assorbire le perdite e assicurare il rispetto del requisito di capitale primario di classe 1 previsto per l'autorizzazione all'esercizio dell'attività bancaria;

d) le dimensioni, le caratteristiche operative, il modello di finanziamento e il profilo di rischio della banca;

e) la misura del contributo al finanziamento della risoluzione da parte di un sistema di garanzia dei depositi ai sensi dell'articolo 86;

f) le ripercussioni negative sulla stabilità finanziaria che deriverebbero dal dissesto della banca, anche per effetto del contagio di altri enti.

3. La Banca d'Italia, con provvedimenti di carattere generale o particolare adottati, se del caso, previa consultazione con la Banca Centrale Europea quale autorità competente, può chiedere il rispetto del requisito previsto dal comma 2 anche da parte dei soggetti indicati all'articolo 2, diversi da banche. Per le società non finanziarie di cui all'articolo 65, comma 1, lettera h), del Testo Unico Bancario, la facoltà può essere esercitata solo nella misura in cui essa sia assolutamente indispensabile per conseguire gli obiettivi della risoluzione.

4. Salvo quanto previsto dal comma 5, la Banca d'Italia, con provvedimenti di carattere generale o particolare:

a) determina, in qualità di autorità di risoluzione di gruppo, sentita, se del caso, la Banca Centrale Europea quale autorità competente, il requisito minimo su base consolidata il cui rispetto deve essere assicurato dalla capogruppo, avendo riguardo, oltre che ai criteri stabiliti dal comma 2, alla possibilità che le società controllate aventi sede legale in Stati terzi debbano essere sottoposte a misure di risoluzione distinte secondo quanto previsto dal piano di risoluzione;

b) determina il requisito minimo applicabile su base individuale che deve essere rispettato dalle società controllate aventi sede legale in Italia, tenendo conto dei criteri indicati dal comma 2 e del requisito applicabile su base consolidata ai sensi della lettera a);

c) può disporre, nei casi di esenzione dal rispetto dei requisiti individuali previsti dal Regolamento (UE) n. 575/2013, l'esenzione dall'obbligo di rispettare il requisito minimo su base individuale per le banche capogruppo o che controllano una banca in un altro Stato membro e per le società controllate aventi sede legale in Italia.

5. In caso di soggetti facenti parte di un gruppo con componenti aventi sede legale in altri Stati membri o con succursali significative stabilite in altri Stati membri, la determinazione del requisito minimo di passività soggette a *bail-in* è effettuata secondo quanto previsto dall'articolo 70.

6. La Banca d'Italia disciplina le caratteristiche delle passività computabili ai fini del presente articolo e le modalità secondo cui esse sono computate. Se una passività è disciplinata dal diritto di uno Stato terzo, essa è computabile a condizione che la società interessata abbia dimostrato alla Banca d'Italia che l'eventuale applicazione del *bail-in* alle passività sarebbe efficace nell'ordinamento di quello Stato. La Banca d'Italia può disciplinare le modalità con cui questa condizione può essere soddisfatta.

7. La determinazione del requisito minimo di passività soggette a *bail-in* e la verifica sul rispetto di questo requisito sono effettuate nell'ambito dell'attività di predisposizione o aggiornamento del piano di risoluzione, individuale o di gruppo.

8. La Banca d'Italia comunica all'ABE le determinazioni assunte ai sensi del presente articolo

51. Importo del *bail-in*. – 1. L'importo del bail-in è determinato in base alla valutazione effettuata ai sensi del Capo I, Sezione II, e tiene conto:

a) della necessità di ristabilire nel mercato una fiducia sufficiente nei confronti dell'ente sottoposto a risoluzione o nell'ente-ponte e di permettere a tali enti di rispettare per almeno un anno i requisiti prudenziali;

b) di una stima prudente del fabbisogno di capitale della società veicolo per la gestione delle attività, se il programma di risoluzione prevede la cessione a essa ai sensi dell'articolo 46;

c) del contributo del fondo di risoluzione erogato ai sensi dell'articolo 49, comma 5, lettera b).

2. Se la valutazione effettuata ai sensi del Capo I, Sezione II, è provvisoria e l'importo del bail-in in essa indicato risulta superiore a quello risultante dalla valutazione definitiva, il valore dei crediti, delle azioni, delle altre partecipazioni e degli strumenti di capitale può essere ripristinato per la differenza.

52. Trattamento degli azionisti e dei creditori. – 1. Il *bail-in* è attuato allocando l'importo determinato ai sensi dell'articolo 51 secondo l'ordine di seguito indicato:

a) sono ridotti, fino alla concorrenza delle perdite quantificate dalla valutazione prevista dal Capo I, Sezione II:

i) le riserve e il capitale rappresentato da azioni, anche non computate nel capitale regolamentare, nonché dagli altri strumenti finanziari computabili nel capitale primario di classe 1, con conseguente estinzione dei relativi diritti amministrativi e patrimoniali;

ii) il valore nominale degli strumenti di capitale aggiuntivo di classe 1, anche per la parte non computata nel capitale regolamentare;

iii) il valore nominale degli elementi di classe 2, anche per la parte non computata nel capitale regolamentare;

iv) il valore nominale dei debiti subordinati diversi dagli strumenti di capitale aggiuntivo di classe 1 o dagli elementi di classe 2;

v) il valore nominale delle restanti passività ammissibili;

b) una volta assorbite le perdite, o in assenza di perdite, gli strumenti di capitale aggiuntivo di classe 1 sono convertiti, in tutto o in parte, in azioni computabili nel capitale primario di classe 1;

c) se le misure precedenti non sono sufficienti, gli elementi di classe 2 sono convertiti, in tutto o in parte, in azioni computabili nel capitale primario di classe 1;

d) se le misure precedenti non sono sufficienti, i debiti subordinati diversi dagli strumenti di capitale aggiuntivo di classe 1 o dagli elementi di classe 2 sono convertiti in azioni computabili nel capitale primario di classe 1;

e) se le misure precedenti non sono sufficienti, le restanti passività ammissibili sono convertite in azioni computabili nel capitale primario di classe 1.

2. Le misure di cui al comma 1 sono disposte:

a) in modo uniforme nei confronti di tutti gli azionisti e i creditori dell'ente appartenenti alla stessa categoria, proporzionalmente al valore nominale dei rispettivi strumenti finanziari o crediti, secondo la gerarchia applicabile in sede concorsuale e tenuto conto delle clausole di subordinazione, salvo quanto previsto dall'articolo 49, commi 1 e 2;

b) in misura tale da assicurare che nessun titolare degli strumenti, degli elementi o delle passività ammissibili di cui al comma 1 riceva un trattamento peggiore rispetto a quello che riceverebbe se l'ente sottoposto a risoluzione fosse stato liquidato nel momento in cui è stata accertata la sussistenza dei presupposti per l'avvio della risoluzione, secondo la liquidazione coatta amministrativa disciplinata dal Testo Unico Bancario o altra analoga procedura concorsuale applicabile;

c) tenendo conto del valore nominale degli strumenti finanziari o dei crediti, al netto dell'eventuale compensazione tra crediti e debiti, purché i relativi effetti siano stati fatti valere da una delle parti prima dell'avvio della risoluzione; resta ferma l'applicazione degli articoli 54 e 91 per i depositi ammissibili al rimborso, si tiene conto della compensazione di eventuali debiti del depositante nei confronti della banca, se esigibili alla data dell'avvio della risoluzione, nella misura in cui la compensazione è possibile a norma delle disposizioni di legge o di previsioni contrattuali applicabili (1);

d) in caso di passività contestate, sull'ammontare riconosciuto dall'ente sottoposto a risoluzione; definita la contestazione, il *bail-in* è esteso sull'eventuale eccedenza e il valore delle passività nei confronti delle quali è stato attuato il *bail-in* è ripristinato per la differenza.

3. Le misure di cui al comma 1 sono adottate anche nei confronti dei titolari di azioni o di altre partecipazioni, emesse o attribuite:

a) in virtù della conversione di titoli di debito in azioni o altre partecipazioni, a norma delle condizioni contrattuali dei medesimi titoli di debito, al verificarsi di un evento precedente o simultaneo al provvedimento di avvio della risoluzione;

b) in virtù della conversione degli strumenti di capitale in azioni computabili nel capitale primario di classe 1 a norma del Capo II.

4. Prima di applicare la riduzione di cui al comma 1, lettera a), punto v), o la conversione di cui al comma 1, lettera e), è ridotto o convertito, secondo l'ordine indicato nel comma 1, il valore nominale di tutti gli altri strumenti che contengono clausole – non ancora attivate – in base alle quali il loro valore nominale è ridotto o convertito in strumenti di capitale primario di classe 1 al verificarsi di eventi relativi alla situazione finanziaria, alla solvibilità o al livello dei fondi propri dell'ente sottoposto a risoluzione. Se il valore nominale di uno strumento è stato ridotto, ma non azzerato, per effetto di una clausola di cui al presente comma, l'ammontare residuo è soggetto all'applicazione del *bail-in*.

5. La riduzione di cui al comma 1, lettera a), ha effetto definitivo e ha luogo senza che sia dovuto alcun indennizzo, fatto salvo quanto stabilito dagli articoli 51, comma 2, e 89, comma 1. Gli azionisti e i creditori perdono ogni diritto, fatta eccezione per quelli già maturati e per l'eventuale diritto al risarcimento del danno in caso di esercizio illegittimo dei poteri di risoluzione.

6. In caso di conversione, il numero di azioni da attribuire ai titolari di strumenti di capitale è determinato secondo quanto previsto dall'articolo 55.

7. Salvo patto contrario, in caso di passività oggetto di *bail-in*, il *bail-in* non pregiudica il diritto del creditore nei confronti dei condebitori in solido, dei fideiussori o di altri terzi a qualunque titolo tenuti a rispondere dell'adempimento della passività oggetto di riduzione. L'eventuale azione di regresso nei confronti dell'ente sottoposto a risoluzione o di una componente del gruppo di cui esso fa parte è ammessa nei limiti di quanto dovuto da questi ultimi a seguito del *bail-in*.

(1) Lettera così modificata dall'art. 2, co. 3, d.lg. 15/2/2016, n. 30.

53. Autorizzazioni. – 1. In deroga a quanto previsto dalle disposizioni in materia di autorizzazioni e comunicazioni relative all'acquisto o all'incremento di partecipazioni qualificate, se l'applicazione del *bail-in* determina l'acquisizione o l'incremento di una partecipazione qualificatasi sensi dell'articolo 19 del Testo Unico Bancario, le valutazioni ivi previste sono effettuate tempestivamente in modo da non ritardare l'applicazione dello strumento del *bail-in*, né impedire il conseguimento degli obiettivi della risoluzione. Se non sono state completate le valutazioni previste dall'articolo 19 del Testo Unico Bancario alla data di applicazione del *bail-in*, si applica l'articolo 41, commi 3, 4 e 5.

2. All'assunzione di partecipazioni conseguente alla conversione non si applicano:

a) gli articoli 2527 e 2528 del codice civile;

b) gli articoli 106, comma 1, e 109, comma 1, del Testo Unico della Finanza;

c) eventuali limiti di possesso azionario e requisiti di prossimità territoriale previsti da disposizioni legislative o statutarie, ivi compresi i limiti previsti dagli articoli 30 e 34 del Testo Unico Bancario.

3. Se il *bail-in* è stato disposto nei confronti di una banca popolare o di una banca di credito cooperativo, la Banca d'Italia stabilisce il termine entro il quale deve essere ristabilito il rispetto dei limiti e dei requisiti previsti al comma 2, lettera c), ai sensi del Testo Unico Bancario. Se il termine decorre inutilmente, la Banca d'Italia dispone la trasformazione in società per azioni ai sensi dell'articolo 48, comma 2.

54. Derivati. – 1. Il *bail-in* di una passività risultante da un derivato è disposto solo al momento del *close-out* del derivato o successivamente ad esso. A tal fine, salva l'applicazione dell'articolo 49, comma 2, la Banca d'Italia dispone che qualsiasi contratto derivato da cui risulti una passività oggetto di *bail-in* sia sciolto e liquidato per *close-out* ai sensi dell'articolo 60, comma 1, lettera l).

2. Se le operazioni su derivati sono soggette a un accordo di *netting*, la Banca d'Italia o un esperto indipendente da questa nominato determinano, nell'ambito della valutazione di cui al Capo I, Sezione II, la passività risultante da tali operazioni su base netta conformemente ai termini dell'accordo.

3. La Banca d'Italia determina il valore delle passività risultanti da derivati secondo:

a) metodologie appropriate per determinare il valore delle classi di derivati, comprese le transazioni soggette ad accordi di *netting*;

b) principi per stabilire il momento appropriato in cui determinare il valore di una posizione su derivati; e

c) metodologie adeguate per confrontare la complessiva distruzione di valore che deriverebbe dal *close-out* di derivati con l'importo delle perdite che sarebbero sostenute dai loro titolari in un *bail-in*.

55. Tasso di conversione del debito in capitale. – 1. Il tasso di conversione compensa adeguatamente il creditore per le perdite subite a seguito della riduzione o della conversione;

se la conversione è disposta quando il patrimonio netto del soggetto al quale è applicato il *bail-in* ha valore positivo, il tasso di conversione è definito in modo da diluire in maniera significativa l'incidenza delle azioni e delle altre partecipazioni esistenti.

2. La Banca d'Italia può applicare tassi di conversione diversi a categorie di passività aventi posizione diversa nell'ordine di priorità applicabile in sede concorsuale. Se si applicano tassi di conversione diversi, il tasso di conversione applicabile alle passività sovraordinate in tale ordine è maggiore di quello applicabile alle passività subordinate.

56. Piano di riorganizzazione aziendale. – 1. Quando il *bail-in* è applicato per ricapitalizzare un ente sottoposto a risoluzione, conformemente all'articolo 48, comma 1, lettera a), è redatto e attuato un piano di riorganizzazione aziendale.

2. Il piano è redatto e attuato da uno o più commissari speciali nominati ai sensi dell'articolo 37 o dall'organo di amministrazione dell'ente, se non decaduto, e contiene gli elementi indicati dalla Banca d'Italia con provvedimenti di carattere generale o particolare.

3. Il piano è trasmesso alla Banca d'Italia entro un mese dall'applicazione del *bail-in*. In casi eccezionali, il termine può essere prorogato di un mese.

4. Se il *bail-in* è applicato a due o più componenti di un gruppo e non sono stati incaricati della redazione del piano i commissari speciali, il piano è elaborato dalla capogruppo con riguardo alle banche e alle SIM che continuano a far parte del gruppo dopo l'applicazione del *bail-in*; il piano è redatto secondo la procedura prevista per la redazione dei piani di risanamento di gruppo, di cui agli articoli 69-*quinquies* e 69-*sexies* del Testo Unico Bancario. Quando la Banca d'Italia è l'autorità di risoluzione di gruppo, essa trasmette il piano alle altre autorità di risoluzione interessate e all'ABE.

5. Entro un mese dalla data di presentazione del piano, la Banca d'Italia, d'intesa con la Banca Centrale Europea quando questa è l'autorità competente, valuta l'adeguatezza del piano a ripristinare la sostenibilità economica a lungo termine dell'ente sottoposto a risoluzione; in caso positivo, approva il piano. In caso contrario, la Banca d'Italia comunica all'organo di amministrazione o ai commissari speciali i propri rilievi e chiede di *modificare* il piano in modo da tenerne conto.

6. Entro due settimane dalla ricezione della comunicazione di cui al comma 3, l'organo di amministrazione o i commissari speciali sottopongono un piano modificato alla Banca d'Italia. Essa valuta il piano e comunica all'organo di amministrazione o ai commissari speciali entro una settimana la propria approvazione se ritiene che il piano modificato tenga adeguatamente conto dei rilievi espressi, o la richiesta di apportarvi ulteriori modifiche, fissando il termine per adempiere.

7. L'organo di amministrazione o i commissari speciali attuano il piano approvato dalla Banca d'Italia e presentano alla stessa almeno ogni sei mesi una relazione sui progressi compiuti nell'attuazione del piano.

8. Se la Banca d'Italia lo ritiene necessario, d'intesa con la Banca Centrale Europea quando questa è l'autorità competente, l'organo di amministrazione o i commissari speciali rivedono il piano e sottopongono le eventuali revisioni all'approvazione della Banca d'Italia.

9. Quando è applicabile la disciplina dell'Unione europea in materia di aiuti di Stato, il piano è compatibile con il piano di ristrutturazione che l'ente sottoposto a risoluzione è tenuto a presentare alla Commissione europea. Se il piano di riorganizzazione è notificato alla Commissione europea ai sensi della disciplina dell'Unione europea in materia di aiuti di Stato, la Banca d'Italia può prorogare il periodo di cui al comma 1 fino a un massimo di due mesi o fino al termine previsto dalla disciplina degli aiuti di Stato, se più breve.

57. Effetti del *bail-in*. – 1. La riduzione o la conversione sono pienamente efficaci dal momento individuato ai sensi dell'articolo 32, comma 2, indipendentemente dall'esecuzione di qualsiasi adempimento amministrativo o procedurale connesso, ivi inclusi:

a) la modifica di registri, albi o elenchi rilevanti;

b) l'esclusione di azioni o altre partecipazioni o strumenti di debito dalla negoziazione nelle rispettive sedi di negoziazione;

c) l'ammissione di nuove azioni o altre partecipazioni alle negoziazioni in una sede di negoziazione;

d) la riammissione alle negoziazioni in mercati regolamentati o in altri sistemi di negoziazione di eventuali strumenti di debito che sono stati oggetto di riduzione senza il requisito di pubblicare un prospetto.

2. Gli adempimenti amministrativi e procedurali sono eseguiti anche su iniziativa della Banca d'Italia.

3. Quando una passività è interamente cancellata, gli obblighi a carico dell'ente sottoposto a risoluzione sorti in relazione alla passività sono estinti a tutti gli effetti e il loro adempimento non può essere richiesto nell'ambito di successive procedure relative all'ente sottoposto a risoluzione, né al suo avente causa.

Quando una passività è ridotta parzialmente, lo strumento o il contratto dal quale deriva la passività originaria resta efficace in relazione al debito residuo, salve le modifiche dell'importo degli interessi da pagare conseguenti alla riduzione e alle altre modifiche dei termini contrattuali ai sensi dell'articolo 60, comma 1, lettera i).

58. Rimozione degli ostacoli al *bail-in*. – 1. Le assemblee dei soggetti di cui all'articolo 2 delegano gli organi di amministrazione a deliberare l'aumento di capitale necessario per consentire, in caso di *bail-in*, la conversione di passività in azioni computabili nel capitale primario di classe 1.

2. Non si applicano i limiti previsti dall'articolo 2443, commi 1 e 2 del codice civile, né gli articoli 2438, comma 1, e 2441 del codice civile, nonché altre limitazioni previste dalla legge, da contratti o dallo statuto che possono ostacolare la conversione.

3. Resta ferma la possibilità per la Banca d'Italia di disporre direttamente l'aumento di capitale, ai sensi dell'articolo 60, comma 1, lettera h).

59. Riconoscimento contrattuale del *bail-in*. – 1. Quando una passività soggetta a *bail-in* a norma dell'articolo 49 è disciplinata dal diritto di uno Stato terzo, i soggetti di cui all'articolo 2 includono nel contratto una clausola mediante la quale il creditore riconosce che la passività è assoggettabile a un eventuale *bail-in* disposto dalla Banca d'Italia e accetta di subirne gli effetti. La clausola si considera in ogni caso inserita di diritto nel contratto, anche in sostituzione di clausole difformi eventualmente apposte dalle parti, senza che sia dovuto alcun indennizzo per la sua mancata previsione.

2. Il comma 1 si applica alle passività contratte dopo il 1° gennaio 2016.

3. La Banca d'Italia può chiedere all'emittente di fornire un parere legale relativo all'applicabilità e all'efficacia della clausola contrattuale inserita.

4. L'obbligo previsto al comma 1 non si applica se, in base alla legislazione dello Stato terzo o a un trattato concluso con esso, risulta che il *bail-in* disposto dalla Banca d'Italia produce i suoi effetti sulle passività indicate al comma 1.

5. Il *bail-in* è comunque disposto e determina i suoi effetti in via definitiva in relazione ai soggetti di cui all'articolo 2 anche in caso di assenza o inefficacia della clausola prevista dal comma 1.

Capo V
Poteri di risoluzione

60. Poteri generali di risoluzione. – 1. Per dare attuazione alle misure disciplinate dal Capo II e dal Capo IV, la Banca d'Italia può esercitare i seguenti poteri:

a) richiedere ai soggetti indicati all'articolo 2 e alle succursali italiane di banche extracomunitarie la trasmissione di notizie, dati e documenti, nonché di ogni altra informazione utile ai fini dell'avvio e all'attuazione della risoluzione, ed effettuare ispezioni per acquisire direttamente notizie, dati, documenti e informazioni;

b) disporre il trasferimento a terzi di azioni o di altre partecipazioni emesse dall'ente sottoposto a risoluzione;

c) disporre la cessione a terzi interessati di beni e rapporti giuridici dell'ente sottoposto a risoluzione;

d) ridurre o azzerare il valore nominale di azioni o di altre partecipazioni emesse dall'ente sottoposto a risoluzione, nonché annullare le azioni o i titoli;

e) ridurre o azzerare il valore nominale delle passività ammissibili dell'ente sottoposto a risoluzione o il debito residuo derivante dalle medesime passività;

f) annullare, ove necessario, i titoli di debito emessi dall'ente sottoposto a risoluzione, ad eccezione delle passività garantite di cui all'articolo 49, comma 1, lettera b);

g) convertire passività ammissibili in azioni o in altre partecipazioni dell'ente sottoposto a risoluzione o di una società che lo controlla o di un ente-ponte;

h) disporre che l'ente sottoposto a risoluzione o la società che lo controlla emetta nuove azioni, altre partecipazioni o altri strumenti di capitale, compresi strumenti convertibili in capitale;

i) modificare la scadenza dei titoli di debito e delle altre passività ammissibili emessi dall'ente sottoposto a risoluzione, o modificare l'importo degli interessi maturati in relazione a questi strumenti e passività o la data a partire dalla quale gli interessi divengono esigibili, anche sospendendo i relativi pagamenti per un periodo transitorio; questo potere non si applica alle passività garantite di cui all'articolo 49, comma 1, lettera b);

l) attivare clausole di *close-out* o disporre lo scioglimento dei contratti finanziari o dei contratti derivati di cui è parte l'ente sottoposto a risoluzione ai sensi e per gli effetti dell'articolo 54;

m) disporre la rimozione o la sostituzione degli organi di amministrazione e controllo e dell'alta dirigenza dell'ente sottoposto a risoluzione, nel caso in cui siano venute meno le condizioni della loro permanenza in carica;

n) chiedere alla Banca Centrale Europea quale autorità competente di effettuare la valutazione del potenziale acquirente di una partecipazione qualificata in deroga ai termini applicabili.

2. Salvo quando diversamente previsto dal presente decreto, nell'esercizio dei poteri di risoluzione, la Banca d'Italia non è tenuta a:

a) ottenere il consenso da parte di qualsiasi soggetto pubblico o privato, inclusi azionisti o creditori dell'ente sottoposto a risoluzione;

b) fornire comunicazioni, prima dell'esercizio di un potere di risoluzione di cui al presente Capo, inclusa la pubblicazione obbligatoria di eventuali avvisi o prospetti, né a depositare o registrare documenti presso altre autorità.

61. Poteri accessori. – 1. Nell'esercizio dei poteri di risoluzione, la Banca d'Italia può, salvi i diritti di risarcimento e indennizzo previsti dal presente decreto:

a) fatto salvo quanto previsto dall'articolo 92, disporre in caso di trasferimento di strumenti finanziari, diritti, attività o passività, che questi siano acquistati liberi da ogni peso, vincolo od onere;

b) dichiarare estinto il diritto ad acquisire ulteriori azioni o altre partecipazioni;

c) richiedere ai soggetti competenti, anche stranieri, di disporre l'esclusione o la sospensione dalla negoziazione o dalla quotazione ufficiale di strumenti finanziari nella rispettiva sede di negoziazione o l'esclusione o sospensione di offerte al pubblico di strumenti finanziari;

d) prevedere che, in caso di cessione di strumenti finanziari, diritti, attività o passività, il cessionario subentri – con esclusione di diritti e obblighi del cedente – nei diritti o negli obblighi dell'ente sottoposto a risoluzione compresi, fatto salvo l'articolo 47, commi 9 e 10, quelli relativi alla partecipazione alle infrastrutture di mercato nonché in tutti i rapporti processuali, in deroga all'articolo 111 del codice di procedura civile;

e) imporre all'ente sottoposto a risoluzione e al cessionario di fornirsi reciprocamente informazioni e assistenza;

f) modificare o sciogliere contratti di cui l'ente sottoposto a risoluzione è parte o sostituirne un contraente con il cessionario.

2. Se necessario per assicurare l'efficacia della risoluzione con riferimento ai poteri di cui al comma 1, possono essere adottate misure volte a garantire la continuità dell'attività di impresa o dei contratti dell'ente sottoposto a risoluzione o, in caso di cessione, per permetterne l'esercizio da parte di un cessionario. Le misure comprendono, ove necessario, la sospensione o la disattivazione dei meccanismi terminativi esercitabili in caso di sostituzione del contraente originario o del suo controllante.

3. I poteri di cui al comma 1, lettera d), e al comma 2 lasciano impregiudicato l'articolo 64, nonché:

a) il diritto del dipendente dell'ente sottoposto a risoluzione di sciogliersi dal contratto di lavoro;

b) fatti salvi gli articoli 66, 67 e 68, la facoltà per la controparte di un contratto di esercitare i diritti derivanti dal contratto, incluso lo scioglimento, se gli stessi sono esercitabili in base a presupposti diversi dalla mera sostituzione del contraente originario o del suo controllante.

62. Fornitura di servizi. – 1. La Banca d'Italia può, in caso di cessione, imporre ad un ente sottoposto a risoluzione o ad altre componenti del gruppo di appartenenza di fornire al cessionario i servizi e i mezzi necessari per esercitare le attività cedute, esclusa ogni forma di sostegno finanziario. Il presente comma si applica anche se i medesimi enti sono sottoposti a procedura concorsuale.

2. La Banca d'Italia può imporre a una componente italiana di un gruppo di fornire i servizi e i mezzi indicati al comma 1, se ciò è stato chiesto da un'autorità di risoluzione di un altro Stato membro in relazione a una risoluzione avviata da quest'ultima su una diversa componente del medesimo gruppo, anche quando la componente italiana non è sottoposta a risoluzione.

3. I servizi e i mezzi di cui ai commi 1 e 2 sono forniti al cessionario:

a) alle stesse condizioni applicate immediatamente prima dell'avvio della risoluzione in forza di un accordo già in essere con l'ente sottoposto a risoluzione e fino alla scadenza dell'accordo;

b) a eque condizioni di mercato, in assenza di accordo o dopo la scadenza dello stesso.

63. Esecuzione di misure disposte da autorità di risoluzione di altri Stati membri. – 1. Quando un'autorità di risoluzione di un altro Stato membro dispone, nell'ambito di una risoluzione, la cessione di azioni, di altre partecipazioni o di attività, di diritti o di passività soggetti al diritto italiano, la cessione ha effetto in Italia. La Banca d'Italia fornisce all'autorità di risoluzione che ha disposto o intende disporre la cessione l'assistenza ragionevolmente possibile.

2. Quando un'autorità di risoluzione di un altro Stato membro esercita i poteri di riduzione o di conversione di strumenti di capitale o di passività ammissibili disciplinati dal diritto italiano, oppure di passività dovute a creditori residenti in Italia, la riduzione o la conversione hanno effetto in Italia.

3. I rimedi avverso la cessione indicata al comma 1 o la riduzione o la conversione indicate al comma 2 sono disciplinati esclusivamente dall'ordinamento dell'autorità di risoluzione che ha disposto la cessione, la riduzione o la conversione.

64. Attività, passività, azioni e altre partecipazioni ubicate in Stati terzi. – 1. La Banca d'Italia, con riferimento alle misure relative ad attività ubicate in uno Stato terzo o ad azioni, altre partecipazioni, diritti o passività disciplinati dal diritto di uno Stato terzo, può disporre che:

a) il commissario speciale dell'ente sottoposto a risoluzione e il cessionario svolgano tutti gli adempimenti necessari affinché la misura consegua i suoi effetti;

b) il commissario speciale dell'ente sottoposto a risoluzione non dia luogo al trasferimento delle azioni, delle altre partecipazioni, delle attività o dei diritti o assolva gli obblighi per conto del cessionario fintantoché la misura non sia divenuta efficace;

c) le spese ragionevolmente sostenute dal cessionario per l'esecuzione degli adempimenti indicati alle lettere a) e b) siano rimborsate ai sensi dell'art. 37, commi 7 e 8.

2. Quando, nonostante gli adempimenti ai sensi del comma 1, lettera a), è estremamente improbabile che la misura produca effetti, essa non è disposta e, se già disposta, è ritirata limitatamente alle attività, alle azioni, agli strumenti e ai diritti o passività in questione.

65. Esclusione di talune disposizioni contrattuali in caso di risoluzione. – 1. L'adozione di una misura di prevenzione o di gestione della crisi, anche in presenza di una dichiarazione dello stato di insolvenza ai sensi dell'articolo 36, o il verificarsi di un evento direttamente connesso all'applicazione di queste misure non costituisce, relativamente ai contratti stipulati dall'ente sottoposto alle misure, un evento determinante l'escussione della garanzia ai fini del decreto legislativo 21 maggio 2004, n. 170, né una procedura di insolvenza ai fini del decreto legislativo 12 aprile 2001, n. 210, se gli obblighi previsti dal contratto, compresi quelli di pagamento, di consegna nonché di prestazione della garanzia, non sono stati oggetto di inadempimento ai sensi dell'articolo 1455 del codice civile.

2. Alle stesse condizioni indicate dal comma 1, l'adozione di una misura di prevenzione o di gestione della crisi, anche in presenza di una dichiarazione dello stato di insolvenza ai sensi dell'articolo 36, non costituisce un evento determinante l'escussione della garanzia ai fini del decreto legislativo 21 maggio 2004, n. 170, né una procedura di insolvenza ai sensi del decreto legislativo 12 aprile 2001, n. 210, relativamente ai contratti stipulati con terzi da una componente del gruppo di cui fa parte un ente sottoposto alla misura, se:

a) i contratti prevedono obblighi che sono garantiti dall'ente, o gravanti su di esso;

b) i contratti comprendono clausole in base alle quali rilevano, per l'ente parte del contratto, eventi relativi a un'altra componente del gruppo.

3. Fintantoché gli obblighi previsti dal contratto, compresi quelli di pagamento e di consegna, nonché di prestazione della garanzia, non sono stati oggetto di inadempimento ai sensi dell'articolo 1455 del codice civile, l'adozione di una misura di prevenzione o di gestione della crisi, anche in presenza di una dichiarazione dello stato di insolvenza ai sensi dell'articolo 36, o il verificarsi di un evento direttamente connesso all'applicazione di una di queste misure non dà di per sé titolo a:

a) esercitare un diritto di recesso, sospensione, modifica, compensazione o attivare una clausola di *close-out* relativamente ai contratti stipulati dall'ente sottoposto a tali misure o da una componente del gruppo di cui fa parte un ente sottoposto alla misura, se:

i) i contratti prevedono obblighi che sono garantiti da una componente del gruppo, o gravanti su di essa;

ii) i contratti comprendono clausole in base alle quali rilevano, per l'ente parte del contratto, eventi relativi a un'altra componente del gruppo;

b) acquisire il possesso o il controllo di beni di un ente sottoposto a tali misure o di una componente del gruppo ai sensi di un contratto comprendente clausole in base alle quali rilevano, per il soggetto parte del contratto, eventi relativi a un'altra componente del gruppo, o ad escutere un diritto di garanzia su detti beni;

c) non adempiere gli obblighi a favore di un ente sottoposto a tali misure o di una componente del gruppo di appartenenza spettanti in relazione a un contratto comprendente clausole in base alle quali rilevano, per il soggetto parte del contratto, eventi relativi a un'altra componente del gruppo.

4. Ai fini del presente articolo, una risoluzione disposta in uno Stato terzo costituisce una misura di gestione della crisi quando è riconosciuta ai sensi dell'articolo 74 o se la Banca d'Italia o altra autorità di risoluzione di uno Stato membro ha disposto in tal senso.

5. Ai fini dei commi 1, 2 e 4, una sospensione degli obblighi di pagamento o consegna, una limitazione dell'escussione di garanzia o una sospensione temporanea di meccanismi terminativi ai sensi degli articoli 66, 67 e 68 non costituiscono inadempimento di un obbligo contrattuale né stato di insolvenza.

6. Le disposizioni del presente articolo sono norme di applicazione necessaria ai sensi dell'articolo 9 del Regolamento (UE) n. 593/2008.

66. Sospensione di obblighi di pagamento e di consegna. – 1. La Banca d'Italia può disporre la sospensione di obblighi di pagamento o di consegna a norma di un contratto di cui l'ente sottoposto a risoluzione è parte. La sospensione decorre dalla pubblicazione del programma di risoluzione e dura fino alla mezzanotte del giorno lavorativo successivo. Per lo stesso periodo sono sospesi gli obblighi di pagamento o di consegna, rivenienti dal medesimo contratto a carico delle controparti dell'ente sottoposto a risoluzione.

2. La sospensione a norma del comma 1 non si applica:

a) ai depositi ammissibili al rimborso;

b) agli obblighi di pagamento e di consegna nei confronti dei sistemi di pagamento o di regolamento titoli o dei relativi operatori, delle controparti centrali e delle banche centrali;

c) ai crediti protetti da un sistema di indennizzo degli investitori.

3. Nell'esercizio del potere di cui al presente articolo, si tiene conto dell'impatto delle misure sul regolare funzionamento dei mercati finanziari.

67. Limitazione dell'escussione di garanzie. – 1. La Banca d'Italia può limitare l'escussione di garanzie aventi a oggetto attività dell'ente sottoposto a risoluzione. La limitazione decorre dalla pubblicazione del programma di risoluzione e dura fino alla mezzanotte del giorno lavorativo successivo.

2. Il potere di cui al comma 1 non si applica ai diritti di garanzia attribuiti ai sistemi di pagamento o di regolamento titoli o ai relativi operatori, alle controparti centrali e alle banche centrali in relazione ad attività dell'ente sottoposto a risoluzione date in pegno o fornite mediante margini o altre forme di garanzia.

3. Nei casi in cui si applica l'articolo 94, la Banca d'Italia, assieme alle altre autorità di risoluzione coinvolte, si adopera affinché le limitazioni di cui al comma 1 si applichino in modo coerente per tutte le componenti del gruppo sottoposte a risoluzione.

4. Nell'esercizio del potere di cui al presente articolo, si tiene conto dell'impatto delle misure sul regolare funzionamento dei mercati finanziari.

68. Sospensione temporanea dei meccanismi terminativi. – 1. La Banca d'Italia può sospendere l'attivazione di meccanismi terminativi riconosciuti alla controparte di un contratto stipulato da un ente sottoposto a risoluzione, a condizione che continuino a essere eseguiti gli obblighi di pagamento e di consegna, nonché di prestazione della garanzia. La sospensione decorre dalla pubblicazione del programma di risoluzione e dura fino alla mezzanotte del giorno lavorativo successivo.

2. Con le stesse modalità di cui al comma 1, può essere sospesa l'attivazione di meccanismi terminativi riconosciuti alla controparte di un contratto stipulato da una società controllata di un ente sottoposto a risoluzione al ricorrere congiunto delle seguenti condizioni:

a) gli obblighi derivanti dal contratto sono garantiti dall'ente sottoposto a risoluzione o fanno comunque capo a esso;

b) il presupposto per l'attivazione dei meccanismi terminativi è l'insolvenza dell'ente sottoposto a risoluzione o è comunque determinato con riguardo alla situazione finanziaria di quest'ultimo;

c) nel caso in cui è stata realizzata o può essere realizzata una cessione di azioni, di altre partecipazioni o di attività, diritti o passività dell'ente sottoposto a risoluzione:

i) tutte le attività e le passività della società controllata che pertengono al contratto sono state cedute o possono essere cedute; oppure

ii) la Banca d'Italia individua adeguati accorgimenti affinché gli obblighi di cui alla lettera a) siano altrimenti adempiuti.

3. Le sospensioni di cui ai commi 1 e 2 non si applicano ai contratti conclusi nell'ambito di sistemi di pagamento o di regolamento titoli o con i relativi operatori, le controparti centrali o le banche centrali.

4. La sospensione di un meccanismo terminativo cessa dal momento in cui la Banca d'Italia comunica alla controparte che i diritti e gli obblighi previsti dal contratto non saranno ceduti a un altro soggetto, né subiranno una riduzione o conversione in applicazione dell'articolo 48.

5. Al termine del periodo di sospensione, fatto salvo l'articolo 65, i meccanismi terminativi possono essere attivati secondo quanto previsto dal contratto se:

a) in caso di cessione, i presupposti per attivarli si verificano con riferimento al cessionario;

b) in assenza di cessione, non è stato applicato il bail-in alle passività che originano dal contratto medesimo.

6. Nell'esercizio del potere di cui al presente articolo, si tiene conto dell'impatto delle misure sul regolare funzionamento dei mercati finanziari.

7. La Banca d'Italia può stabilire obblighi relativi alla conservazione dei contratti finanziari stipulati dai soggetti di cui all'articolo 2. I repertori di dati sulle negoziazioni forniscono alla Banca d'Italia, su sua richiesta, le informazioni necessarie per assolvere le proprie responsabilità conformemente all'articolo 81 del Regolamento (UE) n. 648/2012.

8. La Banca d'Italia può disporre, nei casi da essa individuati, che i contratti disciplinati dal diritto di uno Stato terzo e conclusi dopo la data di entrata in vigore della presente legge contengano una clausola mediante la quale le parti accettano di subire gli effetti della sospensione prevista dal presente articolo.

Capo VI
Gruppi con componenti aventi sede legale o stabiliti in altri Stati membri

69. Principi e criteri relativi a decisioni o azioni che coinvolgono più Stati membri. – 1. La Banca d'Italia, nell'assumere decisioni o intraprendere azioni che possono avere un impatto in altri Stati membri, si attiene ai seguenti princìpi e criteri:

a) la cooperazione con autorità di risoluzione, autorità competenti e altre autorità di altri Stati membri al fine di assicurare il coordinamento e l'efficacia delle decisioni e delle azioni;

b) la debita considerazione dell'impatto delle decisioni o azioni sulla stabilità finanziaria e, più in generale, sugli interessi degli Stati membri in cui hanno sede legale le componenti del gruppo incluse nella vigilanza consolidata;

c) il bilanciamento degli interessi dei diversi Stati membri interessati, evitando di pregiudicare o favorire indebitamente gli interessi di un particolare Stato membro;

d) l'applicazione delle previsioni e misure indicate nei piani di risoluzione, a meno che, in relazione alle circostanze, gli obiettivi della risoluzione possano essere meglio perseguiti in altro modo.

70. Collegi di risoluzione. – 1. In caso di soggetti facenti parte di un gruppo con componenti aventi sede legale in altri Stati membri o con succursali significative stabilite in altri Stati membri, la redazione dei piani di risoluzione, la valutazione della risolvibilità, la determinazione delle misure volte ad affrontare o rimuovere gli impedimenti alla risolvibilità, la determinazione del requisito minimo di passività soggette a *bail-in*, nonché la predisposizione e l'approvazione dei programmi di risoluzione, quando riguardano il gruppo, avvengono nell'ambito dei collegi di risoluzione previsti dagli articoli 88 e 89 della direttiva 2014/59/UE e in conformità alle norme tecniche di regolamentazione adottate dalla Commissione Europea. A tal fine, la Banca d'Italia istituisce collegi di risoluzione e collegi europei di risoluzione, partecipa ai collegi istituiti da altre autorità e attua le decisioni assunte in seno a questi ultimi nei casi e con le modalità previste dall'ordinamento dell'Unione Europea.

2. Per le finalità indicate al comma 1 le banche e le capogruppo italiane controllate da una società estera inclusa nella vigilanza consolidata della Banca d'Italia provvedono alla trasmissione alla Banca d'Italia di atti, informazioni, documenti e ogni altro dato relativi alla società estera controllante.

3. Per le finalità indicate al comma 1 le società aventi sede legale in Italia che controllano una banca soggetta a vigilanza in un altro Stato membro collaborano con l'autorità di risoluzione di questo Stato per assicurare la trasmissione di atti, informazioni, documenti e ogni altro dato relativi alla banca controllata.

71. Incidenza dei piani di risoluzione sulle finanze pubbliche. – 1. Nei casi in cui il piano di risoluzione di gruppo deve essere adottato o aggiornato con decisione congiunta da parte di autorità di risoluzione rappresentate nel collegio di risoluzione, la Banca d'Italia, se è l'autorità di risoluzione di una società controllata sottoposta a vigilanza consolidata in un altro Stato membro, può chiedere il riesame del piano di risoluzione di gruppo che può avere effetti sulle finanze pubbliche. Se la richiesta è presentata da un'altra autorità di risoluzione, la Banca d'Italia, quando è autorità di risoluzione di gruppo, avvia un riesame del piano di risoluzione di gruppo, anche riguardo al requisito minimo di fondi propri e passività ammissibili.

2. Se un piano di risoluzione di gruppo deve essere adotta-

to o aggiornato con decisione congiunta da parte di autorità di risoluzione rappresentate nel collegio di risoluzione, ed è stata deferita all'ABE una questione ai sensi dell'articolo 19, paragrafo 3, del Regolamento (UE) n. 1093/2010, la Banca d'Italia può, sentito il Ministero dell'economia e delle finanze, chiedere che l'ABE si astenga dal decidere sulla questione, se la sua decisione può incidere in qualunque modo sulle finanze pubbliche.

72. Decisioni sulle azioni di risoluzione in seno ai collegi di risoluzione. – 1. Il Ministero dell'economia e delle finanze partecipa ai collegi di risoluzione nei casi e secondo le modalità previsti dall'ordinamento dell'Unione Europea.

2. Il Ministero dell'economia e delle finanze e la Banca d'Italia si coordinano, anche mediante scambio di informazioni, quando la Banca d'Italia concorre alla decisione di un collegio avente ad oggetto un'azione di risoluzione.

3. La Banca d'Italia applica senza indugio le decisioni adottate in seno ai collegi di risoluzione tenendo debitamente conto dell'urgenza della situazione.

73. Scambio di informazioni. – 1. La Banca d'Italia, quando è autorità di risoluzione di gruppo, coordina il flusso delle informazioni rilevanti tra le autorità di risoluzione interessate. In particolare, trasmette tempestivamente alle autorità di risoluzione degli altri Stati membri le informazioni rilevanti ai fini dello svolgimento dei compiti del collegio di risoluzione.

2. Nel caso siano richieste informazioni che la Banca d'Italia ha ricevuto da un'autorità di risoluzione di uno Stato terzo, la trasmissione ai sensi del comma 1 è effettuata solo in presenza del consenso espresso di detta autorità.

Capo VII
Rapporti con Stati terzi

74. Riconoscimento e applicazione delle misure di risoluzione adottate in Stati terzi. – 1. Il presente articolo si applica in mancanza di un accordo internazionale di cooperazione stipulato dall'Unione Europea con uno Stato terzo ai sensi dell'art. 93, paragrafo 1 della direttiva 2014/59/UE, che disciplini il riconoscimento e l'esecuzione delle misure di risoluzione adottate in Stati terzi.

2. Quando una misura di risoluzione adottata in uno Stato terzo è stata riconosciuta con decisione congiunta da un collegio europeo di risoluzione ai sensi dell'art. 94, paragrafo 2, della direttiva 2014/59/UE, la Banca d'Italia vi dà esecuzione adottando, in conformità all'ordinamento italiano, le misure a tal fine necessarie.

3. In mancanza di un collegio europeo di risoluzione o di una decisione congiunta di riconoscimento ai sensi del comma 2 la Banca d'Italia, salvo quanto previsto dal comma 4, riconosce le misure di risoluzione adottate in Stati terzi e dà loro esecuzione in conformità al presente articolo.

4. La Banca d'Italia, sentite le altre autorità di risoluzione facenti parte del collegio europeo di risoluzione se istituito, può decidere di non riconoscere le misure di risoluzione avviate in uno Stato terzo quando essa ritiene che:

a) il riconoscimento avrebbe effetti negativi per la stabilità finanziaria in Italia o in un altro Stato membro; o

b) un'azione autonoma di risoluzione a norma dell'art. 75 in relazione a una succursale nell'Unione sia necessaria per conseguire uno o più obiettivi della risoluzione; o

c) il riconoscimento comporterebbe una disparità di trattamento fra i creditori soggetti alla legge di uno Stato membro e quelli soggetti alla legge dello Stato terzo che si trovano nella medesima posizione giuridica; o

d) il riconoscimento comporterebbe rilevanti implicazioni per le finanze pubbliche dello Stato italiano; o

e) il riconoscimento determinerebbe effetti contrari a principi fondamentali dell'ordinamento italiano.

5. Per dare attuazione alle misure di risoluzione adottate in uno Stato terzo e riconosciute ai sensi del presente articolo, la Banca d'Italia può:

a) esercitare i propri poteri di risoluzione in relazione a:

i) attività di una società sottoposta a risoluzione nello Stato terzo ubicate in Italia o disciplinate dal diritto italiano;

ii) diritti o passività di una società sottoposta a risoluzione nello Stato terzo contabilizzati dalla succursale italiana o disciplinati dalla legge italiana o in relazione ai quali l'esecuzione può avvenire in Italia;

b) disporre ai sensi degli articoli 40 e 43 la cessione di azioni o altre partecipazioni in una banca autorizzata in Italia e controllata da una società sottoposta a risoluzione nello Stato terzo;

c) esercitare i poteri di cui agli articoli 66, 67 e 68 nei confronti delle parti di un contratto stipulato con una società sottoposta a risoluzione nello Stato terzo o le sue controllate aventi sede legale in Italia; e

d) inibire l'esercizio del diritto di sciogliere o liquidare i contratti stipulati da una società sottoposta a risoluzione nello Stato terzo, dalle sue controllate aventi sede legale in Italia o altre società del medesimo gruppo, nonché comunque di ogni altro diritto, incluso quello di invocare la decadenza del beneficio del termine:

i) quando questi diritti sono esercitabili per effetto dell'avvio di un'azione di risoluzione intrapresa nei confronti di una società sottoposta a risoluzione nello Stato terzo, di una società che la controlla o di altre società del gruppo oppure per effetto di obblighi legislativi e regolamentari relativi alla risoluzione in quello Stato; e

ii) a condizione che le obbligazioni contrattuali principali, comprese quelle di pagamento e di consegna, nonché la costituzione di garanzie reali, siano regolarmente adempiute.

6. La Banca d'Italia può, se l'interesse pubblico lo esige, sottoporre a risoluzione una società controllante avente sede legale in Italia, esercitando tutti i relativi poteri, quando l'autorità dello Stato terzo stabilisce che per una banca controllata da quella società e avente sede legale in quello Stato sussistono i presupposti per la risoluzione secondo l'ordinamento di quest'ultimo. Si applica l'art. 65.

7. Il riconoscimento delle misure di risoluzione adottate in uno Stato terzo ai sensi del presente articolo non pregiudica l'eventuale assoggettamento a procedure concorsuali ai sensi dell'ordinamento italiano della banca autorizzata in Italia e controllata dalla società sottoposta a risoluzione nello Stato terzo.

75. Risoluzione di succursali italiane di banche extracomunitarie. – 1. Quando una succursale italiana di una banca avente sede legale in uno Stato terzo non è sottoposta a risoluzione in questo Stato oppure ricorre una delle circostanze di cui all'art. 74, comma 4, la Banca d'Italia, se necessario per l'interesse pubblico, può adottare nei confronti della succursale azioni di risoluzione, al ricorrere di almeno una delle seguenti circostanze:

a) la succursale non soddisfa più, o rischia di non soddisfare, le condizioni stabilite per l'autorizzazione e l'esercizio dell'attività, e non vi sono prospettive che un intervento del settore privato, un'azione di vigilanza o una misura dello Stato terzo permetta alla succursale di soddisfare quelle condizioni o di evitare il dissesto in tempi ragionevoli;

b) la banca avente sede legale nello Stato terzo non è disposta a, o non è o non sarà probabilmente in grado di adempiere alla scadenza le proprie obbligazioni nei confronti dei creditori residenti o aventi sede legale nell'Unione Europea o le obbligazioni sorte o contabilizzate attraverso la succursale, e risulta che non è stata aperta né verrà presumibilmente aperta in tempi ragionevoli nello Stato terzo una risoluzione o una procedura concorsuale nei confronti della banca avente sede legale in quello Stato;

c) nello Stato terzo è stata avviata una risoluzione della banca o è stata notificata alla Banca d'Italia l'intenzione dell'autorità di risoluzione dello Stato terzo di avviarla.

2. Nell'adozione delle azioni previste dal comma 1, la Banca d'Italia tiene conto degli obiettivi della risoluzione e si attiene, in quanto pertinenti, ai principi di cui all'art. 22, nonché ai requisiti relativi all'applicazione delle misure di risoluzione di cui al Titolo IV, Capo IV. 3. Si applica l'art. 65.

76. Cooperazione con le autorità degli Stati terzi. – 1. In mancanza di un accordo internazionale di cooperazione stipulato dall'Unione Europea con uno Stato terzo ai sensi dell'art. 93, paragrafo 1, della direttiva 2014/59/UE, che disciplini il riconoscimento e l'esecuzione delle misure di risoluzione adottate in Stati terzi, la Banca d'Italia può concludere protocolli di cooperazione non vincolanti, conformi agli accordi quadro conclusi dall'ABE con le autorità degli Stati terzi.

2. I protocolli di cooperazione conclusi ai sensi del presente articolo possono comprendere disposizioni su:

a) lo scambio delle informazioni necessarie per la preparazione e l'aggiornamento dei piani di risoluzione;

b) la consultazione e la cooperazione nell'elaborazione dei piani di risoluzione, nonché i principi per l'esercizio dei poteri previsti dagli articoli 74 e 75 e dei poteri analoghi previsti dal diritto dello Stato terzo;

c) lo scambio delle informazioni necessarie per l'applicazione delle misure di risoluzione, nonché per l'esercizio dei poteri di risoluzione e dei poteri analoghi previsti dal diritto dello Stato terzo;

d) i meccanismi di allerta precoce e di consultazione reciproca prima di adottare misure di prevenzione o di gestione delle crisi idonee a ripercuotersi sulla banca o sul gruppo;

e) il coordinamento delle comunicazioni al pubblico in caso di azioni congiunte di risoluzione;

f) le procedure e le intese per lo scambio di informazioni e la cooperazione, di cui alle lettere a), b), c), d) ed e), compresi, se del caso, l'istituzione e il funzionamento di gruppi di gestione delle crisi.

3. La stipula di protocolli di cooperazione con autorità di Stati terzi non preclude alla Banca d'Italia la possibilità di concludere accordi bilaterali o multilaterali con le autorità di Stati terzi ai sensi dell'art. 33 del Regolamento (UE) n. 1093/2010.

4. I protocolli di cooperazione conclusi dalla Banca d'Italia ai sensi del presente articolo sono notificati all'ABE.

77. Scambio di informazioni riservate. – 1. La Banca d'Italia e il Ministro dell'economia e delle finanze scambiano informazioni riservate con le autorità di risoluzione extracomunitarie al verificarsi congiunto delle seguenti condizioni:

a) l'autorità di risoluzione extracomunitaria è soggetta a obblighi di riservatezza considerati almeno equivalenti a quelli previsti dall'art. 5, ferma restando l'applicabilità del diritto sulla protezione dei dati personali;

b) le informazioni sono necessarie per l'esercizio da parte dell'autorità extracomunitaria delle funzioni di risoluzione a essa affidate, nonché utilizzate esclusivamente a tali fini.

2. Se le informazioni in possesso della Banca d'Italia o del Ministero dell'economia e delle finanze provengono da un altro Stato membro, esse possono essere comunicate a un'autorità di risoluzione extracomunitaria solo al verificarsi congiunto delle seguenti condizioni:

a) l'autorità di risoluzione dello Stato membro che ha trasmesso l'informazione ha dato il proprio assenso alla comunicazione;

b) la comunicazione delle informazioni avviene esclusivamente ai fini stabiliti dall'autorità di risoluzione dello Stato membro che ha comunicato l'informazione.

3. Ai fini del presente articolo le informazioni sono considerate riservate se sono soggette agli obblighi di riservatezza previsti dal diritto dell'Unione Europea.

TITOLO V
FONDI DI RISOLUZIONE

78. Fondi di risoluzione. – 1. Per permettere di realizzare gli obiettivi della risoluzione indicati all'art. 21, in conformità dei principi stabiliti nell'art. 22, sono istituiti presso la Banca d'Italia uno o più fondi di risoluzione. I fondi sono alimentati da:

a) i contributi ordinari di cui all'art. 82, versati dalle banche aventi sede legale in Italia e dalle succursali italiane di banche extracomunitarie, ai fini del raggiungimento del livello specificato all'art. 81;

b) i contributi straordinari di cui all'art. 83, versati dagli stessi soggetti indicati alla lettera a), quando i contributi ordinari sono insufficienti a coprire perdite, costi o altre spese sostenuti per le finalità di cui al comma 1;

c) prestiti e altre forme di sostegno finanziario, quando i contributi ordinari non sono sufficienti a coprire le perdite, i costi o le altre spese sostenuti per le finalità di cui al comma 1 e i contributi straordinari non sono prontamente disponibili o sufficienti;

d) somme versate dall'ente sottoposto a risoluzione o dall'ente-ponte, interessi e altri utili derivanti dai propri investimenti.

2. I fondi costituiscono un patrimonio autonomo, distinto a tutti gli effetti dal patrimonio della Banca d'Italia e da quello di ciascun soggetto che le ha fornite. Il patrimonio risponde esclusivamente delle obbligazioni contratte per l'esercizio delle funzioni previste ai sensi del presente Capo. Su di esso non sono ammesse azioni dei creditori della Banca d'Italia o nell'interesse degli stessi, né quelle dei creditori dei soggetti che hanno versato le risorse raccolte nei fondi o nell'interesse degli stessi.

3. La Banca d'Italia può delegare, in tutto o in parte, ai sistemi di garanzia dei depositanti riconosciuti ai sensi dell'art. 96 del Testo Unico Bancario le funzioni disciplinate ai sensi del presente Capo.

79. Utilizzo dei fondi di risoluzione. – 1. L'utilizzo dei fondi di risoluzione, anche se istituiti ai sensi dell'articolo 80, è disposto dalla Banca d'Italia per una o più delle seguenti finalità e limitatamente a quanto necessario per garantire l'efficacia delle misure di cui al Titolo IV, Capo IV:

a) garantire le attività o le passività dell'ente sottoposto a risoluzione, delle sue controllate, di un ente-ponte o di una società veicolo per la gestione delle attività;

b) concedere finanziamenti all'ente sottoposto a risoluzione, alle sue controllate, a un ente-ponte o a una società veicolo per la gestione delle attività;

c) acquistare attività dell'ente sottoposto a risoluzione;

d) sottoscrivere capitale ed eseguire conferimenti e apporti al patrimonio di un ente-ponte o di una società veicolo per la gestione delle attività;

e) corrispondere indennizzi agli azionisti e ai creditori conformemente all'articolo 89;

f) sottoscrivere capitale ed eseguire conferimenti e apporti al patrimonio di un ente sottoposto a risoluzione, quando è applicato il *bail-in* ed è stata disposta l'esclusione di creditori a norma dell'articolo 49, comma 2;

g) concedere finanziamenti su base volontaria ad altri meccanismi di finanziamento della risoluzione istituiti in altri Stati membri secondo il disposto dell'articolo 84;

h) quando è stata disposta la cessione dell'attività di impresa, per le stesse finalità indicate dalle lettere a), b), c), d), e), f) e g), nei confronti del cessionario.

2. Fermo restando quanto previsto dall'articolo 49, commi 5, 6, 7, 8, 9 e 10, i fondi di risoluzione non possono essere utilizzati per assorbire direttamente le perdite di uno dei soggetti di cui all'articolo 2, né per ricapitalizzare questi soggetti. Se il ricorso al fondo di risoluzione determina indirettamente il trasferimento al fondo di parte delle perdite di uno di questi soggetti, si applicano i principi che disciplinano l'utilizzo del fondo stabiliti dall'articolo 49.

80. Fondi istituiti presso altri soggetti. – 1. La Banca d'Italia può disporre che i fondi di risoluzione siano istituiti presso soggetti da essa individuati, ivi inclusi i sistemi di garanzia dei depositanti riconosciuti ai sensi dell'articolo 96 del Testo Unico Bancario. In questo caso, l'articolo 78, comma 2, si applica intendendosi riferito al soggetto presso cui è istituito il fondo di risoluzione in luogo della Banca d'Italia.

2. Nei casi previsti dal comma 1, i regolamenti dei fondi di risoluzione, nonché gli statuti dei soggetti presso i quali tali fondi sono istituiti sono approvati dalla Banca d'Italia che ne verifica la conformità con il presente decreto. Restano fermi i poteri della Banca d'Italia previsti dagli articoli 81, 82 e 83.

81. Livello-obiettivo della dotazione finanziaria. – 1. Entro il 31 dicembre 2024 la dotazione finanziaria complessiva dei fondi di risoluzione è pari all'1 per cento dei depositi protetti, ad eccezione di quelli indicati all'articolo 96-bis.1, comma 4, del testo unico bancario, risultanti alla data di chiusura dell'ultimo bilancio annuale dei soggetti tenuti al versamento dei contributi, da essi approvato (1).

2. Per raggiungere il livello indicato al comma 1, i contributi vengono calcolati e raccolti in conformità dell'articolo 82 su base annuale nel modo più uniforme possibile nel tempo, tenendo anche conto dell'impatto prociclico che il loro versamento può avere sulla situazione finanziaria dei soggetti obbligati ad effettuarlo.

3. La Banca d'Italia può prorogare il termine indicato al comma 1 per un massimo di quattro anni se i fondi di risoluzione hanno effettuato esborsi cumulativi per una percentuale superiore allo 0,5 per cento dei depositi protetti, ad eccezione di quelli indicati all'articolo 96-bis.1, comma 4, del testo unico bancario, di tutti i soggetti tenuti al versamento dei contributi (2).

4. Se, dopo il termine di cui al comma 1, la dotazione finanziaria scende al di sotto del livello stabilito allo stesso comma, la raccolta dei contributi ordinari riprende fino al ripristino di quel livello in conformità a quanto stabilito dall'articolo 82. Tuttavia, se, dopo aver raggiunto per la prima volta il livello di cui al comma 1, la dotazione finanziaria si riduce a meno dei due terzi di tale livello, l'ammontare annuo dei contributi ordinari annuali è fissato in modo da consentirne il ripristino entro un periodo di sei anni.

(1) Comma così modificato dall'art. 2 co. 4, lett. a), d.lg. 15/2/2016, n. 30.

(2) Comma così modificato dall'art. 2, co. 4, lett. b), d.lg. 15/2/2016, n. 30.

82. Contributi ordinari. – 1. Le banche aventi sede legale in Italia e le succursali italiane di banche extracomunitarie versano contributi ordinari ai fondi di risoluzione su base annuale, nell'ammontare determinato dalla Banca d'Italia in conformità con quanto stabilito dalla Commissione Europea ai sensi dell'articolo 103, paragrafo 7, della direttiva 2014/59/UE.

2. La Banca d'Italia può prevedere che una quota dei contributi ordinari, da essa stabilita, sia costituita da impegni di pagamento irrevocabili integralmente garantiti da attività a basso rischio non gravate da diritti di terzi. La quota non può comunque superare il 30 per cento dell'importo complessivo dei contributi dovuti ai sensi del presente articolo.

83. Contributi straordinari. – 1. Se la dotazione finanziaria non è sufficiente a sostenere le misure di cui all'articolo 79, comma 1, le banche aventi sede legale in Italia e le succursali italiane di banche extracomunitarie versano ai fondi di risoluzione contributi straordinari a copertura degli oneri aggiuntivi nella misura determinata dalla Banca d'Italia. I contributi straordinari sono calcolati in conformità dell'articolo 82, assicurando che il loro ammontare non superi il triplo dell'importo annuale medio dei contributi ordinari dovuti fino al raggiungimento del livello-obiettivo di cui all'articolo 81, comma 1.

2. La Banca d'Italia può rinviare, in tutto o in parte, il pagamento dei contributi straordinari quando esso metterebbe a repentaglio la liquidità o solvibilità del soggetto tenuto ad effettuarlo, in presenza delle circostanze e subordinatamente alle condizioni specificate dalla Commissione Europea ai sensi dell'articolo 104, paragrafo 4 della direttiva 2014/59/UE. Il rinvio non può essere concesso per un periodo superiore a sei mesi, rinnovabile su richiesta del soggetto interessato. I contributi rinviati in forza del presente comma sono corrisposti anche prima della scadenza del termine di rinvio quando la Banca d'Italia determina che il pagamento non mette più a repentaglio la liquidità o la solvibilità del soggetto interessato.

84. Prestiti dei fondi di risoluzione. – 1. Le risorse dei fondi di risoluzione possono essere integrate attraverso prestiti contratti con meccanismi di finanziamento istituiti in un altro Stato membro, quando:

a) i contribuiti ordinari non sono sufficienti a sostenere le misure di cui all'articolo 79, comma 1;

b) i contributi straordinari non sono prontamente disponibili o sufficienti; e

c) i prestiti e le altre forme di sostegno finanziario previsti dall'articolo 78, comma 1, lettera c), non sono immediatamente accessibili a condizioni ragionevoli.

2. I fondi di risoluzione possono concedere prestiti ai meccanismi per il finanziamento della risoluzione stabiliti in altri Stati membri. L'ammontare del prestito è commisurato alla percentuale dei depositi protetti, ad eccezione di quelli indicati all'articolo 96-bis.1, comma 4, del testo unico bancario, delle banche aventi sede legale in Italia e delle succursali italiane di banche extracomunitarie sul totale dei depositi protetti dai meccanismi di finanziamento partecipanti all'accordo, salvo che tutti i partecipanti non abbiano pattuito diversamente. I prestiti concessi sono considerati fra le attività del fondo stesso e vengono computati ai fini del raggiungimento del livello-obiettivo di cui all'articolo 81, comma 1 (1).

3. I prestiti indicati al comma 2 sono concessi previo parere favorevole del Ministero dell'economia e delle finanze. Nei casi previsti dall'articolo 80 il prestito è inoltre soggetto ad autorizzazione della Banca d'Italia.

4. Il tasso d'interesse, il periodo di rimborso, nonché gli altri termini contrattuali relativi ai prestiti contratti o concessi ai sensi dei commi precedenti sono determinati nel rispetto di quanto previsto dall'articolo 106 della direttiva 2014/59/UE.

(1) Comma così modificato dall'art. 2, co. 5, d.lg. 15/2/2016, n. 30.

85. Mutualizzazione del finanziamento in caso di risoluzione del gruppo con componenti in altri Stati membri. – 1. In caso di risoluzione relativa a un gruppo con componenti aventi sede legale in altri Stati membri o con succursali significative stabilite in altri Stati membri di cui faccia parte almeno una banca avente sede legale in Italia o una succursale italiana di banca extracomunitaria, le risorse dei fondi di risoluzione sono utilizzate secondo un piano di finanziamento proposto dall'autorità di risoluzione di gruppo e approvato nell'ambito del programma di risoluzione indicato dall'articolo 70.

2. Quando l'autorità di risoluzione di gruppo è la Banca d'Italia, il piano di finanziamento è proposto da quest'ultima, previa consultazione delle autorità di risoluzione delle banche o Sim facenti parte del gruppo stabilite in altri Stati membri, se necessario anche prima dell'avvio della risoluzione o dell'adozione di una misura di risoluzione.

3. Il piano di finanziamento riporta:

a) una valutazione delle attività e delle passività delle componenti del gruppo interessate effettuata secondo quanto previsto dal Titolo IV, Capo I, Sezione II;

b) le perdite accertate da ciascuna componente del gruppo;

c) per ciascuna componente del gruppo interessata, le perdite da imporre a ogni singola categoria di azionisti e di creditori;

d) gli eventuali contributi che i sistemi di garanzia dei depositanti sono tenuti a fornire conformemente all'articolo 86, comma 1;

e) il contributo complessivo fornito da parte dei meccanismi di finanziamento della risoluzione coinvolti, anche in forma di garanzie, nonché finalità e modalità di erogazione del contributo;

f) i criteri per la determinazione dell'importo che ciascun meccanismo di finanziamento è tenuto a fornire al fine di raggiungere il contributo complessivo di cui alla lettera e);

g) l'importo che ciascun meccanismo di finanziamento dei paesi in cui hanno sede legale i soggetti interessati è chiamato a fornire come contributo per il finanziamento della risoluzione di gruppo e le relative modalità di erogazione;

h) l'ammontare dei prestiti erogati da soggetti terzi ai meccanismi di finanziamento;

i) i termini entro cui dovranno essere utilizzate le risorse messe a disposizione da parte dei suddetti meccanismi di finanziamento, eventualmente prorogabili.

4. Nei casi previsti dall'articolo 80, la Banca d'Italia informa il soggetto presso il quale il fondo è istituito affinché questo provveda a dare attuazione al piano di finanziamento.

5. I criteri per la ripartizione tra i meccanismi di finanziamento partecipanti del contributo complessivo indicato al comma 3, lettera e), sono coerenti con i principi fissati dall'articolo 107, paragrafo 5, della direttiva 2014/59/UE.

6. I proventi o gli utili derivanti dall'uso dei fondi di risoluzione sono distribuiti ai meccanismi di finanziamento che partecipano alla risoluzione di gruppo ai sensi del presente articolo, conformemente a i principi stabiliti dall'articolo 107, paragrafo 5, della direttiva 2014/59/UE.

86. Intervento dei sistemi di garanzia dei depositanti nel contesto della risoluzione. – 1. Il sistema di garanzia dei depositanti cui la banca sottoposta a risoluzione aderisce è tenuto a corrispondere all'ente sottoposto a risoluzione una somma in denaro pari a:

a) in caso di applicazione del *bail-in*, l'ammontare di cui i depositi protetti sarebbero stati ridotti ai fini dell'assorbimento delle perdite se a quei depositi fosse stato applicato il *bail-in*; oppure

b) in caso di cessione di beni e rapporti giuridici a un privato, all'ente-ponte o a una società veicolo per la gestione delle attività, l'ammontare delle perdite che i depositanti protetti avrebbero subito se avessero ricevuto il medesimo trattamento riservato ai creditori soggetti a perdite aventi lo stesso ordine di priorità.

1-bis. Nei casi previsti dal comma 1, lettera a), il sistema di garanzia subentra nei diritti dei depositanti nei confronti della banca per l'eventuale somma di cui all'articolo 29, comma 3. Nei casi previsti dal comma 1, lettera b), il sistema di garanzia vanta un credito nei confronti della banca in risoluzione pari all'importo erogato, che beneficia della preferenza di cui all'articolo 91, comma 1-bis, lettera b), numero 2), del testo unico bancario (1).

2. In caso di applicazione del *bail-in*, il sistema di garanzia dei depositanti non contribuisce agli oneri per la ricapitalizzazione dell'ente o dell'ente-ponte.

3. La determinazione dell'importo a carico del sistema di garanzia dei depositanti è effettuata in conformità della valutazione di cui al Titolo IV, Capo I, Sezione II.

4. In ogni caso, quanto dovuto dal sistema di garanzia dei depositanti non può eccedere l'ammontare delle perdite che esso avrebbe sostenuto se la banca fosse stata sottoposta a liquidazione coatta amministrativa.

5. Se una valutazione a norma dell'articolo 88 stabilisce che il contributo versato dal sistema di garanzia dei depositanti per la risoluzione è superiore alle perdite che avrebbe sostenuto in caso di liquidazione coatta amministrativa della banca, il sistema di garanzia dei depositanti ha diritto a ricevere la differenza dal fondo di risoluzione conformemente all'articolo 89.

6. Quando i depositi ammissibili al rimborso detenuti presso una banca soggetta a risoluzione sono trasferiti solo parzialmente a un ente-ponte o a un'altra banca per effetto della cessione dell'attività d'impresa, i depositanti non vantano alcun diritto nei confronti del sistema di garanzia dei depositanti in relazione alla porzione non trasferita, purché l'importo dei depositi trasferiti sia pari o superiore a quanto previsto dall'articolo 96-bis.1, comma 3, del Testo Unico Bancario (2).

7. Se la dotazione finanziaria di un sistema di garanzia dei depositanti si riduce a meno di due terzi dell'importo previsto dalla legge per effetto di interventi effettuati ai sensi dei commi 1 e 2, la Banca d'Italia provvede affinché l'importo sia ripristinato mediante il versamento di contributi ordinari entro sei anni.

8. In ogni caso, quanto corrisposto dai sistemi di garanzia dei depositanti ai sensi del presente articolo nell'ambito di una singola risoluzione non supera il 50 per cento della dotazione finanziaria complessiva del sistema stabilita dalla legge o il maggiore importo stabilito dalla Banca d'Italia.

(1) Comma inserito dall'art. 2, co. 6, lett. a), d.lg. 15/2/2016, n. 30.

(2) Comma così modificato dall'art. 2, co. 6, lett. b), d.lg. 15/2/2016, n. 30.

TITOLO VI
SALVAGUARDIE E TUTELA GIURISDIZIONALE

87. Trattamento di azionisti e creditori in caso di applicazione del bail-in e di cessioni parziali. – 1. In caso di applicazione del bail-in, gli azionisti e i creditori i cui crediti sono stati ridotti o convertiti in azioni non possono subire perdite maggiori di quelle che avrebbero subito se l'ente sottoposto a risoluzione fosse stato liquidato nel momento in cui è stata accertata la sussistenza dei presupposti per l'avvio della risoluzione, secondo la liquidazione coatta amministrativa disciplinata dal TUB o altra analoga procedura concorsuale applicabile.

2. Nell'ipotesi di cessione parziale di diritti, attività e passività dell'ente sottoposto a risoluzione, gli azionisti e i creditori i cui crediti non sono stati ceduti hanno diritto di ricevere almeno quanto avrebbero ottenuto se l'ente sottoposto a risoluzione fosse stato liquidato secondo la liquidazione coatta amministrativa disciplinata dal Testo Unico Bancario o altra analoga procedura concorsuale applicabile nel momento in cui è stata accertata la sussistenza dei presupposti per l'avvio della risoluzione.

88. Valutazione della differenza di trattamento. – 1. A seguito delle azioni di risoluzione, un esperto indipendente incaricato dalla Banca d'Italia effettua senza indugio una valutazione per determinare:

a) il trattamento che gli azionisti e i creditori – incluso, se del caso, il sistema di garanzia dei depositanti – avrebbero ricevuto se, nel momento in cui è stata accertata la sussistenza dei presupposti per l'avvio della risoluzione, l'ente sottoposto a risoluzione fosse stato liquidato secondo la liquidazione coatta amministrativa disciplinata dal Testo Unico Bancario o altra analoga procedura concorsuale applicabile e le azioni di risoluzione non fossero state poste in essere;

b) l'eventuale differenza rispetto al trattamento ricevuto da costoro in concreto per effetto delle azioni di risoluzione.

2. La valutazione indicata al comma 1 è distinta dalla valutazione di cui al Titolo IV, Capo I, Sezione II; essa può essere svolta dal medesimo esperto.

3. La valutazione di cui al comma 1 non tiene conto dell'eventuale erogazione di sostegno finanziario pubblico straordinario in favore dell'ente sottoposto a risoluzione.

89. Salvaguardia per azionisti e creditori. – 1. Ciascun azionista o creditore, incluso il sistema di garanzia dei depositanti, che sulla base della valutazione di cui all'articolo 88 risulti aver subito perdite maggiori di quelle che avrebbe subito in una liquidazione coatta amministrativa o altra analoga procedura concorsuale applicabile, ha diritto a ricevere, a titolo di indennizzo, esclusivamente una somma equivalente alla differenza determinata ai sensi dell'articolo 88.

2. La somma indicata al comma 1 è a carico del fondo di risoluzione.

90. Salvaguardia per le controparti nelle cessioni parziali. – 1. Quando è trasferita solo una parte dei diritti, delle attività o delle passività da un ente sottoposto a risoluzione, da un ente-ponte o da una società veicolo per la gestione delle attività, e quando sono esercitati i poteri previsti dall'articolo 61, comma 1, lettera f), i rapporti di cui al comma 2 sono tutelati in conformità di quanto previsto dagli articoli 91, 92, 93 e 94, ferme restando le limitazioni previste dagli articoli 65, 66, 67 e 68.

2. La tutela di cui al comma 1 ha per oggetto i seguenti rapporti, indipendentemente dal numero di parti coinvolte, dalla fonte negoziale o legale e dalla circostanza che essi sono sorti in virtù del diritto straniero o sono da esso disciplinati:

a) accordi di garanzia in virtù dei quali un soggetto è garantito, anche in via condizionata, dai diritti o dalle attività oggetto della cessione, indipendentemente dalla circostanza che la garanzia abbia a oggetto diritti o attività individuati o individuabili sulla base di un patto di rotatività o di meccanismi analoghi;

b) contratti di garanzia finanziaria con trasferimento del titolo in proprietà, in virtù dei quali la garanzia dell'adempimento di obblighi specifici è costituita dal trasferimento della piena proprietà di attività dal debitore al beneficiario della garanzia, i quali prevedono che il beneficiario della garanzia ritrasferisca attività in caso di adempimento degli obblighi;

c) accordi di compensazione, in virtù dei quali debiti e crediti tra l'ente sottoposto a risoluzione e una controparte possono essere compensati;

d) accordi di *netting*;

e) obbligazioni garantite;

f) contratti di finanza strutturata, comprese le cartolarizzazioni e gli strumenti utilizzati ai fini di copertura che costituiscono parte integrante del *cover pool* e che sono garantiti in modo analogo alle obbligazioni bancarie garantite, in base ai quali la garanzia è concessa e detenuta da una parte dell'accordo o da un fiduciario, mandatario o rappresentante.

91. Tutela dei contratti di garanzia finanziaria, degli accordi di compensazione e di *netting*. – 1. Salvo quanto previsto al comma 3, è vietato il trasferimento che abbia a oggetto soltanto una parte dei diritti e delle passività che sulla base di uno dei contratti di cui all'articolo 90, comma 2, lettere b), c) e d), le parti possono sottoporre a compensazione o a *netting*.

2. Salvo quanto previsto al comma 3, è vietata la modifica o l'estinzione che ha a oggetto soltanto una parte dei diritti e delle passività che sulla base di uno dei contratti di cui all'articolo 90, comma 2, lettere b), c) e d), le parti possono sottoporre a compensazione o a *netting*.

3. È possibile, per assicurare la disponibilità dei depositi protetti:

a) trasferire i depositi protetti soggetti a uno dei contratti menzionati al comma 1, senza trasferire altri diritti, attività o passività soggetti ai medesimi contratti; e

b) trasferire, modificare o estinguere diritti, attività o passività soggetti a uno dei contratti di cui al comma 1, senza trasferire i depositi protetti soggetti ai medesimi a contratti.

92. Tutela degli accordi di garanzia. – 1. Con riferimento alle passività garantite per contratto, anche con trasferimento del titolo in proprietà, è vietata la cessione separata delle attività a garanzia della passività, del beneficio della garanzia o della passività garantita e la modifica o lo scioglimento dell'accordo di garanzia mediante l'esercizio dei poteri accessori di cui all'articolo 61, se l'effetto della modifica o dello scioglimento è che la passività cessa di essere garantita. Si applica la deroga di cui all'articolo 91, comma 3.

93. Tutela dei contratti di finanza strutturata e delle passività garantite. – 1. È vietata la cessione, la modifica o l'estinzione mediante l'esercizio dei poteri accessori di cui all'articolo 61, di alcune soltanto dei diritti, delle attività o delle passività che fanno parte di un unico contratto di finanza strutturata, compresi i rapporti indicati all'articolo 90, comma 2, lettere e) ed f), di cui l'ente sottoposto a risoluzione è parte. Si applica la deroga di cui all'articolo 91, comma 3.

94. Cessioni parziali: tutela dei sistemi di negoziazione, compensazione e regolamento. – 1. Non sono pregiudicati il funzionamento né le regole dei sistemi di pagamento o di regolamento titoli disciplinati dal decreto legislativo 12 aprile 2001, n. 210, o, relativamente ad altri Stati membri, dei sistemi designati dai rispettivi atti di recepimento della direttiva 98/26/CE, nel caso in cui:

a) è disposta la cessione solo di una parte delle attività, dei diritti o delle passività di un ente sottoposto a risoluzione; o

b) sono esercitati i poteri accessori di cui all'articolo 61 per eliminare o modificare le clausole di un contratto di cui l'ente soggetto a risoluzione è parte o per sostituire una controparte.

2. La cessione, l'eliminazione o la modifica di cui al comma 1 non comporta la revoca di un ordine di trasferimento in deroga all'articolo 4 del decreto legislativo 12 aprile 2001, n. 210, né la modifica o l'inefficacia degli ordini di trasferimento e della compensazione a norma degli articoli 2 e 4 del decreto legislativo 12 aprile 2001, n. 210, l'uso di fondi, titoli o facilitazioni creditizie a norma dell'articolo 5 del decreto legislativo 12 aprile 2001, n. 210, o la tutela dei titoli dati in garanzia a norma dell'articolo 8 del medesimo decreto.

95. Tutela giurisdizionale. – 1. La tutela giurisdizionale davanti al giudice amministrativo è disciplinata dal Codice del processo amministrativo. Alle controversie aventi ad oggetto i provvedimenti adottati ai sensi del presente decreto si applicano gli articoli 119, 128, 133 e 135 del medesimo Codice.

2. Nei giudizi avverso le misure di gestione della crisi si presume fino a prova contraria che la sospensione dei provvedimenti della Banca d'Italia o del Ministro dell'economia e delle finanze sarebbe contraria all'interesse pubblico; nei medesimi giudizi non si applicano gli articoli 19 e 63, comma 4,

del Codice del processo amministrativo.

3. Quando il giudice lo ritiene necessario per tutelare gli interessi dei terzi in buona fede che hanno acquistato azioni, altre partecipazioni, diritti, attività o passività di un ente sottoposto a risoluzione a seguito del ricorso agli strumenti di risoluzione o dell'esercizio dei poteri di risoluzione, l'annullamento del provvedimento lascia impregiudicati gli atti amministrativi adottati o i negozi posti in essere dalla Banca d'Italia o dai commissari speciali, sulla base del provvedimento annullato. Resta fermo il diritto al risarcimento del danno subito e provato, nei limiti stabiliti dalle norme vigenti.

4. Fermo restando il potere di cui all'articolo 67, il giudice presso il quale pende un qualsiasi giudizio del quale sia parte un ente sottoposto a risoluzione ne dispone la sospensione su istanza della Banca d'Italia per un periodo congruo al perseguimento degli obiettivi di cui all'articolo 21.

TITOLO VII
SANZIONI AMMINISTRATIVE

96. Sanzioni amministrative agli enti, agli esponenti o al personale. – 1. Nei confronti dei soggetti indicati all'articolo 2 e delle succursali stabilite in Italia di banche extracomunitarie si applica la sanzione amministrativa pecuniaria prevista dall'articolo 144, comma 1, del Testo Unico Bancario, per l'inosservanza degli articoli 9, 15, 16, 19, comma 1, 33, comma 6, 50, 58, 59, 60, comma 1, lettere a) e h), 70, commi 2 e 3, 80, comma 1, 82 e 83 o delle relative disposizioni generali o particolari emanate dalla Banca d'Italia.

2. Per l'inosservanza delle norme richiamate al comma 1, si applica l'articolo 144-bis del Testo Unico Bancario, al ricorrere delle condizioni e secondo le modalità da esso stabilite. In caso di inosservanza dell'ordine di porre termine alle violazioni ivi previsto, si applicano le sanzioni stabilite dagli articoli 144-bis, comma 2, e 144-ter, comma 2, del Testo Unico Bancario, nei confronti dei soggetti e al ricorrere delle condizioni ivi previsti.

3. Fermo restando quanto previsto dai commi 1 e 2, per l'inosservanza delle norme richiamate dai medesimi commi si applicano le sanzioni amministrative previste dall'articolo 144-ter del Testo Unico Bancario nei confronti dei soggetti che svolgono funzioni di amministrazione, di direzione o di controllo, nonché del personale, al ricorrere delle condizioni e secondo le modalità previste dall'articolo 144-ter del Testo Unico Bancario.

4. Alle sanzioni amministrative disciplinate dal presente articolo si applicano gli articoli 144, comma 9, 144-quater, 145, 145-quater del Testo Unico Bancario.

97. Sanzioni per la violazione di disposizioni dell'Unione europea direttamente applicabili. – 1. Nelle materie a cui si riferiscono le disposizioni richiamate all'art. 96, le sanzioni ivi previste si applicano, nella medesima misura e con le stesse modalità, anche in caso di inosservanza degli atti delegati o delle norme tecniche di regolamentazione e di attuazione emanati dalla Commissione europea ai sensi della direttiva 2014/59/UE o degli articoli 10 e 15 del Regolamento (UE) n. 1093/2010, o in caso di inosservanza degli atti dell'ABE direttamente applicabili ai soggetti vigilati adottati ai sensi di quest'ultimo Regolamento.

98. Comunicazione all'ABE sulle sanzioni applicate. – 1. La Banca d'Italia comunica all'ABE le sanzioni amministrative applicate ai sensi del presente Titolo, ivi comprese quelle pubblicate in forma anonima, nonché le informazioni ricevute dai soggetti interessati sulle azioni da essi avviate avverso i provvedimenti sanzionatori e sull'esito delle stesse.

TITOLO VIII
DISPOSIZIONI FINALI

99. Deroghe. – 1. Agli enti sottoposti a risoluzione, ai soggetti nei confronti dei quali è disposta la riduzione o la conversione degli strumenti di capitale, all'ente-ponte e al veicolo per la gestione delle attività non si applicano:

a) gli articoli 2343, commi primo, secondo e terzo, 2365, 2376, 2436, 2437-sexies, 2441, 2443, 2445, 2446, 2447, nonché le Sezioni II e III del Capo X del Titolo V del Libro V del codice civile;

b) il decreto legislativo 30 maggio 2008, n. 108.

2. Gli aumenti e le riduzioni del capitale degli enti sottoposti a risoluzione, dei soggetti nei confronti dei quali è disposta la riduzione o la conversione degli strumenti di capitale, dell'ente-ponte e del veicolo per la gestione delle attività avvengono ai sensi degli articoli 58 e 60, comma 1, lettera h).

3. In caso di fusioni o scissioni di enti sottoposti a risoluzione, di soggetti nei confronti dei quali è disposta la riduzione o la conversione degli strumenti di capitale, di enti-ponte o di veicoli per la gestione delle attività:

a) l'operazione è disposta dalla Banca d'Italia o, previa autorizzazione di quest'ultima, dal commissario speciale. Essa produce gli effetti previsti dal codice civile a seguito della pubblicazione della decisione sul sito internet della Banca d'Italia, anche in assenza degli adempimenti pubblicitari richiesti dalla legge;

b) entro 180 giorni dalla pubblicazione di cui alla lettera a), la Banca d'Italia o il commissario speciale svolge gli adempimenti pubblicitari richiesti dalla legge.

4. Alle società con azioni quotate in mercati regolamentati italiani o di un altro Stato membro sottoposte a risoluzione o nei confronti delle quali è disposta la riduzione o la conversione degli strumenti di capitale, all'ente-ponte e al veicolo per la gestione delle attività se hanno azioni quotate in mercati regolamentati italiani o di un altro Stato membro non si applicano:

a) gli articoli 2370, quarto comma, e 2372 del codice civile;

b) gli articoli 83-sexies, 125-bis, 125-ter, 125-quater, 126, 126-bis, 127, 127-bis, 127-ter, nonché le Sezioni II-ter e III del Capo II del Titolo III della Parte IV del Testo Unico della Finanza.

5. La comunicazione al pubblico ai sensi dell'articolo 114 del Testo Unico della Finanza in merito alla sussistenza dei presupposti per la riduzione e conversione o per l'avvio della risoluzione ai sensi dell'articolo 20, nonché in merito al provvedimento che dispone la riduzione e la conversione ai sensi dell'articolo 29 o l'avvio della risoluzione ai sensi dell'articolo 32 è effettuata contestualmente alla pubblicazione prevista all'articolo 32, comma 3, anche se la sussistenza di tali circostanze, ancorché non divulgata al pubblico, sia conosciuta dall'emittente o dai componenti dei suoi organi di amministrazione e controllo in data anteriore. La Consob può stabilire con proprio regolamento ulteriori ipotesi in cui detta comunicazione può essere rinviata.

6. Se, a seguito della conversione degli strumenti di capitale o del *bail-in*, un soggetto detiene una partecipazione indicata all'articolo 106, commi 1, 1-bis o 1-ter, del Testo Unico della Finanza, l'obbligo di offerta ai sensi dell'articolo 106 del Testo Unico della Finanza non sussiste.

7. In caso di limitazioni all'escussione di garanzie finanziarie o all'efficacia di contratti di garanzia finanziaria con costituzione di garanzia finanziaria reale oppure di disposizioni di *netting* per *close-out* o di *set-off* disposte dall'autorità di risoluzione, non si applicano gli articoli 4, 5, 6, 7 e 8 del decreto legislativo 21 maggio 2004, n. 170.

100. Modifiche alla legge fallimentare. – 1. Al quarto comma dell'articolo 195 della legge fallimentare, dopo le parole «disponga la liquidazione», sono inserite le seguenti: «o, se ne ritiene sussistenti i presupposti, l'avvio della risoluzione ai sensi del decreto di recepimento della direttiva 2014/59/UE».

2. All'articolo 237 della legge fallimentare è aggiunto, in fine, il seguente comma: «Nel caso di risoluzione, si applicano al commissario speciale di cui all'articolo 37 del decreto di recepimento della direttiva 2014/59/UE e alle persone che lo coadiuvano nell'amministrazione della procedura le disposizioni degli articoli 228, 229 e 230.».

3. L'articolo 240 della legge fallimentare è sostituito dal seguente: «Art. 240. (Costituzione di parte civile). – 1. Il curatore, il commissario giudiziale, il commissario liquidatore e il commissario speciale di cui all'articolo 37 del decreto di recepimento della direttiva 2014/59/UE possono costituirsi parte civile nel procedimento penale per i reati preveduti nel presente titolo, anche contro il fallito.

2. I creditori possono costituirsi parte civile nel procedimento penale per bancarotta fraudolenta quando manca la costituzione del curatore, del commissario giudiziale, del commissario liquidatore o del commissario speciale di cui all'articolo 37 del decreto di recepimento della direttiva 2014/59/UE o quando intendono far valere un titolo di azione propria personale.».

101. Disposizioni penali. – 1. Nel codice civile, dopo il comma 3 dell'articolo 2638, è inserito il seguente comma: «3-bis. Agli effetti della legge penale, le autorità e le funzioni di risoluzione di cui al decreto di recepimento della direttiva 2014/59/UE sono equiparate alle autorità e alle funzioni di vigilanza.».

2. La violazione dell'obbligo di segreto di cui all'articolo 5, commi 4 e 7, è punita a norma dell'articolo 622 del codice penale, ma si procede d'ufficio.

102. Contenuto dei piani di risoluzione: regime transitorio. – 1. Fino all'emanazione dei provvedimenti della Banca d'Italia previsti dall'articolo 7, comma 2, il contenuto dei piani di risoluzione è disciplinato dal presente articolo.

2. Il piano di risoluzione tiene conto di diversi possibili scenari, tra cui l'ipotesi che il dissesto sia idiosincratico o si verifichi in un momento di instabilità finanziaria più ampia o al ricorrere di eventi a carattere sistemico. Il piano di risoluzione non presuppone alcuno dei seguenti interventi:

a) il sostegno finanziario pubblico straordinario, fatto salvo l'utilizzo dei fondi di risoluzione;

b) l'assistenza di liquidità di emergenza fornita dalla banca centrale; o

c) l'assistenza di liquidità fornita dalla banca centrale che preveda garanzie, durata e tasso di interesse non standard.

3. Il piano prevede una serie di opzioni per l'applicazione delle misure e poteri di risoluzione. Esso comprende, laddove possibile e opportuno, in forma quantificata:

a) una sintesi degli elementi fondamentali del piano;

b) una sintesi dei cambiamenti sostanziali intervenuti nella banca rispetto all'ultima informazione fornita;

c) la dimostrazione di come le funzioni essenziali e le linee di operatività principali possano essere separate dalle altre funzioni, sul piano giuridico ed economico, nella misura necessaria, in modo da garantirne la continuità in caso di dissesto della banca;

d) una stima dei tempi necessari per l'esecuzione di ciascun aspetto sostanziale del piano;

e) una descrizione della valutazione della risolvibilità;

f) una descrizione delle misure necessarie per affrontare o rimuovere gli impedimenti alla risolvibilità;

g) una descrizione delle procedure per determinare il valore e la trasferibilità delle funzioni essenziali, linee di operatività principali e attività della banca;

h) una descrizione dei dispositivi atti a garantire che le informazioni richieste alla banca per la redazione del piano siano aggiornate e a disposizione della Banca d'Italia in qualsiasi momento;

i) le modalità che permettono il finanziamento delle opzioni di risoluzione senza presupporre alcuno degli interventi seguenti;

i) sostegno finanziario pubblico straordinario diverso dall'impiego dei fondi di risoluzione;

ii) assistenza di liquidità di emergenza fornita da una banca centrale; o

iii) assistenza di liquidità da parte di una banca centrale fornita con costituzione delle garanzie, durata e tasso di interesse non standard.

l) una descrizione delle diverse strategie di risoluzione che si potrebbero applicare nei vari scenari possibili e le tempistiche applicabili;

m) una descrizione delle interdipendenze critiche;

n) una descrizione delle opzioni praticabili per mantenere l'accesso alle sedi di negoziazione e alle infrastrutture di mercato e una valutazione della portabilità delle posizioni dei clienti;

o) un'analisi dell'impatto del piano sui dipendenti della banca, compresa una stima dei costi associati e una descrizione delle previste procedure di consultazione del personale durante il processo di risoluzione, tenendo conto se del caso dei sistemi nazionali di dialogo con le parti sociali;

p) il piano di comunicazione con i media e con il pubblico;

q) il requisito minimo di passività soggette a *bail-in* e l'eventuale termine entro il quale deve essere rispettato;

r) una descrizione delle operazioni e dei sistemi essenziali per assicurare la continuità del funzionamento dei processi operativi della banca;

s) l'eventuale parere espresso dalla banca in merito al piano di risoluzione.

4. Il piano indica inoltre le modalità e la tempistica con cui, nelle situazioni previste dal piano, la banca può chiedere di ricorrere a forme di assistenza della Banca Centrale Europea e identifica le attività che potrebbero essere considerate idonee quali garanzie. Contiene infine le ulteriori informazioni richieste dalla Banca d'Italia o da regolamenti della Commissione Europea.

5. Esso è redatto sulla base di valutazioni eque e prudenti.

103. Contenuto dei piani di risoluzione di gruppo: regime transitorio. – 1. Fino all'emanazione dei provvedimenti della Banca d'Italia previsti dall'articolo 8, comma 2, il contenuto dei piani di risoluzione di gruppo è disciplinato dal presente articolo.

2. Il piano di risoluzione di gruppo:

a) indica le azioni di risoluzione da avviarsi con riguardo alle singole componenti del gruppo, anche mediante azioni coordinate di risoluzione nei confronti di più componenti;

b) esamina in che misura gli strumenti e i poteri di risoluzione possono essere applicati ed esercitati in maniera coordinata nei confronti delle componenti del gruppo stabilite nell'Unione europea, ivi comprese le misure volte ad agevolare l'acquisto, da parte di un terzo, del gruppo nel suo complesso o di linee di business separate o di attività svolte da una serie di componenti del gruppo o da singole sue componenti, e individua i potenziali ostacoli a una risoluzione coordinata;

c) nel caso di un gruppo che comprende componenti stabilite in Stati terzi, definisce opportune intese per la cooperazione e il coordinamento con le autorità pertinenti di tali Stati e le implicazioni nell'Unione europea della risoluzione delle componenti stabilite in Stati terzi;

d) indica le misure, tra cui la separazione giuridica ed economica di particolari funzioni o linee di business, necessarie per agevolare la risoluzione del gruppo quando di questa ricorrono i presupposti;

e) indica le modalità di finanziamento delle azioni di risoluzione del gruppo e, qualora siano necessari interventi di finanziamento, espone i criteri per la ripartizione dell'onere del finanziamento tra le varie fonti di finanziamento presenti nei diversi Stati membri. Il piano non presuppone alcuno dei seguenti interventi:

i) sostegno finanziario pubblico straordinario diverso dai fondi di risoluzione;

ii) assistenza di liquidità di emergenza della banca centrale; oppure

iii) assistenza di liquidità da parte di una banca centrale fornita con costituzione delle garanzie, durata e tasso di interesse non standard.

3. Il piano contiene inoltre le ulteriori informazioni richieste dalla Banca d'Italia o da regolamenti della Commissione Europea. Esso è redatto sulla base di valutazioni eque e prudenti; tiene conto, tra l'altro, dell'articolo 85, comma 4, e dell'impatto potenziale della risoluzione sulla stabilità finanziaria in tutti gli Stati membri interessati.

104. Elementi da considerare nell'ambito della valutazione di risolvibilità di una banca o di un gruppo: regime transitorio. – 1. Fino all'emanazione dei provvedimenti della Banca d'Italia previsti dall'articolo 12, comma 3, e dall'articolo 13, comma 3, per valutare la risolvibilità di una banca o di un gruppo, sono esaminati:

a) l'organizzazione della banca/gruppo, in modo da assicurare che le linee di operatività principali e funzioni essenziali siano allocate a soggetti chiaramente identificabili e in modo coerente;

b) i dispositivi adottati dalla banca/gruppo per fornire personale essenziale, infrastrutture, finanziamenti, liquidità e capitali per sostenere e mantenere in essere le linee di operatività principali e le funzioni essenziali;

c) l'efficacia, anche in caso di risoluzione della banca/gruppo, dei contratti di servizio, l'adeguatezza dei presidi di governo adottati dalla banca/gruppo per assicurare che tali contratti siano adempiuti nella misura e secondo la qualità concordata, nonché la presenza di procedure per trasferire a terzi i servizi forniti in virtù di tali accordi, in caso di separazione delle funzioni essenziali o delle linee di operatività principali;

d) i piani e le misure di emergenza per assicurare la continuità dell'accesso alle infrastrutture di mercato;

e) l'adeguatezza dei sistemi informatici per permettere alla Banca d'Italia di raccogliere informazioni accurate e complete sulle linee di operatività principali e sulle funzioni essenziali, al fine di agevolare decisioni rapide;

f) la capacità dei sistemi informatici di fornire le informazioni essenziali per una risoluzione efficace della banca/gruppo in qualsiasi momento, anche in situazioni in rapida evoluzione;

g) la misura in cui la banca/gruppo ha testato i propri sistemi informatici in scenari di stress definiti dalla Banca d'Italia;

h) la continuità dei sistemi informatici sia per la banca/gruppo interessata, sia per il cessionario nel caso in cui le funzioni essenziali e le linee di operatività principali siano oggetto di cessione;

i) le procedure adottate della banca/gruppo per permettere alla Banca d'Italia di disporre delle informazioni necessarie per individuare i depositanti e gli importi coperti dai sistemi di garanzia dei depositi;

l) l'ammontare e la tipologia delle passività soggette ammissibili della banca/gruppo;

m) se sono previste garanzie infragruppo o operazioni *back to back*, la misura in cui: i) queste operazioni sono effettuate a condizioni di mercato e la solidità dei relativi sistemi di gestione del rischio; ii) il ricorso a queste operazioni aumenta il rischio di contagio nel gruppo;

n) la misura in cui la struttura giuridica del gruppo ostacola l'applicazione degli strumenti di risoluzione in conseguenza del numero di società, della complessità della struttura del gruppo o della difficoltà di associare le linee di business alle componenti del gruppo;

o) quando la valutazione coinvolge una società di cui all'articolo 65, comma 1, lettera h), del Testo Unico Bancario, la misura in cui la risoluzione di entità del gruppo che sono banche o società finanziarie controllate può esercitare un impatto negativo sul ramo non finanziario del gruppo;

p) la disponibilità, presso le autorità degli Stati terzi, delle misure di risoluzione necessarie per sostenere le autorità di risoluzione dell'Unione Europea nelle azioni di risoluzione e i margini per un'azione coordinata fra autorità dell'Unione Europea e autorità degli Stati terzi;

q) la possibilità di applicare le misure di risoluzione in modo da conseguire gli obiettivi di risoluzione;

r) la misura in cui la struttura del gruppo permette alla Banca d'Italia di procedere alla risoluzione del gruppo nel suo complesso o di una o più delle sue componenti senza provocare, direttamente o indirettamente, un effetto negativo significativo sul sistema finanziario, sulla fiducia del mercato o sull'economia in generale, e al fine di massimizzare il valore del gruppo nel suo complesso;

s) gli accordi e i mezzi che potrebbero agevolare la risoluzione in caso di gruppi con società controllate stabilite in giurisdizioni diverse;

t) la credibilità dell'uso delle misure di risoluzione in modo da conseguire gli obiettivi di risoluzione, tenuto conto delle possibili ripercussioni su creditori, controparti, clientela e dipendenti e delle azioni eventualmente avviate da autorità di Stati terzi;

u) la possibilità di valutare l'impatto della risoluzione della banca/gruppo sul sistema finanziario, infrastrutture di mercato, sulla fiducia dei mercati finanziari o sull'economia in generale; l'impatto stesso, nonché il grado di idoneità delle misure o dei poteri di risoluzione a contenerlo.

2. Il livello di dettaglio della valutazione dipende, tra l'altro, dalle possibili conseguenze del dissesto della banca/gruppo in relazione alle loro caratteristiche, ivi inclusi le dimensioni, la complessità operativa, la struttura societaria, lo scopo mutualistico e l'adesione a un sistema di tutela istituzionale.

105. Contenuto del piano di riorganizzazione aziendale a seguito del *bail-in*: regime transitorio. – 1. Fino all'emanazione dei provvedimenti della Banca d'Italia previsti dall'articolo 56, comma 2, il piano di riorganizzazione aziendale comprende almeno gli elementi seguenti:

a) la diagnosi dei fattori e dei problemi che hanno portato al dissesto o al rischio di dissesto e delle circostanze che hanno determinato le difficoltà incontrate;

b) la descrizione delle misure volte a ripristinare la sostenibilità economica a lungo termine che si intende adottare;

c) il calendario di attuazione di tali misure.

2. Le misure volte a ripristinare la sostenibilità economica a lungo termine possono comprendere:

a) la riorganizzazione delle attività;

b) modifiche dei sistemi operativi e dell'infrastruttura interna;

c) la dismissione delle attività in perdita;

d) la ristrutturazione delle attività esistenti che possono diventare eccessivamente esposte alla concorrenza;

e) la vendita di attività o di linee di business.

106. Entrata in vigore. – 1. Il presente decreto entra in vigore il giorno della sua pubblicazione nella Gazzetta Ufficiale.

2. Le disposizioni contenute nel Titolo IV, Capo IV, Sezione III si applicano a partire dal 1° gennaio 2016.

107. Clausola di invarianza finanziaria. – 1. Dall'attuazione del presente decreto non devono derivare nuovi o maggiori oneri a carico della finanza pubblica. Il presente decreto, munito del sigillo dello Stato, sarà inserito nella Raccolta ufficiale degli atti normativi della Repubblica italiana. È fatto obbligo a chiunque spetti di osservarlo e di farlo osservare.

D.l. 3 maggio 2016, n. 59

conv., con modif., in l. 30 giugno 2016, n. 119

Disposizioni urgenti in materia di procedure esecutive e concorsuali, nonché a favore degli investitori in banche in liquidazione

(Estratto, artt. 1 e 2)

Capo I
Misure a sostegno delle imprese e di accelerazione del recupero crediti

Art. 1. Pegno mobiliare non possessorio. – 1. Gli imprenditori iscritti nel registro delle imprese possono costituire un pegno non possessorio [2786 CC] per garantire i crediti (concessi a loro o a terzi), presenti o futuri, se determinati o determinabili e con la previsione dell'importo massimo garantito [1938 CC], inerenti all'esercizio dell'impresa.

2. Il pegno non possessorio può essere costituito su beni mobili (, anche immateriali,) destinati all'esercizio dell'impresa (e sui crediti derivanti da o inerenti a tale esercizio), a esclusione dei beni mobili registrati. I beni mobili possono essere esistenti o futuri, determinati o determinabili [1346 CC.] anche mediante riferimento a una o più categorie merceologiche [1178 CC.] o a un valore complessivo. Ove non sia diversamente disposto nel contratto, il debitore o il terzo concedente il pegno è autorizzato a trasformare o alienare, nel rispetto della loro destinazione economica, o comunque a disporre dei beni gravati da pegno [2792 CC.]. In tal caso il pegno si trasferisce, rispettivamente, al prodotto risultante dalla trasformazione, al corrispettivo della cessione del bene gravato o al bene sostitutivo acquistato con tale corrispettivo, senza che ciò comporti costituzione di una nuova garanzia. (Se il prodotto risultante dalla trasformazione ingloba, anche per unione o commistione, più beni appartenenti a diverse categorie merceologiche e oggetto di diversi pegni non possessori, le facoltà previste dal comma 7 spettano a ciascun creditore pignoratizio con obbligo da parte sua di restituire al datore della garanzia, secondo criteri di proporzionalità, sulla base delle stime effettuate con le modalità di cui al comma 7, lettera a), il valore del bene riferibile alle altre categorie merceologiche che si sono unite o mescolate. È fatta salva la possibilità per il creditore di promuovere azioni conservative o inibitorie nel caso di abuso nell'utilizzo dei beni da parte del debitore o del terzo concedente il pegno.).

3. Il contratto costitutivo, a pena di nullità, deve risultare da atto scritto con indicazione del creditore, del debitore e dell'eventuale terzo concedente il pegno, la descrizione del bene dato in garanzia, del credito garantito e l'indicazione dell'importo massimo garantito.

4. Il pegno non possessorio (ha effetto verso i terzi) esclusivamente con la iscrizione [2808 ss.] in un registro informatizzato costituito presso l'Agenzia delle entrate e denominato «registro dei pegni non possessori»; (dal momento) dell'iscrizione il pegno prende grado ed è opponibile ai terzi e nelle procedure (esecutive e) concorsuali.

5. Il pegno non possessorio, anche se anteriormente costituito ed iscritto, non è opponibile a chi abbia finanziato l'acquisto di un bene determinato che sia destinato all'esercizio dell'impresa e sia garantito da riserva della proprietà sul bene medesimo o da un pegno anche non possessorio (successivo), a condizione che il pegno non possessorio sia iscritto nel registro in conformità al comma 6 e che al momento della sua iscrizione il creditore ne informi i titolari di pegno non possessorio iscritto anteriormente.

6. L'iscrizione deve indicare il creditore, il debitore, se presente il terzo datore del pegno, la descrizione del bene dato in garanzia e del credito garantito secondo quanto previsto dal comma 1 e, per il pegno non possessorio che garantisce il finanziamento per l'acquisto di un bene determinato, la specifica individuazione del medesimo bene. L'iscrizione ha una durata di dieci anni, rinnovabile per mezzo di (una nuova iscrizione) nel registro effettuata prima della scadenza del decimo anno. La cancellazione della iscrizione può essere richiesta di comune accordo da creditore pignoratizio e datore del pegno o domandata giudizialmente. Le operazioni di iscrizione, consultazione, modifica, rinnovo o cancellazione presso il registro, gli obblighi a carico di chi effettua tali operazioni nonché le modalità di accesso al registro stesso sono regolati con decreto del Ministro dell'economia e delle finanze, di concerto con il Ministro della giustizia, da adottarsi entro trenta giorni dalla data di entrata in vigore della legge di conversione del presente decreto, prevedendo modalità esclusivamente informatiche. Con il medesimo decreto sono stabiliti i diritti di visura e di certificato, in misura idonea a garantire almeno la copertura dei costi di allestimento, gestione e di evoluzione del registro. Al fine di consentire l'avvio della attività previste dal presente articolo, è autorizzata la spesa di € 200.000 per l'anno 2016 e di € 100.000 per l'anno 2017.

7. Al verificarsi di un evento che determina l'escussione del pegno, il creditore, (previa intimazione notificata, anche direttamente dal creditore a mezzo di posta elettronica certificata, al debitore e all'eventuale terzo concedente il pegno, e) previo avviso scritto agli eventuali titolari di un pegno non possessorio (trascritto nonché al debitore del credito oggetto del pegno), ha facoltà di procedere:

a) alla vendita dei beni oggetto del pegno trattenendo il corrispettivo a soddisfacimento del credito fino a concorrenza della somma garantita e con l'obbligo di informare immediatamente per iscritto il datore della garanzia dell'importo ricavato e di restituire contestualmente l'eccedenza [1851, 1982, 2798, 2804]; la vendita è effettuata dal creditore tramite procedure competitive anche avvalendosi di soggetti specializzati, sulla base di stime effettuate, salvo il caso di beni di non apprezzabile valore, da parte di operatori esperti, assicurando, con adeguate forme di pubblicità, la massima informazione e partecipazione degli interessati; l'operatore esperto è nominato di comune accordo tra le parti o, in mancanza, è designato dal giudice; in ogni caso è effettuata, a cura del creditore, la pubblicità sul portale delle vendite pubbliche di cui all'art. 490 del codice di procedura civile;

b) alla escussione (o cessione) dei crediti oggetto di pegno fino a concorrenza della somma garantita (, dandone comunicazione al datore della garanzia);

c) ove previsto nel contratto di pegno e iscritto nel registro (di cui al comma 4), alla locazione del bene oggetto del pegno imputando i canoni a soddisfacimento del proprio credito fino a concorrenza della somma garantita, a condizione che il contratto preveda i criteri e le modalità di (determinazione) del corrispettivo della locazione; (il creditore pignoratizio comunica immediatamente per iscritto al datore della garanzia stessa il corrispettivo e le altre condizioni della locazione pattuite con il relativo conduttore);

d) ove previsto nel contratto di pegno e iscritto nel registro (di cui al comma 4), all'appropriazione dei beni oggetto del pegno fino a concorrenza della somma garantita [1851, 1982, 2798, 2804], a condizione che il contratto preveda anticipatamente i criteri e le modalità di valutazione del valore del bene oggetto di pegno e dell'obbligazione garantita; il creditore pignoratizio comunica immediatamente per iscritto al datore della garanzia il valore attribuito al bene ai fini dell'appropriazione.

(7-bis. Il debitore e l'eventuale terzo concedente il pegno hanno diritto di proporre opposizione entro cinque giorni dall'intimazione di cui al comma 7. L'opposizione si propone con ricorso a norma delle disposizioni di cui al libro quarto, titolo I, capo III-bis, del codice di procedura civile. Ove concorrano gravi motivi, il giudice, su istanza dell'opponente, può inibire, con provvedimento d'urgenza, al creditore di procedere a norma del comma 7.

7-ter. Se il titolo non dispone diversamente, il datore della garanzia deve consegnare il bene mobile oggetto del pegno al creditore entro quindici giorni dalla notificazione dell'intimazione di cui al comma 7. Se la consegna non ha luogo nel termine stabilito, il creditore può fare istanza, anche verbale, all'ufficiale giudiziario perché proceda, anche non munito di titolo esecutivo e di precetto, a norma delle disposizioni di cui al libro terzo, titolo III, del codice di procedura civile, in quanto compatibili. A tal fine, il creditore presenta copia della nota di iscrizione del pegno nel registro di cui al comma 4 e dell'intimazione notificata ai sensi del comma 7. L'ufficiale giudiziario, ove non sia di immediata identificazione, si avvale su istanza del creditore e con spese liquidate dall'ufficiale giudiziario e anticipate dal creditore e comunque a carico del medesimo, di un esperto stimatore o di un commercialista da lui scelto, per la corretta individuazione, anche mediante esame delle scritture contabili, del bene mobile oggetto del pegno, tenendo conto delle eventuali operazioni di trasformazione o di alienazione poste in essere a norma del comma 2. Quando risulta che il pegno si è trasferito sul corrispettivo ricavato dall'alienazione del bene, l'ufficiale giudiziario ricerca, mediante esame delle scritture contabili ovvero a norma dell'art. 492-bis del codice di procedura civile, i crediti del datore della garanzia, nei limiti della somma garantita ai sensi del comma 2. I crediti rinvenuti a norma del periodo precedente sono riscossi dal creditore in forza del contratto di pegno e del verbale delle operazioni di ricerca redatto dall'ufficiale giudiziario. Nel caso di cui al presente comma l'autorizzazione del presidente del tribunale di cui all'art. 492-bis del codice di procedura civile è concessa, su istanza del creditore, verificate l'iscrizione del pegno nel registro di cui al comma 4 e la notificazione dell'intimazione.

7-quater. Quando il bene o il credito già oggetto del pegno iscritto ai sensi del comma 4 sia sottoposto ad esecuzione forzata per espropriazione, il giudice dell'esecuzione, su istanza del creditore, lo autorizza all'escussione del pegno, stabilendo con proprio decreto il tempo e le modalità dell'escussione a norma del comma 7. L'eventuale eccedenza è corrisposta in favore della procedura esecutiva, fatti salvi i crediti degli aventi diritto a prelazione anteriore a quella del creditore istante.)

8. In caso di fallimento del debitore il creditore può procedere a norma del comma 7 solo dopo che il suo credito è stato ammesso al passivo con prelazione.

9. Entro tre mesi dalla comunicazione (di cui alle lettere a), b), c) e d) del comma 7), il debitore può agire in giudizio per il risarcimento del danno (quando l'escussione) è avvenuta in violazione dei criteri e delle modalità di cui (alle predette lettere a), b), c) e d)) e non corrispondono ai valori correnti di mercato il prezzo della vendita, (il corrispettivo della cessione,) il corrispettivo della locazione ovvero il valore comunicato a norma della disposizione (di cui alla lettera d)).

10. Agli effetti di cui agli articoli 66 e 67 del regio decreto 16 marzo 1942, n. 267 il pegno non possessorio è equiparato al pegno.

(10-bis. Per quanto non previsto dal presente articolo, si applicano, in quanto compatibili, le disposizioni di cui al libro sesto, titolo III, capo III, del codice civile.).

Art. 2. Finanziamento alle imprese garantito da trasferimento di bene immobile sospensivamente condizionato. – 1. Al decreto legislativo 1° settembre 1993, n. 385, dopo l'art. 48 è aggiunto il seguente articolo:

«Art. 48-bis. – (Finanziamento alle imprese garantito da trasferimento di bene immobile sospensivamente condizionato). Rinvio Parte V, Sez. IV, n. 1.

D.lg. 3 agosto 2017, n. 129

Attuazione della direttiva 2014/65/UE del Parlamento europeo e del Consiglio, del 15 maggio 2014, relativa ai mercati degli strumenti finanziari e che modifica la direttiva 2002/92/CE e la direttiva 2011/61/UE, così, come modificata dalla direttiva 2016/1034/UE del Parlamento europeo e del Consiglio, del 23 giugno 2016, e di adeguamento della normativa nazionale alle disposizioni del regolamento (UE) n. 648/2012, così come modificato dal regolamento (UE) 2016/1033 del Parlamento europeo e del Consiglio, del 23 giugno 2016

(G.U. 25 agosto 2017, n. 198)

IL PRESIDENTE DELLA REPUBBLICA

Visti gli articoli 76 e 87 della Costituzione;

Vista la direttiva 2014/65/UE del Parlamento europeo e del Consiglio, del 15 maggio 2014, relativa ai mercati degli strumenti finanziari e che modifica la direttiva 2002/92/CE e la direttiva 2011/61/UE;

Visto il regolamento (UE) n. 600/2014 del Parlamento europeo e del Consiglio, del 15 maggio 2014, sui mercati degli strumenti finanziari e che modifica il regolamento (UE) n. 648/2012;

Vista la direttiva (UE) 2016/1034 del Parlamento europeo e del Consiglio, del 23 giugno 2016, che modifica la direttiva 2014/65/UE relativa ai mercati degli strumenti finanziari;

Visto il regolamento (UE) 2016/1033 del Parlamento europeo e del Consiglio, del 23 giugno 2016, che modifica il regolamento (UE) n. 600/2014 sui mercati degli strumenti finanziari, il regolamento (UE) n. 596/2014 relativo agli abusi di mercato e il regolamento (UE) n. 909/2014 relativo al miglioramento del regolamento titoli nell'Unione europea e ai depositari centrali di titoli;

Vista la legge 9 luglio 2015, n. 114, recante delega al Governo per il recepimento delle direttive europee e l'attuazione di altri atti dell'Unione europea – Legge di delegazione europea 2014, e in particolare i principi e i criteri direttivi di cui all'articolo 9;

Vista la legge 24 dicembre 2012, n. 234, e, in particolare, l'articolo 31, sulle procedure per l'esercizio delle deleghe legislative conferite al Governo con la legge di delegazione europea e l'articolo 32, comma 1, lettera f);

Visto il decreto legislativo 24 febbraio 1998, n. 58, recante testo unico delle disposizioni in materia di intermediazione finanziaria (TUF), ai sensi degli articoli 8 e 21 della legge 6 febbraio 1996, n. 52;

Visto il decreto legislativo 1° settembre 1993, n. 385, recante testo unico delle leggi in materia bancaria e creditizia;

Visto il decreto del Presidente della Repubblica 14 marzo 2001, n. 144, recante norme sui servizi di bancoposta;

Visto il decreto del Presidente della Repubblica 30 dicembre 2003, n. 398, recante testo unico delle disposizioni legislative e regolamentari in materia di debito pubblico;

Visto il decreto legislativo 12 agosto 2016, n. 176, recante l'adeguamento della normativa nazionale alle disposizioni del regolamento (UE) n. 909/2014 relativo al miglioramento del regolamento titoli nell'Unione europea e ai depositari centrali di titoli, il completamento dell'adeguamento della normativa nazionale alle disposizioni del regolamento (UE) n. 648/2012 sugli strumenti derivati OTC, le controparti centrali e i repertori di dati sulle negoziazioni, nonché l'attuazione della direttiva 98/26/CE concernente il carattere definitivo del regolamento nei sistemi di pagamento e nei sistemi di regolamento titoli, come modificata dai regolamenti (UE) n. 648/2012 e n. 909/2014;

Vista la preliminare deliberazione del Consiglio dei ministri, adottata nella riunione del 28 aprile 2017; Acquisiti i pareri delle competenti Commissioni della Camera dei deputati e del Senato della Repubblica;

Vista la deliberazione del Consiglio dei ministri, adottata nella riunione del 28 luglio 2017;

Sulla proposta del Presidente del Consiglio dei ministri e del Ministro dell'economia e delle finanze, di concerto con i Ministri degli affari esteri e della cooperazione internazionale, della giustizia e dello sviluppo economico;

Emana il seguente decreto legislativo:

1. Modifiche alla parte I del decreto legislativo 24 febbraio 1998, n. 58. – 1. All'articolo 1 del decreto legislativo 24 febbraio 1998, n. 58, sono apportate le seguenti modificazioni:

a) al comma 1, dopo la lettera d-bis), sono inserite le seguenti:

«d-ter) "UE": l'Unione europea;

d-quater) "impresa di investimento": l'impresa la cui occupazione o attività abituale consiste nel prestare uno o più servizi di investimento a terzi e/o nell'effettuare una o più attività di investimento a titolo professionale;

d-quinquies) "banca": la banca come definita dall'articolo 1, comma 1, lettera b), del Testo unico bancario;

d-sexies) "banca dell'Unione europea" o "banca UE": la banca avente sede legale e amministrazione centrale in un medesimo Stato dell'Unione europea diverso dall'Italia;»;

b) al comma 1, le lettere da e) a g) sono sostituite dalle seguenti:

«e) "società di intermediazione mobiliare" (Sim): l'impresa di investimento avente forma di persona giuridica con sede legale e direzione generale in Italia, diversa dalle banche e dagli intermediari finanziari iscritti nell'albo previsto dall'articolo 106 del T.U. bancario, autorizzata a svolgere servizi o attività di investimento;

f) "impresa di investimento dell'Unione europea" o "impresa di investimento UE": l'impresa di investimento, diversa dalla banca, autorizzata a svolgere servizi o attività di investimento, avente sede legale e direzione generale in un medesimo Stato dell'Unione europea, diverso dall'Italia;

g) "impresa di paesi terzi": l'impresa che non ha la propria sede legale o direzione generale nell'Unione europea, la cui attività è corrispondente a quella di un'impresa di investimento UE o di una banca UE che presta servizi o attività di investimento;»;

c) al comma 1, la lettera h) è abrogata;

d) al comma 1, lettera m-undecies), prima delle parole: "investitori professionali" sono inserite le seguenti: «clienti professionali o»;

e) al comma 1, la lettera m-duodecies), è sostituita dalla seguente:

«m-duodecies) "clienti al dettaglio o investitori al dettaglio": i clienti o gli investitori che non sono clienti professionali o investitori professionali;»;

f) al comma 1, la lettera r) è sostituita dalla seguente:

«r) "soggetti abilitati": le Sim, le imprese di investimento UE con succursale in Italia, le imprese di paesi terzi autorizzate in Italia, le Sgr, le società di gestione UE con succursale in Italia, le Sicav, le Sicaf, i GEFIA UE con succursale in Italia, i GEFIA non UE autorizzati in Italia, i GEFIA non UE autorizzati in uno Stato dell'UE diverso dall'Italia con succursale in Italia, nonché gli intermediari finanziari iscritti nell'albo previsto dall'articolo 106 del T.U. bancario, le banche italiane e le banche UE con succursale in Italia autorizzate all'esercizio dei servizi o delle attività di investimento;»;

g) al comma 1, lettera s), le parole: «della tabella allegata» sono sostituite dalle seguenti: «dell'Allegato I» e le parole: «Stato comunitario» sono sostituite dalle seguenti: «Stato dell'UE»;

h) al comma 1, dopo la lettera w-bis.6) è inserita la seguente:

«w-bis.7) "gestore del mercato": il soggetto che gestisce e/o amministra l'attività di un mercato regolamentato e può coincidere con il mercato regolamentato stesso;»;

i) al comma 1, la lettera w-ter) è sostituita dalla seguente:

«w-ter) "mercato regolamentato": sistema multilaterale amministrato e/o gestito da un gestore del mercato, che consente o facilita l'incontro, al suo interno e in base alle sue regole non discrezionali, di interessi multipli di acquisto e di vendita di terzi relativi a strumenti finanziari, in modo da dare luogo a contratti relativi a strumenti finanziari ammessi alla negoziazione conformemente alle sue regole e/o ai suoi sistemi, e che è autorizzato e funziona regolarmente e conformemente alla parte III;»;

l) al comma 1, lettera w-sexies), numero 3), le parole: «Stati comunitari» sono sostituite dalle seguenti: «Stati dell'Unione europea»;

m) al comma 1, lettera w-septies), la definizione: «"depositari centrali di titoli"» è sostituita dalla seguente: «"depositari centrali di titoli o depositari centrali"»;

n) il comma 1-bis è sostituito dal seguente:

«1-bis. Per "valori mobiliari" si intendono categorie di valori che possono essere negoziati nel mercato dei capitali, quali ad esempio:

a) azioni di società e altri titoli equivalenti ad azioni di società, di partnership o di altri soggetti e ricevute di deposito azionario;

b) obbligazioni e altri titoli di debito, comprese le ricevute di deposito relative a tali titoli;

c) qualsiasi altro valore mobiliare che permetta di acquisire o di vendere i valori mobiliari indicati alle lettere a) e b) o che comporti un regolamento a pronti determinato con riferimento a valori mobiliari, valute, tassi di interesse o rendimenti, merci o altri indici o misure.»;

o) dopo il comma 1-ter è inserito il seguente:

«1-quater. Per "ricevute di deposito" si intendono titoli negoziabili sul mercato dei capitali, rappresentanti la proprietà dei titoli di un emittente non domiciliato, ammissibili alla negoziazione in un mercato regolamentato e negoziati indipendentemente dai titoli dell'emittente non domiciliato.»;

p) i commi 2 e 2-bis sono sostituiti dai seguenti:

«2. Per "strumento finanziario" si intende qualsiasi strumento riportato nella Sezione C dell'Allegato I. Gli strumenti di pagamento non sono strumenti finanziari.

2-bis. Il Ministro dell'economia e delle finanze, con il regolamento di cui all'articolo 18, comma 5, può individuare:

a) gli altri contratti derivati di cui al punto 7, sezione C, dell'Allegato I aventi le caratteristiche di altri strumenti finanziari derivati;

b) gli altri contratti derivati di cui al punto 10, sezione C, dell'Allegato I aventi le caratteristiche di altri strumenti finanziari derivati, negoziati in un mercato regolamentato, in un sistema multilaterale di negoziazione o in un sistema organizzato di negoziazione.»;

q) dopo il comma 2-bis è inserito il seguente:

«2-ter. Nel presente decreto legislativo si intendono per:

a) "strumenti derivati": gli strumenti finanziari citati nell'Allegato I, sezione C, punti da 4 a 10, nonché gli strumenti finanziari previsti dal comma 1-bis, lettera c);

b) "derivati su merci": gli strumenti finanziari che fanno riferimento a merci o attività sottostanti di cui all'Allegato I, sezione C, punti 5), 6), 7) e 10), nonché gli strumenti finanziari previsti dal comma 1-bis, lettera c), quando fanno riferimento a merci o attività sottostanti menzionati all'Allegato I, sezione C, punto 10);

c) "contratti derivati su prodotti energetici C6": i contratti di opzione, i contratti finanziari a termine standardizzati (future), gli swap e tutti gli altri contratti derivati concernenti carbone o petrolio menzionati nella Sezione C, punto 6, dell'Allegato I che sono negoziati in un sistema organizzato di negoziazione e devono essere regolati con consegna fisica del sottostante.»;

r) i commi 3 e 4 sono abrogati;

s) al comma 5 sono apportate le seguenti modificazioni:

1) la lettera c) è sostituita dalla seguente:

«c) assunzione a fermo e/o collocamento sulla base di un impegno irrevocabile nei confronti dell'emittente;»;

2) alla lettera c-bis) le parole: «assunzione a fermo né assunzione di garanzia» sono sostituite dalle seguenti: «impegno irrevocabile»;

3) dopo la lettera g) è aggiunta la seguente:

«g-bis) gestione di sistemi organizzati di negoziazione.»;

t) al comma 5-bis le parole: «e in relazione a ordini dei clienti, nonché l'attività di market maker» sono soppresse;

u) dopo il comma 5-bis è inserito il seguente:

«5-bis.1. Per "sistema multilaterale" si intende un sistema che consente l'interazione tra interessi multipli di acquisto e di vendita di terzi relativi a strumenti finanziari.»;

v) i commi 5-ter e 5-quater sono sostituiti dai seguenti:

«5-ter. Per "internalizzatore sistematico" si intende l'impresa di investimento che in modo organizzato, frequente, sistematico e sostanziale negozia per conto proprio eseguendo gli ordini dei clienti al di fuori di un mercato regolamentato, di un sistema multilaterale di negoziazione o di un sistema organizzato di negoziazione senza gestire un sistema multilaterale. Il modo frequente e sistematico si misura per numero di negoziazioni fuori listino (OTC) su strumenti finanziari effettuate per conto proprio eseguendo gli ordini dei clienti. Il modo sostanziale si misura per dimensioni delle negoziazioni OTC effettuate dal soggetto su uno specifico strumento finanziario in relazione al totale delle negoziazioni effettuate sullo strumento finanziario dal soggetto medesimo o all'interno dell'Unione europea.

5-quater. Per "market maker" si intende una persona che si propone, nelle sedi di negoziazione e/o al di fuori delle stesse, su base continuativa, come disposta a negoziare per conto proprio acquistando e vendendo strumenti finanziari in contropartita diretta ai prezzi dalla medesima definiti.»;

z) il comma 5-septies è sostituito dal seguente:

«5-septies. Per "consulenza in materia di investimenti" si intende la prestazione di raccomandazioni personalizzate a un cliente, dietro sua richiesta o per iniziativa del prestatore del servizio, riguardo a una o più operazioni relative a strumenti finanziari»;

aa) dopo il comma 5-septies sono inseriti i seguenti:

«5-septies.1. Per "esecuzione di ordini per conto dei clienti" si intende la conclusione di accordi di acquisto o di vendita di uno o più strumenti finanziari per conto dei clienti, compresa la conclusione di accordi per la sottoscrizione o la compravendita di strumenti finanziari emessi da un'impresa di investimento o da una banca al momento della loro emissione.

5-septies.2. Per "agente collegato" si intende la persona fisica o giuridica che, sotto la piena e incondizionata responsabilità di una sola impresa di investimento per conto della quale opera, promuove servizi di investimento e/o servizi accessori presso clienti o potenziali clienti, riceve e trasmette le istruzioni o gli ordini dei clienti riguardanti servizi di investimento o strumenti finanziari, colloca strumenti finanziari o presta consulenza ai clienti o potenziali clienti rispetto a detti strumenti o servizi finanziari.

5-septies.3. Per "consulente finanziario abilitato all'offerta fuori sede" si intende la persona fisica iscritta nell'apposita sezione dell'albo previsto dall'articolo 31, comma 4, del presente decreto che, in qualità di agente collegato, esercita professionalmente l'offerta fuori sede come dipendente, agente o mandatario.»;

bb) il comma 5-octies è sostituito dal seguente:

«5-octies. Nel presente decreto legislativo si intendono per:

a) "sistema multilaterale di negoziazione": un sistema multilaterale gestito da un'impresa di investimento o da un gestore del mercato che consente l'incontro, al suo interno e in base a regole non discrezionali, di interessi multipli di acquisto e di vendita di terzi relativi a strumenti finanziari, in modo da dare luogo a contratti conformemente alla parte II e alla parte III;

b) "sistema organizzato di negoziazione": un sistema multilaterale diverso da un mercato regolamentato o da un sistema multilaterale di negoziazione che consente l'interazione tra interessi multipli di acquisto e di vendita di terzi relativi a obbligazioni, strumenti finanziari strutturati, quote di emissioni e strumenti derivati, in modo da dare luogo a contratti conformemente alla parte II e alla parte III;

c) "sede di negoziazione": un mercato regolamentato, un sistema multilaterale di negoziazione o un sistema organizzato di negoziazione.»;

cc) dopo il comma 5-octies è inserito il seguente:

«5-octies.1. Per "ordine con limite di prezzo" si intende un ordine di acquisto o di vendita di uno strumento finanziario al prezzo limite fissato o a un prezzo più vantaggioso e per un quantitativo fissato.»;

dd) il comma 5-novies è sostituito dal seguente:

«5-novies. Per "portale per la raccolta di capitali per le piccole e medie imprese e per le imprese sociali" si intende una piattaforma on line che abbia come finalità esclusiva la facilitazione della raccolta di capitale di rischio da parte delle piccole e medie imprese, come definite dall'articolo 2, paragrafo 1, lettera (f), primo alinea, del regolamento (UE) 2017/1129, delle imprese sociali e degli organismi di investimento collettivo del risparmio o di altre società che investono prevalentemente in piccole e medie imprese.»;

ee) i commi 5-decies e 5-undecies sono abrogati;

ff) il comma 6 è sostituito dal seguente:

«6. Per "servizio accessorio" si intende qualsiasi servizio riportato nella sezione B dell'Allegato I.»;

gg) dopo il comma 6-bis sono inseriti i seguenti:

«6-bis.1. Per "controllante" si intende un'impresa controllante ai sensi degli articoli 2, paragrafo 9, e 22 della direttiva 2013/34/UE. 6-bis.2. Per "controllata" si intende un'impresa controllata ai sensi degli articoli 2, paragrafo 10, e 22 della direttiva 2013/34/UE; l'impresa controllata di un'impresa controllata è parimenti considerata impresa controllata dell'impresa controllante che è a capo di tali imprese.

6-bis.3. Per "stretti legami" si intende la situazione nella quale due o più persone fisiche o giuridiche sono legate:

a) da una «partecipazione», ossia dal fatto di detenere, direttamente o tramite un legame di controllo, il 20 per cento o più dei diritti di voto o del capitale di un'impresa;

b) da un legame di «controllo», ossia dalla relazione esistente tra un'impresa controllante e un'impresa controllata, in tutti i casi di cui all'articolo 22, paragrafi 1 e 2, della direttiva 2013/34/UE, o relazione analoga esistente tra persone fisiche e giuridiche e un'impresa, nel qual caso ogni impresa controllata di un'impresa controllata è considerata impresa controllata dell'impresa controllante che è a capo di tali imprese;

c) da un legame duraturo tra due o tutte le suddette persone e uno stesso soggetto che sia una relazione di controllo.»;

hh) dopo il comma 6-quater sono aggiunti i seguenti:

«6-quinquies. Per "negoziazione algoritmica" si intende la negoziazione di strumenti finanziari in cui un algoritmo informatizzato determina automaticamente i parametri individuali degli ordini, come ad esempio l'avvio dell'ordine, la relativa tempistica, il prezzo, la quantità o le modalità di gestione dell'ordine dopo l'invio, con intervento umano minimo o assente, ad esclusione dei sistemi utilizzati unicamente per trasmettere ordini a una o più sedi di negoziazione, per trattare ordini che non comportano la determinazione di parametri di negoziazione, per confermare ordini o per eseguire il regolamento delle operazioni.

6-sexies. Per "accesso elettronico diretto" si intende un accordo in base al quale un membro o un partecipante o un cliente di una sede di negoziazione consente a un terzo l'utilizzo del proprio codice identificativo di negoziazione per la trasmissione in via elettronica direttamente alla sede di negoziazione di ordini relativi a uno strumento finanziario, sia nel caso in cui l'accordo comporti l'utilizzo da parte del terzo dell'infrastruttura del membro, del partecipante o del cliente, o di qualsiasi sistema di collegamento fornito dal membro, partecipante o cliente per trasmettere gli ordini (accesso diretto al mercato) sia nel caso in cui non vi sia tale utilizzo (accesso sponsorizzato).

6-septies. Per "tecnica di negoziazione algoritmica ad alta frequenza" si intende qualsiasi tecnica di negoziazione algoritmica caratterizzata da:

a) infrastrutture volte a ridurre al minimo le latenze di rete e di altro genere, compresa almeno una delle strutture per l'inserimento algoritmico dell'ordine: co-ubicazione, hosting di prossimità o accesso elettronico diretto a velocità elevata;

b) determinazione da parte del sistema dell'inizializzazione, generazione, trasmissione o esecuzione dell'ordine senza intervento umano per il singolo ordine o negoziazione, e

c) elevato traffico infra-giornaliero di messaggi consistenti in ordini, quotazioni o cancellazioni.

6-octies. Per "negoziazione matched principal" si intende una negoziazione in cui il soggetto che si interpone tra l'acquirente e il venditore non è mai esposto al rischio di mercato durante l'intera esecuzione dell'operazione, con l'acquisto e la vendita eseguiti simultaneamente ad un prezzo che non permette a tale soggetto di realizzare utili o perdite, fatta eccezione per le commissioni, gli onorari o le spese dell'operazione previamente comunicati.

6-novies. Per "pratica di vendita abbinata" si intende l'offerta di un servizio di investimento insieme a un altro servizio o prodotto come parte di un pacchetto o come condizione per l'ottenimento dello stesso accordo o pacchetto.

6-decies. Per "deposito strutturato" si intende un deposito quale definito all'articolo 69-bis, comma 1, lettera c), del T.U. bancario che è pienamente rimborsabile alla scadenza in base a termini secondo i quali qualsiasi interesse o premio sarà rimborsato (o è a rischio) secondo una formula comprendente fattori quali:

a) un indice o una combinazione di indici, eccetto i depositi a tasso variabile il cui rendimento è direttamente legato a un tasso di interesse quale l'Euribor o il Libor;

b) uno strumento finanziario o una combinazione degli strumenti finanziari;

c) una merce o combinazione di merci o di altri beni infungibili, materiali o immateriali; o

d) un tasso di cambio o una combinazione di tassi di cambio.

6-undecies. Nel presente decreto legislativo si intendono per:

a) "dispositivo di pubblicazione autorizzato" o "APA": un soggetto autorizzato ai sensi della direttiva 2014/65/UE a pubblicare i report delle operazioni concluse per conto di imprese di investimento ai sensi degli articoli 20 e 21 del regolamento (UE) n. 600/2014;

b) "fornitore di un sistema consolidato di pubblicazione" o "CTP": un soggetto autorizzato ai sensi della direttiva 2014/65/UE a fornire il servizio di raccolta presso mercati regolamentati, sistemi multilaterali di negoziazione, sistemi organizzati di negoziazione e APA dei report delle operazioni concluse per gli strumenti finanziari di cui agli articoli 6, 7, 10, 12, 13, 20 e 21 del regolamento (UE) n 600/2014 e di consolidamento delle suddette informazioni in un flusso elettronico di dati attualizzati in continuo, in grado di fornire informazioni sui prezzi e sul volume per ciascuno strumento finanziario;

c) "meccanismo di segnalazione autorizzato" o "ARM": un soggetto autorizzato ai sensi della direttiva 2014/65/UE a segnalare le informazioni di dettaglio sulle operazioni concluse alle autorità competenti o all'AESFEM per conto delle imprese di investimento;

d) "servizi di comunicazione dati": la gestione di un dispositivo di pubblicazione autorizzato (APA) o di un sistema consolidato di pubblicazione (CTP) o di un meccanismo di segnalazione autorizzato (ARM);

e) "fornitore di servizi di comunicazione dati": un APA, un CTP o un ARM.

6-duodecies. Nel presente decreto legislativo si intendono per:

a) "Stato membro d'origine dell'impresa di investimento":

1) se l'impresa di investimento è una persona fisica, lo Stato membro in cui tale persona ha la propria sede principale;

2) se l'impresa di investimento è una persona giuridica, lo Stato membro in cui si trova la sua sede legale;

3) se, in base al diritto nazionale cui è soggetta, l'impresa di investimento non ha una sede legale, lo Stato membro in cui è situata la sua direzione generale;

b) "Stato membro d'origine del mercato regolamentato": lo Stato membro in cui è registrato il mercato regolamentato o se, in base al diritto nazionale di tale Stato membro detto mercato non ha una sede legale, lo Stato membro in cui è situata la propria direzione generale;

c) "Stato membro d'origine di un APA, di un sistema consolidato di pubblicazione o di meccanismo di segnalazione autorizzato":

1) se il dispositivo di pubblicazione autorizzato, il meccanismo di segnalazione autorizzato o il sistema consolidato di pubblicazione è una persona fisica, lo Stato membro in cui tale persona ha la propria direzione generale;

2) se il dispositivo di pubblicazione autorizzato, il meccanismo di segnalazione autorizzato o il sistema consolidato di pubblicazione è una persona giuridica, lo Stato membro in cui si trova la sua sede legale;

3) se, in base al diritto nazionale cui è soggetto, il dispositivo di pubblicazione autorizzato, il meccanismo di segnalazione autorizzato o il sistema consolidato di pubblicazione non ha una sede legale, lo Stato membro in cui è situata la sua direzione generale. 6-terdecies. Nel presente decreto legislativo si intendono per:

a) "Stato membro ospitante l'impresa di investimento": lo Stato membro, diverso dallo Stato membro d'origine, in cui un'impresa di investimento ha una succursale o presta servizi di investimento e/o esercita attività di investimento;

b) "Stato membro ospitante il mercato regolamentato": lo Stato membro in cui un mercato regolamentato adotta opportune misure in modo da facilitare l'accesso alla negoziazione a distanza nel suo sistema da parte di membri o partecipanti stabiliti in tale Stato membro.

6-quaterdecies. Per "prodotto energetico all'ingrosso" si intende un prodotto energetico all'ingrosso quale definito all'articolo 2, punto 4, del regolamento (UE) n. 1227/2011.

6-quinquiesdecies. Per "derivati su merci agricole" si intendono i contratti derivati connessi a prodotti di cui all'articolo 1 e all'allegato I, parti da I a XXIV/1 del regolamento (UE) n. 1308/2013.

6-sexiesdecies. Per "emittente sovrano" si intende uno dei seguenti emittenti di titoli di debito:

a) l'Unione europea;

b) uno Stato membro, ivi inclusi un ministero, un'agenzia o una società veicolo di tale Stato membro;

c) in caso di Stato membro federale, un membro della federazione;

d) una società veicolo per conto di diversi Stati membri;

e) un ente finanziario internazionale costituito da due o più Stati membri con l'obiettivo di mobilitare risorse e fornire assistenza finanziaria a beneficio dei suoi membri che stanno affrontando o sono minacciati da gravi crisi finanziarie; o

f) la Banca europea per gli investimenti.

6-septiesdecies. Per "debito sovrano" si intende un titolo di debito emesso da un emittente sovrano.

6-octiesdecies. Per "supporto durevole" si intende qualsiasi strumento che:

a) permetta al cliente di memorizzare informazioni a lui personalmente dirette, in modo che possano essere agevolmente recuperate per un periodo di tempo adeguato ai fini cui sono destinate le informazioni stesse; e

b) che consenta la riproduzione inalterata delle informazioni memorizzate.».

2. All'articolo 3, del decreto legislativo 24 febbraio 1998, n. 58, il comma 3 è sostituito dal seguente:

«3. I regolamenti e i provvedimenti di carattere generale della Banca d'Italia e della Consob sono pubblicati nella Gazzetta Ufficiale. Gli altri provvedimenti rilevanti relativi ai soggetti sottoposti a vigilanza sono pubblicati nel sito internet della Banca d'Italia o della Consob. Si applicano, in quanto compatibili, le disposizioni dell'articolo 195-bis.».

3. All'articolo 4 del decreto legislativo 24 febbraio 1998, n. 58, sono apportate le seguenti modificazioni:

a) al comma 2, primo periodo, dopo la parola: «SEVIF» sono inserite le seguenti: «e con la Banca Centrale Europea (BCE)»;

b) al comma 2-bis, primo periodo, le parole: «e con l'AESFEM» sono sostituite dalle seguenti: «, con l'AESFEM e la BCE»;

c) al comma 2-ter, primo periodo, le parole: «e di mercati regolamentati» sono sostituite dalle seguenti: «, di sedi di negoziazione e di servizi di comunicazione dati»;

d) al comma 5, la lettera d) è sostituita dalla seguente:

«d) con i gestori delle sedi di negoziazione, al fine di garantire il regolare funzionamento delle sedi da essi gestite.».

4. All'articolo 4-septies, comma 1, lettera a), del decreto legislativo 24 febbraio 1998, n. 58, le parole: «lavorativi consecutivi» sono soppresse.

5. Gli articoli 4-octies e 4-novies del decreto legislativo 24 febbraio 1998, n. 58, sono abrogati.

6. Dopo l'articolo 4-decies del decreto legislativo 24 febbraio 1998, n. 58, sono inseriti i seguenti:

«Art. 4-undecies (Sistemi interni di segnalazione delle violazioni). – 1. I soggetti di cui alle parti II e III e le imprese di assicurazione adottano procedure specifiche per la segnalazione al proprio interno, da parte del personale, di atti o fatti che possano costituire violazioni delle norme disciplinanti l'attività svolta, nonché del regolamento (UE) n. 596/2014.

2. Le procedure previste al comma 1 sono idonee a garantire:

a) la riservatezza dei dati personali del segnalante e del presunto responsabile della violazione, ferme restando le regole che disciplinano le indagini o i procedimenti avviati dall'autorità giudiziaria in relazione ai fatti oggetto della segnalazione; l'identità del segnalante è sottratta all'applicazione dell'articolo 7, comma 2, del decreto legislativo 30 giugno 2003, n. 196, e non può essere rivelata per tutte le fasi della procedura, salvo suo consenso o quando la conoscenza sia indispensabile per la difesa del segnalato;

b) la tutela adeguata del soggetto segnalante contro condotte ritorsive, discriminatorie o comunque sleali conseguenti la segnalazione;

c) un canale specifico, indipendente e autonomo per la segnalazione.

3. Fuori dei casi di responsabilità a titolo di calunnia o diffamazione, ovvero per lo stesso titolo ai sensi dell'articolo 2043 del Codice civile, la presentazione di una segnalazione nell'ambito della procedura di cui al comma 1 non costituisce violazione degli obblighi derivanti dal rapporto di lavoro.

4. La Banca d'Italia e la Consob adottano, secondo le rispettive competenze, le disposizioni attuative del presente articolo, avuto riguardo all'esigenza di coordinare le funzioni di vigilanza e ridurre al minimo gli oneri gravanti sui soggetti destinatari. Le imprese di assicurazione osservano le disposizioni attuative adottate dall'IVASS, sentita la Consob.

Art. 4-duodecies (Procedura di segnalazione alle Autorità di Vigilanza). – 1. Le Autorità di cui all'articolo 4, comma 1:

a) ricevono, ciascuna per le materie di propria competenza, da parte del personale dei soggetti indicati dall'articolo 4-undecies, segnalazioni che si riferiscono a violazioni delle norme del presente decreto, nonché di atti dell'Unione europea direttamente applicabili nelle stesse materie;

b) tengono conto dei criteri previsti all'articolo 4-undecies, comma 2, lettere a) e b), e possono stabilire condizioni, limiti e procedure per la ricezione delle segnalazioni;

c) si avvalgono delle informazioni contenute nelle segnalazioni, ove rilevanti, esclusivamente nell'esercizio delle funzioni di vigilanza;

d) prevedono, mediante protocollo d'intesa, le opportune misure di coordinamento nello svolgimento delle attività di rispettiva competenza, ivi compresa l'applicazione delle relative sanzioni, in modo da coordinare l'esercizio delle funzioni di vigilanza e ridurre al minimo gli oneri gravanti sui soggetti vigilati.

2. Gli atti relativi alle segnalazioni di cui al comma 1 sono sottratti all'accesso previsto dagli articoli 22 e seguenti della legge 7 agosto 1990, n. 241, e successive modificazioni.

Art. 4-terdecies (Esenzioni).

1. Le disposizioni contenute nella parte II non si applicano:

a) alle imprese di assicurazione né alle imprese che svolgono le attività di riassicurazione e di retrocessione di cui al decreto legislativo 7 settembre 2005, n. 209, ad eccezione dell'articolo 25-ter;

b) ai soggetti che prestano servizi di investimento esclusivamente nei confronti di soggetti controllanti, controllati o sottoposti a comune controllo;

c) ai soggetti che prestano servizi di investimento a titolo accessorio nell'ambito di un'attività professionale disciplinata da disposizioni legislative o regolamentari o da un codice di deontologia professionale che ammettano la prestazione di detti servizi, fermo restando quanto previsto dal presente decreto per gli intermediari iscritti nell'albo previsto dall'articolo 106 del T.U. bancario;

d) ai soggetti che negoziano per conto proprio in strumenti finanziari diversi dagli strumenti derivati su merci o dalle quote di emissione o relativi strumenti derivati e che non prestano altri servizi di investimento o non esercitano altre attività di investimento in strumenti finanziari diversi dagli strumenti derivati su merci, dalle quote di emissione o relativi derivati, salvo che tali soggetti:

1) siano market maker,

2) siano membri o partecipanti di un mercato regolamentato o sistema multilaterale di negoziazione o abbiano accesso elettronico diretto a una sede di negoziazione, secondo quanto previsto dal regolamento delegato (UE) 2017/565, ad eccezione dei soggetti non finanziari che eseguono in una sede di negoziazione operazioni di cui è oggettivamente possibile misurare la capacità di ridurre i rischi direttamente connessi all'attività commerciale o all'attività di finanziamento della tesoreria propria o del gruppo di appartenenza;

3) applichino una tecnica di negoziazione algoritmica ad alta frequenza, o

4) negozino per conto proprio quando eseguono gli ordini dei clienti. I gestori di Oicr, le Sicav, le Sicaf e i relativi depositari, le controparti centrali e i soggetti esentati a norma delle lettere a), h), i) e l), non sono tenuti, ai fini dell'esenzione, a soddisfare le condizioni enunciate nella presente lettera.

e) agli operatori soggetti agli obblighi previsti dalla direttiva 2003/87/CE, che, quando trattano quote di emissione, non eseguono ordini di clienti e non prestano servizi o attività di investimento diversi dalla negoziazione per conto proprio, a condizione che non applichino tecniche di negoziazione algoritmica ad alta frequenza (1);

f) ai soggetti che prestano servizi di investimento consistenti esclusivamente nella gestione di sistemi di partecipazione dei lavoratori;

g) ai soggetti che prestano servizi di investimento consistenti esclusivamente nel gestire sistemi di partecipazione dei lavoratori e nel prestare servizi di investimento esclusivamente per la propria controllante, le proprie controllate o altre controllate della propria controllante;

h) alla Banca centrale europea, alla Banca d'Italia, ad altri membri del SEBC e ad altri organismi nazionali che svolgono funzioni analoghe nell'Unione europea, al Ministero dell'economia e delle finanze e ad altri organismi pubblici che sono incaricati o che intervengono nella gestione del debito pubblico nell'Unione europea e ad istituzioni finanziarie internazionali create da due o più Stati membri allo scopo di mobilitare risorse e fornire assistenza finanziaria a quelli, tra i loro membri, che stiano affrontando o siano minacciati da gravi difficoltà finanziarie;

i) ai fondi pensione, siano essi armonizzati o meno dal diritto dell'Unione europea, nonché ai loro soggetti depositari;

l) ai soggetti:

i) compresi i market maker, che negoziano per conto proprio strumenti derivati su merci o quote di emissione o derivati dalle stesse, esclusi quelli che negoziano per conto proprio eseguendo ordini di clienti; o

ii) che prestano servizi di investimento diversi dalla negoziazione per conto proprio, in strumenti derivati su merci o quote di emissione o strumenti derivati dalle stesse ai clienti o ai fornitori della loro attività principale; purché:

1) per ciascuno di tali casi, considerati sia singolarmente che in forma aggregata, si tratti di un'attività accessoria alla loro attività principale considerata nell'ambito del gruppo, purché tale attività principale non consista nella prestazione di servizi di investimento ai sensi del presente decreto, di attività bancarie ai sensi T.U. bancario o in attività di market making in relazione agli strumenti derivati su merci;

2) tali soggetti non applichino una tecnica di negoziazione algoritmica ad alta frequenza; e

3) detti soggetti comunichino formalmente, entro il 31 dicembre di ogni anno alla Consob, se si servono di tale esenzione e, su richiesta della Consob, su quale base ritengono che la loro attività ai sensi dei punti i) e ii) sia accessoria all'attività principale. La data di avvenuta perdita dei requisiti previsti per l'esenzione di cui alla presente lettera deve essere comunicata senza indugio alla Consob dai soggetti interessati che possono continuare ad esercitare l'attività di negoziazione per conto proprio di strumenti derivati su merci o di quote di emissione o di derivati dalle stesse perché, entro sei mesi

dalla suddetta data, presentino domanda di autorizzazione secondo le norme previste dal presente decreto;

m) ai soggetti che forniscono consulenza in materia di investimenti nell'esercizio di un'altra attività professionale non contemplata dalla direttiva 2014/65/UE, purché tale consulenza non sia specificamente remunerata;

n) agli agenti di cambio le cui attività e funzioni sono disciplinate dall'articolo 201 del presente decreto;

o) ai gestori del sistema di trasmissione quali definiti all'articolo 2, paragrafo 4, della direttiva 2009/72/CE o all'articolo 2, paragrafo 4, della direttiva 2009/73/CE, quando svolgono le loro funzioni in conformità delle suddette direttive o del regolamento (CE) n. 714/2009 o del regolamento (CE) n. 715/2009 o dei codici di rete o degli orientamenti adottati a norma di tali regolamenti, alle persone che agiscono in qualità di prestatori di servizi per loro conto per espletare i loro compiti ai sensi di tali atti legislativi o dei codici di rete o degli orientamenti adottati a norma di tali regolamenti, o a qualsiasi gestore o amministratore di un meccanismo di bilanciamento dell'energia, di una rete o sistema di condotte per bilanciare le forniture e i consumi di energia quando svolgono detti compiti. Tale esenzione si applica alle persone che esercitano le attività menzionate nella presente lettera solo quando effettuano attività di investimento o prestano servizi di investimento relativi ai derivati su merci al fine di svolgere tali attività. Tale esenzione non si applica in relazione alla gestione di un mercato secondario, incluse le piattaforme per la negoziazione secondaria di diritti di trasmissione finanziari;

p) ai depositari centrali autorizzati ai sensi del regolamento (UE) n. 909/2014, salvo quanto previsto dall'articolo 79-noviesdecies.1 del presente decreto.».

(1) Così rettificato con Avviso 27/1/2018 (in G.U. 27/1/2018, n. 22).

2. Modifiche alla parte II del decreto legislativo 24 febbraio 1998, n. 58. – 1. La rubrica del titolo I, della parte II, del decreto legislativo 24 febbraio 1998, n. 58, è sostituita dalla seguente: «DISPOSIZIONI GENERALI E POTERI DI VIGILANZA».

2. All'articolo 5, comma 5-ter, del decreto legislativo 24 febbraio 1998, n. 58, le parole: «ed è allegato al regolamento di cui all'articolo 6, comma 2-bis» sono soppresse.

3. All'articolo 6 del decreto legislativo 24 febbraio 1998, n. 58, sono apportate le seguenti modificazioni:

a) la rubrica è sostituita dalla seguente: «Poteri regolamentari»;

b) al comma 01 le parole: «delle funzioni di vigilanza regolamentare» sono sostituite dalle seguenti: «dei poteri regolamentari»;

c) il comma 02 è sostituito dal seguente:

«02. La Banca d'Italia e la Consob possono mantenere o imporre nei regolamenti obblighi aggiuntivi rispetto a quelli previsti dall'articolo 16, paragrafi 8, 9 e 10, della direttiva 2014/65/UE e dai relativi atti delegati, nonché dall'articolo 24 della direttiva medesima, solo nei casi eccezionali in cui tali obblighi sono obiettivamente giustificati e proporzionati, tenuto conto della necessità di fare fronte a rischi specifici per la protezione degli investitori o l'integrità del mercato che presentano particolare rilevanza nel contesto della struttura del mercato italiano.»;

d) al comma 1, la lettera b) è sostituita dalla seguente:

«b) gli obblighi delle Sim, delle imprese di paesi terzi, delle Sgr, nonché degli intermediari finanziari iscritti nell'albo previsto dall'articolo 106 del Testo Unico bancario, delle banche italiane autorizzate all'esercizio dei servizi o delle attività di investimento, in materia di modalità di deposito e di sub-deposito degli strumenti finanziari e del denaro di pertinenza della clientela;»;

e) al comma 1, dopo la lettera c) è inserita la seguente:

«c-bis) gli obblighi dei soggetti abilitati relativi alla prestazione dei servizi e delle attività di investimento e alla gestione collettiva del risparmio, in materia di:

1) governo societario e requisiti generali di organizzazione, compresa l'attuazione dell'articolo 4-undecies;

2) sistemi di remunerazione e di incentivazione;

3) continuità dell'attività;

4) organizzazione amministrativa e contabile, compresa l'istituzione della funzione di controllo della conformità alle norme;

5) gestione del rischio dell'impresa;

6) audit interno;

7) responsabilità dell'alta dirigenza;

8) esternalizzazione di funzioni operative essenziali o importanti o di servizi o di attività.»;

f) al comma 2, lettera a), numero 1), le parole: «e alle strategie di esecuzione degli ordini» sono sostituite dalle seguenti: «, alle strategie di esecuzione degli ordini e alle pratiche di vendita abbinata»;

g) al comma 2, lettera b), numero 1), sono aggiunte, in fine le seguenti parole: «, ivi inclusi i casi di pratiche di vendita abbinata»;

h) al comma 2, dopo la lettera b) è inserita la seguente:

«b-bis) prestazione dei servizi e delle attività di investimento e di gestione collettiva del risparmio, relativi:

1) alle procedure, anche di controllo interno, per la corretta e trasparente prestazione dei servizi e delle attività di investimento, ivi incluse quelle per:

a) il governo degli strumenti finanziari e dei depositi strutturati;

b) la percezione o la corresponsione di incentivi; 2) alle procedure, anche di controllo interno, per la corretta e trasparente prestazione della gestione collettiva del risparmio, ivi incluse quelle per la percezione o la corresponsione di incentivi;

3) alle modalità di esercizio della funzione di controllo della conformità alle norme;

4) al trattamento dei reclami;

5) alle operazioni personali;

6) alla gestione dei conflitti di interesse potenzialmente pregiudizievoli per i clienti, ivi inclusi quelli derivanti dai sistemi di remunerazione e di incentivazione;

7) alla conservazione delle registrazioni;

8) alla conoscenza e competenza delle persone fisiche che forniscono consulenza alla clientela in materia di investimenti o informazioni su strumenti finanziari, servizi di investimento o accessori per conto dei soggetti abilitati.»;

i) il comma 2-bis è sostituito dal seguente:

«2-bis. Con riferimento alle materie indicate al comma 1, lettera c-bis), numeri 1), 2), 3), 7) e 8), la Banca d'Italia acquisisce l'intesa della Consob sugli aspetti di disciplina rilevanti per le finalità di cui all'articolo 5, comma 3. Con riferimento alle materie indicate al comma 2, lettera b-bis), numero 6), la Consob acquisisce l'intesa della Banca d'Italia sugli aspetti di disciplina rilevanti per le finalità di cui all'articolo 5, comma 2. Gli aspetti di disciplina rilevanti per le finalità di competenza della Banca d'Italia e della Consob sono specificati nel protocollo previsto all'articolo 5, comma 5-bis. Per l'esercizio della vigilanza ai sensi della presente parte, sono competenti la Banca d'Italia per il rispetto delle disposizioni adottate ai sensi del comma 1, lettera c-bis), numeri 1), 2), 3), 7) e 8), e la Consob per il rispetto delle disposizioni adottate ai sensi del comma 2, lettera b-bis), numero 6); inoltre, la Banca d'Italia e la Consob, in relazione agli aspetti sui quali hanno fornito l'intesa e per le finalità di cui all'articolo 5, commi 2 e 3, possono:

a) esercitare i poteri di vigilanza informativa e di indagine loro attribuiti dal presente capo, anche al fine di adottare i provvedimenti di intervento di propria competenza, secondo le modalità previste nel protocollo;

b) comunicare le irregolarità riscontrate all'altra Autorità ai fini dell'adozione dei provvedimenti di competenza.»;

l) il comma 2-ter è abrogato;

m) al comma 2-quater, la lettera a) è abrogata e la lettera d) è sostituita dalla seguente:

«d) le norme di condotta che non si applicano ai rapporti fra soggetti abilitati che prestano i servizi di cui all'articolo 1, comma 5, lettere a), b) ed e), e controparti qualificate, intendendosi per tali:

1) le Sim, le imprese di investimento UE, le banche, le imprese di assicurazione, gli Oicr, i gestori, i fondi pensione, gli intermediari finanziari iscritti nell'albo previsto dall'articolo 106 del Testo Unico bancario, le società di cui all'articolo 18 del Testo Unico bancario, gli istituti di moneta elettronica, le fondazioni bancarie, i Governi nazionali e i loro corrispondenti uffici, compresi gli organismi pubblici incaricati di gestire il debito pubblico, le banche centrali e le organizzazioni sovranazionali a carattere pubblico;

2) le altre categorie di soggetti privati individuati con regolamento dalla Consob, sentita Banca d'Italia, nel rispetto dei criteri di cui alla direttiva 2014/65/UE e alle relative misure di esecuzione;

3) le categorie corrispondenti a quelle dei numeri 1) e 2) di soggetti di paesi non appartenenti all'Unione europea.»; n) i commi 2-quinquies e 2-sexies sono sostituiti dai seguenti:

«2-quinquies. La Consob, sentita la Banca d'Italia, individua con regolamento:

a) i clienti professionali privati;

b) i criteri di identificazione dei soggetti privati che su richiesta possono essere trattati come clienti professionali e la relativa procedura di richiesta.

2-sexies. Il Ministro dell'economia e delle finanze, sentite la Banca d'Italia e la Consob, individua con regolamento: a) i clienti professionali pubblici;

b) i criteri di identificazione dei soggetti pubblici che su richiesta possono essere trattati come clienti professionali e la relativa procedura di richiesta.»;

o) ai commi 2-septies e 2-octies le parole: «comma 2-bis, lettera a)» sono sostituite dalle seguenti: «comma 1, lettera c-bis), numero 2)».

4. Dopo l'articolo 6 del decreto legislativo 24 febbraio 1998, n. 58, sono inseriti i seguenti:

«Art. 6-bis (Poteri informativi e di indagine). – 1. La Banca d'Italia può chiedere, nell'ambito delle sue competenze, ai soggetti abilitati la comunicazione di dati e notizie e la trasmissione di atti e documenti con le modalità e nei termini dalla stessa stabiliti. La Banca d'Italia, nell'ambito delle sue competenze, può chiedere informazioni al personale dei soggetti abilitati, anche per il tramite di questi ultimi.

2. Gli obblighi previsti dal comma 1 si applicano anche a coloro ai quali i soggetti abilitati abbiano esternalizzato funzioni aziendali essenziali o importanti e al loro personale.

3. I poteri previsti dal comma 1 possono essere esercitati anche nei confronti del soggetto incaricato della revisione legale dei conti.

4. La Consob, nell'ambito delle sue competenze, può:

a) chiedere a chiunque la comunicazione di dati e notizie e la trasmissione di atti e documenti con le modalità e nei termini dalla stessa stabiliti, che possano essere pertinenti ai fini dell'esercizio della propria funzione di vigilanza;

b) procedere ad audizione personale nei confronti di chiunque possa essere in possesso di informazioni pertinenti.

5. La Consob, nell'ambito delle sue competenze, può altresì, nei confronti dei soggetti abilitati:

a) procedere a perquisizioni nei modi previsti dall'articolo 33 del decreto del Presidente della Repubblica 29 settembre 1973, n. 600, e dall'articolo 52 del decreto del Presidente della Repubblica 26 ottobre 1972, n. 633;

b) richiedere le registrazioni esistenti relative a conversazioni telefoniche, comunicazioni elettroniche o scambi di dati conservate da un soggetto abilitato;

c) richiedere le registrazioni detenute da un operatore di telecomunicazioni riguardanti le comunicazioni telefoniche e gli scambi di dati di un soggetto abilitato;

d) avvalersi della collaborazione delle pubbliche amministrazioni, richiedendo la comunicazione di dati ed informazioni anche in deroga ai divieti di cui all'articolo 25, comma 1, del decreto legislativo 30 giugno 2003, n. 196, ed accedere al sistema informativo dell'anagrafe tributaria secondo le modalità previste dagli articoli 2 e 3, comma 1, del decreto legislativo 12 luglio 1991, n. 212;

e) richiedere la comunicazione di dati personali anche in deroga ai divieti di cui all'articolo 25, comma 1, del decreto legislativo 30 giugno 2003, n. 196;

f) avvalersi, ove necessario, dei dati contenuti nell'anagrafe dei conti e dei depositi di cui all'articolo 20, comma 4, della legge 30 dicembre 1991, n. 413, nonché acquisire, anche mediante accesso diretto, i dati contenuti nell'archivio indicato all'articolo 13 del decreto-legge 15 dicembre 1979, n. 625, convertito, con modificazioni, dalla legge 6 febbraio 1980, n. 15;

g) accedere direttamente, mediante apposita connessione telematica, ai dati contenuti nella Centrale dei rischi della Banca d'Italia;

h) avvalersi, ove necessario, anche mediante connessione telematica, dei dati contenuti nell'apposita sezione dell'anagrafe tributaria di cui all'articolo 7, comma sesto, del decreto del Presidente della Repubblica 29 settembre 1973, n. 605;

i) procedere al sequestro dei beni che possono formare oggetto di confisca ai sensi dell'articolo 187-sexies del presente decreto. Si applicano i commi 9, 10 e 11 dell'articolo 187-octies del presente decreto.

6. È fatta salva l'applicazione delle disposizioni degli articoli 199, 200, 201, 202 e 203 del codice di procedura penale, in quanto compatibili.

7. I poteri di cui al comma 5, lettere a), c) ed i), sono esercitati previa autorizzazione del procuratore della Repubblica.

8. Nei casi previsti dal comma 4, lettera b), dal comma 5, lettere a) ed i), e dal comma 9 viene redatto processo verbale dei dati e delle informazioni acquisite o dei fatti accertati, dei sequestri eseguiti, e delle dichiarazioni rese dagli interessati, i quali sono invitati a firmare il processo verbale e hanno diritto di averne copia.

9. Nell'esercizio dei poteri previsti dai commi 4 e 5 la Consob può avvalersi della Guardia di Finanza che esegue gli accertamenti richiesti agendo con i poteri di indagine ad essa attribuiti ai fini dell'accertamento dell'imposta sul valore aggiunto e delle imposte sui redditi.

10. Tutte le notizie, le informazioni e i dati acquisiti dalla Guardia di Finanza nell'assolvimento dei compiti previsti dal comma 9 sono coperti dal segreto d'ufficio e vengono, senza indugio, comunicati esclusivamente alla Consob. 11. La Banca d'Italia, nell'ambito delle sue competenze, può esercitare il potere previsto dal comma 4, lettera b), nei confronti degli esponenti e del personale dei soggetti abilitati. In tale caso si applica il comma 8.

Art. 6-ter (Poteri ispettivi). – 1. La Banca d'Italia e la Consob possono, nell'ambito delle rispettive competenze e nel rispetto delle disposizioni normative europee, effettuare ispezioni e richiedere l'esibizione dei documenti e il compimento degli atti ritenuti necessari nei confronti dei soggetti abilitati e di coloro ai quali i soggetti abilitati abbiano esternalizzato funzioni aziendali essenziali o importanti e al loro personale. Si applicano i commi 9 e 10 dell'articolo 6-bis.

2. Al fine di verificare l'osservanza da parte di un soggetto abilitato delle disposizioni di cui alla presente parte, la Con-

sob, previa autorizzazione del procuratore della Repubblica, può esercitare il potere di cui al comma 1 anche nei confronti di soggetti, diversi da quelli ivi indicati, che abbiano intrattenuto rapporti di natura patrimoniale o professionale con il soggetto abilitato.

3. La Consob può richiedere ai soggetti incaricati della revisione legale dei conti dei soggetti abilitati di fornire informazioni. Quando sussistono particolari necessità e non sia possibile provvedere con risorse proprie, la Consob può altresì autorizzare revisori legali o società di revisione legale a procedere a verifiche o ispezioni per suo conto. Il soggetto autorizzato a procedere alle predette verifiche ed ispezioni agisce in veste di Pubblico Ufficiale.

4. Nei casi previsti dal comma 2 la Consob redige processo verbale dei dati e delle informazioni acquisite o dei fatti accertati e delle dichiarazioni rese dagli interessati, i quali sono invitati a firmare il processo verbale e hanno diritto di averne copia.

5. Ciascuna autorità comunica le ispezioni disposte all'altra autorità, la quale può chiedere accertamenti su profili di propria competenza.

6. La Banca d'Italia e la Consob possono chiedere alle autorità competenti di uno Stato UE di effettuare accertamenti presso succursali di Sim, di Sgr e di banche stabilite sul territorio di detto Stato ovvero concordare altre modalità per le verifiche.

7. Le autorità competenti di uno Stato UE, dopo aver informato la Banca d'Italia e la Consob, possono ispezionare, anche tramite loro incaricati, le succursali di imprese di investimento UE, di banche UE, di società di gestione UE e di GEFIA UE dalle stesse autorizzate, stabilite nel territorio della Repubblica. Se le autorità di uno Stato dell'Unione europea lo richiedono, la Banca d'Italia e la Consob, nell'ambito delle rispettive competenze, procedono direttamente agli accertamenti ovvero concordano altre modalità per le verifiche.

8. La Banca d'Italia e la Consob possono concordare, nell'ambito delle rispettive competenze, con le autorità competenti degli Stati non UE modalità per l'ispezione di succursali di Sim, banche italiane, e imprese di paesi terzi insediate nei rispettivi territori.».

5. All'articolo 7 del decreto legislativo 24 febbraio 1998, n. 58, sono apportate le seguenti modificazioni:

a) la rubrica è sostituita dalla seguente: «Poteri di intervento sui soggetti abilitati»;

b) dopo il comma 1-bis sono inseriti i seguenti:

«1-ter. La Banca d'Italia e la Consob, nell'ambito delle rispettive competenze, possono pubblicare avvertimenti al pubblico.

1-quater. La Consob intima ai soggetti abilitati di non avvalersi, nell'esercizio della propria attività e per un periodo non superiore a tre anni, dell'attività professionale di un soggetto ove possa essere di pregiudizio per la trasparenza e la correttezza dei comportamenti.»;

c) al comma 2-bis dopo le parole: «la Banca d'Italia» sono inserite le seguenti: «, nell'ambito delle sue competenze,» e dopo le parole: «può disporre» sono inserite le seguenti: «, sentita la Consob,»;

d) dopo il comma 2-bis è inserito il seguente:

«2-ter. La Consob, nell'ambito delle sue competenze, dispone, sentita la Banca d'Italia, la rimozione di uno o più esponenti aziendali di Sim, banche italiane, società di gestione del risparmio, Sicav e Sicaf, qualora la loro permanenza in carica sia di pregiudizio alla trasparenza e correttezza dei comportamenti dei soggetti abilitati; la rimozione non è disposta ove ricorrano gli estremi per pronunciare la decadenza ai sensi dell'articolo 13, salvo che sussista urgenza di provvedere.»;

e) dopo il comma 3 è aggiunto il seguente:

«3-bis. La Consob ordina la sospensione per un periodo non superiore a 60 giorni per ciascuna volta della commercializzazione o della vendita di strumenti finanziari in caso di violazione delle disposizioni di attuazione dell'articolo 6, comma 2, lettera b-bis), numero 1), lettera a), e di esistenza di un pregiudizio per la tutela degli investitori.».

6. L'articolo 7-bis del decreto legislativo 24 febbraio 1998, n. 58, è sostituito dal seguente:

«Art. 7-bis (Poteri di intervento di cui al Titolo VII, Capo I, del regolamento (UE) n. 600/2014). – 1. La Banca d'Italia e la Consob sono le autorità nazionali competenti ai fini dell'applicazione delle disposizioni di cui al Titolo VII, Capo I, del regolamento (UE) n. 600/2014. Esse esercitano i poteri e adottano le misure di vigilanza previsti dall'articolo 39, paragrafo 3, dall'articolo 42 e dall'articolo 43, paragrafo 3, del regolamento (UE) n. 600/2014, in conformità anche a quanto stabilito dagli atti delegati emanati ai sensi dell'articolo 42, paragrafo 7, del predetto regolamento.

2. Ai fini di cui al comma 1, la Consob è competente per quanto riguarda la protezione degli investitori, l'ordinato funzionamento e integrità dei mercati finanziari o dei mercati delle merci, nonché per le finalità di cui all'articolo 42, paragrafo 2, lettera a), punto ii), del regolamento (UE) n. 600/2014.

3. Ai fini di cui al comma 1, la Banca d'Italia è competente per quanto riguarda la stabilità dell'insieme o di una parte del sistema finanziario.

4. Al fine di coordinare l'esercizio delle funzioni di cui al comma 1, la Banca d'Italia e la Consob stabiliscono, anche sulla base di un apposito protocollo d'intesa, le modalità della cooperazione e del reciproco scambio di informazioni rilevanti ai fini dell'esercizio delle predette funzioni e dell'esercizio da parte della Consob delle funzioni di punto di contatto ai sensi dell'articolo 4 del presente decreto.

5. Fermi restando i poteri previsti dall'articolo 39, paragrafo 3, dall'articolo 42 e dall'articolo 43, paragrafo 3, del regolamento (UE) n. 600/2014, la Banca d'Italia e la Consob, nell'ambito delle rispettive competenze, possono altresì ordinare la sospensione per un periodo non superiore a 60 giorni per ciascuna volta della commercializzazione o della vendita di strumenti finanziari o di depositi strutturati qualora le condizioni di cui agli articoli 40, 41 o 42 del regolamento (UE) n. 600/2014 risultino soddisfatte.

6. Ciascuna autorità esercita i poteri e adotta le misure di vigilanza in conformità ai commi 1 e 5 del presente articolo sentita l'altra autorità.».

7. Dopo l'articolo 7-bis del decreto legislativo 24 febbraio 1998, n. 58, sono inseriti i seguenti:

«Art. 7-ter (Poteri ingiuntivi nei confronti degli intermediari nazionali e non UE). – 1. In caso di violazione da parte di Sim, di imprese di paesi terzi e di società di gestione del risparmio, di Sicav, di Sicaf, di GEFIA non UE autorizzati in Italia e di banche autorizzate alla prestazione di servizi e attività di investimento aventi sede in Italia di obblighi derivanti da disposizioni dell'ordinamento italiano e dell'Unione europea loro applicabili nelle materie del presente decreto, la Banca d'Italia o la Consob, nell'ambito delle rispettive competenze, possono ordinare alle stesse, anche in via cautelare, la cessazione temporanea o permanente di tali irregolarità.

2. L'autorità di vigilanza che procede, sentita l'altra autorità, vieta ai soggetti indicati nel comma 1 di intraprendere nuove operazioni, nonché imporre ogni altra limitazione riguardante singole tipologie di operazioni, singoli servizi o attività, anche limitatamente a singole succursali o dipendenze dell'intermediario, quando:

a) le violazioni commesse possono pregiudicare gli interessi inerenti agli obiettivi di carattere generale elencati nell'articolo 5, comma 1;

b) nei casi di urgenza per la tutela degli interessi degli investitori.

Art. 7-quater (Poteri ingiuntivi nei confronti di intermediari

UE). – 1. In caso di violazione da parte di imprese di investimento UE con succursale in Italia, di società di gestione UE, di GEFIA UE e non UE autorizzati in uno Stato dell'UE diverso dall'Italia, di banche UE con succursale in Italia e di società finanziarie previste dall'articolo 18, comma 2, del T.U. bancario, di obblighi derivanti da disposizioni dell'ordinamento italiano e dell'Unione europea loro applicabili nelle materie del presente decreto, la Banca d'Italia o la Consob, nell'ambito delle rispettive competenze, possono ordinare alle stesse di porre termine a tali irregolarità, dandone comunicazione anche all'Autorità di vigilanza dello Stato membro in cui l'intermediario ha sede legale per i provvedimenti eventualmente necessari.

2. L'autorità di vigilanza che procede adotta i provvedimenti necessari, sentita l'altra autorità, compresa l'imposizione del divieto di intraprendere nuove operazioni, nonché ogni altra limitazione riguardante singole tipologie di operazioni, singoli servizi o attività anche limitatamente a singole succursali o dipendenze dell'intermediario, ovvero ordinare la chiusura della succursale, quando:

a) mancano o risultano inadeguati i provvedimenti dell'autorità competente dello Stato in cui l'intermediario ha sede legale;

b) risultano violazioni delle norme di comportamento;

c) le irregolarità commesse possono pregiudicare gli interessi inerenti agli obiettivi di carattere generale elencati nell'articolo 5, comma 1;

d) nei casi di urgenza per la tutela degli interessi degli investitori.

3. I provvedimenti previsti dal comma 2 sono comunicati dall'autorità che li ha adottati all'autorità competente dello Stato UE in cui l'intermediario ha sede legale.

4. Se vi è fondato sospetto che un'impresa di investimento UE o una banca UE, operanti in regime di libera prestazione di servizi in Italia, non ottemperano agli obblighi derivanti dalle disposizioni dell'Unione europea, la Banca d'Italia o la Consob informano l'autorità competente dello Stato membro in cui l'intermediario ha sede legale per i provvedimenti necessari. Se, nonostante le misure adottate dall'autorità competente, l'intermediario persiste nell'agire in modo tale da pregiudicare gli interessi degli investitori o il buon funzionamento dei mercati, la Banca d'Italia o la Consob, dopo avere informato l'autorità competente dello Stato membro in cui l'intermediario ha sede legale, adottano tutte le misure necessarie compresa l'imposizione del divieto di intraprendere nuove operazioni in Italia. La Banca d'Italia o la Consob procedono sentita l'altra autorità, e informano la Commissione europea delle misure adottate.

5. Il comma 4 si applica anche nel caso di violazioni, da parte di imprese di investimento UE o banche UE, con succursale in Italia, ovvero società di gestione UE, GEFIA UE e non UE autorizzati in uno Stato dell'UE diverso dall'Italia, di obblighi derivanti da disposizioni dell'Unione europea per le quali è competente lo Stato membro in cui l'intermediario ha sede legale.

6. Se la violazione riguarda disposizioni relative alla liquidità dell'impresa d'investimento UE o in ogni altro caso di deterioramento della situazione di liquidità della stessa, la Banca d'Italia può adottare le misure necessarie per la stabilità finanziaria o per la tutela delle ragioni dei soggetti ai quali sono prestati i servizi, se quelle prese dall'autorità competente dello Stato d'origine mancano o risultano inadeguate; le misure da adottare sono comunicate all'autorità competente dello Stato d'origine.

Art. 7-quinquies (Poteri ingiuntivi nei confronti degli OICVM UE, FIA UE e non UE con quote o azioni offerte in Italia). – 1. Quando sussistono elementi che fanno presumere l'inosservanza da parte degli OICVM UE, dei FIA UE e non UE di obblighi derivanti da disposizioni dell'ordinamento italiano e dell'Unione europea loro applicabili nelle materie del presente decreto, la Banca d'Italia o la Consob, nell'ambito delle rispettive competenze, possono sospendere in via cautelare, per un periodo non superiore a sessanta giorni, l'offerta delle relative quote o azioni. In caso di accertata violazione, le autorità di vigilanza, nell'ambito delle rispettive competenze, possono sospendere temporaneamente ovvero vietare l'offerta delle quote o delle azioni degli Oicr.

2. Se vi è fondato sospetto che un OICVM UE, un FIA UE e non UE le cui quote o azioni sono offerte in Italia, ovvero il gestore di tale Oicr, non ottemperi agli obblighi derivanti da disposizioni dell'Unione europea per le quali sia competente lo Stato di origine dell'Oicr, la Banca d'Italia o la Consob informano l'autorità competente di tale Stato affinché assuma i provvedimenti necessari. Se, nonostante le misure adottate dall'autorità competente, l'Oicr, ovvero il suo gestore, persiste nell'agire in modo tale da pregiudicare gli interessi degli investitori o il buon funzionamento dei mercati, la Banca d'Italia o la Consob, dopo aver informato l'autorità dello Stato di origine, adottano le misure necessarie per proteggere gli investitori o assicurare il buon funzionamento dei mercati, ivi compreso il divieto di offerta delle quote o azioni dell'Oicr.

Art. 7-sexies (Sospensione degli organi amministrativi). – 1. Il Presidente della Consob dispone, in via d'urgenza, ove ricorrano situazioni di pericolo per i clienti o per i mercati, la sospensione degli organi di amministrazione delle Sim e la nomina di un commissario che ne assume la gestione quando risultino gravi irregolarità nell'amministrazione ovvero gravi violazioni delle disposizioni legislative, amministrative o statutarie. Il provvedimento assunto dal Presidente della Consob è sottoposto all'approvazione della Commissione.

2. Il commissario dura in carica per un periodo massimo di sessanta giorni. Il commissario, nell'esercizio delle sue funzioni, è pubblico ufficiale. Il Presidente dalla Consob può stabilire speciali cautele e limitazioni per la gestione della Sim.

3. L'indennità spettante al commissario è determinata dalla Consob in base a criteri dalla stessa stabiliti ed è a carico della società commissariata. Si applica l'articolo 91, comma 1, ultimo periodo, del T.U. bancario.

4. Le azioni civili contro il commissario, per atti compiuti nell'espletamento dell'incarico, sono promosse previa autorizzazione della Consob.

5. Il presente articolo si applica anche alle succursali italiane di imprese di paesi terzi diverse dalle banche. Il commissario assume nei confronti delle succursali i poteri degli organi di amministrazione dell'impresa.

6. Il presente articolo si applica anche alle società di gestione del risparmio e alle Sicav. Il Presidente della Consob dispone il provvedimento, sentito il Governatore della Banca d'Italia.

Art. 7-septies (Poteri cautelari applicabili ai consulenti finanziari autonomi, alle società di consulenza finanziaria ed ai consulenti finanziari abilitati all'offerta fuori sede). – 1. L'Organismo di vigilanza e tenuta dell'albo unico dei consulenti finanziari, in caso di necessità e urgenza, dispone in via cautelare la sospensione del consulente finanziario autonomo, della società di consulenza finanziaria e del consulente finanziario abilitato all'offerta fuori sede dall'esercizio dell'attività per un periodo massimo di centottanta giorni, qualora sussistano elementi che facciano presumere l'esistenza di gravi violazioni di legge ovvero di disposizioni generali o particolari emanate in forza del presente decreto.

2. L'Organismo di cui al comma 1 dispone in via cautelare, per un periodo massimo di un anno, la sospensione dall'esercizio dell'attività qualora il soggetto iscritto all'albo sia sottoposto a una delle misure cautelari personali del libro IV, titolo I, capo II, del codice di procedura penale o assuma la qualità di imputato ai sensi dell'articolo 60 dello stesso codice in relazione ai seguenti reati:

a) delitti previsti nel titolo XI del libro V del codice civile e nella legge fallimentare;

b) delitti contro la pubblica amministrazione, contro la fede pubblica, contro il patrimonio, contro l'ordine pubblico, contro l'economia pubblica, ovvero delitti in materia tributaria;

c) reati previsti dal titolo VIII del T.U. bancario;

d) reati previsti dal presente decreto.

Art. 7-octies (Poteri di contrasto all'abusivismo). – 1. La Consob può, nei confronti di chiunque offre o svolge servizi o attività di investimento tramite la rete internet senza esservi abilitato ai sensi del presente decreto:

a) rendere pubblica, anche in via cautelare, la circostanza che il soggetto non è autorizzato allo svolgimento delle attività indicate dall'articolo 1, comma 5;

b) ordinare di porre termine alla violazione.

Art. 7-novies (Riserve di capitale). – 1. La Banca d'Italia adotta le misure sulle riserve di capitale previste dal Capo IV del Titolo VII della direttiva 2013/36/UE, nonché quelle di natura macroprudenziale previste dal regolamento (UE) n. 575/2013, quale autorità designata ai sensi di tali normative europee nei confronti delle Sim e delle succursali di imprese di paesi terzi diverse dalle banche.

Art. 7-decies (Vigilanza sul rispetto di disposizioni dell'Unione europea direttamente applicabili). – 1. La Banca d'Italia e la Consob vigilano, ciascuna per quanto di competenza, ai sensi della presente parte, sul rispetto delle disposizioni dettate dal regolamento (UE) n. 600/2014, nonché dagli atti delegati e dalle norme tecniche di regolamentazione e di attuazione del citato regolamento e della direttiva 2014/65/UE.».

8. All'articolo 8 del decreto legislativo 24 febbraio 1998, n. 58, sono apportate le seguenti modificazioni:

a) la rubrica è sostituita dalla seguente: «Doveri informativi»;

b) i commi 1, 1-ter, 2 e 5-bis sono abrogati;

c) al comma 6 le parole: «e 5-bis» sono soppresse.

9. Gli articoli 8-bis, 8-ter e 10 del decreto legislativo 24 febbraio 1998, n. 58, sono abrogati.

10. All'articolo 12 del decreto legislativo 24 febbraio 1998, n. 58, il comma 1 è sostituito dal seguente:

«1. La Banca d'Italia impartisce alla società posta al vertice del gruppo individuato ai sensi dell'articolo 11, comma 1, lettera b), disposizioni riferite al complesso dei soggetti individuati ai sensi del medesimo articolo, aventi ad oggetto le materie dell'articolo 6, comma 1, lettera a), e lettera c-bis), numeri 1), 2), 3), 4) e 6), e comma 1-bis. Ove lo richiedano esigenze di stabilità, la Banca d'Italia può emanare nelle stesse materie disposizioni di carattere particolare.»;

11. All'articolo 18 del decreto legislativo 24 febbraio 1998, n. 58, sono apportate le seguenti modificazioni:

a) il comma 1 è sostituito dal seguente:

«1. L'esercizio professionale nei confronti del pubblico dei servizi e delle attività di investimento è riservato alle Sim, alle imprese di investimento UE, alle banche italiane, alle banche UE e alle imprese di paesi terzi.»;

b) al comma 3 le parole: «nell'elenco previsto dall'articolo 107» sono sostituite dalle seguenti: «nell'albo previsto dall'articolo 106»;

c) il comma 3-bis è abrogato;

d) al comma 5, lettera b), la parola: «comunitarie» è sostituita dalla seguente: «europee».

12. L'articolo 18-bis del decreto legislativo 24 febbraio 1998, n. 58, è sostituito dal seguente:

«Art. 18-bis (Consulenti finanziari autonomi). – 1. La riserva di attività di cui all'articolo 18 non pregiudica la possibilità per le persone fisiche, in possesso dei requisiti di professionalità, onorabilità, indipendenza e patrimoniali stabiliti con regolamento adottato dal Ministro dell'economia e delle finanze, sentita la Consob, ed iscritte in una sezione apposita dell'albo di cui all'articolo 31, comma 4, di prestare la consulenza in materia di investimenti, relativamente a valori mobiliari e a quote di organismi di investimento collettivo, senza detenere fondi o titoli appartenenti ai clienti. I requisiti di professionalità per l'iscrizione nell'albo sono accertati sulla base di rigorosi criteri valutativi che tengono conto della pregressa esperienza professionale, validamente documentata, ovvero sulla base di prove valutative.

2. Ai consulenti finanziari autonomi si applicano le disposizioni stabilite dalla Consob con il regolamento di cui all'articolo 31, comma 6.».

13. All'articolo 18-ter del decreto legislativo 24 febbraio 1998, n. 58, sono apportate le seguenti modificazioni:

a) i commi 1 e 2 sono sostituiti dai seguenti:

«1. La riserva di attività di cui all'articolo 18 non pregiudica la possibilità per le società costituite in forma di società per azioni o società a responsabilità limitata, in possesso dei requisiti patrimoniali e di indipendenza stabiliti con regolamento adottato dal Ministro dell'economia e delle finanze, sentita la Consob, ed iscritte in una sezione apposita dell'albo di cui all'articolo 31, comma 4, di prestare la consulenza in materia di investimenti relativamente a valori mobiliari e a quote di organismi d'investimento collettivo, senza detenere fondi o titoli appartenenti ai clienti. 2. Il Ministro dell'economia e delle finanze, sentita la Consob, stabilisce con regolamento i requisiti di professionalità, onorabilità e indipendenza che gli esponenti aziendali devono possedere.»;

b) il comma 3 è abrogato;

c) dopo il comma 3 sono aggiunti i seguenti:

«3-bis. Alle società di consulenza finanziaria si applicano le disposizioni stabilite dalla Consob con il regolamento di cui all'articolo 31, comma 6.

3-ter. Le società di consulenza finanziaria rispondono in solido dei danni arrecati a terzi dai consulenti finanziari autonomi di cui esse si avvalgono nell'esercizio dell'attività, anche se tali danni siano conseguenti a responsabilità accertata in sede penale.».

14. All'articolo 19 del decreto legislativo 24 febbraio 1998, n. 58, sono apportate le seguenti modificazioni:

a) il comma 1 è sostituito dal seguente:

«1. La Consob, sentita la Banca d'Italia, autorizza, entro sei mesi dalla presentazione della domanda completa, l'esercizio dei servizi e delle attività di investimento da parte delle Sim, quando, in conformità a quanto specificato dalle pertinenti norme tecniche di regolamentazione e di attuazione emanate dalla Commissione europea ai sensi della direttiva 2014/65/UE, ricorrono le seguenti condizioni:

a) sia adottata la forma di società per azioni;

b) la denominazione sociale comprenda le parole "società di intermediazione mobiliare";

c) la sede legale e la direzione generale della società siano situate nel territorio della Repubblica;

d) il capitale versato sia di ammontare non inferiore a quello determinato in via generale dalla Banca d'Italia;

e) vengano fornite tutte le informazioni, compreso un programma di attività, che indichi in particolare i tipi di operazioni previste e la struttura organizzativa;

f) i soggetti che svolgono funzioni di amministrazione, direzione e controllo siano idonei ai sensi dell'articolo 13;

g) i titolari delle partecipazioni indicate nell'articolo 15, comma 1, abbiano i requisiti e soddisfino i criteri stabiliti ai sensi dell'articolo 14 e non ricorrano le condizioni per il divieto previsto dall'articolo 15, comma 2;

h) la struttura del gruppo di cui è parte la società non sia tale da pregiudicare l'effettivo esercizio della vigilanza sulla società stessa e siano fornite almeno le informazioni richieste ai sensi dell'articolo 15, comma 5;

i) siano rispettati, per la gestione di sistemi multilaterali di negoziazione o di sistemi organizzati di negoziazione, gli ulteriori requisiti dettati nella parte III.»:

b) il comma 3 è sostituito dal seguente:

«3. La Consob disciplina la procedura di autorizzazione delle Sim.»;

c) dopo il comma 3-bis è inserito il seguente:

«3-ter. La Consob, sentita la Banca d'Italia, disciplina le ipotesi di decadenza dall'autorizzazione di una Sim. La Consob, sentita la Banca d'Italia, pronuncia la decadenza dall'autorizzazione qualora la Sim non abbia iniziato lo svolgimento dei servizi e delle attività entro il termine di un anno dal rilascio dall'autorizzazione oppure vi rinunci espressamente.»;

d) il comma 4 è sostituito dal seguente:

«4. La Banca d'Italia, sentita la Consob, autorizza l'esercizio dei servizi e delle attività d'investimento da parte delle banche italiane e delle succursali italiane di banche di paesi terzi, nonché l'esercizio dei servizi e delle attività indicati nell'articolo 18, comma 3, da parte di intermediari finanziari iscritti nell'albo previsto dall'articolo 106 del Testo unico bancario.»;

e) dopo il comma 4 sono aggiunti i seguenti:

«4-bis. La Banca d'Italia, sentita la Consob, pronuncia la decadenza dall'autorizzazione qualora la banca non abbia iniziato lo svolgimento dei servizi e delle attività entro il termine di un anno dal rilascio dall'autorizzazione oppure vi rinunci espressamente.

4-ter. I commi 3-ter e 4-bis si applicano anche alle imprese di paesi terzi autorizzate ai sensi degli articoli 28 e 29-ter.».

15. All'articolo 20 del decreto legislativo 24 febbraio 1998, n. 58, il comma 1 è sostituito dal seguente:

«1. Ferme restando le disposizioni del Titolo VIII del regolamento (UE) n. 600/2014, la Consob iscrive in un apposito albo le Sim e le imprese di paesi terzi diverse dalle banche. Le imprese di investimento UE sono iscritte in un apposito elenco allegato all'albo.».

16. Dopo l'articolo 20 del decreto legislativo 24 febbraio 1998, n. 58, è inserito il seguente:

«Art. 20-bis (Revoca dell'autorizzazione). – 1. Le disposizioni del presente articolo trovano applicazione nei casi in cui non ricorrano i presupposti per l'applicazione degli articoli 57, comma 1, e 60-bis.4, del presente decreto, nonché degli articoli 17 e 20 del decreto legislativo 16 novembre 2015, n. 180, e dell'articolo 80 del T.U. bancario.

2. La Consob, sentita la Banca d'Italia, revoca l'autorizzazione all'esercizio dei servizi e delle attività d'investimento delle Sim quando:

a) l'esercizio dei servizi e delle attività di investimento è interrotto da più di sei mesi;

b) l'autorizzazione è stata ottenuta presentando false dichiarazioni o con qualsiasi altro mezzo irregolare;

c) vengono meno le condizioni cui è subordinata l'autorizzazione.

3. La revoca dell'autorizzazione ai sensi del comma 2 costituisce causa di scioglimento della società quando riguarda tutti i servizi e attività di investimento al cui esercizio la Sim è autorizzata. Entro sessanta giorni dalla comunicazione del provvedimento di revoca, la Sim comunica alla Banca d'Italia e alla Consob il programma di liquidazione della società. La Consob, sentita la Banca d'Italia, può autorizzare, anche contestualmente alla revoca, l'esercizio provvisorio di attività ai sensi dell'articolo 2487 del codice civile. L'organo liquidatore trasmette riferimenti periodici sullo stato di avanzamento della liquidazione alla Banca d'Italia e, per il periodo di eventuale esercizio provvisorio di attività, alla Consob. La Banca d'Italia vigila sul regolare svolgimento della procedura di liquidazione. Nei confronti delle società in liquidazione restano fermi i poteri del Ministero dell'economia e delle finanze, della Banca d'Italia e della Consob previsti nel presente decreto.

4. La revoca dell'autorizzazione all'esercizio dei servizi e delle attività d'investimento delle banche, nei casi previsti dal comma 2, è disposta dalla Banca d'Italia, sentita la Consob.

5. Il presente articolo si applica anche alle imprese di paesi terzi autorizzate ai sensi degli articoli 28 e 29-ter.».

17. All'articolo 21 del decreto legislativo 24 febbraio 1998, n. 58, sono apportate le seguenti modificazioni:

a) il comma 1-bis è sostituito dal seguente:

«1-bis. Nella prestazione dei servizi e delle attività di investimento e dei servizi accessori, le Sim, le imprese di paesi terzi autorizzate in Italia, le Sgr, i GEFIA non UE autorizzati in Italia, gli intermediari finanziari iscritti nell'albo previsto dall'articolo 106 del Testo Unico bancario e le banche italiane:

a) adottano ogni misura idonea ad identificare e prevenire o gestire i conflitti di interesse che potrebbero insorgere tra tali soggetti, inclusi i dirigenti, i dipendenti e gli agenti collegati o le persone direttamente o indirettamente connesse e i loro clienti o tra due clienti al momento della prestazione di qualunque servizio di investimento o servizio accessorio o di una combinazione di tali servizi;

b) mantengono e applicano disposizioni organizzative e amministrative efficaci al fine di adottare tutte le misure ragionevoli volte ad evitare che i conflitti di interesse incidano negativamente sugli interessi dei loro clienti;

c) quando le disposizioni organizzative e amministrative adottate a norma della lettera b) non sono sufficienti ad assicurare, con ragionevole certezza, che il rischio di nuocere agli interessi dei clienti sia evitato, informano chiaramente i clienti, prima di agire per loro conto, della natura generale e/o delle fonti dei conflitti di interesse nonché delle misure adottate per mitigare i rischi connessi;

d) svolgono una gestione indipendente, sana e prudente e adottano misure idonee a salvaguardare i diritti dei clienti sui beni affidati.»;

b) dopo il comma 1-bis è inserito il seguente:

«1-ter. Le disposizioni di cui alle lettere a), b) e c) del comma 1-bis si applicano anche ai conflitti di interesse determinati dalla percezione da parte di Sim, imprese di paesi terzi autorizzate in Italia, Sgr, GEFIA non UE autorizzati in Italia, intermediari finanziari iscritti nell'albo previsto dall'articolo 106 del Testo Unico bancario e banche italiane di incentivi corrisposti da soggetti terzi o determinati dalle politiche di remunerazione e dalle strutture di incentivazione da loro adottate.»;

c) il comma 2 è sostituito dal seguente:

«2. Nello svolgimento dei servizi e delle attività di investimento è possibile agire in nome proprio e per conto del cliente previo consenso scritto di quest'ultimo.»;

d) dopo il comma 2 sono aggiunti i seguenti:

«2-bis. Quando realizzano strumenti finanziari per la vendita alla clientela, i soggetti abilitati alla prestazione dei servizi e delle attività di investimento fanno sì che tali prodotti siano concepiti per soddisfare le esigenze di un determinato mercato di riferimento di clienti finali individuato all'interno della pertinente categoria di clienti e che la strategia di distribuzione degli strumenti finanziari sia compatibile con i clienti target. I soggetti di cui al presente comma adottano inoltre misure ragionevoli per assicurare che lo strumento finanziario sia distribuito ai clienti all'interno del mercato target.

2-ter. Il soggetto abilitato deve conoscere gli strumenti finanziari offerti o raccomandati, valutarne la compatibilità con le esigenze della clientela cui fornisce servizi di investimento tenendo conto del mercato di riferimento di clienti finali di cui al comma 2-bis, e fare in modo che gli strumenti finanziari siano offerti o raccomandati solo quando ciò sia nell'interesse del cliente.».

18. All'articolo 22 del decreto legislativo 24 febbraio 1998, n. 58, sono apportate le seguenti modificazioni:

a) al comma 1, il primo periodo è sostituito dal seguente:

«Nella prestazione dei servizi di investimento e accessori, gli strumenti finanziari e le somme di denaro dei singoli clienti, a qualunque titolo detenuti dalla Sim, dall'impresa di investimento UE, dall'impresa di paesi terzi diversa dalla banca, dalla Sgr, dalla società di gestione UE, dai GEFIA UE o dagli intermediari finanziari iscritti nell'albo previsto dall'articolo 106 del T.U. bancario, nonché gli strumenti finanziari dei singoli clienti a qualsiasi titolo detenuti dalla banca, costituiscono patrimonio distinto a tutti gli effetti da quello dell'intermediario e da quello degli altri clienti.»;

b) il comma 3 è sostituito dal seguente:

«3. Salvo consenso scritto dei clienti, la Sim, l'impresa di investimento UE, l'impresa di paesi terzi diversa dalla banca, la Sgr, la società di gestione UE, il GEFIA UE, l'intermediario finanziario iscritto nell'albo previsto dall'articolo 106 del T.U. bancario e la banca non possono utilizzare, nell'interesse proprio o di terzi, gli strumenti finanziari di pertinenza dei clienti, da essi detenuti a qualsiasi titolo. La Sim, l'impresa di investimento UE, l'impresa di paesi terzi diversa dalla banca, l'intermediario finanziario iscritto nell'albo previsto dall'articolo 106 del T.U. bancario, la Sgr, la società di gestione UE e il GEFIA UE non possono utilizzare, nell'interesse proprio o di terzi, le disponibilità liquide degli investitori, da esse detenute a qualsiasi titolo.».

19. All'articolo 23 del decreto legislativo 24 febbraio 1998, n. 58, sono apportate le seguenti modificazioni:

a) il comma 1 è sostituito dal seguente:

«1. I contratti relativi alla prestazione dei servizi di investimento, e, se previsto, i contratti relativi alla prestazione dei servizi accessori, sono redatti per iscritto, in conformità a quanto previsto dagli atti delegati della direttiva 2014/65/UE, e un esemplare è consegnato ai clienti. La Consob, sentita la Banca d'Italia, può prevedere con regolamento che, per motivate ragioni o in relazione alla natura professionale dei contraenti, particolari tipi di contratto possano o debbano essere stipulati in altra forma, assicurando nei confronti dei clienti al dettaglio appropriato livello di garanzia. Nei casi di inosservanza della forma prescritta, il contratto è nullo.»;

b) il comma 4 è sostituito dal seguente:

«4. Le disposizioni del titolo VI, del T.U. bancario non si applicano:

a) ai servizi e attività di investimento;

b) al collocamento di prodotti finanziari;

c) alle operazioni e ai servizi che siano componenti di prodotti finanziari assoggettati alla disciplina degli articoli 25-bis e 25-ter ovvero della parte IV, titolo II, capo I. In ogni caso, alle operazioni di credito nonché ai servizi e conti di pagamento disciplinati dai capi I-bis, II, II-bis e II-ter del T.U. bancario si applicano le pertinenti disposizioni del titolo VI del T.U. bancario.»;

c) dopo il comma 4 è inserito il seguente:

«4-bis. Nella prestazione dei servizi e delle attività di investimento e dei servizi accessori non vengono conclusi contratti di garanzia finanziaria con trasferimento del titolo di proprietà con clienti al dettaglio al fine di assicurare o coprire obbligazioni presenti o future, effettive o condizionate o potenziali dei clienti. Sono nulli i contratti conclusi in violazione della presente disposizione. La Consob disciplina le modalità di svolgimento dell'attività di cui al presente comma in caso di clienti professionali e di controparti qualificate.».

20. All'articolo 24 del decreto legislativo 24 febbraio 1998, n. 58, sono apportate le seguenti modificazioni:

a) al comma 1, lettera b), le parole: «dell'impresa di investimento, della società di gestione del risparmio o della banca» sono sostituite dalle seguenti: «del prestatore del servizio»;

b) al comma 1, lettera c), le parole: «all'impresa di investimento, alla banca o alla società di gestione del risparmio» sono sostituite dalle seguenti: «al prestatore del servizio»;

c) dopo il comma 1 è inserito il seguente:

«1-bis. Nella prestazione del servizio di gestione di portafogli non devono essere accettati e trattenuti onorari, commissioni o altri benefici monetari o non monetari pagati o forniti da terzi o da una persona che agisce per conto di terzi, ad eccezione dei benefici non monetari di entità minima che possono migliorare la qualità del servizio offerto ai clienti e che, per la loro portata e natura, non possono essere considerati tali da pregiudicare il rispetto del dovere di agire nel migliore interesse dei clienti. Tali benefici non monetari di entità minima devono essere chiaramente comunicati ai clienti.».

21. Dopo l'articolo 24 del decreto legislativo 24 febbraio 1998, n. 58, è inserito il seguente:

«Art. 24-bis (Consulenza in materia di investimenti). – 1. In caso di esercizio della consulenza in materia di investimenti, il cliente è informato, in tempo utile prima della prestazione del servizio, anche di quanto segue:

a) se la consulenza è fornita su base indipendente o meno;

b) se la consulenza è basata su un'analisi del mercato ampia o più ristretta delle varie tipologie di strumenti finanziari, e in particolare se la gamma è limitata agli strumenti finanziari emessi o forniti da entità che hanno con il prestatore del servizio stretti legami o altro stretto rapporto legale o economico, come un rapporto contrattuale talmente stretto da comportare il rischio di compromettere l'indipendenza della consulenza prestata;

c) se verrà fornita ai clienti la valutazione periodica dell'adeguatezza degli strumenti finanziari raccomandati. 2. Nella prestazione del servizio di consulenza in materia di investimenti su base indipendente, si applicano le seguenti regole:

a) è valutata una congrua gamma di strumenti finanziari disponibili sul mercato, che siano sufficientemente diversificati in termini di tipologia ed emittenti o fornitori di prodotti in modo da garantire che gli obiettivi di investimento del cliente siano opportunamente soddisfatti e non siano limitati agli strumenti finanziari emessi o forniti:

i) dal prestatore del servizio o da entità che hanno con esso stretti legami, o

ii) da altre entità che hanno con il prestatore del servizio stretti legami o rapporti legali o economici, come un rapporto contrattuale talmente stretto da comportare il rischio di compromettere l'indipendenza della consulenza prestata;

b) non sono accettati e trattenuti onorari, commissioni o altri benefici monetari o non monetari pagati o forniti da terzi o da una persona che agisce per conto di terzi, ad eccezione dei benefici non monetari di entità minima che possono migliorare la qualità del servizio offerto ai clienti e che, per la loro portata e natura, non possono essere considerati tali da pregiudicare il rispetto del dovere di agire nel migliore interesse dei clienti. Tali benefici non monetari di entità minima sono chiaramente comunicati ai clienti.».

22. L'articolo 25 del decreto legislativo 24 febbraio 1998, n. 58, è sostituito dal seguente:

«Art. 25 (Attività di negoziazione nei mercati regolamentati, nei sistemi multilaterali di negoziazione e nei sistemi organizzati di negoziazione). – 1. Le Sim e le banche italiane autorizzate all'esercizio dei servizi e attività di negoziazione per conto proprio o di esecuzione di ordini per conto dei clienti possono operare nelle sedi di negoziazione italiane o di un altro Stato membro dell'Unione europea e nei mercati extra-UE riconosciuti dalla Consob ai sensi dell'articolo 70.».

23. L'articolo 25-bis del decreto legislativo 24 febbraio 1998, n. 58, è sostituito dal seguente:

«Art. 25-bis (Depositi strutturati e prodotti finanziari, diversi dagli strumenti finanziari, emessi da banche). – 1. Gli articoli 21, 23 e 24-bis si applicano all'offerta e alla consulenza aventi ad oggetto depositi strutturati e prodotti finanziari, diversi dagli strumenti finanziari, emessi da banche. Rimane fermo quanto stabilito ai sensi dell'articolo 3 del decreto legislativo 15 febbraio 2016, n. 30.

2. In relazione ai prodotti di cui al comma 1 e nel perseguimento delle finalità di cui all'articolo 5, comma 3, la Con-

sob esercita sui soggetti abilitati e sulle banche non autorizzate all'esercizio dei servizi o delle attività di investimento, ferme restando le attribuzioni delle autorità competenti degli Stati membri di origine, i poteri di cui all'articolo 6, comma 2, ad eccezione, limitatamente ai depositi strutturati, della lettera b), numero 2), e dei commi 2-bis e 2-quater; all'articolo 6-bis, commi 4, 5, 6, 7, 8, 9 e 10; all'articolo 6-ter, commi 1, 2, 3 e 4; all'articolo 7, ad eccezione dei commi 2, 2-bis e 3; all'articolo 7-bis, fermi restando i poteri della Banca d'Italia previsti dal medesimo articolo.».

24. Dopo l'articolo 25-bis del decreto legislativo 24 febbraio 1998, n. 58, è inserito il seguente:

«Art. 25-ter (Prodotti finanziari emessi da imprese di assicurazione). – 1. Gli articoli 21, 23 e 24-bis si applicano alla realizzazione, all'offerta e alla consulenza aventi ad oggetto prodotti finanziari emessi da imprese di assicurazione.

2. In relazione ai prodotti di cui al comma 1 e nel perseguimento delle finalità di cui all'articolo 5, comma 3, la Consob esercita sui soggetti abilitati e sulle imprese di assicurazione i poteri di cui all'articolo 6, comma 2; all'articolo 6-bis, commi 4, 5, 6, 7, 8, 9 e 10; all'articolo 6-ter, commi 1, 2, 3 e 4; all'articolo 7, commi 1, 1-bis, 1-ter e 3-bis.

3. Il collegio sindacale, il consiglio di sorveglianza o il comitato per il controllo sulla gestione delle imprese di assicurazione informa senza indugio la Consob di tutti gli atti o i fatti, di cui venga a conoscenza nell'esercizio dei propri compiti, che possano costituire una violazione delle norme di cui al presente capo ovvero delle disposizioni generali o particolari emanate dalla Consob ai sensi del comma 2.

4. I soggetti incaricati della revisione legale dei conti delle imprese di assicurazione comunicano senza indugio alla Consob gli atti o i fatti, rilevati nello svolgimento dell'incarico, che possano costituire una grave violazione delle norme di cui al presente capo ovvero delle disposizioni generali o particolari emanate dalla Consob ai sensi del comma 2.

5. I commi 3 e 4 si applicano anche all'organo che svolge funzioni di controllo e ai soggetti incaricati della revisione legale dei conti presso le società che controllano l'impresa di assicurazione o che sono da queste controllate ai sensi dell'articolo 2359 del codice civile.

6. L'IVASS e la Consob si comunicano reciprocamente le ispezioni da ciascuna disposte sulle imprese di assicurazione. Ciascuna autorità può chiedere all'altra di svolgere accertamenti su aspetti di propria competenza.».

25. Gli articoli 26, 27, 28 e 29 del decreto legislativo 24 febbraio 1998, n. 58, sono sostituiti dai seguenti:

«Art. 26 (Succursali e libera prestazione di servizi di Sim). – 1. Le Sim, previa comunicazione alla Consob e in conformità a quanto previsto dal comma 4, possono prestare servizi e attività di investimento, con o senza servizi accessori, in altri Stati dell'Unione europea, nell'esercizio del diritto di stabilimento, mediante succursali o agenti collegati stabiliti nel territorio dello Stato membro ospitante.

2. La Consob, sentita la Banca d'Italia, procede, in conformità a quanto previsto dal comma 4, a comunicare all'autorità competente dello Stato membro ospitante le informazioni oggetto della comunicazione di cui al comma 1, a meno di avere motivi di dubitare dell'adeguatezza della struttura organizzativa o della situazione finanziaria, economica o patrimoniale della Sim interessata.

3. Le Sim, previa comunicazione alla Consob e in conformità a quanto previsto dal comma 4, possono prestare servizi e attività di investimento, con o senza servizi accessori, in altri Stati dell'Unione europea in regime di libera prestazione di servizi, anche mediante l'impiego di agenti collegati stabiliti nel territorio della Repubblica. La Consob, sentita la Banca d'Italia, comunica all'autorità competente dello Stato membro ospitante l'impiego di agenti collegati in conformità a quanto previsto dal comma 4.

4. Le condizioni necessarie e le procedure che devono essere rispettate perché le Sim possano prestare negli altri Stati UE i servizi ammessi al mutuo riconoscimento mediante il diritto di stabilimento ovvero attraverso la libera prestazione di servizi sono disciplinate dalla Consob, in conformità alle relative norme tecniche di regolamentazione e di attuazione emanate dalla Commissione europea ai sensi della direttiva 2014/65/UE.

5. Le Sim possono prestare negli altri Stati dell'UE le attività non ammesse al mutuo riconoscimento, previa autorizzazione della Consob, sentita la Banca d'Italia.

6. Le Sim, possono operare in uno Stato non UE, anche senza stabilirvi succursali, previa autorizzazione della Consob, sentita la Banca d'Italia.

7. Costituiscono in ogni caso condizioni per il rilascio delle autorizzazioni di cui ai commi 5 e 6 l'esistenza di apposite intese di collaborazione con le competenti autorità dello Stato ospitante.

8. La Consob, sentita la Banca d'Italia, stabilisce con regolamento:

a) le procedure previste nel caso in cui non intenda procedere alla comunicazione di cui al comma 2, qualora vi siano motivi di dubitare dell'adeguatezza della struttura organizzativa o della situazione finanziaria, economica o patrimoniale della Sim interessata;

b) le condizioni e le procedure per il rilascio alle Sim dell'autorizzazione a prestare negli altri Stati dell'UE le attività non ammesse al mutuo riconoscimento e negli Stati non UE i propri servizi.

Art. 27 (Imprese di investimento dell'Unione europea). – 1. Le imprese di investimento dell'UE possono prestare servizi e attività di investimento, con o senza servizi accessori, nell'esercizio del diritto di stabilimento mediante succursali o agenti collegati stabiliti nel territorio della Repubblica. Il primo insediamento è preceduto da una comunicazione alla Consob da parte dell'autorità competente dello Stato di origine, in conformità a quanto previsto dalle relative norme tecniche di regolamentazione e di attuazione emanate dalla Commissione europea ai sensi della direttiva 2014/65/UE. La succursale o l'agente collegato iniziano l'attività dal momento in cui ricevono apposita comunicazione dalla Consob ovvero, in caso di silenzio, decorsi due mesi dalla comunicazione alla Consob da parte dell'autorità dello Stato membro di origine.

2. Le imprese di investimento dell'UE possono prestare servizi e attività di investimento, con o senza servizi accessori, nel territorio della Repubblica in regime di libera prestazione di servizi, anche avvalendosi di agenti collegati stabiliti nello Stato membro d'origine, i quali non possono detenere denaro e/o strumenti finanziari dei clienti o potenziali clienti del soggetto per cui operano, a condizione che la Consob sia stata informata dall'autorità competente dello Stato d'origine, in conformità a quanto previsto dalle relative norme tecniche di regolamentazione e di attuazione indicate nel comma 1.

3. La Consob, sentita la Banca d'Italia, disciplina con regolamento le procedure relative alle eventuali richieste di modifica da parte della Consob delle disposizioni riguardanti le succursali da stabilire nel territorio della Repubblica.

4. La Consob, sentita la Banca d'Italia, disciplina con regolamento l'autorizzazione all'esercizio di attività non ammesse al mutuo riconoscimento comunque effettuato da parte delle imprese di investimento dell'UE nel territorio della Repubblica.

Art. 28 (Imprese di paesi terzi diverse dalle banche). – 1. Lo stabilimento in Italia di succursali da parte di imprese di paesi terzi diverse dalle banche è autorizzato dalla Consob, sentita la Banca d'Italia. L'autorizzazione è subordinata:

a) alla sussistenza, in capo alla succursale, di requisiti corrispondenti a quelli previsti dall'articolo 19, comma 1, lettere d) ed f);

b) alla trasmissione di tutte le informazioni, compresi un programma di attività, che illustri in particolare i tipi di operazioni previste e la struttura organizzativa della succursale, specificate ai sensi del comma 4;

c) all'autorizzazione, alla vigilanza e all'effettivo svolgimento nello Stato d'origine dei servizi o attività di investimento e dei servizi accessori che l'impresa istante intende prestare in Italia, nonché alla circostanza che l'autorità competente dello Stato d'origine presti debita attenzione alle raccomandazioni del GAFI nel contesto delle azioni contro il riciclaggio di denaro e del contrasto al finanziamento del terrorismo;

d) all'esistenza di accordi di collaborazione tra la Banca d'Italia, la Consob e le competenti autorità dello Stato d'origine, comprendenti disposizioni disciplinanti lo scambio di informazioni, allo scopo di preservare l'integrità del mercato e garantire la protezione degli investitori;

e) all'esistenza di un accordo tra l'Italia e lo Stato d'origine che rispetta pienamente le norme di cui all'articolo 26 del Modello di Convenzione fiscale sul reddito e il patrimonio dell'OCSE e assicura un efficace scambio di informazioni in materia fiscale, compresi eventuali accordi fiscali multilaterali;

f) all'adesione da parte dell'impresa istante ad un sistema di indennizzo a tutela degli investitori riconosciuto ai sensi dell'articolo 60, comma 2.

2. L'autorizzazione di cui al comma 1 è negata se non risulta garantita la capacità della succursale dell'impresa di paesi terzi diversa dalla banca di rispettare gli obblighi alla stessa applicabili ai sensi del presente decreto o contenuti in atti dell'Unione europea direttamente applicabili.

3. Le imprese di paesi terzi diverse dalle banche possono prestare servizi e attività di investimento, con o senza servizi accessori, a clienti al dettaglio o a clienti professionali su richiesta come individuati ai sensi dell'articolo 6, comma 2-quinquies, lettera b), e comma 2-sexies, lettera b), del presente decreto esclusivamente mediante stabilimento di succursali nel territorio della Repubblica, in conformità al comma 1.

4. La Consob, sentita la Banca d'Italia, può disciplinare le condizioni per il rilascio dell'autorizzazione allo svolgimento dei servizi e delle attività di cui ai commi 1 e 6.

5. Alla prestazione in Italia di servizi e attività di investimento, con o senza servizi accessori, in regime di libera prestazione di servizi, nei confronti di controparti qualificate o di clienti professionali come individuati ai sensi dell'articolo 6, comma 2-quinquies, lettera a), e comma 2-sexies, lettera a), del presente decreto, da parte di imprese di paesi terzi diverse dalle banche, si applica il Titolo VIII del regolamento (UE) n. 600/2014.

6. Le imprese di paesi terzi diverse dalle banche possono prestare servizi e attività di investimento, con o senza servizi accessori, a controparti qualificate o a clienti professionali come individuati ai sensi dell'articolo 6, comma 2-quinquies, lettera a), e comma 2-sexies, lettera a), del presente decreto, anche senza stabilimento di succursali nel territorio della Repubblica, in mancanza di una decisione della Commissione europea a norma dell'articolo 47, paragrafo 1, del regolamento (UE) n. 600/2014 oppure ove tale decisione non sia più vigente, sempreché ricorrano le condizioni previste dal comma 1, lettere b), c), d) ed e), e venga presentato un programma concernente l'attività che si intende svolgere nel territorio della Repubblica. L'autorizzazione è rilasciata dalla Consob, sentita la Banca d'Italia.

7. La Consob, sentita la Banca d'Italia, può indicare, in via generale, i servizi e le attività che, ai sensi del comma 6, le imprese di paesi terzi diverse dalle banche non possono prestare nel territorio della Repubblica senza stabilimento di succursali.

Art. 29 (Banche italiane). – 1. Le banche italiane possono prestare servizi o attività di investimento, con o senza servizi accessori, in altri Stati dell'Unione europea, nell'esercizio del diritto di stabilimento, mediante succursali o agenti collegati stabiliti nel territorio dello Stato membro ospitante. Lo stabilimento di succursali è disciplinato dall'articolo 15 del T.U. bancario. La Banca d'Italia può vietare, sentita la Consob, l'impiego di agenti collegati per motivi attinenti all'adeguatezza delle strutture organizzative o della situazione finanziaria, economica o patrimoniale della banca. La Banca d'Italia, sentita la Consob, comunica l'impiego di agenti collegati all'autorità competente dello Stato membro ospitante in conformità a quanto previsto dalle disposizioni del comma 4.

2. Le banche italiane possono prestare servizi e attività di investimento, con o senza servizi accessori, in altri Stati dell'Unione europea, in regime di libera prestazione di servizi, anche mediante l'impiego di agenti collegati stabiliti nel territorio della Repubblica, secondo quanto previsto dalle disposizioni di cui al comma 4.

3. Alla prestazione di servizi e attività di investimento, con o senza servizi accessori, da parte di banche italiane in Stati non UE si applicano gli articoli 15 e 16 del T.U. bancario.

4. La Banca d'Italia disciplina le modalità e le procedure per la prestazione dei servizi di investimento ai sensi dei commi 1, 2 e 3, in conformità con le disposizioni previste dal Meccanismo di Vigilanza Unico istituito ai sensi del regolamento (UE) n. 1024/2013.».

26. Dopo l'articolo 29 del decreto legislativo 24 febbraio 1998, n. 58, sono inseriti i seguenti:

«Art. 29-bis (Banche dell'Unione europea). – 1. Le banche dell'Unione europea possono prestare servizi o attività di investimento, con o senza servizi accessori, nell'esercizio del diritto di stabilimento, mediante succursali o agenti collegati stabiliti nel territorio della Repubblica. Lo stabilimento di succursali è disciplinato dall'articolo 15 del T.U. bancario. La prestazione di servizi di investimento mediante agenti collegati è preceduta da una comunicazione alla Consob, in conformità alle norme tecniche di regolamentazione e di attuazione indicate all'articolo 27, comma 1.

2. Le banche dell'Unione europea possono prestare servizi e attività di investimento, con o senza servizi accessori, nel territorio della Repubblica in regime di libera prestazione di servizi ai sensi dell'articolo 16, comma 3, del T.U. bancario, anche avvalendosi di agenti collegati stabiliti nello Stato membro d'origine, i quali non possono detenere denaro e/o strumenti finanziari dei clienti o potenziali clienti del soggetto per cui operano. La prestazione di servizi di investimento mediante agenti collegati è preceduta da una comunicazione alla Consob, in conformità alle norme tecniche di regolamentazione e di attuazione indicate all'articolo 27, comma 1.

Art. 29-ter (Banche di paesi terzi). – 1. Nel caso in cui sia previsto lo svolgimento di servizi o attività di investimento, con o senza servizi accessori, lo stabilimento in Italia di succursali da parte di banche di paesi terzi è autorizzato dalla Banca d'Italia, sentita la Consob, al ricorrere delle condizioni di cui all'articolo 28, comma 1. Resta ferma l'applicazione degli articoli 13, 14, comma 4, e 15, comma 4, del T.U. bancario.

2. L'autorizzazione è negata se non risulta garantita la capacità della succursale della banca di paesi terzi di rispettare gli obblighi alla stessa applicabili ai sensi del presente decreto o contenuti in atti dell'Unione europea direttamente applicabili.

3. Le banche di paesi terzi possono prestare servizi e attività di investimento, con o senza servizi accessori, a clienti al dettaglio o a clienti professionali su richiesta come individuati ai sensi dell'articolo 6, comma 2-quinquies, lettera b), e comma 2-sexies, lettera b), esclusivamente mediante stabilimento di succursali nel territorio della Repubblica.

4. La Banca d'Italia, sentita la Consob, può disciplinare le condizioni per il rilascio dell'autorizzazione allo svolgimento

dei servizi e delle attività di cui ai commi 1 e 6.

5. Alla prestazione in Italia di servizi e attività di investimento, con o senza servizi accessori, in regime di libera prestazione di servizi nei confronti di controparti qualificate o di clienti professionali come individuati ai sensi dell'articolo 6, comma 2-quinquies, lettera a), e comma 2-sexies, lettera a), del presente decreto da parte di banche di paesi terzi si applicano le disposizioni del Titolo VIII del regolamento (UE) n. 600/2014.

6. Le banche di paesi terzi possono prestare servizi e attività di investimento, con o senza servizi accessori, a controparti qualificate o a clienti professionali come individuati ai sensi dell'articolo 6, comma 2-quinquies, lettera a), e comma 2-sexies, lettera a), del presente decreto anche senza stabilimento di succursali nel territorio della Repubblica, in mancanza di una decisione della Commissione europea a norma dell'articolo 47, paragrafo 1, del regolamento (UE) n. 600/2014, oppure ove tale decisione non sia più vigente, sempreché ricorrano le condizioni previste dall'articolo 28, comma 1, lettere b), c), d) ed e), e venga presentato un programma concernente l'attività che si intende svolgere nel territorio della Repubblica. L'autorizzazione è rilasciata dalla Banca d'Italia, sentita la Consob.

7. La Banca d'Italia, sentita la Consob, può indicare, in via generale, i servizi e le attività che le banche di paesi terzi, ai sensi del comma 6, non possono prestare nel territorio della Repubblica senza stabilimento di succursali.».

27. La rubrica del capo IV del titolo II del decreto legislativo 24 febbraio 1998, n. 58, è sostituita dalla seguente: «Disciplina dell'offerta fuori sede e della vigilanza sui consulenti finanziari».

28. All'articolo 30 del decreto legislativo 24 febbraio 1998, n. 58, sono apportate le seguenti modificazioni:

a) il comma 4 è sostituito dal seguente:

«4. Le Sim, le imprese di investimento UE, le imprese di paesi terzi, le banche, gli intermediari finanziari iscritti nell'albo previsto dall'articolo 106 del Testo Unico bancario, le Sgr, le società di gestione UE, i GEFIA UE e non UE possono effettuare l'offerta fuori sede dei propri servizi e attività di investimento. Ove l'offerta abbia per oggetto servizi e attività prestati da altri intermediari, le Sim, le imprese di investimento UE, le imprese di paesi terzi e le banche devono essere autorizzate allo svolgimento dei servizi previsti dall'articolo 1, comma 5, lettere c) o c-bis).»;

b) al comma 5 le parole: «Le imprese di investimento» sono sostituite dalle seguenti:

«Le Sim, le imprese di investimento UE, le imprese di paesi terzi diverse dalle banche»;

c) al comma 9, dopo le parole: «si applica anche» sono inserite le seguenti: «ai depositi strutturati e» e dopo le parole: «strumenti finanziari» sono inserite le seguenti: «emessi da banche».

29. Dopo l'articolo 30 del decreto legislativo 24 febbraio 1998, n. 58, è inserito il seguente:

«Art. 30-bis (Modalità di prestazione del servizio di consulenza in materia di investimenti da parte dei consulenti finanziari autonomi e delle società di consulenza finanziaria). – 1. I consulenti finanziari autonomi, iscritti nell'albo di cui all'articolo 31, comma 4, possono promuovere e prestare il servizio di consulenza in materia di investimenti anche in luogo diverso dal domicilio eletto. Le società di consulenza finanziaria, iscritte nell'albo di cui all'articolo 31, comma 4, possono promuovere e prestare il servizio di consulenza in materia di investimenti anche in luogo diverso dalla sede legale mediante consulenti finanziari autonomi.

2. L'efficacia del contratto di consulenza concluso in luogo diverso dal domicilio eletto o dalla sede legale è sospesa per la durata di sette giorni decorrenti dalla data di sottoscrizione da parte del cliente al dettaglio. Entro detto termine il cliente può comunicare il proprio recesso senza spese, né corrispettivo al consulente finanziario autonomo o alla società di consulenza finanziaria; tale facoltà è indicata nei moduli o formulari consegnati al cliente al dettaglio.

3. L'omessa indicazione della facoltà di recesso nei moduli o formulari comporta la nullità dei relativi contratti, che può essere fatta valere solo dal cliente dal dettaglio.».

30. All'articolo 31 del decreto legislativo 24 febbraio 1998, n. 58, sono apportate le seguenti modificazioni:

a) la rubrica è sostituita dalla seguente: «Consulenti finanziari abilitati all'offerta fuori sede e Organismo di vigilanza e tenuta dell'albo unico dei consulenti finanziari»;

b) i commi 1 e 2 sono sostituiti dai seguenti:

«1. Per l'offerta fuori sede i soggetti abilitati si avvalgono di consulenti finanziari abilitati all'offerta fuori sede. I consulenti finanziari abilitati all'offerta fuori sede stabiliti sul territorio della Repubblica di cui si avvalgono le imprese di investimento UE e le banche UE sono equiparati, ai fini dell'applicazione delle regole di condotta, a una succursale costituita nel territorio della Repubblica.

2. L'attività di consulente finanziario abilitato all'offerta fuori sede è svolta esclusivamente nell'interesse di un solo soggetto abilitato. Il consulente finanziario abilitato all'offerta fuori sede promuove e colloca i servizi d'investimento e/o i servizi accessori presso clienti o potenziali clienti, riceve e trasmette le istruzioni o gli ordini dei clienti riguardanti servizi d'investimento o prodotti finanziari, promuove e colloca prodotti finanziari, presta consulenza in materia di investimenti ai clienti o potenziali clienti rispetto a detti prodotti o servizi finanziari. Il consulente finanziario abilitato all'offerta fuori sede può promuovere e collocare contratti relativi alla concessione di finanziamenti o alla prestazione di servizi di pagamento per conto del soggetto abilitato nell'interesse del quale esercita l'attività di offerta fuori sede.»;

c) dopo il comma 2 è inserito il seguente:

«2-bis. I consulenti finanziari abilitati all'offerta fuori sede non possono detenere denaro e/o strumenti finanziari dei clienti o potenziali clienti del soggetto per cui operano.»;

d) dopo il comma 3 è inserito il seguente:

«3-bis. I soggetti abilitati garantiscono che i consulenti finanziari abilitati all'offerta fuori sede comunichino immediatamente a qualsiasi cliente o potenziale cliente in che veste operano e quale soggetto abilitato rappresentano. I soggetti abilitati adottano tutti i necessari controlli sulle attività esercitate dai consulenti finanziari abilitati all'offerta fuori sede in modo che i soggetti abilitati stessi continuino a rispettare le disposizioni del presente decreto e delle relative norme di attuazione. I soggetti abilitati che si avvalgono di consulenti finanziari abilitati all'offerta fuori sede verificano che i medesimi possiedano le conoscenze e la competenza adeguate per essere in grado di prestare i servizi d'investimento o i servizi accessori e di comunicare accuratamente tutte le informazioni riguardanti i servizi proposti al cliente o potenziale cliente. I soggetti abilitati che nominano consulenti finanziari abilitati all'offerta fuori sede adottano misure adeguate per evitare qualsiasi eventuale impatto negativo delle attività di questi ultimi che non rientrano nell'ambito di applicazione della direttiva 2014/65/UE del Parlamento europeo e del Consiglio sulle attività esercitate dagli stessi per conto del soggetto abilitato.»;

e) il comma 4 è sostituito dal seguente:

«4. È istituito l'albo unico dei consulenti finanziari, nel quale sono iscritti in tre distinte sezioni i consulenti finanziari abilitati all'offerta fuori sede, i consulenti finanziari autonomi e le società di consulenza finanziaria. Alla tenuta dell'albo provvede l'Organismo di vigilanza e tenuta dell'albo unico dei consulenti finanziari che è costituito dalle associazioni professionali rappresentative dei consulenti finanziari abilitati all'offerta fuori sede, dei consulenti finanziari autonomi, delle società di consulenza finanziaria e dei soggetti abilitati. Alle riunioni dell'assemblea dell'Organismo può assistere un rappresentante della Consob. L'Organismo ha personalità giuridica ed è ordinato in forma di associazione, con autonomia organizzativa e statutaria, nel rispetto del principio di articolazione territoriale delle proprie strutture e attività. L'Organismo esercita i poteri cautelari di cui all'articolo 7-septies e i poteri sanzionatori di cui all'articolo 196. I provvedimenti dell'Organismo sono pubblicati sul proprio sito internet. Lo statuto e il regolamento interno dell'Organismo, e le loro successive modifiche, sono trasmessi al Ministero dell'economia e delle finanze per l'approvazione, sentita la Consob. Il Ministero dell'economia e delle finanze nomina il Presidente del collegio sindacale dell'Organismo. Nell'ambito della propria autonomia finanziaria l'Organismo determina e riscuote i contributi e le altre somme dovute dagli iscritti, dai richiedenti l'iscrizione e da coloro che intendono sostenere la prova valutativa di cui al comma 5, nella misura necessaria per garantire lo svolgimento delle proprie attività. Il provvedimento con cui l'Organismo ingiunge il pagamento dei contributi dovuti ha efficacia di titolo esecutivo. Decorso inutilmente il termine fissato per il pagamento, l'Organismo procede alla esazione delle somme dovute in base alle norme previste per la riscossione, mediante ruolo, delle entrate dello Stato, degli enti territoriali, degli enti pubblici e previdenziali. Esso provvede all'iscrizione all'albo, previa verifica dei necessari requisiti, alla cancellazione dall'albo nelle ipotesi stabilite dalla Consob con il regolamento di cui al comma 6, e svolge ogni altra attività necessaria per la tenuta dell'albo. L'Organismo opera nel rispetto dei principi e dei criteri stabiliti con regolamento della Consob, e sotto la vigilanza della medesima. All'Organismo, nell'esercizio dell'attività di vigilanza sui soggetti iscritti all'albo, si applica il regime di responsabilità previsto per l'esercizio delle funzioni di controllo da parte della Consob ai sensi dell'articolo 24, comma 6-bis, della legge 28 dicembre 2005, n. 262.»;

f) al comma 5, primo periodo, dopo le parole: «per l'iscrizione» sono inserite le seguenti: «dei consulenti finanziari abilitati all'offerta fuori sede»;

g) al comma 6 sono apportate le seguenti modificazioni:

1) alla lettera b), dopo le parole: «fuori sede» sono inserite le seguenti: «, dei consulenti finanziari autonomi, delle società di consulenza finanziaria»;

2) la lettera c) è sostituita dalla seguente:

«c) all'iscrizione, alla cancellazione e alle cause di riammissione all'albo previsto dal comma 4;»;

3) dopo la lettera d) è inserita la seguente:

«d-bis) all'attività di vigilanza svolta dall'Organismo;»;

4) alla lettera e) la parola: «55» è sostituita dalla seguente: «7-septies»;

5) alla lettera f) la parola: «organismo» è sostituita dalla seguente: «Organismo»;

6) alla lettera g), dopo le parole: «fuori sede» sono inserite le seguenti: «, i consulenti finanziari autonomi e le società di consulenza finanziaria»;

7) alla lettera h), dopo le parole: «fuori sede» sono inserite le seguenti: «, dai consulenti finanziari autonomi e dalle società di consulenza finanziaria»;

8) le lettere i) ed l) sono sostituite dalle seguenti:

«i) all'attività dell'Organismo di cui al comma 4;

l) alle modalità di aggiornamento professionale dei consulenti finanziari abilitati all'offerta fuori sede, dei consulenti finanziari autonomi e dei soggetti che svolgono, per conto delle società di cui all'articolo 18-ter, attività di consulenza in materia di investimenti nei confronti della clientela.»;

h) dopo il comma 6 è inserito il seguente:

«6-bis. Per le società di consulenza finanziaria di cui all'articolo 18-ter, la Consob adotta le disposizioni attuative dell'articolo 4-undecies.»;

i) il comma 7 è sostituito dal seguente:

«7. L'Organismo può chiedere ai consulenti finanziari abilitati all'offerta fuori sede o ai soggetti che si avvalgono dei medesimi, ai consulenti finanziari autonomi ed alle società di consulenza finanziaria la comunicazione di dati e notizie e la trasmissione di atti e documenti fissando i relativi termini. Esso può inoltre effettuare ispezioni e richiedere l'esibizione di documenti e il compimento degli atti ritenuti necessari nonché procedere ad audizione personale. Nell'esercizio dell'attività ispettiva, l'Organismo può avvalersi, previa comunicazione alla Consob, della Guardia di Finanza che agisce con i poteri ad essa attribuiti per l'accertamento dell'imposta sul valore aggiunto e delle imposte sui redditi, utilizzando strutture e personale esistenti in modo da non determinare oneri aggiuntivi. I contenuti e le modalità di collaborazione tra l'Organismo e la Guardia di finanza sono definite in apposito protocollo d'intesa.».

31. Dopo l'articolo 31 del decreto legislativo 24 febbraio 1998, n. 58, è inserito il seguente:

«Art. 31-bis (Vigilanza della Consob sull'Organismo). – 1. La Consob vigila sull'Organismo secondo modalità, dalla stessa stabilite, improntate a criteri di proporzionalità ed economicità dell'azione di controllo e con la finalità di verificare l'adeguatezza delle procedure interne adottate dall'Organismo per lo svolgimento dei compiti a questo affidati.

2. Per le finalità indicate al comma 1, la Consob può accedere al sistema informativo che gestisce l'albo, richiedere all'Organismo la comunicazione periodica di dati e notizie e la trasmissione di atti e documenti con le modalità e nei termini dalla stessa stabiliti, effettuare ispezioni, richiedere l'esibizione dei documenti e il compimento degli atti ritenuti necessari, nonché convocare i componenti dell'Organismo.

3. L'Organismo informa tempestivamente la Consob degli atti e degli eventi di maggior rilievo relativi all'esercizio delle proprie funzioni e trasmette, entro il 31 gennaio di ogni anno, una relazione dettagliata sull'attività svolta nell'anno precedente e sul piano delle attività predisposto per l'anno in corso.

4. La Consob e l'Organismo collaborano tra loro, anche mediante scambio di informazioni, al fine di agevolare lo svolgimento delle rispettive funzioni.

5. Tutte le notizie, le informazioni e i dati in possesso dell'Organismo in ragione della sua attività di vigilanza sono coperti dal segreto d'ufficio. Sono fatti salvi i casi previsti dalla legge per le indagini relative a violazioni sanzionate penalmente. L'Organismo non può opporre il segreto d'ufficio alla Banca d'Italia, all'IVASS, alla Covip e al Ministro dell'economia e delle finanze.

6. Il Ministero dell'economia e delle finanze, su proposta della Consob, può disporre con decreto lo scioglimento degli organi di gestione e di controllo dell'organismo di cui all'articolo 31 qualora risultino gravi irregolarità nell'amministrazione, ovvero gravi violazioni delle disposizioni legislative, amministrative o statutarie che regolano l'attività dello stesso. Il Ministero dell'economia e delle finanze provvede agli adempimenti necessari alla ricostituzione degli organi di gestione e controllo dell'organismo, assicurandone la continuità operativa, se necessario anche attraverso la nomina di un commissario. La Consob può disporre la rimozione di uno o più componenti degli organi di gestione e controllo in caso di grave inosservanza dei doveri ad essi assegnati dalla legge, dallo statuto o dalle disposizioni di vigilanza, nonché dei provvedimenti specifici e di altre istruzioni impartite dalla Consob, ovvero in caso di comprovata inadeguatezza, accertata dalla Consob, all'esercizio delle funzioni cui sono preposti.».

32. L'articolo 32-ter del decreto legislativo 24 febbraio 1998, n. 58, è sostituito dal seguente:

«Art. 32-ter (Risoluzione stragiudiziale di controversie). – 1. I soggetti nei cui confronti la Consob esercita la propria attività di vigilanza, da individuarsi con il regolamento di cui al comma 2, devono aderire a sistemi di risoluzione stragiudiziale delle controversie con gli investitori diversi dai clienti professionali di cui all'articolo 6, commi 2-quinquies e 2-sexies, del presente decreto. In caso di mancata adesione, alle società e agli enti si applicano le sanzioni di cui all'articolo 190, comma 1, e alle persone fisiche di cui all'articolo 18-bis si applicano le sanzioni di cui all'articolo 187-quinquiesdecies, comma 1-bis, del presente decreto.

2. La Consob determina, con proprio regolamento, nel rispetto dei principi, delle procedure e dei requisiti di cui alla parte V, titolo II-bis, del decreto legislativo 6 settembre 2005, n. 206, e successive modificazioni, i criteri di svolgimento delle procedure di risoluzione delle controversie di cui al comma 1 nonché i criteri di composizione dell'organo decidente, in modo che risulti assicurata l'imparzialità dello stesso e la rappresentatività dei soggetti interessati.

3. Alla copertura delle relative spese di funzionamento si provvede, senza nuovi o maggiori oneri per la finanza pubblica, con le risorse di cui all'articolo 40, comma 3, della legge 23 dicembre 1994, n. 724, e successive modificazioni, oltre che con gli importi posti a carico degli utenti delle procedure medesime.».

33. Dopo l'articolo 32-ter del decreto legislativo 24 febbraio 1998, n. 58, è inserito il seguente:

«Art. 32-ter.1 (Fondo per la tutela stragiudiziale dei risparmiatori e degli investitori). – 1. Al fine di agevolare l'accesso dei risparmiatori e degli investitori alla più ampia tutela nell'ambito delle procedure di risoluzione stragiudiziale delle controversie di cui all'articolo 32-ter, la Consob istituisce presso il proprio bilancio il Fondo per la tutela stragiudiziale dei risparmiatori e degli investitori, di seguito denominato "Fondo". Il Fondo è destinato a garantire ai risparmiatori e agli investitori, diversi dai clienti professionali di cui all'articolo 6, commi 2-quinquies e 2-sexies, del presente decreto, nei limiti delle disponibilità del Fondo medesimo, la gratuità dell'accesso alla procedura di risoluzione stragiudiziale delle controversie di cui all'articolo 32-ter del presente decreto, mediante esonero dal versamento della relativa quota concernente le spese amministrative per l'avvio della procedura, nonché, per l'eventuale parte residua, a consentire l'adozione di ulteriori misure a favore dei risparmiatori e degli investitori, da parte della Consob, anche con riguardo alla tematica dell'educazione finanziaria.

2. Il Fondo è finanziato con il versamento della metà degli importi delle sanzioni amministrative pecuniarie riscosse per la violazione delle norme che disciplinano le attività di cui alla parte II del presente decreto, nonché, nel limite di 250.000 euro annui a decorrere dall'anno 2016, con le risorse iscritte in un apposito capitolo dello stato di previsione del Ministero dell'economia e delle finanze in relazione ai versamenti effettuati all'entrata del bilancio dello Stato per il pagamento della tassa sulle concessioni governative di cui al decreto del Presidente della Repubblica 26 ottobre 1972, n. 641, per l'iscrizione nell'albo di cui all'articolo 31, comma 4, del presente decreto. L'impiego delle somme affluite al Fondo, con riguardo a quelle relative alla violazione delle norme che disciplinano le attività di cui alla parte II del presente decreto, è condizionato all'accertamento, con sentenza passata in giudicato o con lodo arbitrale non più impugnabile, della violazione sanzionata. Nel caso di incapienza del Fondo resta fermo quanto previsto dal comma 3 dell'articolo 32-ter del presente decreto. La Consob adotta le occorrenti misure affinché gli importi delle sanzioni amministrative pecuniarie di cui al primo periodo affluiscano, nella misura spettante, contestualmente al versamento da parte del soggetto obbligato, direttamente al bilancio della Consob, per essere destinate al Fondo.».

34. All'articolo 33 del decreto legislativo 24 febbraio 1998, n. 58, sono apportate le seguenti modificazioni:

a) al comma 2, lettera d), le parole: «articolo 1, comma 6, lettera a)» sono sostituite dalle seguenti: «Allegato I, Sezione B, numero (1)»;

b) al comma 4 le parole: «6, comma 2-bis» sono sostituite dalle seguenti: «6, comma 1, lettera c-bis), numero 8), e comma 2-bis)».

35. All'articolo 41-bis del decreto legislativo 24 febbraio 1998, n. 58, il comma 6 è sostituito dal seguente:

«6. Le società di gestione UE che svolgono le attività di cui ai commi 1 e 3 nel territorio della Repubblica, mediante stabilimento di succursali, sono tenute a rispettare le norme di condotta previste all'articolo 35-decies. La Banca d'Italia e la Consob possono chiedere, nell'ambito delle rispettive competenze, alle società di gestione UE la comunicazione di dati e notizie e la trasmissione di atti e documenti con le modalità e nei termini dalle stesse stabiliti. La Banca d'Italia e la Consob, nell'ambito delle rispettive competenze, possono chiedere informazioni al personale delle società di gestione UE, anche per il tramite di queste ultime.».

36. All'articolo 41-ter del decreto legislativo 24 febbraio 1998, n. 58, il comma 4 è sostituito dal seguente:

«4. I GEFIA UE che svolgono le attività previste dal comma 1 e dal capo II-ter nel territorio della Repubblica mediante stabilimento di succursali, sono tenute a rispettare le norme di condotta previste dall'articolo 35-decies e dalle relative disposizioni di attuazione e gli obblighi in materia di gestione dei conflitti di interessi adottati in attuazione dell'articolo 6, comma 2, lettera b-bis), numero 6), e comma 2-bis. La Banca d'Italia e la Consob possono chiedere, nell'ambito delle rispettive competenze, ai GEFIA UE la comunicazione di dati e notizie e la trasmissione di atti e documenti con le modalità e nei termini dalle stesse stabiliti. La Banca d'Italia e la Consob, nell'ambito delle rispettive competenze, possono chiedere informazioni al personale dei GEFIA UE, anche per il tramite di questi ultimi.».

37. All'articolo 41-quater del decreto legislativo 24 febbraio 1998, n. 58, il comma 3 è sostituito dal seguente:

«3. I GEFIA non UE che svolgono le attività previste dal comma 1 nel territorio della Repubblica mediante stabilimento di succursali, rispettano le norme di condotta previste dall'articolo 35-decies e dalle relative disposizioni di attuazione e gli obblighi in materia di gestione dei conflitti di interessi adottate in attuazione dell'articolo 6, comma 2, lettera b-bis), numero 6), e comma 2-bis. La Banca d'Italia e la Consob possono chiedere, nell'ambito delle rispettive competenze, alle succursali italiane di GEFIA non UE la comunicazione di dati e notizie e la trasmissione di atti e documenti con le modalità e nei termini dalle stesse stabiliti. La Banca d'Italia e la Consob, nell'ambito delle rispettive competenze, possono chiedere informazioni al personale delle succursali italiane di GEFIA non UE, anche per il tramite di queste ultime.».

38. All'articolo 44 del decreto legislativo 24 febbraio 1998, n. 58, il comma 9 è sostituito dal seguente:

«9. La Consob e la Banca d'Italia esercitano i poteri previsti dagli articoli 6-bis e 6-ter nei confronti degli organismi esteri indicati al comma 5 e dei relativi gestori. A tali soggetti si applica altresì l'articolo 8.».

39. All'articolo 46-ter del decreto legislativo 24 febbraio 1998, n. 58, il primo periodo del comma 3 è sostituito dai seguenti: «La Banca d'Italia e la Consob possono chiedere, nell'ambito delle rispettive competenze, ai gestori, la comunicazione di dati e notizie e la trasmissione di atti e documenti con le modalità e nei termini dalle stesse stabiliti. La Banca d'Italia e la Consob, nell'ambito delle rispettive competenze, possono chiedere informazioni al personale dei gestori, anche per il tramite di questi ultimi.».

40. All'articolo 47 del decreto legislativo 24 febbraio 1998, n. 58, il comma 2 è sostituito dal seguente:

«2. L'incarico di depositario può essere assunto da banche italiane, succursali italiane di banche UE e di banche di paesi terzi, Sim e succursali italiane di imprese di investimento UE e di imprese di paesi terzi diverse dalle banche.».

41. All'articolo 48, comma 3-bis, del decreto legislativo 24 febbraio 1998, n. 58, le parole:

«articolo 6, comma 2-bis, lettera k)» sono sostituite dalle seguenti: «articolo 6, comma 1, lettera c-bis), numero 8), e comma 2-bis».

42. La rubrica del capo III-quater del titolo III del decreto legislativo 24 febbraio 1998, n. 58, è sostituita dalla seguente: «Gestione di portali per la raccolta di capitali per le piccole e medie imprese e per le imprese sociali».

43. All'articolo 50-quinquies del decreto legislativo 24 febbraio 1998, n. 58, sono apportate le seguenti modificazioni: a) la rubrica è sostituita dalla seguente: «(Gestione di portali per la raccolta di capitali per le piccole e medie imprese e per le imprese sociali)»;

b) i commi 1 e 2 sono sostituiti dai seguenti:

«1. È gestore di portali il soggetto che esercita professionalmente il servizio di gestione di portali per la raccolta di capitali per le piccole e medie imprese e per le imprese sociali ed è iscritto nel registro di cui al comma 2.

2. L'attività di gestione di portali per la raccolta di capitali per le piccole e medie imprese e per le imprese sociali è riservata alle Sim, alle imprese di investimento UE, alle imprese di paesi terzi diverse dalle banche autorizzate in Italia, ai gestori di cui all'articolo 1, comma 1, lettera q-bis), limitatamente all'offerta di quote o azioni di Oicr che investono prevalentemente in piccole e medie imprese e alle banche, autorizzati ai relativi servizi di investimento, nonché ai soggetti iscritti in un apposito registro tenuto dalla Consob, a condizione che questi ultimi trasmettano gli ordini riguardanti la sottoscrizione e la compravendita di strumenti finanziari rappresentativi di capitale esclusivamente a banche, Sim, imprese di investimento UE e imprese di paesi terzi diverse dalla banche, e gli ordini riguardanti azioni o quote degli Oicr ai relativi gestori. Ai soggetti iscritti in tale registro non si applicano le disposizioni della parte II, titolo II, capo II e dell'articolo 32.»;

c) al comma 3, dopo la lettera e), è aggiunta la seguente:

«e-bis) adesione a un sistema di indennizzo a tutela degli investitori o stipula di un'assicurazione di responsabilità professionale che garantisca una protezione equivalente alla clientela, secondo i criteri stabiliti dalla Consob con regolamento.»;

d) al comma 6, secondo periodo, dopo le parole: «la Consob può» sono inserite le seguenti:

«convocare gli amministratori, i sindaci e il personale dei gestori,»;

e) dopo il comma 6 è inserito il seguente:

«6-bis. La Consob adotta le disposizioni attuative dell'articolo 4-undecies.»;

f) il comma 7 è abrogato.

44. Il capo I del titolo IV del decreto legislativo 24 febbraio 1998, n. 58, è abrogato.

45. All'articolo 55-quinquies, comma 1, del decreto legislativo 24 febbraio 1998, n. 58, il secondo periodo è sostituito dal seguente: «A tal fine la Banca d'Italia esercita i poteri indicati dagli articoli 6-bis, commi 1, 2, 3, 11; 6-ter, commi 1, 5, 6, 7, 8; e 12, comma 5. Le misure sono adottate su proposta della Consob quando le violazioni riguardano disposizioni sul cui rispetto questa vigila.».

46. All'articolo 56 del decreto legislativo 24 febbraio 1998, n. 58, sono apportate le seguenti modificazioni:

a) al comma 1, lettera c), le parole: «articolo 53» sono sostituite dalle seguenti: «articolo 7-sexies»;

b) al comma 2 le parole: «investimento extracomunitarie» sono sostituite dalle seguenti: «paesi terzi diverse dalle banche» e le parole: «dell'impresa di investimento» sono sostituite dalle seguenti: «dell'impresa»;

c) al comma 3 le parole: «investimento extracomunitarie» sono sostituite dalle seguenti: «paesi terzi diverse dalle banche».

47. All'articolo 56-bis, comma 1, del decreto legislativo 24 febbraio 1998, n. 58, dopo le parole: «la Banca d'Italia» sono inserite le seguenti: «, sentita la Consob».

48. All'articolo 57 del decreto legislativo 24 febbraio 1998, n. 58, sono apportate le seguenti modificazioni:

a) al comma 1, ultimo periodo, le parole: «decreto di recepimento della direttiva 2014/59/UE» sono sostituite dalle seguenti: «decreto legislativo 16 novembre 2015, n. 180»;

b) al comma 2 le parole: «articolo 53» sono sostituite dalle seguenti: «articolo 7-sexies».

49. All'articolo 58 del decreto legislativo 24 febbraio 1998, n. 58, sono apportate le seguenti modificazioni:

a) al comma 1 la parola: «comunitaria» è sostituita dalla seguente: «UE»;

b) al comma 2 le parole: «investimento extracomunitarie» sono sostituite dalle seguenti: «paesi terzi diverse dalle banche».

50. All'articolo 58-bis del decreto legislativo 24 febbraio 1998, n. 58, sono apportate le seguenti modificazioni:

a) la rubrica è sostituita dalla seguente: «(Imprese di investimento operanti nell'Unione europea)»;

b) al comma 1 le parole: «comunitarie» sono sostituite dalle seguenti: «UE»;

c) al comma 2, lettera a), le parole: «articolo 52» sono sostituite dalle seguenti: «articolo 7-quater».

51. All'articolo 60 del decreto legislativo 24 febbraio 1998, n. 58, sono apportate le seguenti modificazioni:

a) al comma 1 dopo le parole: «imprese di investimento» è inserita la seguente: «UE» e la parola: «comunitarie» è sostituita dalla seguente: «UE»;

b) al comma 2, primo e secondo periodo, le parole: «investimento e di banche extracomunitarie» sono sostituite dalle seguenti: «paesi terzi».

52. All'articolo 60-bis del decreto legislativo 24 febbraio 1998, n. 58, sono apportate le seguenti modificazioni:

a) al comma 3 dopo le parole: «gli atti previsti» sono inserite le seguenti: «dagli articoli 7-ter, 7-quater, 7-quinquies, 7-sexies e»;

b) al comma 5 le parole: «comunitarie o extracomunitarie» sono sostituite dalle seguenti: «UE o di imprese di paesi terzi diverse dalle banche».

53. All'articolo 60-bis.1 del decreto legislativo 24 febbraio 1998, n. 58, sono apportate le seguenti modificazioni:

a) al comma 1 le parole: «investimento extracomunitarie» sono sostituite dalle seguenti: «paesi terzi diverse dalle banche» e le parole: «di recepimento della direttiva 2014/59/UE» sono sostituite dalle seguenti: «legislativo 16 novembre 2015, n. 180»;

b) ai commi 2, 3 e 4 le parole: «di recepimento della direttiva 2014/59/UE» sono sostituite dalle seguenti: «legislativo 16 novembre 2015, n. 180».

3. Modifiche alla parte III del decreto legislativo 24 febbraio 1998, n. 58. – 1. Il titolo I della parte III del decreto legislativo 24 febbraio 1998, n. 58, è sostituito dal seguente:

«Titolo I – DISPOSIZIONI COMUNI

Art. 61 (Definizioni). – 1. Nella presente parte si intendono per:

a) "strategia di market making": ai fini degli articoli 65-sexies e 67-ter, la strategia perseguita da chi svolge negoziazioni algoritmiche quando, operando per conto proprio in qualità di membro o partecipante di una o più sedi di negoziazione, la strategia comporta l'immissione di quotazioni irrevocabili e simultanee di acquisto e di vendita, di misura comparabile e a prezzi competitivi, relative a uno o più strumenti finanziari su un'unica sede di negoziazione o su diverse sedi di negoziazione, con il risultato di fornire liquidità in modo regolare e frequente al mercato;

b) "fondi indicizzati quotati" (exchange-traded funds – ETF): gli Oicr con almeno una particolare categoria di azioni o quote negoziata per tutta la giornata in almeno una sede di negoziazione, nell'ambito della quale almeno un market-maker interviene per assicurare che il prezzo delle sue azioni o quote nella sede di negoziazione non si discosti in maniera significativa dal rispettivo valore netto di inventario né, se del caso, da quello indicativo calcolato in tempo reale (indicative net asset value);

c) "certificates": i titoli negoziabili quali definiti all'articolo 2, paragrafo 1, punto 27), del regolamento (UE) n. 600/2014;

d) "strumenti finanziari strutturati": gli strumenti finanziari strutturati quali definiti all'articolo 2, paragrafo 1, punto 28), del regolamento (UE) n. 600/2014;

e) "sedi di negoziazione all'ingrosso": le sedi di negoziazione di titoli di Stato o di titoli obbligazionari privati e pubblici, diversi da titoli di Stato, nonché di strumenti del mercato monetario e di strumenti finanziari derivati su titoli pubblici, su tassi di interesse e su valute che, in base alle regole adottate dal gestore della sede, consentono esclusivamente le negoziazioni tra operatori che impegnano posizioni proprie ovvero, nel caso dei soggetti abilitati, quelle nelle quali gli operatori eseguono in contropartita diretta, con posizioni proprie, ordini di clienti professionali;

f) "operatore principale": i soggetti indicati nell'articolo 2, paragrafo 1, lettera n), del regolamento (UE) n. 236/2012, relativo alle vendite allo scoperto e a taluni aspetti dei contratti derivati aventi ad oggetto la copertura del rischio di inadempimento dell'emittente (credit default swap);

g) "mercato di crescita per le PMI": un sistema multilaterale di negoziazione registrato come un mercato di crescita per le PMI in conformità all'articolo 69;

h) "piccola o media impresa": un'impresa come definita dall'articolo 2, paragrafo 1, lettera (f), del regolamento (UE) 2017/1129.

Art. 61-bis (Principi di regolamentazione). – 1. La Banca d'Italia e la Consob esercitano i poteri regolamentari previsti dalla presente parte nell'osservanza dei principi di cui all'articolo 6, comma 01.

Titolo I-BIS – DISCIPLINA DELLE SEDI DI NEGOZIAZIONE E INTERNALIZZATORI SISTEMATICI Capo I – Finalità e destinatari della vigilanza

Art. 62 (Vigilanza sulle sedi di negoziazione). – 1. La Consob vigila sulle sedi di negoziazione e, fermi restando i poteri e le attribuzioni della Consob e della Banca d'Italia ai sensi della parte II del presente decreto, sui relativi gestori, al fine di assicurare la trasparenza, l'ordinato svolgimento delle negoziazioni e la tutela degli investitori.

2. La Consob vigila affinché la regolamentazione del mercato regolamentato e le regole delle altre sedi di negoziazione, adottate dai relativi gestori, siano idonee ad assicurare l'effettivo conseguimento della trasparenza del mercato, l'ordinato svolgimento delle negoziazioni e la tutela degli investitori e può richiedere ai gestori delle sedi di negoziazione le opportune modifiche idonee a eliminare le disfunzioni riscontrate.

3. In caso di necessità e urgenza, la Consob adotta nei confronti dei mercati regolamentati e per le finalità indicate al comma 1 i provvedimenti necessari, anche sostituendosi al gestore del mercato regolamentato.

4. I provvedimenti previsti dal comma 3 possono essere adottati dal Presidente della Consob o da chi lo sostituisce in caso di sua assenza o impedimento. Essi sono immediatamente esecutivi e sono sottoposti all'approvazione della Commissione che delibera nel termine di cinque giorni; i provvedimenti perdono efficacia se non approvati entro tale termine.

Art. 62-bis (Sedi di negoziazione all'ingrosso di titoli di Stato e operatori principali). – 1. Il Ministro dell'economia e delle finanze, sentite la Banca d'Italia e la Consob, con regolamento può stabilire requisiti specifici per le sedi di negoziazione all'ingrosso di titoli di Stato e per i relativi gestori, individuare ulteriori modalità di negoziazione e/o tipologie di operatori ammessi su tali sedi, nonché definire criteri per attribuire la qualifica di operatore principale ai soggetti operanti sulle sedi di negoziazione di titoli di Stato.

Art. 62-ter (Vigilanza sulle sedi di negoziazione all'ingrosso). – 1. Ferme restando le competenze e i poteri della Consob ai sensi del presente decreto, la Banca d'Italia vigila sulle sedi di negoziazione all'ingrosso di titoli di Stato e, fermi restando i poteri e le attribuzioni della Consob e della Banca d'Italia ai sensi della parte II del presente decreto, sui relativi gestori, avendo riguardo all'efficienza complessiva del mercato e all'ordinato svolgimento delle negoziazioni.

2. La Banca d'Italia vigila affinché la regolamentazione del mercato regolamentato all'ingrosso di titoli di Stato e le regole delle altre sedi di negoziazione all'ingrosso di titoli di Stato, adottate dai relativi gestori, siano idonee ad assicurare una negoziazione corretta e ordinata e un'esecuzione efficiente degli ordini e può richiedere ai gestori delle sedi di negoziazione le opportune modifiche idonee a eliminare le disfunzioni riscontrate.

3. In caso di necessità e urgenza, la Banca d'Italia adotta, nei confronti dei mercati regolamentati e per le finalità indicate al comma 1, i provvedimenti necessari, anche sostituendosi al gestore del mercato regolamentato.

4. La Banca d'Italia e la Consob, al fine di coordinare l'esercizio delle proprie funzioni di vigilanza e di ridurre al minimo gli oneri gravanti sulle sedi di negoziazione all'ingrosso, stipulano un protocollo d'intesa avente ad oggetto i compiti di ciascuna e le modalità della cooperazione e dello scambio di informazioni nello svolgimento delle rispettive competenze, anche con riferimento all'operatività in Italia di sedi di negoziazione di altri Stati membri che scambiano all'ingrosso titoli di Stato, nonché alle irregolarità rilevate e ai provvedimenti assunti nell'esercizio dell'attività di vigilanza. Il protocollo d'intesa è reso pubblico dalla Banca d'Italia e dalla Consob con le modalità da esse stabilite.

Art. 62-quater (Vigilanza regolamentare e informativa sulle sedi di negoziazione all'ingrosso). – 1. La Banca d'Italia con proprio provvedimento individua gli obblighi informativi e di comunicazione dei gestori delle sedi di negoziazione all'ingrosso dei titoli di Stato nei propri confronti, indicando anche contenuto, termini e modalità di comunicazione.

2. Per le sedi di negoziazione all'ingrosso di titoli di Stato:

a) i poteri regolamentari previsti negli articoli 64, comma 4; 64-bis, comma 6; 64-ter, comma 9; 65, comma 2; 65-quater, comma 5; 65-sexies, comma 7; 74, comma 2 e 76, comma 2, sono esercitati dalla Consob, d'intesa con la Banca d'Italia;

b) le attribuzioni della Consob di cui agli articoli 64, comma 5; 64-quater, commi 1, 6, 7 e 9 e 64-quinquies, comma 1, sono esercitate dal Ministero dell'economia e delle finanze, sentite la Banca d'Italia e la Consob;

c) le attribuzioni della Consob di cui agli articoli 64, comma 7; 64-bis, commi 5, 8 e 9; 64-ter, comma 7; 64-quinquies, commi 2, 4, 5 e 6; 65-sexies, comma 6; 67, commi 8 e 11 e 67-bis, comma 2, spettano alla Banca d'Italia; il diritto di accesso al book di negoziazione, ai sensi dell'articolo 65-septies, comma 2, è attribuito, oltre che alla Consob, anche alla Banca d'Italia;

d) le informazioni, le comunicazioni e le segnalazioni previste dagli articoli 64-bis, commi 3 e 4; 64-ter, comma 8; 64-quater, comma 8; 65-bis, comma 3; 65-septies, comma 3; e 66-ter, comma 3, sono trasmesse al Ministero dell'economia e delle finanze, alla Banca d'Italia e alla Consob;

e) le informazioni e le comunicazioni previste dalle disposizioni incluse nel capo II sono trasmesse alla Banca d'Italia in luogo della Consob, ad eccezione delle comunicazioni previste dall'articolo 65-septies, commi 4 e 5.

3. Per le sedi di negoziazione all'ingrosso di titoli obbligazionari privati e pubblici, diversi da titoli di Stato, nonché di strumenti del mercato monetario e di strumenti finanziari derivati su titoli pubblici, su tassi di interesse e su valute, i poteri e le attribuzioni di cui agli articoli 64, commi 4, 5 e 7; 64-bis, commi 5, 6, 8 e 9; 64-ter, commi 7 e 9; 64-quater, commi 1, 6, 7 e 9; 64-quinquies comma 1, 2, 4, 5 e 6; 65, comma 2; 65-quater, comma 5; 65-sexies, comma 7, sono esercitati dalla Consob, sentita la Banca d'Italia.

4. La Banca d'Italia e la Consob si scambiano reciprocamente le informazioni e le comunicazioni acquisite con riguardo alle sedi di negoziazione all'ingrosso di titoli obbligazionari privati e pubblici, inclusi i titoli di Stato, nonché di strumenti di mercato monetario e di strumenti finanziari derivati su titoli pubblici, su tassi di interesse e su valute secondo le modalità stabilite nel protocollo di intesa di cui all'articolo 62-ter, comma 4.

Art. 62-quinquies (Vigilanza sul rispetto di disposizioni dell'Unione europea direttamente applicabili). – 1. La Consob e la Banca d'Italia vigilano, ciascuna per quanto di competenza, ai sensi della presente parte, sul rispetto delle disposizioni dettate dal regolamento (UE) n. 600/2014 nonché dagli atti delegati, dalle norme tecniche di regolamentazione e di attuazione del citato regolamento e della direttiva 2014/65/UE.

Art. 62-sexies (Vigilanza sulle sedi di negoziazione di strumenti finanziari sull'energia e il gas). – 1. Ai mercati regolamentati per la negoziazione di strumenti finanziari derivati sull'energia elettrica e il gas e alle società che organizzano e gestiscono tali mercati si applicano le disposizioni del presente titolo, fatto salvo quanto indicato ai commi 2, 3, 4, 5 e 6.

2. I provvedimenti di cui agli articoli 62, comma 2; 64-bis, commi 5 e 8; 64-quater, commi 1, 2 e 6; 64-quinquies, commi 1 e 5; 67, comma 9; 70, commi 1 e 2; 90-quinquies, comma 2, lettera b), e 90-sexies, comma 2, sono adottati dalla Consob, d'intesa con l'Autorità per l'energia elettrica, il gas e il sistema idrico.

3. I poteri e le attribuzioni della Consob previsti dall'articolo 67, comma 10, sono esercitati dalla Consob, sentita l'Autorità per l'energia elettrica, il gas e il sistema idrico.

4. L'Autorità per l'energia elettrica, il gas e il sistema idrico esercita le attribuzioni previste nel presente articolo in funzione delle generali esigenze di stabilità, economicità e concorrenzialità dei mercati dell'energia elettrica e del gas, nonché di sicurezza e efficiente funzionamento delle reti nazionali di trasporto dell'energia elettrica e del gas.

5. Nell'esercizio delle funzioni previste dal presente articolo, la Consob e l'Autorità per l'energia elettrica, il gas e il sistema idrico si prestano reciproca assistenza e collaborano tra loro anche mediante scambio di informazioni, senza che sia opponibile il segreto d'ufficio. La Consob e l'Autorità per l'energia elettrica, il gas e il sistema idrico agiscono in modo coordinato, a tal fine stipulando appositi protocolli di intesa.

6. L'Autorità per l'energia elettrica, il gas e il sistema idrico informa il Ministero dello sviluppo economico sull'attività di vigilanza svolta e sulle irregolarità riscontrate che possono incidere sul funzionamento dei mercati fisici dei prodotti sottesi nonché sulla sicurezza e sull'efficiente funzionamento delle reti nazionali di trasporto dell'energia elettrica e del gas.

Art. 62-septies (Vigilanza sui sistemi multilaterali di scambio di depositi monetari in euro). – 1. La Banca d'Italia vigila sull'efficienza e sul buon funzionamento dei sistemi multilaterali di scambio di depositi monetari in euro, nonché sui soggetti gestori, e può richiedere le opportune modifiche alle regole del sistema idonee a eliminare le disfunzioni riscontrate.

2. La Banca d'Italia, con le modalità e nei termini da essa stabiliti, può richiedere la comunicazione anche periodica di dati, notizie, atti e documenti ai soggetti gestori dei sistemi multilaterali di scambio di depositi monetari in euro e agli operatori che vi partecipano. La Banca d'Italia può eseguire ispezioni presso i medesimi soggetti gestori e richiedere l'esibizione di documenti e il compimento degli atti ritenuti necessari. Gli stessi poteri possono essere esercitati anche nei confronti di altri soggetti coinvolti nell'attività del soggetto gestore. A tale fine, la Banca d'Italia può procedere anche ad audizioni personali. La Banca d'Italia può autorizzare i revisori dei conti o gli esperti a procedere a verifiche presso i soggetti gestori; le relative spese sono poste a carico del soggetto ispezionato.

3. La Banca d'Italia con proprio provvedimento individua gli obblighi informativi e di comunicazione dei gestori nei propri confronti, indicando anche contenuto, termini e modalità di comunicazione.

4. Agli scambi previsti dal comma 1 non si applicano le disposizioni dettate nella presente parte per i sistemi multilaterali di negoziazione.

Art. 62-octies (Poteri informativi e di indagine). – 1. La Consob e la Banca d'Italia, nell'ambito delle rispettive competenze e nel perseguimento delle finalità previste dagli articoli 62, comma 1, e 62-ter, comma 1, possono:

a) chiedere a chiunque la comunicazione, anche periodica, di dati e notizie e la trasmissione di atti e documenti con le modalità e nei termini da esse stabiliti;

b) procedere ad audizione personale nei confronti di chiunque possa essere in possesso di informazioni pertinenti;

c) richiedere ai revisori legali o alle società di revisione delle sedi di negoziazione di fornire informazioni.

2. Nel caso previsto dalla lettera b) del comma 1, viene redatto processo verbale dei dati, delle informazioni acquisite e delle dichiarazioni rese dagli interessati, i quali sono invitati a firmare il processo verbale e hanno diritto di averne copia.

3. La Consob, nell'ambito delle sue competenze e nel perseguimento delle finalità previste dall'articolo 62, comma 1, può esercitare nei confronti di chiunque gli ulteriori poteri previsti dall'articolo 187-octies secondo le modalità ivi previste.

4. Per le finalità di cui agli articoli 62, comma 1, e 62-ter, comma 1, la Consob e la Banca d'Italia possono esercitare nei confronti degli operatori ammessi alle sedi di negoziazione, diversi dai soggetti abilitati, e dei partecipanti remoti, i poteri di cui al comma 1. In caso di partecipanti remoti, l'autorità competente dello Stato membro d'origine del partecipante remoto è informata.

Art. 62-novies (Poteri ispettivi). – 1. Nell'ambito delle rispettive competenze e nel perseguimento delle finalità previste dagli articoli 62, comma 1, e 62-ter, comma 1, la Consob e la Banca d'Italia possono effettuare ispezioni e richiedere l'esibizione di documenti e il compimento degli atti ritenuti necessari nei confronti dei gestori delle sedi di negoziazione e di coloro ai quali i gestori medesimi abbiano esternalizzato funzioni operative essenziali o importanti e al loro personale. Nell'esercizio di tali poteri da parte della Consob si applicano i commi 12 e 13 dell'articolo 187-octies.

2. La Consob può richiedere ai soggetti incaricati della revisione legale dei conti dei mercati regolamentati di fornire informazioni. Quando sussistono particolari necessità e non sia possibile provvedere con risorse proprie, la Consob può altresì autorizzare revisori legali o società di revisione legale a procedere a verifiche o ispezioni per suo conto. Il soggetto autorizzato a procedere a verifiche o ispezioni agisce in veste di Pubblico Ufficiale.

3. La Banca d'Italia può richiedere ai soggetti incaricati della revisione legale dei conti delle sedi di negoziazione all'ingrosso dei titoli di Stato di fornire informazioni. Quando sussistono particolari necessità e non sia possibile provvedere con risorse proprie, la Banca d'Italia può altresì autorizzare revisori legali

o società di revisione legale a procedere a verifiche o ispezioni per suo conto. Il soggetto autorizzato a procedere a verifiche o ispezioni agisce in veste di pubblico ufficiale.

4. Per le finalità di cui agli articoli 62, comma 1, e 62-ter, comma 1, la Consob e la Banca d'Italia possono esercitare nei confronti degli operatori ammessi alle sedi di negoziazione, diversi dai soggetti abilitati, e dei partecipanti remoti, i rispettivi poteri di cui ai commi 1, 2 e 3. In caso di partecipanti remoti, l'autorità competente dello Stato membro d'origine del partecipante remoto è informata.

5. Nei casi previsti dal presente articolo, la Consob redige processo verbale dei dati, delle informazioni acquisite e delle dichiarazioni rese dagli interessati, i quali sono invitati a firmare il processo verbale e hanno diritto di averne copia. Gli esiti degli accertamenti ispettivi effettuati dalla Banca d'Italia ai sensi del presente articolo sono comunicati per iscritto agli interessati con le modalità stabilite dalla Banca d'Italia con proprio provvedimento.

Art. 62-decies (Poteri di intervento). – 1. Al fine di garantire il rispetto delle disposizioni della presente parte, la Consob e la Banca d'Italia, nell'ambito delle rispettive competenze e nel perseguimento delle finalità previste dagli articoli 62, comma 1, e 62-ter, comma 1, possono:

a) pubblicare avvertimenti al pubblico nel sito internet della Consob o della Banca d'Italia;

b) intimare ai gestori delle sedi di negoziazione di non avvalersi, nell'esercizio della propria attività e per un periodo non superiore a tre anni, dell'attività professionale di un soggetto ove possa essere di pregiudizio per la trasparenza, l'ordinato svolgimento delle negoziazioni, la tutela degli investitori e l'efficienza complessiva del mercato;

c) disporre la rimozione di uno o più esponenti aziendali del gestore di un mercato regolamentato ovvero, sentita l'altra autorità, della Sim o della banca italiana che gestisce un sistema multilaterale di negoziazione o un sistema organizzato di negoziazione, qualora la loro permanenza in carica sia di pregiudizio al perseguimento delle finalità previste dagli articoli 62, comma 1 e 62-ter, comma 1; la rimozione non è disposta ove ricorrano gli estremi per pronunciare la decadenza ai sensi dell'articolo 64-ter, salvo che sussista urgenza di provvedere;

d) nei confronti di chiunque, ivi inclusi gli operatori, diversi dai soggetti abilitati, ammessi alle sedi di negoziazione, anche come partecipanti remoti, ordinare, anche in via cautelare, la cessazione temporanea o permanente di pratiche o condotte contrarie alle disposizioni della presente parte; In caso di intervento nei confronti dei partecipanti remoti, l'autorità competente dello Stato membro d'origine del partecipante remoto è informata.

2. In caso di necessità e urgenza, la Consob e la Banca d'Italia possono altresì adottare, nell'ambito delle rispettive competenze e nel perseguimento delle finalità previste dagli articoli 62, comma 1, e 62-ter, comma 1, ogni misura idonea al mantenimento di ordinate condizioni di negoziazione sui mercati regolamentati, sui sistemi multilaterali di negoziazione e sui sistemi organizzati di negoziazione.

Capo II – Le sedi di negoziazione

Art. 63 (Sistemi multilaterali per la negoziazione di strumenti finanziari). – 1. Ciascun sistema multilaterale per la negoziazione di strumenti finanziari opera come mercato regolamentato, sistema multilaterale di negoziazione o sistema organizzato di negoziazione, nel rispetto delle relative disposizioni della presente parte. Sezione I – Autorizzazione del mercato regolamentato e requisiti del gestore

Art. 64 (L'attività di organizzazione e gestione di mercati regolamentati). – 1. L'attività di organizzazione e gestione di mercati regolamentati di strumenti finanziari è esercitata da società per azioni anche senza scopo di lucro (gestore del mercato regolamentato).

2. Il gestore del mercato regolamentato:

a) predispone le strutture, fornisce i servizi del mercato e determina i corrispettivi a esso dovuti;

b) assicura e verifica il rispetto dei requisiti del mercato regolamentato previsti nel presente titolo;

c) dispone l'ammissione, l'esclusione e la sospensione degli strumenti finanziari dalla quotazione e dalle negoziazioni e degli operatori dalle negoziazioni;

d) adotta tutti gli atti necessari per l'ordinato funzionamento del mercato regolamentato;

e) adotta le disposizioni e gli atti necessari a prevenire e identificare abusi di informazioni privilegiate e manipolazioni del mercato;

f) provvede agli altri compiti a esso eventualmente affidati dalle autorità competenti.

3. Il gestore del mercato regolamentato esercita i diritti che corrispondono al mercato regolamentato e ha la responsabilità di garantire che il mercato gestito soddisfi, al momento dell'autorizzazione e continuativamente, i requisiti stabiliti dalla presente parte, anche qualora l'esecuzione di funzioni operative essenziali sia affidata a terzi.

4. La Consob, con regolamento:

a) individua le attività connesse e strumentali che possono essere svolte dal gestore del mercato regolamentato;

b) stabilisce i requisiti generali di organizzazione del gestore del mercato regolamentato;

c) adotta le disposizioni attuative dell'articolo 4-undecies.

5. La Consob verifica che le modificazioni statutarie dei gestori dei mercati regolamentati non contrastino con i requisiti previsti dal presente capo. Non si può dare corso al procedimento per l'iscrizione nel registro delle imprese se non consti tale verifica.

6. Ai gestori dei mercati regolamentati si applicano le disposizioni della parte IV, titolo III, capo II, sezione VI, a eccezione degli articoli 157 e 158.

7. Il gestore del mercato regolamentato può gestire un sistema multilaterale di negoziazione o un sistema organizzato di negoziazione, previa verifica da parte della Consob che esso rispetti le pertinenti disposizioni contenute nella parte III.

Art. 64-bis (Obblighi riguardanti le persone che esercitano un'influenza significativa sulla gestione del mercato regolamentato). – 1. Le persone che sono nella posizione di esercitare, direttamente o indirettamente, un'influenza significativa sulla gestione del mercato regolamentato devono rispettare i requisiti di onorabilità determinati con regolamento dal Ministro dell'economia e delle finanze, sentita la Consob e la Banca d'Italia.

2. Gli acquisti delle partecipazioni nel capitale del gestore del mercato regolamentato e le successive variazioni, effettuati direttamente o indirettamente, anche per il tramite di società controllate, di società fiduciarie o per interposta persona, devono essere comunicati dal soggetto acquirente entro ventiquattro ore al gestore del mercato. Nel caso in cui l'acquisto determini la possibilità di esercitare un'influenza significativa l'acquirente trasmette, altresì, al gestore del mercato regolamentato, la documentazione attestante il possesso dei requisiti individuati ai sensi del comma 1.

3. I gestori dei mercati regolamentati:

a) trasmettono alla Consob e rendono pubbliche le informazioni sulla proprietà del gestore del mercato regolamentato, e in particolare l'identità delle parti che sono in grado di esercitare un'influenza significativa sulla sua gestione e l'entità dei loro interessi;

b) comunicano alla Consob e rendono pubblico qualsiasi trasferimento di proprietà che determini un cambiamento dell'identità delle persone che esercitano un'influenza significativa sul funzionamento del mercato regolamentato.

4. Chiunque, a qualsiasi titolo, intenda acquisire o cedere, direttamente o indirettamente, una partecipazione nel capitale

del gestore del mercato che ne comporti il controllo ne dà preventiva comunicazione alla Consob.

5. Entro 90 giorni dalla comunicazione prevista dal comma 4, la Consob può opporsi ai cambiamenti negli assetti di controllo quando vi siano ragioni obiettive e dimostrabili per ritenere che tali cambiamenti mettono a repentaglio la gestione sana e prudente del mercato.

6. La Consob disciplina con regolamento:

a) i criteri per l'individuazione dei casi e delle soglie di partecipazione che determinano un'influenza significativa ai sensi del comma 1;

b) contenuto, termini e modalità delle comunicazioni previste dai commi 3 e 4;

c) contenuto, termini e modalità di pubblicazione da parte del gestore del mercato regolamentato delle informazioni relative ai partecipanti al capitale e di ogni successivo cambiamento nell'identità delle persone che possiedono una partecipazione che comporta la possibilità di esercitare un'influenza significativa.

7. In assenza dei requisiti di onorabilità o in mancanza delle comunicazioni previste dai commi 2 e 4, nonché in caso di opposizione ai sensi del comma 5, non può essere esercitato il diritto di voto inerente alle azioni eccedenti le soglie individuate ai sensi del comma 6, lettera a), o alla partecipazione acquisita in violazione dei commi 4 e 5.

8. In caso di inosservanza del divieto previsto dal comma 7, si applica l'articolo 14, comma 6. L'impugnazione può essere proposta anche dalla Consob entro il termine previsto dall'articolo 14, comma 7.

9. La Consob può imporre che le azioni per le quali non può essere esercitato il diritto di voto a norma del comma 7 siano alienate, fissando un termine.

Art. 64-ter (Requisiti degli esponenti aziendali del gestore del mercato regolamentato). – 1. I soggetti che svolgono funzioni di amministrazione, direzione e controllo nel gestore del mercato regolamentato possiedono i requisiti di onorabilità, professionalità e indipendenza previsti con regolamento dal Ministero dell'economia e delle finanze, sentita la Consob e la Banca d'Italia. Con il medesimo regolamento, il Ministero dell'economia e delle finanze, sentita la Consob e la Banca d'Italia, individua le cause che comportano il venir meno dei requisiti previsti nel presente articolo e che determinano la sospensione temporanea o la decadenza dall'incarico.

2. L'organo di amministrazione possiede conoscenze, competenze ed esperienze adeguate, ha una composizione tale da garantire un apporto sufficientemente ampio di esperienze e i relativi membri dedicano tempo sufficiente all'esercizio delle proprie funzioni.

3. Il gestore del mercato regolamentato destina risorse umane e finanziarie adeguate alla preparazione e alla formazione dei membri dell'organo di amministrazione.

4. I gestori di mercati regolamentati significativi in base alle dimensioni, organizzazione interna, e tipologia, portata e complessità delle attività, istituiscono un comitato per le nomine composto dai membri dell'organo di amministrazione che non esercitano funzioni esecutive presso il gestore del mercato regolamentato interessato.

5. L'organo di amministrazione di un gestore del mercato regolamentato definisce e vigila sull'applicazione di misure di governo societario, anche in materia di separazione delle funzioni aziendali e prevenzione dei conflitti di interesse, che garantiscono la sana e prudente gestione e promuovono l'integrità del mercato. L'organo di amministrazione controlla e valuta periodicamente l'efficacia delle misure di governo societario del gestore del mercato regolamentato e adotta misure opportune per rimediare a eventuali carenze.

6. I soggetti che svolgono funzioni di amministrazione e controllo hanno accesso adeguato alle informazioni e ai documenti necessari per vigilare e valutare periodicamente il processo decisionale della dirigenza.

7. La sospensione o la decadenza degli esponenti aziendali per le cause individuate dal regolamento di cui al comma 1 sono dichiarate dall'organo di appartenenza entro 30 giorni dalla nomina o dalla conoscenza della causa sopravvenuta. Per i soggetti che non sono componenti di un organo la dichiarazione della sospensione o della decadenza è effettuata dall'organo che li ha nominati. In caso di inerzia vi provvede la Consob.

8. Ai fini della verifica del rispetto dei requisiti previsti nel presente articolo, il gestore del mercato regolamentato trasmette alla Consob le informazioni relative agli esponenti aziendali e ai soggetti che dirigono effettivamente l'attività e le operazioni del mercato regolamentato e di ogni successivo cambiamento.

9. La Consob, con proprio regolamento:

a) specifica i requisiti previsti dai commi 2, 3 e 4, anche con riferimento al numero di incarichi assumibili dai membri dell'organo di amministrazione e alle funzioni svolte dal comitato per le nomine;

b) stabilisce contenuto, termini e modalità delle comunicazioni previste dal comma 8.

Art. 64-quater (Autorizzazione dei mercati regolamentati). – 1. La Consob rilascia l'autorizzazione a operare in qualità di mercato regolamentato ai sistemi che ottemperano alle disposizioni del presente titolo.

2. La Consob iscrive i mercati regolamentati in un elenco, curando l'adempimento delle disposizioni dell'Unione europea in materia.

3. L'autorizzazione è altresì subordinata all'accertamento che:

a) il gestore del mercato rispetta i requisiti previsti dal presente titolo;

b) il regolamento del mercato è conforme alla disciplina dell'Unione europea e idoneo ad assicurare la trasparenza del mercato, l'ordinato svolgimento delle negoziazioni e la tutela degli investitori.

4. Il regolamento del mercato determina quantomeno:

a) le condizioni e le modalità di ammissione alle negoziazioni e di esclusione e sospensione dalle negoziazioni degli operatori;

b) le condizioni e le modalità di ammissione alla quotazione e alle negoziazioni e di esclusione e sospensione dalla quotazione e dalle negoziazioni degli strumenti finanziari;

c) le condizioni e le modalità per lo svolgimento delle negoziazioni e gli eventuali obblighi degli operatori e degli emittenti;

d) le modalità di accertamento, pubblicazione e diffusione dei prezzi;

e) i tipi di contratti ammessi alle negoziazioni nonché i criteri per la determinazione dei quantitativi minimi negoziabili;

f) le condizioni e le modalità per la compensazione e il regolamento delle operazioni concluse sui mercati;

g) le modalità di emanazione delle disposizioni di attuazione del regolamento da parte del gestore.

5. Il regolamento del mercato è deliberato dall'assemblea ordinaria o dal consiglio di sorveglianza del gestore del mercato regolamentato ovvero, ove così previsto dallo statuto, dall'organo di amministrazione. Qualora le azioni del gestore del mercato regolamentato siano quotate in un mercato regolamentato, il regolamento del mercato è deliberato dal consiglio di amministrazione o dal consiglio di gestione della società medesima.

6. La Consob approva le modificazioni al regolamento del mercato regolamentato.

7. Fermo restando quanto previsto dai commi 1 e 3, la Consob rifiuta l'autorizzazione anche se:

a) i soggetti che svolgono funzioni di amministrazione, direzione e controllo nel gestore del mercato non rispettano i requisiti previsti dall'articolo 64-ter; o

b) esistano ragioni obiettive e dimostrabili per ritenere che l'organo di amministrazione del gestore del mercato può metterne a repentaglio la gestione efficace, sana e prudente e l'integrità del mercato.

8. Il gestore del mercato fornisce alla Consob tutte le informazioni, fra cui un programma di attività che illustri i tipi di attività previsti e la struttura organizzativa, necessarie per accertare che il mercato regolamentato abbia instaurato tutti i dispositivi necessari per rispettare gli obblighi stabiliti dal presente titolo.

9. La Consob pronuncia la decadenza dell'autorizzazione rilasciata a un mercato regolamentato allorché questo non si avvale dell'autorizzazione entro dodici mesi.

Art. 64-quinquies (Revoca dell'autorizzazione, provvedimenti straordinari a tutela del mercato e crisi del gestore del mercato regolamentato). – 1. La Consob può revocare l'autorizzazione del mercato regolamentato quando:

a) l'autorizzazione è stata ottenuta presentando false dichiarazioni o con qualsiasi altro mezzo irregolare;

b) non sono più soddisfatte le condizioni cui è subordinata l'autorizzazione;

c) sono state violate in modo grave e sistematico le disposizioni del presente titolo relative al mercato regolamentato o al gestore del mercato;

d) abbia cessato di funzionare da più di sei mesi o rinunci espressamente all'autorizzazione.

2. In caso di gravi irregolarità nella gestione del mercato regolamentato ovvero nell'amministrazione del gestore del mercato regolamentato e comunque quando lo richiede la tutela degli investitori, il Ministero dell'economia e delle finanze, su proposta della Consob, dispone lo scioglimento degli organi amministrativi e di controllo del gestore del mercato. I poteri dei disciolti organi amministrativi sono attribuiti a un commissario nominato con il medesimo provvedimento, che li esercita, sulla base delle direttive e sotto il controllo della Consob, sino alla ricostituzione degli organi. L'indennità spettante al commissario è determinata con decreto del Ministero ed è a carico del gestore del mercato regolamentato. Si applicano, per quanto compatibili, gli articoli 70, commi 2, 3, 4 e 5, 72, a eccezione dei commi 2, 2-bis e 8, e 75 del T.U. bancario, intendendosi le suddette disposizioni riferite alla Consob in luogo della Banca d'Italia, ai partecipanti in luogo dei depositanti e al gestore del mercato regolamentato in luogo delle banche.

3. La procedura indicata al comma 2 può determinare la revoca dell'autorizzazione prevista dal comma 1.

4. Entro trenta giorni dalla comunicazione del provvedimento di revoca dell'autorizzazione del mercato, gli amministratori del gestore del mercato o il commissario nominato ai sensi del comma 2 convocano l'assemblea per modificare l'oggetto sociale ovvero per deliberare la liquidazione volontaria del gestore del mercato. Qualora non si provveda alla convocazione entro detto termine ovvero l'assemblea non deliberi entro tre mesi dalla data della comunicazione del provvedimento di revoca, il Ministero dell'economia e delle finanze, su proposta della Consob, può disporre lo scioglimento del gestore del mercato regolamentato nominando i liquidatori. Si applicano le disposizioni sulla liquidazione delle società per azioni, di cui al libro V, titolo V, capo VIII, del codice civile, a eccezione di quelle concernenti la revoca dei liquidatori.

5. Nei casi previsti dai commi 1 e 2, la Consob promuove gli accordi necessari ad assicurare la continuità delle negoziazioni. A tal fine può disporre il trasferimento temporaneo della gestione del mercato ad altro gestore, previo consenso di quest'ultimo. Il trasferimento definitivo della gestione del mercato può avvenire anche in deroga alle disposizioni del titolo II, capo VI, della legge fallimentare.

6. Le iniziative per la dichiarazione di fallimento o per l'ammissione alle procedure di concordato preventivo o amministrazione controllata e i relativi provvedimenti del tribunale sono comunicati entro tre giorni alla Consob a cura del cancelliere.

Sezione II – Organizzazione e funzionamento delle sedi di negoziazione

Art. 65 (Requisiti organizzativi dei mercati regolamentati). – 1. Il mercato regolamentato dispone di:

a) misure per identificare chiaramente e gestire le potenziali conseguenze negative, per il funzionamento del mercato regolamentato o per i suoi membri o partecipanti, di qualsiasi conflitto tra gli interessi del mercato regolamentato, dei suoi proprietari o del gestore del mercato e il suo ordinato funzionamento, in particolare quando tali conflitti possono risultare pregiudizievoli per l'assolvimento di qualsiasi funzione delegata al mercato regolamentato dall'autorità competente;

b) procedure per gestire i rischi ai quali sono esposti, dispositivi e sistemi adeguati per identificare tutti i rischi che possono comprometterne il funzionamento e misure efficaci per attenuare tali rischi;

c) misure per garantire una gestione sana delle operazioni tecniche del sistema, comprese misure di emergenza efficaci per far fronte ai rischi di disfunzione del sistema;

d) regole e procedure trasparenti e non discrezionali che garantiscono un processo di negoziazione corretto e ordinato nonché di criteri obiettivi che consentono l'esecuzione efficiente degli ordini;

e) misure efficaci atte ad agevolare il regolamento efficiente delle operazioni eseguite nell'ambito del sistema;

f) risorse finanziarie sufficienti per renderne possibile il funzionamento ordinato, tenendo conto della natura e dell'entità delle operazioni concluse nel mercato, nonché della portata e del grado dei rischi ai quali esso è esposto. 2. La Consob può ulteriormente dettagliare, con regolamento, i requisiti organizzativi del mercato regolamentato e può dettare la metodologia di determinazione dell'entità delle risorse finanziarie previste nel comma 1, lettera f).

3. Per le operazioni concluse su un mercato regolamentato, i membri e i partecipanti non sono tenuti ad applicarsi reciprocamente gli obblighi specificamente individuati ai sensi dell'articolo 6, comma 2. I membri o i partecipanti di un mercato regolamentato applicano detti obblighi per quanto concerne i loro clienti quando, operando per conto di questi ultimi, ne eseguono gli ordini su un mercato regolamentato.

Art. 65-bis (Requisiti dei sistemi multilaterali di negoziazione e dei sistemi organizzati di negoziazione). – 1. Il gestore di un sistema multilaterale di negoziazione o di un sistema organizzato di negoziazione dispone di:

a) regole e procedure trasparenti che garantiscono un processo di negoziazione corretto e ordinato nonché di criteri obiettivi che consentono l'esecuzione efficiente degli ordini;

b) misure per garantire una gestione sana dell'operatività del sistema, compresi dispositivi di emergenza efficaci per far fronte ai rischi di disfunzione del sistema;

c) misure atte ad individuare puntualmente e a gestire le potenziali conseguenze negative per l'operatività dei sistemi da essi gestiti o per i loro membri o partecipanti e clienti di eventuali conflitti tra gli interessi del sistema multilaterale di negoziazione, del sistema organizzato di negoziazione, dei loro proprietari, del gestore del sistema multilaterale di negoziazione o del sistema organizzato di negoziazione e il sano funzionamento dei sistemi;

d) almeno tre membri o partecipanti o clienti concretamente attivi, ciascuno dei quali con la possibilità di interagire con tutti gli altri per quanto concerne la formazione dei prezzi.

2. Il gestore di un sistema multilaterale di negoziazione o di un sistema organizzato di negoziazione adotta altresì le misure necessarie per favorire il regolamento efficiente delle operazioni concluse nel sistema multilaterale di negoziazione

o sistema organizzato di negoziazione e informa chiaramente i membri o partecipanti o clienti delle rispettive responsabilità per quanto concerne il regolamento delle operazioni effettuate nel sistema.

3. Il gestore di un sistema multilaterale di negoziazione o di un sistema organizzato di negoziazione fornisce alla Consob:

a) una descrizione dettagliata del funzionamento del sistema tra cui, fatto salvo quanto previsto dall'articolo 65-quater, commi 2, 3 e 4, gli eventuali legami o la partecipazione di un mercato regolamentato, un sistema multilaterale di negoziazione, un sistema organizzato di negoziazione o un internalizzatore sistematico di proprietà dello stesso gestore;

b) un elenco dei membri, partecipanti o clienti.

Art. 65-ter (Requisiti specifici per i sistemi multilaterali di negoziazione). – 1. Il gestore di un sistema multilaterale di negoziazione, oltre a soddisfare i requisiti di cui all'articolo 65-bis, dispone di:

a) regole non discrezionali per l'esecuzione degli ordini nel sistema;

b) procedure per gestire i rischi ai quali è esposto il sistema, meccanismi e sistemi adeguati ad identificare tutti i rischi che possano compromettere il funzionamento del sistema e misure efficaci per attenuare tali rischi;

c) risorse finanziarie sufficienti ad assicurare il funzionamento ordinato, tenuto conto della tipologia di operazioni concluse sul mercato e dei relativi volumi, nonché della portata e del grado di rischio al quale il sistema è esposto.

2. Gli obblighi individuati ai sensi dell'articolo 6, comma 2, non si applicano alle operazioni concluse in base alle norme che disciplinano un sistema multilaterale di negoziazione tra i membri del medesimo o i suoi partecipanti ovvero tra il sistema multilaterale di negoziazione e i suoi membri o i suoi partecipanti in relazione all'impiego del sistema multilaterale di negoziazione. I membri del sistema multilaterale di negoziazione o i suoi partecipanti rispettano detti obblighi nei confronti dei loro clienti quando, agendo per conto di questi ultimi, eseguono i loro ordini tramite i sistemi di un sistema multilaterale di negoziazione.

Art. 65-quater (Requisiti specifici per i sistemi organizzati di negoziazione). – 1. Fatto salvo quanto disposto dall'articolo 65-bis e nel rispetto degli obblighi individuati ai sensi dell'articolo 6, comma 2, lettera b), numero 2), in un sistema organizzato di negoziazione l'esecuzione degli ordini è svolta su base discrezionale. Il gestore di un sistema organizzato di negoziazione esercita la propria discrezionalità quando decide di:

a) collocare o ritirare un ordine sul proprio sistema; o

b) non abbinare lo specifico ordine di un cliente con gli altri ordini disponibili nel sistema in un determinato momento, purché ciò avvenga nel rispetto delle specifiche istruzioni ricevute dal cliente, nonché degli obblighi individuati ai sensi dell'articolo 6, comma 2, lettera b), numero 2).

1-bis. Il gestore di un sistema organizzato di negoziazione che abbina gli ordini dei clienti può decidere se, quando e in che misura abbinare due o più ordini all'interno del sistema. Fatto salvo il rispetto di quanto previsto dal presente articolo e dall'articolo 65-quinquies, il gestore di un sistema organizzato di negoziazione può facilitare la negoziazione tra clienti, in modo da far incrociare due o più interessi di negoziazione potenzialmente compatibili in un'operazione.

2. Il gestore di un sistema organizzato di negoziazione non può operare anche come internalizzatore sistematico. Un sistema organizzato di negoziazione non si collega a un internalizzatore sistematico in modo tale da consentire l'interazione tra i propri ordini e gli ordini o quotazioni in un internalizzatore sistematico, né si collega a un altro sistema organizzato di negoziazione in modo tale da consentire l'interazione tra gli ordini dei diversi sistemi.

3. Il gestore di un sistema organizzato di negoziazione può impiegare un'impresa di investimento per svolgere l'attività di market maker in tale sistema su base indipendente, a condizione che non vi siano stretti legami con il gestore medesimo.

4. Il gestore di un sistema organizzato di negoziazione stabilisce meccanismi volti a impedire che siano eseguiti ordini di clienti nel sistema in contropartita diretta con il gestore o con un'entità dello stesso gruppo del gestore.

5. La Consob stabilisce con regolamento le informazioni che una Sim o una banca italiana o un gestore del mercato regolamentato devono fornire, per dimostrare il rispetto dei requisiti specifici dettati dal presente articolo, in sede di autorizzazione alla gestione di un sistema organizzato di negoziazione o ai fini della verifica richiesta dall'articolo 64, comma 7.

6. Alle operazioni concluse in un sistema organizzato di negoziazione si applicano i pertinenti obblighi individuati ai sensi dell'articolo 6, comma 2.

Art. 65-quinquies (Negoziazione «matched principal»). – 1. Il gestore di un sistema organizzato di negoziazione può svolgere negoziazione «matched principal» esclusivamente nel caso in cui:

a) il cliente vi abbia acconsentito; e

b) la negoziazione interviene su obbligazioni, strumenti finanziari strutturati, quote di emissione e strumenti derivati non appartenenti a una categoria di derivati dichiarata soggetta all'obbligo di compensazione in conformità dell'articolo 5 del regolamento (UE) n. 648/2012.

2. Lo svolgimento di negoziazione «matched principal» non deve generare conflitti di interesse tra il gestore e la sua clientela.

3. Il gestore di un sistema organizzato di negoziazione può effettuare negoziazione per conto proprio diversa dalla negoziazione «matched principal» in relazione a titoli di debito sovrano privi di un mercato liquido.

4. Ai fini del comma 3, per mercato liquido si intende il mercato di uno strumento finanziario o di una categoria di strumenti finanziari in cui vi siano venditori e compratori pronti e disponibili su base continua, valutato conformemente ai criteri sottoelencati, tenendo conto delle specifiche strutture di mercato del particolare strumento finanziario o della particolare categoria di strumenti finanziari:

a) la frequenza e le dimensioni medie delle operazioni in una serie di condizioni di mercato, tenendo conto della natura e del ciclo di vita dei prodotti della categoria di strumenti finanziari;

b) il numero e il tipo di partecipanti al mercato, compreso il rapporto tra i partecipanti al mercato e gli strumenti negoziati in relazione a un determinato prodotto;

c) le dimensioni medie dei differenziali tra le quotazioni in acquisto e vendita, ove disponibili.

5. Il gestore di un mercato regolamentato o di un sistema multilaterale di negoziazione non può eseguire gli ordini in contropartita diretta all'interno del sistema, né svolgere negoziazione «matched principal».

Art. 65-sexies (Requisiti operativi delle sedi di negoziazione). – 1. I mercati regolamentati e i gestori di un sistema multilaterale di negoziazione o di un sistema organizzato di negoziazione dispongono di sistemi, procedure e meccanismi efficaci atti ad assicurare che i sistemi di negoziazione:

a) siano resilienti e abbiano capacità sufficiente a gestire i picchi di volume di ordini e messaggi;

b) siano in grado di garantire negoziazioni ordinate in condizioni di mercato critiche;

c) siano pienamente testati per garantire il rispetto delle condizioni di cui alle lettere a) e b);

d) siano soggetti a efficaci disposizioni in materia di continuità operativa per garantire la continuità dei servizi in caso di malfunzionamento.

2. I mercati regolamentati e i gestori di un sistema multilaterale di negoziazione o di un sistema organizzato di negozia-

zione dispongono di sistemi, procedure e meccanismi efficaci:

a) per garantire che i sistemi algoritmici di negoziazione utilizzati dai membri o partecipanti o clienti non possano creare o contribuire a creare condizioni di negoziazione anormali sulla sede di negoziazione e per gestire qualsiasi condizione di negoziazione anormale causata dagli stessi;

b) per identificare, attraverso la segnalazione di membri o partecipanti o clienti, gli ordini generati mediante negoziazione algoritmica, i diversi algoritmi utilizzati per la creazione degli ordini e le corrispondenti persone che avviano tali ordini;

c) per rifiutare gli ordini che eccedono soglie predeterminate di prezzo e volume o sono chiaramente errati;

d) per sospendere o limitare temporaneamente le negoziazioni qualora si registri un'oscillazione significativa nel prezzo di uno strumento finanziario nel mercato gestito o in un mercato correlato in un breve lasso di tempo;

e) in casi eccezionali, per cancellare, modificare o correggere qualsiasi operazione;

f) per controllare gli ordini inseriti, incluse le cancellazioni e le operazioni eseguite dai loro membri o partecipanti o clienti, per identificare le violazioni delle regole del sistema, le condizioni di negoziazione anormali o gli atti che possono indicare comportamenti vietati dal regolamento (UE) n. 596/2014 o le disfunzioni del sistema in relazione a uno strumento finanziario.

3. I mercati regolamentati e i gestori di un sistema multilaterale di negoziazione o di un sistema organizzato di negoziazione sottoscrivono accordi scritti vincolanti con i membri o partecipanti o clienti che perseguono strategie di market making sul sistema, e si adoperano affinché un numero sufficiente di soggetti aderisca a tali accordi, in virtù dei quali sono tenuti a trasmettere quotazioni irrevocabili a prezzi concorrenziali, con il risultato di fornire liquidità al mercato su base regolare e prevedibile, qualora tale requisito sia adeguato alla natura e alle dimensioni delle negoziazioni nelle sedi di negoziazione in questione.

4. I mercati regolamentati e i gestori di un sistema multilaterale di negoziazione o di un sistema organizzato di negoziazione dispongono di misure e procedure efficaci, tra cui le necessarie risorse, per il controllo regolare dell'ottemperanza alle proprie regole.

5. I mercati regolamentati e i gestori di un sistema multilaterale di negoziazione o di un sistema organizzato di negoziazione:

a) sincronizzano, unitamente ai loro membri o partecipanti o clienti, gli orologi utilizzati per registrare la data e l'ora degli eventi che possono essere oggetto di negoziazione;

b) adottano regole trasparenti, eque e non discriminatorie in materia di servizi di co-ubicazione;

c) adottano una struttura delle commissioni, incluse le commissioni di esecuzione delle operazioni, le commissioni accessorie e i rimborsi, trasparente, equa e non discriminatoria;

d) adottano regimi in materia di dimensioni dei tick di negoziazione per azioni, ricevute di deposito, fondi indicizzati quotati, certificates e altri strumenti finanziari analoghi.

6. La Consob approva gli accordi che il gestore di una sede di negoziazione intende concludere per l'esternalizzazione a soggetti terzi di tutte o parte delle funzioni operative critiche relative ai sistemi della sede da esso gestita che consentono la negoziazione algoritmica, intendendosi come funzioni operative critiche quelle indicate dall'articolo 65, comma 1, lettere b), c) ed e).

7. La Consob individua con regolamento i requisiti operativi specifici di cui le sedi di negoziazione devono dotarsi con riguardo a:

a) il contenuto minimo degli accordi scritti richiesti ai sensi del comma 3 e gli obblighi di controllo del gestore della sede di negoziazione in merito ai medesimi;

b) i sistemi, le procedure e i dispositivi in materia di sistemi algoritmici di negoziazione previsti dal comma 2, lettere a) e b);

c) i criteri in base ai quali fissare i parametri per la sospensione delle negoziazioni e le relative modalità di gestione;

d) i requisiti per l'accesso elettronico diretto alle sedi di negoziazione;

e) i requisiti della struttura delle commissioni di cui al comma 5, lettera c);

f) i parametri per calibrare i regimi in materia di dimensioni dei tick di negoziazione indicati nel comma 5, lettera d). 8. Le disposizioni di cui al comma 7, lettera b), sono adottate dalla Consob, sentita la Banca d'Italia, per i sistemi multilaterali di negoziazione e i sistemi organizzati di negoziazione che siano gestiti da Sim e banche italiane.

Art. 65-septies (Obblighi informativi e di comunicazione). – 1. La Consob, con proprio regolamento, individua gli obblighi informativi e di comunicazione nei propri confronti dei gestori delle sedi di negoziazione, indicandone contenuto, termini e modalità di adempimento.

2. Le sedi di negoziazione mettono a disposizione della Consob, su richiesta, i dati relativi al book di negoziazione, anche mediante accesso allo stesso.

3. Fermi restando gli obblighi previsti dal comma 1, i gestori delle sedi di negoziazione segnalano senza indugio alla Consob le violazioni significative delle regole del mercato o le condizioni di negoziazione anormali o disfunzioni del sistema in relazione a uno strumento finanziario, nonché le conseguenti iniziative assunte.

4. I gestori delle sedi di negoziazione segnalano altresì senza indugio alla Consob gli atti che possono indicare un comportamento vietato ai sensi del regolamento (UE) n. 596/2014.

5. I gestori delle sedi di negoziazione comunicano senza indugio alla Consob le informazioni pertinenti per le indagini e per l'accertamento degli abusi di mercato nei sistemi gestiti, e offrono piena assistenza in relazione agli abusi di mercato commessi nei loro sistemi o per loro tramite.

6. I gestori delle sedi di negoziazione mettono a disposizione del pubblico, con frequenza almeno annuale e senza oneri, i dati relativi alla qualità dell'esecuzione delle operazioni, ivi inclusi i dati sul prezzo, i costi, la velocità e la probabilità dell'esecuzione per singoli strumenti finanziari.

Sezione III – Ammissione, sospensione ed esclusione di strumenti finanziari dalla quotazione e dalle negoziazioni

Art. 66 (Criteri generali di ammissione alla quotazione e alle negoziazioni). – 1. I mercati regolamentati:

a) si dotano di regole chiare e trasparenti riguardanti l'ammissione degli strumenti finanziari alla quotazione e alla negoziazione;

b) adottano e mantengono meccanismi efficaci per verificare che gli emittenti dei valori mobiliari ammessi alla negoziazione nel mercato regolamentato rispettino gli obblighi cui sono soggetti ai sensi del diritto dell'Unione europea in materia di informativa iniziale, continuativa e ad hoc;

c) si dotano di meccanismi atti ad agevolare ai loro membri e ai loro partecipanti l'accesso alle informazioni che sono state pubblicate in base al diritto dell'Unione europea.

2. Le regole di cui al comma 1, lettera a), assicurano che gli strumenti finanziari ammessi alla negoziazione in un mercato regolamentato possano essere negoziati in modo corretto, ordinato ed efficiente e, nel caso dei valori mobiliari, siano liberamente negoziabili. Nel caso degli strumenti derivati, tali regole assicurano in particolare che le caratteristiche del contratto derivato siano compatibili con un processo ordinato di formazione del suo prezzo, nonché con l'esistenza di condizioni efficaci di regolamento.

3. I gestori di un sistema multilaterale di negoziazione o di un sistema organizzato di negoziazione:

a) instaurano regole trasparenti concernenti i criteri per la determinazione degli strumenti finanziari che possono essere negoziati nell'ambito del proprio sistema;

b) forniscono o si accertano che siano accessibili al pubblico informazioni sufficienti per permettere ai loro clienti di emettere un giudizio in materia di investimenti, tenuto conto sia della categoria dei clienti che delle tipologie di strumenti negoziati.

4. Le sedi di negoziazione si dotano dei meccanismi necessari a controllare regolarmente l'osservanza dei requisiti di ammissione per gli strumenti finanziari ammessi alla quotazione e alla negoziazione.

5. Un valore mobiliare, una volta ammesso alla negoziazione in un mercato regolamentato e in ottemperanza alle pertinenti disposizioni del regolamento 2017/1129/UE può essere ammesso alla negoziazione, anche senza il consenso dell'emittente, in altri mercati regolamentati, i quali ne informano l'emittente.

6. Quando uno strumento finanziario che è stato ammesso alla negoziazione in un mercato regolamentato è negoziato anche in un sistema multilaterale di negoziazione o in un sistema organizzato di negoziazione senza il consenso dell'emittente, quest'ultimo non è soggetto ad alcun obbligo nei confronti di tale sistema per quanto riguarda la divulgazione iniziale, continuativa o ad hoc di informazioni finanziarie.

Art. 66-bis (Condizioni per la quotazione di determinate società). – 1. Il regolamento del mercato regolamentato può stabilire che le azioni di società controllanti, il cui attivo sia prevalentemente composto dalla partecipazione, diretta o indiretta, in una o più società con azioni quotate in mercati regolamentati, vengano negoziate in un segmento distinto del mercato.

2. La Consob determina con proprio regolamento:

a) i criteri di trasparenza contabile e di adeguatezza della struttura organizzativa e del sistema dei controlli interni che le società controllate, costituite e regolate dalla legge di Stati non appartenenti all'Unione europea, devono rispettare affinché le azioni della società controllante possano essere quotate in un mercato regolamentato italiano. Si applica la nozione di controllo di cui all'articolo 93;

b) le condizioni in presenza delle quali non possono essere quotate le azioni di società controllate sottoposte all'attività di direzione e coordinamento di altra società;

c) i criteri di trasparenza e i limiti per l'ammissione alla quotazione sul mercato mobiliare italiano delle società finanziarie, il cui patrimonio è costituito esclusivamente da partecipazioni.

Art. 66-ter (Provvedimenti di ammissione, sospensione ed esclusione di strumenti finanziari dalla quotazione e dalle negoziazioni adottati dal gestore della sede di negoziazione). – 1. Fatto salvo il potere della Consob di cui all'articolo 66-quater, comma 1, di richiedere la sospensione o l'esclusione di uno strumento finanziario dalle negoziazioni, il gestore di una sede di negoziazione può sospendere o escludere dalle negoziazioni gli strumenti finanziari che cessano di rispettare le regole del sistema, a meno che tale sospensione o esclusione non rischi di causare un danno rilevante agli interessi degli investitori o al funzionamento ordinato del mercato.

2. Il gestore di una sede di negoziazione che sospende o esclude dalle negoziazioni uno strumento finanziario, sospende o esclude anche gli strumenti finanziari derivati di cui all'Allegato I, sezione C, punti da 4 a 10, relativi o riferiti a detto strumento finanziario, qualora necessario per sostenere le finalità della sospensione o dell'esclusione dello strumento finanziario sottostante.

3. Il gestore di una sede di negoziazione rende pubbliche le decisioni di ammissione alla quotazione e alle negoziazioni, nonché di sospensione ed esclusione dalla quotazione e dalle negoziazioni, di strumenti finanziari e le comunica immediatamente alla Consob.

4. Nel caso di mercati regolamentati, l'esecuzione delle decisioni di ammissione alla quotazione di azioni ordinarie, di obbligazioni e di altri strumenti finanziari emessi da soggetti diversi dagli Stati membri dell'Unione europea, dalle banche UE e dalle società con azioni quotate in un mercato regolamentato, nonché delle decisioni di esclusione di azioni dalle negoziazioni, è sospesa finché non sia decorso il termine indicato al comma 6.

5. La sospensione indicata al comma 4 non si applica nel caso di ammissione alla quotazione di strumenti finanziari in regime di esenzione dall'obbligo di pubblicare il prospetto o sulla base di un prospetto per il quale l'Italia risulta Stato membro ospitante, nonché per l'ammissione di lotti supplementari di azioni già ammesse alle negoziazioni.

6. La Consob:

a) può vietare l'esecuzione delle decisioni di ammissione alla quotazione e di esclusione dalle negoziazioni di cui al comma 4, ovvero ordinare la revoca di una decisione di sospensione degli strumenti finanziari dalle negoziazioni, entro cinque giorni di mercato aperto dal ricevimento della comunicazione di cui al comma 3 se, sulla base degli elementi informativi diversi da quelli valutati, ai sensi del regolamento del mercato, dal gestore del mercato nel corso della propria istruttoria, ritiene la decisione contraria alle finalità di cui all'articolo 62, comma 1;

b) può chiedere al gestore del mercato regolamentato tutte le informazioni che ritenga utili per i fini di cui alla lettera a).

Art. 66-quater (Provvedimenti di sospensione ed esclusione di strumenti finanziari dalle negoziazioni su iniziativa della Consob). – 1. La Consob può sospendere o escludere uno strumento finanziario dalle negoziazioni o richiedere che vi provveda il gestore di una sede di negoziazione. A tal fine la Consob può chiedere al gestore medesimo tutte le informazioni che ritenga utili. Per le sedi di negoziazione all'ingrosso di titoli di Stato, i poteri di cui al presente comma sono esercitati dalla Banca d'Italia, che ne dà tempestiva comunicazione alla Consob, ai fini delle comunicazioni previste dal comma 3.

2. Nel caso in cui un gestore di una sede di negoziazione sospenda o escluda, ai sensi dell'articolo 66-ter, commi 1 e 2, uno strumento finanziario dalle negoziazioni, la Consob prescrive che le altre sedi di negoziazione e gli internalizzatori sistematici che negoziano lo stesso strumento finanziario o gli strumenti finanziari derivati di cui all'Allegato I, Sezione C, punti da 4 a 10, relativi o riferiti a detto strumento finanziario, sospendano o escludano anch'essi tale strumento finanziario o tali strumenti derivati dalla negoziazione, se la sospensione o l'esclusione è dovuta a presunti abusi di mercato, a un'offerta pubblica di acquisto o alla mancata divulgazione di informazioni privilegiate riguardanti l'emittente o lo strumento finanziario in violazione degli articoli 7 e 17 del regolamento (UE) n. 596/2014, tranne qualora tale sospensione o esclusione possa causare un danno rilevante agli interessi dell'investitore o all'ordinato funzionamento del mercato.

3. Salvo quando ciò possa causare danni agli interessi degli investitori o all'ordinato funzionamento del mercato, la Consob prescrive alle sedi di negoziazione e agli internalizzatori sistematici di sospendere o escludere uno strumento finanziario dalle negoziazioni nei casi in cui tale strumento finanziario sia stato oggetto di provvedimento di sospensione o esclusione da parte di autorità competenti di altri Stati membri ovvero di una decisione assunta da parte di autorità competenti di altri Stati membri in relazione alle decisioni di sospensione ed esclusione adottate dai gestori delle sedi di negoziazione da esse vigilate, se la sospensione o l'esclusione è dovuta a presunti abusi di mercato, a un'offerta d'acquisto o alla mancata divulgazione di informazioni privilegiate riguardanti l'emittente o lo strumento finanziario in violazione degli articoli 7 e 17 del regolamento (UE) n. 596/2014.

4. Qualora la sospensione o l'esclusione ai sensi del comma 3 debba essere disposta con riferimento a una sede di negoziazione all'ingrosso di titoli obbligazionari privati e pubblici, diversi da titoli di Stato, nonché di strumenti del mercato monetario e di strumenti finanziari derivati su titoli pubblici, su tassi di interesse e su valute, la decisione della Consob è adottata sentita la Banca d'Italia. Qualora la sospensione o l'esclusione ai sensi del comma 3 debba essere disposta con riferimento ad una sede di negoziazione all'ingrosso di titoli di Stato, la decisione è adottata dalla Banca d'Italia; a tal fine, la Consob informa la Banca d'Italia delle decisioni assunte dalle autorità competenti degli altri Stati membri.

5. I commi 2, 3 e 4 si applicano anche in caso di revoca della sospensione dalla negoziazione di uno strumento finanziario o degli strumenti finanziari derivati di cui all'Allegato I, Sezione C, punti da 4 a 10, relativi o riferiti a detto strumento finanziario.

6. La procedura di notifica di cui al presente articolo si applica anche nel caso in cui la decisione di sospendere o escludere dalla negoziazione lo strumento finanziario o gli strumenti finanziari derivati di cui all'Allegato I, Sezione C, punti da 4 a 10 relativi o riferiti a detto strumento finanziario sia adottata dalla Consob ai sensi del comma 1.

Art. 66-quinquies (Negoziazione di strumenti finanziari emessi dal gestore del mercato regolamentato). – 1. La Consob dispone l'ammissione, l'esclusione e la sospensione dalla quotazione e dalle negoziazioni degli strumenti finanziari emessi da un gestore del mercato in un mercato regolamentato da esso gestito.

2. La Consob determina le modificazioni da apportare al regolamento del mercato regolamentato per assicurare la trasparenza, l'ordinato svolgimento delle negoziazioni e la tutela degli investitori, nonché per regolare le ipotesi di conflitto d'interessi. L'ammissione a quotazione e a negoziazione è subordinata all'adeguamento del regolamento del mercato regolamentato.

3. La Consob vigila sul rispetto da parte del gestore del mercato delle disposizioni del regolamento del mercato relative agli strumenti finanziari di cui al comma 1.

Sezione IV – Accesso alle sedi di negoziazione

Art. 67 (Criteri generali di accesso degli operatori).

– 1. Il gestore di un mercato regolamentato o di un sistema multilaterale di negoziazione o di un sistema organizzato di negoziazione stabilisce, attua e mantiene regole trasparenti e non discriminatorie, basate su criteri oggettivi, che disciplinano l'accesso in qualità di membri o partecipanti o clienti.

2. Ai mercati regolamentati e ai sistemi multilaterali di negoziazione possono accedere in qualità di membri o partecipanti le Sim, le banche italiane, le imprese di investimento UE, le banche UE e le imprese di paesi terzi autorizzate all'esercizio dei servizi o attività di negoziazione per conto proprio o di esecuzione di ordini per conto dei clienti ai sensi degli articoli 28 e 29-ter.

3. Le imprese di investimento UE, le banche UE e le imprese di paesi terzi autorizzate all'esercizio dei servizi o attività di negoziazione per conto proprio o di esecuzione di ordini per conto dei clienti ai sensi degli articoli 28 e 29-ter, possono essere ammesse in qualità di membri o partecipanti dei mercati regolamentati o sistemi multilaterali di negoziazione stabiliti sul territorio della Repubblica secondo una delle seguenti modalità:

a) direttamente, stabilendo una succursale;

b) diventando membri remoti o avendo accesso remoto al mercato regolamentato o al sistema multilaterale di negoziazione, quando le procedure e i sistemi di negoziazione della sede in questione non richiedono una presenza fisica per la conclusione delle operazioni.

4. Possono altresì accedere ai mercati regolamentati e ai sistemi multilaterali di negoziazione, tenuto conto delle regole adottate dal gestore della sede di negoziazione, i soggetti che:

a) godono di sufficiente buona reputazione;

b) dispongono di un livello sufficiente di capacità di negoziazione, di competenza ed esperienza;

c) dispongono di adeguati dispositivi organizzativi;

d) dispongono di risorse sufficienti per il ruolo che devono svolgere, tenendo conto delle varie disposizioni finanziarie eventualmente fissate dal mercato regolamentato per garantire l'adeguato regolamento delle operazioni.

5. Il gestore di un mercato regolamentato o di un sistema multilaterale di negoziazione specifica, nell'ambito delle regole previste dal comma 1, i criteri per la partecipazione diretta o remota al mercato regolamentato e gli obblighi imposti ai membri o partecipanti derivanti:

a) dall'istituzione e dalla gestione della sede di negoziazione;

b) dalle disposizioni riguardanti le operazioni eseguite nella sede di negoziazione;

c) dagli standard professionali imposti al personale di membri o partecipanti che operano sulla sede di negoziazione;

d) dalle condizioni stabilite, a norma del comma 4, per i membri o partecipanti diversi da Sim, banche italiane, imprese di investimento UE, banche UE e imprese di paesi terzi autorizzate all'esercizio dei servizi o attività di negoziazione per conto proprio o di esecuzione di ordini per conto dei clienti ai sensi degli articoli 28 e 29-ter;

e) dalle norme e procedure per la compensazione e il regolamento delle operazioni concluse nel mercato regolamentato.

6. I membri o partecipanti ai mercati regolamentati e ai sistemi multilaterali di negoziazione e i clienti dei sistemi organizzati di negoziazione si comportano con diligenza, correttezza e trasparenza al fine di non compromettere l'integrità dei mercati.

7. Il Ministero dell'economia e delle finanze e la Banca d'Italia sono ammessi alle negoziazioni sulle sedi di negoziazione all'ingrosso di titoli di Stato.

8. Il gestore di una sede di negoziazione comunica alla Consob lo Stato membro in cui intende predisporre dispositivi appropriati per facilitare l'accesso e la negoziazione ai membri, partecipanti o clienti remoti ivi stabiliti. La Consob trasmette, entro un mese, detta informazione allo Stato membro in cui si intende predisporre tali dispositivi. Su richiesta dell'autorità competente dello Stato membro ospitante, la Consob comunica tempestivamente l'identità dei membri o dei partecipanti o dei clienti della sede di negoziazione che ha stabilito i propri dispositivi nel territorio dell'altro Stato membro.

9. Il gestore di una sede di negoziazione di un altro Stato membro può dotarsi di dispositivi appropriati, nel territorio della Repubblica, per facilitare l'accesso e la negoziazione ai suoi membri, partecipanti o clienti remoti ivi stabiliti, a condizione che la Consob ne abbia ricevuto preventiva comunicazione da parte dell'autorità competente dello Stato membro d'origine della sede di negoziazione. La Consob può chiedere all'autorità competente dello Stato membro d'origine di comunicare l'identità dei membri, partecipanti o clienti delle sedi di negoziazione che hanno stabilito i propri dispositivi sul territorio della Repubblica.

10. La Consob, al fine di assicurare la trasparenza, l'ordinato svolgimento delle negoziazioni e la tutela degli investitori, stipula accordi con le autorità di vigilanza dello Stato membro di origine delle sedi di negoziazione di altri Stati membri di cui al comma 9 che abbiano acquisito un'importanza sostanziale per il funzionamento del mercato finanziario italiano e la tutela degli investitori in Italia, idonei ad assicurare il coordinamento della cooperazione in materia di vigilanza e dello scambio di informazioni su base transfrontaliera. Tali accordi sono stipulati dalla Consob congiuntamente con Banca d'Italia, previa informativa al Ministero dell'economia e delle finanze, qualora le sedi di negoziazione

di altri Stati membri abbiano acquisito un'importanza sostanziale per il funzionamento del mercato finanziario italiano nonché per l'ordinato svolgimento delle negoziazioni e l'efficienza complessiva delle sedi di negoziazione all'ingrosso di titoli di Stato. Il Ministero dell'economia e delle finanze può richiedere alla Banca d'Italia le informazioni acquisite ai sensi degli accordi anzidetti.

11. La Consob stipula altresì i citati accordi di cooperazione con le autorità di vigilanza dello Stato membro ospitante di sedi di negoziazione italiane che abbiano acquisito un'importanza sostanziale per il funzionamento del mercato finanziario di tale Stato membro e la tutela degli investitori nello stesso.

12. Quando ha motivi chiari e dimostrabili di ritenere che un mercato regolamentato, un sistema multilaterale di negoziazione o un sistema organizzato di negoziazione che si siano dotati di dispositivi nel territorio della Repubblica, ai sensi del comma 9, violino gli obblighi derivanti dalle disposizioni della presente parte, la Consob ne informa l'autorità competente dello Stato membro d'origine della sede di negoziazione. Se, nonostante le misure adottate dall'autorità competente dello Stato membro d'origine o per via dell'inadeguatezza di tali misure, la sede di negoziazione persiste nell'agire in un modo che mette chiaramente a repentaglio gli interessi degli investitori domestici o il buon funzionamento dei mercati, la Consob, dopo avere informato l'autorità competente dello Stato membro d'origine, adotta tutte le misure adeguate e necessarie per tutelare gli investitori e assicurare il buon funzionamento dei mercati, che comprendono la possibilità di impedire a tale sede di negoziazione di rendere accessibili i loro dispositivi ai membri o partecipanti a distanza stabiliti nel territorio della Repubblica. Le misure adottate ai sensi del presente comma, che comportano sanzioni o restrizioni delle attività di un'impresa di investimento o di un mercato regolamentato sono opportunamente giustificate e comunicate all'impresa di investimento o al mercato regolamentato interessato.

Art. 67-bis (Ammissione, sospensione ed esclusione degli operatori da un mercato regolamentato). – 1. Il gestore del mercato regolamentato comunica immediatamente alla Consob le proprie decisioni di ammissione, esclusione e sospensione degli operatori dalle negoziazioni.

2. La Consob può:

a) ordinare la revoca di una decisione di sospensione degli operatori dalle negoziazioni, entro cinque giorni dal ricevimento della comunicazione di cui al comma 1 se, sulla base degli elementi informativi diversi da quelli valutati, ai sensi del regolamento del mercato, dal gestore del mercato regolamentato nel corso della propria istruttoria, ritiene la decisione contraria alle finalità di assicurare la trasparenza, l'ordinato svolgimento delle negoziazioni e la tutela degli investitori;

b) chiedere al gestore del mercato regolamentato tutte le informazioni che ritenga utili per i fini di cui alla lettera a);

c) chiedere al gestore del mercato regolamentato l'esclusione o la sospensione degli operatori dalle negoziazioni.

Art. 67-ter (Negoziazione algoritmica, accesso elettronico diretto, partecipazione a controparti centrali). – 1. Le Sim e le banche italiane che svolgono negoziazione algoritmica:

a) pongono in essere controlli dei sistemi e del rischio efficaci e idonei alla luce dell'attività esercitata sulle sedi di negoziazione, volti a garantire che i propri sistemi di negoziazione algoritmica siano resilienti e dispongano di sufficiente capacità, siano soggetti a soglie e limiti di negoziazione appropriati, impediscano di inviare ordini erronei o comunque recare pregiudizio all'ordinato svolgimento delle negoziazioni;

b) pongono in essere controlli efficaci dei sistemi e del rischio per garantire che i sistemi di negoziazione algoritmica non possano essere utilizzati per finalità contrarie al regolamento (UE) n. 596/2014 o alle regole della sede di negoziazione;

c) dispongono di meccanismi efficaci di continuità operativa per rimediare a malfunzionamenti dei sistemi di negoziazione algoritmica e provvedono affinché i loro sistemi siano soggetti a verifica e monitoraggio in modo adeguato per garantirne la conformità ai requisiti del presente comma.

2. Le Sim e le banche italiane che effettuano negoziazioni algoritmiche lo notificano alla Consob e, se diversa, all'autorità competente dello Stato membro della sede di negoziazione in cui effettuano la negoziazione algoritmica quali membri o partecipanti o clienti della sede di negoziazione. La notifica è altresì effettuata alla Banca d'Italia per le sedi di negoziazione all'ingrosso di titoli di Stato.

3. Ferme restando le competenze di vigilanza prudenziale della Banca d'Italia, la Consob vigila sul rispetto dei requisiti previsti nel presente articolo da parte di Sim e banche italiane che svolgono negoziazione algoritmica. A tale fine la Consob può chiedere, su base regolare o ad hoc, ai soggetti sopra indicati:

a) una descrizione della natura delle strategie di negoziazione algoritmica;

b) i dettagli sui parametri o sui limiti di negoziazione a cui il sistema è soggetto;

c) i controlli di conformità e di rischio attuati per assicurare che le condizioni stabilite al comma 1 siano soddisfatte;

d) i dettagli sulla verifica dei sistemi;

e) ulteriori informazioni sulla negoziazione algoritmica effettuata e sui sistemi utilizzati.

4. La Consob comunica alla Banca d'Italia le informazioni che riceve ai sensi del comma 3 o dall'autorità competente dello Stato membro d'origine della banca UE o dell'impresa di investimento UE, quando dette informazioni si riferiscono a membri o partecipanti o clienti che effettuano negoziazione algoritmica nelle sedi di negoziazioni all'ingrosso di titoli di Stato.

5. Le Sim e le banche italiane possono fornire accesso elettronico diretto a una sede di negoziazione a condizione che esse pongano in essere efficaci controlli dei sistemi e del rischio.

6. La Consob, sentita la Banca d'Italia, disciplina con regolamento:

a) gli obblighi di registrazione cui sono tenuti i soggetti di cui al comma 1 che pongono in essere tecniche di negoziazione algoritmica;

b) le condizioni in base alle quali le Sim e le banche italiane possono fornire accesso elettronico diretto a una sede di negoziazione e le caratteristiche dei controlli di conformità e di rischio attuati per assicurare che le condizioni stabilite al comma 1 siano soddisfatte;

c) gli obblighi di notifica, di informazione e di registrazione cui sono tenuti le Sim e le banche italiane che forniscono un accesso elettronico diretto a una sede di negoziazione;

d) gli obblighi delle Sim e delle banche italiane che effettuano negoziazione algoritmica per perseguire una strategia di market making.

7. La Consob, su richiesta dell'autorità competente della sede di negoziazione di un altro Stato membro nella quale una Sim o una banca italiana svolgono negoziazione algoritmica o forniscono accesso elettronico diretto, comunica tempestivamente alla stessa le informazioni ricevute ai sensi del comma 3.

8. Le disposizioni di cui al presente articolo si applicano anche:

a) ai membri o partecipanti di mercati regolamentati e sistemi multilaterali di negoziazione che non sono tenuti a essere autorizzati a norma dell'articolo 4-terdecies, comma 1, lettere a), e), g), i) e l) o che sono gestori di Oicr, Sicav o Sicaf;

b) alle imprese di paesi terzi autorizzate all'esercizio dei servizi o attività di negoziazione per conto proprio o di esecuzione di ordini per conto dei clienti ai sensi degli articoli 28 e 29-ter.

8-bis. La Consob detta con regolamento i requisiti di cui al comma 6 applicabili ai soggetti di cui al comma 8 quando effettuano negoziazione algoritmica e/o forniscono accesso elettronico diretto a una sede di negoziazione.

9. Le Sim e le banche italiane e le imprese di paesi terzi autorizzate all'esercizio dei servizi e attività di investimento, con o senza servizi accessori, ai sensi degli articoli 28 e 29-ter, che agiscono in qualità di partecipanti alle controparti centrali per conto di propri clienti:

a) pongono in essere controlli e sistemi efficaci per garantire che possano fruire dei servizi di compensazione solo persone idonee e che a tali persone siano imposti requisiti appropriati per ridurre i rischi per la Sim o per la banca e per il mercato;

b) assicurano che vi sia un accordo scritto vincolante tra gli stessi e la persona per la quale agiscono per quanto riguarda i diritti e gli obblighi essenziali derivanti dalla prestazione del servizio.

Sezione V – Limiti di posizione e controlli sulla gestione delle posizioni in strumenti derivati su merci

Art. 68 (Limiti alle posizioni in strumenti derivati su merci). – 1. Al fine di prevenire abusi di mercato e favorire condizioni ordinate di formazione dei prezzi e di regolamento delle operazioni, la Consob stabilisce e vigila sull'applicazione dei limiti di posizione sull'entità di una posizione netta che può essere detenuta da una persona in qualsiasi momento per ciascun contratto di strumenti derivati su merci negoziati in sedi di negoziazione, e contratti negoziati fuori listino (OTC) economicamente equivalenti, secondo quanto previsto con proprio regolamento, conformemente alla metodologia di calcolo determinata dall'AESFEM.

2. La Consob approva le richieste di esenzione dall'applicazione dei limiti di posizione stabiliti ai sensi del comma 1, che possono essere presentate da entità non finanziarie con riferimento alle posizioni dalle stesse detenute, direttamente o indirettamente, che abbiano la capacità oggettivamente misurabile di ridurre i rischi direttamente legati all'attività commerciale di tali entità non finanziarie.

3. La Consob comunica all'AESFEM i limiti di posizione che intende stabilire al fine di ricevere il parere dell'autorità in merito alla compatibilità dei limiti di posizione con le finalità enunciate al comma 1 e con la metodologia di calcolo determinata dall'AESFEM. Se necessario la Consob modifica i limiti di posizione in conformità al parere dell'AESFEM o fornisce a quest'ultima le ragioni per cui non ritiene necessario modificarli, rendendo pubbliche tempestivamente le motivazioni di tale decisione sul proprio sito internet.

4. Qualora siano negoziati quantitativi rilevanti del medesimo strumento derivato su merci presso sedi di negoziazione di più Stati membri, la Consob, nel caso in cui sia l'autorità competente della sede in cui è negoziato il quantitativo più elevato (autorità competente centrale) stabilisce, secondo quanto previsto con il regolamento di cui al comma 1, il limite di posizione unico da applicare a tutte le negoziazioni relative a tale contratto di strumento derivato su merci. In tale caso la Consob consulta le autorità competenti di altre sedi in cui è negoziato un ingente quantitativo del derivato in questione, in merito al limite di posizione unico da applicare e all'eventuale riesame di tale limite.

5. A seguito di ricezione, da parte della Consob, della comunicazione di un'autorità competente centrale, dei limiti di posizione applicabili ad un contratto di strumento derivato su merci negoziato per quantitativi ingenti in sedi di negoziazione soggette alla sua vigilanza, la Consob, in caso di disaccordo, espone per iscritto le ragioni complete e dettagliate per cui non considera soddisfatti i requisiti enunciati al comma 1.

6. La Consob conclude accordi di cooperazione con le altre autorità competenti delle sedi in cui è negoziato il medesimo strumento derivato su merci negoziato su una sede soggetta alla sua vigilanza, e con le autorità competenti dei titolari di posizioni in tale strumento derivato, al fine di prevedere lo scambio reciproco di dati pertinenti e al fine di verificare e far rispettare il limite di posizione unico.

7. In casi eccezionali, la Consob può imporre limiti più restrittivi di quelli adottati a norma del comma 1 che siano debitamente giustificati e proporzionati, tenendo conto della liquidità e dell'ordinato funzionamento del mercato specifico. La decisione di imporre limiti di posizione più restrittivi è valida per un periodo che non può superare i sei mesi a decorrere dalla data della relativa pubblicazione sul sito internet della Consob e può essere prorogata di sei mesi in sei mesi, se continuano a sussistere i motivi che hanno determinato la restrizione. In assenza di una proroga espressa, al decorrere del periodo di sei mesi i limiti più restrittivi decadono automaticamente.

8. La Consob pubblica sul proprio sito internet le decisioni adottate ai sensi del comma 7, incluse informazioni sui limiti di posizione più restrittivi e le comunica all'AESFEM, unitamente alle ragioni che hanno portato all'adozione delle decisioni medesime affinché tale autorità possa pronunciarsi sulla necessità dei limiti di posizione più restrittivi alla luce dell'eccezionalità del caso. Qualora la Consob imponga limiti in contrasto con il parere dell'AESFEM, pubblica immediatamente sul proprio sito internet una comunicazione in cui spiega le ragioni che l'hanno indotta a prendere tale decisione.

Art. 68-bis (Controlli del gestore della sede di negoziazione sulle posizioni in strumenti derivati su merci).

– 1. Il gestore di una sede di negoziazione che negozia derivati su merci si dota di un sistema di controlli sulla gestione delle posizioni che includono almeno la facoltà del gestore di:

a) controllare le posizioni aperte delle persone;

b) ottenere dalle persone accesso alle informazioni, compresa tutta la documentazione pertinente, in relazione all'entità e alle finalità di una posizione o esposizione assunta, alle informazioni sui titolari effettivi o sottostanti, a qualsiasi misura concertata e alle eventuali attività e passività nel mercato sottostante;

c) imporre a una persona di chiudere o ridurre una posizione in via temporanea o permanente a seconda del caso specifico e di adottare unilateralmente le misure appropriate per la chiusura o la riduzione nel caso in cui la persona non ottemperi; e

d) se del caso, esigere che la persona reimmetta temporaneamente liquidità nel mercato a un prezzo e un volume convenuti, con l'esplicito intento di lenire gli effetti di una posizione elevata o dominante.

Art. 68-ter (Caratteristiche dei limiti e dei controlli sulla gestione delle posizioni e obblighi di informazione). – 1. I limiti di posizione e i controlli sulla gestione delle posizioni sono trasparenti e non discriminatori, specificano come si applicano alle persone e tengono conto della natura e della composizione dei membri e partecipanti al mercato e dell'utilizzo che essi fanno dei contratti presentati alla negoziazione.

2. Il gestore della sede di negoziazione informa dettagliatamente la Consob circa i controlli sulla gestione delle posizioni, secondo le modalità e i termini da quest'ultima stabiliti con regolamento.

Art. 68-quater (Notifica dei titolari di posizioni in base alle categorie). – 1. Il gestore di una sede di negoziazione nella quale sono negoziati derivati su merci o quote di emissione o strumenti derivati sulle stesse pubblica una relazione settimanale indicante le posizioni aggregate detenute dalle differenti categorie di persone per i differenti strumenti finanziari derivati su merci o quote di emissione o strumenti derivati sulle stesse, negoziati sulla sede di negoziazione, quando sia il numero delle persone sia le loro posizioni aperte superano soglie minime, distinguendo fra le posizioni identificate come atte a ridurre, in una maniera oggettivamente misurabile, i rischi direttamente connessi alle attività commerciali e le altre posizioni. Tale relazione è trasmessa alla Consob e all'AESFEM.

2. Le Sim e le banche italiane che negoziano derivati su merci o quote di emissione o loro prodotti derivati al di fuori di una sede di negoziazione forniscono alla Consob o all'autorità competente centrale, se diversa dalla Consob, nel caso in cui gli strumenti menzionati siano scambiati in più di una giurisdizione, i dati disaggregati delle loro posizioni assunte in derivati su merci o quote di emissione o strumenti derivati sulle stesse negoziati in una sede di negoziazione e i contratti OTC economicamente equivalenti, distinguendo fra le posizioni identificate come atte a ridurre, in una maniera oggettivamente misurabile, i rischi direttamente connessi alle attività commerciali e le altre posizioni.

3. I membri o partecipanti ai mercati regolamentati e ai sistemi multilaterali di negoziazione e i clienti dei sistemi organizzati di negoziazione comunicano al gestore della sede di negoziazione informazioni dettagliate sulle loro posizioni detenute mediante contratti negoziati nella sede di negoziazione in oggetto, almeno su base giornaliera, comprese le posizioni dei loro clienti, e dei clienti di detti clienti, fino a raggiungere il cliente finale.

4. La Consob prevede con regolamento:

a) i tempi e le modalità di invio da parte del gestore della sede di negoziazione, dei dati disaggregati inerenti alle posizioni di tutte le persone, compresi i membri o partecipanti e i relativi clienti nella sede di negoziazione;

b) le modalità di classificazione, da parte dei gestori delle sedi di negoziazione, ai fini dell'informativa da rendere ai sensi del presente articolo, delle persone che detengono posizioni in strumenti derivati su merci ovvero quote di emissione o strumenti derivati delle stesse.

Art. 68-quinquies (Poteri della Consob e obblighi di collaborazione). – 1. Nello svolgimento dei compiti di vigilanza ai sensi della presente sezione, la Consob esercita i poteri previsti dagli articoli 62-octies, 62-novies, 62-decies e può altresì:

a) richiedere a chiunque informazioni, notizie, dati o l'esibizione di documenti, in originale o in copia, in relazione all'entità e alla finalità di una posizione o esposizione aperta mediante uno strumento derivato su merci e alle eventuali attività e passività nel mercato sottostante;

b) limitare la possibilità di chiunque di concludere un contratto derivato su merci, anche introducendo limiti sull'entità di una posizione che detto soggetto può detenere in ogni momento a norma dell'articolo 68;

c) richiedere a chiunque di adottare misure per ridurre l'entità di una posizione o esposizione in strumenti derivati su merci.

2. La Consob comunica alle autorità competenti degli altri Stati membri le informazioni relative a:

a) eventuali richieste di riduzione dell'entità di una posizione o esposizione, ai sensi del comma 1, lettera c);

b) eventuali limitazioni alla possibilità delle persone di aprire una posizione in un derivato su merci, ai sensi del comma 1, lettera b).

2-bis. La notifica, se del caso, include informazioni dettagliate sulla richiesta o sulla domanda, ai sensi del comma 1, lettera a), compresa l'identità della o delle persone cui è stata indirizzata e le ragioni addotte, come pure la portata delle limitazioni introdotte a norma del comma 1, lettera b), compresa la persona interessata, gli strumenti finanziari applicabili, eventuali limiti all'entità delle posizioni che qualsiasi persona può detenere in qualsiasi momento, le eventuali esenzioni concesse ai sensi del comma 2 e le ragioni addotte. La notifica è fatta almeno 24 ore prima dell'entrata in vigore prevista degli interventi o delle misure. In circostanze eccezionali, la notifica può essere effettuata meno di 24 ore prima dell'entrata in vigore della misura quando non sia possibile rispettare tale termine. Se le misure adottate ai sensi del comma 1, lettere b) o c) sono relative a prodotti energetici all'ingrosso, la Consob ne informa anche l'Agenzia per la collaborazione fra i regolatori nazionali dell'energia (ACER) istituita a norma del regolamento (CE) n. 713/2009. La Consob invia una notifica in conformità del presente comma anche quando ha intenzione di adottare le misure di cui alle lettere b) e c) del comma 1.

3. La Consob, a seguito della ricezione di una notifica, da parte di autorità competenti di altri Stati membri, di misure di riduzione dell'entità di una posizione o esposizione o di limitazione alla possibilità delle persone di aprire una posizione in un derivato su merci, può adottare misure in conformità del comma 1, lettere b) o c), quando tali misure sono necessarie per conseguire l'obiettivo dell'autorità competente di altro Stato membro che ha effettuato la notifica.

Sezione VI – Mercati di crescita per le PMI

Art. 69 (Mercati di crescita per le PMI). – 1. La Consob, su domanda del gestore di un sistema multilaterale di negoziazione, registra un sistema come mercato di crescita per le PMI se sono soddisfatti i requisiti di cui al comma 2.

2. Fermo restando il rispetto degli altri obblighi del presente decreto relativi alla gestione di un sistema multilaterale di negoziazione, ai fini della registrazione di cui al comma 1, il sistema multilaterale di negoziazione dispone di regole, sistemi e procedure efficaci, atti a garantire che siano soddisfatte le seguenti condizioni:

a) almeno il 50 per cento degli emittenti i cui strumenti finanziari sono ammessi alla negoziazione sul sistema sono PMI, sia al momento della registrazione come mercato di crescita per le PMI sia successivamente, con riferimento a ciascun anno civile;

b) sono stabiliti criteri appropriati per l'ammissione e la permanenza alla negoziazione degli strumenti finanziari sul sistema;

c) al momento dell'ammissione alla negoziazione di uno strumento finanziario sul mercato sono state pubblicate informazioni sufficienti per permettere agli investitori di effettuare una scelta consapevole in merito all'investimento. Tali informazioni possono consistere in un appropriato documento di ammissione o in un prospetto se i requisiti di cui al regolamento 2017/1129/UE sono applicabili con riguardo a un'offerta pubblica presentata insieme all'ammissione alla negoziazione dello strumento finanziario sul sistema multilaterale di negoziazione;

d) sul mercato esiste un'adeguata informativa finanziaria periodica, messa a disposizione dall'emittente o da altri per suo conto, che comprenda quantomeno la relazione finanziaria annuale sottoposta a revisione;

e) gli emittenti, le persone che esercitano responsabilità di direzione e le persone ad esse strettamente legate, come individuati rispettivamente dai punti 21), 25) e 26) dell'articolo 3, paragrafo 1, del regolamento (UE) n. 596/2014, rispettano i requisiti loro applicabili dettati dal citato regolamento;

f) le informazioni regolamentate riguardanti gli emittenti sono conservate e divulgate pubblicamente;

g) esistono sistemi e controlli efficaci tesi a prevenire e individuare gli abusi di mercato secondo quanto prescritto dal regolamento (UE) n. 596/2014.

3. Il gestore di un mercato di crescita per le PMI può prevedere requisiti aggiuntivi a quelli previsti dal comma 2.

4. La Consob può revocare la registrazione di un sistema multilaterale di negoziazione come mercato di crescita per le PMI su richiesta del gestore ovvero quando il sistema non rispetta i requisiti previsti dal comma 2.

5. Uno strumento finanziario di un emittente ammesso alla negoziazione su un mercato di crescita per le PMI può essere

negoziato anche su un altro mercato di crescita per le PMI solo se l'emittente è stato preventivamente informato e non ha sollevato obiezioni alla negoziazione su un altro mercato. In tal caso l'emittente non è soggetto ad alcun obbligo relativo al governo societario o all'informativa iniziale, continuativa o ad hoc con riguardo a quest'ultimo mercato di crescita per le PMI.

Sezione VII – Riconoscimento dei mercati

Art. 70 (Riconoscimento dei mercati). – 1. La Consob, previa stipula di accordi con le corrispondenti autorità, può riconoscere mercati extra-UE di strumenti finanziari, al fine di estenderne l'operatività sul territorio della Repubblica.

2. I gestori dei mercati regolamentati che intendano estendere in Stati non UE l'operatività dei mercati da essi gestiti, ne danno comunicazione alla Consob, che rilascia il proprio nulla-osta previa stipula di accordi con le corrispondenti autorità estere. Per i mercati regolamentati all'ingrosso di titoli di Stato la comunicazione è data alla Banca d'Italia, che rilascia il proprio nulla-osta previa stipula di accordi con le competenti autorità estere e ne informa la Consob.

3. Nei casi di cui ai commi 1 e 2, la Consob o la Banca d'Italia, secondo le rispettive competenze, accertano che le informazioni sugli strumenti finanziari e sugli emittenti, le modalità di formazione dei prezzi, le modalità di liquidazione dei contratti, le norme di vigilanza sui mercati e sugli intermediari siano equivalenti a quanto disposto dalla normativa vigente in Italia con riferimento ai mercati regolamentati, e comunque in grado di assicurare adeguata tutela degli investitori.

4. La Consob può specificare, con regolamento, le modalità e le condizioni per riconoscere mercati extra-UE di strumenti finanziari.

Capo III – Gli internalizzatori sistematici

Art. 71 (Obblighi dell'internalizzatore sistematico). – 1. L'impresa di investimento che supera i limiti stabiliti nel regolamento delegato (UE) 2017/565, in relazione al modo frequente, sistematico e sostanziale, per l'applicazione del regime degli internalizzatori sistematici o che sceglie comunque di assoggettarsi a tale regime, ne informa la Consob.

2. Ai fini della verifica della permanenza delle caratteristiche richieste dalla definizione di internalizzatore sistematico, la Consob può chiedere agli internalizzatori sistematici, con le modalità e nei termini da essa stabiliti, la comunicazione anche periodica di dati, notizie, atti e documenti.

3. Agli internalizzatori sistematici si applica l'articolo 65-septies, comma 6.

Capo IV – Obblighi di negoziazione, di trasparenza e di segnalazione di operazioni in strumenti finanziari

Art. 72 (Individuazione dell'autorità competente). – 1. Il Ministero dell'economia e delle finanze, la Consob e la Banca d'Italia sono le autorità nazionali competenti ai sensi dell'articolo 2, paragrafo 1, punto 18), del regolamento (UE) n. 600/2014, secondo quanto disposto dal presente capo.

Art. 73 (Vigilanza). – 1. La Consob vigila sull'osservanza delle disposizioni di cui ai Titoli II, III e IV del regolamento (UE) n. 600/2014, sugli obblighi di negoziazione previsti dagli articoli 23 e 28 del regolamento (UE) n. 600/2014, nonché sull'accesso non discriminatorio agli indici di riferimento e sull'obbligo di concedere una licenza per gli stessi, secondo quanto previsto dall'articolo 37 del medesimo regolamento, nonché sul rispetto delle inerenti norme tecniche di regolamentazione e di attuazione. A tali fini si avvale dei poteri previsti dagli articoli 62-octies, 62-novies e 62-decies.

Art. 74 (Esenzioni dai requisiti di trasparenza pre-negoziazione delle sedi di negoziazione). – 1. Fermo restando quanto previsto dal comma 4 e in conformità a quanto previsto dagli articoli 4, paragrafo 1, e 9, paragrafi 1 e 2, del regolamento (UE) n. 600/2014, la Consob può esentare il gestore di una sede di negoziazione dagli obblighi di pubblicare le informazioni pre-negoziazione stabiliti dagli articoli 3 e 8 del citato regolamento nonché revocare le esenzioni concesse.

2. La Consob disciplina con regolamento il contenuto e le modalità di presentazione della domanda di esenzione da parte del gestore di una sede di negoziazione.

3. La Consob adotta i provvedimenti di sospensione delle esenzioni concesse, ai sensi dell'articolo 5, paragrafi 2 e 3, del regolamento indicato al primo comma.

4. I provvedimenti di esenzione dagli obblighi di trasparenza pre-negoziazione sono adottati dalla Consob, d'intesa con la Banca d'Italia, nei confronti dei gestori delle sedi di negoziazione all'ingrosso di titoli di Stato. Gli stessi provvedimenti sono adottati dalla Consob, sentita la Banca d'Italia, nei confronti dei gestori delle sedi di negoziazione all'ingrosso di titoli obbligazionari privati e pubblici, diversi dai titoli di Stato, nonché di titoli normalmente negoziati sul mercato monetario e di strumenti finanziari derivati su titoli pubblici, su tassi di interesse e su valute.

5. Il Ministero dell'economia e delle finanze e la Banca d'Italia sono informati dalla Consob delle domande di esenzione dagli obblighi di trasparenza pre-negoziazione su titoli di Stato ricevute, nonché dell'adozione dei provvedimenti di esenzione dagli obblighi di trasparenza pre-negoziazione aventi ad oggetto titoli di Stato.

Art. 75 (Provvedimenti di temporanea sospensione degli obblighi di trasparenza pre-negoziazione). – 1. Al ricorrere delle condizioni previste dall'articolo 9, paragrafo 4, del regolamento (UE) n. 600/2014 la Consob adotta i provvedimenti di temporanea sospensione degli obblighi di pubblicare le informazioni pre-negoziazione stabiliti, dall'articolo 8 del regolamento citato, per gli strumenti finanziari non rappresentativi di capitale. 2. I provvedimenti di cui al comma 1 sono adottati dal Ministero dell'economia e delle finanze, su proposta della Banca d'Italia d'intesa con la Consob, relativamente agli obblighi di pubblicazione riguardanti i titoli di Stato. Gli stessi provvedimenti sono adottati dalla Consob, sentita la Banca d'Italia, relativamente agli obblighi di pubblicazione riguardanti i titoli obbligazionari privati e pubblici, diversi dai titoli di Stato, nonché i titoli normalmente negoziati sul mercato monetario e gli strumenti finanziari derivati su titoli pubblici, su tassi di interesse e su valute.

Art. 76 (Autorizzazioni alla pubblicazione differita). – 1. Fermo restando quanto previsto dal comma 3 e in conformità a quanto previsto dagli articoli 7, 11, 20 e 21 del regolamento (UE) n. 600/2014, la Consob ha il potere di:

a) autorizzare il gestore di una sede di negoziazione o un'impresa di investimento che concluda, anche come internalizzatore sistematico, per proprio conto o per conto dei clienti, operazioni in strumenti finanziari, a differire la pubblicazione delle informazioni post-negoziazione sulle operazioni, stabilite dagli articoli 6 e 10 del citato regolamento;

b) applicare le misure previste dall'articolo 11, paragrafo 3, del medesimo regolamento;

c) revocare l'autorizzazione concessa ai sensi del presente comma.

2. La Consob disciplina con regolamento il contenuto e le modalità di presentazione della domanda di autorizzazione alla pubblicazione differita.

3. I provvedimenti di autorizzazione alla pubblicazione differita delle informazioni post-negoziazione sono adottati dalla Consob, d'intesa con la Banca d'Italia, nei confronti dei gestori delle sedi di negoziazione all'ingrosso di titoli di Stato. Gli stessi provvedimenti sono adottati dalla Consob, sentita la Banca d'Italia, nei confronti dei gestori delle sedi di negoziazione all'ingrosso di titoli obbligazionari privati e pubblici, diversi dai titoli di Stato, nonché di titoli normalmente negoziati sul mercato monetario e di strumenti finanziari derivati su titoli pubblici, su tassi di interesse e su valute.

4. Il Ministero dell'economia e delle finanze e la Banca d'Italia vengono informati dalla Consob delle domande di

autorizzazione alla pubblicazione differita delle informazioni post-negoziazione su operazioni in titoli di Stato ricevute, nonché dell'adozione dei provvedimenti di autorizzazione alla pubblicazione differita delle informazioni post-negoziazione aventi ad oggetto titoli di Stato.

Art. 77 (Provvedimenti di temporanea sospensione degli obblighi di trasparenza post-negoziazione). – 1. Al ricorrere delle condizioni previste dall'articolo 11, paragrafo 2, del regolamento (UE) n. 600/2014 la Consob adotta i provvedimenti di temporanea sospensione degli obblighi di pubblicare le informazioni post-negoziazione stabiliti, dall'articolo 10 del regolamento citato, per gli strumenti finanziari non rappresentativi di capitale. 2. I provvedimenti di cui al comma 1 sono adottati dal Ministero dell'economia e delle finanze, su proposta della Banca d'Italia d'intesa con la Consob, relativamente agli obblighi di pubblicazione delle informazioni post-negoziazione riguardanti i titoli di Stato. Gli stessi provvedimenti sono adottati dalla Consob, sentita la Banca d'Italia, relativamente agli obblighi di pubblicazione delle informazioni post-negoziazione riguardanti i titoli obbligazionari privati e pubblici, diversi dai titoli di Stato, nonché i titoli normalmente negoziati sul mercato monetario e gli strumenti finanziari derivati su titoli pubblici, su tassi di interesse e su valute.

Art. 78 (Informazioni da fornire ai fini della trasparenza e dell'effettuazione degli altri calcoli e obblighi di pubblicazione). – 1. Al fine dell'applicazione dei requisiti di trasparenza pre e post-negoziazione imposti dagli articoli da 3 a 11 e da 14 a 21 del regolamento (UE) n. 600/2014 e dell'implementazione del regime previsto dall'articolo 32 del medesimo regolamento in connessione con l'obbligo di negoziazione su strumenti derivati, nonché per determinare se un'impresa di investimento è un internalizzatore sistematico, la Consob, secondo le modalità e i termini dalla stessa determinati con regolamento, può chiedere informazioni:

a) alle sedi di negoziazione;

b) ai dispositivi di pubblicazione autorizzati; e

c) ai fornitori di un sistema consolidato di pubblicazione.

2. Gli obblighi di pubblicazione imposti dalle disposizioni contenute nei Titoli II e III del regolamento (UE) n. 600/2014 e dalle inerenti norme tecniche di regolamentazione e di attuazione sono assolti dalla Consob attraverso la messa a disposizione dei dati e delle informazioni sul proprio sito internet.

3. Le informazioni necessarie allo svolgimento delle funzioni assegnate alla Banca d'Italia nel presente capo, ottenute ai sensi del comma 1, sono trasmesse dalla Consob alla Banca d'Italia secondo il contenuto, le modalità e i tempi stabiliti nel protocollo di intesa previsto dall'articolo 62-ter, comma 4.

Titolo I-ter – SERVIZI DI COMUNICAZIONE DATI

Art. 79 (Individuazione dell'autorità competente). – 1. La fornitura di servizi di comunicazione dati è soggetta ad autorizzazione preventiva da parte della Consob.

2. La Consob vigila sui fornitori di servizi di comunicazione dati e controlla regolarmente che essi rispettino le disposizioni contenute nel presente titolo. A tali fini la Consob esercita i poteri previsti dagli articoli 62-octies, 62-novies e 62-decies, comma 1, lettere a), b) e d).

Art. 79-bis (Autorizzazione e revoca). – 1. L'autorizzazione è rilasciata a condizione che il richiedente soddisfi tutti i requisiti derivanti dal presente titolo. Il gestore di una sede di negoziazione può gestire i servizi di comunicazione dati previa verifica che esso rispetti le disposizioni del presente titolo. Il servizio è inserito nell'autorizzazione del gestore della sede di negoziazione.

2. Fermo restando quanto previsto dal comma 1, la Consob rifiuta l'autorizzazione anche se ritiene che le persone che dirigeranno effettivamente l'attività del fornitore di servizi di comunicazione dati non possiedono i requisiti di onorabilità e professionalità o laddove esistono ragioni obiettive e dimostrabili per ritenere che le stesse possano mettere a repentaglio la gestione sana e prudente e non consentano di tenere adeguatamente conto degli interessi dei clienti e dell'integrità del mercato.

3. Il fornitore di servizi di comunicazione dati fornisce tutte le informazioni, compreso un programma di attività che includa i tipi di servizi previsti e la struttura organizzativa, necessarie per permettere alla Consob di accertarsi che tale fornitore abbia adottato, al momento dell'autorizzazione iniziale, tutte le misure per adempiere agli obblighi derivanti dalle disposizioni del presente titolo.

4. La Consob disciplina con regolamento il contenuto e le modalità di presentazione della domanda di autorizzazione e iscrive i soggetti autorizzati ai servizi di comunicazione dati in un registro, accessibile al pubblico e regolarmente aggiornato.

5. L'autorizzazione specifica i servizi che i fornitori di servizi di comunicazione dati sono autorizzati a prestare. Un soggetto autorizzato che intende ampliare la propria attività aggiungendovi altri servizi di comunicazione dati presenta una richiesta di estensione dell'autorizzazione.

6. L'autorizzazione rilasciata ai sensi del presente articolo è valida in tutta l'Unione europea.

7. La Consob pronuncia la decadenza dell'autorizzazione rilasciata a un fornitore di servizi di comunicazione dati allorché questo non si avvale dell'autorizzazione entro dodici mesi.

8. La Consob può revocare l'autorizzazione prevista dal comma 1 quando:

a) il fornitore di servizi di comunicazione dati ha ottenuto l'autorizzazione presentando false dichiarazioni o con qualsiasi altro mezzo irregolare;

b) il fornitore di servizi di comunicazione dati non soddisfa più le condizioni cui è subordinata l'autorizzazione;

c) il fornitore di servizi di comunicazione dati ha violato in modo grave e sistematico le disposizioni del presente titolo;
d) il servizio di comunicazione dati è interrotto da più di sei mesi o il fornitore rinunci espressamente all'autorizzazione.

Art. 79-ter (Requisiti dei soggetti che svolgono funzioni di amministrazione presso il fornitore di servizi di comunicazione dati). – 1. I membri dell'organo di amministrazione di un fornitore di servizi di comunicazione dati soddisfano requisiti di onorabilità, professionalità e indipendenza, possiedono conoscenze, competenze ed esperienze adeguate e dedicano tempo sufficiente all'esercizio delle proprie funzioni.

2. Se un gestore del mercato chiede l'autorizzazione per gestire un APA, un CTP o un ARM e i soggetti che svolgono funzioni di amministrazione, direzione e controllo nell'APA, CTP o ARM sono gli stessi che svolgono le medesime funzioni nel mercato regolamentato, tali soggetti sono tenuti al rispetto dei requisiti previsti al comma 1.

3. L'organo di amministrazione di un fornitore di servizi di comunicazione dati:

a) possiede collettivamente conoscenze, competenze ed esperienze adeguate per essere in grado di comprendere le attività del fornitore di servizi di comunicazione dati;

b) definisce dispositivi di governo societario che garantiscono un'efficace e prudente gestione, compresa la separazione delle funzioni aziendali sotto un profilo organizzativo e la prevenzione dei conflitti di interesse, in modo tale da promuovere l'integrità del mercato e gli interessi dei propri clienti.

4. La Consob, con proprio regolamento:

a) specifica i requisiti dell'organo di amministrazione del fornitore di servizi di comunicazione dati e dei relativi membri, previsti dal comma 1;

b) stabilisce contenuto, termini e modalità di comunicazione alla Consob, da parte del fornitore di servizi di comunicazione dati, delle informazioni relative ai soggetti che svolgono funzioni di amministrazione, direzione e controllo e ai soggetti che dirigono effettivamente l'attività e le operazioni del servizio e di ogni successivo cambiamento.

Art. 79-ter.1 (Requisiti organizzativi dei fornitori di servizi di comunicazione dati). – 1. I fornitori di servizi di comunicazione dati dispongono, al momento dell'autorizzazione e continuativamente, di: a) dispositivi efficaci al fine di evitare conflitti di interesse con i clienti. In particolare, un APA o un ARM che opera anche come gestore del mercato regolamentato o come impresa di investimento ovvero un gestore del mercato regolamentato o un APA che gestisce anche un CTP tratta tutte le informazioni raccolte in modo non discriminatorio e applica e mantiene dispositivi adeguati per tenere separate le differenti aree di attività;

b) risorse adeguate e dispositivi di back-up al fine di poter offrire e mantenere i propri servizi in ogni momento.

2. La Consob detta con regolamento:

a) i requisiti organizzativi specifici dei meccanismi di pubblicazione (APA), dei sistemi consolidati di pubblicazione (CTP) e dei meccanismi di segnalazione (ARM);

b) gli elementi minimi che le informazioni rese pubbliche dall'APA e le informazioni consolidate dal CTP devono riportare;

c) le disposizioni attuative dell'articolo 4-undecies.

3. Qualora una sede di negoziazione effettui segnalazioni di operazioni in strumenti finanziari per conto di un'impresa di investimento, ai sensi di quanto previsto dall'articolo 26 del regolamento (UE) n. 600/2014, essa rispetta le disposizioni previste al comma 1, lettera b), nonché le disposizioni emanate dalla Consob ai sensi del comma 2, lettera a).».

2. All'articolo 79-sexies del decreto legislativo 24 febbraio 1998, n. 58, dopo il comma 11 è inserito il seguente:

«11-bis. La Banca d'Italia può adottare, d'intesa con la Consob, le disposizioni previste dall'articolo 4-undecies, comma 4.».

3. Dopo l'articolo 79-octies del decreto legislativo 24 febbraio 1998, n. 58, è inserito il seguente:

«Art. 79-octies.1 (Individuazione delle autorità nazionali competenti per l'esercizio di ulteriori poteri di vigilanza ai sensi del regolamento (UE) n. 600/2014). – 1. La Consob è l'autorità competente per il rispetto degli obblighi di cui all'articolo 29, paragrafi 1 e 2, del regolamento (UE) n. 600/2014 da parte delle sedi di negoziazione, delle Sim, delle banche italiane, nonché delle imprese dei paesi terzi autorizzate ai sensi dell'articolo 28 o dell'articolo 29-ter del presente decreto, che operano in qualità di partecipanti alle controparti centrali.

2. La Consob è l'autorità competente per il rispetto degli obblighi connessi agli accordi stipulati ai sensi dell'articolo 30 del regolamento di cui al comma 1 da parte dei soggetti che agiscono in qualità di partecipanti alle controparti centrali o in qualità di clienti di questi ultimi, come definiti dall'articolo 2, punto 15), del regolamento (UE) n. 648/2012.

3. La Consob è l'autorità competente per il rispetto degli obblighi di cui all'articolo 31, paragrafi 2 e 3, del regolamento di cui al comma 1 da parte delle Sim, delle banche italiane, nonché delle imprese dei paesi terzi autorizzate ai sensi dell'articolo 28 o dell'articolo 29-ter del presente decreto e dei gestori dei mercati regolamentati. 4. La Banca d'Italia è l'autorità competente per il rispetto degli obblighi di cui al comma 3 per i mercati all'ingrosso di titoli di Stato.».

4. All'articolo 79-novies del decreto legislativo 24 febbraio 1998, n. 58, il comma 1 è sostituito dal seguente:

«1. Ai fini dello svolgimento delle funzioni attribuite dal presente titolo, nei confronti dei soggetti che agiscono in qualità di partecipanti alle controparti centrali o in qualità di clienti di questi ultimi, la Consob dispone dei poteri previsti dagli articoli 6-bis, 6-ter e 7. Nei confronti dei gestori delle sedi di negoziazione la Consob e la Banca d'Italia dispongono dei poteri previsti dagli articoli 62-octies, 62-novies e 62-decies.».

5. All'articolo 79-undecies del decreto legislativo 24 febbraio 1998, n. 58, sono apportate le seguenti modificazioni: a) al comma 3, primo periodo, la parola: «comunitarie» è sostituita dalla seguente: «UE»;

b) dopo il comma 9 è inserito il seguente:

«9-bis. La Consob può adottare, d'intesa con la Banca d'Italia, le disposizioni previste dall'articolo 4-undecies, comma 4.».

6. Gli articoli 79-sexiesdecies e 79-septiesdecies del decreto legislativo 24 febbraio 1998, n. 58, sono abrogati.

7. Dopo l'articolo 79-noviesdecies del decreto legislativo 24 febbraio 1998, n. 58, è inserito il seguente:

«Art. 79-noviesdecies.1 (Disposizioni applicabili allo svolgimento di servizi e attività di investimento da parte dei depositari centrali). – 1. Fermo restando quanto previsto dal presente titolo e dal titolo II-ter, ai depositari centrali autorizzati ai sensi del regolamento (UE) n. 909/2014 e stabiliti nel territorio della Repubblica o stabiliti in un altro Stato membro aventi succursale in Italia, che svolgono servizi e attività di investimento in aggiunta alla prestazione dei servizi esplicitamente elencati alle sezioni A e B dell'allegato all'indicato regolamento, si applicano le disposizioni del presente decreto disciplinanti la prestazione di tali servizi e attività, ad eccezione degli articoli 13, 14, 15, 16, 17, 18, 19, 20 e 20-bis, in conformità a quanto previsto dall'articolo 73 del predetto regolamento.».

8. All'articolo 83-quinquies, comma 3, del decreto legislativo 24 febbraio 1998, n. 58, le parole: «dell'emittente» sono sostituite dalle seguenti: «all'emittente».

9. All'articolo 83-novies, comma 1, lettera f), del decreto legislativo 24 febbraio 1998, n. 58, le parole: «per l'intervento in assemblea» sono soppresse.

10. All'articolo 90-ter del decreto legislativo 24 febbraio 1998, n. 58, sono apportate le seguenti modificazioni:

a) al comma 2, lettera a), dopo le parole: «648/2012» sono inserite le seguenti: «e dall'articolo 36, paragrafo 4, del regolamento (UE) n. 600/2014»;

b) al comma 4, lettera a), dopo le parole: «648/2012» sono inserite le seguenti: «e dall'articolo 35, paragrafo 4, del regolamento (UE) n. 600/2014».

11. All'articolo 90-quater, comma 1, del decreto legislativo 24 febbraio 1998, n. 58, le parole: «le imprese di investimento e le banche comunitarie» sono sostituite dalle seguenti: «le imprese di investimento UE e le banche UE».

12. All'articolo 90-quinquies, comma 1, del decreto legislativo 24 febbraio 1998, n. 58, le parole: «le imprese di investimento e le banche comunitarie» sono sostituite dalle seguenti: «le imprese di investimento UE e le banche UE».

13. All'articolo 90-sexies, comma 1, del decreto legislativo 24 febbraio 1998, n. 58, dopo le parole: «909/2014» sono inserite le seguenti: «, nonché gli articoli 35 e 36 del regolamento (UE) n. 600/2014» e dopo le parole: «al mercato regolamentato» sono aggiunte, in fine, le seguenti: «o al sistema multilaterale di negoziazione».

14. All'articolo 90-septies, comma 1, del decreto legislativo 24 febbraio 1998, n. 58, le parole: «7, 8, 10, 74,» sono sostituite dalle seguenti: «62-octies, 62-novies, 62-decies,».

4. Modifiche alla parte IV del decreto legislativo 24 febbraio 1998, n. 58. – 1. L'articolo 98-sexies del decreto legislativo 24 febbraio 1998, n. 58, è abrogato.

2. All'articolo 99, comma 1, lettere f) e g), del decreto legislativo 24 febbraio 1998, n. 58, le parole: «64, comma 1-bis, lettera c)» sono sostituite dalle seguenti: «66-quater, comma 1».

3. All'articolo 100-ter del decreto legislativo 24 febbraio 1998, n. 58, sono apportate le seguenti modificazioni:

a) il comma 1 è sostituito dal seguente:

«1. Le offerte al pubblico condotte attraverso uno o più

portali per la raccolta di capitali possono avere ad oggetto soltanto la sottoscrizione di strumenti finanziari emessi dalle piccole e medie imprese, dalle imprese sociali e dagli organismi di investimento collettivo del risparmio o altre società di capitali che investono prevalentemente in piccole e medie imprese. Le offerte relative a strumenti finanziari emessi da piccole e medie imprese devono avere un corrispettivo totale inferiore a quello determinato dalla Consob ai sensi dell'articolo 100, comma 1, lettera c).»;

c) dopo il comma 1 è inserito il seguente:

«1-bis. In deroga a quanto previsto dall'articolo 2468, primo comma, del codice civile, le quote di partecipazione in piccole e medie imprese costituite in forma di società a responsabilità limitata possono costituire oggetto di offerta al pubblico di prodotti finanziari, anche attraverso i portali per la raccolta di capitali, nei limiti previsti dal presente decreto.»;

d) al comma 2 le parole: «comma precedente» sono sostituite dalle seguenti: «comma 1» e le parole: «della start up innovativa, della PMI innovativa o dell'impresa sociale» sono sostituite dalle seguenti: «della piccola e media impresa o dell'impresa sociale»;

e) il comma 2-bis è sostituito dal seguente:

«2-bis. In alternativa a quanto stabilito dall'articolo 2470, secondo comma, del codice civile e dall'articolo 36, comma 1-bis, del decreto-legge 25 giugno 2008, n. 112, convertito, con modificazioni, dalla legge 6 agosto 2008, n. 133, e successive modificazioni, per la sottoscrizione e per la successiva alienazione di quote rappresentative del capitale di piccole e medie imprese e di imprese sociali costituite in forma di società a responsabilità limitata:

a) la sottoscrizione può essere effettuata per il tramite di intermediari abilitati alla prestazione di uno o più dei servizi di investimento previsti dall'articolo 1, comma 5, lettere a), b), c), c-bis), ed e); gli intermediari abilitati effettuano la sottoscrizione delle quote in nome proprio e per conto dei sottoscrittori o degli acquirenti che abbiano aderito all'offerta tramite portale;

b) entro i trenta giorni successivi alla chiusura dell'offerta, gli intermediari abilitati depositano al registro delle imprese una certificazione attestante la loro titolarità di soci per conto di terzi, sopportandone il relativo costo; a tale fine, le condizioni di adesione pubblicate nel portale devono espressamente prevedere che l'adesione all'offerta, in caso di buon fine della stessa e qualora l'investitore decida di avvalersi del regime alternativo di cui al presente comma, comporta il contestuale e obbligatorio conferimento di mandato agli intermediari incaricati affinché i medesimi:

1) effettuino l'intestazione delle quote in nome proprio e per conto dei sottoscrittori, tenendo adeguata evidenza dell'identità degli stessi e delle quote possedute;

2) rilascino, a richiesta del sottoscrittore o del successivo acquirente, una certificazione comprovante la titolarità delle quote; tale certificazione ha natura di puro titolo di legittimazione per l'esercizio dei diritti sociali, è nominativamente riferita al sottoscrittore, non è trasferibile, neppure in via temporanea né a qualsiasi titolo, a terzi e non costituisce valido strumento per il trasferimento della proprietà delle quote;

3) consentano ai sottoscrittori che ne facciano richiesta di alienare le quote secondo quanto previsto alla lettera c) del presente comma;

4) accordino ai sottoscrittori e ai successivi acquirenti la facoltà di richiedere, in ogni momento, l'intestazione diretta a se stessi delle quote di loro pertinenza;

c) l'alienazione delle quote da parte di un sottoscrittore o del successivo acquirente avviene mediante semplice annotazione del trasferimento nei registri tenuti dall'intermediario; la scritturazione e il trasferimento non comportano costi o oneri né per l'acquirente né per l'alienante; la successiva certificazione effettuata dall'intermediario, ai fini dell'esercizio dei diritti sociali, sostituisce ed esaurisce le formalità di cui all'articolo 2470, secondo comma, del codice civile.»;

f) al comma 2-ter le parole: «è altresì prevista apposita casella o altra idonea modalità per» sono sostituite dalle seguenti: «sono altresì predisposte apposite idonee modalità per consentire all'investitore di»;

g) al comma 2-quater il primo periodo è sostituito dal seguente: «L'esecuzione di sottoscrizioni, acquisti e alienazioni di strumenti finanziari emessi da piccole e medie imprese e da imprese sociali ovvero di quote rappresentative del capitale delle medesime, effettuati secondo le modalità previste alle lettere b) e c) del comma 2-bis del presente articolo, non necessita della stipulazione di un contratto scritto.»;

h) il comma 2-quinquies è abrogato.

4. All'articolo 114, comma 1, secondo periodo del decreto legislativo 24 febbraio 1998, n. 58, le parole: «64, comma 1, lettera b)» sono sostituite dalle seguenti: «64, comma 2, lettera d)».

5. Modifiche alla parte V del decreto legislativo 24 febbraio 1998, n. 58. – 1. All'articolo 166 del decreto legislativo 24 febbraio 1998, n. 58, sono apportate le seguenti modificazioni:

a) l'alinea del comma 1 è sostituito dal seguente:

«È punito con la reclusione da uno a otto anni e con la multa da euro quattromila a euro diecimila chiunque, senza esservi abilitato ai sensi del presente decreto:»;

b) al comma 1, lettera c), dopo le parole: «a distanza,» sono inserite le seguenti: «prodotti finanziari o»;

c) al comma 1, dopo la lettera c) è aggiunta la seguente:

«c-bis) svolge servizi di comunicazione dati.»;

d) al comma 3, primo periodo, dopo le parole: «del risparmio» sono inserite le seguenti: «o i servizi di comunicazione dati».

2. All'articolo 169, comma 1, del decreto legislativo 24 febbraio 1998, n. 58, le parole: «61, comma 6,» sono sostituite dalle seguenti: «64-bis, comma 2,».

3. L'articolo 187-quinquiesdecies del decreto legislativo 24 febbraio 1998, n. 58, sono apportate le seguenti modificazioni:

a) il comma 1 è sostituito dal seguente:

«1. Fuori dai casi previsti dall'articolo 2638 del codice civile, è punito ai sensi del presente articolo chiunque non ottempera nei termini alle richieste della Banca d'Italia e della Consob, ovvero non coopera con le medesime autorità al fine dell'espletamento delle relative funzioni di vigilanza, ovvero ritarda l'esercizio delle stesse.»;

b) dopo il comma 1 sono aggiunti i seguenti:

1-bis. Se la violazione è commessa da una persona fisica, si applica nei confronti di quest'ultima la sanzione amministrativa pecuniaria da euro diecimila fino a euro cinque milioni.

1-ter. Se la violazione è commessa da una società o un ente, si applica nei confronti di questi ultimi la sanzione amministrativa pecuniaria da euro diecimila fino a euro cinque milioni, ovvero fino al dieci per cento del fatturato, quando tale importo è superiore a euro cinque milioni e il fatturato è determinabile ai sensi dell'articolo 195, comma 1-bis. Fermo restando quanto previsto per le società e gli enti nei confronti dei quali sono accertate le violazioni, si applica la sanzione amministrativa pecuniaria prevista dal comma 1-bis nei confronti degli esponenti aziendali e del personale della società o dell'ente nei casi previsti dall'articolo 190-bis, comma 1, lettera a).

1-quater. Se il vantaggio ottenuto dall'autore della violazione come conseguenza della violazione stessa è superiore ai limiti massimi indicati nel presente articolo, la sanzione amministrativa pecuniaria è elevata fino al doppio dell'ammontare del vantaggio ottenuto, purché tale ammontare sia determinabile.».

4. L'articolo 188 del decreto legislativo 24 febbraio 1998, n. 58, è sostituito dal seguente:

«Art. 188 (Abuso di denominazione). – 1. L'uso, nella denominazione o in qualsivoglia segno distintivo o comunicazione rivolta al pubblico, delle parole: "Sim" o "società di intermediazione mobiliare" o "impresa di investimento"; "Sgr" o "società di gestione del risparmio"; "Sicav" o "società di investimento a capitale variabile"; "Sicaf" o "società di investimento a capitale fisso"; "EuVECA" o "fondo europeo per il venture capital"; "EuSEF" o "fondo europeo per l'imprenditoria sociale"; "APA" o "dispositivo di pubblicazione autorizzato"; "CTP" o "fornitore di un sistema consolidato di pubblicazione"; "ARM" o "meccanismo di segnalazione autorizzato"; "mercato regolamentato"; "mercato di crescita per le PMI"; ovvero di altre parole o locuzioni, anche in lingua straniera, idonee a trarre in inganno sulla legittimazione allo svolgimento dei servizi o delle attività di investimento o del servizio di gestione collettiva del risparmio o dei servizi di comunicazione dati o dell'attività di gestione di mercati regolamentati è vietato a soggetti diversi, rispettivamente, dalle imprese di investimento, dalle società di gestione del risparmio, dalle Sicav, dalle Sicaf, dai soggetti abilitati a tenore dei regolamenti (UE) n. 345/2013, relativo ai fondi europei per il venture capital (EuVECA), e n. 346/2013, relativo ai fondi europei per l'imprenditoria sociale (EuSEF), dai fornitori autorizzati allo svolgimento dei servizi di comunicazione dati, dai mercati regolamentati e dai sistemi registrati come un mercato di crescita per le PMI, ai sensi del presente decreto. Chiunque contravviene al divieto previsto dal presente articolo è punito con la sanzione amministrativa pecuniaria da euro cinquemila fino a euro cinque milioni. Se la violazione è commessa da una società o un ente, è applicata la sanzione amministrativa pecuniaria da euro trentamila fino a euro cinque milioni, ovvero fino al dieci per cento del fatturato, quando tale importo è superiore a euro cinque milioni e il fatturato è determinabile ai sensi dell'articolo 195, comma 1-bis.

2. Si applica l'articolo 187-quinquiesdecies, comma 1-quater.».

5. L'articolo 189 del decreto legislativo 24 febbraio 1998, n. 58, è sostituito dal seguente:

«Art. 189 (Partecipazioni al capitale). – 1. La violazione degli obblighi di comunicazione previsti dagli articoli 15, commi 1 e 3, 64-bis, comma 2, e delle relative disposizioni attuative, e di quelli richiesti ai sensi dell'articolo 17, nonché di quelli previsti dall'articolo 31, paragrafo 2, del regolamento (UE) n. 648/2012 e dall'articolo 27, paragrafo 7, secondo periodo, del regolamento (UE) n. 909/2014, è punita con la sanzione amministrativa pecuniaria da euro cinquemila fino a euro cinque milioni. Se la violazione è commessa da una società o un ente, è applicata la sanzione amministrativa pecuniaria da euro trentamila fino a euro cinque milioni, ovvero fino al dieci per cento del fatturato, quando tale importo è superiore a euro cinque milioni e il fatturato è determinabile ai sensi dell'articolo 195, comma 1-bis.

2. La stessa sanzione si applica in caso di violazione dei divieti di esercizio dei diritti e in caso di inadempimento degli obblighi di alienazione previsti dagli articoli 14, commi 4 e 7; 16, commi 1, 2 e 4; 64-bis, comma 5; 79-sexies, comma 9; e 79-noviesdecies, comma 1. 3. Si applica l'articolo 187-quinquiesdecies, comma 1-quater.».

6. All'articolo 190 del decreto legislativo 24 febbraio 1998, n. 58, sono apportate le seguenti modificazioni:

a) la rubrica è sostituita dalla seguente:

«(Sanzioni amministrative pecuniarie in tema di disciplina degli intermediari)»;

b) il comma 1 è sostituito dal seguente:

«1. Salvo che il fatto costituisca reato ai sensi dell'articolo 166, nei confronti dei soggetti abilitati, dei depositari e dei soggetti ai quali sono state esternalizzate funzioni operative essenziali o importanti si applica la sanzione amministrativa pecuniaria da euro trentamila fino a euro cinque milioni, ovvero fino al dieci per cento del fatturato, quando tale importo è superiore a euro cinque milioni e il fatturato è determinabile ai sensi dell'articolo 195, comma 1-bis, per la mancata osservanza degli articoli 6; 6-bis; 6-ter; 7, commi 2, 2-bis, 2-ter, 3 e 3-bis; 7-bis, comma 5; 7-ter; 9; 12; 13, comma 3; 21; 22; 23, commi 1 e 4-bis; 24, commi 1 e 1-bis; 24-bis; 25; 25-bis; 25-ter, commi 1 e 2; 26, commi 1, 3 e 4; 27, commi 1 e 3; 28, comma 4; 29; 29-bis, comma 1; 29-ter, comma 4; 30, comma 5; 31, commi 1, 2, 2-bis, 3-bis, 5, 6 e 7; 32, comma 2; 33, comma 4; 35-bis, comma 6; 35-novies; 35-decies; 36, commi 2, 3 e 4; 37, commi 1, 2 e 3; 39; 40, commi 2, 4 e 5; 40-bis, comma 4; 40-ter, comma 4; 41, commi 2, 3 e 4; 41-bis; 41-ter; 41-quater; 42, commi 1, 3 e 4; 43, commi 2, 3, 4, 7, 8 e 9; 44, commi 1, 2, 3 e 5; 45; 46, commi 1, 3 e 4; 47; 48; 49, commi 3 e 4; 55-ter; 55-quater; 55-quinquies; ovvero delle disposizioni generali o particolari emanate in base ai medesimi articoli.»;

c) dopo il comma 1 è inserito il seguente:

«1-bis.1 Chiunque eserciti l'attività di gestore di portale in assenza dell'iscrizione nel registro previsto dall'articolo 50-quinquies è punito con la sanzione amministrativa pecuniaria da euro cinquemila fino a euro cinque milioni. Se la violazione è commessa da una società o un ente, si applica nei confronti di questi ultimi la sanzione amministrativa pecuniaria da euro trentamila fino a euro cinque milioni, ovvero fino al dieci per cento del fatturato, quando tale importo è superiore a euro cinque milioni e il fatturato è determinabile ai sensi dell'articolo 195, comma 1-bis.»;

d) il comma 2 è sostituito dal seguente:

«2. La stessa sanzione prevista dal comma 1 si applica:

a) alle banche non autorizzate alla prestazione di servizi o di attività di investimento, nel caso in cui non osservino le disposizioni dell'articolo 25-bis e di quelle emanate in base ad esse;

b) alle imprese di assicurazione, nel caso in cui non osservino le disposizioni previste dall'articolo 25-ter, commi 1 e 2, e quelle emanate in base ad esse;

c) ai depositari centrali che prestano servizi o attività di investimento per la violazione delle disposizioni del presente decreto richiamate dall'articolo 79-noviesdecies.1.»;

e) il comma 2-ter è abrogato;

f) al comma 3 le parole: «188, comma 2-bis» sono sostituite dalle seguenti: «187-quinquiesdecies, comma 1-quater.»;
g) il comma 4 è abrogato.

7. All'articolo 190.1 del decreto legislativo 24 febbraio 1998, n. 58, sono apportate le seguenti modificazioni:

a) al comma 1 le parole: «disponibile e determinabile» sono sostituite dalle seguenti: «determinabile ai sensi dell'articolo 195, comma 1-bis»;

b) al comma 3 le parole: «188, commi 2 e 2-bis.» sono sostituite dalle seguenti: «187-quinquiesdecies, comma 1-quater.».

8. All'articolo 190.2 del decreto legislativo 24 febbraio 1998, n. 58, sono apportate le seguenti modificazioni:

a) ai commi 1 e 2 le parole: «disponibile e determinabile» sono sostituite dalle seguenti: «determinabile ai sensi dell'articolo 195, comma 1-bis»;

b) al comma 4 le parole: «188, commi 2 e 2-bis» sono sostituite dalle seguenti: «187-quinquiesdecies, comma 1-quater.»;

c) il comma 5 è abrogato.

9. Dopo l'articolo 190.2 del decreto legislativo 24 febbraio 1998, n. 58, sono inseriti i seguenti:

«Art. 190.3 (Sanzioni amministrative in tema di disciplina dei mercati e dei servizi di comunicazione dati). – 1. Salvo che il fatto costituisca reato ai sensi dell'articolo 166, si applica la sanzione amministrativa pecuniaria da euro trentamila fino a euro cinque milioni ovvero fino al dieci per cento del fatturato, quando tale importo è superiore a euro cinque milioni e il fatturato è determinabile ai sensi dell'articolo 195, comma 1-bis:

a) ai gestori delle sedi negoziazione, nel caso di inosservanza delle disposizioni previste dal capo II del titolo I-bis della parte III e di quelle emanate in base ad esse;

b) agli internalizzatori sistematici, nel caso di inosservanza delle disposizioni previste dal capo III del titolo I-bis della parte III e di quelle emanate in base ad esse;

c) agli organizzatori e agli operatori dei sistemi multilaterali di depositi in euro, nel caso di inosservanza delle disposizioni previste dall'articolo 62-septies e di quelle emanate in base ad esse;

d) ai membri e ai partecipanti ammessi ai mercati regolamentati e ai sistemi multilaterali di negoziazione nonché ai clienti di sistemi organizzati di negoziazione, nel caso di inosservanza delle disposizioni previste dal capo II del titolo I-bis della parte III e di quelle emanate in base ad esse;

e) ai soggetti indicati nell'articolo 187-novies, nel caso di inosservanza delle disposizioni previste dal medesimo articolo e di quelle emanate in base ad esse;

f) ai fornitori di servizi di comunicazione dati, nel caso di inosservanza delle disposizioni previste dagli articoli 79-bis, 79-ter e 79-ter.1 e di quelle emanate in base ad esse.

2. Chiunque viola le disposizioni previste dall'articolo 68, comma 1, e dalle relative norme attuative, ovvero viola le misure adottate in base alle medesime disposizioni è punito con la sanzione amministrativa pecuniaria da euro cinquemila fino a euro cinque milioni. Se la violazione è commessa da una società o un ente, si applica nei confronti di questi ultimi la sanzione amministrativa pecuniaria da euro trentamila fino a euro cinque milioni, ovvero fino al dieci per cento del fatturato, quando tale importo è superiore a euro cinque milioni e il fatturato è determinabile ai sensi dell'articolo 195, comma 1-bis.

3. Per la violazione delle disposizioni previste dagli articoli 67-ter, 68, comma 1, e 68-quater, commi 2 e 3, in ragione della gravità della violazione accertata e tenuto conto dei criteri stabiliti dall'articolo 194-bis, può essere applicata anche la sanzione amministrativa accessoria dell'interdizione temporanea, per un periodo non inferiore a sei mesi e non superiore a tre anni, a essere membro o partecipante di un mercato regolamentato, di un sistema multilaterale di negoziazione o a essere cliente di un sistema organizzato di negoziazione.

4. Si applica l'articolo 187-quinquiesdecies, comma 1-quater.

Art. 190.4 (Sanzioni amministrative pecuniarie relative alle violazioni delle disposizioni previste dal regolamento (UE) n. 600/2014, dagli atti delegati e dalle norme tecniche di regolamentazione e di attuazione della direttiva 2014/65/UE e del regolamento (UE) n. 600/2014). – 1. La violazione delle norme del regolamento (UE) n. 600/2014 richiamate dall'articolo 70, paragrafi 3, lettera b), e 4, lettera b), della direttiva 2014/65/UE e dell'articolo 22, paragrafo 1, del medesimo regolamento, nonché delle relative disposizioni attuative, ovvero la mancata osservanza delle misure adottate ai sensi dell'articolo 42 del regolamento (UE) n. 600/2014, è punita con la sanzione amministrativa pecuniaria da euro cinquemila fino a euro cinque milioni. Se la violazione è commessa da una società o un ente, è applicata la sanzione amministrativa pecuniaria da euro trentamila fino a euro cinque milioni, ovvero fino al dieci per cento del fatturato, quando tale importo è superiore a euro cinque milioni e il fatturato è determinabile ai sensi dell'articolo 195, comma 1-bis.

2. La stessa sanzione prevista dal comma 1 si applica anche in caso di violazione delle disposizioni contenute negli atti delegati e nelle norme tecniche di regolamentazione e di attuazione della direttiva 2014/65/UE e del regolamento (UE) n. 600/2014, nelle materie a cui si riferiscono le disposizioni richiamate al comma 1 e agli articoli 190 e 190.3.

3. Si applica l'articolo 187-quinquiesdecies, comma 1-quater.

Art. 190.5 (Sanzioni amministrative pecuniarie in tema di agenzie di rating del credito relative alle violazioni delle disposizioni previste dal regolamento (CE) n. 1060/2009). – 1. Si applica la sanzione amministrativa pecuniaria da euro duemilacinquecento a euro centocinquantamila:

a) nei confronti di Sim, imprese di investimento UE con succursale in Italia, imprese di paesi terzi autorizzate in Italia, intermediari finanziari iscritti nell'albo previsto dall'articolo 106 del T.U. bancario, banche italiane e banche UE con succursale in Italia autorizzate alla prestazione di servizi e attività di investimento, nonché nei confronti dei soggetti che svolgono funzioni di amministrazione o di direzione delle controparti centrali, in caso di violazione delle disposizioni previste dagli articoli 4, paragrafo 1, comma 1, e 5-bis del regolamento (CE) n. 1060/2009 del Parlamento europeo e del Consiglio, del 16 settembre 2009, relativo alle agenzie di rating del credito, e delle relative disposizioni attuative;

b) nei confronti dei gestori, in caso di violazione dell'articolo 35-duodecies del presente decreto e dell'articolo 4, paragrafo 1, comma 1, del regolamento di cui alla lettera a), e delle relative disposizioni attuative;

c) nei confronti degli emittenti, degli offerenti o delle persone che chiedono l'ammissione alla negoziazione sui mercati regolamentati italiani, in caso di violazione dell'articolo 4, paragrafo 1, comma 2, del regolamento di cui alla lettera a);

d) nei confronti degli emittenti, cedenti o promotori di strumenti di finanza strutturata, in caso di violazione dell'articolo 8-ter del regolamento di cui alla lettera a);

e) nei confronti degli emittenti o terzi collegati come definiti dall'articolo 3, paragrafo 1, lettera i), del regolamento di cui alla lettera a), in caso di violazione degli articoli 8-quater e 8-quinquies del predetto regolamento.

2. Si applica l'articolo 187-quinquiesdecies, comma 1-quater.».

10. All'articolo 190-bis del decreto legislativo 24 febbraio 1998, n. 58, sono apportate le seguenti modificazioni:

a) alla rubrica sono aggiunte, in fine, le seguenti parole: «e dei servizi di comunicazione dati»;

b) all'alinea del comma 1 le parole: «e 190.2, commi 1 e 2» sono sostituite dalle seguenti: «, 190.2, commi 1 e 2, 190.3, 190.4, e 190.5» e le parole: «cinque milioni di euro» sono sostituite dalle seguenti: «euro cinque milioni»;

c) al comma 1, lettera a), le parole: «o per l'integrità ed» sono sostituite dalle seguenti: «o per la trasparenza, l'integrità e»;

d) al comma 2 le parole: «cinque milioni di euro» sono sostituite dalle seguenti: «euro cinque milioni»;

e) al comma 3 la parola: «intermediari» è sostituita dalla seguente: «soggetti»;

f) al comma 3-bis la parola: «applicano» è sostituita dalle seguenti: «possono applicare» e dopo le parole: «dieci anni,» sono inserite le seguenti: «sempre per le violazioni commesse con dolo o colpa grave,»;

g) al comma 4 le parole: «188, commi 2 e 2-bis» sono sostituite dalle seguenti: «187-quinquiesdecies, comma 1-quater.».

11. L'articolo 190-ter del decreto legislativo 24 febbraio 1998, n. 58, è abrogato.

12. Dopo l'articolo 190-ter del decreto legislativo 24 febbraio 1998, n. 58, è inserito il seguente:

«Art. 190-quater (Sanzioni amministrative in tema di gestione di portali). – 1. I gestori di portali per la raccolta di capitali per le piccole e medie imprese che violano le norme degli articoli 50-quinquies e 100-ter o le relative disposizioni attuative sono puniti con una sanzione amministrativa pecuniaria da euro cinquecento a euro venticinquemila. Per i soggetti iscritti nel registro di cui al comma 2 dell'articolo 50-quinquies, può altresì essere disposta la sospensione da uno a quattro mesi o la radiazione dal registro.».

13. All'articolo 191 del decreto legislativo 24 febbraio 1998, n. 58, sono apportate le seguenti modificazioni:

a) al comma 1 le parole: «cinque milioni di euro» sono sostituite dalle seguenti: «euro cinque milioni»;

b) al comma 2, dopo le parole: «euro cinquemila» è inserita la seguente: «fino»;

c) il comma 3 è sostituito dal seguente:

«3. Chiunque effettua un'offerta al pubblico in violazione dell'articolo 98-ter, comma 1, è punito con la sanzione amministrativa pecuniaria da euro venticinquemila fino a euro cinque milioni. Se la violazione è commessa da una società o un ente, è applicata la sanzione amministrativa pecuniaria da euro venticinquemila fino a euro cinque milioni, ovvero fino al dieci per cento del fatturato, quando tale importo è superiore a euro cinque milioni e il fatturato è determinabile ai sensi dell'articolo 195, comma 1-bis»;

d) al comma 4 le parole: «ovvero al dieci per cento del fatturato, quando tale importo è superiore a 5 milioni di euro e il fatturato è disponibile e determinabile.» sono sostituite dalle seguenti: «ovvero fino al dieci per cento del fatturato, quando tale importo è superiore a euro cinque milioni e il fatturato è determinabile ai sensi dell'articolo 195, comma 1-bis.»;

e) al comma 6 le parole: «188, comma 2-bis» sono sostituite dalle seguenti: «187-quinquiesdecies, comma 1-quater»;

f) al comma 7 le parole: «per i promotori finanziari» sono sostituite dalle seguenti: «per i consulenti finanziari abilitati all'offerta fuori sede, per i consulenti finanziari autonomi e per gli esponenti aziendali delle società di consulenza finanziaria»;

g) il comma 8 è abrogato.

14. All'articolo 192 del decreto legislativo 24 febbraio 1998, n. 58, sono apportate le seguenti modificazioni:

a) al comma 2-bis, ultimo periodo, le parole: «cinque milioni di euro» sono sostituite dalle seguenti: «euro cinque milioni»;

b) al comma 2-ter, le parole: «188, commi 2 e 2-bis» sono sostituite dalle seguenti: «187-quinquiesdecies, comma 1-quater».

15. All'articolo 192-bis del decreto legislativo 24 febbraio 1998, n. 58, sono apportate le seguenti modificazioni:

a) all'alinea del comma 1 le parole: «si applicano le seguenti misure e sanzioni amministrative» sono sostituite dalle seguenti: «si applica una delle seguenti sanzioni amministrative»;

b) al comma 1, lettera a), sono aggiunte, in fine, le seguenti parole: «, quando questa sia connotata da scarsa offensività o pericolosità e l'infrazione contestata sia cessata;»;

c) al comma 1, lettera c), le parole: «se superiore, fino al cinque per cento del fatturato complessivo annuo.» sono sostituite dalle seguenti: «fino al cinque per cento del fatturato quando tale importo è superiore a euro dieci milioni e il fatturato è determinabile ai sensi dell'articolo 195, comma 1-bis.»;

d) all'alinea del comma 1-bis le parole: «si applicano le seguenti misure e sanzioni amministrative» sono sostituite dalle seguenti: «si applica una delle seguenti sanzioni amministrative»;

e) al comma 1-bis, lettera a), sono aggiunte, in fine, le seguenti parole: «, quando questa sia connotata da scarsa offensività o pericolosità e l'infrazione contestata sia cessata;»;

f) al comma 1-ter le parole: «188, commi 2 e 2-bis» sono sostituite dalle seguenti: «187-quinquiesdecies, comma 1-quater».

16. All'articolo 192-ter del decreto legislativo 24 febbraio 1998, n. 58, sono apportate le seguenti modificazioni:

a) al comma 2-bis la parola: «anche» è soppressa;

b) al comma 3-bis le parole: «188, commi 2 e 2-bis» sono sostituite dalle seguenti: «187-quinquiesdecies, comma 1-quater».

17. All'articolo 193 del decreto legislativo 24 febbraio 1998, n. 58, sono apportate le seguenti modificazioni:

a) all'alinea del comma 1 le parole: «si applicano le seguenti misure e sanzioni amministrative» sono sostituite dalle seguenti: «si applica una delle seguenti sanzioni amministrative»;

b) al comma 1, lettera a), sono aggiunte, in fine, le seguenti parole: «, quando questa sia connotata da scarsa offensività o pericolosità e l'infrazione contestata sia cessata;»;

c) al comma 1, lettera c), le parole: «o se superiore fino al cinque per cento del fatturato complessivo annuo.» sono sostituite dalle seguenti: «ovvero fino al cinque per cento del fatturato quando tale importo è superiore a euro dieci milioni e il fatturato è determinabile ai sensi dell'articolo 195, comma 1-bis.»;

d) all'alinea del comma 1.1 le parole: «le seguenti misure e sanzioni amministrative» sono sostituite dalle seguenti: «una delle seguenti sanzioni amministrative»;

e) al comma 1.1, lettera a), sono aggiunte, in fine, le seguenti parole: «, quando questa sia connotata da scarsa offensività o pericolosità e l'infrazione contestata sia cessata;»;

f) il comma 1-quinquies è abrogato;

g) all'alinea del comma 2 le parole: «si applicano le seguenti misure e sanzioni amministrative» sono sostituite dalle seguenti: «si applica una delle seguenti sanzioni amministrative»;

h) al comma 2, lettera a), sono aggiunte, in fine, le seguenti parole: «, quando questa sia connotata da scarsa offensività o pericolosità e l'infrazione contestata sia cessata;»;

i) al comma 2, lettera c), le parole: «o, se superiore, fino al cinque per cento del fatturato complessivo annuo» sono sostituite dalle seguenti: «ovvero fino al cinque per cento del fatturato quando tale importo è superiore a euro dieci milioni e il fatturato è determinabile ai sensi dell'articolo 195, comma 1-bis.»;

l) all'alinea del comma 2.1 le parole: «si applicano le seguenti misure e sanzioni amministrative» sono sostituite dalle seguenti: «si applica una delle seguenti sanzioni amministrative»;

m) al comma 2.1, lettera a), sono aggiunte, in fine, le seguenti parole: «, quando questa sia connotata da scarsa offensività o pericolosità e l'infrazione contestata sia cessata;»;

n) il comma 3-ter è abrogato.

18. All'articolo 193-ter del decreto legislativo 24 febbraio 1998, n. 58, sono apportate le seguenti modificazioni:

11. al comma 2, lettera a), la parola: «Regolamento» è sostituita dalla seguente: «regolamento»;

12. il comma 5 è abrogato.

19. All'articolo 193-quater del decreto legislativo 24 febbraio 1998, n. 58, sono apportate le seguenti modificazioni: a) al comma 1, le parole: «sono punite» sono sostituite dalle seguenti: «sono puniti» e le parole: «ovvero al dieci per cento del fatturato, quando tale importo è superiore a euro cinque milioni e il fatturato è disponibile e determinabile.» sono sostituite dalle seguenti: «ovvero fino al dieci per cento del fatturato, quando tale importo è superiore a euro cinque milioni e il fatturato è determinabile ai sensi dell'articolo 195, comma 1-bis.»;

b) al comma 4 le parole: «188, commi 2 e 2-bis» sono sostituite dalle seguenti: «187-quinquiesdecies, comma 1-quater».

20. All'articolo 193-quinquies, comma 1, ultimo periodo, del decreto legislativo 24 febbraio 1998, n. 58, le parole: «totale annuo determinato in conformità all'articolo 24 del regolamento (UE) n. 1286/2014» sono soppresse e sono aggiunte, in fine, le seguenti parole: «e il fatturato è determinabile ai sensi dell'articolo 195, comma 1-bis.».

21. Dopo l'articolo 193-quinquies del decreto legislativo 24 febbraio 1998, n. 58, è inserito il seguente:

«Art. 193-sexies (Sistemi interni di segnalazione).

– 1. In caso di inosservanza delle disposizioni previste dall'articolo 4-undecies e dalle relative disposizioni attuative, si applica la sanzione amministrativa pecuniaria da euro trentamila fino a euro cinque milioni, ovvero fino al dieci per cento del fatturato, quando tale importo è superiore a euro cinque milioni e il fatturato è determinabile ai sensi dell'articolo 195, comma 1-bis. In tal caso, fermo restando quanto previsto per le società e gli enti nei confronti dei quali sono accertate le violazioni, si applica anche la sanzione amministrativa pecuniaria da euro cinquemila fino a euro cinque milioni nei confronti degli esponenti aziendali e del personale della società o dell'ente nei casi previsti dall'articolo 190-bis, comma 1, lettera a).».

22. All'articolo 194 del decreto legislativo 24 febbraio 1998, n. 58, il comma 2-quater è abrogato.

23. All'articolo 194-ter del decreto legislativo 24 febbraio 1998, n. 58, sono apportate le seguenti modificazioni:

a) la rubrica è sostituita dalla seguente: «(Sanzioni amministrative pecuniarie relative alle violazioni delle disposizioni previste dal regolamento (UE) n. 575/2013 e delle relative norme tecniche di regolamentazione e di attuazione)";

b) al comma 1 dopo la parola: «190» è inserita la seguente: «, 190.3».

24. All'articolo 194-quater, comma 1, del decreto legislativo 24 febbraio 1998, n. 58, sono apportate le seguenti modificazioni:

c) la lettera a) è sostituita dalla seguente:

«a) delle norme previste dagli articoli 4-undecies; 6; 12; 21; 33, comma 4; 35-decies; 67-ter; 68, commi 1 e 2; 68-quater, commi 2 e 3; 98-ter, commi 2 e 3, e delle relative disposizioni attuative;»;

d) dopo la lettera c) è aggiunta la seguente:

«c-bis) delle norme del regolamento (UE) n. 600/2014 richiamate dall'articolo 70, paragrafo 3, lettera b), della direttiva 2014/65/UE e delle relative disposizioni attuative.».

25. All'articolo 194-quinquies, comma 1, del decreto legislativo 24 febbraio 1998, n. 58, sono apportate le seguenti modificazioni:

a) alla lettera a) le parole: «adottate dalla Consob» sono soppresse;

b) dopo la lettera a-bis) sono inserite le seguenti:

«a-ter) dall'articolo 190.3, per la violazione degli articoli 64-ter, commi 2, 3 e 4, e 79-ter.1, e delle relative disposizioni attuative;

a-quater) dall'articolo 190.4, per la violazione dell'articolo 3, paragrafo 1; dell'articolo 6, paragrafo 1; dell'articolo 8, paragrafo 1; dell'articolo 10, paragrafo 1; dell'articolo 12, paragrafo 1; dell'articolo 15, paragrafo 1, primo comma, paragrafo 2 e paragrafo 4, seconda frase; dell'articolo 18, paragrafo 6, primo comma; dell'articolo 20, paragrafi 1 e 2, prima frase; dell'articolo 21, paragrafi 1, 2 e 3; dell'articolo 26, paragrafo 1, primo comma, paragrafi da 2 a 5 e 6, primo comma, e paragrafo 7, commi dal primo al terzo, del regolamento (UE) n. 600/2014, e delle relative disposizioni attuative;»;

c) alle lettere b) e d) sono aggiunte, in fine, le seguenti parole: «e delle relative disposizioni attuative».

26. L'articolo 194-septies del decreto legislativo 24 febbraio 1998, n. 58, è sostituito dal seguente:

«Art. 194-septies (Dichiarazione pubblica).

– 1. Quando le violazioni sono connotate da scarsa offensività o pericolosità e l'infrazione contestata sia cessata, può essere applicata, in alternativa alle sanzioni amministrative pecuniarie, una sanzione consistente nella dichiarazione pubblica avente ad oggetto la violazione commessa e il soggetto responsabile, nel caso di inosservanza:

a) delle norme previste dagli articoli 4-undecies; 6; 12; 21; 22; 24, comma 1-bis; 24-bis; 29; 33, comma 4; 35-decies; 67-ter; 68, commi 1 e 2; 68-quater, commi 2 e 3; 98-ter, commi 2 e 3; e 187-quinquiesdecies, comma 1, e delle relative disposizioni attuative;

b) delle disposizioni generali o particolari emanate dalla Consob ai sensi dell'articolo 98-quater;

c) delle norme richiamate dall'articolo 63, paragrafo 1, del regolamento (UE) n. 909/2014 e delle relative disposizioni attuative;

d) delle norme richiamate dall'articolo 24, paragrafo 1, del regolamento (UE) n. 1286/2014, dell'obbligo di notifica di cui all'articolo 4-decies e delle relative disposizioni attuative, nonché per la mancata osservanza delle misure adottate ai sensi dell'articolo 4-septies, comma 1;

e) delle norme del regolamento (UE) n. 600/2014 richiamate dall'articolo 70, paragrafo 3, lettera b), della direttiva 2014/65/UE e delle relative disposizioni attuative e delle misure adottate dalla Consob ai sensi dell'articolo 42 del medesimo regolamento.».

27. All'articolo 195 del decreto legislativo 24 febbraio 1998, n. 58, dopo il comma 1 è inserito il seguente:

«1-bis. Ai fini dell'applicazione delle sanzioni amministrative pecuniarie previste dal presente titolo, per fatturato si intende il fatturato totale annuo della società o dell'ente, risultante dall'ultimo bilancio disponibile approvato dall'organo competente, così come definito dalle disposizioni attuative di cui all'articolo 196-bis.».

28. All'articolo 195-ter, comma 1, del decreto legislativo 24 febbraio 1998, n. 58, le parole: «o alle imprese di investimento» sono sostituite dalle seguenti: «alle Sim, alle imprese di investimento UE e alle imprese di paesi terzi diverse dalle banche» e dopo la parola: «190» è inserita la seguente: «190.3,».

29. All'articolo 195-quater, comma 1, del decreto legislativo 24 febbraio 1998, n. 58, le parole: «investimento extracomunitarie» sono sostituite dalle seguenti: «paesi terzi diverse dalle banche» e le parole: «[di recepimento della direttiva 2014/59/UE]» sono sostituite dalle seguenti: "legislativo 16 novembre 2015, n. 180".

30. Dopo l'articolo 195-quater del decreto legislativo 24 febbraio 1998, n. 58, è inserito il seguente:

«Art. 195-quinquies (Inapplicabilità di specifiche disposizioni della legge 24 novembre 1981, n. 689). – 1. Alle sanzioni amministrative pecuniarie previste dal presente titolo non si applicano gli articoli 6, 10, 11 e 16 della legge 24 novembre 1981, n. 689.

2. In deroga a quanto previsto dal comma 1, alle sanzioni amministrative previste dall'articolo 196 si applicano le disposizioni contenute nella legge 24 novembre 1981, n. 689, ad eccezione dell'articolo 16.».

31. All'articolo 196 del decreto legislativo 24 febbraio 1998, n. 58, sono apportate le seguenti modificazioni:

a) la rubrica è sostituita dalla seguente: «(Sanzioni applicabili ai consulenti finanziari)»;

b) all'alinea del comma 1 le parole: «consulenti finanziari abilitati all'offerta fuori sede» sono sostituite dalle seguenti: «soggetti iscritti all'albo di cui all'articolo 31, comma 4» e le parole: «dalla Consob» sono soppresse;

c) il comma 2 è sostituito dal seguente: «2. Il procedimento sanzionatorio è retto dai principi del contraddittorio, della conoscenza degli atti istruttori, della verbalizzazione nonché della distinzione tra funzioni istruttorie e funzioni decisorie. Le sanzioni sono applicate dall'Organismo di vigilanza e tenuta dell'albo unico dei consulenti finanziari previsto dall'articolo 31, comma 4, con provvedimento motivato, previa contestazione degli addebiti agli interessati, da effettuarsi entro centottanta giorni dall'accertamento ovvero entro trecentossessanta giorni se l'interessato risiede o ha la sede all'estero, e valutate le deduzioni da essi presentate nei successivi trenta giorni. Nello stesso termine gli interessati possono altresì chiedere di essere sentiti personalmente.»;

d) il comma 3 è abrogato;

e) dopo il comma 4 è aggiunto il seguente: «4-bis. Avverso le decisioni adottate ai sensi del comma 1 dall'Organismo di vigilanza e tenuta dell'albo unico dei consulenti finanziari è ammesso ricorso dinanzi alla Corte d'Appello. Si applicano i commi 4, 5, 6, 7, 7-bis e 8 dell'articolo 195.».

6. Modifiche alla parte VI del decreto legislativo 24 febbraio 1998, n. 58. – 1. All'articolo 201 del decreto legislativo 24 febbraio 1998, n. 58, sono apportate le seguenti modificazioni:

a) al comma 7, secondo periodo, le parole: «nell'articolo 1, comma 6, lettere c), limitatamente alla conclusione di contratti di riporto e altre operazioni in uso sui mercati, e g)» sono sostituite dalle seguenti: «nell'Allegato I, Sezione B, numero 2), limitatamente alla conclusione di contratti di riporto e altre operazioni in uso sui mercati, e numero 4)»;

b) al comma 9 le parole: «negoziazione per conto terzi» sono sostituite dalle seguenti: «esecuzione di ordini per conto dei clienti»;

c) il comma 12 è sostituito dal seguente:

«12. Agli agenti di cambio iscritti nel ruolo unico nazionale si applicano gli articoli 6, commi 1, lettera b) e lettera c-bis), 2 e 2-bis; 6-bis e 6-ter, in quanto compatibili; 7-bis; 21; 22; 23; 24; 24-bis; 25; 25-bis; 31; 32; 167; 187-quinquiesdecies; 190; 190.4; 193-sexies; 194-bis; 194-quater; 194-septies; 195; 195-bis e 196-bis.»;

d) al comma 14, ultimo periodo, la parola: «53» è sostituita dalla seguente: «7-sexies».

7. Modifiche dell'Allegato al decreto legislativo 24 febbraio 1998, n. 58. – 1. L'Allegato al decreto legislativo 24 febbraio 1998, n. 58, è sostituito dall'Allegato al presente decreto.

8. Modifiche al decreto legislativo 1° settembre 1993, n. 385. – 1. All'articolo 16 del decreto legislativo 1° settembre 1993, n. 385, il comma 4 è sostituito dal seguente:

«4. Le banche extracomunitarie possono operare in Italia senza stabilirvi succursali previa autorizzazione della Banca d'Italia. Allo svolgimento di servizi o attività di investimento, con o senza servizi accessori, si applica l'articolo 29-ter del decreto legislativo 24 febbraio 1998, n. 58.».

9. Disposizioni relative al decreto del Presidente della Repubblica 14 marzo 2001, n. 144 e al decreto del Presidente della Repubblica 30 dicembre 2003, n. 398. – 1. Entro 18 mesi dalla data di entrata in vigore del presente decreto, il Governo emana, ai sensi dell'articolo 17, comma 2, della legge 23 agosto 1988, n. 400, apposito provvedimento di modificazione del decreto del Presidente della Repubblica 14 marzo 2001, n. 144, e successive modificazioni, volto a definire le modalità di applicazione ai servizi di bancoposta delle disposizioni del testo unico finanza, come modificato dal presente decreto, fatti salvi i principi normativi che governano il risparmio postale nelle sue peculiari caratteristiche. Nelle more dell'adozione del predetto provvedimento:

a) i rinvii al testo unico finanza contenuti nell'articolo 2, comma 4, del citato decreto n. 144 del 2001 devono intendersi riferiti agli articoli 5; 6, commi 1, lettera c-bis); 2, 2-bis e 2-quater; 6-bis; 6-ter; 7, commi 1, 1-bis, 1-ter, 1-quater, 2, 2-bis, 2-ter e 3-bis; 7-bis; 7-ter; 7-decies; 8; da 21 a 23; 24-bis; 25; 25-bis; 25-ter; 30; 31, commi 1, 3, 3-bis e 7; da 32 a 32-ter; 59; 168; 190; commi 1 e 3; 190-bis; 190.4; 194-bis; 194-quater; 194-quinquies; 194-sexies; 194-septies; 195; 195-bis; 195-quinquies del medesimo testo unico finanza, come modificato dal presente decreto e alle relative disposizioni attuative;

b) Poste Italiane s.p.a. può svolgere nei confronti del pubblico i servizi e le attività di investimento e i servizi accessori previsti, rispettivamente, dall'articolo 1, comma 5, lettere b), c), c-bis), e), f) e dall'Allegato I, Sezione B, numeri (1), (3), (4), (5) e (6) del testo unico finanza, nonché le attività connesse e strumentali ai servizi di investimento.

2. La definizione di strumenti finanziari contenuta nell'articolo 2, comma 1, lettera a), del decreto del Presidente della Repubblica 30 dicembre 2003, n. 398, deve intendersi riferita agli strumenti finanziari elencati nell'Allegato I, Sezione C, numeri (2) e (4) del decreto legislativo 24 febbraio 1998, n. 58.

3. All'articolo 24 del decreto del Presidente della Repubblica 30 dicembre 2003, n. 398, i rinvii agli articoli del decreto legislativo 24 febbraio 1998, n. 58, devono intendersi riferiti come segue:

a) al comma 1, a vece di 80, comma 9, leggasi 82, e a vece di 82, leggasi parte III, titolo II-bis, capo II;

b) al comma 2, a vece di «dall'articolo 80, commi 4 e 6, del decreto legislativo n. 58/1998», leggasi «dagli articoli 9 e 13 del regolamento delegato (UE) 2017/392 della Commissione, dell'11 novembre 2016»;

c) al comma 3, lettera e), a vece di 81, comma 3, leggasi 82, comma 3.

10. Disposizioni transitorie e finali. – 1. Il presente decreto entra in vigore il giorno successivo a quello della sua pubblicazione nella Gazzetta Ufficiale della Repubblica italiana.

2. Le disposizioni del decreto legislativo 24 febbraio 1998, n. 58, modificate dal presente decreto, si applicano dal 3 gennaio 2018, fatto salvo quanto diversamente previsto dall'articolo 93 della direttiva 2014/65/UE, con riferimento dell'articolo 65, paragrafo 2, della direttiva medesima, le cui disposizioni attuative si applicano dal 3 settembre 2019, e dall'articolo 55 del regolamento (UE) n. 600/2014, e successive modificazioni, nonché dal comma 3. Fino alle predette date continuano ad applicarsi le disposizioni in vigore il giorno precedente alla data di entrata in vigore del presente decreto legislativo. Fermo restando quanto previsto dalle disposizioni dell'Unione europea direttamente applicabili, le disposizioni emanate dalla Banca d'Italia e dalla Consob, anche congiuntamente, ai sensi di disposizioni del decreto legislativo 24 febbraio 1998, n. 58, abrogate o modificate dal presente decreto, continuano a essere applicate fino alla data di entrata in vigore dei provvedimenti emanati dalla Banca d'Italia o dalla Consob nelle corrispondenti materie. La Banca d'Italia e la Consob adottano tali provvedimenti entro centottanta giorni dalla data di entrata in vigore del presente decreto. Al fine di garantire il coordinamento dell'esercizio delle funzioni di vigilanza nell'ambito delle rispettive competenze, continua ad applicarsi, fino alla data della sua revisione, il protocollo d'intesa stipulato dalla Consob e dalla Banca d'Italia in data 31 ottobre 2007 ai sensi dell'articolo 5, comma 5-bis, del decreto legislativo 24 febbraio 1998, n. 58, nel testo vigente prima della data di entrata in vigore del presente decreto. Al fine di assicurare il rispetto delle disposizioni attuative, emanate ai sensi delle norme abrogate o sostituite dal presente decreto, che continuano ad applicarsi, ai sensi del periodo precedente, la Banca d'Italia e la Consob, per la fase transitoria, conservano tutti i poteri previsti dal decreto legislativo 24 febbraio 1998, n. 58, previgente alla data di entrata in vigore del presente decreto.

3. La data di avvio dell'operatività dell'Albo unico dei consulenti finanziari e la data di avvio dell'operatività dell'Organismo di vigilanza e tenuta dell'Albo unico dei consulenti finanziari, di cui all'articolo 31, comma 4, del decreto legislativo 24 febbraio 1998, n. 58, sono stabilite dalla Consob con proprie delibere ai sensi dell'articolo 1, comma 41, ultimo periodo, della legge 28 dicembre 2015, n. 208 (legge di stabilità 2016).

4. A decorrere dalla data di avvio di operatività dell'Albo unico dei consulenti finanziari, stabilita ai sensi del comma 3:

a) nel decreto del Ministro del tesoro, del bilancio e della programmazione economica 11 novembre 1998, n. 472, per «Albo unico dei promotori finanziari» e per «Albo» deve intendersi la sezione dell'Albo di cui all'articolo 31, comma 4, del decreto legislativo 24 febbraio 1998, n. 58, dedicata ai consulenti finanziari abilitati all'offerta fuori sede;

b) nel decreto del Ministro dell'economia e delle finanze 24 dicembre 2008, n. 206, per «Albo» deve intendersi la sezione dell'Albo di cui all'articolo 31, comma 4, del decreto legislativo 24 febbraio 1998, n. 58, dedicata ai consulenti finanziari autonomi e per «Organismo» deve intendersi l'Organismo di vigilanza e tenuta dell'albo unico dei consulenti finanziari di cui all'articolo 31, comma 4, anzidetto;

c) nel decreto del Ministro dell'economia e delle finanze 5 aprile 2012, n. 66, per «Albo» deve intendersi la sezione dell'Albo di cui all'articolo 31, comma 4, del decreto legislativo 24 febbraio 1998, n. 58, dedicata alle società di consulenza finanziaria e per «Organismo» deve intendersi l'Organismo di vigilanza e tenuta dell'albo unico dei consulenti finanziari di cui all'articolo 31, comma 4, anzidetto.

5. Fino dalla data di avvio di operatività dell'Albo unico dei consulenti finanziari, stabilita ai sensi del comma 3 e in ogni caso non oltre centottanta giorni dalla data di presentazione della domanda di iscrizione, qualora questa sia stata presentata entro il 30 novembre 2018, o la data di decisione dell'Organismo sulla stessa domanda, la riserva di attività di cui all'articolo 18 del decreto legislativo 24 febbraio 1998, n. 58 non pregiudica la possibilità per i soggetti che, alla data del 31 ottobre 2007, prestano la consulenza in materia di investimenti, di continuare a svolgere il servizio di cui all'articolo 1, comma 5, lettera f), del citato decreto legislativo, senza detenere somme di denaro o strumenti finanziari di pertinenza dei clienti (1).

6. Ai fini dell'iscrizione all'Albo di cui all'articolo 31, comma 4, ai consulenti finanziari autonomi, alle società di consulenza finanziaria e al personale delle società di consulenza finanziaria che svolgono le attività previste dell'articolo 25, paragrafo 1, della direttiva 2014/65/UE si applicano i requisiti di esperienza professionale ivi stabiliti e le relative disposizioni attuative adottate anche dalla Consob.

7. Si intendono autorizzate al servizio di cui all'articolo 1, comma 5, lettera b), del decreto legislativo 24 febbraio 1998, n. 58, limitatamente alla sottoscrizione e compravendita di strumenti finanziari di propria emissione, dal 3 gennaio 2018:

a) le banche italiane e le succursali italiane di banche di paesi terzi (già denominate banche extracomunitarie) iscritte nell'albo previsto dall'articolo 13 del decreto legislativo 1° settembre 1993, n. 385, al giorno dell'entrata in vigore del presente decreto legislativo; e

b) le Sim e le imprese di paesi terzi (già denominate imprese di investimento extracomunitarie) con succursale in Italia iscritte nell'albo previsto dall'articolo 20 del decreto legislativo 24 febbraio 1998, n. 58, al giorno dell'entrata in vigore del presente decreto legislativo. I soggetti di cui alle lettere a) e b) comunicano, rispettivamente alla Banca d'Italia e alla Consob, entro il 30 novembre 2017, se non intendono avvalersi dell'autorizzazione al predetto servizio. La cancellazione dall'albo comporta la decadenza dell'autorizzazione.

8. A partire dal 3 gennaio 2018, l'autorizzazione rilasciata per la prestazione del servizio di sottoscrizione e/o collocamento con assunzione a fermo, ovvero con assunzione di garanzia nei confronti dell'emittente, si intende riferita al servizio di cui all'articolo 1, comma 5, lettera c), del decreto legislativo 24 febbraio 1998, n. 58.

9. A partire dal 3 gennaio 2018, l'autorizzazione rilasciata per la prestazione del servizio di collocamento senza assunzione a fermo né assunzione di garanzia nei confronti dell'emittente, si intende riferita al servizio di cui all'articolo 1, comma 5, lettera c-bis), del decreto legislativo 24 febbraio 1998, n. 58.

10. I soggetti aventi sede nel territorio della Repubblica, diversi da quelli di cui all'articolo 4-terdecies, comma 1, lettera l), del decreto legislativo 24 febbraio 1998, n. 58, che al 2 gennaio 2018 negoziano per conto proprio strumenti derivati su merci o quote di emissione o derivati dalle stesse, possono continuare ad esercitare tale attività purché, entro un anno da tale data, presentino domanda di autorizzazione secondo le norme previste dal decreto legislativo 24 febbraio 1998, n. 58, salvo e fino a che tale autorizzazione sia rifiutata.

11. Resta fermo quanto previsto dall'articolo 5 del decreto legislativo 12 agosto 2016, n. 176.

12. Il decreto legislativo 8 ottobre 2007, n. 179, è abrogato ma continua a essere applicato fino al 3 gennaio 2018. A partire da tale data i riferimenti ai commi 5-bis e 5-ter dell'articolo 2, e al comma 2 dell'articolo 9, del decreto legislativo 8 ottobre 2007, n. 179, si intendono effettuati, rispettivamente, ai commi 1, 2 e 3 dell'articolo 32-ter del decreto legislativo 24 febbraio 1998, n. 58; i riferimenti all'articolo 8 del decreto legislativo 8 ottobre 2007, n. 179, si intendono effettuati all'articolo 32-ter.1 del decreto legislativo 24 febbraio 1998, n. 58.

13. Le modifiche apportate dal presente decreto alla parte V del decreto legislativo 24 febbraio 1998, n. 58, si applicano alle violazioni commesse a partire dal 3 gennaio 2018.

14. Alle violazioni commesse prima del 3 gennaio 2018 continuano ad applicarsi le norme della parte V del decreto legislativo 24 febbraio 1998, n. 58, in vigore il giorno precedente alla data di entrata in vigore del presente decreto.

15. Il regolamento ministeriale del 26 giugno 1997, n. 329, recante «Norme di attuazione e di integrazione della riserva di attività prevista in favore delle imprese di investimento e delle banche circa l'esercizio professionale nei confronti del pubblico dei servizi di investimento» è abrogato ma continua a essere applicato fino al 3 gennaio 2018. A partire da tale data i riferimenti al citato regolamento ministeriale si intendono effettuati all'articolo 4-terdecies del decreto legislativo 24 febbraio 1998, n. 58.

16. Fermo restando quanto previsto dall'articolo 54, paragrafo 1, del regolamento (UE) n. 600/2014, le imprese di paesi terzi (già denominate imprese di investimento extracomunitarie) e le banche di paesi terzi (già denominate banche extracomunitarie) che alla data del 2 gennaio 2018 risultino autorizzate alla libera prestazione di servizi e attività di investimento nel territorio della Repubblica e che abbiano la propria sede legale in paesi per i quali, alla medesima data, la Commissione europea non abbia adottato una decisione a norma dell'articolo 47, paragrafo 1, del medesimo regolamento, possono continuare ad avvalersi dell'autorizzazione a prestare tali servizi e attività, limitatamente all'attività svolta nei confronti di controparti qualificate o clienti professionali come individuati ai sensi dell'articolo 6, comma 2-quinquies, lettera a), e comma 2-sexies, lettera a), del decreto legislativo 24 febbraio 1998, n. 58, fino all'adozione di detta decisione e comunque non oltre il 3 gennaio 2021.

17. Le imprese di paesi terzi (già denominate imprese di investimento extracomunitarie) e le banche di paesi terzi (già denominate banche extracomunitarie) che alla data del 2 gennaio 2018 risultino autorizzate alla prestazione di servizi e attività di investimento nel territorio della Repubblica tramite succursale, possono continuare ad avvalersi dell'autorizzazione a prestare tali servizi e attività tramite la succursale fino al 3 gennaio 2021, anche se non risultino ancora verificate le condizioni previste dall'articolo 28, comma 1, lettere d) ed e), del decreto legislativo 24 febbraio 1998, n. 58, come modificato dal presente decreto legislativo.

11. Clausola di invarianza finanziaria. – 1. Dall'attuazione del presente decreto non devono derivare nuovi o maggiori oneri a carico della finanza pubblica. Il presente decreto, munito del sigillo dello Stato, sarà inserito nella Raccolta ufficiale degli atti normativi della Repubblica italiana. È fatto obbligo a chiunque spetti di osservarlo e di farlo osservare (1).

(1) Comma modificato dall'art. 1, co. 236, l. 30/12/2018, n. 145.

ALLEGATO I
ELENCO DEI SERVIZI, DELLE ATTIVITÀ E DEGLI STRUMENTI FINANZIARI

Sezione A
Attività e servizi di investimento

(1) Ricezione e trasmissione di ordini riguardanti uno o più strumenti finanziari.

(2) Esecuzione di ordini per conto dei clienti.

(3) Negoziazione per conto proprio.

(4) Gestione di portafogli.

(5) Consulenza in materia di investimenti.

(6) Assunzione a fermo di strumenti finanziari e/o collocamento di strumenti finanziari sulla base di un impegno irrevocabile nei confronti dell'emittente.

(7) Collocamento di strumenti finanziari senza impegno irrevocabile nei confronti dell'emittente.

(8) Gestione di sistemi multilaterali di negoziazione.

(9) Gestione di sistemi organizzati di negoziazione.

Sezione B
Servizi accessori

(1) Custodia e amministrazione di strumenti finanziari per conto dei clienti, inclusi la custodia e i servizi connessi come la gestione di contante/garanzie reali ed esclusa la funzione di gestione dei conti titoli al livello più elevato.

(2) Concessione di crediti o prestiti agli investitori per consentire loro di effettuare un'operazione relativa a uno o più strumenti finanziari, nella quale interviene l'impresa che concede il credito o il prestito.

(3) Consulenza alle imprese in materia di struttura del capitale, di strategia industriale e di questioni connesse, nonché consulenza e servizi concernenti le concentrazioni e l'acquisto di imprese.

(4) Servizio di cambio quando detto servizio è legato alla fornitura di servizi di investimento.

(5) Ricerca in materia di investimenti e analisi finanziaria o altre forme di raccomandazione generale riguardanti le operazioni relative a strumenti finanziari.

(6) Servizi connessi con l'assunzione a fermo.

(7) Servizi e attività di investimento, nonché servizi accessori del tipo di cui alle sezioni A o B, collegati agli strumenti derivati di cui alla sezione C, punti (5), (6), (7) e (10), se legati alla prestazione di servizi di investimento o accessori.

Sezione C
Strumenti finanziari

(1) Valori mobiliari.

(2) Strumenti del mercato monetario.

(3) Quote di un organismo di investimento collettivo.

(4) Contratti di opzione, contratti finanziari a termine standardizzati («future»), «swap», accordi per scambi futuri di tassi di interesse e altri contratti derivati connessi a valori mobiliari, valute, tassi di interesse o rendimenti, quote di emissione o altri strumenti finanziari derivati, indici finanziari o misure finanziarie che possono essere regolati con consegna fisica del sottostante o attraverso il pagamento di differenziali in contanti.

(5) Contratti di opzione, contratti finanziari a termine standardizzati («future»), «swap», contratti a termine («forward»), e altri contratti su strumenti derivati connessi a merci quando l'esecuzione deve avvenire attraverso il pagamento di differenziali in contanti o può avvenire in contanti a discrezione di una delle parti, con esclusione dei casi in cui tale facoltà consegue a inadempimento o ad altro evento che determina la risoluzione del contratto.

(6) Contratti di opzione, contratti finanziari a termine standardizzati («future»), «swap» ed altri contratti su strumenti derivati connessi a merci che possono essere regolati con consegna fisica purché negoziati su un mercato regolamentato, un sistema multilaterale di negoziazione o un sistema organizzato di negoziazione, eccettuati i prodotti energetici all'ingrosso negoziati in un sistema organizzato di negoziazione che devono essere regolati con consegna fisica.

(7) Contratti di opzione, contratti finanziari a termine standardizzati («future»), «swap», contratti a termine («forward») e altri contratti su strumenti derivati connessi a merci che non possono essere eseguiti in modi diversi da quelli indicati al numero 6, che non hanno scopi commerciali, e aventi le caratteristiche di altri strumenti finanziari derivati.

(8) Strumenti finanziari derivati per il trasferimento del rischio di credito.

(9) Contratti finanziari differenziali.

(10) Contratti di opzione, contratti finanziari a termine standardizzati («future»), «swap», contratti a termine sui tassi d'interesse e altri contratti su strumenti derivati connessi a variabili climatiche, tariffe di trasporto, tassi di inflazione o altre statistiche economiche ufficiali, quando l'esecuzione avviene attraverso il pagamento di differenziali in contanti o può avvenire in tal modo a discrezione di una delle parti, con esclusione dei casi in cui tale facoltà consegue a inadempimento o ad altro evento che determina la risoluzione del contratto, nonché altri contratti su strumenti derivati connessi a beni, diritti, obblighi, indici e misure, non altrimenti indicati nella presente sezione, aventi le caratteristiche di altri strumenti finanziari derivati, considerando, tra l'altro, se sono negoziati su un mercato regolamentato, un sistema multilaterale di negoziazione o un sistema organizzato di negoziazione.

(11) Quote di emissioni che consistono di qualsiasi unità riconosciuta conforme ai requisiti della direttiva 2003/87/CE (sistema per lo scambio di emissioni).».

L. 23 dicembre 2021, n. 238

(G.U. 17 gennaio 2022, n. 12)

Disposizioni per l'adempimento degli obblighi derivanti dall'appartenenza dell'Italia all'Unione europea – Legge europea 2019-2020

(*Estratto, art. 24*)

24. Disposizioni in materia di bilancio di esercizio e consolidato. Attuazione della direttiva n. 2013/34/UE del Parlamento europeo e del Consiglio, del 26 giugno 2013, relativa ai bilanci d'esercizio, ai bilanci consolidati e alle relative relazioni di talune tipologie di imprese, recante modifica della direttiva n. 2006/43/CE del Parlamento europeo e del Consiglio e abrogazione delle direttive nn. 78/660/CEE e 83/349/CEE del Consiglio. – 1. All'articolo 111-duodecies delle disposizioni per l'attuazione del codice civile e disposizioni transitorie, di cui al regio decreto 30 marzo 1942, n. 318, è aggiunto, in fine, il seguente comma:

«Il primo comma si applica anche qualora i soci illimitatamente responsabili siano società di capitali soggette al diritto di un altro Stato membro dell'Unione europea o società soggette al diritto di un altro Stato assimilabili giuridicamente alle imprese a responsabilità limitata disciplinate dal diritto di uno Stato membro dell'Unione europea».

2. Al codice civile sono apportate le seguenti modificazioni:

a) all'articolo 2423-ter, sesto comma, è aggiunto, in fine, il seguente periodo: «Nei casi in cui la compensazione è ammessa dalla legge, sono indicati nella nota integrativa gli importi lordi oggetto di compensazione»;

b) all'articolo 2435-bis, quarto comma, le parole: «e quinto comma dell'articolo 2423-ter,» sono sostituite dalle seguenti: «, quinto e sesto comma dell'articolo 2423-ter,»;

c) all'articolo 2435-ter, dopo il quarto comma è aggiunto il seguente:

«Agli enti di investimento e alle imprese di partecipazione finanziaria non si applicano le disposizioni previste dal presente articolo, dal sesto comma dell'articolo 2435-bis e dal secondo comma dell'articolo 2435-bis con riferimento alla facoltà di comprendere la voce D dell'attivo nella voce CII e la voce E del passivo nella voce D»;

d) all'articolo 2361, secondo comma, sono aggiunte, in fine, le seguenti parole: «, indicando la denominazione, la sede legale e la forma giuridica di ciascun soggetto partecipato».

3. Al decreto legislativo 9 aprile 1991, n. 127, sono apportate le seguenti modificazioni:

a) all'articolo 26, dopo il comma 3 sono aggiunti i seguenti:

«3-bis. Ai medesimi fini dei commi 1 e 2, la totalità dei diritti di voto dei soci dell'impresa partecipata è ridotta dei diritti di voto inerenti alle azioni o alle quote proprie detenute dall'impresa partecipata stessa, o da una sua controllata, o detenute da terzi per conto di tali imprese.

3-ter. Le imprese controllate sono oggetto di consolidamento indipendentemente dal luogo in cui sono costituite»;

b) all'articolo 27:

1) al comma 1, alinea, dopo le parole: «non abbiano superato,» sono inserite le seguenti: «su base consolidata,»;

2) dopo il comma 1 è inserito il seguente:

«1-bis. La verifica del superamento dei limiti numerici indicati al comma 1 può essere effettuata su base aggregata senza effettuare le operazioni di consolidamento. In tale caso, i limiti numerici indicati al comma 1, lettere a) e b), sono maggiorati del 20 per cento»;

3) al comma 2, le parole: «comma precedente» sono sostituite dalle seguenti: «comma 1»;

c) all'articolo 39, dopo il comma 1 è inserito il seguente:

«1-bis. L'elenco previsto dall'articolo 38, comma 2, lettera d), deve altresì indicare, per ciascuna impresa, l'importo del patrimonio netto e dell'utile o della perdita risultante dall'ultimo bilancio approvato. Tali informazioni possono essere omesse quando l'impresa controllata non è tenuta a pubblicare il suo stato patrimoniale in base alle disposizioni della legge nazionale applicabile».

4. Le disposizioni di cui al presente articolo si applicano per la prima volta al bilancio dell'impresa e al bilancio consolidato relativi al primo esercizio successivo a quello chiuso o in corso al 31 dicembre 2019.

5. Dalle disposizioni di cui al presente articolo non devono derivare nuovi o maggiori oneri a carico della finanza pubblica.

Sezione V

BENI CULTURALI

D.lg. 22 gennaio 2004, n. 42

Codice dei beni culturali e del paesaggio, ai sensi dell'articolo 10 della legge 6 luglio 2002, n. 137

(Estratto, artt. 1-9)

TESTO DEL DECRETO LEGISLATIVO

1. È approvato l'unito codice dei beni culturali e del paesaggio, composto di 184 articoli e dell'allegato A, vistato dal Ministro proponente.

Il presente decreto, munito del sigillo dello Stato, sarà inserito nella Raccolta ufficiale degli atti normativi della Repubblica italiana. È fatto obbligo a chiunque spetti di osservarlo e di farlo osservare.

CODICE DEI BENI CULTURALI E DEL PAESAGGIO

PARTE PRIMA
DISPOSIZIONI GENERALI

1. Principi. – 1. In attuazione dell'articolo 9 della Costituzione, la Repubblica tutela e valorizza il patrimonio culturale in coerenza con le attribuzioni di cui all'articolo 117 della Costituzione e secondo le disposizioni del presente codice.

2. La tutela e la valorizzazione del patrimonio culturale concorrono a preservare la memoria della comunità nazionale e del suo territorio e a promuovere lo sviluppo della cultura.

3. Lo Stato, le regioni, le città metropolitane, le province e i comuni assicurano e sostengono la conservazione del patrimonio culturale e ne favoriscono la pubblica fruizione e la valorizzazione.

4. Gli altri soggetti pubblici, nello svolgimento della loro attività, assicurano la conservazione e la pubblica fruizione del loro patrimonio culturale.

5. I privati proprietari, possessori o detentori di beni appartenenti al patrimonio culturale, ivi compresi gli enti ecclesiastici civilmente riconosciuti, sono tenuti a garantirne la conservazione (1).

6. Le attività concernenti la conservazione, la fruizione e la valorizzazione del patrimonio culturale indicate ai commi 3, 4 e 5 sono svolte in conformità alla normativa di tutela.

(1) Comma modificato dall'art. 1, co. 1, lett. a), d.lg. 26/3/2008, n. 62.

2. Patrimonio culturale. – 1. Il patrimonio culturale è costituito dai beni culturali e dai beni paesaggistici.

2. Sono beni culturali le cose immobili e mobili che, ai sensi degli articoli 10 e 11, presentano interesse artistico, storico, archeologico, etnoantropologico, archivistico e bibliografico e le altre cose individuate dalla legge o in base alla legge quali testimonianze aventi valore di civiltà.

3. Sono beni paesaggistici gli immobili e le aree indicati all'articolo 134, costituenti espressione dei valori storici, culturali, naturali, morfologici ed estetici del territorio, e gli altri beni individuati dalla legge o in base alla legge.

4. I beni del patrimonio culturale di appartenenza pubblica sono destinati alla fruizione della collettività, compatibilmente con le esigenze di uso istituzionale e sempre che non vi ostino ragioni di tutela.

3. Tutela del patrimonio culturale. – 1. La tutela consiste nell'esercizio delle funzioni e nella disciplina delle attività dirette, sulla base di un'adeguata attività conoscitiva, ad individuare i beni costituenti il patrimonio culturale ed a garantirne la protezione e la conservazione per fini di pubblica fruizione.

2. L'esercizio delle funzioni di tutela si esplica anche attraverso provvedimenti volti a conformare e regolare diritti e comportamenti inerenti al patrimonio culturale.

4. Funzioni dello Stato in materia di tutela del patrimonio culturale. – 1. Al fine di garantire l'esercizio unitario delle funzioni di tutela, ai sensi dell'articolo 118 della Costituzione, le funzioni stesse sono attribuite al Ministero per i beni e le attività culturali, di seguito denominato «Ministero», che le esercita direttamente o ne può conferire l'esercizio alle regioni, tramite forme di intesa e coordinamento ai sensi dell'articolo 5, commi 3 e 4. Sono fatte salve le funzioni già conferite alle regioni ai sensi del comma 6 del medesimo articolo 5 (1).

2. Il Ministero esercita le funzioni di tutela sui beni culturali di appartenenza statale, anche se in consegna o in uso ad amministrazioni o soggetti diversi dal Ministero.

(1) Comma modificato dall'art. 16, co. 1-sexies, lett. a), d.l. 19/6/2015, n. 78, conv., con modif., dalla l. 6/8/2015, n. 125.

5. Cooperazione delle regioni e degli altri enti pubblici territoriali in materia di tutela del patrimonio culturale. – 1. Le regioni, nonché i comuni, le città metropolitane e le province, di seguito denominati «altri enti pubblici territoriali», cooperano con il Ministero nell'esercizio delle funzioni di tutela in conformità a quanto disposto dal Titolo I della Parte seconda del presente codice.

2. Le funzioni di tutela previste dal presente codice che abbiano ad oggetto manoscritti, autografi, carteggi, incunaboli, raccolte librarie, nonché libri, stampe e incisioni, non appartenenti allo Stato, sono esercitate dalle regioni. Qualora l'interesse culturale delle predette cose sia stato riconosciuto con provvedimento ministeriale, l'esercizio delle potestà previste dall'articolo 128 compete al Ministero.*

3. Sulla base di specifici accordi od intese e previo parere della Conferenza permanente per i rapporti tra lo Stato, le regioni e le province autonome di Trento e Bolzano, di seguito denominata "Conferenza Stato-regioni", le regioni possono esercitare le funzioni di tutela su manoscritti, autografi, carteggi, incunaboli, raccolte librarie, libri, stampe e incisioni,

carte geografiche, spartiti musicali, fotografie, pellicole o altro materiale audiovisivo, con relativi negativi e matrici, non appartenenti allo Stato (1).

4. Nelle forme previste dal comma 3 e sulla base dei principi di differenziazione ed adeguatezza, possono essere individuate ulteriori forme di coordinamento in materia di tutela con le regioni che ne facciano richiesta.

5. Gli accordi o le intese possono prevedere particolari forme di cooperazione con gli altri enti pubblici territoriali.

6. Le funzioni amministrative di tutela dei beni paesaggistici sono esercitate dallo Stato e dalle regioni secondo le disposizioni di cui alla Parte terza del presente codice, in modo che sia sempre assicurato un livello di governo unitario ed adeguato alle diverse finalità perseguite (2).

7. Relativamente alle funzioni esercitate dalle regioni ai sensi dei commi 3, 4, 5 e 6, il Ministero esercita le potestà di indirizzo e di vigilanza e il potere sostitutivo in caso di perdurante inerzia o inadempienza (3).

* Comma sostituito dall'art. 1, co. 1, lett. a), d.lg. 24/3/2006, n. 156 e, successivamente, abrogato dall'art. 16, co. 1-sexies, lett. b), n. 1), d.l. 19/6/2015, n. 78, conv., con modif., dalla l. 6/8/2015, n. 125.

(1) Comma modificato dall'art. 1, co. 1, lett. b), d.lg. 24/3/2006, n. 156 e, successivamente, dall'art. 16, co. 1-sexies, lett. b), n. 2), d.l. 19/6/2015, n. 78, conv., con modif., dalla l. 6/8/2015, n. 125.

(2) Comma modificato dall'art. 1, co. 1, lett. a), d.lg. 24/3/2006, n. 157 e dall'art. 1, co. 1, lett. a), d.lg. 26/3/2008, n. 63.

(3) Comma modificato dall'art. 1, co. 1, lett. b), d.lgs. 24/3/2006, n. 157 e, successivamente, dall'art. 16, co. 1-sexies, lett. b), n. 3), d.l. 19/6/2015, n. 78, conv., con modif., dalla l. 6/8/2015, n. 125.

6. Valorizzazione del patrimonio culturale. – 1. La valorizzazione consiste nell'esercizio delle funzioni e nella disciplina delle attività dirette a promuovere la conoscenza del patrimonio culturale e ad assicurare le migliori condizioni di utilizzazione e fruizione pubblica del patrimonio stesso, anche da parte delle persone diversamente abili, al fine di promuovere lo sviluppo della cultura. Essa comprende anche la promozione ed il sostegno degli interventi di conservazione del patrimonio culturale. In riferimento al paesaggio, la valorizzazione comprende altresì la riqualificazione degli immobili e delle aree sottoposti a tutela compromessi o degradati, ovvero la realizzazione di nuovi valori paesaggistici coerenti ed integrati (1).

2. La valorizzazione è attuata in forme compatibili con la tutela e tali da non pregiudicarne le esigenze.

3. La Repubblica favorisce e sostiene la partecipazione dei soggetti privati, singoli o associati, alla valorizzazione del patrimonio culturale.

(1) Comma modificato dall'art. 1, co. 1, lett. b), d.lg. 24/3/2006, n. 156, dall'art. 2, co. 1, d.lg. 24/3/2006, n. 157, successivamente dall'art. 1, co. 1, lett. b), d.lg. 26/3/2008, n. 62 e da ultimo dall'art. 1, co. 1, lett. b), d.lg. 26/3/2008, n. 63.

7. Funzioni e compiti in materia di valorizzazione del patrimonio culturale. – 1. Il presente codice fissa i principi fondamentali in materia di valorizzazione del patrimonio culturale. Nel rispetto di tali principi le regioni esercitano la propria potestà legislativa.

2. Il Ministero, le regioni e gli altri enti pubblici territoriali perseguono il coordinamento, l'armonizzazione e l'integrazione delle attività di valorizzazione dei beni pubblici.

7 bis. Espressioni di identità culturale collettiva. – 1. Le espressioni di identità culturale collettiva contemplate dalle Convenzioni UNESCO per la salvaguardia del patrimonio culturale immateriale e per la protezione e la promozione delle diversità culturali, adottate a Parigi, rispettivamente, il 3 novembre 2003 ed il 20 ottobre 2005, sono assoggettabili alle disposizioni del presente codice qualora siano rappresentate da testimonianze materiali e sussistano i presupposti e le condizioni per l'applicabilità dell'articolo 10 (1).

(1) Articolo aggiunto dall'art. 1, co. 1, lett. c), d.lg. 26/3/2008, n. 62.

8. Regioni e province ad autonomia speciale. – 1. Nelle materie disciplinate dal presente codice restano ferme le potestà attribuite alle regioni a statuto speciale ed alle province autonome di Trento e Bolzano dagli statuti e dalle relative norme di attuazione.

9. Beni culturali di interesse religioso. – 1. Per i beni culturali di interesse religioso appartenenti ad enti ed istituzioni della Chiesa cattolica o di altre confessioni religiose; il Ministero e, per quanto di competenza. le regioni provvedono, relativamente alle esigenze di culto, d'accordo con le rispettive autorità.

2. Si osservano, altresì, le disposizioni stabilite dalle intese concluse ai sensi dell'articolo 12 dell'Accordo di modificazione del Concordato lateranense firmato il 18 febbraio 1984, ratificato e reso esecutivo con legge 25 marzo 1985, n. 121, ovvero dalle leggi emanate sulla base delle intese sottoscritte con le confessioni religiose diverse dalla cattolica, ai sensi dell'articolo 8, comma 3, della Costituzione.

Sezione VI

CONCORRENZA

L. 10 ottobre 1990, n. 287

Norme per la tutela della concorrenza e del mercato

TITOLO I

NORME SULLE INTESE, SULL'ABUSO DI POSIZIONE DOMINANTE E SULLE OPERAZIONI DI CONCENTRAZIONE

1. Ambito di applicazione e rapporti con l'ordinamento comunitario. – 1. Le disposizioni della presente legge in attuazione dell'articolo 41 della Costituzione a tutela e garanzia del diritto di iniziativa economica, si applicano alle intese, agli abusi di posizione dominante e alle concentrazioni di imprese [che non ricadono nell'ambito di applicazione degli articoli 65 e/o 66 del Trattato istitutivo della Comunità europea del carbone e dell'acciaio, degli articoli 85 e/o 86 del Trattato istitutivo della Comunità economica europea (CEE), dei regolamenti della CEE o di atti comunitari con efficacia normativa equiparata] (1).

2. L'Autorità garante della concorrenza e del mercato di cui all'articolo 10, di seguito denominata "Autorità", applica anche parallelamente in relazione a uno stesso caso gli articoli 101 e 102 del Trattato sul funzionamento dell'Unione europea e gli articoli 2 e 3 della presente legge in materia di intese restrittive della libertà di concorrenza e di abuso di posizione dominante (2).

[*3. Per le fattispecie in relazione alle quali risulti già iniziata una procedura presso la Commissione delle Comunità europee in base alle norme richiamate nel comma 1, l'Autorità sospende l'istruttoria, salvo che per gli eventuali aspetti di esclusiva rilevanza nazionale.*]*.

4. L'interpretazione delle norme contenute nel presente titolo è effettuata in base ai principi dell'ordinamento delle Comunità europee in materia di disciplina della concorrenza.

(1) Comma modificato dall'art. 17, co. 1, lett. a), d.lg. 19/1/2017, n. 3.

(2) Comma sostituito dall'art. 17, co. 1, lett. b), d.lg. 19/1/2017, n. 3.

* Comma abrogato dall'art. 17, co. 1, lett. c), d.lg. 19/1/2017, n. 3.

2. Intese restrittive della libertà di concorrenza. – 1. Sono considerati intese gli accordi e/o le pratiche concordati tra imprese nonché le deliberazioni, anche se adottate ai sensi di disposizioni statutarie o regolamentari, di consorzi, associazioni di imprese ed altri organismi similari.

2. Sono vietate le intese tra imprese che abbiano per oggetto o per effetto di impedire, restringere o falsare in maniera consistente il gioco della concorrenza all'interno del mercato nazionale o in una sua parte rilevante, anche attraverso attività consistenti nel:

a) fissare direttamente o indirettamente i prezzi d'acquisto o di vendita ovvero altre condizioni contrattuali;

b) impedire o limitare la produzione, gli sbocchi, o gli accessi al mercato, gli investimenti, lo sviluppo tecnico o il progresso tecnologico;

c) ripartire i mercati o le fonti di approvvigionamento;

d) applicare, nei rapporti commerciali con altri contraenti, condizioni oggettivamente diverse per prestazioni equivalenti, così da determinare per essi ingiustificati svantaggi nella concorrenza;

e) subordinare la conclusione di contratti all'accettazione da parte degli altri contraenti di prestazioni supplementari che, per loro natura o secondo gli usi commerciali, non abbiano alcun rapporto con l'oggetto dei contratti stessi.

3. Le intese vietate sono nulle ad ogni effetto.

3. Abuso di posizione dominante. – 1. È vietato l'abuso da parte di una o più imprese di una posizione dominante all'interno del mercato nazionale o in una sua parte rilevante, ed inoltre è vietato:

a) imporre direttamente o indirettamente prezzi di acquisto, di vendita o altre condizioni contrattuali ingiustificatamente gravose;

b) impedire o limitare la produzione, gli sbocchi o gli accessi al mercato, lo sviluppo tecnico o il progresso tecnologico, a danno dei consumatori;

c) applicare nei rapporti commerciali con altri contraenti condizioni oggettivamente diverse per prestazioni equivalenti, così da determinare per essi ingiustificati svantaggi nella concorrenza;

d) subordinare la conclusione dei contratti all'accettazione da parte degli altri contraenti di prestazioni supplementari che, per loro natura e secondo gli usi commerciali, non abbiano alcuna connessione con l'oggetto dei contratti stessi.

4. Deroghe al divieto di intese restrittive della libertà di concorrenza. – 1. L'Autorità può autorizzare, con proprio provvedimento, per un periodo limitato, intese o categorie di intese vietate ai sensi dell'articolo 2, che diano luogo a miglioramenti nelle condizioni di offerta sul mercato i quali abbiano effetti tali da comportare un sostanziale beneficio per i consumatori e che siano individuati anche tenendo conto della necessità di assicurare alle imprese la necessaria concorrenzialità sul piano internazionale e connessi in particolare con l'aumento della produzione, o con il miglioramento qualitativo della produzione stessa o della distribuzione ovvero con il progresso tecnico o tecnologico. L'autorizzazione non può comunque consentire restrizioni non strettamente necessarie al raggiungimento delle finalità di cui al presente comma né può consentire che risulti eliminata la concorrenza da una parte sostanziale del mercato.

2. L'Autorità può revocare il provvedimento di autorizzazione in deroga di cui al comma 1, previa diffida, qualora l'interessato abusi dell'autorizzazione ovvero quando venga meno alcuno dei presupposti per l'autorizzazione.

3. La richiesta di autorizzazione è presentata all'Autorità, che si avvale dei poteri di istruttoria di cui all'articolo 14 e provvede entro centoventi giorni dalla presentazione della richiesta stessa.

5. Operazioni di concentrazione (1). – 1. L'operazione di concentrazione si realizza:

a) quando due o più imprese procedono a fusione;

b) quando uno o più soggetti in posizione di controllo di almeno un'impresa ovvero una o più imprese acquisiscono direttamente od indirettamente, sia mediante acquisto di azioni o di elementi del patrimonio, sia mediante contratto o qualsiasi altro mezzo, il controllo dell'insieme o di parti di una o più imprese;

c) quando due o più imprese procedono alla costituzione di un'impresa comune che esercita stabilmente tutte le funzioni di un'entità autonoma (2).

2. L'assunzione del controllo di un'impresa non si verifica nel caso in cui una banca o un istituto finanziario acquisti, all'atto della costituzione di un'impresa o dell'aumento del suo capitale, partecipazioni in tale impresa al fine di rivenderle sul mercato, a condizione che durante il periodo di possesso di dette partecipazioni, comunque non superiore a ventiquattro mesi, non eserciti i diritti di voto inerenti alle partecipazioni stesse.

3. Qualora l'operazione di costituzione di un'impresa comune che realizza una concentrazione abbia per oggetto o per effetto il coordinamento del comportamento di imprese indipendenti, tale coordinamento è valutato secondo i parametri adottati per la valutazione delle intese restrittive della libertà di concorrenza, al fine di stabilire se l'operazione comporti le conseguenze di cui all'articolo 6. In tale valutazione l'Autorità tiene conto, in particolare, della presenza significativa e simultanea di due o più imprese fondatrici sullo stesso mercato dell'impresa comune, o su un mercato situato a monte o a valle di tale mercato, ovvero su un mercato contiguo strettamente legato a detto mercato, nonché della possibilità offerta alle imprese interessate, attraverso il loro coordinamento risultante direttamente dalla costituzione dell'impresa comune, di eliminare la concorrenza per una parte sostanziale dei prodotti e servizi in questione (3).

(1) In deroga alle procedure di cui alla presente Legge, vedi l'art. 171, co. 4, d.l. 19/5/2020, n. 34, conv., con modif., dalla l. 17/7/2020, n. 77, e successivamente l'art. 75, co. 1, d.l. 14/8/2020, n. 104, conv., con modif., dalla l. 13/10/2020, n. 126.

(2) Lettera sostituita dall'art. 32, co. 1, lett. c), n. 1), l. 5/8/2022, n. 118.

(3) Comma sostituito dall'art. 32, co. 1, lett. c), n. 2), l. 5/8/2022, n. 118.

6. Divieto delle operazioni di concentrazione restrittive della libertà di concorrenza (1). – 1. Nei riguardi delle operazioni di concentrazione soggette a comunicazione ai sensi dell'articolo 16, l'Autorità valuta se ostacolino in modo significativo la concorrenza effettiva nel mercato nazionale o in una sua parte rilevante, in particolare a causa della costituzione o del rafforzamento di una posizione dominante. Tale situazione deve essere valutata in ragione della necessità di preservare e sviluppare la concorrenza effettiva tenendo conto della struttura di tutti i mercati interessati e della concorrenza attuale o potenziale, nonché della posizione sul mercato delle imprese partecipanti, del loro potere economico e finanziario, delle possibilità di scelta dei fornitori e degli utilizzatori, del loro accesso alle fonti di approvvigionamento o agli sbocchi di mercato, dell'esistenza di diritto o di fatto di ostacoli all'entrata, dell'andamento dell'offerta e della domanda dei prodotti e dei servizi in questione, degli interessi dei consumatori intermedi e finali, nonché del progresso tecnico ed economico purché esso sia a vantaggio del consumatore e non costituisca impedimento alla concorrenza. L'Autorità può valutare gli effetti anticompetitivi di acquisizioni di controllo su imprese di piccole dimensioni caratterizzate da strategie innovative, anche nel campo delle nuove tecnologie (2).

2. L'Autorità, al termine dell'istruttoria di cui all'articolo 16, comma 4, quando accerti che l'operazione comporta le conseguenze di cui al comma 1, vieta la concentrazione ovvero l'autorizza prescrivendo le misure necessarie ad impedire tali conseguenze.

(1) Vedi disposizioni di cui all'art. 19, co. 12, l. 28/12/2005, n. 262.

(2) Comma sostituito dall'art. 32, co. 1, lett. a), l. 5/8/2022, n. 118.

7. Controllo. – 1. Ai fini del presente titolo si ha controllo nei casi contemplati dall'articolo 2359 del codice civile ed inoltre in presenza di diritti, contratti o altri rapporti giuridici che conferiscono, da soli o congiuntamente, e tenuto conto delle circostanze di fatto e di diritto, la possibilità di esercitare un'influenza determinante sulle attività di un'impresa, anche attraverso:

a) diritti di proprietà o di godimento sulla totalità o su parti del patrimonio di un'impresa;

b) diritti, contratti o altri rapporti giuridici che conferiscono un'influenza determinante sulla composizione, sulle deliberazioni o sulle decisioni degli organi di un'impresa.

2. Il controllo è acquisito dalla persona o dalla impresa o dal gruppo di persone o di imprese:

a) che siano titolari dei diritti o beneficiari dei contratti o soggetti degli altri rapporti giuridici suddetti;

b) che, pur non essendo titolari di tali diritti o beneficiari di tali contratti o soggetti di tali rapporti giuridici, abbiano il potere di esercitare i diritti che ne derivano.

8. Imprese pubbliche e in monopolio legale. – 1. Le disposizioni contenute nei precedenti articoli si applicano sia alle imprese private che a quelle pubbliche o a prevalente partecipazione statale.

2. Le disposizioni di cui ai precedenti articoli non si applicano alle imprese che, per disposizioni di legge, esercitano la gestione di servizi di interesse economico generale ovvero operano in regime di monopolio sul mercato, per tutto quanto strettamente connesso all'adempimento degli specifici compiti loro affidati.

2-bis. Le imprese di cui al comma 2, qualora intendano svolgere attività in mercati diversi da quelli in cui agiscono ai sensi del medesimo comma 2, operano mediante società separate (1).

2-ter. La costituzione di società e l'acquisizione di posizioni di controllo in società operanti nei mercati diversi di cui al comma 2-bis sono soggette a preventiva comunicazione all'Autorità (1).

2-quater. Al fine di garantire pari opportunità di iniziativa economica, qualora le imprese di cui al comma 2 rendano disponibili a società da esse partecipate o controllate nei mercati diversi di cui al comma 2-bis beni o servizi, anche informativi, di cui abbiano la disponibilità esclusiva in dipendenza delle attività svolte ai sensi del medesimo comma 2, esse sono tenute a rendere accessibili tali beni o servizi, a condizioni equivalenti, alle altre imprese direttamente concorrenti (1).

2-quinquies. Nei casi di cui ai commi 2-bis, 2-ter e 2-quater, l'Autorità esercita i poteri di cui all'articolo 14. Nei casi di accertata infrazione agli articoli 2 e 3, le imprese sono soggette alle disposizioni e alle sanzioni di cui all'articolo 15 (1).

2-sexies. In caso di violazione degli obblighi di comunicazione di cui al comma 2-ter, l'Autorità applica la sanzione amministrativa pecuniaria fino a lire 100 milioni (1).

(1) Comma inserito dall'art. 11, l. 5/3/2001, n. 57.

9. Autoproduzione. – 1. La riserva per legge allo Stato ovvero a un ente pubblico del monopolio su un mercato, nonché la riserva per legge ad un'impresa incaricata della gestione di attività di prestazione al pubblico di beni o di servizi contro corrispettivo, non comporta per i terzi il divieto di produzione di tali beni o servizi per uso proprio, della società controllante e delle società controllate.

2. L'autoproduzione non è consentita nei casi in cui in base alle disposizioni che prevedono la riserva risulti che la stessa è stabilita per motivi di ordine pubblico, sicurezza pubblica e

difesa nazionale, nonché, salvo concessione, per quanto concerne il settore delle telecomunicazioni.

TITOLO II
ISTITUZIONE E COMPITI DELL'AUTORITÀ GARANTE DELLA CONCORRENZA E DEL MERCATO

Capo I
Istituzione dell'autorità

10. Autorità garante della concorrenza e del mercato. – 1. È istituita l'Autorità garante della concorrenza e del mercato, denominata ai fini della presente legge Autorità, con sede in Roma.

2. L'Autorità opera in piena autonomia e con indipendenza di giudizio e di valutazione ed è organo collegiale costituito dal presidente e da quattro membri, nominati con determinazione adottata d'intesa dai Presidenti della Camera dei deputati e del Senato della Repubblica. Il presidente è scelto tra persone di notoria indipendenza che abbiano ricoperto incarichi istituzionali di grande responsabilità e rilievo. I quattro membri sono scelti tra persone di notoria indipendenza da individuarsi tra magistrati del Consiglio di Stato, della Corte dei conti o della Corte di cassazione, professori universitari ordinari di materie economiche o giuridiche, e personalità provenienti da settori economici dotate di alta e riconosciuta professionalità (1).

3. I membri dell'Autorità sono nominati per sette anni e non possono essere confermati. Essi non possono esercitare, a pena di decadenza, alcuna attività professionale o di consulenza, né possono essere amministratori o dipendenti di enti pubblici o privati, né ricoprire altri uffici pubblici di qualsiasi natura. I dipendenti statali sono collocati fuori ruolo per l'intera durata del mandato. I membri dell'Autorità non possono essere rimossi o destituiti per motivi connessi al corretto svolgimento dei loro compiti o al corretto esercizio dei poteri nell'applicazione della presente legge ovvero degli articoli 101 o 102 del TFUE. I membri dell'Autorità possono essere sollevati dall'incarico solamente quando è applicata la pena accessoria di cui all'articolo 28 del Codice penale con sentenza passata in giudicato; in tali casi, il Collegio dell'Autorità informa i Presidenti della Camera dei deputati e del Senato della Repubblica per i provvedimenti di competenza (2).

3-bis. I membri e il personale dell'Autorità svolgono i loro compiti ed esercitano i loro poteri ai fini dell'applicazione della presente legge e degli articoli 101 o 102 del TFUE in modo indipendente da ingerenze politiche e da altre influenze esterne. Essi non sollecitano né accettano istruzioni dal Governo o da altri soggetti pubblici o privati nello svolgimento dei loro compiti o nell'esercizio dei loro poteri. I membri e il personale dell'Autorità si astengono dall'intraprendere qualsiasi azione incompatibile con lo svolgimento dei loro compiti o con l'esercizio dei loro poteri ai fini dell'applicazione della presente legge ovvero degli articoli 101 o 102 del TFUE (2).

3-ter. L'Autorità adotta e pubblica un codice di condotta per i propri membri e il proprio personale, che include disposizioni in materia di conflitto di interessi e le relative sanzioni. I membri e il personale dell'Autorità, per i tre anni successivi dalla cessazione delle loro funzioni, non possono essere coinvolti in procedimenti istruttori riguardanti l'applicazione degli articoli 101 o 102 TFUE ovvero degli articoli 2 o 3 della presente legge di cui si sono occupati durante il loro rapporto di lavoro o incarico presso l'Autorità. I contratti conclusi e gli incarichi conferiti in violazione di quanto previsto dal precedente periodo sono nulli (2).

4. L'Autorità ha diritto di corrispondere con tutte le pubbliche amministrazioni e con gli enti di diritto pubblico, e di chiedere ad essi, oltre a notizie ed informazioni, la collaborazione per l'adempimento delle sue funzioni. L'Autorità, in quanto autorità nazionale competente per la tutela della concorrenza e del mercato, intrattiene con gli organi delle Comunità europee i rapporti previsti dalla normativa comunitaria in materia.

5. Entro novanta giorni dalla data di entrata in vigore della presente legge, con decreto del Presidente della Repubblica, su proposta del Ministro dell'industria, del commercio e dell'artigianato, sentito il Ministro del tesoro, previa deliberazione del Consiglio dei Ministri, sono stabilite procedure istruttorie che garantiscono agli interessati la piena conoscenza degli atti istruttori, il contraddittorio e la verbalizzazione.

6. L'Autorità delibera le norme concernenti la propria organizzazione e il proprio funzionamento, quelle concernenti il trattamento giuridico ed economico del personale e l'ordinamento delle carriere, nonché quelle dirette a disciplinare la gestione delle spese nei limiti previsti dalla presente legge, anche in deroga alle disposizioni sulla contabilità generale dello Stato.

7. L'Autorità provvede all'autonoma gestione delle spese per il proprio funzionamento nei limiti del contributo di cui al comma 7-ter. La gestione finanziaria si svolge in base al bilancio di previsione approvato dall'Autorità entro il 31 dicembre dell'anno precedente a quello cui il bilancio si riferisce. Il contenuto e la struttura del bilancio di previsione, il quale deve comunque contenere le spese indicate entro i limiti delle entrate previste, sono stabiliti dal regolamento di cui al comma 6, che disciplina anche le modalità per le eventuali variazioni. Il rendiconto della gestione finanziaria, approvato entro il 30 aprile dell'anno successivo, è soggetto al controllo della Corte dei conti. Il bilancio preventivo e il rendiconto della gestione finanziaria sono pubblicati nella Gazzetta Ufficiale della Repubblica italiana (3).

*7-bis. L'Autorità, ai fini della copertura dei costi relativi al controllo delle operazioni di concentrazione, determina annualmente le contribuzioni dovute dalle imprese tenute all'obbligo di comunicazione ai sensi dell'articolo 16, comma 1. A tal fine, l'Autorità adotta criteri di parametrazione dei contributi commisurati ai costi complessivi relativi all'attività di controllo delle concentrazioni, tenuto conto della rilevanza economica dell'operazione sulla base del valore della transazione interessata e comunque in misura non superiore all'1,2 per cento del valore stesso, stabilendo soglie minime e massime della contribuzione**.

7-ter. All'onere derivante dal funzionamento dell'Autorità garante della concorrenza e del mercato si provvede mediante un contributo di importo pari allo 0,08 per mille del fatturato risultante dall'ultimo bilancio approvato dalle società di capitale, con ricavi totali superiori a 50 milioni di euro, fermi restando i criteri stabiliti dal comma 2 dell'articolo 16 della presente legge. La soglia massima di contribuzione a carico di ciascuna impresa non può essere superiore a cento volte la misura minima (4).

7-quater. Ferme restando, per l'anno 2012, tutte le attuali forme di finanziamento, ivi compresa l'applicazione dell'articolo 2, comma 241, della legge 23 dicembre 2009, n. 191, in sede di prima applicazione, per l'anno 2013, il contributo di cui al comma 7-ter è versato direttamente all'Autorità con le modalità determinate dall'Autorità medesima con propria deliberazione, entro il 30 ottobre 2012. Per gli anni successivi, a decorrere dall'anno 2014, il contributo è versato, entro il 31 luglio di ogni anno, direttamente all'Autorità con le modalità determinate dall'Autorità medesima con propria deliberazione. Eventuali variazioni della misura e delle modalità di contribuzione possono essere adottate dall'Autorità medesima con propria deliberazione, nel limite massimo dello 0,5 per mille del fatturato risultante dal bilancio approvato precedentemente all'adozione della delibera, ferma restando la soglia massima di contribuzione di cui al comma 7-ter (5).

8. Con decreto del Presidente del Consiglio dei Ministri, su proposta del Ministro dell'industria, del commercio e dell'artigianato, d'intesa con il Ministro del tesoro, sono determinate le indennità spettanti al presidente e ai membri dell'Autorità (6).

(1) Per la nomina del Presidente dell'Autorità di cui al presente comma vedi determinazione 18/2/2005. Per la nomina di due componenti dell'Autorità di cui al presente comma vedi determinazione 3/3/2007. A norma dell'art. 23, co. 1, lett. d), d.l. 6/12/2011, n. 201 il numero dei componenti dell'Autorità garante della concorrenza e del mercato è ridotto da cinque a tre, compreso il Presidente. Vedi anche quanto disposto dal co. 2 del medesimo articolo.

(2) Comma sostituito dall'art. 1, co. 1, lett. a), d.lg. 8/11/2021, n. 185.

(3) Per le procedure istruttorie di cui al presente comma vedi d.P.R. 30/4/1998, n. 217. Comma modificato dall'art. 5-bis, co. 2, lett. a), d.l. 24/1/2012, n. 1, conv., con modificazioni, dalla l. 24/3/2012, n. 27, a decorrere dal 1/1/2013.

* Comma inserito dall'art. 1, co. 69, l. 23/12/2005, n. 266. In attuazione del presente comma vedi l'articolo unico della Deliberazione 28/12/2005. Comma abrogato dall'art. 5-bis, co. 2, lett. b), d.l. 24/1/2012, n. 1, conv., con modif., dalla l. 24/3/2012, n. 27, a decorrere dal 1/1/2013.

(4) Comma aggiunto dall'art. 5-bis, co. 1, d.l. 24/1/2012, n. 1, conv., con modif., dalla l. 24/3/2012, n. 27; vedi inoltre il co. 3 dell'art. 5-bis del d.l. 24/1/2012, n. 1 medesimo.

• Per le modalità di contribuzione agli oneri di funzionamento dell'Autorità Garante della Concorrenza e del Mercato previsti dal presente comma vedi l'art. 1 della Deliberazione dell'Autorità Garante della Concorrenza e del Mercato 5/6/2014, n. 24953.

(5) Comma aggiunto dall'art. 5-bis, co. 1, d.l. 24/1/2012, n. 1, conv., con modif., dalla l. 24/3/2012, n. 27.

(6) Vedi le disposizioni di cui all'art. 26, d.lg. 6/9/2005, n. 206.

11. Personale della Autorità. – 1. Con decreto del Presidente del Consiglio dei Ministri è istituito un apposito ruolo del personale dipendente dell'Autorità. Il numero dei posti previsti dalla pianta organica non può eccedere le centocinquanta unità. L'assunzione del personale avviene per pubblico concorso ad eccezione delle categorie per le quali sono previste assunzioni in base all'articolo 16 della legge 28 febbraio 1987, n. 56 (1).

2. Il trattamento giuridico ed economico del personale e l'ordinamento delle carriere sono stabiliti in base ai criteri fissati dal contratto collettivo di lavoro in vigore per la Banca d'Italia, tenuto conto delle specifiche esigenze funzionali ed organizzative dell'Autorità.

3. Al personale in servizio presso l'Autorità è in ogni caso fatto divieto di assumere altro impiego o incarico o esercitare attività professionali, commerciali e industriali.

4. L'Autorità non può assumere direttamente dipendenti con contratto a tempo determinato, disciplinato dalle norme di diritto privato, in numero di cinquanta unità. L'Autorità può inoltre avvalersi, quando necessario, di esperti da consultare su specifici temi e problemi (2).

5. Al funzionamento dei servizi e degli uffici dell'Autorità sovraintende il segretario generale, che ne risponde al presidente, e che è nominato dal Ministro dell'industria, del commercio e dell'artigianato, su proposta del presidente dell'Autorità.

(1) A norma dell'art. 5, co. 2, d.lg. 25/2/2000, n. 67 il numero dei posti previsti per la pianta organica del personale di ruolo dell'autorità è incrementato di 10 unità nell'anno 2000, di 5 unità nell'anno 2001 e di ulteriori 5 unità nell'anno 2002. Successivamente l'art. 9, co. 1, l. 20/7/2004, n. 215 ha disposto che i ruoli organici del presente articolo sono integrati di 15 unità per ciascun ruolo. Da ultimo, l'art. 8, co. 16, d.lg. 2/8/2007, n. 145, ha incrementato di venti unità, il numero dei posti previsti per la pianta organica del personale di ruolo dell'Autorità garante della concorrenza e del mercato, di cui due di livello dirigenziale.

(2) Il numero dei contratti a tempo determinato di cui al presente comma è stato incrementato di quattro unità, ai sensi di quanto disposto dall'art. 5 del d.l. 6/6/2006, n. 68.

Capo II
Poteri dell'autorità in materia di intese restrittive della libertà di concorrenza e di abuso di posizione dominante

12. Poteri di indagine. – 1. L'Autorità, valutati gli elementi comunque in suo possesso e quelli portati a sua conoscenza da pubbliche amministrazioni o da chiunque vi abbia interesse, ivi comprese le associazioni rappresentative dei consumatori, procede ad istruttoria per verificare l'esistenza di infrazioni ai divieti stabiliti negli articoli 2 e 3.

1-bis. I tipi di prove ammissibili dinanzi all'Autorità comprendono i documenti, le dichiarazioni orali, i messaggi elettronici, le registrazioni e tutti gli altri documenti contenenti informazioni, indipendentemente dalla loro forma e dal supporto sul quale le informazioni sono conservate (1).

1-ter. L'Autorità ha il potere di definire le priorità di intervento ai fini dell'applicazione della presente legge e degli articoli 101 e 102 del TFUE. L'Autorità può non dare seguito alle segnalazioni che non rientrino tra le proprie priorità di intervento (1).

1-quater. I procedimenti relativi alle infrazioni degli articoli 101 o 102 del TFUE ovvero degli articoli 2 o 3 della presente legge, incluso l'esercizio dei poteri di cui al presente capo II da parte dell'Autorità, rispettano i principi generali del diritto dell'Unione europea e la Carta dei diritti fondamentali dell'Unione europea (1).

2. L'Autorità può, inoltre, procedere, d'ufficio o su richiesta del Ministro dell'industria, del commercio e dell'artigianato o del Ministro delle partecipazioni statali, ad indagini conoscitive di natura generale nei settori economici nei quali l'evoluzione degli scambi, il comportamento dei prezzi, o altre circostanze facciano presumere che la concorrenza sia impedita, ristretta o falsata.

2-bis. Ai fini dell'applicazione degli articoli 2 e 3 della presente legge, nonché per l'applicazione degli articoli 101 e 102 del Trattato sul funzionamento dell'Unione europea, l'Autorità può in ogni momento richiedere a imprese e a enti che ne siano in possesso di fornire informazioni e di esibire documenti utili. Tali richieste di informazioni indicano le basi giuridiche su cui sono fondate le richieste, sono proporzionate e non obbligano i destinatari ad ammettere un'infrazione degli articoli 101 o 102 del Trattato sul funzionamento dell'Unione europea ovvero degli articoli 2 o 3 della presente legge (2).

2-ter. Con provvedimento dell'Autorità, i soggetti ai quali è richiesto di fornire o esibire gli elementi di cui al comma 2-bis sono sottoposti alle sanzioni amministrative pecuniarie di cui all'articolo 14, comma 5, se rifiutano od omettono di fornire le informazioni o di esibire i documenti richiesti ovvero se forniscono informazioni od esibiscono documenti non veritieri, senza giustificato motivo. L'Autorità riconosce ai soggetti di cui al comma 2-bis un congruo periodo di tempo, anche in ragione della complessità delle informazioni in oggetto, comunque non superiore a sessanta giorni, rinnovabili con richiesta motivata, per rispondere alle richieste di informazioni avanzate dall'Autorità stessa. Sono fatte salve le diverse sanzioni previste dall'ordinamento vigente (2).

(1) Comma inserito dall'art. 1, co. 2, d.lg. 8/11/2021, n. 185.

(2) Comma aggiunto dall'art. 35, co. 1, lett. a), l. 5/8/2022, n. 118.

13. Comunicazione delle intese. – 1. Le imprese possono

comunicare all'Autorità le intese intercorse. Se l'Autorità non avvia l'istruttoria di cui all'articolo 14 entro centoventi giorni dalla comunicazione non può più procedere a detta istruttoria, fatto salvo, il caso di comunicazioni incomplete o non veritiere.

14. Istruttoria. – 1. L'Autorità, nei casi di presunta infrazione degli articoli 101 o 102 del TFUE ovvero degli articoli 2 o 3 della presente legge, svolge l'istruttoria in tempi ragionevoli e ne notifica l'apertura alle imprese e agli enti interessati. I titolari o legali rappresentanti delle imprese ed enti hanno diritto di essere sentiti, personalmente o a mezzo di procuratore speciale, nel termine fissato contestualmente alla notifica ed hanno facoltà di presentare deduzioni e pareri in ogni stadio dell'istruttoria, nonché di essere nuovamente sentiti prima della chiusura della stessa (1).

2. L'Autorità può in ogni momento dell'istruttoria richiedere a imprese, associazioni di imprese o persone fisiche e giuridiche che ne sono in possesso di fornire informazioni e di esibire documenti utili ai fini dell'istruttoria, entro un termine ragionevole e indicato nella richiesta. Tali richieste di informazioni sono proporzionate e non obbligano i destinatari ad ammettere un'infrazione degli articoli 101 o 102 del TFUE ovvero degli articoli 2 o 3 della presente legge. L'obbligo di fornire tutte le informazioni necessarie comprende le informazioni accessibili ai destinatari della richiesta (1).

2-bis. L'Autorità può in ogni momento dell'istruttoria convocare in audizione ogni rappresentante di un'impresa o di un'associazione di imprese, un rappresentante di altre persone giuridiche e ogni persona fisica se tali rappresentanti o tali persone fisiche possono essere in possesso di informazioni rilevanti ai fini dell'istruttoria (1).

2-ter. L'Autorità può disporre perizie e analisi economiche e statistiche nonché la consultazione di esperti in ordine a qualsiasi elemento rilevante ai fini dell'istruttoria (1).

2-quater. L'Autorità può in ogni momento dell'istruttoria disporre presso imprese e associazioni di imprese tutte le ispezioni necessarie all'applicazione della presente legge e degli articoli 101 e 102 del TFUE. I funzionari dell'Autorità incaricati di procedere alle ispezioni possono:

a) accedere a tutti i locali, terreni e mezzi di trasporto delle imprese e associazioni di imprese;

b) controllare i libri e qualsiasi altro documento connesso all'azienda, su qualsiasi forma di supporto, e accedere a tutte le informazioni accessibili all'entità oggetto dell'accertamento ispettivo;

c) fare o acquisire, sotto qualsiasi forma, copie o estratti dei suddetti libri o documenti e, se lo ritengono opportuno, continuare dette ricerche di informazioni e la selezione di copie o estratti nei locali dell'Autorità o in altri locali da essa designati;

d) apporre sigilli a tutti i locali, libri e documenti aziendali per la durata dell'accertamento ispettivo e nella misura necessaria al suo espletamento;

e) chiedere a qualsiasi rappresentante o membro del personale dell'impresa o dell'associazione di imprese spiegazioni sui fatti o documenti relativi all'oggetto e allo scopo dell'accertamento ispettivo e verbalizzarne le risposte (1).

2-quinquies. Se vi sono motivi ragionevoli di sospettare che libri o altri documenti connessi all'azienda e all'oggetto dell'ispezione, che possono essere pertinenti per provare un'infrazione degli articoli 101 o 102 del TFUE ovvero degli articoli 2 o 3 della presente legge, siano conservati in locali, terreni e mezzi di trasporto diversi da quelli di cui all'articolo 14, comma 2-quater, lettera a), della presente legge, compresa l'abitazione di dirigenti, amministratori e altri membri del personale delle imprese o associazioni di imprese interessate, l'Autorità può disporre ispezioni in tali locali, terreni e mezzi di trasporto. I funzionari dell'Autorità incaricati dell'ispezione dispongono dei poteri di cui al comma 2-quater, lettere a), b), e c), del presente articolo (1).

2-sexies. L'accertamento ispettivo nei luoghi di cui al comma 2-quinquies del presente articolo può essere eseguito soltanto se autorizzato con decreto motivato emesso dal procuratore della Repubblica del luogo ove deve svolgersi l'accesso. Il decreto è notificato all'Autorità entro dieci giorni dall'emissione. Contro il decreto di diniego, l'Autorità può proporre opposizione, entro dieci giorni dalla notificazione, con atto presentato alla segreteria del procuratore della Repubblica che ha emesso il decreto. L'atto di opposizione è trasmesso, unitamente al decreto di diniego, al giudice per le indagini preliminari ai sensi dell'articolo 368 del codice di procedura penale (1).

2-septies. Nello svolgimento dell'attività ispettiva di cui ai commi 2-quater e 2-quinquies del presente articolo, l'Autorità può avvalersi della collaborazione dei militari della Guardia di finanza, che, ai sensi dell'articolo 54, comma 4, della legge 6 febbraio 1996, n. 52, agiscono con i poteri e le facoltà previsti dai decreti del Presidente della Repubblica 26 ottobre 1972, n. 633, e 29 settembre 1973, n. 600, e dalle altre disposizioni tributarie, nonché della collaborazione di altri organi dello Stato (1).

2-octies. Quando l'Autorità svolge un'ispezione ai sensi dei commi 2-quater e 2-quinquies del presente articolo o un'audizione ai sensi del comma 2-bis del presente articolo, in nome e per conto di altre autorità nazionali garanti della concorrenza conformemente all'articolo 22 del regolamento (CE) n. 1/2003 del Consiglio, del 16 dicembre 2002, i funzionari e le altre persone che li accompagnano autorizzati o nominati dall'autorità nazionale garante della concorrenza richiedente possono assistere all'ispezione o all'audizione svolti dall'Autorità e parteciparvi attivamente, sotto il controllo dei funzionari dell'Autorità medesima (1).

3. Tutte le notizie, le informazioni o i dati riguardanti le imprese oggetto di istruttoria da parte dell'Autorità sono tutelati dal segreto d'ufficio anche nei riguardi delle pubbliche amministrazioni.

4. I funzionari dell'Autorità nell'esercizio delle loro funzioni sono pubblici ufficiali. Essi sono vincolati dal segreto d'ufficio.

5. L'Autorità dispone l'applicazione di una sanzione amministrativa pecuniaria fino all'1 per cento del fatturato totale realizzato a livello mondiale durante l'esercizio precedente se, dolosamente o per colpa:

a) le imprese o le associazioni di imprese ostacolano l'ispezione di cui al comma 2-quater, del presente articolo;

b) sono stati infranti i sigilli apposti ai sensi del comma 2-quater, lettera d), del presente articolo, ferme le ulteriori sanzioni penali previste per l'autore dell'infrazione;

c) in risposta ad una domanda rivolta nel corso di un'ispezione ai sensi del comma 2-quater, lettera e), del presente articolo, le imprese e le associazioni di imprese non forniscono una risposta completa o forniscono informazioni inesatte o fuorvianti;

d) in risposta ad una richiesta di informazioni ai sensi del comma 2 del presente articolo, le imprese e le associazioni di imprese forniscono informazioni inesatte, incomplete o fuorvianti oppure non forniscono le informazioni entro il termine stabilito;

e) le imprese o le associazioni di imprese non si presentano all'audizione convocata ai sensi del comma 2-bis del presente articolo (2).

6. L'Autorità può irrogare alle imprese e associazioni di imprese penalità di mora il cui importo può giungere fino al 5 per cento del fatturato medio giornaliero realizzato a livello mondiale durante l'esercizio sociale precedente per ogni giorno di ritardo a decorrere dalla data fissata nella richiesta o nel provvedimento, al fine di costringerle:

a) a fornire informazioni complete ed esatte in risposta ad una richiesta di informazioni ai sensi del comma 2 del presente articolo;

b) a presentarsi all'audizione convocata ai sensi del comma 2-bis del presente articolo;

c) a sottoporsi all'ispezione di cui al comma 2-quater del presente articolo (3).

7. Con provvedimento dell'Autorità, sono sottoposte alla sanzione amministrativa pecuniaria da 150 euro a 25.823 euro le persone fisiche che, dolosamente o per colpa:

a) ostacolano l'accertamento ispettivo di cui al comma 2-quinquies del presente articolo;

b) in risposta ad una richiesta di informazioni ai sensi del comma 2 del presente articolo, forniscono informazioni inesatte, incomplete o fuorvianti oppure non forniscono le informazioni entro il termine stabilito, salvo rifiuto motivato se le informazioni richieste possono far emergere la propria responsabilità per un illecito passibile di sanzioni amministrative di carattere punitivo o per un reato;

c) non si presentano all'audizione convocata ai sensi del comma 2-bis del presente articolo (3).

8. L'Autorità può irrogare alle persone fisiche penalità di mora da 150 euro a 500 euro per ogni giorno di ritardo a decorrere dalla data fissata nella richiesta o nel provvedimento, al fine di costringerle a:

a) fornire informazioni complete ed esatte in risposta a una richiesta di informazioni ai sensi del comma 2 del presente articolo, salvo rifiuto motivato se le informazioni richieste possono far emergere la propria responsabilità per un illecito passibile di sanzioni amministrative di carattere punitivo o per un reato;

b) presentarsi all'audizione convocata ai sensi del comma 2-bis del presente articolo;

c) sottoporsi all'ispezione di cui al comma 2-quinquies del presente articolo (3).

(1) Comma sostituito dall'art. 1, c. 3, lett. a), d.lg. 8/11/2021, n. 185.

(2) Comma sostituito dall'art. 1, co. 3, lett. c), d.lg. 8/11/2021, n. 185.

(3) Comma inserito dall'art. 1, co. 3, lett. c), d.lg. 8/112021, n. 185.

14 bis. Misure cautelari (1). – 1. Nei casi di urgenza dovuta al rischio di un danno grave e irreparabile per la concorrenza, l'Autorità può, d'ufficio, ove constati ad un sommario esame la sussistenza di un'infrazione, deliberare l'adozione di misure cautelari.

2. Le decisioni adottate ai sensi del comma 1 del presente articolo sono proporzionate e applicabili fino all'adozione della decisione finale oppure per un periodo di tempo specificato che può, se necessario e opportuno, essere prorogato. L'Autorità informa la rete europea della concorrenza delle misure cautelari adottate nel contesto di procedimenti volti all'accertamento di infrazioni degli articoli 101 e 102 del TFUE (2).

3. L'Autorità, quando le imprese non adempiano a una decisione che dispone misure cautelari, può infliggere sanzioni amministrative pecuniarie fino al 3 per cento del fatturato totale realizzato a livello mondiale durante l'esercizio precedente (3).

(1) Articolo inserito dall'art. 14, d.l. 4/7/2006, n. 223, conv., con modif., dalla l. 4/8/2006, n. 248.

(2) Comma sostituito dall'art. 1, co. 4, d.lg. 8/11/2021, n. 185.

(3) Comma modificato dall'art. 1, co. 4, d.lg. 8/11/2021, n. 185.

14 ter. Impegni (1). – 1. Entro tre mesi dalla notifica dell'apertura di un'istruttoria per l'accertamento della violazione degli articoli 2 o 3 della presente legge o degli articoli 81 o 82 del Trattato CE, le imprese possono presentare impegni tali da far venire meno i profili anticoncorrenziali oggetto dell'istruttoria. L'Autorità, valutata l'idoneità di tali impegni e previa consultazione degli operatori del mercato, può, nei limiti previsti dall'ordinamento comunitario, renderli obbligatori per le imprese. Tale decisione può essere adottata per un periodo di tempo determinato e chiude il procedimento senza accertare l'infrazione (2).

2. L'Autorità in caso di mancato rispetto degli impegni resi obbligatori ai sensi del comma 1 può irrogare una sanzione amministrativa pecuniaria fino al 10 per cento del fatturato totale realizzato a livello mondiale durante l'esercizio precedente. Al fine di monitorare l'attuazione degli impegni, l'Autorità esercita i poteri di cui all'articolo 14 della presente legge (3).

3. L'Autorità può d'ufficio riaprire il procedimento se:

a) si modifica in modo determinante la situazione di fatto rispetto ad un elemento su cui si fonda la decisione (4);

b) le imprese interessate contravvengono agli impegni assunti;

c) la decisione si fonda su informazioni trasmesse dalle parti che sono incomplete inesatte o fuorvianti.

(1) Articolo inserito dall'art. 14, d.l. 4/7/2006, n. 223, conv., con modif., dalla l. 4/8/2006, n. 248.

(2) Comma modificato dall'art. 1, co. 5, lett. a), d.lg. 8/11/2021, n. 185.

(3) Comma modificato dall'art. 1, co. 5, lett. b), d.lg. 8/11/2021, n. 185.

(4) Lettera modificata dall'art. 1, co. 5, lett. c), d.lg. 8/11/2021, n. 185.

14 quater. Procedura di transazione (1). – 1. Nel corso dell'istruttoria aperta ai sensi dell'articolo 14, comma 1, l'Autorità può fissare un termine entro il quale le imprese interessate possono manifestare per iscritto la loro disponibilità a partecipare a discussioni in vista dell'eventuale presentazione di proposte di transazione.

2. L'Autorità può informare le parti che partecipano a discussioni di transazione circa:

a) gli addebiti che intende muovere nei loro confronti;

b) gli elementi probatori utilizzati per stabilire gli addebiti che intende muovere;

c) versioni non riservate di qualsiasi specifico documento accessibile, elencato nel fascicolo in quel momento, nella misura in cui la richiesta della parte sia giustificata al fine di consentirle di accertare la sua posizione in merito a un periodo di tempo o a qualsiasi altro aspetto particolare del cartello;

d) la forcella delle potenziali ammende. Tali informazioni sono riservate nei confronti di terzi salvo che l'Autorità ne abbia esplicitamente autorizzato la divulgazione.

3. In caso di esito favorevole di tali discussioni, l'Autorità può fissare un termine entro il quale le imprese interessate possono impegnarsi a seguire la procedura di transazione presentando proposte transattive che rispecchino i risultati delle discussioni svolte e in cui riconoscano la propria partecipazione a un'infrazione degli articoli 2 e 3 della presente legge ovvero degli articoli 101 e 102 del Trattato sul funzionamento dell'Unione europea, nonché la rispettiva responsabilità.

4. L'Autorità può decidere in qualsiasi momento di cessare completamente le discussioni in vista di una transazione, anche rispetto a una o più parti specifiche, qualora ritenga che sia comunque compromessa l'efficacia della procedura. Prima che l'Autorità fissi un termine per la presentazione delle proposte di transazione, le parti interessate hanno il diritto a che sia loro divulgata a tempo debito, su richiesta, l'informazione specificata nel comma 2. L'Autorità non è obbligata a tener conto di proposte di transazione ricevute dopo la scadenza del termine suddetto.

5. L'Autorità definisce con proprio provvedimento generale, in conformità con l'ordinamento dell'Unione europea e garantendo il diritto al contraddittorio, le regole procedurali

che disciplinano la presentazione e la valutazione delle proposte di transazione di cui al presente articolo e l'entità della riduzione della sanzione di cui all'articolo 15, comma 1-bis, da accordare in caso di completamento con successo della procedura.

(1) Articolo inserito dall'art. 34, co. 1, l. 5/8/2022, n. 118.

15. Diffide e sanzioni. – 1. Se, a seguito dell'istruttoria di cui all'articolo 14 della presente legge, l'Autorità ravvisa un'infrazione degli articoli 101 o 102 del TFUE ovvero degli articoli 2 o 3 della presente legge, fissa alle imprese e associazioni di imprese interessate il termine per l'eliminazione dell'infrazione stessa ovvero, se l'infrazione è già cessata, ne vieta la reiterazione. A tal fine l'Autorità può imporre l'adozione di qualsiasi rimedio comportamentale o strutturale proporzionato all'infrazione commessa e necessario a far cessare effettivamente l'infrazione stessa. Al momento di scegliere fra due rimedi ugualmente efficaci, l'Autorità opta per il rimedio meno oneroso per l'impresa, in linea con il principio di proporzionalità (1).

1-bis. Tenuto conto della gravità e della durata dell'infrazione, dispone inoltre l'applicazione di una sanzione amministrativa pecuniaria fino al 10 per cento del fatturato realizzato in ciascuna impresa o associazione di imprese nell'ultimo esercizio chiuso anteriormente alla notificazione della diffida, determinando i termini entro i quali l'impresa deve procedere al pagamento della sanzione. Se l'infrazione commessa da un'associazione di imprese riguarda le attività dei suoi membri, l'Autorità dispone l'applicazione di una sanzione amministrativa pecuniaria fino al 10 per cento della somma dei fatturati totali a livello mondiale realizzati nell'ultimo esercizio chiuso anteriormente alla notificazione della diffida di ciascun membro operante sul mercato interessato dall'infrazione commessa dall'associazione. Tuttavia, la responsabilità finanziaria di ciascuna impresa riguardo al pagamento della sanzione non può superare il 10 per cento del fatturato da essa realizzato nell'ultimo esercizio chiuso anteriormente alla notificazione della diffida (2).

1-ter. Quando a un'associazione di imprese è irrogata una sanzione tenendo conto del fatturato dei suoi membri ai sensi degli articoli 14, comma 5, e 15, comma 1-bis, e l'associazione non è solvibile, essa è tenuta a richiedere ai propri membri contributi a concorrenza dell'importo della sanzione. Se tali contributi non sono stati versati integralmente all'associazione di imprese entro il termine fissato dall'Autorità, l'Autorità può esigere il pagamento della sanzione direttamente da qualsivoglia impresa i cui rappresentanti erano membri degli organi decisionali dell'associazione quando quest'ultima ha assunto la decisione che ha costituito l'infrazione. Se necessario per garantire il pagamento integrale della sanzione, dopo aver richiesto il pagamento a dette imprese, l'Autorità può anche esigere il pagamento dell'importo della sanzione ancora dovuto da qualsivoglia membro dell'associazione che operava sul mercato nel quale si è verificata l'infrazione. Tuttavia, non può esigersi il pagamento dalle imprese che dimostrano che non hanno attuato la decisione dell'associazione che ha costituito l'infrazione e che o non erano a conoscenza della sua esistenza, o si sono attivamente dissociate da essa prima dell'inizio dell'indagine (2).

1-quater. Se, in base alle informazioni di cui dispone, l'Autorità ritiene che non sussistono le condizioni per ravvisare un'infrazione, l'Autorità può assumere una decisione in tal senso. Quando, dopo aver informato la Commissione europea ai sensi dell'articolo 11, paragrafo 3, del regolamento (CE) n. 1/2003, l'Autorità ritiene che sono venuti meno i motivi di intervento e chiude pertanto il procedimento istruttorio, ne informa di conseguenza la Commissione europea (2).

2. In caso di inottemperanza alla diffida di cui al comma 1, l'Autorità applica la sanzione amministrativa pecuniaria fino al dieci per cento del fatturato ovvero, nei casi in cui sia stata applicata la sanzione di cui al comma 1, di importo minimo non inferiore al doppio della sanzione già applicata con un limite massimo del dieci per cento del fatturato come individuato al comma 1, determinando altresì il termine entro il quale il pagamento della sanzione deve essere effettuato. Nei casi di reiterata inottemperanza l'Autorità può disporre la sospensione dell'attività d'impresa fino a trenta giorni.

2-bis. L'Autorità può irrogare alle imprese e associazioni di imprese penalità di mora il cui importo può giungere fino al 5 per cento del fatturato medio giornaliero realizzato a livello mondiale durante l'esercizio sociale precedente per ogni giorno di ritardo a decorrere dalla data fissata nella decisione, al fine di costringerle a:

a) ottemperare alla diffida di cui al comma 1 del presente articolo;

b) ottemperare alle misure cautelari adottate ai sensi dell'articolo 14-bis;

c) rispettare gli impegni resi obbligatori mediante decisione ai sensi dell'articolo 14-ter (3).

(1) Comma modificato dall'art. 11, l. 5/3/2001, n. 57 e successivamente sostituito dall'art. 1, co. 6, lett. a), d.lg. 8/11/2021, n. 185.

(2) Comma inserito dall'art. 1, co. 6, lett. a), d.lg. 8/11/2021, n. 185.

(3) Comma aggiunto dall'art. 14, d.l. 4/7/2006, n. 223, conv., con modif., dalla l. 4/8/2006, n. 248 e successivamente sostituito dall'art. 1, co. 6, lett. b), d.lg. 8/11/2021, n. 185.

15 bis. Non applicazione delle sanzioni (1). – 1. L'Autorità, in conformità all'ordinamento dell'Unione europea, adotta con proprio provvedimento generale un programma di trattamento favorevole che definisce i casi in cui, in virtù della qualificata collaborazione prestata dalle imprese nell'accertamento di infrazioni delle regole di concorrenza, la sanzione amministrativa pecuniaria può essere non applicata o ridotta per le imprese che rivelino la loro partecipazione a cartelli segreti.

2. Ai fini dell'applicazione di tali disposizioni, per cartello segreto si intende un accordo o pratica concordata fra due o più concorrenti, di cui è celata in tutto o in parte l'esistenza, volta a coordinare la loro condotta concorrenziale sul mercato o a influire sui pertinenti parametri di concorrenza mediante pratiche consistenti, tra l'altro, nel fissare o coordinare i prezzi di acquisto o di vendita o di altre condizioni di transazione, anche in relazione ai diritti di proprietà intellettuale, nell'allocare quote di produzione o di vendita, nel ripartire i mercati e i clienti, tra l'altro mediante manipolazione delle gare d'appalto, le restrizioni delle importazioni o delle esportazioni o azioni anticoncorrenziali dirette contro altre imprese concorrenti.

3. L'Autorità concede l'immunità dalle sanzioni solo se il richiedente:

a) soddisfa le condizioni di cui all'articolo 15-quater della presente legge;

b) rivela la sua partecipazione a un cartello segreto; e

c) fornisce, per primo, elementi probatori che:

1) nel momento in cui l'Autorità riceve la domanda, consentono a quest'ultima di effettuare un accertamento ispettivo mirato riguardo al cartello segreto, purché l'Autorità non sia ancora in possesso di elementi probatori sufficienti per decidere di effettuare tale accertamento ispettivo o non abbia già effettuato detto accertamento ispettivo; o

2) a giudizio dell'Autorità, sono sufficienti a quest'ultima per constatare un'infrazione che ricade nell'ambito del programma di trattamento favorevole, a condizione che l'Autorità non sia ancora in possesso di elementi probatori sufficienti per constatare tale infrazione e che a nessuna impresa sia stata accordata l'immunità ai sensi del numero 1), in relazione a detto cartello segreto.

4. L'immunità dalle sanzioni non può essere concessa alle imprese che hanno esercitato coercizione su altre imprese perché aderissero al cartello segreto o continuassero a parteciparvi.

5. L'Autorità informa il richiedente se gli è stata concessa o meno l'immunità condizionale dalle sanzioni. Il richiedente può chiedere di essere informato per iscritto dall'Autorità circa l'esito della sua domanda. Nei casi in cui l'Autorità respinge la domanda di immunità dalle sanzioni, il richiedente interessato può chiedere che la sua domanda sia esaminata come una domanda di riduzione delle sanzioni.

(1) Articolo inserito dall'art. 1, co. 7, d.lg. 8/11/2021, n. 185.

15 ter. Riduzione delle sanzioni (1). – 1. L'Autorità concede la riduzione delle sanzioni solo se il richiedente:

a) soddisfa le condizioni di cui all'articolo 15-quater della presente legge;

b) rivela la sua partecipazione a un cartello segreto; e

c) fornisce, elementi probatori del presunto cartello segreto che costituiscono un valore aggiunto significativo al fine di provare un'infrazione che ricade nell'ambito del programma di trattamento favorevole rispetto agli elementi probatori già in possesso dell'Autorità al momento della presentazione della domanda.

2. Se il richiedente fornisce elementi probatori inconfutabili, che l'Autorità utilizza per provare ulteriori circostanze che determinano l'aumento delle sanzioni rispetto a quelle che sarebbero altrimenti state imposte ai partecipanti al cartello segreto, l'Autorità non tiene conto di tali ulteriori circostanze al momento di determinare la sanzione da irrogare al suddetto richiedente che ha fornito tali elementi probatori.

(1) Articolo inserito dall'art. 1, co. 7, d.lg. 8/11/2021, n. 185.

15 quater. Condizioni generali per l'applicazione del trattamento favorevole (1). – 1. Per poter beneficiare del trattamento favorevole per la partecipazione a cartelli segreti, il richiedente deve soddisfare le seguenti condizioni:

a) aver posto fine alla sua partecipazione al presunto cartello segreto al più tardi immediatamente dopo aver presentato la domanda legata a un programma di trattamento favorevole, tranne per quanto, a giudizio dell'Autorità, sia ragionevolmente necessario per preservare l'integrità della sua indagine;

b) cooperare in modo genuino, integralmente, su base continuativa e sollecitamente con l'Autorità dal momento in cui presenta la domanda fino a quando l'Autorità non ha chiuso il procedimento istruttorio nei confronti di tutte le parti oggetto dell'indagine adottando una decisione o ha altrimenti chiuso il procedimento istruttorio; tale cooperazione comporta quanto segue:

1) fornire prontamente all'Autorità tutte le pertinenti informazioni ed elementi probatori riguardanti il presunto cartello segreto di cui il richiedente venga in possesso o a cui possa accedere, in particolare:

1.1. la denominazione e l'indirizzo del richiedente;

1.2. la denominazione di tutte le altre imprese che partecipano o hanno partecipato al presunto cartello segreto;

1.3. una descrizione dettagliata del presunto cartello segreto, inclusi i prodotti che ne formano l'oggetto, l'ambito geografico, la durata e la natura della condotta del presunto cartello segreto;

1.4. informazioni su precedenti domande di trattamento favorevole presentate a qualsiasi altra autorità garante della concorrenza in relazione al presunto cartello segreto, ovvero informazioni su possibili domande future;

2) restare a disposizione dell'Autorità per rispondere a qualsiasi richiesta che possa contribuire a stabilire i fatti;

3) mettere a disposizione per audizioni di fronte all'Autorità i direttori, gli amministratori e gli altri membri del personale e compiere ragionevoli sforzi per fare altrettanto con gli ex direttori, amministratori e altri membri del personale;

4) non distruggere, falsificare o celare informazioni o elementi probatori pertinenti; e

5) non rivelare di aver presentato la domanda di trattamento favorevole né rendere nota alcuna parte del suo contenuto prima che nel procedimento istruttorio l'Autorità abbia inviato la comunicazione delle risultanze istruttorie, a meno che non sia stato convenuto altrimenti; e

c) nel periodo in cui prevede di presentare una domanda di trattamento favorevole all'Autorità, non deve:

1) aver distrutto, falsificato o celato elementi probatori pertinenti riguardanti il presunto cartello segreto; o

2) aver rivelato di voler presentare la domanda né aver reso nota nessuna parte del suo contenuto, a eccezione di altre autorità garanti della concorrenza dell'Unione europea e di Paesi terzi.

(1) Articolo inserito dall'art. 1, co. 7, d.Lg. 8/11/2021, n. 185.

15 quinquies. Forma delle dichiarazioni legate a un programma di trattamento favorevole (1). – 1. Le dichiarazioni legate a un programma di trattamento favorevole relative a domande complete o semplificate ai sensi dell'articolo 15-septies possono essere presentate per iscritto o in forma orale. Con il provvedimento di cui all'articolo 15-bis, comma 1, l'Autorità può individuare altri mezzi che consentono ai richiedenti di non acquisire il possesso, la custodia o il controllo delle dichiarazioni presentate.

2. Su istanza del richiedente, l'Autorità conferma per iscritto la ricezione delle domande complete o semplificate, indicandone la data e l'ora.

3. Le dichiarazioni legate a un programma di trattamento favorevole relative a domande complete o semplificate, incluse quelle presentate ai sensi dell'articolo 15-sexies, sono presentate in lingua italiana. L'Autorità può concordare bilateralmente con il richiedente che la domanda sia presentata in altra lingua.

(1) Articolo inserito dall'art. 1, co. 7, d.lg. 8/11/2021, n. 185.

15 sexies. Numero d'ordine per le domande di non applicazione delle sanzioni. (1) – 1. Le imprese che intendono chiedere la non applicazione delle sanzioni possono ricevere inizialmente un posto nell'elenco relativo al trattamento favorevole, se lo richiedono, per un periodo determinato di volta in volta dall'Autorità, in modo che il richiedente raccolga le informazioni e gli elementi probatori necessari per raggiungere la soglia probatoria pertinente ai fini dell'immunità dalle sanzioni. La scelta dell'Autorità in ordine all'accoglimento della domanda è pienamente discrezionale.

2. L'impresa che presenti la richiesta di cui al comma 1 fornisce all'Autorità, ove disponibili, le seguenti informazioni:

a) la denominazione e l'indirizzo del richiedente;

b) gli elementi alla base delle preoccupazioni che hanno portato alla richiesta;

c) i nomi di tutte le altre imprese che partecipano o hanno partecipato al presunto cartello segreto;

d) i prodotti e i territori interessati;

e) la durata e la natura della condotta del presunto cartello segreto;

f) informazioni su precedenti domande di trattamento favorevole presentate alle altre autorità garanti della concorrenza in relazione al presunto cartello segreto ovvero informazioni su possibili domande future.

3. Le informazioni e gli elementi di prova forniti dal richiedente nel periodo determinato ai sensi del comma 1 sono considerati come presentati alla data della richiesta iniziale.

(1) Articolo inserito dall'art. 1, co. 7, d.lg. 8/11/2021, n. 185.

15 septies. Domande semplificate (1). – 1. L'impresa che ha richiesto alla Commissione europea il trattamento favorevole in relazione a un cartello segreto che ricade nell'ambito di applicazione dell'articolo 101 del TFUE, presentando una domanda completa o richiedendo un numero d'ordine, può presentare all'Autorità una domanda in forma semplificata in relazione al medesimo cartello, a condizione che la domanda riguardi più di tre Paesi membri come territori interessati.

2. La domanda semplificata consta di una breve descrizione di ciascuno dei seguenti elementi:

a) la denominazione e l'indirizzo del richiedente;

b) la denominazione delle altre parti del presunto cartello segreto;

c) il prodotto o i prodotti che ne formano oggetto e gli ambiti geografici;

d) la durata e la natura della condotta del presunto cartello segreto;

e) lo Stato membro o gli Stati membri dove verosimilmente si trovano gli elementi probatori del presunto cartello segreto; e

f) le informazioni relative alle domande di trattamento favorevole già presentate alle altre autorità garanti della concorrenza dell'Unione europea e di Paesi terzi in relazione al presunto cartello segreto, ovvero informazioni su possibili domande future.

3. Se la Commissione europea riceve una domanda completa e l'Autorità riceve una domanda semplificata in relazione allo stesso presunto cartello, l'Autorità considera la Commissione come il principale interlocutore del richiedente in particolare nel fornire le istruzioni al richiedente sullo svolgimento di qualsiasi ulteriore indagine interna, finché non è precisato se la Commissione perseguirà, integralmente o parzialmente, il caso. In tale periodo l'Autorità può chiedere all'impresa che ha presentato una domanda semplificata di fornire chiarimenti specifici solo in merito agli elementi di cui al comma 2, prima di chiedere la presentazione di una domanda completa a norma del comma 5.

4. Quando riceve una domanda semplificata, l'Autorità verifica se ha già ricevuto una domanda semplificata o completa da altri richiedenti in relazione allo stesso presunto cartello segreto. Se l'Autorità non ha ricevuto altre domande di trattamento favorevole da altri richiedenti e ritiene che la domanda semplificata soddisfa i requisiti di cui al comma 2, ne informa di conseguenza il richiedente.

5. Quando la Commissione europea informa l'Autorità di non voler perseguire, integralmente o parzialmente, il caso, l'Autorità può sollecitare i richiedenti a presentare ad essa una domanda completa. L'Autorità può esigere che il richiedente presenti la domanda completa prima che la Commissione abbia informato l'Autorità che non intende perseguire, integralmente o parzialmente, il caso, solo in circostanze eccezionali, qualora ciò si riveli strettamente necessario per la definizione o l'allocazione del caso. Quando l'Autorità richiede la presentazione di una domanda completa, indica al richiedente un termine ragionevole per la presentazione di tale domanda, nonché delle informazioni e degli elementi probatori corrispondenti. In ogni caso, resta impregiudicato il diritto del richiedente di presentare volontariamente una domanda completa all'Autorità in una fase anteriore.

6. Se il richiedente presenta la domanda completa conformemente al comma 5 entro il periodo specificato dall'Autorità, la domanda completa è considerata come presentata all'ora della domanda semplificata, a condizione che la domanda semplificata riguardi lo stesso o gli stessi prodotti e il territorio o i territori interessati e abbia la stessa durata del presunto cartello segreto di cui alla domanda di trattamento favorevole presentata alla Commissione europea, eventualmente aggiornata.

(1) Articolo inserito dall'art. 1, co. 7, d.lg. 8/11/2021, n. 185.

Capo II-bis
Assistenza investigativa nell'ambito della rete europea della concorrenza (1)

(1) Capo aggiunto dall'art. 1, co. 8, d.lg. 8/11/2021, n. 185.

15 octies. Cooperazione investigativa (1). – 1. Fatto salvo l'articolo 14, comma 2-octies, l'Autorità può esercitare i poteri di indagine di cui all'articolo 14 in nome e per conto di altre autorità nazionali garanti della concorrenza dei Paesi dell'Unione europea che ne fanno richiesta, al fine di accertare un'eventuale inottemperanza, da parte di imprese o associazioni di imprese, alle richieste di informazioni, agli accertamenti ispettivi, alle convocazioni in audizione, alle diffide, alle misure cautelari e alle decisioni con impegni adottate dall'autorità richiedente in relazione all'applicazione degli articoli 101 e 102 del TFUE.

2. L'Autorità può richiedere alle altre autorità nazionali garanti della concorrenza dei Paesi dell'Unione europea di esercitare i poteri di indagine ad esse conferiti dal diritto nazionale al fine di accertare un'eventuale inottemperanza, da parte di imprese o associazioni di imprese, alle richieste di informazioni, agli accertamenti ispettivi, alle convocazioni in audizione, alle diffide, alle misure cautelari e alle decisioni con impegni adottate dall'Autorità in relazione all'applicazione degli articoli 101 e 102 del TFUE.

3. L'Autorità trasmette all'autorità richiedente le informazioni raccolte ai sensi del comma 1 e utilizza come mezzo di prova le informazioni ad essa trasmesse da altre autorità ai sensi del comma 2, fatte salve le garanzie di cui all'articolo 12 del regolamento (CE) n. 1/2003.

(1) Articolo aggiunto dall'art. 1, co. 8, d.lg. 8/11/2021, n. 185.

15 nonies. Richieste di notifica (1). – 1. L'Autorità, su richiesta di altre autorità nazionali garanti della concorrenza dei Paesi dell'Unione europea formulata in relazione all'applicazione degli articoli 101 o 102 del TFUE, notifica ai destinatari sul territorio nazionale:

a) le comunicazioni delle risultanze istruttorie riguardanti una presunta infrazione degli articoli 101 o 102 del TFUE e le decisioni che applicano tali articoli adottate dall'autorità richiedente;

b) qualsiasi altro atto procedimentale adottato nell'ambito del procedimento istruttorio che debba essere notificato a norma del diritto nazionale dell'autorità richiedente;

c) qualsiasi altra documentazione pertinente relativa all'applicazione degli articoli 101 e 102 del TFUE, inclusa la documentazione relativa all'esecuzione delle decisioni che applicano sanzioni o penalità di mora.

2. L'Autorità, quando applica gli articoli 101 o 102 del TFUE, può richiedere alle altre autorità nazionali garanti della concorrenza dei Paesi dell'Unione europea di notificare ai destinatari sul territorio nazionale dell'autorità adita:

a) le comunicazioni delle risultanze istruttorie riguardanti una presunta infrazione degli articoli 101 o 102 del TFUE e le decisioni che applicano tali articoli;

b) qualsiasi altro atto procedimentale adottato nell'ambito del procedimento istruttorio che debba essere notificato a norma del diritto nazionale;

c) qualsiasi altra documentazione pertinente relativa all'applicazione degli articoli 101 e 102 del TFUE, inclusa la documentazione relativa all'esecuzione delle decisioni che applicano sanzioni o penalità di mora.

(1) Articolo aggiunto dall'art. 1, co. 8, d.lg. 8/11/2021, n. 185.

15 decies. Richieste di esecuzione delle decisioni che impongono sanzioni o penalità di mora (1). – 1. L'Autorità, su richiesta di altre autorità nazionali garanti della concorrenza dei Paesi dell'Unione europea, adotta in raccordo con le competenti amministrazioni le misure necessarie ad assicurare l'esecuzione delle decisioni definitive che impongono sanzioni o penalità di mora adottate dall'autorità richiedente in relazione all'applicazione degli articoli 101 e 102 del TFUE, se l'autorità richiedente, dopo aver compiuto ragionevoli sforzi nel proprio territorio, ha accertato che l'impresa o l'associazione di imprese nei cui confronti la sanzione o la penalità di mora è esecutiva non dispone di beni sufficienti nello Stato membro dell'autorità richiedente per consentire il recupero di detta sanzione o penalità di mora.

2. Nei casi che non ricadono nel comma 1, in particolare quando l'impresa o l'associazione di imprese, nei cui confronti la sanzione o la penalità di mora è esecutiva, è stabilita in Italia, su istanza dell'autorità richiedente l'Autorità può comunque prestare assistenza per dare esecuzione alle decisioni definitive che impongono sanzioni o penalità di mora adottate dall'autorità richiedente in relazione all'applicazione degli articoli 101 e 102 del TFUE.

3. L'Autorità può richiedere alle autorità competenti all'uopo designate dagli altri Paesi dell'Unione europea di assicurare l'esecuzione delle decisioni definitive che impongono sanzioni o penalità di mora adottate dall'Autorità in relazione all'applicazione degli articoli 101 e 102 del TFUE.

4. Le questioni relative ai termini di prescrizione per l'esecuzione di sanzioni e penalità di mora sono disciplinate dal diritto nazionale dello Stato membro dell'autorità richiedente.

5. Ai fini del presente articolo si considerano decisioni definitive quelle non più suscettibili di essere impugnate con mezzi ordinari.

(1) Articolo aggiunto dall'art. 1, co. 8, d.lg. 8/11/2021, n. 185.

15 undecies. Procedura di cooperazione (1). – 1. L'Autorità dà esecuzione alle richieste di cui agli articoli 15-nonies, comma 1, e 15-decies, commi 1 e 2, senza indebito ritardo, sulla scorta di uno strumento uniforme corredato di una copia dell'atto da notificare o a cui dare esecuzione.

2. Tale strumento uniforme indica i seguenti elementi:

a) la denominazione, l'indirizzo conosciuto del destinatario e altre informazioni utili alla sua identificazione;

b) un riassunto dei fatti e delle circostanze pertinenti;

c) un riassunto della copia acclusa dell'atto da notificare o a cui dare esecuzione;

d) la denominazione, l'indirizzo e altri dati di contatto dell'autorità adita;

e) il termine entro cui si dovrebbe effettuare la notifica o l'esecuzione, quali i termini decadenziali previsti dalla legge o i termini di prescrizione.

3. Per le richieste di cui all'articolo 15-decies, oltre ai requisiti di cui al comma 2, lo strumento uniforme contiene quanto segue:

a) le informazioni relative alla decisione che consente l'esecuzione nello Stato membro dell'autorità richiedente;

b) la data in cui la decisione è diventata definitiva;

c) l'importo della sanzione o penalità di mora;

d) le informazioni che attestano gli sforzi ragionevoli compiuti dall'autorità richiedente per dare esecuzione alla decisione nel proprio territorio. Il requisito di cui alla presente lettera non si applica alle richieste formulate ai sensi dell'articolo 15-decies, comma 2.

4. Lo strumento uniforme è trasmesso all'Autorità in lingua italiana. Tuttavia, l'Autorità può concordare bilateralmente con l'autorità richiedente, caso per caso, che lo strumento uniforme possa essere trasmesso in una lingua diversa. L'atto da notificare o la decisione che consente l'esecuzione della sanzione o della penalità di mora devono essere corredati da una traduzione in lingua italiana. Tuttavia, l'Autorità può concordare bilateralmente con l'autorità richiedente, caso per caso, che tale traduzione possa essere fornita in una lingua diversa.

5. Lo strumento uniforme di cui al comma 1 del presente articolo costituisce l'unica base delle misure di esecuzione adottate dall'Autorità. Esso non è oggetto di alcun atto di riconoscimento, completamento o sostituzione.

6. L'Autorità non è tenuta a dare esecuzione a una richiesta di cui agli articoli 15-nonies e 15-decies solo se:

a) la richiesta non è conforme alle disposizioni del presente articolo; ovvero

b) l'Autorità adduce validi motivi che dimostrino come l'esecuzione della richiesta sarebbe manifestamente contraria all'ordine pubblico. Se l'Autorità intende rifiutare una richiesta di assistenza di cui agli articoli 15-nonies e 15-decies della presente legge o chiede ulteriori informazioni, contatta l'autorità richiedente.

7. L'Autorità può richiedere che l'autorità richiedente sostenga tutti i costi aggiuntivi ragionevoli, compresi i costi di traduzione, retributivi e amministrativi, in relazione alle misure adottate a norma degli articoli 15-octies e 15-nonies.

8. L'Autorità può recuperare l'importo totale dei costi sostenuti in relazione alle azioni intraprese di cui all'articolo 15-decies dalle sanzioni o penalità di mora riscosse per conto dell'autorità richiedente, compresi i costi di traduzione, retributivi e amministrativi. Se l'Autorità non riesce a riscuotere le sanzioni o penalità di mora, può chiedere all'autorità richiedente di farsi carico dei costi sostenuti. L'Autorità può altresì recuperare i costi sostenuti in relazione all'esecuzione di siffatte decisioni dall'impresa nei cui confronti la sanzione o la penalità di mora è esecutiva.

9. L'Autorità recupera tali importi dovuti in euro, secondo le disposizioni applicabili nel diritto nazionale. Se necessario, l'Autorità converte in euro, in conformità del diritto nazionale, l'importo delle sanzioni o penalità di mora, applicando il tasso di cambio in vigore alla data in cui le sanzioni o penalità di mora sono state imposte.

10. L'Autorità può convenire, su base di reciprocità, la rinuncia al recupero dei costi di cui ai commi 7 e 8 nei confronti delle altre autorità nazionali di concorrenza dei Paesi dell'Unione europea.

(1) Articolo aggiunto dall'art. 1, co. 8, d.lg. 8/11/2021, n. 185.

15 duodecies. Competenza e legislazione applicabile. (1) – 1. Le controversie rientrano nella competenza degli organi competenti dello Stato membro dell'autorità richiedente e sono disciplinate dal diritto di tale Stato membro, se riguardano:

a) la legittimità di un atto da notificare ai sensi dell'articolo 15-nonies o di una decisione cui dare esecuzione ai sensi dell'articolo 15-decies; e

b) la legittimità dello strumento uniforme che consente l'esecuzione nello Stato membro dell'autorità adita.

2. Le controversie riguardanti le misure di esecuzione adottate nello Stato membro dell'autorità adita o la validità di una notifica effettuata dall'autorità adita rientrano nella competenza degli organi competenti dello Stato membro dell'autorità adita e sono disciplinate dal diritto di tale Stato membro.

(1) Articolo aggiunto dall'art. 1, co. 8, d.lg. 8/11/2021, n. 185.

Capo III
Poteri dell'autorità in materia di divieto delle operazioni di concentrazione

16. Comunicazione delle concentrazioni. – 1. Le operazioni di concentrazione di cui all'articolo 5 devono essere preventivamente comunicate all'Autorità qualora il fatturato totale realizzato a livello nazionale dall'insieme delle imprese interessate sia superiore a cinquecento miliardi di lire, e qualora il fatturato totale realizzato a livello nazionale dall'impresa di cui è prevista l'acquisizione sia superiore a cinquanta miliardi di lire. Tali valori sono incrementati ogni anno di un ammontare equivalente all'aumento dell'indice del deflattore dei prezzi del prodotto interno lordo (1).

1-bis. L'Autorità può richiedere alle imprese interessate di notificare entro trenta giorni un'operazione di concentrazione anche nel caso in cui sia superata una sola delle due soglie di fatturato di cui al comma 1, ovvero nel caso in cui il fatturato totale realizzato a livello mondiale dall'insieme delle imprese interessate sia superiore a 5 miliardi di euro, qualora sussistano concreti rischi per la concorrenza nel mercato nazionale, o in una sua parte rilevante, tenuto anche conto degli effetti pregiudizievoli per lo sviluppo e la diffusione di imprese di piccole dimensioni caratterizzate da strategie innovative, e non siano trascorsi oltre sei mesi dal perfezionamento dell'operazione. L'Autorità definisce con proprio provvedimento generale, in conformità all'ordinamento dell'Unione europea, le regole procedurali per l'applicazione del presente comma. In caso di omessa notifica si applicano le sanzioni di cui all'articolo 19, comma 2. Le disposizioni del presente comma non si applicano alle operazioni di concentrazione perfezionate prima della data della sua entrata in vigore. (2)

2. Per gli enti creditizi e gli altri istituti finanziari il fatturato è sostituito dalla somma delle seguenti voci di provento al netto, se del caso, dell'imposta sul valore aggiunto e di altre imposte direttamente associate ai proventi: a) interessi e proventi assimilati;

b) proventi di azioni, quote ed altri titoli a reddito variabile, proventi di partecipazioni, proventi di partecipazioni in imprese collegate e altri proventi su titoli;

c) proventi per commissioni;

d) profitti da operazioni finanziarie;

e) altri proventi di gestione.

Per le imprese di assicurazione il fatturato è sostituito dal valore di premi lordi emessi, che comprendono tutti gli importi incassati o da incassare a titolo di contratti d'assicurazione stipulati direttamente da dette imprese o per loro conto, inclusi i premi ceduti ai riassicuratori, previa detrazione delle imposte o tasse parafiscali riscosse sull'importo dei premi o sul relativo volume complessivo .

3. Entro cinque giorni dalla comunicazione di una operazione di concentrazione l'Autorità ne dà notizia al Presidente del Consiglio dei Ministri ed al Ministro dell'industria, del commercio e dell'artigianato.

4. Se l'Autorità ritiene che un'operazione di concentrazione sia suscettibile di essere vietata ai sensi dell'articolo 6, avvia entro trenta giorni dal ricevimento della notifica, o dal momento in cui ne abbia comunque avuto conoscenza, l'istruttoria attenendosi alle norme dell'articolo 14. L'Autorità, a fronte di un'operazione di concentrazione ritualmente comunicata, qualora non ritenga necessario avviare l'istruttoria deve dare comunicazione alle imprese interessate ed al Ministro dell'industria, del commercio e dell'artigianato delle proprie conclusioni nel merito, entro trenta giorni dal ricevimento della notifica.

5. L'offerta pubblica di acquisto che possa dar luogo ad operazioni di concentrazione soggetta alla comunicazione di cui al comma 1 deve essere comunicata all'Autorità contestualmente alla sua comunicazione alla Commissione nazionale per le società e la borsa.

6. Nel caso di offerta pubblica di acquisto comunicata all'Autorità ai sensi del comma 5, l'Autorità deve notificare l'avvio dell'istruttoria entro quindici giorni dal ricevimento della comunicazione e contestualmente darne comunicazione alla Commissione nazionale per le società e la borsa.

7. L'Autorità può avviare l'istruttoria dopo la scadenza dei termini di cui al presente articolo, nel caso in cui le informazioni fornite dalle imprese con la comunicazione risultino gravemente inesatte, incomplete o non veritiere.

8. L'Autorità, entro il termine perentorio di quarantacinque giorni dall'inizio dell'istruttoria di cui al presente articolo, deve dare comunicazione alle imprese interessate ed al Ministro dell'industria, del commercio e dell'artigianato, delle proprie conclusioni nel merito. Tale termine può essere prorogato nel corso dell'istruttoria per un periodo non superiore a trenta giorni, qualora le imprese non forniscano informazioni e dati a loro richiesti che siano nella loro disponibilità.

(1) Comma modificato dall'art. 5-bis, co. 2, lett. c), d.l. 24/1/2012, n. 1, conv., con modif., dalla l. 24/3/2012, n. 27, a decorrere dal 1/1/2013.

(2) Comma inserito dall'art. 32, co. 1, lett. b), n. 1), l 5/8/2022, n. 118.

16 bis. Richieste di informazioni in materia di concentrazioni tra imprese (1). – 1. Ai fini dell'esercizio dei poteri di cui al presente capo, l'Autorità può in ogni momento richiedere a imprese e a enti che ne siano in possesso di fornire informazioni e di esibire documenti utili. Tali richieste di informazioni indicano le basi giuridiche su cui sono fondate le richieste, sono proporzionate e non obbligano i destinatari ad ammettere un'infrazione degli articoli 101 o 102 del Trattato sul funzionamento dell'Unione europea ovvero degli articoli 2 o 3 della presente legge.

2. Con provvedimento dell'Autorità, i soggetti ai quali è richiesto di fornire o esibire gli elementi di cui al comma 1 sono sottoposti alle sanzioni amministrative pecuniarie di cui all'articolo 14, comma 5, se rifiutano od omettono di fornire le informazioni o di esibire i documenti richiesti ovvero se forniscono informazioni od esibiscono documenti non veritieri, senza giustificato motivo. L'Autorità riconosce ai soggetti di cui al comma 1 un congruo periodo di tempo, anche in ragione della complessità delle informazioni in oggetto, comunque non superiore a sessanta giorni, rinnovabili con richiesta motivata, per rispondere alle richieste di informazioni avanzate dall'Autorità stessa. Sono fatte salve le diverse sanzioni previste dall'ordinamento vigente.

(1) Articolo inserito dall'art. 35, co. 1, lett. b), l 5/8/2022, n. 118.

17. Sospensione temporanea dell'operazione di concentrazione. – 1. L'Autorità, nel far luogo all'istruttoria di cui all'articolo 16, può ordinare alle imprese interessate di sospendere la realizzazione della concentrazione fino alla conclusione dell'istruttoria.

2. La disposizione del comma 1 non impedisce la realizzazione di un'offerta pubblica di acquisto che sia stata comunicata all'Autorità ai sensi dell'articolo 16, comma 5, sempre che l'acquirente non eserciti i diritti di voto inerenti ai titoli in questione.

18. Conclusione dell'istruttoria sulle concentrazioni. – 1. L'Autorità, se in esito all'istruttoria di cui all'articolo 16 accerta che una concentrazione rientra tra quelle contemplate dall'articolo 6, ne vieta l'esecuzione.

2. L'Autorità, ove nel corso dell'istruttoria non emergano elementi tali da consentire un intervento nei confronti di un'operazione di concentrazione, provvede a chiudere l'istruttoria, e deve dare immediata comunicazione alle imprese interessate ed al Ministro dell'industria, del commercio e dell'artigianato delle proprie conclusioni in merito. Tale provvedimento può essere adottato a richiesta delle imprese interessate che comprovino di avere eliminato dall'originario progetto di concentrazione gli elementi eventualmente distorsivi della concorrenza.

3. L'Autorità, se l'operazione di concentrazione è già stata

realizzata, può prescrivere le misure necessarie a ripristinare condizioni di concorrenza effettiva, eliminando gli effetti distorsivi.

19. Sanzioni amministrative pecuniarie per inottemperanza al divieto di concentrazione o all'obbligo di notifica (1). – 1. Qualora le imprese realizzino un'operazione di concentrazione in violazione del divieto di cui all'articolo 18, comma 1, o non ottemperino alle prescrizioni di cui al comma 3 del medesimo articolo, l'Autorità infligge sanzioni amministrative pecuniarie non inferiori all'uno per cento e non superiore al dieci per cento del fatturato delle attività di impresa oggetto della concentrazione.

2. Nel caso di imprese che non abbiano ottemperato agli obblighi di comunicazione preventiva di cui al comma 1 dell'articolo 16, l'Autorità può infliggere alle imprese stesse sanzioni amministrative pecuniarie fino all'uno per cento del fatturato dell'anno precedente a quello in cui è effettuata la contestazione in aggiunta alle sanzioni eventualmente applicabili in base a quanto previsto dal comma 1, a seguito delle conclusioni dell'istruttoria prevista dal presente capo III, il cui inizio decorre dalla data di notifica della sanzione di cui al presente comma.

(1) Per l'utilizzo delle somme derivanti da sanzioni amministrative irrogate dall'Autorità vedi art. 148 della l. 23/12/2000, n. 388.

Capo IV
Disposizioni speciali

20. Aziende ed istituti di credito, imprese assicurative e dei settori della radiodiffusione e dell'editoria. *– 1. Nei confronti delle imprese operanti nei settori della radiodiffusione e dell'editoria l'applicazione degli articoli 2, 3, 4 e 6 spetta all'autorità garante prevista dalla legislazione vigente per i settori della radiodiffusione e dell'editoria*.*

*2. Nei confronti delle aziende ed istituti di credito l'applicazione degli articoli 2, 3, 4 e 6 spetta alla competente autorità di vigilanza. 3. I provvedimenti delle autorità di vigilanza di cui ai commi 1 e 2, in applicazione degli articoli 2, 3, 4 e 6, sono adottati sentito il parere dell'Autorità garante della concorrenza e del mercato di cui all'articolo 10, che si pronuncia entro trenta giorni dal ricevimento della documentazione posta a fondamento del provvedimento. Decorso inutilmente tale termine l'autorità di vigilanza può adottare il provvedimento di sua competenza**.*

04. Nel caso in cui l'intesa, l'abuso di posizione dominante o la concentrazione riguardino imprese operanti in settori sottoposti alla vigilanza di più autorità, ciascuna di esse può adottare i provvedimenti di propria competenza (1).

4. Nel caso di operazioni che coinvolgono imprese assicurative, i provvedimenti dell'Autorità di cui all'articolo 10 sono adottati sentito il parere dell'Istituto per la vigilanza sulle assicurazioni private e d'interesse collettivo (ISVAP), che si pronuncia entro trenta giorni dal ricevimento della documentazione posta a fondamento del provvedimento. Decorso inutilmente tale termine l'Autorità di cui all'articolo 10 può adottare il provvedimento di sua competenza. Il decorso del termine del procedimento per il quale il parere viene richiesto è sospeso fino al ricevimento, da parte dell'Autorità garante della concorrenza e del mercato, del parere dell'ISVAP o comunque fino allo spirare del termine previsto per la pronuncia di tale parere (2).

5. Per le operazioni di acquisizione del controllo di banche che costituiscono concentrazione soggetta a comunicazione preventiva ai sensi dell'articolo 16, i provvedimenti della Banca d'Italia, previsti dall'articolo 19 del testo unico di cui al decreto legislativo 1° settembre 1993, n. 385, per le valutazioni di sana e prudente gestione, e dell'Autorità di cui all'articolo 10, ai sensi dell'articolo 6, per le valutazioni relative all'assetto concorrenziale del mercato, sono adottati entro sessanta giorni lavorativi dalla presentazione dell'istanza completa della documentazione occorrente (3).

5-bis. L'Autorità garante della concorrenza e del mercato, su richiesta della Banca d'Italia, può autorizzare:

a) un'intesa, in deroga al divieto dell'articolo 2, per esigenze di funzionalità del sistema dei pagamenti, per un tempo limitato e tenendo conto dei criteri di cui all'articolo 4, comma 1;

b) un'operazione di concentrazione riguardante banche o gruppi bancari che determini o rafforzi una posizione dominante, per esigenze di stabilità di uno o più dei soggetti coinvolti (2).

5-ter. Le autorizzazioni previste dal comma 5-bis non possono comunque consentire restrizioni della concorrenza non strettamente necessarie al perseguimento della finalità indicate (2).

6. L'Autorità di cui all'articolo 10 può segnalare alle autorità di vigilanza di cui ai commi 1 e 2 la sussistenza di ipotesi di violazione degli articoli 2 e 3.

*7. Fatto salvo quanto disposto nei commi precedenti, allorché l'intesa, l'abuso di posizione dominante o la concentrazione riguardano imprese operanti in settori sottoposti alla vigilanza di più autorità, ciascuna di esse può adottare i provvedimenti di propria competenza**.*

*8. Le autorità di vigilanza di cui al presente articolo operano secondo le procedure previste per l'Autorità di cui all'articolo 10***.*

9. Le disposizioni della presente legge in materia di concentrazione non costituiscono deroga alle norme vigenti nei settori bancario, assicurativo, della radiodiffusione e dell'editoria.

* Comma abrogato dall'art. 1 della l. 31/7/1997, n. 249.

** Commi abrogati dall'art. 19, co. 11, l. 28/12/2005, n. 262.

(1) Comma inserito dall'art. 2 del d.lg. 29/12/2006, n. 303.

(2) Comma modificato dall'art. 2 del d.lg. 29/12/2006, n. 303.

(3) Comma inizialmente sostituito dall'art. 2 del d.lg. 29/12/2006, n. 303 e successivamente modificato dall'art. 3, co. 1, d.lg. 27/1/2010, n. 21.

*** Commi abrogati dall'art. 2 del d.lg. 29/12/2006, n. 303.

TITOLO III
POTERI CONOSCITIVI E CONSULTIVI DELL'AUTORITÀ

21. Potere di segnalazione al Parlamento ed al Governo. – 1. Allo scopo di contribuire ad una più completa tutela della concorrenza e del mercato, l'Autorità individua i casi di particolare rilevanza nei quali norme di legge o di regolamento o provvedimenti amministrativi di carattere generale determinano distorsioni della concorrenza o del corretto funzionamento del mercato che non siano giustificate da esigenze di interesse generale.

2. L'Autorità segnala le situazioni distorsive derivanti da provvedimenti legislativi al Parlamento e al Presidente del Consiglio dei Ministri e, negli altri casi, al Presidente del Consiglio dei Ministri, ai Ministri competenti e agli enti locali e territoriali interessati.

3. L'Autorità, ove ne ravvisi l'opportunità, esprime parere circa le iniziative necessarie per rimuovere o prevenire le distorsioni e può pubblicare le segnalazioni ed i pareri nei modi più congrui in relazione alla natura e all'importanza delle situazioni distorsive.

21 bis. Poteri dell'Autorità Garante della concorrenza e del mercato sugli atti amministrativi che determinano distorsioni della concorrenza (1). – 1. L'Autorità garante della concorrenza e del mercato è legittimata ad agire in giudizio contro gli atti amministrativi generali, i regolamenti ed i provvedimenti di qualsiasi amministrazione pubblica che violino le norme a tutela della concorrenza e del mercato.

2. L'Autorità garante della concorrenza e del mercato, se ritiene che una pubblica amministrazione abbia emanato un atto in violazione delle norme a tutela della concorrenza e del mercato, emette, entro sessanta giorni, un parere motivato, nel quale indica gli specifici profili delle violazioni riscontrate. Se la pubblica amministrazione non si conforma nei sessanta giorni successivi alla comunicazione del parere, l'Autorità può presentare, tramite l'Avvocatura dello Stato, il ricorso, entro i successivi trenta giorni.

3. Ai giudizi instaurati ai sensi del comma 1 si applica la disciplina di cui al Libro IV, Titolo V, del decreto legislativo 2 luglio 2010, n. 104.

(1) Articolo aggiunto dall'art. 35, co. 1, d.l. 6/12/2011, n. 201.

• In riferimento al presente articolo vedi: Parere Autorità garante per la concorrenza e il mercato 28/3/2013, n. AS1037.

• In riferimento al presente articolo vedi: Parere Autorità garante per la concorrenza e il mercato 3/5/2013 n. AS1043.

22. Attività consultiva (1). – 1. L'Autorità può esprimere pareri sulle iniziative legislative o regolamentari e sui problemi riguardanti la concorrenza ed il mercato quando lo ritenga opportuno, o su richiesta di amministrazioni ed enti pubblici interessati. Il Presidente del Consiglio dei Ministri può chiedere il parere dell'Autorità sulle iniziative legislative o regolamentari che abbiano direttamente per effetto:

a) di sottomettere l'esercizio di una attività o l'accesso ad un mercato a restrizioni quantitative;

b) di stabilire diritti esclusivi in certe aree;

c) di imporre pratiche generalizzate in materia di prezzi e di condizioni di vendita.

(1) In riferimento al presente articolo vedi: Parere Autorità garante per la concorrenza e il mercato 12/4/2013, n. AS1039; Parere Autorità garante per la concorrenza e il mercato 3/5/2013, n. AS1042; Parere Autorità garante per la concorrenza e il mercato 1/4/2013, n. AS1047; Parere Autorità garante per la concorrenza e il mercato 23/5/2013, AS1049; Parere Autorità garante per la concorrenza e il mercato 24/6/2013, n. AS1060; Parere Autorità garante per la concorrenza e il mercato 3/7/2013, n. AS1064; Parere Autorità garante per la concorrenza e il mercato 22/7/2013, n. AS1065.

23. Relazione annuale. – 1. L'Autorità presenta al Presidente del Consiglio dei Ministri, entro il 31 marzo di ogni anno, una relazione sull'attività svolta nell'anno precedente. Il Presidente del Consiglio dei Ministri trasmette entro trenta giorni la relazione al Parlamento (1).

(1) Comma modificato dall'art. 47, co. 5, l. 23/7/2009, n. 99.

24. Relazione al Governo su alcuni settori. – 1. L'Autorità, sentite le amministrazioni interessate, entro diciotto mesi dalla sua costituzione presenta al Presidente del Consiglio dei Ministri un rapporto circa le azioni da promuovere per adeguare ai principi della concorrenza la normativa relativa ai settori degli appalti pubblici, delle imprese concessionarie e della distribuzione commerciale.

TITOLO IV
NORME SUI POTERI DEL GOVERNO IN MATERIA DI OPERAZIONI DI CONCENTRAZIONE

25. Poteri del Governo in materia di operazioni di concentrazione. – 1. Il Consiglio dei Ministri, su proposta del Ministro dell'industria, del commercio e dell'artigianato, determina in linea generale e preventiva i criteri sulla base dei quali l'Autorità può eccezionalmente autorizzare, per rilevanti interessi generali dell'economia nazionale nell'ambito dell'integrazione europea, operazioni di concentrazione vietate ai sensi dell'articolo 6, sempreché esse non comportino la eliminazione della concorrenza dal mercato o restrizioni alla concorrenza non strettamente giustificate dagli interessi generali predetti. In tali casi l'Autorità prescrive comunque le misure necessarie per il ristabilimento di condizioni di piena concorrenza entro un termine prefissato.

2. Nel caso delle operazioni di cui all'articolo 16 alle quali partecipano enti o imprese di Stati che non tutelano l'indipendenza degli enti o delle imprese con norme di effetto equivalente a quello dei precedenti titoli o applicano disposizioni discriminatorie o impongono clausole aventi effetti analoghi nei confronti di acquisizioni da parte di imprese o enti italiani, il Presidente del Consiglio dei Ministri, previa deliberazione del Consiglio dei Ministri, su proposta del Ministro dell'industria, del commercio e dell'artigianato, può, entro trenta giorni dalla comunicazione di cui all'articolo 16, comma 3, vietare l'operazione per ragioni essenziali di economia nazionale.

26. Pubblicità delle decisioni (1). – 1. Le decisioni di cui agli articoli 15, 16, 18, 19 e 25 sono pubblicate entro venti giorni in un apposito bollettino, a cura della Presidenza del Consiglio dei Ministri. Nello stesso bollettino sono pubblicate, ove l'Autorità lo ritenga opportuno, le conclusioni delle indagini di cui all'articolo 12, comma 2 (2).

(1) In riferimento al presente articolo vedi: Parere Autorità garante per la concorrenza e il mercato 14/6/2013, n. AS1055; Parere Autorità garante per la concorrenza e il mercato 24/6/2013, n. AS1060.

(2) Vedi l'art. 1, co. 1249, l. 27/12/2006, n. 296.

TITOLO V
*NORME IN MATERIA DI PARTECIPAZIONE AL CAPITALE DI ENTI CREDITIZI**

* Titolo abrogato dall'art. 161, d.lg. 1/9/1993, n. 385.

*27. **Partecipazioni al capitale di enti creditizi*** (1). – *1. L'acquisizione a qualsiasi titolo di azioni o quote di enti creditizi, da chiunque effettuata, anche per il tramite di società controllate, di società fiduciarie o per interposta persona, è preventivamente autorizzata dalla Banca d'Italia quando comporta, tenuto conto anche delle azioni o quote già possedute, anche per il tramite di società controllate, di società fiduciarie o per interposta persona, una partecipazione superiore al 5 per cento del capitale dell'ente creditizio e, indipendentemente da tale limite, quando comporta il controllo dell'ente creditizio. L'autorizzazione è necessaria anche per l'acquisizione del controllo di una società che detiene, anche per il tramite di società controllate, di società fiduciarie o per interposta persona, partecipazioni al capitale di un ente creditizio superiori al suddetto limite o che comportano il controllo dell'ente stesso. 2. Ai fini del presente titolo il controllo ricorre nei casi previsti dall'art. 2359, comma 1, del codice civile, anche con riferimento a soggetti diversi dalle società e anche se la partecipazione è posseduta per il tramite di società controllate, di società fiduciarie o per interposta persona. Il controllo si considera esistente, salvo prova contraria, in capo al soggetto che, in base ad accordi con altri soci, ha il diritto di nominare o revocare la maggioranza degli amministratori, ovvero dispone da solo della maggioranza dei voti esercitabili nell'assemblea ordinaria nonché nelle ipotesi di cui all'art. 26, comma 2, del decreto legislativo 20* *novembre 1990, n. 356. Ogni accordo che regola l'esercizio del voto in un ente creditizio ovvero in una società che lo controlla deve essere comunicato dai partecipanti alla Banca d'Italia entro cinque giorni dalla stipulazione* (1). *3. Sono soggette ad autorizzazione le successive variazioni delle partecipazioni che comportano, da sole o unitamente a variazioni precedenti, un aumento della partecipazione in misura superiore alla percentuale del capitale dell'ente creditizio stabilita in via generale dal CICR oppure che, indipendentemente da tale limite, comportano il controllo dell'ente creditizio. 4. I soggetti che, anche attraverso società controllate, svolgono in misura rilevante attività di impresa in settori non creditizi o finanziari non possono essere autorizzati ad acquisire, anche per il tramite di società controllate, di società fiduciarie o per interposta persona, azioni o quote che comportano, unitamente a quelle già possedute, anche per il tramite di società controllate, di società fiduciarie o per interposta persona, una partecipazione superiore al 15 per cento del capitale di un ente creditizio o comunque l'assunzione del controllo su di esso. I criteri di attuazione del presente comma sono stabiliti dal CICR. 5. La Banca d'Italia nega o revoca l'autorizzazione in presenza di accordi, in qualsiasi forma conclusi, da cui derivi durevolmente, in capo ai soggetti indicati nel comma 4, una rilevante concentrazione di potere per la nomina o la revoca della maggioranza degli amministratori dell'ente creditizio, tale da pregiudicare la gestione sana e prudente dell'ente stesso. 6. Quando il diritto di voto spetta o è attribuito a soggetto diverso dal socio, la Banca d'Italia, in conformità dei criteri fissati dal CICR, determina i soggetti tenuti a richiedere l'autorizzazione. 7. Se alle operazioni indicate al comma 1 partecipano soggetti appartenenti a Stati extracomunitari che non assicurano condizioni di reciprocità, la Banca d'Italia comunica la domanda di autorizzazione al Ministro del tesoro, su proposta del quale il Presidente del Consiglio dei Ministri può vietare l'autorizzazione.*

* Articolo sostituito dall'art. 16, d.lg. 14/12/1992, n. 481 e infine abrogato dall'art. 161, d.lg. 1/9/1993, n. 385.

(1) Vedi art. 49 della deliberazione Consob 9/12/1994, n. 885.

28. Autorizzazioni*. *– 1. La Banca d'Italia, in conformità delle direttive del CICR, rilascia l'autorizzazione ove ricorrano le condizioni atte a garantire una gestione sana e prudente dell'ente creditizio. L'autorizzazione può essere sospesa o revocata in conformità dei predetti criteri. 2. La Banca d'Italia stabilisce termini e procedure per la richiesta e il rilascio dell'autorizzazione. 3. Le deliberazioni del CICR e le istruzioni della Banca d'Italia sono pubblicate nella Gazzetta Ufficiale della Repubblica Italiana.*

* Articolo sostituito dall'art. 17 del d.lg. 14/12/1992, n. 481 e infine abrogato dall'art. 161 del d.lg. 1/9/1993, n. 385.

29. Sospensione del voto, obbligo di alienazione, sanzioni penali*. *– 1. In assenza dell'autorizzazione dell'art. 27, il diritto di voto inerente alle azioni o quote non può essere esercitato. In caso di inosservanza, la deliberazione è impugnabile a norma dell'art. 2377 del codice civile se la maggioranza richiesta non sarebbe stata raggiunta senza i voti inerenti alle predette azioni o quote. L'impugnazione può essere proposta anche dalla Banca d'Italia entro sei mesi dalla data della deliberazione ovvero, se questa è soggetta a iscrizione nel registro delle imprese, entro sei mesi dall'iscrizione. Le azioni o quote per le quali non può essere esercitato il diritto di voto sono computate ai fini della regolare costituzione dell'assemblea. 2. Le azioni o quote possedute da un soggetto indicato dal comma 4 dell'art. 27, che eccedono il 15 per cento del capitale dell'ente creditizio o ne comportano il controllo, devono essere alienate entro i termini stabiliti dalla Banca d'Italia. In caso di inosservanza, il tribunale, su richiesta della Banca d'Italia, ordina la vendita delle azioni o delle quote. 3. L'omissione delle domande di autorizzazione e delle comunicazioni previste dall'art. 27, la falsità del loro contenuto, la violazione delle disposizioni dei commi 1 e 2 del presente articolo, sono punite, salvo che il fatto costituisca reato più grave, con l'arresto da sei mesi a tre anni e con l'ammenda da lire dieci milioni a lire cento milioni.*

* Articolo sostituito dall'art. 18, d.lg. 14/12/1992, n. 481 e infine abrogato dall'art. 161, d.lg. 1/9/1993, n. 385.

30. Conflitti di interesse*. *– 1. Gli enti creditizi devono rispettare, per la concessione di credito in favore di soggetti a loro collegati o che in essi detengono una partecipazione rilevante al capitale o al fondo, i limiti indicati dalla Banca d'Italia in applicazione delle direttive del Comitato interministeriale per il credito e il risparmio. 2. Tali limiti sono determinati con esclusivo riferimento al patrimonio dell'ente creditizio e alla partecipazione in esso detenuta dal soggetto richiedente il credito. 3. Il Comitato interministeriale per il credito e il risparmio emana direttive in materia di conflitti di interesse tra gli enti creditizi ed i loro azionisti rilevanti, relativi alle altre attività bancarie.*

* Articolo abrogato dall'art. 161, d.lg. 1/9/1993, n. 385.

TITOLO VI
DISPOSIZIONI FINALI

31. Sanzioni (1). – 1. Per le sanzioni amministrative pecuniarie conseguenti alla violazione della presente legge si osservano, in quanto applicabili, le disposizioni contenute nel capo I, sezioni I e II, della legge 24 novembre 1981, n. 689.

(1) Per l'utilizzo delle somme derivanti da sanzioni amministrative irrogate dall'Autorità vedi art. 148, l. 23/12/2000, n. 388.

31 bis. Termini di prescrizione (1). – 1. I termini di prescrizione per l'irrogazione di sanzioni o di penalità di mora da parte dell'Autorità a norma della presente legge sono interrotti per la durata dei procedimenti istruttori dinanzi alle autorità nazionali garanti della concorrenza di altri Stati membri o alla Commissione per un'infrazione riguardante lo stesso accordo, la stessa decisione di un'associazione di imprese, pratica concordata o altra condotta vietata dagli articoli 101 o 102 del TFUE.

L'interruzione del termine di prescrizione decorre dalla notifica della prima misura formale di indagine ad almeno una impresa oggetto del procedimento istruttorio e si applica a tutte le imprese o associazioni di imprese che hanno partecipato all'infrazione.

2. L'interruzione termina alla data in cui l'autorità nazionale garante della concorrenza in questione o la Commissione chiude il procedimento istruttorio adottando una decisione che accerta l'infrazione e ne ordina la cessazione, impone una sanzione ovvero rende obbligatori gli impegni proposti dalle parti, oppure conclude che non vi sono motivi per ulteriori azioni.

3. Per effetto dell'interruzione si inizia un nuovo periodo di prescrizione. La prescrizione opera tuttavia al più tardi allo spirare del doppio del termine previsto dall'articolo 28, comma 1, della legge 24 novembre 1981, n. 689, se l'Autorità non ha irrogato una sanzione o una penalità di mora entro tale termine.

4. Il termine di prescrizione applicabile all'irrogazione di sanzioni o di penalità di mora da parte dell'Autorità rimane sospeso fino a quando la decisione da essa adottata forma oggetto di un procedimento pendente dinanzi al giudice amministrativo, ai sensi dell'articolo 33.

(1) Articolo inserito dall'art. 1, co. 10, d.lg. 8/11/2021, n. 185.

31 ter. Accesso al fascicolo (1). – 1. L'accesso a dichiarazioni legate al programma di trattamento favorevole di cui all'articolo 15-bis o alle proposte di transazione, ove previste, è concesso solo alle parti oggetto del pertinente procedimento e unicamente ai fini dell'esercizio dei loro diritti di difesa. Ai fini della presente legge, per proposta di transazione si intende la dichiarazione volontaria da parte o per conto di un'impresa a un'autorità garante della concorrenza dell'Unione europea, in cui l'impresa riconosce, o rinuncia a contestare, la sua partecipazione a un'infrazione degli articoli 101 o 102 del TFUE ovvero del diritto nazionale della concorrenza e la propria responsabilità in tale infrazione, predisposta specificamente per consentire all'autorità garante della concorrenza di applicare una procedura semplificata o accelerata.

2. La parte che ha ottenuto l'accesso al fascicolo del procedimento istruttorio avviato dall'Autorità può utilizzare informazioni desunte dalle dichiarazioni legate al programma di trattamento favorevole o dalle proposte di transazione, ove previste, solo in quanto necessario per l'esercizio dei diritti di difesa nei procedimenti dinanzi all'autorità giudiziaria nei casi che sono direttamente collegati al caso per il quale è stato concesso l'accesso e solo se tali procedimenti riguardano:

a) la ripartizione tra i partecipanti al cartello della sanzione imposta loro in solido dall'Autorità; ovvero

b) il riesame di una decisione mediante la quale l'Autorità ha constatato un'infrazione degli articoli 101 o 102 del TFUE ovvero degli articoli 2 o 3 della presente legge.

3. Le parti di un procedimento istruttorio dinanzi all'Autorità, fino a quando l'Autorità non ha chiuso il procedimento istruttorio nei confronti di tutte le parti oggetto dell'indagine adottando una decisione che accerta l'infrazione o che rende obbligatori gli impegni proposti dalle parti o non ha altrimenti concluso il procedimento, non possono utilizzare, in procedimenti dinanzi all'autorità giudiziaria, le seguenti informazioni acquisite nel corso del procedimento istruttorio dinanzi alla medesima Autorità:

a) le informazioni preparate da altre persone fisiche o giuridiche specificamente ai fini del procedimento istruttorio avviato dall'Autorità;

b) le informazioni che l'Autorità ha redatto e comunicato alle parti nel corso del suo procedimento istruttorio; e

c) ove previste, le proposte di transazione ritirate.

4. Le dichiarazioni legate a un programma di trattamento favorevole possono essere scambiate tra le autorità nazionali garanti della concorrenza a norma dell'articolo 12 del regolamento (CE) n. 1/2003 unicamente:

a) con il consenso del richiedente; ovvero

b) se anche l'autorità nazionale garante della concorrenza che riceve la dichiarazione legata a un programma di trattamento favorevole ha ricevuto una domanda di trattamento favorevole in merito alla medesima infrazione e dal medesimo richiedente dell'autorità nazionale garante della concorrenza che trasmette tale dichiarazione, a condizione che al momento in cui la dichiarazione legata a un programma di trattamento favorevole è trasmessa, il richiedente non abbia la possibilità di ritirare le informazioni che ha fornito alla autorità nazionale garante della concorrenza che riceve tale dichiarazione.

5. Le disposizioni di cui al presente articolo si applicano indipendentemente dalla forma in cui sono presentate le dichiarazioni legate a un programma di trattamento favorevole.

(1) Articolo inserito dall'art. 1, co. 10, d.lg. 8/11/2021, n. 185.

31 quater. Interazione tra le domande di non applicazione delle sanzioni e le sanzioni imposte alle persone fisiche (1). –1. Non sono punibili gli attuali ed ex direttori, amministratori e altri membri del personale delle imprese, che in relazione alla partecipazione a un cartello segreto hanno commesso taluno dei fatti previsti dagli articoli 353,353-bis, 354 e 501 del Codice penale, se:

a) tali imprese hanno presentato all'Autorità o, per le fattispecie che ricadono nell'ambito di applicazione dell'articolo 101 del TFUE, alla Commissione europea o ad altra autorità nazionale di concorrenza di un Paese dell'Unione europea una domanda di non applicazione delle sanzioni ai sensi dell'articolo 15-bis della presente legge in relazione al medesimo cartello segreto e tale domanda soddisfa i requisiti di cui all'articolo 15-bis, comma 3, lettere b) e c), della presente legge;

b) gli attuali ed ex direttori, gli amministratori e gli altri membri del personale in questione collaborano attivamente a tale riguardo con l'autorità della concorrenza che persegue il caso;

c) tale domanda è stata presentata in un momento anteriore a quello in cui gli attuali ed ex direttori, gli amministratori e gli altri membri del personale in questione hanno avuto notizia che nei loro confronti sono svolte indagini in relazione a tali fatti;

d) gli attuali ed ex direttori, gli amministratori e gli altri membri del personale in questione collaborano attivamente a tale riguardo con il pubblico ministero, fornendo indicazioni utili e concrete per assicurare la prova del reato e individuare gli altri responsabili.

2. Se la domanda di non applicazione delle sanzioni è stata presentata alla Commissione europea o ad altra autorità nazionale di concorrenza di un Paese dell'Unione europea ai sensi del comma 1, lettera a), l'Autorità assicura il raccordo necessario tra il pubblico ministero e l'autorità che ha ricevuto la domanda.

3. È fatto salvo il diritto delle vittime che hanno subito un danno a causa dell'infrazione della legislazione sulla concorrenza di chiedere il pieno risarcimento di tale danno, ai sensi dell'articolo 33, comma 2, della presente legge e del decreto legislativo 19 gennaio 2017, n. 3.

(1) Articolo inserito dall'art. 1, co. 10, d.lg. 8/11/2021, n. 185.

32. Copertura finanziaria. – 1. All'onere derivante dall'applicazione della presente legge, valutato in lire 20 miliardi per il 1990, lire 32 miliardi per il 1991 e lire 35 miliardi per il 1992, si provvede mediante corrispondente riduzione dello stanziamento iscritto, ai fini del bilancio triennale 1990-1992, al capitolo 6856 dello stato di previsione del Ministero del tesoro per l'anno 1990, all'uopo utilizzando lo specifico accantonamento "Interventi per la tutela della concorrenza e del mercato".

33. Competenza giurisdizionale. – 1. La tutela giurisdizionale davanti al giudice amministrativo è disciplinata dal codice del processo amministrativo (1).

2. Le azioni di nullità e di risarcimento del danno, nonché i ricorsi intesi ad ottenere provvedimenti di urgenza in relazione alla violazione delle disposizioni di cui ai titoli dal I al IV sono promossi davanti al tribunale competente per territorio presso cui è istituita la sezione specializzata di cui all'articolo 1 del decreto legislativo 26 giugno 2003, n. 168, e successive modificazioni (2).

(1) Comma sostituito dall'art. 3, co. 3, dell'Allegato 4 al d.lg. 2/7/2010, n. 104.

(2) Comma modificato dall'art. 2, co. 2, d.l. 24/1/2012, n. 1, conv., con modif., dalla l. 24/3/2012, n. 27. Per la decorrenza vedi il medesimo art. 2, co. 6.

34. Entrata in vigore. – 1. La presente legge entra in vigore il giorno successivo a quello della sua pubblicazione sulla Gazzetta Ufficiale della Repubblica italiana.

L. 20 luglio 2004, n. 215

Norme in materia di risoluzione dei conflitti di interessi

1. Ambito soggettivo di applicazione. – 1. I titolari di cariche di governo, nell'esercizio delle loro funzioni, si dedicano esclusivamente alla cura degli interessi pubblici e si astengono dal porre in essere atti e dal partecipare a deliberazioni collegiali in situazione di conflitto d'interessi.

2. Agli effetti della presente legge per titolare di cariche di governo si intende il Presidente del Consiglio dei ministri, i Ministri, i Vice Ministri, i sottosegretari di Stato e i commissari straordinari del Governo di cui all'articolo 11 della legge 23 agosto 1988, n. 400.

3. Le regioni e le province autonome di Trento e di Bolzano adottano disposizioni idonee ad assicurare il rispetto del principio di cui al comma 1.

2. Incompatibilità. – 1. Il titolare di cariche di governo, nello svolgimento del proprio incarico, non può:

a) ricoprire cariche o uffici pubblici diversi dal mandato parlamentare, di amministratore di enti locali, come definito dall'articolo 77, comma 2, del testo unico di cui al decreto legislativo 18 agosto 2000, n. 267, e da quelli previsti dall'articolo 1 e non inerenti alle medesime funzioni, ad esclusione delle cariche di cui all'articolo 1, secondo comma, della legge 13 febbraio 1953, n. 60 (1);

b) ricoprire cariche o uffici o svolgere altre funzioni comunque denominate in enti di diritto pubblico, anche economici;

c) ricoprire cariche o uffici o svolgere altre funzioni comunque denominate ovvero esercitare compiti di gestione in società aventi fini di lucro o in attività di rilievo imprenditoriale;

d) esercitare attività professionali o di lavoro autonomo in materie connesse con la carica di governo, di qualunque natura, anche se gratuite, a favore di soggetti pubblici o privati; in ragione di tali attività il titolare di cariche di governo può percepire unicamente i proventi per le prestazioni svolte prima dell'assunzione della carica; inoltre, non può ricoprire cariche o uffici, o svolgere altre funzioni comunque denominate, né compiere atti di gestione in associazioni o società tra professionisti;

e) esercitare qualsiasi tipo di impiego o lavoro pubblico;

f) esercitare qualsiasi tipo di impiego o lavoro privato.

2. L'imprenditore individuale provvede a nominare uno o più institori ai sensi degli articoli da 2203 a 2207 del codice civile.

3. Gli incarichi e le funzioni indicati al comma 1 cessano dalla data del giuramento relativo agli incarichi di cui all'articolo 1 e comunque dall'effettiva assunzione della carica; da essi non può derivare, per tutta la durata della carica di governo, alcuna forma di retribuzione o di vantaggio per il titolare. Le attività di cui al comma 1 sono vietate anche quando siano esercitate all'estero.

4. L'incompatibilità prevista dalla disposizione di cui alla lettera d) del comma 1 costituisce causa di impedimento temporaneo all'esercizio della professione e come tale è soggetta alla disciplina dettata dall'ordinamento professionale di appartenenza. L'incompatibilità prevista dalle disposizioni di cui alle lettere b), c) e d) del comma 1 perdura per dodici mesi dal termine della carica di governo nei confronti di enti di diritto pubblico, anche economici, nonché di società aventi fini di lucro che operino prevalentemente in settori connessi con la carica ricoperta.

5. I dipendenti pubblici e privati sono collocati in aspettativa, o nell'analoga posizione prevista dagli ordinamenti di provenienza e secondo le medesime norme, con decorrenza dal giorno del giuramento e comunque dall'effettiva assunzione della carica. Resta fermo anche per i titolari delle cariche di governo che i periodi trascorsi nello svolgimento dell'incarico in posizione di aspettativa o di fuori ruolo non recano pregiudizio alla posizione professionale e alla progressione di carriera.

(1) Lettera così modificata dall'art. 3-ter del d.l. 31/3/2005, n. 44.

3. Conflitto di interessi. – 1. Sussiste situazione di conflitto di interessi ai sensi della presente legge quando il titolare di cariche di governo partecipa all'adozione di un atto, anche formulando la proposta, o omette un atto dovuto, trovandosi in situazione di incompatibilità ai sensi dell'articolo 2, comma 1, ovvero quando l'atto o l'omissione ha un'incidenza specifica e preferenziale sul patrimonio del titolare, del coniuge o dei parenti entro il secondo grado, ovvero delle imprese o società da essi controllate, secondo quando previsto dall'articolo 7 della legge 10 ottobre 1990, n. 287, con danno per l'interesse pubblico.

4. Abuso di posizione dominante e ipotesi di responsabilità. – 1. Restano ferme le vigenti disposizioni volte a prevenire e reprimere l'abuso di posizione dominante di cui all'articolo 3 della legge 10 ottobre 1990, n. 287.

2. Resta, altresì, fermo il divieto di atti o comportamenti aventi per oggetto o per effetto la costituzione o il mantenimento di una posizione dominante, ai sensi dell'articolo 2 della legge 31 luglio 1997, n. 249, e dell'articolo 14 della legge 3 maggio 2004, n. 112 (1).

3. La violazione delle disposizioni richiamate nel comma 2 è sanzionata anche quando è compiuta avvalendosi di atti posti in essere dal titolare di cariche di governo, dall'impresa facente capo al titolare medesimo, al coniuge o ai parenti entro il secondo grado, ovvero dalle imprese o società da essi controllate, secondo quanto previsto dall'articolo 7 della citata legge n. 287 del 1990.

4. Le disposizioni della presente legge non escludono l'applicabilità delle norme civili, penali, amministrative e disciplinari vigenti, quando ne sussistano i presupposti.

(1) Comma così modificato dall'art. 1 del d.l. 6/9/2004, n. 233.

5. Dichiarazione degli interessati. – 1. Entro trenta giorni dall'assunzione della carica di governo, il titolare dichiara all'Autorità garante della concorrenza e del mercato, di cui all'articolo 10 della legge 10 ottobre 1990, n. 287, le situazioni di incompatibilità di cui all'articolo 2, comma 1, della presente legge sussistenti alla data di assunzione della carica.

2. Entro i sessanta giorni successivi al termine di cui al comma 1, il titolare trasmette, inoltre, i dati relativi alle proprie attività patrimoniali, ivi comprese le partecipazioni azionarie; rientrano nell'obbligo di comunicazione di cui al presente comma anche le attività patrimoniali detenute nei tre mesi precedenti l'assunzione della carica.

3. Le dichiarazioni di cui ai commi 1, 2 e 4 sono rese anche all'Autorità per le garanzie nelle comunicazioni, di cui all'articolo 1 della legge 31 luglio 1997, n. 249, e successive modificazioni, quando la situazione di incompatibilità riguarda i settori delle comunicazioni, sonore e televisive, della multimedialità e dell'editoria, anche elettronica, e quando i dati patrimoniali sono attinenti a tali settori.

4. Il titolare di cariche di governo deve dichiarare, ai sensi

dei commi 1 e 2, ogni successiva variazione dei dati patrimoniali in precedenza forniti, entro venti giorni dai fatti che l'abbiano determinata.

5. Entro i trenta giorni successivi al ricevimento delle dichiarazioni di cui al presente articolo, l'Autorità garante della concorrenza e del mercato e l'Autorità per le garanzie nelle comunicazioni provvedono agli accertamenti di competenza con le modalità di cui agli articoli 6 e 7.

6. Le dichiarazioni di cui al presente articolo sono rese anche dal coniuge e dai parenti entro il secondo grado del titolare di cariche di governo.

6. Funzioni dell'Autorità garante della concorrenza e del mercato in materia di conflitto di interessi. – 1. L'Autorità garante della concorrenza e del mercato accerta la sussistenza delle situazioni di incompatibilità di cui all'articolo 2, comma 1, vigila sul rispetto dei divieti conseguenti e promuove nei casi di inosservanza:

a) la rimozione o la decadenza dalla carica o dall'ufficio ad opera dell'Amministrazione competente o di quella vigilante l'ente o l'impresa;

b) la sospensione del rapporto di impiego o di lavoro pubblico o privato;

c) la sospensione dall'iscrizione in albi e registri professionali, che deve essere richiesta agli ordini professionali per gli atti di loro competenza.

2. Gli organismi e le autorità competenti provvedono all'adozione degli atti di cui al comma 1, tenendo conto della richiesta dell'Autorità garante della concorrenza e del mercato.

3. Al fine di accertare la sussistenza di situazioni di conflitto di interessi ai sensi dell'articolo 3, l'Autorità garante della concorrenza e del mercato esamina, controlla e verifica gli effetti dell'azione del titolare di cariche di governo con riguardo alla eventuale incidenza specifica e preferenziale sul patrimonio del titolare di cariche di governo, del coniuge o dei parenti entro il secondo grado, ovvero delle imprese o società da essi controllate, secondo quanto previsto dall'articolo 7 della legge 10 ottobre 1990, n. 287, con danno per l'interesse pubblico secondo quanto disposto dall'articolo 3 della presente legge.

4. È fatto salvo l'obbligo di denunzia alla competente autorità giudiziaria quando i fatti abbiano rilievo penale.

5. L'Autorità garante della concorrenza e del mercato, valutate preventivamente e specificatamente le condizioni di proponibilità ed ammissibilità della questione, procede d'ufficio alle verifiche di competenza. A tale fine, corrisponde e collabora con gli organi delle Amministrazioni, acquisisce i pareri delle altre Autorità amministrative indipendenti competenti e le informazioni necessarie per l'espletamento dei compiti previsti dalla presente legge, con i limiti opponibili all'autorità giudiziaria.

6. Nell'esercizio delle funzioni di cui al presente articolo l'Autorità garante della concorrenza e del mercato si avvale dei poteri di cui alla legge 10 ottobre 1990, n. 287, in quanto compatibili.

7. Nello svolgimento del procedimento di cui al presente articolo è garantita la partecipazione procedimentale dell'interessato ai sensi della legge 7 agosto 1990, n. 241, e successive modificazioni, fermo restando quanto stabilito dall'articolo 14, comma 3, della legge 10 ottobre 1990, n. 287.

8. Quando l'impresa facente capo al titolare di cariche di governo, al coniuge o ai parenti entro il secondo grado, ovvero le imprese o società da essi controllate, secondo quanto previsto dall'articolo 7 della legge 10 ottobre 1990, n. 287, pongono in essere comportamenti diretti a trarre vantaggio da atti adottati in conflitto di interessi ai sensi dell'articolo 3, e vi è prova che chi ha agito conosceva tale situazione di conflitto, l'Autorità garante della concorrenza e del mercato diffida l'impresa ad astenersi da qualsiasi comportamento diretto ad avvalersi dell'atto medesimo ovvero a porre in essere azioni idonee a far cessare la violazione o, se possibile, misure correttive. In caso di inottemperanza entro il termine assegnato, l'Autorità garante della concorrenza e del mercato infligge all'impresa una sanzione pecuniaria correlata alla gravità del comportamento e commisurata nel massimo al vantaggio patrimoniale effettivamente conseguito dall'impresa stessa.

9. A seguito degli accertamenti di cui ai commi 1, 3 e 5, o della eventuale irrogazione delle sanzioni di cui al comma 8, l'Autorità garante della concorrenza e del mercato riferisce al Parlamento con comunicazione motivata diretta ai Presidenti del Senato della Repubblica e della Camera dei deputati. Nella segnalazione sono indicati i contenuti della situazione di privilegio, gli effetti distorsivi realizzatisi sul mercato e, in generale, le conseguenze di tale situazione di privilegio, nonché le eventuali sanzioni inflitte alle imprese.

10. Entro novanta giorni dalla data di entrata in vigore della presente legge, l'Autorità garante della concorrenza e del mercato delibera le procedure istruttorie e i criteri di accertamento per le attività ad essa demandate dalla presente legge, nonché le opportune modifiche organizzative interne.

7. Funzioni dell'Autorità per le garanzie nelle comunicazioni in materia di conflitto di interessi. – 1. L'Autorità per le garanzie nelle comunicazioni accerta che le imprese che agiscono nei settori del sistema integrato delle comunicazioni di cui all'articolo 2, comma 1, lettera g), della legge 3 maggio 2004, n. 112, e che fanno capo al titolare di cariche di governo, al coniuge e ai parenti entro il secondo grado, ovvero sono sottoposte al controllo dei medesimi soggetti, ai sensi dell'articolo 7 della legge 10 ottobre 1990, n. 287, non pongano in essere comportamenti che, in violazione delle disposizioni di cui alla legge 6 agosto 1990, n. 223, alla legge 31 luglio 1997, n. 249, e alla legge 22 febbraio 2000, n. 28, nonché alla legge 3 maggio 2004, n. 112, forniscono un sostegno privilegiato al titolare di cariche di governo (1).

2. Nell'esercizio delle funzioni di cui al presente articolo, l'Autorità per le garanzie nelle comunicazioni adotta le procedure, si avvale dei poteri ed applica le sanzioni previsti dalle disposizioni legislative richiamate al comma 1. Si applicano all'Autorità per le garanzie nelle comunicazioni i commi 4, 5 e 7 dell'articolo 6.

3. In caso di accertamento di comportamenti posti in essere in violazione delle disposizioni di cui al comma 1, l'Autorità per le garanzie nelle comunicazioni diffida l'impresa a desistere dal comportamento contestato e ad adottare, ove possibile, le necessarie misure correttive. In caso di inottemperanza entro il termine assegnato, l'Autorità per le garanzie nelle comunicazioni infligge all'impresa che ha sostenuto in modo privilegiato il titolare di cariche di governo le sanzioni previste dalle disposizioni legislative richiamate al comma 1. Le sanzioni pecuniarie ivi previste sono aumentate sino a un terzo, in relazione alla gravità della violazione.

4. A seguito degli accertamenti di cui al comma 1 o della eventuale irrogazione delle sanzioni di cui al comma 3, l'Autorità per le garanzie nelle comunicazioni riferisce al Parlamento con comunicazione motivata diretta ai Presidenti del Senato della Repubblica e della Camera dei deputati, quando l'impresa che agisce nel settore delle comunicazioni ha posto in essere i comportamenti di cui al comma 1. Nella segnalazione sono indicati i contenuti e le modalità di realizzazione del sostegno privilegiato al titolare di cariche di governo nell'esercizio delle sue funzioni, le misure correttive che si è intimato di porre in essere, le conseguenze della situazione di privilegio e le eventuali sanzioni inflitte.

5. Entro novanta giorni dalla data di entrata in vigore della presente legge, l'Autorità per le garanzie nelle comunicazioni delibera le procedure istruttorie e i criteri di accertamento per

le attività ad essa demandate dalla presente legge, nonché le opportune modifiche organizzative interne.

(1) Comma così modificato dall'art. 1 del d.l. 6/9/2004, n. 233.

8. Obblighi di comunicazione. – 1. L'Autorità garante della concorrenza e del mercato e l'Autorità per le garanzie nelle comunicazioni presentano al Parlamento una relazione semestrale sullo stato delle attività di controllo e vigilanza di cui alla presente legge.

2. Quando le dichiarazioni di cui all'articolo 5 non fossero rese o risultassero non veritiere o incomplete si incorre nel reato di cui all'articolo 328 del codice penale, qualora il titolare della carica di governo non abbia ottemperato a specifica richiesta da parte dell'Autorità competente nel termine fissato dalla stessa Autorità, comunque non inferiore a trenta giorni. L'Autorità garante della concorrenza e del mercato e l'Autorità per le garanzie nelle comunicazioni, secondo le rispettive competenze, verificate le irregolarità, ne danno comunicazione documentata all'autorità giudiziaria competente e ai Presidenti del Senato della Repubblica e della Camera dei deputati.

9. Potenziamento dell'organico dell'Autorità garante della concorrenza e del mercato e dell'Autorità per le garanzie nelle comunicazioni. – 1. I ruoli organici di cui all'articolo 11 della legge 10 ottobre 1990, n. 287, e all'articolo 1, comma 17, della legge 31 luglio 1997, n. 249, sono integrati di 15 unità per ciascun ruolo in relazione ai compiti attribuiti all'Autorità garante della concorrenza e del mercato e all'Autorità per le garanzie nelle comunicazioni dalla presente legge. Le Autorità possono anche utilizzare, nel limite di un contingente di 15 unità per ciascuna, personale eventualmente resosi disponibile a seguito dell'attuazione dei processi di riordino e di accorpamento di enti e amministrazioni pubbliche o posto in posizione di comando o in analoghe posizioni secondo i rispettivi ordinamenti, con imputazione alle Autorità del solo trattamento accessorio spettante al predetto personale. Con decreto del Presidente del Consiglio dei ministri sono definiti i profili professionali richiesti (1).

2. Nell'ambito dei profili professionali individuati nel decreto del Presidente del Consiglio dei ministri di cui al comma 1, l'Autorità garante della concorrenza e del mercato può provvedere all'assunzione di 10 unità di personale, aggiuntive rispetto alla pianta organica prevista dall'articolo 11, comma 1, della legge 10 ottobre 1990, n. 287, con una corrispondente riduzione di 10 contratti di diritto privato a tempo determinato, previsti dal comma 4 dello stesso articolo, equivalenti sotto il profilo finanziario e tali da non produrre maggiori oneri.

3. Per le finalità del presente articolo è autorizzata la spesa di 1.462.000 euro annui a decorrere dall'anno 2004 a favore dell'Autorità garante della concorrenza e del mercato e di 1.462.000 euro annui a decorrere dall'anno 2004 a favore dell'Autorità per le garanzie nelle comunicazioni. Al relativo onere, pari a 2.924.000 euro annui a decorrere dall'anno 2004, si provvede mediante corrispondente riduzione dello stanziamento iscritto, ai fini del bilancio triennale 2004-2006, nell'ambito dell'unità previsionale di base di parte corrente "Fondo speciale" dello stato di previsione del Ministero dell'economia e delle finanze per l'anno 2004, allo scopo parzialmente utilizzando l'accantonamento relativo al medesimo Ministero.

4. Il Ministro dell'economia e delle finanze è autorizzato ad apportare, con propri decreti, le occorrenti variazioni di bilancio.

(1) Comma così modificato dall'art. 1 del d.l. 6/9/2004, n. 233.

10. Disposizioni transitorie. – 1. Le disposizioni di cui all'articolo 2 hanno effetto a decorrere dal trentesimo giorno successivo all'adozione delle deliberazioni previste dall'articolo 6, comma 10, e dall'articolo 7, comma 5.

2. Le funzioni dell'Autorità garante della concorrenza e del mercato e dell'Autorità per le garanzie nelle comunicazioni, di cui rispettivamente all'articolo 6, commi da 1 a 9, e all'articolo 7, commi da 1 a 4, sono esercitate a decorrere dal trentesimo giorno successivo all'adozione delle deliberazioni previste dall'articolo 6, comma 10, e dall'articolo 7, comma 5.

3. In sede di prima applicazione della presente legge, la dichiarazione di cui all'articolo 5, comma 1, è resa dal titolare della carica di governo entro trenta giorni dalla data in cui hanno effetto, ai sensi del comma 1, le disposizioni di cui all'articolo 2.

4. In sede di prima applicazione della presente legge, la trasmissione di cui all'articolo 5, comma 2, è effettuata dal titolare della carica di governo entro i sessanta giorni successivi alla scadenza del termine di cui al comma 3.

La presente legge, munita del sigillo dello Stato, sarà inserita nella Raccolta ufficiale degli atti normativi della Repubblica italiana. È fatto obbligo a chiunque spetti di osservarla e di farla osservare come legge dello Stato.

Direttiva CEE 26 novembre 2014, n. 2014/104/UE (1)

Direttiva del Parlamento europeo e del Consiglio relativa a determinate norme che regolano le azioni per il risarcimento del danno ai sensi del diritto nazionale per violazioni delle disposizioni del diritto della concorrenza degli Stati membri e dell'Unione europea

(1) La presente direttiva è stata recepita con l. 9/7/2015, n. 114 (Legge di delegazione europea 2014).

Capo I
Oggetto, ambito di applicazione e definizioni

1. Oggetto. – 1. La presente direttiva stabilisce alcune norme necessarie per garantire che chiunque abbia subito un danno a causa di una violazione del diritto della concorrenza da parte di un'impresa o un'associazione di imprese possa esercitare in maniera efficace il diritto di chiedere a tale impresa o associazione il pieno risarcimento di tale danno. Essa stabilisce norme per promuovere una concorrenza non falsata nel mercato interno e per eliminare gli ostacoli al suo corretto funzionamento, garantendo a qualsiasi soggetto che abbia subito danni di questo tipo una protezione equivalente in tutta l'Unione.

2. La presente direttiva stabilisce norme per il coordinamento fra l'applicazione delle regole di concorrenza da parte delle autorità garanti della concorrenza e l'applicazione di tali

regole nelle azioni per il risarcimento del danno dinanzi ai giudici nazionali.

2. Definizioni. – Ai fini della presente direttiva si intende per:

1) «violazione del diritto della concorrenza»: una violazione dell'articolo 101 o 102 TFUE o del diritto nazionale della concorrenza;

2) «autore della violazione»: l'impresa o l'associazione di imprese che ha commesso la violazione del diritto della concorrenza;

3) «diritto nazionale della concorrenza»: le disposizioni del diritto nazionale che perseguono principalmente lo stesso obiettivo degli articoli 101 e 102 TFUE e che sono applicate nello stesso caso e parallelamente al diritto della concorrenza dell'Unione ai sensi dell'articolo 3, paragrafo 1, del regolamento (CE) n. 1/2003, escluse le disposizioni del diritto nazionale che impongono sanzioni penali a persone fisiche, salvo qualora tali sanzioni penali costituiscano gli strumenti tramite i quali sono attuate le regole di concorrenza applicabili alle imprese;

4) «azione per il risarcimento del danno»: un'azione ai sensi del diritto nazionale con cui una domanda di risarcimento del danno è proposta dinanzi ad un'autorità giudiziaria nazionale da un presunto soggetto danneggiato, o da una persona che agisce per conto di uno o più presunti soggetti danneggiati, qualora il diritto dell'Unione o nazionale preveda tale possibilità, o da una persona fisica o giuridica che è succeduta nel diritto del presunto soggetto danneggiato, inclusa la persona che ha rilevato la sua domanda;

5) «domanda di risarcimento del danno»: una domanda di risarcimento del danno subito a causa di una violazione del diritto della concorrenza;

6) «soggetto danneggiato»: una persona che ha subito un danno causato da una violazione del diritto della concorrenza;

7) «autorità nazionale garante della concorrenza»: un'autorità designata da uno Stato membro a norma dell'articolo 35 del regolamento (CE) n. 1/2003 come responsabile dell'applicazione degli articoli 101 e 102 TFUE;

8) «autorità garante della concorrenza»: la Commissione o un'autorità nazionale garante della concorrenza, ovvero entrambe a seconda del contesto;

9) «giudice nazionale»: una giurisdizione di uno Stato membro ai sensi dell'articolo 267 TFUE;

10) «giudice del ricorso»: un giudice nazionale che ha il potere, in seguito alla proposizione di mezzi di impugnazione ordinari, di rivedere le decisioni emesse da un'autorità nazionale garante della concorrenza o le pronunce giurisdizionali formulate su tali decisioni, indipendentemente dal fatto che tale giudice abbia il potere di constatare una violazione del diritto della concorrenza;

11) «decisione relativa a una violazione»: una decisione di un'autorità garante della concorrenza o di un giudice del ricorso che constata una violazione del diritto della concorrenza;

12) «decisione definitiva relativa a una violazione»: una decisione relativa a una violazione che non può o non può più essere impugnata con mezzi ordinari;

13) «prove»: tutti i tipi di mezzi di prova ammissibili dinanzi al giudice nazionale adito, in particolare documenti e tutti gli altri oggetti contenenti informazioni, indipendentemente dal supporto sul quale le informazioni sono registrate;

14) «cartello»: un accordo o una pratica concordata fra due o più concorrenti, volta a coordinare il loro comportamento concorrenziale sul mercato o a influire sui pertinenti parametri di concorrenza mediante pratiche consistenti, tra l'altro, nel fissare o coordinare i prezzi di acquisto o di vendita o altre condizioni di transazione, anche in relazione a diritti di proprietà intellettuale, nell'allocare quote di produzione o di vendita, nel ripartire i mercati e i clienti, tra l'altro mediante manipolazione delle gare d'appalto, restrizioni delle importazioni o delle esportazioni o azioni anticoncorrenziali dirette contro altre imprese concorrenti;

15) «programma di clemenza»: un programma relativo all'applicazione dell'articolo 101 TFUE o a una disposizione corrispondente del diritto nazionale in base a cui un partecipante a un cartello segreto, indipendentemente dalle altre imprese coinvolte nel cartello, collabora a un'indagine dell'autorità garante della concorrenza rappresentando volontariamente elementi di propria conoscenza del cartello e il ruolo svolto al suo interno, ricevendo in cambio, per decisione o sospensione del procedimento, l'immunità dalle ammende irrogate per il suo coinvolgimento nel cartello o una loro riduzione;

16) «dichiarazione legata a un programma di clemenza»: una dichiarazione orale o scritta presentata volontariamente da parte o per conto di un'impresa o di una persona fisica a un'autorità garante della concorrenza, o una registrazione di una tale dichiarazione, che descrive la conoscenza dell'impresa o della persona fisica in merito a un cartello e descrive il ruolo da essa svolto al suo interno, predisposta specificamente per essere presentata all'autorità garante della concorrenza allo scopo di ottenere l'immunità o una riduzione delle ammende ai sensi di un programma di clemenza e che non comprende le informazioni preesistenti;

17) «informazioni preesistenti»: le prove esistenti indipendentemente dal procedimento di un'autorità garante della concorrenza, a prescindere dalla presenza o meno di siffatte informazioni nel fascicolo di un'autorità garante della concorrenza;

18) «proposta di transazione»: la dichiarazione volontaria da parte o per conto di un'impresa a un'autorità garante della concorrenza, in cui l'impresa riconosce o rinuncia a contestare la sua partecipazione a una violazione del diritto della concorrenza e la propria responsabilità in detta violazione del diritto della concorrenza, predisposta specificamente per consentire all'autorità garante della concorrenza di applicare una procedura semplificata o accelerata;

19) «beneficiario dell'immunità»: un'impresa o una persona fisica che ha ottenuto l'immunità dalle ammende da un'autorità garante della concorrenza nell'ambito di un programma di clemenza;

20) «sovrapprezzo»: la differenza tra il prezzo effettivamente pagato e il prezzo che sarebbe altrimenti prevalso in assenza di una violazione del diritto della concorrenza;

21) «composizione consensuale delle controversie»: qualsiasi meccanismo che consenta una risoluzione stragiudiziale di una controversia riguardante una richiesta di risarcimento dei danni;

22) «transazione consensuale»: un accordo raggiunto tramite una composizione consensuale delle controversie;

23) «acquirente diretto»: una persona fisica o giuridica che ha acquistato direttamente da un autore della violazione beni o servizi oggetto di una violazione del diritto della concorrenza;

24) «acquirente indiretto»: una persona fisica o giuridica che ha acquistato non direttamente da un autore della violazione, ma da un acquirente diretto o da un acquirente successivo beni o servizi oggetto di una violazione del diritto della concorrenza, oppure beni o servizi che li incorporano o che derivano dagli stessi.

3. Diritto a un pieno risarcimento. – 1. Gli Stati membri provvedono a che qualsiasi persona fisica o giuridica che abbia subito un danno causato da una violazione del diritto della concorrenza possa chiedere e ottenere il pieno risarcimento per tale danno.

2. Il pieno risarcimento pone una persona che abbia subito un danno nella situazione in cui si sarebbe trovata se la viola-

zione del diritto della concorrenza non fosse stata commessa. Esso comprende quindi il diritto al risarcimento per il danno emergente e per il lucro cessante, oltre al pagamento di interessi.

3. Il pieno risarcimento ai sensi della presente direttiva non conduce a una sovra-compensazione del danno subito, sia sotto forma di risarcimento punitivo che di risarcimento multiplo o di altra natura.

4. Principi di efficacia e di equivalenza. – A norma del principio di efficacia, gli Stati membri provvedono affinché tutte le norme e procedure nazionali relative all'esercizio del diritto di chiedere il risarcimento del danno siano concepite e applicate in modo da non rendere praticamente impossibile o eccessivamente difficoltoso l'esercizio del diritto, conferito dall'Unione, al pieno risarcimento per il danno causato da una violazione del diritto della concorrenza. A norma del principio di equivalenza le norme e procedure nazionali relative alle azioni per il risarcimento del danno a seguito di violazioni dell'articolo 101 o 102 TFUE non devono essere meno favorevoli, per i presunti soggetti danneggiati, di quelle che disciplinano azioni simili per danni derivanti da violazioni del diritto nazionale.

Capo II
Divulgazione delle prove

5. Divulgazione delle prove. – 1. Gli Stati membri provvedono affinché, nei procedimenti relativi a un'azione per il risarcimento del danno nell'Unione, su istanza di un attore che abbia presentato una richiesta motivata comprendente fatti e prove ragionevolmente disponibili che siano sufficienti a sostenere la plausibilità della sua domanda di risarcimento del danno, i giudici nazionali possano ordinare al convenuto o a un terzo la divulgazione delle prove rilevanti che rientrino nel controllo di tale soggetto, alle condizioni precisate nel presente capo. Gli Stati membri provvedono affinché i giudici nazionali possano, su richiesta del convenuto, ingiungere all'attore o a un terzo la divulgazione delle prove rilevanti.

Il presente paragrafo lascia impregiudicati i diritti e gli obblighi dei giudici nazionali ai sensi del regolamento (CE) n. 1206/2001.

2. Gli Stati membri provvedono affinché i giudici nazionali possano ordinare la divulgazione di specifici elementi di prova o rilevanti categorie di prove definiti nel modo più preciso e circoscritto possibile sulla base dei fatti ragionevolmente disponibili nella richiesta motivata.

3. Gli Stati membri garantiscono che i giudici nazionali limitino la divulgazione delle prove a quanto è proporzionato. Nel determinare se una divulgazione richiesta da una parte è proporzionata, i giudici nazionali prendono in considerazione gli interessi legittimi di tutte le parti e di tutti i terzi interessati. In particolare:

a) esaminano in quale misura la domanda di risarcimento o gli argomenti di difesa siano corroborati da fatti e prove disponibili che giustificano la domanda di divulgazione delle prove;

b) esaminano la portata e i costi della divulgazione, in particolare per i terzi interessati, anche al fine di prevenire la ricerca generica di informazioni verosimilmente non rilevanti per le parti nel procedimento;

c) valutano se le prove di cui è richiesta la divulgazione contengano informazioni riservate, in particolare riguardanti parti terze, e le modalità atte a proteggere tali informazioni riservate.

4. Gli Stati membri provvedono affinché i giudici nazionali dispongano del potere di ordinare la divulgazione delle prove che contengono informazioni riservate ove le ritengano rilevanti ai fini delle azioni per il risarcimento del danno. Gli Stati membri provvedono affinché, allorquando ordinano la divulgazione di siffatte informazioni, i giudici nazionali dispongano di misure efficaci per tutelarle.

5. L'interesse delle imprese a evitare azioni per il risarcimento del danno in seguito a una violazione del diritto della concorrenza non costituisce un interesse meritevole di tutela.

6. Gli Stati membri provvedono affinché i giudici nazionali garantiscano appieno la riservatezza delle comunicazioni tra avvocati e clienti prevista dal diritto dell'Unione o nazionale allorquando ordinano la divulgazione delle prove.

7. Gli Stati membri provvedono affinché coloro ai quali è chiesta la divulgazione abbiano la possibilità di essere sentiti prima che il giudice nazionale ordini la divulgazione a norma del presente articolo.

8. Fermi restando i paragrafi 4 e 7 e l'articolo 6, il presente articolo non impedisce agli Stati membri di mantenere o introdurre norme che prevedano una divulgazione più ampia delle prove.

6. Divulgazione delle prove incluse nel fascicolo di un'autorità garante della concorrenza. – 1. Gli Stati membri provvedono affinché, ai fini delle azioni per il risarcimento del danno, allorquando i giudici nazionali ordinano la divulgazione di prove incluse nel fascicolo di un'autorità garante della concorrenza, si applichi, oltre all'articolo 5, il presente articolo.

2. Il presente articolo non pregiudica le norme e prassi in materia di accesso del pubblico ai documenti previste dal regolamento (CE) n. 1049/2001.

3. Il presente articolo non pregiudica le norme e prassi previste dal diritto dell'Unione o nazionale sulla protezione dei documenti interni delle autorità garanti della concorrenza e della corrispondenza fra tali autorità.

4. Nel valutare, a norma dell'articolo 5, paragrafo 3, la proporzionalità di un ordine di divulgazione di informazioni, i giudici nazionali considerano altresì:

a) se la richiesta sia stata formulata in modo specifico quanto alla natura, all'oggetto o al contenuto dei documenti presentati a un'autorità garante della concorrenza o contenuti nel fascicolo di tale autorità, piuttosto che con una domanda generica attinente a documenti presentati a un'autorità garante della concorrenza;

b) se la parte stia richiedendo la divulgazione in relazione a un'azione per il risarcimento del danno intentata dinanzi a un giudice nazionale; e

c) con riferimento ai paragrafi 5 e 10, o su richiesta di un'autorità garante della concorrenza ai sensi del paragrafo 11, se sia necessario salvaguardare l'efficacia dell'applicazione a livello pubblicistico del diritto della concorrenza.

5. I giudici nazionali possono ordinare la divulgazione delle categorie di prove sotto indicate solo dopo che l'autorità garante della concorrenza abbia chiuso il suo procedimento adottando una decisione o in altro modo:

a) informazioni elaborate da persone fisiche o giuridiche specificamente ai fini di un procedimento di un'autorità garante della concorrenza;

b) informazioni che l'autorità garante della concorrenza ha redatto e comunicato alle parti nel corso del suo procedimento; e

c) proposte di transazione che sono state ritirate.

6. Gli Stati membri provvedono affinché, ai fini delle azioni per il risarcimento del danno, i giudici nazionali non possano in alcun momento ordinare a una parte o a un terzo di divulgare prove rientranti nelle seguenti categorie:

a) dichiarazioni legate a un programma di clemenza; e

b) proposte di transazione.

7. Un attore può presentare una richiesta motivata affinché un giudice nazionale acceda alle prove indicate al paragrafo

6, lettera a) o b), al solo scopo di garantire che il loro contenuto corrisponda alle definizioni di cui all'articolo 2, punti 16 e 18. Nell'ambito di tale valutazione, il giudice nazionale può chiedere l'assistenza solo della competente autorità garante della concorrenza. Anche gli autori dei documenti interessati possono avere la possibilità di essere sentiti. In nessun caso, il giudice concede alle altre parti o a terzi l'accesso a tali prove.

8. Laddove il paragrafo 6 trovi applicazione solo riguardo ad alcune parti delle prove richieste, le parti restanti sono divulgate, in funzione della categoria in cui rientrano, conformemente ai pertinenti paragrafi del presente articolo.

9. La divulgazione di prove incluse nel fascicolo di un'autorità garante della concorrenza e che non rientrano in nessuna delle categorie di cui al presente articolo può essere ordinata in ogni momento ai fini delle azioni per il risarcimento del danno, fatto salvo quanto previsto dal presente articolo.

10. Gli Stati membri provvedono affinché il giudice nazionale chieda a un'autorità garante della concorrenza la divulgazione delle prove contenute nel fascicolo di quest'ultima solo qualora nessuna parte o nessun terzo sia ragionevolmente in grado di fornire tale prova.

11. Nella misura in cui un'autorità garante della concorrenza intenda fornire il proprio parere sulla proporzionalità delle richieste di divulgazione, essa, agendo d'ufficio, può presentare osservazioni al giudice nazionale cui è richiesto un ordine di divulgazione.

7. Limiti nell'uso delle prove ottenute solo grazie all'accesso al fascicolo di un'autorità garante della concorrenza. – 1. Gli Stati membri provvedono affinché le prove rientranti in una delle categorie elencate all'articolo 6, paragrafo 6, ottenute da una persona fisica o giuridica solo grazie all'accesso al fascicolo di un'autorità garante della concorrenza, siano ritenute inammissibili nelle azioni per il risarcimento del danno o siano altrimenti protette secondo le norme nazionali applicabili per garantire la piena efficacia dei limiti relativi alla divulgazione delle prove di cui all'articolo 6.

2. Gli Stati membri provvedono affinché, fino a quando l'autorità garante della concorrenza non abbia chiuso il procedimento adottando una decisione o in altro modo, le prove rientranti nelle categorie elencate all'articolo 6, paragrafo 5, ottenute da una persona fisica o giuridica solo grazie all'accesso al fascicolo di tale autorità, siano ritenute inammissibili nelle azioni per il risarcimento del danno o siano altrimenti protette secondo le norme nazionali applicabili per garantire la piena efficacia dei limiti relativi alla divulgazione delle prove di cui all'articolo 6.

3. Gli Stati membri provvedono affinché le prove ottenute da una persona fisica o giuridica solo grazie all'accesso al fascicolo di un'autorità garante della concorrenza e che non rientrano nell'ambito di applicazione dei paragrafi 1 e 2, possano essere usate nelle azioni per il risarcimento del danno solo da tale persona o dalla persona fisica o giuridica che le è succeduta nei diritti, inclusa la persona che ha rilevato la sua domanda.

8. Sanzioni. – 1. Gli Stati membri provvedono affinché i giudici nazionali possano applicare efficacemente sanzioni alle parti, ai terzi e ai loro rappresentanti legali in caso di:

a) mancato rispetto o rifiuto di rispettare l'ordine di divulgazione di un giudice nazionale;

b) distruzione di prove rilevanti;

c) mancato rispetto o rifiuto di rispettare gli obblighi imposti dall'ordine di un giudice nazionale a tutela di informazioni riservate; o

d) violazione dei limiti all'uso delle prove previsti nel presente capo.

2. Gli Stati membri provvedono affinché le sanzioni che possono essere imposte dai giudici nazionali siano efficaci, proporzionate e dissuasive. Le sanzioni di cui dispongono i giudici nazionali comprendono, per quanto riguarda il comportamento di una parte nel procedimento relativo a un'azione per il risarcimento del danno, la possibilità di trarre conclusioni negative, quali presumere che la questione sia stata provata o respingere in tutto o in parte domande e eccezioni, e la possibilità di ordinare il pagamento delle spese.

Capo III

Effetto delle decisioni nazionali, termini di prescrizione e responsabilità in solido

9. Effetto delle decisioni nazionali. – 1. Gli Stati membri provvedono affinché una violazione del diritto della concorrenza constatata da una decisione definitiva di un'autorità nazionale garante della concorrenza o di un giudice del ricorso sia ritenuta definitivamente accertata ai fini dell'azione per il risarcimento del danno proposta dinanzi ai loro giudici nazionali ai sensi dell'articolo 101 o 102 TFUE o ai sensi del diritto nazionale della concorrenza.

2. Gli Stati membri provvedono affinché una decisione definitiva ai sensi del paragrafo 1 adottata in un altro Stato membro possa, conformemente al rispettivo diritto nazionale, essere presentata dinanzi ai propri giudici nazionali, almeno a titolo di prova *prima facie*, del fatto che è avvenuta una violazione del diritto della concorrenza e possa, se del caso, essere valutata insieme ad altre prove addotte dalle parti.

3. Il presente articolo lascia impregiudicati i diritti e gli obblighi delle giurisdizioni nazionali di cui all'articolo 267 TFUE.

10. Termini di prescrizione. – 1. Gli Stati membri stabiliscono, conformemente al presente articolo, norme riguardanti i termini di prescrizione per intentare azioni per il risarcimento del danno. Tali norme determinano quando inizia a decorrere il termine di prescrizione, la durata del termine e le circostanze nelle quali il termine è interrotto o sospeso.

2. Il termine di prescrizione non inizia a decorrere prima che la violazione del diritto della concorrenza sia cessata e prima che l'attore sia a conoscenza o si possa ragionevolmente presumere che sia a conoscenza:

a) della condotta e del fatto che tale condotta costituisce una violazione del diritto della concorrenza;

b) del fatto che la violazione del diritto della concorrenza gli ha causato un danno;

c) dell'identità dell'autore della violazione.

3. Gli Stati membri provvedono affinché il termine di prescrizione applicabile alle azioni per il risarcimento del danno sia almeno di cinque anni.

4. Gli Stati membri provvedono affinché il termine di prescrizione sia sospeso o, a seconda del diritto nazionale, interrotto se un'autorità garante della concorrenza interviene a fini di indagine o di istruttoria avviata in relazione alla violazione del diritto della concorrenza cui si riferisce l'azione per il risarcimento del danno. La sospensione non può protrarsi oltre un anno dal momento in cui la decisione relativa a una violazione è diventata definitiva o dopo che il procedimento si è chiuso in altro modo.

11. Responsabilità in solido. – 1. Gli Stati membri provvedono affinché le imprese che hanno violato congiuntamente il diritto della concorrenza con il proprio comportamento siano responsabili in solido per il danno causato dalla violazione del diritto della concorrenza, con l'effetto che ciascuna di tali imprese è tenuta a risarcire il danno nella sua integralità e il soggetto danneggiato ha il diritto di esigere il pieno risarcimento da ognuna di loro fino ad essere totalmente risarcito.

2. In deroga al paragrafo 1, gli Stati membri provvedono

affinché, fatto salvo il diritto al pieno risarcimento di cui all'articolo 3, nel caso in cui la violazione sia stata commessa da una piccola o media impresa (PMI), come definita nella raccomandazione 2003/361/CE della Commissione (1), l'autore della violazione sia responsabile solo nei confronti dei propri acquirenti diretti ed indiretti se:

a) la sua quota nel mercato rilevante era inferiore al 5% per tutto il tempo in cui ha avuto luogo la violazione del diritto della concorrenza; e

b) l'applicazione delle ordinarie regole in materia di responsabilità solidale determinerebbe un pregiudizio irreparabile per la sua solidità economica e la totale perdita di valore delle sue attività.

3. La deroga di cui al paragrafo 2 non si applica se:

a) la PMI ha svolto un ruolo di guida nella violazione del diritto della concorrenza o costretto altre imprese a parteciparvi; o

b) la PMI risulta aver commesso in precedenza una violazione del diritto della concorrenza.

4. In deroga al paragrafo 1, gli Stati membri provvedono affinché il beneficiario dell'immunità sia responsabile in solido:

a) nei confronti dei suoi acquirenti o fornitori diretti o indiretti; e

b) nei confronti di altri soggetti danneggiati solo qualora questi non possano ottenere il pieno risarcimento dalle altre imprese coinvolte nella stessa violazione del diritto della concorrenza.

Gli Stati membri provvedono affinché il termine di prescrizione applicabile ai casi di cui al presente paragrafo sia ragionevole e sufficiente a consentire ai soggetti danneggiati di intentare le azioni di risarcimento.

5. Gli Stati membri provvedono affinché l'autore di una violazione possa recuperare da ogni altro autore della violazione un contributo il cui importo è determinato alla luce delle loro responsabilità relative per il danno causato dalla violazione del diritto della concorrenza. L'importo del contributo di un autore della violazione che ha ottenuto l'immunità dalle ammende nell'ambito di un programma di clemenza non supera l'importo del danno che esso ha causato ai propri acquirenti o fornitori diretti o indiretti.

6. Gli Stati membri provvedono affinché, nella misura in cui la violazione del diritto della concorrenza abbia causato un danno a soggetti diversi dagli acquirenti o fornitori diretti o indiretti degli autori della violazione, l'importo del contributo dal beneficiario dell'immunità agli altri autori della violazione sia determinato alla luce della sua responsabilità relativa per tale danno.

(1) Raccomandazione 2003/361/CE della Commissione, del 6/5/2003, relativa alla definizione delle microimprese, piccole e medie imprese.

Capo IV
Trasferimento del sovrapprezzo

12. Trasferimento del sovrapprezzo e diritto al pieno risarcimento. – 1. Per garantire la piena efficacia del diritto al pieno risarcimento di cui all'articolo 3, gli Stati membri provvedono affinché, in conformità delle norme stabilite nel presente capo, il risarcimento del danno possa essere chiesto da chiunque lo abbia subito, indipendentemente dal fatto che si tratti di acquirenti diretti o indiretti dell'autore della violazione, e affinché siano evitati sia un risarcimento del danno superiore al danno causato all'attore dalla violazione del diritto della concorrenza sia l'assenza di responsabilità in capo all'autore della violazione.

2. Al fine di evitare una sovra-compensazione, gli Stati membri stabiliscono le opportune norme procedurali per garantire che il risarcimento per il danno emergente versato a un dato livello della catena di approvvigionamento non superi il danno da sovrapprezzo subito a tale livello.

3. Il presente capo lascia impregiudicato il diritto di un soggetto danneggiato di chiedere e ottenere un risarcimento per il lucro cessante dovuto al trasferimento integrale o parziale del sovrapprezzo.

4. Gli Stati membri provvedono affinché le norme stabilite nel presente capo si applichino nello stesso modo qualora la violazione del diritto della concorrenza riguardi una fornitura all'autore della violazione.

5. Gli Stati membri provvedono affinché i giudici nazionali abbiano la facoltà di stimare a norma delle procedure nazionali quale parte del sovrapprezzo è stata trasferita.

13. Eccezione del trasferimento. – Gli Stati membri provvedono affinché il convenuto in un'azione per il risarcimento del danno possa invocare, contro una domanda di risarcimento del danno, il fatto che l'attore abbia trasferito in tutto o in parte il sovrapprezzo derivante dalla violazione del diritto della concorrenza. L'onere della prova del fatto che il sovrapprezzo è stato trasferito spetta al convenuto che può ragionevolmente richiedere la divulgazione di prove all'attore o a terzi.

14. Acquirenti indiretti. – 1. Qualora, in un'azione per il risarcimento del danno, l'esistenza di una domanda di risarcimento del danno o l'importo da accordare a tale titolo dipendano dal fatto che il sovrapprezzo sia stato trasferito o meno sull'attore – e in quale misura – tenuto conto della prassi commerciale di trasferire gli aumenti di prezzo a valle della catena di approvvigionamento, gli Stati membri provvedono affinché l'onere di dimostrare l'esistenza e la portata di tale trasferimento incomba all'attore, che può ragionevolmente richiedere la divulgazione di prove al convenuto o a terzi.

2. Nella situazione di cui al paragrafo 1, si ritiene che l'acquirente indiretto abbia dimostrato l'avvenuto trasferimento su di sé qualora tale acquirente indiretto dimostri che:

a) il convenuto ha commesso una violazione del diritto della concorrenza;

b) la violazione del diritto della concorrenza ha determinato un sovrapprezzo per l'acquirente diretto del convenuto; e

c) l'acquirente indiretto ha acquistato beni o servizi oggetto della violazione del diritto della concorrenza o ha acquistato beni o servizi che derivano dagli stessi o che li incorporano.

Il presente paragrafo non si applica nel caso in cui il convenuto sia in grado di dimostrare in modo verosimile e ritenuto adeguato dal giudice che il sovrapprezzo non è stato trasferito, o non è stato trasferito interamente, sull'acquirente indiretto.

15. Azioni per il risarcimento del danno intentate da attori a diversi livelli nella catena di approvvigionamento. – 1. Al fine di evitare che, per effetto di azioni per il risarcimento del danno intentate da attori a diversi livelli nella catena di approvvigionamento, si determinino pluralità di responsabilità o un'assenza di responsabilità da parte dell'autore della violazione, gli Stati membri provvedono affinché, nel valutare se l'onere della prova risultante dall'applicazione degli articoli 13 e 14 sia soddisfatto, i giudici nazionali investiti di un'azione per il risarcimento del danno possano, tramite gli strumenti previsti dal diritto dell'Unione o dal diritto nazionale, tenere debito conto:

a) delle azioni per il risarcimento del danno connesse alla stessa violazione del diritto della concorrenza, ma intentate da attori che si trovano a un altro livello della catena di approvvigionamento;

b) delle decisioni giudiziarie risultanti da azioni per il risarcimento del danno di cui alla lettera a);

c) delle pertinenti informazioni di dominio pubblico risultanti dall'applicazione a livello pubblicistico del diritto della concorrenza.

2. Il presente articolo lascia impregiudicati i diritti e gli obblighi dei giudici nazionali ai sensi dell'articolo 30 del regolamento (UE) n. 1215/2012.

16. Linee guida per i giudici nazionali. – La Commissione emana linee guida per i giudici nazionali in ordine alle modalità di stima della parte del sovrapprezzo trasferita sull'acquirente indiretto.

Capo V
Quantificazione del danno

17. Quantificazione del danno. – 1. Gli Stati membri garantiscono che né l'onere della prova né il grado di rilevanza della prova richiesti per la quantificazione del danno rendano praticamente impossibile o eccessivamente difficile l'esercizio del diritto al risarcimento. Gli Stati membri provvedono affinché i giudici nazionali abbiano il potere, a norma delle procedure nazionali, di stimare l'ammontare del danno se è accertato che l'attore ha subito un danno ma è praticamente impossibile o eccessivamente difficile quantificare con esattezza il danno subito sulla base delle prove disponibili.

2. Si presume che le violazioni consistenti in cartelli causino un danno. L'autore della violazione ha il diritto di fornire prova contraria a tale presunzione.

3. Gli Stati membri provvedono affinché, nei procedimenti relativi a un'azione per il risarcimento del danno, un'autorità nazionale garante della concorrenza possa, su richiesta di un giudice nazionale, prestare a questa assistenza con riguardo alla determinazione quantitativa del danno qualora l'autorità nazionale garante della concorrenza consideri appropriata tale assistenza.

Capo VI
Composizione consensuale delle controversie

18. Effetto sospensivo e altri effetti della composizione consensuale delle controversie. – 1. Gli Stati membri provvedono affinché il termine di prescrizione per intentare un'azione per il risarcimento del danno sia sospeso per la durata del procedimento di composizione consensuale delle controversie. La sospensione del termine di prescrizione si applica solo nei confronti delle parti che sono o sono state coinvolte o rappresentate in tale procedimento.

2. Fatte salve le disposizioni di diritto nazionale in materia di arbitrato, gli Stati membri provvedono affinché i giudici nazionali investiti di un'azione per il risarcimento del danno possano sospendere il procedimento fino a due anni se le parti di detto procedimento partecipano a una composizione consensuale delle controversie riguardante la richiesta interessata dall'azione per il risarcimento del danno.

3. Un'autorità garante della concorrenza può considerare un fattore attenuante il risarcimento versato a seguito di una transazione consensuale e prima della sua decisione di infliggere un'ammenda.

19. Effetto delle transazioni consensuali sulle successive azioni per il risarcimento del danno. – 1. Gli Stati membri provvedono affinché, a seguito di una transazione consensuale, dalla richiesta del soggetto danneggiato che ha partecipato a tale transazione sia sottratta la parte di danno del coautore della violazione del diritto della concorrenza che ha a sua volta partecipato alla transazione consensuale.

2. Il resto della domanda di risarcimento del soggetto danneggiato che ha partecipato alla transazione è esercitato soltanto nei confronti dei coautori della violazione che non hanno partecipato alla transazione. I coautori della violazione che non hanno partecipato alla transazione non possono chiedere ai coautori della violazione che vi hanno partecipato il contributo per il resto della domanda di risarcimento.

3. In deroga al paragrafo 2, gli Stati membri provvedono affinché, quando i coautori della violazione che non hanno partecipato alla transazione non possono pagare il danno corrispondente al resto della domanda di risarcimento del soggetto danneggiato che ha partecipato alla transazione, quest'ultimo possa rivalersi del danno corrispondente al resto della domanda di risarcimento nei confronti dei coautori della violazione che hanno partecipato alla transazione.

La deroga richiamata al primo comma può essere espressamente esclusa in base alla transazione consensuale.

4. Nel determinare l'importo del contributo che un coautore della violazione può chiedere a ciascuno degli altri coautori della violazione in funzione della loro responsabilità relativa per il danno causato dalla violazione del diritto della concorrenza, i giudici nazionali tengono in debita considerazione eventuali risarcimenti versati nell'ambito di una transazione consensuale precedente a cui ha partecipato il coautore interessato.

Capo VII
Disposizioni finali

20. Riesame. – 1. La Commissione riesamina la presente direttiva e presenta una relazione al Parlamento europeo e al Consiglio entro il 27 dicembre 2020.

2. La relazione di cui al paragrafo 1 include, tra l'altro, le seguenti informazioni:

a) il possibile impatto degli oneri finanziari derivanti dal pagamento di ammende inflitte da un'autorità garante della concorrenza per una violazione del diritto della concorrenza sulla possibilità per i soggetti danneggiati di ottenere il pieno risarcimento per il danno causato da tale violazione del diritto della concorrenza;

b) la misura in cui i soggetti che hanno intentato un'azione per il risarcimento del danno causato da una violazione del diritto della concorrenza accertata da una decisione relativa a una violazione adottata da un'autorità garante della concorrenza di uno Stato membro non sono in grado di dimostrare dinanzi al giudice nazionale di un altro Stato membro che tale violazione del diritto della concorrenza è avvenuta;

c) la misura in cui il risarcimento per il danno emergente ha superato il danno da sovrapprezzo causato dalla violazione del diritto della concorrenza o il danno subito a qualsiasi livello della catena di approvvigionamento.

3. Ove opportuno, la relazione di cui al paragrafo 1 è corredata di una proposta legislativa.

21. Recepimento. – 1. Gli Stati membri mettono in vigore le disposizioni legislative, regolamentari e amministrative necessarie per conformarsi alla presente direttiva entro il 27 dicembre 2016. Essi comunicano immediatamente alla Commissione il testo di tali disposizioni.

Le disposizioni adottate dagli Stati membri contengono un riferimento alla presente direttiva o sono corredate di tale riferimento all'atto della pubblicazione ufficiale. Le modalità del riferimento sono stabilite dagli Stati membri.

2. Gli Stati membri comunicano alla Commissione il testo delle disposizioni fondamentali di diritto interno che adottano nel settore disciplinato dalla presente direttiva.

22. Applicazione temporale. – 1. Gli Stati membri assicurano che le misure nazionali adottate ai sensi dell'articolo 21 al fine di rispettare le disposizioni sostanziali della presente direttiva non si applichino retroattivamente.

2. Gli Stati membri assicurano che ogni misura nazionale adottata ai sensi dell'articolo 21, diversa da quelle di cui al

paragrafo 1, non si applichi ad azioni per il risarcimento del danno per le quali un giudice nazionale sia stato adito anteriormente al 26 dicembre 2014.

23. Entrata in vigore. – La presente direttiva entra in vigore il ventesimo giorno successivo alla pubblicazione nella Gazzetta ufficiale dell'Unione europea.

24. Destinatari. – Gli Stati membri sono destinatari della presente direttiva.

D.lg. 19 gennaio 2017, n. 3

Attuazione della direttiva 2014/104/UE del Parlamento europeo e del Consiglio, del 26 novembre 2014, relativa a determinate norme che regolano le azioni per il risarcimento del danno ai sensi del diritto nazionale per violazioni delle disposizioni del diritto della concorrenza degli Stati membri e dell'Unione europea

Capo I
Disposizioni generali

1. Ambito di applicazione e oggetto. – 1. Il presente decreto disciplina, anche con riferimento alle azioni collettive di cui all'articolo 140-bis del codice del consumo di cui al decreto legislativo 6 settembre 2005, n. 206, il diritto al risarcimento in favore di chiunque ha subito un danno a causa di una violazione del diritto della concorrenza da parte di un'impresa o di un'associazione di imprese (1).

2. Il risarcimento comprende il danno emergente, il lucro cessante e gli interessi e non determina sovracompensazioni.

(1) A norma dell'art. 6, co. 2, l. 12/4/2019, n. 31, a decorrere dal 19/5/2021, come stabilito dall'art. 7, co. 1, l. n. 31/2019 medesima, modificato dall'art. 8, co. 5, d.l. 30/12/2019, n. 162, conv., con modif., dalla l. 28/2/2020, n. 8, e successivamente modificato dall'art. 26, co. 1, d.l. 9/11/2020, n. 149, al presente comma, le parole: "di cui all'articolo 140-bis del codice del consumo di cui al decreto legislativo 6 settembre 2005, n. 206" sono sostituite dalle seguenti: "di cui al titolo VIII-bis del libro quarto del codice di procedura civile". Successivamente il d.l. n. 149/2020 è stato abrogato dall'art. 1, co. 2, l. 18/12/2020, n. 176, e la data di decorrenza della presente modifica, ribadita dall'art. 31-ter, d.l. 28/10/2020, n. 137, conv., con modif., dalla l. 18/12/2020, n. 176.

2. Definizioni. – 1. Ai fini del presente decreto si intende per:

a) «autore della violazione»: l'impresa o l'associazione di imprese che ha commesso la violazione del diritto della concorrenza;

b) «diritto della concorrenza»: le disposizioni di cui agli articoli 101 o 102 del trattato sul funzionamento dell'Unione europea, le disposizioni di cui agli articoli 2, 3 e 4 della legge 10 ottobre 1990, n. 287, applicate autonomamente, nonché le disposizioni di altro Stato membro che perseguono principalmente lo stesso obiettivo degli articoli 101 e 102 del Trattato sul funzionamento dell'Unione europea e le predette disposizioni di cui agli articoli 2, 3 e 4 della legge 10 ottobre 1990, n. 287, applicate nello stesso caso e parallelamente al diritto della concorrenza dell'Unione ai sensi dell'articolo 3, paragrafo 1, del regolamento (CE) n. 1/2003, escluse le disposizioni che impongono sanzioni penali a persone fisiche, salvo qualora tali sanzioni penali costituiscano gli strumenti tramite i quali sono attuate le regole di concorrenza applicabili alle imprese;

c) «soggetto danneggiato»: una persona, fisica o giuridica, o un ente privo di personalità giuridica, che ha subito un danno causato da una violazione del diritto della concorrenza;

d) «autorità nazionale garante della concorrenza»: un'autorità designata da altro Stato membro dell'Unione europea a norma dell'articolo 35 del regolamento (CE) n. 1/2003 come responsabile dell'applicazione degli articoli 101 e 102 del trattato sul funzionamento dell'Unione europea;

e) «autorità garante della concorrenza»: la Commissione o l'autorità garante della concorrenza e del mercato di cui all'articolo 10 della legge 10 ottobre 1990, n. 287, o l'autorità nazionale garante della concorrenza di cui alla lettera d), ovvero, a seconda del contesto, le predette autorità garanti della concorrenza disgiuntamente o congiuntamente alla Commissione;

f) «giudice del ricorso»: il giudice competente ai sensi dell'articolo 33, comma 1, della legge 10 ottobre 1990, n. 287, ovvero un giudice di altro Stato membro che ha il potere, in seguito alla proposizione di mezzi di impugnazione ordinari, di rivedere le decisioni emesse da un'autorità nazionale garante della concorrenza o le pronunce giurisdizionali formulate su tali decisioni, indipendentemente dal fatto che tale giudice abbia il potere di constatare una violazione del diritto della concorrenza;

g) «decisione relativa a una violazione»: la decisione di un'autorità garante della concorrenza ovvero di un giudice del ricorso che constata una violazione del diritto della concorrenza;

h) «decisione definitiva relativa a una violazione»: la decisione relativa a una violazione che non può o non può più essere impugnata con mezzi ordinari;

i) «prove»: tutti i mezzi di prova ammissibili dinanzi al giudice adito, in particolare documenti e tutti gli altri oggetti contenenti informazioni, indipendentemente dal supporto sul quale le informazioni sono registrate;

l) «cartello»: un accordo, una intesa ai sensi dell'articolo 2 della legge 10 ottobre 1990, n. 287, o una pratica concordata fra due o più concorrenti, volta a coordinare il loro comportamento concorrenziale sul mercato o a influire sui pertinenti parametri di concorrenza mediante pratiche consistenti, tra l'altro, nel fissare o coordinare i prezzi di acquisto o di vendita o altre condizioni di transazione, anche in relazione a diritti di proprietà intellettuale, nell'allocare quote di produzione o di vendita, nel ripartire i mercati e i clienti, tra l'altro mediante manipolazione delle gare d'appalto, restrizioni delle importazioni o delle esportazioni o azioni anticoncorrenziali dirette contro altre imprese concorrenti;

m) «programma di clemenza»: il programma adottato dall'autorità garante della concorrenza e del mercato ai sensi dell'articolo 15, comma 2-bis, della legge 10 ottobre 1990, n. 287, o altro programma della Commissione europea o di uno Stato membro relativo all'applicazione dell'articolo 101 del trattato sul funzionamento dell'Unione europea o di una disposizione corrispondente del diritto nazionale in base alla quale un partecipante a un cartello segreto, indipendentemente dalle altre imprese coinvolte nel cartello, collabora a un'indagine dell'autorità garante della concorrenza fornendo volontariamente gli elementi di cui è a conoscenza circa il cartello e il ruolo svolto al suo interno, ricevendo in cambio, per decisione o con la chiusura del procedimento, l'immunità dalle ammende per il suo coinvolgimento nel cartello o una loro riduzione;

n) «dichiarazione legata a un programma di clemenza»: una dichiarazione orale o scritta presentata volontariamente da parte o per conto di un'impresa o di una persona fisica a un'autorità garante della concorrenza, ovvero una registrazione di una tale dichiarazione, che descrive la conoscenza dell'impresa o della persona fisica in merito a un cartello e descrive il ruolo da essa svolto al suo interno, predisposta specificamente per essere presentata alla medesima autorità garante allo scopo di ottenere la non applicazione o una riduzione delle sanzioni ai sensi di un programma di clemenza e che non comprende le informazioni preesistenti;

o) «informazioni preesistenti»: le prove esistenti indipendentemente dal procedimento di un'autorità garante della concorrenza a prescindere dalla presenza o meno delle suddette informazioni nel fascicolo della predetta autorità;

p) «proposta di transazione»: la dichiarazione volontaria da parte o per conto di un'impresa a un'autorità garante della concorrenza, in cui l'impresa riconosce o rinuncia a contestare la sua partecipazione a una violazione del diritto della concorrenza e la propria responsabilità in detta violazione del diritto della concorrenza, predisposta specificamente per consentire all'autorità garante della concorrenza di applicare una procedura semplificata o accelerata;

q) «beneficiario dell'immunità»: un'impresa o una persona fisica che ha ottenuto l'immunità dalle ammende da un'autorità garante della concorrenza nell'ambito di un programma di clemenza;

r) «sovrapprezzo»: la differenza tra il prezzo effettivamente pagato e il prezzo che sarebbe altrimenti prevalso in assenza di una violazione del diritto della concorrenza;

s) «composizione consensuale delle controversie»: i procedimenti di risoluzione stragiudiziale di una controversia, riguardanti una richiesta di risarcimento del danno subito a causa di una violazione del diritto della concorrenza, di cui al decreto legislativo 4 marzo 2010, n. 28, al capo II del decreto-legge 12 settembre 2014, n. 132, convertito, con modificazioni, dalla legge 10 novembre 2014, n. 162, e al titolo II-bis della parte V del codice del consumo di cui al decreto legislativo 6 settembre 2005, n. 206, nonché i procedimenti di arbitrato di cui al titolo VIII del libro IV del codice di procedura civile;

t) «accordo che compone la controversia»: l'accordo amichevole di definizione della controversia raggiunto mediante il procedimento di cui al decreto legislativo 4 marzo 2010, n. 28; l'accordo raggiunto a seguito di convenzione di negoziazione assistita di cui al capo II del decreto-legge 12 settembre 2014, n. 132, convertito, con modificazioni, dalla legge 10 novembre 2014, n. 162; l'accordo amichevole raggiunto mediante il procedimento di cui al titolo II-bis del codice del consumo di cui al decreto legislativo 6 settembre 2005, n. 206; la determinazione contrattuale con cui è definita la controversia nell'arbitrato irrituale di cui all'articolo 808-ter del codice di procedura civile;

u) «acquirente diretto»: una persona fisica, una persona giuridica o un ente privo di personalità giuridica che ha acquistato direttamente da un autore della violazione beni o servizi oggetto di una violazione del diritto della concorrenza;

v) «acquirente indiretto»: una persona fisica, una persona giuridica o un ente privo di personalità giuridica che ha acquistato non direttamente da un autore della violazione, ma da un acquirente diretto o da un acquirente successivo beni o servizi oggetto di una violazione del diritto della concorrenza, oppure beni o servizi che li incorporano o che derivano dagli stessi.

Capo II
Esibizione delle prove

3. Ordine di esibizione. – 1. Nelle azioni per il risarcimento del danno a causa di una violazione del diritto della concorrenza, su istanza motivata della parte, contenente l'indicazione di fatti e prove ragionevolmente disponibili dalla controparte o dal terzo, sufficienti a sostenere la plausibilità della domanda di risarcimento del danno o della difesa, il giudice può ordinare alle parti o al terzo l'esibizione delle prove rilevanti che rientrano nella loro disponibilità a norma delle disposizioni del presente capo.

2. Il giudice dispone a norma del comma 1 individuando specificatamente e in modo circoscritto gli elementi di prova o le rilevanti categorie di prove oggetto della richiesta o dell'ordine di esibizione. La categoria di prove è individuata mediante il riferimento a caratteristiche comuni dei suoi elementi costitutivi come la natura, il periodo durante il quale sono stati formati, l'oggetto o il contenuto degli elementi di prova di cui è richiesta l'esibizione e che rientrano nella stessa categoria.

3. Il giudice ordina l'esibizione, nei limiti di quanto è proporzionato alla decisione e, in particolare:

a) esamina in quale misura la domanda di risarcimento o la difesa sono sostenute da fatti e prove disponibili che giustificano l'ordine di esibizione;

b) esamina la portata e i costi dell'esibizione, in specie per i terzi interessati;

c) valuta se le prove di cui è richiesta l'esibizione contengono informazioni riservate, in specie se riguardanti terzi.

4. Quando la richiesta o l'ordine di esibizione hanno per oggetto informazioni riservate, il giudice dispone specifiche misure di tutela tra le quali l'obbligo del segreto, la possibilità di non rendere visibili le parti riservate di un documento, la conduzione di audizioni a porte chiuse, la limitazione del numero di persone autorizzate a prendere visione delle prove, il conferimento ad esperti dell'incarico di redigere sintesi delle informazioni in forma aggregata o in altra forma non riservata. Si considerano informazioni riservate i documenti che contengono informazioni riservate di carattere personale, commerciale, industriale e finanziario relative a persone ed imprese, nonché i segreti commerciali.

5. La parte o il terzo nei cui confronti è rivolta la istanza di esibizione hanno diritto di essere sentiti prima che il giudice provveda a norma del presente articolo.

6. Resta ferma la riservatezza delle comunicazioni tra avvocati incaricati di assistere la parte e il cliente stesso.

4. Esibizione delle prove contenute nel fascicolo di un'autorità garante della concorrenza. – 1. Il giudice ordina l'esibizione di prove contenute nel fascicolo di un'autorità garante della concorrenza quando né le parti né i terzi sono ragionevolmente in grado di fornire tale prova.

2. Il giudice ordina l'esibizione di prove contenute nel fascicolo di un'autorità garante della concorrenza a norma dell'articolo 3 e secondo quanto disposto dal presente articolo.

3. Quando il giudice valuta la proporzionalità dell'ordine di esibizione considera altresì:

a) se la richiesta è stata formulata in modo specifico quanto alla natura, all'oggetto o al contenuto dei documenti presentati a un'autorità garante della concorrenza o contenuti nel fascicolo di tale autorità o con una domanda generica attinente a documenti presentati a un'autorità garante della concorrenza;

b) se la parte richiede l'esibizione in relazione all'azione per il risarcimento del danno a causa di una violazione del diritto della concorrenza;

c) se sia necessario salvaguardare l'efficacia dell'applicazione a livello pubblicistico del diritto della concorrenza in relazione a quanto previsto dalle disposizioni di cui ai commi 1 e 4, o nel caso di richiesta di un'autorità garante della concorrenza ai sensi del comma 7.

4. Il giudice, solo dopo la conclusione del procedimento da parte dell'autorità garante della concorrenza, può ordinare l'esibizione delle seguenti categorie di prove:

a) informazioni rese nell'ambito di un procedimento di un'autorità garante della concorrenza;

b) informazioni che l'autorità garante della concorrenza ha redatto e comunicato alle parti nel corso del suo procedimento;

c) proposte di transazione, ove specificamente disciplinate, che sono state revocate.

5. Il giudice non può ordinare a una parte o a un terzo di esibire prove aventi ad oggetto dichiarazioni legate a un programma di clemenza o proposte di transazione, ove specificamente disciplinate. In ogni caso l'attore può proporre istanza motivata perché il giudice, che può chiedere assistenza solo all'autorità garante della concorrenza, acceda alle prove di cui al periodo precedente al solo scopo di garantire che il loro contenuto corrisponda alle definizioni di cui all'articolo 2, comma 1, lettere n) e p). Gli autori dei documenti interessati possono chiedere al giudice di essere sentiti. In nessun caso il giudice consente alle altre parti o a terzi l'accesso a tali prove. Quando il giudice accerta che il contenuto delle prove non corrisponde alle definizioni di cui all'articolo 2, comma 1, lettere n) e p), ne ordina l'esibizione secondo le disposizioni di cui ai commi 4 e 6.

6. Il giudice può ordinare l'esibizione delle prove che non rientrano nelle categorie di cui ai commi 4 e 5, primo periodo, anche prima della conclusione del procedimento da parte dell'autorità garante della concorrenza.

7. Quando l'autorità garante della concorrenza intende fornire il proprio parere sulla proporzionalità della richiesta di esibizione può presentare osservazioni al giudice. Al fine di consentire all'autorità garante della concorrenza di esercitare la facoltà di cui al periodo precedente, il giudice informa la medesima autorità delle richieste di esibizione, disponendo la trasmissione degli atti che ritiene a tal fine rilevanti. Le osservazioni dell'autorità sono inserite nel fascicolo d'ufficio a norma dell'articolo 96 delle disposizioni di attuazione del codice di procedura civile.

8. Nei casi di cui al comma 4, quando sui fatti rilevanti ai fini del decidere è in corso un procedimento davanti a un'autorità garante della concorrenza ed è necessario salvaguardare l'efficacia dell'applicazione a livello pubblicistico del diritto della concorrenza, il giudice può sospendere il giudizio fino alla chiusura del predetto procedimento con una decisione dell'autorità o in altro modo.

9. Sono fatte salve le norme e prassi previste dal diritto dell'Unione o le specifiche disposizioni nazionali sulla protezione dei documenti interni delle autorità garanti della concorrenza e della corrispondenza tra tali autorità.

5. Limiti nell'uso delle prove ottenute solo grazie all'accesso al fascicolo di un'autorità garante della concorrenza. – 1. Le prove che rientrano in una delle categorie di cui all'articolo 4, commi 4 e 5, primo periodo, comunque ottenute dalle parti anche mediante l'accesso al fascicolo sono ammesse negli stessi limiti di cui all'articolo 4, commi 4 e 5.

2. Le prove che rientrano nella categoria di cui all'articolo 4, comma 6, comunque ottenute dalle parti solo mediante l'accesso al fascicolo possono essere utilizzate nell'azione per il risarcimento del danno solo dalla parte che le ha ottenute o dal suo successore nel diritto.

6. Sanzioni. – 1. Alla parte o al terzo che rifiuta senza giustificato motivo di rispettare l'ordine di esibizione del giudice a norma dell'articolo 3 o non adempie allo stesso il giudice applica una sanzione amministrativa pecuniaria da euro 15.000 a euro 150.000 che è devoluta a favore della Cassa delle ammende.

2. Salvo che il fatto costituisca reato, alla parte o al terzo che distrugge prove rilevanti ai fini del giudizio di risarcimento il giudice applica una sanzione amministrativa pecuniaria da euro 15.000 a euro 150.000 che è devoluta a favore della Cassa delle ammende.

3. Alla parte o al terzo che non rispetta o rifiuta di rispettare gli obblighi imposti dall'ordine del giudice a tutela di informazioni riservate a norma dell'articolo 3, comma 4, il giudice applica una sanzione amministrativa pecuniaria da euro 15.000 a euro 150.000 che è devoluta a favore della Cassa delle ammende.

4. Alla parte che utilizza le prove in violazione dei limiti di cui all'articolo 5 il giudice applica una sanzione amministrativa pecuniaria da euro 15.000 a euro 150.000 che è devoluta a favore della Cassa delle ammende.

5. Le sanzioni di cui ai commi 1, 2, 3 e 4 si applicano anche ai rappresentanti legali della parte o del terzo autori delle violazioni.

6. Ferma l'applicazione delle sanzioni amministrative pecuniarie di cui ai commi 1 e 2, se la parte rifiuta senza giustificato motivo di rispettare l'ordine di esibizione del giudice a norma dell'articolo 3 o non adempie allo stesso, ovvero distrugge prove rilevanti ai fini del giudizio di risarcimento, il giudice, valutato ogni elemento di prova, può ritenere provato il fatto al quale la prova si riferisce.

7. Ferma l'applicazione della sanzione amministrativa pecuniaria di cui al comma 4, se la parte utilizza prove in violazione dei limiti di cui all'articolo 5, il giudice può respingere in tutto o in parte le domande e le eccezioni alle quali le prove si riferiscono.

Capo III
Effetto delle decisioni dell'autorità, termini di prescrizione delle azioni e responsabilità in solido

7. Effetti delle decisioni dell'autorità garante della concorrenza. – 1. Ai fini dell'azione per il risarcimento del danno si ritiene definitivamente accertata, nei confronti dell'autore, la violazione del diritto della concorrenza constatata da una decisione dell'autorità garante della concorrenza e del mercato di cui all'articolo 10 della legge 10 ottobre 1990, n. 287, non più soggetta ad impugnazione davanti al giudice del ricorso, o da una sentenza del giudice del ricorso passata in giudicato. Il sindacato del giudice del ricorso comporta la verifica diretta dei fatti posti a fondamento della decisione impugnata e si estende anche ai profili tecnici che non presentano un oggettivo margine di opinabilità, il cui esame sia necessario per giudicare la legittimità della decisione medesima. Quanto previsto al primo periodo riguarda la natura della violazione e la sua portata materiale, personale, temporale e territoriale, ma non il nesso di causalità e l'esistenza del danno.

2. La decisione definitiva con cui una autorità nazionale garante della concorrenza o il giudice del ricorso di altro Stato membro accerta una violazione del diritto della concorrenza costituisce prova, nei confronti dell'autore, della natura della violazione e della sua portata materiale, personale, temporale e territoriale, valutabile insieme ad altre prove.

3. Le disposizioni del presente articolo lasciano impregiudicati le facoltà e gli obblighi del giudice ai sensi dell'articolo 267 del trattato sul funzionamento dell'Unione europea.

8. Termine di prescrizione. – 1. Il diritto al risarcimento del danno derivante da una violazione del diritto della concorrenza si prescrive in cinque anni. Il termine di prescrizione non inizia a decorrere prima che la violazione del diritto della concorrenza sia cessata e prima che l'attore sia a conoscenza o si possa ragionevolmente presumere che sia a conoscenza di tutti i seguenti elementi:

a) della condotta e del fatto che tale condotta costituisce una violazione del diritto della concorrenza;

b) del fatto che la violazione del diritto della concorrenza gli ha cagionato un danno;

c) dell'identità dell'autore della violazione.

2. La prescrizione rimane sospesa quando l'autorità garante della concorrenza avvia un'indagine o un'istruttoria in relazione alla violazione del diritto della concorrenza cui si riferisce l'azione per il diritto al risarcimento del danno. La sospensione si protrae per un anno dal momento in cui la decisione relativa alla violazione del diritto della concorrenza è divenuta definitiva o dopo che il procedimento si è chiuso in altro modo.

9. Responsabilità in solido. – 1. In deroga a quanto previsto dall'articolo 2055, primo comma, del codice civile, fatto salvo il diritto al pieno risarcimento del danno di cui all'articolo 1, comma 2, la piccola o media impresa (PMI), come definita nella raccomandazione 2003/361/CE della Commissione, che viola il diritto della concorrenza è responsabile in solido solo nei confronti dei propri acquirenti diretti ed indiretti quando la sua quota nel mercato rilevante è rimasta inferiore al cinque per cento per il tempo in cui si è protratta la violazione del diritto della concorrenza e quando l'applicazione delle ordinarie regole in materia di responsabilità solidale determinerebbe un pregiudizio irreparabile per la sua solidità economica e la totale perdita di valore delle sue attività. La PMI è responsabile in solido anche nei confronti di soggetti danneggiati diversi da quelli di cui al periodo precedente solo quando questi non possono ottenere l'integrale risarcimento del danno dalle altre imprese coinvolte nella stessa violazione del diritto della concorrenza.

2. La deroga di cui al comma 1, primo periodo, non si applica quando la PMI ha svolto un ruolo di guida nella violazione del diritto della concorrenza o costretto altre imprese a parteciparvi ovvero quando risulta accertato che la PMI ha commesso in precedenza una violazione del diritto della concorrenza.

3. In deroga a quanto previsto dall'articolo 2055, primo comma, del codice civile il beneficiario dell'immunità è responsabile in solido:

a) nei confronti dei suoi acquirenti o fornitori diretti o indiretti;

b) nei confronti di altri soggetti danneggiati, solo quando questi non possono ottenere l'integrale risarcimento del danno dalle altre imprese coinvolte nella stessa violazione del diritto della concorrenza.

4. Il termine di prescrizione del diritto al risarcimento del danno dei soggetti danneggiati di cui ai commi 1, secondo periodo, e 3, lettera b), inizia a decorrere da quando risulta accertato che gli stessi non possono ottenere l'integrale risarcimento del danno dalle altre imprese coinvolte nella stessa violazione del diritto della concorrenza.

5. Il regresso contro il beneficiario dell'immunità da parte di colui che ha risarcito il danno non può superare la misura del danno che lo stesso beneficiario dell'immunità ha causato ai propri acquirenti o fornitori diretti o indiretti ed è comunque determinato ai sensi dell'articolo 2055, secondo comma, del codice civile.

Capo IV
Trasferimento del sovrapprezzo

10. Risarcimento del danno e trasferimento del sovrapprezzo. – 1. Il risarcimento del danno da violazione del diritto della concorrenza può essere chiesto da chiunque lo ha subito, indipendentemente dal fatto che si tratti di acquirente diretto o indiretto dell'autore della violazione.

2. Il risarcimento del danno emergente cagionato dall'autore della violazione ad un dato livello della catena di approvvigionamento non supera il danno da sovrapprezzo subito a tale livello, fermo il diritto del soggetto danneggiato di chiedere il risarcimento per il lucro cessante derivante dal trasferimento integrale o parziale del sovrapprezzo.

3. Le disposizioni del Capo IV del presente decreto si applicano anche quando la violazione del diritto della concorrenza riguarda una fornitura all'autore della violazione.

11. Eccezione di trasferimento. – 1. Nelle azioni per il risarcimento del danno, il convenuto che eccepisce il fatto che l'attore ha trasferito in tutto o in parte il sovrapprezzo derivante dalla violazione del diritto della concorrenza ha l'onere di provarlo anche chiedendo l'esibizione di prove all'attore o a terzi.

12. Acquirenti indiretti. – 1. Nelle azioni di risarcimento del danno per trasferimento in tutto o in parte del sovrapprezzo, l'attore deve dimostrare l'esistenza e la portata del trasferimento anche chiedendo l'esibizione di prove al convenuto o a terzi.

2. Nel caso di cui al comma 1, il trasferimento del sovrapprezzo si presume quando l'acquirente indiretto dimostra che:

a) il convenuto ha commesso una violazione del diritto della concorrenza;

b) la violazione del diritto della concorrenza ha determinato un sovrapprezzo per l'acquirente diretto del convenuto;

c) l'acquirente indiretto ha acquistato beni o servizi oggetto della violazione del diritto della concorrenza o ha acquistato beni o servizi che derivano dagli stessi o che li incorporano.

3. Il convenuto può dimostrare che il sovrapprezzo di cui al comma 2 non è stato trasferito interamente o in parte sull'acquirente indiretto.

13. Pluralità di azioni. – 1. Ferma la applicazione degli articoli 39 e 40 del codice di procedura civile e dell'articolo 30 del regolamento (UE) n. 1215/2012, nelle azioni di risarcimento del danno da trasferimento in tutto o in parte del sovrapprezzo derivante dalla violazione del diritto della concorrenza, il giudice, nel valutare se l'onere della prova previsto dagli articoli 11 e 12 è assolto, può tenere conto delle azioni di risarcimento del danno, anche proposte in altri Stati membri, relative alla medesima violazione del diritto della concorrenza ma promosse da attori che si trovano a un altro livello della catena di approvvigionamento e delle decisioni assunte in tali cause. Può, altresì, tenere conto delle informazioni di dominio pubblico risultanti dall'applicazione a livello pubblicistico del diritto della concorrenza riguardanti il caso specifico.

Capo V
Quantificazione del danno

14. Valutazione del danno. – 1. Il risarcimento del danno causato da una violazione del diritto della concorrenza dovuto al soggetto danneggiato si deve determinare secondo le disposizioni degli articoli 1223, 1226 e 1227 del codice civile.

2. L'esistenza del danno cagionato da una violazione del diritto alla concorrenza consistente in un cartello si presume, salva prova contraria dell'autore della violazione.

3. Il giudice può chiedere assistenza all'autorità garante della concorrenza formulando specifiche richieste sugli orientamenti che riguardano la quantificazione del danno. Salvo che l'assistenza risulti non appropriata in relazione alle esigenze di salvaguardare l'efficacia dell'applicazione a livello pubblicistico del diritto della concorrenza, l'autorità garante presta l'assistenza richiesta nelle forme e con le modalità che il giudice indica sentita l'autorità medesima.

Capo VI
Composizione consensuale delle controversie

15. Effetti della composizione consensuale delle controversie. – 1. Alla prescrizione del diritto per il risarcimento del danno da violazione del diritto della concorrenza si applicano l'articolo 5, comma 6, del decreto legislativo 4 marzo 2010, n. 28, l'articolo 8 del decreto-legge 12 settembre 2014, n. 132, convertito, con modificazioni, dalla legge 10 novembre 2014, n. 162, l'articolo 141-quinquies del codice del consumo di cui al decreto legislativo 6 settembre 2005, n. 206, e l'articolo 2943, quarto comma, del codice civile.

2. Fatte salve le disposizioni in materia di arbitrato, il giudice, su istanza delle parti, può sospendere sino a due anni il processo pendente per il risarcimento del danno da violazione del diritto della concorrenza quando le medesime parti hanno fatto ricorso ad una procedura di composizione consensuale della controversia. Quando la conciliazione non riesce il processo deve essere riassunto nel termine perentorio di trenta giorni dalla formalizzazione della mancata conciliazione.

3. Il periodo di sospensione di cui al comma 2 non si computa ai fini dell'articolo 2 della legge 24 marzo 2001, n. 89.

4. L'autorità garante della concorrenza e del mercato di cui all'articolo 10 della legge 10 ottobre 1990, n. 287, può considerare, ai fini della irrogazione della sanzione di cui all'articolo 15 della medesima legge, il risarcimento del danno effettuato dall'autore della violazione a seguito di una procedura di composizione consensuale della controversia e prima della decisione dell'autorità.

16. Effetti della composizione consensuale delle controversie sulle successive azioni per il risarcimento del danno. – 1. Nelle azioni per il risarcimento del danno da violazione del diritto della concorrenza, il soggetto danneggiato che ha partecipato ad un accordo che compone la controversia non può chiedere la parte di danno imputabile al coautore della violazione che vi ha partecipato ai coautori che non vi hanno partecipato.

2. I coautori della violazione che non hanno partecipato ad un accordo che compone la controversia non hanno regresso nei confronti dei coautori della violazione che vi hanno partecipato per la parte del danno a questi imputabile.

3. Quando i coautori della violazione che non hanno partecipato all'accordo che compone la controversia sono insolventi, detratta la parte di danno imputabile al coautore che ha partecipato all'accordo, il soggetto danneggiato può chiedere il risarcimento ai coautori della violazione che hanno partecipato all'accordo, salvo che le parti che hanno partecipato all'accordo che compone la controversia lo abbiano espressamente escluso.

4. Fermo il disposto dell'articolo 2055, secondo comma, del codice civile, nel determinare la misura del regresso dovuto dal coautore della violazione a ciascuno degli altri coautori della violazione responsabili per il danno cagionato dalla violazione del diritto della concorrenza, il giudice tiene conto del risarcimento corrisposto dal predetto coautore interessato nell'ambito di un accordo che compone la controversia concluso in precedenza.

5. Le disposizioni del presente articolo si applicano anche quando il procedimento di composizione consensuale della controversia è definito con la pronuncia del lodo di cui al capo IV del Titolo VIII del libro IV del codice di procedura civile.

Capo VII
Disposizioni ulteriori, transitorie e finali

17. Modificazioni alla legge 10 ottobre 1990, n. 287. – 1. All'articolo 1 della legge 10 ottobre 1990, n. 287, sono apportate le seguenti modificazioni:

a) al comma 1, le parole: «che non ricadono nell'ambito di applicazione degli articoli 65 e/o 66 del Trattato istitutivo della Comunità europea del carbone e dell'acciaio, degli articoli 85 e/o 86 del Trattato istitutivo della Comunità economica europea (CEE), dei regolamenti della CEE o di atti comunitari con efficacia normativa equiparata» sono soppresse;

b) il comma 2 è sostituito dal seguente: «2. L'Autorità garante della concorrenza e del mercato di cui all'articolo 10, di seguito denominata "Autorità", applica anche parallelamente in relazione a uno stesso caso gli articoli 101 e 102 del Trattato sul funzionamento dell'Unione europea e gli articoli 2 e 3 della presente legge in materia di intese restrittive della libertà di concorrenza e di abuso di posizione dominante.»;

c) il comma 3 è abrogato.

18. Competenza dei tribunali per le imprese. – 1. All'articolo 4 del decreto legislativo 27 giugno2003, n. 168, sono apportate le seguenti modificazioni:

a) al comma 1, primo periodo, le parole: «dal comma 1-bis» sono sostituite dalle seguenti: «dai commi 1-bis e 1-ter»;

b) dopo il comma 1-bis è aggiunto il seguente: «1-ter. Per le controversie di cui all'articolo 3, comma 1, lettere c) e d), anche quando ricorrono i presupposti del comma 1-bis, che, secondo gli ordinari criteri di competenza territoriale e nel rispetto delle disposizioni normative speciali che le disciplinano, dovrebbero essere trattate dagli uffici giudiziari di seguito elencati, sono inderogabilmente competenti:

a) la sezione specializzata in materia di impresa di Milano per gli uffici giudiziari ricompresi nei distretti di Brescia, Milano, Bologna, Genova, Torino, Trieste, Venezia, Trento e Bolzano (sezione distaccata);

b) la sezione specializzata in materia di impresa di Roma per gli uffici giudiziari ricompresi nei distretti di Ancona, Firenze, L'Aquila, Perugia, Roma, Cagliari e Sassari (sezione distaccata);

c) la sezione specializzata in materia di impresa di Napoli per gli uffici giudiziari ricompresi nei distretti di corte d'appello di Campobasso, Napoli, Salerno, Bari, Lecce, Taranto (sezione distaccata), Potenza, Caltanissetta, Catania, Catanzaro, Messina, Palermo, Reggio Calabria.».

19. Disposizione transitoria. – 1. Ai fini dell'applicazione temporale del presente decreto, gli articoli 3, 4, 5, 15, comma 2, quali disposizioni procedurali, si applicano ai giudizi di risarcimento del danno da violazione del diritto della concorrenza promossi successivamente al 26 dicembre 2014.

20. Clausola di invarianza finanziaria. – 1. Dall'attuazione delle disposizioni di cui al presente decreto non devono derivare nuovi o maggiori oneri a carico della finanza pubblica. Le amministrazioni interessate provvedono agli adempimenti ivi previsti con le risorse umane, strumentali e finanziarie disponibili a legislazione vigente.

Il presente decreto, munito del sigillo dello Stato, sarà inserito nella Raccolta ufficiale degli atti normativi della Repubblica italiana. È fatto obbligo a chiunque spetti di osservarlo e di farlo osservare.

L. 4 agosto 2017, n. 124

Legge annuale per il mercato e la concorrenza (G.U. 14 agosto 2017, n. 189)

IL PRESIDENTE DELLA REPUBBLICA
Promulga la seguente legge:

Art. 1. – 1. La presente legge reca disposizioni finalizzate a rimuovere ostacoli regolatori all'apertura dei mercati, a promuovere lo sviluppo della concorrenza e a garantire la tutela dei consumatori, anche in applicazione dei principi del diritto dell'Unione europea in materia di libera circolazione, concorrenza e apertura dei mercati, nonché delle politiche europee in materia di concorrenza.

2. Il comma 1 dell'articolo 132 del codice delle assicurazioni private, di cui al decreto legislativo 7 settembre 2005, n. 209, e successive modificazioni, è sostituito dai seguenti:

«1. Le imprese di assicurazione stabiliscono preventivamente le condizioni di polizza e le tariffe relative all'assicurazione obbligatoria, comprensive di ogni rischio derivante dalla circolazione dei veicoli a motore e dei natanti.

1-bis. Le imprese di assicurazione sono tenute ad accettare le proposte che sono loro presentate secondo le condizioni e le tariffe di cui al comma 1, fatta salva la necessaria verifica della correttezza dei dati risultanti dall'attestato di rischio, nonché dell'identità del contraente e dell'intestatario del veicolo, se persona diversa.

1-ter. Qualora dalla verifica, effettuata anche mediante consultazione delle banche di dati di settore e dell'archivio informatico integrato istituito presso l'IVASS di cui all'articolo 21 del decreto-legge 18 ottobre 2012, n. 179, convertito, con modificazioni, dalla legge 17 dicembre 2012, n. 221, e successive modificazioni, risulti che le informazioni fornite dal contraente non siano corrette o veritiere, le imprese di assicurazione non sono tenute ad accettare le proposte loro presentate. Le imprese di assicurazione, in caso di mancata accettazione della proposta, ricalcolano il premio e inviano un nuovo preventivo al potenziale contraente».

3. All'articolo 132 del codice delle assicurazioni private, di cui al decreto legislativo 7 settembre 2005, n. 209, e successive modificazioni, è aggiunto, in fine, il seguente comma:

«3-bis. In caso di segnalazione di violazione o elusione dell'obbligo a contrarre, incluso il rinnovo, i termini regolamentari di gestione dei reclami da parte dell'IVASS sono dimezzati. Decorso inutilmente il termine, l'IVASS provvede a irrogare le sanzioni di cui all'articolo 314».

4. All'articolo 314, comma 1, del codice delle assicurazioni private, di cui al decreto legislativo 7 settembre 2005, n. 209, le parole: «euro millecinquecento ad euro quattromilacinquecento» sono sostituite dalle seguenti: «euro duemilacinquecento ad euro quindicimila».

5. Ai commi 1-bis e 1-ter dell'articolo 32 del decreto-legge 24 gennaio 2012, n. 1, convertito, con modificazioni, dalla legge 24 marzo 2012, n. 27, le parole: «di cui al comma 1», ovunque ricorrono, sono sostituite dalle seguenti: «di cui all'articolo 132-ter, comma 1, del codice delle assicurazioni private, di cui al decreto legislativo 7 settembre 2005, n. 209».

6. Dopo l'articolo 132 del codice delle assicurazioni private, di cui al decreto legislativo 7 settembre 2005, n. 209, sono inseriti i seguenti:

«Art. 132-bis. – (Obblighi informativi degli intermediari). – 1. Gli intermediari, prima della sottoscrizione di un contratto di assicurazione obbligatoria per i veicoli a motore, sono tenuti a informare il consumatore in modo corretto, trasparente ed esaustivo sui premi offerti da tutte le imprese di assicurazione di cui sono mandatari relativamente al contratto base previsto dall'articolo 22 del decreto-legge 18 ottobre 2012, n. 179, convertito, con modificazioni, dalla legge 17 dicembre 2012, n. 221, e successive modificazioni.

2. Al fine di cui al comma 1, gli intermediari forniscono l'indicazione dei premi offerti dalle imprese di assicurazione mediante collegamento telematico al preventivatore consultabile nei siti internet dell'IVASS e del Ministero dello sviluppo economico e senza obbligo di rilascio di supporti cartacei.

3. L'IVASS adotta disposizioni attuative in modo da garantire l'accesso e la risposta per via telematica, sia ai consumatori che agli intermediari, esclusivamente per i premi applicati dalle imprese di assicurazione per il contratto base relativo ad autovetture e motoveicoli. Con le stesse disposizioni sono definite le modalità attraverso le quali, ottenuti i preventivi sulla base delle informazioni inserite nel servizio informativo di cui all'articolo 136, comma 3-bis, è consentita la conclusione del contratto, a condizioni non peggiorative rispetto a quanto indicato nel preventivo stesso, o presso un'agenzia della compagnia ovvero, per le imprese che lo prevedano, attraverso un collegamento diretto al sito internet di ciascuna compagnia di assicurazione.

4. Il contratto stipulato senza la dichiarazione del cliente di aver ricevuto, ove prescritte, le informazioni di cui al comma 1 è affetto da nullità rilevabile solo a favore del cliente.

Art. 132-ter – (Sconti obbligatori). – 1. In presenza di almeno una delle seguenti condizioni, da verificare in precedenza o contestualmente alla stipulazione del contratto o dei suoi rinnovi, le imprese di assicurazione praticano uno sconto determinato dall'impresa nei limiti stabiliti dal comma 2:

a) nel caso in cui, su proposta dell'impresa di assicurazione, i soggetti che presentano proposte per l'assicurazione obbligatoria accettano di sottoporre il veicolo a ispezione da eseguire a spese dell'impresa di assicurazione;

b) nel caso in cui vengono installati, su proposta dell'impresa di assicurazione, o sono già presenti e portabili meccanismi elettronici che registrano l'attività del veicolo, denominati "scatola nera" o equivalenti, ovvero ulteriori dispositivi, individuati, per i soli requisiti funzionali minimi necessari a garantire l'utilizzo dei dati raccolti, in particolare, ai fini tariffari e della determinazione della responsabilità in occasione dei sinistri, con decreto del Ministro delle infrastrutture e dei trasporti, di concerto con il Ministro dello sviluppo economico, da adottare entro novanta giorni dalla data di entrata in vigore della presente disposizione;

c) nel caso in cui vengono installati, su proposta dell'impresa di assicurazione, o sono già presenti, meccanismi elettronici che impediscono l'avvio del motore qualora sia riscontrato nel guidatore un tasso alcolemico superiore ai limiti stabiliti dalla legge per la conduzione di veicoli a motore.

2. L'IVASS, con proprio regolamento, definisce criteri e modalità nell'ambito dei processi di costruzione della tariffa e di ricalcolo del premio, per la determinazione da parte delle imprese di assicurazione dello sconto di cui al comma 1. Le imprese di assicurazione, in attuazione dei criteri stabiliti dall'IVASS, definiscono uno sconto significativo da applicare alla clientela a fronte della riduzione del rischio connesso al ricorrere di una o più delle condizioni di cui al comma 1 ed evidenziano in sede di preventivo e nel contratto, in caso di accettazione da parte del contraente, lo sconto praticato per ciascuna delle condizioni di cui al comma 1, in valore assolu-

to e in percentuale, rispetto al prezzo della polizza altrimenti applicato.

3. L'IVASS identifica, sulla scorta di dati in proprio possesso e di indagini statistiche, la lista delle province a maggiore tasso di sinistrosità e con premio medio più elevato. Tale lista è aggiornata con cadenza almeno biennale.

4. Con il regolamento di cui al comma 2, l'IVASS, tenuto conto dei premi più elevati applicati nelle province individuate ai sensi del comma 3 e di quelli praticati nelle altre province a più bassa sinistrosità ad assicurati con le medesime caratteristiche soggettive e collocati nella medesima classe di merito, definisce altresì i criteri e le modalità finalizzati alla determinazione da parte delle imprese di assicurazione di uno sconto, aggiuntivo e significativo rispetto a quello praticato ai sensi del comma 2, da applicare ai soggetti residenti nelle province di cui al comma 3, che non abbiano provocato sinistri con responsabilità esclusiva o principale o paritaria negli ultimi quattro anni sulla base dell'evidenza dell'attestato di rischio, e che abbiano installato o installino, a seguito della stipula del contratto, il dispositivo di cui al comma 1, lettera b).

5. In particolare, il regolamento di cui al comma 2:

a) definisce i parametri oggettivi, tra cui la frequenza dei sinistri e il relativo costo medio, per il calcolo dello sconto aggiuntivo di cui al comma 4;

b) prevede, nell'ambito delle modalità di cui al comma 4, che non possano sussistere differenziali di premio che non siano giustificati da specifiche evidenze sui differenziali di rischio.

6. Le attività di cui ai commi precedenti sono svolte nell'ambito delle risorse umane e strumentali disponibili a legislazione vigente e comunque senza nuovi o maggiori oneri per la finanza pubblica.

7. Le imprese di assicurazione, in attuazione dei criteri stabiliti dall'IVASS, a decorrere dalla data di entrata in vigore della presente disposizione, applicano lo sconto nei confronti dei soggetti che si trovino nelle condizioni previste dal comma 4, di importo significativo e aggiuntivo rispetto a quello praticato ai sensi del comma 2, ed evidenziano in sede di preventivo e nel contratto, in caso di accettazione da parte del contraente, lo sconto praticato, in valore assoluto e in percentuale, rispetto al prezzo della polizza altrimenti applicato. Lo sconto di cui al presente comma si applica ai nuovi contratti o in occasione del rinnovo di quelli in essere.

8. Resta fermo, nei casi di cui ai commi 2 e 4, l'obbligo di rispettare i parametri stabiliti dal contratto di assicurazione. Al fine del conseguimento della massima trasparenza, l'impresa di assicurazione pubblica nel proprio sito internet l'entità degli sconti effettuati in attuazione delle disposizioni di cui ai commi 1, 2, 4 e 7, secondo forme di pubblicità che ne rendano efficace e chiara l'applicazione.

9. L'IVASS, attraverso periodiche verifiche a campione, anche in via ispettiva ovvero a seguito di circostanziata segnalazione da parte di terzi, accerta che le imprese assicurative tengano effettivamente conto, ai fini dell'applicazione delle disposizioni di cui ai commi 1, 2, 4 e 7, nel processo di costruzione della tariffa e di ricalcolo del premio, dei criteri definiti dal regolamento di cui al comma 2 e del rispetto dei criteri e delle modalità finalizzati alla determinazione dello sconto di cui al comma 4.

10. L'IVASS verifica, inoltre, che lo sconto aggiuntivo di cui al comma 4 garantisca la progressiva riduzione delle differenze dei premi applicati sul territorio nazionale nei confronti di assicurati con le medesime caratteristiche soggettive e collocati nella medesima classe di merito.

11. Il mancato rispetto da parte dell'impresa di assicurazione dei criteri e delle modalità per la determinazione dello sconto di cui ai commi 2 e 4 e dell'obbligo di riduzione del premio nei casi previsti dalle disposizioni di cui ai commi 1 e 7 comporta l'applicazione alla medesima impresa, da parte dell'IVASS, di una sanzione amministrativa pecuniaria da euro 10.000 a euro 80.000 e la riduzione automatica del premio di assicurazione relativo al contratto in essere.

12. Nei casi di cui al comma 1, lettere b) e c), i costi di installazione, disinstallazione, funzionamento, sostituzione e portabilità sono a carico dell'impresa. La titolarità delle dotazioni di cui alle citate lettere b) e c) spetta all'assicurato. La riduzione di premio praticata dall'impresa di assicurazione di cui al comma 1 si applica, altresì, in caso di contratto stipulato con un nuovo assicurato e in caso di scadenza di un contratto o di stipulazione di un nuovo contratto di assicurazione fra le stesse parti. Resta fermo l'obbligo di rispettare i parametri stabiliti dal contratto di assicurazione».

7. Il regolamento di cui all'articolo 132-ter, comma 2, del codice di cui al decreto legislativo 7 settembre 2005, n. 209, introdotto dal comma 6 del presente articolo, è adottato dall'Istituto per la vigilanza sulle assicurazioni (IVASS) entro novanta giorni dalla data di entrata in vigore della presente legge.

8. L'IVASS identifica, in sede di prima attuazione, la lista delle province a maggiore tasso di sinistrosità, di cui all'articolo 132-ter, comma 3, del codice di cui al decreto legislativo 7 settembre 2005, n. 209, entro novanta giorni dalla data di entrata in vigore della presente legge.

9. All'articolo 148 del codice delle assicurazioni private, di cui al decreto legislativo 7 settembre 2005, n. 209, è aggiunto, in fine, il seguente comma:

«11-bis. Resta ferma per l'assicurato la facoltà di ottenere l'integrale risarcimento per la riparazione a regola d'arte del veicolo danneggiato avvalendosi di imprese di autoriparazione di propria fiducia abilitate ai sensi della legge 5 febbraio 1992, n. 122. A tal fine, l'impresa di autoriparazione fornisce la documentazione fiscale e un'idonea garanzia sulle riparazioni effettuate, con una validità non inferiore a due anni per tutte le parti non soggette a usura ordinaria».

10. Al fine di garantire le condizioni di sicurezza e funzionalità dei veicoli, le associazioni nazionali maggiormente rappresentative del settore dell'autoriparazione, l'Associazione nazionale fra le imprese assicuratrici e le associazioni dei consumatori iscritte nell'elenco istituito ai sensi dell'articolo 137 del codice del consumo, di cui al decreto legislativo 6 settembre 2005, n. 206, e successive modificazioni, definiscono d'intesa tra loro apposite linee guida finalizzate a determinare gli strumenti, le procedure, le soluzioni realizzative e gli ulteriori parametri tecnici per l'effettuazione delle riparazioni a regola d'arte di cui all'articolo 148, comma 11-bis, del codice delle assicurazioni private, di cui al decreto legislativo 7 settembre 2005, n. 209, introdotto dal comma 9 del presente articolo, sulla base di criteri oggettivi e facilmente riscontrabili. Le predette linee guida sono comunicate al Ministero dello sviluppo economico che ne assicura le necessarie forme di pubblicità.

11. Le imprese di assicurazione praticano uno sconto significativo rispetto al prezzo della polizza altrimenti applicato nel caso in cui l'assicurato contragga più polizze assicurative di veicoli in suo possesso e sottoscriva per ciascuna polizza una clausola di guida esclusiva.

12. Al comma 1 dell'articolo 133 del codice delle assicurazioni private, di cui al decreto legislativo 7 settembre 2005, n. 209, e successive modificazioni, le parole: «La predetta variazione in diminuzione del premio» sono sostituite dalle seguenti: «La predetta variazione del premio, in aumento o in diminuzione, da indicare, in valore assoluto e in percentuale rispetto alla tariffa in vigore applicata dall'impresa, all'atto dell'offerta di preventivo della stipulazione o di rinnovo,».

13. All'articolo 133 del codice delle assicurazioni private, di cui al decreto legislativo 7 settembre 2005, n. 209, dopo il comma 1 è inserito il seguente:

«1-bis. È fatto divieto alle imprese di assicurazione di differenziare la progressione e l'attribuzione delle classi di merito interne in funzione della durata del rapporto contrattuale tra l'assicurato e la medesima impresa, ovvero in base a parametri che ostacolino la mobilità tra diverse imprese di assicurazione. In particolare, le imprese di assicurazione devono garantire al soggetto che stipula il nuovo contratto, nell'ambito della classe di merito, le condizioni di premio assegnate agli assicurati aventi identiche caratteristiche di rischio».

14. All'articolo 134 del codice delle assicurazioni private, di cui al decreto legislativo 7 settembre 2005, n. 209, e successive modificazioni, sono apportate le seguenti modificazioni:

a) al comma 4-bis, dopo le parole: «non può assegnare al contratto una classe di merito più sfavorevole rispetto a quella risultante dall'ultimo attestato di rischio conseguito sul veicolo già assicurato» sono aggiunte le seguenti: «e non può discriminare in funzione della durata del rapporto garantendo, nell'ambito della classe di merito, le condizioni di premio assegnate agli assicurati aventi le stesse caratteristiche di rischio del soggetto che stipula il nuovo contratto»;

b) al comma 4-ter è aggiunto, in fine, il seguente periodo: «In ogni caso, le variazioni peggiorative apportate alla classe di merito e i conseguenti incrementi del premio per gli assicurati che hanno esercitato la facoltà di cui all'articolo 132-ter, comma 1, lettera b), devono essere inferiori a quelli altrimenti applicati.»;

c) dopo il comma 4-ter è inserito il seguente:

«4-ter.1. Conseguentemente al verificarsi di un sinistro, qualora l'assicurato accetti l'installazione di uno dei dispositivi di cui all'articolo 132-ter, le variazioni peggiorative apportate alla classe di merito e i conseguenti incrementi del premio devono essere inferiori a quelli altrimenti applicati».

15. All'articolo 135 del codice delle assicurazioni private, di cui al decreto legislativo 7 settembre 2005, n. 209, e successive modificazioni, sono aggiunti, in fine, i seguenti commi:

«3-bis. In caso di sinistri con soli danni a cose, l'identificazione di eventuali testimoni sul luogo di accadimento dell'incidente deve risultare dalla denuncia di sinistro o comunque dal primo atto formale del danneggiato nei confronti dell'impresa di assicurazione o, in mancanza, deve essere richiesta dall'impresa di assicurazione con espresso avviso all'assicurato delle conseguenze processuali della mancata risposta. In quest'ultimo caso, l'impresa di assicurazione deve effettuare la richiesta di indicazione dei testimoni con raccomandata con avviso di ricevimento entro il termine di sessanta giorni dalla denuncia del sinistro e la parte che riceve tale richiesta effettua la comunicazione dei testimoni, a mezzo di raccomandata con avviso di ricevimento, entro il termine di sessanta giorni dalla ricezione della richiesta. L'impresa di assicurazione deve procedere a sua volta all'individuazione e alla comunicazione di eventuali ulteriori testimoni entro il termine di sessanta giorni. Fatte salve le risultanze contenute in verbali delle autorità di polizia intervenute sul luogo dell'incidente, l'identificazione dei testimoni avvenuta in un momento successivo comporta l'inammissibilità della prova testimoniale addotta.

3-ter. In caso di giudizio, il giudice, sulla base della documentazione prodotta, non ammette le testimonianze che non risultino acquisite secondo le modalità previste dal comma 3-bis. Il giudice dispone l'audizione dei testimoni che non sono stati indicati nel rispetto del citato comma 3-bis nei soli casi in cui risulti comprovata l'oggettiva impossibilità della loro tempestiva identificazione.

3-quater. Nelle controversie civili promosse per l'accertamento della responsabilità e per la quantificazione dei danni, il giudice, anche su documentata segnalazione delle parti che, a tale fine, possono richiedere i dati all'IVASS, trasmette un'informativa alla procura della Repubblica, per quanto di competenza, in relazione alla ricorrenza dei medesimi nominativi di testimoni presenti in più di tre sinistri negli ultimi cinque anni registrati nella banca dati dei sinistri di cui al comma 1. Il presente comma non si applica agli ufficiali e agli agenti delle autorità di polizia che sono chiamati a testimoniare».

16. L'IVASS provvede alla verifica trimestrale dei dati relativi ai sinistri che le imprese di assicurazione sono tenute a inserire nella banca dati dei sinistri, di cui all'articolo 135 del codice delle assicurazioni private, di cui al decreto legislativo 7 settembre 2005, n. 209, e successive modificazioni, al fine di assicurare l'omogenea e oggettiva definizione dei criteri di trattamento dei dati medesimi. All'esito delle verifiche periodiche, l'IVASS redige apposita relazione le cui risultanze sono considerate anche al fine della definizione della significatività degli sconti di cui all'articolo 132-ter, comma 1, del citato codice di cui al decreto legislativo n. 209 del 2005, introdotto dal comma 6 del presente articolo.

17. L'articolo 138 del codice delle assicurazioni private, di cui al decreto legislativo 7 settembre 2005, n. 209, è sostituito dal seguente:

«Art. 138 – (Danno non patrimoniale per lesioni di non lieve entità). – 1. Al fine di garantire il diritto delle vittime dei sinistri a un pieno risarcimento del danno non patrimoniale effettivamente subito e di razionalizzare i costi gravanti sul sistema assicurativo e sui consumatori, con decreto del Presidente della Repubblica, da adottare entro centoventi giorni dalla data di entrata in vigore della presente disposizione, previa deliberazione del Consiglio dei ministri, su proposta del Ministro dello sviluppo economico, di concerto con il Ministro della salute, con il Ministro del lavoro e delle politiche sociali e con il Ministro della giustizia, si provvede alla predisposizione di una specifica tabella unica su tutto il territorio della Repubblica:

a) delle menomazioni all'integrità psico-fisica comprese tra dieci e cento punti;

b) del valore pecuniario da attribuire a ogni singolo punto di invalidità comprensivo dei coefficienti di variazione corrispondenti all'età del soggetto leso.

2. La tabella unica nazionale è redatta, tenuto conto dei criteri di valutazione del danno non patrimoniale ritenuti congrui dalla consolidata giurisprudenza di legittimità, secondo i seguenti principi e criteri:

a) agli effetti della tabella, per danno biologico si intende la lesione temporanea o permanente all'integrità psico-fisica della persona, suscettibile di accertamento medico-legale, che esplica un'incidenza negativa sulle attività quotidiane e sugli aspetti dinamico-relazionali della vita del danneggiato, indipendentemente da eventuali ripercussioni sulla sua capacità di produrre reddito;

b) la tabella dei valori economici si fonda sul sistema a punto variabile in funzione dell'età e del grado di invalidità;

c) il valore economico del punto è funzione crescente della percentuale di invalidità e l'incidenza della menomazione sugli aspetti dinamico-relazionali della vita del danneggiato cresce in modo più che proporzionale rispetto all'aumento percentuale assegnato ai postumi;

d) il valore economico del punto è funzione decrescente dell'età del soggetto, sulla base delle tavole di mortalità elaborate dall'ISTAT, al tasso di rivalutazione pari all'interesse legale;

e) al fine di considerare la componente del danno morale da lesione all'integrità fisica, la quota corrispondente al danno biologico stabilita in applicazione dei criteri di cui alle lettere da a) a d) è incrementata in via percentuale e progressiva per punto, individuando la percentuale di aumento di tali valori per la personalizzazione complessiva della liquidazione;

f) il danno biologico temporaneo inferiore al 100 per cento è determinato in misura corrispondente alla percentuale di inabilità riconosciuta per ciascun giorno.

3. Qualora la menomazione accertata incida in maniera rilevante su specifici aspetti dinamico-relazionali personali documentati e obiettivamente accertati, l'ammontare del risarcimento del danno, calcolato secondo quanto previsto dalla tabella unica nazionale di cui al comma 2, può essere aumentato dal giudice, con equo e motivato apprezzamento delle condizioni soggettive del danneggiato, fino al 30 per cento.

4. L'ammontare complessivo del risarcimento riconosciuto ai sensi del presente articolo è esaustivo del risarcimento del danno conseguente alle lesioni fisiche.

5. Gli importi stabiliti nella tabella unica nazionale sono aggiornati annualmente, con decreto del Ministro dello sviluppo economico, in misura corrispondente alla variazione dell'indice nazionale dei prezzi al consumo per le famiglie di operai e impiegati accertata dall'ISTAT».

18. La tabella unica nazionale predisposta con il decreto del Presidente della Repubblica di cui all'articolo 138, comma 1, del codice delle assicurazioni private, di cui al decreto legislativo 7 settembre 2005, n. 209, come sostituito dal comma 17 del presente articolo, si applica ai sinistri e agli eventi verificatisi successivamente alla data di entrata in vigore del medesimo decreto del Presidente della Repubblica.

19. L'articolo 139 del codice delle assicurazioni private, di cui al decreto legislativo 7 settembre 2005, n. 209, e successive modificazioni, è sostituito dal seguente:

«Art. 139 – (Danno non patrimoniale per lesioni di lieve entità). – 1. Il risarcimento del danno biologico per lesioni di lieve entità, derivanti da sinistri conseguenti alla circolazione di veicoli a motore e di natanti, è effettuato secondo i criteri e le misure seguenti:

a) a titolo di danno biologico permanente, è liquidato per i postumi da lesioni pari o inferiori al 9 per cento un importo crescente in misura più che proporzionale in relazione a ogni punto percentuale di invalidità; tale importo è calcolato in base all'applicazione a ciascun punto percentuale di invalidità del relativo coefficiente secondo la correlazione stabilita dal comma 6. L'importo così determinato si riduce con il crescere dell'età del soggetto in ragione dello 0,5 per cento per ogni anno di età a partire dall'undicesimo anno di età. Il valore del primo punto è pari a 795,91 euro;

b) a titolo di danno biologico temporaneo, è liquidato un importo di 39,37 euro per ogni giorno di inabilità assoluta; in caso di inabilità temporanea inferiore al 100 per cento, la liquidazione avviene in misura corrispondente alla percentuale di inabilità riconosciuta per ciascun giorno.

2. Ai fini di cui al comma 1, per danno biologico si intende la lesione temporanea o permanente all'integrità psico-fisica della persona, suscettibile di accertamento medico-legale, che esplica un'incidenza negativa sulle attività quotidiane e sugli aspetti dinamico-relazionali della vita del danneggiato, indipendentemente da eventuali ripercussioni sulla sua capacità di produrre reddito. In ogni caso, le lesioni di lieve entità, che non siano suscettibili di accertamento clinico strumentale obiettivo, ovvero visivo, con riferimento alle lesioni, quali le cicatrici, oggettivamente riscontrabili senza l'ausilio di strumentazioni, non possono dar luogo a risarcimento per danno biologico permanente.

3. Qualora la menomazione accertata incida in maniera rilevante su specifici aspetti dinamico-relazionali personali documentati e obiettivamente accertati ovvero causi o abbia causato una sofferenza psico-fisica di particolare intensità, l'ammontare del risarcimento del danno, calcolato secondo quanto previsto dalla tabella di cui al comma 4, può essere aumentato dal giudice, con equo e motivato apprezzamento delle condizioni soggettive del danneggiato, fino al 20 per cento. L'ammontare complessivo del risarcimento riconosciuto ai sensi del presente articolo è esaustivo del risarcimento del danno non patrimoniale conseguente a lesioni fisiche.

4. Con decreto del Presidente della Repubblica, previa deliberazione del Consiglio dei ministri, su proposta del Ministro della salute, di concerto con il Ministro del lavoro e delle politiche sociali, con il Ministro della giustizia e con il Ministro dello sviluppo economico, si provvede alla predisposizione di una specifica tabella delle menomazioni dell'integrità psico-fisica comprese tra 1 e 9 punti di invalidità.

5. Gli importi indicati nel comma 1 sono aggiornati annualmente con decreto del Ministro dello sviluppo economico, in misura corrispondente alla variazione dell'indice nazionale dei prezzi al consumo per le famiglie di operai e impiegati accertata dall'ISTAT. 6. Ai fini del calcolo dell'importo di cui al comma 1, lettera a), per un punto percentuale di invalidità pari a 1 si applica un coefficiente moltiplicatore pari a 1, per un punto percentuale di invalidità pari a 2 si applica un coefficiente moltiplicatore pari a 1,1, per un punto percentuale di invalidità pari a 3 si applica un coefficiente moltiplicatore pari a 1,2, per un punto percentuale di invalidità pari a 4 si applica un coefficiente moltiplicatore pari a 1,3, per un punto percentuale di invalidità pari a 5 si applica un coefficiente moltiplicatore pari a 1,5, per un punto percentuale di invalidità pari a 6 si applica un coefficiente moltiplicatore pari a 1,7, per un punto percentuale di invalidità pari a 7 si applica un coefficiente moltiplicatore pari a 1,9, per un punto percentuale di invalidità pari a 8 si applica un coefficiente moltiplicatore pari a 2,1 e per un punto percentuale di invalidità pari a 9 si applica un coefficiente moltiplicatore pari a 2,3».

20. Dopo l'articolo 145 del codice delle assicurazioni private, di cui al decreto legislativo 7 settembre 2005, n. 209, è inserito il seguente:

«Art. 145-bis – (Valore probatorio delle cosiddette «scatole nere» e di altri dispositivi elettronici) – 1. Quando uno dei veicoli coinvolti in un incidente risulta dotato di un dispositivo elettronico che presenta le caratteristiche tecniche e funzionali stabilite ai sensi dell'articolo 132-ter, comma 1, lettere b) e c), e fatti salvi, in quanto equiparabili, i dispositivi elettronici già in uso alla data di entrata in vigore delle citate disposizioni, le risultanze del dispositivo formano piena prova, nei procedimenti civili, dei fatti a cui esse si riferiscono, salvo che la parte contro la quale sono state prodotte dimostri il mancato funzionamento o la manomissione del predetto dispositivo. Le medesime risultanze sono rese fruibili alle parti.

2. L'interoperabilità e la portabilità dei meccanismi elettronici che registrano l'attività del veicolo di cui all'articolo 132-ter, comma 1, lettera b), anche nei casi di sottoscrizione da parte dell'assicurato di un contratto di assicurazione con un'impresa assicuratrice diversa da quella che ha provveduto a installare i meccanismi elettronici, sono garantite da operatori, di seguito denominati «provider di telematica assicurativa», i cui dati identificativi sono comunicati all'IVASS da parte delle imprese di assicurazione che ne utilizzano i servizi. I dati sull'attività del veicolo sono gestiti in sicurezza dagli operatori del settore sulla base dello standard tecnologico comune indicato nell'articolo 32, comma 1-ter, del decreto-legge 24 gennaio 2012, n. 1, convertito, con modificazioni, dalla legge 24 marzo 2012, n. 27, e successive modificazioni, e sono successivamente inviati alle rispettive imprese di assicurazione.

3. Le modalità per assicurare l'interoperabilità dei meccanismi elettronici nonché delle apparecchiature di telecomunicazione a essi connesse e dei relativi sistemi di gestione dei dati, in caso di sottoscrizione da parte dell'assicurato di un contratto di assicurazione con un'impresa diversa da quella che ha provveduto a installare tale meccanismo, o di portabilità tra diversi provider di telematica assicurativa, sono determinate dal regolamento previsto dall'articolo 32, comma 1-bis, del decreto-legge 24 gennaio 2012, n. 1, convertito, con modificazioni, dalla legge 24 marzo 2012, n. 27, e successive modificazioni. Gli operatori rispondono del funzionamento ai fini dell'interoperabilità.

4. Il mancato adeguamento, da parte dell'impresa di assicurazione o del provider di telematica assicurativa, alle condizioni stabilite dal regolamento previsto dall'articolo 32, comma 1-bis, del decreto-legge 24 gennaio 2012, n. 1, convertito, con modificazioni, dalla legge 24 marzo 2012, n. 27, e successive modificazioni, comporta l'applicazione da parte dell'IVASS di una sanzione amministrativa pecuniaria di euro 3.000 per ogni giorno di ritardo.

5. I dati sono trattati dall'impresa di assicurazione nel rispetto delle disposizioni del codice in materia di protezione dei dati personali, di cui al decreto legislativo 30 giugno 2003, n. 196. L'impresa di assicurazione è titolare del trattamento dei dati ai sensi dell'articolo 28 del citato codice di cui al decreto legislativo n. 196 del 2003. Salvo consenso espresso dell'assicurato in relazione alla disponibilità di ulteriori servizi connessi con la mobilità del veicolo, è fatto divieto all'impresa di assicurazione, nonché ai soggetti a essa collegati, di utilizzare i dispositivi di cui al presente articolo al fine di raccogliere dati ulteriori rispetto a quelli destinati alla finalità di determinazione delle responsabilità in occasione dei sinistri e ai fini tariffari, o di rilevare la posizione e le condizioni del veicolo in maniera continuativa o comunque sproporzionata rispetto alla medesima finalità.

6. È fatto divieto all'assicurato di disinstallare, manomettere o comunque rendere non funzionante il dispositivo installato. In caso di violazione del divieto di cui al periodo precedente da parte dell'assicurato, la riduzione del premio di cui all'articolo 132-ter non è applicata per la durata residua del contratto. L'assicurato che abbia goduto della riduzione di premio è tenuto alla restituzione dell'importo corrispondente alla riduzione accordata, fatte salve le eventuali sanzioni penali».

21. Il primo periodo del comma 2-bis dell'articolo 148 del codice delle assicurazioni private, di cui al decreto legislativo 7 settembre 2005, n. 209, è sostituito dal seguente:

«Ai fini di prevenzione e contrasto dei fenomeni fraudolenti, l'impresa di assicurazione provvede alla consultazione dell'archivio informatico integrato di cui all'articolo 21 del decreto-legge 18 ottobre 2012, n. 179, convertito, con modificazioni, dalla legge 17 dicembre 2012, n. 221, e successive modificazioni, e, qualora dal risultato della consultazione, avuto riguardo al codice fiscale dei soggetti coinvolti ovvero ai veicoli danneggiati, emergano gli indici di anomalia definiti dall'IVASS con apposito provvedimento, o qualora altri indicatori di frode siano segnalati dai dispositivi elettronici di cui all'articolo 132-ter, comma 1, del presente codice o siano emersi in sede di perizia da cui risulti documentata l'incongruenza del danno dichiarato dal richiedente, l'impresa può decidere, entro i termini di cui ai commi 1 e 2 del presente articolo, di non fare offerta di risarcimento, motivando tale decisione con la necessità di condurre ulteriori approfondimenti in relazione al sinistro.».

22. Il quinto periodo del comma 2-bis dell'articolo 148 del codice delle assicurazioni private, di cui al decreto legislativo 7 settembre 2005, n. 209, è sostituito dai seguenti:

«Nei predetti casi, l'azione in giudizio prevista dall'articolo 145 è proponibile solo dopo la ricezione delle determinazioni conclusive dell'impresa o, in sua mancanza, allo spirare del termine di sessanta giorni di sospensione della procedura. Rimane salvo il diritto del danneggiato di ottenere l'accesso agli atti nei termini previsti dall'articolo 146, salvo il caso di presentazione di querela o denuncia».

23. All'articolo 201 del codice della strada, di cui al decreto legislativo 30 aprile 1992, n. 285, e successive modificazioni, sono apportate le seguenti modificazioni:

a) al comma 1-bis è aggiunta, in fine, la seguente lettera:

«g-ter) accertamento, per mezzo di appositi dispositivi o apparecchiature di rilevamento, della violazione dell'obbligo dell'assicurazione per la responsabilità civile verso terzi, effettuato mediante il confronto dei dati rilevati riguardanti il luogo, il tempo e l'identificazione dei veicoli con quelli risultanti dall'elenco dei veicoli a motore che non risultano coperti dall'assicurazione per la responsabilità civile verso terzi, di cui all'articolo 31, comma 2, del decreto-legge 24 gennaio 2012, n. 1, convertito, con modificazioni, dalla legge 24 marzo 2012, n. 27»; b) dopo il comma 1-quater è inserito il seguente:

«1-quinquies. In occasione della rilevazione delle violazioni di cui al comma 1-bis, lettera g-ter), non è necessaria la presenza degli organi di polizia stradale qualora l'accertamento avvenga mediante dispositivi o apparecchiature che sono stati omologati ovvero approvati per il funzionamento in modo completamente automatico. Tali strumenti devono essere gestiti direttamente dagli organi di polizia stradale di cui all'articolo 12, comma 1, del presente codice. La documentazione fotografica prodotta costituisce atto di accertamento, ai sensi e per gli effetti dell'articolo 13 della legge 24 novembre 1981, n. 689, in ordine alla circostanza che al momento del rilevamento un determinato veicolo, munito di targa di immatricolazione, stava circolando sulla strada. Qualora, in base alle risultanze del raffronto dei dati di cui al citato comma 1-bis, lettera g-ter), risulti che al momento del rilevamento un veicolo munito di targa di immatricolazione fosse sprovvisto della copertura assicurativa obbligatoria, si applica la sanzione amministrativa ai sensi dell'articolo 193».

24. Dopo l'articolo 149 del codice delle assicurazioni private, di cui al decreto legislativo 7 settembre 2005, n. 209, è inserito il seguente:

«Art. 149-bis – (Trasparenza delle procedure di risarcimento). – 1. In caso di cessione del credito derivante dal diritto al risarcimento dei danni causati dalla circolazione dei veicoli a motore e dei natanti, la somma da corrispondere a titolo di rimborso delle spese di riparazione dei veicoli danneggiati è versata previa presentazione della fattura emessa dall'impresa di autoriparazione abilitata ai sensi della legge 5 febbraio 1992, n. 122, che ha eseguito le riparazioni».

25. All'articolo 170-bis del codice delle assicurazioni private, di cui al decreto legislativo 7 settembre 2005, n. 209, è aggiunto, in fine, il seguente comma:

«1-bis. La risoluzione di cui al comma 1 si applica anche alle assicurazioni dei rischi accessori al rischio principale della responsabilità civile derivante dalla circolazione dei veicoli, qualora lo stesso contratto, ovvero un altro contratto stipulato contestualmente, garantisca simultaneamente sia il rischio principale sia i rischi accessori».

26. Alla lettera e) del comma 5 dell'articolo 3 del decreto-legge 13 agosto 2011, n. 138, convertito, con modificazioni, dalla legge 14 settembre 2011, n. 148, sono aggiunte, in fine, le seguenti parole: «. In ogni caso, fatta salva la libertà contrattuale delle parti, le condizioni generali delle polizze assicurative di cui al periodo precedente prevedono l'offerta di un periodo di ultrattività della copertura per le richieste di risarcimento presentate per la prima volta entro i dieci anni successivi e riferite a fatti generatori della responsabilità verificatisi nel periodo di operatività della copertura. La disposizione di cui al periodo precedente si applica, altresì, alle polizze assicurative in corso di validità alla data di entrata in vigore della presente disposizione. A tal fine, a richiesta del contraente e ferma la libertà contrattuale, le compagnie assicurative propongono la rinegoziazione del contratto al richiedente secondo le nuove condizioni di premio».

27. I commi 3 e 4 dell'articolo 10-bis del decreto-legge 31 maggio 2010, n. 78, convertito, con modificazioni, dalla legge 30 luglio 2010, n. 122, sono abrogati.

28. Al codice delle assicurazioni private, di cui al decreto legislativo 7 settembre 2005, n. 209, sono apportate le seguenti modificazioni:

a) all'articolo 128, comma 1, è aggiunta, in fine, la seguente lettera:

«b-bis) per i veicoli a motore adibiti al trasporto di persone classificati nelle categorie M2 e M3 ai sensi dell'articolo 47 del codice della strada, di cui al decreto legislativo 30 aprile 1992, n. 285, e successive modificazioni, un importo minimo di copertura pari a euro 15.000.000 per sinistro per i danni alle persone, indipendentemente dal numero delle vittime, e a euro 1.000.000 per sinistro per i danni alle cose, indipendentemente dal numero dei danneggiati»;

b) all'articolo 135, il comma 2 è sostituito dal seguente:

«2. Le imprese di assicurazione autorizzate in Italia all'esercizio dell'assicurazione obbligatoria della responsabilità civile derivante dalla circolazione dei veicoli a motore sono tenute a comunicare i dati riguardanti i sinistri gestiti, compresi i sinistri gestiti in qualità di impresa designata ai sensi dell'articolo 286, nonché i sinistri gestiti dall'Ufficio centrale italiano ai sensi dell'articolo 125, comma 5, e dell'articolo 296, secondo le modalità stabilite con regolamento adottato dall'IVASS. Al medesimo adempimento sono tenute le imprese aventi sede legale in uno Stato membro dell'Unione europea ammesse a operare in Italia in regime di libera prestazione dei servizi o in regime di stabilimento e abilitate all'esercizio dell'assicurazione obbligatoria della responsabilità civile derivante dalla circolazione dei veicoli a motore nel territorio della Repubblica»;

c) all'articolo 303, comma 4, le parole: «la misura del contributo, nel limite massimo del cinque per cento del premio imponibile» sono sostituite dalle seguenti:

«le modalità di fissazione annuale della misura del contributo, nel limite massimo del quindici per cento del premio imponibile»; d) l'articolo 316 è sostituito dal seguente:

«Art. 316 – (Obblighi di comunicazione). – 1. L'omissione, l'incompletezza, l'erroneità o la tardività delle comunicazioni di cui all'articolo 135, comma 2, accertata semestralmente e contestata con unico atto da notificare entro il termine di cui all'articolo 326, comma 1, decorrente dal sessantesimo giorno successivo alla scadenza del semestre di riferimento, è punita con un'unica sanzione amministrativa pecuniaria da euro cinquemila a euro cinquantamila.

2. L'omissione, l'incompletezza, l'erroneità o la tardività delle comunicazioni di cui all'articolo 154, commi 4 e 5, accertata semestralmente e contestata con unico atto da notificare entro il termine di cui all'articolo 326, comma 1, decorrente dal sessantesimo giorno successivo alla scadenza del semestre di riferimento, è punita con un'unica sanzione amministrativa pecuniaria da euro diecimila a euro centomila».

29. I massimali di cui all'articolo 128, comma 1, lettera b-bis), del codice di cui al decreto legislativo 7 settembre 2005, n. 209, introdotta dalla lettera a) del comma 28 del presente articolo, si applicano a decorrere dalla data di entrata in vigore della presente legge e sono raddoppiati a decorrere dal 1° gennaio dell'anno successivo a quello di entrata in vigore della presente legge.

30. Al decreto-legge 24 gennaio 2012, n. 1, convertito, con modificazioni, dalla legge 24 marzo 2012, n. 27, sono apportate le seguenti modificazioni:

a) all'articolo 29, il comma 1-bis è sostituito dal seguente:

«1-bis. L'Istituto per la vigilanza sulle assicurazioni (IVASS) definisce il criterio di cui al comma 1 e stabilisce annualmente il limite alle compensazioni dovute. L'IVASS procede alla revisione del criterio di cui al periodo precedente entro diciotto mesi dalla data di entrata in vigore della presente disposizione, qualora lo stesso non abbia garantito un effettivo recupero di efficienza produttiva delle compagnie, attraverso la progressiva riduzione dei costi dei rimborsi e l'individuazione delle frodi»;

b) all'articolo 32, il comma 3-quater è abrogato;

c) all'articolo 34, i commi 1 e 2 sono abrogati.

31. Al comma 3 dell'articolo 21 del decreto-legge 18 ottobre 2012, n. 179, convertito, con modificazioni, dalla legge 17 dicembre 2012, n. 221, sono apportate le seguenti modificazioni:

a) al primo periodo, dopo le parole: «regio decreto-legge 15 marzo 1927, n. 436, convertito dalla legge 19 febbraio 1928, n. 510,» sono inserite le seguenti:

«con il casellario giudiziale e il casellario dei carichi pendenti istituiti presso il Ministero della giustizia ai sensi del testo unico di cui al decreto del Presidente della Repubblica 14 novembre 2002, n. 313, con l'anagrafe tributaria, limitatamente alle informazioni di natura anagrafica, incluso il codice fiscale o la partita IVA, con l'Anagrafe nazionale della popolazione residente di cui all'articolo 62 del codice di cui al decreto legislativo 7 marzo 2005, n. 82, e successive modificazioni, con il Casellario centrale infortuni dell'Istituto nazionale per l'assicurazione contro gli infortuni sul lavoro di cui all'articolo 15 del decreto legislativo 23 febbraio 2000, n. 38,»;

b) sono aggiunte, in fine, le seguenti parole:

«e la facoltà di consultazione dell'archivio in fase di assunzione del rischio al fine di accertare la veridicità delle informazioni fornite dal contraente».

32. Al comma 4 dell'articolo 21 del decreto-legge 18 ottobre 2012, n. 179, convertito, con modificazioni, dalla legge 17 dicembre 2012, n. 221, è aggiunto, in fine, il seguente periodo:

«L'IVASS può richiedere alle imprese di assicurazione i dati relativi alle querele presentate all'autorità giudiziaria per frode assicurativa o per reati collegati e utilizzare tali informazioni esclusivamente per attività di contrasto di tali frodi all'interno dell'archivio informatico integrato.».

33. L'IVASS esercita poteri di vigilanza e di controllo sull'osservanza delle disposizioni di cui alla presente legge, con speciale riguardo a quelle relative alla riduzione dei premi dei contratti di assicurazione, all'evoluzione dei costi per il risarcimento dei sinistri e al rispetto degli obblighi di pubblicità e di comunicazione, anche in fase di offerta contrattuale. Nella relazione al Parlamento, di cui all'articolo 13, comma 5, del decreto-legge 6 luglio 2012, n. 95, convertito, con modificazioni, dalla legge 7 agosto 2012, n. 135, è dato conto specificamente dell'esito dell'attività svolta.

34. Al fine del conseguimento della massima trasparenza, l'impresa di assicurazione pubblica nel proprio sito internet, entro il 30 aprile dell'anno successivo a quello a cui i dati si riferiscono, l'entità della riduzione dei premi secondo forme di pubblicità che ne rendano efficace e chiara l'applicazione. L'impresa comunica altresì, entro i trenta giorni successivi, i medesimi dati al Ministero dello sviluppo economico e all'IVASS, ai fini della loro pubblicazione nei rispettivi siti internet.

35. Il mancato rispetto delle disposizioni di cui al comma 34 comporta l'applicazione da parte dell'IVASS di una sanzione amministrativa pecuniaria da 10.000 euro a 100.000 euro.

36. Il comma 4 dell'articolo 328 del codice delle assicurazioni private, di cui al decreto legislativo 7 settembre 2005, n. 209, è sostituito dal seguente:

«4. I proventi derivanti dalle sanzioni inflitte in applicazione dell'articolo 145-bis e del capo III del presente titolo sono versati alla CONSAP Spa – Gestione autonoma del Fondo di garanzia per le vittime della strada».

37. L'IVASS, d'intesa con l'Autorità garante della concorrenza e del mercato, monitora le variazioni dei premi assicurativi offerti al consumatore e l'evoluzione dei costi per il risarcimento dei sinistri nei ventiquattro mesi successivi alla data di entrata in vigore della presente legge.

38. Al decreto legislativo 5 dicembre 2005, n. 252, sono apportate le seguenti modificazioni:

a) all'articolo 8, comma 2, sono aggiunti, in fine, i seguenti periodi:

«Gli accordi possono anche stabilire la percentuale minima

di TFR maturando da destinare a previdenza complementare. In assenza di tale indicazione il conferimento è totale»;

b) all'articolo 11, il comma 4 è sostituito dal seguente:

«4. Le forme pensionistiche complementari prevedono che, in caso di cessazione dell'attività lavorativa che comporti l'inoccupazione per un periodo di tempo superiore a ventiquattro mesi, le prestazioni pensionistiche o parti di esse siano, su richiesta dell'aderente, consentite con un anticipo di cinque anni rispetto ai requisiti per l'accesso alle prestazioni nel regime obbligatorio di appartenenza e che in tal caso possano essere erogate, su richiesta dell'aderente, in forma di rendita temporanea, fino al conseguimento dei requisiti di accesso alle prestazioni nel regime obbligatorio. Gli statuti e i regolamenti delle forme pensionistiche complementari possono innalzare l'anticipo di cui al periodo precedente fino a un massimo di dieci anni»;

c) all'articolo 14:

1) al comma 2, lettera c), il secondo periodo è sostituito dal seguente:

«Tale facoltà non può essere esercitata nel quinquennio precedente la maturazione dei requisiti di accesso alle prestazioni pensionistiche complementari o nel maggior periodo eventualmente fissato dalle forme pensionistiche complementari ai sensi del secondo periodo del comma 4 dell'articolo 11; in questi casi si applicano le previsioni del medesimo comma 4 dell'articolo 11»;

2) il comma 5 è sostituito dal seguente:

«5. In caso di cessazione dei requisiti di partecipazione per cause diverse da quelle di cui ai commi 2 e 3 del presente articolo, è previsto il riscatto della posizione sia nelle forme collettive sia in quelle individuali e su tali somme si applica una ritenuta a titolo di imposta con l'aliquota del 23 per cento sul medesimo imponibile di cui all'articolo 11, comma 6».

39. Al fine di aumentare l'efficienza delle forme pensionistiche complementari collettive di cui all'articolo 3, comma 1, del decreto legislativo 5 dicembre 2005, n. 252, e di quelle di cui all'articolo 20 del medesimo decreto legislativo n. 252 del 2005, e successive modificazioni, e anche al fine di favorire l'educazione finanziaria e previdenziale, il Ministro del lavoro e delle politiche sociali, di concerto con il Ministro dello sviluppo economico e con il Ministro dell'economia e delle finanze, entro trenta giorni dalla data di entrata in vigore della presente legge, convoca un tavolo di consultazione cui partecipano le organizzazioni sindacali e le rappresentanze datoriali maggiormente rappresentative in ambito nazionale, la COVIP, nonché esperti della materia previdenziale, finalizzato ad avviare un processo di riforma delle medesime forme pensionistiche secondo le seguenti linee guida:

a) revisione dei requisiti per l'esercizio dell'attività dei fondi pensione, fondata su criteri ispirati alle migliori pratiche nazionali e internazionali, con particolare riferimento all'onorabilità e professionalità dei componenti degli organi collegiali, del responsabile della forma pensionistica complementare, nonché dei responsabili delle principali funzioni;

b) fissazione di soglie patrimoniali di rilevanza minima in funzione delle caratteristiche dimensionali dei patrimoni gestiti, dei settori di appartenenza, della natura delle imprese interessate, delle categorie dei lavoratori interessati nonché dei regimi gestionali;

c) individuazione di procedure di aggregazione finalizzate ad aumentare il livello medio delle consistenze e ridurre i costi di gestione e i rischi;

d) individuazione di forme di informazione mirata all'accrescimento dell'educazione finanziaria e previdenziale dei cittadini e sulle forme di gestione del risparmio finalizzato alla corresponsione delle prestazioni previdenziali complementari.

40. All'attuazione delle disposizioni di cui ai commi da 2 a 39 le amministrazioni competenti provvedono nell'ambito delle risorse umane, finanziarie e strumentali previste a legislazione vigente e, comunque, senza nuovi o maggiori oneri a carico della finanza pubblica.

41. All'articolo 1 del decreto-legge 31 gennaio 2007, n. 7, convertito, con modificazioni, dalla legge 2 aprile 2007, n. 40, sono apportate le seguenti modificazioni:

a) al comma 3 è aggiunto, in fine, il seguente periodo:

«In ogni caso, le spese relative al recesso o al trasferimento dell'utenza ad altro operatore sono commisurate al valore del contratto e ai costi reali sopportati dall'azienda, ovvero ai costi sostenuti per dismettere la linea telefonica o trasferire il servizio, e comunque rese note al consumatore al momento della pubblicizzazione dell'offerta e in fase di sottoscrizione del contratto, nonché comunicate, in via generale, all'Autorità per le garanzie nelle comunicazioni, esplicitando analiticamente la composizione di ciascuna voce e la rispettiva giustificazione economica»;

b) dopo il comma 3 sono inseriti i seguenti:

«3-bis. Le modalità utilizzabili dal soggetto contraente che intenda recedere da un contratto stipulato con operatori di telefonia e di reti televisive e di comunicazione elettronica, nonché in caso di cambio di gestore, devono essere semplici e di immediata attivazione e devono seguire le medesime forme utilizzabili al momento dell'attivazione o dell'adesione al contratto. In ogni caso, gli operatori di telefonia, di reti televisive e di comunicazioni elettroniche devono consentire la possibilità per consumatori e utenti di comunicare il recesso o il cambio di gestore con modalità telematiche.

3-ter. Il contratto stipulato con operatori di telefonia e di reti televisive e di comunicazione elettronica, ove comprenda offerte promozionali aventi ad oggetto la fornitura sia di servizi che di beni, non può avere durata superiore a ventiquattro mesi. Nel caso di risoluzione anticipata si applicano i medesimi obblighi informativi e i medesimi limiti agli oneri per il consumatore di cui al comma 3, terzo periodo, e comunque gli eventuali relativi costi devono essere equi e proporzionati al valore del contratto e alla durata residua della promozione offerta.

3-quater. È fatto obbligo ai soggetti gestori dei servizi di telefonia e di comunicazioni elettroniche, ai fini dell'eventuale addebito al cliente del costo di servizi in abbonamento offerti da terzi, di acquisire la prova del previo consenso espresso del medesimo. In ogni caso, è fatto divieto agli operatori di telefonia e di comunicazioni elettroniche di prevedere la possibilità per il consumatore o per l'utente di ricevere servizi in abbonamento da parte dello stesso operatore, o di terzi, senza il previo consenso espresso e documentato all'attivazione di tale tipologia di servizi»; c) al comma 4:

1) al primo periodo sono aggiunte, in fine, le seguenti parole: «e al comma 3-quater»;

2) al secondo periodo, le parole: «commi 1, 2 e 3» sono sostituite dalle seguenti: «commi 1, 2, 3, 3-bis, 3-ter e 3-quater».

42. All'articolo 70, comma 1, lettera f), numero 3), del codice delle comunicazioni elettroniche, di cui al decreto legislativo 1° agosto 2003, n. 259, e successive modificazioni, le parole: «eventuali commissioni dovute alla scadenza del contratto» sono sostituite dalle seguenti: «eventuali commissioni dovute in caso di recesso anticipato dal contratto».

43. All'articolo 98, comma 16, del codice delle comunicazioni elettroniche, di cui al decreto legislativo 1° agosto 2003, n. 259, e successive modificazioni, le parole: «ad euro 580.000,00» sono sostituite dalle seguenti: «ad euro 1.160.000,00».

44. È istituito presso il Ministero dello sviluppo economico il Registro dei soggetti che usano indirettamente risorse nazionali di numerazione. Alla tenuta del Registro di cui al periodo precedente si provvede ai sensi dell'articolo 1, comma 6, lettera a), numero 5), della legge 31 luglio 1997, n. 249.

45. Con decreto del Ministro dello sviluppo economico, da adottare entro centottanta giorni dalla data di entrata in vigore della presente legge, sono determinati i criteri per l'individua-

zione dei soggetti da iscrivere nel Registro di cui al comma 44.

46. Al fine di semplificare le procedure di migrazione tra operatori di telefonia mobile e le procedure per l'integrazione di SIM card aggiuntive o per la sostituzione di SIM card richieste da utenti già clienti di un operatore, con decreto del Ministro dell'interno, di concerto con il Ministro dello sviluppo economico, da adottare entro sei mesi dalla data di entrata in vigore della presente legge, sono previste misure per l'identificazione in via indiretta del cliente, anche utilizzando il sistema pubblico dell'identità digitale previsto dall'articolo 64 del codice dell'amministrazione digitale, di cui al decreto legislativo 7 marzo 2005, n. 82, e successive modificazioni, in modo da consentire che la richiesta di migrazione e di integrazione di SIM card e tutte le operazioni ad essa connesse possano essere svolte per via telematica. Dall'attuazione delle disposizioni previste dal presente comma non devono derivare nuovi o maggiori oneri a carico della finanza pubblica (1).

47. Al fine di promuovere la massima diffusione dei pagamenti digitali ed elettronici, ivi inclusi i micropagamenti con credito telefonico, dando nuovo impulso allo sviluppo e alla fruizione dei servizi culturali e turistici, per l'acquisto di biglietti per l'accesso a istituti e luoghi di cultura o per manifestazioni culturali, di spettacolo e intrattenimento, in deroga alle normative di settore, possono essere applicate le stesse modalità previste dall'articolo 8, comma 3, del decreto-legge 18 ottobre 2012, n. 179, convertito, con modificazioni, dalla legge 17 dicembre 2012, n. 221.

48. Al fine di evitare situazioni di insolvenza, l'utente che intende usufruire delle modalità di pagamento di cui al comma 47 è messo nelle condizioni di conoscere, durante l'operazione di acquisto, se il proprio credito telefonico sia sufficiente e quanto residua a seguito dell'operazione medesima.

49. Le erogazioni liberali destinate alle organizzazioni senza scopo di lucro di natura privata di cui all'articolo 10 del decreto legislativo 4 dicembre 1997, n. 460, e successive modificazioni, alle associazioni di promozione sociale iscritte nei registri di cui all'articolo 7 della legge 7 dicembre 2000, n. 383, e alle associazioni e fondazioni riconosciute che operano nei settori di cui al citato articolo 10, comma 1, lettera a), del decreto legislativo 4 dicembre 1997, n. 460, possono essere effettuate tramite credito telefonico.

50. Con decreto del Ministro dello sviluppo economico, da adottare entro sessanta giorni dalla data di entrata in vigore della presente legge, di concerto con il Ministro dell'economia e delle finanze, sentiti il Ministro del lavoro e delle politiche sociali, l'Autorità per le garanzie nelle comunicazioni e la Banca d'Italia, sono disciplinati le modalità e i requisiti di accesso e fruizione del servizio di cui al comma 49.

51. Gli importi destinati ai beneficiari costituiscono erogazione liberale e pertanto sono esclusi dall'ambito di applicazione dell'imposta sul valore aggiunto, di cui al decreto del Presidente della Repubblica 26 ottobre 1972, n. 633.

52. Le erogazioni liberali di cui al comma 49 non sono deducibili né detraibili ai fini delle imposte sui redditi.

53. Dall'attuazione delle disposizioni previste dai commi da 47 a 52 non devono derivare nuovi o maggiori oneri a carico della finanza pubblica.

54. Entro tre mesi dalla data di entrata in vigore della presente legge, il regolamento di cui al decreto del Presidente della Repubblica 7 settembre 2010, n. 178, è modificato al fine di dare attuazione all'articolo 130, comma 3-bis, del codice in materia di protezione dei dati personali, di cui al decreto legislativo 30 giugno 2003, n. 196, con riguardo all'impiego della posta cartacea per le finalità di cui all'articolo 7, comma 4, lettera b), del medesimo codice di cui al decreto legislativo n. 196 del 2003.

55. Per i servizi a pagamento forniti tramite telefonate verso numerazioni non geografiche la tariffazione della chiamata ha inizio solo dalla risposta dell'operatore.

56. All'articolo 73 della legge 22 aprile 1941, n. 633, e successive modificazioni, sono apportate le seguenti modifiche:

a) al comma 1, l'ultimo periodo è sostituito dai seguenti: «Il compenso è riconosciuto, per ciascun fonogramma utilizzato, distintamente al produttore di fonogrammi ed agli artisti interpreti o esecutori. L'esercizio di tale diritto spetta a ciascuna delle imprese che svolgono attività di intermediazione dei diritti connessi al diritto d'autore, di cui all'articolo 3, comma 2, del decreto del Presidente del Consiglio dei ministri 19 dicembre 2012, pubblicato nella Gazzetta Ufficiale n. 59 dell'11 marzo 2013, alle quali il produttore di fonogrammi e gli artisti interpreti o esecutori hanno conferito per iscritto il rispettivo mandato»;

b) dopo il comma 2 è inserito il seguente:

«2-bis. Il compenso dovuto agli artisti interpreti o esecutori ai sensi dei commi 1 e 2 non è da essi rinunciabile né può in alcun modo formare oggetto di cessione».

57. Al decreto legislativo 22 luglio 1999, n. 261, sono apportate le seguenti modificazioni:

a) all'articolo 2, comma 14, lettera b), le parole: «e dei proventi per i servizi affidati in via esclusiva, di cui all'articolo 4» sono soppresse a decorrere dal 10 settembre 2017;

b) l'articolo 4 è abrogato a decorrere dal 10 settembre 2017;

c) all'articolo 5, comma 2, è aggiunto, in fine, il seguente periodo:

«Il rilascio della licenza individuale per i servizi riguardanti le notificazioni di atti a mezzo della posta e di comunicazioni a mezzo della posta connesse con la notificazione di atti giudiziari di cui alla legge 20 novembre 1982, n. 890, nonché per i servizi riguardanti le notificazioni a mezzo della posta previste dall'articolo 201 del codice della strada, di cui al decreto legislativo 30 aprile 1992, n. 285, e successive modificazioni, deve essere subordinato a specifici obblighi del servizio universale con riguardo alla sicurezza, alla qualità, alla continuità, alla disponibilità e all'esecuzione dei servizi medesimi.»;

d) all'articolo 10, comma 1, le parole: «e dai servizi in esclusiva di cui all'articolo 4» sono soppresse a decorrere dal 10 settembre 2017;

e) all'articolo 21, il comma 3 è abrogato a decorrere dal 10 settembre 2017.

58. Entro novanta giorni dalla data di entrata in vigore della presente legge, l'autorità nazionale di regolamentazione di cui all'articolo 1, comma 2, lettera u-quater), del decreto legislativo 22 luglio 1999, n. 261, determina, ai sensi dell'articolo 5, comma 4, del predetto decreto legislativo n. 261 del 1999, e successive modificazioni, sentito il Ministero della giustizia, gli specifici requisiti e obblighi per il rilascio delle licenze individuali relative ai servizi di cui all'articolo 5, comma 2, secondo periodo, del medesimo decreto legislativo n. 261 del 1999, introdotto dal comma 57 del presente articolo; con la stessa modalità l'Autorità determina i requisiti relativi all'affidabilità, alla professionalità e all'onorabilità di coloro che richiedono la licenza individuale per la fornitura dei medesimi servizi (2).

59. Fatto salvo quanto previsto dalle disposizioni di cui ai commi da 61 a 64 e da 66 a 71 del presente articolo, a decorrere dal 10 gennaio 2024, il terzo periodo del comma 2 dell'articolo 22 del decreto legislativo 23 maggio 2000, n. 164, e successive modificazioni, è soppresso (2).

60. Fatto salvo quanto previsto dalle disposizioni di cui ai commi da 61 a 64 e da 66 a 71 del presente articolo, a decorrere dal 1° luglio 2019, il comma 2 dell'articolo 35 del decreto legislativo 1° giugno 2011, n. 93, è abrogato. L'Autorità per l'energia elettrica, il gas e il sistema idrico adotta disposizioni per assicurare, dalla medesima data di cui al periodo precedente, il servizio di salvaguardia ai clienti finali domestici e alle imprese connesse in bassa tensione con meno di cinquanta dipendenti e un fatturato annuo non superiore a 10

milioni di euro senza fornitore di energia elettrica, attraverso procedure concorsuali per aree territoriali e a condizioni che incentivino il passaggio al mercato libero (3).

60-bis. In relazione a quanto previsto dai commi 59 e 60, il Ministro dello sviluppo economico, sentite l'ARERA e l'Autorità garante della concorrenza e del mercato, definisce, con decreto da adottare entro novanta giorni dalla data di entrata in vigore della presente disposizione, previo parere delle Commissioni parlamentari competenti, le modalità e i criteri per un ingresso consapevole dei clienti finali nel mercato, tenendo altresì conto della necessità di garantire la concorrenza e la pluralità di fornitori e di offerte nel libero mercato (4).

61. Al fine di garantire la piena confrontabilità delle offerte e la loro evidenza pubblica, l'Autorità per l'energia elettrica, il gas e il sistema idrico dispone, con proprio provvedimento, la realizzazione e la gestione, da parte del gestore del Sistema informatico integrato di cui all'articolo 1-bis del decreto-legge 8 luglio 2010, n. 105, convertito, con modificazioni, dalla legge 13 agosto 2010, n. 129, entro cinque mesi dalla data di entrata in vigore della presente legge, di un apposito portale informatico per la raccolta e pubblicazione in modalità open data delle offerte vigenti sul mercato di vendita al dettaglio di energia elettrica e gas, con particolare riferimento alle utenze domestiche, alle imprese connesse in bassa tensione e alle imprese con consumi annui non superiori a 200.000 standard metri cubi (Smc). Gli operatori della vendita di energia elettrica o gas sul mercato italiano sono tenuti a trasmettere tali offerte per la loro pubblicazione nel portale. Presso l'Autorità è costituito un comitato tecnico consultivo con funzioni di raccordo ed emersione delle istanze dei diversi portatori di interesse sui contenuti inseriti nel portale informatico. Del comitato tecnico fanno parte un rappresentante dell'Autorità, un rappresentante del Ministero dello sviluppo economico, un rappresentante dell'Autorità garante della concorrenza e del mercato, un rappresentante designato d'intesa tra loro dalle organizzazioni maggiormente rappresentative dei consumatori non domestici, un rappresentante designato d'intesa tra loro dagli operatori di mercato e un rappresentante del Consiglio nazionale dei consumatori e degli utenti. I componenti del comitato non percepiscono alcun compenso o rimborso di spese. All'attuazione delle disposizioni del presente comma si provvede nell'ambito delle risorse umane, finanziarie e strumentali disponibili a legislazione vigente e, comunque, senza nuovi o maggiori oneri a carico della finanza pubblica.

62. Decorsi sei mesi dalla data di entrata in vigore della presente legge, gli operatori della vendita di energia elettrica o gas sul mercato italiano forniscono almeno una proposta di offerta di fornitura di energia elettrica o gas a prezzo variabile per le utenze domestiche e non domestiche connesse in bassa tensione e per le utenze con consumi annui non superiori a 200.000 Smc e almeno una a prezzo fisso per le utenze domestiche e non domestiche connesse in bassa tensione e per le utenze con consumi annui non superiori a 200.000 Smc. Tali proposte sono inviate periodicamente all'Autorità per l'energia elettrica, il gas e il sistema idrico e sono contestualmente pubblicate nel sito internet degli operatori. Le proposte di offerta degli operatori per la vendita di energia elettrica devono indicare la composizione media della fonte energetica utilizzata per la fornitura e la quantità di gas serra emessi per chilowattora (kWh).

63. L'Autorità per l'energia elettrica, il gas e il sistema idrico, entro novanta giorni dalla data di entrata in vigore della presente legge, definisce le modalità per ottemperare agli obblighi di cui al comma 62, stabilendo l'insieme di informazioni minime, almeno pari alle clausole essenziali del contratto, come disposte dal Codice di condotta commerciale per la vendita di energia elettrica e di gas naturale ai clienti finali, e i requisiti che gli operatori devono rispettare al fine di garantire la confrontabilità delle offerte e la loro omogeneità.

64. Ai fini dell'attuazione delle disposizioni previste dal comma 61, l'Autorità per l'energia elettrica, il gas e il sistema idrico stabilisce altresì le modalità di copertura dei costi sostenuti, utilizzando in via prioritaria le risorse derivanti dai proventi delle sanzioni da essa irrogate, senza nuovi o maggiori oneri a carico della finanza pubblica.

65. Ai fini della riduzione del costo della bolletta elettrica e del gas, l'Autorità per l'energia elettrica, il gas e il sistema idrico adotta, entro novanta giorni dalla data di entrata in vigore della presente legge, linee guida per promuovere le offerte commerciali di energia elettrica e gas a favore di gruppi di acquisto, con particolare riferimento alla confrontabilità, alla trasparenza e alla pubblicità delle offerte, nonché alla realizzazione di piattaforme informatiche tese a facilitare l'aggregazione dei piccoli consumatori.

66. Entro sei mesi dalla data di entrata in vigore della presente legge, l'Autorità per l'energia elettrica, il gas e il sistema idrico trasmette al Ministro dello sviluppo economico un rapporto relativo al monitoraggio dei mercati di vendita al dettaglio dell'energia elettrica e del gas, con particolare riguardo a:

a) l'operatività del portale informatico di cui al comma 61;

b) il completamento del quadro normativo e regolatorio e l'efficacia degli strumenti necessari a garantire il rispetto delle tempistiche di switching secondo quanto previsto dall'articolo 3, paragrafo 5, lettera a), della direttiva 2009/72/CE del Parlamento europeo e del Consiglio, del 13 luglio 2009, e dall'articolo 3, paragrafo 6, lettera a), della direttiva 2009/73/CE del Parlamento europeo e del Consiglio, del 13 luglio 2009, come recepite dal decreto legislativo 1° giugno 2011, n. 93;

c) il completamento del quadro normativo e regolatorio e l'efficacia degli strumenti necessari a garantire il rispetto delle tempistiche di fatturazione e conguaglio secondo quanto previsto dall'allegato I, punto 1, lettere i) e j), della citata direttiva 2009/72/CE e dall'allegato I, punto 1, lettere i) e j), della citata direttiva 2009/73/CE, come recepite dal decreto legislativo 1° giugno 2011, n. 93;

d) l'operatività del Sistema informatico integrato, come gestore della banca dati di cui al decreto-legge 8 luglio 2010, n. 105, convertito, con modificazioni, dalla legge 13 agosto 2010, n. 129;

e) il completamento del quadro normativo e regolatorio e il rispetto delle disposizioni dell'Autorità per l'energia elettrica, il gas e il sistema idrico in materia di implementazione del brand unbundling, secondo quanto previsto dall'articolo 26, paragrafo 3, della citata direttiva 2009/72/CE e dall'articolo 26, paragrafo 3, della citata direttiva 2009/73/CE, come recepite dal decreto legislativo 1° giugno 2011, n. 93;

f) la tutela delle famiglie in condizioni di disagio economico, nonché l'accrescimento del sistema di vigilanza e di informazione a tutela dei consumatori.

67. Sulla base dei dati contenuti nel rapporto di cui al comma 66, sentite l'Autorità garante della concorrenza e del mercato e l'Autorità per l'energia elettrica, il gas e il sistema idrico, il Ministro dello sviluppo economico, con proprio decreto, da adottare entro sessanta giorni dalla data di trasmissione del rapporto, previo parere delle Commissioni parlamentari competenti, dà conto del raggiungimento degli obiettivi. Qualora su almeno uno degli indicatori di cui alle lettere a), b), c), d) ed e) del comma 66 l'obiettivo non sia stato raggiunto per il mercato di vendita al dettaglio del gas naturale ovvero per quello dell'energia elettrica, il Ministero dello sviluppo economico e l'Autorità per l'energia elettrica, il gas e il sistema idrico, entro i tre mesi successivi alla data di cui al comma 66, adottano, ciascuno nell'ambito delle rispettive competenze, i provvedimenti necessari per il suo raggiungimento.

68. Con il medesimo decreto di cui al comma 67 sono definite le misure necessarie a garantire la cessazione della disciplina transitoria dei prezzi di cui ai commi 59 e 60 e l'in-

*gresso consapevole nel mercato dei clienti finali, secondo meccanismi che assicurino la concorrenza e la pluralità di fornitori e di offerte nel libero mercato**.

69. A decorrere dal 1° gennaio 2018, i clienti finali di energia elettrica riforniti in maggior tutela devono ricevere adeguata informativa da parte di ciascun fornitore in relazione al superamento delle tutele di prezzo previsto dai commi 59 e 60, secondo le modalità definite con provvedimento dell'Autorità per l'energia elettrica, il gas e il sistema idrico da adottare entro novanta giorni dalla data di entrata in vigore della presente legge.

70. Al fine di semplificare le modalità di cambio di fornitore da parte del cliente, all'articolo 5 del decreto-legge 28 marzo 2014, n. 47, convertito, con modificazioni, dalla legge 23 maggio 2014, n. 80, dopo il comma 1-quater è aggiunto il seguente:

«1-quinquies. Le disposizioni del presente articolo non si applicano alle ipotesi di successione di un fornitore del servizio ad un altro».

71. Qualora uno o più degli obiettivi di cui ai commi da 66 a 70 siano raggiunti prima del 1° gennaio 2018, con riferimento al mercato di vendita al dettaglio dell'energia elettrica o del gas naturale, l'Autorità per l'energia elettrica, il gas e il sistema idrico ne dà tempestiva comunicazione al Ministero dello sviluppo economico.

72. L'Autorità per l'energia elettrica, il gas e il sistema idrico garantisce la pubblicizzazione e la diffusione delle informazioni in merito alla piena apertura del mercato e alle condizioni di svolgimento dei servizi, nonché il trattamento efficace dei reclami e delle procedure di conciliazione per tutti i settori oggetto di regolazione e controllo da parte della medesima Autorità, a beneficio dei clienti finali e degli utenti dei predetti settori, anche avvalendosi della società Acquirente unico Spa.

73. L'Autorità per l'energia elettrica, il gas e il sistema idrico stabilisce le modalità con cui lo Sportello per il consumatore gestito da Acquirente unico Spa accede, per l'efficacia delle attività ad esso affidate dall'Autorità medesima, alle informazioni e ai dati gestiti dal Sistema informatico integrato di cui al decreto-legge 8 luglio 2010, n. 105, convertito, con modificazioni, dalla legge 13 agosto 2010, n. 129.

74. L'Autorità per l'energia elettrica, il gas e il sistema idrico, con propri provvedimenti, stabilisce le modalità affinché le fatture relative alla somministrazione dell'acqua con il sistema di misura a contatore contengano, almeno una volta all'anno, l'indicazione dell'effettivo consumo dell'acqua riferito alla singola utenza, ove il contatore sia reso accessibile e la sua lettura sia tecnicamente possibile.

75. Al fine del migliore coordinamento delle politiche di sostegno ai clienti economicamente svantaggiati e ai clienti domestici presso i quali sono presenti persone che versano in gravi condizioni di salute, tali da richiedere l'utilizzo di apparecchiature medico-terapeutiche, alimentate a energia elettrica, necessarie per il loro mantenimento in vita, l'erogazione dei benefici di cui all'articolo 1, comma 375, della legge 23 dicembre 2005, n. 266, e all'articolo 3, commi 9 e 9-bis, del decreto-legge 29 novembre 2008, n. 185, convertito, con modificazioni, dalla legge 28 gennaio 2009, n. 2, è disciplinata con decreto del Ministro dello sviluppo economico, sentita l'Autorità per l'energia elettrica, il gas e il sistema idrico, da adottare entro centottanta giorni dalla data di entrata in vigore della presente legge.

76. Il decreto di cui al comma 75 disciplina le modalità di erogazione dei benefici economici individuali anche alternative rispetto alla compensazione della spesa, individuando se del caso una corresponsione congiunta delle misure di sostegno alla spesa per le forniture di energia elettrica e di gas naturale, e rimodula l'entità degli stessi tenendo conto dell'indicatore della situazione economica equivalente.

77. Fino alla data di entrata in vigore del decreto di cui al comma 75, continua ad applicarsi la disciplina vigente per l'erogazione dei benefici di cui al medesimo comma 75.

78. Nei casi di fatture di rilevante importo derivanti da ritardi o interruzioni della fatturazione o prolungata indisponibilità dei dati di consumo reali, individuati secondo condizioni definite dall'Autorità per l'energia elettrica, il gas e il sistema idrico, l'Autorità stessa adotta le misure necessarie affinché sussista in capo ai fornitori di energia elettrica e gas un obbligo di rateizzazione, con diritto ai soli interessi legali nei confronti del cliente finale. L'obbligo di rateizzazione non sussiste se il conguaglio è imputabile a cause riconducibili al cliente finale.

79. Nel caso di prolungata indisponibilità dei dati di consumo reali, ferme restando le modalità e le scadenze di versamento del gettito tariffario da parte dei distributori, l'Autorità, con proprio provvedimento, definisce adeguate misure per responsabilizzare i distributori e individua modalità idonee a favorire l'accessibilità dei gruppi di misura da parte dei distributori.

80. Al fine di garantire la stabilità e la certezza del mercato dell'energia elettrica, entro novanta giorni dalla data di entrata in vigore della presente legge è istituito presso il Ministero dello sviluppo economico l'Elenco dei soggetti abilitati alla vendita di energia elettrica a clienti finali; a decorrere dalla data della sua istituzione l'inclusione e la permanenza nell'Elenco sono condizione necessaria per lo svolgimento delle attività di vendita di energia elettrica a clienti finali.

81. Con decreto del Ministro dello sviluppo economico, su proposta dell'Autorità per l'energia elettrica, il gas e il sistema idrico, da emanare entro novanta giorni dalla data di entrata in vigore della presente legge, sono fissati i criteri, le modalità e i requisiti tecnici, finanziari e di onorabilità per l'iscrizione nell'Elenco di cui al comma 80 (5).

81-bis. Il Ministro dello sviluppo economico, con il decreto di cui al comma 81, fatto salvo il potere sanzionatorio attribuito alle Autorità di cui al medesimo comma, al Garante per la protezione dei dati personali e all'Agenzia delle entrate, esercitato nell'ambito delle rispettive funzioni, disciplina un procedimento speciale, nel rispetto dei principi stabiliti dalla legge 7 agosto 1990, n. 241, per l'eventuale esclusione motivata degli iscritti dall'Elenco di cui al comma 80, che tenga conto anche delle violazioni e delle condotte irregolari poste in essere nell'attività di vendita dell'energia elettrica, accertate e sanzionate dalle citate Autorità (6).

82. L'Elenco di cui al comma 80 è pubblicato nel sito internet del Ministero dello sviluppo economico e aggiornato mensilmente. La pubblicazione ha valore di pubblicità ai fini di legge per tutti i soggetti interessati (7).

83. Al comma 3, primo periodo, dell'articolo 17 del decreto legislativo 23 maggio 2000, n. 164, e successive modificazioni, dopo le parole: «requisiti stabiliti» sono inserite le seguenti: «, sentita l'Autorità per l'energia elettrica, il gas e il sistema idrico,».

84. Dopo la lettera b-bis) del comma 5 dell'articolo 30-ter del decreto legislativo 13 agosto 2010, n. 141, è inserita la seguente: «b-ter) i soggetti autorizzati a svolgere le attività di vendita a clienti finali di energia elettrica e di gas naturale ai sensi della normativa vigente».

85. Al fine di promuovere la concorrenza attraverso la riduzione delle asimmetrie informative, anche intersettoriali, all'articolo 6-bis del decreto-legge 13 agosto 2011, n. 138, convertito, con modificazioni, dalla legge 14 settembre 2011, n. 148, dopo il comma 1 sono aggiunti i seguenti:

«1-bis. L'accesso ai sistemi informativi di cui al comma 1 da parte dei soggetti ivi indicati può avvenire anche in un quadro di reciprocità, ma solo nel rispetto delle prescrizioni stabilite dal Garante per la protezione dei dati personali necessarie ad assicurare proporzionalità, correttezza e sicurezza circa il trattamento di dati personali ai sensi del predetto comma 1 e il rispetto dei diritti e delle libertà fondamentali, nonché della dignità dei soggetti cui le informazioni si riferiscono, con particolare riferimento alla riservatezza, all'identità personale e al diritto alla protezione dei dati personali.

1-ter. Nei giudizi di risarcimento dei danni cagionati in conseguenza dell'accesso in un quadro di reciprocità ai sistemi di cui al comma 1 da parte dei soggetti ivi indicati, spetta a questi ultimi l'onere della prova di aver agito con la specifica diligenza richiesta e di avere adottato tempestivamente e senza indugio tutte le misure idonee a evitare il danno».

86. Al fine di aumentare la liquidità dei mercati dell'energia, riducendo i costi delle transazioni, a vantaggio dei consumatori, la clausola di «close-out netting» prevista per i prodotti energetici all'ingrosso di cui al regolamento (UE) n. 1227/2011 del Parlamento europeo e del Consiglio, del 25 ottobre 2011, ad eccezione dei contratti conclusi con clienti finali a prescindere dalla loro capacità di consumo, è valida ed efficace, in conformità a quanto dalla stessa previsto, anche in caso di apertura di una procedura di risanamento, di ristrutturazione economico-finanziaria o di liquidazione, di natura concorsuale o pre-concorsuale, con o senza spossessamento del debitore, nei confronti di una delle parti.

87. Ai fini di cui al comma 86, per clausola di «close-out netting» deve intendersi qualsiasi clausola di interruzione volontaria o automatica dei rapporti e di conseguente obbligo, gravante sul contraente il cui debito risulti più elevato, di pagamento del saldo netto delle obbligazioni, come risultante dalla compensazione delle posizioni reciproche, che, in forza di detta clausola, sono divenute immediatamente esigibili e convertite nell'obbligazione di versare un importo pari al loro valore corrente stimato secondo criteri di ragionevolezza commerciale, oppure estinte e sostituite dall'obbligazione di versare tale importo. In caso di apertura di una procedura di risanamento, di ristrutturazione economico-finanziaria o di liquidazione, che abbia natura concorsuale e che preveda lo spossessamento del debitore, gli organi della procedura, entro sei mesi dal momento di apertura della procedura stessa, possono far valere la violazione della ragionevolezza sotto il profilo commerciale qualora la determinazione del valore corrente stimato sia intervenuta entro l'anno che precede l'apertura della procedura stessa, fatto salvo che detta ragionevolezza si presume nel caso in cui le clausole contrattuali concernenti i criteri di valutazione del valore corrente stimato siano coerenti con gli schemi contrattuali elaborati nell'ambito della prassi internazionale riconosciuta da associazioni rappresentative internazionali ovvero allorché prevedano il ricorso a quotazioni fornite da uno o più soggetti terzi indipendenti riconosciuti a livello internazionale.

88. Il Ministero dello sviluppo economico provvede all'attuazione delle disposizioni previste dai commi da 80 a 83 con le risorse umane, strumentali e finanziarie disponibili a legislazione vigente, senza nuovi o maggiori oneri per la finanza pubblica.

89. All'articolo 42 del decreto legislativo 3 marzo 2011, n. 28, dopo il comma 3 sono inseriti i seguenti:

«3-bis. Nei casi in cui, nell'ambito delle istruttorie di valutazione delle richieste di verifica e certificazione dei risparmi aventi ad oggetto il rilascio di titoli di efficienza energetica di cui all'articolo 29 o nell'ambito di attività di verifica, il GSE riscontri la non rispondenza del progetto proposto e approvato alla normativa vigente alla data di presentazione del progetto e tali difformità non derivino da discordanze tra quanto trasmesso dal proponente e la situazione reale dell'intervento ovvero da documenti non veritieri ovvero da dichiarazioni false o mendaci rese dal proponente, è disposto il rigetto dell'istanza di rendicontazione o l'annullamento del provvedimento di riconoscimento dei titoli, secondo le modalità di cui al comma 3-ter.

3-ter. Nei casi di cui al comma 3-bis, gli effetti del rigetto dell'istanza di rendicontazione, disposto a seguito dell'istruttoria, decorrono dall'inizio del periodo di rendicontazione oggetto della richiesta di verifica e certificazione dei risparmi. Gli effetti dell'annullamento del provvedimento, disposto a seguito di verifica, decorrono dall'adozione del provvedimento di esito dell'attività di verifica. Per entrambe le fattispecie indicate sono fatte salve le rendicontazioni già approvate relative ai progetti medesimi. Le modalità di cui al primo periodo si applicano anche alle verifiche e alle istruttorie relative alle richieste di verifica e certificazione dei risparmi già concluse.

3-quater. Al fine di salvaguardare le iniziative di realizzazione di impianti fotovoltaici di piccola taglia, salvaguardando la buona fede di coloro che hanno realizzato l'investimento, agli impianti di potenza compresa tra 1 e 3 kW nei quali, a seguito di verifica, risultino installati moduli non certificati o con certificazioni non rispondenti alla normativa di riferimento, si applica una decurtazione del 30 per cento della tariffa incentivante sin dalla data di decorrenza della convenzione, fermo restando, ove ne ricorra il caso, l'annullamento della maggiorazione di cui all'articolo 14, comma 1, lettera d), del decreto del Ministro dello sviluppo economico 5 maggio 2011, pubblicato nella Gazzetta Ufficiale n. 109 del 12 maggio 2011, e all'articolo 5, comma 2, lettera a), del decreto del Ministro dello sviluppo economico 5 luglio 2012, pubblicato nel Supplemento ordinario n. 143 alla Gazzetta Ufficiale n. 159 del 10 luglio 2012, fermo restando il diritto di rivalsa del beneficiario nei confronti dei soggetti responsabili della non conformità dei moduli installati».

90. All'articolo 5, comma 7-bis, del decreto-legge 21 giugno 2013, n. 69, convertito, con modificazioni, dalla legge 9 agosto 2013, n. 98, e successive modificazioni, dopo le parole: «sulla quale è stato riconosciuto il predetto incremento.» sono inserite le seguenti: «In alternativa alla predetta modalità di riduzione, il produttore può richiedere, comunicandolo al GSE entro il 30 settembre 2017, di restituire la cifra corrispondente alla differenza tra i maggiori incentivi ricevuti e le riduzioni già applicate, calcolata al 30 settembre 2017, dilazionandola uniformemente, nel residuo periodo di diritto all'erogazione degli incentivi, ma in ogni caso nel limite di quattro anni a partire dal 1° luglio 2016».

91. All'articolo 38 del decreto legislativo 1° giugno 2011, n. 93, dopo il comma 5 sono aggiunti i seguenti:

«5-bis. Le disposizioni di cui al comma 1 non si applicano ai gestori dei sistemi di distribuzione chiusi di cui al comma 5, facenti parte di un'impresa verticalmente integrata. Ai gestori dei sistemi di distribuzione chiusi si applicano esclusivamente le norme di separazione contabile.

5-ter. L'Autorità per l'energia elettrica, il gas e il sistema idrico adegua i propri provvedimenti in materia di obblighi di separazione in relazione a quanto previsto dal comma 5-bis».

92. All'articolo 38 del decreto legislativo 1° giugno 2011, n. 93, sono apportate le seguenti modificazioni:

a) dopo il comma 2 sono inseriti i seguenti:

«2-bis. Le disposizioni di cui ai commi precedenti non si applicano ai gestori di sistemi di distribuzione di energia elettrica facenti parte di un'impresa verticalmente integrata, che servono meno di 25.000 punti di prelievo, ad esclusione delle imprese beneficiarie di integrazioni tariffarie ai sensi dell'articolo 7 della legge 9 gennaio 1991, n. 10, e successive modificazioni.

2-ter. L'Autorità per l'energia elettrica, il gas e il sistema idrico adegua i propri provvedimenti in materia di obblighi di separazione funzionale in relazione a quanto previsto dal comma 2-bis, prevedendo altresì che, per i gestori di sistemi di distribuzione cui si applicano le deroghe previste dal medesimo comma 2-bis, le modalità di riconoscimento dei costi per le attività di distribuzione e misura dell'energia elettrica siano basate su logiche parametriche, che tengano conto anche della densità dell'utenza servita, nel rispetto dei principi generali di efficienza ed economicità e con l'obiettivo di garantire la semplificazione della regolazione e la riduzione dei connessi oneri amministrativi»; b) il comma 3 è abrogato.

93. All'articolo 15, comma 5, del decreto legislativo 23 maggio 2000, n. 164, e successive modificazioni, dopo il quinto periodo sono inseriti i seguenti: «Tale disposizione non si applica qualora l'ente locale concedente possa certificare anche tramite un idoneo soggetto terzo che il valore di rimborso è stato determinato applicando le disposizioni contenute nel decreto del Ministro dello sviluppo economico 22 maggio 2014, pubblicato nella Gazzetta Ufficiale n. 129 del 6 giugno 2014, recante approvazione delle "Linee Guida su criteri e modalità applicative per la valutazione del valore di rimborso degli impianti di distribuzione del gas naturale", e che lo scostamento del valore di rimborso e del valore delle immobilizzazioni nette, al netto dei contributi pubblici in conto capitale e dei contributi privati relativi ai cespiti di località, aggregato d'ambito, non risulti superiore alla percentuale dell'8 per cento, purché lo scostamento del singolo comune non superi il 20 per cento. Nel caso di valore delle immobilizzazioni nette disallineate rispetto alle medie di settore secondo le definizioni dell'Autorità per l'energia elettrica, il gas e il sistema idrico, il valore delle immobilizzazioni nette rilevante ai fini del calcolo dello scostamento è determinato applicando i criteri di valutazione parametrica definiti dall'Autorità per l'energia elettrica, il gas e il sistema idrico».

94. Ai fini dell'attuazione di quanto previsto dall'articolo 9, comma 2, del regolamento di cui al decreto del Ministro dello sviluppo economico e del Ministro per i rapporti con le regioni e la coesione territoriale 12 novembre 2011, n. 226, l'Autorità per l'energia elettrica, il gas e il sistema idrico, con propri provvedimenti, definisce procedure semplificate di valutazione dei bandi di gara, applicabili nei casi in cui tali bandi siano stati redatti in aderenza al bando di gara tipo, al disciplinare tipo e al contratto di servizio tipo. In ogni caso, con riferimento ai punteggi massimi previsti per i criteri e i sub-criteri di gara dagli articoli 13, 14 e 15 del citato regolamento di cui al decreto n. 226 del 2011, la documentazione di gara non può discostarsi se non nei limiti posti dai medesimi articoli con riguardo ad alcuni sub-criteri.

95. Ai fini della partecipazione alle gare d'ambito di raggruppamenti temporanei d'impresa e dei consorzi ordinari, i requisiti di capacità tecnica individuati dall'articolo 10, comma 6, lettere a., c. e d., del citato regolamento di cui al decreto 12 novembre 2011, n. 226, possono essere posseduti anche da uno solo dei partecipanti; i requisiti individuati dal predetto articolo 10, comma 6, lettera b., devono essere posseduti cumulativamente dai partecipanti.

96. All'articolo 2, comma 558, della legge 24 dicembre 2007, n. 244, le parole: «A decorrere dal 1° gennaio 2008» sono sostituite dalle seguenti:

«A decorrere dal 1° gennaio 2018» e le parole: «un importo annuo pari all'1 per cento del valore della capacità complessiva autorizzata di stoccaggio di gas naturale» sono sostituite dalle seguenti: «un importo annuo pari a 0,001 centesimi di euro per kWh di spazio offerto per il servizio di stoccaggio».

97. Entro il 31 dicembre 2017 i soggetti di cui all'articolo 2, comma 558, della legge 24 dicembre 2007, n. 244, corrispondono alle regioni, ad integrazione di quanto già versato per il 2016 e il 2017, un conguaglio pari alla differenza tra l'importo calcolato mediante il nuovo metodo di cui al comma 96 e quanto già versato per gli stessi anni.

98. Al comma 17 dell'articolo 83-bis del decreto-legge 25 giugno 2008, n. 112, convertito, con modificazioni, dalla legge 6 agosto 2008, n. 133, e successive modificazioni, dopo le parole: «, se tale ultimo obbligo comporta ostacoli tecnici o oneri economici eccessivi e non proporzionali alle finalità dell'obbligo» sono aggiunte le seguenti: «, come individuati da apposito decreto del Ministro dello sviluppo economico, sentite l'Autorità garante della concorrenza e del mercato e la Conferenza permanente per i rapporti tra lo Stato, le regioni e le province autonome di Trento e di Bolzano, tenuto conto delle esigenze di sviluppo del mercato dei combustibili alternativi ai sensi della direttiva 2014/94/UE del Parlamento europeo e del Consiglio, del 22 ottobre 2014».

99. Il decreto del Ministro dello sviluppo economico di cui al comma 17 dell'articolo 83-bis del decreto-legge 25 giugno 2008, n. 112, convertito, con modificazioni, dalla legge 6 agosto 2008, n. 133, come modificato dal comma 98 del presente articolo, è adottato entro sei mesi dalla data di entrata in vigore della presente legge.

100. Al fine di incrementare la concorrenzialità del mercato dei carburanti e la diffusione al consumatore delle relative informazioni, la banca dati istituita presso il Ministero dello sviluppo economico in attuazione dell'articolo 51 della legge 23 luglio 2009, n. 98, senza nuovi o maggiori oneri a carico della finanza pubblica, è ampliata con l'introduzione di un'anagrafe degli impianti di distribuzione di benzina, gasolio, GPL e metano della rete stradale e autostradale. A tal fine, in vista dell'interoperabilità tra le banche dati esistenti presso il Ministero dello sviluppo economico e presso l'Agenzia delle dogane e dei monopoli relativamente al settore della distribuzione dei carburanti, da realizzare, in attuazione dei principi del capo V del codice dell'amministrazione digitale, di cui al decreto legislativo 7 marzo 2005, n. 82, e successive modificazioni, entro il 31 dicembre 2017, l'Agenzia delle dogane e dei monopoli trasmette, entro il 30 giugno di ciascun anno, e in prima applicazione entro il 1° settembre 2017, i dati in suo possesso relativi agli stessi impianti. All'anagrafe possono accedere, per consultazione, le regioni, l'amministrazione competente al rilascio del titolo autorizzativo o concessorio, l'Agenzia delle dogane e dei monopoli e la Cassa conguaglio GPL. Il Ministero dello sviluppo economico, con proprio decreto, provvede a riorganizzare il comitato tecnico per la ristrutturazione della rete dei carburanti di cui alla delibera del Comitato interministeriale dei prezzi n. 18 del 12 settembre 1989, pubblicata nella Gazzetta Ufficiale n. 218 del 18 settembre 1989, riducendone il numero dei componenti e prevedendo la partecipazione di un rappresentante delle regioni e di un rappresentante dell'Associazione nazionale dei comuni italiani.

101. I titolari dell'autorizzazione di cui all'articolo 1 del decreto legislativo 11 febbraio 1998, n. 32, e successive modificazioni, o di concessione, laddove prevista, degli impianti di distribuzione dei carburanti hanno l'obbligo di iscrizione nell'anagrafe di cui al comma 100 del presente articolo entro trecentosessanta giorni dalla data di entrata in vigore della presente legge. L'obbligo di iscrizione riguarda anche gli impianti che sono in regolare sospensione dell'attività sulla base della disciplina regionale, con l'evidenza della data di cessazione della sospensione medesima. È fatto, inoltre, obbligo ai titolari di autorizzazione o di concessione di procedere all'aggiornamento periodico dell'anagrafe di cui al comma 100, secondo le modalità e i tempi indicati dal Ministero della transizione ecologica con decreto direttoriale. In caso di mancato adempimento da parte del titolare di un impianto di distribuzione dei carburanti, si applicano le sanzioni e le procedure previste al comma 105 (8).

102. Contestualmente all'iscrizione nell'anagrafe di cui al comma 100 del presente articolo i titolari degli impianti di distribuzione dei carburanti devono presentare una dichiarazione sostitutiva dell'atto di notorietà, resa ai sensi e per gli effetti di cui all'articolo 47 del testo unico di cui al decreto del Presidente della Repubblica 28 dicembre 2000, n. 445, indirizzata al Ministero dello sviluppo economico, alla regione competente, all'amministrazione competente al rilascio del titolo autorizzativo o concessorio e all'ufficio dell'Agenzia

delle dogane e dei monopoli, attestante che l'impianto di distribuzione dei carburanti ricade ovvero non ricade, in relazione ai soli aspetti attinenti alla sicurezza della circolazione stradale, in una delle fattispecie di incompatibilità previste dalle vigenti disposizioni regionali e meglio precisate, ai soli fini della presentazione della dichiarazione sostitutiva dell'atto di notorietà, ai commi 112 e 113 del presente articolo, ovvero che, pur ricadendo nelle fattispecie di incompatibilità, si impegnano al loro adeguamento, da completare entro diciotto mesi dalla data di entrata in vigore della presente legge. Entro quindici giorni dalla conclusione dei lavori di adeguamento il titolare dell'autorizzazione presenta una dichiarazione sostitutiva dell'atto di notorietà relativa alla compatibilità dell'impianto di cui al presente comma. La dichiarazione di cui al precedente periodo può essere corredata da deroga formale, disposta antecedentemente alla data di entrata in vigore della presente legge dall'amministrazione competente sulla base della specifica disciplina regionale. In alternativa alla predetta dichiarazione può essere resa perizia giurata di tecnico abilitato (9).

103. Qualora l'impianto di distribuzione dei carburanti ricada nelle fattispecie di incompatibilità di cui al comma 102 e il titolare non si impegni a procedere al relativo completo adeguamento, lo stesso titolare cessa l'attività di vendita di carburanti entro nove mesi dalla data di entrata in vigore della presente legge e provvede allo smantellamento dell'impianto. Contestualmente, l'amministrazione competente dichiara la decadenza del titolo autorizzativo o concessorio relativo allo stesso impianto, dandone comunicazione al Ministero dello sviluppo economico, ai fini dell'aggiornamento dell'anagrafe di cui al comma 100, alla regione e all'Agenzia delle dogane e dei monopoli. L'ufficio dell'Agenzia delle dogane e dei monopoli competente per territorio dichiara la contestuale decadenza della licenza di esercizio. Conseguentemente sono risolti di diritto i relativi contratti per l'affidamento e l'approvvigionamento degli stessi impianti di distribuzione dei carburanti.

104. Il Ministero dello sviluppo economico riscontra che tutti gli impianti di distribuzione dei carburanti siano iscritti nell'anagrafe di cui al comma 100, sulla base dei dati già in possesso della pubblica amministrazione, dei dati in possesso delle regioni e delle comunicazioni che, periodicamente, ai sensi dei commi 100, 103 e 107, sono inoltrate allo stesso Ministero dalle amministrazioni locali e dall'Agenzia delle dogane e dei monopoli.

105. In caso di mancato invio della dichiarazione di cui al comma 102 da parte del titolare di un impianto di distribuzione dei carburanti nel termine di cui allo stesso comma, il Ministero dello sviluppo economico irroga al titolare la sanzione pecuniaria amministrativa del pagamento di una somma di euro 15.000 per ciascuna mancata dichiarazione, ai sensi della legge 24 novembre 1981, n. 689, e diffida il titolare a provvedere entro il termine perentorio di trenta giorni, pena la decadenza dell'autorizzazione o concessione. I proventi della sanzione amministrativa di cui al presente comma spettano al Fondo per la razionalizzazione della rete di distribuzione dei carburanti, di cui all'articolo 6 del decreto legislativo 11 febbraio 1998, n. 32, fino al 31 dicembre 2017. A decorrere dalla scadenza del predetto termine, tali proventi sono acquisiti all'entrata del bilancio dello Stato (10).

106. A decorrere dal 1° gennaio 2018 la Cassa conguaglio GPL di cui al provvedimento del Comitato interministeriale dei prezzi n. 44 del 28 ottobre 1977 è soppressa e le relative funzioni e competenze nonché i relativi rapporti giuridici attivi e passivi rientrano nelle funzioni svolte da Acquirente unico Spa per il tramite dell'Organismo centrale di stoccaggio italiano (OCSIT), attribuite ai sensi dell'articolo 7, comma 1, del decreto legislativo 31 dicembre 2012, n. 249, in regime di separazione contabile. Il personale a tempo indeterminato in servizio presso la predetta Cassa alla data di entrata in vigore della presente legge è trasferito nella funzione OCSIT di Acquirente unico Spa con mantenimento del trattamento economico fondamentale e accessorio, limitatamente alle voci fisse e continuative, corrisposto al momento del trasferimento. A decorrere dal 1° gennaio 2018 è trasferita all'OCSIT la titolarità del Fondo per la razionalizzazione della rete di distribuzione dei carburanti di cui all'articolo 6 del decreto legislativo 11 febbraio 1998, n. 32, sul quale gravano gli oneri per lo svolgimento delle attività trasferite, in modo da assicurare l'autonomia economica, patrimoniale e finanziaria di tali attività rispetto alle altre attività e funzioni svolte dall'OCSIT. Le attività trasferite ai sensi del presente comma sono svolte in base a indirizzi operativi del Ministero dello sviluppo economico e cessano con l'esaurimento delle risorse finanziarie del Fondo sopra citato. A decorrere dal 1° gennaio 2018 è trasferita all'OCSIT anche la titolarità del Fondo GPL e del fondo scorte di riserva. A decorrere dal 1° gennaio 2018 le funzioni della Cassa conguaglio GPL relative al fondo bombole per metano di cui all'articolo 27, comma 6, della legge 23 luglio 2009, n. 99, e all'articolo 27, comma 5, del decreto legislativo 1° giugno 2011, n. 93, sono direttamente esercitate dal comitato per la gestione del fondo bombole per metano di cui all'articolo 12 della legge 8 luglio 1950, n. 640, operante presso il Ministero dello sviluppo economico, senza nuovi o maggiori oneri per la finanza pubblica.

107. Decorso inutilmente il nuovo termine di cui al comma 105 il Ministero dello sviluppo economico ne dà prontamente comunicazione all'ufficio dell'Agenzia delle dogane e dei monopoli competente per territorio, alla regione ed all'amministrazione competente per territorio al rilascio del titolo autorizzativo o concessorio, che procedono entro trenta giorni alla dichiarazione di decadenza del titolo autorizzativo o concessorio e alla decadenza della licenza di esercizio, dandone comunicazione al Ministero stesso. L'iscrizione all'anagrafe di cui al comma 100 è requisito fondamentale per la validità del titolo autorizzativo o concessorio.

108. Il rilascio al gestore dell'impianto del registro annuale di carico e scarico da parte dell'ufficio dell'Agenzia delle dogane e dei monopoli competente per territorio è subordinato alla verifica, eseguita accedendo all'anagrafe di cui al comma 100, che l'impianto sia iscritto all'anagrafe stessa e che sia stato dichiarato compatibile ai sensi del comma 102.

109. Nel caso in cui il titolare dell'autorizzazione o della concessione abbia dichiarato che l'impianto oggetto della dichiarazione ricade nelle fattispecie di incompatibilità di cui al comma 102 e non abbia provveduto alla cessazione dell'attività di vendita dei carburanti entro nove mesi dalla data di entrata in vigore della presente legge, il Ministero dello sviluppo economico irroga al titolare la sanzione pecuniaria amministrativa del pagamento di una somma da euro 5.000 a euro 15.000 per ciascun mese di ritardo rispetto alla data ultima prevista per la cessazione dell'attività di vendita, ai sensi della legge 24 novembre 1981, n. 689, e dispone la chiusura immediata dell'esercizio dell'impianto stesso. I proventi della sanzione amministrativa di cui al presente comma spettano al comune competente per territorio per la quota del 70 per cento e per la quota restante al Fondo per la razionalizzazione della rete di distribuzione dei carburanti, di cui all'articolo 6 del decreto legislativo 11 febbraio 1998, n. 32, fino al 31 dicembre 2017. A decorrere dalla scadenza del predetto termine, quest'ultima quota è acquisita all'entrata del bilancio dello Stato. Il Corpo della guardia di finanza, ovvero altri organi di polizia giudiziaria, su richiesta del Ministero dello sviluppo economico, verificano l'effettiva chiusura degli impianti per i quali è stata disposta la cessazione immediata, anche a seguito della conseguente revoca della licenza di esercizio rilasciata dall'ufficio dell'Agenzia delle dogane e dei monopoli, al fine di evitare abusi o frodi fiscali.

110. Fermo restando quanto previsto dall'articolo 76 del

testo unico di cui al decreto del Presidente della Repubblica 28 dicembre 2000, n. 445, nel caso in cui sia accertata la non compatibilità di un impianto, dichiarato dal titolare compatibile ai sensi del comma 102 del presente articolo, ovvero sia inutilmente decorso il termine per la conclusione dei lavori di adeguamento di cui al comma 103 del presente articolo, l'amministrazione competente per territorio dichiara la decadenza del titolo autorizzativo o concessorio comunicandola alla regione, al Ministero dello sviluppo economico e all'ufficio dell'Agenzia delle dogane e dei monopoli. Contestualmente l'ufficio dell'Agenzia delle dogane e dei monopoli dichiara la decadenza della licenza di esercizio afferente allo stesso impianto e sono risolti di diritto i relativi contratti per l'affidamento dell'impianto e l'approvvigionamento di carburante. Nelle fattispecie di cui al presente comma si applica altresì la sanzione di cui al comma 109 del presente articolo.

111. Eventuali segnalazioni relative a impianti incompatibili operanti successivamente alla data di cui al comma 103 sono inviate all'amministrazione territorialmente competente per il rilascio del titolo autorizzativo o concessorio, alla regione competente e al Ministero dello sviluppo economico.

112. Con riferimento alla dichiarazione di cui al comma 102 del presente articolo, gli impianti ubicati all'interno dei centri abitati, delimitati dai comuni ai sensi dell'articolo 4 del codice della strada, di cui al decreto legislativo 30 aprile 1992, n. 285, sono considerati incompatibili, in relazione agli aspetti di sicurezza della circolazione stradale, nei seguenti casi:

a) impianti privi di sede propria per i quali il rifornimento, tanto all'utenza quanto all'impianto stesso, avviene sulla carreggiata, come definita all'articolo 3, comma 1, numero 7), del codice di cui al decreto legislativo 30 aprile 1992, n. 285;

b) impianti situati all'interno di aree pedonali, ai sensi dell'articolo 3, comma 1, numero 2), del codice di cui al decreto legislativo 30 aprile 1992, n. 285.

113. Con riferimento alla dichiarazione di cui al comma 102 del presente articolo, gli impianti ubicati all'esterno dei centri abitati, delimitati dai comuni ai sensi dell'articolo 4 del codice della strada, di cui al decreto legislativo 30 aprile 1992, n. 285, sono considerati incompatibili, in relazione agli aspetti di sicurezza della circolazione stradale, nei seguenti casi:

a) impianti ricadenti in corrispondenza di biforcazioni di strade di uso pubblico (incroci ad Y) e ubicati sulla cuspide degli stessi, con accessi su più strade pubbliche;

b) impianti ricadenti all'interno di curve aventi raggio minore o uguale a metri cento, salvo si tratti di unico impianto in comuni montani;

c) impianti privi di sede propria per i quali il rifornimento, tanto all'utenza quanto all'impianto stesso, avviene sulla carreggiata, come definita all'articolo 3, comma 1, numero 7), del codice di cui al decreto legislativo 30 aprile 1992, n. 285.

114. Le regioni e i comuni, anche attraverso l'anagrafe degli impianti di cui al comma 100, verificano che gli impianti di distribuzione dei carburanti la cui attività è sospesa rispettino le tempistiche e le modalità previste per il regime della sospensiva nelle relative norme regionali o provinciali.

115. Agli impianti di distribuzione dei carburanti che cessano definitivamente l'attività di vendita entro il 31 dicembre 2023 si applicano le procedure semplificate di dismissione di cui al comma 117, salvi i casi in cui per le stesse aree esistano o vengano sottoscritti specifici accordi o atti della pubblica amministrazione in merito al loro ripristino (11).

116. Entro trenta giorni dalla data di cessazione definitiva dell'attività di vendita, i titolari di impianti di distribuzione dei carburanti comunicano al comune competente l'avvio delle procedure di dismissione delle strutture di distribuzione, da realizzare con le modalità di cui al comma 117, eseguendole nei successivi centoventi giorni e comunque non oltre il termine di cui al comma 115. La conclusione dei lavori è attestata con una relazione, firmata da un tecnico abilitato, da presentare all'amministrazione comunale competente tramite autocertificazione ai sensi del testo unico di cui al decreto del Presidente della Repubblica 28 dicembre 2000, n. 445.

117. Le attività di dismissione di cui al comma 115, finalizzate a prevenire l'insorgenza di pericoli nei riguardi della sicurezza, dell'ambiente e delle condizioni igienico-sanitarie, consistono nello smantellamento delle attrezzature fuori terra, nella rimozione dei fondami e degli eventuali prodotti residui presenti nei serbatoi, nella messa in sicurezza delle strutture interrate e, ove si renda necessario a seguito dell'individuazione di una contaminazione, nell'esecuzione di indagini ambientali di cui al regolamento di cui al decreto del Ministro dell'ambiente e della tutela del territorio e del mare 12 febbraio 2015, n. 31. In caso di riutilizzo dell'area, i titolari di impianti di distribuzione dei carburanti procedono alla rimozione delle strutture interrate e, in ogni caso, alla bonifica del sito in caso di accertata contaminazione.

118. Nell'ambito delle procedure semplificate previste dal regolamento di cui al decreto del Ministro dell'ambiente e della tutela del territorio e del mare 12 febbraio 2015, n. 31, i titolari degli impianti di distribuzione dei carburanti di cui al comma 115 del presente articolo, qualora individuino delle contaminazioni, si avvalgono degli accordi di programma disciplinati dall'articolo 246 del decreto legislativo 3 aprile 2006, n. 152.

119. Le amministrazioni competenti provvedono all'attuazione delle disposizioni di cui ai commi da 100 a 118 con le risorse umane, strumentali e finanziarie disponibili a legislazione vigente e, comunque, senza nuovi o maggiori oneri per la finanza pubblica.

120. All'articolo 221, comma 5, del decreto legislativo 3 aprile 2006, n. 152, e successive modificazioni, sono apportate le seguenti modificazioni:

a) al terzo periodo, le parole: «, permanendo fino a tale momento l'obbligo di corrispondere il contributo ambientale di cui all'articolo 224, comma 3, lettera h)» sono soppresse;

b) dopo il terzo periodo è inserito il seguente: «L'obbligo di corrispondere il contributo ambientale di cui all'articolo 224, comma 3, lettera h), è sospeso a seguito dell'intervenuto riconoscimento del progetto sulla base di idonea documentazione e sino al provvedimento definitivo che accerti il funzionamento o il mancato funzionamento del sistema e ne dia comunicazione al Consorzio.»;

c) al sesto periodo, le parole: «dal Consorzio nazionale imballaggi» sono sostituite dalle seguenti: «dall'ISPRA».

121. L'Istituto superiore per la protezione e la ricerca ambientale provvede all'attuazione delle disposizioni di cui alla lettera c) del comma 120 con le risorse umane, strumentali e finanziarie disponibili a legislazione vigente e, comunque, senza nuovi o maggiori oneri per la finanza pubblica.

122. All'articolo 18, comma 4, del decreto legislativo 14 marzo 2014, n. 49, sono apportate le seguenti modificazioni:

a) le parole: «in conformità alle norme minime di qualità definite dalla Commissione europea» sono sostituite dalle seguenti: «anche nelle more della definizione delle norme minime di qualità da parte della Commissione europea,»;

b) le parole: «, entro tre mesi dalla loro adozione» sono soppresse.

123. Entro novanta giorni dalla data di entrata in vigore della presente legge, con decreto del Ministero dell'ambiente e della tutela del territorio e del mare sono definite le modalità semplificate relative agli adempimenti per l'esercizio delle attività di raccolta e trasporto dei rifiuti di metalli ferrosi e non ferrosi.

124. Entro trenta giorni dalla data di entrata in vigore del decreto di cui al comma 123, l'Albo nazionale gestori ambientali di cui all'articolo 212 del decreto legislativo 3 aprile

2006, n. 152, individua le modalità semplificate d'iscrizione per l'esercizio dell'attività di raccolta e trasporto dei rifiuti di metalli ferrosi e non ferrosi, nonché i quantitativi annui massimi raccolti e trasportati per poter usufruire dell'iscrizione con modalità semplificate.

125. A partire dall'esercizio finanziario 2018, i soggetti di cui al secondo periodo sono tenuti a pubblicare nei propri siti internet o analoghi portali digitali, entro il 30 giugno di ogni anno, le informazioni relative a sovvenzioni, sussidi, vantaggi, contributi o aiuti, in denaro o in natura, non aventi carattere generale e privi di natura corrispettiva, retributiva o risarcitoria, agli stessi effettivamente erogati nell'esercizio finanziario precedente dalle pubbliche amministrazioni di cui all'articolo 1, comma 2, del decreto legislativo 30 marzo 2001, n. 165 e dai soggetti di cui all'articolo 2-bis del decreto legislativo 14 marzo 2013, n. 33. Il presente comma si applica:

a) ai soggetti di cui all'articolo 13 della legge 8 luglio 1986, n. 349;

b) ai soggetti di cui all'articolo 137 del decreto legislativo 6 settembre 2005, n. 206;

c) alle associazioni, Onlus e fondazioni;

d) alle cooperative sociali che svolgono attività a favore degli stranieri di cui al decreto legislativo 25 luglio 1998, n. 286 (12).

125-bis. I soggetti che esercitano le attività di cui all'articolo 2195 del codice civile pubblicano nelle note integrative del bilancio di esercizio e dell'eventuale bilancio consolidato gli importi e le informazioni relativi a sovvenzioni, sussidi, vantaggi, contributi o aiuti, in denaro o in natura, non aventi carattere generale e privi di natura corrispettiva, retributiva o risarcitoria, agli stessi effettivamente erogati dalle pubbliche amministrazioni di cui all'articolo 1, comma 2, del decreto legislativo 30 marzo 2001, n. 165 e dai soggetti di cui all'articolo 2-bis del decreto legislativo 14 marzo 2013, n. 33. I soggetti che redigono il bilancio ai sensi dell'articolo 2435-bis del codice civile e quelli comunque non tenuti alla redazione della nota integrativa assolvono all'obbligo di cui al primo periodo mediante pubblicazione delle medesime informazioni e importi, entro il 30 giugno di ogni anno, su propri siti internet, secondo modalità liberamente accessibili al pubblico o, in mancanza di questi ultimi, sui portali digitali delle associazioni di categoria di appartenenza (13).

125-ter. A partire dal 1° gennaio 2020, l'inosservanza degli obblighi di cui ai commi 125 e 125-bis comporta una sanzione pari all'1 per cento degli importi ricevuti con un importo minimo di 2.000 euro, nonché la sanzione accessoria dell'adempimento agli obblighi di pubblicazione. Decorsi 90 giorni dalla contestazione senza che il trasgressore abbia ottemperato agli obblighi di pubblicazione e al pagamento della sanzione amministrativa pecuniaria, si applica la sanzione della restituzione integrale del beneficio ai soggetti eroganti. Le sanzioni di cui al presente comma sono irrogate dalle pubbliche amministrazioni di cui all'articolo 1, comma 2, del decreto legislativo 30 marzo 2001, n. 165, che hanno erogato il beneficio oppure, negli altri casi, dall'amministrazione vigilante o competente per materia. Si applica la legge 24 novembre 1981, n. 689, in quanto compatibile (14).

125-quater. Qualora i soggetti eroganti sovvenzioni, sussidi, vantaggi, contributi o aiuti, in denaro o in natura, privi di natura corrispettiva, retributiva o risarcitoria di cui ai commi 125 e 125-bis siano amministrazioni centrali dello Stato ed abbiano adempiuto agli obblighi di pubblicazione previsti dall'articolo 26 del decreto legislativo 14 marzo 2013, n. 33, le somme di cui al comma 125-ter sono versate ad apposito capitolo dell'entrata del bilancio dello Stato per essere riassegnate ai pertinenti capitoli degli stati di previsione delle amministrazioni originariamente competenti per materia. Nel caso in cui i soggetti eroganti di cui al primo periodo non abbiano adempiuto agli obblighi di pubblicazione di cui all'articolo 26 del decreto legislativo 14 marzo 2013, n. 33, le somme di cui al comma 125-ter sono versate all'entrata del bilancio dello Stato per essere riassegnate al Fondo per la lotta alla povertà e all'esclusione sociale di cui all'articolo 1, comma 386, della legge 28 dicembre 2015, n. 208 (15).

125-quinquies. Per gli aiuti di Stato e gli aiuti *de minimis* contenuti nel Registro nazionale degli aiuti di Stato di cui all'articolo 52 della legge 24 dicembre 2012, n. 234, la registrazione degli aiuti nel predetto sistema, con conseguente pubblicazione nella sezione trasparenza ivi prevista, operata dai soggetti che concedono o gestiscono gli aiuti medesimi ai sensi della relativa disciplina, tiene luogo degli obblighi di pubblicazione posti a carico dei soggetti di cui ai commi 125 e 125-bis, a condizione che venga dichiarata l'esistenza di aiuti oggetto di obbligo di pubblicazione nell'ambito del Registro nazionale degli aiuti di Stato nella nota integrativa del bilancio oppure, ove non tenute alla redazione della nota integrativa, sul proprio sito internet o, in mancanza, sul portale digitale delle associazioni di categoria di appartenenza (15).

125-sexies. Le cooperative sociali di cui al comma 125, lettera d), sono altresì tenute a pubblicare trimestralmente nei propri siti internet o portali digitali l'elenco dei soggetti a cui sono versate somme per lo svolgimento di servizi finalizzati ad attività di integrazione, assistenza e protezione sociale (15).

126. A decorrere dal 1° gennaio 2018, gli obblighi di pubblicazione di cui all'articolo 26 del decreto legislativo 14 marzo 2013, n. 33, si applicano anche agli enti e alle società controllati di diritto o di fatto, direttamente o indirettamente, dalle amministrazioni dello Stato, mediante pubblicazione nei propri documenti contabili annuali, nella nota integrativa del bilancio. In caso di inosservanza di tale obbligo si applica una sanzione amministrativa pari alle somme erogate (16).

127. Al fine di evitare la pubblicazione di informazioni non rilevanti, l'obbligo di pubblicazione di cui ai commi 125, 125-bis e 126 non si applica ove l'importo monetario di sovvenzioni, sussidi, vantaggi, contributi o aiuti, in denaro o in natura, privi di natura corrispettiva, retributiva o risarcitoria effettivamente erogati al soggetto beneficiario sia inferiore a 10.000 euro nel periodo considerato (16).

128. All'articolo 26, comma 2, del decreto legislativo 14 marzo 2013, n. 33, dopo il secondo periodo, è aggiunto il seguente: «Ove i soggetti beneficiari siano controllati di diritto o di fatto dalla stessa persona fisica o giuridica ovvero dagli stessi gruppi di persone fisiche o giuridiche, vengono altresì pubblicati i dati consolidati di gruppo.» (16).

129. All'attuazione delle disposizioni previste dai commi da 125 a 128 le amministrazioni, gli enti e le società di cui ai predetti commi provvedono nell'ambito delle risorse umane, finanziarie e strumentali previste a legislazione vigente e, comunque, senza nuovi o maggiori oneri a carico della finanza pubblica (16).

130. Gli istituti bancari, le imprese di assicurazione e le società di carte di credito assicurano che l'accesso ai propri servizi di assistenza ai clienti, anche attraverso chiamata da telefono mobile, avvenga a costi telefonici non superiori rispetto alla tariffa ordinaria urbana. L'Autorità per le garanzie nelle comunicazioni vigila sulla corretta applicazione del presente comma.

131. La violazione delle disposizioni di cui al comma 130 implica l'applicazione di una sanzione amministrativa pari a 10.000 euro, irrogata dall'Autorità di cui al comma 130, e un indennizzo non inferiore a 100 euro a favore dei clienti.

132. In conformità con la direttiva 2014/92/UE del Parlamento europeo e del Consiglio, del 23 luglio 2014, sulla comparabilità delle spese relative al conto di pagamento, sul trasferimento del conto di pagamento e sull'accesso al conto di pagamento con caratteristiche di base, con decreto del Ministro dell'economia e delle finanze, di concerto con il Ministro dello sviluppo economico, sentita la Banca d'Italia, da ema-

nare entro centottanta giorni dalla data di entrata in vigore della presente legge, sono individuati i prodotti bancari più diffusi tra la clientela per i quali è assicurata la possibilità di confrontare le spese a chiunque addebitate dai prestatori di servizi di pagamento attraverso un apposito sito internet.

133. Il decreto di cui al comma 132 individua altresì le modalità e i termini secondo i quali i prestatori dei servizi di pagamento provvedono a fornire i dati necessari alla comparazione e definisce le modalità per la pubblicazione nel sito internet, nonché i relativi aggiornamenti periodici.

134. All'attuazione delle disposizioni previste dai commi 132 e 133 le amministrazioni interessate provvedono nell'ambito delle risorse umane, finanziarie e strumentali disponibili a legislazione vigente e, comunque, senza nuovi o maggiori oneri a carico della finanza pubblica.

135. All'articolo 28 del decreto-legge 24 gennaio 2012, n. 1, convertito, con modificazioni, dalla legge 24 marzo 2012, n. 27, sono apportate le seguenti modificazioni:

a) il comma 1 è sostituito dal seguente:

«1. Fermo restando quanto previsto dall'articolo 183 del codice delle assicurazioni private, di cui al decreto legislativo 7 settembre 2005, n. 209, e dalle relative disposizioni e delibera dell'IVASS di attuazione in materia di interesse degli intermediari assicurativi, le banche, gli istituti di credito e gli intermediari finanziari, se condizionano l'erogazione del mutuo immobiliare o del credito al consumo alla stipula di un contratto di assicurazione, ovvero qualora l'offerta di un contratto di assicurazione sia connessa o accessoria all'erogazione del mutuo o del credito, sono tenuti ad accettare, senza variare le condizioni offerte per l'erogazione del mutuo immobiliare o del credito al consumo, la polizza che il cliente presenterà o reperirà sul mercato; nel caso in cui essa sia necessaria per ottenere il finanziamento o per ottenerlo alle condizioni offerte, la polizza presentata dal cliente deve avere contenuti minimi corrispondenti a quelli richiesti dalla banca, dall'istituto di credito e dall'intermediario finanziario»;

b) dopo il comma 2 è inserito il seguente:

«2-bis. Nel caso in cui il cliente sottoscriva all'atto della stipula del finanziamento una polizza proposta dalla banca, dall'istituto di credito, da intermediari finanziari o da loro incaricati, ha diritto di recedere dalla stessa entro sessanta giorni. In caso di recesso dalla polizza resta valido ed efficace il contratto di finanziamento. Ove la polizza sia necessaria per ottenere il finanziamento o per ottenerlo alle condizioni offerte, il cliente può presentare in sostituzione una polizza dallo stesso autonomamente reperita e stipulata, avente i contenuti minimi di cui al comma 1. Le banche, gli istituti di credito, gli intermediari finanziari o, in alternativa, le compagnie di assicurazione si impegnano ad informare il cliente di quanto sopra stabilito con comunicazione separata rispetto alla documentazione contrattuale»;

c) dopo il comma 3 è aggiunto il seguente:

«3-bis. Fatto salvo quanto disposto dal comma 1, le banche, gli istituti di credito e gli intermediari finanziari sono tenuti a informare il richiedente il finanziamento della provvigione percepita e dell'ammontare della provvigione pagata dalla compagnia assicurativa all'intermediario, in termini sia assoluti che percentuali sull'ammontare complessivo».

136. Per locazione finanziaria si intende il contratto con il quale la banca o l'intermediario finanziario iscritto nell'albo di cui all'articolo 106 del testo unico di cui al decreto legislativo 1° settembre 1993, n. 385, si obbliga ad acquistare o a far costruire un bene su scelta e secondo le indicazioni dell'utilizzatore, che ne assume tutti i rischi, anche di perimento, e lo fa mettere a disposizione per un dato tempo verso un determinato corrispettivo che tiene conto del prezzo di acquisto o di costruzione e della durata del contratto. Alla scadenza del contratto l'utilizzatore ha diritto di acquistare la proprietà del bene ad un prezzo prestabilito ovvero, in caso di mancato esercizio del diritto, l'obbligo di restituirlo.

137. Costituisce grave inadempimento dell'utilizzatore il mancato pagamento di almeno sei canoni mensili o due canoni trimestrali anche non consecutivi o un importo equivalente per i leasing immobiliari, ovvero di quattro canoni mensili anche non consecutivi o un importo equivalente per gli altri contratti di locazione finanziaria.

138. In caso di risoluzione del contratto per l'inadempimento dell'utilizzatore ai sensi del comma 137, il concedente ha diritto alla restituzione del bene ed è tenuto a corrispondere all'utilizzatore quanto ricavato dalla vendita o da altra collocazione del bene, effettuata ai valori di mercato, dedotte la somma pari all'ammontare dei canoni scaduti e non pagati fino alla data della risoluzione, dei canoni a scadere, solo in linea capitale, e del prezzo pattuito per l'esercizio dell'opzione finale di acquisto, nonché le spese anticipate per il recupero del bene, la stima e la sua conservazione per il tempo necessario alla vendita. Resta fermo nella misura residua il diritto di credito del concedente nei confronti dell'utilizzatore quando il valore realizzato con la vendita o altra collocazione del bene è inferiore all'ammontare dell'importo dovuto dall'utilizzatore a norma del periodo precedente.

139. Ai fini di cui al comma 138, il concedente procede alla vendita o ricollocazione del bene sulla base dei valori risultanti da pubbliche rilevazioni di mercato elaborate da soggetti specializzati. Quando non è possibile far riferimento ai predetti valori, procede alla vendita sulla base di una stima effettuata da un perito scelto dalle parti di comune accordo nei venti giorni successivi alla risoluzione del contratto o, in caso di mancato accordo nel predetto termine, da un perito indipendente scelto dal concedente in una rosa di almeno tre operatori esperti, previamente comunicati all'utilizzatore, che può esprimere la sua preferenza vincolante ai fini della nomina entro dieci giorni dal ricevimento della predetta comunicazione. Il perito è indipendente quando non è legato al concedente da rapporti di natura personale o di lavoro tali da compromettere l'indipendenza di giudizio. Nella procedura di vendita o ricollocazione il concedente si attiene a criteri di celerità, trasparenza e pubblicità adottando modalità tali da consentire l'individuazione del migliore offerente possibile, con obbligo di informazione dell'utilizzatore.

140. Restano ferme le previsioni di cui all'articolo 72-quater del regio decreto 16 marzo 1942, n. 267, e si applica, in caso di immobili da adibire ad abitazione principale, l'articolo 1, commi 76, 77, 78, 79, 80 e 81, della legge 28 dicembre 2015, n. 208.

141. Al fine di garantire una maggiore concorrenzialità nell'ambito della professione forense, alla legge 31 dicembre 2012, n. 247, sono apportate le seguenti modificazioni:

a) all'articolo 4:

1) al comma 3, il quarto periodo è soppresso;

2) il comma 4 è abrogato;

3) al comma 6, le parole: «ai commi 4 e 5» sono sostituite dalle seguenti: «al comma 5»;

b) dopo l'articolo 4 è inserito il seguente:

«Art. 4-bis. – (Esercizio della professione forense in forma societaria). – 1. L'esercizio della professione forense in forma societaria è consentito a società di persone, a società di capitali o a società cooperative iscritte in un'apposita sezione speciale dell'albo tenuto dall'ordine territoriale nella cui circoscrizione ha sede la stessa società; presso tale sezione speciale è resa disponibile la documentazione analitica, per l'anno di riferimento, relativa alla compagine sociale. È vietata la partecipazione societaria tramite società fiduciarie, trust o per interposta persona. La violazione di tale previsione comporta di diritto l'esclusione del socio.

2. Nelle società di cui al comma 1:

a) i soci, per almeno due terzi del capitale sociale e dei diritti di voto, devono essere avvocati iscritti all'albo, ovvero avvocati iscritti all'albo e professionisti iscritti in albi di altre professioni; il venire meno di tale condizione costituisce causa di scioglimento della società e il consiglio dell'ordine presso il quale è iscritta la società procede alla cancellazione della stessa dall'albo, salvo che la società non abbia provveduto a ristabilire la prevalenza dei soci professionisti nel termine perentorio di sei mesi;

b) la maggioranza dei membri dell'organo di gestione deve essere composta da soci avvocati;

c) i componenti dell'organo di gestione non possono essere estranei alla compagine sociale; i soci professionisti possono rivestire la carica di amministratori.

3. Anche nel caso di esercizio della professione forense in forma societaria resta fermo il principio della personalità della prestazione professionale. L'incarico può essere svolto soltanto da soci professionisti in possesso dei requisiti necessari per lo svolgimento della specifica prestazione professionale richiesta dal cliente, i quali assicurano per tutta la durata dell'incarico la piena indipendenza e imparzialità, dichiarando possibili conflitti di interesse o incompatibilità, iniziali o sopravvenuti.

4. La responsabilità della società e quella dei soci non esclude la responsabilità del professionista che ha eseguito la specifica prestazione.

5. La sospensione, cancellazione o radiazione del socio dall'albo nel quale è iscritto costituisce causa di esclusione dalla società di cui al comma 1.

6. Le società di cui al comma 1 sono in ogni caso tenute al rispetto del codice deontologico forense e sono soggette alla competenza disciplinare dell'ordine di appartenenza»;

c) l'articolo 5 è abrogato;

d) all'articolo 13, comma 5, le parole: «a richiesta» sono soppresse.

142. All'articolo 1 della legge 27 dicembre 2013, n. 147, e successive modificazioni, sono apportate le seguenti modificazioni:

a) il comma 63 è sostituito dal seguente:

«63. Il notaio o altro pubblico ufficiale è tenuto a versare su apposito conto corrente dedicato:

a) tutte le somme dovute a titolo di tributi per i quali il medesimo sia sostituto o responsabile d'imposta, e comunque le spese anticipate di cui all'articolo 15, primo comma, numero 3), del decreto del Presidente della Repubblica 26 ottobre 1972, n. 633, e successive modificazioni, in relazione agli atti a repertorio dallo stesso ricevuti o autenticati e soggetti a pubblicità immobiliare o commerciale;

b) ogni altra somma affidatagli e soggetta ad obbligo di annotazione nel registro delle somme e dei valori di cui alla legge 22 gennaio 1934, n. 64;

c) l'intero prezzo o corrispettivo, ovvero il saldo degli stessi, se determinato in denaro, oltre alle somme destinate ad estinzione di gravami o spese non pagate o di altri oneri dovuti in occasione del ricevimento o dell'autenticazione di atti di trasferimento della proprietà o di trasferimento, costituzione o estinzione di altro diritto reale su immobili o aziende, se in tal senso richiesto da almeno una delle parti e conformemente all'incarico espressamente conferito; nei casi previsti dalla presente lettera, il notaio deve ricusare il suo ministero se le parti non depositano, antecedentemente o contestualmente alla sottoscrizione dell'atto, l'importo dei tributi, degli onorari e delle altre spese dell'atto, salvo che si tratti di persone ammesse al beneficio del gratuito patrocinio»;

b) il comma 64 è abrogato;

c) il comma 65 è sostituito dal seguente:

«65. Le somme depositate nel conto corrente di cui al comma 63 costituiscono patrimonio separato. Dette somme sono escluse dalla successione del notaio o altro pubblico ufficiale e dal suo regime patrimoniale della famiglia, sono impignorabili a richiesta di chiunque ed impignorabile è altresì il credito al pagamento o alla restituzione delle stesse»;

d) il comma 66 è sostituito dal seguente:

«66. Nei casi previsti dalle lettere a) e b) del comma 63, il notaio o altro pubblico ufficiale può disporre delle somme di cui si tratta solo per gli specifici impieghi per i quali gli sono state depositate, mantenendo di ciò idonea documentazione. Nei casi previsti dalla lettera c) del comma 63, eseguite la registrazione e la pubblicità dell'atto ai sensi della normativa vigente, verificata l'assenza di gravami e formalità pregiudizievoli ulteriori rispetto a quelle esistenti alla data dell'atto o da questo risultanti, il notaio o altro pubblico ufficiale provvede senza indugio a disporre lo svincolo degli importi depositati a favore degli aventi diritto. Se nell'atto le parti hanno previsto che il prezzo o corrispettivo sia pagato solo dopo l'avveramento di un determinato evento o l'adempimento di una determinata prestazione, il notaio o altro pubblico ufficiale svincola il prezzo o corrispettivo depositato quando gli viene fornita la prova, risultante da atto pubblico o scrittura privata autenticata, ovvero secondo le diverse modalità probatorie concordate tra le parti, che l'evento dedotto in condizione si sia avverato o che la prestazione sia stata adempiuta»;

e) dopo il comma 66 è inserito il seguente:

«66-bis. Il notaio o altro pubblico ufficiale può recuperare dal conto dedicato, a seguito di redazione di apposito prospetto contabile, le somme di cui al comma 63 che abbia eventualmente anticipato con fondi propri, nonché le somme in esso versate diverse da quelle di cui al medesimo comma 63»;

f) il comma 67 è sostituito dal seguente:

«67. Gli interessi maturati su tutte le somme depositate, al netto delle spese e delle imposte relative al conto corrente, sono finalizzati a rifinanziare i fondi di credito agevolato destinati ai finanziamenti alle piccole e medie imprese, secondo le modalità e i termini individuati con decreto del Presidente del Consiglio dei ministri, adottato, su proposta del Ministro dell'economia e delle finanze, entro centoventi giorni dalla data di entrata in vigore della presente disposizione. Entro lo stesso termine il Consiglio nazionale del notariato elabora, ai sensi della lettera f) dell'articolo 2 della legge 3 agosto 1949, n. 577, e successive modificazioni, principi di deontologia destinati a individuare le migliori prassi al fine di garantire l'adempimento regolare, tempestivo e trasparente di quanto previsto dai commi 63, 65, 66 e 66-bis del presente articolo, nonché dal presente comma. Del pari provvedono gli organi preposti, secondo i rispettivi ordinamenti, alla vigilanza degli altri pubblici ufficiali roganti».

143. Entro tre anni dalla data di entrata in vigore della presente legge, e in seguito ogni triennio, il Consiglio nazionale del notariato, sentiti gli organi preposti alla vigilanza degli altri pubblici ufficiali roganti, presenta al Ministro della giustizia una relazione sullo stato di applicazione delle norme di cui ai commi da 63 a 67 dell'articolo 143 della legge 27 dicembre 2013, n. 147, come modificati dal comma 142 del presente articolo, segnalando le eventuali criticità e proponendo le modifiche ritenute opportune.

144. Alla legge 16 febbraio 1913, n. 89, sono apportate le seguenti modificazioni:

a) all'articolo 4, il comma 1 è sostituito dal seguente:

«1. Il numero e la residenza dei notai per ciascun distretto sono determinati con decreto del Ministro della giustizia emanato, uditi i Consigli notarili e le Corti d'appello, tenendo conto della popolazione, dell'estensione del territorio e dei mezzi di comunicazione, e procurando che di regola ad ogni posto notarile corrisponda una popolazione di almeno 5.000 abitanti»;

b) all'articolo 26, il secondo comma è sostituito dal seguente: «Il notaio può recarsi, per ragione delle sue funzioni, in tutto il territorio della regione in cui si trova la propria sede, ovvero in tutto il distretto della Corte d'appello in cui si trova la sede, se tale distretto comprende più regioni. Salve in ogni caso le previsioni dell'articolo 82, può aprire un unico ufficio secondario in qualunque comune della regione ovvero in tutto il distretto della Corte d'appello se tale distretto comprende più regioni»;

c) all'articolo 27, il secondo comma è sostituito dal seguente: «Egli non può prestarlo fuori del territorio della regione in cui si trova la propria sede ovvero del distretto della Corte d'appello in cui si trova la sede, se tale distretto comprende più regioni»;

d) l'articolo 82 è sostituito dal seguente:

«Art. 82. – 1. Sono permesse associazioni di notai aventi sede in qualsiasi comune della regione, ovvero del distretto della Corte d'appello in cui si trova la sede, se tale distretto comprende più regioni, per svolgere la propria attività e per mettere in comune, in tutto o in parte, i proventi delle loro funzioni e ripartirli, poi, in tutto o in parte, in quote uguali o disuguali.

2. Ciascun associato può utilizzare lo studio e l'eventuale ufficio secondario di altro associato.

3. Se un associato si avvale dello studio o ufficio secondario di un altro associato quale proprio ufficio secondario, resta fermo il limite di cui all'ultimo periodo del secondo comma dell'articolo 26»;

e) all'articolo 93-bis, dopo il comma 2-bis è inserito il seguente:

«2-ter. Il Consiglio notarile distrettuale procede annualmente al sorteggio di un numero di notai pari almeno a un ventesimo degli iscritti al ruolo, presso i quali sono eseguite ispezioni dirette al controllo della regolare tenuta e dell'impiego dei fondi e dei valori consegnati a ogni titolo al notaio in ragione del suo ufficio, e a tal fine:

a) il notaio mette a disposizione del Consiglio notarile distrettuale, anche in via preventiva all'ispezione presso lo studio e nel più breve tempo possibile, tutta la documentazione contabile in suo possesso che gli è richiesta anche al fine di assicurare il rispetto delle disposizioni di cui all'articolo 1, commi da 63 a 67, della legge 27 dicembre 2013, n. 147, e successive modificazioni;

b) il Consiglio notarile distrettuale nomina ogni due anni in numero congruo i notai incaricati di procedere alle ispezioni contabili, scegliendoli preferibilmente tra i notai appartenenti ad altri distretti della medesima Corte d'appello;

c) le ispezioni contabili sono eseguite congiuntamente da tre notai nominati ai sensi della lettera b), secondo le modalità previste per le ispezioni presso gli studi notarili e con l'obbligo di astensione in ogni caso di conflitto di interessi»;

f) all'articolo 147, comma 1, la lettera c) è sostituita dalla seguente:

«c) si serve dell'opera di procacciatori di clienti o di pubblicità non conforme ai principi stabiliti dall'articolo 4 del regolamento di cui al decreto del Presidente della Repubblica 7 agosto 2012, n. 137».

145. All'articolo 1 del regio decreto 31 dicembre 1923, n. 3138, sono apportate le seguenti modificazioni:

a) al primo comma, dopo le parole: «archivio notarile distrettuale» sono aggiunte le seguenti:

«, fatto salvo quanto previsto dal quarto comma»;

b) al terzo comma, secondo periodo, le parole: «del luogo dove ha sede il Consiglio notarile» sono sostituite dalla seguente: «aggregante»;

c) dopo il terzo comma è aggiunto il seguente:

«La riunione di archivi notarili può essere disposta anche senza la riunione di uno o più distretti notarili, tenendo conto del numero dei notai assegnati a ciascun distretto notarile dell'archivio da aggregare, della media dei servizi erogati all'utenza negli ultimi tre anni dagli archivi da aggregare, nonché dell'estensione del territorio e dei mezzi di comunicazione».

146. All'articolo 2 della legge 17 maggio 1952, n. 629, il secondo comma è sostituito dal seguente:

«Gli Archivi notarili distrettuali sono istituiti con decreto del Ministro della giustizia, nel rispetto delle dotazioni organiche del Ministero della giustizia e senza nuovi o maggiori oneri per la finanza pubblica, nei comuni capoluoghi di distretti notarili, fatto salvo quanto previsto dall'articolo 1, quarto comma, del regio decreto 31 dicembre 1923, n. 3138, e hanno competenza per la circoscrizione del rispettivo distretto o dei rispettivi distretti».

147. Alla legge 17 maggio 1952, n. 629, sono apportate le seguenti modificazioni:

a) l'articolo 4 è sostituito dal seguente:

«Art. 4. – 1. Presso gli Archivi notarili di Bologna e Napoli sono costituiti uffici ispettivi la cui circoscrizione è determinata dalla tabella A allegata alla presente legge»;

b) la tabella A è sostituita dalla seguente:

«Tabella A Sedi e circoscrizioni di competenza degli uffici ispettivi

Bologna: Archivi notarili distrettuali aventi sede nelle regioni: Emilia-Romagna, Friuli Venezia Giulia, Liguria, Lombardia, Marche, Piemonte, Trentino-Alto Adige, Valle d'Aosta, Veneto.

Napoli: Archivi notarili distrettuali aventi sede nelle regioni: Abruzzo, Basilicata, Calabria, Campania, Lazio, Molise, Puglia, Sardegna, Sicilia, Toscana, Umbria».

148. In applicazione dell'articolo 24, comma 1, della legge 7 agosto 1997, n. 266, sono validi a ogni effetto i rapporti contrattuali intercorsi, dalla data di entrata in vigore della medesima legge, tra soggetti privati e società di ingegneria, costituite in forma di società di capitali di cui ai capi V, VI e VII del titolo V del libro quinto del codice civile, ovvero in forma di società cooperative di cui al capo I del titolo VI del medesimo libro quinto del codice civile. Con riferimento ai contratti stipulati a decorrere dalla data di entrata in vigore della presente legge, le società di cui al presente comma sono tenute a stipulare una polizza di assicurazione per la copertura dei rischi derivanti dalla responsabilità civile conseguente allo svolgimento delle attività professionali dedotte in contratto e a garantire che tali attività siano svolte da professionisti, nominativamente indicati, iscritti negli appositi albi previsti dai vigenti ordinamenti professionali. L'Autorità nazionale anticorruzione provvede, con le risorse umane, finanziarie e strumentali disponibili a legislazione vigente, alla pubblicazione dell'elenco delle società di cui al presente comma nel proprio sito internet.

149. Il comma 2 dell'articolo 24 della legge 7 agosto 1997, n. 266, è abrogato.

150. All'articolo 9, comma 4, del decreto-legge 24 gennaio 2012, n. 1, convertito, con modificazioni, dalla legge 24 marzo 2012, n. 27, al secondo periodo, dopo le parole:

«Il professionista deve rendere noto» sono inserite le seguenti: «obbligatoriamente, in forma scritta o digitale,» e, al terzo periodo, dopo le parole: «la misura del compenso è previamente resa nota al cliente» sono inserite le seguenti: «obbligatoriamente, in forma scritta o digitale,».

151. Il comma 96 dell'articolo 145 della legge 23 dicembre 2000, n. 388, si interpreta nel senso che gli atti catastali, sia urbani che rurali, possono essere redatti e sottoscritti anche dai soggetti in possesso del titolo di cui alla legge 6 giugno 1986, n. 251.

152. Al fine di assicurare la trasparenza delle informazioni nei confronti dell'utenza, i professionisti iscritti ad ordini e collegi sono tenuti ad indicare e comunicare i titoli posseduti e le eventuali specializzazioni.

153. L'esercizio dell'attività odontoiatrica è consentito esclusivamente a soggetti in possesso dei titoli abilitanti di cui alla legge 24 luglio 1985, n. 409, che prestano la propria attività come liberi professionisti. L'esercizio dell'attività odontoiatrica è altresì consentito alle società operanti nel settore odontoiatrico le cui strutture siano dotate di un direttore sanitario iscritto all'albo degli odontoiatri e all'interno delle

quali le prestazioni di cui all'articolo 2 della legge 24 luglio 1985, n. 409, siano erogate dai soggetti in possesso dei titoli abilitanti di cui alla medesima legge.

154. Le strutture sanitarie polispecialistiche presso le quali è presente un ambulatorio odontoiatrico, ove il direttore sanitario non abbia i requisiti richiesti per l'esercizio dell'attività odontoiatrica, devono nominare un direttore sanitario responsabile per i servizi odontoiatrici che sia in possesso dei requisiti di cui al comma 153.

155. Il direttore sanitario responsabile per i servizi odontoiatrici svolge tale funzione esclusivamente in una sola struttura di cui ai commi 153 e 154.

156. Il mancato rispetto degli obblighi di cui ai commi 153, 154 e 155 comporta la sospensione delle attività della struttura, secondo le modalità definite con apposito decreto del Ministro della salute, da adottare entro novanta giorni dalla data di entrata in vigore della presente legge.

157. All'articolo 7 della legge 8 novembre 1991, n. 362, e successive modificazioni, sono apportate le seguenti modificazioni:

a) il comma 1 è sostituito dal seguente:

«1. Sono titolari dell'esercizio della farmacia privata le persone fisiche, in conformità alle disposizioni vigenti, le società di persone, le società di capitali e le società cooperative a responsabilità limitata»;

b) al comma 2, il secondo periodo è sostituito dai seguenti:

«La partecipazione alle società di cui al comma 1 è incompatibile con qualsiasi altra attività svolta nel settore della produzione e informazione scientifica del farmaco, nonché con l'esercizio della professione medica. Alle società di cui al comma 1 si applicano, per quanto compatibili, le disposizioni dell'articolo 8.»;

c) al comma 3, le parole: «ad uno dei soci» sono sostituite dalle seguenti: «a un farmacista in possesso del requisito dell'idoneità previsto dall'articolo 12 della legge 2 aprile 1968, n. 475, e successive modificazioni,»;

d) al comma 4, le parole: «da un altro socio» sono sostituite dalle seguenti: «da un farmacista in possesso del requisito dell'idoneità previsto dall'articolo 12 della legge 2 aprile 1968, n. 475, e successive modificazioni»;

e) il comma 4-bis è abrogato.

158. I soggetti di cui al comma 1 dell'articolo 7 della legge 8 novembre 1991, n. 362, come sostituito dal comma 157, lettera a), del presente articolo, possono controllare, direttamente o indirettamente, ai sensi degli articoli 2359 e seguenti del codice civile, non più del 20 per cento delle farmacie esistenti nel territorio della medesima regione o provincia autonoma.

159. L'Autorità garante della concorrenza e del mercato provvede ad assicurare il rispetto delle disposizioni di cui al comma 158 attraverso l'esercizio dei poteri di indagine, di istruttoria e di diffida ad essa attribuiti dalla legge 10 ottobre 1990, n. 287.

160. All'articolo 8 della legge 8 novembre 1991, n. 362, e successive modificazioni, sono apportate le seguenti modificazioni:

a) al comma 1, la lettera a) è sostituita dalla seguente:

«a) nei casi di cui all'articolo 7, comma 2, secondo periodo»;

b) il comma 2 è sostituito dal seguente:

«2. Lo statuto delle società di cui all'articolo 7 e ogni successiva variazione, ivi incluse quelle relative alla compagine sociale, sono comunicati, entro sessanta giorni, alla Federazione degli ordini dei farmacisti italiani nonché all'assessore alla sanità della competente regione o provincia autonoma, all'ordine provinciale dei farmacisti e all'azienda sanitaria locale competente per territorio».

161. All'articolo 2 della legge 2 aprile 1968, n. 475, e successive modificazioni, è aggiunto, in fine, il seguente comma:

«2-bis. Fatta salva la procedura concorsuale di cui all'articolo 11 del decreto-legge 24 gennaio 2012, n. 1, convertito, con modificazioni, dalla legge 24 marzo 2012, n. 27, e successive modificazioni, nei comuni con popolazione inferiore a 6.600 abitanti, in cui le farmacie, non sussidiate, risultano essere soprannumerarie per decremento della popolazione, è consentita al farmacista titolare della farmacia, previa presentazione di apposita istanza, la possibilità di trasferimento presso i comuni della medesima regione ai quali, all'esito della revisione biennale di cui al comma 2 del presente articolo, spetta un numero di farmacie superiore al numero di farmacie esistenti nel territorio comunale, sulla base di una graduatoria regionale per titoli, che tenga conto anche dell'ordine cronologico delle istanze di trasferimento presentate, e che si perfezioni in data anteriore all'avvio della procedura biennale del concorso ordinario per sedi farmaceutiche, di cui all'articolo 4 della legge 8 novembre 1991, n. 362. Ove l'istanza del farmacista venga accolta, il trasferimento si perfeziona previo pagamento di una tassa di concessione governativa una tantum pari a 5.000 euro».

162. All'articolo 92, comma 4, del decreto legislativo 24 aprile 2006, n. 219, dopo la parola: «dipendono» sono aggiunte le seguenti: «ovvero alle farmacie».

163. All'articolo 11, comma 7, del decreto-legge 24 gennaio 2012, n. 1, convertito, con modificazioni, dalla legge 24 marzo 2012, n. 27, le parole: «dieci anni» sono sostituite dalle seguenti: «tre anni dalla data di autorizzazione all'esercizio della farmacia».

164. Al comma 1-bis dell'articolo 37 del decreto legislativo 24 aprile 2006, n. 219, le parole: «subordinandola alla consegna al cliente, a cura del farmacista, di un foglietto sostitutivo conforme a quello autorizzato» sono sostituite dalle seguenti: «prevedendo che il cittadino scelga la modalità per il ritiro del foglietto sostitutivo conforme a quello autorizzato in formato cartaceo o analogico o mediante l'utilizzo di metodi digitali alternativi, e senza oneri per la finanza pubblica».

165. Gli orari e i turni di apertura e di chiusura delle farmacie convenzionate con il Servizio sanitario nazionale stabiliti dalle autorità competenti costituiscono il livello minimo di servizio che deve essere assicurato da ciascuna farmacia. È facoltà di chi ha la titolarità o la gestione della farmacia di prestare servizio in orari e in periodi aggiuntivi rispetto a quelli obbligatori, purché ne dia preventiva comunicazione all'autorità sanitaria competente e all'ordine provinciale dei farmacisti e ne informi la clientela mediante cartelli affissi all'esterno dell'esercizio.

166. È nullo ogni patto con il quale l'impresa turistico-ricettiva si obbliga a non praticare alla clientela finale, con qualsiasi modalità e qualsiasi strumento, prezzi, termini e ogni altra condizione che siano migliorativi rispetto a quelli praticati dalla stessa impresa per il tramite di soggetti terzi, indipendentemente dalla legge regolatrice del contratto.

167. Al fine di tutelare i diritti dei consumatori e degli utenti dei servizi pubblici locali e di garantire la qualità, l'universalità e l'economicità delle relative prestazioni, le regioni provvedono, secondo i rispettivi ordinamenti, a prevedere, nei contratti di servizio di trasporto pubblico locale e regionale stipulati a decorrere dal 31 dicembre 2017, clausole idonee a stabilire l'obbligo per il concessionario del servizio, pena l'applicazione di specifiche sanzioni, di istituire e fornire all'utenza un servizio di biglietteria telematica direttamente accessibile dagli utenti attraverso un sito internet dedicato.

168. I concessionari e i gestori di servizi di linea di trasporto passeggeri su gomma o rotaia e di trasporto marittimo, in ambito nazionale, regionale e locale, rendono note ai passeggeri, entro la conclusione del singolo servizio di trasporto di cui fruiscono, le modalità per accedere alla carta dei servizi e in particolare le ipotesi che danno loro diritto a rimborsi o indennizzi, indicandone l'entità e le modalità per accedervi, che devono necessariamente includere la possibilità per il singolo passeggero di chiedere il rimborso durante o imme-

diatamente dopo il termine del servizio di trasporto, a semplice esibizione del titolo di viaggio e senza ulteriori formalità. I concessionari e i gestori di cui al primo periodo garantiscono inoltre una maggiore efficienza e semplificazione delle procedure, in particolare attraverso l'utilizzo delle nuove tecnologie per le fasi di acquisto ed emissione dei biglietti.

169. I soggetti di cui al comma 168 adeguano o integrano le proprie carte dei servizi e le proprie modalità organizzative al fine di garantire il rispetto delle prescrizioni di cui al medesimo comma.

170. All'articolo 1, comma 2, lettera b), della legge 15 gennaio 1992, n. 21, dopo la parola: «motocarrozzetta,» è inserita la seguente: «velocipede,».

171. Al fine di semplificare e razionalizzare le norme sulla riproduzione di beni culturali, all'articolo 108 del codice dei beni culturali e del paesaggio, di cui al decreto legislativo 22 gennaio 2004, n. 42, e successive modificazioni, sono apportate le seguenti modificazioni:

a) al comma 3, dopo le parole: «riproduzioni richieste» sono inserite le seguenti: «o eseguite»;

b) al comma 3-bis:

1) al numero 1), le parole: «bibliografici e» sono soppresse, dopo la parola: «archivistici» sono inserite le seguenti: «sottoposti a restrizioni di consultabilità ai sensi del capo III del presente titolo,» e dopo la parola: «attuata» sono inserite le seguenti: «nel rispetto delle disposizioni che tutelano il diritto di autore e»;

2) al numero 2), le parole: «, neanche indiretto» sono soppresse.

172. All'articolo 6 del testo unico delle disposizioni legislative e regolamentari in materia edilizia, di cui al decreto del Presidente della Repubblica 6 giugno 2001, n. 380, il comma 5 è sostituito dal seguente:

«5. Riguardo agli interventi di cui al presente articolo, l'interessato provvede, nei casi previsti dalle vigenti disposizioni, alla presentazione degli atti di aggiornamento catastale ai sensi dell'articolo 34-quinquies, comma 2, lettera b), del decreto-legge 10 gennaio 2006, n. 4, convertito, con modificazioni, dalla legge 9 marzo 2006, n. 80».

173. Il possessore degli immobili per i quali alla data di entrata in vigore della presente legge sono già attivati gli interventi richiamati all'articolo 6, comma 5, del citato testo unico di cui al decreto del Presidente della Repubblica 6 giugno 2001, n. 380, nel testo vigente prima della data di entrata in vigore della presente legge, provvede, ove necessario, agli atti di aggiornamento catastale secondo le modalità previste dal regolamento di cui al decreto del Ministro delle finanze 19 aprile 1994, n. 701. Tali adempimenti devono essere eseguiti entro sei mesi dalla data di entrata in vigore della presente legge e in caso di omissioni trova applicazione l'articolo 1, comma 336, della legge 30 dicembre 2004, n. 311.

174. Con regolamento da emanare ai sensi dell'articolo 17, comma 2, della legge 23 agosto 1988, n. 400, entro centottanta giorni dalla data di entrata in vigore della presente legge, è adottato il regolamento di organizzazione del Banco nazionale di prova per le armi da fuoco portatili e per le munizioni commerciali, nel rispetto dei principi e criteri direttivi di cui al comma 634 dell'articolo 2 della legge 24 dicembre 2007, n. 244, e successive modificazioni, nonché del principio dell'adeguata rappresentanza dei settori produttivi interessati negli organi dell'ente. Nelle more dell'emanazione del regolamento si applica all'ente il decreto del Ministro dell'industria, del commercio e dell'artigianato 17 maggio 2001, di approvazione del regolamento interno amministrativo e tecnico del Banco nazionale di prova per le armi da fuoco portatili. Il regolamento di cui al decreto del Presidente della Repubblica 29 ottobre 2010, n. 222, è abrogato.

175. Al fine di semplificare le procedure relative al controllo della circolazione internazionale delle cose antiche che interessano il mercato dell'antiquariato, al codice dei beni culturali e del paesaggio, di cui al decreto legislativo 22 gennaio 2004, n. 42, sono apportate le seguenti modificazioni:

a) all'articolo 10:

1) al comma 3, dopo la lettera d) è inserita la seguente:

«d-bis) le cose, a chiunque appartenenti, che presentano un interesse artistico, storico, archeologico o etnoantropologico eccezionale per l'integrità e la completezza del patrimonio culturale della Nazione»;

2) il comma 5 è sostituito dal seguente:

«5. Salvo quanto disposto dagli articoli 64 e 178, non sono soggette alla disciplina del presente titolo le cose indicate al comma 1 e al comma 3, lettere a) ed e), che siano opera di autore vivente o la cui esecuzione non risalga ad oltre settanta anni, nonché le cose indicate al comma 3, lettera d-bis), che siano opera di autore vivente o la cui esecuzione non risalga ad oltre cinquanta anni»;

b) all'articolo 11, comma 1, lettera d), la parola: «cinquanta» è sostituita dalla seguente: «settanta»;

c) all'articolo 12, comma 1, la parola: «cinquanta» è sostituita dalla seguente: «settanta» e le parole: «, se mobili, o ad oltre settanta anni, se immobili» sono soppresse;

d) all'articolo 14, comma 6, è aggiunto, in fine, il seguente periodo: «Per le cose di cui all'articolo 10, comma 3, lettera d-bis), la dichiarazione è adottata dal competente organo centrale del Ministero.»;

e) all'articolo 54:

1) al comma 1, lettera d-ter), la parola: «cinquanta» è sostituita dalla seguente: «settanta»;

2) al comma 2, lettera a), la parola: «cinquanta» è sostituita dalla seguente: «settanta» e le parole: «, se mobili, o ad oltre settanta anni, se immobili» sono soppresse;

f) all'articolo 63, comma 2, dopo il primo periodo è inserito il seguente: «Il registro è tenuto in formato elettronico con caratteristiche tecniche tali da consentire la consultazione in tempo reale al soprintendente ed è diviso in due elenchi: un primo elenco relativo alle cose per le quali occorre la presentazione all'ufficio di esportazione; un secondo elenco relativo alle cose per le quali l'attestato è rilasciato in modalità informatica senza necessità di presentazione della cosa all'ufficio di esportazione, salva la facoltà del soprintendente di richiedere in ogni momento che taluna delle cose indicate nel secondo elenco gli sia presentata per un esame diretto»;

g) all'articolo 65:

1) al comma 2, lettera a), la parola: «cinquanta» è sostituita dalla seguente: «settanta»;

2) al comma 3, lettera a), la parola: «cinquanta» è sostituita dalla seguente: «settanta» e sono aggiunte, in fine, le seguenti parole: «, il cui valore, fatta eccezione per le cose di cui all'allegato A, lettera B, numero 1, sia superiore ad euro 13.500»;

3) il comma 4 è sostituito dai seguenti:

«4. Non è soggetta ad autorizzazione l'uscita:

a) delle cose di cui all'articolo 11, comma 1, lettera d);

b) delle cose che presentino interesse culturale, siano opera di autore non più vivente e la cui esecuzione risalga ad oltre settanta anni, il cui valore sia inferiore ad euro 13.500, fatta eccezione per le cose di cui all'allegato A, lettera B, numero 1.

4-bis. Nei casi di cui al comma 4, l'interessato ha l'onere di comprovare al competente ufficio di esportazione, mediante dichiarazione ai sensi del testo unico di cui al decreto del Presidente della Repubblica 28 dicembre 2000, n. 445, che le cose da trasferire all'estero rientrino nelle ipotesi per le quali non è prevista l'autorizzazione, secondo le procedure e con le modalità stabilite con decreto ministeriale. Il competente ufficio di esportazione, qualora reputi che le cose possano rientrare tra quelle di cui all'articolo 10, comma 3, lettera d-bis), avvia il procedimento di cui all'articolo 14, che si conclude entro sessanta giorni dalla data di presentazione della dichiarazione»;

h) all'articolo 68:

1) al comma 4, le parole: «dal Ministero» sono sostituite dalle seguenti: «con decreto del Ministro»;

2) al comma 5, la parola: «triennale» è sostituita dalla seguente: «quinquennale»;

i) all'articolo 74, comma 3, le parole: «sei mesi» sono sostituite dalle seguenti: «un anno» e la parola: «trenta» è sostituita dalla seguente: «quarantotto»;

l) all'allegato A, lettera A, nel numero 15 e nella nota (1), la parola: «cinquanta» è sostituita dalla seguente: «settanta».

176. Il Ministro dei beni e delle attività culturali e del turismo, con proprio decreto da adottare entro sessanta giorni dalla data di entrata in vigore della presente legge:

a) definisce o aggiorna gli indirizzi di carattere generale cui gli uffici di esportazione devono attenersi per la valutazione circa il rilascio o il rifiuto dell'attestato di libera circolazione, ai sensi dell'articolo 68, comma 4, del codice dei beni culturali e del paesaggio, di cui al decreto legislativo 22 gennaio 2004, n. 42, nonché le condizioni, le modalità e le procedure per il rilascio e la proroga dei certificati di avvenuta spedizione e di avvenuta importazione, ai sensi dell'articolo 72, comma 4, del medesimo codice;

b) istituisce un apposito «passaporto» per le opere, di durata quinquennale, per agevolare l'uscita e il rientro delle stesse dal e nel territorio nazionale.

177. Il comma 1 dell'articolo 16 della legge 10 ottobre 1990, n. 287, è sostituito dal seguente:

«1. Le operazioni di concentrazione di cui all'articolo 5 devono essere preventivamente comunicate all'Autorità qualora il fatturato totale realizzato a livello nazionale dall'insieme delle imprese interessate sia superiore a quattrocentonovantadue milioni di euro e qualora il fatturato totale realizzato individualmente a livello nazionale da almeno due delle imprese interessate sia superiore a trenta milioni di euro. Tali valori sono incrementati ogni anno di un ammontare equivalente all'aumento dell'indice del deflatore dei prezzi del prodotto interno lordo».

178. Al comma 2 dell'articolo 29 del testo unico di cui al decreto legislativo 26 ottobre 1995, n. 504, dopo le parole:

«esercizi di vendita» sono inserite le seguenti: «, ad esclusione degli esercizi pubblici, degli esercizi di intrattenimento pubblico, degli esercizi ricettivi e dei rifugi alpini,».

179. Il Governo è delegato ad adottare, entro dodici mesi dalla data di entrata in vigore della presente legge, su proposta del Ministro delle infrastrutture e dei trasporti e del Ministro dello sviluppo economico, previo parere della Conferenza unificata, sentiti le associazioni di categoria comparativamente più rappresentative a livello nazionale e il Consiglio nazionale dei consumatori e degli utenti, un decreto legislativo per la revisione della disciplina in materia di autoservizi pubblici non di linea, nel rispetto dei seguenti principi e criteri direttivi:

a) prevedere una disciplina per gli autoservizi pubblici non di linea che provvedono al trasporto collettivo o individuale di persone che contribuisca a garantire il diritto alla mobilità di tutti i cittadini e che assicuri agli autoservizi stessi una funzione complementare e integrativa rispetto ai trasporti pubblici di linea ferroviari, automobilistici, marittimi, lacuali e aerei;

b) adeguare l'offerta di servizi alle nuove forme di mobilità che si svolgono grazie ad applicazioni web che utilizzano piattaforme tecnologiche per l'interconnessione dei passeggeri e dei conducenti;

c) promuovere la concorrenza e stimolare più elevati standard qualitativi;

d) assicurare una miglior tutela del consumatore nella fruizione del servizio garantendo una consapevole scelta nell'offerta;

e) armonizzare le competenze regionali e degli enti locali in materia, al fine di definire comuni standard nazionali;

f) adeguare il sistema sanzionatorio per le violazioni amministrative, individuando sanzioni efficaci, dissuasive e proporzionate alla gravità della violazione, anche ai fini di contrasto di fenomeni di abusivismo, demandando la competenza per l'irrogazione delle sanzioni amministrative agli enti locali ed evitando sovrapposizioni con altre autorità.

180. Lo schema di decreto legislativo di cui al comma 179, corredato di relazione tecnica, è trasmesso alle Camere ai fini dell'espressione dei pareri delle competenti Commissioni parlamentari, che sono resi entro il termine di trenta giorni dalla data di trasmissione. Le Commissioni possono richiedere al Presidente della rispettiva Camera di prorogare di trenta giorni il termine per l'espressione del parere, qualora ciò si renda necessario per la complessità della materia. Decorso il termine previsto per l'espressione dei pareri, o quello eventualmente prorogato, il decreto legislativo può essere comunque adottato. Il Governo, qualora non intenda conformarsi ai pareri parlamentari, trasmette nuovamente il testo alle Camere con le sue osservazioni e con eventuali modificazioni, corredate dei necessari elementi integrativi di informazione e motivazione, perché su di esso sia espresso il parere delle competenti Commissioni parlamentari entro trenta giorni dalla data della nuova trasmissione. Decorso tale termine, il decreto può comunque essere adottato in via definitiva.

181. Entro dodici mesi dalla data di entrata in vigore del decreto legislativo di cui al comma 179, il Governo, nel rispetto dei principi e criteri direttivi di cui al medesimo comma, e con la procedura di cui al comma 180, può emanare disposizioni correttive e integrative del medesimo decreto legislativo.

182. Dall'attuazione delle disposizioni previste dai commi da 179 a 181 del presente articolo non devono derivare nuovi o maggiori oneri a carico della finanza pubblica; ai relativi adempimenti si provvede con le risorse umane, strumentali e finanziarie previste a legislazione vigente. In conformità all'articolo 17, comma 2, della legge 31 dicembre 2009, n. 196, qualora il decreto legislativo di cui al comma 179 determini nuovi o maggiori oneri che non trovino compensazione al proprio interno, il decreto stesso è emanato solo successivamente o contestualmente alla data di entrata in vigore dei provvedimenti legislativi che stanzino le occorrenti risorse finanziarie.

183. All'articolo 84 del codice della strada, di cui al decreto legislativo 30 aprile 1992, n. 285, dopo il comma 3 è inserito il seguente:

«3-bis. L'impresa esercente attività di trasporto di viaggiatori effettuato mediante noleggio di autobus con conducente sopra i 9 posti, iscritta al Registro elettronico nazionale e titolare di autorizzazione, può utilizzare i veicoli in proprietà di altra impresa esercente la medesima attività ed iscritta al Registro elettronico nazionale, acquisendone la disponibilità mediante contratto di locazione».

184. Per favorire l'offerta di servizi pubblici e privati per la mobilità, l'utilizzo di dati aperti, lo sviluppo delle smart city, nonché l'adozione di piani urbani della mobilità sostenibile, il Governo è delegato ad adottare, entro dodici mesi dalla data di entrata in vigore della presente legge, uno o più decreti legislativi diretti a disciplinare l'installazione sui mezzi di trasporto delle cosiddette «scatole nere» o altri dispositivi elettronici similari, volti anche a realizzare piattaforme tecnologiche per uno sviluppo urbano integrato multidisciplinare, in coerenza con la normativa dell'Unione europea e nel rispetto dei seguenti principi e criteri direttivi:

a) stabilire la progressiva estensione dell'utilizzo dei dispositivi elettronici, con priorità sui veicoli che svolgono un servizio pubblico o che beneficiano di incentivi pubblici e, successivamente, sui veicoli privati adibiti al trasporto di persone o cose, senza maggiori oneri per i cittadini;

b) definire le informazioni rilevabili dai dispositivi elettronici, insieme ai relativi standard, al fine di favorire una più efficace e diffusa operatività delle reti di sensori intelligenti, per una gestione più efficiente dei servizi nelle città e per la tutela della sicurezza dei cittadini;

c) disciplinare la portabilità dei dispositivi, l'interoperabilità, il trattamento dei dati, le caratteristiche tecniche, i servizi a cui si può accedere, le modalità e i contenuti dei trasferimenti di informazioni e della raccolta e gestione di dati, il coinvolgimento dei cittadini attraverso l'introduzione di forme di dibattito pubblico;

d) definire il valore di prova nei procedimenti amministrativi e giudiziari dei dispositivi elettronici;

e) individuare le modalità per garantire una efficace ed effettiva tutela della privacy, mantenendo in capo ai cittadini la scelta di comunicare i dati sensibili per i servizi opzionali.

185. Gli schemi di decreti legislativi di cui al comma 184 sono adottati su proposta del Presidente del Consiglio dei ministri, di concerto con il Ministro delle infrastrutture e dei trasporti, sentito l'IVASS e previo parere del Garante per la protezione dei dati personali nonché acquisiti i pareri della Conferenza unificata di cui all'articolo 8 del decreto legislativo 28 agosto 1997, n. 281, e del Consiglio di Stato, che sono resi nel termine di trenta giorni dalla data di trasmissione di ciascuno schema di decreto legislativo. Lo schema di ciascun decreto legislativo è successivamente trasmesso alle Camere per l'espressione dei pareri delle Commissioni parlamentari competenti che si pronunciano nel termine di quarantacinque giorni dalla data di trasmissione, decorso il quale il decreto legislativo può essere comunque adottato. Se il termine previsto per il parere cade nei quindici giorni che precedono la scadenza del termine previsto dal comma 184 per l'esercizio della delega o successivamente, quest'ultimo termine è prorogato di trenta giorni. Il Governo, qualora non intenda conformarsi ai pareri parlamentari, trasmette nuovamente i testi alle Camere con le sue osservazioni e con eventuali modificazioni, corredate dei necessari elementi integrativi di informazione e motivazione. Le Commissioni competenti possono esprimersi sulle osservazioni del Governo entro il termine di dieci giorni dalla data della nuova trasmissione. Decorso tale termine, i decreti possono comunque essere adottati.

186. Entro dodici mesi dalla data di entrata in vigore di ciascuno dei decreti legislativi di cui al comma 184, il Governo può adottare, nel rispetto dei principi e criteri direttivi di cui al medesimo comma 184 e con la procedura di cui al comma 185, disposizioni integrative e correttive dei decreti medesimi, tenuto conto delle evidenze attuative nel frattempo emerse.

187. Gli schemi dei decreti legislativi adottati in attuazione dei commi da 184 a 186 del presente articolo sono corredati di relazione tecnica che dia conto della neutralità finanziaria dei medesimi ovvero dei nuovi o maggiori oneri da essi derivanti e dei corrispondenti mezzi di copertura. In conformità all'articolo 17, comma 2, della legge 31 dicembre 2009, n. 196, e successive modificazioni, qualora uno o più decreti legislativi determinino nuovi o maggiori oneri che non trovino compensazione al loro interno, i medesimi decreti legislativi sono emanati solo successivamente o contestualmente alla data di entrata in vigore dei provvedimenti legislativi che stanzino le occorrenti risorse finanziarie.

188. Per favorire lo sviluppo del sistema logistico nazionale, a decorrere dalla data di entrata in vigore della presente legge, è istituito, presso il Ministero delle infrastrutture e dei trasporti, il Sistema nazionale di monitoraggio della logistica (SiNaMoLo). Contribuiscono all'alimentazione del SiNaMoLo, attraverso idonei sistemi di cooperazione, in conformità a quanto disposto dal codice di cui al decreto legislativo 7 marzo 2005, n. 82, la piattaforma logistica nazionale digitale (PLN) di cui all'articolo 61-bis del decreto-legge 24 gennaio 2012, n. 1, convertito, con modificazioni, dalla legge 24 marzo 2012, n. 27, il Sistema PMIS (Port Management Information System) delle capitanerie di porto, i Sistemi PIL (piattaforma integrata della logistica) e PIC (Piattaforma integrata circolazione) delle Ferrovie dello Stato italiane, i PCS (Port Community System) delle Autorità portuali, il SIMPT (Sistema informativo per il monitoraggio e la pianificazione dei trasporti) del Ministero delle infrastrutture e dei trasporti, il SISTRI (Sistema di controllo della tracciabilità dei rifiuti) del Ministero dell'ambiente e della tutela del territorio e del mare, il sistema informativo dell'Agenzia delle dogane e dei monopoli, nonché le piattaforme logistiche territoriali.

189. Entro dodici mesi dalla data di entrata in vigore della presente legge, con decreto del Ministro delle infrastrutture e dei trasporti, d'intesa con il Ministro dell'economia e delle finanze, sentita l'Agenzia per l'Italia digitale (AGID), sono definite le modalità per l'attuazione del SiNaMoLo, assicurando il coordinamento dei soggetti che perseguono finalità di pubblico interesse, che concorrono alla gestione e allo sviluppo di sistemi e servizi telematici per il monitoraggio e il trasporto delle merci, nonché definendo gli standard di protocolli di comunicazione e di trasmissione dei dati e i requisiti per l'identificazione e l'accesso veloce degli autotrasportatori ai nodi.

190. Per le attività di cui ai commi 188 e 189 del presente articolo è autorizzata la spesa di euro 500.000 annui a decorrere dal 2018 da iscrivere nello stato di previsione del Ministero delle infrastrutture e dei trasporti.

191. Agli oneri derivanti dal comma 190 del presente articolo, pari a euro 500.000 a decorrere dall'anno 2018, si provvede mediante corrispondente riduzione delle proiezioni dello stanziamento del fondo speciale di parte corrente iscritto, ai fini del bilancio triennale 2017-2019, nell'ambito del programma «Fondi di riserva e speciali» della missione «Fondi da ripartire» dello stato di previsione del Ministero dell'economia e delle finanze per l'anno 2017, allo scopo parzialmente utilizzando l'accantonamento relativo al Ministero delle infrastrutture e dei trasporti.

192. Il Ministro dell'economia e delle finanze è autorizzato ad apportare, con propri decreti, le occorrenti variazioni di bilancio.

(1) A norma dell'art. 38, co. 6-bis, d.l. 16/7/2020, n. 76, conv., con modif., dalla l. 11/9/2020, n. 120, il presente comma si interpreta nel senso che le misure di identificazione in via indiretta o da remoto del cliente già adottate dagli operatori di telefonia mobile, sia in caso di nuova attivazione che di migrazione di S.I.M. card già attivate, basate su sistemi di registrazione audio-video che garantiscano, anche ai fini di giustizia, la corretta e completa acquisizione dei dati necessari al riconoscimento dell'utente, la genuinità della ripresa e il rispetto delle norme a tutela della riservatezza dei dati personali, effettuate sotto la responsabilità del medesimo operatore, sono ritenute compatibili con le previsioni, gli obiettivi ed i requisiti di cui all'art. 55, co. 7, del codice di cui al d.lg. 1/8/2003, n. 259.

(2) Comma modificato dall'art. 3, co. 1-bis, lett. a), d.l. 25/7/2018, n. 91, conv., con modif., dalla l. 21/9/2018, n. 108, dall'art. 12, co. 3, lett. a), d.l. 30/12/2019, n. 162, conv., con modif., dalla l. 28/2/2020, n. 8, dall'art. 12, co. 9-bis, lett. a), d.l. 31/12/2020, n. 183, conv., con modif., dalla l. 26/2/2021, n. 21 e da ultimo dall'art. 5, co. 1, d.l. 18/11/2022, n. 176, conv., con modif., dalla l. 13/1/2023, n. 6.

(3) Comma modificato dall'art. 1, co. 528, l. 27/12/2017, n. 205; successivamente dall'art. 3, co. 1-bis, lett. b), d.l. 25/7/2018, n. 91, conv., con modif., dalla l. 21/9/2018, n. 108 e, da ultimo, sostituito dall'art. 12, co. 3, lett. b), d.l. 30/12/2019, n. 162, conv., con modif., dalla l. 28/2/2020, n. 8.

(4) Comma inserito dall'art. 12, co. 3, lett. b), d.l. 30/12/2019, n. 162, conv., con modif., dalla l. 28/2/2020, n. 8.

* Comma abrogato dall'art. 12, co. 3, lett. c), d.l. 30/12/2019, n. 162, conv., con modif., dalla l. 28/2/2020, n. 8.

(5) Comma sostituito dall'art. 12, co. 3, lett. d), d.l. 30/12/2019, n. 162, conv., con modif., dalla l. 28/2/2020, n. 8.

(6) Comma inserito dall'art. 12, co. 3, lett. d), d.l. 30/12/2019, n. 162, conv., con modif., dalla l. 28/2/2020, n. 8.

(7) Il presente comma era stato sostituito dall'art. 12, co. 3, lett. d), d.l. 30/12/2019, n. 162; successivamente la l. 28/2/2020, n. 8, di conversione del citato d.l., non ha confermato tale modifica; pertanto si ripristina il testo precedente.

(8) Comma modificato dall'art. 1, co. 1132, lett. a), l. 27/12/2017, n. 205.

(9) Comma modificato dall'art. 1, co. 1132, lett. a), l. 27/12/2017, n. 205 e successivamente dall'art. 13, co. 1, l. 5/8/2022, n. 118.

(10) Comma modificato dall'art. 13, co. 2, l. 5/8/2022, n. 118.

(11) Comma modificato dall'art. 52-bis, d.l. 16/7/2020, n. 76, conv. con modif., dalla l. 11/9/2020, n. 120.

(12) Comma modificato dall'art. 12-ter, co. 1, d.l. 4/10/2018, n. 113, conv., con modif., dalla l.1/12/2018, n. 132 e successivamente sostituito dall'art. 35, comma 1, d.l. 30/4/2019, n. 34, conv., con modif., dalla l. 28/6/2019, n. 58. Vedi inoltre l'art. 3, co. 6-bis, d.l. 21/6/2022, n. 73, conv., con modif., dalla l. 4/8/2022, n. 122.

(13) Comma aggiunto dall'art. 35, co. 1, d.l. 30/4/2019, n. 34, conv., con modif., dalla l. 28/6/2019, n. 58. Vedi inoltre l'art. 3, co. 6-bis, d.l. 21/62022, n. 73, conv., con modif., dalla l. 4/8/2022, n. 122.

(14) Comma aggiunto dall'art. 35, co. 1, d.l. 30/4/2019, n. 34, conv., con modif., dalla l. 28/6/2019, n. 58.

• A norma dell'art. 11-sexiesdecies, co. 1, d.l. 22/4/2021, n. 52, conv., con modif., dalla l. 17/6/2021, n. 87, come modificato dall'art. 1, co. 28-ter, d.l. 30/12/2021, n. 228, conv., con modif., dalla l. 25/2/2022, n. 15 per l'anno 2021 il termine di cui al presente comma, primo periodo, è prorogato al 1/7/2022. Per l'anno 2022, il termine di cui al presente comma, è prorogato al 1/1/2023, come disposto dall'art. 3-septies, d.l. 30/12/2021, n. 228, conv., con modif., dalla l. 25/2/2022, n. 15.

(15) Comma aggiunto dall'art. 35, co. 1, d.l. 30/4/2019, n. 34, conv., con modif., dalla l. 28/6/2019, n. 58.

(16) Comma sostituito dall'art. 35, co. 1, d.l. 30/4/2019, n. 34, conv., con modif., dalla l. 28/6/2019, n. 58.

Sezione VII

CONSUMATORE, SUBFORNITURA E TRANSAZIONI COMMERCIALI

L. 18 giugno 1998, n. 192

Disciplina della subfornitura nelle attività produttive

1. Definizione. – 1. Con il contratto di subfornitura un imprenditore si impegna a effettuare per conto di una impresa committente lavorazioni su prodotti semilavorati o su materie prime forniti dalla committente medesima, o si impegna a fornire all'impresa prodotti o servizi destinati ad essere incorporati o comunque ad essere utilizzati nell'ambito dell'attività economica del committente o nella produzione di un bene complesso, in conformità a progetti esecutivi, conoscenze tecniche e tecnologiche, modelli o prototipi forniti dall'impresa committente.

2. Sono esclusi dalla definizione di cui al comma 1 i contratti aventi ad oggetto la fornitura di materie prime, di servizi di pubblica utilità e di beni strumentali non riconducibili ad attrezzature.

2. Contratto di subfornitura: forma e contenuto. – 1. Il rapporto di subfornitura si instaura con il contratto, che deve essere stipulato in forma scritta a pena di nullità. Costituiscono forma scritta le comunicazioni degli atti di consenso alla conclusione o alla modificazione dei contratti effettuate per telefax o altra via telematica. In caso di nullità ai sensi del presente comma, il subfornitore ha comunque diritto al pagamento delle prestazioni già effettuate e al risarcimento delle spese sostenute in buona fede ai fini dell'esecuzione del contratto.

2. Nel caso di proposta inviata dal committente secondo le modalità indicate nel comma 1, non seguita da accettazione scritta del subfornitore che tuttavia inizia le lavorazioni o le forniture, senza che abbia richiesto la modificazione di alcuno dei suoi elementi, il contratto si considera concluso per iscritto agli effetti della presente legge e ad esso si applicano le condizioni indicate nella proposta, ferma restando l'applicazione dell'articolo 1341 del codice civile.

3. Nel caso di contratti a esecuzione continuata o periodica, anche gli ordinativi relativi alle singole forniture devono essere comunicati dal committente al fornitore in una delle forme previste al comma 1 e anche ad essi si applica quanto disposto dallo stesso comma 1.

4. Il prezzo dei beni o servizi oggetto del contratto deve essere determinato o determinabile in modo chiaro e preciso, tale da non ingenerare incertezze nell'interpretazione dell'entità delle reciproche prestazioni e nell'esecuzione del contratto.

5. Nel contratto di subfornitura devono essere specificati:

a) i requisiti specifici del bene o del servizio richiesti dal committente, mediante precise indicazioni che consentano l'individuazione delle caratteristiche costruttive e funzionali, o anche attraverso il richiamo a norme tecniche che, quando non siano di uso comune per il subfornitore o non siano oggetto di norme di legge o regolamentari, debbono essere allegate in copia;

b) il prezzo pattuito;

c) i termini e le modalità di consegna, di collaudo e di pagamento.

3. Termini di pagamento. – 1. Il contratto deve fissare i termini di pagamento della subfornitura, decorrenti dal momento della consegna del bene o dal momento della comunicazione dell'avvenuta esecuzione della prestazione, e deve precisare, altresì, gli eventuali sconti in caso di pagamento anticipato rispetto alla consegna.

2. Il prezzo pattuito deve essere corrisposto in un termine che non può eccedere i sessanta giorni dal momento della consegna del bene o della comunicazione dell'avvenuta esecuzione della prestazione. Tuttavia, può essere fissato un diverso termine, non eccedente i novanta giorni, in accordi nazionali per settori e comparti specifici, sottoscritti presso il Ministero dell'industria, del commercio e dell'artigianato da tutti i soggetti competenti per settore presenti nel Consiglio nazionale dell'economia e del lavoro in rappresentanza dei subfornitori e dei committenti. Può altresì essere fissato un diverso termine, in ogni caso non eccedente i novanta giorni, in accordi riferiti al territorio di competenza della camera di commercio, industria, artigianato e agricoltura presso la quale detti accordi sono sottoscritti dalle rappresentanze locali dei medesimi soggetti di cui al secondo periodo. Gli accordi di cui al presente comma devono contenere anche apposite clausole per garantire e migliorare i processi di innovazione tecnologica, di formazione professionale e di integrazione produttiva.

3. In caso di mancato rispetto del termine di pagamento il committente deve al subfornitore, senza bisogno di costituzione in mora, un interesse determinato in misura pari al saggio d'interesse del principale strumento di rifinanziamento della Banca centrale europea applicato alla sua più recente operazione di rifinanziamento principale effettuata il primo giorno di calendario del semestre in questione, maggiorato di otto punti percentuali, salva la pattuizione tra le parti di interessi moratori in misura superiore e salva la prova del danno ulteriore. Il saggio di riferimento in vigore il primo giorno lavorativo della Banca centrale europea del semestre in questione si applica per i successivi sei mesi. Ove il ritardo nel pagamento ecceda di trenta giorni il termine convenuto, il committente incorre, inoltre, in una penale pari al 5 per cento dell'importo in relazione al quale non ha rispettato i termini (1).

4. In ogni caso la mancata corresponsione del prezzo entro i termini pattuiti costituirà titolo per l'ottenimento di ingiunzione di pagamento provvisoriamente esecutiva ai sensi degli articoli 633 e seguenti del codice di procedura civile.

5. Ove vengano apportate, nel corso dell'esecuzione del rapporto, su richiesta del committente, significative modifiche e varianti che comportino comunque incrementi dei costi, il subfornitore avrà diritto ad un adeguamento del prezzo anche se non esplicitamente previsto dal contratto.

(1) Comma sostituito dall'art. 10, co. 1, d.lg. 9/10/2002, n. 231, con le disposizioni previste dall'art. 11 del medesimo decreto legislativo e successivamente modificato dall'art. 2, co. 1, d.lg. 9/11/2012, n. 192. A norma dell'art. 3, co. 1, del medesimo d.lg., le presenti disposizioni si applicano alle transazioni commerciali concluse a decorrere dal 1/1/2013.

4. Divieto di interposizione. – 1. La fornitura di beni e servizi oggetto del contratto di subfornitura non può, a sua volta, essere ulteriormente affidata in subfornitura senza l'autorizzazione del committente per una quota superiore al 50 per cento del valore della fornitura, salvo che le parti nel contratto non abbiano indicato una misura maggiore.

2. Gli accordi con cui il subfornitore affidi ad altra impresa l'esecuzione delle proprie prestazioni in violazione di quanto stabilito al comma 1 sono nulli.

3. In caso di ulteriore affidamento in subfornitura di una parte di beni e servizi oggetto del contratto di subfornitura, gli accordi con cui il subfornitore affida ad altra impresa l'esecuzione parziale delle proprie prestazioni sono oggetto di contratto di subfornitura, così come definito dalla presente legge. I termini di pagamento di detto nuovo contratto di subfornitura non possono essere peggiorativi di quelli contenuti nel contratto di subfornitura principale.

5. Responsabilità del subfornitore. – 1. Il subfornitore ha la responsabilità del funzionamento e della qualità della parte o dell'assemblaggio da lui prodotti o del servizio fornito secondo le prescrizioni contrattuali e a regola d'arte.

2. Il subfornitore non può essere ritenuto responsabile per difetti di materiali o attrezzi fornitigli dal committente per l'esecuzione del contratto, purché li abbia tempestivamente segnalati al committente.

3. Ogni pattuizione contraria ai commi 1 e 2 è da ritenersi nulla.

4. Eventuali contestazioni in merito all'esecuzione della subfornitura debbono essere sollevate dal committente entro i termini stabiliti nel contratto che non potranno tuttavia derogare ai più generali termini di legge.

6. Nullità di clausole. – 1. È nullo il patto tra subfornitore e committente che riservi ad uno di essi la facoltà di modificare unilateralmente una o più clausole del contratto di subfornitura. Sono tuttavia validi gli accordi contrattuali che consentano al committente di precisare, con preavviso ed entro termini e limiti contrattualmente prefissati, le quantità da produrre ed i tempi di esecuzione della fornitura.

2. È nullo il patto che attribuisca ad una delle parti di un contratto di subfornitura ad esecuzione continuata o periodica la facoltà di recesso senza congruo preavviso.

3. È nullo il patto con cui il subfornitore disponga, a favore del committente e senza congruo corrispettivo, di diritti di privativa industriale o intellettuale.

7. Proprietà del progetto. – 1. Il committente conserva la proprietà industriale in ordine ai progetti e alle prescrizioni di carattere tecnico da lui comunicati al fornitore e sopporta i rischi ad essi relativi. Il fornitore è tenuto alla riservatezza e risponde della corretta esecuzione di quanto richiesto, sopportando i relativi rischi.

8. Regime IVA. – 1. All'art. 74 del decreto del Presidente della Repubblica 26 ottobre 1972, n. 633, dopo il quarto comma, è inserito il seguente:

"Nel caso di operazioni derivanti da contratti di subfornitura, qualora per il pagamento del prezzo sia stato pattuito un termine successivo alla consegna del bene o alla comunicazione dell'avvenuta esecuzione della prestazione, il subfornitore può effettuare il versamento con cadenza trimestrale, senza che si dia luogo all'applicazione di interessi".

2. All'onere derivante dal comma 1, valutato in lire 17 miliardi per l'anno 1998 e in lire 34 miliardi a decorrere dal 1999, si provvede mediante corrispondente riduzione dello stanziamento iscritto, ai fini del bilancio triennale 1998-2000, nell'ambito dell'unità previsionale di base di parte corrente "Fondo speciale" dello stato di previsione del Ministero del tesoro, del bilancio e della programmazione economica per l'anno 1998, allo scopo parzialmente utilizzando l'accantonamento relativo alla Presidenza del Consiglio dei Ministri.

9. Abuso di dipendenza economica. – È vietato l'abuso da parte di una o più imprese dello stato di dipendenza economica nel quale si trova, nei suoi o nei loro riguardi, una impresa cliente o fornitrice. Si considera dipendenza economica la situazione in cui una impresa sia in grado di determinare, nei rapporti commerciali con un'altra impresa, un eccessivo squilibrio di diritti e di obblighi. La dipendenza economica è valutata tenendo conto anche della reale possibilità per la parte che abbia subito l'abuso di reperire sul mercato alternative soddisfacenti. Salvo prova contraria, si presume la dipendenza economica nel caso in cui un'impresa utilizzi i servizi di intermediazione forniti da una piattaforma digitale che ha un ruolo determinante per raggiungere utenti finali o fornitori, anche in termini di effetti di rete o di disponibilità dei dati (1).

2. L'abuso può anche consistere nel rifiuto di vendere o nel rifiuto di comprare, nella imposizione di condizioni contrattuali ingiustificatamente gravose o discriminatorie, nella interruzione arbitraria delle relazioni commerciali in atto. Le pratiche abusive realizzate dalle piattaforme digitali di cui al comma 1 possono consistere anche nel fornire informazioni o dati insufficienti in merito all'ambito o alla qualità del servizio erogato e nel richiedere indebite prestazioni unilaterali non giustificate dalla natura o dal contenuto dell'attività svolta, ovvero nell'adottare pratiche che inibiscono od ostacolano l'utilizzo di diverso fornitore per il medesimo servizio, anche attraverso l'applicazione di condizioni unilaterali o costi aggiuntivi non previsti dagli accordi contrattuali o dalle licenze in essere (2).

3. Il patto attraverso il quale si realizzi l'abuso di dipendenza economica è nullo. Il giudice ordinario competente conosce delle azioni in materia di abuso di dipendenza economica, comprese quelle inibitorie e per il risarcimento dei danni. Le azioni civili esperibili a norma del presente articolo sono proposte di fronte alle sezioni specializzate in materia di impresa di cui all'articolo 1 del decreto legislativo 27 giugno 2003, n. 168 (3).

3-bis. Ferma restando l'eventuale applicazione dell' articolo 3 della legge 10 ottobre 1990, n. 287, l'Autorità garante della concorrenza e del mercato può, qualora ravvisi che un abuso di dipendenza economica abbia rilevanza per la tutela della concorrenza e del mercato, anche su segnalazione di terzi ed a seguito dell'attivazione dei propri poteri di indagine ed esperimento dell'istruttoria, procedere alle diffide e sanzioni previste dall'articolo 15 della legge 10 ottobre 1990, n. 287, nei confronti dell'impresa o delle imprese che abbiano commesso detto abuso. In caso di violazione diffusa e reiterata della disciplina di cui al decreto legislativo 9 ottobre 2002, n. 231, posta in essere ai danni delle imprese, con particolare riferimento a quelle piccole e medie, l'abuso si configura a prescindere dall'accertamento della dipendenza economica (4).

(1) Comma modificato dall'art. 33, co. 1, lett. a), l. 5/8/2022, n. 118, a decorrere dal 31 ottobre 2022.

(2) Comma modificato dall'art. 33, co. 1, lett. b), l. 5/8/2022, n. 118, a decorrere dal 31 ottobre 2022.

(3) Comma sostituito dall'art. 11, co. 1, l. 5/3/2001, n. 57 e successivamente modificato dall'art. 33, co. 1, lett. c), l. 5/8/2022, n. 118, a decorrere dal 31 ottobre 2022.

(4) Comma aggiunto dall'art. 11, co. 2, l. 5/3/2001, n. 57 e successivamente modificato dall'art. 10, co. 2, l. 11/11/2011, n. 180.

10. Conciliazione e arbitrato*. *– 1. Entro trenta giorni dalla scadenza del termine di cui all'articolo 5, comma 4, le controversie relative ai contratti di subfornitura di cui alla presente legge sono sottoposte al tentativo obbligatorio di conciliazione presso la camera di commercio, industria, artigianato e agricoltura nel cui territorio ha sede il subfornitore, ai* *sensi dell'articolo 2, comma 4, lettera a), della legge 29 dicembre 1993, n. 580. 2. Qualora non si pervenga ad una conciliazione fra le parti entro trenta giorni, su richiesta di entrambi i contraenti la controversia è rimessa alla commissione arbitrale istituita presso la camera di commercio di cui al comma 1 o, in mancanza, alla commissione arbitrale istituita presso la camera di commercio scelta dai contraenti. 3. Il procedimento arbitrale, disciplinato secondo le disposizioni degli articoli 806 e seguenti del codice di procedura civile, si conclude entro il termine massimo di sessanta giorni a decorrere dal primo tentativo di conciliazione, salvo che le parti si accordino per un termine inferiore.*

* Articolo abrogato dall'art. 5, co. 2, d.lg. 25/11/2016, n. 219.

11. Entrata in vigore. – 1. La presente legge entra in vigore il centoventesimo giorno successivo a quello della sua pubblicazione nella Gazzetta Ufficiale.

La presente legge, munita del sigillo dello Stato, sarà inserita nella Raccolta ufficiale degli atti normativi della Repubblica Italiana. È fatto obbligo a chiunque spetti di osservarla e di farla osservare come legge dello Stato.

L. 27 luglio 2000, n. 212

Disposizioni in materia di statuto dei diritti del contribuente

1. Princìpi generali. – 1. Le disposizioni della presente legge, in attuazione degli articoli 3, 23, 53 e 97 della Costituzione, costituiscono principi generali dell'ordinamento tributario e possono essere derogate o modificate solo espressamente e mai da leggi speciali.

2. L'adozione di norme interpretative in materia tributaria può essere disposta soltanto in casi eccezionali e con legge ordinaria, qualificando come tali le disposizioni di interpretazione autentica (1).

3. Le regioni a statuto ordinario regolano le materie disciplinate dalla presente legge in attuazione delle disposizioni in essa contenute; le regioni a statuto speciale e le province autonome di Trento e di Bolzano provvedono, entro un anno dalla data di entrata in vigore della presente legge, ad adeguare i rispettivi ordinamenti alle norme fondamentali contenute nella medesima legge.

4. Gli enti locali provvedono, entro sei mesi dalla data di entrata in vigore della presente legge, ad adeguare i rispettivi statuti e gli atti normativi da essi emanati ai principi dettati dalla presente legge.

(1) Per le deroghe al presente comma, vedi l'art. 1, co. 265, l. 24/12/2007, n. 244.

2. Chiarezza e trasparenza delle disposizioni tributarie. – 1. Le leggi e gli altri atti aventi forza di legge che contengono disposizioni tributarie devono menzionarne l'oggetto nel titolo; la rubrica delle partizioni interne e dei singoli articoli deve menzionare l'oggetto delle disposizioni ivi contenute.

2. Le leggi e gli atti aventi forza di legge che non hanno un oggetto tributario non possono contenere disposizioni di carattere tributario, fatte salve quelle strettamente inerenti all'oggetto della legge medesima.

3. I richiami di altre disposizioni contenuti nei provvedimenti normativi in materia tributaria si fanno indicando anche il contenuto sintetico della disposizione alla quale si intende fare rinvio.

4. Le disposizioni modificative di leggi tributarie debbono essere introdotte riportando il testo conseguentemente modificato.

3. Efficacia temporale delle norme tributarie (1). – 1. Salvo quanto previsto dall'art. 1, comma 2, le disposizioni tributarie non hanno effetto retroattivo. Relativamente ai tributi periodici le modifiche introdotte si applicano solo a partire dal periodo d'imposta successivo a quello in corso alla data di entrata in vigore delle disposizioni che le prevedono (2).

2. In ogni caso, le disposizioni tributarie non possono prevedere adempimenti a carico dei contribuenti la cui scadenza sia fissata anteriormente al sessantesimo giorno dalla data della loro entrata in vigore o dell'adozione dei provvedimenti di attuazione in esse espressamente previsti.

3. I termini di prescrizione e di decadenza per gli accertamenti di imposta non possono essere prorogati (3).

(1) Per una deroga alle disposizioni di cui al presente articolo, vedi l'art. 38, co. 13-quater, d.l. 31/5/2010, n. 78, l'art. 1, co. 16, l. 13/12/2010, n. 220, l'art. 23, co. 6, d.l. 6/7/2011, n. 98, l'art. 88, co. 2, d.l. 24/1/2012, n. 1 e l'art. 2, co. 2, d.l. 30/11/2013, n. 133.

(2) In deroga alle disposizioni di cui al presente comma, vedi l'art. 18, co. 4, l. 23/12/2000, n. 388, l'art. 27, co. 9, l. 28/12/2001, n. 448, l'art. 10, co. 1, l. 27/12/2002, n. 289, come modificato dall'art. 5-bis, co. 1, lett. e), d.l. 24/12/2002, n. 282, l'art. 1, co. 2-octies, d.l. 24/6/2003, n. 143, l'art. 2, co. 33, l. 24/12/2003, n. 350, l'art. 1, co. 67, 424 e 464, l. 30/12/2004, n. 311, l'art. 1-quater, co. 1, d.l. 30/12/2004, n. 314; l'art. 1, co. 264, l. 24/12/2007, n. 244; l'art. 1, co. 624, l. 23/12/2014, n. 190 e l'art. 157, co. 1, d.l. 19/5/ 2020, n. 34, conv., con modif., dalla l. 17/7/2020, n. 77.

(3) Vedi quanto disposto dall'art. 12 del d.lg. 24/9/2015, n. 159. In deroga a quanto disposto al presente comma vedi l'art. 160, co. 1, del d.l. 19/5/2020, n. 34, conv., con modif., dalla l. 17/7/2020, n. 77, come modificato dall'art. 1, co. 1, lett. a), d.l. 15/1/2021, n. 3. Il citato d.l. 3/2021 è stato abrogato dall'art. 1, co. 2, l. 26/2/2021, n. 21. Per un'ulteriore deroga al presente articolo vedi l'art. 5, co. 8, d.l. 22/3/2021, n. 41, conv., con modif., in l. 21/5/2021, n. 69 e da ultimo l'art. 42, co. 4, d.l. 9/8/2022, n. 115, conv., con modif., dalla l. 21/9/2022, n. 142.

4. Utilizzo del decreto-legge in materia tributaria. – 1. Non si può disporre con decreto-legge l'istituzione di nuovi tributi né prevedere l'applicazione di tributi esistenti ad altre categorie di soggetti.

5. Informazione del contribuente. – 1. L'amministrazione finanziaria deve assumere idonee iniziative volte a consentire la completa e agevole conoscenza delle disposizioni legislative e amministrative vigenti in materia tributaria, anche curando la predisposizione di testi coordinati e mettendo gli stessi a disposizione dei contribuenti presso ogni ufficio impositore. L'amministrazione finanziaria deve altresì assumere idonee iniziative di informazione elettronica, tale da consentire aggiornamenti in tempo reale, ponendola a disposizione gratuita dei contribuenti.

2. L'amministrazione finanziaria deve portare a conoscenza dei contribuenti tempestivamente e con i mezzi idonei tutte le circolari e le risoluzioni da essa emanate, nonché ogni altro atto o decreto che dispone sulla organizzazione, sulle funzioni e sui procedimenti.

6. Conoscenza degli atti e semplificazione. – L'amministrazione finanziaria deve assicurare l'effettiva conoscenza da parte del contribuente degli atti a lui destinati. A tale fine essa provvede comunque a comunicarli nel luogo di effettivo domicilio del contribuente, quale desumibile dalle informazioni in possesso della stessa amministrazione o di altre amministrazioni pubbliche indicate dal contribuente, ovvero nel luogo ove il contribuente ha eletto domicilio speciale ai fini dello specifico procedimento cui si riferiscono gli atti da comunicare. Gli atti sono in ogni caso comunicati con modalità idonee a garantire che il loro contenuto non sia conosciuto da soggetti diversi dal loro destinatario. Restano ferme le disposizioni in materia di notifica degli atti tributari (1).

2. L'amministrazione deve informare il contribuente di ogni fatto o circostanza a sua conoscenza dai quali possa derivare il mancato riconoscimento di un credito ovvero l'irrogazione di una sanzione, richiedendogli di integrare o correggere gli atti prodotti che impediscono il riconoscimento, seppure parziale, di un credito.

3. L'amministrazione finanziaria assume iniziative volte a garantire che i modelli di dichiarazione, le relative istruzioni, i servizi telematici, la modulistica e i documenti di prassi amministrativa siano messi a disposizione del contribuente, con idonee modalità di comunicazione e di pubblicità, almeno sessanta giorni prima del termine assegnato al contribuente per l'adempimento al quale si riferiscono (1).

3-bis. I modelli e le relative istruzioni devono essere comprensibili anche ai contribuenti sforniti di conoscenze in materia tributaria. L'amministrazione finanziaria assicura che il contribuente possa ottemperare agli obblighi tributari con il minor numero di adempimenti e nelle forme meno costose e più agevoli (2).

3-ter. Le amministrazioni interessate provvedono alle attività relative all'attuazione dei commi 3 e 3-bis nell'ambito delle risorse umane, finanziarie e strumentali disponibili a legislazione vigente e, comunque, senza nuovi o maggiori oneri per la finanza pubblica (2).

4. Al contribuente non possono, in ogni caso, essere richiesti documenti ed informazioni già in possesso dell'amministrazione finanziaria o di altre amministrazioni pubbliche indicate dal contribuente. Tali documenti ed informazioni sono acquisiti ai sensi dell'art. 18, commi 2 e 3, della legge 7 agosto 1990, n. 241, relativi ai casi di accertamento d'ufficio di fatti, stati e qualità del soggetto interessato dalla azione amministrativa.

5. Prima di procedere alle iscrizioni a ruolo derivanti dalla liquidazione di tributi risultanti da dichiarazioni, qualora sussistano incertezze su aspetti rilevanti della dichiarazione, l'amministrazione finanziaria deve invitare il contribuente, a mezzo del servizio postale o con mezzi telematici, a fornire i chiarimenti necessari o a produrre i documenti mancanti entro un termine congruo e comunque non inferiore a trenta giorni dalla ricezione della richiesta. La disposizione si applica anche qualora, a seguito della liquidazione, emerga la spettanza di un minore rimborso di imposta rispetto a quello richiesto. La disposizione non si applica nell'ipotesi di iscrizione a ruolo di tributi per i quali il contribuente non è tenuto ad effettuare il versamento diretto. Sono nulli i provvedimenti emessi in violazione delle disposizioni di cui al presente comma (3).

5-bis. In caso di esercizio di attività istruttorie di controllo nei confronti del contribuente del cui avvio lo stesso sia stato informato, l'amministrazione finanziaria comunica al contribuente, in forma semplificata, entro il termine di sessanta giorni dalla conclusione della procedura di controllo, l'esito negativo di quest'ultima. L'amministrazione finanziaria, con proprio provvedimento, individua le modalità semplificate di comunicazione, anche mediante l'utilizzo di messaggistica di testo indirizzata all'utenza telefonica mobile del destinatario, della posta elettronica, anche non certificata, o dell'applicazione 'IO'. Con il medesimo provvedimento sono definite le modalità con le quali il contribuente fornisce all'amministrazione finanziaria i propri dati al fine di consentire la suddetta comunicazione in forma semplificata. La comunicazione dell'esito negativo della procedura di controllo non pregiudica l'esercizio successivo dei poteri di controllo dell'amministrazione finanziaria, ai sensi delle vigenti disposizioni. Le disposizioni del presente comma non si applicano alle liquidazioni di cui agli articoli 36-bis del decreto del Presidente della Repubblica 29 settembre 1973, n. 600, e 54-bis del decreto del Presidente della Repubblica 26 ottobre 1972, n. 633 (4).

(1) Comma sostituito dall'art. 4-septies, co. 4, lett. a), d.l. 30/4/2019, n. 34, conv., con modif., dalla l. 28/6/2019, n. 58.

(2) Comma inserito dall'art. 4-septies, co. 4, lett. b), d.l. 30/4/2019, n. 34, conv., con modif., dalla l. 28/6/2019, n. 58.

(3) Vedi art. 2-bis, co. 1 d.l. 30/9/2005, n. 203, nel testo modificato dall'art. 1, co. 62, l. 27/12/2006, n. 296.

(4) Comma inserito dall'art. 6-bis, co. 1, d.l. 21/6/2022, n. 73, conv., con modif., dalla l. 4/8/2022, n. 122.

7. Chiarezza e motivazione degli atti. – 1. Gli atti dell'amministrazione finanziaria sono motivati secondo quanto prescritto dall'art. 3 della legge 7 agosto 1990, n. 241, concernente la motivazione dei provvedimenti amministrativi, indicando i presupposti di fatto e le ragioni giuridiche che hanno determinato la decisione dell'amministrazione. Se nella motivazione si fa riferimento ad un altro atto, questo deve essere allegato all'atto che lo richiama.

2. Gli atti dell'amministrazione finanziaria e dei concessionari della riscossione devono tassativamente indicare:

a) l'ufficio presso il quale è possibile ottenere informazioni complete in merito all'atto notificato o comunicato e il responsabile del procedimento;

b) l'organo o l'autorità amministrativa presso i quali è possibile promuovere un riesame anche nel merito dell'atto in sede di autotutela;

c) le modalità, il termine, l'organo giurisdizionale o l'autorità amministrativa cui è possibile ricorrere in caso di atti impugnabili.

3. Sul titolo esecutivo va riportato il riferimento all'eventuale precedente atto di accertamento ovvero, in mancanza, la motivazione della pretesa tributaria.

4. La natura tributaria dell'atto non preclude il ricorso agli organi di giustizia amministrativa, quando ne ricorrano i presupposti.

8. Tutela dell'integrità patrimoniale. – 1. L'obbligazione tributaria può essere estinta anche per compensazione.

2. È ammesso l'accollo del debito d'imposta altrui senza liberazione del contribuente originario.

3. Le disposizioni tributarie non possono stabilire né prorogare termini di prescrizione oltre il limite ordinario stabilito dal codice civile.

4. L'amministrazione finanziaria è tenuta a rimborsare il costo delle fideiussioni che il contribuente ha dovuto richiedere per ottenere la sospensione del pagamento o la rateizzazione o il rimborso dei tributi. Il rimborso va effettuato quando sia stato definitivamente accertato che l'imposta non era dovuta o era dovuta in misura minore rispetto a quella accertata.

5. L'obbligo di conservazione di atti e documenti, stabilito a soli effetti tributari, non può eccedere il termine di dieci anni dalla loro emanazione o dalla loro formazione.

6. Con decreto del Ministro delle finanze, adottato ai sensi dell'art. 17, comma 3, della legge 23 agosto 1988, n. 400, relativo ai poteri regolamentari dei Ministri nelle materie di loro competenza, sono emanate le disposizioni di attuazione del presente articolo.

7. La pubblicazione e ogni informazione relative ai redditi tassati, anche previste dall'art. 15 della legge 5 luglio 1982, n. 441, sia nelle forme previste dalla stessa legge sia da parte di altri soggetti, deve sempre comprendere l'indicazione dei redditi anche al netto delle relative imposte.

8. Ferme restando, in via transitoria, le disposizioni vigenti in materia di compensazione, con regolamenti emanati ai sensi dell'art. 17, comma 2, della legge 23 agosto 1988, n. 400, è disciplinata l'estinzione dell'obbligazione tributaria mediante compensazione, estendendo, a decorrere dall'anno d'imposta 2002, l'applicazione di tale istituto anche a tributi per i quali attualmente non è previsto.

9. Rimessione in termini. – 1. Il Ministro delle finanze, con decreto da pubblicare nella Gazzetta Ufficiale, rimette in termini i contribuenti interessati, nel caso in cui il tempestivo adempimento di obblighi tributari è impedito da cause di forza maggiore. Qualora la rimessione in termini concerna il versamento di tributi, il decreto è adottato dal Ministro delle finanze di concerto con il Ministro del tesoro, del bilancio e della programmazione economica.

2. Con proprio decreto il Ministro delle finanze, sentito il Ministro del tesoro, del bilancio e della programmazione economica, può sospendere o differire il termine per l'adempimento degli obblighi tributari a favore dei contribuenti interessati da eventi eccezionali ed imprevedibili (1).

2-bis. La ripresa dei versamenti dei tributi sospesi o differiti, ai sensi del comma 2, avviene, senza applicazione di sanzioni, interessi e oneri accessori, relativi al periodo di sospensione, anche mediante rateizzazione fino a un massimo di diciotto rate mensili di pari importo, a decorrere dal mese successivo alla data di scadenza della sospensione. Con decreto del Ministro dell'economia e delle finanze sono definiti le modalità e i termini della ripresa dei versamenti, tenendo anche conto della durata del periodo di sospensione, nei limiti delle risorse preordinate allo scopo dal fondo previsto dall'articolo 1, comma 430, della legge 28 dicembre 2015, n. 208. I versamenti dei tributi oggetto di sospensione sono versati all'entrata del bilancio dello Stato per essere destinati al predetto fondo (2).

*2-ter. Per i tributi non sospesi né differiti ai sensi del comma 2, nei limiti delle risorse preordinate allo scopo, i contribuenti residenti o aventi sede legale o sede operativa nei territori colpiti da eventi calamitosi con danni riconducibili all'evento e individuati con la medesima ordinanza della Presidenza del Consiglio dei ministri con la quale è dichiarato lo stato di emergenza possono chiedere la rateizzazione, fino a un massimo di diciotto rate mensili di pari importo, dei tributi che scadono nei sei mesi successivi alla dichiarazione dello stato di emergenza, con istanza da presentare al competente ufficio, secondo modalità e termini stabiliti con decreto del Ministro dell'economia e delle finanze, da adottare entro novanta giorni dalla data di entrata in vigore della presente disposizione.**.

(1) Vedi sospensioni di cui all'articolo unico del d.m. 17/10/2000, all'art. 1 del d.m. 12/7/2001 e al d.m. 29/11/2004.

• Per l'estensione del presente articolo anche ai territori delle regioni Friuli-Venezia Giulia, Liguria, Toscana, Emilia-Romagna, Piemonte, Lombardia, Veneto e Puglia e della Provincia autonoma di Trento danneggiati dagli eventi alluvionali e dai dissesti idrogeologici del mese di novembre 2000, vedi l'articolo unico del d.m. 29/11/2000.

• Vedi proroghe di cui ai d.m. 16/11/2000, d.m. 14/11/2002, 15/11/2002, 5/12/2002, 9/1/2003 e dell'art. 18 dell'o.p.c.m. 18/4/2003, n. 3282.

• Vedi i differimenti dei termini di cui all'art.10 dell'o.p.c.m. 2/10/2003, n. 3315, all'art. 4 dell'o.p.c.m. 8/9/2003, n. 3308 e all'art. 4 dell'o.p.c.m. 7/5/2004, n. 3354.

• Vedi l'art. 3 dell'o.p.c.m. 27/11/2003, n. 3328.

(2) Comma aggiunto dall'art. 1, co. 429, l. 28/12/2015, n. 208 e successivamente sostituito dall'art. 48, co. 15, lett. a), d.l. 17/10/2016, n. 189, conv., con modif., dalla l. 15/12/2016, n. 229.

* Comma aggiunto dall'art. 1, co. 429, l. 28/12/2015, n. 208 e successivamente abrogato dall'art. 48, co. 15, lett. b), d.l. 17/10/2016, n. 189, conv., con modif., dalla l. 15/12/2016, n. 229.

10. Tutela dell'affidamento e della buona fede. Errori del contribuente. – 1. I rapporti tra contribuente e amministrazione finanziaria sono improntati al principio della collaborazione e della buona fede.

2. Non sono irrogate sanzioni né richiesti interessi moratori al contribuente, qualora egli si sia conformato a indicazioni contenute in atti dell'amministrazione finanziaria, ancorché successivamente modificate dall'amministrazione medesima, o qualora il suo comportamento risulti posto in essere a seguito di fatti direttamente conseguenti a ritardi, omissioni od errori dell'amministrazione stessa.

3. Le sanzioni non sono comunque irrogate quando la violazione dipende da obiettive condizioni di incertezza sulla portata e sull'ambito di applicazione della norma tributaria o quando si traduce in una mera violazione formale senza alcun debito di imposta; in ogni caso non determina obiettiva condizione di incertezza la pendenza di un giudizio in ordine alla legittimità della norma tributaria. Le violazioni di disposizioni di rilievo esclusivamente tributario non possono essere causa di nullità del contratto (1).

(1) Comma modificato dall'art. 1 del d.l. 17/6/2005, n. 106.

10 bis. Disciplina dell'abuso del diritto o elusione fiscale (1). – 1. Configurano abuso del diritto una o più operazioni prive di sostanza economica che, pur nel rispetto formale delle norme fiscali, realizzano essenzialmente vantaggi fiscali indebiti. Tali operazioni non sono opponibili all'amministrazione finanziaria, che ne disconosce i vantaggi determinando i tributi sulla base delle norme e dei principi elusi e tenuto conto di quanto versato dal contribuente per effetto di dette operazioni.

2. Ai fini del comma 1 si considerano:

a) operazioni prive di sostanza economica i fatti, gli atti e i contratti, anche tra loro collegati, inidonei a produrre effetti significativi diversi dai vantaggi fiscali. Sono indici di mancanza di sostanza economica, in particolare, la non coerenza della qualificazione delle singole operazioni con il fondamento giuridico del loro insieme e la non conformità dell'utilizzo degli strumenti giuridici a normali logiche di mercato;

b) vantaggi fiscali indebiti i benefici, anche non immediati, realizzati in contrasto con le finalità delle norme fiscali o con i principi dell'ordinamento tributario.

3. Non si considerano abusive, in ogni caso, le operazioni giustificate da valide ragioni extrafiscali, non marginali, anche di ordine organizzativo o gestionale, che rispondono a finalità di miglioramento strutturale o funzionale dell'impresa ovvero dell'attività professionale del contribuente.

4. Resta ferma la libertà di scelta del contribuente tra regimi opzionali diversi offerti dalla legge e tra operazioni comportanti un diverso carico fiscale.

5. Il contribuente può proporre interpello ai sensi dell'articolo 11, comma 1, lettera c), per conoscere se le operazioni costituiscano fattispecie di abuso del diritto (2).

6. Senza pregiudizio dell'ulteriore azione accertatrice nei termini stabiliti per i singoli tributi, l'abuso del diritto è accertato con apposito atto, preceduto, a pena di nullità, dalla notifica al contribuente di una richiesta di chiarimenti da fornire entro il termine di sessanta giorni, in cui sono indicati i motivi per i quali si ritiene configurabile un abuso del diritto.

7. La richiesta di chiarimenti è notificata dall'amministra-

zione finanziaria ai sensi dell'articolo 60 del decreto del Presidente della Repubblica 29 settembre 1973, n. 600, e successive modificazioni, entro il termine di decadenza previsto per la notificazione dell'atto impositivo. Tra la data di ricevimento dei chiarimenti ovvero di inutile decorso del termine assegnato al contribuente per rispondere alla richiesta e quella di decadenza dell'amministrazione dal potere di notificazione dell'atto impositivo intercorrono non meno di sessanta giorni. In difetto, il termine di decadenza per la notificazione dell'atto impositivo è automaticamente prorogato, in deroga a quello ordinario, fino a concorrenza dei sessanta giorni.

8. Fermo quanto disposto per i singoli tributi, l'atto impositivo è specificamente motivato, a pena di nullità, in relazione alla condotta abusiva, alle norme o ai principi elusi, agli indebiti vantaggi fiscali realizzati, nonché ai chiarimenti forniti dal contribuente nel termine di cui al comma 6.

9. L'amministrazione finanziaria ha l'onere di dimostrare la sussistenza della condotta abusiva, non rilevabile d'ufficio, in relazione agli elementi di cui ai commi 1 e 2. Il contribuente ha l'onere di dimostrare l'esistenza delle ragioni extrafiscali di cui al comma 3.

10. In caso di ricorso, i tributi o i maggiori tributi accertati, unitamente ai relativi interessi, sono posti in riscossione, ai sensi dell'articolo 68 del decreto legislativo 31 dicembre 1992, n. 546, e, successive modificazioni, e dell'articolo 19, comma 1, del decreto legislativo 18 dicembre 1997, n. 472.

11. I soggetti diversi da quelli cui sono applicate le disposizioni del presente articolo possono chiedere il rimborso delle imposte pagate a seguito delle operazioni abusive i cui vantaggi fiscali sono stati disconosciuti dall'amministrazione finanziaria, inoltrando a tal fine, entro un anno dal giorno in cui l'accertamento è divenuto definitivo ovvero è stato definito mediante adesione o conciliazione giudiziale, istanza all'Agenzia delle entrate, che provvede nei limiti dell'imposta e degli interessi effettivamente riscossi a seguito di tali procedure.

12. In sede di accertamento l'abuso del diritto può essere configurato solo se i vantaggi fiscali non possono essere disconosciuti contestando la violazione di specifiche disposizioni tributarie.

13. Le operazioni abusive non danno luogo a fatti punibili ai sensi delle leggi penali tributarie. Resta ferma l'applicazione delle sanzioni amministrative tributarie.

(1) Articolo aggiunto dall'art. 1 del d.lg. 5/8/2015, n. 128, con la decorrenza stabilita dal co. 5 dell'art. 1 del d.lg. n. 128/2015.

(2) Comma sostituito dall'art. 7, co. 15, d.lg. 24/9/2015, n. 156.

11. Interpello del contribuente. – 1. Ciascun contribuente può inoltrare per iscritto all'amministrazione finanziaria, che risponde entro centoventi giorni, circostanziate e specifiche istanze di interpello concernenti l'applicazione delle disposizioni tributarie a casi concreti e personali, qualora vi siano obiettive condizioni di incertezza sulla corretta interpretazione delle disposizioni stesse. La presentazione dell'istanza non ha effetto sulle scadenze previste dalla disciplina tributaria.

2. La risposta dell'amministrazione finanziaria, scritta e motivata, vincola con esclusivo riferimento alla questione oggetto dell'istanza di interpello, e limitatamente al richiedente. Qualora essa non pervenga al contribuente entro il termine di cui al comma 1, si intende che l'amministrazione concordi con l'interpretazione o il comportamento prospettato dal richiedente. Qualsiasi atto, anche a contenuto impositivo o sanzionatorio, emanato in difformità dalla risposta, anche se desunta ai sensi del periodo precedente, è nullo.

3. Limitatamente alla questione oggetto dell'istanza di interpello, non possono essere irrogate sanzioni nei confronti del contribuente che non abbia ricevuto risposta dall'amministrazione finanziaria entro il termine di cui al comma 1.

4. Nel caso in cui l'istanza di interpello formulata da un numero elevato di contribuenti concerna la stessa questione o questioni analoghe fra loro, l'amministrazione finanziaria può rispondere collettivamente, attraverso una circolare o una risoluzione tempestivamente pubblicata ai sensi dell'art. 5, comma 2.

5. Con decreto del Ministro delle finanze, adottato ai sensi dell'art. 17, comma 3, della legge 23 agosto 1988, n. 400, relativo ai poteri regolamentari dei Ministri nelle materie di loro competenza, sono determinati gli organi, le procedure e le modalità di esercizio dell'interpello e dell'obbligo di risposta da parte dell'amministrazione finanziaria (1).

6. Resta fermo quanto previsto dall'art. 21 della legge 30 dicembre 1991, n. 413, relativo all'interpello della amministrazione finanziaria da parte dei contribuenti.

(1) Per l'attuazione del presente comma vedi il d.m. 26/4/2001, n. 209 e il d.m. 8/6/2007, n. 98.

12. Diritti e garanzie del contribuente sottoposto a verifiche fiscali. – 1. Tutti gli accessi, ispezioni e verifiche fiscali nei locali destinati all'esercizio di attività commerciali, industriali, agricole, artistiche o professionali sono effettuati sulla base di esigenze effettive di indagine e controllo sul luogo. Essi si svolgono, salvo casi eccezionali e urgenti adeguatamente documentati, durante l'orario ordinario di esercizio delle attività e con modalità tali da arrecare la minore turbativa possibile allo svolgimento delle attività stesse nonché alle relazioni commerciali o professionali del contribuente.

2. Quando viene iniziata la verifica, il contribuente ha diritto di essere informato delle ragioni che l'abbiano giustificata e dell'oggetto che la riguarda, della facoltà di farsi assistere da un professionista abilitato alla difesa dinanzi agli organi di giustizia tributaria, nonché dei diritti e degli obblighi che vanno riconosciuti al contribuente in occasione delle verifiche.

3. Su richiesta del contribuente, l'esame dei documenti amministrativi e contabili può essere effettuato nell'ufficio dei verificatori o presso il professionista che lo assiste o rappresenta.

4. Delle osservazioni e dei rilievi del contribuente e del professionista, che eventualmente lo assista, deve darsi atto nel processo verbale delle operazioni di verifica.

5. La permanenza degli operatori civili o militari dell'amministrazione finanziaria, dovuta a verifiche presso la sede del contribuente, non può superare i trenta giorni lavorativi, prorogabili per ulteriori trenta giorni nei casi di particolare complessità dell'indagine individuati e motivati dal dirigente dell'ufficio. Gli operatori possono ritornare nella sede del contribuente, decorso tale periodo, per esaminare le osservazioni e le richieste eventualmente presentate dal contribuente dopo la conclusione delle operazioni di verifica ovvero, previo assenso motivato del dirigente dell'ufficio, per specifiche ragioni. Il periodo di permanenza presso la sede del contribuente di cui al primo periodo, così come l'eventuale proroga ivi prevista, non può essere superiore a quindici giorni lavorativi contenuti nell'arco di non più di un trimestre, in tutti i casi in cui la verifica sia svolta presso la sede di imprese in contabilità semplificata e lavoratori autonomi. In entrambi i casi, ai fini del computo dei giorni lavorativi, devono essere considerati i giorni di effettiva presenza degli operatori civili o militari dell'Amministrazione finanziaria presso la sede del contribuente (1).

6. Il contribuente, nel caso ritenga che i verificatori procedano con modalità non conformi alla legge, può rivolgersi anche al Garante del contribuente, secondo quanto previsto dall'art. 13.

7. Nel rispetto del principio di cooperazione tra amministrazione e contribuente, dopo il rilascio della copia del processo verbale di chiusura delle operazioni da parte degli organi di controllo, il contribuente può comunicare entro ses-

santa giorni osservazioni e richieste che sono valutate dagli uffici impositori. L'avviso di accertamento non può essere emanato prima della scadenza del predetto termine, salvo casi di particolare e motivata urgenza. Per gli accertamenti e le verifiche aventi ad oggetto i diritti doganali di cui all'articolo 34 del testo Unico delle disposizioni legislative in materia doganale approvato con del decreto del Presidente della Repubblica 23 gennaio 1973, n. 43, si applicano le disposizioni dell'articolo 11 del decreto legislativo 8 novembre 1990, n. 374 (2).

(1) Comma modificato dall'art. 7, co. 2, lett. c), d.l. 13/5/2011, n. 70.

(2) Comma modificato dall'art. 92, co. 2, d.l. 24/1/2012, n. 1.

13. Garante del contribuente. – 1. Presso ogni direzione regionale delle entrate e direzione delle entrate delle province autonome è istituito il Garante del contribuente.

2. Il Garante del contribuente, operante in piena autonomia, è organo monocratico scelto e nominato dal presidente della commissione tributaria regionale o sua sezione distaccata nella cui circoscrizione è compresa la direzione regionale dell'Agenzia delle entrate, tra gli appartenenti alle seguenti categorie (1):

a) magistrati, professori universitari di materie giuridiche ed economiche, notai, sia a riposo sia in attività di servizio;

b) dirigenti dell'amministrazione finanziaria e ufficiali generali e superiori della Guardia di finanza, a riposo da almeno due anni, scelti in una terna formata, per ciascuna direzione regionale delle entrate, rispettivamente, per i primi, dal direttore generale al Dipartimento delle entrate e, per i secondi, dal Comandante generale della Guardia di finanza;*

c) avvocati, dottori commercialisti e ragionieri collegiati, pensionati, scelti in una terna formata, per ciascuna direzione regionale delle entrate, dai rispettivi ordini di appartenenza.

3. L'incarico ha durata quadriennale ed è rinnovabile tenendo presenti professionalità, produttività ed attività già svolta. [*Le funzioni di Presidente sono svolte dal componente scelto nell'ambito delle categorie di cui alla lettera a) del comma 2. Gli altri due componenti sono scelti uno nell'ambito delle categorie di cui alla lettera b) e l'altro nell'ambito delle categorie di cui alla lettera c) del comma 2*] (2).

4. Con decreto del Ministro delle finanze sono determinati il compenso ed i rimborsi spettanti ai componenti del Garante del contribuente.

5. Le funzioni di segreteria e tecniche sono assicurate al Garante del contribuente dagli uffici delle direzioni regionali delle entrate presso le quali lo stesso è istituito.

6. Il Garante del contribuente, anche sulla base di segnalazioni inoltrate per iscritto dal contribuente o da qualsiasi altro soggetto interessato che lamenti disfunzioni, irregolarità, scorrettezze, prassi amministrative anomale o irragionevoli o qualunque altro comportamento suscettibile di incrinare il rapporto di fiducia tra cittadini e amministrazione finanziaria, rivolge richieste di documenti o chiarimenti agli uffici competenti, i quali rispondono entro trenta giorni, e attiva le procedure di autotutela nei confronti di atti amministrativi di accertamento o di riscossione notificati al contribuente. Il Garante del contribuente comunica l'esito dell'attività svolta alla direzione regionale o compartimentale o al comando di zona della Guardia di finanza competente nonché agli organi di controllo, informandone l'autore della segnalazione.

7. Il Garante del contribuente rivolge raccomandazioni ai dirigenti degli uffici ai fini della tutela del contribuente e della migliore organizzazione dei servizi.

8. Il Garante del contribuente ha il potere di accedere agli uffici finanziari e di controllare la funzionalità dei servizi di assistenza e di informazione al contribuente nonché l'agibilità degli spazi aperti al pubblico.

9. Il Garante del contribuente richiama gli uffici al rispetto di quanto previsto dagli articoli 5 e 12 della presente legge.

10. Il Garante del contribuente richiama gli uffici al rispetto dei termini previsti per il rimborso d'imposta.

11. Il Garante del contribuente individua i casi di particolare rilevanza in cui le disposizioni in vigore ovvero i comportamenti dell'amministrazione determinano un pregiudizio dei contribuenti o conseguenze negative nei loro rapporti con l'amministrazione, segnalandoli al direttore-regionale o compartimentale o al comandante di zona della Guardia di finanza competente e all'ufficio centrale per l'informazione del contribuente, al fine di un eventuale avvio del procedimento disciplinare. Prospetta al Ministro delle finanze i casi in cui possono essere esercitati i poteri di rimessione in termini previsti dall'art. 9.

12. Ogni sei mesi il Garante del contribuente presenta una relazione sull'attività svolta al Ministro delle finanze, al direttore regionale delle entrate, ai direttori compartimentali delle dogane e del territorio nonché al comandante di zona della Guardia di finanza, individuando gli aspetti critici più rilevanti e prospettando le relative soluzioni.

13. Il Ministro delle finanze riferisce annualmente alle competenti Commissioni parlamentari un ordine al funzionamento del Garante del contribuente, all'efficacia dell'azione da esso svolta ed alla natura delle questioni segnalate nonché ai provvedimenti adottati a seguito delle segnalazioni del Garante stesso.

13-bis. Con relazione annuale, il Garante fornisce al Governo ed al Parlamento dati e notizie sullo stato dei rapporti tra fisco e contribuenti nel campo della politica fiscale (3).

(1) Alinea sostituito dall'art. 4, co. 36, lett. a), n. 1, l. 12/11/2011, n. 183, a decorrere dal 1/12012, ai sensi dell'art. 36, co. 1, della medesima l. n. 183/2011.

* Lettera abrogata dall'art. 4, co. 36, lett. a), n. 2, l. 12/11/2011, n. 183, a decorrere dal 1/12012, ai sensi dell'art. 36, co. 1, della medesima l. n. 183/2011.

(2) Comma così modificato dall'art. 94, co. 7, l. 27/12/2002, n. 289 e successivamente abrogato dall'art. 4, co. 36, lett. b), l. 12/11/2011, n. 183, a decorrere dal 1/1/2012, ai sensi dell'art. 36, co. 1, della medesima l. n. 183/2011.

(3) Comma aggiunto dall'art. 94, co. 8, l. 27/12/2002, n. 289.

14. Contribuenti non residenti. – 1. Al contribuente residente all'estero sono assicurate le informazioni sulle modalità di applicazione delle imposte, la utilizzazione di moduli semplificati nonché agevolazioni relativamente all'attribuzione del codice fiscale e alle modalità di presentazione delle dichiarazioni e di pagamento delle imposte.

2. Con decreto del Ministro delle finanze, adottato ai sensi dell'art. 17, comma 3, della legge 23 agosto 1988, n. 400, relativo ai poteri regolamentari dei Ministri nelle materie di loro competenza, sono emanate le disposizioni di attuazione del presente articolo (1).

(1) Vedi d.m. 17/5/2001, n. 281.

15. Codice di comportamento per il personale addetto alle verifiche tributarie. – 1. Il Ministro delle finanze, sentiti i direttori generali del Ministero delle finanze ed il Comandante generale della Guardia di finanza, emana un codice di comportamento che regoli le attività del personale addetto alle verifiche tributarie, aggiornandolo eventualmente anche in base alle segnalazioni delle disfunzioni operate annualmente dal Garante del contribuente.

16. Coordinamento normativo. – 1. Il Governo è delegato ad emanare, entro centottanta giorni dalla data di entrata in vigore della presente legge, previo parere delle competenti Commissioni parlamentari, uno o più decreti legislativi recanti le disposizioni correttive delle leggi tributarie vigenti strettamente necessarie a garantirne la coerenza con i principi desumibili dalle disposizioni della presente legge (1).

2. Entro il termine di cui al comma 1 il Governo provvede ad abrogare le norme regolamentari incompatibili con la presente legge.

(1) Vedi d.lg. 26/1/2001, n. 32.

17. Concessionari della riscossione. – 1. Le disposizioni della presente legge si applicano anche nei confronti dei soggetti che rivestono la qualifica di concessionari e di organi indiretti dell'amministrazione finanziaria, ivi compresi i soggetti che esercitano l'attività di accertamento, liquidazione e riscossione di tributi di qualunque natura.

18. Disposizioni di attuazione. – 1. I decreti ministeriali previsti dagli articoli 8 e 11 devono essere emanati entro centottanta giorni dalla data di entrata in vigore della presente legge.

2. Entro il termine di cui al comma 1 sono nominati i componenti del Garante del contribuente di cui all'art. 13.

19. Attuazione del diritto di interpello del contribuente. – 1. L'amministrazione finanziaria, nel quadro dell'attuazione del decreto legislativo 30 luglio 1999, n. 300, adotta ogni opportuno adeguamento della struttura organizzativa ed individua l'occorrente riallocazione delle risorse umane, allo scopo di assicurare la piena operatività delle disposizioni dell'art. 11 della presente legge.

2. Per le finalità di cui al comma 1 il Ministro delle finanze è altresì autorizzato ad adottare gli opportuni provvedimenti per la riqualificazione del personale in servizio.

20. Copertura finanziaria. – 1. Agli oneri derivanti dall'attuazione dell'art. 13, valutati in euro 3.098.741,39 annue a decorrere dall'anno 2000, si provvede mediante utilizzo dello stanziamento iscritto, ai fini del bilancio triennale 2000-2002, nell'ambito dell'unità previsionale di base di parte corrente "Fondo speciale" dello stato di previsione del Ministero del tesoro, del bilancio e della programmazione economica per l'anno 2000, allo scopo parzialmente utilizzando l'accantonamento relativo al Ministero della pubblica istruzione.

2. Agli oneri derivanti dall'attuazione dell'art. 19, determinati nel limite massimo di euro 7.230.396,59 annue per il triennio 2000-2002, si provvede mediante utilizzo dello stanziamento iscritto, ai fini del bilancio triennale 2000-2002, nell'ambito dell'unità previsionale di base di parte corrente "Fondo speciale" dello stato di previsione del Ministero del tesoro, del bilancio e della programmazione economica per l'anno 2000, allo scopo parzialmente utilizzando l'accantonamento relativo al Ministero della pubblica istruzione.

3. Il Ministro del tesoro, del bilancio e della programmazione economica è autorizzato ad apportare, con proprio decreto, le occorrenti variazioni di bilancio.

21. Entrata in vigore. – 1. La presente legge entra in vigore il giorno successivo a quello della sua pubblicazione nella Gazzetta Ufficiale.

D.lg. 9 ottobre 2002, n. 231

Attuazione della direttiva 2000/35/CE relativa alla lotta contro i ritardi di pagamento nelle transazioni commerciali

1. Ambito di applicazione (1). – 1. Le disposizioni contenute nel presente decreto si applicano ad ogni pagamento effettuato a titolo di corrispettivo in una transazione commerciale.

2. Le disposizioni del presente decreto non trovano applicazione per:

a) debiti oggetto di procedure concorsuali aperte a carico del debitore, comprese le procedure finalizzate alla ristrutturazione del debito;

b) pagamenti effettuati a titolo di risarcimento del danno, compresi i pagamenti effettuati a tale titolo da un assicuratore.

(1) Articolo sostituito dall'art. 1, co. 1, lett. a), d.lg. 9/11/2012, n. 192. A norma dell'art. 3, co. 1, del medesimo decreto legislativo, le presenti disposizioni si applicano alle transazioni commerciali concluse a decorrere dal 1/1/2013.

2. Definizioni (1). – 1. Ai fini del presente decreto si intende per:

a) "transazioni commerciali": i contratti, comunque denominati, tra imprese ovvero tra imprese e pubbliche amministrazioni, che comportano, in via esclusiva o prevalente, la consegna di merci o la prestazione di servizi contro il pagamento di un prezzo (2);

b) "pubblica amministrazione": le amministrazioni di cui all'articolo 3, comma 25, del decreto legislativo 12 aprile 2006, n. 163, e ogni altro soggetto, allorquando svolga attività per la quale è tenuto al rispetto della disciplina di cui al decreto legislativo 12 aprile 2006, n. 163;

c) "imprenditore": ogni soggetto esercente un'attività economica organizzata o una libera professione;

d) "interessi moratori": interessi legali di mora ovvero interessi ad un tasso concordato tra imprese;

e) "interessi legali di mora": interessi semplici di mora su base giornaliera ad un tasso che è pari al tasso di riferimento maggiorato di otto punti percentuali;

f) "tasso di riferimento": il tasso di interesse applicato dalla Banca centrale europea alle sue più recenti operazioni di rifinanziamento principali;

g) "importo dovuto": la somma che avrebbe dovuto essere pagata entro il termine contrattuale o legale di pagamento, comprese le imposte, i dazi, le tasse o gli oneri applicabili indicati nella fattura o nella richiesta equivalente di pagamento.

(1) Articolo sostituito dall'art. 1, co. 1, lett. b), d.lg. 9/11/2012, n. 192. A norma dell'art. 3, co. 1, del medesimo decreto legislativo, le presenti disposizioni si applicano alle transazioni commerciali concluse a decorrere dal 1/1/2013.

(2) A norma dell'art. 24, co. 1, l. 30/10/2014, n. 161, la presente lettera si interpreta nel senso che le transazioni commerciali ivi considerate comprendono anche i contratti previsti dall'art. 3, co. 3, del codice di cui al d.lg. 12/4/2006, n. 163; vedi anche quanto disposto dal co. 2 del medesimo art. 24.

3. Responsabilità del debitore. – 1. Il creditore ha diritto alla corresponsione degli interessi moratori sull'importo dovuto, ai sensi degli articoli 4 e 5, salvo che il debitore dimostri che il ritardo nel pagamento del prezzo è stato determinato dall'impossibilità della prestazione derivante da causa a lui non imputabile (1).

(1) Comma modificato dall'art. 1, co. 1, lett. c), d.lg. 9/11/2012, n.

192. A norma dell'art. 3, co. 1, del medesimo decreto legislativo, le presenti disposizioni si applicano alle transazioni commerciali concluse a decorrere dal 1/1/2013.

4. Termini di pagamento (1). – 1. Gli interessi moratori decorrono, senza che sia necessaria la costituzione in mora, dal giorno successivo alla scadenza del termine per il pagamento.

2. Salvo quanto previsto dai commi 3, 4 e 5, il periodo di pagamento non può superare i seguenti termini (2):

a) trenta giorni dalla data di ricevimento da parte del debitore della fattura o di una richiesta di pagamento di contenuto equivalente. Non hanno effetto sulla decorrenza del termine le richieste di integrazione o modifica formali della fattura o di altra richiesta equivalente di pagamento;

b) trenta giorni dalla data di ricevimento delle merci o dalla data di prestazione dei servizi, quando non è certa la data di ricevimento della fattura o della richiesta equivalente di pagamento;

c) trenta giorni dalla data di ricevimento delle merci o dalla prestazione dei servizi, quando la data in cui il debitore riceve la fattura o la richiesta equivalente di pagamento è anteriore a quella del ricevimento delle merci o della prestazione dei servizi;

d) trenta giorni dalla data dell'accettazione o della verifica eventualmente previste dalla legge o dal contratto ai fini dell'accertamento della conformità della merce o dei servizi alle previsioni contrattuali, qualora il debitore riceva la fattura o la richiesta equivalente di pagamento in epoca non successiva a tale data.

3. Nelle transazioni commerciali tra imprese le parti possono pattuire un termine per il pagamento superiore rispetto a quello previsto dal comma 2. Termini superiori a sessanta giorni, purché non siano gravemente iniqui per il creditore ai sensi dell'articolo 7, devono essere pattuiti espressamente. La clausola relativa al termine deve essere provata per iscritto.

4. Nelle transazioni commerciali in cui il debitore è una pubblica amministrazione le parti possono pattuire, purché in modo espresso, un termine per il pagamento superiore a quello previsto dal comma 2, quando ciò sia oggettivamente giustificato dalla natura particolare del contratto o da talune sue caratteristiche. In ogni caso i termini di cui al comma 2 non possono essere superiori a sessanta giorni. La clausola relativa al termine deve essere provata per iscritto (3).

5. I termini di cui al comma 2 sono raddoppiati:

a) per le imprese pubbliche che sono tenute al rispetto dei requisiti di trasparenza di cui al decreto legislativo 11 novembre 2003, n. 333;

b) per gli enti pubblici che forniscono assistenza sanitaria e che siano stati debitamente riconosciuti a tale fine.

6. Quando è prevista una procedura diretta ad accertare la conformità della merce o dei servizi al contratto essa non può avere una durata superiore a trenta giorni dalla data della consegna della merce o della prestazione del servizio, salvo che sia diversamente ed espressamente concordato dalle parti e previsto nella documentazione di gara e purché ciò non sia gravemente iniquo per il creditore ai sensi dell'articolo 7. L'accordo deve essere provato per iscritto.

7. Resta ferma la facoltà delle parti di concordare termini di pagamento a rate. In tali casi, qualora una delle rate non sia pagata alla data concordata, gli interessi e il risarcimento previsti dal presente decreto sono calcolati esclusivamente sulla base degli importi scaduti.

7-bis. Le banche, gli intermediari finanziari, la Cassa depositi e prestiti S.p.A. e le istituzioni finanziarie dell'Unione europea possono concedere ai comuni, alle province, alle città metropolitane, alle regioni e alle province autonome, anche per conto dei rispettivi enti del Servizio sanitario nazionale, anticipazioni di liquidità da destinare al pagamento di debiti certi, liquidi ed esigibili, maturati alla data del 31 dicembre 2019, relativi a somministrazioni, forniture, appalti e a obbligazioni per prestazioni professionali. L'anticipazione di liquidità per il pagamento di debiti fuori bilancio è subordinata al relativo riconoscimento (4).

7-ter. Le anticipazioni di cui al comma 7-bis sono concesse, per gli enti locali, entro il limite massimo di tre dodicesimi delle entrate accertate nell'anno 2018 afferenti ai primi tre titoli di entrata del bilancio e, per le regioni e le province autonome, entro il limite massimo del 5 per cento delle entrate accertate nell'anno 2018 afferenti al primo titolo di entrata del bilancio (4).

7-quater. Con riferimento alle anticipazioni non costituenti indebitamento ai sensi dell'articolo 3, comma 17, della legge 24 dicembre 2003, n. 350, fatto salvo l'obbligo per gli enti richiedenti di adeguare le relative iscrizioni nel bilancio di previsione successivamente al perfezionamento delle anticipazioni, non trovano applicazione le disposizioni di cui all'articolo 203, comma 1, lettera b), e all'articolo 204 del testo unico di cui al decreto legislativo 18 agosto 2000, n. 267, nonché di cui all'articolo 62 del decreto legislativo 23 giugno 2011, n. 118 (4).

7-quinquies. Le anticipazioni agli enti locali sono assistite dalla delegazione di pagamento di cui all'articolo 206 del citato decreto legislativo 18 agosto 2000, n. 267.Ad esse si applicano le disposizioni di cui all'articolo 159, comma 2, e all'articolo 255, comma 10, del predetto decreto legislativo 18 agosto 2000, n. 267. Le anticipazioni alle regioni e alle province autonome sono assistite da garanzia sulle relative entrate di bilancio a norma della specifica disciplina applicabile a ciascuna regione e provincia autonoma (4).

7-sexies. La richiesta di anticipazione di liquidità è presentata agli istituti finanziari di cui al comma 7-bis entro il termine del 30 aprile 2020 ed è corredata di un'apposita dichiarazione sottoscritta dal rappresentante legale dell'ente richiedente, contenente l'elenco dei debiti da pagare con l'anticipazione, come qualificati al medesimo comma 7-bis, redatta utilizzando il modello generato dalla piattaforma elettronica per la gestione telematica del rilascio delle certificazioni di cui all'articolo 7, comma 1, del decreto-legge 8 aprile 2013, n. 35, convertito, con modificazioni, dalla legge 6 giugno 2013, n. 64 (4).

7-septies. Gli enti debitori effettuano il pagamento dei debiti per i quali hanno ottenuto l'anticipazione di liquidità entro quindici giorni dalla data di effettiva erogazione da parte dell'istituto finanziatore.

Per il pagamento dei debiti degli enti del Servizio sanitario nazionale e degli enti locali, da effettuare a valere sui trasferimenti da parte di regioni e province autonome di cui al comma 7-bis, il termine è di trenta giorni dalla data di effettiva erogazione da parte dell'istituto finanziatore (4).

7-octies. Le anticipazioni di liquidità sono rimborsate entro il termine del 30 dicembre 2020, o anticipatamente in conseguenza del ripristino della normale gestione della liquidità, alle condizioni pattuite contrattualmente con gli istituti finanziatori (4).

7-novies. Gli istituti finanziatori verificano, attraverso la piattaforma elettronica di cui al comma 7-sexies, l'avvenuto pagamento dei debiti di cui al medesimo comma.

In caso di mancato pagamento, gli istituti finanziatori possono chiedere, per il corrispondente importo, la restituzione dell'anticipazione, anche attivando le garanzie di cui al comma 7-quinquies (4).

(1) Articolo modificato dall'art. 62, co. 11, d.l. 24/1/2012, n. 1 e successivamente sostituito dall'art. 1, co. 1, lett. d), d.lg. 9/11/2012, n. 192. A norma dell'art. 3, co. 1, del medesimo decreto legislativo, le presenti disposizioni si applicano alle transazioni commerciali concluse a decorrere dal 1/1/2013.

• Rubrica sostituita dall'art. 24, co. 3, lett. a), n. 3), l. 30/10/2014, n. 161.

(2) Alinea sostituito dall'art. 24, co. 3, lett. a), n. 1), l. 30/10/2014, n. 161.

(3) Comma modificato dall'art. 24, co. 3, lett. a), n. 2), l. 30/10/2014, n. 161.

(4) Commi inseriti dall'art. 1, co. 556, l. 27/12/2019, n. 160.

5. Saggio degli interessi (1). – 1. Gli interessi moratori sono determinati nella misura degli interessi legali di mora. Nelle transazioni commerciali tra imprese è consentito alle parti di concordare un tasso di interesse diverso, nei limiti previsti dall'articolo 7.

2. Il tasso di riferimento è così determinato:

a) per il primo semestre dell'anno cui si riferisce il ritardo, è quello in vigore il 1° gennaio di quell'anno;

b) per il secondo semestre dell'anno cui si riferisce il ritardo, è quello in vigore il 1° luglio di quell'anno.

3. Il Ministero dell'economia e delle finanze dà notizia del tasso di riferimento, curandone la pubblicazione nella Gazzetta Ufficiale della Repubblica italiana nel quinto giorno lavorativo di ciascun semestre solare.

Per il periodo 1° luglio-31 dicembre 2005 il saggio d'interesse di cui al presente comma, al netto della maggiorazione ivi prevista, è pari al 2,05%, ai sensi di quanto disposto dall'articolo unico del comunicato 28 luglio 2005.

Per il periodo 1° gennaio-30 giugno 2006 il saggio d'interesse di cui al presente comma, al netto della maggiorazione ivi prevista, è pari al 2,25%, ai sensi di quanto disposto dall'articolo unico del comunicato 13 gennaio 2006.

Per il periodo 1° luglio-31 dicembre 2006 il saggio d'interesse di cui al presente comma, al netto della maggiorazione ivi prevista, è pari al 2,83%, ai sensi di quanto disposto dall'articolo unico del comunicato 10 luglio 2006.

Per il periodo 1° gennaio-30 giugno 2007 il saggio d'interesse di cui al presente comma, al netto della maggiorazione ivi prevista, è pari al 3,58%, ai sensi di quanto disposto dall'articolo unico del comunicato 5 febbraio 2007.

Per il periodo 1° luglio-31 dicembre 2007 il saggio d'interesse di cui al presente comma, al netto della maggiorazione ivi prevista, è pari al 4,07 per cento ai sensi di quanto disposto dall'articolo unico del comunicato 30 luglio 2007.

Per il periodo 1° gennaio-30 giugno 2008 il saggio d'interesse di cui al presente comma, al netto della maggiorazione ivi prevista, è pari al 4,20 per cento ai sensi di quanto disposto dall'articolo unico del comunicato 11 febbraio 2008.

Per il periodo 1° luglio-31 dicembre 2008 il saggio d'interesse di cui al presente comma, al netto della maggiorazione ivi prevista, è pari al 4,10 per cento ai sensi di quanto disposto dall'articolo unico del comunicato 21 luglio 2008.

Per il periodo 1° gennaio-30 giugno 2009 il saggio d'interesse di cui al presente comma, al netto della maggiorazione ivi prevista, è pari a 2,50 per cento ai sensi di quanto disposto dall'articolo unico del comunicato 2 febbraio 2009.

Per il periodo 1° luglio-31 dicembre 2009 il saggio d'interesse di cui al presente comma, al netto della maggiorazione ivi prevista, è pari all'1 per cento, ai sensi di quanto disposto dall'articolo unico del comunicato 28 agosto 2009.

Per il periodo 1° gennaio-30 giugno 2010 il saggio d'interesse di cui al presente comma, al netto della maggiorazione ivi prevista, è pari all'1 per cento, ai sensi di quanto disposto dall'articolo unico del comunicato 18 febbraio 2010.

Per il periodo 1° luglio-31 dicembre 2010 il saggio d'interesse di cui al presente comma, al netto della maggiorazione ivi prevista, è pari all'1 per cento, ai sensi di quanto disposto dall'articolo unico del comunicato 16 agosto 2010.

Per il periodo 1° gennaio-30 giugno 2011 il saggio d'interesse di cui al presente comma, al netto della maggiorazione ivi prevista, è pari all'1 per cento, ai sensi di quanto disposto dall'articolo unico del comunicato 8 febbraio 2011.

Per il periodo 1° luglio-31 dicembre 2011 il saggio d'interesse di cui al presente comma, al netto della maggiorazione ivi prevista, è pari al 1,25 per cento, ai sensi di quanto disposto dall'articolo unico del comunicato 18 luglio 2011.

Per il periodo 1° gennaio-30 giugno 2012 il saggio d'interesse di cui al comma 1 del presente articolo, al netto della maggiorazione ivi prevista, è pari all'1 per cento, ai sensi di quanto disposto dall'articolo unico del comunicato 27 gennaio 2012.

Per il periodo dal 1° luglio-31 dicembre 2012 il saggio d'interesse di cui al comma 1 del presente articolo, al netto della maggiorazione ivi prevista, è pari all'1 per cento, ai sensi di quanto disposto dall'articolo unico del comunicato 13 luglio 2012.

A norma dell'articolo unico del Comunicato 21 luglio 2014, per il periodo dal 1° luglio-31 dicembre 2014 il tasso di riferimento di cui al presente articolo è pari allo 0,15 per cento.

(1) Articolo sostituito dall'art. 1, co. 1, lett. e), d.lg. 9/11/2012, n. 192. A norma dell'art. 3, co. 1, del medesimo decreto legislativo, le presenti disposizioni si applicano alle transazioni commerciali concluse a decorrere dal 1/1/2013.

6. Risarcimento delle spese di recupero (1). – 1. Nei casi previsti dall'articolo 3, il creditore ha diritto anche al rimborso dei costi sostenuti per il recupero delle somme non tempestivamente corrisposte.

2. Al creditore spetta, senza che sia necessaria la costituzione in mora, un importo forfettario di 40 euro a titolo di risarcimento del danno. È fatta salva la prova del maggior danno, che può comprendere i costi di assistenza per il recupero del credito.

(1) Articolo sostituito dall'art. 1, co. 1, lett. f), d.lg. 9/11/2012, n. 192. A norma dell'art. 3, co. 1, del medesimo decreto legislativo, le presenti disposizioni si applicano alle transazioni commerciali concluse a decorrere dal 1/1/2013.

7. Nullità (1). – 1. Le clausole relative al termine di pagamento, al saggio degli interessi moratori o al risarcimento per i costi di recupero, a qualunque titolo previste o introdotte nel contratto, sono nulle quando risultano gravemente inique in danno del creditore. Si applicano gli articoli 1339 e 1419, secondo comma, del codice civile.

2. Il giudice dichiara, anche d'ufficio, la nullità della clausola avuto riguardo a tutte le circostanze del caso, tra cui il grave scostamento dalla prassi commerciale in contrasto con il principio di buona fede e correttezza, la natura della merce o del servizio oggetto del contratto, l'esistenza di motivi oggettivi per derogare al saggio degli interessi legali di mora, ai termini di pagamento o all'importo forfettario dovuto a titolo di risarcimento per i costi di recupero.

3. Si considera gravemente iniqua la clausola che esclude l'applicazione di interessi di mora. Non è ammessa prova contraria.

4. Si presume che sia gravemente iniqua la clausola che esclude il risarcimento per i costi di recupero di cui all'articolo 6.

5. Nelle transazioni commerciali in cui il debitore è una pubblica amministrazione è nulla la clausola avente ad oggetto la predeterminazione o la modifica della data di ricevimento della fattura. La nullità è dichiarata d'ufficio dal giudice.

(1) Articolo sostituito dall'art. 1, co. 1, lett. g), d.lg. 9/11/2012, n. 192. A norma dell'art. 3, co. 1, del medesimo decreto legislativo, le presenti disposizioni si applicano alle transazioni commerciali concluse a decorrere dal 1/1/2013.

7 bis. Prassi inique (1). – 1. Le prassi relative al termine di pagamento, al saggio degli interessi moratori o al risarcimento per i costi di recupero, quando risultano gravemente inique per il creditore, danno diritto al risarcimento del danno.

2. Il giudice accerta che una prassi è gravemente iniqua te-

nuto conto di quanto previsto dall'articolo 7, comma 2.

3. Si considera gravemente iniqua la prassi che esclude l'applicazione di interessi di mora. Non è ammessa prova contraria.

4. Si presume che sia gravemente iniqua la prassi che esclude il risarcimento per i costi di recupero di cui all'articolo 6.

(1) Articolo inserito dall'art. 24, co. 3, lett. b), l. 30/10/2014, n. 161.

7 ter. Evidenza nel bilancio sociale (1). – 1. A decorrere dall'esercizio 2019, nel bilancio sociale le società danno evidenza dei tempi medi di pagamento delle transazioni effettuate nell'anno, individuando altresì gli eventuali ritardi medi tra i termini pattuiti e quelli effettivamente praticati. I medesimi soggetti danno conto nel bilancio sociale anche delle politiche commerciali adottate con riferimento alle suddette transazioni, nonché delle eventuali azioni poste in essere in relazione ai termini di pagamento.

(1) Articolo inserito dall'art. 19, co. 1, d.l. 30/4/2019, n. 34, convertito con la l. n. 58/2019.

8. Tutela degli interessi collettivi. – 1. Le associazioni di categoria degli imprenditori presenti nel Consiglio nazionale dell'economia e del lavoro (CNEL), prevalentemente in rappresentanza delle piccole e medie imprese di tutti i settori produttivi e degli artigiani, sono legittimate ad agire, a tutela degli interessi collettivi, richiedendo al giudice competente:

a) di accertare la grave iniquità, ai sensi dell'articolo 7, delle condizioni generali concernenti il termine di pagamento, il saggio degli interessi moratori o il risarcimento per i costi di recupero e di inibirne l'uso (1);

b) di adottare le misure idonee a correggere o eliminare gli effetti dannosi delle violazioni accertate;

c) di ordinare la pubblicazione del provvedimento su uno o più quotidiani a diffusione nazionale oppure locale nei casi in cui la pubblicità del provvedimento possa contribuire a correggere o eliminare gli effetti delle violazioni accertate.

2. L'inibitoria è concessa, quando ricorrono giusti motivi di urgenza, ai sensi degli articoli 669-bis e seguenti del codice di procedura civile.

3. In caso di inadempimento degli obblighi stabiliti dal provvedimento reso nel giudizio di cui ai commi 1 e 2, il giudice, anche su domanda dell'associazione che ha agito, dispone il pagamento di una somma di denaro, da Euro 500 a Euro 1.100, per ogni giorno di ritardo, tenuto conto della gravità del fatto.

(1) Lettera sostituita dall'art. 1, co. 1, lett. h), d.lg. 9/11/2012, n. 192. A norma dell'art. 3, co. 1, del medesimo decreto legislativo, le presenti disposizioni si applicano alle transazioni commerciali concluse a decorrere dal 1/1/2013.

9. Modifiche al codice di procedura civile. – 1. L'ultimo comma dell'articolo 633 del codice di procedura civile è abrogato.

2. All'articolo 641 del codice di procedura civile sono apportate le seguenti modifiche:

a) nel primo periodo, dopo le parole "decreto motivato", sono aggiunte le seguenti: "da emettere entro trenta giorni dal deposito del ricorso";

b) il secondo periodo del secondo comma è così sostituito: "Se l'intimato risiede in uno degli altri Stati dell'Unione europea, il termine è di cinquanta giorni e può essere ridotto fino a venti giorni. Se l'intimato risiede in altri Stati, il termine è di sessanta giorni e, comunque, non può essere inferiore a trenta né superiore a centoventi".

3. All'articolo 648, primo comma, del codice di procedura civile, è aggiunto, in fine, il seguente periodo: "Il giudice concede l'esecuzione provvisoria parziale del decreto ingiuntivo opposto limitatamente alle somme non contestate, salvo che l'opposizione sia proposta per vizi procedurali".

10. Modifiche alla legge 18 giugno 1998, n. 192. – 1. All'articolo 3, della legge 18 giugno 1998, n. 192, il comma 3 è così sostituito: "In caso di mancato rispetto del termine di pagamento il committente deve al subfornitore, senza bisogno di costituzione in mora, un interesse determinato in misura pari al saggio d'interesse del principale strumento di rifinanziamento della Banca centrale europea applicato alla sua più recente operazione di rifinanziamento principale effettuata il primo giorno di calendario del semestre in questione, maggiorato di sette punti percentuali, salva la pattuizione tra le parti di interessi moratori in misura superiore e salva la prova del danno ulteriore. Il saggio di riferimento in vigore il primo giorno lavorativo della Banca centrale europea del semestre in questione si applica per i successivi sei mesi. Ove il ritardo nel pagamento ecceda di trenta giorni il termine convenuto, il committente incorre, inoltre, in una penale pari al 5 per cento dell'importo in relazione al quale non ha rispettato i termini".

11. Norme transitorie finali. – 1. Le disposizioni del presente decreto non si applicano ai contratti conclusi prima dell'8 agosto 2002.

2. Sono fatte salve le vigenti disposizioni del codice civile e delle leggi speciali che contengono una disciplina più favorevole per il creditore.

3. La riserva della proprietà di cui all'articolo 1523 del codice civile, preventivamente concordata per iscritto tra l'acquirente ed il venditore, è opponibile ai creditori del compratore se è confermata nelle singole fatture delle successive forniture aventi data certa anteriore al pignoramento e regolarmente registrate nelle scritture contabili.

Il presente decreto, munito del sigillo dello Stato, sarà inserito nella Raccolta ufficiale degli atti normativi della Repubblica italiana. È fatto obbligo a chiunque spetti di osservarlo e di farlo osservare.

L. 17 agosto 2005, n. 173

Disciplina della vendita diretta a domicilio e tutela del consumatore dalle forme di vendita piramidali

(G.U. 2 settembre 2005, n. 204)

1. Definizioni e ambito di applicazione della legge. – 1. Ai fini della presente legge si intendono:

a) per "vendita diretta a domicilio", la forma speciale di vendita al dettaglio e di offerta di beni e servizi, di cui all'articolo 19 del decreto legislativo 31 marzo 1998, n. 114, effettuate tramite la raccolta di ordinativi di acquisto presso il domicilio del consumatore finale o nei locali nei quali il consumatore si trova, anche temporaneamente, per motivi personali, di lavoro, di studio, di intrattenimento o di svago;

b) per "incaricato alla vendita diretta a domicilio", colui che, con o senza vincolo di subordinazione, promuove, direttamente o indirettamente, la raccolta di ordinativi di acquisto presso privati consumatori per conto di imprese esercenti la vendita diretta a domicilio;

c) per "impresa" o "imprese", l'impresa o le imprese esercenti la vendita diretta a domicilio di cui alla lettera a).

2. Le disposizioni della presente legge, ad eccezione di quanto previsto dagli articoli 5, 6 e 7, non si applicano alla offerta, alla sottoscrizione e alla propaganda ai fini commerciali di:

a) prodotti e servizi finanziari;

b) prodotti e servizi assicurativi;

c) contratti per la costruzione, la vendita e la locazione di beni immobili.

2. Esercizio dell'attività di vendita diretta a domicilio. – 1. Alle attività di vendita diretta a domicilio di cui all'articolo 1, comma 1, lettera a), si applicano le disposizioni di cui agli articoli 19, 20 e 22, commi 1 e 2, del decreto legislativo 31 marzo 1998, n. 114, nonché le disposizioni vigenti in materia di commercializzazione dei beni e dei servizi offerti.

3. Attività di incaricato alla vendita diretta a domicilio. – 1. L'attività di incaricato alla vendita diretta a domicilio, con o senza vincolo di subordinazione, è soggetta all'obbligo del possesso del tesserino di riconoscimento di cui all'articolo 19, commi 5 e 6, del decreto legislativo 31 marzo 1998, n. 114, e può essere svolta da chi risulti in possesso dei requisiti di cui all'articolo 5, comma 2, del medesimo decreto legislativo.

2. L'attività di incaricato alla vendita diretta a domicilio senza vincolo di subordinazione può essere esercitata come oggetto di una obbligazione assunta con contratto di agenzia.

3. L'attività di incaricato alla vendita diretta a domicilio senza vincolo di subordinazione può essere altresì esercitata, senza necessità di stipulare un contratto di agenzia, da soggetti che svolgono l'attività in maniera abituale, ancorché non esclusiva, o in maniera occasionale, purché incaricati da una o più imprese.

4. La natura dell'attività di cui al comma 3 è di carattere occasionale sino al conseguimento di un reddito annuo, derivante da tale attività, non superiore a 5.000 euro.

5. Resta ferma la disciplina previdenziale recata dall'articolo 44, comma 2, ultimo periodo, del decreto-legge 30 settembre 2003, n. 269, convertito, con modificazioni, dalla legge 24 novembre 2003, n. 326.

4. Disciplina del rapporto fra impresa affidante e incaricato alla vendita diretta a domicilio. Compenso dell'incaricato. – 1. All'incaricato alla vendita diretta a domicilio con vincolo di subordinazione si applica il contratto collettivo nazionale di lavoro applicato dall'impresa esercente la vendita diretta. All'incaricato alla vendita diretta a domicilio senza vincolo di subordinazione di cui all'articolo 3, comma 2, si applicano gli accordi economici collettivi di settore.

2. Per l'incaricato alla vendita diretta a domicilio senza vincolo di subordinazione di cui all'articolo 3, comma 3, l'incarico deve essere provato per iscritto e può essere liberamente rinunciato, anche per fatti concludenti con relativa presa d'atto dell'impresa affidante, o revocato per iscritto tramite lettera raccomandata con avviso di ricevimento o altro mezzo idoneo. L'atto di conferimento dell'incarico deve contenere l'indicazione dei diritti e degli obblighi di cui ai commi 3 e 6.

3. L'incaricato alla vendita diretta a domicilio senza vincolo di subordinazione di cui all'articolo 3, comma 3, ha diritto di recedere dall'incarico, senza obbligo di motivazione, inviando all'impresa affidante una comunicazione, a mezzo di lettera raccomandata con avviso di ricevimento, entro dieci giorni lavorativi dalla stipula dell'atto scritto di cui al comma 2. In tale caso, l'incaricato è tenuto a restituire a sua cura e spese i beni e i materiali da dimostrazione eventualmente acquistati e l'impresa, entro trenta giorni dalla restituzione dei beni e dei materiali, rimborsa all'incaricato le somme da questi eventualmente pagate. Il rimborso è subordinato all'integrità dei beni e dei materiali restituiti.

4. Nei confronti dell'incaricato alla vendita diretta a domicilio non può essere stabilito alcun obbligo di acquisto:

a) di un qualsiasi ammontare di materiali o di beni commercializzati o distribuiti dall'impresa affidante, ad eccezione dei beni e dei materiali da dimostrazione strumentali alla sua attività che per tipologia e quantità sono assimilabili ad un campionario;

b) di servizi forniti, direttamente o indirettamente, dall'impresa affidante, non strettamente inerenti e necessari all'attività commerciale in questione, e comunque non proporzionati al volume dell'attività svolta.

5. Nel caso in cui l'incarico venga rinunciato o revocato, il tesserino di riconoscimento di cui all'articolo 3, comma 1, è ritirato.

6. In aggiunta al diritto di recesso di cui al comma 3, all'incaricato alla vendita diretta a domicilio è in ogni caso riconosciuto, in tutte le altre ipotesi di cessazione per qualsiasi causa del rapporto con l'impresa affidante, il diritto di restituzione e, entro trenta giorni, alla rifusione del prezzo relativamente ai beni e ai materiali integri eventualmente posseduti in misura non inferiore al 90 per cento del costo originario.

7. L'incaricato alla vendita diretta a domicilio deve attenersi alle modalità e alle condizioni generali di vendita stabilite dall'impresa affidante. In caso contrario, egli è responsabile dei danni derivanti dalle condotte difformi da lui adottate rispetto alle modalità e alle condizioni di cui al primo periodo.

8. L'incaricato alla vendita diretta a domicilio non ha, salvo espressa autorizzazione scritta, la facoltà di riscuotere il corrispettivo degli ordinativi di acquisto che abbiano avuto regolare esecuzione presso i privati consumatori né di concedere sconti o dilazioni di pagamento.

9. Il compenso dell'incaricato alla vendita diretta a domicilio senza vincolo di subordinazione è costituito dalle provvigioni sugli affari che, accettati, hanno avuto regolare esecuzione. La misura delle provvigioni e le modalità di corresponsione devono essere stabilite per iscritto.

5. Divieto delle forme di vendita piramidali e di giochi o catene. – 1. Sono vietate la promozione e la realizzazione di attività e di strutture di vendita nelle quali l'incentivo economico primario dei componenti la struttura si fonda sul mero reclutamento di nuovi soggetti piuttosto che sulla loro capacità di vendere o promuovere la vendita di beni o servizi determinati direttamente o attraverso altri componenti la struttura (1).

2. È vietata, altresì, la promozione o l'organizzazione di tutte quelle operazioni, quali giochi, piani di sviluppo, "catene di Sant'Antonio", che configurano la possibilità di guadagno attraverso il puro e semplice reclutamento di altre persone e in cui il diritto a reclutare si trasferisce all'infinito previo il pagamento di un corrispettivo.

(1) Per la parziale abrogazione del presente comma, vedi l'art. 5 del d.lg. 2/8/2007, n. 146.

6. Elementi presuntivi. – 1. Costituisce elemento presuntivo della sussistenza di una operazione o di una struttura di vendita vietate ai sensi dell'articolo 5 la ricorrenza di una delle seguenti circostanze:

a) l'eventuale obbligo del soggetto reclutato di acquistare dall'impresa organizzatrice, ovvero da altro componente la struttura, una rilevante quantità di prodotti senza diritto di restituzione o rifusione del prezzo relativamente ai beni ancora vendibili, in misura non inferiore al 90 per cento del costo originario, nel caso di mancata o parzialmente mancata vendita al pubblico;

b) l'eventuale obbligo del soggetto reclutato di corrispondere, all'atto del reclutamento e comunque quale condizione per la permanenza nell'organizzazione, all'impresa organizzatrice o ad altro componente la struttura, una somma di denaro o titoli di credito o altri valori mobiliari e benefici finanziari in genere di rilevante entità e in assenza di una reale controprestazione;

c) l'eventuale obbligo del soggetto reclutato di acquistare, dall'impresa organizzatrice o da altro componente la struttura, materiali, beni o servizi, ivi compresi materiali didattici e corsi di formazione, non strettamente inerenti e necessari alla attività commerciale in questione e comunque non proporzionati al volume dell'attività svolta.

7. Sanzioni (1). – 1. Salvo che il fatto costituisca più grave reato, chiunque promuove o realizza le attività o le strutture di vendita o le operazioni di cui all'articolo 5, anche promuovendo iniziative di carattere collettivo o inducendo uno o più soggetti ad aderire, associarsi o affiliarsi alle organizzazioni od operazioni di cui al medesimo articolo, è punito con l'arresto da sei mesi ad un anno o con l'ammenda da 100.000 euro a 600.000 euro.

2. Per le violazioni di cui al comma 1 si applica la sanzione accessoria della pubblicazione del provvedimento con le modalità di cui all'articolo 36 del codice penale e della sua comunicazione alle associazioni dei consumatori e degli utenti rappresentative a livello nazionale.

3. All'impresa che non rispetti le disposizioni di cui all'articolo 4, commi 2, 3, 5, 6 e 9, si applica una sanzione amministrativa pecuniaria da 1.500 euro a 5.000 euro.

La presente legge, munita del sigillo dello Stato, sarà inserita nella Raccolta ufficiale degli atti normativi della Repubblica italiana. È fatto obbligo a chiunque spetti di osservarla e di farla osservare come legge dello Stato.

(1) Per la parziale abrogazione del presente articolo, vedi l'art. 5 del d.lg. 2/8/2007, n. 146.

D.lg. 6 settembre 2005, n. 206

CODICE DEL CONSUMO

PARTE I
DISPOSIZIONI GENERALI

TITOLO I
DISPOSIZIONI GENERALI E FINALITÀ

1. Finalità ed oggetto. – 1. Nel rispetto della Costituzione ed in conformità ai principi contenuti nei trattati istitutivi delle Comunità europee, nel trattato dell'Unione europea, nella normativa comunitaria con particolare riguardo all'articolo 153 del Trattato istitutivo della Comunità economica europea, nonché nei trattati internazionali, il presente codice armonizza e riordina le normative concernenti i processi di acquisto e consumo, al fine di assicurare un elevato livello di tutela dei consumatori e degli utenti.

2. Diritti dei consumatori. – 1. Sono riconosciuti e garantiti i diritti e gli interessi individuali e collettivi dei consumatori e degli utenti, ne è promossa la tutela in sede nazionale e locale, anche in forma collettiva e associativa, sono favorite le iniziative rivolte a perseguire tali finalità, anche attraverso la disciplina dei rapporti tra le associazioni dei consumatori e degli utenti e le pubbliche amministrazioni.

2. Ai consumatori ed agli utenti sono riconosciuti come fondamentali i diritti:

a) alla tutela della salute;

b) alla sicurezza e alla qualità dei prodotti e dei servizi;

c) ad una adeguata informazione e ad una corretta pubblicità;

c-bis) all'esercizio delle pratiche commerciali secondo principi di buona fede, correttezza e lealtà (1);

d) all'educazione al consumo;

e) alla correttezza, alla trasparenza ed all'equità nei rapporti contrattuali;

f) alla promozione e allo sviluppo dell'associazionismo libero, volontario e democratico tra i consumatori e gli utenti;

g) all'erogazione di servizi pubblici secondo standard di qualità e di efficienza.

(1) Lettera inserita dall'art. 2 del d.lg. 23/10/2007, n. 221.

3. Definizioni. – 1. Ai fini del presente codice ove non diversamente previsto, si intende per (1):

a) consumatore o utente: la persona fisica che agisce per scopi estranei all'attività imprenditoriale, commerciale, artigianale o professionale eventualmente svolta (2);

b) associazioni dei consumatori e degli utenti: le formazioni sociali che abbiano per scopo statutario esclusivo la tutela dei diritti e degli interessi dei consumatori o degli utenti;

c) professionista: la persona fisica o giuridica che agisce nell'esercizio della propria attività imprenditoriale, commerciale, artigianale o professionale, ovvero un suo intermediario (2);

d) produttore: fatto salvo quanto stabilito nell'articolo 103, comma 1, lettera d), nell'articolo 115, comma 2-bis e nell'articolo 128, comma 2, lettera d), il fabbricante del bene o il fornitore del servizio, o un suo intermediario, nonché l'importatore del bene o del servizio nel territorio dell'Unione europea o qualsiasi altra persona fisica o giuridica che si presenta come produttore identificando il bene o il servizio con il proprio nome, marchio o altro segno distintivo (2);

e) prodotto: fatto salvo quanto stabilito nell'articolo 18, comma 1, lettera c), e nell'articolo 115, comma 1, qualsiasi prodotto destinato al consumatore, anche nel quadro di una prestazione di servizi, o suscettibile, in condizioni ragionevolmente prevedibili, di essere utilizzato dal consumatore, anche se non a lui destinato, fornito o reso disponibile a titolo oneroso o gratuito nell'ambito di un'attività commerciale, indipendentemente dal fatto che sia nuovo, usato o rimesso a nuovo; tale definizione non si applica ai prodotti usati, forniti come pezzi d'antiquariato, o come prodotti da riparare o da rimettere a nuovo prima dell'utilizzazione, purché il fornitore ne informi per iscritto la persona cui fornisce il prodotto (2);

f) codice: il presente decreto legislativo di riassetto delle disposizioni vigenti in materia di tutela dei consumatori.

(1) Capoverso modificato dall'art. 3 del d.lg. 23/10/2007, n. 221.

(2) Lettera modificata dall'art. 3 del d.lg. 23/10/2007, n. 221 modificata dall'art. 3 del d.lg. 23/10/2007, n. 221 e successivamente dall'art. 1, co. 2, d.lg. 4/11/2021, n. 170, con efficacia a decorrere dal 1/1/2022.

PARTE II
EDUCAZIONE, INFORMAZIONE, PRATICHE COMMERCIALI, PUBBLICITÀ

TITOLO I
EDUCAZIONE DEL CONSUMATORE

4. Educazione del consumatore. – 1. L'educazione dei consumatori e degli utenti è orientata a favorire la consapevolezza dei loro diritti e interessi, lo sviluppo dei rapporti associativi, la partecipazione ai procedimenti amministrativi, nonché la rappresentanza negli organismi esponenziali.

2. Le attività destinate all'educazione dei consumatori, svolte da soggetti pubblici o privati, non hanno finalità promozionale, sono dirette ad esplicitare le caratteristiche di beni e servizi e a rendere chiaramente percepibili benefici e costi conseguenti alla loro scelta; prendono, inoltre, in particolare considerazione le categorie di consumatori maggiormente vulnerabili.

TITOLO II
INFORMAZIONI AI CONSUMATORI

Capo I
Disposizioni generali

5. Obblighi generali. – 1. Fatto salvo quanto disposto dall'articolo 3, comma 1, lettera a), ai fini del presente titolo, si intende per consumatore o utente anche la persona fisica alla quale sono dirette le informazioni commerciali.

2. Sicurezza, composizione e qualità dei prodotti e dei servizi costituiscono contenuto essenziale degli obblighi informativi.

3. Le informazioni al consumatore, da chiunque provengano, devono essere adeguate alla tecnica di comunicazione impiegata ed espresse in modo chiaro e comprensibile, tenuto anche conto delle modalità di conclusione del contratto o delle caratteristiche del settore, tali da assicurare la consapevolezza del consumatore.

Capo II
Indicazione dei prodotti

6. Contenuto minimo delle informazioni. – 1. I prodotti o le confezioni dei prodotti destinati al consumatore, commercializzati sul territorio nazionale, riportano, chiaramente visibili e leggibili, almeno le indicazioni relative:

a) alla denominazione legale o merceologica del prodotto;

b) al nome o ragione sociale o marchio e alla sede legale del produttore o di un importatore stabilito nell'Unione europea;

c) al Paese di origine se situato fuori dell'Unione europea (1);

d) all'eventuale presenza di materiali o sostanze che possono arrecare danno all'uomo, alle cose o all'ambiente;

e) ai materiali impiegati ed ai metodi di lavorazione ove questi siano determinanti per la qualità o le caratteristiche merceologiche del prodotto;

f) alle istruzioni, alle eventuali precauzioni e alla destinazione d'uso, ove utili ai fini di fruizione e sicurezza del prodotto.

(1) Per l'efficacia delle disposizioni di cui alla presente lettera, vedi l'art. 31-bis del d.l. 30/12/2005, n. 273, conv., con modif., dalla l. 23/2/2006, n. 51.

7. Modalità di indicazione. – 1. Le indicazioni di cui all'articolo 6 devono figurare sulle confezioni o sulle etichette dei prodotti nel momento in cui sono posti in vendita al consumatore. Le indicazioni di cui al comma 1, lettera f), dell'articolo 6 possono essere riportate, anziché sulle confezioni o sulle etichette dei prodotti, su altra documentazione illustrativa, anche in formato digitale, che viene fornita in accompagnamento dei prodotti stessi (1).

(1) Comma modificato dall'art. 15, co. 3-bis, d.l. 16/7/2020, n. 76, conv., con modif., dalla l. 11/9/2020, n. 120.

8. Ambito di applicazione. – 1. Sono esclusi dall'applicazione del presente capo i prodotti oggetto di specifiche disposizioni contenute in direttive o in altre disposizioni comunitarie e nelle relative norme nazionali di recepimento.

2. Per i prodotti oggetto di disposizioni nazionali in materia di informazione del consumatore, le norme del presente capo si applicano per gli aspetti non disciplinati.

9. Indicazioni in lingua italiana. – 1. Tutte le informazioni destinate ai consumatori e agli utenti devono essere rese almeno in lingua italiana.

2. Qualora le indicazioni di cui al presente titolo siano apposte in più lingue, le medesime sono apposte anche in lingua italiana e con caratteri di visibilità e leggibilità non inferiori a quelli usati per le altre lingue.

3. Sono consentite indicazioni che utilizzino espressioni non in lingua italiana divenute di uso comune.

10. Attuazione. – 1. Con decreto del Ministro delle attività produttive, di concerto con il Ministro per le politiche comunitarie e con il Ministro della giustizia, sentito il parere della Conferenza unificata di cui all'articolo 8 del decreto legislativo 28 agosto 1997, n. 281, sono adottate le norme di attuazione dell'articolo 6, al fine di assicurare, per i prodotti provenienti da Paesi dell'Unione europea, una applicazione compatibile con i principi del diritto comunitario, precisando le categorie di prodotti o le modalità di presentazione per le quali non è obbligatorio riportare le indicazioni di cui al comma 1, lettere a) e b), dell'articolo 6. Tali disposizioni di attuazione disciplinano inoltre i casi in cui sarà consentito riportare in lingua originaria alcuni dati contenuti nelle indicazioni di cui all'articolo 6.

2. Fino alla data di entrata in vigore del decreto di cui al comma 1, restano in vigore le disposizioni di cui al decreto del Ministro dell'industria, del commercio e dell'artigianato 8 febbraio 1997, n. 101.

11. Divieti di commercializzazione. – 1. È vietato il commercio sul territorio nazionale di qualsiasi prodotto o confezione di prodotto che non riporti, in forme chiaramente visibili e leggibili, le indicazioni di cui agli articoli 6, 7 e 9 del presente capo.

12. Sanzioni. – 1. Fatto salvo quanto previsto nella parte IV, titolo II, e salvo che il fatto costituisca reato, per quanto attiene alle responsabilità del produttore, ai contravventori al divieto di cui all'articolo 11 si applica una sanzione amministrativa da 516 euro a 25.823 euro. La misura della sanzione è determinata, in ogni singolo caso, facendo riferimento al prezzo di listino di ciascun prodotto ed al numero delle unità poste in vendita.

2. Le sanzioni sono applicate ai sensi della legge 24 novembre 1981, n. 689. Fermo restando quanto previsto in ordine ai poteri di accertamento degli ufficiali e degli agenti di polizia giudiziaria dall'articolo 13 della predetta legge 24 novembre 1981, n. 689, all'accertamento delle violazioni provvedono d'ufficio o su denunzia, gli organi di polizia amministrativa. Il rapporto previsto dall'articolo 17 della legge 24 novembre 1981, n. 689, è presentato all'ufficio della

camera di commercio, industria, artigianato e agricoltura della provincia in cui vi è la residenza o la sede legale del professionista.

Capo III
Particolari modalità di informazione

Sezione I
Indicazione dei prezzi (1)

(1) Rubrica sostituita dall'art. 1, co. 1, d.lg. 7/3/2023, n. 26.

13. Definizioni. – 1. Ai fini del presente capo si intende per:

a) prezzo di vendita: il prezzo finale, valido per una unità di prodotto o per una determinata quantità del prodotto, comprensivo dell'IVA e di ogni altra imposta;

b) prezzo per unità di misura: il prezzo finale, comprensivo dell'IVA e di ogni altra imposta, valido per una quantità di un chilogrammo, di un litro, di un metro, di un metro quadrato o di un metro cubo del prodotto o per una singola unità di quantità diversa, se essa è impiegata generalmente e abitualmente per la commercializzazione di prodotti specifici;

c) prodotto commercializzato sfuso: un prodotto che non costituisce oggetto di alcuna confezione preliminare ed è misurato alla presenza del consumatore;

d) prodotto venduto al pezzo: un prodotto che non può essere frazionato senza subire una modifica della sua natura o delle sue proprietà;

e) prodotto venduto a collo: insieme di pezzi omogenei contenuti in un imballaggio;

f) prodotto preconfezionato: l'unità di vendita destinata ad essere presentata come tale al consumatore ed alle collettività, costituita da un prodotto e dall'imballaggio in cui è stato immesso prima di essere posto in vendita, avvolta interamente o in parte in tale imballaggio ma comunque in modo che il contenuto non possa essere modificato senza che la confezione sia aperta o alterata.

14. Campo di applicazione. – 1. Al fine di migliorare l'informazione del consumatore e di agevolare il raffronto dei prezzi, i prodotti offerti dai commercianti ai consumatori recano, oltre alla indicazione del prezzo di vendita, secondo le disposizioni vigenti, l'indicazione del prezzo per unità di misura, fatto salvo quanto previsto all'articolo 16.

2. Il prezzo per unità di misura non deve essere indicato quando è identico al prezzo di vendita.

3. Per i prodotti commercializzati sfusi è indicato soltanto il prezzo per unità di misura.

4. La pubblicità in tutte le sue forme ed i cataloghi recano l'indicazione del prezzo per unità di misura quando è indicato il prezzo di vendita, fatti salvi i casi di esenzione di cui all'articolo 16.

5. La presente sezione non si applica:

a) ai prodotti forniti in occasione di una prestazione di servizi, ivi compresa la somministrazione di alimenti e bevande;

b) ai prodotti offerti nelle vendite all'asta;

c) agli oggetti d'arte e d'antiquariato.

15. Modalità di indicazione del prezzo per unità di misura. – 1. Il prezzo per unità di misura si riferisce ad una quantità dichiarata conformemente alle disposizioni in vigore.

2. Per le modalità di indicazione del prezzo per unità di misura si applica quanto stabilito dall'articolo 14 del decreto legislativo 31 marzo 1998, n. 114, recante riforma della disciplina relativa al settore del commercio.

3. Per i prodotti alimentari preconfezionati immersi in un liquido di governo, anche congelati o surgelati, il prezzo per unità di misura si riferisce al peso netto del prodotto sgocciolato.

4. È ammessa l'indicazione del prezzo per unità di misura di multipli o sottomultipli, decimali delle unità di misura, nei casi in cui taluni prodotti sono generalmente ed abitualmente commercializzati in dette quantità.

5. I prezzi dei prodotti petroliferi per uso di autotrazione, esposti e pubblicizzati presso gli impianti automatici di distribuzione dei carburanti, devono essere esclusivamente quelli effettivamente praticati ai consumatori. È fatto obbligo di esporre in modo visibile dalla carreggiata stradale i prezzi praticati al consumo (1).

(1) Per le modalità attuative delle disposizioni in materia di pubblicità dei prezzi praticati dai distributori di carburanti per autotrazione, di cui al presente comma, vedi il d.m. 17/1/2013.

16. Esenzioni. – 1. Sono esenti dall'obbligo dell'indicazione del prezzo per unità di misura i prodotti per i quali tale indicazione non risulti utile a motivo della loro natura o della loro destinazione, o sia di natura tale da dare luogo a confusione. Sono da considerarsi tali i seguenti prodotti:

a) prodotti commercializzati sfusi che, in conformità alle disposizioni di esecuzione della legge 5 agosto 1981, n. 441, e successive modificazioni, recante disposizioni sulla vendita a peso netto delle merci, possono essere venduti a pezzo o a collo;

b) prodotti di diversa natura posti in una stessa confezione;

c) prodotti commercializzati nei distributori automatici;

d) prodotti destinati ad essere mescolati per una preparazione e contenuti in un unico imballaggio;

e) prodotti preconfezionati che siano esentati dall'obbligo di indicazione della quantità netta secondo quanto previsto dall'articolo 9 del decreto legislativo 27 gennaio 1992, n. 109, e successive modificazioni, concernenti l'attuazione delle direttive comunitarie in materia di etichettatura dei prodotti alimentari;

f) alimenti precucinati o preparati o da preparare, costituiti da due o più elementi separati, contenuti in un unico imballaggio, che necessitano di lavorazione da parte del consumatore per ottenere l'alimento finito;

g) prodotti di fantasia;

h) gelati monodose;

i) prodotti non alimentari che possono essere venduti unicamente al pezzo o a collo.

2. Il Ministro delle attività produttive, con proprio decreto, può aggiornare l'elenco delle esenzioni di cui al comma 1, nonché indicare espressamente prodotti o categorie di prodotti non alimentari ai quali non si applicano le predette esenzioni.

17. Sanzioni. – 1. Fatto salvo quanto previsto dalla disciplina di settore per la violazione dell'articolo 15, comma 5, chiunque omette di indicare il prezzo per unità di misura o non lo indica secondo quanto previsto dalla presente sezione è soggetto alla sanzione di cui all'articolo 22, comma 3, del decreto legislativo 31 marzo 1998, n. 114, da irrogare con le modalità ivi previste (1).

(1) Così corretto con Comunicato 3/1/2006 e da ultimo modificato dall'art. 1, co. 6, d.l. 14/1/2023, n. 5, conv., con modif., dalla l. 10/3/2023, n. 23.

17 bis. Annunci di riduzione di prezzo (1). – 1. Ogni annuncio di riduzione di prezzo indica il prezzo precedente applicato dal professionista per un determinato periodo di tempo prima dell'applicazione di tale riduzione.

2. Per prezzo precedente si intende il prezzo più basso applicato dal professionista alla generalità dei consumatori nei trenta giorni precedenti all'applicazione della riduzione del prezzo.

3. La disposizione di cui al comma 2 non si applica ai prodotti agricoli e alimentari deperibili di cui all'articolo 2, comma 1, lettera m), e all'articolo 4, comma 5-bis, del decreto legislativo 8 novembre 2021, n. 198.

4. Per i prodotti che sono stati immessi sul mercato da meno di trenta giorni, il professionista è tenuto ad indicare il periodo di tempo a cui il prezzo precedente fa riferimento. Fanno eccezione i "prezzi di lancio", caratterizzati da successivi annunci di incremento di prezzo, non soggetti alla disciplina del presente articolo.

5. Nel caso in cui la riduzione di prezzo sia progressivamente aumentata, durante una medesima campagna di vendita senza interruzioni, il comma 2 si applica alla prima riduzione di prezzo e, per le riduzioni successive, il prezzo precedente è il prezzo senza la riduzione anteriore alla prima applicazione della riduzione di prezzo.

6. Il presente articolo si applica anche ai fini dell'individuazione del prezzo normale di vendita da esporre in occasione delle vendite straordinarie ai sensi dell'articolo 15, comma 5, del decreto legislativo 31 marzo 1998, n. 114. Il presente articolo non si applica alle vendite sottocosto di cui all'articolo 15, comma 7, del citato decreto legislativo n. 114 del 1998 e il prezzo di vendita al pubblico sottocosto non rileva ai fini della individuazione del prezzo precedente di cui al comma 2.

7. Chiunque violi le disposizioni del presente articolo è soggetto alla sanzione amministrativa pecuniaria di cui all'articolo 22, comma 3, del citato decreto legislativo n. 114 del 1998, da irrogare con le modalità ivi previste e tenuto conto dei seguenti criteri:

a) natura, gravità, entità e durata della violazione;

b) eventuali azioni intraprese dal professionista per attenuare il danno subito dai consumatori o per porvi rimedio;

c) eventuali violazioni commesse in precedenza dal professionista;

d) i benefici finanziari conseguiti o le perdite evitate dal professionista in conseguenza della violazione, se i relativi dati sono disponibili;

e) sanzioni irrogate al professionista per la stessa violazione in altri Stati membri in casi transfrontalieri in cui informazioni relative a tali sanzioni sono disponibili attraverso il meccanismo istituito dal regolamento (UE) 2017/2394 del Parlamento europeo e del Consiglio, del 12 dicembre 2017;

f) eventuali altri fattori aggravanti o attenuanti applicabili alle circostanze del caso.

(1) Articolo inserito dall'art. 1, co. 2, d.lg. 7/3/2023, n. 26. Le disposizioni di cui al presente articolo, si applicano alle campagne promozionali a decorrere dal novantesimo giorno successivo al 2/4/2023.

TITOLO III
PRATICHE COMMERCIALI, PUBBLICITÀ E ALTRE INFORMAZIONI COMMERCIALI

Capo I
Disposizioni generali

18. Definizioni (1). – 1. Ai fini del presente titolo, si intende per:

a) "consumatore": qualsiasi persona fisica che, nelle pratiche commerciali oggetto del presente titolo, agisce per fini che non rientrano nel quadro della sua attività commerciale, industriale, artigianale o professionale;

b) "professionista": qualsiasi persona fisica o giuridica che, nelle pratiche commerciali oggetto del presente titolo, agisce nel quadro della sua attività commerciale, industriale, artigianale o professionale e chiunque agisce in nome o per conto di un professionista;

c) "prodotto": qualsiasi bene o servizio, compresi i beni immobili, i servizi digitali e il contenuto digitale, nonché i diritti e gli obblighi (2);

d) "pratiche commerciali tra professionisti e consumatori" (di seguito denominate: "pratiche commerciali"): qualsiasi azione, omissione, condotta o dichiarazione, comunicazione commerciale ivi compresa la pubblicità e la commercializzazione del prodotto, posta in essere da un professionista, in relazione alla promozione, vendita o fornitura di un prodotto ai consumatori;

d-bis) 'microimprese': entità, società o associazioni che, a prescindere dalla forma giuridica, esercitano un'attività economica, anche a titolo individuale o familiare, occupando meno di dieci persone e realizzando un fatturato annuo oppure un totale di bilancio annuo non superiori a due milioni di euro, ai sensi dell'articolo 2, paragrafo 3, dell'allegato alla raccomandazione n. 2003/361/CE della Commissione, del 6 maggio 2003 (3);

e) "falsare in misura rilevante il comportamento economico dei consumatori": l'impiego di una pratica commerciale idonea ad alterare sensibilmente la capacità del consumatore di prendere una decisione consapevole, inducendolo pertanto ad assumere una decisione di natura commerciale che non avrebbe altrimenti preso;

f) "codice di condotta": un accordo o una normativa che non è imposta dalle disposizioni legislative, regolamentari o amministrative di uno Stato membro e che definisce il comportamento dei professionisti che si impegnano a rispettare tale codice in relazione a una o più pratiche commerciali o ad uno o più settori imprenditoriali specifici;

g) "responsabile del codice": qualsiasi soggetto, compresi un professionista o un gruppo di professionisti, responsabile della formulazione e revisione di un codice di condotta ovvero del controllo del rispetto del codice da parte di coloro che si sono impegnati a rispettarlo;

h) "diligenza professionale": il normale grado della specifica competenza ed attenzione che ragionevolmente i consumatori attendono da un professionista nei loro confronti rispetto ai principi generali di correttezza e di buona fede nel settore di attività del professionista;

i) "invito all'acquisto": una comunicazione commerciale indicante le caratteristiche e il prezzo del prodotto in forme appropriate rispetto al mezzo impiegato per la comunicazione commerciale e pertanto tale da consentire al consumatore di effettuare un acquisto;

l) "indebito condizionamento": lo sfruttamento di una posizione di potere rispetto al consumatore per esercitare una pressione, anche senza il ricorso alla forza fisica o la minaccia di tale ricorso, in modo da limitare notevolmente la capacità del consumatore di prendere una decisione consapevole;

m) "decisione di natura commerciale": la decisione presa da un consumatore relativa a se acquistare o meno un prodotto, in che modo farlo e a quali condizioni, se pagare integralmente o parzialmente, se tenere un prodotto o disfarsene o se esercitare un diritto contrattuale in relazione al prodotto; tale decisione può portare il consumatore a compiere un'azione o all'astenersi dal compierla;

n) "professione regolamentata": attività professionale, o insieme di attività professionali, l'accesso alle quali e il cui esercizio, o una delle cui modalità di esercizio, è subordinata direttamente o indirettamente, in base a disposizioni legislative, regolamentari o amministrative, al possesso di determinate qualifiche professionali;

n-bis) "classificazione": rilevanza relativa attribuita ai prodotti, come illustrato, organizzato o comunicato dal professionista, a prescindere dai mezzi tecnologici usati per tale presentazione, organizzazione o comunicazione (4);

n-ter) "mercato online": un servizio che utilizza un software, compresi siti web, parte di siti web o un'applicazione, gestito da o per conto del professionista, che permette ai consumatori di concludere contratti a distanza con altri professionisti o consumatori (4).

(1) Articolo sostituito dall'art. 1 del d.lg. 2/8/2007, n. 146.

(2) Lettera sostituita dall'art. 1, co. 3, lett. a), d.lg. 7/3/2023, n. 26.

(3) Lettera inserita dall'art. 7, co. 1, d.l. 24/1/2012, n. 1, conv., con modif., dalla l. 24/3/2012, n. 27.

(4) Lettera inserita dall'art. 1, co. 3, lett. b), d.lg. 7/3/2023, n. 26.

19. Ambito di applicazione (1). – 1. Il presente titolo si applica alle pratiche commerciali scorrette tra professionisti e consumatori poste in essere prima, durante e dopo un'operazione commerciale relativa a un prodotto, nonché alle pratiche commerciali scorrette tra professionisti e microimprese. Per le microimprese la tutela in materia di pubblicità ingannevole e di pubblicità comparativa illecita è assicurata in via esclusiva dal decreto legislativo 2 agosto 2007, n. 145 (2).

2. Il presente titolo non pregiudica:

a) l'applicazione delle disposizioni normative in materia contrattuale, in particolare delle norme sulla formazione, validità od efficacia del contratto;

b) l'applicazione delle disposizioni normative, comunitarie o nazionali, in materia di salute e sicurezza dei prodotti;

c) l'applicazione delle disposizioni normative che determinano la competenza giurisdizionale;

d) l'applicazione delle disposizioni normative relative allo stabilimento, o ai regimi di autorizzazione, o i codici deontologici o altre norme specifiche che disciplinano le professioni regolamentate, per garantire livelli elevati di correttezza professionale.

3. In caso di contrasto, le disposizioni contenute in direttive o in altre disposizioni comunitarie e nelle relative norme nazionali di recepimento che disciplinano aspetti specifici delle pratiche commerciali scorrette prevalgono sulle disposizioni del presente titolo e si applicano a tali aspetti specifici.

4. Il presente titolo non è applicabile in materia di certificazione e di indicazioni concernenti il titolo degli articoli in metalli preziosi.

(1) Articolo sostituito dall'art. 1 del d.lg. 2/8/2007, n. 146.

(2) Comma modificato dall'art. 7, co. 2, d.l. 24/1/2012, n. 1, conv., con modif., dalla l. 24/3/2012, n. 27.

Capo II
Pratiche commerciali scorrette

20. Divieto delle pratiche commerciali scorrette. – 1. Le pratiche commerciali scorrette sono vietate.

2. Una pratica commerciale è scorretta se è contraria alla diligenza professionale, ed è falsa o idonea a falsare in misura apprezzabile il comportamento economico, in relazione al prodotto, del consumatore medio che essa raggiunge o al quale è diretta o del membro medio di un gruppo qualora la pratica commerciale sia diretta a un determinato gruppo di consumatori.

3. Le pratiche commerciali che, pur raggiungendo gruppi più ampi di consumatori, sono idonee a falsare in misura apprezzabile il comportamento economico solo di un gruppo di consumatori chiaramente individuabile, particolarmente vulnerabili alla pratica o al prodotto cui essa si riferisce a motivo della loro infermità mentale o fisica, della loro età o ingenuità, in un modo che il professionista poteva ragionevolmente prevedere, sono valutate nell'ottica del membro medio di tale gruppo. È fatta salva la pratica pubblicitaria comune e legittima consistente in dichiarazioni esagerate o in dichiarazioni che non sono destinate ad essere prese alla lettera.

4. In particolare, sono scorrette le pratiche commerciali:

a) ingannevoli di cui agli articoli 21, 22 e 23 o

b) aggressive di cui agli articoli 24, 25 e 26.

5. Gli articoli 23 e 26 riportano l'elenco delle pratiche commerciali, rispettivamente ingannevoli e aggressive, considerate in ogni caso scorrette (1).

(1) Articolo sostituito dall'art. 1 del d.lg. 2/8/2007, n. 146.

Sezione I
Pratiche commerciali ingannevoli

21. Azioni ingannevoli (1). – 1. È considerata ingannevole una pratica commerciale che contiene informazioni non rispondenti al vero o, seppure di fatto corretta, in qualsiasi modo, anche nella sua presentazione complessiva, induce o è idonea ad indurre in errore il consumatore medio riguardo ad uno o più dei seguenti elementi e, in ogni caso, lo induce o è idonea a indurlo ad assumere una decisione di natura commerciale che non avrebbe altrimenti preso:

a) l'esistenza o la natura del prodotto;

b) le caratteristiche principali del prodotto, quali la sua disponibilità, i vantaggi, i rischi, l'esecuzione, la composizione, gli accessori, l'assistenza post-vendita al consumatore e il trattamento dei reclami, il metodo e la data di fabbricazione o della prestazione, la consegna, l'idoneità allo scopo, gli usi, la quantità, la descrizione, l'origine geografica o commerciale o i risultati che si possono attendere dal suo uso, o i risultati e le caratteristiche fondamentali di prove e controlli effettuati sul prodotto;

c) la portata degli impegni del professionista, i motivi della pratica commerciale e la natura del processo di vendita, qualsiasi dichiarazione o simbolo relativi alla sponsorizzazione o all'approvazione dirette o indirette del professionista o del prodotto;

d) il prezzo o il modo in cui questo è calcolato o l'esistenza di uno specifico vantaggio quanto al prezzo;

e) la necessità di una manutenzione, ricambio, sostituzione o riparazione;

f) la natura, le qualifiche e i diritti del professionista o del suo agente, quali l'identità, il patrimonio, le capacità, lo status, il riconoscimento, l'affiliazione o i collegamenti e i diritti di proprietà industriale, commerciale o intellettuale o i premi e i riconoscimenti;

g) i diritti del consumatore, incluso il diritto di sostituzione o di rimborso ai sensi dell'articolo 130 del presente Codice.

2. È altresì considerata ingannevole una pratica commerciale che, nella fattispecie concreta, tenuto conto di tutte le caratteristiche e circostanze del caso, induce o è idonea ad indurre il consumatore medio ad assumere una decisione di natura commerciale che non avrebbe altrimenti preso e comporti:

a) una qualsivoglia attività di commercializzazione del prodotto che ingenera confusione con i prodotti, i marchi, la denominazione sociale e altri segni distintivi di un concorrente, ivi compresa la pubblicità comparativa illecita;

b) il mancato rispetto da parte del professionista degli impegni contenuti nei codici di condotta che il medesimo si è impegnato a rispettare, ove si tratti di un impegno fermo e verificabile, e il professionista indichi in una pratica commerciale che è vincolato dal codice.

b-bis) una qualsivoglia attività di marketing che promuova un bene, in uno Stato membro dell'Unione europea, come identico a un bene commercializzato in altri Stati membri, mentre questo bene ha una composizione o caratteristiche significativamente diverse, salvo laddove ciò sia giustificato da fattori legittimi e oggettivi (2).

3. È considerata scorretta la pratica commerciale che, riguardando prodotti suscettibili di porre in pericolo la salute e la sicurezza dei consumatori, omette di darne notizia in modo da indurre i consumatori a trascurare le normali regole di prudenza e vigilanza.

3-bis. È considerata scorretta la pratica commerciale di una banca, di un istituto di credito o di un intermediario finanziario che, ai fini della stipula di un contratto di mutuo, obbliga il cliente alla sottoscrizione di una polizza assicurativa erogata dalla medesima banca, istituto o intermediario ovvero all'apertura di un conto corrente presso la medesima banca, istituto o intermediario (3).

4. È considerata, altresì, scorretta la pratica commerciale che, in quanto suscettibile di raggiungere bambini ed adolescenti, può, anche indirettamente, minacciare la loro sicurezza.

4-bis. È considerata, altresì, scorretta la pratica commerciale che richieda un sovrapprezzo dei costi per il completamento di una transazione elettronica con un fornitore di beni o servizi (4).

(1) Articolo sostituito dall'art. 1 del d.lg. 2/8/2007, n. 146.

(2) Lettera aggiunta dall'art. 1, co. 4, d.lg. 7/3/2023, n. 26.

(3) Comma inserito dall'art. 36-bis, co. 1, d.l. 6/12/2011, n. 201, conv., con modif., dalla l. 22/12/2011, n. 214 e, successivamente, modif. dall'art. 28, co. 3, d.l. 24/1/2012, n. 1, conv., con modif., dalla l. 24/3/2012, n. 27.

(4) Comma aggiunto dall'art. 15, co. 5-quater, d.l. 18/10/2012, n. 179, conv., con modif., dalla l. 17/12/2012, n. 221.

22. Omissioni ingannevoli (1). – 1. È considerata ingannevole una pratica commerciale che nella fattispecie concreta, tenuto conto di tutte le caratteristiche e circostanze del caso, nonché dei limiti del mezzo di comunicazione impiegato, omette informazioni rilevanti di cui il consumatore medio ha bisogno in tale contesto per prendere una decisione consapevole di natura commerciale e induce o è idonea ad indurre in tal modo il consumatore medio ad assumere una decisione di natura commerciale che non avrebbe altrimenti preso.

2. Una pratica commerciale è altresì considerata un'omissione ingannevole quando un professionista occulta o presenta in modo oscuro, incomprensibile, ambiguo o intempestivo le informazioni rilevanti di cui al comma 1, tenendo conto degli aspetti di cui al detto comma, o non indica l'intento commerciale della pratica stessa qualora questi non risultino già evidente dal contesto nonché quando, nell'uno o nell'altro caso, ciò induce o è idoneo a indurre il consumatore medio ad assumere una decisione di natura commerciale che non avrebbe altrimenti preso.

3. Qualora il mezzo di comunicazione impiegato per la pratica commerciale imponga restrizioni in termini di spazio o di tempo, nel decidere se vi sia stata un'omissione di informazioni, si tiene conto di dette restrizioni e di qualunque misura adottata dal professionista per rendere disponibili le informazioni ai consumatori con altri mezzi.

4. Nel caso di un invito all'acquisto sono considerate rilevanti, ai sensi del comma 1, le informazioni seguenti, qualora non risultino già evidenti dal contesto:

a) le caratteristiche principali del prodotto in misura adeguata al mezzo di comunicazione e al prodotto stesso;

b) l'indirizzo geografico e l'identità del professionista, come la sua denominazione sociale e, ove questa informazione sia pertinente, l'indirizzo geografico e l'identità del professionista per conto del quale egli agisce;

c) il prezzo comprensivo delle imposte o, se la natura del prodotto comporta l'impossibilità di calcolare ragionevolmente il prezzo in anticipo, le modalità di calcolo del prezzo e, se del caso, tutte le spese aggiuntive di spedizione, consegna o postali oppure, qualora tali spese non possano ragionevolmente essere calcolate in anticipo, l'indicazione che tali spese potranno essere addebitate al consumatore;

d) le modalità di pagamento, consegna ed esecuzione qualora esse siano difformi dagli obblighi imposti dalla diligenza professionale (2);

e) l'esistenza di un diritto di recesso o scioglimento del contratto per i prodotti e le operazioni commerciali che comportino tale diritto.

e-bis) per i prodotti offerti su mercati online, se il terzo che offre i prodotti è un professionista o meno, sulla base della dichiarazione del terzo stesso al fornitore del mercato online (3).

4-bis. Nel caso in cui sia fornita ai consumatori la possibilità di cercare prodotti offerti da professionisti diversi o da consumatori sulla base di una ricerca sotto forma di parola chiave, frase o altri dati, indipendentemente dal luogo in cui le operazioni siano poi effettivamente concluse, sono considerate rilevanti le informazioni generali, rese disponibili in un'apposita sezione dell'interfaccia online che sia direttamente e facilmente accessibile dalla pagina in cui sono presentati i risultati della ricerca, in merito ai parametri principali che determinano la classificazione dei prodotti presentati al consumatore come risultato della sua ricerca e all'importanza relativa di tali parametri rispetto ad altri parametri. Il presente comma non si applica ai fornitori di motori di ricerca online definiti ai sensi dell'articolo 2, punto 6, del regolamento (UE) 2019/1150 del Parlamento europeo e del Consiglio (4).

5. Sono considerati rilevanti, ai sensi del comma 1, gli obblighi di informazione, previsti dal diritto comunitario, connessi alle comunicazioni commerciali, compresa la pubblicità o la commercializzazione del prodotto.

5-bis. Se un professionista fornisce l'accesso alle recensioni dei consumatori sui prodotti, sono considerate rilevanti le informazioni che indicano se e in che modo il professionista garantisce che le recensioni pubblicate provengano da consumatori che hanno effettivamente acquistato o utilizzato il prodotto (5).

(1) Articolo sostituito dall'art. 1 del d.lg. 2/8/2007, n. 146.

(2) Lettera sostituita dall'art. 1, co. 5, lett. a), d.lg. 7/3/2023, n. 26.

(3) Lettera aggiunta dall'art. 1, co. 5, lett. b), d.lg. 7/3/2023, n. 26.

(4) Comma inserito dall'art. 1, co. 5, lett. c), d.lg. 7/3/2023, n. 26.

(5) Comma aggiunto dall'art. 1, co. 5, lett. d), d.lg. 7/3/2023, n. 26.

22 bis. Pubblicità ingannevole delle tariffe marittime (1). – 1. È considerata ingannevole la pubblicità che, riguardando le tariffe praticate da compagnie marittime che operano sul territorio italiano direttamente o in code-sharing, reclamizzi il prezzo del biglietto dovuto alla compagnia marittima separatamente dagli oneri accessori, dalle tasse portuali e da tutti gli oneri comunque destinati a gravare sul consumatore, dovendo la compagnia marittima pubblicizzare un unico prezzo che includa tutte queste voci.

(1) Articolo inserito dall'art. 22, co. 1, l. 23/7/2009, n. 99.

23. Pratiche commerciali considerate in ogni caso ingannevoli (1). – 1. Sono considerate in ogni caso ingannevoli le seguenti pratiche commerciali:

a) affermazione non rispondente al vero, da parte di un professionista, di essere firmatario di un codice di condotta;

b) esibire un marchio di fiducia, un marchio di qualità o un marchio equivalente senza aver ottenuto la necessaria autorizzazione;

c) asserire, contrariamente al vero, che un codice di condotta ha l'approvazione di un organismo pubblico o di altra natura;

d) asserire, contrariamente al vero, che un professionista, le sue pratiche commerciali o un suo prodotto sono stati autorizzati, accettati o approvati, da un organismo pubblico o privato o che sono state rispettate le condizioni dell'autorizzazione, dell'accettazione o dell'approvazione ricevuta;

e) invitare all'acquisto di prodotti ad un determinato prezzo senza rivelare l'esistenza di ragionevoli motivi che il professionista può avere per ritenere che non sarà in grado di fornire o di far fornire da un altro professionista quei prodotti o prodotti equivalenti a quel prezzo entro un periodo e in quantità ragionevoli in rapporto al prodotto, all'entità della pubblicità fatta del prodotto e al prezzo offerti;

f) invitare all'acquisto di prodotti ad un determinato prezzo e successivamente:

1) rifiutare di mostrare l'articolo pubblicizzato ai consumatori, oppure

2) rifiutare di accettare ordini per l'articolo o di consegnarlo entro un periodo di tempo ragionevole, oppure

3) fare la dimostrazione dell'articolo con un campione difettoso, con l'intenzione di promuovere un altro prodotto.

g) dichiarare, contrariamente al vero, che il prodotto sarà disponibile solo per un periodo molto limitato o che sarà disponibile solo a condizioni particolari per un periodo di tempo molto limitato, in modo da ottenere una decisione immediata e privare i consumatori della possibilità o del tempo sufficiente per prendere una decisione consapevole;

h) impegnarsi a fornire l'assistenza post-vendita a consumatori con i quali il professionista ha comunicato prima dell'operazione commerciale in una lingua diversa dalla lingua ufficiale dello Stato membro in cui il professionista è stabilito e poi offrire concretamente tale servizio soltanto in un'altra lingua, senza che questo sia chiaramente comunicato al consumatore prima del suo impegno a concludere l'operazione;

i) affermare, contrariamente al vero, o generare comunque l'impressione che la vendita del prodotto è lecita;

l) presentare i diritti conferiti ai consumatori dalla legge come una caratteristica propria dell'offerta fatta dal professionista;

m) salvo quanto previsto dal decreto legislativo 31 luglio 2005, n. 177, e successive modificazioni, impiegare contenuti redazionali nei mezzi di comunicazione per promuovere un prodotto, qualora i costi di tale promozione siano stati sostenuti dal professionista senza che ciò emerga dai contenuti o da immagini o suoni chiaramente individuabili per il consumatore;

m-bis) fornire risultati di ricerca in risposta a una ricerca online del consumatore senza che sia chiaramente indicato ogni eventuale annuncio pubblicitario a pagamento o pagamento specifico per ottenere una classificazione migliore dei prodotti all'interno di tali risultati (2);

n) formulare affermazioni di fatto inesatte per quanto riguarda la natura e la portata dei rischi per la sicurezza personale del consumatore o della sua famiglia se egli non acquistasse il prodotto;

o) promuovere un prodotto simile a quello fabbricato da un altro produttore in modo tale da fuorviare deliberatamente il consumatore inducendolo a ritenere, contrariamente al vero, che il prodotto è fabbricato dallo stesso produttore;

p) avviare, gestire o promuovere un sistema di promozione a carattere piramidale nel quale il consumatore fornisce un contributo in cambio della possibilità di ricevere un corrispettivo derivante principalmente dall'entrata di altri consumatori nel sistema piuttosto che dalla vendita o dal consumo di prodotti;

q) affermare, contrariamente al vero, che il professionista è in procinto di cessare l'attività o traslocare;

r) affermare che alcuni prodotti possono facilitare la vincita in giochi basati sulla sorte;

s) affermare, contrariamente al vero, che un prodotto ha la capacità di curare malattie, disfunzioni o malformazioni;

t) comunicare informazioni inesatte sulle condizioni di mercato o sulla possibilità di ottenere il prodotto allo scopo d'indurre il consumatore all'acquisto a condizioni meno favorevoli di quelle normali di mercato;

u) affermare in una pratica commerciale che si organizzano concorsi o promozioni a premi senza attribuire i premi descritti o un equivalente ragionevole;

v) descrivere un prodotto come gratuito o senza alcun onere, se il consumatore deve pagare un supplemento di prezzo rispetto al normale costo necessario per rispondere alla pratica commerciale e ritirare o farsi recapitare il prodotto;

z) includere nel materiale promozionale una fattura o analoga richiesta di pagamento che lasci intendere, contrariamente al vero, al consumatore di aver già ordinato il prodotto;

aa) dichiarare o lasciare intendere, contrariamente al vero, che il professionista non agisce nel quadro della sua attività commerciale, industriale, artigianale o professionale, o presentarsi, contrariamente al vero, come consumatore;

bb) lasciare intendere, contrariamente al vero, che i servizi post-vendita relativi a un prodotto siano disponibili in uno Stato membro diverso da quello in cui è venduto il prodotto.

bb-bis) rivendere ai consumatori biglietti per eventi, se il professionista ha acquistato tali biglietti utilizzando strumenti automatizzati per eludere qualsiasi limite imposto riguardo al numero di biglietti che una persona può acquistare o qualsiasi altra norma applicabile all'acquisto di biglietti (3);

bb-ter) indicare che le recensioni di un prodotto sono inviate da consumatori che hanno effettivamente utilizzato o acquistato il prodotto senza adottare misure ragionevoli e proporzionate per verificare che le recensioni provengano da tali consumatori (3);

bb-quater) inviare, o incaricare un'altra persona giuridica o fisica di inviare, recensioni di consumatori false o falsi apprezzamenti o di fornire false informazioni in merito a recensioni di consumatori o ad apprezzamenti sui media sociali, al fine di promuovere prodotti (3).

(1) Articolo sostituito dall'art. 1 del d.lg. 2/8/2007, n. 146.
(2) Lettera inserita dall'art. 1, co. 6, lett. a), d.lg. 7/3/2023, n. 26.
(3) Lettera aggiunta dall'art. 1, co. 6, lett. b), d.lg. 7/3/2023, n. 26.

Sezione II
Pratiche commerciali aggressive

24. Pratiche commerciali aggressive (1). – 1. È considerata aggressiva una pratica commerciale che, nella fattispecie concreta, tenuto conto di tutte le caratteristiche e circostanze del caso, mediante molestie, coercizione, compreso il ricorso alla forza fisica o indebito condizionamento, limita o è idonea a limitare considerevolmente la libertà di scelta o di comportamento del consumatore medio in relazione al prodotto e, pertanto, lo induce o è idonea ad indurlo ad assumere una decisione di natura commerciale che non avrebbe altrimenti preso.

(1) Articolo sostituito dall'art. 1 del d.lg. 2/8/2007, n. 146.

25. Ricorso a molestie coercizione o indebito condizionamento (1). – 1. Nel determinare se una pratica commerciale comporta, ai fini del presente capo, molestie, coercizione, compreso il ricorso alla forza fisica, o indebito condizionamento, sono presi in considerazione i seguenti elementi:

a) i tempi, il luogo, la natura o la persistenza;

b) il ricorso alla minaccia fisica o verbale;

c) lo sfruttamento da parte del professionista di qualsivoglia evento tragico o circostanza specifica di gravità tale da alterare la capacità di valutazione del consumatore, al fine di influenzarne la decisione relativa al prodotto;

d) qualsiasi ostacolo non contrattuale, oneroso o sproporzionato, imposto dal professionista qualora un consumatore intenda esercitare diritti contrattuali, compresi il diritto di risolvere un contratto o quello di cambiare prodotto o rivolgersi ad un altro professionista;

e) qualsiasi minaccia di promuovere un'azione legale ove tale azione sia manifestamente temeraria o infondata.

(1) Articolo sostituito dall'art. 1 del d.lg. 2/8/2007, n. 146.

26. Pratiche commerciali considerate in ogni caso aggressive (1). – 1. Sono considerate in ogni caso aggressive le seguenti pratiche commerciali:

a) creare l'impressione che il consumatore non possa lasciare i locali commerciali fino alla conclusione del contratto;

b) effettuare visite presso l'abitazione del consumatore, ignorando gli inviti del consumatore a lasciare la sua residenza o a non ritornarvi, fuorché nelle circostanze e nella misura in cui siano giustificate dalla legge nazionale ai fini dell'esecuzione di un'obbligazione contrattuale;

c) effettuare ripetute e non richieste sollecitazioni commerciali per telefono, via fax, per posta elettronica o mediante altro mezzo di comunicazione a distanza, fuorché nelle circostanze e nella misura in cui siano giustificate dalla legge nazionale ai fini dell'esecuzione di un'obbligazione contrattuale, fatti salvi l'articolo 58 e l'articolo 130 del decreto legislativo 30 giugno 2003, n. 196;

d) imporre al consumatore che intenda presentare una richiesta di risarcimento del danno in virtù di una polizza di assicurazione di esibire documenti che non possono ragionevolmente essere considerati pertinenti per stabilire la fondatezza della richiesta, o omettere sistematicamente di rispondere alla relativa corrispondenza, al fine di dissuadere un consumatore dall'esercizio dei suoi diritti contrattuali;

e) salvo quanto previsto dal decreto legislativo 31 luglio 2005, n. 177, e successive modificazioni, includere in un messaggio pubblicitario un'esortazione diretta ai bambini affinché acquistino o convincano i genitori o altri adulti ad acquistare loro i prodotti reclamizzati;

f) esigere il pagamento immediato o differito o la restituzione o la custodia di prodotti che il professionista ha fornito, ma che il consumatore non ha richiesto, salvo quanto previsto dall'articolo 66-sexies, comma 2 (2);

g) informare esplicitamente il consumatore che, se non acquista il prodotto o il servizio saranno in pericolo il lavoro o la sussistenza del professionista;

h) lasciare intendere, contrariamente al vero, che il consumatore abbia già vinto, vincerà o potrà vincere compiendo una determinata azione un premio o una vincita equivalente, mentre in effetti non esiste alcun premio né vincita equivalente oppure che qualsiasi azione volta a reclamare il premio o altra vincita equivalente è subordinata al versamento di denaro o al sostenimento di costi da parte del consumatore.

(1) Articolo sostituito dall'art. 1 del d.lg. 2/8/2007, n. 146.

(2) Lettera modificata dall'art. 1, co. 3, d.lg. 21/2/2014, n. 21, con la decorrenza di cui all'art. 2, co. 1, d.lg. 21/2014.

Capo III
Applicazione

27. Tutela amministrativa e giurisdizionale (1). – 1. L'Autorità garante della concorrenza e del mercato, di seguito denominata "Autorità'", esercita le attribuzioni disciplinate dal presente articolo anche quale autorità competente per l'applicazione del regolamento (UE) 2017/2394 del Parlamento europeo e del Consiglio, del 12 dicembre 2017, sulla cooperazione tra le autorità nazionali responsabili dell'esecuzione della normativa che tutela i consumatori e che abroga il regolamento (CE) n. 2006/2004, nei limiti delle disposizioni di legge (2).

1-bis. Anche nei settori regolati, ai sensi dell'articolo 19, comma 3, la competenza ad intervenire nei confronti delle condotte dei professionisti che integrano una pratica commerciale scorretta, fermo restando il rispetto della regolazione vigente, spetta, in via esclusiva, all'Autorità garante della concorrenza e del mercato, che la esercita in base ai poteri di cui al presente articolo, acquisito il parere dell'Autorità di regolazione competente. Resta ferma la competenza delle Autorità di regolazione ad esercitare i propri poteri nelle ipotesi di violazione della regolazione che non integrino gli estremi di una pratica commerciale scorretta. Le Autorità possono disciplinare con protocolli di intesa gli aspetti applicativi e procedimentali della reciproca collaborazione, nel quadro delle rispettive competenze (3).

2. L'Autorità, d'ufficio o su istanza di ogni soggetto o organizzazione che ne abbia interesse, inibisce la continuazione delle pratiche commerciali scorrette e ne elimina gli effetti. A tale fine, l'Autorità si avvale dei poteri investigativi ed esecutivi di cui al citato regolamento (UE) 2017/2394 anche in relazione alle infrazioni non transfrontaliere. Per lo svolgimento dei compiti di cui al comma 1 l'Autorità può avvalersi della Guardia di finanza che agisce con i poteri ad essa attribuiti per l'accertamento dell'imposta sul valore aggiunto e dell'imposta sui redditi. L'intervento dell'Autorità è indipendente dalla circostanza che i consumatori interessati si trovino nel territorio dello Stato membro in cui è stabilito il professionista o in un altro Stato membro (4).

3. L'Autorità può disporre, con provvedimento motivato, la sospensione provvisoria delle pratiche commerciali scorrette, laddove sussiste particolare urgenza. In ogni caso, comunica l'apertura dell'istruttoria al professionista e, se il committente non è conosciuto, può richiedere al proprietario del mezzo che ha diffuso la pratica commerciale ogni informazione idonea ad identificarlo. L'Autorità può, altresì, richiedere a imprese, enti o persone che ne siano in possesso le informazioni ed i documenti rilevanti al fine dell'accertamento dell'infrazione. Si applicano le disposizioni previste dall'articolo 14, commi 2, 3 e 4, della legge 10 ottobre 1990, n. 287 (A).

3-bis. L'Autorità garante della concorrenza e del mercato, in conformità a quanto disposto dall'articolo 9 del regolamento (UE) 2017/2394 del Parlamento europeo e del Consiglio, del 12 dicembre 2017, può ordinare, anche in via cautelare, ai fornitori di servizi di connettività alle reti internet, ai gestori di altre reti telematiche o di telecomunicazione nonché' agli operatori che in relazione ad esse forniscono servizi telematici o di telecomunicazione la rimozione di iniziative o attività destinate ai consumatori italiani e diffuse attraverso le reti telematiche o di tele-comunicazione che integrano gli estremi di una pratica commerciale scorretta. I destinatari dei predetti ordini, disposti ai sensi del primo periodo, hanno l'obbligo di inibire l'utilizzazione delle reti delle quali sono gestori o in relazione alle quali forniscono servizi, al fine di evitare la pro-trazione di attività pregiudizievoli per i consumatori e poste in essere in violazione del presente codice. In caso di inottemperanza, senza giustificato motivo, a quanto disposto dall'Autorità garante della concorrenza e del mercato ai sensi del primo periodo del presente comma, l'Autorità stessa può applicare una sanzione amministrativa fino a 5.000.000 di euro (5).

4. In caso di inottemperanza, senza giustificato motivo, a quanto disposto dall'Autorità ai sensi dell'articolo 14, comma 2, della legge 10 ottobre 1990, n. 287, l'Autorità applica una sanzione amministrativa pecuniaria da 2.000,00 euro a 20.000,00 euro. Qualora le informazioni o la documentazione fornite non siano veritiere, l'Autorità applica una sanzione amministrativa pecuniaria da 4.000,00 euro a 40.000,00 euro.

5. L'Autorità può disporre che il professionista fornisca prove sull'esattezza dei dati di fatto connessi alla pratica commerciale se, tenuto conto dei diritti o degli interessi legittimi del professionista e di qualsiasi altra parte nel procedimento, tale esigenza risulti giustificata, date le circostanze del caso specifico. Se tale prova è omessa o viene ritenuta insufficiente, i dati di fatto sono considerati inesatti. Incombe, in ogni caso, al professionista l'onere di provare, con allegazioni fattuali, che egli non poteva ragionevolmente prevedere l'impatto della pratica commerciale sui consumatori, ai sensi dell'articolo 20, comma 3.

6. Quando la pratica commerciale è stata o deve essere diffusa attraverso la stampa periodica o quotidiana ovvero per via radiofonica o televisiva o altro mezzo di telecomunicazione, l'Autorità, prima di provvedere, richiede il parere del-

l'Autorità per le garanzie nelle comunicazioni.

7. Ad eccezione dei casi di manifesta scorrettezza e gravità della pratica commerciale, l'Autorità può ottenere dal professionista responsabile l'assunzione dell'impegno di porre fine all'infrazione, cessando la diffusione della stessa o modificandola in modo da eliminare i profili di illegittimità. L'Autorità può disporre la pubblicazione della dichiarazione dell'impegno in questione a cura e spese del professionista. In tali ipotesi, l'Autorità, valutata l'idoneità di tali impegni, può renderli obbligatori per il professionista e definire il procedimento senza procedere all'accertamento dell'infrazione.

8. L'Autorità, se ritiene la pratica commerciale scorretta, vieta la diffusione, qualora non ancora portata a conoscenza del pubblico, o la continuazione, qualora la pratica sia già iniziata. Con il medesimo provvedimento può essere disposta, a cura e spese del professionista, la pubblicazione della delibera, anche per estratto, ovvero di un'apposita dichiarazione rettificativa, in modo da impedire che le pratiche commerciali scorrette continuino a produrre effetti.

9. Con il provvedimento che vieta la pratica commerciale scorretta, l'Autorità dispone inoltre l'applicazione di una sanzione amministrativa pecuniaria da 5.000 euro a 10.000.000 euro, tenuto conto della gravità e della durata della violazione ed anche delle condizioni economiche e patrimoniali del professionista. Nel caso di pratiche commerciali scorrette ai sensi dell'articolo 21, commi 3 e 4, la sanzione non può essere inferiore a 50.000 euro (6) (7) (8).

9-bis. In caso di sanzioni inflitte a norma dell'articolo 21 del regolamento (UE) 2017/2394 del Parlamento europeo e del Consiglio, del 12 dicembre 2017, l'importo massimo della sanzione irrogata dall'Autorità è pari al 4 per cento del fatturato annuo del professionista realizzato in Italia ovvero negli Stati membri dell'Unione europea interessati dalla relativa violazione. Qualora le informazioni sul fatturato annuo non siano disponibili, l'importo massimo della sanzione irrogata dall'Autorità è pari a 2.000.000 di euro (9).

9-ter. Ai fini dell'irrogazione delle sanzioni di cui ai commi 9 e 9-bis, l'Autorità tiene conto, ove appropriato, dei seguenti criteri non esaustivi:

a) la natura, gravità, entità e durata della violazione;

b) le eventuali azioni intraprese dal professionista per attenuare il danno subito dai consumatori o per porvi rimedio;

c) eventuali violazioni commesse in precedenza dal professionista;

d) i benefici finanziari conseguiti o le perdite evitate dal professionista in conseguenza della violazione, se i relativi dati sono disponibili;

e) le sanzioni inflitte al professionista per la medesima violazione in altri Stati membri in casi transfrontalieri, in cui informazioni relative a tali sanzioni sono disponibili attraverso il meccanismo istituito dal regolamento (UE) 2017/2394 del Parlamento europeo e del Consiglio, del 12 dicembre 2017;

f) eventuali altri fattori aggravanti o attenuanti applicabili alle circostanze del caso (10).

10. Nei casi riguardanti comunicazioni commerciali inserite sulle confezioni di prodotti, l'Autorità, nell'adottare i provvedimenti indicati nei commi 3 e 8, assegna per la loro esecuzione un termine che tenga conto dei tempi tecnici necessari per l'adeguamento.

11. L'Autorità garante della concorrenza e del mercato, con proprio regolamento, disciplina la procedura istruttoria, in modo da garantire il contraddittorio, la piena cognizione degli atti e la verbalizzazione.

12. In caso di inottemperanza ai provvedimenti d'urgenza e a quelli inibitori o di rimozione degli effetti di cui ai commi 3, 8 e 10 ed in caso di mancato rispetto degli impegni assunti ai sensi del comma 7, l'Autorità applica una sanzione amministrativa pecuniaria da 10.000 a 10.000.000 euro, anche tenuto conto delle condizioni economiche e patrimoniali del professionista. Nei casi di reiterata inottemperanza l'Autorità può disporre la sospensione dell'attività d'impresa per un periodo non superiore a trenta giorni (11) (12).

13. [I ricorsi avverso le decisioni adottate dall'Autorità sono soggetti alla giurisdizione esclusiva del giudice amministrativo.] Per le sanzioni amministrative pecuniarie conseguenti alle violazioni del presente decreto si osservano, in quanto applicabili, le disposizioni contenute nel capo I, sezione I, e negli articoli 26, 27, 28 e 29 della legge 24 novembre 1981, n. 689, e successive modificazioni. Il pagamento delle sanzioni amministrative di cui al presente articolo deve essere effettuato entro trenta giorni dalla notifica del provvedimento dell'Autorità (13).

14. Ove la pratica commerciale sia stata assentita con provvedimento amministrativo, preordinato anche alla verifica del carattere non scorretto della stessa, la tutela dei soggetti e delle organizzazioni che vi abbiano interesse, è esperibile in via giurisdizionale con ricorso al giudice amministrativo avverso il predetto provvedimento.

15. È comunque fatta salva la giurisdizione del giudice ordinario in materia di atti di concorrenza sleale, a norma dell'articolo 2598 del codice civile, nonché', per quanto concerne la pubblicità comparativa, in materia di atti compiuti in violazione della disciplina sul diritto d'autore protetto dalla legge 22 aprile 1941, n. 633, e successive modificazioni, e dei marchi d'impresa protetto a norma del decreto legislativo 10 febbraio 2005, n. 30, e successive modificazioni, nonché' delle denominazioni di origine riconosciute e protette in Italia e di altri segni distintivi di imprese, beni e servizi concorrenti.

15-bis. I consumatori lesi da pratiche commerciali sleali possono altresì adire il giudice ordinario al fine di ottenere rimedi proporzionati ed effettivi, compresi il risarcimento del danno subito e, ove applicabile, la riduzione del prezzo o la risoluzione del contratto, tenuto conto, se del caso, della gravità e della natura della pratica commerciale sleale, del danno subito e di altre circostanze pertinenti. Sono fatti salvi ulteriori rimedi a disposizione dei consumatori (14).

(1) Articolo sostituito dall'art. 1 del d.lg. 2/8/2007, n. 146.

(2) Comma modificato dall'art. 37, co. 1, lett. a), n. 1), l. 23/12/2021, n. 238.

(3) Comma inserito dall'art. 1, co. 6, lett. a), d.lg. 21/2/2014, n. 21.

(4) Comma modificato dall'art. 37, co. 1, lett. a), n. 1), l. 23/12/2021, n. 238.

(5) Comma inserito dall'art. 263-bis, co. 1, d.l. 19/5/2020, n. 34, conv., con modif., dalla l. 17/7/2020, n. 77.

(6) A norma dell'art. 23, co. 12-quinquiesdecies, d.l. 6/7/2012, n. 95, conv., con modif., dalla l. 7/8/2012, n. 135, l'importo massimo delle sanzioni, in materia di pratiche commerciali scorrette, di cui al presente comma è aumentato a 5.000.000 di euro. Successivamente, l'art. 1, co. 7, d.lg. 21/2/2014, n. 21, ha abrogato il co. 12-quinquiesdecies, dell'art. 23 del d.l. 6/7/2012, n. 95.

(7) A norma dell'art. 23, co. 12-quinquiesdecies, d.l. 6/7/2012, n. 95, conv., con modif., dalla l. 7/8/2012, n. 135, l'importo massimo delle sanzioni, in materia di pratiche commerciali scorrette, di cui al presente comma è aumentato a 5.000.000 di euro. Successivamente, l'art. 1, co. 7, d.lg. 21/2/2014, n. 21, ha abrogato il co. 12-quinquiesdecies, dell'art. 23 del d.l. 6/7/2012, n. 95.

(8) Comma modificato dall'art. 1, co. 6, lett. b), d.lg. 21/2/2014, n. 21 e successivamente sostituito dall'art. 1, co. 7, lett. a), d.lg. 7/3/2023, n. 26.

(9) Comma inserito dall'art. 1, co. 7, lett. b), d.lg. 7/3/2023, n. 26.

(10) Comma inserito dall'art. 1, co. 7, lett. b), d.lg. 7/3/2023, n. 26.

(11) A norma dell'art. 23, co. 12-quinquiesdecies, d.l. 6/7/2012, n. 95, conv., con modif., dalla l. 7/8/2012, n. 135, l'importo massimo delle sanzioni, in materia di pratiche commerciali scorrette, di cui al presente comma è aumentato a 5.000.000 di euro. Successivamente, l'art. 1, co. 7, d.lg. 21/2/2014, n. 21, ha abrogato il co. 12-quinquiesdecies, dell'art. 23 del d.l. 6/7/2012, n. 95.

(12) Comma modificato dall'art. 1, co. 6, lett. c), d.lg. 21/2/2014, n. 21 e successivamente sostituito dall'art. 1, co. 7, lett. c), d.lg. 7/3/2023, n. 26.

(13) Comma modificato dall'art. 4, co. 1, punto 33), dell'Allegato 4 al d.lg. 2/7/2010, n. 104.

(14) Comma aggiunto dall'art. 1, co. 7, lett. d), d.lg. 7/3/2023, n. 26.

27 bis. Codici di condotta (1). – 1. Le associazioni o le organizzazioni imprenditoriali e professionali possono adottare, in relazione a una o più pratiche commerciali o ad uno o più settori imprenditoriali specifici, appositi codici di condotta che definiscono il comportamento dei professionisti che si impegnano a rispettare tali codici con l'indicazione del soggetto responsabile o dell'organismo incaricato del controllo della loro applicazione.

2. Il codice di condotta è redatto in lingua italiana e inglese ed è reso accessibile dal soggetto o organismo responsabile al consumatore, anche per via telematica.

3. Nella redazione di codici di condotta deve essere garantita almeno la protezione dei minori e salvaguardata la dignità umana.

4. I codici di condotta di cui al comma 1 sono comunicati, per la relativa adesione, agli operatori dei rispettivi settori e conservati ed aggiornati a cura del responsabile del codice, con l'indicazione degli aderenti.

5. Dell'esistenza del codice di condotta, dei suoi contenuti e dell'adesione il professionista deve preventivamente informare i consumatori.

(1) Articolo inserito dall'art. 1 del d.lg. 2/8/2007, n. 146.

27 ter. Autodisciplina (1). – 1. I consumatori, i concorrenti, anche tramite le loro associazioni o organizzazioni, prima di avviare la procedura di cui all'articolo 27, possono convenire con il professionista di adire preventivamente, il soggetto responsabile o l'organismo incaricato del controllo del codice di condotta relativo ad uno specifico settore la risoluzione concordata della controversia volta a vietare o a far cessare la continuazione della pratica commerciale scorretta.

2. In ogni caso il ricorso ai sensi del presente articolo, qualunque sia l'esito della procedura, non pregiudica il diritto del consumatore di adire l'Autorità, ai sensi dell'articolo 27, o il giudice competente.

3. Iniziata la procedura davanti ad un organismo di autodisciplina, le parti possono convenire di astenersi dall'adire l'Autorità fino alla pronuncia definitiva, ovvero possono chiedere la sospensione del procedimento innanzi all'Autorità, ove lo stesso sia stato attivato anche da altro soggetto legittimato, in attesa della pronuncia dell'organismo di autodisciplina. L'Autorità, valutate tutte le circostanze, può disporre la sospensione del procedimento per un periodo non superiore a trenta giorni.

(1) Articolo inserito dall'art. 1 del d.lg. 2/8/2007, n. 146.

27 quater. Oneri di informazione (1). – 1. L'Autorità garante della concorrenza e del mercato e le associazioni o le organizzazioni imprenditoriali e professionali di cui all'articolo 27-bis, comunicano periodicamente al Ministero dello sviluppo economico le decisioni adottate ai sensi del presente titolo.

2. Il Ministero dello sviluppo economico provvederà affinché sul proprio sito siano disponibili:

a) le informazioni generali sulle procedure relative ai meccanismi di reclamo e ricorso disponibili in caso di controversie, nonché sui codici di condotta adottati ai sensi dell'articolo 27-bis;

b) gli estremi delle autorità, organizzazioni o associazioni presso le quali si possono ottenere ulteriori informazioni o assistenza;

c) gli estremi e la sintesi delle decisioni significative riguardo a controversie, comprese quelle adottate dagli organi di composizione extragiudiziale.

(1) Articolo inserito dall'art. 1 del d.lg. 2/8/2007, n. 146.

TITOLO IV
PARTICOLARI MODALITÀ DELLA COMUNICAZIONE PUBBLICITARIA

Capo I
Rafforzamento della tutela del consumatore in materia di televendite

28. Ambito di applicazione. – 1. Le disposizioni del presente capo si applicano alle televendite, come definite nel regolamento in materia di pubblicità radiotelevisiva e televendite, adottato dall'Autorità per le garanzie nelle comunicazioni con delibera n. 538/01/CSP del 26 luglio 2001, comprese quelle di astrologia, di cartomanzia ed assimilabili e di servizi relativi a concorsi o giochi comportanti ovvero strutturati in guisa di pronostici. Le medesime disposizioni si applicano altresì agli spot di televendita (1).

(1) Articolo modificato dall'art. 1 del d.lg. 2/8/2007, n. 146.

29. Prescrizioni. – 1. Le televendite devono evitare ogni forma di sfruttamento della superstizione, della credulità o della paura, non devono contenere scene di violenza fisica o morale o tali da offendere il gusto e la sensibilità dei consumatori per indecenza, volgarità o ripugnanza.

30. Divieti. – 1. È vietata la televendita che offenda la dignità umana, comporti discriminazioni di razza, sesso o nazionalità, offenda convinzioni religiose e politiche, induca a comportamenti pregiudizievoli per la salute o la sicurezza o la protezione dell'ambiente. È vietata la televendita di sigarette o di altri prodotti a base di tabacco.

2. Le televendite non devono contenere dichiarazioni o rappresentazioni che possono indurre in errore gli utenti o i consumatori, anche per mezzo di omissioni, ambiguità o esagerazioni, in particolare per ciò che riguarda le caratteristiche e gli effetti del servizio, il prezzo, le condizioni di vendita o di pagamento, le modalità della fornitura, gli eventuali premi, l'identità delle persone rappresentate.

31. Tutela dei minori. – 1. La televendita non deve esortare i minorenni a stipulare contratti di compravendita o di locazione di prodotti e di servizi.

La televendita non deve arrecare pregiudizio morale o fisico ai minorenni e deve rispettare i seguenti criteri a loro tutela:

a) non esortare i minorenni ad acquistare un prodotto o un servizio, sfruttandone l'inesperienza o la credulità;

b) non esortare i minorenni a persuadere genitori o altri ad acquistare tali prodotti o servizi;

c) non sfruttare la particolare fiducia che i minorenni ripongono nei genitori, negli insegnanti o in altri;

d) non mostrare minorenni in situazioni pericolose.

32. Sanzioni. – 1. Salvo che il fatto costituisca reato, e fatte salve le disposizioni ed il regime sanzionatorio stabiliti per i contratti a distanza, così come disciplinati alla parte III, titolo III, capo I, sezione II, dall'articolo 50 all'articolo 61, del codice, nonché le ulteriori disposizioni stabilite in materia di pubblicità, alle televendite sono applicabili altresì le sanzioni di cui all'articolo 2, comma 20, lettera c), della l. 14 novembre 1995, n. 481, e di cui all'articolo 1, comma 31, della l. 31 luglio 1997, n. 249.

PARTE III
IL RAPPORTO DI CONSUMO

TITOLO I
DEI CONTRATTI DEL CONSUMATORE IN GENERALE

33. Clausole vessatorie nel contratto tra professionista e consumatore. – 1. Nel contratto concluso tra il consumatore ed il professionista si considerano vessatorie le clausole che, malgrado la buona fede, determinano a carico del consumatore **un significativo squilibrio dei diritti e degli obblighi derivanti dal contratto.**

2. Si **presumono** vessatorie fino a prova contraria le clausole che hanno per oggetto, o per effetto, di:

a) escludere o limitare la responsabilità del professionista in caso di morte o danno alla persona del consumatore, risultante da un fatto o da un'omissione del professionista (1);

b) escludere o limitare le azioni o i diritti del consumatore nei confronti del professionista o di un'altra parte in caso di inadempimento totale o parziale o di adempimento inesatto da parte del professionista;

c) escludere o limitare l'opportunità da parte del consumatore della compensazione di un debito nei confronti del professionista con un credito vantato nei confronti di quest'ultimo;

d) prevedere un impegno definitivo del consumatore mentre l'esecuzione della prestazione del professionista è subordinata ad una condizione il cui adempimento dipende unicamente dalla sua volontà;

e) consentire al professionista di trattenere una somma di denaro versata dal consumatore se quest'ultimo non conclude il contratto o recede da esso, senza prevedere il diritto del consumatore di esigere dal professionista il doppio della somma corrisposta se è quest'ultimo a non concludere il contratto oppure a recedere;

f) imporre al consumatore, in caso di inadempimento o di ritardo nell'adempimento, il pagamento di una somma di denaro a titolo di risarcimento, clausola penale o altro titolo equivalente d'importo manifestamente eccessivo;

g) riconoscere al solo professionista e non anche al consumatore la facoltà di recedere dal contratto, nonché consentire al professionista di trattenere anche solo in parte la somma versata dal consumatore a titolo di corrispettivo per prestazioni non ancora adempiute, quando sia il professionista a recedere dal contratto;

h) consentire al professionista di recedere da contratti a tempo indeterminato senza un ragionevole preavviso, tranne nel caso di giusta causa;

i) stabilire un termine eccessivamente anticipato rispetto alla scadenza del contratto per comunicare la disdetta al fine di evitare la tacita proroga o rinnovazione;

l) prevedere l'estensione dell'adesione del consumatore a clausole che non ha avuto la possibilità di conoscere prima della conclusione del contratto;

m) consentire al professionista di modificare unilateralmente le clausole del contratto, ovvero le caratteristiche del prodotto o del servizio da fornire, senza un giustificato motivo indicato nel contratto stesso;

n) stabilire che il prezzo dei beni o dei servizi sia determinato al momento della consegna o della prestazione;

o) consentire al professionista di aumentare il prezzo del bene o del servizio senza che il consumatore possa recedere se il prezzo finale è eccessivamente elevato rispetto a quello originariamente convenuto;

p) riservare al professionista il potere di accertare la conformità del bene venduto o del servizio prestato a quello previsto nel contratto o conferirgli il diritto esclusivo d'interpretare una clausola qualsiasi del contratto;

q) limitare la responsabilità del professionista rispetto alle obbligazioni derivanti dai contratti stipulati in suo nome dai mandatari o subordinare l'adempimento delle suddette obbligazioni al rispetto di particolari formalità;

r) limitare o escludere l'opponibilità dell'eccezione d'inadempimento da parte del consumatore;

s) consentire al professionista di sostituire a sé un terzo nei rapporti derivanti dal contratto, anche nel caso di preventivo consenso del consumatore, qualora risulti diminuita la tutela dei diritti di quest'ultimo;

t) sancire a carico del consumatore decadenze, limitazioni della facoltà di opporre eccezioni, deroghe alla competenza dell'autorità giudiziaria, limitazioni all'adduzione di prove, inversioni o modificazioni dell'onere della prova, restrizioni alla libertà contrattuale nei rapporti con i terzi;

u) stabilire come sede del foro competente sulle controversie località diversa da quella di residenza o domicilio elettivo del consumatore;

v) prevedere l'alienazione di un diritto o l'assunzione di un obbligo come subordinati ad una condizione sospensiva dipendente dalla mera volontà del professionista a fronte di un'obbligazione immediatamente efficace del consumatore. È fatto salvo il disposto dell'articolo 1355 del codice civile.

3. Se il contratto ha ad oggetto la prestazione di servizi finanziari a tempo indeterminato il professionista può, in deroga alle lettere h) e m) del comma 2:

a) recedere, qualora vi sia un giustificato motivo, senza preavviso, dandone immediata comunicazione al consumatore;

b) modificare, qualora sussista un giustificato motivo, le condizioni del contratto, preavvisando entro un congruo termine il consumatore, che ha diritto di recedere dal contratto.

4. Se il contratto ha ad oggetto la prestazione di servizi finanziari il professionista può modificare, senza preavviso, sempreché vi sia un giustificato motivo in deroga alle lettere n) e o) del comma 2, il tasso di interesse o l'importo di qualunque altro onere relativo alla prestazione finanziaria originariamente convenuti, dandone immediata comunicazione al consumatore che ha diritto di recedere dal contratto.

5. Le lettere h), m), n) e o) del comma 2 non si applicano ai contratti aventi ad oggetto valori mobiliari, strumenti finanziari ed altri prodotti o servizi il cui prezzo è collegato alle fluttuazioni di un corso e di un indice di borsa o di un tasso di mercato finanziario non controllato dal professionista, nonché la compravendita di valuta estera, di assegni di viaggio o di vaglia postali internazionali emessi in valuta estera.

6. Le lettere n) e o) del comma 2 non si applicano alle clausole di indicizzazione dei prezzi, ove consentite dalla legge, a condizione che le modalità di variazione siano espressamente descritte.

(1) Lettera modificata dall'art. 5 del d.lg. 23/10/2007, n. 221.

34. Accertamento della vessatorietà delle clausole. – 1. La vessatorietà di una clausola è valutata tenendo conto della natura del bene o del servizio oggetto del contratto e facendo riferimento alle circostanze esistenti al momento della sua conclusione ed alle altre clausole del contratto medesimo o di un altro collegato o da cui dipende.

2. La valutazione del carattere vessatorio della clausola non attiene alla determinazione dell'oggetto del contratto, né all'adeguatezza del corrispettivo dei beni e dei servizi, purché tali elementi siano individuati in modo chiaro e comprensibile.

3. Non sono vessatorie le clausole che riproducono disposizioni di legge ovvero che siano riproduttive di disposizioni o attuative di principi contenuti in convenzioni internazionali delle quali siano parti contraenti tutti gli Stati membri dell'Unione europea o l'Unione europea.

4. Non sono vessatorie le clausole o gli elementi di clausola che siano stati oggetto di trattativa individuale.

5. Nel contratto concluso mediante sottoscrizione di moduli o formulari predisposti per disciplinare in maniera uniforme determinati rapporti contrattuali, incombe sul professionista l'onere di provare che le clausole, o gli elementi di clausola, malgrado siano dal medesimo unilateralmente predisposti, siano stati oggetto di specifica trattativa con il consumatore.

35. Forma e interpretazione. – 1. Nel caso di contratti di cui tutte le clausole o talune clausole siano proposte al consumatore per iscritto, tali clausole devono sempre essere redatte in modo chiaro e comprensibile.

2. In caso di dubbio sul senso di una clausola, prevale l'interpretazione **più favorevole al consumatore**.

3. La disposizione di cui al comma 2 non si applica nei casi di cui all'articolo 37.

36. Nullità di protezione. – 1. Le clausole considerate vessatorie ai sensi degli articoli 33 e 34 sono **nulle mentre il contratto rimane valido per il resto** [1419].

2. Sono nulle le clausole che, quantunque oggetto di trattativa, abbiano per oggetto o per effetto di:

a) escludere o limitare la responsabilità del professionista in caso di morte o danno alla persona del consumatore, risultante da un fatto o da un'omissione del professionista;

b) escludere o limitare le azioni del consumatore nei confronti del professionista o di un'altra parte in caso di inadempimento totale o parziale o di adempimento inesatto da parte del professionista;

c) prevedere l'adesione del consumatore come estesa a clausole che non ha avuto, di fatto, la possibilità di conoscere prima della conclusione del contratto.

3. La nullità opera soltanto a vantaggio del consumatore e può essere rilevata d'ufficio dal giudice.

4. Il venditore ha diritto di regresso nei confronti del fornitore per i danni che ha subito in conseguenza della declaratoria di nullità delle clausole dichiarate abusive.

5. È nulla ogni clausola contrattuale che, prevedendo l'applicabilità al contratto di una legislazione di un Paese extracomunitario, abbia l'effetto di privare il consumatore della protezione assicurata dal presente titolo, laddove il contratto presenti un collegamento più stretto con il territorio di uno Stato membro dell'Unione europea.

37. Azione inibitoria. – 1. Le associazioni rappresentative dei consumatori, di cui all'articolo 137 [840 bis CPC], le associazioni rappresentative dei professionisti, possono convenire in giudizio il professionista o l'associazione di professionisti che utilizzano, o che raccomandano l'utilizzo di condizioni generali di contratto e richiedere al giudice competente che inibisca l'uso delle condizioni di cui sia accertata l'abusività ai sensi del presente titolo (1).

2. L'inibitoria può essere concessa, quando ricorrono giusti motivi di urgenza, ai sensi degli articoli 669-bis e seguenti del codice di procedura civile.

3. Il giudice può ordinare che il provvedimento sia pubblicato in uno o più giornali, di cui uno almeno a diffusione nazionale.

4. Per quanto non previsto dal presente articolo, alle azioni inibitorie esercitate dalle associazioni dei consumatori di cui al comma 1, si applicano le disposizioni dell'articolo 140.

(1) Comma così modificato dall'art. 5, co. 4, lett. a), d.lg. 25/11/2016, n. 219. La versione precedente era: «Le associazioni rappresentative dei consumatori, di cui all'articolo 137, le associazioni rappresentative dei professionisti e le camere di commercio, industria, artigianato e agricoltura, possono convenire in giudizio il professionista o l'associazione di professionisti che utilizzano, o che raccomandano l'utilizzo di condizioni generali di contratto e richiedere al giudice competente che inibisca l'uso delle condizioni di cui sia accertata l'abusività ai sensi del presente titolo».

37 bis. Tutela amministrativa contro le clausole vessatorie (1). – 1. L'Autorità garante della concorrenza e del mercato, sentite le associazioni di categoria rappresentative a livello nazionale d'ufficio o su denuncia, ai soli fini di cui ai commi successivi, **dichiara la vessatorietà delle clausole** inserite nei contratti tra professionisti e consumatori che si concludono mediante adesione a condizioni generali di contratto o con la sottoscrizione di moduli, modelli o formulari. Si applicano le disposizioni previste dall'articolo 14, commi 2, 3 e 4, della legge 10 ottobre 1990, n. 287, secondo le modalità previste dal regolamento di cui al comma 5. In caso di inottemperanza, a quanto disposto dall'Autorità ai sensi dell'articolo 14, comma 2, della legge 10 ottobre 1990, n. 287, l'Autorità applica una sanzione amministrativa pecuniaria da 2.000 euro a 20.000 euro. Qualora le informazioni o la documentazione fornite non siano veritiere, l'Autorità applica una sanzione amministrativa pecuniaria da 4.000 euro a 40.000 euro (2).

2. Il provvedimento che accerta la vessatorietà della clausola è diffuso anche per estratto mediante pubblicazione su apposita sezione del sito internet istituzionale dell'Autorità, sul sito dell'operatore che adotta la clausola ritenuta vessatoria e mediante ogni altro mezzo ritenuto opportuno in relazione all'esigenza di informare compiutamente i consumatori a cura e spese dell'operatore. In caso di inottemperanza alle disposizioni di cui al presente comma, l'Autorità applica una sanzione amministrativa pecuniaria da 5.000 euro a 50.000 euro.

2-bis. Qualora l'Autorità accerti, in alcuno dei contratti di cui al comma 1, l'utilizzo di clausole vessatorie come definite all'articolo 33, comma 1, applica una sanzione amministrativa pecuniaria nella misura prevista dall'articolo 27, comma 9, primo periodo. In caso di sanzioni inflitte a norma dell'articolo 21 del regolamento (UE) 2017/2394 del Parlamento europeo e del Consiglio, del 12 dicembre 2017, l'importo massimo della sanzione irrogata dall'Autorità è pari al 4 per cento del fatturato annuo del professionista realizzato in Italia ovvero negli Stati membri dell'Unione europea interessati dalla relativa violazione (3).

2-ter. Ai fini dell'irrogazione delle sanzioni di cui al comma 2-bis, l'Autorità tiene conto, ove appropriato, dei seguenti criteri non esaustivi:

a) la natura, gravità, entità e durata della violazione;

b) le eventuali azioni intraprese dal professionista per attenuare il danno subito dai consumatori o per porvi rimedio;

c) eventuali violazioni commesse in precedenza dal professionista;

d) i benefici finanziari conseguiti o le perdite evitate dal professionista in conseguenza della violazione, se i relativi dati sono disponibili;

e) le sanzioni inflitte al professionista per la medesima violazione in altri Stati membri in casi transfrontalieri, in cui informazioni relative a tali sanzioni sono disponibili attraverso il meccanismo istituito dal citato regolamento (UE) 2017/2394;

f) eventuali altri fattori aggravanti o attenuanti applicabili alle circostanze del caso (3).

2-quater. Per le sanzioni amministrative pecuniarie inflitte ai sensi del presente articolo si osservano, in quanto applicabili, le disposizioni contenute nel capo I, sezione I e negli articoli 26, 27, 28 e 29 della legge 24 novembre 1981, n. 689. Il pagamento delle sanzioni amministrative di cui al presente articolo è effettuato entro trenta giorni dalla notifica del provvedimento dell'Autorità (3).

3. Le imprese interessate hanno facoltà di interpellare preventivamente l'Autorità in merito alla vessatorietà delle clausole che intendono utilizzare nei rapporti commerciali con i consumatori secondo le modalità previste dal regolamento di cui al comma 5. L'Autorità si pronuncia sull'interpello entro il termine di centoventi giorni dalla richiesta, salvo che le informazioni fornite risultino gravemente inesatte, incomplete o non veritiere. Le clausole non ritenute vessatorie a seguito di interpello non possono essere successivamente valutate dall'Autorità per

gli effetti di cui al comma 2. Resta in ogni caso ferma la responsabilità dei professionisti nei confronti dei consumatori.

4. In materia di tutela giurisdizionale, contro gli atti dell'Autorità, adottati in applicazione del presente articolo, è competente il giudice amministrativo. È fatta salva la giurisdizione del giudice ordinario sulla validità delle clausole vessatorie e sul risarcimento del danno.

5. L'Autorità, con proprio regolamento, disciplina la procedura istruttoria in modo da garantire il contraddittorio e l'accesso agli atti, nel rispetto dei legittimi motivi di riservatezza. Con lo stesso regolamento l'Autorità disciplina le modalità di consultazione con le associazioni di categoria rappresentative a livello nazionale e con le camere di commercio interessate o loro unioni attraverso l'apposita sezione del sito internet di cui al comma 2 nonché la procedura di interpello. Nell'esercizio delle competenze di cui al presente articolo, l'Autorità può sentire le autorità di regolazione o vigilanza dei settori in cui i professionisti interessati operano, nonché le camere di commercio interessate o le loro unioni.

6. Le attività di cui al presente articolo sono svolte con le risorse umane, strumentali e finanziarie già disponibili a legislazione vigente.

(1) Articolo aggiunto dall'art. 5, co. 1, d.l. 24/1/2012, n. 1, conv., con modif., dalla l. 24/3/2012, n. 27.

(2) Comma così modificato dall'art. 5, co. 4, lett. b), d.lg. 25/11/2016, n. 219. La versione precedente era: "L'Autorità garante della concorrenza e del mercato, sentite le associazioni di categoria rappresentative a livello nazionale e le camere di commercio interessate o loro unioni, d'ufficio o su denuncia, ai soli fini di cui ai commi successivi, dichiara la vessatorietà delle clausole inserite nei contratti tra professionisti e consumatori che si concludono mediante adesione a condizioni generali di contratto o con la sottoscrizione di moduli, modelli o formulari. Si applicano le disposizioni previste dall'articolo 14, commi 2, 3 e 4, della legge 10 ottobre 1990, n. 287, secondo le modalità previste dal regolamento di cui al comma 5. In caso di inottemperanza, a quanto disposto dall'Autorità ai sensi dell'articolo 14, comma 2, della legge 10 ottobre 1990, n. 287, l'Autorità applica una sanzione amministrativa pecuniaria da 2.000 euro a 20.000 euro. Qualora le informazioni o la documentazione fornite non siano veritiere, l'Autorità applica una sanzione amministrativa pecuniaria da 4.000 euro a 40.000 euro".

(3) Comma inserito dall'art. 1, co. 8, d.lg. 7/3/2023, n. 26.

38. Rinvio. – 1. Per quanto non previsto dal presente codice, ai contratti conclusi tra il consumatore ed il professionista si applicano le disposizioni del codice civile (1).

(1) Comma modificato dall'art. 6 del d.lg. 23/10/2007, n. 221.

TITOLO II
ESERCIZIO DELL'ATTIVITÀ COMMERCIALE

Capo I
Disposizioni generali

39. Regole nelle attività commerciali. – 1. Le attività commerciali sono improntate al rispetto dei principi di buona fede, di correttezza e di lealtà, valutati anche alla stregua delle esigenze di protezione delle categorie di consumatori.

Capo II
Promozione delle vendite

Sezione I
Credito al consumo

***40. Credito al consumo**.** – *1. Il Comitato interministeriale per il credito e il risparmio (CICR) provvede ad adeguare la normativa nazionale alla direttiva 98/7/CE del Parlamento europeo e del Consiglio, del 16 febbraio 1998, che modifica la direttiva 87/102/CEE, relativa al ravvicinamento delle disposizioni legislative, regolamentari e amministrative degli Stati membri in materia di credito al consumo, con particolare riguardo alla previsione di indicare il Tasso annuo effettivo globale (TAEG) mediante un esempio tipico.*

* Articolo abrogato dall'art. 3, co. 1, d.lg. 13/8/2010, n. 141.

***41. Tasso annuo effettivo globale e pubblicità**.** – *1. Ai fini di cui all'articolo 40, il CICR, apporta, ai sensi degli articoli 122, comma 2, e 123, comma 2, del testo unico della legge in materia bancaria e creditizia, di cui al decreto legislativo 1° settembre 1993, n. 385, e successive modificazioni, le necessarie modifiche alla disciplina recata dal decreto del Ministro del tesoro in data 8 luglio 1992, pubblicato nella Gazzetta Ufficiale della Repubblica italiana n. 169 del 20 luglio 1992.*

* Articolo abrogato dall'art. 3, co. 1, d.lg. 13/8/2010, n. 141.

***42. Inadempimento del fornitore**.** – *1. Nei casi di inadempimento del fornitore di beni e servizi, il consumatore che abbia effettuato inutilmente la costituzione in mora ha diritto di agire contro il finanziatore nei limiti del credito concesso, a condizione che vi sia un accordo che attribuisce al finanziatore l'esclusiva per la concessione di credito ai clienti del fornitore. La responsabilità si estende anche al terzo, al quale il finanziatore abbia ceduto i diritti derivanti dal contratto di concessione del credito.*

* Articolo abrogato dall'art. 3, co. 1, d.lg. 13/8/2010, n. 141.

43. Rinvio al testo unico bancario. – Per la [restante] disciplina del credito al consumo si fa rinvio ai capi II e III del titolo VI del citato decreto legislativo n. 385 del 1993, e successive modificazioni, nonché agli articoli 144 e 145 del medesimo testo unico per l'applicazione delle relative sanzioni (1).

(1) Comma modificato dall'art. 3, co. 1, d.lg. 13/8/2010, n. 141.

TITOLO III
MODALITÀ CONTRATTUALI

44. Contratti negoziati nei locali commerciali. Rinvio. – 1. Ove non diversamente disciplinato dal presente codice, per la disciplina del settore del commercio si fa rinvio al decreto legislativo 31 marzo 1998, n. 114, recante riforma della disciplina relativa al settore del commercio, a norma dell'articolo 4, comma 4, della legge 15 marzo 1997, n. 59.

Capo I
Particolari modalità di conclusione del contratto

45. Definizioni (1). – 1. 1. Ai fini delle Sezioni da I a IV del presente capo, si intende per:

a) "consumatore": la persona fisica, di cui all'articolo 3, comma 1, lettera a);

b) "professionista": il soggetto, di cui all'articolo 3, comma 1, lettera c);

c) "beni":

1) qualsiasi bene mobile materiale anche da assemblare, l'acqua, il gas e l'energia elettrica quando sono confezionati per la vendita in un volume delimitato o in quantità determinata;

2) qualsiasi bene mobile materiale che incorpora, o è interconnesso con, un contenuto digitale o un servizio digitale in modo tale che la mancanza di detto contenuto digitale o servizio digitale impedirebbe lo svolgimento delle funzioni pro-

prie del bene, anche denominati "beni con elementi digitali");

3) gli animali vivi (2);

d) "beni prodotti secondo le indicazioni del consumatore": qualsiasi bene non prefabbricato prodotto in base a una scelta o decisione individuale del consumatore;

d-bis) "dato personale": dato personale quale definito dall'articolo 4, punto 1), del regolamento (UE) 2016/679 del Parlamento europeo e del Consiglio, del 27 aprile 2016 (3);

e) "contratto di vendita": qualsiasi contratto in base al quale il professionista trasferisce o si impegna a trasferire la proprietà di beni al consumatore, inclusi i contratti che hanno come oggetto sia beni che servizi (4);

f) "contratto di servizi": qualsiasi contratto diverso da un contratto di vendita in base al quale il professionista fornisce o si impegna a fornire un servizio, compreso un servizio digitale, al consumatore (5);

g) "contratto a distanza": qualsiasi contratto concluso tra il professionista e il consumatore nel quadro di un regime organizzato di vendita o di prestazione di servizi a distanza senza la presenza fisica e simultanea del professionista e del consumatore, mediante l'uso esclusivo di uno o più mezzi di comunicazione a distanza fino alla conclusione del contratto, compresa la conclusione del contratto stesso;

h) "contratto negoziato fuori dei locali commerciali": qualsiasi contratto tra il professionista e il consumatore:

1) concluso alla presenza fisica e simultanea del professionista e del consumatore, in un luogo diverso dai locali del professionista;

2) per cui è stata fatta un'offerta da parte del consumatore, nelle stesse circostanze di cui al numero 1;

3) concluso nei locali del professionista o mediante qualsiasi mezzo di comunicazione a distanza immediatamente dopo che il consumatore è stato avvicinato personalmente e singolarmente in un luogo diverso dai locali del professionista, alla presenza fisica e simultanea del professionista e del consumatore; oppure;

4) concluso durante un viaggio promozionale organizzato dal professionista e avente lo scopo o l'effetto di promuovere e vendere beni o servizi al consumatore;

i) "locali commerciali":

1) qualsiasi locale immobile adibito alla vendita al dettaglio in cui il professionista esercita la sua attività su base permanente; oppure;

2) qualsiasi locale mobile adibito alla vendita al dettaglio in cui il professionista esercita la propria attività a carattere abituale;

l) "supporto durevole": ogni strumento che permetta al consumatore o al professionista di conservare le informazioni che gli sono personalmente indirizzate in modo da potervi accedere in futuro per un periodo di tempo adeguato alle finalità cui esse sono destinate e che permetta la riproduzione identica delle informazioni memorizzate;

m) "contenuto digitale": i dati prodotti e forniti in formato digitale;

n) "servizio finanziario": qualsiasi servizio di natura bancaria, creditizia, assicurativa, servizi pensionistici individuali, di investimento o di pagamento;

o) "asta pubblica": metodo di vendita in cui beni o servizi sono offerti dal professionista ai consumatori che partecipano o cui è data la possibilità di partecipare all'asta di persona, mediante una trasparente procedura competitiva di offerte gestita da una casa d'aste e in cui l'aggiudicatario è vincolato all'acquisto dei beni o servizi;

p) "garanzia": qualsiasi impegno di un professionista o di un produttore (il "garante"), assunto nei confronti del consumatore, in aggiunta agli obblighi di legge in merito alla garanzia di conformità, di rimborsare il prezzo pagato, sostituire, riparare, o intervenire altrimenti sul bene, qualora esso non corrisponda alle caratteristiche, o a qualsiasi altro requisito non relativo alla conformità, enunciati nella dichiarazione di garanzia o nella relativa pubblicità disponibile al momento o prima della conclusione del contratto;

q) "contratto accessorio": un contratto mediante il quale il consumatore acquista beni o servizi connessi a un contratto a distanza o negoziato fuori dei locali commerciali e in cui tali beni o servizi sono forniti dal professionista o da un terzo in base ad un accordo tra il terzo e il professionista;

q-bis) "servizio digitale":

1) un servizio che consente al consumatore di creare, trasformare, archiviare i dati o di accedervi in formato digitale; oppure

2) un servizio che consente la condivisione di dati in formato digitale, caricati o creati dal consumatore e da altri utenti di tale servizio, o qualsiasi altra interazione con tali dati (6);

q-ter) "mercato online": un servizio che utilizza un software, compresi siti web, parte di siti web o un'applicazione, gestito da o per conto del professionista, che permette ai consumatori di concludere contratti a distanza con altri professionisti o consumatori (7);

q-quater) "fornitore di mercato online": qualsiasi professionista che fornisce un mercato online ai consumatori (7);

q-quinquies) "compatibilità": la capacità del contenuto digitale o del servizio digitale di funzionare con hardware o software con cui sono normalmente utilizzati contenuti digitali o servizi digitali dello stesso tipo, senza che sia necessario convertire il contenuto digitale o il servizio digitale (7);

q-sexies) "funzionalità": la capacità del contenuto digitale o del servizio digitale di svolgere tutte le sue funzioni in considerazione del suo scopo (7);

q-septies) "interoperabilità": la capacità del contenuto digitale o del servizio digitale di funzionare con hardware o software diversi da quelli con cui sono normalmente utilizzati i contenuti digitali o i servizi digitali dello stesso tipo (7).

(1) Articolo sostituito dall'art. 1, co. 1, d.lg. 21/2/2014, n. 21, con la decorrenza di cui all'art. 2, co. 1, d.lg. n. 21/2014.

(2) Lettera sostituita dall'art. 1, co. 9, lett. a), d.lg. 7/3/2023, n. 26.

(3) Lettera inserita dall'art. 1, co. 9, lett. b), d.lg. 7/3/2023, n. 26.

(4) Lettera sostituita dall'art. 1, co. 9, lett. c), d.lg. 7/3/2023, n. 26.

(5) Lettera sostituita dall'art. 1, co. 9, lett. d), d.lg. 7/3/2023, n. 26.

(6) Lettera inserita dall'art. 1, co. 9, lett. e), d.lg. 7/3/2023, n. 26.

(7) Lettera inserita dall'art. 1, co. 9, lett. e), d.lg. 7/3/2023, n. 26.

46. Ambito di applicazione (1). – 1. Le disposizioni delle sezioni da I a IV del presente capo si applicano, alle condizioni e nella misura stabilita in tali disposizioni, a qualsiasi contratto concluso tra un professionista e un consumatore di cui quest'ultimo paga o si impegna a pagare il prezzo. Si applicano ai contratti per la fornitura di acqua, gas, elettricità o teleriscaldamento, anche da parte di prestatori pubblici, nella misura in cui detti prodotti di base sono forniti su base contrattuale (2).

1-bis. Ferma la disciplina dettata dal regolamento (UE) 2016/679 del Parlamento europeo e del Consiglio, del 27 aprile 2016, e dal decreto legislativo 30 giugno 2003, n. 196, le disposizioni delle sezioni da I a IV del presente capo si applicano anche se il professionista fornisce o si impegna a fornire un contenuto digitale mediante un supporto non materiale o un servizio digitale al consumatore e il consumatore fornisce o si impegna a fornire dati personali al professionista, tranne i casi in cui i dati personali forniti dal consumatore siano trattati dal professionista esclusivamente ai fini della fornitura del contenuto digitale su supporto non materiale o del servizio digitale a norma delle predette disposizioni o per consentire l'assolvimento degli obblighi di legge cui il professionista è soggetto, e questi non tratti tali dati per nessun altro scopo (3).

2. In caso di conflitto tra le disposizioni delle Sezioni da I a IV del presente Capo e una disposizione di un atto dell'Unione europea che disciplina settori specifici, quest'ultima e le relative norme nazionali di recepimento prevalgono e si applicano a tali settori specifici.

3. Le disposizioni delle Sezioni da I a IV del presente Capo non impediscono ai professionisti di offrire ai consumatori condizioni contrattuali più favorevoli rispetto alla tutela prevista da tali disposizioni.

(1) Articolo sostituito dall'art. 1, co. 1, d.lg. 21/2/2014, n. 21, con la decorrenza di cui all'art. 2, co. 1, d.lg. n. 21/2014.

(2) Comma sostituito dall'art. 1, co. 10, lett. a), d.lg. 7/3/2023, n. 26.

(3) Comma inserito dall'art. 1, co. 10, lett. b), d.lg. 7/3/2023, n. 26

47. Esclusioni (1). – 1. Le disposizioni delle Sezioni da I a IV del presente Capo non si applicano ai contratti:

a) per i servizi sociali, compresi gli alloggi popolari, l'assistenza all'infanzia e il sostegno alle famiglie e alle persone temporaneamente o permanentemente in stato di bisogno, ivi compresa l'assistenza a lungo termine;

b) di assistenza sanitaria, per i servizi prestati da professionisti sanitari a pazienti, al fine di valutare, mantenere o ristabilire il loro stato di salute, ivi compresa la prescrizione, la somministrazione e la fornitura di medicinali e dispositivi medici, sia essa fornita o meno attraverso le strutture di assistenza sanitaria;

c) di attività di azzardo che implicano una posta di valore pecuniario in giochi di fortuna, comprese le lotterie, i giochi d'azzardo nei casinò e le scommesse;

d) di servizi finanziari;

e) aventi ad oggetto la creazione di beni immobili o la costituzione o il trasferimento di diritti su beni immobili;

f) per la costruzione di nuovi edifici, la trasformazione sostanziale di edifici esistenti e per la locazione di alloggi a scopo residenziale;

g) che rientrano nell'ambito di applicazione della disciplina concernente i contratti del turismo organizzato, di cui al Capo I del Titolo VI dell'Allegato 1 al decreto legislativo 23 maggio 2011, n. 79 (2);

h) che rientrano nell'ambito di applicazione della disciplina concernente la tutela dei consumatori per quanto riguarda taluni aspetti dei contratti di multiproprietà, dei contratti relativi ai prodotti per le vacanze di lungo termine e dei contratti di rivendita e di scambio, di cui agli articoli da 69 a 81-bis del presente Codice;

i) stipulati con l'intervento di un pubblico ufficiale, tenuto per legge all'indipendenza e all'imparzialità, il quale deve garantire, fornendo un'informazione giuridica completa, che il consumatore concluda il contratto soltanto sulla base di una decisione giuridica ponderata e con conoscenza della sua rilevanza giuridica;

l) di fornitura di alimenti, bevande o altri beni destinati al consumo corrente nella famiglia e fisicamente forniti da un professionista in giri frequenti e regolari al domicilio, alla residenza o al posto di lavoro del consumatore;

m) di servizi di trasporto passeggeri, fatti salvi l'articolo 51, comma 2, e gli articoli 62, 64 e 65 (3);

n) conclusi tramite distributori automatici o locali commerciali automatizzati;

o) conclusi con operatori delle telecomunicazioni impiegando telefoni pubblici a pagamento per il loro utilizzo o conclusi per l'utilizzo di un solo collegamento tramite telefono, Internet o fax, stabilito dal consumatore. 2. Le disposizioni delle Sezioni da I a IV del presente Capo non si applicano ai contratti negoziati fuori dei locali commerciali in base ai quali il corrispettivo che il consumatore deve pagare non è superiore a 50 euro. Tuttavia, si applicano le disposizioni del presente Capo nel caso di più contratti stipulati contestualmente tra le medesime parti, qualora l'entità del corrispettivo globale che il consumatore deve pagare, indipendentemente dall'importo dei singoli contratti, superi l'importo di 50 euro.

o-bis) relativi ai beni oggetto di vendita forzata o comunque venduti secondo altre modalità dalle autorità giudiziarie (4).

(1) Articolo così sostituito dall'art. 1, co. 1, d.lg. 21/2/2014, n. 21.

(2) Lettera così sostituita dall'art. 2, co. 1, d.lg. 21/5/2018, n. 62, a decorrere dal 1° luglio 2018 e con applicabilità ai contratti conclusi a decorrere da tale data, ai sensi di quanto disposto dall'art. 3, co. 1, del medesimo d.lg. n. 62/2018.

(3) Lettera sostituita dall'art. 1, co. 11, lett. a), d.lg. 7/3/2023, n. 26.

(4) Lettera aggiunta dall'art. 1, co. 11, lett. b), d.lg. 7/3/2023, n. 26.

Sezione I
Informazioni precontrattuali per i consumatori nei contratti diversi dai contratti a distanza o negoziati fuori dei locali commerciali

48. Obblighi d'informazione nei contratti diversi dai contratti a distanza o negoziati fuori dei locali commerciali (1). – 1. Prima che il consumatore sia vincolato da un contratto diverso da un contratto a distanza o negoziato fuori dei locali commerciali o da una corrispondente offerta, il professionista fornisce al consumatore le seguenti informazioni in modo chiaro e comprensibile, qualora esse non siano già apparenti dal contesto:

a) le caratteristiche principali dei beni o servizi, nella misura adeguata al supporto e ai beni o servizi;

b) l'identità del professionista, l'indirizzo geografico in cui è stabilito e il numero di telefono e, ove questa informazione sia pertinente, l'indirizzo geografico e l'identità del professionista per conto del quale egli agisce;

c) il prezzo totale dei beni o servizi comprensivo delle imposte o, se la natura dei beni o dei servizi comporta l'impossibilità di calcolare ragionevolmente il prezzo in anticipo, le modalità di calcolo del prezzo e, se applicabili, tutte le spese aggiuntive di spedizione, consegna o postali oppure, qualora tali spese non possano ragionevolmente essere calcolate in anticipo, l'indicazione che tali spese potranno essere addebitate al consumatore;

d) se applicabili, le modalità di pagamento, consegna ed esecuzione, la data entro la quale il professionista si impegna a consegnare i beni o a prestare il servizio e il trattamento dei reclami da parte del professionista;

e) oltre a un richiamo dell'esistenza della garanzia legale di conformità per i beni, l'esistenza e le condizioni del servizio postvendita e delle garanzie commerciali, se applicabili;

f) la durata del contratto, se applicabile, o, se il contratto è a tempo indeterminato o è un contratto a rinnovo automatico, le condizioni di risoluzione del contratto;

g) se applicabile, la funzionalità del contenuto digitale, comprese le misure applicabili di protezione tecnica;

h) qualsiasi interoperabilità pertinente del contenuto digitale con l'hardware e il software, di cui il professionista sia a conoscenza o di cui ci si può ragionevolmente attendere che sia venuto a conoscenza, se applicabili.

2. Gli obblighi di informazione precontrattuali, di cui al comma 1, si applicano anche ai contratti per la fornitura di acqua, gas o elettricità, quando non sono messi in vendita in un volume limitato o in quantità determinata, di teleriscaldamento o di contenuto digitale non fornito su un supporto materiale.

3. Gli obblighi di informazione precontrattuali, di cui al comma 1, non si applicano ai contratti che implicano transazioni quotidiane e che sono eseguiti immediatamente al momento della loro conclusione.

4. È fatta salva la possibilità di prevedere o mantenere obblighi aggiuntivi di informazione precontrattuale per i contratti ai quali si applica il presente articolo.

5. Sono fatte salve le disposizioni di cui agli articoli da 6 a 12 del presente Codice.

(1) Articolo sostituito dall'art. 1, co. 1, d.lg. 21/2/2014, n. 21, con la decorrenza di cui all'art. 2, co. 1, d.lg. n. 21/2014.

Sezione II

Informazioni precontrattuali per il consumatore e diritto di recesso nei contratti a distanza e nei contratti negoziati fuori dei locali commerciali

49. Norme applicabili (1). – 1. Prima che il consumatore sia vincolato da un contratto a distanza o negoziato fuori dei locali commerciali o da una corrispondente offerta, il professionista fornisce al consumatore le informazioni seguenti, in maniera chiara e comprensibile:

a) le caratteristiche principali dei beni o servizi, nella misura adeguata al supporto e ai beni o servizi;

b) l'identità del professionista;

c) l'indirizzo geografico dove il professionista è stabilito, il suo numero di telefono e il suo indirizzo elettronico. Inoltre, se il professionista fornisce qualsiasi altro mezzo di comunicazione elettronica che garantisca al consumatore di poter intrattenere con lui una corrispondenza scritta, che rechi la data e l'orario dei relativi messaggi, su un supporto durevole, il professionista deve fornire anche le informazioni relative a tale altro mezzo. Tutti questi mezzi di comunicazione forniti dal professionista devono consentire al consumatore di contattarlo rapidamente e di comunicare efficacemente con lui. Ove applicabile, il professionista fornisce anche l'indirizzo geografico e l'identità del professionista per conto del quale agisce (2);

d) se diverso dall'indirizzo fornito in conformità della lettera c), l'indirizzo geografico della sede del professionista a cui il consumatore può indirizzare eventuali reclami e, se applicabile, quello del professionista per conto del quale agisce;

e) il prezzo totale dei beni o dei servizi comprensivo delle imposte o, se la natura dei beni o servizi comporta l'impossibilità di calcolare ragionevolmente il prezzo in anticipo, le modalità di calcolo del prezzo e, se del caso, tutte le spese aggiuntive di spedizione, consegna o postali e ogni altro costo oppure, qualora tali spese non possano ragionevolmente essere calcolate in anticipo, l'indicazione che tali spese potranno essere addebitate al consumatore; nel caso di un contratto a tempo indeterminato o di un contratto comprendente un abbonamento, il prezzo totale include i costi totali per periodo di fatturazione; quando tali contratti prevedono l'addebitamento di una tariffa fissa, il prezzo totale equivale anche ai costi mensili totali; se i costi totali non possono essere ragionevolmente calcolati in anticipo, devono essere fornite le modalità di calcolo del prezzo;

e-bis) se applicabile, l'informazione che il prezzo è stato personalizzato sulla base di un processo decisionale automatizzato, ferme le garanzie di cui all'articolo 22 del regolamento (UE) 2016/679 del Parlamento europeo e del Consiglio, del 27 aprile 2016 (3);

f) il costo dell'utilizzo del mezzo di comunicazione a distanza per la conclusione del contratto quando tale costo è calcolato su una base diversa dalla tariffa di base;

g) le modalità di pagamento, consegna ed esecuzione, la data entro la quale il professionista si impegna a consegnare i beni o a prestare i servizi e, se del caso, il trattamento dei reclami da parte del professionista;

h) in caso di sussistenza di un diritto di recesso, le condizioni, i termini e le procedure per esercitare tale diritto conformemente all'articolo 54, comma 1, nonché il modulo tipo di recesso di cui all'allegato I, parte B;

i) se applicabile, l'informazione che il consumatore dovrà sostenere il costo della restituzione dei beni in caso di recesso e in caso di contratti a distanza qualora i beni per loro natura non possano essere normalmente restituiti a mezzo posta;

l) che, se il consumatore esercita il diritto di recesso dopo aver presentato una richiesta ai sensi dell'articolo 50, comma 3, o dell'articolo 51, comma 8, egli è responsabile del pagamento al professionista di costi ragionevoli, ai sensi dell'articolo 57, comma 3;

m) se non è previsto un diritto di recesso ai sensi dell'articolo 59, l'informazione che il consumatore non beneficerà di un diritto di recesso o, se del caso, le circostanze in cui il consumatore perde il diritto di recesso;

n) un promemoria dell'esistenza della garanzia legale di conformità per i beni, il contenuto digitale e i servizi digitali (4);

o) se applicabili, l'esistenza e le condizioni dell'assistenza postvendita al consumatore, dei servizi postvendita e delle garanzie commerciali;

p) l'esistenza di codici di condotta pertinenti, come definiti all'articolo 18, comma 1, lettera f), del presente Codice, e come possa esserne ottenuta copia, se del caso;

q) la durata del contratto, se applicabile, o, se il contratto è a tempo indeterminato o è un contratto a rinnovo automatico, le condizioni per recedere dal contratto;

r) se applicabile, la durata minima degli obblighi del consumatore a norma del contratto;

s) se applicabili, l'esistenza e le condizioni di depositi o altre garanzie finanziarie che il consumatore è tenuto a pagare o fornire su richiesta del professionista;

t) se applicabile, la funzionalità dei beni con elementi digitali, del contenuto digitale e dei servizi digitali, comprese le misure applicabili di protezione tecnica (5);

u) qualsiasi compatibilità e interoperabilità pertinente dei beni con elementi digitali, del contenuto digitale e dei servizi digitali, di cui il professionista sia a conoscenza o di cui ci si può ragionevolmente attendere che sia venuto a conoscenza, se applicabile (6);

v) se applicabile, la possibilità di servirsi di un meccanismo extra-giudiziale di reclamo e ricorso cui il professionista è soggetto e le condizioni per avervi accesso.

2. Gli obblighi di informazione precontrattuali, di cui al comma 1, si applicano anche ai contratti per la fornitura di acqua, gas o elettricità, quando non sono messi in vendita in un volume limitato o in quantità determinata, di teleriscaldamento o di contenuto digitale non fornito su un supporto materiale.

3. Nel caso di un'asta pubblica, le informazioni di cui al comma 1, lettere b), c) e d), possono essere sostituite dai corrispondenti dati della casa d'aste.

4. Le informazioni di cui al comma 1, lettere h), i) e l), possono essere fornite mediante le istruzioni tipo sul recesso di cui all'allegato I, parte A. Il professionista ha adempiuto agli obblighi di informazione di cui al comma 1, lettere h), i) e l), se ha presentato dette istruzioni al consumatore, debitamente compilate. I riferimenti al periodo di recesso di quattordici giorni nelle istruzioni tipo sul recesso di cui all'allegato I, parte A, sono sostituiti da riferimenti a un periodo di recesso di trenta giorni nei casi di cui all'articolo 52, comma 1-bis (7).

5. Le informazioni di cui al comma 1 formano parte integrante del contratto a distanza o del contratto negoziato fuori dei locali commerciali e non possono essere modificate se non con accordo espresso delle parti.

6. Se il professionista non adempie agli obblighi di informazione sulle spese aggiuntive o gli altri costi di cui al com-

ma 1, lettera e), o sui costi della restituzione dei beni di cui al comma 1, lettera i), il consumatore non deve sostenere tali spese o costi aggiuntivi.

7. Nel caso di utilizzazione di tecniche che consentono una comunicazione individuale, le informazioni di cui al comma 1 sono fornite, ove il consumatore lo richieda, in lingua italiana.

8. Gli obblighi di informazione stabiliti nella presente sezione si aggiungono agli obblighi di informazione contenuti nel, e successive modificazioni, e nel decreto legislativo 9 aprile 2003, n. 70, e successive modificazioni, e non ostano ad obblighi di informazione aggiuntivi previsti in conformità a tali disposizioni.

9. Fatto salvo quanto previsto dal comma 8, in caso di conflitto tra una disposizione del decreto legislativo 26 marzo 2010, n. 59, e successive modificazioni, e del decreto legislativo 9 aprile 2003, n. 70, e successive modificazioni, sul contenuto e le modalità di rilascio delle informazioni e una disposizione della presente sezione, prevale quest'ultima.

10. L'onere della prova relativo all'adempimento degli obblighi di informazione di cui alla presente sezione incombe sul professionista.

(1) Articolo sostituito dall'art. 1, co. 1, d.lg. 21/2/2014, n. 21, con la decorrenza di cui all'art. 2, co. 1, d.lg. n. 21/2014.

(2) Lettera sostituita dall'art. 1, co. 13, lett. a), n. 1), d.lg. 7/3/2023, n. 26.

(3) Lettera inserita dall'art. 1, co. 13, lett. a), n. 2), d.lg. 7/3/2023, n. 26.

(4) Lettera sostituita dall'art. 1, co. 13, lett. a), n. 3), d.lg. 7/3/2023, n. 26.

(5) Lettera sostituita dall'art. 1, co. 13, lett. a), n. 4), d.lg. 7/3/2023, n. 26.

(6) Lettera sostituita dall'art. 1, co. 13, lett. a), n. 5), d.lg. 7/3/2023, n. 26.

(7) Comma modificato dall'art. 1, co. 13, lett. b), d.lg. 7/3/2023, n. 26.

50. Requisiti formali per i contratti negoziati fuori dei locali commerciali (1). – 1. Per quanto riguarda i contratti negoziati fuori dei locali commerciali il professionista fornisce al consumatore le informazioni di cui all'articolo 49, comma 1, su supporto cartaceo o, se il consumatore è d'accordo, su un altro mezzo durevole. Dette informazioni devono essere leggibili e presentate in un linguaggio semplice e comprensibile.

2. Il professionista fornisce al consumatore una copia del contratto firmato o la conferma del contratto su supporto cartaceo o, se il consumatore è d'accordo, su un altro mezzo durevole, compresa, se del caso, la conferma del previo consenso espresso e dell'accettazione del consumatore in conformità all'articolo 59, comma 1, lettera o).

3. Se un consumatore vuole che la prestazione dei servizi ovvero la fornitura di acqua, gas o elettricità, quando non sono messi in vendita in un volume limitato o in quantità determinata, o di teleriscaldamento inizi durante il periodo di recesso previsto all'articolo 52, comma 2, e il contratto impone al consumatore l'obbligo di pagare, il professionista esige che il consumatore ne faccia esplicita richiesta su un supporto durevole e chiede inoltre al consumatore di riconoscere che, una volta che il contratto sarà stato interamente eseguito dal professionista, il consumatore non avrà più il diritto di recesso (2).

4. Per i contratti negoziati fuori dei locali commerciali in cui il consumatore ha chiesto espressamente i servizi del professionista ai fini dell'effettuazione di lavori di riparazione o manutenzione e in virtù dei quali il professionista e il consumatore adempiono immediatamente ai propri obblighi contrattuali e l'importo a carico del consumatore non supera i 200 euro:

a) il professionista fornisce al consumatore, prima che questi sia vincolato dal contratto, le informazioni di cui all'articolo 49, comma 1, lettere b) e c), e le informazioni concernenti il prezzo o le modalità di calcolo del prezzo, accompagnate da una stima del prezzo totale, su supporto cartaceo o, se il consumatore è d'accordo, su un altro mezzo durevole. Il professionista fornisce le informazioni di cui all'articolo 49, comma 1, lettere a), h) ed m), ma può scegliere di non fornirle su formato cartaceo o su un altro mezzo durevole se il consumatore ha espressamente acconsentito;

b) la conferma del contratto fornita conformemente al comma 2 del presente articolo contiene tutte le informazioni di cui all'articolo 49, comma 1.

(1) Articolo sostituito dall'art. 1, co. 1, d.lg. 21/2/2014, n. 21, con la decorrenza di cui all'art. 2, co. 1, d.lg. n. 21/2014.

(2) Comma sostituito dall'art. 1, co. 15, d.lg. 7/3/2023, n. 26.

51. Requisiti formali per i contratti a distanza (1). – 1. Per quanto riguarda i contratti a distanza il professionista fornisce o mette a disposizione del consumatore le informazioni di cui all'articolo 49, comma 1, in modo appropriato al mezzo di comunicazione a distanza impiegato in un linguaggio semplice e comprensibile. Nella misura in cui dette informazioni sono presentate su un supporto durevole, esse devono essere leggibili.

2. Se un contratto a distanza che deve essere concluso con mezzi elettronici impone al consumatore l'obbligo di pagare, il professionista gli comunica in modo chiaro ed evidente le informazioni di cui all'articolo 49, comma 1, lettere a), e), q) ed r), direttamente prima che il consumatore inoltri l'ordine. Il professionista garantisce che, al momento di inoltrare l'ordine, il consumatore riconosca espressamente che l'ordine implica l'obbligo di pagare. Se l'inoltro dell'ordine implica di azionare un pulsante o una funzione analoga, il pulsante o la funzione analoga riportano in modo facilmente leggibile soltanto le parole "ordine con obbligo di pagare" o una formulazione corrispondente inequivocabile indicante che l'inoltro dell'ordine implica l'obbligo di pagare il professionista. Se il professionista non osserva il presente comma, il consumatore non è vincolato dal contratto o dall'ordine.

3. I siti di commercio elettronico indicano in modo chiaro e leggibile, al più tardi all'inizio del processo di ordinazione, se si applicano restrizioni relative alla consegna e quali mezzi di pagamento sono accettati.

4. Se il contratto è concluso mediante un mezzo di comunicazione a distanza che consente uno spazio o un tempo limitato per comunicare le informazioni, il professionista fornisce, su o mediante quello specifico mezzo e prima della conclusione del contratto, almeno le informazioni precontrattuali riguardanti le caratteristiche principali dei beni o servizi, l'identità del professionista, il prezzo totale, il diritto di recesso, la durata del contratto e, nel caso di contratti a tempo indeterminato, le condizioni di risoluzione del contratto, come indicato rispettivamente all'articolo 49, comma 1, lettere a), b), e), h) e q), eccetto il modulo di recesso tipo figurante all'allegato I, parte B, di cui alla lettera h). Le altre informazioni di cui all'articolo 49, comma 1, compreso il modello del modulo di recesso, sono fornite dal professionista in un modo appropriato conformemente al comma 1 del presente articolo (2).

5. Fatto salvo il comma 4, se il professionista telefona al consumatore al fine di concludere un contratto a distanza, all'inizio della conversazione con il consumatore egli deve rivelare la sua identità e, ove applicabile, l'identità della persona per conto della quale effettua la telefonata, nonché lo scopo commerciale della chiamata e l'informativa di cui all'articolo 10 del decreto del Presidente della Repubblica 7 settembre 2010, n. 178.

6. Quando un contratto a distanza deve essere concluso per

telefono, il professionista deve confermare l'offerta al consumatore, il quale è vincolato solo dopo aver firmato l'offerta o dopo averla accettata per iscritto; in tali casi il documento informatico può essere sottoscritto con firma elettronica ai sensi dell'articolo 21 del decreto legislativo 7 marzo 2005, n. 82, e successive modificazioni. Dette conferme possono essere effettuate, se il consumatore acconsente, anche su un supporto durevole.

7. Il professionista fornisce al consumatore la conferma del contratto concluso su un mezzo durevole, entro un termine ragionevole dopo la conclusione del contratto a distanza e al più tardi al momento della consegna dei beni oppure prima che l'esecuzione del servizio abbia inizio. Tale conferma comprende:

a) tutte le informazioni di cui all'articolo 49, comma 1, a meno che il professionista non abbia già fornito l'informazione al consumatore su un mezzo durevole prima della conclusione del contratto a distanza; e

b) se del caso, la conferma del previo consenso espresso e dell'accettazione del consumatore conformemente all'articolo 59, lettera o).

8. Se un consumatore vuole che la prestazione dei servizi ovvero la fornitura di acqua, gas o elettricità, quando non sono messi in vendita in un volume limitato o in quantità determinata, o di teleriscaldamento inizi durante il periodo di recesso previsto all'articolo 52, comma 2, e il contratto impone al consumatore l'obbligo di pagare, il professionista esige che il consumatore ne faccia richiesta esplicita e chiede inoltre al consumatore di riconoscere che, una volta che il contratto sarà stato interamente eseguito dal professionista, il consumatore non avrà più il diritto di recesso (3).

9. Il presente articolo lascia impregiudicate le disposizioni relative alla conclusione di contratti elettronici e all'inoltro di ordini per via elettronica conformemente agli articoli 12, commi 2 e 3, e 13 del decreto legislativo 9 aprile 2003, n. 70, e successive modificazioni.

(1) Articolo modificato dall'art. 7, co. 1, d.lg. 23/10/2007, n. 221 e, successivamente sostituito dall'art. 1, co. 1, d.lg. 21/2/2014, n. 21 con la decorrenza di cui all'art. 2, co. 1, d.lg. 21/2014.

(2) Comma sostituito dall'art. 1, co. 16, lett. a), d.lg. 7/3/2023, n. 26.

(3) Comma sostituito dall'art. 1, co. 16, lett. b), d.lg. 7/3/2023, n. 26.

52. Diritto di recesso (1). – 1. Fatte salve le eccezioni di cui all'articolo 59, il consumatore dispone di un periodo di quattordici giorni per recedere da un contratto a distanza o negoziato fuori dei locali commerciali senza dover fornire alcuna motivazione e senza dover sostenere costi diversi da quelli previsti all'articolo 56, comma 2, e all'articolo 57.

1-bis. Il periodo di recesso di quattordici giorni di cui al comma 1 è prolungato a trenta giorni, per i contratti conclusi nel contesto di visite non richieste di un professionista presso l'abitazione di un consumatore oppure di escursioni organizzate da un professionista con lo scopo o con l'effetto di promuovere o vendere prodotti ai consumatori. La disposizione di cui al presente comma non si applica ai contratti conclusi nel contesto di visite domiciliari da parte di un professionista, richieste da un consumatore e non organizzate dal medesimo in forma collettiva (2).

2. Fatto salvo l'articolo 53, il periodo di recesso di cui al comma 1 del presente articolo termina dopo quattrodici giorni, o, nei casi di cui al comma 1-bis, dopo trenta giorni a decorrere (3):

a) nel caso dei contratti di servizi, dal giorno della conclusione del contratto;

b) nel caso di contratti di vendita, dal giorno in cui il consumatore o un terzo, diverso dal vettore e designato dal consumatore, acquisisce il possesso fisico dei beni o:

1) nel caso di beni multipli ordinati dal consumatore mediante un solo ordine e consegnati separatamente, dal giorno in cui il consumatore o un terzo, diverso dal vettore e designato dal consumatore, acquisisce il possesso fisico dell'ultimo bene;

2) nel caso di consegna di un bene costituito da lotti o pezzi multipli, dal giorno in cui il consumatore o un terzo, diverso dal vettore e designato dal consumatore, acquisisce il possesso fisico dell'ultimo lotto o pezzo;

3) nel caso di contratti per la consegna periodica di beni durante un determinato periodo di tempo, dal giorno in cui il consumatore o un terzo, diverso dal vettore e designato dal consumatore, acquisisce il possesso fisico del primo bene;

c) nel caso di contratti per la fornitura di acqua, gas o elettricità, quando non sono messi in vendita in un volume limitato o in quantità determinata, di teleriscaldamento o di contenuto digitale non fornito su un supporto materiale, dal giorno della conclusione del contratto.

3. Le parti del contratto possono adempiere ai loro obblighi contrattuali durante il periodo di recesso. Tuttavia, nel caso di contratti negoziati fuori dei locali commerciali, il professionista non può accettare, a titolo di corrispettivo, effetti cambiari che abbiano una scadenza inferiore a quindici giorni dalla conclusione del contratto per i contratti di servizi o dall'acquisizione del possesso fisico dei beni per i contratti di vendita e non può presentarli allo sconto prima di tale termine.

3-bis. Nel caso di cui al comma 1-bis, il professionista non può accettare, a titolo di corrispettivo, effetti cambiari che abbiano una scadenza inferiore a trentuno giorni dalla conclusione del contratto per i contratti di servizi o all'acquisizione del possesso fisico dei beni per i contratti di vendita e non può presentarli allo sconto prima di tale termine (4).

(1) Articolo sostituito dall'art. 1, co. 1, d.lg. 21/2/2014, n. 21, con la decorrenza di cui all'art. 2, co. 1, d.lg. n. 21/2014.

(2) Comma inserito dall'art. 1, co. 17, lett. a), d.lg. 7/3/2023, n. 26.

(3) Alinea sostituito dall'art. 1, co. 17, lett. b), d.lg. 7/3/2023, n. 26.

(4) Comma aggiunto dall'art. 1, co. 17, lett. c), d.lg. 7/3/2023, n. 26.

53. Non adempimento dell'obbligo d'informazione sul diritto di recesso (1). – 1. Se in violazione dell'articolo 49, comma 1, lettera h), il professionista non fornisce al consumatore le informazioni sul diritto di recesso, il periodo di recesso termina dodici mesi dopo la fine del periodo di recesso iniziale, come determinato a norma dell'articolo 52, comma 2.

2. Se il professionista fornisce al consumatore le informazioni di cui al comma 1 del presente articolo entro dodici mesi dalla data di cui all'articolo 52, comma 2, il periodo di recesso termina quattordici giorni dopo il giorno in cui il consumatore riceve le informazioni. Nel caso di contratti conclusi nel contesto di visite non richieste di un professionista presso l'abitazione di un consumatore oppure di escursioni organizzate da un professionista con lo scopo o con l'effetto di promuovere o vendere prodotti ai consumatori di cui all'articolo 52, comma 1-bis, tale periodo termina trenta giorni dopo il giorno in cui il consumatore riceve le informazioni (2).

(1) Articolo sostituito dall'art. 1, co. 1, d.lg. 21/2/2014, n. 21, con la decorrenza di cui all'art. 2, co. 1, d.lg. n. 21/2014.

(2) Comma sostituito dall'art. 1, co. 18, d.lg. 7/3/2023, n. 26.

54. Esercizio del diritto di recesso (1). – 1. Prima della scadenza del periodo di recesso, il consumatore informa il professionista della sua decisione di esercitare il diritto di recesso dal contratto. A tal fine il consumatore può:

a) utilizzare il modulo tipo di recesso di cui all'allegato I, parte B; oppure

b) presentare una qualsiasi altra dichiarazione esplicita della sua decisione di recedere dal contratto.

2. Il consumatore ha esercitato il proprio diritto di recesso

entro il periodo di recesso di cui all'articolo 52, comma 2, e all'articolo 53 se la comunicazione relativa all'esercizio del diritto di recesso è inviata dal consumatore prima della scadenza del periodo di recesso.

3. Il professionista, oltre alle possibilità di cui al comma 1, può offrire al consumatore l'opzione di compilare e inviare elettronicamente il modulo di recesso tipo riportato all'allegato I, parte B, o una qualsiasi altra dichiarazione esplicita sul sito web del professionista. In tali casi il professionista comunica senza indugio al consumatore una conferma di ricevimento, su un supporto durevole, del recesso esercitato.

4. L'onere della prova relativa all'esercizio del diritto di recesso conformemente al presente articolo incombe sul consumatore.

(1) Articolo sostituito dall'art. 1, co. 1, d.lg. 21/2/2014, n. 21, con la decorrenza di cui all'art. 2, co. 1, d.lg. n. 21/2014.

55. Effetti del recesso (1). – 1. L'esercizio del diritto di recesso pone termine agli obblighi delle parti:

a) di eseguire il contratto a distanza o negoziato fuori dei locali commerciali; oppure

b) di concludere un contratto a distanza o negoziato fuori dei locali commerciali nei casi in cui un'offerta sia stata fatta dal consumatore.

(1) Articolo sostituito dall'art. 1, co. 1, d.lg. 21/2/2014, n. 21, con la decorrenza di cui all'art. 2, co. 1, d.lg. n. 21/2014.

56. Obblighi del professionista nel caso di recesso (1). – 1. Il professionista rimborsa tutti i pagamenti ricevuti dal consumatore, eventualmente comprensivi delle spese di consegna, senza indebito ritardo e comunque entro quattordici giorni dal giorno in cui è informato della decisione del consumatore di recedere dal contratto ai sensi dell'articolo 54. Il professionista esegue il rimborso di cui al primo periodo utilizzando lo stesso mezzo di pagamento usato dal consumatore per la transazione iniziale, salvo che il consumatore abbia espressamente convenuto altrimenti e a condizione che questi non debba sostenere alcun costo quale conseguenza del rimborso. Nell'ipotesi in cui il pagamento sia stato effettuato per mezzo di effetti cambiari, qualora questi non siano stati ancora presentati all'incasso, deve procedersi alla loro restituzione. È nulla qualsiasi clausola che preveda limitazioni al rimborso nei confronti del consumatore delle somme versate in conseguenza dell'esercizio del diritto di recesso.

2. Fatto salvo il comma 1, il professionista non è tenuto a rimborsare i costi supplementari, qualora il consumatore abbia scelto espressamente un tipo di consegna diversa dal tipo meno costoso di consegna offerto dal professionista.

3. Salvo che il professionista abbia offerto di ritirare egli stesso i beni, con riguardo ai contratti di vendita, il professionista può trattenere il rimborso finché non abbia ricevuto i beni oppure finché il consumatore non abbia dimostrato di aver rispedito i beni, a seconda di quale situazione si verifichi per prima.

3-bis. Per quanto riguarda i dati personali del consumatore, il professionista rispetta gli obblighi applicabili a norma del regolamento (UE) 2016/679 del Parlamento europeo e del Consiglio, del 27 aprile 2016 (2).

3-ter. Il professionista si astiene dall'utilizzare qualsiasi contenuto, diverso dai dati personali, che è stato fornito o creato dal consumatore durante l'utilizzo del contenuto digitale o del servizio digitale fornito dal professionista, salvo quando tale contenuto:

a) è privo di utilità al di fuori del contesto del contenuto digitale o del servizio digitale fornito dal professionista;

b) riguarda unicamente l'attività del consumatore durante l'utilizzo del contenuto digitale o del servizio digitale fornito dal professionista;

c) è stato aggregato dal professionista ad altri dati e non può essere disaggregato o può esserlo soltanto con sforzi sproporzionati;

d) è stato generato congiuntamente dal consumatore e da altre persone, e se altri consumatori possono continuare a farne uso (2).

3-quater. Fatta eccezione per le situazioni di cui al comma 3-ter, lettera a), b) o c), il professionista, su richiesta del consumatore, mette a disposizione di questi qualsiasi contenuto, diverso dai dati personali, fornito o creato dal consumatore durante l'utilizzo del contenuto digitale o del servizio digitale fornito dal professionista (2).

3-quinquies. Il consumatore ha il diritto di recuperare dal professionista tali contenuti digitali gratuitamente e senza impedimenti, entro un lasso di tempo ragionevole e in un formato di uso comune e leggibile da dispositivo automatico (2).

3-sexies. In caso di recesso dal contratto, il professionista può impedire qualsiasi ulteriore utilizzo del contenuto digitale o del servizio digitale da parte del consumatore, in particolare rendendogli inaccessibile tale contenuto o servizio digitale o disattivando il suo account utente, fatto salvo quanto previsto al comma 3-quater (2).

(1) Articolo sostituito dall'art. 1, co. 1, d.lg. 21/2/2014, n. 21, con la decorrenza di cui all'art. 2, co. 1, d.lg. n. 21/2014.

(2) Comma aggiunto dall'art. 1, co. 19, d.lg. 7/3/2023, n. 26.

57. Obblighi del consumatore nel caso di recesso (1). – 1. A meno che il professionista abbia offerto di ritirare egli stesso i beni, il consumatore restituisce i beni o li consegna al professionista o a un terzo autorizzato dal professionista a ricevere i beni, senza indebito ritardo e in ogni caso entro quattordici giorni dalla data in cui ha comunicato al professionista la sua decisione di recedere dal contratto ai sensi dell'articolo 54. Il termine è rispettato se il consumatore rispedisce i beni prima della scadenza del periodo di quattordici giorni. Il consumatore sostiene solo il costo diretto della restituzione dei beni, purché il professionista non abbia concordato di sostenerlo o abbia omesso di informare il consumatore che tale costo è a carico del consumatore. Nel caso di contratti negoziati fuori dei locali commerciali in cui i beni sono stati consegnati al domicilio del consumatore al momento della conclusione del contratto, il professionista ritira i beni a sue spese qualora i beni, per loro natura, non possano essere normalmente restituiti a mezzo posta.

2. Il consumatore è responsabile unicamente della diminuzione del valore dei beni risultante da una manipolazione dei beni diversa da quella necessaria per stabilire la natura, le caratteristiche e il funzionamento dei beni. Il consumatore non è in alcun caso responsabile per la diminuzione del valore dei beni se il professionista ha omesso di informare il consumatore del suo diritto di recesso a norma dell'articolo 49, comma 1, lettera h).

2-bis. In caso di recesso dal contratto, il consumatore si astiene dall'utilizzare il contenuto digitale o il servizio digitale e dal metterlo a disposizione di terzi (2).

3. Qualora un consumatore eserciti il diritto di recesso dopo aver presentato una richiesta in conformità dell'articolo 50, comma 3, o dell'articolo 51, comma 8, il consumatore versa al professionista un importo proporzionale a quanto è stato fornito fino al momento in cui il consumatore ha informato il professionista dell'esercizio del diritto di recesso, rispetto a tutte le prestazioni previste dal contratto. L'importo proporzionale che il consumatore deve pagare al professionista è calcolato sulla base del prezzo totale concordato nel contratto. Se detto prezzo totale è eccessivo, l'importo proporzionale è calcolato sulla base del valore di mercato di quanto è stato fornito.

4. Il consumatore non sostiene alcun costo per:

a) la prestazione di servizi o la fornitura di acqua, gas o elettricità, quando non sono messi in vendita in un volume limitato o in quantità determinata, o di teleriscaldamento, in tutto o in parte, durante il periodo di recesso quando:

1) il professionista ha omesso di fornire informazioni in conformità all'articolo 49, comma 1, lettere h) ed l); oppure

2) il consumatore non ha espressamente chiesto che la prestazione iniziasse durante il periodo di recesso in conformità all'articolo 50, comma 3, e dell'articolo 51, comma 8; oppure

b) la fornitura, in tutto o in parte, del contenuto digitale che non è fornito su un supporto materiale quando:

1) il consumatore non ha dato il suo previo consenso espresso circa l'inizio della prestazione prima della fine del periodo di quattordici o trenta giorni di cui all'articolo 52 (3);

2) il consumatore non ha riconosciuto di perdere il diritto di recesso quando ha espresso il suo consenso; oppure

3) il professionista ha omesso di fornire la conferma conformemente all'articolo 50, comma 2, o all'articolo 51, comma 7.

5. Fatto salvo quanto previsto nell'articolo 56, comma 2, e nel presente articolo, l'esercizio del diritto di recesso non comporta alcuna responsabilità per il consumatore.

(1) Articolo sostituito dall'art. 2, co. 1, d.lg. 2/8/2007, n. 146, successivamente modificato dall'art. 8, co. 1, d.lg. 23/10/2007, n. 221 e, da ultimo, sostituito dall'art. 1, co. 1, d.lg. 21/2/2014, n. 21, con la decorrenza di cui all'art. 2, co. 1, d.lg. n. 21/2014.

(2) Comma inserito dall'art. 1, co. 20, lett. a), d.lg. 7/3/2023, n. 26.

(3) Numero sostituito dall'art. 1, co. 20, lett. b), d.lg. 7/3/2023, n. 26.

58. Effetti dell'esercizio del diritto di recesso sui contratti accessori (1). – 1. Fatto salvo quanto previsto dal decreto legislativo 13 agosto 2010, n. 141, e successive modificazioni, in materia di contratti di credito ai consumatori, se il consumatore esercita il suo diritto di recesso da un contratto a distanza o concluso fuori dei locali commerciali a norma degli articoli da 52 a 57, eventuali contratti accessori sono risolti di diritto, senza costi per il consumatore, ad eccezione di quelli previsti dall'articolo 56, comma 2, e dall'articolo 57.

(1) Articolo modificato dall'art. 19-bis, co. 1, d.l. 30/12/2005, n. 273, conv., con modif., dalla l. 23/2/2006, n. 51; dall'art. 20-bis, co. 4, d.l. 25/9/2009, n. 135, conv., con modif., dalla l. 20/11/2009, n. 166 e, da ultimo, sostituito dall'art. 1, co. 1, d.lg. 21/2/2014, n. 21 con la decorrenza di cui all'art. 2, co. 1, d.lg. n. 21/2014.

59. Eccezioni al diritto di recesso (1). – 1. Il diritto di recesso di cui agli articoli da 52 a 58 per i contratti a distanza e i contratti negoziati fuori dei locali commerciali è escluso relativamente a:

a) i contratti di servizi dopo la completa prestazione del servizio ma, se il contratto impone al consumatore l'obbligo di pagare, solo se l'esecuzione è iniziata con il previo consenso espresso del consumatore e l'accettazione del fatto che perderà il proprio diritto di recesso a seguito della completa esecuzione del contratto da parte del professionista (2);

b) la fornitura di beni o servizi il cui prezzo è legato a fluttuazioni nel mercato finanziario che il professionista non è in grado di controllare e che possono verificarsi durante il periodo di recesso;

c) la fornitura di beni confezionati su misura o chiaramente personalizzati;

d) la fornitura di beni che rischiano di deteriorarsi o scadere rapidamente;

e) la fornitura di beni sigillati che non si prestano ad essere restituiti per motivi igienici o connessi alla protezione della salute e sono stati aperti dopo la consegna;

f) la fornitura di beni che, dopo la consegna, risultano, per loro natura, inscindibilmente mescolati con altri beni;

g) la fornitura di bevande alcoliche, il cui prezzo sia stato concordato al momento della conclusione del contratto di vendita, la cui consegna possa avvenire solo dopo trenta giorni e il cui valore effettivo dipenda da fluttuazioni sul mercato che non possono essere controllate dal professionista;

h) i contratti in cui il consumatore ha specificamente richiesto una visita da parte del professionista ai fini dell'effettuazione di lavori urgenti di riparazione o manutenzione. Se, in occasione di tale visita, il professionista fornisce servizi oltre a quelli specificamente richiesti dal consumatore o beni diversi dai pezzi di ricambio necessari per effettuare la manutenzione o le riparazioni, il diritto di recesso si applica a tali servizi o beni supplementari;

i) la fornitura di registrazioni audio o video sigillate o di software informatici sigillati che sono stati aperti dopo la consegna;

l) la fornitura di giornali, periodici e riviste ad eccezione dei contratti di abbonamento per la fornitura di tali pubblicazioni;

m) i contratti conclusi in occasione di un'asta pubblica;

n) la fornitura di alloggi per fini non residenziali, il trasporto di beni, i servizi di noleggio di autovetture, i servizi di catering o i servizi riguardanti le attività del tempo libero qualora il contratto preveda una data o un periodo di esecuzione specifici;

o) i contratti per la fornitura di contenuto digitale mediante un supporto non materiale se l'esecuzione è iniziata e, se il contratto impone al consumatore l'obbligo di pagare, qualora:

1) il consumatore abbia dato il suo previo consenso espresso a iniziare la prestazione durante il periodo di diritto di recesso;

2) il consumatore abbia riconosciuto di perdere così il proprio diritto di recesso;

3) il professionista abbia fornito la conferma conformemente all'articolo 50, comma 2, o all'articolo 51, comma 7 (2).

1-bis. Le eccezioni al diritto di recesso di cui al comma 1, lettere a), b), c) ed e), non si applicano ai contratti conclusi nel contesto di visite non richieste di un professionista presso l'abitazione di un consumatore oppure di escursioni organizzate da un professionista con lo scopo o con l'effetto di promuovere o vendere prodotti ai consumatori (3).

1-ter. Nei contratti di servizio che impongono al consumatore l'obbligo di pagare quando il consumatore abbia specificamente richiesto una visita da parte del professionista ai fini dell'effettuazione di lavori di riparazione, il consumatore perde il diritto di recesso dopo che il servizio è stato interamente prestato, purché l'esecuzione abbia avuto inizio con il previo consenso espresso del consumatore medesimo (3).

(1) Articolo sostituito dall'art. 1, co. 1, d.lg. 21/2/2014, n. 21, con la decorrenza di cui all'art. 2, co. 1, d.lg. n. 21/2014.

(2) Lettera sostituita dall'art. 1, co. 21, lett. a), n. 1), d.lg. 7/3/2023, n. 26.

(3) Comma aggiunto dall'art. 1, co. 21, lett. b), d.lg. 7/3/2023, n. 26.

Sezione III
Altri diritti del consumatore

60. Ambito di applicazione (1). – 1. Gli articoli 61 e 63 si applicano ai contratti di vendita. Detti articoli non si applicano ai contratti per la fornitura di acqua, gas o elettricità, quando non sono messi in vendita in un volume limitato o in quantità determinata, di teleriscaldamento o di contenuto digitale non fornito su un supporto materiale.

2. Gli articoli 62, 64 e 65 si applicano ai contratti di vendita, ai contratti di servizio e ai contratti di fornitura di acqua, gas, elettricità, teleriscaldamento o contenuto digitale.

(1) Articolo sostituito dall'art. 1, co. 1, d.lg. 21/2/2014, n. 21, con la decorrenza di cui all'art. 2, co. 1, d.lg. n. 21/2014.

61. Consegna (1). – 1. Salva diversa pattuizione delle parti del contratto di vendita, il professionista è obbligato a consegnare i beni al consumatore senza ritardo ingiustificato e al più tardi entro trenta giorni dalla data di conclusione del contratto.

2. L'obbligazione di consegna è adempiuta mediante il trasferimento della disponibilità materiale o comunque del controllo dei beni al consumatore.

3. Se il professionista non adempie all'obbligo di consegna dei beni entro il termine pattuito ovvero entro il termine di cui al comma 1, il consumatore lo invita ad effettuare la consegna entro un termine supplementare appropriato alle circostanze. Se il termine supplementare così concesso scade senza che i beni gli siano stati consegnati, il consumatore è legittimato a risolvere il contratto, salvo il diritto al risarcimento dei danni.

4. Il consumatore non è gravato dall'onere di concedere al professionista il termine supplementare di cui al comma 3 se:

a) il professionista si è espressamente rifiutato di consegnare i beni, ovvero;

b) se il rispetto del termine pattuito dalle parti per la consegna del bene deve considerarsi essenziale, tenuto conto di tutte le circostanze che hanno accompagnato la conclusione del contratto, ovvero;

c) se il consumatore ha informato il professionista, prima della conclusione del contratto, che la consegna entro o ad una data determinata è essenziale.

5. Nei casi previsti dal comma 4, se non riceve in consegna il bene entro il termine pattuito con il professionista ovvero entro il termine di cui al comma 1, il consumatore è legittimato a risolvere immediatamente il contratto, salvo il diritto al risarcimento dei danni.

6. Nel caso di risoluzione posta in essere dal consumatore a norma dei commi 3 e 5, il professionista è tenuto a rimborsargli senza indebito ritardo tutte le somme versate in esecuzione del contratto.

7. È fatta salva la possibilità per il consumatore di far valere i diritti di cui al Capo XIV del Titolo II del Libro IV del codice civile.

(1) Articolo sostituito dall'art. 1, co. 1, d.lg. 21/2/2014, n. 21, con la decorrenza di cui all'art. 2, co. 1, d.lg. n. 21/2014.

62. Tariffe per l'utilizzo di mezzi di pagamento (1). – 1. Ai sensi dell'articolo 3, comma 4, del decreto legislativo 27 gennaio 2010, n. 11, i professionisti non possono imporre ai consumatori, in relazione all'uso di determinati strumenti di pagamento, spese per l'uso di detti strumenti, ovvero nei casi espressamente stabiliti, tariffe che superino quelle sostenute dal professionista.

2. L'istituto di emissione della carta di pagamento riaccredita al consumatore i pagamenti in caso di addebitamento eccedente rispetto al prezzo pattuito ovvero in caso di uso fraudolento della propria carta di pagamento da parte del professionista o di un terzo. L'istituto di emissione della carta di pagamento ha diritto di addebitare al professionista le somme riaccreditate al consumatore.

(1) Articolo modificato dall'art. 44, co. 10, d.l. 30/12/2008, n. 207, conv., con modif., dalla l. 27/2/2009, n. 14 e, successivamente, dall'art. 1, co. 1, d.lg. 21/2/2014, n. 21, con la decorrenza di cui all'art. 2, co. 1, d.lg. n. 21/2014.

63. Passaggio del rischio (1). – 1. Nei contratti che pongono a carico del professionista l'obbligo di provvedere alla spedizione dei beni il rischio della perdita o del danneggiamento dei beni, per causa non imputabile al venditore, si trasferisce al consumatore soltanto nel momento in cui quest'ultimo, o un terzo da lui designato e diverso dal vettore, entra materialmente in possesso dei beni.

2. Tuttavia, il rischio si trasferisce al consumatore già nel momento della consegna del bene al vettore qualora quest'ultimo sia stato scelto dal consumatore e tale scelta non sia stata proposta dal professionista, fatti salvi i diritti del consumatore nei confronti del vettore.

(1) Articolo sostituito dall'art. 1, co. 1, d.lg. 21/2/2014, n. 21, con la decorrenza di cui all'art. 2, co. 1, d.lg. n. 21/2014.

64. Comunicazione telefonica (1). – 1. Qualora il professionista utilizza una linea telefonica allo scopo di essere contattato dal consumatore per telefono in merito al contratto concluso, il consumatore non è tenuto a pagare più della tariffa di base quando contatta il professionista, fermo restando il diritto dei fornitori dei servizi di comunicazione elettronica di applicare una tariffa per dette telefonate.

(1) Articolo sostituito dall'art. 1, co. 1, d.lg. 21/2/2014, n. 21, con la decorrenza di cui all'art. 2, co. 1, d.lg. 21/2014.

65. Pagamenti supplementari (1). – 1. Prima che il consumatore sia vincolato dal contratto o dall'offerta, il professionista chiede il consenso espresso del consumatore per qualsiasi pagamento supplementare oltre alla remunerazione concordata per l'obbligo contrattuale principale del professionista. Se il professionista non ottiene il consenso espresso del consumatore ma l'ha dedotto utilizzando opzioni prestabilite che il consumatore deve rifiutare per evitare il pagamento supplementare, il consumatore ha diritto al rimborso di tale pagamento.

(1) Articolo sostituito dall'art. 1, co. 1, d.lg. 21/2/2014, n. 21, con la decorrenza di cui all'art. 2, co. 1, d.lg. n. 21/2014.

Sezione IV
Disposizioni generali

66. Tutela amministrativa e giurisdizionale (1). – 1. Al fine di garantire il rispetto delle disposizioni contenute nelle Sezioni da I a IV del presente Capo da parte degli operatori, trovano applicazione le disposizioni di cui agli articoli 27, 139, 140, 140-bis, 141 e 144 del presente Codice.

2. L'Autorità Garante della Concorrenza e del Mercato, d'ufficio o su istanza di ogni soggetto o organizzazione che ne abbia interesse, accerta le violazioni delle norme di cui alle Sezioni da I a IV del presente Capo nonché dell'articolo 141-sexies, commi 1, 2 e 3, ne inibisce la continuazione e ne elimina gli effetti (2).

3. In materia di accertamento e sanzione delle violazioni, si applica l'articolo 27, commi da 2 a 15, del presente Codice.

4. L'Autorità Garante della Concorrenza e del Mercato svolge le funzioni di autorità competente ai sensi dell'articolo 3, lettera c), del regolamento (CE) n. 2006/2004 del Parlamento europeo e del Consiglio, del 27 ottobre 2004, nelle materie di cui alle Sezioni da I a IV del presente Capo.

5. È comunque fatta salva la giurisdizione del giudice ordinario. È altresì fatta salva la possibilità di promuovere la risoluzione extragiudiziale delle controversie inerenti al rapporto di consumo, nelle materie di cui alle sezioni da I a IV del presente capo, mediante il ricorso alle procedure di cui alla parte V, titolo II-bis, del presente codice (3).

(1) Articolo sostituito dall'art. 1, co. 1, d.lg. 21/2/2014, n. 21, con la decorrenza di cui all'art. 2, co. 1, d.lg. n. 21/2014.

(2) Comma modificato dall'art. 1, co. 6, d.lg. 6/8/2015, n. 130. A norma dell'art. 2, co. 1, d.lg. n. 130/2015, le presenti disposizioni si applicano a decorrere dal 9/1/2016.

(3) Comma sostituito dall'art. 1, co. 7, d.lg. 6/8/2015, n. 130. A norma dell'art. 2, co. 1, d.lg. n. 130/2015, le presenti disposizioni si applicano a decorrere dal 9/1/2016.

66 bis. Foro competente (1). – 1. Per le controversie civili inerenti all'applicazione delle Sezioni da I a IV del presente capo la competenza territoriale inderogabile è del giudice del luogo di residenza o di domicilio del consumatore, se ubicati nel territorio dello Stato.

(1) Articolo inserito dall'art. 1, co. 1, d.lg. 21/2/2014, n. 21, con la decorrenza di cui all'art. 2, co. 1, d.lg. n. 21/2014.

66 ter. Carattere imperativo (1). – 1. Se il diritto applicabile al contratto è quello di uno Stato membro dell'Unione europea, i consumatori residenti in Italia non possono rinunciare ai diritti conferiti loro dalle disposizioni delle Sezioni da I a IV del presente Capo.

2. Eventuali clausole contrattuali che escludano o limitino, direttamente o indirettamente, i diritti derivanti dalle disposizioni delle Sezioni da I a IV del presente Capo, non vincolano il consumatore.

(1) Articolo inserito dall'art. 1, co. 1, d.lg. 21/2/2014, n. 21, con la decorrenza di cui all'art. 2, co. 1, d.lg. n. 21/2014.

66 quater. Informazione e ricorso extragiudiziale (1). – 1. Le comunicazioni e i documenti relativi ai contratti negoziati fuori dai locali commerciali e ai contratti a distanza, ivi compresi i moduli, i formulari, le note d'ordine, la pubblicità o le comunicazioni sui siti Internet, devono contenere un riferimento al presente Capo.

2. L'operatore può adottare appositi codici di condotta, secondo le modalità di cui all'articolo 27-bis.

3. Per la risoluzione delle controversie sorte dall'esatta applicazione dei contratti disciplinati dalle disposizioni delle sezioni da I a IV del presente capo è possibile ricorrere alle procedure di risoluzione extragiudiziale delle controversie, di cui alla parte V, titolo II-bis, del presente codice (2).

(1) Articolo inserito dall'art. 1, co. 1, d.lg. 21/2/2014, n. 21, con la decorrenza di cui all'art. 2, co. 1, d.lg. n. 21/2014.

(2) Comma modificato dall'art. 1, co. 8, d.lg. 6/8/2015, n. 130. A norma dell'art. 2, co. 1, d.lg. n. 130/2015, le presenti disposizioni si applicano a decorrere dal 9/1/2016.

66 quinquies. Fornitura non richiesta (1). – 1. Il consumatore è esonerato dall'obbligo di fornire qualsiasi prestazione corrispettiva in caso di fornitura non richiesta di beni, acqua, gas, elettricità, teleriscaldamento o contenuto digitale o di prestazione non richiesta di servizi, vietate dall'articolo 20, comma 5, e dall'articolo 26, comma 1, lettera f), del presente Codice. In tali casi, l'assenza di una risposta da parte del consumatore in seguito a tale fornitura non richiesta non costituisce consenso.

2. Salvo consenso del consumatore, da esprimersi prima o al momento della conclusione del contratto, il professionista non può adempiere eseguendo una fornitura diversa da quella pattuita, anche se di valore e qualità equivalenti o superiori.

(1) Articolo inserito dall'art. 1, co. 1, d.lg. 21/2/2014, n. 21, con la decorrenza di cui all'art. 2, co. 1, d.lg. n. 21/2014.

67. Tutela in base ad altre disposizioni (1). – 1. Le disposizioni delle Sezioni da I a IV del presente Capo non escludono né limitano i diritti che sono attribuiti al consumatore da altre norme dell'ordinamento giuridico di fonte comunitaria o adottate in conformità a norme comunitarie.

2. Per quanto non previsto dalle Sezioni da I a IV del presente Capo, si applicano le disposizioni del codice civile in tema di validità, formazione o efficacia dei contratti.

3. Ai contratti di cui alla sezione III del presente Capo si applicano altresì le disposizioni di cui agli articoli 18, 19 e 20 del decreto legislativo 31 marzo 1998, n. 114, e successive modificazioni, recante riforma della disciplina relativa al settore del commercio, a norma dell'articolo 4, comma 4, della legge 15 marzo 1997, n. 59.

(1) Articolo modificato dall'art. 22, co. 1, lett. a), l. 7/7/2009, n. 88 (Legge comunitaria 2008); dall'art. 2 del d.lg. 13/8/2010, n. 141 e, da ultimo, sostituito dall'art. 1, co. 1, d.lg. 21/2/2014, n. 21, con la decorrenza di cui all'art. 2, co. 1, d.lg. n. 21/2014.

Sezione IV-bis
Commercializzazione a distanza di servizi finanziari ai consumatori

67 bis. Oggetto e campo di applicazione (1). – 1. Le disposizioni della presente sezione si applicano alla commercializzazione a distanza di servizi finanziari ai consumatori, anche quando una delle fasi della commercializzazione comporta la partecipazione, indipendentemente dalla sua natura giuridica, di un soggetto diverso dal fornitore.

2. Per i contratti riguardanti servizi finanziari costituiti da un accordo iniziale di servizio seguito da operazioni successive o da una serie di operazioni distinte della stessa natura scaglionate nel tempo, le disposizioni della presente sezione si applicano esclusivamente all'accordo iniziale. Se non vi è accordo iniziale di servizio, ma le operazioni successive o distinte della stessa natura scaglionate nel tempo sono eseguite tra le stesse parti contrattuali, gli articoli 67-quater, 67-quinquies, 67-sexies, 67-septies, 67-octies, 67-novies e 67-decies si applicano solo quando è eseguita la prima operazione. Tuttavia, se nessuna operazione della stessa natura è eseguita entro un periodo di un anno, l'operazione successiva è considerata come la prima di una nuova serie di operazioni e, di conseguenza, si applicano le disposizioni degli articoli 67-quater, 67-quinquies, 67-sexies, 67-septies, 67-octies, 67-novies e 67-decies.

3. Ferme restando le disposizioni che stabiliscono regimi di autorizzazione per la commercializzazione dei servizi finanziari in Italia, sono fatte salve, ove non espressamente derogate, le disposizioni in materia bancaria, finanziaria, assicurativa, dei sistemi di pagamento e di previdenza individuale, nonché le competenze delle autorità indipendenti di settore.

(1) Articolo inserito dall'art. 9 del d.lg. 23/10/2007, n. 221.

67 ter. Definizioni (1). – 1. Ai fini della presente sezione si intende per:

a) contratto a distanza: qualunque contratto avente per oggetto servizi finanziari, concluso tra un fornitore e un consumatore ai sensi dell'articolo 50, comma 1, lettera a);

b) servizio finanziario: qualsiasi servizio di natura bancaria, creditizia, di pagamento, di investimento, di assicurazione o di previdenza individuale;

c) fornitore: qualunque persona fisica o giuridica, soggetto pubblico o privato, che, nell'ambito delle proprie attività commerciali o professionali, è il fornitore contrattuale dei servizi finanziari oggetto di contratti a distanza;

d) consumatore: qualunque soggetto di cui all'articolo 3, comma 1, lettera a) del presente codice;

e) tecnica di comunicazione a distanza: qualunque mezzo che, ai sensi dell'articolo 50, comma 1, lettera b), del presente codice, possa impiegarsi per la commercializzazione a distanza di un servizio finanziario tra le parti;

f) supporto durevole: qualsiasi strumento che permetta al consumatore di memorizzare informazioni a lui personalmente dirette in modo che possano essere agevolmente recuperate durante un periodo di tempo adeguato ai fini cui sono destinate le informazioni stesse, e che consenta la riproduzione immutata delle informazioni memorizzate;

g) operatore o fornitore di tecnica di comunicazione a distanza: qualunque persona fisica o giuridica, pubblica o privata, la cui attività commerciale o professionale consista nel mettere a disposizione dei fornitori una o più tecniche di comunicazione a distanza;

h) reclamo del consumatore: una dichiarazione, sostenuta da validi elementi di prova, secondo cui un fornitore ha commesso o potrebbe commettere un'infrazione alla normativa sulla protezione degli interessi dei consumatori;

i) interessi collettivi dei consumatori: gli interessi di un numero di consumatori che sono stati o potrebbero essere danneggiati da un'infrazione.

(1) Articolo inserito dall'art. 9 del d.lg. 23/10/2007, n. 221.

67 quater. Informazione del consumatore prima della conclusione del contratto a distanza (1). – 1. Nella fase delle trattative e comunque prima che il consumatore sia vincolato da un contratto a distanza o da un'offerta, gli sono fornite le informazioni riguardanti:

a) il fornitore;

b) il servizio finanziario;

c) il contratto a distanza;

d) il ricorso.

2. Le informazioni di cui al comma 1, il cui fine commerciale deve risultare in maniera inequivocabile, sono fornite in modo chiaro e comprensibile con qualunque mezzo adeguato alla tecnica di comunicazione a distanza utilizzata, tenendo debitamente conto in particolare dei doveri di correttezza e buona fede nella fase precontrattuale e dei principi che disciplinano la protezione degli incapaci di agire e dei minori.

3. Le informazioni relative agli obblighi contrattuali, da comunicare al consumatore nella fase precontrattuale, devono essere conformi agli obblighi contrattuali imposti dalla legge applicabile al contratto a distanza anche qualora la tecnica di comunicazione impiegata sia quella elettronica.

4. Se il fornitore ha sede in uno Stato non appartenente all'Unione europea, le informazioni di cui al comma 3 devono essere conformi agli obblighi contrattuali imposti dalla legge italiana qualora il contratto sia concluso.

(1) Articolo inserito dall'art. 9 del d.lg. 23/10/2007, n. 221.

67 quinquies. Informazioni relative al fornitore (1). – 1. Le informazioni relative al fornitore riguardano:

a) l'identità del fornitore e la sua attività principale, l'indirizzo geografico al quale il fornitore è stabilito e qualsiasi altro indirizzo geografico rilevante nei rapporti tra consumatore e fornitore;

b) l'identità del rappresentante del fornitore stabilito nello Stato membro di residenza del consumatore e l'indirizzo geografico rilevante nei rapporti tra consumatore e rappresentante, quando tale rappresentante esista (2);

c) se il consumatore ha relazioni commerciali con un professionista diverso dal fornitore, l'identità del professionista, la veste in cui agisce nei confronti del consumatore, nonché l'indirizzo geografico rilevante nei rapporti tra consumatore e professionista;

d) se il fornitore è iscritto in un registro commerciale o in un pubblico registro analogo, il registro di commercio in cui il fornitore è iscritto e il numero di registrazione o un elemento equivalente per identificarlo nel registro;

e) qualora l'attività del fornitore sia soggetta ad autorizzazione, gli estremi della competente autorità di controllo.

(1) Articolo inserito dall'art. 9, co. 1, d.lg. 23/10/2007, n. 221.

(2) Lettera sostituita dall'art. 5, co. 1, lett. a), l. 15/12/2011, n. 217.

67 sexies. Informazioni relative al servizio finanziario (1). – 1. Le informazioni relative al servizio finanziario riguardano:

a) una descrizione delle principali caratteristiche del servizio finanziario;

b) il prezzo totale che il consumatore dovrà corrispondere al fornitore per il servizio finanziario, compresi tutti i relativi oneri, commissioni e spese e tutte le imposte versate tramite il fornitore o, se non è possibile indicare il prezzo esatto, la base di calcolo del prezzo, che consenta al consumatore di verificare quest'ultimo;

c) se del caso, un avviso indicante che il servizio finanziario è in rapporto con strumenti che implicano particolari rischi dovuti a loro specifiche caratteristiche o alle operazioni da effettuare, o il cui prezzo dipenda dalle fluttuazioni dei mercati finanziari su cui il fornitore non esercita alcuna influenza, e che i risultati ottenuti in passato non costituiscono elementi indicativi riguardo ai risultati futuri;

d) l'indicazione dell'eventuale esistenza di altre imposte e costi non versati tramite il fornitore o non fatturati da quest'ultimo;

e) qualsiasi limite del periodo durante il quale sono valide le informazioni fornite;

f) le modalità di pagamento e di esecuzione, nonché le caratteristiche essenziali delle condizioni di sicurezza delle operazioni di pagamento da effettuarsi nell'ambito dei contratti a distanza;

g) qualsiasi costo specifico aggiuntivo per il consumatore relativo all'utilizzazione della tecnica di comunicazione a distanza, se addebitato;

h) l'indicazione dell'esistenza di collegamenti o connessioni con altri servizi finanziari, con la illustrazione degli eventuali effetti complessivi derivanti dalla combinazione.

(1) Articolo inserito dall'art. 9 del d.lg. 23/10/2007, n. 221.

67 septies. Informazioni relative al contratto a distanza (1). – 1. Le informazioni relative al contratto a distanza riguardano:

a) l'esistenza o la mancanza del diritto di recesso conformemente all'articolo 67-duodecies e, se tale diritto esiste, la durata e le modalità d'esercizio, comprese le informazioni relative all'importo che il consumatore può essere tenuto a versare ai sensi dell'articolo 67-terdecies, comma 1, nonché alle conseguenze derivanti dal mancato esercizio di detto diritto;

b) la durata minima del contratto a distanza, in caso di prestazione permanente o periodica di servizi finanziari;

c) le informazioni relative agli eventuali diritti delle parti, secondo i termini del contratto a distanza, di mettere fine allo stesso prima della scadenza o unilateralmente, comprese le penali eventualmente stabilite dal contratto in tali casi;

d) le istruzioni pratiche per l'esercizio del diritto di recesso, comprendenti tra l'altro il mezzo, inclusa in ogni caso la lettera raccomandata con avviso di ricevimento, e l'indirizzo a cui deve essere inviata la comunicazione di recesso;

e) lo Stato membro o gli Stati membri sulla cui legislazione il fornitore si basa per instaurare rapporti con il consumatore prima della conclusione del contratto a distanza;

f) qualsiasi clausola contrattuale sulla legislazione applicabile al contratto a distanza e sul foro competente;

g) la lingua o le lingue in cui sono comunicate le condizioni contrattuali e le informazioni preliminari di cui al presente articolo, nonché la lingua o le lingue in cui il fornitore, con l'accordo del consumatore, si impegna a comunicare per la durata del contratto a distanza.

(1) Articolo inserito dall'art. 9 del d.lg. 23/10/2007, n. 221.

67 octies. Informazioni relative al ricorso (1). – 1. Le informazioni relative al ricorso riguardano:

a) l'esistenza o la mancanza di procedure extragiudiziali di reclamo e di ricorso accessibili al consumatore che è parte del contratto a distanza e, ove tali procedure esistono, le modalità che consentono al Consumatore di avvalersene;

b) l'esistenza di fondi di garanzia o di altri dispositivi di indennizzo.

(1) Articolo inserito dall'art. 9 del d.lg. 23/10/2007, n. 221.

67 novies. Comunicazioni mediante telefonia vocale (1). – 1. In caso di comunicazioni mediante telefonia vocale:

a) l'identità del fornitore e il fine commerciale della chiamata avviata dal fornitore sono dichiarati in maniera inequivoca all'inizio di qualsiasi conversazione con il consumatore;

b) devono essere fornite, previo consenso del consumatore, solo le informazioni seguenti:

1) l'identità della persona in contatto con il consumatore e il suo rapporto con il fornitore;

2) una descrizione delle principali caratteristiche del servizio finanziario;

3) il prezzo totale che il consumatore dovrà corrispondere al fornitore per il servizio finanziario, comprese tutte le imposte versate tramite il fornitore o, se non è possibile indicare il prezzo esatto, la base di calcolo del prezzo, che consenta al consumatore di verificare quest'ultimo;

4) l'indicazione dell'eventuale esistenza di altre imposte e/o costi non versati tramite il fornitore o non fatturati da quest'ultimo;

5) l'esistenza o la mancanza del diritto di recesso conformemente all'articolo 67-duodecies e, se tale diritto esiste, la durata e le modalità d'esercizio, comprese le informazioni relative all'importo che il consumatore può essere tenuto a versare ai sensi dell'articolo 67-terdecies, comma 1.

2. Il fornitore comunica al consumatore che altre informazioni sono disponibili su richiesta e ne precisa la natura. Il fornitore comunica in ogni caso le informazioni complete quando adempie ai propri obblighi ai sensi dell'articolo 67-undecies.

(1) Articolo inserito dall'art. 9 del d.lg. 23/10/2007, n. 221.

67 decies. Requisiti aggiuntivi in materia di informazioni (1). – 1. Oltre alle informazioni di cui agli articoli 67-quater, 67-quinquies, 67-sexies, 67-septies e 67-octies sono applicabili le disposizioni più rigorose previste dalla normativa di settore che disciplina l'offerta del servizio o del prodotto interessato.

2. Il Ministero dello sviluppo economico comunica alla Commissione europea le disposizioni nazionali sui requisiti di informazione preliminare che sono aggiuntive rispetto a quelle di cui all'articolo 3, paragrafo 1, della direttiva 2002/65/CE.

3. Le autorità di vigilanza del settore bancario, assicurativo, finanziario e della previdenza complementare comunicano al Ministero dello sviluppo economico le disposizioni di cui al comma 2, per le materie di rispettiva competenza.

4. Le informazioni di cui al comma 2 sono messe a disposizione dei consumatori e dei fornitori, anche mediante l'utilizzo di sistemi telematici, a cura del Ministero dello sviluppo economico.

(1) Articolo inserito dall'art. 9 del d.lg. 23/10/2007, n. 221.

67 undecies. Comunicazione delle condizioni contrattuali e delle informazioni preliminari (1). – 1. Il fornitore comunica al consumatore tutte le condizioni contrattuali, nonché le informazioni di cui agli articoli 67-quater, 67-quinquies, 67-sexies, 67-septies, 67-octies, 67-novies e 67-decies, su supporto cartaceo o su un altro supporto durevole, disponibile e accessibile per il consumatore in tempo utile, prima che lo stesso sia vincolato da un contratto a distanza o da un'offerta.

2. Il fornitore ottempera all'obbligo di cui al comma 1 subito dopo la conclusione del contratto a distanza, se quest'ultimo è stato concluso su richiesta del consumatore utilizzando una tecnica di comunicazione a distanza che non consente di trasmettere le condizioni contrattuali né le informazioni ai sensi del comma 1.

3. In qualsiasi momento del rapporto contrattuale il consumatore, se lo richiede, ha il diritto di ricevere le condizioni contrattuali su supporto cartaceo. Inoltre lo stesso ha il diritto di cambiare la tecnica di comunicazione a distanza utilizzata, a meno che ciò non sia incompatibile con il contratto concluso o con la natura del servizio finanziario prestato.

(1) Articolo inserito dall'art. 9 del d.lg. 23/10/2007, n. 221.

67 duodecies. Diritto di recesso (1). – 1. Il consumatore dispone di un termine di quattordici giorni per recedere dal contratto senza penali e senza dover indicare il motivo.

2. Il predetto termine è esteso a trenta giorni per i contratti a distanza aventi per oggetto le assicurazioni sulla vita di cui al decreto legislativo 7 settembre 2005, n. 209, recante Codice delle assicurazioni private, e le operazioni aventi ad oggetto gli schemi pensionistici individuali.

3. Il termine durante il quale può essere esercitato il diritto di recesso decorre alternativamente:

a) dalla data della conclusione del contratto, tranne nel caso delle assicurazioni sulla vita, per le quali il termine comincia a decorrere dal momento in cui al consumatore è comunicato che il contratto è stato concluso;

b) dalla data in cui il consumatore riceve le condizioni contrattuali e le informazioni di cui all'articolo 67-undecies, se tale data è successiva a quella di cui alla lettera a).

4. L'efficacia dei contratti relativi ai servizi di investimento è sospesa durante la decorrenza del termine previsto per l'esercizio del diritto di recesso.

5. Il diritto di recesso non si applica:

a) ai servizi finanziari, diversi dal servizio di gestione su base individuale di portafogli di investimento se gli investimenti non sono stati già avviati, il cui prezzo dipende da fluttuazioni del mercato finanziario che il fornitore non è in grado di controllare e che possono aver luogo durante il periodo di recesso, quali ad esempio i servizi riguardanti:

1) operazioni di cambio;

2) strumenti del mercato monetario;

3) valori mobiliari;

4) quote di un organismo di investimento collettivo;

5) contratti a termine fermo (futures) su strumenti finanziari, compresi gli strumenti equivalenti che si regolano in contanti;

6) contratti a termine su tassi di interesse (FRA);

7) contratti swaps su tassi d'interesse, su valute o contratti di scambio connessi ad azioni o a indici azionari (equity swaps);

8) opzioni per acquistare o vendere qualsiasi strumento previsto dalla presente lettera, compresi gli strumenti equivalenti che si regolano in contanti. Sono comprese in particolare in questa categoria le opzioni su valute e su tassi d'interesse;

b) alle polizze di assicurazione viaggio e bagagli o alle analoghe polizze assicurative a breve termine di durata inferiore a un mese;

c) ai contratti interamente eseguiti da entrambe le parti su esplicita richiesta scritta del consumatore prima che quest'ultimo eserciti il suo diritto di recesso [, nonché ai contratti di assicurazione obbligatoria della responsabilità civile per i danni derivanti dalla circolazione dei veicoli a motore e dei natanti, per i quali si sia verificato l'evento assicurato] (2);

d) alle dichiarazioni dei consumatori rilasciate dinanzi ad un pubblico ufficiale a condizione che il pubblico ufficiale confermi che al consumatore sono garantiti i diritti di cui all'articolo 67-undecies, comma 1.

6. Se esercita il diritto di recesso, il consumatore invia, prima dello scadere del termine e secondo le istruzioni che gli sono state date ai sensi dell'articolo 67-septies, comma 1, lettera d), una comunicazione scritta al fornitore, mediante lettera raccomandata con avviso di ricevimento o altro mezzo indicato ai sensi dell'articolo 67-septies, comma 1, lettera d).

7. Il presente articolo non si applica alla risoluzione dei contratti di credito disciplinata dagli articoli 67, comma 6, e 77.

8. Se ad un contratto a distanza relativo ad un determinato

servizio finanziario è aggiunto un altro contratto a distanza riguardante servizi finanziari prestati da un fornitore o da un terzo sulla base di un accordo tra il terzo e il fornitore, questo contratto aggiuntivo è risolto, senza alcuna penale, qualora il consumatore eserciti il suo diritto di recesso secondo le modalità fissate dal presente articolo.

(1) Articolo inserito dall'art. 9, co. 1, d.lg. 23/10/2007, n. 221.

(2) Lettera modificata dall'art. 5, lett. b), l. 15/12/2011, n. 217.

67 terdecies. Pagamento del servizio fornito prima del recesso (1). – 1. Il consumatore che esercita il diritto di recesso previsto dall'articolo 67-duodecies, comma 1, è tenuto a pagare solo l'importo del servizio finanziario effettivamente prestato dal fornitore conformemente al contratto a distanza. L'esecuzione del contratto può iniziare solo previa richiesta del consumatore. Nei contratti di assicurazione l'impresa trattiene la frazione di premio relativa al periodo in cui il contratto ha avuto effetto.

2. L'importo di cui al comma 1 non può:

a) eccedere un importo proporzionale all'importanza del servizio già fornito in rapporto a tutte le prestazioni previste dal contratto a distanza;

b) essere di entità tale da poter costituire una penale.

3. Il fornitore non può esigere dal consumatore il pagamento di un importo in base al comma 1 se non è in grado di provare che il consumatore è stato debitamente informato dell'importo dovuto, in conformità all'articolo 67-septies, comma l, lettera a). Egli non può tuttavia in alcun caso esigere tale pagamento se ha dato inizio all'esecuzione del contratto prima della scadenza del periodo di esercizio del diritto di recesso di cui all'articolo 67-duodecies, comma 1, senza che vi fosse una preventiva richiesta del consumatore.

4. Il fornitore è tenuto a rimborsare al consumatore, entro e non oltre trenta giorni, tutti gli importi da questo versatigli in conformità del contratto a distanza, ad eccezione dell'importo di cui al comma 1. Il periodo decorre dal giorno in cui il fornitore riceve la comunicazione di recesso. L'impresa di assicurazione deve adempiere alle obbligazioni derivanti dal contratto, concernenti il periodo in cui il contratto medesimo ha avuto effetto (2).

5. Il consumatore paga al fornitore il corrispettivo di cui al comma 1 e gli restituisce qualsiasi bene o importo che abbia ricevuto da quest'ultimo entro e non oltre trenta giorni dall'invio della comunicazione di recesso. Non sono ripetibili gli indennizzi e le somme eventualmente corrisposte dall'impresa agli assicurati e agli altri aventi diritto a prestazioni assicurative (3).

6. Per i finanziamenti diretti principalmente a permettere di acquistare o mantenere diritti di proprietà su terreni o edifici esistenti o progettati, o di rinnovare o ristrutturare edifici, l'efficacia del recesso è subordinata alla restituzione di cui al comma 5.

(1) Articolo inserito dall'art. 9 del d.lg. 23/10/2007, n. 221.

(2) Comma modificato dall'art. 5, lett. c), l. 15/12/2011, n. 217.

(3) Comma modificato dall'art. 5, lett. d), l. 15/12/2011, n. 217.

67 quaterdecies. Pagamento dei servizi finanziari offerti a distanza (1). – 1. Il consumatore può effettuare il pagamento con carte di credito, debito o con altri strumenti di Pagamento, ove ciò sia previsto tra le modalità di pagamento, che gli sono comunicate ai sensi dell'articolo 67-sexies, comma 1, lettera f).

2. Fatta salva l'applicazione dell'articolo 12 del decreto-legge 3 maggio 1991, n. 143, convertito, con modificazioni, dalla legge 5 luglio 1991, n. 197, l'ente che emette o fornisce lo strumento di pagamento riaccredita al consumatore i pagamenti non autorizzati o dei quali questi dimostri l'eccedenza rispetto al prezzo pattuito ovvero l'effettuazione mediante l'uso fraudolento della propria carta di pagamento da parte del fornitore o di un terzo. L'ente che emette o fornisce lo strumento di pagamento ha diritto di addebitare al fornitore le somme riaccreditate al consumatore.

3. Fermo restando quanto previsto dal decreto legislativo 7 marzo 2005, n. 82, e successive modifiche ed integrazioni, sul valore probatorio della firma elettronica e dei documenti elettronici, è in capo all'ente che emette o fornisce lo strumento di pagamento, l'onere di provare che la transazione di pagamento è stata autorizzata, accuratamente registrata e contabilizzata e che la medesima non è stata alterata da guasto tecnico o da altra carenza. L'uso dello strumento di pagamento non comporta necessariamente che il pagamento sia stato autorizzato.

4. Relativamente alle operazioni di pagamento da effettuarsi nell'ambito di contratti a distanza, il fornitore adotta condizioni di sicurezza conformi a quanto disposto ai sensi dell'articolo 146 del testo unico delle leggi in materia bancaria e creditizia, di cui al decreto legislativo 1° settembre 1993, n. 385, avendo riguardo, in particolare, alle esigenze di integrità, di autenticità e di tracciabilità delle operazioni medesime.

(1) Articolo inserito dall'art. 9 del d.lg. 23/10/2007, n. 221.

67 quinquiesdecies. Servizi non richiesti (1). – 1. Il consumatore non è tenuto ad alcuna prestazione corrispettiva in caso di fornitura non richiesta. In ogni caso, l'assenza di risposta non implica consenso del consumatore.

2. Salve le sanzioni previste dall'articolo 67-septies-decies, ogni servizio non richiesto di cui al presente articolo costituisce pratica commerciale scorretta ai sensi degli articoli 21, 22, 23, 24, 25 e 26.

(1) Articolo inserito dall'art. 9 del d.lg. 23/10/2007, n. 221.

67 sexiesdecies. Comunicazioni non richieste (1). – 1. L'utilizzazione da parte di un fornitore delle seguenti tecniche di comunicazione a distanza richiede il previo consenso del consumatore:

a) sistemi di chiamata senza intervento di un operatore mediante dispositivo automatico;

b) telefax.

2. Le tecniche di comunicazione a distanza diverse da quelle indicate al comma 1, quando consentono una comunicazione individuale, non sono autorizzate se non è stato ottenuto il consenso del consumatore interessato.

3. Le misure di cui ai commi 1 e 2 non comportano costi per i consumatori.

3-bis. È fatta salva la disciplina prevista dall'articolo 130, comma 3-bis, del codice in materia di protezione dei dati personali, di cui al decreto legislativo 30 giugno 2003, n. 196, e successive modificazioni, per i trattamenti dei dati inclusi negli elenchi di abbonati a disposizione del pubblico (2).

(1) Articolo inserito dall'art. 9 del d.lg. 23/10/2007, n. 221.

(2) Comma aggiunto dall'art. 6, co. 2, lett a-bis), d.l. 13/5/2011, n. 70.

67 septiesdecies. Sanzioni (1). – 1. Salvo che il fatto costituisca reato, il fornitore che contravviene alle norme di cui alla presente sezione, ovvero che ostacola l'esercizio del diritto di recesso da parte del consumatore ovvero non rimborsa al consumatore le somme da questi eventualmente pagate, è punito con la sanzione amministrativa pecuniaria, per ciascuna violazione, da euro cinquemila a euro cinquantamila.

2. Nei casi di particolare gravità o di recidiva, nonché nell'ipotesi della violazione dell'articolo 67-novies decies, comma 3, i limiti minimo e massimo della sanzione indicata al comma l sono raddoppiati.

3. Le autorità di vigilanza dei settori bancario, assicurativo, finanziario e della previdenza complementare e, ciascuna nel proprio ambito di competenza, accertano le violazioni alle disposizioni di cui alla presente sezione e le relative sanzioni sono irrogate secondo le procedure rispettivamente applicabili in ciascun settore.

4. Il contratto è nullo, nel caso in cui il fornitore ostacola l'esercizio del diritto di recesso da parte del contraente ovvero non rimborsa le somme da questi eventualmente pagate, ovvero viola gli obblighi di informativa precontrattuale in modo da alterare in modo significativo la rappresentazione delle sue caratteristiche.

5. La nullità può essere fatta valere solo dal consumatore e obbliga le parti alla restituzione di quanto ricevuto. Nei contratti di assicurazione l'impresa è tenuta alla restituzione dei premi pagati e deve adempiere alle obbligazioni concernenti il periodo in cui il contratto ha avuto esecuzione. Non sono ripetibili gli indennizzi e le somme eventualmente corrisposte dall'impresa agli assicurati e agli altri aventi diritto a prestazioni assicurative. È fatto salvo il diritto del Consumatore ad agire per il risarcimento dei danni.

6. Sono fatte salve le sanzioni previste nel decreto legislativo 30 giugno 2003, n. 196.

(1) Articolo inserito dall'art. 9 del d.lg. 23/10/2007, n. 221.

67 octiesdecies. Irrinunciabilità dei diritti (1). – 1. I diritti attribuiti al consumatore dalla presente sezione sono irrinunciabili. È nulla ogni pattuizione che abbia l'effetto di privare il consumatore della protezione assicurata dalle disposizioni della presente sezione. La nullità può essere fatta valere solo dal consumatore e può essere rilevata d'ufficio dal giudice.

2. Ove le parti abbiano scelto di applicare al contratto una legislazione diversa da quella italiana, al consumatore devono comunque essere riconosciute le condizioni di tutela previste dalla presente sezione.

(1) Articolo inserito dall'art. 9 del d.lg. 23/10/2007, n. 221.

67 noviesdecies. Ricorso giurisdizionale o amministrativo (1). – 1. Le associazioni dei consumatori iscritte all'elenco di cui all'articolo 137, sono legittimate a proporre alle competenti autorità di vigilanza, nell'ambito delle rispettive attribuzioni, al fine di tutelare gli interessi collettivi dei consumatori, reclamo per l'accertamento di violazioni delle disposizioni della presente sezione.

2. Le associazioni dei consumatori iscritte all'elenco di cui all'articolo 137, sono legittimate a proporre all'autorità giudiziaria l'azione inibitoria per far cessare le violazioni delle disposizioni della presente sezione nei confronti delle imprese o degli intermediari ai sensi dell'articolo 140.

3. Le autorità di vigilanza nei settori bancario, assicurativo, finanziario e della previdenza complementare, nell'esercizio dei rispettivi poteri, anche al di fuori dell'ipotesi di cui al comma 1, ordinano ai soggetti vigilati la cessazione o vietano l'inizio di pratiche non conformi alle disposizioni della presente sezione.

4. Sono fatte salve, ove non espressamente derogate, le disposizioni in materia bancaria, finanziaria, assicurativa e dei sistemi di pagamento, ivi comprese le attribuzioni delle rispettive autorità di vigilanza di settore.

(1) Articolo inserito dall'art. 9 del d.lg. 23/10/2007, n. 221.

67 vicies. Composizione extragiudiziale delle controversie (1). – 1. Il Ministero dell'economia e delle finanze, il Ministero dello sviluppo economico ed il Ministero della giustizia, sentite le autorità di vigilanza di settore, possono promuovere, nell'ambito degli ordinari stanziamenti di bilancio, l'istituzione di adeguate ed efficaci procedure extragiudiziali di reclamo e di ricorso per la composizione di controversie riguardanti i consumatori, conformi ai principi previsti dall'ordinamento comunitario e da quello nazionale e che operano nell'ambito della rete europea relativa ai servizi finanziari (FIN NET).

2. Gli organi di composizione extragiudiziale delle controversie comunicano ai Ministeri di cui al comma 1 le decisioni significative che adottano sulla commercializzazione a distanza dei servizi finanziari.

(1) Articolo inserito dall'art. 9 del d.lg. 23/10/2007, n. 221.

67 vicies semel. Onere della prova (1). – 1. Sul fornitore grava l'onere della prova riguardante:

a) l'adempimento agli obblighi di informazione del consumatore;

b) la prestazione del consenso del consumatore alla conclusione del contratto;

c) l'esecuzione del contratto;

d) la responsabilità per l'inadempimento delle obbligazioni derivanti dal contratto.

2. Le clausole che hanno per effetto l'inversione o la modifica dell'onere della prova di cui al comma 1 si presumono vessatorie ai sensi dell'articolo 33, comma 2, lettera t).

(1) Articolo inserito dall'art. 9 del d.lg. 23/10/2007, n. 221.

67 vicies bis. Misure transitorie (1). – 1. Le disposizioni della presente sezione si applicano anche nei confronti dei fornitori stabiliti in un altro Stato membro che non ha ancora recepito la direttiva 2002/ 65/CE e in cui non vigono obblighi corrispondenti a quelli in essa previsti.

(1) Articolo inserito dall'art. 9 del d.lg. 23/10/2007, n. 221.

Capo II
Commercio elettronico

68. Rinvio. – 1. Alle offerte di servizi della società dell'informazione, effettuate ai consumatori per via elettronica, si applicano, per gli aspetti non disciplinati dal presente codice, le disposizioni di cui al decreto legislativo 9 aprile 2003, n. 70, recante attuazione della direttiva 2000/31/CE del Parlamento europeo e del Consiglio, dell'8 giugno 2000, relativa a taluni aspetti giuridici dei servizi della società dell'informazione, in particolare il commercio elettronico, nel mercato interno.

TITOLO IV
DISPOSIZIONI RELATIVE A SINGOLI CONTRATTI

Capo I
Contratti di multiproprietà, contratti relativi a prodotti per le vacanze di lungo termine, contratti di rivendita e di scambio

69. Definizioni (1). – 1. Ai fini del presente capo, si intende per:

a) "contratto di multiproprietà": un contratto di durata superiore a un anno tramite il quale un consumatore acquisisce a titolo oneroso il diritto di godimento su uno o più alloggi per il pernottamento per più di un periodo di occupazione;

b) "contratto relativo a un prodotto per le vacanze di lungo termine": un contratto di durata superiore a un anno ai sensi del quale un consumatore acquisisce a titolo oneroso essenzialmente il diritto di ottenere sconti o altri vantaggi relativamente ad un alloggio, separatamente o unitamente al viaggio o ad altri servizi;

c) "contratto di rivendita": un contratto ai sensi del quale un operatore assiste a titolo oneroso un consumatore nella vendita o nell'acquisto di una multiproprietà o di un prodotto per le vacanze di lungo termine;

d) "contratto di scambio": un contratto ai sensi del quale un consumatore partecipa a titolo oneroso a un sistema di scambio che gli consente l'accesso all'alloggio per il pernottamento o ad altri servizi in cambio della concessione ad altri dell'accesso temporaneo ai vantaggi che risultano dai diritti derivanti dal suo contratto di multiproprietà;

e) "operatore": il "professionista", di cui all'articolo 3, comma 1, lettera c);

f) "consumatore": la persona fisica, di cui all'articolo 3, comma 1, lettera a);

g) "contratto accessorio": un contratto ai sensi del quale il consumatore acquista servizi connessi a un contratto di multiproprietà o a un contratto relativo a un prodotto per le vacanze di lungo termine e forniti dall'operatore o da un terzo sulla base di un accordo tra il terzo e l'operatore;

h) "supporto durevole": qualsiasi strumento che permetta al consumatore o all'operatore di memorizzare informazioni a lui personalmente dirette in modo che possano essere utilizzate per riferimento futuro per un periodo di tempo adeguato ai fini cui sono destinate le informazioni e che consenta la riproduzione immutata delle informazioni memorizzate;

i) "codice di condotta": un accordo o un insieme di regole che definisce il comportamento degli operatori che si impegnano a rispettare tale codice in relazione a una o più pratiche commerciali o ad uno o più settori d'attività specifici;

l) "responsabile del codice": qualsiasi soggetto, compresi un operatore o un gruppo di operatori, responsabile dell'elaborazione e della revisione di un codice di condotta o del controllo dell'osservanza del codice da parte di coloro che si sono impegnati a rispettarlo.

2. Nel calcolo della durata di un contratto di multiproprietà o di un contratto relativo a un prodotto per le vacanze di lungo termine, quale definito al co. 1, rispettivamente alle lettere a) e b), si tiene conto di qualunque disposizione del contratto che ne consenta il rinnovo tacito o la proroga.

(1) Articolo sostituito dall'art. 2, co. 1, d.lg. 23/5/2011, n. 79.

70. Pubblicità (1). – 1. Se un contratto di multiproprietà, un contratto relativo a un prodotto per le vacanze di lungo termine o un contratto di rivendita o di scambio viene offerto al consumatore in persona nell'ambito di una promozione o di un'iniziativa di vendita, l'operatore indica chiaramente nell'invito lo scopo commerciale e la natura dell'evento. Le informazioni di cui all'articolo 71, comma 1, sono a disposizione del consumatore in qualsiasi momento durante l'evento.

2. È fatto obbligo all'operatore di specificare in ogni pubblicità la possibilità di ottenere le informazioni di cui all'articolo 71, comma 1, e di indicare le modalità sul come ottenerle.

3. Una multiproprietà o un prodotto per le vacanze di lungo termine non sono commercializzati o venduti come investimenti.

(1) Articolo sostituito dall'art. 2, co. 1, d.lg. 23/5/2011, n. 79.

71. Informazioni precontrattuali (1). – 1. In tempo utile prima che il consumatore sia vincolato da un contratto o da un'offerta, l'operatore fornisce al consumatore, in maniera chiara e comprensibile, informazioni accurate e sufficienti, secondo le seguenti modalità:

a) nel caso di un contratto di multiproprietà, tramite il formulario informativo di cui all'allegato II-bis e le informazioni elencate nella parte 3 di detto formulario;

b) nel caso di un contratto relativo a un prodotto per le vacanze di lungo termine, tramite il formulario informativo di cui all'allegato II-ter e le informazioni elencate nella parte 3 di detto formulario;

c) nel caso di un contratto di rivendita, tramite il formulario informativo di cui all'allegato II-quater e le informazioni elencate nella parte 3 di detto formulario;

d) nel caso di un contratto di scambio, tramite il formulario informativo di cui all'allegato II-quinquies e le informazioni elencate nella parte 3 di detto formulario.

2. Le informazioni di cui al comma 1 sono fornite a titolo gratuito dall'operatore su carta o altro supporto durevole facilmente accessibile al consumatore.

3. Le informazioni di cui al comma 1, sono redatte nella lingua italiana e in una delle lingue dello Stato dell'Unione europea in cui il consumatore risiede oppure di cui è cittadino, a scelta di quest'ultimo, purché si tratti di una lingua ufficiale della Unione europea.

(1) Articolo sostituito dall'art. 2, co. 1, d.lg. 23/5/2011, n. 79.

72. Requisiti del contratto (1). – 1. Il contratto deve essere redatto per iscritto, a pena di nullità, su carta o altro supporto durevole, nella lingua italiana e in una delle lingue dello Stato dell'Unione europea in cui il consumatore risiede oppure di cui è cittadino, a sua scelta, purché si tratti di una lingua ufficiale della Unione europea.

2. Nel caso di un contratto di multiproprietà relativo a un bene immobile specifico, è fatto obbligo all'operatore di fornire al consumatore anche una traduzione conforme del contratto nella lingua dello Stato dell'Unione europea in cui è situato l'immobile.

3. In ogni caso, per qualsiasi tipo di contratto disciplinato dal presente Capo, all'operatore che svolge la propria attività di vendita nel territorio nazionale è fatto obbligo di fornire al consumatore il relativo contratto anche nella lingua italiana.

4. Le informazioni di cui all'articolo 71, comma 1, costituiscono parte integrante e sostanziale del contratto e non possono essere modificate salvo qualora vi sia l'accordo esplicito delle parti oppure qualora le modifiche siano causate da circostanze eccezionali e imprevedibili, indipendenti dalla volontà dell'operatore, le cui conseguenze non avrebbero potuto essere evitate neanche con la dovuta diligenza. Tali modifiche, indicate espressamente nel contratto, sono comunicate al consumatore su carta o altro supporto durevole a lui facilmente accessibile, prima della conclusione del contratto.

5. Il contratto contiene, oltre alle informazioni di cui all'articolo 71, comma 1, i seguenti ulteriori elementi:

a) l'identità, il luogo di residenza e la firma di ciascuna delle parti;

b) la data e il luogo di conclusione del contratto.

6. Prima della conclusione del contratto l'operatore informa il consumatore sulle clausole contrattuali concernenti l'esistenza del diritto di recesso, la durata del periodo di recesso di cui all'articolo 73 e il divieto di versare acconti durante il periodo di recesso di cui all'articolo 76, le quali devono essere sottoscritte separatamente dal consumatore. Il contratto include un formulario separato di recesso, come riportato nell'allegato II-sexies, inteso ad agevolare l'esercizio del diritto di recesso in conformità all'articolo 73.

7. Il consumatore riceve una copia o più copie del contratto all'atto della sua conclusione.

(1) Articolo sostituito dall'art. 2, co. 1, d.lg. 23/5/2011, n. 79.

72 bis. Obbligo di fideiussione per i contratti di multiproprietà (1). – 1. L'operatore non avente la forma giuridica di società di capitali ovvero con un capitale sociale versato inferiore a 5.500.000 euro e non avente sede legale e sedi secondarie nel territorio dello Stato è obbligato a prestare idonea fideiussione bancaria o assicurativa a garanzia della corretta esecuzione del contratto.

2. L'operatore è in ogni caso obbligato a prestare fideiussione bancaria o assicurativa allorquando l'alloggio oggetto

del contratto di multiproprietà sia in corso di costruzione, a garanzia dell'ultimazione dei lavori.

3. Delle fideiussioni deve farsi espressa menzione nel contratto di multiproprietà a pena di nullità.

4. Le garanzie di cui ai commi 1 e 2 non possono imporre al consumatore la preventiva esclusione dell'operatore.

(1) Articolo inserito dall'art. 2, co. 1, d.lg. 23/5/2011, n. 79.

73. Diritto di recesso (1). – 1. Al consumatore è concesso un periodo di quattordici giorni, naturali e consecutivi, per recedere, senza specificare il motivo, dal contratto di multiproprietà, dal contratto relativo a prodotti per le vacanze di lungo termine, dal contratto di rivendita e di scambio.

2. Il periodo di recesso si calcola:

a) dal giorno della conclusione del contratto definitivo o del contratto preliminare;

b) dal giorno in cui il consumatore riceve il contratto definitivo o il contratto preliminare, se posteriore alla data di cui alla lettera a).

3. Il periodo di recesso scade:

a) dopo un anno e quattordici giorni a decorrere dalla data di cui al comma 2 del presente articolo se il formulario di recesso separato previsto all'articolo 72, comma 4, non è stato compilato dall'operatore e consegnato al consumatore per iscritto, su carta o altro supporto durevole;

b) dopo tre mesi e quattordici giorni a partire dalla data di cui al comma 2 del presente articolo se le informazioni di cui all'articolo 71, comma 1, incluso il formulario informativo applicabile di cui agli allegati da III a VI, non sono state fornite al consumatore per iscritto, su carta o altro supporto durevole.

4. Se il formulario separato di recesso previsto all'articolo 72, comma 4, è stato compilato dall'operatore e consegnato al consumatore per iscritto, su carta o altro supporto durevole, entro un anno dalla data di cui al comma 2 del presente articolo, il periodo di recesso inizia a decorrere dal giorno in cui il consumatore riceve tale formulario. Analogamente, se le informazioni di cui all'articolo 71, comma 1, incluso il formulario informativo applicabile di cui agli allegati da III a VI, sono state fornite al consumatore per iscritto, su carta o altro supporto durevole, entro tre mesi dal giorno di cui al comma 2 del presente articolo, il periodo di recesso inizia a decorrere dal giorno in cui il consumatore riceve tali informazioni.

5. Nel caso in cui il contratto di scambio sia offerto al consumatore contestualmente al contratto di multiproprietà, ai due contratti si applica un unico periodo di recesso conformemente al comma 1. Il periodo di recesso per i due contratti è calcolato secondo le disposizioni del comma 2.

(1) Articolo sostituito dall'art. 2, co. 1, d.lg. 23/5/2011, n. 79.

74. Modalità di esercizio ed effetti del diritto di recesso (1). – 1. Il diritto di recesso da parte del consumatore si esercita dandone comunicazione scritta, su carta o altro supporto durevole che assicuri la prova della spedizione anteriore alla scadenza del periodo di recesso, alla persona indicata nel contratto o, in mancanza, all'operatore.

2. All'uopo, il consumatore può utilizzare il formulario di recesso di cui all'allegato VII fornito dall'operatore a norma dell'articolo 72, comma 4.

3. L'esercizio del diritto di recesso da parte del consumatore, nei modi indicati al comma 1, pone fine all'obbligo delle parti di eseguire il contratto.

4. Il consumatore che esercita il diritto di recesso, non sostiene alcuna spesa, non è tenuto a pagare alcuna penalità, né è debitore del valore corrispondente all'eventuale servizio reso prima del recesso.

(1) Articolo sostituito dall'art. 2, co. 1, d.lg. 23/5/2011, n. 79.

75. Acconti (1). – 1. Per i contratti di multiproprietà, relativi a prodotti per le vacanze di lungo termine e di scambio è vietato qualunque versamento di danaro a titolo di acconto, prestazione di garanzie, l'accantonamento di denaro sotto forma di deposito bancario, il riconoscimento esplicito di debito od ogni altro onere da parte di un consumatore a favore dell'operatore o di un terzo prima della fine del periodo di recesso in conformità dell'articolo 73.

2. Per i contratti di rivendita è vietata qualunque forma di versamento di denaro a titolo di acconto, prestazione di garanzie, l'accantonamento di denaro sotto forma di deposito bancario, il riconoscimento esplicito del debito od ogni altro onere da parte di un consumatore a favore dell'operatore o di un terzo prima che la vendita abbia effettivamente luogo o che sia posta fine in altro modo al contratto di rivendita.

(1) Articolo sostituito dall'art. 2, co. 1, d.lg. 23/5/2011, n. 79.

76. Disposizioni specifiche concernenti i contratti relativi a prodotti per le vacanze di lungo termine (1). – 1. Per i contratti relativi a prodotti per le vacanze di lungo termine, il pagamento è effettuato secondo scadenze periodiche. È vietato qualsiasi pagamento del prezzo specificato nel contratto che non sia conforme al piano di pagamento periodico concordato. I pagamenti, comprese le quote di affiliazione, sono ripartiti in rate annuali, ciascuna di pari valore, fermo restando gli adeguamenti riferiti ai sistemi di indicizzazione previsti dalla legge. L'operatore invia una richiesta scritta di pagamento, su carta o altro supporto durevole, almeno quattordici giorni, naturali e consecutivi, prima di ciascuna data di esigibilità.

2. Fatto salvo quanto previsto dall'articolo 73, a partire dal secondo pagamento rateale, il consumatore può porre fine al contratto senza incorrere in penali dando preavviso all'operatore entro quattordici giorni, naturali e consecutivi, dalla ricezione della richiesta di pagamento per ciascuna rata.

(1) Articolo sostituito dall'art. 2, co. 1, d.lg. 23/5/2011, n. 79.

77. Risoluzione dei contratti accessori (1). – 1. L'esercizio da parte del consumatore del diritto di recesso dal contratto di multiproprietà o dal contratto relativo a un prodotto per le vacanze di lungo termine comporta automaticamente e senza alcuna spesa per il consumatore la risoluzione di tutti i contratti di scambio ad esso accessori e di qualsiasi altro contratto accessorio.

2. Fatto salvo quanto previsto dagli articoli 125-ter e 125-quinquies del decreto legislativo 1° settembre 1993, n. 385, in materia di contratti di credito ai consumatori, se il prezzo è interamente o parzialmente coperto da un credito concesso al consumatore dall'operatore o da un terzo in base a un accordo fra il terzo e l'operatore, il contratto di credito è risolto senza costi per il consumatore qualora il consumatore eserciti il diritto di recesso dal contratto di multiproprietà, dal contratto relativo a prodotti per le vacanze di lungo termine, o dal contratto di rivendita o di scambio.

(1) Articolo sostituito dall'art. 2, co. 1, d.lg. 23/5/2011, n. 79.

78. Carattere imperativo delle disposizioni e applicazione in casi internazionali (1). – 1. Sono nulle le clausole contrattuali o i patti aggiunti di rinuncia del consumatore ai diritti previsti dal presente capo o di limitazione delle responsabilità previste a carico dell'operatore.

2. Per le controversie derivanti dall'applicazione del presente capo, la competenza territoriale inderogabile è del giudice del luogo di residenza o di domicilio del consumatore, se ubicati nel territorio dello Stato.

3. Ove le parti abbiano scelto di applicare ai contratti di cui al presente capo, una legislazione diversa da quella italiana, al consumatore devono comunque essere riconosciute le con-

dizioni di tutela previste dal presente capo.

4. Ove la legge applicabile sia quella di un paese extracomunitario, i consumatori non possono essere privati della tutela garantita dal presente codice, nel caso di:

a) uno qualsiasi dei beni immobili interessati è situato sul territorio nazionale o di uno Stato dell'Unione europea;

b) nel caso di un contratto non direttamente collegato a beni immobili, l'operatore svolga attività commerciali o professionali in Italia o in uno Stato dell'Unione europea o diriga tali attività, con qualsiasi mezzo, verso l'Italia o uno Stato dell'Unione europea e il contratto rientri nell'ambito di dette attività.

(1) Articolo sostituito dall'art. 2, co. 1, d.lg. 23/5/2011, n. 79.

79. Tutela amministrativa e giurisdizionale (1). – 1. Al fine di garantire il rispetto delle disposizioni contenute nel presente capo da parte degli operatori, i consumatori possono utilizzare gli strumenti specifici di cui agli articoli 27, 139, 140 e 140-bis del presente Codice.

2. È comunque fatta salva la giurisdizione del giudice ordinario.

(1) Articolo sostituito dall'art. 2, co. 1, d.lg. 23/5/2011, n. 79.

80. Informazioni per i consumatori e ricorso extragiudiziale (1). – 1. L'operatore può adottare appositi codici di condotta, secondo le modalità di cui all'articolo 27-bis.

2. Per la risoluzione delle controversie sorte dall'esatta applicazione dei contratti disciplinati dal presente capo è possibile ricorrere alle procedure di mediazione, di cui al decreto legislativo 4 marzo 2010, n. 28. È fatta salva la possibilità di utilizzare le procedure di negoziazione volontaria e paritetica previste dall'articolo 2, comma 2, dello stesso decreto legislativo 4 marzo 2010, n. 28.

(1) Articolo sostituito dall'art. 2, co. 1, d.lg. 23/5/2011, n. 79.

81. Sanzioni (1). – 1. Salvo che il fatto costituisca reato, l'operatore che contravviene alle norme di cui agli articoli 70, commi 1 e 2, 71, 72, 72-bis, 75, 76 e 77, è punito, per ogni singola violazione, con la sanzione amministrativa pecuniaria da 1.000 euro a 5.000 euro.

2. Si applica la sanzione amministrativa accessoria della sospensione dall'esercizio dell'attività da 30 giorni a sei mesi all'operatore che abbia commesso una ripetuta violazione delle disposizioni di cui al comma 1.

3. Ai fini dell'accertamento dell'infrazione e dell'applicazione della sanzione, si applica l'articolo 66. (2).

(1) Articolo sostituito dall'art. 2, co. 1, d.lg. 23/5/2011, n. 79.
(2) Comma modificato dall'art. 1, co. 4, d.lg. 21/2/2014, n. 21, con la decorrenza di cui all'art. 2, co. 1, d.lg. n. 21/2014.

81 bis. Tutela in base ad altre disposizioni (1). – 1. Le disposizioni del presente capo non escludono, né limitano i diritti che sono attribuiti al consumatore da altre norme dell'ordinamento giuridico.

2. Per quanto non previsto dal presente capo, si applicano le disposizioni del codice civile in tema di contratti.

(1) Articolo inserito dall'art. 2, co. 1, d.lg. 23/5/2011, n. 79.

Capo II
Servizi turistici

82. Ambito di applicazione*. – *1. Le disposizioni del presente capo si applicano ai pacchetti turistici definiti all'articolo 84, venduti od offerti in vendita nel territorio nazionale dall'organizzatore o dal venditore, di cui all'articolo 83* (1). *2. Il presente capo si applica altresì ai pacchetti turistici negoziati al di fuori dai locali commerciali e a distanza, ferme restando le disposizioni previste negli articoli da 64 a 67.*

* Articolo abrogato dall'art. 3, co. 1, lett. m), d.lg. 23/5/2011, n. 79.
(1) Comma modificato dall'art. 10, co. 1, d.lg. 23/10/2007, n. 221.

83. Definizioni*. – *1. Ai fini del presente capo si intende per: a) organizzatore di viaggio, il soggetto che realizza la combinazione degli elementi di cui all'articolo 84 e si obbliga in nome proprio e verso corrispettivo forfetario a procurare a terzi pacchetti turistici; b) venditore, il soggetto che vende, o si obbliga a procurare pacchetti turistici realizzati ai sensi dell'articolo 84 verso un corrispettivo forfetario; c) consumatore di pacchetti turistici, l'acquirente, il cessionario di un pacchetto turistico o qualunque persona anche da nominare, purché soddisfi tutte le condizioni richieste per la fruizione del servizio, per conto della quale il contraente principale si impegna ad acquistare senza remunerazione un pacchetto turistico. 2. L'organizzatore può vendere pacchetti turistici direttamente o tramite un venditore.*

* Articolo abrogato dall'art. 3, co. 1, lett. m), d.lg. 23/5/2011, n. 79.

84. Pacchetti turistici*. – *1. I pacchetti turistici hanno ad oggetto i viaggi, le vacanze ed i circuiti tutto compreso, risultanti dalla prefissata combinazione di almeno due degli elementi di seguito indicati, venduti od offerti in vendita ad un prezzo forfetario, e di durata superiore alle ventiquattro ore ovvero comprendente almeno una notte: b) alloggio; c) servizi turistici non accessori al trasporto o all'alloggio di cui all'articolo 86, lettere i) e o), che costituiscano parte significativa del pacchetto turistico. 2. La fatturazione separata degli elementi di uno stesso pacchetto turistico non sottrae l'organizzatore o il venditore agli obblighi del presente capo* (1).

* Articolo abrogato dall'art. 3, co. 1, lett. m), d.lg. 23/5/2011, n. 79.
(1) Comma modificato dall'art. 11, co. 1, d.lg. 23/10/2007, n. 221.

85. Forma del contratto di vendita di pacchetti turistici*. – *1. Il contratto di vendita di pacchetti turistici è redatto in forma scritta in termini chiari e precisi. 2. Al consumatore deve essere rilasciata una copia del contratto stipulato, sottoscritto o timbrato dall'organizzatore o venditore.*

* Articolo abrogato dall'art. 3, co. 1, lett. m), d.lg. 23/5/2011, n. 79.

86. Elementi del contratto di vendita di pacchetti turistici*. – *1. Il contratto contiene i seguenti elementi: a) destinazione, durata, data d'inizio e conclusione, qualora sia previsto un soggiorno frazionato, durata del medesimo con relative date di inizio e fine; b) nome, indirizzo, numero di telefono ed estremi dell'autorizzazione all'esercizio dell'organizzatore o venditore che sottoscrive il contratto; c) prezzo del pacchetto turistico, modalità della sua revisione, diritti e tasse sui servizi di atterraggio, sbarco ed imbarco nei porti ed aeroporti e gli altri oneri posti a carico del viaggiatore; d) importo, comunque non superiore al venticinque per cento del prezzo, da versarsi all'atto della prenotazione, nonché il termine per il pagamento del saldo; il suddetto importo è versato a titolo di caparra ma gli effetti di cui all'articolo 1385 del codice civile non si producono qualora il recesso dipenda da fatto sopraggiunto non imputabile, ovvero sia giustificato dal grave inadempimento della controparte; e) estremi della copertura assicurativa e delle ulteriori polizze convenute con il viaggiatore; f) presupposti e modalità di intervento del fondo di garanzia di cui all'articolo 100 nonché dichiarazione che il venditore o l'organizzatore concorre ad alimentare il suddetto fondo nella misura stabilita dal comma 2 del citato articolo 100* (1); *g) mezzi, caratteristiche e tipologie di trasporto, data, ora, luogo della partenza e del ritorno, tipo di posto assegnato; h) ove il pacchetto turistico includa la sistemazio-*

ne in albergo, l'ubicazione, la categoria turistica, il livello, l'eventuale idoneità all'accoglienza di persone disabili, nonché le principali caratteristiche, la conformità alla regolamentazione dello Stato membro ospitante, i pasti forniti; i) itinerario, visite, escursioni o altri servizi inclusi nel pacchetto turistico, ivi compresa la presenza di accompagnatori e guide turistiche; l) termine entro cui il consumatore deve essere informato dell'annullamento del viaggio per la mancata adesione del numero minimo dei partecipanti eventualmente previsto; m) accordi specifici sulle modalità del viaggio espressamente convenuti tra l'organizzatore o il venditore e il consumatore al momento della prenotazione; n) eventuali spese poste a carico del consumatore per la cessione del contratto ad un terzo; o) termine entro il quale il consumatore deve presentare reclamo per l'inadempimento o l'inesatta esecuzione del contratto; p) termine entro il quale il consumatore deve comunicare la propria scelta in relazione alle modifiche delle condizioni contrattuali di cui all'articolo 91.

* Articolo abrogato dall'art. 3, co. 1, lett. m), d.lg. 23/5/2011, n. 79.
(1) Lettera modificata dall'art. 15, co. 1, l. 18/6/2009, n. 69.

87. Informazione del consumatore*. *– 1. Nel corso delle trattative e comunque prima della conclusione del contratto, il venditore o l'organizzatore forniscono per iscritto informazioni di carattere generale concernenti le condizioni applicabili ai cittadini dello Stato membro dell'Unione europea in materia di passaporto e visto con l'indicazione dei termini per il rilascio, nonché gli obblighi sanitari e le relative formalità per l'effettuazione del viaggio e del soggiorno. 2. Prima dell'inizio del viaggio l'organizzatore ed il venditore comunicano al consumatore per iscritto le seguenti informazioni: a) orari, località di sosta intermedia e coincidenze; b) generalità e recapito telefonico di eventuali rappresentanti locali dell'organizzatore o venditore ovvero di uffici locali contattabili dal viaggiatore in caso di difficoltà; c) recapito telefonico dell'organizzatore o venditore utilizzabile in caso di difficoltà in assenza di rappresentanti locali; d) per i viaggi ed i soggiorni di minorenne all'estero, recapiti telefonici per stabilire un contatto diretto con questi o con il responsabile locale del suo soggiorno; e) circa la sottoscrizione facoltativa di un contratto di assicurazione a copertura delle spese sostenute dal consumatore per l'annullamento del contratto o per il rimpatrio in caso di incidente o malattia. 3. Quando il contratto è stipulato nell'imminenza della partenza, le indicazioni contenute nel comma 1 devono essere fornite contestualmente alla stipula del contratto. 4. È fatto comunque divieto di fornire informazioni ingannevoli sulle modalità del servizio offerto, sul prezzo e sugli altri elementi del contratto qualunque sia il mezzo mediante il quale dette informazioni vengono comunicate al consumatore.*

* Articolo abrogato dall'art. 3, co. 1, lett. m), d.lg. 23/5/2011, n. 79.

88. Opuscolo informativo*. *– 1. L'opuscolo, ove posto a disposizione del consumatore, indica in modo chiaro e preciso: a) la destinazione, il mezzo, il tipo, la categoria di trasporto utilizzato; b) la sistemazione in albergo o altro tipo di alloggio, l'ubicazione, la categoria o il livello e le caratteristiche principali, la sua approvazione e classificazione dello Stato ospitante; c) i pasti forniti; d) l'itinerario; e) le informazioni di carattere generale applicabili al cittadino di uno Stato membro dell'Unione europea in materia di passaporto e visto con indicazione dei termini per il rilascio, nonché gli obblighi sanitari e le relative formalità da assolvere per l'effettuazione del viaggio e del soggiorno; f) l'importo o la percentuale di prezzo da versare come acconto e le scadenze per il versamento del saldo; g) l'indicazione del numero minimo di partecipanti eventualmente necessario per l'effettuazione del viaggio tutto compreso e del termine entro il quale il consumatore deve essere informato dell'annullamento del pacchetto turistico; h) i termini, le modalità, il soggetto nei cui riguardi si esercita il diritto di recesso ai sensi degli articoli da 64 a 67, nel caso di contratto negoziato fuori dei locali commerciali o a distanza. 2. Le informazioni contenute nell'opuscolo vincolano l'organizzatore e il venditore in relazione alle rispettive responsabilità, a meno che le modifiche delle condizioni ivi indicate non siano comunicate per iscritto al consumatore prima della stipulazione del contratto o vengano concordate dai contraenti, mediante uno specifico accordo scritto, successivamente alla stipulazione.*

* Articolo abrogato dall'art. 3, co. 1, lett. m), d.lg. 23/5/2011, n. 79.

89. Cessione del contratto*. *– 1. Il consumatore può sostituire a sé un terzo che soddisfi tutte le condizioni per la fruizione del servizio, nei rapporti derivanti dal contratto, ove comunichi per iscritto all'organizzatore o al venditore, entro e non oltre quattro giorni lavorativi prima della partenza, di trovarsi nell'impossibilità di usufruire del pacchetto turistico e le generalità del cessionario. 2. Il cedente ed il cessionario sono solidamente obbligati nei confronti dell'organizzatore o del venditore al pagamento del prezzo e delle spese ulteriori eventualmente derivanti dalla cessione.*

* Articolo abrogato dall'art. 3, co. 1, lett. m), d.lg. 23/5/2011, n. 79.

90. Revisione del prezzo*. *– 1. La revisione del prezzo forfetario di vendita di pacchetto turistico convenuto dalle parti è ammessa solo quando sia stata espressamente prevista nel contratto, anche con la definizione delle modalità di calcolo, in conseguenza della variazione del costo del trasporto, del carburante, dei diritti e delle tasse quali quelle di atterraggio, di sbarco o imbarco nei porti o negli aeroporti, del tasso di cambio applicato. I costi devono essere adeguatamente documentati dal venditore. 2. La revisione al rialzo non può in ogni caso essere superiore al dieci per cento del prezzo nel suo originario ammontare. 3. Quando l'aumento del prezzo supera la percentuale di cui al comma 2, l'acquirente può recedere dal contratto, previo rimborso delle somme già versate alla controparte. 4. Il prezzo non può in ogni caso essere aumentato nei venti giorni che precedono la partenza.*

* Articolo abrogato dall'art. 3, co. 1, lett. m), d.lg. 23/5/2011, n. 79.

91. Modifiche delle condizioni contrattuali*. *– 1. Prima della partenza l'organizzatore o il venditore che abbia necessità di modificare in modo significativo uno o più elementi del contratto, ne dà immediato avviso in forma scritta al consumatore, indicando il tipo di modifica e la variazione del prezzo che ne consegue, ai sensi dell'articolo 90. 2. Ove non accetti la proposta di modifica di cui al comma 1, il consumatore può recedere, senza pagamento di penali, ed ha diritto a quanto previsto nell'articolo 92. 3. Il consumatore comunica la propria scelta all'organizzatore o al venditore entro due giorni lavorativi dal momento in cui ha ricevuto l'avviso indicato al comma 2. 4. Dopo la partenza, quando una parte essenziale dei servizi previsti dal contratto non può essere effettuata, l'organizzatore predispone adeguate soluzioni alternative per la prosecuzione del viaggio programmato non comportanti oneri di qualsiasi tipo a carico del consumatore, oppure rimborsa quest'ultimo nei limiti della differenza tra le prestazioni originariamente previste e quelle effettuate, salvo il risarcimento del danno. 5. Se non è possibile alcuna soluzione alternativa o il consumatore non l'accetta per un giustificato motivo, l'organizzatore gli mette a disposizione un mezzo di trasporto equivalente per il ritorno al luogo di partenza o ad altro luogo convenuto, e gli restituisce la differenza tra il costo delle prestazioni previste e quello delle prestazioni effettuate fino al momento del rientro anticipato.*

* Articolo abrogato dall'art. 3, co. 1, lett. m), d.lg. 23/5/2011, n. 79.

92. Diritti del consumatore in caso di recesso o annullamento del servizio*. – *1. Quando il consumatore recede dal contratto nei casi previsti dagli articoli 90 e 91, o il pacchetto turistico viene cancellato prima della partenza per qualsiasi motivo, tranne che per colpa del consumatore, questi ha diritto di usufruire di un altro pacchetto turistico di qualità equivalente o superiore senza supplemento di prezzo, o di un pacchetto turistico qualitativamente inferiore previa restituzione della differenza del prezzo, oppure gli è rimborsata, entro sette giorni lavorativi dal momento del recesso o della cancellazione, la somma di danaro già corrisposta. 2. Nei casi previsti dal comma 1 il consumatore ha diritto ad essere risarcito di ogni ulteriore danno dipendente dalla mancata esecuzione del contratto. 3. Il comma 2 non si applica quando la cancellazione del pacchetto turistico dipende dal mancato raggiungimento del numero minimo di partecipanti eventualmente richiesto ed il consumatore sia stato informato in forma scritta almeno venti giorni prima della data prevista per la partenza, oppure da causa di forza maggiore, escluso in ogni caso l'eccesso di prenotazioni.*

* Articolo abrogato dall'art. 3, co. 1, lett. m), d.lg. 23/5/2011, n. 79.

93. Mancato o inesatto adempimento*. – *1. Fermi restando gli obblighi previsti dall'articolo precedente, in caso di mancato o inesatto adempimento delle obbligazioni assunte con la vendita del pacchetto turistico, l'organizzatore e il venditore sono tenuti al risarcimento del danno, secondo le rispettive responsabilità, se non provano che il mancato o inesatto adempimento è stato determinato da impossibilità della prestazione derivante da causa a loro non imputabile. 2. L'organizzatore o il venditore che si avvale di altri prestatori di servizi è comunque tenuto a risarcire il danno sofferto dal consumatore, salvo il diritto di rivalersi nei loro confronti.*

* Articolo abrogato dall'art. 3, co. 1, lett. m), d.lg. 23/5/2011, n. 79.

94. Responsabilità per danni alla persona*. – *1. Il danno derivante alla persona dall'inadempimento o dall'inesatta esecuzione delle prestazioni che formano oggetto del pacchetto turistico è risarcibile secondo le norme stabilite dalle convenzioni internazionali che disciplinano la materia, di cui sono parte l'Italia o l'Unione europea, così come recepite nell'ordinamento italiano. 2. Il diritto al risarcimento del danno derivante alla persona dall'inadempimento o dall'inesatta esecuzione delle prestazioni che formano oggetto del pacchetto turistico si prescrive in tre anni dalla data del rientro del viaggiatore nel luogo di partenza, salvo il termine di diciotto o dodici mesi per quanto attiene all'inadempimento di prestazioni di trasporto comprese nel pacchetto turistico per le quali si applica l'articolo 2951 del codice civile. 3. È nullo ogni accordo che stabilisca limiti di risarcimento per i danni di cui al comma 1.*

* Articolo abrogato dall'art. 3, co. 1, lett. m), d.lg. 23/5/2011, n. 79.
• Articolo sostituito dall'art. 14, co. 12, d.lg. 15/3/2006, n. 151.

95. Responsabilità per danni diversi da quelli alla persona*. – *1. Le parti contraenti possono convenire in forma scritta, fatta salva in ogni caso l'applicazione degli articoli 1341 del codice civile e degli articoli da 33 a 37 del codice, limitazioni al risarcimento del danno, diverso dal danno alla persona, derivante dall'inadempimento o dall'inesatta esecuzione delle prestazioni che formano oggetto del pacchetto turistico. 2. La limitazione di cui al comma 1 non può essere, a pena di nullità, comunque inferiore a quanto previsto dall'articolo 13 della convenzione internazionale relativa al contratto di viaggio (C.C.V.), firmata a Bruxelles il 23 aprile 1970, resa esecutiva dalla legge 27 dicembre 1977, n. 1084. 3. In assenza di specifica pattuizione, il risarcimento del danno è ammesso nei limiti previsti dall'articolo 13 della convenzione internazionale relativa al contratto di viaggio (C.C.V.), firmata a Bruxelles il 23 aprile 1970, resa esecutiva dalla legge 27 dicembre 1977, n. 1084, e dagli articoli dal 1783 al 1786 del codice civile. 4. Il diritto al risarcimento del danno si prescrive in un anno dal rientro del viaggiatore nel luogo della partenza.*

* Articolo abrogato dall'art. 3, co. 1, lett. m), d.lg. 23/5/2011, n. 79.

96. Esonero di responsabilità*. – *1. L'organizzatore ed il venditore sono esonerati dalla responsabilità di cui agli articoli 94 e 95, quando la mancata o inesatta esecuzione del contratto è imputabile al consumatore o è dipesa dal fatto di un terzo a carattere imprevedibile o inevitabile, ovvero da un caso fortuito o di forza maggiore. 2. L'organizzatore o il venditore apprestano con sollecitudine ogni rimedio utile al soccorso del consumatore al fine di consentirgli la prosecuzione del viaggio, salvo in ogni caso il diritto al risarcimento del danno nel caso in cui l'inesatto adempimento del contratto sia a questo ultimo imputabile.*

* Articolo abrogato dall'art. 3, co. 1, lett. m), d.lg. 23/5/2011, n. 79.

97. Diritto di surrogazione*. – *1. L'organizzatore o il venditore che hanno risarcito il consumatore sono surrogati in tutti i diritti e azioni di quest'ultimo verso i terzi responsabili. 2. Il consumatore fornisce all'organizzatore o al venditore tutti i documenti, le informazioni e gli elementi in suo possesso utili per l'esercizio del diritto di surroga.*

* Articolo abrogato dall'art. 3, co. 1, lett. m), d.lg. 23/5/2011, n. 79.

98. Reclamo*. – *1. Ogni mancanza nell'esecuzione del contratto deve essere contestata dal consumatore senza ritardo affinché l'organizzatore, il suo rappresentante locale o l'accompagnatore vi pongano tempestivamente rimedio. 2. Il consumatore può altresì sporgere reclamo mediante l'invio di una raccomandata, con avviso di ricevimento, all'organizzatore o al venditore, entro e non oltre dieci giorni lavorativi dalla data del rientro nel luogo di partenza.*

* Articolo abrogato dall'art. 3, co. 1, lett. m), d.lg. 23/5/2011, n. 79.

99. Assicurazione*. – *1. L'organizzatore e il venditore devono essere coperti dall'assicurazione per la responsabilità civile verso il consumatore per il risarcimento dei danni di cui agli articoli 94 e 95. 2. È fatta salva la facoltà di stipulare polizze assicurative di assistenza al turista.*

* Articolo abrogato dall'art. 3, co. 1, lett. m), d.lg. 23/5/2011, n. 79.

100. Fondo di garanzia*. – *1. È istituito presso la Presidenza del Consiglio dei Ministri un fondo nazionale di garanzia, per consentire, in caso di insolvenza o di fallimento del venditore o dell'organizzatore, il rimborso del prezzo versato ed il rimpatrio del consumatore nel caso di viaggi all'estero, nonché per fornire una immediata disponibilità economica in caso di rientro forzato di turisti da Paesi extracomunitari in occasione di emergenze, imputabili o meno al comportamento dell'organizzatore* (1). *2. Il fondo è alimentato annualmente da una quota pari al due per cento dell'ammontare del premio delle polizze di assicurazione obbligatoria di cui all'articolo 99, che è versata all'entrata del bilancio dello Stato per essere riassegnata, con decreto del Ministro dell'economia e delle finanze, al fondo di cui al comma 1. 3. Il fondo interviene, per le finalità di cui al comma 1, nei limiti dell'importo corrispondente alla quota così come determinata ai sensi del comma 2. 3-bis. Le istanze di rimborso al fondo non sono soggette ad alcun termine di decadenza* (2). *4. Il fondo potrà avvalersi del diritto di rivalsa nei confronti del* *soggetto inadempiente. 5. Le modalità di gestione e di funzionamento del fondo sono determinate con decreto del Presidente del Consiglio dei Ministri, di concerto con il Ministro dello sviluppo economico e con il Ministro dell'economia e delle finanze. Fino alla data di entrata in vigore del decreto di cui al presente comma, restano in vigore le disposizioni di cui al decreto del Ministro dell'industria, del commercio e dell'artigianato 23 luglio 1999, n. 349* (3).

* Articolo abrogato dall'art. 3, co. 1, lett. m), d.lg. 23/5/2011, n. 79.

(1) Comma modificato dall'art. 12, co. 1, d.lg. 23/10/2007, n. 221.

(2) Comma inserito dall'art. 15, co. 2, l. 18/6/2009, n. 69.

(3) Comma modificato dall'art. 12, co. 2 e 3, d.lg. 23/10/2007, n. 221.

TITOLO V
EROGAZIONE DI SERVIZI PUBBLICI

Capo I
Servizi pubblici

101. Norma di rinvio. – 1. Lo Stato e le regioni, nell'ambito delle rispettive competenze, garantiscono i diritti degli utenti dei servizi pubblici attraverso la concreta e corretta attuazione dei principi e dei criteri previsti della normativa vigente in materia.

2. Il rapporto di utenza deve svolgersi nel rispetto di standard di qualità predeterminati e adeguatamente resi pubblici.

3. Agli utenti è garantita, attraverso forme rappresentative, la partecipazione alle procedure di definizione e di valutazione degli standard di qualità previsti dalle leggi.

4. La legge stabilisce per determinati enti erogatori di servizi pubblici l'obbligo di adottare, attraverso specifici meccanismi di attuazione diversificati in relazione ai settori, apposite carte dei servizi.

PARTE IV
SICUREZZA E QUALITÀ

TITOLO I
SICUREZZA DEI PRODOTTI

102. Finalità e campo di applicazione. – 1. Il presente titolo intende garantire che i prodotti immessi sul mercato ovvero in libera pratica siano sicuri.

2. Le disposizioni del presente titolo si applicano a tutti i prodotti definiti all'articolo 103, comma 1, lettera a). Ciascuna delle sue disposizioni si applica laddove non esistono, nell'ambito della normativa vigente, disposizioni specifiche aventi come obiettivo la sicurezza dei prodotti.

3. Se taluni prodotti sono soggetti a requisiti di sicurezza prescritti da normativa comunitaria, le disposizioni del presente titolo si applicano unicamente per gli aspetti ed i rischi o le categorie di rischio non soggetti a tali requisiti.

4. Ai prodotti di cui al comma 3 non si applicano l'articolo 103, comma 1, lettere b) e c), e gli articoli 104 e 105.

5. Ai prodotti di cui al comma 3 si applicano gli articoli da 104 a 108 se sugli aspetti disciplinati da tali articoli non esistono disposizioni specifiche riguardanti lo stesso obiettivo.

6. Le disposizioni del presente titolo non si applicano ai prodotti alimentari di cui al regolamento (CE) n. 178/ 2002, del Parlamento europeo e del Consiglio, del 28 gennaio 2002.

103. Definizioni. – 1. Ai fini del presente titolo si intende per:

a) prodotto sicuro: qualsiasi prodotto, come definito all'articolo 3, comma 1, lettera e), che, in condizioni di uso normali o ragionevolmente prevedibili, compresa la durata e, se del caso, la messa in servizio, l'installazione e la manutenzione, non presenti alcun rischio oppure presenti unicamente rischi minimi, compatibili con l'impiego del prodotto e considerati accettabili nell'osservanza di un livello elevato di tutela della salute e della sicurezza delle persone in funzione, in particolare, dei seguenti elementi:

1) delle caratteristiche del prodotto, in particolare la sua composizione, il suo imballaggio, le modalità del suo assemblaggio e, se del caso, della sua installazione e manutenzione;

2) dell'effetto del prodotto su altri prodotti, qualora sia ragionevolmente prevedibile l'utilizzazione del primo con i secondi;

3) della presentazione del prodotto, della sua etichettatura, delle eventuali avvertenze e istruzioni per il suo uso e la sua eliminazione, nonché di qualsiasi altra indicazione o informazione relativa al prodotto;

4) delle categorie di consumatori che si trovano in condizione di rischio nell'utilizzazione del prodotto, in particolare dei minori e degli anziani;

b) prodotto pericoloso: qualsiasi prodotto che non risponda alla definizione di prodotto sicuro di cui alla lettera a);

c) rischio grave: qualsiasi rischio grave compreso quello i cui effetti non sono immediati, che richiede un intervento rapido delle autorità pubbliche;

d) produttore: il fabbricante del prodotto stabilito nella Comunità e qualsiasi altra persona che si presenti come fabbricante apponendo sul prodotto il proprio nome, il proprio marchio o un altro segno distintivo, o colui che rimette a nuovo il prodotto; il rappresentante del fabbricante se quest'ultimo non è stabilito nella Comunità o, qualora non vi sia un rappresentante stabilito nella Comunità, l'importatore del prodotto; gli altri operatori professionali della catena di commercializzazione nella misura in cui la loro attività possa incidere sulle caratteristiche di sicurezza dei prodotti;

e) distributore: qualsiasi operatore professionale della catena di commercializzazione, la cui attività non incide sulle caratteristiche di sicurezza dei prodotti;

f) richiamo: le misure volte ad ottenere la restituzione di un prodotto pericoloso che il fabbricante o il distributore ha già fornito o reso disponibile ai consumatori;

g) ritiro: qualsiasi misura volta a impedire la distribuzione e l'esposizione di un prodotto pericoloso, nonché la sua offerta al consumatore.

2. La possibilità di raggiungere un livello di sicurezza superiore o di procurarsi altri prodotti che presentano un rischio minore non costituisce un motivo sufficiente per considerare un prodotto come non sicuro o pericoloso.

104. Obblighi del produttore e del distributore. – 1. Il produttore immette sul mercato solo prodotti sicuri.

2. Il produttore fornisce al consumatore tutte le informazioni utili alla valutazione e alla prevenzione dei rischi derivanti dall'uso normale o ragionevolmente prevedibile del prodotto, se non sono immediatamente percettibili senza adeguate avvertenze, e alla prevenzione contro detti rischi. La presenza di tali avvertenze non esenta, comunque, dal rispetto degli altri obblighi previsti nel presente titolo.

3. Il produttore adotta misure proporzionate in funzione delle caratteristiche del prodotto fornito per consentire al consumatore di essere informato sui rischi connessi al suo uso e per intraprendere le iniziative opportune per evitare tali rischi, compresi il ritiro del prodotto dal mercato, il richiamo e l'informazione appropriata ed efficace dei consumatori.

4. Le misure di cui al comma 3 comprendono:

a) l'indicazione in base al prodotto o al suo imballaggio, dell'identità e degli estremi del produttore; il riferimento al tipo di prodotto o, eventualmente, alla partita di prodotti di cui fa parte, salva l'omissione di tale indicazione nei casi in cui sia giustificata;

b) i controlli a campione sui prodotti commercializzati, l'esame dei reclami e, se del caso, la tenuta di un registro degli stessi, nonché l'informazione ai distributori in merito a tale sorveglianza.

5. Le misure di ritiro, di richiamo e di informazione al consumatore, previste al comma 3, hanno luogo su base volontaria o su richiesta delle competenti autorità a norma dell'articolo 107. Il richiamo interviene quando altre azioni non siano sufficienti a prevenire i rischi del caso, ovvero quando i produttori lo ritengano necessario o vi siano tenuti in seguito a provvedimenti dell'autorità competente.

6. Il distributore deve agire con diligenza nell'esercizio della sua attività per contribuire a garantire l'immissione sul mercato di prodotti sicuri; in particolare è tenuto:

a) a non fornire prodotti di cui conosce o avrebbe dovuto conoscere la pericolosità in base alle informazioni in suo possesso e nella sua qualità di operatore professionale;

b) a partecipare al controllo di sicurezza del prodotto immesso sul mercato, trasmettendo le informazioni concernenti i rischi del prodotto al produttore e alle autorità competenti per le azioni di rispettiva competenza;

c) a collaborare alle azioni intraprese di cui alla lettera b), conservando e fornendo la documentazione idonea a rintracciare l'origine dei prodotti per un periodo di dieci anni dalla data di cessione al consumatore finale.

7. Qualora i produttori e i distributori sappiano o debbano sapere, sulla base delle informazioni in loro possesso e in quanto operatori professionali, che un prodotto da loro immesso sul mercato o altrimenti fornito al consumatore presenta per il consumatore stesso rischi incompatibili con l'obbligo generale di sicurezza, informano immediatamente le amministrazioni competenti, di cui all'articolo 106, comma 1, precisando le azioni intraprese per prevenire i rischi per i consumatori.

8. In caso di rischio grave, le informazioni da fornire comprendono almeno:

a) elementi specifici che consentano una precisa identificazione del prodotto o del lotto di prodotti in questione;

b) una descrizione completa del rischio presentato dai prodotti interessati;

c) tutte le informazioni disponibili che consentono di rintracciare il prodotto;

d) una descrizione dei provvedimenti adottati per prevenire i rischi per i consumatori.

9. Nei limiti delle rispettive attività, produttori e distributori collaborano con le Autorità competenti, ove richiesto dalle medesime, in ordine alle azioni intraprese per evitare i rischi presentati dai prodotti che essi forniscono o hanno fornito.

105. Presunzione e valutazione di sicurezza. – 1. In mancanza di specifiche disposizioni comunitarie che disciplinano gli aspetti di sicurezza, un prodotto si presume sicuro quando è conforme alla legislazione vigente nello Stato membro in cui il prodotto stesso è commercializzato e con riferimento ai requisiti cui deve rispondere sul piano sanitario e della sicurezza.

2. Si presume che un prodotto sia sicuro, per quanto concerne i rischi e le categorie di rischi disciplinati dalla normativa nazionale, quando è conforme alle norme nazionali non cogenti che recepiscono le norme europee i cui riferimenti sono stati pubblicati dalla Commissione europea nella Gazzetta Ufficiale delle Comunità europee a norma dell'articolo 4 della direttiva 2001/95/CE, del Parlamento europeo e del Consiglio, del 3 dicembre 2001.

3. In assenza delle norme di cui ai commi 1 e 2, la sicurezza del prodotto è valutata in base alle norme nazionali non cogenti che recepiscono norme europee, alle norme in vigore nello Stato membro in cui il prodotto è commercializzato, alle raccomandazioni della Commissione europea relative ad orientamenti sulla valutazione della sicurezza dei prodotti, ai codici di buona condotta in materia di sicurezza vigenti nel settore interessato, agli ultimi ritrovati della tecnica, al livello di sicurezza che i consumatori possono ragionevolmente attendersi.

4. Fatte salve le disposizioni di cui ai commi 1, 2 e 3, le Autorità competenti adottano le misure necessarie per limitare o impedire l'immissione sul mercato o chiedere il ritiro o il richiamo dal mercato del prodotto, se questo si rivela, nonostante la conformità, pericoloso per la salute e la sicurezza del consumatore.

106. Procedure di consultazione e coordinamento. – 1. I Ministeri dello sviluppo economico, della salute, del lavoro e delle politiche sociali, dell'interno, dell'economia e delle finanze, delle infrastrutture e trasporti, nonché le altre amministrazioni pubbliche di volta in volta competenti per materia alla effettuazione dei controlli di cui all'articolo 107, provvedono, nell'ambito delle ordinarie disponibilità di bilancio e secondo le rispettive competenze, alla realizzazione di un sistema di scambio rapido di informazioni mediante un adeguato supporto informativo operante in via telematica, anche attraverso il Sistema pubblico di connettività, in conformità alle prescrizioni stabilite in sede comunitaria che consenta anche l'archiviazione e la diffusione delle informazioni (1).

2. I criteri per il coordinamento dei controlli previsti dall'articolo 107 sono stabiliti in una apposita conferenza di servizi fra i competenti uffici dei Ministeri e delle amministrazioni di cui al comma 1, convocata almeno due volte l'anno dal Ministro dello sviluppo economico; alla conferenza partecipano anche il Ministro della giustizia e le altre amministrazioni di cui al comma 1 di volta in volta competenti per materia (1).

3. La conferenza di cui al comma 2, tiene conto anche dei dati raccolti ed elaborati nell'ambito del sistema comunitario di informazione sugli incidenti domestici e del tempo libero.

4. Alla conferenza di cui al comma 2, possono presentare osservazioni gli organismi di categoria della produzione e della distribuzione, nonché le associazioni di tutela degli interessi dei consumatori e degli utenti iscritte all'elenco di cui all'articolo 137, secondo modalità definite dalla conferenza medesima.

(1) Comma modificato dall'art. 1, co. 5, d.lg. 6/8/2015, n. 130.

107. Controlli. – 1. Le amministrazioni di cui all'articolo 106, comma 1, controllano che i prodotti immessi sul mercato siano sicuri. Il Ministero dello sviluppo economico comunica alla Commissione europea l'elenco delle amministrazioni di cui al periodo che precede, nonché degli uffici e degli organi di cui esse si avvalgono, aggiornato annualmente su indicazione delle amministrazioni stesse (1).

2. Le amministrazioni di cui all'articolo 106 possono adottare tra l'altro le misure seguenti:

a) per qualsiasi prodotto:

1) disporre, anche dopo che un prodotto è stato immesso sul mercato come prodotto sicuro, adeguate verifiche delle sue caratteristiche di sicurezza fino allo stadio dell'utilizzo o del consumo, anche procedendo ad ispezioni presso gli stabilimenti di produzione e di confezionamento, presso i magazzini di stoccaggio e presso i magazzini di vendita;

2) esigere tutte le informazioni necessarie dalle parti interessate;

3) prelevare campioni di prodotti per sottoporli a prove ed analisi volte ad accertare la sicurezza, redigendone processo verbale di cui deve essere rilasciata copia agli interessati;

b) per qualsiasi prodotto che possa presentare rischi in determinate condizioni:

1) richiedere l'apposizione sul prodotto, in lingua italiana, di adeguate avvertenze sui rischi che esso può presentare,

redatte in modo chiaro e facilmente comprensibile;

2) sottoporne l'immissione sul mercato a condizioni preventive, in modo da renderlo sicuro;

c) per qualsiasi prodotto che possa presentare rischi per determinati soggetti:

1) disporre che tali soggetti siano avvertiti tempestivamente ed in una forma adeguata di tale rischio, anche mediante la pubblicazione di avvisi specifici;

d) per qualsiasi prodotto che può essere pericoloso:

1) vietare, per il tempo necessario allo svolgimento dei controlli, delle verifiche o degli accertamenti sulla sicurezza del prodotto, di fornirlo, di proporne la fornitura o di esporlo;

2) disporre, entro un termine perentorio, l'adeguamento del prodotto o di un lotto di prodotti già commercializzati agli obblighi di sicurezza previsti dal presente titolo, qualora non vi sia un rischio imminente per la salute e l'incolumità pubblica;

e) per qualsiasi prodotto pericoloso:

1) vietarne l'immissione sul mercato e adottare le misure necessarie a garantire l'osservanza del divieto;

f) per qualsiasi prodotto pericoloso già immesso sul mercato rispetto al quale l'azione già intrapresa dai produttori e dai distributori sia insoddisfacente o insufficiente:

1) ordinare o organizzare il suo ritiro effettivo e immediato e l'informazione dei consumatori circa i rischi da esso presentati. I costi relativi sono posti a carico del produttore e, ove ciò non sia in tutto o in parte possibile, a carico del distributore;

2) ordinare o coordinare o, se del caso, organizzare con i produttori e i distributori, il suo richiamo anche dai consumatori e la sua distruzione in condizioni opportune. I costi relativi sono posti a carico dei produttori e dei distributori.

3. Nel caso di prodotti che presentano un rischio grave le amministrazioni di cui all'articolo 106 intraprendono le azioni necessarie per applicare, con la dovuta celerità, opportune misure analoghe a quelle previste al comma 2, lettere da b) a f), tenendo conto delle linee-guida che riguardano la gestione del RAPEX di cui all'allegato II.

4. Le amministrazioni competenti quando adottano misure analoghe a quelle di cui al comma 2 ed in particolare a quelle di cui alle lettere d), e) e f), tenendo conto del principio di precauzione, agiscono nel rispetto del Trattato istitutivo della Comunità europea, in particolare degli articoli 28 e 30, per attuarle in modo proporzionato alla gravità del rischio.

5. Le amministrazioni competenti, nell'ambito delle misure adottate sulla base del principio di precauzione e, senza maggiori oneri per la finanza pubblica, incoraggiano e favoriscono l'azione volontaria dei produttori e dei distributori di adeguamento agli obblighi imposti dal presente titolo, anche mediante l'eventuale elaborazione di codici di buona condotta ed accordi con le categorie di settore.

6. Per le finalità di cui al presente titolo e senza oneri aggiuntivi per la finanza pubblica, le amministrazioni di cui all'articolo 106, comma 1, si avvalgono della collaborazione dell'Agenzia delle dogane e della Guardia di finanza, le quali hanno accesso al sistema di scambio rapido delle informazioni gestite dal sistema RAPEX, di cui all'allegato II, ed agiscono secondo le norme e le facoltà ad esse attribuite dall'ordinamento.

7. Le misure di cui al presente articolo possono riguardare, rispettivamente:

a) il produttore;

b) il distributore, e, in particolare, il responsabile della prima immissione in commercio;

c) qualsiasi altro detentore del prodotto, qualora ciò sia necessario al fine di collaborare alle azioni intraprese per evitare i rischi derivanti dal prodotto stesso.

8. Per armonizzare l'attività di controllo derivante dal presente titolo con quella attuata per i prodotti per i quali gli obblighi di sicurezza sono disciplinati dalla normativa antincendio, il Ministero dell'interno si avvale, per gli aspetti di coordinamento, del proprio Dipartimento dei vigili del fuoco, del soccorso pubblico e della difesa civile-direzione centrale per la prevenzione e la sicurezza tecnica del Corpo nazionale dei vigili del fuoco, nonché degli organi periferici del Corpo nazionale dei vigili del fuoco per gli interventi sul territorio, nell'ambito delle dotazioni organiche esistenti e, comunque, senza oneri aggiuntivi a carico del bilancio dello Stato.

9. Il Ministero della salute, ai fini degli adempimenti comunitari derivanti dalle norme sulla sicurezza dei prodotti e dal presente titolo, si avvale anche dei propri uffici di sanità marittima, aerea e di frontiera nell'ambito delle dotazioni organiche esistenti e, comunque, senza oneri aggiuntivi a carico del bilancio dello Stato.

10. Fatti salvi gli obblighi previsti dalla normativa vigente, i soggetti di cui al comma 1 sono tenuti a non divulgare le informazioni acquisite che, per loro natura, sono coperte dal segreto professionale, a meno che la loro divulgazione sia necessaria alla tutela della salute o della pubblica o privata incolumità.

(1) Comma modificato dall'art. 1, co. 5, d.lg. 6/8/2015, n. 130.

108. Disposizioni procedurali. – 1. Il provvedimento adottato ai sensi dell'articolo 107 che limita l'immissione sul mercato di un prodotto o ne dispone il ritiro o il richiamo, deve essere adeguatamente motivato, con l'indicazione dei termini e delle Autorità competenti cui è possibile ricorrere e deve essere notificato entro sette giorni dall'adozione.

2. Fatti salvi i casi di grave o immediato pericolo per la salute o per la pubblica o privata incolumità, prima dell'adozione delle misure di cui all'articolo 107, commi 2 e 3, agli interessati deve essere consentito di partecipare alla fase del procedimento amministrativo e di presenziare agli accertamenti riguardanti i propri prodotti, in base agli articoli 7 e seguenti della legge 7 agosto 1990, n. 241; in particolare, gli interessati possono presentare all'Autorità competente osservazioni scritte e documenti.

3. Gli interessati possono presentare osservazioni scritte anche in seguito all'emanazione del provvedimento, anche quando, a causa dell'urgenza della misura da adottare, non hanno potuto partecipare al procedimento.

3-bis. La procedura istruttoria per l'adozione dei provvedimenti emanati ai sensi dell'articolo 107, è stabilita con regolamento emanato ai sensi dell'articolo 17, comma 1, della legge 23 agosto 1988, n. 400, su proposta dell'Amministrazione competente, in modo da garantire il contraddittorio, la piena cognizione degli atti e la verbalizzazione (1).

(1) Comma aggiunto dall'art. 13 del d.lg. 23/10/2007, n. 221.

109. Sorveglianza del mercato. – 1. Per esercitare un'efficace sorveglianza del mercato, volta a garantire un elevato livello di protezione della salute e della sicurezza dei consumatori, le amministrazioni di cui all'articolo 106, anche indipendentemente dalla conferenza di servizi, assicurano:

a) l'istituzione, l'aggiornamento periodico e l'esecuzione di programmi settoriali di sorveglianza per categorie di prodotti o di rischi, nonché il monitoraggio delle attività di sorveglianza, delle osservazioni e dei risultati;

b) l'aggiornamento delle conoscenze scientifiche e tecniche relative alla sicurezza dei prodotti;

c) esami e valutazioni periodiche del funzionamento delle attività di controllo e della loro efficacia, come pure, se del caso, la revisione dei metodi dell'organizzazione della sorveglianza messa in opera.

2. Le Amministrazioni di cui all'articolo 106 assicurano, altresì, la gestione dei reclami presentati dai consumatori e dagli altri interessati con riguardo alla sicurezza dei prodotti e

alle attività di controllo e sorveglianza. Le modalità operative di cui al presente comma vengono concordate in sede di conferenza di servizi.

3. Le strutture amministrative competenti a svolgere l'attività di cui al comma 2 vanno rese note in sede di conferenza di servizi convocata dopo la data di entrata in vigore del codice. In quella sede sono definite le modalità per informare i consumatori e le altre parti interessate delle procedure di reclamo.

4. Dall'attuazione del presente articolo non devono derivare nuovi o maggiori oneri per la finanza pubblica.

110. Notificazione e scambio di informazioni. – 1. Il Ministero dello sviluppo economico notifica alla Commissione europea, precisando le ragioni che li hanno motivati, i provvedimenti di cui all'articolo 107, commi 2, lettere b), c), d), e) e f), e 3, nonché eventuali modifiche e revoche, fatta salva l'eventuale normativa comunitaria specifica vigente sulla procedura di notifica (1).

2. I provvedimenti, anche concordati con produttori e distributori, adottati per limitare o sottoporre a particolari condizioni la commercializzazione o l'uso di prodotti che presentano un rischio grave per i consumatori, vanno notificati alla Commissione europea secondo le prescrizioni del sistema RAPEX, tenendo conto dell'allegato II della direttiva 2001/95/CE, di cui all'allegato II.

3. Se il provvedimento adottato riguarda un rischio che si ritiene limitato al territorio nazionale, il Ministero dello sviluppo economico procede, anche su richiesta delle altre amministrazioni competenti, alla notifica alla Commissione europea qualora il provvedimento contenga informazioni suscettibili di presentare un interesse, quanto alla sicurezza dei prodotti, per gli altri Stati membri, in particolare se tale provvedimento risponde ad un rischio nuovo, non ancora segnalato in altre notifiche (1).

4. Ai fini degli adempimenti di cui al comma 1, i provvedimenti adottati dalle amministrazioni competenti di cui all'articolo 106 devono essere comunicati tempestivamente al Ministero dello sviluppo economico; analoga comunicazione deve essere data a cura delle cancellerie ovvero delle segreterie degli organi giurisdizionali, relativamente ai provvedimenti, sia a carattere provvisorio, sia a carattere definitivo, emanati dagli stessi nell'ambito degli interventi di competenza (1).

5. Il Ministero dello sviluppo economico comunica all'amministrazione competente le decisioni eventualmente adottate dalla Commissione europea relativamente a prodotti che presentano un rischio grave per la salute e la sicurezza dei consumatori in diversi Stati membri e che quindi necessitano, entro un termine di venti giorni, dell'adozione di provvedimenti idonei. È fatto salvo il rispetto del termine eventualmente inferiore previsto nella decisione della Commissione europea (1).

6. Le Autorità competenti assicurano alle parti interessate la possibilità di esprimere entro un mese dall'adozione della decisione di cui al comma 5, pareri ed osservazioni per il successivo inoltro alla Commissione.

7. Sono vietate le esportazioni al di fuori dell'Unione europea di prodotti pericolosi oggetto di una decisione di cui al comma 5, a meno che la decisione non disponga diversamente.

(1) Comma modificato dall'art. 1, co. 5, d.lg. 6/8/2015, n. 130.

111. Responsabilità del produttore. – 1. Sono fatte salve le disposizioni di cui al titolo secondo in materia di responsabilità per danno da prodotti difettosi.

112. Sanzioni. – 1. Salvo che il fatto costituisca più grave reato, il produttore o il distributore che immette sul mercato prodotti pericolosi in violazione del divieto di cui all'articolo 107, comma 2, lettera e), è punito con l'arresto da sei mesi ad un anno e con l'ammenda da 10.000 euro a 50.000 euro.

2. Salvo che il fatto costituisca più grave reato, il produttore che immette sul mercato prodotti pericolosi, è punito con l'arresto fino ad un anno e con l'ammenda da 10.000 euro a 50.000 euro.

3. Salvo che il fatto costituisca più grave reato, il produttore o il distributore che non ottempera ai provvedimenti emanati a norma dell'articolo 107, comma 2, lettere b), numeri 1) e 2), c) e d), numeri 1) e 2), è punito con l'ammenda da 10.000 euro a 25.000 euro.

4. Il produttore o il distributore che non assicura la dovuta collaborazione ai fini dello svolgimento delle attività di cui all'articolo 107, comma 2, lettera a), è soggetto alla sanzione amministrativa da 2.500 euro a 40.000 euro.

5. Salvo che il fatto costituisca reato, il produttore che violi le disposizioni di cui all'articolo 104, commi 2, 3, 5, 7, 8 e 9, ed il distributore che violi le disposizioni di cui al medesimo art. 104, commi 6, 7, 8 e 9, sono soggetti ad una sanzione amministrativa compresa fra 1.500 euro e 30.000 euro.

113. Rinvio. – 1. Sono fatte salve le specifiche norme di settore che, con riferimento a particolari categorie merceologiche, obbligano a specifici standard di sicurezza.

2. Sono fatte salve le disposizioni regionali che disciplinano i controlli di competenza.

TITOLO II
RESPONSABILITÀ PER DANNO DA PRODOTTI DIFETTOSI

114. Responsabilità del produttore. – 1. Il produttore è responsabile del danno cagionato da difetti del suo prodotto.

115. Prodotto e produttore (1). – 1. Prodotto, ai fini del presente titolo, è ogni bene mobile, anche se incorporato in altro bene mobile o immobile.

2. Si considera prodotto anche l'elettricità.

2-bis. Produttore, ai fini del presente titolo, è il fabbricante del prodotto finito o di una sua componente, il produttore della materia prima, nonché, per i prodotti agricoli del suolo e per quelli dell'allevamento, della pesca e della caccia, rispettivamente l'agricoltore, l'allevatore, il pescatore ed il cacciatore (2).

(1) Rubrica sostituita dall'art. 14 del d.lg. 23/10/2007, n. 221.

(2) Comma aggiunto dall'art. 14 del d.lg. 23/10/2007, n. 221.

116. Responsabilità del fornitore. – 1. Quando il produttore non sia individuato, è sottoposto alla stessa responsabilità il fornitore che abbia distribuito il prodotto nell'esercizio di un'attività commerciale, se ha omesso di comunicare al danneggiato, entro il termine di tre mesi dalla richiesta, l'identità e il domicilio del produttore o della persona che gli ha fornito il prodotto.

2. La richiesta deve essere fatta per iscritto e deve indicare il prodotto che ha cagionato il danno, il luogo e, con ragionevole approssimazione, la data dell'acquisto; deve inoltre contenere l'offerta in visione del prodotto, se ancora esistente.

3. Se la notificazione dell'atto introduttivo del giudizio non è stata preceduta dalla richiesta prevista dal comma 2, il convenuto può effettuare la comunicazione entro i tre mesi successivi.

4. In ogni caso, su istanza del fornitore presentata alla prima udienza del giudizio di primo grado, il giudice, se le circostanze lo giustificano, può fissare un ulteriore termine non superiore a tre mesi per la comunicazione prevista dal comma 1.

5. Il terzo indicato come produttore o precedente fornitore

può essere chiamato nel processo a norma dell'articolo 106 del codice di procedura civile e il fornitore convenuto può essere estromesso, se la persona indicata comparisce e non contesta l'indicazione.

Nell'ipotesi prevista dal comma 3, il convenuto può chiedere la condanna dell'attore al rimborso delle spese cagionategli dalla chiamata in giudizio.

6. Le disposizioni del presente articolo si applicano al prodotto importato nella Unione europea, quando non sia individuato l'importatore, anche se sia noto il produttore.

117. Prodotto difettoso. – 1. Un prodotto è difettoso quando non offre la sicurezza che ci si può legittimamente attendere tenuto conto di tutte le circostanze, tra cui:

a) il modo in cui il prodotto è stato messo in circolazione, la sua presentazione, le sue caratteristiche palesi, le istruzioni e le avvertenze fornite;

b) l'uso al quale il prodotto può essere ragionevolmente destinato e i comportamenti che, in relazione ad esso, si possono ragionevolmente prevedere;

c) il tempo in cui il prodotto è stato messo in circolazione.

2. Un prodotto non può essere considerato difettoso per il solo fatto che un prodotto più perfezionato sia stato in qualunque tempo messo in commercio.

3. Un prodotto è difettoso se non offre la sicurezza offerta normalmente dagli altri esemplari della medesima serie.

118. Esclusione della responsabilità. – 1. La responsabilità è esclusa:

a) se il produttore non ha messo il prodotto in circolazione;

b) se il difetto che ha cagionato il danno non esisteva quando il produttore ha messo il prodotto in circolazione;

c) se il produttore non ha fabbricato il prodotto per la vendita o per qualsiasi altra forma di distribuzione a titolo oneroso, né lo ha fabbricato o distribuito nell'esercizio della sua attività professionale;

d) se il difetto è dovuto alla conformità del prodotto a una norma giuridica imperativa o a un provvedimento vincolante;

e) se lo stato delle conoscenze scientifiche e tecniche, al momento in cui il produttore ha messo in circolazione il prodotto, non permetteva ancora di considerare il prodotto come difettoso;

f) nel caso del produttore o fornitore di una parte componente o di una materia prima, se il difetto è interamente dovuto alla concezione del prodotto in cui è stata incorporata la parte o materia prima o alla conformità di questa alle istruzioni date dal produttore che la ha utilizzata.

119. Messa in circolazione del prodotto. – 1. Il prodotto è messo in circolazione quando sia consegnato all'acquirente, all'utilizzatore, o a un ausiliario di questi, anche in visione o in prova.

2. La messa in circolazione avviene anche mediante la consegna al vettore o allo spedizioniere per l'invio all'acquirente o all'utilizzatore.

3. La responsabilità non è esclusa se la messa in circolazione dipende da vendita forzata, salvo che il debitore abbia segnalato specificamente il difetto con dichiarazione resa all'ufficiale giudiziario all'atto del pignoramento o con atto notificato al creditore procedente e depositato presso la cancelleria del giudice dell'esecuzione entro quindici giorni dal pignoramento stesso.

120. Prova. – 1. Il danneggiato deve provare il difetto, il danno, e la connessione causale tra difetto e danno.

2. Il produttore deve provare i fatti che possono escludere la responsabilità secondo le disposizioni dell'articolo 118. Ai fini dell'esclusione da responsabilità prevista nell'articolo 118, comma 1, lettera b), è sufficiente dimostrare che, tenuto conto delle circostanze, è probabile che il difetto non esistesse ancora nel momento in cui il prodotto è stato messo in circolazione.

3. Se è verosimile che il danno sia stato causato da un difetto del prodotto, il giudice può ordinare che le spese della consulenza tecnica siano anticipate dal produttore.

121. Pluralità di responsabili. – 1. Se più persone sono responsabili del medesimo danno, tutte sono obbligate in solido al risarcimento.

2. Colui che ha risarcito il danno ha regresso contro gli altri nella misura determinata dalle dimensioni del rischio riferibile a ciascuno, dalla gravità delle eventuali colpe e dalla entità delle conseguenze che ne sono derivate. Nel dubbio la ripartizione avviene in parti uguali.

122. Colpa del danneggiato. – 1. Nelle ipotesi di concorso del fatto colposo del danneggiato il risarcimento si valuta secondo le disposizioni dell'articolo 1227 del codice civile.

2. Il risarcimento non è dovuto quando il danneggiato sia stato consapevole del difetto del prodotto e del pericolo che ne derivava e nondimeno vi si sia volontariamente esposto.

3. Nell'ipotesi di danno a cosa, la colpa del detentore di questa è parificata alla colpa del danneggiato.

123. Danno risarcibile. – 1. È risarcibile in base alle disposizioni del presente titolo:

a) il danno cagionato dalla morte o da lesioni personali;

b) la distruzione o il deterioramento di una cosa diversa dal prodotto difettoso, purché di tipo normalmente destinato all'uso o consumo privato e così principalmente utilizzata dal danneggiato.

2. Il danno a cose è risarcibile solo nella misura che ecceda la somma di euro trecentottantasette.

124. Clausole di esonero da responsabilità. – 1. È nullo qualsiasi patto che escluda o limiti preventivamente, nei confronti del danneggiato, la responsabilità prevista dal presente titolo.

125. Prescrizione. – 1. Il diritto al risarcimento si prescrive in tre anni dal giorno in cui il danneggiato ha avuto o avrebbe dovuto avere conoscenza del danno, del difetto e dell'identità del responsabile.

2. Nel caso di aggravamento del danno, la prescrizione non comincia a decorrere prima del giorno in cui il danneggiato ha avuto o avrebbe dovuto avere conoscenza di un danno di gravità sufficiente a giustificare l'esercizio di un'azione giudiziaria.

126. Decadenza. – 1. Il diritto al risarcimento si estingue alla scadenza di dieci anni dal giorno in cui il produttore o l'importatore nella Unione europea ha messo in circolazione il prodotto che ha cagionato il danno.

2. La decadenza è impedita solo dalla domanda giudiziale, salvo che il processo si estingua, dalla domanda di ammissione del credito in una procedura concorsuale o dal riconoscimento del diritto da parte del responsabile.

3. L'atto che impedisce la decadenza nei confronti di uno dei responsabili non ha effetto riguardo agli altri.

127. Responsabilità secondo altre disposizioni di legge. – 1. Le disposizioni del presente titolo non escludono né limitano i diritti attribuiti al danneggiato da altre leggi.

2. Le disposizioni del presente titolo non si applicano ai danni cagionati dagli incidenti nucleari previsti dalla legge 31 dicembre 1962, n. 1860, e successive modificazioni.

3. Le disposizioni del presente titolo non si applicano ai prodotti messi in circolazione prima del 30 luglio 1988.

TITOLO III

GARANZIA LEGALE DI CONFORMITÀ E GARANZIE COMMERCIALI

Capo I

Della vendita dei beni di consumo (1)

(1) Capo sostituito dall'art. 1, co. 1, d.lg. 4/11/2021, n. 170. Le presenti modifiche acquistano efficacia a decorrere dal 1/1/2022 e si applicano ai contratti conclusi successivamente a tale data.

128. Ambito di applicazione e definizioni. – Il presente capo disciplina taluni aspetti dei contratti di vendita conclusi tra consumatore e venditore fra i quali la conformità dei beni al contratto, i rimedi in caso di difetto di conformità, le modalità di esercizio di tali rimedi e le garanzie convenzionali. A tali fini, ai contratti di vendita sono equiparati i contratti di permuta e di somministrazione nonché quelli di appalto, d'opera e tutti gli altri contratti comunque finalizzati alla fornitura di beni da fabbricare o produrre.

2. Ai fini del presente capo si intende per:

a) contratto di vendita: qualsiasi contratto in base al quale il venditore trasferisce o si impegna a trasferire la proprietà di beni al consumatore e il consumatore ne paga o si impegna a pagare il prezzo;

b) consumatore: la persona fisica di cui all'articolo 3, comma 1, lettera a);

c) venditore: qualsiasi persona fisica o giuridica, pubblica o privata, che nell'esercizio della propria attività imprenditoriale o professionale, anche tramite altra persona che agisca in suo nome o per suo conto, utilizza i contratti di cui al comma 1, primo periodo, ivi compreso il fornitore di piattaforme se agisce per finalità che rientrano nel quadro della sua attività e quale controparte contrattuale del consumatore per la fornitura di contenuto digitale o di servizi digitali;

d) produttore: il fabbricante di un bene, l'importatore di un bene nel territorio dell'Unione o qualsiasi altra persona che si presenta come produttore apponendo sul bene il suo nome, marchio o altro segno distintivo;

e) bene:

1) qualsiasi bene mobile materiale anche da assemblare; l'acqua, il gas e l'energia elettrica quando sono confezionati per la vendita in un volume delimitato o in quantità determinata;

2) qualsiasi bene mobile materiale che incorpora, o è interconnesso con, un contenuto digitale o un servizio digitale in modo tale che la mancanza di detto contenuto digitale o servizio digitale impedirebbe lo svolgimento delle funzioni proprie del bene ("beni con elementi digitali");

3) gli animali vivi;

f) contenuto digitale: i dati prodotti e forniti in formato digitale;

g) servizio digitale:

1) un servizio che consente al consumatore di creare, trasformare, memorizzare i dati o di accedervi in formato digitale; oppure

2) un servizio che consente la condivisione di dati in formato digitale caricati o creati dal consumatore o da altri utenti di tale servizio o qualsiasi altra interazione con tali dati;

h) compatibilità: la capacità del bene di funzionare con hardware o software con cui sono normalmente utilizzati i beni del medesimo tipo, senza che sia necessario convertire i beni, l'hardware o il software;

i) funzionalità: la capacità del bene di svolgere tutte le sue funzioni in considerazione del suo scopo;

l) interoperabilità: la capacità del bene di funzionare con hardware o software diversi da quelli con cui sono normalmente utilizzati i beni dello stesso tipo;

m) supporto durevole: ogni strumento che permetta al consumatore o al venditore di conservare le informazioni che gli sono personalmente indirizzate, in modo da potervi accedere in futuro per un periodo di tempo adeguato alle finalità cui esse sono destinate e che permetta la riproduzione identica delle informazioni memorizzate;

n) garanzia convenzionale: qualsiasi impegno di un venditore o di un produttore (il "garante"), assunto nei confronti del consumatore, in aggiunta agli obblighi di legge in merito alla garanzia di conformità, di rimborsare il prezzo pagato, sostituire, riparare, o intervenire altrimenti sul bene, qualora esso non corrisponda alle caratteristiche, o a qualsiasi altro requisito non relativo alla conformità, enunciati nella dichiarazione di garanzia o nella relativa pubblicità disponibile al momento o prima della conclusione del contratto;

o) durabilità: la capacità dei beni di mantenere le loro specifiche funzioni e prestazioni attraverso un uso normale;

p) senza spese: senza i costi necessari per rendere conformi i beni, con particolare riferimento alle spese di spedizione, di trasporto, di mano d'opera e di materiali;

q) asta pubblica: metodo di vendita in cui i beni o servizi sono offerti dal venditore ai consumatori che partecipano, o ai quali è data la possibilità di partecipare personalmente all'asta, la quale si svolge mediante una trasparente procedura competitiva gestita da una casa d'aste e in cui l'aggiudicatario è tenuto all'acquisto dei beni o servizi.

3. Le disposizioni del presente capo non si applicano ai contratti di fornitura di un contenuto digitale o di un servizio digitale, i quali rientrano nel campo di applicazione delle disposizioni di attuazione della direttiva (UE) 2019/770 del Parlamento europeo e del Consiglio, del 20 maggio 2019, relativa a determinati aspetti dei contratti di fornitura di contenuti digitali o servizi digitali. Esse si applicano ai contenuti digitali o ai servizi digitali incorporati o interconnessi con beni, ai sensi del comma 2, lettera e), numero 2), i quali sono forniti con il bene in forza del contratto di vendita, indipendentemente dal fatto che i predetti contenuti digitali o servizi digitali siano forniti dal venditore o da terzi. Quando è dubbio se la fornitura di un contenuto o di un servizio digitale incorporato o interconnesso faccia parte del contratto di vendita, si presume che tale fornitura rientri nel contratto di vendita.

4. Le disposizioni del presente capo non si applicano inoltre:

a) al supporto materiale che funge esclusivamente da vettore del contenuto digitale;

b) ai beni oggetto di vendita forzata o comunque venduti dalle autorità giudiziarie, anche mediante delega ai notai, o secondo altre modalità previste dalla legge.

5. Le disposizioni del presente capo si applicano alla vendita di beni usati, tenuto conto del tempo del pregresso utilizzo, limitatamente ai difetti non derivanti dall'uso normale della cosa, anche nel caso in cui siano venduti in aste pubbliche qualora non siano state messe a disposizione dei consumatori informazioni chiare e complete circa l'inapplicabilità delle disposizioni del presente capo.

129. Conformità dei beni al contratto (1). – 1. Il venditore fornisce al consumatore beni che soddisfano i requisiti di cui ai commi 2 e 3, nonché le previsioni degli articoli 130 e 131 in quanto compatibili, fatto salvo quanto previsto dall'articolo 132.

2. Per essere conforme al contratto di vendita, il bene deve possedere i seguenti requisiti soggettivi, ove pertinenti:

a) corrispondere alla descrizione, al tipo, alla quantità e alla qualità contrattuali e possedere la funzionalità, la compatibilità, l'interoperabilità e le altre caratteristiche come previste dal contratto di vendita;

b) essere idoneo ad ogni utilizzo particolare voluto dal consumatore, che sia stato da questi portato a conoscenza del venditore al più tardi al momento della conclusione del contratto di vendita e che il venditore abbia accettato;

c) essere fornito assieme a tutti gli accessori, alle istruzioni, anche inerenti all'installazione, previsti dal contratto di vendita; e d) essere fornito con gli aggiornamenti come previsto dal contratto di vendita.

3. Oltre a rispettare i requisiti soggettivi di conformità, per essere conforme al contratto di vendita il bene deve possedere i seguenti requisiti oggettivi, ove pertinenti:

a) essere idoneo agli scopi per i quali si impiegano di norma beni dello stesso tipo, tenendo eventualmente conto di altre disposizioni dell'ordinamento nazionale e del diritto dell'Unione, delle norme tecniche o, in mancanza di tali norme tecniche, dei codici di condotta dell'industria applicabili allo specifico settore;

b) ove pertinente, possedere la qualità e corrispondere alla descrizione di un campione o modello che il venditore ha messo a disposizione del consumatore prima della conclusione del contratto;

c) ove pertinente essere consegnato assieme agli accessori, compresi imballaggio, istruzioni per l'installazione o altre istruzioni, che il consumatore può ragionevolmente aspettarsi di ricevere; e,

d) essere della quantità e possedere le qualità e altre caratteristiche, anche in termini di durabilità, funzionalità, compatibilità e sicurezza, ordinariamente presenti in un bene del medesimo tipo e che il consumatore può ragionevolmente aspettarsi, tenuto conto della natura del bene e delle dichiarazioni pubbliche fatte dal o per conto del venditore, o da altre persone nell'ambito dei precedenti passaggi della catena di transazioni commerciali, compreso il produttore, in particolare nella pubblicità o nell'etichetta.

4. Non vi è difetto di conformità ai sensi dell'articolo 129, comma 3, e dell'articolo 130, comma 2, se, al momento della conclusione del contratto di vendita, il consumatore era stato specificamente informato del fatto che una caratteristica particolare del bene si discostava dai requisiti oggettivi di conformità previsti da tali norme e il consumatore ha espressamente e separatamente accettato tale scostamento al momento della conclusione del contratto di vendita.

(1) Articolo modificato dall'art. 15 del d.lg. 23/10/2007, n. 221 e successivamente sostituito dall'art. 1, co. 1, d.lg. 4/11/2021, n. 170. Le presenti modifiche acquistano efficacia a decorrere dal 1/1/2022 e si applicano ai contratti conclusi successivamente a tale data.

130. Obblighi del venditore e condotta del consumatore (1). – 1. Il venditore non è vincolato dalle dichiarazioni pubbliche di cui all'articolo 129, comma 3, lettera d), quando, anche alternativamente, dimostra che:

a) non era a conoscenza della dichiarazione pubblica in questione e non poteva conoscerla con l'ordinaria diligenza;

b) la dichiarazione pubblica è stata adeguatamente corretta entro il momento della conclusione del contratto con le stesse modalità, o con modalità simili a quelle con le quali è stata resa;

c) la decisione di acquistare il bene non è stata influenzata dalla dichiarazione pubblica.

2. Nel caso di beni con elementi digitali, il venditore è obbligato a tenere informato il consumatore sugli aggiornamenti disponibili, anche di sicurezza, necessari al fine di mantenere la conformità di tali beni, e a fornirglieli, nel periodo di tempo:

a) che il consumatore può ragionevolmente aspettarsi, date la tipologia e la finalità dei beni e degli elementi digitali, e tenendo conto delle circostanze e della natura del contratto, se il contratto di vendita prevede un unico atto di fornitura del contenuto digitale o del servizio digitale; oppure b) indicato all'articolo 133, commi 2 o 3, a seconda dei casi, se il contratto di vendita prevede una fornitura continuativa del contenuto digitale o del servizio digitale nell'arco di un periodo di tempo.

3. Se il consumatore non installa entro un congruo termine gli aggiornamenti forniti a norma del comma 2, il venditore non è responsabile per qualsiasi difetto di conformità derivante unicamente dalla mancanza dell'aggiornamento pertinente, a condizione che:

a) il venditore abbia informato il consumatore della disponibilità dell'aggiornamento e delle conseguenze della mancata installazione dello stesso da parte del consumatore; e

b) la mancata, o errata, installazione dell'aggiornamento da parte del consumatore non sia dovuta a carenze delle istruzioni di installazione fornite dal venditore al consumatore.

(1) Articolo sostituito dall'art. 1, co. 1, d.lg. 4/11/2021, n. 170. Le presenti modifiche acquistano efficacia a decorrere dal 1/1/2022 e si applicano ai contratti conclusi successivamente a tale data.

131. Errata installazione dei beni (1). – 1. L'eventuale difetto di conformità che deriva dall'errata installazione del bene è considerato difetto di conformità del bene se:

a) l'installazione è prevista dal contratto di vendita ed è stata eseguita dal venditore o sotto la sua responsabilità;

oppure b) l'installazione, da eseguirsi a carico del consumatore, è stata effettuata dal consumatore e l'errata installazione dipende da carenze nelle istruzioni di installazione fornite dal venditore o, per i beni con elementi digitali, fornite dal venditore o dal fornitore del contenuto digitale o del servizio digitale.

(1) Articolo sostituito dall'art. 1, co. 1, d.lg. 4/11/2021, n. 170. Le presenti modifiche acquistano efficacia a decorrere dal 1/1/2022 e si applicano ai contratti conclusi successivamente a tale data.

132. Diritti dei terzi (1). – 1. I rimedi di cui all'articolo 135-bis si estendono ai casi di impedimento o limitazione d'uso del bene venduto in conformità a quanto previsto dagli articoli 129 e 130, conseguenti ad una restrizione derivante dalla violazione di diritti dei terzi, in particolare di diritti di proprietà intellettuale, fatte salve altre disposizioni previste dall'ordinamento giuridico in tema di nullità, annullamento o altre ipotesi di scioglimento del contratto.

(1) Articolo sostituito dall'art. 1, co. 1, d.lg. 4/11/2021, n. 170. Le presenti modifiche acquistano efficacia a decorrere dal 1/1/2022 e si applicano ai contratti conclusi successivamente a tale data.

133. Responsabilità del venditore (1). – 1. Il venditore è responsabile nei confronti del consumatore di qualsiasi difetto di conformità esistente al momento della consegna del bene eseguita ai sensi dell'articolo 61 e che si manifesta entro due anni da tale momento. Fermo quanto previsto dall'articolo 130, comma 2, il presente comma si applica anche ai beni con elementi digitali.

2. Nel caso di beni con elementi digitali, quando il contratto di vendita prevede la fornitura continuativa del contenuto digitale o del servizio digitale per un periodo di tempo, il venditore è responsabile anche per qualsiasi difetto di conformità del contenuto digitale o del servizio digitale che si verifica o si manifesta entro due anni dal momento della consegna dei beni con elementi digitali.

Se il contratto prevede una fornitura continuativa per più di due anni, il venditore risponde di qualsiasi difetto di conformità del contenuto digitale o del servizio digitale che si verifica o si manifesta nel periodo di tempo durante il quale il contenuto digitale o il servizio digitale deve essere fornito a norma del contratto di vendita.

3. L'azione diretta a far valere i difetti non dolosamente occultati dal venditore si prescrive, in ogni caso, nel termine di ventisei mesi dalla consegna del bene; il consumatore, che sia convenuto per l'esecuzione del contratto, può tuttavia far valere sempre i diritti di cui all'articolo 135-bis.

4. Nel caso di beni usati le parti possono limitare la durata della responsabilità di cui ai commi 1 e 2 e il termine di pre-

scrizione di cui al comma 3 ad un periodo di tempo non inferiore ad un anno.

(1) Articolo sostituito dall'art. 1, co. 1, d.lg. 4/11/2021, n. 170. Le presenti modifiche acquistano efficacia a decorrere dal 1/1/2022 e si applicano ai contratti conclusi successivamente a tale data.

134. Diritto di regresso (1). – 1. Il venditore finale, quando è responsabile nei confronti del consumatore a causa di un difetto di conformità imputabile ad un'azione o ad un'omissione di una persona nell'ambito dei passaggi precedenti della medesima catena contrattuale distributiva, inclusa l'omissione di fornire gli aggiornamenti per i beni con elementi digitali a norma dell'articolo 130, comma 2, ha diritto di regresso nei confronti della persona o delle persone responsabili nella catena di transazioni commerciali.

2. Il venditore finale che abbia ottemperato ai rimedi esperiti dal consumatore può agire in regresso, entro un anno dall'esecuzione della prestazione, nei confronti del soggetto o dei soggetti responsabili per ottenere la reintegrazione di quanto prestato.

(1) Articolo sostituito dall'art. 1, co. 1, d.lg. 4/11/2021, n. 170. Le presenti modifiche acquistano efficacia a decorrere dal 1/1/2022 e si applicano ai contratti conclusi successivamente a tale data.

135. Onere della prova (1). – 1. Salvo prova contraria, si presume che qualsiasi difetto di conformità che si manifesta entro un anno dal momento in cui il bene è stato consegnato esistesse già a tale data, a meno che tale ipotesi sia incompatibile con la natura del bene o con la natura del difetto di conformità. Il presente comma si applica anche ai beni con elementi digitali.

2. Per i beni con elementi digitali per i quali il contratto di vendita prevede la fornitura continuativa del contenuto digitale o del servizio digitale per un periodo di tempo, l'onere della prova riguardo al fatto che il contenuto digitale o il servizio digitale era conforme entro il periodo di tempo di cui all'articolo 133, comma 2, spetta al venditore per qualsiasi difetto di conformità che si manifesta entro il termine indicato da tale articolo.

(1) Articolo sostituito dall'art. 1, co. 1, d.lg. 4/11/2021, n. 170. Le presenti modifiche acquistano efficacia a decorrere dal 1/1/2022 e si applicano ai contratti conclusi successivamente a tale data.

135 bis. Rimedi (1). – 1. In caso di difetto di conformità del bene, il consumatore ha diritto al ripristino della conformità, o a ricevere una riduzione proporzionale del prezzo, o alla risoluzione del contratto sulla base delle condizioni stabilite nei seguenti commi.

2. Ai fini del ripristino della conformità del bene, il consumatore può scegliere tra riparazione e sostituzione, purché il rimedio prescelto non sia impossibile o, rispetto al rimedio alternativo, non imponga al venditore costi sproporzionati, tenuto conto di tutte le circostanze e, in particolare, delle seguenti:

a) il valore che il bene avrebbe in assenza del difetto di conformità;

b) l'entità del difetto di conformità; e c) la possibilità di esperire il rimedio alternativo senza notevoli inconvenienti per il consumatore.

3. Il venditore può rifiutarsi di rendere conformi i beni se la riparazione e la sostituzione sono impossibili o se i costi che il venditore dovrebbe sostenere sono sproporzionati, tenuto conto di tutte le circostanze, comprese quelle di cui al comma 2, lettere a) e b).

4. Il consumatore ha diritto ad una riduzione proporzionale del prezzo o alla risoluzione del contratto di vendita ai sensi dell'articolo 135-quater nel caso in cui:

a) il venditore non ha effettuato la riparazione o la sostituzione oppure non ha effettuato la riparazione o la sostituzione, ove possibile, ai sensi dell'articolo 135-ter, commi 1, 2 e 3, oppure ha rifiutato di rendere conformi i beni ai sensi del comma 3;

b) si manifesta un difetto di conformità, nonostante il tentativo del venditore di ripristinare la conformità del bene;

c) il difetto di conformità è talmente grave da giustificare l'immediata riduzione del prezzo o la risoluzione del contratto di vendita; oppure d) il venditore ha dichiarato o risulta chiaramente dalle circostanze, che non procederà al ripristino della conformità del bene entro un periodo ragionevole o senza notevoli inconvenienti per il consumatore.

5. Il consumatore non ha il diritto di risolvere il contratto se il difetto di conformità è solo di lieve entità. L'onere della prova della lieve entità del difetto è a carico del venditore.

6. Il consumatore può rifiutarsi di eseguire il pagamento di qualsiasi parte di prezzo fino a quando il venditore non abbia adempiuto agli obblighi previsti dal presente capo. Restano ferme le disposizioni del codice civile che disciplinano l'eccezione di inadempimento e il concorso del fatto del consumatore.

(1) Articolo inserito dall'art. 1, co. 1, d.lg. 4/11/2021, n. 170. Le presenti modifiche acquistano efficacia a decorrere dal 1/1/2022 e si applicano ai contratti conclusi successivamente a tale data.

135 ter. Riparazione o sostituzione (1). – 1. La riparazione o la sostituzione sono effettuate:

a) senza spese;

b) entro un congruo periodo di tempo dal momento in cui il venditore è stato informato dal consumatore del difetto di conformità; e c) senza notevoli inconvenienti per il consumatore, tenuto conto della natura del bene e dello scopo per il quale il consumatore ha voluto il bene.

2. Qualora si debba rimediare al difetto di conformità mediante riparazione o sostituzione dei beni, il consumatore deve metterli a disposizione del venditore. Il venditore riprende i beni sostituiti a proprie spese.

3. Qualora la riparazione richieda la rimozione del bene installato in modo conforme alla natura e allo scopo dello stesso prima che si manifesti il difetto di conformità, o qualora si riveli necessario sostituire il bene, l'obbligo di riparare o sostituire il bene comprende la rimozione del bene non conforme e l'installazione del bene sostitutivo o riparato, oppure l'obbligo di sostenere le spese di rimozione o installazione.

4. Il consumatore non è tenuto a pagare per il normale uso del bene sostituito nel periodo precedente la sostituzione.

(1) Articolo inserito dall'art. 1, co. 1, d.lg. 4/11/2021, n. 170. Le presenti modifiche acquistano efficacia a decorrere dal 1/1/2022 e si applicano ai contratti conclusi successivamente a tale data.

135 quater. Riduzione del prezzo e risoluzione del contratto (1). – 1. La riduzione del prezzo è proporzionale alla diminuzione di valore del bene ricevuto dal consumatore rispetto al valore che avrebbe avuto se fosse stato conforme.

2. Il consumatore esercita il diritto alla risoluzione del contratto di vendita mediante una dichiarazione diretta al venditore contenente la manifestazione di volontà di risolvere il contratto di vendita.

3. Se il difetto di conformità riguarda solo alcuni dei beni consegnati a norma del contratto di vendita e sussiste una causa di risoluzione del contratto di vendita ai sensi dell'articolo 135-bis, il consumatore può risolvere il contratto limitatamente ai beni non conformi e a quelli acquistati insieme ai beni non conformi, qualora non sia ragionevolmente presumibile la sussistenza di un interesse del consumatore a mantenere nella propria disponibilità i beni non affetti da vizi.

4. Se il consumatore risolve interamente il contratto di vendita o, conformemente al comma 3, limitatamente ad al-

cuni dei beni consegnati in forza del contratto di vendita:

a) il consumatore restituisce il bene al venditore, a spese di quest'ultimo, e

b) il venditore rimborsa al consumatore il prezzo pagato per il bene al ricevimento del bene o delle prove fornite dal consumatore in ordine al fatto di aver restituito o spedito il bene.

(1) Articolo inserito dall'art. 1, co. 1, d.lg. 4/11/2021, n. 170. Le presenti modifiche acquistano efficacia a decorrere dal 1/1/2022 e si applicano ai contratti conclusi successivamente a tale data.

135 quinquies. Garanzie convenzionali (1). – 1. La garanzia convenzionale vincola chi la offre secondo le modalità indicate nella dichiarazione di garanzia medesima e nella relativa pubblicità disponibile al momento o prima della conclusione del contratto.

Secondo le condizioni stabilite nel presente articolo e fatte salve eventuali altre disposizioni applicabili del diritto dell'Unione o nazionale, quando un produttore offre al consumatore una garanzia convenzionale concernente la durabilità di determinati beni nell'arco di un determinato periodo di tempo, il produttore è direttamente responsabile nei confronti del consumatore durante l'intero periodo di durata della garanzia per la riparazione o la sostituzione dei beni in conformità dell'articolo 135-ter. Nella dichiarazione di garanzia convenzionale di durabilità il produttore può offrire al consumatore condizioni più favorevoli. Se le condizioni stabilite nella dichiarazione di garanzia convenzionale sono meno vantaggiose per il consumatore rispetto alle condizioni stabilite nella relativa pubblicità, la garanzia convenzionale vincola secondo le condizioni stabilite nella pubblicità relativa alla garanzia convenzionale, a meno che la pubblicità associata sia stata corretta prima della conclusione del contratto secondo le stesse modalità, o con modalità simili a quelle in cui è stata resa.

2. La dichiarazione di garanzia convenzionale è fornita al consumatore su supporto durevole al più tardi al momento della consegna dei beni. La dichiarazione di garanzia convenzionale è redatta in un linguaggio semplice e comprensibile. Essa comprende i seguenti elementi:

a) una dichiarazione chiara che il consumatore dispone per legge, a titolo gratuito, di rimedi per i difetti di conformità nei confronti del venditore e che tali rimedi non sono pregiudicati dalla garanzia convenzionale;

b) nome e indirizzo del garante;

c) la procedura che il consumatore deve seguire per far valere la garanzia convenzionale;

d) la designazione dei beni cui si applica la garanzia convenzionale; e e) le condizioni della garanzia convenzionale.

3. La garanzia deve essere redatta in lingua italiana con caratteri non meno evidenti di quelli di eventuali altre lingue.

4. Il mancato rispetto di quanto previsto dal comma 2 non pregiudica l'efficacia vincolante della garanzia convenzionale per il garante.

(1) Articolo inserito dall'art. 1, co. 1, d.lg. 4/11/2021, n. 170. Le presenti modifiche acquistano efficacia a decorrere dal 1/1/2022 e si applicano ai contratti conclusi successivamente a tale data.

135 sexies. Carattere imperativo delle disposizioni (1). – 1. Salvo quanto altrimenti disposto dal presente capo, è nullo ogni patto, anteriore alla comunicazione al venditore del difetto di conformità, volto ad escludere o limitare a danno del consumatore, anche in modo indiretto, i diritti riconosciuti dal presente capo. La nullità può essere fatta valere solo dal consumatore e può essere rilevata d'ufficio dal giudice.

2. Il venditore può sempre offrire al consumatore condizioni contrattuali di maggior tutela rispetto a quanto previsto dalle disposizioni del presente capo.

3. È nulla ogni clausola contrattuale che, prevedendo l'applicabilità al contratto di una legislazione di uno Stato non appartenente all'Unione europea, abbia l'effetto di privare il consumatore della protezione assicurata dal presente capo, laddove il contratto presenti uno stretto collegamento con il territorio di uno Stato membro dell'Unione europea.

(1) Articolo inserito dall'art. 1, co. 1, d.lg. 4/11/2021, n. 170. Le presenti modifiche acquistano efficacia a decorrere dal 1/1/2022 e si applicano ai contratti conclusi successivamente a tale data.

135 septies. Tutela in base ad altre disposizioni (1). – 1. Per quanto non previsto dal presente capo, si applicano le disposizioni del codice civile in tema di formazione, validità ed efficacia dei contratti, comprese le conseguenze della risoluzione del contratto e il diritto al risarcimento del danno.

2. Per gli aspetti disciplinati dal presente capo non si applicano altre disposizioni aventi l'effetto di garantire al consumatore un diverso livello di tutela.

(1) Articolo inserito dall'art. 1, co. 1, d.lg. 4/11/2021, n. 170. Le presenti modifiche acquistano efficacia a decorrere dal 1/1/2022 e si applicano ai contratti conclusi successivamente a tale data.

Capo I-bis
Dei contratti di fornitura di contenuto digitale e di servizi digitali (1)

(1) Capo inserito dall'art. 1, co. 1, d.lg. 4/11/2021, n. 173, con l'efficacia stabilita dall'art. 2, co. 1, d.lg. n. 173/2021 medesimo.

135 octies. Ambito di applicazione e definizioni (1). – 1. Il presente capo disciplina taluni aspetti dei contratti di fornitura di contenuto digitale o di servizi digitali conclusi tra consumatore e professionista, fra i quali la conformità del contenuto digitale o del servizio digitale al contratto, i rimedi in caso di difetto di conformità al contratto o di mancata fornitura, le modalità di esercizio degli stessi, nonché la modifica del contenuto digitale o del servizio digitale.

2. Ai fini del presente capo si intende per:

a) contenuto digitale: i dati prodotti e forniti in formato digitale;

b) servizio digitale:

1) un servizio che consente al consumatore di creare, trasformare, archiviare i dati o di accedervi in formato digitale; oppure

2) un servizio che consente la condivisione di dati in formato digitale, caricati o creati dal consumatore e da altri utenti di tale servizio, o qualsiasi altra interazione con tali dati;

c) beni con elementi digitali: qualsiasi bene mobile materiale che incorpora o è interconnesso con un contenuto digitale o un servizio digitale in modo tale che la mancanza di detto contenuto digitale o servizio digitale impedirebbe lo svolgimento delle funzioni del bene;

d) integrazione: il collegamento del contenuto o del servizio digitale con le componenti dell'ambiente digitale del consumatore e l'incorporazione in dette componenti affinché il contenuto digitale o il servizio digitale sia utilizzato nel rispetto dei requisiti di conformità previsti dal presente capo;

e) professionista: qualsiasi persona fisica o giuridica, indipendentemente dal fatto che si tratti di un soggetto pubblico o privato, ovvero un suo intermediario, che agisca per finalità che rientrano nel quadro della sua attività commerciale, industriale, artigianale o professionale, in relazione ai contratti oggetto dal presente capo, ivi compreso il fornitore di piattaforme se agisce per finalità che rientrano nel quadro della sua attività e in quanto controparte contrattuale del consumatore per la fornitura di contenuto digitale o di servizi digitali;

f) consumatore: la persona fisica di cui all'articolo 3, comma 1, lettera a);

g) prezzo: la somma di denaro o una rappresentazione digitale del valore dovuto come corrispettivo per la fornitura di contenuto digitale o di servizio digitale;

h) dati personali: i dati personali quali definiti all'articolo 4, punto 1), del regolamento (UE) 2016/679;

i) ambiente digitale: l'hardware, il software e le connessioni di rete di cui il consumatore si serve per accedere al contenuto digitale o al servizio digitale o per usarlo;

l) compatibilità: la capacità del contenuto digitale o del servizio digitale di funzionare con hardware o software con cui sono normalmente utilizzati contenuti digitali o servizi digitali dello stesso tipo, senza che sia necessario convertire il contenuto digitale o il servizio digitale;

m) funzionalità: la capacità del contenuto digitale o del servizio digitale di svolgere tutte le sue funzioni in considerazione del suo scopo;

n) interoperabilità: la capacità del contenuto digitale o del servizio digitale di funzionare con hardware o software diversi da quelli con cui sono normalmente utilizzati i contenuti digitali o i servizi digitali dello stesso tipo;

o) supporto durevole: ogni strumento che permetta al consumatore o al professionista di archiviare le informazioni che gli sono personalmente indirizzate, in modo da potervi accedere in futuro per un periodo di tempo adeguato alle finalità cui esse sono destinate e che permetta la riproduzione identica delle informazioni archiviate.

3. Le disposizioni del presente capo si applicano a qualsiasi contratto in cui il professionista fornisce, o si obbliga a fornire, un contenuto digitale o un servizio digitale al consumatore e il consumatore corrisponde un prezzo o si obbliga a corrispondere un prezzo.

4. Le disposizioni del presente capo si applicano altresì nel caso in cui il professionista fornisce o si obbliga a fornire un contenuto digitale o un servizio digitale al consumatore e il consumatore fornisce o si obbliga a fornire dati personali al professionista, fatto salvo il caso in cui i dati personali forniti dal consumatore siano trattati esclusivamente dal professionista ai fini della fornitura del contenuto digitale o del servizio digitale a norma del presente capo o per consentire l'assolvimento degli obblighi di legge cui è soggetto il professionista e quest'ultimo non tratti tali dati per scopi diversi da quelli previsti.

5. Le disposizioni del presente capo si applicano anche se il contenuto digitale o il servizio digitale è sviluppato secondo le specifiche indicazioni del consumatore.

6. Fatti salvi gli articoli 135-decies, commi 1 e 2, e 135-septiesdecies, le disposizioni del presente capo si applicano anche al supporto materiale che funge esclusivamente da vettore di contenuto digitale.

(1) Articolo inserito dall'art. 1, co. 1, d.lg. 4/11/2021, n. 173, con l'efficacia stabilita dall'art. 2, co. 1, d.lg. n. 173/2021 medesimo.

135 nonies. Esclusioni (1). – 1. Le disposizioni del presente capo non si applicano ai contenuti digitali o ai servizi digitali incorporati o interconnessi con beni di cui all'articolo 135-octies, comma 2, lettera c), e che sono forniti con il bene ai sensi di un contratto di vendita relativo a tali beni, indipendentemente dal fatto che detti contenuti digitali o servizi digitali siano forniti dal venditore o da un terzo. Quando è dubbio che la fornitura del contenuto digitale incorporato o interconnesso o servizio digitale incorporato o interconnesso faccia parte del contratto di vendita, si presume che il contenuto digitale o il servizio digitale incorporato o interconnesso rientri nel contratto di vendita del bene.

2. Le disposizioni del presente capo non si applicano ai contratti concernenti:

a) la fornitura di servizi diversi dai servizi digitali, indipendentemente dal fatto che il professionista ricorra o meno a forme o mezzi digitali per ottenere il risultato del servizio o consegnarlo o trasmetterlo al consumatore;

b) servizi di comunicazioni elettroniche ai sensi dell'articolo 2, punto 4), della direttiva (UE) 2018/1972 ad eccezione dei servizi di comunicazioni interpersonale senza numero di cui all'articolo 2, punto 7), di tale direttiva;

c) servizi di assistenza sanitaria, per i servizi prestati da professionisti sanitari a pazienti, al fine di valutare, mantenere o ristabilire il loro stato di salute, ivi compresa la prescrizione, la somministrazione e la fornitura di medicinali e dispositivi medici, sia essa fornita o meno attraverso le strutture di assistenza sanitaria;

d) servizi di gioco d'azzardo, vale a dire servizi che implicano una posta di valore pecuniario in giochi di fortuna, compresi quelli con un elemento di abilità, come le lotterie, i giochi d'azzardo nei casinò, il poker e le scommesse, che vengano forniti mediante strumenti elettronici o qualsiasi altra tecnologia che facilita le comunicazioni e su richiesta individuale di un destinatario di tali servizi;

e) servizi finanziari, vale a dire qualsiasi servizio di natura bancaria, creditizia, assicurativa, servizi pensionistici individuali, di investimento o di pagamento;

f) software offerto dal professionista sulla base di una licenza libera e aperta, in cui il consumatore non corrisponde un prezzo e i dati personali forniti dal consumatore stesso sono trattati esclusivamente dal professionista al fine di migliorare la sicurezza, la compatibilità o l'interoperabilità del software specifico;

g) la fornitura di contenuto digitale se il contenuto digitale è messo a disposizione del pubblico con mezzi diversi dalla trasmissione di segnale quale parte di uno spettacolo o di un evento, come le proiezioni cinematografiche digitali;

h) contenuto digitale fornito da enti pubblici, a norma della direttiva 2019/1024 del Parlamento europeo e del Consiglio relativa al riutilizzo dell'informazione del settore pubblico.

3. Fatto salvo quanto previsto dal comma 1, qualora un singolo contratto tra professionista e consumatore comprenda in un unico pacchetto elementi di fornitura di contenuto digitale o di un servizio digitale ed elementi relativi alla fornitura di altri beni o servizi, le disposizioni del presente capo si applicano unicamente agli elementi del contratto che riguardano il contenuto digitale o il servizio digitale. L'articolo 135-vicies semel non si applica se un pacchetto di servizi o di servizi e apparecchiature disciplinato dal codice europeo delle comunicazioni elettroniche include elementi:

a) di un servizio di comunicazione elettronica a disposizione del pubblico che fornisce accesso a Internet, ovvero connettività a praticamente tutti i punti finali di Internet, a prescindere dalla tecnologia di rete e dalle apparecchiature terminali utilizzate;

b) o di un servizio di comunicazioni interpersonale che si connette a risorse di numerazione assegnate pubblicamente – ossia uno o più numeri che figurano in un piano di numerazione nazionale o internazionale – o consente la comunicazione con uno o più numeri che figurano in un piano di numerazione nazionale o internazionale.

4. Se il consumatore ha il diritto di risolvere qualsiasi elemento del pacchetto di cui al comma 3 prima della scadenza contrattuale concordata per ragioni di mancata conformità al contratto o di mancata fornitura, ha diritto di risolvere il contratto in relazione a tutti gli elementi del pacchetto.

5. In caso di conflitto tra le disposizioni del presente capo e una disposizione di un altro atto dell'Unione che disciplina uno specifico settore o oggetto, la disposizione di tale altro atto dell'Unione e quelle nazionali di recepimento prevalgono su quelle del presente capo.

6. Le disposizioni nazionali e quelle del diritto dell'Unione in materia di protezione dei dati personali, in particolare quanto previsto dal regolamento (UE) 2016/679, nonché dal

decreto legislativo 10 agosto 2018, n. 101 e dal decreto legislativo 30 giugno 2003, n. 196, si applicano a qualsiasi dato personale trattato in relazione ai contratti di cui all'articolo 135-octies, comma 3. In caso di conflitto tra le disposizioni del presente capo e quelle del diritto dell'Unione in materia di protezione dei dati personali, prevalgono queste ultime.

7. Le disposizioni del presente capo non pregiudicano il diritto dell'Unione e nazionale sul diritto d'autore e sui diritti connessi.

(1) Articolo inserito dall'art. 1, co. 1, d.lg. 4/11/2021, n. 173, con l'efficacia stabilita dall'art. 2, co. 1, d.lg. n. 173/2021 medesimo.

135 decies. Fornitura di contenuto digitale o servizio digitale e conformità al contratto (1). – 1. Il professionista fornisce il contenuto digitale o il servizio digitale al consumatore. Salvo diverso accordo tra le parti, il professionista fornisce il contenuto digitale o il servizio digitale al consumatore senza ritardo ingiustificato dopo la conclusione del contratto.

2. Il professionista ha adempiuto l'obbligo di fornitura quando:

a) il contenuto digitale o qualunque mezzo idoneo per accedere al contenuto digitale o per scaricarlo è reso disponibile o accessibile al consumatore, o all'impianto fisico o virtuale scelto a tal fine dal consumatore;

b) il servizio digitale è reso accessibile al consumatore o a un impianto fisico o virtuale scelto all'uopo dal consumatore.

3. Il professionista fornisce al consumatore beni che soddisfano i requisiti di cui ai commi 4 e 5, nonché quelli di cui agli articoli 135-undecies e 135-duodecies in quanto compatibili, fatto salvo quanto previsto dall'articolo 135-terdecies.

4. Per essere conforme al contratto il contenuto digitale o il servizio digitale deve possedere i seguenti requisiti soggettivi, ove pertinenti:

a) corrispondere alla descrizione, alla quantità e alla qualità previste dal contratto e presentare funzionalità, compatibilità, interoperabilità e le altre caratteristiche previste dal contratto;

b) essere idoneo ad ogni uso particolare voluto dal consumatore e che è stato da questi portato a conoscenza del professionista al più tardi al momento della conclusione del contratto e che il professionista ha accettato;

c) essere fornito con tutti gli accessori, le istruzioni, anche in merito all'installazione e l'assistenza ai clienti, come previsti dal contratto; e d) essere aggiornato come previsto dal contratto.

5. Oltre a rispettare i requisiti soggettivi di conformità, il bene per essere conforme al contratto di vendita deve possedere i seguenti requisiti oggettivi, ove pertinenti:

a) essere adeguato agli scopi per cui sarebbe abitualmente utilizzato un contenuto digitale o un servizio digitale del medesimo tipo, tenendo conto, se del caso, dell'eventuale diritto dell'Unione e nazionale e delle norme tecniche esistenti, oppure, in mancanza di tali norme tecniche, dei codici di condotta dell'industria specifici del settore applicabili;

b) essere della quantità e presentare la qualità e le caratteristiche di prestazione, anche in materia di funzionalità, compatibilità, accessibilità, continuità e sicurezza, che si ritrovano abitualmente nei contenuti digitali o nei servizi digitali dello stesso tipo e che il consumatore può ragionevolmente aspettarsi, tenuto conto della natura del contenuto digitale o del servizio digitale, tenendo conto di eventuali dichiarazioni pubbliche rese da o per conto dell'operatore economico o di altri soggetti nell'ambito dei precedenti passaggi della catena contrattuale distributiva, soprattutto nei messaggi pubblicitari e nell'etichettatura, a meno che il professionista non dimostri, anche alternativamente, che:

1) non era a conoscenza e non poteva ragionevolmente essere a conoscenza della dichiarazione pubblica in questione;

2) al momento della conclusione del contratto, la dichiarazione pubblica era stata rettificata nello stesso modo, o in modo paragonabile, a quello in cui era stata resa; oppure

3) la decisione di acquistare il contenuto digitale o il servizio digitale non poteva essere influenzata dalla dichiarazione pubblica;

c) ove pertinente, essere fornito assieme agli eventuali accessori e istruzioni che il consumatore può ragionevolmente aspettarsi di ricevere; e d) essere conforme all'eventuale versione di prova o anteprima del contenuto digitale o del servizio digitale messa a disposizione dal professionista prima della conclusione del contratto.

(1) Articolo inserito dall'art. 1, co. 1, d.lg. 4/11/2021, n. 173, con l'efficacia stabilita dall'art. 2, co. 1, d.lg. n. 173/2021 medesimo.

135 undecies. Obblighi del professionista e condotta del consumatore (1). – 1. Il professionista è obbligato a tenere informato il consumatore sugli aggiornamenti disponibili, anche di sicurezza, necessari al fine di mantenere la conformità del contenuto digitale o del servizio digitale, e a fornirglieli, nel periodo di tempo:

a) durante il quale il contenuto digitale o il servizio digitale deve essere fornito a norma del contratto, se questo prevede una fornitura continua per un determinato periodo di tempo; oppure

b) che il consumatore può ragionevolmente aspettarsi, date la tipologia e la finalità del contenuto digitale o del servizio digitale e tenendo conto delle circostanze e della natura del contratto, se questo prevede un unico atto di fornitura o una serie di singoli atti di fornitura.

2. Se il consumatore non installa entro un congruo termine gli aggiornamenti forniti dal professionista ai sensi del comma 1, il professionista non è responsabile per qualsiasi difetto di conformità derivante unicamente dalla mancanza dell'aggiornamento pertinente, a condizione che:

a) il professionista abbia informato il consumatore della disponibilità dell'aggiornamento e delle conseguenze della mancata installazione dello stesso da parte del consumatore; e

b) la mancata installazione o l'installazione errata dell'aggiornamento da parte del consumatore non è dovuta a carenze delle istruzioni di installazione fornite dal professionista.

3. Se il contratto prevede che il contenuto digitale o il servizio digitale sia fornito in modo continuativo per un determinato periodo di tempo, l'obbligo di assicurare la conformità del contenuto digitale o il servizio digitale permane per l'intera durata di tale periodo.

4. Non vi è difetto di conformità ai sensi del comma 1 o dell'articolo 135-decies, comma 5, se, al momento della conclusione del contratto, il consumatore era stato specificamente informato del fatto che una caratteristica particolare del contenuto digitale o del servizio digitale si discostava dai requisiti oggettivi di conformità previsti da tali disposizioni e il consumatore ha espressamente e separatamente accettato tale scostamento al momento della conclusione del contratto.

5. Salvo diverso accordo tra le parti, il contenuto digitale o il servizio digitale è fornito nella versione più recente disponibile al momento della conclusione del contratto.

(1) Articolo inserito dall'art. 1, co. 1, d.lg. 4/11/2021, n. 173, con l'efficacia stabilita dall'art. 2, co. 1, d.lg. n. 173/2021 medesimo.

135 duodecies – Errata integrazione del contenuto digitale o del servizio digitale (1). – 1. L'eventuale difetto di conformità che deriva da un'errata integrazione del contenuto digitale o del servizio digitale nell'ambiente digitale del consumatore deve essere considerato difetto di conformità del contenuto digitale o del servizio digitale se:

a) il contenuto digitale o servizio digitale è stato integrato dal professionista o sotto la sua responsabilità; oppure

b) il contenuto digitale o il servizio digitale richiedeva integrazione da parte del consumatore e l'errata integrazione è dovuta a una carenza delle istruzioni di integrazione fornite dal professionista.

(1) Articolo inserito dall'art. 1, co. 1, d.lg. 4/11/2021, n. 173, con l'efficacia stabilita dall'art. 2, co. 1, d.lg. n. 173/2021 medesimo.

135 terdecies. Diritti dei terzi (1). – 1. I rimedi di cui all'articolo 135-octiesdecies si estendono ai casi di impedimento o limitazione d'uso del contenuto o del servizio digitale in conformità a quanto previsto dall'articolo 135-decies, commi 4 e 5, conseguenti ad una restrizione derivante dalla violazione di diritti dei terzi, in particolare di diritti di proprietà intellettuale, fatte salve altre disposizioni previste dall'ordinamento giuridico in tema di nullità, annullamento o altre ipotesi di scioglimento del contratto.

(1) Articolo inserito dall'art. 1, co. 1, d.lg. 4/11/2021, n. 173, con l'efficacia stabilita dall'art. 2, co. 1, d.lg. n. 173/2021 medesimo.

135 quaterdecies. Responsabilità del professionista (1). – 1. Il professionista è responsabile per la mancata fornitura del contenuto digitale o del servizio digitale conformemente all'articolo 135-decies, commi 1 e 2.

2. Qualora un contratto preveda un unico atto di fornitura o una serie di singoli atti di fornitura, il professionista è responsabile per qualsiasi difetto di conformità a norma degli articoli 135-decies, commi 4 e 5, 135-undecies, 135-duodecies e 135-quindecies, esistente al momento della fornitura, fatto salvo quanto previsto dall'articolo 135-undecies, comma 1, lettera b).

3. Il professionista è responsabile solamente per i difetti di conformità che si manifestano entro due anni a decorrere dal momento della fornitura, fatto salvo l'articolo 135-undecies, comma 1, lettera b).

4. L'azione diretta a far valere i difetti sussistenti al momento della fornitura e non dolosamente occultati dal professionista si prescrive, in ogni caso, nel termine di ventisei mesi da tale momento, ove risultino evidenti entro tale termine.

5. Se il contratto prevede la fornitura continuativa per un periodo di tempo, il professionista risponde di un difetto di conformità, a norma degli articoli 135-decies, commi 4 e 5, 135-undecies e 135-duodecies se il difetto si manifesta o risulta evidente nel periodo di tempo durante il quale il contenuto digitale o il servizio digitale deve essere fornito a norma del contratto.

6. L'azione diretta a far valere i difetti emersi nel corso della fornitura e non dolosamente occultati dal professionista si prescrive, in ogni caso, nel termine di ventisei mesi dall'ultimo atto di fornitura.

(1) Articolo inserito dall'art. 1, co. 1, d.lg. 4/11/2021, n. 173, con l'efficacia stabilita dall'art. 2, co. 1, d.lg. n. 173/2021 medesimo.

135 quinquiesdecies. Diritto di regresso (1). – 1. Il professionista, quando è responsabile nei confronti del consumatore a causa della mancata fornitura di un contenuto digitale o di un servizio digitale o per l'esistenza di un difetto di conformità imputabile ad un'azione o ad un'omissione di una persona nell'ambito dei passaggi precedenti della medesima catena contrattuale distributiva ha diritto di regresso nei confronti del soggetto o dei soggetti responsabili facenti parte della suddetta catena distributiva.

2. Il professionista che abbia ottemperato ai rimedi esperiti dal consumatore può agire, entro un anno dall'esecuzione della prestazione, in regresso nei confronti del soggetto o dei soggetti responsabili per ottenere la reintegrazione di quanto prestato.

(1) Articolo inserito dall'art. 1, co. 1, d.lg. 4/11/2021, n. 173, con l'efficacia stabilita dall'art. 2, co. 1, d.lg. n. 173/2021 medesimo.

135 sexiesdecies. Onere della prova (1). – 1. L'onere della prova riguardo al fatto se il contenuto digitale o il servizio digitale sia stato fornito in conformità dell'articolo 135-decies, commi 1 e 2, è a carico del professionista.

2. Nei casi di cui all'articolo 135-quaterdecies, comma 2, l'onere della prova della conformità al contratto del contenuto digitale o del servizio digitale al momento della fornitura è a carico del professionista per un difetto di conformità che risulti evidente entro il termine di un anno dal momento in cui il contenuto digitale o il servizio digitale è stato fornito.

3. Nei casi di cui all'articolo 135-quaterdecies, comma 5, l'onere della prova della conformità al contratto del contenuto digitale o il servizio digitale durante il periodo di tempo in cui avviene la fornitura è a carico del professionista per un difetto di conformità che si manifesta entro tale periodo.

4. I commi 2 e 3 non si applicano se il professionista dimostra che l'ambiente digitale del consumatore non è compatibile con i requisiti tecnici del contenuto digitale o del servizio digitale e se ha informato il consumatore di tali requisiti in modo chiaro e comprensibile prima della conclusione del contratto.

5. Il consumatore collabora con il professionista per quanto ragionevolmente possibile e necessario al fine di accertare se la causa del difetto di conformità del contenuto digitale o del servizio digitale al momento specificato dall'articolo 135-quaterdecies, commi 2 o 5, a seconda dei casi, risieda nell'ambiente digitale del consumatore. L'obbligo di collaborazione è limitato ai mezzi tecnicamente disponibili che siano meno intrusivi per il consumatore. Se il consumatore non collabora e se il professionista ha informato il consumatore dei requisiti inerenti il necessario ambiente digitale in modo chiaro e comprensibile prima della conclusione del contratto, l'onere della prova riguardo all'esistenza del difetto di conformità al momento di cui all'articolo 135-quaterdecies, commi 2 e 5 è a carico del consumatore.

(1) Articolo inserito dall'art. 1, co. 1, d.lg. 4/11/2021, n. 173, con l'efficacia stabilita dall'art. 2, co. 1, d.lg. n. 173/2021 medesimo.

135 septiesdecies. Rimedio per la mancata fornitura (1). – 1. Se il professionista ha omesso di fornire il contenuto digitale o il servizio digitale conformemente all'articolo 135-decies, commi 1 e 2, il consumatore invita il professionista a fornire il contenuto digitale o il servizio digitale. Se il professionista omette nuovamente di fornire il contenuto digitale o il servizio digitale entro un termine congruo oppure entro un ulteriore termine espressamente concordato dalle parti, il consumatore ha il diritto di risolvere il contratto.

2. Il comma 1 non trova applicazione e il consumatore ha il diritto di risolvere immediatamente il contratto se:

a) il professionista ha dichiarato, o risulta altrettanto chiaramente dalle circostanze, che non fornirà il contenuto digitale o il servizio digitale;

b) il consumatore e il professionista hanno convenuto, o risulta evidente dalle circostanze che accompagnano la conclusione del contratto, che un tempo specifico per la fornitura è essenziale per il consumatore e il professionista omette di fornire il contenuto digitale o il servizio digitale entro o in tale momento.

3. Se il consumatore risolve il contratto a norma dei commi 1 e 2, si applicano le disposizioni previste dagli articoli da 135-noviesdecies a 135-vicies.

(1) Articolo inserito dall'art. 1, co. 1, d.lg. 4/11/2021, n. 173, con l'efficacia stabilita dall'art. 2, co. 1, d.lg. n. 173/2021 medesimo.

135 octiesdecies. Rimedi per difetti di conformità (1). – 1. In caso di difetto di conformità del bene, il consumatore ha diritto al ripristino della conformità, o a ricevere una congrua riduzione del prezzo, o alla risoluzione del contratto sulla base delle condizioni stabilite nel presente articolo.

2. Il consumatore ha diritto al ripristino della conformità

del contenuto digitale o del servizio digitale, a meno che ciò non sia impossibile o imponga al professionista costi che sarebbero sproporzionati, tenuto conto di tutte le circostanze del caso e, in particolare, delle seguenti:

a) il valore che il contenuto digitale o servizio digitale avrebbe in assenza di difetto di conformità; e

b) l'entità del difetto di conformità.

3. Il professionista rende il contenuto digitale o il servizio digitale conforme ai sensi del comma 2, entro un congruo termine a partire dal momento in cui è stato informato dal consumatore in merito al difetto di conformità, senza spese e senza notevoli inconvenienti per il consumatore, tenuto conto della natura del contenuto digitale o del servizio digitale e dell'uso che il consumatore intendeva farne.

4. il consumatore ha diritto a una riduzione proporzionale del prezzo a norma del comma 5 se il contenuto digitale o il servizio digitale è fornito in cambio del pagamento di un prezzo, o alla risoluzione del contratto conformemente al comma 6, in uno dei casi seguenti:

a) il rimedio del ripristino della conformità del contenuto digitale o del servizio digitale è impossibile o sproporzionato ai sensi del comma 2;

b) il professionista non ha ripristinato la conformità del contenuto digitale o del servizio digitale ai sensi del comma 3;

c) si manifesta un difetto di conformità, nonostante il tentativo del professionista di ripristinare la conformità del contenuto digitale o servizio digitale;

d) il difetto di conformità è talmente grave da giustificare un'immediata riduzione del prezzo o risoluzione del contratto; oppure e) il professionista ha dichiarato, o risulta altrettanto chiaramente dalle circostanze, che non procederà al ripristino della conformità del contenuto digitale o del servizio digitale entro un congruo termine o senza notevoli inconvenienti per il consumatore.

5. La riduzione del prezzo è proporzionale alla diminuzione di valore del contenuto digitale o del servizio digitale fornito al consumatore rispetto al valore che avrebbe se fosse stato conforme.

Se il contratto stabilisce che il contenuto digitale o il servizio digitale deve essere fornito per un determinato periodo di tempo in cambio del pagamento di un prezzo, la riduzione di prezzo si applica al periodo di tempo in cui il contenuto digitale o il servizio digitale non è stato conforme.

6. Se il contenuto digitale o il servizio digitale è stato fornito in cambio del pagamento di un prezzo, il consumatore non ha diritto di risolvere il contratto se il difetto di conformità è di lieve entità. L'onere della prova riguardo al fatto che il difetto di conformità è di lieve entità è a carico del professionista.

(1) Articolo inserito dall'art. 1, co. 1, d.lg. 4/11/2021, n. 173, con l'efficacia stabilita dall'art. 2, co. 1, d.lg. n. 173/2021 medesimo.

135 noviesdecies. Risoluzione del contratto (1). – 1. Il consumatore esercita il diritto alla risoluzione del contratto mediante una dichiarazione al venditore in cui manifesta la volontà di risolvere il contratto.

2. In caso di risoluzione del contratto il professionista rimborsa al consumatore tutti gli importi versati in esecuzione del contratto.

Tuttavia, se il contratto prevede la fornitura del contenuto digitale o del servizio digitale in cambio del pagamento di un prezzo e per un periodo di tempo, e il contenuto digitale o il servizio digitale è stato conforme per un periodo di tempo prima della risoluzione del contratto, il professionista rimborsa al consumatore solo la parte dell'importo pagato corrispondente al periodo in cui il contenuto digitale o il servizio digitale non è stato conforme e qualsiasi parte del prezzo pagato in anticipo dal consumatore relativa al periodo di durata del contratto rimanente se il contratto non fosse stato risolto.

3. Per quanto riguarda i dati personali del consumatore, il professionista è tenuto a rispettare gli obblighi derivanti dal regolamento (UE) 2016/679 nonché dal decreto legislativo n. 101 del 2018.

4. Il professionista si astiene dall'utilizzare qualsiasi contenuto diverso dai dati personali che sia stato fornito o creato dal consumatore nell'ambito dell'utilizzo del contenuto digitale o del servizio digitale fornito dal professionista, fatto salvo il caso in cui tale contenuto:

a) sia privo di utilità al di fuori del contesto del contenuto digitale o del servizio digitale fornito dal professionista;

b) si riferisca solamente all'attività del consumatore nell'utilizzo del contenuto digitale o del servizio digitale fornito dal professionista;

c) sia stato aggregato dal professionista ad altri dati e non possa essere disaggregato o comunque non senza uno sforzo sproporzionato; o d) sia stato generato congiuntamente dal consumatore e altre persone, e altri consumatori possano continuare a utilizzare il contenuto.

5. Ad eccezione delle situazioni di cui al comma 4, lettere a), b) o c), il professionista mette a disposizione del consumatore, su richiesta dello stesso, contenuti diversi dai dati personali, che sono stati forniti o creati dal consumatore durante l'utilizzo del contenuto digitale o del servizio digitale fornito dal professionista. Il consumatore ha il diritto di recuperare dal professionista tali contenuti digitali gratuitamente e senza impedimenti, entro un congruo lasso di tempo e in un formato di uso comune e leggibile da dispositivo automatico.

6. Il professionista può impedire qualsiasi ulteriore utilizzo del contenuto digitale o del servizio digitale da parte del consumatore, in particolare rendendogli il contenuto digitale o il servizio digitale inaccessibile o disattivando il suo account utente, fatto salvo quanto previsto al comma 5.

7. In seguito alla risoluzione del contratto, il consumatore si astiene dall'utilizzare il contenuto digitale o il servizio digitale e dal metterlo a disposizione di terzi.

8. Se il contenuto digitale è stato fornito su un supporto materiale, il consumatore lo restituisce al professionista, su richiesta e a spese di quest'ultimo, senza indebito ritardo. Se il professionista decide di chiedere la restituzione del supporto materiale, è tenuto a presentare la richiesta entro quattordici giorni a decorrere dal giorno in cui il professionista è stato informato della decisione del consumatore di risolvere il contratto.

9. Il consumatore non è tenuto a pagare per l'uso del contenuto digitale o del servizio digitale nel periodo precedente la risoluzione del contratto durante il quale il contenuto digitale o il servizio digitale non è stato conforme.

(1) Articolo inserito dall'art. 1, co. 1, d.lg. 4/11/2021, n. 173, con l'efficacia stabilita dall'art. 2, co. 1, d.lg. n. 173/2021 medesimo.

135 vicies. Rimborso al consumatore (1). – 1. Eventuali rimborsi dovuti al consumatore dal professionista a norma dell'articolo 135-octiesdecies, commi 4 e 5, o dell'articolo 135-noviesdecies, comma 2, dovuti alla riduzione del prezzo o alla risoluzione del contratto sono effettuati senza ritardo ingiustificato e, in ogni caso, entro quattordici giorni dal giorno in cui il professionista è informato della decisione del consumatore di esercitare il diritto del consumatore a una riduzione di prezzo o il suo diritto alla risoluzione dal contratto.

2. Il professionista effettua il rimborso utilizzando lo stesso mezzo di pagamento usato dal consumatore per pagare il contenuto digitale o il servizio digitale, salvo che il consumatore consenta espressamente all'uso di un altro mezzo e non debba sostenere alcuna spesa relativa al rimborso.

3. Il professionista non impone al consumatore alcuna commissione in relazione al rimborso.

(1) Articolo inserito dall'art. 1, co. 1, d.lg. 4/11/2021, n. 173, con l'efficacia stabilita dall'art. 2, co. 1, d.lg. n. 173/2021 medesimo.

135 vicies semel. Modifica del contenuto digitale o del servizio digitale (1). – 1. Se il contratto prevede che il contenuto digitale o il servizio digitale sia fornito o reso accessibile al consumatore per un certo periodo di tempo, il professionista può modificare il contenuto digitale o il servizio digitale oltre a quanto è necessario per mantenere la conformità del contenuto digitale o del servizio digitale a norma degli articoli 135-decies, commi 4 e 5, e 135-undecies, se sono soddisfatte le condizioni seguenti:

a) il contratto consente tale modifica e ne fornisce una motivazione valida;

b) tale modifica è realizzata senza costi aggiuntivi per il consumatore;

c) il consumatore è informato in modo chiaro e comprensibile della modifica; e d) nei casi di cui al comma 2, il consumatore è informato, con un anticipo ragionevole su un supporto durevole, sulle modalità e il momento in cui viene effettuata la modifica, nonché circa il suo diritto di recedere dal contratto conformemente al comma 2 o circa la possibilità di mantenere il contenuto digitale o il servizio digitale senza tale modifica secondo quanto previsto al comma 4.

2. Il consumatore ha il diritto di recedere dal contratto qualora tale modifica incida negativamente sull'utilizzo del contenuto digitale o del servizio digitale o sull'accesso allo stesso da parte del consumatore, a meno che tali conseguenze negative siano trascurabili. In tal caso, il consumatore ha diritto a recedere dal contratto gratuitamente entro un termine di trenta giorni dalla data di ricevimento dell'informazione o, se successivo, dal momento in cui il contenuto digitale o il servizio digitale è stato modificato dal professionista.

3. Se il consumatore recede dal contratto conformemente al comma 2 del presente articolo, si applicano gli articoli 135-noviesdecies e 135-vicies.

4. I commi 2 e 3 del presente articolo non si applicano se il professionista ha consentito che, senza costi aggiuntivi, il consumatore mantenga il contenuto digitale o il servizio digitale senza modifica e se è preservata la conformità del contenuto digitale o del servizio digitale.

(1) Articolo inserito dall'art. 1, co. 1, d.lg. 4/11/2021, n. 173, con l'efficacia stabilita dall'art. 2, co. 1, d.lg. n. 173/2021 medesimo.

135 vicies bis. Carattere imperativo delle disposizioni (1). – 1. Salvo quanto altrimenti disposto dal presente capo, è nullo ogni patto, anteriore alla comunicazione al professionista del difetto di conformità, o dell'informazione del consumatore da parte del professionista circa la modifica del contenuto digitale o del servizio digitale, volto ad escludere o limitare a danno del consumatore, anche in modo indiretto, i diritti riconosciuti dal presente capo. La nullità può essere fatta valere solo dal consumatore e può essere rilevata d'ufficio dal giudice.

2. Il professionista può sempre offrire al consumatore condizioni contrattuali di maggior tutela rispetto a quanto previsto dalle disposizioni del presente capo.

3. È nulla ogni clausola contrattuale che, prevedendo l'applicabilità al contratto di una legislazione di uno Stato non appartenente all'Unione europea, abbia l'effetto di privare il consumatore della protezione assicurata dal presente capo, laddove il contratto presenti uno stretto collegamento con il territorio di uno Stato membro dell'Unione europea.

(1) Articolo inserito dall'art. 1, co. 1, d.lg. 4/11/2021, n. 173, con l'efficacia stabilita dall'art. 2, co. 1, d.lg. n. 173/2021 medesimo.

135 vicies ter. Tutela in base ad altre disposizioni (1). – 1. Per quanto non previsto dal presente capo, si applicano le disposizioni del codice civile in tema di formazione, validità ed efficacia dei contratti, comprese le conseguenze della risoluzione del contratto e il diritto al risarcimento del danno.

2. Per gli aspetti disciplinati dal presente capo non si applicano altre disposizioni aventi l'effetto di garantire al consumatore un livello di tutela diverso.

(1) Articolo inserito dall'art. 1, co. 1, d.lg. 4/11/2021, n. 173, con l'efficacia stabilita dall'art. 2, co. 1, d.lg. n. 173/2021 medesimo.

PARTE V
ASSOCIAZIONI DEI CONSUMATORI E ACCESSO ALLA GIUSTIZIA

TITOLO I
LE ASSOCIAZIONI RAPPRESENTATIVE A LIVELLO NAZIONALE

136. Consiglio nazionale dei consumatori e degli utenti. – 1. È istituito presso il Ministero dello sviluppo economico il Consiglio nazionale dei consumatori e degli utenti, di seguito denominato: «Consiglio» (1).

2. Il Consiglio, che si avvale, per le proprie iniziative, della struttura e del personale del Ministero dello sviluppo economico, è composto dai rappresentanti delle associazioni dei consumatori e degli utenti inserite nell'elenco di cui all'articolo 137 e da un rappresentante designato dalla Conferenza di cui all'articolo 8 del decreto legislativo 28 agosto 1997, n. 281 ed è presieduto dal Ministro dello sviluppo economico o da un suo delegato. Il Consiglio è nominato con decreto del Presidente del Consiglio dei Ministri, su proposta del Ministro dello sviluppo economico, e dura in carica tre anni (1).

3. Il Consiglio invita alle proprie riunioni rappresentanti delle associazioni di tutela ambientale riconosciute e delle associazioni nazionali delle cooperative dei consumatori. Possono altresì essere invitati i rappresentanti di enti ed organismi che svolgono funzioni di regolamentazione o di formazione del mercato, delle categorie economiche e sociali interessate, delle pubbliche amministrazioni competenti, nonché esperti delle materie trattate.

4. È compito del Consiglio:

a) esprimere pareri, ove richiesto, sugli schemi di atti normativi che riguardino i diritti e gli interessi dei consumatori e degli utenti;

b) formulare proposte in materia di tutela dei consumatori e degli utenti, anche in riferimento ai programmi e alle politiche comunitarie;

c) promuovere studi, ricerche e conferenze sui problemi del consumo e sui diritti dei consumatori e degli utenti, ed il controllo della qualità e della sicurezza dei prodotti e dei servizi;

d) elaborare programmi per la diffusione delle informazioni presso i consumatori e gli utenti;

e) favorire iniziative volte a promuovere il potenziamento dell'accesso dei consumatori e degli utenti ai mezzi di giustizia previsti per la soluzione delle controversie;

f) favorire ogni forma di raccordo e coordinamento tra le politiche nazionali e regionali in materia di tutela dei consumatori e degli utenti, assumendo anche iniziative dirette a promuovere la più ampia rappresentanza degli interessi dei consumatori e degli utenti nell'ambito delle autonomie locali. A tale fine il presidente convoca una volta all'anno una sessione a carattere programmatico cui partecipano di diritto i presidenti degli organismi rappresentativi dei consumatori e degli utenti previsti dagli ordinamenti regionali e delle province autonome di Trento e di Bolzano;

g) stabilire rapporti con analoghi organismi pubblici o privati di altri Paesi e dell'Unione europea;

h) segnalare alla Presidenza del Consiglio dei Ministri – Dipartimento della funzione pubblica, eventuali difficoltà, impedimenti od ostacoli, relativi all'attuazione delle disposizioni in materia di semplificazione procedimentale e documentale nelle pubbliche amministrazioni. Le segnalazioni sono verificate dal predetto Dipartimento anche mediante l'Ispettorato della funzione pubblica e l'Ufficio per l'attività normativa e amministrativa di semplificazione delle norme e delle procedure.

(1) Comma modificato dall'art. 1, co. 5, d.lg. 6/8/2015, n. 130.

137. Elenco delle associazioni dei consumatori e degli utenti rappresentative a livello nazionale (1). – 1. Presso il Ministero dello sviluppo economico è istituito l'elenco delle associazioni dei consumatori e degli utenti rappresentative a livello nazionale (2).

2. L'iscrizione nell'elenco è subordinata al possesso, da comprovare con la presentazione di documentazione conforme alle prescrizioni e alle procedure stabilite con decreto del Ministro dello sviluppo economico, dei seguenti requisiti:

a) avvenuta costituzione, per atto pubblico o per scrittura privata autenticata, da almeno tre anni e possesso di uno statuto che sancisca un ordinamento a base democratica e preveda come scopo esclusivo la tutela dei consumatori e degli utenti, senza fine di lucro;

b) tenuta di un elenco degli iscritti, aggiornato annualmente con l'indicazione delle quote versate direttamente all'associazione per gli scopi statutari;

c) numero di iscritti non inferiore allo 0,5 per mille della popolazione nazionale e presenza sul territorio di almeno cinque regioni o province autonome, con un numero di iscritti non inferiore allo 0,2 per mille degli abitanti di ciascuna di esse, da certificare con dichiarazione sostitutiva dell'atto di notorietà resa dal legale rappresentante dell'associazione con le modalità di cui agli articoli 46 e seguenti del testo unico delle disposizioni legislative e regolamentari in materia di documentazione amministrativa, di cui al decreto del Presidente della Repubblica 28 dicembre 2000, n. 445;

d) elaborazione di un bilancio annuale delle entrate e delle uscite con indicazione delle quote versate dagli associati e tenuta dei libri contabili, conformemente alle norme vigenti in materia di contabilità delle associazioni non riconosciute;

e) svolgimento di un'attività continuativa nei tre anni precedenti;

f) non avere i suoi rappresentanti legali subito alcuna condanna, passata in giudicato, in relazione all'attività dell'associazione medesima, e non rivestire i medesimi rappresentanti la qualifica di imprenditori o di amministratori di imprese di produzione e servizi in qualsiasi forma costituite, per gli stessi settori in cui opera l'associazione (2) (3).

3. Alle associazioni dei consumatori e degli utenti è preclusa ogni attività di promozione o pubblicità commerciale avente per oggetto beni o servizi prodotti da terzi ed ogni connessione di interessi con imprese di produzione o di distribuzione.

4. Il Ministero dello sviluppo economico provvede annualmente all'aggiornamento dell'elenco (2).

5. All'elenco di cui al presente articolo possono iscriversi anche le associazioni dei consumatori e degli utenti operanti esclusivamente nei territori ove risiedono minoranze linguistiche costituzionalmente riconosciute, in possesso dei requisiti di cui al comma 2, lettere a), b), d), e) e f), nonché con un numero di iscritti non inferiore allo 0,5 per mille degli abitanti della regione o provincia autonoma di riferimento, da certificare con dichiarazione sostitutiva dell'atto di notorietà resa dal legale rappresentante dell'associazione con le modalità di cui agli articoli 46 e seguenti del citato testo unico, di cui al decreto del Presidente della Repubblica n. 445 del 2000.

6. Il Ministero dello sviluppo economico comunica alla Commissione europea l'elenco di cui al comma 1, comprensivo anche degli enti di cui all'articolo 139, comma 2, nonché i relativi aggiornamenti al fine dell'iscrizione nell'elenco degli enti legittimati a proporre azioni inibitorie a tutela degli interessi collettivi dei consumatori istituito presso la stessa Commissione europea (2).

(1) Per l'aggiornamento dell'elenco delle associazioni dei consumatori e utenti, di cui al presente articolo per l'anno 2005 vedi il d.m. 2/12/2005, per l'anno 2006 il d.m. 27/11/2006, per l'anno 2007 il d.m. 14/2/2008, per l'anno 2008 il d.m. 5/11/2008, per l'anno 2009 il d.m. 21/12/2009, per l'anno 2010 il d.m. 17/12/2010 e, da ultimo, per l'anno 2010, il d.m. 14/12/2011.

(2) Comma modificato dall'art. 1, co. 5, d.lg. 6/8/2015, n. 130. A norma dell'art. 2, co. 1, d.lg. n. 130/2015, le presenti disposizioni si applicano a decorrere dal 9/1/2016.

(3) Vedi il d.m. 21/12/2012, n. 260.

138. Agevolazioni e contributi. – 1. Le agevolazioni e i contributi previsti dalla legge 5 agosto 1981, n. 416, e successive modificazioni, in materia di disciplina delle imprese editrici e provvidenze per l'editoria, sono estesi, con le modalità ed i criteri di graduazione definiti con apposito decreto del Presidente del Consiglio dei Ministri, alle attività editoriali delle associazioni iscritte nell'elenco di cui all'articolo 137.

TITOLO II
ACCESSO ALLA GIUSTIZIA

***139. Legittimazione ad agire**.** **[840 bis ss. CPC.]** – *1. Le associazioni dei consumatori e degli utenti inserite nell'elenco di cui all'articolo 137 sono legittimate ad agire, ai sensi dell'articolo 140, a tutela degli interessi collettivi dei consumatori e degli utenti. Oltre a quanto disposto dall'articolo 2, le dette associazioni sono legittimate ad agire nelle ipotesi di violazione degli interessi collettivi dei consumatori contemplati nelle materie disciplinate dal presente codice, nonché dalle seguenti disposizioni legislative* (1)*: a) legge 6 agosto 1990, n. 223, e successive modificazioni, ivi comprese quelle di cui al testo unico della radiotelevisione, di cui al decreto legislativo 31 luglio 2005, n. 177, e legge 30 aprile 1998, n. 122, concernenti l'esercizio delle attività televisive* (2)*; b) decreto legislativo 30 dicembre 1992, n. 541, come modificato dal decreto legislativo 18 febbraio 1997, n. 44, e legge 14 ottobre 1999, n. 362, concernente la pubblicità dei medicinali per uso umano; b-bis) decreto legislativo 26 marzo 2010, n. 59, recante attuazione della direttiva 2006/123/CE relativa ai servizi nel mercato interno* (3)*; b-ter) regolamento (UE) n. 524/2013 del Parlamento europeo e del Consiglio, del 21 maggio 2013, sulla risoluzione delle controversie online per i consumatori (regolamento sull'ODR per i consumatori)* (4)*.*

2. Gli organismi pubblici indipendenti nazionali e le organizzazioni riconosciuti in altro Stato dell'Unione europea ed inseriti nell'elenco degli enti legittimati a proporre azioni inibitorie a tutela degli interessi collettivi dei consumatori, pubblicato nella Gazzetta Ufficiale delle Comunità europee, possono agire, ai sensi del presente articolo e secondo le modalità di cui all'articolo 140, nei confronti di atti o comportamenti lesivi per i consumatori del proprio Paese, posti in essere in tutto o in parte sul territorio dello Stato.

* Articolo abrogato dalla l. 12/4/2019, n. 31. a decorrere dal 19/5/2021, come stabilito dall'art. 7, co. 1, l. n. 31/2019 medesimo, modificato dall'art. 8, co. 5, d.l. 30/12/2019, n. 162, conv., con modif., dalla l. 28/2/2020, n. 8 e successivamente modificato dall'art. 26, co. 1, d.l. 9/11/2020, n. 149. Successivamente il d.l. n. 149/2020 è stato abrogato dall'art. 1, co. 2, l. 18/12/2020, n. 176, e la data di decorrenza della presente abrogazione è stata ribadita dall'art. 31-ter, d.l. 28/10/2020, n. 137, conv., con modif., dalla l. 18/12/2020, n. 176.

(1) Alinea modificato dall'art. 16, co. 1, d.lg. 23/10/2007, n. 221.

(2) Lettera modificata dall'art. 16, co. 2, d.lg. 23/10/2007, n. 221.

(3) Lettera aggiunta dall'art. 85, co. 5-bis, d.lg. 26/3/2010, n. 59, come modificato dall'art. 20, co. 1, lett. e), d.lg. 6/8/2012, n. 147.

(4) Lettera aggiunta dall'art. 1, co. 4, d.lg. 6/8/2015, n. 130. A norma dell'art. 2, co. 1, d.lg. n. 130/2015, le presenti disposizioni si applicano a decorrere dal 9/1/2016.

140. Procedura*. – *1. I soggetti di cui all'articolo 139 sono legittimati nei casi ivi previsti ad agire a tutela degli interessi collettivi dei consumatori e degli utenti richiedendo al tribunale* (1)*: a) di inibire gli atti e i comportamenti lesivi degli interessi dei consumatori e degli utenti; b) di adottare le misure idonee a correggere o eliminare gli effetti dannosi delle violazioni accertate; c) di ordinare la pubblicazione del provvedimento su uno o più quotidiani a diffusione nazionale oppure locale nei casi in cui la pubblicità del provvedimento può contribuire a correggere o eliminare gli effetti delle violazioni accertate. 2. Le associazioni di cui al comma 1, nonché i soggetti di cui all'articolo 139, comma 2, possono attivare, prima del ricorso al giudice, la procedura di conciliazione dinanzi alla camera di commercio, industria, artigianato e agricoltura competente per territorio, a norma dell'articolo 2, comma 4, lettera a), della legge 29 dicembre 1993, n. 580, nonché agli altri organismi di composizione extragiudiziale per la composizione delle controversie in materia di consumo a norma dell'articolo 141. La procedura è, in ogni caso, definita entro sessanta giorni. 3. Il processo verbale di conciliazione, sottoscritto dalle parti e dal rappresentante dell'organismo di composizione extragiudiziale adito, è depositato per l'omologazione nella cancelleria del tribunale del luogo nel quale si è svolto il procedimento di conciliazione. 4. Il tribunale, in composizione monocratica, accertata la regolarità formale del processo verbale, lo dichiara esecutivo con decreto. Il verbale di conciliazione omologato costituisce titolo esecutivo. 5. In ogni caso l'azione di cui al comma 1 può essere proposta solo dopo che siano decorsi quindici giorni dalla data in cui le associazioni abbiano richiesto al soggetto da esse ritenuto responsabile, a mezzo lettera raccomandata con avviso di ricevimento, la cessazione del comportamento lesivo degli interessi dei consumatori e degli utenti. 6. Il soggetto al quale viene chiesta la cessazione del comportamento lesivo ai sensi del comma 5, o che sia stato chiamato in giudizio ai sensi del comma 1, può attivare la procedura di conciliazione di cui al comma 2 senza alcun pregiudizio per l'azione giudiziale da avviarsi o già avviata. La favorevole conclusione, anche nella fase esecutiva, del procedimento di conciliazione viene valutata ai fini della cessazione della materia del contendere. 7. Con il provvedimento che definisce il giudizio di cui al comma 1 il giudice fissa un termine per l'adempimento degli obblighi stabiliti e, anche su domanda della parte che ha agito in giudizio, dispone, in caso di inadempimento, il pagamento di una somma di denaro da 516 euro a 1.032 euro, per ogni inadempimento ovvero giorno di ritardo rapportati alla gravità del fatto. In caso di inadempimento degli obblighi risultanti dal verbale di conciliazione di cui al comma 3 le parti possono adire il tribunale con procedimento in camera di consiglio affinché, accertato l'inadempimento, disponga il pagamento delle dette somme di denaro. Tali somme di denaro sono versate all'entrata del bilancio dello Stato per essere riassegnate con decreto del Ministro dell'economia e delle finanze al fondo da istituire nell'ambito di apposita unità previsionale di base dello stato di previsione del Ministero dello sviluppo economico per finanziare iniziative a vantaggio dei consumatori* (2). *8. Nei casi in cui ricorrano giusti motivi di urgenza, l'azione inibitoria si svolge a norma degli articoli da 669-bis a 669-quaterdecies del codice di procedura civile. 9. Fatte salve le norme sulla litispendenza, sulla continenza, sulla connessione e sulla riunione dei procedimenti, le disposizioni di cui al presente articolo non precludono il diritto ad azioni individuali dei consumatori che siano danneggiati dalle medesime violazioni. 10. Per le associazioni di cui all'articolo 139 l'azione inibitoria prevista dall'articolo 37 in materia di clausole vessatorie nei contratti stipulati con i consumatori, si esercita ai sensi del presente articolo. 11. Resta ferma la giurisdizione esclusiva del giudice amministrativo in materia di servizi pubblici ai sensi dell'articolo 133, comma 1, lettera c) del codice del processo amministrativo* (3). *12. Restano salve le procedure conciliative di competenza dell'Autorità per le garanzie nelle comunicazioni di cui all'articolo 1, comma 11, della legge 31 luglio 1997, n. 249.*

* Articolo abrogato dalla l. 12/4/2019, n. 31, a decorrere dal 19/5/2021, come stabilito dall'art. 7, co. 1, l. n. 31/2019 medesima, modificato dall'art. 8, co. 5, d.l. 30/12/2019, n. 162, conv., con modif., dalla l. 28/2/2020, n. 8 e successivamente modificato dall'art. 26, co. 1, d.l. 9/11/2020, n. 149. Successivamente il d.l. n. 149/2020 è stato abrogato dall'art. 1, co. 2, l. 18/12/2020, n. 176, e la data di decorrenza della presente abrogazione, ribadita dall'art. 31-ter, d.l. 28/10/2020, n. 137, conv., con modif., dalla l. 18/12/2020, n. 176.

(1) Alinea modificato dall'art. 17, co. 1, d.lg. 23/10/2007, n. 221.

(2) Comma modificato dall'art. 1, co. 5, d.lg. 6/8/2015, n. 130. A norma dell'art. 2, co. 1, d.lg. n. 130/2015, le presenti disposizioni si applicano a decorrere dal 9/1/2016.

(3) Comma sostituito dall'art. 3, co. 17-bis, dell'Allegato 4 al d.lg. 2/7/2010, n. 104, come modificato dall'art. 1, co. 1, lett. a), n. 3, d.lg. 15/11/2011, n. 195.

140 bis. Azione di classe* (1). – *1. I diritti individuali omogenei dei consumatori e degli utenti di cui al comma 2 nonché gli interessi collettivi sono tutelabili anche attraverso l'azione di classe, secondo le previsioni del presente articolo. A tal fine ciascun componente della classe, anche mediante associazioni cui dà mandato o comitati cui partecipa, può agire per l'accertamento della responsabilità e per la condanna al risarcimento del danno e alle restituzioni* (2). *2. L'azione di classe ha per oggetto l'accertamento della responsabilità e la condanna al risarcimento del danno e alle restituzioni in favore degli utenti consumatori. L'azione tutela* (3)*: a) i diritti contrattuali di una pluralità di consumatori e utenti che versano nei confronti di una stessa impresa in situazione omogenea, inclusi i diritti relativi a contratti stipulati ai sensi degli articoli 1341 e 1342 del codice civile* (4)*; b) i diritti omogenei spettanti ai consumatori finali di un determinato prodotto o servizio nei confronti del relativo produttore, anche a prescindere da un diretto rapporto contrattuale* (5)*; c) i diritti omogenei al ristoro del pregiudizio derivante agli stessi consumatori e utenti da pratiche commerciali scorrette o da comportamenti anticoncorrenziali* (6). *3. I consumatori e utenti che intendono avvalersi della tutela di cui al presente articolo aderiscono all'azione di classe, senza ministero di difensore anche tramite posta elettronica certificata e fax. L'adesione comporta rinuncia a ogni azione restitutoria o risarcitoria individuale fondata sul medesimo titolo, salvo quanto previsto dal comma 15. L'atto di adesione, contenente, oltre all'elezione di domicilio, l'indicazione degli elementi costitutivi del diritto fatto valere con la relativa documentazione probatoria, è depositato in cancelleria, anche tramite l'attore, nel termine di cui al comma 9, lettera b). Gli effetti sulla prescrizione ai sensi degli articoli 2943 e 2945 del codice civile decorrono dalla notificazione della domanda e, per coloro che hanno aderito successivamente, dal deposito dell'atto di adesione* (7). *4. La domanda è proposta al tribunale ordinario avente sede nel capoluogo della regione in cui ha sede l'impresa, ma per la Valle d'Aosta è competente il tribunale di Torino, per il Trentino-Alto Adige e il Friuli-Venezia Giulia è competente il tribunale di Venezia, per le Marche, l'Umbria, l'Abruzzo e il Molise è competente il tribunale di Roma e per la Basilicata e la Calabria è competente il tribunale di Napoli. Il tribunale tratta la causa in composizione collegiale. 5. La domanda si propone con atto di* *citazione notificato anche all'ufficio del pubblico ministero presso il tribunale adìto, il quale può intervenire limitatamente al giudizio di ammissibilità. 6. All'esito della prima udienza il tribunale decide con ordinanza sull'ammissibilità della domanda, ma può sospendere il giudizio quando sui fatti rilevanti ai fini del decidere è in corso un'istruttoria davanti a un'autorità indipendente ovvero un giudizio davanti al giudice amministrativo. La domanda è dichiarata inammissibile quando è manifestamente infondata, quando sussiste un conflitto di interessi ovvero quando il giudice non ravvisa l'omogeneità dei diritti individuali tutelabili ai sensi del comma 2, nonché quando il proponente non appare in grado di curare adeguatamente l'interesse della classe* (8). *7. L'ordinanza che decide sulla ammissibilità è reclamabile davanti alla corte d'appello nel termine perentorio di trenta giorni dalla sua comunicazione o notificazione se anteriore. Sul reclamo la corte d'appello decide con ordinanza in camera di consiglio non oltre quaranta giorni dal deposito del ricorso. Il reclamo dell'ordinanza ammissiva non sospende il procedimento davanti al tribunale. 8. Con l'ordinanza di inammissibilità, il giudice regola le spese, anche ai sensi dell'articolo 96 del codice di procedura civile, e ordina la più opportuna pubblicità a cura e spese del soccombente. 9. Con l'ordinanza con cui ammette l'azione il tribunale fissa termini e modalità della più opportuna pubblicità, ai fini della tempestiva adesione degli appartenenti alla classe. L'esecuzione della pubblicità è condizione di procedibilità della domanda. Con la stessa ordinanza il tribunale: a) definisce i caratteri dei diritti individuali oggetto del giudizio, specificando i criteri in base ai quali i soggetti che chiedono di aderire sono inclusi nella classe o devono ritenersi esclusi dall'azione; b) fissa un termine perentorio, non superiore a centoventi giorni dalla scadenza di quello per l'esecuzione della pubblicità, entro il quale gli atti di adesione, anche a mezzo dell'attore, sono depositati in cancelleria. Copia dell'ordinanza è trasmessa, a cura della cancelleria, al Ministero dello sviluppo economico che ne cura ulteriori forme di pubblicità, anche mediante la pubblicazione sul relativo sito internet. 10. È escluso l'intervento di terzi ai sensi dell'articolo 105 del codice di procedura civile. 11. Con l'ordinanza con cui ammette l'azione il tribunale determina altresì il corso della procedura assicurando, nel rispetto del contraddittorio, l'equa, efficace e sollecita gestione del processo. Con la stessa o con successiva ordinanza, modificabile o revocabile in ogni tempo, il tribunale prescrive le misure atte a evitare indebite ripetizioni o complicazioni nella presentazione di prove o argomenti; onera le parti della pubblicità ritenuta necessaria a tutela degli aderenti; regola nel modo che ritiene più opportuno l'istruzione probatoria e disciplina ogni altra questione di rito, omessa ogni formalità non essenziale al contraddittorio. 12. Se accoglie la domanda, il tribunale pronuncia sentenza di condanna con cui liquida, ai sensi dell'articolo 1226 del codice civile, le somme definitive dovute a coloro che hanno aderito all'azione o stabilisce il criterio omogeneo di calcolo per la liquidazione di dette somme. In questo ultimo caso il giudice assegna alle parti un termine, non superiore a novanta giorni, per addivenire ad un accordo sulla liquidazione del danno. Il processo verbale dell'accordo, sottoscritto dalle parti e dal giudice, costituisce titolo esecutivo. Scaduto il termine senza che l'accordo sia stato raggiunto, il giudice, su istanza di almeno una delle parti, liquida le somme dovute ai singoli aderenti. In caso di accoglimento di un'azione di classe proposta nei confronti di gestori di servizi pubblici o di pubblica utilità, il tribunale tiene conto di quanto riconosciuto in favore degli utenti e dei consumatori danneggiati nelle relative carte dei servizi eventualmente emanate. La sentenza diviene esecutiva decorsi centottanta giorni dalla pubblicazione. I pagamenti delle somme dovute effettuati durante tale periodo sono esenti da ogni diritto e incremento, anche per gli accessori di legge maturati dopo la pubblicazione della sentenza* (9). *13. La corte d'appello, richiesta dei provvedimenti di cui all'articolo 283 del codice di procedura civile, tiene altresì conto dell'entità complessiva della somma gravante sul debitore, del numero dei creditori, nonché delle connesse difficoltà di ripetizione in caso di accoglimento del gravame. La corte può comunque disporre che, fino al passaggio in giudicato della sentenza, la somma complessivamente dovuta dal debitore sia depositata e resti vincolata nelle forme ritenute più opportune. 14. La sentenza che definisce il giudizio fa stato anche nei confronti degli aderenti. È fatta salva l'azione individuale dei soggetti che non aderiscono all'azione collettiva. Non sono proponibili ulteriori azioni di classe per i medesimi fatti e nei confronti della stessa impresa dopo la scadenza del termine per l'adesione assegnato dal giudice ai sensi del comma 9. Quelle proposte entro detto termine sono riunite d'ufficio se pendenti davanti allo stesso tribunale; altrimenti il giudice successivamente adìto ordina la cancellazione della causa dal ruolo, assegnando un termine perentorio non superiore a sessanta giorni per la riassunzione davanti al primo giudice. 15. Le rinunce e le transazioni intervenute tra le parti non pregiudicano i diritti degli aderenti che non vi hanno espressamente consentito. Gli stessi diritti sono fatti salvi anche nei casi di estinzione del giudizio o di chiusura anticipata del processo.*

* Articolo abrogato dalla l. 12/4/2019, n. 31 a decorrere dal 19/5/2021, come stabilito dall'art. 7, co. 1, l. n. 31/2019 medesima, modificato dall'art. 8, co. 5, d.l. 30/12/2019, n. 162, conv., con modif., dalla l. 28/2/2020, n. 8 e successivamente modificato dall'art. 26, co. 1, d.l. 9/11/2020, n. 149. Successivamente il d.l. n. 149/2020 è stato abrogato dall'art. 1, co. 2, l. 18/12/2020, n. 176, e la data di decorrenza della presente abrogazione, ribadita dall'art. 31-ter, d.l. 28/10/2020, n. 137, conv., con modif., dalla l. 18/12/2020, n. 176.

(1) Articolo inserito dall'art. 2, co. 446, l. 24/12/2007, n. 244, con la decorrenza indicata nel co. 447 e successivamente sostituito dall'art. 49, co. 1, l. 23/7/2009, n. 99.

(2) Comma modificato dall'art. 6, co. 1, lett. a), d.l. 24/1/2012, n. 1, conv., con modif., della l. 24/3/2012, n. 27.

(3) Alinea modificato dall'art. 6, co. 1, lett. b), d.l. 24/1/2012, n. 1, conv., con modif., dalla l. 24/3/2012, n. 27.

(4) Lettera modificata dall'art. 6, co. 1, lett. c), d.l. 24/1/2012, n. 1, conv., con modif., dalla l. 24/3/2012, n. 27.

(5) Lettera modificata dall'art. 6, co. 1, lett. d), d.l. 24/1/2012, n. 1, conv., con modif., dalla l. 24/3/2012, n. 27.

(6) Lettera modificata dall'art. 6, co. 1, lett. e), d.l. 24/1/2012, n. 1, conv., con modif., dalla l. 24/3/2012, n. 27.

(7) Comma modificato dall'art. 6, co. 1, lett. f), d.l. 24/1/2012, n. 1, conv., con modif., dalla l. 24/3/2012, n. 27.

(8) Comma modificato dall'art. 6, co. 1, lett. g), d.l. 24/1/2012, n. 1, conv., con modif., dalla l. 24/3/2012, n. 27.

(9) Comma modificato dall'art. 6, co. 1, lett. h), d.l. 24/1/2012, n. 1, conv., con modif., dalla l. 24/3/2012, n. 27.

TITOLO II.1

AZIONI RAPPRESENTATIVE A TUTELA DEGLI INTERESSI COLLETTIVI DEI CONSUMATORI (1)

(1) Titolo inserito dall'art. 1, co. 1, d.lg. 10/3/2023, n. 28, con applicazione a decorrere dal 25/6/2023.

140 ter. Disposizioni generali: definizioni ed ambito di applicazione (1). – 1. Ai fini del presente titolo, si intende per:

a) consumatore: la persona fisica, di cui all'articolo 3, comma 1, lettera a);

b) professionista: qualsiasi persona fisica o giuridica che, indipendentemente dal fatto che si tratti di un soggetto pubblico o privato, agisce, anche tramite un altro soggetto che opera in suo nome o per suo conto, per fini relativi alla propria attività commerciale, imprenditoriale, artigianale o professionale;

c) interessi collettivi dei consumatori: gli interessi di un numero di consumatori che sono stati o potrebbero essere danneggiati da una violazione delle disposizioni di cui all'allegato II-septies;

d) ente legittimato: gli enti disciplinati dall'articolo 140-quater, nonché gli enti iscritti nell'elenco elaborato e pubblicato dalla Commissione europea ai sensi dell'articolo 5, paragrafo 1, comma 2, della direttiva (UE) 2020/1828 del Parlamento europeo e del Consiglio del 25 novembre 2020;

e) azione rappresentativa: un'azione per la tutela degli interessi collettivi dei consumatori promossa, nelle materie di cui all'allegato II-septies, da un ente legittimato in quanto parte ricorrente per conto dei consumatori e finalizzata a ottenere un provvedimento inibitorio o un provvedimento compensativo;

f) azione rappresentativa nazionale: un'azione rappresentativa promossa, nelle materie di cui all'allegato II-septies, innanzi al giudice italiano da un'associazione dei consumatori e degli utenti inserita nell'elenco di cui all'articolo 137 ovvero da organismi pubblici indipendenti nazionali;

g) azione rappresentativa transfrontaliera: un'azione rappresentativa promossa, nelle materie di cui all'allegato II-septies, innanzi al giudice italiano da uno o più enti legittimati di altri Stati membri ed inseriti nell'elenco di cui all'articolo 5, paragrafo 1, comma 2, della direttiva (UE) 2020/1828 del Parlamento europeo e del Consiglio del 25 novembre 2020, ovvero un'azione rappresentativa intentata in un altro Stato membro da un ente legittimato ai sensi dell'articolo 140-quinquies, anche unitamente ad altri enti legittimati di diversi Stati membri;

h) provvedimento compensativo: una misura rivolta a rimediare al pregiudizio subito dal consumatore, anche attraverso il pagamento di una somma di denaro, la riparazione, la sostituzione, la riduzione del prezzo, la risoluzione del contratto o il rimborso del prezzo pagato, secondo quanto previsto dalle disposizioni di cui all'allegato II-septies;

i) provvedimento inibitorio: un provvedimento con il quale il giudice ordina la cessazione o il divieto di reiterazione della condotta omissiva o commissiva posta in essere in violazione delle disposizioni di cui all'allegato II-septies e ordina la pubblicazione del provvedimento, integralmente o per estratto, su uno o più quotidiani a diffusione nazionale o locale ovvero la pubblicazione di una rettifica.

2. Le disposizioni di cui al presente titolo si applicano alle azioni rappresentative promosse nei confronti di professionisti per violazioni delle disposizioni di cui all'allegato II-septies, che ledono o possono ledere interessi collettivi dei consumatori. Nel caso previsto dal primo periodo, gli enti legittimati non possono agire con l'azione di classe prevista dal titolo VIII-bis del libro IV del codice di procedura civile. Restano fermi i rimedi contrattuali ed extracontrattuali comunque previsti a favore dei consumatori.

3. L'azione rappresentativa può essere promossa anche se le violazioni sono cessate.

4. La cessazione delle violazioni intervenuta prima della conclusione dell'azione rappresentativa non determina la cessazione della materia del contendere.

(1) Articolo inserito dall'art. 1, co. 1, d.lg. 10/3/2023, n. 28, con applicazione a decorrere dal 25/6/2023.

140 quater. Legittimazione ad agire (1). – 1. Le associazioni dei consumatori e degli utenti inserite nell'elenco di cui all'articolo 137, gli organismi pubblici indipendenti nazionali di cui all'articolo 3, numero 6), del regolamento (UE) 2017/2394 del Parlamento europeo e del Consiglio del 12 dicembre 2017, che facciano richiesta di essere legittimati e gli enti designati in un altro Stato membro e iscritti nell'elenco elaborato e pubblicato dalla Commissione europea ai sensi dell'articolo 5, paragrafo 1, comma 2, della direttiva (UE) 2020/1828 del Parlamento europeo e del Consiglio del 25 novembre 2020, sono legittimati a proporre le azioni rappresentative previste dall'articolo 140-ter, comma 2, primo periodo, innanzi al giudice italiano.

2. Gli enti previsti dall'articolo 140-quinquies, compresi quelli che rappresentano consumatori di più di uno Stato membro, sono legittimati a proporre le azioni rappresentative previste dall'articolo 140-ter, comma 2, primo periodo, negli altri Stati membri.

(1) Articolo inserito dall'art. 1, co. 1, d.lg. 10/3/2023, n. 28, con applicazione a decorrere dal 25/6/2023.

140 quinquies. Enti legittimati a proporre azioni rappresentative transfrontaliere (1). – 1. Nell'elenco previsto dall'articolo 137 è istituita una sezione speciale, nella quale sono iscritti gli enti e le associazioni dei consumatori e degli utenti legittimati a proporre azioni rappresentative transfrontaliere.

2. Possono essere iscritti nella sezione speciale di cui al comma 1 gli enti che ne fanno richiesta e le associazioni iscritte nell'elenco previsto dall'articolo 137 che lo richiedono, purché in possesso dei seguenti requisiti:

a) avvenuta costituzione, per atto pubblico o per scrittura privata autenticata, e dimostrazione di attività pubblica effettiva a tutela degli interessi dei consumatori nei dodici mesi precedenti la richiesta di iscrizione;

b) possesso di uno statuto che preveda come scopo la tutela dei consumatori, nelle materie di cui all'allegato II-septies, e l'assenza di fine di lucro;

c) non essere assoggettati a procedure per la regolazione dell'insolvenza;

d) previsione nello statuto di regole, anche riferite alle cause di incompatibilità relative ai rappresentanti legali, idonee ad assicurare l'indipendenza dell'associazione e l'assenza di influenza da parte di persone diverse dai consumatori e in particolare da parte di professionisti che hanno un interesse economico a intentare azioni rappresentative, nonché misure idonee a prevenire e a risolvere conflitti di interesse che potrebbero insorgere tra l'associazione, i suoi finanziatori e gli interessi dei consumatori;

e) previsione della nomina di un organo di controllo, che vigila sul rispetto dei principi di indipendenza e delle misure di prevenzione e risoluzione dei conflitti di interessi e al quale si applica l'articolo 30, commi 5, 6, 7 e 8, del decreto legislativo 3 luglio 2017, n. 117, in quanto compatibile;

f) rendere pubblico sul proprio sito internet e con eventuali altri mezzi appropriati lo statuto e una sintetica descrizione dell'attività svolta, redatta in un linguaggio semplice e comprensibile, comprensiva delle informazioni relative alla propria costituzione, all'oggetto sociale, all'attività effettivamente svolta a tutela degli interessi dei consumatori, all'iscrizione nella sezione speciale dell'elenco di cui all'articolo 137, all'inesistenza di procedure per la regolazione dell'insolvenza aperte nei propri confronti, alla propria indipendenza, nonché di informazioni sulle proprie fonti di finanziamento.

3. Possono essere designati come enti legittimati a proporre azioni rappresentative transfrontaliere anche gli organismi pubblici indipendenti nazionali di cui all'articolo 3, numero 6), del regolamento (UE) 2017/2394 del Parlamento europeo e del Consiglio del 12 dicembre 2017, che facciano richiesta di essere legittimati.

4. Con decreto del Ministro delle imprese e del made in Italy sono stabilite le modalità con le quali la sezione speciale

di cui al comma 1 è resa pubblica, nonché le procedure per la presentazione della richiesta di iscrizione e della documentazione idonea ad attestare il possesso, in capo agli enti e alle associazioni richiedenti, dei requisiti di cui al comma 2.

(1) Articolo inserito dall'art. 1, co. 1, d.lg. 10/3/2023, n. 28, con applicazione a decorrere dal 25/6/2023.

140 sexies. Comunicazione degli enti legittimati e monitoraggio (1). – 1. Entro il 26 dicembre 2023 il Ministero delle imprese e del made in Italy comunica alla Commissione europea l'elenco degli enti legittimati ad esperire le azioni rappresentative nazionali e transfrontaliere, comprensivo della denominazione e, ove applicabile, dell'oggetto sociale. Il Ministero delle imprese e del made in Italy rende pubblico l'elenco tramite il proprio sito istituzionale, il cui indirizzo internet è reso noto alla Commissione europea. Il Ministero delle imprese e del made in Italy comunica le modifiche intervenute successivamente.

2. Il Ministero delle imprese e del made in Italy verifica almeno ogni cinque anni la permanenza, in capo agli enti di cui alla sezione speciale prevista dall'articolo 140-quinquies, comma 1, dei requisiti di cui all'articolo 140-quinquies, comma 2, disponendo la cancellazione dell'ente che non risulta in possesso di uno o più di tali requisiti.

3. Se uno Stato membro o la Commissione europea solleva riserve in ordine al possesso dei requisiti previsti dall'articolo 140-quinquies, commi 1 e 2, da parte di un ente legittimato all'esperimento di azioni rappresentative transfrontaliere, il Ministero delle imprese e del made in Italy ne verifica la sussistenza. Il Ministero delle imprese e del made in Italy dispone la cancellazione dalla sezione speciale dell'articolo 137 dell'ente che non risulta in possesso di uno o più di tali requisiti. Il procedimento è disciplinato dal decreto del Ministero delle imprese e del made in Italy previsto dall'articolo 140-quinquies, comma 4.

4. Il Ministero delle imprese e del made in Italy è individuato quale punto di contatto con la Commissione europea ai fini di cui al comma 3.

(1) Articolo inserito dall'art. 1, co. 1, d.lg. 10/3/2023, n. 28, con applicazione a decorrere dal 25/6/2023.

140 septies. Azioni rappresentative (1). – 1. Le azioni rappresentative previste dal presente titolo possono essere promosse dagli enti legittimati, senza bisogno di mandato da parte dei consumatori interessati, al fine di richiedere, anche cumulativamente, l'adozione dei provvedimenti inibitori previsti dall'articolo 140-octies oppure dei provvedimenti compensativi previsti dall'articolo 140-novies, in caso di violazione delle disposizioni di cui all'allegato II-septies.

2. Restano ferme le norme in materia di diritto internazionale privato, in particolare relative alla giurisdizione nonché al riconoscimento e all'esecuzione delle decisioni in materia civile e commerciale e alla legge applicabile alle obbligazioni contrattuali ed extra-contrattuali.

3. Se la violazione delle disposizioni di cui all'allegato II-septies lede o può ledere consumatori di diversi Stati membri, l'azione rappresentativa può essere proposta congiuntamente da più enti legittimati di diversi Stati membri, iscritti nell'elenco elaborato e pubblicato dalla Commissione europea ai sensi dell'articolo 5, paragrafo 1, comma 2, della direttiva (UE) 2020/1828 del Parlamento europeo e del Consiglio del 25 novembre 2020.

4. La domanda si propone con ricorso inderogabilmente davanti alla sezione specializzata in materia di impresa competente per il luogo ove ha sede la parte resistente. Se è convenuta una persona fisica, è competente il giudice del luogo in cui la stessa ha la residenza o il domicilio e, se questi sono sconosciuti, quello del luogo in cui ha la dimora. Se anche la dimora è sconosciuta, è competente il giudice del luogo in cui ha sede l'ente ricorrente.

5. Nel ricorso l'ente legittimato indica gli elementi necessari a determinare il gruppo dei consumatori interessati dall'azione rappresentativa, la sussistenza della giurisdizione e il diritto applicabile, nonché i finanziamenti dell'azione promossa, ricevuti o promessi da parte di terzi.

6. Il ricorso, unitamente al decreto di fissazione dell'udienza, è pubblicato ai sensi dell'articolo 840-ter, secondo comma, del codice di procedura civile.

7. Il procedimento è regolato dal rito semplificato di cui al libro secondo, titolo I, capo III-quater, del codice di procedura civile, in quanto compatibile. Non si applica il primo comma dell'articolo 281-duodecies del codice di procedura civile. In ogni caso, resta fermo il diritto all'azione individuale, salvo quanto previsto all'articolo 840-undecies, nono comma, del codice di procedura civile. Non è ammesso l'intervento dei terzi ai sensi dell'articolo 105 del codice di procedura civile. Entro il termine di trenta giorni dalla prima udienza, il tribunale decide con ordinanza sull'ammissibilità della domanda, ma può sospendere il giudizio quando sui fatti rilevanti ai fini del decidere è in corso un'istruttoria davanti a un'autorità indipendente ovvero un giudizio davanti al giudice amministrativo. Restano ferme le disposizioni del decreto legislativo 19 gennaio 2017, n. 3.

8. La domanda è inammissibile:

a) quando è manifestamente infondata;

b) se è priva degli elementi necessari ad individuare il gruppo dei consumatori interessati dall'azione rappresentativa;

c) se il tribunale non ravvisa l'omogeneità dei diritti individuali per cui è richiesta l'adozione dei provvedimenti compensativi previsti dall'articolo 140-novies;

d) se, anche a seguito di contestazione del convenuto, risulta che l'ente ricorrente è privo dei requisiti necessari per la legittimazione all'azione;

e) quando l'azione è promossa in conflitto di interessi, in particolare se risulta che il soggetto che ha finanziato l'azione è concorrente del convenuto o dipende da quest'ultimo. In questo caso il giudice solleva anche di ufficio la questione ed assegna all'ente ricorrente un termine entro cui rifiutare o modificare il finanziamento;

f) se l'oggetto sociale dell'ente legittimato che ha proposto la domanda non giustifica l'esercizio dell'azione.

9. L'ordinanza che decide sull'ammissibilità è pubblicata, a cura della cancelleria, nell'area pubblica del portale dei servizi telematici di cui all'articolo 840-ter, secondo comma, del codice di procedura civile, entro quindici giorni dalla pronuncia.

10. Quando l'inammissibilità è dichiarata a norma del comma 8, lettera a), il ricorrente può riproporre l'azione rappresentativa quando si siano verificati mutamenti delle circostanze o vengano dedotte nuove ragioni di fatto o di diritto.

11. Si applica l'articolo 840-ter, settimo e ottavo comma, del codice di procedura civile.

(1) Articolo inserito dall'art. 1, co. 1, d.lg. 10/3/2023, n. 28, con applicazione a decorrere dal 25/6/2023.

140 octies. Provvedimenti inibitori (1). – 1. Gli enti legittimati possono proporre azioni rappresentative a tutela degli interessi collettivi dei consumatori per ottenere l'adozione di provvedimenti inibitori.

2. Il ricorso è notificato al pubblico ministero.

3. Si applicano i commi dal quarto al quattordicesimo dell'articolo 840-quinquies del codice di procedura civile.

4. L'ente legittimato non è onerato di provare la colpa o il dolo del professionista, né le perdite o i danni effettivi subiti dai singoli consumatori interessati.

5. Quando ricorrono giusti motivi di urgenza, gli enti legittimati di cui al comma 1 possono chiedere in corso di causa

un provvedimento provvisorio teso a far cessare una condotta omissiva o commissiva o a inibire la reiterazione di una condotta che appaia costituire una violazione delle disposizioni di cui all'articolo 140-ter, comma 2. Si applicano gli articoli 669-quater, primo, secondo e quarto comma, 669-sexies, 669-octies, ottavo e nono comma, 669-decies, primo comma, 669-duodecies e 669-terdecies del codice di procedura civile.

6. Il provvedimento provvisorio perde efficacia se la domanda di provvedimento inibitorio è dichiarata inammissibile, anche se avverso l'ordinanza è stato proposto reclamo, ovvero rigettata nel merito con sentenza anche non passata in giudicato.

7. Si applicano il settimo e l'ottavo comma dell'articolo 840-sexiesdecies del codice di procedura civile.

8. In ogni caso l'azione di cui al presente articolo può essere proposta solo dopo che siano decorsi quindici giorni dalla data in cui gli enti legittimati abbiano richiesto al professionista, a mezzo lettera raccomandata con avviso di ricevimento ovvero a mezzo posta elettronica certificata o altro servizio elettronico di recapito certificato qualificato, la cessazione del comportamento lesivo degli interessi dei consumatori e degli utenti.

(1) Articolo inserito dall'art. 1, co. 1, d.lg. 10/3/2023, n. 28, con applicazione a decorrere dal 25/6/2023.

140 nonies. Provvedimenti compensativi (1). – 1. Gli enti legittimati possono proporre azioni rappresentative a tutela degli interessi collettivi dei consumatori danneggiati da una violazione delle disposizioni di cui all'allegato II-septies, al fine di ottenere l'adozione di provvedimenti compensativi.

2. Fermo quanto previsto dall'articolo 140-septies, si applicano gli articoli da 840-quater a 840-terdecies e l'articolo 840-quinquiesdecies del codice di procedura civile, in quanto compatibili. Il giudice determina un contributo di modesta entità ai sensi dell'articolo 840-sexies, primo comma, lettera h), del codice di procedura civile. È esclusa l'applicazione del terzo comma del medesimo articolo 840-sexies.

3. In caso di soccombenza, il consumatore è condannato al rimborso delle spese a favore del resistente nel solo caso di mala fede o colpa grave.

(1) Articolo inserito dall'art. 1, co. 1, d.lg. 10/3/2023, n. 28, con applicazione a decorrere dal 25/6/2023.

140 decies. Accordi di natura transattiva e conciliativa (1). – 1. Fino alla discussione orale della causa, l'ente legittimato e il professionista possono depositare congiuntamente al tribunale una proposta transattiva o conciliativa concernente la domanda proposta ai sensi dell'articolo 140-novies.

2. Entro il medesimo termine di cui al comma 1 il tribunale, sentiti l'ente legittimato e il professionista, può invitarli a raggiungere una transazione concernente la domanda proposta ai sensi dell'articolo 140-novies entro un termine ragionevole.

3. Il tribunale verifica che la proposta transattiva o conciliativa non contrasti con norme imperative e non contenga clausole o obbligazioni non eseguibili tenuto conto dei diritti e degli interessi di tutte le parti e, in particolare, di quelli dei consumatori interessati.

4. Si applica l'articolo 185, terzo comma, del codice di procedura civile.

5. Si applica, altresì, l'articolo 840-quaterdecies del Codice di procedura civile in quanto compatibile.

(1) Articolo inserito dall'art. 1, co. 1, d.lg. 10/3/2023, n. 28, con applicazione a decorrere dal 25/6/2023.

140 undecies. Informazioni sulle azioni rappresentative (1). – 1. Gli enti legittimati a esperire le azioni rappresentative indicano sul proprio sito web le azioni rappresentative che hanno deciso di intentare, lo stato di avanzamento di quelle intentate e i relativi esiti, provvedendo a comunicare le medesime informazioni al Ministero delle imprese e del made in Italy che le pubblica sul proprio sito istituzionale.

(1) Articolo inserito dall'art. 1, co. 1, d.lg. 10/3/2023, n. 28, con applicazione a decorrere dal 25/6/2023.

140 duodecies. Interruzione della prescrizione e impedimento della decadenza (1). – 1. La prescrizione dei diritti dei consumatori tutelabili ai sensi dell'articolo 140-novies è interrotta, ai sensi degli articoli 2943 e 2945 del codice civile, dal deposito del ricorso introduttivo dei procedimenti previsti dagli articoli 140-octies e 140-novies, sempre che il ricorso stesso sia notificato al resistente nel termine assegnato dal giudice. Dalla data del deposito dell'atto introduttivo sono altresì impedite le decadenze previste a carico dei consumatori.

(1) Articolo inserito dall'art. 1, co. 1, d.lg. 10/3/2023, n. 28, con applicazione a decorrere dal 25/6/2023. Vedi inoltre l'art. 4, co. 2, d.lg. n. 28/2023 medesimo.

140 terdecies. Misure di coercizione indiretta (1). – 1. Con il provvedimento che definisce il giudizio di cui all'articolo 140-octies, nonché con il provvedimento previsto dal comma 5 del medesimo articolo 140-octies, il giudice fissa un termine per l'adempimento degli obblighi stabiliti e, anche su domanda della parte che ha agito in giudizio, dispone, in caso di inadempimento, il pagamento di una somma di denaro da 1.000 euro a 5.000 euro, per ogni inadempimento ovvero giorno di ritardo rapportati alla gravità del fatto tenuto conto della gravità e della durata della violazione. Tali somme sono versate ad apposito capitolo dell'entrata del bilancio dello Stato per essere riassegnate nella misura del 50 per cento al Ministero della giustizia per il potenziamento degli uffici e degli altri servizi istituzionali e per la restante quota del 50 per cento al Ministero delle imprese e del made in Italy per il miglioramento delle attività di tenuta della sezione istituita dall'articolo 140-quinquies.

(1) Articolo inserito dall'art. 1, co. 1, d.lg. 10/3/2023, n. 28, con applicazione a decorrere dal 25/6/2023.

140 quaterdecies. Spese del procedimento (1). – 1. Il contributo unificato è dovuto nella misura di cui all'articolo 13, comma 1, del decreto del Presidente della Repubblica 30 maggio 2002, n. 115, ridotta alla metà. Non si applica l'articolo 13, comma 1-ter, del medesimo decreto del Presidente della Repubblica n. 115 del 2002.

(1) Articolo inserito dall'art. 1, co. 1, d.lg. 10/3/2023, n. 28, con applicazione a decorrere dal 25/6/2023.

TITOLO II BIS
RISOLUZIONE EXTRAGIUDIZIALE DELLE CONTROVERSIE (1)

(1) Titolo inserito dall'art. 1, co. 3, d.lg. 6/8/2015, n. 130. A norma dell'art. 2, co. 1, d.lg. n. 130/2015, le presenti disposizioni si applicano a decorrere dal 9/1/2016.

141. Disposizioni generali: definizioni ed ambito di applicazione (1). – 1. Ai fini del presente titolo, si intende per:

a) «consumatore»: la persona fisica, di cui all'articolo 3, comma 1, lettera a);

b) «professionista»: il soggetto, di cui all'articolo 3, comma 1, lettera c);

c) «contratto di vendita»: il contratto di cui all'articolo 45, comma 1, lettera e);

d) «contratto di servizi»: il contratto di cui all'articolo 45, comma 1, lettera f);

e) «controversia nazionale»: una controversia relativa ad obbligazioni contrattuali derivanti da un contratto di vendita o di servizi, nell'ambito della quale il consumatore, quando ordina i beni o i servizi, risiede nello stesso Stato membro dell'Unione europea in cui è stabilito il professionista;

f) «controversia transfrontaliera»: una controversia relativa ad obbligazioni contrattuali derivanti da un contratto di vendita o di servizi, nell'ambito della quale il consumatore, quando ordina i beni o i servizi, risiede in uno Stato membro dell'Unione europea diverso da quello in cui è stabilito il professionista;

g) «procedura ADR»: una procedura di risoluzione extragiudiziale delle controversie conforme ai requisiti di cui al presente titolo ed eseguita da un organismo ADR-Alternative Dispute Resolution;

h) «organismo ADR»: qualsiasi organismo, a prescindere dalla sua denominazione, istituito su base permanente, che offre la risoluzione di una controversia attraverso una procedura ADR ed è iscritto nell'elenco di cui all'articolo 141-decies;

i) «autorità competente»: le autorità indicate dall'articolo 141-octies;

l) «domanda»: la domanda presentata all'organismo per avviare la procedura ADR;

m) «servizi non economici di interesse generale»: i servizi di interesse generale che non sono prestati a fini economici, a prescindere dalla forma giuridica sotto la quale tali servizi sono prestati, e, in particolare i servizi prestati, senza corrispettivo economico, da pubbliche amministrazioni o per conto delle stesse.

2. Ai fini del presente titolo il professionista si considera stabilito:

a) se si tratta di una persona fisica, presso la sua sede di attività;

b) se si tratta di una società o di un'altra persona giuridica o di un'associazione di persone fisiche o giuridiche, presso la sua sede legale, la sua amministrazione centrale o la sua sede di attività, comprese le filiali, le agenzie o qualsiasi altra sede.

3. Ai fini del presente titolo, l'organismo ADR si considera stabilito:

a) se è gestito da una persona fisica, nel luogo in cui svolge le attività ADR;

b) se è gestito da una persona giuridica o da un'associazione di persone fisiche o di persone giuridiche, nel luogo in cui tale persona giuridica o associazione di persone fisiche o giuridiche svolge le attività ADR o ha la sua sede legale;

c) se è gestito da un'autorità o da un altro ente pubblico, nel luogo in cui tale autorità o altro ente pubblico ha la propria sede.

4. Le disposizioni di cui al presente titolo, si applicano alle procedure volontarie di composizione extragiudiziale per la risoluzione, anche in via telematica, delle controversie nazionali e transfrontaliere, tra consumatori e professionisti residenti e stabiliti nell'Unione europea, nell'ambito delle quali l'organismo ADR propone una soluzione o riunisce le parti al fine di agevolare una soluzione amichevole e, in particolare, agli organismi di mediazione per la trattazione degli affari in materia di consumo iscritti nella sezione speciale di cui all'articolo 16, commi 2 e 4, del decreto legislativo 4 marzo 2010, n. 28, e agli altri organismi ADR istituiti o iscritti presso gli elenchi tenuti e vigilati dalle autorità di cui al comma 1, lettera i), previa la verifica della sussistenza dei requisiti e della conformità della propria organizzazione e delle proprie procedure alle prescrizioni del presente titolo. Le disposizioni di cui al presente titolo si applicano, altresì, alle eventuali procedure, previste ai sensi del comma 7, in cui l'organismo ADR adotta una decisione.

5. Le disposizioni di cui al presente titolo si applicano altresì alle procedure di conciliazione paritetica di cui all'articolo 141-ter.

6. Sono fatte salve le seguenti disposizioni che prevedono l'obbligatorietà delle procedure di risoluzione extragiudiziale delle controversie:

a) articolo 5, comma 1-bis, del decreto legislativo 4 marzo 2010, n. 28, che disciplina i casi di condizione di procedibilità con riferimento alla mediazione finalizzata alla conciliazione delle controversie civili e commerciali;

b) articolo 1, comma 11, della legge 31 luglio 1997, n. 249, che prevede il tentativo obbligatorio di conciliazione nel settore delle comunicazioni elettroniche;

c) articolo 2, comma 24, lettera b), della legge 14 novembre 1995, n. 481, che prevede il tentativo obbligatorio di conciliazione nelle materie di competenza dell'Autorità per l'energia elettrica, il gas e il sistema idrico, e le cui modalità di svolgimento sono regolamentate dall'Autorità per l'energia elettrica, il gas e il sistema idrico con propri provvedimenti.

7. Le procedure svolte nei settori di competenza dell'Autorità per l'energia elettrica, il gas ed il sistema idrico, della Banca d'Italia, della Commissione nazionale per la società e la borsa e dell'Autorità per le garanzie nelle comunicazioni, ivi comprese quelle che prevedono la partecipazione obbligatoria del professionista, sono considerate procedure ADR ai sensi del presente Codice, se rispettano i principi, le procedure e i requisiti delle disposizioni di cui al presente titolo.

8. Le disposizioni di cui al presente titolo non si applicano:

a) alle procedure presso sistemi di trattamento dei reclami dei consumatori gestiti dal professionista;

b) ai servizi non economici d'interesse generale;

c) alle controversie fra professionisti;

d) alla negoziazione diretta tra consumatore e professionista;

e) ai tentativi di conciliazione giudiziale per la composizione della controversia nel corso di un procedimento giudiziario riguardante la controversia stessa;

f) alle procedure avviate da un professionista nei confronti di un consumatore;

g) ai servizi di assistenza sanitaria, prestati da professionisti sanitari a pazienti, al fine di valutare, mantenere o ristabilire il loro stato di salute, compresa la prescrizione, la somministrazione e la fornitura di medicinali e dispositivi medici;

h) agli organismi pubblici di istruzione superiore o di formazione continua.

9. Le disposizioni di cui al presente titolo non precludono il funzionamento di eventuali organismi ADR istituiti nell'ambito delle norme e provvedimenti, di cui ai commi 7 e 8, ed in cui i funzionari pubblici sono incaricati delle controversie e considerati rappresentanti sia degli interessi dei consumatori e sia degli interessi dei professionisti.

10. Il consumatore non può essere privato in nessun caso del diritto di adire il giudice competente qualunque sia l'esito della procedura di composizione extragiudiziale.

(1) Articolo modificato dall'art. 18 del d.lg. 23/10/2007, n. 221 e successivamente sostituito dall'art. 1, co. 2, d.lg. 6/8/2015, n. 130. In precedenza il presente articolo era contenuto all'interno del Titolo II. A norma dell'art. 2, co. 1 le presenti disposizioni si applicano a decorrere dal 9/1/2016.

141 bis. Obblighi, facoltà e requisiti degli organismi ADR (1). – 1. È fatto obbligo agli organismi ADR di:

a) mantenere un sito web aggiornato che fornisca alle parti un facile accesso alle informazioni concernenti il funzionamento della procedura ADR e che consenta ai consumatori di presentare la domanda e la documentazione di supporto necessaria in via telematica;

b) mettere a disposizione delle parti, su richiesta delle stesse, le informazioni di cui alla lettera a), su un supporto durevole, così come definito dall'articolo 45, comma 1, lettera l);

c) consentire al consumatore la possibilità, ove applicabile, di presentare la domanda anche in modalità diverse da quella telematica;

d) consentire lo scambio di informazioni tra le parti per via elettronica o, se applicabile, attraverso i servizi postali;

e) accettare sia le controversie nazionali sia quelle transfrontaliere, comprese le controversie oggetto del regolamento (UE) n. 524/2013, anche attraverso il ricorso a reti di organismi ADR;

f) adottare i provvedimenti necessari a garantire che il trattamento dei dati personali avvenga nel rispetto delle regole di cui al decreto legislativo 30 giugno 2003, n. 196, e successive modificazioni.

2. Gli organismi ADR possono, salve le diverse prescrizioni contenute in altre norme applicabili ovvero nelle deliberazioni delle autorità di regolazione di settore, mantenere e introdurre norme procedurali che consentano loro di rifiutare il trattamento di una determinata controversia per i seguenti motivi:

a) il consumatore non ha tentato di contattare il professionista interessato per discutere il proprio reclamo né cercato, come primo passo, di risolvere la questione direttamente con il professionista;

b) la controversia è futile o temeraria;

c) la controversia è in corso di esame o è già stata esaminata da un altro organismo ADR o da un organo giurisdizionale;

d) il valore della controversia è inferiore o superiore a una soglia monetaria prestabilita a un livello tale da non nuocere in modo significativo all'accesso del consumatore al trattamento dei reclami;

e) il consumatore non ha presentato la domanda all'organismo ADR entro un limite di tempo prestabilito, che non deve essere inferiore a un anno dalla data in cui il consumatore ha presentato il reclamo al professionista;

f) il trattamento di questo tipo di controversia rischierebbe di nuocere significativamente all'efficace funzionamento dell'organismo ADR.

3. Qualora, conformemente alle proprie norme procedurali, un organismo ADR non è in grado di prendere in considerazione una controversia che gli è stata presentata, tale organismo ADR fornisce a entrambe le parti una spiegazione motivata delle ragioni della sua decisione di non prendere in considerazione la controversia entro ventuno giorni dal ricevimento del fascicolo della domanda. Tali norme procedurali non devono nuocere in modo significativo all'accesso da parte dei consumatori alle procedure ADR, compreso in caso di controversie transfrontaliere.

4. È fatto obbligo agli organismi ADR di prevedere e garantire che le persone fisiche da essi incaricate della risoluzione delle controversie siano:

a) in possesso delle conoscenze e delle competenze in materia di risoluzione alternativa o giudiziale delle controversie dei consumatori, inclusa una comprensione generale del diritto provvedendo, se del caso, alla loro formazione;

b) nominate per un incarico di durata sufficiente a garantire l'indipendenza dell'attività da svolgere, non potendo essere sostituito o revocato nell'incarico senza una giusta causa;

c) non soggette ad istruzioni dell'una o dell'altra delle parti o dei loro rappresentanti;

d) retribuite indipendentemente dall'esito della procedura.

5. È fatto altresì obbligo alle persone fisiche incaricate della risoluzione delle controversie, di comunicare tempestivamente all'organismo ADR tutte le circostanze, emerse durante l'intera procedura ADR, idonee ad incidere sulla loro indipendenza e imparzialità o capaci di generare conflitti di interessi con l'una o l'altra delle parti della controversia che sono chiamate a risolvere. In tale ipotesi, se le parti non sono soddisfatte delle prestazioni o del funzionamento della procedura medesima, l'organismo ADR deve:

a) sostituire la persona fisica interessata, affidando la conduzione della procedura ADR ad altra persona fisica; o in mancanza

b) garantire che la persona fisica interessata si astenga dal condurre la procedura ADR e, se possibile, proporre alle parti di presentare la controversia ad un altro organismo ADR competente a trattare la controversia; o in mancanza consentire alla persona fisica interessata di continuare a condurre la procedura solo se le parti, dopo essere state informate delle circostanze e del loro diritto di opporsi, non hanno sollevato obiezioni.

6. Resta fermo il diritto delle parti di ritirarsi in qualsiasi momento dalla procedura ADR, salvo quanto previsto dall'articolo 141-quater, comma 5, lettera a).

7. Nell'ipotesi prevista dal comma 5, qualora l'organismo ADR sia costituito da una sola persona fisica, si applicano unicamente le lettere b) e c) del medesimo comma.

8. Qualora le persone fisiche incaricate della procedura ADR siano assunte o retribuite esclusivamente da un'organizzazione professionale o da un'associazione di imprese di cui il professionista è membro, è assicurato che, oltre ai requisiti del presente titolo e quelli generali di cui ai commi 4 e 9, esse abbiano a loro disposizione risorse di bilancio distinte e apposite che siano sufficienti ad assolvere i loro compiti. Il presente comma non si applica qualora le persone fisiche interessate facciano parte di un organismo collegiale composto da un numero uguale di rappresentanti dell'organizzazione professionale e dell'associazione di imprese da cui sono assunte o retribuite e di una o più associazioni dei consumatori e degli utenti di cui all'articolo 137.

9. È fatto obbligo agli organismi ADR in cui le persone fisiche incaricate della risoluzione delle controversie fanno parte di un organismo collegiale, disporre che il collegio sia composto da un numero uguale di rappresentanti degli interessi dei consumatori e di rappresentanti degli interessi dei professionisti.

10. Se gli organismi ADR, ai fini del comma 4, lettera a), del presente articolo, provvedono alla formazione delle persone fisiche incaricate della risoluzione extragiudiziale delle controversie, le autorità competenti provvedono a monitorare i programmi di formazione istituiti dagli organismi ADR in base alle informazioni comunicate loro ai sensi dell'articolo 141-novies, comma 4, lettera g). I programmi di formazione possono essere promossi ed eseguiti dalle stesse autorità competenti, di cui all'articolo 141-octies. Restano ferme le disposizioni in materia di formazione dei mediatori di cui ai commi 4-bis, 5 e 6 dell'articolo 16 del decreto legislativo 4 marzo 2010, n. 28.

(1) Articolo inserito dall'art. 1, co. 3, d.lg. 6/8/2015, n. 130. A norma dell'art. 2, co. 1, d.lg. n. 130/2015, le presenti disposizioni si applicano a decorrere dal 9/1/2016.

141 ter. Negoziazioni paritetiche (1). – 1. Le procedure svolte dinanzi agli organismi ADR in cui parte delle persone fisiche incaricate della risoluzione delle controversie sono assunte o retribuite esclusivamente dal professionista o da un'organizzazione professionale o da un'associazione di imprese di cui il professionista è membro, sono considerate procedure ADR, ai sensi del presente Codice, se, oltre all'osservanza delle disposizioni di cui al presente titolo, rispettano i seguenti ulteriori requisiti specifici di indipendenza e trasparenza:

a) le persone fisiche incaricate della risoluzione delle controversie devono far parte di una commissione paritetica composta da un numero uguale di rappresentanti delle associazioni dei consumatori e degli utenti, di cui all'articolo 137, e di rappresentanti del professionista, e sono nominate a seguito di una procedura trasparente;

b) le persone fisiche incaricate della risoluzione delle controversie devono ricevere un incarico di almeno tre anni per garantire l'indipendenza della loro azione;

c) è fatto obbligo al rappresentante delle associazioni dei consumatori e degli utenti, di cui all'articolo 137, di non avere alcun rapporto lavorativo con il professionista, con un'organizzazione professionale o un'associazione di imprese di cui il professionista sia membro, per l'intera durata dell'incarico e per un periodo di tre anni decorrenti dalla cessazione del proprio incarico nell'organismo ADR, né di avere contributi finanziari diretti da parte degli stessi; gli eventuali contributi erogati dal professionista o dall'organizzazione professionale o dall'associazione di imprese di cui il professionista fa parte, quale parziale rimborso all'associazione dei consumatori per gli oneri sostenuti per prestare assistenza gratuita al consumatore nella procedura ADR, devono essere erogati in modo trasparente, informandone l'autorità competente o secondo le procedure dalla stessa stabilite;

d) è fatto, altresì, obbligo al rappresentante del professionista, se tale rapporto lavorativo non era già in corso al momento di conferimento dell'incarico, di non avere alcun rapporto lavorativo con il professionista, con un'organizzazione professionale o un'associazione di imprese di cui il professionista sia membro, per un periodo di tre anni decorrenti dalla cessazione del proprio incarico nell'organismo ADR;

e) l'organismo di risoluzione delle controversie, ove non abbia distinta soggettività giuridica rispetto al professionista o all'organizzazione professionale o all'associazione di imprese di cui il professionista fa parte, deve essere dotato di sufficiente autonomia e di un organo paritetico di garanzia privo di collegamenti gerarchici o funzionali con il professionista, deve essere chiaramente separato dagli organismi operativi del professionista ed avere a sua disposizione risorse finanziarie sufficienti, distinte dal bilancio generale del professionista, per lo svolgimento dei suoi compiti.

2. Rientrano nelle procedure di cui al comma 1 esclusivamente le negoziazioni paritetiche disciplinate da protocolli di intesa stipulati tra i professionisti o loro associazioni e un numero non inferiore a un terzo delle associazioni dei consumatori e degli utenti, di cui all'articolo 137, nonché quelle disciplinate da protocolli di intesa stipulati nel settore dei servizi pubblici locali secondo i criteri a tal fine indicati nell'accordo sancito in sede di Conferenza unificata Stato-regioni e Stato-città ed autonomie locali del 26 settembre 2013, pubblicato nella Gazzetta Ufficiale n. 254 del 29 ottobre 2013.

(1) Articolo inserito dall'art. 1, co. 3, d.lg. 6/8/2015, n. 130. A norma dell'art. 2, co. 1, d.lg. n. 130/2015, le presenti disposizioni si applicano a decorrere dal 9/1/2016.

141 quater. Trasparenza, efficacia, equità e libertà (1). – 1. È fatto obbligo agli organismi ADR, di rendere disponibili al pubblico sui loro siti web, su supporto durevole su richiesta e in qualsiasi altra modalità funzionale al perseguimento delle finalità di trasparenza, efficacia, equità e libertà, informazioni chiare e facilmente comprensibili riguardanti:

a) le modalità di contatto, l'indirizzo postale e quello di posta elettronica;

b) il proprio inserimento nell'elenco di cui all'articolo 141-decies, secondo comma;

c) le persone fisiche incaricate della procedura ADR, i criteri seguiti per il conferimento dell'incarico nonché per la loro successiva designazione e la durata del loro incarico;

d) la competenza, l'imparzialità e l'indipendenza delle persone fisiche incaricate della procedura ADR qualora siano assunte o retribuite esclusivamente dal professionista;

e) l'eventuale appartenenza a reti di organismi ADR che agevolano la risoluzione delle controversie transfrontaliere;

f) il settore di competenza specifica, incluso, eventualmente, il limite di valore di competenza;

g) le norme che disciplinano la procedura di risoluzione stragiudiziale della controversia per la quale l'organismo di ADR è stato iscritto e i motivi per cui l'organismo ADR può rifiutare di trattare una determinata controversia ai sensi dell'articolo 141-bis, comma 2;

h) le lingue nelle quali possono essere presentati i reclami all'organismo ADR e secondo le quali si svolge la procedura ADR;

i) se l'organismo ADR risolve le controversie in base a disposizioni giuridiche, considerazioni di equità, codici di condotta o altri tipi di regole;

l) eventuali attività che le parti sono tenute a rispettare prima di avviare la procedura ADR, incluso il tentativo di risoluzione della controversia mediante negoziazione diretta con il professionista;

m) la possibilità o meno per le parti di ritirarsi dalla procedura;

n) gli eventuali costi che le parti dovranno sostenere, comprese le norme sulla ripartizione delle spese al termine della procedura;

o) la durata media della procedura ADR;

p) l'effetto giuridico dell'esito della procedura ADR;

q) l'esecutività della decisione ADR, nei casi eventualmente previsti dalle norme vigenti.

2. È fatto obbligo agli organismi ADR di rendere disponibili al pubblico sui loro siti web, su un supporto durevole su richiesta e in altra modalità funzionale al perseguimento delle finalità di trasparenza, le relazioni annuali d'attività. Tali relazioni, con riferimento alle controversie sia nazionali che transfrontaliere, devono comprendere le seguenti informazioni:

a) numero di reclami ricevuti e tipologie di controversie cui si riferiscono;

b) eventuali cause sistematiche o significative generatrici delle controversie tra consumatori e professionisti; tali informazioni possono essere accompagnate, se del caso, da raccomandazioni idonee ad evitare o risolvere problematiche analoghe in futuro, a migliorare le norme dei professionisti e ad agevolare lo scambio di informazioni e di migliori prassi;

c) la percentuale di controversie che l'organismo ADR ha rifiutato di trattare e la quota in percentuale dei tipi di motivo per i rifiuti di cui all'articolo 141-bis, comma 2;

d) nel caso di procedure di cui dell'articolo 141-ter, le quote percentuali di soluzioni proposte a favore del consumatore e a favore del professionista, e di controversie risolte con una composizione amichevole;

e) la quota percentuale delle procedure ADR interrotte e, se noti, i motivi della loro interruzione;

f) il tempo medio necessario per la risoluzione delle controversie;

g) la percentuale di rispetto, se nota, degli esiti delle procedure ADR;

h) l'eventuale cooperazione con organismi ADR all'interno di reti di organismi ADR che agevolano la risoluzione delle controversie transfrontaliere.

3. Le procedure ADR devono rispettare le seguenti prescrizioni:

a) essere disponibili e facilmente accessibili online e offline per entrambe le parti, a prescindere dalla loro ubicazione;

b) consentire la partecipazione alle parti senza obbligo di assistenza legale; è fatto sempre salvo il diritto delle parti di ricorrere al parere di un soggetto indipendente o di essere rappresentate o assistite da terzi in qualsiasi fase della procedura;

c) essere gratuite o disponibili a costi minimi per i consumatori;

d) l'organismo ADR che ha ricevuto una domanda dà alle parti comunicazione dell'avvio della procedura relativa alla controversia non appena riceve il fascicolo completo della domanda;

e) concludersi entro il termine di novanta giorni dalla data di ricevimento del fascicolo completo della domanda da parte dell'organismo ADR; in caso di controversie particolarmente complesse, l'organismo ADR può, a sua discrezione, prorogare il termine fino a un massimo di novanta giorni; le parti devono essere informate di tale proroga e del nuovo termine di conclusione della procedura.

4. Nell'ambito delle procedure ADR deve essere garantito altresì che:

a) le parti abbiano la possibilità, entro un periodo di tempo ragionevole di esprimere la loro opinione, di ottenere dall'organismo ADR le argomentazioni, le prove, i documenti e i fatti presentati dall'altra parte, salvo che la parte non abbia espressamente richiesto che gli stessi debbano restare riservati, le eventuali dichiarazioni rilasciate e opinioni espresse da esperti e di poter esprimere osservazioni in merito;

b) le parti siano informate del fatto che non sono obbligate a ricorrere a un avvocato o consulente legale, ma possono chiedere un parere indipendente o essere rappresentate o assistite da terzi in qualsiasi fase della procedura;

c) alle parti sia notificato l'esito della procedura ADR per iscritto o su un supporto durevole, e sia data comunicazione dei motivi sui quali è fondato.

5. Nell'ipotesi di procedure ADR volte a risolvere la controversia proponendo una soluzione, gli organismi ADR garantiscono che:

a) le parti abbiano la possibilità di ritirarsi dalla procedura in qualsiasi momento. Le parti sono informate di tale diritto prima dell'avvio della procedura. Nel caso in cui è previsto l'obbligo del professionista di aderire alle procedure ADR, la facoltà di ritirarsi dalla procedura spetta esclusivamente al consumatore;

b) le parti, prima di accettare o meno o di dare seguito a una soluzione proposta, siano informate del fatto che:

1) hanno la scelta se accettare o seguire la soluzione proposta o meno;

2) la partecipazione alla procedura non preclude la possibilità di chiedere un risarcimento attraverso un normale procedimento giudiziario;

3) la soluzione proposta potrebbe essere diversa dal risultato che potrebbe essere ottenuto con la decisione di un organo giurisdizionale che applichi norme giuridiche;

c) le parti, prima di accettare o meno o di dare seguito a una soluzione proposta, siano informate dell'effetto giuridico che da ciò consegue;

d) le parti, prima di accogliere una soluzione proposta o acconsentire a una soluzione amichevole, dispongano di un periodo di riflessione ragionevole.

(1) Articolo inserito dall'art. 1, co. 3, d.lg. 6/8/2015, n. 130. A norma dell'art. 2, co. 1, d.lg. n. 130/2015, le presenti disposizioni si applicano a decorrere dal 9/1/2016.

141 quinquies. Effetti della procedura ADR sui termini di prescrizione e decadenza (1). – 1. Dalla data di ricevimento da parte dell'organismo ADR, la relativa domanda produce sulla prescrizione gli effetti della domanda giudiziale. Dalla stessa data, la domanda impedisce altresì la decadenza per una sola volta.

2. Se la procedura ADR fallisce, i relativi termini di prescrizione e decadenza iniziano a decorrere nuovamente dalla data della comunicazione alle parti della mancata definizione della controversia con modalità che abbiano valore di conoscenza legale.

3. Sono fatte salve le disposizioni relative alla prescrizione e alla decadenza contenute negli accordi internazionali di cui l'Italia è parte.

(1) Articolo inserito dall'art. 1, co. 3, d.lg. 6/8/2015, n. 130. A norma dell'art. 2, co. 1, d.lg. n. 130/2015, le presenti disposizioni si applicano a decorrere dal 9/1/2016.

141 sexies. Informazioni e assistenza ai consumatori (1). – 1. I professionisti stabiliti in Italia che si sono impegnati a ricorrere ad uno o più organismi ADR per risolvere le controversie sorte con i consumatori, sono obbligati ad informare questi ultimi in merito all'organismo o agli organismi competenti per risolvere le controversie sorte con i consumatori. Tali informazioni includono l'indirizzo del sito web dell'organismo ADR pertinente o degli organismi ADR pertinenti.

2. Le informazioni di cui al comma 1 devono essere fornite in modo chiaro, comprensibile e facilmente accessibile sul sito web del professionista, ove esista, e nelle condizioni generali applicabili al contratto di vendita o di servizi stipulato tra il professionista ed il consumatore.

3. Nel caso in cui non sia possibile risolvere una controversia tra un consumatore e un professionista stabilito nel rispettivo territorio in seguito a un reclamo presentato direttamente dal consumatore al professionista, quest'ultimo fornisce al consumatore le informazioni di cui al comma 1, precisando se intenda avvalersi dei pertinenti organismi ADR per risolvere la controversia stessa. Tali informazioni sono fornite su supporto cartaceo o su altro supporto durevole.

4. È fatta salva l'applicazione delle disposizioni relative all'informazione dei consumatori sulle procedure di ricorso extragiudiziale contenute in altri provvedimenti normativi.

5. Con riferimento all'accesso dei consumatori alle controversie transfrontaliere, salvo quanto previsto dalla normativa di settore, gli stessi possono rivolgersi al Centro nazionale della rete europea per i consumatori (ECC-NET) per essere assistiti nell'accesso all'organismo ADR che opera in un altro Stato membro ed è competente a trattare la loro controversia transfrontaliera. Il medesimo Centro nazionale è designato anche come punto di contatto ODR ai sensi dell'articolo 7, paragrafo 1, del regolamento (UE) n. 524/2013 del Parlamento europeo e del Consiglio del 21 maggio 2013, relativo alla risoluzione delle controversie online dei consumatori.

6. È fatto obbligo agli organismi ADR e al Centro nazionale della rete europea per i consumatori (ECCNET) di rendere disponibile al pubblico sui propri siti web, fornendo un link al sito della Commissione europea, e laddove possibile su supporto durevole nei propri locali, l'elenco degli organismi ADR elaborato e pubblicato dalla Commissione ai sensi dell'articolo 20, paragrafo 4, della direttiva 2013/11/UE del Parlamento europeo e del Consiglio del 21 maggio 2013, sulla risoluzione alternativa delle controversie dei consumatori.

7. L'elenco degli organismi ADR di cui al comma 6 è posto a disposizione delle associazioni di consumatori e delle associazioni di categoria di professionisti che possono renderlo disponibile al pubblico sui loro siti web o in qualsiasi altro modo esse ritengano appropriato.

8. Sul sito istituzionale di ciascuna autorità competente è assicurata la pubblicazione delle informazioni sulle modalità di accesso dei consumatori alle procedure ADR per risolvere le controversie contemplate dal presente titolo.

9. Le autorità competenti incoraggiano le associazioni dei consumatori e degli utenti, di cui all'articolo 137, e le organizzazioni professionali, a diffondere la conoscenza degli organismi e delle procedure ADR e a promuovere l'adozione dell'ADR da parte di professionisti e consumatori. Detti organismi sono altresì incoraggiati a fornire ai consumatori le informazioni relative agli organismi ADR competenti quando ricevono i reclami dai consumatori.

(1) Articolo inserito dall'art. 1, co. 3, d.lg. 6/8/2015, n. 130. A norma dell'art. 2, co. 1, d.lg. n. 130/2015, le presenti disposizioni si applicano a decorrere dal 9/1/2016.

141 septies. Cooperazione (1). – 1. Le autorità competenti assicurano la cooperazione tra gli organismi ADR nella risoluzione delle controversie transfrontaliere e i regolari scambi con gli altri Stati membri dell'Unione europea delle migliori prassi per quanto concerne la risoluzione delle controversie transfrontaliere e nazionali.

2. Se esiste una rete europea di organismi ADR che agevola la risoluzione delle controversie transfrontaliere in un determinato settore, le autorità competenti incoraggiano ad associarsi a detta rete gli organismi ADR che trattano le controversie di tale settore.

3. Le autorità competenti incoraggiano la cooperazione tra organismi ADR e autorità nazionali preposte all'attuazione degli atti giuridici dell'Unione sulla tutela dei consumatori. Tale cooperazione comprende, in particolare, lo scambio di informazioni sulle prassi vigenti in settori commerciali specifici nei confronti delle quali i consumatori hanno ripetutamente presentato reclami. È incluso anche lo scambio di valutazioni tecniche e informazioni, se già disponibili, da parte delle autorità nazionali agli organismi ADR che ne necessitano per il trattamento di singole controversie.

4. La cooperazione e lo scambio di informazioni di cui ai commi 1, 2 e 3 devono avvenire nel rispetto delle norme sulla protezione dei dati personali di cui al decreto legislativo 30 giugno 2003, n. 196.

5. Sono fatte salve le disposizioni in materia di segreto professionale e commerciale applicabili alle autorità nazionali di cui al comma 3. Gli organismi ADR sono sottoposti al segreto d'ufficio e agli altri vincoli equivalenti di riservatezza previsti dalla normativa vigente.

(1) Articolo inserito dall'art. 1, co. 3, d.lg. 6/8/2015, n. 130. A norma dell'art. 2, co. 1, d.lg. n. 130/2015, le presenti disposizioni si applicano a decorrere dal 9/1/2016.

141 octies. Autorità competenti e punto di contatto unico (1). – 1. Per lo svolgimento delle funzioni di cui agli articoli 141-novies e 141-decies, sono designate le seguenti autorità competenti:

a) Ministero della giustizia unitamente al Ministero dello sviluppo economico, con riferimento al registro degli organismi di mediazione relativo alla materia del consumo, di cui all'articolo 16, commi 2 e 4, del decreto legislativo 4 marzo 2010, n. 28;

b) Commissione nazionale per le società e la borsa (CONSOB), di cui all'articolo 1 della legge 7 giugno 1974, n. 216, con riferimento ai sistemi di risoluzione stragiudiziale delle controversie disciplinati ai sensi dell'articolo 2 del decreto legislativo 8 ottobre 2007, n. 179, e dei regolamenti attuativi, e con oneri a carico delle risorse di cui all'articolo 40, comma 3, della legge 23 dicembre 1994, n. 724, e successive modificazioni, nonché dei soggetti che si avvalgono delle procedure medesime;

c) Autorità per l'energia elettrica, il gas e il sistema idrico (AEEGSI), di cui all'articolo 2 della legge 14 novembre 1995, n. 481, per il settore di competenza;

d) Autorità per le garanzie nelle comunicazioni (AGCOM), di cui all'articolo 1 della legge 31 luglio 1997, n. 249, per il settore di competenza;

e) Banca d'Italia, con riferimento ai sistemi di risoluzione stragiudiziale delle controversie disciplinati ai sensi dell'articolo 128-bis del decreto legislativo 1° settembre 1993, n. 385;

f) altre autorità amministrative indipendenti, di regolazione di specifici settori, ove disciplinino specifiche procedure ADR secondo le proprie competenze;

g) Ministero dello sviluppo economico, con riferimento alle negoziazioni paritetiche di cui all'articolo 141-ter relative ai settori non regolamentati o per i quali le relative autorità indipendenti di regolazione non applicano o non adottano specifiche disposizioni, nonché con riferimento agli organismi di conciliazione istituiti ai sensi dell'articolo 2, comma 2, lettera g) e comma 4, della legge 29 dicembre 1993, n. 580, limitatamente alle controversie tra consumatori e professionisti, non rientranti nell'elenco di cui alla lettera a).

2. Il Ministero dello sviluppo economico è designato punto di contatto unico con la Commissione europea.

3. Al fine di definire uniformità di indirizzo nel compimento delle funzioni delle autorità competenti di cui al comma 1 è istituito presso il Ministero dello sviluppo economico un tavolo di coordinamento e di indirizzo. Lo stesso è composto da un rappresentante per ciascuna autorità competente. Al Ministero dello sviluppo economico è attribuito il compito di convocazione e di raccordo. Al tavolo sono assegnati compiti di definizione degli indirizzi relativi all'attività di iscrizione e di vigilanza delle autorità competenti, nonché ai criteri generali di trasparenza e imparzialità, e alla misura dell'indennità dovuta per il servizio prestato dagli organismi ADR. Ai componenti del predetto tavolo di coordinamento ed indirizzo non spetta alcun compenso, gettone di presenza o altro emolumento comunque denominato e a qualsiasi titolo dovuto.

(1) Articolo inserito dall'art. 1, co. 3, d.lg. 6/8/2015, n. 130. A norma dell'art. 2, co. 1, d.lg. n. 130/2015, le presenti disposizioni si applicano a decorrere dal 9/1/2016.

141 novies. Informazioni da trasmettere alle autorità competenti da parte degli organismi di risoluzione delle controversie (1). – 1. Gli organismi di risoluzione delle controversie che intendono essere considerati organismi ADR ai sensi del presente titolo e inseriti in elenco conformemente all'articolo 141-decies, comma 2, devono presentare domanda di iscrizione alla rispettiva autorità competente, indicando:

a) il loro nome o denominazione, le informazioni di contatto e l'indirizzo del sito web;

b) informazioni sulla loro struttura e sul loro finanziamento, comprese le informazioni sulle persone fisiche incaricate della risoluzione delle controversie, sulla loro retribuzione, sul loro mandato e sul loro datore di lavoro;

c) le proprie norme procedurali;

d) le loro tariffe, se del caso;

e) la durata media delle procedure di risoluzione delle controversie;

f) la lingua o le lingue in cui possono essere presentati i reclami e in cui viene svolta la procedura di risoluzione delle controversie;

g) una dichiarazione sui tipi di controversie trattati mediante la procedura di risoluzione delle controversie;

h) i motivi per cui un organismo di risoluzione delle controversie può rifiutare il trattamento di una determinata controversia a norma dell'articolo 141-bis, comma 2;

i) una dichiarazione motivata dell'organismo di possedere o meno i requisiti di un organismo ADR che rientra nell'ambito d'applicazione della presente direttiva, e di rispettare o meno i requisiti di qualità di cui al presente titolo.

2. Qualora le informazioni di cui alle lettere da a) ad h) del comma 1 vengano modificate, gli organismi ADR informano senza indugio l'autorità competente in merito a tali modifiche.

3. Gli organismi di risoluzione delle controversie dinanzi ai quali si svolgono le procedure di cui all'articolo 141-ter, oltre a comunicare ai requisiti di cui al comma 1, devono altresì trasmettere le informazioni necessarie a valutare la loro conformità ai requisiti specifici aggiuntivi di indipendenza e di trasparenza di cui al comma 1 dell'articolo 141-ter.

4. A far data dal secondo anno di iscrizione al relativo elenco, con cadenza biennale, ogni organismo ADR trasmette alla rispettiva autorità competente informazioni concernenti:

a) il numero di reclami ricevuti ed i tipi di controversie alle quali si riferiscono;

b) la quota percentuale delle procedure ADR interrotte prima di raggiungere il risultato;

c) il tempo medio necessario per la risoluzione delle controversie ricevute;

d) la percentuale di rispetto, se nota, degli esiti delle procedure ADR;

e) eventuali problematiche sistematiche o significative che si verificano di frequente e causano controversie tra consumatori e professionisti. Le informazioni comunicate al riguardo possono essere accompagnate da raccomandazioni sul modo di evitare o risolvere problematiche analoghe in futuro;

f) se del caso, una valutazione dell'efficacia della loro cooperazione all'interno di reti di organismi ADR che agevolano la risoluzione delle controversie transfrontaliere;

g) se prevista, la formazione fornita alle persone fisiche incaricate delle risoluzioni delle controversie di cui all'articolo 141-bis, comma 4, lettera a);

h) la valutazione dell'efficacia della procedura ADR offerta dall'organismo e di eventuali modi per migliorarla.

(1) Articolo inserito dall'art. 1, co. 3, d.lg. 6/8/2015, n. 130. A norma dell'art. 2, co. 1, d.lg. n. 130/2015, le presenti disposizioni si applicano a decorrere dal 9/1/2016.

141 decies. Ruolo delle autorità competenti (1). – 1. Presso ciascuna autorità competente è istituito, rispettivamente con decreto ministeriale o con provvedimenti interni, l'elenco degli organismi ADR deputati a gestire le controversie nazionali e transfrontaliere che rientrano nell'ambito di applicazione del presente titolo e che rispettano i requisiti previsti. Ciascuna autorità competente definisce il procedimento per l'iscrizione e verifica il rispetto dei requisiti di stabilità, efficienza, imparzialità, nonché il rispetto del principio di tendenziale non onerosità, per il consumatore, del servizio.

2. Ogni autorità competente provvede all'iscrizione, alla sospensione e alla cancellazione degli iscritti e vigila sull'elenco nonché sui singoli organismi ADR.

3. Ciascuna autorità competente sulla base di propri provvedimenti, tiene l'elenco e disciplina le modalità di iscrizione degli organismi ADR. Tale elenco comprende:

a) il nome, le informazioni di contatto e i siti internet degli organismi ADR di cui al comma 1;

b) le loro tariffe, se del caso;

c) la lingua o le lingue in cui possono essere presentati i reclami e in cui è svolta la procedura ADR;

d) i tipi di controversie contemplati dalla procedura ADR;

e) i settori e le categorie di controversie trattati da ciascun organismo ADR;

f) se del caso, l'esigenza della presenza fisica delle parti o dei loro rappresentanti, compresa una dichiarazione dell'organismo ADR relativa alla possibilità di svolgere la procedura ADR in forma orale o scritta;

g) i motivi per cui un organismo ADR può rifiutare il trattamento di una determinata controversia a norma dell'articolo 141-bis, comma 2.

4. Se un organismo ADR non soddisfa più i requisiti di cui al comma 1, l'autorità competente interessata lo contatta per segnalargli tale non conformità, invitandolo a ovviarvi immediatamente. Se allo scadere di un termine di tre mesi l'organismo ADR continua a non soddisfare i requisiti di cui al comma 1, l'autorità competente cancella l'organismo dall'elenco di cui al comma 2. Detto elenco è aggiornato senza indugio e le informazioni pertinenti sono trasmesse al Ministero dello sviluppo economico quale punto di contatto unico con la Commissione europea.

5. Ogni autorità competente notifica senza indugio l'elenco di cui ai commi 1 e 3, e ogni suo successivo aggiornamento, al Ministero dello sviluppo economico quale punto di contatto unico con la Commissione europea.

6. L'elenco e gli aggiornamenti di cui ai commi 2, 3 e 4 relativi agli organismi ADR stabiliti nel territorio della Repubblica italiana sono trasmessi alla Commissione europea dal Ministero dello sviluppo economico quale punto di contatto unico.

7. Ogni autorità competente mette a disposizione del pubblico l'elenco consolidato degli organismi ADR, elaborato dalla Commissione europea e notificato al Ministero dello sviluppo economico quale punto di contatto unico, fornendo sul proprio sito internet un link al pertinente sito internet della Commissione europea. Inoltre, ogni autorità competente mette a disposizione del pubblico tale elenco consolidato su un supporto durevole.

8. Entro il 9 luglio 2018 e successivamente ogni quattro anni, il Ministero dello sviluppo economico, quale punto di contatto unico, con il contributo delle altre autorità competenti, pubblica e trasmette alla Commissione europea una relazione sullo sviluppo e sul funzionamento di tutti gli organismi ADR stabiliti sul territorio della Repubblica Italiana. In particolare, tale relazione:

a) identifica le migliori prassi degli organismi ADR;

b) sottolinea le insufficienze, comprovate da statistiche, che ostacolano il funzionamento degli organismi ADR per le controversie sia nazionali che transfrontaliere, se del caso;

c) elabora raccomandazioni su come migliorare l'efficacia e l'efficienza del funzionamento degli organismi ADR, se del caso.

(1) Articolo inserito dall'art. 1, co. 3, d.lg. 6/8/2015, n. 130. A norma dell'art. 2, co. 1, d.lg. n. 130/2015, le presenti disposizioni si applicano a decorrere dal 9/1/2016.

PARTE VI
DISPOSIZIONI FINALI

142. Modifiche al codice civile. – 1. Gli articoli 1469-bis, 1469-ter, 1469-quater, 1469-quinquies e 1469-sexies del codice civile sono sostituiti dal seguente:

«Art. 1469-bis. Contratti del consumatore. Le disposizioni del presente titolo si applicano ai contratti del consumatore, ove non derogate dal codice del consumo o da altre disposizioni più favorevoli per il consumatore.».

143. Irrinunciabilità dei diritti. – 1. I diritti attribuiti al consumatore dal codice sono irrinunciabili. È nulla ogni pattuizione in contrasto con le disposizioni del codice.

2. Ove le parti abbiano scelto di applicare al contratto una legislazione diversa da quella italiana, al consumatore devono comunque essere riconosciute le condizioni minime di tutela previste dal codice.

144. Aggiornamenti. – 1. Ogni intervento normativo incidente sul codice, o sulle materie dallo stesso disciplinate, va attuato mediante esplicita modifica, integrazione, deroga o sospensione delle specifiche disposizioni in esso contenute.

144 bis. Cooperazione tra le autorità nazionali per la tutela dei consumatori (1). – 1. Il Ministero dello sviluppo economico, salve le disposizioni in materia bancaria, finanziaria, assicurativa e di sistemi di pagamento e le competenze delle autorità indipendenti di settore, che continuano a svolgere le funzioni di autorità competente ai sensi dell'articolo 3, lettera c), del regolamento (CE) n. 2006/2004 del Parlamento europeo e del Consiglio, del 27 ottobre 2004, nonché le disposizioni vigenti nelle ulteriori materie per le quali è prevista la competenza di altre autorità nazionali, svolge le funzioni di autorità competente, ai sensi del medesimo articolo 3, lettera c), del citato regolamento (CE) n. 2006/2004, in materia di:

a) servizi turistici, di cui alla parte III, titolo IV, capo II; b) clausole abusive nei contratti stipulati con i consumatori, di cui alla parte III, titolo I; c) garanzia nella vendita dei beni di consumo, di cui alla parte IV, titolo III, capo I; d) credito al consumo, di cui alla parte III, titolo II, capo II, sezione I; e) commercio elettronico, di cui alla parte III, titolo III, capo II; f) contratti negoziati fuori dai locali commerciali, di cui alla parte III, titolo III, capo I, sezione I; g) contratti a distanza, di cui alla parte III, titolo III, capo I, sezione II;*

h) contratti di multiproprietà, contratti relativi ai prodotti per le vacanze di lungo termine, contratti di rivendita e di scambio, di cui alla parte III, titolo IV, capo I (2).

2. Il Ministero dello sviluppo economico esercita tutti i poteri di cui al citato regolamento (CE) n. 2006/2004, nelle materie di cui al comma 1, anche con riferimento alle infrazioni lesive degli interessi collettivi dei consumatori in ambito nazionale.

3. Per lo svolgimento dei compiti di cui ai commi 1 e 2, il Ministero dello sviluppo economico può avvalersi delle camere di commercio, industria, artigianato e agricoltura, nonché del Corpo della Guardia di finanza che agisce con i poteri ad esso attribuiti per l'accertamento dell'imposta sul valore aggiunto e delle imposte sui redditi. Può inoltre definire forme di collaborazione con altre pubbliche amministrazioni. Limitatamente ai poteri di cui all'articolo 139, può avvalersi delle associazioni dei consumatori e degli utenti di cui all'articolo 137.

4. Ferme restando la disciplina sanzionatoria in materia di indicazione dei prezzi di cui all'articolo 17 del presente codice e le disposizioni di cui all'articolo 22, comma 3, del decreto legislativo 31 marzo 1998, n. 114, ai fini dell'applicazione del regolamento (CE) n. 2006/2004 il Ministero dello sviluppo economico, per lo svolgimento delle funzioni di cui al comma 1, può avvalersi, in particolare, dei comuni.

5. Le procedure istruttorie relative ai poteri di cui al comma 2, nonché relativamente all'applicazione delle sanzioni di cui ai commi 6 e 7, sono stabilite con regolamento emanato ai sensi dell'articolo 17, comma 1, lettera d), della legge 23 agosto 1988, n. 400, in modo da garantire il contraddittorio, la piena cognizione degli atti e la verbalizzazione.

6. Nei casi di rifiuto, omissione o ritardo, senza giustificato motivo, di esibire i documenti o di fornire le informazioni richieste, nell'ambito delle proprie competenze, dal Ministero dello sviluppo economico, riguardanti fattispecie di infrazioni nazionali o intracomunitarie, nonché nel caso in cui siano esibiti documenti o fornite informazioni non veritiere, si applicano le sanzioni di cui all'articolo 27, comma 4.

7. Nei casi di inottemperanza ad impegni assunti nei confronti del Ministero dello sviluppo economico dai soggetti interessati, per porre fine a infrazioni nazionali o intracomunitarie, si applicano le sanzioni di cui all'articolo 27, comma 12.

8. Ai sensi degli articoli 3, lettera c), e 4, del citato regolamento (CE) n. 2006/2004, in materia di pratiche commerciali scorrette di cui alla parte II, titolo III, si applicano le disposizioni di cui all'articolo 27, commi 1 e 2, in relazione alle funzioni di autorità competente attribuite all'Autorità garante della concorrenza e del mercato. Per i profili sanzionatori, nell'ambito delle proprie competenze, l'Autorità garante della concorrenza e del mercato provvede ai sensi dell'articolo 27.

9. Il Ministero dello sviluppo economico designa l'ufficio unico di collegamento responsabile dell'applicazione del citato regolamento (CE) n. 2006/2004.

(1) Articolo inserito dall'art. 19, co. 1, l. 6/2/2007, n. 13 (Legge comunitaria 2006) e successivamente sostituito dall'art. 22, co. 1, lett. b), l. 7/7/2009, n. 88 (Legge comunitaria 2008).

* Lettere soppresse dall'art. 1, co. 5, d.lg. 21/2/2014, n. 21, con la decorrenza di cui all'art. 2, co. 1, d.lg. n. 21/2014.

(2) Lettera modificata dall'art. 1, co. 5, d.lg. 21/2/2014, n. 21, con la decorrenza di cui all'art. 2, co. 1, d.lg. n. 21/2014.

145. Competenze delle regioni e delle province autonome. – 1. Sono fatte salve le disposizioni adottate dalle regioni e dalle province autonome di Trento e di Bolzano nell'esercizio delle proprie competenze legislative in materia di educazione e informazione del consumatore.

146. Abrogazioni. – 1. Dalla data di entrata in vigore del presente codice sono abrogati:

a) il decreto del Presidente della Repubblica 24 maggio 1988, n. 224, così come modificato dal decreto legislativo 2 febbraio 2001, n. 25, recante attuazione della direttiva 85/374/CEE, relativa al ravvicinamento delle disposizioni legislative, regolamentari e amministrative degli Stati membri in materia di responsabilità per danno da prodotti difettosi, ai sensi dell'articolo 15 della legge 16 aprile 1987, n. 183;

b) la legge 10 aprile 1991, n. 126, così come modificata dalla legge 22 febbraio 1994, n. 146, recante norme per l'informazione del consumatore;

c) il decreto legislativo 15 gennaio 1992, n. 50, recante attuazione della direttiva 85/577/CEE, in materia di contratti negoziati fuori dei locali commerciali;

d) decreto legislativo 25 gennaio 1992, n. 74, così come modificato dal decreto legislativo 25 febbraio 2000, n. 67, recante attuazione della direttiva 84/450/CEE, in materia di pubblicità ingannevole e comparativa;

e) decreto legislativo 17 marzo 1995, n. 111, così come modificato dalla legge 5 marzo 2001, n. 57, recante attuazione della direttiva 90/314/CEE, concernente i viaggi, le vacanze ed i circuiti «tutto compreso»;

f) la legge 30 luglio 1998, n. 281, recante disciplina dei diritti dei consumatori e degli utenti, così come modificata dalla legge 24 novembre 2000, n. 340, dal decreto legislativo 23 aprile 2001, n. 224, e dall'articolo 11 della legge 1° marzo 2002, n. 39, recante disposizioni per l'adempimento di obblighi derivanti dall'appartenenza dell'Italia alle Comunità europee – legge comunitaria 2001, sono fatte salve le disposizioni di cui all'articolo 7, con riferimento alle attività promozionali del Consiglio nazionale dei consumatori e degli utenti di cui all'articolo 136 e alle agevolazioni di cui all'articolo 138;

g) il decreto legislativo 9 novembre 1998, n 427, recante attuazione della direttiva 94/47/CE, concernente la tutela dell'acquirente per taluni aspetti dei contratti relativi all'acquisizione di un diritto di godimento a tempo parziale di beni immobili;

h) il decreto legislativo 22 maggio 1999, n 185, recante attuazione della direttiva 97/7/CE, relativa alla protezione dei consumatori in materia di contratti a distanza;

i) il decreto legislativo 25 febbraio 2000, n 63, recante attuazione della direttiva 98/7/CE, che modifica la direttiva 87/102/CEE, in materia di credito al consumo;

l) il decreto legislativo 25 febbraio 2000, n. 67, recante attuazione della direttiva 97/55/CE, che modifica la direttiva 84/450/CEE, in materia di pubblicità ingannevole e comparativa;

m) il decreto legislativo 25 febbraio 2000, n. 84, recante attuazione della direttiva 98/6/CE, relativa alla protezione dei consumatori in materia di indicazione dei prezzi offerti ai medesimi;

n) il decreto legislativo 23 aprile 2001, n. 224, recante attuazione della direttiva 98/27/CE, relativa a provvedimenti inibitori a tutela degli interessi dei consumatori;

o) il decreto legislativo 21 maggio 2004, n. 172, recante attuazione della direttiva 2001/95/CE, relativa alla sicurezza generale dei prodotti;

p) il comma 7 dell'articolo 18 del decreto legislativo 31 marzo 1998, n. 114, recante riforma della disciplina relativa al settore del commercio, a norma dell'articolo 4, comma 4, della legge 15 marzo 1997, n. 59;

q) il comma 9 dell'articolo 19 del decreto legislativo 31 marzo 1998, n. 114, recante riforma della disciplina relativa al settore del commercio, a norma dell'articolo 4, comma 4, della legge 15 marzo 1997, n. 59;

r) commi 4 e 5 dell'articolo 125 del testo unico delle leggi in materia bancaria e creditizia, di cui al decreto legislativo 1° settembre 1993, n. 385, e successive modificazioni;

s) gli articoli 1519-bis, 1519-ter, 1519-quater, 1519-quinquies, 1519-sexies, 1519-septies, 1519-octies e 1519-novies del codice civile;

t) la legge 6 aprile 2005, n. 49, recante modifiche all'articolo 7 del decreto legislativo 25 gennaio 1992, n. 74, in materia di messaggi pubblicitari ingannevoli diffusi attraverso mezzi di comunicazione.

2. Dalla data di entrata in vigore del presente codice restano abrogati:

a) il decreto del Presidente della Repubblica 23 agosto 1982, n. 903, recante attuazione della direttiva 79/581/CEE, relativa alla indicazione dei prezzi dei prodotti alimentari ai fini della protezione dei consumatori;

b) il decreto legislativo 25 gennaio 1992, n. 76, recante attuazione della direttiva 88/315/CEE, concernente l'indicazione dei prezzi dei prodotti alimentari ai fini della protezione dei consumatori;

c) il decreto legislativo 27 gennaio 1992, n. 78, recante attuazione della direttiva 88/314/CEE, concernente l'indicazione dei prezzi dei prodotti non alimentari ai fini della protezione dei consumatori;

d) il decreto legislativo 17 marzo 1995, n. 115, recante attuazione della direttiva 92/59/CEE, relativa alla sicurezza generale dei prodotti.

D.lg. 2 agosto 2007, n. 145

Attuazione dell'articolo 14 della direttiva 2005/29/CE che modifica la direttiva 84/450/CEE sulla pubblicità ingannevole (1)

(G.U. 6 settembre 2007, n. 207)

(1) A norma dell'art. 9, co. 1, d.l. 31/12/2008, n. 207, il termine per il pagamento delle sanzioni amministrative pecuniarie previste dal presente decreto, irrogate nell'anno 2008 dall'Autorità garante della concorrenza e del mercato, è prorogato di trenta giorni.

1. Finalità. – 1. Le disposizioni del presente decreto legislativo hanno lo scopo di tutelare i professionisti dalla pubblicità ingannevole e dalle sue conseguenze sleali, nonché di stabilire le condizioni di liceità della pubblicità comparativa.

2. La pubblicità deve essere palese, veritiera e corretta.

2. Definizioni. – 1. Ai fini del presente decreto legislativo si intende per:

a) pubblicità: qualsiasi forma di messaggio che è diffuso, in qualsiasi modo, nell'esercizio di un'attività commerciale, industriale, artigianale o professionale allo scopo di promuovere il trasferimento di beni mobili o immobili, la prestazione di opere o di servizi oppure la costituzione o il trasferimento di diritti ed obblighi su di essi;

b) pubblicità ingannevole: qualsiasi pubblicità che in qualunque modo, compresa la sua presentazione è idonea ad indurre in errore le persone fisiche o giuridiche alle quali è rivolta o che essa raggiunge e che, a causa del suo carattere ingannevole, possa pregiudicare il loro comportamento economico ovvero che, per questo motivo, sia idonea a ledere un concorrente;

c) professionista: qualsiasi persona fisica o giuridica che agisce nel quadro della sua attività commerciale, industriale, artigianale o professionale; e chiunque agisce in nome o per conto di un professionista;

d) pubblicità comparativa: qualsiasi pubblicità che identifica in modo esplicito o implicito un concorrente o beni o servizi offerti da un concorrente;

e) operatore pubblicitario: il committente del messaggio pubblicitario ed il suo autore, nonché, nel caso in cui non consenta all'identificazione di costoro, il proprietario del mezzo con cui il messaggio pubblicitario è diffuso ovvero il responsabile della programmazione radiofonica o televisiva.

3. Elementi di valutazione. – 1. Per determinare se la pubblicità è ingannevole se ne devono considerare tutti gli elementi, con riguardo in particolare ai suoi riferimenti:

a) alle caratteristiche dei beni o dei servizi, quali la loro disponibilità, la natura, l'esecuzione, la composizione, il metodo e la data di fabbricazione o della prestazione, l'idoneità allo scopo, gli usi, la quantità, la descrizione, l'origine geografica o commerciale, o i risultati che si possono ottenere con il loro uso, o i risultati e le caratteristiche fondamentali di prove o controlli effettuati sui beni o sui servizi;

b) al prezzo o al modo in cui questo è calcolato ed alle condizioni alle quali i beni o i servizi sono forniti;

c) alla categoria, alle qualifiche e ai diritti dell'operatore pubblicitario, quali l'identità, il patrimonio, le capacità, i diritti di proprietà intellettuale e industriale, ogni altro diritto su beni immateriali relativi all'impresa ed i premi o riconoscimenti.

4. Condizioni di liceità della pubblicità comparativa. – 1. Per quanto riguarda il confronto, la pubblicità comparativa è lecita se sono soddisfatte le seguenti condizioni:

a) non è ingannevole ai sensi del presente decreto legislativo o degli articoli 21, 22 e 23 del decreto legislativo 6 settembre 2005, n. 206, recante "Codice del consumo";

b) confronta beni o servizi che soddisfano gli stessi bisogni o si propongono gli stessi obiettivi;

c) confronta oggettivamente una o più caratteristiche essenziali, pertinenti, verificabili e rappresentative, compreso eventualmente il prezzo, di tali beni e servizi;

d) non ingenera confusione sul mercato tra i professionisti o tra l'operatore pubblicitario ed un concorrente o tra i marchi, le denominazioni commerciali, altri segni distintivi, i beni o i servizi dell'operatore pubblicitario e quelli di un concorrente;

e) non causa discredito o denigrazione di marchi, denominazioni commerciali, altri segni distintivi, beni, servizi, attività o posizione di un concorrente;

f) per i prodotti recanti denominazione di origine, si riferisce in ogni caso a prodotti aventi la stessa denominazione;

g) non trae indebitamente vantaggio dalla notorietà connessa al marchio, alla denominazione commerciale ovvero ad altro segno distintivo di un concorrente o alle denominazioni di origine di prodotti concorrenti;

h) non presenta un bene o un servizio come imitazione o contraffazione di beni o servizi protetti da un marchio o da una denominazione commerciale depositati.

2. Il requisito della verificabilità di cui al comma 1, lettera c), si intende soddisfatto quando i dati addotti ad illustrazione della caratteristica del bene o servizio pubblicizzato sono suscettibili di dimostrazione.

3. Qualunque raffronto che fa riferimento a un'offerta speciale deve indicare in modo chiaro e non equivoco il termine

finale dell'offerta oppure, nel caso in cui l'offerta speciale non sia ancora avviata, la data di inizio del periodo nel corso del quale si applicano il prezzo speciale o altre condizioni particolari o, se del caso, che l'offerta speciale dipende dalla disponibilità dei beni e servizi.

5. Trasparenza della pubblicità. – 1. La pubblicità deve essere chiaramente riconoscibile come tale. La pubblicità a mezzo di stampa deve essere distinguibile dalle altre forme di comunicazione al pubblico, con modalità grafiche di evidente percezione.

2. I termini "garanzia", "garantito" e simili possono essere usati solo se accompagnati dalla precisazione del contenuto e delle modalità della garanzia offerta. Quando la brevità del messaggio pubblicitario non consente di riportare integralmente tali precisazioni, il riferimento sintetico al contenuto ed alle modalità della garanzia offerta deve essere integrato dall'esplicito rinvio ad un testo facilmente conoscibile dal consumatore in cui siano riportate integralmente le precisazioni medesime.

3. È vietata ogni forma di pubblicità subliminale.

6. Pubblicità di prodotti pericolosi per la salute e la sicurezza. – 1. È considerata ingannevole la pubblicità che, riguardando prodotti suscettibili di porre in pericolo la salute e la sicurezza dei soggetti che essa raggiunge, omette di darne notizia in modo da indurre tali soggetti a trascurare le normali regole di prudenza e vigilanza.

7. Bambini e adolescenti. – 1. È considerata ingannevole la pubblicità che, in quanto suscettibile di raggiungere bambini ed adolescenti, abusa della loro naturale credulità o mancanza di esperienza o che, impiegando bambini ed adolescenti in messaggi pubblicitari, fermo quanto disposto dall'articolo 10 della legge 3 maggio 2004, n. 112, abusa dei naturali sentimenti degli adulti per i più giovani.

2. È considerata ingannevole la pubblicità, che, in quanto suscettibile di raggiungere bambini ed adolescenti, può, anche indirettamente, minacciare la loro sicurezza.

8. Tutela amministrativa e giurisdizionale (1). – 1. L'Autorità garante della concorrenza e del mercato, di seguito chiamata Autorità, esercita le attribuzioni disciplinate dal presente articolo.

2. L'Autorità, d'ufficio o su istanza di ogni soggetto o organizzazione che ne abbia interesse, inibisce la continuazione ed elimina gli effetti della pubblicità ingannevole e comparativa illecita. Per lo svolgimento dei compiti di cui al comma 1, l'Autorità può avvalersi della Guardia di Finanza che agisce con i poteri ad essa attribuiti per l'accertamento dell'imposta sul valore aggiunto e dell'imposta sui redditi.

3. L'Autorità può disporre con provvedimento motivato la sospensione provvisoria della pubblicità ingannevole e comparativa illecita in caso di particolare urgenza. In ogni caso, comunica l'apertura dell'istruttoria al professionista e, se il committente non è conosciuto, può richiedere al proprietario del mezzo che ha diffuso il messaggio pubblicitario ogni informazione idonea ad identificarlo. L'Autorità può, altresì, richiedere ad ogni soggetto le informazioni ed i documenti rilevanti al fine dell'accertamento dell'infrazione. Si applicano le disposizioni previste dall'articolo 14, commi 2, 3 e 4, della legge 10 ottobre 1990, n. 287.

4. In caso di inottemperanza, senza giustificato motivo, a quanto disposto dall'Autorità ai sensi dell'articolo 14, comma 2, della legge 10 ottobre 1990, n. 287, l'Autorità applica una sanzione amministrativa pecuniaria da 2.000,00 euro a 20.000,00 euro. Qualora le informazioni o la documentazione fornite non siano veritiere, l'Autorità applica una sanzione amministrativa pecuniaria da 4.000,00 euro a 40.000,00 euro.

5. L'Autorità può disporre che il professionista fornisca prove sull'esattezza materiale dei dati di fatto contenuti nella pubblicità se, tenuto conto dei diritti o degli interessi legittimi del professionista e di qualsiasi altra parte nel procedimento, tale esigenza risulti giustificata, date le circostanze del caso specifico. Se tale prova è omessa o viene ritenuta insufficiente, i dati di fatto sono considerati inesatti.

6. Quando la pubblicità è stata o deve essere diffusa attraverso la stampa periodica o quotidiana ovvero per via radiofonica o televisiva o altro mezzo di telecomunicazione, l'Autorità, prima di provvedere, richiede il parere dell'Autorità per le garanzie nelle comunicazioni.

7. Ad eccezione dei casi di manifesta scorrettezza e gravità l'Autorità può ottenere dal professionista responsabile della pubblicità ingannevole e comparativa illecita l'assunzione dell'impegno a porre fine all'infrazione, cessando la diffusione della stessa o modificandola in modo da eliminare i profili di illegittimità. L'Autorità può disporre la pubblicazione della dichiarazione di assunzione dell'impegno in questione, a cura e spese del professionista. In tali ipotesi, l'Autorità, valutata l'idoneità di tali impegni, può renderli obbligatori per il professionista e definire il procedimento senza procedere all'accertamento dell'infrazione.

8. L'Autorità, se ritiene la pubblicità ingannevole o il messaggio di pubblicità comparativa illecito, vieta la diffusione, qualora non ancora portata a conoscenza del pubblico, o la continuazione, qualora sia già iniziata. Con il medesimo provvedimento può essere disposta, a cura e spese del professionista, la pubblicazione della delibera, anche per estratto, nonché, eventualmente, di un'apposita dichiarazione rettificativa in modo da impedire che la pubblicità ingannevole o il messaggio di pubblicità comparativa illecito continuino a produrre effetti.

9. Con il provvedimento che vieta la diffusione della pubblicità, l'Autorità dispone inoltre l'applicazione di una sanzione amministrativa pecuniaria da 5.000,00 euro a 500.000,00 euro, tenuto conto della gravità e della durata della violazione. Nel caso di pubblicità che possono comportare un pericolo per la salute o la sicurezza, nonché suscettibili di raggiungere, direttamente o indirettamente, minori o adolescenti, la sanzione non può essere inferiore a 50.000,00 euro.

10. Nei casi riguardanti pubblicità inserite sulle confezioni di prodotti, l'Autorità, nell'adottare i provvedimenti indicati nei commi 3 e 8, assegna per la loro esecuzione un termine che tenga conto dei tempi tecnici necessari per l'adeguamento.

11. L'Autorità garante della concorrenza e del mercato, con proprio regolamento, da emanarsi entro novanta giorni dalla data di pubblicazione del presente decreto legislativo, disciplina la procedura istruttoria, in modo da garantire il contraddittorio, la piena cognizione degli atti e la verbalizzazione.

12. In caso di inottemperanza ai provvedimenti d'urgenza e a quelli inibitori o di rimozione degli effetti di cui ai commi 3, 8 e 10 ed in caso di mancato rispetto degli impegni assunti ai sensi del comma 7, l'Autorità applica una sanzione amministrativa pecuniaria da 10.000,00 a 150.000,00 euro. Nei casi di reiterata inottemperanza l'Autorità può disporre la sospensione dell'attività d'impresa per un periodo non superiore a trenta giorni.

13. [I ricorsi avverso le decisioni adottate dall'Autorità sono soggetti alla giurisdizione esclusiva del giudice amministrativo.] Per le sanzioni amministrative pecuniarie conseguenti alle violazioni del presente decreto si osservano, in quanto applicabili, le disposizioni contenute nel capo I, sezione I, e negli articoli 26, 27, 28 e 29 della legge 24 novembre 1981, n. 689, e successive modificazioni. Il pagamento delle sanzioni amministrative di cui al presente articolo deve essere effettuato entro trenta giorni dalla notifica del provvedimento dell'Autorità (2).

14. Ove la pubblicità sia stata assentita con provvedimento

amministrativo, preordinato anche alla verifica del carattere non ingannevole della stessa o di liceità del messaggio di pubblicità comparativa, la tutela dei soggetti e delle organizzazioni che vi abbiano interesse, è esperibile in via giurisdizionale con ricorso al giudice amministrativo avverso il predetto provvedimento.

15. È comunque fatta salva la giurisdizione del giudice ordinario in materia di atti di concorrenza sleale, a norma dell'articolo 2598 del codice civile, nonché, per quanto concerne la pubblicità comparativa, in materia di atti compiuti in violazione della disciplina sul diritto d'autore protetto dalla legge 22 aprile 1941, n. 633, e successive modificazioni, e del marchio d'impresa protetto a norma del decreto legislativo 10 febbraio 2005, n. 30, e successive modificazioni, nonché delle denominazioni di origine riconosciute e protette in Italia e di altri segni distintivi di imprese, beni e servizi concorrenti.

16. Al fine di consentire l'esercizio delle competenze disciplinate dal presente decreto, il numero dei posti previsti per la pianta organica del personale di ruolo dell'Autorità garante della concorrenza e del mercato dall'articolo 11, comma 1, della legge 10 ottobre 1990, n. 287, è incrementato di venti unità, di cui due di livello dirigenziale. Ai medesimi fini, è altresì incrementato di dieci unità il numero dei contratti di cui all'articolo 11, comma 4, della legge 10 ottobre 1990, n. 287, e l'Autorità potrà avvalersi dell'istituto del comando per un contingente di dieci unità di personale. Agli oneri finanziari derivanti dalla presente disposizione si farà fronte con le risorse raccolte ai sensi dell'articolo 10, comma 7-bis, della legge 10 ottobre 1990, n. 287.

(1) Vedi la Deliberazione dell'Autorità garante della concorrenza e del mercato 15/11/2007 (in G.U. 5/12/2007, n. 283), che approva le procedure istruttorie in materia di pubblicità ingannevole e comparativa illecita.

(2) Comma modificato dall'art. 4, co. 1, punto 38), dell'Allegato 4 al d.lg. 2/7/2010, n. 104.

9. Autodisciplina. – 1. Le parti interessate possono richiedere che sia inibita la continuazione degli atti di pubblicità ingannevole o di pubblicità comparativa ritenuta illecita, ricorrendo ad organismi volontari e autonomi di autodisciplina.

2. Iniziata la procedura davanti ad un organismo di autodisciplina, le parti possono convenire di astenersi dall'adire l'Autorità fino alla pronuncia definitiva, ovvero possono chiedere la sospensione del procedimento innanzi all'Autorità, ove lo stesso sia stato attivato, anche da altro soggetto legittimato, in attesa della pronuncia dell'organismo di autodisciplina. L'Autorità, valutate tutte le circostanze, può disporre la sospensione del procedimento per un periodo non superiore a trenta giorni.

10. Neutralità finanziaria. – 1. Dall'attuazione del presente decreto non devono derivare nuovi o maggiori oneri per la finanza pubblica.

Il presente decreto, munito del sigillo dello Stato, sarà inserito nella Raccolta ufficiale degli atti normativi della Repubblica italiana. È fatto obbligo a chiunque spetti di osservarlo e di farlo osservare.

D.lg. 20 dicembre 2009, n. 198

Attuazione dell'art. 4 della legge 4 marzo 2009, n. 15, in materia di ricorso per l'efficienza delle amministrazioni e dei concessionari di servizi pubblici

1. Presupposti dell'azione e legittimazione ad agire. – 1. Al fine di ripristinare il corretto svolgimento della funzione o la corretta erogazione di un servizio, i titolari di interessi giuridicamente rilevanti ed omogenei per una pluralità di utenti e consumatori possono agire in giudizio, con le modalità stabilite nel presente decreto, nei confronti delle amministrazioni pubbliche e dei concessionari di servizi pubblici, se derivi una lesione diretta, concreta ed attuale dei propri interessi, dalla violazione di termini o dalla mancata emanazione di atti amministrativi generali obbligatori e non aventi contenuto normativo da emanarsi obbligatoriamente entro e non oltre un termine fissato da una legge o da un regolamento, dalla violazione degli obblighi contenuti nelle carte di servizi ovvero dalla violazione di standard qualitativi ed economici stabiliti, per i concessionari di servizi pubblici, dalle autorità preposte alla regolazione ed al controllo del settore e, per le pubbliche amministrazioni, definiti dalle stesse in conformità alle disposizioni in materia di performance contenute nel decreto legislativo 27 ottobre 2009, n. 150, coerentemente con le linee guida definite dalla Commissione per la valutazione, la trasparenza e l'integrità delle amministrazioni pubbliche di cui all'articolo 13 del medesimo decreto e secondo le scadenze temporali definite dal decreto legislativo 27 ottobre 2009, n. 150.

1-bis. Nel giudizio di sussistenza della lesione di cui al comma 1 il giudice tiene conto delle risorse strumentali, finanziarie, e umane concretamente a disposizione delle parti intimate.

1-ter. Sono escluse dall'applicazione del presente decreto le autorità amministrative indipendenti, gli organi giurisdizionali, le assemblee legislative e gli altri organi costituzionali nonché la Presidenza del Consiglio dei Ministri.

2. Del ricorso è data immediatamente notizia sul sito istituzionale dell'amministrazione o del concessionario intimati; il ricorso è altresì comunicato al Ministro per la pubblica amministrazione e l'innovazione.

3. I soggetti che si trovano nella medesima situazione giuridica del ricorrente possono intervenire nel termine di venti giorni liberi prima dell'udienza di discussione del ricorso che viene fissata d'ufficio, in una data compresa tra il novantesimo ed il centoventesimo giorno dal deposito del ricorso.

4. Ricorrendo i presupposti di cui al comma 1, il ricorso può essere proposto anche da associazioni o comitati a tutela degli interessi dei propri associati, appartenenti alla pluralità di utenti e consumatori di cui al comma 1.

5. Il ricorso è proposto nei confronti degli enti i cui organi sono competenti a esercitare le funzioni o a gestire i servizi cui sono riferite le violazioni e le omissioni di cui al comma 1. Gli enti intimati informano immediatamente della proposizione del ricorso il dirigente responsabile di ciascun ufficio coinvolto, il quale può intervenire nel giudizio. Il giudice, nella prima udienza, se ritiene che le violazioni o le omissioni sono ascrivibili ad enti ulteriori o diversi da quelli intimati, ordina l'integrazione del contraddittorio.

6. Il ricorso non consente di ottenere il risarcimento del danno cagionato dagli atti e dai comportamenti di cui al comma 1; a tal fine, restano fermi i rimedi ordinari.

7. Il ricorso è devoluto alla giurisdizione esclusiva del giudice amministrativo e le questioni di competenza sono rilevabili anche d'ufficio.

2. Rapporti con le competenze di regolazione e controllo e con i giudizi instaurati ai sensi degli articoli 139, 140 e 140-bis del codice del consumo, di cui al decreto legislativo 6 settembre 2005, n. 206. – 1. Il ricorso di cui all'articolo 1 non può essere proposto se un organismo con funzione di regolazione e di controllo istituito con legge statale o regionale e preposto al settore interessato ha instaurato e non ancora definito un procedimento volto ad accertare le medesime condotte oggetto dell'azione di cui all'articolo 1, né se, in relazione alle medesime condotte, sia stato instaurato un giudizio ai sensi degli articoli 139, 140 e 140-bis del codice del consumo, di cui al decreto legislativo 6 settembre 2005, n. 206.

2. Nell'ipotesi in cui il procedimento di cui al comma 1 o un giudizio instaurato ai sensi degli articoli 139 e 140 del codice del consumo, di cui al decreto legislativo 6 settembre 2005, n. 206, sono iniziati dopo la proposizione del ricorso di cui all'articolo 1, il giudice di quest'ultimo ne dispone la sospensione fino alla definizione dei predetti procedimenti o giudizi. A seguito del passaggio in giudicato della sentenza che definisce nel merito il giudizio instaurato ai sensi dei citati articoli 139 e 140, il ricorso di cui all'articolo 1 diviene improcedibile. In ogni altro caso, quest'ultimo deve essere riassunto entro centoventi giorni dalla definizione del procedimento di cui al comma 1, ovvero dalla definizione con pronuncia non di merito sui giudizi instaurati ai sensi degli stessi articoli 139 e 140, altrimenti è perento.

3. Il soggetto contro cui è stato proposto il ricorso giurisdizionale di cui all'articolo 1 comunica immediatamente al giudice l'eventuale pendenza o la successiva instaurazione del procedimento di cui ai commi 1 e 2, ovvero di alcuno dei giudizi ivi indicati, per l'adozione dei conseguenti provvedimenti rispettivamente previsti dagli stessi commi 1 e 2.

3. Procedimento. – 1. Il ricorrente notifica preventivamente, anche con le modalità di cui all'articolo 48 del decreto legislativo 7 marzo 2005, n. 82 una diffida all'amministrazione o al concessionario ad effettuare, entro il termine di novanta giorni, gli interventi utili alla soddisfazione degli interessati. La diffida è notificata all'organo di vertice dell'amministrazione o del concessionario, che assume senza ritardo le iniziative ritenute opportune, individua il settore in cui si è verificata la violazione, l'omissione o il mancato adempimento di cui all'articolo 1, comma 1, e cura che il dirigente competente provveda a rimuoverne le cause. Tutte le iniziative assunte sono comunicate all'autore della diffida. Le pubbliche amministrazioni determinano, per ciascun settore di propria competenza, il procedimento da seguire a seguito di una diffida notificata ai sensi del presente comma.

L'amministrazione o il concessionario destinatari della diffida, se ritengono che la violazione, l'omissione o il mancato adempimento sono imputabili altresì ad altre amministrazioni o concessionari, invitano il privato a notificare la diffida anche a questi ultimi. La diffida è altresì comunicata dall'amministrazione pubblica o dal concessionario di servizi pubblici interessati al Ministro per la pubblica amministrazione e l'innovazione (1).

2. Il ricorso è proponibile se, decorso il termine di cui al primo periodo del comma 1, l'amministrazione o il concessionario non ha provveduto, o ha provveduto in modo parziale, ad eliminare la situazione denunciata. Il ricorso può essere proposto entro il termine perentorio di un anno dalla scadenza del termine di cui al primo periodo del comma 1. Il ricorrente ha l'onere di comprovare la notifica della diffida di cui al comma 1 e la scadenza del termine assegnato per provvedere, nonché di dichiarare nel ricorso la persistenza, totale o parziale, della situazione denunciata.

3. In luogo della diffida di cui al comma 1, il ricorrente, se ne ricorrono i presupposti, può promuovere la risoluzione non giurisdizionale della controversia ai sensi dell'articolo 30 della legge 18 giugno 2009, n. 69; in tal caso, se non si raggiunge la conciliazione delle parti, il ricorso è proponibile entro un anno dall'esito di tali procedure.

(1) Comma modificato dall'art. 33, co. 2, d.lg. 30/12/2010, n. 235.

4. Sentenza. – 1. Il giudice accoglie la domanda se accerta la violazione, l'omissione o l'inadempimento di cui all'articolo 1, comma 1, ordinando alla pubblica amministrazione o al concessionario di porvi rimedio entro un congruo termine, nei limiti delle risorse strumentali, finanziarie ed umane già assegnate in via ordinaria e senza nuovi o maggiori oneri per la finanza pubblica.

2. Della sentenza che definisce il giudizio è data notizia con le stesse modalità previste per il ricorso dall'articolo 1, comma 2.

3. La sentenza che accoglie la domanda nei confronti di una pubblica amministrazione è comunicata, dopo il passaggio in giudicato, agli organismi con funzione di regolazione e di controllo preposti al settore interessato, alla Commissione e all'Organismo di cui agli articoli 13 e 14 del decreto legislativo 27 ottobre 2009, n. 150, alla procura regionale della Corte dei conti per i casi in cui emergono profili di responsabilità erariale, nonché agli organi preposti all'avvio del giudizio disciplinare e a quelli deputati alla valutazione dei dirigenti coinvolti, per l'eventuale adozione dei provvedimenti di rispettiva competenza.

4. La sentenza che accoglie la domanda nei confronti di un concessionario di pubblici servizi è comunicata all'amministrazione vigilante per le valutazioni di competenza in ordine all'esatto adempimento degli obblighi scaturenti dalla concessione e dalla convenzione che la disciplina.

5. L'amministrazione individua i soggetti che hanno concorso a cagionare le situazioni di cui all'articolo 1, comma 1, e adotta i conseguenti provvedimenti di propria competenza.

6. Le misure adottate in ottemperanza alla sentenza sono pubblicate sul sito istituzionale del Ministro per la pubblica amministrazione e l'innovazione e sul sito istituzionale dell'amministrazione o del concessionario soccombente in giudizio.

5. Ottemperanza. – 1. Nei casi di perdurante inottemperanza di una pubblica amministrazione si applicano le disposizioni di cui all'articolo 27, comma 1, n. 4, del regio decreto 26 giugno 1924, n. 1054.

2. La sentenza di accoglimento del ricorso di cui al comma 1 è comunicata alla Commissione e all'Organismo di cui agli articoli 13 e 14 del decreto legislativo 27 ottobre 2009, n. 150, nonché alla procura regionale della Corte dei conti per i casi in cui emergono profili di responsabilità erariale.

6. Monitoraggio. – 1. La Presidenza del Consiglio dei Ministri provvede al monitoraggio dell'attuazione delle disposizioni di cui al presente decreto, anche ai fini degli eventuali interventi correttivi di cui all'articolo 2, comma 3, della legge 4 marzo 2009, n. 15.

7. Norma transitoria. – 1. In ragione della necessità di definire in via preventiva gli obblighi contenuti nelle carte di servizi e gli standard qualitativi ed economici di cui all'articolo 1, comma 1, e di valutare l'impatto finanziario e amministrativo degli stessi nei rispettivi settori, la concreta applicazione del presente decreto alle amministrazioni ed ai concessionari di servizi pubblici è determinata, fatto salvo quanto stabilito dal comma 2, anche progressivamente, con uno o più decreti del Presidente del Consiglio dei Ministri, su proposta del Ministro per la pubblica amministrazione e l'innovazione, di concerto con il Ministro dell'economia e delle finanze e di concerto, per quanto di competenza, con gli altri Ministri interessati.

2. In ragione della necessità di definire in via preventiva gli obblighi contenuti nelle carte di servizi e gli standard qualitativi ed economici di cui all'articolo 1, comma 1, e di valutare l'impatto finanziario e amministrativo degli stessi nei rispettivi

settori, la concreta applicazione del presente decreto alle regioni ed agli enti locali è determinata, anche progressivamente, con uno o più decreti del Presidente del Consiglio dei Ministri, su proposta del Ministro per la pubblica amministrazione e l'innovazione, di concerto con il Ministro dell'economia e delle finanze, su conforme parere della Conferenza unificata di cui all'articolo 8 del decreto legislativo 28 agosto 1997, n. 281.

8. Invarianza finanziaria. – 1. Dall'attuazione del presente provvedimento non devono derivare nuovi o maggiori oneri a carico della finanza pubblica.

Il presente decreto, munito del sigillo dello Stato, sarà inserito nella Raccolta ufficiale degli atti normativi della Repubblica italiana. È fatto obbligo a chiunque spetti di osservarlo e di farlo osservare.

D.lg. 23 maggio 2011, n. 79

Codice della normativa statale in tema di ordinamento e mercato del turismo, a norma dell'articolo 14 della l. 28 novembre 2005, n. 246, nonché attuazione della direttiva 2008/122/CE, relativa ai contratti di multiproprietà, contratti relativi ai prodotti per le vacanze di lungo termine, contratti di rivendita e di scambio

TESTO DEL DECRETO

1. Approvazione del codice della normativa statale in tema di ordinamento e mercato del turismo. – 1. È approvato il codice della normativa statale in tema di ordinamento e mercato del turismo, di cui all'allegato 1.

TITOLO I
DISPOSIZIONI GENERALI

Capo I
Dei principi generali

1. Ambito di applicazione. – 1. Il presente codice reca, nei limiti consentiti dalla competenza statale, norme necessarie all'esercizio unitario delle funzioni amministrative in materia di turismo ed altre nome in materia riportabili alle competenze dello Stato, provvedendo al riordino, al coordinamento e all'integrazione delle disposizioni legislative statali vigenti, nel rispetto dell'ordinamento dell'Unione europea e delle attribuzioni delle regioni e degli enti locali (1).

(1) La Corte costituzionale, con sentenza n. 5/4/2012 (in G.U. 11/4/2012, n. 15), ha dichiarato l'illegittimità costituzionale del presente articolo limitatamente alle parole "necessarie all'esercizio unitario delle funzioni amministrative" e "ed altre norme in materia".

2. Principi sulla produzione del diritto in materia turistica (1). – 1. L'intervento legislativo dello Stato nella materia del turismo è consentito quando il suo oggetto principale costituisce esercizio di una autonoma competenza legislativa statale esclusiva o concorrente.

2. L'intervento legislativo dello Stato in materia di turismo è, altresì, consentito quando sussistono le seguenti esigenze di carattere unitario:

a) valorizzazione, sviluppo e competitività, a livello interno ed internazionale, del settore turistico quale fondamentale risorsa del Paese;

b) riordino e unitarietà dell'offerta turistica italiana.

(1) Le funzioni amministrative, esercitate dallo Stato di cui ai commi 1 e 2, sono attribuite al Presidente del Consiglio dei Ministri o al Ministro delegato.

• La Corte costituzionale, con sent. n. 5/4/2012 (in G.U. 11/4/2012, n. 15), ha dichiarato l'illegittimità costituzionale del presente articolo.

3. Principi in tema di turismo accessibile (1). – 1. In attuazione dell'articolo 30 della Convenzione delle Nazioni Unite sui diritti delle persone con disabilità, fatta a New York il 13 dicembre 2006, ratificata e resa esecutiva con la legge 3 marzo 2009, n. 18, lo Stato assicura che le persone con disabilità motorie, sensoriali e intellettive possano fruire dell'offerta turistica in modo completo e in autonomia, ricevendo servizi al medesimo livello di qualità degli altri fruitori senza aggravi del prezzo. Tali garanzie sono estese agli ospiti delle strutture ricettive che soffrono di temporanea mobilità ridotta.

2. Ai fini di cui al comma 1, lo Stato promuove la fattiva collaborazione tra le autonomie locali, gli enti pubblici, gli operatori turistici, le associazioni delle persone con disabilità e le organizzazioni del turismo sociale.

3. È considerato atto discriminatorio impedire alle persone con disabilità motorie, sensoriali e intellettive, di fruire, in modo completo ed in autonomia, dell'offerta turistica, esclusivamente per motivi comunque connessi o riferibili alla loro disabilità.

(1) La Corte costituzionale, con sent. n. 5/4/2012, n. 80 (in G.U. 11/4/2012, n. 15), ha dichiarato l'illegittimità costituzionale del presente articolo.

Capo II
Imprese turistiche

4. Imprese turistiche. – 1. Ai fini del presente decreto legislativo sono imprese turistiche quelle che esercitano attività economiche, organizzate per la produzione, la commercializzazione, l'intermediazione e la gestione di prodotti, di servizi, tra cui gli stabilimenti balneari, di infrastrutture e di esercizi, compresi quelli di somministrazione facenti parte dei sistemi turistici locali, concorrenti alla formazione dell'offerta turistica.

2. L'iscrizione al registro delle imprese, di cui alla legge 29 dicembre 1993, n. 580, e successive modificazioni, e con le modalità di cui al decreto del Presidente della Repubblica 7 dicembre 1995, n. 581, e successive modificazioni, ovvero al repertorio delle notizie economiche e amministrative laddove previsto, costituiscono condizione per usufruire delle agevolazioni, dei contributi, delle sovvenzioni, degli incentivi e dei benefici di qualsiasi genere ed a qualsiasi titolo riservate all'impresa turistica.

3. Fermi restando i limiti previsti dall'Unione europea in materia di aiuti di Stato alle imprese, alle imprese turistiche sono estesi i contributi, le agevolazioni, le sovvenzioni, gli incentivi e i benefici di qualsiasi generi previsti dalle norme vigenti per l'industria, così come definita dall'articolo 17 del

decreto legislativo 31 marzo 1998, n. 112, nei limiti delle risorse finanziarie a tal fine disponibili ed in conformità ai criteri definiti dalla normativa vigente.

4. Le imprese turistiche non costituite conformemente alla legislazione di uno Stato membro dell'Unione europea o di uno Stato AELS (EFTA) possono essere autorizzate a stabilirsi e ad esercitare le loro attività in Italia, secondo il principio di reciprocità, previa iscrizione nel registro di cui al comma 2, ed a condizione che posseggano i requisiti richiesti dalle leggi statali e regionali, nonché dalle linee guida di cui all'articolo 44 del decreto legislativo 31 marzo 1998, n. 112.

5. Imprese turistiche senza scopo di lucro. – 1. Le associazioni che operano nel settore del turismo giovanile e per finalità ricreative, culturali, religiose, assistenziali o sociali, sono autorizzate ad esercitare le attività di cui all'*articolo 4*, nel rispetto delle medesime regole e condizioni, esclusivamente per gli associati, anche se appartenenti ad associazioni straniere aventi finalità analoghe e legate fra di loro da accordi di collaborazione.

2. Le associazioni di cui al comma 1 assicurano il rispetto dei diritti del turista tutelati dall'ordinamento internazionale e dell'Unione europea.

TITOLO II
PROFESSIONI E FORMAZIONE NEL SETTORE TURISTICO

Capo I
Professioni turistiche

6. Definizione. – 1. Sono professioni turistiche quelle attività, aventi ad oggetto la prestazione di servizi di promozione dell'attività turistica, nonché servizi di ospitalità, assistenza, accompagnamento e guida, diretti a consentire ai turisti la migliore fruizione del viaggio e della vacanza, anche sotto il profilo della conoscenza dei luoghi visitati.

Capo II
Mercato del lavoro

7. Percorsi formativi. – 1. Allo scopo di realizzare percorsi formativi finalizzati all'inserimento lavorativo nel settore del mercato turistico dei giovani laureati o diplomati, il Presidente del Consiglio dei Ministri o il Ministro delegato, di concerto con i Ministri dell'istruzione, dell'università e della ricerca, del lavoro e delle politiche sociali e della gioventù, d'intesa con la Conferenza permanente per i rapporti tra lo Stato, le regioni e le province autonome di Trento e di Bolzano, è autorizzato, nell'ambito delle risorse allo scopo disponibili a legislazione vigente, a stipulare accordi o convenzioni con istituti di istruzione, anche universitaria, con altri enti di formazione e con gli ordini professionali per lo svolgimento di corsi orientati alla preparazione dei giovani operatori.

TITOLO III
MERCATO DEL TURISMO

Capo I
Strutture ricettive e altre forme di ricettività

8. Classificazione (1). – 1. Ai fini del presente decreto legislativo, nonché, in particolare, ai fini dell'esercizio del potere amministrativo statale di cui all'articolo 10 e strutture ricettive si suddividono in:

a) strutture ricettive alberghiere e paralberghiere;

b) strutture ricettive extralberghiere;

c) strutture ricettive all'aperto;

d) strutture ricettive di mero supporto.

2. Per attività ricettiva si intende l'attività diretta alla produzione di servizi per l'ospitalità esercitata nelle strutture ricettive. Nell'ambito di tale attività rientra altresì, unitamente alla prestazione del servizio ricettivo, la somministrazione di alimenti e bevande alle persone alloggiate, ai loro ospiti ed a coloro che sono ospitati nella struttura ricettiva in occasione di manifestazioni e convegni organizzati, nonché la fornitura di giornali, riviste, pellicole per uso fotografico e di registrazione audiovisiva o strumenti informatici, cartoline e francobolli alle persone alloggiate, nonché la gestione, ad uso esclusivo di dette persone, attrezzature e strutture a carattere ricreativo, per le quali è fatta salva la vigente disciplina in materia di sicurezza. Nella licenza di esercizio di attività ricettiva è ricompresa anche la licenza per la somministrazione di alimenti e bevande per le persone non alloggiate nella struttura nonché, nel rispetto dei requisiti previsti dalla normativa vigente, per le attività legate al benessere della persona o all'organizzazione congressuale.

3. È fatto divieto ai soggetti che non svolgono l'attività ricettiva, disciplinata dalle previsioni di cui al comma 2, di utilizzare nella ragione e nella denominazione sociale, nell'insegna e in qualsiasi forma di comunicazione al pubblico, anche telematica, parole e locuzioni, anche in lingua straniera, idonee ad indurre confusione sulla legittimazione allo svolgimento della stessa. Per le violazioni a tale divieto le Regioni e le Province autonome di Trento e di Bolzano stabiliscono una sanzione amministrativa pecuniaria.

(1) La Corte costituzionale, con sent. n. 5/4/2012 (in G.U. 11/4/2012, n. 15), ha dichiarato l'illegittimità costituzionale del presente articolo.

9. Strutture ricettive alberghiere e paralberghiere (1). – 1. Sono strutture ricettive alberghiere e paralberghiere:

a) gli alberghi;

b) i motels;

c) i villaggi-albergo;

d) le residenze turistico alberghiere;

e) gli alberghi diffusi;

f) le residenze d'epoca alberghiere;

g) i bed and breakfast organizzati in forma imprenditoriale;

h) le residenze della salute - beauty farm;

i) ogni altra struttura turistico-ricettiva che presenti elementi ricollegabili a uno o più delle precedenti categorie.

2. Gli alberghi sono esercizi ricettivi aperti al pubblico, a gestione unitaria, che forniscono alloggio, eventualmente vitto ed altri servizi accessori, secondo quanto previsto dall'articolo 8, comma 2, in camere ubicate in uno o più stabili o in parti di stabile.

3. I motels sono alberghi particolarmente attrezzati per la sosta e l'assistenza delle autovetture o delle imbarcazioni, che assicurano alle stesse servizi di riparazione e di rifornimento di carburanti.

4. I villaggi albergo sono gli esercizi dotati dei requisiti propri degli alberghi e/o degli alberghi residenziali, caratterizzati dalla centralizzazione dei servizi in funzione di più stabili facenti parte di uno stesso complesso e inseriti in area attrezzata per il soggiorno e lo svago della clientela.

5. Le residenze turistico alberghiere, o alberghi residenziali, sono esercizi ricettivi aperti al pubblico, a gestione unitaria, ubicate in uno o più stabili o parti di stabili, che offrono alloggio e servizi accessori in unità abitative arredate, costituite da uno o più locali, dotate di servizio autonomo di cucina.

6. Gli alberghi diffusi sono strutture ricettive caratterizzati dal fornire alloggi in stabili separati, vicini tra loro, ubicati per lo più in centri storici e, comunque, collocati a breve distanza da un edificio centrale nel quale sono offerti servizi di

ricevimento, portineria e gli altri eventuali servizi accessori.

7. Le residenze d'epoca alberghiere sono le strutture ricettive alberghiere ubicate in complessi immobiliari di particolare pregio storico-architettonico, dotate di mobili e arredi d'epoca o di particolare livello artistico, idonee ad un'accoglienza altamente qualificata.

8. I bed and breakfast in forma imprenditoriale sono strutture ricettive a conduzione ed organizzazione familiare, gestite da privati in modo professionale, che forniscono alloggio e prima colazione utilizzando parti della stessa unità immobiliare purché funzionalmente collegate e con spazi familiari condivisi.

9. Le residenze della salute o beauty farm sono esercizi alberghieri dotati di particolari strutture di tipo specialistico proprie del soggiorno finalizzato a cicli di trattamenti terapeutici, dietetici ed estetici.

(1) La Corte costituzionale, con sent. n. 5/4/2012 (in G.U. 11/4/2012, n. 15), ha dichiarato l'illegittimità costituzionale del presente articolo.

10. Classificazione standard qualitativi (1). – 1. Gli standard minimi nazionali per le imprese turistiche ricettive, escluse le strutture agrituristiche che sono disciplinate ai sensi della legge 20 febbraio 2006, n. 96, recante disciplina dell'agriturismo, sono disciplinati con decreto del Presidente del Consiglio dei Ministri, o del Ministro delegato, previa consultazione delle associazioni di categoria e dei rappresentanti delle regioni e delle province autonome di Trento e di Bolzano e acquisita l'intesa con la Conferenza permanente dei rapporti tra lo Stato, le regioni e le province autonome di Trento e di Bolzano.

2. Le regioni e le province autonome di Trento e di Bolzano introducono, ove ritenuto opportuno, livelli di standard migliorativi rispetto a quelli minimi definiti in ambito nazionale, nonché provvedono a differenziare la declinazione di dettaglio dei servizi previsti con indicazioni che più aderiscano alle specificità territoriali, climatiche o culturali dei loro territori.

3. Al fine di accrescere la competitività di promozione commerciale internazionale e di garantire il massimo livello di tutela del turista, viene istituito ed introdotto, su base nazionale, un sistema di rating, associabile alle stelle, che consenta la misurazione e la valutazione della qualità del servizio reso ai clienti. A tale sistema aderiscono, su base volontaria, i singoli alberghi. Per qualità del servizio reso ai clienti si intende l'insieme delle attività, dei processi e dei servizi, misurabili e valutabili, rivolti alla soddisfazione dei clienti. Il sistema nazionale di rating è organizzato tenendo conto della tipologia delle strutture. Al fine di accrescere gli standards di sicurezza e di garantire la massima tutela del turista si tiene conto della presenza, ove necessaria, di appositi strumenti salvavita. Con decreto del Presidente del Consiglio dei Ministri o del Ministro delegato, d'intesa con la Conferenza Stato-regioni, sentite le associazioni dei consumatori e di categoria, vengono definiti i parametri di misurazione e valutazione della qualità del servizio turistico nonché individuati i criteri e le modalità per l'attuazione del sistema di rating.

(1) La Corte costituzionale, con sent. n. 5/4/2012 (in G.U. 11/4/2012, n. 15), ha dichiarato l'illegittimità costituzionale del presente articolo.

11. (art. 1 legge 25 agosto 1991, n. 284) - Pubblicità dei prezzi (1). – 1. I prezzi dei servizi di cui al presente titolo sono liberamente determinati dai singoli operatori turistici, fatto salvo l'obbligo di comunicare i prezzi praticati secondo quanto disciplinato dalle regioni e dalle province autonome di Trento e di Bolzano.

2. Le leggi regionali regolano la corretta informazione e pubblicità dei prezzi stabiliti, prevedendo sanzioni in caso di inosservanza degli obblighi di comunicazione alla regione, nonché i controlli sulla effettiva applicazione delle tariffe comunicate.

(1) La Corte costituzionale, con sent. n. 5/4/2012 (in G.U. 11/4/2012, n. 15), ha dichiarato l'illegittimità costituzionale del presente articolo.

Capo II
Altre strutture ricettive

12. Strutture ricettive extralberghiere (1). – 1. Ai fini del presente decreto legislativo, nonché ai fini dell'esercizio del potere amministrativo statale di cui all'articolo 15, sono strutture ricettive extralberghiere:

a) gli esercizi di affittacamere;

b) le attività ricettive a conduzione familiare - bed and breakfast;

c) le case per ferie;

d) le unità abitative ammobiliate ad uso turistico;

e) le strutture ricettive - residence;

f) gli ostelli per la gioventù;

g) le attività ricettive in esercizi di ristorazione;

h) gli alloggi nell'ambito dell'attività agrituristica;

i) attività ricettive in residenze rurali;

l) le foresterie per turisti;

m) i centri soggiorno studi;

n) le residenze d'epoca extralberghiere;

o) i rifugi escursionistici;

p) i rifugi alpini;

q) ogni altra struttura turistico-ricettiva che presenti elementi ricollegabili a uno o più delle precedenti categorie.

2. Gli esercizi di affittacamere sono strutture ricettive composte da camere ubicate in più appartamenti ammobiliati nello stesso stabile, nei quali sono forniti alloggio ed eventualmente servizi complementari.

3. I bed and breakfast sono strutture ricettive a conduzione ed organizzazione familiare, gestite da privati in forma non imprenditoriale, che forniscono alloggio e prima colazione utilizzando parti della stessa unità immobiliare purché funzionalmente collegate e con spazi familiari condivisi.

4. Le case per ferie sono strutture ricettive attrezzate per il soggiorno di persone o gruppi e gestite, al di fuori di normali canali commerciali, da enti pubblici, operanti senza fine di lucro per il conseguimento di finalità sociali, culturali, assistenziali o sportive, nonché da enti o aziende per il soggiorno dei propri dipendenti e loro familiari. Nelle case per ferie possono altresì essere ospitati dipendenti e relativi familiari, di altre aziende o assistiti dagli enti di cui al presente comma con i quali sia stata stipulata apposita convenzione.

5. Le unità abitative ammobiliate ad uso turistico sono case o appartamenti, arredati e dotati di servizi igienici e di cucina autonomi, dati in locazione ai turisti, nel corso di una o più stagioni, con contratti aventi validità non inferiore a sette giorni e non superiore a sei mesi consecutivi senza la prestazione di alcun servizio di tipo alberghiero. Le unità abitative ammobiliate a uso turistico possono essere gestite:

a) in forma imprenditoriale;

b) in forma non imprenditoriale, da coloro che hanno la disponibilità fino ad un massimo di quattro unità abitative, senza organizzazione in forma di impresa. La gestione in forma non imprenditoriale viene attestata mediante dichiarazione sostitutiva dell'atto di notorietà ai sensi del decreto del Presidente della Repubblica 28 dicembre 2000, n. 445, recante il testo unico delle disposizioni legislative e regolamentari in materia di documentazione amministrativa, da parte di coloro che hanno la disponibilità delle unità abitative di cui al presente articolo;

c) con gestione non diretta, da parte di agenzie immobiliari e società di gestione immobiliare turistica che intervengono quali mandatarie o sub-locatrici, nelle locazioni di unità abitative ammobiliate ad uso turistico sia in forma imprenditoriale che in forma non imprenditoriale, alle quali si rivolgono i titolari delle unità medesime che non intendono gestire tali strutture in forma diretta; l'esercizio dell'attività di mediazione immobiliare relativamente a tali immobili è compatibile con l'esercizio di attività imprenditoriali e professionali svolte nell'ambito di agenzie di servizi o di gestione dedicate alla locazione.

6. Le strutture ricettive - residence sono complessi unitari costituiti da uno o più immobili comprendenti appartamenti arredati e dotati di servizi igienici e di cucina autonomi, gestiti in forma imprenditoriale, dati in locazione ai turisti, con contratti aventi validità non inferiore a tre giorni.

7. Gli ostelli per la gioventù sono strutture ricettive per il soggiorno e il pernottamento, per periodi limitati, dei giovani e dei loro accompagnatori, gestite, in forma diretta o indiretta, da enti o associazioni.

8. Le attività ricettive in esercizi di ristorazione sono le strutture composte da camere, ciascuna con accesso indipendente dagli altri locali, gestite in modo complementare all'esercizio di ristorazione dallo stesso titolare e nello stesso complesso immobiliare.

9. Gli alloggi nell'ambito delle attività agrituristiche sono locali siti in fabbricati rurali gestiti da imprenditori agricoli ai sensi della legge 20 febbraio 2006, n. 96, recante disciplina dell'agriturismo.

10. Le attività ricettive in residenze rurali o country house sono le strutture localizzate in ville padronali o fabbricati rurali da utilizzare per l'animazione sportivo-ricreativa composte da camere con eventuale angolo cottura, che dispongono di servizio di ristorazione aperto al pubblico.

11. Le foresterie per turisti sono strutture ricettive normalmente adibite a collegi, convitti, istituti religiosi, pensionati e, in genere, tutte le altre strutture pubbliche o private, gestite senza finalità di lucro che secondo quanto stabilito dalle regioni e dalle province autonome di Trento e di Bolzano e, per quelle gestite dagli Enti parco nazionali e dalle aree marine protette, dal Ministro dell'ambiente e della tutela del territorio e del mare con proprio decreto, offrono ospitalità a persone singole e a gruppi organizzati da enti e associazioni che operano nel campo del turismo sociale e giovanile, per il conseguimento di finalità sociali, culturali, assistenziali, religiose e sportive, al di fuori dei normali canali commerciali.

12. I centri soggiorno studi sono le strutture ricettive, gestite da enti pubblici, associazioni, organizzazioni sindacali, soggetti privati operanti nel settore della formazione dedicati ad ospitalità finalizzata all'educazione e formazione in strutture dotate di adeguata attrezzatura per l'attività didattica e convegnistica specializzata, con camere per il soggiorno degli ospiti.

13. Le residenze d'epoca sono strutture ricettive extralberghiere ubicate in complessi immobiliari di particolare pregio storico e architettonico, dotate di mobili e arredi d'epoca o di particolare livello artistico, idonee ad una accoglienza altamente qualificata.

14. I rifugi escursionistici sono strutture ricettive aperte al pubblico idonee ad offrire ospitalità e ristoro ad escursionisti in zone montane ubicate in luoghi favorevoli ad ascensioni, servite da strade o da altri mezzi di trasporto ordinari, anche in prossimità di centri abitati ed anche collegate direttamente alla viabilità pubblica.

15. I rifugi alpini sono strutture ricettive ubicate in montagna, ad alta quota, fuori dai centri urbani. I rifugi alpini sono predisposti per il ricovero, il ristoro e per il soccorso alpino e devono essere custoditi e aperti al pubblico per periodi limitati nelle stagioni turistiche. Durante i periodi di chiusura i rifugi alpini devono disporre di un locale per il ricovero di fortuna, convenientemente dotato, sempre aperto e accessibile dall'esterno anche in caso di abbondanti nevicate e durante il periodo di apertura stagionale il servizio di ricovero deve essere comunque garantito per l'intero arco della giornata.

16. I requisiti minimi per l'esercizio delle attività di cui al presente articolo, sono stabiliti dalle Regioni e dalle Province autonome di Trento e di Bolzano, tenuto conto della disposizione di cui all'articolo 15, comma 1.

(1) La Corte costituzionale, con sent. n. 5/4/2012 (in G.U. 11/4/2012, n. 15), ha dichiarato l'illegittimità costituzionale del presente articolo.

13. Strutture ricettive all'aperto (1). – 1. Ai fini del presente decreto legislativo, nonché ai fini dell'esercizio del potere amministrativo statale di cui all'articolo 15, sono strutture ricettive all'aperto:

a) i villaggi turistici;

b) i campeggi;

c) i campeggi nell'ambito delle attività agrituristiche;

d) i parchi di vacanza.

2. Sono villaggi turistici le strutture ricettive aperte al pubblico, a gestione unitaria, allestite ed attrezzate su aree recintate destinate alla sosta ed al soggiorno di turisti in allestimenti minimi, in prevalenza sprovvisti di propri mezzi mobili di pernottamento.

3. I villaggi turistici possono anche disporre di piazzole di campeggio attrezzate per la sosta ed il soggiorno di turisti provvisti di propri mezzi mobili di pernottamento.

4. Sono campeggi le strutture ricettive aperte al pubblico, a gestione unitaria, allestite ed attrezzate su aree recintate destinate alla sosta ed al soggiorno di turisti in prevalenza provvisti di propri mezzi mobili di pernottamento. In alternativa alla dizione di campeggio può essere usata quella di camping.

5. I campeggi possono anche disporre di unità abitative mobili, quali tende, roulotte o caravan, mobilhome o maxicaravan, autocaravan o camper, e di unità abitative fisse, per la sosta ed il soggiorno di turisti sprovvisti di propri mezzi mobili di pernottamento.

6. I campeggi nell'ambito delle attività agrituristiche sono aree di ricezione all'aperto gestite da imprenditori agricoli ai sensi della legge 20 febbraio 2006, n. 96, recante disciplina dell'agriturismo.

7. Sono parchi di vacanza i campeggi, a gestione unitaria, in cui è praticato l'affitto della piazzola ad un unico equipaggio per l'intera durata del periodo di apertura della struttura.

8. Le strutture ricettive all'aperto sono classificate in base ai requisiti e alle caratteristiche posseduti secondo le prescrizioni previste dalle regioni e dalle province autonome di Trento e di Bolzano.

9. Nelle strutture ricettive all'aperto sono assicurati:

a) la sorveglianza continua della struttura ricettiva durante i periodi di apertura;

b) la continua presenza all'interno della struttura ricettiva del responsabile o di un suo delegato;

c) la copertura assicurativa per i rischi di responsabilità civile a favore dei clienti.

(1) La Corte costituzionale, con sent. n. 5/4/2012 (in G.U. 11/4/2012, n. 15), ha dichiarato l'illegittimità costituzionale del presente articolo.

14. Strutture ricettive di mero supporto (1). – 1. Ai fini del presente decreto legislativo, nonché ai fini dell'esercizio del potere statale di cui all'articolo 15, si definiscono di mero supporto le strutture ricettive allestite dagli enti locali per coadiuvare il campeggio itinerante, escursionistico e locale.

2. Si intendono per aree di sosta le strutture ricettive, a

gestione unitaria, aperte al pubblico destinate alla sosta temporanea di turisti provvisti di mezzi di pernottamento autonomo.

(1) La Corte costituzionale, con sent. n. 5/4/2012 (in G.U. 11/4/2012, n. 15), ha dichiarato l'illegittimità costituzionale del presente articolo.

Capo III
Disposizioni comuni per le strutture turistico ricettive

15. Standard qualitativi (1). – 1. Fatta salva la competenza delle regioni e delle province autonome di Trento e di Bolzano, al fine di uniformare l'offerta turistica nazionale, il Presidente del Consiglio dei Ministri o il Ministro delegato fissa gli standard minimi nazionali dei servizi e delle dotazioni per la classificazione delle strutture ricettive di cui agli articoli 8, 9, 12, 13 e 14, acquisita l'intesa con la Conferenza permanente dei rapporti tra lo Stato e le regioni e le province autonome di Trento e di Bolzano. La classificazione delle strutture ricettive agrituristiche è disciplinata ai sensi della legge 20 febbraio 2006, n. 96, recante disciplina dell'agriturismo.

2. Restano salve le competenze delle regioni e delle province autonome di Trento e di Bolzano di cui all'articolo 11, comma 2, nonché la relativa disciplina sanzionatoria prevista dalla normativa vigente.

(1) La Corte costituzionale, con sent. n. 5/4/2012 (in G.U. 11/4/2012, n. 15), ha dichiarato l'illegittimità costituzionale del presente articolo.

16. Semplificazione degli adempimenti amministrativi delle strutture turistico-ricettive (1). – 1. L'avvio e l'esercizio delle strutture turistico-ricettive sono soggetti a segnalazione certificata di inizio attività nei limiti e alle condizioni di cui all'articolo 19 della legge 7 agosto 1990, n. 241.

2. L'attività oggetto della segnalazione, di cui al comma 1, può essere iniziata dalla data della presentazione della segnalazione all'amministrazione competente.

3. L'avvio e l'esercizio delle attività in questione restano soggetti al rispetto delle norme urbanistiche, edilizie, ambientali, di pubblica sicurezza, di prevenzione incendi, igienicosanitarie e di sicurezza nei luoghi di lavoro, nonché quelle relative all'efficienza energetica e delle disposizioni contenute nel codice dei beni culturali e del paesaggio, di cui al decreto legislativo 22 gennaio 2004, n. 42.

4. Restano fermi i parametri dettati ai sensi dell'articolo 2, comma 193, lettera a), della legge 24 dicembre 2007, n. 244.

5. Nel caso di chiusura dell'esercizio ricettivo per un periodo superiore agli otto giorni, il titolare dell'esercizio è tenuto a darne comunicazione all'autorità competente.

6. L'esercizio delle strutture ricettive è subordinato al possesso dei requisiti previsti dagli articoli 11 e 92 del regio decreto 18 giugno 1931, n. 773, e successive modificazioni.

(1) La Corte costituzionale, con sent. n. 5/4/2012 (in G.U. 11/4/2012, n. 15), ha dichiarato l'illegittimità costituzionale del presente articolo.

17. Sportello unico. – 1. Al fine di garantire l'applicazione dei principi di trasparenza, uniformità, celerità del procedimento ovvero la maggiore accessibilità del mercato si applicano alle imprese del presente capo le disposizioni relative allo Sportello unico di cui all'articolo 38 del decreto-legge 25 giugno 2008, n. 112, convertito, con modificazioni, dalla legge 6 agosto 2008, n. 133, e del relativo regolamento attuativo, fatte salve le forme di semplificazione più avanzata previste dalle specifiche discipline regionali.

TITOLO IV
AGENZIE DI VIAGGIO E TURISMO

Capo I
Agenzie e organizzatori di viaggi

18. Definizioni (1). – 1. Le agenzie di viaggio e turismo sono le imprese turistiche che esercitano congiuntamente o disgiuntamente attività di produzione, organizzazione ed intermediazione di viaggi e soggiorni e ogni altra forma di prestazione turistica a servizio dei clienti, siano essi di accoglienza che di assistenza, con o senza vendita diretta al pubblico, ivi compresi i compiti di assistenza e di accoglienza ai turisti, in conformità al decreto legislativo 6 settembre 2005, n. 206.

2. Sono, altresì, considerate agenzie di viaggio le imprese esercenti in via principale l'organizzazione dell'attività di trasporto terrestre, marittimo, aereo, lacuale e fluviale quando assumono direttamente l'organizzazione di viaggi, crociere, gite ed escursioni comprendendo prestazioni e servizi aggiuntivi rispetto a quelli strettamente necessari al trasporto ed altresì quelle che esercitano attività locali e territoriali di noleggio, nonché ogni altra impresa che svolge attività ricollegabili alle precedenti.

3. Sono escluse le mere attività di distribuzione di titoli di viaggio.

4. Fatta salva l'ulteriore competenza delle regioni e delle province autonome di Trento e di Bolzano, al fine di uniformare il regime delle cauzioni eventualmente richieste alle agenzie di viaggio delle organizzazioni e delle associazioni che svolgono attività similare e di evitare l'alterazione del mercato, il Presidente del Consiglio dei Ministri o il Ministro delegato, d'intesa con la Conferenza permanente per i rapporti tra lo Stato, le regioni e le province autonome di Trento e di Bolzano, definisce gli standard minimi comuni, nonché il livello minimo e massimo da applicare ad eventuali cauzioni.

5. Le agenzie di viaggio e turismo adottano denominazioni o ragioni sociali, anche in lingua straniera, che non traggano in inganno il consumatore sulla legittimazione allo svolgimento dell'attività di agenzia di viaggio e turismo.

6. È vietato l'uso, nella ragione o nella denominazione sociale ai soggetti che non svolgono l'attività di cui al comma 1, o in qualsiasi comunicazione al pubblico, delle parole: 'agenzia di viaggio', 'agenzia di turismo', 'tour operator', 'mediatore di viaggio' ovvero di altre parole e locuzioni, anche in lingua straniera, idonee ad indurre confusione sulla legittimazione allo svolgimento dell'attività di cui al comma 1.

7. Chiunque contravviene alle disposizioni di cui al comma 6 è punito con la sanzione amministrativa pecuniaria stabilita dalle regioni o dalle province autonome di Trento e di Bolzano competenti.

8. I soggetti che, alla data di entrata in vigore del presente decreto, utilizzano parole o locuzioni vietate ai sensi dei commi 5 e 6, sono tenuti ad adeguarsi entro un anno da tale data, eliminando o integrando la ragione o denominazione sociale, nonché ogni pubblicità o comunicazione al pubblico, in modo da non ingenerare equivoci in ordine alle attività effettivamente svolte.

9. Non rientrano nella nozione di agenzia di viaggio e turismo, di intermediario, di venditore o di organizzatore di viaggio, e pertanto ad esse non si applicano le relative disposizioni ed i relativi obblighi, le persone fisiche o giuridiche che effettuano la vendita e la distribuzione dei cofanetti, o voucher, regalo che permettono di usufruire di servizi turistici anche disaggregati. La qualifica di agenzia di viaggio e turismo compete esclusivamente a chi emette e produce i predetti cofanetti, o voucher, regalo.

(1) La Corte costituzionale, con sent. n. 5/4/2012 (in G.U. 11/4/2012, n. 15), ha dichiarato l'illegittimità costituzionale del presente articolo.

19. Obbligo di assicurazione. – 1. Per lo svolgimento della loro attività, le agenzie di viaggio e turismo stipulano congrue polizze assicurative a garanzia dell'esatto adempimento degli obblighi assunti verso i clienti con il contratto di viaggio in relazione al costo complessivo dei servizi offerti.

20. Direttore tecnico (1). – 1. Con decreto del Presidente del Consiglio dei Ministri o del Ministro delegato sono fissati i requisiti professionali a livello nazionale dei direttori tecnici delle agenzie di viaggio e turismo, previo intesa con la Conferenza permanente per il rapporti tra lo Stato, le regioni e le province autonome di Trento e di Bolzano.

2. L'apertura di filiali, succursali e altri punti vendita di agenzie già legittimate ad operare non richiede la nomina di un direttore tecnico per ciascun punto di erogazione del servizio.

(1) La Corte costituzionale, con sent. n. 5/4/2012 (in G.U. 11/4/2012, n. 15), ha dichiarato l'illegittimità costituzionale del presente articolo.

21. Semplificazione degli adempimenti amministrativi relativi alle agenzie di viaggi e turismo (1). – 1. L'apertura, il trasferimento e le modifiche concernenti l'operatività delle agenzie di viaggi e turismo, sono soggette, nel rispetto dei requisiti professionali, di onorabilità e finanziari previsti dalle leggi delle regioni e delle province autonome di Trento e Bolzano, alla segnalazione certificata di inizio attività nei limiti ed alle condizioni di cui all'articolo 19 della legge 7 agosto 1990, n. 241.

2. L'attività oggetto della segnalazione, di cui al comma 1, può essere iniziata dalla data della presentazione della segnalazione all'amministrazione competente.

3. L'apertura di filiali, succursali e altri punti vendita di agenzie già legittimate a operare, non è soggetta a segnalazione certificata autonoma ma a comunicazione alla provincia ove sono ubicati, nonché alla provincia a cui è stata inviata la segnalazione di inizio attività.

(1) La Corte costituzionale, con sent. n. 5/4/2012 (in G.U. 11/4/2012, n. 15), ha dichiarato l'illegittimità costituzionale del presente articolo.

TITOLO V
TIPOLOGIE DI PRODOTTI TURISTICI E RELATIVI CIRCUITI NAZIONALI DI ECCELLENZA

Capo I
Disposizioni generali

22. Circuiti nazionali di eccellenza a sostegno dell'offerta turistica e del sistema Italia. – 1. Al fine di superare la frammentazione della promozione e della strutturazione dell'offerta per promuovere circuiti virtuosi, in grado di collegare tutta l'Italia e di contribuire strategicamente a creare un'offerta tematica idonea a soddisfare le molteplici esigenze dei turisti nazionali e internazionali, sono realizzati i circuiti nazionali di eccellenza a sostegno dell'offerta e dell'immagine turistica dell'Italia, corrispondenti ai contesti turistici omogenei o rappresentanti realtà analoghe e costituenti eccellenze italiane, nonché veri e propri itinerari tematici lungo tutto il territorio nazionale.

2. Con decreto del Presidente del Consiglio dei Ministri o del Ministro delegato, di concerto con i Ministri degli affari esteri, dell'ambiente della tutela del territorio e del mare, dello sviluppo economico, per i beni e le attività culturali, delle politiche agricole alimentari e forestali, della gioventù e per le politiche europee, d'intesa con la Conferenza permanente per i rapporti tra lo Stato, le regioni e le province autonome di Trento e di Bolzano, si definiscono i circuiti nazionali di eccellenza, i percorsi, i prodotti e gli itinerari tematici omogenei che collegano regioni diverse lungo tutto il territorio nazionale, anche tenendo conto della capacità ricettiva dei luoghi interessati e della promozione di forme di turismo accessibile, mediante accordi con le principali imprese turistiche operanti nei territori interessati attraverso pacchetti a condizioni vantaggiose per i giovani, gli anziani e le persone con disabilità, senza nuovi o maggiori oneri per la finanza pubblica.

Essi sono individuati come segue:

a) turismo della montagna;

b) turismo del mare;

c) turismo dei laghi e dei fiumi;

d) turismo della cultura;

e) turismo religioso;

f) turismo della natura e faunistico;

g) turismo dell'enogastronomia;

h) turismo termale e del benessere;

i) turismo dello sport e del golf;

l) turismo congressuale;

m) turismo giovanile;

n) turismo del made in Italy e della relativa attività industriale ed artigianale;

o) turismo delle arti e dello spettacolo (1).

3. Il Presidente del Consiglio dei Ministri o il Ministro delegato promuove i circuiti nazionali di eccellenza nel contesto nazionale ed internazionale, anche con la partecipazione degli enti locali, delle regioni, delle associazioni di categoria e dei soggetti pubblici e privati interessati che concorrono alla formazione dell'offerta.

(1) Comma così modificato dall'art. 56, co. 1, lett. a), d.l. 9/2/2012, n. 5, conv., con modif., dalla l. 4/4/2012, n. 35.

23. Sistemi turistici locali (1). – 1. Si definiscono sistemi turistici locali i contesti turistici omogenei o integrati, comprendenti ambiti territoriali appartenenti anche a regioni diverse, caratterizzati dall'offerta integrata di beni culturali, ambientali e di attrazioni turistiche, compresi i prodotti tipici dell'agricoltura e dell'artigianato locale, o dalla presenza diffusa di imprese turistiche singole o associate.

2. Gli enti locali o soggetti privati, singoli o associati, promuovono i sistemi turistici locali attraverso forme di concertazione con gli enti funzionali, con le associazioni di categoria che concorrono alla formazione dell'offerta turistica, nonché con i soggetti pubblici e privati interessati.

3. Nell'ambito delle proprie funzioni di programmazione e per favorire l'integrazione tra politiche del turismo e politiche di governo del territorio e di sviluppo economico, le regioni provvedono, ai sensi del capo V del titolo II della parte I del testo unico delle leggi sull'ordinamento degli enti locali, di cui al decreto legislativo 18 agosto 2000, n. 267, e del titolo II, capo III, del decreto legislativo 31 marzo 1998, n. 112, a riconoscere i sistemi turistici locali di cui al presente articolo.

(1) La Corte costituzionale, con sent. n. 5/4/2012 (in G.U. 11/4/2012, n. 15), ha dichiarato l'illegittimità costituzionale del presente articolo.

Capo II
Turismo culturale

24. Incentivazione di iniziative di promozione turistica finalizzate alla valorizzazione del patrimonio storico-artistico, archeologico, architettonico e paesaggistico italiano. – 1. Nel rispetto dell' articolo 9 della Costituzione e del codice dei beni culturali e del paesaggio di cui al decreto legislativo 22 gennaio 2004, n. 42, il Presidente del Consiglio dei Ministri o il Ministro delegato, di concerto con il Ministro per i beni e le attività culturali, promuove la realizzazione di iniziative turistiche finalizzate ad incentivare la valorizzazione del patrimonio storico-artistico, archeologico, architettonico e paesaggistico presente sul territorio italiano, utilizzando le risorse umane e strumentali disponibili, senza nuovi ed ulteriori oneri per la finanza pubblica.

25. Strumenti di programmazione negoziale. – 1. Ai fini del perseguimento degli obiettivi di cui all'articolo 22, le amministrazioni interessate, statali, regionali e locali, promuovono ed utilizzano gli strumenti di programmazione negoziale di cui all'articolo 2, comma 203, della legge 23 dicembre 1996, n. 662. In sede di Conferenza Stato-regioni vengono stabiliti i tempi per la conclusione degli accordi, che devono comunque essere stipulati entro i successivi sessanta giorni.

2. Gli strumenti di programmazione negoziale di cui al comma 1 prevedono misure finalizzate a:

a) promuovere, in chiave turistica, iniziative di valorizzazione del patrimonio storico-artistico, archeologico, architettonico e paesaggistico presente sul territorio italiano, con particolare attenzione ai borghi, ai piccoli comuni ed a tutte le realtà minori che ancora non hanno conosciuto una adeguata valorizzazione del proprio patrimonio a fini turistici;

b) garantire, ai fini dell'incremento dei flussi turistici, in particolare dall'estero, che il predetto patrimonio sia completamente accessibile al pubblico dei visitatori anche al fine di incrementare gli introiti e di destinare maggiori risorse al finanziamento degli interventi di recupero e di restauro dello stesso;

c) assicurare la effettiva fruibilità, da parte del pubblico dei visitatori, in particolare di quelli stranieri, del predetto patrimonio attraverso la predisposizione di materiale informativo redatto obbligatoriamente nelle lingue inglese, francese e tedesco, e, preferibilmente, in lingua cinese.

26. Funzioni di monitoraggio. – 1. Le funzioni di monitoraggio delle attività, elencate all'articolo 22, comma 2, sono svolte dal Comitato permanente di promozione del turismo in Italia, nel rispetto delle funzioni e delle competenze degli uffici del Ministero per i beni e le attività culturali e tenendo conto dei contratti relativi ai servizi di assistenza culturale e ospitalità per il pubblico, utilizzando le risorse umane e strumentali disponibili, senza nuovi ed ulteriori oneri per la finanza pubblica.

Capo III
Turismo sociale

27. Fondo buoni vacanze. – 1. Presso il Dipartimento per lo sviluppo e competitività del turismo opera il Fondo di cui alla disciplina prevista dall'articolo 2, comma 193, della legge 24 dicembre 2007, n. 244, di seguito denominato: «Fondo buoni vacanze». Ad esso affluiscono:

a) risparmi costituiti da individui, imprese, istituzioni o associazioni private quali circoli aziendali, associazioni nonprofit, banche, società finanziarie;

b) risorse derivanti da finanziamenti, donazioni e liberalità, erogati da soggetti pubblici o privati;

[*c) a decorrere dall'anno di imposta 2011, parte della quota destinata allo Stato di cui all'articolo 47, secondo comma, della legge 20 maggio 1985, n. 222, determinata con le procedure vigenti**].

2. Allo scopo di favorire la crescita competitiva dell'offerta del sistema turistico nazionale con appositi decreti, di natura non regolamentare, del Presidente del Consiglio dei Ministri o del Ministro delegato, di concerto con il Ministro dell'economia e delle finanze, sentito il Dipartimento per le politiche della famiglia, d'intesa con la Conferenza permanente per i rapporti tra lo Stato, le regioni e le province autonome di Trento e di Bolzano, sono definite le modalità per l'erogazione di buoni vacanza da destinare ad interventi di solidarietà in favore delle fasce sociali più deboli, anche per la soddisfazione delle esigenze di destagionalizzazione dei flussi turistici ed anche ai fini della valorizzazione delle aree che non abbiano ancora conosciuto una adeguata fruizione turistica.

* Lettera abrogata dall'art. 56, co. 1, lett. b), d.l. 9/2/2012, n. 5, conv., con modif., dalla l. 4/4/2012, n. 35.

Capo IV
Altri settori

28. Turismo termale e del benessere. – 1. Il turismo termale è disciplinato dalla legge 24 ottobre 2000, n. 323, e successive modificazioni.

2. Il turismo del benessere segue la disciplina prevista dal titolo III del presente Codice.

29. Turismo della natura e faunistico. – 1. L'agriturismo è disciplinato dall'articolo 3 del decreto legislativo 18 maggio 2001, n. 228, e dalla legge 20 febbraio 2006, n. 96.

2. Il turismo della natura comprende le attività di ospitalità, ricreative, didattiche, culturali e di servizi finalizzate alla corretta fruizione e alla valorizzazione delle risorse naturalistiche, del patrimonio faunistico e acquatico e degli itinerari di recupero delle ippovie e delle antiche trazzere del Paese. Per quanto non specificamente previsto dalle normative di settore, è disciplinato dal titolo III del presente Codice.

30. Turismo con animali al seguito (1). – 1. Al fine di aumentare la competitività del settore e l'offerta dei servizi turistici a favore dei visitatori nazionali ed internazionali, lo Stato promuove ogni iniziativa volta ad agevolare e favorire l'accesso ai servizi pubblici e nei luoghi aperti al pubblico dei turisti con animali domestici al seguito.

2. Ai fini di cui al comma 1, lo Stato promuove la fattiva collaborazione tra le autonomie locali, gli enti pubblici, gli operatori turistici, le associazioni di tutela del settore.

(1) La Corte costituzionale, con sent. n. 5/4/2012 (in G.U. 11/4/2012, n. 15), ha dichiarato l'illegittimità costituzionale del presente articolo.

31. Turismo nautico. – Ferma restando l'osservanza della normativa statale in materia di tutela dell'ambiente e del patrimonio culturale e dei regolamenti di fruizione delle aree naturali protette, la realizzazione delle strutture di interesse turistico-ricreativo dedicate alla nautica da diporto di cui all'articolo 2, comma 1, lettera c), del regolamento di cui al decreto del Presidente della Repubblica 2 dicembre 1997, n. 509, ivi compresi i pontili galleggianti a carattere stagionale, pur se ricorrente, mediante impianti di ancoraggio con corpi morti e catenarie, collegamento con la terraferma e apprestamento di servizi complementari, per la quale sia stata assentita, nel rispetto della disciplina paesaggistica e ambientale, concessione demaniale marittima o lacuale, anche provvisoria, non necessita di alcun ulteriore titolo abilitativo edilizio e demaniale, ferma restando la quantificazione del canone in base alla superficie occupata. Sono comunque fatte salve le competenze regionali in materia di demanio marittimo, lacuale e fluviale.

TITOLO VI
CONTRATTI

Capo I (1)
Contratti del turismo organizzato

(1) Capo così sostituito dall'art. 1, co. 1, d.lg. 21/5/2018, n. 62, a decorrere dal 1° luglio 2018 e con applicabilità ai contratti conclusi a decorrere da tale data, ai sensi di quanto disposto dall'art. 3, co. 1, del medesimo d.lg. n. 62/2018.

Sezione I

Pacchetti turistici e servizi turistici collegati

32. Ambito di applicazione (1). – 1. Le disposizioni del presente Capo si applicano ai pacchetti offerti in vendita o venduti da professionisti a viaggiatori e ai servizi turistici collegati la cui offerta o vendita a viaggiatori è agevolata da professionisti.

2. Le disposizioni del presente Capo non si applicano a:

a) pacchetti e servizi turistici collegati la cui durata sia inferiore alle 24 ore, salvo che sia incluso un pernottamento;

b) pacchetti e servizi turistici collegati la cui offerta o vendita a viaggiatori è agevolata dalle associazioni di cui all'articolo 5, laddove agiscano occasionalmente, comunque non più di due volte l'anno, senza fini di lucro e soltanto a un gruppo limitato di viaggiatori, senza offerta al pubblico; le predette associazioni sono comunque tenute a fornire a professionisti e viaggiatori informazioni adeguate sul fatto che tali pacchetti o servizi turistici collegati non sono soggetti alla presente disciplina;

c) pacchetti e servizi turistici collegati acquistati nell'ambito di un accordo generale per l'organizzazione di viaggi di natura professionale concluso tra un professionista e un'altra persona fisica o giuridica che agisce nell'ambito della propria attività commerciale, imprenditoriale, artigianale o professionale.

3. Per quanto non previsto dal presente Capo, si applicano le disposizioni del codice del consumo di cui al decreto legislativo 6 settembre 2005, n. 206.

(1) Articolo così sostituito dall'art. 1, co. 1, d.lg. 21/5/2018, n. 62, che ha sostituito il Capo I, a decorrere dal 1° luglio 2018 e con applicabilità ai contratti conclusi a decorrere da tale data, ai sensi di quanto disposto dall'art. 3, co. 1, del medesimo d.lg. n. 62/2018.

33. Definizioni (1). – 1. Ai fini del presente Capo s'intende per:

a) "servizio turistico":

1) il trasporto di passeggeri;

2) l'alloggio che non costituisce parte integrante del trasporto di passeggeri e non è destinato a fini residenziali, o per corsi di lingua di lungo periodo;

3) il noleggio di auto, di altri veicoli a motore ai sensi del decreto del Ministro delle infrastrutture e dei trasporti 28 aprile 2008, pubblicato nella Gazzetta Ufficiale della Repubblica italiana n. 162 del 12 luglio 2008, o di motocicli che richiedono una patente di guida di categoria A, a norma del decreto legislativo 16 gennaio 2013, n. 2;

4) qualunque altro servizio turistico che non costituisce parte integrante di uno dei servizi turistici di cui ai numeri 1), 2) o 3), e non sia un servizio finanziario o assicurativo;

b) "servizio turistico integrativo": servizi accessori quali, tra gli altri, il trasporto del bagaglio fornito nell'ambito del trasporto dei passeggeri; l'uso di parcheggi a pagamento nell'ambito delle stazioni o degli aeroporti; il trasporto passeggeri su brevi distanze in occasione di visite guidate o i trasferimenti tra una struttura ricettiva e una stazione di viaggio con altri mezzi; l'organizzazione di attività di intrattenimento o sportive; la fornitura di pasti, di bevande e la pulizia forniti nell'ambito dell'alloggio; la fruizione di biciclette, sci e altre dotazioni della struttura ricettiva ovvero l'accesso a strutture in loco, quali piscine, spiagge, palestre, saune, centri benessere o termali, incluso per i clienti dell'albergo; qualunque altro servizio integrativo tipico anche secondo la prassi locale;

c) "pacchetto": la combinazione di almeno due tipi diversi di servizi turistici ai fini dello stesso viaggio o della stessa vacanza, se si verifica almeno una delle seguenti condizioni:

1) tali servizi sono combinati da un unico professionista, anche su richiesta del viaggiatore o conformemente a una sua selezione, prima che sia concluso un contratto unico per tutti i servizi;

2) tali servizi, anche se conclusi con contratti distinti con singoli fornitori di servizi turistici, sono:

2.1) acquistati presso un unico punto vendita e selezionati prima che il viaggiatore acconsenta al pagamento;

2.2) offerti, venduti o fatturati a un prezzo forfettario o globale;

2.3) pubblicizzati o venduti sotto la denominazione "pacchetto" o denominazione analoga;

2.4) combinati dopo la conclusione di un contratto con cui il professionista consente al viaggiatore di scegliere tra una selezione di tipi diversi di servizi turistici, oppure acquistati presso professionisti distinti attraverso processi collegati di prenotazione per via telematica ove il nome del viaggiatore, gli estremi del pagamento e l'indirizzo di posta elettronica siano trasmessi dal professionista con cui è concluso il primo contratto a uno o più professionisti e il contratto con quest'ultimo o questi ultimi professionisti sia concluso al più tardi 24 ore dopo la conferma della prenotazione del primo servizio turistico;

d) "contratto di pacchetto turistico": il contratto relativo all'intero pacchetto oppure, se il pacchetto è fornito in base a contratti distinti, l'insieme dei contratti riguardanti i servizi turistici inclusi nel pacchetto;

e) "inizio del pacchetto": l'inizio dell'esecuzione dei servizi turistici inclusi nel pacchetto;

f) "servizio turistico collegato": almeno due tipi diversi di servizi turistici acquistati ai fini dello stesso viaggio o della stessa vacanza, che non costituiscono un pacchetto, e che comportano la conclusione di contratti distinti con i singoli fornitori di servizi turistici, se un professionista agevola, alternativamente:

1) al momento di un'unica visita o un unico contatto con il proprio punto vendita, la selezione distinta e il pagamento distinto di ogni servizio turistico da parte dei viaggiatori;

2) l'acquisto mirato di almeno un servizio turistico aggiuntivo presso un altro professionista quando tale acquisto è concluso entro le 24 ore dalla conferma della prenotazione del primo servizio turistico;

g) "viaggiatore": chiunque intende concludere un contratto, stipula un contratto o è autorizzato a viaggiare in base a un contratto concluso, nell'ambito di applicazione del presente Capo;

h) "professionista": qualsiasi persona fisica o giuridica pubblica o privata che, nell'ambito della sua attività commerciale, industriale, artigianale o professionale agisce, nei contratti oggetto del presente Capo, anche tramite altra persona che opera in suo nome o per suo conto, in veste di organizzatore, venditore, professionista che agevola servizi turistici collegati o di fornitore di servizi turistici, ai sensi della normativa vigente;

i) "organizzatore": un professionista che combina pacchetti e li vende o li offre in vendita direttamente o tramite o unitamente a un altro professionista, oppure il professionista che trasmette i dati relativi al viaggiatore a un altro professionista conformemente alla lettera c), numero 2.4);

l) "venditore": il professionista diverso dall'organizzatore che vende o offre in vendita pacchetti combinati da un organizzatore;

m) "stabilimento": lo stabilimento definito dall'articolo 8, comma 1, lettera e), del decreto legislativo 26 marzo 2010, n. 59;

n) "supporto durevole": ogni strumento che permette al viaggiatore o al professionista di conservare le informazioni che gli sono personalmente indirizzate in modo da potervi accedere in futuro per un periodo di tempo adeguato alle finalità cui esse sono destinate e che consente la riproduzione identica delle informazioni memorizzate;

o) "circostanze inevitabili e straordinarie": una situazione fuori dal controllo della parte che invoca una tale situazione e le cui conseguenze non sarebbero state evitate nemmeno adottando tutte le ragionevoli misure;

p) “difetto di conformità”: un inadempimento dei servizi turistici inclusi in un pacchetto;

q) “minore”: persona di età inferiore ai 18 anni;

r) “punto vendita”: qualsiasi locale, mobile o immobile, adibito alla vendita al dettaglio o sito web di vendita al dettaglio o analogo strumento di vendita online, anche nel caso in cui siti web di vendita al dettaglio o strumenti di vendita online sono presentati ai viaggiatori come un unico strumento, compreso il servizio telefonico;

s) “rientro”: il ritorno del viaggiatore al luogo di partenza o ad altro luogo concordato dalle parti contraenti.

2. Non è un pacchetto turistico una combinazione di servizi turistici in cui sono presenti uno dei tipi di servizi turistici di cui al comma 1, lettera a), numeri 1), 2) o 3), combinati con uno o più dei servizi turistici di cui al comma 1, lettera a), numero 4), se tali ultimi servizi non rappresentano una parte pari o superiore al 25 per cento del valore della combinazione e non sono pubblicizzati, né rappresentano altrimenti un elemento essenziale della combinazione, oppure sono selezionati e acquistati solo dopo l’inizio dell’esecuzione di un servizio turistico di cui al comma 1, lettera a), numeri 1), 2) o 3).

3. La fatturazione separata degli elementi di uno stesso pacchetto di cui al comma 1, lettera b), non sottrae l’organizzatore o il venditore agli obblighi del presente Capo.

4. Non costituisce un servizio turistico collegato l’acquisto di uno dei tipi di servizi turistici di cui al comma 1, lettera a), numeri 1), 2) o 3), con uno o più dei servizi turistici di cui al comma 1, lettera a), numero 4), se questi ultimi servizi non rappresentano una porzione significativa pari o superiore al 25 per cento del valore combinato dei servizi e non sono pubblicizzati come un elemento essenziale del viaggio o della vacanza e non ne costituiscono, comunque, un elemento essenziale.

(1) Articolo così sostituito dall’art. 1, co. 1, d.lg. 21/5/2018, n. 62, che ha sostituito il Capo I, a decorrere dal 1° luglio 2018 e con applicabilità ai contratti conclusi a decorrere da tale data, ai sensi di quanto disposto dall’art. 3, co. 1, del medesimo d.lg. n. 62/2018.

Sezione II
Obblighi di informazione e contenuto del contratto di pacchetto turistico

34. Informazioni precontrattuali (1). – 1. Prima della conclusione del contratto di pacchetto turistico o di un’offerta corrispondente, l’organizzatore e, nel caso in cui il pacchetto sia venduto tramite un venditore, anche quest’ultimo, forniscono al viaggiatore il pertinente modulo informativo standard di cui all’allegato A, parte I o parte II, al presente codice, nonché le seguenti informazioni:

a) le caratteristiche principali dei servizi turistici, quali:

1) la destinazione o le destinazioni del viaggio, l’itinerario e i periodi di soggiorno con relative date e, se è incluso l’alloggio, il numero di notti comprese;

2) i mezzi, le caratteristiche e le categorie di trasporto, i luoghi, le date e gli orari di partenza e ritorno, la durata e la località di sosta intermedia e le coincidenze; nel caso in cui l’orario esatto non sia ancora stabilito, l’organizzatore e, se del caso, il venditore, informano il viaggiatore dell’orario approssimativo di partenza e ritorno;

3) l’ubicazione, le caratteristiche principali e, ove prevista, la categoria turistica dell’alloggio ai sensi della regolamentazione del paese di destinazione;

4) i pasti forniti;

5) le visite, le escursioni o altri servizi inclusi nel prezzo totale pattuito del pacchetto;

6) i servizi turistici prestati al viaggiatore in quanto membro di un gruppo e, in tal caso, le dimensioni approssimative del gruppo;

7) la lingua in cui sono prestati i servizi;

8) se il viaggio o la vacanza sono idonei a persone a mobilità ridotta e, su richiesta del viaggiatore, informazioni precise sull’idoneità del viaggio o della vacanza che tenga conto delle esigenze del viaggiatore;

b) la denominazione commerciale e l’indirizzo geografico dell’organizzatore e, ove presente, del venditore, i loro recapiti telefonici e indirizzi di posta elettronica;

c) il prezzo totale del pacchetto comprensivo di tasse e tutti i diritti, imposte e altri costi aggiuntivi, ivi comprese le eventuali spese amministrative e di gestione delle pratiche, oppure, ove questi non siano ragionevolmente calcolabili prima della conclusione del contratto, un’indicazione del tipo di costi aggiuntivi che il viaggiatore potrebbe dover ancora sostenere;

d) le modalità di pagamento, compresi l’eventuale importo o percentuale del prezzo da versare a titolo di acconto e il calendario per il versamento del saldo, o le garanzie finanziarie che il viaggiatore è tenuto a pagare o fornire;

e) il numero minimo di persone richiesto per il pacchetto e il termine di cui all’articolo 41, comma 5, lettera a), prima dell’inizio del pacchetto per l’eventuale risoluzione del contratto in caso di mancato raggiungimento del numero;

f) le informazioni di carattere generale concernenti le condizioni in materia di passaporto e visti, compresi i tempi approssimativi per l’ottenimento dei visti e le formalità sanitarie del paese di destinazione;

g) le informazioni sulla facoltà per il viaggiatore di recedere dal contratto in qualunque momento prima dell’inizio del pacchetto dietro pagamento di adeguate spese di recesso, o, se previste, delle spese di recesso standard richieste dall’organizzatore ai sensi dell’articolo 41, comma 1;

h) le informazioni sulla sottoscrizione facoltativa o obbligatoria di un’assicurazione che copra le spese di recesso unilaterale dal contratto da parte del viaggiatore o le spese di assistenza, compreso il rientro, in caso di infortunio, malattia o decesso;

i) gli estremi della copertura di cui all’articolo 47, commi 1, 2 e 3.

2. Per i contratti di pacchetto turistico di cui all’articolo 33, comma 1, lettera d), stipulati per telefono, l’organizzatore o il professionista fornisce al viaggiatore le informazioni standard di cui all’allegato A, parte II, al presente decreto, e le informazioni di cui al comma 1.

3. Con riferimento ai pacchetti acquistati presso professionisti distinti di cui all’articolo 33, comma 1, lettera c), numero 2.4), l’organizzatore e il professionista a cui sono trasmessi i dati garantiscono che ciascuno di essi fornisca, prima che il viaggiatore sia vincolato da un contratto o da un’offerta corrispondente, le informazioni elencate al comma 1, nella misura in cui esse sono pertinenti ai rispettivi servizi turistici offerti. Contemporaneamente, l’organizzatore fornisce inoltre le informazioni standard del modulo di cui all’allegato A, parte III, al presente codice.

4. Le informazioni di cui ai commi 1, 2 e 3 sono fornite in modo chiaro e preciso e, ove sono fornite per iscritto, devono essere leggibili.

(1) Articolo così sostituito dall’art. 1, co. 1, d.lg. 21/5/2018, n. 62, che ha sostituito il Capo I, a decorrere dal 1° luglio 2018 e con applicabilità ai contratti conclusi a decorrere da tale data, ai sensi di quanto disposto dall’art. 3, co. 1, del medesimo d.lg. n. 62/2018.

35. Carattere vincolante delle informazioni precontrattuali e conclusione del contratto di pacchetto turistico (1). – 1. Le informazioni fornite al viaggiatore ai sensi dell’articolo 34, comma 1, lettere a), c), d), e) e g), formano parte integrante del contratto di pacchetto turistico e non possono essere modificate salvo accordo esplicito delle parti contraenti.

2. L'organizzatore e il venditore comunicano al viaggiatore tutte le modifiche delle informazioni precontrattuali in modo chiaro ed evidente prima della conclusione del contratto di pacchetto turistico.

3. Se l'organizzatore e il venditore non hanno ottemperato agli obblighi in materia di informazione sulle imposte, sui diritti o su altri costi aggiuntivi di cui all'articolo 34, comma 1, lettera c), prima della conclusione del contratto di pacchetto turistico, il viaggiatore non è tenuto al pagamento di tali costi.

(1) Articolo così sostituito dall'art. 1, co. 1, d.lg. 21/5/2018, n. 62, che ha sostituito il Capo I, a decorrere dal 1° luglio 2018 e con applicabilità ai contratti conclusi a decorrere da tale data, ai sensi di quanto disposto dall'art. 3, co. 1, del medesimo d.lg. n. 62/2018.

36. Contenuto del contratto di pacchetto turistico e documenti da fornire prima dell'inizio del pacchetto (1). – 1. I contratti di pacchetto turistico sono formulati in un linguaggio semplice e chiaro e, ove in forma scritta, leggibile.

2. Al momento della conclusione del contratto di pacchetto turistico o, comunque, appena possibile, l'organizzatore o il venditore, fornisce al viaggiatore una copia o una conferma del contratto su un supporto durevole.

3. Il viaggiatore ha diritto a una copia cartacea qualora il contratto di pacchetto turistico sia stato stipulato alla contemporanea presenza fisica delle parti.

4. Per quanto riguarda i contratti negoziati fuori dei locali commerciali, definiti all'articolo 45, comma 1, lettera h), del decreto legislativo 6 settembre 2005, n. 206, una copia o la conferma del contratto di pacchetto turistico è fornita al viaggiatore su carta o, se il viaggiatore acconsente, su un altro supporto durevole.

5. Il contratto di pacchetto turistico o la sua conferma riportano l'intero contenuto dell'accordo che contiene tutte le informazioni di cui all'articolo 34, comma 1, nonché le seguenti:

a) le richieste specifiche del viaggiatore accettate dall'organizzatore;

b) una dichiarazione attestante che l'organizzatore è responsabile dell'esatta esecuzione di tutti i servizi turistici inclusi nel contratto ai sensi dell'articolo 42 ed è tenuto a prestare assistenza qualora il viaggiatore si trovi in difficoltà ai sensi dell'articolo 45;

c) il nome e i recapiti, compreso l'indirizzo geografico, del soggetto incaricato della protezione in caso d'insolvenza;

d) il nome, l'indirizzo, il numero di telefono, l'indirizzo di posta elettronica e, se presente, il numero di fax del rappresentante locale dell'organizzatore, di un punto di contatto o di un altro servizio che consenta al viaggiatore di comunicare rapidamente ed efficacemente con l'organizzatore per chiedere assistenza o per rivolgere eventuali reclami relativi a difetti di conformità riscontrati durante l'esecuzione del pacchetto;

e) il fatto che il viaggiatore sia tenuto a comunicare, senza ritardo, eventuali difetti di conformità rilevati durante l'esecuzione del pacchetto ai sensi dell'articolo 42, comma 2;

f) nel caso di minori, non accompagnati da un genitore o altra persona autorizzata, che viaggiano in base a un contratto di pacchetto turistico che include l'alloggio, le informazioni che consentono di stabilire un contatto diretto con il minore o il responsabile del minore nel suo luogo di soggiorno;

g) informazioni riguardo alle esistenti procedure di trattamento dei reclami e ai meccanismi di risoluzione alternativa delle controversie (ADR - Alternative Dispute Resolution), ai sensi del decreto legislativo 6 settembre 2005, n. 206 e, se presente, all'organismo ADR da cui il professionista è disciplinato e alla piattaforma di risoluzione delle controversie online ai sensi del regolamento (UE) n. 524/2013;

h) informazioni sul diritto del viaggiatore di cedere il contratto a un altro viaggiatore ai sensi dell'articolo 38.

6. Con riferimento ai pacchetti acquistati presso professionisti distinti di cui all'articolo 33, comma 1, lettera b), numero 2.4), il professionista a cui i dati sono trasmessi informa l'organizzatore della conclusione del contratto che porterà alla creazione di un pacchetto e fornisce all'organizzatore le informazioni necessarie ad adempiere ai suoi obblighi. L'organizzatore fornisce tempestivamente al viaggiatore le informazioni di cui al comma 5 su un supporto durevole.

7. Le informazioni di cui ai commi 5 e 6 sono presentate in modo chiaro e preciso.

8. In tempo utile prima dell'inizio del pacchetto, l'organizzatore fornisce al viaggiatore le ricevute, i buoni e i biglietti necessari, le informazioni sull'orario della partenza previsto e il termine ultimo per l'accettazione, nonché gli orari delle soste intermedie, delle coincidenze e dell'arrivo.

(1) Articolo così sostituito dall'art. 1, co. 1, d.lg. 21/5/2018, n. 62, che ha sostituito il Capo I, a decorrere dal 1° luglio 2018 e con applicabilità ai contratti conclusi a decorrere da tale data, ai sensi di quanto disposto dall'art. 3, co. 1, del medesimo d.lg. n. 62/2018.

37. Onere della prova e divieto di fornire informazioni ingannevoli (1). – 1. L'onere della prova relativo all'adempimento degli obblighi di informazione di cui alla presente sezione è a carico del professionista.

2. È fatto comunque divieto di fornire informazioni ingannevoli sulle modalità del servizio offerto, sul prezzo e sugli altri elementi del contratto qualunque sia il mezzo mediante il quale dette informazioni vengono comunicate al viaggiatore.

(1) Articolo così sostituito dall'art. 1, co. 1, d.lg. 21/5/2018, n. 62, che ha sostituito il Capo I, a decorrere dal 1° luglio 2018 e con applicabilità ai contratti conclusi a decorrere da tale data, ai sensi di quanto disposto dall'art. 3, co. 1, del medesimo d.lg. n. 62/2018.

Sezione III

Modifiche al contratto di pacchetto turistico prima dell'inizio del pacchetto

38. Cessione del contratto di pacchetto turistico a un altro viaggiatore (1). – 1. Il viaggiatore, previo preavviso dato all'organizzatore su un supporto durevole entro e non oltre sette giorni prima dell'inizio del pacchetto, può cedere il contratto di pacchetto turistico a una persona che soddisfa tutte le condizioni per la fruizione del servizio.

2. Il cedente e il cessionario del contratto di pacchetto turistico sono solidalmente responsabili per il pagamento del saldo del prezzo e degli eventuali diritti, imposte e altri costi aggiuntivi, ivi comprese le eventuali spese amministrative e di gestione delle pratiche, risultanti da tale cessione.

3. L'organizzatore informa il cedente dei costi effettivi della cessione, che non possono essere irragionevoli e non eccedono le spese realmente sostenute dall'organizzatore in conseguenza della cessione del contratto di pacchetto turistico, e fornisce al cedente la prova relativa ai diritti, alle imposte o agli altri costi aggiuntivi risultanti dalla cessione del contratto.

(1) Articolo così sostituito dall'art. 1, co. 1, d.lg. 21/5/2018, n. 62, che ha sostituito il Capo I, a decorrere dal 1° luglio 2018 e con applicabilità ai contratti conclusi a decorrere da tale data, ai sensi di quanto disposto dall'art. 3, co. 1, del medesimo d.lg. n. 62/2018.

39. Revisione del prezzo (1). – 1. Dopo la conclusione del contratto di pacchetto turistico, i prezzi possono essere aumentati soltanto se il contratto lo prevede espressamente e precisa che il viaggiatore ha diritto a una riduzione del prezzo, nonché le modalità di calcolo della revisione del prezzo. In tal caso, il viaggiatore ha diritto ad una riduzione del prezzo corrispondente alla diminuzione dei costi di cui al comma 2, lettere a), b) e c), che si verifichi dopo la conclusione del contratto e prima dell'inizio del pacchetto.

2. Gli aumenti di prezzo sono possibili esclusivamente in conseguenza di modifiche riguardanti:

a) il prezzo del trasporto di passeggeri in funzione del costo del carburante o di altre fonti di energia;

b) il livello di tasse o diritti sui servizi turistici inclusi nel contratto imposti da terzi non direttamente coinvolti nell'esecuzione del pacchetto, comprese le tasse di atterraggio, di sbarco e d'imbarco nei porti e negli aeroporti;

c) i tassi di cambio pertinenti al pacchetto.

3. Se l'aumento di prezzo di cui al presente articolo eccede l'8 per cento del prezzo complessivo del pacchetto, si applica l'articolo 40, commi 2, 3, 4 e 5.

4. Un aumento di prezzo, indipendentemente dalla sua entità, è possibile solo previa comunicazione chiara e precisa su supporto durevole da parte dell'organizzatore al viaggiatore, unitamente alla giustificazione di tale aumento e alle modalità di calcolo, almeno venti giorni prima dell'inizio del pacchetto.

5. In caso di diminuzione del prezzo, l'organizzatore ha diritto a detrarre le spese amministrative e di gestione delle pratiche effettive dal rimborso dovuto al viaggiatore, delle quali è tenuto a fornire la prova su richiesta del viaggiatore.

(1) Articolo così sostituito dall'art. 1, co. 1, d.lg. 21/5/2018, n. 62, che ha sostituito il Capo I, a decorrere dal 1° luglio 2018 e con applicabilità ai contratti conclusi a decorrere da tale data, ai sensi di quanto disposto dall'art. 3, co. 1, del medesimo d.lg. n. 62/2018.

40. Modifica di altre condizioni del contratto di pacchetto turistico (1). – 1. Prima dell'inizio del pacchetto, l'organizzatore non può unilateralmente modificare le condizioni del contratto diverse dal prezzo ai sensi dell'articolo 39, salvo che si sia riservato tale diritto nel contratto e la modifica sia di scarsa importanza. L'organizzatore comunica la modifica al viaggiatore in modo chiaro e preciso su un supporto durevole.

2. Se, prima dell'inizio del pacchetto, l'organizzatore è costretto a modificare in modo significativo una o più caratteristiche principali dei servizi turistici di cui all'articolo 34, comma 1, lettera a), o non può soddisfare le richieste specifiche di cui all'articolo 36, comma 5, lettera a), oppure propone di aumentare il prezzo del pacchetto di oltre l'8 per cento ai sensi dell'articolo 39, comma 3, il viaggiatore, entro un periodo ragionevole specificato dall'organizzatore, può accettare la modifica proposta oppure recedere dal contratto senza corrispondere spese di recesso. In caso di recesso, l'organizzatore può offrire al viaggiatore un pacchetto sostitutivo di qualità equivalente o superiore.

3. L'organizzatore informa, senza ingiustificato ritardo, il viaggiatore in modo chiaro e preciso su un supporto durevole:

a) delle modifiche proposte di cui al comma 2 e della loro incidenza sul prezzo del pacchetto ai sensi del comma 4;

b) di un periodo ragionevole entro il quale il viaggiatore è tenuto a informare l'organizzatore della sua decisione ai sensi del comma 2;

c) delle conseguenze della mancata risposta del viaggiatore entro il periodo di cui alla lettera b) e dell'eventuale pacchetto sostitutivo offerto e del relativo prezzo.

4. Se le modifiche del contratto di pacchetto turistico o del pacchetto sostitutivo di cui al comma 2 comportano un pacchetto di qualità o costo inferiore, il viaggiatore ha diritto a un'adeguata riduzione del prezzo.

5. In caso di recesso dal contratto di pacchetto turistico ai sensi del comma 2, se il viaggiatore non accetta un pacchetto sostitutivo, l'organizzatore rimborsa senza ingiustificato ritardo e in ogni caso entro quattordici giorni dal recesso dal contratto tutti i pagamenti effettuati da o per conto del viaggiatore e si applicano le disposizioni di cui all'articolo 43, commi 2, 3, 4, 5, 6, 7, 8.

(1) Articolo così sostituito dall'art. 1, co. 1, d.lg. 21/5/2018, n. 62, che ha sostituito il Capo I, a decorrere dal 1° luglio 2018 e con applicabilità ai contratti conclusi a decorrere da tale data, ai sensi di quanto disposto dall'art. 3, co. 1, del medesimo d.lg. n. 62/2018.

41. Diritto di recesso prima dell'inizio del pacchetto (1). – 1. Il viaggiatore può recedere dal contratto di pacchetto turistico in ogni momento prima dell'inizio del pacchetto, dietro rimborso all'organizzatore delle spese sostenute, adeguate e giustificabili, del cui ammontare quest'ultimo fornisce motivazione al viaggiatore che ne faccia richiesta.

2. Il contratto di pacchetto turistico può prevedere spese standard per il recesso ragionevoli, calcolate in base al momento di recesso dal contratto e ai risparmi di costo attesi e agli introiti previsti che derivano dalla riallocazione dei servizi turistici.

3. In assenza di specificazione delle spese standard di recesso, l'importo delle spese di recesso corrisponde al prezzo del pacchetto diminuito dei risparmi di costo e degli introiti che derivano dalla riallocazione dei servizi turistici.

4. In caso di circostanze inevitabili e straordinarie verificatesi nel luogo di destinazione o nelle sue immediate vicinanze e che hanno un'incidenza sostanziale sull'esecuzione del pacchetto o sul trasporto di passeggeri verso la destinazione, il viaggiatore ha diritto di recedere dal contratto, prima dell'inizio del pacchetto, senza corrispondere spese di recesso, ed al rimborso integrale dei pagamenti effettuati per il pacchetto, ma non ha diritto a un indennizzo supplementare.

5. L'organizzatore può recedere dal contratto di pacchetto turistico e offrire al viaggiatore il rimborso integrale dei pagamenti effettuati per il pacchetto, ma non è tenuto a versare un indennizzo supplementare se:

a) il numero di persone iscritte al pacchetto è inferiore al minimo previsto dal contratto e l'organizzatore comunica il recesso dal contratto al viaggiatore entro il termine fissato nel contratto e in ogni caso non più tardi di venti giorni prima dell'inizio del pacchetto in caso di viaggi che durano più di sei giorni, di sette giorni prima dell'inizio del pacchetto in caso di viaggi che durano tra due e sei giorni, di quarantotto ore prima dell'inizio del pacchetto nel caso di viaggi che durano meno di due giorni;

b) l'organizzatore non è in grado di eseguire il contratto a causa di circostanze inevitabili e straordinarie e comunica il recesso dal medesimo al viaggiatore senza ingiustificato ritardo prima dell'inizio del pacchetto.

6. L'organizzatore procede a tutti i rimborsi prescritti a norma dei commi 4 e 5 oppure, con riguardo a quanto previsto ai commi 1, 2 e 3, rimborsa qualunque pagamento effettuato da o per conto del viaggiatore per il pacchetto dopo aver detratto le adeguate spese, senza ingiustificato ritardo e in ogni caso entro quattordici giorni dal recesso. Nei casi di cui ai commi 4 e 5, si determina la risoluzione dei contratti funzionalmente collegati stipulati con terzi.

7. In caso di contratti negoziati fuori dei locali commerciali, il viaggiatore ha diritto di recedere dal contratto di pacchetto turistico entro un periodo di cinque giorni dalla data della conclusione del contratto o dalla data in cui riceve le condizioni contrattuali e le informazioni preliminari se successiva, senza penali e senza fornire alcuna motivazione. Nei casi di offerte con tariffe sensibilmente diminuite rispetto alle offerte correnti, il diritto di recesso è escluso. In tale ultimo caso, l'organizzatore documenta la variazione di prezzo evidenziando adeguatamente l'esclusione del diritto di recesso.

(1) Articolo così sostituito dall'art. 1, co. 1, d.lg. 21/5/2018, n. 62, che ha sostituito il Capo I, a decorrere dal 1° luglio 2018 e con applicabilità ai contratti conclusi a decorrere da tale data, ai sensi di quanto disposto dall'art. 3, co. 1, del medesimo d.lg. n. 62/2018.

Sezione IV
Esecuzione del pacchetto

42. Responsabilità dell'organizzatore per l'inesatta esecuzione del pacchetto e per la sopravvenuta impossibilità in corso d'esecuzione del pacchetto (1). – 1. L'organizzatore è responsabile dell'esecuzione dei servizi turistici previsti dal contratto di pacchetto turistico, indipendentemente dal fatto che tali servizi turistici devono essere prestati dall'organizzatore stesso, dai suoi ausiliari o preposti quando agiscono nell'esercizio delle loro funzioni, dai terzi della cui opera si avvale o da altri fornitori di servizi turistici, ai sensi dell'articolo 1228 del codice civile.

2. Il viaggiatore, ai sensi degli articoli 1175 e 1375 del codice civile, informa l'organizzatore, direttamente o tramite il venditore, tempestivamente, tenuto conto delle circostanze del caso, di eventuali difetti di conformità rilevati durante l'esecuzione di un servizio turistico previsto dal contratto di pacchetto turistico.

3. Se uno dei servizi turistici non è eseguito secondo quanto pattuito nel contratto di pacchetto turistico, l'organizzatore pone rimedio al difetto di conformità, a meno che ciò risulti impossibile oppure risulti eccessivamente oneroso, tenendo conto dell'entità del difetto di conformità e del valore dei servizi turistici interessati dal difetto. Se l'organizzatore non pone rimedio al difetto, si applica l'articolo 43.

4. Fatte salve le eccezioni di cui al comma 3, se l'organizzatore non pone rimedio al difetto di conformità entro un periodo ragionevole fissato dal viaggiatore in relazione alla durata e alle caratteristiche del pacchetto, con la contestazione effettuata ai sensi del comma 2, il viaggiatore può ovviare personalmente al difetto e chiedere il rimborso delle spese necessarie, ragionevoli e documentate; se l'organizzatore rifiuta di porre rimedio al difetto di conformità o se è necessario ovviarvi immediatamente non occorre che il viaggiatore specifichi un termine.

5. Se un difetto di conformità, ai sensi dell'articolo 1455 del codice civile, costituisce un inadempimento di non scarsa importanza dei servizi turistici inclusi in un pacchetto e l'organizzatore non vi ha posto rimedio entro un periodo ragionevole stabilito dal viaggiatore in relazione alla durata e alle caratteristiche del pacchetto, con la contestazione effettuata ai sensi del comma 2, il viaggiatore può, senza spese, risolvere di diritto e con effetto immediato il contratto di pacchetto turistico o, se del caso, chiedere, ai sensi dell'articolo 43, una riduzione del prezzo, salvo comunque l'eventuale risarcimento dei danni. In caso di risoluzione del contratto, se il pacchetto comprendeva il trasporto dei passeggeri, l'organizzatore provvede anche al rientro del viaggiatore con un trasporto equivalente senza ingiustificato ritardo e senza costi aggiuntivi per il viaggiatore.

6. Laddove è impossibile assicurare il rientro del viaggiatore, l'organizzatore sostiene i costi dell'alloggio necessario, ove possibile di categoria equivalente a quanto era previsto dal contratto, per un periodo non superiore a tre notti per viaggiatore o per il periodo più lungo eventualmente previsto dalla normativa dell'Unione europea relativa ai diritti dei passeggeri, applicabile ai pertinenti mezzi di trasporto.

7. La limitazione dei costi di cui al comma 6 non si applica alle persone a mobilità ridotta, definite dall'articolo 2, paragrafo 1, lettera a), del regolamento (CE) n. 1107/2006, e ai loro accompagnatori, alle donne in stato di gravidanza, ai minori non accompagnati e alle persone bisognose di assistenza medica specifica, purché l'organizzatore abbia ricevuto comunicazione delle loro particolari esigenze almeno quarantotto ore prima dell'inizio del pacchetto. L'organizzatore non può invocare circostanze inevitabili e straordinarie per limitare la responsabilità di cui al presente comma qualora il fornitore del servizio di trasporto non possa far valere le stesse circostanze ai sensi della normativa dell'Unione europea applicabile.

8. Se per circostanze sopravvenute non imputabili all'organizzatore è impossibile fornire, in corso d'esecuzione, una parte sostanziale, per valore o qualità, della combinazione dei servizi turistici pattuiti nel contratto di pacchetto turistico, l'organizzatore offre, senza supplemento di prezzo a carico del viaggiatore, soluzioni alternative adeguate di qualità, ove possibile equivalente o superiore, rispetto a quelle specificate nel contratto, affinché l'esecuzione del pacchetto possa continuare, inclusa l'eventualità che il ritorno del viaggiatore al luogo di partenza non sia fornito come concordato. Se le soluzioni alternative proposte comportano un pacchetto di qualità inferiore rispetto a quella specificata nel contratto di pacchetto turistico, l'organizzatore concede al viaggiatore un'adeguata riduzione del prezzo.

9. Il viaggiatore può respingere le soluzioni alternative proposte solo se non sono comparabili a quanto convenuto nel contratto di pacchetto turistico o se la riduzione del prezzo concessa è inadeguata.

10. Se è impossibile predisporre soluzioni alternative o il viaggiatore respinge le soluzioni alternative proposte, conformi a quanto indicato dal comma 8, al viaggiatore è riconosciuta una riduzione del prezzo. In caso di inadempimento dell'obbligo di offerta di cui al comma 8 si applica il comma 5.

11. Laddove, a causa di circostanze sopravvenute non imputabili all'organizzatore, è impossibile assicurare il rientro del viaggiatore come pattuito nel contratto di pacchetto turistico, si applicano i commi 6 e 7.

(1) Articolo così sostituito dall'art. 1, co. 1, d.lg. 21/5/2018, n. 62, che ha sostituito il Capo I, a decorrere dal 1° luglio 2018 e con applicabilità ai contratti conclusi a decorrere da tale data, ai sensi di quanto disposto dall'art. 3, co. 1, del medesimo d.lg. n. 62/2018.

43. Riduzione del prezzo e risarcimento dei danni (1). – 1. Il viaggiatore ha diritto a un'adeguata riduzione del prezzo per il periodo durante il quale vi sia stato difetto di conformità, a meno che l'organizzatore dimostri che tale difetto è imputabile al viaggiatore.

2. Il viaggiatore ha diritto di ricevere dall'organizzatore, senza ingiustificato ritardo, il risarcimento adeguato per qualunque danno che può aver subito in conseguenza di un difetto di conformità.

3. Al viaggiatore non è riconosciuto il risarcimento dei danni se l'organizzatore dimostra che il difetto di conformità è imputabile al viaggiatore o a un terzo estraneo alla fornitura dei servizi turistici inclusi nel contratto di pacchetto turistico ed è imprevedibile o inevitabile oppure è dovuto a circostanze inevitabili e straordinarie.

4. All'organizzatore si applicano le limitazioni previste dalle convenzioni internazionali in vigore che vincolano l'Italia o l'Unione europea, relative alla misura del risarcimento o alle condizioni a cui è dovuto da parte di un fornitore che presta un servizio turistico incluso in un pacchetto.

5. Il contratto di pacchetto turistico può prevedere la limitazione del risarcimento dovuto dall'organizzatore, salvo che per i danni alla persona o quelli causati intenzionalmente o per colpa, purché tale limitazione non sia inferiore al triplo del prezzo totale del pacchetto.

6. Qualunque diritto al risarcimento o alla riduzione del prezzo ai sensi del presente Capo non pregiudica i diritti dei viaggiatori previsti dal regolamento (CE) n. 261/2004, dal regolamento (CE) n. 1371/2007, dal regolamento (CE) n. 392/2009, dal regolamento (UE) n. 1177/2010 e dal regolamento (UE) n. 181/2011 del Parlamento europeo e del Consiglio, nonché dalle convenzioni internazionali, fermo restando che il risarcimento o la riduzione del prezzo concessi ai sensi del presente Capo e il risarcimento o la riduzione del prezzo

concessi ai sensi di detti regolamenti e convenzioni internazionali sono detratti gli uni dagli altri.

7. Il diritto alla riduzione del prezzo o al risarcimento dei danni previsti dal presente articolo si prescrive in due anni, a decorrere dalla data del rientro del viaggiatore nel luogo di partenza, fatto salvo quanto previsto al comma 8.

8. Il diritto al risarcimento dei danni alla persona si prescrive in tre anni a decorrere dalla data del rientro del viaggiatore nel luogo di partenza o nel più lungo periodo previsto per il risarcimento del danno alla persona dalle disposizioni che regolano i servizi compresi nel pacchetto.

(1) Articolo così sostituito dall'art. 1, co. 1, d.lg. 21/5/2018, n. 62, che ha sostituito il Capo I, a decorrere dal 1° luglio 2018 e con applicabilità ai contratti conclusi a decorrere da tale data, ai sensi di quanto disposto dall'art. 3, co. 1, del medesimo d.lg. n. 62/2018.

44. Possibilità di contattare l'organizzatore tramite il venditore (1). – 1. Il viaggiatore può indirizzare messaggi, richieste o reclami relativi all'esecuzione del pacchetto direttamente al venditore tramite il quale l'ha acquistato, il quale, a propria volta, inoltra tempestivamente tali messaggi, richieste o reclami all'organizzatore.

2. Ai fini del rispetto dei termini o dei periodi di prescrizione, la data in cui il venditore riceve messaggi, richieste o reclami di cui al comma 1 è considerata la data di ricezione anche per l'organizzatore.

(1) Articolo così sostituito dall'art. 1, co. 1, d.lg. 21/5/2018, n. 62, che ha sostituito il Capo I, a decorrere dal 1° luglio 2018 e con applicabilità ai contratti conclusi a decorrere da tale data, ai sensi di quanto disposto dall'art. 3, co. 1, del medesimo d.lg. n. 62/2018.

45. Obbligo di prestare assistenza (1). – 1. L'organizzatore presta adeguata assistenza senza ritardo al viaggiatore che si trova in difficoltà anche nelle circostanze di cui all'articolo 42, comma 7, in particolare fornendo le opportune informazioni riguardo ai servizi sanitari, alle autorità locali e all'assistenza consolare e assistendo il viaggiatore nell'effettuare comunicazioni a distanza e aiutandolo a trovare servizi turistici alternativi.

2. L'organizzatore può pretendere il pagamento di un costo ragionevole per tale assistenza qualora il problema sia causato intenzionalmente dal viaggiatore o per sua colpa, nei limiti delle spese effettivamente sostenute.

(1) Articolo così sostituito dall'art. 1, co. 1, d.lg. 21/5/2018, n. 62, che ha sostituito il Capo I, a decorrere dal 1° luglio 2018 e con applicabilità ai contratti conclusi a decorrere da tale data, ai sensi di quanto disposto dall'art. 3, co. 1, del medesimo d.lg. n. 62/2018.

46. Risarcimento del danno da vacanza rovinata (1). – 1. Nel caso in cui l'inadempimento delle prestazioni che formano oggetto del pacchetto non è di scarsa importanza ai sensi dell'articolo 1455 del codice civile, il viaggiatore può chiedere all'organizzatore o al venditore, secondo la responsabilità derivante dalla violazione dei rispettivi obblighi assunti con i rispettivi contratti, oltre ed indipendentemente dalla risoluzione del contratto, un risarcimento del danno correlato al tempo di vacanza inutilmente trascorso ed all'irripetibilità dell'occasione perduta.

2. Il diritto al risarcimento si prescrive in tre anni, ovvero nel più lungo periodo per il risarcimento del danno alla persona previsto dalle disposizioni che regolano i servizi compresi nel pacchetto, a decorrere dalla data del rientro del viaggiatore nel luogo di partenza.

(1) Articolo così sostituito dall'art. 1, co. 1, d.lg. 21/5/2018, n. 62, che ha sostituito il Capo I, a decorrere dal 1° luglio 2018 e con applicabilità ai contratti conclusi a decorrere da tale data, ai sensi di quanto disposto dall'art. 3, co. 1, del medesimo d.lg. n. 62/2018.

Sezione V
Protezione in caso d'insolvenza o fallimento

47. Efficacia e portata della protezione in caso d'insolvenza o fallimento (1). – 1. L'organizzatore e il venditore stabiliti sul territorio nazionale sono coperti da contratto di assicurazione per la responsabilità civile a favore del viaggiatore per il risarcimento dei danni derivanti dalla violazione dei rispettivi obblighi assunti con i rispettivi contratti.

2. I contratti di organizzazione di pacchetto turistico sono assistiti da polizze assicurative o garanzie bancarie che, per i viaggi all'estero e i viaggi che si svolgono all'interno di un singolo Paese, ivi compresi i viaggi in Italia, nei casi di insolvenza o fallimento dell'organizzatore o del venditore garantiscono, senza ritardo su richiesta del viaggiatore, il rimborso del prezzo versato per l'acquisto del pacchetto e il rientro immediato del viaggiatore nel caso in cui il pacchetto include il trasporto del viaggiatore, nonché, se necessario, il pagamento del vitto e dell'alloggio prima del rientro.

3. Gli organizzatori e gli intermediari possono costituirsi in consorzi o altre forme associative idonee a provvedere collettivamente, anche mediante la costituzione di un apposito fondo, per la copertura dei rischi di cui al comma 2. Le finalità del presente comma possono essere perseguite anche mediante il coinvolgimento diretto nei consorzi e nelle altre forme associative di imprese e associazioni di categoria del settore assicurativo, anche prevedendo forme di riassicurazione.

4. La garanzia di cui al comma 2 è effettiva, adeguata al volume di affari e copre i costi ragionevolmente prevedibili, gli importi dei pagamenti effettuati da o per conto dei viaggiatori in relazione a pacchetti, tenendo conto della durata del periodo compreso tra gli acconti e il saldo finale e del completamento dei pacchetti, nonché del costo stimato per i rimpatri in caso di insolvenza o fallimento dell'organizzatore o del venditore.

5. I viaggiatori beneficiano della protezione in caso d'insolvenza o fallimento dell'organizzatore o del venditore indipendentemente dal loro luogo di residenza, dal luogo di partenza o dal luogo di vendita del pacchetto e indipendentemente dallo Stato membro in cui è stabilito il soggetto incaricato di fornire protezione in caso di insolvenza o fallimento.

6. Nei casi previsti dal comma 2, in alternativa al rimborso del prezzo o al rientro immediato, può essere offerta al viaggiatore la continuazione del pacchetto con le modalità di cui agli articoli 40 e 42.

7. L'obbligo di cui al comma 1, non sussiste per l'organizzatore e il venditore di uno Stato membro dell'Unione europea che si stabilisce sul territorio nazionale se sussistono le condizioni di cui all'articolo 33 del decreto legislativo 26 marzo 2010, n. 59.

8. Gli organizzatori e i venditori non stabiliti in uno Stato membro che vendono o offrono in vendita pacchetti in Italia o in un altro Stato membro o che, con qualsiasi mezzo, dirigono tali attività verso l'Italia o un altro Stato membro sono obbligati a fornire una garanzia equivalente a quella prevista dal comma 2.

9. In ogni caso, il Ministero degli affari esteri e della cooperazione internazionale può chiedere agli interessati il rimborso, totale o parziale, delle spese sostenute per il soccorso e il rimpatrio delle persone che, all'estero, si siano esposte deliberatamente, salvi giustificati motivi correlati all'esercizio di attività professionali, a rischi che avrebbero potuto conoscere con l'uso della normale diligenza.

10. È fatta salva la facoltà di stipulare anche altre polizze assicurative di assistenza al viaggiatore.

(1) Articolo così sostituito dall'art. 1, co. 1, d.lg. 21/5/2018, n. 62, che ha sostituito il Capo I, a decorrere dal 1° luglio 2018 e con applicabilità ai contratti conclusi a decorrere da tale data, ai sensi di quanto disposto dall'art. 3, co. 1, del medesimo d.lg. n. 62/2018.

48. Riconoscimento reciproco della protezione in caso d'insolvenza e cooperazione amministrativa (1). – 1. È riconosciuta conforme alla disciplina di cui all'articolo 47 qualunque protezione in caso d'insolvenza o fallimento che un organizzatore e un venditore forniscono conformemente alle corrispondenti misure previste dallo Stato membro in cui è stabilito.

2. Quale punto di contatto centrale per agevolare la cooperazione amministrativa e il controllo degli organizzatori e dei venditori operanti in Stati membri diversi è designato il Ministero dei beni e delle attività culturali e del turismo – Direzione generale Turismo, il cui recapito è comunicato a tutti gli altri Stati membri e alla Commissione.

3. Il punto di contatto centrale mette a disposizione dei propri omologhi tutte le informazioni necessarie riguardo ai rispettivi obblighi nazionali in materia di protezione in caso d'insolvenza o fallimento e ai soggetti incaricati di fornire tale protezione per gli specifici organizzatori o venditori stabiliti sul proprio territorio, autorizzando a condizioni di reciprocità l'accesso a qualunque registro disponibile, reso accessibile al pubblico anche online, in cui sono elencati gli organizzatori e i venditori che si conformano all'obbligo di protezione in caso d'insolvenza o fallimento.

4. Se uno Stato membro dubita delle misure di protezione in caso di insolvenza di un organizzatore, chiede chiarimenti al punto di contatto di cui al comma 2. Il punto di contatto risponde alle richieste degli altri Stati membri il più rapidamente possibile, tenendo in considerazione l'urgenza e la complessità della questione, ed in ogni caso fornendo una prima risposta entro quindici giorni lavorativi dal ricevimento della richiesta.

(1) Articolo così sostituito dall'art. 1, co. 1, d.lg. 21/5/2018, n. 62, che ha sostituito il Capo I, a decorrere dal 1° luglio 2018 e con applicabilità ai contratti conclusi a decorrere da tale data, ai sensi di quanto disposto dall'art. 3, co. 1, del medesimo d.lg. n. 62/2018.

Sezione VI
Servizi turistici collegati

49. Obblighi di protezione in caso d'insolvenza o fallimento e d'informazione in relazione ai servizi turistici collegati (1). – 1. Ai professionisti che agevolano servizi turistici collegati si applicano, per il rimborso di tutti i pagamenti che ricevono dai viaggiatori, le disposizioni degli articoli 47 e 48 nella misura in cui un servizio turistico che fa parte di un servizio turistico collegato non sia effettuato a causa dello stato di insolvenza o fallimento dei professionisti.

2. Prima che il viaggiatore sia vincolato da un contratto che porti alla creazione di un servizio turistico collegato o di una corrispondente offerta, il professionista che agevola servizi turistici collegati, anche nei casi in cui egli non è stabilito in uno Stato membro ma, con qualsiasi mezzo, dirige tali attività verso uno Stato membro, dichiara in modo chiaro, e preciso che il viaggiatore:

a) non potrà invocare nessuno dei diritti che si applicano esclusivamente ai pacchetti ai sensi del presente Capo e che ciascun fornitore di servizi sarà il solo responsabile dell'esatta esecuzione contrattuale del suo servizio;

b) potrà invocare la protezione in caso d'insolvenza o fallimento ai sensi del comma 1.

3. Il professionista fornisce al viaggiatore tali informazioni mediante il modulo informativo standard pertinente di cui all'allegato B al presente codice oppure, qualora lo specifico tipo di servizi turistici collegati non sia contemplato da nessuno dei moduli previsti in tale allegato, fornendo le informazioni ivi contenute.

4. Qualora il professionista che agevola servizi turistici collegati non abbia rispettato gli obblighi di cui ai commi 1 e 2, si applicano i diritti e gli obblighi previsti dagli articoli 38 e 41 e dalla sezione IV in relazione ai servizi turistici inclusi nel servizio turistico collegato.

5. Se un servizio turistico collegato è il risultato della stipula di un contratto tra un viaggiatore e un professionista che non agevola il servizio turistico collegato, tale professionista informa il professionista che agevola il servizio turistico collegato della stipula del pertinente contratto.

(1) Articolo così sostituito dall'art. 1, co. 1, d.lg. 21/5/2018, n. 62, che ha sostituito il Capo I, a decorrere dal 1° luglio 2018 e con applicabilità ai contratti conclusi a decorrere da tale data, ai sensi di quanto disposto dall'art. 3, co. 1, del medesimo d.lg. n. 62/2018.

Sezione VII
Responsabilità del venditore

50. Responsabilità del venditore (1). – 1. Il venditore è responsabile dell'esecuzione del mandato conferitogli dal viaggiatore con il contratto di intermediazione di viaggio, indipendentemente dal fatto che la prestazione sia resa dal venditore stesso, dai suoi ausiliari o preposti quando agiscono nell'esercizio delle loro funzioni o dai terzi della cui opera si avvalga, dovendo l'adempimento delle obbligazioni assunte essere valutato con riguardo alla diligenza richiesta per l'esercizio della corrispondente attività professionale.

(1) Articolo modificato dall'art. 9, co. 1, lett. a), nn. 1), 2) e 3), l. 29/7/2015, n. 115, come modificato dall'art. 1, co. 348, lett. a), l. 28/12/2015, n. 208, a decorrere dal 1° gennaio 2016. Successivamente, il presente articolo è stato così sostituito dall'art. 1, co. 1, d.lg. 21/5/2018, n. 62, che ha sostituito il Capo I, a decorrere dal 1° luglio 2018 e con applicabilità ai contratti conclusi a decorrere da tale data, ai sensi di quanto disposto dall'art. 3, co. 1, del medesimo d.lg. n. 62/2018.

51. Responsabilità in caso di errore di prenotazione**. *– 1. Il professionista è responsabile degli errori dovuti a difetti tecnici nel sistema di prenotazione che gli siano imputabili e, qualora abbia accettato di organizzare la prenotazione di un pacchetto o di servizi turistici che rientrano in servizi turistici collegati, degli errori commessi durante il processo di prenotazione. 2. Il professionista non è responsabile degli errori di prenotazione imputabili al viaggiatore o dovuti a circostanze inevitabili e straordinarie.*

* Articolo modificato dall'art. 4, co. 1, l. 6/8/2013, n. 97 e abrogato, a decorrere dal 30 giugno 2016, dall'art. 9, co. 1, lett. b), l. 29/7/2015, n. 115, come modificato dall'art. 1, comma 348, lett. b), l. 28/12/2015, n. 208. Sull'applicabilità della disciplina del presente articolo vedi l'art. 9, co. 2, della citata l. 29/7/2015, n. 115. Successivamente, il presente articolo è stato così sostituito dall'art. 1, co. 1, d.lg. 21/5/2018, n. 62, che ha sostituito il Capo I, a decorrere dal 1° luglio 2018 e con applicabilità ai contratti conclusi a decorrere da tale data, ai sensi di quanto disposto dall'art. 3, co. 1, del medesimo d.lg. n. 62/2018.

51 bis. Obbligo del venditore di indicare la propria qualità (1). – 1. Il venditore è considerato come organizzatore se, in relazione ad un contratto di pacchetto turistico, omette di fornire al viaggiatore, a norma dell'articolo 34, il pertinente modulo informativo standard di cui all'allegato A, parte II o parte III al presente codice, e le informazioni relative alla denominazione commerciale, l'indirizzo geografico, il recapito telefonico e l'indirizzo di posta elettronica dell'organizzatore, ovvero omette di informare il viaggiatore che egli agisce in qualità di venditore.

(1) Articolo inserito dall'art. 1, co. 1, d.lg. 21/5/2018, n. 62, che ha sostituito il Capo I, a decorrere dal 1° luglio 2018 e con applicabilità ai contratti conclusi a decorrere da tale data, ai sensi di quanto disposto dall'art. 3, co. 1, del medesimo d.lg. n. 62/2018.

51 ter. Obblighi specifici del venditore quando l'organizzatore è stabilito fuori dallo Spazio economico europeo (1). – 1. Se l'organizzatore è stabilito al di fuori dello Spazio economico europeo, il venditore stabilito in uno Stato membro è soggetto agli obblighi previsti per gli organizzatori alle Sezioni IV e V, salvo che fornisca la prova che l'organizzatore si conforma alle norme contenute in tali Sezioni.

(1) Articolo inserito dall'art. 1, co. 1, d.lg. 21/5/2018, n. 62, che ha sostituito il Capo I, a decorrere dal 1° luglio 2018 e con applicabilità ai contratti conclusi a decorrere da tale data, ai sensi di quanto disposto dall'art. 3, co. 1, del medesimo d.lg. n. 62/2018.

51 quater. Prescrizione del diritto al risarcimento del danno (1). – 1. Fatto salvo quanto stabilito dall'articolo 46 e gli effetti degli articoli 51-bis e 51-ter, il diritto del viaggiatore al risarcimento dei danni previsti dalla presente Sezione si prescrive in due anni a decorrere dalla data del rientro del viaggiatore nel luogo di partenza.

(1) Articolo inserito dall'art. 1, co. 1, d.lg. 21/5/2018, n. 62, che ha sostituito il Capo I, a decorrere dal 1° luglio 2018 e con applicabilità ai contratti conclusi a decorrere da tale data, ai sensi di quanto disposto dall'art. 3, co. 1, del medesimo d.lg. n. 62/2018.

Sezione VIII
Disposizioni generali

51 quinquies. Diritto ad azioni di regresso e diritto di surrogazione (1). – 1. L'organizzatore o il venditore che ha concesso un indennizzo o una riduzione di prezzo, ovvero corrisposto un risarcimento del danno o è stato costretto ad ottemperare ad altri obblighi secondo le disposizioni del presente Capo, ha il diritto di regresso nei confronti dei soggetti che abbiano contribuito al verificarsi delle circostanze o dell'evento da cui sono derivati l'indennizzo, la riduzione del prezzo, il risarcimento del danno o gli altri obblighi in questione, nonché dei soggetti tenuti a fornire servizi di assistenza ed alloggio in forza di altre disposizioni, nel caso in cui il viaggiatore non possa rientrare nel luogo di partenza.

2. L'organizzatore o il venditore che hanno risarcito il viaggiatore sono surrogati, nei limiti del risarcimento corrisposto, in tutti i diritti e le azioni di quest'ultimo verso i terzi responsabili; il viaggiatore fornisce all'organizzatore o al venditore tutti i documenti, le informazioni e gli elementi in suo possesso utili per l'esercizio del diritto di surroga.

(1) Articolo inserito dall'art. 1, co. 1, d.lg. 21/5/2018, n. 62, che ha sostituito il Capo I, a decorrere dal 1° luglio 2018 e con applicabilità ai contratti conclusi a decorrere da tale data, ai sensi di quanto disposto dall'art. 3, co. 1, del medesimo d.lg. n. 62/2018.

51 sexies. Inderogabilità della disciplina relativa ai diritti del viaggiatore (1). – 1. La dichiarazione che un organizzatore di un pacchetto o un professionista che agevola un servizio turistico collegato agisce esclusivamente in qualità di fornitore di un servizio turistico, d'intermediario o a qualunque altro titolo, o che un pacchetto o un servizio turistico collegato non costituisce un pacchetto o un servizio turistico collegato, non esonera gli organizzatori o i professionisti dagli obblighi imposti loro dal presente Capo.

2. I viaggiatori non possono rinunciare ai diritti conferiti loro dalle disposizioni di cui al presente Capo.

3. Fatto salvo quanto diversamente stabilito da specifiche disposizioni di legge, eventuali clausole contrattuali o dichiarazioni del viaggiatore che escludano o limitino, direttamente o indirettamente, i diritti derivanti dal presente Capo o il cui scopo sia eludere l'applicazione delle disposizioni di cui al presente Capo, non vincolano il viaggiatore.

(1) Articolo inserito dall'art. 1, co. 1, d.lg. 21/5/2018, n. 62, che ha sostituito il Capo I, a decorrere dal 1° luglio 2018 e con applicabilità ai contratti conclusi a decorrere da tale data, ai sensi di quanto disposto dall'art. 3, co. 1, del medesimo d.lg. n. 62/2018.

Sezione IX
Tutela amministrativa e giurisdizionale

51 septies. Sanzioni amministrative (1). – 1. Salvo che il fatto non costituisca reato o configuri una fattispecie di illecito amministrativo sanzionato con legge delle regioni e delle province autonome di Trento e di Bolzano, ovvero una pratica commerciale scorretta sanzionata dal decreto legislativo 6 settembre 2005, n. 206, il professionista, l'organizzatore o il venditore che contravviene:

a) alle disposizioni di cui agli articoli 34, 35, comma 2, 36, 38, comma 3, 39, comma 4, 40, comma 4, 41, comma 7, terzo periodo, e 49, commi 2 e 3, del presente Capo, è punito, per ogni singola violazione, con la sanzione amministrativa pecuniaria da 1.000 euro a 5.000 euro;

b) alle disposizioni di cui agli articoli 37, comma 2, 42, commi 7 e 8, e 45, comma 1, del presente Capo, è punito, per ogni singola violazione, con la sanzione amministrativa pecuniaria da 2.000 a euro 10.000 euro;

c) alle disposizioni di cui all'articolo 47, commi da 1 a 5 e commi 7 e 8, del presente Capo, è punito, per ogni singola violazione, con la sanzione amministrativa pecuniaria da 4.000 euro a 20.000 euro.

2. Fatto salvo quanto previsto al comma 1, il professionista, l'organizzatore o il venditore che omette di fornire l'informazione al viaggiatore, ovvero ostacola l'esercizio del diritto di recesso o di risoluzione ovvero fornisce informazione incompleta o errata o comunque non conforme sul diritto di recesso previsto dagli articoli 40, 41 e sul diritto di risoluzione previsto dall'articolo 42 del presente Capo, ovvero non rimborsa al consumatore le somme da questi eventualmente corrisposte, è punito con la sanzione amministrativa pecuniaria da 1.000 euro a 5.000 euro.

3. In caso di reiterazione, le sanzioni amministrative pecuniarie previste dai commi 1 e 2 sono aumentate di un terzo, laddove la reiterazione si verifica qualora sia stata commessa la stessa violazione per due volte in un anno, anche se si è proceduto al pagamento della sanzione mediante oblazione.

4. In caso di ulteriore reiterazione, le sanzioni amministrative pecuniarie previste dai commi 1 e 2 sono raddoppiate.

5. In caso di violazione degli obblighi di assicurazione previsti dagli articoli 47 e 48, al professionista, all'organizzatore o al venditore si applica la sanzione amministrativa accessoria della sospensione dall'esercizio dell'attività da quindici giorni a tre mesi e, in caso di reiterazione, l'autorità competente dispone la cessazione dell'attività.

6. Per le sanzioni amministrative pecuniarie conseguenti alle violazioni del presente decreto si osservano, in quanto applicabili, le disposizioni contenute nel Capo I, Sezione I, e negli articoli 26, 27, 28 e 29 della legge 24 novembre 1981, n. 689, e successive modificazioni.

7. Fatto salvo quanto previsto dall'articolo 51-novies, il pagamento delle sanzioni amministrative pecuniarie di cui al presente articolo è effettuato entro trenta giorni dalla notifica del provvedimento.

8. All'articolo 148 della legge 23 dicembre 2000, n. 388, sono apportate le seguenti modificazioni:

a) al comma 1, sono aggiunte infine le seguenti parole: ", salvo quanto previsto al secondo periodo del comma 2";

b) al comma 2, sono aggiunte infine il seguente periodo: "Le entrate derivanti dalle sanzioni amministrative di cui all'articolo 51-septies, Sezione IX, Capo I, Titolo VI dell'Allegato 1 al decreto legislativo 23 maggio 2011, n. 79, sono destinate a iniziative a vantaggio dei viaggiatori. Tali entrate affluiscono ad apposito capitolo/articolo di entrata del bilancio dello Stato di nuova istituzione e possono essere riassegnate con decreto del Ministro dell'economia e delle finanze a un apposito fondo iscritto nello stato di previsione del Ministero dei beni e delle attività culturali e del turismo per essere destinate alle iniziative di cui al primo periodo, individuate di volta in volta con decreto del Ministro dei beni e delle attività culturali e del turismo, sentite le commissioni parlamentari.".

(1) Articolo inserito dall'art. 1, co. 1, d.lg. 21/5/2018, n. 62, che ha sostituito il Capo I, a decorrere dal 1° luglio 2018 e con applicabilità ai contratti conclusi a decorrere da tale data, ai sensi di quanto disposto dall'art. 3, co. 1, del medesimo d.lg. n. 62/2018.

51 octies. Applicazione delle sanzioni amministrative (1). – 1. Fermo restando quanto previsto agli articoli 51-septies, comma 1, e 51-novies, l'Autorità garante della concorrenza e del mercato, d'ufficio o su istanza di ogni soggetto o organizzazione che ne abbia interesse, accerta le violazioni delle disposizioni di cui all'articolo 51-septies, ne inibisce la continuazione e ne elimina gli effetti, avvalendosi a tal fine degli strumenti, anche sanzionatori, previsti dal decreto legislativo 6 settembre 2005, n. 206.

1-bis. L'Autorità garante della concorrenza e del mercato è designata, ai sensi dell'articolo 5, paragrafo 1, del regolamento (UE) 2017/2394 del Parlamento europeo e del Consiglio, del 12 dicembre 2017, quale autorità competente responsabile dell'applicazione della direttiva (UE) 2015/2302 del Parlamento europeo e del Consiglio, del 25 novembre 2015, relativa ai pacchetti turistici e ai servizi turistici collegati, che modifica il regolamento (CE) n. 2006/2004 e la direttiva 2011/83/UE del Parlamento europeo e del Consiglio e che abroga la direttiva 90/314/CEE del Consiglio. In materia di accertamento e di sanzione delle violazioni della citata direttiva (UE) 2015/2302, si applica l'articolo 27 del codice del consumo, di cui al decreto legislativo 6 settembre 2005, n. 206 (2).

(1) Articolo inserito dall'art. 1, co. 1, d.lg. 21/5/2018, n. 62, che ha sostituito il Capo I, a decorrere dal 1° luglio 2018 e con applicabilità ai contratti conclusi a decorrere da tale data, ai sensi di quanto disposto dall'art. 3, co. 1, del medesimo d.lg. n. 62/2018.

(2) Comma aggiunto dall'art. 37, co. 2, l. 23/12/2021, n. 238.

51 novies. Sanzioni amministrative previste con legge delle regioni e delle province autonome di Trento e di Bolzano (1). – 1. Le regioni e le province autonome di Trento e di Bolzano prevedono sanzioni amministrative effettive, proporzionate e dissuasive per le violazioni delle disposizioni di cui al presente Capo che rientrano nell'ambito delle competenze loro riservate ai sensi degli articoli 117 e 118 della Costituzione.

(1) Articolo inserito dall'art. 1, co. 1, d.lg. 21/5/2018, n. 62, che ha sostituito il Capo I, a decorrere dal 1° luglio 2018 e con applicabilità ai contratti conclusi a decorrere da tale data, ai sensi di quanto disposto dall'art. 3, co. 1, del medesimo d.lg. n. 62/2018.

Capo II
Delle locazioni turistiche

52. Locazioni di interesse turistico e alberghiere. – 1. All'articolo 27 della legge 27 luglio 1978, n. 392, il primo comma è sostituito dal seguente:

«La durata delle locazioni e sublocazioni di immobili urbani non può essere inferiore a sei anni se gli immobili sono adibiti ad una delle attività appresso indicate industriali, commerciali e artigianali di interesse turistico, quali agenzie di viaggio e turismo, impianti sportivi e ricreativi, aziende di soggiorno ed altri organismi di promozione turistica e simili.».

2. All'articolo 27 della legge 27 luglio 1978, n. 392, il terzo comma è sostituito dal seguente: «La durata della locazione non può essere inferiore a nove anni se l'immobile urbano, anche se ammobiliato, è adibito ad attività alberghiere, all'esercizio di imprese assimilate ai sensi dell'articolo 1786 del codice civile o all'esercizio di attività teatrali.».

53. Locazioni ad uso abitativo per finalità turistiche. – 1. Gli alloggi locati esclusivamente per finalità turistiche, in qualsiasi luogo ubicati, sono regolati dalle disposizioni del codice civile in tema di locazione.

Titolo VII
ORDINAMENTO

Capo I
Organizzazione

54. Funzioni di indirizzo e vigilanza dello Stato in materia di turismo. – 1. Il Presidente del Consiglio dei Ministri o il Ministro delegato adotta atti di indirizzo ed esercita la vigilanza su ACI e CAI, in modo da istituire forme di collaborazione nell'ambito dei rispettivi settori di competenza.

55. Il Dipartimento per lo sviluppo e la competitività del turismo. – 1. Il Dipartimento per lo sviluppo e la competitività del turismo è la struttura di supporto delle politiche del Governo nell'area funzionale relativa al settore turismo.

2. Il Dipartimento per lo svolgimento delle proprie attività si avvale degli altri organismi costituiti e delle società partecipate.

56. Conferenza nazionale del turismo. – 1. La Conferenza nazionale del turismo è indetta dal Presidente del Consiglio dei Ministri o dal Ministro delegato almeno ogni due anni ed è organizzata d'intesa con la Conferenza permanente per i rapporti tra lo Stato, le regioni e le province autonome di Trento e di Bolzano.

2. Sono convocati per la Conferenza: i rappresentanti della Presidenza del Consiglio dei Ministri o del Ministro delegato, della Conferenza dei Presidenti delle regioni e delle province autonome di Trento e di Bolzano, del Sindaco di Roma capitale, i rappresentanti dell'Associazione nazionale dei comuni italiani (ANCI), dell'Unione delle province d'Italia (UPI) e dell'Unione nazionale comuni comunità enti montani (UNCEM), del Consiglio nazionale dell'economia e del lavoro (CNEL), di UNIONCAMERE, dell'ISTAT e delle altre autonomie territoriali e funzionali, i rappresentanti delle associazioni maggiormente rappresentative degli imprenditori turistici, dei consumatori, del turismo sociale, delle associazioni pro loco, delle associazioni senza scopo di lucro operanti nel settore del turismo, delle associazioni ambientaliste e animaliste, delle organizzazioni sindacali dei lavoratori (1).

3. La Conferenza esprime orientamenti per la definizione e gli aggiornamenti del documento contenente le linee guida del piano strategico nazionale.

3-bis. Il documento contenente le linee guida del piano strategico nazionale contiene, altresì, una sezione per la valorizzazione e lo sviluppo del sistema turistico di Roma capitale. Le connesse linee guida sono attuate dal Sindaco di Roma capitale d'intesa con il Ministro con delega al turismo e le competenti amministrazioni dello Stato e delle Regioni, sentite le associazioni di cui al comma 2 (2).

4. La Conferenza, inoltre, ha lo scopo di verificare l'attuazione delle linee guida, con particolare riferimento alle politiche turistiche e a quelle intersettoriali riferite al turismo, e di favorire il confronto tra le istituzioni e le rappresentanze del settore. Gli atti conclusivi di ciascuna Conferenza sono trasmessi alle Commissioni parlamentari competenti.

5. Agli oneri derivanti dal funzionamento della Conferenza si provvede nell'ambito degli ordinari stanziamenti di bilancio della Presidenza del Consiglio dei Ministri afferenti il

Dipartimento per lo sviluppo e la competitività del turismo, con le risorse allo scopo trasferite ai sensi del decreto-legge 18 maggio 2006, n. 181, convertito, con modificazioni, dalla legge 17 luglio 2006, n. 233.

(1) Comma così modificato dall'art. 9, co. 2, d.lg. 18/4/2012, n. 61.
(2) Comma inserito dall'art. 9, co. 3, d.lg. 18/4/2012, n. 61.

57. Ente nazionale italiano del turismo (E.N.I.T.) – Agenzia nazionale del turismo. – 1. L'E.N.I.T., Agenzia nazionale del turismo, è un ente dotato di personalità giuridica di diritto pubblico, con autonomia statutaria, regolamentare, organizzativa, patrimoniale, contabile e di gestione, di cui al decreto del Presidente della Repubblica 6 aprile 2006, n. 207, e successive modificazioni.

2. L'Agenzia svolge tutte le funzioni di promozione all'estero dell'immagine unitaria dell'offerta turistica nazionale e ne favorisce la commercializzazione anche al fine di renderla competitiva sui mercati internazionali.

3. L'Agenzia è sottoposta alla diretta attività di indirizzo e vigilanza del Presidente del Consiglio dei Ministri o del Ministro delegato.

58. Comitato permanente di promozione del turismo in Italia. – 1. Al fine di promuovere un'azione coordinata dei diversi soggetti, che operano nel settore del turismo, con la politica e la programmazione nazionale, con decreto del Presidente del Consiglio dei Ministri o del Ministro delegato, da adottarsi, d'intesa con la Conferenza permanente per i rapporti tra lo Stato, le regioni e le province autonome di Trento e di Bolzano, entro sessanta giorni dalla data di entrata in vigore del presente decreto, è istituito il Comitato permanente di promozione del turismo in Italia, di seguito denominata Comitato. Con il medesimo decreto sono regolati il funzionamento e l'organizzazione del Comitato.

2. Il Comitato è presieduto, dal Presidente del Consiglio dei Ministri o dal Ministro delegato, che può all'uopo delegare un suo rappresentante. Il decreto di istituzione del Comitato assicura la rappresentanza di tutti i soggetti pubblici e privati operanti nel settore turistico.

3. Il Comitato promuove le azioni relative ai seguenti ambiti:

a) identificazione omogenea delle strutture pubbliche dedicate a garantire i servizi del turista;

b) accordi di programma con le regioni e sviluppo della strutturazione turistica sul territorio progetti di formazione nazionale al fine di promuovere lo sviluppo turistico;

c) sostegno ed assistenza alle imprese che concorrono a riqualificare l'offerta turistica nazionale;

d) promozione dell'immagine dell'Italia, nel settore turistico, all'interno confini nazionali, con particolare riguardo ai sistemi turistici di eccellenza, garantendo sul territorio pari opportunità di propaganda ed una comunicazione unitaria;

e) organizzazione dei momenti e degli eventi di carattere nazionale, ad impulso turistico che coinvolgano territori, soggetti pubblici e privati;

f) raccordo e cooperazione tra regioni, province e comuni e le istituzioni di governo;

g) promozione a fini turistici del marchio Italia.

4. L'istituzione ed il funzionamento del Comitato non comportano oneri aggiuntivi per la finanza pubblica e la relativa partecipazione è a titolo gratuito.

Capo II
Promozione dell'eccellenza turistica italiana

59. Attestazione di eccellenza turistica nel settore enogastronomico ed alberghiero – 1. Al fine di promuovere l'offerta turistica italiana, è istituita l'attestazione di eccellenza turistica, denominata Maestro di cucina italiana, da attribuire, ogni anno, alle imprese della ristorazione italiana che, con la propria attività, abbiano contribuito in modo significativo e protrattosi nel tempo, per l'alta qualità, la ricerca e la professionalità, alla formazione di un'eccellenza di offerta tale da promuovere l'immagine dell'Italia favorendone l'attrattiva turistica nel mondo e la caratterizzazione e tipicità della relativa offerta. Ai medesimi fini è altresì istituita l'attestazione di eccellenza turistica, denominata Maestro dell'ospitalità italiana, da attribuire, ogni anno, alle imprese alberghiere italiane che, con la propria attività, abbiano contribuito in modo significativo e protrattosi nel tempo, per l'alta qualità, la ricerca e la professionalità, alla formazione di un'eccellenza di offerta tale da promuovere l'immagine dell'Italia favorendone l'attrattiva turistica nel mondo e la caratterizzazione e tipicità della relativa offerta.

2. Ai fini di cui al comma 1, il Presidente del Consiglio dei Ministri o il Ministro delegato è autorizzato a disciplinare, con proprio decreto, sul quale è acquisito il parere della Conferenza unificata di cui agli articoli 8 e 9 del decreto legislativo 28 agosto 1997, n. 281, le modalità organizzative e procedurali idonee al conferimento della 'attestazione di eccellenza turistica, da rilasciare sulla base di criteri oggettivi di agevole verificabilità. Con il medesimo decreto viene individuato il numero massimo di imprese da premiare ogni anno, comunque non superiore a venti per ciascuna onorificenza.

3. L'impresa di ristorazione ed alberghiera alla quale è stata attribuita l'attestazione di eccellenza turistica può utilizzarla, per un biennio, anche a fini promozionali o pubblicitari. Trascorso il biennio il titolare dell'autorizzazione conserva il diritto di indicarla nel proprio logo e nella propria insegna, con la precisazione del biennio di riferimento.

4. È autorizzata la realizzazione di vetrofanie ed altri oggetti, con sopra riprodotto il simbolo della attestazione di eccellenza turistica con l'indicazione del biennio di conferimento, idonei a segnalare adeguatamente il possesso della predetta attestazione da parte dell'impresa di ristorazione.

5. È autorizzato l'inserimento delle denominazioni delle imprese, cui sia stata attribuita l'attestazione di eccellenza turistica di cui ai commi che precedono nel portale Italia.it.

60. Attestazione Medaglia al merito del turismo per la valorizzazione dell'immagine dell'Italia. – 1. È istituita l'attestazione della Medaglia al merito del turismo per la valorizzazione dell'immagine dell'Italia, destinata a tributare un giusto riconoscimento alle persone che, per il loro impegno e valore professionale, nonché per la qualità e durata dei servizi resi, hanno efficacemente contribuito allo sviluppo del settore turistico ed alla valorizzazione e diffusione dell'immagine dell'Italia nel mondo.

2. A tali fini, il Presidente del Consiglio dei Ministri o il Ministro delegato disciplina, con proprio decreto sul quale è acquisito il parere della Conferenza unificata di cui agli articoli 8 e 9 del decreto legislativo 28 agosto 1997, n. 281, le modalità organizzative e procedurali idonee al conferimento dell'attestazione, da rilasciare sulla base di criteri oggettivi di agevole verificabilità individuati con riferimento ai parametri di cui al comma 1. Con il medesimo decreto viene individuato il numero massimo di imprese da premiare ogni anno.

61. Caratteristiche dell'attestazione. – 1. L'attestazione di cui all'articolo 60 comprende tre livelli crescenti: stella di bronzo, stella d'argento e stella d'oro.

2. Ciascuna medaglia è raffigurata secondo il disegno approvato con decreto del Presidente del Consiglio dei ministri o del Ministro delegato.

3. Il contingente annuale di attestazioni è fissato in 10 medaglie d'oro, 25 medaglie d'argento e 50 medaglie di bronzo.

62. Modalità di attribuzione. – 1. Le attestazioni sono conferite nel giorno della giornata mondiale del turismo – 27 settembre – con decreto del Presidente del Consiglio dei Ministri, su proposta del Ministro delegato, sul quale è acquisito il parere della Conferenza unificata di cui agli articoli 8 e 9 del decreto legislativo 28 agosto 1997, n. 281.

2. L'accertamento dei titoli per il conferimento dell'attestazione è fatto da una Commissione nominata con decreto del Presidente del Consiglio dei Ministri o del Ministro dallo stesso delegato e composta:

a) dal Presidente del Consiglio dei Ministri o dal Ministro delegato, che la presiede;

b) dal Capo del Dipartimento per lo sviluppo e la competitività del turismo o da un suo delegato;

c) dal Coordinatore della Struttura di missione per il rilancio dell'immagine dell'Italia, ove esistente;

d) dal Presidente dell'Agenzia nazionale per il turismo - ENIT o da un suo delegato;

e) da tre membri, scelti dal Presidente del Consiglio dei Ministri o dal Ministro delegato fra persone in possesso di adeguata esperienza nel settore turistico.

3. La partecipazione alla Commissione di cui al comma 2, è a titolo gratuito.

63. Istituzione della Medaglia al merito del turismo per gli italiani all'estero. – 1. È istituita l'attestazione della Medaglia al merito del turismo per gli italiani all'estero, destinata a tributare un giusto riconoscimento alle persone operanti all'estero che per il loro impegno e valore professionale, nonché per la qualità e durata dei servizi resi hanno illustrato il Made in Italy in modo tanto esemplare da divenire promotori turistici per il nostro Paese.

64. Caratteristiche dell'attestazione. – 1. L'attestazione di cui all'articolo 63 comprende tre livelli crescenti: medaglia di bronzo, medaglia d'argento e medaglia d'oro.

2. Ciascuna medaglia è raffigurata secondo il disegno approvato con decreto del Presidente del Consiglio dei Ministri o del Ministro delegato.

3. Il contingente annuale di attestazione è fissato in 10 medaglie d'oro, 25 medaglie d'argento e 50 medaglie di bronzo.

65. Modalità di attribuzione. – 1. Le attestazioni sono conferite nel giorno della giornata mondiale del turismo – 27 settembre – con decreto del Presidente del Consiglio dei Ministri su proposta del Ministro delegato, di concerto con il Ministro degli affari esteri.

2. L'accertamento dei titoli per il conferimento delle attestazioni è fatto da una Commissione nominata con decreto del Presidente del Consiglio dei Ministri o del Ministro delegato e composta:

a) dal Presidente del Consiglio dei Ministri o dal Ministro delegato che la presiede;

b) dal Capo del Dipartimento per lo sviluppo e la competitività del turismo o da un suo delegato;

c) dal Coordinatore della Struttura di missione per il rilancio dell'immagine dell'Italia;

d) dal Presidente dell'Agenzia nazionale per il turismo-ENIT o da un suo delegato;

e) da tre membri, scelti dal Presidente del Consiglio dei Ministri o dal Ministro delegato fra persone in possesso di elevata esperienza e professionalità nel settore turistico;

f) da un membro designato dal Ministero degli affari esteri fra persone in possesso di elevata esperienza e professionalità nel settore turistico.

3. La partecipazione alla Commissione, di cui al comma 2, è a titolo gratuito.

Capo III
La qualità del servizio e la soluzione delle controversie carta dei servizi

66. Standard dell'offerta di servizi turistici pubblici sul territorio nazionale. – 1. Al fine di aumentare la qualità e la competitività dei servizi turistici pubblici sul territorio nazionale le amministrazioni di cui all'articolo 1, comma 2, del decreto legislativo 30 marzo 2001, n. 165, nell'ambito delle attività istituzionali adottano la carta dei servizi turistici da esse erogati.

2. Le carte definiscono quali servizi turistici si intendono erogare, con quali modalità e quali standard di qualità si intendono garantire.

3. Le carte dei servizi di cui al comma 1 sono trasmesse alla Presidenza del Consiglio dei Ministri – Dipartimento per lo sviluppo e la competitività del turismo.

4. Il Presidente del Consiglio dei Ministri o il Ministro delegato, previa intesa con la Conferenza permanente per i rapporti tra lo Stato, le regioni e le province autonome di Trento e di Bolzano, determina con proprio decreto i livelli essenziali delle prestazioni dei servizi turistici concernenti i diritti civili e sociali, sulla base di parametri stabiliti con legge dello Stato.

67. Composizione delle controversie in materia di turismo. – 1. La procedura di mediazione, finalizzata alla conciliazione delle controversie in materia di turismo, è disciplinata dal decreto legislativo 4 marzo 2010, n. 28, e costituisce condizione di procedibilità della domanda giudiziale o arbitrale se ciò è previsto da una clausola del contratto di fornitura dei servizi. Tale clausola deve essere specificamente approvata per iscritto dal turista.

2. Resta salva la facoltà del turista di ricorrere a procedure di negoziazione volontaria o paritetica o alla procedura di conciliazione innanzi alle commissioni arbitrali o conciliative per la risoluzione delle controversie tra imprese e consumatori ed utenti inerenti la fornitura di servizi turistici, istituite ai sensi dell'articolo 2, comma 4, lettera a), della legge 29 dicembre 1993, n. 580. Nella procedura di conciliazione i turisti hanno facoltà di avvalersi delle associazioni dei consumatori. Tale procedura di conciliazione è disciplinata dagli articoli 140 e 141 del decreto legislativo 6 settembre 2005, n. 206.

68. Assistenza al turista (1). – 1. Il Dipartimento per lo sviluppo e la competitività del turismo, nell'ambito delle attività istituzionali, assicura l'assistenza al turista, anche attraverso call center. È altresì istituito lo sportello del turista, attivo ai recapiti e negli orari, comunicati sul sito istituzionale, presso il quale le persone fisiche e giuridiche, nonché gli enti esponenziali per la rappresentanza degli interessi dei turisti possono proporre istanze, richieste reclami nei confronti di imprese ed operatori turistici per l'accertamento dell'osservanza delle disposizioni previste nel presente codice.

2. Ai fini di assistenza il Dipartimento per lo sviluppo e la competitività del turismo assicura l'omogeneità di informazioni in ordine ai diversi servizi previsti per i turisti, anche attraverso l'individuazione di denominazioni standard, da attribuirsi a strutture pubbliche che operano in tale settore. È fatta salva la possibilità di utilizzare le procedure di negoziazione volontaria e paritetica previste dall'articolo 2, comma 2, del decreto legislativo 4 marzo 2010, n. 28.

3. Le regioni e le province autonome di Trento e di Bolzano possono prevedere la istituzione di sportelli del turista la cui gestione può essere delegata agli enti locali.

(1) La Corte costituzionale, con sent. n. 5/4/2012 (in G.U. 11/4/2012, n. 15), ha dichiarato l'illegittimità costituzionale del presente articolo.

69. Gestione dei reclami (1). – 1. Il Dipartimento per lo sviluppo e la competitività del turismo, ricevuta l'istanza di cui all'articolo 68, avvia senza ritardo l'attività istruttoria, informando contestualmente il reclamante, l'impresa o l'operatore turistico interessato, entro il termine di quindici giorni dal ricevimento dell'istanza.

2. Nel corso dell'istruttoria il Dipartimento per e lo sviluppo e la competitività del turismo può richiedere dati, notizie o documenti ai soggetti proponenti il reclamo, alle imprese, agli operatori turistici e ai soggetti sui quali esercita la vigilanza, che rispondono nel termine di trenta giorni dalla ricezione della richiesta. In tale caso il procedimento è sospeso fino alla scadenza del suddetto termine.

3. Il Dipartimento per lo sviluppo e la competitività del turismo comunica ai soggetti di cui al comma 2 l'esito dell'attività istruttoria entro il termine di quarantacinque giorni dalla ricezione del reclamo, fatti salvi i casi di sospensione dovuti alla richiesta di informazioni o all'acquisizione di dati.

4. Il Presidente del Consiglio dei Ministri o il Ministro delegato disciplina con regolamento la procedura di gestione reclami, da svolgere nell'ambito delle attività istituzionali, che si conclude entro il termine di sessanta giorni dalla ricezione del reclamo.

(1) La Corte costituzionale, con sent. n. 5/4/2012 (in G.U. 11/4/2012, n. 15), ha dichiarato l'illegittimità costituzionale del presente articolo.

D.l. 12 settembre 2014, n. 133

conv., con modif., dalla l. 11 novembre 2014, n. 164

Disciplina dei contratti di godimento in funzione della successiva alienazione di immobili (c.d. Rent to buy)

(*Estratto, art. 23*)

Omissis.

1. I contratti, diversi dalla locazione finanziaria, che prevedono l'immediata concessione del godimento di un immobile, con diritto per il conduttore di acquistarlo entro un termine determinato imputando al corrispettivo del trasferimento la parte di canone indicata nel contratto, sono trascritti ai sensi dell'articolo 2645-bis codice civile. La trascrizione produce anche i medesimi effetti di quella di cui all'articolo 2643, comma primo, numero 8) del codice civile.

1-bis. Le parti definiscono in sede contrattuale la quota dei canoni imputata al corrispettivo che il concedente deve restituire in caso di mancato esercizio del diritto di acquistare la proprietà dell'immobile entro il termine stabilito (1).

2. Il contratto si risolve in caso di mancato pagamento, anche non consecutivo, di un numero minimo di canoni, determinato dalle parti, non inferiore ad un ventesimo del loro numero complessivo. Per il rilascio dell'immobile il concedente può avvalersi del procedimento per convalida di sfratto, di cui al libro quarto, titolo I, capo II, del codice di procedura civile (2).

3. Ai contratti di cui al comma 1 si applicano gli articoli 2668, quarto comma, 2775-bis e 2825-bis del codice civile. Il termine triennale previsto dal comma terzo dell'articolo 2645-bis del codice civile è elevato a tutta la durata del contratto e comunque ad un periodo non superiore a dieci anni. Si applicano altresì le disposizioni degli articoli da 1002 a 1007 nonché degli articoli 1012 e 1013 del codice civile, in quanto compatibili. In caso di inadempimento si applica l'articolo 2932 del codice civile.

4. Se il contratto di cui al comma 1 ha per oggetto un'abitazione, il divieto di cui all'articolo 8 del decreto legislativo 20 giugno 2005, n. 122, opera fin dalla concessione del godimento.

5. In caso di risoluzione per inadempimento del concedente, lo stesso deve restituire la parte dei canoni imputata al corrispettivo, maggiorata degli interessi legali. In caso di risoluzione per inadempimento del conduttore, il concedente ha diritto alla restituzione dell'immobile ed acquisisce interamente i canoni a titolo di indennità, se non è stato diversamente convenuto nel contratto.

6. In caso di fallimento del concedente il contratto prosegue, fatta salva l'applicazione dell'articolo 67, terzo comma, lettera c), del regio decreto 16 marzo 1942, n.267, e successive modificazioni. In caso di fallimento del conduttore, si applica l'articolo 72 del regio decreto 16 marzo 1942, n. 267, e successive modificazioni; se il curatore si scioglie dal contratto, si applicano le disposizioni di cui al comma 5 (3).

7. Dopo l'articolo 8, comma 5, del decreto-legge 28 marzo 2014, n. 47, convertito con modificazioni, dalla legge 23 maggio 2014, n. 80, è aggiunto il seguente: "5-bis. Le disposizioni del presente articolo si applicano anche ai contratti di locazione con clausola di trasferimento della proprietà vincolante per ambedue le parti e di vendita con riserva di proprietà, stipulati successivamente alla data di entrata in vigore della presente disposizione".

8. L'efficacia della disposizione di cui al comma 7 è subordinata al positivo perfezionamento del procedimento di autorizzazione della Commissione Europea di cui all'articolo 107 del Trattato sul Funzionamento dell'Unione Europea (TFUE), di cui è data comunicazione nella gazzetta ufficiale (3).

(1) Comma inserito dall'art. 1, co. 1, l. 11/11/2014, n. 164, in sede di conversione.

(2) Comma modificato dall'art. 4, co. 2-bis, d.l. 3/5/2016, n. 59, conv., con modif., l. 30/6/2016, n. 119.

(3) Comma modificato dall'art. 1, co. 1, l. 11/11/2014, n. 164, in sede di conversione.

Omissis.

D.l. 3 maggio 2016, n. 59

conv., con modif., nella l. 30 giugno 2016, n. 119

Disposizioni urgenti in materia di procedure esecutive e concorsuali, nonché a favore degli investitori in banche in liquidazione

(Estratto, artt. 1 e 2)

Capo I
Misure a sostegno delle imprese e di accelerazione del recupero crediti

1. Pegno mobiliare non possessorio. – 1. Gli imprenditori iscritti nel registro delle imprese possono costituire un pegno non possessorio per garantire i crediti (concessi a loro o a terzi), presenti o futuri, se determinati o determinabili e con la previsione dell'importo massimo garantito, inerenti all'esercizio dell'impresa.

2. Il pegno non possessorio può essere costituito su beni mobili (, anche immateriali,) destinati all'esercizio dell'impresa (e sui crediti derivanti da o inerenti a tale esercizio), a esclusione dei beni mobili registrati. I beni mobili possono essere esistenti o futuri, determinati o determinabili anche mediante riferimento a una o più categorie merceologiche o a un valore complessivo. Ove non sia diversamente disposto nel contratto, il debitore o il terzo concedente il pegno è autorizzato a trasformare o alienare, nel rispetto della loro destinazione economica, o comunque a disporre dei beni gravati da pegno. In tal caso il pegno si trasferisce, rispettivamente, al prodotto risultante dalla trasformazione, al corrispettivo della cessione del bene gravato o al bene sostitutivo acquistato con tale corrispettivo, senza che ciò comporti costituzione di una nuova garanzia. (Se il prodotto risultante dalla trasformazione ingloba, anche per unione o commistione, più beni appartenenti a diverse categorie merceologiche e oggetto di diversi pegni non possessori, le facoltà previste dal comma 7 spettano a ciascun creditore pignoratizio con obbligo da parte sua di restituire al datore della garanzia, secondo criteri di proporzionalità, sulla base delle stime effettuate con le modalità di cui al comma 7, lettera a), il valore del bene riferibile alle altre categorie merceologiche che si sono unite o mescolate. È fatta salva la possibilità per il creditore di promuovere azioni conservative o inibitorie nel caso di abuso nell'utilizzo dei beni da parte del debitore o del terzo concedente il pegno.).

3. Il contratto costitutivo, a pena di nullità, deve risultare da atto scritto con indicazione del creditore, del debitore e dell'eventuale terzo concedente il pegno, la descrizione del bene dato in garanzia, del credito garantito e l'indicazione dell'importo massimo garantito.

4. Il pegno non possessorio (ha effetto verso i terzi) esclusivamente con la iscrizione in un registro informatizzato costituito presso l'Agenzia delle entrate e denominato «registro dei pegni non possessori»; (dal momento) dell'iscrizione il pegno prende grado ed è opponibile ai terzi e nelle procedure (esecutive e) concorsuali.

5. Il pegno non possessorio, anche se anteriormente costituito ed iscritto, non è opponibile a chi abbia finanziato l'acquisto di un bene determinato che sia destinato all'esercizio dell'impresa e sia garantito da riserva della proprietà sul bene medesimo o da un pegno anche non possessorio (successivo), a condizione che il pegno non possessorio sia iscritto nel registro in conformità al comma 6 e che al momento della sua iscrizione il creditore ne informi i titolari di pegno non possessorio iscritto anteriormente.

6. L'iscrizione deve indicare il creditore, il debitore, se presente il terzo datore del pegno, la descrizione del bene dato in garanzia e del credito garantito secondo quanto previsto dal comma 1 e, per il pegno non possessorio che garantisce il finanziamento per l'acquisto di un bene determinato, la specifica individuazione del medesimo bene. L'iscrizione ha una durata di dieci anni, rinnovabile per mezzo di (una nuova iscrizione) nel registro effettuata prima della scadenza del decimo anno. La cancellazione della iscrizione può essere richiesta di comune accordo da creditore pignoratizio e datore del pegno o domandata giudizialmente. Le operazioni di iscrizione, consultazione, modifica, rinnovo o cancellazione presso il registro, gli obblighi a carico di chi effettua tali operazioni nonché le modalità di accesso al registro stesso sono regolati con decreto del Ministro dell'economia e delle finanze, di concerto con il Ministro della giustizia, da adottarsi entro trenta giorni dalla data di entrata in vigore della legge di conversione del presente decreto, prevedendo modalità esclusivamente informatiche. Con il medesimo decreto sono stabiliti i diritti di visura e di certificato, in misura idonea a garantire almeno la copertura dei costi di allestimento, gestione e di evoluzione del registro. Al fine di consentire l'avvio della attività previste dal presente articolo, è autorizzata la spesa di € 200.000 per l'anno 2016 e di € 100.000 per l'anno 2017.

7. Al verificarsi di un evento che determina l'escussione del pegno, il creditore, (previa intimazione notificata, anche direttamente dal creditore a mezzo di posta elettronica certificata, al debitore e all'eventuale terzo concedente il pegno, e) previo avviso scritto agli eventuali titolari di un pegno non possessorio (trascritto nonché al debitore del credito oggetto del pegno), ha facoltà di procedere:

a) alla vendita dei beni oggetto del pegno trattenendo il corrispettivo a soddisfacimento del credito fino a concorrenza della somma garantita e con l'obbligo di informare immediatamente per iscritto il datore della garanzia dell'importo ricavato e di restituire contestualmente l'eccedenza; la vendita è effettuata dal creditore tramite procedure competitive anche avvalendosi di soggetti specializzati, sulla base di stime effettuate, salvo il caso di beni di non apprezzabile valore, da parte di operatori esperti, assicurando, con adeguate forme di pubblicità, la massima informazione e partecipazione degli interessati; l'operatore esperto è nominato di comune accordo tra le parti o, in mancanza, è designato dal giudice; in ogni caso è effettuata, a cura del creditore, la pubblicità sul portale delle vendite pubbliche di cui all'art. 490 del codice di procedura civile;

b) alla escussione (o cessione) dei crediti oggetto di pegno fino a concorrenza della somma garantita (, dandone comunicazione al datore della garanzia);

c) ove previsto nel contratto di pegno e iscritto nel registro (di cui al comma 4), alla locazione del bene oggetto del pegno imputando i canoni a soddisfacimento del proprio credito fino a concorrenza della somma garantita, a condizione che il contratto preveda i criteri e le modalità di (determinazione) del corrispettivo della locazione; (il creditore pignoratizio comunica immediatamente per iscritto al datore della garanzia stessa il corrispettivo e le altre condizioni della locazione pattuite con il relativo conduttore);

d) ove previsto nel contratto di pegno e iscritto nel registro (di cui al comma 4), all'appropriazione dei beni oggetto del pegno fino a concorrenza della somma garantita, a condizione che il contratto preveda anticipatamente i criteri e le modalità di valutazione del valore del bene oggetto di pegno e dell'obbligazione garantita; il creditore pignoratizio comunica immediatamente per iscritto al datore della garanzia il valore attribuito al bene ai fini dell'appropriazione [2852 CC.].

7-bis. Il debitore e l'eventuale terzo concedente il pegno hanno diritto di proporre opposizione entro cinque giorni dall'intimazione di cui al comma 7. L'opposizione si propone con ricorso a norma delle disposizioni di cui al libro quarto, titolo I, capo III-bis, del codice di procedura civile. Ove concorrano gravi motivi, il giudice, su istanza dell'opponente, può inibire, con provvedimento d'urgenza, al creditore di procedere a norma del comma 7.

7-ter. Se il titolo non dispone diversamente, il datore della garanzia deve consegnare il bene mobile oggetto del pegno al creditore entro quindici giorni dalla notificazione dell'intimazione di cui al comma 7. Se la consegna non ha luogo nel termine stabilito, il creditore può fare istanza, anche verbale, all'ufficiale giudiziario perché proceda, anche non munito di titolo esecutivo e di precetto, a norma delle disposizioni di cui al libro terzo, titolo III, del codice di procedura civile, in quanto compatibili. A tal fine, il creditore presenta copia della nota di iscrizione del pegno nel registro di cui al comma 4 e dell'intimazione notificata ai sensi del comma 7. L'ufficiale giudiziario, ove non sia di immediata identificazione, si avvale su istanza del creditore e con spese liquidate dall'ufficiale giudiziario e anticipate dal creditore e comunque a carico del medesimo, di un esperto stimatore o di un commercialista da lui scelto, per la corretta individuazione, anche mediante esame delle scritture contabili, del bene mobile oggetto del pegno, tenendo conto delle eventuali operazioni di trasformazione o di alienazione poste in essere a norma del comma 2. Quando risulta che il pegno si è trasferito sul corrispettivo ricavato dall'alienazione del bene, l'ufficiale giudiziario ricerca, mediante esame delle scritture contabili ovvero a norma dell'art. 492-bis del codice di procedura civile, i crediti del datore della garanzia, nei limiti della somma garantita ai sensi del comma 2. I crediti rinvenuti a norma del periodo precedente sono riscossi dal creditore in forza del contratto di pegno e del verbale delle operazioni di ricerca redatto dall'ufficiale giudiziario. Nel caso di cui al presente comma l'autorizzazione del presidente del tribunale di cui all'art. 492-bis del codice di procedura civile è concessa, su istanza del creditore, verificate l'iscrizione del pegno nel registro di cui al comma 4 e la notificazione dell'intimazione.

7-quater. Quando il bene o il credito già oggetto del pegno iscritto ai sensi del comma 4 sia sottoposto ad esecuzione forzata per espropriazione, il giudice dell'esecuzione, su istanza del creditore, lo autorizza all'escussione del pegno, stabilendo con proprio decreto il tempo e le modalità dell'escussione a norma del comma 7. L'eventuale eccedenza è corrisposta in favore della procedura esecutiva, fatti salvi i crediti degli aventi diritto a prelazione anteriore a quella del creditore istante.).

8. In caso di fallimento del debitore il creditore può procedere a norma del comma 7 solo dopo che il suo credito è stato ammesso al passivo con prelazione.

9. Entro tre mesi dalla comunicazione (di cui alle lettere a), b), c) e d) del comma 7), il debitore può agire in giudizio per il risarcimento del danno (quando l'escussione) è avvenuta in violazione dei criteri e delle modalità di cui (alle predette lettere a), b), c) e d)) e non corrispondono ai valori correnti di mercato il prezzo della vendita, (il corrispettivo della cessione,) il corrispettivo della locazione ovvero il valore comunicato a norma della disposizione (di cui alla lettera d)).

10. Agli effetti di cui agli articoli 66 e 67 del regio decreto 16 marzo 1942, n. 267 il pegno non possessorio è equiparato al pegno.

10-bis. Per quanto non previsto dal presente articolo, si applicano, in quanto compatibili, le disposizioni di cui al libro sesto, titolo III, capo III, del codice civile.

2. Finanziamento alle imprese garantito da trasferimento di bene immobile sospensivamente condizionato. – 1. Al decreto legislativo 1° settembre 1993, n. 385, dopo l'art. 48 è aggiunto il seguente articolo:

«Art. 48-bis. – (Finanziamento alle imprese garantito da trasferimento di bene immobile sospensivamente condizionato). – 1. Il contratto di finanziamento concluso tra un imprenditore e una banca o altro soggetto autorizzato a concedere finanziamenti nei confronti del pubblico (ai sensi dell'art. 106) può essere garantito dal trasferimento, in favore del creditore o di una società dallo stesso controllata o al medesimo collegata ai sensi delle vigenti disposizioni di legge e autorizzata ad acquistare, detenere, gestire e trasferire diritti reali immobiliari, della proprietà di un immobile o di un altro diritto immobiliare dell'imprenditore o di un terzo, sospensivamente condizionato all'inadempimento del debitore a norma del comma 5. (La nota di trascrizione del trasferimento sospensivamente condizionato di cui al presente comma deve indicare gli elementi di cui all'art. 2839, secondo comma, numeri 4), 5) e 6), del codice civile.).

2. In caso di inadempimento, il creditore ha diritto di avvalersi degli effetti del patto di cui al comma 1, purché al proprietario sia corrisposta l'eventuale differenza tra il valore di stima del diritto e l'ammontare del debito inadempiuto e delle spese di trasferimento.

3. Il trasferimento non può essere convenuto in relazione a immobili adibiti ad abitazione principale del proprietario, del coniuge o di suoi parenti e affini entro il terzo grado.

4. Il patto di cui al comma 1 può essere stipulato al momento della conclusione del contratto di finanziamento o, anche per i contratti in corso (alla data di entrata in vigore della presente disposizione), per atto notarile, in sede di successiva modificazione delle condizioni contrattuali. Qualora il finanziamento sia già garantito da ipoteca, il trasferimento sospensivamente condizionato all'inadempimento, una volta trascritto, prevale sulle trascrizioni e iscrizioni eseguite successivamente all'iscrizione ipotecaria. (Fatti salvi gli effetti dell'aggiudicazione, anche provvisoria, e dell'assegnazione, la disposizione di cui al periodo precedente si applica anche quando l'immobile è stato sottoposto ad espropriazione forzata in forza di pignoramento trascritto prima della trascrizione del patto di cui al comma 1 ma successivamente all'iscrizione dell'ipoteca; in tal caso, si applica il comma 10.).

5. Per gli effetti del presente articolo, si ha inadempimento quando il mancato pagamento si protrae per oltre nove mesi dalla scadenza di almeno tre rate, anche non consecutive, nel caso di obbligo di rimborso a rate mensili; o per oltre (nove mesi) dalla scadenza anche di una sola rata, quando il debitore è tenuto al rimborso rateale secondo termini di scadenza superiori al periodo mensile; ovvero, per oltre nove mesi, quando non è prevista la restituzione mediante pagamenti da effettuarsi in via rateale, dalla scadenza del rimborso previsto nel contratto di finanziamento. (Qualora alla data di scadenza della prima delle rate, anche non mensili, non pagate di cui al primo periodo il debitore abbia già rimborsato il finanziamento ricevuto in misura almeno pari all'85 per cento della quota capitale, il periodo di inadempimento di cui al medesimo primo periodo è elevato da nove a dodici mesi). (Al verificarsi dell'inadempimento) di cui al presente comma, il creditore è tenuto a notificare al debitore e, se diverso, al titolare del diritto reale immobiliare, nonché a coloro che hanno diritti

derivanti da titolo iscritto o trascritto sull'immobile una dichiarazione di volersi avvalere degli effetti del patto di cui al medesimo comma, secondo quanto previsto dal presente articolo (, precisando l'ammontare del credito per cui procede).

6. Decorsi sessanta giorni dalla notificazione della dichiarazione di cui al comma 5, il creditore chiede al presidente del tribunale del luogo nel quale si trova l'immobile la nomina di un perito per la stima, con relazione giurata, del diritto reale immobiliare oggetto del patto di cui al comma 1. (Il perito procede in conformità ai criteri di cui all'art. 568 del codice di procedura civile. Non può procedersi alla nomina di un perito per il quale ricorre una delle condizioni di cui all'art. 51 del codice di procedura civile.) Si applica l'art. 1349, primo comma, del codice civile. (Entro sessanta giorni dalla nomina, il perito comunica, ove possibile a mezzo di posta elettronica certificata, la relazione giurata di stima al debitore, e, se diverso, al titolare del diritto reale immobiliare, al creditore nonché a coloro che hanno diritti derivanti da titolo iscritto o trascritto sull'immobile. I destinatari della comunicazione di cui al periodo precedente possono, entro dieci giorni dalla medesima comunicazione, inviare note al perito; in tal caso il perito, entro i successivi dieci giorni, effettua una nuova comunicazione della relazione rendendo gli eventuali chiarimenti.).

7. Qualora il debitore contesti la stima, il creditore ha comunque diritto di avvalersi degli effetti del patto di cui al comma 1 e l'eventuale fondatezza della contestazione incide sulla differenza da versare al titolare del diritto reale immobiliare.

8. La condizione sospensiva di inadempimento, verificatisi i presupposti di cui al comma 5, si considera avverata al momento della comunicazione al creditore del valore di stima di cui al comma 6 ovvero al momento dell'avvenuto versamento all'imprenditore (della differenza di cui al comma 2), qualora il valore di stima sia superiore all'ammontare del debito inadempiuto, comprensivo di tutte le spese ed i costi del trasferimento. Il contratto di finanziamento (o la sua modificazione a norma del comma 4) contiene l'espressa previsione di un (apposito conto corrente bancario senza spese), intestato al titolare del diritto reale immobiliare, sul quale il creditore deve accreditare l'importo pari alla differenza tra il valore di stima e l'ammontare del debito inadempiuto.

9. Ai fini pubblicitari connessi all'annotazione di cancellazione della condizione sospensiva (ai sensi dell'art. 2668, terzo comma del codice civile), il creditore, anche unilateralmente, rende nell'atto notarile di avveramento della condizione una dichiarazione, a norma dell'art. 47 del decreto del Presidente della Repubblica 28 dicembre 2000, n. 445, con cui attesta l'inadempimento del debitore a norma del comma 5, producendo altresì estratto autentico delle scritture contabili di cui all'art. 2214 del codice civile.

10. Può farsi luogo al trasferimento a norma del presente articolo anche quando il diritto reale immobiliare già oggetto del patto di cui al comma 1 sia sottoposto ad esecuzione forzata per espropriazione. In tal caso l'accertamento dell'inadempimento del debitore è compiuto, su istanza del creditore, dal giudice dell'esecuzione e il valore di stima è determinato dall'esperto nominato dallo stesso giudice. Il giudice dell'esecuzione provvede all'accertamento dell'inadempimento con ordinanza, fissando il termine entro il quale il creditore deve versare una somma non inferiore alle spese di esecuzione e, ove vi siano, ai crediti aventi diritto di prelazione anteriore a quello dell'istante ovvero pari all'eventuale differenza tra il valore di stima del bene e l'ammontare del debito inadempiuto. Avvenuto il versamento, il giudice dell'esecuzione, con decreto, dà atto dell'avveramento della condizione. Il decreto è annotato ai fini della cancellazione della condizione, a norma dell'art. 2668 del codice civile. Alla distribuzione della somma ricavata si provvede in conformità alle disposizioni di cui al libro terzo, titolo II, capo IV del codice di procedura civile.

11. Il comma 10 si applica, in quanto compatibile, anche quando il diritto reale immobiliare è sottoposto ad esecuzione a norma delle disposizioni di cui al decreto del Presidente della Repubblica 29 settembre 1973, n. 602.

12. Quando, dopo la trascrizione del patto di cui al comma 1, sopravviene il fallimento del titolare del diritto reale immobiliare, il creditore, se è stato ammesso al passivo, può fare istanza al giudice delegato perché, sentiti il curatore e il comitato dei creditori, provveda a norma del comma 10, in quanto compatibile.

13. Entro trenta giorni dall'estinzione dell'obbligazione garantita il creditore provvede, mediante atto notarile, a dare pubblicità nei registri immobiliari del mancato definitivo avveramento della condizione sospensiva.

13-bis. Ai fini del concorso tra i creditori, il patto a scopo di garanzia di cui al comma 1 è equiparato all'ipoteca.

13-ter. La trascrizione del patto di cui al comma 1 produce gli effetti di cui all'art. 2855 del codice civile, avendo riguardo, in luogo del pignoramento, alla notificazione della dichiarazione di cui al comma 5».

D.lg. 21 maggio 2018, n. 62

Attuazione della direttiva (UE) 2015/2302 del Parlamento europeo e del Consiglio, del 25 novembre 2015, relativa ai pacchetti turistici e ai servizi turistici collegati, che modifica il regolamento (CE) n. 2006/2004 e la direttiva 2011/83/UE del Parlamento europeo e del Consiglio e che abroga la direttiva 90/314/CEE del Consiglio

(G.U. 6 giugno 2018, n. 129)

(Estratto, art. 2)

Art. 2. – 1. All'articolo 47, comma 1, del decreto legislativo 6 settembre 2005, n. 206, la lettera g) è sostituita dalla seguente:

«g) che rientrano nell'ambito di applicazione della disciplina concernente i contratti del turismo organizzato, di cui al Capo I del Titolo VI dell'Allegato 1 al decreto legislativo 23 maggio 2011, n. 79;».

2. Ai pacchetti di cui all'articolo 33, comma 1, lettera c), e ai viaggiatori di cui all'articolo 33, comma 1, lettera g), dell'Allegato 1 al decreto legislativo 23 maggio 2011, n. 79, si applicano gli articoli 49, comma 7, 51, commi 2 e 6, 62, 64 e 65 del decreto legislativo 6 settembre 2005, n. 206, fatto salvo quanto previsto dall'articolo 47, comma 1, lettera g), del medesimo decreto, come modificato ai sensi del comma 1.

Sezione VIII

CONTRATTI PUBBLICI

D.lg. 2 luglio 2010, n. 104

Attuazione dell'articolo 44 della legge 18 giugno 2009, n. 69, recante delega al governo per il riordino del processo amministrativo

Codice del processo amministrativo

(*Estratto, artt. 119-125*)

(*Omissis*).

119. Rito abbreviato comune a determinate materie [3[2], 7[7]]. – 1. Le disposizioni di cui al presente articolo si applicano nei giudizi aventi ad oggetto le controversie relative a:

a) i provvedimenti concernenti le **procedure di affidamento di pubblici lavori, servizi e forniture** nonché i provvedimenti di ammissione ed esclusione dalle competizioni professionistiche delle società o associazioni sportive professionistiche, o comunque incidenti sulla partecipazione a competizioni professionistiche, salvo quanto previsto dagli articoli 120 e seguenti (1);

b) i provvedimenti adottati dalle **Autorità amministrative indipendenti**, con esclusione di quelli relativi al rapporto di servizio con i propri dipendenti;

c) i provvedimenti relativi alle procedure di privatizzazione o di dismissione di imprese o beni pubblici, nonché quelli relativi alla costituzione, modificazione o soppressione di società, aziende e istituzioni da parte degli enti locali;

c-bis) i provvedimenti adottati nell'esercizio dei poteri speciali inerenti alle attività di rilevanza strategica nei settori della difesa e della sicurezza nazionale e nei settori dell'energia, dei trasporti e delle comunicazioni (2);

d) i provvedimenti di nomina, adottati previa delibera del Consiglio dei ministri;

e) i provvedimenti di scioglimento degli organi di governo degli enti locali e quelli connessi, che riguardano la loro formazione e il loro funzionamento (3);

f) i provvedimenti relativi alle procedure di occupazione e di espropriazione delle aree destinate all'esecuzione di opere pubbliche o di pubblica utilità e i provvedimenti di espropriazione delle invenzioni adottati ai sensi del codice della proprietà industriale;

g) i provvedimenti del Comitato olimpico nazionale italiano o delle Federazioni sportive;

h) le ordinanze adottate in tutte le situazioni di emergenza dichiarate ai sensi dell'articolo 5 (4), comma 1, della legge 24 febbraio 1992, n. 225, e i consequenziali provvedimenti commissariali;

i) il rapporto di lavoro del personale dei servizi di informazione per la sicurezza, ai sensi dell'articolo 22, della legge 3 agosto 2007, n. 124;

l) le controversie comunque attinenti alle procedure e ai provvedimenti della pubblica amministrazione in materia di impianti di generazione di energia elettrica di cui al decreto legge 7 febbraio 2002, n. 7, convertito, con modificazioni, dalla legge 9 aprile 2002 n. 55 (5), comprese quelle concernenti la produzione di energia elettrica da fonte nucleare, i rigassificatori, i gasdotti di importazione, le centrali termoelettriche di potenza termica superiore a 400 MW nonché quelle relative ad infrastrutture di trasporto ricomprese o da ricomprendere nella rete di trasmissione nazionale o rete nazionale di gasdotti;

m) i provvedimenti della commissione centrale per la definizione e applicazione delle speciali misure di protezione, recanti applicazione, modifica e revoca delle speciali misure di protezione nei confronti dei collaboratori e testimoni di giustizia;

m-bis) le controversie aventi per oggetto i provvedimenti dell'Agenzia nazionale di regolamentazione del settore postale di cui alla lettera h) del comma 2 dell'articolo 37 della legge 4 giugno 2010, n. 96, compresi quelli sanzionatori ed esclusi quelli inerenti ai rapporti di impiego (6);

m-ter) i provvedimenti dell'Agenzia nazionale per la regolazione e la vigilanza in materia di acqua istituita dall'articolo 10, comma 11, del decreto legge 13 maggio 2011, n. 70, convertito, con modificazioni, dalla legge 12 luglio 2011, n. 106 (7);

m-quater) le azioni individuali e collettive avverso le discriminazioni di genere in ambito lavorativo, previste dall'articolo 36 e seguenti del decreto legislativo 25 luglio 2006, n. 198, quando rientrano, ai sensi del citato decreto, nella giurisdizione del giudice amministrativo (8);

m-quinquies) gli atti e i provvedimenti adottati in esecuzione di una decisione di recupero di cui all'articolo 16 del regolamento (UE) 2015/1589 del Consiglio, del 13 luglio 2015 (9);

m-sexies) i provvedimenti di espulsione dello straniero adottati dal Ministro dell'interno ai sensi dell'articolo 13, comma 1, del decreto legislativo 25 luglio 1998, n. 286, e quelli adottati ai sensi dell'articolo 3 del decreto-legge 27 luglio 2005, n. 144, convertito, con modificazioni, dalla legge 31 luglio 2005, n. 155 (10);

m-septies) l'autorizzazione unica di cui agli articoli 52-bis e seguenti del testo unico di cui al decreto del Presidente della Repubblica 8 giugno 2001, n. 327, per le infrastrutture lineari energetiche, quali i gasdotti, gli elettrodotti, gli oleodotti e le reti di trasporto di fluidi termici, ivi inclusi le opere, gli impianti e i servizi accessori connessi o funzionali all'esercizio degli stessi, i gasdotti e gli oleodotti necessari per la coltivazione e lo stoccaggio degli idrocarburi, nonché rispetto agli atti riferiti a tali infrastrutture inerenti alla valutazione ambientale strategica, alla verifica di assoggettabilità e alla valutazione di impatto ambientale e a tutti i provvedimenti, di competenza statale o regionale, indicati dall'articolo 27 del decreto legislativo 3 aprile 2006, n. 152, nonché agli atti che definiscono l'intesa Stato-regione (11);

m-octies) i provvedimenti che si assumono lesivi di diritti sindacali del singolo militare o dell'associazione professionale a carattere sindacale tra militari che lo rappresenta (12).

2. Tutti i termini processuali ordinari sono **dimezzati** salvo, nei giudizi di primo grado, quelli per la notificazione del ricorso introduttivo, del ricorso incidentale e dei motivi aggiunti, nonché quelli di cui all'articolo 62, comma 1, e quelli espressamente disciplinati nel presente articolo [120^2].

3. Salva l'applicazione dell'articolo 60, il tribunale amministrativo regionale chiamato a pronunciare sulla domanda cautelare, accertata la completezza del contraddittorio ovvero disposta l'integrazione dello stesso, se ritiene, a un primo sommario esame, la sussistenza di profili di fondatezza del ricorso e di un pregiudizio grave e irreparabile, **fissa con ordinanza la data di discussione del merito alla prima udienza successiva alla scadenza del termine di trenta giorni dalla data di deposito dell'ordinanza**, disponendo altresì il deposito dei documenti necessari e l'acquisizione delle eventuali altre prove occorrenti. In caso di rigetto dell'istanza cautelare da parte del tribunale amministrativo regionale, ove il Consiglio di Stato riformi l'ordinanza di primo grado, la pronuncia di appello è trasmessa al tribunale amministrativo regionale per la fissazione dell'udienza di merito. In tale ipotesi, il termine di trenta giorni decorre dalla data di ricevimento dell'ordinanza da parte della segreteria del tribunale amministrativo regionale, che ne dà avviso alle parti (13).

4. Con l'ordinanza di cui al comma 3, in caso di estrema gravità ed urgenza, il tribunale amministrativo regionale o il Consiglio di Stato possono disporre le opportune misure cautelari. Al procedimento cautelare si applicano le disposizioni del Titolo II del Libro II, in quanto non derogate dal presente articolo.

5. Quando almeno una delle parti, nell'udienza discussione, dichiara di avere **interesse** alla pubblicazione anticipata del dispositivo rispetto alla sentenza, il dispositivo è pubblicato mediante deposito in segreteria, non oltre sette giorni dalla decisione della causa. La dichiarazione della parte è attestata nel verbale d'udienza [49^2, 74, 114^3, 120^9].

6. La parte può chiedere al Consiglio di Stato la sospensione dell'esecutività del dispositivo, proponendo appello entro trenta giorni dalla relativa pubblicazione, con riserva dei motivi da proporre entro trenta giorni dalla notificazione della sentenza ovvero entro tre mesi dalla sua pubblicazione. La mancata richiesta di sospensione dell'esecutività del dispositivo non preclude la possibilità di chiedere la sospensione dell'esecutività della sentenza dopo la pubblicazione dei motivi.

7. Le disposizioni del presente articolo si applicano anche nei giudizi di appello, revocazione e opposizione di terzo.

(1) Lettera così modificata dall'art. 1, co. 649, lett. a), l. 30/12/2018, n. 145, a decorrere dal 1°/1/2019; per l'applicabilità di tale disposizione vedi l'art. 1, co. 650, della medesima l. n. 145/2018.

(2) Lettera aggiunta dall'art. 3, co. 6, d.l. 15/3/2012, n. 21, in vigore dal 16/3/2012 e conv. in l. 11/5/2012, n. 156.

(3) Lettera così sostituita dall'art. 1, lett. r), d.lg. 14/9/2012, n. 160, pubblicato in G.U. del 18/9/2012, e in vigore dal 3/10/2012. Il testo previgente così disponeva: «i provvedimenti di scioglimento di enti locali e quelli connessi concernenti la formazione e il funzionamento degli organi».

(4) Il riferimento al presente articolo è da intendere agli artt. 24, 25 e 26, d.lg. 2/1/2018, n. 1, ai sensi di quanto disposto dall'art. 47, co. 1, lett. i), del medesimo d.lg. n. 1/2018.

(5) Lettera aggiunta dall'art. 2 del d.lg. 31/3/2011, n. 58, pubblicato in G.U. 29/4/2011, n. 98, in vigore dal 30/4/2011.

(6) Lettera aggiunta all'art. 1 del d.lg. n. 195/2011, decreto correttivo del CPA., pubblicato in GURI 23/11/2011 e in vigore dall'8/12/2011. Peraltro la disposizione è da ritenere tacitamente abrogata perché l'Agenzia nazionale di regolamentazione del settore postale è stata soppressa in virtù del combinato disposto dell'art. 21, co. 13 e dell'allegato A, d.l. n. 201/2011 ("salva Italia") e nelle relative competenze è subentrata l'Autorità garante delle comunicazioni, sui cui provvedimenti si applica il rito abbreviato ai sensi dell'art. 119, co. 1, lett. b).

(7) Lettera aggiunta all'art. 1 del d.lg. n. 195/2011, decreto correttivo del CPA., pubblicato in GURI del 23/11/2011 e in vigore dall'8/12/2011. Peraltro la disposizione è da ritenere tacitamente abrogata perché l'Agenzia nazionale per la regolazione e la vigilanza in materia di acqua è stata soppressa in virtù del combinato disposto dell'art. 21, co. 13 e dell'allegato A, d.l. n. 201/2011 ("salva Italia") e nelle relative competenze sono subentrati l'Autorità dell'energia elettrica e il gas, – sui cui provvedimenti si applica il rito abbreviato ai sensi dell'art. 119, co. 1, lett. b) –, e il Ministero dell'ambiente e della tutela del territorio e del mare.

(8) Lettera aggiunta all'art. 1 del d.lg. n. 195/2011, decreto correttivo del CPA., pubblicato in GURI del 23/11/2011 e in vigore dall'8/12/2011.

(9) Lettera aggiunta dall'art. 49, co. 1, l. 24/12/2012, n. 234, come modificato dall'art. 35, co. 3, della l. 7/7/2016, n. 122.

(10) Lettera aggiunta dall'art. 16, co. 1, d.l. 17/2/2017, n. 13, conv., con modif., dalla l. 13/4/2017, n. 46.

(11) Comma inserito per effetto dell'art. 50-bis del d.l. 16/7/2020, n. 76 (in G.U. 16/7/2020, n. 178) conv. in l. 11/9/2020, n. 120.

(12) Lettera aggiunta dall'art. 17, co. 3, l. 28/4/2022, n. 46.

(13) Art. 9, co. 1 e 2-sexies, d.l. 12/9/2014, n. 133, conv. in l. 11/11/2014, n. 164: «1. Fatti salvi i casi previsti dall'articolo 57, comma 2, lettera c) e dall'articolo 221, comma 1, lettera d), del decreto legislativo 12 aprile 2006, n. 163, per i lavori di importo compreso fino alla soglia comunitaria, costituisce «estrema urgenza», la situazione conseguente ad apposita ricognizione da parte dell'Ente interessato che certifica come indifferibili gli interventi, anche su impianti, arredi e dotazioni, funzionali: a) alla messa in sicurezza degli edifici scolastici di ogni ordine e grado e di quelli dell'alta formazione artistica, musicale e coreutica (AFAM), comprensivi di nuove edificazioni sostitutive di manufatti non rispondenti ai requisiti di salvaguardia della incolumità e della salute della popolazione studentesca e docente; b) alla mitigazione dei rischi idraulici e geomorfologici del territorio; c) all'adeguamento alla normativa antisismica; d) alla tutela ambientale e del patrimonio culturale. 2-sexies. Costituiscono esigenze imperative connesse a un interesse generale ai sensi dell'articolo 121, comma 2, del codice del processo amministrativo, di cui all'allegato 1 al decreto legislativo 2 luglio 2010, n. 104, quelle funzionali alla tutela dell'incolumità pubblica. Nei casi di procedure ad evidenza pubblica avviate o da avviarsi, in quelli conseguenti alla redazione di verbale di somma urgenza per interventi conseguenti alla dichiarazione dello stato di emergenza, nonché nei casi di cui al comma 1 del presente articolo, il tribunale amministrativo regionale, nel valutare l'istanza cautelare, può accoglierla unicamente nel caso in cui i requisiti di estrema gravità e urgenza previsti dall'articolo 119, comma 4, del citato codice di cui all'allegato 1 al decreto legislativo n. 104 del 2010 siano ritenuti prevalenti rispetto alle esigenze di incolumità pubblica evidenziate dalla stazione appaltante. Nei casi di cui al presente comma, il tribunale amministrativo regionale fissa la data di discussione del merito del giudizio ai sensi del medesimo articolo 119, comma 3, del codice di cui all'allegato 1 al decreto legislativo n. 104 del 2010».

• Art. 95, d.lg. 16/11/2015, n. 180 - Attuazione della direttiva 2014/59/UE del Parlamento europeo e del Consiglio, del 15 maggio 2014, che istituisce un quadro di risanamento e risoluzione degli enti creditizi e delle imprese di investimento e che modifica la direttiva 82/891/CEE del Consiglio, e le direttive 2001/24/CE, 2002/47/CE, 2004/25/CE, 2005/56/CE, 2007/36/CE, 2011/35/UE, 2012/30/UE e 2013/36/UE e i regolamenti (UE), n. 1093/2010 e (UE) n. 648/2012, del Parlamento europeo e del Consiglio: La tutela giurisdizionale davanti al giudice amministrativo è disciplinata dal Codice del processo amministrativo. Alle controversie aventi ad oggetto i provvedimenti adottati ai sensi del presente decreto si applicano gli art. 119, 128, 133 e 135 del medesimo Codice.

120. Disposizioni specifiche ai giudizi di cui all'articolo 119, comma 1, lettera a) [3[2]]. – 1. Gli **atti delle procedure di affidamento**, ivi comprese le procedure di affidamento di incarichi e concorsi di progettazione e di attività tecnico-amministrative ad esse connesse, relativi a pubblici lavori, servizi o forniture, **nonché i connessi provvedimenti dell'Autorità nazionale anticorruzione ad essi riferiti,** sono impugnabili **unicamente** mediante ricorso al tribunale amministrativo regionale competente (1).

2. Nel caso in cui sia mancata la pubblicità del bando, il ricorso non può comunque essere più proposto decorsi trenta giorni decorrenti dal giorno successivo alla data di pubblicazione dell'avviso di aggiudicazione definitiva di cui all'articolo 65 e all'articolo 225 del decreto legislativo 12 aprile 2006, n. 163, a condizione che tale avviso contenga la motivazione dell'atto con cui la stazione appaltante ha deciso di affidare il contratto senza previa pubblicazione del bando. Se sono omessi gli avvisi o le informazioni di cui al presente comma oppure se essi non sono conformi alle prescrizioni ivi contenute, il ricorso non può comunque essere proposto decorsi sei mesi dal giorno successivo alla data di stipulazione del contratto.

2 bis. Il provvedimento che determina le esclusioni dalla procedura di affidamento [100 CPC.] e le ammissioni [100 CPC.] ad essa all'esito della valutazione dei requisiti soggettivi, economico-finanziari e tecnico-professionali va impugnato nel termine di trenta giorni, decorrente dalla sua pubblicazione sul profilo del committente della stazione appaltante, ai sensi dell'articolo 29, comma 1, del codice dei contratti pubblici adottato in attuazione della legge 28 gennaio 2016, n. 11. L'omessa impugnazione preclude la facoltà di far valere l'illegittimità derivata dei successivi atti delle procedure di affidamento, anche con ricorso incidentale [42]. È altresì inammissibile l'impugnazione della proposta di aggiudicazione [33 d.lg. 50/2016], ove disposta, e degli altri atti endoprocedimentali privi di immediata lesività [100 CPC.] (2).*

3. Salvo quanto previsto dal presente articolo e dai successivi, si applica l'articolo 119.

4. Quando è impugnata l'aggiudicazione definitiva, se la stazione appaltante fruisce del patrocinio dell'Avvocatura dello Stato, il ricorso è notificato, oltre che presso detta Avvocatura, anche alla stazione appaltante nella sua sede reale, in data non anteriore alla notifica presso l'Avvocatura, e al solo fine dell'operatività della sospensione obbligatoria del termine per la stipulazione del contratto.

5. Per l'impugnazione degli atti di cui al presente articolo il ricorso, principale o incidentale, e i motivi aggiunti, anche avverso atti diversi da quelli già impugnati, devono essere proposti nel termine di trenta giorni, decorrente, per il ricorso principale e per i motivi aggiunti, dalla ricezione della comunicazione di cui all'articolo 79 del decreto legislativo 12 aprile 2006, n. 163, o, per i bandi e gli avvisi con cui si indice una gara, autonomamente lesivi, dalla pubblicazione di cui all'articolo 66, comma 8, dello stesso decreto; ovvero, in ogni altro caso, dalla conoscenza dell'atto. Per il ricorso incidentale la decorrenza del termine è disciplinata dall'articolo 42 [76[5] d.lg. n. 50/2016] (3).

6. Il giudizio, qualora le parti richiedano congiuntamente di limitare la decisione all'esame di un'unica questione, nonché in ogni altro caso compatibilmente con le esigenze di difesa di tutte le parti in relazione alla complessità della causa, è **di norma** definito, anche in deroga al comma 1, primo periodo dell'articolo 74, in esito all'udienza cautelare ai sensi dell'articolo 60, **ove ne ricorrano i presupposti**, e, in mancanza, viene comunque definito con sentenza in forma semplificata ad una udienza fissata d'ufficio e da tenersi entro quarantacinque giorni dalla scadenza del termine per la costituzione delle parti diverse dal ricorrente. Della data di udienza è dato immediato avviso alle parti a cura della segreteria, a mezzo posta elettronica certificata. In caso di esigenze istruttorie o quando è necessario integrare il contraddittorio o assicurare il rispetto di termini a difesa, la definizione del merito viene rinviata, con l'ordinanza che dispone gli adempimenti istruttori o l'integrazione del contraddittorio o dispone il rinvio per l'esigenza di rispetto dei termini a difesa, ad una udienza da tenersi non oltre trenta giorni. *[Al fine di consentire lo spedito svolgimento del giudizio in coerenza con il principio di sinteticità di cui all'articolo 3, comma 2, le parti contengono le dimensioni del ricorso e degli altri atti difensivi nei termini stabiliti con decreto del Presidente del Consiglio di Stato, sentiti il Consiglio nazionale forense e l'Avvocato generale dello Stato, nonché le associazioni di categoria riconosciute degli avvocati amministrativisti. Con il medesimo decreto sono stabiliti i casi per i quali, per specifiche ragioni, può essere consentito superare i relativi limiti. Il medesimo decreto, nella fissazione dei limiti dimensionali del ricorso e degli atti difensivi, tiene conto del valore effettivo della controversia, della sua natura tecnica e del valore dei diversi interessi sostanzialmente perseguiti dalle parti. Dai suddetti limiti sono escluse le intestazioni e le altre indicazioni formali dell'atto. Il giudice è tenuto a esaminare tutte le questioni trattate nelle pagine rientranti nei suddetti limiti; il mancato esame delle suddette questioni costituisce motivo di appello avverso la sentenza di primo grado e di revocazione della sentenza di appello]* (4).

6 bis. Nei casi previsti al comma 2-bis, il giudizio è definito in una camera di consiglio da tenersi entro trenta giorni dalla scadenza del termine per la costituzione delle parti diverse dal ricorrente. Su richiesta delle parti il ricorso è definito, negli stessi termini, in udienza pubblica. Il decreto di fissazione dell'udienza è comunicato alle parti quindici giorni prima dell'udienza. Le parti possono produrre documenti fino a dieci giorni liberi prima dell'udienza, memorie fino a sei giorni liberi prima e presentare repliche ai nuovi documenti e alle nuove memorie depositate in vista della camera di consiglio, fino a tre giorni liberi prima. La camera di consiglio o l'udienza possono essere rinviate solo in caso di esigenze istruttorie, per integrare il contraddittorio, per proporre motivi aggiunti o ricorso incidentale. L'ordinanza istruttoria fissa per il deposito di documenti un termine non superiore a tre giorni decorrenti dalla comunicazione o, se anteriore, notificazione della stessa. La nuova camera di consiglio deve essere fissata non oltre quindici giorni. Non può essere disposta la cancellazione della causa dal ruolo. L'appello deve essere proposto entro trenta giorni dalla comunicazione o, se anteriore, notificazione della sentenza e non trova applicazione il termine lungo decorrente dalla sua pubblicazione (5).**

7. I nuovi atti attinenti la medesima procedura di gara **devono** essere impugnati con ricorso per motivi aggiunti [43] (6).

8. Il giudice decide interinalmente sulla domanda cautelare, anche se ordina adempimenti istruttori, se concede termini a difesa, o se solleva o vengono proposti incidenti processuali.

8-bis. Il collegio, quando dispone le misure cautelari di cui al comma 4 dell'articolo 119, ne può subordinare l'efficacia, anche qualora dalla decisione non derivino effetti irreversibili, alla prestazione, anche mediante fideiussione [1936 CC.], di una cauzione di importo commisurato al valore dell'appalto e comunque non superiore allo 0,5 per cento del suddetto valore. Tali misure sono disposte per una durata non superiore a sessanta giorni dalla pubblicazione della relativa ordinanza, fermo restando quanto stabilito dal comma 3 dell'articolo 119 (7).

8-ter. Nella decisione cautelare, il giudice **tiene conto** di quanto previsto dagli articoli 121, comma 1, e 122, e delle **esigenze imperative connesse ad un interesse generale all'esecuzione del contratto**, dandone conto nella motivazione (8).

9. Il giudice **deposita** la sentenza con la quale definisce il giudizio entro quindici giorni dall'udienza di discussione. Quando la stesura della motivazione è **particolarmente complessa**, il giudice pubblica il dispositivo nel termine di cui al primo periodo, indicando anche le domande eventualmente accolte e le misure per darvi attuazione, e comunque deposita la sentenza entro trenta giorni dall'udienza [74, 114^3, 119^5] (9).

10. Tutti gli atti di parte e i provvedimenti del giudice devono essere sintetici e la sentenza è redatta, **ordinariamente**, nelle forme di cui all'articolo 74 [2, 3^2, 7^7, 60, 71-bis, 74, 114^3, 116^4, 117^2, 119^5, 129^6].

11. Le disposizioni dei commi 3, 6, 8, 8-bis, 8-ter, 9 e 10 si applicano anche nel giudizio di appello innanzi al Consiglio di Stato, proposto avverso la sentenza o avverso l'ordinanza cautelare, e nei giudizi di revocazione o opposizione di terzo. La parte può proporre appello avverso il dispositivo, al fine di ottenerne la sospensione prima della pubblicazione della sentenza (10).

11 bis. Nel caso di presentazione di offerte per più lotti l'impugnazione si propone con **ricorso cumulativo** solo se vengono dedotti identici motivi di ricorso avverso lo stesso atto (11).

(1) Comma così modificato dall'art. 204, co. 1, lett. a), d.lg. 18/4/2016, n. 50 (recante Attuazione delle direttive 2014/23/UE, 2014/24/UE e 2014/25/UE sull'aggiudicazione dei contratti di concessione, sugli appalti pubblici e sulle procedure d'appalto degli enti erogatori nei settori dell'acqua, dell'energia, dei trasporti e dei servizi postali, nonché per il riordino della disciplina vigente in materia di contratti pubblici relativi a lavori, servizi e forniture, in G.U., 19/4/2016, n. 91, S.O. n. 10, in vigore dal 19/4/2016).

(2) Comma aggiunto dall'art. 204, co. 1, lett. b), d.lg. 18/4/2016, n. 50, cit. a nota 1, che precede.

* Il presente comma è stato, da ultimo, abrogato dall'art. 1, co. 22, lett. a), d.l. 18/4/2019, n. 32 conv., con modif., dalla l. 14/6/2019, n. 55 (in G.U. 17/6/2019, n. 140). Per l'applicabilità di tale disposizione si veda l'art. 1, co. 23 del medesimo d.l. n. 32/2019: Le disposizioni di cui al comma 22 si applicano ai processi iniziati dopo la data di entrata in vigore della legge di conversione del presente decreto.

(3) Comma prima modificato dall'art. 1 del d.lg. n. 195/2011, decreto correttivo del CPA., pubblicato in G.U., 23/11/2011 e in vigore dall'8/12/2011. Il testo previgente disponeva: «Per l'impugnazione degli atti di cui al presente articolo il ricorso e i motivi aggiunti, anche avverso atti diversi da quelli già impugnati, devono essere proposti nel termine di trenta giorni, decorrente dalla ricezione della comunicazione di cui all'art. 79 del d.lgs. 12 aprile 2006, n. 163, o, per i bandi e gli avvisi con cui si indice una gara, autonomamente lesivi, dalla pubblicazione di cui all'art. 66, comma 8, dello stesso decreto; ovvero, in ogni altro caso, dalla conoscenza dell'atto».

Il comma è stato poi modificato dall'art. 204, co. 1, lett. c), d.lg. 18/4/2016, n. 50, cit. a nota 1, che precede.

Da ultimo il presente comma è stato così modificato dall'art. 1, co. 4, lett. b), d.l. 18/4/2019, n. 32. Il testo previgente disponeva: «Salvo quanto previsto al comma 6-bis, per l'impugnazione».

(4) Comma così sostituito dall'art. 40, co. 1, d.l. n. 90/2014 come a sua volta integrato dalla l. di conversione n. 114/2014, e in vigore dal 19/8/2014. Il testo previgente così disponeva: «Quando il giudizio non è immediatamente definito ai sensi dell'articolo 60, l'udienza di merito, ove non indicata dal collegio ai sensi dell'articolo 119, comma 3, è immediatamente fissata d'ufficio con assoluta priorità.». Il regime transitorio è fissato dall'art. 40, co. 2, d.l. n. 90/2014, a tenore del quale: «Le disposizioni di cui al comma 1 si applicano ai giudizi introdotti con ricorso depositato, in primo grado o in grado di appello, in data successiva alla data di entrata in vigore del presente decreto». Inoltre l'art. 40, co. 2-bis, d.l. n. 90/2014, inserito dalla l. di conversione n. 114/2014 ha specificato che «Le disposizioni relative al contenimento del numero delle pagine, stabilite dal decreto del Presidente del Consiglio di Stato di cui alla lettera a) del comma 1 sono applicate in via sperimentale per due anni dalla data di entrata in vigore della legge di conversione del presente decreto. Al termine di un anno decorrente dalla medesima data, il Consiglio di presidenza della giustizia amministrativa effettua il monitoraggio degli esiti di tale sperimentazione». Successivamente il presente comma è stato modificato dall'art. 7-bis, co. 2, lett. a), d.l. 31/8/2016, n. 168, conv., con modif., dalla l. 25/10/2016, n. 197.
I limiti dimensionali dei ricorsi e degli altri scritti defensionali sono stati fissati con d.P.C.S. 22/12/2016, in G.U. 3/1/2017. Vd. Parte II, n. 2 per il testo del decreto.
Comma modificato dall'art. 4, co. 4, d.l. 17/7/2020, n. 76 (in G.U. del 16/7/2020, n. 178 - S.O. n. 24) conv. dalla l. n. 76/2020.

(5) Comma aggiunto dall'art. 204, co. 1, lett. d), d.lg. 18/4/2016, n. 50, cit. a nota 1, che precede.

** Il presente comma è stato, da ultimo, abrogato dall'art. 1, co. 22, lett. a), d.l. 18/4/2019, n. 32 conv., con modif., dalla l. 14/6/2019, n. 55 (in G.U. 17/6/2019, n. 140). Il regime transitorio è fissato dall'art. 1, co. 23 del medesimo d.l. n. 32/2019: «Le disposizioni di cui al comma 22 si applicano ai processi iniziati dopo la data di entrata in vigore della legge di conversione del presente decreto».

(6) Comma così modificato dall'art. 204, co. 1, lett. e), d.lg. 18/4/2016, n. 50, cit. a nota 1, che precede.
Da ultimo il presente comma è stato così modificato dall'art. 1, co. 4, lett. c), d.l. 18/4/2019, n. 32. Il testo previgente disponeva: «Ad eccezione dei casi previsti al comma 2 bis».

(7) Comma inserito dall'art. 40, co. 1, d.l. n. 90/2014 come modificato dalla l. di conversione n. 114/2014, e in vigore dal 19/8/2014. Il regime transitorio è fissato dall'art. 40, co. 2, d.l. n. 90/2014, a tenore del quale: «Le disposizioni di cui al comma 1 si applicano ai giudizi introdotti con ricorso depositato, in primo grado o in grado di appello, in data successiva alla data di entrata in vigore del presente decreto».

• V. anche l'art. 9, co. 1 e co. 2-sexies, d.l. 12/9/2014, n. 133 nel testo risultante dalla l. di conversione 11/11/2014, n. 164, a tenore dei quali:
«1. Fatti salvi i casi previsti dall'articolo 57, comma 2, lettera c) e dall'articolo 221, comma 1, lettera d), del decreto legislativo 12 aprile 2006, n. 163, per i lavori di importo compreso fino alla soglia comunitaria, costituisce «estrema urgenza», la situazione conseguente ad apposita ricognizione da parte dell'Ente interessato che certifica come indifferibili gli interventi, anche su impianti, arredi e dotazioni, funzionali:
a) alla messa in sicurezza degli edifici scolastici di ogni ordine e grado e di quelli dell'alta formazione artistica, musicale e coreutica (AFAM), comprensivi di nuove edificazioni sostitutive di manufatti non rispondenti ai requisiti di salvaguardia della incolumità e della salute della popolazione studentesca e docente;
b) alla mitigazione dei rischi idraulici e geomorfologici del territorio;
c) all'adeguamento alla normativa antisismica;
d) alla tutela ambientale e del patrimonio culturale.».
«2-sexies. Costituiscono esigenze imperative connesse a un interesse generale ai sensi dell'articolo 121, comma 2, del codice del processo amministrativo, di cui all'allegato 1 al decreto legislativo 2 luglio 2010, n. 104, quelle funzionali alla tutela dell'incolumità pubblica. Nei casi di procedure ad evidenza pubblica avviate o da avviarsi, in quelli conseguenti alla redazione di verbale di somma urgenza per interventi conseguenti alla dichiarazione dello stato di emergenza, nonché nei casi di cui al comma 1 del presente articolo, il tribunale amministrativo regionale, nel valutare l'istanza cautelare, può accoglierla unicamente nel caso in cui i requisiti di estrema gravità e urgenza previsti dall'articolo 119, comma 4, del citato codice di cui all'allegato 1 al decreto legislativo n. 104 del 2010 siano ritenuti prevalenti rispetto alle esigenze di incolumità pubblica evidenziate dalla stazione appaltante. Nei casi di cui al presente comma, il tribunale amministrativo regionale fissa la data di discussione del merito del giudizio ai sensi del medesimo articolo 119, comma 3, del codice di cui all'allegato 1 al decreto legislativo n. 104 del 2010».

(8) Comma aggiunto dall'art. 204, co. 1, lett. f), d.lg. 18/4/2016, n. 50, cit. a nota 1, che precede.

(9) Comma originariamente sostituito dall'art. 40, co. 1, d.l. n. 90/2014 come modificato dalla l. di conversione n. 114/2014, e in vigore dal 19/8/2014. Il testo originario così stabiliva «Il dispositivo

del provvedimento con cui il tribunale amministrativo regionale definisce il giudizio è pubblicato entro sette giorni dalla data della sua deliberazione». Il regime transitorio è fissato dall'art. 40, c. 2, d.l. n. 90/2014, a tenore del quale: «Le disposizioni di cui al comma 1 si applicano ai giudizi introdotti con ricorso depositato, in primo grado o in grado di appello, in data successiva alla data di entrata in vigore del presente decreto».
Il co. 9 è stato poi modificato dall'art. 204, co. 1, lett. g), d.lg. 18/4/2016, n. 50, cit. a nota 1, che precede.
Il presente comma è stato poi modificato dall'art. 1, co. 4, lett. d), d.l. 18/4/2019, n. 32 conv., con modif., dalla l. 14/6/2019, n. 55 (in G.U. 17/6/2019, n. 140) e, infine, nuovamente modificato dall'art. 4, co. 1, d.l. 17/7/2020 n. 76 (in G.U. 16/7/2020, n. 178 - S.O. n. 24), convertito dalla l. n. 120/2020.

(10) Comma così modificato dall'art. 204, co. 1, lett. h), d.lg. 18/4/2016, n. 50, cit. a nota 1, che precede.
Da ultimo il presente comma è stato così modificato dall'art. 1, co. 4, lett. e), d.l. 18/4/2019, n. 32 conv., con modif., dalla l. 14/6/2019, n. 55 (in G.U. 17/6/2019, n. 140). Il testo previgente disponeva: «Le disposizioni dei commi 2 bis, 3, 6, 6 bis, 8, 8 bis, 8 ter, 9, secondo periodo e 10».

(11) Comma aggiunto dall'art. 204, co. 1, lett. i), d.lg. 18/4/2016, n. 50, cit. a nota 1, che precede.

• V. anche considerando n 122 della Dir. 2014/24/UE (ipotesi di giurisdizione oggettiva): «La direttiva 89/665/CEE prevede che determinate procedure di ricorso siano accessibili per lo meno a chiunque abbia o abbia avuto interesse a ottenere l'aggiudicazione di un determinato appalto e che sia stato o rischi di essere leso a causa di una violazione del diritto dell'Unione in materia di appalti pubblici o delle norme nazionali che recepiscono tale diritto. La presente direttiva non dovrebbe pregiudicare tali procedure di ricorso. Tuttavia, i cittadini, i soggetti interessati, organizzati o meno, e altre persone o organismi che non hanno accesso alle procedure di ricorso di cui alla direttiva 89/665/CEE **hanno comunque un interesse legittimo in qualità di contribuenti a un corretto svolgimento delle procedure di appalto**. Dovrebbero pertanto avere la possibilità, con modalità diverse dal sistema di ricorso di cui alla direttiva 89/665/CEE e senza che ciò comporti necessariamente una loro azione dinanzi a corti e tribunali, di segnalare le eventuali violazioni della presente direttiva all'autorità o alla struttura competente. Al fine di non creare duplicazioni di autorità o strutture esistenti, gli Stati membri dovrebbero essere in grado di prevedere il ricorso ad autorità o strutture di controllo generali, organi di vigilanza settoriali, autorità di vigilanza comunali, autorità competenti in materia di concorrenza, al Mediatore o ad autorità nazionali competenti in materia di audit».

• Art. 4, d.l. 17/7/2020, n. 76 (in G.U. del 16/7/2020, n. 178 – S.O. n. 24) conv. dalla l. n. 76/2020. «2. In caso di impugnazione degli atti relativi alle procedure di affidamento di cui agli articoli 1 e 2, comma 2, del presente decreto, qualora rientranti nell'ambito applicativo dell'articolo 119, comma 1, lettera a), del codice del processo amministrativo, approvato con il decreto legislativo 2 luglio 2010, n. 104, si applica l'articolo 125, comma 2, del medesimo codice. 3. In caso di impugnazione degli atti relativi alle procedure di affidamento di cui all'articolo 2, comma 3, si applica l'articolo 125 del codice del processo amministrativo, approvato con il decreto legislativo 2 luglio 2010, n. 104».

121. Inefficacia del contratto nei casi di gravi violazioni [31^{1}, $34^{3,5}$, 122, 123, $133^{\text{lett. e), n. 1}}$]. –1. Il giudice che annulla l'aggiudicazione definitiva [32^{5} d.lg. n. 50/2016] **dichiara** l'inefficacia del contratto [1 // $2^{8\text{ bis}}$ l. n. 241/1990 // 1418, 1425 CC.] nei seguenti casi, precisando in funzione delle deduzioni delle parti e della valutazione della gravità della condotta della stazione appaltante e della situazione di fatto, se la declaratoria di inefficacia è limitata alle prestazioni ancora da eseguire alla data della pubblicazione del dispositivo o opera in via retroattiva:

a) se l'aggiudicazione definitiva è avvenuta senza previa pubblicazione del bando o avviso con cui si indice una gara nella Gazzetta Ufficiale dell'Unione europea o nella Gazzetta Ufficiale della Repubblica italiana, quando tale pubblicazione è prescritta dal decreto legislativo 12 aprile 2006, n. 163;

b) se l'aggiudicazione definitiva è avvenuta con procedura negoziata senza bando o con affidamento in economia fuori dai casi consentiti e questo abbia determinato l'omissione della pubblicità del bando o avviso con cui si indice una gara nella Gazzetta Ufficiale dell'Unione europea o nella Gazzetta Ufficiale della Repubblica italiana, quando tale pubblicazione è prescritta dal decreto legislativo 12 aprile 2006, n. 163;

c) se il contratto è stato stipulato senza rispettare il termine dilatorio stabilito dall'articolo 11, comma 10, del decreto legislativo 12 aprile 2006, n. 163 [32^{9} d.lg. n. 50/2016], qualora tale violazione abbia privato il ricorrente della possibilità di avvalersi di mezzi di ricorso prima della stipulazione del contratto e sempre che tale violazione, aggiungendosi a vizi propri dell'aggiudicazione definitiva, abbia influito sulle possibilità del ricorrente di ottenere l'affidamento;

d) se il contratto è stato stipulato senza rispettare la sospensione obbligatoria del termine per la stipulazione derivante dalla proposizione del ricorso giurisdizionale avverso l'aggiudicazione definitiva, ai sensi dell'articolo 11, comma 10-ter, del decreto legislativo 12 aprile 2006, n. 163 [32^{11} d.lg. n. 50/2016], qualora tale violazione, aggiungendosi a vizi propri dell'aggiudicazione definitiva, abbia influito sulle possibilità del ricorrente di ottenere l'affidamento.

2. Il contratto **resta** efficace, anche in presenza delle violazioni di cui al comma 1 qualora venga accertato che il rispetto di esigenze imperative connesse ad un interesse generale imponga che i suoi effetti siano mantenuti. Tra le esigenze imperative rientrano, fra l'altro, quelle imprescindibili di carattere tecnico o di altro tipo, tali da rendere evidente che i residui obblighi contrattuali possono essere rispettati solo dall'esecutore attuale. Gli interessi economici possono essere presi in considerazione come esigenze imperative solo in circostanze eccezionali in cui l'inefficacia del contratto conduce a conseguenze sproporzionate, avuto anche riguardo all'eventuale mancata proposizione della domanda di subentro nel contratto nei casi in cui il vizio dell'aggiudicazione non comporta l'obbligo di rinnovare la gara. Non costituiscono esigenze imperative gli interessi economici legati direttamente al contratto, che comprendono fra l'altro i costi derivanti dal ritardo nell'esecuzione del contratto stesso, dalla necessità di indire una nuova procedura di aggiudicazione, dal cambio dell'operatore economico e dagli obblighi di legge risultanti dalla dichiarazione di inefficacia.

3. A cura della segreteria, le sentenze che provvedono in applicazione del comma 2 sono trasmesse alla Presidenza del Consiglio dei Ministri – Dipartimento per le politiche comunitarie.

4. Nei casi in cui, nonostante le violazioni, il contratto sia considerato efficace o l'inefficacia sia temporalmente limitata si applicano le **sanzioni alternative** di cui all'articolo 123 [$114^{4,\text{ lett. e)}}$].

5. La inefficacia del contratto prevista dal comma 1, lettere a) e b), non trova applicazione quando la stazione appaltante abbia posto in essere la seguente procedura:

a) abbia con atto motivato anteriore all'avvio della procedura di affidamento dichiarato di ritenere che la procedura senza previa pubblicazione del bando o avviso con cui si indice una gara nella Gazzetta Ufficiale dell'Unione europea ovvero nella Gazzetta Ufficiale della Repubblica italiana sia consentita dal decreto legislativo 12 aprile 2006, n. 163;

b) abbia pubblicato, rispettivamente per i contratti di rilevanza comunitaria e per quelli sotto soglia, nella Gazzetta Ufficiale dell'Unione europea ovvero nella Gazzetta Ufficiale della Repubblica italiana un avviso volontario per la trasparenza preventiva ai sensi dell'articolo 79-bis del decreto legislativo 12 aprile 2006, n. 163, in cui manifesta l'intenzione di concludere il contratto;

c) il contratto non sia stato concluso prima dello scadere di un termine di almeno dieci giorni decorrenti dal giorno successivo alla data di pubblicazione dell'avviso di cui alla lettera b).

122. Inefficacia del contratto negli altri casi [121, 123, 133[lett. e), n. 1]]. – 1. Fuori dei casi indicati dall'articolo 121, comma 1, e dall'articolo 123, comma 3, il giudice che annulla [21-octies l. n. 241/1990] l'aggiudicazione definitiva stabilisce **se** dichiarare inefficace il contratto [125[3]], **fissandone la decorrenza**, tenendo conto, in particolare, degli interessi delle parti, dell'effettiva possibilità per il ricorrente di conseguire l'aggiudicazione alla luce dei vizi riscontrati, dello stato di esecuzione del contratto e della possibilità di subentrare nel contratto, nei casi in cui il vizio dell'aggiudicazione non comporti l'obbligo di rinnovare la gara e la domanda di subentrare sia stata proposta [1, 31[1, 4], 34[3, 5]].

123. Sanzioni alternative. – 1. Nei casi di cui all'articolo 121, comma 4, il giudice amministrativo individua le seguenti sanzioni alternative [1, 26[2], 114[4, lett. e)], 121, 122, 133[lett. e), n. 1]] da applicare alternativamente o cumulativamente:

a) la sanzione pecuniaria nei confronti della stazione appaltante, di importo dallo 0,5% al 5% del valore del contratto, inteso come prezzo di aggiudicazione, che è versata all'entrata del bilancio dello Stato – con imputazione al capitolo 2301, capo 8 "Multe, ammende e sanzioni amministrative inflitte dalle autorità giudiziarie ed amministrative, con esclusione di quelle aventi natura tributaria" – entro sessanta giorni dal passaggio in giudicato della sentenza che irroga sanzione; decorso il termine per il versamento, si applica una maggiorazione pari ad un decimo della sanzione per ogni semestre di ritardo. La sentenza che applica le sanzioni è comunicata, a cura della segreteria, al Ministero dell'economia e delle finanze entro cinque giorni dalla pubblicazione;

b) la riduzione della durata del contratto, ove possibile, da un minimo del dieci per cento ad un massimo del cinquanta per cento della durata residua alla data di pubblicazione del dispositivo.

2. Il giudice amministrativo applica le sanzioni assicurando **il rispetto del principio del contraddittorio** [2 // 6 Cedu] e ne determina la misura in modo che siano **effettive**, **dissuasive**, **proporzionate** al valore del contratto [1], alla gravità della condotta della stazione appaltante e all'opera svolta dalla stazione appaltante per l'eliminazione o attenuazione delle conseguenze della violazione [1227 CC.]. A tal fine si applica l'articolo 73, comma 3. In ogni caso **l'eventuale condanna al risarcimento dei danni non costituisce sanzione alternativa e si cumula con le sanzioni alternative**.

3. Il giudice applica le sanzioni di cui al comma 1 anche qualora il contratto è stato stipulato senza rispettare il termine dilatorio stabilito per la stipulazione del contratto [32[9] d.lg. n. 50/2016], ovvero è stato stipulato senza rispettare la sospensione della stipulazione derivante dalla proposizione del ricorso giurisdizionale avverso l'aggiudicazione definitiva [32[11] d.lg. n. 50/2016], quando la violazione non abbia privato il ricorrente della possibilità di avvalersi di mezzi di ricorso prima della stipulazione del contratto e non abbia influito sulle possibilità del ricorrente di ottenere l'affidamento.

124. Tutela in forma specifica e per equivalente [1]. – 1. L'accoglimento della domanda di conseguire l'aggiudicazione e il contratto è comunque condizionato alla dichiarazione di inefficacia del contratto ai sensi degli articoli 121, comma 1, e 122 [30[3], 125[3]]. Se il giudice non dichiara l'inefficacia del contratto dispone il risarcimento del danno per equivalente, subito e provato [30] (1).

2. La condotta processuale della parte che, senza giustificato motivo, non ha proposto la domanda di cui al comma 1, o non si è resa disponibile a subentrare nel contratto, è valutata dal giudice ai sensi dell'articolo 1227 del codice civile [30[3]].

(1) V. art. 245-quinquies del d.lg. 12/4/2006, n. 163.

125. Ulteriori disposizioni processuali per le controversie relative a infrastrutture strategiche. – 1. Nei giudizi che riguardano le procedure di progettazione, approvazione, e realizzazione delle infrastrutture e degli insediamenti produttivi e relative attività di espropriazione, occupazione e asservimento, di cui alla parte II, titolo III, capo IV del decreto legislativo 12 aprile 2006, n. 163, oltre alle disposizioni del presente Capo, con esclusione dell'articolo 122, si applicano le seguenti previsioni.

2. In sede di pronuncia del provvedimento cautelare, si tiene conto delle probabili conseguenze del provvedimento stesso per tutti gli interessi che possono essere lesi, nonché del **preminente interesse nazionale** alla sollecita realizzazione dell'opera, e, ai fini dell'accoglimento della domanda cautelare, si valuta anche la irreparabilità del pregiudizio per il ricorrente, il cui interesse va comunque comparato con quello del soggetto aggiudicatore alla **celere prosecuzione delle procedure**.

3. Ferma restando l'applicazione degli articoli 121 e 123, al di fuori dei casi in essi contemplati la sospensione o l'annullamento dell'affidamento **non comporta la caducazione del contratto già stipulato**, e il risarcimento del danno eventualmente dovuto avviene solo per equivalente. Si applica l'articolo 34, comma 3.

4. Le disposizioni del comma 3 si applicano anche alle controversie relative:

a) alle procedure di cui all'articolo 140 del decreto legislativo 12 aprile 2006, n. 163;

b) alle procedure di progettazione, approvazione e realizzazione degli interventi individuati nel contratto istituzionale di sviluppo ai sensi dell'articolo 6 del decreto legislativo 31 maggio 2011, n. 88;

c) alle opere di cui all'articolo 32, comma 18, del decreto legge 6 luglio 2011, n. 98 convertito in legge 15 luglio 2011, n. 111 (1).

(1) Comma così sostituito dall'art. 1 del d.lg. n. 195/2011, decreto correttivo del CPA., in vigore dall'8/12/2011. Il testo previgente disponeva: «Le disposizioni del comma 3 si applicano anche alle controversie relative alle procedure di cui all'art. 140 del d.lgs. 12 aprile 2006, n. 163».

• Art. 10, co. 2, d.l. 28/9/2018, n. 109, conv., con modif., dalla l. 16/11/2018, n. 130. - Disposizioni urgenti per la città di Genova, la sicurezza della rete nazionale delle infrastrutture e dei trasporti, gli eventi sismici del 2016 e 2017, il lavoro e le altre emergenze: 2. Ai giudizi di cui al comma 1 si applica l'articolo 125 del codice del processo amministrativo.

Omissis.

D.lg. 18 aprile 2016, n. 50

Codice dei contratti pubblici (1)

(G.U. 19 aprile 2016, n. 91 – S.O. n. 10)

(*Estratto, artt. 1-3*)

(1) La rubrica del d.lg. 18/4/2016, n. 50, è stata modificata in "Codice dei contratti pubblici" ai sensi dell'art. 1 del d.lg. 19/4/2017, n. 56 (in G.U. 5/5/2017, n. 103 – Suppl. Ord. n. 22; in vigore dal 20/5/2017) – Disposizioni integrative e correttive al decreto legislativo 18 aprile 2016, n. 50.

PARTE I
AMBITO DI APPLICAZIONE, PRINCIPI, DISPOSIZIONI COMUNI ED ESCLUSIONI

TITOLO I
PRINCIPI GENERALI E DISPOSIZIONI COMUNI

1. Oggetto e ambito di applicazione. – 1. Il presente codice disciplina i contratti di appalto e di concessione delle amministrazioni aggiudicatrici e degli enti aggiudicatori aventi ad oggetto l'acquisizione di servizi, forniture, lavori e opere, nonché i concorsi pubblici di progettazione [1[1] d.lg. n. 163/2006 // 1 d.P.R. n. 207/2010 // 1[1, lett. a)] l. n. 11/2016].

2. Le disposizioni del presente codice si applicano, altresì, all'aggiudicazione dei seguenti contratti [1[1] d.lg. n. 163/2006]:

a) appalti di lavori, di importo superiore ad 1 milione di euro, sovvenzionati direttamente in misura superiore al 50 per cento da amministrazioni aggiudicatrici, nel caso in cui tali appalti comportino una delle seguenti attività:

1) lavori di genio civile di cui all'allegato I;

2) lavori di edilizia relativi a ospedali, impianti sportivi, ricreativi e per il tempo libero, edifici scolastici e universitari e edifici destinati a funzioni pubbliche;

b) appalti di servizi di importo superiore alle soglie di cui all'articolo 35 sovvenzionati direttamente in misura superiore al 50 per cento da amministrazioni aggiudicatrici, allorché tali appalti siano connessi a un appalto di lavori di cui alla lettera a);

c) lavori pubblici affidati dai concessionari di lavori pubblici che non sono amministrazioni aggiudicatrici;

d) lavori pubblici affidati dai concessionari di servizi, quando essi sono strettamente strumentali alla gestione del servizio e le opere pubbliche diventano di proprietà dell'amministrazione aggiudicatrice;

e) lavori pubblici da realizzarsi da parte di soggetti privati, titolari di permesso di costruire o di un altro titolo abilitativo, che assumono in via diretta l'esecuzione delle opere di urbanizzazione a scomputo totale o parziale del contributo previsto per il rilascio del permesso, ai sensi dell'articolo 16, comma 2, del decreto del Presidente della Repubblica 6 giugno 2001, n. 380, e dell'articolo 28, comma 5, della legge 17 agosto 1942, n. 1150, ovvero eseguono le relative opere in regime di convenzione. L'amministrazione che rilascia il permesso di costruire o altro titolo abilitativo, può prevedere che, in relazione alla realizzazione delle opere di urbanizzazione, l'avente diritto a richiedere il titolo presenti all'amministrazione stessa, in sede di richiesta del suddetto titolo, un progetto di fattibilità tecnica ed economica delle opere da eseguire, con l'indicazione del tempo massimo in cui devono essere completate, allegando lo schema del relativo contratto di appalto. L'amministrazione, sulla base del progetto di fattibilità tecnica ed economica, indice una gara con le modalità previste dall'articolo 60 o 61. Oggetto del contratto, previa acquisizione del progetto definitivo in sede di offerta, sono la progettazione esecutiva e l'esecuzione di lavori. L'offerta relativa al prezzo indica distintamente il corrispettivo richiesto per la progettazione esecutiva, per l'esecuzione dei lavori e per i costi della sicurezza (1).

3. Ai soggetti di cui al comma 2, lettere a), b), d) ed e), non si applicano gli articoli 21 relativamente alla programmazione dei lavori pubblici, 70 e 113. In relazione alla fase di esecuzione del contratto si applicano esclusivamente le norme che disciplinano il collaudo. Alle società con capitale pubblico anche non maggioritario, che non sono organismi di diritto pubblico, che hanno ad oggetto della loro attività la realizzazione di lavori o opere, ovvero la produzione di beni o servizi non destinati ad essere collocati sul mercato in regime di libera concorrenza, si applica la disciplina prevista dai Testi unici sui servizi pubblici locali di interesse economico generale e in materia di società a partecipazione pubblica. Alle medesime società e agli enti aggiudicatori che affidino lavori, servizi, forniture, di cui all'articolo 3, comma 1, lettera e), numero 1), qualora ai sensi dell'articolo 28 debbano trovare applicazione le disposizioni della parte II ad eccezione di quelle relative al titolo VI, capo I, non si applicano gli articoli 21 relativamente alla programmazione dei lavori pubblici, 70 e 113; in relazione alla fase di esecuzione del contratto si applicano solo le norme che disciplinano il collaudo.

4. Le amministrazioni aggiudicatrici che concedono le sovvenzioni di cui al comma 2, lettere a) e b), assicurano il rispetto delle disposizioni del presente codice qualora non aggiudichino esse stesse gli appalti sovvenzionati o quando esse aggiudichino tali appalti in nome e per conto di altri enti.

5. Il provvedimento che concede il contributo di cui al comma 2, lettere a) e b), deve porre come condizione il rispetto, da parte del soggetto beneficiario, delle disposizioni del presente codice. Fatto salvo quanto previsto dalle eventuali leggi che prevedono le sovvenzioni, il 50 per cento delle stesse può essere erogato solo dopo l'avvenuto affidamento dell'appalto, previa verifica, da parte del sovvenzionatore, che la procedura di affidamento si è svolta nel rispetto del presente codice. Il mancato rispetto del presente codice costituisce causa di decadenza dal contributo.

6. Il presente codice si applica ai contratti pubblici aggiudicati nei settori della difesa e della sicurezza, ad eccezione dei contratti [1[1 bis] d.lg. n. 163/2006]:

a) che rientrano nell'ambito di applicazione del decreto legislativo 15 novembre 2011, n. 208;

b) ai quali il decreto legislativo 15 novembre 2011, n. 208, non si applica in virtù dell'articolo 6 del medesimo decreto.

7. Il Ministro degli affari esteri e della cooperazione internazionale adotta, previo accordo con l'ANAC, direttive generali per disciplinare le procedure di scelta del contraente e l'esecuzione del contratto da svolgersi all'estero, tenuto conto dei principi fondamentali del presente codice e delle procedu-

re applicate dall'Unione europea e dalle organizzazioni internazionali di cui l'Italia è parte. Resta ferma l'applicazione del presente codice alle procedure di affidamento svolte in Italia. Fino all'adozione delle direttive generali di cui al presente comma, si applica l'articolo 216, comma 26 (1).

8. I riferimenti a nomenclature nel contesto degli appalti pubblici e nel contesto dell'aggiudicazione di concessioni sono effettuati utilizzando il «Vocabolario comune per gli appalti pubblici» (CPV) di cui all'articolo 3, comma 1, lettera tttt) (2).

(1) Così rettificato con Comunicato 15/7/2016 (in G.U. 15/7/2016, n. 164).

(2) Comma modificato dall'art. 2, co. 1, d.lg. 19/4/2017, n. 56 (in G.U. 5/5/2017, n. 103 – Suppl. Ord. n. 22; in vigore dal 20/5/2017) – Disposizioni integrative e correttive al decreto legislativo 18 aprile 2016, n. 50.

2. Competenze legislative di Stato, regioni e province autonome. – 1. Le disposizioni contenute nel presente codice sono adottate nell'esercizio della competenza legislativa esclusiva statale in materia di tutela della concorrenza [$117^{2,\text{ lett. e)}}$ Cost.], ordinamento civile [$117^{2,\text{ lett. l)}}$ Cost.], nonché nelle altre materie cui è riconducibile lo specifico contratto.

2. Le Regioni a statuto ordinario esercitano le proprie funzioni nelle materie di competenza regionale ai sensi dell'articolo 117 della Costituzione (1).

3. Le Regioni a statuto speciale e le Province autonome di Trento e di Bolzano adeguano la propria legislazione secondo le disposizioni contenute negli statuti e nelle relative norme di attuazione [4 d.lg. n. 163/2006].

(1) Comma modificato dall'art. 3, co. 1, d.lg. 19/4/2017, n. 56 (in G.U. 5/5/2017, n. 103 – Suppl. Ord. n. 22; in vigore dal 20/5/2017) – Disposizioni integrative e correttive al decreto legislativo 18 aprile 2016, n. 50.

3. Definizioni. – 1. Ai fini del presente codice si intende per:

a) «amministrazioni aggiudicatrici», le amministrazioni dello Stato; gli enti pubblici territoriali; gli altri enti pubblici non economici; gli organismi di diritto pubblico; le associazioni, unioni, consorzi, comunque denominati, costituiti da detti soggetti [$22^{1,\text{ lett. e)}}$ l. n. 241/1990 // 1^2 d.lg. n. 165/2001 // 3^{25} d.lg. n. 163/2006 // 2-bis^1 d.lg. n. 33/2013 // $2^{\text{lett. a)}}$ d.lg. n. 175/2016 // *$3^{1,\text{ lett. b)}}$ d.P.R. n. 207/2010*];

b) «autorità governative centrali», le amministrazioni aggiudicatrici che figurano nell'allegato III e i soggetti giuridici loro succeduti;

c) «amministrazioni aggiudicatrici sub-centrali», tutte le amministrazioni aggiudicatrici che non sono autorità governative centrali;

d) «organismi di diritto pubblico», qualsiasi organismo, anche in forma societaria, il cui elenco non tassativo è contenuto nell'allegato IV:

1) istituito per soddisfare specificatamente esigenze di interesse generale, aventi carattere non industriale o commerciale;

2) dotato di personalità giuridica;

3) la cui attività sia finanziata in modo maggioritario dallo Stato, dagli enti pubblici territoriali o da altri organismi di diritto pubblico oppure la cui gestione sia soggetta al controllo di questi ultimi oppure il cui organo d'amministrazione, di direzione o di vigilanza sia costituito da membri dei quali più della metà è designata dallo Stato, dagli enti pubblici territoriali o da altri organismi di diritto pubblico [$3^{26\text{-}27}$ d.lg. n. 163/2006].

e) «enti aggiudicatori», ai fini della disciplina di cui alla:

1) parte II del presente codice, gli enti che:

1.1. sono amministrazioni aggiudicatrici o imprese pubbliche che svolgono una delle attività di cui agli articoli da 115 a 121;

1.2. pur non essendo amministrazioni aggiudicatrici né imprese pubbliche, esercitano una o più attività tra quelle di cui agli articoli da 115 a 121 e operano in virtù di diritti speciali o esclusivi concessi loro dall'autorità competente;

2) parte III del presente codice, gli enti che svolgono una delle attività di cui all'allegato II ed aggiudicano una concessione per lo svolgimento di una ditali attività, quali:

2.1. le amministrazioni dello Stato, gli enti pubblici territoriali, gli organismi di diritto pubblico o le associazioni, unioni, consorzi, comunque denominati, costituiti da uno o più di tali soggetti;

2.2. le imprese pubbliche di cui alla lettera t) del presente comma;

2.3. gli enti diversi da quelli indicati nei punti 2.1 e 2.2, ma operanti sulla base di diritti speciali o esclusivi ai fini dell'esercizio di una o più delle attività di cui all'allegato II. Gli enti cui sono stati conferiti diritti speciali o esclusivi mediante una procedura in cui sia stata assicurata adeguata pubblicità e in cui il conferimento di tali diritti si basi su criteri obiettivi non costituiscono «enti aggiudicatori» ai sensi del presente punto 2.3 [*3^{29} d.lg. n. 163/2006*];

f) «soggetti aggiudicatori», ai soli fini delle parti IV e V, le amministrazioni aggiudicatrici di cui alla lettera a), gli enti aggiudicatori di cui alla lettera e) nonché i diversi soggetti pubblici o privati assegnatari dei fondi, alle citate parti IV e V [3^{29} d.lg. n. 163/2006] (1);

g) «altri soggetti aggiudicatori», i soggetti privati tenuti all'osservanza delle disposizioni del presente codice [3^{31} d.lg. n. 163/2006];

h) «joint venture», l'associazione tra due o più enti, finalizzata all'attuazione di un progetto o di una serie di progetti o di determinate intese di natura commerciale o finanziaria;

i) «centrale di committenza», un'amministrazione aggiudicatrice o un ente aggiudicatore che forniscono attività di centralizzazione delle committenze e, se del caso, attività di committenza ausiliarie [*3^{34} d.lg. n. 163/2006*];

l) «attività di centralizzazione delle committenze», le attività svolte su base permanente riguardanti:

1) l'acquisizione di forniture o servizi destinati a stazioni appaltanti;

2) l'aggiudicazione di appalti o la conclusione di accordi quadro per lavori, forniture o servizi destinati a stazioni appaltanti;

m) «attività di committenza ausiliarie», le attività che consistono nella prestazione di supporto alle attività di committenza, in particolare nelle forme seguenti:

1) infrastrutture tecniche che consentano alle stazioni appaltanti di aggiudicare appalti pubblici o di concludere accordi quadro per lavori, forniture o servizi;

2) consulenza sullo svolgimento o sulla progettazione delle procedure di appalto;

3) preparazione delle procedure di appalto in nome e per conto della stazione appaltante interessata;

4) gestione delle procedure di appalto in nome e per conto della stazione appaltante interessata;

n) «soggetto aggregatore», le centrali di committenza iscritte nell'elenco istituito ai sensi dell'articolo 9, comma 1, del decreto-legge 24 aprile 2014, n. 66, convertito, con modificazioni, dalla legge 23 giugno 2014, n. 89;

o) «stazione appaltante», le amministrazioni aggiudicatrici di cui alla lettera a) gli enti aggiudicatori di cui alla lettera e), i soggetti aggiudicatori di cui alla lettera f) e gli altri soggetti aggiudicatori di cui alla lettera g) [*3^{33} d.lg. n. 163/2006*];

oo-bis) «lavori di categoria prevalente», la categoria di lavori, generale o specializzata, di importo più elevato fra le categorie costituenti l'intervento e indicate nei documenti di gara (2);

oo-ter) «lavori di categoria scorporabile», la categoria di lavori, individuata dalla stazione appaltante nei documenti di gara, tra quelli non appartenenti alla categoria prevalente e comunque di importo superiore al 10 per cento dell'importo complessivo dell'opera o lavoro, ovvero di importo superiore a 150.000 euro ovvero appartenenti alle categorie di cui all'articolo 89, comma 11 (2);

oo-quater) «manutenzione ordinaria», fermo restando quanto previsto dal decreto del Presidente della Repubblica 6 giugno 2001, n. 380, e dal decreto legislativo 22 gennaio 2004, n. 42, le opere di riparazione, rinnovamento e sostituzione necessarie per eliminare il degrado dei manufatti e delle relative pertinenze, al fine di conservarne lo stato e la fruibilità di tutte le componenti, degli impianti e delle opere connesse, mantenendole in condizioni di valido funzionamento e di sicurezza, senza che da ciò derivi una modificazione della consistenza, salvaguardando il valore del bene e la sua funzionalità (2).

oo-quinquies) «manutenzione straordinaria», fermo restando quanto previsto dal decreto del Presidente della Repubblica 6 giugno 2001, n. 380, e dal decreto legislativo 22 gennaio 2004, n. 42, le opere e le modifiche necessarie per rinnovare e sostituire parti anche strutturali dei manufatti e delle relative pertinenze, per adeguarne le componenti, gli impianti e le opere connesse all'uso e alle prescrizioni vigenti e con la finalità di rimediare al rilevante degrado dovuto alla perdita di caratteristiche strutturali, tecnologiche e impiantistiche, anche al fine di migliorare le prestazioni, le caratteristiche strutturali, energetiche e di efficienza tipologica, nonché per incrementare il valore del bene e la sua funzionalità (2);

p) «operatore economico», una persona fisica o giuridica, un ente pubblico, un raggruppamento di tali persone o enti, compresa qualsiasi associazione temporanea di imprese, un ente senza personalità giuridica, ivi compreso il gruppo europeo di interesse economico (GEIE) costituito ai sensi del decreto legislativo 23 luglio 1991, n. 240, che offre sul mercato la realizzazione di lavori o opere, la fornitura di prodotti o la prestazione di servizi [3^{22} *d.lg. n. 163/2006*];

q) «concessionario», un operatore economico cui è stata affidata o aggiudicata una concessione;

r) «promotore», un operatore economico che partecipa ad un partenariato pubblico privato;

s) «prestatore di servizi in materia di appalti», un organismo pubblico o privato che offre servizi di supporto sul mercato finalizzati a garantire lo svolgimento delle attività di committenza da parte dei soggetti di cui alle lettere a), b), c), d) ed e);

t) «imprese pubbliche», le imprese sulle quali le amministrazioni aggiudicatrici possono esercitare, direttamente o indirettamente, un'influenza dominante o perché ne sono proprietarie, o perché vi hanno una partecipazione finanziaria, o in virtù delle norme che disciplinano dette imprese. L'influenza dominante è presunta quando le amministrazioni aggiudicatrici, direttamente o indirettamente, riguardo all'impresa, alternativamente o cumulativamente:

1) detengono la maggioranza del capitale sottoscritto;

2) controllano la maggioranza dei voti cui danno diritto le azioni emesse dall'impresa;

3) possono designare [$3^{28,\ lett.\ c)}$ *d.lg. n. 163/2006*] più della metà dei membri del consiglio di amministrazione, di direzione o di vigilanza dell'impresa;

u) «raggruppamento temporaneo», un insieme di imprenditori, o fornitori, o prestatori di servizi, costituito, anche mediante scrittura privata, allo scopo di partecipare alla procedura di affidamento di uno specifico contratto pubblico, mediante presentazione di una unica offerta [3^{20} d.lg. n. 163/2006];

v) «consorzio», i consorzi previsti dall'ordinamento, con o senza personalità giuridica [3^{21} d.lg. n. 163/2006];

z) «impresa collegata», qualsiasi impresa i cui conti annuali siano consolidati con quelli dell'ente aggiudicatore a norma degli articoli 25 e seguenti del decreto legislativo 9 aprile 1991, n. 127, e successive modificazioni. Nel caso di enti cui non si applica il predetto decreto legislativo, per «impresa collegata» si intende, anche alternativamente, qualsiasi impresa:

1) su cui l'ente aggiudicatore possa esercitare, direttamente o indirettamente, un'influenza dominante; oppure che possa esercitare un'influenza dominante sull'ente aggiudicatore;

2) che, come l'ente aggiudicatore, sia soggetta all'influenza dominante di un'altra impresa in virtù di rapporti di proprietà, di partecipazione finanziaria ovvero di norme interne;

aa) «microimprese, piccole e medie imprese», le imprese come definite nella Raccomandazione n. 2003/361/CE della Commissione del 6 maggio 2003. In particolare, sono medie imprese le imprese che hanno meno di 250 occupati e un fatturato annuo non superiore a 50 milioni di euro, oppure un totale di bilancio annuo non superiore a 43 milioni di euro; sono piccole imprese le imprese che hanno meno di 50 occupati e un fatturato annuo oppure un totale di bilancio annuo non superiore a 10 milioni di euro; sono micro imprese le imprese che hanno meno di 10 occupati e un fatturato annuo oppure un totale di bilancio annuo non superiore a 2 milioni di euro;

bb) «candidato», un operatore economico che ha sollecitato un invito o è stato invitato a partecipare a una procedura ristretta, a una procedura competitiva con negoziazione, a una procedura negoziata senza previa pubblicazione di un bando di gara, a un dialogo competitivo o a un partenariato per l'innovazione o ad una procedura per l'aggiudicazione di una concessione [3^{24} *d.lg. n. 163/2006*];

cc) «offerente», l'operatore economico che ha presentato un'offerta [3^{23} d.lg. n. 163/2006];

dd) «contratti» o «contratti pubblici», i contratti di appalto o di concessione aventi per oggetto l'acquisizione di servizi o di forniture, ovvero l'esecuzione di opere o lavori, posti in essere dalle stazioni appaltanti [3^{3} *d.lg. n. 163/2006*];

ee) «contratti di rilevanza europea», i contratti pubblici il cui valore stimato al netto dell'imposta sul valore aggiunto è pari o superiore alle soglie di cui all'articolo 35 e che non rientrino tra i contratti esclusi [3^{16} d.lg. n. 163/2006];

ff) «contratti sotto soglia», i contratti pubblici il cui valore stimato al netto dell'imposta sul valore aggiunto è inferiore alle soglie di cui all'articolo 35 [3^{17} *d.lg. n. 163/2006*];

gg) «settori ordinari», i settori dei contratti pubblici, diversi da quelli relativi a gas, energia termica, elettricità, acqua, trasporti, servizi postali, sfruttamento di area geografica, come disciplinati dalla parte II del presente codice, in cui operano le amministrazioni aggiudicatrici [3^{4} d.lg. n. 163/2006] (1);

hh) «settori speciali» i settori dei contratti pubblici relativi a gas, energia termica, elettricità, acqua, trasporti, servizi postali, sfruttamento di area geografica, come disciplinati dalla parte II del presente codice [188 // 3^{5} d.lg. n. 163/2006];

ii) «appalti pubblici», i contratti a titolo oneroso, stipulati per iscritto tra una o più stazioni appaltanti e uno o più operatori economici [3^{6} *d.lg. n. 163/2006*], aventi per oggetto l'esecuzione di lavori, la fornitura di prodotti e la prestazione di servizi;

ll) «appalti pubblici di lavori», i contratti stipulati per iscritto tra una o più stazioni appaltanti e uno o più operatori economici aventi per oggetto:

1) l'esecuzione di lavori relativi a una delle attività di cui all'allegato I;

2) l'esecuzione, oppure la progettazione esecutiva e l'esecuzione di un'opera;

3) la realizzazione, con qualsiasi mezzo, di un'opera corrispondente alle esigenze specificate dall'amministrazione aggiudicatrice o dall'ente aggiudicatore che esercita un'influenza determinante sul tipo o sulla progettazione dell'opera [3^{7} *d.lg. n. 163/2006*];

mm) «scritto o per iscritto», un insieme di parole o cifre che può essere letto, riprodotto e poi comunicato, comprese le informazioni trasmesse e archiviate con mezzi elettronici;

nn) «lavori» di cui all'allegato I, le attività di costruzione, demolizione, recupero, ristrutturazione urbanistica ed edilizia, sostituzione, restauro, manutenzione di opere [*3^{8} d.lg. n. 163/2006*];

oo) «lavori complessi», i lavori che superano la soglia di 15 milioni di euro e sono caratterizzati da particolare complessità in relazione alla tipologia delle opere, all'utilizzo di materiali e componenti innovativi, alla esecuzione in luoghi che presentano difficoltà logistiche o particolari problematiche geotecniche, idrauliche, geologiche e ambientali [$3^{1,\ \text{lett. l)}}$ d.P.R. n. 270/2010];

pp) «opera», il risultato di un insieme di lavori, che di per sé esplichi una funzione economica o tecnica. Le opere comprendono sia quelle che sono il risultato di un insieme di lavori edilizi o di genio civile, sia quelle di difesa e di presidio ambientale, di presidio agronomico e forestale, paesaggistica e di ingegneria naturalistica [3^{8} d.lg. n. 163/2006];

qq) «lotto funzionale», uno specifico oggetto di appalto da aggiudicare anche con separata ed autonoma procedura, ovvero parti di un lavoro o servizio generale la cui progettazione e realizzazione sia tale da assicurarne funzionalità, fruibilità e fattibilità indipendentemente dalla realizzazione delle altre parti;

rr) «opere pubbliche incompiute», opere pubbliche incompiute di cui all'articolo 44-bis del decreto legge 6 dicembre 2011, n. 201, convertito, con modificazioni, dalla legge 22 dicembre 2011, n. 214, nonché di cui al decreto del Ministero delle infrastrutture e dei trasporti 13 marzo 2013, n. 42, pubblicato nella Gazzetta Ufficiale 24 aprile 2013, n. 96 (1);

ss) «appalti pubblici di servizi», i contratti tra una o più stazioni appaltanti e uno o più soggetti economici, aventi per oggetto la prestazione di servizi diversi da quelli di cui alla lettera ll) [3^{10} d.lg. n. 163/2006];

tt) «appalti pubblici di forniture», i contratti tra una o più stazioni appaltanti e uno o più soggetti economici aventi per oggetto l'acquisto, la locazione finanziaria, la locazione o l'acquisto a riscatto, con o senza opzione per l'acquisto, di prodotti. Un appalto di forniture può includere, a titolo accessorio, lavori di posa in opera e di installazione [*3^{9} d.lg. n. 163/2006*];

uu) «concessione di lavori», un contratto a titolo oneroso stipulato per iscritto in virtù del quale una o più stazioni appaltanti affidano l'esecuzione di lavori [*3^{11} d.lg. n. 163/2006*] ovvero la progettazione esecutiva e l'esecuzione, ovvero la progettazione definitiva, la progettazione esecutiva e l'esecuzione di lavori ad uno o più operatori economici riconoscendo a titolo di corrispettivo unicamente il diritto di gestire le opere oggetto del contratto o tale diritto accompagnato da un prezzo, con assunzione in capo al concessionario del rischio operativo legato alla gestione delle opere [*3^{11} d.lg. n. 163/2006* // $1^{1\text{-ter}}$ l. n. 241/1990] (2);

vv) «concessione di servizi», un contratto a titolo oneroso stipulato per iscritto in virtù del quale una o più stazioni appaltanti affidano a uno o più operatori economici la fornitura e la gestione di servizi diversi dall'esecuzione di lavori di cui alla lettera ll) riconoscendo a titolo di corrispettivo unicamente il diritto di gestire i servizi oggetto del contratto o tale diritto accompagnato da un prezzo, con assunzione in capo al concessionario del rischio operativo legato alla gestione dei servizi [*3^{12} d.lg. n. 163/2006* // $1^{1\text{-ter}}$ l. n. 241/1990];

zz) «rischio operativo», il rischio legato alla gestione dei lavori o dei servizi sul lato della domanda o sul lato dell'offerta o di entrambi, trasferito all'operatore economico. Si considera che l'operatore economico assuma il rischio operativo nel caso in cui, in condizioni operative normali, per tali intendendosi l'insussistenza di eventi non prevedibili non sia garantito il recupero degli investimenti effettuati o dei costi sostenuti per la gestione dei lavori o dei servizi oggetto della concessione. La parte del rischio trasferita all'operatore economico deve comportare una reale esposizione alle fluttuazioni del mercato tale per cui ogni potenziale perdita stimata subita dall'operatore economico non sia puramente nominale o trascurabile (2);

aaa) «rischio di costruzione», il rischio legato al ritardo nei tempi di consegna, al non rispetto degli standard di progetto, all'aumento dei costi, a inconvenienti di tipo tecnico nell'opera e al mancato completamento dell'opera;

bbb) «rischio di disponibilità», il rischio legato alla capacità, da parte del concessionario, di erogare le prestazioni contrattuali pattuite, sia per volume che per standard di qualità previsti;

ccc) «rischio di domanda», il rischio legato ai diversi volumi di domanda del servizio che il concessionario deve soddisfare, ovvero il rischio legato alla mancanza di utenza e quindi di flussi di cassa;

ddd) «concorsi di progettazione», le procedure intese a fornire alle stazioni appaltanti, nel settore dell'architettura, dell'ingegneria, del restauro e della tutela dei beni culturali e archeologici, della pianificazione urbanistica e territoriale, paesaggistica, naturalistica, geologica, del verde urbano e del paesaggio forestale agronomico, nonché nel settore della messa in sicurezza e della mitigazione degli impatti idrogeologici ed idraulici e dell'elaborazione di dati, un piano o un progetto, selezionato da una commissione giudicatrice in base a una gara, con o senza assegnazione di premi [3^{41} d.lg. n. 163/2006];

eee) «contratto di partenariato pubblico privato», il contratto a titolo oneroso stipulato per iscritto con il quale una o più stazioni appaltanti conferiscono a uno o più operatori economici per un periodo determinato in funzione della durata dell'ammortamento dell'investimento o delle modalità di finanziamento fissate, un complesso di attività consistenti nella realizzazione, trasformazione, manutenzione e gestione operativa di un'opera in cambio della sua disponibilità, o del suo sfruttamento economico, o della fornitura di un servizio connesso all'utilizzo dell'opera stessa, con assunzione di rischio secondo modalità individuate nel contratto, da parte dell'operatore. Fatti salvi gli obblighi di comunicazione previsti dall'articolo 44, comma 1-bis, del decreto-legge 31 dicembre 2007, n. 248, convertito, con modificazioni, dalla legge 28 febbraio 2008, n. 31, si applicano per i soli profili di tutela della finanza pubblica, i contenuti delle decisioni Eurostat [*$3^{15\text{-ter}}$ d.lg. n. 163/2006*] (2);

fff) «equilibrio economico e finanziario», la contemporanea presenza delle condizioni di convenienza economica e sostenibilità finanziaria. Per convenienza economica si intende la capacità del progetto di creare valore nell'arco dell'efficacia del contratto e di generare un livello di redditività adeguato per il capitale investito; per sostenibilità finanziaria si intende la capacità del progetto di generare flussi di cassa sufficienti a garantire il rimborso del finanziamento (1);

ggg) «locazione finanziaria di opere pubbliche o di pubblica utilità», il contratto avente ad oggetto la prestazione di servizi finanziari e l'esecuzione di lavori [$3^{15\text{-bis}}$ d.lg. n. 163/2006];

hhh) «contratto di disponibilità», il contratto mediante il quale sono affidate, a rischio e a spese dell'affidatario, la costruzione e la messa a disposizione a favore dell'amministrazione aggiudicatrice di un'opera di proprietà privata destinata all'esercizio di un pubblico servizio, a fronte di un corrispettivo. Si intende per messa a disposizione l'onere assunto a proprio rischio dall'affidatario di assicurare all'amministrazione aggiudicatrice la costante fruibilità dell'opera, nel rispetto dei parametri di funzionalità previsti dal contratto, garantendo allo scopo la perfetta manutenzione e la risoluzione di tutti gli eventuali vizi, anche sopravvenuti [188 // 315-bis1 d.lg. n. 163/2006];

iii) «accordo quadro», l'accordo concluso tra una o più stazioni appaltanti e uno o più operatori economici, il cui scopo è quello di stabilire le clausole relative agli appalti da aggiudicare durante un dato periodo, in particolare per quanto riguarda i prezzi e, se del caso, le quantità previste [3^{13} d.lg. n. 163/2006];

lll) «diritto esclusivo», il diritto concesso da un'autorità competente mediante una disposizione legislativa o regolamentare o disposizione amministrativa pubblicata compatibile con i Trattati, avente l'effetto di riservare a un unico operatore economico l'esercizio di un'attività e di incidere sostanzialmente sulla capacità di altri operatori economici di esercitare tale attività;

mmm) «diritto speciale», il diritto concesso da un'autorità competente mediante una disposizione legislativa o regolamentare o disposizione amministrativa pubblicata compatibile con i trattati avente l'effetto di riservare a due o più operatori economici l'esercizio di un'attività e di incidere sostanzialmente sulla capacità di altri operatori economici di esercitare tale attività;

nnn) «profilo di committente», il sito informatico di una stazione appaltante, su cui sono pubblicati gli atti e le informazioni previsti dal presente codice, nonché dall'allegato V [*3^{35} d.lg. n. 163/2006*];

ooo) «documento di gara», qualsiasi documento prodotto dalle stazioni appaltanti o al quale le stazioni appaltanti fanno riferimento per descrivere o determinare elementi dell'appalto o della procedura, compresi il bando di gara, l'avviso di preinformazione, nel caso in cui sia utilizzato come mezzo di indizione di gara, l'avviso periodico indicativo o gli avvisi sull'esistenza di un sistema di qualificazione, le specifiche tecniche, il documento descrittivo, le condizioni contrattuali proposte, i modelli per la presentazione di documenti da parte di candidati e offerenti, le informazioni sugli obblighi generalmente applicabili e gli eventuali documenti complementari;

ppp) «documento di concessione», qualsiasi documento prodotto dalle stazioni appaltanti o al quale la stazione appaltante fa riferimento per descrivere o determinare gli elementi della concessione o della procedura, compresi il bando di concessione, i requisiti tecnici e funzionali, le condizioni proposte per la concessione, i formati per la presentazione di documenti da parte di candidati e offerenti, le informazioni sugli obblighi generalmente applicabili e gli eventuali documenti complementari;

qqq) «clausole sociali», disposizioni che impongono a un datore di lavoro il rispetto di determinati standard di protezione sociale e del lavoro come condizione per svolgere attività economiche in appalto o in concessione o per accedere a benefici di legge e agevolazioni finanziarie;

rrr) «procedure di affidamento» e «affidamento», l'affidamento di lavori, servizi o forniture o incarichi di progettazione mediante appalto; l'affidamento di lavori o servizi mediante concessione; l'affidamento di concorsi di progettazione e di concorsi di idee [3^{36} d.lg. n. 163/2006];

sss) «procedure aperte», le procedure di affidamento in cui ogni operatore economico interessato può presentare un'offerta [3^{37} d.lg. n. 163/2006];

ttt) «procedure ristrette», le procedure di affidamento alle quali ogni operatore economico può chiedere di partecipare e in cui possono presentare un'offerta soltanto gli operatori economici invitati dalle stazioni appaltanti, con le modalità stabilite dal presente codice [3^{38} d.lg. n. 163/2006];

uuu) «procedure negoziate», le procedure di affidamento in cui le stazioni appaltanti consultano gli operatori economici da loro scelti e negoziano con uno o più di essi le condizioni dell'appalto [3^{40} d.lg. n. 163/2006];

vvv) «dialogo competitivo», una procedura di affidamento nella quale la stazione appaltante avvia un dialogo con i candidati ammessi a tale procedura, al fine di elaborare una o più soluzioni atte a soddisfare le sue necessità e sulla base della quale o delle quali i candidati selezionati sono invitati a presentare le offerte; qualsiasi operatore economico può chiedere di partecipare a tale procedura [*3^{39} d.lg. n. 163/2006*];

zzz) «sistema telematico», un sistema costituito da soluzioni informatiche e di telecomunicazione che consentono lo svolgimento delle procedure di cui al presente codice;

aaaa) «sistema dinamico di acquisizione», un processo di acquisizione interamente elettronico, per acquisti di uso corrente, le cui caratteristiche generalmente disponibili sul mercato soddisfano le esigenze di una stazione appaltante, aperto per tutta la sua durata a qualsivoglia operatore economico che soddisfi i criteri di selezione [60 d.lg. n. 163/2006];

bbbb) «mercato elettronico», uno strumento di acquisto e di negoziazione che consente acquisti telematici per importi inferiori alla soglia di rilievo europeo basati su un sistema che attua procedure di scelta del contraente interamente gestite per via telematica;

cccc) «strumenti di acquisto», strumenti di acquisizione che non richiedono apertura del confronto competitivo. Rientrano tra gli strumenti di acquisto:

1) le convenzioni quadro di cui all'articolo 26 della legge 23 dicembre 1999, n. 488, stipulate, ai sensi della normativa vigente, da CONSIP S.p.A. e dai soggetti aggregatori;

2) gli accordi quadro stipulati da centrali di committenza quando gli appalti specifici vengono aggiudicati senza riapertura del confronto competitivo;

3) il mercato elettronico realizzato da centrale di committenza nel caso di acquisti effettuati a catalogo;

dddd) «strumenti di negoziazione», strumenti di acquisizione che richiedono apertura del confronto competitivo. Rientrano tra gli strumenti di negoziazione:

1) gli accordi quadro stipulati da centrali di committenza nel caso in cui gli appalti specifici vengono aggiudicati con riapertura del confronto competitivo;

2) il sistema dinamico di acquisizione realizzato da centrali di committenza;

3) il mercato elettronico realizzato da centrali di committenza nel caso di acquisti effettuati attraverso confronto concorrenziale;

4) i sistemi realizzati da centrali di committenza che comunque consentono lo svolgimento delle procedure ai sensi del presente codice;

eeee) «strumenti telematici di acquisto» e «strumenti telematici di negoziazione», strumenti di acquisto e di negoziazione gestiti mediante un sistema telematico;

ffff) «asta elettronica», un processo per fasi successive basato su un dispositivo elettronico di presentazione di nuovi prezzi modificati al ribasso o di nuovi valori riguardanti taluni elementi delle offerte, che interviene dopo una prima valutazione completa delle offerte permettendo che la loro classificazione possa essere effettuata sulla base di un trattamento automatico;

gggg) «amministrazione diretta», le acquisizioni effettuate dalle stazioni appaltanti con materiali e mezzi propri o appositamente acquistati o noleggiati e con personale proprio o eventualmente assunto per l'occasione, sotto la direzione del responsabile del procedimento;

hhhh) «ciclo di vita», tutte le fasi consecutive o interconnesse, compresi la ricerca e lo sviluppo da realizzare, la produzione, gli scambi e le relative condizioni, il trasporto, l'utilizzazione e la manutenzione, della vita del prodotto o del lavoro o della prestazione del servizio, dall'acquisizione della materia prima o dalla generazione delle risorse fino allo smaltimento, allo smantellamento e alla fine del servizio o all'utilizzazione [$3^{1,\text{ lett. z)}}$ d.P.R. n. 207/2010];

iiii) «etichettatura», qualsiasi documento, certificato o attestato con cui si conferma che i lavori, i prodotti, i servizi, i processi o le procedure in questione soddisfano determinati requisiti;

llll) «requisiti per l'etichettatura», i requisiti che devono essere soddisfatti dai lavori, prodotti, servizi, processi o procedure allo scopo di ottenere la pertinente etichettatura;

mmmm) «fornitore di servizi di media», la persona fisica o giuridica che assume la responsabilità editoriale della scelta del contenuto audiovisivo del servizio di media audiovisivo e ne determina le modalità di organizzazione;

nnnn) «innovazione», l'attuazione di un prodotto, servizio o processo nuovo o che ha subito significativi miglioramenti tra cui quelli relativi ai processi di produzione, di edificazione o di costruzione o quelli che riguardano un nuovo metodo di commercializzazione o organizzativo nelle prassi commerciali, nell'organizzazione del posto di lavoro o nelle relazioni esterne;

oooo) «programma», una serie di immagini animate, sonore o non, che costituiscono un singolo elemento nell'ambito di un palinsesto o di un catalogo stabilito da un fornitore di servizi di media la cui forma e il cui contenuto sono comparabili alla forma e al contenuto della radiodiffusione televisiva. Sono compresi i programmi radiofonici e i materiali ad essi associati. Non si considerano programmi le trasmissioni meramente ripetitive o consistenti in immagini fisse;

pppp) «mezzo elettronico», un mezzo che utilizza apparecchiature elettroniche di elaborazione, compresa la compressione numerica, e di archiviazione dei dati e che utilizza la diffusione, la trasmissione e la ricezione via filo, via radio, attraverso mezzi ottici o altri mezzi elettromagnetici [3[43] d.lg. n. 163/2006];

qqqq) «rete pubblica di comunicazioni», una rete di comunicazione elettronica utilizzata interamente o prevalentemente per fornire servizi di comunicazione elettronica accessibili al terizzati da una pluralità di lavorazioni indispensabili per consegnare l'opera o il lavoro finito in ogni sua parte;

aaaaa) «categorie di opere specializzate» le opere e i lavori che, nell'ambito del processo realizzativo, necessitano di lavorazioni caratterizzate da una particolare specializzazione e professionalità (2);

bbbbb) «opere e lavori puntuali» quelli che interessano una limitata area di territorio;

ccccc) «opere e lavori a rete» quelli che, destinati al movimento di persone e beni materiali e immateriali, presentano prevalente sviluppo unidimensionale e interessano vaste estensioni di territorio;

ddddd) «appalto a corpo» qualora il corrispettivo contrattuale si riferisca alla prestazione complessiva come eseguita e come dedotta dal contratto [53[4] d.lg. n. 163/2006];

eeeee) «appalto a misura» qualora il corrispettivo contrattuale venga determinato applicando alle unità di misura delle singole parti del lavoro eseguito i prezzi unitari dedotti in contratto [53[4] d.lg. n. 163/2006];

fffff) «aggregazione», accordo fra due o più amministrazioni aggiudicatrici o enti aggiudicatori per la gestione comune di alcune o di tutte le attività di programmazione, di progettazione, di affidamento, di esecuzione e di controllo per l'acquisizione di beni, servizi o lavori;

ggggg) «lotto prestazionale», uno specifico oggetto di appalto da aggiudicare anche con separata ed autonoma procedura, definito su base qualitativa, in conformità alle varie categorie e specializzazioni presenti o in conformità alle diverse fasi successive del progetto;

ggggg-bis) «principio di unicità dell'invio», il principio secondo il quale ciascun dato è fornito una sola volta a un solo sistema informativo, non può essere richiesto da altri sistemi o banche dati, ma è reso disponibile dal sistema informativo ricevente. Tale principio si applica ai dati relativi a programmazione di lavori, opere, servizi e forniture, nonché a tutte le procedure di affidamento e di realizzazione contratti pubblici soggette al presente codice, e a quelle da esso escluse, in tutto o in parte, ogni qualvolta siano imposti dal presente codice obblighi di comunicazione a una banca dati (3);

ggggg-ter) «unità progettuale», il mantenimento, nei tre li-pubblico che supporta il trasferimento di informazioni tra i punti terminali di reti [*3[51, lett. a)] d.lg. n. 163/2006*];

rrrr) «servizio di comunicazione elettronica», i servizi forniti, di norma a pagamento, consistenti esclusivamente o prevalentemente nella trasmissione di segnali su reti di comunicazioni elettroniche, compresi i servizi di telecomunicazioni e i servizi di trasmissione nelle reti utilizzate per la diffusione circolare radiotelevisiva, ad esclusione dei servizi che forniscono contenuti trasmessi utilizzando reti e servizi di comunicazione elettronica o che esercitano un controllo editoriale su tali contenuti; sono inoltre esclusi i servizi della società dell'informazione di cui all'articolo 2, comma 1, lettera a) del decreto legislativo 9 aprile 2003, n. 70, non consistenti interamente o prevalentemente nella trasmissione di segnali su reti di comunicazione elettronica;

ssss) «AAP», l'accordo sugli appalti pubblici stipulato nel quadro dei negoziati multilaterali dell'Uruguay Round;

tttt) «Vocabolario comune per gli appalti pubblici», CPV (Common Procurement Vocabulary), la nomenclatura di riferimento per gli appalti pubblici adottata dal regolamento (CE) n. 2195/2002, assicurando nel contempo la corrispondenza con le altre nomenclature esistenti [3[49] d.lg. n. 163/2006];

uuuu) «codice», il presente decreto che disciplina i contratti pubblici di lavori, servizi, forniture [3[1, lett. a)] d.P.R. n. 207/2010];

vvvv) «servizi di architettura e ingegneria e altri servizi tecnici», i servizi riservati ad operatori economici esercenti una professione regolamentata ai sensi dell'articolo 3 della direttiva 2005/36/CE;

zzzz) «categorie di opere generali» le opere e i lavori caratvelli di sviluppo della progettazione, delle originarie caratteristiche spaziali, estetiche, funzionali e tecnologiche del progetto (3);

ggggg-quater) «documento di fattibilità delle alternative progettuali», il documento in cui sono individuate ed analizzate le possibili soluzioni progettuali alternative ed in cui si dà conto della valutazione di ciascuna alternativa, sotto il profilo qualitativo, anche in termini ambientali, nonché sotto il profilo tecnico ed economico (3);

ggggg-quinquies) «programma biennale degli acquisti di beni e servizi», il documento che le amministrazioni adottano al fine di individuare gli acquisti di forniture e servizi da disporre nel biennio, necessari al soddisfacimento dei fabbisogni rilevati e valutati dall'amministrazione preposta (3);

ggggg-sexies) «programma triennale dei lavori pubblici», il documento che le amministrazioni adottano al fine di individuare i lavori da avviare nel triennio, necessari al soddisfacimento dei fabbisogni rilevati e valutati dall'amministrazione preposta (3);

ggggg-septies) «elenco annuale dei lavori», l'elenco degli interventi ricompresi nel programma triennale dei lavori pubblici di riferimento, da avviare nel corso della prima annualità del programma stesso;

ggggg-octies) «elenco annuale delle acquisizioni di forniture e servizi», l'elenco delle acquisizioni di forniture e dei servizi ricompresi nel programma biennale di riferimento, da avviare nel corso della prima annualità del programma stesso (3);

ggggg-nonies) «quadro esigenziale», il documento che viene redatto ed approvato dall'amministrazione in fase antecedente alla programmazione dell'intervento e che individua, sulla base dei dati disponibili, in relazione alla tipologia dell'opera o dell'intervento da realizzare gli obiettivi generali da perseguire attraverso la realizzazione dell'intervento, i fabbisogni della collettività posti a base dell'intervento, le specifiche esigenze qualitative e quantitative che devono essere soddisfatte attraverso la realizzazione dell'intervento, anche in relazione alla specifica tipologia di utenza alla quale gli interventi stessi sono destinati (3);

ggggg-decies) «capitolato prestazionale», il documento che indica, in dettaglio, le caratteristiche tecniche e funzionali, anche per gli aspetti edilizi, infrastrutturali e ambientali, che deve assicurare l'opera costruita e che traduce il quadro esigenziale in termini di requisiti e prestazioni che l'opera deve soddisfare, stabilendone la soglia minima di qualità da assicurare nella progettazione e realizzazione (3);

ggggg-undecies) «cottimo», l'affidamento della sola lavorazione relativa alla categoria subappaltabile ad impresa subappaltatrice in possesso dell'attestazione dei requisiti di qualificazione necessari in relazione all'importo totale dei lavori affidati al cottimista e non all'importo del contratto, che può risultare inferiore per effetto dell'eventuale fornitura diretta, in tutto o in parte, di materiali, di apparecchiature e mezzi d'opera da parte dell'appaltatore (3).

(1) Così rettificato con Comunicato 15/7/2016 (in G.U. 15/7/2016, n. 164).

(2) Comma modificato dall'art. 4 del d.lg. 19/4/2017, n. 56 (in G.U. 5/5/2017, n. 103 – Suppl. Ord. n. 22; in vigore dal 20/5/2017) – Disposizioni integrative e correttive al decreto legislativo 18 aprile 2016, n. 50.

(3) Comma aggiunto dall'art. 4 del d.lg. 19/4/2017, n. 56 (in G.U. 5/5/2017, n. 103 – Suppl. Ord. n. 22; in vigore dal 20/5/2017) – Disposizioni integrative e correttive al decreto legislativo 18 aprile 2016, n. 50.

Sezione IX

CORRUZIONE

L. 28 giugno 2012, n. 112

Ratifica ed esecuzione della Convenzione civile sulla corruzione, fatta a Strasburgo il 4 novembre 1999

TESTO DELLA LEGGE

1. Autorizzazione alla ratifica. – 1. Il Presidente della Repubblica è autorizzato a ratificare la Convenzione civile sulla corruzione, fatta a Strasburgo il 4 novembre 1999.

2. Ordine di esecuzione. – 1. Piena ed intera esecuzione è data alla Convenzione di cui all'articolo 1, a decorrere dalla data della sua entrata in vigore, secondo quanto disposto dall'articolo 15 della stessa Convenzione.

3. Entrata in vigore. – 1. La presente legge entra in vigore il giorno successivo a quello della sua pubblicazione nella Gazzetta Ufficiale.

La presente legge, munita del sigillo dello Stato, sarà inserita nella Raccolta ufficiale degli atti normativi della Repubblica italiana. È fatto obbligo a chiunque spetti di osservarla e di farla osservare come legge dello Stato.

(Data a Roma, addì 28 giugno 2012)

TESTO DELLA CONVENZIONE

CAPITOLO I
MISURE DA ADOTTARE A LIVELLO NAZIONALE

1. Oggetto. – Ciascuna Parte prevede nel suo diritto interno ricorsi efficaci a favore delle persone che hanno subito un danno risultante da un atto di corruzione, in modo che possano difendere i propri diritti ed interessi, compresa la possibilità di ottenere il risarcimento dei danni.

2. Definizione di corruzione. – Ai fini della presente Convenzione, per «corruzione» s'intende il fatto di sollecitare, offrire, dare o accettare, direttamente o indirettamente, una provvigione illecita o altro indebito vantaggio, ovvero promettere tale indebito vantaggio, in modo tale da pregiudicare il normale esercizio di una funzione o il comportamento regolamentare di colui che beneficia della provvigione illecita o dell'indebito vantaggio o della promessa di tale vantaggio indebito.

3. Indennizzo dei danni. – 1. Ciascuna Parte prevede nel suo diritto interno che le persone che hanno subito un danno risultante da un atto di corruzione dispongano di un mezzo di ricorso per ottenere la riparazione integrale di tale pregiudizio.

2. Tale riparazione può includere i danni patrimoniali già subiti, il mancato guadagno ed i danni extra-patrimoniali.

4. Responsabilità. – 1. Ciascuna Parte prevede nel suo diritto interno che siano sussistenti le seguenti condizioni perché il danno possa essere indennizzato:

i il convenuto ha commesso o autorizzato l'atto di corruzione, o ha omesso di prendere provvedimenti ragionevoli per prevenire l'atto di corruzione;

ii il richiedente ha subito un danno;

iii esiste un legame di casualità fra l'atto di corruzione ed il danno.

2. Ciascuna Parte stabilisce nel suo diritto interno che, se più convenuti sono responsabili dei danni derivanti dallo stesso atto di corruzione, essi se ne addossano in solido la responsabilità.

5. Responsabilità dello Stato. – Ciascuna Parte prevede nel suo diritto interno procedure che consentano alle persone che hanno subito un danno risultante da un atto di corruzione commesso da uno dei suoi agenti pubblici nell'esercizio delle sue funzioni, di chiedere di essere indennizzate dallo Stato oppure, qualora la Parte non sia uno Stato, dalle autorità competenti di questa Parte.

6. Concorso di colpa. – Ciascuna Parte stabilisce nel suo diritto interno che l'indennizzo del danno può essere ridotto o soppresso, in considerazione delle circostanze, se il richiedente ha contribuito per sua colpa contribuito alla sopravvenienza del danno o all'aggravamento di quest'ultimo.

7. Termini. – 1. Ciascuna Parte stabilisce nel suo diritto interno che l'azione legale volta all'indennizzo del danno cade in prescrizione trascorso un termine di almeno tre anni a decorrere dal giorno in cui la persona che ha subito il danno ha avuto cognizione, o avrebbe ragionevolmente dovuto avere cognizione del danno o dell'atto di corruzione, e dell'identità della persona responsabile. Tuttavia, tale azione legale non potrà ulteriormente essere intentata oltre la scadenza di un termine di almeno dieci anni a decorrere dalla data in cui l'atto di corruzione è stato commesso.

2. Il diritto delle Parti che regolamenta la sospensione o l'interruzione dei termini si applica, se del caso, ai termini stabiliti al paragrafo 1.

8. Validità dei contratti. – 1. Ciascuna Parte prevede nel suo diritto interno che qualsiasi contratto o clausola di contratto avente come oggetto un atto di corruzione è inficiato di nullità.

2. Ciascuna Parte prevede nel suo diritto interno che ogni contraente il cui consenso è stato viziato da un atto di corruzione può chiedere al Tribunale l'annullamento di questo contratto, fatto salvo il suo diritto di chiedere il risarcimento dei danni.

9. Tutela dei dipendenti. – Ciascuna Parte prevede nel suo diritto interno un'adeguata tutela contro qualsiasi sanzione ingiustificata nei confronti di dipendenti i quali, in buona fede e sulla base di ragionevoli sospetti, denunciano fatti di corruzione alle persone o autorità responsabili.

10. Compilazione del bilancio e revisione dei conti. – 1. Ciascuna Parte prende i provvedimenti necessari nel suo diritto interno affinché i conti annuali delle società siano fatti con chiarezza e rispecchino fedelmente la situazione finanziaria della società.

2. Al fine di prevenire la perpetrazione di atti di corruzione, ciascuna Parte prevede nel suo diritto interno che le persone incaricate del controllo dei conti si accertino che i conti annuali rispecchiano fedelmente la situazione finanziaria della società.

11. Ottenimento delle prove. – Ciascuna Parte prevede nel suo diritto interno efficaci procedure per la raccolta delle prove nell'ambito di una procedura civile conseguente ad un atto di corruzione.

12. Misure cautelari. – Ciascuna Parte prevede nel suo diritto interno misure cautelari giudiziarie al fine di preservare i diritti e gli interessi delle Parti durante le procedure conseguenti ad un atto di corruzione.

CAPITOLO II
COOPERAZIONE INTERNAZIONALE E CONTROLLO DELL'ATTUAZIONE

13. Cooperazione internazionale. – Le Parti cooperano con efficacia per le questioni relative alle procedure civili nei casi di corruzione, in particolare per quanto concerne la notifica degli atti, l'ottenimento di prove all'estero, la competenza, il riconoscimento e l'esecuzione delle sentenze straniere e le spese processuali, in conformità alle disposizioni degli strumenti internazionali pertinenti relativi alla cooperazione internazionale in materia civile e commerciale di cui sono Parti, nonché a quelle del loro diritto interno.

14. Vigilanza. – Il Gruppo di Stati contro la corruzione (GRECO) controlla l'attuazione della presente Convenzione ad opera delle Parti.

CAPITOLO III
CLAUSOLE FINALI

15. Firma ed entrata in vigore. – 1. La presente Convenzione è aperta alla firma degli Stati membri del Consiglio d'Europa, degli Stati non membri che hanno partecipato alla sua elaborazione, nonché alla firma della Comunità Europea.

2. La presente Convenzione sarà sottoposta a ratifica, accettazione o approvazione: Gli strumenti di ratifica, di accettazione o di approvazione saranno depositati presso il Segretario Generale del Consiglio d'Europa.

3. La presente Convenzione entrerà in vigore il primo giorno del mese successivo alla scadenza di un periodo di tre mesi dopo la data in cui quattordici firmatari avranno espresso il loro consenso a far parte della Convenzione, in conformità alle disposizioni del paragrafo 2. Uno firmatario che non è membro del Gruppo di Stati contro la corruzione (GRECO) al momento della ratifica, accettazione o approvazione, diverrà automaticamente tale alla data di entrata in vigore della presente Convenzione.

4. Per ogni firmatario che esprimerà in seguito il suo consenso a far parte della Convenzione, quest'ultima entrerà in vigore il primo giorno del mese successivo alla scadenza di un periodo di tre mesi dopo la data di manifestazione del suo consenso a far parte della Convenzione secondo le disposizioni del paragrafo 2. Un firmatario che non è membro del Gruppo di Stati contro la corruzione (GRECO) al momento della ratifica, accettazione o approvazione, diverrà automaticamente tale il giorno dell'entrata in vigore della presente Convenzione nei suoi confronti.

16. Adesione alla Convenzione. – 1. Dopo l'entrata in vigore della presente Convenzione, il Comitato dei Ministri del Consiglio d'Europa potrà, dopo aver consultato le Parti della Convenzione, invitare ogni Stato non membro del Consiglio che non ha partecipato alla sua elaborazione, ad aderire alla presente Convenzione mediante una decisione presa a maggioranza prevista all'articolo 20.d dello Statuto del Consiglio d'Europa, e con il voto unanime dei rappresentanti delle Parti contraenti aventi diritto di far parte del Comitato.

2. Per ogni Stato aderente, la Convenzione entra in vigore il primo giorno del mese successivo allo scadere di un periodo di tre mesi dopo la data di deposito dello strumento di adesione presso il Segretario Generale del Consiglio d'Europa. Ogni Stato aderente diverrà automaticamente membro del GRECO, qualora non lo sia già al momento dell'adesione, alla data di entrata in vigore della presente Convenzione nei suoi confronti.

17. Riserve. – Nessuna riserva è ammessa alle disposizioni della presente Convenzione.

18. Applicazione territoriale. – 1. Ogni Stato o la Comunità Europea potrà, al momento della firma o al momento del deposito del proprio strumento di ratifica, di accettazione, di approvazione o di adesione, designare il territorio o i territori cui la presente Convenzione si applicherà.

2. Ogni Parte potrà in qualsiasi altro momento in seguito, mediante una dichiarazione indirizzata al Segretario Generale del Consiglio d'Europa, estendere l'applicazione della presente Convenzione ad ogni altro territorio designato nella dichiarazione La Convenzione entrerà in vigore nei confronti di detto territorio il primo giorno del mese successivo alla scadenza di un periodo di tre mesi dopo la data di ricevimento di detta dichiarazione da parte del Segretario Generale.

3. Ogni dichiarazione effettuata in forza dei due paragrafi precedenti potrà essere ritirata, per quanto concerne ogni territorio designato in detta dichiarazione, per mezzo di una notifica indirizzata al Segretario Generale. Il ritiro avrà effetto il primo giorno del mese successivo alla scadenza di un periodo di tre mesi dopo la data di ricevimento di detta notifica da parte del Segretario Generale.

19. Relazioni con altri strumenti ed accordi. – 1. La presente Convenzione non pregiudica i diritti e gli obblighi derivanti da Convenzioni internazionali multilaterali concernenti particolari questioni.

2. Le Parti della Convenzione potranno concludere fra di loro accordi bilaterali o multilaterali relativi alle questioni regolamentate dalla presente Convenzione, al fine di completare o rafforzare le disposizioni di quest'ultima o facilitare l'applicazione dei principi da essa sanciti oppure, fatti salvi gli obiettivi ed i principi della presente Convenzione, assoggettarsi a regole in materia nell'ambito di un ordinamento speciale che è vincolante al momento dell'apertura alla firma della presente Convenzione.

3. Quando due o più Parti hanno già concluso un accordo o un trattato su un argomento coperto dalla presente Convenzione, o hanno già disposto in altro modo le loro relazioni al riguardo, esse avranno facoltà di applicare tale accordo, trattato o intesa in luogo della presente Convenzione.

20. Emendamenti. – 1. Possono essere proposti da ciascuna Parte emendamenti alla presente Convenzione; ogni proposta di emendamento sarà comunicata dal Segretario Generale del Consiglio d'Europa agli Stati membri del Consiglio d'Europa, agli Stati non membri che hanno partecipato all'elaborazione della presente Convenzione, alla Comunità Europea, nonché ad ogni Stato che ha aderito o che è stato invitato ad aderire alla presente Convenzione, in conformità alle disposizioni dell'articolo 16.

2. Ogni proposta di emendamento presentata da una Parte è comunicata al Comitato europeo di cooperazione giuridica (CDCJ) che sottopone al Comitato dei Ministri il suo parere sulla proposta di emendamento.

3. Il Comitato dei Ministri esamina la proposta di emendamento ed il parere sottoposto dal Comitato europeo di cooperazione giuridica (CDCJ), e, previa consultazione delle Parti alla presente Convenzione che non sono membri del Consiglio d'Europa, può adottare l'emendamento.

4. Il testo di ogni emendamento adottato dal Comitato dei Ministri in conformità al capoverso 3 del presente articolo è trasmesso alle Parti per accettazione.

5. Ogni emendamento adottato in conformità al paragrafo 3 del presente articolo entrerà in vigore il trentesimo giorno dopo che tutte le Parti avranno comunicato al Segretario generale di averlo accettato.

21. Soluzione delle controversie. – 1. Il Comitato europeo di cooperazione giuridica (CDCJ) del Consiglio d'Europa, sarà tenuto al corrente circa l'interpretazione e l'applicazione della presente Convenzione.

2. In caso di controversia fra le Parti sull'interpretazione o l'applicazione della presente Convenzione, esse faranno ogni sforzo per pervenire ad una soluzione della controversia per via negoziale o con ogni altro mezzo pacifico a loro scelta, ivi compresa la presentazione della controversia al Comitato europeo di cooperazione giuridica (CDCJ), ad un tribunale arbitrale che prenderà decisioni vincolanti per le Parti alla controversia, o alla Corte internazionale di giustizia, sulla base di un accordo comune fra le Parti interessate.

22. Denuncia. – 1. Ciascuna Parte può, in qualsiasi momento, denunciare la presente Convenzione per mezzo di una notifica indirizzata al Segretario Generale del Consiglio d'Europa
2 La denuncia avrà effetto il primo giorno del mese successivo alla scadenza di un periodo di tre mesi dopo la data in cui il Segretario Generale ha ricevuto la notifica.

23. Notifiche. – Il Segretario Generale del Consiglio d'Europa notifica agli Stati membri del Consiglio ed a tutti gli altri firmatari e Parti della presente Convenzione:

a ogni firma;

b il deposito di ogni strumento di ratifica, di accettazione, di approvazione o di adesione;

c ogni data di entrata in vigore della presente Convenzione in conformità agli articoli 15 e 16 della stessa;

d ogni altro atto, notifica o comunicazione inerente alla presente Convenzione.

IN FEDE DI CHE, i sottoscritti, a tal fine debitamente autorizzati, hanno firmato la presente Convenzione.

Fatto a Strasburgo, il 4 novembre 1999, in francese ed in inglese, entrambi i testi facenti ugualmente fede, in un unico esemplare che sarà depositato negli archivi del Consiglio d'Europa. Il Segretario Generale del Consiglio d'Europa ne farà pervenire una copia certificata conforme a ciascuno degli Stati membri del Consiglio d'Europa, agli Stati non membri che hanno partecipato all'elaborazione della Convenzione, alla Comunità Europea, e ad ogni Stato invitato ad aderirvi.

Sezione X

DANNO NON PATRIMONIALE

D.lg. 23 febbraio 2000, n. 38

Disposizioni in materia di assicurazione contro gli infortuni sul lavoro e le malattie professionali, a norma dell'articolo 55, comma 1, legge 17 maggio 1999, n. 144

(*Estratto, artt. 13, 13 bis*)

Omissis.

13. Danno biologico. – 1. In attesa della definizione di carattere generale di danno biologico e dei criteri per la determinazione del relativo risarcimento, il presente articolo definisce, in via sperimentale, ai fini della tutela dell'assicurazione obbligatoria conto gli infortuni sul lavoro e le malattie professionali il danno biologico come la **lesione all'integrità psicofisica, suscettibile di valutazione medico legale, della persona**. Le prestazioni per il ristoro del danno biologico sono determinate in misura indipendente dalla capacità di produzione del reddito del danneggiato.

2. In caso di danno biologico, i danni conseguenti ad infortuni sul lavoro verificatisi, nonché a malattie professionali denunciate a decorrere dalla data di entrata in vigore del decreto ministeriale di cui al comma 3, l'INAIL nell'ambito del sistema d'indennizzo e sostegno sociale, in luogo della prestazione di cui all'articolo 66, primo comma, numero 2), del testo unico, eroga l'indennizzo previsto e regolato dalle seguenti disposizioni (1):

a) le menomazioni conseguenti alle lesioni dell'integrità psicofisica di cui al comma 1 sono valutate in base a specifica "tabella delle menomazioni", comprensiva degli aspetti dinamico-relazionali. L'indennizzo delle menomazioni di grado pari o superiore al 6 per cento ed inferiore al 16 per cento è erogato in capitale dal 16 per cento è erogato in rendita, nella misura indicata nell'apposita "tabella indennizzo danno biologico". Per l'applicazione di tale tabella si fa riferimento all'età dell'assicurato al momento della guarigione clinica. Non si applica il disposto dell'art. 91 del testo unico;

b) le menomazioni di grado pari o superiore al 16 per cento danno diritto all'erogazione di un'ulteriore quota di rendita per l'indennizzo delle conseguenze delle stesse, commisurata al grado della menomazione, alla retribuzione dell'assicurato e al coefficiente di cui all'apposita "tabella dei coefficienti", che costituiscono indici di determinazione della percentuale di retribuzione da prendere in riferimento per l'indennizzo delle conseguenze patrimoniali, in relazione alla categoria di attività lavorativa di appartenenza dell'assicurato e alla ricollocabilità dello stesso. Per la determinazione della corrispondente quota di rendita, la retribuzione, determinata con le modalità e i criteri previsti dal testo unico, viene moltiplicata per il coefficiente di cui alla "tabella dei coefficienti" e per il grado percentuale di menomazione (2).

3. Le tabelle di cui alle lettere a) e b), i relativi criteri applicativi e i successivi adeguamenti sono approvati con decreto del Ministro del lavoro e della previdenza sociale su delibera del consiglio di amministrazione dell'INAIL. In sede di prima attuazione il decreto ministeriale è emanato entro trenta giorni dalla data di entrata in vigore del presente decreto legislativo.

4. Entro dieci anni dalla data dell'infortunio, o quindici anni se trattasi di malattia professionale, qualora le condizioni dell'assicurato, dichiarato guarito senza postumi d'invalidità permanente o con postumi che non raggiungono il minimo per l'indennizzabilità in capitale o per l'indennizzabilità in rendita, dovessero aggravarsi in conseguenza dell'infortunio o della malattia professionale in misura da raggiungere l'indennizzabilità in capitale o in rendita, l'assicurato stesso può chiedere all'istituto assicuratore la liquidazione del capitale o della rendita, formulando la domanda nei modi e nei termini stabiliti per la revisione della rendita in caso di aggravamento. L'importo della rendita è decurtato dell'importo dell'eventuale indennizzo in capitale già corrisposto. La revisione dell'indennizzo in capitale, per aggravamento della menomazione sopravvenuto nei termini di cui sopra, può avvenire una sola volta. Per le malattie neoplastiche, per la silicosi e l'asbestosi e per le malattie infettive e parassitarie la domanda di aggravamento, ai fini della liquidazione della rendita, può essere presentata anche oltre i limiti temporali di cui sopra, con scadenze quinquennali dalla precedente revisione.

5. Nel caso in cui l'assicurato, già colpito da uno o più eventi lesivi rientranti nella disciplina delle presenti disposizioni, subisca un nuovo evento lesivo si procede alla valutazione complessiva dei postumi ed alla liquidazione di un'unica rendita o dell'indennizzo in capitale corrispondente al grado complessivo della menomazione dell'integrità psicofisica. L'importo della nuova rendita o del nuovo indennizzo in capitale è decurtato dell'importo dell'eventuale indennizzo in capitale già corrisposto e non recuperato.

6. Il grado di menomazione dell'integrità psicofisica causato da infortunio sul lavoro o malattia professionale, quando risulti aggravato da menomazioni preesistenti concorrenti derivanti da fatti estranei al lavoro o da infortuni o malattie professionali verificatisi o denunciate prima della data di entrata in vigore del decreto ministeriale di cui al comma 3 e non indennizzati in rendita, deve essere rapportato non all'integrità psicofisica completa, ma a quella ridotta per effetto delle preesistenti menomazioni, il rapporto è espresso da una frazione in cui il denominatore indica il grado d'integrità psicofisica preesistente e il numeratore la differenza tra questa ed il grado d'integrità psicofisica residuato dopo l'infortunio o la malattia professionale. Quando per le conseguenze degli infortuni o delle malattie professionali verificatisi o denunciate prima della data di entrata in vigore del decreto ministeriale di cui al comma 3 l'assicurato percepisca una rendita o sia stato liquidato in capitale ai sensi del testo unico, il grado di menomazione conseguente al nuovo infortunio o alla nuova malattia professionale viene valutato senza tenere conto delle preesistenze. In tale caso, l'assicurato continuerà a percepire l'eventuale rendita corrisposta in conseguenza di infortuni o malattie professionali verificatisi o denunciate prima della data sopra indicata.

7. La misura della rendita può essere riveduta, nei modi e nei termini di cui agli articoli 83, 137 e 146 del testo unico. La rendita può anche essere soppressa nel caso di recupero dell'integrità psicofisica nei limiti del minimo indennizzabile in rendita. In tale caso, qualora il grado di menomazione accertato sia compreso nel limite indennizzabile in capitale, viene corrisposto l'indennizzo in capitale calcolato con riferimento all'età dell'assicurato al momento della soppressione della rendita.

8. Quando per le condizioni della lesione non sia ancora accertabile il grado di menomazione dell'integrità psicofisica e sia, comunque, presumibile che questa rientri nei limiti dell'indennizzo in capitale, l'istituto assicuratore può liquidare un indennizzo in capitale in misura provvisoria, dandone comunicazione all'interessato entro trenta giorni dalla data di ricevimento del certificato medico constatante la cessazione dell'inabilità temporanea assoluta, con riserva di procedere a liquidazione definitiva non prima di sei mesi e non oltre un anno dalla data di ricevimento del predetto certificato medico. In ogni caso l'indennizzo definitivo non può essere inferiore a quello provvisoriamente liquidato.

9. In caso di morte dell'assicurato, avvenuta prima che l'istituto assicuratore abbia corrisposto l'indennizzo in capitale, è dovuto un indennizzo proporzionale al tempo trascorso tra la data della guarigione clinica e la morte.

10. Per l'applicazione dell'art. 77 del testo unico si fa riferimento esclusivamente alla quota di rendita di cui al comma 2, lettera b).

11. Per quanto non previsto dalle presenti disposizioni, si applica la normativa del testo unico, in quanto compatibile.

12. All'onere derivante dalla prima applicazione del presente articolo, valutato in lire 340 miliardi annui, si fa fronte con un'addizionale sui premi e contributi assicurativi nella misura e con le modalità stabilite con decreto del Ministro del lavoro e della previdenza sociale di cui al comma 3 (3).

(1) Alinea modificato dall'art. 73, co. 3, l. 23/12/2000, n. 388.

(2) Lettera così modificata dall'articolo unico del d.lg. 19/4/2001, n. 202, con la decorrenza prevista dal secondo comma dell'articolo unico citato.

• In riferimento al presente comma vedi: Circolare INPS 10/7/2013, n. 105; Circolare INAIL 9/5/2014, n. 26.

(3) Per l'addizionale sui premi assicurativi relativa agli anni 2000 e 2001, vedi l'articolo unico del d.m. 19/5/2003, per l'anno 2002 vedi l'articolo unico del d.m. 24/3/2004, per l'anno 2003 d.m. 9/8/2005, per l'anno 2004 il d.m. 20/1/2006 e per l'anno 2010, vedi il d.m. 13/6/2011. per i contributi assicurativi INAIL vedi, l'articolo unico del d.m. 27/4/2004 e il d.m. 8/8/2005.

• Per l'approvazione della "Tabella delle menomazioni", della "Tabella indennizzo danno biologico" e della "Tabella dei coefficienti", relative al danno biologico ai fini della tutela dell'assicurazione contro gli infortuni sul lavoro e le malattie professionali, vedi il d.m. 12/7/2000.

13 bis. Disposizioni in tema di menomazione dell'integrità psico-fisica (1). – 1. All'articolo 178 del testo unico di cui al decreto del Presidente della Repubblica 30 giugno 1965, n. 1124, al secondo comma, sono aggiunte, in fine, le seguenti parole: "e, per gli infortuni sul lavoro verificatisi nonché le malattie professionali denunciate a decorrere dal 1° gennaio 2007, abbiano subito o subiscano una menomazione dell'integrità psicofisica di grado pari o superiore al 60 per cento".

2. All'articolo 150, primo comma, del decreto del Presidente della Repubblica 30 giugno 1965, n. 1124, dopo le parole: "purché non superiore all'ottanta per cento" sono inserite le seguenti: "e, per le malattie denunciate a decorrere dal 1° gennaio 2007, con menomazione dell'integrità psicofisica di qualunque grado, purché non superiore al 60 per cento".

3. All'articolo 220 del decreto del Presidente della Repubblica 30 giugno 1965, n. 1124, dopo le parole: "di grado non inferiore al 50 per cento" sono inserite le seguenti: "e, per gli infortuni sul lavoro verificatisi nonché le malattie professionali denunciate a decorrere dal 1° gennaio 2007, ai titolari di rendita per menomazione dell'integrità psicofisica di grado non inferiore al 35 per cento".

4. All'articolo 76, primo comma, del decreto del Presidente della Repubblica 30 giugno 1965, n. 1124, dopo le parole: "invalidità permanente assoluta conseguente a menomazioni elencate nella tabella allegato n. 3" sono inserite le seguenti: "e, per gli infortuni sul lavoro verificatisi nonché le malattie professionali denunciate a decorrere dal 1° gennaio 2007, nei casi di invalidità conseguente a menomazioni elencate nella predetta tabella".

5. All'articolo 218, primo comma, del decreto del Presidente della Repubblica 30 giugno 1965, n. 1124, dopo le parole: "invalidità permanente assoluta conseguente a menomazioni elencate nella tabella allegato n. 3" sono inserite le seguenti: "e, per gli infortuni sul lavoro verificatisi nonché le malattie professionali denunciate a decorrere dal 1° gennaio 2007, nei casi di invalidità conseguente a menomazioni elencate nella predetta tabella".

6. All'articolo 11 della legge 10 maggio 1982, n. 251, è aggiunto il seguente comma: "Ferme restando tutte le altre condizioni, per gli infortuni sul lavoro verificatisi nonché le malattie professionali denunciate a decorrere dal 1° gennaio 2007, lo speciale assegno continuativo mensile di cui al primo comma spetta nel caso di morte, avvenuta per cause non dipendenti dall'infortunio o dalla malattia professionale, del titolare di rendita per menomazione dell'integrità psicofisica di grado non inferiore al 48 per cento".

7. All'articolo 10, terzo comma, della legge 5 maggio 1976, n. 248, al numero 1) sono aggiunte, in fine, le seguenti parole: "e, per gli infortuni sul lavoro verificatisi nonché le malattie professionali denunciate a decorrere dal 1° gennaio 2007, dell'integrità psicofisica di grado superiore al 20 per cento".

(1) Articolo inserito dall'art. 1, co. 782, l. 27/12/2006, n. 296.

Omissis.

D.lg. 7 settembre 2005, n. 209

Codice delle assicurazioni private

(*Estratto, artt. 137-141*)

Omissis.

Capo III
Risarcimento del danno

137. Danno patrimoniale. – 1. Nel caso di danno alla persona, quando agli effetti del risarcimento si debba considerare l'incidenza dell'inabilità temporanea o dell'invalidità permanente su un reddito di lavoro comunque qualificabile, tale reddito si determina, per il lavoro dipendente, sulla base del reddito di lavoro, maggiorato dei redditi esenti e al lordo delle detrazioni e delle ritenute di legge, che risulta il più elevato tra quelli degli ultimi tre anni e, per il lavoro autonomo, sulla base del reddito netto che risulta il più elevato tra quelli dichiarati dal danneggiato ai fini dell'imposta sul reddito delle persone fisiche negli ultimi tre anni ovvero, nei casi previsti dalla legge, dall'apposita certificazione rilasciata dal datore di lavoro ai sensi delle norme di legge.

2. È in ogni caso ammessa la prova contraria, ma, quando dalla stessa risulti che il reddito sia superiore di oltre un quinto rispetto a quello risultante dagli atti indicati nel comma 1, il giudice ne fa segnalazione al competente ufficio dell'Agenzia delle entrate.

3. In tutti gli altri casi il reddito che occorre considerare ai fini del risarcimento non può essere inferiore a tre volte l'ammontare annuo della pensione sociale.

138. Danno non patrimoniale per lesioni di non lieve entità (1). – 1. Al fine di garantire il diritto delle vittime dei sinistri a un pieno risarcimento del danno non patrimoniale effettivamente subito e di razionalizzare i costi gravanti sul sistema assicurativo e sui consumatori, con due distinti decreti del Presidente della Repubblica, da adottare entro il 1° maggio 2022, previa deliberazione del Consiglio dei ministri, il primo, di cui alla lettera a), su proposta del Ministro della salute, di concerto con il Ministro dello sviluppo economico, con il Ministro del lavoro e delle politiche sociali e con il Ministro della giustizia, e il secondo, di cui alla lettera b), su proposta del Ministro dello sviluppo economico, di concerto con il Ministro della giustizia, sentito l'IVASS, si provvede alla predisposizione di specifiche tabelle uniche per tutto il territorio della Repubblica:

a) delle menomazioni all'integrità psico-fisica comprese tra dieci e cento punti;

b) del valore pecuniario da attribuire a ogni singolo punto di invalidità comprensivo dei coefficienti di variazione corrispondenti all'età del soggetto leso (2).

2. Le tabelle uniche nazionali di cui al comma 1 sono redatte, tenuto conto dei criteri di valutazione del danno non patrimoniale ritenuti congrui dalla consolidata giurisprudenza di legittimità, secondo i seguenti principi e criteri:

a) agli effetti delle tabelle, per danno biologico si intende la lesione temporanea o permanente all'integrità psico-fisica della persona, suscettibile di accertamento medico-legale, che esplica un'incidenza negativa sulle attività quotidiane e sugli aspetti dinamico-relazionali della vita del danneggiato, indipendentemente da eventuali ripercussioni sulla sua capacità di produrre reddito;

b) la tabella dei valori economici si fonda sul sistema a punto variabile in funzione dell'età e del grado di invalidità;

c) il valore economico del punto è funzione crescente della percentuale di invalidità e l'incidenza della menomazione sugli aspetti dinamico-relazionali della vita del danneggiato cresce in modo più che proporzionale rispetto all'aumento percentuale assegnato ai postumi;

d) il valore economico del punto è funzione decrescente dell'età del soggetto, sulla base delle tavole di mortalità elaborate dall'ISTAT, al tasso di rivalutazione pari all'interesse legale;

e) al fine di considerare la componente del danno morale da lesione all'integrità fisica, la quota corrispondente al danno biologico stabilita in applicazione dei criteri di cui alle lettere da a) a d) è incrementata in via percentuale e progressiva per punto, individuando la percentuale di aumento di tali valori per la personalizzazione complessiva della liquidazione;

f) il danno biologico temporaneo inferiore al 100 per cento è determinato in misura corrispondente alla percentuale di inabilità riconosciuta per ciascun giorno (3).

3. Qualora la menomazione accertata incida in maniera rilevante su specifici aspetti dinamico-relazionali personali documentati e obiettivamente accertati, l'ammontare del risarcimento del danno, calcolato secondo quanto previsto dalla tabella unica nazionale di cui al comma 1, lettera b), può essere aumentato dal giudice, con equo e motivato apprezzamento delle condizioni soggettive del danneggiato, fino al 30 per cento (4).

4. L'ammontare complessivo del risarcimento riconosciuto ai sensi del presente articolo è esaustivo del risarcimento del danno conseguente alle lesioni fisiche.

5. Gli importi stabiliti nella tabella unica nazionale di cui al comma 1, lettera b), sono aggiornati annualmente, con decreto del Ministro dello sviluppo economico, in misura corrispondente alla variazione dell'indice nazionale dei prezzi al consumo per le famiglie di operai e impiegati accertata dall'ISTAT (5).

(1) Articolo modificato dall'art. 1, co. 213, d.lg. 12/5/2015, n. 74 e successivamente sostituito dall'art. 1, co. 17, l. 4/8/2017, n. 124, che ha modificato anche la rubrica. Quella precedente era "Danno biologico per lesioni di non lieve entità".

(2) Comma modificato dall'art. 3-ter, co. 1, lett. a), d.l. 30/12/2021, n. 228, conv., con modif., dalla l. 25/2/2022, n. 15.

(3) Comma modificato dall'art. 3-ter, co. 1, lett. b), d.l. 30/12/2021, n. 228, conv., con modif., dalla l. 25/2/2022, n. 15.

(4) Comma modificato dall'art. 3-ter, co. 1, lett. c), d.l. 30/12/2021, n. 228, conv., con modif., dalla l. 25/2/2022, n. 15.

(5) Comma modificato dall'art. 3-ter, co. 1, lett. d), d.l. 30/12/2021, n. 228, conv. con modif., dalla l. 25/2/2022, n. 15.

139. Danno biologico per lesioni di lieve entità. – 1. Il risarcimento del danno biologico per lesioni di lieve entità, derivanti da sinistri conseguenti alla circolazione dei veicoli a motore e dei natanti, è effettuato secondo i criteri e le misure seguenti:

a) a titolo di danno biologico permanente, è liquidato per i postumi da lesioni pari o inferiori al nove per cento un importo crescente in misura più che proporzionale in relazione ad ogni punto percentuale di invalidità; tale importo è calcolato in base all'applicazione a ciascun punto percentuale di invalidità del relativo coefficiente secondo la correlazione esposta nel comma 6. L'importo così determinato si riduce con il crescere dell'età del soggetto in ragione dello zero virgola cinque per cento per ogni anno di età a partire dall'undicesimo anno di età. Il valore del primo punto è pari ad euro settecentonovantacinque virgola novantuno (1);

b) a titolo di danno biologico temporaneo, è liquidato un importo di euro trentanove virgola trentasette per ogni giorno di inabilità assoluta; in caso di inabilità temporanea inferiore al cento per cento, la liquidazione avviene in misura corrispondente alla percentuale di inabilità riconosciuta per ciascun giorno (2).

2. Ai fini di cui al comma 1, per danno biologico si intende **la lesione temporanea o permanente all'integrità psico-fisica della persona, suscettibile di accertamento medico-legale**, che esplica un'incidenza negativa sulle attività quotidiane e sugli aspetti dinamico-relazionali della vita del danneggiato, indipendentemente da eventuali ripercussioni sulla sua capacità di produrre reddito. In ogni caso, le lesioni di lieve entità, che non siano suscettibili di accertamento clinico strumentale obiettivo, ovvero visivo, con riferimento alle lesioni, quali le cicatrici, oggettivamente riscontrabili senza l'ausilio di strumentazioni, non possono dar luogo a risarcimento per danno biologico permanente (3).

3. Qualora la menomazione accertata incida in maniera rilevante su specifici aspetti dinamico-relazionali personali documentati e obiettivamente accertati ovvero causi o abbia causato una sofferenza psico-fisica di particolare intensità, l'ammontare del risarcimento del danno, calcolato secondo quanto previsto dalla tabella di cui al comma 4, può essere aumentato dal giudice, con equo e motivato apprezzamento delle condizioni soggettive del danneggiato, fino al 20 per cento. L'ammontare complessivo del risarcimento riconosciuto ai sensi del presente articolo è esaustivo del risarcimento del danno non patrimoniale conseguente a lesioni fisiche.

4. Con decreto del Presidente della Repubblica, previa deliberazione del Consiglio dei Ministri, su proposta del Ministro della salute, di concerto con il Ministro del lavoro e delle politiche sociali, con il Ministro della giustizia e con il Ministro delle attività produttive, si provvede alla predisposizione di una specifica tabella delle menomazioni alla integrità psicofisica comprese tra uno e nove punti di invalidità.

5. Gli importi indicati nel comma 1 sono aggiornati annualmente con decreto del Ministro delle attività produttive, in misura corrispondente alla variazione dell'indice nazionale dei prezzi al consumo per le famiglie di operai ed impiegati accertata dall'ISTAT.

6. Ai fini del calcolo dell'importo di cui al comma 1, lettera a), per un punto percentuale di invalidità pari a 1 si applica un coefficiente moltiplicatore pari a 1,0, per un punto percentuale di invalidità pari a 2 si applica un coefficiente moltiplicatore pari a 1,1, per un punto percentuale di invalidità pari a 3 si applica un coefficiente moltiplicatore pari a 1,2, per un punto percentuale di invalidità pari a 4 si applica un coefficiente moltiplicatore pari a 1,3, per un punto percentuale di invalidità pari a 5 si applica un coefficiente moltiplicatore pari a 1,5, per un punto percentuale di invalidità pari a 6 si applica un coefficiente moltiplicatore pari a 1,7, per un punto percentuale di invalidità pari a 7 si applica un coefficiente moltiplicatore pari a 1,9, per un punto percentuale di invalidità pari a 8 si applica un coefficiente moltiplicatore pari a 2,1, per un punto percentuale di invalidità pari a 9 si applica un coefficiente moltiplicatore pari a 2,3.

(1) L'importo di cui alla presente lettera è aggiornato alla misura di seicentottantotto euro e ventotto centesimi dall'art. 1 del d.m. 31/5/2006, successivamente l'art. 1 del d.m. 12/6/2007, ha ulteriormente aggiornato l'importo, a decorrere dal mese di aprile 2007, alla misura di seicentonovantasette euro e novantadue centesimi; infine l'art. 1 del d.m. 24/6/2007, ha aggiornato l'importo in settecentoventi euro e novantacinque centesimi. Per l'aggiornamento fino alla misura di settecentoventotto euro e sedici centesimi vedi l'art. 1 del d.m. 19/6/2009. Per un ulteriore aggiornamento fino a settecentotrentanove euro e ottantuno centesimi, vedi l'art. 1 del d.m. 27/5/2010. Successivamente, l'art. 1 del d.m. 17/6/2011, ha aggiornato l'importo di cui alla presente lettera a settecentocinquantanove euro e quattro centesimi, a decorrere dal mese di aprile 2011. Il d.m. 15/6/ 2012 ha aggiornato l'importo in settecentottantatre euro e trentatre centesimi, a decorrere dal mese di aprile 2012. Il d.m. 6/6/2013 ha aggiornato l'importo di cui alla presente lettera in settecentonovantuno euro e novantacinque centesimi a decorrere dal mese di aprile 2013.
Il d.m. 20/6/2014, ha nuovamente aggiornato l'importo di cui alla presente lettera in settecentonovantacinque euro e novantuno centesimi a decorrere dal mese di aprile 2014. Successivamente il d.m. 25/6/2015, ha aggiornato l'importo di cui alla presente lettera in settecentonovantatre euro e cinquantadue centesimi, a decorrere dal mese di aprile 2015. L'importo di cui alla presente lettera è stato modificato dal d.m. 19 luglio 2016 ed aggiornato alla misura di settecentonovantacinque virgola novantuno euro. Il decreto 17/07/2017 n. 196 ha aggiornato l'importo di cui alla lettera a) in ottocentotre euro e settantanove centesimi, e in quarantasei euro e ottantotto centesimi, l'importo relativo ad ogni giorno di inabilità assoluta, di cui alla lettera b). A decorrere dal mese di aprile 2017, il decreto 9/1/2019 ha aggiornato l'importo di cui alla lettera a) ottocentosette euro e zero centesimi, e in quarantasette euro e zerosette centesimi, l'importo relativo ad ogni giorno di inabilità assoluta, di cui alla lettera b).

(2) L'importo di cui alla presente lettera è aggiornato alla misura di quaranta euro e sedici centesimi dall'art. 1 del d.m. 31/5/2006, successivamente l'art. 1 del d.m. 12/6/2007, ha ulteriormente aggiornato l'importo, a decorrere dal mese di aprile 2007, alla misura di quaranta euro e settantadue centesimi; infine l'art. 1 del d.m. 24/6/2007, ha aggiornato l'importo in quarantadue euro e sei centesimi. Per l'aggiornamento fino alla misura di quarantadue euro e quarantotto centesimi vedi l'art. 1 del d.m. 19/6/2009. Per un ulteriore aggiornamento fino a quarantatré euro e sedici centesimi, vedi l'art. 1 del d.m. 27/5/2010. Successivamente, l'art. 1 del d.m. 17/6/2011, ha aggiornato l'importo di cui alla presente lettera a quarantaquattro euro e ventotto centesimi, a decorrere dal mese di aprile 2011. Il d.m. 15/6/2012 ha aggiornato l'importo in quarantacinque euro e settanta centesimi, a decorrere dal mese di aprile 2012. Il d.m. 6/6/2013 ha aggiornato l'importo di cui alla presente lettera in quarantasei euro e venti centesimi, a decorrere dal mese di aprile 2013. Da ultimo, il d.m. 20/6/2014, ha aggiornato l'importo di cui alla presente lettera in quarantasei euro e quarantatré centesimi a decorrere dal mese di aprile 2014.

(3) Comma modificato dall'art. 32, co. 3-ter, d.l. 24/1/2012, n. 1, conv., con modif., dalla l. 24/3/2012, n. 27 e poi dall'art. 1, l. 4/8/2017, n. 124.

140. Pluralità di danneggiati e supero del massimale. – 1. Qualora vi siano più persone danneggiate nello stesso sinistro e il risarcimento dovuto dal responsabile superi le somme assicurate, i diritti delle persone danneggiate nei confronti dell'impresa di assicurazione sono proporzionalmente ridotti fino alla concorrenza delle somme assicurate.

2. L'impresa di assicurazione che, decorsi trenta giorni dall'incidente e ignorando l'esistenza di altre persone danneggiate, pur avendone ricercata l'identificazione con la normale diligenza, ha pagato ad alcuna di esse una somma superiore alla quota spettante, risponde verso le altre persone danneggiate nei limiti dell'eccedenza della somma assicurata rispetto alla somma versata.

3. Nel caso di cui al comma 2, le altre persone danneggiate, il cui credito rimanesse insoddisfatto, hanno diritto di ripetere, da chi abbia ricevuto il risarcimento dall'impresa di assicurazione, quanto sarebbe loro spettato in applicazione del comma 1.

4. Nei giudizi promossi fra l'impresa di assicurazione e le persone danneggiate sussiste litisconsorzio necessario, applicandosi l'articolo 102 del codice di procedura civile. L'impresa di assicurazione può effettuare il deposito di una somma, nei limiti del massimale, con effetto liberatorio nei confronti di tutte le persone aventi diritto al risarcimento, se il deposito è irrevocabile e vincolato a favore di tutti i danneggiati.

141. Risarcimento del terzo trasportato. – 1. Salva l'ipotesi di sinistro cagionato da caso fortuito, il danno subito dal terzo trasportato è risarcito dall'impresa di assicurazione del veicolo sul quale era a bordo al momento del sinistro entro il massimale minimo di legge, fermo restando quanto previsto all'articolo 140, a prescindere dall'accertamento della responsabilità dei conducenti dei veicoli coinvolti nel sinistro, fermo il diritto al risarcimento dell'eventuale maggior danno nei confronti dell'impresa di assicurazione del responsabile civile, se il veicolo di quest'ultimo è coperto per un massimale superiore a quello minimo.

2. Per ottenere il risarcimento il terzo trasportato promuove nei confronti dell'impresa di assicurazione del veicolo sul quale era a bordo al momento del sinistro la procedura di risarcimento prevista dall'articolo 148.

3. L'azione diretta avente ad oggetto il risarcimento è esercitata nei confronti dell'impresa di assicurazione del veicolo sul quale il danneggiato era a bordo al momento del sinistro nei termini di cui all'articolo 145. L'impresa di assicurazione del responsabile civile può intervenire nel giudizio e può estromettere l'impresa di assicurazione del veicolo, riconoscendo la responsabilità del proprio assicurato. Si applicano, in quanto compatibili, le disposizioni del capo IV.

4. L'impresa di assicurazione che ha effettuato il pagamento ha diritto di rivalsa nei confronti dell'impresa di assicurazione del responsabile civile nei limiti ed alle condizioni previste dall'articolo 150.

Omissis.

D.lg. 3 aprile 2006, n. 152

Norme in materia ambientale

CODICE DELL'AMBIENTE

(*Estratto, artt. 299-318*)

Omissis.

299. Competenze ministeriali. – 1. Il Ministro dell'ambiente e della tutela del territorio esercita le funzioni e i compiti spettanti allo Stato in materia di tutela, prevenzione e riparazione dei danni all'ambiente [, attraverso la Direzione generale per il danno ambientale istituita presso il Ministero dell'ambiente e della tutela del territorio dall'articolo 34 del decreto-legge 10 gennaio 2006, n. 4, e gli altri uffici ministeriali competenti] (1).

2. L'azione ministeriale si svolge normalmente in collaborazione con le regioni, con gli enti locali e con qualsiasi soggetto di diritto pubblico ritenuto idoneo.

3. L'azione ministeriale si svolge nel rispetto della normativa comunitaria vigente in materia di prevenzione e riparazione del danno ambientale, delle competenze delle regioni, delle province autonome di Trento e di Bolzano e degli enti locali con applicazione dei principi costituzionali di sussidiarietà e di leale collaborazione.

4. Per le finalità connesse all'individuazione, all'accertamento ed alla quantificazione del danno ambientale, il Ministero dell'ambiente e della tutela del territorio si avvale, in regime convenzionale, di soggetti pubblici e privati di elevata e comprovata qualificazione tecnico-scientifica operanti sul territorio, nei limiti delle disponibilità esistenti.

5. Entro sessanta giorni dalla data di entrata in vigore del presente decreto, il Ministro dell'ambiente e della tutela del territorio, con proprio decreto, di concerto con i Ministri dell'economia e delle finanze e delle attività produttive, stabilisce i criteri per le attività istruttorie volte all'accertamento del danno ambientale [e per la riscossione della somma dovuta per equivalente patrimoniale] ai sensi del titolo III della parte sesta del presente decreto. I relativi oneri sono posti a carico del responsabile del danno (2).

6. Ai fini dell'attuazione delle disposizioni contenute nel presente articolo, il Ministro dell'economia e delle finanze è autorizzato ad apportare, con propri decreti, le necessarie variazioni di bilancio.

(1) Comma modificato dall'art. 25, co. 1, lett. b), l. 6/8/2013, n. 97.

(2) Comma modificato dall'art. 25, co. 1, lett. c), l. 6/8/2013, n. 97.

300. Danno ambientale. – 1. È danno ambientale qualsiasi deterioramento significativo e misurabile, diretto o indiretto, di una risorsa naturale o dell'utilità assicurata da quest'ultima.

2. Ai sensi della direttiva 2004/35/CE costituisce danno ambientale il deterioramento, in confronto alle condizioni originarie, provocato:

a) alle specie e agli habitat naturali protetti dalla normativa nazionale e comunitaria di cui alla legge 11 febbraio 1992, n. 157, recante norme per la protezione della fauna selvatica, che recepisce le direttive 79/409/CEE del Consiglio del 2 aprile 1979; 85/411/CEE della Commissione del 25 luglio 1985 e 91/244/CEE della Commissione del 6 marzo 1991 ed attua le convenzioni di Parigi del 18 ottobre 1950 e di Berna del 19 settembre 1979, e di cui al decreto del Presidente della Repubblica 8 settembre 1997, n. 357, recante regolamento recante attuazione della direttiva 92/43/CEE relativa alla conservazione degli habitat naturali e seminaturali, nonché della flora e della fauna selvatiche, nonché alle aree naturali protette di cui alla legge 6 dicembre 1991, n. 394, e successive norme di attuazione;

b) alle acque interne, mediante azioni che incidano in modo significativamente negativo su: 1) lo stato ecologico, chimico o quantitativo o il potenziale ecologico delle acque interessate, quali definiti nella direttiva 2000/60/CE, fatta eccezione per gli effetti negativi cui si applica l'articolo 4, paragrafo 7, di tale direttiva, oppure; 2) lo stato ambientale delle acque marine interessate, quale definito nella direttiva 2008/56/CE, nella misura in cui aspetti particolari dello stato ecologico dell'ambiente marino non siano già affrontati nella direttiva 2000/60/CE (1);

c) alle acque costiere ed a quelle ricomprese nel mare territoriale mediante le azioni suddette, anche se svolte in acque internazionali;

d) al terreno, mediante qualsiasi contaminazione che crei un rischio significativo di effetti nocivi, anche indiretti, sulla salute umana a seguito dell'introduzione nel suolo, sul suolo o nel sottosuolo di sostanze, preparati, organismi o microrganismi nocivi per l'ambiente.

(1) Comma modificato dal d.lg. 18/8/2015, n. 145 (in G.U. 16/9/2015, n. 215).

301. Attuazione del principio di precauzione. – 1. In applicazione del principio di precauzione di cui all'articolo 174, paragrafo 2, del Trattato CE, in caso di pericoli, anche solo potenziali, per la salute umana e per l'ambiente, deve essere assicurato un alto livello di protezione.

2. L'applicazione del principio di cui al comma 1 concerne il rischio che comunque possa essere individuato a séguito di una preliminare valutazione scientifica obiettiva.

3. L'operatore interessato, quando emerga il rischio suddetto, deve informarne senza indugio, indicando tutti gli aspetti pertinenti alla situazione, il comune, la provincia, la regione o la provincia autonoma nel cui territorio si prospetta l'evento lesivo, nonché il Prefetto della provincia che, nelle ventiquattro ore successive, informa il Ministro dell'ambiente e della tutela del territorio.

4. Il Ministro dell'ambiente e della tutela del territorio, in applicazione del principio di precauzione, ha facoltà di adottare in qualsiasi momento misure di prevenzione, ai sensi dell'articolo 304, che risultino:

a) proporzionali rispetto al livello di protezione che s'intende raggiungere;

b) non discriminatorie nella loro applicazione e coerenti con misure analoghe già adottate;

c) basate sull'esame dei potenziali vantaggi ed oneri;

d) aggiornabili alla luce di nuovi dati scientifici.

5. Il Ministro dell'ambiente e della tutela del territorio promuove l'informazione del pubblico quanto agli effetti negativi di un prodotto o di un processo e, tenuto conto delle risorse finanziarie previste a legislazione vigente, può finanziare programmi di ricerca, disporre il ricorso a sistemi di certificazione ambientale ed assumere ogni altra iniziativa volta a ridurre i rischi di danno ambientale.

302. Definizioni. – 1. Lo stato di conservazione di una specie è considerato favorevole quando:

a) i dati relativi alla sua popolazione mostrano che essa si sta mantenendo, a lungo termine, come componente vitale dei suoi habitat naturali;

b) l'area naturale della specie non si sta riducendo né si ridurrà verosimilmente in un futuro prevedibile;

c) esiste, e verosimilmente continuerà ad esistere, un habitat sufficientemente ampio per mantenerne la popolazione a lungo termine.

2. Lo stato di conservazione di un habitat naturale è considerato favorevole quando:

a) la sua area naturale e le zone in essa racchiuse sono stabili o in aumento;

b) le strutture e le funzioni specifiche necessarie per il suo mantenimento a lungo termine esistono e continueranno verosimilmente a esistere in un futuro prevedibile; e

c) lo stato di conservazione delle sue specie tipiche è favorevole, ai sensi del comma 1.

3. Per "acque" si intendono tutte le acque cui si applica la parte terza del presente decreto.

4. Per "operatore" s'intende qualsiasi persona, fisica o giuridica, pubblica o privata, che esercita o controlla un'attività professionale avente rilevanza ambientale oppure chi comunque eserciti potere decisionale sugli aspetti tecnici e finanziari di tale attività, compresi il titolare del permesso o dell'autorizzazione a svolgere detta attività.

5. Per "attività professionale" s'intende qualsiasi azione, mediante la quale si perseguano o meno fini di lucro, svolta nel corso di un'attività economica, industriale, commerciale, artigianale, agricola e di prestazione di servizi, pubblica o privata.

6. Per "emissione" s'intende il rilascio nell'ambiente, a seguito dell'attività umana, di sostanze, preparati, organismi o microrganismi.

7. Per "minaccia imminente" di danno si intende il rischio sufficientemente probabile che stia per verificarsi uno specifico danno ambientale.

8. Per "misure di prevenzione" si intendono le misure prese per reagire a un evento, un atto o un'omissione che ha creato una minaccia imminente di danno ambientale, al fine di impedire o minimizzare tale danno.

9. Per "ripristino", anche "naturale", s'intende: nel caso delle acque, delle specie e degli habitat protetti, il ritorno delle risorse naturali o dei servizi danneggiati alle condizioni originarie; nel caso di danno al terreno, l'eliminazione di qualsiasi rischio di effetti nocivi per la salute umana e per la integrità ambientale. In ogni caso il ripristino deve consistere nella riqualificazione del sito e del suo ecosistema, mediante qualsiasi azione o combinazione di azioni, comprese le misure di attenuazione o provvisorie, dirette a riparare, risanare o, qualora sia ritenuto ammissibile dall'autorità competente, sostituire risorse naturali o servizi naturali danneggiati.

10. Per "risorse naturali" si intendono specie e habitat naturali protetti, acqua e terreno.

11. Per "servizi" e "servizi delle risorse naturali" si intendono le funzioni svolte da una risorsa naturale a favore di altre risorse naturali e/o del pubblico.

12. Per "condizioni originarie" si intendono le condizioni, al momento del danno, delle risorse naturali e dei servizi che sarebbero esistite se non si fosse verificato il danno ambientale, stimate sulla base delle migliori informazioni disponibili.

13. Per "costi" s'intendono gli oneri economici giustificati dalla necessità di assicurare un'attuazione corretta ed efficace delle disposizioni di cui alla parte sesta del presente decreto, compresi i costi per valutare il danno ambientale o una sua minaccia imminente, per progettare gli interventi alternativi, per sostenere le spese amministrative, legali e di realizzazione delle opere, i costi di raccolta dei dati ed altri costi generali, nonché i costi del controllo e della sorveglianza.

303. Esclusioni. – 1. La parte sesta del presente decreto:

a) non riguarda il danno ambientale o la minaccia imminente di tale danno cagionati da:

1) atti di conflitto armato, sabotaggi, atti di ostilità, guerra civile, insurrezione;

2) fenomeni naturali di carattere eccezionale, inevitabili e incontrollabili;

b) non si applica al danno ambientale o a minaccia imminente di tale danno provocati da un incidente per il quale la responsabilità o l'indennizzo rientrino nell'ambito d'applicazione di una delle convenzioni internazionali elencate nell'allegato 1 alla parte sesta del presente decreto cui la Repubblica italiana abbia aderito;

c) non pregiudica il diritto del trasgressore di limitare la propria responsabilità conformemente alla legislazione nazionale che dà esecuzione alla convenzione sulla limitazione della responsabilità per crediti marittimi (LLMC) del 1976, o alla convenzione di Strasburgo sulla limitazione della responsabilità nella navigazione interna (CLNI) del 1988;

d) non si applica ai rischi nucleari relativi all'ambiente né alla minaccia imminente di tale danno causati da attività disciplinate dal Trattato istitutivo della Comunità europea dell'energia atomica o causati da un incidente o un'attività per i quali la responsabilità o l'indennizzo rientrano nel campo di applicazione di uno degli strumenti internazionali elencati nell'allegato 2 alla parte sesta del presente decreto;

e) non si applica alle attività svolte in condizioni di necessità ed aventi come scopo esclusivo la difesa nazionale, la sicurezza internazionale o la protezione dalle calamità naturali;

f) non si applica al danno causato da un'emissione, un evento o un incidente verificatisi prima della data di entrata in vigore della parte sesta del presente decreto; [i criteri di determinazione dell'obbligazione risarcitoria stabiliti dall'articolo 311, commi 2 e 3, si applicano anche alle domande di risarcimento proposte o da proporre ai sensi dell'articolo 18 della legge 18 luglio 1986, n. 349, in luogo delle previsioni dei commi 6, 7 e 8 del citato articolo 18, o ai sensi del titolo IX del libro IV del codice civile o ai sensi di altre disposizioni non aventi natura speciale, con esclusione delle pronunce passate in giudicato; ai predetti giudizi trova, inoltre, applicazione la previsione dell'articolo 315 del presente decreto] (1);

g) non si applica al danno in relazione al quale siano trascorsi più di trent'anni dall'emissione, dall'evento o dall'incidente che l'hanno causato;

h) non si applica al danno ambientale o alla minaccia imminente di tale danno causa ti da inquinamento di carattere diffuso, se non sia stato possibile accertare in alcun modo un nesso causale tra il danno e l'attività di singoli operatori;

[*i) non si applica alle situazioni di inquinamento per le quali siano effettivamente avviate le procedure relative alla bonifica, o sia stata avviata o sia intervenuta bonifica dei siti nel rispetto delle norme vigenti hi materia, salvo che ad esito di tale bonifica non permanga un danno ambientale.*]*.

(1) Lettera modificata dall'art. 5-bis, co. 1, lett. c), d.l. 25/9/2009, n. 135, conv., con modif., dalla l. 20/11/2009, n. 166 e successivamente dall'art. 25, co. 1, lett. d), l. 6/8/2013, n. 97.

* Lettera abrogata dall'art. 25, co. 1, lett. e), l. 6/8/2013, n. 97.

TITOLO II
PREVENZIONE E RIPRISTINO AMBIENTALE

304. Azione di prevenzione. – 1. Quando un danno ambientale non si è ancora verificato, ma esiste una minaccia imminente che si verifichi, l'operatore interessato adotta, entro ventiquattro ore e a proprie spese, le necessarie misure di prevenzione e di messa in sicurezza.

2. L'operatore deve far precedere gli interventi di cui al comma 1 da apposita comunicazione al comune, alla provincia, alla regione, o alla provincia autonoma nel cui territorio si prospetta l'evento lesivo, nonché al Prefetto della provincia che nelle ventiquattro ore successive informa il Ministro dell'ambiente e della tutela del territorio. Tale comunicazione deve avere ad oggetto tutti gli aspetti pertinenti della situazione, ed in particolare le generalità dell'operatore, le caratteristiche del sito interessato, le matrici ambientali presumibilmente coinvolte e la descrizione degli interventi da eseguire. La comunicazione, non appena pervenuta al comune, abilita immediatamente l'operatore alla realizzazione degli interventi di cui al comma 1. Se l'operatore non provvede agli interventi di cui al comma 1 e alla comunicazione di cui al presente comma, l'autorità preposta al controllo o comunque il Ministero dell'ambiente e della tutela del territorio irroga una sanzione amministrativa non inferiore a mille euro né superiore a tremila euro per ogni giorno di ritardo.

3. Il Ministro dell'ambiente e della tutela del territorio, in qualsiasi momento, ha facoltà di:

a) chiedere all'operatore di fornire informazioni su qualsiasi minaccia imminente di danno ambientale o su casi sospetti di tale minaccia imminente;

b) ordinare all'operatore di adottare le specifiche misure di prevenzione considerate necessarie, precisando le metodologie da seguire;

c) adottare egli stesso le misure di prevenzione necessarie.

4. Se l'operatore non si conforma agli obblighi previsti al comma 1 o al comma 3, lettera b), o se esso non può essere individuato, o se non è tenuto a sostenere i costi a norma della parte sesta del presente decreto, il Ministro dell'ambiente e della tutela del territorio ha facoltà di adottare egli stesso le misure necessarie per la prevenzione del danno, approvando la nota delle spese, con diritto di rivalsa esercitabile verso chi abbia causato o concorso a causare le spese stesse, se venga individuato entro il termine di cinque anni dall'effettuato pagamento.

305. Ripristino ambientale. – 1. Quando si è verificato un danno ambientale, l'operatore deve comunicare senza indugio tutti gli aspetti pertinenti della situazione alle autorità di cui all'articolo 304, con gli effetti ivi previsti, e, se del caso, alle altre autorità dello Stato competenti, comunque interessate. L'operatore ha inoltre l'obbligo di adottare immediatamente:

a) tutte le iniziative praticabili per controllare, circoscrivere, eliminare o gestire in altro modo, con effetto immediato, qualsiasi fattore di danno, allo scopo di prevenire o limitare ulteriori pregiudizi ambientali ed effetti nocivi per la salute umana o ulteriori deterioramenti ai servizi, anche sulla base delle specifiche istruzioni formulate dalle autorità competenti relativamente alle misure di prevenzione necessarie da adottare;

b) le necessarie misure di ripristino di cui all'articolo 306.

2. Il Ministro dell'ambiente e della tutela del territorio, in qualsiasi momento, ha facoltà di:

a) chiedere all'operatore di fornire informazioni su qualsiasi danno verificatosi e sulle misure da lui adottate immediatamente ai sensi del comma 1;

b) adottare, o ordinare all'operatore di adottare, tutte le iniziative opportune per controllare, circoscrivere, eliminare o gestire in altro modo, con effetto immediato, qualsiasi fattore di danno, allo scopo di prevenire o limitare ulteriori pregiudizi ambientali e effetti nocivi per la salute umana o ulteriori deterioramenti ai servizi;

c) ordinare all'operatore di prendere le misure di ripristino necessarie;

d) adottare egli stesso le suddette misure.

3. Se l'operatore non adempie agli obblighi previsti al comma 1 o al comma 2, lettera b) o c), o se esso non può essere individuato o se non è tenuto a sostenere i costi a norma della parte sesta del presente decreto, il Ministro dell'am-

biente e della tutela del territorio ha facoltà di adottare egli stesso tali misure, approvando la nota delle spese, con diritto di rivalsa esercitabile verso chi abbia causato o comunque concorso a causare le spese stesse, se venga individuato entro il termine di cinque anni dall'effettuato pagamento.

306. Determinazione delle misure per il ripristino ambientale. – 1. Gli operatori individuano le possibili misure per il ripristino ambientale che risultino conformi all'allegato 3 alla parte sesta del presente decreto e le presentano per l'approvazione al Ministro dell'ambiente e della tutela del territorio senza indugio e comunque non oltre trenta giorni dall'evento dannoso, a meno che questi non abbia già adottato misure urgenti, a norma articolo 305, commi 2 e 3.

2. Il Ministro dell'ambiente e della tutela del territorio decide quali misure di ripristino attuare, in modo da garantire, ove possibile, il conseguimento del completo ripristino ambientale, e valuta l'opportunità di addivenire ad un accordo con l'operatore interessato nel rispetto della procedura di cui all'articolo 11 della legge 7 agosto 1990, n. 241.

3. Se si è verificata una pluralità di casi di danno ambientale e l'autorità competente non è in grado di assicurare l'adozione simultanea delle misure di ripristino necessarie, essa può decidere quale danno ambientale debba essere riparato a titolo prioritario. Ai fini di tale decisione, l'autorità competente tiene conto, fra l'altro, della natura, entità e gravità dei diversi casi di danno ambientale in questione, nonché della possibilità di un ripristino naturale.

4. Nelle attività di ripristino ambientale sono prioritariamente presi in considerazione i rischi per la salute umana.

5. Il Ministro dell'ambiente e della tutela del territorio invita i soggetti di cui agli articoli 12 e 7, comma 4, della direttiva 2004/35/CE, nonché i soggetti sugli immobili dei quali si devono effettuare le misure di ripristino a presentare le loro osservazioni nel termine di dieci giorni e le prende in considerazione in sede di ordinanza. Nei casi di motivata, estrema urgenza l'invito può essere incluso nell'ordinanza, che in tal caso potrà subire le opportune riforme o essere revocata tenendo conto dello stato dei lavori in corso.

306 bis. Determinazione delle misure per il risarcimento del danno ambientale e il ripristino ambientale dei siti di interesse nazionale (1). – 1. Salvo che la transazione avvenga in sede giudiziale a norma dell'articolo 185 del codice di procedura civile, Nel rispetto dei criteri di cui al comma 2 e tenuto conto del quadro comune da rispettare di cui all'allegato 3 alla presente parte sesta, il soggetto nei cui confronti il Ministero dell'ambiente e della tutela del territorio e del mare ha avviato le procedure di bonifica e di riparazione del danno ambientale di siti inquinati di interesse nazionale ai sensi dell'articolo 18 della legge 8 luglio 1986, n. 349, dell'articolo 17 del decreto legislativo 5 febbraio 1997, n. 22, nonché ai sensi del titolo V della parte quarta e della parte sesta del presente decreto, ovvero ha intrapreso la relativa azione giudiziaria, può formulare una proposta transattiva in sede amministrativa (2).

2. La proposta di transazione di cui al comma 1:

a) individua gli interventi di riparazione primaria, complementare e compensativa;

b) ove sia formulata per la riparazione compensativa, tiene conto del tempo necessario per conseguire l'obiettivo della riparazione primaria o della riparazione primaria e complementare;

c) ove i criteri risorsa-risorsa e servizio-servizio non siano applicabili per la determinazione delle misure complementari e compensative, contiene una liquidazione del danno mediante una valutazione economica;

d) prevede comunque un piano di monitoraggio e controllo qualora all'impossibilità della riparazione primaria corrisponda un inquinamento residuo che comporta un rischio per la salute e per l'ambiente;

e) tiene conto degli interventi di bonifica già approvati e realizzati ai sensi del titolo V della parte quarta del presente decreto;

f) in caso di concorso di più soggetti nell'aver causato il danno e negli obblighi di bonifica, può essere formulata anche da alcuni soltanto di essi con riferimento all'intera obbligazione, salvo il regresso nei confronti degli altri concorrenti;

g) contiene l'indicazione di idonee garanzie finanziarie.

3. Il Ministero dell'ambiente e della tutela del territorio e del mare, con proprio decreto, dichiara ricevibile la proposta di transazione, verificato che ricorrono i requisiti di cui al comma 2, ovvero respinge la proposta per assenza dei medesimi requisiti.

4. Nel caso in cui dichiari ricevibile la proposta di transazione, il Ministero dell'ambiente e della tutela del territorio e del mare convoca, entro trenta giorni, una conferenza di servizi alla quale partecipano la regione e gli enti locali territorialmente coinvolti, che acquisisce il parere dell'Istituto superiore per la protezione e la ricerca ambientale (ISPRA) e dell'Istituto superiore di sanità. In ogni caso il parere tiene conto della necessità che gli interventi proposti, qualora non conseguano il completo ripristino dello stato dei luoghi, assicurino comunque la funzionalità dei servizi e delle risorse tutelate e colpite dall'evento lesivo. Della conferenza di servizi è data adeguata pubblicità al fine di consentire a tutti i soggetti interessati di formulare osservazioni.

5. La conferenza di servizi, entro centottanta giorni dalla convocazione, approva, respinge o modifica la proposta di transazione. La deliberazione finale è comunicata al proponente per l'accettazione, che deve intervenire nei successivi sessanta giorni. Le determinazioni assunte all'esito della conferenza sostituiscono a tutti gli effetti ogni atto decisorio comunque denominato di competenza delle amministrazioni partecipanti alla predetta conferenza o comunque invitate a partecipare ma risultate assenti.

6. Sulla base della deliberazione della conferenza accettata dall'interessato, il Ministero dell'ambiente e della tutela del territorio e del mare predispone uno schema di transazione sul quale è acquisito il parere dell'Avvocatura generale dello Stato, che lo valuta anche tenendo conto dei presumibili tempi processuali e, ove possibile, dei prevedibili esiti del giudizio pendente o da instaurare.

7. Acquisito il parere di cui al comma 6, lo schema di transazione, sottoscritto per accettazione dal proponente, è adottato con decreto del Ministro dell'ambiente e della tutela del territorio e del mare e sottoposto al controllo preventivo di legittimità della Corte dei conti ai sensi dell'articolo 3, comma 1, della legge 14 gennaio 1994, n. 20.

8. Nel caso di inadempimento, anche parziale, da parte dei soggetti privati, delle obbligazioni dagli stessi assunte in sede di transazione nei confronti del Ministero dell'ambiente e della tutela del territorio e del mare, quest'ultimo, previa diffida ad adempiere nel termine di trenta giorni e previa escussione delle garanzie finanziarie prestate, può dichiarare risolto il contratto di transazione. In tal caso, le somme eventualmente già corrisposte dai contraenti sono trattenute dal Ministero in acconto dei maggiori importi definitivamente dovuti per i titoli di cui al comma 1.

(1) Articolo inserito dall'art. 31, co. 1 della l. 28/12/2015, n. 221.

(2) Comma modificato dall'art. 53, co. 2-quater, d.l. 16/7/2020, n. 76, conv., con modif., dalla l. 11/9/2020, n. 120.

307. Notificazione delle misure preventive e di ripristino. – 1. Le decisioni che impongono misure di precauzione, di prevenzione o di ripristino, adottate ai sensi della parte sesta del presente decreto, sono adeguatamente motivate e comunicate senza indugio all'operatore interessato con indicazione dei mezzi di ricorso di cui dispone e dei termini relativi.

308. Costi dell'attività di prevenzione e di ripristino. – 1. L'operatore sostiene i costi delle iniziative statali di prevenzione e di ripristino ambientale adottate secondo le disposizioni di cui alla parte sesta del presente decreto.

2. Fatti salvi i commi 4, 5 e 6, il Ministro dell'ambiente e della tutela del territorio recupera, anche attraverso garanzie reali o fideiussioni bancarie a prima richiesta e con esclusione del beneficio della preventiva escussione, dall'operatore che ha causato il danno o l'imminente minaccia, le spese sostenute dallo Stato in relazione alle azioni di precauzione, prevenzione e ripristino adottate a norma della parte sesta del presente decreto.

3. Il Ministro dell'ambiente e della tutela del territorio determina di non recuperare la totalità dei costi qualora la spesa necessaria sia maggiore dell'importo recuperabile o qualora l'operatore non possa essere individuato.

4. Non sono a carico dell'operatore i costi delle azioni di precauzione, prevenzione e ripristino adottate conformemente alle disposizioni di cui alla parte sesta del presente decreto se egli può provare che il danno ambientale o la minaccia imminente di tale danno:

a) è stato causato da un terzo e si è verificato nonostante l'esistenza di misure di sicurezza astrattamente idonee;

b) è conseguenza dell'osservanza di un ordine o istruzione obbligatori impartiti da una autorità pubblica, diversi da quelli impartiti a seguito di un'emissione o di un incidente imputabili all'operatore; in tal caso il Ministro dell'ambiente e della tutela del territorio adotta le misure necessarie per consentire all'operatore il recupero dei costi sostenuti.

5. L'operatore non è tenuto a sostenere i costi delle azioni di cui al comma 5 intraprese conformemente alle disposizioni di cui alla parte sesta del presente decreto qualora dimostri che non gli è attribuibile un comportamento doloso o colposo e che l'intervento preventivo a tutela dell'ambiente è stato causato da:

a) un'emissione o un evento espressamente consentiti da un'autorizzazione conferita ai sensi delle vigenti disposizioni legislative e regolamentari recanti attuazione delle misure legislative adottate dalla Comunità europea di cui all'allegato 5 della parte sesta del presente decreto, applicabili alla data dell'emissione o dell'evento e in piena conformità alle condizioni ivi previste;

b) un'emissione o un'attività o qualsiasi altro modo di utilizzazione di un prodotto nel corso di un'attività che l'operatore dimostri non essere stati considerati probabile causa di danno ambientale secondo lo stato delle conoscenze scientifiche e tecniche al momento del rilascio dell'emissione o dell'esecuzione dell'attività.

6. Le misure adottate dal Ministro dell'ambiente e della tutela del territorio in attuazione delle disposizioni di cui alla parte sesta del presente decreto lasciano impregiudicata la responsabilità e l'obbligo risarcitorio del trasgressore interessato.

309. Richiesta di intervento statale. – 1. Le regioni, le province autonome e gli enti locali, anche associati, nonché le persone fisiche o giuridiche che sono o che potrebbero essere colpite dal danno ambientale o che vantino un interesse legittimante la partecipazione al procedimento relativo all'adozione delle misure di precauzione, di prevenzione o di ripristino previste dalla parte sesta del presente decreto possono presentare al Ministro dell'ambiente e della tutela del territorio, depositandole presso le Prefetture – Uffici territoriali del Governo, denunce e osservazioni, corredate da documenti ed informazioni, concernenti qualsiasi caso di danno ambientale o di minaccia imminente di danno ambientale e chiedere l'intervento statale a tutela dell'ambiente a norma della parte sesta del presente decreto.

2. Le organizzazioni non governative che promuovono la protezione dell'ambiente, di cui all'articolo 13 della legge 8 luglio 1986, n. 349, sono riconosciute titolari dell'interesse di cui al comma 1.

3. Il Ministro dell'ambiente e della tutela del territorio valuta le richieste di intervento e le osservazioni ad esse allegate afferenti casi di danno o di minaccia di danno ambientale e informa senza dilazione i soggetti richiedenti dei provvedimenti assunti al riguardo.

4. In caso di minaccia imminente di danno, il Ministro dell'ambiente e della tutela del territorio, nell'urgenza estrema, provvede sul danno denunciato anche prima d'aver risposto ai richiedenti ai sensi del comma 3.

310. Ricorsi. – 1. I soggetti di cui all'articolo 309, comma 1, sono legittimati ad agire, secondo i principi generali, per l'annullamento degli atti e dei provvedimenti adottati in violazione delle disposizioni di cui alla parte sesta del presente decreto nonché avverso il silenzio inadempimento del Ministro dell'ambiente e della tutela del territorio e per il risarcimento del danno subito a causa del ritardo nell'attivazione, da parte del medesimo Ministro, delle misure di precauzione, di prevenzione o di contenimento del danno ambientale.

2. Nell'ipotesi di cui al comma 1, il ricorso al giudice amministrativo [, in sede di giurisdizione esclusiva,] può essere preceduto da una opposizione depositata presso il Ministero dell'ambiente e della tutela del territorio o inviata presso la sua sede a mezzo di posta raccomandata con avviso di ricevimento entro trenta giorni dalla notificazione, comunicazione o piena conoscenza dell'atto. In caso di inerzia del Ministro, analoga opposizione può essere proposta entro il suddetto termine decorrente dalla scadenza del trentesimo giorno successivo all'effettuato deposito dell'opposizione presso il Ministero dell'ambiente e della tutela del territorio (1).

3. Se sia stata presentata l'opposizione e non ancora il ricorso al giudice amministrativo, quest'ultimo è proponibile entro il termine di sessanta giorni decorrenti dal ricevimento della decisione di rigetto dell'opposizione oppure dal trentunesimo giorno successivo alla presentazione dell'opposizione se il Ministro non si sia pronunciato.

4. Resta ferma la facoltà dell'interessato di ricorrere in via straordinaria al Presidente della Repubblica nel termine di centoventi giorni dalla notificazione, comunicazione o piena conoscenza dell'atto o provvedimento che si ritenga illegittimo e lesivo.

(1) Comma modificato dall'art. 4, co. 1, punto 36), dell'Allegato 4 al d.lg. 2/7/2010, n. 104.

TITOLO III
RISARCIMENTO DEL DANNO AMBIENTALE

311. Azione risarcitoria in forma specifica [e per equivalente patrimoniale] (1). – 1. Il Ministro dell'ambiente e della tutela del territorio agisce, anche esercitando l'azione civile in sede penale, per il risarcimento del danno ambientale in forma specifica e, se necessario, per equivalente patrimoniale, oppure procede ai sensi delle disposizioni di cui alla parte sesta del presente decreto.

2. Quando si verifica un danno ambientale cagionato dagli operatori le cui attività sono elencate nell'allegato 5 alla presente parte sesta, gli stessi sono obbligati all'adozione delle misure di riparazione di cui all'allegato 3 alla medesima parte

sesta secondo i criteri ivi previsti, da effettuare entro il termine congruo di cui all'articolo 314, comma 2, del presente decreto. Ai medesimi obblighi è tenuto chiunque altro cagioni un danno ambientale con dolo o colpa. Solo quando l'adozione delle misure di riparazione anzidette risulti in tutto o in parte omessa, o comunque realizzata in modo incompleto o difforme dai termini e modalità prescritti, il Ministro dell'ambiente e della tutela del territorio e del mare determina i costi delle attività necessarie a conseguirne la completa e corretta attuazione e agisce nei confronti del soggetto obbligato per ottenere il pagamento delle somme corrispondenti (2).

3. Il Ministro dell'ambiente e della tutela del territorio e del mare provvede in applicazione dei criteri enunciati negli allegati 3 e 4 della presente parte sesta alla determinazione delle misure di riparazione da adottare e provvede con le procedure di cui al presente titolo III all'accertamento delle responsabilità risarcitorie. Con decreto del Ministro dell'ambiente e della tutela del territorio e del mare, sentito il Ministro dello sviluppo economico, da adottare entro sessanta giorni dalla data di entrata in vigore della presente disposizione, ai sensi dell'articolo 17, comma 3, della legge 23 agosto 1988, n. 400, sono definiti, in conformità a quanto previsto dal punto 1.2.3 dell'allegato 3 alla presente parte sesta i criteri ed i metodi, anche di valutazione monetaria, per determinare la portata delle misure di riparazione complementare e compensativa. Tali criteri e metodi trovano applicazione anche ai giudizi pendenti non ancora definiti con sentenza passata in giudicato alla data di entrata in vigore del decreto di cui al periodo precedente. Nei casi di concorso nello stesso evento di danno, ciascuno risponde nei limiti della propria responsabilità personale. Il relativo debito si trasmette, secondo le leggi vigenti, agli eredi, nei limiti del loro effettivo arricchimento (3).

(1) Rubrica modificata dall'art. 25, co. 1, lett. f), l. 6/8/2013, n. 97.

(2) Comma modificato dall'art. 5-bis, co. 1, lett. a), d.l. 25/9/2009, n. 135, conv., con modif., dalla l. 20/11/2009, n. 166 e successivamente sostituito dall'art. 25, co. 1, lett. g), l. 6/8/2013, n. 97. Vedi anche quanto disposto dal successivo co. 2 del medesimo art. 25 della l. 97/2013.

(3) Comma modificato dall'art. 5-bis, co. 1, lett. b), d.l. 25/9/2009, n. 135, conv., con modif., dalla l. 20/11/2009, n. 166 e successivamente sostituito dall'art. 25, co. 1, lett. h), l. 6/8/2013, n. 97.

312. Istruttoria per l'emanazione dell'ordinanza ministeriale. – 1. L'istruttoria per l'emanazione dell'ordinanza ministeriale di cui all'articolo 313 si svolge ai sensi della legge 7 agosto 1990, n. 241.

2. Il Ministro dell'ambiente e della tutela del territorio, per l'accertamento dei fatti, per l'individuazione dei trasgressori, per l'attuazione delle misure a tutela dell'ambiente e per il risarcimento dei danni, può delegare il Prefetto competente per territorio ed avvalersi, anche mediante apposite convenzioni, della collaborazione delle Avvocature distrettuali dello Stato, del Corpo forestale dello Stato, dell'Arma dei carabinieri, della Polizia di Stato, della Guardia di finanza e di qualsiasi altro soggetto pubblico dotato di competenza adeguata.

3. Il Ministro dell'ambiente e della tutela del territorio, per l'accertamento delle cause del danno e per la sua quantificazione, da effettuare in applicazione delle disposizioni contenute negli Allegati 3 e 4 alla parte sesta del presente decreto, può disporre, nel rispetto del principio del contraddittorio con l'operatore interessato, apposita consulenza tecnica svolta dagli uffici ministeriali, da quelli di cui al comma 2 oppure, tenuto conto delle risorse finanziarie previste a legislazione vigente, da liberi professionisti.

4. Il Ministro dell'ambiente e della tutela del territorio, al fine di procedere ad ispezioni documentali, verificazioni e ricerche anche in apparecchiature informatiche e ad ogni altra rilevazione ritenuta utile per l'accertamento del fatto dannoso e per l'individuazione dei trasgressori, può disporre l'accesso di propri incaricati nel sito interessato dal fatto dannoso. Gli incaricati che eseguono l'accesso devono essere muniti di apposita autorizzazione che ne indica lo scopo, rilasciata dal capo dell'ufficio da cui dipendono. Per l'accesso a locali che siano adibiti ad abitazione o all'esercizio di attività professionali è necessario che l'Amministrazione si munisca dell'autorizzazione dell'autorità giudiziaria competente. In ogni caso, dell'accesso nei luoghi di cui al presente comma dovrà essere informato il titolare dell'attività o un suo delegato, che ha il diritto di essere presente, anche con l'assistenza di un difensore di fiducia, e di chiedere che le sue dichiarazioni siano verbalizzate.

5. In caso di gravi indizi che facciano ritenere che libri, registri, documenti, scritture ed altre prove del fatto dannoso si trovino in locali diversi da quelli indicati nel comma 4, il Ministro dell'ambiente e della tutela del territorio può chiedere l'autorizzazione per la perquisizione di tali locali all'autorità giudiziaria competente.

6. È in ogni caso necessaria l'autorizzazione dell'autorità giudiziaria competente per procedere, durante l'accesso, a perquisizioni personali e all'apertura coattiva di pieghi sigillati, borse, casseforti, mobili, ripostigli e simili e per l'esame dei documenti e la richiesta di notizie relativamente ai quali sia stato eccepito il segreto professionale.

7. Di ogni accesso deve essere redatto processo verbale da cui risultino le ispezioni e le rilevazioni eseguite, le richieste fatte all'interessato o a chi lo rappresenta e le risposte ricevute, nonché le sue dichiarazioni. Il verbale deve essere sottoscritto dall'interessato o da chi lo rappresenta oppure deve indicare il motivo della mancata sottoscrizione. L'interessato ha diritto di averne copia.

8. I documenti e le scritture possono essere sequestrati soltanto se non sia possibile riprodurne o farne constare agevolmente il contenuto rilevante nel verbale, nonché in caso di mancata sottoscrizione o di contestazione del contenuto del verbale; tuttavia gli agenti possono sempre acquisire dati con strumenti propri da sistemi meccanografici, telematici, elettronici e simili.

313. Ordinanza. – 1. Qualora all'esito dell'istruttoria di cui all'articolo 312 sia stato accertato un fatto che abbia causato danno ambientale ed il responsabile non abbia attivato le procedure di ripristino ai sensi del titolo V della parte quarta del presente decreto oppure ai sensi degli articoli 304 e seguenti, il Ministro dell'ambiente e della tutela del territorio, con ordinanza immediatamente esecutiva, ingiunge a coloro che, in base al suddetto accertamento, siano risultati responsabili del fatto il ripristino ambientale a titolo di risarcimento in forma specifica entro un termine fissato.

2. Qualora il responsabile del fatto che ha provocato danno ambientale non provveda in tutto o in parte al ripristino nel termine ingiunto o all'adozione delle misure di riparazione nei termini e modalità prescritti, il Ministro dell'ambiente e della tutela del territorio e del mare determina i costi delle attività necessarie a conseguire la completa attuazione delle misure anzidette secondo i criteri definiti con il decreto di cui al comma 3 dell'articolo 311 e, al fine di procedere alla realizzazione delle stesse, con ordinanza ingiunge il pagamento, entro il termine di sessanta giorni dalla notifica, delle somme corrispondenti (1).

3. Con riguardo al risarcimento del danno in forma specifica, l'ordinanza è emessa nei confronti del responsabile del fatto dannoso nonché, in solido, del soggetto nel cui effettivo interesse il comportamento fonte del danno è stato tenuto o che ne abbia obiettivamente tratto vantaggio sottraendosi, secondo l'accertamento istruttorio intervenuto, all'onere economico necessario per apprestare, in via preventiva, le opere,

le attrezzature, le cautele e tenere i comportamenti previsti come obbligatori dalle norme applicabili.

4. L'ordinanza è adottata nel termine perentorio di centottanta giorni decorrenti dalla comunicazione ai soggetti di cui al comma 3 dell'avvio dell'istruttoria, e comunque entro il termine di decadenza di due anni dalla notizia del fatto, salvo quando sia in corso il ripristino ambientale a cura e spese del trasgressore. In tal caso i medesimi termini decorrono dalla sospensione ingiustificata dei lavori di ripristino oppure dalla loro conclusione in caso di incompleta riparazione del danno. Alle attestazioni concernenti la sospensione dei lavori e la loro incompletezza provvede il Ministro dell'ambiente e della tutela del territorio con apposito atto di accertamento.

5. Nei termini previsti dai commi 1 e 3 dell'articolo 2947 del codice civile, il Ministro dell'ambiente e della tutela del territorio può adottare ulteriori provvedimenti nei confronti di trasgressori successivamente individuati.

6. Nel caso di danno provocato da soggetti sottoposti alla giurisdizione della Corte dei conti, il Ministro dell'ambiente e della tutela del territorio, anziché ingiungere il pagamento del risarcimento per equivalente patrimoniale, invia rapporto all'Ufficio di Procura regionale presso la Sezione giurisdizionale della Corte dei conti competente per territorio.

7. Nel caso di intervenuto risarcimento del danno, sono esclusi, a seguito di azione concorrente da parte di autorità diversa dal Ministro dell'ambiente e della tutela territorio, nuovi interventi comportanti aggravio di costi per l'operatore interessato. Resta in ogni caso fermo il diritto dei soggetti danneggiati dal fatto produttivo di danno ambientale, nella loro salute o nei beni di loro proprietà, di agire in giudizio nei confronti del responsabile a tutela dei diritti e degli interessi lesi.

(1) Comma modificato dall'art. 25, co. 1, lett. i), l. 6/8/2013, n. 97.

314. Contenuto dell'ordinanza. – 1. L'ordinanza contiene l'indicazione specifica del fatto, commissivo o omissivo, contestato, nonché degli elementi di fatto ritenuti rilevanti per l'individuazione e la quantificazione del danno e delle fonti di prova per l'identificazione dei trasgressori.

2. L'ordinanza fissa un termine, anche concordato con il trasgressore in applicazione dell'articolo 11 della legge 7 agosto 1990, n. 241, per il ripristino dello stato dei luoghi a sue spese, comunque non inferiore a due mesi e non superiore a due anni, salvo ulteriore proroga da definire in considerazione dell'entità dei lavori necessari.

3. La quantificazione del danno deve comprendere il pregiudizio arrecato alla situazione ambientale con particolare riferimento al costo necessario per il suo ripristino. [Ove non sia motivatamente possibile l'esatta quantificazione del danno non risarcibile in forma specifica, o di parte di esso, il danno per equivalente patrimoniale si presume, fino a prova contraria, di ammontare non inferiore al triplo della somma corrispondente alla sanzione pecuniaria amministrativa, oppure alla sanzione penale, in concreto applicata.] [Se sia stata erogata una pena detentiva, al fine della quantificazione del danno di cui al presente articolo, il ragguaglio fra la stessa e la somma da addebitare a titolo di risarcimento del danno ha luogo calcolando quattrocento euro per ciascun giorno di pena detentiva] (1).

4. In caso di sentenza di condanna in sede penale o di emanazione del provvedimento di cui all'articolo 444 del codice di procedura penale, la cancelleria del giudice che ha emanato la sentenza o il provvedimento trasmette copia degli stessi al Ministero dell'ambiente e della tutela del territorio entro cinque giorni dalla loro pubblicazione.

5. Le regioni, le province autonome e gli altri enti territoriali, al fine del risarcimento del danno ambientale, comunicano al Ministero dell'ambiente e della tutela del territorio le sanzioni amministrative, entro dieci giorni dall'avvenuta irrogazione.

6. Le ordinanze ministeriali di cui agli articoli 304, comma 3, e 313 indicano i mezzi di ricorso ed i relativi termini.

(1) Comma modificato dall'art. 25, co. 1, lett. l), l. 6/8/2013, n. 97.

315. Effetti dell'ordinanza sull'azione giudiziaria. – 1. Il Ministro dell'ambiente e della tutela del territorio che abbia adottato l'ordinanza di cui all'articolo 313 non può né proporre né procedere ulteriormente nel giudizio per il risarcimento del danno ambientale, salva la possibilità dell'intervento in qualità di persona offesa dal reato nel giudizio penale.

316. Ricorso avverso l'ordinanza. – 1. Il trasgressore, entro il termine perentorio di sessanta giorni dalla comunicazione dell'ordinanza di cui all'articolo 313, può ricorrere al Tribunale amministrativo regionale [, in sede di giurisdizione esclusiva,] competente in relazione al luogo nel quale si è prodotto il danno ambientale (1).

2. Il trasgressore può far precedere l'azione giurisdizionale dal ricorso in opposizione di cui all'articolo 310, commi 2 e 3.

3. Il trasgressore può proporre altresì ricorso al Presidente della Repubblica nel termine di centoventi giorni dalla ricevuta notificazione o comunicazione dell'ordinanza o dalla sua piena conoscenza.

(1) Comma modificato dall'art. 4, co. 1, punto 36), dell'Allegato 4 al d.lg. 2/7/2010, n. 104.

317. Riscossione dei crediti e fondo di rotazione. – 1. Per la riscossione delle somme costituenti credito dello Stato ai sensi delle disposizioni di cui alla parte sesta del presente decreto, nell'ammontare determinato dal Ministro dell'ambiente e della tutela del territorio o dal giudice, si applicano le norme di cui al decreto legislativo 13 aprile 1999, n. 112.

2. Nell'ordinanza o nella sentenza può essere disposto, su richiesta dell'interessato che si trovi in condizioni economiche disagiate, che gli importi dovuti vengano pagati in rate mensili non superiori al numero di venti; ciascuna rata non può essere inferiore comunque ad euro cinquemila.

3. In ogni momento il debito può essere estinto mediante un unico pagamento.

4. Il mancato adempimento anche di una sola rata alla sua scadenza comporta l'obbligo di pagamento del residuo ammontare in unica soluzione.

5. Le somme derivanti dalla riscossione dei crediti in favore dello Stato per il risarcimento del danno ambientale disciplinato dalla presente parte sesta, ivi comprese quelle derivanti dall'escussione di fidejussioni a favore dello Stato, assunte a garanzia del risarcimento medesimo, sono versate all'entrata del bilancio dello Stato per essere integralmente riassegnate con decreto del Ministro dell'economia e delle finanze ad un pertinente capitolo dello stato di previsione del Ministero dell'ambiente e della tutela del territorio e del mare, per essere destinate alla realizzazione delle misure di prevenzione e riparazione in conformità alle previsioni della direttiva 2004/35/CE ed agli obblighi da essa derivanti (1).

*6. Con decreto del Ministro dell'ambiente e della tutela del territorio, adottato di concerto con il Ministro dell'economia e delle finanze, sono disciplinate le modalità di funzionamento e di accesso al predetto fondo di rotazione, ivi comprese le procedure per il recupero delle somme concesse a titolo di anticipazione**.

(1) Comma modificato dall'art. 5-bis, co. 1, lett. d), d.l. 25/9/2009, n. 135, conv., con modif., dalla l. 20/11/2009, n. 166 e successivamente sostituito dall'art. 25, co. 1, lett. m), l. 6/8/2013, n. 97.

* Comma abrogato dall'art. 5-bis, co. 1, lett. e), d.l. 25/9/2009, n. 135, conv., con modif., dalla l. 20/11/2009, n. 166.

318. Norme transitorie e finali. – 1. Nelle more dell'adozione del decreto di cui all'articolo 317, comma 6, continua ad applicarsi il decreto del Ministro dell'ambiente e della tutela del territorio 14 ottobre 2003.

2. Sono abrogati:

a) l'articolo 18 della legge 8 luglio 1986, n. 349, ad eccezione del comma 5;

b) l'articolo 9, comma 3, del decreto legislativo 18 agosto 2000, n. 267;

c) l'articolo 1, commi 439, 440, 441, 442 e 443 della legge 23 dicembre 2005, n. 266.

3. In attuazione dell'articolo 14 della direttiva 2004/35/CE, con decreto del Presidente del Consiglio dei Ministri, adottato su proposta del Ministro dell'ambiente e della tutela del territorio di concerto con i Ministri dell'economia e delle finanze e delle attività produttive, sono adottate misure per la definizione di idonee forme di garanzia e per lo sviluppo dell'offerta dei relativi strumenti, in modo da consentirne l'utilizzo da parte degli operatori interessati ai lini dell'assolvimento delle responsabilità ad essi incombenti ai sensi della parte sesta del presente decreto.

4. Quando un danno ambientale riguarda o può riguardare una pluralità di Stati membri dell'Unione europea, il Ministro dell'ambiente e della tutela del territorio coopera, anche attraverso un appropriato scambio di informazioni, per assicurare che sia posta in essere un'azione di prevenzione e, se necessario, di riparazione di tale danno ambientale. In tale ipotesi, quando il danno ambientale ha avuto origine nel territorio italiano, il Ministro dell'ambiente e della tutela del territorio fornisce informazioni sufficienti agli Stati membri potenzialmente esposti ai suoi effetti. Se il Ministro individua entro i confini del territorio nazionale un danno la cui causa si è invece verificata al di fuori di tali confini, esso ne informa la Commissione europea e qualsiasi altro Stato membro interessato; il Ministro può raccomandare l'adozione di misure di prevenzione o di riparazione e può cercare, ai sensi della parte sesta del presente decreto, di recuperare i costi sostenuti in relazione all'adozione delle misure di prevenzione o riparazione.

Omissis.

D.P.R. 30 ottobre 2009, n. 181

Regolamento recante i criteri medico-legali per l'accertamento e la determinazione dell'invalidità e del danno biologico e morale a carico delle vittime del terrorismo e delle stragi di tale matrice, a norma dell'articolo 6 della legge 3 agosto 2004, n. 206 (1)

(1) Titolo così corretto con Comunicato in G.U. 18/12/2009, n. 294.4

1. Definizioni. – 1. Ai fini del presente regolamento:

a) per danno biologico, si intende la lesione di carattere permanente all'integrità psico-fisica della persona suscettibile di accertamento medico-legale che esplica un'incidenza negativa sulle attività quotidiane e sugli aspetti dinamico-relazionali della vita del danneggiato, indipendentemente da eventuali ripercussioni sulla sua capacità di produrre reddito;

b) per danno morale, si intende il pregiudizio non patrimoniale costituito dalla sofferenza soggettiva cagionata dal fatto lesivo in sé considerato;

c) per aggravamento fisico, si intende lo stato della menomazione dell'integrità psico-fisica complessiva derivante dall'evoluzione peggiorativa della patologia da cui è conseguita l'invalidità già riconosciuta ed indennizzata, nonché da ogni altra patologia per la quale risulti accertata una correlazione eziopatogenetica per interdipendenza o la cui insorgenza risulti determinata da cure praticate per la patologia già riconosciuta.

2. Disposizioni generali. – 1. La valutazione della percentuale d'invalidità di cui all'articolo 6, comma 1, della legge 3 agosto 2004, n. 206, è espressa in una percentuale unica d'invalidità, comprensiva del riconoscimento del danno biologico e morale.

2. Ai fini della valutazione di cui al comma 1, gli accertamenti sanitari, sono effettuati dalla competente commissione medica ospedaliera della sanità militare o dalle apposite commissioni sanitarie di nomina consolare, ai sensi dell'articolo 5 del decreto del Presidente della Repubblica 28 luglio 1999, n. 510.

3. Ai fini dell'espletamento degli accertamenti sanitari, nonché delle modalità di svolgimento dei lavori delle commissioni di cui al comma 2, si applicano, in quanto compatibili, le disposizioni di cui al decreto del Capo del Dipartimento dell'Amministrazione generale, del personale e dei servizi del Ministero dell'economia e delle finanze in data 12 febbraio 2004, pubblicato nella Gazzetta Ufficiale del 23 febbraio 2004, n. 44, adottato in attuazione del decreto del Presidente della Repubblica 29 ottobre 2001, n. 461, e successive modificazioni.

3. Criteri medico-legali per la valutazione dell'invalidità permanente. – 1. Per l'accertamento dell'invalidità si procede tenendo conto che la percentuale d'invalidità permanente (IP), riferita alla capacità lavorativa, è attribuita scegliendo il valore più favorevole tra quello determinato in base alle tabelle per i gradi di invalidità e relative modalità d'uso approvate, in conformità all'articolo 3, comma 3, della legge 29 dicembre 1990, n. 407, con il decreto del Ministro della sanità in data 5 febbraio 1992, e successive modificazioni, pubblicato nel supplemento ordinario alla Gazzetta Ufficiale n. 47 del 26 febbraio 1992, e quello determinato in base alle tabelle A, B, E ed F1 annesse al decreto del Presidente della Repubblica 23 dicembre 1978, n. 915, e successive modificazioni, e relativi criteri applicativi. Alla classifica di cui alle categorie della tabella A e alla tabella B sono equiparate le fasce percentuali d'invalidità permanente, riferite alla capacità lavorativa, secondo le corrispondenze indicate nella tabella in allegato 1. Alle invalidità o mutilazioni di prima categoria della tabella A che risultino contemplate anche nella tabella E corrisponde una invalidità permanente non inferiore al 100%.

4. Criteri medico-legali per la rivalutazione dell'invalidità permanente, e per la determinazione del danno biologico e del danno morale. – 1. Per la rivalutazione delle invalidità già riconosciute e indennizzate, si procede secondo i seguenti criteri e modalità:

a) la percentuale d'invalidità permanente (IP), riferita alla capacità lavorativa, è attribuita secondo quanto indicato all'articolo 3. Resta salva l'applicazione di altri criteri tabellari, adottati in sede di prima valutazione, se più favorevoli;

b) la percentuale del danno biologico (DB) è determinata in base alle tabelle delle menomazioni e relativi criteri applicativi di cui agli articoli 138, comma 1, e 139, comma 4, del decreto legislativo 7 settembre 2005, n. 209, e successive modificazioni;

c) la determinazione della percentuale del danno morale (DM) viene effettuata, caso per caso, tenendo conto della entità della sofferenza e del turbamento dello stato d'animo, oltre che della lesione alla dignità della persona, connessi ed in rapporto all'evento dannoso, fino ad un massimo dei 2/3 del valore percentuale del danno biologico;

d) la percentuale unica di invalidità indicante l'invalidità complessiva (IC), di cui all'articolo 6 della legge 3 agosto 2004, n. 206, che in ogni caso non può superare la misura del cento per cento, è data dalla somma delle percentuali del danno biologico, del danno morale e del valore, se positivo, risultante dalla differenza tra la percentuale di invalidità riferita alla capacità lavorativa e la percentuale del danno biologico: IC = DB + DM + (IP – DB).

5. Disposizioni transitorie. – 1. Fino alla data di predisposizione delle tabelle di menomazione di cui agli articoli 138, comma 1, e 139, comma 4, del decreto legislativo 7 settembre 2005, n. 209, la percentuale del danno biologico è determinata in base alla tabella delle menomazioni e relativi criteri applicativi, approvata con decreto del Ministro del lavoro e della previdenza sociale in data 12 luglio 2000, pubblicato nel supplemento ordinario alla Gazzetta Ufficiale n. 172 del 25 luglio 2000, e successive modificazioni; la percentuale del danno biologico, così determinata, può essere aumentata da parte dei competenti organismi sanitari ai sensi degli articoli 138, comma 3, e 139, comma 3, del decreto legislativo n. 209 del 2005.

2. Dopo l'adozione delle tabelle di cui agli articoli 138, comma 1, e 139, comma 4, del decreto legislativo n. 209 del 2005, si procede, previa domanda degli interessati, ovvero dell'amministrazione competente, ad una nuova determinazione della invalidità, qualora la percentuale di danno biologico, applicando i nuovi criteri tabellari, sia più favorevole.

6. Disposizioni finali. – 1. A fare data dall'entrata in vigore del presente regolamento le commissioni mediche provvedono all'accertamento delle invalidità secondo quanto previsto agli articoli 3 e 4.

2. Nei casi di applicazione dell'articolo 6, comma 1, della legge 3 agosto 2004, n. 206, le valutazioni delle invalidità operate in difformità alle disposizioni del presente regolamento, possono formare oggetto di revisione da parte dei competenti organismi sanitari, previa domanda degli interessati agli uffici delle amministrazioni competenti. In ogni caso, la percentuale d'invalidità non può essere rideterminata in misura inferiore a quella per la quale si è già provveduto all'attribuzione dei benefici richiesti, ovvero a quella stabilita in sede giudiziale. Le domande, presentate a partire dalla data di entrata in vigore della legge n. 206 del 2004, cui non sia seguito l'accertamento medico-legale da parte delle commissioni di cui all'articolo 2, comma 2, per sopravvenuto decesso del danneggiato, sono da considerare utilmente prodotte per la determinazione della nuova percentuale di invalidità, comprensiva del danno biologico e morale.

Il presente decreto munito del sigillo dello Stato, sarà inserito nella Raccolta ufficiale degli atti normativi della Repubblica italiana. È fatto obbligo a chiunque spetti di osservarlo e di farlo osservare.

Sezione XI

DOCUMENTO INFORMATICO

D.lg. 7 marzo 2005, n. 82

Codice dell'amministrazione digitale (1)

(1) A norma dell'art. 57, co. 18, d.lg. 30/12/2010, n. 235, nel presente decreto, ovunque ricorrano la parola: "CNIPA" ovvero le parole: "Centro nazionale per l'informatica nella pubblica amministrazione" devono essere sostituite dalla seguente: "DigitPA".

Capo I
Principi generali

Sezione I
Definizioni, finalità e ambito di applicazione

1. Definizioni. – 1. Ai fini del presente codice si intende per:

0a) AgID: l'Agenzia per l'Italia digitale di cui all'articolo 19 del decreto-legge 22 giugno 2012, n. 83, convertito, con modificazioni, dalla legge 7 agosto 2012, n. 134 (1);

a) allineamento dei dati: il processo di coordinamento dei dati presenti in più archivi finalizzato alla verifica della corrispondenza delle informazioni in essi contenute;*

*b) autenticazione del documento informatico: la validazione del documento informatico attraverso l'associazione di dati informatici relativi all'autore o alle circostanze, anche temporali, della redazione**;*

c) carta d'identità elettronica: il documento d'identità munito di elementi per l'identificazione fisica del titolare rilasciato su supporto informatico dalle amministrazioni comunali con la prevalente finalità di dimostrare l'identità anagrafica del suo titolare (2);

d) carta nazionale dei servizi: il documento rilasciato su supporto informatico per consentire l'accesso per via telematica ai servizi erogati dalle pubbliche amministrazioni;

*e) certificati elettronici: gli attestati elettronici che collegano all'identità del titolare i dati utilizzati per verificare le firme elettroniche***;*

f) certificato qualificato: il certificato elettronico conforme ai requisiti di cui all'allegato I della direttiva 1999/93/CE, rilasciati da certificatori che rispondono ai requisiti di cui all'allegato II della medesima direttiva;*

g) certificatore: il soggetto che presta servizi di certificazione delle firme elettroniche o che fornisce altri servizi connessi con queste ultime;*

h) chiave privata: l'elemento della coppia di chiavi asimmetriche, utilizzato dal soggetto titolare, mediante il quale si appone la firma digitale sul documento informatico;*

i) chiave pubblica: l'elemento della coppia di chiavi asimmetriche destinato ad essere reso pubblico, con il quale si verifica la firma digitale apposta sul documento informatico dal titolare delle chiavi asimmetriche;*

i-bis) copia informatica di documento analogico: il documento informatico avente contenuto identico a quello del documento analogico da cui è tratto (3);

i-ter) copia per immagine su supporto informatico di documento analogico: il documento informatico avente contenuto e forma identici a quelli del documento analogico da cui è tratto (3);

i-quater) copia informatica di documento informatico: il documento informatico avente contenuto identico a quello del documento da cui è tratto su supporto informatico con diversa sequenza di valori binari (3);

i-quinquies) duplicato informatico: il documento informatico ottenuto mediante la memorizzazione, sullo stesso dispositivo o su dispositivi diversi, della medesima sequenza di valori binari del documento originario (3);

i-sexies) dati territoriali: i dati che attengono, direttamente o indirettamente, a una località o a un'area geografica specifica (4);

*l) dato a conoscibilità limitata: il dato la cui conoscibilità è riservata per legge o regolamento a specifici soggetti o categorie di soggetti;**

l-bis) formato aperto: un formato di dati reso pubblico, documentato esaustivamente e neutro rispetto agli strumenti tecnologici necessari per la fruizione dei dati stessi (5);

l-ter) dati di tipo aperto: i dati che presentano le seguenti caratteristiche:

1) sono disponibili secondo i termini di una licenza o di una previsione normativa che ne permetta l'utilizzo da parte di chiunque, anche per finalità commerciali, in formato disaggregato;

2) sono accessibili attraverso le tecnologie dell'informazione e della comunicazione, ivi comprese le reti telematiche pubbliche e private, in formati aperti ai sensi della lettera l-bis), sono adatti all'utilizzo automatico da parte di programmi per elaboratori e sono provvisti dei relativi metadati;

3) sono resi disponibili gratuitamente attraverso le tecnologie dell'informazione e della comunicazione, ivi comprese le reti telematiche pubbliche e private, oppure sono resi disponibili ai costi marginali sostenuti per la loro riproduzione e divulgazione salvo quanto previsto dall'articolo 7 del decreto legislativo 24 gennaio 2006, n. 36 (5);

m) dato delle pubbliche amministrazioni: il dato formato, o comunque trattato da una pubblica amministrazione;*

n) dato pubblico: il dato conoscibile da chiunque;*

n-bis) Riutilizzo: uso del dato di cui all'articolo 2, comma 1, lettera e), del decreto legislativo 24 gennaio 2006, n. 36 (6);

n-ter) domicilio digitale: un indirizzo elettronico eletto presso un servizio di posta elettronica certificata o un servizio elettronico di recapito certificato qualificato, come definito dal regolamento (UE) 23 luglio 2014 n. 910 del Parlamento europeo e del Consiglio in materia di identificazione elettronica e servizi fiduciari per le transazioni elettroniche nel mercato interno e che abroga la direttiva 1999/93/CE, di seguito "Regolamento eIDAS",valido ai fini delle comunicazioni elettroniche aventi valore legale (7);

n-quater) servizio in rete o on-line: qualsiasi servizio di una amministrazione pubblica fruibile a distanza per via elettronica (8);

o) disponibilità: la possibilità di accedere ai dati senza restrizioni non riconducibili a esplicite norme di legge;*

p) documento informatico: il documento elettronico che contiene la rappresentazione informatica di atti, fatti o dati giuridicamente rilevanti (9);

p-bis) documento analogico: la rappresentazione non informatica di atti, fatti o dati giuridicamente rilevanti (10);

*q) firma elettronica: l'insieme dei dati in forma elettronica, allegati oppure connessi tramite associazione logica ad altri dati elettronici, utilizzati come metodo di identificazione informatica****;

*q-bis) firma elettronica avanzata: insieme di dati in forma elettronica allegati oppure connessi a un documento informatico che consentono l'identificazione del firmatario del documento e garantiscono la connessione univoca al firmatario, creati con mezzi sui quali il firmatario può conservare un controllo esclusivo, collegati ai dati ai quali detta firma si riferisce in modo da consentire di rilevare se i dati stessi siano stati successivamente modificati*****;

*r) firma elettronica qualificata: un particolare tipo di firma elettronica avanzata che sia basata su un certificato qualificato e realizzata mediante un dispositivo sicuro per la creazione della firma******;

s) firma digitale: un particolare tipo di firma qualificata basata su un [certificato qualificato e] su un sistema di chiavi crittografiche, una pubblica e una privata, correlate tra loro, che consente al titolare di firma elettronica tramite la chiave privata e a un soggetto terzo tramite la chiave pubblica, rispettivamente, di rendere manifesta e di verificare la provenienza e l'integrità di un documento informatico o di un insieme di documenti informatici (11);

*t) fruibilità di un dato: la possibilità di utilizzare il dato anche trasferendolo nei sistemi informativi automatizzati di un'altra amministrazione**;

*u) gestione informatica dei documenti: l'insieme delle attività finalizzate alla registrazione e segnatura di protocollo, nonché alla classificazione, organizzazione, assegnazione, reperimento e conservazione dei documenti amministrativi formati o acquisiti dalle amministrazioni, nell'ambito del sistema di classificazione d'archivio adottato, effettuate mediante sistemi informatici**,

u-bis) gestore di posta elettronica certificata: il soggetto che presta servizi di trasmissione dei documenti informatici mediante la posta elettronica certificata (12);

*u-ter) identificazione informatica: la validazione dell'insieme di dati attribuiti in modo esclusivo ed univoco ad un soggetto, che ne consentono l'individuazione nei sistemi informativi, effettuata attraverso opportune tecnologie anche al fine di garantire la sicurezza dell'accesso*******;

u-quater) identità digitale: la rappresentazione informatica della corrispondenza tra un utente e i suoi attributi identificativi, verificata attraverso l'insieme dei dati raccolti e registrati in forma digitale secondo le modalità fissate nel decreto attuativo dell'articolo 64 (13);

v) originali non unici: i documenti per i quali sia possibile risalire al loro contenuto attraverso altre scritture o documenti di cui sia obbligatoria la conservazione, anche se in possesso di terzi;

v-bis) posta elettronica certificata: sistema di comunicazione in grado di attestare l'invio e l'avvenuta consegna di un messaggio di posta elettronica e di fornire ricevute opponibili ai terzi (14);

*z) pubbliche amministrazioni centrali: le amministrazioni dello Stato, ivi compresi gli istituti e scuole di ogni ordine e grado e le istituzioni educative, le aziende ed amministrazioni dello Stato ad ordinamento autonomo, le istituzioni universitarie, gli enti pubblici non economici nazionali, l'Agenzia per la rappresentanza negoziale delle pubbliche amministrazioni (ARAN), le agenzie di cui al decreto legislativo 30 luglio 1999, n. 300********;

aa) titolare di firma elettronica: la persona fisica cui è attribuita la firma elettronica e che ha accesso ai dispositivi per la sua creazione nonché alle applicazioni per la sua apposizione della firma elettronica (15);

*bb) validazione temporale: il risultato della procedura informatica con cui si attribuiscono, ad uno o più documenti informatici, una data ed un orario opponibili ai terzi**;

cc) titolare del dato: uno dei soggetti di cui all'articolo 2, comma 2, che ha originariamente formato per uso proprio o commissionato ad altro soggetto il documento che rappresenta il dato, o che ne ha la disponibilità (16);

dd) interoperabilità: caratteristica di un sistema informativo, le cui interfacce sono pubbliche e aperte, di interagire in maniera automatica con altri sistemi informativi per lo scambio di informazioni e l'erogazione di servizi (16);

ee) cooperazione applicativa: la parte del Sistema Pubblico di Connettività finalizzata all'interazione tra i sistemi informatici dei soggetti partecipanti, per garantire l'integrazione dei metadati, delle informazioni, dei processi e procedimenti amministrativi (16);

ff) Linee guida: le regole tecniche e di indirizzo adottate secondo il procedimento di cui all'articolo 71 (17).

1-bis. Ai fini del presente Codice, valgono le definizioni di cui all'articolo 3 del Regolamento eIDAS (18).

1-ter. Ove la legge consente l'utilizzo della posta elettronica certificata è ammesso anche l'utilizzo di altro servizio elettronico di recapito certificato qualificato ai sensi degli articoli 3, numero 37), e 44 del Regolamento eIDAS (19).

(1) Lettera inserita dall'art. 1, co. 1, lett. a), d.lg. 26/8/2016, n. 179.

* Lettera abrogata dall'art. 1, co. 1, lett. h), d.lg. 26/8/2016, n. 179.

** Lettera inizialmente modificata dall'art. 1 del d.lg. 4/4/2006, n. 159, successivamente sostituita dall'art. 1, co. 1, lett. a), d.lg. 30/12/2010, n. 235 e da ultimo abrogata dall'art. 1, co. 1, lett. h), d.lg. 26/8/2016, n. 179.

(2) Lettera modificata dall'art. 1, co. 1, lett. b), d.lg. 30/12/2010, n. 235.

*** Lettera modificata dall'art. 1 del d.lg. 4/4/2006, n. 159 e successivamente abrogata dall'art. 1, co. 1, lett. h), d.lg. 26/8/2016, n. 179.

(3) Lettera inserita dall'art. 1, co. 1, lett. c), d.lg. 30/12/2010, n. 235.

(4) Lettera inserita dall'art. 1, co. 1, lett. b), d.lg. 26/8/2016, n. 179.

(5) Lettera inserita dall'art. 1, co. 1, lett. a), n. 1), d.lg. 13/12/2017, n. 217.

(6) Lettera inserita dall'art. 9, co. 2, d.l. 18/10/2012, n. 179.

(7) Lettera inserita dall'art. 1, co. 1, lett. c), d.lg. 26/8/2016, n. 179 e successivamente sostituita dall'art. 1, co. 1, lett. a), n. 2), d.lg. 13/12/2017, n. 217.

(8) Lettera inserita dall'art. 1, co. 1, lett. a), n. 3), d.lg. 13/12/2017, n. 217.

(9) Lettera inserita dall'art. 1, co. 1, lett. d), d.lg. 26/8/2016, n. 179.

(10) Lettera inserita dall'art. 1, co. 1, lett. d), d.lg. 30/12/2010, n. 235.

**** Lettera inserita dall'art. 1, co. 1, lett. e), d.lg. 30/12/2010, n. 235 e successivamente abrogata dall'art. 1, co. 1, lett. h), d.lg. 26/8/2016, n. 179.

***** Lettera inizialmente modificata dall'art. 1 del d.lg. 4/4/2006, n. 159, successivamente sostituita dall'art. 1, co. 1, lett. f), d.lg. 30/12/2010, n. 235 e da ultimo abrogata dall'art. 1, co. 1, lett. h), d.lg. 26/8/2016, n. 179.

(11) Lettera sostituita dall'art. 1, co. 1, lett. g), d.lg. 30/12/2010, n. 235 e successivamente modificata dall'art. 1, co. 1, lett. e), del d.lg. 26/8/2016, n. 179 e dall'art. 1, co. 1, lett. a), numero 4), del d.lg. 13/12/2017, n. 217.

(12) Lettera inserita dall'art. 1, co. 1, lett. h), d.lg. 30/12/2010, n. 235.

****** Lettera inserita dall'art. 1, co. 1, lett. h), d.lg. 30/12/2010, n. 235 successivamente abrogata dall'art. 1, co. 1, lett. h), d.lg. 26/8/2016, n. 179.

(13) Lettera inserita dall'art. 1, co. 1, lett. f), d.lg. 26/8/2016, n. 179.

(14) Lettera inserita dall'art. 1, co. 1, lett. i), d.lg. 30/12/2010, n. 235.

******* Vedi le disposizioni di cui all'art. 48, co. 1, d.l. 25/6/2008, n. 112. Lettera abrogata dall'art. 1, co. 1, lett. h), d.lg. 26/8/2016, n. 179.

(15) Lettera modificata dall'art. 1, co. 1, lett. a), n. 5), d.lg. 13/12/2017, n. 217.

(16) Lettera inserita dall'art. 1, co. 1, lett. g), d.lg. 26/8/2016, n. 179.

(17) Lettera inserita dall'art. 1, co. 1, lett. a), n. 6), d.lg. 13/12/2017, n. 217.

(18) Comma aggiunto dall'art. 1, co. 2, d.lg. 26/8/2016, n. 179.

(19) Comma aggiunto dall'art. 1, co. 2, d.lg. 26/8/2016, n. 179 e successivamente modificato dall'art. 1, co. 1, lett. a), n. 6), d.lg. 13/12/2017, n. 217.

2. Finalità e ambito di applicazione. – 1. Lo Stato, le Regioni e le autonomie locali assicurano la disponibilità, la gestione, l'accesso, la trasmissione, la conservazione e la fruibilità dell'informazione in modalità digitale e si organizzano ed agiscono a tale fine utilizzando con le modalità più appropriate e nel modo più adeguato al soddisfacimento degli interessi degli utenti le tecnologie dell'informazione e della comunicazione (1).

2. Le disposizioni del presente Codice si applicano:

a) alle pubbliche amministrazioni di cui all'articolo 1, comma 2, del decreto legislativo 30 marzo 2001, n. 165, nel rispetto del riparto di competenza di cui all'articolo 117 della Costituzione, ivi comprese le autorità di sistema portuale, nonché alle autorità amministrative indipendenti di garanzia, vigilanza e regolazione;

b) ai gestori di servizi pubblici, ivi comprese le società quotate, in relazione ai servizi di pubblico interesse;

c) alle società a controllo pubblico, come definite nel decreto legislativo 19 agosto 2016, n. 175, escluse le società quotate di cui all'articolo 2, comma 1, lettera p), del medesimo decreto che non rientrino nella categoria di cui alla lettera b) (2).

*2-bis. Tutte le disposizioni previste dal presente codice per le pubbliche amministrazioni si applicano, ove possibile tecnicamente e a condizione che non si producano nuovi o maggiori oneri per la finanza pubblica ovvero, direttamente o indirettamente, aumenti di costi a carico degli utenti, anche ai soggetti privati preposti all'esercizio di attività amministrative**.

3. Le disposizioni del presente Codice e le relative Linee guida concernenti il documento informatico, le firme elettroniche e i servizi fiduciari di cui al Capo II, la riproduzione e conservazione dei documenti di cui agli articoli 43 e 44, il domicilio digitale e le comunicazioni elettroniche di cui all'articolo 3-bis e al Capo IV, l'identità digitale di cui agli articoli 3-bis e 64 si applicano anche ai privati, ove non diversamente previsto (3).

4. Le disposizioni di cui al capo V, concernenti l'accesso ai documenti informatici, e la fruibilità delle informazioni digitali, si applicano anche [ai gestori di servizi pubblici ed] agli organismi di diritto pubblico (4).

5. Le disposizioni del presente Codice si applicano nel rispetto della disciplina in materia di trattamento dei dati personali e, in particolare, delle disposizioni del Codice in materia di protezione dei dati personali approvato con decreto legislativo 30 giugno 2003, n. 196 (5).

6. Le disposizioni del presente Codice non si applicano limitatamente all'esercizio delle attività e funzioni [ispettive e di controllo fiscale,] di ordine e sicurezza pubblica, difesa e sicurezza nazionale, polizia giudiziaria e polizia economico-finanziaria e consultazioni elettorali, nonché alle comunicazioni di emergenza e di allerta in ambito di protezione civile. Le disposizioni del presente Codice si applicano [altresì] al processo civile, penale, amministrativo, contabile e tributario, in quanto compatibili e salvo che non sia diversamente disposto dalle disposizioni in materia di processo telematico (6).

6-bis. Ferma restando l'applicabilità delle disposizioni del presente decreto agli atti di liquidazione, rettifica, accertamento e di irrogazione delle sanzioni di natura tributaria, con decreto del Presidente del Consiglio dei ministri o del Ministro delegato, adottato su proposta del Ministro dell'economia e delle finanze, sono stabiliti le modalità e i termini di applicazione delle disposizioni del presente Codice alle attività e funzioni ispettive e di controllo fiscale (7).

(1) Comma modificato dall'art. 2, co. 1, lett. a), d.lg. 26/8/2016, n. 179.

(2) Comma sostituito dall'art. 2, co. 1, lett. a), d.lg. 30/12/2010, n. 235, dall'art. 2, co. 1, lett. b), d.lg. 26/8/2016, n. 179 e successivamente dall'art. 2, co. 1, lett. a), d.lg. 13/12/2017, n. 217.

* Comma inizialmente inserito dall'art. 36, co. 5, l. 18/6/2009, n. 69 e successivamente abrogato dall'art. 2, co. 1, lett. b), d.lg. 30/12/2010, n. 235.

(3) Comma sostituito dall'art. 2, co. 1, lett. c), d.lg. 30/12/2010, n. 235 e successivamente dall'art. 2, co. 1, lett. b), d.lg. 13/12/2017, n. 217.

(4) Comma modificato dall'art. 2, co. 1, lett. c), d.lg. 13/12/2017, n. 217.

(5) Comma modificato dall'art. 2 del d.lg. 4/4/2006, n. 159 e successivamente sostituito dall'art. 2, co. 1, lett. c), d.lg. 26/8/2016, n. 179.

(6) Comma modificato dall'art. 2, co. 1, lett. d), d.lg. 30/12/2010, n. 235, successivamente sostituito dall'art. 2, co. 1, lett. c), d.lg. 26/8/2016, n. 179 e da ultimo modificato dall'art. 2, co. 1, lett. d), d.lg. 13/12/2017, n. 217.

• Per le modalità, i limiti ed i tempi di applicazione del Codice dell'amministrazione digitale alla Presidenza del Consiglio dei Ministri vedi l'art. 1 del d.p.c.m. 9/2/2011.

(7) Comma aggiunto dall'art. 2, co. 1, lett. e), d.lg. 13/12/2017, n. 217.

Sezione II
Carta della cittadinanza digitale (1)

(1) Rubrica così sostituita dall'art. 3, co. 1, d.lg. 13/12/2017, n. 217.

3. Diritto all'uso delle tecnologie. – 1. Chiunque ha il diritto di usare, in modo accessibile ed efficace, le soluzioni e gli strumenti di cui al presente Codice nei rapporti con i soggetti di cui all'articolo 2, comma 2, anche ai fini dell'esercizio dei diritti di accesso e della partecipazione al procedimento amministrativo, fermi restando i diritti delle minoranze linguistiche riconosciute (1).

*1-bis. Il principio di cui al comma 1 si applica alle amministrazioni regionali e locali nei limiti delle risorse tecnologiche ed organizzative disponibili e nel rispetto della loro autonomia normativa**.

1-ter. La tutela giurisdizionale davanti al giudice amministrativo è disciplinata dal codice del processo amministrativo (2).

1-quater. La gestione dei procedimenti amministrativi è attuata dai soggetti di cui all'articolo 2, comma 2, in modo da consentire, mediante strumenti informatici, la possibilità per il cittadino di verificare anche con mezzi telematici i termini previsti ed effettivi per lo specifico procedimento e il relativo stato di avanzamento, nonché di individuare l'ufficio e il funzionario responsabile del procedimento; 1-quinquies. Tutti i cittadini e le imprese hanno il diritto all'assegnazione di un'identità digitale attraverso la quale accedere e utilizzare i servizi erogati in rete dai soggetti di cui all'articolo 2, comma 2, alle condizioni di cui all'articolo 64; 1-sexies. Tutti gli iscritti all'Anagrafe nazionale della popolazione residente (ANPR) hanno il diritto di essere identificati dalle pubbliche amministrazioni tramite l'identità digitale di cui al comma 1-quinquies, nonché di in-

*viare comunicazioni e documenti alle pubbliche amministrazioni e di riceverne dalle stesse tramite un domicilio digitale, alle condizioni di cui all'articolo 3-bis**.*

(1) Comma modificato dall'art. 3 del d.lg. 4/4/2006, n. 159, dall'art. 3, co. 1, lett. a), d.lg. 30/12/2010, n. 235, successivamente sostituito dall'art. 3, co. 1, lett. a), d.lg. 26/8/2016, n. 179 e da ultimo modificato dall'art. 4, co. 1, lett. a), d.lg. 13/12/2017, n. 217.

* Comma inizialmente inserito dall'art. 3 del d.lg. 4/4/2006, n. 159 e successivamente abrogato dall'art. 3, co. 1, lett. b), d.lg. 30/12/2010, n. 235.

(2) Comma inserito dall'art. 3 del d.lg. 4/4/2006, n. 159 e sostituito dall'art. 3, co. 17, dell'Allegato 4 al d.lg. 2/7/2010, n. 104.

** Commi aggiunti dall'art. 3, co. 1, lett. b), d.lg. 26/8/2016, n. 179 e successivamente abrogati dall'art. 4, co. 1, lett. b), d.lg. 13/12/2017, n. 217.

3 bis. Identità digitale e Domicilio digitale (1). – 01. Chiunque ha il diritto di accedere ai servizi on-line offerti dai soggetti di cui all'articolo 2, comma 2, tramite la propria identità digitale e anche attraverso il punto di accesso telematico di cui all'articolo 64-bis (2).

1. I soggetti di cui all'articolo 2, comma 2, i professionisti tenuti all'iscrizione in albi ed elenchi e i soggetti tenuti all'iscrizione nel registro delle imprese hanno l'obbligo di dotarsi di un domicilio digitale iscritto nell'elenco di cui agli articoli 6-bis o 6-ter (3).

1-bis. Fermo restando quanto previsto al comma 1, chiunque ha facoltà di eleggere il proprio domicilio digitale da iscrivere nell'elenco di cui all'articolo 6-quater. Nel caso in cui il domicilio eletto risulti non più attivo si procede alla cancellazione d'ufficio dall'indice di cui all'articolo 6-quater secondo le modalità fissate nelle Linee guida (4).

1-ter. I domicili digitali di cui ai commi 1, 1-bis e 4 quinquies sono eletti secondo le modalità stabilite con le Linee guida. Le persone fisiche possono altresì eleggere il domicilio digitale avvalendosi del servizio di cui all'articolo 64-bis di quello reso disponibile on line dall'Anagrafe nazionale della popolazione residente (ANPR) di cui all'articolo 62, ovvero recandos presso l'ufficio anagrafe del proprio comune di residenza (4).

1-quater. I soggetti di cui ai commi 1 e 1-bis hanno l'obbligo di fare un uso diligente del proprio domicilio digitale e di comunicare ogni modifica o variazione del medesimo secondo le modalità fissate nelle Linee guida. Con le stesse Linee guida, fermo restando quanto previsto ai commi 3-bis e 4-bis, sono definite le modalità di gestione e di aggiornamento dell'elenco di cui all'articolo 6-quater anche nei casi di decesso del titolare del domicilio digitale eletto o di impossibilità sopravvenuta di avvalersi del domicilio (5).

2. Il domicilio di cui al comma 1 è inserito nell'Anagrafe nazionale della popolazione residente-ANPR e reso disponibile a tutte le pubbliche amministrazioni e ai gestori o esercenti di pubblici servizi. Esso inerisce esclusivamente alle comunicazioni e alle notifiche e costituisce mezzo esclusivo di comunicazione e notifica da parte dei soggetti di cui all'articolo 2, comma 2.*

*3. Con decreto del Ministro dell'interno, di concerto con il Ministro per la pubblica amministrazione e la semplificazione e il Ministro delegato per l'innovazione tecnologica, sentita l'Agenzia per l'Italia digitale, sono definite le modalità di comunicazione, variazione e cancellazione del proprio domicilio digitale da parte del cittadino, nonché le modalità di consultazione dell'ANPR da parte dei gestori o esercenti di pubblici servizi ai fini del reperimento del domicilio digitale dei propri utenti**.*

3-bis. Con decreto del Presidente del Consiglio dei ministri o del Ministro delegato per la semplificazione e la pubblica amministrazione, sentiti l'AgID e il Garante per la protezione dei dati personali e acquisito il parere della Conferenza unificata, è stabilita la data a decorrere dalla quale le comunicazioni tra i soggetti di cui all'articolo 2, comma 2, e coloro che non hanno provveduto a eleggere un domicilio digitale ai sensi del comma 1-bis, avvengono esclusivamente in forma elettronica. Con lo stesso decreto sono determinate le modalità con le quali ai predetti soggetti può essere reso disponibile un domicilio digitale ovvero altre modalità con le quali, anche per superare il divario digitale, i documenti possono essere messi a disposizione e consegnati a coloro che non hanno accesso ad un domicilio digitale (6).

4. A decorrere dal 1° gennaio 2013, salvo i casi in cui è prevista dalla normativa vigente una diversa modalità di comunicazione o di pubblicazione in via telematica, le amministrazioni pubbliche e i gestori o esercenti di pubblici servizi comunicano con il cittadino esclusivamente tramite il domicilio digitale dallo stesso dichiarato.Per la violazione della presente disposizione si applica l'articolo 18 bis (7)*, anche ai sensi dell'articolo 21-bis della legge 7 agosto 1990, n. 241, senza oneri di spedizione a suo carico. Ogni altra forma di comunicazione non può produrre effetti pregiudizievoli per il destinatario. L'utilizzo di differenti modalità di comunicazione rientra tra i parametri di valutazione della performance dirigenziale ai sensi dell'articolo 11, comma 9, del decreto legislativo 27 ottobre 2009, n. 150***.*

4-bis. Fino alla data fissata nel decreto di cui al comma 3-bis, i soggetti di cui all'articolo 2, comma 2, possono predisporre le comunicazioni ai soggetti che non hanno un domicilio digitale ovvero nei casi di domicilio digitale non attivo, non funzionante o non raggiungibile, come documenti informatici sottoscritti con firma digitale o altra firma elettronica qualificata, da conservare nei propri archivi, ed inviare agli stessi, per posta ordinaria o raccomandata con avviso di ricevimento, copia analogica di tali documenti sottoscritti con firma autografa sostituita a mezzo stampa predisposta secondo le disposizioni di cui all'articolo 3 del decreto legislativo 12 dicembre 1993, n. 39 ovvero un avviso con le indicazioni delle modalità con le quali i suddetti documenti sono messi a disposizione e consegnati al destinatario (8).

4-ter. Le disposizioni di cui al comma 4-bis soddisfano a tutti gli effetti di legge gli obblighi di conservazione e di esibizione dei documenti previsti dalla legislazione vigente laddove la copia analogica inviata al cittadino contenga una dicitura che specifichi che il documento informatico, da cui la copia è tratta, è stato predisposto come documento nativo digitale ed è disponibile presso l'amministrazione (9).

4-quater. La copia analogica con l'indicazione a mezzo stampa del responsabile in sostituzione della firma autografa ai sensi dell'articolo 3 del decreto legislativo 12 febbraio 1993, n. 39, soddisfa le condizioni di cui all'articolo 23, comma 2-bis, salvo i casi in cui il documento rappresenti, per propria natura, una certificazione rilasciata dall'amministrazione da utilizzarsi nei rapporti tra privati (10).

4-quinquies. È possibile eleggere anche un domicilio digitale speciale per determinati atti, procedimenti o affari. In tal caso, ferma restando la validitàai fini delle comunicazioni elettroniche aventi valore legale, colui che lo ha eletto non può opporre eccezioni relative alla forma e alla data della spedizione e del ricevimento delle comunicazioni o notificazioni ivi indirizzate (11).

5. Dall'attuazione delle disposizioni di cui al presente articolo non devono derivare nuovi o maggiori oneri a carico della finanza pubblica.

(1) Articolo inserito dall'art. 4, co. 1, d.l. 18/10/2012, n. 179, come modificato dalla l. 17/12/2012, n. 221.

• Rubrica sostituita dall'art. 4, co. 1, lett. a), d.lg. 26/8/2016, n. 179 e successivamente dall'art. 5, co. 1, lett. a), d.lg. 13/12/2017, n. 217.

(2) Comma inserito dall'art. 5, co. 1, lett. b), d.lg. 13/12/2017, n.

217 e successivamente modificato dall'art. 24, co. 1, lett. a), d.l. 16/7/2020, n. 76 conv., con modif., dalla l. 11/9/2020, n. 120 (in S.O. n. 33, relativo alla G.U. 14/9/2020, n. 228).

(3) Comma modificato dall'art. 1, co. 617, l. 23/12/2014, n. 190 e successivamente sostituito dall'art. 4, co. 1, lett. b), d.lg. 26/8/2016, n. 179 e dall'art. 5, co. 1, lett. c), d.lg. 13/12/2017, n. 217.

(4) Comma inserito dall'art. 5, co. 1, lett. d), d.lg. 13/12/2017, n. 217, modificato dall'art. 24, co. 1, lett. a), d.l. 16/7/2020, n. 76 conv., con modif., dalla l. 11/9/2020, n. 120 (in S.O. n. 33, relativo alla G.U. 14/9/2020, n. 228) e, successivamente, modificato dall'art. 38, co. 2, d.l. 31/5/2021, n. 77, conv., con modif., dalla l. 29/7/2021, n. 108.

(5) Comma inserito dall'art. 5, co. 1, lett. d), d.lg. 13/12/2017, n. 217, modif. dall'art. 24, co. 1, lett. a), d.l. 16/7/2020, n. 76, conv., con modif., dalla l. 11/9/2020, n. 120 (in S.O. n. 33, relativo alla G.U. 14/9/2020, n. 228) e, successivamente, modificato dall'art. 38, co. 2, d.l. 31/5/2021, n. 77, conv., con modif., dalla l. 29/7/2021, n.108, e dall'art. 27, co. 1, d.l. 6/11/2021, n. 152, conv., con modif., dalla l. 29/12/2021, n. 233.

* Comma modificato dall'art. 4, co. 1, lett. c), d.lg. 26/8/2016, n. 179 e successivamente abrogato dall'art. 5, co. 1, lett. e), d.lg. 13/12/2017, n. 217.

** Comma abrogato dall'art. 4, co. 1, lett. d), d.lg. 26/8/2016, n. 179.

(6) Comma aggiunto dall'art. 4, co. 1, lett. e), d.lg. 26/8/2016, n. 179 e successivamente sostituito dall'art. 5, co. 1, lett. f), d.lg. 13/12/2017, n. 217 e da ultimo modificato dall'art. 24, co. 1, lett. a), d.l. 16/7/2020, n. 76 conv., con modif., dalla l. 11/9/2020, n. 120 (in S.O. n. 33, relativo alla G.U. 14/9/2020, n. 228).

(7) Comma modificato dall'art. 30, co. 8-bis, d.l. 30/4/2022, n. 79. conv., con modif., dalla l. 29/6/2022, n. 79.

*** Periodo soppresso dall'art. 30, co. 8-bis, d.l. 30/4/2022, n. 79, conv., con modif., dalla l. 29/6/2022, n. 79.

(8) Comma modificato dall'art. 4, co. 1, lett. f), d.lg. 26/8/2016, n. 179, dalart. 5, co. 1, lett. g), d.lg. 13/12/2017, n. 217, dall'art. 24, co. 1, lett. a), d.l. 16/7/2020, n. 76, conv., con modif., dalla l. 11/9/2020, n. 120 in S.O. n. 33, relativo alla G.U. 14/9/2020, n. 228) e da ultimo modificato dall'art. 38, co. 2, d.l. 3175/2021 n. 77, conv., con modif., dalla l. 29/7/2021, n. 108.

(9) Comma modificato dagli artt. 5, co. 1, lett. h), e 66, co. 1, d.lg. 13/12/2017, n. 217 e, successivamente, modificato dall'art. 38, co. 2, d.l. 31/5/2021, n. 77, conv., con modif., dalla l. 29/7/2021, n. 108.

(10) Comma modificato dall'art. 4, co. 1, lett. g), d.lg. 26/8/2016, n. 179 e, successivamente, modificato dall'art. 38, co. 2, d.l. 31/5/2021, n. 77, conv., con modif., dalla l. 29/7/2021, n. 108.

(11) Comma aggiunto dall'art. 4, co. 1, lett. h), d.lg. 26/8/2016, n. 179 e successivamente modificato dall'art. 5, co. 1, lett. i), d.lg. 13/12/2017, n. 217. E nuovamente modificato dall'art. 24, co. 1, lett. a), d.l. 16/7/2020, n. 76 conv., con modif., dalla l. 11/9/2020, n. 120 in S.O. n. 33, relativo alla G.U. 14/9/2020, n. 228) e, successivamente, modificato dall'art. 38, co. 2, d.l. 31/5/2021, n. 77.

4. Partecipazione al procedimento amministrativo informatico.* – *1. La partecipazione al procedimento amministrativo e il diritto di accesso ai documenti amministrativi sono esercitabili mediante l'uso delle tecnologie dell'informazione e della comunicazione secondo quanto disposto dagli articoli 59 e 60 del decreto del Presidente della Repubblica 28 dicembre 2000, n. 445. 2. Ogni atto e documento può essere trasmesso alle pubbliche amministrazioni con l'uso delle tecnologie dell'informazione e della comunicazione se formato ed inviato nel rispetto della vigente normativa.*

* Articolo abrogato dall'art. 64, co. 1, lett. a), d.lg. 26/8/2016, n. 179.

5. Effettuazione di pagamenti con modalità informatiche (1). – 1. I soggetti di cui all'articolo 2, comma 2, sono obbligati ad accettare, tramite la piattaforma di cui al comma 2, i pagamenti spettanti a qualsiasi titolo attraverso sistemi di pagamento elettronico, ivi inclusi, per i micro-pagamenti, quelli basati sull'uso del credito telefonico. Tramite la piattaforma elettronica di cui al comma 2, resta ferma la possibilità di accettare anche altre forme di pagamento elettronico, senza discriminazione in relazione allo schema di pagamento abilitato per ciascuna tipologia di strumento di pagamento elettronico come definita ai sensi dell'articolo 2, punti 33), 34) e 35) del regolamento UE 2015/751 del Parlamento europeo e del Consiglio del 29 aprile 2015 relativo alle commissioni interbancarie sulle operazioni di pagamento basate su carta (2).

2. Al fine di dare attuazione al comma 1, la Presidenza del Consiglio dei ministri mette a disposizione, attraverso il Sistema pubblico di connettività, una piattaforma tecnologica per l'interconnessione e l'interoperabilità tra le pubbliche amministrazioni e i prestatori di servizi di pagamento abilitati, al fine di assicurare, attraverso gli strumenti di cui all'articolo 64, l'autenticazione dei soggetti interessati all'operazione in tutta la gestione del processo di pagamento (3).

*2-bis. Ai sensi dell'articolo 71, e sentita la Banca d'Italia, sono determinate le modalità di attuazione del comma 1, inclusi gli obblighi di pubblicazione di dati e le informazioni strumentali all'utilizzo degli strumenti di pagamento di cui al medesimo comma (4)**.

2-ter. I soggetti di cui all'articolo 2, comma 2, consentono di effettuare pagamenti elettronici tramite la piattaforma di cui al comma 2 anche per il pagamento spontaneo di tributi di cui all'articolo 2-bis del decreto-legge 22 ottobre 2016, n. 193, convertito, con modificazioni dalla legge 1° dicembre 2016, n. 225 (5).

2-quater. I prestatori di servizi di pagamento abilitati eseguono pagamenti a favore delle pubbliche amministrazioni attraverso l'utilizzo della piattaforma di cui al comma 2. Resta fermo il sistema dei versamenti unitari di cui all'articolo 17 e seguenti del decreto legislativo 9 luglio 1997, n. 241, Capo III, fino all'adozione di un decreto del Presidente del Consiglio dei ministri o del Ministro delegato, su proposta del Ministro dell'economia e delle finanze, di concerto con il Ministro del lavoro e delle politiche sociali, sentite l'Agenzia delle entrate e l'AgID, che fissa, anche in maniera progressiva, le modalità tecniche per l'effettuazione dei pagamenti tributari e contributivi tramite la piattaforma di cui al comma 2 (5).

2-quinquies. Tramite la piattaforma di cui al comma 2, le informazioni sui pagamenti sono messe a disposizione anche del Ministero dell'economia e delle finanze - Dipartimento Ragioneria generale dello Stato (5).

2-sexies. La piattaforma tecnologica di cui al comma 2 può essere utilizzata anche per facilitare e automatizzare, attraverso i pagamenti elettronici, i processi di certificazione fiscale tra soggetti privati, tra cui la fatturazione elettronica e la memorizzazione e trasmissione dei dati dei corrispettivi giornalieri di cui agli articoli 1 e 2 del decreto legislativo 5 agosto 2015, n. 127 (6).

2-septies. Con decreto del Presidente del Consiglio dei Ministri o del Ministro delegato per l'innovazione tecnologica e la digitalizzazione, di concerto con il Ministro dell'economia e delle finanze, sono definite le regole tecniche di funzionamento della piattaforma tecnologica e dei processi di cui al comma 2-sexies (6).

3. Dalle previsioni di cui al comma 1 sono escluse le operazioni di competenza delle Agenzie fiscali, ai sensi degli articoli 62 e 63 del decreto legislativo 30 luglio 1999, n. 300, nonché delle entrate riscosse a mezzo ruolo.] Dalle previsioni di cui alla lettera a) del comma 1 possono essere escluse le operazioni di pagamento per le quali la verifica del buon fine dello stesso debba essere contestuale all'erogazione del servizio; in questi casi devono comunque essere rese disponibili modalità di pagamento di cui alla lettera b) del medesimo comma 1. 3-bis. I micro-pagamenti dovuti a titolo di corrispettivo dalle pubbliche amministrazioni di cui all'articolo 1, comma 450, della legge 27 dicembre 2006, n. 296, come modificato dall'articolo 7, comma 2, del decreto-legge 7 maggio

*2012, n. 52, convertito, con modificazioni, dalla legge 6 luglio 2012, n. 94, per i contratti di acquisto di beni e servizi conclusi tramite gli strumenti elettronici di cui al medesimo articolo 1, comma 450, stipulati nelle forme di cui all'articolo 11, comma 13, del codice di cui al decreto legislativo 12 aprile 2006, n. 163, e successive modificazioni, sono effettuati mediante strumenti elettronici di pagamento se richiesto dalle imprese fornitrici. 3-ter. Con decreto del Ministero dell'economia e delle finanze da pubblicare entro il 1° marzo 2013 sono definiti i micro-pagamenti in relazione al volume complessivo del contratto e sono adeguate alle finalità di cui al comma 3-bis le norme relative alle procedure di pagamento delle pubbliche amministrazioni di cui al citato articolo 1, comma 450, della legge n. 296 del 2006. Le medesime pubbliche amministrazioni provvedono ad adeguare le proprie norme al fine di consentire il pagamento elettronico per gli acquisti di cui al comma 3-bis entro il 1° gennaio 2013***.

4. L'Agenzia per l'Italia digitale, sentita la Banca d'Italia, definisce linee guida per l'attuazione del presente articolo e per la specifica dei codici identificativi del pagamento di cui al comma 1 [, lettere a) e b)] e le modalità attraverso le quali il prestatore dei servizi di pagamento mette a disposizione dell'ente le informazioni relative al pagamento medesimo (7).

5. Le attività previste dal presente articolo si svolgono con le risorse umane, finanziarie e strumentali disponibili a legislazione vigente.

(1) Articolo sostituito dall'art. 4, co. 1, d.lg. 30/12/2010, n. 235, successivamente modificato dall'art. 6-ter del d.l. 9/2/2012, n. 5, conv., con modif., dalla l. 4/4/2012, n. 35, ed infine sostituito dall'art. 15, co. 1, d.l. 18/10/2012, n. 179, conv., con modif., dalla l. 17/12/2012, n. 221.

(2) Comma sostituito dall'art. 5, co. 1, lett. a), d.lg. 26/8/2016, n. 179 e successivamente modificato dall'art. 6, co. 1, lett. a), d.lg. 13/12/2017, n. 217.

(3) Comma sostituito dall'art. 5, co. 1, lett. b), d.lg. 26/8/2016, n. 179. E da ultimo modificato dall'art. 1, co. 8, d.l. 30/12/2019, n. 162 mediante la sostituzione delle parole «l'AgID» con le parole «la Presidenza del Consiglio dei ministri.».

(4) Comma aggiunto dall'art. 5, co. 1, lett. c), d.lg. 26/8/2016, n. 179.

* Comma abrogato dal d.l. 6/11/2021 n. 152

(5) Comma inserito dall'art. 6, co. 1, lett. b), d.lg. 13/12/2017, n. 217.

(6) Comma introdotto con l'art. 21, co. 1, d.l. 26/10/2019, n. 124.

** Commi abrogati dall'art. 5, co. 1, lett. d), d.lg. 26/8/2016, n. 179.

(7) Comma modificato dall'art. 5, co. 1, lett. e), d.lg. 26/8/2016, n. 179 e successivamente modificato dall'art. 27, co. 1, d.l. 6/11/2021, n. 152, conv., con modif., dalla l. 29/12/2021, n. 233.

5 bis. Comunicazioni tra imprese e amministrazioni pubbliche (1). – 1. La presentazione di istanze, dichiarazioni, dati e lo scambio di informazioni e documenti, anche a fini statistici, tra le imprese e le amministrazioni pubbliche avviene esclusivamente utilizzando le tecnologie dell'informazione e della comunicazione.

Con le medesime modalità le amministrazioni pubbliche adottano e comunicano atti e provvedimenti amministrativi nei confronti delle imprese.

2. Con decreto del Presidente del Consiglio dei Ministri, su proposta del Ministro per la pubblica amministrazione e l'innovazione, di concerto con il Ministro dello sviluppo economico e con il Ministro per la semplificazione normativa, sono adottate le modalità di attuazione del comma 1 da parte delle pubbliche amministrazioni centrali e fissati i relativi termini.

3. AgID, anche avvalendosi degli uffici di cui all'articolo 17, provvede alla verifica dell'attuazione del comma 1 secondo le modalità e i termini indicati nel decreto di cui al comma 2 (2).

4. Il Governo promuove l'intesa con regioni ed enti locali in sede di Conferenza unificata per l'adozione degli indirizzi utili alla realizzazione delle finalità di cui al comma 1.

(1) Articolo inserito dall'art. 4, co. 2, d.lg. 30/12/2010, n. 235.

(2) Comma modificato dall'art. 61, co. 2, lett. b), d.lg. 26/8/2016, n. 179.

6. Utilizzo del domicilio digitale (1). – 1. Le comunicazioni tramite i domicili digitali sono effettuate agli indirizzi inseriti negli elenchi di cui agli articoli 6-bis, 6-ter e 6-quater, o a quello eletto come domicilio speciale per determinati atti o affari ai sensi dell'articolo 3-bis, comma 4-quinquies. Le comunicazioni elettroniche trasmesse ad uno dei domicili digitali di cui all'articolo 3-bis producono, quanto al momento della spedizione e del ricevimento, gli stessi effetti giuridici delle comunicazioni a mezzo raccomandata con ricevuta di ritorno ed equivalgono alla notificazione per mezzo della posta salvo che la legge disponga diversamente. Le suddette comunicazioni si intendono spedite dal mittente se inviate al proprio gestore e si intendono consegnate se rese disponibili al domicilio digitale del destinatario, salva la prova che la mancata consegna sia dovuta a fatto non imputabile al destinatario medesimo. La data e l'ora di trasmissione e ricezione del documento informatico sono opponibili ai terzi se apposte in conformità alle Linee guida (2).

*1-bis. La consultazione degli indirizzi di posta elettronica certificata, di cui agli articoli 16, comma 10, e 16-bis, comma 5, del decreto-legge 29 novembre 2008, n. 185, convertito, con modificazioni, dalla legge 28 gennaio 2009, n. 2, e l'estrazione di elenchi dei suddetti indirizzi, da parte delle pubbliche amministrazioni è effettuata sulla base delle regole tecniche emanate da AgID, sentito il Garante per la protezione dei dati personali**.

1-ter. L'elenco dei domicili digitali delle imprese e dei professionisti è l'Indice nazionale dei domicili digitali (INI-PEC) delle imprese e dei professionisti di cui all'articolo 6-bis. L'elenco dei domicili digitali dei soggetti di cui all'articolo 2, comma 2, lettere a) e b), è l'Indice degli indirizzi della pubblica amministrazione e dei gestori di pubblici servizi, di cui all'articolo 6-ter. L'elenco dei domicili digitali delle persone fisiche e degli altri enti di diritto privato diversi da quelli di cui al primo e al secondo periodo è l'Indice degli indirizzi delle persone fisiche e degli altri enti di diritto privato di cui all'articolo 6-quater (3).

1-quater. I soggetti di cui all'articolo 2, comma 2, notificano direttamente presso i domicili digitali di cui all'articolo 3-bis i propri atti, compresi i verbali relativi alle sanzioni amministrative, gli atti impositivi di accertamento e di riscossione e le ingiunzioni di cui all'articolo 2 del regio decreto 14 aprile 1910, n. 639, fatte salve le specifiche disposizioni in ambito tributario. La conformità della copia informatica del documento notificato all'originale è attestata dal responsabile del procedimento in conformità a quanto disposto agli articoli 22 e 23-bis (3).

*2. Le disposizioni di cui al comma 1 si applicano anche alle pubbliche amministrazioni regionali e locali salvo che non sia diversamente stabilito***.

*2-bis. Le pubbliche amministrazioni regionali e locali hanno facoltà di assegnare ai cittadini residenti caselle di posta elettronica certificata atte alla trasmissione di documentazione ufficiale****.

(1) Rubrica sostituita dall'art. 7, co. 1, lett. a), d.lg. 13/12/2017, n. 217.

(2) Comma sostituito dall'art. 5, co. 1, lett. a), d.lg. 30/12/2010, n. 235, successivamente modificato dall'art. 6, co. 1, d.lg. 26/8/2016, n. 179 e da ultimo sostituito dall'art. 7, co. 1, lett. b), d.lg. 13/12/2017, n. 217.

* Comma inserito dall'art. 5, co. 1, lett. b), d.lg. 30/12/2010, n. 235, successivamente modificato dall'art. 61, co. 2, lett. b), d.lg. 26/8/2016, n. 179 e da ultimo abrogato dall'art. 7, co. 1, lett. c), d.lg. 13/12/2017, n. 217.

(3) Comma inserito dall'art. 7, co. 1, lett. d), d.lg. 13/12/2017, n. 217.

** Comma abrogato dall'art. 5, co. 1, lett. c), d.lg. 30/12/2010, n. 235.

*** Comma inizialmente aggiunto dall'art. 34, co. 1, lett. a), l. 18/6/2009, n. 69 e successivamente abrogato dall'art. 5, co. 1, lett. c), d.lg. 30/12/2010, n. 235.

6 bis. Indice nazionale dei domicili digitali delle imprese e dei professionisti (1). – 1. Al fine di favorire la presentazione di istanze, dichiarazioni e dati, nonché lo scambio di informazioni e documenti tra i soggetti di cui all'articolo 2, comma 2 e le imprese e i professionisti in modalità telematica, è istituito[, entro sei mesi dalla data di entrata in vigore della presente disposizione e con le risorse umane, strumentali e finanziarie disponibili a legislazione vigente,] il pubblico elenco denominato Indice nazionale dei domicili digitali (INI-PEC) delle imprese e dei professionisti, presso il Ministero per lo sviluppo economico (2).

2. L'Indice nazionale di cui al comma 1 è realizzato a partire dagli elenchi di indirizzi PEC costituiti presso il registro delle imprese e gli ordini o collegi professionali, in attuazione di quanto previsto dall'articolo 16 del decreto-legge 29 novembre 2008, n. 185, convertito, con modificazioni, dalla legge 28 gennaio 2009, n. 2. Nell'Indice nazionale sono inseriti anche i domicili digitali dei professionisti diversi da quelli di cui al primo periodo, iscritti in elenchi o registri detenuti dalle pubbliche amministrazioni e istituiti con legge dello Stato. I domicili digitali inseriti in tale Indice costituiscono mezzo esclusivo di comunicazione e notifica con i soggetti di cui all'articolo 2, comma 2 (3).

2-bis. L'INI-PEC acquisisce dagli ordini e dai collegi professionali gli attributi qualificati dell'identità digitale ai fini di quanto previsto dal decreto di cui all'articolo 64, comma 2-sexies (4).

3. L'accesso all'INI-PEC è consentito alle pubbliche amministrazioni, ai professionisti, alle imprese, ai gestori o esercenti di pubblici servizi ed a tutti i cittadini tramite sito web e senza necessità di autenticazione. L'indice è realizzato in formato aperto, secondo la definizione di cui all'articolo 68, comma 3.*

4. Il Ministero per lo sviluppo economico, al fine del contenimento dei costi e dell'utilizzo razionale delle risorse, sentita l'Agenzia per l'Italia digitale, si avvale per la realizzazione e gestione operativa dell'Indice nazionale di cui al comma 1 delle strutture informatiche delle Camere di commercio deputate alla gestione del registro imprese e ne definisce con proprio decreto, da emanare entro 60 giorni dalla data di entrata in vigore della presente disposizione, le modalità di accesso e di aggiornamento.

5. Nel decreto di cui al comma 4 sono anche definite le modalità e le forme con cui gli ordini e i collegi professionali nonché le pubbliche amministrazioni comunicano all'Indice nazionale di cui al comma 1 tutti gli indirizzi PEC relativi ai professionisti di propria competenza e sono previsti gli strumenti telematici resi disponibili dalle Camere di commercio per il tramite delle proprie strutture informatiche al fine di ottimizzare la raccolta e aggiornamento dei medesimi indirizzi (5).

6. Dall'attuazione delle disposizioni di cui al presente articolo non devono derivare nuovi o maggiori oneri a carico della finanza pubblica.

(1) Articolo inserito dall'art. 5, co. 3, d.l. 18/10/2012, n. 179, come modificato dalla l. 17/12/2012, n. 221.

• Rubrica modificata dall'art. 8, co. 1, lett. a), d.lg. 13/12/2017, n. 217.

(2) Comma modificato dall'art. 8, co. 1, lett. b), d.lg. 13/12/2017, n. 217.

(3) Comma modificato dall'art. 7, co. 1, lett. a), d.lg. 26/8/2016, n. 179 e successivamente dall'art. 8, co. 1, lett. c), d.lg. 13/12/2017, n. 217 e nuovamente dall'art. 24, co. 1, lett. b), d.l. 16/7/2020, n. 76 conv., con modif., dalla l. 11/9/2020, n. 120 (in S.O. n. 33, relativo alla G.U. 14/9/2020, n. 228).

(4) Comma aggiunto dall'art. 7, co. 1, lett. b), d.lg. 26/8/2016, n. 179.

* Comma abrogato dall'art. 8, co. 1, lett. d), d.lg. 13/12/2017, n. 217.

(5) Comma modificato dall'art. 24, co. 1, lett. b), d.l. 16/7/2020, n. 76 conv., con modif., dalla l. 11/9/2020, n. 120 (in S.O. n. 33, relativo alla G.U. 14/9/2020, n. 228).

6 ter. Indice dei domicili digitali delle pubbliche amministrazioni e dei gestori di pubblici servizi (1). – 1. Al fine di assicurare la pubblicità dei riferimenti telematici delle pubbliche amministrazioni e dei gestori dei pubblici servizi è istituito il pubblico elenco di fiducia denominato "Indice dei domicili digitali della pubblica amministrazione e dei gestori di pubblici servizi", nel quale sono indicati i domicili digitali da utilizzare per le comunicazioni e per lo scambio di informazioni e per l'invio di documenti a tutti gli effetti di legge tra le pubbliche amministrazioni, i gestori di pubblici servizi e i privati (2).

2. La realizzazione e la gestione dell'Indice sono affidate all'AgID, che può utilizzare a tal fine elenchi e repertori già formati dalle amministrazioni pubbliche.

3. Le amministrazioni di cui al comma 1 e i gestori di pubblici servizi aggiornano gli indirizzi e i contenuti dell'Indice tempestivamente e comunque con cadenza almeno semestrale, secondo le indicazioni dell'AgID. La mancata comunicazione degli elementi necessari al completamento dell'Indice e del loro aggiornamento è valutata ai fini della responsabilità dirigenziale e dell'attribuzione della retribuzione di risultato ai dirigenti responsabili (2).

(1) Articolo aggiunto dall'art. 7, co. 2, d.lg. 26/8/2016, n. 179.

• Rubrica modificata dall'art. 9, co. 1, lett. a), d.lg. 13/12/2017, n. 217.

(2) Comma modificato dall'art. 9, co. 1, lett. b), d.lg. 13/12/2017, n. 217.

6 quater. Indice nazionale dei domicili digitali delle persone fisiche, dei professionisti e degli altri enti di diritto privato, non tenuti all'iscrizione in albi elenchi o registri professionali o nel registro delle imprese (1). – 1. È istituito il pubblico elenco dei domicili digitali delle persone fisiche, dei professionisti e degli altri enti di diritto privato non tenuti all'iscrizione nell'indice di cui all'articolo 6-bis nel quale sono indicati i domicili eletti ai sensi dell'articolo 3-bis, comma 1-bis. La realizzazione e la gestione del presente indice sono affidate all'AgID, che vi provvede avvalendosi delle strutture informatiche delle Camere di commercio già deputate alla gestione dell'elenco di cui all'articolo 6-bis. È fatta salva la facoltà del professionista, non iscritto in albi, registri o elenchi professionali di cui all'articolo 6-bis, di eleggere presso il presente Indice un domicilio digitale professionale e un domicilio digitale personale diverso dal primo (2).

2. Per i professionisti iscritti in albi ed elenchi il domicilio digitale è l'indirizzo inserito nell'elenco di cui all'articolo 6-bis, fermo restando il diritto di eleggerne uno diverso ai sensi dell'articolo 3-bis, comma 1-bis. Ai fini dell'inserimento dei domicili dei professionisti nel predetto elenco il Ministero dello sviluppo economico rende disponibili all'AgID, tramite servizi informatici individuati nelle Linee guida, i relativi indirizzi già contenuti nell'elenco di cui all'articolo 6-bis.

3. AgID provvede costantemente all'aggiornamento e al trasferimento dei domicili digitali delle persone fisiche contenuti nell'elenco di cui al presente articolo nell'ANPR e il Ministero dell'interno provvede costantemente all'aggiornamento e al trasferimento dei domicili digitali delle persone fisiche conte-

nuti nell'ANPR nell'elenco di cui al presente articolo. Le funzioni di aggiornamento e trasferimento dei dati sono svolte con le risorse disponibili a legislazione vigente, senza nuovi o maggiori oneri a carico della finanza pubblica (2).

(1) Articolo inserito dall'art. 9, co. 2, d.lg. 13/12/2017, n. 217.

• Rubrica modificata dall'art. 24, co. 1, lett. c), d.l. 16/7/2020, n. 76 conv., con modif., dalla l. 11/9/2020, n. 120 (in S.O. n. 33, relativo alla G.U. 14/9/2020, n. 228).

(2) Comma modificato dall'art. 24, co. 1, lett. c), d.l. 16/7/2020, n. 76 conv., con modif., dalla l. 11/9/2020, n. 120 (in S.O. n. 33, relativo alla G.U. 14/9/2020, n. 228) e successivamente modificato dall'art. 38, co. 2, d.l. 31/5/2021, n. 77, conv., con modif., dalla l. 29/7/2021, n. 108 e dall'art. 27, co. 1, d.l. 6/11/2021, n. 152, conv., con modif., dalla l. 29/12/2021, n. 233.

6 quinquies. Consultazione e accesso (1). – 1. La consultazione on-line degli elenchi di cui agli articoli 6-bis, 6-ter e 6-quater è consentita a chiunque senza necessità di autenticazione. Gli elenchi sono realizzati in formato aperto.

2. L'estrazione dei domicili digitali dagli elenchi, di cui agli articoli 6-bis, 6-ter e 6-quater, è effettuata secondo le modalità fissate da AgID nelle Linee guida.

3. In assenza di preventiva autorizzazione del titolare dell'indirizzo, è vietato l'utilizzo dei domicili digitali di cui al presente articolo per l'invio di comunicazioni commerciali, come definite dall'articolo 2, comma 1, lettera f), del decreto legislativo 9 aprile 2003, n. 70 (2).

4. Gli elenchi di cui agli articoli 6-bis, 6-ter e 6-quater contengono le informazioni relative alla elezione, modifica o cessazione del domicilio digitale.

(1) Articolo inserito dall'art. 9, co. 2, d.lg. 13/12/2017, n. 217.

(2) Comma modificato dall'art. 24, co. 1, lett. d), d.l. 16/7/2020, n. 76 conv., con modif., dalla l. 11/9/2020, n. 120 (in S.O. n. 33, relativo alla G.U. 14/9/2020, n. 228).

7. Diritto a servizi on-line semplici e integrati (1). – 01. Chiunque ha diritto di fruire dei servizi erogati dai soggetti di cui all'articolo 2, comma 2, in forma digitale e in modo integrato, tramite gli strumenti telematici messi a disposizione dalle pubbliche amministrazioni e il punto di accesso di cui all'articolo 64-bis, anche attraverso dispositivi mobili (2).

1. I soggetti di cui all'articolo 2, comma 2, provvedono alla riorganizzazione e all'aggiornamento dei servizi resi, sulla base di una preventiva analisi delle reali esigenze degli utenti e rendono disponibili on-line i propri servizi nel rispetto delle disposizioni del presente Codice e degli standard e dei livelli di qualità individuati e periodicamente aggiornati dall'AgID con proprie Linee guida tenuto anche conto dell'evoluzione tecnologica (3).

*2. Gli standard e i livelli di qualità sono periodicamente aggiornati dall'AgID tenuto conto dell'evoluzione tecnologica e degli standard di mercato e resi noti attraverso pubblicazione in un'apposita area del sito web istituzionale della medesima Agenzia**.

3. Per i servizi in rete, i soggetti di cui all'articolo 2, comma 2, consentono agli utenti di esprimere la soddisfazione rispetto alla qualità, anche in termini di fruibilità, accessibilità e tempestività, del servizio reso all'utente stesso e pubblicano sui propri siti i dati risultanti, ivi incluse le statistiche di utilizzo.

4. In caso di violazione degli obblighi di cui al presente articolo, gli utenti, fermo restando il diritto di rivolgersi al difensore civico digitale di cui all'articolo 17, possono agire in giudizio, anche nei termini e con le modalità stabilite nel decreto legislativo 20 dicembre 2009, n. 198 (4).

(1) Articolo modificato dall'art. 6, co. 1, d.lg. 30/12/2010, n. 235 e successivamente sostituito dall'art. 8, co. 1, d.lg. 26/8/2016, n. 179.

• Rubrica sostituita dall'art. 10, co. 1, lett. a), d.lg. 13/12/2017, n. 217.

(2) Comma inserito dall'art. 10, co. 1, lett. b), d.lg. 13/12/2017, n. 217.

(3) Comma modificato dall'art. 10, co. 1, lett. c), d.lg. 13/12/2017, n. 217.

* Comma abrogato dall'art. 10, co. 1, lett. d), d.lg. 13/12/2017, n. 217.

(4) Comma modificato dall'art. 10, co. 1, lett. e), d.lg. 13/12/2017, n. 217.

8. Alfabetizzazione informatica dei cittadini. – 1. Lo Stato e i soggetti di cui all'articolo 2, comma 2, promuovono iniziative volte a favorire la diffusione della cultura digitale tra i cittadini con particolare riguardo ai minori e alle categorie a rischio di esclusione, anche al fine di favorire lo sviluppo di competenze di informatica giuridica e l'utilizzo dei servizi digitali delle pubbliche amministrazioni con azioni specifiche e concrete, avvalendosi di un insieme di mezzi diversi fra i quali il servizio radiotelevisivo (1).

(1) Comma sostituito dall'art. 8, co. 1, d.lg. 26/8/2016, n. 179.

8 bis. Connettività alla rete Internet negli uffici e luoghi pubblici (1). – 1. I soggetti di cui all'articolo 2, comma 2, favoriscono, in linea con gli obiettivi dell'Agenda digitale europea, la disponibilità di connettività alla rete Internet presso gli uffici pubblici e altri luoghi pubblici, in particolare nei settori scolastico, sanitario e di interesse turistico, anche prevedendo che la porzione di banda non utilizzata dagli stessi uffici sia messa a disposizione degli utenti nel rispetto degli standard di sicurezza fissati dall'Agid (2).

2. I soggetti di cui all'articolo 2, comma 2, mettono a disposizione degli utenti connettività a banda larga per l'accesso alla rete Internet nei limiti della banda disponibile e con le modalità determinate dall'AgID.

(1) Articolo aggiunto dall'art. 9, co. 2, d.lg. 26/8/2016, n. 179.

(2) Comma modificato dall'art. 11, co. 1, d.lg. 13/12/2017, n. 217.

9. Partecipazione democratica elettronica. – 1. I soggetti di cui all'articolo 2, comma 2, favoriscono ogni forma di uso delle nuove tecnologie per promuovere una maggiore partecipazione dei cittadini, anche residenti all'estero, al processo democratico e per facilitare l'esercizio dei diritti politici e civili e migliorare la qualità dei propri atti, anche attraverso l'utilizzo, ove previsto e nell'ambito delle risorse disponibili a legislazione vigente, di forme di consultazione preventiva per via telematica sugli schemi di atto da adottare (1).

(1) Comma modificato dall'art. 7, co. 1, d.lg. 30/12/2010, n. 235 e successivamente dall'art. 10, co. 1, lett. a), d.lg. 26/8/2016, n. 179.

10. Sportello unico per le attività produttive* (1). – *1. Lo sportello unico per le attività produttive di cui all'articolo 38, comma 3, del decreto-legge 25 giugno 2008, n. 112, convertito, con modificazioni, dalla legge 6 agosto 2008, n. 133, eroga i propri servizi verso l'utenza in via telematica* (2).

*2. Gli sportelli unici consentono l'invio di istanze, dichiarazioni, documenti e ogni altro atto trasmesso dall'utente in via telematica e sono integrati con i servizi erogati in rete dalle pubbliche amministrazioni***.

*3. Al fine di promuovere la massima efficacia ed efficienza dello sportello unico, anche attraverso l'adozione di modalità omogenee di relazione con gli utenti nell'intero territorio nazionale, lo Stato, d'intesa con la Conferenza unificata di cui all'articolo 8 del decreto legislativo 28 agosto 1997, n. 281, individua uno o più modelli tecnico-organizzativi di riferimento, tenendo presenti le migliori esperienze realizzate che garantiscano l'interoperabilità delle soluzioni individuate***.

4. Lo Stato realizza, nell'ambito di quanto previsto dal sistema pubblico di connettività di cui al presente decreto, un sistema informatizzato per le imprese relativo ai procedimenti di competenza delle amministrazioni centrali anche ai fini di quanto previsto all'articolo 11 (3).

* Articolo abrogato dall'art. 64, co. 1, lett. b), d.lg. 26/8/2016, n. 179.

(1) Rubrica sostituita dall'art. 8, co. 1, lett. a), d.lg. 30/12/2010, n. 235.

(2) Comma sostituito dall'art. 8, co. 1, lett. b), d.lg. 30/12/2010, n. 235.

** Comma abrogato dall'art. 8, co. 1, lett. c), d.lg. 30/12/2010, n. 235.

(3) Comma modificato dall'art. 4 del d.lg. 4/4/2006, n. 159.

11. Registro informatico degli adempimenti amministrativi per le imprese. – 1. Presso il Ministero delle attività produttive, che si avvale a questo scopo del sistema informativo delle camere di commercio, industria, artigianato e agricoltura, è istituito il Registro informatico degli adempimenti amministrativi per le imprese, di seguito denominato «Registro», il quale contiene l'elenco completo degli adempimenti amministrativi previsti dalle pubbliche amministrazioni per l'avvio e l'esercizio delle attività di impresa, nonché i dati raccolti dalle amministrazioni comunali negli archivi informatici di cui all'articolo 24, comma 2, del decreto legislativo 31 marzo 1998, n. 112. Il Registro, che si articola su base regionale con apposite sezioni del sito informatico, fornisce, ove possibile, il supporto necessario a compilare in via elettronica la relativa modulistica. 2. È fatto obbligo alle amministrazioni pubbliche, nonché ai concessionari di lavori e ai concessionari e gestori di servizi pubblici, di trasmettere in via informatica al Ministero delle attività produttive l'elenco degli adempimenti amministrativi necessari per l'avvio e l'esercizio dell'attività di impresa. 3. Con decreto del Presidente del Consiglio dei Ministri, su proposta del Ministro delle attività produttive e del Ministro delegato per l'innovazione e le tecnologie, sono stabilite le modalità di coordinamento, di attuazione e di accesso al Registro, nonché di connessione informatica tra le diverse sezioni del sito. 4. Il Registro è pubblicato su uno o più siti telematici, individuati con decreto del Ministro delle attività produttive. 5. Del Registro possono avvalersi le autonomie locali, qualora non provvedano in proprio, per i servizi pubblici da loro gestiti. 6. All'onere derivante dall'attuazione del presente articolo si provvede ai sensi dell'articolo 21, comma 2, della legge 29 luglio 2003, n. 229.*

* Articolo abrogato dall'art. 64, co. 1, lett. c), d.lg. 26/8/2016, n. 179.

• Per il regolamento recante modalità di coordinamento, attuazione ed accesso al Registro informatico degli adempimenti amministrativi vedi il d.p.c.m./3 aprile 2006, n. 200.

Sezione III
Organizzazione delle pubbliche amministrazioni Rapporti fra Stato

12. Norme generali per l'uso delle tecnologie dell'informazione e delle comunicazioni nell'azione amministrativa. – 1. Le pubbliche amministrazioni nell'organizzare autonomamente la propria attività utilizzano le tecnologie dell'informazione e della comunicazione per la realizzazione degli obiettivi di efficienza, efficacia, economicità, imparzialità, trasparenza, semplificazione e partecipazione nel rispetto dei principi di uguaglianza e di non discriminazione, nonché per effettivo riconoscimento dei diritti dei cittadini e delle imprese di cui al presente Codice in conformità agli obiettivi indicati nel Piano triennale per l'informatica nella pubblica amministrazione di cui all'articolo 14-bis, comma 2, lettera b) (1).

1-bis. Gli organi di Governo nell'esercizio delle funzioni di indirizzo politico ed in particolare nell'emanazione delle direttive generali per l'attività amministrativa e per la gestione ai sensi del comma 1 dell'articolo 14 del decreto legislativo 30 marzo 2001, n. 165, e le amministrazioni pubbliche nella redazione del piano di performance di cui all'articolo 10 del decreto legislativo 27 ottobre 2009, n. 150, dettano disposizioni per l'attuazione delle disposizioni del presente decreto (2).

1-ter. I dirigenti rispondono dell'osservanza ed attuazione delle disposizioni di cui al presente decreto ai sensi e nei limiti degli articoli 21 e 55 del decreto legislativo 30 marzo 2001, n. 165, ferme restando le eventuali responsabilità penali, civili e contabili previste dalle norme vigenti. L'attuazione delle disposizioni del presente Codice è comunque rilevante ai fini della misurazione e valutazione della performance organizzativa ed individuale dei dirigenti (3).

2. Le pubbliche amministrazioni utilizzano, nei rapporti interni, in quelli con altre amministrazioni e con i privati, le tecnologie dell'informazione e della comunicazione, garantendo l'interoperabilità dei sistemi e l'integrazione dei processi di servizio fra le diverse amministrazioni nel rispetto delle Linee guida (4).

3. Le pubbliche amministrazioni operano per assicurare l'uniformità e la graduale integrazione delle modalità di interazione degli utenti con i servizi informatici, ivi comprese le reti di telefonia fissa e mobile in tutte le loro articolazioni da esse erogati, qualunque sia il canale di erogazione, nel rispetto della autonomia e della specificità di ciascun erogatore di servizi (5).

3-bis. I soggetti di cui all'articolo 2, comma 2, favoriscono l'uso da parte dei lavoratori di dispositivi elettronici personali o, se di proprietà dei predetti soggetti, personalizzabili, al fine di ottimizzare la prestazione lavorativa, nel rispetto delle condizioni di sicurezza nell'utilizzo. In caso di uso di dispositivi elettronici personali, i soggetti di cui all'articolo 2, comma 2, nel rispetto della disciplina in materia di trattamento dei dati personali, adottano ogni misura atta a garantire la sicurezza e la protezione delle informazioni e dei dati, tenendo conto delle migliori pratiche e degli standard nazionali, europei e internazionali per la protezione delle proprie reti, nonché promuovendo la consapevolezza dei lavoratori sull'uso sicuro dei dispositivi, anche attraverso la diffusione di apposite linee guida, e disciplinando, tra l'altro l'uso di webcam e microfoni (6).

3-ter. Al fine di agevolare la diffusione del lavoro agile quale modalità di esecuzione del rapporto di lavoro subordinato, i soggetti di cui all'articolo 2, comma 2, lettera a), acquistano beni e progettano e sviluppano i sistemi informativi e i servizi informatici con modalità idonee a consentire ai lavoratori di accedere da remoto ad applicativi, dati e informazioni necessari allo svolgimento della prestazione lavorativa, nel rispetto della legge 20 maggio 1970, n. 300, del decreto legislativo 9 aprile 2008, n. 81 e della legge 22 maggio 2017, n. 81, assicurando un adeguato livello di sicurezza informatica, in linea con le migliori pratiche e gli standard nazionali ed internazionali per la protezione delle proprie reti, nonché promuovendo la consapevolezza dei lavoratori sull'uso sicuro degli strumenti impiegati, con particolare riguardo a quelli erogati tramite fornitori di servizi in cloud, anche attraverso la diffusione di apposite linee guida, e disciplinando anche la tipologia di attività che possono essere svolte (7).

4. Lo Stato promuove la realizzazione e l'utilizzo di reti telematiche come strumento di interazione tra le pubbliche amministrazioni ed i privati. 5. Le pubbliche amministrazioni utilizzano le tecnologie dell'informazione e della comunicazione, garantendo, nel rispetto delle vigenti normative, l'accesso alla consultazione, la circolazione e lo scambio di dati e informa-

*zioni, nonché l'interoperabilità dei sistemi e l'integrazione dei processi di servizio fra le diverse amministrazioni nel rispetto delle regole tecniche stabilite ai sensi dell'articolo 71**.

*5-bis. Le pubbliche amministrazioni implementano e consolidano i processi di informatizzazione in atto, ivi compresi quelli riguardanti l'erogazione attraverso le tecnologie dell'informazione e della comunicazione in via telematica di servizi a cittadini ed imprese anche con l'intervento di privati***.

(1) Comma modificato dall'art. 9, co. 1, lett. a), d.lg. 30/12/2010, n. 235 e successivamente dall'art. 9, co. 6, lett. a), d.l. 18/10/2012, n. 179 e dall'art. 11, co. 1, lett. a), d.lg. 26/8/2016, n. 179.

(2) Comma inizialmente aggiunto dall'art. 5 del d.lg. 4/4/2006, n. 159 e successivamente sostituito dall'art. 9, co. 1, lett. b), d.lg. 30/12/2010, n. 235.

(3) Comma aggiunto dall'art. 5 del d.lg. 4/4/2006, n. 159 e successivamente modificato dall'art. 9, co. 1, lett. c), d.lg. 30/12/2010, n. 235 e dall'art. 61, co. 2, lett. a), d.lg. 26/8/2016, n. 179.

(4) Comma sostituito dall'art. 11, co. 1, lett. b), d.lg. 26/8/2016, n. 179 e successivamente dall'art. 66, co. 1, d.lg. 13/12/2017, n. 217.

(5) Comma modificato dall'art. 9, co. 1, lett. d), d.lg. 30/12/2010, n. 235.

(6) Comma aggiunto dall'art. 11, co. 1, lett. c), d.lg. 26/8/2016, n. 179 e successivamente modificato dall'art. 31, co. 1, lett. a) d.l. 16/7/2020, n. 76.

(7) Comma aggiunto dall'art. 31, co. 1, lett. a), d.l. 16/7/2020, n. 76.

* Commi abrogati dall'art. 11, co. 1, lett. d), d.lg. 26/8/2016, n. 179.

** Comma inizialmente aggiunto dall'art. 5 del d.lg. 4/4/2006, n. 159, successivamente modificato dall'art. 9, co. 1, lett. e), d.lg. 30/12/2010, n. 235 e da ultimo abrogato dall'art. 11, co. 1, lett. d), d.lg. 26/8/2016, n. 179.

13. Formazione informatica dei dipendenti pubblici. – 1. Le pubbliche amministrazioni, nell'ambito delle risorse finanziarie disponibili, attuano politiche di reclutamento e formazione del personale finalizzate alla conoscenza e all'uso delle tecnologie dell'informazione e della comunicazione, nonché dei temi relativi all'accessibilità e alle tecnologie assistive, ai sensi dell'articolo 8 della legge 9 gennaio 2004, n. 4 (1).

1-bis. Le politiche di formazione di cui al comma 1 sono altresì volte allo sviluppo delle competenze tecnologiche, di informatica giuridica e manageriali dei dirigenti, per la transizione alla modalità operativa digitale (2).

(1) Comma modificato dall'art. 9, co. 6, lett. b), d.l. 18/10/2012, n. 179 e successivamente dall'art. 12, co. 1, d.lg. 13/12/2017, n. 217.

(2) Comma aggiunto dall'art. 12, co. 1, d.lg. 26/8/2016, n. 179.

13 bis. Codice di condotta tecnologica ed esperti (1). – 1. Al fine di favorire la digitalizzazione della pubblica amministrazione e garantire il necessario coordinamento sul piano tecnico delle varie iniziative di innovazione tecnologica, i soggetti di cui all'articolo 2, comma 2, lettera a), nell'ambito delle risorse disponibili, progettano, realizzano e sviluppano i propri sistemi informatici e servizi digitali, in coerenza con gli obiettivi dell'agenda digitale italiana ed europea e nel rispetto del codice di condotta tecnologica adottato dal Capo dipartimento della struttura della Presidenza del Consiglio dei ministri competente per la trasformazione digitale, sentita l'AgID e il nucleo per la sicurezza cibernetica di cui all'articolo 12, comma 6, del decreto legislativo 18 maggio 2018, n. 65 e acquisito il parere della Conferenza unificata di cui all'articolo 8 del decreto legislativo 28 agosto 1997, n. 281, entro sessanta giorni dall'entrata in vigore della presente disposizione.

2. Il codice di condotta tecnologica disciplina le modalità di progettazione, sviluppo e implementazione dei progetti, sistemi e servizi digitali delle amministrazioni pubbliche, nel rispetto della disciplina in materia di perimetro nazionale di sicurezza cibernetica.

3. I soggetti di cui all'articolo 2, comma 2, lettera a), che avviano progetti di sviluppo dei servizi digitali sono tenuti a rispettare il codice di condotta tecnologica e, possono avvalersi, singolarmente o in forma associata, di uno o più esperti in possesso di comprovata esperienza e qualificazione professionale nello sviluppo e nella gestione di processi complessi di trasformazione tecnologica e progetti di trasformazione digitale, nel limite delle risorse progettuali disponibili a legislazione vigente per lo scopo. Il codice di condotta tecnologica indica anche le principali attività, ivi compresa la formazione del personale, che gli esperti svolgono in collaborazione con il responsabile per la transizione digitale dell'amministrazione pubblica interessata, nonché il limite massimo di durata dell'incarico, i requisiti di esperienza e qualificazione professionale e il trattamento economico massimo da riconoscere agli esperti.

4. Nella realizzazione e lo sviluppo dei sistemi informativi, è sempre assicurata l'integrazione con le piattaforme abilitanti previste dagli articoli 5, 62, 64 e 64-bis, nonché la possibilità di accedere da remoto ad applicativi, dati e informazioni necessarie allo svolgimento della prestazione lavorativa in modalità agile, assicurando un adeguato livello di sicurezza informatica, in linea con le migliori pratiche e gli standard nazionali ed internazionali per la protezione delle proprie reti, nonché promuovendo la consapevolezza dei lavoratori sull'uso sicuro dei suddetti sistemi informativi, anche attraverso la diffusione di apposite linee guida, e disciplinando anche la tipologia di attività che possono essere svolte.

5. L'AgID verifica il rispetto del codice di condotta tecnologica da parte dei soggetti interessati e può diffidare i soggetti a conformare la propria condotta agli obblighi previsti dal codice. La progettazione, la realizzazione e lo sviluppo di servizi digitali e sistemi informatici in violazione del codice di condotta tecnologica costituiscono mancato raggiungimento di uno specifico risultato e di un rilevante obiettivo da parte dei dirigenti responsabili delle strutture competenti e comportano la riduzione, non inferiore al 30 per cento, della retribuzione di risultato e del trattamento accessorio collegato alla performance individuale dei dirigenti competenti, oltre al divieto di attribuire premi o incentivi nell'ambito delle medesime strutture.

(1) Articolo introdotto dall'art. 32 del d.l. 16/7/2020, n. 76.

14. Rapporti tra Stato, Regioni e autonomie locali. – 1. In attuazione del disposto dell'articolo 117, secondo comma, lettera r), della Costituzione, lo Stato disciplina il coordinamento informatico dei dati dell'amministrazione statale, regionale e locale, dettando anche le regole tecniche necessarie per garantire la sicurezza e l'interoperabilità dei sistemi informatici e dei flussi informativi per la circolazione e lo scambio dei dati e per l'accesso ai servizi erogati in rete dalle amministrazioni medesime.

2. Lo Stato, le regioni e le autonomie locali promuovono le intese e gli accordi e adottano, attraverso la Conferenza unificata, gli indirizzi utili per realizzare gli obiettivi dell'Agenda digitale europea e nazionale e realizzare un processo di digitalizzazione dell'azione amministrativa coordinato e condiviso e per l'individuazione delle Linee guida. La Presidenza del Consiglio dei ministri, anche avvalendosi dell'AgID assicura il coordinamento informatico dell'amministrazione statale, regionale e locale, con la finalità di progettare e monitorare l'evoluzione strategica del sistema informativo della pubblica amministrazione, favorendo l'adozione di infrastrutture e standard che riducano i costi sostenuti dalle amministrazioni e migliorino i servizi erogati assicurando un adeguato livello

di sicurezza informatica, in linea con le migliori pratiche e gli standard nazionali ed internazionali per la protezione delle proprie reti, nonché promuovendo la consapevolezza dei lavoratori sull'uso sicuro dei suddetti sistemi informativi, anche attraverso la diffusione di apposite linee guida che disciplinano anche la tipologia di attività che possono essere svolte (1).

2-bis. Le regioni promuovono sul territorio azioni tese a realizzare un processo di digitalizzazione dell'azione amministrativa coordinato e condiviso tra le autonomie locali (2).

2-ter. Le regioni e gli enti locali digitalizzano la loro azione amministrativa e implementano l'utilizzo delle tecnologie dell'informazione e della comunicazione per garantire servizi migliori ai cittadini e alle imprese, secondo le modalità di cui al comma 2 (3).

*3. Lo Stato, ai fini di quanto previsto ai commi 1 e 2, istituisce organismi di cooperazione con le regioni e le autonomie locali, promuove intese ed accordi tematici e territoriali, favorisce la collaborazione interregionale, incentiva la realizzazione di progetti a livello locale, in particolare mediante il trasferimento delle soluzioni tecniche ed organizzative, previene il divario tecnologico tra amministrazioni di diversa dimensione e collocazione territoriale**.

*3-bis. Ai fini di quanto previsto ai commi 1, 2 e 3, è istituita senza nuovi o maggiori oneri per la finanza pubblica, presso la Conferenza unificata, previa delibera della medesima che ne definisce la composizione e le specifiche competenze, una Commissione permanente per l'innovazione tecnologica nelle regioni e negli enti locali con funzioni istruttorie e consultive***.

(1) Comma modificato dall'art. 13, co. 1, lett. a), d.lg. 26/8/2016, n. 179 e successivamente dagli artt. 13, co. 1, e 66, co. 1, d.lg. 13/12/2017, n. 217 e nuovamente modificato dall'art. 31, co. 1, lett. b), d.l. 16/7/2020, n. 76.

(2) Comma inserito dall'art. 10, co. 1, d.lg. 30/12/2010, n. 235.

(3) Comma inserito dall'art. 10, co. 1, d.lg. 30/12/2010, n. 235 e successivamente modificato dall'art. 13, co. 1, lett. b), d.lg. 26/8/2016, n. 179.

* Comma abrogato dall'art. 13, co. 1, lett. b), d.lg. 26/8/2016, n. 179.

** Comma inserito dall'art. 6 del d.lg. 4/4/2006, n. 159 e successivamente abrogato dall'art. 13, co. 1, lett. b), d.lg. 26/8/2016, n. 179.

14 bis. Agenzia per l'Italia digitale (1). – 1. L'Agenzia per l'Italia Digitale (AgID) è preposta alla realizzazione degli obiettivi dell'Agenda Digitale Italiana, in coerenza con gli indirizzi dettati dal Presidente del Consiglio dei ministri o dal Ministro delegato, e con l'Agenda digitale europea. AgID, in particolare, promuove l'innovazione digitale nel Paese e l'utilizzo delle tecnologie digitali nell'organizzazione della pubblica amministrazione e nel rapporto tra questa, i cittadini e le imprese, nel rispetto dei principi di legalità, imparzialità e trasparenza e secondo criteri di efficienza, economicità ed efficacia. Essa presta la propria collaborazione alle istituzioni dell'Unione europea e svolge i compiti necessari per l'adempimento degli obblighi internazionali assunti dallo Stato nelle materie di competenza.

2. AgID svolge le funzioni di:

a) emanazione di Linee guida contenenti regole, standard e guide tecniche, nonché di indirizzo, vigilanza e controllo sull'attuazione e sul rispetto delle norme di cui al presente Codice, anche attraverso l'adozione di atti amministrativi generali, in materia di agenda digitale, digitalizzazione della pubblica amministrazione, sicurezza informatica, interoperabilità e cooperazione applicativa tra sistemi informatici pubblici e quelli dell'Unione europea (2);

b) programmazione e coordinamento delle attività delle amministrazioni per l'uso delle tecnologie dell'informazione e della comunicazione, mediante la redazione e la successiva verifica dell'attuazione del Piano triennale per l'informatica nella pubblica amministrazione contenente la fissazione degli obiettivi e l'individuazione dei principali interventi di sviluppo e gestione dei sistemi informativi delle amministrazioni pubbliche. Il predetto Piano è elaborato dall'AgID, anche sulla base dei dati e delle informazioni acquisiti dai soggetti di cui all'articolo 2, comma 2, ed è approvato dal Presidente del Consiglio dei ministri o dal Ministro delegato entro il 30 settembre di ogni anno (3);

c) monitoraggio delle attività svolte dalle amministrazioni, ivi inclusi gli investimenti effettuati ai sensi dell'articolo 1, comma 492, lettera a-bis), della legge 11 dicembre 2016, n. 232, in relazione alla loro coerenza con il Piano triennale di cui alla lettera b) e verifica dei risultati conseguiti dalle singole amministrazioni con particolare riferimento ai costi e benefici dei sistemi informatici secondo le modalità fissate dalla stessa Agenzia (4);

d) predisposizione, realizzazione e gestione di interventi e progetti di innovazione, anche realizzando e gestendo direttamente o avvalendosi di soggetti terzi, specifici progetti in tema di innovazione ad essa assegnati nonché svolgendo attività di progettazione e coordinamento delle iniziative strategiche e di preminente interesse nazionale, anche a carattere intersettoriale;

e) promozione della cultura digitale e della ricerca anche tramite comunità digitali regionali;

f) rilascio di pareri tecnici, obbligatori e non vincolanti, sugli schemi di contratti e accordi quadro da parte delle pubbliche amministrazioni centrali concernenti l'acquisizione di beni e servizi relativi a sistemi informativi automatizzati per quanto riguarda la congruità tecnico-economica, qualora il valore lordo di detti contratti sia superiore a euro 1.000.000,00 nel caso di procedura negoziata e a euro 2.000.000,00 nel caso di procedura ristretta o di procedura aperta. Il parere è reso tenendo conto dei principi di efficacia, economicità, ottimizzazione della spesa delle pubbliche amministrazioni e favorendo l'adozione di infrastrutture condivise e standard che riducano i costi sostenuti dalle singole amministrazioni e il miglioramento dei servizi erogati, nonché in coerenza con i principi, i criteri e le indicazioni contenuti nei piani triennali approvati. Il parere è reso entro il termine di quarantacinque giorni dal ricevimento della relativa richiesta. Si applicano gli articoli 16 e 17-bis della legge 7 agosto 1990, n. 241, e successive modificazioni. Copia dei pareri tecnici attinenti a questioni di competenza dell'Autorità nazionale anticorruzione è trasmessa dall'AgID a detta Autorità;

g) rilascio di pareri tecnici, obbligatori e [non] vincolanti, sugli elementi essenziali delle procedure di gara bandite, ai sensi dell'articolo 1, comma 512 della legge 28 dicembre 2015, n. 208, da Consip e dai soggetti aggregatori di cui all'articolo 9 del decreto-legge 24 aprile 2014, n. 66, concernenti l'acquisizione di beni e servizi relativi a sistemi informativi automatizzati e definiti di carattere strategico nel piano triennale. Il parere è reso entro il termine di quarantacinque giorni dal ricevimento della relativa richiesta e si applica l'articolo 17-bis della legge 7 agosto 1990, n. 241, e successive modificazioni. Ai fini della presente lettera per elementi essenziali si intendono l'oggetto della fornitura o del servizio, il valore economico del contratto, la tipologia di procedura che si intende adottare, il criterio di aggiudicazione e relativa ponderazione, le principali clausole che caratterizzano le prestazioni contrattuali. Si applica quanto previsto nei periodi da 2 a 5 della lettera f) (5);

h) definizione di criteri e modalità per il monitoraggio sull'esecuzione dei contratti da parte dell'amministrazione interessata (6);

i) vigilanza sui servizi fiduciari ai sensi dell'articolo 17 del regolamento UE 910/2014 in qualità di organismo a tal fine designato, sui gestori di posta elettronica certificata, sui soggetti di cui all'articolo 34, comma 1-bis, lettera b), nonché sui soggetti, pubblici e privati, che partecipano a SPID di cui all'articolo 64; nell'esercizio di tale funzione l'Agenzia può irrogare per le violazioni accertate a carico dei soggetti vigilati le sanzioni amministrative di cui all'articolo 32-bis in relazione alla gravità della violazione accertata e all'entità del danno provocato all'utenza (5);

l) ogni altra funzione attribuitale da specifiche disposizioni di legge e dallo Statuto.

3. Fermo restando quanto previsto al comma 2, AgID svolge ogni altra funzione prevista da leggi e regolamenti già attribuita a DigitPA, all'Agenzia per la diffusione delle tecnologie per l'innovazione (6).

(1) Articolo aggiunto dall'art. 14, co. 2, d.lg. 26/8/2016, n. 179.

(2) Lettera modificata dall'art. 14, co. 1, lett. a), d.lg. 13/12/2017, n. 217.

(3) Lettera modificata dall'art. 14, co. 1, lett. b), d.lg. 13/12/2017, n. 217.

(4) Lettera modificata dall'art. 14, co. 1, lett. c), d.lg. 13/12/2017, n. 217.

(5) Lettera modificata dall'art. 14, co. 1, lett. d), d.lg. 13/12/2017, n. 217 e successivamente modificata dall'art. 25, co. 1, lett. a) d.l. 16/7/2020, n. 76 conv., con modif., dalla l. 11/9/2020, n. 120 (in S.O. n. 33, relativo alla G.U. 14/9/2020, n. 228).

(6) Lettera modificata dall'art. 31, co. 1, lett. c), d.l. 16/7/2020, n. 76 conv., con modif., dalla l. 11/9/2020, n. 120 (in S.O. n. 33, relativo alla G.U. 14/9/2020, n. 228).

15. Digitalizzazione e riorganizzazione. – 1. La riorganizzazione strutturale e gestionale delle pubbliche amministrazioni volta al perseguimento degli obiettivi di cui all'articolo 12, comma 1, avviene anche attraverso il migliore e più esteso utilizzo delle tecnologie dell'informazione e della comunicazione nell'ambito di una coordinata strategia che garantisca il coerente sviluppo del processo di digitalizzazione.

2. In attuazione del comma 1, le pubbliche amministrazioni provvedono in particolare a razionalizzare e semplificare i procedimenti amministrativi, le attività gestionali, i documenti, la modulistica, le modalità di accesso e di presentazione delle istanze da parte dei cittadini e delle imprese, assicurando che l'utilizzo delle tecnologie dell'informazione e della comunicazione avvenga in conformità alle prescrizioni tecnologiche definite nelle Linee guida (1).

2-bis. Le pubbliche amministrazioni nella valutazione dei progetti di investimento in materia di innovazione tecnologica tengono conto degli effettivi risparmi derivanti dalla razionalizzazione di cui al comma 2, nonché dei costi e delle economie che ne derivano (2).

2-ter. Le pubbliche amministrazioni, quantificano annualmente, ai sensi dell'articolo 27, del decreto legislativo 27 ottobre 2009, n. 150, i risparmi effettivamente conseguiti in attuazione delle disposizioni di cui ai commi 1 e 2. Tali risparmi sono utilizzati, per due terzi secondo quanto previsto dall'articolo 27, comma 1, del citato decreto legislativo n. 150 del 2009 e in misura pari ad un terzo per il finanziamento di ulteriori progetti di innovazione (2).

2-quater. AgID individua, nell'ambito delle Linee guida, criteri e modalità di attuazione dei commi 2-bis e 2-ter, prevedendo che ogni pubblica amministrazione dia conto annualmente delle attività previste dai predetti commi nella relazione sulla gestione di cui all'articolo 11, comma 6, del decreto legislativo 23 giugno 2011, n. 118 (3).

3. La digitalizzazione dell'azione amministrativa è attuata dalle pubbliche amministrazioni con modalità idonee a garantire la partecipazione dell'Italia alla costruzione di reti transeuropee per lo scambio elettronico di dati e servizi fra le amministrazioni dei Paesi membri dell'Unione europea.

*3-bis. Le funzioni legate alle tecnologie dell'informazione e della comunicazione, di seguito denominate 'funzioni ICT', nei comuni sono obbligatoriamente ed esclusivamente esercitate in forma associata, secondo le forme previste dal testo unico di cui al decreto legislativo 18 agosto 2000, n. 267, da parte dei comuni con popolazione fino a 5.000 abitanti, esclusi i comuni il cui territorio coincide integralmente con quello di una o più isole e il comune di Campione d'Italia. 3-ter. Le funzioni ICT di cui al comma 3-bis comprendono la realizzazione e la gestione di infrastrutture tecnologiche, rete dati, fonia, apparati, di banche dati, di applicativi software, l'approvvigionamento di licenze per il software, la formazione informatica e la consulenza nel settore dell'informatica. 3-quater. La medesima funzione ICT non può essere svolta da più di una forma associativa. 3-quinquies. Il limite demografico minimo che l'insieme dei comuni, che sono tenuti ad esercitare le funzioni ICT in forma associata, deve raggiungere è fissato in 30.000 abitanti, salvo quanto disposto dal comma 3-sexies. 3-sexies. Entro due mesi dalla data di entrata in vigore della presente disposizione, nelle materie di cui all'articolo 117, commi terzo e quarto, della Costituzione, la regione individua con propria legge, previa concertazione con i comuni interessati nell'ambito del Consiglio delle autonomie locali, la dimensione territoriale ottimale e omogenea per area geografica per lo svolgimento, in forma obbligatoriamente associata da parte dei comuni con dimensione territoriale inferiore ai 5.000 abitanti, delle funzioni di cui al comma 3-ter, secondo i principi di economicità, di efficienza e di riduzione delle spese, fermo restando quanto stabilito dal comma 3-bis del presente articolo. 3-septies. A partire dalla data fissata dal decreto di cui al comma 3-octies, i comuni non possono singolarmente assumere obbligazioni inerenti alle funzioni e ai servizi di cui ai commi 3-bis e 3-ter. Per tale scopo, all'interno della gestione associata, i comuni individuano un'unica stazione appaltante. 3-octies. Le funzioni di cui al comma 3-bis e i relativi tempi di attuazione sono definiti con decreto del Ministro per la pubblica amministrazione e la semplificazione, previa intesa in sede di Conferenza unificata di cui all'articolo 8 del decreto legislativo 28 agosto 1997, n. 281, e successive modificazioni, da emanare entro sei mesi dalla data di entrata in vigore della presente disposizione**.

(1) Comma modificato dall'art. 66, co. 1, d.lg. 13/12/2017, n. 217.

(2) Comma inserito dall'art. 11, co. 1, d.lg. 30/12/2010, n. 235.

(3) Comma inserito dall'art. 15, co. 1, d.lg. 13/12/2017, n. 217.

* Commi aggiunti dall'art. 47 ter, co. 1, d.l. 9/2/2012, n. 5 e successivamente abrogati dall'art. 19, co. 7, d.l. 6/7/2012, n. 95.

16. Competenze del Presidente del Consiglio dei Ministri in materia di innovazione e tecnologie. – 1. Per il perseguimento dei fini di cui al presente codice, il Presidente del Consiglio dei Ministri o il Ministro delegato per l'innovazione e le tecnologie, nell'attività di coordinamento del processo di digitalizzazione e di coordinamento e di valutazione dei programmi, dei progetti e dei piani di azione formulati dalle pubbliche amministrazioni centrali per lo sviluppo dei sistemi informativi:

a) definisce con proprie direttive le linee strategiche, la pianificazione e le aree di intervento dell'innovazione tecnologica nelle pubbliche amministrazioni centrali, e ne verifica l'attuazione;

b) approva il piano triennale di cui all'articolo 14-bis, comma 2, lettera b), e valuta, sulla base di criteri e metodiche di ottimizzazione della spesa, il corretto utilizzo delle risorse finanziarie per l'informatica e la telematica da parte delle singole amministrazioni centrali (1);

c) promuove e sostiene progetti di grande contenuto innovativo, di rilevanza strategica, di preminente interesse nazionale, con particolare attenzione per i progetti di carattere intersettoriale (2);

d) promuove l'informazione circa le iniziative per la diffusione delle nuove tecnologie;

e) [detta norme tecniche ai sensi dell'articolo 71 e] stabilisce i criteri in tema di pianificazione, progettazione, realizzazione, gestione, mantenimento dei sistemi informativi automatizzati delle pubbliche amministrazioni centrali e delle loro interconnessioni, nonché della loro qualità e relativi aspetti organizzativi e della loro sicurezza (3).

2. Il Presidente del Consiglio dei Ministri o il Ministro delegato per l'innovazione e le tecnologie riferisce annualmente al Parlamento sullo stato di attuazione del presente codice.

(1) Lettera modificata dall'art. 16, co. 1, lett. a), d.lg. 13/12/2017, n. 217.

(2) Lettera modificata dall'art. 16, co. 1, lett. b), d.lg. 13/12/2017, n. 217.

(3) Lettera modificata dall'art. 14, co. 1, d.lg. 26/8/2016, n. 179 e successivamente dall'art. 1, co. 1, lett. c), d.lg. 13/12/2017, n. 217.

17. Responsabile per la transizione digitale e difensore civico digitale (1). – 1. Le pubbliche amministrazioni garantiscono l'attuazione delle linee strategiche per la riorganizzazione e la digitalizzazione dell'amministrazione definite dal Governo in coerenza con le Linee guida. A tal fine, ciascuna pubblica amministrazione affida a un unico ufficio dirigenziale generale, fermo restando il numero complessivo di tali uffici, la transizione alla modalità operativa digitale e i conseguenti processi di riorganizzazione finalizzati alla realizzazione di un'amministrazione digitale e aperta, di servizi facilmente utilizzabili e di qualità, attraverso una maggiore efficienza ed economicità. Al suddetto ufficio sono inoltre attribuiti i compiti relativi a (2):

a) coordinamento strategico dello sviluppo dei sistemi informativi, di telecomunicazione e fonia, in modo da assicurare anche la coerenza con gli standard tecnici e organizzativi comuni (3);

b) indirizzo e coordinamento dello sviluppo dei servizi, sia interni che esterni, forniti dai sistemi informativi di telecomunicazione e fonia dell'amministrazione (4);

c) indirizzo, pianificazione, coordinamento e monitoraggio della sicurezza informatica relativamente ai dati, ai sistemi e alle infrastrutture anche in relazione al sistema pubblico di connettività, nel rispetto delle regole tecniche di cui all'articolo 51, comma 1 (5);

d) accesso dei soggetti disabili agli strumenti informatici e promozione dell'accessibilità anche in attuazione di quanto previsto dalla legge 9 gennaio 2004, n. 4;

e) analisi periodica della coerenza tra l'organizzazione dell'amministrazione e l'utilizzo delle tecnologie dell'informazione e della comunicazione, al fine di migliorare la soddisfazione dell'utenza e la qualità dei servizi nonché di ridurre i tempi e i costi dell'azione amministrativa (6);

f) cooperazione alla revisione della riorganizzazione dell'amministrazione ai fini di cui alla lettera e);

g) indirizzo, coordinamento e monitoraggio della pianificazione prevista per lo sviluppo e la gestione dei sistemi informativi di telecomunicazione e fonia (7);

h) progettazione e coordinamento delle iniziative rilevanti ai fini di una più efficace erogazione di servizi in rete a cittadini e imprese mediante gli strumenti della cooperazione applicativa tra pubbliche amministrazioni, ivi inclusa la predisposizione e l'attuazione di accordi di servizio tra amministrazioni per la realizzazione e compartecipazione dei sistemi informativi cooperativi;

i) promozione delle iniziative attinenti l'attuazione delle direttive impartite dal Presidente del Consiglio dei Ministri o dal Ministro delegato per l'innovazione e le tecnologie;

j) pianificazione e coordinamento del processo di diffusione, all'interno dell'amministrazione, dei sistemi di identità e domicilio digitale, posta elettronica, protocollo informatico, firma digitale o firma elettronica qualificata e mandato informatico, e delle norme in materia di [sicurezza,] accessibilità e fruibilità nonché del processo di integrazione e interoperabilità tra i sistemi e servizi dell'amministrazione e quello di cui all'articolo 64-bis (8);

j-bis) pianificazione e coordinamento degli acquisti di soluzioni e sistemi informatici, telematici e di telecomunicazione al fine di garantirne la compatibilità con gli obiettivi di attuazione dell'agenda digitale e, in particolare, con quelli stabiliti nel piano triennale di cui all'articolo 16, comma 1, lettera b) (9).

1-bis. Per lo svolgimento dei compiti di cui al comma 1, le Agenzie, le Forze armate, compresa l'Arma dei carabinieri e il Corpo delle capitanerie di porto, nonché i Corpi di polizia hanno facoltà di individuare propri uffici senza incrementare il numero complessivo di quelli già previsti nei rispettivi assetti organizzativi (10).

1-ter. Il responsabile dell'ufficio di cui al comma 1 è dotato di adeguate competenze tecnologiche, di informatica giuridica e manageriali e risponde, con riferimento ai compiti relativi alla transizione, alla modalità digitale direttamente all'organo di vertice politico (11).

1-quater. È istituito presso l'AgID l'ufficio del difensore civico per il digitale, a cui è preposto un soggetto in possesso di adeguati requisiti di terzietà, autonomia e imparzialità. Chiunque può presentare al difensore civico per il digitale, attraverso apposita area presente sul sito istituzionale dell'AgID, segnalazioni relative a presunte violazioni del presente Codice e di ogni altra norma in materia di digitalizzazione ed innovazione della pubblica amministrazione da parte dei soggetti di cui all'articolo 2, comma 2. Il difensore civico, accertata la non manifesta infondatezza della segnalazione, la trasmette al Direttore generale dell'AgID perl'esercizio dei poteri di cui all'articolo 18-bis (12).

1-quinquies. AgID pubblica sul proprio sito una guida di riepilogo dei diritti di cittadinanza digitali previsti dal presente Codice (13).

1-sexies. Nel rispetto della propria autonomia organizzativa, le pubbliche amministrazioni diverse dalle amministrazioni dello Stato individuano l'ufficio per il digitale di cui al comma 1 [*e 1-quater*] tra quelli di livello dirigenziale oppure, ove ne siano privi, individuano un responsabile per il digitale tra le proprie posizioni apicali. In assenza del vertice politico, il responsabile dell'ufficio per il digitale di cui al comma 1 risponde direttamente a quello amministrativo dell'ente (14).

1-septies. I soggetti di cui al comma 1-sexies possono esercitare le funzioni di cui al medesimo comma anche in forma associata (15).

(1) Rubrica sostituita dall'art. 17, co. 1, lett. a), d.lg. 13/12/2017, n. 217.

(2) Alinea sostituito dall'art. 12, co. 1, lett. a), d.lg. 30/12/2010, n. 235, dall'art. 17, co. 1, lett. a), d.lg. 26/8/2016, n. 179 e successivamente modificato dagli artt. 1, co. 1, lett. b), n. 1), e 66 del d.lg. 13/12/2017, n. 217.

(3) Lettera modificata dall'art. 12, co. 1, lett. b), punto 1), d.lg. 30/12/2010, n. 235.

(4) Lettera modificata dall'art. 12, co. 1, lett. b), punto 2), d.lg. 30/12/2010, n. 235.

(5) Lettera sostituita dall'art. 12, co. 1, lett. b), punto 3), d.lg. 30/12/2010, n. 235.

(6) Lettera modificata dall'art. 17, co. 1, lett. b), d.lg. 26/8/2016, n. 179.

(7) Lettera modificata dall'art. 12, co. 1, lett. b), punto 4), d.lg. 30/12/2010, n. 235.

(8) Lettera modificata dall'art. 12, co. 1, lett. b), punto 5), d.lg. 30/12/2010, n. 235, dall'art. 17, co. 1, lett. c), d.lg. 26/8/2016, n. 179 e successivamente dall'art. 1, co. 1, lett. b), n. 2), d.lg. 13/12/2017, n. 217.

(9) Lettera inserita dall'art. 1, co. 1, lett. b), n. 3), d.lg. 13/12/2017, n. 217.

(10) Comma inizialmente inserito dall'art. 7 del d.lg. 4/4/2006, n. 159 e successivamente sostituito dall'art. 12, co. 1, lett. c), d.lg. 30/12/2010, n. 235.

(11) Comma aggiunto dall'art. 12, co. 1, lett. d), d.lg. 30/12/2010, n. 235 e successivamente sostituito dall'art. 17, co. 1, lett. d), d.lg. 26/8/2016, n. 179.

(12) Comma aggiunto dall'art. 17, co. 1, lett. e), d.lg. 26/8/2016, n. 179, modificato dall'art. 1, co. 1, lett. c), n. 1), d.lg. 13/12/2017, n. 217 e da ultimo modificato dall'art. 31, co. 1, lett. d), d.l. 16/7/2020, n. 76, dall'art. 41, co. 3, d.l. 31/5/2021, n. 77, conv., con modif., dalla l. 29/7/2021, n.108.

(13) Comma aggiunto dall'art. 17, co. 1, lett. e), d.lg. 26/8/2016, n. 179.

(14) Comma aggiunto dall'art. 17, co. 1, lett. e), d.lg. 26/8/2016, n. 179 e successivamente modificato dall'art. 1, co. 1, lett. d), d.lg. 13/12/2017, n. 217.

(15) Comma aggiunto dall'art. 1, co. 1, lett. e), d.lg. 13/12/2017, n. 217.

18. Piattaforma nazionale per la governance della trasformazione digitale (1). – 1. È realizzata presso l'AgID una piattaforma per la consultazione pubblica e il confronto tra i portatori di interesse in relazione ai provvedimenti connessi all'attuazione dell'agenda digitale.

2. AgID identifica le caratteristiche tecnico-funzionali della piattaforma in maniera tale da garantire che la stessa sia accessibile ai portatori di interessi pubblici e privati e che sia idonea a raccogliere suggerimenti e proposte emendative in maniera trasparente, qualificata ed efficace.

3. Il Piano triennale per l'informatica nella pubblica amministrazione di cui all'articolo 14-bis è pubblicato sulla piattaforma e aggiornato di anno in anno.

4. Tutti i soggetti di cui all'articolo 2, comma 2, lettera a), possono pubblicare sulla piattaforma i provvedimenti che intendono adottare o, qualora si tratti di provvedimenti soggetti a modifiche e aggiornamenti periodici, già adottati, aventi ad oggetto l'attuazione dell'agenda digitale.

5. I soggetti di cui all'articolo 2, comma 2, lettera a), tengono conto di suggerimenti e proposte emendative raccolte attraverso la piattaforma.

(1) Articolo modificato dall'art. 16, co. 1, lett. a), d.lg. 26/8/2016, n. 179 e successivamente sostituito dall'art. 18, co. 1, d.lg. 13/12/2017, n. 217.

18 bis. Violazione degli obblighi di transizione digitale (1). – 1. L'AgID esercita poteri di vigilanza, verifica, controllo e monitoraggio sul rispetto delle disposizioni del presente Codice e di ogni altra norma in materia di innovazione tecnologica e digitalizzazione della pubblica amministrazione, ivi comprese quelle contenute nelle Linee guida e nel Piano triennale per l'informatica nella pubblica amministrazione, e procede, d'ufficio ovvero su segnalazione del difensore civico digitale, all'accertamento delle relative violazioni da parte dei soggetti di cui all'articolo 2, comma 2. Nell'esercizio dei poteri di vigilanza, verifica, controllo e monitoraggio, l'AgID richiede e acquisisce presso i soggetti di cui all'articolo 2, comma 2, dati, documenti e ogni altra informazione strumentale e necessaria. La mancata ottemperanza alla richiesta di dati, documenti o informazioni di cui al secondo periodo ovvero la trasmissione di informazioni o dati parziali o non veritieri è punita ai sensi del comma 5, con applicazione della sanzione ivi prevista ridotta della metà.

2. L'AgID, quando dagli elementi acquisiti risulta che sono state commesse una o più violazioni delle disposizioni di cui al comma 1, procede alla contestazione nei confronti del trasgressore, assegnandogli un termine perentorio per inviare scritti difensivi e documentazione e per chiedere di essere sentito.

3. L'AgID, ove accerti la sussistenza delle violazioni contestate, assegna al trasgressore un congruo termine perentorio, proporzionato rispetto al tipo e alla gravità della violazione, per conformare la condotta agli obblighi previsti dalla normativa vigente, segnalando le violazioni all'ufficio competente per i procedimenti disciplinari di ciascuna amministrazione, nonché ai competenti organismi indipendenti di valutazione. L'AgID pubblica le predette segnalazioni su apposita area del proprio sito internet istituzionale.

4. Le violazioni accertate dall'AgID rilevano ai fini della misurazione e della valutazione della performance individuale dei dirigenti responsabili e comportano responsabilità dirigenziale e disciplinare ai sensi degli articoli 21 e 55 del decreto legislativo 30 marzo 2001, n. 165. Resta fermo quanto previsto dagli articoli 13-bis, 50, 50-ter, 64-bis, comma 1-quinquies, del presente Codice e dall'articolo 33-septies del decreto-legge 18 ottobre 2012, n. 179, convertito, con modificazioni, dalla legge 17 dicembre 2012, n. 221.

5. In caso di mancata ottemperanza alla richiesta di dati, documenti o informazioni di cui al comma 1, ultimo periodo, ovvero di trasmissione di informazioni o dati parziali o non veritieri, nonché di violazione degli obblighi previsti dagli articoli 5, 7, comma 3, 41, commi 2 e 2-bis, 43, comma 1-bis, 50, comma 3-ter, 50-ter, comma 5, 64, comma 3-bis, 64-bis del presente Codice, dall'articolo 65, comma 1, del decreto legislativo 13 dicembre 2017, n. 217 e dall'articolo 33-septies, comma 4, del decreto-legge 18 ottobre 2012, n. 179, convertito, con modificazioni, dalla legge 17 dicembre 2012, n. 221, ove il soggetto di cui all'articolo 2, comma 2, non ottemperi all'obbligo di conformare la condotta nel termine di cui al comma 3, l'AgID irroga la sanzione amministrativa pecuniaria nel minimo di euro 10.000 e nel massimo di euro 100.000. Si applica, per quanto non espressamente previsto dal presente articolo, la disciplina della legge 24 novembre 1981, n. 689. I proventi delle sanzioni sono versati in apposito capitolo di entrata del bilancio dello Stato per essere riassegnati allo stato di previsione della spesa del Ministero dell'economia e delle finanze a favore per il 50 per cento dell'AgID e per la restante parte al Fondo di cui all'articolo 239 del decreto-legge 19 maggio 2020, n. 34, convertito, con modificazioni, dalla legge 17 luglio 2020, n. 77.

6. Contestualmente all'irrogazione della sanzione nei casi di violazione delle norme specificamente indicate al comma 5, nonché di violazione degli obblighi di cui all'articolo 13-bis, comma 4, l'AgID segnala la violazione alla struttura della Presidenza del Consiglio dei ministri competente per l'innovazione tecnologica e la transizione digitale che, ricevuta la segnalazione, diffida ulteriormente il soggetto responsabile a conformare la propria condotta agli obblighi previsti dalla disciplina vigente entro un congruo termine perentorio, proporzionato al tipo e alla gravità della violazione, avvisandolo che, in caso di inottemperanza, potranno essere esercitati i poteri sostitutivi del Presidente del Consiglio dei ministri o del Ministro delegato. Decorso inutilmente il termine, il Presidente del Consiglio dei ministri o il Ministro delegato per l'innovazione tecnologica e la transizione digitale, valutata la gravità della violazione, può nominare un commissario ad acta incaricato di provvedere in sostituzione. Al commissario non spettano compensi, indennità o rimborsi. Nel caso di inerzia o ritardi riguardanti amministrazioni locali, si procede all'esercizio del potere sostitutivo di cui agli articoli 117, quinto comma, e 120, secondo comma, della Costituzione, ai sensi dell'articolo 8 della legge 5 giugno 2003, n. 131.

7. L'AgID, con proprio regolamento, disciplina le procedure di contestazione, accertamento, segnalazione e irrogazione delle sanzioni per le violazioni di cui alla presente disposizione.

8. All'attuazione della presente disposizione si provvede con le risorse umane, strumentali e finanziarie giàpreviste a legislazione vigente.

8-bis. Le disposizioni del presente articolo trovano applicazione in tutti i casi in cui l'AgID esercita poteri sanzionatori attribuiti dalla legge (2).

(1) Articolo introdotto dall'art. 41, co. 1, d.l. 31/5/2021, n. 77, conv., con modif., dalla l. 29/7/2021, n. 108.

(2) Comma introdotto dall'art. 30, co. 8-bis, d.l. 30/4/2022, n.36, conv., con modif., dalla l. 29/6/2022, n. 79.

19. Banca dati per la legislazione in materia di pubblico impiego*. – *1. È istituita presso la Presidenza del Consiglio dei Ministri – Dipartimento della funzione pubblica, una banca dati contenente la normativa generale e speciale in materia di rapporto di lavoro alle dipendenze delle pubbliche amministrazioni. 2. La Presidenza del Consiglio dei Ministri – Dipartimento della funzione pubblica, cura l'aggiornamento periodico della banca dati di cui al comma 1, tenendo conto delle innovazioni normative e della contrattazione collettiva successivamente intervenuta, e assicurando agli utenti la consultazione gratuita. 3. All'onere derivante dall'attuazione del presente articolo si provvede ai sensi dell'articolo 21, comma 3, della legge 29 luglio 2003, n. 229.*

* Articolo abrogato dall'art. 64, co. 1, lett. d), d.lg. 26/8/2016, n. 179.

Capo II
Documento informatico, firme

Sezione I
Documento informatico

20. Validità ed efficacia probatoria dei documenti informatici (1). – *1. Il documento informatico da chiunque formato, la memorizzazione su supporto informatico e la trasmissione con strumenti telematici conformi alle regole tecniche di cui all'articolo 71 sono validi e rilevanti agli effetti di legge, ai sensi delle disposizioni del presente codice**.

1-bis. Il documento informatico soddisfa il requisito della forma scritta e ha l'efficacia prevista dall'articolo 2702 del Codice civile quando vi è apposta una firma digitale, altro tipo di firma elettronica qualificata o una firma elettronica avanzata o, comunque, è formato, previa identificazione informatica del suo autore, attraverso un processo avente i requisiti fissati dall'AgID ai sensi dell'articolo 71 con modalità tali da garantire la sicurezza, integrità e immodificabilità del documento e, in maniera manifesta e inequivoca, la sua riconducibilità all'autore. In tutti gli altri casi, l'idoneità del documento informatico a soddisfare il requisito della forma scritta e il suo valore probatorio sono liberamente valutabili in giudizio, in relazione alle caratteristiche di sicurezza, integrità e immodificabilità. La data e l'ora di formazione del documento informatico sono opponibili ai terzi se apposte in conformità alle Linee guida (2).

1-ter. L'utilizzo del dispositivo di firma elettronica qualificata o digitale si presume riconducibile al titolare di firma elettronica, salvo che questi dia prova contraria (3).

1-quater. Restano ferme le disposizioni concernenti il deposito degli atti e dei documenti in via telematica secondo la normativa, anche regolamentare, in materia di processo telematico (3).

*2. Il documento informatico sottoscritto con firma elettronica qualificata o con firma digitale, formato nel rispetto delle regole tecniche stabilite ai sensi dell'articolo 71, che garantiscano l'identificabilità dell'autore, l'integrità e l'immodificabilità del documento, si presume riconducibile al titolare del dispositivo di firma ai sensi dell'articolo 21, comma 2, e soddisfa comunque il requisito della forma scritta, anche nei casi previsti, sotto pena di nullità, dall'articolo 1350, primo comma, numeri da 1 a 12 del codice civile***.

3. Le regole tecniche per la formazione, per la trasmissione, la conservazione, la copia, la duplicazione, la riproduzione e la validazione [temporale] dei documenti informatici, nonché quelle in materia di generazione, apposizione e verifica di qualsiasi tipo di firma elettronica [avanzata], sono stabilite con le Linee guida. [La data e l'ora di formazione del documento informatico sono opponibili ai terzi se apposte in conformità alle regole tecniche sulla validazione temporale] (4).

4. Con le medesime regole tecniche sono definite le misure tecniche, organizzative e gestionali volte a garantire l'integrità, la disponibilità e la riservatezza delle informazioni contenute nel documento informatico.

5. Restano ferme le disposizioni di legge in materia di protezione dei dati personali.

5-bis. Gli obblighi di conservazione e di esibizione di documenti previsti dalla legislazione vigente si intendono soddisfatti a tutti gli effetti di legge a mezzo di documenti informatici, se le procedure utilizzate sono conformi alle Linee guida (5).

(1) Rubrica sostituita dall'art. 17, co. 1, lett. a), d.lg. 26/8/2016, n. 179.

* Comma modificato dall'art. 8 del d.lg. 4/4/2006, n. 159 e dall'art. 13, co. 1, lett. a), d.lg. 30/12/2010, n. 235 e successivamente abrogato dall'art. 17, co. 1, lett. a), d.lg. 26/8/2016, n. 179.

(2) Comma inizialmente inserito dall'art. 8 del d.lg. 4/4/2006, n. 159, successivamente sostituito dall'art. 13, co. 1, lett. b), d.lg. 30/12/2010, n. 235, dall'art. 17, co. 1, lett. c), d.lg. 26/8/2016, n. 179 e dall'art. 20, co. 1, lett. a), d.lg. 13/12/2017, n. 217.

(3) Comma inserito dall'art. 17, co. 1, lett. b), d.lg. 26/8/2016, n. 179.

** Comma inizialmente sostituito dall'art. 8 del d.lg. 4/4/2006, n. 159 e successivamente abrogato dall'art. 13, co. 1, lett. c), d.lg. 30/12/2010, n. 235.

(4) Per le regole tecniche in materia di generazione, apposizione e verifica delle firme elettroniche avanzate, qualificate e digitali di cui al presente comma, vedi il d.p.c.m. 22/2/2013. Per le regole tecniche in materia di sistema di conservazione ai sensi del presente comma vedi il d.p.c.m. 3/12/2013.

• Comma inizialmente modificato dall'art. 8 del d.lg. 4/4/2006, n. 159, sostituito dall'art. 13, co. 1, lett. d), d.lg. 30/12/2010, n. 235 e successivamente modificato dall'art. 17, co. 1, lett. d), d.lg. 26/8/2016, n. 179 e dall'art. 20, co. 1, lett. c), d.lg. 13/12/2017, n. 217.

(5) Comma aggiunto dall'art. 13, co. 1, lett. e), d.lg. 30/12/2010, n. 235 e successivamente modificato dall'art. 66, co. 1, d.lg. 13/12/2017, n. 217.

• Per le regole tecniche in materia di sistema di conservazione ai sensi del presente comma vedi il d.p.c.m. 3/12/2013 e il d.p.c.m. 13/11/2014.

21. Ulteriori disposizioni relative ai documenti informatici, sottoscritti con firma elettronica avanzata, qualificata o digitale (1). – *1. Il documento informatico, cui è apposta una firma elettronica, soddisfa il requisito della forma scritta e sul piano probatorio è liberamente valutabile in giudizio, tenuto conto delle sue caratteristiche oggettive di qualità, sicurezza, integrità e immodificabilità**.

*2. Il documento informatico sottoscritto con firma elettronica avanzata, qualificata o digitale, formato nel rispetto delle regole tecniche di cui all'articolo 20, comma 3, ha altresì l'efficacia prevista dall'articolo 2702 del codice civile. L'utilizzo del dispositivo di firma elettronica qualificata o digitale si presume riconducibile al titolare, salvo che questi dia prova contraria. Restano ferme le disposizioni concernenti il deposito degli atti e dei documenti in via telematica secondo la normativa anche regolamentare in materia di processo telematico***.

2-bis. Salvo il caso di sottoscrizione autenticata, le scritture private di cui all'articolo 1350, primo comma, numeri da 1 a

12, del codice civile, se fatte con documento informatico, sono sottoscritte, a pena di nullità, con firma elettronica qualificata o con firma digitale. Gli atti di cui all'articolo 1350, numero 13) del codice civile redatti su documento informatico o formati attraverso procedimenti informatici sono sottoscritti, a pena di nullità, con firma elettronica avanzata, qualificata o digitale ovvero sono formati con le ulteriori modalità di cui all'articolo 20, comma 1-bis, primo periodo (2).

2-ter. Fatto salvo quanto previsto dal decreto legislativo 2 luglio 2010, n. 110, ogni altro atto pubblico redatto su documento informatico è sottoscritto dal pubblico ufficiale a pena di nullità con firma qualificata o digitale. Le parti, i fidefacenti, l'interprete e i testimoni sottoscrivono personalmente l'atto, in presenza del pubblico ufficiale, con firma avanzata, qualificata o digitale ovvero con firma autografa acquisita digitalmente e allegata agli atti (3).

*3. L'apposizione ad un documento informatico di una firma digitale o di un altro tipo di firma elettronica qualificata basata su un certificato elettronico revocato, scaduto o sospeso equivale a mancata sottoscrizione. La revoca o la sospensione, comunque motivate, hanno effetto dal momento della pubblicazione, salvo che il revocante, o chi richiede la sospensione, non dimostri che essa era già a conoscenza di tutte le parti interessate. 4. Le disposizioni del presente articolo si applicano anche se la firma elettronica è basata su un certificato qualificato rilasciato da un certificatore stabilito in uno Stato non facente parte dell'Unione europea, quando ricorre una delle seguenti condizioni: a) il certificatore possiede i requisiti di cui alla direttiva 1999/93/CE del Parlamento europeo e del Consiglio, del 13 dicembre 1999, ed è accreditato in uno Stato membro; b) il certificato qualificato è garantito da un certificatore stabilito nella Unione europea, in possesso dei requisiti di cui alla medesima direttiva; c) il certificato qualificato, o il certificatore, è riconosciuto in forza di un accordo bilaterale o multilaterale tra l'Unione europea e Paesi terzi o organizzazioni internazionali***.

5. Gli obblighi fiscali relativi ai documenti informatici ed alla loro riproduzione su diversi tipi di supporto sono assolti secondo le modalità definite con uno o più decreti del Ministro dell'economia e delle finanze, sentito il Ministro delegato per l'innovazione e le tecnologie.

(1) Rubrica sostituita dall'art. 14, co. 1, lett. a), d.lg. 30/12/2010, n. 235 e successivamente dall'art. 21, co. 1, lett. a), d.lg. 13/12/2017, n. 217.

* Comma modificato dall'art. 9 del d.lg. 4/4/2006, n. 159, dall'art. 18, co. 1, lett. a), d.lg. 26/8/2016, n. 179 e successivamente abrogato dall'art. 21, co. 1, lett. b), d.lg. 13/12/2017, n. 217.

** Comma inizialmente modificato dall'art. 9 del d.lg. 4/4/2006, n. 159, sostituito dall'art. 14, co. 1, lett. b), d.lg. 30/12/2010, n. 235, successivamente modificato dall'art. 9, co. 1, lett. 0a), d.l. 18/10/2012, n. 179, sostituito dall'art. 18, co. 1, lett. b), d.lg. 26/8/2016, n. 179 e da ultimo abrogato dall'art. 21, co. 1, lett. b), d.lg. 13/12/2017, n. 217.

(2) A norma dell'art. 14, co. 1, lett. b), d.lg. 30/12/2010, n. 235, l'originale co. 2 è stato sostituito dagli attuali co. 2 e 2-bis. Comma modificato dall'art. 9, co. 1, lett. 0b), d.l. 18/10/2012, n. 179, dall'art. 18, co. 1, lett. c), d.lg. 26/8/2016, n. 179 e dall'art. 21, co. 1, lett. b), d.lg. 13/12/2017, n. 217.

(3) Comma aggiunto dall'art. 18, co. 1, lett. d), d.lg. 26/8/2016, n. 179.

*** Commi abrogati dall'art. 18, co. 1, lett. e), d.lg. 26/8/2016, n. 179.

22. Copie informatiche di documenti analogici (1). – 1. I documenti informatici contenenti copia di atti pubblici, scritture private e documenti in genere, compresi gli atti e documenti amministrativi di ogni tipo formati in origine su supporto analogico, spediti o rilasciati dai depositari pubblici autorizzati e dai pubblici ufficiali, hanno piena efficacia, ai sensi degli articoli 2714 e 2715 del codice civile, se sono formati ai sensi dell'articolo 20, comma 1-bis, primo periodo. La loro esibizione e produzione sostituisce quella dell'originale (2).

1-bis. La copia per immagine su supporto informatico di un documento analogico è prodotta mediante processi e strumenti che assicurano che il documento informatico abbia contenuto e forma identici a quelli del documento analogico da cui è tratto, previo raffronto dei documenti o attraverso certificazione di processo nei casi in cui siano adottate tecniche in grado di garantire la corrispondenza della forma e del contenuto dell'originale e della copia (3).

2. Le copie per immagine su supporto informatico di documenti originali formati in origine su supporto analogico hanno la stessa efficacia probatoria degli originali da cui sono estratte, se la loro conformità è attestata da un notaio o da altro pubblico ufficiale a ciò autorizzato, [con dichiarazione allegata al documento informatico e asseverata] secondo le Linee guida (4).

3. Le copie per immagine su supporto informatico di documenti originali formati in origine su supporto analogico nel rispetto delle Linee guida hanno la stessa efficacia probatoria degli originali da cui sono tratte se la loro conformità all'originale non è espressamente disconosciuta (5).

4. Le copie formate ai sensi dei commi 1, 1-bis, 2 e 3 sostituiscono ad ogni effetto di legge gli originali formati in origine su supporto analogico, e sono idonee ad assolvere gli obblighi di conservazione previsti dalla legge, salvo quanto stabilito dal comma 5 (6).

4-bis. Le copie per immagine su supporto informatico di atti e documenti originali formati in origine su supporto analogico, depositati in procedimenti giudiziari civili definiti con provvedimento decisorio non più soggetto a impugnazione da almeno un anno, sono idonee ad assolvere gli obblighi di conservazione previsti dalla legge se il cancelliere vi appone la firma digitale, ne attesta la conformità all'originale e le inserisce nel fascicolo informatico nel rispetto della normativa anche regolamentare concernente il processo civile telematico. In tali casi, si può procedere alla distruzione degli originali analogici, secondo le modalità previste con decreto del Ministro della giustizia, sentiti il Garante per la protezione dei dati personali e l'Agenzia per l'Italia digitale (7).

5. Salvo quanto previsto dal comma 4-bis, con decreto del Presidente del Consiglio dei Ministri possono essere individuate particolari tipologie di documenti analogici originali unici per le quali, in ragione di esigenze di natura pubblicistica, permane l'obbligo della conservazione dell'originale analogico oppure, in caso di conservazione sostitutiva, la loro conformità all'originale deve essere autenticata da un notaio o da altro pubblico ufficiale a ciò autorizzato con dichiarazione da questi firmata digitalmente ed allegata al documento informatico (8).

*6. Fino alla data di emanazione del decreto di cui al comma 5r per tutti i documenti analogici originali unici permane l'obbligo della conservazione dell'originale analogico oppure, in caso di conservazione sostitutiva, la loro conformità all'originale deve essere autenticata da un notaio o da altro pubblico ufficiale a ciò autorizzato con dichiarazione da questi firmata digitalmente ed allegata al documento informatico**.

(1) Articolo inizialmente modificato dall'art. 10 del d.lg. 4/4/2006, n. 159 e successivamente sostituito dall'art. 15, co. 1, d.lg. 30/12/2010, n. 235.

(2) Comma modificato dall'art. 22, co. 1, lett. a), d.lg. 13/12/2017, n. 217.

(3) Comma inserito dall'art. 22, co. 1, lett. b), d.lg. 13/12/2017, n. 217.

(4) Comma modificato dagli artt. 22, co. 1, lett. c), e 66, co. 1, d.lg. 13/12/2017, n. 217.

(5) Comma modificato dall'art. 66, co. 1, d.lg. 13/12/2017, n. 217.

(6) Comma modificato dall'art. 22, co. 1, lett. c), d.lg. 13/12/2017, n. 217.

(7) Comma inserito dall'art. 35, co. 1, d.l. 24/2/2023, n. 13.

(8) Comma modificato dall'art. 35, co. 1, d.l. 24/2/2023, n. 13. Per il decreto di cui al presente comma vedi il d.p.c.m. 21/3/2013.

* Comma abrogato dall'art. 19, co. 1, d.lg. 26/8/2016, n. 179.

23. Copie analogiche di documenti informatici (1). – 1. Le copie su supporto analogico di documento informatico, anche sottoscritto con firma elettronica avanzata, qualificata o digitale, hanno la stessa efficacia probatoria dell'originale da cui sono tratte se la loro conformità all'originale in tutte le sue componenti è attestata da un pubblico ufficiale a ciò autorizzato.

2. Le copie e gli estratti su supporto analogico del documento informatico, conformi alle vigenti regole tecniche, hanno la stessa efficacia probatoria dell'originale se la loro conformità non è espressamente disconosciuta. Resta fermo, ove previsto l'obbligo di conservazione dell'originale informatico.

2-bis. Sulle copie analogiche di documenti informatici può essere apposto a stampa un contrassegno, sulla base dei criteri definiti con le Linee guida, tramite il quale è possibile accedere al documento informatico, ovvero verificare la corrispondenza allo stesso della copia analogica. Il contrassegno apposto ai sensi del primo periodo sostituisce a tutti gli effetti di legge la sottoscrizione autografa del pubblico ufficiale e non può essere richiesta la produzione di altra copia analogica con sottoscrizione autografa del medesimo documento informatico. I soggetti che procedono all'apposizione del contrassegno rendono disponibili gratuitamente sul proprio sito Internet istituzionale idonee soluzioni per la verifica del contrassegno medesimo (2).

(1) Articolo inizialmente modificato dall'art. 11 del d.lg. 4/4/2006, n. 159 e dall'art. 16, co. 12, d.l. 29/11/2008, n. 185 e successivamente sostituito dall'art. 16, co. 1, d.lg. 30/12/2010, n. 235.

(2) Comma aggiunto dall'art. 20, co. 1, d.lg. 26/8/2016, n. 179 e successivamente modificato dagli artt. 23, co. 1, e 66, co. 1, d.lg. 13/12/2017, n. 217.

23 bis. Duplicati e copie informatiche di documenti informatici (1). – 1. I duplicati informatici hanno il medesimo valore giuridico, ad ogni effetto di legge, del documento informatico da cui sono tratti, se prodotti in conformità alle Linee guida (2).

2. Le copie e gli estratti informatici del documento informatico, se prodotti in conformità alle vigenti Linee guida, hanno la stessa efficacia probatoria dell'originale da cui sono tratte se la loro conformità all'originale, in tutti le sue componenti, è attestata da un pubblico ufficiale a ciò autorizzato o se la conformità non è espressamente disconosciuta.

Resta fermo, ove previsto, l'obbligo di conservazione dell'originale informatico (2).

(1) Articolo inserito dall'art. 16, co. 2, lett. a), d.lg. 30/12/2010, n. 235.

(2) Comma modificato dall'art. 66, co. 1, d.lg. 13/12/2017, n. 217.

23 ter. Documenti amministrativi informatici (1). – 1. Gli atti formati dalle pubbliche amministrazioni con strumenti informatici, nonché i dati e i documenti informatici detenuti dalle stesse, costituiscono informazione primaria ed originale da cui è possibile effettuare, su diversi o identici tipi di supporto, duplicazioni e copie per gli usi consentiti dalla legge.

1-bis. La copia su supporto informatico di documenti formati dalle pubbliche amministrazioni in origine su supporto analogico è prodotta mediante processi e strumenti che assicurano che il documento informatico abbia contenuto identico a quello del documento analogico da cui è tratto, previo raffronto dei documenti o attraverso certificazione di processo nei casi in cui siano adottate tecniche in grado di garantire la corrispondenza del contenuto dell'originale e della copia (2).

2. I documenti costituenti atti amministrativi con rilevanza interna al procedimento amministrativo sottoscritti con firma elettronica avanzata hanno l'efficacia prevista dall'art. 2702 del codice civile.*

3. Le copie su supporto informatico di documenti formati dalla pubblica amministrazione in origine su supporto analogico ovvero da essa detenuti, hanno il medesimo valore giuridico, ad ogni effetto di legge, degli originali da cui sono tratte, se la loro conformità all'originale è assicurata dal funzionario a ciò delegato nell'ambito dell'ordinamento proprio dell'amministrazione di appartenenza, mediante l'utilizzo della firma digitale o di altra firma elettronica qualificata e nel rispetto delle Linee guida; in tale caso l'obbligo di conservazione dell'originale del documento è soddisfatto con la conservazione della copia su supporto informatico (3).

4. In materia di formazione e conservazione di documenti informatici delle pubbliche amministrazioni, le Linee guida sono definite anche sentito il Ministero dei beni e delle attività culturali e del turismo (4).

*5. Sulle copie analogiche di documenti amministrativi informatici può essere apposto a stampa un contrassegno, sulla base dei criteri definiti con linee guida dell'Agenzia per l'Italia digitale, tramite il quale è possibile ottenere il documento informatico, ovvero verificare la corrispondenza allo stesso della copia analogica. Il contrassegno apposto ai sensi del primo periodo sostituisce a tutti gli effetti di legge la sottoscrizione autografa e non può essere richiesta la produzione di altra copia analogica con sottoscrizione autografa del medesimo documento informatico. I programmi software eventualmente necessari alla verifica sono di libera e gratuita disponibilità**.*

5-bis. I documenti di cui al presente articolo devono essere fruibili indipendentemente dalla condizione di disabilità personale, applicando i criteri di accessibilità definiti dai requisiti tecnici di cui all'articolo 11 della legge 9 gennaio 2004, n. 4 (5).

6. Per quanto non previsto dal presente articolo si applicano gli articoli 21, 22, 23 e 23-bis.

(1) Articolo inserito dall'art. 16, co. 2, lett. a), d.lg. 30/12/2010, n. 235.

(2) Comma inserito dall'art. 24, co. 1, lett. a), d.lg. 13/12/2017, n. 217.

* Comma abrogato dall'art. 21, co. 1, lett. b), d.lg. 26/8/2016, n. 179.

(3) Comma modificato dall'art. 66, co. 1, d.lg. 13/12/2017, n. 217.

(4) Per le regole tecniche in materia di sistema di conservazione ai sensi del presente comma vedi il d.p.c.m. 3/12/2013. Comma sostituito dall'art. 21, co. 1, lett. a), d.lg. 26/8/2016, n. 179.

• Comma modificato dall'art. 24, co. 1, lett. b), d.lg. 13/12/2017, n. 217.

** Comma sostituito dall'art. 9, co. 1, lett. 0c), d.l. 18/10/2012, n. 179 e successivamente abrogato dall'art. 21, co. 1, lett. b), d.lg. 26/8/2016, n. 179.

(5) Comma inserito dall'art. 9, co. 6, lett. c), d.l. 18/10/2012, n. 179.

23 quater. Riproduzioni informatiche (1). – 1. All'articolo 2712 del codice civile dopo le parole: "riproduzioni fotografiche" è inserita la seguente: ", informatiche".

(1) Articolo inserito dall'art. 16, co. 2, lett. a), d.lg. 30/12/2010, n. 235.

Sezione II
Firme elettroniche, certificati e prestatori di servizi fiduciari (1)

(1) Rubrica così sostituita dall'art. 25, co. 1, d.lg. 13/12/2017, n. 217.

24. Firma digitale. – 1. La firma digitale deve riferirsi in maniera univoca ad un solo soggetto ed al documento o all'insieme di documenti cui è apposta o associata.

2. L'apposizione di firma digitale integra e sostituisce l'apposizione di sigilli, punzoni, timbri, contrassegni e marchi di qualsiasi genere ad ogni fine previsto dalla normativa vigente.

3. Per la generazione della firma digitale deve adoperarsi un certificato qualificato che, al momento della sottoscrizione, non risulti scaduto di validità ovvero non risulti revocato o sospeso.

4. Attraverso il certificato qualificato si devono rilevare, secondo le Linee guida, la validità del certificato stesso, nonché gli elementi identificativi del titolare di firma digitale e del certificatore e gli eventuali limiti d'uso. Le linee guida definiscono altresì le modalità, anche temporali, di apposizione della firma (1).

4-bis. L'apposizione a un documento informatico di una firma digitale o di un altro tipo di firma elettronica qualificata basata su un certificato elettronico revocato, scaduto o sospeso equivale a mancata sottoscrizione, salvo che lo stato di sospensione sia stato annullato. La revoca o la sospensione, comunque motivate, hanno effetto dal momento della pubblicazione, salvo che il revocante, o chi richiede la sospensione, non dimostri che essa era già a conoscenza di tutte le parti interessate (2).

4-ter. Le disposizioni del presente articolo si applicano anche se la firma elettronica è basata su un certificato qualificato rilasciato da un certificatore stabilito in uno Stato non facente parte dell'Unione europea, quando ricorre una delle seguenti condizioni:

a) il certificatore possiede i requisiti previsti dal regolamento eIDAS ed è qualificato in uno Stato membro;

b) il certificato qualificato è garantito da un certificatore stabilito nella Unione europea, in possesso dei requisiti di cui al medesimo regolamento;

c) il certificato qualificato, o il certificatore, è riconosciuto in forza di un accordo bilaterale o multilaterale tra l'Unione europea e Paesi terzi o organizzazioni internazionali (2).

(1) Per le regole tecniche in materia di generazione, apposizione e verifica delle firme elettroniche avanzate, qualificate e digitali di cui al presente comma, vedi il d.p.c.m. 22/2/2013.

• Comma modificato dall'art. 22, co. 1, lett. a), d.lg. 26/8/2016, n. 179 e successivamente dagli artt. 26, co. 1, e 66, co. 1, d.lg. 13/12/2017, n. 217.

(2) Comma aggiunto dall'art. 22, co. 1, lett. a), d.lg. 26/8/2016, n. 179.

25. Firma autenticata (1). – 1. Si ha per riconosciuta, ai sensi dell'articolo 2703 del codice civile, la firma elettronica o qualsiasi altro tipo di firma elettronica avanzata autenticata dal notaio o da altro pubblico ufficiale a ciò autorizzato (2).

2. L'autenticazione della firma elettronica, anche mediante l'acquisizione digitale della sottoscrizione autografa, o di qualsiasi altro tipo di firma elettronica avanzata consiste nell'attestazione, da parte del pubblico ufficiale, che la firma è stata apposta in sua presenza dal titolare, previo accertamento della sua identità personale, della validità dell'eventuale certificato elettronico utilizzato e del fatto che il documento sottoscritto non è in contrasto con l'ordinamento giuridico.

3. L'apposizione della firma digitale da parte del pubblico ufficiale ha l'efficacia di cui all'articolo 24, comma 2.

4. Se al documento informatico autenticato deve essere allegato altro documento formato in originale su altro tipo di supporto, il pubblico ufficiale può allegare copia informatica autenticata dell'originale, secondo le disposizioni dell'articolo 23 [, comma 5] (3).

(1) Articolo sostituito dall'art. 17, co. 2, d.lg. 30/12/2010, n. 235.

(2) Comma modificato dall'art. 23, co. 1, lett. a), d.lg. 26/8/2016, n. 179.

(3) Comma modificato dall'art. 23, co. 1, lett. b), d.lg. 26/8/2016, n. 179.

26. Certificatori* . – *1. L'attività dei certificatori stabiliti in Italia o in un altro Stato membro dell'Unione europea è libera e non necessita di autorizzazione preventiva. Detti certificatori o, se persone giuridiche, i loro legali rappresentanti ed i soggetti preposti all'amministrazione, qualora emettano certificati qualificati, devono possedere i requisiti di onorabilità richiesti ai soggetti che svolgono funzioni di amministrazione, direzione e controllo presso le banche di cui all'articolo 26 del testo unico delle leggi in materia bancaria e creditizia, di cui al decreto legislativo 1° settembre 1993, n. 385, e successive modificazioni* (1). *2. L'accertamento successivo dell'assenza o del venir meno dei requisiti di cui al comma 1 comporta il divieto di prosecuzione dell'attività intrapresa. 3. Ai certificatori qualificati e ai certificatori accreditati che hanno sede stabile in altri Stati membri dell'Unione europea non si applicano le norme del presente codice e le relative norme tecniche di cui all'articolo 71 e si applicano le rispettive norme di recepimento della direttiva 1999/93/CE.*

* Articolo abrogato dall'art. 64, co. 1, lett. e), d.lg. 26/8/2016, n. 179.

(1) Comma modificato dall'art. 18, co. 1, d.lg. 30/12/2010, n. 235.

27. Certificatori qualificati* . – *1. I certificatori che rilasciano al pubblico certificati qualificati devono trovarsi nelle condizioni previste dall'articolo 26. 2. I certificatori di cui al comma 1, devono inoltre: a) dimostrare l'affidabilità organizzativa, tecnica e finanziaria necessaria per svolgere attività di certificazione; b) utilizzare personale dotato delle conoscenze specifiche, dell'esperienza e delle competenze necessarie per i servizi forniti, in particolare della competenza a livello gestionale, della conoscenza specifica nel settore della tecnologia delle firme elettroniche e della dimestichezza con procedure di sicurezza appropriate e che sia in grado di rispettare le norme del presente codice e le regole tecniche di cui all'articolo 71; c) applicare procedure e metodi amministrativi e di gestione adeguati e conformi a tecniche consolidate; d) utilizzare sistemi affidabili e prodotti di firma protetti da alterazioni e che garantiscano la sicurezza tecnica e crittografica dei procedimenti, in conformità a criteri di sicurezza riconosciuti in ambito europeo e internazionale e certificati ai sensi dello schema nazionale di cui all'articolo 35, comma 5; e) adottare adeguate misure contro la contraffazione dei certificati, idonee anche a garantire la riservatezza, l'integrità e la sicurezza nella generazione delle chiavi private nei casi in cui il certificatore generi tali chiavi. 3. I certificatori di cui al comma 1, devono comunicare, prima dell'inizio dell'attività, anche in via telematica, una dichiarazione di inizio di attività al CNIPA, attestante l'esistenza dei presupposti e dei requisiti previsti dal presente codice. 4. Il CNIPA procede, d'ufficio o su segnalazione motivata di soggetti pubblici o privati, a controlli volti ad accertare la sussistenza dei presupposti e dei requisiti previsti dal presente codice e dispone, se del caso, con provvedimento motivato da notificare all'interessato, il divieto di prosecuzione dell'attività e la rimozione dei suoi effetti, salvo che, ove ciò sia possibile, l'interessato provveda a conformare alla normativa vigente* *detta attività ed i suoi effetti entro il termine prefissatogli dall'amministrazione stessa.*

* Articolo abrogato dall'art. 64, co. 1, lett. f), d.lg. 26/8/2016, n. 179.

28. Certificati di firma elettronica qualificata (1). – *1. I certificati qualificati devono contenere almeno le seguenti informazioni: a) indicazione che il certificato elettronico rilasciato è un certificato qualificato; b) numero di serie o altro codice identificativo del certificato; c) nome, ragione o denominazione sociale del certificatore che ha rilasciato il certificato e lo Stato nel quale è stabilito; d) nome, cognome o uno pseudonimo chiaramente identificato come tale e codice fiscale del titolare del certificato; e) dati per la verifica della firma, cioè i dati peculiari, come codici o chiavi crittografiche pubbliche, utilizzati per verificare la firma elettronica corrispondenti ai dati per la creazione della stessa in possesso del titolare; f) indicazione del termine iniziale e finale del periodo di validità del certificato; g) firma elettronica del certificatore che ha rilasciato il certificato, realizzata in conformità alle regole tecniche ed idonea a garantire l'integrità e la veridicità di tutte le informazioni contenute nel certificato medesimo* (2)*.

2. In aggiunta alle informazioni previste nel Regolamento eIDAS[, *fatta salva la possibilità di utilizzare uno pseudonimo,*] nel certificato di firma elettronica qualificata può essere inserito il codice fiscale. Per i titolari residenti all'estero cui non risulti attribuito il codice fiscale, si può indicare il codice fiscale rilasciato dall'autorità fiscale del Paese di residenza o, in mancanza, un analogo codice identificativo univoco [, *quale ad esempio un codice di sicurezza sociale o un codice identificativo generale*] (3).

3. Il certificato di firma elettronica qualificata può contenere, ove richiesto dal titolare di firma elettronica o dal terzo interessato, le seguenti informazioni, se pertinenti e non eccedenti rispetto allo scopo per il quale il certificato è richiesto (4):

a) le qualifiche specifiche del titolare di firma elettronica, quali l'appartenenza ad ordini o collegi professionali la qualifica di pubblico ufficiale, l'iscrizione ad albi o il possesso di altre abilitazioni professionali, nonché poteri di rappresentanza (5);

b) i limiti d'uso del certificato, inclusi quelli derivanti dalla titolarità delle qualifiche e dai poteri di rappresentanza di cui alla lettera a) ai sensi dell'articolo 30, comma 3 (6);

c) limiti del valore degli atti unilaterali e dei contratti per i quali il certificato può essere usato, ove applicabili (7);

c-bis) uno pseudonimo, qualificato come tale (8).

3-bis. Le informazioni di cui al comma 3 sono riconoscibili da parte dei terzi e chiaramente evidenziati nel certificato. Le informazioni di cui al comma 3 possono anche essere contenute in un separato certificato elettronico e possono essere rese disponibili anche in rete. Con le Linee guida sono definite le modalità di attuazione del presente comma, anche in riferimento alle pubbliche amministrazioni e agli ordini professionali (9).

4. Il titolare di firma elettronica, ovvero il terzo interessato se richiedente ai sensi del comma 3, comunicano tempestivamente al certificatore il modificarsi o venir meno delle circostanze oggetto delle informazioni di cui al presente articolo (10).

4-bis. Il certificatore ha l'obbligo di conservare le informazioni di cui ai commi 3 e 4 per almeno venti anni decorrenti dalla scadenza del certificato di firma (11).

(1) Rubrica sostituita dall'art. 24, co. 1, lett. a), d.lg. 26/8/2016, n. 179.

(2) Lettera modificata dall'art. 12 del d.lg. 4/4/2006, n. 159.

* Comma abrogato dall'art. 24, co. 1, lett. b), d.lg. 26/8/2016, n. 179.

(3) Comma sostituito dall'art. 24, co. 1, lett. c), d.lg. 26/8/2016, n. 179 e successivamente modificato dall'art. 27, co. 1, lett. a), d.lg. 13/12/2017, n. 217.

(4) Alinea modificato dall'art. 12 del d.lg. 4/4/2006, n. 159 e successivamente dall'art. 24, co. 1, lett. d), d.lg. 26/8/2016, n. 179 e dall'art. 27, co. 1, lett. b), n. 1), d.lg. 13/12/2017, n. 217.

(5) Lettera modificata dall'art. 12 del d.lg. 4/4/2006, n. 159 e dall'art. 27, co. 1, lett. b), n. 2), d.lg. 13/12/2017, n. 217.

(6) Lettera sostituita dall'art. 12 del d.lg. 4/4/2006, n. 159.

(7) Per le regole tecniche in materia di generazione, apposizione e verifica delle firme elettroniche avanzate, qualificate e digitali ai sensi del presente comma, vedi il d.p.c.m. 22/2/2013.

(8) Lettera inserita dall'art. 27, co. 1, lett. b), n. 3), d.lg. 13/12/2017, n. 217.

(9) Comma inserito dall'art. 19, co. 1, d.lg. 30/12/2010, n. 235. Vedi il d.p.c.m. 6/9/2012. Da ultimo modificato dall'art. 27, co. 1, lett. c), d.lg. 13/12/2017, n. 217.

(10) Comma modificato dall'art. 27, co. 1, lett. d), d.lg. 13/12/2017, n. 217.

(11) Comma inserito dall'art. 27, co. 1, lett. e), d.lg. 13/12/2017, n. 217.

29. Qualificazione dei fornitori di servizi (1). – 1. I soggetti che intendono fornire servizi fiduciari qualificati o svolgere l'attività di gestore di posta elettronica certificata presentano all'AgID domanda di qualificazione, secondo le modalità fissate dalle Linee guida (2).

2. Ai fini della qualificazione, i soggetti di cui al comma 1 devono possedere i requisiti di cui all'articolo 24 del Regolamento (UE) 23 luglio 2014, n. 910/2014, disporre di requisiti di onorabilità, affidabilità, tecnologici e organizzativi compatibili con la disciplina europea, nonché di garanzie assicurative adeguate rispetto all'attività svolta. Con decreto del Presidente del Consiglio dei ministri, o del Ministro delegato per l'innovazione tecnologica e la digitalizzazione, sentita l'AgID, nel rispetto della disciplina europea, sono definiti i predetti requisiti in relazione alla specifica attività che i soggetti di cui al comma 1 intendono svolgere. Il predetto decreto determina altresì i criteri per la fissazione delle tariffe dovute all'AgID per lo svolgimento delle predette attività, nonché i requisiti e le condizioni per lo svolgimento delle attività di cui al comma 1 da parte di amministrazioni pubbliche (3).

*3. Fatto salvo quanto previsto dall'articolo 44-bis, comma 3, del presente decreto e dall'articolo 14, comma 3, del decreto del Presidente della Repubblica 11 febbraio 2005, n. 68, il richiedente deve inoltre possedere i requisiti individuati con decreto del Presidente del Consiglio dei ministri da fissare in base ai seguenti criteri: a) per quanto riguarda il capitale sociale, graduazione entro il limite massimo di cinque milioni di euro, in proporzione al livello di servizio offerto; b) per quanto riguarda le garanzie assicurative, graduazione in modo da assicurarne l'adeguatezza in proporzione al livello di servizio offerto**.

4. La domanda di qualificazione si considera accolta qualora non venga comunicato all'interessato il provvedimento di diniego entro novanta giorni dalla data di presentazione della stessa (4).

5. Il termine di cui al comma 4, può essere sospeso una sola volta entro trenta giorni dalla data di presentazione della domanda, esclusivamente per la motivata richiesta di documenti che integrino o completino la documentazione presentata e che non siano già nella disponibilità del CNIPA o che questo non possa acquisire autonomamente. In tale caso, il termine riprende a decorrere dalla data di ricezione della documentazione integrativa.

6. A seguito dell'accoglimento della domanda, il CNIPA dispone l'iscrizione del richiedente in un apposito elenco di fiducia pubblico, tenuto dal CNIPA stesso e consultabile an-

che in via telematica, ai fini dell'applicazione della disciplina in questione (5).

*7. Il certificatore accreditato può qualificarsi come tale nei rapporti commerciali e con le pubbliche amministrazioni***.

*8. Il valore giuridico delle firme elettroniche qualificate e delle firme digitali basate su certificati qualificati rilasciati da certificatori accreditati in altri Stati membri dell'Unione europea ai sensi dell'articolo 3, paragrafo 2, della direttiva 1999/93/CE è equiparato a quello previsto per le firme elettroniche qualificate e per le firme digitali basate su certificati qualificati emessi dai certificatori accreditati ai sensi del presente articolo****.

9. Alle attività previste dal presente articolo si fa fronte nell'ambito delle risorse del CNIPA, senza nuovi o maggiori oneri per la finanza pubblica.

(1) Rubrica sostituita dall'art. 25, co. 1, lett. a), d.lg. 26/8/2016, n. 179 e successivamente modificata dall'art. 25, co. 1, lett. b), d.l. 16/7/2020, n. 76, conv., con modif., dalla l. 11/9/2020, n. 120 (in S.O. n. 33, relativo alla G.U. 14/9/2020, n. 228).

(2) Comma sostituito dall'art. 25, co. 1, lett. b), d.lg. 26/8/2016, n. 179 e dall'art. 28, co. 1, lett. a), d.lg. 13/12/2017, n. 217 e successivamente modificato dall'art. 25, co. 1, lett. b), d.l. 16/7/2020, n. 76 conv., con modif., dalla l. 11/9/2020, n. 120 (in S.O. n. 33, relativo alla G.U. 14/9/2020, n. 228).

(3) Comma sostituito dall'art. 25, co. 1, lett. c), d.lg. 26/8/2016, n. 179 e successivamente modificato dall'art. 28, co. 1, lett. b), d.lg. 13/12/2017, n. 217 e successivamente modificato dall'art. 25, co. 1, lett. b), d.l. 16/7/2020, n. 76 conv., con modif., dalla l. 11/9/2020, n. 120 (in S.O. n. 33, relativo alla G.U. 14/9/2020, n. 228).

* Comma sostituito dall'art. 25, co. 1, lett. d), d.lg. 26/8/2016, n. 179 e successivamente abrogato dall'art. 28, co. 1, lett. c), d.lg. 13/12/2017, n. 217.

(4) Comma modificato dall'art. 25, co. 1, lett. e), d.lg. 26/8/2016, n. 179 e successivamente modificato dall'art. 25, co. 1, lett. b), d.l. 16/7/2020, n. 76 conv., con modif., dalla l. 11/9/2020, n. 120 (in S.O. n. 33, relativo alla G.U. 14/9/2020, n. 228).

(5) Comma modificato dall'art. 25, co. 1, lett. f), d.lg. 26/8/2016, n. 179.

** Comma abrogato dall'art. 25, co. 1, lett. g), d.lg. 26/8/2016, n. 179.

*** Comma sostituito dall'art. 20, co. 1, d.lg. 30/12/2010, n. 235 e successivamente abrogato dall'art. 25, co. 1, lett. g), d.lg. 26/8/2016, n. 179.

30. Responsabilità dei prestatori di servizi fiduciari qualificati, dei gestori di posta elettronica certificata, dei gestori dell'identità digitale e dei conservatori (1). – 1. I prestatori di servizi fiduciari qualificati e i gestori di posta elettronica certificata iscritti nell'elenco di cui all'articolo 29, comma 6, nonché i gestori dell'identità digitale e i conservatori di documenti informatici, che cagionano danno ad altri nello svolgimento della loro attività, sono tenuti al risarcimento, se non provano di avere adottato tutte le misure idonee a evitare il danno (2).

*2. Il certificatore che rilascia al pubblico un certificato qualificato è responsabile, nei confronti dei terzi che facciano affidamento sul certificato stesso, dei danni provocati per effetto della mancata o non tempestiva registrazione della revoca o non tempestiva sospensione del certificato, secondo quanto previsto. Dalle regole tecniche di cui all'articolo 71, salvo che provi d'aver agito senza colpa**.

3. [Il certificato qualificato può contenere limiti d'uso ovvero un valore limite per i negozi per i quali può essere usato il certificato stesso, purché i limiti d'uso o il valore limite siano riconoscibili da parte dei terzi e siano chiaramente evidenziati nel certificato. Secondo quanto previsto dalle regole tecniche di cui all'articolo 71.] Il prestatore di servizi di firma digitale o di altra firma elettronica qualificata non è responsabile dei danni derivanti dall'uso di un certificato qualificato che ecceda i limiti eventualmente posti dallo stesso ai sensi dell'articolo 28, comma 3, a condizione che limiti d'uso e di valore siano chiaramente riconoscibili secondo quanto previsto dall'articolo 28, comma 3-bis (3).

(1) Rubrica sostituita dall'art. 26, co. 1, lett. a), d.lg. 26/8/2016, n. 179 e successivamente modificata dall'art. 29, co. 1, lett. a), d.lg. 13/12/2017, n. 217.

(2) Comma sostituito dall'art. 26, co. 1, lett. b), d.lg. 26/8/2016, n. 179 e successivamente modificato dall'art. 29, co. 1, lett. b), d.lg. 13/12/2017, n. 217 e nuovamente modificato dall'art. 25, co. 1, lett. c), d.l. 16/7/2020, n. 76. Conv., con modif., dalla l. 11/9/2020, n. 120 (in S.O. n. 33, relativo alla G.U. 14/9/2020, n. 228).

* Comma abrogato dall'art. 26, co. 1, lett. c), d.lg. 26/8/2016, n. 179.

(3) Comma modificato dall'art. 13 del d.lg. 4/4/2006, n. 159 e successivamente dall'art. 29, co. 1, lett. c), d.lg. 13/12/2017, n. 217.

31. Vigilanza sull'attività dei certificatori e dei gestori di posta elettronica certificata* (1). – *1. AgID svolge funzioni di vigilanza e controllo sull'attività dei certificatori qualificati e dei gestori di posta elettronica certificata* (2).

* Articolo abrogato dall'art. 64, co. 1, lett. g), d.lg. 26/8/2016, n. 179.

(1) Articolo sostituito dall'art. 21, co. 1, d.lg. 30/12/2010, n. 235.

(2) Comma modificato dall'art. 61, co. 2, lett. b), d.lg. 26/8/2016, n. 179.

32. Obblighi del titolare di firma elettronica qualificata e del prestatore di servizi di firma elettronica qualificata (1). – 1. Il titolare del certificato di firma è tenuto ad assicurare la custodia del dispositivo di firma o degli strumenti di autenticazione informatica per l'utilizzo del dispositivo di firma da remoto, e ad adottare tutte le misure organizzative e tecniche idonee ad evitare danno ad altri; è altresì tenuto ad utilizzare personalmente il dispositivo di firma (2).

2. Il prestatore di servizi di firma elettronica qualificata è tenuto ad adottare tutte le misure organizzative e tecniche idonee ad evitare danno a terzi (3).

3. Il prestatore di servizi di firma elettronica qualificata che rilascia[, ai sensi dell'articolo 19,] certificati qualificati deve comunque (4):

a) provvedere con certezza alla identificazione della persona che fa richiesta della certificazione;

b) rilasciare e rendere pubblico il certificato elettronico nei modi o nei casi stabiliti dalle Linee guida, nel rispetto del decreto legislativo 30 giugno 2003, n. 196, e successive modificazioni (5) (6);

c) specificare, nel certificato qualificato su richiesta dell'istante, e con il consenso del terzo interessato, i poteri di rappresentanza o altri titoli relativi all'attività professionale o a cariche rivestite, previa verifica della documentazione presentata dal richiedente che attesta la sussistenza degli stessi;

d) attenersi alle Linee guida (6);

e) informare i richiedenti in modo compiuto e chiaro, sulla procedura di certificazione e sui necessari requisiti tecnici per accedervi e sulle caratteristiche e sulle limitazioni d'uso delle firme emesse sulla base del servizio di certificazione;

*f) non rendersi depositario di dati per la creazione della firma del titolare;**

g) procedere alla tempestiva pubblicazione della revoca e della sospensione del certificato elettronico in caso di richiesta da parte del titolare di firma elettronica qualificata o del terzo dal quale derivino i poteri del titolare di firma elettronica qualificata medesimo, di perdita del possesso o della compromissione del dispositivo di firma, o degli strumenti di autenticazione informatica per l'utilizzo del dispositivo di firma, di provvedimento dell'autorità, di acquisizione della conoscenza di cause limitative della capacità del titolare di firma elettronica qualificata, di sospetti abusi o falsificazioni, secondo quanto previsto dalle Linee guida (7);

h) garantire un servizio di revoca e sospensione dei certificati elettronici sicuro e tempestivo nonché garantire il funzionamento efficiente, puntuale e sicuro degli elenchi dei certificati di firma emessi, sospesi e revocati;

i) assicurare la precisa determinazione della data e dell'ora di rilascio, di revoca e di sospensione dei certificati elettronici;

j) tenere registrazione, anche elettronica, di tutte le informazioni relative al certificato qualificato dal momento della sua emissione almeno per venti anni anche al fine di fornire prova della certificazione in eventuali procedimenti giudiziari (8);

k) non copiare, né conservare, le chiavi private di firma del soggetto cui il prestatore di servizi di firma elettronica qualificata ha fornito il servizio di certificazione;

l) predisporre su mezzi di comunicazione durevoli tutte le informazioni utili ai soggetti che richiedono il servizio di certificazione, tra cui in particolare gli esatti termini e condizioni relative all'uso del certificato, compresa ogni limitazione dell'uso, l'esistenza di un sistema di accreditamento facoltativo e le procedure di reclamo e di risoluzione delle controversie; dette informazioni, che possono essere trasmesse elettronicamente, devono essere scritte in linguaggio chiaro ed essere fornite prima dell'accordo tra il richiedente il servizio ed il prestatore di servizi di firma elettronica qualificata;

m) utilizzare sistemi affidabili per la gestione del registro dei certificati con modalità tali da garantire che soltanto le persone autorizzate possano effettuare inserimenti e modifiche, che l'autenticità delle informazioni sia verificabile, che i certificati siano accessibili alla consultazione del pubblico soltanto nei casi consentiti dal titolare del certificato e che l'operatore possa rendersi conto di qualsiasi evento che comprometta i requisiti di sicurezza. Su richiesta, elementi pertinenti delle informazioni possono essere resi accessibili a terzi che facciano affidamento sul certificato;

m-bis) garantire il corretto funzionamento e la continuità del sistema e comunicare immediatamente a AgID e agli utenti eventuali malfunzionamenti che determinano disservizio, sospensione o interruzione del servizio stesso (9).

4. Il prestatore di servizi di firma elettronica qualificata è responsabile dell'identificazione del soggetto che richiede il certificato qualificato di firma anche se tale attività è delegata a terzi.

5. Il prestatore di servizi di firma elettronica qualificata raccoglie i dati personali direttamente dalla persona cui si riferiscono o, previo suo esplicito consenso, tramite il terzo, e soltanto nella misura necessaria al rilascio e al mantenimento del certificato, fornendo l'informativa prevista dall'articolo 13 del decreto legislativo 30 giugno 2003, n. 196. I dati non possono essere raccolti o elaborati per fini diversi senza l'espresso consenso della persona cui si riferiscono (10).

(1) Rubrica sostituita dall'art. 27, co. 1, lett. a), d.lg. 26/8/2016, n. 179 e successivamente modificata dall'art. 30, co. 1, lett. a), d.lg. 13/12/2017, n. 217.

(2) Comma modificato dall'art. 14 del d.lg. 4/4/2006, n. 159 e dall'art. 27, co. 1, lett. a), d.lg. 26/8/2016, n. 179.

(3) Comma modificato dall'art. 14 del d.lg. 4/4/2006, n. 159.

(4) Alinea modificato dall'art. 27, co. 1, lett. d), d.lg. 26/8/2016, n. 179 e successivamente dall'art. 30, co. 1, lett. b), n. 1), d.lg. 13/12/2017, n. 217.

(5) Per le regole tecniche in materia di generazione, apposizione e verifica delle firme elettroniche avanzate, qualificate e digitali di cui alla presente lettera, vedi il d.p.c.m. 22/2/2013.

(6) Lettera modificata dall'art. 66, co. 1, d.lg. 13/12/2017, n. 217.

* Lettera soppressa dall'art. 22, co. 1, lett. a), d.lg. 30/12/2010, n. 235.

(7) Lettera modificata dall'art. 27, co. 1, lett. a), d.lg. 26/8/2016, n. 179 e successivamente dagli artt. 30, co. 1, lett. b), n. 2), e 66, co. 1, d.lg. 13/12/2017, n. 217.

(8) Lettera modificata dall'art. 14 del d.lg. 4/4/2006, n. 159.

(9) Lettera inserita dall'art. 22, co. 1, lett. e), d.lg. 30/12/2010, n. 235 e successivamente modificata dall'art. 61, co. 2, lett. b), d.lg. 26/8/2016, n. 179.

(10) Comma modificato dall'art. 27, co. 1, lett. f), d.lg. 26/8/2016, n. 179.

32 bis. Sanzioni per i prestatori di servizi fiduciari qualificati, per i gestori di posta elettronica certificata, per i gestori dell'identità digitale e per i conservatori (1). – 1. L'AgID può irrogare ai prestatori di servizi fiduciari qualificati, ai gestori di posta elettronica certificata, ai gestori dell'identità digitale e ai soggetti di cui all'articolo 34, comma 1-bis, lettera b), che abbiano violato gli obblighi del Regolamento eIDAS o del presente Codice relative alla prestazione dei predetti servizi, sanzioni amministrative in relazione alla gravità della violazione accertata e all'entità del danno provocato all'utenza, per importi da un minimo di euro 40.000,00 a un massimo di euro 400.000,00, fermo restando il diritto al risarcimento del maggior danno. Le sanzioni per le violazioni commesse dai soggetti di cui all'articolo 34, comma 1-bis, lettera b), sono fissate nel minimo in euro 4.000,00 e nel massimo in euro 40.000,00. Le violazioni del presente Codice idonee a esporre a rischio i diritti e gli interessi di una pluralità di utenti o relative a significative carenze infrastrutturali o di processo del fornitore di servizio si considerano gravi. AgID, laddove accerti tali gravi violazioni, dispone altresì la cancellazione del fornitore del servizio dall'elenco dei soggetti qualificati e il divieto di accreditamento o qualificazione per un periodo fino ad un massimo di due anni. Le sanzioni vengono irrogate dal direttore generale dell'AgID. Si applica, in quanto compatibile, la disciplina della legge 24 novembre 1981, n. 689 (2).

1-bis. L'AgID irroga la sanzione amministrativa di cui al comma 1 e diffida i soggetti a conformare la propria condotta agli obblighi previsti dalla disciplina vigente (3).

2. Fatti salvi i casi di forza maggiore o di caso fortuito, qualora si verifichi un malfunzionamento nei servizi forniti dai soggetti di cui al comma 1 che determini l'interruzione del servizio, ovvero in caso di mancata o intempestiva comunicazione dello stesso disservizio a AgID o agli utenti, ai sensi dell'articolo 32, comma 3, lettera m-bis), AgID, ferma restando l'irrogazione delle sanzioni amministrative, diffida altresì i soggetti di cui al comma 1 a ripristinare la regolarità del servizio o ad effettuare le comunicazioni previste. Se l'interruzione del servizio ovvero la mancata o intempestiva comunicazione sono reiterati nel corso di un biennio, successivamente alla prima diffida si applica la sanzione della cancellazione dall'elenco pubblico (4).

3. Nei casi di cui ai commi 1, 1-bis e 2 può essere applicata la sanzione amministrativa accessoria della pubblicazione dei provvedimenti di diffida o di cancellazione secondo la legislazione vigente in materia di pubblicità legale (5).

*4. Qualora un certificatore qualificato o un gestore di posta elettronica certificata non ottemperi, nei tempi previsti, a quanto prescritto da DigitPA nell'esercizio delle attività di vigilanza di cui all'articolo 31 si applica la disposizione di cui al comma 2.**

(1) Articolo inserito dall'art. 22, co. 2, d.lg. 30/12/2010, n. 235.

• Rubrica sostituita dall'art. 28, co. 1, lett. a), d.lg. 26/8/2016, n. 179.

(2) Comma sostituito dall'art. 28, co. 1, lett. b), d.lg. 26/8/2016, n. 179 e successivamente modificato dall'art. 31, co. 1, lett. a) e b), d.lg. 13/12/2017, n. 217 nonché nuovamente modificato dall'art. 25, co. 1, lett. d), d.l. 16/7/2020, n. 76 conv., con modif., dalla l. 11/9/2020, n. 120 (in S.O. n. 33, relativo alla G.U. 14/9/2020, n. 228) e da ultimo modificato dall'art. 27 co. 1, d.l. 6/11/2021, n.152, conv., con modif., dalla l. 29/12/2021, n. 233.

(3) Comma aggiunto dall'art. 28, co. 1, lett. c), d.lg. 26/8/2016, n. 179 e successivamente modificato dall'art. 31, co. 1, lett. c), d.lg. 13/12/2017, n. 217.

(4) Comma modificato dagli artt. 28, co. 1, lett. d), e 61, co. 2, lett. b), d.lg. 26/8/2016, n. 179 e successivamente sostituito dall'art. 31, co. 1, lett. c), d.lg. 13/12/2017, n. 217.

(5) Comma modificato dall'art. 28, co. 1, lett. e), d.lg. 26/8/2016, n. 179.

* Comma abrogato dall'art. 28, co. 1, lett. f), d.lg. 26/8/2016, n. 179.

33. Uso di pseudonimi*. – *1. In luogo del nome del titolare il certificatore può riportare sul certificato elettronico uno pseudonimo, qualificandolo come tale.*

Se il certificato è qualificato, il certificatore ha l'obbligo di conservare le informazioni relative alla reale identità del titolare per almeno venti anni decorrenti dall'emissione del certificato stesso (1).

* Articolo abrogato dall'art. 64, co. 1, lett. a), d.lg. 13/12/2017, n. 217.

(1) Comma modificato dall'art. 23, co. 1, d.lg. 30/12/2010, n. 235.

34. Norme particolari per le pubbliche amministrazioni (1). – 1. Ai fini della sottoscrizione, ove prevista, di documenti informatici di rilevanza esterna, le pubbliche amministrazioni:

a) possono svolgere direttamente l'attività di rilascio dei certificati qualificati avendo a tale fine l'obbligo di qualificarsi ai sensi dell'articolo 29; tale attività può essere svolta esclusivamente nei confronti dei propri organi ed uffici, nonché di categorie di terzi, pubblici o privati. [I certificati qualificati rilasciati in favore di categorie di terzi possono essere utilizzati soltanto nei rapporti con l'Amministrazione certificante, al di fuori dei quali sono privi di ogni effetto ad esclusione di quelli rilasciati da collegi e ordini professionali e relativi organi agli iscritti nei rispettivi albi e registri; con decreto del Presidente del Consiglio dei Ministri, su proposta dei Ministri per la funzione pubblica e per l'innovazione e le tecnologie e dei Ministri interessati, di concerto con il Ministro dell'economia e delle finanze, sono definite le categorie di terzi e le caratteristiche dei certificati qualificati (2);

b) possono rivolgersi a prestatori di servizi di firma digitale o di altra firma elettronica qualificata, secondo la vigente normativa in materia di contratti pubblici (3).

1-bis. Le pubbliche amministrazioni possono procedere alla conservazione dei documenti informatici: a) all'interno della propria struttura organizzativa; b) affidandola, in modo totale o parziale, nel rispetto della disciplina vigente, ad altri soggetti, pubblici o privati che possiedono i requisiti di qualità, di sicurezza e organizzazione individuati, nel rispetto della disciplina europea, nelle Linee guida di cui all'art. 71 relative alla formazione, gestione e conservazione dei documenti informatici nonché in un regolamento sui criteri per la fornitura dei servizi di conservazione dei documenti informatici emanato da AgID, avuto riguardo all'esigenza di assicurare la conformità dei documenti conservati agli originali nonché la qualità e la sicurezza del sistema di Conservazione (4).

2. Per la formazione, gestione e sottoscrizione di documenti informatici aventi rilevanza esclusivamente interna ciascuna amministrazione può adottare, nella propria autonomia organizzativa, regole diverse da quelle contenute nelle regole tecniche di cui all'articolo 71.*

3. Le regole tecniche concernenti la qualifica di pubblico ufficiale, l'appartenenza ad ordini o collegi professionali, l'iscrizione ad albi o il possesso di altre abilitazioni sono emanate con decreti di cui all'articolo 71 di concerto con il Ministro per la funzione pubblica, con il Ministro della giustizia e con gli altri Ministri di volta in volta interessati, sulla base dei principi generali stabiliti dai rispettivi ordinamenti.

*4. Nelle more della definizione delle specifiche norme tecniche di cui al comma 3, si applicano le norme tecniche vigenti in materia di firme digitali. 5. Entro ventiquattro mesi dalla data di entrata in vigore del presente codice le pubbliche amministrazioni devono dotarsi di idonee procedure informatiche e strumenti software per la verifica delle firme digitali secondo quanto previsto dalle regole tecniche di cui all'articolo 7**.*

(1) Rubrica sostituita dall'art. 29, co. 1, lett. a), d.lg. 26/8/2016, n. 179.

(2) Lettera modificata dall'art. 15 del d.lg. 4/4/2006, n. 159 e dall'art. 29, co. 1, lett. b), d.lg. 26/8/2016, n. 179.

(3) Lettera modificata dall'art. 32, co. 1, lett. a), d.lg. 13/12/2017, n. 217.

(4) Comma inserito dall'art. 32, co. 1, lett. b), d.lg. 13/12/2017, n. 217 e successivamente modificato dall'art. 25, co. 1, lett. e), d.l. 16/7/2020, n. 76, conv., con modif., dalla l. 11/9/2020, n. 120 (in S.O. n. 33, relativo alla G.U. 14/9/2020, n. 228).

* Comma modificato dall'art. 15 del d.lg. 4/4/2006, n. 159 e successivamente abrogato dall'art. 32, co. 1, lett. b), d.lg. 13/12/2017, n. 217.

** Commi abrogati dall'art. 29, co. 1, lett. c), d.lg. 26/8/2016, n. 179.

35. Dispositivi sicuri e procedure per la generazione della firma qualificata (1). – 1. I dispositivi sicuri e le procedure utilizzate per la generazione delle firme devono presentare requisiti di sicurezza tali da garantire che la chiave privata:

a) sia riservata;

b) non possa essere derivata e che la relativa firma sia protetta da contraffazioni;

c) possa essere sufficientemente protetta dal titolare dall'uso da parte di terzi.

1-bis) Fermo restando quanto previsto dal comma 1, i dispositivi per la creazione di una firma elettronica qualificata o di un sigillo elettronico soddisfano i requisiti di cui all'Allegato II del Regolamento eIDAS (2).

2. I dispositivi sicuri e le procedure di cui al comma 1 devono garantire l'integrità dei documenti informatici a cui la firma si riferisce. I documenti informatici devono essere presentati al titolare di firma elettronica, prima dell'apposizione della firma, chiaramente e senza ambiguità, e si deve richiedere conferma della volontà di generare la firma secondo quanto previsto dalle Linee guida (3).

3. Il secondo periodo del comma 2 non si applica alle firme apposte con procedura automatica. La firma con procedura automatica è valida se apposta previo consenso del titolare all'adozione della procedura medesima (4).

4. I dispositivi sicuri di firma devono essere dotati di certificazione di sicurezza ai sensi dello schema nazionale di cui al comma 5 (4).

5. La conformità dei requisiti di sicurezza dei dispositivi per la creazione di una firma elettronica qualificata di un sigillo elettronico prescritti dall'Allegato II del regolamento eIDAS è accertata, in Italia, dall'Organismo di certificazione della sicurezza informatica in base allo schema nazionale per la valutazione e certificazione di sicurezza nel settore della tecnologia dell'informazione, fissato con decreto del Presidente del Consiglio dei Ministri, o, per sua delega, del Ministro per l'innovazione e le tecnologie, di concerto con i Ministri delle comunicazioni, delle attività produttive e dell'economia e delle finanze. L'attuazione dello schema nazionale non deve determinare nuovi o maggiori oneri per il bilancio dello Stato. Lo schema nazionale può prevedere altresì la valutazione e la certificazione relativamente ad ulteriori criteri europei ed internazionali, anche riguardanti altri sistemi e prodotti afferenti al settore suddetto. La valutazione della conformità del sistema e degli strumenti di autenticazione utilizzati dal titolare delle chiavi di firma è effettuata dall'Agenzia per l'Italia digitale in

conformità ad apposite linee guida da questa emanate, acquisito il parere obbligatorio dell'Organismo di certificazione della sicurezza informatica (5).

6. La conformità di cui al comma 5 è inoltre riconosciuta se accertata da un organismo all'uopo designato da un altro Stato membro e notificato ai sensi dell'articolo 30, comma 2, del Regolamento eIDAS. Ove previsto dall'organismo di cui al periodo precedente, la valutazione della conformità del sistema e degli strumenti di autenticazione utilizzati dal titolare delle chiavi di firma è effettuata dall'AgID in conformità alle linee guida di cui al comma 5 (6).

(1) Rubrica sostituita dall'art. 30, co. 1, lett. a), d.lg. 26/8/2016, n. 179.

(2) Comma aggiunto dall'art. 30, co. 1, lett. b), d.lg. 26/8/2016, n. 179.

(3) Per le regole tecniche in materia di generazione, apposizione e verifica delle firme elettroniche avanzate, qualificate e digitali di cui al presente comma, vedi il d.p.c.m. 22/2/2013.

• Comma modificato dagli artt. 33, co. 1, e 66, co. 1, d.lg. 13/12/2017, n. 217.

(4) Comma sostituito dall'art. 24, co. 1, lett. a), d.lg. 30/12/2010, n. 235.

(5) Comma modificato dall'art. 24, co. 1, lett. b), d.lg. 30/12/2010, n. 235 e successivamente dall'art. 15, co. 5-ter, d.l. 18/10/2012, n. 179 e dall'art. 30, co. 1, lett. c), d.lg. 26/8/2016, n. 179.

(6) Comma sostituito dall'art. 24, co. 1, lett. c), d.lg. 30/12/2010, n. 235 e dall'art. 30, co. 1, lett. d), d.lg. 26/8/2016, n. 179.

36. Revoca e sospensione dei certificati qualificati. – 1. Il certificato qualificato deve essere a cura del certificatore:

a) revocato in caso di cessazione dell'attività del certificatore salvo quanto previsto dal comma 2 dell'articolo 37 (1);

b) revocato o sospeso in esecuzione di un provvedimento dell'autorità;

c) revocato o sospeso a seguito di richiesta del titolare o del terzo dal quale derivano i poteri del titolare, secondo le modalità previste nel presente codice;

d) revocato o sospeso in presenza di cause limitative della capacità del titolare o di abusi o falsificazioni.

2. Il certificato qualificato può, inoltre, essere revocato o sospeso nei casi previsti dalle Linee guida, per violazione delle regole tecniche ivi contenute (2).

3. La revoca o la sospensione del certificato qualificato, qualunque ne sia la causa, ha effetto dal momento della pubblicazione della lista che lo contiene. Il momento della pubblicazione deve essere attestato mediante adeguato riferimento temporale.

4. Le modalità di revoca o sospensione sono previste nelle Linee guida (3).

(1) Lettera modificata dall'art. 16 del d.lg. 4/4/2006, n. 159.

(2) Per le regole tecniche in materia di generazione, apposizione e verifica delle firme elettroniche avanzate, qualificate e digitali di cui al presente comma, vedi il d.p.c.m. 22/2/2013.

• Comma modificato dagli artt. 34, co. 1, e 66, co. 1, d.lg. 13/12/2017, n. 217.

(3) Comma modificato dall'art. 66, co. 1, d.lg. 13/12/2017, n. 217

37. Cessazione dell'attività. – 1. Il prestatore di servizi fiduciari qualificato che intende cessare l'attività deve, almeno sessanta giorni prima della data di cessazione, darne avviso al CNIPA e informare senza indugio i titolari dei certificati da lui emessi specificando che tutti i certificati non scaduti al momento della cessazione saranno revocati (1).

2. Il prestatore di cui al comma 1 comunica contestualmente la rilevazione della documentazione da parte di altro certificatore o l'annullamento della stessa. L'indicazione di un prestatore di servizi fiduciari qualificato sostitutivo evita la revoca di tutti i certificati non scaduti al momento della cessazione (2).

3. Il prestatore di cui al comma 1 indica altro depositario del registro dei certificati e della relativa documentazione (3).

4. Il CNIPA rende nota la data di cessazione dell'attività del prestatore di cui al comma 1 tramite l'elenco di cui all'articolo 29, comma 6 (4).

4-bis. Qualora il prestatore di cui al comma 1 cessi la propria attività senza indicare, ai sensi del comma 2, un prestatore di servizi fiduciari qualificato sostitutivo e non si impegni a garantire la conservazione e la disponibilità della documentazione prevista dagli articoli 33 e 32, comma 3, lettera j) e delle ultime liste di revoca emesse, deve provvedere al deposito presso AgID che ne garantisce la conservazione e la disponibilità (5).

4-ter. Nel caso in cui il prestatore di cui al comma 1 non ottemperi agli obblighi previsti dal presente articolo, AgID intima al prestatore di ottemperarvi entro un termine non superiore a trenta giorni. In caso di mancata ottemperanza entro il suddetto termine, si applicano le sanzioni di cui all'articolo 32-bis; le sanzioni pecuniarie previste dal predetto articolo sono aumentate fino al doppio (6).

(1) Comma modificato dall'art. 31, co. 1, lett. a), d.lg. 26/8/2016, n. 179.

(2) Comma modificato dall'art. 31, co. 1, lett. b), d.lg. 26/8/2016, n. 179.

(3) Comma modificato dall'art. 31, co. 1, lett. c), d.lg. 26/8/2016, n. 179.

(4) Comma modificato dall'art. 31, co. 1, lett. d), d.lg. 26/8/2016, n. 179.

(5) Comma aggiunto dall'art. 25, co. 1, d.lg. 30/12/2010, n. 235 e successivamente modificato dagli artt. 31, co. 1, lett. e), e 61, co. 2, lett..b), d.lg. 26/8/2016, n. 179.

(6) Comma aggiunto dall'art. 31, co. 1, lett. f), d.lg. 26/8/2016, n. 179.

Sezione III
Trasferimenti di fondi, libri e scritture (1)

(1) Rubrica così sostituita dall'art. 26, co. 1, d.lg. 30/12/2010, n. 235. In precedenza, la rubrica originaria "Contratti, pagamenti, libri e scritture" era stata sostituita in "Pagamenti, libri e scritture" dall'art. 17, co. 1, d.lg. 4/4/2006, n. 159.

38. Trasferimenti di fondi (1). – 1. Il trasferimento in via telematica di fondi tra pubbliche amministrazioni e tra queste e soggetti privati è effettuato secondo le Linee guida, sentiti il Dipartimento della funzione pubblica, i Ministeri della giustizia e dell'economia e delle finanze, nonché il Garante per la protezione dei dati personali e la Banca d'Italia (2).

(1) Rubrica sostituita dall'art. 26, co. 2, d.lg. 30/12/2010, n. 235.

(2) Comma modificato dagli artt. 35, co. 1, e 66, co. 1, d.lg. 13/12/2017, n. 217.

39. Libri e scritture. – 1. I libri, i repertori e le scritture, ivi compresi quelli previsti dalla legge sull'ordinamento del notariato e degli archivi notarili, di cui sia obbligatoria la tenuta possono essere formati e conservati su supporti informatici in conformità alle disposizioni del presente codice e secondo le Linee guida (1).

(1) Comma modificato dall'art. 66, co. 1, d.lg. 13/12/2017, n. 217.

Capo III
Gestione, conservazione e accessibilità dei documenti e fascicoli informatici (1)

(1) Rubrica così sostituita dall'art. 36, co. 1, d.lg. 13/12/017, n. 217.

Sezione I

Documenti della pubblica amministrazione (1)

(1) Intitolazione inserita dall'art. 36, co. 2, d.lg. 13/12/2017, n. 217.

40. Formazione di documenti informatici. – 1. Le pubbliche amministrazioni [*che dispongono di idonee risorse tecnologiche]* formano gli originali dei propri documenti, inclusi quelli inerenti ad albi, elenchi e pubblici registri, con mezzi informatici secondo le disposizioni di cui al presente codice e le Linee guida (1).

2. Fermo restando quanto previsto dal comma 1, la redazione di documenti originali su supporto cartaceo, nonché la copia di documenti informatici sul medesimo supporto è consentita solo ove risulti necessaria e comunque nel rispetto del principio dell'economicità.*

*3. Con apposito regolamento, da emanarsi entro 180 giorni dalla data di entrata in vigore del presente codice, ai sensi dell'articolo 17, comma 1, della legge 23 agosto 1988, n. 400, sulla proposta dei Ministri delegati per la funzione pubblica, per l'innovazione e le tecnologie e del Ministro per i beni e le attività culturali, sono individuate le categorie di documenti amministrativi che possono essere redatti in originale anche su supporto cartaceo in relazione al particolare valore di testimonianza storica ed archivistica che sono idonei ad assumere. 4. Il Presidente del Consiglio dei Ministri, con propri decreti, fissa la data dalla quale viene riconosciuto il valore legale degli albi, elenchi, pubblici registri ed ogni altra raccolta di dati concernenti stati, qualità personali e fatti già realizzati dalle amministrazioni, su supporto informatico, in luogo dei registri cartacei**.*

(1) Comma modificato dall'art. 27, co. 1, lett. a), d.lg. 30/12/2010, n. 235 e successivamente dall'art. 32, co. 1, lett. a), d.lg. 26/8/2016, n. 179 e dall'art. 66, co. 1, d.lg. 13/12/2017, n. 217.

* Comma abrogato dall'art. 27, co. 1, lett. b), d.lg. 30/12/2010, n. 235.

** Commi abrogati dall'art. 32, co. 1, lett. b), d.lg. 26/8/2016, n. 179.

40 bis (Protocollo informatico) (1). – 1. Formano comunque oggetto di registrazione di protocollo ai sensi dell'articolo 53 del decreto del Presidente della Repubblica 28 dicembre 2000, n. 445, le comunicazioni che provengono da o sono inviate a domicili digitali eletti ai sensi di quanto previsto all'articolo 3-bis, nonché le istanze e le dichiarazioni di cui all'articolo 65 in conformità alle Linee guida (2).

(1) Articolo inserito dall'art. 27, co. 2, d.lg. 30/12/2010, n. 235 e successivamente modificato dall'art. 33, co. 1, d.lg. 26/8/2016, n. 179.

(2) Comma modificato dagli artt. 37, co. 1, e 66, co. 1, d.lg. 13/12/2017, n. 217.

40 ter. Sistema pubblico di ricerca documentale (1). – 1. La Presidenza del Consiglio dei ministri promuove lo sviluppo e la sperimentazione di un sistema volto a facilitare la ricerca dei documenti soggetti a obblighi di pubblicità legale, trasparenza o a registrazione di protocollo ai sensi dell'articolo 53 del decreto del Presidente della Repubblica 28 dicembre 2000, n. 445, e di cui all'articolo 40-bis e dei fascicoli dei procedimenti di cui all'articolo 41, nonché a consentirne l'accesso on-line ai soggetti che ne abbiano diritto ai sensi della disciplina vigente.

(1) Articolo inserito dall'art. 37, co. 2, d.lg. 13/12/2017, n. 217.

Sezione II

Gestione e conservazione dei documenti (1)

(1) Intitolazione inserita dall'art. 37, co. 3, d.lg. 13/12/2017, n. 217.

41. Procedimento e fascicolo informatico (1). – 1. Le pubbliche amministrazioni gestiscono i procedimenti amministrativi utilizzando le tecnologie dell'informazione e della comunicazione. Per ciascun procedimento amministrativo di loro competenza, esse forniscono gli opportuni servizi di interoperabilità o integrazione, ai sensi di quanto previsto dagli articoli 12 e 64-bis (2).

1-bis. La gestione dei procedimenti amministrativi è attuata in modo da consentire, mediante strumenti automatici, il rispetto di quanto previsto all'articolo 54, commi 2-ter e 2-quater.*

2. La pubblica amministrazione titolare del procedimento raccoglie in un fascicolo informatico gli atti, i documenti e i dati del procedimento medesimo da chiunque formati; all'atto della comunicazione dell'avvio del procedimento ai sensi dell'articolo 8 della legge 7 agosto 1990, n. 241, comunica agli interessati le modalità per esercitare in via telematica i diritti di cui all'articolo 10 della citata legge 7 agosto 1990, n. 241 (3).

2-bis. Il fascicolo informatico è realizzato garantendo la possibilità di essere direttamente consultato ed alimentato da tutte le amministrazioni coinvolte nel procedimento e dagli interessati, nei limiti ed alle condizioni previste dalla disciplina vigente, attraverso i servizi di cui agli articoli 40-ter e 64-bis. Le Linee guida per la costituzione, l'identificazione, l'accessibilità attraverso i suddetti servizi e l'utilizzo del fascicolo sono dettate dall'AgID ai sensi dell'articolo 71 e sono conformi ai principi di una corretta gestione documentale ed alla disciplina della formazione, gestione, conservazione e trasmissione del documento informatico, ivi comprese le regole concernenti il protocollo informatico ed il sistema pubblico di connettività, e comunque rispettano i criteri dell'interoperabilità e dell'integrazione [, di concerto con il Ministro della funzione pubblica] (4).

2-ter. Il fascicolo informatico reca l'indicazione:

a) dell'amministrazione titolare del procedimento, che cura la costituzione e la gestione del fascicolo medesimo;

b) delle altre amministrazioni partecipanti;

c) del responsabile del procedimento;

d) dell'oggetto del procedimento;

e) dell'elenco dei documenti contenuti, salvo quanto disposto dal comma 2-quater (5);

e-bis) dell'identificativo del fascicolo medesimo apposto con modalità idonee a consentirne l'indicizzazione e la ricerca attraverso il sistema di cui all'articolo 40-ter nel rispetto delle Linee guida (6).

2-quater. Il fascicolo informatico può contenere aree a cui hanno accesso solo l'amministrazione titolare e gli altri soggetti da essa individuati; esso è formato in modo da garantire la corretta collocazione, la facile reperibilità e la collegialità, in relazione al contenuto ed alle finalità, dei singoli documenti. Il fascicolo informatico è inoltre costituito in modo da garantire l'esercizio in via telematica dei diritti previsti dalla citata legge n. 241 del 1990 e dall'articolo 5, comma 2, del decreto legislativo 14 marzo 2013, n. 33, nonché l'immediata conoscibilità anche attraverso i servizi di cui agli articoli 40-ter e 64-bis, sempre per via telematica, dello stato di avanzamento del procedimento, del nominativo e del recapito elettronico del responsabile del procedimento. AgID detta, ai sensi dell'articolo 71, Linee guida idonee a garantire l'interoperabilità tra i sistemi di gestione dei fascicoli dei procedimenti e i servizi di cui agli articoli 40-ter e 64-bis (7).

*3. Ai sensi degli articoli da 14 a 14-quinquies della legge 7 agosto 1990, n. 241, previo accordo tra le amministrazioni coinvolte, la conferenza dei servizi è convocata e svolta avvalendosi degli strumenti informatici disponibili, secondo i tempi e le modalità stabiliti dalle amministrazioni medesime**.*

(1) Vedi il d.p.c.m. 13/11/2014.

(2) Comma sostituito dall'art. 34, co. 1, lett. a), d.lg. 26/8/2016, n. 179 e successivamente modificato dall'art. 38, co. 1, lett. a), d.lg. 13/12/2017, n. 217.

* Comma inserito dall'art. 28, co. 1, lett. a), d.lg. 30/12/2010, n. 235 e successivamente abrogato dall'art. 34, co. 1, lett. c), d.lg. 26/8/2016, n. 179.

(3) Comma modificato dall'art. 28, co. 1, lett. b), d.lg. 30/12/2010, n. 235.

(4) Comma inizialmente inserito dall'art. 18 del d.lg. 4/4/2006, n. 159 e successivamente modificato dall'art. 28, co. 1, lett. c), d.lg. 30/12/2010, n. 235, dall'art. 34, co. 1, lett. b), d.lg. 26/8/2016, n. 179 e dall'art. 38, co. 1, lett. b), d.lg. 13/12/2017, n. 217.

(5) Comma inserito dall'art. 18 del d.lg. 4/4/2006, n. 159.

(6) Lettera aggiunta dall'art. 28, co. 1, lett. d), d.lg. 30/12/2010, n. 235 e successivamente modificata dall'art. 38, co. 1, lett. d), d.lg. 13/12/2017, n. 217.

(7) Comma inserito dall'art. 18 del d.lg. 4/4/2006, n. 159 e successivamente modificato dall'art. 38, co. 1, lett. e), d.lg. 13/12/2017, n. 217.

** Comma abrogato dall'art. 34, co. 1, lett. c), d.lg. 26/8/2016, n. 179.

42. Dematerializzazione dei documenti delle pubbliche amministrazioni. – 1. Le pubbliche amministrazioni valutano in termini di rapporto tra costi e benefici il recupero su supporto informatico dei documenti e degli atti cartacei dei quali sia obbligatoria o opportuna la conservazione e provvedono alla predisposizione dei conseguenti piani di sostituzione degli archivi cartacei con archivi informatici, nel rispetto delle Linee guida (1).

(1) Comma modificato dall'art. 66, co. 1, d.lg. 13/12/2017, n. 217.

43. Conservazione ed esibizione dei documenti (1). – 1. Gli obblighi di conservazione e di esibizione di documenti si intendono soddisfatti a tutti gli effetti di legge a mezzo di documenti informatici, se le relative procedure sono effettuate in modo tale da garantire la conformità ai documenti originali e sono conformi alle Linee guida (2).

1-bis. Se il documento informatico è conservato per legge da uno dei soggetti di cui all'articolo 2, comma 2, cessa l'obbligo di conservazione a carico dei cittadini e delle imprese che possono in ogni momento richiedere accesso al documento stesso ai medesimi soggetti di cui all'articolo 2, comma 2. Le amministrazioni rendono disponibili a cittadini ed imprese i predetti documenti attraverso servizi on-line accessibili previa identificazione con l'identità digitale di cui all'articolo 64 ed integrati con i servizi di cui agli articoli 40-ter e 64-bis (3).

2. Restano validi i documenti degli archivi, le scritture contabili, la corrispondenza ed ogni atto, dato o documento già conservati mediante riproduzione su supporto fotografico, su supporto ottico o con altro processo idoneo a garantire la conformità dei documenti agli originali ai sensi della disciplina vigente al momento dell'invio dei singoli documenti nel sistema di conservazione (4).

3. I documenti informatici, di cui è prescritta la conservazione per legge o regolamento, possono essere archiviati per le esigenze correnti anche con modalità cartacee e sono conservati in modo permanente con modalità digitali, nel rispetto delle Linee guida (5).

4. Sono fatti salvi i poteri di controllo del Ministero per i beni e le attività culturali sugli archivi delle pubbliche amministrazioni e sugli archivi privati dichiarati di notevole interesse storico ai sensi delle disposizioni del decreto legislativo 22 gennaio 2004, n. 42.

(1) Rubrica sostituita dall'art. 39, co. 1, lett. a), d.lg. 13/12/2017, n. 217.

• Comma modificato dall'art. 29, co. 1, lett. a), d.lg. 30/12/2010, n. 235 e successivamente sostituito dall'art. 39, co. 1, lett. b), d.lg. 13/12/2017, n. 217.

(2) Per le regole tecniche in materia di sistema di conservazione ai sensi del presente comma vedi il d.p.c.m. 3/12/2013.

(3) Comma aggiunto dall'art. 35, co. 1, d.lg. 26/8/2016, n. 179 e successivamente modificato dall'art. 39, co. 1, lett. c), d.lg. 13/12/2017, n. 217.

(4) Comma modificato dall'art. 39, co. 1, lett. d), d.lg. 13/12/2017, n. 217.

(5) Comma modificato dall'art. 29, co. 1, lett. b), d.lg. 30/12/2010, n. 235 e successivamente dall'art. 66, co. 1, d.lg. 13/12/2017, n. 217.

• Per le regole tecniche in materia di sistema di conservazione ai sensi del presente comma vedi il d.p.c.m. 3/12/2013.

44. Requisiti per la gestione e conservazione dei documenti informatici (1). – 1. Il sistema di gestione informatica dei documenti delle pubbliche amministrazioni, di cui all'articolo 52 del decreto del Presidente della Repubblica 28 dicembre 2000, n. 445, è organizzato e gestito, anche in modo da assicurare l'indicizzazione e la ricerca dei documenti e fascicoli informatici attraverso il sistema di cui all'articolo 40-ter nel rispetto delle Linee guida (2).

1-bis. Il sistema di gestione [e conservazione] dei documenti informatici delle pubbliche amministrazioni è gestito da un responsabile che opera d'intesa con il dirigente dell'ufficio di cui all'articolo 17 del presente Codice, il responsabile del trattamento dei dati personali di cui all'articolo 29 del decreto legislativo 30 giugno 2003, n. 196, ove nominato, e con il responsabile del sistema della conservazione dei documenti informatici, nella definizione e gestione delle attività di rispettiva competenza. Almeno una volta all'anno il responsabile della gestione dei documenti informatici provvede a trasmettere al sistema di conservazione i fascicoli e le serie documentarie anche relative a procedimenti non conclusi (3).

1-ter. In tutti i casi in cui la legge prescrive obblighi di conservazione, anche a carico di soggetti privati, il sistema di conservazione dei documenti informatici assicura, per quanto in esso conservato, caratteristiche di autenticità, integrità, affidabilità, leggibilità, reperibilità, secondo le modalità indicate nelle Linee guida (4).

1-quater. Il responsabile della conservazione, che opera d'intesa con il responsabile del trattamento dei dati personali, con il responsabile della sicurezza e con il responsabile dei sistemi informativi, può affidare, ai sensi dell'articolo 34, comma 1-bis, lettera b), la conservazione dei documenti informatici ad altri soggetti, pubblici o privati, che offrono idonee garanzie organizzative, e tecnologiche e di protezione dei dati personali. Il responsabile della conservazione della pubblica amministrazione, che opera d'intesa, oltre che con i responsabili di cui al comma 1-bis, anche con il responsabile della gestione documentale, effettua la conservazione dei documenti informatici secondo quanto previsto all'articolo 34, comma 1-bis (5).

(1) Per le regole tecniche in materia di sistema di conservazione ai sensi del presente articolo vedi il d.p.c.m. 3/12/2013.

• Rubrica sostituita dall'art. 36, co. 1, lett. a), d.lg. 26/8/2016, n. 179.

(2) Comma sostituito dall'art. 36, co. 1, lett. b), d.lg. 26/8/2016, n. 179 e successivamente dall'art. 40, co. 1, lett. a), d.lg. 13/12/2017, n. 217.

(3) Comma aggiunto dall'art. 30, co. 1, lett. b), d.lg. 30/12/2010, n. 235, successivamente sostituito dall'art. 36, co. 1, lett. c), d.lg. 26/8/2016, n. 179 e da ultimo modificato dall'art. 40, co. 1, lett. b), d.lg. 13/12/2017, n. 217.

(4) Comma aggiunto dall'art. 30, co. 1, lett. b), d.lg. 30/12/2010, n. 235 e successivamente modificato dall'art. 36, co. 1, lett. c), d.lg. 26/8/2016, n. 179 e nuovamente modificato dall'art. 25, co. 1, lett. f), d.l. 16/7/2020, n. 76.

(5) Comma aggiunto dall'art. 40, co. 1, lett. c), d.lg. 13/12/2017, n. 217.

44 bis. Conservatori accreditati (1). – *1. I soggetti pubblici e privati che svolgono attività di conservazione dei documenti informatici e di certificazione dei relativi processi anche per conto di terzi ed intendono conseguire il riconoscimento del possesso dei requisiti del livello più elevato, in termini di qualità e di sicurezza, chiedono l'accreditamento presso AgID secondo le regole tecniche di cui all'articolo 71* (2). *2. Si applicano, in quanto compatibili, gli articoli 26, 27, 29, ad eccezione del comma 3, lettera a) e 31. 3. I soggetti privati di cui al comma 1 sono costituiti in società di capitali con capitale sociale non inferiore a euro 200.000.*

* Articolo abrogato dall'art. 64, co. 1, lett. b), d.lg. 13/12/2017, n. 217.

(1) Articolo inserito dall'art. 30, co. 2, d.lg. 30/12/2010, n. 235.

• Per le regole tecniche in materia di sistema di conservazione ai sensi del presente articolo vedi il d.p.c.m. 3/12/2013.

(2) Comma modificato dagli artt. 37, co. 1 e 61, co. 2, lett. b), d.lg. 26/8/2016, n. 179.

Capo IV
Trasmissione informatica dei documenti

45. Valore giuridico della trasmissione. – 1. I documenti trasmessi da chiunque ad una pubblica amministrazione con qualsiasi mezzo telematico o informatico[, ivi compreso il fax], idoneo ad accertarne la [fonte di] provenienza, soddisfano il requisito della forma scritta e la loro trasmissione non deve essere seguita da quella del documento originale (1).

2. Il documento informatico trasmesso per via telematica si intende spedito dal mittente se inviato al proprio gestore, e si intende consegnato al destinatario se reso disponibile all'indirizzo elettronico da questi dichiarato, nella casella di posta elettronica del destinatario messa a disposizione dal gestore.

(1) Comma modificato dall'art. 31, co. 1, d.lg. 30/12/2010, n. 235 e successivamente dall'art. 41, co. 1, d.lg. 13/12/2017, n. 217.

46. Dati particolari contenuti nei documenti trasmessi. – 1. Al fine di garantire la riservatezza dei dati sensibili o giudiziari di cui all'articolo 4, comma 1, lettere d) ed e), del decreto legislativo 30 giugno 2003, n. 196, i documenti informatici trasmessi ad altre pubbliche amministrazioni per via digitale possono contenere soltanto i dati sensibili e giudiziari consentiti da legge o da regolamento e indispensabili per il perseguimento delle finalità per le quali sono acquisite (1).

(1) Comma modificato dall'art. 42, co. 1, d.lg. 13/12/2017, n. 217.

47. Trasmissione dei documenti tra le pubbliche amministrazioni (1). – 1. Le comunicazioni di documenti tra le pubbliche amministrazioni avvengono [di norma] mediante l'utilizzo della posta elettronica o in cooperazione applicativa; esse sono valide ai fini del procedimento amministrativo una volta che ne sia verificata la provenienza. Il documento può essere, altresì, reso disponibile previa comunicazione delle modalità di accesso telematico allo stesso (2).

1-bis. L'inosservanza della disposizione di cui al comma 1, ferma restando l'eventuale responsabilità per danno erariale, comporta responsabilità dirigenziale e responsabilità disciplinare (3).

2. Ai fini della verifica della provenienza le comunicazioni sono valide se:

a) sono sottoscritte con firma digitale o altro tipo di firma elettronica qualificata;

b) ovvero sono dotate di segnatura di protocollo di cui all'articolo 55 del decreto del Presidente della Repubblica 28 dicembre 2000, n. 445 (4);

c) ovvero è comunque possibile accertarne altrimenti la provenienza, secondo quanto previsto dalla normativa vigente o dalle Linee guida. È in ogni caso esclusa la trasmissione di documenti a mezzo fax (5);

d) ovvero trasmesse attraverso sistemi di posta elettronica certificata di cui al decreto del Presidente della Repubblica 11 febbraio 2005, n. 68.

3. I soggetti di cui all'articolo 2, comma 2, lettere a) e b), provvedono ad istituire e pubblicare nell'Indice dei domicili digitali delle pubbliche amministrazioni e dei gestori di pubblici servizi almeno una casella di posta elettronica certificata per ciascun registro di protocollo. Le pubbliche amministrazioni utilizzano per le comunicazioni tra l'amministrazione ed i propri dipendenti la posta elettronica o altri strumenti informatici di comunicazione nel rispetto delle norme in materia di protezione dei dati personali e previa informativa agli interessati in merito al grado di riservatezza degli strumenti utilizzati (6).

(1) Rubrica sostituita dall'art. 38, co. 1, lett. a), d.lg. 26/8/2016, n. 179.

(2) Comma modificato dall'art. 32, co. 1, lett. a), d.lg. 30/12/2010, n. 235 e dall'art. 38, co. 1, lett. b), d.lg. 26/8/2016, n. 179.

(3) Comma inserito dall'art. 6, co. 1, lett. a), d.l. 18/10/2012, n. 179.

(4) Lettera modificata dall'art. 32, co. 1, lett. b), d.lg. 30/12/2010, n. 235.

(5) Lettera modificata dall'art. 14, co. 1-bis, d.l. 21/6/2013, n. 69, conv., con modif., dalla l. 9/8/2013, n. 98 e successivamente dall'art. 66, co. 1, d.lg. 13/12/2017, n. 217.

(6) Comma inizialmente modificato dall'art. 19 del d.lg. 4/4/2006, n. 159, successivamente sostituito dall'art. 32, co. 1, lett. c), d.lg. 30/12/2010, n. 235 e da ultimo modificato dall'art. 43, co. 1, d.lg. 13/12/2017, n. 217.

48. Posta elettronica certificata (1). – *1. La trasmissione telematica di comunicazioni che necessitano di una ricevuta di invio e di una ricevuta di consegna avviene mediante la posta elettronica certificata ai sensi del decreto del Presidente della Repubblica 11 febbraio 2005, n. 68, o mediante altre soluzioni tecnologiche individuate con le Linee guida* (2). *2. La trasmissione del documento informatico per via telematica, effettuata ai sensi del comma 1, equivale, salvo che la legge disponga diversamente, alla notificazione per mezzo della posta. 3. La data e l'ora di trasmissione e di ricezione di un documento informatico trasmesso ai sensi del comma 1 sono opponibili ai terzi se conformi alle disposizioni di cui al decreto del Presidente della Repubblica 11 febbraio 2005, n. 68, ed alle relative regole tecniche, ovvero conformi alle Linee guida* (3).

* Articolo abrogato dall'art. 65, co. 7, d.lg. 13/12/2017, n. 217, come modificato dall'art. 8, co. 5, d.l. 14/12/2018, n. 135, conv., con modif., dalla l. 11/2/2019, n. 12.

(1) Articolo sostituito dall'art. 33, co. 1, d.lg. 30/12/2010, n. 235.

(2) Comma modificato dall'art. 39, co. 1, lett. a), d.lg. 26/8/2016, n. 179 e successivamente dall'art. 66, co. 1, d.lg. 13/12/2017, n. 217.

(3) Comma modificato dall'art. 39, co. 1, lett. b), d.lg. 26/8/2016, n. 179 e successivamente dall'art. 66, co. 1, d.lg. 13/12/2017, n. 217.

49. Segretezza della corrispondenza trasmessa per via telematica. – 1. Gli addetti alle operazioni di trasmissione per via telematica di atti, dati e documenti formati con strumenti informatici non possono prendere cognizione della corrispondenza telematica, duplicare con qualsiasi mezzo o cedere a terzi a qualsiasi titolo informazioni anche in forma sintetica o per estratto sull'esistenza o sul contenuto di corrispondenza, comunicazioni o messaggi trasmessi per via telematica, salvo che si tratti di informazioni per loro natura o per espressa indicazione del mittente destinate ad essere rese pubbliche.

2. Agli effetti del presente codice, gli atti, i dati e i documenti trasmessi per via telematica si considerano, nei confronti del gestore del sistema di trasporto delle informazioni, di proprietà del mittente sino a che non sia avvenuta la consegna al destinatario.

Capo V
Dati delle pubbliche amministrazioni, identità digitali, istanze e servizi on-line (1)

(1) Rubrica così modificata dall'art. 44, co. 1, d.lg. 13/12/2017, n. 217.

Sezione I
Dati delle pubbliche amministrazioni

50. Disponibilità dei dati delle pubbliche amministrazioni. – 1. I dati delle pubbliche amministrazioni sono formati, raccolti, conservati, resi disponibili e accessibili con l'uso delle tecnologie dell'informazione e della comunicazione che ne consentano la fruizione e riutilizzazione, alle condizioni fissate dall'ordinamento, da parte delle altre pubbliche amministrazioni e dai privati; restano salvi i limiti alla conoscibilità dei dati previsti dalle leggi e dai regolamenti, le norme in materia di protezione dei dati personali ed il rispetto della normativa comunitaria in materia di riutilizzo delle informazioni del settore pubblico.

2. Qualunque dato trattato da una pubblica amministrazione, con le esclusioni di cui all'articolo 2, comma 6, salvi i casi previsti dall'articolo 24 della legge 7 agosto 1990, n. 241, e nel rispetto della normativa in materia di protezione dei dati personali, è reso accessibile e fruibile alle altre amministrazioni quando l'utilizzazione del dato sia necessaria per lo svolgimento dei compiti istituzionali dell'amministrazione richiedente, senza oneri a carico di quest'ultima, salvo per la prestazione di elaborazioni aggiuntive; è fatto comunque salvo il disposto dell'articolo 43, comma 4, del decreto del Presidente della Repubblica 28 dicembre 2000, n. 445 (1).

2-bis. Le pubbliche amministrazioni, nell'ambito delle proprie funzioni istituzionali, procedono all'analisi dei propri dati anche in combinazione con quelli detenuti da altri soggetti di cui all'articolo 2, comma 2, fermi restando i limiti di cui al comma 1. La predetta attività si svolge secondo le modalità individuate dall'AgID con le Linee guida (2).

2-ter. Le pubbliche amministrazioni certificanti detentrici dei dati di cui al comma 1 ne assicurano la fruizione da parte dei soggetti che hanno diritto ad accedervi. Le pubbliche amministrazioni detentrici dei dati assicurano, su richiesta dei soggetti privati di cui all'articolo 2 del decreto del Presidente della Repubblica 28 dicembre 2000, n. 445, conferma scritta della corrispondenza di quanto dichiarato con le risultanze dei dati da essa custoditi, con le modalità di cui all'articolo 71, comma 4 del medesimo decreto (3).

*3. Al fine di rendere possibile l'utilizzo in via telematica dei dati di una pubblica amministrazione da parte dei sistemi informatici di altre amministrazioni l'amministrazione titolare dei dati predispone, gestisce ed eroga i servizi informatici allo scopo necessari, secondo le regole tecniche del sistema pubblico di connettività di cui al presente decreto**.

3-bis. Il trasferimento di un dato da un sistema informativo a un altro non modifica la titolarità del dato e del trattamento, ferme restando le responsabilità delle amministrazioni che ricevono e trattano il dato in qualità di titolari autonomi del trattamento (4).

3-ter. *In caso di mancanza di accordi quadro, il Presidente del Consiglio dei ministri o il Ministro delegato per l'innovazione tecnologica e la digitalizzazione stabilisce un termine entro il quale le pubbliche amministrazioni interessate provvedono a rendere disponibili, accessibili e fruibili i dati alle altre amministrazioni pubbliche ai sensi del comma 2***. L'inadempimento dell'obbligo di rendere disponibili i dati ai sensi del presente articolo costituisce mancato raggiungimento di uno specifico risultato e di un rilevante obiettivo da parte dei dirigenti responsabili delle strutture competenti e comporta la riduzione, non inferiore al 30 per cento, della retribuzione di risultato e del trattamento accessorio collegato alla performance individuale dei dirigenti competenti, oltre al divieto di attribuire premi o incentivi nell'ambito delle medesime strutture (5).

(1) Comma modificato dall'art. 34, co. 1, d.lg. 30/12/2010, n. 235.

(2) Comma inserito dall'art. 45, co. 1, lett. a), d.lg. 13/12/2017, n. 217.

(3) Comma inserito dall'art. 264, d.l. 19/5/2020, n. 34 e successivamente modificato dall'art. 39, co. 2, d.l. 31/5/2021, n. 77, conv., con modif., dalla l. 29/7/2021, n. 108.

* Comma abrogato dall'art. 45, co. 1, lett. b), d.lg. 13/12/2017, n. 217.

(4) Comma inserito dall'art. 40, d.l. 26/8/2016, n. 179 e successivamente modificato dall'art. 39 del d.l. 31/5/2021, n. 77, conv., con modif., dalla l. 29/7/2021, n. 108.

** Periodo soppresso dal d.l. 31/5/2021, n. 77.

(5) Comma inserito dall'art. 33, co. 1, lett. a), d.l. 16/7/2020, n. 76, conv., con modif., dalla l. 11/9/2020, n. 120 (in S.O. n. 33, relativo alla G.U. 14/9/2020, n. 228).

50 bis. Continuità operativa* (1). – *1. In relazione ai nuovi scenari di rischio, alla crescente complessità dell'attività istituzionale caratterizzata da un intenso utilizzo della tecnologia dell'informazione, le pubbliche amministrazioni predispongono i piani di emergenza in grado di assicurare la continuità delle operazioni indispensabili per il servizio e il ritorno alla normale operatività. 2. Il Ministro per la pubblica amministrazione e l'innovazione assicura l'omogeneità delle soluzioni di continuità operativa definite dalle diverse Amministrazioni e ne informa con cadenza almeno annuale il Parlamento. 3. A tali fini, le pubbliche amministrazioni definiscono: a) il piano di continuità operativa, che fissa gli obiettivi e i principi da perseguire, descrive le procedure per la gestione della continuità operativa, anche affidate a soggetti esterni. Il piano tiene conto delle potenziali criticità relative a risorse umane, strutturali, tecnologiche e contiene idonee misure preventive. Le amministrazioni pubbliche verificano la funzionalità del piano di continuità operativa con cadenza biennale; b) il piano di disaster recovery, che costituisce parte integrante di quello di continuità operativa di cui alla lettera a) e stabilisce le misure tecniche e organizzative per garantire il funzionamento dei centri di elaborazione dati e delle procedure informatiche rilevanti in siti alternativi a quelli di produzione. AgID, sentito il Garante per la protezione dei dati personali, definisce le linee guida per le soluzioni tecniche idonee a garantire la salvaguardia dei dati e delle applicazioni informatiche, verifica annualmente il costante aggiornamento dei piani di disaster recovery delle amministrazioni interessate e ne informa annualmente il Ministro per la pubblica amministrazione e l'innovazione. 4. I piani di cui al comma 3 sono adottati da ciascuna amministrazione sulla base di appositi e dettagliati studi di fattibilità tecnica; su tali studi è obbligatoriamente acquisito il parere di DigitPA.*

* Articolo abrogato dall'art. 64, co. 1, lett. h), d.lg. 26/8/2016, n. 179.

(1) Articolo aggiunto dall'art. 34, co. 2, d.lg. 30/12/2010, n. 235.

50 ter. Piattaforma Digitale Nazionale Dati (1). – 1. La Presidenza del Consiglio dei ministri promuove la progettazione, lo sviluppo e la realizzazione di una Piattaforma Digitale Nazionale Dati (PDND) finalizzata a favorire la conoscenza e l'utilizzo del patrimonio informativo detenuto, per finalità istituzionali, dai soggetti di cui all'articolo 2, comma 2, nonché la condivisione dei dati tra i soggetti che hanno diritto ad accedervi ai fini dell'attuazione dell'art. 50 e della semplificazione degli adempimenti amministrativi dei cittadini e delle imprese, in conformità alla disciplina vigente (2).

2. La Piattaforma Digitale Nazionale Dati è gestita dalla Presidenza del Consiglio dei ministri ed è costituita da un'infrastruttura tecnologica che rende possibile l'interoperabilità dei sistemi informativi e delle basi di dati delle pubbliche amministrazioni e dei gestori di servizi pubblici per le finalità di cui al comma 1, mediante l'accreditamento, l'identificazione e la gestione dei livelli di autorizzazione dei soggetti abilitati ad operare sulla stessa, nonché la raccolta e conservazione delle informazioni relative agli accessi e alle transazioni effettuate suo tramite. La condivisione di dati e informazioni avviene attraverso la messa a disposizione e l'utilizzo, da parte dei soggetti accreditati, di interfacce di programmazione delle applicazioni (API). Le interfacce, sviluppate dai soggetti abilitati con il supporto della Presidenza del Consiglio dei ministri e in conformità alle Linee guida AgID in materia interoperabilità, sono raccolte nel "catalogo API" reso disponibile dalla Piattaforma ai soggetti accreditati. I soggetti di cui all'articolo 2, comma 2, sono tenuti ad accreditarsi alla piattaforma, a sviluppare le interfacce e a rendere disponibili le proprie basi dati senza nuovi o maggiori oneri per la finanza pubblica. In fase di prima applicazione, la Piattaforma assicura prioritariamente l'interoperabilità con le basi di dati di interesse nazionale di cui all'articolo 60, comma 3 bis e con le banche dati dell'Agenzia delle entrate individuate dal Direttore della stessa Agenzia. L'AgID, sentito il Garante per la protezione dei dati personali e acquisito il parere della Conferenza unificata, di cui all'articolo 8 del decreto legislativo 28 agosto 1997, n. 281, adotta linee guida con cui definisce gli standard tecnologici e criteri di sicurezza, di accessibilità, di disponibilità e di interoperabilità per la gestione della piattaforma nonché il processo di accreditamento e di fruizione del catalogo API con i limiti e le condizioni di accesso volti ad assicurare il corretto trattamento dei dati personali ai sensi della normativa vigente (2).

2-bis. Il Presidente del Consiglio dei Ministri o il Ministro delegato per l'innovazione tecnologica e la transizione digitale, ultimati i test e le prove tecniche di corretto funzionamento della piattaforma, fissa il termine entro il quale i soggetti di cui all'articolo 2, comma 2, sono tenuti ad accreditarsi alla stessa, a sviluppare le interfacce di cui al comma 2 e a rendere disponibili le proprie basi dati (3).

3. Nella Piattaforma Digitale Nazionale Dati non sono conservati, né comunque trattati, oltre quanto strettamente necessario per le finalità di cui al comma 1, i dati, che possono essere resi disponibili, attinenti a ordine e sicurezza pubblica, difesa e sicurezza nazionale, difesa civile e soccorso pubblico, indagini preliminari, polizia giudiziaria e polizia economico-finanziaria. Non possono comunque essere conferiti, conservati, né trattati i dati coperti da segreto o riservati nell'ambito delle materie indicate al periodo precedente (4).

4. Con decreto adottato dal Presidente del Consiglio dei ministri, entro sessanta giorni dalla data di entrata in vigore della presente disposizione di concerto con il Ministero dell'economia e delle finanze e il Ministero dell'interno, sentito il Garante per la protezione dei dati personali e acquisito il parere della Conferenza Unificata di cui all'articolo 8 del decreto legislativo 28 agosto 1997, n. 281, è stabilita la strategia nazionale dati. Con la strategia nazionale dati sono identificate le tipologie, i limiti, le finalità e le modalità di messa a disposizione, su richiesta della Presidenza del Consiglio dei ministri, dei dati aggregati e anonimizzati di cui sono titolari i soggetti di cui all'articolo 2, comma 2 in apposita infrastruttura tecnologica della Piattaforma Digitale Nazionale Dati finalizzata al supporto di politiche pubbliche basate sui dati, separata dall'infrastruttura tecnologica dedicata all'interoperabilità dei sistemi informativi di cui al comma 2. Il decreto di cui al presente comma è comunicato alle Commissioni parlamentari competenti (5).

5. L'inadempimento dell'obbligo di rendere disponibili e accessibili le proprie basi dati ovvero i dati aggregati e anonimizzati costituisce mancato raggiungimento di uno specifico risultato e di un rilevante obiettivo da parte dei dirigenti responsabili delle strutture competenti e comporta la riduzione, non inferiore al 30 per cento, della retribuzione di risultato e del trattamento accessorio collegato alla performance individuale dei dirigenti competenti, oltre al divieto di attribuire premi o incentivi nell'ambito delle medesime strutture.

6. L'accesso ai dati attraverso la Piattaforma Digitale Nazionale Dati non modifica la disciplina relativa alla titolarità del trattamento, ferme restando le specifiche responsabilità ai sensi dell'articolo 28 del Regolamento (UE) 2016/679 del Parlamento Europeo e del Consiglio del 27 aprile 2016 in capo al soggetto gestore della Piattaforma nonché le responsabilità dei soggetti accreditati che trattano i dati in qualità di titolari autonomi del trattamento.

7. Resta fermo che i soggetti di cui all'articolo 2, comma 2, possono continuare a utilizzare anche i sistemi di interoperabilità già previsti dalla legislazione vigente.

8. Le attività previste dal presente articolo si svolgono con le risorse umane, finanziarie e strumentali disponibili a legislazione vigente.

(1) Articolo inserito dall'art. 45, co. 2, d.lg. 13/12/2017, n. 217, e modificato dall'art. 34, co. 1, d.l. 16/7/2020, n. 76, conv., con modif., dalla l. 11/9/2020, n. 120 (in S.O. n. 33, relativo alla G.U. 14/9/2020, n. 228).

(2) Comma modificato dall'art. 39 del d.l. 3175/2021, n. 7 7, conv., con modif., dalla l. 29/7/2021, n. 108.

(3) Comma introdotto dall'art. 39 del d.l. 3175/2021, n. 77, conv., con modif., dalla l. 29/7/2021, n. 108.

(4) Comma modificato dall'art. 18, co. 2, d.l. 24/2/2023, n. 13.

(5) Comma modificato dall'art. 39 del d.l. 31/5/2021, n. 77, conv., con modif., dalla l. 29/7/2021, n. 108 e successivamente modificato dall'art. 18, co. 2, d.l. 24/2/2023, n. 13.

50 quater. Disponibilità dei dati generati nella fornitura di servizi in concessione (1). – 1. Al fine di promuovere la valorizzazione del patrimonio informativo pubblico, per fini statistici e di ricerca e per lo svolgimento dei compiti istituzionali delle pubbliche amministrazioni, nei contratti e nei capitolati con i quali le pubbliche amministrazioni affidano lo svolgimento di servizi in concessione è previsto l'obbligo del concessionario di rendere disponibili all'amministrazione concedente ***che a sua volta li rende disponibili alle altre pubbliche amministrazioni per i medesimi fini e nel rispetto dell'articolo 50*** tutti i dati acquisiti e generati nella fornitura del servizio agli utenti e relativi anche all'utilizzo del servizio medesimo da parte degli utenti, come dati di tipo aperto ai sensi dell'articolo 1, comma 1, lettera l-ter), nel rispetto delle linee guida adottate da AgID, sentito il Garante per la protezione dei dati personali.

(1) Articolo introdotto dall'art. 33, co. 1, lett. b), d.l. 16/7/2020, n. 76, conv., con modif., dalla l. 11/9/2020, n. 120 (in S.O. n. 33, relativo alla G.U. 14/9/2020, n. 228).

51. Sicurezza e disponibilità dei dati, dei sistemi e delle infrastrutture delle pubbliche amministrazioni (1). – 1. Con le Linee guida sono individuate le soluzioni tecniche idonee a garantire la protezione, la disponibilità, l'accessibilità, l'integrità e la riservatezza dei dati e la continuità operativa dei sistemi e delle infrastrutture (2).

1-bis. AgID attua, per quanto di competenza e in raccordo con le altre autorità competenti in materia, il Quadro strategico nazionale per la sicurezza dello spazio cibernetico e il Piano nazionale per la sicurezza cibernetica e la sicurezza informatica. AgID, in tale ambito:

a) coordina, tramite il Computer Emergency Response Team Pubblica Amministrazione (CERT-PA) istituito nel suo ambito, le iniziative di prevenzione e gestione degli incidenti di sicurezza informatici;

b) promuove intese con le analoghe strutture internazionali;

c) segnala al Ministro per la semplificazione e la pubblica amministrazione il mancato rispetto delle regole tecniche di cui al comma 1 da parte delle pubbliche amministrazioni (3).

2. I documenti informatici delle pubbliche amministrazioni devono essere custoditi e controllati con modalità tali da ridurre al minimo i rischi di distruzione, perdita, accesso non autorizzato o non consentito o non conforme alle finalità della raccolta.

*2-bis. Le amministrazioni hanno l'obbligo di aggiornare tempestivamente i dati nei propri archivi, non appena vengano a conoscenza dell'inesattezza degli stessi**.

2-ter. I soggetti di cui all'articolo 2, comma 2, aderiscono ogni anno ai programmi di sicurezza preventiva coordinati e promossi da AgID secondo le procedure dettate dalla medesima AgID con le Linee guida (4).

2-quater. I soggetti di cui articolo 2, comma 2, predispongono, nel rispetto delle Linee guida adottate dall'AgID, piani di emergenza in grado di assicurare la continuità operativa delle operazioni indispensabili per i servizi erogati e il ritorno alla normale operatività. Onde garantire quanto previsto, è possibile il ricorso all'articolo 15 della legge 7 agosto 1990, n. 241, per l'erogazione di servizi applicativi, infrastrutturali e di dati, con ristoro dei soli costi di funzionamento. Per le Amministrazioni dello Stato coinvolte si provvede mediante rimodulazione degli stanziamenti dei pertinenti capitoli di spesa o mediante riassegnazione alla spesa degli importi versati a tale titolo ad apposito capitolo di entrata del bilancio statale (4).

(1) Rubrica sostituita dall'art. 35, co. 1, lett. a), d.lg. 30/12/2010, n. 235 e successivamente modificata dall'art. 46, co. 1, lett. a), d.lg. 13/12/2017, n. 217.

(2) Comma sostituito dall'art. 35, co. 1, lett. b), d.lg. 30/12/2010, n. 235 e successivamente modificato dall'art. 41, co. 1, lett. a), d.lg. 26/8/2016, n. 179 e dall'art. 66, co. 1, d.lg. 13/12/2017, n. 217.

(3) Comma inserito dall'art. 35, co. 1, lett. c), d.lg. 30/12/2010, n. 235 e successivamente modificato dall'art. 41, co. 1, lett. b), d.lg. 26/8/2016, n. 179.

• Lettera modificata dall'art. 46, co. 1, lett. b), d.lg. 13/12/2017, n. 217.

* Comma inserito dall'art. 35, co. 1, lett. d), d.lg. 30/12/2010, n. 235 e successivamente abrogato dall'art. 41, co. 1, lett. c), d.lg. 26/8/2016, n. 179.

(4) Comma inserito dall'art. 46, co. 1, lett. c), d.lg. 13/12/2017, n. 217.

52. Accesso telematico e riutilizzo dei dati [*delle publiche amministrazioni*] (1). – *1. L'accesso telematico a dati, documenti e procedimenti e il riutilizzo dei dati e documenti è disciplinato dai soggetti di cui all'articolo 2, comma 2, secondo le disposizioni del presente codice e nel rispetto della normativa vigente. Le pubbliche amministrazioni pubblicano nel proprio sito web, all'interno della sezione "Trasparenza, valutazione e merito", il catalogo dei dati, dei metadati e delle relative banche dati in loro possesso ed i regolamenti che ne disciplinano l'esercizio della facoltà di accesso telematico e il riutilizzo, fatti salvi i dati presenti in Anagrafe tributaria**.

2. I dati e i documenti che i soggetti di cui all'articolo 2, comma 2, pubblicano, con qualsiasi modalità, senza l'espressa adozione di una licenza di cui all'articolo 2, comma 1, lettera h), del decreto legislativo 24 gennaio 2006, n. 36, si intendono rilasciati come dati di tipo aperto ai sensi all'articolo 1, comma 1, lettere l-bis) e l-ter), del presente Codice, ad eccezione dei casi in cui la pubblicazione riguardi dati personali. [L'eventuale adozione di una licenza di cui al citato articolo 2, comma 1, lettera h), è motivata ai sensi delle linee guida nazionali di cui al comma 7] (2).

3. Nella definizione dei capitolati o degli schemi dei contratti di appalto relativi a prodotti e servizi che comportino la formazione, la raccolta e la gestione di dati, i soggetti di cui all'articolo 2, comma 2, prevedono clausole idonee a consentirne l'utilizzazione in conformità a quanto previsto dall'articolo 50 (3).

4. Le attività volte a garantire l'accesso telematico e il riutilizzo dei dati delle pubbliche amministrazioni rientrano tra i parametri di valutazione della performance dirigenziale [ai sensi dell'articolo 11, comma 9, del decreto legislativo 27 ottobre 2009, n. 150] (4).

*5. L'Agenzia per l'Italia digitale promuove le politiche di valorizzazione del patrimonio informativo pubblico nazionale e attua le disposizioni di cui al capo V del presente Codice***.

*6. Entro il mese di febbraio di ogni anno l'Agenzia trasmette al Presidente del Consiglio dei Ministri o al Ministro delegato per l'innovazione tecnologica, che li approva entro il mese successivo, un'Agenda nazionale in cui definisce contenuti e gli obiettivi delle politiche di valorizzazione del patrimonio informativo pubblico, nonché azioni finalizzate al riutilizzo dei dati pubblici e un rapporto annuale sullo stato del processo di valorizzazione in Italia; tale rapporto è pubblicato in formato aperto sul sito istituzionale della Presidenza del Consiglio dei Ministri****.

*7. L'Agenzia definisce e aggiorna annualmente le linee guida nazionali che individuano gli standard tecnici, compresa la determinazione delle ontologie dei servizi e dei dati, le procedure e le modalità di attuazione delle disposizioni del Capo V del presente Codice con l'obiettivo di rendere il processo omogeneo a livello nazionale, efficiente ed efficace. Le pubbliche amministrazioni di cui all'articolo 2, comma 2, del presente Codice si uniformano alle suddette linee guida***.

*8. Il Presidente del Consiglio o il Ministro delegato per l'innovazione tecnologica riferisce annualmente al Parlamento sullo stato di attuazione delle disposizioni del presente articolo**.

9. L'Agenzia svolge le attività indicate dal presente articolo con le risorse umane, strumentali, e finanziarie previste a legislazione vigente.

(1) Articolo modificato dall'art. 36, co. 1, lett. a) e b), d.lg. 30/12/2010, n. 235 e successivamente sostituito dall'art. 9, co. 1, lett. a), d.l. 18/10/2012, n. 179.

• Rubrica modificata dall'art. 47, co. 1, lett. a), d.lg. 13/12/2017, n. 217.

* Comma abrogato dall'art. 42, co. 1, d.lg. 26/8/2016, n. 179.

(2) Comma modificato dall'art. 2, co. 1, d.lg. 18/5/2015, n. 102 e dall'art. 47, co. 1, lett. b), d.lg. 13/12/2017, n. 217.

(3) Comma modificato dall'art. 47, co. 1, lett. c), d.lg. 13/12/2017, n. 217.

(4) Comma modificato dall'art. 47, co. 1, lett. d), d.lg. 13/12/2017, n. 217.

** Comma abrogato dall'art. 47, co. 1, lett. e), d.lg. 13/12/2017, n. 217.

*** Comma modificato dall'art. 2, co. 2, d.lg. 18/5/2015, n. 102 e successivamente abrogato dall'art. 47, co. 1, lett. e), d.lg. 13/12/2017, n. 217.

53. Siti Internet delle pubbliche amministrazioni (1). – 1. Le pubbliche amministrazioni [centrali] realizzano siti istituzionali su reti telematiche che rispettano i principi di accessibilità, nonché di elevata usabilità e reperibilità, anche da parte delle persone disabili, completezza di informazione, chiarezza di linguaggio, affidabilità, semplicità dì consultazione, qualità, omogeneità ed interoperabilità. Sono in particolare resi facilmente reperibili e consultabili i dati di cui all' articolo 54 (2).

1-bis. Le pubbliche amministrazioni pubblicano, ai sensi dell'articolo 9 del decreto legislativo 14 marzo 2013, n. 33, anche il catalogo dei dati e dei metadati [definitivi], nonché delle relative banche dati in loro possesso e i regolamenti che disciplinano l'esercizio della facoltà di accesso telematico e il riutilizzo di tali dati e metadati, fatti salvi i dati presenti in Anagrafe tributaria (3).

1-ter. Con le Linee guida sono definite le modalità per la realizzazione e la modifica dei siti delle amministrazioni (4).

2. Il CNIPA svolge funzioni consultive e di coordinamento sulla realizzazione e modificazione dei siti delle amministrazioni centrali (5). *3. Lo Stato promuove intese ed azioni comuni con le regioni e le autonomie locali affinché realizzino siti istituzionali con le caratteristiche di cui al comma 1**.

(1) Rubrica sostituita dall'art. 43, co. 1, lett. a), d.lg. 26/8/2016, n. 179.

(2) Comma modificato dall'art. 21 del d.lg. 4/4/2006, n. 159 e dall'art. 43, co. 1, lett. b), d.lg. 26/8/2016, n. 179.

(3) Comma aggiunto dall'art. 43, co. 1, lett. c), d.lg. 26/8/2016, n. 179 e successivamente modificato dall'art. 48, co. 1, d.lg. 13/12/2017, n. 217.

(4) Comma aggiunto dall'art. 43, co. 1, lett. c), d.lg. 26/8/2016, n. 179 e successivamente modificato dall'art. 66, co. 1, d.lg. 13/12/2017, n. 217.

* Commi abrogati dall'art. 43, co. 1, lett. d), d.lg. 26/8/2016, n. 179.

54. Contenuto dei siti delle pubbliche amministrazioni (1). – 1. I siti delle pubbliche amministrazioni contengono i dati di cui al decreto legislativo 14 marzo 2013, n. 33, e successive modificazioni, recante il riordino della disciplina riguardante gli obblighi di pubblicità, trasparenza e diffusione di informazioni da parte delle pubbliche amministrazioni, nonché quelli previsti dalla legislazione vigente (2).

(1) Articolo modificato dall'art. 22 del d.lg. 4/4/2006, n. 159, dall'art. 34, co. 1, lett. b), l. 18/6/2009, n. 69 dall'art. 37, co. 1, d.lg. 30/12/2010, n. 235, dall'art. 6, co. 1, lett. d), d.l. 18/10/2012, n. 179, dall'art. 9, co. 6, lett. d), d.l. 18/10/2012, n. 179 e, da ultimo, sostituito dall'art. 52, co. 3, d.lg. 14/3/2013, n. 33.

(2) Comma sostituito dall'art. 44, co. 1, d.lg. 26/8/2016, n. 179 e successivamente modificato dall'art. 49, co. 1, d.lg. 13/12/2017, n. 217.

55. Consultazione delle iniziative normative del Governo. – 1. La Presidenza del Consiglio dei Ministri può pubblicare su sito telematico le notizie relative ad iniziative normative del Governo, nonché i disegni di legge di particolare rilevanza, assicurando forme di partecipazione del cittadino in conformità con le disposizioni vigenti in materia di tutela delle persone e di altri soggetti rispetto al trattamento di dati personali. La Presidenza del Consiglio dei Ministri può inoltre pubblicare atti legislativi e regolamentari in vigore, nonché i massimari elaborati da organi di giurisdizione. 2. Con decreto del Presidente del Consiglio dei Ministri sono individuate le modalità di partecipazione del cittadino alla consultazione gratuita in via telematica.*

* Articolo abrogato dall'art. 64, co. 1, lett. i), d.lg. 26/8/2016, n. 179.

56. Dati identificativi delle questioni pendenti dinanzi autorità giudiziaria di ogni ordine e grado (1). – 1. I dati identificativi delle questioni pendenti dinanzi al giudice amministrativo e contabile sono resi accessibili a chi vi abbia interesse mediante pubblicazione sul sistema informativo interno e sul sito istituzionale [della rete Internet] delle autorità emananti (2).

2. Le sentenze e le altre decisioni del giudice amministrativo e contabile, rese pubbliche mediante deposito in segreteria, sono contestualmente inserite nel sistema informativo interno e sul sito istituzionale [della rete Internet], osservando le cautele previste dalla normativa in materia di tutela dei dati personali (3).

2-bis. I dati identificativi delle questioni pendenti, le sentenze e le altre decisioni depositate in cancelleria o segreteria dell'autorità giudiziaria di ogni ordine e grado sono, comunque, rese accessibili ai sensi dell'articolo 51 del codice in materia di protezione dei dati personali approvato con decreto legislativo n. 196 del 2003 (4).

(1) Rubrica modificata dall'art. 23 del d.lg. 4/4/2006, n. 159.

(2) Comma modificato dall'art. 38, co. 1, lett. a), d.lg. 30/12/2010, n. 235.

(3) Comma modificato dall'art. 38, co. 1, lett. b), d.lg. 30/12/2010, n. 235.

(4) Comma inserito dall'art. 23 del d.lg. 4/4/2006, n. 159.

57. Moduli e formulari. – 1. Le pubbliche amministrazioni provvedono a definire e a rendere disponibili per via telematica, nel rispetto dei requisiti tecnici di accessibilità di cui all'articolo 11 della legge 9 gennaio 2004, n. 4, l'elenco della documentazione richiesta per i singoli procedimenti, i moduli e i formulari validi ad ogni effetto di legge, anche ai fini delle dichiarazioni sostitutive di certificazione e delle dichiarazioni sostitutive di notorietà* (1). *2. Le pubbliche amministrazioni non possono richiedere l'uso di moduli e formulari che non siano stati pubblicati; in caso di omessa pubblicazione, i relativi procedimenti possono essere avviati anche in assenza dei suddetti moduli o formulari. La mancata pubblicazione è altresì rilevante ai fini della misurazione e valutazione della performance individuale dei dirigenti responsabili* (2).

* Articolo abrogato dall' art. 53, co. 1, lett. f), d.lg. 14/3/2013, n. 33.

(1) Comma modificato dall'art. 39, co. 1, lett. a), d.lg. 30/12/2010, n. 235 e successivamente dall'art. 9, co. 6, lett. e), d.l. 18/10/2012, n. 179.

(2) Comma sostituito dall'art. 39, co. 1, lett. b), d.lg. 30/12/2010, n. 235.

57 bis. Indice degli indirizzi delle pubbliche amministrazioni* (1). – *1. Al fine di assicurare la pubblicità dei riferimenti telematici delle pubbliche amministrazioni e dei gestori dei pubblici servizi è istituito l'indice degli indirizzi della pubblica amministrazione e dei gestori di pubblici servizi, nel quale sono indicati gli indirizzi di posta elettronica certificata da utilizzare per le comunicazioni e per lo scambio di informazioni e per l'invio di documenti a tutti gli effetti di legge tra le pubbliche amministrazioni, i gestori di pubblici servizi ed i privati* (2). *2. La realizzazione e la gestione dell'indice sono affidate a AgID, che può utilizzare a tal fine elenchi e repertori già formati dalle amministrazioni pubbliche* (3). *3. Le amministrazioni aggiornano gli indirizzi e i contenuti dell'indice tempestivamente e comunque con cadenza almeno semestrale secondo le indicazioni di AgID. La mancata comunicazione degli elementi necessari al completamento dell'indice e del loro aggiornamento è valutata ai fini della responsabilità dirigenziale e dell'attribuzione della retribuzione di risultato ai dirigenti responsabili* (4).

* Articolo abrogato dall'art. 64, co. 1, lett. j), d.lg. 26/8/2016, n. 179.

(1) Articolo inserito dall'art. 17, co. 29, d.l. 1/7/2009, n. 78.

(2) Comma modificato dall'art. 40, co. 1, lett. a), d.lg. 30/12/2010, n. 235 e successivamente sostituito dall'art. 6, co. 1, lett. d bis), d.l. 18/10/2012, n. 179.

(3) Comma sostituito dall'art. 40, co. 1, lett. b), d.lg. 30/12/2010, n. 235 e successivamente modificato dall'art. 61, co. 2, lett. b), d.lg. 26/8/2016, n. 179.

(4) Comma sostituito dall'art. 47 quater, co. 1, d.l. 9/2/2012, n. 5 e successivamente modificato dall'art. 61, co. 2, lett. b), d.lg. 26/8/2016, n. 179.

Sezione II
Fruibilità dei dati

58. *Modalità della fruibilità del dato.** – *1. Il trasferimento di un dato da un sistema informativo ad un altro non modifica la titolarità del dato.*

2. Le pubbliche amministrazioni comunicano tra loro attraverso la messa a disposizione a titolo gratuito degli accessi alle proprie basi di dati alle altre amministrazioni mediante la cooperazione applicativa di cui all'articolo 72, comma 1, lettera e). L'Agenzia per l'Italia digitale, sentiti il Garante per la protezione dei dati personali e le amministrazioni interessate alla comunicazione telematica, ivi incluso il Ministero della giustizia, definisce entro novanta giorni gli standard di comunicazione e le regole tecniche a cui le pubbliche amministrazioni devono conformarsi (1).

3. L'Agenzia per l'Italia digitale provvede al monitoraggio dell'attuazione del presente articolo, riferendo annualmente con apposita relazione al Presidente del Consiglio dei ministri e al Ministro delegato (2).

*3-bis. In caso di mancata predisposizione delle convenzioni di cui al comma 2, il Presidente del Consiglio dei Ministri stabilisce un termine entro il quale le amministrazioni interessate devono provvedere. Decorso inutilmente il termine, il Presidente del Consiglio dei Ministri può nominare un commissario ad acta incaricato di predisporre le predette convenzioni. Al Commissario non spettano compensi, indennità o rimborsi***.

3-ter. Resta ferma la speciale disciplina dettata in materia di dati territoriali (3).

* Articolo abrogato dall'art. 64, co. 1, lett. k), d.lg. 26/8/2016, n. 179.

(1) Comma sostituito dall'art. 41, co. 1, lett. a), d.lg. 30/12/2010, n. 235 e successivamente dall'art. 24-quinques, co. 1, d.l. 24/6/2014, n. 90, conv., con modif., dalla l. 11/8/2014, n. 114.

(2) Comma modificato dall'art. 24 del d.lg. 4/4/2006, n. 159; successivamente sostituito dall'art. 41, co. 1, lett. b), d.lg. 30/12/2010, n. 235; dall'art. 24-quinques, co. 2, d.l. 24/6/2014, n. 90, conv., con modif., dalla l. 11/8/2014, n. 114 e, da ultimo, modificato dall'art. 19, co. 2-bis, lett. a), d.l. 27/6/2015, n. 83, conv., con modif., dalla l. 6/8/2015, n. 132.

** Comma aggiunto dall'art. 41, co. 1, lett. c), d.lg. 30/12/2010, n. 235 e successivamente abrogato dall'art. 24-quinques, co. 3, d.l. 24/6/2014, n. 90, conv. Con modif., dalla l. 11/8/2014, n. 114.

(3) Comma aggiunto dall'art. 41, co. 1, lett. c), d.lg. 30/12/2010, n. 235.

59. Dati territoriali. – *1. Per dato territoriale si intende qualunque informazione geograficamente localizzata**.*

2. È istituito il Comitato per le regole tecniche sui dati territoriali delle pubbliche amministrazioni, con il compito di definire le regole tecniche per la realizzazione delle basi dei dati territoriali, la documentazione, la fruibilità e lo scambio dei dati stessi tra le pubbliche amministrazioni centrali e locali in coerenza con le disposizioni del presente decreto che disciplinano il sistema pubblico di connettività (1)*.

3. Per agevolare la pubblicità dei dati di interesse generale, disponibili presso le pubbliche amministrazioni a livello nazionale, regionale e locale, presso l'AgID è istituito il Repertorio nazionale dei dati territoriali, quale infrastruttura di riferimento per l'erogazione dei servizi di ricerca dei dati territoriali, e relativi servizi, e punto di accesso nazionale ai fini dell'attuazione della direttiva 2007/2/CE (direttiva INSPIRE) per quanto riguarda i metadati (2).

*4. Ai sensi dell'articolo 17, comma 3, della legge 23 agosto 1988, n. 400, con uno o più decreti sulla proposta del Presidente del Consiglio dei Ministri o, per sua delega, del Ministro per l'innovazione e le tecnologie, previa intesa con la Conferenza unificata di cui all'articolo 8 decreto legislativo 28 agosto 1997, n. 281, sono definite la composizione e le modalità per il funzionamento del Comitato di cui al comma 2**.*

5. Ai sensi dell'articolo 71 sono adottate, anche su proposta delle amministrazioni competenti, le regole tecniche per la definizione e l'aggiornamento del contenuto del Repertorio nazionale dei dati territoriali di cui al comma 3 nonché per la formazione, la documentazione, lo scambio e il riutilizzo dei dati territoriali detenuti dalle amministrazioni stesse (3).

*6. La partecipazione al Comitato non comporta oneri né alcun tipo di spese ivi compresi compensi o gettoni di presenza. Gli eventuali rimborsi per spese di viaggio sono a carico delle amministrazioni direttamente interessate che vi provvedono nell'ambito degli ordinari stanziamenti di bilancio***.*

7. Agli oneri finanziari di cui al comma 3 si provvede con il fondo di finanziamento per i progetti strategici del settore informatico di cui all'articolo 27, comma 2, della legge 16 gennaio 2003, n. 3.

*7-bis. Nell'ambito dei dati territoriali di interesse nazionale rientra la base dei dati catastali gestita dall'Agenzia del territorio. Per garantire la circolazione e la fruizione dei dati catastali conformemente alle finalità ed alle condizioni stabilite dall'articolo 50, il direttore dell'Agenzia del territorio, di concerto con il Comitato per le regole tecniche sui dati territoriali delle pubbliche amministrazioni e previa intesa con la Conferenza unificata, definisce con proprio decreto entro la data del 30 giugno 2006, in coerenza con le disposizioni che disciplinano il sistema pubblico di connettività, le regole tecnico economiche per l'utilizzo dei dati catastali per via telematica da parte dei sistemi informatici di altre amministrazioni****.*

* Comma abrogato dall'art. 45, co. 1, lett. a), d.lg. 26/8/2016, n. 179.

(1) Comma modificato dall'art. 59 del d.lg. 4/4/2006, n. 159.

• Per la composizione e il funzionamento del Comitato istituito ai sensi del presente comma, vedi il d.p.c.m. 2/5/2006, n. 237.

(2) Comma sostituito dall'art. 45, co. 1, lett. b), d.lg. 26/8/2016, n. 179.

(3) Comma modificato dall'art. 5, co. 4, d.lg. 27/1/2010, n. 32 e dall'art. 42, co. 1, d.lg. 30/12/2010, n. 235, successivamente sostituito dall'art. 45, co. 1, lett. d), d.lg. 26/8/2016, n. 179 e da ultimo modificato dall'art. 1, co. 50, d.lg. 13/12/2017, n. 217.

** Comma abrogato dall'art. 45, co. 1, lett. e), d.lg. 26/8/2016, n. 179.

*** Comma inserito dall'art. 25 del d.lg. 4/4/2006, n. 159. Per l'attuazione del presente comma, vedi l'art. 37, co. 54, d.l. 4/7/2006, n. 223. Da ultimo abrogato dall'art. 45, co. 1, lett. e), d.lg. 26/8/2016, n. 179.

60. Base di dati di interesse nazionale. – 1. Si definisce base di dati di interesse nazionale l'insieme delle informazioni raccolte e gestite digitalmente dalle pubbliche amministrazioni, omogenee per tipologia e contenuto e la cui conoscenza è rilevante per lo svolgimento delle funzioni istituzionali delle altre pubbliche amministrazioni, anche solo per fini statistici, nel rispetto delle competenze e delle normative vigenti e possiedono i requisiti di cui al comma 2 (1).

2. Ferme le competenze di ciascuna pubblica amministra-

zione, le basi di dati di interesse nazionale costituiscono, per ciascuna tipologia di dati, un sistema informativo unitario che tiene conto dei diversi livelli istituzionali e territoriali e che garantisce l'allineamento delle informazioni e l'accesso alle medesime da parte delle pubbliche amministrazioni interessate. Tali sistemi informativi possiedono le caratteristiche minime di sicurezza, accessibilità e interoperabilità e sono realizzati e aggiornati secondo le Linee guida e secondo le vigenti regole del Sistema statistico nazionale di cui al decreto legislativo 6 settembre 1989, n. 322, e successive modificazioni (2).

2-bis. Le pubbliche amministrazioni responsabili delle basi dati di interesse nazionale consentono il pieno utilizzo delle informazioni ai soggetti di cui all'articolo 2, comma 2, secondo standard e criteri di sicurezza e di gestione definiti nelle Linee guida e mediante la piattaforma di cui all'articolo 50-ter (3).

*2-ter. Le amministrazioni responsabili delle basi di dati di interesse nazionale definiscono e pubblicano i piani di aggiornamento dei servizi per l'utilizzo delle medesime basi di dati**.

*3. Le basi di dati di interesse nazionale sono individuate con decreto del Presidente del Consiglio dei Ministri, su proposta del Presidente del Consiglio dei Ministri o del Ministro delegato per l'innovazione e le tecnologie, di concerto con i Ministri di volta in volta interessati, d'intesa con la Conferenza unificata di cui all'articolo 8 del decreto legislativo 28 agosto 1997, n. 281, nelle materie di competenza e sentiti il Garante per la protezione dei dati personali e l'Istituto nazionale di statistica. Con il medesimo decreto sono altresì individuate le strutture responsabili della gestione operativa di ciascuna base di dati e le caratteristiche tecniche del sistema informativo di cui al comma 2***.

3-bis. In sede di prima applicazione e [fino all'adozione del decreto di cui al comma 3], sono individuate le seguenti basi di dati di interesse nazionale (4):

a) repertorio nazionale dei dati territoriali;

b) anagrafe nazionale della popolazione residente (5);

c) banca dati nazionale dei contratti pubblici di cui all'articolo 62-bis;

d) casellario giudiziale;

e) registro delle imprese;

f) gli archivi automatizzati in materia di immigrazione e di asilo di cui all'articolo 2, comma 2, del decreto del Presidente della Repubblica 27 luglio 2004, n. 242 (6);

f-bis) Anagrafe nazionale degli assistiti (ANA) (7);

f-ter) anagrafe delle aziende agricole di cui all'articolo 1, comma 1, del regolamento di cui al decreto del Presidente della Repubblica 1° dicembre 1999, n. 503 (8);

f-quater) l'archivio nazionale dei veicoli e l'anagrafe nazionale degli abilitati alla guida di cui agli articoli 225 e 226 del decreto legislativo 30 aprile 1992, n. 285 (9);

f-quinquies) il sistema informativo dell'indicatore della situazione economica equivalente (ISEE) di cui all'articolo 5 del decreto-legge 6 dicembre 2011, n. 201, convertito, con modificazioni, dalla legge 22 dicembre 2011, n. 214 (9);

f-sexies) l'anagrafe nazionale dei numeri civici e delle strade urbane (ANNCSU), di cui all'articolo 3 del decreto-legge 18 ottobre 2012, n. 179 convertito, con modificazioni, dalla legge 17 dicembre 2012, n. 221 (9);

f-septies) l'indice nazionale dei domicili digitali delle persone fisiche, dei professionisti e degli altri enti di diritto privato, non tenuti all'iscrizione in albi, elenchi o registri professionali o nel registro delle imprese di cui all'articolo 6-quater) (9).

3-ter. AgID, tenuto conto delle esigenze delle pubbliche amministrazioni e degli obblighi derivanti dai regolamenti comunitari, individua e pubblica l'elenco delle basi di dati di interesse nazionale, ulteriori rispetto a quelle individuate in via prioritaria dal comma 3 bis (10).

4. Agli oneri finanziari di cui al presente articolo si provvede con il fondo di finanziamento per i progetti strategici del settore informatico di cui all'articolo 27, comma 2, della legge 16 gennaio 2003, n. 3.

(1) Comma modificato dall'art. 43, co. 1, lett. a), d.lg. 30/12/2010, n. 235 e successivamente dall'art. 46, co. 1, lett. a), d.lg. 26/8/2016, n. 179.

(2) Comma modificato dall'art. 43, co. 1, lett. b), d.lg. 30/12/2010, n. 235 e successivamente dall'art. 46, co. 1, lett. b), d.lg. 26/8/2016, n. 179 e dall'art. 66, co. 1, d.lg. 13/12/2017, n. 217.

(3) Comma inserito dall'art. 51, co. 1, lett. a), d.lg. 13/12/2017, n. 217 e modificato dall'art. 34, co. 2, d.l. 16/7/2020, n. 76, conv., con modif., dalla l. 11/9/2020, n. 120 (in S.O. n. 33, relativo alla G.U. 14/9/2020, n. 228).

* Comma abrogato dall'art. 34, co. 2, d.l. 16/7/2020, n. 76, conv., con modif., dalla l. 11/9/2020, n. 120 (in S.O. n. 33, relativo alla G.U. 14/9/2020, n. 228).

** Comma modificato dall'art. 43, co. 1, lett. c), d.lg. 30/12/2010, n. 235 e successivamente abrogato dall'art. 46, co. 1, lett. c), d.lg. 26/8/2016, n. 179.

(4) Alinea modificato dall'art. 46, co. 1, lett. d), d.lg. 26/8/2016, n. 179.

(5) Lettera modificata dall'art. 2, co. 2, d.l. 18/10/2012, n. 179.

(6) Comma inserito dall'art. 43, co. 1, lett. d), d.lg. 30/12/2010, n. 235.

(7) Lettera aggiunta dall'art. 1, co. 232, l. 27/12/2013, n. 147.

(8) Lettera aggiunta dall'art. 1, co. 210, l. 23/12/2014, n. 190.

(9) Lettera aggiunta dall'art. 39, co. 2, d.l. 31/5/2021, n. 77, conv., con modif., dalla l. 29/7/2021, n. 108.

(10) Comma aggiunto dall'art. 46, co. 1, lett. e), d.lg. 26/8/2016, n. 179, successivamente sostituito dall'art. 51, co. 1, lett. b), d.lg. 13/12/2017, n. 217 e da ultimo modificato dall'art. 39, co. 2, d.l. 31/5/2021, n. 77.

61. Delocalizzazione dei registri informatici. – 1. Fermo restando il termine di cui all'articolo 40, comma 4,] i pubblici registri immobiliari possono essere formati e conservati su supporti informatici in conformità alle disposizioni del presente codice, secondo le Linee guida, nel rispetto della normativa speciale e dei principi stabiliti dal codice civile. In tal caso i predetti registri possono essere conservati anche in luogo diverso dall'Ufficio territoriale competente (1).

(1) Comma modificato dall'art. 47, co. 1, lett. a), d.lg. 26/8/2016, n. 179 e successivamente dall'art. 66, co. 1, d.lg. 13/12/2017, n. 217.

62. Anagrafe nazionale della popolazione residente - ANPR 12 (1). – 1. È istituita presso il Ministero dell'interno l'ANPR, quale base di dati di interesse nazionale, ai sensi dell'articolo 60, che subentra all'Indice nazionale delle anagrafi (INA), istituito ai sensi del quinto comma dell'articolo 1 della legge 24 dicembre 1954, n. 1228, recante "Ordinamento delle anagrafi della popolazione residente" e all'Anagrafe della popolazione italiana residente all'estero (AIRE), istituita ai sensi della legge 27 ottobre 1988, n. 470, recante "Anagrafe e censimento degli italiani all'estero". Tale base di dati è sottoposta ad un audit di sicurezza con cadenza annuale in conformità alle regole tecniche di cui all'articolo 51. I risultati dell'audit sono inseriti nella relazione annuale del Garante per la protezione dei dati personali (2).

2. Ferme restando le attribuzioni del sindaco di cui all'articolo 54, comma 3, del testo unico delle leggi sull'ordinamento degli enti locali, approvato con il decreto legislativo 18 agosto 2000, n. 267, l'ANPR subentra altresì alle anagrafi della popolazione residente e dei cittadini italiani residenti all'estero tenute dai comuni. Con il decreto di cui al comma 6 è definito un piano per il graduale subentro dell'ANPR alle

citate anagrafi, da completare entro il 31 dicembre 2014. Fino alla completa attuazione di detto piano, l'ANPR acquisisce automaticamente in via telematica i dati contenuti nelle anagrafi tenute dai comuni per i quali non è ancora avvenuto il subentro. L'ANPR è organizzata secondo modalità funzionali e operative che garantiscono la univocità dei dati stessi.

2-bis. L'ANPR contiene altresì l'archivio nazionale informatizzato dei registri di stato civile tenuti dai comuni garantendo agli stessi, anche progressivamente, i servizi necessari all'utilizzo del medesimo e fornisce i dati ai fini della tenuta delle liste di cui all'articolo 1931 del codice dell'ordinamento militare di cui al decreto legislativo 15 marzo 2010, n. 66, secondo le modalità definite con uno o più decreti di cui al comma 6-bis. Le modalità e i tempi di adesione da parte dei comuni all'archivio nazionale informatizzato, con conseguente dismissione della versione analogica dei registri di stato civile, sono definiti con uno o più decreti di cui al comma 6-bis. Le modalità e i tempi di adesione da parte dei comuni all'archivio nazionale informatizzato, con conseguente dismissione della versione analogica dei registri di stato civile, sono definiti con uno o più decreti di cui al comma 6-bis (3).

2-ter. Con uno o più decreti di cui al comma 6-bis sono definite le modalità di integrazione nell'ANPR delle liste elettorali e dei dati relativi all'iscrizione nelle liste di sezione di cui al decreto del Presidente della Repubblica 20 marzo 1967, n. 223 (4).

3. L'ANPR assicura ai comuni la disponibilità dei dati, degli atti e degli strumenti per lo svolgimento delle funzioni di competenza statale attribuite al sindaco ai sensi dell'articolo 54, comma 3, del testo unico delle leggi sull'ordinamento degli enti locali di cui al decreto legislativo 18 agosto 2000, n. 267, e mette a disposizione dei comuni un sistema di controllo, gestione e interscambio, puntuale e massivo, di dati, servizi e transazioni necessario ai sistemi locali per lo svolgimento delle funzioni istituzionali di competenza comunale. Al fine dello svolgimento delle proprie funzioni, anche ampliando l'offerta dei servizi erogati on-line a cittadini e imprese, direttamente o tramite soggetti affidatari dei servizi, il Comune può utilizzare i dati anagrafici eventualmente detenuti localmente e costantemente allineati con ANPR al fine esclusivo di erogare o usufruire di servizi o funzionalità non fornite da ANPR. I Comuni accedono alle informazioni anagrafiche contenute nell'ANPR, nel rispetto delle disposizioni in materia di protezione dei dati personali e delle misure di sicurezza definite con decreto del Presidente del Consiglio dei ministri ai sensi del comma 6, lettera a), per l'espletamento, anche con modalità automatiche, delle verifiche necessarie all'erogazione dei propri servizi e allo svolgimento delle proprie funzioni. L'ANPR consente ai comuni la certificazione dei dati anagrafici nel rispetto di quanto previsto dall'articolo 33 del decreto del Presidente della Repubblica 30 maggio 1989, n. 223, anche in modalità telematica. La certificazione dei dati anagrafici in modalità telematica è assicurata dal Ministero dell'Interno tramite l'ANPR mediante l'emissione di documenti digitali muniti di sigillo elettronico qualificato, ai sensi del Regolamento (UE) n. 910/2014 del Parlamento europeo e del Consiglio, del 23 luglio 2014, esenti da imposta di bollo limitatamente agli anni 2021 e 2022. I comuni inoltre possono consentire, mediante la piattaforma di cui all'articolo 50-ter ovvero anche mediante apposite convenzioni, la fruizione dei dati anagrafici da parte dei soggetti aventi diritto. L'ANPR assicura ai soggetti di cui all'articolo 2, comma 2, lettere a) e b), l'accesso ai dati contenuti nell'ANPR. L'ANPR attribuisce a ciascun cittadino un codice identificativo univoco per garantire la circolarità dei dati anagrafici e l'interoperabilità con le altre banche dati delle pubbliche amministrazioni e dei gestori di servizi pubblici di cui all'articolo 2, comma 2, lettere a) e b) (5).

4. Con il decreto di cui al comma 6 sono disciplinate le modalità di integrazione nell'ANPR dei dati dei cittadini attualmente registrati in anagrafi istituite presso altre amministrazioni nonché dei dati relativi al numero e alla data di emissione e di scadenza della carta di identità della popolazione residente.

5. Ai fini della gestione e della raccolta informatizzata di dati dei cittadini, i soggetti di cui all'articolo 2, comma 2, lettere a) e b), si avvalgono esclusivamente dell'ANPR, che viene integrata con gli ulteriori dati a tal fine necessari e garantiscono un costante allineamento dei propri archivi informatizzati con le anagrafiche contenute nell'ANPR (6).

6. Con uno o più decreti del Presidente del Consiglio dei Ministri, su proposta del Ministro dell'interno, del Ministro per la pubblica amministrazione e la semplificazione e del Ministro delegato all'innovazione tecnologica, di concerto con il Ministro dell'economia e delle finanze, d'intesa con l'Agenzia per l'Italia digitale, la Conferenza permanente per i rapporti tra lo Stato, le regioni e le province autonome di Trento e di Bolzano nonché con la Conferenza Stato città, di cui all'articolo 8 del decreto legislativo 28 agosto 1997, n. 281, per gli aspetti d'interesse dei comuni, sentita l'ISTAT e acquisito il parere del Garante per la protezione dei dati personali, sono stabiliti i tempi e le modalità di attuazione delle disposizioni del presente articolo, anche con riferimento:

a) alle garanzie e alle misure di sicurezza da adottare nel trattamento dei dati personali, alle modalità e ai tempi di conservazione dei dati e all'accesso ai dati da parte delle pubbliche amministrazioni per le proprie finalità istituzionali secondo le modalità di cui all'articolo 50 (7);

b) ai criteri per l'interoperabilità dell'ANPR con le altre banche dati di rilevanza nazionale e regionale, secondo le regole tecniche del sistema pubblico di connettività di cui al capo VIII del presente decreto, in modo che le informazioni di anagrafe, una volta rese dai cittadini, si intendano acquisite dalle pubbliche amministrazioni senza necessità di ulteriori adempimenti o duplicazioni da parte degli stessi;

c) all'erogazione di altri servizi resi disponibili dall'ANPR, tra i quali il servizio di invio telematico delle attestazioni e delle dichiarazioni di nascita ai sensi dell'articolo 30, comma 4, del decreto del Presidente della Repubblica 3 novembre 2000, n. 396, e della dichiarazione di morte ai sensi degli articoli 72 e 74 dello stesso decreto nonché della denuncia di morte prevista dall'articolo 1 del regolamento di polizia mortuaria di cui al decreto del Presidente della Repubblica 10 settembre 1990, n. 285, compatibile con il sistema di trasmissione di cui al decreto del Ministro della salute in data 26 febbraio 2010, pubblicato nella Gazzetta Ufficiale n. 65 del 19 marzo 2010 (8).

6-bis. Con uno o più decreti del Ministro dell'interno, adottati di concerto con il Ministro per l'innovazione tecnologica e la transizione digitale e il Ministro per la pubblica amministrazione, sentiti il Garante per la protezione dei dati personali e la Conferenza Stato-città ed autonomie locali, sono assicurati l'aggiornamento dei servizi resi disponibili dall'ANPR alle pubbliche amministrazioni, agli organismi che erogano pubblici servizi e ai privati, nonché l'adeguamento e l'evoluzione delle caratteristiche tecniche della piattaforma di funzionamento dell'ANPR (9).

(1) Articolo sostituito dall'art. 2, co. 1, d.l. 18/10/2012, n. 179. Il co. 1 era stato precedentemente modificato dall'art. 26 del d.lg. 4/4/2006, n. 159.

• Per il regolamento recante disposizioni per la prima attuazione del presente articolo vedi il d.p.c.m. 23/8/2013, n. 109; vedi successivamente il d.p.c.m. 10/11/2014, n. 194.

(2) Comma modificato dall'art. 48, co. 1, lett. a), d.lg. 26/8/2016, n. 179.

(3) Comma inserito dall'art. 10, co. 1, lett. a), d.l. 19/6/2015, n. 78, conv., con modif., dalla l. 6/8/2015, n. 125 e successivamente

modificato dall'art. 39 del d.l. 31/5/ 2021, n. 77, conv., con modif., dalla l. 29/7/2021, n. 108 e modificato, da ultimo, dall'art. 30, co. 8 bis, d.l. 30/4/2022, n. 36, conv., con modif., dalla l. 29/6/2022, n. 79.

(4) Comma introdotto dall'art. 39 del d.l. 31/5/2021, n. 77, conv., con modif., dalla l. 29/7/2021, n. 108.

(5) Comma modificato dall'art. 24, co. 4-ter, d.l. 24/6/2014, n. 90, conv., con modif., dalla l. 11/8/2014, n. 114 e, successivamente, dall'art. 10, co. 1, lett. b), d.l. 19/6/2015, n. 78, conv., con modif., dalla l. 6/8/2015, n. 125, successivamente dall'art. 48, co. 1, lett. a), d.lg. 26/8/2016, n. 179 e dall'art. 52, co. 1, lett. a), d.lg. 13/12/2017, n. 217, successivamente modificato dall'art. 30, co. 1, lett. a), d.l. 16/7/2020, n. 76, conv., con modif., dalla l. 11/9/2020, n. 120 (in S.O. n. 33, relativo alla G.U. 14/9/2020, n. 228), nuovamente modificato dall'art. 39 del d.l. 31/5/2021, n. 77, conv., con modif., dalla l. 29/7/2021, n. 108, dall'art. 27, co. 1, d.l. 6/11/2021, n. 152, conv., con modif., dalla l. 29/12/2021, n. 233 e, da ultimo, dalla l. 30/12/2021, n. 234.

(6) Comma modificato dall'art. 52, co. 1, lett. b), d.lg. 13/12/2017, n. 217 e successivamente modificato dall'art. 27, co. 1, d.l. 6/11/2021, n. 152, conv., con modif., dalla l. 29/12/2021, n. 233.

(7) Lettera modificata dall'art. 48, co. 1, lett. c), d.lg. 26/8/2016, n. 179.

(8) Lettera sostituita dall'art. 52, co. 1, lett. c), d.lg. 13/12/2017, n. 217.

(9) Comma aggiunto dall'art. 30, co. 1, lett. b), d.l. 16/7/2020, n. 76, conv., con modif., dalla l. 11/9/2020, n. 120 (in S.O. n. 33, relativo alla G.U. 14/9/2020, n. 228) e successivamente modificato dall'art. 39, co. 1, d.l. 31/5/2021, n. 77, conv., con modif., dalla l. 29/7/2021, n. 108.

62 bis. Banca dati nazionale dei contratti pubblici (1). – 1. Per favorire la riduzione degli oneri amministrativi derivanti dagli obblighi informativi ed assicurare l'efficacia, la trasparenza e il controllo in tempo reale dell'azione amministrativa per l'allocazione della spesa pubblica in lavori, servizi e forniture, anche al fine del rispetto della legalità e del corretto agire della pubblica amministrazione e prevenire fenomeni di corruzione, si utilizza la "Banca dati nazionale dei contratti pubblici" (BDNCP) gestita dall'Autorità Nazionale Anticorruzione ai sensi dell'articolo 213 del decreto legislativo 18 aprile 2016, n. 50 (2).

(1) Articolo inserito dall'art. 44, co. 1, d.lg. 30/12/2010, n. 235.

(2) Comma modificato dall'art. 53, co. 1, d.lg. 13/12/2017, n. 217.

62 ter. Anagrafe nazionale degli assistiti (1). – 1. Per rafforzare gli interventi in tema di monitoraggio della spesa del settore sanitario, accelerare il processo di automazione amministrativa e migliorare i servizi per i cittadini e le pubbliche amministrazioni, è istituita, nell'ambito del sistema informativo realizzato dal Ministero dell'economia e delle finanze in attuazione di quanto disposto dall'articolo 50 del decreto-legge 30 settembre 2003, n. 269, convertito, con modificazioni, dalla legge 24 novembre 2003, n. 326, l'Anagrafe nazionale degli assistiti (ANA).

2. L'ANA, realizzata dal Ministero dell'economia e delle finanze, in accordo con il Ministero della salute in relazione alle specifiche esigenze di monitoraggio dei livelli essenziali di assistenza (LEA), nel rispetto delle previsioni di cui al comma 5 dell'articolo 62 del presente decreto, subentra, per tutte le finalità previste dalla normativa vigente, alle anagrafi e agli elenchi degli assistiti tenuti dalle singole aziende sanitarie locali, ai sensi dell'articolo 7 della legge 7 agosto 1982, n. 526, che mantengono la titolarità dei dati di propria competenza e ne assicurano l'aggiornamento.

3. L'ANA assicura alla singola azienda sanitaria locale la disponibilità dei dati e degli strumenti per lo svolgimento delle funzioni di propria competenza e garantisce l'accesso ai dati in essa contenuti da parte delle pubbliche amministrazioni per le relative finalità istituzionali, secondo le modalità di cui all'articolo 60, comma 2-bis, del presente decreto (2).

4. Con il subentro dell'ANA, l'azienda sanitaria locale cessa di fornire ai cittadini il libretto sanitario personale previsto dall'articolo 27 della legge 23 dicembre 1978, n. 833. È facoltà dei cittadini di accedere in rete ai propri dati contenuti nell'ANA, secondo le modalità di cui al comma 1 dell'articolo 6 del presente decreto, ovvero di richiedere presso l'azienda sanitaria locale competente copia cartacea degli stessi.

5. In caso di trasferimento di residenza del cittadino, l'ANA ne dà immediata comunicazione in modalità telematica alle aziende sanitarie locali interessate dal trasferimento. L'azienda sanitaria locale nel cui territorio è compresa la nuova residenza provvede alla presa in carico del cittadino, nonché all'aggiornamento dell'ANA per i dati di propria competenza. Nessun'altra comunicazione in merito al trasferimento di residenza è dovuta dal cittadino alle aziende sanitarie locali interessate.

6. L'ANA assicura al nuovo sistema informativo sanitario nazionale realizzato dal Ministero della salute in attuazione di quanto disposto dall'articolo 87 della legge 23 dicembre 2000, n. 388, con le modalità definite dal decreto del Presidente del Consiglio dei ministri di cui al comma 7, l'accesso ai dati e la disponibilità degli strumenti funzionali a garantire l'appropriatezza e l'efficacia delle prestazioni di cura erogate al cittadino, nonché per le finalità di cui all'articolo 15, comma 25-bis, del decreto-legge 6 luglio 2012, n. 95, convertito, con modificazioni, dalla legge 7 agosto 2012, n. 135.

7. Entro il 30 giugno 2014, con decreto del Presidente del Consiglio dei ministri, su proposta del Ministro della salute e del Ministro dell'economia e delle finanze, previa intesa in sede di Conferenza permanente per i rapporti tra lo Stato, le regioni e le province autonome di Trento e di Bolzano, sono stabiliti:

a) i contenuti dell'ANA, tra i quali devono essere inclusi le scelte del medico di medicina generale e del pediatra di libera scelta, il codice esenzione e il domicilio (3);

b) il piano per il graduale subentro dell'ANA alle anagrafi e agli elenchi degli assistiti tenuti dalle singole aziende sanitarie locali, da completare entro il 30 giugno 2015;

c) le garanzie e le misure di sicurezza da adottare, i criteri per l'interoperabilità dell'ANA con le altre banche dati di rilevanza nazionale e regionale, nonché le modalità di cooperazione dell'ANA con banche dati già istituite a livello regionale per le medesime finalità, nel rispetto della normativa sulla protezione dei dati personali, di cui al decreto legislativo 30 giugno 2003, n. 196, e delle regole tecniche del sistema pubblico di connettività, ai sensi del presente decreto.

(1) Articolo aggiunto dall'art. 1, co. 231, l. 27/12/2013, n. 147.

(2) Comma modificato dall'art. 54, co. 1, lett. a), d.lg. 13/12/2017, n. 217.

(3) Comma modificato dall'art. 54, co. 1, lett. b), d.lg. 13/12/2017, n. 217.

62 quater. Anagrafe nazionale dell'istruzione (1). – 1. Per rafforzare gli interventi nel settore dell'istruzione, accelerare il processo di automazione amministrativa e migliorare i servizi per i cittadini e per le pubbliche amministrazioni, è istituita, nell'ambito di un apposito sistema informativo denominato hubscuola, realizzato dal Ministero dell'istruzione, l'Anagrafe nazionale dell'istruzione (ANIST).

2. L'ANIST, realizzata dal Ministero dell'istruzione, subentra, per tutte le finalità previste dalla normativa vigente, alle anagrafi e alle banche di dati degli studenti, dei docenti, del personale amministrativo, tecnico e ausiliario (ATA), delle istituzioni scolastiche e degli edifici scolastici, anche istituite a livello regionale, provinciale e locale per le medesime finalità, che mantengono la titolarità dei dati di propria competenza e ne assicurano l'aggiornamento.

3. L'ANIST assicura alle regioni, ai comuni e alle istitu-

zioni scolastiche la disponibilità dei dati e degli strumenti per lo svolgimento delle funzioni di propria competenza, garantisce l'accesso ai dati in essa contenuti da parte delle pubbliche amministrazioni per le relative finalità istituzionali e mette a disposizione del Ministero dell'interno le informazioni relative ai titoli di studio per il loro inserimento nell'ANPR.

4. Anche ai fini del comma 5 dell'articolo 62, l'ANIST è costantemente allineata con l'ANPR per quanto riguarda i dati degli studenti e delle loro famiglie, dei docenti e del personale ATA. L'ANIST è costantemente alimentata con i dati relativi al rendimento scolastico degli studenti attraverso l'interoperabilità con i registri scolastici di cui all'articolo 7, comma 31, del decreto-legge 6 luglio 2012, n. 95, convertito, con modificazioni, dalla legge 7 agosto 2012, n. 135. L'ANIST, con riferimento alla codifica e al georiferimento dei numeri civici in essa contenuti, è costantemente aggiornata attraverso l'allineamento con le risultanze dell'Archivio nazionale dei numeri civici delle strade urbane, di cui all'articolo 3 del decreto-legge 18 ottobre 2012, n. 179, convertito, con modificazioni, dalla legge 17 dicembre 2012, n. 221.

5. I cittadini, per consultare i propri dati e ottenere il rilascio di certificazioni, possono accedere all'ANIST con le modalità di cui al comma 2-quater dell'articolo 64 ovvero tramite il punto di accesso di cui all'articolo 64-bis. L'ANIST rende disponibili i dati necessari per automatizzare le procedure di iscrizione on line alle istituzioni scolastiche di ogni ordine e grado, di cui all'articolo 7, comma 28, del decreto-legge 6 luglio 2012, n. 95, convertito, con modificazioni, dalla legge 7 agosto 2012, n. 135.

6. Con decreto del Ministro dell'istruzione, di concerto con il Ministro per l'innovazione tecnologica e la transizione digitale e con il Ministro per la pubblica amministrazione, da adottare entro il 30 settembre 2021, previa intesa in sede di Conferenza unificata di cui all'articolo 8 del decreto legislativo 28 agosto 1997, n. 281, acquisito il parere del Garante per la protezione dei dati personali, sono stabiliti:

a) i dati che devono essere contenuti nell'ANIST, con riferimento alle tre componenti degli studenti, dei docenti e personale ATA e delle istituzioni scolastiche ed edifici scolastici;

b) le garanzie e le misure di sicurezza da adottare, le modalità di cooperazione dell'ANIST con banche di dati istituite a livello regionale, provinciale e locale per le medesime finalità, nonché le modalità di alimentazione da parte dei registri scolastici ddi cui all'articolo 7, comma 31, del decreto-legge 6 luglio 2012, n. 95, convertito, con modificazioni, dalla legge 7 agosto 2012, n. 135, nel rispetto della normativa in materia di protezione dei dati personali e delle regole tecniche del sistema pubblico di connettività. L'allineamento dell'ANIST con le altre banche di dati di rilevanza nazionale, regionale, provinciale e locale avviene in conformità alle linee guida adottate dall'AgID in materia di interoperabilità.

(1) Articolo aggiunto dall'art. 39-quinquies del d.l. 31/5/2021, n. 77, conv., con modif., dalla l. 29/7/2021, n. 108.

62 quinquies. Anagrafe nazionale dell'istruzione superiore (1). – 1. Per rafforzare gli interventi nel settore dell'università e della ricerca, accelerare il processo di automazione amministrativa e migliorare i servizi per i cittadini e le pubbliche amministrazioni, è istituita, a cura del Ministero dell'università e della ricerca, l'Anagrafe nazionale dell'istruzione superiore (ANIS).

2. L'ANIS è alimentata, con le modalità individuate con il decreto di cui al comma 5, dalle istituzioni della formazione superiore, che mantengono la titolarità dei dati di propria competenza e ne assicurano l'aggiornamento, nonché tramite l'Anagrafe nazionale degli studenti, dei diplomati e dei laureati degli istituti tecnici superiori e delle istituzioni della formazione superiore, di cui all'articolo 1-bis del decreto-legge 9 maggio 2003, n. 105, convertito, con modificazioni, dalla legge 11 luglio 2003, n. 170. L'ANIS assicura alla singola istituzione la disponibilità dei dati e degli strumenti per lo svolgimento delle funzioni di propria competenza e garantisce l'accesso ai dati in essa contenuti da parte delle pubbliche amministrazioni per le relative finalità istituzionali. L'ANIS rende disponibili i dati necessari per automatizzare le procedure di iscrizione on line alle istituzioni della formazione superiore e assicura l'interoperabilità con le altre banche di dati di rilevanza nazionale che sono di interesse del Ministero dell'università e della ricerca per le relative finalità istituzionali.

3. Ai sensi del comma 5 dell'articolo 62 del presente codice, l'ANIS è costantemente allineata con l'ANPR per quanto riguarda i dati degli studenti e dei laureati.

4. I cittadini, per consultare i propri dati e ottenere il rilascio di certificazioni, possono accedere all'ANIS mediante le modalità di cui al comma 2-quater dell'articolo 64 ovvero tramite il punto di accesso di cui all'articolo 64-bis.

5. Con decreto del Ministro dell'università e della ricerca, di concerto con il Ministro per l'innovazione tecnologica e la transizione digitale e con il Ministro per la pubblica amministrazione, da adottare entro il 31 dicembre 2021, acquisito il parere del Garante per la protezione dei dati personali, sono stabiliti:

a) i contenuti dell'ANIS, tra i quali i dati relativi alle iscrizioni degli studenti, all'istituzione di appartenenza e al relativo corso di studi, i titoli conseguiti e gli ulteriori dati relativi presenti nelle altre banche di dati di rilevanza nazionale di interesse del Ministero dell'università e della ricerca cui lo stesso può accedere per le relative finalità istituzionali;

b) le garanzie e le misure di sicurezza da adottare nonché le modalità di alimentazione da parte delle istituzioni della formazione superiore nonché tramite l'Anagrafe nazionale degli studenti, dei diplomati e dei laureati degli istituti tecnici superiori e delle istituzioni della formazione superiore, nel rispetto della normativa in materia di protezione dei dati personali e delle regole tecniche del sistema pubblico di connettività. L'allineamento dell'ANIS con l'Anagrafe nazionale degli studenti, dei diplomati e dei laureati degli istituti tecnici superiori e delle istituzioni della formazione superiore, con l'ANPR e con le altre anagrafi di interesse del Ministero dell'università e della ricerca per le relative finalità istituzionali avviene in conformità alle linee guida adottate dall'AgID in materia di interoperabilità.

(1) Articolo aggiunto dall'art. 39-quinquies del d.l. 31/5/2021, n. 77, conv., con modif., dalla l. 29/7/2021, n. 108.

Sezione III
Identità digitali, istanze e servizi on-line (1)

(1) Rubrica così sostituita dall'art. 55, co. 1, d.lg. 13/12/2017, n. 217.

63. Organizzazione e finalità dei servizi in rete*. – *1. I soggetti di cui all'articolo 2, comma 2, individuano le modalità di erogazione dei servizi in rete in base a criteri di valutazione di efficacia, economicità ed utilità e nel rispetto dei principi di eguaglianza e non discriminazione, tenendo comunque presenti le dimensioni dell'utenza, la frequenza dell'uso e l'eventuale destinazione all'utilizzazione da parte di categorie in situazioni di disagio* (1).

2. I soggetti di cui all'articolo 2, comma 2, progettano e realizzano i servizi in rete mirando alla migliore soddisfazione delle esigenze degli utenti, in particolare garantendo la completezza del procedimento, la certificazione dell'esito e l'accertamento del grado di soddisfazione dell'utente. A tal fine, sono tenuti ad adottare strumenti idonei alla rilevazione immediata, continua e sicura del giudizio degli utenti, in conformità alle Linee guida (2).

3. Le pubbliche amministrazioni collaborano per integrare i procedimenti di rispettiva competenza al fine di agevolare gli adempimenti di cittadini ed imprese e rendere più efficienti i procedimenti che interessano più amministrazioni, attraverso idonei sistemi di cooperazione.

*3-bis. A partire dal 1° gennaio 2014, allo scopo di incentivare e favorire il processo di informatizzazione e di potenziare ed estendere i servizi telematici, i soggetti di cui all'articolo 2, comma 2, utilizzano esclusivamente i canali e i servizi telematici, ivi inclusa la posta elettronica certificata, per l'utilizzo dei propri servizi, anche a mezzo di intermediari abilitati, per la presentazione da parte degli interessati di denunce, istanze e atti e garanzie fideiussorie, per l'esecuzione di versamenti fiscali, contributivi, previdenziali, assistenziali e assicurativi, nonché per la richiesta di attestazioni e certificazioni. 3-ter. A partire dal 1° gennaio 2014 i soggetti indicati al comma 3-bis utilizzano esclusivamente servizi telematici o la posta elettronica certificata anche per gli atti, le comunicazioni o i servizi dagli stessi resi. 3-quater. I soggetti indicati al comma 3-bis, almeno sessanta giorni prima della data della loro entrata in vigore, pubblicano nel sito web istituzionale l'elenco dei provvedimenti adottati ai sensi dei commi 3-bis e 3-ter, nonché termini e modalità di utilizzo dei servizi e dei canali telematici e della posta elettronica certificata. 3-quinquies. Con decreto del Presidente del Consiglio dei Ministri, sentita la Conferenza unificata di cui all'articolo 8 del decreto legislativo 28 agosto 1997, n. 281, e successive modificazioni, da emanare entro sei mesi dalla data di entrata in vigore della presente disposizione, sono stabilite le deroghe e le eventuali limitazioni al principio di esclusività indicato dal comma 3-bis, anche al fine di escludere l'insorgenza di nuovi o maggiori oneri per la finanza pubblica***.

* Articolo abrogato dall'art. 64, co. 1, lett. c), d.lg. 13/12/2017, n. 217.

(1) Comma modificato dall'art. 49, co. 1, lett. a), d.lg. 26/8/2016, n. 179.

(2) Comma sostituito dall'art. 45, co. 1, d.lg. 30/12/2010, n. 235 e successivamente modificato dall'art. 49, co. 1, lett. b), d.lg. 26/8/2016, n. 179 e dall'art. 66, co. 1, d.lg. 13/12/2017, n. 217.

** Commi aggiunti dall'art. 47 quinquies, co. 1, d.l. 9/2/2012, n. 5 e successivamente abrogati dall'art. 49, co. 1, lett. c), d.lg. 26/8/2016, n. 179.

64. Sistema pubblico per la gestione delle identità digitali e modalità di accesso ai servizi erogati in rete dalle pubbliche amministrazioni (1). – *1. La carta d'identità elettronica e la carta nazionale dei servizi costituiscono strumenti per l'accesso ai servizi erogati in rete dalle pubbliche amministrazioni per i quali sia necessaria l'identificazione informatica**.

*2. Le pubbliche amministrazioni possono consentire l'accesso ai servizi in rete da esse erogati che richiedono l'identificazione informatica anche con strumenti diversi dalla carta d'identità elettronica e dalla carta nazionale dei servizi, purché tali strumenti consentano l'individuazione del soggetto che richiede il servizio. Con l'istituzione del sistema SPID di cui al comma 2-bis, le pubbliche amministrazioni possono consentire l'accesso in rete ai propri servizi solo mediante gli strumenti di cui al comma 1, ovvero mediante servizi offerti dal medesimo sistema SPID. L'accesso con carta d'identità elettronica e carta nazionale dei servizi è comunque consentito indipendentemente dalle modalità di accesso predisposte dalle singole amministrazioni***.

2-bis. Per favorire la diffusione di servizi in rete e agevolare l'accesso agli stessi da parte di cittadini e imprese, anche in mobilità, è istituito, a cura dell'Agenzia per l'Italia digitale, il sistema pubblico per la gestione dell'identità digitale di cittadini e imprese (SPID) (2).

2-ter. Il sistema SPID è costituito come insieme aperto di soggetti pubblici e privati che, previo accreditamento da parte dell'AgID, secondo modalità definite con il decreto di cui al comma 2-sexies, identificano gli utenti per consentire loro il compimento di attività e l'accesso ai servizi in rete (3).

2-quater. L'accesso ai servizi in rete erogati dalle pubbliche amministrazioni che richiedono identificazione informatica avviene tramite SPID nonché tramite la carta di identità elettronica. Il sistema SPID è adottato dalle pubbliche amministrazioni nei tempi e secondo le modalità definiti con il decreto di cui al comma 2-sexies. Resta fermo quanto previsto dall'articolo 3-bis, comma 01 (4).

2-quinquies. Ai fini dell'erogazione dei propri servizi in rete, è altresì riconosciuta ai soggetti privati, secondo le modalità definite con il decreto di cui al comma 2-sexies, la facoltà di avvalersi del sistema SPID per la gestione dell'identità digitale dei propri utenti nonché la facoltà di avvalersi della carta di identità elettronica. L'adesione al sistema SPID ovvero l'utilizzo della carta di identità elettronica per la verifica dell'accesso ai propri servizi erogati in rete per i quali è richiesto il riconoscimento dell'utente esonera i predetti soggetti da un obbligo generale di sorveglianza delle attività sui propri siti, ai sensi dell'articolo 17 del decreto legislativo 9 aprile 2003, n. 70 (5).

2-sexies. Con decreto del Presidente del Consiglio dei ministri, su proposta del Ministro delegato per l'innovazione tecnologica e del Ministro per la pubblica amministrazione e la semplificazione, di concerto con il Ministro dell'economia e delle finanze, sentito il Garante per la protezione dei dati personali, sono definite le caratteristiche del sistema SPID, anche con riferimento:

a) al modello architetturale e organizzativo del sistema;

b) alle modalità e ai requisiti necessari per l'accreditamento dei gestori dell'identità digitale;

c) agli standard tecnologici e alle soluzioni tecniche e organizzative da adottare anche al fine di garantire l'interoperabilità delle credenziali e degli strumenti di accesso resi disponibili dai gestori dell'identità digitale nei riguardi di cittadini e imprese [, compresi gli strumenti di cui al comma 1];

d) alle modalità di adesione da parte di cittadini e imprese in qualità di utenti di servizi in rete;

e) ai tempi e alle modalità di adozione da parte delle pubbliche amministrazioni in qualità di erogatori di servizi in rete;

f) alle modalità di adesione da parte delle imprese interessate in qualità di erogatori di servizi in rete (6).

*2-septies. Un atto giuridico può essere posto in essere da un soggetto identificato mediante SPID, nell'ambito di un sistema informatico avente i requisiti fissati nelle regole tecniche adottate ai sensi dell'articolo 71, attraverso processi idonei a garantire, in maniera manifesta e inequivoca, l'acquisizione della sua volontà. Restano ferme le disposizioni concernenti il deposito degli atti e dei documenti in via telematica secondo la normativa anche regolamentare in materia di processo telematico. 2-octies. Le pubbliche amministrazioni consentono mediante SPID l'accesso ai servizi in rete da esse erogati che richiedono identificazione informatica****.

2-nonies. L'accesso di cui al comma 2-quater può avvenire anche con la carta nazionale dei servizi (7).

2-decies. Le pubbliche amministrazioni, in qualità di fornitori dei servizi, usufruiscono gratuitamente delle verifiche rese disponibili dai gestori di identità digitali e dai gestori di attributi qualificati (8).

2-undecies. I gestori dell'identità digitale accreditati sono iscritti in un apposito elenco pubblico, tenuto da AgID, consultabile anche in via telematica (9).

2-duodecies. La verifica dell'identità digitale con livello di garanzia almeno significativo, ai sensi dell'articolo 8, paragrafo 2, del Regolamento (UE) n. 910/2014 del Parlamento e del Consiglio europeo del 23 luglio 2014, produce, nelle transazioni elettroniche o per l'accesso ai servizi in rete, gli effetti del documento di riconoscimento equipollente, di cui all'articolo 35 del. Decreto del Presidente della Repubblica 28 dicembre 2000, n. 445. La disposizione di cui al periodo precedente si applica altresì in caso di identificazione elettronica ai fini dell'accesso ai servizi erogati dalle pubbliche amministrazioni e dai soggetti privati tramite canali fisici. L'identità digitale, verificata ai sensi del presente articolo e con livello di sicurezza almeno significativo, attesta gli attributi qualificati dell'utente, ivi compresi i dati relativi al possesso di abilitazioni o autorizzazioni richieste dalla legge ovvero stati, qualità personali e fatti contenuti in albi, elenchi o registri pubblici o comunque accertati da soggetti titolari di funzioni pubbliche, ovvero gli altri dati, fatti e informazioni funzionali alla fruizione di un servizio attestati da un gestore di attributi qualificati, secondo le modalità stabilite da AgID con Linee guida (9).

3. Ferma restando la disciplina riguardante le trasmissioni telematiche gestite dal Ministero dell'economia e delle finanze e dalle agenzie fiscali, con decreto del Presidente del Consiglio dei Ministri o del Ministro delegato per l'innovazione e le tecnologie, di concerto con il Ministro per la funzione pubblica e d'intesa con la Conferenza unificata di cui all'articolo 8 del decreto legislativo 28 agosto 1997, n. 281, è fissata la data, comunque non successiva al 31 marzo 2011, a decorrere dalla quale non è più consentito l'accesso ai servizi erogati in rete dalle pubbliche amministrazioni, con strumenti diversi dalla carta d'identità elettronica e dalla carta nazionale dei servizi. [È prorogato alla medesima data il termine relativo alla procedura di accertamento preventivo del possesso della Carta di identità elettronica (CIE), di cui all'articolo 8, comma 5, del decreto del Presidente della Repubblica 2 marzo 2004, n. 117, limitatamente alle richieste di emissione di Carte nazionali dei servizi (CNS) da parte dei cittadini non residenti nei comuni in cui è diffusa la CIE (10) ****.

3-bis. Fatto salvo quanto previsto dal comma 2-nonies, i soggetti di cui all'articolo 2, comma 2, lettera a), utilizzano esclusivamente le identità digitali SPID e la carta di identità elettronica ai fini dell'identificazione dei cittadini che accedono ai propri servizi in rete. Con uno o più decreti del Presidente del Consiglio dei ministri o del Ministro delegato per l'innovazione tecnologica e la transizione digitale è stabilita la data a decorrere dalla quale i soggetti di cui all'articolo 2, comma 2, lettera a), utilizzano esclusivamente le identità digitali SPID, la carta di identità elettronica e la Carta Nazionale dei servizi per consentire l'accesso delle imprese e dei professionisti ai propri servizi in rete, nonché la data a decorrere dalla quale i soggetti di cui all'articolo 2, comma 2, lettere b) e c) utilizzano esclusivamente le identità digitali SPID, la carta di identità elettronica e la carta Nazionale dei servizi ai fini dell'identificazione degli utenti dei propri servizi on-line. (11).

3-ter. I gestori dell'identità digitale accreditati, in qualita di gestori di pubblico servizio, prima del rilascio dell'identità digitale a una persona fisica, verificano i dati identificativi del richiedente, ivi inclusi l'indirizzo di residenza e, ove disponibili, il domicilio digitale o altro indirizzo di contatto, mediante consultazione gratuita dei dati disponibili presso l'ANPR di cui all'articolo 62, anche tramite la piattaforma prevista dall'articolo 50-ter. Tali verifiche sono svolte anche successivamente al rilascio dell'identità digitale, con cadenza almeno annuale, anche ai fini della verifica dell'esistenza in vita. Il direttore dell'AgID, previo accertamento dell'operatività delle funzionalità necessarie, fissa la data a decorrere dalla quale i gestori dell'identità digitale accreditati sono tenuti ad effettuare le verifiche di cui ai precedenti periodi (12).

(1) Rubrica sostituita dall'art. 50, co. 1, lett. a), d.lg. 26/8/2016, n. 179.

* Comma modificato dall'art. 46, co. 1, lett. a), d.lg. 30/12/2010, n. 235 e successivamente abrogato dall'art. 50, co. 1, lett. b), d.lg. 26/8/2016, n. 179.

** Comma modificato dall'art. 46, co. 1, lett. b), d.lg. 30/12/2010, n. 235, dall'art. 17-ter, co. 1, d.l. 21/6/2013, n. 69, conv., con modif., dalla l. 9/8/2013, n. 98 e successivamente abrogato dall'art. 50, co. 1, lett. b), d.lg. 26/8/2016, n. 179.

(2) Comma aggiunto dall'art. 17-ter, co. 2, d.l. 21/6/2013, n. 69, conv., con modif., dalla l. 9/8/2013, n. 98.

(3) Comma aggiunto dall'art. 17-ter, co. 2, d.l. 21/6/2013, n. 69, conv., con modif., dalla l. 9/8/2013, n. 98 e successivamente sostituito dall'art. 50, co. 1, lett. c), d.lg. 26/8/2016, n. 179, e nuovamente modificato dall'art. 24, co. 1, lett. e), d.l. 16/7/2020, n. 76, conv., con modif., dalla l. 11/9/2020, n. 120 (in S.O. n. 33, relativo alla G.U. 14/9/2020, n. 228).

(4) Comma aggiunto dall'art. 17-ter, co. 2, d.l. 21/6/2013, n. 69, conv., con modif., dalla l. 9/8/2013, n. 98 e successivamente modificato dall'art. 56, co. 1, lett. a), del d.lg. 13/12/2017, n. 217 e nuovamente modificato dall'art. 24, co. 1, lett. e), d.l. 16/7/2020, n. 76, conv., con modif., dalla l. 11/9/2020, n. 120 (in S.O. n. 33, relativo alla G.U. 14/9/2020, n. 228).

(5) Comma aggiunto dall'art. 17-ter, co. 2, d.l. 21/6/2013, n. 69, conv., con modif., dalla l. 9/8/2013, n. 98 e successivamente modificato dall'art. 56, co. 1, lett. b), d.lg. 13/12/2017, n. 217 e nuovamente modificato dall'art. 24, co. 1, lett. e), d.l. 16/7/2020, n. 76, conv., con modif., dalla l. 11/9/2020, n. 120 (in S.O. n. 33, relativo alla G.U. 14/9/2020, n. 228).

(6) Comma aggiunto dall'art. 17-ter, co. 2, d.l. 21/6/2013, n. 69, conv., con modif., dalla l. 9/8/2013, n. 98 e successivamente modificato dall'art. 50, co. 1, lett. d), d.lg. 26/8/2016, n. 179.

*** Commi aggiunti dall'art. 50, co. 1, lett. e), del d.lg. 26/8/2016, n. 179 e successivamente abrogato dall'art. 56, co. 1, lett. c), d.lg. 13/12/2017, n. 217.

(7) Comma aggiunto dall'art. 50, co. 1, lett. e), d.lg. 26/8/2016, n. 179 e successivamente modificato dall'art. 56, co. 1, lett. d), d.lg. 13/12/2017, n. 217, nonché dall'art. 24, co. 1, lett. e), d.l. 16/7/2020, n. 76 che ha soppresso le parole "la carta d'identità elettronica".

(8) Comma aggiunto dall'art. 56, co. 1, lett. e), d.lg. 13/12/2017, n. 217

(9) Comma inserito dall'art. 24, co. 1, lett. e), d.l. 16/7/2020, n. 76, conv., con modif., dalla l. 11/9/2020, n. 120 (in S.O. n. 33, relativo alla G.U. 14/9/2020, n. 228) e successivamente modificato dall'art. 32, co. 1, d.l. 30/4/2022, n. 36, conv., con modif., dalla l. 29/6/2022, n. 79.

(10) Comma modificato dall'art. 27 del d.lg. 4/4/2006, n. 159.

• Termine prorogato dall'art. 35, co. 1, d.l. 31/12/2007, n. 248, come modificato dall'art. 3, co. 1, d.l. 30/12/2008, n. 207, dall'art. 1, co. 120, l. 24/12/2007, n. 244, come modificato dall'art. 42, co. 1, d.l. 30/12/2008, n. 207 e successivamente dall'art. 1, co. 5, d.l. 30/12/2009, n. 194.

• Periodo soppresso dall'art. 37, co. 3, l. 18/6/2009, n. 69.

• Comma modificato dall'art. 1, co. 1, d.l. 29/12/2010, n. 225, che ha sostituito il termine di scadenza del 31/12/2010, di cui al presente comma, al 31/3/2011.

**** Comma abrogato dall'art. 46, co. 1, lett. c), d.lg. 30/12/2010, n. 235.

(11) Comma aggiunto dall'art. 56, co. 1, lett. f), d.lg. 13/12/2017, n. 217 e successivamente modificato dall'art. 24, co. 1, lett. e), d.l. 16/7/2020, n. 76 e dall'art. 10, co. 7, d.l. 10/9/2021, n. 121, conv., con modif., dalla l. 9/11/2021, n. 156.

• L'art. 24, co. 4, d.l. 16/7/2020, n. 76 ha disposto che «Ai fini dell'attuazione dell'articolo 64, comma 3-bis, secondo periodo, del decreto legislativo 7 marzo 2005, n. 82, come modificato dal comma 1, lettera e), numero 6), dal 28 febbraio 2021, è fatto divieto ai soggetti di cui all'articolo 2, comma 2, lettera a) del predetto decreto legislativo n. 82 del 2005 di rilasciare o rinnovare credenziali per l'identificazione e l'accesso dei cittadini ai propri servizi in rete, diverse da SPID, CIE o CNS, fermo restando l'utilizzo di quelle già rilasciate fino alla loro naturale scadenza e, comunque, non oltre il 30 settembre 2021».

(12) Comma aggiunto dall'art. 30, co. 8-bis, d.l. 30/4/2022, n. 36, conv., con modif., dalla l. 29/6/2022, n. 79.

64 bis. Accesso telematico ai servizi della Pubblica Amministrazione (1). – 1. I soggetti di cui all'articolo 2, comma 2, rendono fruibili i propri servizi in rete, in conformità alle Linee guida, tramite il punto [unico] di accesso telematico attivato presso la Presidenza del Consiglio dei ministri, senza nuovi o maggiori oneri per la finanza pubblica (2).

1-bis. Al fine di rendere effettivo il diritto di cui all'articolo 7, comma 01, i soggetti di cui all'articolo 2, comma 2, i fornitori di identità digitali e i prestatori dei servizi fiduciari qualificati, in sede di evoluzione, progettano e sviluppano i propri sistemi e servizi in modo da garantire l'integrazione e l'interoperabilità tra i diversi sistemi e servizi e con i servizi di cui ai commi 1 e 1-ter, espongono per ogni servizio le relative interfacce applicative e, al fine di consentire la verifica del rispetto degli standard e livelli di qualità di cui all'articolo 7, comma 1, adottano gli strumenti di analisi individuati dall'AgID con le Linee guida (3).

1-ter. I soggetti di cui all'articolo 2, comma 2, lettera a), rendono fruibili i propri servizi in rete, nel rispetto del principio di neutralità tecnologica, tramite applicazione su dispositivi mobili anche attraverso il punto di accesso telematico di cui al presente articolo, salvo impedimenti di natura tecnologica attestati dalla società di cui all'articolo 8, comma 2 del decreto-legge 14 dicembre 2018, n. 135, convertito, con modificazioni, dalla legge 11 febbraio 2019, n. 12 (4).

1-quater. I soggetti di cui all'articolo 2, comma 2, lettera a), rendono fruibili tutti i loro servizi anche in modalità digitale e, al fine di attuare il presente articolo, avviano i relativi progetti di trasformazione digitale entro il 28 febbraio 2021 (5).

1-quinquies. La violazione dell'articolo 64, comma 3-bis e delle disposizioni di cui al presente articolo, costituisce mancato raggiungimento di uno specifico risultato e di un rilevante obiettivo da parte dei dirigenti responsabili delle strutture competenti e comporta la riduzione, non inferiore al 30 per cento della retribuzione di risultato e del trattamento accessorio collegato alla performance individuale dei dirigenti competenti, oltre al divieto di attribuire premi o incentivi nell'ambito delle medesime strutture (5).

(1) Articolo aggiunto dall'art. 50, co. 2, d.lg. 26/8/2016, n. 179.

(2) Comma modificato dagli artt. 57, co. 1, lett. a), e 66, co. 1, d.lg. 13/12/2017, n. 217.

(3) Comma aggiunto dall'art. 57, co. 1, lett. b), d.lg. 13/12/2017, n. 217. E successivamente modificato dall'art. 24, co. 1, lett. f) d.l. 16/7/2020, n. 76, conv., con modif., dalla l. 11/9/2020, n. 120 (in S.O. n. 33, relativo alla G.U. 14/9/2020, n. 228)..

(4) Comma aggiunto dall'art. 24, co. 1, lett. f), d.l. 16/7/2020, n. 76, conv., con modif., dalla l. 11/9/2020, n. 120 (in G.U. 14/9/2020, n. 228, S.O. n. 33) e successivamente modificato dall'art. 38, co. 2, d.l. 31/5/2021, n. 77, conv., con modif., dalla l. 29/7/2021, n. 108.

(5) Comma aggiunto dall'art. 24, co. 1, lett. f), d.l. 16/7/2020, n. 76, conv., con modif., dalla l. 11/9/2020, n. 120 (in S.O. n. 33, relativo alla G.U. 14/9/2020, n. 228).

64 ter. Sistema di gestione deleghe (1). – 1. È istituito il Sistema di gestione deleghe (SGD), affidato alla responsabilità della struttura della Presidenza del Consiglio dei ministri competente per l'innovazione tecnologica e la transizionedigitale.

2. Il SGD consente a chiunque di delegare l'accesso a uno o piùservizi a un soggetto titolare dell'identità digitale di cui all'articolo 64, comma 2-quater, con livello di sicurezza almeno significativo. La presentazione della delega avviene mediante una delle modalità previste dall'articolo 65, comma 1, ovvero presso gli sportelli di uno dei soggetti di cui all'articolo 2, comma 2, presenti sul territorio. Con il decreto di cui al comma 7 sono disciplinate le modalità di acquisizione della delega al SGD.

3. A seguito dell'acquisizione della delega al SGD, è generato un attributo qualificato associato all'identità digitale del delegato, secondo le modalità stabilite dall'AgID con Linee guida. Tale attributo può essere utilizzato anche per l'erogazione di servizi in modalità analogica.

4. I soggetti di cui all'articolo 2, comma 2, sono tenuti ad accreditarsi al SGD.

5. Per la realizzazione, gestione e manutenzione del SGD e per l'erogazione del servizio, la struttura della Presidenza del Consiglio dei ministri competente per l'innovazione tecnologica e la transizione digitale si avvale dell'Istituto Poligrafico e Zecca dello Stato S.p.A. I rapporti tra la struttura di cui al precedente periodo e l'Istituto Poligrafico e Zecca dello Stato S.p.A. sono regolati, anche ai sensi dell'articolo 28 del regolamento (UE) 2016/679 del Parlamento Europeo e del Consiglio del 27 aprile 2016, con apposita convenzione.

6. La struttura della Presidenza del Consiglio dei ministri competente per l'innovazione tecnologica e la transizione digitale è il titolare del trattamento dei dati personali, ferme restando, ai sensi dell'articolo 28 del regolamento (UE) 2016/679, le specifiche responsabilità spettanti all'Istituto Poligrafico e Zecca dello Stato S.p.A. e, nel caso previsto dal comma 2, ai soggetti di cui all'articolo 2, comma 2.

7. Fermo restando quanto previsto dal decreto di cui all'articolo 64, comma 2-sexies, relativamente alle modalità di accreditamento dei gestori di attributi qualificati, con decreto del Presidente del Consiglio dei ministri, adottato di concerto con il Ministro dell'interno, sentiti l'AgID, il Garante per la protezione dei dati personali e la Conferenza unificata di cui all'articolo 8 del decreto legislativo 28 agosto 1997, n. 281, sono definiti le caratteristiche tecniche, l'architettura generale, i requisiti di sicurezza, le modalità di acquisizione della delega e di funzionamento del SGD nonché le modalità di adozione di un manuale operativo contenente le specifiche tecniche di funzionamento del SGD e di attuazione del decreto. Con il medesimo decreto, inoltre, sono individuate le modalità di adesione al sistema nonché le tipologie di dati oggetto di trattamento, le categorie di interessati e, in generale, le modalità e procedure per assicurare il rispetto dell'articolo 5 del regolamento (UE) 2016/679.

8. All'onere derivante dall'attuazione della presente disposizione si provvede con le risorse disponibili a legislazione vigente.

(1) Articolo inserito dall'art. 38, co. 2, d.l. 31/5/2021, n. 77, conv., con modif., dalla l. 29/7/2021, n. 108 e, successivamente modificato dall'art. 32, co. 1, d.l. 30/4/2022, conv., con modif., dalla l. 29/6/2022, n. 79.

65. Istanze e dichiarazioni presentate alle pubbliche amministrazioni per via telematica. – 1. Le istanze e le dichiarazioni presentate per via telematica alle pubbliche amministrazioni e ai gestori dei servizi pubblici ai sensi dell'articolo 38, commi 1 e 3, del decreto del Presidente della Repubblica 28 dicembre 2000, n. 445, sono valide (1):

a) se sottoscritte mediante la una delle forme di cui all'articolo 20 (2);

b) ovvero, quando l'istante o il dichiarante è identificato attraverso il sistema pubblico di identità digitale (SPID), la carta di identità elettronica o la carta nazionale dei servizi; (3);

b-bis) ovvero formate tramite il punto di accesso telematico per i dispositivi mobili di cui all'articolo 64-bis (4);

c) ovvero sono sottoscritte e presentate unitamente alla copia del documento d'identità (5).

c-bis) ovvero se trasmesse dall'istante o dal dichiarante dal proprio domicilio digitale iscritto in uno degli elenchi di cui all'articolo 6-bis, 6-ter o 6-quater ovvero, in assenza di un domicilio digitale iscritto, da un indirizzo elettronico eletto presso un servizio di posta elettronica certificata o un servizio elettronico di recapito certificato qualificato, come definito dal Regolamento eIDAS. In tale ultimo caso, di assenza di un domicilio digitale iscritto, la trasmissione costituisce elezione di domicilio digitale speciale, ai sensi dell'articolo 3-bis, comma 4 quinquies, per gli atti e le comunicazioni a cui è riferita l'istanza o la dichiarazione. Sono fatte salve le disposizioni normative che prevedono l'uso di specifici sistemi di trasmissione telematica nel settore tributario. (6);

*1-bis. Con decreto del Ministro per la pubblica amministrazione e l'innovazione e del Ministro per la semplificazione normativa, su proposta dei Ministri competenti per materia, possono essere individuati i casi in cui è richiesta la sottoscrizione mediante firma digitale**.

1-ter. Il mancato avvio del procedimento da parte del titolare dell'ufficio competente a seguito di istanza o dichiarazione inviate ai sensi e con le modalità di cui al comma 1[, lettere a), c) e c-bis),] comporta responsabilità dirigenziale e responsabilità disciplinare dello stesso (7).

2. Le istanze e le dichiarazioni di cui al comma 1 sono equivalenti alle istanze e alle dichiarazioni sottoscritte con firma autografa apposta in presenza del dipendente addetto al procedimento; [resta salva la facoltà della pubblica amministrazione di stabilire i casi in cui è necessaria la sottoscrizione mediante la firma digitale] (8).

*3. Dalla data di cui all'articolo 64, comma 3, non è più consentito l'invio di istanze e dichiarazioni con le modalità di cui al comma 1, lettera c)***.

4. Il comma 2 dell'articolo 38 del decreto del Presidente della Repubblica 28 dicembre 2000, n. 445, è sostituito dal seguente:

«2. Le istanze e le dichiarazioni inviate per via telematica sono valide se effettuate secondo quanto previsto dall'articolo 65 del decreto legislativo 7 marzo 2005, n. 82».

(1) Alinea modificato dall'art. 6, co. 1, lett. c), d.l. 18/10/2012, n. 179.

(2) Lettera sostituita dall'art. 47-sexies, co. 1, d.l. 9/2/2012, n. 5 e successivamente modificata dall'art. 51, co. 1, lett. a), d.lg. 26/8/2016, n. 179 e dall'art. 58, co. 1, lett. a), d.lg. 13/12/2017, n. 217.

(3) Lettera modificata dall'art. 51, co. 1, lett. a), d.lg. 26/8/2016, n. 179, nonché dall'art. 24, co. 1, lett. g), d.l. 16/7/2020, n. 76.

(4) Lettera aggiunta dall'art. 24, co. 1, lett. g), d.l. 16/7/2020, n. 76.

(5) Lettera modificata dall'art. 47, co. 1, lett. a), d.lg. 30/12/2010, n. 235 e successivamente sostituita dall'art. 51, co. 1, lett. b), d.lg. 26/8/2016, n. 179.

(6) Lettera inizialmente inserita dall'art. 17, co. 28, d.l. 1/7/2009, n. 78, successivamente sostituita dall'art. 47, co. 1, lett. b), d.lg. 30/12/2010, n. 235 e dall'art. 51, co. 1, lett. c), d.lg. 26/8/2016, n. 179 nonché dagli artt. 58, co. 1, lett. a), e 66, co. 1, d.lg. 13/12/2017, n. 217, modificata dall'art. 24, co. 1, lett. g), d.l. 16/7/2020, n. 76 e da ultimo modificata dall'art. 38, co. 2, d.l. 31/5/2021, n. 77, conv., con modif., dalla l. 29/7/2021, n. 108.

* Comma inserito dall'art. 47, co. 1, lett. c), d.lg. 30/12/2010, n. 235 e successivamente abrogato dall'art. 51, co. 1, lett. e), d.lg. 26/8/2016, n. 179.

(7) Comma inserito dall'art. 6, co. 1, lett. b), d.l. 18/10/2012, n. 179 e successivamente modificato dall'art. 51, co. 1, lett. f), d.lg. 26/8/2016, n. 179.

(8) Comma modificato dall'art. 28 del d.lg. 4/4/2006, n. 159, dall'art. 47, co. 1, lett. d), d.lg. 30/12/2010, n. 235 e dall'art. 51, co. 1, lett. g), d.lg. 26/8/2016, n. 179.

** Comma abrogato dall'art. 47, co. 1, lett. e), d.lg. 30/12/2010, n. 235.

[Sezione IV
Carte elettroniche]*

* Parole soppresse dall'art. 59, co. 1, d.lg. 13/12/2017, n. 217.

66. Carta d'identità elettronica e carta nazionale dei servizi. – 1. Le caratteristiche e le modalità per il rilascio, della carta d'identità elettronica [, e dell'analogo documento, rilasciato a seguito della denuncia di nascita e prima del compimento dell'età prevista dalla legge per il rilascio della carta d'identità elettronica,] sono definite dal comma 2-bis dell'articolo 7-vicies ter del decreto-legge 31 gennaio 2005, n. 7, convertito, con modificazioni, dalla legge 31 marzo 2005, n. 43 (1).

2. Le caratteristiche e le modalità per il rilascio, per la diffusione e l'uso della carta nazionale dei servizi sono definite con uno o più regolamenti, ai sensi dell'articolo 17, comma 2, della legge 23 agosto 1988, n. 400, adottati su proposta congiunta dei Ministri per la funzione pubblica e per l'innovazione e le tecnologie, di concerto con il Ministro dell'economia e delle finanze, sentito il Garante per la protezione dei dati personali e d'intesa con la Conferenza unificata di cui all'articolo 8 del decreto legislativo 28 agosto 1997, n. 281, nel rispetto dei seguenti principi:

a) all'emissione della carta nazionale dei servizi provvedono, su richiesta del soggetto interessato, le pubbliche amministrazioni che intendono rilasciarla;

b) l'onere economico di produzione e rilascio delle carte nazionale dei servizi è a carico delle singole amministrazioni che le emettono;

c) eventuali indicazioni di carattere individuale connesse all'erogazione dei servizi al cittadino, sono possibili nei limiti di cui al decreto legislativo 30 giugno 2003, n. 196;

d) le pubbliche amministrazioni che erogano servizi in rete devono consentirne l'accesso ai titolari della carta nazionale dei servizi indipendentemente dall'ente di emissione, che è responsabile del suo rilascio;

e) la carta nazionale dei servizi può essere utilizzata anche per i pagamenti informatici tra soggetti privati e pubbliche amministrazioni, secondo quanto previsto dalla normativa vigente.

3. La carta d'identità elettronica e l'analogo documento, rilasciato a seguito della denuncia di nascita e prima del compimento dell'età prevista dalla legge per il rilascio della carta d'identità elettronica, devono contenere:

a) i dati identificativi della persona;

b) il codice fiscale (2).

4. La carta d'identità elettronica e l'analogo documento, rilasciato a seguito della denuncia di nascita e prima del compimento dell'età prevista dalla legge per il rilascio della carta d'identità elettronica, possono contenere, a richiesta dell'interessato ove si tratti di dati sensibili:

a) l'indicazione del gruppo sanguigno;

b) le opzioni di carattere sanitario previste dalla legge;

c) i dati biometrici indicati col decreto di cui al comma 1, con esclusione, in ogni caso, del DNA;

d) tutti gli altri dati utili al fine di razionalizzare e semplificare l'azione amministrativa e i servizi resi al cittadino, anche per mezzo dei portali, nel rispetto della normativa in materia di riservatezza;

e) le procedure informatiche e le informazioni che possono o debbono essere conosciute dalla pubblica amministrazione e da altri soggetti, occorrenti per la firma elettronica (3).

5. La carta d'identità elettronica e la carta nazionale dei servizi possono essere utilizzate quali strumenti di autenticazione telematica per l'effettuazione di pagamenti tra soggetti privati e pubbliche amministrazioni, secondo le modalità stabilite con le Linee guida, sentiti il Ministro dell'economia e delle finanze e la Banca d'Italia (3).

6. Con decreto del Ministro dell'interno, del Ministro per l'innovazione e le tecnologie e del Ministro dell'economia e delle finanze, sentito il Garante per la protezione dei dati personali e d'intesa con la Conferenza unificata di cui all'articolo 8 del decreto legislativo 28 agosto 1997, n. 281, sono dettate le regole tecniche e di sicurezza relative alle tecnologie e ai materiali utilizzati per la produzione della carta di identità elet-

tronica, del documento di identità elettronico e della carta nazionale dei servizi, nonché le modalità di impiego.

7. Nel rispetto della disciplina generale fissata dai decreti di cui al presente articolo e delle vigenti disposizioni in materia di protezione dei dati personali, le pubbliche amministrazioni, nell'ambito dei rispettivi ordinamenti, possono sperimentare modalità di utilizzazione dei documenti di cui al presente articolo per l'erogazione di ulteriori servizi o utilità.

8. Le tessere di riconoscimento rilasciate dalle amministrazioni dello Stato ai sensi del decreto del Presidente della Repubblica 28 luglio 1967, n. 851, possono essere realizzate anche con modalità elettroniche, nel rispetto delle Linee guida, e contenere le funzionalità della carta nazionale dei servizi per consentire l'accesso per via telematica ai servizi erogati in rete dalle pubbliche amministrazioni (4).

*8-bis. Fino al 31 dicembre 2011, la carta nazionale dei servizi e le altre carte elettroniche ad essa conformi possono essere rilasciate anche ai titolari di carta di identità elettronica**.

(1) Comma modificato dall'art. 48, co. 1, d.lg. 30/12/2010, n. 235, successivamente dall'art. 60, co. 1, lett. a), d.lg. 13/12/2017, n. 217 e, da ultimo, dall'art. 1, co. 812, l. 30/12/2018, n. 145.

(2) Comma modificato dall'art. 48, co. 1, d.lg. 30/12/2010, n. 235.

(3) Comma modificato dagli artt. 60, co. 1, lett. b), e 66, co. 1, d.lg. 13/12/2017, n. 217.

(4) Per le modalità di rilascio, d'uso e di rinnovo e caratteristiche tecniche della speciale tessera di riconoscimento per il personale del Corpo nazionale dei vigili del fuoco, vedi il d.m. 3/5/2016.

• Comma modificato dall'art. 52, co. 1, lett. a), d.lg. 26/8/2016, n. 179 e successivamente dall'art. 66, co. 1, d.lg. 13/12/2017, n. 217.

* Comma aggiunto dall'art. 37, co. 1, l. 18/6/2009, n. 69, modificato dall'art. 2, co. 101, l. 23/12/2009, n. 191 e successivamente abrogato dall'art. 52, co. 1, lett. a), d.lg. 26/8/2016, n. 179.

Capo VI
Sviluppo, acquisizione e riuso di sistemi informatici nelle pubbliche

67. Modalità di sviluppo ed acquisizione*. *– 1. Le pubbliche amministrazioni centrali, per i progetti finalizzati ad appalti di lavori e servizi ad alto contenuto di innovazione tecnologica, possono selezionare uno o più proposte utilizzando il concorso di idee di cui all'articolo 57 del decreto del Presidente della Repubblica 21 dicembre 1999, n. 554. 2. Le amministrazioni appaltanti possono porre a base delle gare aventi ad oggetto la progettazione, o l'esecuzione, o entrambe, degli appalti di cui al comma 1, le proposte ideative acquisite ai sensi del comma 1, previo parere tecnico di congruità del CNIPA; alla relativa procedura è ammesso a partecipare, ai sensi dell'articolo 57, comma 6, del decreto del Presidente della Repubblica 21 dicembre 1999, n. 554, anche il soggetto selezionato ai sensi del comma 1, qualora sia in possesso dei relativi requisiti soggettivi.*

* Articolo abrogato dall'art. 64, co. 1, lett. l), d.lg. 26/8/2016, n. 179.

68. Analisi comparativa delle soluzioni. – 1. Le pubbliche amministrazioni acquisiscono programmi informatici o parti di essi nel rispetto dei princìpi di economicità e di efficienza, tutela degli investimenti, riuso e neutralità tecnologica, a seguito di una valutazione comparativa di tipo tecnico ed economico tra le seguenti soluzioni disponibili sul mercato:

a) software sviluppato per conto della pubblica amministrazione;

b) riutilizzo di software o parti di esso sviluppati per conto della pubblica amministrazione;

c) software libero o a codice sorgente aperto;

d) software fruibile in modalità cloud computing;

e) software di tipo proprietario mediante ricorso a licenza d'uso;

f) software combinazione delle precedenti soluzioni (1).

1-bis. A tal fine, le pubbliche amministrazioni prima di procedere all'acquisto, secondo le procedure di cui al codice di cui al decreto legislativo n. 50 del 2016, effettuano una valutazione comparativa delle diverse soluzioni disponibili sulla base dei seguenti criteri (2):

a) costo complessivo del programma o soluzione quale costo di acquisto, di implementazione, di mantenimento e supporto;

b) livello di utilizzo di formati di dati e di interfacce di tipo aperto nonché di standard in grado di assicurare l'interoperabilità e la cooperazione applicativa tra i diversi sistemi informatici della pubblica amministrazione;

c) garanzie del fornitore in materia di livelli di sicurezza, conformità alla normativa in materia di protezione dei dati personali, livelli di servizio tenuto conto della tipologia di software acquisito (3).

1-ter. Ove dalla valutazione comparativa di tipo tecnico ed economico, secondo i criteri di cui al comma 1-bis, risulti motivatamente l'impossibilità di accedere a soluzioni già disponibili all'interno della pubblica amministrazione, o a software liberi o a codici sorgente aperto, adeguati alle esigenze da soddisfare, è consentita l'acquisizione di programmi informatici di tipo proprietario mediante ricorso a licenza d'uso. La valutazione di cui al presente comma è effettuata secondo le modalità e i criteri definiti dall'AgID (4).

*2. Le pubbliche amministrazioni nella predisposizione o nell'acquisizione dei programmi informatici, adottano soluzioni informatiche, quando possibile modulari, basate sui sistemi funzionali resi noti ai sensi dell'articolo 70, che assicurino l'interoperabilità e la cooperazione applicativa e consentano la rappresentazione dei dati e documenti in più formati, di cui almeno uno di tipo aperto, salvo che ricorrano motivate ed eccezionali esigenze**.

*2-bis. Le amministrazioni pubbliche comunicano tempestivamente al DigitPA l'adozione delle applicazioni informatiche e delle pratiche tecnologiche, e organizzative, adottate, fornendo ogni utile informazione ai fini della piena conoscibilità delle soluzioni adottate e dei risultati ottenuti, anche per favorire il riuso e la più ampia diffusione delle migliori pratiche***.

3. Agli effetti del presente decreto legislativo si intende per:

a) formato dei dati di tipo aperto, un formato di dati reso pubblico, documentato esaustivamente e neutro rispetto agli strumenti tecnologici necessari per la fruizione dei dati stessi;

b) dati di tipo aperto, i dati che presentano le seguenti caratteristiche:

1) sono disponibili secondo i termini di una licenza che ne permetta l'utilizzo da parte di chiunque, anche per finalità commerciali, in formato disaggregato;

2) sono accessibili attraverso le tecnologie dell'informazione e della comunicazione, ivi comprese le reti telematiche pubbliche e private, in formati aperti ai sensi della lettera a), sono adatti all'utilizzo automatico da parte di programmi per elaboratori e sono provvisti dei relativi metadati;

3) sono resi disponibili gratuitamente attraverso le tecnologie dell'informazione e della comunicazione, ivi comprese le reti telematiche pubbliche e private, oppure sono resi disponibili ai costi marginali sostenuti per la loro riproduzione e divulgazione, salvo i casi previsti dall'articolo 7 del decreto legislativo 24 gennaio 2006, n. 36, e secondo le tariffe determinate con le modalità di cui al medesimo articolo. [L'Agenzia per l'Italia digitale deve stabilire, con propria deliberazione, i casi eccezionali, individuati secondo criteri oggettivi, trasparenti e verificabili, in cui essi sono resi disponibili a tariffe superiori ai costi marginali. In ogni caso, l'Agenzia, *nel trattamento dei casi eccezionali individuati, si attiene alle indicazioni fornite dalla direttiva 2003/98/CE del Parlamento europeo e del Consiglio, del 17 novembre 2003, sul riutilizzo dell'informazione del settore pubblico, recepita con il decreto legislativo 24 gennaio 2006, n. 36.]***.*

*4. Il CNIPA istruisce ed aggiorna, con periodicità almeno annuale, un repertorio dei formati aperti utilizzabili nelle pubbliche amministrazioni e delle modalità di trasferimento dei formati****.*

(1) Comma modificato dall'art. 49, co. 1, lett. a), d.lg. 30/12/2010, n. 235, dall'art. 29-bis, co. 1, d.l. 6/12/2011, n. 201, sostituito dall'art. 22, co. 10, d.l. 22/6/2012, n. 83 e successivamente dall'art. 9-bis, co. 1, d.l. 18/10/2012, n. 179.

(2) Alinea modificato dall'art. 61, co. 1, lett. a), d.lg. 13/12/2017, n. 217.

(3) Comma inserito dall'art. 9 bis, co. 1, d.l. 18/10/2012, n. 179.

(4) Comma inserito dall'art. 9 bis, co. 1, d.l. 18/10/2012, n. 179 e successivamente modificato dall'art. 53, co. 1, lett. a), d.lg. 26/8/2016, n. 179.

* Comma sostituito dall'art. 49, co. 1, lett. b), d.lg. 30/12/2010, n. 235 e successivamente abrogato dall'art. 53, co. 1, lett. b), d.lg. 26/8/2016, n. 179.

** Comma inserito dall'art. 49, co. 1, lett. c), d.lg. 30/12/2010, n. 235 e successivamente abrogato dall'art. 53, co. 1, lett. b), d.lg. 26/8/2016, n. 179.

*** Comma abrogato dall'art. 61, co. 1, lett. b), d.lg. 13/12/2017, n. 217.

**** Comma abrogato dall'art. 53, co. 1, lett. b), d.lg. 26/8/2016, n. 179.

69. Riuso delle soluzioni e standard aperti (1). – 1. Le pubbliche amministrazioni che siano titolari di soluzioni e programmi informatici realizzati su specifiche indicazioni del committente pubblico, hanno l'obbligo di rendere disponibile il relativo codice sorgente, completo della documentazione e rilasciato in repertorio pubblico sotto licenza aperta, in uso gratuito ad altre pubbliche amministrazioni o ai soggetti giuridici che intendano adattarli alle proprie esigenze, salvo motivate ragioni di ordine e sicurezza pubblica, difesa nazionale e consultazioni elettorali.

2. Al fine di favorire il riuso dei programmi informatici di proprietà delle pubbliche amministrazioni, ai sensi del comma 1, nei capitolati o nelle specifiche di progetto è previsto, salvo che ciò risulti eccessivamente oneroso per comprovate ragioni di carattere tecnico-economico, che l'amministrazione committente sia sempre titolare di tutti i diritti sui programmi e i servizi delle tecnologie dell'informazione e della comunicazione, appositamente sviluppati per essa (2).

2-bis. Al medesimo fine di cui al comma 2, il codice sorgente, la documentazione e la relativa descrizione tecnico funzionale di tutte le soluzioni informatiche di cui al comma 1 sono pubblicati attraverso una o più piattaforme individuate dall'AgID con proprie Linee guida (3).

(1) Articolo modificato dall'art. 50, co. 1, d.lg. 30/12/2010, n. 235 e successivamente sostituito dall'art. 54, co. 1, d.lg. 26/8/2016, n. 179.

(2) Comma modificato dall'art. 62, co. 1, lett. a), d.lg. 13/12/2017, n. 217.

(3) Comma aggiunto dall'art. 62, co. 1, lett. b), d.lg. 13/12/2017, n. 217.

***70. Banca dati dei programmi informatici riutilizzabili**. –** *1. AgID definisce i requisiti minimi affinché i programmi informatici realizzati dalle pubbliche amministrazioni siano idonei al riuso da parte di altre pubbliche amministrazioni, anche con riferimento a singoli moduli. Sono altresì definite le modalità di inserimento nella banca dati dei programmi informatici riutilizzabili gestita da AgID* (1).

*2. Le pubbliche amministrazioni centrali che intendono acquisire programmi applicativi valutano preventivamente la possibilità di riuso delle applicazioni analoghe rese note dal CNIPA ai sensi del comma 1, motivandone l'eventuale mancata adozione**.*

* Articolo abrogato dall'art. 64, co. 1, lett. d), d.lg. 13/12/2017, n. 217.

(1) Comma sostituito dall'art. 51, co. 1, lett. a), d.lg. 30/12/2010, n. 235 e dall'art. 55, co. 1, lett. a), d.lg. 26/8/2016, n. 179.

** Comma abrogato dall'art. 55, co. 1, lett. b), d.lg. 26/8/2016, n. 179.

Capo VII
Regole tecniche

71. Regole tecniche. – 1. L'AgID, previa consultazione pubblica da svolgersi entro il termine di trenta giorni, sentiti le amministrazioni competenti e il Garante per la protezione dei dati personali nelle materie di competenza, nonché acquisito il parere della Conferenza unificata, adotta Linee guida contenenti le regole tecniche e di indirizzo per l'attuazione del presente Codice. Le Linee guida divengono efficaci dopo la loro pubblicazione nell'apposita area del sito Internet istituzionale dell'AgID e di essa ne è data notizia nella Gazzetta Ufficiale della Repubblica italiana. Le Linee guida sono aggiornate o modificate con la procedura di cui al primo periodo (1).

*1-bis. Entro nove mesi dalla data di entrata in vigore del presente decreto, con uno o più decreti del Presidente del Consiglio dei Ministri emanati su proposta del Ministro delegato per l'innovazione e le tecnologie, sentito il Ministro per la funzione pubblica, d'intesa con la Conferenza unificata di cui all'articolo 8 del decreto legislativo 28 agosto 1997, n. 281, sono adottate le regole tecniche e di sicurezza per il funzionamento del sistema pubblico di connettività.**

1-ter. Le regole tecniche di cui al presente codice sono dettate in conformità ai requisiti tecnici di accessibilità di cui all'articolo 11 della legge 9 gennaio 2004, n. 4, alle discipline risultanti dal processo di standardizzazione tecnologica a livello internazionale ed alle normative dell'Unione europea (2).

2. Le regole tecniche vigenti nelle materie del presente codice restano in vigore fino all'adozione delle regole tecniche adottate ai sensi del presente articolo (3) **.

(1) Comma inizialmente modificato dall'art. 29 del d.lg. 4/4/2006, n. 159, successivamente sostituito dall'art. 52, co. 1, lett. a), d.lg. 30/12/2010, n. 235 e da ultimo modificato dall'art. 24-ter, co. 2, d.l. 24/6/2014, n. 90, conv., con modif. dalla l. 11/8/2014, n. 114 e dall'art. 19, co. 2-bis, lett. b), d.l. 27/6/2015, n. 83, conv., con modif., dalla l. 6/8/2015, n. 132. Successivamente sostituito dall'art. 56, co. 1, lett. a), d.lg. 26/8/2016, n. 179, e dall'art. 63, co. 1, d.lg. 13/12/2017, n. 217.

* Comma inizialmente inserito dall'art. 29 del d.lg. 4/4/2006, n. 159 e successivamente abrogato dall'art. 52, co. 1, lett. b), d.lg. 30/12/2010, n. 235.

(2) Comma inserito dall'art. 29 del d.lg. 4/4/2006, n. 159 e successivamente modificato dall'art. 9, co. 6, lett. f), d.l. 18/10/2012, n. 179.

(3) Per le regole tecniche in materia di generazione, apposizione e verifica delle firme elettroniche avanzate, qualificate e digitali di cui al presente articolo, vedi il d.p.c.m. 22/2/2013.

** Comma abrogato dall'art. 56, co. 1, lett. a), d.lg. 26/8/2016, n. 179.

Capo VIII
Sistema pubblico di connettività (1)

(1) Rubrica così sostituita dall'art. 61, co. 2, lett. c), d.lg. 26/8/2016, n. 179, a decorrere dal 14/9/2016, ai sensi di quanto disposto dall'art. 66, co. 1, del medesimo d.lg. n. 179/2016.

*72. **Definizioni relative al sistema pubblico di connettività***. – 1. Ai fini del presente decreto si intende per: a) "trasporto di dati": i servizi per la realizzazione, gestione ed evoluzione di reti informatiche per la trasmissione di dati, oggetti multimediali e fonia; b) "interoperabilità di base": i servizi per la realizzazione, gestione ed evoluzione di strumenti per lo scambio di documenti informatici fra le pubbliche amministrazioni e tra queste e i cittadini; c) "connettività": l'insieme dei servizi di trasporto di dati e di interoperabilità di base; d) "interoperabilità evoluta": i servizi idonei a favorire la circolazione, lo scambio di dati e informazioni, e l'erogazione fra le pubbliche amministrazioni e tra queste e i cittadini; e) "cooperazione applicativa": la parte del sistema pubblico di connettività finalizzata all'interazione tra i sistemi informatici delle pubbliche amministrazioni per garantire l'integrazione dei metadati, delle informazioni e dei procedimenti amministrativi.*

* Articolo inserito dall'art. 30 del d.lg. 4/4/2006, n. 159, il previgente art. 72 è stato conseguentemente rinumerato a norma dell'art. 31 del medesimo d.lg. 159/2006 e successivamente abrogato dall'art. 64, co. 1, lett. m), d.lg. 26/8/2016, n. 179.

73. Sistema pubblico di connettività (SPC) (1). – 1. Nel rispetto dell'articolo 117, secondo comma, lettera r), della Costituzione, e nel rispetto dell'autonomia dell'organizzazione interna delle funzioni informative delle regioni e delle autonomie locali il presente Capo definisce e disciplina il Sistema pubblico di connettività e cooperazione (SPC), quale insieme di infrastrutture tecnologiche e di regole tecniche che assicura l'interoperabilità tra i sistemi informativi delle pubbliche amministrazioni, permette il coordinamento informativo e informatico dei dati tra le amministrazioni centrali, regionali e locali e tra queste e i sistemi dell'Unione europea ed è aperto all'adesione da parte dei gestori di servizi pubblici e dei soggetti privati (2).

2. Il SPC garantisce la sicurezza e la riservatezza delle informazioni, nonché la salvaguardia e l'autonomia del patrimonio informativo di ciascun soggetto aderente (3).

3. La realizzazione del SPC avviene nel rispetto dei seguenti principi:

a) sviluppo architetturale e organizzativo atto a garantire la federabilità dei sistemi (4);

b) economicità nell'utilizzo dei servizi di rete, di interoperabilità e di supporto alla cooperazione applicativa;

b-bis) aggiornamento continuo del sistema e aderenza alle migliori pratiche internazionali (5);

c) sviluppo del mercato e della concorrenza nel settore delle tecnologie dell'informazione e della comunicazione.

*3-bis. Le regole tecniche del Sistema pubblico di connettività sono dettate ai sensi dell'articolo 71.**

3-ter. Il SPC è costituito da un insieme di elementi che comprendono:

a) infrastrutture, architetture e interfacce tecnologiche;

b) linee guida e regole per la cooperazione e l'interoperabilità;

c) catalogo di servizi e applicazioni (6).

3-quater. Ai sensi dell'articolo 71 sono dettate le regole tecniche del Sistema pubblico di connettività e cooperazione, al fine di assicurarne: l'aggiornamento rispetto alla evoluzione della tecnologia; l'aderenza alle linee guida europee in materia di interoperabilità; l'adeguatezza rispetto alle esigenze delle pubbliche amministrazioni e dei suoi utenti; la più efficace e semplice adozione da parte di tutti i soggetti, pubblici e privati, il rispetto di necessari livelli di sicurezza (6).

(1) Articolo inserito dall'art. 30 del d.lg. 4/4/2006, n. 159, il previgente art. 73 è stato conseguentemente rinumerato a norma dell'art. 31 del medesimo d.lg. 159/2006.

(2) Comma modificato dall'art. 57, co. 1, lett. a), d.lg. 26/8/2016, n. 179.

(3) Comma sostituito dall'art. 57, co. 1, lett. b), d.lg. 26/8/2016, n. 179.

(4) Lettera sostituita dall'art. 57, co. 1, lett. c), d.lg. 26/8/2016, n. 179.

(5) Lettera aggiunta dall'art. 57, co. 1, lett. d), d.lg. 26/8/2016, n. 179.

* Comma aggiunto dall'art. 53, co. 1, d.lg. 30/12/2010, n. 235 e successivamente abrogato dall'art. 57, co. 1, lett. a), d.lg. 26/8/2016, n. 179.

(6) Comma aggiunto dall'art. 57, co. 1, lett. f), d.lg. 26/8/2016, n. 179.

*74. **Rete internazionale delle pubbliche amministrazioni***. – 1. Il presente decreto definisce e disciplina la Rete internazionale delle pubbliche amministrazioni, interconnessa al SPC. La Rete costituisce l'infrastruttura di connettività che collega, nel rispetto della normativa vigente, le pubbliche amministrazioni con gli uffici italiani all'estero, garantendo adeguati livelli di sicurezza e qualità.*

* Articolo inserito dall'art. 30 del d.lg. 4/4/2006, n. 159, il previgente art. 74 è stato conseguentemente rinumerato a norma dell'art. 31 del medesimo d.lg. n. 159/2006 e successivamente abrogato dall'art. 64, co. 1, lett. n), d.lg. 26/8/2016, n. 179.

75. Partecipazione al Sistema pubblico di connettività (1). – 1. I soggetti di cui all'articolo 2, comma 2, partecipano al SPC, salve le esclusioni collegate all'esercizio delle funzioni di ordine e sicurezza pubblica, difesa nazionale, consultazioni elettorali (2).

2. Chiunque può partecipare al SPC nel rispetto delle regole tecniche di cui all'articolo 73, comma 3-quater (2).

3. AgID rende gratuitamente disponibili specifiche delle interfacce tecnologiche, le linee guida, le regole di cooperazione e ogni altra informazione necessaria a garantire l'interoperabilità del SPC con ogni soluzione informatica sviluppata autonomamente da privati o da altre amministrazioni che rispettano le regole definite ai sensi dell'articolo 73, comma 3-quater (2).

3-bis. Il gestore di servizi pubblici e i soggetti che perseguono finalità di pubblico interesse possono usufruire della connessione al SPC e dei relativi servizi, adeguandosi alle vigenti regole tecniche, previa delibera della Commissione di cui all'articolo 79.*

(1) Articolo inserito dall'art. 30 del d.lg. 4/4/2006, n. 159, il previgente art. 75 è stato conseguentemente rinumerato a norma dell'art. 31 del medesimo d.lg. n. 159/2006.

(2) Comma sostituito dall'art. 58, co. 1, lett. a), d.lg. 26/8/2016, n. 179.

* Comma aggiunto dall'art. 54, co. 1, d.lg. 30/12/2010, n. 235 e successivamente abrogato dall'art. 58, co. 1, lett. b), d.lg. 26/8/2016, n. 179.

76. Scambio di documenti informatici nell'ambito del Sistema pubblico di connettività (1). – 1. Gli scambi di documenti informatici [tra le pubbliche amministrazioni] nell'ambito del SPC, realizzati attraverso la cooperazione applicativa e nel rispetto delle relative procedure e regole tecniche di sicurezza, costituiscono invio documentale valido ad ogni effetto di legge (2).

(1) Articolo inserito dall'art. 30 del d.lg. 4/4/2006, n. 159, il previgente art. 76 è stato conseguentemente rinumerato a norma dell'art. 31 del medesimo d.lg. n. 159/2006.

(2) Comma modificato dall'art. 59, co. 1, lett. a), d.lg. 26/8/2016, n. 179.

76 bis Costi del SPC (1). – 1. I costi relativi alle infrastrutture nazionali per l'interoperabilità sono a carico dei fornitori, per i servizi da essi direttamente utilizzati e proporzionalmente agli importi dei relativi contratti di fornitura e una quota di tali costi è a carico delle pubbliche amministrazioni relativamente ai servizi da esse utilizzati. L'eventuale parte del contributo di cui all'articolo 18, comma 3, del decreto legislativo 1° dicembre 2009, n. 177, che eccede la copertura dei costi diretti e indiretti, comprensivi di rimborsi per eventuali attività specificamente richieste dalla Consip ad AgID in relazione alle singole procedure, sostenuti dalla stessa Consip per le attività di centrale di committenza di cui all'articolo 4, comma 3-quater, del decreto-legge 6 luglio 2012, n. 95, convertito, con modificazioni, dalla legge 7 agosto 2012, n. 135, è destinata a parziale copertura della quota dei costi relativi alle infrastrutture nazionali gestite da AgID.

(1) Articolo aggiunto dall'art. 59, co. 2, d.lg. 26/8/2016, n. 179.

77. Finalità del Sistema pubblico di connettività*. – *1. Al SPC sono attribuite le seguenti finalità: a) fornire un insieme di servizi di connettività condivisi dalle pubbliche amministrazioni interconnesse, definiti negli aspetti di funzionalità, qualità e sicurezza, ampiamente graduabili in modo da poter soddisfare le differenti esigenze delle pubbliche amministrazioni aderenti al SPC; b) garantire l'interazione della pubblica amministrazione centrale e locale con tutti gli altri soggetti connessi a Internet, nonché con le reti di altri enti, promuovendo l'erogazione di servizi di qualità e la miglior fruibilità degli stessi da parte dei cittadini e delle imprese; c) fornire un'infrastruttura condivisa di interscambio che consenta l'interoperabilità tra tutte le reti delle pubbliche amministrazioni esistenti, favorendone lo sviluppo omogeneo su tutto il territorio nella salvaguardia degli investimenti effettuati; d) fornire servizi di connettività e cooperazione alle pubbliche amministrazioni che ne facciano richiesta, per permettere l'interconnessione delle proprie sedi e realizzare così anche l'infrastruttura interna di comunicazione; e) realizzare un modello di fornitura dei servizi multifornitore coerente con l'attuale situazione di mercato e le dimensioni del progetto stesso; f) garantire lo sviluppo dei sistemi informatici nell'ambito del SPC salvaguardando la sicurezza dei dati, la riservatezza delle informazioni, nel rispetto dell'autonomia del patrimonio informativo delle singole amministrazioni e delle vigenti disposizioni in materia di protezione dei dati personali.*

* Articolo inserito dall'art. 30 del d.lg. 4/4/2006, n. 159 e successivamente abrogato dall'art. 64, co. 1, lett. o), d.lg. 26/8/2016, n. 179.

78. Compiti delle pubbliche amministrazioni nel Sistema pubblico di connettività*. – *1. Le pubbliche amministrazioni nell'ambito della loro autonomia funzionale e gestionale adottano nella progettazione e gestione dei propri sistemi informativi, ivi inclusi gli aspetti organizzativi, soluzioni tecniche compatibili con la cooperazione applicativa con le altre pubbliche amministrazioni, secondo le regole tecniche di cui all'all'articolo 73, comma 3-bis. Le stesse pubbliche amministrazioni, ove venga loro attribuito, per norma, il compito di gestire soluzioni infrastrutturali per l'erogazione di servizi comuni a più amministrazioni, adottano le medesime regole per garantire la compatibilità con la cooperazione applicativa potendosi avvalere di modalità atte a mantenere distinti gli ambiti di competenza* (1). *2. Per le amministrazioni di cui all'articolo 1, comma 1, del decreto legislativo 12 febbraio 1993, n. 39, le responsabilità di cui al comma 1 sono attribuite al dirigente responsabile dei sistemi informativi automatizzati, di cui all'articolo 10, comma 1, dello stesso decreto legislativo. 2-bis. Le pubbliche amministrazioni centrali e periferiche di cui all'articolo 1, comma 1, lettera z), del presente codice, inclusi gli istituti e le scuole di ogni ordine e grado, le istituzioni educative e le istituzioni universitarie, nei limiti di cui all'articolo 1, comma 449, secondo periodo, della legge 27 dicembre 2006, n. 296, sono tenute, a decorrere dal 1° gennaio 2008 e comunque a partire dalla scadenza dei contratti relativi ai servizi di fonia in corso alla data predetta ad utilizzare i servizi "Voce tramite protocollo Internet" (VoIP) previsti dal Sistema pubblico di connettività o da analoghe convenzioni stipulate da CONSIP* (2). *2-ter. Il CNIPA effettua azioni di monitoraggio e verifica del rispetto delle disposizioni di cui al comma 2-bis* (2). *2-quater. Il mancato adeguamento alle disposizioni di cui al comma 2-bis comporta la riduzione, nell'esercizio finanziario successivo, del 30 per cento delle risorse stanziate nell'anno in corso per spese di telefonia* (2).

* Articolo inserito dall'art. 30 del d.lg. 4/4/2006, n. 159 e successivamente abrogato dall'art. 64, co. 1, lett. p), d.lg. 26/8/2016, n. 179.

(1) Comma modificato dall'art. 55, co. 1, d.lg. 30/12/2010, n. 235.

(2) Comma aggiunto dall'art. 2, co. 591, l. 24/12/2007, n. 244.

• Vedi il Decreto della Presidenza del Consiglio dei Ministri - Dipartimento per la Pubblica Amministrazione e l'Innovazione 9/4/2009.

79. Commissione di coordinamento del Sistema pubblico di connettività*. – *1. È istituita la Commissione di coordinamento del SPC, di seguito denominata: «Commissione», preposta agli indirizzi strategici del SPC. 2. La Commissione: a) assicura il raccordo tra le amministrazioni pubbliche, nel rispetto delle funzioni e dei compiti spettanti a ciascuna di esse; b) approva le linee guida, le modalità operative e di funzionamento dei servizi e delle procedure per realizzare la cooperazione applicativa fra i servizi erogati dalle amministrazioni; c) promuove l'evoluzione del modello organizzativo e dell'architettura tecnologica del SPC in funzione del mutamento delle esigenze delle pubbliche amministrazioni e delle opportunità derivanti dalla evoluzione delle tecnologie; d) promuove la cooperazione applicativa fra le pubbliche amministrazioni, nel rispetto delle regole tecniche di cui all'articolo 71; e) definisce i criteri e ne verifica l'applicazione in merito alla iscrizione, sospensione e cancellazione dagli elenchi dei fornitori qualificati SPC di cui all'articolo 82; f) dispone la sospensione e cancellazione dagli elenchi dei fornitori qualificati di cui all'articolo 82; g) verifica la qualità e la sicurezza dei servizi erogati dai fornitori qualificati del SPC; h) promuove il recepimento degli standard necessari a garantire la connettività, l'interoperabilità di base e avanzata, la cooperazione applicativa e la sicurezza del Sistema. 3. Le decisioni della Commissione sono assunte a maggioranza semplice o qualificata dei componenti in relazione all'argomento in esame. La Commissione a tale fine elabora, entro tre mesi dal suo insediamento, un regolamento interno da approvare con maggioranza qualificata dei suoi componenti.*

* Articolo inserito dall'art. 30 del d.lg. 4/4/2006, n. 159 e successivamente abrogato dall'art. 64, co. 1, lett. q), d.lg. 26/8/2016, n. 179.

80. Composizione della Commissione di coordinamento del sistema pubblico di connettività*. – *1. La Commissione è formata da diciassette componenti incluso il Presidente di cui al comma 2, scelti tra persone di comprovata professionalità ed esperienza nel settore, nominati con decreto del Presidente del Consiglio dei Ministri: otto componenti sono nominati in rappresentanza delle amministrazioni statali previa deliberazione del Consiglio dei Ministri, sette dei quali su proposta* *del Ministro per l'innovazione e le tecnologie ed uno su proposta del Ministro per la funzione pubblica; i restanti otto sono nominati su designazione della Conferenza unificata di cui all'articolo 8 del decreto legislativo 28 agosto 1997, n. 281. Uno dei sette componenti proposti dal Ministro per l'innovazione e le tecnologie è nominato in rappresentanza della Presidenza del Consiglio dei Ministri. Quando esamina questioni di interesse della rete internazionale della pubblica amministrazione la Commissione è integrata da un rappresentante del Ministero degli affari esteri, qualora non ne faccia già parte. 2. Il Presidente della Commissione è il Commissario del Governo per l'attuazione dell'agenda digitale o, su sua delega, il Direttore dell'Agenzia digitale. Il Presidente e gli altri componenti della Commissione restano in carica per un triennio e l'incarico è rinnovabile* (1). *3. La Commissione è convocata dal Presidente e si riunisce almeno quattro volte l'anno. 4. L'incarico di Presidente o di componente della Commissione e la partecipazione alle riunioni della Commissione non danno luogo alla corresponsione di alcuna indennità, emolumento, compenso e rimborso spese e le amministrazioni interessate provvedono agli oneri di missione nell'ambito delle risorse umane, strumentali e finanziarie disponibili a legislazione vigente, senza nuovi o maggiori oneri per la finanza pubblica. 5. Per i necessari compiti istruttori la Commissione si avvale del Centro nazionale per l'informatica nella pubblica amministrazione, di seguito denominato: «CNIPA» e sulla base di specifiche convenzioni, di organismi interregionali e territoriali. 6. La Commissione può avvalersi, nell'ambito delle risorse umane, finanziarie e strumentali disponibili a legislazione vigente, senza nuovi o maggiori oneri per la finanza pubblica, della consulenza di uno o più organismi di consultazione e cooperazione istituiti con appositi accordi ai sensi dell'articolo 9, comma 2, lettera c), del decreto legislativo 28 agosto 1997, n. 281. 7. Ai fini della definizione degli sviluppi strategici del SPC, in relazione all'evoluzione delle tecnologie dell'informatica e della comunicazione, la Commissione può avvalersi, nell'ambito delle risorse finanziarie assegnate al CNIPA a legislazione vigente e senza nuovi o maggiori oneri per la finanza pubblica, di consulenti di chiara fama ed esperienza in numero non superiore a cinque secondo le modalità definite nei regolamenti di cui all'articolo 87.*

* Articolo inserito dall'art. 30 del d.lg. 4/4/2006, n. 159 e successivamente abrogato dall'art. 64, co. 1, lett. r), d.lg. 26/8/2016, n. 179.

(1) Comma sostituito dall'art. 15, co. 1, d.l. 21/6/2013, n. 69, conv., con modif., dalla l. 9/8/2013, n. 98.

81. Ruolo del Centro nazionale per l'informatica nella pubblica amministrazione*. – *1. Il CNIPA, nel rispetto delle decisioni e degli indirizzi forniti dalla Commissione, anche avvalendosi di soggetti terzi, gestisce le risorse condivise del SPC e le strutture operative preposte al controllo e supervisione delle stesse, per tutte le pubbliche amministrazioni di cui all'articolo 2, comma 2. 2. Il CNIPA, anche avvalendosi di soggetti terzi, cura la progettazione, la realizzazione, la gestione e l'evoluzione del SPC per le amministrazioni di cui all'articolo 1, comma 1, del decreto legislativo 12 febbraio 1993, n. 39. 2-bis. Al fine di dare attuazione a quanto disposto dall'articolo 5, AgID, mette a disposizione, attraverso il Sistema pubblico di connettività, una piattaforma tecnologica per l'interconnessione e l'interoperabilità tra le pubbliche amministrazioni e i prestatori di servizi di pagamento abilitati, al fine di assicurare, attraverso strumenti condivisi di riconoscimento unificati, l'autenticazione certa dei soggetti interessati all'operazione in tutta la gestione del processo di pagamento* (1).

* Articolo inserito dall'art. 30 del d.lg. 4/4/2006, n. 159 e successivamente abrogato dall'art. 64, co. 1, lett. s), d.lg. 26/8/2016, n. 179.

(1) Comma aggiunto dall'art. 6, co. 5, d.l. 13/8/2011, n. 138.

82. Fornitori del Sistema pubblico di connettività*. – *1. Sono istituiti uno o più elenchi di fornitori a livello nazionale e regionale in attuazione delle finalità di cui all'articolo 77. 2. I fornitori che ottengono la qualificazione SPC ai sensi dei regolamenti previsti dall'articolo 87, sono inseriti negli elenchi di competenza nazionale o regionale, consultabili in via telematica, esclusivamente ai fini dell'applicazione della disciplina di cui al presente Codice, e tenuti rispettivamente dal CNIPA a livello nazionale e dalla regione di competenza a livello regionale. I fornitori in possesso dei suddetti requisiti sono denominati fornitori qualificati SPC* (1). *3. I servizi per i quali è istituito un elenco, ai sensi del comma 1, sono erogati, nell'ambito del SPC, esclusivamente dai soggetti che abbiano ottenuto l'iscrizione nell'elenco di competenza nazionale o regionale. 4. Per l'iscrizione negli elenchi dei fornitori qualificati SPC è necessario che il fornitore soddisfi almeno i seguenti requisiti: a) disponibilità di adeguate infrastrutture e servizi di comunicazioni elettroniche; b) esperienza comprovata nell'ambito della realizzazione gestione ed evoluzione delle soluzioni di sicurezza informatica; c) possesso di adeguata rete commerciale e di assistenza tecnica; d) possesso di adeguati requisiti finanziari e patrimoniali, anche dimostrabili per il tramite di garanzie rilasciate da terzi qualificati. 5. Limitatamente ai fornitori dei servizi di connettività dovranno inoltre essere soddisfatti anche i seguenti requisiti: a) possesso dei necessari titoli abilitativi di cui al decreto legislativo 1° agosto 2003, n. 259, per l'ambito territoriale di esercizio dell'attività; b) possesso di comprovate conoscenze ed esperienze tecniche nella gestione delle reti e servizi di comunicazioni elettroniche, anche sotto il profilo della sicurezza e della protezione dei dati.*

* Articolo inserito dall'art. 30 del d.lg. 4/4/2006, n. 159 e successivamente abrogato dall'art. 64, co. 1, lett. t), d.lg. 26/8/2016, n. 179.

(1) Comma modificato dall'art. 61, co. 2, lett. a), d.lg. 26/8/2016, n. 179.

83. Contratti quadro*. – *1. Al fine della realizzazione del SPC, il CNIPA a livello nazionale e le regioni nell'ambito del proprio territorio, per soddisfare esigenze di coordinamento, qualificata competenza e indipendenza di giudizio, nonché per garantire la fruizione, da parte delle pubbliche amministrazioni, di elevati livelli di disponibilità dei servizi e delle stesse condizioni contrattuali proposte dal miglior offerente, nonché una maggiore affidabilità complessiva del sistema, promuovendo, altresì, lo sviluppo della concorrenza e assicurando la presenza di più fornitori qualificati, stipulano, espletando specifiche procedure ad evidenza pubblica per la selezione dei contraenti, nel rispetto delle vigenti norme in materia, uno o più contratti-quadro con più fornitori per i servizi di cui all'articolo 77, con cui i fornitori si impegnano a contrarre con le singole amministrazioni alle condizioni ivi stabilite. 2. Le amministrazioni di cui all'articolo 1, comma 1, del decreto legislativo 12 febbraio 1993, n. 39, sono tenute a stipulare gli atti esecutivi dei contratti-quadro con uno o più fornitori di cui al comma 1, individuati dal CNIPA. Gli atti esecutivi non sono soggetti al parere del CNIPA e, ove previsto, del Consiglio di Stato. Le amministrazioni non ricomprese tra quelle di cui al citato art. 1, comma 1, del decreto legislativo n. 39 del 1993, hanno facoltà di stipulare gli atti esecutivi di cui al presente articolo.*

* Articolo inserito dall'art. 30 del d.lg. 4/4/2006, n. 159 e successivamente abrogato dall'art. 64, co. 1, lett. u), d.lg. 26/8/2016, n. 179.

84. Migrazione della Rete unitaria della pubblica amministrazione*. – *1. Le Amministrazioni di cui all'articolo 1, comma 1, del decreto legislativo 12 febbraio 1993, n. 39, aderenti alla Rete unitaria della pubblica amministrazione, presentano al CNIPA, secondo le indicazioni da esso fornite, i piani di migrazione verso il SPC, da attuarsi entro diciotto mesi dalla data di approvazione del primo contratto quadro di cui all'articolo 83, comma 1, termine di cessazione dell'operatività della Rete unitaria della pubblica amministrazione. 2. Dalla data di entrata in vigore del presente articolo ogni riferimento normativo alla Rete unitaria della pubblica amministrazione si intende effettuato al SPC.*

* Articolo inserito dall'art. 30 del d.lg. 4/4/2006, n. 159 e successivamente abrogato dall'art. 64, co. 1, lett. z), d.lg. 26/8/2016, n. 179.

85. Collegamenti operanti per il tramite della Rete internazionale delle pubbliche amministrazioni*. – *1. Le amministrazioni di cui all'articolo 1, comma 1, del decreto legislativo 12 febbraio 1993, n. 39, che abbiano l'esigenza di connettività verso l'estero, sono tenute ad avvalersi dei servizi offerti dalla Rete internazionale delle pubbliche amministrazioni, interconnessa al SPC. 2. Le pubbliche amministrazioni di cui al comma 1, che dispongono di reti in ambito internazionale sono tenute a migrare nella Rete internazionale delle pubbliche amministrazioni entro il 15 marzo 2007, fatto salvo quanto previsto dall'articolo 75, commi 2 e 3. 3. Le amministrazioni non ricomprese tra quelle di cui all'articolo 1, comma 1, del decreto legislativo 12 febbraio 1993, n. 39, ivi incluse le autorità amministrative indipendenti, possono aderire alla Rete internazionale delle pubbliche amministrazioni.*

* Articolo inserito dall'art. 30 del d.lg. 4/4/2006, n. 159 e successivamente abrogato dall'art. 64, co. 1, lett. aa), d.lg. 26/8/2016, n. 179.

86. Compiti e oneri del CNIPA*. – *1. Il CNIPA cura la progettazione, la realizzazione, la gestione ed evoluzione della Rete internazionale delle pubbliche amministrazioni, previo espletamento di procedure concorsuali ad evidenza pubblica per la selezione dei fornitori e mediante la stipula di appositi contratti-quadro secondo modalità analoghe a quelle di cui all'articolo 83. 2. Il CNIPA, al fine di favorire una rapida realizzazione del SPC, per un periodo almeno pari a due anni a decorrere dalla data di approvazione dei contratti-quadro di cui all'articolo 83, comma 1, sostiene i costi delle infrastrutture condivise, a valere sulle risorse già previste nel bilancio dello Stato (1). 3. Al termine del periodo di cui al comma 2, i costi relativi alle infrastrutture condivise sono a carico dei fornitori proporzionalmente agli importi dei contratti di fornitura, e una quota di tali costi è a carico delle pubbliche amministrazioni relativamente ai servizi da esse utilizzati. I costi, i criteri e la relativa ripartizione tra le amministrazioni sono determinati annualmente con decreto del Presidente del Consiglio dei Ministri, su proposta della Commissione, previa intesa con la Conferenza unificata cui all'articolo 8 del decreto legislativo 28 agosto 1997, n. 281, salvaguardando eventuali intese locali finalizzate a favorire il pieno ingresso nel SPC dei piccoli Comuni nel rispetto di quanto previsto dal comma 5. 4. Il CNIPA sostiene tutti gli oneri derivanti dai collegamenti in ambito internazionale delle amministrazioni di cui all'articolo 85, comma 1, per i primi due anni di vigenza contrattuale, decorrenti dalla data di approvazione del contratto quadro di cui all'articolo 83; per gli anni successivi ogni onere è a carico della singola amministrazione contraente proporzionalmente ai servizi acquisiti. 5. Le amministrazioni non ricomprese tra quelle di cui all'articolo 1, comma 1, del decreto legislativo 12 febbraio 1993, n. 39, che aderiscono alla Rete internazionale delle pubbliche amministrazioni, ai sensi dell'articolo 85, comma 3, ne sostengono gli oneri relativi ai servizi che utilizzano.*

* Articolo inserito dall'art. 30 del d.lg. 4/4/2006, n. 159 e successivamente abrogato dall'art. 64, co. 1, lett. bb), d.lg. 26/8/2016, n. 179.

(1) Vedi l'art. 2, co. 577, l. 24/12/2007, n. 244.

87. Regolamenti*. – *1. Ai sensi dell'articolo 17, comma 3, della legge 23 agosto 1988, n. 400, con uno o più decreti sulla proposta del Presidente del Consiglio dei Ministri o, per sua delega, del Ministro per l'innovazione e le tecnologie, di concerto con il Ministro per la funzione pubblica, d'intesa con la Conferenza unificata di cui all'articolo 8 del decreto legislativo 28 agosto 1997, n. 281, sono adottati regolamenti per l'organizzazione del SPC, per l'avvalimento dei consulenti di cui all'articolo 80, comma 7, e per la determinazione dei livelli minimi dei requisiti richiesti per l'iscrizione agli elenchi dei fornitori qualificati del SPC di cui all'articolo 82.*

* Articolo inserito dall'art. 30 del d.lg. 4/4/2006, n. 159 e successivamente abrogato dall'art. 64, co. 1, lett. cc), d.lg. 26/8/2016, n. 179.

Capo IX (1)
Disposizioni transitorie finali e abrogazioni

(1) Numerazione sostituita dall'art. 31 del d.lg. 4/4/2006, n. 159.

88. Norme transitorie per la firma digitale* [ex 72]. – *1. I documenti sottoscritti con firma digitale basata su certificati rilasciati da certificatori iscritti nell'elenco pubblico già tenuto dall'Autorità per l'informatica nella pubblica amministrazione sono equivalenti ai documenti sottoscritti con firma digitale basata su certificati rilasciati da certificatori accreditati.*

* Articolo rinumerato dall'art. 31 del d.lg. 4/4/2006, n. 159 e successivamente abrogato dall'art. 64, co. 1, lett. dd), d.lg. 26/8/2016, n. 179.

89. Aggiornamenti* [ex 73]. – *1. La Presidenza del Consiglio dei Ministri adotta gli opportuni atti di indirizzo e di coordinamento per assicurare che i successivi interventi normativi, incidenti sulle materie oggetto di riordino siano attuati esclusivamente mediante la modifica o l'integrazione delle disposizioni contenute nel presente codice.*

* Articolo rinumerato dall'art. 31 del d.lg. 4/4/2006, n. 159 e successivamente abrogato dall'art. 64, co. 1, lett. ee), d.lg. 26/8/2016, n. 179.

90. Oneri finanziari (1) **[ex 74].** – 1. All'attuazione del presente Codice si provvede nell'ambito delle risorse previste a legislazione vigente (2).

(1) Articolo rinumerato dall'art. 31 del d.lg. 4/4/2006, n. 159.

(2) Comma modificato dall'art. 61, co. 2, lett. a), d.lg. 26/8/2016, n. 179.

91. Abrogazioni (1) **[ex 75].** – 1. Dalla data di entrata in vigore del presente testo unico sono abrogati:

a) il decreto legislativo 23 gennaio 2002, n. 10;

b) gli articoli 1, comma 1, lettere t), u), v), z), aa), bb), cc), dd), ee), ff), gg), hh), ii), ll), mm), nn), oo); 2, comma 1, ultimo periodo, 6; 8; 9; 10; 11; 12; 13; 14; 17; 20; 22; 23; 24; 25;26; 27; 27-bis; 28; 28-bis; 29; 29-bis; 29-ter; 29-quater; 29-quinquies; 29-sexies; 29-septies; 29-octies; 36, commi 1, 2, 3, 4, 5 e 6; 51; del decreto del Presidente della Repubblica 28 dicembre 2000, n. 445 (Testo A);

c) l'articolo 26 comma 2, lettera a), e), h), della legge 27 dicembre 2002, n. 289;

d) articolo 27, comma 8, lettera b), della legge 16 gennaio 2003, n. 3;

e) gli articoli 16, 17, 18 e 19 della legge 29 luglio 2003, n. 229.

2. Le abrogazioni degli articoli 2, comma 1, ultimo periodo, 6, commi 1 e 2; 10; 36, commi 1, 2, 3, 4, 5 e 6; del decreto del Presidente della Repubblica 28 dicembre 2000, n. 445 (Testo A), si intendono riferite anche al decreto legislativo 28 dicembre 2000, n. 443 (Testo B).

3. Le abrogazioni degli articoli 1, comma 1, lettere t), u), v), z), aa), bb), cc), dd), ee), ff), gg), hh), ii), ll), mm), nn), oo);6, commi 3 e 4; 8; 9; 11; 12; 13; 14; 17; 20; 22; 23; 24; 25; 26;27;27-bis; 28; 28-bis; 29; 29-bis; 29-ter;29-quater; 29-quinquies; 29-sexies; 29-septies; 29-octies; 51; del decreto del Presidente della Repubblica 28 dicembre 2000, n. 445 (Testo A), si intendono riferite anche al decreto del Presidente della Repubblica 28 dicembre 2000, n. 444 (Testo C).

3-bis. L'articolo 15, comma 1, della legge 15 marzo 1997, n. 59, è abrogato (2).

3-ter. Il decreto legislativo 28 febbraio 2005, n. 42, è abrogato (2).

(1) Articolo rinumerato dall'art. 31 del d.lg. 4/4/2006, n. 159.

(2) Comma aggiunto dall'art. 32 del d.lg. 4/4/2006, n. 159.

Sezione XII
EDILIZIA E URBANISTICA

D.P.R. 6 giugno 2001, n. 380
Testo unico delle disposizioni legislative e regolamentari in materia edilizia

PARTE I
ATTIVITÀ EDILIZIA

TITOLO I
DISPOSIZIONI GENERALI

Capo I
Attività edilizia

1. Ambito di applicazione. – 1. Il presente testo unico contiene i principi fondamentali e generali e le disposizioni per la disciplina dell'attività edilizia.

2. Restano ferme le disposizioni in materia di tutela dei beni culturali e ambientali contenute nel decreto legislativo 29 ottobre 1999, n. 490 (ora D.Lg. n. 42 del 2004), e le altre normative di settore aventi incidenza sulla disciplina dell'attività edilizia (1).

3. Sono fatte salve altresì le disposizioni di cui agli articoli 24 e 25 del decreto legislativo 31 marzo 1998, n. 112, ed alle relative norme di attuazione, in materia di realizzazione, ampliamento, ristrutturazione e riconversione di impianti produttivi.

(1) Comma così modificato dall'art. 54, co. 1, l. n. 221/2015.

2. Competenze delle regioni e degli enti locali. – 1. Le regioni esercitano la potestà legislativa concorrente [117^3 Cost.] in materia edilizia nel rispetto dei principi fondamentali della legislazione statale desumibili dalle disposizioni contenute nel testo unico.

2. Le regioni a statuto speciale e le province autonome di Trento e di Bolzano esercitano la propria potestà legislativa esclusiva, nel rispetto e nei limiti degli statuti di autonomia e delle relative norme di attuazione [116, 117^1 Cost.].

3. Le disposizioni, anche di dettaglio, del presente testo unico, attuative dei principi di riordino in esso contenuti, operano direttamente nei riguardi delle regioni a statuto ordinario, fino a quando esse non si adeguano ai principi medesimi.

4. I comuni, nell'ambito della propria autonomia statutaria e normativa di cui all'articolo 3 del decreto legislativo 18 agosto 2000, n. 267, disciplinano l'attività edilizia.

5. In nessun caso le norme del presente testo unico possono essere interpretate nel senso della attribuzione allo Stato di funzioni e compiti trasferiti, delegati o comunque conferiti alle regioni e agli enti locali dalle disposizioni vigenti alla data della sua entrata in vigore.

2 bis. Deroghe in materia di limiti di distanza tra fabbricati (1). – 1. Ferma restando la competenza statale in materia di ordinamento civile con riferimento al diritto di proprietà e alle connesse norme del codice civile e alle disposizioni integrative, le regioni e le province autonome di Trento e di Bolzano possono prevedere, con proprie leggi e regolamenti, disposizioni derogatorie al decreto del Ministro dei lavori pubblici 2 aprile 1968, n. 1444, e possono dettare disposizioni sugli spazi da destinare agli insediamenti residenziali, a quelli produttivi, a quelli riservati alle attività collettive, al verde e ai parcheggi, nell'ambito della definizione o revisione di strumenti urbanistici comunque funzionali a un assetto complessivo e unitario o di specifiche aree territoriali.

1-bis. Le disposizioni del comma 1 sono finalizzate a orientare i comuni nella definizione di limiti di densità edilizia, altezza e distanza dei fabbricati negli ambiti urbani consolidati del proprio territorio (2).

1-ter. In ogni caso di intervento che preveda la demolizione e ricostruzione di edifici, anche qualora le dimensioni del lotto di pertinenza non consentano la modifica dell'area di sedime ai fini del rispetto delle distanze minime tra gli edifici e dai confini, la ricostruzione è comunque consentita nei limiti delle distanze legittimamente preesistenti. Gli incentivi volumetrici eventualmente riconosciuti per l'intervento possono essere realizzati anche con ampliamenti fuori sagoma e con il superamento dell'altezza massima dell'edificio demolito, sempre nei limiti delle distanze legittimamente preesistenti. Nelle zone omogenee A di cui al decreto del Ministro per i lavori pubblici 2 aprile 1968, n. 1444, o in zone a queste assimilabili in base alla normativa regionale e ai piani urbanistici comunali, nei centri e nuclei storici consolidati e in ulteriori ambiti di particolare pregio storico e architettonico, gli interventi di demolizione e ricostruzione sono consentiti esclusivamente nell'ambito dei piani urbanistici di recupero e di riqualificazione particolareggiati, di competenza comunale, fatti salvi le previsioni degli strumenti di pianificazione territoriale, paesaggistica e urbanistica vigenti e i pareri degli enti preposti alla tutela (3).

(1) Articolo inserito dall'art. 30, co. 1, lett. 0a), d.l. 21/6/2013, n. 69, conv., con modif., dalla l. 9/8/2013, n. 98.

(2) Comma introdotto dall'art. 5, co. 1, lett. b), d.l. 18/4/2019, n. 32, conv., con modif., dalla l. 14/6/2019, n. 55 e successivamente modificato dall'art. 10 del d.l. 16/7/2020, n. 76.

(3) Comma aggiunto dall'art. 10, co. 1, lett. a), d.l. 16/7/2020, n. 76, conv., con modif., dalla l. 11/9/2020, n. 120.

3. Definizioni degli interventi edilizi. – 1. Ai fini del presente testo unico si intendono per:

a) "interventi di manutenzione ordinaria", gli interventi edilizi che riguardano le opere di riparazione, rinnovamento e sostituzione delle finiture degli edifici e quelle necessarie ad integrare o mantenere in efficienza gli impianti tecnologici esistenti;

b) "interventi di manutenzione straordinaria", le opere e le modifiche necessarie per rinnovare e sostituire parti anche strutturali degli edifici, nonché per realizzare ed integrare i servizi igienico-sanitari e tecnologici, sempre che non alterino la volumetria complessiva degli edifici e non comportino mutamenti urbanisticamente rilevanti delle destinazioni d'uso implicanti incremento del carico urbanistico. Nell'ambito degli interventi di manutenzione straordinaria sono ricompresi anche quelli consistenti nel frazionamento o accorpamento delle unità immobiliari con esecuzione di opere anche se comportanti la variazione delle superfici delle singole unità immobiliari nonché del carico urbanistico purché non sia modificata la volumetria complessiva degli edifici e si mantenga l'originaria destinazione d'uso. Nell'ambito degli interventi di manutenzione straordinaria sono comprese anche le modifiche ai prospetti degli edifici legittimamente realizzati necessarie per mantenere o acquisire l'agibilità dell'edificio ovvero per l'accesso allo stesso, che non pregiudichino il decoro architettonico dell'edificio, purché l'intervento risulti conforme alla vigente disciplina urbanistica ed edilizia e non abbia ad oggetto immobili sottoposti a tutela ai sensi del Codice dei beni culturali e del paesaggio di cui al decreto legislativo 22 gennaio 2004, n. 42 (1);

c) "interventi di restauro e di risanamento conservativo", gli interventi edilizi rivolti a conservare l'organismo edilizio e ad assicurarne la funzionalità mediante un insieme sistematico di opere che, nel rispetto degli elementi tipologici, formali e strutturali dell'organismo stesso, ne consentano anche il mutamento delle destinazioni d'uso purché con tali elementi compatibili, nonché conformi a quelle previste dallo strumento urbanistico generale e dai relativi piani attuativi. Tali interventi comprendono il consolidamento, il ripristino e il rinnovo degli elementi costitutivi dell'edificio, l'inserimento degli elementi accessori e degli impianti richiesti dalle esigenze dell'uso, l'eliminazione degli elementi estranei all'organismo edilizio (2);

d) "interventi di ristrutturazione edilizia", gli interventi rivolti a trasformare gli organismi edilizi mediante un insieme sistematico di opere che possono portare ad un organismo edilizio in tutto o in parte diverso dal precedente. Tali interventi comprendono il ripristino o la sostituzione di alcuni elementi costitutivi dell'edificio, l'eliminazione, la modifica e l'inserimento di nuovi elementi ed impianti. Nell'ambito degli interventi di ristrutturazione edilizia sono ricompresi altresì gli interventi di demolizione e ricostruzione di edifici esistenti con diversi sagoma, prospetti, sedime e caratteristiche planivolumetriche e tipologiche, con le innovazioni necessarie per l'adeguamento alla normativa antisismica, per l'applicazione della normativa sull'accessibilità, per l'istallazione di impianti tecnologici e per l'efficientamento energetico. L'intervento può prevedere altresì, nei soli casi espressamente previsti dalla legislazione vigente o dagli strumenti urbanistici comunali, incrementi di volumetria anche per promuovere interventi di rigenerazione urbana. Costituiscono inoltre ristrutturazione edilizia gli interventi volti al ripristino di edifici, o parti di essi, eventualmente crollati o demoliti, attraverso la loro ricostruzione, purché sia possibile accertarne la preesistente consistenza. Rimane fermo che, con riferimento agli immobili sottoposti a tutela ai sensi del Codice dei beni culturali e del paesaggio di cui al decreto legislativo 22 gennaio 2004, n. 42, ad eccezione degli edifici situati in aree tutelate ai sensi degli articoli 136, comma 1, lettere c) e d), e 142 del medesimo decreto legislativo, nonché, fatte salve le previsioni legislative e degli strumenti urbanistici, a quelli ubicati nelle zone omogenee A di cui al decreto del Ministro per i lavori pubblici 2 aprile 1968, n. 1444, o in zone a queste assimilabili in base alla normativa regionale e ai piani urbanistici comunali, nei centri e nuclei storici consolidati e negli ulteriori ambiti di particolare pregio storico e architettonico, gli interventi di demolizione e ricostruzione e gli interventi di ripristino di edifici crollati o demoliti costituiscono interventi di ristrutturazione edilizia soltanto ove siano mantenuti sagoma, prospetti, sedime e caratteristiche planivolumetriche e tipologiche dell'edificio preesistente e non siano previsti incrementi di volumetria (3);

e) "interventi di nuova costruzione", quelli di trasformazione edilizia e urbanistica del territorio non rientranti nelle categorie definite alle lettere precedenti. Sono comunque da considerarsi tali:

e.1) la costruzione di manufatti edilizi fuori terra o interrati, ovvero l'ampliamento di quelli esistenti all'esterno della sagoma esistente, fermo restando, per gli interventi pertinenziali, quanto previsto alla lettera e.6);

e.2) gli interventi di urbanizzazione primaria e secondaria realizzati da soggetti diversi dal comune;

e.3) la realizzazione di infrastrutture e di impianti, anche per pubblici servizi, che comporti la trasformazione in via permanente di suolo inedificato;

*e.4) l'installazione di torri e tralicci per impianti radio-ricetrasmittenti e di ripetitori per i servizi di telecomunicazione;**

e.5) l'installazione di manufatti leggeri, anche prefabbricati, e di strutture di qualsiasi genere, quali roulotte, camper, case mobili, imbarcazioni, che siano utilizzati come abitazioni, ambienti di lavoro, oppure come depositi, magazzini e simili, ad eccezione di quelli che siano diretti a soddisfare esigenze meramente temporanee o delle tende e delle unità abitative mobili con meccanismi di rotazione in funzione, e loro pertinenze e accessori, che siano collocate, anche in via continuativa, in strutture ricettive all'aperto per la sosta e il soggiorno dei turisti previamente autorizzate sotto il profilo urbanistico, edilizio e, ove previsto, paesaggistico, che non posseggano alcun collegamento di natura permanente al terreno e presentino le caratteristiche dimensionali e tecnico-costruttive previste dalle normative regionali di settore ove esistenti (4);

e.6) gli interventi pertinenziali che le norme tecniche degli strumenti urbanistici, in relazione alla zonizzazione e al pregio ambientale e paesaggistico delle aree, qualifichino come interventi di nuova costruzione, ovvero che comportino la realizzazione di un volume superiore al 20% del volume dell'edificio principale;

e.7) la realizzazione di depositi di merci o di materiali, la realizzazione di impianti per attività produttive all'aperto ove comportino l'esecuzione di lavori cui consegua la trasformazione permanente del suolo inedificato;

f) gli "interventi di ristrutturazione urbanistica", quelli rivolti a sostituire l'esistente tessuto urbanistico-edilizio con altro diverso, mediante un insieme sistematico di interventi edilizi, anche con la modificazione del disegno dei lotti, degli isolati e della rete stradale.

2. Le definizioni di cui al comma 1 prevalgono sulle disposizioni degli strumenti urbanistici generali e dei regolamenti edilizi. Resta ferma la definizione di restauro prevista dall'articolo 34 del decreto legislativo 29 ottobre 1999, n. 490.

(1) Lettera modificata dall'art. 17, co. 1, lett. a), d.l. 12/9/2014, n. 133, conv., con modif., dalla l. 11/11/2014, n. 164, e successivamente modificata dall'art. 10 del d.l. 16/7/2020, n. 76 conv., con modif., dalla l. 11/9/2020, n. 120 (in S.O. n. 33, relativo alla G.U. 14/9/2020, n. 228).

(2) Lettera modificata dall'art. 65-bis, co. 1, d.l. 24/4/2017, n. 50, conv., con modif., dalla l. 21/6/2017, n. 96.

(3) Lettera modificata dall'art. 1 del d.lg. 27/12/2002, n. 301 e dall'art. 30, co. 1, lett. a), d.l. 21/6/2013, n. 69, conv., con modif., dalla l. 9/8/2013, n. 98 e successivamente modificata dall'art. 10 del d.l. 16/7/2020, n. 76 conv., con modif., dalla l. 11/9/2020, n. 120 (in S.O. n. 33, relativo alla G.U. 14/9/2020, n. 228). Da ultimo modificata dall'art. 14, co. 1-ter, lett. a), d.l. n. 50/2022, conv., con modif., dalla l. n. 91/2022.

* Punto da ritenersi abrogato implicitamente dagli artt. 87 e ss. del d.lg. 259/2003.

(4) Lettera modificata dall'art. 10, co. 1, lett. b), d.l. 16/7/2020, n. 76, conv., con modif., dalla l. 11/9/2020, n. 120 (in S.O. n. 33, relativo alla G.U. 14/9/2020, n. 228).

3 bis. Interventi di conservazione (1). – 1. Lo strumento urbanistico individua gli edifici esistenti non più compatibili con gli indirizzi della pianificazione. In tal caso l'amministrazione comunale può favorire, in alternativa all'espropriazione, la riqualificazione delle aree attraverso forme di compensazione incidenti sull'area interessata e senza aumento della superficie coperta, rispondenti al pubblico interesse e comunque rispettose dell'imparzialità e del buon andamento dell'azione amministrativa. Nelle more dell'attuazione del piano, resta salva la facoltà del proprietario di eseguire tutti gli interventi conservativi, ad eccezione della demolizione e successiva ricostruzione non giustificata da obiettive ed improrogabili ragioni di ordine statico od igienico sanitario.

(1) Articolo inserito dall'art. 17, co. 1, lett. b), d.l. 12/9/2014, n. 133, conv., con modif., dalla l. 11/11/2014, n. 164.

4. Regolamenti edilizi comunali. – 1. Il regolamento che i comuni adottano ai sensi dell'articolo 2, comma 4, deve contenere la disciplina delle modalità costruttive, con particolare riguardo al rispetto delle normative tecnico-estetiche, igienico-sanitarie, di sicurezza e vivibilità degli immobili e delle pertinenze degli stessi [872 CC.].

*1-bis. A decorrere dal 1° gennaio 2011, nel regolamento di cui al comma 1, ai fini del rilascio del permesso di costruire, deve essere prevista, per gli edifici di nuova costruzione, l'installazione di impianti per la produzione di energia elettrica da fonti rinnovabili, in modo tale da garantire una produzione energetica non inferiore a 1 kW per ciascuna unità abitativa, compatibilmente con la realizzabilità tecnica dell'intervento. Per i fabbricati industriali, di estensione superficiale non inferiore a 100 metri quadrati, la produzione energetica minima è di 5 kW.**

*1-ter. Entro il 31 dicembre 2017, i comuni adeguano il regolamento di cui al comma 1 prevedendo, con decorrenza dalla medesima data, che ai fini del conseguimento del titolo abilitativo edilizio sia obbligatoriamente prevista, per gli edifici di nuova costruzione ad uso diverso da quello residenziale con superficie utile superiore a 500 metri quadrati e per i relativi interventi di ristrutturazione edilizia di primo livello di cui all'allegato 1, punto 1.4.1 del decreto del Ministero dello sviluppo economico 26 giugno 2015, nonché per gli edifici residenziali di nuova costruzione con almeno 10 unità abitative e per i relativi interventi di ristrutturazione edilizia di primo livello di cui all'allegato 1, punto 1.4.1 del decreto del Ministero dello sviluppo economico 26 giugno 2015, la predisposizione all'allaccio per la possibile installazione di infrastrutture elettriche per la ricarica dei veicoli idonee a permettere la connessione di una vettura da ciascuno spazio a parcheggio coperto o scoperto e da ciascun box per auto, siano essi pertinenziali o no, in conformità alle disposizioni edilizie di dettaglio fissate nel regolamento stesso e, relativamente ai soli edifici residenziali di nuova costruzione con almeno 10 unità abitative, per un numero di spazi a parcheggio e box auto non inferiore al 20 per cento di quelli totali. 1-quater. Decorso inutilmente il termine di cui al comma 1-ter del presente articolo, le regioni applicano, in relazione ai titoli abilitativi edilizi difformi da quanto ivi previsto, i poteri inibitori e di annullamento stabiliti nelle rispettive leggi regionali o, in difetto di queste ultime, provvedono ai sensi dell'articolo 39. 1-quinquies. Le disposizioni di cui ai commi 1-ter e 1-quater non si applicano agli immobili di proprietà delle amministrazioni pubbliche.***

1-sexies. Il Governo, le regioni e le autonomie locali, in attuazione del principio di leale collaborazione, concludono in sede di Conferenza unificata accordi ai sensi dell'articolo 9 del decreto legislativo 28 agosto 1997, n. 281, o intese ai sensi dell'articolo 8 della legge 5 giugno 2003, n. 131, per l'adozione di uno schema di regolamento edilizio-tipo, al fine di semplificare e uniformare le norme e gli adempimenti. Ai sensi dell'articolo 117, secondo comma, lettere e) e m), della Costituzione, tali accordi costituiscono livello essenziale delle prestazioni, concernenti la tutela della concorrenza e i diritti civili e sociali che devono essere garantiti su tutto il territorio nazionale. Il regolamento edilizio-tipo, che indica i requisiti prestazionali degli edifici, con particolare riguardo alla sicurezza e al risparmio energetico, è adottato dai comuni nei termini fissati dai suddetti accordi, comunque entro i termini previsti dall'articolo 2 della legge 7 agosto 1990, n. 241, e successive modificazioni (1).

2. Nel caso in cui il comune intenda istituire la commissione edilizia, il regolamento indica gli interventi sottoposti al preventivo parere di tale organo consultivo.

* Comma abrogato dal d.lg. 3/3/2011, n. 28.

** Commi abrogati dal d.lg. 10/6/2020, n. 48.

(1) Comma inserito dall'art. 17-bis, co. 1, d.l. 12/9/2014, n. 133, conv., con modif., dalla l. 11/11/2014, n. 164.

5. Sportello unico per l'edilizia. – 1. Le amministrazioni comunali, nell'ambito della propria autonomia organizzativa, provvedono, anche mediante esercizio in forma associata delle strutture ai sensi del capo V, Titolo II del decreto legislativo 18 agosto 2000, n. 267, ovvero accorpamento, disarticolazione, soppressione di uffici o organi già esistenti, a costituire un ufficio denominato sportello unico per l'edilizia, che cura tutti i rapporti fra il privato, l'amministrazione e, ove occorra, le altre amministrazioni tenute a pronunciarsi in ordine all'intervento edilizio oggetto della richiesta di permesso o di segnalazione certificata di inizio attività (1).

1-bis. (L) Lo sportello unico per l'edilizia costituisce l'unico punto di accesso per il privato interessato in relazione a tutte le vicende amministrative riguardanti il titolo abilitativo e l'intervento edilizio oggetto dello stesso, che fornisce una risposta tempestiva in luogo di tutte le pubbliche amministrazioni, comunque coinvolte. Acquisisce altresì presso le amministrazioni competenti, anche mediante conferenza di servizi ai sensi degli articoli 14, 14-bis, 14-ter, 14-quater e 14-quinquies della legge 7 agosto 1990, n. 241, e successive modificazioni, gli atti di assenso, comunque denominati, delle amministrazioni preposte alla tutela ambientale, paesaggistico-territoriale, del patrimonio storico-artistico, dell'assetto idrogeologico o alla tutela della salute e della pubblica incolumità Resta comunque ferma la competenza dello sportello unico per le attività produttive definita dal regolamento di cui al decreto del Presidente della Repubblica 7 settembre 2010, n. 160 (2).

1-ter. Le comunicazioni al richiedente sono trasmesse esclusivamente dallo sportello unico per l'edilizia; gli altri uffici comunali e le amministrazioni pubbliche diverse dal comune, che sono interessati al procedimento, non possono trasmettere al richiedente atti autorizzatori, nulla osta, pareri o atti di consenso, anche a contenuto negativo, comunque denominati e sono tenuti a trasmettere immediatamente allo sportello unico per l'edilizia le denunce, le domande, le segnalazioni, gli atti e la documentazione ad esse eventualmente presentati, dandone comunicazione al richiedente (3).

2. (L) Tale ufficio provvede in particolare:

a) alla ricezione delle denunce di inizio attività e delle domande per il rilascio di permessi di costruire e di ogni altro atto di assenso comunque denominato in materia di attività edilizia, ivi compreso il certificato di agibilità, nonché dei progetti approvati dalla Soprintendenza ai sensi e per gli effetti degli articoli 36, 38 e 46 del decreto legislativo 29 ottobre 1999, n. 490;

b) a fornire informazioni sulle materie di cui alla lettera a), anche mediante predisposizione di un archivio informatico contenente i necessari elementi normativi, che consenta a chi vi abbia interesse l'accesso gratuito, anche in via telematica, alle informazioni sugli adempimenti necessari per lo svolgimento delle procedure previste dal presente testo unico, all'elenco delle domande presentate, allo stato del loro iter procedurale, nonché a tutte le possibili informazioni utili disponibili;

c) all'adozione, nelle medesime materie, dei provvedimenti in tema di accesso ai documenti amministrativi in favore di chiunque vi abbia interesse ai sensi degli articoli 22 e seguenti della legge 7 agosto 1990, n. 241, nonché delle norme comunali di attuazione;

d) al rilascio dei permessi di costruire, *[dei certificati di agibilità,]* nonché delle certificazioni attestanti le prescrizioni normative e le determinazioni provvedimentali a carattere urbanistico, paesaggistico-ambientale, edilizio, idrogeologico e di qualsiasi altro tipo comunque rilevanti ai fini degli interventi di trasformazione edilizia del territorio (4);

e) alla cura dei rapporti tra l'amministrazione comunale, il privato e le altre amministrazioni chiamate a pronunciarsi in ordine all'intervento edilizio oggetto dell'istanza o denuncia, con particolare riferimento agli adempimenti connessi all'applicazione della parte II del presente testo unico (5).

3. *[Ai fini del rilascio del permesso di costruire,] lo sportello unico per l'edilizia acquisisce [direttamente o tramite conferenza di servizi]* ai sensi degli articoli 14, 14-bis, 14-ter, 14-quater e 14-quinquies della legge 7 agosto 1990, n. 241, e successive modificazioni, gli atti di assenso, comunque denominati, necessari ai fini della realizzazione dell'intervento edilizio. Nel novero di tali assensi rientrano, in particolare (6):

a) il parere dell'azienda sanitaria locale (ASL), nel caso in cui non possa essere sostituito da una dichiarazione ai sensi dell'articolo 20, comma 1;

b) il parere dei vigili del fuoco, ove necessario, in ordine al rispetto della normativa antincendio;

c) le autorizzazioni e le certificazioni del competente ufficio tecnico della regione, per le costruzioni in zone sismiche di cui agli articoli 61, 62 e 94;

d) l'assenso dell'amministrazione militare per le costruzioni nelle zone di salvaguardia contigue ad opere di difesa dello Stato o a stabilimenti militari, di cui all'articolo 333 del codice dell'ordinamento militare, di cui al decreto legislativo 15 marzo 2010, n. 66;

*e) l'autorizzazione del direttore della circoscrizione doganale in caso di costruzione, spostamento e modifica di edifici nelle zone di salvaguardia in prossimità della linea doganale e nel mare territoriale, ai sensi e per gli effetti dell'articolo 19 del decreto legislativo 8 novembre 1990, n. 374;**

f) l'autorizzazione dell'autorità competente per le costruzioni su terreni confinanti con il demanio marittimo, ai sensi e per gli effetti dell'articolo 55 del codice della navigazione;

g) gli atti di assenso, comunque denominati, previsti per gli interventi edilizi su immobili vincolati ai sensi del codice dei beni culturali e del paesaggio, di cui al decreto legislativo 22 gennaio 2004, n. 42[, fermo restando che, in caso di dissenso manifestato dall'amministrazione preposta alla tutela dei beni culturali, si procede ai sensi del medesimo codice] (7);

h) il parere vincolante della Commissione per la salvaguardia di Venezia, ai sensi e per gli effetti dell'articolo 6 della legge 16 aprile 1973, n. 171, e successive modificazioni, salvi i casi in cui vi sia stato l'adeguamento al piano comprensoriale previsto dall'articolo 5 della stessa legge, per l'attività edilizia nella laguna veneta nonché nel territorio dei centri storici di Chioggia e di Sottomarina e nelle isole di Pellestrina, Lido e Sant'Erasmo;

i) il parere dell'autorità competente in materia di assetti e vincoli idrogeologici;

l) gli assensi in materia di servitù viarie, ferroviarie, portuali e aeroportuali;

m) il nulla osta dell'autorità competente ai sensi dell'articolo 13 della legge 6 dicembre 1991, n. 394, in materia di aree naturali protette (8);

3-bis. Restano ferme le disposizioni in materia di sicurezza nei luoghi di lavoro di cui all'articolo 67 del decreto legislativo 9 aprile 2008, n. 81 (9).

4. L'ufficio cura altresì gli incombenti necessari ai fini dell'acquisizione, anche mediante conferenza di servizi ai sensi degli articoli 14, 14-bis, 14-ter, 14-quater della legge 7 agosto 1990, n. 241, degli atti di assenso, comunque denominati, necessari ai fini della realizzazione dell'intervento edilizio. Nel novero di detti assensi rientrano, in particolare: a) le autorizzazioni e certificazioni del competente ufficio tecnico della regione, per le costruzioni in zone sismiche di cui agli articoli 61, 94 e 62; b) l'assenso dell'amministrazione militare per le costruzioni nelle zone di salvaguardia contigue ad opere di difesa dello Stato o a stabilimenti militari, di cui all'articolo 333 del codice dell'ordinamento militare (10)*; c) l'autorizzazione del direttore della circoscrizione doganale in caso di costruzione, spostamento e modifica di edifici nelle zone di salvaguardia in prossimità della linea doganale e nel mare territoriale, ai sensi e per gli effetti dell'articolo 19 del decreto legislativo 8 novembre 1990, n. 374; d) l'autorizzazione dell'autorità competente per le costruzioni su terreni confinanti con il demanio marittimo, ai sensi e per gli effetti dell'articolo 55 del codice della navigazione; e) gli atti di assenso, comunque denominati, previsti per gli interventi edilizi su immobili vincolati ai sensi degli articoli 21, 23, 24, e 151 del decreto legislativo 29 ottobre 1999, n. 490, fermo restando che, in caso di dissenso manifestato dall'amministrazione preposta alla tutela dei beni culturali, si procede ai sensi dell'articolo 25 del decreto legislativo 29 ottobre 1999, n. 490; f) il parere vincolante della Commissione per la salvaguardia di Venezia, ai sensi e per gli effetti dell'articolo 6 della legge 16 aprile 1973, n. 171, e successive modificazioni, salvi i casi in cui vi sia stato l'adeguamento al piano comprensoriale previsto dall'articolo 5 della stessa legge, per l'attività edilizia nella laguna veneta, nonché nel territorio dei centri storici di Chioggia e di Sottomarina e nelle isole di Pellestrina, Lido e Sant'Erasmo; g) il parere dell'autorità competente in tema di assetti e vincoli idrogeologici; h) gli assensi in materia di servitù viarie, ferroviarie, portuali ed aeroportuali; i) il nulla-osta dell'autorità competente ai sensi dell'articolo 13 della legge 6 dicembre 1991, n. 394, in tema di aree naturali protette.***

4-bis. Lo sportello unico per l'edilizia accetta le domande, le dichiarazioni, le segnalazioni, le comunicazioni e i relativi elaborati tecnici o allegati presentati dal richiedente con modalità telematica e provvede all'inoltro telematico della documentazione alle altre amministrazioni che intervengono nel procedimento, le quali adottano modalità telematiche di ricevimento e di trasmissione in conformità alle modalità tecniche individuate ai sensi dell'articolo 34-quinquies del decreto-legge 10 gennaio 2006, n. 4, convertito, con modificazioni, dalla legge 9 marzo 2006, n. 80. Tali modalità assicurano l'interoperabilità con le regole tecniche definite dal regolamento ai sensi dell'articolo 38, comma 3, del decreto-legge 25 giugno 2008, n. 112, convertito, con modificazioni, dalla legge 6 agosto 2008, n. 133, e successive modificazioni. Ai predetti adempimenti si provvede nell'ambito delle risorse umane, strumentali e finanziarie disponibili a legislazione vigente, senza nuovi o maggiori oneri a carico della finanza pubblica (11).

(1) Così corretto in G.U. 13/11/2001, n. 264 e successivamente modificato dall'art. 17, co. 2, d.l. 12/9/2014, n. 133, conv., con modif., dalla l. 11/11/2014, n. 164.

(2) Comma inserito dall'art. 13, co. 2, lett. a), n. 1), d.l. 22/6/2012, n. 83, conv., con modif., dalla l. 7/8/2012, n. 134. Vedi inoltre quanto disposto dal co. 2-bis del medesimo art. 13 del d.l. n. 83/2012. Successivamente sostituito dall'art. 54, co. 1, lett. b), n. 1), l. 28/12/2015, n. 221.

(3) Comma inserito dall'art. 13, co. 2, lett. a), n. 1), d.l. 22/6/2012, n. 83, conv., con modif., dalla l. 7/8/2012, n. 134. Vedi inoltre quanto disposto dal co. 2-bis del medesimo art. 13 del d.l. n. 83/2012.

(4) Lettera modificata dall'art. 3, co. 1, lett. a), n. 1), d.lg. 25/11/2016, n. 222.

(5) Comma sostituito dall'art. 54, co. 1, lett. b), n. 2), l. 28/12/2015, n. 221.

(6) Alinea modificato dall'art. 2, co. 1, lett. a), n. 1). d.lg. 30/6/2016, n. 127. Per l'applicazione vedi l'art. 7, co. 1 del medesimo decreto. Successivamente modificato dall'art. 3, co. 1, lett. a), n. 2), d.lg. 25/11/2016, n. 222.

* Lettera soppressa dall'art. 3, co. 1, lett. a), n. 3), d.lg. 25/11/2016, n. 222.

(7) Lettera modificata dall'art. 2, co. 1, lett. a), n. 2), d.lg. 30/6/2016, n. 127. Per l'applicazione vedi l'art. 7, co. 1 del medesimo decreto.

(8) Comma inizialmente modificato dall'art. 5, co. 2, lett. a), n. 1), d.l. 13/5/2011, n. 70 e successivamente sostituito dall'art. 13, co. 2, lett. a), n. 2), d.l. 22/6/2012, n. 83, conv., con modif., dalla l. 7/8/2012, n. 134. Vedi inoltre quanto disposto dal co. 2-bis del medesimo art. 13 del d.l. n. 83/2012.

(9) Comma aggiunto dall'art. 3, co. 1, lett. a), n. 4), d.lg. 25/11/2016, n. 222.

(10) Lettera modificata dall'art. 2127, co. 1, d.lg. 15/3/2010, n. 66.

** Comma abrogato dall'art. 13, co. 2, lett. a), n. 3), d.l. 22/6/2012, n. 83, conv., con modif., dalla l. 7/8/2012, n. 134. Vedi inoltre quanto disposto dal co. 2-bis del medesimo art. 13 del d.l. n. 83/2012.

(11) Comma aggiunto dall'art. 5, co. 2, lett. a), n. 1-bis), d.l. 13/5/2011, n. 70.

TITOLO II
TITOLI ABILITATIVI

Capo I
Disposizioni generali

6. Attività edilizia libera (1). – 1. Fatte salve le prescrizioni degli strumenti urbanistici comunali, e comunque nel rispetto delle altre normative di settore aventi incidenza sulla disciplina dell'attività edilizia e, in particolare, delle norme antisismiche, di sicurezza, antincendio, igienicosanitarie, di quelle relative all'efficienza energetica, di tutela dal rischio idrogeologico, nonché delle disposizioni contenute nel codice dei beni culturali e del paesaggio, di cui al decreto legislativo 22 gennaio 2004, n. 42, i seguenti interventi sono eseguiti senza alcun titolo abilitativo (2):

a) gli interventi di manutenzione ordinaria di cui all'articolo 3, comma 1, lettera a) [, ivi compresi gli interventi di installazione delle pompe di calore aria-aria di potenza termica utile nominale inferiore a 12 kW] (3);

a-bis) gli interventi di installazione delle pompe di calore aria-aria di potenza termica utile nominale inferiore a 12 Kw (4);

b) gli interventi volti all'eliminazione di barriere architettoniche che non comportino la realizzazione [di rampe o] di ascensori esterni, ovvero di manufatti che alterino la sagoma dell'edificio (5);

b-bis) gli interventi di realizzazione e installazione di vetrate panoramiche amovibili e totalmente trasparenti, cosiddette VEPA, dirette ad assolvere a funzioni temporanee di protezione dagli agenti atmosferici, miglioramento delle prestazioni acustiche ed energetiche, riduzione delle dispersioni termiche, parziale impermeabilizzazione dalle acque meteoriche dei balconi aggettanti dal corpo dell'edificio o di logge rientranti all'interno dell'edificio, purché tali elementi non configurino spazi stabilmente chiusi con conseguente variazione di volumi e di superfici, come definiti dal regolamento edilizio-tipo, che possano generare nuova volumetria o comportare il mutamento della destinazione d'uso dell'immobile anche da superficie accessoria a superficie utile. Tali strutture devono favorire una naturale microaerazione che consenta la circolazione di un costante flusso di arieggiamento a garanzia della salubrità dei vani interni domestici ed avere caratteristiche tecnico-costruttive e profilo estetico tali da ridurre al minimo l'impatto visivo e l'ingombro apparente e da non modificare le preesistenti linee architettoniche (6);

c) le opere temporanee per attività di ricerca nel sottosuolo che abbiano carattere geognostico, ad esclusione di attività di ricerca di idrocarburi, e che siano eseguite in aree esterne al centro edificato;

d) i movimenti di terra strettamente pertinenti all'esercizio dell'attività agricola e le pratiche agro-silvo-pastorali, compresi gli interventi su impianti idraulici agrari;

e) le serre mobili stagionali, sprovviste di strutture in muratura, funzionali allo svolgimento dell'attività agricola;

e-bis) le opere stagionali e quelle dirette a soddisfare obiettive esigenze, contingenti e temporanee, purché destinate ad essere immediatamente rimosse al cessare della temporanea necessità e, comunque, entro un termine non superiore a centottanta giorni comprensivo dei tempi di allestimento e smontaggio del manufatto, previa comunicazione di avvio dei lavori all'amministrazione comunale (7);

e-ter) le opere di pavimentazione e di finitura di spazi esterni, anche per aree di sosta, che siano contenute entro l'indice di permeabilità, ove stabilito dallo strumento urbanistico comunale, ivi compresa la realizzazione di intercapedini interamente interrate e non accessibili, vasche di raccolta delle acque, locali tombati (8);

e-quater) pannelli solari, fotovoltaici, a servizio degli edifici, come definiti alla voce 32 dell'allegato A al regolamento edilizio-tipo, adottato con intesa sancita in sede di Conferenza unificata 20 ottobre 2016, n. 125/CU, ai sensi dell'articolo 4, comma 1-sexies, del presente testo unico, o degli impianti di cui all'articolo 87 del codice delle comunicazioni elettroniche, di cui al decreto legislativo 1° agosto 2003, n. 259, posti su strutture e manufatti fuori terra diversi dagli edifici o collocati a terra in adiacenza, da realizzare al di fuori della zona A) di cui al decreto del Ministro per i lavori pubblici 2 aprile 1968, n. 1444 (9);

e-quinquies) le aree ludiche senza fini di lucro e gli elementi di arredo delle aree pertinenziali degli edifici (8).

2. Nel rispetto dei medesimi presupposti di cui al comma 1, previa comunicazione, anche per via telematica, dell'inizio dei lavori da parte dell'interessato all'amministrazione comunale, possono essere eseguiti senza alcun titolo abilitativo i seguenti interventi: a) gli interventi di manutenzione straordinaria di cui all'art. 3, comma 1, lettera b), ivi compresa l'apertura di porte interne o lo spostamento di pareti interne, sempre che non riguardino le parti strutturali dell'edificio [non comportino aumento del numero delle unità immobiliari e non implichino incremento dei parametri urbanistici] (10)*; b) le opere dirette a soddisfare obiettive esigenze contingenti e temporanee e ad essere immediatamente rimosse al cessare della necessità e, comunque, entro un termine non superiore a novan-*

ta giorni; c) le opere di pavimentazione e di finitura di spazi esterni, anche per aree di sosta, che siano contenute entro l'indice di permeabilità, ove stabilito dallo strumento urbanistico comunale, ivi compresa la realizzazione di intercapedini interamente interrate e non accessibili, vasche di raccolta delle acque, locali tombati; d) i pannelli solari, fotovoltaici [e termici, senza serbatoio di accumulo esterno], a servizio degli edifici, da realizzare al di fuori della zona A di cui al decreto del Ministro per i lavori pubblici 2 aprile 1968, n. 14444 (11)*; e) le aree ludiche senza fini di lucro e gli elementi di arredo delle aree pertinenziali degli edifici. e-bis) le modifiche interne di carattere edilizio sulla superficie coperta dei fabbricati adibiti ad esercizio d'impresa, sempre che non riguardino le parti strutturali, ovvero le modifiche della destinazione d'uso dei locali adibiti ad esercizio d'impresa* (12).*

*3. L'interessato agli interventi di cui al comma 2 allega alla comunicazione di inizio dei lavori le autorizzazioni eventualmente obbligatorie ai sensi delle normative di settore e, limitatamente agli interventi di cui alla lettera a) del medesimo comma 2, i dati identificativi dell'impresa alla quale intende affidare la realizzazione dei lavori.***

*4. Limitatamente agli interventi di cui al comma 2, lettere a) ed e-bis), l'interessato trasmette all'amministrazione comunale l'elaborato progettuale e la comunicazione di inizio dei lavori asseverata da un tecnico abilitato, il quale attesta, sotto la propria responsabilità, che i lavori sono conformi agli strumenti urbanistici approvati e ai regolamenti edilizi vigenti, nonché che sono compatibili con la normativa in materia sismica e con quella sul rendimento energetico nell'edilizia e che non vi è interessamento delle parti strutturali dell'edificio; la comunicazione contiene, altresì, i dati identificativi dell'impresa alla quale si intende affidare la realizzazione dei lavori.****

5. Riguardo agli interventi di cui al presente articolo, l'interessato provvede, nei casi previsti dalle vigenti disposizioni, alla presentazione degli atti di aggiornamento catastale ai sensi dell'articolo 34-quinquies, comma 2, lettera b), del decreto-legge 10 gennaio 2006, n. 4, convertito, con modificazioni, dalla legge 9 marzo 2006, n. 80 (13).

6. Le regioni a statuto ordinario:

a) possono estendere la disciplina di cui al presente articolo a interventi edilizi ulteriori rispetto a quelli previsti dal comma 1, esclusi gli interventi di cui all'articolo 10, comma 1, soggetti a permesso di costruire e gli interventi di cui all'articolo 23, soggetti a segnalazione certificata di inizio attività in alternativa al permesso di costruire (14);

b) disciplinano con legge le modalità per l'effettuazione dei controlli (15);

*c) possono stabilire ulteriori contenuti per la relazione tecnica di cui al comma 4, nel rispetto di quello minimo fissato dal medesimo comma.*****

*7. La mancata comunicazione dell'inizio dei lavori di cui al comma 2, ovvero la mancata comunicazione asseverata dell'inizio dei lavori di cui al comma 4, comportano la sanzione pecuniaria pari a 1.000 euro. Tale sanzione è ridotta di due terzi se la comunicazione è effettuata spontaneamente quando l'intervento è in corso di esecuzione.******

*8. Al fine di semplificare il rilascio del certificato di prevenzione incendi per le attività di cui ai commi 1 e 2, il certificato stesso, ove previsto, è rilasciato in via ordinaria con l'esame a vista. Per le medesime attività, il termine previsto dal primo periodo del comma 2 dell'articolo 2 del regolamento di cui al decreto del Presidente della Repubblica 12 gennaio 1998, n. 37, è ridotto a trenta giorni.*******

(1) Articolo sostituito dall'art. 5, co. 1, d.l. 25/3/2010, n. 40.

(2) Alinea modificato dall'art. 54, co. 1, lett. c), l. 28/12/2015, n. 221.

(3) Lettera modificata dall'art. 17, co. 1, lett. c), n. 01), d.l. 12/9/2014, n. 133, conv., con modif., dalla l. 11/11/2014, n. 164 e successivamente dall'art. 1, co. 1, lett. b), n. 1), d.lg. 25/11/2016, n. 222.

(4) Lettera aggiunta dall'art. 1, co. 1, lett. b), n. 2), d.lg. 25/11/2016, n. 222.

(5) Lettera modificata dall'art. 1, co. 1, lett. b), n. 3), d.lg. 25/11/2016, n. 222.

(6) Lettera aggiunta dall'art. 33-bis, l. n. 142/2022.

(7) Lettera aggiunta dall'art. 3, co. 1, lett. b), n. 3), d.lg. 25/11/2016, n. 222 e successivamente modificata dall'art. 10, co. 1, lett. c), d.l. 16/7/2020, n. 76.

(8) Lettera aggiunta dall'art. 3, co. 1, lett. b), n. 3), d.lg. 25/11/2016, n. 222.

(9) Lettera aggiunta dall'art. 3, co. 1, lett. b), n. 3), d.lg. 25/11/2016, n. 222 e successivamente modificata dall'art. 31, co. 2-ter, d.l. n. 77/2021, conv. in l. n. 108/2021.

(10) Lettera modificata dall'art. 17, co. 1, lett. c), n. 1), lett. a), d.l. 12/9/2014, n. 133, conv., con modif., dalla l. 11/11/2014, n. 164.

(11) Lettera modificata dall'art. 7, co. 3, d.lg. 3/3/2011, n. 28.

(12) Lettera aggiunta dall'art. 13-bis, co. 1, lett. a), d.l. 22/6/2012, n. 83 e successivamente modificata dall'art. 17, co. 1, lett. c), n. 1), lett. b), d.l. 12/9/2014, n. 133, conv., con modif., dalla l. 11/11/2014, n. 164.

* Comma abrogato dall'art. 1, co. 1, lett. b), n. 4), d.lg. 25/11/2016, n. 222.

** Comma abrogato dall'art. 13-bis, co. 1, lett. b), d.l. 22/6/2012, n. 83.

*** Comma sostituito dall'art. 13-bis, co. 1, lett. c), d.l. 22/6/2012, n. 83, successivamente modificato dall'art. 30, co. 1, lett. b), d.l. 21/6/2013, n. 69, conv., con modif., dalla l. 9/8/2013, n. 98 e da ultimo, sostituito dall'art. 17, co. 1, lett. c), n. 2), d.l. 12/9/2014, n. 133, conv., con modif., dalla l. 11/11/2014, n. 164. Da ultimo abrogato dall'art. 1, co. 1, lett. b), n. 4), d.lg. 25/11/2016, n. 222.

(13) Comma sostituito dall'art. 17, co. 1, lett. c), n. 3), d.l. 12/9/2014, n. 133, conv., con modif., dalla l. 11/11/2014, n. 164 e successivamente abrogato dall'art. 1, co. 1, lett. b), n. 4), d.lg. 25/11/2016, n. 222. Da ultimo il presente comma è stato sostituito dall'art. 1, co. 172, l. 4/8/2017, n. 124.

(14) Lettera modificata dall'art. 1, co. 1, lett. b), n. 5), d.lg. 25/11/2016, n. 222.

(15) Lettera sostituita dall'art. 17, co. 1, lett. c), n. 4), d.l. 12/9/2014, n. 133, conv. con modif., dalla l. 11/11/2014, n. 164.

**** Lettera da ritenersi abrogata per effetto della sostituzione di cui all'art. 17, co. 1, lett. c), n. 4), d.l. 12/9/2014, n. 133, conv., con modif., dalla l. 11/11/2014, n. 164.

***** Comma modificato dall'art. 17, co. 1, lett. c), n. 5), d.l. 12/9/2014, n. 133, conv., con modif., dalla l. 11/11/2014, n. 164 e successivamente abrogato dall'art. 1, co. 1, lett. b), n. 4), d.lg. 25/11/2016, n. 222.

****** Comma abrogato dall'art. 12, co. 1, lett. f), n. 1), d.P.R. 1/8/2011, n. 151.

6 bis. Interventi subordinati a comunicazione di inizio lavori asseverata (1). – 1. Gli interventi non riconducibili all'elenco di cui agli articoli 6, 10 e 22, sono realizzabili previa comunicazione, anche per via telematica, dell'inizio dei lavori da parte dell'interessato all'amministrazione competente, fatte salve le prescrizioni degli strumenti urbanistici, dei regolamenti edilizi e della disciplina urbanistico-edilizia vigente, e comunque nel rispetto delle altre normative di settore aventi incidenza sulla disciplina dell'attività edilizia e, in particolare, delle norme antisismiche, di sicurezza, antincendio, igienico-sanitarie, di quelle relative all'efficienza energetica, di tutela dal rischio idrogeologico, nonché delle disposizioni contenute nel codice dei beni culturali e del paesaggio, di cui al decreto legislativo 22 gennaio 2004, n. 42.

2. L'interessato trasmette all'amministrazione comunale l'elaborato progettuale e la comunicazione di inizio dei lavori asseverata da un tecnico abilitato, il quale attesta, sotto la pro-

pria responsabilità, che i lavori sono conformi agli strumenti urbanistici approvati e ai regolamenti edilizi vigenti, nonché che sono compatibili con la normativa in materia sismica e con quella sul rendimento energetico nell'edilizia e che non vi è interessamento delle parti strutturali dell'edificio; la comunicazione contiene, altresì, i dati identificativi dell'impresa alla quale si intende affidare la realizzazione dei lavori.

3. Per gli interventi soggetti a CILA, ove la comunicazione di fine lavori sia accompagnata dalla prescritta documentazione per la variazione catastale, quest'ultima è tempestivamente inoltrata da parte dell'amministrazione comunale ai competenti uffici dell'Agenzia delle entrate.

4. Le regioni a statuto ordinario:

a) possono estendere la disciplina di cui al presente articolo a interventi edilizi ulteriori rispetto a quelli previsti dal comma 1;

b) disciplinano le modalità di effettuazione dei controlli, anche a campione e prevedendo sopralluoghi in loco.

5. La mancata comunicazione asseverata dell'inizio dei lavori comporta la sanzione pecuniaria pari a 1.000 euro. Tale sanzione è ridotta di due terzi se la comunicazione è effettuata spontaneamente quando l'intervento è in corso di esecuzione.

(1) Articolo inserito dall'art. 1, co. 1, lett. c), d.lg. 25/11/2016, n. 222.

7. Attività edilizia delle pubbliche amministrazioni. – 1. Non si applicano le disposizioni del presente titolo per:

a) opere e interventi pubblici che richiedano per la loro realizzazione l'azione integrata e coordinata di una pluralità di amministrazioni pubbliche allorché l'accordo delle predette amministrazioni, raggiunto con l'assenso del comune interessato, sia pubblicato ai sensi dell'articolo 34, comma 4, del decreto legislativo 18 agosto 2000, n. 267;

b) opere pubbliche, da eseguirsi da amministrazioni statali o comunque insistenti su aree del demanio statale e opere pubbliche di interesse statale, da realizzarsi dagli enti istituzionalmente competenti, ovvero da concessionari di servizi pubblici, previo accertamento di conformità con le prescrizioni urbanistiche ed edilizie ai sensi del decreto del Presidente della Repubblica 18 aprile 1994, n. 383, e successive modificazioni;

c) opere pubbliche dei comuni deliberate dal consiglio comunale, ovvero dalla giunta comunale, assistite dalla validazione del progetto, ai sensi dell'articolo 47 del decreto del Presidente della Repubblica 21 dicembre 1999, n. 554.

8. Attività edilizia dei privati su aree demaniali. – 1. La realizzazione da parte di privati di interventi edilizi su aree demaniali è disciplinata dalle norme del presente testo unico.

9. Attività edilizia in assenza di pianificazione urbanistica. – 1. Salvi i più restrittivi limiti fissati dalle leggi regionali e nel rispetto delle norme previste dal decreto legislativo 29 ottobre 1999, n. 490, nei comuni sprovvisti di strumenti urbanistici sono consentiti:

a) gli interventi previsti dalle lettere a), b) e c) del primo comma dell'articolo 3 che riguardino singole unità immobiliari o parti di esse;

b) fuori dal perimetro dei centri abitati, gli interventi di nuova edificazione nel limite della densità massima fondiaria di 0,03 metri cubi per metro quadro; in caso di interventi a destinazione produttiva, la superficie coperta non può comunque superare un decimo dell'area di proprietà.

2. Nelle aree nelle quali non siano stati approvati gli strumenti urbanistici attuativi previsti dagli strumenti urbanistici generali come presupposto per l'edificazione, oltre agli interventi indicati al comma 1, lettera a), sono consentiti gli interventi di cui alla lettera d) del primo comma dell'articolo 3 del presente testo unico che riguardino singole unità immobiliari o parti di esse. Tali ultimi interventi sono consentiti anche se riguardino globalmente uno o più edifici e modifichino fino al 25 per cento delle destinazioni preesistenti, purché il titolare del permesso si impegni, con atto trascritto a favore del comune e a cura e spese dell'interessato, a praticare, limitatamente alla percentuale mantenuta ad uso residenziale, prezzi di vendita e canoni di locazione concordati con il comune ed a concorrere negli oneri di urbanizzazione di cui alla sezione II del capo II del presente titolo.

9 bis. Documentazione amministrativa e stato legittimo degli immobili (1). – 1. Ai fini della presentazione, del rilascio o della formazione dei titoli abilitativi previsti dal presente testo unico, le amministrazioni sono tenute ad acquisire d'ufficio i documenti, le informazioni e i dati, compresi quelli catastali, che siano in possesso delle pubbliche amministrazioni e non possono richiedere attestazioni, comunque denominate, o perizie sulla veridicità e sull'autenticità di tali documenti, informazioni e dati.

1-bis. Lo stato legittimo dell'immobile o dell'unità immobiliare è quello stabilito dal titolo abilitativo che ne ha previsto la costruzione o da quello che ha disciplinato l'ultimo intervento edilizio che ha interessato l'intero immobile o unità immobiliare, integrati con gli eventuali titoli successivi che hanno abilitato interventi parziali. Per gli immobili realizzati in un'epoca nella quale non era obbligatorio acquisire il titolo abilitativo edilizio, lo stato legittimo è quello desumibile dalle informazioni catastali di primo impianto ovvero da altri documenti probanti, quali le riprese fotografiche, gli estratti cartografici, i documenti d'archivio, o altro atto, pubblico o privato, di cui sia dimostrata la provenienza. Le disposizioni di cui al secondo periodo si applicano altresì nei casi in cui sussista un principio di prova del titolo abilitativo del quale, tuttavia, non sia disponibile copia (2).

(1) Articolo aggiunto dall'art. 13, co. 2, lett. b), d.l. 22/6/2012, n. 83, conv., con modif., dalla l. 7/8/2012, n. 134. (V. inoltre quanto disposto dal co. 2-bis del medesimo art. 13 del d.l. 22/6/2012, n. 83). Rubrica modificata dall'art. 10 del d.l. 16/7/2020, n. 76, conv., con modif., dalla l. 11/9/2020, n. 120 (in S.O. n. 33, relativo alla G.U. 14/9/2020, n. 228).

(2) Comma aggiunto dall'art. 10 del d.l. 16/7/2020, n. 76 conv., con modif., dalla l. 11/9/2020, n. 120 (in S.O. n. 33, relativo alla G.U. 14/9/2020, n. 228).

Capo II
Permesso di costruire

Sezione I
Nozione e caratteristiche

10. Interventi subordinati a permesso di costruire. – 1. Costituiscono interventi di trasformazione urbanistica ed edilizia del territorio e sono subordinati a permesso di costruire :

a) gli interventi di nuova costruzione;

b) gli interventi di ristrutturazione urbanistica;

c) gli interventi di ristrutturazione edilizia che portino ad un organismo edilizio in tutto o in parte diverso dal precedente, nei casi in cui comportino anche modifiche della volumetria complessiva degli edifici ovvero che, limitatamente agli immobili compresi nelle zone omogenee A, comportino mutamenti della destinazione d'uso, nonché degli interventi che comportino modificazioni della sagoma o della volumetria complessiva degli edifici o dei prospetti di immobili sottoposti a tutela ai sensi del Codice dei beni culturali e del paesaggio di cui al decreto legislativo 22 gennaio 2004, n. 42, e, inoltre, gli interventi di ristrutturazione edilizia che comportino la demolizione e ricostruzione di edifici situati in aree tutelate ai sensi degli articoli 136, comma 1, lettere c) e d), e 142 del codice di cui al decreto legislativo 22 gennaio 2004,

n. 42, o il ripristino di edifici, crollati o demoliti, situati nelle medesime aree, in entrambi i casi ove siano previste modifiche della sagoma o dei prospetti o del sedime o delle caratteristiche planivolumetriche e tipologiche dell'edificio preesistente oppure siano previsti incremenenti di volumetria (1).

2. Le regioni stabiliscono con legge quali mutamenti, connessi o non connessi a trasformazioni fisiche, dell'uso di immobili o di loro parti, sono subordinati a permesso di costruire o a segnalazione certificata di inizio attività (2).

3. Le regioni possono altresì individuare con legge ulteriori interventi che, in relazione all'incidenza sul territorio e sul carico urbanistico, sono sottoposti al preventivo rilascio del permesso di costruire. La violazione delle disposizioni regionali emanate ai sensi del presente comma non comporta l'applicazione delle sanzioni di cui all'articolo 44.

(1) Lettera integrata dall'art. 1, co. 1, lett. b), d.lg. 27/12/2002, n. 301 e successivamente modificata dall'art. 30, co. 1, lett. c), d.l. 21/6/2013, n. 69, conv., con modif., dalla l. 9/8/2013, n. 98 e dall'art. 17, co. 1, lett. d), d.l. 12/9/2014, n. 133, conv., con modif., dalla l. 11/11/2014, n. 164 poi sostituita dal d.l. 16/7/2020, n. 76 conv., con modif., dalla l. 11/9/2020, n. 120 (in S.O. n. 33, relativo alla G.U. 14/9/2020, n. 228). Da ultimo modificata dall'art. 14, co. 1-ter, del d.l. n. 50/2022, conv., con modif., dalla l. n. 91/2022.

(2) Comma modificato dall'art. 17, co. 2, lett. a), d.l. 12/9/2014, n. 133, conv., con modif., dalla l. 11/11/2014, n. 164.

11. Caratteristiche del permesso di costruire. – 1. Il permesso di costruire è rilasciato al proprietario dell'immobile o a chi abbia titolo per richiederlo.

2. Il permesso di costruire è trasferibile, insieme all'immobile, ai successori o aventi causa. Esso non incide sulla titolarità della proprietà o di altri diritti reali relativi agli immobili realizzati per effetto del suo rilascio. È irrevocabile ed è oneroso ai sensi dell'articolo 16.

3. Il rilascio del permesso di costruire non comporta limitazione dei diritti dei terzi.

12. Presupposti per il rilascio del permesso di costruire. – 1. Il permesso di costruire è rilasciato in conformità alle previsioni degli strumenti urbanistici, dei regolamenti edilizi e della disciplina urbanistico-edilizia vigente.

2. Il permesso di costruire è comunque subordinato alla esistenza delle opere di urbanizzazione primaria o alla previsione da parte del comune dell'attuazione delle stesse nel successivo triennio, ovvero all'impegno degli interessati di procedere all'attuazione delle medesime contemporaneamente alla realizzazione dell'intervento oggetto del permesso.

3. In caso di contrasto dell'intervento oggetto della domanda di permesso di costruire con le previsioni di strumenti urbanistici adottati, è sospesa ogni determinazione in ordine alla domanda. La misura di salvaguardia non ha efficacia decorsi tre anni dalla data di adozione dello strumento urbanistico, ovvero cinque anni nell'ipotesi in cui lo strumento urbanistico sia stato sottoposto all'amministrazione competente all'approvazione entro un anno dalla conclusione della fase di pubblicazione.

4. A richiesta del sindaco, e per lo stesso periodo, il presidente della giunta regionale, con provvedimento motivato da notificare all'interessato, può ordinare la sospensione di interventi di trasformazione urbanistica ed edilizia del territorio che siano tali da compromettere o rendere più onerosa l'attuazione degli strumenti urbanistici.

13. Competenza al rilascio del permesso di costruire. – 1. Il permesso di costruire è rilasciato dal dirigente o responsabile dello sportello unico nel rispetto delle leggi, dei regolamenti e degli strumenti urbanistici (1).

2. La regione disciplina l'esercizio dei poteri sostitutivi di cui all'articolo 21, comma 2, per il caso di mancato rilascio del permesso di costruire entro i termini stabiliti.

(1) Comma modificato dall'art. 13, co. 2, lett. c), d.l. 22/6/2012, n. 83, conv., con modif., dalla l. 7/8/2012, n. 134. V. inoltre quanto disposto dal co. 2-bis del medesimo art. 13, d.l. 22/6/2012, n. 83.

14. Permesso di costruire in deroga agli strumenti urbanistici. – 1. Il permesso di costruire in deroga agli strumenti urbanistici generali è rilasciato esclusivamente per edifici ed impianti pubblici o di interesse pubblico, previa deliberazione del consiglio comunale, nel rispetto comunque delle disposizioni contenute nel decreto legislativo 29 ottobre 1999, n. 490, e delle altre normative di settore aventi incidenza sulla disciplina dell'attività edilizia.

1-bis. Per gli interventi di ristrutturazione edilizia, la richiesta di permesso di costruire in deroga è ammessa previa deliberazione del consiglio comunale che ne attesta l'interesse pubblico limitatamente alle finalità di rigenerazione urbana, di contenimento del consumo del suolo e di recupero sociale e urbano dell'insediamento, fermo restando, nel caso di insediamenti commerciali, quanto disposto dall'articolo 31, comma 2, del decreto-legge 6 dicembre 2011, n. 201, convertito, con modificazioni, dalla legge 22 dicembre 2011, n. 214) (1).

2. Dell'avvio del procedimento viene data comunicazione agli interessati ai sensi dell'articolo 7 della legge 7 agosto 1990, n. 241.

3. La deroga, nel rispetto delle norme igieniche, sanitarie e di sicurezza, può riguardare esclusivamente i limiti di densità edilizia, di altezza e di distanza tra i fabbricati di cui alle norme di attuazione degli strumenti urbanistici generali ed esecutivi, nonché le destinazioni d'uso ammissibili, fermo restando in ogni caso il rispetto delle disposizioni di cui agli articoli 7, 8 e 9 del decreto ministeriale 2 aprile 1968, n. 1444 (2).

(1) Comma inserito dall'art. 17, co. 1, lett. e), n. 1, d.l. 12/9/2014, n. 133, conv., con modif., dalla l. 11/11/2014, n. 164, e successivamente modificato dall'art. 10 del d.l. 16/7/2020, n. 76, conv., con modif., dalla l. 11/9/2020, n. 120 (in S.O. n. 33, relativo alla G.U. 14/9/2020, n. 228).

(2) Comma modificato dall'art. 17, co. 1, lett. e), n. 2, d.l. 12/9/2014, n. 133, conv., con modif., dalla l. 11/11/2014, n. 164, e successivamente modificato dall'art. 10 del d.l. 16/7/2020, n. 76 conv., con modif., dalla l. 11/9/2020, n. 120 (in S.O. n. 33, relativo alla G.U. 14/9/2020, n. 228).

15. Efficacia temporale e decadenza del permesso di costruire. – 1. Nel permesso di costruire sono indicati i termini di inizio e di ultimazione dei lavori.

2. Salvo quanto previsto dal quarto periodo, il termine per l'inizio dei lavori non può essere superiore ad un anno dal rilascio del titolo; quello di ultimazione, entro il quale l'opera deve essere completata, non può superare tre anni dall'inizio dei lavori. Decorsi tali termini il permesso decade di diritto per la parte non eseguita, tranne che, anteriormente alla scadenza, venga richiesta una proroga. La proroga può essere accordata, con provvedimento motivato, per fatti sopravvenuti, estranei alla volontà del titolare del permesso, oppure in considerazione della mole dell'opera da realizzare, delle sue particolari caratteristiche tecnico-costruttive, o di difficoltà tecnico-esecutive emerse successivamente all'inizio dei lavori, ovvero quando si tratti di opere pubbliche il cui finanziamento sia previsto in più esercizi finanziari. Per gli interventi realizzati in forza di un titolo abilitativo rilasciato ai sensi dell'articolo 12 del decreto legislativo 29 dicembre 2003, n. 387, il termine per l'inizio dei lavori è fissato in tre anni dal rilascio del titolo (1).

2-bis. La proroga dei termini per l'inizio e l'ultimazione dei lavori è comunque accordata qualora i lavori non possano essere iniziati o conclusi per iniziative dell'amministrazione o dell'autorità giudiziaria rivelatesi poi infondate (2).

3. La realizzazione della parte dell'intervento non ultimata nel termine stabilito è subordinata al rilascio di nuovo permesso

per le opere ancora da eseguire, salvo che le stesse non rientrino tra quelle realizzabili mediante segnalazione certificata di inizio attività ai sensi dell'articolo 22. Si procede altresì, ove necessario, al ricalcolo del contributo di costruzione (3).

4. Il permesso decade con l'entrata in vigore di contrastanti previsioni urbanistiche, salvo che i lavori siano già iniziati e vengano completati entro il termine di tre anni dalla data di inizio.

(1) Comma così sostituito dall'art. 17, co. 1, lett. f), n. 1, d.l. 12/9/2014, n. 133, conv., con modif., dalla l. 11/11/2014, n. 164 e successivamente modificato dall'art. 7-bis, co. 1, d.l. n. 50/2022, conv., con modif., dalla l. n. 91/2022.

• L'art. 10-septies, co. 1, lett. a), del d.l. n. 21/2022, conv., con modif., dalla l. n. 51/2022 (misure a sostegno dell'edilizia privata) ha disposto che: «*1. In considerazione delle conseguenze derivanti dalle difficoltà di approvvigionamento dei materiali nonché dagli incrementi eccezionali dei loro prezzi, sono prorogati di un anno:*
a) i termini di inizio e di ultimazione dei lavori, di cui all'articolo 15 del testo unico delle disposizioni legislative e regolamentari in materia edilizia, di cui al decreto del Presidente della Repubblica 6 giugno 2001, n. 380, relativi ai permessi di costruire rilasciati o formatisi fino al 31 dicembre 2022, purché i suddetti termini non siano già decorsi al momento della comunicazione dell'nteressato di volersi avvalere della presente proroga e sempre che i titoli abilitativi non risultino in contrasto, al momento della comunicazione del soggetto medesimo, con nuovi strumenti urbanistici approvati nonché con piani o provvedimenti di tutela dei beni culturali o del paesaggio, ai sensi del codice di cui al decreto legislativo 22 gennaio 2004, n. 42. La disposizione di cui al periodo precedente si applica anche ai termini relativi alle segnalazioni certificate di inizio attività (SCIA), nonché delle autorizzazioni paesaggistiche e alle dichiarazioni e autorizzazioni ambientali comunque denominate. Le medesime disposizioni si applicano anche ai permessi di costruire e alle SCIA per i quali l'amministrazione competente abbia accordato una proroga ai sensi dell'articolo 15, comma 2, del testo unico di cui al decreto del Presidente della Repubblica 6 giugno 2001, n. 380, o ai sensi dell'articolo 10, comma 4, del decreto-legge 16 luglio 2020, n. 76, convertito, con modificazioni, dalla legge 11 settembre 2020, n. 120, e dell'articolo 103, comma 2, del decreto-legge 17 marzo 2020, n. 18, convertito, con modificazioni, dalla legge 24 aprile 2020, n. 27;
b) il termine di validità nonché i termini di inizio e fine lavori previsti dalle convenzioni di lottizzazione di cui all'articolo 28 della legge 17 agosto 1942, n. 1150, o dagli accordi similari comunque denominati dalla legislazione regionale, nonché i termini concernenti i relativi piani attuativi e qualunque altro atto ad essi propedeutico, formatisi fino al 31 dicembre 2022, purché non siano in contrasto con piani o provvedimenti di tutela dei beni culturali o del paesaggio, ai sensi del codice di cui al decretolegislativo n. 42 del 2004. La presente disposizione si applica anche ai diversi termini relativi alle convenzioni di lottizzazione di cui all'articolo 28 della legge 17 agosto 1942, n. 1150, o agli accordi similari comunque denominati dalla legislazione regionale, nonché ai relativi piani attuativi che hanno usufruito della proroga di cui all'articolo 30, comma 3-bis, del decreto-legge 21 giugno 2013, n. 69, convertito, con modificazioni, dalla legge 9 agosto 2013, n. 98, e della proroga di cui all'articolo 10, comma 4-bis, del citato decreto-legge n. 76 del 2020».

(2) Comma inserito dall'art. 17, co. 1, lett. f), n. 2, d.l. 12/9/2014, n. 133, conv., con modif., dalla l. 11/11/2014, n. 164.

(3) Comma modificato dall'art. 17, co. 2, d.l. 12/9/2014, n. 133, conv., con modif., dalla l. 11/11/2014, n. 164.

Sezione II
Contributo di costruzione

16. Contributo per il rilascio del permesso di costruire. – 1. Salvo quanto disposto dall'articolo 17, comma 3, il rilascio del permesso di costruire comporta la corresponsione di un contributo commisurato all'incidenza degli oneri di urbanizzazione nonché al costo di costruzione, secondo le modalità indicate nel presente articolo.

2. La quota di contributo relativa agli oneri di urbanizzazione è corrisposta al comune all'atto del rilascio del permesso di costruire e, su richiesta dell'interessato, può essere rateizzata. A scomputo totale o parziale della quota dovuta, il titolare del permesso può obbligarsi a realizzare direttamente le opere di urbanizzazione, nel rispetto dell'articolo 2, comma 5, della legge 11 febbraio 1994, n. 109, e successive modificazioni, con le modalità e le garanzie stabilite dal comune, con conseguente acquisizione delle opere realizzate al patrimonio indisponibile del comune (1).

2-bis. Nell'ambito degli strumenti attuativi e degli atti equivalenti comunque denominati nonché degli interventi in diretta attuazione dello strumento urbanistico generale, l'esecuzione diretta delle opere di urbanizzazione primaria di cui al comma 7, di importo inferiore alla soglia di cui all'articolo 28, comma 1, lettera c), del decreto legislativo 12 aprile 2006, n. 163, funzionali all'intervento di trasformazione urbanistica del territorio, è a carico del titolare del permesso di costruire e non trova applicazione il decreto legislativo 12 aprile 2006, n. 163 (2).

3. La quota di contributo relativa al costo di costruzione, determinata all'atto del rilascio, è corrisposta in corso d'opera, con le modalità e le garanzie stabilite dal comune, non oltre sessanta giorni dalla ultimazione della costruzione.

4. L'incidenza degli oneri di urbanizzazione primaria e secondaria è stabilita con deliberazione del consiglio comunale in base alle tabelle parametriche che la regione definisce per classi di comuni in relazione:

a) all'ampiezza ed all'andamento demografico dei comuni;

b) alle caratteristiche geografiche dei comuni;

c) alle destinazioni di zona previste negli strumenti urbanistici vigenti;

d) ai limiti e rapporti minimi inderogabili fissati in applicazione dall'articolo 41-quinquies, penultimo e ultimo comma, della legge 17 agosto 1942, n. 1150, e successive modifiche e integrazioni, nonché delle leggi regionali;

d-bis) alla differenziazione tra gli interventi al fine di incentivare, in modo particolare nelle aree a maggiore densità del costruito, quelli di ristrutturazione edilizia di cui all'articolo 3, comma 1, lettera d), anziché quelli di nuova costruzione (3);

d-ter) alla valutazione del maggior valore generato da interventi su aree o immobili in variante urbanistica, o in deroga. Tale maggior valore, calcolato dall'amministrazione comunale, è suddiviso in misura non inferiore al 50 per cento tra il comune e la parte privata ed è erogato da quest'ultima al comune stesso sotto forma di contributo straordinario, che attesta l'interesse pubblico, in versamento finanziario, vincolato a specifico centro di costo per la realizzazione di opere pubbliche e servizi da realizzare nel contesto in cui ricade l'intervento, cessione di aree o immobili da destinare a servizi di pubblica utilità, edilizia residenziale sociale od opere pubbliche (4).

4-bis. Con riferimento a quanto previsto dal secondo periodo della lettera d-ter) del comma 4, sono fatte salve le diverse disposizioni delle legislazioni regionali e degli strumenti urbanistici generali comunali (5).

5. Nel caso di mancata definizione delle tabelle parametriche da parte della regione e fino alla definizione delle tabelle stesse, i comuni provvedono, in via provvisoria, con deliberazione del consiglio comunale, secondo i parametri di cui al comma 4, fermo restando quanto previsto dal comma 4-bis (6).

6. Ogni cinque anni i comuni provvedono ad aggiornare gli oneri di urbanizzazione primaria e secondaria, in conformità alle relative disposizioni regionali, in relazione ai riscontri e prevedibili costi delle opere di urbanizzazione primaria, secondaria e generale.

7. Gli oneri di urbanizzazione primaria sono relativi ai seguenti interventi: strade residenziali, spazi di sosta o di par-

cheggio, fognature, rete idrica, rete di distribuzione dell'energia elettrica e del gas, pubblica illuminazione, spazi di verde attrezzato.

7-bis. Tra gli interventi di urbanizzazione primaria di cui al comma 7 rientrano i cavedi multiservizi e i cavidotti per il passaggio di reti di telecomunicazioni, salvo nelle aree individuate dai comuni sulla base dei criteri definiti dalle regioni (7).

8. Gli oneri di urbanizzazione secondaria sono relativi ai seguenti interventi: asili nido e scuole materne, scuole dell'obbligo nonché strutture e complessi per l'istruzione superiore all'obbligo, mercati di quartiere, delegazioni comunali, chiese e altri edifici religiosi, impianti sportivi di quartiere, aree verdi di quartiere, centri sociali e attrezzature culturali e sanitarie. Nelle attrezzature sanitarie sono ricomprese le opere, le costruzioni e gli impianti destinati allo smaltimento, al riciclaggio o alla distruzione dei rifiuti urbani, speciali, pericolosi, solidi e liquidi, alla bonifica di aree inquinate.

9. Il costo di costruzione per i nuovi edifici è determinato periodicamente dalle regioni con riferimento ai costi massimi ammissibili per l'edilizia agevolata, definiti dalle stesse regioni a norma della lettera g) del primo comma dell'articolo 4 della legge 5 agosto 1978, n. 457. Con lo stesso provvedimento le regioni identificano classi di edifici con caratteristiche superiori a quelle considerate nelle vigenti disposizioni di legge per l'edilizia agevolata, per le quali sono determinate maggiorazioni del detto costo di costruzione in misura non superiore al 50 per cento. Nei periodi intercorrenti tra le determinazioni regionali, ovvero in eventuale assenza di tali determinazioni, il costo di costruzione è adeguato annualmente, ed autonomamente, in ragione dell'intervenuta variazione dei costi di costruzione accertata dall'Istituto nazionale di statistica (ISTAT). Il contributo afferente al permesso di costruire comprende una quota di detto costo, variabile dal 5 per cento al 20 per cento, che viene determinata dalle regioni in funzione delle caratteristiche e delle tipologie delle costruzioni e della loro destinazione ed ubicazione.

10. Nel caso di interventi su edifici esistenti il costo di costruzione è determinato in relazione al costo degli interventi stessi, così come individuati dal comune in base ai progetti presentati per ottenere il permesso di costruire. Al fine di incentivare il recupero del patrimonio edilizio esistente, per gli interventi di ristrutturazione edilizia di cui all'articolo 3, comma 1, lettera d), i comuni hanno comunque la facoltà di deliberare che i costi di costruzione ad essi relativi siano inferiori ai valori determinati per le nuove costruzioni (8).

(1) Comma modificato dall'art. 1, co. 1, lett. c), d.lg. 27/12/2002, n. 301.

(2) Comma inserito dall'art. 45, co. 1, d.l. 6/12/2011, n. 201, conv. in l. 22/12/2012, n. 214 (c.d. *decreto salva Italia*).

(3) Lettera inserita dall'art. 17, co. 1, lett. g), n. 3, d.l. 12/9/2014, n. 133, conv., con modif., dalla l. 11/11/2014, n. 164.

(4) Lettera inserita dall'art. 17, co. 1, lett. g), n. 3, d.l. 12/9/2014, n. 133, conv., con modif., dalla l. 11/11/2014, n. 164. Da ultimo modificata dal d.l. 16/7/2020, n. 76 conv., con modif., dalla l. 11/9/2020, n. 120 (in S.O. n. 33, relativo alla G.U. 14/9/2020, n. 228).

(5) Comma inserito dall'art. 17, co. 1, lett. g), n. 3-bis, d.l. 12/9/2014, n. 133, conv., con modif., dalla l. 11/11/2014, n. 164.

(6) Comma modificato dall'art. 17, co. 1, lett. g), n. 4, d.l. 12/9/2014, n. 133, conv., con modif., dalla l. 11/11/2014, n. 164.

(7) Comma aggiunto dall'art. 40, co. 9, l. 1/8/2002, n. 166.

(8) Comma modificato dall'art. 17, co. 1, lett. g), n. 5, d.l. 12/9/2014, n. 133, conv., con modif., dalla l. 11/11/2014, n. 164.

17. Riduzione o esonero dal contributo di costruzione. – 1. Nei casi di edilizia abitativa convenzionata, relativa anche ad edifici esistenti, il contributo afferente al permesso di costruire è ridotto alla sola quota degli oneri di urbanizzazione qualora il titolare del permesso si impegni, a mezzo di una convenzione con il comune, ad applicare prezzi di vendita e canoni di locazione determinati ai sensi della convenzione-tipo prevista dall'articolo 18.

2. Il contributo per la realizzazione della prima abitazione è pari a quanto stabilito per la corrispondente edilizia residenziale pubblica, purché sussistano i requisiti indicati dalla normativa di settore.

3. Il contributo di costruzione non è dovuto:

a) per gli interventi da realizzare nelle zone agricole, ivi comprese le residenze, in funzione della conduzione del fondo e delle esigenze dell'imprenditore agricolo a titolo principale, ai sensi dell'articolo 12 della legge 9 maggio 1975, n. 153;

b) per gli interventi di ristrutturazione e di ampliamento, in misura non superiore al 20%, di edifici unifamiliari;

c) per gli impianti, le attrezzature, le opere pubbliche o di interesse generale realizzate dagli enti istituzionalmente competenti nonché per le opere di urbanizzazione, eseguite anche da privati, in attuazione di strumenti urbanistici;

d) per gli interventi da realizzare in attuazione di norme o di provvedimenti emanati a seguito di pubbliche calamità;

e) per i nuovi impianti, lavori, opere, modifiche, installazioni, relativi alle fonti rinnovabili di energia, alla conservazione, al risparmio e all'uso razionale dell'energia, nel rispetto delle norme urbanistiche, di tutela dell'assetto idrogeologico, artistico-storica e ambientale (1).

4. Per gli interventi da realizzare su immobili di proprietà dello Stato, nonché per gli interventi di manutenzione straordinaria di cui all'articolo 6, comma 2, lettera a), qualora comportanti aumento del carico urbanistico, il contributo di costruzione è commisurato alla incidenza delle sole opere di urbanizzazione, purché ne derivi un aumento della superficie calpestabile (2).

4-bis. Al fine di agevolare gli interventi di rigenerazione urbana, di decarbonizzazione, efficientamento energetico, messa in sicurezza sismica e contenimento del consumo di suolo, di ristrutturazione, nonché di recupero e riuso degli immobili dismessi o in via di dismissione, il contributo di costruzione è ridotto in misura non inferiore del 20 per cento rispetto a quello previsto dalle tabelle parametriche regionali. I comuni hanno la facoltà di deliberare ulteriori riduzioni del contributo di costruzione, fino alla completa esenzione dallo stesso (3).

(1) Lettera così modificata dall'art. 54, co. 2, lett. d), l. n. 221/2015.

(2) Comma modificato dall'art. 17, co. 1, lett. h), n. 1, d.l. 12/9/2014, n. 133, conv., con modif., dalla l. 11/11/2014, n. 164.

(3) Comma inserito dall'art. 17, co. 1, lett. h), n. 2, d.l. 12/9/2014, n. 133, conv., con modif., dalla l. 11/11/2014, n. 164, e successivamente sostituito dal d.l. 16/7/2020, n. 76 conv., con modif., dalla l. 11/9/2020, n. 120 (in S.O. n. 33, relativo alla G.U. 14/9/2020, n. 228).

18. Convenzione-tipo. – 1. Ai fini del rilascio del permesso di costruire relativo agli interventi di edilizia abitativa di cui all'articolo 17, comma 1, la regione approva una convenzione-tipo, con la quale sono stabiliti i criteri nonché i parametri, definiti con meccanismi tabellari per classi di comuni, ai quali debbono uniformarsi le convenzioni comunali nonché gli atti di obbligo in ordine essenzialmente a:

a) l'indicazione delle caratteristiche tipologiche e costruttive degli alloggi;

b) la determinazione dei prezzi di cessione degli alloggi, sulla base del costo delle aree, così come definito dal comma successivo, della costruzione e delle opere di urbanizzazione, nonché delle spese generali, comprese quelle per la progettazione e degli oneri di preammortamento e di finanziamento;

c) la determinazione dei canoni di locazione in percentuale del valore desunto dai prezzi fissati per la cessione degli alloggi;

d) la durata di validità della convenzione non superiore a 30 e non inferiore a 20 anni.

2. La regione stabilisce criteri e parametri per la determinazione del costo delle aree, in misura tale che la sua incidenza non superi il 20 per cento del costo di costruzione come definito ai sensi dell'articolo 16.

3. Il titolare del permesso può chiedere che il costo delle aree, ai fini della convenzione, sia determinato in misura pari al valore definito in occasione di trasferimenti di proprietà avvenuti nel quinquennio anteriore alla data della convenzione.

4. I prezzi di cessione ed i canoni di locazione determinati nelle convenzioni ai sensi del primo comma sono suscettibili di periodiche variazioni, con frequenza non inferiore al biennio, in relazione agli indici ufficiali ISTAT dei costi di costruzione intervenuti dopo la stipula delle convenzioni medesime.

5. Ogni pattuizione stipulata in violazione dei prezzi di cessione e dei canoni di locazione è nulla per la parte eccedente.

19. Contributo di costruzione per opere o impianti non destinati alla residenza. – 1. Il permesso di costruire relativo a costruzioni o impianti destinati ad attività industriali o artigianali dirette alla trasformazione di beni ed alla prestazione di servizi comporta la corresponsione di un contributo pari alla incidenza delle opere di urbanizzazione, di quelle necessarie al trattamento e allo smaltimento dei rifiuti solidi, liquidi e gassosi e di quelle necessarie alla sistemazione dei luoghi ove ne siano alterate le caratteristiche. La incidenza di tali opere è stabilita con deliberazione del consiglio comunale in base a parametri che la regione definisce con i criteri di cui al comma 4, lettere a) e b) dell'articolo 16, nonché in relazione ai tipi di attività produttiva.

2. Il permesso di costruire relativo a costruzioni o impianti destinati ad attività turistiche, commerciali e direzionali o allo svolgimento di servizi comporta la corresponsione di un contributo pari all'incidenza delle opere di urbanizzazione, determinata ai sensi dell'articolo 16, nonché una quota non superiore al 10 per cento del costo documentato di costruzione da stabilirsi, in relazione ai diversi tipi di attività, con deliberazione del consiglio comunale.

3. Qualora la destinazione d'uso delle opere indicate nei commi precedenti, nonché di quelle nelle zone agricole previste dall'articolo 17, venga comunque modificata nei dieci anni successivi all'ultimazione dei lavori, il contributo di costruzione è dovuto nella misura massima corrispondente alla nuova destinazione, determinata con riferimento al momento dell'intervenuta variazione.

Sezione III
Procedimento

20. Procedimento per il rilascio del permesso di costruire (1). – 1. La domanda per il rilascio del permesso di costruire, sottoscritta da uno dei soggetti legittimati ai sensi dell'articolo 11, va presentata allo sportello unico corredata da un'attestazione concernente il titolo di legittimazione, dagli elaborati progettuali richiesti [dal regolamento edilizio], e quando ne ricorrano i presupposti, dagli altri documenti previsti dalla parte II. La domanda è accompagnata da una dichiarazione del progettista abilitato che asseveri la conformità del progetto agli strumenti urbanistici approvati ed adottati, ai regolamenti edilizi vigenti, e alle altre normative di settore aventi incidenza sulla disciplina dell'attività edilizia e, in particolare, alle norme antisismiche, di sicurezza, antincendio, igienico-sanitarie [nel caso in cui la verifica in ordine a tale conformità non comporti valutazioni tecnico-discrezionali], alle norme relative all'efficienza energetica (2).

1-bis. Con decreto del Ministro della salute, da adottarsi, previa intesa in Conferenza unificata, entro 90 giorni dall'entrata in vigore della presente disposizione, sono definiti i requisiti igienico-sanitari di carattere prestazionale degli edifici (3).

2. Lo sportello unico comunica entro dieci giorni al richiedente il nominativo del responsabile del procedimento ai sensi degli articoli 4 e 5 della legge 7 agosto 1990, n. 241, e successive modificazioni. L'esame delle domande si svolge secondo l'ordine cronologico di presentazione.

3. Entro sessanta giorni dalla presentazione della domanda, il responsabile del procedimento cura l'istruttoria e formula una proposta di provvedimento, corredata da una dettagliata relazione, con la qualificazione tecnico-giuridica dell'intervento richiesto. Qualora sia necessario acquisire ulteriori atti di assenso, comunque denominati, resi da amministrazioni diverse, si procede ai sensi degli articoli 14 e seguenti della legge 7 agosto 1990, n. 241 (4).

4. Il responsabile del procedimento, qualora ritenga che ai fini del rilascio del permesso di costruire sia necessario apportare modifiche di modesta entità rispetto al progetto originario, può, nello stesso termine di cui al comma 3, richiedere tali modifiche, illustrandone le ragioni. L'interessato si pronuncia sulla richiesta di modifica entro il termine fissato e, in caso di adesione, è tenuto ad integrare la documentazione nei successivi quindici giorni. La richiesta di cui al presente comma sospende, fino al relativo esito, il decorso del termine di cui al comma 3.

5. Il termine di cui al comma 3 può essere interrotto una sola volta dal responsabile del procedimento, entro trenta giorni dalla presentazione della domanda, esclusivamente per la motivata richiesta di documenti che integrino o completino la documentazione presentata e che non siano già nella disponibilità dell'amministrazione o che questa non possa acquisire autonomamente. In tal caso, il termine ricomincia a decorrere dalla data di ricezione della documentazione integrativa.

*5-bis. Se entro il termine di cui al comma 3 non sono intervenute le intese, i concerti, i nulla osta o gli assensi, comunque denominati, delle altre amministrazioni pubbliche, o è intervenuto il dissenso di una o più amministrazioni interpellate, qualora tale dissenso non risulti fondato sull'assoluta incompatibilità dell'intervento, il responsabile dello sportello unico indice la conferenza di servizi ai sensi degli articoli 14 e seguenti della legge 7 agosto 1990, n. 241, e successive modificazioni. Le amministrazioni che esprimono parere positivo possono non intervenire alla conferenza di servizi e trasmettere i relativi atti di assenso, dei quali si tiene conto ai fini dell'individuazione delle posizioni prevalenti per l'adozione della determinazione motivata di conclusione del procedimento, di cui all'articolo 14-ter, comma 6-bis, della citata legge n. 241 del 1990, e successive modificazioni.**

6. Il provvedimento finale, che lo sportello unico provvede a notificare all'interessato, è adottato dal dirigente o dal responsabile dell'ufficio, entro il termine di trenta giorni dalla proposta di cui al comma 3. Qualora sia indetta la conferenza di servizi di cui al medesimo comma, la determinazione motivata di conclusione del procedimento, assunta nei termini di cui agli articoli 14 e seguenti della legge 7 agosto 1990, n. 241, e successive modificazioni, è, ad ogni effetto, titolo per la realizzazione dell'intervento. Il termine di cui al primo periodo è fissato in quaranta giorni con la medesima decorrenza qualora il dirigente o il responsabile del procedimento abbia comunicato all'istante i motivi che ostano all'accoglimento della domanda, ai sensi dell'articolo 10-bis della citata legge n. 241 del 1990, e successive modificazioni. Dell'avvenuto rilascio del permesso di costruire è data notizia al pubblico mediante affissione all'albo pretorio. Gli estremi del permesso di costruire sono indicati nel cartello esposto presso il can-

tiere, secondo le modalità stabilite dal regolamento edilizio (5).

7. I termini di cui ai commi 3 e 5 sono raddoppiati nei soli casi di progetti particolarmente complessi secondo la motivata risoluzione del responsabile del procedimento (6).

8. (L) Decorso inutilmente il termine per l'adozione del provvedimento conclusivo, ove il dirigente o il responsabile dell'ufficio non abbia opposto motivato diniego, sulla domanda di permesso di costruire si intende formato il silenzio-assenso, fatti salvi i casi in cui sussistano vincoli relativi all'assetto idrogeologico, ambientali, paesaggistici o culturali, per i quali si applicano le disposizioni di cui agli articoli 14 e seguenti della legge 7 agosto 1990, n. 241. Fermi restando gli effetti comunque prodotti dal silenzio, lo sportello unico per l'edilizia rilascia anche in via telematica, entro quindici giorni dalla richiesta dell'interessato, un'attestazione circa il decorso dei termini del procedimento, in assenza di richieste di integrazione documentale o istruttorie inevase e di provvedimenti di diniego; altrimenti, nello stesso termine, comunica all'interessato che tali atti sono intervenuti (7).

*9. (L) Qualora l'immobile oggetto dell'intervento sia sottoposto a vincoli di assetto idrogeologico, ambientali, paesaggistici o culturali, il termine di cui al comma 6 decorre dal rilascio del relativo atto di assenso, il procedimento è concluso con l'adozione di un provvedimento espresso e si applica quanto previsto dall'articolo 2 della legge 7 agosto 1990, n. 241, e successive modificazioni. In caso di diniego dell'atto di assenso, eventualmente acquisito in conferenza di servizi, decorso il termine per l'adozione del provvedimento finale, la domanda di rilascio del permesso di costruire si intende respinta. Il responsabile del procedimento trasmette al richiedente il provvedimento di diniego dell'atto di assenso entro cinque giorni dalla data in cui è acquisito agli atti, con le indicazioni di cui all'articolo 3, comma 4, della legge 7 agosto 1990, n. 241. Per gli immobili sottoposti a vincolo paesaggistico, resta fermo quanto previsto dall'articolo 146, comma 9, del codice di cui al decreto legislativo 22 gennaio 2004, n. 42, e successive modificazioni.***

*10. Qualora l'immobile oggetto dell'intervento sia sottoposto ad un vincolo la cui tutela non compete all'amministrazione comunale, il competente ufficio comunale acquisisce il relativo assenso nell'ambito della conferenza di servizi di cui al comma 5-bis. In caso di esito non favorevole, sulla domanda di permesso di costruire si intende formato il silenzio-rifiuto.****

11. Il termine per il rilascio del permesso di costruire per gli interventi di cui all'articolo 22, comma 7, è di settantacinque giorni dalla data di presentazione della domanda.

12. Fermo restando quanto previsto dalla vigente normativa in relazione agli adempimenti di competenza delle amministrazioni statali coinvolte, sono fatte salve le disposizioni contenute nelle leggi regionali che prevedano misure di ulteriore semplificazione e ulteriori riduzioni di termini procedimentali.

13. Ove il fatto non costituisca più grave reato, chiunque, nelle dichiarazioni o attestazioni o asseverazioni di cui al comma 1, dichiara o attesta falsamente l'esistenza dei requisiti o dei presupposti di cui al medesimo comma è punito con la reclusione da uno a tre anni. In tali casi, il responsabile del procedimento informa il competente ordine professionale per l'irrogazione delle sanzioni disciplinari.

(1) Articolo sostituito dall'art. 5, co. 2, lett. a), n. 3), d.l. 13/5/2011, n. 70. Nella versione precedente la sostituzione il co. 10-bis era stato inserito dall'art. 1 del d.lg. 27/12/2002, n. 301.

(2) Comma modificato dall'art. 13, co. 2, lett. d), n. 1), d.l. 22/6/2012, n. 83. Vedi inoltre quanto disposto dal co. 2-bis del medesimo art. 13 del d.l. n. 83/2012. Successivamente modificato dall'art. 3, co. 1, lett. d), n. 1), d.lg. 25/11/2016, n. 222.

(3) Comma aggiunto dall'art. 3, co. 1, lett. d), n. 2), d.lg. 25/11/2016, n. 222.

(4) Comma modificato dall'art. 13, co. 2, lett. d), n. 2), d.l. 22/6/2012, n. 83. Vedi inoltre quanto disposto dal co. 2-bis del medesimo art. 13 del d.l. n. 83/2012. Comma successivamente modificato dall'art. 2, co. 1, lett. b), n. 1) lett. a) e b) d.lg. 30/6/2016 n. 127. Per l'applicazione vedi l'art. 7, co. 1 del medesimo decreto.

* Comma inserito dall'art. 13, co. 2, lett. d), n. 3), d.l. 22/6/2012, n. 83. Vedi inoltre quanto disposto dal co. 2-bis del medesimo art. 13 del d.l. n. 83/2012. Comma successivamente abrogato dall'art. 2, co. 1, lett. b), n. 2) d.lg. 30/6/2016, n. 127. Per l'applicazione vedi l'art. 7, co. 1 del medesimo decreto.

(5) Comma sostituito dall'art. 13, co. 2, lett. d), n. 4), d.l. 22/6/2012, n. 83. Vedi inoltre quanto disposto dal co. 2-bis del medesimo art. 13 del d.l. n. 83/2012. Comma successivamente modificato dall'art. 2, co. 1, lett. b), n. 3), d.lg. 30/6/2016, n. 127. Per l'applicazione vedi l'art. 7, co. 1 del medesimo decreto.

(6) Comma sostituito dall'art. 17, co. 1, lett. i), d.l. 12/9/2014, n. 133, conv., con modif., dalla l. 11/11/2014 n. 164; per l'applicazione della presente disposizione vedi il co. 2-ter del medesimo art. 17.

(7) Comma sostituito dall'art. 30, co. 1, lett. d), n. 1), d.l. 21/6/2013, n. 69, conv., con modif., dalla l. 9/8/2013, n. 98 e, successivamente, dall'art. 54, co. 1, lett. e), l. 28/12/2015, n. 221. Comma successivamente modificato dall'art. 2, co. 1, lett. b), n. 4), d.lg. 30/6/2016, n. 127 e da ultimo dall'art. 10 del d.l. 16/7/2020, n. 76 conv., con modif., dalla l. 11/9/2020, n. 120 (in S.O. n. 33, relativo alla G.U. 14/9/2020, n. 228).

** Comma sostituito dall'art. 30, co. 1, lett. d), n. 2), d.l. 21/6/2013, n. 69, conv., con modif., dalla l. 9/8/2013, n. 98 e, successivamente, dall'art. 54, co. 1, lett. e), l. 28/12/2015, n. 221. Comma da ultimo abrogato dall'art. 2, co. 1, lett. b), n. 5), d.lg. 30/6/2016, n. 127. Per l'applicazione vedi l'art. 7, co. 1 del medesimo decreto.

*** Comma sostituito dall'art. 13, co. 2, lett. d), n. 5), d.l. 22/6/2012, n. 83. Vedi inoltre quanto disposto dal co. 2-bis del medesimo art. 13 del d.l. n. 83/2012. Da ultimo, comma abrogato dall'art. 30, co. 1, lett. d), n. 3), d.l. 21/6/2013, n. 69, conv., con modif., dalla l. 9/8/2013, n. 98.

21. Intervento sostitutivo regionale (1). – 1. Le regioni, con proprie leggi, determinano forme e modalità per l'eventuale esercizio del potere sostitutivo nei confronti dell'ufficio dell'amministrazione comunale competente per il rilascio del permesso di costruire.

(1) Articolo così sostituito dall'art. 5, co. 2, lett. a), n. 4, d.l. 13/5/2011, n. 70, conv., con modif., dalla l. 12/7/2011, n. 106.

Capo III
Segnalazione certificata di inizio attività e denuncia di inizio attività (1)

(1) Rubrica sostituita dall'art. 17, co. 1, lett. l), d.l. 12/9/2014, n. 133, conv., con modif., dalla l. 11/11/2014, n. 164.

22. Interventi subordinati a segnalazione certificata di inizio attività (1). – 1. Sono realizzabili mediante la segnalazione certificata di inizio di attività di cui all'articolo 19 della legge 7 agosto 1990, n. 241, nonché in conformità alle previsioni degli strumenti urbanistici, dei regolamenti edilizi e della disciplina urbanistico-edilizia vigente:

a) gli interventi di manutenzione straordinaria di cui all'articolo 3, comma 1, lettera b), qualora riguardino le parti strutturali dell'edificio o i prospetti (2);

b) gli interventi di restauro e di risanamento conservativo di cui all'articolo 3, comma 1, lettera c), qualora riguardino le parti strutturali dell'edificio;

c) gli interventi di ristrutturazione edilizia di cui all'articolo 3, comma 1, lettera d), diversi da quelli indicati nell'articolo 10, comma 1, lettera c (3).

2. Sono, altresì, realizzabili mediante segnalazioni certificate di inizio attività le varianti a permessi di costruire che non incidono sui parametri urbanistici e sulle volumetrie, che non modificano la destinazione d'uso e la categoria edilizia, non alterano la sagoma dell'edificio qualora sottoposto a vincolo ai sensi del decreto legislativo 22 gennaio 2004, n. 42 e successive modificazioni, e non violano le eventuali prescrizioni contenute nel permesso di costruire. Ai fini dell'attività di vigilanza urbanistica ed edilizia, nonché ai fini dell'agibilità tali segnalazioni certificate di inizio attività costituiscono parte integrante del procedimento relativo al permesso di costruzione dell'intervento principale e possono essere presentate prima della dichiarazione di ultimazione dei lavori (4).

2-bis. Sono realizzabili mediante segnalazione certificata d'inizio attività e comunicate a fine lavori con attestazione del professionista, le varianti a permessi di costruire che non configurano una variazione essenziale, a condizione che siano conformi alle prescrizioni urbanistico-edilizie e siano attuate dopo l'acquisizione degli eventuali atti di assenso prescritti dalla normativa sui vincoli paesaggistici, idrogeologici, ambientali, di tutela del patrimonio storico, artistico ed archeologico e dalle altre normative di settore (5).

*3. In alternativa al permesso di costruire, possono essere realizzati mediante denuncia di inizio attività: a) gli interventi di ristrutturazione di cui all'articolo 10, comma 1, lettera c); b) gli interventi di nuova costruzione o di ristrutturazione urbanistica qualora siano disciplinati da piani attuativi comunque denominati, ivi compresi gli accordi negoziali aventi valore di piano attuativo, che contengano precise disposizioni plano-volumetriche, tipologiche, formali e costruttive, la cui sussistenza sia stata esplicitamente dichiarata dal competente organo comunale in sede di approvazione degli stessi piani o di ricognizione di quelli vigenti; qualora i piani attuativi risultino approvati anteriormente all'entrata in vigore della legge 21 dicembre 2001, n. 443, il relativo atto di ricognizione deve avvenire entro trenta giorni dalla richiesta degli interessati; in mancanza si prescinde dall'atto di ricognizione, purché il progetto di costruzione venga accompagnato da apposita relazione tecnica nella quale venga asseverata l'esistenza di piani attuativi con le caratteristiche sopra menzionate; c) gli interventi di nuova costruzione qualora siano in diretta esecuzione di strumenti urbanistici generali recanti precise disposizioni plano-volumetriche.**

4. Le regioni a statuto ordinario con legge possono ampliare o ridurre l'ambito applicativo delle disposizioni di cui ai commi precedenti. Restano, comunque, ferme le sanzioni penali previste all'articolo 44.

*5. Gli interventi di cui al comma 3 sono soggetti al contributo di costruzione ai sensi dell'articolo 16. Le regioni possono individuare con legge gli altri interventi soggetti a denuncia di inizio attività, diversi da quelli di cui al comma 3, assoggettati al contributo di costruzione definendo criteri e parametri per la relativa determinazione.**

6. La realizzazione degli interventi di cui al presente Capo che riguardino immobili sottoposti a tutela storico-artistica, paesaggistico-ambientale o dell'assetto idrogeologico, è subordinata al preventivo rilascio del parere o dell'autorizzazione richiesti dalle relative previsioni normative. Nell'ambito delle norme di tutela rientrano, in particolare, le disposizioni di cui al decreto legislativo 29 ottobre 1999, n. 490 (6).

7. È comunque salva la facoltà dell'interessato di chiedere il rilascio di permesso di costruire per la realizzazione degli interventi di cui al presente Capo, senza obbligo del pagamento del contributo di costruzione di cui all'articolo 16, salvo quanto previsto dall'ultimo periodo del comma 1 dell'articolo 23. In questo caso la violazione della disciplina urbanistico-edilizia non comporta l'applicazione delle sanzioni di cui all'articolo 44 ed è soggetta all'applicazione delle sanzioni di cui all'articolo 37 (7).

(1) Articolo sostituito dall'art. 1 del d.lg. 27/12/2002, n. 301.

• Rubrica sostituita dall'art. 3, co. 1, lett. f), n. 1), d.lg. 25/11/2016, n. 222.

(2) Lettera modificata dall'art. 10 del d.l. 16/7/2020, n. 76 conv., con modif., dalla l. 11/9/2020, n. 120 (in S.O. n. 33, relativo alla G.U. 14/9/2020, n. 228).

(3) Comma modificato dall'art. 17, co. 1, lett. m), n. 1), d.l. 12/9/2014, n. 133, conv., con modif., dalla l. 11/11/2014, n. 164 e successivamente sostituito dall'art. 3, co. 1, lett. f), n. 2), d.lg. 25/11/2016, n. 222.

(4) Comma modificato dall'art. 30, co. 1, lett. e), d.l. 21/6/2013, n. 69, conv., con modif., dalla l. 9/8/2013, n. 98 e successivamente dall'art. 17, co. 1, lett. m), n. 1), d.l. 12/9/2014, n. 133, conv., con modif., dalla l. 11/11/2014 n. 164 e dall'art. 3, co. 1, lett. f), n. 3), d.lg. 25/11/2016, n. 222.

(5) Comma inserito dall'art. 17, co. 1, lett. m), n. 2), d.l. 12/9/2014, n. 133, conv., con modif., dalla l. 11/11/2014 n. 164.

* Comma abrogato dall'art. 3, co. 1, lett. f), n. 4), d.lg. 25/11/2016, n. 222.

(6) Comma modificato dall'art. 54, co. 1, lett. f), l. 28/12/2015, n. 221 e successivamente dall'art. 3, co. 1, lett. f), n. 5), d.lg. 25/11/2016, n. 222.

(7) Comma modificato dall'art. 3, co. 1, lett. f), n. 6), d.lg. 25/11/2016, n. 222.

23. Interventi subordinati a segnalazione certificata di inizio di attività in alternativa al permesso di costruire (1). – 01. In alternativa al permesso di costruire, possono essere realizzati mediante segnalazione certificata di inizio di attività:

a) gli interventi di ristrutturazione di cui all'articolo 10, comma 1, lettera c);

b) gli interventi di nuova costruzione o di ristrutturazione urbanistica qualora siano disciplinati da piani attuativi comunque denominati, ivi compresi gli accordi negoziali aventi valore di piano attuativo, che contengano precise disposizioni plano-volumetriche, tipologiche, formali e costruttive, la cui sussistenza sia stata esplicitamente dichiarata dal competente organo comunale in sede di approvazione degli stessi piani o di ricognizione di quelli vigenti; qualora i piani attuativi risultino approvati anteriormente all'entrata in vigore della legge 21 dicembre 2001, n. 443, il relativo atto di ricognizione deve avvenire entro trenta giorni dalla richiesta degli interessati; in mancanza si prescinde dall'atto di ricognizione, purché il progetto di costruzione venga accompagnato da apposita relazione tecnica nella quale venga asseverata l'esistenza di piani attuativi con le caratteristiche sopra menzionate;

c) gli interventi di nuova costruzione qualora siano in diretta esecuzione di strumenti urbanistici generali recanti precise disposizioni plano-volumetriche.

Gli interventi di cui alle lettere precedenti sono soggetti al contributo di costruzione ai sensi dell'articolo 16. Le regioni possono individuare con legge gli altri interventi soggetti a segnalazione certificata di inizio attività diversi da quelli di cui alle lettere precedenti, assoggettati al contributo di costruzione definendo criteri e parametri per la relativa determinazione (2).

1. Il proprietario dell'immobile o chi abbia titolo per presentare la segnalazione certificata di inizio attività almeno trenta giorni prima dell'effettivo inizio dei lavori, presenta allo sportello unico la segnalazione, accompagnata da una dettagliata relazione a firma di un progettista abilitato e dagli opportuni elaborati progettuali, che asseveri la conformità delle opere da realizzare agli strumenti urbanistici approvati e non in contrasto con quelli adottati ed ai regolamenti edilizi vigenti, nonché il rispetto delle norme di sicurezza e di quelle igienico-sanitarie (3).

1-bis. Nei casi in cui la normativa vigente prevede l'acquisizione di atti o pareri di organi o enti appositi, ovvero l'esecuzione di verifiche preventive, con la sola esclusione dei casi in cui sussistano vincoli relativi all'assetto idrogeologico, ambientali, paesaggistici o culturali e degli atti rilasciati dalle amministrazioni preposte alla difesa nazionale, alla pubblica sicurezza, all'immigrazione, all'asilo, alla cittadinanza, all'amministrazione della giustizia, all'amministrazione delle finanze, ivi compresi gli atti concernenti le reti di acquisizione del gettito, anche derivante dal gioco, nonché di quelli previsti dalla normativa per le costruzioni in zone sismiche e di quelli imposti dalla normativa comunitaria, essi sono comunque sostituiti dalle autocertificazioni, attestazioni e asseverazioni o certificazioni di tecnici abilitati relative alla sussistenza dei requisiti e dei presupposti previsti dalla legge, dagli strumenti urbanistici approvati o adottati e dai regolamenti edilizi, da produrre a corredo della documentazione di cui al comma 1, salve le verifiche successive degli organi e delle amministrazioni competenti (4).

1-ter. La denuncia, corredata delle dichiarazioni, attestazioni e asseverazioni nonché dei relativi elaborati tecnici, può essere presentata mediante posta raccomandata con avviso di ricevimento, ad eccezione dei procedimenti per cui è previsto l'utilizzo esclusivo della modalità telematica; in tal caso la denuncia si considera presentata al momento della ricezione da parte dell'amministrazione.

Con regolamento, emanato ai sensi dell'articolo 17, comma 2, della legge 23 agosto 1988, n. 400, e successive modificazioni, su proposta del Ministro delle infrastrutture e dei trasporti, di concerto con il Ministro per la pubblica amministrazione e la semplificazione, previa intesa in sede di Conferenza unificata di cui all'articolo 8 del decreto legislativo 28 agosto 1997, n. 281, e successive modificazioni, si procede all'individuazione dei criteri e delle modalità per l'utilizzo esclusivo degli strumenti telematici ai fini della presentazione della denuncia (5).

2. La segnalazione certificata di inizio attività è corredata dall'indicazione dell'impresa cui si intende affidare i lavori ed è sottoposta al termine massimo di efficacia pari a tre anni. La realizzazione della parte non ultimata dell'intervento è subordinata a nuova segnalazione. L'interessato è comunque tenuto a comunicare allo sportello unico la data di ultimazione dei lavori (6).

3. Nel caso dei vincoli e delle materie oggetto dell'esclusione di cui al comma 1-bis, qualora l'immobile oggetto dell'intervento sia sottoposto ad un vincolo la cui tutela compete, anche in via di delega, alla stessa amministrazione comunale, il termine di trenta giorni di cui al comma 1 decorre dal rilascio del relativo atto di assenso. Ove tale atto non sia favorevole, la denuncia è priva di effetti (7).

4. Nel caso dei vincoli e delle materie oggetto dell'esclusione di cui al comma 1-bis, qualora l'immobile oggetto dell'intervento sia sottoposto ad un vincolo la cui tutela non compete all'amministrazione comunale, ove il parere favorevole del soggetto preposto alla tutela non sia allegato alla segnalazione, il competente ufficio comunale convoca una conferenza di servizi ai sensi degli articoli 14, 14-bis, 14-ter, 14-quater, della legge 7 agosto 1990, n. 241. Il termine di trenta giorni di cui al comma 1 decorre dall'esito della conferenza. In caso di esito non favorevole, la segnalazione è priva di effetti (8).

5. La sussistenza del titolo è provata con la copia della segnalazione certificata di inizio attività da cui risulti la data di ricevimento della segnalazione, l'elenco di quanto presentato a corredo del progetto, l'attestazione del professionista abilitato, nonché gli atti di assenso eventualmente necessari (6).

6. Il dirigente o il responsabile del competente ufficio comunale, ove entro il termine indicato al comma 1 sia riscontrata l'assenza di una o più delle condizioni stabilite, notifica all'interessato l'ordine motivato di non effettuare il previsto intervento e, in caso di falsa attestazione del professionista abilitato, informa l'autorità giudiziaria e il consiglio dell'ordine di appartenenza. È comunque salva la facoltà di ripresentare la denuncia di inizio attività, con le modifiche o le integrazioni necessarie per renderla conforme alla normativa urbanistica ed edilizia.

7. Ultimato l'intervento, il progettista o un tecnico abilitato rilascia un certificato di collaudo finale, che va presentato allo sportello unico, con il quale si attesta la conformità dell'opera al progetto presentato con la segnalazione certificata di inizio attività. Contestualmente presenta ricevuta dell'avvenuta presentazione della variazione catastale conseguente alle opere realizzate ovvero dichiarazione che le stesse non hanno comportato modificazioni del classamento. In assenza di tale documentazione si applica la sanzione di cui all'articolo 37, comma 5 (9).

(1) Articolo sostituito dall'art. 1 del d.lg. 27/12/2002, n. 301.

• Rubrica sostituita dall'art. 3, co. 1, lett. g), n. 1), d.lg. 25/11/2016, n. 222.

(2) Comma premesso dall'art. 3, co. 1, lett. g), n. 2), d.lg. 25/11/2016, n. 222.

(3) Comma modificato dall'art. 3, co. 1, lett. g), n. 3), d.lg. 25/11/2016, n. 222.

(4) Comma inserito dall'art. 13, co. 2, lett. e), n. 1), d.l. 22/6/2012, n. 83. Vedi inoltre quanto disposto dal co. 2-bis del medesimo art. 13 del d.l. n. 83/2012. Successivamente modificato dall'art. 54, co. 1, lett. g), l. 28/12/2015, n. 221.

(5) Comma inserito dall'art. 13, co. 2, lett. e), n. 1), d.l. 22/6/2012, n. 83. Vedi inoltre quanto disposto dal co. 2-bis del medesimo art. 13 del d.l. n. 83/2012. Comma successivamente modificato dall'art. 2, co. 1, d.lg. 22/1/2016, n. 10.

(6) Comma modificato dall'art. 3, co. 1, lett. g), n. 3), d.lg. 25/11/2016, n. 222.

(7) Comma modificato dall'art. 13, co. 2, lett. e), n. 2), d.l. 22/6/2012, n. 83. Vedi inoltre quanto disposto dal co. 2-bis del medesimo art. 13 del d.l. n. 83/2012.

(8) Comma modificato dall'art. 13, co. 2, lett. e), n. 3), d.l. 22/6/2012, n. 83. Vedi inoltre quanto disposto dal co. 2-bis del medesimo art. 13 del d.l. n. 83/2012. Successivamente modificato dall'art. 3, co. 1, lett. g), n. 3), d.lg. 25/11/2016, n. 222.

(9) Comma modificato dall'art. 1, co. 558, l. 30/12/2004, n. 311 e successivamente dall'art. 3, co. 1, lett. g), n. 3), d.lg. 25/11/2016, n. 222.

23 bis. Autorizzazioni preliminari alla segnalazione certificata di inizio attività e alla comunicazione dell'inizio dei lavori (1). – 1. Nei casi in cui si applica la disciplina della segnalazione certificata di inizio attività di cui all'articolo 19 della legge 7 agosto 1990, n. 241, prima della presentazione della segnalazione, l'interessato può richiedere allo sportello unico di provvedere all'acquisizione di tutti gli atti di assenso, comunque denominati, necessari per l'intervento edilizio, o presentare istanza di acquisizione dei medesimi atti di assenso contestualmente alla segnalazione. Lo sportello unico comunica tempestivamente all'interessato l'avvenuta acquisizione degli atti di assenso. Se tali atti non vengono acquisiti entro il termine di cui all'articolo 20, comma 3, si applica quanto previsto dal comma 5-bis del medesimo articolo.

2. In caso di presentazione contestuale della segnalazione certificata di inizio attività e dell'istanza di acquisizione di tutti gli atti di assenso, comunque denominati, necessari per l'intervento edilizio, l'interessato può dare inizio ai lavori solo dopo la comunicazione da parte dello sportello unico dell'avvenuta acquisizione dei medesimi atti di assenso o dell'esito positivo della conferenza di servizi.

3. Le disposizioni di cui ai commi 1 e 2, si applicano anche alla comunicazione dell'inizio dei lavori di cui all'articolo 6-

bis, qualora siano necessari atti di assenso, comunque denominati, per la realizzazione dell'intervento edilizio (2).

4. All'interno delle zone omogenee A) di cui al decreto del Ministro dei lavori pubblici 2 aprile 1968, n. 1444, e in quelle equipollenti secondo l'eventuale diversa denominazione adottata dalle leggi regionali, i comuni devono individuare con propria deliberazione, da adottare entro il 30 giugno 2014, le aree nelle quali non è applicabile la segnalazione certificata di inizio attività per interventi di demolizione e ricostruzione, o per varianti a permessi di costruire, comportanti modifiche della sagoma. Senza nuovi o maggiori oneri a carico della finanza pubblica, decorso tale termine e in mancanza di intervento sostitutivo della regione ai sensi della normativa vigente, la deliberazione di cui al primo periodo è adottata da un Commissario nominato dal Ministro delle infrastrutture e dei trasporti. Nelle restanti aree interne alle zone omogenee A) e a quelle equipollenti di cui al primo periodo, gli interventi cui è applicabile la segnalazione certificata di inizio attività non possono in ogni caso avere inizio prima che siano decorsi trenta giorni dalla data di presentazione della segnalazione. Nelle more dell'adozione della deliberazione di cui al primo periodo e comunque in sua assenza, non trova applicazione per le predette zone omogenee A) la segnalazione certificata di inizio attività con modifica della sagoma.

(1) Articolo inserito dall'art. 30, co. 1, lett. f), d.l. 21/6/2013, n. 69, conv., con modif., dalla l. 9/8/2013, n. 98.

(2) Comma modificato dall'art. 3, co. 1, lett. h), d.lg. 25/11/2016, n. 222.

23 ter. Mutamento d'uso urbanisticamente rilevante (1). – 1. Salva diversa previsione da parte delle leggi regionali, costituisce mutamento rilevante della destinazione d'uso ogni forma di utilizzo dell'immobile o della singola unità immobiliare diversa da quella originaria, ancorché non accompagnata dall'esecuzione di opere edilizie, purché tale da comportare l'assegnazione dell'immobile o dell'unità immobiliare considerati ad una diversa categoria funzionale tra quelle sotto elencate:

a) residenziale;
a-bis) turistico-ricettiva;
b) produttiva e direzionale;
c) commerciale;
d) rurale.

2. La destinazione d'uso dell'immobile o dell'unità immobiliare è quella stabilita dalla documentazione di cui all'articolo 9-bis, comma 1-bis (2).

3. Le regioni adeguano la propria legislazione ai principi di cui al presente articolo entro novanta giorni dalla data della sua entrata in vigore. Decorso tale termine, trovano applicazione diretta le disposizioni del presente articolo. Salva diversa previsione da parte delle leggi regionali e degli strumenti urbanistici comunali, il mutamento della destinazione d'uso all'interno della stessa categoria funzionale è sempre consentito.

(1) Articolo inserito dall'art. 17, co. 1, lett. n), d.l. 12/9/2014, n. 133, conv., con modif., dalla l. 11/11/2014 n. 164.

(2) Comma modificato dall'art. 10 del d.l. 16/7/2020, n. 76 conv., con modif., dalla l. 11/9/2020, n. 120 (in S.O. n. 33, relativo alla G.U. 14/9/2020, n. 228).

TITOLO III
AGIBILITÀ DEGLI EDIFICI

Capo I
Certificato di agibilità

24. Agibilità (1). – 1. La sussistenza delle condizioni di sicurezza, igiene, salubrità, risparmio energetico degli edifici e degli impianti negli stessi installati e, ove previsto, di rispetto degli obblighi di infrastrutturazione digitale, valutate secondo quanto dispone la normativa vigente, nonché la conformità dell'opera al progetto presentato e la sua agibilità sono attestati mediante segnalazione certificata (2).

2. Ai fini dell'agibilità, entro quindici giorni dall'ultimazione dei lavori di finitura dell'intervento, il soggetto titolare del permesso di costruire, o il soggetto che ha presentato la segnalazione certificata di inizio di attività, o i loro successori o aventi causa, presenta allo sportello unico per l'edilizia la segnalazione certificata, per i seguenti interventi:

a) nuove costruzioni;
b) ricostruzioni o sopraelevazioni, totali o parziali;
c) interventi sugli edifici esistenti che possano influire sulle condizioni di cui al comma 1.

3. La mancata presentazione della segnalazione, nei casi indicati al comma 2, comporta l'applicazione della sanzione amministrativa pecuniaria da euro 77 a euro 464.

4. Ai fini dell'agibilità, la segnalazione certificata può riguardare anche:

a) singoli edifici o singole porzioni della costruzione, purché funzionalmente autonomi, qualora siano state realizzate e collaudate le opere di urbanizzazione primaria relative all'intero intervento edilizio e siano state completate e collaudate le parti strutturali connesse, nonché collaudati e certificati gli impianti relativi alle parti comuni;

b) singole unità immobiliari, purché siano completate e collaudate le opere strutturali connesse, siano certificati gli impianti e siano completate le parti comuni e le opere di urbanizzazione primaria dichiarate funzionali rispetto all'edificio oggetto di agibilità parziale.

5. La segnalazione certificata di cui ai commi da 1 a 4 è corredata dalla seguente documentazione:

a) attestazione del direttore dei lavori o, qualora non nominato, di un professionista abilitato che assevera la sussistenza delle condizioni di cui al comma 1;

b) certificato di collaudo statico di cui all'articolo 67 ovvero, per gli interventi di cui al comma 8-bis del medesimo articolo, dichiarazione di regolare esecuzione resa dal direttore dei lavori;

c) dichiarazione di conformità delle opere realizzate alla normativa vigente in materia di accessibilità e superamento delle barriere architettoniche di cui all'articolo 77, nonché all'articolo 82;

d) gli estremi dell'avvenuta dichiarazione di aggiornamento catastale;

e) dichiarazione dell'impresa installatrice, che attesta la conformità degli impianti installati negli edifici alle condizioni di sicurezza, igiene, salubrità, risparmio energetico prescritte dalla disciplina vigente ovvero, ove previsto, certificato di collaudo degli stessi;

e-bis) attestazione di 'edificio predisposto alla banda ultralanga', rilasciata da un tecnico abilitato per gli impianti di cui all'art. 1, comma 2, lettera b), del decreto del Ministro dello sviluppo economico 22 gennaio 2008, n. 37, e secondo quanto previsto dalle Guide CEI 306-2, CEI 306-22 e 64-100/1, 2 e 3 (3).

6. L'utilizzo delle costruzioni di cui ai commi 2 e 4 può essere iniziato dalla data di presentazione allo sportello unico della segnalazione corredata della documentazione di cui al comma 5. Si applica l'articolo 19, commi 3 e 6-bis, della legge 7 agosto 1990, n. 241.

7. Le Regioni, le Province autonome, i Comuni e le Città metropolitane, nell'ambito delle proprie competenze, disciplinano le modalità di effettuazione dei controlli, anche a campione e comprensivi dell'ispezione delle opere realizzate.

7-bis. La segnalazione certificata può altresì essere presentata, in assenza di lavori, per gli immobili legittimamente realizzati privi di agibilità che presentano i requisiti definiti con decreto del Ministro delle infrastrutture e dei trasporti, di concerto con il Ministro della salute, con il Ministro per i beni e le attività culturali e per il turismo e con il Ministro per la pubblica amministrazione, da adottarsi, previa intesa in Conferenza unificata di cui all'articolo 8 del decreto legislativo 28 agosto 1997, n. 281, entro novanta giorni dalla data di entrata in vigore della presente disposizione (4).

(1) Articolo modificato dall'art. 30, co. 1, lett. g), d.l. 21/6/2013, n. 69, conv., con modif., dalla l. 9/8/2013, n. 98, successivamente dall'art. 17, co. 1, lett. o), d.l. 12/9/2014, n. 133, conv., con modif., dalla l. 11/11/2014 n. 164, e da ultimo sostituito dall'art. 3, co. 1, lett. i), d.lg. 25/11/2016, n. 222.

(2) Comma così modificato dall'art. 4, co. 1, lett. a), d.l. 8/11/2021, n. 207.

(3) Lettera aggiunta dall'art. 4, co. 1, lett. b), d.l. 8/11/2021, n. 207.

(4) Comma aggiunto dall'art. 10, co. 2, lett. n), d.l. 16/7/2020, n. 7 conv., con modif., dalla l. 11/9/2020, n. 120 (in S.O. n. 33, relativo alla G.U. 14/9/2020, n. 228).

25. Procedimento di rilascio del certificato di agibilità.* – *1. Entro quindici giorni dall'ultimazione dei lavori di finitura dell'intervento, il soggetto di cui all'articolo 24, comma 3, è tenuto a presentare allo sportello unico la domanda di rilascio del certificato di agibilità, corredata della seguente documentazione: a) richiesta di accatastamento dell'edificio, sottoscritta dallo stesso richiedente il certificato di agibilità, che lo sportello unico provvede a trasmettere al catasto; b) dichiarazione sottoscritta dallo stesso richiedente il certificato di agibilità di conformità dell'opera rispetto al progetto approvato, nonché in ordine alla avvenuta prosciugatura dei muri e della salubrità degli ambienti; c) dichiarazione dell'impresa installatrice che attesta la conformità degli impianti installati negli edifici adibiti ad uso civile alle prescrizioni di cui agli articoli 113 e 127, nonché all'articolo 1 della legge 9 gennaio 1991, n. 10, ovvero certificato di collaudo degli stessi, ove previsto, ovvero ancora certificazione di conformità degli impianti prevista dagli articoli 111 e 126 del presente testo unico. 2. Lo sportello unico comunica al richiedente, entro dieci giorni dalla ricezione della domanda di cui al comma 1, il nominativo del responsabile del procedimento ai sensi degli articoli 4 e 5 della legge 7 agosto 1990, n. 241. 3. Entro trenta giorni dalla ricezione della domanda di cui al comma 1, il dirigente o il responsabile del competente ufficio comunale, previa eventuale ispezione dell'edificio, rilascia il certificato di agibilità verificata la seguente documentazione: a) certificato di collaudo statico di cui all'articolo 67; b) certificato del competente ufficio tecnico della regione, di cui all'articolo 62, attestante la conformità delle opere eseguite nelle zone sismiche alle disposizioni di cui al capo IV della parte II; c) la documentazione indicata al comma 1; d) dichiarazione di conformità delle opere realizzate alla normativa vigente in materia di accessibilità e superamento delle barriere architettoniche di cui all'articolo 77, nonché all'articolo 82. 4. Trascorso inutilmente il termine di cui al comma 3, l'agibilità si intende attestata nel caso sia stato rilasciato il parere dell'A.S.L. di cui all'articolo 5, comma 3, lettera a) In caso di autodichiarazione, il termine per la formazione del silenzio assenso è di sessanta giorni* (1). *5. Il termine di cui al comma 3 può essere interrotto una sola volta dal responsabile del procedimento, entro quindici giorni dalla domanda, esclusivamente per la richiesta di documentazione integrativa, che non sia già nella disponibilità dell'amministrazione o che non possa essere acquisita autonomamente. In tal caso, il termine di trenta giorni ricomincia a decorrere dalla data di ricezione della documentazione integrativa* (2). *5-bis. Ove l'interessato non proponga domanda ai sensi del comma 1, fermo restando l'obbligo di presentazione della documentazione di cui al comma 3, lettere a), b) e d), del presente articolo e all'articolo 5, comma 3, lettera a), presenta la dichiarazione del direttore dei lavori o, qualora non nominato, di un professionista abilitato, con la quale si attesta la conformità dell'opera al progetto presentato e la sua agibilità, corredata dalla seguente documentazione: a) richiesta di accatastamento dell'edificio che lo sportello unico provvede a trasmettere al catasto; b) dichiarazione dell'impresa installatrice che attesta la conformità degli impianti installati negli edifici alle condizioni di sicurezza, igiene, salubrità, risparmio energetico valutate secondo la normativa vigente* (2). *5-ter. Le Regioni a statuto ordinario disciplinano con legge le modalità [per l'attuazione delle disposizioni di cui al comma 5-bis e] per l'effettuazione dei controlli* (3).

* Articolo abrogato dall'art. 3, co. 1, lett. j), d.lg. 25/11/2016, n. 222.

(1) Così rettificato in G.U. 13/11/2001, n. 264.

(2) Comma aggiunto dall'art. 30, co. 1, lett. h), d.l. 21/6/2013, n. 69, conv., con modif., dalla l. 9/8/2013, n. 98.

(3) Comma aggiunto dall'art. 30, co. 1, lett. h), d.l. 21/6/2013, n. 69, conv., con modif., dalla l. 9/8/2013, n. 98 e successivamente modificato dall'art. 17, co. 1, lett. p), d.l. 12/9/2014, n. 133, conv., con modif., dalla l. 11/11/2014 n. 164.

26. Dichiarazione di inagibilità. – 1. La presentazione della segnalazione certificata di agibilità non impedisce l'esercizio del potere di dichiarazione di inagibilità di un edificio o di parte di esso ai sensi dell'articolo 222 del regio decreto 27 luglio 1934, n. 1265 (1).

(1) Comma modificato dall'art. 3, co. 1, lett. k), d.lg. 25/11/2016, n. 222.

TITOLO IV
VIGILANZA SULL'ATTIVITÀ URBANISTICO-EDILIZIA, RESPONSABILITÀ E SANZIONI

Capo I
Vigilanza sull'attività urbanistico-edilizia e responsabilità

27. Vigilanza sull'attività urbanistico-edilizia. – 1. Il dirigente o il responsabile del competente ufficio comunale esercita, anche secondo le modalità stabilite dallo statuto o dai regolamenti dell'ente, la vigilanza sull'attività urbanistico-edilizia nel territorio comunale per assicurarne la rispondenza alle norme di legge e di regolamento, alle prescrizioni degli strumenti urbanistici ed alle modalità esecutive fissate nei titoli abilitativi.

2. Il dirigente o il responsabile, quando accerti l'inizio o l'esecuzione di opere eseguite senza titolo su aree assoggettate, da leggi statali, regionali o da altre norme urbanistiche vigenti o adottate, a vincolo di inedificabilità, o destinate ad opere e spazi pubblici ovvero ad interventi di edilizia residenziale pubblica di cui alla legge 18 aprile 1962, n. 167, e successive modificazioni ed integrazioni, nonché in tutti i casi di difformità dalle norme urbanistiche e alle prescrizioni degli strumenti urbanistici, provvede alla demolizione e al ripristino dello stato dei luoghi. Qualora si tratti di aree assoggettate alla tutela di cui al regio decreto 30 dicembre 1923, n. 3267, o appartenenti ai beni disciplinati dalla legge 16 giugno 1927, n. 1766, nonché delle aree di cui al decreto legislativo 29 ottobre 1999, n. 490, il dirigente provvede alla demolizione ed al ripristino dello stato dei luoghi, previa comunicazione alle amministrazioni competenti le quali possono eventualmente intervenire, ai fini della demolizione, anche di propria iniziativa. Per le opere abusivamente realizzate su immobili dichiarati monumento nazionale con provvedimenti

aventi forza di legge o dichiarati di interesse particolarmente importante ai sensi degli articoli 6 e 7 del decreto legislativo. 29 ottobre 1999, n. 490, o su beni di interesse archeologico, nonché per le opere abusivamente realizzate su immobili soggetti a vincolo o di inedificabilità assoluta in applicazione delle disposizioni del titolo II del decreto legislativo. 29 ottobre 1999, n. 490, il Soprintendente, su richiesta della regione, del comune o delle altre autorità preposte alla tutela, ovvero decorso il termine di 180 giorni dall'accertamento dell'illecito, procede alla demolizione, anche avvalendosi delle modalità operative di cui ai commi 55 e 56 dell'articolo 2 della legge 23 dicembre 1996, n. 662 (1).

3. Ferma rimanendo l'ipotesi prevista dal precedente comma 2, qualora sia constatata, dai competenti uffici comunali d'ufficio o su denuncia dei cittadini, l'inosservanza delle norme, prescrizioni e modalità di cui al comma 1, il dirigente o il responsabile dell'ufficio, ordina l'immediata sospensione dei lavori, che ha effetto fino all'adozione dei provvedimenti definitivi di cui ai successivi articoli, da adottare e notificare entro quarantacinque giorni dall'ordine di sospensione dei lavori. Entro i successivi quindici giorni dalla notifica il dirigente o il responsabile dell'ufficio, su ordinanza del sindaco, può procedere al sequestro del cantiere (2).

4. Gli ufficiali ed agenti di polizia giudiziaria, ove nei luoghi in cui vengono realizzate le opere non sia esibito il permesso di costruire, ovvero non sia apposto il prescritto cartello, ovvero in tutti gli altri casi di presunta violazione urbanistico-edilizia, ne danno immediata comunicazione all'autorità giudiziaria, al competente organo regionale e al dirigente del competente ufficio comunale, il quale verifica entro trenta giorni la regolarità delle opere e dispone gli atti conseguenti.

(1) Comma integrato dall'art. 32 del d.l. 30/9/2003, n. 269.

• V. art. 32 del d.l. 30/9/2003, n. 269.

(2) Comma modificato dall'art. 2, co. 341, l. 24/12/2007, n. 244 (finanziaria 2008).

28. Vigilanza su opere di amministrazioni statali – 1. Per le opere eseguite da amministrazioni statali, qualora ricorrano le ipotesi di cui all'articolo 27, il dirigente o il responsabile del competente ufficio comunale informa immediatamente la regione e il Ministero delle infrastrutture e dei trasporti, al quale compete, d'intesa con il presidente della giunta regionale, la adozione dei provvedimenti previsti dal richiamato articolo 27 (1).

(1) Così rettificato in G.U. 13/11/2001, n. 264.

28 bis. Permesso di costruire convenzionato (1). – 1. Qualora le esigenze di urbanizzazione possano essere soddisfatte con una modalità semplificata, è possibile il rilascio di un permesso di costruire convenzionato [10].

2. La convenzione, approvata con delibera del consiglio comunale, salva diversa previsione regionale, specifica gli obblighi, funzionali al soddisfacimento di un interesse pubblico, che il soggetto attuatore si assume ai fini di poter conseguire il rilascio del titolo edilizio, il quale resta la fonte di regolamento degli interessi.

3. Sono, in particolare, soggetti alla stipula di convenzione:

a) la cessione di aree anche al fine dell'utilizzo di diritti edificatori [2643 CC.];

b) la realizzazione di opere di urbanizzazione fermo restando quanto previsto dall'articolo 32, comma 1, lettera g), del decreto legislativo 12 aprile 2006, n. 163;

c) le caratteristiche morfologiche degli interventi;

d) la realizzazione di interventi di edilizia residenziale sociale.

4. La convenzione può prevedere modalità di attuazione per stralci funzionali, cui si collegano gli oneri e le opere di urbanizzazione da eseguire e le relative garanzie.

5. Il termine di validità del permesso di costruire convenzionato può essere modulato in relazione agli stralci funzionali previsti dalla convenzione.

6. Il procedimento di formazione del permesso di costruire convenzionato è quello previsto dal Capo II del Titolo II della presente parte. Alla convenzione si applica altresì la disciplina dell'articolo 11 della legge 7 agosto 1990, n. 241.

(1) Articolo inserito dall'art. 17, co. 1, lett. q), d.l. 12/9/2014, n. 133, conv., con modif., dalla l. 11/11/2014, n. 164.

29. Responsabilità del titolare del permesso di costruire, del committente, del costruttore e del direttore dei lavori, nonché anche del progettista per le opere subordinate a segnalazione certificata di inizio attività (1). – 1. Il titolare del permesso di costruire, il committente e il costruttore sono responsabili, ai fini e per gli effetti delle norme contenute nel presente capo, della conformità delle opere alla normativa urbanistica, alle previsioni di piano nonché, unitamente al direttore dei lavori, a quelle del permesso e alle modalità esecutive stabilite dal medesimo. Essi sono, altresì, tenuti al pagamento delle sanzioni pecuniarie e solidalmente alle spese per l'esecuzione in danno, in caso di demolizione delle opere abusivamente realizzate, salvo che dimostrino di non essere responsabili dell'abuso.

2. Il direttore dei lavori non è responsabile qualora abbia contestato agli altri soggetti la violazione delle prescrizioni del permesso di costruire, con esclusione delle varianti in corso d'opera, fornendo al dirigente o responsabile del competente ufficio comunale contemporanea e motivata comunicazione della violazione stessa. Nei casi di totale difformità o di variazione essenziale rispetto al permesso di costruire, il direttore dei lavori deve inoltre rinunziare all'incarico contestualmente alla comunicazione resa al dirigente. In caso contrario il dirigente segnala al consiglio dell'ordine professionale di appartenenza la violazione in cui è incorso il direttore dei lavori, che è passibile di sospensione dall'albo professionale da tre mesi a due anni.

3. Per le opere realizzate dietro presentazione di segnalazione certificata di inizio attività, il progettista assume la qualità di persona esercente un servizio di pubblica necessità ai sensi degli articoli 359 e 481 del codice penale. In caso di dichiarazioni non veritiere nella relazione di cui all'articolo 23, comma 1, l'amministrazione ne dà comunicazione al competente ordine professionale per l'irrogazione delle sanzioni disciplinari (2).

(1) Rubrica modificata dall'art. 17, co. 2, lett. a), d.l. 12/9/2014, n. 133, conv., con modif., dalla l. 11/11/2014, n. 164.

(2) Comma modificato dall'art. 17, co. 2, lett. a), d.l. 12/9/2014, n. 133, conv., con modif., dalla l. 11/11/2014, n. 164.

Capo II
Sanzioni

30. Lottizzazione abusiva. – 1. Si ha lottizzazione abusiva di terreni a scopo edificatorio quando vengono iniziate opere che comportino trasformazione urbanistica od edilizia dei terreni stessi in violazione delle prescrizioni degli strumenti urbanistici, vigenti o adottati, o comunque stabilite dalle leggi statali o regionali o senza la prescritta autorizzazione; nonché quando tale trasformazione venga predisposta attraverso il frazionamento e la vendita, o atti equivalenti, del terreno in lotti che, per le loro caratteristiche quali la dimensione in relazione alla natura del terreno e alla sua destinazione secondo gli strumenti urbanistici, il numero, l'ubicazione o la eventuale previsione di opere di urbanizzazione ed in rapporto ad elementi riferiti agli acquirenti, denuncino in modo non equivoco la destinazione a scopo edificatorio.

2. Gli atti tra vivi, sia in forma pubblica sia in forma privata, aventi ad oggetto trasferimento o costituzione o scioglimento della comunione di diritti reali relativi a terreni sono nulli e non possono essere stipulati né trascritti nei pubblici registri immobiliari ove agli atti stessi non sia allegato il certificato di destinazione urbanistica contenente le prescrizioni urbanistiche riguardanti l'area interessata. Le disposizioni di cui al presente comma non si applicano quando i terreni costituiscano pertinenze di edifici censiti nel nuovo catasto edilizio urbano, purché la superficie complessiva dell'area di pertinenza medesima sia inferiore a 5.000 metri quadrati.

3. Il certificato di destinazione urbanistica deve essere rilasciato dal dirigente o responsabile del competente ufficio comunale entro il termine perentorio di trenta giorni dalla presentazione della relativa domanda. Esso conserva validità per un anno dalla data di rilascio se, per dichiarazione dell'alienante o di uno dei condividenti, non siano intervenute modificazioni degli strumenti urbanistici.

4. In caso di mancato rilascio del suddetto certificato nel termine previsto, esso può essere sostituito da una dichiarazione dell'alienante o di uno dei condividenti attestante l'avvenuta presentazione della domanda, nonché la destinazione urbanistica dei terreni secondo gli strumenti urbanistici vigenti o adottati, ovvero l'inesistenza di questi ovvero la prescrizione, da parte dello strumento urbanistico generale approvato, di strumenti attuativi.

4 bis. Gli atti di cui al comma 2, ai quali non siano stati allegati certificati di destinazione urbanistica, o che non contengano la dichiarazione di cui al comma 3, possono essere confermati o integrati anche da una sola delle parti o dai suoi aventi causa, mediante atto pubblico o autenticato, al quale sia allegato un certificato contenente le prescrizioni urbanistiche riguardanti le aree interessate al giorno in cui è stato stipulato l'atto da confermare o contenente la dichiarazione omessa [CC. 1418^3, 1423] (1).

5. I frazionamenti catastali dei terreni non possono essere approvati dall'agenzia del territorio se non è allegata copia del tipo dal quale risulti, per attestazione degli uffici comunali, che il tipo medesimo è stato depositato presso il comune.

*6. I pubblici ufficiali che ricevono o autenticano atti aventi per oggetto il trasferimento, anche senza frazionamento catastale, di appezzamenti di terreno di superficie inferiore a diecimila metri quadrati devono trasmettere, entro trenta giorni dalla data di registrazione, copia dell'atto da loro ricevuto o autenticato al dirigente o responsabile del competente ufficio del comune ove è sito l'immobile.**

7. Nel caso in cui il dirigente o il responsabile del competente ufficio comunale accerti l'effettuazione di lottizzazione di terreni a scopo edificatorio senza la prescritta autorizzazione, con ordinanza da notificare ai proprietari delle aree ed agli altri soggetti indicati nel comma 1 dell'articolo 29, ne dispone la sospensione. Il provvedimento comporta l'immediata interruzione delle opere in corso ed il divieto di disporre dei suoli e delle opere stesse con atti tra vivi, e deve essere trascritto a tal fine nei registri immobiliari.

8. Trascorsi novanta giorni, ove non intervenga la revoca del provvedimento di cui al comma 7, le aree lottizzate sono acquisite di diritto al patrimonio disponibile del comune il cui dirigente o responsabile del competente ufficio deve provvedere alla demolizione delle opere. In caso di inerzia si applicano le disposizioni concernenti i poteri sostitutivi di cui all'articolo 31, comma 8.

9. Gli atti aventi per oggetto lotti di terreno, per i quali sia stato emesso il provvedimento previsto dal comma 7, sono nulli e non possono essere stipulati, né in forma pubblica né in forma privata, dopo la trascrizione di cui allo stesso comma e prima della sua eventuale cancellazione o della sopravvenuta inefficacia del provvedimento del dirigente o del responsabile del competente ufficio comunale.

10. Le disposizioni di cui sopra si applicano agli atti stipulati ed ai frazionamenti presentati ai competenti uffici del catasto dopo il 17 marzo 1985, e non si applicano comunque alle divisioni ereditarie, alle donazioni fra coniugi e fra parenti in linea retta ed ai testamenti, nonché agli atti costitutivi, modificativi od estintivi di diritti reali di garanzia e di servitù.

(1) Comma aggiunto dall'art. 12 della l. 28/11/2005, n. 246.

* Comma corretto in G.U. 13/11/2001, n. 264 e abrogato dall'art. 1 del d.P.R. 9/11/2005, n. 304.

31. Interventi eseguiti in assenza di permesso di costruire, in totale difformità o con variazioni essenziali. – 1. Sono interventi eseguiti in totale difformità dal permesso di costruire quelli che comportano la realizzazione di un organismo edilizio integralmente diverso per caratteristiche tipologiche, planovolumetriche o di utilizzazione da quello oggetto del permesso stesso, ovvero l'esecuzione di volumi edilizi oltre i limiti indicati nel progetto e tali da costituire un organismo edilizio o parte di esso con specifica rilevanza ed autonomamente utilizzabile.

2. Il dirigente o il responsabile del competente ufficio comunale, accertata l'esecuzione di interventi in assenza di permesso, in totale difformità dal medesimo, ovvero con variazioni essenziali, determinate ai sensi dell'articolo 32, ingiunge al proprietario e al responsabile dell'abuso la rimozione o la demolizione, indicando nel provvedimento l'area che viene acquisita di diritto, ai sensi del comma 3.

3. Se il responsabile dell'abuso non provvede alla demolizione e al ripristino dello stato dei luoghi nel termine di novanta giorni dall'ingiunzione, il bene e l'area di sedime, nonché quella necessaria, secondo le vigenti prescrizioni urbanistiche, alla realizzazione di opere analoghe a quelle abusive sono acquisiti di diritto gratuitamente al patrimonio del comune. L'area acquisita non può comunque essere superiore a dieci volte la complessiva superficie utile abusivamente costruita.

4. L'accertamento dell'inottemperanza alla ingiunzione a demolire, nel termine di cui al comma 3, previa notifica all'interessato, costituisce titolo per l'immissione nel possesso e per la trascrizione nei registri immobiliari, che deve essere eseguita gratuitamente.

4 bis. L'autorità competente, constatata l'inottemperanza, irroga una sanzione amministrativa pecuniaria di importo compreso tra 2.000 euro e 20.000 euro, salva l'applicazione di altre misure e sanzioni previste da norme vigenti. La sanzione, in caso di abusi realizzati sulle aree e sugli edifici di cui al comma 2 dell'articolo 27, ivi comprese le aree soggette a rischio idrogeologico elevato o molto elevato, è sempre irrogata nella misura massima. La mancata o tardiva emanazione del provvedimento sanzionatorio, fatte salve le responsabilità penali, costituisce elemento di valutazione della performance individuale nonché di responsabilità disciplinare e amministrativo-contabile del dirigente e del funzionario inadempiente (1).

4 ter. I proventi delle sanzioni di cui al comma 4-bis spettano al comune e sono destinati esclusivamente alla demolizione e rimessione in pristino delle opere abusive e all'acquisizione e attrezzatura di aree destinate a verde pubblico (1).

4 quater. Ferme restando le competenze delle regioni a statuto speciale e delle province autonome di Trento e di Bolzano, le regioni a statuto ordinario possono aumentare l'importo delle sanzioni amministrative pecuniarie previste dal comma 4-bis e stabilire che siano periodicamente reiterabili qualora permanga l'inottemperanza all'ordine di demolizione (1).

5. L'opera acquisita è demolita con ordinanza del dirigente o del responsabile del competente ufficio comunale a spese dei responsabili dell'abuso, salvo che con deliberazione consiliare non si dichiari l'esistenza di prevalenti interessi pubblici e

sempre che l'opera non contrasti con rilevanti interessi urbanistici o ambientali, o di rispetto dell'assetto idrogeologico (2).

6. Per gli interventi abusivamente eseguiti su terreni sottoposti, in base a leggi statali o regionali, a vincolo di inedificabilità, l'acquisizione gratuita, nel caso di inottemperanza all'ingiunzione di demolizione, si verifica di diritto a favore delle amministrazioni cui compete la vigilanza sull'osservanza del vincolo. Tali amministrazioni provvedono alla demolizione delle opere abusive ed al ripristino dello stato dei luoghi a spese dei responsabili dell'abuso. Nella ipotesi di concorso dei vincoli, l'acquisizione si verifica a favore del patrimonio del comune.

7. Il segretario comunale redige e pubblica mensilmente, mediante affissione nell'albo comunale, i dati relativi agli immobili e alle opere realizzati abusivamente, oggetto dei rapporti degli ufficiali ed agenti di polizia giudiziaria e delle relative ordinanze di sospensione e trasmette i dati anzidetti all'autorità giudiziaria competente, al presidente della giunta regionale e, tramite l'ufficio territoriale del governo, al Ministro delle infrastrutture e dei trasporti.

8. In caso d'inerzia, protrattasi per quindici giorni dalla data di constatazione della inosservanza delle disposizioni di cui al comma 1 dell'articolo 27, ovvero protrattasi oltre il termine stabilito dal comma 3 del medesimo articolo 27, il competente organo regionale, nei successivi trenta giorni, adotta i provvedimenti eventualmente necessari dandone contestuale comunicazione alla competente autorità giudiziaria ai fini dell'esercizio dell'azione penale.

9. Per le opere abusive di cui al presente articolo, il giudice, con la sentenza di condanna per il reato di cui all'articolo 44, ordina la demolizione delle opere stesse se ancora non sia stata altrimenti eseguita.

9-bis. Le disposizioni del presente articolo si applicano anche agli interventi edilizi di cui all'articolo 23, comma 01 (3).

(1) Comma inserito dall'art. 17, co. 1, lett. q-bis), d.l. 12/9/2014, n. 133, conv., con modif., dalla l. 11/11/2014, n. 164.

(2) Comma così modificato dall'art. 54, co. 1, lett. h), l. n. 221/2015.

(3) Comma aggiunto dall'art. 1, co. 1, lett. g), d.lg. 27/12/2002, n. 301 e successivamente modificato dall'art. 3, co. 1, lett. l), d.lg. 25/11/2016, n. 222.

32. Determinazione delle variazioni essenziali. – 1. Fermo restando quanto disposto dal comma 1 dell'articolo 31, le regioni stabiliscono quali siano le variazioni essenziali al progetto approvato, tenuto conto che l'essenzialità ricorre esclusivamente quando si verifica una o più delle seguenti condizioni:

a) mutamento della destinazione d'uso che implichi variazione degli standards previsti dal decreto ministeriale 2 aprile 1968, pubblicato nella Gazzetta Ufficiale n. 97 del 16 aprile 1968;

b) aumento consistente della cubatura o della superficie di solaio da valutare in relazione al progetto approvato;

c) modifiche sostanziali di parametri urbanistico-edilizi del progetto approvato ovvero della localizzazione dell'edificio sull'area di pertinenza;

d) mutamento delle caratteristiche dell'intervento edilizio assentito;

e) violazione delle norme vigenti in materia di edilizia antisismica, quando non attenga a fatti procedurali.

2. Non possono ritenersi comunque variazioni essenziali quelle che incidono sulla entità delle cubature accessorie, sui volumi tecnici e sulla distribuzione interna delle singole unità abitative.

3. Gli interventi di cui al comma 1, effettuati su immobili sottoposti a vincolo storico, artistico, architettonico, archeologico, paesistico, ambientale e idrogeologico, nonché su immobili ricadenti sui parchi o in aree protette nazionali e regionali, sono considerati in totale difformità dal permesso, ai sensi e per gli effetti degli articoli 31 e 44. Tutti gli altri interventi sui medesimi immobili sono considerati variazioni essenziali (1).

(1) Comma così modificato dall'art. 54, co. 1, lett. i), l. n. 221/2015.

33. Interventi di ristrutturazione edilizia in assenza di permesso di costruire o in totale difformità. – 1. Gli interventi e le opere di ristrutturazione edilizia di cui all'articolo 10, comma 1, eseguiti in assenza di permesso o in totale difformità da esso, sono rimossi ovvero demoliti e gli edifici sono resi conformi alle prescrizioni degli strumenti urbanistico-edilizi entro il congruo termine stabilito dal dirigente o del responsabile del competente ufficio comunale con propria ordinanza, decorso il quale l'ordinanza stessa è eseguita a cura del comune e a spese dei responsabili dell'abuso.

2. Qualora, sulla base di motivato accertamento dell'ufficio tecnico comunale, il ripristino dello stato dei luoghi non sia possibile, il dirigente o il responsabile dell'ufficio irroga una sanzione pecunaria pari al doppio dell'aumento di valore dell'immobile, conseguente alla realizzazione delle opere, determinato, con riferimento alla data di ultimazione dei lavori, in base ai criteri previsti dalla legge 27 luglio 1978, n. 392, e con riferimento all'ultimo costo di produzione determinato con decreto ministeriale, aggiornato alla data di esecuzione dell'abuso, sulla base dell'indice ISTAT del costo di costruzione, con la esclusione, per i comuni non tenuti all'applicazione della legge medesima, del parametro relativo all'ubicazione e con l'equiparazione alla categoria A/1 delle categorie non comprese nell'articolo 16 della medesima legge. Per gli edifici adibiti ad uso diverso da quello di abitazione la sanzione è pari al doppio dell'aumento del valore venale dell'immobile, determinato a cura dell'agenzia del territorio.

3. Qualora le opere siano state eseguite su immobili vincolati ai sensi del decreto legislativo 29 ottobre 1999, n. 490, l'amministrazione competente a vigilare sull'osservanza del vincolo, salva l'applicazione di altre misure e sanzioni previste da norme vigenti, ordina la restituzione in pristino a cura e spese del responsabile dell'abuso, indicando criteri e modalità diretti a ricostituire l'originario organismo edilizio, ed irroga una sanzione pecuniaria da 516 a 5164 euro (1).

4. Qualora le opere siano state eseguite su immobili, anche se non vincolati, compresi nelle zone omogenee A, di cui al decreto ministeriale 2 aprile 1968, n. 1444, il dirigente o il responsabile dell'ufficio richiede all'amministrazione competente alla tutela dei beni culturali ed ambientali apposito parere vincolante circa la restituzione in pristino o la irrogazione della sanzione pecuniaria di cui al precedente comma. Qualora il parere non venga reso entro novanta giorni dalla richiesta il dirigente o il responsabile provvede autonomamente.

5. In caso di inerzia, si applica la disposizione di cui all'articolo 31, comma 8.

6. È comunque dovuto il contributo di costruzione di cui agli articoli 16 e 19.

6-bis. Le disposizioni del presente articolo si applicano anche agli interventi di ristrutturazione edilizia di cui all'articolo 23, comma 01, eseguiti in assenza di segnalazione certificata di inizio attività o in totale difformità dalla stessa (2).

(1) Così rettificato in G.U. 13/11/2001, n. 264.

(2) Comma aggiunto dall'art. 1, co. 1, lett. h), d.lg. 27/12/2002, n. 301 e successivamente modificato dall'art. 17, co. 2, lett. a), d.l. 12/9/2014, n. 133, conv., con modif., dalla l. 11/11/2014, n. 164 e dall'art. 3, co. 1, lett. m), d.lg. 25/11/2016, n. 222.

34. Interventi eseguiti in parziale difformità dal permesso di costruire. – 1. Gli interventi e le opere realizzati in parziale difformità dal permesso di costruire sono rimossi o demoliti a cura e spese dei responsabili dell'abuso entro il termine congruo fissato dalla relativa ordinanza del dirigente o del responsabile dell'ufficio. Decorso tale termine sono rimossi o demoliti a cura del comune e a spese dei medesimi responsabili dell'abuso.

2. Quando la demolizione non può avvenire senza pregiudizio della parte eseguita in conformità, il dirigente o il responsabile dell'ufficio applica una sanzione pari al doppio del costo di produzione, stabilito in base alla legge 27 luglio 1978, n. 392, della parte dell'opera realizzata in difformità dal permesso di costruire, se ad uso residenziale, e pari al doppio del valore venale, determinato a cura della agenzia del territorio, per le opere adibite ad usi diversi da quello residenziale.

2-bis. Le disposizioni del presente articolo si applicano anche agli interventi edilizi di cui all'articolo 23, comma 01, eseguiti in parziale difformità dalla segnalazione certificata di inizio attività (1).

2-ter. Ai fini dell'applicazione del presente articolo, non si ha parziale difformità del titolo abilitativo in presenza di violazioni di altezza, distacchi, cubatura o superficie coperta che non eccedano per singola unità immobiliare il 2 per cento delle misure progettuali (2). *

(1) Comma aggiunto dall'art. 1, co. 1, lett. i), d.lg. 27/12/2002, n. 301 e successivamente modificato dall'art. 17, co. 2, lett. a), d.l. 12/9/2014, n. 133, conv., con modif., dalla l. 11/11/2014, n. 164 e dall'art. 3, co. 1, lett. n), d.lg. 25/11/2016, n. 222.

(2) Comma aggiunto dall'art. 5, co. 2, lett. a), n. 5, d.l. 13/5/2011, n. 70, conv., con modif., dalla l. 12/7/2011, n. 106.

* Comma abrogato dall'art. 10, co. 2, lett. o), d.l. 16/7/2020, n. 76 conv., con modif., dalla l. 11/9/2020, n. 120 (in S.O. n. 33, relativo alla G.U. 14/9/2020, n. 228).

• Il d.l. 29/5/2018, n. 55, conv., con modif., dalla l. 24/7/2018, n. 89, ha disposto (con l'art. 1-sexies, co. 2) che «Ai fini dell'applicazione del comma 1, la percentuale di cui al comma 2-ter dell'articolo 34 del citato decreto del Presidente della Repubblica n. 380 del 2001 è elevata al 5 per cento».

34 bis. Tolleranze costruttive (1). – 1. Il mancato rispetto dell'altezza, dei distacchi, della cubatura, della superficie coperta e di ogni altro parametro delle singole unità immobiliari non costituisce violazione edilizia se contenuto entro il limite del 2 per cento delle misure previste nel titolo abilitativo.

2. Fuori dai casi di cui al comma 1, limitatamente agli immobili non sottoposti a tutela ai sensi del decreto legislativo 22 gennaio 2004, n. 42, costituiscono inoltre tolleranze esecutive le irregolarità geometriche e le modifiche alle finiture degli edifici di minima entità, nonché la diversa collocazione di impianti e opere interne, eseguite durante i lavori per l'attuazione di titoli abilitativi edilizi, a condizione che non comportino violazione della disciplina urbanistica ed edilizia e non pregiudichino l'agibilità dell'immobile.

3. Le tolleranze esecutive di cui ai commi 1 e 2 realizzate nel corso di precedenti interventi edilizi, non costituendo violazioni edilizie, sono dichiarate dal tecnico abilitato, ai fini dell'attestazione dello stato legittimo degli immobili, nella modulistica relativa a nuove istanze, comunicazioni e segnalazioni edilizie ovvero, con apposita dichiarazione asseverata allegata agli atti aventi per oggetto trasferimento o costituzione, ovvero scioglimento della comunione, di diritti reali.

(1) Articolo aggiunto dall'art. 10, co. 2, lett. p), d.l. 16/7/2020, n. 76 conv., con modif., dalla l. 11/9/2020, n. 120 (in S.O. n. 33, relativo alla G.U. 14/9/2020, n. 228).

35. Interventi abusivi realizzati su suoli di proprietà dello Stato o di enti pubblici. – 1. Qualora sia accertata la realizzazione, da parte di soggetti diversi da quelli di cui all'articolo 28, di interventi in assenza di permesso di costruire, ovvero in totale o parziale difformità dal medesimo, su suoli del demanio o del patrimonio dello Stato o di enti pubblici, il dirigente o il responsabile dell'ufficio, previa diffida non rinnovabile, ordina al responsabile dell'abuso la demolizione ed il ripristino dello stato dei luoghi, dandone comunicazione all'ente proprietario del suolo.

2. La demolizione è eseguita a cura del comune ed a spese del responsabile dell'abuso.

3. Resta fermo il potere di autotutela dello Stato e degli enti pubblici territoriali, nonché quello di altri enti pubblici, previsto dalla normativa vigente.

3-bis. Le disposizioni del presente articolo si applicano anche agli interventi edilizi di cui all'articolo 23, comma 01, eseguiti in assenza di segnalazione certificata di inizio attività, ovvero in totale o parziale difformità dalla stessa (1).

(1) Comma aggiunto dall'art. 1, co. 1, lett. l), d.lg. 27/12/2002, n. 301 e successivamente modif. dall'art. 17, co. 2, lett. a), d.l. 12/9/2014, n. 133, conv., con modif., dalla l. 11/11/2014, n. 164 e dall'art. 3, co. 1, lett. o), d.lg. 25/11/2016, n. 222.

36. Accertamento di conformità. – 1. In caso di interventi realizzati in assenza di permesso di costruire, o in difformità da esso, ovvero in assenza di segnalazione certificata di inizio attività nelle ipotesi di cui all'articolo 23, comma 01, o in difformità da essa, fino alla scadenza dei termini di cui agli articolo 31, comma 3, 33, comma 1, 34, comma 1, e comunque fino all'irrogazione delle sanzioni amministrative, il responsabile dell'abuso, o l'attuale proprietario dell'immobile, possono ottenere il permesso in sanatoria se l'intervento risulti conforme alla disciplina urbanistica ed edilizia vigente sia al momento della realizzazione dello stesso, sia al momento della presentazione della domanda (1).

2. Il rilascio del permesso in sanatoria è subordinato al pagamento, a titolo di oblazione, del contributo di costruzione in misura doppia, ovvero, in caso di gratuità a norma di legge, in misura pari a quella prevista dall'articolo 16. Nell'ipotesi di intervento realizzato in parziale difformità, l'oblazione è calcolata con riferimento alla parte di opera difforme dal permesso.

3. Sulla richiesta di permesso in sanatoria il dirigente o il responsabile del competente ufficio comunale si pronuncia con adeguata motivazione, entro sessanta giorni decorsi i quali la richiesta si intende rifiutata.

(1) Comma modificato dall'art. 1, lett. m), d.lg. 27/12/2002, n. 301 e successivamente dall'art. 17, co. 2, lett. a), d.l. 12/9/2014, n. 133, conv., con modif., dalla l. 11/11/2014, n. 164 e dall'art. 3, co. 1, lett. p), d.lg. 25/11/2016, n. 222.

37. Interventi eseguiti in assenza o in difformità dalla segnalazione certificata di inizio attività e accertamento di conformità (1). – 1. La realizzazione di interventi edilizi di cui all'articolo 22, commi 1 e 2, in assenza della o in difformità dalla segnalazione certificata di inizio attività comporta la sanzione pecuniaria pari al doppio dell'aumento del valore venale dell'immobile conseguente alla realizzazione degli interventi stessi e comunque in misura non inferiore a 516 euro (2).

2. Quando le opere realizzate in assenza di segnalazione certificata di inizio attività consistono in interventi di restauro e di risanamento conservativo, di cui alla lettera c) dell'articolo 3, eseguiti su immobili comunque vincolati in base a leggi statali e regionali, nonché dalle altre norme urbanistiche vigenti, l'autorità competente a vigilare sull'osservanza del vincolo, salva l'applicazione di altre misure e sanzioni previste da norme vigenti, può ordinare la restituzione in pristino a cura e spese del responsabile ed irroga una sanzione pecuniaria da 516 a 10329 euro (2).

3. Qualora gli interventi di cui al comma 2 sono eseguiti su immobili, anche non vincolati, compresi nelle zone indicate nella lettera A dell'articolo 2 del decreto ministeriale 2 aprile 1968, il dirigente o il responsabile dell'ufficio richiede al Ministero per i beni e le attività culturali apposito parere vincolante circa la restituzione in pristino o la irrogazione della sanzione pecuniaria di cui al comma 1. Se il parere non viene reso entro sessanta giorni dalla richiesta, il dirigente o il responsabile dell'ufficio provvede autonomamente. In tali casi non trova applicazione la sanzione pecuniaria da 516 a 10329 euro di cui al comma 2 (3).

4. Ove l'intervento realizzato risulti conforme alla disciplina urbanistica ed edilizia vigente sia al momento della realizzazione dell'intervento, sia al momento della presentazione della domanda, il responsabile dell'abuso o il proprietario dell'immobile possono ottenere la sanatoria dell'intervento versando la somma, non superiore a 5164 euro e non inferiore a 516 euro, stabilita dal responsabile del procedimento in relazione all'aumento di valore dell'immobile valutato dall'agenzia del territorio (3).

5. Fermo restando quanto previsto dall'articolo 23, comma 6, la segnalazione certificata di inizio attività spontaneamente effettuata quando l'intervento è in corso di esecuzione, comporta il pagamento, a titolo di sanzione, della somma di 516 euro (4).

6. La mancata segnalazione certificata di inizio attività non comporta l'applicazione delle sanzioni previste dall'articolo 44. Resta comunque salva, ove ne ricorrano i presupposti in relazione all'intervento realizzato, l'applicazione delle sanzioni di cui agli articoli 31, 33, 34, 35 e 44 e dell'accertamento di conformità di cui all'articolo 36 (5).

(1) Rubrica modificata dall'art. 17, co. 2, lett. a), d.l. 12/9/2014, n. 133, conv., con modif., dalla l. 11/11/2014, n. 164.

(2) Così rettificato in G.U. 13/11/2001, n. 264, successivamente modificato dall'art. 1, co., lett. n), d.lg. 27/12/2002, n. 301 e dall'art. 17, co. 2, lett. a), d.l. 12/9/2014, n. 133, conv., con modif., dalla l. 11/11/2014, n. 164.

(3) Così rettificato in G.U. 13/11/2001, n. 264.

(4) Così rettificato in G.U. 13/11/2001, n. 264 e successivamente modificato dall'art. 17, co. 2, lett. a), d.l. 12/9/2014, n. 133, conv., con modif., dalla l. 11/11/2014, n. 164.

(5) Comma modificato dall'art. 17, co. 2, lett. a), d.l. 12/9/2014, n. 133, conv., con modif., dalla l. 11/11/2014, n. 164.

38. Interventi eseguiti in base a permesso annullato. – 1. In caso di annullamento del permesso di costruire, qualora non sia possibile, in base a motivata valutazione, la rimozione dei vizi delle procedure amministrative o la restituzione in pristino, il dirigente o il responsabile del competente ufficio comunale applica una sanzione pecuniaria pari al valore venale delle opere o loro parti abusivamente eseguite, valutato dall'agenzia del territorio, anche sulla base di accordi stipulati tra quest'ultima e l'amministrazione comunale. La valutazione dell'agenzia è notificata all'interessato dal dirigente o dal responsabile dell'ufficio e diviene definitiva decorsi i termini di impugnativa.

2. L'integrale corresponsione della sanzione pecuniaria irrogata produce i medesimi effetti del permesso di costruire in sanatoria di cui all'articolo 36.

2-bis. Le disposizioni del presente articolo si applicano anche agli interventi edilizi di cui all'articolo 23, comma 01, in caso di accertamento dell'inesistenza dei presupposti per la formazione del titolo (1).

(1) Comma aggiunto dall'art. 1, co. 1, lett. o), d.lg. 27/12/2002, n. 301 e dall'art. 3, co. 1, lett. q), d.lg. 25/11/2016, n. 222.

39. Annullamento del permesso di costruire da parte della regione. – 1. Entro dieci anni dalla loro adozione le deliberazioni ed i provvedimenti comunali che autorizzano interventi non conformi a prescrizioni degli strumenti urbanistici o dei regolamenti edilizi o comunque in contrasto con la normativa urbanistico-edilizia vigente al momento della loro adozione, possono essere annullati dalla regione.

2. Il provvedimento di annullamento è emesso entro diciotto mesi dall'accertamento delle violazioni di cui al comma 1, ed è preceduto dalla contestazione delle violazioni stesse al titolare del permesso, al proprietario della costruzione, al progettista, e al comune, con l'invito a presentare controdeduzioni entro un termine all'uopo prefissato.

3. In pendenza delle procedure di annullamento la regione può ordinare la sospensione dei lavori, con provvedimento da notificare a mezzo di ufficiale giudiziario, nelle forme e con le modalità previste dal codice di procedura civile, ai soggetti di cui al comma 2 e da comunicare al comune. L'ordine di sospensione cessa di avere efficacia se, entro sei mesi dalla sua notificazione, non sia stato emesso il decreto di annullamento di cui al comma 1.

4. Entro sei mesi dalla data di adozione del provvedimento di annullamento, deve essere ordinata la demolizione delle opere eseguite in base al titolo annullato.

5. I provvedimenti di sospensione dei lavori e di annullamento vengono resi noti al pubblico mediante l'affissione nell'albo pretorio del comune dei dati relativi agli immobili e alle opere realizzate.

5-bis. Le disposizioni del presente articolo si applicano anche agli interventi edilizi di cui all'articolo 23, comma 01, non conformi a prescrizioni degli strumenti urbanistici o dei regolamenti edilizi o comunque in contrasto con la normativa urbanistico-edilizia vigente al momento della scadenza del termine di 30 giorni dalla presentazione della segnalazione certificata di inizio attività (1).

(1) Comma aggiunto dall'art. 1, co. 1, lett. p), d.lg. 27/12/2002, n. 301 e successivamente modificato dall'art. 17, co. 2, lett. a), d.l. 12/9/2014, n. 133, conv., con modif., dalla l. 11/11/2014, n. 164 e dall'art. 3, co. 1, lett. r), d.lg. 25/11/2016, n. 222.

40. Sospensione o demolizione di interventi abusivi da parte della regione. – 1. In caso di interventi eseguiti in assenza di permesso di costruire o in contrasto con questo o con le prescrizioni degli strumenti urbanistici o della normativa urbanistico-edilizia, qualora il comune non abbia provveduto entro i termini stabiliti, la regione può disporre la sospensione o la demolizione delle opere eseguite. Il provvedimento di demolizione è adottato entro cinque anni dalla dichiarazione di agibilità dell'intervento.

2. Il provvedimento di sospensione o di demolizione è notificato al titolare del permesso o, in mancanza di questo, al committente, al costruttore e al direttore dei lavori. Lo stesso provvedimento è comunicato inoltre al comune.

3. La sospensione non può avere una durata superiore a tre mesi dalla data della notifica entro i quali sono adottate le misure necessarie per eliminare le ragioni della difformità, ovvero, ove non sia possibile, per la rimessa in pristino.

4. Con il provvedimento che dispone la modifica dell'intervento, la rimessa in pristino o la demolizione delle opere è assegnato un termine entro il quale il responsabile dell'abuso è tenuto a procedere, a proprie spese e senza pregiudizio delle sanzioni penali, alla esecuzione del provvedimento stesso. Scaduto inutilmente tale termine, la regione dispone l'esecuzione in danno dei lavori.

4 bis. Le disposizioni del presente articolo si applicano anche agli interventi edilizi di cui all'articolo 22, comma 3, realizzati in assenza di segnalazione certificata di inizio attività o in contrasto con questa o con le prescrizioni degli strumenti urbanistici o della normativa urbanistico-edilizia vigente al momento della scadenza del termine di 30 giorni dalla pre-

sentazione della segnalazione certificata di inizio attività (1).

(1) Comma aggiunto dall'art. 1, co. 1, lett. q), d.lg. 27/12/2002, n. 301 e successivamente modificato dall'art. 17, co. 2, lett. a), d.l. 12/9/2014, n. 133, conv., con modif., dalla l. 11/11/2014, n. 164.

41. Demolizione di opere abusive (1). – 1. In caso di mancato avvio delle procedure di demolizione entro il termine di centottanta giorni dall'accertamento dell'abuso, la competenza è trasferita all'ufficio del prefetto che provvede alla demolizione avvalendosi degli uffici del comune nel cui territorio ricade l'abuso edilizio da demolire, per ogni esigenza tecnico- progettuale. Per la materiale esecuzione dell'intervento, il prefetto può avvalersi del concorso del Genio militare, previa intesa con le competenti autorità militari e ferme restando le prioritarie esigenze istituzionali delle Forze armate.

2. Entro il termine di cui al comma 1, i responsabili del comune hanno l'obbligo di trasferire all'ufficio del prefetto tutte le informazioni relative agli abusi edilizi per provvedere alla loro demolizione.

(1) Articolo modificato dall'art. 10-bis, co. 1, d.lg. 16/7/2020, n. 76 conv., con modif., dalla l. 11/9/2020, n. 120 (in S.O. n. 33, relativo alla G.U. 14/9/2020, n. 228).

42. Ritardato od omesso versamento del contributo di costruzione. – 1. Le regioni determinano le sanzioni per il ritardato o mancato versamento del contributo di costruzione in misura non inferiore a quanto previsto nel presente articolo e non superiore al doppio.

2. Il mancato versamento, nei termini stabiliti, del contributo di costruzione di cui all'articolo 16 comporta:

a) l'aumento del contributo in misura pari al 10 per cento qualora il versamento del contributo sia effettuato nei successivi centoventi giorni (1);

b) l'aumento del contributo in misura pari al 20 per cento quando, superato il termine di cui alla lettera a), il ritardo si protrae non oltre i successivi sessanta giorni (1);

c) l'aumento del contributo in misura pari al 40 per cento quando, superato il termine di cui alla lettera b), il ritardo si protrae non oltre i successivi sessanta giorni (1).

3. Le misure di cui alle lettere precedenti non si cumulano.

4. Nel caso di pagamento rateizzato le norme di cui al secondo comma si applicano ai ritardi nei pagamenti delle singole rate.

5. Decorso inutilmente il termine di cui alla lettera c) del comma 2, il comune provvede alla riscossione coattiva del complessivo credito nei modi previsti dall'articolo 43.

6. In mancanza di leggi regionali che determinino la misura delle sanzioni di cui al presente articolo, queste saranno applicate nelle misure indicate nel comma 2.

(1) Lettera sostituita dall'art. 27, co. 17, l. 28/12/2001, n. 448 (*finanziaria 2002*).

43. Riscossione. – 1. I contributi, le sanzioni e le spese di cui ai titoli II e IV della parte I del presente testo unico sono riscossi secondo le norme vigenti in materia di riscossione coattiva delle entrate dell'ente procedente.

44. Sanzioni penali (1). – 1. Salvo che il fatto costituisca più grave reato e ferme le sanzioni amministrative, si applica:

a) l'ammenda fino a 20658 euro per l'inosservanza delle norme, prescrizioni e modalità esecutive previste dal presente titolo, in quanto applicabili, nonché dai regolamenti edilizi, dagli strumenti urbanistici e dal permesso di costruire (2);

b) l'arresto fino a due anni e l'ammenda da 10328 a 103290 euro nei casi di esecuzione dei lavori in totale difformità o assenza del permesso o di prosecuzione degli stessi nonostante l'ordine di sospensione (2);

c) l'arresto fino a due anni e l'ammenda da 30986 a 103290 euro nel caso di lottizzazione abusiva di terreni a scopo edilizio, come previsto dal primo comma dell'articolo 30. La stessa pena si applica anche nel caso di interventi edilizi nelle zone sottoposte a vincolo storico, artistico, archeologico, paesistico, ambientale, in variazione essenziale, in totale difformità o in assenza del permesso (2).

2. La sentenza definitiva del giudice penale che accerta che vi è stata lottizzazione abusiva, dispone la confisca [7 CEDU // CP. 240] dei terreni, abusivamente lottizzati e delle opere abusivamente costruite. Per effetto della confisca i terreni sono acquisiti di diritto e gratuitamente al patrimonio del comune nel cui territorio è avvenuta la lottizzazione. La sentenza definitiva è titolo per la immediata trascrizione nei registri immobiliari.

2-bis. Le disposizioni del presente articolo si applicano anche agli interventi edilizi suscettibili di realizzazione mediante segnalazione certificata di inizio attività ai sensi dell'articolo 23, comma 01, eseguiti in assenza o in totale difformità dalla stessa (3).

(1) Così rettificato in G.U. 13/11/2001, n. 264.

(2) Sanzioni così incrementate dall'art. 32, co. 47, d.l. 30/9/2003, n. 269, conv., con modif., dalla l. 24/11/2003, n. 326.

(3) Comma aggiunto dall'art. 1, co. 1, lett. r), d.lg. 27/12/2002, n. 301 e successivamente modificato dall'art. 17, co. 2, d.l. 12/9/2014, n. 133, conv., con modif., dalla l. 11/11/2014, n. 164 e dall'art. 3, co. 1, lett. t), d.lg. 25/11/2016, n. 222.

45. Norme relative all'azione penale. – 1. L'azione penale relativa alle violazioni edilizie rimane sospesa finché non siano stati esauriti i procedimenti amministrativi di sanatoria di cui all'articolo 36.

*2. Nel caso di ricorso giurisdizionale avverso il diniego del permesso in sanatoria di cui all'articolo 36, l'udienza viene fissata d'ufficio dal presidente del tribunale amministrativo regionale per una data compresa entro il terzo mese dalla presentazione del ricorso.**

3. Il rilascio in sanatoria del permesso di costruire estingue i reati contravvenzionali previsti dalle norme urbanistiche vigenti.

* Comma abrogato dall'art. 4, co. 1, punto 26, dell'Allegato 4 al d.lg. 2/7/2010, n. 104 (*Codice del processo amministrativo*).

46. Nullità degli atti giuridici relativi ad edifici la cui costruzione abusiva sia iniziata dopo il 17 marzo 1985 (1). – 1. Gli atti tra vivi, sia in forma pubblica, sia in forma privata, aventi per oggetto trasferimento o costituzione o scioglimento della comunione di diritti reali, relativi ad edifici, o loro parti, la cui costruzione è iniziata dopo il 17 marzo 1985, sono nulli e non possono essere stipulati ove da essi non risultino, per dichiarazione dell'alienante, gli estremi del permesso di costruire o del permesso in sanatoria. Tali disposizioni non si applicano agli atti costitutivi, modificativi o estintivi di diritti reali di garanzia o di servitù.

2. Nel caso in cui sia prevista, ai sensi dell'articolo 38, l'irrogazione di una sanzione soltanto pecuniaria, ma non il rilascio del permesso in sanatoria, agli atti di cui al comma 1 deve essere allegata la prova dell'integrale pagamento della sanzione medesima.

3. La sentenza che accerta la nullità degli atti di cui al comma 1 non pregiudica i diritti di garanzia o di servitù acquisiti in base ad un atto iscritto o trascritto anteriormente alla trascrizione della domanda diretta a far accertare la nullità degli atti.

4. Se la mancata indicazione in atto degli estremi non sia dipesa dalla insussistenza del permesso di costruire al tempo in cui gli atti medesimi sono stati stipulati, essi possono essere confermati anche da una sola delle parti mediante atto successivo, redatto nella stessa forma del precedente, che con-

tenga la menzione omessa [1418[3], 1423 CC.].

5. Le nullità di cui al presente articolo non si applicano agli atti derivanti da procedure esecutive immobiliari, individuali o concorsuali. L'aggiudicatario, qualora l'immobile si trovi nelle condizioni previste per il rilascio del permesso di costruire in sanatoria, dovrà presentare domanda di permesso in sanatoria entro centoventi giorni dalla notifica del decreto emesso dalla autorità giudiziaria.

5-bis. Le disposizioni del presente articolo si applicano anche agli interventi edilizi realizzati mediante segnalazione certificata di inizio attività ai sensi dell'articolo 23, comma 01, qualora nell'atto non siano indicati gli estremi della stessa (2).

(1) V. art. 12, co. 5 e 6, l. 28/11/2005, n. 246 *sub* nota (1) art. 30.

(2) Comma aggiunto dall'art. 1, co. 1, lett. s), d.lg. 27/12/2002, n. 301 e successivamente modificato dall'art. 17, co. 2, d.l. 12/9/2014, n. 133, conv., con modif., dalla l. 11/11/2014, n. 164 e dall'art. 3, co. 1, lett. u), d.lg. 25/11/2016, n. 222.

47. Sanzioni a carico dei notai. – 1. Il ricevimento e l'autenticazione da parte dei notai di atti nulli previsti dagli articoli 46 e 30 e non convalidabili costituisce violazione dell'articolo 28 della legge 16 febbraio 1913, n. 89, e successive modificazioni, e comporta l'applicazione delle sanzioni previste dalla legge medesima.

2. Tutti i pubblici ufficiali, ottemperando a quanto disposto dall'articolo 30, sono esonerati da responsabilità inerente al trasferimento o alla divisione dei terreni (1).

(1) Comma rettificato in G.U. 13/11/2001, n. 264 e così modificato dall'art. 1, d.P.R. 9/11/2005, n. 304.

48. Aziende erogatrici di servizi pubblici (1). – 1. È vietato a tutte le aziende erogatrici di servizi pubblici somministrare le loro forniture per l'esecuzione di opere prive di permesso di costruire, nonché ad opere in assenza di titolo iniziate dopo il 30 gennaio 1977 e per le quali non siano stati stipulati contratti di somministrazione anteriormente al 17 marzo 1985.

2. Il richiedente il servizio è tenuto ad allegare alla domanda una dichiarazione sostitutiva di atto notorio, ai sensi e per gli effetti dell'articolo 47 del decreto del Presidente della Repubblica 28 dicembre 2000, n. 445, recante il Testo unico delle disposizioni legislative e regolamentari in materia di documentazione amministrativa, indicante gli estremi del permesso di costruire, o, per le opere abusive, gli estremi del permesso in sanatoria, ovvero copia della domanda di permesso in sanatoria corredata della prova del pagamento delle somme dovute a titolo di oblazione per intero nell'ipotesi dell'articolo 36 e limitatamente alle prime due rate nell'ipotesi dell'articolo 35 della legge 28 febbraio 1985, n. 47. Il contratto stipulato in difetto di tali dichiarazioni è nullo e il funzionario della azienda erogatrice, cui sia imputabile la stipulazione del contratto stesso, è soggetto ad una sanzione pecuniaria da 2582 a 7746 euro. Per le opere che già usufruiscono di un servizio pubblico, in luogo della documentazione di cui al precedente comma, può essere prodotta copia di una fattura, emessa dall'azienda erogante il servizio, dalla quale risulti che l'opera già usufruisce di un pubblico servizio (2).

3. Per le opere iniziate anteriormente al 30 gennaio 1977, in luogo degli estremi della licenza edilizia può essere prodotta una dichiarazione sostitutiva di atto notorio rilasciata dal proprietario o altro avente titolo, ai sensi e per gli effetti dell'articolo 47 del decreto del Presidente della Repubblica 28 dicembre 2000, n. 445, recante il Testo unico delle disposizioni legislative e regolamentari in materia di documentazione amministrativa, attestante che l'opera è stata iniziata in data anteriore al 30 gennaio 1977. Tale dichiarazione può essere ricevuta e inserita nello stesso contratto, ovvero in documento separato da allegarsi al contratto medesimo.

3-bis. Le disposizioni del presente articolo si applicano anche agli interventi edilizi suscettibili di realizzazione mediante segnalazione certificata di inizio attività ai sensi dell'articolo 23, comma 01, eseguiti in assenza della stessa (3).

3-ter. Al fine di consentire una più penetrante vigilanza sull'attività edilizia, è fatto obbligo alle aziende erogatrici di servizi pubblici ed ai funzionari cui sia imputabile la stipulazione dei relativi contratti di somministrazione di comunicare al sindaco del comune ove è ubicato l'immobile le richieste di allaccio ai pubblici servizi effettuate per gli immobili, con indicazione della concessione edilizia ovvero della autorizzazione ovvero degli altri titoli abilitativi, ovvero della istanza di concessione in sanatoria presentata, corredata dalla prova del pagamento per intero delle somme dovute a titolo di oblazione. L'inosservanza di tale obbligo comporta, per ciascuna violazione, la sanzione pecuniaria da euro 10.000 ad euro 50.000 nei confronti delle aziende erogatrici di servizi pubblici, nonché la sanzione pecuniaria da euro 2.582 ad euro 7.746 nei confronti del funzionario della azienda erogatrice cui sia imputabile la stipulazione dei contratti (4).

(1) V. art. 32, co. 37, d.l. 30/9/2003, n. 269, conv. in l. 24/11/2003, n. 326.

(2) Così rettificato in G.U. 13/11/2001, n. 264.

(3) Comma aggiunto dall'art. 1, co. 1, lett. t), d.lg. 27/12/2002, n. 301 e successivamente modificato dall'art. 17, co. 2, d.l. 12/9/2014, n. 133, conv., con modif., dalla l. 11/11/2014, n. 164 e dall'art. 3, co. 1, lett. v), d.lg. 25/11/2016, n. 222.

(4) Comma inserito dall'art. 32, co. 49-quater, d.l. 30/9/2003, n. 269, conv., con modif., dalla l. 24/11/2003, n. 326. V. nota *sub* (1) art. 41.

Capo III
Disposizioni fiscali

49. Disposizioni fiscali. – 1. Fatte salve le sanzioni di cui al presente titolo, gli interventi abusivi realizzati in assenza di titolo o in contrasto con lo stesso, ovvero sulla base di un titolo successivamente annullato, non beneficiano delle agevolazioni fiscali previste dalle norme vigenti, né di contributi o altre provvidenze dello Stato o di enti pubblici. Il contrasto deve riguardare violazioni di altezza, distacchi, cubatura o superficie coperta che eccedano per singola unità immobiliare il due per cento delle misure prescritte, ovvero il mancato rispetto delle destinazioni e degli allineamenti indicati nel programma di fabbricazione, nel piano regolatore generale e nei piani particolareggiati di esecuzione.

2. È fatto obbligo al comune di segnalare all'amministrazione finanziaria, entro tre mesi dall'ultimazione dei lavori o dalla segnalazione certificata di cui all'articolo 24, ovvero dall'annullamento del titolo edilizio, ogni inosservanza comportante la decadenza di cui al comma precedente (1).

3. Il diritto dell'amministrazione finanziaria a recuperare le imposte dovute in misura ordinaria per effetto della decadenza stabilita dal presente articolo si prescrive col decorso di tre anni dalla data di ricezione della segnalazione del comune. 4. In caso di revoca o decadenza dai benefici suddetti il committente è responsabile dei danni nei confronti degli aventi causa.

(1) Comma modificato dal d.lg. 25/11/2016, n. 222 (in S.O. n. 52, relativo alla G.U. 26/11/2016, n. 277) con l'art. 3, co. 1, lett. w).

50. Agevolazioni tributarie in caso di sanatoria. – 1. In deroga alle disposizioni di cui all'articolo 49, le agevolazioni tributarie in materia di tasse ed imposte indirette sugli affari si applicano agli atti stipulati dopo il 17 marzo 1985, qualora ricorrano tutti i requisiti previsti dalle vigenti disposizioni agevolative ed a condizione che copia conforme del provvedimento di sanatoria venga presentata, contestualmente all'atto da registrare, all'amministrazione cui compete la registrazione. In mancanza del provvedimento definitivo di sanatoria, per conseguire in via provvisoria le agevolazioni deve essere prodotta, al momento della registrazione dell'atto, copia della domanda di permesso in sanatoria presentata al comune, con la relativa ricevuta rilasciata dal comune stesso. L'interessato, a pena di decadenza dai benefici, deve presentare al competente ufficio dell'amministrazione finanziaria copia del provvedimento definitivo di sanatoria entro sei mesi dalla sua notifica o, nel caso che questo non sia intervenuto, a richiesta dell'ufficio, dichiarazione del comune che attesti che la domanda non ha ancora ottenuto definizione.

2. In deroga alle disposizioni di cui all'articolo 49, per i fabbricati costruiti senza permesso o in contrasto con la stesso, ovvero sulla base di permesso successivamente annullato, si applica la esenzione dall'imposta comunale sugli immobili, qualora ricorrano i requisiti tipologici di inizio e ultimazione delle opere in virtù dei quali sarebbe spettata, per il periodo di dieci anni a decorrere dal 17 marzo 1985. L'esenzione si applica a condizione che l'interessato ne faccia richiesta all'ufficio competente del suo domicilio fiscale, allegando copia della domanda indicata nel comma precedente con la relativa ricevuta rilasciata dal comune. Alla scadenza di ogni anno dal giorno della presentazione della domanda suddetta, l'interessato, a pena di decadenza dai benefici, deve presentare, entro novanta giorni da tale scadenza, all'ufficio competente copia del provvedimento definitivo di sanatoria o in mancanza di questo, una dichiarazione del comune, ovvero una dichiarazione sostitutiva di atto notorio, attestante che la domanda non ha ancora ottenuto definizione.

3. La omessa o tardiva presentazione del provvedimento di sanatoria comporta il pagamento dell'imposta comunale sugli immobili e delle altre imposte dovute nella misura ordinaria, nonché degli interessi di mora stabiliti per i singoli tributi.

4. Il rilascio del permesso in sanatoria, per le opere o le parti di opere abusivamente realizzate, produce automaticamente, qualora ricorrano tutti i requisiti previsti dalle vigenti disposizioni agevolative, la cessazione degli effetti dei provvedimenti di revoca o di decadenza previsti dall'articolo 49.

5. In attesa del provvedimento definitivo di sanatoria, per il conseguimento in via provvisoria degli effetti previsti dal comma 4, deve essere prodotta da parte dell'interessato alle amministrazioni finanziarie competenti copia autenticata della domanda di permesso in sanatoria, corredata della prova del pagamento delle somme dovute fino al momento della presentazione della istanza di cui al presente comma. 6. Non si fa comunque luogo al rimborso dell'imposta comunale sugli immobili e delle altre imposte eventualmente già pagate.

51. Finanziamenti pubblici e sanatoria. – 1. La concessione di indennizzi, ai sensi della legislazione sulle calamità naturali, è esclusa nei casi in cui gli immobili danneggiati siano stati eseguiti abusivamente in zone alluvionali; la citata concessione di indennizzi è altresì esclusa per gli immobili edificati in zone sismiche senza i prescritti criteri di sicurezza e senza che sia intervenuta sanatoria.

PARTE II
NORMATIVA TECNICA PER L'EDILIZIA

Capo I
Disposizioni di carattere generale

52. Tipo di strutture e norme tecniche. – 1. In tutti i comuni della Repubblica le costruzioni sia pubbliche sia private debbono essere realizzate in osservanza delle norme tecniche riguardanti i vari elementi costruttivi fissate con decreti del Ministro per le infrastrutture e i trasporti, sentito il Consiglio superiore dei lavori pubblici che si avvale anche della collaborazione del Consiglio nazionale delle ricerche. Qualora le norme tecniche riguardino costruzioni in zone sismiche esse sono adottate di concerto con il Ministro per l'interno. Dette norme definiscono:

a) i criteri generali tecnico-costruttivi per la progettazione, esecuzione e collaudo degli edifici in muratura e per il loro consolidamento;

b) i carichi e sovraccarichi e loro combinazioni, anche in funzione del tipo e delle modalità costruttive e della destinazione dell'opera, nonché i criteri generali per la verifica di sicurezza delle costruzioni;

c) le indagini sui terreni e sulle rocce, la stabilità dei pendii naturali e delle scarpate, i criteri generali e le precisazioni tecniche per la progettazione, esecuzione e collaudo delle opere di sostegno delle terre e delle opere di fondazione; i criteri generali e le precisazioni tecniche per la progettazione, esecuzione e collaudo di opere speciali, quali ponti, dighe, serbatoi, tubazioni, torri, costruzioni prefabbricate in genere, acquedotti, fognature;

d) la protezione delle costruzioni dagli incendi.

2. Qualora vengano usati materiali o sistemi costruttivi diversi da quelli disciplinati dalle norme tecniche in vigore, la loro idoneità deve essere comprovata da una dichiarazione rilasciata dal Presidente del Consiglio superiore dei lavori pubblici su conforme parere dello stesso Consiglio.

3. Le norme tecniche di cui al presente articolo e i relativi aggiornamenti entrano in vigore trenta giorni dopo la pubblicazione dei rispettivi decreti nella Gazzetta Ufficiale della Repubblica italiana.

53. Definizioni. – 1. Ai fini del presente testo unico si considerano:

a) opere in conglomerato cementizio armato normale, quelle composte da un complesso di strutture in conglomerato cementizio ed armature che assolvono ad una funzione statica;

b) opere in conglomerato cementizio armato precompresso, quelle composte di strutture in conglomerato cementizio ed armature nelle quali si imprime artificialmente uno stato di sollecitazione addizionale di natura ed entità tali da assicurare permanentemente l'effetto statico voluto;

c) opere a struttura metallica quelle nelle quali la statica è assicurata in tutto o in parte da elementi strutturali in acciaio o in altri metalli.

54. Sistemi costruttivi. – 1. Gli edifici possono essere costruiti con:

a) struttura intelaiata in cemento armato normale o precompresso, acciaio o sistemi combinati dei predetti materiali;

b) struttura a pannelli portanti;

c) struttura in muratura;

d) struttura in legname.

2. Ai fini di questo testo unico si considerano:

a) costruzioni in muratura, quelle nelle quali la muratura ha funzione portante;

b) strutture a pannelli portanti, quelle formate con l'associazione di pannelli verticali prefabbricati (muri), di altezza pari ad un piano e di larghezza superiore ad un metro, resi solidali a strutture orizzontali (solai) prefabbricate o costruite in opera;

c) strutture intelaiate, quelle costituite da aste rettilinee o curvilinee, comunque vincolate fra loro ed esternamente.

55. Edifici in muratura. – 1. Le costruzioni in muratura devono presentare adeguate caratteristiche di solidarietà fra gli elementi strutturali che le compongono, e di rigidezza complessiva secondo le indicazioni delle norme tecniche di cui all'articolo 83.

56. Edifici con struttura a pannelli portanti. – 1. Le strutture a pannelli portanti devono essere realizzate in calcestruzzo pieno od alleggerito, semplice, armato normale o precompresso, presentare giunzioni eseguite in opera con calcestruzzo o malta cementizia, ed essere irrigidite da controventamenti opportuni, costituiti dagli stessi pannelli verticali sovrapposti o da lastre in calcestruzzo realizzate in opera; i controventamenti devono essere orientati almeno secondo due direzioni distinte.

2. Il complesso scatolare costituito dai pannelli deve realizzare un organismo statico capace di assorbire le azioni sismiche di cui all'articolo 85.

3. La trasmissione delle azioni mutue tra i diversi elementi deve essere assicurata da armature metalliche.

4. L'idoneità di tali sistemi costruttivi, anche in funzione del grado di sismicità, deve essere comprovata da una dichiarazione rilasciata dal presidente del Consiglio superiore dei lavori pubblici, su conforme parere dello stesso Consiglio.

57. Edifici con strutture intelaiate. – 1. Nelle strutture intelaiate possono essere compresi elementi irrigidenti costituiti da:

a) strutture reticolate in acciaio, calcestruzzo armato normale o precompresso;

b) elementi-parete in acciaio, calcestruzzo armato normale o precompresso.

2. Gli elementi irrigidenti devono essere opportunamente collegati alle intelaiature della costruzione in modo che sia assicurata la trasmissione delle azioni sismiche agli irrigidimenti stessi.

3. Il complesso resistente deve essere proporzionato in modo da assorbire le azioni sismiche definite dalle norme tecniche di cui all'articolo 83.

4. Le murature di tamponamento delle strutture intelaiate devono essere efficacemente collegate alle aste della struttura stessa secondo le modalità specificate dalle norme tecniche di cui all'articolo 83.

58. Produzione in serie in stabilimenti di manufatti in conglomerato normale e precompresso e di manufatti complessi in metallo. – 1. Le ditte che procedono alla costruzione di manufatti in conglomerato armato normale o precompresso ed in metallo, fabbricati in serie e che assolvono alle funzioni indicate negli articoli 53, comma 1 e 64, comma 1, hanno l'obbligo di darne preventiva comunicazione al Servizio tecnico centrale del Ministero delle infrastrutture e dei trasporti, con apposita relazione nella quale debbono:

a) descrivere ciascun tipo di struttura indicando le possibili applicazioni e fornire i calcoli relativi, con particolare riguardo a quelli riferentisi a tutto il comportamento sotto carico fino a fessurazione e rottura;

b) precisare le caratteristiche dei materiali impiegati sulla scorta di prove eseguite presso uno dei laboratori di cui all'articolo 59;

c) indicare, in modo particolareggiato, i metodi costruttivi e i procedimenti seguiti per la esecuzione delle strutture;

d) indicare i risultati delle prove eseguite presso uno dei laboratori di cui all'articolo 59.

2. Tutti gli elementi precompressi debbono essere chiaramente e durevolmente contrassegnati onde si possa individuare la serie di origine.

3. Per le ditte che costruiscono manufatti complessi in metallo fabbricati in serie, i quali assolvono alle funzioni indicate negli articoli 53, comma 1 e 64, comma 1, la relazione di cui al comma 1 del presente articolo deve descrivere ciascun tipo di struttura, indicando le possibili applicazioni e fornire i calcoli relativi.

4. Le ditte produttrici di tutti i manufatti di cui ai commi precedenti sono tenute a fornire tutte le prescrizioni relative alle operazioni di trasporto e di montaggio dei loro manufatti.

5. La responsabilità della rispondenza dei prodotti rimane a carico della ditta produttrice, che è obbligata a corredare la fornitura con i disegni del manufatto e l'indicazione delle sue caratteristiche di impiego.

6. Il progettista delle strutture è responsabile dell'organico inserimento e della previsione di utilizzazione dei manufatti di cui sopra nel progetto delle strutture dell'opera.

59. Laboratori. – 1. Agli effetti del presente testo unico sono considerati laboratori ufficiali:

a) i laboratori degli istituti universitari dei politecnici e delle facoltà di ingegneria e delle facoltà o istituti universitari di architettura;

b) il laboratorio di scienza delle costruzioni del centro studi ed esperienze dei servizi antincendi e di protezione civile (Roma);

b-bis) il laboratorio dell'Istituto sperimentale di rete ferroviaria italiana spa;

b-ter) il Centro sperimentale dell'Ente nazionale per le strade (ANAS) di Cesano (Roma), autorizzando lo stesso ad effettuare prove di crash test per le barriere metalliche.

2. Il Ministero delle infrastrutture e dei trasporti può autorizzare, con proprio decreto, ai sensi del presente capo, altri laboratori ad effettuare:

a) prove sui materiali da costruzione;

*b)**;

c) prove di laboratorio su terre e rocce;

c-bis) prove e controlli su materiali da costruzione su strutture e costruzioni esistenti (1).

3. L'attività dei laboratori, ai fini del presente capo, è servizio di pubblica utilità.

* Lettera soppressa dalla l. 7/8/2012, n. 134.

(1) Lettera introdotta dal d.l. 18/4/2019, n. 32, conv., con modif., dalla l. 14/6/2019, n. 55.

60. Emanazione di norme tecniche. – 1. Il Ministro per le infrastrutture e i trasporti, sentito il Consiglio superiore dei lavori pubblici che si avvale anche della collaborazione del Consiglio nazionale delle ricerche, predispone, modifica ed aggiorna le norme tecniche alle quali si uniformano le costruzioni di cui al capo secondo.

61. Abitati da consolidare. – 1. In tutti i territori comunali o loro parti, nei quali siano intervenuti od intervengano lo Stato o la regione per opere di consolidamento di abitato ai sensi della legge 9 luglio 1908, n. 445 e successive modificazioni ed integrazioni, nessuna opera e nessun lavoro, salvo quelli di manutenzione ordinaria o di rifinitura, possono essere eseguiti senza la preventiva autorizzazione del competente ufficio tecnico della regione.

2. Le opere di consolidamento, nei casi di urgenza riconosciuta con ordinanza del competente ufficio tecnico regionale o comunale, possono eccezionalmente essere intraprese anche prima della predetta autorizzazione, la quale comunque dovrà essere richiesta nel termine di cinque giorni dall'inizio dei lavori.

62. Utilizzazione di edifici. – 1. Il rilascio della licenza d'uso per gli edifici costruiti in cemento armato da parte dei comuni e l'attestazione di cui all'articolo 24, comma 1, sono condizionati all'esibizione di un certificato da rilasciarsi dall'ufficio tecnico della regione, che attesti la perfetta rispondenza dell'opera eseguita alle norme del capo quarto (1).

(1) Articolo modificato dal d.lg. 25/11/2016, n. 222 (in S.O. n. 52, relativo alla G.U. 26/11/2016, n. 277) con l'art. 3, co. 1, lett. x).

63. Opere pubbliche. – 1. Quando si tratti di opere eseguite dai soggetti di cui all'articolo 2 della legge 11 febbraio 1994, n. 109, le norme della presente parte si applicano solo nel caso in cui non sia diversamente disposto dalla citata legge n. 109

del 1994, dal decreto del Presidente della Repubblica 21 dicembre 1999, n. 544, dal decreto del Presidente della Repubblica 25 gennaio 2000, n. 34 e dal d.m. 19 aprile 2000 n. 145.

Capo II
Disciplina delle opere di conglomerato cementizio armato, normale e precompresso ed a struttura metallica

Sezione I
Adempimenti

64. Progettazione, direzione, esecuzione, responsabilità. – 1. La realizzazione delle opere di conglomerato cementizio armato, normale e precompresso ed a struttura metallica, deve avvenire in modo tale da assicurare la perfetta stabilità e sicurezza delle strutture e da evitare qualsiasi pericolo per la pubblica incolumità.

2. La costruzione delle opere di cui all'articolo 53, comma 1, deve avvenire in base ad un progetto esecutivo redatto da un tecnico abilitato, iscritto nel relativo albo, nei limiti delle proprie competenze stabilite dalle leggi sugli ordini e collegi professionali.

3. L'esecuzione delle opere deve aver luogo sotto la direzione di un tecnico abilitato, iscritto nel relativo albo, nei limiti delle proprie competenze stabilite dalle leggi sugli ordini e collegi professionali.

4. Il progettista ha la responsabilità diretta della progettazione di tutte le strutture dell'opera comunque realizzate.

5. Il direttore dei lavori e il costruttore, ciascuno per la parte di sua competenza, hanno la responsabilità della rispondenza dell'opera al progetto, dell'osservanza delle prescrizioni di esecuzione del progetto, della qualità dei materiali impiegati, nonché, per quanto riguarda gli elementi prefabbricati, della posa in opera.

65. Denuncia dei lavori di realizzazione e relazione a struttura ultimata di opere di conglomerato cementizio armato, normale e precompresso ed a struttura metallica. – 1. Le opere realizzate con materiali e sistemi costruttivi disciplinati dalle norme tecniche in vigore, prima del loro inizio, devono essere denunciate dal costruttore allo sportello unico tramite posta elettronica certificata (PEC) (1).

2. Nella denuncia devono essere indicati i nomi ed i recapiti del committente, del progettista delle strutture, del direttore dei lavori e del costruttore.

3. Alla denuncia devono essere allegati: a) il progetto dell'opera firmato dal progettista, dal quale risultino in modo chiaro ed esauriente le calcolazioni eseguite, l'ubicazione, il tipo, le dimensioni delle strutture, e quanto altro occorre per definire l'opera sia nei riguardi dell'esecuzione sia nei riguardi della conoscenza delle condizioni di sollecitazione b) una relazione illustrativa firmata dal progettista e dal direttore dei lavori, dalla quale risultino le caratteristiche, le qualità e le prestazioni dei materiali che verranno impiegati nella costruzione (1).

4. Lo sportello unico, tramite PEC, rilascia al costruttore, all'atto stesso della presentazione, l'attestazione dell'avvenuto deposito (1).

5. Anche le varianti che nel corso dei lavori si intendano introdurre alle opere di cui al comma 1, previste nel progetto originario, devono essere denunciate, prima di dare inizio alla loro esecuzione, allo sportello unico nella forma e con gli allegati previsti nel presente articolo.

6. Ultimate le parti della costruzione che incidono sulla stabilità della stessa, entro il termine di sessanta giorni, il direttore dei lavori deposita allo sportello unico una relazione sull'adempimento degli obblighi di cui ai commi 1, 2 e 3, allegando:

a) i certificati delle prove sui materiali impiegati emessi da laboratori di cui all'articolo 59;

b) per le opere in conglomerato armato precompresso, ogni indicazione inerente alla tesatura dei cavi ed ai sistemi di messa in coazione;

c) l'esito delle eventuali prove di carico, allegando le copie dei relativi verbali firmate per copia conforme (1).

7. All'atto della presentazione della relazione di cui al comma 6, lo sportello unico, tramite PEC, rilascia al direttore dei lavori l'attestazione dell'avvenuto deposito su una copia della relazione e provvede altresì a trasmettere tale relazione al competente ufficio tecnico regionale (1).

8. Il direttore dei lavori consegna al collaudatore la relazione, unitamente alla restante documentazione di cui al comma 6.

8-bis. Per gli interventi di cui all'articolo 94-bis, comma 1, lettera b), n. 2) e lettera c), n. 1), non si applicano le disposizioni di cui ai commi 6, 7 e 8 (2).

(1) Comma modificato dal d.l. 18/4/2019, n. 32 (in G.U. 18/4/2019, n. 92), conv., con modif., dalla l. 14/6/2019, n. 55 (in G.U. 17/06/2019, n. 140).

(2) Comma introdotto dal d.l. 18/4/2019, n. 32 (in G.U. 18/4/2019, n. 92), conv., con modif., dalla l. 14/6/2019, n. 55 (in G.U. 17/06/2019, n. 140).

66. Documenti in cantiere. – 1. Nei cantieri, dal giorno di inizio delle opere, di cui all'articolo 53, comma 1, a quello di ultimazione dei lavori, devono essere conservati gli atti indicati all'articolo 65, commi 3 e 4, datati e firmati anche dal costruttore e dal direttore dei lavori, nonché un apposito giornale dei lavori.

2. Della conservazione e regolare tenuta di tali documenti è responsabile il direttore dei lavori. Il direttore dei lavori è anche tenuto a vistare periodicamente, ed in particolare nelle fasi più importanti dell'esecuzione, il giornale dei lavori.

67. Collaudo statico. – 1. Tutte le costruzioni di cui all'articolo 53, comma 1, la cui sicurezza possa comunque interessare la pubblica incolumità devono essere sottoposte a collaudo statico, fatto salvo quanto previsto dal comma 8-bis (1).

2. Il collaudo deve essere eseguito da un ingegnere o da un architetto, iscritto all'albo da almeno dieci anni, che non sia intervenuto in alcun modo nella progettazione, direzione, esecuzione dell'opera.

3. Contestualmente alla denuncia prevista dall'articolo 65, il direttore dei lavori è tenuto a presentare presso lo sportello unico l'atto di nomina del collaudatore scelto dal committente e la contestuale dichiarazione di accettazione dell'incarico, corredati da certificazione attestante le condizioni di cui al comma 2.

4. Quando non esiste il committente ed il costruttore esegue in proprio, è fatto obbligo al costruttore di chiedere, anteriormente alla presentazione della denuncia di inizio dei lavori, all'ordine provinciale degli ingegneri o a quello degli architetti, la designazione di una terna di nominativi fra i quali sceglie il collaudatore.

5. Completata la struttura con la copertura dell'edificio, il direttore dei lavori ne dà comunicazione allo sportello unico e al collaudatore che ha 60 giorni di tempo per effettuare il collaudo.

6. In corso d'opera possono essere eseguiti collaudi parziali motivati da difficoltà tecniche e da complessità esecutive dell'opera, fatto salvo quanto previsto da specifiche disposizioni.

7. Il collaudatore redige, sotto la propria responsabilità, il certificato di collaudo che invia tramite posta elettronica certificata (PEC) al competente ufficio tecnico regionale e al committente, dandone contestuale comunicazione allo sportello unico. Il deposito del certificato di collaudo statico equi-

vale al certificato di rispondenza dell'opera alle norme tecniche per le costruzioni previsto dall'articolo 62 (2).

8. La segnalazione certificata è corredata da una copia del certificato di collaudo (1).

8-bis. Per gli interventi di riparazione e per gli interventi locali sulle costruzioni esistenti, come definiti dalla normativa tecnica, il certificato di collaudo è sostituito dalla dichiarazione di regolare esecuzione resa dal direttore dei lavori (3).

8-ter. Per gli interventi di cui all'articolo 94-bis, comma 1, lettera b), numero 2), e lettera c), numero 1), il certificato di collaudo è sostituito dalla dichiarazione di regolare esecuzione resa dal direttore dei lavori (4).

(1) Comma modificato dal d.lg. 25/11/2016, n. 222.

(2) Comma modificato dal d.lg. 25/11/2016, n. 222 e successivamente modificato dal d.l. 18/4/2019, n. 32, conv., con modif., dalla l. 14/6/2019, n. 55.

(3) Comma inserito dal d.lg. 25/11/2016, n. 222.

(4) Comma introdotto dal d.l. 18/4/2019, n. 32, conv., con modif., dalla l. 14/6/2019, n. 55.

Sezione II
Vigilanza

68. Controlli. – 1. Il dirigente o il responsabile del competente ufficio comunale, nel cui territorio vengono realizzate le opere indicate nell'articolo 53, comma 1, ha il compito di vigilare sull'osservanza degli adempimenti preposti dal presente testo unico: a tal fine si avvale dei funzionari ed agenti comunali.

2. Le disposizioni del precedente comma non si applicano alle opere costruite per conto dello Stato e per conto delle regioni, delle province e dei comuni, aventi un ufficio tecnico con a capo un ingegnere.

69. Accertamenti delle violazioni. – 1. I funzionari e agenti comunali che accertino l'inosservanza degli adempimenti previsti nei precedenti articoli, redigono processo verbale che, a cura del dirigente o responsabile del competente ufficio comunale, verrà inoltrato all'Autorità giudiziaria competente ed all'ufficio tecnico della regione per i provvedimenti di cui all'articolo 70.

70. Sospensione dei lavori. – 1. Il dirigente dell'ufficio tecnico regionale, ricevuto il processo verbale redatto a norma dell'articolo 69 ed eseguiti gli opportuni accertamenti, ordina, con decreto notificato a mezzo di messo comunale, al committente, al direttore dei lavori e al costruttore la sospensione dei lavori.

2. I lavori non possono essere ripresi finché il dirigente dell'ufficio tecnico regionale non abbia accertato che sia stato provveduto agli adempimenti previsti dal presente capo.

3. Della disposta sospensione è data comunicazione al dirigente del competente ufficio comunale perché ne curi l'osservanza.

Sezione III
Norme Penali

71. Lavori abusivi. – 1. Chiunque commette, dirige e, in qualità di costruttore, esegue le opere previste dal presente capo, o parti di esse, in violazione dell'articolo 64, commi 2, 3 e 4, è punito con l'arresto fino a tre mesi o con l'ammenda da 103 a 1032 euro.

2. È soggetto alla pena dell'arresto fino ad un anno, o dell'ammenda da 1032 a 10329 euro, chi produce in serie manufatti in conglomerato armato normale o precompresso o manufatti complessi in metalli senza osservare le disposizioni dell'articolo 58.

72. Omessa denuncia dei lavori. – 1. Il costruttore che omette o ritarda la denuncia prevista dall'articolo 65 è punito con l'arresto fino a tre mesi o con l'ammenda da 103 a 1032 euro.

73. Responsabilità del direttore dei lavori. – 1. Il direttore dei lavori che non ottempera alle prescrizioni indicate nell'articolo 66 è punito con l'ammenda da 41 a 206 euro. 2. Alla stessa pena soggiace il direttore dei lavori che omette o ritarda la presentazione al competente ufficio tecnico regionale della relazione indicata nell'articolo 65, comma 6.

74. Responsabilità del collaudatore. – 1. Il collaudatore che non osserva gli obblighi di cui all'articolo 67, comma 5, è punito con l'ammenda da 51 a 516 euro.

75. Mancanza del certificato di collaudo. – 1. Chiunque consente l'utilizzazione delle costruzioni prima del rilascio del certificato di collaudo è punito con l'arresto fino ad un mese o con l'ammenda da 103 a 1032 euro.

76. Comunicazione della sentenza. – 1. La sentenza irrevocabile, emessa in base alle precedenti disposizioni, deve essere comunicata, a cura del cancelliere, entro quindici giorni da quello in cui è divenuta irrevocabile, al comune e alla regione interessata ed al consiglio provinciale dell'ordine professionale, cui eventualmente sia iscritto l'imputato.

Capo III
Disposizioni per favorire il superamento e l'eliminazione delle barriere architettoniche negli edifici privati, pubblici e privati aperti al pubblico

Sezione I
Eliminazione delle barriere architettoniche negli edifici privati

77. Progettazione di nuovi edifici e ristrutturazione di interi edifici. – 1. I progetti relativi alla costruzione di nuovi edifici privati, ovvero alla ristrutturazione di interi edifici, ivi compresi quelli di edilizia residenziale pubblica, sovvenzionata ed agevolata, sono redatti in osservanza delle prescrizioni tecniche previste dal comma 2.

2. Il Ministro delle infrastrutture e dei trasporti fissa con decreto, adottato ai sensi dell'articolo 52, le prescrizioni tecniche necessarie a garantire l'accessibilità, l'adattabilità e la visitabilità degli edifici privati e di edilizia residenziale pubblica, sovvenzionata ed agevolata.

3. La progettazione deve comunque prevedere:

a) accorgimenti tecnici idonei alla installazione di meccanismi per l'accesso ai piani superiori, ivi compresi i servoscala;

b) idonei accessi alle parti comuni degli edifici e alle singole unità immobiliari;

c) almeno un accesso in piano, rampe prive di gradini o idonei mezzi di sollevamento;

d) l'installazione, nel caso di immobili con più di tre livelli fuori terra, di un ascensore per ogni scala principale raggiungibile mediante rampe prive di gradini.

4. È fatto obbligo di allegare al progetto la dichiarazione del professionista abilitato di conformità degli elaborati alle disposizioni adottate ai sensi del presente capo.

5. I progetti di cui al comma 1 che riguardano immobili vincolati ai sensi del decreto legislativo 29 ottobre 1999, n. 490, devono essere approvati dalla competente autorità di tutela, a norma degli articoli 23 e 151 del medesimo decreto legislativo.

78. Deliberazioni sull'eliminazione delle barriere architettoniche. – 1. Le deliberazioni che hanno per oggetto le innovazioni da attuare negli edifici privati dirette ad eliminare le barriere architettoniche di cui all'articolo 27, primo comma, della legge 30 marzo 1971, n. 118, ed all'articolo 1 del decreto del Presidente della Repubblica 24 luglio 1996, n. 503, nonché la realizzazione di percorsi attrezzati e la installazione di dispositivi di segnalazione atti a favorire la mobilità dei ciechi all'interno degli edifici privati, sono approvate dall'assemblea del condominio, in prima o in seconda convocazione, con le maggioranze previste dall'articolo 1136, secondo e terzo comma, del codice civile.

2. Nel caso in cui il condominio rifiuti di assumere, o non assuma entro tre mesi dalla richiesta fatta per iscritto, le deliberazioni di cui al comma 1, i portatori di handicap, ovvero chi ne esercita la tutela o la potestà di cui al titolo IX del libro primo del codice civile, possono installare, a proprie spese, servoscala nonché strutture mobili e facilmente rimovibili e possono anche modificare l'ampiezza delle porte d'accesso, al fine di rendere più agevole l'accesso agli edifici, agli ascensori e alle rampe delle autorimesse.

3. Resta fermo quanto disposto dagli articoli 1120, secondo comma, e 1121, terzo comma, del codice civile.

79. Opere finalizzate all'eliminazione delle barriere architettoniche realizzate in deroga ai regolamenti edilizi. – 1. Le opere di cui all'articolo 78 possono essere realizzate in deroga alle norme sulle distanze previste dai regolamenti edilizi, anche per i cortili e le chiostrine interni ai fabbricati o comuni o di uso comune a più fabbricati.

2. È fatto salvo l'obbligo di rispetto delle distanze di cui agli articoli 873 e 907 del codice civile nell'ipotesi in cui tra le opere da realizzare e i fabbricati alieni non sia interposto alcuno spazio o alcuna area di proprietà o di uso comune.

80. Rispetto delle norme antisismiche, antincendio e di prevenzione degli infortuni. – 1. Fermo restando l'obbligo del preavviso e dell'invio del progetto alle competenti autorità a norma dell'articolo 94, l'esecuzione delle opere edilizie di cui all'articolo 78, da realizzare in ogni caso nel rispetto delle norme antisismiche, di prevenzione degli incendi e degli infortuni, non è soggetta alla autorizzazione di cui all'articolo 94. L'esecuzione non conforme alla normativa richiamata al comma 1 preclude il collaudo delle opere realizzate.

81. Certificazioni. – 1. Alle domande ovvero alle comunicazioni al dirigente o responsabile del competente ufficio comunale relative alla realizzazione di interventi di cui al presente capo è allegato certificato medico in carta libera attestante l'handicap e dichiarazione sostitutiva dell'atto di notorietà, ai sensi dell'art. 47 del decreto del Presidente della Repubblica 28 dicembre 2000, n. 445, recante il testo unico delle disposizioni legislative e regolamentari in materia di documentazione amministrativa, dalla quale risultino l'ubicazione della propria abitazione, nonché le difficoltà di accesso.

Sezione II

Eliminazione o superamento delle barriere architettoniche negli edifici pubblici e privati aperti al pubblico

82. Eliminazione o superamento delle barriere architettoniche negli edifici pubblici e privati aperti al pubblico. – 1. Tutte le opere edilizie riguardanti edifici pubblici e privati aperti al pubblico che sono suscettibili di limitare l'accessibilità e la visitabilità di cui alla sezione prima del presente capo, sono eseguite in conformità alle disposizioni di cui alla legge 30 marzo 1971, n. 118, e successive modificazioni, alla sezione prima del presente capo, al regolamento approvato con decreto del Presidente della Repubblica 24 luglio 1996, n. 503, recante norme per l'eliminazione delle barriere architettoniche, e al decreto del Ministro dei lavori pubblici 14 giugno 1989, n. 236.

2. Per gli edifici pubblici e privati aperti al pubblico soggetti ai vincoli di cui al decreto legislativo 29 ottobre 1999, n. 490, nonché ai vincoli previsti da leggi speciali aventi le medesime finalità, nel caso di mancato rilascio del nulla osta da parte delle autorità competenti alla tutela del vincolo, la conformità alle norme vigenti in materia di accessibilità e di superamento delle barriere architettoniche può essere realizzata con opere provvisionali, come definite dall'articolo 7 del decreto del Presidente della Repubblica 7 gennaio 1956, n. 164, sulle quali sia stata acquisita l'approvazione delle predette autorità.

3. Alle comunicazioni allo sportello unico dei progetti di esecuzione dei lavori riguardanti edifici pubblici e aperti al pubblico, di cui al comma 1, rese ai sensi dell'articolo 22, sono allegate una documentazione grafica e una dichiarazione di conformità alla normativa vigente in materia di accessibilità e di superamento delle barriere architettoniche, anche ai sensi del comma 2 del presente articolo.

4. Il rilascio del permesso di costruire per le opere di cui al comma 1 è subordinato alla verifica della conformità del progetto compiuta dall'ufficio tecnico o dal tecnico incaricato dal comune. Il comune, nell'ambito dei controlli della segnalazione certificata di cui all'articolo 24, per le opere di cui al comma 1, deve accertare che le opere siano state realizzate nel rispetto delle disposizioni vigenti in materia di eliminazione delle barriere architettoniche (1).

5. La richiesta di modifica di destinazione d'uso di edifici in luoghi pubblici o aperti al pubblico è accompagnata dalla dichiarazione di cui al comma 3. I controlli della segnalazione certificata di cui all'articolo 24 prevedono la verifica della dichiarazione allo stato dell'immobile (1).

6. Tutte le opere realizzate negli edifici pubblici e privati aperti al pubblico in difformità dalle disposizioni vigenti in materia di accessibilità e di eliminazione delle barriere architettoniche, nelle quali le difformità siano tali da rendere impossibile l'utilizzazione dell'opera da parte delle persone handicappate, sono dichiarate inagibili.

7. Il progettista, il direttore dei lavori, il responsabile tecnico degli accertamenti per l'agibilità ed il collaudatore, ciascuno per la propria competenza, sono direttamente responsabili, relativamente ad opere eseguite dopo l'entrata in vigore della legge 5 febbraio 1992, n. 104, delle difformità che siano tali da rendere impossibile l'utilizzazione dell'opera da parte delle persone handicappate. Essi sono puniti con l'ammenda da 5164 a 25822 euro e con la sospensione dai rispettivi albi professionali per un periodo compreso da uno a sei mesi.

8. I piani di cui all'articolo 32, comma 21, della legge n. 41 del 1986, sono modificati con integrazioni relative all'accessibilità degli spazi urbani, con particolare riferimento all'individuazione e alla realizzazione di percorsi accessibili, all'installazione di semafori acustici per non vedenti, alla rimozione della segnaletica installata in modo da ostacolare la circolazione delle persone handicappate.

9. I comuni adeguano i propri regolamenti edilizi alle disposizioni di cui all'articolo 27 della citata legge n. 118 del 1971, all'articolo 2 del citato regolamento approvato con decreto del Presidente della Repubblica n. 384 del 1978, alle disposizioni di cui alla sezione prima del presente capo, e al citato decreto del Ministro dei lavori pubblici 14 giugno 1989, n. 236. Le norme dei regolamenti edilizi comunali contrastanti con le disposizioni del presente articolo perdono efficacia.

(1) Comma modificato dal d.lg. 25/11/2016, n. 222.

Capo IV
Provvedimenti per le costruzioni con particolari prescrizioni per le zone sismiche

Sezione I
Norme per le costruzioni in zone sismiche

83. Opere disciplinate e gradi di sismicità. – 1. Tutte le costruzioni la cui sicurezza possa comunque interessare la pubblica incolumità, da realizzarsi in zone dichiarate sismiche ai sensi dei commi 2 e 3 del presente articolo, sono disciplinate, oltre che dalle disposizioni di cui all'articolo 52, da specifiche norme tecniche emanate, anche per i loro aggiornamenti, con decreti del Ministro per le infrastrutture ed i trasporti, di concerto con il Ministro per l'interno, sentiti il Consiglio superiore dei lavori pubblici, il Consiglio nazionale delle ricerche e la Conferenza unificata.

2. Con decreto del Ministro per le infrastrutture ed i trasporti, di concerto con il Ministro per l'interno, sentiti il Consiglio superiore dei lavori pubblici, il Consiglio nazionale delle ricerche e la Conferenza unificata, sono definiti i criteri generali per l'individuazione delle zone sismiche e dei relativi valori differenziati del grado di sismicità da prendere a base per la determinazione delle azioni sismiche e di quant'altro specificato dalle norme tecniche.

3. Le regioni, sentite le province e i comuni interessati, provvedono alla individuazione delle zone dichiarate sismiche agli effetti del presente capo, alla formazione e all'aggiornamento degli elenchi delle medesime zone e dei valori attribuiti ai gradi di sismicità, nel rispetto dei criteri generali di cui al comma 2.

84. Contenuto delle norme tecniche. – 1. Le norme tecniche per le costruzioni in zone sismiche di cui all'articolo 83, da adottare sulla base dei criteri generali indicati dagli articoli successivi e in funzione dei diversi gradi di sismicità, definiscono:

a) l'altezza massima degli edifici in relazione al sistema costruttivo, al grado di sismicità della zona ed alle larghezze stradali;

b) le distanze minime consentite tra gli edifici e giunzioni tra edifici contigui;

c) le azioni sismiche orizzontali e verticali da tenere in conto del dimensionamento degli elementi delle costruzioni e delle loro giunzioni;

d) il dimensionamento e la verifica delle diverse parti delle costruzioni;

e) le tipologie costruttive per le fondazioni e le parti in elevazione.

2. Le caratteristiche generali e le proprietà fisico-meccaniche dei terreni di fondazione, e cioè dei terreni costituenti il sottosuolo fino alla profondità alla quale le tensioni indotte dal manufatto assumano valori significativi ai fini delle deformazioni e della stabilità dei terreni medesimi, devono essere esaurientemente accertate.

3. Per le costruzioni su pendii gli accertamenti devono essere convenientemente estesi al di fuori del-l'area edificatoria per rilevare tutti i fattori occorrenti per valutare le condizioni di stabilità dei pendii medesimi.

4. Le norme tecniche di cui al comma 1 potranno stabilire l'entità degli accertamenti in funzione della morfologia e della natura dei terreni e del grado di sismicità.

85. Azioni sismiche. – 1. L'edificio deve essere progettato e costruito in modo che sia in grado di resistere alle azioni verticali e orizzontali, ai momenti torcenti e ribaltanti indicati rispettivamente alle successive lettere a), b), c) e d) e definiti dalle norme tecniche di cui all'articolo 83:

a) azioni verticali: non si tiene conto in genere delle azioni sismiche verticali; per le strutture di grande luce o di particolare importanza, agli effetti di dette azioni, deve svolgersi una opportuna analisi dinamica teorica o sperimentale;

b) azioni orizzontali: le azioni sismiche orizzontali si schematizzano attraverso l'introduzione di due sistemi di forze orizzontali agenti non contemporaneamente secondo due direzioni ortogonali;

c) momenti torcenti: ad ogni piano deve essere considerato il momento torcente dovuto alle forze orizzontali agenti ai piani sovrastanti e in ogni caso non minore dei valori da determinarsi secondo le indicazioni riportate dalle norme tecniche di cui all'articolo 83;

d) momenti ribaltanti: per le verifiche dei pilastri e delle fondazioni gli sforzi normali provocati dall'effetto ribaltante delle azioni sismiche orizzontali devono essere valutati secondo le indicazioni delle norme tecniche di cui all'articolo 83.

86. Verifica delle strutture. – 1. L'analisi delle sollecitazioni dovute alle azioni sismiche di cui all'articolo 85 è effettuata tenendo conto della ripartizione di queste fra gli elementi resistenti dell'intera struttura.

2. Si devono verificare detti elementi resistenti per le possibili combinazioni degli effetti sismici con tutte le altre azioni esterne, senza alcuna riduzione dei sovraccarichi, ma con l'esclusione dell'azione del vento.

87. Verifica delle fondazioni. – 1. I calcoli di stabilità del complesso terreno-opera di fondazione si eseguono con i metodi ed i procedimenti della geotecnica, tenendo conto, tra le forze agenti, delle azioni sismiche orizzontali applicate alla costruzione e valutate come specificato dalle norme tecniche di cui all'articolo 83.

88. Deroghe. – 1. Possono essere concesse deroghe all'osservanza delle norme tecniche, di cui al precedente articolo 83, dal Ministro per le infrastrutture e i trasporti, previa apposita istruttoria da parte dell'ufficio periferico competente e parere favorevole del Consiglio superiore dei lavori pubblici, quando sussistano ragioni particolari, che ne impediscano in tutto o in parte l'osservanza, dovute all'esigenza di salvaguardare le caratteristiche ambientali dei centri storici.

2. La possibilità di deroga deve essere prevista nello strumento urbanistico generale e le singole deroghe devono essere confermate nei piani particolareggiati.

89. Parere sugli strumenti urbanistici. – 1. Tutti i comuni nei quali sono applicabili le norme di cui alla presente sezione e quelli di cui all'articolo 61, devono richiedere il parere del competente ufficio tecnico regionale sugli strumenti urbanistici generali e particolareggiati prima della delibera di adozione nonché sulle lottizzazioni convenzionate prima della delibera di approvazione, e loro varianti ai fini della verifica della compatibilità delle rispettive previsioni con le condizioni geomorfologiche del territorio.

2. Il competente ufficio tecnico regionale deve pronunciarsi entro sessanta giorni dal ricevimento della richiesta dell'amministrazione comunale.

3. In caso di mancato riscontro entro il termine di cui al comma 2 il parere deve intendersi reso in senso negativo.

90. Sopraelevazioni. – 1. È consentita, nel rispetto degli strumenti urbanistici vigenti:

a) la sopraelevazione di un piano negli edifici in muratura, purché nel complesso la costruzione risponda alle prescrizioni di cui al presente capo;

b) la sopraelevazione di edifici in cemento armato normale e precompresso, in acciaio o a pannelli portanti, purché il complesso della struttura sia conforme alle norme del presente testo unico.

2. L'autorizzazione è consentita previa certificazione del competente ufficio tecnico regionale che specifichi il numero massimo di piani che è possibile realizzare in sopraelevazione e l'idoneità della struttura esistente a sopportare il nuovo carico.

91. Riparazioni. – 1. Le riparazioni degli edifici debbono tendere a conseguire un maggiore grado di sicurezza alle azioni sismiche di cui ai precedenti articoli.

2. I criteri sono fissati nelle norme tecniche di cui all'articolo 83.

92. Edifici di speciale importanza artistica. – 1. Per l'esecuzione di qualsiasi lavoro di natura antisismica in edifici o manufatti di carattere monumentale o aventi, comunque, interesse archeologico, storico o artistico, siano essi pubblici o di privata proprietà, restano ferme le disposizioni di cui al decreto legislativo 29 ottobre 1999, n. 490.

Sezione II
Vigilanza sulle costruzioni in zone sismiche

93. Denuncia dei lavori e presentazione dei progetti di costruzioni in zone sismiche. – 1. Nelle zone sismiche di cui all'articolo 83, chiunque intenda procedere a costruzioni, riparazioni e sopraelevazioni, è tenuto a darne preavviso scritto allo sportello unico, che provvede a trasmetterne copia al competente ufficio tecnico della regione, indicando il proprio domicilio, il nome e la residenza del progettista, del direttore dei lavori e dell'appaltatore.

2. Alla domanda deve essere allegato il progetto, in doppio esemplare e debitamente firmato da un ingegnere, architetto, geometra o perito edile iscritto nell'albo, nei limiti delle rispettive competenze, nonché dal direttore dei lavori.

3. Il contenuto minimo del progetto è determinato dal competente ufficio tecnico della regione. In ogni caso il progetto deve essere esauriente per planimetria, piante, prospetti e sezioni, relazione tecnica e accompagnato dagli altri elaborati previsti dalle norme tecniche (1).

4. I progetti relativi ai lavori di cui al presente articolo sono accompagnati da una dichiarazione del progettista che asseveri il rispetto delle norme tecniche per le costruzioni e la coerenza tra il progetto esecutivo riguardante le strutture e quello architettonico, nonché il rispetto delle eventuali prescrizioni sismiche contenute negli strumenti di pianificazione urbanistica (1).

5. Per tutti gli interventi il preavviso scritto con il contestuale deposito del progetto e dell'asseverazione di cui al comma 4, è valido anche agli effetti della denuncia dei lavori di cui all'articolo 65 (1).

6. In ogni comune deve essere tenuto un registro delle denunzie dei lavori di cui al presente articolo.

7. Il registro deve essere esibito, costantemente aggiornato, a semplice richiesta, ai funzionari, ufficiali ed agenti indicati nell'articolo 103.

(1) Il d.l. 18/4/2019, n. 32 (in G.U. 18/4/2019, n. 92), conv., con modif., dalla l. 14/6/2019, n. 55 (in G.U. 17/06/2019, n. 140), ha disposto (con l'art. 3, co. 1, lett. c)) la modifica dell'art. 93, co. 3, 4 e 5.

94. Autorizzazione per l'inizio dei lavori. – 1. Fermo restando l'obbligo del titolo abilitativo all'intervento edilizio, nelle località sismiche, ad eccezione di quelle a bassa sismicità all'uopo indicate nei decreti di cui all'articolo 83, non si possono iniziare lavori senza preventiva autorizzazione scritta del competente ufficio tecnico della regione.

2. L'autorizzazione è rilasciata entro trenta giorni dalla richiesta (1).

2-bis. Decorso inutilmente il termine per l'adozione del provvedimento conclusivo, ove il dirigente o il responsabile dell'ufficio non abbia opposto motivato diniego, sulla domanda di autorizzazione si intende formato il silenzio assenso. Fermi restando gli effetti comunque prodotti dal silenzio assenso ai sensi del primo periodo, lo sportello unico per l'edilizia rilascia, anche in via telematica, entro quindici giorni dalla richiesta dell'interessato, un'attestazione circa il decorso dei termini del procedimento, in assenza di richieste di integrazione documentale o istruttorie inevase e di provvedimenti di diniego; altrimenti, nello stesso termine, comunica all'interessato che tali atti sono intervenuti (2).

(1) Comma modificato dal d.l. 14/12/2018, n. 135 (in G.U. 14/12/2018, n. 290), conv., con modif., dalla l. 11/2/2019, n. 12 (in G.U. 12/2/2019, n. 36) e successivamente nuovamente modificato dall'art. 10 del d.l. 16/7/2020, n. 76, conv., con modif., dalla l. 11/9/2020, n. 120 (in S.O. n. 33, relativo alla G.U. 14/9/2020, n. 228).

(2) Comma introdotto dall'art. 10, co. 1, lett. p-ter), d.l. 16/7/2020, n. 76, conv., con modif., dalla l. 11/9/2020, n. 120 (in S.O. n. 33, relativo alla G.U. 14/9/2020, n. 228).

94 bis. Disciplina degli interventi strutturali in zone sismiche (1). – 1. Ai fini dell'applicazione delle disposizioni di cui ai capi I, II e IV della parte seconda del presente testo unico, sono considerati, nel rispetto di quanto previsto agli articoli 52 e 83:

a) interventi "rilevanti" nei riguardi della pubblica incolumità:

1) gli interventi di adeguamento o miglioramento sismico di costruzioni esistenti nelle località sismiche ad alta sismicità (zona 1) e a media sismicità (zona 2, limitatamente a valori di accelerazione compresi fra 0,20 g e 0,25 g);

2) le nuove costruzioni che si discostino dalle usuali tipologie o che per la loro particolare complessità strutturale richiedano più articolate calcolazioni e verifiche situate nelle località sismiche, ad eccezione di quelle a bassa sismicità;

3) gli interventi relativi ad edifici di interesse strategico e alle opere infrastrutturali la cui funzionalità durante gli eventi sismici assume rilievo fondamentale per le finalità di protezione civile, nonché relativi agli edifici e alle opere infrastrutturali che possono assumere rilevanza in relazione alle conseguenze di un loro eventuale collasso situati nelle località sismiche, ad eccezione di quelle a bassa sismicità;

b) interventi di "minore rilevanza" nei riguardi della pubblica incolumità:

1) gli interventi di adeguamento o miglioramento sismico di costruzioni esistenti nelle località sismiche a media sismicità (zona 2, limitatamente a valori di ag compresi fra 0,15 g e 0,20 g) e zona 3);

2) le riparazioni e gli interventi locali sulle costruzioni esistenti compresi gli edifici e le opere infrastrutturali di cui alla lettera a), numero 3);

3) le nuove costruzioni che non rientrano nella fattispecie di cui alla lettera a), n. 2);

3-bis) le nuove costruzioni appartenenti alla classe di costruzioni con presenza solo occasionale di persone e edifici agricoli di cui al punto 2.4.2 del decreto del Ministro delle infrastrutture e dei trasporti del 17 gennaio 2018;

c) interventi "privi di rilevanza" nei riguardi della pubblica incolumità:

1) gli interventi che, per loro caratteristiche intrinseche e per destinazione d'uso, non costituiscono pericolo per la pubblica incolumità (2).

2. Per i medesimi fini del comma 1, il Ministero delle infrastrutture e dei trasporti, d'intesa con la Conferenza Unificata di cui all'articolo 8 del decreto legislativo 28 agosto 1997, n. 281, definisce, entro sessanta giorni dalla data di entrata in

vigore della legge di conversione del decreto-legge 18 aprile 2019, n. 32, le linee guida per l'individuazione, dal punto di vista strutturale, degli interventi di cui al medesimo comma 1, nonché delle varianti di carattere non sostanziale per le quali non occorre il preavviso di cui all'articolo 93. Nelle more dell'emanazione delle linee guida, le regioni possono confermare le disposizioni vigenti. Le elencazioni riconducibili alle categorie di interventi di minore rilevanza o privi di rilevanza, già adottate dalle regioni, possono rientrare nelle medesime categorie di interventi di cui al comma 1, lettere b) e c). A seguito dell'emanazione delle linee guida, le regioni adottano specifiche elencazioni di adeguamento alle stesse.

3. Fermo restando l'obbligo del titolo abilitativo all'intervento edilizio, non si possono iniziare lavori relativi ad interventi "rilevanti", di cui al comma 1, lettera a), senza preventiva autorizzazione scritta del competente ufficio tecnico della regione, in conformità all'articolo 94.

4. Fermo restando l'obbligo del titolo abilitativo all'intervento edilizio, e in deroga a quanto previsto all'articolo 94, comma 1, le disposizioni di cui al comma 3 non si applicano per lavori relativi ad interventi di "minore rilevanza" o "privi di rilevanza" di cui al comma 1, lettera b) o lettera c).

5. Per gli stessi interventi, non soggetti ad autorizzazione preventiva, le regioni possono istituire controlli anche con modalità a campione.

6. Restano ferme le procedure di cui agli articoli 65 e 67, comma 1, del presente testo unico.

(1) Articolo introdotto dall'art. 3, co. 1, lett. d), d.l. 18/4/2019, n. 32 (in G.U. 18/4/2019, n. 92), conv., con modif., dalla l. 14/6/2019, n. 55 (in G.U. 17/6/2019, n. 140).

(2) Comma modificato dall'art. 9-quater, co. 1, lett. a), d.lg. 24/10/2019, n. 123.

Sezione III
Repressione delle violazioni

95. Sanzioni penali. – 1. Chiunque violi le prescrizioni contenute nel presente capo e nei decreti interministeriali di cui agli articoli 52 e 83 è punito con l'ammenda da L. 400.000 a L. 20.000.000.

96. Accertamento delle violazioni. – 1. I funzionari, gli ufficiali ed agenti indicati all'articolo 103, appena accertato un fatto costituente violazione delle presenti norme, compilano processo verbale trasmettendolo immediatamente al competente ufficio tecnico della regione.

2. Il dirigente dell'ufficio tecnico regionale, previi, occorrendo, ulteriori accertamenti di carattere tecnico, trasmette il processo verbale all'autorità giudiziaria competente con le sue deduzioni.

97. Sospensione dei lavori. – 1. Il dirigente del competente ufficio tecnico della regione, contemporaneamente agli adempimenti di cui all'articolo 96, ordina, con decreto motivato, notificato a mezzo di messo comunale, al proprietario, nonché al direttore o appaltatore od esecutore delle opere, la sospensione dei lavori.

2. Copia del decreto è comunicata al dirigente o responsabile del competente ufficio comunale ai fini dell'osservanza dell'ordine di sospensione.

3. L'ufficio territoriale del governo, su richiesta del dirigente dell'ufficio di cui al comma 1, assicura l'intervento della forza pubblica, ove ciò sia necessario per l'esecuzione dell'ordine di sospensione.

4. L'ordine di sospensione produce i suoi effetti sino alla data in cui la pronuncia dell'autorità giudiziaria diviene irrevocabile.

98. Procedimento penale. – 1. Il dirigente del competente ufficio tecnico della regione, contemporaneamente agli adempimenti di cui all'articolo 96, ordina, con decreto motivato, notificato a mezzo di messo comunale, al proprietario, nonché al direttore o appaltatore od esecutore delle opere, la sospensione dei lavori.

2. Copia del decreto è comunicata al dirigente o responsabile del competente ufficio comunale ai fini dell'osservanza dell'ordine di sospensione.

3. L'ufficio territoriale del governo, su richiesta del dirigente dell'ufficio di cui al comma 1, assicura l'intervento della forza pubblica, ove ciò sia necessario per l'esecuzione dell'ordine di sospensione.

4. L'ordine di sospensione produce i suoi effetti sino alla data in cui la pronuncia dell'autorità giudiziaria diviene irrevocabile.

99. Esecuzione d'ufficio. – 1. Qualora il condannato non ottemperi all'ordine o alle prescrizioni di cui all'articolo 98, dati con sentenza irrevocabile o con decreto esecutivo, il competente ufficio tecnico della regione provvede, se del caso con l'assistenza della forza pubblica, a spese del condannato.

100. Competenza della Regione. – 1. Qualora il reato sia estinto per qualsiasi causa, la Regione ordina, con provvedimento definitivo, sentito l'organo tecnico consultivo della regione, la demolizione delle opere o delle parti di esse eseguite in violazione delle norme del presente capo e delle norme tecniche di cui agli articoli 52 e 83, ovvero l'esecuzione di modifiche idonee a renderle conformi alle norme stesse.

2. In caso di inadempienza si applica il disposto dell'articolo 99.

101. Comunicazione del provvedimento al competente ufficio tecnico della regione. – 1. Copia della sentenza irrevocabile o del decreto esecutivo emessi in base alle precedenti disposizioni deve essere comunicata, a cura del cancelliere, al competente ufficio tecnico della regione entro quindici giorni da quello in cui la sentenza è divenuta irrevocabile o il decreto è diventato esecutivo.

102. Modalità per l'esecuzione d'ufficio. – 1. Per gli adempimenti di cui all'articolo 99 le regioni iscrivono annualmente in bilancio una somma non inferiore a 25822 euro.

2. Al recupero delle somme erogate su tale fondo per l'esecuzione di lavori di demolizione di opere in contravvenzione alle norme tecniche di cui al presente capo, si provvede a mezzo del competente ufficio comunale, in base alla liquidazione dei lavori stessi fatta dal competente ufficio tecnico della regione.

3. La riscossione delle somme dai contravventori, per il titolo suindicato e con l'aumento dell'aggio spettante al concessionario, è fatta mediante ruoli esecutivi.

4. Il versamento delle somme stesse è fatto con imputazione ad apposito capitolo del bilancio dell'entrata.

103. Vigilanza per l'osservanza delle norme tecniche. – 1. Nelle località di cui all'articolo 61 e in quelle sismiche di cui all'articolo 83 gli ufficiali di polizia giudiziaria, gli ingegneri e geometri degli uffici tecnici delle amministrazioni statali e degli uffici tecnici regionali, provinciali e comunali, le guardie doganali e forestali, gli ufficiali e sottufficiali del Corpo nazionale dei vigili del fuoco e in generale tutti gli agenti giurati a servizio dello Stato, delle province e dei comuni sono tenuti ad accertare che chiunque inizi costruzioni, riparazioni e sopraelevazioni sia in possesso dell'autorizzazione rilasciata dal competente ufficio tecnico della regione a norma degli articoli 61 e 94.

2. I funzionari di detto ufficio debbono altresì accertare se le costruzioni, le riparazioni e ricostruzioni procedano in conformità delle presenti norme. Ai fini dell'esercizio dell'attività prevista dal presente articolo, sono individuati come prioritari i lavori avviati o effettuati sulla base di autorizzazione rilasciata secondo le modalità di cui all'articolo 94, comma 2-bis (1).

3. Eguale obbligo spetta agli ingegneri e geometri degli uffici tecnici succitati quando accedano per altri incarichi qualsiasi nei comuni danneggiati, compatibilmente coi detti incarichi.

(1) Comma modificato dall'art. 10, co. 1, lett. p-quater), d.lg. 16/7/2020, n. 76, conv., con modif., dalla l. 11/9/2020, n. 120.

Sezione IV
Disposizioni finali

104. Costruzioni in corso in zone sismiche di nuova classificazione. – 1. Tutti coloro che in una zona sismica di nuova classificazione abbiano iniziato una costruzione prima dell'entrata in vigore del provvedimento di classificazione sono tenuti a farne denuncia, entro quindici giorni dall'entrata in vigore del provvedimento di classificazione, al competente ufficio tecnico della regione.

2. L'ufficio tecnico della regione, entro 30 giorni dalla ricezione della denunzia, accerta la conformità del progetto alle norme tecniche di cui all'articolo 83 e l'idoneità della parte già legittimamente realizzata a resistere all'azione delle possibili azioni sismiche.

3. Nel caso in cui l'accertamento di cui al comma 2 dia esito positivo, l'ufficio tecnico autorizza la prosecuzione della costruzione che deve, in ogni caso, essere ultimata entro due anni dalla data del provvedimento di classificazione; nel caso in cui la costruzione possa essere resa conforme alla normativa tecnica vigente mediante le opportune modifiche del progetto, l'autorizzazione può anche essere rilasciata condizionatamente all'impegno del costruttore di apportare le modifiche necessarie. In tal caso l'ufficio tecnico regionale rilascia apposito certificato al denunciante, inviandone copia al dirigente o responsabile del competente ufficio comunale per i necessari provvedimenti.

4. La Regione può, per edifici pubblici e di uso pubblico, stabilire, ove occorra, termini di ultimazione superiori ai due anni di cui al comma 3.

5. Qualora l'accertamento di cui al comma 2 dia esito negativo e non sia possibile intervenire con modifiche idonee a rendere conforme il progetto o la parte già realizzata alla normativa tecnica vigente, il dirigente dell'ufficio tecnico annulla la concessione ed ordina la demolizione di quanto già costruito.

6. In caso di violazione degli obblighi stabiliti nel presente articolo si applicano le disposizioni della parte II, capo IV, sezione III del presente testo unico.

105. Costruzioni eseguite col sussidio dello Stato. – 1. L'inosservanza delle norme del presente capo, nel caso di edifici per i quali sia stato già concesso il sussidio dello Stato, importa, oltre alle sanzioni penali, anche la decadenza dal beneficio statale, qualora l'interessato non si sia attenuto alle prescrizioni di cui al presente capo.

106. Esenzione per le opere eseguite dal genio militare. – 1. Per le opere che si eseguono a cura del genio militare l'osservanza delle disposizioni di cui alle sezioni II e III del presente capo è assicurata dall'organo all'uopo individuato dal Ministero della difesa.

Capo V
Norme per la sicurezza degli impianti

107. Ambito di applicazione. – *1. Sono soggetti all'applicazione del presente capo i seguenti impianti relativi agli edifici quale che ne sia la destinazione d'uso: a) gli impianti di produzione, di trasporto, di distribuzione e di utilizzazione dell'energia elettrica all'interno degli edifici a partire dal punto di consegna dell'energia fornita dall'ente distributore; b) gli impianti radiotelevisivi ed elettronici in genere, le antenne e gli impianti di protezione da scariche atmosferiche; c) gli impianti di riscaldamento e di climatizzazione azionati da fluido liquido, aeriforme, gassoso e di qualsiasi natura o specie; d) gli impianti idrosanitari nonché quelli di trasporto, di trattamento, di uso, di accumulo e di consumo di acqua all'interno degli edifici a partire dal punto di consegna dell'acqua fornita dall'ente distributore; e) gli impianti per il trasporto e l'utilizzazione di gas allo stato liquido o aeriforme all'interno degli edifici a partire dal punto di consegna del combustibile gassoso fornito dall'ente distributore; f) gli impianti di sollevamento di persone o di cose per mezzo di ascensori, di montacarichi, di scale mobili e simili; g) gli impianti di protezione antincendio.* *

* Articolo abrogato dall'art. 3, co. 1, l. n. 17/2007, a seguito dell'entrata in vigore del d.m. n. 37/2008.

• Il d.l. 28/12/2006, n. 300 conv., con modif., dalla l. 26/2/2007, n. 17 ha disposto (con l'art. 3, co. 1) che A decorrere dalla data di entrata in vigore del regolamento di cui al primo periodo del presente comma, sono abrogati [...] gli articoli da 107 a 121 del testo unico di cui al decreto del Presidente della Repubblica 6 giugno 2001, n. 380.

108. Soggetti abilitati. – *1. Sono abilitate all'installazione, alla trasformazione, all'ampliamento e alla manutenzione degli impianti di cui all'articolo 107 tutte le imprese, singole o associate, regolarmente iscritte nel registro delle ditte di cui al regio decreto 20 settembre 1934, n. 2011, e successive modificazioni ed integrazioni, o nell'albo provinciale delle imprese artigiane di cui alla legge 8 agosto 1985, n. 443. 2. L'esercizio delle attività di cui al comma 1 è subordinato al possesso dei requisiti tecnico-professionali, di cui all'articolo 109, da parte dell'imprenditore, il quale, qualora non ne sia in possesso, prepone all'esercizio delle attività di cui al medesimo comma 1 un responsabile tecnico che abbia tali requisiti. 3. Sono, in ogni caso abilitate all'esercizio delle attività di cui al comma 1, le imprese in possesso di attestazione per le relative categorie rilasciata da una Società organismo di attestazione (SOA), debitamente autorizzata ai sensi del decreto del Presidente della Repubblica 25 gennaio 2000, n. 34. 4. Possono effettuare il collaudo ed accertare la conformità alla normativa vigente degli impianti di cui all'articolo 107, comma 1, lettera f), i professionisti iscritti negli albi professionali, inseriti negli appositi elenchi della camera di commercio, industria, artigianato e agricoltura, formati annualmente secondo quanto previsto dall'articolo 9, comma 1, del decreto del Presidente della Repubblica 6 dicembre 1991, n. 447.* *

* Articolo abrogato dall'art. 3, co. 1, l. n. 17/2007, a seguito dell'entrata in vigore del d.m. n. 37/2008.

109. Requisiti tecnico-professionali. – *1. I requisiti tecnico-professionali di cui all'articolo 108, comma 2, sono i seguenti: a) laurea in materia tecnica specifica conseguita presso una università statale o legalmente riconosciuta; b) oppure diploma di scuola secondaria superiore conseguito, con specializzazione relativa al settore delle attività di cui all'articolo 110, comma 1, presso un istituto statale o legalmente* *riconosciuto, previo un periodo di inserimento, di almeno un anno continuativo, alle dirette dipendenze di una impresa del settore; c) oppure titolo o attestato conseguito ai sensi della legislazione vigente in materia di formazione professionale, previo un periodo di inserimento, di almeno due anni consecutivi, alle dirette dipendenze di una impresa del settore; d) oppure prestazione lavorativa svolta, alle dirette dipendenze di una impresa del settore, nel medesimo ramo di attività dell'impresa stessa, per un periodo non inferiore a tre anni, escluso quello computato ai fini dell'apprendistato, in qualità di operaio installatore con qualifica di specializzato nelle attività di installazione, di trasformazione, di ampliamento e di manutenzione degli impianti di cui all'articolo 107. 2. È istituito presso le camere di commercio, industria, artigianato e agricoltura un albo dei soggetti in possesso dei requisiti professionali di cui al comma 1. Le modalità per l'accertamento del possesso dei titoli professionali, sono stabiliti con decreto del Ministero delle attività produttive.**

* Articolo abrogato dall'art. 3, co. 1, l. n. 17/2007, a seguito dell'entrata in vigore del d.m. n. 37/2008.

110. Progettazione degli impianti. *– 1. Per l'installazione, la trasformazione e l'ampliamento degli impianti di cui ai commi 1, lettere a), b), c), e) e g), e 2 dell'articolo 107 è obbligatoria la redazione del progetto da parte di professionisti, iscritti negli albi professionali, nell'ambito delle rispettive competenze. 2. La redazione del progetto per l'installazione, la trasformazione e l'ampliamento degli impianti di cui al comma 1 è obbligatoria al di sopra dei limiti dimensionali indicati nel regolamento di attuazione di cui all'articolo 119. 3. Il progetto, di cui al comma 1, deve essere depositato presso lo sportello unico contestualmente al progetto edilizio.**

* Articolo abrogato dall'art. 3, co. 1, l. n. 17/2007, a seguito dell'entrata in vigore del d.m. n. 37/2008.

111. Misure di semplificazione per il collaudo degli impianti installati. *– 1. Nel caso in cui la normativa vigente richieda il certificato di collaudo degli impianti installati il committente è esonerato dall'obbligo di presentazione dei progetti degli impianti di cui ai commi 1, lettere a), b), c), e) e g), e 2 dell'articolo 107 se, prima dell'inizio dei lavori, dichiari di volere effettuare il collaudo degli impianti con le modalità previste dal comma 2. 2. Il collaudo degli impianti può essere effettuato a cura di professionisti abilitati, non intervenuti in alcun modo nella progettazione, direzione ed esecuzione dell'opera, i quali attestano che i lavori realizzati sono conformi ai progetti approvati e alla normativa vigente in materia. In questo caso la certificazione redatta viene trasmessa allo sportello unico a cura del direttore dei lavori. 3. Resta salvo il potere dell'amministrazione di procedere all'effettuazione dei controlli successivi e di applicare, in caso di falsità delle attestazioni, le sanzioni previste dalla normativa vigente.**

* Articolo abrogato dall'art. 3, co. 1, l. n. 17/2007, a seguito dell'entrata in vigore del d.m. n. 37/2008.

112. Installazione degli impianti. *– 1. Le imprese installatrici sono tenute ad eseguire gli impianti a regola d'arte utilizzando allo scopo materiali parimenti costruiti a regola d'arte. I materiali ed i componenti realizzati secondo le norme tecniche di sicurezza dell'Ente italiano di unificazione (UNI) e del Comitato elettrotecnico italiano (CEI), nonché nel rispetto di quanto prescritto dalla legislazione tecnica vigente in materia, si considerano costruiti a regola d'arte. 2. In particolare gli impianti elettrici devono essere dotati di impianti di messa a terra e di interruttori differenziali ad alta sensibilità o di altri sistemi di protezione equivalenti. 3. Tutti gli impianti realizzati alla data del 13 marzo 1990 devono essere adeguati a quanto previsto dal presente articolo. 4. Con decreto del Ministro delle attività produttive, saranno fissati i termini e le modalità per l'adeguamento degli impianti di cui al comma 3.**

* Articolo abrogato dall'art. 3, co. 1, l. n. 17/2007, a seguito dell'entrata in vigore del d.m. n. 37/2008.

113. Dichiarazione di conformità. *– 1. Al termine dei lavori l'impresa installatrice è tenuta a rilasciare al committente la dichiarazione di conformità degli impianti realizzati nel rispetto delle norme di cui all'articolo 112. Di tale dichiarazione, sottoscritta dal titolare dell'impresa installatrice e recante i numeri di partita IVA e di iscrizione alla camera di commercio, industria, artigianato e agricoltura, faranno parte integrante la relazione contenente la tipologia dei materiali impiegati nonché, ove previsto, il progetto di cui all'articolo 110.**

* Articolo abrogato dall'art. 3, co. 1, l. n. 17/2007, a seguito dell'entrata in vigore del d.m. n. 37/2008.

114. Responsabilità del committente o del proprietario. *– 1. Il committente o il proprietario è tenuto ad affidare i lavori di installazione, di trasformazione, di ampliamento e di manutenzione degli impianti di cui all'articolo 107 ad imprese abilitate ai sensi dell'articolo 108.**

* Articolo abrogato dall'art. 3, co. 1, l. n. 17/2007, a seguito dell'entrata in vigore del d.m. n. 37/2008.

115. Certificato di agibilità. *– 1. Il dirigente o responsabile del competente ufficio comunale rilascia il certificato di agibilità, dopo aver acquisito anche la dichiarazione di conformità o il certificato di collaudo degli impianti installati, ove previsto, salvo quanto disposto dalle leggi vigenti.**

* Articolo abrogato dall'art. 3, co. 1, l. n. 17/2007, a seguito dell'entrata in vigore del d.m. n. 37/2008.

116. Ordinaria manutenzione degli impianti e cantieri. *– 1. Sono esclusi dagli obblighi della redazione del progetto e del rilascio del certificato di collaudo, nonché dall'obbligo di cui all'articolo 114, i lavori concernenti l'ordinaria manutenzione degli impianti di cui all'articolo 107. 2. Sono altresì esclusi dagli obblighi della redazione del progetto e del rilascio del certificato di collaudo le installazioni per apparecchi per usi domestici e la fornitura provvisoria di energia elettrica per gli impianti di cantiere e similari, fermo restando l'obbligo del rilascio della dichiarazione di conformità di cui all'articolo 113.**

* Articolo abrogato dall'art. 3, co. 1, l. n. 17/2007, a seguito dell'entrata in vigore del d.m. n. 37/2008.

117. Deposito presso lo sportello unico della dichiarazione di conformità o del certificato di collaudo. *– 1. Qualora nuovi impianti tra quelli di cui ai commi 1, lettere a), b), c), e), e g), e 2 dell'articolo 107 vengano installati in edifici per i quali è già stato rilasciato il certificato di agibilità, l'impresa installatrice deposita presso lo sportello unico, entro trenta giorni dalla conclusione dei lavori, il progetto di rifacimento dell'impianto e la dichiarazione di conformità o il certificato di collaudo degli impianti installati, ove previsto da altre norme o dal regolamento di attuazione di cui all'articolo 119. 2. In caso di rifacimento parziale di impianti, il progetto e la dichiarazione di conformità o il certificato di collaudo, ove previsto, si riferiscono alla sola parte degli impianti oggetto dell'opera di rifacimento. Nella relazione di cui all'articolo 113 deve essere espressamente indicata la compatibilità con gli impianti preesistenti. 3. In alternativa al deposito del progetto, di cui al comma 1, è possibile ricorrere alla* *certificazione di conformità dei lavori ai progetti approvati di cui all'articolo 111.**

* Articolo abrogato dall'art. 3, co. 1, l. n. 17/2007, a seguito dell'entrata in vigore del d.m. n. 37/2008.

118. Verifiche. *– 1. Per eseguire i collaudi, ove previsti, e per accertare la conformità degli impianti alle disposizioni del presente capo e della normativa vigente, i comuni, le unità sanitarie locali, i comandi provinciali dei vigili del fuoco e l'Istituto superiore per la prevenzione e la sicurezza del lavoro (ISPESL) hanno facoltà di avvalersi della collaborazione dei liberi professionisti, nell'ambito delle rispettive competenze, di cui all'articolo 110, comma 1, secondo le modalità stabilite dal regolamento di attuazione di cui all'articolo 119. 2. Il certificato di collaudo deve essere* **rilasciato** *entro tre mesi dalla presentazione della relativa richiesta.**

* Articolo abrogato dall'art. 3, co. 1, l. n. 17/2007, a seguito dell'entrata in vigore del d.m. n. 37/2008.

119. Regolamento di attuazione. *– 1. Con regolamento di attuazione, emanato ai sensi dell'articolo 17 della legge 23 agosto 1988, n. 400, sono precisati i limiti per i quali risulti obbligatoria la redazione del progetto di cui all'articolo 110 e sono definiti i criteri e le modalità di redazione del progetto stesso in relazione al grado di complessità tecnica dell'installazione degli impianti, tenuto conto dell'evoluzione tecnologica, per fini di prevenzione e di sicurezza.**

* Articolo abrogato dall'art. 3, co. 1, l. n. 17/2007, a seguito dell'entrata in vigore del d.m. n. 37/2008.

120. Sanzioni. *– 1. Alla violazione di quanto previsto dall'articolo 113 consegue, a carico del committente o del proprietario, secondo le modalità previste dal regolamento di attuazione di cui all'articolo 119, una sanzione amministrativa da 51 a 258 euro. Alla violazione delle altre norme del presente capo consegue, secondo le modalità previste dal medesimo regolamento di attuazione, una sanzione amministrativa da 516 a 5164 euro. 2. Il regolamento di attuazione di cui all'articolo 119 determina le modalità della sospensione delle imprese dal registro o dall'albo di cui all'articolo 108, comma 1, e dei provvedimenti disciplinari a carico dei professionisti iscritti nei rispettivi albi, dopo la terza violazione delle norme relative alla sicurezza degli impianti, nonché gli aggiornamenti dell'entità delle sanzioni amministrative di cui al comma 1.**

* Articolo abrogato dall'art. 3, co. 1, l. n. 17/2007, a seguito dell'entrata in vigore del d.m. n. 37/2008.

121. Abrogazione e adeguamento dei regolamenti comunali e regionali. *– 1. I comuni e le regioni sono tenuti ad adeguare i propri regolamenti, qualora siano in contrasto con le disposizioni del presente capo.**

* Articolo abrogato dall'art. 3, co. 1, l. n. 17/2007, a seguito dell'entrata in vigore del d.m. n. 37/2008.

Capo VI
Norme per il contenimento del consumo di energia negli edifici

122. Ambito di applicazione. – 1. Sono regolati dalle norme del presente capo i consumi di energia negli edifici pubblici e privati, qualunque ne sia la destinazione d'uso, nonché, mediante il disposto dell'articolo 129, l'esercizio e la manutenzione degli impianti esistenti.

2. Nei casi di recupero del patrimonio edilizio esistente, l'applicazione del presente capo è graduata in relazione al tipo di intervento, secondo la tipologia individuata dall'articolo 3, comma 1, del presente testo unico.

123. Progettazione, messa in opera ed esercizio di edifici e di impianti. – 1. Ai nuovi impianti, lavori, opere, modifiche, installazioni, relativi alle fonti rinnovabili di energia, alla conservazione, al risparmio e all'uso razionale dell'energia, si applicano le disposizioni di cui all'articolo 17, commi 3 e 4, nel rispetto delle norme urbanistiche, di tutela artistico-storica, ambientale e dell'assetto idrogeologico. Gli interventi di utilizzo delle fonti di energia di cui all'articolo 1 della legge 9 gennaio 1991, n. 10, in edifici ed impianti industriali non sono soggetti ad autorizzazione specifica e sono assimilati a tutti gli effetti alla manutenzione straordinaria di cui all'articolo 3, comma 1, lettera a). L'installazione di impianti solari e di pompe di calore da parte di installatori qualificati, destinati unicamente alla produzione di acqua calda e di aria negli edifici esistenti e negli spazi liberi privati annessi, è considerata estensione dell'impianto idrico-sanitario già in opera (1).

2. Per gli interventi in parti comuni di edifici, volti al contenimento del consumo energetico degli edifici stessi ed all'utilizzazione delle fonti di energia di cui all'articolo 1 della legge 9 gennaio 1991, n. 10, ivi compresi quelli di cui all'articolo 8 della legge medesima, sono valide le relative decisioni prese a maggioranza delle quote millesimali.

3. Gli edifici pubblici e privati, qualunque ne sia la destinazione d'uso, e gli impianti non di processo ad essi associati devono essere progettati e messi in opera in modo tale da contenere al massimo, in relazione al progresso della tecnica, i consumi di energia termica ed elettrica.

4. Ai fini di cui al comma 3 e secondo quanto previsto dal comma 1 dell'articolo 4 della legge 9 gennaio 1991, n. 10, sono regolate, con riguardo ai momenti della progettazione, della messa in opera e dell'esercizio, le caratteristiche energetiche degli edifici e degli impianti non di processo ad essi associati, nonché dei componenti degli edifici e degli impianti.

5. Per le innovazioni relative all'adozione di sistemi di termoregolazione e di contabilizzazione del calore e per il conseguente riparto degli oneri di riscaldamento in base al consumo effettivamente registrato, l'assemblea di condominio decide a maggioranza, in deroga agli articoli 1120 e 1136 del codice civile.

6. Gli impianti di riscaldamento al servizio di edifici di nuova costruzione, il cui permesso di costruire, sia rilasciato dopo il 25 luglio 1991, devono essere progettati e realizzati in modo tale da consentire l'adozione di sistemi di termoregolazione e di contabilizzazione del calore per ogni singola unità immobiliare.

7. Negli edifici di proprietà pubblica o adibiti ad uso pubblico è fatto obbligo di soddisfare il fabbisogno energetico degli stessi favorendo il ricorso a fonti rinnovabili di energia o assimilate salvo impedimenti di natura tecnica od economica.

8. La progettazione di nuovi edifici pubblici deve prevedere la realizzazione di ogni impianto, opera ed installazione utili alla conservazione, al risparmio e all'uso razionale dell'energia.

(1) Comma modificato dalla l. 28/12/2015, n. 221.

124. Limiti ai consumi di energia. – 1. I consumi di energia termica ed elettrica ammessi per gli edifici sono limitati secondo quanto previsto dai decreti di cui all'articolo 4 della legge 9 gennaio 1991, n. 10, in particolare in relazione alla destinazione d'uso degli edifici stessi, agli impianti di cui sono dotati e alla zona climatica di appartenenza.

125. Denuncia dei lavori, relazione tecnica e progettazione degli impianti e delle opere relativi alle fonti rinnovabili di energia, al risparmio e all'uso razionale dell'energia. – 1. Il proprietario dell'edificio, o chi ne ha titolo, deve depositare presso lo sportello unico, in duplice copia la denuncia dell'inizio dei lavori relativi alle opere di cui agli articoli 122 e 123, il progetto delle opere stesse corredato da una relazione tecnica, sottoscritta dal progettista o dai progettisti, che ne attesti la rispondenza alle prescrizioni del presente Capo.

2. Nel caso in cui la denuncia e la documentazione di cui al comma 1 non siano state presentate prima dell'inizio dei lavori, il Comune, fatta salva la sanzione amministrativa di cui all'articolo 133, ordina la sospensione dei lavori sino al compimento del suddetto adempimento.

3. La documentazione deve essere compilata secondo le modalità stabilite con proprio decreto dal Ministro delle attività produttive. Una copia della documentazione è conservata dallo sportello unico ai fini dei controlli e delle verifiche di cui all'articolo 132. Altra copia della documentazione, restituita dallo sportello unico con l'attestazione dell'avvenuto deposito, deve essere consegnata a cura del proprietario dell'edificio, o di chi ne ha titolo, al direttore dei lavori ovvero, nel caso l'esistenza di questi non sia prevista dalla legislazione vigente, all'esecutore dei lavori. Il direttore ovvero l'esecutore dei lavori sono responsabili della conservazione di tale documentazione in cantiere.

126. Certificazione di impianti. – 1. Il committente è esonerato dall'obbligo di presentazione del progetto di cui all'articolo 125 se, prima dell'inizio dei lavori, dichiari di volersi avvalere della facoltà di cui all'articolo 111, comma 2.

127. Certificazione delle opere e collaudo. – 1. Per la certificazione e il collaudo delle opere previste dal presente capo si applicano le corrispondenti disposizioni di cui al capo quinto della parte seconda.

128. Certificazione energetica degli edifici. – 1. Con decreto del Presidente della Repubblica, adottato previa deliberazione del Consiglio dei Ministri, su proposta del Ministro delle attività produttive, sentito il Ministro delle infrastrutture e dei trasporti, il Consiglio superiore dei lavori pubblici e l'ENEA, sono emanate norme per la certificazione energetica degli edifici. Tale decreto individua tra l'altro i soggetti abilitati alla certificazione.

2. Nei casi di compravendita o di locazione il certificato di collaudo e la certificazione energetica devono essere portati a conoscenza dell'acquirente o del locatario dell'intero immobile o della singola unità immobiliare.

3. Il proprietario o il locatario possono richiedere al comune ove è ubicato l'edificio la certificazione energetica dell'intero immobile o della singola unità immobiliare. Le spese relative di certificazione sono a carico del soggetto che ne fa richiesta.

4. L'attestato relativo alla certificazione energetica ha una validità temporale di cinque anni a partire dal momento del suo rilascio.

129. Esercizio e manutenzione degli impianti. – 1. Durante l'esercizio degli impianti il proprietario, o per esso un terzo, che se ne assume la responsabilità, deve adottare misure necessarie per contenere i consumi di energia, entro i limiti di rendimento previsti dalla normativa vigente in materia.

2. Il proprietario, o per esso un terzo, che se ne assume la responsabilità, è tenuto a condurre gli impianti e a disporre tutte le operazioni di manutenzione ordinaria e straordinaria secondo le prescrizioni della vigente normativa UNI e CEI.

3. I comuni con più di quarantamila abitanti e le province per la restante parte del territorio effettuano i controlli necessari e verificano con cadenza almeno biennale l'osservanza delle norme relative al rendimento di combustione, anche avvalendosi di organismi esterni aventi specifica competenza tecnica, con onere a carico degli utenti.

4. I contratti relativi alla fornitura di energia e alla conduzione degli impianti di cui al presente capo, contenenti clausole in contrasto con essa, sono nulli. Ai contratti che contengono clausole difformi si applica l'articolo 1339 del codice civile.

130. Certificazioni e informazioni ai consumatori. – 1. Ai fini della commercializzazione, le caratteristiche e le prestazioni energetiche dei componenti degli edifici e degli impianti devono essere certificate secondo le modalità stabilite con proprio decreto dal Ministro delle attività produttive, di concerto con il Ministro delle infrastrutture e dei trasporti.

2. Le imprese che producono o commercializzano i componenti di cui al comma 1 sono obbligate a riportare su di essi gli estremi dell'avvenuta certificazione.

131. Controlli e verifiche. – 1. Il comune procede al controllo dell'osservanza delle norme del presente capo in relazione al progetto delle opere in corso d'opera ovvero entro cinque anni dalla data di fine lavori dichiarata dal committente.

2. La verifica può essere effettuata in qualunque momento anche su richiesta e a spese del committente, dell'acquirente dell'immobile, del conduttore, ovvero dell'esercente gli impianti.

3. In caso di accertamento di difformità in corso d'opera, il dirigente o il responsabile del competente ufficio comunale ordina la sospensione dei lavori.

4. In caso di accertamento di difformità su opere terminate il dirigente o il responsabile del competente ufficio comunale ordina, a carico del proprietario, le modifiche necessarie per adeguare l'edificio alle caratteristiche previste dal presente capo.

5. Nei casi previsti dai commi 3 e 4 il dirigente o il responsabile del competente ufficio comunale irroga le sanzioni di cui all'articolo 132.

132. Sanzioni. – 1. L'inosservanza dell'obbligo di cui al comma 1 dell'articolo 125 è punita con la sanzione amministrativa non inferiore a 516 euro e non superiore a 2582 euro.

2. Il proprietario dell'edificio nel quale sono eseguite opere difformi dalla documentazione depositata ai sensi dell'articolo 125 e che non osserva le disposizioni degli articoli 123 e 124 è punito con la sanzione amministrativa in misura non inferiore al 5 per cento e non superiore al 25 per cento del valore delle opere.

3. Il costruttore e il direttore dei lavori che omettono la certificazione di cui all'articolo 127, ovvero che rilasciano una certificazione non veritiera nonché il progettista che rilascia la relazione di cui al comma 1 dell'articolo 126 non veritiera, sono puniti in solido con la sanzione amministrativa non inferiore all'1 per cento e non superiore al 5 per cento del valore delle opere, fatti salvi i casi di responsabilità penale.

4. Il collaudatore che non ottempera a quanto stabilito dall'articolo 127 è punito con la sanzione amministrativa pari al 50 per cento della parcella calcolata secondo la vigente tariffa professionale.

5. Il proprietario o l'amministratore del condominio, o l'eventuale terzo che se ne è assunta la responsabilità, che non ottempera a quanto stabilito dall'articolo 129, commi 1 e 2, è punito con la sanzione amministrativa non inferiore a 516 euro e non superiore a 2582 euro. Nel caso in cui venga sottoscritto un contratto nullo ai sensi del comma 4 dell'articolo 129, le parti sono punite ognuna con la sanzione amministrativa pari a un terzo dell'importo del contratto sottoscritto, fatta salva la nullità dello stesso.

6. L'inosservanza delle prescrizioni di cui all'articolo 130 è punita con la sanzione amministrativa non inferiore a 2582 euro e non superiore a 25822 euro, fatti salvi i casi di responsabilità penale.

7. Qualora soggetto della sanzione amministrativa sia un

professionista, l'autorità che applica la sanzione deve darne comunicazione all'ordine professionale di appartenenza per i provvedimenti disciplinari conseguenti.

8. L'inosservanza, della disposizione che impone la nomina, ai sensi dell'articolo 19 della legge 9 gennaio 1991, n. 10, del tecnico responsabile per la conservazione e l'uso razionale dell'energia, è punita con la sanzione amministrativa non inferiore a 5164 euro e non superiore a 51645 euro.

133. Provvedimenti di sospensione dei lavori. – 1. Il dirigente o il responsabile del competente ufficio comunale, con il provvedimento mediante il quale ordina la sospensione dei lavori, ovvero le modifiche necessarie per l'adeguamento dell'edificio, deve fissare il termine per la regolarizzazione. L'inosservanza del termine comporta l'ulteriore irrogazione della sanzione amministrativa e l'esecuzione forzata delle opere con spese a carico del proprietario.

134. Irregolarità rilevate dall'acquirente o dal conduttore. – 1. Qualora l'acquirente o il conduttore dell'immobile riscontra difformità dalle norme del presente testo unico, anche non emerse da eventuali precedenti verifiche, deve farne denuncia al comune entro un anno dalla constatazione, a pena di decadenza dal diritto di risarcimento del danno da parte del committente o del proprietario.

135. Applicazione. – 1. I decreti ministeriali di cui al presente capo entrano in vigore centottanta giorni dopo la data della loro pubblicazione nella Gazzetta Ufficiale della Repubblica italiana e si applicano alle denunce di inizio lavori presentate ai comuni dopo tale termine di entrata in vigore.

2. Il decreto del Presidente della Repubblica 28 giugno 1977, n. 1052, si applica, in quanto compatibile con il presente capo e il comma 1 degli articoli 128 e 130, nonché con il titolo I della legge 9 gennaio 1991, n. 10, fino all'adozione dei decreti di cui ai commi 1, 2 e 4 dell'articolo 4 della legge medesima.

135 bis. Norme per l'infrastrutturazione digitale degli edifici. – 1. Tutti gli edifici di nuova costruzione per i quali le domande di autorizzazione edilizia sono presentate dopo il 1º luglio 2015 devono essere equipaggiati con un'infrastruttura fisica multiservizio passiva interna all'edificio, costituita da adeguati spazi installativi e da impianti di comunicazione ad alta velocità in fibra ottica fino ai punti terminali di rete. Lo stesso obbligo si applica, a decorrere dal 1º luglio 2015, in caso di opere che richiedano il rilascio di un permesso di costruire ai sensi dell'articolo 10, comma 1, lettera c). Per infrastruttura fisica multiservizio interna all'edificio si intende il complesso delle installazioni presenti all'interno degli edifici contenenti reti di accesso cablate in fibra ottica con terminazione fissa o senza fili che permettono di fornire l'accesso ai servizi a banda ultralarga e di connettere il punto di accesso dell'edificio con il punto terminale di rete.

2. Tutti gli edifici di nuova costruzione per i quali le domande di autorizzazione edilizia sono presentate dopo il 1º luglio 2015 devono essere equipaggiati di un punto di accesso. Lo stesso obbligo si applica, a decorrere dal 1º luglio 2015, in caso di opere di ristrutturazione profonda che richiedano il rilascio di un permesso di costruire ai sensi dell'articolo 10. Per punto di accesso si intende il punto fisico, situato all'interno o all'esterno dell'edificio e accessibile alle imprese autorizzate a fornire reti pubbliche di comunicazione, che consente la connessione con l'infrastruttura interna all'edificio predisposta per i servizi di accesso in fibra ottica a banda ultralarga.

2-bis. Per i nuovi edifici nonché in caso di nuove opere che richiedono il rilascio di permesso di costruire ai sensi dei commi 1 e 2, per i quali la domanda di autorizzazione edilizia sia stata presentata dopo la data del 1° gennaio 2022, l'adempimento dei prescritti obblighi di equipaggiamento digitale degli edifici è attestato dall'etichetta necessaria di "edificio predisposto alla banda ultra larga", rilasciata da un tecnico abilitato per gli impianti di cui all'articolo 1, comma 2, lettera b), del decreto del Ministro dello sviluppo economico 22 gennaio 2008, n. 37, e secondo quanto previsto dalle Guide CEI 306-2, CEI 306-22 e 64-100/1, 2 e 3, su istanza del soggetto che ha richiesto il rilascio del permesso di costruire o di altro soggetto interessato. Tale attestazione è necessaria ai fini della segnalazione certificata di cui all'articolo 4. Il Comune entro 90 giorni dalla ricezione della segnalazione è tenuto a comunicare i dati relativi agli edifici infrastrutturali al Sistema Informativo Nazionale Federato delle Infrastrutture (SINFI) ai sensi del decreto-legge 12 settembre 2014, n. 133 convertito con modificazioni dalla legge n. 164 del 2014 (1).

3. Gli edifici equipaggiati in conformità al presente articolo, per i quali la domanda di autorizzazione edilizia sia stata presentata prima del 1° gennaio 2022, possono beneficiare ai fini della cessione, dell'affitto o della vendita dell'immobile, dell'etichetta volontaria e non vincolante di 'edificio predisposto alla banda ultra larga', rilasciata da un tecnico abilitato come previsto dal comma 2-bis (2).

(1) Comma introdotto dall'art. 4, co. 1, lett. c), d.l. n. 207/2021.

(2) Comma così modificato dall'art. 4, co. 1, lett. d), d.l. n. 207/2021.

PARTE III
DISPOSIZIONI FINALI

Capo I
Disposizioni finali

136. Abrogazioni. – 1. Ai sensi dell'articolo 20, comma 4, della legge 15 marzo 1997, n. 59, dalla data di entrata in vigore del presente testo unico sono abrogate le seguenti disposizioni:

a) legge 17 agosto 1942, n. 1150, limitatamente all'articolo 31;

b) legge 21 dicembre 1955, n. 1357, limitatamente all'articolo 3;

c) legge 28 gennaio 1977, n. 10, limitatamente agli articoli 1;4, commi 3, 4 e 5; 9, lettera c);

d) legge 5 agosto 1978, n. 457, limitatamente all'articolo 48;

e) decreto-legge 23 gennaio 1982, n. 9, limitatamente agli articoli 7 e 8, convertito, con modificazioni, in legge 25 marzo 1982, n. 94;

f) Legge 28 febbraio 1985, n. 47, art. 15; 25, comma 4, come modificato dal decreto-legge 5 ottobre 1993, n. 398, art. 4, comma 7, lettera g), convertito con modificazioni dalla legge 4 dicembre 1993, n. 493, nel testo sostituito dall'art. 2, comma 60, della legge 23 dicembre 1996, n. 662;

g) Decreto-legge 5 ottobre 1993, n. 398, limitatamente all'articolo 4, convertito, con modificazioni, dalla legge 4 dicembre 1993, n. 493, nel testo sostituito dall'art. 2, comma 60, della legge 23 dicembre 1996, n. 662, come modificato dal decreto legge 25 marzo 1997, n. 67, articolo 11, convertito, con modificazioni, dalla legge 23 maggio 1997, n. 135.

2. Ai sensi dell'articolo 7 della legge 8 marzo 1999, n. 50, dalla data di entrata in vigore del presente testo unico sono altresì abrogate le seguenti disposizioni:

a) regio decreto 27 luglio 1934, n. 1265, limitatamente agli articoli 220 e 221, comma 2;

b) legge 17 agosto 1942, n. 1150, limitatamente agli articoli 26, 27, 33, 41-ter, 41-quater, 41-quinquies, ad esclusione dei commi 6, 8 e 9;

c) legge 28 gennaio 1977, n. 10, limitatamente agli articoli 1, 3, 4, 5, 6, 7, 8, 9, 10, 11, 12, 16;

d) legge 3 gennaio 1978, n. 1, limitatamente all'articolo 1, commi 4 e 5, come sostituiti dall'articolo 4, legge 18 novembre 1998, n. 415;

e) decreto-legge 23 gennaio 1982, n. 9, convertito, con modificazioni, dalla legge 25 marzo 1982, n. 94, limitatamente all'articolo 7;

f) legge 28 febbraio 1985, n. 47, limitatamente agli articoli 3, 4, 5, 6, 7, 8, 9, 10, 11, 12, 13, 14, 15, 16, 17, 18, 19, 20, 21, 22, 25, comma 4, 26, 27, 45, 46, 47, 48, 52, comma 1;

g) legge 17 febbraio 1992, n. 179, limitatamente all'articolo 23, comma 6;

h) decreto-legge 5 ottobre 1993, n. 398, articolo 4, convertito, con modificazioni, dalla legge 4 dicembre 1993, n. 493, come modificato dall'art. 2, comma 60, della legge 23 dicembre 1996, n. 662, nel testo risultante dalle modifiche introdotte dall'art. 10 del decreto-legge 31 dicembre 1996, n. 669; decreto-legge 25 marzo 1997, n. 67, articolo 11, convertito, con modifiche, dalla legge 23 maggio 1997, n. 135;

i) legge 23 dicembre 1996, n. 662, limitatamente all'articolo 2, commi 50 e 56;

l) legge 23 dicembre 1998, n. 448, limitatamente al comma 2 dell'articolo 61;

m) decreto del Presidente della Repubblica 22 aprile 1994, n. 425.

137. Norme che rimangono in vigore. – 1. Restano in vigore le seguenti disposizioni:

a) legge 17 agosto 1942, n. 1150 e successive modificazioni ad eccezione degli articoli di cui all'articolo 136, comma 2, lettera b);

b) legge 5 agosto 1978, n. 457 e successive modificazioni;

c) legge 28 febbraio 1985, n. 47 ad eccezione degli articoli di cui all'articolo 136, comma 2, lettera f);

d) legge 24 marzo 1989, n. 122;

e) articolo 17-bis del decreto-legge 13 maggio 1991, n. 152, convertito in legge 12 luglio 1991, n. 203;

f) articolo 2, comma 58, della legge 23 dicembre 1996, n. 662.

2. Restano in vigore, per tutti i campi di applicazione originariamente previsti dai relativi testi normativi e non applicabili alla parte I di questo testo unico, le seguenti leggi:

a) legge 5 novembre 1971, n. 1086;

b) legge 2 febbraio 1974, n. 64;

c) legge 9 gennaio 1989, n. 13;

d) legge 5 marzo 1990, n. 46;

e) legge 9 gennaio 1991, n. 10;

f) legge 5 febbraio 1992, n. 104;

3. All'articolo 9 della legge 24 marzo 1989, n. 122, il comma 2 è sostituito dal seguente: "2. L'esecuzione delle opere e degli interventi previsti dal comma 1 è soggetta a segnalazione certificata di inizio attività.".

138. Entrata in vigore del testo unico. – 1. Le disposizioni del presente testo unico entrano in vigore a decorrere dal 1 gennaio 2002 (1).

(1) Il d.l. 20/6/2002, n. 122, conv., con modif., dalla l. 1/8/2002, n. 185, ha disposto (con l'art. 2, co. 1) che il termine di entrata in vigore del presente decreto è prorogato al 30/6/2003.

D.P.R. 8 giugno 2001, n. 327

Testo Unico delle disposizioni legislative e regolamentari in materia di espropriazione per pubblica utilità

• Il termine di entrata in vigore del presente decreto è, da ultimo, prorogato al 30/6/2003, dall'art. 3, d.l. 20/6/2002, n. 122, conv., con modif., in l. 1/8/2002, n. 185.

TITOLO I
OGGETTO ED AMBITO DI APPLICAZIONE DEL TESTO UNICO

1. Oggetto. – 1. Il presente testo unico disciplina l'espropriazione, anche a favore di privati, dei beni immobili o di diritti relativi ad immobili per l'esecuzione di opere pubbliche o di pubblica utilità [42^3, 117 Cost. // 834 CC.] (1).

2. Si considera opera pubblica o di pubblica utilità anche la realizzazione degli interventi necessari per l'utilizzazione da parte della collettività di beni o di terreni, o di un loro insieme, di cui non è prevista la materiale modificazione o trasformazione.

*3. I principi desumibili dalle disposizioni legislative del presente testo unico costituiscono norme fondamentali di riforma economico-sociale.**

4. Le norme del presente testo unico non possono essere derogate, modificate o abrogate se non per dichiarazione espressa, con specifico riferimento a singole disposizioni.

(1) Cfr. art. 2, co. 2, l. 25/6/1865, n. 2359 e art. 9 della l. 22/10/1971, n. 865.

• Art. 192, co. 2, lett. b) Trattato Unione Europea: «Il Consiglio, deliberando all'unanimità secondo una procedura legislativa speciale e previa consultazione del Parlamento europeo, del Comitato economico e sociale e del Comitato delle regioni, adotta: a) disposizioni aventi principalmente natura fiscale; b) misure aventi incidenza: – **sull'assetto territoriale**, – sulla gestione quantitativa delle risorse idriche o aventi rapporto diretto o indiretto con la disponibilità delle stesse, – sulla destinazione dei suoli, ad eccezione della gestione dei residui».

• Art. 80 del d.P.R. 24/7/1977, n. 616, Urbanistica: «Le funzioni amministrative relative alla materia "urbanistica" concernono la disciplina dell'uso del territorio comprensiva di tutti gli aspetti conoscitivi, normativi e gestionali riguardanti le operazioni di salvaguardia e di trasformazione del suolo nonché la protezione dell'ambiente».

* Comma soppresso dall'art. 1, co. 1, lett. a), d.lg. 27/12/2002, n. 302.

2. Principio di legalità dell'azione amministrativa. – 1. L'espropriazione dei beni immobili o di diritti relativi ad immobili di cui all'articolo 1 può essere disposta nei soli casi previsti dalle leggi e dai regolamenti [42^3 Cost. // 1 Prot. Add. CEDU // 17 Carta di Nizza] (1).

2. I procedimenti di cui al presente testo unico si ispirano ai principi di economicità, di efficacia, di efficienza, di pubblicità e di semplificazione dell'azione amministrativa [97 Cost. // 1 l. n. 241/1990 // 1, 2 CPA.] (2).

(1) Cfr. art. 1 della l. 25/6/1865, n. 2359.

(2) V. art. 1 della l. 7/8/1990, n. 241.

• Art. 8 Cedu: «1. Ogni persona ha diritto al rispetto della propria vita privata e familiare, del proprio domicilio e della propria corrispondenza. 2. Non può esservi ingerenza di una autorità pubblica nell'esercizio di tale diritto a meno che tale ingerenza sia prevista dalla legge e costituisca una misura che, in una società democratica, è necessaria alla sicurezza nazionale, alla pubblica sicurezza, al benessere economico del paese, alla difesa dell'ordine e alla prevenzione dei reati, alla protezione della salute o della morale, o alla protezione dei diritti e delle libertà altrui».

3. Definizioni (1). – 1. Ai fini del presente testo unico:

a) per "espropriato", si intende il soggetto, pubblico o privato, titolare del diritto espropriato;

b) per "autorità espropriante", si intende, l'autorità amministrativa titolare del potere di espropriare e che cura il relativo procedimento, ovvero il soggetto privato, al quale sia stato attribuito tale potere, in base ad una norma;

c) per "beneficiario dell'espropriazione", si intende il soggetto, pubblico o privato, in cui favore è emesso il decreto di esproprio;

d) per "promotore dell'espropriazione", si intende il soggetto, pubblico o privato, che chiede l'espropriazione.

2. Tutti gli atti della procedura espropriativa, ivi incluse le comunicazioni ed il decreto di esproprio, sono disposti nei confronti del soggetto che risulti proprietario secondo i registri catastali, salvo che l'autorità espropriante non abbia tempestiva notizia dell'eventuale diverso proprietario effettivo. Nel caso in cui abbia avuto notizia della pendenza della procedura espropriativa dopo la comunicazione dell'indennità provvisoria al soggetto che risulti proprietario secondo i registri catastali, il proprietario effettivo può, nei trenta giorni successivi, concordare l'indennità ai sensi dell'articolo 45, comma 2.

3. Colui che risulta proprietario secondo i registri catastali e riceva la notificazione o comunicazione di atti del procedimento espropriativo, ove non sia più proprietario è tenuto di comunicarlo all'amministrazione procedente entro trenta giorni dalla prima notificazione, indicando altresì, ove ne sia a conoscenza, il nuovo proprietario, o comunque fornendo copia degli atti in suo possesso utili a ricostruire le vicende dell'immobile.

(1) Articolo così sostituito dall'art. 1, co. 1, lett. b), d.lg. 27/12/2002, n. 302.

4. Beni non espropriabili o espropriabili in casi particolari. – 1. I beni appartenenti al demanio pubblico [822, 823[1], 824, 825 CC.] non possono essere espropriati fino a quando non ne viene pronunciata la sdemanializzazione.

1-bis. I beni gravati da uso civico non possono essere espropriati o asserviti coattivamente se non viene pronunciato il mutamento di destinazione d'uso, fatte salve le ipotesi in cui l'opera pubblica o di pubblica utilità sia compatibile con l'esercizio dell'uso civico (1).

1-ter. Fermo restando il rispetto della normativa paesaggistica, si intendono di norma compatibili con l'esercizio dell'uso civico gli elettrodotti di cui all'articolo 52-quinquies, comma 1, fatta salva la possibilità che la regione, o un comune da essa delegato, possa esprimere caso per caso una diversa valutazione, con congrua motivazione, nell'ambito del procedimento autorizzativo per l'adozione del provvedimento che dichiara la pubblica utilità dell'infrastruttura (2).

1-quater. Fermo restando il rispetto della normativa paesaggistica, si intendono sempre compatibili con l'esercizio dell'uso civico le ricostruzioni di elettrodotti aerei o interrati, già esistenti, di cui all'articolo 52-quinquies, comma 1, che si rendano necessarie per ragioni di obsolescenza, purché siano realizzate con le migliori tecnologie esistenti e siano effettuate sul medesimo tracciato della linea già esistente o nelle sue immediate adiacenze (2).

2. I beni appartenenti al patrimonio indisponibile [826, 830 CC.] dello Stato e degli altri enti pubblici possono essere espropriati per perseguire un interesse pubblico di rilievo superiore a quello soddisfatto con la precedente destinazione.

3. I beni descritti dagli articoli 13, 14, 15 e 16 della legge 27 maggio 1929, n. 810, non possono essere espropriati se non vi è il previo accordo con la Santa Sede (3).

4. Gli edifici aperti al culto non possono essere espropriati se non per gravi ragioni previo accordo:

a) con la competente autorità ecclesiastica, se aperti al culto cattolico;

b) con l'Unione delle Chiese cristiane, se aperti al culto pubblico avventista;

c) con il presidente delle Assemblee di Dio in Italia, se aperti al culto pubblico delle chiese ad esse associate;

d) con l'Unione delle Comunità ebraiche italiane, se destinati all'esercizio pubblico del culto ebraico:

e) con l'Unione cristiana evangelica battista d'Italia, se aperti al culto pubblico delle chiese che ne facciano parte;

f) con il Decano della Chiesa evangelica luterana in Italia con l'organo responsabile della comunità interessata, se aperti al culto della medesima Chiesa;

g) col rappresentante di ogni altra confessione religiosa, nei casi previsti dalla legge.

5. Si applicano le regole sull'espropriazione dettate dal diritto internazionale generalmente riconosciuto e da trattati internazionali cui l'Italia aderisce [10 Cost.].

(1) Comma inserito dall'art. 74, co. 1, l. 28/12/2015, n. 221 e, da ultimo, modificato dall'art. 60, co. 4, d.l. 16/7/2020, n. 76 (in G.U. n. 178 del 16/7/2020 - Suppl. Ord. n. 24; in vigore dal 17/7/2020). È stato ripristinato il testo già in vigore dal 2/2/2016 a seguito della soppressione della lett. a) dell'art. 60, co. 4, d.l. 16/7/2020, n. 76, che disponeva la modifica del co. 1-bis del presente articolo, ad opera della l. 11/9/2020, n. 120, di conversione del d.l. medesimo.

(2) Comma introdotto dall'art. 13-bis, co. 1, lett. a), d.l. 1/3/2022, n. 17, conv. in l. 27/4/2022, n. 34.

(3) Comma così sostituito dall'art. 1, co. 1, lett. c), d.lg. 27/12/2002, n. 302.

5. Ambito di applicazione nei confronti delle Regioni e delle Province autonomo di Trento e di Bolzano (1). – 1. Le Regioni a statuto ordinario esercitano la potestà legislativa concorrente [117[3] Cost.], in ordine alle espropriazioni strumentali alle materie di propria competenza, nel rispetto dei principi fondamentali della legislazione statale nonché dei principi generali dell'ordinamento giuridico desumibili dalle disposizioni contenute nel testo unico.

2. Le Regioni a statuto speciale, nonché le Province autonome di Trento e di Bolzano [116[3] Cost.] esercitano la propria potestà legislativa in materia di espropriazione per pubblica utilità nel rispetto dei rispettivi statuti e delle relative norme di attuazione, anche con riferimento alle disposizioni del titolo V, parte seconda, della Costituzione per le parti in cui prevedono forme di autonomia più ampie rispetto a quelle già attribuite.

3. Le disposizioni del testo unico operano direttamente nei riguardi delle Regioni *e delle Province autonome di Trento e di Bolzano** fino a quando esse non esercitano la propria potestà legislativa in materia, nel rispetto delle disposizioni di cui ai commi 1 e 2. La Regione Trentino-Alto Adige e le Province autonome di Trento e Bolzano adeguano la propria legislazione ai sensi degli articoli 4 e 8 dello statuto di cui al decreto del Presidente della Repubblica 31 agosto 1972, n. 670, e dell'articolo 2 del decreto legislativo 16 marzo 1992, n. 266.

4. Nell'ambito delle funzioni amministrative conferite dallo Stato [118[2] Cost.] alle Regioni e alle Province autonome di Trento e di Bolzano ai sensi delle leggi vigenti rientrano anche quelle concernenti i procedimenti di espropriazione per pubblica utilità e quelli concernenti la materiale acquisizione delle aree.

(1) Articolo così sostituito dall'art. 1, co. 1, lett. d), d.lg. 27/12/2002, n. 302.

* Parole soppresse con avviso di rettifica pubblicato in G.U. 28/7/2003, n. 173.

6. Regole generali sulla competenza (1). – 1. L'autorità competente alla realizzazione di un'opera pubblica o di pubblica utilità è anche competente all'emanazione degli atti del procedimento espropriativo che si renda necessario [6[8, 9]].

2. Le amministrazioni statali, le Regioni, le Province, i Comuni e gli altri enti pubblici individuano ed organizzano l'ufficio per le espropriazioni, ovvero attribuiscono i relativi poteri ad un ufficio già esistente [97[1, 2] Cost.].

3. Le Regioni a statuto speciale o a statuto ordinario e le Province autonome di Trento e di Bolzano emanano tutti gli atti dei procedimenti espropriativi strumentali alla cura degli interessi da esse gestiti, anche nel caso di delega di funzioni statali.

4. Gli enti locali possono istituire un ufficio comune per le espropriazioni e possono costituirsi in consorzio o in un'altra forma associativa prevista dalla legge (2).

5. All'ufficio per le espropriazioni è preposto un dirigente o, in sua mancanza, il dipendente con la qualifica più elevata (2).

6. Per ciascun procedimento, è designato un responsabile che dirige, coordina e cura tutte le operazioni e gli atti del procedimento, anche avvalendosi dell'ausilio di tecnici (2).

7. Il dirigente dell'ufficio per le espropriazioni emana ogni provvedimento conclusivo del procedimento o di singole fasi di esso, anche se non predisposto dal responsabile del procedimento [45 // 29[2-bis] l. n. 241/1990 // 117[2, lett. m)] Cost.] (2).

8. Se l'opera pubblica o di pubblica utilità va realizzata da un concessionario o contraente generale, l'amministrazione titolare del potere espropriativo può delegare, in tutto o in parte, l'esercizio dei propri poteri espropriativi, determinando chiaramente l'ambito della delega nella concessione o nell'atto di affidamento, i cui estremi vanno specificati in ogni atto del procedimento espropriativo. A questo scopo i soggetti privati cui sono attribuiti per legge o per delega poteri espropriativi, possono avvalersi di società controllata. I soggetti privati possono altresì avvalersi di società di servizi ai fini delle attività preparatorie [6[1]].

9. Per le espropriazioni finalizzate alla realizzazione di opere private, l'autorità espropriante è l'Ente che emana il provvedimento dal quale deriva la dichiarazione di pubblica utilità [6[1]].

9-bis L'autorità espropriante, nel caso di opere di minore entità, può delegare, in tutto o in parte, al soggetto proponente l'esercizio dei propri poteri espropriativi, determinando chiaramente l'ambito della delega nell'atto di affidamento, i cui estremi vanno specificati in ogni atto del procedimento espropriativo. A questo scopo i soggetti cui sono delegati i poteri espropriativi possono avvalersi di società controllate nonché di società di servizi ai fini delle attività preparatorie (3).

(1) Articolo così sostituito dall'art. 1, co. 1, lett. e), d.lg. 27/12/2002, n. 302.

(2) V. art. 4, 5 e 6 della l. 7/8/1990, n. 241.

(3) Comma aggiunto dall'art. 60, co. 4, d.l. 16/7/2020, n. 76 (in G.U. n. 178 del 16/7/2020 - Suppl. Ord. n. 24; in vigore dal 17/7/2020).

7. Competenze particolari dei Comuni [1[1, 2]]. – 1. Il Comune può espropriare:

a) le aree inedificate e quelle su cui vi siano costruzioni in contrasto con la destinazione di zona o abbiano carattere provvisorio, a seguito dell'approvazione del piano regolatore generale, per consentirne l'ordinata attuazione nelle zone di espansione;

b) l'immobile al quale va incorporata un'area inserita in un piano particolareggiato e non utilizzata, quando il suo proprietario non intenda acquistarla o non comunichi le proprie determinazioni, entro il termine di sessanta giorni, decorrente dalla ricezione di un avviso del dirigente dell'ufficio per le espropriazioni (1);

c) gli immobili necessari per delimitare le aree fabbricabili e per attuare il piano regolatore, nel caso di mancato accordo tra i proprietari del comprensorio;

d) le aree inedificate e le costruzioni da trasformare secondo speciali prescrizioni, quando decorre inutilmente il termine, non inferiore a novanta giorni, fissato nell'atto determinativo della formazione del consorzio, notificato ai proprietari interessati.

(1) Cfr. art. 21, 22, 23 della l. 17/8/1942, n. 1150.

TITOLO II
DISPOSIZIONI GENERALI

Capo I
Identificazione delle fasi che precedono il decreto d'esproprio

8. Le fasi del procedimento espropriativi. – 1. Il decreto di esproprio [23] può essere emanato qualora:

a) l'opera da realizzare sia prevista nello strumento urbanistico generale, o in un atto di natura ed efficacia equivalente, e sul bene da espropriare sia stato apposto il vincolo preordinato all'esproprio [9];

b) vi sia stata la dichiarazione di pubblica utilità [12]:

c) sia stata determinata, anche se in via provvisoria, l'indennità di esproprio [20, 21, 22].

Capo II
La fase della sottoposizione del bene al vincolo preordinato all'esproprio

9. Vincoli derivanti da piani urbanistici. – 1. Un bene è sottoposto al vincolo preordinato all'esproprio quando diventa efficace l'atto di approvazione del piano urbanistico generale, ovvero una sua variante [19[2]], che prevede la realizzazione di un'opera pubblica o di pubblica utilità.

2. Il vincolo preordinato all'esproprio ha la durata di cinque anni. Entro tale termine, può essere emanato il provvedimento che comporta la dichiarazione di pubblica utilità dell'opera [12, 13].

3. Se non è tempestivamente dichiarata la pubblica utilità dell'opera, il vincolo preordinato all'esproprio decade e trova applicazione la disciplina dettata dall'articolo 9 del testo unico in materia edilizia approvato con decreto del Presidente della Repubblica 6 giugno 2001, n. 380 (1).

4. Il vincolo preordinato all'esproprio, dopo la sua decadenza, può essere motivatamente reiterato, con la rinnovazione dei procedimenti previsti al comma 1 e tenendo conto delle esigenze di soddisfacimento degli standard [39[1]] (2).

5. Nel corso dei cinque anni di durata del vincolo preordinato all'esproprio, il Consiglio comunale può motivatamente disporre o autorizzare che siano realizzate sul bene vincolato opere pubbliche o di pubblica utilità diverse da quelle originariamente previste nel piano urbanistico generale. In tal caso, se la Regione o l'ente da questa delegato all'approvazione del piano urbanistico generale (1) non manifesta il proprio dissenso entro il termine di novanta giorni, decorrente dalla ricezione della delibera del Consiglio comunale e della relativa completa documentazione, si intende approvata la determinazione del consiglio comunale, che in una successiva seduta ne dispone l'efficacia.

6. Salvo quanto previsto dal comma 5, nulla è innovato in ordine alla normativa statale o regionale sulla adozione e sulla approvazione degli strumenti urbanistici (3).

(1) Rettificato in G.U. 14/9/2001, n. 214.

• Comma così modificato dall'art. 1, co. 1, lett. f), d.lg. 27/12/2002, n. 302.

(2) V. art. 40 della l. 17/8/1942, n. 1150.

(3) Comma così modificato dall'art. 1, co. 1, lett. f), d.lg. 27/12/2002, n. 302.

• V. anche l'art. 165, co. 7-bis, d.lg. 12/4/2006, n. 163.

10. Vincoli derivanti da atti diversi dai piani urbanistici generali (1). – 1. Se la realizzazione di un'opera pubblica o di pubblica utilità non è prevista dal piano urbanistico generale, il vincolo preordinato all'esproprio può essere disposto, ove espressamente se ne dia atto, su richiesta dell'interessato ai sensi dell'articolo 14, comma 4, della legge 7 agosto 1990, n. 241, ovvero su iniziativa dell'amministrazione competente all'approvazione del progetto, mediante una conferenza di servizi, un accordo di programma, una intesa ovvero un altro atto, anche di natura territoriale, che in base alla legislazione vigente comporti la variante al piano urbanistico.

2. Il vincolo può essere altresì disposto, dandosene espressamente atto, con il ricorso alla variante semplificata al piano urbanistico da realizzare, anche su richiesta dell'interessato, con le modalità e secondo le procedure di cui all'articolo 19, commi 2 e seguenti.

3. Per le opere per le quali sia già intervenuto, in conformità alla normativa vigente, uno dei provvedimenti di cui ai commi 1 e 2 prima della data di entrata in vigore del presente testo unico, il vincolo si intende apposto, anche qualora non ne sia stato dato esplicitamente atto.

(1) Articolo così sostituito dall'art. 1, co. 1, lett. g), d.lg. 27/12/2002, n. 302.

11. La partecipazione degli interessati (1). – 1. Al proprietario, del bene sul quale si intende apporre il vincolo preordinato all'esproprio, va inviato l'avviso dell'avvio del procedimento [20 // 7 l. n. 241/1990]:

a) nel caso di adozione di una variante al piano regolatore per la realizzazione di una singola opera pubblica, almeno venti giorni prima della delibera del consiglio comunale;

b) nei casi previsti dall'articolo 10, comma 1, almeno venti giorni prima dell'emanazione dell'atto se ciò risulti compatibile con le esigenze di celerità del procedimento (2).

2. L'avviso di avvio del procedimento è comunicato personalmente agli interessati alle singole opere previste dal piano o dal progetto. Allorché il numero dei destinatari sia superiore a 50, la comunicazione è effettuata mediante pubblico avviso, da affiggere all'albo pretorio dei Comuni nel cui territorio ricadono gli immobili da assoggettare al vincolo, nonché su uno o più quotidiani a diffusione nazionale e locale e, ove istituito, sul sito informatico della Regione o Provincia autonoma nel cui territorio ricadono gli immobili da assoggettare al vincolo. L'avviso deve precisare dove e con quali modalità può essere consultato il piano o il progetto. Gli interessati possono formulare entro i successivi trenta giorni osservazioni che vengono valutate dall'autorità espropriante ai fini delle definitive determinazioni (3).

3. La disposizione di cui al comma 2 non si applica ai fini dell'approvazione del progetto preliminare delle infrastrutture e degli insediamenti produttivi ricompresi nei programmi attuativi dell'articolo 1, comma 1, della legge 21 dicembre 2001, n. 443.

4. Ai fini dell'avviso dell'avvio del procedimento delle conferenze di servizi in materia di lavori pubblici, si osservano le forme previste dal decreto del Presidente della Repubblica 21 dicembre 1999, n. 554.

5. Salvo quanto previsto dal comma 2, restano in vigore le disposizioni vigenti che regolano le modalità di partecipazione del proprietario dell'area e di altri interessati nelle fasi di adozione e di approvazione degli strumenti urbanistici.

(1) Articolo così sostituito dall'art. 1, co. 1, lett. h), d.lg. 27/12/2002, n. 302.

(2) Così rettificato in G.U. 14/9/2001, n. 214.

(3) Per la riduzione a sette giorni del termine di cui alla presente lettera V. l'art. 4, co. 6, dell'OPCM 4/8/2008, n. 3696.

Capo III
La fase della dichiarazione di pubblica utilità

Sezione I
Disposizioni sul procedimento

12. Gli atti che comportano la dichiarazione di pubblica utilità (1). – 1. La dichiarazione di pubblica utilità si **intende** disposta [9[2] // <u>19, 20 l. n. 241/1990</u> // <u>31[1, 2, 3] CPA.</u>] (2):

a) quando l'autorità espropriante approva a tale fine il progetto definitivo dell'opera pubblica o di pubblica utilità, ovvero quando sono approvati il piano particolareggiato, il piano di lottizzazione, il piano di recupero, il piano di ricostruzione, il piano delle aree da destinare a insediamenti produttivi, ovvero quando è approvato il piano di zona;

b) in ogni caso, quando in base alla normativa vigente equivale a dichiarazione di pubblica utilità l'approvazione di uno strumento urbanistico, anche di settore o attuativo, la definizione di una conferenza di servizi o il perfezionamento di un accordo di programma, ovvero il rilascio di una concessione, di una autorizzazione o di un atto avente effetti equivalenti.

2. Le varianti derivanti dalle prescrizioni della conferenza di servizi, dell'accordo di programma o di altro atto di cui all'articolo 10, nonché le successive varianti in corso d'opera, qualora queste ultime non comportino variazioni di tracciato al di fuori delle zone di rispetto previste ai sensi del decreto del Presidente della Repubblica 11 luglio 1980, n. 753, nonché ai sensi del decreto ministeriale 1 aprile 1968, sono approvate dall'autorità espropriante ai fini della dichiarazione di pubblica utilità e non richiedono nuova apposizione del vincolo preordinato all'esproprio.

3. Qualora non sia stato apposto il vincolo preordinato all'esproprio la dichiarazione di pubblica utilità diventa efficace al momento di tale apposizione a norma degli articoli 9 e 1 (3).

(1) Articolo così sostituito dall'art. 1, co. 1, lett. i), d.lg. 27/12/2002, n. 302.
Il testo precedente recitava: «1. Se l'opera è conforme alle previsioni dello strumento urbanistico, ad una sua variante o ad uno degli atti indicati all'articolo 10, comma 1, la dichiarazione di pubblica utilità si intende disposta: a) quando è approvato il progetto definitivo dell'opera pubblica o di pubblica utilità, il piano particolareggiato, il piano di lottizzazione, il piano di recupero, il piano di ricostruzione, il piano delle aree da destinare a insediamenti produttivi, ovvero quando è approvato il piano di zona; b) in ogni caso quando in base alla normativa vigente equivale a dichiarazione di pubblica utilità l'approvazione di uno strumento urbanistico, anche di settore o attuativo, ovvero il rilascio di una concessione, di una autorizzazione o di un atto avente effetti equivalenti; c) a seguito dell'approvazione del progetto concernente reti ferroviarie da parte della conferenza di servizi di cui agli articoli 14 e seguenti della legge 7 agosto n. 241, e successive modifiche ed integrazioni, relativamente alle opere previste dal progetto stesso come risultanti dalle prescrizioni adottate dalla conferenza e dalle successive varianti di natura strettamente tecnica di cui all'articolo 25, comma 1, della legge 11 febbraio 1994, n. 109, e successive modifiche ed integrazioni, non comportanti variazioni di tracciato al di fuori delle zone di rispetto previste ai sensi del decreto del Presidente della Repubblica 11 luglio 1980, n. 753.».

(2) Cfr. art. 11 della l. 22/10/1971.

(3) Cfr. art. 9 ss. della l. 25/6/1865, n. 2359.

13. Contenuto ed effetti dell'atto che comporta la dichiarazione di pubblica utilità. – 1. Il provvedimento che dispone la pubblica utilità dell'opera può essere emanato fino a quando non sia decaduto il vincolo preordinato all'esproprio [9[2]].

2. Gli effetti della dichiarazione di pubblica utilità si producono anche se non sono espressamente indicati nel provvedimento che la dispone.

3. Nel provvedimento che comporta la dichiarazione di pubblica utilità dell'opera può essere stabilito il termine entro il quale il decreto di esproprio va emanato (1).

4. Se manca l'espressa determinazione del termine di cui al comma 3, il decreto di esproprio può essere emanato entro il termine di **cinque anni**, decorrente dalla data in cui diventa efficace l'atto che dichiara la pubblica utilità dell'opera [23[1, lett. a)]] (1).

5. L'autorità che ha dichiarato la pubblica utilità dell'opera può disporre proroghe dei termini previsti dai commi 3 e 4 per casi di forza maggiore o per altre giustificate ragioni. Le proroghe possono essere disposte, anche d'ufficio, prima della scadenza del termine e per un periodo di tempo complessivo non superiore a quattro anni (2).

6. La scadenza del termine entro il quale può essere emanato il decreto di esproprio determina l'inefficacia della dichiarazione di pubblica utilità.

7. Restano in vigore le disposizioni che consentono l'esecuzione delle previsioni dei piani territoriali o urbanistici, anche di settore o attuativi, entro termini maggiori di quelli previsti nel comma 4.

8. Qualora il vincolo preordinato all'esproprio riguardi immobili da non sottoporre a trasformazione fisica, la dichiarazione di pubblica utilità ha luogo mediante l'adozione di un provvedimento di destinazione ad uso pubblico dell'immobile vincolato, con cui sono indicate le finalità dell'intervento, i tempi previsti per eventuali lavori di manutenzione, nonché i relativi costi previsti (3).

(1) Comma così modificato dall'art. 1, co. 1, lett. l), d.lg. 27/12/2002, n. 302.

(2) Cfr. art. 13 della l. 25/6/1865, n. 2359.

• Comma così sostituito dall'art. 13-bis, co. 1, lett. b), d.l. 1/3/2022, n. 17, conv. in l. 27/4/2022, n. 34.

(3) V. le deroghe al presente articolo, contenute nell'art. 166, co. 4-bis, d.lg. 12/4/2006, n. 163, come modif. dall'art. 4, co. 2, d.l. 13/5/2011, n. 70, conv., con modif., dalla l. 12/7/2011, n. 106.

14. Istituzione degli elenchi degli atti che dichiarano la pubblica utilità (1). – 1. L'autorità che emana uno degli atti previsti dall'articolo 12, comma 1, ovvero esegue un decreto di espropriazione, ne trasmette una copia al Ministero delle infrastrutture e dei trasporti, per le opere di competenza statale, e al presidente della Regione, per le opere di competenza regionale.

2. Con decreto del Ministro delle infrastrutture e dei trasporti ovvero del presidente della Regione, rispettivamente per le opere di competenza statale o regionale, sono indicati gli uffici competenti all'aggiornamento degli elenchi degli atti da cui deriva la dichiarazione di pubblica utilità ovvero con cui è disposta l'espropriazione, distinti in relazione alle diverse amministrazioni che li hanno adottati; nello stesso decreto può prevedersi che i medesimi o altri uffici possano dare indicazioni operative alle autorità esproprianti per la corretta applicazione del presente testo unico.

3. L'autorità espropriante comunica all'ufficio di cui al comma 2 (2):

a) quale sia lo stato del procedimento d'esproprio, almeno sei mesi e non oltre tre mesi prima della data di scadenza degli effetti della dichiarazione di pubblica utilità;

b) se sia stato eseguito entro il prescritto termine il decreto d'esproprio ovvero se il medesimo termine sia inutilmente scaduto;

c) se siano stati impugnati gli atti di adozione e di approvazione del piano urbanistico generale, l'atto che dichiara la pubblica utilità dell'opera o il decreto di esproprio.

(1) Articolo così sostituito dall'art. 1, co. 1, lett. m), d.lg. 27/12/2002, n. 302. Cfr. art. 3, 4, 7, l. 25/6/1865, n. 2359.

(2) Rettificato in G.U. 14/9/2001, n. 214.

Sezione II
Disposizioni particolari sulla approvazione del progetto definitivo dell'opera

15. Disposizioni sulla redazione del progetto (1). – 1. Per le operazioni planimetriche e le altre operazioni preparatorie necessarie per la redazione dello strumento urbanistico generale, di una sua variante o di un atto avente efficacia equivalente nonché per l'attuazione delle previsioni urbanistiche e per la progettazione di opere pubbliche e di pubblica utilità, i tecnici incaricati, anche privati, possono essere autorizzati ad introdursi nell'area interessata.

2. Chiunque chieda il rilascio della autorizzazione deve darne notizia, mediante atto notificato con le forme degli atti processuali civili o lettera raccomandata con avviso di ricevimento, al proprietario del bene, nonché al suo possessore, se risulti conosciuto. L'autorità espropriante tiene conto delle eventuali osservazioni, formulate dal proprietario o dal possessore entro sette giorni dalla relativa notifica o comunicazione, e può accogliere la richiesta solo se risultano trascorsi almeno ulteriori dieci giorni dalla data in cui è stata notificata o comunicata la richiesta di introdursi nella altrui proprietà.

3. L'autorizzazione indica i nomi delle persone che possono introdursi nell'altrui proprietà ed è notificata o comunicata mediante lettera raccomandata con avviso di ricevimento almeno sette giorni prima dell'inizio delle operazioni.

4. Il proprietario e il possessore del bene possono assistere alle operazioni, anche mediante persone di loro fiducia.

5. L'autorizzazione di cui al comma 1 si estende alle ricerche archeologiche, alla bonifica da ordigni bellici e alla bonifica dei siti inquinati. Le ricerche archeologiche sono compiute sotto la vigilanza delle competenti soprintendenze, che curano la tempestiva programmazione delle ricerche ed il rispetto della medesima, allo scopo di evitare ogni ritardo all'avvio delle opere.

(1) Articolo sostituito dall'art. 1, co. 1, lett. n), d.lg. 27/12/2002, n. 302. Cfr. art. 3, 4, 7 della l. 25/6/1865, n. 2359.

16. Le modalità che precedono l'approvazione del progetto definitivo (1). – 1. Il soggetto, anche privato, diverso da quello titolare del potere di approvazione del progetto di un'opera pubblica o di pubblica utilità, può promuovere l'adozione dell'atto che dichiara la pubblica utilità dell'opera. A tale fine, egli deposita pressa l'ufficio per le espropriazioni il progetto dell'opera, unitamente ai documenti ritenuti rilevanti e ad una relazione sommaria, la quale indichi la natura e lo scopo delle opere da eseguire, nonché agli eventuali nulla osta, alle autorizzazioni o agli altri atti di assenso, previsti dalla normativa vigente.

2. In ogni caso, lo schema dell'atto di approvazione del progetto deve richiamare gli elaborati contenenti la descrizione dei terreni e degli edifici di cui è prevista l'espropriazione, con l'indicazione dell'estensione e dei confini, nonché, possibilmente, dei dati identificativi catastali e con il nome ed il cognome dei proprietari iscritti nei registri catastali.

3. L'autorizzazione rilasciata ai sensi dell'articolo 15 consente anche l'effettuazione delle operazioni previste dal comma 2.

4. Al proprietario dell'area ove è prevista la realizzazione dell'opera è inviato l'avviso dell'avvio del procedimento e del deposito degli atti di cui al comma 1, con l'indicazione del nominativo del responsabile del procedimento.

5. Allorché il numero dei destinatari sia superiore a 50 si osservano le forme di cui all'articolo 11, comma 2.

6. Ai fini dell'approvazione del progetto definitivo degli interventi di cui alla legge 21 dicembre 2001, n. 443, l'avviso di avvio del procedimento di dichiarazione di pubblica utilità è comunicato con le modalità di cui all'articolo 4, comma 2, del decreto legislativo 20 agosto 2002, n. 190.

7. Se la comunicazione prevista dal comma 4 non ha luogo per irreperibilità o assenza del proprietario risultante dai registri catastali, il progetto può essere ugualmente approvato.

8. Se risulta la morte del proprietario iscritto nei registri catastali e non risulta il proprietario attuale, la comunicazione di cui al comma 4 è sostituita da un avviso, affisso per venti giorni consecutivi all'albo pretorio dei comuni interessati e da un avviso pubblicato su uno o più quotidiani a diffusione nazionale e locale.

9. L'autorità espropriante non è tenuta a dare alcuna comunicazione a chi non risulti proprietario del bene.

10. Il proprietario e ogni altro interessato possono formulare osservazioni al responsabile del procedimento, nel termine perentorio di trenta giorni dalla comunicazione o dalla pubblicazione dell'avviso [10-bis l. n. 241/1990] (2).

11. Nei casi previsti dall'articolo 12, comma 1, il proprietario dell'area, nel formulare le proprie osservazioni, può chiedere che l'espropriazione riguardi anche le frazioni residue dei suoi beni che non siano state prese in considerazione, qualora per esse risulti una disagevole utilizzazione ovvero siano necessari considerevoli lavori per disporne una agevole utilizzazione.

12. L'autorità espropriante si pronuncia sulle osservazioni, con atto motivato. Se l'accoglimento in tutto o in parte delle osservazioni comporta la modifica dello schema del progetto con pregiudizio di un altro proprietario che non abbia presentato osservazioni, sono ripetute nei suoi confronti le comunicazioni previste dal comma 4 [10-bis l. n. 241/1990].

13. Se le osservazioni riguardano solo una parte agevolmente separabile dell'opera, l'autorità espropriante può approvare per la restante parte il progetto, in attesa delle determinazioni sulle osservazioni.

14. Qualora nel corso dei lavori si manifesti la necessità o l'opportunità di espropriare altri terreni o altri edifici, attigui a quelli già espropriati, con atto motivato autorità espropriante integra il provvedimento con cui è stato approvato il progetto ai fini della dichiarazione di pubblica utilità. Si applicano le disposizioni dei precedenti commi (3).

(1) Articolo così sostituito dall'art. 1, co. 1, lett. o), d.lg. 27/12/2002, n. 302. Cfr. art. 3 della l. 25/6/1865, n. 2359 e art. 10 della l. 22/10/1971, n. 865.

(2) Cfr. art. 22 della l. 25/6/1865, n. 2359.

(3) V. le deroghe al presente articolo, contenute nel co. 2, art. 4, l. 20/8/2002, n. 190 e nell'art. 166, co. 2, d.lg. 12/4/2006, n. 163.

17. L'approvazione del progetto definitivo (1). – 1. Il provvedimento che approva il progetto definitivo, ai fini della dichiarazione di pubblica utilità, indica gli estremi degli atti da cui è sorto il vincolo preordinato all'esproprio.

2. Mediante raccomandata con avviso di ricevimento o altra forma di comunicazione equipollente al proprietario è data notizia della data in cui è diventato efficace l'atto che ha approvato il progetto definitivo e della facoltà di prendere visione della relativa documentazione. Al proprietario è contestualmente comunicato che può fornire ogni utile elemento per determinare il valore da attribuire all'area ai fini della liquidazione della indennità di esproprio.

3. Mediante raccomandata con avviso di ricevimento o altra forma di comunicazione equipollente, al proprietario è data notizia della data in cui è diventato efficace l'atto che ha approvato il progetto definitivo e della facoltà di prendere visione della relativa documentazione (2). Al proprietario è contestualmente comunicato che può fornire ogni utile elemento per determinare il valore da attribuire all'area ai fini della liquidazione della indennità di esproprio (3).

(1) Articolo così sostituito dall'art. 1, co. 1, lett. p), d.lg. 27/12/2002, n. 302.

(2) Così rettificato in G.U. 14/9/2001, n. 214.

(3) Cfr. artt. 9, 23 della l. 25/6/1865, n. 2359.

Sezione III

Disposizioni sull'approvazione di un progetto di un'opera non conforme alle previsioni urbanistiche

18. Disposizioni applicabili per le operazioni preliminari alla progettazione. – 1. Le disposizioni contenute negli articoli 16 e 17 si applicano anche quando un soggetto pubblico o privato intende redigere un progetto di opera pubblica o di pubblica utilità non conforme alle previsioni urbanistiche.

19. L'approvazione del progetto (1). – 1. Quando l'opera da realizzare non risulta conforme alle previsioni urbanistiche, la variante al piano regolatore può essere disposta con le forme di cui all'articolo 10, comma 1, ovvero con le modalità di cui ai commi seguenti.

2. L'approvazione del progetto preliminare o definitivo da parte del consiglio comunale, costituisce adozione della variante allo strumento urbanistico [9[1]].

3. Se l'opera non è di competenza comunale, l'atto di approvazione del progetto preliminare o definitivo da parte della autorità competente è trasmesso al consiglio comunale, che può disporre l'adozione della corrispondente variante allo strumento urbanistico.

4. Nei casi previsti dai commi 2 e 3, se la Regione o l'ente da questa delegato all'approvazione del piano urbanistico comunale non manifesta il proprio dissenso entro il termine di novanta giorni, decorrente dalla ricezione della delibera del consiglio comunale e della relativa completa documentazione, si intende approvata la determinazione del consiglio comunale, che in una successiva seduta ne dispone l'efficacia.

(1) Articolo così sostituito dall'art. 1, co. 1, lett. q), d.lg. 27/12/2002, n. 302.

Capo IV

La fase di emanazione del decreto di esproprio

Sezione I

Del modo di determinare l'indennità di espropriazione

20. La determinazione provvisoria dell'indennità di espropriazione (1). – 1. Divenuto efficace l'atto che dichiara la pubblica utilità, entro i successivi trenta giorni il promotore dell'espropriazione compila l'elenco dei beni da espropriare, con una descrizione sommaria, e dei relativi proprietari, ed indica le somme che offre per le loro espropriazioni. L'elenco va notificato a ciascun proprietario, nella parte che lo riguarda, con le forme degli atti processuali civili. Gli interessati nei successivi trenta giorni possono presentare osservazioni scritte e depositare documenti [11].

2. Ove lo ritenga opportuno in considerazione dei dati acquisiti e compatibile con le esigenze di celerità del procedimento, l'autorità espropriante invita il proprietario e, se del caso, il beneficiario dell'espropriazione a precisare, entro un termine non superiore a venti giorni ed eventualmente anche in base ad una relazione esplicativa, quale sia il valore da attribuire all'area ai fini della determinazione della indennità di esproprio [11].

3. Valutate le osservazioni degli interessati, l'autorità esproprianante, anche avvalendosi degli uffici degli enti locali, dell'ufficio tecnico erariale o della commissione provinciale prevista dall'articolo 41, che intenda consultare, prima di emanare il decreto di esproprio accerta il valore dell'area e determina in via **provvisoria** la misura della indennità di espropriazione.

4. L'atto che determina in via provvisoria la misura della indennità di espropriazione è notificato al proprietario con le forme degli atti processuali civili e al beneficiario dell'esproprio, se diverso dall'autorità procedente (2).

5. Nei trenta giorni successivi alla notificazione, il proprietario può comunicare all'autorità espropriante che condivide la determinazione della indennità di espropriazione. La relativa dichiarazione è **irrevocabile [1329 CC.]** (3).

6. Qualora abbia condiviso la determinazione dell'indennità di espropriazione, il proprietario è tenuto a consentire all'autorità espropriante che ne faccia richiesta l'immissione nel possesso [1140 ss.]. In tal caso, il proprietario ha diritto a ricevere un acconto dell'80 per cento dell'indennità, previa autocertificazione, attestante la piena e libera proprietà del bene. Dalla data dell'immissione in possesso il proprietario ha altresì diritto agli interessi nella misura del tasso legale sulla indennità, sino al momento del pagamento dell'eventuale acconto e del saldo. In caso di opposizione all'immissione in possesso l'autorità espropriante può procedervi egualmente con la presenza di due testimoni.

7. Il proprietario può limitarsi a designare un tecnico di propria fiducia, al fine dell'applicazione dell'articolo 21, comma 2.

8. Qualora abbia condiviso la determinazione della indennità di espropriazione e abbia dichiarato l'assenza di diritti di terzi sul bene il proprietario è tenuto a depositare nel termine di sessanta giorni, decorrenti dalla comunicazione di cui al comma 5, la documentazione comprovante, anche mediante attestazione notarile, la piena e libera proprietà del bene. In tal caso l'intera indennità, ovvero il saldo di quella già corrisposta a titolo di acconto, è corrisposta entro il termine dei successivi sessanta giorni. Decorso tale termine, al proprietario sono dovuti gli interessi, nella misura del tasso legale anche ove non sia avvenuta la immissione in possesso (4).

9. Il beneficiario dell'esproprio ed il proprietario stipulano **l'atto di cessione del bene** [11 l. n. 241/1990] qualora sia stata condivisa la determinazione della indennità di espropriazione e sia stata depositata la documentazione attestante la piena e libera proprietà del bene. Nel caso in cui il proprietario percepisca la somma e si rifiuti di stipulare l'atto di cessione del bene, può essere emesso senza altre formalità il decreto di esproprio, che dà atto di tali circostanze, e può esservi l'immissione in possesso, salve le conseguenze risarcitorie dell'ingiustificato rifiuto di addivenire alla stipula.

10. L'atto di cessione volontaria [45] è trasmesso per la trascrizione, entro quindici giorni presso l'ufficio dei registri immobiliari, a cura e a spese dell'acquirente.

11. Dopo aver corrisposto l'importo concordato, l'autorità espropriante, in alternativa alla cessione volontaria, può procedere, anche su richiesta del promotore dell'espropriazione, alla emissione e all'esecuzione del decreto di esproprio [23].

12. L'autorità espropriante, anche su richiesta del promotore dell'espropriazione, può altresì emettere ed eseguire il decreto di esproprio, dopo aver ordinato il deposito dell'indennità condivisa presso la Cassa depositi e prestiti qualora il proprietario abbia condiviso la indennità senza dichiarare l'assenza di diritti di terzi sul bene, ovvero qualora non effettui il deposito della documentazione di cui al comma 8 nel termine ivi previsto ovvero ancora non si presti a ricevere la somma spettante.

13. Al proprietario che abbia condiviso l'indennità offerta spetta l'importo di cui all'articolo 45, comma 2, anche nel caso in cui l'autorità espropriante abbia emesso il decreto di espropriazione ai sensi dei commi 10 e 12.

14. Decorsi inutilmente trenta giorni dalla notificazione di cui al comma 4, si intende non concordata la determinazione dell'indennità di espropriazione. L'autorità espropriante dispone il deposito, entro trenta giorni, presso la Cassa depositi e prestiti Spa, della somma senza le maggiorazioni di cui all'articolo 45. Effettuato il deposito, l'autorità espropriante può emettere ed eseguire il decreto d'esproprio (5).

15. Qualora l'efficacia della pubblica utilità derivi dall'approvazione di piani urbanistici esecutivi, i termini per gli adempimenti di cui al comma 1 del presente articolo decorrono dalla data di inserimento degli immobili da espropriare nel programma di attuazione dei piani stessi.

(1) Articolo sostituito così dall'art. 1, co. 1, lett. r), d.lg. 27/12/2002, n. 302. Cfr. art. 24 ss. della l. 25/6/1865, n. 2359.

(2) Cfr. art. 11 della l. 22/10/1971, n. 865.

(3) Cfr. art. 12, co. 2, l. 22/10/1971, n. 865.

(4) Cfr. art. 30, co. 1, l. 25/6/1865, n. 2359 e art. 12, co. 3, l. 22/10/1971, n. 865.

(5) Comma così modificato dall'art. 2, co. 89, lett. c), l. 24/12/2007, n. 244 *(finanziaria 2008)*.

21. Procedimento di determinazione definitiva dell'indennità di espropriazione (1). – 1. L'autorità espropriante forma l'elenco dei proprietari che non hanno concordato la determinazione della indennità di espropriazione.

2. Se manca l'accordo sulla determinazione dell'indennità di espropriazione, l'autorità espropriante invita il proprietario interessato, con atto notificato a mezzo di ufficiale giudiziario, a comunicare entro i successivi venti giorni se intenda avvalersi, per la determinazione dell'indennità, del procedimento previsto nei seguenti commi e, in caso affermativo, designare un tecnico di propria fiducia.

3. Nel caso di comunicazione positiva del proprietario, l'autorità espropriante nomina due tecnici, tra cui quello eventualmente già designato dal proprietario, e fissa il termine entro il quale va presentata la relazione da cui si evinca la stima del bene. Il termine non può essere superiore a novanta giorni, decorrente dalla data in cui è nominato il tecnico di cui al comma 4, ma è prorogabile per effettive e comprovate difficoltà.

4. Il presidente del tribunale civile, nella cui circoscrizione si trova il bene da stimare, nomina il terzo tecnico, su istanza di chi vi abbia interesse.

5. Il presidente del tribunale civile sceglie il terzo tecnico tra i professori universitari, anche associati, di estimo, ovvero tra coloro che risultano inseriti nell'albo dei periti o dei consulenti tecnici del tribunale civile nella cui circoscrizione si trova il bene.

6. Le spese per la nomina dei tecnici:

a) sono liquidate dall'autorità espropriante, in base alle tariffe professionali;

b) sono poste a carico del proprietario se la stima è inferiore alla somma determinata in via provvisoria, sono divise per metà tra il beneficiario dell'esproprio e l'espropriato se la differenza con la somma determinata in via provvisoria non supera in aumento il decimo e, negli altri casi, sono poste a carico del beneficiario dell'esproprio.

7. I tecnici comunicano agli interessati il luogo, la data e l'ora delle operazioni, mediante lettera raccomandata con avviso di ricevimento o strumento telematico, almeno sette giorni prima della data stabilita.

8. Gli interessati possono assistere alle operazioni anche tramite persone di loro fiducia, formulare osservazioni orali e presentare memorie scritte e documenti, di cui i tecnici tengono conto.

9. L'opposizione contro la nomina dei tecnici non impedisce o ritarda le operazioni, salvo il diritto di contestare in sede

giurisdizionale la nomina e le operazioni peritali.

10. La relazione dei tecnici è depositata presso l'autorità espropriante, che ne dà notizia agli interessati mediante lettera raccomandata con avviso di ricevimento, avvertendoli che possono prenderne visione ed estrarne copia entro i successivi trenta giorni.

11. In caso di dissenso di uno dei tecnici, la relazione è adottata a maggioranza.

12. Ove l'interessato accetti in modo espresso l'indennità risultante dalla relazione, l'autorità espropriante autorizza il pagamento o il deposito della eventuale parte di indennità non depositata; il proprietario incassa la indennità depositata a norma dell'articolo 26. Ove non sia stata manifestata accettazione espressa entro trenta giorni dalla scadenza del termine di cui al comma 10, l'autorità espropriante ordina il deposito presso la Cassa depositi e prestiti dell'eventuale maggior importo della indennità.

13. Il proprietario ha il diritto di chiedere che la somma depositata o da depositare sia impiegata in titoli del debito pubblico.

14. Salve le disposizioni del testo unico, si applicano le norme del codice di procedura civile per quanto riguarda le operazioni peritali e le relative relazioni.

15. Qualora il proprietario non abbia dato la tempestiva comunicazione di cui al comma 2, l'autorità espropriante chiede la determinazione dell'indennità alla commissione prevista dall'articolo 41 che provvede entro novanta giorni dalla richiesta.

16. La relazione della commissione è depositata e comunicata secondo le previsioni del comma 10 e si procede a norma del comma 12.

(1) Articolo così sostituito dall'art. 1, co. 1, lett. s), d.lg. 27/12/2002, n. 302. Cfr. art. 32 ss. della l. 25/6/1865, n. 2359.

22. Determinazione urgente dell'indennità provvisoria (1). – 1. Qualora l'avvio dei lavori rivesta carattere di urgenza, tale da non consentire l'applicazione delle disposizioni dell'articolo 20, il decreto di esproprio può essere emanato ed eseguito in base alla determinazione urgente della indennità di espropriazione, senza particolari indagini o formalità. Nel decreto si dà atto della determinazione urgente dell'indennità e si invita il proprietario, nei trenta giorni successivi alla immissione in possesso, a comunicare se la condivide.

2. Il decreto di esproprio può altresì essere emanato ed eseguito in base alla determinazione urgente della indennità di espropriazione senza particolari indagini o formalità, nei seguenti casi:

a) per gli interventi di cui alla legge 21 dicembre 2001, n. 443;

b) allorché il numero dei destinatari della procedura espropriativa sia superiore a 50.

3. Ricevuta dall'espropriato la comunicazione di cui al comma 1 e la documentazione comprovante la piena e libera disponibilità del bene, l'autorità espropriante dispone il pagamento dell'indennità di espropriazione nel termine di sessanta giorni, *senza applicare la riduzione del quaranta per cento di cui all'articolo 37, comma 1*. Decorso tale termine al proprietario sono dovuti gli interessi nella misura del tasso legale (2).

4. Se non condivide la determinazione della misura della indennità di espropriazione, entro il termine previsto dal comma 1 l'espropriato può chiedere la nomina dei tecnici, ai sensi dell'articolo 21 e, se non condivide la relazione finale, può proporre l'opposizione alla stima.

5. In assenza della istanza del proprietario, l'autorità espropriante chiede la determinazione dell'indennità alla commissione provinciale prevista dall'articolo 41, che provvede entro il termine di trenta giorni, e dà comunicazione della medesima determinazione al proprietario, con avviso notificato con le forme degli atti processuali civili.

(1) Articolo così sostituito dall'art. 1, co. 1, lett. t), d.lg. 27/12/2002, n. 302.

(2) Comma così modificato dall'art. 2, co. 89, lett. d), l. 24/12/2007, n. 244 *(finanziaria 2008)*, che ha soppresso le parole in corsivo.

22 bis. Occupazione d'urgenza preordinata all'espropriazione [42 bis, 49] (1). – 1. Qualora l'avvio dei lavori rivesta carattere di **particolare urgenza**, tale da non consentire, in relazione alla particolare natura delle opere, l'applicazione delle disposizioni di cui ai commi 1 e 2 dell'articolo 20, può essere emanato, senza particolari indagini e formalità, **decreto motivato** che determina in via provvisoria l'indennità di espropriazione, e che dispone anche l'occupazione anticipata dei beni immobili necessari [42-bis, 43, 23 lett. f]. Il decreto contiene l'elenco dei beni da espropriare e dei relativi proprietari, indica i beni da occupare e determina l'indennità da offrire in via provvisoria. Il decreto è notificato con le modalità di cui al comma 4 e seguenti dell'articolo 20 con l'avvertenza che il proprietario, nei trenta giorni successivi alla immissione in possesso, può, nel caso non condivida l'indennità offerta, presentare osservazioni scritte e depositare documenti.

2. Il decreto di cui al comma 1, può altresì essere emanato ed eseguito in base alla determinazione urgente della indennità di espropriazione senza particolari indagini o formalità, nei seguenti casi:

a) per gli interventi di cui alla legge 21 dicembre 2001, n. 443;

b) allorché il numero dei destinatari della procedura espropriativa sia superiore a 50.

3. Al proprietario che abbia condiviso la determinazione dell'indennità è riconosciuto l'acconto dell'80% con le modalità di cui al comma 6, dell'articolo 20.

4. L'esecuzione del decreto di cui al comma 1, ai fini dell'immissione in possesso, è effettuata con le medesime modalità di cui all'articolo 24 e deve aver luogo entro il termine perentorio di tre mesi dalla data di emanazione del decreto medesimo.

5. Per il periodo intercorrente tra la data di immissione in possesso e la data di corresponsione dell'indennità di espropriazione o del corrispettivo, stabilito per l'atto di cessione volontaria [45] è dovuta l'indennità di occupazione, da computare ai sensi dell'articolo 50, comma 1.

6. Il decreto che dispone l'occupazione ai sensi del comma 1 perde efficacia qualora non venga emanato il decreto di esproprio nel termine di cui all'articolo 13.

(1) Articolo inserito dall'art. 1, co. 1, lett. u), d.lg. 27/12/2002, n. 302. La rubrica è stata poi così sostituita con avviso di rettifica pubblicato in G.U. 28/7/2003, n. 173.

Sezione II

Del decreto di esproprio

23. Contenuto ed effetti del decreto di esproprio. – 1. Il decreto di esproprio [42-bis, 45[3]] (1):

a) è emanato entro il termine di scadenza dell'efficacia della dichiarazione di pubblica utilità [13[4]];

b) indica gli estremi degli atti da cui è sorto il vincolo preordinato all'esproprio e del provvedimento che ha approvato il progetto dell'opera;

c) indica quale sia l'indennità determinata in via provvisoria o urgente e precisa se essa sia stata accettata dal proprietario o successivamente corrisposta, ovvero se essa sia stata depositata presso la Cassa depositi e prestiti;

d) dà atto della eventuale nomina dei tecnici incaricati di determinare in via definitiva l'indennità di espropriazione, precisando se essa sia stata accettata dal proprietario o successivamente corrisposta, ovvero se essa sia stata depositata presso la Cassa depositi e prestiti;

e) dà atto della eventuale sussistenza dei presupposti previsti dall'articolo 22, comma 1, e della determinazione urgente della indennità provvisoria;

e-bis) dà atto degli estremi del decreto emanato ai sensi dell'articolo 22-bis e del relativo stato di esecuzione (2);

f) **dispone il passaggio del diritto di proprietà, o del diritto oggetto dell'espropriazione, sotto la condizione sospensiva [1353 CC.] che il medesimo decreto sia successivamente notificato ed eseguito** [22-bis, 42-bis, 43];

g) è notificato al proprietario nelle forme degli atti processuali civili [137 ss. CPC.], con un avviso contenente l'indicazione del luogo, del giorno e dell'ora in cui è prevista l'esecuzione del decreto di espropriazione, almeno sette giorni prima di essa;

h) è eseguito mediante l'immissione in possesso [1140 CC.] del beneficiario dell'esproprio, con la redazione del verbale di cui all'articolo 24 (3).

2. Il decreto di esproprio è trascritto senza indugio presso l'ufficio dei registri immobiliari (4) [2643 ss. CC.].

3. La notifica del decreto di esproprio può avere luogo contestualmente alla sua esecuzione. Qualora vi sia l'opposizione del proprietario o del possessore del bene, nel verbale si dà atto dell'opposizione e le operazioni di immissione in possesso possono essere differite di dieci giorni.

4. Le operazioni di trascrizione e di voltura nel catasto e nei libri censuari hanno luogo senza indugio, a cura e a spese del beneficiario dell'esproprio.

5. Un estratto del decreto di esproprio è trasmesso entro cinque giorni per la pubblicazione nella Gazzetta Ufficiale della Repubblica o nel Bollettino Ufficiale della Regione nel cui territorio si trova il bene. L'opposizione del terzo è proponibile entro i trenta giorni successivi alla pubblicazione dell'estratto. Decorso tale termine in assenza di impugnazioni, anche per il terzo l'indennità resta fissata nella somma depositata (5).

(1) Cfr. art. 45-51 della l. 25/6/1865, n. 2359 e art. 13 della l. 22/10/1971, n. 865.

(2) Lettera inserita dall'art. 1, co. 1, lett. v), d.lg. 27/12/2002, n. 302.

(3) Cfr. 71 della l. 25/6/1865, n. 2359 e art. 20 della l. 22/10/1971, n. 865.

(4) Cfr. art. 53 della l. 25/6/1865, n. 2359.

(5) Cfr. art. 54 della l. 25/6/1865, n. 2359.

24. Esecuzione del decreto di esproprio. – 1. L'esecuzione del decreto di esproprio ha luogo per iniziativa dell'autorità espropriante o del suo beneficiario, con il verbale di immissione in possesso, entro il termine perentorio di due anni.

2. Lo stato di consistenza del bene può essere compilato anche successivamente alla redazione del verbale di immissione in possesso, senza ritardo e prima che sia mutato lo stato dei luoghi.

3. Lo stato di consistenza e il verbale di immissione sono redatti in contraddittorio con l'espropriato o, nel caso di assenza o di rifiuto, con la presenza di almeno due testimoni che non siano dipendenti del beneficiario dell'espropriazione. Possono partecipare alle operazioni i titolari di diritti reali o personali sul bene (1).

4. Si intende effettuata l'immissione in possesso anche quando, malgrado la redazione del relativo verbale, il bene continua ad essere utilizzato, per qualsiasi ragione, da chi in precedenza ne aveva la disponibilità.

5. L'autorità espropriante, in calce al decreto di esproprio, indica la data in cui è avvenuta l'immissione in possesso e trasmette copia del relativo verbale all'ufficio per i registri immobiliari, per la relativa annotazione.

6. L'autorità che ha eseguito il decreto di esproprio ne dà comunicazione all'ufficio istituito ai sensi dell'articolo 14, comma 1.

7. Decorso il termine previsto nel comma 1, entro i successivi tre anni può essere emanato un ulteriore atto che comporta la dichiarazione di pubblica utilità.

(1) Comma così modificato dall'art. 14, co. 7, d.l. 24/2/2023, n. 13. La versione precedente prevedeva che: «Lo stato di consistenza e il verbale di immissione sono redatti in contraddittorio con l'espropriato o, nel caso di assenza o di rifiuto, con la presenza di almeno due testimoni che non siano dipendenti del beneficiario dell'espropriazione. Possono partecipare alle operazioni i titolari di diritti reali o personali sul bene».

25. Effetti dell'espropriazione per i terzi. – 1. L'espropriazione del diritto di proprietà comporta **l'estinzione automatica** di tutti gli altri diritti, reali o personali [1571 CC.], gravanti sul bene espropriato, salvo quelli compatibili con i fini cui l'espropriazione è preordinata.

2. Le azioni reali [948-951 CC.] e personali [2043, 2058 CC.] esperibili sul bene espropriando non incidono sul procedimento espropriativo e sugli effetti del decreto di esproprio.

3. Dopo la trascrizione del decreto di esproprio, tutti i diritti relativi al bene espropriato possono essere fatti valere unicamente sull'indennità.

4. A seguito dell'esecuzione del decreto di esproprio, il Prefetto convoca tempestivamente, e comunque non oltre dieci giorni dalla richiesta, il soggetto proponente e i soggetti gestori di servizi pubblici titolari del potere di autorizzazione e di concessione di attraversamento, per la definizione degli spostamenti concernenti i servizi interferenti e delle relative modalità tecniche. Il soggetto proponente, qualora i lavori di modifica non siano stati avviati entro sessanta giorni, può provvedervi direttamente, attenendosi alle modalità tecniche eventualmente definite ai sensi del presente comma (1).

(1) V. le deroghe al presente articolo, contenute nel co. 1, art. 5, l. 20/8/2002, n. 190 e nell'art. 170, co. 1, d.lg. 12/4/2006, n. 163.

Capo V
Il pagamento dell'indennità di esproprio

Sezione I
Disposizioni generali

26. Pagamento o deposito dell'indennità provvisoria (1). – 1. Trascorso il termine di trenta giorni dalla notificazione dell'atto determinativo dell'indennità provvisoria, l'autorità espropriante ordina che il promotore dell'espropriazione effettui il pagamento delle indennità che siano state accettate, ovvero il deposito delle altre indennità presso la Cassa depositi e prestiti.

1-bis. L'autorità espropriante ordina il pagamento diretto dell'indennità al proprietario nei casi di cui all'articolo 20, comma 8 (2).

2. L'autorità espropriante può ordinare altresì il pagamento diretto dell'indennità al proprietario, qualora questi abbia assunto ogni responsabilità in ordine ad eventuali diritti dei terzi, e può disporre che sia prestata una idonea garanzia entro un termine all'uopo stabilito (3).

3. Se il bene è gravato di ipoteca [2808 ss. CC.], al proprietario è corrisposta l'indennità previa esibizione di una dichiarazione del titolare del diritto di ipoteca, con firma autenticata, che autorizza la riscossione della somma.

4. Se il bene è gravato da altri diritti reali [952, 953, 957, 978, 1021, 1022, 1027 CC.], ovvero se sono presentate opposizioni al pagamento della indennità, in assenza di accordo sulle modalità della sua riscossione, il beneficiario dell'espropriazione deposita la somma presso la Cassa depositi e prestiti. In tal caso, l'effettivo pagamento ha luogo in conformità alla pronuncia dell'autorità giudiziaria, adita su domanda di chi vi abbia interesse.

5. Qualora manchino diritti dei terzi sul bene, il proprietario può in qualunque momento percepire la somma depositata, con riserva di chiedere in sede giurisdizionale l'importo effettivamente spettante.

6. La Cassa depositi e prestiti provvede al pagamento delle somme ricevute a titolo di indennità di espropriazione e in relazione alle quali non vi sono opposizioni di terzi, quando il proprietario produca una dichiarazione in cui assume ogni responsabilità in relazione ad eventuali diritti dei terzi (4).

7. Dei provvedimenti di cui ai commi 1 e 2 è data immediata notizia al terzo che risulti titolare di un diritto ed è curata la pubblicazione, per estratto, nella Gazzetta Ufficiale della Repubblica o nel Bollettino Ufficiale della Regione nel cui territorio si trova il bene.

8. Il provvedimento dell'autorità espropriante diventa esecutivo col decorso di trenta giorni dal compimento delle relative formalità, se non è proposta dai terzi l'opposizione per l'ammontare dell'indennità o per la garanzia.

9. Se è proposta una tempestiva opposizione, l'autorità espropriante dispone il deposito delle indennità accettate o convenute presso la Cassa depositi e prestiti.

10. Il promotore dell'espropriazione esegue il pagamento dell'indennità accettata o determinata dai tecnici, entro il termine di sessanta giorni, decorrente dalla comunicazione del decreto che ha ordinato il pagamento, salvo il caso in cui egli abbia proposto, entro lo stesso termine, l'opposizione alla stima definitiva della indennità (5).

11. In seguito alla presentazione, da parte del promotore dell'espropriazione, degli atti comprovanti l'eseguito deposito o pagamento dell'indennità di espropriazione, l'autorità espropriante emette senz'altro il decreto di esproprio.

(1) Cfr. art. 30 della l. 25/6/1865, n. 2359 e art. 12 e 13 della l. 22/10/1971, n. 865.

(2) Comma inserito dall'art. 1, co. 1, lett. z), d.lg. 27/12/2002, n. 302.

(3) Comma così modificato dall'art. 1, co. 1, lett. z), d.lg. 27/12/2002, n. 302.

(4) Cfr. art. 12, co. 4, l. 22/10/1971, n. 865.

(5) Cfr. art. 13 della l. 22/10/1971, n. 865.

27. Pagamento o deposito definitivo dell'indennità a seguito della perizia di stima dei tecnici o della Commissione provinciale (1). – 1. La relazione di stima è depositata dai tecnici ovvero della Commissione provinciale presso l'ufficio per le espropriazioni. L'autorità espropriante dà notizia dell'avvenuto deposito mediante raccomandata con avviso di ricevimento e segnala la facoltà di prenderne visione ed estrarne copia (2).

2. Decorsi trenta giorni dalla comunicazione del deposito, l'autorità espropriante, in base alla relazione peritale e previa liquidazione e pagamento delle spese della perizia, su proposta del responsabile del procedimento autorizza il pagamento dell'indennità, ovvero ne ordina il deposito presso la Cassa depositi e prestiti.

3. In seguito alla presentazione, da parte del promotore dell'espropriazione, degli arti comprovanti l'eseguito deposito o pagamento dell'indennità di espropriazione, l'autorità espropriante emette senz'altro il decreto di esproprio.

(1) Rubrica così modificata dall'art. 1, co. 1, lett. aa), d.lg. 27/12/2002, n. 302. Cfr. art. 30 della l. 25/6/1865, n. 2359 e art. 12 della l. 22/10/1971, n. 865.

(2) Comma così modificato dall'art. 1, co. 1, lett. aa), d.lg. 27/12/2002, n. 302.

28. Pagamento definitivo della indennità (1). – 1. L'autorità espropriante autorizza il pagamento della somma depositata al proprietario od agli aventi diritto, qualora sia divenuta definitiva rispetto a tutti la determinazione dell'indennità di espropriazione, ovvero non sia stata tempestivamente notificata l'opposizione al pagamento o sia stato concluso tra tutte le parti interessate l'accordo per la distribuzione dell'indennità.

2. L'autorizzazione è disposta su istanza delle parti interessate, su proposta del responsabile del procedimento successiva alla audizione delle parti, da cui risulti anche la mancata notifica di opposizioni di terzi.

3. Unitamente all'istanza, vanno depositati:

a) un certificato dei registri immobiliari, da cui risulta che non vi sono trascrizioni o iscrizioni di diritti o di azioni di terzi;

b) un attestato del promotore dell'espropriazione, da cui risulti che non gli sono state notificate opposizioni di terzi.

(1) Cfr. art. 30 della l. 25/6/1865, n. 2359 e art. 12 della l. 22/10/1971, n. 865.

29. Pagamento dell'indennità a seguito di procedimento giurisdizionale. – 1. Qualora esistano diritti reali sul fondo espropriato o vi siano opposizioni al pagamento, ovvero le parti non si siano accordate sulla distribuzione, il pagamento delle indennità agli aventi diritto è disposto dall'autorità giudiziaria, su domanda di chi ne abbia interesse (1).

(1) Cfr. art. 56 della l. 25/6/1865, n. 2359.

Sezione II
Pagamento dell'indennità a incapaci a enti e associazioni

30. Regola generale. – 1. Se il bene da espropriare appartiene ad un minore [343 CC.], ad un interdetto [404, 414, 415 CC.], ad un assente [48 CC.], ad un ente o ad una associazione che non abbia la libera facoltà di alienare immobili, gli atti del procedimento non richiedono alcuna particolare autorizzazione (1).

(1) Cfr. art. 57 ss. della l. 25/6/1865, n. 2359.

31. Disposizioni sulla indennità. – 1. I tutori e gli altri amministratori dei soggetti indicati nell'articolo precedente devono chiedere l'approvazione del tribunale civile per la determinazione consensuale o per l'accettazione dell'indennità offerta dal promotore dell'espropriazione, ovvero per la conclusione dell'accordo di cessione.

2. Se lo Stato o un altro ente pubblico è titolare del bene, si applicano le disposizioni riguardanti la transazione.

3. Le somme depositate per le indennità di beni espropriati spettanti ad un minore, ad un interdetto, ad un assente, ad un ente o ad una associazione che non abbia la libera facoltà di alienare immobili, non possono essere riscosse dal tutore o dagli altri amministratori, salvo che siano impiegate con le formalità prescritte dalle leggi civili.

4. Non occorre alcuna approvazione per accettare l'indennità determinata dai tecnici ai sensi dell'articolo 21 o per la conversione delle indennità in titoli del debito pubblico (1).

(1) Cfr. art. 58 e 59 della l. 25/6/1865, n. 2359.

Capo VI
Dell'entità dell'indennità di espropriazione

Sezione I
Disposizioni generali

32. Determinazione del valore del bene (1). – 1. Salvi gli specifici criteri previsti dalla legge, l'indennità di espropriazione è determinata sulla base delle caratteristiche del bene al momento dell'accordo di cessione o alla data dell'emanazione del decreto di esproprio, valutando l'incidenza dei vincoli di qualsiasi natura non aventi natura espropriativa e senza considerare gli effetti del vincolo preordinato all'esproprio e quelli connessi alla realizzazione dell'eventuale opera prevista, anche nel caso di espropriazione di un diritto diverso da quello di proprietà o di imposizione di una servitù.

2. Il valore del bene è determinato senza tenere conto delle costruzioni, delle piantagioni e delle migliorie, qualora risulti, avuto riguardo al tempo in cui furono fatte e ad altre circostanze, che esse siano state realizzate allo scopo di conseguire una maggiore indennità. Si considerano realizzate allo scopo di conseguire una maggiore indennità, le costruzioni, le piantagioni e le migliorie che siano state intraprese sui fondi soggetti ad esproprio dopo la comunicazione dell'avvio del procedimento (2).

3. Il proprietario, a sue spese, può asportare dal bene i materiali e tutto ciò che può essere tolto senza pregiudizio dell'opera da realizzare (3).

(1) Cfr. art. 42 della l. 25/6/1865, n. 2359 e art. 5-bis del d.l. 11/7/1991, n. 333, conv. in l. 8/8/1992, n. 359 (v. nota 1 *sub* art. 37).

(2) Cfr. art. 43 della l. 25/6/1865, n. 2359.

(3) Cfr. art. 40 e 41 della l. 25/6/1865, n. 2359.

33. Espropriazione parziale di un bene unitario. – 1. Nel caso di esproprio parziale di un bene unitario, il valore della parte espropriata è determinato tenendo conto della relativa diminuzione di valore (1).

2. Se dall'esecuzione dell'opera deriva un vantaggio immediato e speciale alla parte non espropriata del bene, dalla somma relativa al valore della parte espropriata è detratto l'importo corrispondente al medesimo vantaggio (2).

3. Non si applica la riduzione di cui al comma 2, qualora essa risulti superiore ad un quarto della indennità dovuta ed il proprietario abbandoni l'intero bene. L'espropriante può non accettare l'abbandono, qualora corrisponda una somma non inferiore ai tre quarti dell'indennità dovuta. In ogni caso l'indennità dovuta dall'espropriante non può essere inferiore alla metà di quella che gli spetterebbe ai sensi del comma 1.

(1) Cfr. art. 40 della l. 25/6/1865, n. 2359.

(2) Cfr. art. 41 della l. 25/6/1865, n. 2359.

34. Soggetti aventi titolo all'indennità. – 1. L'indennità di esproprio spetta al proprietario del bene da espropriare ovvero all'enfiteuta [957 ss. CC.], se ne sia anche possessore [1140 CC.] (1).

2. Dopo la trascrizione del decreto di esproprio o dell'atto di cessione, tutti i diritti relativi al bene espropriato possono essere fatti valere esclusivamente sull'indennità (2).

3. L'espropriante non è tenuto ad intervenire [105, 106 CPC.] nelle controversie tra il proprietario e l'enfiteuta e non sopporta aumenti di spesa a causa del riparto tra di loro dell'indennità.

4. Salvo quanto previsto dall'articolo 42, il titolare di un diritto reale [952, 953, 957, 978, 1021, 1022, 1027 CC.], o personale [1571 CC.] sul bene non ha diritto ad una indennità aggiuntiva, può far valere il suo diritto sull'indennità di esproprio e può proporre l'opposizione alla stima, ovvero intervenire nel giudizio promosso dal proprietario (3).

(1) Cfr. art. 27 della l. 25/6/1865, n. 2359.

(2) Comma così modificato dall'art. 1, co. 1, lett. bb), d.lg. 27/12/2002, n. 302. Cfr. art. 32 e 52, co. 2, l. 25/6/1865, n. 2359 e art. 14 della l. 22/10/1971, n. 865.

(3) Cfr. art. 44 della l. 25/6/1865, n. 2359.

35. Regime fiscale. – 1. Si applica l'articolo 81, comma 1, lettera b), ultima parte, del testo unico delle imposte sui redditi, approvato col decreto del Presidente della Repubblica 22 dicembre 1986, n. 917, qualora sia corrisposta a chi non eserciti una impresa commerciale una somma a titolo di indennità di esproprio, ovvero di corrispettivo di cessione volontaria [45] o di risarcimento del danno per acquisizione coattiva, di un terreno ove sia stata realizzata un'opera pubblica, un intervento di edilizia residenziale pubblica o una infrastruttura urbana all'interno delle zone omogenee di tipo A, B, C e D, come definite dagli strumenti urbanistici.

2. Il soggetto che corrisponde la somma opera la ritenuta nella misura del venti per cento, a titolo di imposta. Con la dichiarazione dei redditi, il contribuente può optare per la tassazione ordinaria, col computo della ritenuta a titolo di acconto.

3. Le disposizioni del comma 2 si applicano anche quando il pagamento avvenga a seguito di un pignoramento presso terzi e della conseguente ordinanza di assegnazione.

4. Le modalità di adempimento degli obblighi previsti nei commi precedenti sono disciplinate con regolamento del Ministro dell'economia e delle finanze (1).

5. Si applica l'articolo 28, secondo comma, del decreto del Presidente della Repubblica 29 settembre 1973, n. 600, per il versamento della ritenuta, per gli obblighi della dichiarazione e per le sanzioni da irrogare.

6. Gli interessi percepiti per il ritardato pagamento della somma di cui al comma 1 e l'indennità di occupazione costituiscono reddito imponibile e concorrono alla formazione dei redditi diversi (2).

(1) Comma così modificato dall'art. 1, co. 1, lett. cc), d.lg. 27/12/2002, n. 302.

(2) V. l'interpretazione autentica del presente comma l'art. 1, co. 444, l. 23/12/2005, n. 266 che dispone: «L'art. 35, comma 6, del testo unico delle disposizioni legislative e regolamentari in materia di espropriazione per pubblica utilità, di cui al decreto del Presidente della Repubblica 8 giugno 2001, n. 327, deve intendersi nel senso che le indennità di occupazione costituiscono reddito imponibile e concorrono alla formazione dei redditi diversi se riferite a terreni ricadenti nelle zone omogenee di tipo A, B, C e D, come definite dagli strumenti urbanistici».

Sezione II
Opere private di pubblica utilità

36. Determinazione dell'indennità nel caso di esproprio per la realizzazione di opere private che non consistano in abitazioni dell'edilizia residenziale pubblica (1). – 1. Se l'espropriazione è finalizzata alla realizzazione di opere private di pubblica utilità, che non rientrino nell'ambito dell'edilizia residenziale pubblica, convenzionata, agevolata o comunque denominata nonché nell'ambito dei piani di insediamenti produttivi di iniziativa pubblica, l'indennità di esproprio è determinata nella misura corrispondente al valore venale del bene e non si applicano le disposizioni contenute nelle sezioni seguenti (2).

1-bis. È fatto salvo il disposto dell'articolo 27, comma 5, della legge 1 agosto 2002, n. 166 (3).

(1) Cfr. art. 39 della l. 25/6/1865, n. 2359.

(2) Comma così modificato dall'art. 1, co. 1, lett. dd), d.lg. 27/12/2002, n. 302.

(3) Comma aggiunto dall'art. 1, co. 1, lett. dd), d.lg. 27/12/2002, n. 302.

Sezione III
Determinazione dell'indennità nel caso di esproprio di un'area edificabile o legittimamente edificata

37. Determinazione dell'indennità nel caso di esproprio di un'area edificabile. – 1. L'indennità di espropriazione di un'area edificabile è determinata nella misura pari al **valore**

venale del bene. Quando l'espropriazione è finalizzata ad attuare interventi di riforma **economico-sociale [42 Cost.]**, l'indennità è ridotta del venticinque per cento (1).

2. Nei casi in cui è stato concluso l'accordo di cessione [11 l. n. 241/1990], o quando esso non è stato concluso per fatto non imputabile all'espropriato ovvero perché a questi è stata offerta un'indennità provvisoria che, attualizzata, risulta inferiore agli otto decimi di quella determinata in via definitiva, l'indennità è aumentata del dieci per cento (1).

3. Ai soli fini dell'applicabilità delle disposizioni della presente sezione, si considerano le possibilità legali ed effettive di edificazione, esistenti al momento dell'emanazione del decreto di esproprio o dell'accordo di cessione. In ogni caso si esclude il rilievo di costruzioni realizzate abusivamente.

4. Salva la disposizione dell'articolo 32, comma 1, non sussistono le possibilità legali di edificazione quando l'area è sottoposta ad un vincolo di inedificabilità assoluta in base alla normativa statale o regionale o alle previsioni di qualsiasi atto di programmazione o di pianificazione del territorio, ivi compresi il piano paesistico, il piano del parco, il piano di bacino, il piano regolatore generale, il programma di fabbricazione, il piano attuativo di iniziativa pubblica o privata anche per una parte limitata del territorio comunale per finalità di edilizia residenziale o di investimenti produttivi, ovvero in base ad un qualsiasi altro piano o provvedimento che abbia precluso il rilascio di atti, comunque denominati, abilitativi della realizzazione di edifici o manufatti di natura privata.

5. I criteri e i requisiti per valutare l'edificabilità di fatto dell'area sono definiti con regolamento da emanare con decreto del Ministro delle infrastrutture e trasporti (2).

6. Fino alla data di entrata in vigore del regolamento di cui al comma 5, si verifica se sussistano le possibilità effettive di edificazione, valutando le caratteristiche oggettive dell'area.

7. L'indennità è ridotta ad un importo pari al valore indicato nell'ultima dichiarazione o denuncia presentata dall'espropriato ai fini dell'imposta comunale sugli immobili prima della determinazione formale dell'indennità nei modi stabiliti dall'art. 20, comma 3, e dall'art. 22, comma 1, e dell'art. 22-bis (3) qualora il valore dichiarato risulti contrastante con la normativa vigente ed inferiore all'indennità di espropriazione come determinata in base ai commi precedenti (4).

8. Se per il bene negli ultimi cinque anni è stata pagata dall'espropriato o dal suo dante causa un'imposta in misura maggiore dell'imposta da pagare sull'indennità, la differenza è corrisposta dall'espropriante all'espropriato.

9. Qualora l'area edificabile sia utilizzata a scopi agricoli, spetta al proprietario coltivatore diretto anche una indennità pari al valore agricolo medio corrispondente al tipo di coltura effettivamente praticato. La stessa indennità spetta al fittavolo, al mezzadro o al compartecipante che, per effetto della procedura, sia costretto ad abbandonare in tutto o in parte il fondo direttamente coltivato, da almeno un anno, col lavoro proprio e di quello dei familiari (5).

(1) Commi 1 e 2 così sostituiti dall'art. 2, co. 89, lett. a), l. 24/12/2007, n. 244 (*finanziaria 2008*). A norma dell'art. 2, co. 90, l. 24/12/2007, n. 244 le disposizioni di cui al presente comma si applicano a tutti i procedimenti espropriativi in corso, salvo che la determinazione dell'indennità di espropriazione sia stata condivisa, ovvero accettata, o sia comunque divenuta irrevocabile.
Per la normativa previgente v. art. 5-bis del d.l. 11/7/1992, n. 333, conv. in l. 8/8/1992, n. 359, come modificato dall'art. 1, co. 65, l. 28/12/1995, n. 549 e dall'art. 3, co. 65, l. 23/12/1996, n. 1662, che recitava: «1. Fino all'emanazione di un'organica disciplina per tutte le espropriazioni preordinate alla realizzazione di opere o interventi da parte o per conto dello Stato, delle regioni, delle province, dei comuni e deli altri enti pubblici o di diritto pubblico, anche non territoriali, o comunque preordinate alla realizzazione di opere o interventi dichiarati di pubblica utilità, l'indennità di espropriazione per le aree edificabili è determinata a norma dell'art. 13, terzo comma, della legge 15 gennaio 1885, n. 2892, sostituendo in ogni caso ai fitti coacervati dell'ultimo decennio il reddito dominicale rivalutato di cui agli articoli 24 e seguenti del testo unico delle imposte sui redditi, approvato con decreto del Presidente della repubblica 22 dicembre 1986, n. 917. L'importo coì determinato è ridotto del 40 per cento. 2. In ogni fase del procedimento espropriativo il soggetto espropriato può convenire la cessione volontaria del bene. In tal caso non si applica la riduzione di cui al comma 1. 3. Per la valutazione dell'edificabilità delle aree, si devono considerare le possibilità legali ed effettive di edificazione esistenti al momento dell'apposizione del vincolo preordinato all'esproprio. 4. Per le aree agricole e per quelle che, ai sensi del comma 3, non sono classificabili come edificabili, si applicano le norme di cui al titolo II della legge 22 ottobre 1971, n. 865, e successive modificazioni. 5. Con regolamento da emanare con decreto del Ministro dei lavori pubblici ai sensi dell'art. 17, L. 23 agosto 1988, n. 400, sono definiti i criteri e i requisiti per la individuazione della edificabilità di fatto di cui al comma 3. 6. Le disposizioni si cui al presente articolo si applicano in tutti i casi in cui non sono stati ancora determinati in via definitiva il prezzo, l'entità dell'indennizzo e/o del risarcimento del danno, alla data di entrata in vigore della legge di conversione del presente decreto. 7. Nella determinazione dell'indennità di espropriazione per i procedimenti in corso si applicazione le disposizioni di cui al presente articolo. 7-bis. In caso di occupazioni illegittime di suoli per causa di pubblica utilità, intervenute anteriormente al 30 settembre 1996, si applicano, per la determinazione del danno, i criteri di determinazione dell'indennità di cui al comma 1, con esclusione della riduzione del 40 per cento. In tal caso l'importo del risarcimento è altresì aumentato del 10 per cento. Le disposizioni di cui al presente comma si applicano anche ai procedimenti in corso non definiti con sentenza passata in giudicato.».
La Corte cost., con **sent. 24/10/2007, n. 348**, ha dichiarato l'illegittimità costituzionale art. 5-bis, co. 1 e 2, d.l. 11/7/1992, n. 333, conv. in l. 8/8/1992, n. 359 «nella parte in cui non prevede, per il caso di occupazione acquisitiva, il ristoro integrale del danno subito dal proprietario dell'immobile» e in via consequenziale dei co. 1 e 2 del testo originario dell'art. 37 del d.P.R. 8/6/2001, n. 327, come riportato *sub* nota 5.
Anteriormente la Corte cost., con sent. 10-16/6/1993, n. 283, ha dichiarato l'illegittimità costituzionale dell'art. 5-bis, co. 2, d.l. 11/7/1992, n. 333, conv. in l. 8/8/1992, n. 359, nella parte in cui non prevede in favore dei soggetti già espropriati al momento dell'entrata in vigore della l. 8/8/1992, n. 359, e nei confronti dei quali la indennità di espropriazione non sia ancora divenuta incontestabile, il diritto di accettare l'indennità di cui al co. 1 con esclusione della riduzione del 40 per cento.
Inoltre la Corte cost., con sent. 17/10-2/11/1996, n. 369, ha dichiarato l'illegittimità del presente articolo nella parte in cui applica al risarcimento del danno i criteri di determinazione stabili per il prezzo, l'entità dell'indennizzo.

(2) Comma così modificato dall'art. 1, co. 1, lett. ee), n. 1, d.lg. 27/12/2002, n. 302.

(3) Così rettificato in G.U. 28/7/2003, n. 173.

(4) Comma così modificato dall'art. 1, co. 1, lett. ee), n. 1, d.lg. 27/12/2002, n. 302. Cfr. art. 17, co. 2, l. 22/10/1971, n. 865.
La Corte cost., con sent. 2/12/2011, n. 338 (in G.U. 28/12/2011, n. 54), ha dichiarato l'illegittimità costituzionale dell'art. 16, co. 1, d.lg. 30/12/1992, n. 504 (Riordino della finanza degli enti territoriali, a norma dell'art. 4 della l. 23/10/1992, n. 421) e, ai sensi dell'art. 27 della l. 11/3/1953, n. 87 (Norme sulla costituzione e sul funzionamento della Corte costituzionale), l'illegittimità costituzionale, in via consequenziale, del presente comma.

(5) Comma così modificato dall'art. 1, co. 1, lett. ee), n. 1, d.lg. 27/12/2002, n. 302.

• Il testo originario dell'articolo recitava: «1. L'indennità di espropriazione di un'area edificabile è determinata nella misura pari all'importo, diviso per due e ridotto nella misura del quaranta per cento, pari alla somma del valore venale del bene e del reddito dominicale netto, rivalutato ai sensi dell'art. 24 e seguenti del decreto legislativo 22 dicembre 1986, n. 917, e moltiplicato per 10. 2. La riduzione di cui al comma 1 non si applica se sia stato concluso l'accordo di cessione o se esso non sia stato concluso per fatto non imputabile all'espropriato o perché a questi sia stata offerta una indennità provvisoria che, attualizzata, risulti inferiore agli otto decimi di quella determinata in via definitiva. 3. Ai soli fini dell'applicabilità delle disposizioni della presente sezione, si considerano le possibilità legali ed effettive di edificazione, esistenti al momento dell'emanazione del decreto di esproprio o dell'accordo di cessione. In ogni caso si esclude il rilievo di costruzioni realizzate abusivamente. 4. Salva la disposizione dell'art. 32, comma 1, non sussistono le possibilità legali di edificazione quando l'area è sottoposta ad un vincolo di inedificabilità assoluta in base alla normativa statale o regionale o alle previsioni di qualsiasi atto di programmazione o di pianificazione del territorio, ivi compresi il piano paesistico, il piano del parco, il piano di bacino, il piano regolatore generale, il programma di fabbricazione, il piano attuativo di iniziativa pubblica o privata anche per una parte limitata del territorio comunale per finalità di edilizia residenziale o di investimenti produttivi, ovvero in base a qualsiasi altro piano o provvedimento che abbia precluso il rilascio di atti, comunque denominati, abilitativi della realizzazione di edifici o manufatti di natura privata. 5. I criteri e requisiti per valutare l'edificabilità di fatto dell'area sono definiti con il regolamento da emanare con decreto del Ministro dei lavori pubblici. 6. Fino alla data di entrata in vigore del regolamento di cui al comma 5, si verifica se sussistono le possibilità effettive di edificazione, valutando le caratteristiche oggettive dell'area. 7. L'indennità è ridotta ad un importo pari al valore indicato nell'ultima dichiarazione o denuncia presentata dall'espropriato ai fini dell'imposta comunale sugli immobili prima della determinazione formale dell'indennità nei modi stabiliti dall'art. 20, comma 1, qualora il valore dichiarato risulti contrastante con la normativa vigente ed inferiore all'indennità di espropriazione come determinata in base ai commi precedenti. 8. Se per il bene negli ultimi cinque anni è stata pagata dall'espropriato o dal suo dante causa un'imposta di misura maggiore dell'imposta da pagare sull'indennità, la differenza è corrisposta dall'espropriante all'espropriato. 9. Qualora l'area edificabile sia utilizzata a scopi agricoli, spetta al coltivatore diretto una indennità pari al valore agricolo medio corrispondente al tipo di colture effettivamente praticato. La stessa indennità spetta al fittavolo, al mezzadro o al compartecipante che, per effetto della procedura, sia costretto ad abbandonare in tutto o in parte il fondo direttamente coltivato, da almeno un anno, col lavoro proprio e di quello dei familiari.».

38. Determinazione dell'indennità nel caso di esproprio di un'area legittimamente edificata. – 1. Nel caso di espropriazione di una costruzione legittimamente edificata, l'indennità è determinata nella misura pari al valore venale (1).

2. Qualora la costruzione ovvero parte di essa sia stata realizzata in assenza della concessione edilizia o della autorizzazione paesistica, ovvero in difformità, l'indennità è calcolata tenendo conto della sola area di sedime in base all'articolo 37 ovvero tenendo conto della sola parte della costruzione realizzata legittimamente (2).

2-bis. Ove sia pendente una procedura finalizzata alla sanatoria della costruzione, l'autorità espropriante, sentito il comune, accerta la sanabilità ai soli fini della corresponsione delle indennità (3).

(1) Cfr. art. 5-bis, co. 1 e 2, d.l. 11/7/1992, n. 333, conv. in l. 8/8/1992, n. 359 (v. nota 1 *sub* art. 37).

(2) Comma così modificato dall'art. 1, co. 1, lett. ff), d.lg. 27/12/2002, n. 302. Cfr. art. 16, co. 9, l. 22/10/1971, n. 865.

(3) Comma aggiunto dall'art. 1, co. 1, lett. ff), d.lg. 27/12/2002, n. 302.

39. Indennità dovuta in caso di incidenza di previsioni urbanistiche su particolari aree comprese in zone edificabili. – 1. In attesa di una organica risistemazione della materia, nel caso di **reiterazione di un vincolo preordinato all'esproprio o di un vincolo sostanzialmente espropriativo** è dovuta al proprietario una indennità, commisurata all'entità del danno effettivamente prodotto [9^4, $42^{2,3}$ Cost. // 834 CC.].

2. Qualora non sia prevista la corresponsione dell'indennità negli atti che determinano gli effetti di cui al comma 1, l'autorità che ha disposto la reiterazione del vincolo è tenuta a liquidare l'indennità, entro il termine di due mesi dalla data in cui abbia ricevuto la documentata domanda di pagamento ed a corrisponderla entro i successivi trenta giorni, decorsi i quali sono dovuti anche gli interessi legali.

3. Con atto di citazione innanzi alla corte d'appello nel cui distretto si trova l'area, il proprietario può impugnare la stima effettuata dall'autorità. L'opposizione va proposta, a pena di decadenza, entro il termine di trenta giorni, decorrente dalla notifica dell'atto di stima [54].

4. Decorso il termine di due mesi, previsto dal comma 2, il proprietario può chiedere alla corte d'appello di determinare l'indennità.

5. Dell'indennità liquidata ai sensi dei commi precedenti non si tiene conto se l'area è successivamente espropriata.

Sezione IV

Determinazione dell'indennità nel caso di esproprio di un'area non edificabile

40. Disposizioni generali (1). – 1. Nel caso di esproprio di un'area non edificabile, l'indennità definitiva è determinata in base al criterio del valore agricolo, tenendo conto delle colture effettivamente praticate sul fondo e del valore dei manufatti edilizi legittimamente realizzati, anche in relazione all'esercizio dell'azienda agricola, senza valutare la possibile o l'effettiva utilizzazione diversa da quella agricola (2).

2. Se l'area non è effettivamente coltivata, l'indennità è commisurata al valore agricolo medio corrispondente al tipo di coltura prevalente nella zona ed al valore dei manufatti edilizi legittimamente realizzati (3).

3. Per l'offerta da formulare ai sensi dell'articolo 20, comma 1, e per la determinazione dell'indennità provvisoria, si applica il criterio del valore agricolo medio di cui all'articolo 41, comma 4, corrispondente al tipo di coltura in atto nell'area da espropriare (3) (4).

4. Al proprietario coltivatore diretto o imprenditore agricolo a titolo principale spetta un'indennità aggiuntiva, determinata in misura pari al valore agricolo medio corrispondente al tipo di coltura effettivamente praticata.

5. Nei casi previsti dai commi precedenti, l'indennità è aumentata delle somme pagate dall'espropriato per qualsiasi imposta relativa all'ultimo trasferimento dell'immobile (5).

(1) Cfr. art. 15 della l. 22/10/1971, n. 865.

(2) Comma così modificato dall'art. 1, co. 1, lett. gg), n. 1, d.lg. 27/12/2002, n. 302.

(3) La Corte cost., con sent. 10/6/2011, n. 181 (in G.U. 15/6/2011, n. 26), ha dichiarato l'illegittimità costituzionale dell'art. 5-bis, co. 4, d.l. 11/7/1992, n. 333, in combinato disposto con gli art. 15, co. 1, secondc periodo, e 16, co. 5 e 6, l. 22/10/1971, n. 865 (Programmi e coordinamento dell'edilizia residenziale pubblica; norme sulla espropriazione per pubblica utilità; modifiche e integrazioni alle ll. 17/8/1942, n. 1150; 18/4/1962, n. 167; 29/9/1964, n. 847; ed autorizzazione di spesa per interventi straordinari nel settore dell'edilizia residenziale, agevolata e convenzionata), come sostituiti dall'art. 14 della l. 28/1/1977, n. 10 (Norme per la edificabilità dei suoli). Ha, inoltre, dichiarato, ai sensi dell'art. 27 della l. 11/3/1953, n. 87 (Norme sulla costituzione e sul funzionamento della Corte costituzionale), l'illegittimità costituzionale, in via consequenziale, dei co. 2 e 3 del presente articolo.

(4) Comma sostituito dall'art. 1, co. 1, lett. gg), n. 2, d.lg. 27/12/2002, n. 302.

(5) Cfr. art. 16, co. 4, l. 22/10/1971, n. 865.

41. Commissione competente alla determinazione dell'indennità definitiva (1). – 1. In ogni provincia, la Regione istituisce una commissione composta:

a) dal presidente della Provincia, o da un suo delegato, che la presiede;

b) dall'ingegnere capo dell'ufficio tecnico erariale, o da un suo delegato;

c) dall'ingegnere capo del genio civile, o da un suo delegato;

d) dal presidente dell'Istituto autonomo delle case popolari della Provincia, o da un suo delegato;

e) da due esperti in materia urbanistica ed edilizia, nominati dalla Regione;

f) da tre esperti in materia di agricoltura e di foreste, nominati dalla Regione su terne proposte dalle associazioni sindacali maggiormente rappresentative.

2. La Regione può nominare altri componenti e disporre la formazione di sottocommissioni, aventi la medesima composizione della commissione prevista dal comma 1.

3. La commissione ha sede presso l'ufficio tecnico erariale. Il dirigente dell'Ufficio distrettuale delle imposte cura la costituzione della segreteria della commissione e l'assegnazione del personale necessario.

4. Nell'ambito delle singole regioni agrarie, delimitate secondo l'ultima pubblicazione ufficiale dell'Istituto centrale di statistica, entro il 31 gennaio di ogni anno la commissione determina il valore agricolo medio, nel precedente anno solare, dei terreni, considerati non oggetto di contratto agrario, secondo i tipi di coltura effettivamente praticati.

(1) Rubrica così modificata dall'art. 1, co. 1, lett. hh), d.lg. 27/12/2002, n. 302. Cfr. art. 16, co. 1 e 4, l. 22/10/1971, n. 865.

42. Indennità aggiuntive (1). – 1. Spetta una indennità aggiuntiva al fittavolo, al mezzadro o al compartecipante che, per effetto della procedura espropriativa o della cessione volontaria [45], sia costretto ad abbandonare in tutto o in parte l'area direttamente coltivata da almeno un anno prima della data in cui vi è stata la dichiarazione di pubblica utilità.

2. L'indennità aggiuntiva è determinata ai sensi dell'articolo 40, comma 4, ed è corrisposta a seguito di una dichiarazione dell'interessato e di un riscontro della effettiva sussistenza dei relativi presupposti (2).

(1) Cfr. art. 17 della l. 22/10/1971, n. 865.

(2) Articolo così modificato dall'art. 1, co. 1, lett. ii), d.lg. 27/12/2002, n. 302.

42 bis. Utilizzazione senza titolo di un bene per scopi di interesse pubblico [*22 bis*, 23, *49*] (1). – 1. Valutati gli interessi in conflitto, l'autorità che utilizza un bene immobile per scopi di interesse pubblico, modificato in assenza di un valido ed efficace provvedimento di esproprio [23] o dichiarativo della pubblica utilità [12], può disporre che esso sia acquisito, **non retroattivamente**, al suo patrimonio indisponibile [826 CC.] e che al proprietario sia corrisposto un **indennizzo** [2943, 2946 CC.] per il pregiudizio patrimoniale e non patrimoniale [2059 CC.], quest'ultimo forfetariamente liquidato nella misura del dieci per cento del valore venale del bene [42 bis^5, 45^3].

2. Il provvedimento di acquisizione [23, 45, 53 // 948 CC.] può essere adottato anche quando sia stato annullato [29 CPA.] (2) l'atto da cui sia sorto il vincolo preordinato all'esproprio [9], l'atto che abbia dichiarato la pubblica utilità di un'opera [12] o il decreto di esproprio [23]. Il provvedimento di acquisizione può essere adottato anche durante la pendenza di un giudizio per l'annullamento (2) degli atti di cui al primo periodo del presente comma, se l'amministrazione che ha adottato l'atto impugnato lo ritira (2). In tali casi, le somme eventualmente già erogate al proprietario a titolo di indennizzo, maggiorate dell'interesse legale, sono detratte da quelle dovute ai sensi del presente articolo.

3. Salvi i casi in cui la legge disponga altrimenti, l'indennizzo per il pregiudizio patrimoniale di cui al comma 1 è determinato in misura corrispondente al valore venale del bene utilizzato per scopi di pubblica utilità e, se l'occupazione riguarda un terreno edificabile, sulla base delle disposizioni dell'articolo 37, commi 3, 4, 5, 6 e 7. Per il periodo di occupazione senza titolo [2043, 2947^1 CC.] è computato a titolo risarcitorio [1223, 1226, 1227, 2056 CC.], se dagli atti del procedimento non risulta la prova di una diversa entità del danno [1224^2 CC.], l'interesse del cinque per cento annuo sul valore determinato ai sensi del presente comma.

4. Il provvedimento di acquisizione, recante l'indicazione delle circostanze che hanno condotto alla indebita utilizzazione dell'area e se possibile la data dalla quale essa ha avuto inizio, è **specificamente motivato** [2^1, 3^3, 10-bis, 11^2, 20 l. n. 241/1990 // 5 d.lg. n. 175/2016] in riferimento alle attuali ed eccezionali ragioni di interesse pubblico che ne giustificano l'emanazione, valutate comparativamente con i contrapposti interessi privati ed evidenziando **l'assenza di ragionevoli alternative alla sua adozione**; nell'atto è liquidato l'indennizzo di cui al comma 1 e ne è disposto il pagamento entro il termine di trenta giorni. L'atto è notificato al proprietario e comporta il passaggio del diritto di proprietà [23$^{1, \text{lett. f)}}$] sotto condizione sospensiva [1353 CC.] del pagamento delle somme dovute ai sensi del comma 1, ovvero del loro deposito effettuato ai sensi dell'articolo 20, comma 14; è oggetto a trascrizione presso la conservatoria dei registri immobiliari a cura dell'amministrazione procedente ed è trasmesso in copia all'ufficio istituito ai sensi dell'articolo 14, comma 2.

5. Se le disposizioni di cui ai commi 1, 2 e 4 sono applicate quando un terreno sia stato utilizzato per finalità di edilizia residenziale pubblica, agevolata o convenzionata, ovvero quando si tratta di terreno destinato a essere attribuito per finalità di interesse pubblico in uso speciale a soggetti privati, il provvedimento è di competenza dell'autorità che ha occupato il terreno e la liquidazione forfetaria dell'indennizzo per il pregiudizio non patrimoniale è pari al venti per cento del valore venale del bene [42-bis^1].

6. Le disposizioni di cui al presente articolo si applicano, in quanto compatibili, anche quando è imposta una servitù e il bene continua a essere utilizzato dal proprietario o dal titolare di un altro diritto reale; in tal caso l'autorità amministrativa, con oneri a carico dei soggetti beneficiari, può procedere all'eventuale acquisizione del diritto di servitù al patrimonio dei soggetti, privati o pubblici, titolari di concessioni, autorizzazioni o licenze o che svolgono servizi di interesse pubblico nei settori dei trasporti, telecomunicazioni, acqua o energia.

7. L'autorità che emana il provvedimento di acquisizione di cui al presente articolo ne dà comunicazione, entro trenta giorni, alla Corte dei conti mediante trasmissione di copia integrale.

8. Le disposizioni del presente articolo trovano altresì applicazione ai fatti anteriori alla sua entrata in vigore ed anche se vi è già stato un provvedimento di acquisizione successivamente ritirato o annullato (2), ma deve essere comunque rinnovata la valutazione di attualità e prevalenza dell'interesse pubblico a disporre l'acquisizione; in tal caso, le somme già erogate al proprietario, maggiorate dell'interesse legale, sono detratte da quelle dovute ai sensi del presente articolo.

(1) Articolo aggiunto dall'art. 34, co. 1, d.l. 6/7/2011, n. 98, conv. in l. 15/7/2011, n. 111 (*Stabilizzazione finanziaria*).

(2) V. art. 21-nonies della l. 7/8/1990, n. 241 e art. 29 e 30 del d.lg. 2/7/2010, n. 104.

Capo VII
Conseguenze della utilizzazione di un bene per scopi di interesse pubblico, in assenza del valido provvedimento ablatorio

43. Utilizzazione senza titolo di un bene per scopi di interesse pubblico (1). – 1. Valutati gli interessi in conflitto, l'autorità che utilizza un bene immobile per scopi di interesse pubblico, modificato in assenza del valido ed efficace provvedimento di esproprio [23] o dichiarativo della pubblica utilità [12], può disporre che esso vada acquisito al suo patrimonio indisponibile e che al proprietario vadano risarciti i danni [2043 CC.].

2. L'atto di acquisizione [23, 45]:

a) può essere emanato anche quando sia stato annullato l'atto da cui sia sorto il vincolo preordinato all'esproprio [9], l'atto che abbia dichiarato la pubblica utilità di un'opera [12] o il decreto di esproprio [23];

b) dà atto delle circostanze che hanno condotto alla indebita utilizzazione dell'area [2043, 2947 CC.], indicando, ove risulti, la data dalla quale essa si è verificata;

c) determina la misura del risarcimento del danno [1223, 1226, 1227, 2056 CC.] e ne dispone il pagamento, entro il termine di trenta giorni, senza pregiudizio per l'eventuale azione già proposta;

d) è notificato al proprietario nelle forme degli atti processuali civili;

e) comporta il passaggio del diritto di proprietà;

f) è trascritto senza indugio presso l'ufficio dei registri immobiliari;

g) è trasmesso all'ufficio istituito ai sensi dell'articolo 14, comma 2 (2).

3. Qualora sia impugnato uno dei provvedimenti indicati nei commi 1 e 2 ovvero sia esercitata una azione volta alla restituzione di un bene utilizzato per scopi di interesse pubblico [948, 1168 CC.], l'amministrazione che ne ha interesse o chi utilizza il bene può chiedere che il giudice amministrativo, nel caso di fondatezza del ricorso o della domanda, disponga la condanna al risarcimento del danno [2043 CC.], con esclusione della restituzione del bene senza limiti di tempo.

4. Qualora il giudice amministrativo abbia escluso la restituzione del bene senza limiti di tempo ed abbia disposto la condanna al risarcimento del danno, l'autorità che ha disposto l'occupazione dell'area emana l'atto di acquisizione, dando atto dell'avvenuto risarcimento del danno. Il decreto è trascritto nei registri immobiliari, a cura e spese della medesima autorità.

5. Le disposizioni di cui ai precedenti commi si applicano, in quanto compatibili, anche quando un terreno sia stato utilizzato per finalità di edilizia residenziale pubblica, agevolata e convenzionata nonché quando sia imposta una servitù di diritto privato o di diritto pubblico ed il bene continui ad essere utilizzato dal proprietario o dal titolare di un altro diritto reale.

6. Salvi i casi in cui la legge disponga altrimenti, nei casi previsti nei precedenti commi il risarcimento del danno è determinato:

a) nella misura corrispondente al valore del bene utilizzato per scopi di pubblica utilità e, se l'occupazione riguarda un terreno edificabile, sulla base delle disposizioni dell'articolo 37, commi 3, 4, 5, 6 e 7;

b) col computo degli interessi moratori [1123, 1224 CC.], a decorrere dal giorno in cui il terreno sia stato occupato senza titolo.

6-bis. Ai sensi dell'articolo 3 della legge 1 agosto 2002, n. 166, l'autorità espropriante può procedere, ai sensi dei commi precedenti, disponendo, con oneri di esproprio a carico dei soggetti beneficiari, l'eventuale acquisizione del diritto di servitù al patrimonio di soggetti, privati o pubblici, titolari di concessioni, autorizzazioni o licenze o che svolgono, anche in base alla legge, servizi di interesse pubblico nei settori dei trasporti, telecomunicazioni, acqua, energia (3).

(1) La Corte cost., con **sent. 8/10/2010, n. 293** (in G.U. 13/10/2010, n. 41), **ha dichiarato l'illegittimità costituzionale del presente articolo**. V. art. 1, Protocollo addizionale CEDU.

(2) Così rettificato in G.U. 14/9/2001, n. 214.

(3) Comma aggiunto dall'art. 1, co. 1, lett. ll), d.lg. 27/12/2002, n. 302.

Capo VIII
Indennità dovuta al titolare del bene non espropriato

44. Indennità per l'imposizione di servitù (1). – 1. È dovuta una indennità al proprietario del fondo che, dalla esecuzione dell'opera pubblica o di pubblica utilità, sia gravato da una servitù [1027 CC.] o subisca una **permanente diminuzione di valore** per la perdita o la ridotta possibilità di esercizio del diritto di proprietà [844 CC.].

2. L'indennità è calcolata senza tenere conto del pregiudizio derivante dalla perdita di una utilità economica cui il proprietario non ha diritto.

3. L'indennità è dovuta anche se il trasferimento della proprietà sia avvenuto per effetto dell'accordo di cessione o nei casi previsti dall'articolo 43.

4. Le disposizioni dei commi precedenti non si applicano per le servitù disciplinate da leggi speciali.

5. Non è dovuta alcuna indennità se la servitù può essere conservata o trasferita senza grave incomodo del fondo dominante o di quello servente. In tal caso l'espropriante, se non effettua direttamente le opere, rimborsa le spese necessarie per la loro esecuzione (2).

6. L'indennità può anche essere concordata fra gli interessati prima o durante la realizzazione dell'opera e delle relative misure di contenimento del danno.

(1) Cfr. art. 46 della l. 25/6/1865, n. 2359.

(2) Cfr. art. 45 della l. 25/6/1865, n. 2359.

Capo IX
La cessione volontaria [11 L. 241/1990]

45. Disposizioni generali (1). – 1. Fin da quando è dichiarata la pubblica utilità dell'opera [12] e fino alla data in cui è eseguito il decreto di esproprio [23], il proprietario **ha il diritto** di stipulare col soggetto beneficiario dell'espropriazione l'atto di cessione del bene o della sua quota di proprietà [6^{7}, 20^{10}, 22-bis^{5}, 23, 35, 53 // $1350^{1,\ n.\ 1}$ CC.] (2).

2. Il corrispettivo dell'atto di cessione:

a) se riguarda un'area edificabile, è calcolato ai sensi dell'articolo 37, con l'aumento del dieci per cento di cui al comma 2 dell'articolo 37 (3);

b) se riguarda una costruzione legittimamente edificata, è calcolato nella misura venale del bene ai sensi dell'articolo 38;

c) se riguarda un'area non edificabile, è calcolato aumentando del cinquanta per cento l'importo dovuto ai sensi dell'articolo 40, comma 3;

d) se riguarda un'area non edificabile, coltivata direttamente dal proprietario, è calcolato moltiplicando per tre l'importo dovuto ai sensi dell'articolo 40, comma 3. In tale caso non compete l'indennità aggiuntiva di cui all'articolo 40, comma 4 (4).

3. L'accordo di cessione produce gli effetti del decreto di esproprio e non li perde se l'acquirente non corrisponde la somma entro il termine concordato [23, 42 bis].

4. Si applicano, in quanto compatibili, le disposizioni del capo X.

(1) Cfr. art. 17 della l. 22/10/1971, n. 865.

(2) Comma così modificato dall'art. 1, co. 1, lett. mm), d.lg. 27/12/2002, n. 302. V. anche art. 11 della l. 7/8/1990, n. 241.

(3) Lettera così modificata dall'art. 2, co. 89, lett. b), l. 24/12/2007, n. 244. A norma dell'art. 2, co. 90, l. 24/12/2007, n. 244 le disposizioni di cui alla presente lettera si applicano a tutti i procedimenti espropriativi in corso, salvo che la determinazione dell'indennità di espropriazione sia stata condivisa, ovvero accettata, o sia comunque divenuta irrevocabile.

(4) Comma così modificato dall'art. 1, co. 1, lett. mm), d.lg. 27/12/2002, n. 302.

Capo X
La retrocessione

46. La retrocessione totale (1). – 1. Se l'opera pubblica o di pubblica utilità **non** è stata realizzata o cominciata entro il termine di dieci anni, decorrente dalla data in cui è stato eseguito il decreto di esproprio, ovvero se risulta anche in epoca anteriore l'impossibilità della sua esecuzione, l'espropriato può chiedere che sia accertata la **decadenza della dichiarazione di pubblica utilità** e che siano disposti la restituzione del bene espropriato e il pagamento di una somma a titolo di indennità [53[2]].

2. Dal rilascio del provvedimento di autorizzazione paesistica e sino all'inizio dei lavori decorre il termine di validità di cinque anni previsto dall'articolo 16 del regio decreto 3 giugno 1940, n. 1357, dell'autorizzazione stessa. Qualora i lavori siano iniziati nel quinquennio, l'autorizzazione si considera valida per tutta la durata degli stessi.

(1) Articolo così sostituito dall'art. 1, co. 1, lett. nn), d.lg. 27/12/2002, n. 302. Cfr. art. 60-63 della l. 25/6/1865, n. 2359.

47. La retrocessione parziale (1). – 1. Quando è stata realizzata l'opera pubblica o di pubblica utilità, l'espropriato può chiedere la restituzione della parte del bene, già di sua proprietà, che non sia stata utilizzata. In tal caso, il soggetto beneficiario della espropriazione, con lettera raccomandata con avviso di ricevimento, trasmessa al proprietario ed al Comune nel cui territorio si trova il bene, indica i beni che non servono all'esecuzione dell'opera pubblica o di pubblica utilità e che possono essere ritrasferiti, nonché il relativo corrispettivo [53].

2. Entro i tre mesi successivi, l'espropriato invia copia della sua originaria istanza all'autorità che ha emesso il decreto di esproprio e provvede al pagamento della somma, entro i successivi trenta giorni.

3. Se non vi è l'indicazione dei beni, l'espropriato può chiedere all'autorità che ha emesso il decreto di esproprio di determinare la parte del bene espropriato che non serve più per la realizzazione dell'opera pubblica o di pubblica utilità.

(1) Cfr. art. 60-63 della l. 25/6/1865, n. 2359.

48. Disposizioni comuni per la retrocessione totale e per quella parziale (1). – 1. Il corrispettivo della retrocessione, se non è concordato dalle parti, è determinato dall'ufficio tecnico erariale o dalla commissione provinciale prevista dall'articolo 41, su istanza di chi vi abbia interesse, sulla base dei criteri applicati per la determinazione dell'indennità di esproprio e con riguardo al momento del ritrasferimento.

2. Avverso la stima, è proponibile opposizione alla corte d'appello nel cui distretto si trova il bene espropriato [53].

3. Per le aree comprese nel suo territorio e non utilizzate per realizzare le opere oggetto della dichiarazione di pubblica utilità, il Comune può esercitare il diritto di prelazione, entro il termine di centottanta giorni, decorrente dalla data in cui gli è notificato l'accordo delle parti, contenente con precisione i dati identificativi dell'area e il corrispettivo, ovvero entro il termine di sessanta giorni, decorrente dalla notifica dell'atto che ha determinato il corrispettivo. Le aree così acquisite fanno parte del patrimonio indisponibile.

(1) Cfr. art. 60 della l. 22/10/1971, n. 865.

Capo XI
L'occupazione temporanea

49. L'occupazione temporanea di aree non soggette ad esproprio [22-bis, 42-bis]. – 1. L'autorità espropriante può disporre l'occupazione temporanea di aree non soggette al procedimento espropriativo anche individuate ai sensi dell'articolo 12, se ciò risulti **necessario per la corretta esecuzione dei lavori previsti**.

2. Al proprietario del fondo è notificato, nelle forme degli atti processuali civili [137 ss. CPC.] un avviso contenente l'indicazione del luogo, del giorno e dell'ora in cui è prevista l'esecuzione dell'ordinanza che dispone l'occupazione temporanea.

3. Al momento della immissione in possesso [1140 CC.], è redatto il verbale sullo stato di consistenza dei luoghi.

4. Il verbale è redatto in contraddittorio con il proprietario o, nel caso di assenza o di rifiuto, con la presenza di almeno due testimoni che non siano dipendenti del soggetto espropriante. Possono partecipare alle operazioni il possessore e i titolari di diritti reali o personali sul bene da occupare.

5. Le disposizioni di cui ai precedenti commi si applicano, in quanto compatibili, nel caso di frane, alluvioni, rottura di argini e in ogni altro caso in cui si utilizzano beni altrui per urgenti ragioni di pubblica utilità.

50. Indennità per l'occupazione (1). – 1. Nel caso di occupazione di un'area, è dovuta al proprietario una indennità per ogni anno pari ad un dodicesimo di quanto sarebbe dovuto nel caso di esproprio dell'area e, per ogni mese o frazione di mese, una indennità pari ad un dodicesimo di quella annua.

2. Se manca l'accordo, su istanza di chi vi abbia interesse la commissione provinciale prevista dall'articolo 41 determina l'indennità e ne dà comunicazione al proprietario, con atto notificato con le forme degli atti processuali civili.

3. Contro la determinazione della commissione, è proponibile l'opposizione alla stima. Si applicano le disposizioni dell'articolo 54 in quanto compatibili.

(1) Cfr. art. 39 e 72 della l. 25/6/1865, n. 2359.

Titolo III
DISPOSIZIONI PARTICOLARI

Capo I
L'espropriazione per opere militari e di beni culturali (1)

(1) Capo aggiunto dall'art. 1, co. 1, lett. a), d.lg. 27/12/2004, n. 330.

51. L'espropriazione per opere militari (1). – 1. Il Ministero della difesa dichiara la pubblica utilità delle opere destinate alla difesa militare ed individua i beni da espropriare.

2. L'elenco dei proprietari dei beni da espropriare e delle indennità da corrispondere è trasmesso al Sindaco nel cui territorio essi si trovano.

3. Si applicano, in quanto compatibili, le disposizioni previste dal titolo II.

4. Nulla è innovato in ordine alla disciplina sulle servitù militari.

(1) Cfr. art. 11, 74-76 della l. 25/6/1865, n. 2359.

52. L'espropriazione di beni culturali (1). – 1. Nei casi di espropriazione per fini strumentali e per interesse archeologico, previsti dagli articoli 92, 93 e 94 del testo unico approvato con il decreto legislativo 29 ottobre 1999, n. 490, si applicano in quanto compatibili le disposizioni del presente testo unico.

(1) Cfr. art. 83 e 84 della l. 25/6/1865, n. 2359. V. anche art. 95-100 del d.lg. 22/1/2004, n. 42.

Capo II
Disposizioni in materia di infrastrutture lineari energetiche (1)

(1) Capo aggiunto dall'art. 1, co. 1, lett. b) e c), d.lg. 27/12/2004, n. 330.

52 bis. L'espropriazione per infrastrutture lineari energetiche (1). – 1. Ai fini del presente decreto si intendono per infrastrutture lineari energetiche i gasdotti, gli elettrodotti, gli oleodotti e le reti di trasporto di fluidi termici, ivi incluse le opere, gli impianti e i servizi accessori connessi o funzionali all'esercizio degli stessi, nonché i gasdotti e gli oleodotti necessari per la coltivazione e lo stoccaggio degli idrocarburi.

2. I procedimenti amministrativi relativi alle infrastrutture di cui al comma 1 si ispirano ai principi di economicità, di efficacia, di efficienza, di pubblicità, di razionalizzazione, unificazione e semplificazione.

3. Sono fatte salve le disposizioni dell'articolo 19 del regio decreto-legge 2 novembre 1933, n. 1741, convertito dalla legge 8 febbraio 1934, n. 367, dell'articolo 31, quarto comma, della legge 21 luglio 1967, n. 613, dell'articolo 31 del decreto legislativo 23 maggio 2000, n. 164, dell'articolo 1, commi 77 e 82, della legge 23 agosto 2004, n. 239. Alle infrastrutture lineari energetiche strategiche di preminente interesse nazionale si applicano le disposizioni della legge 21 dicembre 2001, n. 443, e del decreto legislativo 20 agosto 2002, n. 190, nonché le disposizioni di cui al presente Capo, in quanto compatibili.

4. Le disposizioni di cui al presente Capo si applicano, in quanto compatibili, alla realizzazione delle infrastrutture lineari energetiche, alle opere e agli impianti oggetto dell'autorizzazione unica di cui al decreto-legge 7 febbraio 2002, n. 7, convertito, con modificazioni, dalla legge 9 aprile 2002, n. 55.

5. Entro il perimetro della concessione di coltivazione, le opere necessarie per il trasporto e la trasmissione dell'energia sono considerate di pubblica utilità.

6. Ai procedimenti di espropriazione finalizzati alla realizzazione di infrastrutture lineari energetiche si applicano, per quanto non previsto dal presente Capo, le disposizioni del presente testo unico in quanto compatibili.».

7. Le disposizioni del presente Capo operano direttamente nei riguardi delle Regioni fino a quando esse non esercitano la propria potestà legislativa in materia.

8. Resta ferma la disciplina prevista dalla normativa vigente in materia di tutela ambientale e di rischi di incidenti rilevanti.

(1) Articolo aggiunto dall'art. 1, co. 1, lett. b) e c), d.lg. 27/12/2004, n. 330.

52 ter. Procedure di comunicazione, notificazione e pubblicità degli atti del procedimento (1). – 1. Per le infrastrutture lineari energetiche, qualora il numero dei destinatari sia superiore a cinquanta, ogni comunicazione, notificazione o avviso previsto dal presente testo unico e riguardante l'iter per l'apposizione del vincolo preordinato all'esproprio o la dichiarazione di pubblica utilità dell'opera è effettuato mediante pubblico avviso da affiggere all'albo pretorio dei Comuni nel cui territorio ricadono gli immobili interessati dalla infrastruttura lineare energetica, nonché su uno o più quotidiani a diffusione nazionale o locale e, ove istituito, sul sito informatico della Regione o Provincia autonoma nel cui territorio ricadono gli immobili interessati dall'opera. L'avviso deve precisare dove e con quali modalità può essere consultato il piano o il progetto. Gli interessati possono formulare entro i successivi trenta giorni osservazioni che vengono valutate dall'autorità espropriante ai fini delle definitive determinazioni.

2. Le comunicazioni o notificazioni non eseguite per irreperibilità o assenza del proprietario sono sostituite da un avviso affisso per almeno venti giorni consecutivi all'albo pretorio dei Comuni interessati dalla infrastruttura lineare energetica e pubblicato su uno o più quotidiani a diffusione nazionale o locale.

(1) Articolo aggiunto dall'art. 1, co. 1, lett. b) e c), d.lg. 27/12/2004, n. 330.

52 quater. Disposizioni generali in materia di conformità urbanistica, apposizione del vincolo preordinato all'esproprio e pubblica utilità (1). – 1. Per le infrastrutture lineari energetiche, l'accertamento della conformità urbanistica delle opere, l'apposizione del vincolo preordinato all'esproprio e la dichiarazione di pubblica utilità, di cui ai capi II e III del titolo II, sono effettuate nell'ambito di un procedimento unico, mediante convocazione di una conferenza dei servizi ai sensi della legge 7 agosto 1990, n. 241, e successive modificazioni.

2. Fatto salvo quanto disposto dall'articolo 12, comma 1, il procedimento di cui al comma 1 può essere avviato anche sulla base di un progetto preliminare, comunque denominato, integrato da un adeguato elaborato cartografico che individui le aree potenzialmente interessate dal vincolo preordinato all'esproprio, le eventuali fasce di rispetto e le necessarie misure di salvaguardia, nonché da una relazione che indichi le motivazioni per le quali si rende necessario avviare il procedimento di cui al comma 1 sulla base di tale progetto.

3. Il provvedimento, emanato a conclusione del procedimento di cui al comma 1 e al quale partecipano anche i soggetti preposti ad esprimersi in relazione ad eventuali interferenze con altre infrastrutture esistenti, comprende la valutazione di impatto ambientale, ove prevista dalla normativa vigente, ovvero la valutazione di incidenza naturalistico ambientale di cui al decreto del Presidente della Repubblica 8 settembre 1997, n. 357, e sostituisce, anche ai fini urbanistici ed edilizi, fatti salvi gli adempimenti previsti dalle norme di sicurezza vigenti, ogni altra autorizzazione, concessione, approvazione, parere e nulla osta comunque denominati necessari alla realizzazione e all'esercizio delle infrastrutture energetiche e costituisce variazione degli strumenti urbanistici vigenti. Il provvedimento finale comprende anche l'approvazione del progetto definitivo, con le indicazioni di cui all'articolo 16, comma 2, e determina l'inizio del procedimento di esproprio di cui al Capo IV del titolo II.

4. Qualora la dichiarazione di pubblica utilità consegua ad un procedimento specificatamente instaurato per tale fine con atto propulsivo del beneficiario o promotore dell'espropriazione, il termine entro il quale deve concludersi il relativo procedimento è di sei mesi dal ricevimento dell'istanza.

5. Sono escluse dalla procedura di apposizione del vincolo preordinato all'esproprio le aree interessate dalla realizzazione di linee elettriche per le quali il promotore dell'espropriazione non richieda la dichiarazione di inamovibilità.

6. Le varianti derivanti dalle prescrizioni della conferenza dei servizi di cui al comma 1, nonché le successive varianti in corso d'opera, qualora queste ultime non comportino variazioni di tracciato al di fuori delle zone di rispetto previste per ciascun tipo di infrastruttura lineare energetica dalle norme vigenti, sono approvate dall'autorità espropriante e non richiedono nuova apposizione del vincolo preordinato all'esproprio.

7. Della conclusione del procedimento di cui al comma 1 è data notizia agli interessati secondo le disposizioni di cui all'articolo 17, comma 2.

(1) Articolo aggiunto dall'art. 1, co. 1, lett. b) e c), d.lg. 27/12/2004, n. 330.

52 quinquies. Disposizioni particolari per le infrastrutture lineari energetiche facenti parte delle reti energetiche nazionali (1). – 1. Alle infrastrutture lineari energetiche facenti parte della rete nazionale di trasmissione dell'energia elettrica, individuate nel piano di sviluppo della rete elettrica di cui all'articolo 3, comma 2, del decreto legislativo 16 marzo 1999, n. 79, ed all'articolo 1-ter, comma 2, del decreto-legge 29 agosto 2003, n. 239, convertito, con modificazioni, dalla legge 27 ottobre 2003, n. 290, si applicano le disposizioni di cui all'articolo 1-sexies del citato decreto-legge 29 agosto

2003, n. 239, come modificate dall'articolo 1, comma 26, della legge 23 agosto 2004, n. 239, nonché le disposizioni di cui al comma 6 e all'articolo 52-quater, comma 6.

2. Per le infrastrutture lineari energetiche, individuate dall'Autorità competente come appartenenti alla rete nazionale dei gasdotti di cui all'articolo 9 del decreto legislativo 23 maggio 2000, n. 164, per i gasdotti di approvvigionamento di gas dall'estero, incluse le operazioni preparatorie necessarie alla redazione dei progetti e le relative opere connesse, e per gli oleodotti facenti parte delle reti nazionali di trasporto, l'autorizzazione alla costruzione ed all'esercizio delle stesse, rilasciata dalla stessa amministrazione, comprende la dichiarazione di pubblica utilità dell'opera, la valutazione di impatto ambientale, ove prevista dalla normativa vigente, ovvero la valutazione di incidenza naturalistico-ambientale di cui al decreto del Presidente della Repubblica 8 settembre 1997, n. 357, l'apposizione del vincolo preordinato all'esproprio dei beni in essa compresi e la variazione degli strumenti urbanistici e dei piani di gestione e tutela del territorio comunque denominati. L'autorizzazione inoltre sostituisce, anche ai fini urbanistici ed edilizi nonché paesaggistici, ogni altra autorizzazione, concessione, approvazione, parere, atto di assenso e nulla osta comunque denominati, previsti dalle norme vigenti, costituendo titolo a costruire e ad esercire tutte le opere e tutte le attività previste nel progetto approvato, fatti salvi gli adempimenti previsti dalle norme di sicurezza vigenti. Per il rilascio dell'autorizzazione, ai fini della verifica della conformità urbanistica dell'opera, è fatto obbligo di richiedere il parere motivato degli enti locali nel cui territorio ricadano le opere da realizzare. Il rilascio del parere non può incidere sul rispetto del termine entro il quale è prevista la conclusione del procedimento. I soggetti titolari o gestori di beni demaniali, di aree demaniali marittime e lacuali, fiumi, torrenti, canali, miniere e foreste demaniali, strade pubbliche, aeroporti, ferrovie, funicolari, teleferiche, e impianti similari, linee di telecomunicazione di pubblico servizio, linee elettriche, che siano interessati dal passaggio di gasdotti della rete nazionale di trasporto o da gasdotti di importazione di gas dall'estero, partecipano al procedimento di autorizzazione alla costruzione e in tale ambito sono tenuti ad indicare le modalità di attraversamento degli impianti ed aree interferenti. Qualora tali modalità non siano indicate entro i termini di conclusione del procedimento, il soggetto richiedente l'autorizzazione alla costruzione dei gasdotti entro i successivi trenta giorni propone direttamente ai soggetti sopra indicati le modalità di attraversamento, che, trascorsi ulteriori trenta giorni senza osservazioni, si intendono comunque assentite definitivamente e approvate con il decreto di autorizzazione alla costruzione. Il procedimento si conclude, in ogni caso, entro il termine di nove mesi dalla data di presentazione della richiesta, o di sei mesi dalla stessa data ove non sia prescritta la procedura di valutazione di impatto ambientale.

Il provvedimento finale comprende anche l'approvazione del progetto definitivo e determina l'inizio del procedimento di esproprio di cui al Capo IV del titolo II (2).

2-bis. Nel caso in cui, per le infrastrutture energetiche lineari, venga determinato, nell'ambito della procedura di VIA, che debba svolgersi anche la verifica preventiva dell'interesse archeologico disciplinata dall'articolo 25 del Codice dei contratti pubblici, di cui al decreto legislativo 18 aprile 2016 n. 50, il proponente presenta il piano per l'espletamento delle operazioni di cui alle lettere a), b) e c) del comma 8 del medesimo articolo 25 del decreto legislativo n. 50 del 2016; tale verifica preventiva è realizzata a integrazione della progettazione preliminare o in concomitanza con l'apertura del cantiere o della relativa pista e viene completata con la redazione della relazione archeologica definitiva di cui al citato articolo 25, comma 8; ai sensi del comma 9 dell'articolo 25 del decreto legislativo n. 50 del 2016, la procedura si conclude con l'approvazione del soprintendente di settore territorialmente competente entro un termine non superiore a sessanta giorni dalla data in cui il soggetto proponente ha comunicato gli esiti delle attività svolte in attuazione del piano. *Il provvedimento di VIA può essere adottato in pendenza della verifica di cui all'articolo 25 del decreto legislativo n. 50 del 2016, che deve in ogni caso essere effettuata prima dell'inizio dei lavori** (3).

2-ter. Fermi restando i vincoli di esercizio e il rispetto della normativa ambientale e paesaggistica, sono sottoposti al regime di denuncia di inizio attività i rifacimenti di metanodotti esistenti, necessari per ragioni di obsolescenza, che siano effettuati sul medesimo tracciato, nonché le relative dismissioni dei tratti esistenti. Tenuto conto dei vincoli della normativa tecnica vigente, sono altresì realizzabili tramite regime di denuncia di inizio attività anche i rifacimenti di metanodotti che, restando all'interno della relativa fascia di servitù, si discostino dal tracciato esistente (3).

3. Qualora l'avvio dei lavori rivesta carattere di urgenza, oltre ai casi previsti dagli articoli 22, comma 2, e 22-bis, comma 2, il decreto di esproprio o di occupazione anticipata può altresì essere emanato ed eseguito, in base alla determinazione urgente delle indennità di espropriazione, senza particolari indagini o formalità, con le modalità di cui all'articolo 52-nonies, per le infrastrutture lineari energetiche, dichiarate di pubblica utilità.

Gli stessi decreti sono emanati nel termine di sessanta giorni dalla data di ricevimento dell'istanza del beneficiario dell'espropriazione.

4. L'autorizzazione di cui al comma 2 indica le prescrizioni e gli obblighi di informativa posti a carico del soggetto proponente per garantire il coordinamento e la salvaguardia del sistema energetico nazionale e la tutela ambientale e dei beni culturali, nonché il termine entro il quale l'infrastruttura lineare energetica è realizzata.

5. Per le infrastrutture lineari energetiche di cui al comma 2, l'atto conclusivo del procedimento di cui al comma 2 è adottato d'intesa con le Regioni interessate, previa acquisizione del parere degli enti locali ove ricadono le infrastrutture, da rendere entro trenta giorni dalla richiesta, decorsi i quali il parere si intende acquisito (4).

6. In caso di mancata definizione dell'intesa con la Regione o le Regioni interessate nel termine prescritto per il rilascio dell'autorizzazione, nel rispetto dei principi di sussidiarietà e leale collaborazione, si provvede, entro i successivi sei mesi, a mezzo di un collegio tecnico costituito d'intesa tra il Ministro delle attività produttive e la Regione interessata, ad una nuova valutazione dell'opera e dell'eventuale proposta alternativa formulata dalla Regione dissenziente. Ove permanga il dissenso, l'opera è autorizzata nei successivi novanta giorni, con decreto del Presidente della Repubblica, previa deliberazione del Consiglio dei Ministri, integrato con il Presidente della Regione interessata, su proposta del Ministro delle attività produttive, di concerto con il Ministro competente, sentita la Conferenza permanente per i rapporti tra lo Stato, le regioni e le province autonome di Trento e di Bolzano.

7. Alle infrastrutture lineari energetiche di cui al comma 2 si applicano le disposizioni dell'articolo 52-quater, commi 2, 4 e 6.

(1) Articolo aggiunto dall'art. 1, co. 1, lett. b) e c), d.lg. 27/12/2004, n. 330.

(2) Comma modificato dall'art. 37, co. 2, lett. a), b) e c), d.l. 12/9/2014, n. 133, conv., con modif., dalla l. 11/11/2014, n. 164.

* Quest'ultimo periodo è stato soppresso dalla l. 11/9/2020, n. 120.

(3) Comma aggiunto dall'art. 60, co. 4, d.l. 16/7/2020, n. 76 (in G.U. n. 178 del 16/7/2020 - Suppl. Ord. n. 24; in vigore dal 17/7/2020).

(4) Comma modificato dall'art. 37, co. 2, lett. c-bis), d.l. 12/9/2014, n. 133, conv., con modif., dalla l. 11/11/2014, n. 164.

52 sexies. Disposizioni particolari per le infrastrutture lineari energetiche non facenti parte delle reti energetiche nazionali (1). – 1. Fatto salvo quanto disposto dall'articolo 5, comma 3, il provvedimento di cui all'articolo 52-quater relativo a infrastrutture lineari energetiche non facenti parte dèlle reti energetiche nazionali è adottato dalla Regione competente o dal soggetto da essa delegato, entro i termini stabiliti dalle leggi regionali.

2. Le funzioni amministrative in materia di espropriazione di infrastrutture lineari energetiche che, per dimensioni o per estensione, hanno rilevanza o interesse esclusivamente locale sono esercitate dal comune.

3. Nel caso di inerzia del comune o del soggetto procedente delegato dalla Regione, protrattasi per oltre sessanta giorni dalla richiesta di avvio del procedimento, la Regione può esercitare nelle forme previste dall'ordinamento regionale e nel rispetto dei principi di sussidiarietà e leale collaborazione, il potere sostitutivo.

(1) Articolo aggiunto dall'art. 1, co. 1, lett. b) e c), d.lg. 27/12/2004, n. 330.

52 septies. Disposizioni sulla redazione del progetto (1). – 1. Fatte salve le disposizioni di cui all'articolo 110 del regio decreto-legge 11 dicembre 1933, n. 1775, convertito dalla legge 8 febbraio 1934, n. 367, qualora il numero dei soggetti interessati sia superiore a venti, per lo svolgimento delle operazioni planimetriche e delle altre operazioni preparatorie necessarie per la redazione del progetto di infrastrutture lineari energetiche, i tecnici incaricati, anche privati, possono introdursi nei fondi previa pubblicazione, per venti giorni all'albo pretorio dei Comuni interessati, dell'autorizzazione rilasciata dalla Prefettura che deve contenere i nomi delle persone che possono introdursi nell'altrui proprietà. Tale pubblicazione all'albo pretorio sostituisce a tutti gli effetti le comunicazioni o notificazioni previste all'articolo 15, commi 2 e 3.

(1) Articolo aggiunto dall'art. 1, co. 1, lett. b) e c), d.lg. 27/12/2004, n. 330.

52 octies. Decreto di imposizione di servitù (1). – 1. Il decreto di imposizione di servitù relativo alle infrastrutture lineari energetiche, oltre ai contenuti previsti dall'articolo 23, dispone l'occupazione temporanea delle aree necessarie alla realizzazione delle opere e la costituzione del diritto di servitù, indica l'ammontare delle relative indennità, e ha esecuzione secondo le disposizioni dell'articolo 24.

(1) Articolo aggiunto dall'art. 1, co. 1, lett. b) e c), d.lg. 27/12/2004, n. 330.

52 nonies. Determinazione dell'indennità di espropriazione (1). – 1. Per le infrastrutture lineari energetiche, l'autorità espropriante per la determinazione dell'indennità provvisoria o definitiva di cui agli articoli 20 e 21, può avvalersi dei soggetti di cui all'articolo 20, comma 3, ovvero di propri uffici tecnici.

(1) Articolo aggiunto dall'art. 1, co. 1, lett. b) e c), d.lg. 27/12/2004, n. 330.

TITOLO IV
DISPOSIZIONI SULLA TUTELA GIURISDIZIONALE (1)

(1) Così rettificato in G.U. 14/9/2001, n. 214.

53. Disposizioni processuali [45, 47¹, 48²] (1). – 1. La tutela giurisdizionale davanti al giudice amministrativo è disciplinata dal codice del processo amministrativo [133$^{1, \text{lett. } g)}$ CPA.].

2. Resta ferma la giurisdizione del giudice ordinario per le controversie riguardanti la determinazione e la corresponsione delle indennità in conseguenza dell'adozione di atti di natura espropriativa o ablativa [46].

(1) Articolo rettificato con Comunicato 14/9/2001 (in G.U. 14/9/2001, n. 214) e sostituito dall'art. 3, co. 10, All. 4 al d.lg. 2/7/2010, n. 104 (*Codice del processo amministrativo*). Il testo originario era il seguente: «1. Sono devolute alla giurisdizione esclusiva del giudice amministrativo le controversie aventi per oggetto gli arri, i provvedimenti, gli accordi e i comportamenti delle amministrazioni pubbliche e dei soggetti ad esse equiparati, conseguenti alla applicazione delle disposizioni del testo unico. 2. Si applicano le disposizioni dell'articolo 23-bis della legge 6 dicembre 1971, n. 1034, come introdotto dall'articolo 4 della legge 21 luglio 2000, n. 205, per i giudizi aventi per oggetto i provvedimenti relativi alle procedure di occupazione e di espropriazione delle aree destinate all'esecuzione di opere pubbliche o di pubblica utilità. 3. Resta ferma la giurisdizione del giudice ordinario per le controversie riguardanti la determinazione e la corresponsione delle indennità in conseguenza dell'adozione di atti di natura espropriativa o ablativa.».
La Corte cost., con **sent. 11/5/2006, n. 191**, ha dichiarato l'illegittimità dell'art. 53, co. 1, d.lg. 8/6/2001, n. 325, trasfuso nell'art. 53, co. 1, d.lg. 8/6/2001, n. 327 «nella parte in cui, devolvendo alla giurisdizione esclusiva del giudice amministrativo le controversie relative a «i comportamenti delle pubbliche amministrazioni e dei soggetti ad esse equiparati» non esclude i comportamenti non riconducibili, nemmeno mediatamente, all'esercizio di un pubblico potere».

• Si riporta l'art. 133, co. 1, lett. g), d.lg. 2/7/2010, n. 104 (*Codice del processo amministrativo*): «1. Sono devolute alla giurisdizione esclusiva del giudice amministrativo, salvo ulteriori previsioni di legge: [...]; g) le controversie aventi ad oggetto gli atti, i provvedimenti, gli accordi e i comportamenti, riconducibili, anche mediatamente, all'esercizio di un pubblico potere, delle pubbliche amministrative in materia di espropriazione per pubblica utilità, ferma restando la giurisdizione del giudice ordinario per quelle riguardanti la determinazione e la corresponsione delle indennità in conseguenza dell'adozione di atti di natura espropriativa o ablativa; [...]».

54. Opposizioni alla stima (1). – 1. Decorsi trenta giorni dalla comunicazione prevista dall'articolo 27, comma 2, il proprietario espropriato, il promotore dell'espropriazione o il terzo che ne abbia interesse può impugnare innanzi all'autorità giudiziaria gli atti dei procedimenti di nomina dei periti e di determinazione dell'indennità, la stima fatta dai tecnici, la liquidazione delle spese di stima e comunque può chiedere la determinazione giudiziale dell'indennità. Le controversie di cui al presente comma sono disciplinate dall'articolo 29 del decreto legislativo 1° settembre 2011, n. 150 [39³, 53²] (2).

*2. L'opposizione di cui al comma 1 va proposta, a pena di decadenza, entro il termine di trenta giorni, decorrente dalla notifica del decreto di esproprio o dalla notifica della stima peritale, se quest'ultima sia successiva al decreto di esproprio. 3. L'opposizione alla stima è proposta con atto di citazione notificato all'autorità espropriante, al promotore dell'espropriazione e, se del caso, al beneficiario dell'espropriazione, se attore è il proprietario del bene, ovvero notificato all'autorità espropriante e al proprietario del bene, se attore è il promotore dell'espropriazione. 4. L'atto di citazione va notificato anche al concessionario dell'opera pubblica, se a questi sia stato affidato il pagamento dell'indennità.**

5. Trascorso il termine per la proposizione dell'opposizione alla stima, l'indennità è fissata definitivamente nella somma risultante dalla perizia.

(1) Cfr. art. 51 della l. 25/6/1865, n. 2359 e art. 19 e 20 della l. 22/10/1971, n. 865.

(2) Comma così sostituito dall'art. 34, co. 37, lett. a), d.lg. 1/9/2011, n. 150 e applicabile (*ex* art. 36, co. 1) ai procedimenti instaurati successivamente all'entrata in vigore dello stesso decreto legislativo. Il testo originario era il seguente: «1. Decorsi trenta

giorni dalla comunicazione prevista dall'art. 27, comma 2, il proprietario espropriato, il promotore dell'espropriazione o il terzo che ne abbia interesse può impugnare innanzi alla corte d'appello, nel cui distretto si trova il bene espropriato, gli atti dei procedimenti di nomina dei periti e di determinazione dell'indennità, la stima fatta dai tecnici, la liquidazione delle spese di stima e comunque può chiedere la determinazione giudiziale dell'indennità».

* Comma abrogato dall'art. 34, co. 37, lett. b), d.lg. 1/9/2011, n. 150.

TITOLO V
NORME FINALI E TRANSITORIE

55. Occupazioni senza titolo, anteriori al 30 settembre 1996 (1). – 1. Nel caso di utilizzazione di un suolo edificabile per scopi di pubblica utilità, in assenza del valido ed efficace provvedimento di esproprio alla data del 30 settembre 1996, il risarcimento del danno [1223, 1226, 1227, 2043, 2056 CC.] è liquidato in misura pari al valore venale del bene (2).

2. Il comma 1 si applica anche ai giudizi pendenti alla data del 1° gennaio 1997.

(1) V. art. 5-bis, co. 7-bis, d.l. 11/7/1992, n. 333, conv. in l. 8/8/1992, n. 359 (v. nota 1 *sub* art. 37).

(2) Comma così modificato dall'art. 1, co. 1, lett. pp), d.lg. 27/12/2002, n. 302, e successivamente sostituito dall'art. 2, co. 89, lett. e), l. 24/12/2007, n. 244 (*finanziaria 2008*).

56. Disposizioni sulla determinazione dell'indennità di espropriazione (1). – 1. Il soggetto già espropriato alla data dell'entrata in vigore della legge 8 agosto 1992, n. 359, può accettare l'indennità provvisoria con esclusione della riduzione del quaranta per cento, di cui all'articolo 37, se alla stessa data risultava ancora contestabile la determinazione dell'indennità di esproprio.

(1) V. art. 5-bis del d.l. 11/7/1992, n. 333, conv. in l. 8/8/1992, n. 359 (v. nota 1 *sub* art. 37).

57. Ambito di applicazione della normativa sui procedimenti in corso (1). – 1. Le disposizioni del presente testo unico non si applicano ai progetti per i quali, alla data di entrata in vigore dello stesso decreto, sia intervenuta la dichiarazione di pubblica utilità, indifferibilità ed urgenza. In tal caso continuano ad applicarsi tutte le normative vigenti a tale data (2).

2. Restano in vigore le disposizioni regionali che attribuiscono ad autorità diverse dal presidente della Regione la competenza ad adottare atti del procedimento espropriativo.

(1) Rubrica così modificata dall'art. 1, co. 1, lett. qq), d.lg. 27/12/2002, n. 302.

(2) Comma così modificato dall'art. 1, co. 1, lett. qq), d.lg. 27/12/2002, n. 302.

57 bis. Applicazione della normativa ai procedimenti in corso relativi alle infrastrutture lineari energetiche (1). – 1. Per le infrastrutture lineari energetiche per le quali, alla data del 31 dicembre 2004, sia intervenuta la dichiarazione di pubblica utilità ovvero siano decorsi i termini previsti per la formulazione delle osservazioni da parte dei soggetti interessati a seguito degli avvisi di cui alle norme vigenti, non si applicano le disposizioni del presente testo unico a meno che il beneficiario dell'espropriazione o il proponente dell'opera infrastrutturale lineare energetica, abbia optato espressamente per l'applicazione del presente testo unico ai procedimenti in corso relativamente alle fasi procedimentali non ancora concluse.

(1) Articolo aggiunto dall'art. 1, co. 1, lett. d), d.lg. 27/12/2004, n. 330.

58. Abrogazione di norme. – 1. Con l'entrata in vigore del presente testo unico, sono o restano abrogati, fatto salvo quanto previsto dall'articolo 57, comma 1 e dall'articolo 57-bis (1):

1) la legge 25 giugno 1865, n. 2359, e successive modificazioni ed integrazioni;

2) la legge 18 dicembre 1879, n. 5188;

3) la legge 15 gennaio 1885, n. 2892;

4) il regio decreto 12 marzo 1885, n. 3003;

5) il regio decreto 12 marzo 1885, n. 3004;

6) l'articolo 8 della legge 14 luglio 1887, n. 4730;

7) il regio decreto 3 gennaio 1889, n. 5902;

8) l'articolo 4 della legge 20 luglio 1890, n. 6980;

9) l'articolo 37 della legge 2 agosto 1897, n. 382;

10) la legge 7 luglio 1902, n. 290;

11) l'articolo 4 della legge 7 luglio 1902, n. 306;

12) l'articolo 47 della legge 31 marzo 1904, n. 140;

13) il regio decreto 14 gennaio 1904, n. 27;

14) l'articolo 2 della legge 30 giugno 1904, n. 293;

15) gli articoli 4 e 18 della legge 8 luglio 1904, n. 351;

16) l'articolo 31 della legge 25 giugno 1906, n. 255;

17) l'articolo 54 della legge 19 luglio 1906, n. 390;

18) la legge 7 luglio 1907, n. 417;

19) gli articoli 76 e 77 della legge 7 luglio 1907, n. 429, come modificati dalla legge 7 aprile 1921, n. 368, e dall'articolo 1 del regio decreto 24 settembre 1923, n. 2119;

20) gli articoli 5 e 18 della legge 11 luglio 1907, n. 502;

21) l'articolo 58 della legge 10 novembre 1907, n. 844;

22) l'articolo 20 della legge 27 febbraio 1908, n. 89;

23) gli articoli 2 e 4 della legge 6 aprile 1908, n. 116;

24) la legge 5 luglio 1908, n. 351, modificata dall'articolo 8 della legge 12 marzo 1911, n. 258;

25) la legge 5 luglio 1908, n. 378;

26) gli articoli 18, 22, 46 e 64 della legge 9 luglio 1908, n. 445;

27) gli articoli 3 e 4 della legge 12 gennaio 1909, n. 12;

28) l'articolo 3 del decreto-legge 25 aprile 1909, n. 217;

29) l'articolo 3 del decreto-legge 6 maggio 1909, n. 264;

30) il decreto-legge 15 luglio 1909, n. 542;

31) gli articoli 4 e 12 delle leggi 30 giugno 1909, n. 407;

32) l'articolo 2 della legge 17 luglio 1910, n. 578;

33) l'articolo 19 della legge 13 aprile 1911, n. 311;

34) l'articolo 28 della legge 4 giugno 1911, n. 487;

35) l'articolo 8 della legge 15 luglio 1911, n. 575;

36) l'articolo 3 della legge 30 giugno 1912, n. 798;

37) la legge 12 luglio 1912, n. 783;

38) la legge 16 giugno 1912, n. 619;

39) la legge 23 giugno 1912, n. 621;

40) la legge 30 giugno 1912, n. 746;

41) la legge 12 luglio 1912, n. 866;

42) la legge 21 luglio 1912, n. 902;

43) la legge 25 maggio 1913, n. 553;

44) la legge 26 giugno 1913, n. 776;

45) la legge 26 giugno 1913, n. 807;

46) la legge 5 giugno 1913, n. 525;

47) il regio decreto 25 febbraio 1915, n. 205;

48) l'articolo 3 del regio decreto-legge 29 aprile 1915, n. 582;

49) gli articoli da 173 a 185 del testo unico approvato col regio decreto 19 agosto 1917, n. 1399, come modificati dall'articolo 2 del decreto-legge 3 novembre 1918, n. 1857, dall'articolo 1 del decreto-legge 31 dicembre 1923, n. 3146, dall'articolo 27 del decreto-legge 9 marzo 1924, n. 494, dall'articolo 2, lettere a) e c), della legge 24 dicembre 1928, n. 3193, dall'articolo 1 del decreto-legge 21 dicembre 1933, n. 1919, dalla legge 11 dicembre 1952, n. 2467;

50) il decreto luogotenenziale 27 febbraio 1919, n. 219, convertito nella legge 24 agosto 1921, n. 1290;

51) gli articoli 30, secondo comma, 32, 33, 34 e 39 del regio decreto 8 febbraio 1923, n. 422;

52) il regio decreto 11 marzo 1923, n. 691;

53) gli articoli 39 e 48 del regio decreto 30 dicembre 1923, n. 3267;

54) la legge 3 aprile 1926, n. 686;

55) l'articolo 109 del regio decreto 5 febbraio 1928, n. 577;

56) l'articolo 4 del regio decreto-legge 8 luglio 1931, n. 981;

57) l'articolo 5 della legge 23 marzo 1932, n. 355;

58) l'articolo 2, secondo comma, della legge 20 dicembre 1932, n. 1849, come sostituito dalla legge 8 marzo 1968, n. 180;

59) il testo unico delle disposizioni sulle acque e sugli impianti elettrici, approvato col regio decreto 11 dicembre 1933, n. 1775, limitatamente agli articoli 29, 33, 34 e 123 ed alle altre norme riguardanti l'espropriazione;

60) l'articolo 46, quarto comma, del testo unico approvato col regio decreto 28 aprile 1938, n. 1165;

61) l'articolo 1 del regio decreto-legge 2 febbraio 1939, n. 302, convertito nella legge 2 giugno 1939, n. 739, come modificato dalla legge 2 aprile 1968, n. 426, limitatamente alle norme riguardanti l'espropriazione (2);

62) gli articoli 13, articoli 1314, 15, 16, 17, 18, 19, 20, 21, 22, 23 della legge 17 agosto 1942, n. 1150, limitatamente alle norme riguardanti l'espropriazione (3);

63) l'articolo 7 del decreto legislativo 1° marzo 1945, n. 154;

64) l'articolo 71 del decreto legislativo 10 aprile 1947, n. 261;

65) l'articolo 4 del decreto legislativo 14 dicembre 1947, n. 1598;

66) gli articoli 2 e 5 del decreto legislativo 11 marzo 1948, n. 409;

67) l'articolo 3 del decreto legislativo 17 aprile 1948, n. 740;

68) gli articoli 1 e 7 della legge 9 dicembre 1948, n. 1482;

69) l'articolo 23 della legge 28 febbraio 1949, n. 43;

70) l'articolo 21, secondo comma, della legge 2 luglio 1949, n. 408;

71) l'articolo 4, comma 1, della legge 5 aprile 1950, n. 225;

72) la legge 12 maggio 1950, n. 230;

73) l'articolo 4 della legge 10 agosto 1950, n. 646;

74) la legge 21 ottobre 1950, n. 841;

75) gli articoli 2 e 3 della legge 13 giugno 1951, n. 528;

76) l'articolo 2 della legge 4 novembre 1951, n. 1295;

77) l'articolo 3 della legge 22 marzo 1952 n. 166;

78) l'articolo 23 della legge 10 febbraio 1953, n. 136;

79) l'articolo 5, secondo comma, della legge 9 febbraio 1954, n. 640;

80) l'articolo 10 della legge 9 agosto 1954, n. 645;

81) l'articolo 4 della legge 10 agosto 1950, n. 646, come modificato dall'articolo 3 della legge 22 marzo 1952, n. 166;

82) l'articolo 8 della legge 21 maggio 1955, n. 463;

83) la legge 4 febbraio 1958, n. 158, come modificata dalla legge 10 ottobre 1969, n. 739;

84) l'articolo 4 della legge 13 giugno 1961, n. 528;

85) l'articolo 11 della legge 24 luglio 1961, n. 729;

86) la legge 1° dicembre 1961, n. 1441;

87) l'articolo 12 della legge 18 aprile 1962, n. 167, come sostituito dalla legge 21 luglio 1965, n. 904;

88) l'articolo 2 del decreto del Presidente della Repubblica 25 febbraio 1965, n. 138;

89) l'articolo 9 del decreto del Presidente della Repubblica 18 marzo 1965, n. 342;

90) l'articolo 1, comma 2, del decreto legge 29 marzo 1966, n. 128, come convertito nella legge 26 maggio 1966, n. 311;

91) gli articoli 2, terzo comma, e 3 della legge 23 febbraio 1967, n. 104;

92) l'articolo 14, ultimo comma, della legge 28 luglio 1967, n. 1641;

93) gli articoli 29 e 147 del decreto del Presidente della Repubblica 30 giugno 1967, n. 1523;

94) gli articoli 11 e 13 del decreto legge 27 febbraio 1968, n. 79, come convertito nella legge 18 marzo 1968, n. 241;

95) la legge 20 marzo 1968, n. 391;

96) l'articolo 2 della legge 19 novembre 1968, n. 1187;

97) l'articolo 20 della legge 5 febbraio 1970, n. 21;

98) l'articolo 64, primo comma, del decreto legge 26 ottobre 1970, n. 745, come convertito nella legge 18 dicembre 1970, n. 1034;

99) il titolo II della legge 22 ottobre 1971, n. 865;

100) l'articolo 15, secondo comma, della legge 1° giugno 1971, n. 291;

101) l'articolo 1 ter del decreto legge 28 dicembre 1971, n. 1119, come convertito nella legge 25 febbraio 1972, n. 13;

102) il decreto del Presidente della Repubblica 30 dicembre 1972, n. 1036;

103) l'articolo 185 del testo unico approvato col decreto del Presidente della Repubblica 29 marzo 1973, n. 156;

104) l'articolo 4 del decreto legge 12 febbraio 1973, n. 8, convertito nella legge 15 aprile 1973, n. 94;

105) l'articolo 4, primo comma del decreto legge 2 maggio 1974, n. 115, come convertito nella legge 27 giugno 1974, n. 247;

106) l'articolo 21 della legge 26 aprile 1976, n. 178;

107) l'articolo 106 del decreto del Presidente della Repubblica 24 luglio 1977, n. 616;

108) gli articoli 1, 3, 4 e 23, secondo comma, della legge 3 gennaio 1978, n. 1, e successive modificazioni e integrazioni;

109) gli articoli 49 e 135 del testo unico approvato col decreto del Presidente della Repubblica 6 marzo 1978, n. 218;

110) l'articolo 11 del decreto del Presidente della Repubblica 15 agosto 1978, n. 988:

111) il decreto del Presidente della Repubblica 11 maggio 1979, n. 468;

112) l'articolo 8, ottavo comma, della legge 24 aprile 1980, n. 146;

113) la legge 29 luglio 1980, n. 385;

114) l'articolo 3, quinto comma, del decreto legge 26 novembre 1980, n. 776, come convertito nella legge 22 dicembre 1980, n. 874;

115) il decreto legge 8 gennaio 1981, n. 58, convertito nella legge 12 marzo 1981, n. 58;

116) l'articolo 80 del decreto legge 18 marzo 1981, n. 75, come convertito nella legge 14 maggio 1981, n. 219, come recepito nell'articolo 37 del testo unico approvato col decreto legislativo 30 marzo 1990, n. 76, per la parte riguardante la determinazione dell'indennità di esproprio;

117) il decreto legge 28 luglio 1981, n. 396, convertito nella legge 28 settembre 1981, n. 535;

118) il decreto legge 29 maggio 1982, n. 298, convertito nella legge 29 luglio 1982, n. 481;

119) la legge 29 luglio 1982, n. 481;

120) la legge 23 dicembre 1982, n. 943;

121) il decreto legge 29 dicembre 1983, n. 747, convertito nella legge 27 febbraio 1984, n. 18;

122) l'articolo 6, quarto e quinto comma, del decreto legge 28 febbraio 1984, n. 19, convertito nella legge 18 aprile 1984, n. 80;

123) l'articolo 1, comma 5-bis, del decreto legge 22 dicembre 1984, n. 901, convertito nella legge 1° marzo 1985, n. 42;

124) l'articolo 5, comma 5, della legge 2 luglio 1985, n. 372;

125) l'articolo 1, comma 1, numero 3, del decreto legge 28 febbraio 1986, n. 48, convertito nella legge 18 aprile 1986, n. 119;

126) l'articolo 14 del decreto legge 29 dicembre 1987, n. 534, convertito nella legge 29 febbraio 1988, n. 47;

127) l'articolo 3, primo comma, della legge 27 ottobre 1988, n. 458;

128) l'articolo 4 della legge 6 agosto 1990, n. 223;

129) gli articoli 7 ed 8 della legge 15 dicembre 1990, n. 396, per la parte riguardante la determinazione dell'indennità di esproprio;

130) la legge 2 maggio 1991, n. 158;

131) l'articolo 11, comma 9, della legge 30 dicembre 1991, n. 413;

132) la legge 2 maggio 1991, n. 158;

133) l'articolo 5-bis del decreto legge 11 luglio 1992, n. 333, come convertito nella legge 8 agosto 1992, n. 359;

134) l'articolo 16 del decreto legislativo 30 dicembre 1992, n. 504;

135) l'articolo 1, comma 65, della legge 28 dicembre 1995, n. 549;

136) l'articolo 3, comma 65, della legge 23 dicembre 1996, n. 662;

137) l'articolo 32 della legge 3 agosto 1999, n. 265;

138) l'articolo 121 del testo unico approvato col decreto legislativo 18 agosto 2000, n. 267;

139) l'articolo 12 della legge 9 ottobre 2000, n. 285;

140) l'articolo 4, comma 2, della legge 9 marzo 2001, n. 59;

140-bis) i commi 1, 2, 3 e 5 dell'articolo 31 della legge 21 luglio 1967, n. 613, l'articolo 8 della legge 26 aprile 1974, n. 170, i commi 1, 2, 3, 5 dell'articolo 16 della legge 9 dicembre 1986, n. 896, i commi 2, 3 e 5 dell'articolo 30 e il comma 2 dell'articolo 32 del decreto legislativo 23 maggio 2000, n. 164 (4);

141) tutte le altre norme di legge e di regolamento, riguardanti gli atti ed i procedimenti volti alla dichiarazione di pubblica utilità o di indifferibilità e urgenza, all'esproprio all'occupazione d'urgenza, nonché quelle riguardanti la determinazione dell'indennità di espropriazione o di occupazione d'urgenza.

(1) Alinea così modificato prima dall'art. 1, co. 1, lett. rr), d.lg. 27/12/2002, n. 302, e successivamente dall'art. 1, co. 1, lett. a), d.lg. 27/12/2004, n. 330.

(2) Numero modificato dall'art. 1, co. 1, lett. rr), d.lg. 27/12/2002, n. 302.

(3) Numero modificato dall'art. 5, co. 1, l. 1/8/2002, n. 166.

(4) Numero inserito dall'art. 1, co. 1, d.lg. 27/12/2002, n. 302.

• V. art. 5-bis del d.l. 11/7/1992, n. 333, conv. in l. 8/8/1992, n. 359 (v. nota 1 *sub* art. 37).

59. Entrata in vigore del testo unico. – 1. Le disposizioni del presente testo unico entrano in vigore a decorrere dal 30 giugno 2003 (1).

Il presente decreto, munito del sigillo dello Stato, sarà inserito nella Raccolta ufficiale degli atti normativi della Repubblica italiana. È fatto obbligo a chiunque spetti di osservarlo e di farlo osservare.

(1) Termine prorogato prima dall'art. 5 del d.l. 23/11/2001, n. 411; dall'art. 5 della l. 1/8/2002, n. 166; al 30/6/2003, dall'art. 2 del d.l. 20/6/2002, n. 122, conv., con modif., in l. 1/8/2002, n. 185 ed, infine dall'art. 1, co. 1, lett. ss), d.lg. 27/12/2002, n. 302.

D.lg. 20 giugno 2005, n. 122

Disposizioni per la tutela dei diritti patrimoniali degli acquirenti di immobili da costruire, a norma della legge 2 agosto 2004, n. 210

1. Definizioni. – 1. Ai fini del presente decreto devono intendersi:

a) per «acquirente»: la persona fisica che sia promissaria acquirente o che acquisti un immobile da costruire, ovvero che abbia stipulato ogni altro contratto, compreso quello di leasing, che abbia o possa avere per effetto l'acquisto o comunque il trasferimento non immediato, a sé o ad un proprio parente in primo grado, della proprietà o della titolarità di un diritto reale di godimento su di un immobile da costruire, ovvero colui il quale, ancorché non socio di una cooperativa edilizia, abbia assunto obbligazioni con la cooperativa medesima per ottenere l'assegnazione in proprietà o l'acquisto della titolarità di un diritto reale di godimento su di un immobile da costruire per iniziativa della stessa;

b) per «costruttore»: l'imprenditore o la cooperativa edilizia che promettano in vendita o che vendano un immobile da costruire, ovvero che abbiano stipulato ogni altro contratto, compreso quello di leasing, che abbia o possa avere per effetto la cessione o il trasferimento non immediato in favore di un acquirente della proprietà o della titolarità di un diritto reale di godimento su di un immobile da costruire, sia nel caso in cui lo stesso venga edificato direttamente dai medesimi, sia nel caso in cui la realizzazione della costruzione sia data in appalto o comunque eseguita da terzi;

c) per «situazione di crisi»: la situazione che ricorre nei casi in cui il costruttore sia sottoposto o sia stato sottoposto ad esecuzione immobiliare, in relazione all'immobile oggetto del contratto, ovvero a fallimento, amministrazione straordinaria, concordato preventivo, liquidazione coatta amministrativa;

d) per «immobili da costruire»: gli immobili per i quali sia stato richiesto il permesso di costruire e che siano ancora da edificare o la cui costruzione non risulti essere stata ultimata versando in stadio tale da non consentire ancora il rilascio del certificato di agibilità (1).

(1) La Corte cost., con sent. 12/1/2022, n. 43 ha dichiarato l'illegittimità costituzionale del combinato disposto degli art. 1, co. 1, l. 2/8/2004, n. 210 (Delega al Governo per la tutela dei diritti patrimoniali degli acquirenti di immobili da costruire); 1, co. 1, lett. d) e 9, co. 1, d.lg. 20/6/2005, n. 122 (Disposizioni per la tutela dei diritti patrimoniali degli acquirenti di immobili da costruire, a norma della legge 2 agosto 2004, n. 210), nella parte in cui non riconoscono il diritto di prelazione anche alle persone fisiche che abbiano acquistato prima che sia stato richiesto il permesso di costruire.

2. Garanzia fideiussoria. – 1. All'atto della stipula di un contratto che abbia come finalità il trasferimento non immediato della proprietà o di altro diritto reale di godimento su un immobile da costruire o di un atto avente le medesime finalità, ovvero in un momento precedente, il costruttore è obbligato, a pena di nullità del contratto che può essere fatta valere unicamente dall'acquirente, a procurare il rilascio ed a consegnare all'acquirente una fideiussione, anche secondo quanto previsto dall'articolo 1938 del codice civile, di importo corrispondente alle somme e al valore di ogni altro eventuale corrispettivo che il costruttore ha riscosso e, secondo i termini e le modalità stabilite nel contratto, deve ancora riscuotere dall'acquirente prima del trasferimento della proprietà o di altro diritto reale di godimento. Restano comunque esclusi le somme per le quali è pattuito che debbano essere erogate da un soggetto mutuante, nonché i contributi pubblici già assistiti da autonoma garanzia.

2. Per le società cooperative, l'atto equipollente a quello indicato al comma 1 consiste in quello con il quale siano state versate somme o assunte obbligazioni con la cooperativa medesima per ottenere l'assegnazione in proprietà o l'acquisto della titolarità di un diritto reale di godimento su di un immobile da costruire per iniziativa della stessa.

3. Rilascio, contenuto e modalità di escussione della fideiussione. – 1. La fideiussione è rilasciata da una banca o da un'impresa esercente le assicurazioni; essa deve garantire, nel caso in cui il costruttore incorra in una situazione di crisi di cui al comma 2 o, nel caso di inadempimento all'obbligo assicurativo di cui all'articolo 4, la restituzione delle somme e del valore di ogni altro eventuale corrispettivo effettivamente riscossi e dei relativi interessi legali maturati fino al momento in cui la predetta situazione si è verificata (1).

2. La situazione di crisi si intende verificata in una delle seguenti date:

a) di trascrizione del pignoramento relativo all'immobile oggetto del contratto;

b) di pubblicazione della sentenza dichiarativa del fallimento o del provvedimento di liquidazione coatta amministrativa;

c) di presentazione della domanda di ammissione alla procedura di concordato preventivo;

d) di pubblicazione della sentenza che dichiara lo stato di insolvenza o, se anteriore, del decreto che dispone la liquidazione coatta amministrativa o l'amministrazione straordinaria.

3. La fideiussione può essere escussa:

a) a decorrere dalla data in cui si è verificata la situazione di crisi di cui al comma 2 a condizione che, per l'ipotesi di cui alla lettera a) del medesimo comma, l'acquirente abbia comunicato al costruttore la propria volontà di recedere dal contratto e, per le ipotesi di cui alle lettere b), c) e d) del comma 2, il competente organo della procedura concorsuale non abbia comunicato la volontà di subentrare nel contratto preliminare;

b) a decorrere dalla data dell'attestazione del notaio di non aver ricevuto per la data dell'atto di trasferimento della proprietà la polizza assicurativa conforme al decreto ministeriale di cui all'articolo 4, quando l'acquirente ha comunicato al costruttore la propria volontà di recedere dal contratto di cui all'articolo 6 (2).

4. La fideiussione deve prevedere la rinuncia al beneficio della preventiva escussione del debitore principale di cui all'articolo 1944, secondo comma, del codice civile e deve essere escutibile, verificatesi le condizioni di cui al comma 3, a richiesta scritta dell'acquirente, corredata da idonea documentazione comprovante l'ammontare delle somme e il valore di ogni altro eventuale corrispettivo che complessivamente il costruttore ha riscosso, da inviarsi al domicilio indicato dal fideiussore a mezzo di lettera raccomandata con avviso di ricevimento.

5. Il mancato pagamento del premio o della commissione non è opponibile all'acquirente.

6. Il fideiussore è tenuto a pagare l'importo dovuto entro il termine di trenta giorni dalla data di ricevimento della richiesta di cui al comma 4. Qualora la restituzione degli importi oggetto di fideiussione non sia eseguita entro il suddetto termine, il fideiussore è tenuto a rimborsare all'acquirente le spese da quest'ultimo effettivamente sostenute e strettamente necessarie per conseguire la detta restituzione, oltre i relativi interessi.

7. L'efficacia della fideiussione cessa nel momento in cui il fideiussore riceve dal costruttore o da un altro dei contraenti copia dell'atto di trasferimento della proprietà o di altro diritto reale di godimento sull'immobile o dell'atto definitivo di assegnazione il quale contenga la menzione di cui all'articolo 4, comma 1-quater (3).

7-bis. Con decreto del Ministro della giustizia, di concerto con il Ministro dell'economia e delle finanze, da adottarsi entro novanta giorni dal 1 settembre 2021, è determinato il modello standard della fideiussione (4).

(1) Comma sostituito dall'art. 385, co. 1, lett. a), d.lg. 12/1/2019, n. 14 e successivamente dal d.l. 8/4/2020, n. 23.

(2) Comma sostituito dall'art. 385, co. 1, lett. b), d.lg. 12/1/2019, n. 14 e successivamente dal d.l. 8/4/2020, n. 23.

(3) Comma sostituito dall'art. 385, co. 1, lett. c), d.lg. 12/1/2019, n. 14 e successivamente dal d.l. 8/4/2020, n. 23.

(4) Comma introdotto dall'art. 385, co. 1, lett. d), d.lg. 12/1/2019, n. 14 e successivamente modificato dal d.l. 8/4/2020, n. 23 e, poi, dal d.l. 31/12/2020, n. 183, conv., con modif., dalla l. 26/2/2021, n. 21.

• Il d.l. 24/8/2021, n. 118, nel modificare l'art. 389, co. 1, del d.lg. 12/1/2019, n. 14, ha conseguentemente disposto la modifica dell'art. 3, co. 1, 3, 7 e 7-bis, prevedendo all'art. 1, co. 1, lett. a) che «1. All'articolo 389 del decreto legislativo 12 gennaio 2019, n. 14, sono apportate le seguenti modificazioni:
a) il comma 1 è sostituito dal seguente: "1. Il presente decreto entra in vigore il 16 maggio 2022, salvo quanto previsto ai commi 1-bis e 2.";
b) dopo il comma 1 è inserito il seguente: "1-bis. Il titolo II della Parte prima entra in vigore il 31 dicembre 2023."».

• Il d.l. 30/4/2022, n. 36, nel modificare l'art. 389, co. 1, d.lg. n. 14/2019, ha conseguentemente disposto la modifica dell'art. 3, co. 1, 3, 7 e 7-bis, prevedendo, all'art. 42, co. 1, lett. a) che «All'articolo 389 del Codice della crisi d'impresa e dell'insolvenza di cui al decreto legislativo 12 gennaio 2019, n. 14, sono apportate le seguenti modificazioni:
a) al comma 1, le parole "16 maggio 2022" sono sostituite dalle seguenti: "15 luglio 2022" e le parole "ai commi 1-bis e" sono sostituite dalle seguenti: "al comma";
b) il comma 1-bis è abrogato».

4. Assicurazione dell'immobile. – 1. Il costruttore è obbligato a contrarre ed a consegnare all'acquirente all'atto del trasferimento della proprietà a pena di nullità del contratto che può essere fatta valere solo dall'acquirente, una polizza assicurativa indennitaria decennale a beneficio dell'acquirente e con effetto dalla data di ultimazione dei lavori a copertura dei danni materiali e diretti all'immobile, compresi i danni ai terzi, cui sia tenuto ai sensi dell'articolo 1669 del codice civile, derivanti da rovina totale o parziale oppure da gravi difetti costruttivi delle opere, per vizio del suolo o per difetto della costruzione, e comunque manifestatisi successivamente alla stipula del contratto definitivo di compravendita o di assegnazione (1).

1-bis. Con decreto del Ministro dello sviluppo economico, di concerto con il Ministro della giustizia e con il Ministro dell'economia e delle finanze, da adottarsi entro novanta giorni dal 1 settembre 2021, sono determinati il contenuto e le caratteristiche della polizza di assicurazione e il relativo modello standard (2).

1-ter. In caso di inadempimento all'obbligo previsto dal comma 1, l'acquirente che abbia comunicato al costruttore la propria volontà di recedere dal contratto di cui all'articolo 6 ha diritto di escutere la fideiussione ai sensi dell'articolo 3, comma 3, lettera b) (3).

1-quater. L'atto di trasferimento deve contenere la menzione degli estremi identificativi della polizza assicurativa e della sua conformità al decreto previsto dal comma 1-bis (3).

(1) Comma modificato dall'art. 386, co. 1, lett. a), d.lg. 12/1/2019, n. 14 e successivamente dal d.l. 8/4/2020, n. 23.

(2) Comma inserito dall'art. 386, co. 1, lett. b), d.lg. 12/1/2019, n. 14 e successivamente modificato dal d.l. 8/4/2020, n. 23. Comma da ultimo modificato dal d.l. 31/12/2020, n. 183, conv. con mod. dalla l. 26/2/2021, n. 21.

(3) Comma inserito dall'art. 386, co. 1, lett. b), d.lg. 12/1/2019, n. 14 e successivamente modificato dal d.l. 8/4/2020, n. 23.

• Il d.l. 24/8/2021, n. 118, nel modificare l'art. 389, co. 1, del d.lg. 12/1/2019, n. 14, ha conseguentemente disposto la modifica dell'art. 4, co. 1, 1-bis, 1-ter e 1-quater, prevedendo all'art. 1, co. 1, lett. a) che «1. All'articolo 389 del decreto legislativo 12 gennaio 2019, n.14, sono apportate le seguenti modificazioni:
a) il comma 1 è sostituito dal seguente: "1. Il presente decreto entra in vigore il 16 maggio 2022, salvo quanto previsto ai commi 1-bis e 2.";
b) dopo il comma 1 è inserito il seguente: "1-bis. Il titolo II della Parte prima entra in vigore il 31 dicembre 2023."».

• Il d.l. 30/4/2022, n. 36, nel modificare l'art. 389, co. 1, del d.lg. 12/01/2019, n. 14, ha conseguentemente disposto la modifica dell'art. 4, co. 1, 1-bis, 1-ter e 1-quater, prevedendo, all'art. 42, co. 1, lett. a) che «All'articolo 389 del Codice della crisi d'impresa e dell'insolvenza di cui al decreto legislativo 12 gennaio 2019, n. 14, sono apportate le seguenti modificazioni:
a) al comma 1, le parole "16 maggio 2022" sono sostituite dalle seguenti: "15 luglio 2022" e le parole "ai commi 1-bis e" sono sostituite dalle seguenti: "al comma";
b) il comma 1-bis è abrogato».

5. Applicabilità della disciplina. – 1. La disciplina prevista dagli articoli 2, 3 e 4 si applica ai contratti aventi ad oggetto il trasferimento non immediato della proprietà o di altro diritto reale di godimento di immobili per i quali il permesso di costruire o altra denuncia o provvedimento abilitativo sia stato richiesto successivamente alla data di entrata in vigore del presente decreto.

1-bis. L'acquirente non può rinunciare alle tutele previste dal presente decreto; ogni clausola contraria è nulla e deve intendersi come non apposta (1).

1-ter. Le modifiche apportate dal decreto legislativo di attuazione dell'articolo 12 della legge 19 ottobre 2017, n. 155 si applicano ai contratti aventi ad oggetto immobili da costruire per i quali il titolo abilitativo edilizio sia stato richiesto o presentato successivamente alla data di entrata in vigore del decreto stesso (2).

(1) Comma aggiunto dall'art. 10-quater, co. 1, lett. a), d.l. 28/3/2014, n. 47, conv., con modif., dalla l. 23/5/2014, n. 80.

(2) Comma introdotto dall'art. 387, co. 1, d.lg. 12/1/2019, n. 14.

6. Contenuto del contratto preliminare. – 1. Il contratto preliminare ed ogni altro contratto che ai sensi dell'articolo 2 sia comunque diretto al successivo acquisto in capo ad una persona fisica della proprietà o di altro diritto reale su un immobile oggetto del presente decreto devono essere stipulati per atto pubblico o per scrittura privata autenticata devono contenere: (1)

a) le indicazioni previste agli articoli 2659, primo comma, n. 1), e 2826 del codice civile;

b) la descrizione dell'immobile e di tutte le sue pertinenze di uso esclusivo oggetto del contratto;

c) gli estremi di eventuali atti d'obbligo e convenzioni urbanistiche stipulati per l'ottenimento dei titoli abilitativi alla costruzione e l'elencazione dei vincoli previsti;

d) le caratteristiche tecniche della costruzione, con particolare riferimento alla struttura portante, alle fondazioni, alle tamponature, ai solai, alla copertura, agli infissi ed agli impianti;

e) i termini massimi di esecuzione della costruzione, anche eventualmente correlati alle varie fasi di lavorazione;

f) l'indicazione del prezzo complessivo da corrispondersi in danaro o il valore di ogni altro eventuale corrispettivo, i termini e le modalità per il suo pagamento, la specificazione dell'importo di eventuali somme a titolo di caparra; le modalità di corresponsione del prezzo devono essere rappresentate da bonifici bancari o versamenti diretti su conti correnti bancari o postali indicati dalla parte venditrice ed alla stessa intestati o da altre forme che siano comunque in grado di assicurare la prova certa dell'avvenuto pagamento;

g) gli estremi della fideiussione di cui all'articolo 2 e l'attestazione della sua conformità al modello contenuto nel decreto di cui all'articolo 3, comma 7-bis (2);

h) l'eventuale esistenza di ipoteche o trascrizioni pregiudizievoli di qualsiasi tipo sull'immobile con la specificazione del relativo ammontare, del soggetto a cui favore risultano e del titolo dal quale derivano, nonché la pattuizione espressa degli obblighi del costruttore ad esse connessi e, in particolare, se tali obblighi debbano essere adempiuti prima o dopo la stipula del contratto definitivo di vendita;

i) gli estremi del permesso di costruire o della sua richiesta se non ancora rilasciato, nonché di ogni altro titolo, denuncia o provvedimento abilitativo alla costruzione;

l) l'eventuale indicazione dell'esistenza di imprese appaltatrici, con la specificazione dei relativi dati identificativi.

2. Agli stessi contratti devono essere allegati:

a) il capitolato contenente le caratteristiche dei materiali da utilizzarsi, individuati anche solo per tipologie, caratteristiche e valori omogenei, nonché l'elenco delle rifiniture e degli accessori convenuti fra le parti;

b) gli elaborati del progetto in base al quale è stato richiesto o rilasciato il permesso di costruire o l'ultima variazione al progetto originario, limitatamente alla rappresentazione grafica degli immobili oggetto del contratto, delle relative pertinenze esclusive e delle parti condominiali.

3. Sono fatte salve le disposizioni di cui al regio decreto 28 marzo 1929, n. 499.

(1) Comma modificato dall'art. 388, co. 1, lett. a), d.lg. 12/1/2019, n. 14.

(2) Lettera modificata dall'art. 388, co. 1, lett. b), d.lg. 12/1/2019, n. 14.

7. Modificazioni all'articolo 39 del decreto legislativo 1° settembre 1993, n. 385. – 1. All'articolo 39 del testo unico delle leggi in materia bancaria e creditizia, di cui al decreto legislativo 1° settembre 1993, n. 385, e successive modificazioni, sono apportate le seguenti modificazioni:

a) Il comma 6 è sostituito dal seguente:

«6. In caso di edificio o complesso condominiale per il quale può ottenersi l'accatastamento delle singole porzioni che lo costituiscono, ancorché in corso di costruzione, il debitore, il terzo acquirente, il promissario acquirente o l'assegnatario del bene ipotecato o di parte dello stesso, questi ultimi limitatamente alla porzione immobiliare da essi acquistata o promessa in acquisto o in assegnazione, hanno diritto alla suddivisione del finanziamento in quote e, correlativamente, al frazionamento dell'ipoteca a garanzia.»;

b) dopo il comma 6 sono inseriti i seguenti:

«6-bis. La banca deve provvedere agli adempimenti di cui al comma 6 entro il termine di novanta giorni dalla data di ricevimento della richiesta di suddivisione del finanziamento in quote corredata da documentazione idonea a comprovare l'identità del richiedente, la data certa del titolo e l'accatastamento delle singole porzioni per le quali è richiesta la suddivisione del finanziamento. Tale termine è aumentato a centoventi giorni, se la richiesta riguarda un finanziamento da suddividersi in più di cinquanta quote.

6-ter. Qualora la banca non provveda entro il termine indicato al comma 6-bis, il richiedente può presentare ricorso al presidente del tribunale nella cui circoscrizione è situato l'immobile; il presidente del tribunale, sentite le parti, ove accolga il ricorso, designa un notaio che, anche avvalendosi di ausiliari, redige un atto pubblico di frazionamento sottoscritto esclusivamente dal notaio stesso. Dall'atto di suddivisione del finanziamento o dal diverso successivo termine stabilito nel contratto di mutuo decorre, con riferimento alle quote frazionate, l'inizio dell'ammortamento delle somme erogate; di tale circostanza si fa menzione nell'atto stesso.

6-quater. Salvo diverso accordo delle parti, la durata dell'ammortamento è pari a quella originariamente fissata nel contratto di mutuo e l'ammortamento stesso è regolato al tasso di interesse determinato in base ai criteri di individuazione per il periodo di preammortamento immediatamente precedente. Il responsabile del competente Ufficio del territorio annota a margine dell'iscrizione ipotecaria il frazionamento del finanziamento e della relativa ipoteca, l'inizio e la durata dell'ammortamento ed il tasso relativo.».

8. Obbligo di cancellazione o frazionamento dell'ipoteca antecedente alla compravendita. – 1. Il notaio non può procedere alla stipula dell'atto di compravendita se, anteriormente o contestualmente alla stipula, non si sia proceduto alla suddivisione del finanziamento in quote o al perfezionamento di un titolo per la cancellazione o frazionamento dell'ipoteca a garanzia o del pignoramento gravante sull'immobile.

9. Diritto di prelazione. – 1. Qualora l'immobile sia stato consegnato all'acquirente e da questi adibito ad abitazione principale per sé o per il proprio coniuge o per un proprio parente in primo grado, all'acquirente medesimo, anche nel caso in cui abbia escusso la fideiussione, è riconosciuto il diritto di prelazione nell'acquisto dell'immobile al prezzo definitivo raggiunto nell'incanto anche in esito alle eventuali offerte ai sensi dell'articolo 584 del codice di procedura civile (1).

2. Ai fini dell'esercizio del diritto di prelazione, l'autorità che procede alla vendita dell'immobile provvede a dare immediata comunicazione all'acquirente, con atto notificato a mezzo ufficiale giudiziario, della definitiva determinazione del prezzo entro dieci giorni dall'adozione del relativo provvedimento, con indicazione di tutte le condizioni alle quali la vendita dovrà essere conclusa e l'invito ad esercitare la prelazione.

3. Il diritto di prelazione è esercitato dall'acquirente, a pena di decadenza, entro il termine di dieci giorni dalla data di ricezione della comunicazione di cui al comma 2 offrendo, con atto notificato a mezzo ufficiale giudiziario all'autorità che procede alla vendita dell'immobile, condizioni uguali a quelle comunicategli.

4. Qualora l'acquirente abbia acquistato l'immobile, per effetto dell'esercizio del diritto di prelazione, ad un prezzo inferiore alle somme riscosse in sede di escussione della fideiussione, la differenza deve essere restituita al fideiussore, qualora l'immobile acquistato abbia consistenza e caratteristiche tipologiche e di finitura corrispondenti a quelle previste nel contratto stipulato con il costruttore. Ove non ricorra tale condizione, l'eventuale eccedenza da restituire al fideiussore deve risultare da apposita stima.

5. È escluso, in ogni caso, il diritto di riscatto nei confronti dell'aggiudicatario.

(1) Comma modificato dall'art. 10-quater, co. 1, lett. b), d.l. 28/3/2014, n. 47, conv., con modif., dalla l. 23/5/2014, n. 80. La Corte cost., con sent. 12/1/2022, n. 43 ha dichiarato l'illegittimità costituzionale del combinato disposto degli artt. 1, co. 1, l. 2/8/2004, n. 210 (Delega al Governo per la tutela dei diritti patrimoniali degli acquirenti di immobili da costruire); 1, co. 1, lett. d) e 9, co. 1, d.lg. 20/6/2005, n. 122 (Disposizioni per la tutela dei diritti patrimoniali degli acquirenti di immobili da costruire, a norma della legge 2 agosto 2004, n. 210), nella parte in cui non riconoscono il diritto di prelazione anche alle persone fisiche che abbiano acquistato prima che sia stato richiesto il permesso di costruire.

10. Esenzioni e limiti alla esperibilità dell'azione revocatoria fallimentare. – 1. Gli atti a titolo oneroso che hanno come effetto il trasferimento della proprietà o di altro diritto reale di godimento di immobili da costruire, nei quali l'acquirente si impegni a stabilire, entro dodici mesi dalla data di acquisto o di ultimazione degli stessi, la residenza propria o del proprio coniuge o di suoi parenti o affini entro il terzo grado, se posti in essere al giusto prezzo da valutarsi alla data della stipula del preliminare, non sono soggetti all'azione revocatoria prevista dall'articolo 67 del regio decreto 16 marzo 1942, n. 267, e successive modificazioni (1).

2. Non sono, altresì, soggetti alla medesima azione revocatoria i pagamenti dei premi e commissioni relativi ai contratti di fideiussione e di assicurazione di cui agli articoli 3 e 4, qualora effettuati nell'esercizio dell'attività d'impresa nei termini d'uso.

(1) Comma modificato dall'art. 10-quater, co. 1, lett. c), d.l. 28/3/2014, n. 47, conv., con modif., dalla l. 23/5/2014, n. 80.

11. Introduzione dell'articolo 72-bis del regio decreto 16 marzo 1942, n. 267. – 1. Dopo l'articolo 72 del regio decreto 16 marzo 1942, n. 267, è inserito il seguente:

«72-bis. (Contratti relativi ad immobili da costruire). In caso di situazione di crisi del costruttore ai sensi dell'articolo 2, comma 1, lettera c), della legge 2 agosto 2004, n. 210, il contratto si intende sciolto se, prima che il curatore comunichi la scelta tra esecuzione o scioglimento, l'acquirente abbia escusso la fideiussione a garanzia della restituzione di quanto versato al costruttore, dandone altresì comunicazione al curatore. In ogni caso, la fideiussione non può essere escussa dopo che il curatore abbia comunicato di voler dare esecuzione al contratto.».

12. Istituzione e finalità del Fondo di solidarietà per gli acquirenti di beni immobili da costruire. – 1. È istituito presso il Ministero dell'economia e delle finanze il Fondo di solidarietà per gli acquirenti di beni immobili da costruire, di seguito denominato: «Fondo», al fine di assicurare un indennizzo, nell'ambito delle risorse del medesimo Fondo, agli acquirenti che, a seguito dell'assoggettamento del costruttore a procedure implicanti una situazione di crisi, hanno subito la perdita di somme di denaro o di altri beni e non hanno conseguito il diritto di proprietà o altro diritto reale di godimento su immobili oggetto di accordo negoziale con il costruttore ovvero l'assegnazione in proprietà o l'acquisto della titolarità di un diritto reale di godimento su immobili da costruire per iniziativa di una cooperativa.

2. Ai fini dell'accesso alle prestazioni del Fondo, devono risultare nei confronti del costruttore procedure implicanti una situazione di crisi non concluse in epoca antecedente al 31 dicembre 1993 né aperte in data successiva all'applicabilità della disciplina in tema di garanzia fideiussoria, prevista dall'articolo 5 del presente decreto (1).

3. L'accesso alle prestazioni del Fondo è consentito nei casi in cui per il bene immobile risulti richiesto il permesso di costruire.

(1) Comma sostituito dall'art. 18-bis, co. 1, lett. a), d.l. 31/12/2007, n. 248.

13. Requisiti per l'accesso alle prestazioni del Fondo. – 1. Per l'accesso alle prestazioni del Fondo devono ricorrere congiuntamente i seguenti requisiti oggettivi:

a) aver subito, a seguito dell'insorgenza di una situazione di crisi per effetto dell'insolvenza del costruttore, perdite di somme di denaro versate o di altri beni trasferiti dall'acquirente al costruttore medesimo come corrispettivo per l'acquisto o l'assegnazione dell'immobile da costruire;

b) non aver acquistato la proprietà o altro diritto reale di godimento sull'immobile da costruire ovvero non averne conseguito l'assegnazione.

2. Il requisito di cui al comma 1, lettera b), non viene meno per effetto dell'acquisto della proprietà o del conseguimento dell'assegnazione in virtù di accordi negoziali con gli organi della procedura concorsuale ovvero di aggiudicazione di asta nell'ambito della medesima procedura ovvero, infine, da terzi aggiudicatari (1).

3. Nei casi di cui al comma 2 l'indennizzo spetta solo qualora l'importo complessivo delle somme versate e del valore dei beni corrisposti al costruttore e delle somme versate per l'effettivo acquisto del bene sia superiore al prezzo originariamente convenuto con il costruttore ed è determinato in misura pari alla differenza tra il predetto importo complessivo ed il prezzo originario, fino comunque a concorrenza delle somme versate e dei beni corrisposti al costruttore.

3-bis. L'accesso alle prestazioni del Fondo è inoltre consentito nei casi in cui l'acquirente, a seguito dell'insorgenza di una situazione di crisi per effetto dell'insolvenza del costruttore, abbia dovuto versare, in aggiunta al prezzo originariamente convenuto, somme ulteriori per ottenere, dopo la stipula dell'atto di compravendita o di assegnazione, la rinuncia da parte degli organi della procedura concorsuale a promuovere o coltivare l'azione revocatoria fallimentare promossa ai sensi dell'articolo 67, secondo comma, del regio decreto 16 marzo 1942, n. 267, e successive modificazioni, o la liberazione dell'immobile dall'ipoteca iscritta a garanzia del finanziamento concesso al costruttore di cui l'acquirente non si sia reso accollante, ovvero da altro vincolo pregiudizievole iscritto o trascritto in danno del costruttore. In tali casi l'indennizzo è determinato nella misura pari alle predette somme ulteriori, fino a concorrenza delle somme versate e del valore dei beni corrisposti al costruttore (2).

4. Danno luogo alle prestazioni del Fondo le situazioni di perdita della proprietà del bene per effetto del successivo positivo esperimento dell'azione revocatoria, soltanto nel caso in cui essa sia stata promossa ai sensi dell'articolo 67, secondo comma, del regio decreto 16 marzo 1942, n. 267.

(1) Per l'interpretazione del presente comma vedi quanto disposto dall'art. 13-bis del presente provvedimento, come inserito dall'art. 20, co. 4-bis, d.l. 12/9/2014, n. 133, conv., con modif., dalla l. 11/11/2014, n. 164.

(2) Comma inserito dall'art. 18-bis, co. 1, lett. b), d.l. 31/12/2007, n. 248.

13 bis. Disposizione interpretativa dell'articolo 13, comma 2 (1). – 1. Il comma 2 dell'articolo 13 si interpreta nel senso che il requisito di cui al comma 1, lettera b), del medesimo articolo 13, e conseguentemente la tutela prevista nel citato comma 2, non viene meno anche nei casi di acquisto della proprietà o di conseguimento dell'assegnazione in virtù di accordi negoziali o di aggiudicazione di asta, avvenuti in qualunque procedura esecutiva.

(1) Articolo inserito dall'art. 20, co. 4-bis, d.l. 12/9/2014, n. 133, conv., con modif., dalla l. 11/11/2014, n. 164.

14. Struttura e funzionamento del Fondo. – 1. Il Fondo si articola in sezioni autonome corrispondenti ad aree territoriali interregionali individuate con il decreto di cui all'articolo 16, sulla base della quantità e della provenienza territoriale delle richieste di indennizzo presentate entro il termine di decadenza stabilito nell'articolo 18, comma 1, in modo da assicurare una gestione equilibrata delle sezioni. L'articolazione in sezioni non comporta un decentramento territoriale del Fondo.

2. Per ciascuna sezione autonoma è tenuta dal Fondo una distinta contabilità, anche ai fini della rendicontazione periodica.

3. Gli oneri di gestione del Fondo sono contabilmente ripartiti fra le sezioni autonome, in proporzione dell'ammontare delle risorse di cui ciascuna di esse dispone in virtù dei contributi che le sono imputati ai sensi dell'articolo 17, comma 5.

4. Le risorse di ciascuna sezione, al netto degli oneri di gestione, sono destinate alla soddisfazione delle richieste di indennizzo dei soggetti aventi diritto in relazione agli immobili ubicati nel territorio di competenza della sezione medesima. A tale fine il gestore del Fondo, entro sei mesi dalla data di scadenza del termine di presentazione delle richieste di indennizzo da parte degli aventi diritto, salve le risultanze della successiva attività istruttoria, determina per ciascuna sezione l'ammontare massimo complessivo delle somme da erogare a titolo di indennizzo e, quindi, sulla base delle risorse globalmente imputate a ciascuna sezione per effetto del versamento della prima annualità del contributo obbligatorio di cui all'articolo 17, la prima quota annuale di indennizzo da erogare.

5. Le ulteriori quote annuali di indennizzo sono determinate in funzione delle variazioni della misura annua del contributo, stabilita con il decreto di cui all'articolo 17, comma 4, e del suo gettito effettivo, oltre che del decrescente ammontare residuo degli indennizzi da corrispondere.

6. In caso di integrale soddisfazione delle richieste degli aventi diritto, anche prima della scadenza del termine massimo di operatività del Fondo, le eventuali somme residue di una sezione sono attribuite alle altre sezioni, che non abbiano risorse sufficienti, proporzionalmente all'ammontare residuo degli indennizzi da corrispondersi da parte di ciascuna di queste.

7. Il Fondo ha azione di regresso nei confronti del costruttore per il recupero dell'indennizzo corrisposto all'acquirente. A tale fine il Fondo si surroga nei diritti dell'acquirente nell'ambito della procedura implicante la situazione di crisi aperta nei confronti del costruttore, progressivamente in ragione e nei limiti delle somme corrisposte a titolo di indennizzo, nonché dei relativi interessi e spese. L'indennizzato ha facoltà di agire nell'ambito della procedura per l'eventuale residua parte del credito non soddisfatta dall'indennizzo ricevuto dal Fondo.

8. Le somme recuperate dal Fondo ai sensi del comma 7 sono imputate alla sezione autonoma del Fondo che ha erogato l'indennizzo.

15. Gestione del Fondo. – 1. La gestione del Fondo è attribuita alla CONSAP – Concessionaria di servizi assicurativi pubblici s.p.a., che vi provvede per conto del Ministero dell'economia e delle finanze sulla base di apposita concessione, approvata con decreto del medesimo Ministero.

2. La concessione si conforma al principio di affidare alla CONSAP, quale concessionaria, la gestione di cassa e patrimoniale del Fondo, la conservazione della sua integrità, la liquidazione delle relative spese, nonché al principio di garantire la verifica periodica, da parte dell'amministrazione concedente, della corrispondenza della gestione del Fondo alle finalità indicate dal presente decreto. Ai relativi oneri e alle spese di gestione si provvede nell'ambito delle risorse finanziarie del Fondo, senza nuovi o maggiori oneri per la finanza pubblica.

3. Ai fini di cui al comma 2, la concessione definisce, tra l'altro, le modalità di esercizio concernenti:

a) iniziative informative da assumersi ad opera del Fondo, con oneri a suo carico, al fine di garantire l'effettiva fruizione dei benefici previsti dal presente decreto da parte dei destinatari;

b) la rilevazione dei dati necessari per la definizione delle aree territoriali e delle corrispondenti sezioni autonome del Fondo, ai sensi dell'articolo 14, comma 1, nonché per la determinazione annua della misura del contributo obbligatorio, di cui all'articolo 17, comma 4;

c) l'istruttoria delle richieste di indennizzo;

d) la liquidazione degli indennizzi e la loro erogazione, anche tramite apposite convenzioni con le banche;

e) la ripetizione delle somme già erogate, nei casi di revoca o riforma dell'attribuzione, nonché l'esercizio del diritto di surroga previsto dall'articolo 14, comma 7;

f) la previsione dell'ammontare complessivo delle somme da destinare all'erogazione degli indennizzi, nonché al sostenimento degli oneri di gestione;

g) la destinazione ad investimenti a redditività certa ed adeguata delle somme disponibili, compatibilmente con le esigenze di liquidità del Fondo;

h) la presentazione al Ministero dell'economia e delle finanze, per il successivo inoltro alla Corte dei conti, del rendiconto annuale, approvato dal Consiglio di amministrazione della concessionaria, accompagnato dalla situazione patrimoniale del Fondo e da una relazione sull'attività svolta.

4. La concessione stabilisce, altresì, le modalità di accreditamento alla CONSAP delle somme che affluiscono al Fondo.

16. Ulteriore disciplina per la gestione del Fondo. – 1. Con decreto di natura non regolamentare del Ministro della giustizia, di concerto con il Ministro dell'economia e delle finanze, sono definite le aree territoriali e le corrispondenti sezioni autonome del Fondo, tenuto conto dei dati raccolti ed elaborati dal gestore del Fondo medesimo.

2. Possono altresì essere stabiliti ulteriori criteri e modalità per la concreta gestione del Fondo, con particolare riferimento all'attuazione di quanto previsto dall'articolo 14 (1).

(1) Per il decreto per la definizione delle aree territoriali e delle corrispondenti sezioni autonome del Fondo di solidarietà per gli acquirenti di beni immobili da costruire, di cui al presente articolo, vedi il d.m. 8/3/2013.

17. Contributo obbligatorio. – 1. Per reperire le risorse destinate al Fondo, è istituito un contributo obbligatorio a carico dei costruttori tenuti all'obbligo di procurare il rilascio e di provvedere alla consegna della fideiussione di cui all'articolo 2; il contributo è versato direttamente dal soggetto che rilascia la fideiussione.

2. Il contributo obbligatorio è dovuto per un periodo massimo di venticinque anni a decorrere dalla data di entrata in vigore del presente decreto ovvero, se antecedente, sino alla data nella quale risultino acquisite al Fondo risorse sufficienti ad assicurare il soddisfacimento delle richieste di indennizzo presentate dagli aventi diritto. L'eventuale ricorrenza della predetta condizione per l'anticipata cessazione della debenza del contributo è accertata con decreto del Ministero dell'economia e delle finanze (1).

3. Per la prima annualità la misura del contributo è fissata nel quattro per mille dell'importo complessivo di ciascuna fideiussione ed il versamento è effettuato, entro il mese successivo a quello di rilascio della fideiussione, con le modalità stabilite e rese pubbliche dal soggetto gestore del Fondo.

4. Per le annualità successive, la misura del contributo è stabilita con decreto del Ministro della giustizia, di concerto con il Ministro dell'economia e delle finanze, entro il limite massimo del cinque per mille dell'importo complessivo di ciascuna fideiussione; con il medesimo decreto possono essere stabilite, altresì, modalità per il versamento diverse o ulteriori rispetto a quelle fissate nel comma 3 (2).

5. Le somme versate a titolo di contributo obbligatorio sono imputate alla sezione autonoma del Fondo nel cui ambito territoriale è ubicato l'immobile oggetto di fideiussione.

6. Qualora il versamento del contributo obbligatorio non avvenga entro il termine di cui al comma 3, sono dovuti interessi di mora calcolati, a decorrere dal giorno della scadenza del termine fino a comprendere quello dell'effettivo versamento, al saggio di interesse legale.

7. I soggetti che rilasciano fideiussioni ai sensi dell'articolo 2 sono tenuti a trasmettere entro il 31 dicembre di ogni anno al soggetto gestore del Fondo una dichiarazione sostitutiva di atto di notorietà, ai sensi dell'articolo 47 del testo unico delle disposizioni legislative e regolamentari in materia di documentazione amministrativa, di cui al decreto del Presidente della Repubblica 28 dicembre 2000, n. 445, recante attestazione delle fideiussioni rilasciate, con indicazione dei dati dei soggetti interessati, degli importi e degli estremi identificativi degli atti fideiussori.

(1) Comma sostituito dall'art. 13, co. 6-sexiesdecies, d.l. 30/12/2016, n. 244, conv., con modif., dalla l. 27/2/2017, n. 19.

(2) A norma dell'art. 1 del d.m. 31/10/2006, la misura del contributo obbligatorio previsto dal presente comma, è stabilito nella misura del cinque per mille dell'importo complessivo di ciascuna fideiussione.

18. Accesso alle prestazioni del Fondo ed istruttoria sulle domande. – 1. La domanda di accesso alle prestazioni del Fondo deve essere presentata dagli aventi diritto, a pena di decadenza, entro il termine di sei mesi dalla data di pubblicazione del decreto di cui al comma 6 (1).

2. Ciascun soggetto può ottenere dal Fondo l'indennizzo una sola volta, anche nel caso in cui abbia subito più perdite in relazione a diverse e distinte situazioni di crisi. Gli importi delle perdite indennizzabili sono rivalutati, in base alle variazioni dell'indice ISTAT dei prezzi al consumo per le famiglie di operai e impiegati, alla data di entrata in vigore del presente decreto.

3. Il richiedente deve fornire la prova della sussistenza e dell'entità della perdita. A tale fine costituisce prova anche il provvedimento che ha definitivamente accertato il credito in sede concorsuale.

4. Nello svolgimento dell'attività istruttoria il gestore del Fondo, al fine di determinare criteri di valutazione uniformi in merito a situazioni e documentazioni ricorrenti, può acquisire il parere di un apposito comitato, costituito con il decreto di cui al comma 6 e composto da rappresentanti del Ministero della giustizia, del Ministero dell'economia e delle finanze, del Ministero delle attività produttive e delle categorie interessate.

5. Il gestore del Fondo, all'esito dell'istruttoria, nei termini stabiliti in sede di concessione, delibera il riconoscimento dell'indennità e la relativa liquidazione ovvero la reiezione della richiesta.

6. Con decreto del Ministero della giustizia, di concerto con il Ministro dell'economia e delle finanze, sono dettate disposizioni relative alle modalità, anche telematiche, di presentazione della domanda ed al contenuto della documentazione da allegare a questa, nonché in merito allo svolgimento dell'attività istruttoria di cui al presente articolo (2).

Il presente decreto, munito del sigillo dello Stato, sarà inserito nella Raccolta ufficiale degli atti normativi della Repubblica italiana. È fatto obbligo a chiunque spetti di osservarlo e di farlo osservare.

(1) Per il differimento del termine di cui al presente comma, vedi l'art. 6, co. 7-bis, d.l. 28/12/2006, n. 300 e l'art. 18-bis, co. 2, d.l. 31/12/2007, n. 248.

(2) Per l'attuazione del presente comma vedi il d.m. 2/2/2006.

D.l. 12 settembre 2014, n. 133

conv., con modif., dalla legge 11 novembre 2014, n. 164

Disciplina dei contratti di godimento in funzione della successiva alienazione di immobili (c.d. Rent to buy)

(*Estratto, art. 23*)

23. Disciplina dei contratti di godimento in funzione della successiva alienazione di immobili (rinvio, Parte V, Sezione VII).

L. 20 novembre 2017, n. 168

Norme in materia di domini collettivi

1. Riconoscimento dei domini collettivi. – 1. In attuazione degli articoli 2,9,42, secondo comma, e 43 della Costituzione, la Repubblica riconosce i domini collettivi, comunque denominati, come ordinamento giuridico primario delle comunità originarie:

a) soggetto alla Costituzione;

b) dotato di capacità di autonormazione, sia per l'amministrazione soggettiva e oggettiva, sia per l'amministrazione vincolata e discrezionale;

c) dotato di capacità di gestione del patrimonio naturale, economico e culturale, che fa capo alla base territoriale della proprietà collettiva, considerato come comproprietà inter-generazionale;

d) caratterizzato dall'esistenza di una collettività i cui membri hanno in proprietà terreni ed insieme esercitano più o meno estesi diritti di godimento, individualmente o collettivamente, su terreni che il comune amministra o la comunità da esso distinta ha in proprietà pubblica o collettiva.

2. Gli enti esponenziali delle collettività titolari dei diritti di uso civico e della proprietà collettiva hanno personalità giuridica di diritto privato ed autonomia statutaria.

2. Competenza dello Stato. – 1. La Repubblica tutela e valorizza i beni di collettivo godimento, in quanto:

a) elementi fondamentali per la vita e lo sviluppo delle collettività locali;

b) strumenti primari per assicurare la conservazione e la valorizzazione del patrimonio naturale nazionale;

c) componenti stabili del sistema ambientale;

d) basi territoriali di istituzioni storiche di salvaguardia del patrimonio culturale e naturale;

e) strutture eco-paesistiche del paesaggio agro-silvo-pastorale nazionale;

f) fonte di risorse rinnovabili da valorizzare ed utilizzare a beneficio delle collettività locali degli aventi diritto.

2. La Repubblica riconosce e tutela i diritti dei cittadini di uso e di gestione dei beni di collettivo godimento preesistenti allo Stato italiano. Le comunioni familiari vigenti nei territori montani continuano a godere e ad amministrare loro beni in conformità dei rispettivi statuti e consuetudini, riconosciuti dal diritto anteriore.

3. Il diritto sulle terre di collettivo godimento si caratterizza quando si verificano le seguenti situazioni:

a) avere normalmente, e non eccezionalmente, ad oggetto utilità del fondo consistenti in uno sfruttamento di esso;

b) essere riservato ai componenti della comunità, salvo diversa decisione dell'ente collettivo.

4. I beni di proprietà collettiva e i beni gravati da diritti di uso civico sono amministrati dagli enti esponenziali delle collettività titolari. In mancanza di tali enti i predetti beni sono gestiti dai comuni con amministrazione separata. Resta nella facoltà delle popolazioni interessate costituire i comitati per l'amministrazione separata dei beni di uso civico frazionali, ai sensi della legge 17 aprile 1957, n. 278.

5. I principi della presente legge si applicano alle regioni a statuto speciale e alle province autonome di Trento e di Bolzano in conformità ai rispettivi statuti e alle relative norme di attuazione.

3. Beni collettivi. – 1. Sono beni collettivi:

a) le terre di originaria proprietà collettiva della generalità degli abitanti del territorio di un comune o di una frazione, imputate o possedute da comuni, frazioni od associazioni agrarie comunque denominate;

b) le terre, con le costruzioni di pertinenza, assegnate in proprietà collettiva agli abitanti di un comune o di una frazione, a seguito della liquidazione dei diritti di uso civico e di qualsiasi altro diritto di promiscuo godimento esercitato su terre di soggetti pubblici e privati;

c) le terre derivanti: da scioglimento delle promiscuità di cui all'articolo 8 della legge 16 giugno 1927, n. 1766; da conciliazioni nelle materie regolate dalla predetta legge n. 1766 del 1927; dallo scioglimento di associazioni agrarie; dall'acquisto di terre ai sensi dell'articolo 22 della medesima legge n. 1766 del 1927 e dell'articolo 9 della legge 3 dicembre 1971, n. 1102; da operazioni e provvedimenti di liquidazione o da estinzione di usi civici; da permuta o da donazione;

d) le terre di proprietà di soggetti pubblici o privati, sulle quali i residenti del comune o della frazione esercitano usi civici non ancora liquidati;

e) le terre collettive comunque denominate, appartenenti a famiglie discendenti dagli antichi originari del luogo, nonché le terre collettive disciplinate dagli articoli 34 della legge 25 luglio 1952, n. 991, 10 e 11 della legge 3 dicembre 1971, n. 1102, e 3 della legge 31 gennaio 1994, n. 97;

f) i corpi idrici sui quali i residenti del comune o della frazione esercitano usi civici.

2. I beni di cui al comma 1, lettere a), b), c), e) e f), costituiscono il patrimonio antico dell'ente collettivo, detto anche patrimonio civico o demanio civico.

3. Il regime giuridico dei beni di cui al comma 1 resta quello dell'inalienabilità, dell'indivisibilità, dell'inusucapibilità e della perpetua destinazione agro-silvo-pastorale.

4. Limitatamente alle proprietà collettive di cui all'articolo

3 della legge 31 gennaio 1994, n. 97, è fatto salvo quanto previsto dall'articolo 11, terzo comma, della legge 3 dicembre 1971, n. 1102.

5. L'utilizzazione del demanio civico avviene in conformità alla sua destinazione e secondo le regole d'uso stabilite dal dominio collettivo.

6. Con l'imposizione del vincolo paesaggistico sulle zone gravate da usi civici di cui all'articolo 142, comma 1, lettera h), del codice dei beni culturali e del paesaggio, di cui al decreto legislativo 22 gennaio 2004, n. 42, l'ordinamento giuridico garantisce l'interesse della collettività generale alla conservazione degli usi civici per contribuire alla salvaguardia dell'ambiente e del paesaggio. Tale vincolo è mantenuto sulle terre anche in caso di liquidazione degli usi civici.

7. Entro dodici mesi dalla data di entrata in vigore della presente legge, le regioni esercitano le competenze ad esse attribuite dall'articolo 3, comma 1, lettera b), numeri 1), 2), 3) e 4), della legge 31 gennaio 1994, n. 97. Decorso tale termine, ai relativi adempimenti provvedono con atti propri gli enti esponenziali delle collettività titolari, ciascuno per il proprio territorio di competenza. I provvedimenti degli enti esponenziali adottati ai sensi del presente comma sono resi esecutivi con deliberazione delle Giunte regionali. Il comma 2 dell'articolo 3 della legge 31 gennaio 1994, n. 97, è abrogato.

8. Negli eventuali procedimenti di assegnazione di terre definite quali beni collettivi ai sensi del presente articolo, gli enti esponenziali delle collettività titolari conferiscono priorità ai giovani agricoltori, come definiti dalle disposizioni dell'Unione europea vigenti in materia.

La presente legge, munita del sigillo dello Stato, sarà inserita nella Raccolta ufficiale degli atti normativi della Repubblica italiana. È fatto obbligo a chiunque spetti di osservarla e di farla osservare come legge dello Stato.

Sezione XIII

FACTORING

L. 21 febbraio 1991, n. 52

Disciplina della cessione dei crediti di impresa

1. Ambito di applicazione. – 1. La cessione di crediti pecuniari verso corrispettivo è disciplinata dalla presente legge, quando concorrono le seguenti condizioni:

a) il cedente è un imprenditore;

b) i crediti ceduti sorgono da contratti stipulati dal cedente nell'esercizio dell'impresa;

c) il cessionario è una banca o un intermediario finanziario disciplinato dal testo unico delle leggi in materia bancaria e creditizia emanato ai sensi dell'art. 25 comma 2, della legge 19 febbraio 1992, n. 142, il cui oggetto sociale preveda l'esercizio dell'attività di acquisto di crediti d'impresa o un soggetto, costituito in forma di società di capitali, che svolge l'attività di acquisto di crediti, vantati nei confronti di terzi, da soggetti del gruppo di appartenenza che non siano intermediari finanziari oppure di crediti vantati da terzi nei confronti di soggetti del gruppo di appartenenza, ferme restando le riserve di attività previste ai sensi del citato testo unico delle leggi in materia bancaria e creditizia (1).

2. Resta salva l'applicazione delle norme del codice civile per le cessioni di credito prive dei requisiti di cui al comma 1.

(1) Lettera sostituita dall'art. 156 del d.lg. 1/9/1993, n. 385; successivamente modificata dall'art. 15-ter, co. 1, d.l. 12/9/2014, n. 133, conv., con modif., dalla l. 11/11/2014, n. 164 e, da ultimo, dall'art. 12-bis, co. 1, d.l. 3/5/2016, n. 59, conv., con modif., dalla l. 30/6/2016, n. 119.

2. Albo delle imprese che esercitano l'attività di cessione dei crediti*. – *1. È istituito presso la Banca d'Italia un albo delle imprese che esercitano l'attività di cessione dei crediti di impresa ai sensi della presente legge. La Banca d'Italia esercita la vigilanza sul corretto svolgimento della suddetta attività, anche al fine di impedire l'impiego di denaro, beni e utilità di provenienza illecita. 2. Nel termine di sei mesi dalla data di entrata in vigore della presente legge il Ministro del tesoro provvede con proprio decreto a disciplinare l'iscrizione all'albo di cui al comma 1 e la cancellazione dal medesimo, i contenuti e le modalità della vigilanza, nonché le relative sanzioni amministrative. 3. Il cessionario dei crediti di impresa di cui alla presente legge è tenuto all'osservanza dell'obbligo di certificazione del proprio bilancio annuale.*

* Articolo abrogato dall'art. 161 del d.lg. 1/9/1993, n. 385, a far data dall'entrata in vigore dei provvedimenti emanati dalle autorità creditizie ai sensi del d.lg. n. 385/1993, cit.

3. Cessione di crediti futuri e di crediti in massa. – 1. I crediti possono essere ceduti anche prima che siano stipulati i contratti dai quali sorgeranno.

2. I crediti esistenti o futuri possono essere ceduti anche in massa.

3. La cessione in massa dei crediti futuri può avere ad oggetto solo crediti che sorgeranno da contratti da stipulare in un periodo di tempo non superiore a ventiquattro mesi.

4. La cessione di crediti in massa si considera con oggetto determinato, anche con riferimento a crediti futuri, se è indicato il debitore ceduto, salvo quanto prescritto nel comma 3.

4. Garanzia di solvenza. – 1. Il cedente garantisce, nei limiti del corrispettivo pattuito, la solvenza del debitore, salvo che il cessionario rinunci, in tutto o in parte, alla garanzia.

5. Efficacia della cessione nei confronti dei terzi. – 1. Qualora il cessionario abbia pagato in tutto o in parte il corrispettivo della cessione ed il pagamento abbia data certa, la cessione è opponibile:

a) agli altri aventi causa del cedente, il cui titolo di acquisto non sia stato reso efficace verso i terzi anteriormente alla data del pagamento;

b) al creditore del cedente, che abbia pignorato il credito dopo la data del pagamento;

c) al fallimento del cedente dichiarato dopo la data del pagamento, salvo quanto disposto dall'articolo 7, comma 1.

1-bis. Ai fini dell'ottenimento della data certa del pagamento è sufficiente l'annotazione del contante sul conto di pertinenza del cedente, in conformità al disposto dell'articolo 2, comma 1, lettera b), del decreto legislativo 21 maggio 2004, n. 170 (1).

2. È fatta salva per il cessionario la facoltà di rendere la cessione opponibile ai terzi nei modi previsti dal codice civile.

3. È fatta salva l'efficacia liberatoria secondo le norme del codice civile dei pagamenti eseguiti dal debitore a terzi (1).

(1) Comma inserito dall'art. 12, co. 3, d.l. 23/12/2013, n. 145, conv., con modif., dalla l. 21/2/2014, n. 9.

6. Revocatoria fallimentare dei pagamenti del debitore ceduto. – 1. Il pagamento compiuto dal debitore ceduto al cessionario non è soggetto alla revocatoria prevista dall'articolo 67 del testo delle disposizioni sulla disciplina del fallimento, del concordato preventivo, dell'amministrazione controllata e della liquidazione coatta amministrativa, approvato con regio decreto 16 marzo 1942, n. 267. Tuttavia tale azione può essere proposta nei confronti del cedente qualora il curatore trovi che egli conosceva lo stato di insolvenza del debitore ceduto alla data del pagamento al cessionario.

2. È fatta salva la rivalsa del cedente verso il cessionario che abbia rinunciato alla garanzia prevista dall'articolo 4.

7. Fallimento del cedente. – 1. L'efficacia della cessione verso i terzi prevista dall'articolo 5, comma 1, non è opponibile al fallimento del cedente, se il curatore prova che il cessionario conosceva lo stato di insolvenza del cedente quando ha eseguito il pagamento e sempre che il pagamento del cessionario al cedente sia stato eseguito nell'anno anteriore alla sentenza dichiarativa di fallimento e prima della scadenza del credito ceduto.

2. Il curatore del fallimento del cedente può recedere dalle cessioni stipulate dal cedente, limitatamente ai crediti non ancora sorti alla data della sentenza dichiarativa.

3. In caso di recesso il curatore deve restituire al cessionario il corrispettivo pagato dal cessionario al cedente per le cessioni previste nel comma 2.

L. 14 luglio 1993, n. 260

Ratifica ed esecuzione della Convenzione UNIDROIT sul factoring internazionale, fatta a Ottawa il 28 maggio 1988

Art. 1. – 1. Il Presidente della Repubblica è autorizzato a ratificare la Convenzione UNIDROIT sul factoring internazionale, fatta a Ottawa il 28 maggio 1988.

Art. 2. – 1. Piena ed intera esecuzione è data alla Convenzione di cui all'art. 1 a decorrere dalla data della sua entrata in vigore, in conformità a quanto disposto dall'art. 14 della Convenzione stessa.

Art. 3. – 1. La presente legge entra in vigore il giorno successivo a quello della sua pubblicazione nella Gazzetta Ufficiale.

CONVENZIONE

CAPITOLO I
SFERA DI APPLICAZIONE E DISPOSIZIONI GENERALI

Art. 1. – 1. La presente Convenzione disciplina i contratti di factoring e le cessioni di crediti descritti nel presente capitolo.

2. Ai fini della presente Convenzione, si intende per "contratto di factoring" un contratto concluso tra una parte (il fornitore) e un'altra parte (l'impresa di factoring, appresso denominata cessionario) in base al quale:

a) il fornitore può cedere o cederà al cessionario crediti derivanti da contratti di vendita di merci conclusi tra il fornitore e i suoi clienti (debitori), ad esclusione dei contratti concernenti merci acquistate essenzialmente per uso personale, familiare o domestico;

b) il cessionario deve svolgere per lo meno due delle seguenti funzioni:

– il finanziamento del fornitore, attraverso, in specie, il prestito o il pagamento anticipato;

– la tenuta dei conti relativi ai crediti;

– l'incasso dei crediti;

– la protezione contro il mancato pagamento da parte dei debitori;

c) la cessione dei crediti deve essere comunicata ai debitori.

3. Le disposizioni che in questa Convenzione si applicano alle merci e alla loro vendita si intendono applicabili anche ai servizi e alla loro fornitura.

4. Ai fini della presente Convenzione:

a) una comunicazione scritta non ha bisogno di essere firmata, ma deve indicare da chi o a nome di chi essa è fatta;

b) "comunicazione scritta" comprende anche i telegrammi, telex così come ogni altro mezzo di telecomunicazione tale da essere riprodotto in forma materiale;

c) una comunicazione scritta si intende per fatta quando è ricevuta dal destinatario.

Art. 2. – 1. La presente Convenzione si applica quando i crediti ceduti, in base ad un contratto di factoring, derivino da un contratto di vendita di merci tra un fornitore ed un debitore che abbiano la loro sede di affari in Stati diversi e quando:

a) questi Stati, così come lo Stato nel quale il cessionario ha la propria sede di affari, siano Stati contraenti; o

b) il contratto di vendita di merci e il contratto di factoring siano disciplinati dalla legge di uno Stato contraente.

2. Nella presente Convenzione, il riferimento alla sede di affari di una delle parti significa, se tale parte ha più di una sede di affari, la sede che ha la più stretta relazione con il contratto in questione e la sua esecuzione, tenuto conto delle circostanze note o contemplate dalle parti in qualsiasi momento anteriore o al momento della conclusione del contratto.

Art. 3. – 1. L'applicazione delle disposizioni della presente Convenzione può essere esclusa:

a) dalle parti del contratto di factoring; o

b) dalle parti del contratto di vendita di merci per quanto concerne i criteri che ne derivano o al momento in cui la comunicazione scritta di questa esclusione sia stata fatta al cessionario, o successivamente.

2. Quando l'applicazione della presente Convenzione sia esclusa in conformità al precedente paragrafo, questa esclusione non può che riguardare la totalità della Convenzione.

Art. 4. – 1. Nella interpretazione della presente Convenzione, si deve avere riguardo al suo oggetto, ai suoi obiettivi così come sanciti nel preambolo, al suo carattere internazionale ed all'esigenza di promuovere l'uniformità della sua applicazione così come di assicurare l'osservanza della buona fede nel commercio internazionale.

2. Le questioni, relative alle materie disciplinate dalla presente Convenzione e che non sono da essa espressamente regolate, sono disciplinate in conformità ai princìpi generali sui quali la Convenzione si basa o, in mancanza di tali princìpi, in conformità alla legge applicabile in virtù delle norme di diritto internazionale privato.

CAPITOLO II
DIRITTI ED OBBLIGHI DELLE PARTI

Art. 5. – 1. Per quanto concerne i rapporti tra le parti di un contratto di factoring:

a) una clausola del contratto di factoring che preveda la cessione di crediti esistenti o futuri non è resa invalida dall'assenza di una loro specifica individuazione, se alla conclusione del contratto o al momento della loro nascita siano riferibili al contratto;

b) una clausola del contratto di factoring in base alla quale siano ceduti crediti futuri produce il loro trasferimento al cessionario al momento della loro nascita, senza che sia necessario un nuovo atto di trasferimento.

Art. 6. – 1. La cessione del credito da parte del fornitore al cessionario può essere effettuata nonostante qualsiasi patto tra il fornitore e il debitore che proibisca tale cessione.

2. Tuttavia, tale cessione non ha effetto nei confronti del debitore che, al momento della conclusione del contratto di vendita di merci, abbia la propria sede di affari in uno Stato contraente che abbia fatto la dichiarazione prevista dall'art. 18 della presente Convenzione.

3. Le disposizioni del paragrafo 1, non pregiudicano ogni obbligo di buona fede che incomba sul fornitore nei confronti del debitore o qualsiasi responsabilità del fornitore nei confronti del debitore per una cessione realizzata contravvenendo ai termini del contratto di vendita di merci.

Art. 7. – 1. Per quanto concerne i rapporti tra le parti del contratto di factoring, questo può validamente prevedere il trasferimento, direttamente o in virtù di un nuovo atto, di tutti o parte dei diritti del fornitore derivanti dal contratto di vendita di merci, incluso il beneficio di ogni disposizione del contratto di vendita di merci che riservi al fornitore la proprietà delle merci o conferisca allo stesso ogni altra garanzia.

Art. 8. – 1. Il debitore è tenuto a pagare il cessionario se e solo se il debitore non sia a conoscenza della esistenza di un diritto prioritario e se la comunicazione scritta della cessione:

a) è stata fatta al debitore dal fornitore o dal cessionario in virtù di un potere conferito dallo stesso fornitore;

b) identifica in modo ragionevole i crediti ceduti e il cessionario al quale o per conto del quale il debitore deve effettuare il pagamento; e

c) riguarda crediti che derivino da un contratto di vendita di merci concluso prima o al momento in cui la comunicazione è stata fatta.

2. Il pagamento da parte del debitore al cessionario è liberatorio se effettuato conformemente al paragrafo precedente, senza pregiudizio di ogni altra forma di pagamento ugualmente liberatoria.

Art. 9. – 1. Nel caso in cui il cessionario domandi il pagamento di un credito derivante da un contratto di vendita di merci al debitore, questi può esercitare nei confronti del cessionario tutti i mezzi di difesa derivanti dal contratto che egli avrebbe potuto opporre se la domanda fosse stata avanzata dal fornitore.

2. Il debitore può anche esercitare contro il cessionario ogni azione in compensazione relativamente ai diritti e alle azioni esistenti contro il fornitore in favore del quale il credito è nato e che egli può invocare nel momento in cui la comunicazione scritta della cessione è stata fatta conformemente alle disposizioni del paragrafo 1 dell'art. 8.

Art. 10. – 1. Senza pregiudizio dei diritti del debitore di cui all'art. 9, l'inesecuzione o l'esecuzione difettosa o tardiva del contratto di vendita di merci non permette di per sé al debitore di recuperare la somma da lui pagata al cessionario, se il debitore dispone nei confronti del fornitore di una azione di ricupero della somma pagata.

2. Tuttavia, il debitore che dispone di una tale azione contro il fornitore può ricuperare il pagamento che esso ha fatto al cessionario nella misura in cui:

a) il cessionario non si è liberato dall'obbligo di pagare al fornitore i crediti ceduti; o

b) il cessionario ha effettuato il pagamento ancorché fosse a conoscenza dell'inesecuzione o dell'esecuzione difettosa o tardiva da parte del fornitore del contratto di vendita concernente le merci per le quali il cessionario ha ricevuto il pagamento da parte del debitore.

CAPITOLO III
CESSIONI SUCCESSIVE

Art. 11. – 1. Quando un credito è ceduto da un fornitore ad un cessionario in virtù di un contratto di factoring regolato da questa Convenzione:

a) sotto riserva delle disposizioni dell'alinea b) del presente paragrafo, le regole enunciate negli articoli da 5 a 10 si applicano ad ogni cessione successiva del credito fatta dal cessionario o da un cessionario successivo;

b) le disposizioni degli articoli da 8 a 10 si applicano come se il cessionario successivo fosse l'impresa di factoring.

2. Ai fini della presente Convenzione, la comunicazione al debitore della cessione successiva costituisce anche comunicazione della cessione all'impresa di factoring.

Art. 12. – 1. La presente Convenzione non si applica ad una cessione successiva proibita dal contratto di factoring.

CAPITOLO IV
DISPOSIZIONI FINALI

Art. 13. – 1. La presente Convenzione è aperta alla firma in occasione della seduta di chiusura della Conferenza diplomatica per l'adozione dei progetti di Convenzioni dell'UNIDROIT sul factoring e sul leasing finanziario internazionali e rimarrà aperta alla firma di tutti gli Stati fino al 31 dicembre 1990 ad Ottawa.

2. La presente Convenzione è oggetto di ratifica, accettazione o approvazione da parte degli Stati firmatari.

3. La presente Convenzione sarà aperta all'adesione di tutti gli Stati che non l'abbiano sottoscritta a partire dalla data dalla quale sarà aperta alla firma.

4. La ratifica, l'accettazione, l'approvazione o l'adesione si effettuano mediante deposito di un formale strumento presso il depositario.

Art. 14. – 1. La presente Convenzione entra in vigore il primo giorno del mese successivo alla scadenza del periodo di sei mesi dalla data di deposito del terzo strumento di ratifica, accettazione, approvazione o adesione.

2. Allorché uno Stato ratifica, accetta o approva la presente Convenzione o aderisce dopo il deposito del terzo strumento di ratifica, accettazione, approvazione o adesione, questa Convenzione entra in vigore nei confronti di tale Stato il primo giorno del mese successivo al sesto mese dalla data del deposito del suo strumento di ratifica, accettazione, approvazione o adesione.

Art. 15. – 1. La presente Convenzione non prevale su un trattato concluso o ancora da concludere.

Art. 16. – 1. Se uno Stato contraente ha due o più unità territoriali, nelle quali sono applicabili differenti sistemi normativi nelle materie regolate dalla presente Convenzione, esso potrà dichiarare, in occasione della sottoscrizione, della ratifica, dell'accettazione, dell'approvazione o dell'adesione, che la presente Convenzione verrà applicata a tutte le sue unità territoriali o solo ad una o più di esse e potrà in qualsiasi momento sostituire questa dichiarazione con una nuova dichiarazione.

2. Queste dichiarazioni devono essere notificate al depositario e devono indicare espressamente le unità territoriali alle quali si applica la Convenzione.

3. Se, in virtù di una dichiarazione fatta in conformità con il presente articolo, questa Convenzione si applica ad una o più, ma non a tutte le unità territoriali di uno Stato contraente, e se la sede di affari di una parte è situata in questo Stato, tale

sede di affari, ai fini della presente Convenzione, si considera localizzata in uno Stato contraente, soltanto se è situata in una unità territoriale in cui opera e si applica la Convenzione.

4. Se uno Stato contraente non fa alcuna dichiarazione ai sensi del paragrafo 1, la Convenzione deve essere applicata in tutte le unità territoriali di questo Stato.

Art. 17. – 1. Due o più Stati contraenti che, nelle materie regolate dalla presente Convenzione applicano norme giuridiche identiche o sostanzialmente coincidenti, possono dichiarare in ogni momento che la Convenzione non si applica quando il fornitore, il cessionario e il debitore hanno la loro sede di affari in questi Stati. Tali dichiarazioni possono essere fatte congiuntamente o mediante dichiarazioni unilaterali reciproche.

2. Ogni Stato contraente che, nelle materie regolate dalla presente Convenzione, applica norme giuridiche identiche o sostanzialmente coincidenti con quelle di uno o più Stati non contraenti, può, in ogni momento, dichiarare che la Convenzione non si applica allorché il fornitore il cessionario e il debitore hanno le loro sedi di affari in tali Stati.

3. Se uno Stato al quale si riferisce una dichiarazione fatta in virtù del paragrafo precedente successivamente diviene Stato contraente, la menzionata dichiarazione avrà, a partire dalla data nella quale la presente Convenzione entrerà in vigore in tale Stato, l'effetto di una dichiarazione resa in virtù del paragrafo 1, a condizione che il nuovo Stato contraente si associ a tale dichiarazione o faccia una dichiarazione unilaterale e reciproca.

Art. 18. – 1. Uno Stato contraente può in ogni momento dichiarare conformemente al paragrafo 2 dell'art. 6, che una cessione, fatta in base al paragrafo 1 dell'art. 6, non ha effetto nei confronti del debitore che, al momento della conclusione del contratto di vendita di merci, abbia la propria sede di affari in questo Stato.

Art. 19. – 1. Le dichiarazioni rese in virtù della presente Convenzione al momento, della sottoscrizione sono soggette a conferma in occasione della ratifica, accettazione o approvazione.

2. Le dichiarazioni e le conferme di tali dichiarazioni devono essere rese per iscritto ed essere formalmente notificate al depositario.

3. Le dichiarazioni producono i loro effetti contemporaneamente all'entrata in vigore della presente Convenzione nei confronti degli Stati interessati alla loro applicazione. Tuttavia le dichiarazioni, di cui il depositario riceve formale notifica dopo tale entrata in vigore, producono effetto dal primo giorno del mese successivo al sesto mese dalla data di ricezione da parte del depositario. Le dichiarazioni unilaterali e reciproche, rese in virtù dell'art. 17, producono effetto dal primo giorno del mese successivo al sesto mese dalla data di ricezione dell'ultima dichiarazione da parte del depositario.

4. Ogni Stato che fa una dichiarazione in virtù della presente Convenzione può in qualsiasi momento revocarla mediante formale notifica per iscritto indirizzata al depositario. Tale revoca produrrà effetto dal primo giorno del mese successivo al sesto mese dalla data di ricezione della notifica da parte del depositario.

5. La revoca di una dichiarazione resa in virtù dell'art. 17 rende inefficace, nei confronti dello Stato che l'ha resa, dalla data in cui la revoca produce effetto, ogni dichiarazione congiunta o unilaterale e reciproca resa da un altro Stato ai sensi di detto articolo.

Art. 20. – 1. Non sono ammesse riserve se non quelle espressamente consentite dalla presente Convenzione.

Art. 21. – 1. La presente Convenzione si applica quando i crediti ceduti in virtù di un contratto di factoring derivano da un contratto di vendita di merci concluso dopo l'entrata in vigore della Convenzione degli Stati contraenti a cui si riferisce l'alinea a) del paragrafo 1 dell'art. 2, o nello Stato o negli Stati contraenti di cui all'alinea b) del paragrafo 1 di detto articolo, a condizione che:

a) il contratto di factoring sia concluso dopo questa data; o che

b) le parti del contratto di factoring abbiano convenuto che la Convenzione si applica.

Art. 22. – 1. La presente Convenzione può essere denunciata da ogni Stato contraente in ogni momento a decorrere dalla data di entrata in vigore della stessa in quello Stato.

2. La denuncia si effettua mediante deposito di un formale strumento presso il depositario.

3. La denuncia produce i suoi effetti dal primo giorno del mese successivo al sesto mese a decorrere dalla data del deposito dello strumento di denuncia presso il depositario. Allorché nella denuncia sia previsto un periodo più lungo per la produzione dei suoi effetti questa produrrà i suoi effetti alla scadenza di tale più lungo periodo a decorrere dal suo deposito presso il depositario.

Art. 23. – 1. La presente Convenzione è depositata presso il Governo del Canada.

2. Il Governo del Canada:

a) informa tutti gli Stati che hanno sottoscritto la presente Convenzione o che vi abbiano aderito e il Presidente dell'Istituto internazionale per l'unificazione del diritto privato (UNIDROIT) su:

i) ogni nuova sottoscrizione e ogni deposito di strumenti di ratifica, accettazione, approvazione o adesione e sulla data in cui tale sottoscrizione o tale deposito si sono verificati;

ii) ogni dichiarazione resa in virtù degli articoli 16, 17 e 18;

iii) ogni revoca di dichiarazione resa in virtù del paragrafo 4 dell'art. 19;

iv) la data di entrata in vigore della presente Convenzione;

v) il deposito di ogni strumento di denuncia della presente Convenzione, così come sulla data in cui tale deposito si è verificato e sulla data a decorrere dalla quale la denuncia produce i suoi effetti,

b) trasmette copie conformi e certificate della presente Convenzione a tutti gli Stati firmatari, a tutti gli Stati che vi abbiano aderito e al Presidente dell'Istituto internazionale per l'unificazione del diritto privato (UNIDROIT).

L. 30 aprile 1999, n. 130

Disposizioni sulla cartolarizzazione dei crediti

TITOLO I
CARTOLARIZZAZIONE DEI CREDITI (1)

(1) Titolo inserito dall'art. 1, co. 1, d.lg. 5/11/2021, n. 190.

1. Ambito di applicazione e definizioni. – 1. La presente legge si applica alle operazioni di cartolarizzazione realizzate mediante cessione a titolo oneroso di crediti pecuniari, sia esistenti sia futuri, individuabili in blocco se si tratta di una pluralità di crediti, quando ricorrono i seguenti requisiti:

a) il cessionario sia una società prevista dall'art. 3;

b) le somme corrisposte dal debitore o dai debitori ceduti o comunque ricevute a soddisfacimento dei crediti ceduti siano destinate in via esclusiva, dalla società cessionaria, al soddisfacimento dei diritti incorporati nei titoli emessi, dalla stessa o da altra società, o derivanti dai finanziamenti alle medesime concessi da parte di soggetti autorizzati all'attività di concessione di finanziamenti, per finanziare l'acquisto di tali crediti, nonché al pagamento dei costi dell'operazione. Nel caso della concessione di finanziamenti, i riferimenti, contenuti nella presente legge, ai titoli di cui alla presente legge devono essere riferiti ai finanziamenti e i riferimenti ai portatori dei titoli devono essere riferiti ai soggetti creditori dei pagamenti dovuti da parte del soggetto finanziato ai sensi di tali finanziamenti (1).

1-bis. La presente legge si applica altresì alle operazioni di cartolarizzazione realizzate mediante la sottoscrizione o l'acquisto di obbligazioni e titoli similari ovvero cambiali finanziarie, esclusi comunque titoli rappresentativi del capitale sociale, titoli ibridi e convertibili, da parte della società di cartolarizzazione. Nel caso di operazioni realizzate mediante sottoscrizione o acquisto di titoli, i richiami ai debitori ceduti si intendono riferiti alla società emittente i titoli. Nel caso in cui i titoli emessi dalla società di cartolarizzazione siano destinati a investitori qualificati ai sensi dell'articolo 100 del testo unico di cui al decreto legislativo 24 febbraio 1998, n. 58, i titoli di debito destinati ad essere sottoscritti da una società di cartolarizzazione possono essere emessi anche in deroga all'articolo 2483, secondo comma, del codice civile e il requisito della quotazione previsto dall'articolo 2412 del medesimo codice si considera soddisfatto rispetto alle obbligazioni anche in caso di quotazione dei soli titoli emessi dalla società di cartolarizzazione (2).

1-ter. Le società di cartolarizzazione di cui all'articolo 3 possono , anche contestualmente e in aggiunta alle operazioni realizzate con le modalità di cui ai commi 1 e 1-bis del presente articolo ovvero all'articolo 7, comma 1, lettera a), concedere finanziamenti nei confronti di soggetti diversi dalle persone fisiche e dalle imprese che presentino un totale di bilancio inferiore a 2 milioni di euro, direttamente ovvero per il tramite di una banca o di un intermediario finanziario iscritto nell'albo di cui all'articolo 106 del testo unico delle leggi in materia bancaria e creditizia, di cui al decreto legislativo 1° settembre 1993, n. 385, che agisce in nome proprio, nel rispetto delle seguenti condizioni (3):

a) i prenditori dei finanziamenti siano individuati da una banca o da un intermediario finanziario iscritto nell'albo di cui all' articolo 106 del decreto legislativo 1° settembre 1993, n. 385, e successive modificazioni, i quali possono svolgere altresì i compiti indicati all'articolo 2, comma 3, lettera c);

b) i titoli emessi dalle stesse per finanziare l'erogazione dei finanziamenti siano destinati ad investitori qualificati come definiti ai sensi dell'articolo 100 del decreto legislativo 24 febbraio 1998, n. 58;

c) la banca o l'intermediario finanziario di cui alla lettera a) trattenga un significativo interesse economico nell'operazione, nel rispetto delle modalità stabilite dalle disposizioni di attuazione della Banca d'Italia (4).

1-quater. Nel caso in cui il finanziamento di cui al comma 1-ter abbia luogo per il tramite di una banca o di un intermediario finanziario iscritto nell'albo di cui all'articolo 106 del testo unico delle leggi in materia bancaria e creditizia, di cui al decreto legislativo 1° settembre 1993, n. 385, ai crediti nascenti dallo stesso, ai relativi incassi e ai proventi derivanti dall'escussione o dal realizzo dei beni e dei diritti che in qualunque modo costituiscano la garanzia del rimborso di tali crediti si applica altresì l'articolo 7, comma 2-octies, della presente legge (5).

2. Nella presente legge si intende per "testo unico bancario" il decreto legislativo 1° settembre 1993, n. 385 e successive modificazioni, recante il testo unico delle leggi in materia bancaria e creditizia.

(1) Lettera sostituita dall'art. 1, co. 214, l. 30/12/2020, n. 178.

(2) Comma inserito dall'art. 12, co. 1, lett. a), d.l. 23/12/2013 n.145, conv., con modif., dalla l. 21/2/2014, n. 9 e successivamente modificato dall'art. 1, co. 1090, lett. a), n. 1) e 2), l. 30/12/2018, n. 145.

(3) Alinea modificato dall'art. 1, co. 1090, lett. a), n. 1) e 2), l. 30/12/2018, n. 145 e successivamente dall'art. 4-bis, co. 3, lett. a) e b), d.l. 30/12/2019, n. 162, conv., con modif., dalla l. 28/2/2020, n. 8.

(4) Comma inserito dall'art. 22, co. 6, lett. a), d.l. 24/6/2014, n. 91, conv., con modif., dalla l. 11/8/2014, n. 116.

(5) Comma inserito dall'art. 4-bis, co. 4, d.l. 30/12/2019, n. 162, conv., con modif., dalla l. 28/2/2020, n. 8.

2. Programma dell'operazione. – 1. I titoli di cui all'art. 1 sono strumenti finanziari e agli stessi si applicano le disposizioni del decreto legislativo 24 febbraio 1998, n. 58, recante il testo unico delle disposizioni in materia di intermediazione finanziaria.

2. La società cessionaria o la società emittente i titoli, se diversa dalla società cessionaria, redige il prospetto informativo.

3. Nel caso in cui i titoli oggetto delle operazioni di cartolarizzazione siano offerti ad investitori professionali, il prospetto informativo contiene le seguenti indicazioni:

a) il soggetto cedente, la società cessionaria, le caratteristiche dell'operazione, con riguardo sia ai crediti sia ai titoli emessi per finanziarla;

b) i soggetti incaricati di curare l'emissione ed il collocamento dei titoli;

c) i soggetti incaricati della riscossione dei crediti ceduti e dei servizi di cassa e di pagamento;

d) le condizioni in presenza delle quali, a vantaggio dei portatori dei titoli, è consentita alla società cessionaria la cessione dei crediti acquistati;

e) le condizioni in presenza delle quali la società cessionaria può reinvestire in altre attività finanziarie i fondi derivanti dalla gestione dei crediti ceduti non immediatamente impiegati per il soddisfacimento dei diritti derivanti dai titoli;

f) le eventuali operazioni finanziarie accessorie stipulate per il buon fine dell'operazione di cartolarizzazione;

g) il contenuto minimo essenziale dei titoli emessi e l'indicazione delle forme di pubblicità del prospetto informativo idonee a garantirne l'agevole conoscibilità da parte dei portatori dei titoli;

h) i costi dell'operazione e le condizioni alle quali la società cessionaria può detrarli dalle somme corrisposte dal debitore o dai debitori ceduti, nonché l'indicazione degli utili previsti dall'operazione e il percettore;

i) gli eventuali rapporti di partecipazione tra il soggetto cedente e la società cessionaria.

4. Nel caso in cui i titoli oggetto delle operazioni di cartolarizzazione siano offerti ad investitori non professionali, l'operazione deve essere sottoposta alla valutazione del merito di credito da parte di operatori terzi.

4-bis. Nel caso in cui i titoli oggetto delle operazioni di cartolarizzazione siano destinati ad investitori qualificati ai sensi dell'articolo 100 del decreto legislativo 24 febbraio 1998, n. 58, i titoli possono essere sottoscritti anche da un unico investitore (1).

5. La Commissione nazionale per le società e la borsa (CONSOB), con proprio regolamento da pubblicare nella Gazzetta Ufficiale, stabilisce i requisiti di professionalità e i criteri per assicurare l'indipendenza degli operatori che svolgono la valutazione del merito di credito e l'informazione sugli eventuali rapporti esistenti tra questi e i soggetti che a vario titolo partecipano all'operazione, anche qualora la valutazione non sia obbligatoria (2).

6. I servizi indicati nel comma 3, lettera c), possono essere svolti da banche o da intermediari finanziari iscritti nell'albo previsto dall'articolo 106 del decreto legislativo 1° settembre 1993, n. 385. Gli altri soggetti che intendono prestare i servizi indicati nel comma 3, lettera c), chiedono l'iscrizione nell'albo previsto dall'articolo 106 del decreto legislativo 1° settembre 1993, n. 385, anche qualora non esercitino le attività elencate nel comma 1 del medesimo articolo purché possiedano i relativi requisiti (3).

6-bis. I soggetti di cui al comma 6 verificano che le operazioni siano conformi alla legge ed al prospetto informativo (4).

7. Il prospetto informativo deve essere, a semplice richiesta, consegnato ai portatori dei titoli.

(1) Comma inserito dall'art. 12, co. 1, lett. b), d.l. 23/12/2013, n. 145, conv., con modif., dalla l. 21/2/2014, n. 9.

(2) Per il regolamento di cui al presente comma vedi deliberazione Consob 2/11/1999, n. 12175.

(3) Comma sostituito dall'art. 9, co. 1, d.lg. 13/8/2010, n. 141.

• Vedi inoltre la deroga di cui all'art. 15, co. 11, l. 23/12/1998, n. 448, nel testo modificato dall'art. 22 del d.l. 25/9/2001, n. 350, e le disposizioni di cui all'art. 2 del d.l. 25/9/2001, n. 351.

(4) Comma inserito dall'art. 9, co. 1, d.lg. 13/8/2010, n. 141.

3. Società per la cartolarizzazione dei crediti. – 1. La società cessionaria, o la società emittente titoli se diversa dalla società cessionaria, hanno per oggetto esclusivo la realizzazione di una o più operazioni di cartolarizzazione dei crediti.

2. I crediti relativi a ciascuna operazione (per tali intendendosi sia i crediti vantati nei confronti del debitore o dei debitori ceduti, sia ogni altro credito maturato dalla società di cui al comma 1 nel contesto dell'operazione), i relativi incassi e le attività finanziarie acquistate con i medesimi costituiscono patrimonio separato a tutti gli effetti da quello della società e da quello relativo alle altre operazioni. Su ciascun patrimonio non sono ammesse azioni da parte di creditori diversi dai portatori dei titoli emessi per finanziare l'acquisto dei crediti stessi (1).

2-bis. Non sono ammesse azioni da parte di soggetti diversi da quelli di cui al comma 2 sui conti delle società di cui al comma 1 aperti presso la banca depositaria ovvero presso i soggetti di cui all'articolo 2, comma 3, lettera c), dove vengono accreditate le somme corrisposte dai debitori ceduti nonché ogni altra somma pagata o comunque di spettanza della società ai sensi delle operazioni accessorie condotte nell'ambito di ciascuna operazione di cartolarizzazione o comunque ai sensi dei contratti dell'operazione. Tali somme possono essere utilizzate dalle società di cui al comma 1 esclusivamente per il soddisfacimento di' crediti vantati dai soggetti di cui al comma 2 e dalle controparti dei contratti derivati con finalità di copertura dei rischi insiti nei crediti e nei titoli ceduti, nonché per il pagamento degli altri costi dell'operazione. In caso di avvio nei confronti del depositario di procedimenti di cui al titolo IV del testo unico bancario, nonché di procedure concorsuali, le somme accreditate su tali conti e quelle affluite in corso di procedura non sono soggette a sospensione dei pagamenti e vengono immediatamente e integralmente restituite alla società senza la necessità di deposito di domanda di ammissione al passivo o di rivendica e al di fuori dei piani di riparto o di restituzione di somme (2).

2-ter. Sui conti correnti dove vengono accreditate le somme incassate per conto delle società di cui al comma 1 corrisposte dai debitori ceduti – aperti dai soggetti che svolgono nell'ambito di operazioni di cartolarizzazione dei crediti, anche su delega dei soggetti di cui all'articolo 2, comma 6, i servizi indicati nell'articolo 2, comma 3, lettera c), non sono ammesse azioni da parte dei creditori di tali soggetti se non per l'eccedenza delle somme incassate e dovute alle società di cui al comma 1. In caso di avvio nei confronti di tali soggetti di procedimenti concorsuali, le somme accreditate su tali conti e quelle affluite in corso di procedura, per un importo pari alle somme incassate e dovute alle società di cui al comma 1, vengono immediatamente e integralmente restituite alle società di cui al comma 1 senza la necessità di deposito di domanda di ammissione al passivo o di rivendica e al di fuori dei piani riparto o di restituzione di somme (3).

3. Le società di cui al comma 1 si costituiscono in forma di società di capitali. Fermi restando gli obblighi di segnalazione previsti per finalità statistiche, la Banca d'Italia, in base alle deliberazioni del CICR, può imporre alle società di cui al comma 1 obblighi di segnalazione ulteriori relativi ai crediti cartolarizzati al fine di censire la posizione debitoria dei soggetti cui i crediti si riferiscono (4).

(1) Comma modificato dall'art. 22, co. 6, lett. b), d.l. 24/6/2014, n. 91, conv., con modif., dalla l. 11/8/2014, n. 116.

(2) Comma aggiunto dall'art. 12, co. 1, lett. c), d.l. 23/12/2013, n. 145, conv., con modif., dalla l. 21/2/2014, n. 9 e successivamente sostituito dall'art. 22, co. 6, lett. c), d.l. 24/6/2014, n. 91, conv., con modif., dalla l. 11/8/2014, n. 116.

(3) Comma aggiunto dall'art. 12, co. 1, lett. c), d.l. 23/12/2013, n. 145, conv., con modif., dalla l. 21/2/2014, n. 9 e successivamente sostituito dall'art. 22, co. 6, lett. d), d.l. 24/6/2014, n. 91, conv. con modif., dalla l. 11/8/2014, n. 116.

(4) Comma sostituito dall'art. 9, co. 3, d.lg. 13/8/2010, n. 141 come sostituito dall'art. 6, co. 1, d.lg. 14/12/2010, n. 218.

4. Modalità ed efficacia della cessione. – 1. Alle cessioni dei crediti poste in essere ai sensi della presente legge si applicano le disposizioni contenute nell'articolo 58, commi 2, 3 e 4, del testo unico bancario. Alle cessioni, anche non in blocco, aventi ad oggetto crediti di cui all'articolo 1 della legge 21 febbraio 1991, n. 52, per gli effetti di cui al comma 2 del presente articolo, è sufficiente che la pubblicazione nella Gazzetta Ufficiale dell'avvenuta cessione contenga l'indicazione del cedente, del cessionario e della data di cessione. Alle medesime cessioni può altresì applicarsi, su espressa volontà delle parti, il disposto dell'articolo 5, commi 1, 1-bis e 2, della legge 21 febbraio 1991, n. 52 (1).

2. Dalla data della pubblicazione della notizia dell'avvenuta cessione nella Gazzetta Ufficiale o dalla data certa dell'avvenuto pagamento, anche in parte, del corrispettivo della cessione, sui crediti acquistati e sulle somme corrisposte dai debitori ceduti sono ammesse azioni soltanto a tutela dei diritti di cui all'articolo 1, comma 1, lettera b), e, in deroga ad ogni altra disposizione, non è esercitabile dai relativi debitori ceduti la compensazione tra i crediti acquistati dalla società di cartolarizzazione e i crediti di tali debitori nei confronti del cedente sorti posteriormente a tale data. Dalla stessa data la cessione dei crediti è opponibile:

a) agli altri aventi causa del cedente, il cui titolo di acquisto non sia stato reso efficace verso i terzi in data anteriore;

b) ai creditori del cedente che non abbiano pignorato il credito prima della pubblicazione della cessione (1).

2-bis. In caso di cessione di crediti derivanti da aperture di credito o da altre forme di concessione di credito con modalità rotative, anche regolate in conto corrente, l'espletamento delle formalità di opponibilità previste dal presente articolo produce gli effetti ivi indicati anche con riferimento a tutti i crediti futuri nascenti da tali contratti, a condizione che i contratti siano stipulati prima della data di espletamento di tali formalità (2).

3. Ai pagamenti effettuati dai debitori ceduti alla società cessionaria non si applicano l'articolo 65 e l'art. 67 del regio decreto 16 marzo 1942, n. 267 e successive modificazioni, ovvero, dalla data di entrata in vigore del decreto legislativo 12 gennaio 2019, n. 14, l'articolo 164, comma 1, e l'articolo 166 del medesimo decreto legislativo (3).

4. Per le operazioni di cartolarizzazione disciplinate dalla presente legge i termini di due anni e di un anno previsti dall'art. 67 del regio decreto 16 marzo 1942, n. 267 e successive modificazioni, ovvero, dalla data di entrata in vigore del decreto legislativo 12 gennaio 2019, n. 14, dall'articolo 166 del medesimo decreto legislativo sono ridotti, rispettivamente, a sei ed a tre mesi (4).

4-bis. Alle cessioni effettuate nell'ambito di operazioni di cartolarizzazione non si applicano gli articoli 69 e 70 del regio decreto 18 novembre 1923, n. 2440, nonché le altre disposizioni che richiedano formalità diverse o ulteriori rispetto a quelle di cui alla presente legge. Dell'affidamento o trasferimento delle funzioni di cui all'articolo 2, comma 3, lettera c), a soggetti diversi dal cedente è dato avviso mediante pubblicazione nella Gazzetta Ufficiale nonché comunicazione mediante lettera raccomandata con avviso di ricevimento alle pubbliche amministrazioni debitrici (5).

4-ter. In caso di cessione di crediti derivanti da aperture di credito in qualunque forma o da altre forme di concessione di credito con modalità rotative, anche regolate in conto corrente, il diritto di rendere esigibile il credito ceduto è esercitato dalla società cessionaria in conformità alle previsioni del relativo contratto o, in mancanza, con un preavviso non inferiore a quindici giorni. Nel caso di cessione di crediti aventi le caratteristiche di cui al successivo articolo 7.1, comma 1, la banca cedente può, altresì, trasferire ad una banca o intermediario finanziario di cui all'articolo 106 del decreto legislativo 1° settembre 1993, n. 385, ai sensi dell'articolo 58 del medesimo decreto legislativo n. 385 del 1993, gli impegni o la facoltà di erogazione derivanti dal relativo contratto di apertura di credito o affidamento, separatamente dal conto cui l'apertura di credito è collegata e mantenendo la domiciliazione del conto medesimo. A seguito della cessione, gli incassi registrati su tale conto continuano a essere imputati ai debiti nascenti dai contratti di apertura di credito o di affidamento, anche se sorti successivamente alla cessione, secondo le modalità contrattualmente previste. Gli incassi e i proventi derivanti dall'escussione o dal realizzo dei beni e dei diritti che in qualunque modo costituiscano la garanzia del rimborso di tali crediti costituiscono patrimonio separato a tutti gli effetti da quello della banca cedente domiciliataria del conto e da quello relativo ad altre operazioni. Su ciascun patrimonio separato non sono ammesse azioni da parte di creditori diversi dai portatori dei titoli, e, nel loro interesse, dalla società di cui all'articolo 3, comma 1, ovvero dalla banca o dalla società finanziaria di cui al citato articolo 106 del decreto legislativo n. 385 del 1993 cessionarie degli impegni o delle facoltà di erogazione, se non per l'eccedenza delle somme incassate e dovute a tali soggetti. Si applicano in quanto compatibili le disposizioni dell'articolo 3, commi 2 e 2-bis (6).

(1) Comma sostituito dall'art. 12, co. 1, lett. d), n. 1), d.l. 23/12/2013, n. 145, conv., con modif., dalla l. 21/2/2014, n. 9.

(2) Comma inserito dall'art. 12, co. 1, lett. d), n. 1), d.l. 23/12/2013, n. 145, conv., con modif., dalla l. 21/2/2014, n. 9 e successivamente modificato dall'art. 4-bis, co. 5, lett. a), d.l. 30/12/2019, n. 162, conv., con modif., dalla l. 28/2/2020, n. 8.

(3) Comma modificato dall'art. 12, co. 1, lett. d), n. 2), d.l. 23/12/2013, n. 145, conv., con modif., dalla l. 21/2/2014, n. 9 e successivamente dall'art. 23, co. 1, lett. 0a), d.l. 30/4/2019, n. 34, conv., con modif., dalla l. 28/6/2019, n. 58.

(4) Comma modificato dall'art. 23, co. 1, lett. 0b), d.l. 30/4/2019, n. 34, conv., con modif., dalla l. 28 giugno 2019, n. 58.

(5) Comma aggiunto dall'art. 12, co. 1, lett. d), n. 3), d.l. 23/12/2013, n. 145, conv., con modif., dalla l. 21/2/2014, n. 9.

(6) Comma aggiunto dall'art. 12, co. 1, lett. d), n. 3), d.l. 23/12/2013, n. 145, conv., con modif., dalla l. 21/2/2014, n. 9 e successivamente modificato dall'art. 23, co. 1, lett. a), d.l. 30/4/2019, n. 34, conv., con modif., dalla l. 28/6/2019, n. 58 e da ultimo, dall'art. 4-bis, co. 5, lett. a), d.l. 30/12/2019, n. 162, conv., con modif., dalla l. 28/2/2020, n. 8.

5. Titoli emessi a fronte dei crediti acquistati. – 1. Ai titoli emessi dalla società cessionaria o dalla società emittente titoli, per finanziare l'acquisto dei crediti, si applicano gli articoli 129 e 143 del testo unico bancario.

2. Alle emissioni dei titoli non si applicano il divieto di raccolta di risparmio tra il pubblico previsto dall'art. 11, comma 2, del testo unico bancario, né i limiti quantitativi alla raccolta prescritti dalla normativa vigente; non trovano altresì applicazione gli articoli da 2410 a 2420 del codice civile.

2-bis. I titoli emessi nell'ambito di operazioni di cartolarizzazione di cui all'articolo 1, [comma 1-bis,] anche non destinati ad essere negoziati in un mercato regolamentato o in sistemi multilaterali di negoziazione e anche privi di valutazione del merito di credito da parte di operatori terzi, costituiscono attivi ammessi a copertura delle riserve tecniche delle imprese di assicurazione ai sensi dell'articolo 38 del decreto legislativo 7 settembre 2005, n. 209, e successive modificazioni. Entro 30 giorni dall'entrata in vigore della presente disposizione, l'IVASS adotta un regolamento che disciplini le misure di dettaglio per la copertura delle riserve tecniche tramite gli attivi sopra menzionati. L'investimento nei titoli di cui al presente comma è altresì compatibile con le vigenti disposizioni in materia di limiti di investimento di fondi pensione (1).

(1) Comma aggiunto dall'art. 12, co. 1, lett. e), d.l. 23/12/2013, n. 145, conv., con modif., dalla l. 21/2/2014, n. 9 e successivamente modificato dall'art. 22, co. 5, lett. e), d.l. 24/6/2014, n. 91, conv., con modif., dalla l. 11/8/2014, n. 116.

6. Disposizioni fiscali e di bilancio. – 1. Ai fini delle imposte sui redditi, ai titoli indicati nell'art. 5 si applica lo stesso trattamento stabilito per obbligazioni emesse dalle società per azioni con azioni negoziate in mercati regolamentati italiani e per titoli similari, ivi compreso il trattamento previsto dal decreto legislativo 1° aprile 1996, n. 239.

2. Se la cessione ha per oggetto crediti derivanti dalle operazioni indicate negli articoli 15, 16 e 19 del decreto del Pre-

sidente della Repubblica 29 settembre 1973, n. 601, continuano ad applicarsi le agevolazioni previste nel citato art. 15.

3. Le diminuzioni di valore registrate sugli attivi ceduti, sulle garanzie rilasciate al cessionario e sulle attività, diverse da quelle oggetto di cessione, poste a copertura delle operazioni di cartolarizzazione, nonché gli accantonamenti effettuati a fronte delle garanzie rilasciate al cessionario, possono essere imputati direttamente alle riserve patrimoniali, se relativi a contratti di cartolarizzazione stipulati entro due anni dalla data di entrata in vigore della presente legge; essi vanno imputati sul conto economico in quote costanti nell'esercizio in cui si sono registrati la diminuzione di valore o gli accantonamenti e nei quattro successivi. Delle operazioni di cartolarizzazione, delle eventuali diminuzioni di valore e degli accantonamenti non ancora inclusi nel conto economico occorre fornire indicazione nella nota integrativa di bilancio.

4. Nelle ipotesi di cui al comma 3, le diminuzioni di valore ivi previste concorrono alla determinazione del reddito di impresa negli esercizi in cui sono iscritte al conto economico.

5. Alle minori entrate derivanti dal presente articolo, pari a lire 300 milioni annue per ciascuno degli anni dal 1999 al 2005, si provvede, per gli anni 1999, 2000 e 2001, mediante corrispondente riduzione dello stanziamento iscritto, ai fini del bilancio triennale 1999-2001, nell'ambito dell'unità previsionale di base di parte corrente "Fondo speciale" dello stato di previsione del Ministero del tesoro, del bilancio e della programmazione economica per l'anno finanziario 1999, allo scopo parzialmente utilizzando l'accantonamento relativo al Ministero medesimo.

6. Il Ministro del tesoro, del bilancio e della programmazione economica è autorizzato ad apportare, con propri decreti, le occorrenti variazioni di bilancio.

7. Altre operazioni. – 1. Le disposizioni della presente legge si applicano, in quanto compatibili:

a) alle operazioni di cartolarizzazione dei crediti realizzate mediante l'erogazione di un finanziamento al soggetto cedente da parte della società per la cartolarizzazione dei crediti emittente i titoli;

b) alle cessioni a fondi comuni di investimento, aventi per oggetto crediti, costituiti ai sensi del decreto legislativo 24 febbraio 1998, n. 58.

2. Nel caso di operazioni realizzate mediante erogazione di un finanziamento, i richiami al cedente e al cessionario devono intendersi riferiti, rispettivamente, al soggetto finanziato e al soggetto finanziatore.

2-bis. Nel caso di operazioni realizzate mediante cessione a un fondo comune di investimento, i servizi indicati nell'articolo 2, comma 3, lettera c), possono essere svolti, in alternativa ai soggetti di cui all'articolo 2, comma 6, dalla società di gestione del risparmio che gestisce il fondo. Alle cessioni dei crediti effettuate in favore del fondo si applicano gli articoli 4 e 6, comma 2, della presente legge, nonché le restanti disposizioni della presente legge, in quanto compatibili (1).

2-ter. Le disposizioni di cui all'articolo 5, comma 2-bis, si applicano, in quanto compatibili, alle imprese ed ai soggetti ivi menzionati ai fini dell'investimento nelle quote dei fondi di cui all'articolo 7, comma 2-bis (1).

2-quater. La presente legge si applica altresì alle operazioni di cartolarizzazione di crediti sorti dalla concessione di uno o più finanziamenti da parte della società emittente i titoli. Nel caso di operazioni realizzate mediante concessione di finanziamenti, i richiami al cedente e al cessionario devono intendersi riferiti, rispettivamente, al soggetto finanziato e al soggetto finanziatore e i richiami ai debitori ceduti si intendono riferiti ai soggetti finanziati. A tali operazioni si applicano, in quanto compatibili, le disposizioni dell'articolo 1, 2, 3, 5, 6 e 7 (2).

2-quinquies. Dalla data certa dell'avvenuta erogazione, anche in parte, del finanziamento relativo alle operazioni di cartolarizzazione di cui al comma 2-quater, sui crediti sorti e sulle somme corrisposte dai debitori sono ammesse azioni soltanto a tutela dei diritti di cui all'articolo 1, comma 1, lettera b) (2).

2-sexies. Nelle operazioni di cui al comma 2-quater i titoli emessi dalle società per finanziare l'erogazione dei finanziamenti o l'acquisto dei crediti sono destinati ad investitori qualificati ai sensi dell'articolo 100 del decreto legislativo 24 febbraio 1998, n 58 (2).

2-septies. I soggetti di cui all'articolo 2, comma 6, in aggiunta agli altri obblighi previsti dalla presente legge, verificano la correttezza delle operazioni poste in essere ai sensi del comma 2-quater e la conformità delle stesse alla normativa applicabile (2).

(1) Comma aggiunto dall'art. 12, co. 1, lett. f), d.l. 23/12/2013, n. 145, conv., con modif., dalla l. 21/2/2014, n. 9.

(2) Comma inserito dall'art. 22, co. 6, lett. f), d.l. 24/6/2014, n. 91, conv., con modif., dalla l. 11/8/2014, n. 116.

7.1. Cartolarizzazione di crediti deteriorati da parte di banche e intermediari finanziari (1). – 1. Alle cessioni di crediti, qualificati come deteriorati in base alle disposizioni dell'autorità competente, ceduti da banche e intermediari finanziari iscritti nell'albo di cui all'articolo 106 del testo unico bancario aventi sede legale in Italia ovvero, su istanza del debitore, effettuate nell'ambito di operazioni aventi una valenza sociale che prevedano la concessione in locazione al debitore, da parte della società veicolo di appoggio, dell'immobile costituito in garanzia del credito ceduto, si applicano altresì le disposizioni del presente articolo (2).

2. Le società di cartolarizzazione di cui all'articolo 3 che si sono rese cessionarie dei crediti di cui al comma 1 possono concedere finanziamenti finalizzati a migliorare le prospettive di recupero di tali crediti e a favorire il ritorno in bonus del debitore ceduto, nel rispetto delle condizioni previste all'articolo 1, comma 1-ter.

3. Nell'ambito di piani di riequilibrio economico e finanziario concordati con il soggetto cedente o di accordi stipulati ai sensi degli articoli 124, 160, 182-bis e 186-bis del Regio decreto 16 marzo 1942, n. 267, ovvero, dalla data di entrata in vigore del decreto legislativo 12 gennaio 2019, n. 14, degli articoli 57, 60, 84, 85 e 240 del medesimo decreto legislativo, ovvero di analoghi accordi o procedure volti al risanamento o alla ristrutturazione previsti da altre disposizioni di legge, le società di cartolarizzazione di cui all'articolo 3 possono acquisire o sottoscrivere azioni, quote e altri titoli e strumenti partecipativi derivanti dalla conversione di parte dei crediti del cedente e concedere finanziamenti al fine di migliorare le prospettive di recupero dei crediti oggetto di cessione e di favorire il ritorno in bonus del debitore ceduto. Non si applicano in questo caso le disposizioni degli articoli 2467 e 2497-quinquies del codice civile. Le somme in qualsiasi modo rivenienti da tali azioni, quote e altri titoli e strumenti partecipativi sono assimilate, agli effetti della presente legge, ai pagamenti effettuati dai debitori ceduti e sono destinate in via esclusiva al soddisfacimento dei diritti incorporati nei titoli emessi e al pagamento dei costi dell'operazione. Il finanziamento può essere concesso anche ad assuntori di passività dei debitori ceduti ovvero a soggetti con i quali i medesimi debitori hanno rapporti di controllo o di collegamento ai sensi dell'articolo 2359 del codice civile (3).

4. Possono essere costituite una o più società veicolo d'appoggio, nella forma di società di capitali, aventi come oggetto sociale esclusivo il compito di acquisire, gestire e valorizzare, nell'interesse esclusivo dell'operazione di cartolarizzazione, direttamente o attraverso una o più ulteriori società veicolo d'appoggio, autorizzate ad assumere, totalmente o parzialmente, il debito originario, i beni immobili e mobili registrati

nonché gli altri beni e diritti concessi o costituiti, in qualunque forma, a garanzia dei crediti oggetto di cartolarizzazione, ivi compresi i beni oggetto di contratti di locazione finanziaria, anche se risolti, eventualmente insieme con i rapporti derivanti da tali contratti. Il trasferimento dei suddetti beni e diritti può avvenire anche ai sensi dei commi 2 e 3 dell'articolo 58 del testo unico bancario, nonché dei commi 4, 5 e 6 del medesimo articolo, anche se non avente a oggetto beni o rapporti giuridici individuabili in blocco. Le stesse modalità si applicano ai trasferimenti ai sensi del comma 5 del presente articolo. Le somme in qualsiasi modo rivenienti dalla detenzione, gestione o dismissione di tali beni e diritti sono dovute dalla società veicolo d'appoggio alla società di cartolarizzazione di cui all'articolo 3, sono assimilate, agli effetti della presente legge, ai pagamenti effettuati dai debitori ceduti e sono destinate in via esclusiva al soddisfacimento dei diritti incorporati nei titoli emessi e al pagamento dei costi dell'operazione. I beni, diritti e le somme in qualsiasi modo derivanti dai medesimi nonché ogni altro diritto acquisito nell'ambito dell'operazione di cui al presente comma, o al successivo comma 5, costituiscono patrimonio separato a tutti gli effetti da quello delle società stesse e da quello relativo alle altre operazioni. Sul patrimonio separato non sono ammesse azioni da parte di creditori diversi dalla società di cartolarizzazione nell'interesse dei portatori dei titoli emessi dalla società per la cartolarizzazione dei crediti (4).

4-bis. Si applicano le imposte di registro, ipotecaria e catastale in misura fissa sugli atti e le operazioni inerenti il trasferimento a qualsiasi titolo, anche in sede giudiziale o concorsuale, dei beni e diritti di cui ai commi 4 e 5, in favore della società veicolo d'appoggio, inclusi eventuali accolli di debito, e le garanzie di qualunque tipo, da chiunque e in qualsiasi momento prestate, in favore della società di cartolarizzazione o altro finanziatore ed in relazione all'operazione di cartolarizzazione, a valere sui beni e diritti acquistati dalle società veicolo d'appoggio ai sensi del comma 4, le relative eventuali surroghe, postergazioni, frazionamenti e cancellazioni anche parziali, ivi comprese le relative cessioni di credito (5).

4-ter. Alla società veicolo d'appoggio cessionaria dei contratti e rapporti di locazione finanziaria e dei beni derivanti da tale attività si applicano le disposizioni in materia fiscale applicabili alle società che esercitano attività di locazione finanziaria. Alle cessioni di immobili oggetto di contratti di leasing risolti o altrimenti cessati per fatto dell'utilizzatore effettuate alla e dalla medesima società si applica l'articolo 35, comma 10-ter.1, del decreto-legge 4 luglio 2006, n. 223, convertito, con modificazioni, dalla legge 4 agosto 2006, n. 248. Per le trascrizioni nei pubblici registri e volture catastali effettuate a qualunque titolo in relazione ai beni e diritti acquisiti dalla società veicolo d'appoggio le imposte di registro, ipotecaria e catastale sono dovute in misura fissa (5).

4-quater. Per gli atti e i provvedimenti recanti il successivo trasferimento, a favore di soggetti che svolgono attività d'impresa, della proprietà o di diritti reali, anche di garanzia, sui beni immobili acquistati dalle società veicolo d'appoggio in relazione all'operazione di cartolarizzazione, le imposte di registro, ipotecaria e catastale sono dovute in misura fissa, a condizione che l'acquirente dichiari, nel relativo atto, che intende trasferirli entro cinque anni dalla data di acquisto. Ove non si realizzi tale condizione entro il quinquennio successivo, le imposte di registro, ipotecaria e catastale sono dovute dall'acquirente nella misura ordinaria e si applica una sanzione amministrativa del 30 per cento, oltre agli interessi di mora di cui all'articolo 55, comma 3, del testo unico delle disposizioni concernenti l'imposta di registro, approvato con decreto del Presidente della Repubblica 26 aprile 1986, n. 131. Dalla scadenza del quinquennio decorre il termine per il recupero delle imposte ordinarie da parte dell'amministrazione finanziaria. Resta fermo quanto previsto dal comma 5 (5).

4-quinquies. Gli atti e i provvedimenti di cui al comma 4-quater emessi a favore di soggetti che non svolgono attività d'impresa sono assoggettati alle imposte di registro, ipotecaria e catastale nella misura fissa di 200 euro ciascuna sempre che in capo all'acquirente ricorrano le condizioni previste alla nota II-bis) all'articolo 1 della tariffa, parte prima, allegata al testo unico delle disposizioni concernenti l'imposta di registro, approvato con decreto del Presidente della Repubblica 26 aprile 1986, n. 131. In caso di dichiarazione mendace nell'atto di acquisto, ovvero di rivendita nel quinquennio dalla data dell'atto, si applicano le disposizioni indicate nella predetta nota (5).

5. Qualora la cessione abbia ad oggetto, unitamente ai beni oggetto di locazione finanziaria, i relativi contratti di locazione finanziaria ovvero i rapporti giuridici derivanti dalla risoluzione di tali contratti, la società veicolo d'appoggio di cui al comma 4 deve essere consolidata nel bilancio di una banca o di un intermediario finanziario di cui all'articolo 106 del decreto legislativo 1° settembre 1993, n. 385, anche se non facente parte di un gruppo bancario, e deve essere costituita per specifiche operazioni di cartolarizzazione e destinata a essere liquidata una volta conclusa l'operazione; le limitazioni dell'oggetto sociale, delle possibilità operative e della capacità di indebitamento devono risultare dalla disciplina contrattuale e statutaria. Gli adempimenti derivanti dai contratti e rapporti di locazione finanziaria ceduti ai sensi del presente articolo sono eseguiti dal soggetto che presta i servizi indicati nell'articolo 2, comma 3, lettera c), ovvero da un soggetto abilitato all'esercizio dell'attività di locazione finanziaria individuato ai sensi del comma 8 del presente articolo. Le disposizioni in materia fiscale applicabili alle società che esercitano attività di locazione finanziaria si applicano integralmente alla società veicolo d'appoggio cessionaria dei contratti e rapporti di locazione finanziaria e dei beni derivanti da tale attività. Alle cessioni di immobili effettuate dalla medesima società si applicano integralmente le agevolazioni originariamente previste dall'articolo 35, comma 10-ter.1, del decreto-legge 4 luglio 2006, n. 223, convertito, con modificazioni, dalla legge 4 agosto 2006, n. 248 (6).

6. Per gli effetti di cui all'articolo 4, comma 2, le cessioni effettuate da parte di banche e intermediari finanziari ai sensi del presente articolo, aventi ad oggetto crediti non individuati in blocco, sono pubblicate mediante iscrizione nel registro delle imprese e pubblicazione nella Gazzetta Ufficiale dell'avviso di avvenuta cessione, recante indicazione del cedente, del cessionario, della data di cessione, delle informazioni orientative sulla tipologia di rapporti da cui i crediti ceduti derivano e sul periodo in cui tali rapporti sono sorti o sorgeranno, nonché del sito internet in cui il cedente e il cessionario renderanno disponibili, fino alla loro estinzione, i dati indicativi dei crediti ceduti e la conferma della avvenuta cessione ai debitori ceduti che ne faranno richiesta. Dalla data di pubblicazione della notizia dell'avvenuta cessione nella Gazzetta Ufficiale, nei confronti dei debitori ceduti si producono gli effetti indicati all'articolo 1264 del codice civile e i privilegi e le garanzie di qualsiasi tipo, da chiunque prestati o comunque esistenti a favore del cedente, nonché le trascrizioni nei pubblici registri degli atti di acquisto dei beni oggetto di locazione finanziaria compresi nella cessione conservano la loro validità e il loro grado a favore del cessionario, senza necessità di alcuna formalità o annotazione. Restano altresì applicabili le discipline speciali, anche di carattere processuale, previste per i crediti ceduti.

7. Nel caso previsto dal comma 2, la gestione dei crediti ceduti e dei finanziamenti concessi dalla società di cartolarizzazione di cui all'articolo 3 è affidata a una banca o a un intermediario finanziario iscritto nell'albo di cui all'articolo 106 del testo unico bancario.

8. Nel caso previsto dal comma 3, la società di cartolariz-

zazione individua un soggetto di adeguata competenza e dotato delle necessarie abilitazioni o autorizzazioni in conformità alle disposizioni di legge applicabili, cui sono conferiti, nell'interesse dei portatori dei titoli, compiti di gestione o amministrazione e potere di rappresentanza. Qualora tale soggetto sia una banca, un intermediario finanziario iscritto nell'albo di cui all'articolo 106 del testo unico bancario, una società di intermediazione mobiliare o una società di gestione del risparmio, lo stesso soggetto verifica altresì la conformità dell'attività e delle operazioni della società di cartolarizzazione di cui all'articolo 3 alla legge e al prospetto informativo.

8-bis. Ove l'operazione di cui al comma 1 rivesta una valenza sociale in forza della partecipazione di un'associazione di promozione sociale iscritta al registro da almeno cinque anni, ovvero di società o ente dalla stessa istituiti, che assista il futuro conduttore nella stipulazione del contratto di locazione con la società veicolo di appoggio, il limite temporale di cui al primo periodo del comma 4-quater è di quindici anni dalla data di acquisto e comunque non inferiore alla durata della locazione. L'eventuale soggetto cedente alla società veicolo di appoggio è esonerato dalla consegna dei documenti relativi alla regolarità urbanistico-edilizia e fiscale, qualora entro sei mesi dalla cessione sia avviata l'istruttoria per la procedura per la citata documentazione e la medesima procedura sia conclusa nel limite massimo di trentasei mesi. L'esonero non è esteso alla successiva vendita effettuata dalla società veicolo d'appoggio. Nel caso di trasferimento effettuato a partire dal 2020 alla società veicolo d'appoggio, l'immobile è esente dall'imposta municipale propria, se lo stesso continua ad essere utilizzato come abitazione principale del debitore del credito ceduto che ne aveva il possesso prima della cessione. L'esenzione non si applica per gli immobili classificati nelle categorie catastali A1, A8 e A9 (7).

(1) Articolo aggiunto dall'art. 60-sexies, co. 1, lett. b), d.l. 24/4/2017, n. 50, conv., con modif., dalla l. 21/6/2017, n. 96.

(2) Comma modificato dall'art. 1, co. 445, lett. a), l. 27/12/2019, n. 160.

(3) Comma modificato dall'art. 23, co. 1, lett. c), n. 1), d.l. 30/4/2019, n. 34, conv., con modif., dalla l. 28/6/2019, n. 58.

(4) Comma sostituito dall'art. 23, co. 1, lett. c), n. 1), d.l. 30/4/2019, n. 34, conv., con modif., dalla l. 28/6/2019, n. 58.

• A norma dell'art. 1, co. 215, l. 30/12/2020, n. 178, la disposizione di cui al primo periodo del presente comma, si interpreta nel senso che l'acquisizione, da parte delle società veicolo di appoggio, dei beni immobili e mobili registrati nonché degli altri beni e diritti concessi o costituiti, in qualunque forma, a garanzia dei crediti oggetto di cartolarizzazione, compresi i beni oggetto di contratti di locazione finanziaria, anche se risolti, eventualmente insieme con i rapporti derivanti da tali contratti, può avvenire anche per effetto di scissione o altre operazioni di aggregazione.

(5) Comma inserito dall'art. 23, co. 1, lett. c), n. 2), d.l. 30/4/2019, n. 34, conv., con modif., dalla l. 28/6/2019, n. 58.

(6) Comma modificato dall'art. 23, co. 1, lett. c), n. 3), d.l. 30/4/2019, n. 34, conv., con modif., dalla l. 28/6/2019, n. 58.

(7) Comma aggiunto art. 1, co. 445, lett. b), l. 27/12/2019, n. 160.

7.2. Cartolarizzazioni Immobiliari e di beni mobili registrati (1). – 1. Le società che effettuano le operazioni di cui all'articolo 7, comma 1, lettera b-bis), non possono svolgere operazioni di cartolarizzazione di natura diversa da quelle indicate dall'articolo 7, comma 1, lettera b-bis). Delle obbligazioni nei confronti dei portatori dei titoli, nonché di ogni altro creditore nell'ambito di ciascuna operazione di cartolarizzazione, risponde esclusivamente il patrimonio separato con i beni e diritti di cui al comma 2 del presente articolo. A tali operazioni si applicano le disposizioni di cui all'articolo 7.1, comma 8, primo periodo.

2. Per ogni operazione sono individuati i beni ed i diritti destinati al soddisfacimento dei diritti dei portatori dei titoli e delle controparti dei contratti derivati con finalità di copertura dei rischi insiti nei crediti e nei titoli ceduti. I beni e i diritti individuati, le somme in qualsiasi modo derivanti dai medesimi beni, nonché ogni altro diritto acquisito nell'ambito dell'operazione di cartolarizzazione dalle società di cui al comma 1 costituiscono patrimonio separato a tutti gli effetti da quello delle società stesse e da quello relativo alle altre operazioni. Su ciascun patrimonio separato non sono ammesse azioni da parte di qualsiasi creditore diverso dai portatori dei titoli emessi dalle società ovvero dai concedenti i finanziamenti da esse reperiti ovvero dalle controparti dei contratti derivati con finalità di copertura dei rischi insiti nei crediti e nei titoli ceduti.

(1) Articolo inserito dall'art. 23, co. 1, lett. d), d.l. 30/4/2019, n. 34, conv., con modif., dalla l. 28/6/2019, n. 58.

7 bis. Obbligazioni bancarie garantite* (1). – *1. Le disposizioni di cui all' articolo 3, commi 2, 2-bis, 2-ter e 3 , all' articolo 4 e all' articolo 6, comma 2 , si applicano, salvo quanto specificato ai commi 2 e 3 del presente articolo, alle operazioni aventi ad oggetto le cessioni di crediti fondiari e ipotecari, di crediti nei confronti delle pubbliche amministrazioni o garantiti dalle medesime, anche individuabili in blocco, nonché di titoli emessi nell'ambito di operazioni di cartolarizzazione aventi ad oggetto crediti della medesima natura, effettuate da banche in favore di società il cui oggetto esclusivo sia l'acquisto di tali crediti e titoli, mediante l'assunzione di finanziamenti concessi o garantiti anche dalle banche cedenti, e la prestazione di garanzia per le obbligazioni emesse dalle stesse banche ovvero da altre* (2). *2. I crediti ed i titoli acquistati dalla società di cui al comma 1 e le somme corrisposte dai relativi debitori sono destinati al soddisfacimento dei diritti, anche ai sensi dell' articolo 1180 del codice civile , dei portatori delle obbligazioni di cui al comma 1 e delle controparti dei contratti derivati con finalità di copertura dei rischi insiti nei crediti e nei titoli ceduti e degli altri contratti accessori, nonché al pagamento degli altri costi dell'operazione, in via prioritaria rispetto al rimborso dei finanziamenti di cui al comma 1. 3. Le disposizioni di cui agli articoli 3, comma 2, e 4, comma 2, si applicano a beneficio dei soggetti di cui al comma 2 del presente articolo. A tali fini, per portatori di titoli devono intendersi i portatori delle obbligazioni di cui al comma 1. 4. Alle cessioni di cui al comma 1 non si applicano gli articoli 69 e 70 del regio decreto 18 novembre 1923, n. 2440. Dell'affidamento o trasferimento delle funzioni di cui all' articolo 2, comma 3, lettera c), a soggetti diversi dalla banca cedente, è dato avviso mediante pubblicazione nella Gazzetta Ufficiale nonché comunicazione mediante lettera raccomandata con avviso di ricevimento alle pubbliche amministrazioni debitrici. Ai finanziamenti concessi alle società di cui al comma 1 e alla garanzia prestata dalle medesime società si applica l'articolo 67, quarto comma, del regio decreto 16 marzo 1942, n. 267, e successive modificazioni, ovvero, dalla data di entrata in vigore del decreto legislativo 12 gennaio 2019, n. 14, l'articolo 166, comma 4, del medesimo decreto legislativo* (3). *5. Il Ministro dell'economia e delle finanze, con regolamento emanato ai sensi della legge 23 agosto 1988, n. 400, sentita la Banca d'Italia, adotta disposizioni di attuazione del presente articolo aventi ad oggetto, in particolare, il rapporto massimo tra le obbligazioni oggetto di garanzia e le attività cedute, la tipologia di tali attività e di quelle, dagli equivalenti profili di rischio, utilizzabili per la loro successiva integrazione, nonché le caratteristiche della garanzia di cui al comma 1. 6. Ai sensi dell'articolo 53 del testo unico delle leggi in materia bancaria e creditizia, di cui al decreto legislativo 1° settembre 1993, n. 385, e successive modificazioni, sono emanate disposizioni di attuazione del presente articolo. Tali disposizioni disciplinano anche i requisiti delle banche emittenti, i criteri che le banche cedenti adottano per la valutazione dei crediti e dei titoli ceduti e le relative modalità di integrazione,* *nonché i controlli che le banche effettuano per il rispetto degli obblighi previsti dal presente articolo, anche per il tramite di società di revisione allo scopo incaricate. 7. Ogni imposta e tassa è dovuta considerando le operazioni di cui al comma 1 come non effettuate e i crediti e i titoli che hanno formato oggetto di cessione come iscritti nel bilancio della banca cedente, se per le cessioni è pagato un corrispettivo pari all'ultimo valore di iscrizione in bilancio dei crediti e dei titoli, e il finanziamento di cui al comma 1 è concesso o garantito dalla medesima banca cedente.*

* Articolo abrogato dall'art. 2, co. 1, d.lg. 5/11/2021, n. 190.

(1) Articolo inserito dall'art. 2, co. 4-ter, d.l. 14/3/2005, n. 35, conv., con modif, dalla l. 14/5/2005, n. 80. Per l'applicabilità delle disposizioni di cui al presente articolo vedi l'art. 1, co. 368, l. 23/12/2005, n. 266.

• Per il regolamento di attuazione, in materia di obbligazioni bancarie garantite, del presente articolo, vedi il d.m. 14/12/2006, n. 310.

(2) Comma modificato dall'art. 12, co. 1, lett. g), d.l. 23/12/2013 n. 145, conv., con modif., dalla l. 21/2/2014, n. 9.

(3) Comma modificato dall' art. 1, co. 389, l. 23/12/2005, n. 266 e successivamente dall'art. 23, co. 1, lett. d-bis), d.l. 30/4/2019, n. 34, conv. con modif., dalla l. 28/6/2019, n. 58.

7 ter. Norme applicabili* (1). – *1. Alla costituzione di patrimoni destinati aventi ad oggetto i crediti ed i titoli di cui all'articolo 7-bis, comma 1, e alla destinazione dei relativi proventi, effettuate ai sensi dell'articolo 2447-bis del codice civile, per garantire i diritti dei portatori delle obbligazioni emesse da banche di cui all'articolo 7-bis, comma 1, si applicano le disposizioni di cui all'articolo 7-bis, commi 5 e 6. 1-bis. Ai soggetti cessionari di cui all'articolo 7-bis si applicano, nei limiti stabiliti dal Ministro dell'economia e delle finanze con regolamento emanato, sentita la Banca d'Italia, ai sensi dell'articolo 17, comma 3, della legge 23 agosto 1988, n. 400, le disposizioni previste per gli intermediari finanziari dal Titolo V° del decreto legislativo 1° settembre 1993, n. 385* (2).

* Articolo abrogato dall'art. 2, co. 1, d.lg. 5/11/2021, n. 190.

(1) Articolo inserito dall'art. 2, co. 4-ter, d.l. 14/3/2005, n. 35, conv., con modif., dalla l. 14/5/2005, n. 80.

(2) Comma aggiunto dall'art. 9, co. 3, d.lg. 13/8/2010, n. 141, come modificato dall'art. 6, co. 1, d.lg. 14/12/2010, n. 218.

• In attuazione del presente comma vedi il d.m. 2/4/2015, n. 53.

7 quater. Cessione di ulteriori crediti e titoli* (1). – *1. Gli articoli 7-bis, commi 1, 2, 3, 4, 5, 6 e 7, e 7-ter, comma 1, e le disposizioni ivi richiamate si applicano anche alle operazioni, ivi disciplinate, aventi ad oggetto obbligazioni e titoli similari ovvero cambiali finanziarie, crediti garantiti da ipoteca navale, crediti nei confronti di piccole e medie imprese, crediti derivanti da contratti di leasing o di factoring, nonché di titoli emessi nell'ambito di operazioni di cartolarizzazione aventi ad oggetto crediti della medesima natura. Tali crediti e titoli possono essere ceduti anche da società facenti parte di un gruppo bancario* (2). *2. Il regolamento di cui al comma 5 dell'articolo 7-bis adotta anche disposizioni di attuazione del presente articolo con riferimento ai medesimi profili ivi menzionati. Il medesimo regolamento individua le categorie di crediti o titoli di cui al comma 1, cui si applicano le disposizioni di cui al presente articolo, e regola l'emissione di titoli di cui al presente articolo differenziandoli dai titoli emessi ai sensi dell'articolo 7-bis.*

* Articolo abrogato dall'art. 2, co. 1, d.lg. 5/11/2021, n. 190.

(1) Articolo inserito dall'art. 12, co. 1, lett. h), d.l. 23/12/2013, n. 145, conv., con modif., dalla l. 21/2/2014, n. 9.

(2) Comma modificato dall'art. 13-bis, d.l. 14/2/2016, n. 18, conv., con modif., dalla l. 8/4/2016, n. 49.

TITOLO I-BIS
OBBLIGAZIONI BANCARIE GARANTITE (1)

(1) Titolo inserito dall'art. 1, co. 1, lett. b), d.lg. 5/11/2021, n. 190.

Capo I
Disposizioni di carattere generale (1)

(1) Capo inserito dall'art. 1, co. 1, lett. b), d.lg. 5/11/2021, n. 190.

7 quinquies. Definizioni (1). – 1. Ai fini del presente Titolo si intendono per:

a) «obbligazioni bancarie garantite»: le obbligazioni emesse da banche nell'ambito delle operazioni indicate all'articolo 7-sexies;

b) «attivi idonei»: gli attivi indicati agli articoli 7-novies e 7-decies;

c) «attività liquide»: le attività indicate all'articolo 7-duodecies;

d) «banca emittente»: la banca che emette le obbligazioni bancarie garantite nell'ambito dell'operazione indicata all'articolo 7-sexies;

e) «società cessionaria»: la società indicata all'articolo 7-septies;

f) «patrimonio separato»: il patrimonio della società cessionaria costituito dalle attività cedute e dalle altre attività segregate ai sensi all'articolo 7-octies, comma 2, nell'ambito di un'operazione di emissione di obbligazioni bancarie garantite;

g) «programma di emissione»: il programma di attività relativo all'emissione di obbligazioni bancarie garantite nel corso di un determinato periodo di tempo, anche pluriennale, e le correlate operazioni di cessione di attivi idonei, in cui i volumi previsti e le caratteristiche degli strumenti e dei contratti siano individuati in misura sufficientemente determinata e autorizzati dalla Banca d'Italia;

h) «deflusso netto di liquidità»: i deflussi per i pagamenti in scadenza in un determinato giorno di calendario, inclusi i pagamenti per capitale e interessi e i pagamenti dovuti in relazione ai contratti derivati del programma di emissione, al netto degli afflussi per pagamenti in scadenza nello stesso giorno di calendario per i diritti di credito connessi alle attività di copertura;

i) «Stati ammessi»: gli Stati appartenenti allo Spazio economico europeo e la Confederazione elvetica.

(1) Articolo inserito dall'art. 1, co. 1, lett. b), d.lg. 5/11/2021, n. 190.

7 sexies. Ambito di applicazione (1). – 1. Le disposizioni del presente Titolo si applicano all'emissione da parte delle banche di obbligazioni bancarie garantite nell'ambito di operazioni realizzate mediante:

a) la cessione da parte di banche, anche diverse dalla banca emittente, alla società cessionaria di attivi idonei costituiti in patrimonio separato ai sensi e per gli effetti dell'articolo 7-octies;

b) l'erogazione alla società cessionaria di un finanziamento concesso o garantito dalla banca cedente o da altra banca, per l'acquisto degli attivi idonei;

c) la prestazione da parte della società cessionaria della garanzia prevista all'articolo 7-quaterdecies in favore dei portatori delle obbligazioni bancarie garantite, nei limiti del relativo patrimonio separato.

(1) Articolo inserito dall'art. 1, co. 1, lett. b), d.lg. 5/11/2021, n. 190.

7 septies. Società cessionaria (1). – 1. La società cessionaria ha per oggetto esclusivo l'acquisto di attivi idonei e la prestazione di garanzie nell'ambito delle operazioni previste dall'articolo 7-sexies.

2. La società cessionaria si costituisce in forma di società di capitali. Fermi restando gli obblighi di segnalazione previsti per finalità statistiche, la Banca d'Italia, in base alle deliberazioni del CICR, può imporre alla società cessionaria obblighi di segnalazione ulteriori relativi agli attivi idonei al fine di censire la posizione debitoria dei soggetti cui gli attivi si riferiscono.

3. Alla società cessionaria si applicano, nei limiti stabiliti dal Ministro dell'economia e delle finanze con regolamento adottato, sentita la Banca d'Italia, ai sensi dell'articolo 17, comma 3, della legge 23 agosto 1988, n. 400, le disposizioni previste per gli intermediari finanziari dal Titolo V del decreto legislativo 1° settembre 1993, n. 385.

(1) Articolo inserito dall'art. 1, co. 1, lett. b), d.lg. 5/11/2021, n. 190.

7 octies. Patrimonio separato (1). – 1. Alle operazioni di cui all'articolo 7-sexies si applicano le disposizioni dell'articolo 3, commi 2, 2-bis e 2-ter, dell'articolo 4 e dell'articolo 6, comma 2, salvo quanto specificato nei commi seguenti.

2. Gli attivi idonei, unitamente ai relativi elementi accessori, inclusi nel patrimonio separato della società cessionaria e le somme corrisposte dai relativi debitori, il diritto di credito connesso ai contratti di assicurazione contro il rischio danni ai sensi dell'articolo 7-novies, comma 2, lettera a), nonché ogni altro credito maturato dalla società cessionaria nel contesto dell'operazione di cui all'articolo 7-sexies sono destinati al soddisfacimento dei diritti, anche ai sensi dell'articolo 1180 del codice civile, dei portatori delle obbligazioni bancarie garantite e delle controparti dei contratti derivati con finalità di copertura dei rischi insiti nelle attività incluse nel patrimonio separato, inclusi quelli indicati all'articolo 7-decies, e degli altri contratti accessori, nonché al pagamento degli altri costi dell'operazione, in via prioritaria rispetto al rimborso dei finanziamenti di cui all'articolo 7-sexies, lettera b).

3. Le disposizioni degli articoli 3, commi 2, 2-bis e 2-ter e 4, comma 2, si applicano a beneficio dei soggetti indicati al comma 2 del presente articolo.

4. Alle cessioni di cui all'articolo 7-sexies non si applicano gli articoli 69 e 70 del regio decreto 18 novembre 1923, n. 2440. Dell'affidamento o trasferimento delle funzioni di cui all' articolo 2, comma 3, lettera c), a soggetti diversi dalla banca cedente, è dato avviso mediante pubblicazione nella Gazzetta ufficiale nonché comunicazione mediante lettera raccomandata con avviso di ricevimento alle pubbliche amministrazioni debitrici. Ai finanziamenti concessi alla società cessionaria e alla garanzia prestata dalla medesima società si applica l'articolo 67, quarto comma, del regio decreto 16 marzo 1942, n. 267, ovvero, dalla data di entrata in vigore del decreto legislativo 12 gennaio 2019, n. 14, l'articolo 166, comma 4, del medesimo decreto legislativo.

(1) Articolo inserito dall'art. 1, co. 1, lett. b), d.lg. 5/11/2021, n. 190.

Capo II
Attivi idonei (1)

(1) Capo inserito dall'art. 1, co. 1, lett. b), del d.lg. 5/11/2021, n. 190.

7 nonies. Attivi idonei (1). – 1. Nell'ambito delle operazioni di cui all'articolo 7-sexies sono considerati attivi idonei le seguenti categorie di attività:

a) attività ammissibili ai sensi dell'articolo 129, paragrafo 1, del regolamento (UE) n. 575/2013, come modificato dal regolamento (UE) n. 2160/2019, a condizione che la banca emittente rispetti gli obblighi previsti all'articolo 129, paragrafi da 1-bis a 3, di tale regolamento;

b) attività liquide previste all'articolo 7-duodecies.

2. Le attività ammissibili sono considerate attivi idonei al ricorrere delle seguenti condizioni:

a) nel caso siano assistite da garanzie reali, i beni posti a garanzia sono situati in uno Stato ammesso, sono assicurati contro il rischio danni e, nel caso di immobili residenziali e non residenziali situati in uno Stato ammesso diverso da uno Stato membro dell'Unione europea, la garanzia è opponibile in tutte le giurisdizioni pertinenti e può essere escussa in tempi ragionevoli;

b) nel caso di crediti garantiti da ipoteca su immobili residenziali e non residenziali, la cessione è successiva al decorso dei termini per la revocatoria della costituzione dell'ipoteca, ai sensi dell'art. 67 del regio decreto 16 marzo 1942, n. 267 e delle analoghe disposizioni contenute nelle leggi di altri Stati ammessi;

c) nel caso di attività ammissibili non originate direttamente dalla banca emittente, questa ha effettuato una valutazione del merito di credito dei debitori prima della cessione o ha verificato l'idoneità dei criteri di valutazione del merito di credito adottati dal soggetto che ha originato le attività ammissibili;

d) nel caso di contratti derivati indicati dall'articolo 129, paragrafo 1, lettera c), punto ii), del regolamento (UE) n. 575/2013, ricorrono le condizioni previste dall'articolo 7-decies.

3. Le banche emittenti si dotano di processi e metodologie volte ad assicurare la conformità delle attività cedute con le previsioni del presente articolo e per la valutazione e il monitoraggio delle garanzie reali che assistono le attività ammissibili indicate al comma 1, lettera a). L'inclusione delle attività cedute nel patrimonio separato è adeguatamente documentata.

4. La Banca d'Italia emana disposizioni attuative del presente articolo, individuando in particolare: i criteri per la valutazione delle garanzie reali al momento dell'inclusione dell'attività nel patrimonio separato, tenuto conto della normativa sulla determinazione dei requisiti prudenziali delle banche; i requisiti di idoneità, professionalità del valutatore indipendente; le procedure per verificare che le garanzie reali siano adeguatamente assicurate contro il rischio danni; le modalità di verifica dell'idoneità dei criteri di valutazione del merito di credito indicati al comma 2, lettera c).

(1) Articolo inserito dall'art. 1, co. 1, lett. b), d.lg. 5/11/2021, n. 190.

7 decies. Contratti derivati (1). – 1. Nell'ambito delle operazioni di cui all'articolo 7-sexies contratti derivati sono considerati attivi idonei quando ricorrono le seguenti condizioni:

a) sono stipulati in forma scritta;

b) sono adeguatamente documentati;

c) hanno esclusivamente finalità di copertura dei rischi insiti nelle attività incluse nel patrimonio separato, il loro volume è adeguato in caso di riduzione dell'entità del rischio coperto e sono rimossi quando il rischio coperto cessa di esistere;

d) non possono essere risolti nel caso in cui la banca emittente sia sottoposta a liquidazione coatta amministrativa o risoluzione o, nel caso in cui la banca emittente sia sottoposta a liquidazione coatta amministrativa, sia previsto il trasferimento dei contratti derivati in capo ad una controparte che rispetti i requisiti previsti alla lettera e) oppure la sottoscrizione di nuovi contratti derivati con una controparte che rispetti i requisiti previsti dalla lettera e);

e) sono stipulati con controparti che rispettino livelli minimi di ammissibilità previsti all'articolo 129, paragrafo 1, lettera c) del regolamento (UE) n. 575/2013;

f) i margini e le attività acquisite dalla società cessionaria a titolo di garanzia dell'adempimento degli obblighi derivanti dai contratti derivati sono segregati ai sensi dell'articolo 7-octies, comma 2.

2. La Banca d'Italia può adottare disposizioni attuative del presente articolo, in particolare con riferimento alla documentazione da fornire ai fini del comma 1, lettera b), e ai livelli di ammissibilità delle controparti indicate alla lettera e) secondo quanto previsto dall'articolo 129, paragrafo 1-bis, lettera c) del regolamento (UE) n. 575/2013.

(1) Articolo inserito dall'art. 1, co. 1, lett. b), d.lg. 5/11/2021, n. 190.

Capo III
Requisiti di copertura e liquidità (1)

(1) Capo inserito dall'art. 1, co. 1, lett. b), d.lg. 5/11/2021, n. 190.

7 undecies. Requisiti di copertura (1). – 1. La banca emittente assicura in via continuativa, per l'intera durata del programma di emissione, che:

a) il valore nominale complessivo degli attivi idonei inclusi nel patrimonio separato sia almeno pari al valore nominale delle obbligazioni bancarie garantite in essere;

b) il valore attuale netto delle attività facenti parte del patrimonio separato, al netto di tutti i costi dell'operazione gravanti sulla società cessionaria, inclusi i costi attesi relativi alla manutenzione e alla gestione in caso di liquidazione del programma di emissione e gli oneri degli eventuali contratti derivati di copertura, sia almeno pari al valore attuale netto delle obbligazioni bancarie garantite in essere;

c) gli interessi e gli altri proventi generati dalle attività facenti parte del patrimonio separato, al netto dei costi della società cessionaria, siano sufficienti a coprire gli interessi e i costi dovuti dalla banca emittente sulle obbligazioni bancarie garantite in essere, tenuto conto degli eventuali contratti derivati di copertura.

2. Nel calcolo dei rapporti indicati al comma 1, la banca emittente si attiene ai criteri di seguito indicati:

a) i crediti non garantiti, nel caso in cui intervenga un default ai sensi dell'articolo 178 del regolamento (UE) n. 575/2013, non contribuiscono al calcolo dei rapporti di cui al comma 1 del presente articolo;

b) i costi di manutenzione e gestione in caso di liquidazione del programma di emissione indicati al comma 1, lettera b), possono essere calcolati anche in misura forfettaria;

c) le attività liquide di cui all'articolo 7-duodecies contribuiscono al calcolo dei rapporti di cui al comma 1 del presente articolo a condizione che soddisfino le condizioni per essere qualificate attività ammissibili di cui all'articolo 7-novies, comma 1, lettera a);

d) il calcolo degli interessi generati dalle attività facenti parte del patrimonio separato e di quelli dovuti dalla banca emittente sulle obbligazioni bancarie garantite in essere di cui al comma 1, lettera c), è effettuato in base a criteri prudenti e coerenti con i principi contabili applicabili;

e) i derivati che rispettano i requisiti previsti dall'articolo 7-decies:

1) sono esclusi dal calcolo del rapporto indicato al comma 1, lettera a);

2) sono inclusi nel calcolo del valore netto delle attività facenti parte del patrimonio separato indicato al comma 1, lettera b), al costo corrente di sostituzione, tenendo conto degli effetti dei contratti di novazione e di altri accordi di compensazione, in conformità a quanto previsto dalla parte 3, titolo II, capitolo 6, del regolamento (UE) n. 575/2013;

3) sono inclusi nel calcolo degli interessi ed altri proventi indicati al comma 1, lettera c);

f) le metodologie di calcolo del numeratore e del denominatore dei rapporti indicati al comma 1 sono basate sui criteri coerenti tra loro.

3. La Banca d'Italia può adottare disposizioni attuative del presente articolo, anche con riferimento alle modalità di calcolo dei requisiti di copertura e con riferimento al livello minimo di eccesso di garanzia ai sensi dell'articolo 129, paragrafo 3 bis, del regolamento (UE) n. 575/2013, come modificato dal regolamento (UE) n. 2160/2019.

(1) Articolo inserito dall'art. 1, co. 1, lett. b), d.lg. 5/11/2021, n. 190.

7 duodecies. Requisito per la riserva di liquidità (1). – 1. La banca emittente assicura in via continuativa, per l'intera durata del programma di emissione, che le attività facenti parte del patrimonio separato comprendano una riserva di liquidità pari almeno al deflusso netto cumulativo massimo di liquidità dei successivi centottanta giorni.

2. La riserva di liquidità di cui al comma 1 è composta dalle seguenti attività:

a) attività liquide di elevata qualità ai sensi del regolamento delegato (UE) 2015/61 della Commissione, adottato a norma dell'articolo 460 del regolamento (UE) n. 575/2013, che non siano state emesse dalla banca stessa, dalla sua impresa madre, salvo che quest'ultima sia un organismo del settore pubblico diverso da una banca, da una filiazione della banca emittente o da altra filiazione dell'impresa madre ovvero da una società veicolo per la cartolarizzazione con cui la banca ha stretti legami;

b) esposizioni con durata originaria pari o inferiore a novanta giorni verso banche che siano classificate nelle classi di merito di credito 1 o 2 oppure depositi a breve termine presso banche che siano classificate nelle classi di merito di credito 1, 2 o 3, ai sensi di quanto previsto dall'articolo 129, paragrafo 1, lettera c), del regolamento (UE) n. 575/2013, così come modificato dal regolamento (UE) n. 2160/2019.

3. Le attività non garantite indicate al comma 2 non sono incluse nella riserva di liquidità nel caso in cui intervenga un default ai sensi dell'articolo 178 del regolamento (UE) n. 575/2013.

4. In caso di programmi di emissione che prevedano l'estensione della scadenza delle obbligazioni ai sensi dell'articolo 7-terdecies, il calcolo del deflusso netto cumulativo massimo di liquidità è basato sulla data ultima di scadenza.

(1) Articolo inserito dall'art. 1, co. 1, lett. b), d.lg. 5/11/2021, n. 190.

7 terdecies. Scadenze estensibili (1). – 1. I programmi di emissione possono prevedere l'estensione automatica della scadenza delle obbligazioni nei seguenti casi:

a) inadempimento, come previsto dalla disciplina contrattuale che regola il programma o l'emissione, da parte della banca emittente nei confronti dei portatori delle obbligazioni bancarie garantite, se la cessionaria non è in grado di adempiere al pagamento nei confronti dei portatori delle obbligazioni bancarie garantite e degli altri soggetti, incluse le controparti in derivati, che hanno rango pari o superiore a quello dei portatori delle obbligazioni bancarie garantite;

b) attivazione da parte dell'autorità competente delle misure di intervento precoce indicate al Titolo IV, Capo I, del testo unico bancario nei confronti della banca emittente;

c) accertamento dei presupposti indicati all'articolo 17 del decreto legislativo 16 novembre 2015, n. 180, da parte dell'autorità competente all'esercizio della vigilanza sulla banca emittente o dell'autorità di risoluzione.

2. L'attivazione di clausole di estensione della scadenza non incide sulla gerarchia applicabile in caso di liquidazione coatta amministrativa o risoluzione della banca emittente né sull'ordine dei pagamenti originariamente previsto. Resta

fermo quanto previsto agli articoli 7-octies, 7-quaterdecies e 7-quinquiesdecies.

3. La possibilità di estensione e le relative condizioni sono formalizzate per iscritto nella documentazione contrattuale che disciplina l'emissione; essa consente di determinare in ogni momento la data di scadenza finale delle obbligazioni bancarie garantite.

4. Le informazioni fornite agli investitori sulla struttura delle scadenze delle obbligazioni bancarie garantite includono una descrizione delle clausole di estensione della scadenza, comprese le condizioni di attivazione e le conseguenze in caso di liquidazione coatta ammnistrativa o risoluzione della banca emittente.

5. La banca emittente informa prontamente la Banca d'Italia in ordine all'attivazione di clausole di estensione della scadenza.

6. La Banca d'Italia può adottare disposizioni attuative del presente articolo, in particolare con riferimento alle modalità e termini per la trasmissione delle informazioni indicate al comma 5.

(1) Articolo inserito dall'art. 1, co. 1, lett. b), d.lg. 5/11/2021, n. 190.

Capo IV
Obblighi della banca emittente e della società cessionaria (1)

(1) Capo inserito dall'art. 1, co. 1, lett. b), d.lg. 5/11/2021, n. 190.

7 quaterdecies. Garanzia della società cessionaria (1). – 1. La garanzia indicata all'articolo 7-sexies, lettera c), prestata dalla società cessionaria nei confronti dei portatori delle obbligazioni bancarie garantite nei limiti del patrimonio separato, è irrevocabile, a prima richiesta, incondizionata e autonoma rispetto alle obbligazioni assunte dalla banca emittente. A tale garanzia non si applicano le disposizioni degli articoli 1939, 1941, primo comma, 1944, secondo comma, 1945,1955,1956 e 1957 del codice civile.

2. In caso di inadempimento da parte della banca emittente nei confronti dei portatori delle obbligazioni bancarie garantite, la società cessionaria provvede all'adempimento nei termini e alle condizioni originariamente convenuti, nei limiti del patrimonio separato. Gli effetti in capo alla banca emittente della decadenza dal beneficio del termine di cui all'articolo 1186 del codice civile, anche derivanti da eventi contrattualmente previsti, non si estendono in capo alla società cessionaria in relazione alla garanzia rilasciata dalla medesima.

3. In caso di liquidazione coatta amministrativa o di risoluzione della banca emittente, la società cessionaria provvede nei limiti del patrimonio separato, all'adempimento delle obbligazioni nei confronti dei portatori delle obbligazioni bancarie garantite nei termini e alle condizioni originariamente convenuti. La società cessionaria esercita in via esclusiva i diritti dei portatori dei titoli nei confronti della banca in liquidazione secondo la disciplina applicabile a quest'ultima. Le somme rivenienti dall'esercizio di tali diritti sono comprese nel patrimonio separato. In caso di sospensione dei pagamenti ai sensi dell'articolo 74 del testo unico bancario, la società cessionaria provvede, nei limiti del patrimonio separato, all'adempimento delle obbligazioni nei confronti dei portatori delle obbligazioni bancarie garantite limitatamente ai crediti scaduti ed esigibili nel corso del periodo di sospensione. Per le somme pagate la società cessionaria esercita il regresso nei confronti della banca.

4. In caso di liquidazione coatta amministrativa della banca emittente, i portatori delle obbligazioni bancarie garantite concorrono nelle ripartizioni dell'attivo della stessa, per quanto residua a seguito dell'escussione della garanzia indicata al comma 1, con i creditori chirografari della banca emittente incluse, nel caso previsto all'articolo 7-quinquiesdecies, comma 2, le controparti in derivati.

(1) Articolo inserito dall'art. 1, co. 1, lett. b), d.lg. 5/11/2021, n. 190.

7 quinquiesdecies. Garanzia della banca emittente sui contratti derivati (1). – 1. In caso di incapienza del patrimonio separato della società cessionaria, la banca emittente risponde con il proprio patrimonio, per quanto ancora dovuto, delle obbligazioni assunte dalla società cessionaria nei confronti delle controparti in derivati previsti dall'articolo 7-decies.

2. In caso di liquidazione coatta amministrativa della banca emittente, le controparti in derivati indicati all'articolo 7-decies concorrono, per quanto loro ancora dovuto, con i creditori chirografari della banca emittente e con i portatori delle obbligazioni bancarie garantite nelle ripartizioni dell'attivo della stessa.

(1) Articolo inserito dall'art. 1, co. 1, lett. b), d.lg. 5/11/2021, n. 190.

7 sexiesdecies. Società di controllo dell'aggregato di copertura (1). – 1. La banca emittente incarica un soggetto abilitato alla revisione legale dei conti del controllo, in via continuativa, sulla regolarità delle operazioni di cui all'articolo 7-sexies e, in particolare, sul rispetto degli articoli da 7-octies a 7-terdecies e dell'articolo 7-septiesdecies e delle relative disposizioni attuative. La banca assicura alla società incaricata l'accesso alle informazioni necessarie per l'espletamento del proprio incarico.

2. La società individuata al comma 1 soddisfa i requisiti, anche in termini di indipendenza e separatezza, previsti dalla Banca d'Italia. La perdita di tali requisiti costituisce causa di revoca dell'incarico.

3. La società individuata al comma 1 comunica almeno annualmente alla Banca d'Italia l'esito dei controlli effettuati. Si applica l'articolo 52 del testo unico bancario.

(1) Articolo inserito dall'art. 1, co. 1, lett. b), d.lg. 5/11/2021, n. 190.

7 septiesdecies. Informativa al pubblico (1). – 1. La banca emittente pubblica, almeno su base trimestrale, informazioni sui programmi di emissione tali da consentire agli investitori di procedere ad una valutazione informata delle emissioni e dei rischi ad esse connessi.

2. La banca emittente pubblica le informazioni di cui al comma 1 sul proprio sito internet.

3. La Banca d'Italia detta disposizioni attuative del presente articolo.

(1) Articolo inserito dall'art. 1, co. 1, lett. b), d.lg. 5/11/2021, n. 190.

Capo V
Vigilanza sull'emissione di obbligazioni bancarie garantite (1)

(1) Capo inserito dall'art. 1, co. 1, lett. b), d.lg. 5/11/2021, n. 190.

7 octiesdecies. Vigilanza (1). – 1. La Banca d'Italia vigila sul rispetto delle disposizioni del presente Titolo, al fine di assicurare la sana e prudente gestione delle banche emittenti, la stabilità del mercato e la tutela dei portatori delle obbligazioni bancarie garantite.

2. Per le finalità di cui al comma 1, la Banca d'Italia esercita, in quanto compatibili, i poteri previsti dal Titolo III, Capi I e II, del testo unico bancario.

3. La vigilanza sull'emissione di obbligazioni bancarie ga-

rantite ai sensi del presente articolo è esercitata senza pregiudizio dei poteri attribuiti alla Banca d'Italia dal testo unico bancario e alla Banca d'Italia e alla Consob dal testo unico delle disposizioni in materia di intermediazione finanziaria, di cui al decreto legislativo 24 febbraio 1998, n. 58, per le finalità ivi previste, con particolare riguardo ai poteri attribuiti alla Consob in materia di appello al pubblico risparmio.

(1) Articolo inserito dall'art. 1, co. 1, lett. b), d.lg. 5/11/2021, n. 190.

7 noviesdecies. Autorizzazione del programma di emissione di obbligazioni bancarie garantite (1). – 1. La Banca d'Italia autorizza il programma per l'emissione di obbligazioni bancarie garantite da parte di una banca avente sede legale in Italia quando risulti assicurato il rispetto delle finalità previste dall'art. 7-octiesdecies. A tal fine, la Banca d'Italia verifica il rispetto almeno delle seguenti condizioni: (i) sia definito il programma di emissione delle obbligazioni bancarie garantite; (ii) le politiche, i processi e le metodologie, incluse quelle relative all'approvazione, la modifica, il rinnovo e il rifinanziamento dei prestiti compresi nell'aggregato di copertura, siano adeguate ad assicurare l'ordinato svolgimento dell'operazione; (iii) il personale responsabile dell'amministrazione e dei controlli del programma di obbligazioni bancarie garantite disponga di adeguate qualifiche e competenze; (iv) sia assicurato il rispetto delle disposizioni previste dal presente Titolo e dalle relative disposizioni attuative. Successivamente all'autorizzazione, la Banca d'Italia provvede ad includere l'informazione nell'albo indicato all'articolo 13 del testo unico bancario.

2. La Banca d'Italia revoca l'autorizzazione rilasciata ai sensi del comma 1 quando:

a) vengono meno le condizioni cui è subordinata l'autorizzazione;

b) l'autorizzazione è stata ottenuta o rilasciata presentando false dichiarazioni o con qualsiasi altro mezzo irregolare.

3. La Banca d'Italia adotta disposizioni di attuazione del presente articolo, in particolare con riferimento alle condizioni per il rilascio della autorizzazione prevista al comma 1.

(1) Articolo inserito dall'art. 1, co. 1, lett. b), d.lg. 5/11/2021, n. 190.

7 vicies. Collaborazione tra autorità (1). – 1. Per l'esercizio dei poteri previsti dal presente Titolo, fermi restando gli obblighi di cui all'articolo 7 del testo unico bancario, la Banca d'Italia, in qualità di autorità di vigilanza sull'emissione di obbligazioni bancarie garantite, collabora, anche mediante scambio di informazioni, con le autorità degli altri Stati membri designate ai sensi delle disposizioni nazionali di recepimento dell'articolo 18, paragrafo 2, della direttiva (UE) 2019/2162 e, ove previsto, con l'amministratore speciale indicato all'articolo 20 della medesima direttiva nei casi ivi specificati.

(1) Articolo inserito dall'art. 1, co. 1, lett. b), d.lg. 5/11/2021, n. 190.

7 vicies semel. Disciplina e procedura sanzionatoria (1). – 1. Nei confronti dei soggetti indicati all'articolo 144, comma 1, del testo unico bancario, nonché della società di controllo dell'aggregato di copertura e della società cessionaria, la Banca d'Italia applica le sanzioni previste dagli articoli 144, commi 1 e 9, 144-bis, 144-ter, 144-quater, 144-quinquies del testo unico bancario in caso di inosservanza degli articoli da 7-septies a 7-septiesdecies, dell'articolo 7-octiesdecies, comma 2 e dell'articolo 7-noviesdecies, comma 1, o delle relative disposizioni generali o particolari impartite dalle autorità creditizie come definite all'articolo 1, comma 1, lettera a), del testo unico bancario.

2. Si applicano le disposizioni in materia di procedura previste dagli articoli 145 e 145-ter. La Banca d'Italia può adottare disposizioni attuative in materia di procedura ai sensi dell'articolo 145-quater del testo unico bancario.

(1) Articolo inserito dall'art. 1, co. 1, lett. b), d.lg. 5/112021, n. 190.

Capo VI
Marchio (1)

(1) Capo inserito dall'art. 1, co. 1, lett. b), d.lg. 5/11/2021, n. 190.

7 vicies bis. Marchio (1). – 1. Le obbligazioni bancarie garantite emesse ai sensi del presente Titolo possono essere commercializzate utilizzando il marchio «obbligazione garantita europea».

2. Le obbligazioni bancarie garantite emesse ai sensi del presente Titolo che soddisfino anche i requisiti di cui all'articolo 129 del regolamento (UE) n. 575/2013, così come modificato dal regolamento (UE) n. 2160/2019, possono essere commercializzate utilizzando il marchio «obbligazione garantita europea (premium)».

3. La lista delle obbligazioni che utilizzano il marchio indicato ai commi 1 e 2 è pubblicata sul sito internet della Banca d'Italia.

(1) Articolo inserito dall'art. 1, co. 1, lett. b), d.lg. 5/11/2021, n. 190.

Capo VII
Disposizioni fiscali (1)

(1) Capo inserito dall'art. 1, co. 1, lett. b), d.lg. 5/11/2021, n. 190.

7 vicies ter. Disposizioni fiscali (1). – 1. Ogni imposta e tassa è dovuta considerando le operazioni di cui all'articolo 7-sexies come non effettuate e gli attivi idonei che hanno formato oggetto di cessione come iscritti nel bilancio della banca cedente, se per le cessioni è pagato un corrispettivo pari all'ultimo valore di iscrizione in bilancio degli attivi idonei, e il finanziamento di cui all'articolo 7-sexies, comma 1, lettera b), è concesso o garantito dalla medesima banca cedente.

(1) Articolo inserito dall'art. 1, co. 1, lett. b), d.lg. 5/11/2021, n. 190.

Capo VIII
Obbligazioni bancarie collateralizzate (1)

(1) Capo inserito dall'art. 1, co. 1, lett. b), d.lg. 5/11/2021, n. 190.

7 vicies quater. Cessione di ulteriori crediti e titoli (1). – 1. Le disposizioni del presente Titolo e le relative disposizioni attuative si applicano, in quanto compatibili, alle obbligazioni emesse da banche nell'ambito di operazioni conformi allo schema previsto dall'articolo 7-sexies e in cui siano cedute alla società cessionaria obbligazioni e titoli similari ovvero cambiali finanziarie, crediti garantiti da ipoteca navale, crediti nei confronti di piccole e medie imprese, crediti derivanti da contratti di leasing o di factoring, nonché di titoli emessi nell'ambito di operazioni di cartolarizzazione aventi ad oggetto crediti della medesima natura. I crediti e i titoli possono essere ceduti anche da società facenti parte di un gruppo bancario.

2. Il Ministro dell'economia e delle finanze, con regolamento emanato ai sensi dell'articolo 17, comma 3, della legge 23 agosto 1988, n. 400, sentita la Banca d'Italia, individua le categorie di crediti o titoli di cui al comma 1, cui si applicano le disposizioni previste al presente articolo, e regola l'emissione di titoli di cui al presente articolo differenziandoli dai titoli emessi ai sensi dell'articolo 7-sexies.

(1) Articolo inserito dall'art. 1, co. 1, lett. b), d.lg. 5/11/2021, n. 190.

Sezione XIV

FALLIMENTO

R.d. 16 marzo 1942, n. 267

Disciplina del fallimento, del concordato preventivo, dell'amministrazione controllata e della liquidazione coatta amministrativa

TITOLO I
DISPOSIZIONI GENERALI

1. Imprese soggette al fallimento e al concordato preventivo (1). – 1. Sono soggetti alle disposizioni sul fallimento e sul concordato preventivo gli imprenditori che esercitano una attività commerciale, esclusi gli enti pubblici.

2. Non sono soggetti alle disposizioni sul fallimento e sul concordato preventivo gli imprenditori di cui al primo comma, i quali dimostrino il possesso congiunto dei seguenti requisiti:

a) aver avuto, nei tre esercizi antecedenti la data di deposito della istanza di fallimento o dall'inizio dell'attività se di durata inferiore, un attivo patrimoniale di ammontare complessivo annuo non superiore ad euro trecentomila;

b) aver realizzato, in qualunque modo risulti, nei tre esercizi antecedenti la data di deposito dell'istanza di fallimento o dall'inizio dell'attività se di durata inferiore, ricavi lordi per un ammontare complessivo annuo non superiore ad euro duecentomila;

c) avere un ammontare di debiti anche non scaduti non superiore ad euro cinquecentomila.

3. I limiti di cui alle lettere a), b) e c) del secondo comma possono essere aggiornati ogni tre anni con decreto del Ministro della giustizia, sulla base della media delle variazioni degli indici ISTAT dei prezzi al consumo per le famiglie di operai ed impiegati intervenute nel periodo di riferimento.

(1) Articolo modificato dall'articolo unico della l. 20/10/1952, n. 1375; successivamente sostituito dall'art. 1 del d.lg. 9/1/2006, n. 5 e, da ultimo, dall'art. 1 del d.lg. 12/9/2007, n. 169, con la decorrenza indicata nell'art. 22 del medesimo d.lg. n. 169/2007.

• La Corte costituzionale, con sent. 22/12/1989, n. 570, aveva dichiarato l'illegittimità costituzionale del co. 2 del presente articolo, nel testo precedente la modifica, nella parte in cui prevedeva che quando è mancato l'accertamento ai fini dell'imposta di ricchezza mobile, sono considerati piccoli imprenditori gli imprenditori esercenti un'attività commerciale nella cui azienda risulta investito un capitale non superiore a lire novecentomila.

2. Liquidazione coatta amministrativa e fallimento. – 1. La legge determina le imprese soggette a liquidazione coatta amministrativa, i casi per le quali la liquidazione coatta amministrativa può essere disposta e l'autorità competente a disporla.

2. Le imprese soggette a liquidazione coatta amministrativa non sono soggette al fallimento, salvo che la legge diversamente disponga.

3. Nel caso in cui la legge ammette la procedura di liquidazione coatta amministrativa e quella di fallimento si osservano le disposizioni dell'art. 196.

3. Liquidazione coatta amministrativa, concordato preventivo e amministrazione controllata (1). – 1. Se la legge non dispone diversamente, le imprese soggette a liquidazione coatta amministrativa possono essere ammesse alla procedura di concordato preventivo e di amministrazione controllata, osservate per le imprese escluse dal fallimento le norme del settimo comma dell'art. 195 (1).

2. Le imprese esercenti il credito non sono soggette all'amministrazione controllata prevista da questa legge.*

(1) A norma dell'art. 147, co. 2, d.lg. 9/1/2006, n. 5 sono soppressi tutti i riferimenti all'amministrazione controllata contenuti nel presente regio decreto.

* Comma abrogato dall'art. 2 del d.lg. 9/1/2006, n. 5.

4. Rinvio a leggi speciali*. – *1. L'agente di cambio è soggetto al fallimento nei casi stabiliti dalle leggi speciali. 2. Sono salve le disposizioni delle leggi speciali circa la dichiarazione di fallimento del contribuente per debito d'imposta.*

* Articolo abrogato dall'art. 3 del d.lg. 9/1/2006, n. 5.

TITOLO II
DEL FALLIMENTO

Capo I
Della dichiarazione di fallimento

5. Stato d'insolvenza. – 1. L'imprenditore che si trova in stato d'insolvenza è dichiarato fallito.

2. Lo stato d'insolvenza si manifesta con inadempimenti od altri fatti esteriori, i quali dimostrino che il debitore non è più in grado di soddisfare regolarmente le proprie obbligazioni.

6. Iniziativa per la dichiarazione di fallimento (1). – 1. Il fallimento è dichiarato su ricorso del debitore, di uno o più creditori o su richiesta del pubblico ministero.

2. Nel ricorso di cui al primo comma l'istante può indicare il recapito telefax o l'indirizzo di posta elettronica presso cui dichiara di voler ricevere le comunicazioni e gli avvisi previsti dalla presente legge.

(1) Articolo sostituito dall'art. 4 del d.lg. 9/1/2006, n. 5.

7. Iniziativa del pubblico ministero (1). – 1. Il pubblico ministero presenta la richiesta di cui al primo comma dell'articolo 6:

1) quando l'insolvenza risulta nel corso di un procedimento penale, ovvero dalla fuga, dalla irreperibilità o dalla latitanza dell'imprenditore, dalla chiusura dei locali dell'impresa, dal trafugamento, dalla sostituzione o dalla diminuzione fraudolenta dell'attivo da parte dell'imprenditore;

2) quando l'insolvenza risulta dalla segnalazione proveniente dal giudice che l'abbia rilevata nel corso di un procedimento civile.

(1) Articolo sostituito dall'art. 5 del d.lg. 9/1/2006, n. 5.

8. Stato d'insolvenza risultante in giudizio civile*. *– 1. Se nel corso di un giudizio civile risulta l'insolvenza di un imprenditore che sia parte nel giudizio, il giudice ne riferisce al tribunale competente per la dichiarazione del fallimento.*

* Articolo abrogato dall'art. 6 del d.lg. 9/1/2006, n. 5.

9. Competenza. – 1. Il fallimento è dichiarato dal tribunale del luogo dove l'imprenditore ha la sede principale dell'impresa.

2. Il trasferimento della sede intervenuto nell'anno antecedente all'esercizio dell'iniziativa per la dichiarazione del fallimento non rileva ai fini della competenza (1).

3. L'imprenditore, che ha all'estero la sede principale dell'impresa, può essere dichiarato fallito nella Repubblica italiana anche se è stata pronunciata dichiarazione di fallimento all'estero (1).

4. Sono fatte salve le convenzioni internazionali e la normativa dell'Unione europea (2).

5. Il trasferimento della sede dell'impresa all'estero non esclude la sussistenza della giurisdizione italiana, se è avvenuto dopo il deposito del ricorso di cui all'articolo 6 o la presentazione della richiesta di cui all'articolo 7 (2).

(1) Comma sostituito dall'art. 7 del d.lg. 9/1/2006, n. 5.

(2) Comma inserito dall'art. 7 del d.lg. 9/1/2006, n. 5.

9 bis. Disposizioni in materia di incompetenza (1). – 1. Il provvedimento che dichiara l'incompetenza è trasmesso in copia al tribunale dichiarato incompetente, il quale dispone con decreto l'immediata trasmissione degli atti a quello competente. Allo stesso modo provvede il tribunale che dichiara la propria incompetenza (2).

2. Il tribunale dichiarato competente, entro venti giorni dal ricevimento degli atti, se non richiede d'ufficio il regolamento di competenza ai sensi dell'articolo 45 del codice di procedura civile, dispone la prosecuzione della procedura fallimentare, provvedendo alla nomina del giudice delegato e del curatore.

3. Restano salvi gli effetti degli atti precedentemente compiuti.

4. Qualora l'incompetenza sia dichiarata all'esito del giudizio di cui all'articolo 18, l'appello, per le questioni diverse dalla competenza, è riassunto, a norma dell'articolo 50 del codice di procedura civile, dinanzi alla corte di appello competente.

5. Nei giudizi promossi ai sensi dell'articolo 24 dinanzi al tribunale dichiarato incompetente, il giudice assegna alle parti un termine per la riassunzione della causa davanti al giudice competente ai sensi dell'articolo 50 del codice di procedura civile e ordina la cancellazione della causa dal ruolo.

(1) Articolo inserito dall'art. 8 del d.lg. 9/1/2006, n. 5.

(2) Comma modificato dall'art. 2 del d.lg. 12/9/2007, n. 169, con la decorrenza indicata nell'art. 22 del medesimo d.lg. n. 169/2007.

9 ter. Conflitto positivo di competenza (1). – 1. Quando il fallimento è stato dichiarato da più tribunali, il procedimento prosegue avanti al tribunale competente che si è pronunciato per primo.

2. Il tribunale che si è pronunciato successivamente, se non richiede d'ufficio il regolamento di competenza ai sensi dell'articolo 45 del codice di procedura civile, dispone la trasmissione degli atti al tribunale che si è pronunziato per primo. Si applica l'articolo 9-bis, in quanto compatibile.

(1) Articolo inserito dall'art. 8 del d.lg. 9/1/2006, n. 5.

10. Fallimento dell'imprenditore che ha cessato l'esercizio dell'impresa (1). – 1. Gli imprenditori individuali e collettivi possono essere dichiarati falliti entro un anno dalla cancellazione dal registro delle imprese, se l'insolvenza si è manifestata anteriormente alla medesima o entro l'anno successivo.

2. In caso di impresa individuale o di cancellazione di ufficio degli imprenditori collettivi, è fatta salva la facoltà per il creditore o per il pubblico ministero di dimostrare il momento dell'effettiva cessazione dell'attività da cui decorre il termine del primo comma (2).

(1) Articolo sostituito dall'art. 9 del d.lg. 9/1/2006, n. 5.

• La Corte costituzionale, con sent. 21/7/2000, n. 319, aveva dichiarato l'illegittimità costituzionale del presente articolo, nel testo precedente la sostituzione, nella parte in cui non prevedeva che il termine di un anno dalla cessazione dell'esercizio dell'impresa collettiva per la dichiarazione di fallimento della società decorresse dalla cancellazione della società stessa dal registro delle imprese.

(2) Comma modificato dall'art. 2, co. 2, d.lg. 12/9/2007, n. 169, con la decorrenza indicata nell'art. 22 del medesimo d.lg. n. 169/2007.

11. Fallimento dell'imprenditore defunto. – 1. L'imprenditore defunto può essere dichiarato fallito quando ricorrono le condizioni stabilite nell'articolo precedente.

2. L'erede può chiedere il fallimento del defunto, purché l'eredità non sia già confusa con il suo patrimonio; l'erede che chiede il fallimento del defunto non e soggetto agli obblighi di deposito di cui agli articoli 14 e 16, secondo comma, n. 3) (1).

3. Con la dichiarazione di fallimento cessano di diritto gli effetti della separazione dei beni ottenuta dai creditori del defunto a norma del codice civile.

(1) Comma sostituito dall'art. 10 del d.lg. 9/1/2006, n. 5.

12. Morte del fallito. – 1. Se l'imprenditore muore dopo la dichiarazione di fallimento, la procedura prosegue nei confronti degli eredi, anche se hanno accettato con beneficio d'inventario.

2. Se ci sono più eredi, la procedura prosegue in confronto di quello che è designato come rappresentante. In mancanza di accordo nella designazione del rappresentante entro quindici giorni dalla morte del fallito, la designazione è fatta dal giudice delegato.

3. Nel caso previsto dall'art. 528 del c.c., la procedura prosegue in confronto del curatore dell'eredità giacente e nel caso previsto dall'art. 641 del c.c. nei confronti dell'amministratore nominato a norma dell'art. 642 dello stesso codice.

13. Obbligo di trasmissione dell'elenco dei protesti*. *– 1. I pubblici ufficiali abilitati a levare protesti cambiari devono trasmettere ogni quindici giorni al presidente del tribunale, nella cui giurisdizione esercitano le loro funzioni, un elenco dei protesti per mancato pagamento levati nei quindici giorni precedenti. L'elenco deve indicare la data di ciascun protesto, il cognome, il nome e il domicilio della persona alla quale fu fatto e del richiedente, la scadenza del titolo protestato, la somma dovuta ed i motivi del rifiuto di pagamento. 2. Eguale obbligo hanno i procuratori del registro per i rifiuti di pagamento fatti in conformità della legge cambiaria.*

* Articolo abrogato dall'art. 11 del d.lg. 9/1/2006, n. 5.

14. Obbligo dell'imprenditore che chiede il proprio fallimento (1). – 1. L'imprenditore che chiede il proprio fallimento deve depositare presso la cancelleria del tribunale le scritture contabili e fiscali obbligatorie concernenti i tre esercizi precedenti ovvero l'intera esistenza dell'impresa, se questa ha avuto una minore durata. Deve inoltre depositare uno stato particolareggiato ed estimativo delle sue attività, l'elenco nominativo dei creditori e l'indicazione dei rispettivi crediti, l'indicazione dei ricavi lordi per ciascuno degli ultimi tre esercizi, l'elenco nominativo di coloro che vantano diritti reali e personali su cose in suo possesso e l'indicazione delle cose stesse e del titolo da cui sorge il diritto (2).

(1) Articolo sostituito dall'art. 12 del d.lg. 9/1/2006, n. 5.

(2) Comma modificato dall'art. 2, co. 3, d.lg. 12/9/2007, n. 169, con la decorrenza indicata nell'art. 22 del medesimo d.lg. n. 169/2007.

15. Procedimento per la dichiarazione di fallimento (1). – 1. Il procedimento per la dichiarazione di fallimento si svolge dinanzi al tribunale in composizione collegiale con le modalità dei procedimenti in camera di consiglio.

2. Il tribunale convoca, con decreto apposto in calce al ricorso, il debitore ed i creditori istanti per il fallimento; nel procedimento interviene il pubblico ministero che ha assunto l'iniziativa per la dichiarazione di fallimento.

3. Il decreto di convocazione è sottoscritto dal presidente del tribunale o dal giudice relatore se vi è delega alla trattazione del procedimento ai sensi del sesto comma. Il ricorso e il decreto devono essere notificati, a cura della cancelleria, all'indirizzo di posta elettronica certificata del debitore risultante dal registro delle imprese ovvero dall'Indice nazionale degli indirizzi di posta elettronica certificata delle imprese e dei professionisti. L'esito della comunicazione è trasmesso, con modalità automatica, all'indirizzo di posta elettronica certificata del ricorrente. Quando, per qualsiasi ragione, la notificazione non risulta possibile o non ha esito positivo, la notifica, a cura del ricorrente, del ricorso e del decreto si esegue esclusivamente di persona a norma dell'articolo 107, primo comma, del decreto del Presidente della Repubblica 15 dicembre 1959, n. 1229, presso la sede risultante dal registro delle imprese. Quando la notificazione non può essere compiuta con queste modalità, si esegue con il deposito dell'atto nella casa comunale della sede che risulta iscritta nel registro delle imprese e si perfeziona nel momento del deposito stesso. L'udienza è fissata non oltre quarantacinque giorni dal deposito del ricorso e tra la data della comunicazione o notificazione e quella dell'udienza deve intercorrere un termine non inferiore a quindici giorni (2).

4. Il decreto contiene l'indicazione che il procedimento è volto all'accertamento dei presupposti per la dichiarazione di fallimento e fissa un termine non inferiore a sette giorni prima dell'udienza per la presentazione di memorie e il deposito di documenti e relazioni tecniche. In ogni caso, il tribunale dispone che l'imprenditore depositi i bilanci relativi agli ultimi tre esercizi, nonché una situazione patrimoniale, economica e finanziaria aggiornata; può richiedere eventuali informazioni urgenti.

5. I termini di cui al terzo e quarto comma possono essere abbreviati dal presidente del tribunale, con decreto motivato, se ricorrono particolari ragioni di urgenza. In tali casi, il presidente del tribunale può disporre che il ricorso e il decreto di fissazione dell'udienza siano portati a conoscenza delle parti con ogni mezzo idoneo, omessa ogni formalità non indispensabile alla conoscibilità degli stessi.

6. Il tribunale può delegare al giudice relatore l'audizione delle parti. In tal caso, il giudice delegato provvede all'ammissione ed all'espletamento dei mezzi istruttori richiesti dalle parti o disposti d'ufficio.

7. Le parti possono nominare consulenti tecnici.

8. Il tribunale, ad istanza di parte, può emettere i provvedimenti cautelari o conservativi a tutela del patrimonio o dell'impresa oggetto del provvedimento, che hanno efficacia limitata alla durata del procedimento e vengono confermati o revocati dalla sentenza che dichiara il fallimento, ovvero revocati con il decreto che rigetta l'istanza.

9. Non si fa luogo alla dichiarazione di fallimento se l'ammontare dei debiti scaduti e non pagati risultanti dagli atti dell'istruttoria prefallimentare è complessivamente inferiore a euro trentamila. Tale importo è periodicamente aggiornato con le modalità di cui al terzo comma dell'articolo 1.

(1) Articolo sostituito dall'art. 13 del d.lg. 9/1/2006, n. 5 e dall'art. 2, co. 4, d.lg. 12/9/2007, n. 169, con la decorrenza indicata nell'art. 22 del medesimo d.lg. n. 169/2007.

• La Corte costituzionale, con sent. 16/7/1970, n. 141, aveva dichiarato l'illegittimità costituzionale del presente articolo, nel testo precedente la sostituzione, nella parte in cui esso non prevedeva l'obbligo del tribunale di disporre la comparizione dell'imprenditore in camera di consiglio per l'esercizio del diritto di difesa nei limiti compatibili con la natura di tale procedimento.

(2) Comma sostituito dall'art. 17, co. 1, lett. a), d.l. 18/10/2012, n. 179, per l'applicazione delle disposizioni da esso introdotte, vedi il co. 3 del medesimo art. 17, d.l. n. 179/2012.

16. Sentenza dichiarativa di fallimento (1). – 1. Il tribunale dichiara il fallimento con sentenza, con la quale:

1) nomina il giudice delegato per la procedura;

2) nomina il curatore;

3) ordina al fallito il deposito dei bilanci e delle scritture contabili e fiscali obbligatorie, nonché dell'elenco dei creditori, entro tre giorni, se non è stato ancora eseguito a norma dell'articolo 14;

4) stabilisce il luogo, il giorno e l'ora dell'adunanza in cui si procederà all'esame dello stato passivo, entro il termine perentorio di non oltre centoventi giorni dal deposito della sentenza, ovvero centottanta giorni in caso di particolare complessità della procedura;

5) assegna ai creditori e ai terzi, che vantano diritti reali o personali su cose in possesso del fallito, il termine perentorio di trenta giorni prima dell'adunanza di cui al numero 4 per la presentazione in cancelleria delle domande di insinuazione.

2. La sentenza produce i suoi effetti dalla data della pubblicazione ai sensi dell'articolo 133, primo comma, del codice di procedura civile. Gli effetti nei riguardi dei terzi si producono dalla data di iscrizione della sentenza nel registro delle imprese ai sensi dell'articolo 17, secondo comma.

(1) Articolo modificato dall'art. 14, co. 1, lett. a), b) e c), d.lg. 9/1/2006, n. 5 e successivamente sostituito dall'art. 2, co. 5, d.lg. 12/9/2007, n. 169, con la decorrenza indicata nell'art. 22 del medesimo d.lg. n. 169/2007.

17. Comunicazione e pubblicazione della sentenza dichiarativa di fallimento (1). – 1. Entro il giorno successivo al deposito in cancelleria, la sentenza che dichiara il fallimento è notificata, su richiesta del cancelliere, ai sensi dell'articolo 137 del codice di procedura civile al debitore, eventualmente presso il domicilio eletto nel corso del procedimento previsto dall'articolo 15, ed è comunicata per estratto, ai sensi dell'articolo 136 del codice di procedura civile, al pubblico ministero, al curatore ed al richiedente il fallimento. L'estratto deve contenere il nome del debitore, il nome del curatore, il dispositivo e la data del deposito della sentenza (2).

2. La sentenza è altresì annotata presso l'ufficio del registro delle imprese ove l'imprenditore ha la sede legale e, se questa differisce dalla sede effettiva, anche presso quello corrispondente al luogo ove la procedura è stata aperta.

3. A tale fine, il cancelliere, entro il termine di cui al primo comma, trasmette, anche per via telematica, l'estratto della sentenza all'ufficio del registro delle imprese indicato nel comma precedente (3).

(1) Articolo modificato dall'art. 52 del d.P.R. 14/11/2002, n. 313 e successivamente sostituito dall'art. 15 del d.lg. 9/1/2006, n. 5.

(2) Comma modificato dall'art. 2, co. 6, d.lg. 12/9/2007, n. 169, con la decorrenza indicata nell'art. 22 del medesimo d.lg. n. 169/2007.

(3) Vedi inoltre quanto disposto dall'art. 4-bis, co. 10, d.l. 23/12/2003, n. 347.

18. Reclamo (1). – 1. Contro la sentenza che dichiara il fallimento può essere proposto reclamo dal debitore e da qualunque interessato con ricorso da depositarsi nella cancelleria della corte d'appello nel termine perentorio di trenta giorni.

2. Il ricorso deve contenere:

1) l'indicazione della corte d'appello competente;

2) le generalità dell'impugnante e l'elezione del domicilio nel comune in cui ha sede la corte d'appello;

3) l'esposizione dei fatti e degli elementi di diritto su cui si basa l'impugnazione, con le relative conclusioni;

4) l'indicazione dei mezzi di prova di cui il ricorrente intende avvalersi e dei documenti prodotti.

3. Il reclamo non sospende gli effetti della sentenza impugnata, salvo quanto previsto dall'articolo 19, primo comma.

4. Il termine per il reclamo decorre per il debitore dalla data della notificazione della sentenza a norma dell'articolo 17 e per tutti gli altri interessati dalla data della iscrizione nel registro delle imprese ai sensi del medesimo articolo. In ogni caso, si applica la disposizione di cui all'articolo 327, primo comma, del codice di procedura civile.

5. Il presidente, nei cinque giorni successivi al deposito del ricorso, designa il relatore, e fissa con decreto l'udienza di comparizione entro sessanta giorni dal deposito del ricorso.

6. Il ricorso, unitamente al decreto di fissazione dell'udienza, deve essere notificato, a cura del reclamante, al curatore e alle altre parti entro dieci giorni dalla comunicazione del decreto.

7. Tra la data della notificazione e quella dell'udienza deve intercorrere un termine non minore di trenta giorni. Le parti resistenti devono costituirsi almeno dieci giorni prima della udienza, eleggendo il domicilio nel comune in cui ha sede la corte d'appello.

8. La costituzione si effettua mediante il deposito in cancelleria di una memoria contenente l'esposizione delle difese in fatto e in diritto, nonché l'indicazione dei mezzi di prova e dei documenti prodotti.

9. L'intervento di qualunque interessato non può avere luogo oltre il termine stabilito per la costituzione delle parti resistenti con le modalità per queste previste.

10. All'udienza, il collegio, sentite le parti, assume, anche d'ufficio, nel rispetto del contraddittorio, tutti i mezzi di prova che ritiene necessari, eventualmente delegando un suo componente.

11. La corte provvede sul ricorso con sentenza.

12. La sentenza che revoca il fallimento è notificata, a cura della cancelleria, al curatore, al creditore che ha chiesto il fallimento e al debitore, se non reclamante, e deve essere pubblicata a norma dell'articolo 17.

13. La sentenza che rigetta il reclamo è notificata al reclamante a cura della cancelleria.

14. Il termine per proporre il ricorso per cassazione è di trenta giorni dalla notificazione.

15. Se il fallimento è revocato, restano salvi gli effetti degli atti legalmente compiuti dagli organi della procedura.

16. Le spese della procedura ed il compenso al curatore sono liquidati dal tribunale, su relazione del giudice delegato, con decreto reclamabile ai sensi dell'articolo 26.

(1) Articolo sostituito dall'art. 16 del d.lg. 9/1/2006, n. 5 e, successivamente, dall'art. 2, co. 7, d.lg. 12/9/2007, n. 169, con la decorrenza indicata nell'art. 22 del medesimo d.lg. n. 169/2007.

• La Corte costituzionale, con sent. 27/11/1980, n. 151, aveva dichiarato l'illegittimità costituzionale del co. 1 del presente articolo, nel testo precedente la sostituzione, nella parte in cui prevedeva che il termine di quindici giorni per fare opposizione decorresse per il debitore dalla affissione della sentenza che ne dichiara il fallimento.

19. Sospensione della liquidazione dell'attivo (1). – 1. Proposto il reclamo, la corte d'appello, su richiesta di parte, ovvero del curatore, può, quando ricorrono gravi motivi, sospendere, in tutto o in parte, ovvero temporaneamente, la liquidazione dell'attivo (2).

*2. Se è proposto ricorso per cassazione i provvedimenti di cui al primo comma o la loro revoca sono chiesti alla Corte di appello**.

3. L'istanza si propone con ricorso. Il presidente, con decreto in calce al ricorso, ordina la comparizione delle parti dinanzi al collegio in camera di consiglio. Copia del ricorso e del decreto sono notificate alle altre parti ed al curatore.

(1) Articolo sostituito dall'art. 17 del d.lg. 9/1/2006, n. 5.

(2) Comma modificato dall'art. 2, co. 8, d.lg. 12/9/2007, n. 169, con la decorrenza indicata nell'art. 22 del medesimo d.lg. n. 169/2007.

* Comma abrogato dall'art. 2, co. 8, d.lg. 12/9/2007, n. 169, con la decorrenza indicata nell'art. 22 del medesimo d.lg. n. 169/2007.

20. Morte del fallito durante il giudizio di opposizione*. – *1. Se il fallito muore durante il giudizio di opposizione, il giudizio prosegue in confronto delle persone indicate nell'art. 12, osservate le disposizioni degli artt. 299 e seguenti del Codice di procedura civile.*

* Articolo abrogato dall'art. 2, co. 9, d.lg. 12/9/2007, n. 169, con la decorrenza indicata nell'art. 22 del medesimo d.lg. n. 169/2007.

21. Revoca della dichiarazione di fallimento (1)*. – *1. Se la sentenza dichiarativa di fallimento è revocata restano salvi gli effetti degli atti legalmente compiuti dagli organi del fallimento. 2. Le spese della procedura ed il compenso al curatore sono liquidati dal tribunale con decreto non soggetto a reclamo, su relazione del giudice delegato.*

*3. Le spese di procedura e il compenso al curatore sono a carico del creditore istante, che è stato condannato ai danni per avere chiesto la dichiarazione di fallimento con colpa. In caso contrario il curatore può ottenere il pagamento, in tutto o in parte, secondo le modalità stabilite dalle speciali norme vigenti per l'attribuzione di compensi ai curatori, che non poterono conseguire adeguate retribuzioni***.

(1) La Corte costituzionale, con sent. 6/3/1975, n. 46, aveva dichiarato l'illegittimità costituzionale del presente comma, nella parte in cui nel caso di sentenza di revoca della dichiarazione di fallimento, poneva le spese della procedura e il compenso al curatore a carico di chi l'aveva subita senza che ne ricorressero i presupposti e senza che vi avesse dato causa col suo comportamento.

* Articolo abrogato dall'art. 18 del d.lg. 9/1/2006, n. 5.

** Comma abrogato dall'art. 299 del d.P.R. 30/5/2002, n. 115, con effetto a decorrere dal 1/7/2002.

22. Gravami contro il provvedimento che respinge l'istanza di fallimento (1). – 1. Il tribunale, che respinge il ricorso per la dichiarazione di fallimento, provvede con decreto motivato, comunicato a cura del cancelliere alle parti.

2. Entro trenta giorni dalla comunicazione, il creditore ricorrente o il pubblico ministero richiedente possono proporre reclamo contro il decreto alla corte d'appello che, sentite le parti, provvede in camera di consiglio con decreto motivato. Il debitore non può chiedere in separato giudizio la condanna del creditore istante alla rifusione delle spese ovvero al risarcimento del danno per responsabilità aggravata ai sensi dell'articolo 96 del codice di procedura civile (2).

3. Il decreto della corte d'appello è comunicato a cura del cancelliere alle parti del procedimento di cui all'articolo 15 (2).

4. Se la corte d'appello accoglie il reclamo del creditore ricorrente o del pubblico ministero richiedente, rimette d'ufficio gli atti al tribunale, per la dichiarazione di fallimento, salvo che, anche su segnalazione di parte, accerti che sia venuto meno alcuno dei presupposti necessari (2).

5. I termini di cui agli articoli 10 e 11 si computano con riferimento al decreto della corte d'appello (2).

(1) Articolo sostituito dall'art. 19 del d.lg. 9/1/2006, n. 5.

• La Corte costituzionale, con sent. 28/5/1975, n. 127, aveva dichiarato l'illegittimità costituzionale del presente articolo, nel testo precedente la sostituzione, nella parte in cui negava al fallito la legittimazione a proporre reclamo contro la pronuncia del tribunale che aveva respinto l'istanza per la dichiarazione di fallimento di socio illimitatamente responsabile.

• Successivamente la Corte costituzionale, con sent. 20/7/1999, n. 328, aveva dichiarato l'illegittimità costituzionale del co. 2 del presente articolo, nel testo precedente la sostituzione, nella parte in cui non attribuiva al debitore, nei cui confronti era stato proposto ricorso per la dichiarazione di fallimento, la legittimazione a proporre reclamo alla Corte d'Appello avverso il decreto di rigetto di tale ricorso, in relazione al mancato accoglimento delle domande proposte dallo stesso debitore.

(2) Comma modificato dall'art. 2, co. 10, d.lg. 12/9/2007, n. 169, con la decorrenza indicata nell'art. 22 del medesimo d.lg. n. 169/2007.

Capo II
Degli organi preposti al fallimento

Sezione I
Del tribunale fallimentare

23. Poteri del tribunale fallimentare (1). – 1. Il tribunale che ha dichiarato il fallimento è investito dell'intera procedura fallimentare; provvede alla nomina ed alla revoca o sostituzione, per giustificati motivi, degli organi della procedura, quando non è prevista la competenza del giudice delegato; può in ogni tempo sentire in camera di consiglio il curatore, il fallito e il comitato dei creditori; decide le controversie relative alla procedura stessa che non sono di competenza del giudice delegato, nonché i reclami contro i provvedimenti del giudice delegato.

2. I provvedimenti del tribunale nelle materie previste da questo articolo sono pronunciate con decreto, salvo che non sia diversamente disposto.

(1) Articolo sostituito dall'art. 20 del d.lg. 9/1/2006, n. 5.

• La Corte costituzionale, con sent. 24/6/1986, n. 156, aveva dichiarato l'illegittimità costituzionale del co. 1, in relazione all'art. 188 del presente decreto, nel testo precedente la sostituzione, nella parte in cui assoggetta al reclamo al tribunale nel termine di tre giorni occorrente alla data del decreto del giudice delegato anziché dalla data di comunicazione dello stesso debitamente eseguita, i decreti, adottati dal giudice delegato, di determinazione dei compensi ad incaricati per opera prestata nell'interesse della procedura di amministrazione controllata.

24. Competenza del tribunale fallimentare (1). – 1. Il tribunale che ha dichiarato il fallimento è competente a conoscere di tutte le azioni che ne derivano, qualunque ne sia il valore.

2. Salvo che non sia diversamente previsto, alle controversie di cui al primo comma si applicano le norme previste dagli articoli da 737 a 742 del codice di procedura civile. Non si applica l'articolo 40, terzo comma, del codice di procedura civile.*

(1) Articolo sostituito dall'art. 21 del d.lg. 9/1/2006, n. 5.

* Comma abrogato dall'art. 3, co. 1, d.lg. 12/9/2007, n. 169, con la decorrenza indicata nell'art. 22 del medesimo d.lg. n. 169/2007.

Sezione II
Del giudice delegato

25. Poteri del giudice delegato (1). – 1. Il giudice delegato esercita funzioni di vigilanza e di controllo sulla regolarità della procedura e:

1) riferisce al tribunale su ogni affare per il quale è richiesto un provvedimento del collegio;

2) emette o provoca dalle competenti autorità i provvedimenti urgenti per la conservazione del patrimonio, ad esclusione di quelli che incidono su diritti di terzi che rivendichino un proprio diritto incompatibile con l'acquisizione;

3) convoca il curatore e il comitato dei creditori nei casi prescritti dalla legge e ogni qualvolta lo ravvisi opportuno per il corretto e sollecito svolgimento della procedura;

4) su proposta del curatore, liquida i compensi e dispone l'eventuale revoca dell'incarico conferito alle persone la cui opera è stata richiesta dal medesimo curatore nell'interesse del fallimento;

5) provvede, nel termine di quindici giorni, sui reclami proposti contro gli atti del curatore e del comitato dei creditori;

6) autorizza per iscritto il curatore a stare in giudizio come attore o come convenuto. L'autorizzazione deve essere sempre data per atti determinati e per i giudizi deve essere rilasciata per ogni grado di essi. Su proposta del curatore, liquida i compensi e dispone l'eventuale revoca dell'incarico conferito ai difensori nominati dal medesimo curatore (2);

7) su proposta del curatore, nomina gli arbitri, verificata la sussistenza dei requisiti previsti dalla legge;

8) procede all'accertamento dei crediti e dei diritti reali e personali vantati dai terzi, a norma del capo V.

2. Il giudice delegato non può trattare i giudizi che abbia autorizzato, né può far parte del collegio investito del reclamo proposto contro i suoi atti.

3. I provvedimenti del giudice delegato sono pronunciati con decreto motivato.

(1) Articolo sostituito dall'art. 22 del d.lg. 9/1/2006, n. 5.

(2) Numero modificato dall'art. 3, co. 2, d.lg. 12/9/2007, n. 169, con la decorrenza indicata nell'art. 22 del medesimo d.lg. n. 169/2007.

26. Reclamo contro i decreti del giudice delegato e del tribunale (1). – 1. Salvo che sia diversamente disposto, contro i decreti del giudice delegato e del tribunale, può essere proposto reclamo al tribunale o alla corte di appello, che provvedono in camera di consiglio.

2. Il reclamo è proposto dal curatore, dal fallito, dal comitato dei creditori e da chiunque vi abbia interesse.

3. Il reclamo è proposto nel termine perentorio di dieci giorni, decorrente dalla comunicazione o dalla notificazione del provvedimento per il curatore, per il fallito, per il comitato dei creditori e per chi ha chiesto o nei cui confronti è stato chiesto il provvedimento; per gli altri interessati, il termine decorre dall'esecuzione delle formalità pubblicitarie disposte dal giudice delegato o dal tribunale, se quest'ultimo ha emesso il provvedimento. La comunicazione integrale del provvedimento fatta dal curatore mediante lettera raccomandata con avviso di ricevimento, telefax o posta elettronica con garanzia dell'avvenuta ricezione in base al testo unico delle disposizioni legislative e regolamentari in materia di documentazione amministrativa, di cui al decreto del Presidente della Repubblica 28 dicembre 2000, n. 445, equivale a notificazione.

4. Indipendentemente dalla previsione di cui al terzo comma, il reclamo non può più proporsi decorso il termine perentorio di novanta giorni dal deposito del provvedimento in cancelleria.

5. Il reclamo non sospende l'esecuzione del provvedimento.

6. Il reclamo si propone con ricorso che deve contenere:

1) l'indicazione del tribunale o della corte di appello competente, del giudice delegato e della procedura fallimentare;

2) le generalità del ricorrente e l'elezione del domicilio nel comune in cui ha sede il giudice adito;

3) l'esposizione dei fatti e degli elementi di diritto su cui si basa il reclamo, con le relative conclusioni;

4) l'indicazione dei mezzi di prova di cui il ricorrente intende avvalersi e dei documenti prodotti.

7. Il presidente, nei cinque giorni successivi al deposito del ricorso, designa il relatore, e fissa con decreto l'udienza di comparizione entro quaranta giorni dal deposito del ricorso.

8. Il ricorso, unitamente al decreto di fissazione dell'udienza, deve essere notificato, a cura del reclamante, al curatore ed ai controinteressati entro cinque giorni dalla comunicazione del decreto.

9. Tra la data della notificazione e quella dell'udienza deve intercorrere un termine non minore di quindici giorni.

10. Il resistente deve costituirsi almeno cinque giorni prima dell'udienza, eleggendo il domicilio nel comune in cui ha sede il tribunale o la corte d'appello, e depositando una memoria contenente l'esposizione delle difese in fatto e in diritto, nonché l'indicazione dei mezzi di prova e dei documenti prodotti.

11. L'intervento di qualunque interessato non può avere luogo oltre il termine stabilito per la costituzione della parte resistente, con le modalità per questa previste.

12. All'udienza il collegio, sentite le parti, assume anche d'ufficio i mezzi di prova, eventualmente delegando un suo componente.

13. Entro trenta giorni dall'udienza di comparizione delle parti, il collegio provvede con decreto motivato, con il quale conferma, modifica o revoca il provvedimento reclamato.

(1) Articolo sostituito dall'art. 23 del d.lg. 9/1/2006, n. 5 e dall'art. 3, co. 3, d.lg. 12/9/2007, n. 169, con la decorrenza indicata nell'art. 22 del medesimo d.lg. n. 169/2007.

• La Corte costituzionale, con sent. 23/3/1981, n. 42, aveva dichiarato l'illegittimità costituzionale dell'intero articolo, nel testo precedente la sostituzione, in relazione all'art. 23, nella parte in cui assoggettava al reclamo al tribunale, disciplinato nel modo ivi previsto, i provvedimenti decisori emessi dal giudice delegato in materia di piani di riparto dell'attivo.

• La Corte costituzionale, con sent. 19/11/1985, n. 303, aveva dichiarato l'illegittimità costituzionale dell'intero articolo, nel testo precedente la sostituzione, in riferimento agli art. 23, co. 1, e 25, n. 7, ultima proposizione, nella parte in cui assoggettava a reclamo al tribunale il decreto con il quale il giudice delegato liquidava il compenso a qualsiasi incaricato per l'opera prestata nell'interesse del fallimento; ed anche l'illegittimità costituzionale del co. 1 nella parte in cui faceva decorrere il termine di tre giorni per il reclamo al tribunale dalla data del decreto del giudice delegato anziché dalla data della comunicazione dello stesso ritualmente eseguita.

• La Corte costituzionale, con sent. 24/3/1986, n. 55, aveva dichiarato l'illegittimità costituzionale del co. 1, 2 e 3 del presente articolo, nel testo precedente la sostituzione, in relazione all'art. 23, co. 1, e agli art. 188, co. 2 e 3, 167, co. 2, e 164 del presente regio decreto nella parte in cui si assoggettavano al reclamo al tribunale, nel termine di tre giorni decorrenti dalla data del decreto del giudice delegato anziché dalla data della comunicazione dello stesso debitamente eseguita, i provvedimenti del giudice delegato alla amministrazione controllata con contenuto decisorio su diritti soggettivi.

• La Corte costituzionale, con sent. 24/6/1986, n. 156, aveva dichiarato l'illegittimità costituzionale dell'intero articolo, nel testo precedente la sostituzione, in relazione all'art. 188 del presente regio decreto, nella parte in cui assoggettava al reclamo al tribunale nel termine di tre giorni decorrente dalla data del decreto del giudice delegato anziché dalla data di comunicazione dello stesso debitamente eseguita i decreti, adottati dal giudice delegato, di determinazione dei compensi ad incaricati per opera prestata nell'interesse della procedura di amministrazione controllata.

Sezione III
Del curatore

27. Nomina del curatore (1). – Il curatore è nominato con la sentenza di fallimento, o in caso di sostituzione o di revoca, con decreto del tribunale.

(1) Articolo sostituito dall'art. 24 del d.lg. 9/1/2006, n. 5.

28. Requisiti per la nomina a curatore (1). – 1. Possono essere chiamati a svolgere le funzioni di curatore:

a) avvocati, dottori commercialisti, ragionieri e ragionieri commercialisti;

b) studi professionali associati o società tra professionisti, sempre che i soci delle stesse abbiano i requisiti professionali di cui alla lettera a). In tale caso, all'atto dell'accettazione dell'incarico, deve essere designata la persona fisica responsabile della procedura;

c) coloro che abbiano svolto funzioni di amministrazione, direzione e controllo in società per azioni, dando prova di adeguate capacità imprenditoriali e purché non sia intervenuta nei loro confronti dichiarazione di fallimento.

2. *Nel provvedimento di nomina, il tribunale indica le specifiche caratteristiche e attitudini del curatore**.

3. Non possono essere nominati curatore il coniuge, i parenti e gli affini entro il quarto grado del fallito, i creditori di questo e chi ha concorso al dissesto dell'impresa, nonché chiunque si trovi in conflitto di interessi con il fallimento (2).

4. Il curatore p nominato tenuto conto delle risultanze dei rapporti riepilogativi di cui all'articolo 33, quinto comma (3).

5. È istituito presso il Ministero della giustizia un registro nazionale nel quale confluiscono i provvedimenti di nomina dei curatori, dei commissari giudiziali e dei liquidatori giudiziali. Nel registro vengono altresì annotati i provvedimenti di chiusura del fallimento e di omologazione del concordato, nonché l'ammontare dell'attivo e del passivo nelle procedure chiuse. Il registro è tenuto con modalità informatiche ed è accessibile al pubblico (3).

6. Per l'istituzione del registro nazionale di cui al comma 1 è autorizzata la spesa di euro 100.000 per l'anno 2015 (4).

(1) Articolo sostituito dall'art. 25 del d.lg. 9/1/2006, n. 5.

* Comma abrogato dall'art. 3, co. 4, d.lg. 12/9/2007, n. 169, con la decorrenza indicata nell'art. 22 del medesimo d.lg. n. 169/2007.

(2) L'art. 5, co. 1, lett. a), d.l. 27/6/2015, convertito in l. 6/8/2015, n. 132, ha soppresso le parole contenute nel co. 2 "durante i due anni anteriori alla dichiarazione di fallimento".

(3) Comma aggiunto dall'art. 5, co. 1, d.l. 27/6/2015, n. 83, convertito in l. 6/8/2015, n. 132.

(4) Comma inserito dall'art. 5, co. 2, d.l. 27/6/2015, n. 83, convertito in l. 6/8/2015, n. 132.

29. Accettazione del curatore. – Il curatore deve, entro i due giorni successivi alla partecipazione della sua nomina, far pervenire al giudice delegato la propria accettazione (1).

Se il curatore non osserva questo obbligo, il tribunale, in camera di consiglio, provvede d'urgenza alla nomina di altro curatore.

(1) Comma modificato dall'art. 26 del d.lg. 9/1/2006, n. 5.

30. Qualità di pubblico ufficiale. – 1. Il curatore, per quanto attiene all'esercizio delle sue funzioni, è pubblico ufficiale.

31. Gestione della procedura (1). – 1. Il curatore ha l'amministrazione del patrimonio fallimentare e compie tutte le operazioni della procedura sotto la vigilanza del giudice delegato e del comitato dei creditori, nell'ambito delle funzioni ad esso attribuite.

2. Egli non può stare in giudizio senza l'autorizzazione del giudice delegato, salvo che in materia di contestazioni e di tardive dichiarazioni di crediti e di diritti di terzi sui beni acquisiti al fallimento, e salvo che nei procedimenti promossi per impugnare atti del giudice delegato o del tribunale e in ogni altro caso in cui non occorra ministero di difensore.

3. Il curatore non può assumere la veste di avvocato nei giudizi che riguardano il fallimento.

(1) Articolo sostituito dall'art. 27 del d.lg. 9/1/2006, n. 5.

31 bis. Comunicazioni del curatore (1). – 1. Le comunicazioni ai creditori e ai titolari di diritti sui beni che la legge o il giudice delegato pone a carico del curatore sono effettuate all'indirizzo di posta elettronica certificata da loro indicato nei casi previsti dalla legge.

2. Quando è omessa l'indicazione di cui al comma precedente, nonché nei casi di mancata consegna del messaggio di posta elettronica certificata per cause imputabili al destinatario, tutte le comunicazioni sono eseguite esclusivamente mediante deposito in cancelleria.

3. In pendenza della procedura e per il periodo di due anni dalla chiusura della stessa, il curatore è tenuto a conservare i messaggi di posta elettronica certificata inviati e ricevuti.

(1) Articolo inserito dall'art. 17, co. 1, lett. b), d.l. 18/10/2012, n. 179. Per l'applicazione del presente articolo vedi quanto disposto dai co. 4 e 5 del medesimo art. 17.

32. Esercizio delle attribuzioni del curatore (1). – 1. Il curatore esercita personalmente le funzioni del proprio ufficio e può delegare ad altri specifiche operazioni, previa autorizzazione del comitato dei creditori, con esclusione degli adempimenti di cui agli articoli 89, 92, 95, 97 e 104-ter. L'onere per il compenso del delegato, liquidato dal giudice, è detratto dal compenso del curatore (2).

2. Il curatore può essere autorizzato dal comitato dei creditori, a farsi coadiuvare da tecnici o da altre persone retribuite, compreso il fallito, sotto la sua responsabilità. Del compenso riconosciuto a tali soggetti si tiene conto ai fini della liquidazione del compenso finale del curatore.

(1) Articolo sostituito dall'art. 28 del d.lg. 9/1/2006, n. 5.

(2) Comma modificato dall'art. 3, co. 5, d.lg. 12/9/2007, n. 169, con la decorrenza indicata nell'art. 22 del medesimo d.lg. n. 169/2007.

33. Relazione al giudice e rapporti riepilogativi (1). – 1. Il curatore, entro sessanta giorni dalla dichiarazione di fallimento, deve presentare al giudice delegato una relazione particolareggiata sulle cause e circostanze del fallimento, sulla diligenza spiegata dal fallito nell'esercizio dell'impresa, sulla responsabilità del fallito o di altri e su quanto può interessare anche ai fini delle indagini preliminari in sede penale (2).

2. Il curatore deve inoltre indicare gli atti del fallito già impugnati dai creditori, nonché quelli che egli intende impugnare. Il giudice delegato può chiedere al curatore una relazione sommaria anche prima del termine suddetto (3).

3. Se si tratta di società, la relazione deve esporre i fatti accertati e le informazioni raccolte sulla responsabilità degli amministratori e degli organi di controllo, dei soci e, eventualmente, di estranei alla società (3).

4. Il giudice delegato ordina il deposito della relazione in cancelleria, disponendo la segretazione delle parti relative alla responsabilità penale del fallito e di terzi ed alle azioni che il curatore intende proporre qualora possano comportare l'adozione di provvedimenti cautelari, nonché alle circostanze estranee agli interessi della procedura e che investano la sfera personale del fallito. Copia della relazione, nel suo testo integrale, è trasmessa al pubblico ministero (3).

5. Il curatore, ogni sei mesi successivi alla presentazione della relazione di cui al primo comma, redige altresì un rapporto riepilogativo delle attività svolte, con indicazione di tutte le informazioni raccolte dopo la prima relazione, accompagnato dal conto della sua gestione. Copia del rapporto è trasmessa al comitato dei creditori, unitamente agli estratti conto dei depositi postali o bancari relativi al periodo. Il comitato dei creditori o ciascuno dei suoi componenti possono formulare osservazioni scritte. Altra copia del rapporto è trasmessa, assieme alle eventuali osservazioni, per via telematica all'ufficio del registro delle imprese, nei quindici giorni successivi alla scadenza del termine per il deposito delle osservazioni nella cancelleria del tribunale. Nello stesso termine altra copia del rapporto, assieme alle eventuali osservazioni, è trasmessa a mezzo posta elettronica certificata ai creditori e ai titolari di diritti sui beni (4).

(1) Rubrica modificata dall'art. 3, co. 6, d.lg. 12/9/2007, n. 169, con la decorrenza indicata nell'art. 22 del medesimo d.lg. n. 169/2007.

(2) Comma modificato dall'art. 29, co. 1, lett. a), d.lg. 9/1/2006, n. 5 e, successivamente, dall'art. 3, co. 6, d.lg. 12/9/2007, n. 169, con la decorrenza indicata nell'art. 22 del medesimo d.lg. n. 169/2007.

(3) Comma sostituito dall'art. 29, co. 1, lett. b), d.lg. 9/1/2006, n. 5.

(4) Comma aggiunto dall'art. 29, co. 1, lett. b), d.lg. 9/1/2006, n. 5 e, successivamente, modificato dall'art. 17, co. 1, lett. c), d.l. 18/10/2012, n. 179; per l'applicazione di quanto disposto dall'art. 17, co. 1, lett. c), vedi i co. 4 e 5 del medesimo art. 17.

34. Deposito delle somme riscosse (1). – 1. Le somme riscosse a qualunque titolo dal curatore sono depositate entro il termine massimo di dieci giorni dalla corresponsione sul conto corrente intestato alla procedura fallimentare aperto presso un ufficio postale o presso una banca scelti dal curatore. Su proposta del curatore il comitato dei creditori può autorizzare che le somme riscosse vengano in tutto o in parte investite con strumenti diversi dal deposito in conto corrente, purché sia garantita l'integrità del capitale (2).

2. La mancata costituzione del deposito nel termine prescritto è valutata dal tribunale ai fini della revoca del curatore.

*3. Se è prevedibile che le somme disponibili non possano essere immediatamente destinate ai creditori, su richiesta del curatore e previa approvazione del comitato dei creditori, il giudice delegato può ordinare che le disponibilità liquide siano impiegate nell'acquisto di titoli emessi dallo Stato**.

4. Il prelievo delle somme è eseguito su copia conforme del mandato di pagamento del giudice delegato.

(1) Articolo sostituito dall'art. 30 del d.lg. 9/1/2006, n. 5.

(2) Comma modificato dall'art. 3, co. 7, d.lg. 12/9/2007, n. 169, con la decorrenza indicata nell'art. 22 del medesimo d.lg. n. 169/2007.

* Comma abrogato dall'art. 3, co. 7, d.lg. 12/9/2007, n. 169, con la decorrenza indicata nell'art. 22 del medesimo d.lg. n. 169/2007.

35. Integrazione dei poteri del curatore (1). – 1. Le riduzioni di crediti, le transazioni, i compromessi, le rinunzie alle liti, le ricognizioni di diritti di terzi, la cancellazione di ipoteche, la restituzione di pegni, lo svincolo delle cauzioni, l'accettazione di eredità e donazioni e gli atti di straordinaria amministrazione sono effettuate dal curatore, previa autorizzazione del comitato dei creditori.

2. Nel richiedere l'autorizzazione del comitato dei creditori, il curatore formula le proprie conclusioni anche sulla convenienza della proposta (2).

3. Se gli atti suddetti sono di valore superiore a cinquantamila euro e in ogni caso per le transazioni, il curatore ne informa previamente il giudice delegato, salvo che gli stessi siano già stati autorizzati dal medesimo ai sensi dell'articolo 104-ter comma ottavo (3).

4. Il limite di cui al secondo comma può essere adeguato con decreto del Ministro della giustizia.

(1) Articolo modificato dall'articolo unico della l. 20/10/1952, n. 1375 e, successivamente, sostituito dall'art. 31 del d.lg. 9/1/2006, n. 5.

(2) Comma inserito dall'art. 3, co. 8, d.lg. 12/9/2007, n. 169, con la decorrenza indicata nell'art. 22 del medesimo d.lg. n. 169/2007.

(3) Comma modificato dall'art. 3, co. 8, d.lg. 12/9/2007, n. 169, con la decorrenza indicata nell'art. 22 del medesimo d.lg. n. 169/2007.

36. Reclamo contro gli atti del curatore e del comitato dei creditori (1). – 1. Contro gli atti di amministrazione del curatore, contro le autorizzazioni o i dinieghi del comitato dei creditori e i relativi comportamenti omissivi, il fallito e ogni altro interessato possono proporre reclamo al giudice delegato per violazione di legge, entro otto giorni dalla conoscenza dell'atto o, in caso di omissione, dalla scadenza del termine indicato nella diffida a provvedere. Il giudice delegato, sentite le parti, decide con decreto motivato, omessa ogni formalità non indispensabile al contraddittorio.

2. Contro il decreto del giudice delegato è ammesso ricorso al tribunale entro otto giorni dalla data della comunicazione del decreto medesimo. Il tribunale decide entro trenta giorni, sentito il curatore e il reclamante, omessa ogni formalità non essenziale al contraddittorio, con decreto motivato non soggetto a gravame.

3. Se è accolto il reclamo concernente un comportamento omissivo del curatore, questi è tenuto a dare esecuzione al provvedimento della autorità giudiziaria. Se è accolto il reclamo concernente un comportamento omissivo del comitato dei creditori, il giudice delegato provvede in sostituzione di quest'ultimo con l'accoglimento del reclamo.

(1) Articolo sostituito dall'art. 32 del d.lg. 9/1/2006, n. 5.

36 bis. Termini processuali (1). – 1. Tutti i termini processuali previsti negli articoli 26 e 36 non sono soggetti alla sospensione feriale.

(1) Articolo inserito dall'art. 33 del d.lg. 9/1/2006, n. 5.

37. Revoca del curatore. – 1. Il tribunale può in ogni tempo, su proposta del giudice delegato o su richiesta del comitato dei creditori o d'ufficio, revocare il curatore.

2. Il tribunale provvede con decreto motivato, sentiti il curatore e il comitato dei creditori (1).

3. Contro il decreto di revoca o di rigetto dell'istanza di revoca, è ammesso reclamo alla corte di appello ai sensi dell'articolo 26; il reclamo non sospende l'efficacia del decreto (2).

(1) Comma sostituito dall'art. 34, co. 1, lett. a), d.lg. 9/1/2006, n. 5.

(2) Comma inserito dall'art. 34, co. 1, lett. b), d.lg. 9/1/2006, n. 5.

37 bis. Sostituzione del curatore e dei componenti del comitato dei creditori (1). – 1. Conclusa l'adunanza per l'esame dello stato passivo e prima della dichiarazione di esecutività dello stesso, i creditori presenti, personalmente o per delega, che rappresentano la maggioranza dei crediti ammessi, possono effettuare nuove designazioni in ordine ai componenti del comitato dei creditori nel rispetto dei criteri di cui all'articolo 40; possono chiedere la sostituzione del curatore indicando al tribunale le ragioni della richiesta e un nuovo nominativo. Il tribunale, valutate le ragioni della richiesta di sostituzione del curatore, provvede alla nomina dei soggetti designati dai creditori salvo che non siano rispettati i criteri di cui agli articoli 28 e 40 (2).

2. Dal computo dei crediti, su istanza di uno o più creditori, sono esclusi quelli che si trovino in conflitto di interessi.

3. Nella stessa adunanza, i creditori che rappresentano la maggioranza di quelli [allo stato] ammessi, indipendentemente dall'entità dei crediti vantati, possono stabilire che ai componenti del comitato dei creditori sia attribuito, oltre al rimborso delle spese di cui all'articolo 41, un compenso per la loro attività, in misura non superiore al dieci per cento di quello liquidato al curatore (3).

(1) Articolo inserito dall'art. 35 del d.lg. 9/1/2006, n. 5.

(2) Comma sostituito dall'art. 3, co. 9, d.lg. 12/9/2007, n. 169, con la decorrenza indicata nell'art. 22 del medesimo d.lg. n. 169/2007.

(3) Comma modificato dall'art. 3, co. 9, d.lg. 12/9/2007, n. 169, con la decorrenza indicata nell'art. 22 del medesimo d.lg. n. 169/2007.

38. Responsabilità del curatore. – 1. Il curatore adempie ai doveri del proprio ufficio, imposti dalla legge o derivanti dal piano di liquidazione approvato, con la diligenza richiesta dalla natura dell'incarico. Egli deve tenere un registro preventivamente vidimato da almeno un componente del comitato dei creditori, e annotarvi giorno per giorno le operazioni relative alla sua amministrazione (1).

2. Durante il fallimento l'azione di responsabilità contro il curatore revocato è proposta dal nuovo curatore, previa autorizzazione del giudice delegato, ovvero del comitato dei creditori (2).

3. Il curatore che cessa dal suo ufficio, anche durante il fallimento, deve rendere il conto della gestione a norma dell'art. 116.

(1) Comma sostituito dall'art. 36, co. 1, lett. a), d.lg. 9/1/2006, n. 5.

(2) Comma integrato dall'art. 36, co. 1, lett. b), d.lg. 9/1/2006, n. 5.

39. Compenso del curatore. – 1. Il compenso e le spese dovuti al curatore, anche se il fallimento si chiude con concordato, sono liquidati ad istanza del curatore con decreto del tribunale non soggetto a reclamo, su relazione del giudice delegato, secondo le norme stabilite con decreto del Ministro della giustizia (1).

2. La liquidazione del compenso è fatta dopo l'approvazione del rendiconto e, se del caso, dopo l'esecuzione del concordato. È in facoltà del tribunale di accordare al curatore acconti sul compenso per giustificati motivi.

3. Se nell'incarico si sono succeduti più curatori, il compenso è stabilito secondo criteri di proporzionalità ed è liquidato, in ogni caso, al termine della procedura, salvi eventuali acconti (2). Salvo che non ricorrano giustificati motivi, ogni acconto liquidato dal tribunale deve essere preceduto dalla presentazione di un progetto di ripartizione parziale (3).

4. Nessun compenso, oltre quello liquidato dal tribunale, può essere preteso dal curatore, nemmeno per rimborso di spese. Le promesse e i pagamenti fatti contro questo divieto sono nulli, ed è sempre ammessa la ripetizione di ciò che è stato pagato, indipendentemente dall'esercizio dell'azione penale (4).

(1) Comma modificato dall'art. 37, co. 1, lett. a), d.lg. 9/1/2006, n. 5. Vedi d.m. 28/7/1992, n. 570.

(2) Comma inserito dall'art. 37, co. 1, lett. b), d.lg. 9/1/2006, n. 5.

(3) Il periodo da "salvo" fino a "parziale" è stato introdotto dall'art. 7, co. 1, d.l. 27/6/2015, n. 83, convertito in l. 6/8/2015, n. 132.

(4) Comma modificato dall'art. 37, co. 1, lett. c), d.lg. 9/1/2006, n. 5.

Sezione IV
Del comitato dei creditori

40. Nomina del comitato (1). – 1. Il comitato dei creditori è nominato dal giudice delegato entro trenta giorni dalla sentenza di fallimento sulla base delle risultanze documentali, sentiti il curatore e i creditori che, con la domanda di ammissione al passivo o precedentemente, hanno dato la disponibilità ad assumere l'incarico ovvero hanno segnalato altri nominativi aventi i requisiti previsti. Salvo quanto previsto dall'articolo 37-bis, la composizione del comitato può essere modificata dal giudice delegato in relazione alle variazioni dello stato passivo o per altro giustificato motivo.

2. Il comitato è composto di tre o cinque membri scelti tra i creditori, in modo da rappresentare in misura equilibrata quantità e qualità dei crediti ed avuto riguardo alla possibilità di soddisfacimento dei crediti stessi.

3. Il comitato, entro dieci giorni dalla nomina, provvede, su convocazione del curatore, a nominare a maggioranza il proprio presidente.

4. La sostituzione dei membri del comitato avviene secondo le modalità stabilite nel secondo comma.

5. Il comitato dei creditori si considera costituito con l'accettazione, anche per via telematica, della nomina da parte dei suoi componenti, senza necessità di convocazione dinanzi al curatore ed anche prima della elezione del suo presidente (2).

6. Il componente del comitato che si trova in conflitto di interessi si astiene dalla votazione.

7. Ciascun componente del comitato dei creditori può delegare in tutto o in parte l'espletamento delle proprie funzioni ad uno dei soggetti aventi i requisiti indicati nell'articolo 28, previa comunicazione al giudice delegato.

(1) Articolo sostituito dall'art. 38 del d.lg. 9/1/2006, n. 5.

(2) Comma aggiunto dall'art. 6, co. 1, lett. a), d.l. 3/5/2016, n. 59, conv., con modif., dalla l. 30/6/2016, n. 119.

41. Funzioni del comitato (1). – 1. Il comitato dei creditori vigila sull'operato del curatore, ne autorizza gli atti ed esprime pareri nei casi previsti dalla legge, ovvero su richiesta del tribunale o del giudice delegato, succintamente motivando le proprie deliberazioni.

2. Il presidente convoca il comitato per le deliberazioni di competenza o quando sia richiesto da un terzo dei suoi componenti.

3. Le deliberazioni del comitato sono prese a maggioranza dei votanti, nel termine massimo di quindici giorni successivi a quello in cui la richiesta è pervenuta al presidente. Il voto può essere espresso in riunioni collegiali ovvero per mezzo telefax o con altro mezzo elettronico o telematico, purché sia possibile conservare la prova della manifestazione di voto.

4. In caso di inerzia, di impossibilità di costituzione per insufficienza di numero o indisponibilità dei creditori, o di funzionamento del comitato o di urgenza, provvede il giudice delegato (2).

5. Il comitato ed ogni componente possono ispezionare in qualunque tempo le scritture contabili e i documenti della procedura ed hanno diritto di chiedere notizie e chiarimenti al curatore e al fallito.

6. I componenti del comitato hanno diritto al rimborso delle spese, oltre all'eventuale compenso riconosciuto ai sensi e nelle forme di cui all'articolo 37-bis, terzo comma.

7. Ai componenti del comitato dei creditori si applica, in quanto compatibile, l'articolo 2407, primo e terzo comma, del codice civile (3).

8. L'azione di responsabilità può essere proposta dal curatore durante lo svolgimento della procedura. Con il decreto di autorizzazione il giudice delegato sostituisce i componenti del comitato dei creditori nei confronti dei quali ha autorizzato l'azione (4).

(1) Articolo sostituito dall'art. 39 del d.lg. 9/1/2006, n. 5.

(2) Comma modificato dall'art. 3, co. 10, d.lg. 12/9/2007, n. 169, con la decorrenza indicata nell'art. 22 del medesimo d.lg. n. 169/2007.

(3) Comma sostituito dall'art. 3, co. 10, d.lg. 12/9/2007, n. 169, con la decorrenza indicata nell'art. 22 del medesimo d.lg. n. 169/2007.

(4) Comma aggiunto dall'art. 3, co. 10, d.lg. 12/9/2007, n. 169, con la decorrenza indicata nell'art. 22 del medesimo d.lg. n. 169/2007.

Capo III
Degli effetti del fallimento

Sezione I
Degli effetti del fallimento per il fallito

42. Beni del fallito. – 1. La sentenza che dichiara il fallimento, priva dalla sua data il fallito dell'amministrazione e della disponibilità dei suoi beni esistenti alla data di dichiarazione di fallimento.

2. Sono compresi nel fallimento anche i beni che pervengono al fallito durante il fallimento, dedotte le passività incontrate per l'acquisto e la conservazione dei beni medesimi.

3. Il curatore, previa autorizzazione del comitato dei creditori, può rinunciare ad acquisire i beni che pervengono al fallito durante la procedura fallimentare qualora i costi da sostenere per il loro acquisto e la loro conservazione risultino superiori al presumibile valore di realizzo dei beni stessi (1).

(1) Comma inserito dall'art. 40 del d.lg. 9/1/2006, n. 5.

43. Rapporti processuali. – 1. Nelle controversie, anche in corso, relative a rapporti di diritto patrimoniale del fallito compresi nel fallimento sta in giudizio il curatore.

2. Il fallito può intervenire nel giudizio solo per le questioni dalle quali può dipendere un'imputazione di bancarotta a suo carico o se l'intervento è previsto dalla legge.

3. L'apertura del fallimento determina l'interruzione del processo (1).

4. Le controversie in cui è parte un fallimento sono trattate con priorità. Il capo dell'ufficio trasmette annualmente al presidente della corte di appello i dati relativi al numero di procedimenti di cui è parte un fallimento e alla loro durata, nonché le disposizioni adottate per la finalità di cui al periodo precedente. Il presidente della corte di appello ne dà atto nella relazione sull'amministrazione della giustizia (2).

(1) Comma inserito dall'art. 41 del d.lg. 9/1/2006, n. 5.

(2) Comma inserito dall'art. 7, co. 1, d.l. 27/6/2015, n. 83, convertito in l. 6/8/2015, n. 132.

44. Atti compiuti dal fallito dopo la dichiarazione di fallimento. – 1. Tutti gli atti compiuti dal fallito e i pagamenti da lui eseguiti dopo la dichiarazione di fallimento sono inefficaci rispetto ai creditori.

2. Sono egualmente inefficaci i pagamenti ricevuti dal fallito dopo la sentenza dichiarativa di fallimento.

3. Fermo quanto previsto dall'articolo 42, secondo comma, sono acquisite al fallimento tutte le utilità che il fallito consegue nel corso della procedura per effetto degli atti di cui al primo e secondo comma (1).

(1) Comma inserito dall'art. 42 del d.lg. 9/1/2006, n. 5.

45. Formalità eseguite dopo la dichiarazione di fallimento. – 1. Le formalità necessarie per rendere opponibili gli atti ai terzi, se compiute dopo la data della dichiarazione di fallimento, sono senza effetto rispetto ai creditori.

46. Beni non compresi nel fallimento. – 1. Non sono compresi nel fallimento:

1) i beni ed i diritti di natura strettamente personale;

2) gli assegni aventi carattere alimentare, gli stipendi, pensioni, salari e ciò che il fallito guadagna con la sua attività entro i limiti di quanto occorre per il mantenimento suo e della famiglia;

3) i frutti derivanti dall'usufrutto legale sui beni dei figli, i beni costituiti in fondo patrimoniale e i frutti di essi, salvo quanto è disposto dall'articolo 170 del codice civile (1);

*4) i frutti dei beni costituiti in dote e i crediti dotati, salvo quanto è disposto dall'art. 188 del codice civile**;

5) le cose che non possono essere pignorate per disposizione di legge.

2. I limiti previsti nel primo comma, n. 2), sono fissati con decreto motivato del giudice delegato che deve tener conto della condizione personale del fallito e di quella della sua famiglia (2).

(1) Numero sostituito dall'art. 43, co. 1, lett. a), d.lg. 9/1/2006, n. 5.

* Numero soppresso dall'art. 43, co. 1, lett. b), d.lg. 9/1/2006, n. 5.

(2) Comma sostituito dall'art. 43, co. 1, lett. c), d.lg. 9/1/2006, n. 5.

47. Alimenti al fallito e alla famiglia. – 1. Se al fallito vengono a mancare i mezzi di sussistenza, il giudice delegato, sentiti il curatore ed il comitato dei creditori, può concedergli un sussidio a titolo di alimenti per lui e per la famiglia (1).

2. La casa di proprietà del fallito, nei limiti in cui è necessaria all'abitazione di lui e della sua famiglia, non può essere distratta da tale uso fino alla liquidazione delle attività (1).

(1) Comma modificato dall'art. 44 del d.lg. 9/1/2006, n. 5.

48. Corrispondenza diretta al fallito (1). – 1. Il fallito persona fisica è tenuto a consegnare al curatore la propria corrispondenza di ogni genere, inclusa quella elettronica, riguardante i rapporti compresi nel fallimento (2).

2. La corrispondenza diretta al fallito che non sia persona fisica è consegnata al curatore (3).

(1) Articolo sostituito dall'art. 45 del d.lg. 9/1/2006, n. 5.

(2) Comma modificato dall'art. 4, co. 1, d.lg. 12/9/2007, n. 169, con la decorrenza indicata nell'art. 22 del medesimo d.lg. n. 169/2007.

(3) Comma inserito dall'art. 4, co. 1, d.lg. 12/9/2007, n. 169, con la decorrenza indicata nell'art. 22 del medesimo d.lg. n. 169/2007.

49. Obblighi del fallito (1). – 1. L'imprenditore del quale sia stato dichiarato il fallimento, nonché gli amministratori o i liquidatori di società o enti soggetti alla procedura di fallimento sono tenuti a comunicare al curatore ogni cambiamento della propria residenza o del proprio domicilio.

2. Se occorrono informazioni o chiarimenti ai fini della gestione della procedura, i soggetti di cui al primo comma devono presentarsi personalmente al giudice delegato, al curatore o al comitato dei creditori.

3. In caso di legittimo impedimento o di altro giustificato motivo, il giudice può autorizzare l'imprenditore o il legale rappresentante della società o enti soggetti alla procedura di fallimento a comparire per mezzo di mandatario.

(1) Articolo sostituito dall'art. 46 del d.lg. 9/1/2006, n. 5.

50. Pubblico registro dei falliti* – *1. Nella cancelleria di ciascun tribunale è tenuto un pubblico registro nel quale sono iscritti i nomi di coloro che sono dichiarati falliti dallo stesso tribunale, nonché di quelli dichiarati altrove, se il luogo di nascita del fallito si trova sotto la giurisdizione del tribunale. 2. Le iscrizioni dei nomi dei falliti sono cancellate dal registro in seguito a sentenza del tribunale. 3. Finché l'iscrizione non è cancellata, il fallito è soggetto alle incapacità stabilite dalla legge. 4. Le norme per la tenuta del registro saranno emanate con decreto del ministro per la grazia e giustizia. Fino all'istituzione del registro dei falliti le iscrizioni previste dal presente articolo sono eseguite nell'albo dei falliti attualmente esistente.*

* Articolo abrogato dall'art. 47 del d.lg. 9/1/2006, n. 5.

• La Corte costituzionale con sent. 27/2/2008, n. 39 (in G.U. 5/3/2008, n. 11), ha dichiarato l'illegittimità costituzionale del presente articolo, nel testo anteriore all'entrata in vigore del d.lg. 9/1/2006, n. 5 (Riforma organica della disciplina delle procedure concorsuali a norma dell'art. 1, co. 5, l. 14/5/2005, n. 80), in quanto stabilisce che le incapacità personali derivanti al fallito dalla dichiarazione di fallimento perdurano oltre la chiusura della procedura concorsuale.

Sezione II
Degli effetti del fallimento per i creditori

51. Divieto di azioni esecutive e cautelari individuali (1). – 1. Salvo diversa disposizione della legge, dal giorno della dichiarazione di fallimento nessuna azione individuale esecutiva o cautelare, anche per crediti maturati durante il fallimento, può essere iniziata o proseguita sui beni compresi nel fallimento.

(1) Articolo sostituito dall'art. 48 del d.lg. 9/1/2006, n. 5.

52. Concorso dei creditori. – 1. Il fallimento apre il concorso dei creditori sul patrimonio del fallito.

2. Ogni credito, anche se munito di diritto di prelazione o trattato ai sensi dell'articolo 111, primo comma, n. 1), nonché ogni diritto reale o personale, mobiliare o immobiliare, deve essere accertato secondo le norme stabilite dal Capo V, salvo diverse disposizioni della legge (1).

3. Le disposizioni del secondo comma si applicano anche ai crediti esentati dal divieto di cui all'articolo 51 (2).

(1) Comma sostituito dall'art. 49 del d.lg. 9/1/2006, n. 5.

(2) Comma inserito dall'art. 4, co. 2, d.lg. 12/9/2007, n. 169, con la decorrenza indicata nell'art. 22 del medesimo d.lg. n. 169/2007.

53. Creditori muniti di pegno o privilegio su mobili. – 1. I crediti garantiti da pegno o assistiti da privilegio a norma degli articoli 2756 e 2761 del codice civile possono essere realizzati anche durante il fallimento, dopo che sono stati ammessi al passivo con prelazione.

2. Per essere autorizzato alla vendita il creditore fa istanza al giudice delegato, il quale, sentiti il curatore e il comitato dei creditori, stabilisce con decreto il tempo della vendita, determinandone le modalità a norma dell'articolo 107 (1).

3. Il giudice delegato, sentito il comitato dei creditori, se è stato nominato, può anche autorizzare il curatore a riprendere le cose sottoposte a pegno o a privilegio, pagando il creditore, o ad eseguire la vendita nei modi stabiliti dal comma precedente.

(1) Comma modificato dall'art. 4, co. 3, d.lg. 12/9/2007, n. 169, con la decorrenza indicata nell'art. 22 del medesimo d.lg. n. 169/2007.

54. Diritto dei creditori privilegiati nella ripartizione dell'attivo. – 1. I creditori garantiti da ipoteca, pegno o privilegio fanno valere il loro diritto di prelazione sul prezzo dei beni vincolati per il capitale, gli interessi e le spese; se non sono soddisfatti integralmente, concorrono, per quanto è ancora loro dovuto, con i creditori chirografari nelle ripartizioni del resto dell'attivo.

2. Essi hanno diritto di concorrere anche nelle ripartizioni che si eseguono prima della distribuzione del prezzo dei beni vincolati a loro garanzia. In tal caso, se ottengono un'utile collocazione definitiva su questo prezzo per la totalità del loro credito, computati in primo luogo gli interessi, l'importo ricevuto nelle ripartizioni anteriori viene detratto dalla somma loro assegnata per essere attribuito ai creditori chirografari. Se la collocazione utile ha luogo per una parte del credito garantito, per il capitale non soddisfatto essi hanno diritto di trattenere solo la percentuale definitiva assegnata ai creditori chirografari.

3. L'estensione del diritto di prelazione agli interessi è regolata dagli articoli 2749, 2788 e 2855, commi secondo e terzo, del codice civile, intendendosi equiparata la dichiarazione di fallimento all'atto di pignoramento. Per i crediti assistiti da privilegio generale, il decorso degli interessi cessa alla data del deposito del progetto di riparto nel quale il credito è soddisfatto anche se parzialmente (1).

(1) Comma sostituito dall'art. 50 del d.lg. 9/1/2006, n. 5.

• La Corte costituzionale, con sent. 19/12/1986, n. 300, ha dichiarato l'illegittimità costituzionale del presente articolo, nella parte in cui non estende il privilegio agli interessi dovuti sui crediti privilegiati di lavoro nella procedura di concordato preventivo del datore di lavoro.

• La Corte costituzionale, con sent. 20/4/1989, n. 204, ha dichiarato l'illegittimità costituzionale del presente articolo, nella parte in cui estende la prelazione agli interessi dovuti sui crediti privilegiati da lavoro nella procedura di fallimento del datore di lavoro.

• La Corte costituzionale, con sent. 18/7/1989, n. 408, ha dichiarato l'illegittimità costituzionale del presente articolo, nella parte in cui, nelle procedure di fallimento del debitore e di concordato preventivo, non estende la prelazione agli interessi dovuti sui crediti privilegiati delle società o enti cooperativi di produzione e di lavoro, di cui all'art. 275-bis, n. 5, c.c., che rispondono ai requisiti prescritti dalla legislazione in tema di cooperazione.

• La Corte costituzionale, con sent. 22/12/1989, n. 567, ha dichiarato l'illegittimità costituzionale del presente articolo, in relazione all'art. 1, d.l. n. 26/1979, nella parte in cui non estende la prelazione agli interessi dovuti sui crediti privilegiati da lavoro nella procedura di amministrazione straordinaria.

• La Corte costituzionale, con sent. 28/5/2001, n. 162, ha dichiarato l'illegittimità costituzionale del presente articolo, nella parte in cui non richiama, ai fini dell'estensione del diritto di prelazione agli interessi, l'art. 2749 CC.

55. Effetti del fallimento sui debiti pecuniari. – 1. La dichiarazione di fallimento sospende il corso degli interessi convenzionali o legali, agli effetti del concorso, fino alla chiusura del fallimento, a meno che i crediti non siano garantiti da ipoteca, da pegno o privilegio, salvo quanto è disposto dal terzo comma dell'articolo precedente (1).

2. I debiti pecuniari del fallito si considerano scaduti, agli effetti del concorso, alla data di dichiarazione del fallimento.

3. I crediti condizionali partecipano al concorso a norma degli articoli 96, 113 e 113-bis. Sono compresi tra i crediti condizionali quelli che non possono farsi valere contro il fallito, se non previa escussione di un obbligato principale (2).

(1) La Corte costituzionale, con sent. 19/12/1986, n. 300, ha dichiarato l'illegittimità costituzionale del presente comma, nella parte in cui non estende il privilegio agli interessi dovuti sui crediti privilegiati di lavoro nella procedura di concordato preventivo del datore di lavoro.

• La Corte costituzionale, con sent. 20/4/1989, n. 204, ha dichiarato l'illegittimità costituzionale del presente comma, nella parte in cui estende la prelazione agli interessi dovuti sui crediti privilegiati da lavoro nella procedura di fallimento del datore di lavoro.

• La Corte costituzionale, con sent. 18/7/1989, n. 408, ha dichiarato l'illegittimità costituzionale del presente comma, nella parte in cui, nelle procedure di fallimento del debitore e di concordato preventivo, non estende la prelazione agli interessi dovuti sui crediti privilegiati delle società o enti cooperativi di produzione e di lavoro, di cui all'art. 275-bis, n. 5, c.c., che rispondono ai requisiti prescritti dalla legislazione in tema di cooperazione.

• La Corte costituzionale, con sent. 22/12/1989, n. 567, ha dichiarato l'illegittimità costituzionale del presente comma, nella parte in cui non estende la prelazione agli interessi dovuti sui crediti privilegiati da lavoro nella procedura di amministrazione straordinaria.

(2) Comma modificato dall'art. 51 del d.lg. 9/1/2006, n. 5.

56. Compensazione in sede di fallimento. – 1. I creditori hanno diritto di compensare coi loro debiti verso il fallito i crediti che essi vantano verso lo stesso, ancorché non scaduti prima della dichiarazione di fallimento.

2. Per i crediti non scaduti la compensazione tuttavia non ha luogo se il creditore ha acquistato il credito per atto tra i vivi dopo la dichiarazione di fallimento o nell'anno anteriore.

57. Crediti infruttiferi. – 1. I crediti infruttiferi non ancora scaduti alla data della dichiarazione di fallimento sono ammessi al passivo per l'intera somma. Tuttavia ad ogni singola ripartizione saranno detratti gli interessi composti, in ragione del cinque per cento all'anno, per il tempo che resta a decorrere dalla data del mandato di pagamento sino al giorno della scadenza del credito.

58. Obbligazioni e titoli di debito (1). – 1. I crediti derivanti da obbligazioni e da altri titoli di debito sono ammessi al passivo per il loro valore nominale detratti i rimborsi già effettuati; se è previsto un premio da estrarre a sorte, il suo valore attualizzato viene distribuito tra tutti i titoli che hanno diritto al sorteggio.

(1) Articolo sostituito dall'art. 52 del d.lg. 9/1/2006, n. 5.

59. Crediti non pecuniari. – 1. I crediti non scaduti, aventi per oggetto una prestazione in danaro determinata con riferimento ad altri valori o aventi per oggetto una prestazione diversa dal danaro, concorrono secondo il loro valore alla data della dichiarazione di fallimento (1).

(1) La Corte costituzionale, con sent. 19/12/1986, n. 300, ha dichiarato l'illegittimità del combinato disposto dal presente articolo richiamato dall'art. 169 del presente decreto, nella parte in cui esclude la rivalutazione dei crediti di lavoro per il periodo successivo alla domanda di concordato preventivo.

• La Corte costituzionale, con sent. 20/4/1989, n. 204, ha dichiarato l'illegittimità costituzionale del presente articolo, anche in relazione all'art. 429, co. 3, c.p.c., nella parte in cui non prevede la rivalutazione dei crediti da lavoro con riguardo al periodo successivo all'apertura del fallimento fino al momento in cui lo stato passivo diviene definitivo.

• La Corte costituzionale, con sent. 22/12/1989, n. 567, ha dichiarato l'illegittimità costituzionale del presente articolo, in relazione all'art. 1, d.l. n. 26/1979, nella parte in cui non prevede la rivalutazione dei crediti di lavoro con riguardo al periodo successivo al decreto ministeriale con cui si dispone la procedura di amministrazione straordinaria fino al momento in cui la verifica del passivo diviene definitiva.

60. Rendita perpetua e rendita vitalizia. – 1. Se nel passivo del fallimento sono compresi crediti per rendita perpetua, questa è riscattata a norma dell'art. 1866 del codice civile.

2. Il creditore di una rendita vitalizia è ammesso al passivo per una somma equivalente al valore capitate della rendita stessa al momento della dichiarazione di fallimento.

61. Creditore di più coobbligati solidali. – 1. Il creditore di più coobbligati in solido concorre nel fallimento di quelli tra essi che sono falliti, per l'intero credito in capitale e accessori, sino al totale pagamento.

2. Il regresso tra i coobbligati falliti può essere esercitato solo dopo che il creditore sia stato soddisfatto per l'intero credito.

62. Creditore di più coobbligati solidali parzialmente soddisfatto. – 1. Il creditore che, prima della dichiarazione di fallimento, ha ricevuto da un coobbligato in solido col fallito o da un fideiussore una parte del proprio credito, ha diritto di concorrere nel fallimento per la parte non riscossa.

2. Il coobbligato che ha diritto di regresso verso il fallito ha diritto di concorrere nel fallimento di questo per la somma pagata.

3. Tuttavia il creditore ha diritto di farsi assegnare la quota di riparto spettante al coobbligato fino a concorrenza di quanto ancora dovutogli. Resta impregiudicato il diritto verso il coobbligato se il creditore rimane parzialmente insoddisfatto.

63. Coobbligato o fideiussore del fallito con diritto di garanzia. – 1. Il coobbligato o fideiussore del fallito, che ha un diritto di pegno o d'ipoteca sui beni di lui a garanzia della sua azione di regresso, concorre nel fallimento per la somma per la quale ha ipoteca o pegno.

2. Il ricavato della vendita dei beni ipotecati o delle cose date in pegno spetta al creditore in deduzione della somma dovuta.

Sezione III

Degli effetti del fallimento sugli atti pregiudizievoli ai creditori (1)

(1) Vedi quanto disposto dall'art. 6 del d.l. 23/12/2003, n. 347.

64. Atti a titolo gratuito. – 1. Sono privi di effetto rispetto ai creditori, se compiuti dal fallito nei due anni anteriori alla dichiarazione di fallimento, gli atti a titolo gratuito, esclusi i regali d'uso e gli atti compiuti in adempimento di un dovere morale o a scopo di pubblica utilità, in quanto la liberalità sia proporzionata al patrimonio del donante [2034].

2. I beni oggetto degli atti di cui al primo comma sono acquisiti al patrimonio del fallimento mediante trascrizione della sentenza dichiarativa di fallimento. Nel caso di cui al presente articolo ogni interessato può proporre reclamo avverso la trascrizione a norma dell'articolo 36 (1).

(1) Comma introdotto dall'art. 6, co. 1-bis, d.l. 27/6/2015, n. 83, convertito in l. 6/8/2015, n. 132.

65. Pagamenti. – 1. Sono privi di effetto rispetto ai creditori i pagamenti di crediti che scadono nel giorno della dichiarazione di fallimento o posteriormente, se tali pagamenti sono stati eseguiti dal fallito nei due anni anteriori alla dichiarazione di fallimento.

66. Azione revocatoria ordinaria. – 1. Il curatore può domandare che siano dichiarati inefficaci gli atti compiuti dal debitore in pregiudizio dei creditori, secondo le norme del codice civile.

2. L'azione si propone dinanzi al tribunale fallimentare, sia in confronto del contraente immediato, sia in confronto dei suoi aventi causa nei casi in cui sia proponibile contro costoro.

67. Atti a titolo oneroso, pagamenti, garanzie (1). – 1. Sono revocati, salvo che l'altra parte provi che non conosceva lo stato d'insolvenza del debitore:

1) gli atti a titolo oneroso compiuti nell'anno anteriore alla dichiarazione di fallimento, in cui le prestazioni eseguite o le obbligazioni assunte dal fallito sorpassano di oltre un quarto ciò che a lui è stato dato o promesso;

2) gli atti estintivi di debiti pecuniari scaduti ed esigibili non effettuati con danaro o con altri mezzi normali di pagamento, se compiuti nell'anno anteriore alla dichiarazione di fallimento;

3) i pegni, le anticresi e le ipoteche volontarie costituiti nell'anno anteriore alla dichiarazione di fallimento per debiti preesistenti non scaduti;

4) i pegni, le anticresi e le ipoteche giudiziali o volontarie costituiti entro sei mesi anteriori alla dichiarazione di fallimento per debiti scaduti.

2. Sono altresì revocati, se il curatore prova che l'altra parte conosceva lo stato d'insolvenza del debitore, i pagamenti di debiti liquidi ed esigibili, gli atti a titolo oneroso e quelli costitutivi di un diritto di prelazione per debiti, anche di terzi, contestualmente creati, se compiuti entro sei mesi anteriori alla dichiarazione di fallimento.

3. Non sono soggetti all'azione revocatoria:

a) i pagamenti di beni e servizi effettuati nell'esercizio dell'attività d'impresa nei termini d'uso;

b) le rimesse effettuate su un conto corrente bancario, purché non abbiano ridotto in maniera consistente e durevole l'esposizione debitoria del fallito nei confronti della banca;

c) le vendite ed i preliminari di vendita trascritti ai sensi dell'articolo 2645-bis del codice civile, i cui effetti non siano cessati ai sensi del comma terzo della suddetta disposizione, conclusi a giusto prezzo ed aventi ad oggetto immobili ad uso abitativo, destinati a costituire l'abitazione principale dell'acquirente o di suoi parenti e affini entro il terzo grado, ovvero immobili ad uso non abitativo destinati a costituire la sede principale dell'attività d'impresa dell'acquirente, purché alla data di dichiarazione di fallimento tale attività sia effettivamente esercitata ovvero siano stati compiuti investimenti per darvi inizio (2);

d) gli atti, i pagamenti e le garanzie concesse su beni del debitore purché posti in essere in esecuzione di un piano che appaia idoneo a consentire il risanamento della esposizione debitoria dell'impresa e ad assicurare il riequilibrio della sua situazione finanziaria; un professionista indipendente designato dal debitore, iscritto nel registro dei revisori legali ed in possesso dei requisiti previsti dall'articolo 28, lettere a) e b) deve attestare la veridicità dei dati aziendali e la fattibilità del piano; il professionista è indipendente quando non è legato all'impresa e a coloro che hanno interesse all'operazione di risanamento da rapporti di natura personale o professionale tali da comprometterne l'indipendenza di giudizio; in ogni caso, il professionista deve essere in possesso dei requisiti previsti dall'articolo 2399 del codice civile e non deve, neanche per il tramite di soggetti con i quali è unito in associazione professionale, avere prestato negli ultimi cinque anni attività di lavoro subordinato o autonomo in favore del debitore ovvero partecipato agli organi di amministrazione o di controllo; il piano può essere pubblicato nel registro delle imprese su richiesta del debitore (3);

e) gli atti, i pagamenti e le garanzie posti in essere in esecuzione del concordato preventivo, dell'amministrazione controllata, nonché dell'accordo omologato ai sensi dell'articolo 182-bis, nonché gli atti, i pagamenti e le garanzie legalmente posti in essere dopo il deposito del ricorso di cui all'articolo 161 (4);

f) i pagamenti dei corrispettivi per prestazioni di lavoro effettuate da dipendenti ed altri collaboratori, anche non subordinati, del fallito;

g) i pagamenti di debiti liquidi ed esigibili eseguiti alla scadenza per ottenere la prestazione di servizi strumentali all'accesso alle procedure concorsuali di amministrazione controllata e di concordato preventivo.

4. Le disposizioni di questo articolo non si applicano all'istituto di emissione, alle operazioni di credito su pegno e di credito fondiario; sono salve le disposizioni delle leggi speciali (5).

(1) Articolo sostituito dall'art. 2, co. 1, lett. a), d.l. 14/3/2005, n. 35, conv., con modif., in l. 14/5/2005, n. 80.

(2) Lettera sostituita dall'art. 4, co. 4, lett. a), d.lg. 12/9/2007, n. 169, con la decorrenza indicata nell'art. 22 del medesimo d.lg. n. 169/2007 e successivamente modificata dall'art. 33, co. 1, lett. a), n. 01, d.l. 22/6/2012, n. 83, con la decorrenza indicata dal co. 3 del medesimo art. 33 del suddetto d.l. n. 83/2012.

(3) Lettera modificata dall'art. 4, co. 4, lett. b), d.lg. 12/9/2007, n. 169, con la decorrenza indicata nell'art. 22 del medesimo d.lg. n. 169/2007 e successivamente sostituita dall'art. 33, co. 1, lett. a), n. 1, d.l. 22/6/2012, n. 83, conv., con modif., dalla l. 7/8/2012, n. 134, con la decorrenza indicata dal co. 3 del medesimo art. 33 del suddetto d.l. n. 83/2012.

(4) Lettera modificata dall'art. 33, co. 1, lett. a), n. 2, d.l. 22/6/2012, n. 83, conv., con modif., dalla l. 7/8/2012, n. 134, con la decorrenza indicata dal co. 3 del medesimo art. 33 del suddetto d.l. n. 83/2012.

(5) Vedi l'art. 1, co. 31, l. 23/12/2014, n. 190.

67 bis. Patrimoni destinati ad uno specifico affare (1). – 1. Gli atti che incidono su un patrimonio destinato ad uno specifico affare previsto dall'articolo 2447-bis, primo comma, lettera a) del codice civile, sono revocabili quando pregiudicano il patrimonio della società. Il presupposto soggettivo dell'azione è costituito dalla conoscenza dello stato d'insolvenza della società.

(1) Articolo inserito dall'art. 53 del d.lg. 9/1/2006, n. 5.

68. Pagamento di cambiale scaduta. – 1. In deroga a quanto disposto dall'art. 67, secondo comma, non può essere revocato il pagamento di una cambiale, se il possessore di questa doveva accettarlo per non perdere l'azione cambiaria di regresso. In tal caso, l'ultimo obbligato in via di regresso, in confronto del quale il curatore provi che conosceva lo stato di insolvenza del principale obbligato quando ha tratto o girato la cambiale, deve versare la somma riscossa al curatore.

69. Atti compiuti tra i coniugi (1). – 1. Gli atti previsti dall'articolo 67, compiuti tra coniugi nel tempo in cui il fallito esercitava un'impresa commerciale e quelli a titolo gratuito compiuti tra coniugi più di due anni prima della dichiarazione di fallimento, ma nel tempo in cui il fallito esercitava un'impresa commerciale sono revocati se il coniuge non prova che ignorava lo stato d'insolvenza del coniuge fallito (2).

(1) Articolo sostituito dall'art. 54 del d.lg. 9/1/2006, n. 5.

(2) La Corte costituzionale, con sent. 19/3/1993, n. 100, aveva dichiarato l'illegittimità costituzionale del presente articolo, nel testo precedente la sostituzione, nella parte in cui non comprendeva nel proprio ambito di applicazione gli atti a titolo gratuito compiuti tra coniugi più di due anni prima della dichiarazione di fallimento, ma nel tempo in cui il fallito esercitava un'impresa commerciale.

69 bis. Decadenza dall'azione e computo dei termini (1). – 1. Le azioni revocatorie disciplinate nella presente sezione non possono essere promosse decorsi tre anni dalla dichiarazione di fallimento e comunque decorsi cinque anni dal compimento dell'atto.

2. Nel caso in cui alla domanda di concordato preventivo segua la dichiarazione di fallimento, i termini di cui agli articoli 64, 65, 67, primo e secondo comma, e 69 decorrono dalla data di pubblicazione della domanda di concordato nel registro delle imprese (2).

(1) Articolo inserito dall'art. 55 del d.lg. 9/1/2006, n. 5.

• Rubrica sostituita dall'art. 33, co. 1, lett. a-bis), n. 1, d.l. 22/6/2012, n. 83, con la decorrenza indicata dal co. 3 del medesimo art. 33 del suddetto d.l. n. 83/2012.

(2) Comma aggiunto dall'art. 33, co. 1, lett. a-bis), n. 2, d.l. 22/6/2012, n. 83, con la decorrenza indicata dal co. 3 del medesimo art. 33 del suddetto d.l. n. 83/2012.

70. Effetti della revocazione (1). – 1. La revocatoria dei pagamenti avvenuti tramite intermediari specializzati, procedure di compensazione multilaterale o dalle società previste dall'articolo 1 della legge 23 novembre 1939, n. 1966, si esercita e produce effetti nei confronti del destinatario della prestazione.

2. Colui che, per effetto della revoca prevista dalle disposizioni precedenti, ha restituito quanto aveva ricevuto è ammesso al passivo fallimentare per il suo eventuale credito.

3. Qualora la revoca abbia ad oggetto atti estintivi di posizioni passive derivanti da rapporti di conto corrente bancario o comunque rapporti continuativi o reiterati, il terzo deve restituire una somma pari alla differenza tra l'ammontare massimo raggiunto dalle sue pretese, nel periodo per il quale è provata la conoscenza dello stato d'insolvenza, e l'ammontare residuo delle stesse, alla data in cui si è aperto il concorso. Resta salvo il diritto del convenuto d'insinuare al passivo un credito d'importo corrispondente a quanto restituito (2).

(1) Articolo sostituito dall'art. 2, co. 1, d.l. 14/3/2005, n. 35.

(2) Comma modificato dall'art. 4, co. 5, d.lg. 12/9/2007, n. 169, con la decorrenza indicata nell'art. 22 del medesimo d.lg. n. 169/2007.

*71. **Effetti della revocazione***.* – 1. Colui che per effetto della revoca prevista nelle disposizioni precedenti ha restituito quanto aveva ricevuto è ammesso al passivo fallimento per il suo eventuale credito.*

* Articolo abrogato dall'art, 56, co. 1, d.lg. 9/1/2006, n. 5.

Sezione IV
Degli effetti del fallimento sui rapporti giuridici preesistenti

72. Rapporti pendenti (1). – 1. Se un contratto è ancora ineseguito o non compiutamente eseguito da entrambe le parti quando, nei confronti di una di esse, è dichiarato il fallimento, l'esecuzione del contratto, fatte salve le diverse disposizioni della presente Sezione, rimane sospesa fino a quando il curatore, con l'autorizzazione del comitato dei creditori, dichiara di subentrare nel contratto in luogo del fallito, assumendo tutti i relativi obblighi, ovvero di sciogliersi dal medesimo, salvo che, nei contratti ad effetti reali, sia già avvenuto il trasferimento del diritto (2).

2. Il contraente può mettere in mora il curatore, facendogli assegnare dal giudice delegato un termine non superiore a sessanta giorni, decorso il quale il contratto si intende sciolto.

3. La disposizione di cui al primo comma si applica anche al contratto preliminare salvo quanto previsto nell'articolo 72-bis.

4. In caso di scioglimento, il contraente ha diritto di far valere nel passivo il credito conseguente al mancato adempimento, senza che gli sia dovuto risarcimento del danno (2).

5. L'azione di risoluzione del contratto promossa prima del fallimento nei confronti della parte inadempiente spiega i suoi effetti nei confronti del curatore, fatta salva, nei casi previsti, l'efficacia della trascrizione della domanda; se il contraente intende ottenere con la pronuncia di risoluzione la restituzione di una somma o di un bene, ovvero il risarcimento del danno, deve proporre la domanda secondo le disposizioni di cui al Capo V.

6. Sono inefficaci le clausole negoziali che fanno dipendere la risoluzione del contratto dal fallimento.

7. In caso di scioglimento del contratto preliminare di vendita immobiliare trascritto ai sensi dell'articolo 2645-bis del codice civile, l'acquirente ha diritto di far valere il proprio credito nel passivo, senza che gli sia dovuto il risarcimento del danno e gode del privilegio di cui all'articolo 2775-bis del codice civile a condizione che gli effetti della trascrizione del contratto preliminare non siano cessati anteriormente alla data della dichiarazione di fallimento (3).

8. Le disposizioni di cui al primo comma non si applicano al contratto preliminare di vendita trascritto ai sensi dell'articolo 2645-bis del codice civile avente ad oggetto un immobile ad uso abitativo destinato a costituire l'abitazione principale dell'acquirente o di suoi parenti ed affini entro il terzo grado ovvero un immobile ad uso non abitativo destinato a costituire la sede principale dell'attività di impresa dell'acquirente (4).

(1) Articolo modificato dall'art. 3, co. 6, d.l. 31/12/1996, n. 669, conv., con modif. in l. 28/2/1997, n. 30 e, successivamente, sostituito dall'art. 57, d.lg. 9/1/2006, n. 5.

(2) Comma modificato dall'art. 4, co. 6, d.lg. 12/9/2007, n. 169, con la decorrenza indicata nell'art. 22 del medesimo d.lg. n. 169/2007.

(3) Comma sostituito dall'art. 4, co. 6, d.lg. 12/9/2007, n. 169, con la decorrenza indicata nell'art. 22 del medesimo d.lg. n. 169/2007.

(4) Comma aggiunto dall'art. 4, co. 6, d.lg. 12/9/2007, n. 169, con la decorrenza indicata nell'art. 22 del medesimo d.lg. n. 169/2007 e, successivamente, modificato dall'art. 33, co. 1, lett. a-ter), d.l. 22/6/2012, n. 83, con la decorrenza indicata dal co. 3 del medesimo art. 33 del suddetto d.l. n. 83/2012.

72 bis. Contratti relativi ad immobili da costruire (1). – 1. I contratti di cui all'articolo 5 del decreto legislativo 20 giugno 2005, n. 122 si sciolgono se, prima che il curatore comunichi la scelta tra esecuzione o scioglimento, l'acquirente abbia escusso la fideiussione a garanzia della restituzione di quanto versato al costruttore, dandone altresì comunicazione al curatore. In ogni caso, la fideiussione non può essere escussa dopo che il curatore ha comunicato di voler dare esecuzione al contratto.

(1) Articolo inserito dall'art. 11, d.lg. 20/6/2005, n. 122, successivamente sostituito dall'art. 58, d.lg. 9/1/2006, n. 5 e, da ultimo, dall'art. 4, co. 7, d.lg. 12/9/2007, n. 169, con la decorrenza indicata nell'art. 22 del medesimo d.lg. n. 169/2007.

72 ter. Effetti sui finanziamenti destinati ad uno specifico affare (1). – 1. Il fallimento della società determina lo scioglimento del contratto di finanziamento di cui all'articolo 2447-bis, primo comma, lettera b), del codice civile quando impedisce la realizzazione o la continuazione dell'operazione.

2. In caso contrario, il curatore, sentito il parere del comitato dei creditori, può decidere di subentrare nel contratto in luogo della società assumendone gli oneri relativi.

3. Ove il curatore non subentri nel contratto, il finanziatore può chiedere al giudice delegato, sentito il comitato dei creditori, di realizzare o di continuare l'operazione, in proprio o affidandola a terzi; in tale ipotesi il finanziatore può trattenere i proventi dell'affare e può insinuarsi al passivo del fallimento in via chirografaria per l'eventuale credito residuo.

4. Nelle ipotesi previste nel secondo e terzo comma, resta ferma la disciplina prevista dall'articolo 2447-decies, terzo, quarto e quinto comma, del codice civile.

5. Qualora, nel caso di cui al primo comma, non si verifichi alcuna delle ipotesi previste nel secondo e nel terzo comma, si applica l'articolo 2447-decies, sesto comma, del codice civile.

(1) Articolo inserito dall'art. 59 del d.lg. 9/1/2006, n. 5.

72 quater. Locazione finanziaria (1). – 1. Al contratto di locazione finanziaria si applica, in caso di fallimento dell'utilizzatore, l'articolo 72. Se è disposto l'esercizio provvisorio dell'impresa il contratto continua ad avere esecuzione salvo che il curatore dichiari di volersi sciogliere dal contratto.

2. In caso di scioglimento del contratto, il concedente ha diritto alla restituzione del bene ed è tenuto a versare alla curatela l'eventuale differenza fra la maggiore somma ricavata dalla vendita o da altra collocazione del bene stesso avvenute a valori di mercato rispetto al credito residuo in linea capitale; per le somme già riscosse si applica l'articolo 67, terzo comma, lettera a) (2).

3. Il concedente ha diritto ad insinuarsi nello stato passivo per la differenza fra il credito vantato alla data del fallimento e quanto ricavato dalla nuova allocazione del bene.

4. In caso di fallimento delle società autorizzate alla concessione di finanziamenti sotto forma di locazione finanziaria, il contratto prosegue; l'utilizzatore conserva la facoltà di acquistare, alla scadenza del contratto, la proprietà del bene, previo pagamento dei canoni e del prezzo pattuito.

(1) Articolo inserito dall'art. 59 del d.lg. 9/1/2006, n. 5.

(2) Comma modificato dall'art. 4, co. 8, d.lg. 12/9/2007, n. 169, con la decorrenza indicata nell'art. 22 del medesimo d.lg. n. 169/2007.

73. Vendita con riserva di proprietà (1). – 1. Nella vendita con riserva di proprietà, in caso di fallimento del compratore, se il prezzo deve essere pagato a termine o a rate, il curatore può subentrare nel contratto con l'autorizzazione del comitato dei creditori; il venditore può chiedere cauzione a meno che il curatore paghi immediatamente il prezzo con lo sconto dell'interesse legale. Qualora il curatore si sciolga dal contratto, il venditore deve restituire le rate di prezzo già riscosse, salvo il diritto ad un equo compenso per l'uso della cosa.

2. Il fallimento del venditore non è causa di scioglimento del contratto.

(1) Articolo modificato dall'art. 60 del d.lg. 9/1/2006, n. 5 e, successivamente, sostituito dall'art. 4, co. 9, d.lg. 12/6/2007, n. 169, con la decorrenza indicata nell'art. 22 del medesimo d.lg. n. 169/2007.

74. Contratti ad esecuzione continuata o periodica (1). – 1. Se il curatore subentra in un contratto ad esecuzione continuata o periodica deve pagare integralmente il prezzo anche delle consegne già avvenute o dei servizi già erogati.

(1) Articolo modificato dall'art. 61, co. 1, lett. a) e b), d.lg. 9/1/2006, n. 5 e successivamente sostituito dall'art. 4, co. 10, d.lg. 12/9/2007, n. 169, con la decorrenza indicata nell'art. 22 del medesimo d.lg. n. 169/2007.

75. Restituzione di cose non pagate. – 1. Se la cosa mobile oggetto della vendita è già stata spedita al compratore prima della dichiarazione di fallimento di questo, ma non è ancora a sua disposizione nel luogo di destinazione, né altri ha acquistato diritti sulla medesima, il venditore può riprenderne il possesso, assumendo a suo carico le spese e restituendo gli acconti ricevuti, sempreché egli non preferisca dar corso al contratto facendo valere nel passivo il credito per il prezzo, o il curatore non intenda farsi consegnare la cosa pagandone il prezzo integrale.

76. Contratto di borsa a termine. – 1. Il contratto di borsa a termine, se il termine scade dopo la dichiarazione di fallimento di uno dei contraenti, si scioglie alla data della dichiarazione di fallimento. La differenza fra il prezzo contrattuale e il valore delle cose o dei titoli alla data di dichiarazione di fallimento è versata nel fallimento se il fallito risulta in credito, o è ammessa al passivo del fallimento nel caso contrario (1).

(1) Comma modificato dall'art. 62 del d.lg. 9/1/2006, n. 5.

77. Associazione in partecipazione. – 1. La associazione in partecipazione si scioglie per il fallimento dell'associante. L'associato ha diritto di far valere nel passivo il credito per quella parte dei conferimenti, la quale non è assorbita dalle perdite a suo carico.

2. L'associato è tenuto al versamento della parte ancora dovuta nei limiti delle perdite che sono a suo carico (1).

3. Nei suoi confronti è applicata la procedura prevista dall'art. 150.

(1) Comma modificato dall'art. 63 del d.lg. 9/1/2006, n. 5.

78. Conto corrente, mandato, commissione (1). – 1. I contratti di conto corrente, anche bancario, e di commissione, si sciolgono per il fallimento di una delle parti.

2. Il contratto di mandato si scioglie per il fallimento del mandatario.

3. Se il curatore del fallimento del mandante subentra nel contratto, il credito del mandatario è trattato a norma dell'articolo 111, primo comma, n. 1), per l'attività compiuta dopo il fallimento.

(1) Articolo sostituito dall'art. 64 del d.lg. 9/1/2006, n. 5.

79. Contratto di affitto d'azienda (1). – 1. Il fallimento non è causa di scioglimento del contratto di affitto d'azienda, ma entrambe le parti possono recedere entro sessanta giorni, corrispondendo alla controparte un equo indennizzo, che, nel dissenso tra le parti, è determinato dal giudice delegato, sentiti gli interessati. L'indennizzo dovuto dalla curatela è regolato dall'articolo 111, n. 1.

(1) Articolo modificato dall'art. 65, co. 1, lett. a) e b), d.lg.

9/1/2006, n. 5 e, successivamente, sostituito dall'art. 4, co. 11, d.lg. 12/9/2007, n. 169, con la decorrenza indicata nell'art. 22 del medesimo d.lg. n. 169/2007.

80. Contratto di locazione di immobili (1). – 1. Il fallimento del locatore non scioglie il contratto di locazione d'immobili e il curatore subentra nel contratto.

2. Qualora la durata del contratto sia complessivamente superiore a quattro anni dalla dichiarazione di fallimento, il curatore ha, entro un anno dalla dichiarazione di fallimento, la facoltà di recedere dal contratto corrispondendo al conduttore un equo indennizzo per l'anticipato recesso, che nel dissenso fra le parti, è determinato dal giudice delegato, sentiti gli interessati. Il recesso ha effetto decorsi quattro anni dalla dichiarazione di fallimento.

3. In caso di fallimento del conduttore, il curatore può in qualunque tempo recedere dal contratto, corrispondendo al locatore un equo indennizzo per l'anticipato recesso, che nel dissenso fra le parti, è determinato dal giudice delegato, sentiti gli interessati.

4. Il credito per l'indennizzo è soddisfatto in prededuzione ai sensi dell'articolo 111, n. 1 con il privilegio dell'articolo 2764 del codice civile.

(1) Articolo sostituito dall'art. 66 del d.lg. 9/1/2006, n. 5 e dall'art. 4, co. 12, d.lg. 12/9/2007, n. 169, con la decorrenza indicata nell'art. 22 del medesimo d.lg. n. 169/2007.

***80 bis. Contratto di affitto d'azienda**.** – *1. Il fallimento non è causa di scioglimento del contratto di affitto d'azienda, ma entrambe le parti possono recedere entro sessanta giorni, corrispondendo alla controparte un equo indennizzo, che, nel dissenso tra le parti, è determinato dal giudice delegato, sentiti gli interessati. L'indennizzo dovuto dalla curatela è regolato dall'articolo 111, primo comma, n. 1).*

* Articolo abrogato dall'art. 4, co. 13, d.lg. 12/9/2007, n. 169.

81. Contratto di appalto (1). – 1. Il contratto di appalto si scioglie per il fallimento di una delle parti, se il curatore, previa autorizzazione del comitato dei creditori non dichiara di voler subentrare nel rapporto dandone comunicazione all'altra parte nel termine di giorni sessanta dalla dichiarazione di fallimento ed offrendo idonee garanzie.

2. Nel caso di fallimento dell'appaltatore, il rapporto contrattuale si scioglie se la considerazione della qualità soggettiva è stata un motivo determinante del contratto, salvo che il committente non consenta, comunque, la prosecuzione del rapporto. Sono salve le norme relative al contratto di appalto per le opere pubbliche.

(1) Articolo sostituito dall'art. 68 del d.lg. 9/1/2006, n. 5.

82. Contratto di assicurazione. – 1. Il fallimento dell'assicurato non scioglie il contratto di assicurazione contro i danni, salvo patto contrario, e salva l'applicazione dell'art. 1898 del codice civile se ne deriva un aggravamento del rischio.

2. Se il contratto continua, il credito dell'assicuratore per i premi non pagati deve essere soddisfatto integralmente, anche se la scadenza del premio è anteriore alla dichiarazione di fallimento.

83. Contratto di edizione. – 1. Gli effetti del fallimento dell'editore sul contratto di edizione sono regolati dalla legge speciale.

83 bis. Clausola arbitrale (1). – 1. Se il contratto in cui è contenuta una clausola compromissoria è sciolto a norma delle disposizioni della presente sezione, il procedimento arbitrale pendente non può essere proseguito.

(1) Articolo inserito dall'art. 69 del d.lg. 9/1/2006, n. 5.

Capo IV
Della custodia e dell'amministrazione delle attività fallimentari

84. Dei sigilli (1). – 1. Dichiarato il fallimento, il curatore procede, secondo le norme stabilite dal codice di procedura civile, all'apposizione dei sigilli sui beni che si trovano nella sede principale dell'impresa e sugli altri beni del debitore.

2. Il curatore può richiedere l'assistenza della forza pubblica.

3. Se i beni o le cose si trovano in più luoghi e non è agevole l'immediato completamento delle operazioni, l'apposizione dei sigilli può essere delegata a uno o più coadiutori designati dal giudice delegato.

4. Per i beni e le cose sulle quali non è possibile apporre i sigilli si procede a norma dell'articolo 758 del codice di procedura civile.

(1) Articolo modificato dall'art. 159 del d.lg. 19/2/1998, n. 51 e, successivamente, sostituito dall'art. 70 del d.lg. 9/1/2006, n. 5.

85. Apposizione dei sigilli da parte del giudice di pace* (1). *– 1. Anche prima di ricevere la richiesta prevista dal secondo comma dell'articolo precedente, il giudice di pace che abbia certa notizia della dichiarazione di fallimento, può procedere all'apposizione dei sigilli nei luoghi compresi nella sua giurisdizione.*

* Articolo abrogato dall'art. 71 del d.lg. 9/1/2006, n. 5.

(1) Articolo modificato dall'art. 159 del d.lg. 19/2/1998, n. 51.

86. Consegna del denaro, titoli, scritture contabili e di altra documentazione (1). – 1. Devono essere consegnate al curatore:

a) il denaro contante per essere dal medesimo depositato a norma dell'articolo 34;

b) le cambiali e gli altri titoli compresi quelli scaduti;

c) le scritture contabili e ogni altra documentazione dal medesimo richiesta o acquisita se non ancora depositate in cancelleria.

2. Il giudice delegato può autorizzarne il deposito in luogo idoneo, anche presso terzi. In ogni caso, il curatore deve esibire le scritture contabili a richiesta del fallito o di chi ne abbia diritto. Nel caso in cui il curatore non ritenga di dover esibire la documentazione richiesta, l'interessato può proporre ricorso al giudice delegato che provvede con decreto motivato.

3. Può essere richiesto il rilascio di copia, previa autorizzazione del giudice delegato, a cura e spese del richiedente.

(1) Articolo sostituito dall'art. 72 del d.lg. 9/1/2006, n. 5.

87. Inventario (1). – 1. Il curatore, rimossi i sigilli, redige l'inventario nel più breve termine possibile secondo le norme stabilite dal codice di procedura civile, presenti o avvisati il fallito e il comitato dei creditori, se nominato, formando, con l'assistenza del cancelliere, processo verbale delle attività compiute. Possono intervenire i creditori.

2. Il curatore, quando occorre, nomina uno stimatore.

3. Prima di chiudere l'inventario il curatore invita il fallito o, se si tratta di società, gli amministratori a dichiarare se hanno notizia che esistano altre attività da comprendere nell'inventario, avvertendoli delle pene stabilite dall'articolo 220 in caso di falsa o omessa dichiarazione.

4. L'inventario è redatto in doppio originale e sottoscritto da tutti gli intervenuti. Uno degli originali deve essere depositato nella cancelleria del tribunale.

(1) Articolo sostituito dall'art. 73 del d.lg. 9/1/2006, n. 5.

87 bis. Inventario su altri beni (1). – 1. In deroga a quanto previsto dagli articoli 52 e 103, i beni mobili sui quali i terzi vantano diritti reali o personali chiaramente riconoscibili possono essere restituiti con decreto del giudice delegato, su istanza della parte interessata e con il consenso del curatore e del comitato dei creditori, anche provvisoriamente nominato.

2. I beni di cui al primo comma possono non essere inclusi nell'inventario.

3. Sono inventariati i beni di proprietà del fallito per i quali il terzo detentore ha diritto di rimanere nel godimento in virtù di un titolo negoziale opponibile al curatore. Tali beni non sono soggetti alla presa in consegna a norma dell'articolo 88.

(1) Articolo inserito dall'art. 74 del d.lg. 9/1/2006, n. 5.

88. Presa in consegna dei beni del fallito da parte del curatore. – 1. Il curatore prende in consegna i beni di mano in mano che ne fa l'inventario insieme con le scritture contabili e i documenti del fallito.

2. Se il fallito possiede immobili o altri beni soggetti a pubblica registrazione, il curatore notifica un estratto della sentenza dichiarativa di fallimento ai competenti uffici, perché sia trascritto nei pubblici registri (1).

(1) Comma modificato dall'art. 5, co. 1, d.lg. 12/9/2007, n. 169, con la decorrenza indicata nell'art. 22 del medesimo d.lg. n. 169/2007.

89. Elenchi dei creditori e dei titolari di diritti reali mobiliari e bilancio. – 1. Il curatore, in base alle scritture contabili del fallito e alle altre notizie che può raccogliere, deve compilare l'elenco dei creditori, con l'indicazione dei rispettivi crediti e diritti di prelazione, nonché l'elenco di tutti coloro che vantano diritti reali e personali, mobiliari e immobiliari, su cose in possesso o nella disponibilità del fallito, con l'indicazione dei titoli relativi. Gli elenchi sono depositati in cancelleria (1).

2. Il curatore deve inoltre redigere il bilancio dell'ultimo esercizio, se non è stato presentato dal fallito nel termine stabilito, ed apportare le rettifiche necessarie e le eventuali aggiunte ai bilanci e agli elenchi presentati dal fallito a norma dell'art. 14.

(1) Comma sostituito dall'art. 75 del d.lg. 9/1/2006, n. 5 e, successivamente, modificato dall'art. 5, co. 2, d.lg. 12/9/2007, n. 169, con la decorrenza indicata nell'art. 22 del medesimo d.lg. n. 169/2007.

90. Fascicolo della procedura (1). – 1. Immediatamente dopo la pubblicazione della sentenza di fallimento, il cancelliere forma un fascicolo, anche in modalità informatica, munito di indice, nel quale devono essere contenuti tutti gli atti, i provvedimenti ed i ricorsi attinenti al procedimento, opportunamente suddivisi in sezioni, esclusi quelli che, per ragioni di riservatezza, debbono essere custoditi separatamente.

2. Il comitato dei creditori e ciascun suo componente hanno diritto di prendere visione di qualunque atto o documento contenuti nel fascicolo. Analogo diritto, con la sola eccezione della relazione del curatore e degli atti eventualmente riservati su disposizione del giudice delegato, spetta anche al fallito.

3. Gli altri creditori ed i terzi hanno diritto di prendere visione e di estrarre copia degli atti e dei documenti per i quali sussiste un loro specifico ed attuale interesse, previa autorizzazione del giudice delegato, sentito il curatore.

(1) Articolo sostituito dall'art. 76 del d.lg. 9/1/2006, n. 5.

91. Anticipazioni delle spese dall'erario*. – *1. Se fra i beni compresi nel fallimento non vi è danaro occorrente alle spese giudiziali per gli atti richiesti dalla legge, dalla sentenza dichiarativa di fallimento alla chiusura della procedura, l'erario anticipa tali spese. 2. L'anticipazione delle spese si esegue quanto alle tasse di bollo e alle imposte di registro mediante prenotazione a debito in forza di decreto del giudice delegato per ogni singolo atto della procedura, e quanto alle altre spese mediante pagamento eseguito direttamente dai ricevitori del registro agli aventi diritto indicati nel decreto del giudice delegato. 3. Le spese anticipate dall'erario per le procedure fallimentari sono annotate in un registro apposito, che è tenuto dal cancelliere. 4. Il cancelliere provvede al recupero delle spese anticipate mediante prelevazione dalle somme ricavate dalla liquidazione dell'attivo, anche prima della chiusura della procedura fallimentare appena vi siano disponibilità liquide.*

* Articolo abrogato dall'art. 299 del d.P.R. 30/5/2002, n. 115, a decorrere dal 1/7/2002.

Capo V
Dell'accertamento del passivo e dei diritti reali mobiliari dei terzi

92. Avviso ai creditori ed agli altri interessati (1). – 1. Il curatore, esaminate le scritture dell'imprenditore ed altre fonti di informazione, comunica senza indugio ai creditori e ai titolari di diritti reali o personali su beni mobili e immobili di proprietà o in possesso del fallito, a mezzo posta elettronica certificata se il relativo indirizzo del destinatario risulta dal registro delle imprese ovvero dall'Indice nazionale degli indirizzi di posta elettronica certificata delle imprese e dei professionisti e, in ogni altro caso, a mezzo lettera raccomandata o telefax presso la sede dell'impresa o la residenza del creditore:

1) che possono partecipare al concorso trasmettendo domanda con le modalità indicate nell'articolo seguente;

2) la data fissata per l'esame dello stato passivo e quella entro cui vanno presentate le domande;

3) ogni utile informazione per agevolare la presentazione della domanda, con l'avvertimento delle conseguenze di cui all'articolo 31-bis, secondo comma, nonché della sussistenza dell'onere previsto dall'articolo 93, terzo comma, n. 5);

4) il suo indirizzo di posta elettronica certificata (2).

2. Se il creditore ha sede o risiede all'estero, la comunicazione può essere effettuata al suo rappresentante in Italia, se esistente.

(1) Articolo sostituito dall'art. 77 del d.lg. 9/1/2006, n. 5.

(2) Comma sostituito l'art. 17, co. 1, lett. d), d.l. 18/10/2012, n. 179. Per l'applicazione del presente articolo vedi quanto disposto dai co. 4 e 5 del medesimo art. 17.

93. Domanda di ammissione al passivo (1). – 1. La domanda di ammissione al passivo di un credito, di restituzione o rivendicazione di beni mobili e immobili, si propone con ricorso da trasmettere a norma del comma seguente almeno trenta giorni prima dell'udienza fissata per l'esame dello stato passivo (2).

2. Il ricorso può essere sottoscritto anche personalmente dalla parte ed è formato ai sensi degli articoli 21, comma 2, ovvero 22, comma 3, del decreto legislativo 7 marzo 2005, n. 82, e successive modificazioni e, nel termine stabilito dal primo comma, è trasmesso all'indirizzo di posta elettronica certificata del curatore indicato nell'avviso di cui all'articolo 92, unitamente ai documenti di cui al successivo sesto comma. L'originale del titolo di credito allegato al ricorso è depositato presso la cancelleria del tribunale (3).

3. Il ricorso contiene:

1) l'indicazione della procedura cui si intende partecipare e le generalità del creditore;

2) la determinazione della somma che si intende insinuare al passivo, ovvero la descrizione del bene di cui si chiede la restituzione o la rivendicazione;

3) la succinta esposizione dei fatti e degli elementi di diritto che costituiscono la ragione della domanda;

4) l'eventuale indicazione di un titolo di prelazione, [anche in relazione alla graduazione del credito,] nonché la descrizione del bene sul quale la prelazione si esercita, se questa ha carattere speciale (4);

5) l'indicazione dell'indirizzo di posta elettronica certificata, al quale ricevere tutte le comunicazioni relative alla procedura, le cui variazioni è onere comunicare al curatore (5).

4. Il ricorso è inammissibile se è omesso o assolutamente incerto uno dei requisiti di cui ai nn. 1), 2) o 3) del precedente comma. Se è omesso o assolutamente incerto il requisito di cui al n. 4), il credito è considerato chirografario.

5. Se è omessa l'indicazione di cui al terzo comma, n. 5), nonché nei casi di mancata consegna del messaggio di posta elettronica certificata per cause imputabili al destinatario si applica l'articolo 31-bis, secondo comma (6).

6. Al ricorso sono allegati i documenti dimostrativi del diritto del creditore ovvero del diritto del terzo che chiede la restituzione o rivendica il bene.

*7. I documenti non presentati con la domanda devono essere depositati, a pena di decadenza, almeno quindici giorni prima dell'udienza fissata per l'esame dello stato passivo**.

8. Con la domanda di restituzione o rivendicazione, il terzo può chiedere la sospensione della liquidazione dei beni oggetto della domanda.

9. Il ricorso può essere presentato dal rappresentante comune degli obbligazionisti ai sensi dell'articolo 2418, secondo comma, del codice civile, anche per singoli gruppi di creditori.

10. Il giudice ad istanza della parte può disporre che il cancelliere prenda copia dei titoli al portatore o all'ordine presentati e li restituisca con l'annotazione dell'avvenuta domanda di ammissione al passivo.

(1) Articolo sostituito dall'art. 78 del d.lg. 9/1/2006, n. 5.

(2) Comma sostituito dall'art. 17, co. 1, lett. e), n. 1, d.l. 18/10/2012, n. 179. Per l'applicazione del presente comma vedi quanto disposto dai co. 4 e 5 del medesimo art. 17.

(3) Comma sostituito dall'art. 17, co. 1, lett. e), n. 2, d.l. 18/10/2012, n. 179 come modificato dall'art. 1, co. 19, punto 3, l. 24/12/2012, n. 228. Per l'applicazione del presente comma vedi quanto disposto dai co. 4 e 5 del medesimo art. 17.

(4) Numero modificato dall'art. 6, co. 1, d.lg. 12/9/2007, n. 169, con la decorrenza indicata nell'art. 22 del medesimo d.lg. n. 169/2007.

(5) Numero sostituito dall'art. 17, co. 1, lett. e), n. 3, d.l. 18/10/2012, n. 179. Per l'applicazione del presente comma vedi quanto disposto dai co. 4 e 5 del medesimo art. 17.

(6) Comma sostituito dall'art. 17, co. 1, lett. e), n. 4, d.l. 18/10/2012, n. 179. Per l'applicazione del presente comma vedi quanto disposto dai co. 4 e 5 del medesimo art. 17.

* Comma abrogato dall'art. 6, co. 1, d.lg. 12/9/2007, n. 169, con la decorrenza indicata nell'art. 22 del medesimo d.lg. 169/2007.

94. Effetti della domanda (1). – 1. La domanda di cui all'articolo 93 produce gli effetti della domanda giudiziale per tutto il corso del fallimento.

(1) Articolo sostituito dall'art. 79 del d.lg. 9/1/2006, n. 5.

95. Progetto di stato passivo e udienza di discussione (1). – 1. Il curatore esamina le domande di cui all'articolo 93 e predispone elenchi separati dei creditori e dei titolari di diritti su beni mobili e immobili di proprietà o in possesso del fallito, rassegnando per ciascuno le sue motivate conclusioni. Il curatore può eccepire i fatti estintivi, modificativi o impeditivi del diritto fatto valere, nonché l'inefficacia del titolo su cui sono fondati il credito o la prelazione, anche se è prescritta la relativa azione.

2. Il curatore deposita il progetto di stato passivo corredato dalle relative domande nella cancelleria del tribunale almeno quindici giorni prima dell'udienza fissata per l'esame dello stato passivo e nello stesso termine lo trasmette ai creditori e ai titolari di diritti sui beni all'indirizzo indicato nella domanda di ammissione al passivo. I creditori, i titolari di diritti sui beni ed il fallito possono esaminare il progetto e presentare al curatore, con le modalità indicate dall'articolo 93, secondo comma, osservazioni scritte e documenti integrativi fino a cinque giorni prima dell'udienza (2).

3. All'udienza fissata per l'esame dello stato passivo, il giudice delegato, anche in assenza delle parti, decide su ciascuna domanda, nei limiti delle conclusioni formulate ed avuto riguardo alle eccezioni del curatore, a quelle rilevabili d'ufficio ed a quelle formulate dagli altri interessati. Il giudice delegato può procedere ad atti di istruzione su richiesta delle parti, compatibilmente con le esigenze di speditezza del procedimento. In relazione al numero dei creditori e alla entità del passivo, il giudice delegato può stabilire che l'udienza sia svolta in via telematica con modalità idonee a salvaguardare il contraddittorio e l'effettiva partecipazione dei creditori, anche utilizzando le strutture informatiche messe a disposizione della procedura da soggetti terzi (3).

4. Il fallito può chiedere di essere sentito.

5. Delle operazioni si redige processo verbale.

(1) Articolo sostituito dall'art. 80 del d.lg. 9/1/2006, n. 5.

(2) Comma sostituito dall'art. 6, co. 2, d.lg. 12/9/2007, n. 169, con la decorrenza indicata nell'art. 22 del medesimo d.lg. n. 169/2007 e dall'art. 17, co. 1, lett. f), d.l. 18/10/2012, n. 179. Per l'applicazione del presente comma vedi quanto disposto dai co. 4 e 5 del medesimo art. 17.

(3) Comma modificato dall'art. 6, co. 1, lett. b), d.l. 3/5/2016, n. 59, conv., con modif., dalla l. 30/6/2016, n. 119.

96. Formazione ed esecutività dello stato passivo (1). – 1. Il giudice delegato, con decreto, succintamente motivato accoglie in tutto o in parte ovvero respinge o dichiara inammissibile la domanda proposta ai sensi dell'articolo 93. [Il decreto è succintamente motivato se sussiste contestazione da parte del curatore sulla domanda proposta.] La dichiarazione di inammissibilità della domanda non ne preclude la successiva riproposizione (2).

*2. Con il provvedimento di accoglimento della domanda, il giudice delegato indica anche il grado dell'eventuale diritto di prelazione**.

3. Oltre che nei casi stabiliti dalla legge, sono ammessi al passivo con riserva:

1) i crediti condizionati e quelli indicati nell'ultimo comma dell'articolo 55;

2) i crediti per i quali la mancata produzione del titolo dipende da fatto non riferibile al creditore, salvo che la produzione avvenga nel termine assegnato dal giudice;

3) i crediti accertati con sentenza del giudice ordinario o speciale non passata in giudicato, pronunziata prima della dichiarazione di fallimento. Il curatore può proporre o proseguire il giudizio di impugnazione.

4. Se le operazioni non possono esaurirsi in una sola udienza; il giudice ne rinvia la prosecuzione a non più di otto giorni, senza altro avviso per gli intervenuti e per gli assenti.

5. Terminato l'esame di tutte le domande, il giudice delegato forma lo stato passivo e lo rende esecutivo con decreto depositato in cancelleria.

6. Il decreto che rende esecutivo lo stato passivo e le decisioni assunte dal tribunale all'esito dei giudizi di cui all'articolo 99, producono effetti soltanto ai fini del concorso.

(1) Articolo sostituito dall'art. 81 del d.lg. 9/1/2006, n. 5.

(2) Comma modificato dall'art. 6, co. 3, d.lg. 12/9/2007, n. 169, con la decorrenza indicata nell'art. 22 del medesimo d.lg. n. 169/2007.

* Comma abrogato dall'art. 6, co. 3, d.lg. 12/9/2007, n. 169, con la decorrenza indicata nell'art. 22 del medesimo d.lg. n. 169/2007.

97. Comunicazione dell'esito del procedimento di accertamento del passivo (1). – 1. Il curatore, immediatamente dopo la dichiarazione di esecutività dello stato passivo, ne dà comunicazione trasmettendo una copia a tutti i ricorrenti, informandoli del diritto di proporre opposizione in caso di mancato accoglimento della domanda.

(1) Articolo sostituito dall'art. 82 del d.lg. 9/1/2006, n. 5 e, successivamente, dall'art. 17, co. 1, lett. g), d.l. 18/10/2012, n. 179. Per l'applicazione del presente comma vedi quanto disposto dai co. 4 e 5 del medesimo art. 17.

98. Impugnazioni (1). – 1. Contro il decreto che rende esecutivo lo stato passivo può essere proposta opposizione, impugnazione dei crediti ammessi o revocazione.

2. Con l'opposizione il creditore o il titolare di diritti su beni mobili o immobili contestano che la propria domanda sia stata accolta in parte o sia stata respinta; l'opposizione è proposta nei confronti del curatore.

3. Con l'impugnazione il curatore, il creditore o il titolare di diritti su beni mobili o immobili contestano che la domanda di un creditore o di altro concorrente sia stata accolta; l'impugnazione è rivolta nei confronti del creditore concorrente, la cui domanda è stata accolta. Al procedimento partecipa anche il curatore.

4. Con la revocazione il curatore, il creditore o il titolare di diritti su beni mobili o immobili, decorsi i termini per la proposizione della opposizione o della impugnazione, possono chiedere che il provvedimento di accoglimento o di rigetto vengano revocati se si scopre che essi sono stati determinati da falsità, dolo, errore essenziale di fatto o dalla mancata conoscenza di documenti decisivi che non sono stati prodotti tempestivamente per causa non imputabile. La revocazione è proposta nei confronti del creditore concorrente, la cui domanda è stata accolta, ovvero nei confronti del curatore quando la domanda è stata respinta. Nel primo caso, al procedimento partecipa il curatore.

5. Gli errori materiali contenuti nello stato passivo sono corretti con decreto del giudice delegato su istanza del creditore o del curatore, sentito il curatore o la parte interessata.

(1) Articolo sostituito dall'art. 83 del d.lg. 9/1/2006, n. 5, con effetto a decorrere dal 16/7/2006.

• La Corte costituzionale, con sent. 16/4/1986, n. 102, aveva dichiarato l'illegittimità costituzionale del co. 1 del presente articolo, nel testo precedente la modifica, nella parte in cui stabiliva che i creditori esclusi o ammessi con riserva potessero fare opposizione entro quindici giorni dal deposito dello stato passivo anziché dalla data di ricezione delle raccomandate con avviso di ricevimento con le quali il curatore doveva dare notizia dell'avvenuto deposito ai creditori che avevano presentato domanda di ammissione al passivo.

• La Corte costituzionale, con sent. 24/4/1986, n. 120, aveva dichiarato anche l'illegittimità costituzionale del co. 2 del presente articolo, nel testo precedente la modifica, nella parte in cui non prevedeva nei confronti del creditore opponente la comunicazione, almeno quindici giorni prima della udienza di comparizione, del decreto ivi indicato, comunicazione dalla quale decorreva il termine per la notificazione di esso al curatore.

99. Procedimento (1). – 1. Le impugnazioni di cui all'articolo precedente si propongono con ricorso depositato presso la cancelleria del tribunale entro trenta giorni dalla comunicazione di cui all'articolo 97 ovvero in caso di revocazione dalla scoperta del fatto o del documento.

2. Il ricorso deve contenere:

1) l'indicazione del tribunale, del giudice delegato e del fallimento;

2) le generalità dell'impugnante e l'elezione del domicilio nel comune ove ha sede il tribunale che ha dichiarato il fallimento;

3) l'esposizione dei fatti e degli elementi di diritto su cui si basa l'impugnazione e le relative conclusioni;

4) a pena di decadenza, le eccezioni processuali e di merito non rilevabili d'ufficio, nonché l'indicazione specifica dei mezzi di prova di cui il ricorrente intende avvalersi e dei documenti prodotti.

3. Il presidente, nei cinque giorni successivi al deposito del ricorso, designa il relatore, al quale può delegare la trattazione del procedimento e fissa con decreto l'udienza di comparizione entro sessanta giorni dal deposito del ricorso.

4. Il ricorso, unitamente al decreto di fissazione dell'udienza, deve essere notificato, a cura del ricorrente, al curatore ed all'eventuale controinteressato entro dieci giorni dalla comunicazione del decreto.

5. Tra la data della notificazione e quella dell'udienza deve intercorrere un termine non minore di trenta giorni.

6. Le parti resistenti devono costituirsi almeno dieci giorni prima dell'udienza, eleggendo il domicilio nel comune in cui ha sede il tribunale.

7. La costituzione si effettua mediante il deposito in cancelleria di una memoria difensiva contenente, a pena di decadenza, le eccezioni processuali e di merito non rilevabili d'ufficio, nonché l'indicazione specifica dei mezzi di prova e dei documenti prodotti.

8. L'intervento di qualunque interessato non può avere luogo oltre il termine stabilito per la costituzione delle parti resistenti con le modalità per queste previste.

9. Il giudice provvede, anche ai sensi del terzo comma, all'ammissione ed all'espletamento dei mezzi istruttori.

10. Il giudice delegato al fallimento non può far parte del collegio.

11. Il collegio provvede in via definitiva sull'opposizione, impugnazione o revocazione con decreto motivato entro sessanta giorni dall'udienza o dalla scadenza del termine eventualmente assegnato per il deposito di memorie.

12. Il decreto è comunicato dalla cancelleria alle parti che, nei successivi trenta giorni, possono proporre ricorso per cassazione.

(1) Articolo modificato dall'art. 160 del d.lg. 19/2/1998, n. 51; successivamente sostituito dall'art. 84 del d.lg. 9/1/2006, n. 5 e, da ultimo, dall'art. 6, co. 4, d.lg. 12/9/2007, n. 169, con la decorrenza indicata nell'art. 22 del medesimo d.lg. n. 169/2007.

• La Corte costituzionale, con sent. 27/11/1980, n. 152, aveva dichiarato la illegittimità costituzionale del co. 5, nel testo precedente la sostituzione, nella parte in cui faceva decorrere i termini per appellare e per il ricorso in Cassazione dalla affissione della sentenza resa su opposizione allo stato passivo.

• La Corte costituzionale, con sent. 3/4/1982, n. 69, aveva dichiarato l'illegittimità costituzionale dell'ultimo comma, nel testo precedente la sostituzione, nella parte in cui sanciva l'inappellabilità delle sentenze rese su crediti di lavoro e di previdenza e assistenza obbligatorie, contemplati negli art. 409 e 442 CPC.

100. Impugnazione dei crediti ammessi*. *– 1. Entro quindici giorni dal deposito dello stato passivo in cancelleria ciascun creditore può impugnare i crediti ammessi, con ricorso al giudice delegato* (1). *2. Il giudice fissa con decreto l'udienza in cui le parti e il curatore devono comparire davanti a lui, nonché il termine perentorio per la notificazione del ricorso e del decreto al curatore ed ai creditori i cui crediti vengano impugnati. Le parti si costituiscono a norma dell'art. 98, terzo comma* (2). *3. Se all'udienza le parti non raggiungono l'accordo, il giudice dispone con ordinanza non impugnabile che in caso di ripartizione siano accantonate le quote spettanti ai creditori contestati. 4. Per l'istruzione e la decisione delle impugnazioni si applicano le disposizioni dell'articolo precedente e il giudizio deve essere riunito a quello sulle opposizioni.*

* Articolo abrogato dall'art. 85 del d.lg. 9/1/2006, n. 5.

(1) La Corte costituzionale, con sent. 16/4/1986, n. 102, ha dichiarato l'illegittimità costituzionale del presente comma, nella parte in cui ciascun creditore può impugnare i crediti ammessi con ricorso al giudice delegato entro quindici giorni dal deposito dello stato passivo in cancelleria anziché dalla data di ricezione delle raccomandate con avviso di ricevimento con le quali il curatore deve dare notizia dell'avvenuto deposito ai creditori che hanno presentato domanda di ammissione al passivo. La Corte costituzionale, con sent. 14/12/1990, n. 538, ha dichiarato l'illegittimità costituzionale del presente comma, nella parte in cui non prevede che i creditori ammessi allo stato passivo possano proporre opposizione avverso i decreti di ammissione tardiva al passivo, emanati *ex* art. 101, co. 3, entro quindici giorni dalla data di ricezione della raccomandata con avviso di ricevimento, con la quale il curatore deve dare notizia a ciascuno di essi all'avvenuto deposito del decreto di variazione dello stato passivo.

(2) La Corte costituzionale, con sent. 24/4/1986, n. 120, ha dichiarato l'illegittimità costituzionale del presente comma, nella parte in cui non prevede nei confronti del creditore impugnante la comunicazione, almeno quindici giorni prima dell'udienza di comparizione, del decreto ivi indicato, comunicazione dalla quale decorre il termine per la notificazione di esso al curatore e ai creditori i cui crediti sono impugnati.

101. Domande tardive di crediti (1). – 1. Le domande di ammissione al passivo di un credito, di restituzione o rivendicazione di beni mobili e immobili, trasmesse al curatore oltre il termine di trenta giorni prima dell'udienza fissata per la verifica del passivo e non oltre quello di dodici mesi dal deposito del decreto di esecutività dello stato passivo sono considerate tardive; in caso di particolare complessità della procedura, il tribunale, con la sentenza che dichiara il fallimento, può prorogare quest'ultimo termine fino a diciotto mesi (2).

2. Il procedimento di accertamento delle domande tardive si svolge nelle stesse forme di cui all'articolo 95. Il giudice delegato fissa per l'esame delle domande tardive un'udienza ogni quattro mesi, salvo che sussistano motivi d'urgenza. Il curatore dà avviso a coloro che hanno presentato la domanda, della data dell'udienza. Si applicano le disposizioni di cui agli articoli da 93 a 99 (3).

3. Il creditore ha diritto di concorrere sulle somme già distribuite nei limiti di quanto stabilito nell'articolo 112. Il titolare di diritti su beni mobili o immobili, se prova che il ritardo è dipeso da causa non imputabile, può chiedere che siano sospese le attività di liquidazione del bene sino all'accertamento del diritto.

4. Decorso il termine di cui al primo comma, e comunque fino a quando non siano esaurite tutte le ripartizioni dell'attivo fallimentare, le domande tardive sono ammissibili se l'istante prova che il ritardo è dipeso da causa a lui non imputabile.

(1) Articolo sostituito dall'art. 86 del d.lg. 9/1/2006, n. 5.

(2) Comma modificato l'art. 17, co. 1, lett. h), d.l. 18/10/2012, n. 179 conv., con modif., in l. 17/12/2012, n. 221. Per l'applicazione del presente comma vedi quanto disposto dai co. 4 e 5 del medesimo art. 17.

(3) Comma modificato dall'art. 6, co. 5, d.lg. 12/9/2007, n. 169, con la decorrenza indicata nell'art. 22 del medesimo d.lg. n. 169/2007.

102. Previsione di insufficiente realizzo (1). – 1. Il tribunale, con decreto motivato da adottarsi prima dell'udienza per l'esame dello stato passivo, su istanza del curatore depositata almeno venti giorni prima dell'udienza stessa, corredata da una relazione sulle prospettive della liquidazione, e dal parere del comitato dei creditori, sentito il fallito, dispone non farsi luogo al procedimento di accertamento del passivo relativamente ai crediti concorsuali se risulta che non può essere acquisito attivo da distribuire ad alcuno dei creditori che abbiano chiesto l'ammissione al passivo, salva la soddisfazione dei crediti prededucibili e delle spese di procedura (2).

2. Le disposizioni di cui al primo comma si applicano, in quanto compatibili, ove la condizione di insufficiente realizzo emerge successivamente alla verifica dello stato passivo (3).

3. Il curatore comunica il decreto di cui al primo comma trasmettendone copia ai creditori che abbiano presentato domanda di ammissione al passivo ai sensi degli articoli 93 e 101, i quali, nei quindici giorni successivi, possono presentare reclamo alla corte di appello, che provvede con decreto in camera di consiglio, sentito il reclamante, il curatore, il comitato dei creditori ed il fallito (4).

(1) Articolo sostituito dall'art. 87 del d.lg. 9/1/2006, n. 5, con effetto a decorrere dal 16/7/2006.

(2) Comma modificato dall'art. 6, co. 6, d.lg. 12/9/2007, n. 169, con la decorrenza indicata nell'art. 22 del medesimo d.lg. n. 169/2007.

(3) Comma sostituito dall'art. 6, co. 6, d.lg. 12/9/2007, n. 169, con la decorrenza indicata nell'art. 22 del medesimo d.lg. n. 169/2007.

(4) Comma modificato dall'art. 17, co. 1, lett. i), d.l. 18/10/2012, n. 179. Per l'applicazione del presente comma vedi quanto disposto dai co. 4 e 5 del medesimo art. 17.

103. Procedimenti relativi a domande di rivendica e restituzione (1). – 1. Ai procedimenti che hanno ad oggetto domande di restituzione o di rivendicazione, si applica il regime probatorio previsto nell'articolo 621 del codice di procedura civile. Se il bene non è stato acquisito all'attivo della procedura, il titolare del diritto, anche nel corso dell'udienza di cui all'articolo 95, può modificare l'originaria domanda e chiedere l'ammissione al passivo del controvalore del bene alla data di apertura del concorso. Se il curatore perde il possesso della cosa dopo averla acquisita, il titolare del diritto può chiedere che il controvalore del bene sia corrisposto in prededuzione.

2. Sono salve le disposizioni dell'articolo 1706 del codice civile (2).

(1) Articolo sostituito dall'art. 88 del d.lg. 9/1/2006, n. 5.

(2) Comma aggiunto dall'art. 6, co. 7, d.lg. 12/9/2007, n. 169, con la decorrenza indicata nell'art. 22 del medesimo d.lg. n. 169/2007.

Capo VI
Dell'esercizio provvisorio e della liquidazione dell'attivo (1)

(1) Rubrica sostituita dall'art. 89 del d.lg. 9/1/2006, n. 5.

Sezione I
Disposizioni generali

104. Esercizio provvisorio dell'impresa del fallito (1). – 1. Con la sentenza dichiarativa del fallimento, il tribunale può disporre l'esercizio provvisorio dell'impresa, anche limitatamente a specifici rami dell'azienda, se dalla interruzione può derivare un danno grave, purché non arrechi pregiudizio ai creditori.

2. Successivamente, su proposta del curatore, il giudice delegato, previo parere favorevole del comitato dei creditori, autorizza, con decreto motivato, la continuazione temporanea dell'esercizio dell'impresa, anche limitatamente a specifici rami dell'azienda, fissandone la durata.

3. Durante il periodo di esercizio provvisorio, il comitato dei creditori è convocato dal curatore, almeno ogni tre mesi, per essere informato sull'andamento della gestione e per pronunciarsi sull'opportunità di continuare l'esercizio.

4. Se il comitato dei creditori non ravvisa l'opportunità di continuare l'esercizio provvisorio, il giudice delegato ne ordina la cessazione.

5. Ogni semestre, o comunque alla conclusione del periodo di esercizio provvisorio, il curatore deve presentare un rendi-

conto dell'attività mediante deposito in cancelleria. In ogni caso il curatore informa senza indugio il giudice delegato e il comitato dei creditori di circostanze sopravvenute che possono influire sulla prosecuzione dell'esercizio provvisorio.

6. Il tribunale può ordinare la cessazione dell'esercizio provvisorio in qualsiasi momento laddove ne ravvisi l'opportunità, con decreto in camera di consiglio non soggetto a reclamo sentiti il curatore ed il comitato dei creditori.

7. Durante l'esercizio provvisorio i contratti pendenti proseguono, salvo che il curatore non intenda sospenderne l'esecuzione o scioglierli. È fatto salvo il disposto dell'articolo 110, comma 3, del decreto legislativo 18 aprile 2016, n. 50 (2).

8. I crediti sorti nel corso dell'esercizio provvisorio sono soddisfatti in prededuzione ai sensi dell'articolo 111, primo comma, n. 1).

9. Al momento della cessazione dell'esercizio provvisorio si applicano le disposizioni di cui alla sezione IV del capo III del titolo II.

(1) Articolo sostituito dall'art. 90 del d.lg. 9/1/2006, n. 5.

(2) Comma modificato dall'art. 2, co. 4, lett. a), d.l. 18/4/2019, n. 32, conv., con modif., dalla l. 14/6/2019, n. 55. La modifica è entrata in vigore il 19/4/2019.

104 bis. Affitto dell'azienda o di rami dell'azienda (1). – 1. Anche prima della presentazione del programma di liquidazione di cui all'articolo 104-ter su proposta del curatore, il giudice delegato, previo parere favorevole del comitato dei creditori, autorizza l'affitto dell'azienda del fallito a terzi anche limitatamente a specifici rami quando appaia utile al fine della più proficua vendita dell'azienda o di parti della stessa.

2. La scelta dell'affittuario è effettuata dal curatore a norma dell'articolo 107, sulla base di stima, assicurando, con adeguate forme di pubblicità, la massima informazione e partecipazione degli interessati. La scelta dell'affittuario deve tenere conto, oltre che dell'ammontare del canone offerto, delle garanzie prestate e della attendibilità del piano di prosecuzione delle attività imprenditoriali, avuto riguardo alla conservazione dei livelli occupazionali.

3. Il contratto di affitto stipulato dal curatore nelle forme previste dall'articolo 2556 del codice civile deve prevedere il diritto del curatore di procedere alla ispezione della azienda, la prestazione di idonee garanzie per tutte le obbligazioni dell'affittuario derivanti dal contratto e dalla legge, il diritto di recesso del curatore dal contratto che può essere esercitato, sentito il comitato dei creditori, con la corresponsione all'affittuario di un giusto indennizzo da corrispondere ai sensi dell'articolo 111, primo comma, n. 1).

4. La durata dell'affitto deve essere compatibile con le esigenze della liquidazione dei beni (2).

5. Il diritto di prelazione a favore dell'affittuario può essere concesso convenzionalmente, previa espressa autorizzazione del giudice delegato e previo parere favorevole del comitato dei creditori. In tale caso, esaurito il procedimento di determinazione del prezzo di vendita dell'azienda o del singolo ramo, il curatore, entro dieci giorni, lo comunica all'affittuario, il quale può esercitare il diritto di prelazione entro cinque giorni dal ricevimento della comunicazione.

6. La retrocessione al fallimento di aziende, o rami di aziende, non comporta la responsabilità della procedura per i debiti maturati sino alla retrocessione, in deroga a quanto previsto dagli articoli 2112 e 2560 del codice civile. Ai rapporti pendenti al momento della retrocessione si applicano le disposizioni di cui alla sezione IV del Capo III del titolo II (2).

(1) Articolo inserito dall'art. 91 del d.lg. 9/1/2006, n. 5.

(2) Vedi quanto disposto dall'art. 4, co. 4-quater, d.l. 23/12/2003, n. 347, conv., con modif., dalla l. 18/2/2004, n. 39, come modificato dall'art. 1, co. 4, d.l. 5/1/2015, n. 1, conv., con modif., dalla l. 4/3/2015, n. 20.

104 ter. Programma di liquidazione (1). – 1. Entro sessanta giorni dalla redazione dell'inventario e in ogni caso non oltre centottanta giorni dalla sentenza dichiarativa di fallimento (2), il curatore predispone un programma di liquidazione da sottoporre all'approvazione del comitato dei creditori (3). Il mancato rispetto del termine di centottanta giorni di cui al primo periodo senza giustificato motivo è giusta causa di revoca del curatore (4).

2. Il programma costituisce l'atto di pianificazione e di indirizzo in ordine alle modalità e ai termini previsti per la realizzazione dell'attivo, e deve specificare:

a) l'opportunità di disporre l'esercizio provvisorio dell'impresa, o di singoli rami di azienda, ai sensi dell'articolo 104, ovvero l'opportunità di autorizzare l'affitto dell'azienda, o di rami, a terzi ai sensi dell'articolo 104-bis;

b) la sussistenza di proposte di concordato ed il loro contenuto;

c) le azioni risarcitorie, recuperatorie o revocatorie da esercitare ed il loro possibile esito;

d) le possibilità di cessione unitaria dell'azienda, di singoli rami, di beni o di rapporti giuridici individuabili in blocco;

e) le condizioni della vendita dei singoli cespiti (3).

f) il termine entro il quale sarà completata la liquidazione dell'attivo (5);

3. Il termine di cui alla lettera f) del precedente comma non può eccedere due anni dal deposito della sentenza di fallimento. Nel caso in cui, limitatamente a determinati cespiti dell'attivo, il curatore ritenga necessario un termine maggiore, egli è tenuto a motivare specificamente in ordine alle ragioni che giustificano tale maggior termine (6).

4. Il curatore, fermo restando quanto disposto dall'articolo 107 (7), può essere autorizzato dal giudice delegato ad affidare ad altri professionisti o a società specializzate (7) alcune incombenze della procedura di liquidazione dell'attivo.

5. Il comitato dei creditori può proporre al curatore modifiche al programma presentato. [*L'approvazione del programma di liquidazione tiene luogo delle singole autorizzazioni eventualmente necessarie ai sensi della presente legge per l'adozione di atti o l'effettuazione di operazioni inclusi nel programma*] (8).

6. Per sopravvenute esigenze, il curatore può presentare, con le modalità di cui ai commi primo, secondo e terzo, un supplemento del piano di liquidazione.

7. Prima della approvazione del programma, il curatore può procedere alla liquidazione di beni, previa autorizzazione del giudice delegato, sentito il comitato dei creditori se già nominato, solo quando dal ritardo può derivare pregiudizio all'interesse dei creditori.

8. Il curatore, previa autorizzazione del comitato dei creditori, può non acquisire all'attivo o rinunciare a liquidare uno o più beni, se l'attività di liquidazione appaia manifestamente non conveniente. In questo caso, il curatore ne dà comunicazione ai creditori i quali, in deroga a quanto previsto nell'articolo 51, possono iniziare azioni esecutive o cautelari sui beni rimessi nella disponibilità del debitore.

9. Il programma approvato è comunicato al giudice delegato che autorizza l'esecuzione degli atti a esso conformi (9).

10. Il mancato rispetto dei termini previsti dal programma di liquidazione senza giustificato motivo è giusta causa di revoca del curatore (10). È altresì giusta causa di revoca, in presenza di somme disponibili per la ripartizione, il mancato rispetto dell'obbligo di cui all'articolo 110 primo comma (11).

(1) Articolo inserito dall'art. 91 del d.lg. 9/1/2006, n. 5.

(2) L'art. 6, co. 1, lett. a) d.l. 27/6/2015, n. 83, convertito in l. 6/8/2015, n. 132 ha aggiunto le parole "e in ogni caso non oltre centottanta giorni dalla sentenza dichiarativa di fallimento".

(3) Comma sostituito dall'art. 7, co. 1, d.lg. 12/9/2007, n. 169, con la decorrenza indicata nell'art. 22 del medesimo d.lg. n. 169/2007.

(4) Periodo aggiunto dall'art. 6, co. 1, lett. a), d.l. 27/6/2015, n. 83, convertito in l. 6/8/2015, n. 132.

(5) Lettera aggiunta dall'art. 6, co. 1, lett. b), d.l. 27/6/2015, n. 83, convertito in l. n. 132/2015.

(6) Comma aggiungo dall'art. 6, co. 1, lett. c), d.l. 27/6/2015, n. 83, convertito in l. n. 132/2015.

(7) Le parole "fermo restando quanto disposto dall'articolo 107" e "o società specializzate" sono state introdotte dall'art. 6, co. 1, lett. d), d.l. 27/6/2015, n. 83, convertito in l. 6/8/2015, n. 132.

(8) Comma modificato dall'art. 7, co. 1, d.lg. 12/9/2007, n. 169, con la decorrenza indicata nell'art. 22 del medesimo d.lg. n. 169/2007.

(9) Comma inserito dall'art. 7, co. 1, d.lg. 12/9/2007, n. 169, con la decorrenza indicata nell'art. 22 del medesimo d.lg. n. 169/2007.

(10) Comma così introdotto dall'art. 6, co. 1, lett. e), d.l. 27/6/2015, n. 83, convertito in l. 6/8/2015, n. 132.

(11) Comma aggiunto dall'art. 6, co. 1, lett. e), d.l. 27/6/2015 n. 83, conv., con modif., dalla l. 6/8/2015, n. 132; per l'applicazione vedi l'art. 23, co. 3, del medesimo decreto. Da ultimo modificato dall'art. 6, co. 1, lett. c), d.l. 3/5/2016, n. 59, conv., con modif., dalla l. 30/6/2016, n. 119.

Sezione II
Della vendita dei beni (1)

(1) Sezione modificata dall'art. 7, co. 2, d.lg. 12/9/2007, n. 169, con la decorrenza indicata nell'art. 22 del medesimo d.lg. n. 169/2007. Precedentemente esistevano la sezione II "Della vendita dei beni mobili" e la sezione III "Della vendita dei beni immobili" rispettivamente soppresse dai co. 3 e 5 del citato art. 7.

105. Vendita dell'azienda, di rami, di beni e rapporti in blocco (1). – 1. La liquidazione dei singoli beni ai sensi degli articoli seguenti del presente capo è disposta quando risulta prevedibile che la vendita dell'intero complesso aziendale, di suoi rami, di beni o rapporti giuridici individuabili in blocco non consenta una maggiore soddisfazione dei creditori.

2. La vendita del complesso aziendale o di rami dello stesso è effettuata con le modalità di cui all'articolo 107, in conformità a quanto disposto dall'articolo 2556 del codice civile.

3. Nell'ambito delle consultazioni sindacali relative al trasferimento d'azienda, il curatore, l'acquirente e i rappresentanti dei lavoratori possono convenire il trasferimento solo parziale dei lavoratori alle dipendenze dell'acquirente e le ulteriori modifiche del rapporto di lavoro consentite dalle norme vigenti.

4. Salva diversa convenzione, è esclusa la responsabilità dell'acquirente per i debiti relativi all'esercizio delle aziende cedute, sorti prima del trasferimento.

5. Il curatore può procedere altresì alla cessione delle attività e delle passività dell'azienda o dei suoi rami, nonché di beni o rapporti giuridici individuabili in blocco, esclusa comunque la responsabilità dell'alienante prevista dall'articolo 2560 del codice civile.

6. La cessione dei crediti relativi alle aziende cedute, anche in mancanza di notifica al debitore o di sua accettazione, ha effetto, nei confronti dei terzi, dal momento dell'iscrizione del trasferimento nel registro delle imprese. Tuttavia il debitore ceduto è liberato se paga in buona fede al cedente.

7. I privilegi e le garanzie di qualsiasi tipo, da chiunque prestate o comunque esistenti a favore del cedente, conservano la loro validità e il loro grado a favore del cessionario.

8. Il curatore può procedere alla liquidazione anche mediante il conferimento in una o più società, eventualmente di nuova costituzione, dell'azienda o di rami della stessa, ovvero di beni o crediti, con i relativi rapporti contrattuali in corso, esclusa la responsabilità dell'alienante ai sensi dell'articolo 2560 del codice civile ed osservate le disposizioni inderogabili contenute nella presente sezione. Sono salve le diverse disposizioni previste in leggi speciali.

9. Il pagamento del prezzo può essere effettuato mediante accollo di debiti da parte dell'acquirente solo se non viene alterata la graduazione dei crediti.

(1) Articolo sostituito dall'art. 92 del d.lg. 9/1/2006, n. 5.

106. Cessione dei crediti, dei diritti e delle quote, delle azioni, mandato a riscuotere (1). – 1. Il curatore può cedere i crediti, compresi quelli di natura fiscale o futuri, anche se oggetto di contestazione; può altresì cedere le azioni revocatorie concorsuali, se i relativi giudizi sono già pendenti.

2. Per la vendita della quota di società a responsabilità limitata si applica l'articolo 2471 del codice civile.

3. In alternativa alla cessione di cui al primo comma, il curatore può stipulare contratti di mandato per la riscossione dei crediti.

(1) Articolo sostituito dall'art. 93 del d.lg. 9/1/2006, n. 5.

• Rubrica modificata dall'art. 7, co. 4, d.lg. 12/9/2007, n. 169, con la decorrenza indicata nell'art. 22 del medesimo d.lg. n. 169/2007.

107. Modalità delle vendite (1). – 1. Le vendite e gli altri atti di liquidazione posti in essere in esecuzione del programma di liquidazione sono effettuati dal curatore tramite procedure competitive anche avvalendosi di soggetti specializzati, sulla base di stime effettuate, salvo il caso di beni di modesto valore, da parte di operatori esperti, assicurando, con adeguate forme di pubblicità, la massima informazione e partecipazione degli interessati (2). Le vendite e gli atti di liquidazione possono prevedere che il versamento del prezzo abbia luogo ratealmente; si applicano, in quanto compatibili, le disposizioni di cui agli articoli 569, terzo comma, terzo periodo, 574, primo comma, secondo periodo e 587, primo comma, secondo periodo, del codice di procedura civile. In ogni caso, al fine di assicurare la massima informazione e partecipazione degli interessati, il curatore effettua la pubblicità prevista dall'articolo 490, primo comma, del codice di procedura civile, almeno trenta giorni prima dell'inizio della procedura competitiva (3).

2. Il curatore può prevedere nel programma di liquidazione che le vendite dei beni mobili, immobili e mobili registrati vengano effettuate dal giudice delegato secondo le disposizioni del codice di procedura civile in quanto compatibili (4).

3. Per i beni immobili e gli altri beni iscritti nei pubblici registri, prima del completamento delle operazioni di vendita, è data notizia mediante notificazione da parte del curatore, a ciascuno dei creditori ipotecari o comunque muniti di privilegio (5).

4. Il curatore può sospendere la vendita ove pervenga offerta irrevocabile d'acquisto migliorativa per un importo non inferiore al dieci per cento del prezzo offerto.

5. Degli esiti delle procedure, il curatore informa il giudice delegato ed il comitato dei creditori, depositando in cancelleria la relativa documentazione.

6. Se alla data di dichiarazione di fallimento sono pendenti procedure esecutive, il curatore può subentrarvi; in tale caso si applicano le disposizioni del codice di procedura civile; altrimenti su istanza del curatore il giudice dell'esecuzione dichiara l'improcedibilità dell'esecuzione, salvi i casi di deroga di cui all'articolo 51.

7. Con regolamento del Ministro della giustizia, da adottare ai sensi dell'articolo 17, comma 3, della legge 23 agosto 1988, n. 400, sono stabiliti requisiti di onorabilità e professionalità dei soggetti specializzati e degli operatori esperti dei quali il curatore può avvalersi ai sensi del primo comma, nonché i mezzi di pubblicità e trasparenza delle operazioni di vendita.

(1) Articolo sostituito dall'art. 94 del d.lg. 9/1/2006, n. 5.

(2) Comma sostituito dall'art. 7, co. 6, d.lg. 12/9/2007, n. 169, con la decorrenza indicata nell'art. 22 del medesimo d.lg. 169/2007. Vedi, anche, l'art. 22, co. 3, del medesimo d.lg. 12/9/2007, n. 169.

(3) Il periodo da "le vendite" fino a "competitiva" è stato introdotto dall'art. 11 del d.l. 27/6/2015, n. 83, convertito in l. 6/8/2015, n. 132.

(4) Comma inserito dall'art. 7, co. 6, d.lg. 12/9/2007, n. 169, con la decorrenza indicata nell'art. 22 del medesimo d.lg. 169/2007. Vedi, anche, l'art. 22, co. 3, del medesimo d.lg. 12/9/2007, n. 169.

(5) Comma modificato dall'art. 7, co. 6, d.lg. 12/9/2007, n. 169, con la decorrenza indicata nell'art. 22 del medesimo d.lg. 169/2007. Vedi, anche, l'art. 22, co. 3, del medesimo d.lg. 12/9/2007, n. 169.

108. Poteri del giudice delegato (1). – 1. Il giudice delegato, su istanza del fallito, del comitato dei creditori o di altri interessati, previo parere dello stesso comitato dei creditori, può sospendere, con decreto motivato, le operazioni di vendita, qualora ricorrano gravi e giustificati motivi ovvero, su istanza presentata dagli stessi soggetti entro dieci giorni dal deposito di cui al quarto comma dell'articolo 107, impedire il perfezionamento della vendita quando il prezzo offerto risulti notevolmente inferiore a quello giusto, tenuto conto delle condizioni di mercato.

2. Per i beni immobili e gli altri beni iscritti in pubblici registri, una volta eseguita la vendita e riscosso interamente il prezzo, il giudice delegato ordina, con decreto, la cancellazione delle iscrizioni relative ai diritti di prelazione, nonché delle trascrizioni dei pignoramenti e dei sequestri conservativi e di ogni altro vincolo (2).

(1) Articolo sostituito dall'art. 95 del d.lg. 9/1/2006, n. 5.

(2) Comma modificato dall'art. 7, co. 7, d.lg. 12/9/2007, n. 169, con la decorrenza indicata nell'art. 22 del medesimo d.lg. n. 169/2007.

108 bis. Modalità della vendita di navi, galleggianti ed aeromobili*. – *1. La vendita di navi, galleggianti ed aeromobili iscritti nei registri indicati dal codice della navigazione è eseguita a norma delle disposizioni dello stesso codice, in quanto applicabili.*

* Articolo abrogato dall'art. 7, co. 8, d.lg. 12/9/2007, n. 169, con la decorrenza indicata nell'art. 22 del medesimo d.lg. n. 169/2007.

108 ter. Modalità della vendita di diritti sulle opere dell'ingegno; sulle invenzioni industriali; sui marchi (1). – 1. Il trasferimento dei diritti di utilizzazione economica delle opere dell'ingegno, il trasferimento dei diritti nascenti delle invenzioni industriali, il trasferimento dei marchi e la cessione di banche di dati sono fatte a norma delle rispettive leggi speciali.

(1) Articolo inserito dall'art. 96 del d.lg. 9/1/2006, n. 5.

109. Procedimento di distribuzione della somma ricavata. – 1. Il giudice delegato provvede alla distribuzione della somma ricavata dalla vendita secondo le disposizioni del capo seguente.

2. Il tribunale stabilisce con decreto la somma da attribuire, se del caso, al curatore in conto del compenso finale da liquidarsi a norma dell'art. 39. Tale somma è prelevata sul prezzo insieme alle spese di procedura e di amministrazione (1).

(1) Comma modificato dall'art. 97 del d.lg. 9/1/2006, n. 5.

Capo VII
Della ripartizione dell'attivo

110. Procedimento di ripartizione (1). – 1. Il curatore, ogni quattro mesi a partire dalla data del decreto previsto dall'articolo 97 o nel diverso termine stabilito dal giudice delegato, presenta un prospetto delle somme disponibili ed un progetto di ripartizione delle medesime, riservate quelle occorrenti per la procedura. Nel progetto sono collocati anche i crediti per i quali non si applica il divieto di azioni esecutive e cautelari di cui all'articolo 51. Nel caso in cui siano in corso giudizi di cui all'articolo 98, il curatore, nel progetto di ripartizione di cui al presente comma indica, per ciascun creditore, le somme immediatamente ripartibili nonché le somme ripartibili soltanto previo rilascio in favore della procedura di una fideiussione autonoma, irrevocabile e a prima richiesta, rilasciata da uno dei soggetti di cui all'articolo 574, primo comma, secondo periodo, del codice di procedura civile, idonea a garantire la restituzione alla procedura delle somme che risultino ripartite in eccesso, anche in forza di provvedimenti provvisoriamente esecutivi resi nell'ambito dei giudizi di cui all'articolo 98, oltre agli interessi, al tasso applicato dalla Banca centrale europea alle sue più recenti operazioni di rifinanziamento principali, a decorrere dal pagamento e sino all'effettiva restituzione. Le disposizioni del periodo precedente si applicano anche ai creditori che avrebbero diritto alla ripartizione delle somme ricavate nel caso in cui risulti insussistente, in tutto o in parte, il credito avente diritto all'accantonamento ovvero oggetto di controversia a norma dell'articolo 98 (2).

2. Il giudice ordina il deposito del progetto di ripartizione in cancelleria, disponendo che a tutti i creditori, compresi quelli per i quali è in corso uno dei giudizi di cui all'articolo 98, ne sia data comunicazione mediante l'invio di copia a mezzo posta elettronica certificata (3).

3. I creditori, entro il termine perentorio di quindici giorni dalla ricezione della comunicazione di cui al secondo comma, possono proporre reclamo al giudice delegato contro il progetto di riparto ai sensi dell'art. 36 (4).

4. Decorso tale termine, il giudice delegato, su richiesta del curatore, dichiara esecutivo il progetto di ripartizione. Se sono proposti reclami, il progetto di ripartizione è dichiarato esecutivo con accantonamento delle somme corrispondenti ai crediti oggetto di contestazione; non si fa luogo ad accantonamento qualora sia presentata in favore della procedura una fideiussione a norma del terzo periodo del primo comma, idonea a garantire la restituzione di somme che, in forza del provvedimento che decide il reclamo, risultino ripartite in eccesso, oltre agli interessi nella misura prevista dal predetto terzo periodo del primo comma. Il provvedimento che decide sul reclamo dispone in ordine alla destinazione delle somme accantonate (5).

(1) Articolo sostituito dall'art. 98 del d.lg. 9/1/2006, n. 5.

(2) Comma modificato dall'art. 8, co. 1, lett. a), d.lg. 12/9/2007, n.169, con la decorrenza indicata nell'art. 22 del medesimo d.lg. n. 169/2007 e, successivamente, dall'art. 6, co. 1, lett. c-bis, n. 1, d.l. 3/5/2016, n. 59, conv., con modif., dalla l. 30/6/2016, n. 119.

(3) Comma modificato dall'art. 8, co. 1, lett. b), d.lg. 12/9/2007, n. 169, con la decorrenza indicata nell'art. 22 del medesimo d.lg. n. 169/2007 e successivamente sostituito dall'art. 17, co. 1, lett. l), d.l. 18/10/2012, n. 179. Per l'applicazione del presente comma vedi quanto disposto dai co. 4 e 5 del medesimo art. 17.

(4) Comma modificato dall'art. 8, co. 1, lett. c), d.lg. 12/9/2007, n. 169, con la decorrenza indicata nell'art. 22 del medesimo d.lg. n. 169/2007.

(5) Comma modificato dall'art. 6, co. 1, lett. c-bis, n. 2, d.l. 3/5/2016, n. 59, conv., con modif., dalla l. 30/6/2016, n. 119.

• L'art. 1, co. 1, d.lg. 1/12/2009, n. 179, ha dichiarato indispensabile la permanenza in vigore del presente articolo.

111. Ordine di distribuzione delle somme. – 1. Le somme ricavate dalla liquidazione dell'attivo sono erogate nel seguente ordine:

1) per il pagamento dei crediti prededucibili (1);

2) per il pagamento dei crediti ammessi con prelazione sulle cose vendute secondo l'ordine assegnato dalla legge;

3) per il pagamento dei creditori chirografari, in proporzione dell'ammontare del credito per cui ciascuno di essi fu ammesso, compresi i creditori indicati al n. 2, qualora non sia stata ancora realizzata la garanzia, ovvero per la parte per cui rimasero non soddisfatti da questa.

2. Sono considerati crediti prededucibili quelli così qualificati da una specifica disposizione di legge, e quelli sorti in occasione o in funzione delle procedure concorsuali di cui alla presente legge; tali crediti sono soddisfatti con preferenza ai sensi del primo comma n. 1).

(1) Numero sostituito dall'art. 99, co. 1, lett. a), d.lg. 9/1/2006, n. 5.

• Comma sostituito dall'art. 99, co. 1, lett. b), d.lg. 9/1/2006, n. 5 e successivamente modificato dall'art. 8, co. 2, d.lg. 12/9/2007, n. 169, con la decorrenza indicata nell'art. 22 del medesimo d.lg. n. 169/2007.

• Per l'interpretazione autentica delle disposizioni di cui al presente comma vedi l'art. 11, co. 3-quater, d.l. 23/12/2013, n. 145, conv., con modif., dalla l. 21/2/2014, n. 9.

111 bis. Disciplina dei crediti prededucibili (1). – 1. I crediti prededucibili devono essere accertati con le modalità di cui al capo V, con esclusione di quelli non contestati per collocazione e ammontare, anche se sorti durante l'esercizio provvisorio, e di quelli sorti a seguito di provvedimenti di liquidazione di compensi dei soggetti nominati ai sensi dell'articolo 25; in questo ultimo caso, se contestati, devono essere accertati con il procedimento di cui all'articolo 26.

*2. Per i crediti prededucibili sorti dopo l'adunanza di verificazione dello stato passivo ovvero dopo l'udienza alla quale essa sia stata differita, si provvede all'accertamento ai sensi del secondo comma dell'articolo 101**.

3. I crediti prededucibili vanno soddisfatti per il capitale, le spese e gli interessi con il ricavato della liquidazione del patrimonio mobiliare e immobiliare, tenuto conto delle rispettive cause di prelazione, con esclusione di quanto ricavato dalla liquidazione dei beni oggetto di pegno ed ipoteca per la parte destinata ai creditori garantiti. Il corso degli interessi cessa al momento del pagamento (2).

4. I crediti prededucibili sorti nel corso del fallimento che sono liquidi, esigibili e non contestati per collocazione e per ammontare, possono essere soddisfatti ai di fuori del procedimento di riparto se l'attivo è presumibilmente sufficiente a soddisfare tutti i titolari di tali crediti. Il pagamento deve essere autorizzato dal comitato dei creditori ovvero dal giudice delegato [se l'importo è superiore a euro 25.000,00; l'importo può essere aggiornato ogni cinque anni con decreto del Ministro della giustizia in base agli indici ISTAT sul costo della vita] (2).

5. Se l'attivo è insufficiente, la distribuzione deve avvenire secondo i criteri della graduazione e della proporzionalità, conformemente all'ordine assegnato dalla legge.

(1) Articolo inserito dall'art. 100 del d.lg. 9/1/2006, n. 5.

* Comma abrogato dall'art. 8, co. 3, d.lg. 12/9/2007, n. 169, con la decorrenza indicata nell'art. 22 del medesimo d.lg. n. 169/2007.

(2) Comma modificato dall'art. 8, co. 3, d.lg. 12/9/2007, n. 169, con la decorrenza indicata nell'art. 22 del medesimo d.lg. n. 169/2007.

111 ter. Conti speciali (1). – 1. La massa liquida attiva immobiliare è costituita dalle somme ricavate dalla liquidazione dei beni immobili, come definiti dall'articolo 812 del codice civile, e dei loro frutti e pertinenze, nonché dalla quota proporzionale di interessi attivi liquidati sui depositi delle relative somme.

2. La massa liquida attiva mobiliare è costituita da tutte le altre entrate.

3. Il curatore deve tenere un conto autonomo delle vendite dei singoli beni immobili oggetto di privilegio speciale e di ipoteca e dei singoli beni mobili o gruppo di mobili oggetto di pegno e privilegio speciale, con analitica indicazione delle entrate e delle uscite di carattere specifico e della quota di quelle di carattere generale imputabili a ciascun bene o gruppo di beni secondo un criterio proporzionale.

(1) Articolo inserito dall'art. 100 del d.lg. 9/1/2006, n. 5.

111 quater. Crediti assistiti da prelazione (1). – 1. I crediti assistiti da privilegio generale hanno diritto di prelazione per il capitale, le spese e gli interessi, nei limiti di cui agli articoli 54 e 55, sul prezzo ricavato dalla liquidazione del patrimonio mobiliare, sul quale concorrono in un'unica graduatoria con i crediti garantiti da privilegio speciale mobiliare, secondo il grado previsto dalla legge.

2. I crediti garantiti da ipoteca e pegno e quelli assistiti da privilegio speciale hanno diritto di prelazione per il capitale, le spese e gli interessi, nei limiti di cui agli articoli 54 e 55, sul prezzo ricavato dai beni vincolati alla loro garanzia.

(1) Articolo inserito dall'art. 100 del d.lg. 9/1/2006, n. 5.

112. Partecipazione dei creditori ammessi tardivamente (1). – 1. I creditori ammessi a norma dell'articolo 101 concorrono soltanto alle ripartizioni posteriori alla loro ammissione in proporzione del rispettivo credito, salvo il diritto di prelevare le quote che sarebbero loro spettate nelle precedenti ripartizioni se assistiti da cause di prelazione o se il ritardo è dipeso da cause ad essi non imputabili.

(1) Articolo sostituito dall'art. 101 del d.lg. 9/1/2006, n. 5.

113. Ripartizioni parziali (1). – 1. Nelle ripartizioni parziali, che non possono superare l'ottanta per cento delle somme da ripartire, devono essere trattenute e depositate, nei modi stabiliti dal giudice delegato, le quote assegnate:

1) ai creditori ammessi con riserva;

2) ai creditori opponenti a favore dei quali sono state disposte misure cautelari;

3) ai creditori opponenti la cui domanda è stata accolta ma la sentenza non è passata in giudicato;

4) ai creditori nei cui confronti sono stati proposti i giudizi di impugnazione e di revocazione.

2. Le somme ritenute necessarie per spese future, per soddisfare il compenso al curatore e ogni altro debito prededucibile devono essere trattenute; in questo caso, l'ammontare della quota da ripartire indicata nel primo comma del presente articolo deve essere ridotta se la misura dell'ottanta per cento appare insufficiente.

3. Devono essere altresì trattenute e depositate nei modi stabiliti dal giudice delegato le somme ricevute dalla procedura per effetto di provvedimenti provvisoriamente esecutivi e non ancora passati in giudicato.

(1) Articolo sostituito dall'art. 102 del d.lg. 9/1/2006, n. 5.

113 bis. Scioglimento delle ammissioni con riserva (1). – 1. Quando si verifica l'evento che ha determinato l'accoglimento di una domanda con riserva, su istanza del curatore o della parte interessata, il giudice delegato modifica lo stato passivo, con decreto, disponendo che la domanda deve intendersi accolta definitivamente.

(1) Articolo inserito dall'art. 103 del d.lg. 9/1/2006, n. 5.

114. Restituzione di somme riscosse (1). – 1. I pagamenti effettuati in esecuzione dei piani di riparto non possono essere ripetuti, salvo il caso dell'accoglimento di domande di revocazione.

2. I creditori che hanno percepito pagamenti non dovuti, devono restituire le somme riscosse, oltre agli interessi legali dal momento del pagamento effettuato a loro favore.

(1) Articolo sostituito dall'art. 104 del d.lg. 9/1/2006, n. 5.

115. Pagamento ai creditori (1). – 1. Il curatore provvede al pagamento delle somme assegnate ai creditori nel piano di ripartizione nei modi stabiliti dal giudice delegato, purché tali da assicurare la prova del pagamento stesso.

2. Se prima della ripartizione i crediti ammessi sono stati ceduti, il curatore attribuisce le quote di riparto ai cessionari, qualora la cessione sia stata tempestivamente comunicata, unitamente alla documentazione che attesti, con atto recante le sottoscrizioni autenticate di cedente e cessionario, l'intervenuta cessione. In questo caso, il curatore provvede alla rettifica formale dello stato passivo. Le stesse disposizioni si applicano in caso di surrogazione del creditore (2).

(1) Articolo sostituito dall'art. 105 del d.lg. 9/1/2006, n. 5.

(2) Comma modificato dall'art. 8, co. 4, d.lg. 12/9/2007, n. 169, con la decorrenza indicata nell'art. 22 del medesimo d.lg. n. 169/2007.

116. Rendiconto del curatore (1). – 1. Compiuta la liquidazione dell'attivo e prima del riparto finale, nonché in ogni caso in cui cessa dalle funzioni, il curatore presenta al giudice delegato l'esposizione analitica delle operazioni contabili e della attività di gestione della procedura.

2. Il giudice ordina il deposito del conto in cancelleria e fissa l'udienza che non può essere tenuta prima che siano decorsi quindici giorni dalla comunicazione del rendiconto a tutti i creditori (2).

3. Dell'avvenuto deposito e della fissazione dell'udienza il curatore dà immediata comunicazione ai creditori ammessi al passivo, a coloro che hanno proposto opposizione, ai creditori in prededuzione non soddisfatti, con posta elettronica certificata, inviando loro copia del rendiconto ed avvisandoli che possono presentare eventuali osservazioni o contestazioni fino a cinque giorni prima dell'udienza con le modalità di cui all'articolo 93, secondo comma. Al fallito, se non è possibile procedere alla comunicazione con modalità telematica, il rendiconto e la data dell'udienza sono comunicati mediante lettera raccomandata con avviso di ricevimento (3).

4. Se all'udienza stabilita non sorgono contestazioni o su queste viene raggiunto un accordo, il giudice approva il conto con decreto; altrimenti, fissa l'udienza innanzi al collegio che provvede in camera di consiglio.

(1) Articolo sostituito dall'art. 106 del d.lg. 9/1/2006, n. 5.

(2) Comma sostituito dall'art. 17, co. 1, lett. m), n. 1, d.l. 18/10/2012, n. 179. Per l'applicazione del presente comma vedi quanto disposto dai co. 4 e 5 del medesimo art. 17.

(3) Comma sostituito dall'art. 17, co. 1, lett. m), n. 2, d.l. 18/10/2012, n. 179. Per l'applicazione del presente comma vedi quanto disposto dai co. 4 e 5 del medesimo art. 17.

117. Ripartizione finale (1). – 1. Approvato il conto e liquidato il compenso del curatore, il giudice delegato, sentite le proposte del curatore, ordina il riparto finale secondo le norme precedenti.

2. Nel riparto finale vengono distribuiti anche gli accantonamenti precedentemente fatti. Tuttavia, se la condizione non si è ancora verificata ovvero se il provvedimento non è ancora passato in giudicato, la somma è depositata nei modi stabiliti dal giudice delegato, perché, verificatisi gli eventi indicati, possa essere versata ai creditori cui spetta o fatta oggetto di riparto supplementare fra gli altri creditori. Gli accantonamenti non impediscono la chiusura della procedura.

3. Il giudice delegato, nel rispetto delle cause di prelazione, può disporre che a singoli creditori che vi consentono siano assegnati, in luogo delle somme agli stessi spettanti, crediti di imposta del fallito non ancora rimborsati.

4. Per i creditori che non si presentano o sono irreperibili le somme dovute sono nuovamente depositate presso l'ufficio postale o la banca già indicati ai sensi dell'articolo 34. Decorsi cinque anni dal deposito, le somme non riscosse dagli aventi diritto e i relativi interessi, se non richieste da altri creditori, rimasti insoddisfatti, sono versate a cura del depositario all'entrata del bilancio dello Stato per essere riassegnate, con decreti del Ministro dell'economia e delle finanze, ad apposita unità previsionale di base dello stato di previsione del Ministero della giustizia.

5. Il giudice, anche se è intervenuta l'esdebitazione del fallito, omessa ogni formalità non essenziale al contraddittorio, su ricorso dei creditori rimasti insoddisfatti che abbiano presentato la richiesta di cui al quarto comma, dispone la distribuzione delle somme non riscosse in base all'articolo 111 fra i soli richiedenti.

(1) Articolo sostituito dall'art. 107 del d.lg. 9/1/2006, n. 5.

Capo VIII
Della cessazione della procedura fallimentare

Sezione I
Della chiusura del fallimento

118. Casi di chiusura. – 1. Salvo quanto disposto nella sezione seguente per il caso di concordato, la procedura di fallimento si chiude:

1) se nel termine stabilito nella sentenza dichiarativa di fallimento non sono state proposte domande di ammissione al passivo (1);

2) quando, anche prima che sia compiuta la ripartizione finale dell'attivo, le ripartizioni ai creditori raggiungono l'intero ammontare dei crediti ammessi, o questi sono in altro modo estinti e sono pagati tutti i debiti e le spese da soddisfare in prededuzione (2);

3) quando è compiuta la ripartizione finale dell'attivo;

4) quando nel corso della procedura si accerta che la sua prosecuzione non consente di soddisfare, neppure in parte, i creditori concorsuali, né i crediti prededucibili e le spese di procedura. Tale circostanza può essere, accertata con la relazione o con i successivi rapporti riepilogativi di cui all'articolo 33 (3).

2. Nei casi di chiusura di cui ai numeri 3) e 4), ove si tratti di fallimento di società il curatore ne chiede la cancellazione dal registro delle imprese. La chiusura della procedura di fallimento della società nei casi di cui ai numeri 1) e 2) determina anche la chiusura della procedura estesa ai soci ai sensi dell'articolo 147, salvo che nei confronti del socio non sia stata aperta una procedura di fallimento come imprenditore individuale (4). La chiusura della procedura di fallimento nel caso di cui al n. 3) non è impedita dalla pendenza di giudizi, rispetto ai quali il curatore può mantenere la legittimazione processuale, anche nei successivi stati e gradi del giudizio, ai sensi dell'articolo 43. In deroga all'articolo 35, anche le rinunzie alle liti e le transazioni sono autorizzate dal giudice delegato. Le somme necessarie per spese future ed eventuali, oneri relativi ai giudizi pendenti, nonché le somme ricevute dal curatore per effetto di provvedimenti provvisoriamente esecutivi e non ancora passati in giudicato, sono trattenute dal curatore secondo quanto previsto dall'articolo 117, comma secondo. Dopo la chiusura della procedura di fallimento, le somme ricevute dal curatore per effetto di provvedimenti definitivi e gli eventuali residui degli accantonamenti sono fatti oggetto di riparto supplementare fra i creditori secondo le modalità disposte dal tribunale con il decreto di cui all'artico-

lo 119. In relazione alle eventuali sopravvenienze attive derivanti dai giudizi pendenti non si fa luogo a riapertura del fallimento. Qualora alla conclusione dei giudizi consegua, per effetto di riparti, il venir meno dell'impedimento all'esdebitazione di cui al comma secondo dell'articolo 142, il debitore può chiedere l'esdebitazione nell'anno successivo al riparto che lo ha determinato (5).

(1) Numero modificato dall'art. 108, co. 1, lett. a), d.lg. 9/1/2006, n. 5, con effetto a decorrere dal 16/7/2006.

(2) Numero modificato dall'art. 108, co. 1, lett. b), d.lg. 9/1/2006, n. 5, con effetto a decorrere dal 16/7/2006.

(3) Numero sostituito dall'art. 108, co. 1, lett. c), d.lg. 9/1/2006, n. 5, con effetto a decorrere dal 16/7/2006.

(4) Comma inserito dall'art. 108, co. 1, lett. d), d.lg. 9/1/2006, n. 5 e successivamente modificato dall'art. 9, co. 1, d.lg. 12/9/2007, n. 169, con la decorrenza indicata nell'art. 22 del medesimo d.lg. n. 169/2007.

(5) Le parole da "la chiusura" fino a "ha determinato" sono state introdotte dall'art. 6, co. 1, lett. a), d.l. 27/6/2015, n. 83, convertito in l. 6/8/2015, n. 132.

119. Decreto di chiusura. – La chiusura del fallimento è dichiarata con decreto motivato del tribunale su istanza del curatore o del debitore ovvero di ufficio, pubblicato nelle forme prescritte nell'art. 17. Unitamente all'istanza di cui al primo periodo il curatore deposita un rapporto riepilogativo finale redatto in conformità a quanto previsto dall'articolo 33, quinto comma (1).

Quando la chiusura del fallimento è dichiarata ai sensi dell'articolo 118, primo comma, n. 4), prima dell'approvazione del programma di liquidazione, il tribunale decide sentiti il comitato dei creditori ed il fallito (2).

Contro il decreto che dichiara la chiusura o ne respinge la richiesta è ammesso reclamo a norma dell'articolo 26. Contro il decreto della corte d'appello il ricorso per cassazione è proposto nel termine perentorio di trenta giorni, decorrente dalla notificazione o comunicazione del provvedimento per il curatore, per il fallito, per il comitato dei creditori e per chi ha proposto il reclamo o è intervenuto nel procedimento; dal compimento della pubblicità di cui all'articolo 17 per ogni altro interessato (3).

Il decreto di chiusura acquista efficacia quando è decorso il termine per il reclamo, senza che questo sia stato proposto, ovvero quando il reclamo è definitivamente rigettato (4).

Con i decreti emessi ai sensi del primo e del terzo comma del presente articolo, sono impartite le disposizioni esecutive volte ad attuare gli effetti della decisione. Allo stesso modo si provvede a seguito del passaggio in giudicato della sentenza di revoca del fallimento o della definitività del decreto di omologazione del concordato fallimentare (5).

(1) Comma modificato dall'art. 14, co. 1, lett. b), d.lg. 10/10/2022, n. 149, con effetto a decorrere dal 28/2/2023, come stabilito dall'art. 35, co. 1, d.lg. n. 149/2022 medesimo, come modificato dall'art. 1, co. 380, lett. a), della l. 29/12/2022, n. 197.

(2) Comma sostituito dall'art. 109 del d.lg. 9/1/2006, n. 5.

(3) Comma inserito dall'art. 109 del d.lg. 9/1/2006, n. 5 e, successivamente, modificato dall'art. 9, co. 2, lett. a), d.lg. 12/9/2007 n. 169, con la decorrenza indicata nell'art. 22 del medesimo d.lg. n. 169/2007.

(4) Comma inserito dall'art. 9, co. 2, lett. b), d.lg. 12/9/2007 n. 169, con la decorrenza indicata nell'art. 22 del medesimo d.lg. n. 169/2007.

(5) Comma inserito dall'art. 109 del d.lg. 9/1/2006, n. 5.

• La Corte costituzionale, con sentenza 28/11/2002, n. 493, ha dichiarato l'illegittimità costituzionale del presente articolo, nel testo anteriore alle modifiche, nella parte in cui escludeva la reclamabilità dinanzi alla Corte d'appello del decreto di rigetto dell'istanza di chiusura del fallimento.

• La Corte Costituzionale, con sentenza 23/7/2010, n. 279, ha dichiarato l'illegittimità costituzionale del secondo comma del presente articolo, nel testo anteriore alle modifiche apportate dal decreto legislativo 9 gennaio 2006, n. 5, nella parte in cui fa decorrere, nei confronti dei soggetti interessati e già individuati sulla base degli atti processuali, il termine per il reclamo avverso il decreto motivato del tribunale di chiusura del fallimento, dalla data di pubblicazione dello stesso nelle forme prescritte dall'art. 17 della stessa legge fallimentare, anziché dalla comunicazione dell'avvenuto deposito effettuata a mezzo lettera raccomandata con avviso di ricevimento ovvero a mezzo di altre modalità di comunicazione previste dalla legge.

120. Effetti della chiusura. – 1. Con la chiusura cessano gli effetti del fallimento sul patrimonio del fallito e le conseguenti incapacità personali e decadono gli organi preposti al fallimento (1).

2. Le azioni esperite dal curatore per l'esercizio di diritti derivanti dal fallimento non possono essere proseguite (2).

3. I creditori riacquistano il libero esercizio delle azioni verso il debitore per la parte non soddisfatta dei loro crediti per capitale e interessi, salvo quanto previsto dagli articoli 142 e seguenti (3).

4. Il decreto o la sentenza con la quale il credito è stato ammesso al passivo costituisce prova scritta per gli effetti di cui all'articolo 634 del codice di procedura civile (3).

5. Nell'ipotesi di chiusura in pendenza di giudizi ai sensi dell'articolo 118, secondo comma, terzo periodo e seguenti, il giudice delegato e il curatore restano in carica ai soli fini di quanto ivi previsto. In nessun caso i creditori possono agire su quanto è oggetto dei giudizi medesimi (4).

(1) Comma sostituito dall'art. 9, co. 3, d.lg. 12/9/2007, n. 169, con la decorrenza indicata nell'art. 22 del medesimo d.lg. n. 169/2007.

(2) Comma sostituito dall'art. 110 del d.lg. 9/1/2006, n. 5.

(3) Comma inserito dall'art. 110 del d.lg. 9/1/2006, n. 5.

(4) Comma introdotto dall'art. 6, co. 1, lett. b), d.l. 27/6/2015, n. 83, convertito in l. 6/8/2015, n. 132.

121. Casi di riapertura del fallimento. – 1. Nei casi preveduti dai nn. 3 e 4 dell'articolo 118, il tribunale, entro cinque anni dal decreto di chiusura, su istanza del debitore o di qualunque creditore, può ordinare che il Fallimento già chiuso sia riaperto, quando risulta che nel patrimonio del fallito esistano attività in misura tale da rendere utile il provvedimento o quando il fallito offre garanzia di pagare almeno il dieci per cento ai creditori vecchi e nuovi.

2. Il tribunale, con sentenza in camera di consiglio, se accoglie l'istanza (1):

1) richiama in ufficio il giudice delegato ed il curatore o li nomina di nuovo;

2) stabilisce i termini previsti dai numeri 4) e 5) del secondo comma dell'articolo 16, eventualmente abbreviandoli non oltre la metà; i creditori già ammessi al passivo nel fallimento chiuso possono chiedere la conferma del provvedimento di ammissione salvo che intendano insinuare al passivo ulteriori interessi (2).

3. La sentenza può essere reclamata a norma dell'articolo 18 (3).

4. La sentenza è pubblicata a norma dell'art. 17.

5. Il giudice delegato nomina il comitato dei creditori, tenendo conto nella scelta anche dei nuovi creditori.

6. Per le altre operazioni si seguono le norme stabilite nei capi precedenti.

(1) Alinea modificato dall'art. 111, co. 1, lett. a), d.lg. 9/1/2006, n. 5.

(2) Numero sostituito dall'art. 111, co. 1, lett. b), d.lg. 9/1/2006, n. 5.

(3) Comma inserito dall'art. 111, co. 1, lett. c), d.lg. 9/1/2006, n. 5 e successivamente modificato dall'art. 9, co. 4, d.lg. 12/9/2007, n. 169, con la decorrenza indicata nell'art. 22 del medesimo d.lg. n. 169/2007.

122. Concorso dei vecchi e nuovi creditori. – 1. I creditori concorrono alle nuove ripartizioni per le somme loro dovute al momento della riapertura, dedotto quanto hanno percepito nelle precedenti ripartizioni, salve in ogni caso le cause legittime di prelazione.

2. Restano ferme le precedenti statuizioni a norma del Capo V (1).

(1) Comma sostituito dall'art. 112 del d.lg. 9/1/2006, n. 5.

123. Effetti della riapertura sugli atti pregiudizievoli ai creditori. – 1. In caso di riapertura del fallimento, per le azioni revocatorie relative agli atti del fallito, compiuti dopo la chiusura del fallimento, i termini stabiliti dagli artt. 65, 67 e 67-bis sono computati dalla data della sentenza di riapertura (1).

2. Sono privi di effetto nei confronti dei creditori gli atti a titolo gratuito e quelli di cui all'articolo 69, posteriori alla chiusura e anteriori alla riapertura del fallimento (2).

(1) Comma modificato dall'art. 113, co. 1, lett. a), d.lg. 9/1/2006, n. 5.

(2) Comma sostituito dall'art. 113, co. 1, lett. b), d.lg. 9/1/2006, n. 5.

Sezione II
Del concordato

124. Proposta di concordato (1). – 1. La proposta di concordato può essere presentata da uno o più creditori o da un terzo, anche prima del decreto che rende esecutivo lo stato passivo, purché sia stata tenuta la contabilità ed i dati risultanti da essa e le altre notizie disponibili consentano al curatore di predisporre un elenco provvisorio dei creditori del fallito da sottoporre all'approvazione del giudice delegato. Essa non può essere presentata dal fallito, da società cui egli partecipi o da società sottoposte a comune controllo se non dopo il decorso di un anno dalla dichiarazione di fallimento e purché non siano decorsi due anni dal decreto che rende esecutivo lo stato passivo (2).

2. La proposta può prevedere:

a) la suddivisione dei creditori in classi, secondo posizione giuridica ed interessi economici omogenei;

b) trattamenti differenziati fra creditori appartenenti a classi diverse, indicando le ragioni dei trattamenti differenziati dei medesimi;

c) la ristrutturazione dei debiti e la soddisfazione dei crediti attraverso qualsiasi forma, anche mediante cessione dei beni, accollo o altre operazioni straordinarie, ivi compresa l'attribuzione ai creditori, nonché a società da questi partecipate, di azioni, quote ovvero obbligazioni, anche convertibili in azioni o altri strumenti finanziari e titoli di debito.

3. La proposta può prevedere che i creditori muniti di privilegio, pegno o ipoteca, non vengano soddisfatti integralmente, purché il piano ne preveda la soddisfazione in misura non inferiore a quella realizzabile, in ragione della collocazione preferenziale, sul ricavato in caso di liquidazione, avuto riguardo al valore di mercato attribuibile ai beni o diritti sui quali sussiste la causa di prelazione indicato nella relazione giurata di un professionista in possesso dei requisiti di cui all'articolo 67, terzo comma, lettera d) designato dal tribunale. Il trattamento stabilito per ciascuna classe non può avere l'effetto di alterare l'ordine delle cause legittime di prelazione (2).

4. La proposta presentata da uno o più creditori o da un terzo può prevedere la cessione, oltre che dei beni compresi nell'attivo fallimentare, anche delle azioni di pertinenza della massa, purché autorizzate dal giudice delegato, con specifica indicazione dell'oggetto e del fondamento della pretesa. Il proponente può limitare gli impegni assunti con il concordato ai soli creditori ammessi al passivo, anche provvisoriamente, e a quelli che hanno proposto opposizione allo stato passivo o domanda di ammissione tardiva al tempo della proposta. In tale caso, verso gli altri creditori continua a rispondere il fallito, fermo quanto disposto dagli articoli 142 e seguenti in caso di esdebitazione (3).

(1) Articolo sostituito dall'art. 114 del d.lg. 9/1/2006, n. 5.

(2) Comma sostituito dall'art. 9, co. 5, d.lg. 12/9/2007, n. 169, con la decorrenza indicata nell'art. 22 del medesimo d.lg. n. 169/2007.

(3) Comma modificato dall'art. 9, co. 5, d.lg. 12/9/2007, n. 169, con la decorrenza indicata nell'art. 22 del medesimo d.lg. n. 169/2007.

125. Esame della proposta e comunicazione ai creditori (1). – 1. La proposta di concordato è presentata con ricorso al giudice delegato, il quale chiede il parere del [comitato dei creditori e] del curatore, con specifico riferimento ai presumibili risultati della liquidazione ed alle garanzie offerte. Quando il ricorso è proposto da un terzo, esso deve contenere l'indicazione dell'indirizzo di posta elettronica certificata al quale ricevere le comunicazioni. Si applica l'articolo 31-bis, secondo comma (2).

2. Una volta espletato tale adempimento preliminare il giudice delegato, acquisito il parere favorevole del comitato dei creditori, valutata la ritualità della proposta, ordina che la stessa, unitamente al parere del comitato dei creditori e del curatore, venga comunicata a cura di quest'ultimo ai creditori a mezzo posta elettronica certificata, specificando dove possono essere reperiti i dati per la sua valutazione ed informandoli che la mancata risposta sarà considerata come voto favorevole. Nel medesimo provvedimento il giudice delegato fissa un termine non inferiore a venti giorni né superiore a trenta, entro il quale i creditori devono far pervenire nella cancelleria del tribunale eventuali dichiarazioni di dissenso. In caso di presentazione di più proposte o se comunque ne sopraggiunge una nuova, prima che il giudice delegato ordini la comunicazione, il comitato dei creditori sceglie quella da sottoporre all'approvazione dei creditori; su richiesta del curatore, il giudice delegato può ordinare la comunicazione ai creditori di una o di altre proposte, tra quelle non scelte, ritenute parimenti convenienti. Si applica l'articolo 41, quarto comma (3).

3. Qualora la proposta contenga condizioni differenziate per singole classi di creditori essa, prima di essere comunicata ai creditori, deve essere sottoposta, con i pareri di cui al primo e secondo comma, al giudizio del tribunale che verifica il corretto utilizzo dei criteri di cui all'articolo 124, secondo comma, lettere a) e b) tenendo conto della relazione resa ai sensi dell'articolo 124, terzo comma (4).

4. Se la società fallita ha emesso obbligazioni o strumenti finanziari oggetto della proposta di concordato, la comunicazione è inviata agli organi che hanno il potere di convocare le rispettive assemblee, affinché possano esprimere il loro eventuale dissenso. Il termine previsto dal terzo comma è prolungato per consentire l'espletamento delle predette assemblee.

(1) Articolo sostituito dall'art. 115 del d.lg. 9/1/2006, n. 5.

(2) Comma modificato dall'art. 9, co. 6, d.lg. 12/9/2007, n. 169, con la decorrenza indicata nell'art. 22 del medesimo d.lg. n. 169/2007 e dall'art. 17, co. 1, lett. n), n. 1, d.l. 18/10/2012, n. 179. Per l'applicazione del presente comma vedi quanto disposto dai co. 4 e 5 del medesimo art. 17.

(3) Comma sostituito dall'art. 9, co. 6, d.lg. 12/9/2007, n. 169, con la decorrenza indicata nell'art. 22 del medesimo d.lg. n. 169/2007, successivamente modificato dall'art. 61, co. 1, l. 18/6/2009, n. 69 ed infine dall'art. 17, co. 1, lett. n), n. 2, d.l. 18/10/2012, n. 179. Per l'applicazione del presente comma vedi quanto disposto dai co. 4 e 5 del medesimo art. 17.

(4) Comma sostituito dall'art. 9, co. 6, d.lg. 12/9/2007, n. 169, con la decorrenza indicata nell'art. 22 del medesimo d.lg. n. 169/2007.

126. Concordato nel caso di numerosi creditori (1). – 1. Ove le comunicazioni siano dirette ad un rilevante numero di destinatari, il giudice delegato può autorizzare il curatore a dare notizia della proposta di concordato, anziché con comunicazione ai singoli creditori, mediante pubblicazione del testo integrale della medesima su uno o più quotidiani a diffusione nazionale o locale.

(1) Articolo sostituito dall'art. 116 del d.lg. 9/1/2006, n. 5.

127. Voto nel concordato (1). – 1. Se la proposta è presentata prima che lo stato passivo venga reso esecutivo, hanno diritto al voto i creditori che risultano dall'elenco provvisorio predisposto dal curatore e approvato dal giudice delegato; altrimenti, gli aventi diritto al voto sono quelli indicati nello stato passivo reso esecutivo ai sensi dell'articolo 97. In quest'ultimo caso, hanno diritto al voto anche i creditori ammessi provvisoriamente e con riserva.

2. I creditori muniti di privilegio, pegno o ipoteca, ancorché la garanzia sia contestata, dei quali la proposta di concordato prevede l'integrale pagamento, non hanno diritto al voto se non rinunciano al diritto di prelazione, salvo quanto previsto dal terzo comma. La rinuncia può essere anche parziale, purché non inferiore alla terza parte dell'intero credito fra capitale ed accessori.

3. Qualora i creditori muniti di privilegio, pegno o ipoteca rinuncino in tutto o in parte alla prelazione, per la parte del credito non coperta dalla garanzia sono assimilati ai creditori chirografari; la rinuncia ha effetto ai soli fini del concordato.

4. I creditori muniti di diritto di prelazione di cui la proposta di concordato prevede, ai sensi dell'articolo 124, terzo comma, la soddisfazione non integrale, sono considerati chirografari per la parte residua del credito.

5. Sono esclusi dal voto e dal computo delle maggioranze il coniuge del debitore, i suoi parenti ed affini fino al quarto grado e coloro che sono diventati cessionari o aggiudicatari dei crediti di dette persone da meno di un anno prima della dichiarazione di fallimento.

6. La stessa disciplina si applica ai crediti delle società controllanti o controllate o sottoposte a comune controllo.

7. I trasferimenti di crediti avvenuti dopo la dichiarazione di fallimento non attribuiscono diritto di voto, salvo che siano effettuati a favore di banche o altri intermediari finanziari.

(1) Articolo sostituito dall'art. 117 del d.lg. 9/1/2006, n. 5.

128. Approvazione del concordato (1). – 1. Il concordato è approvato dai creditori che rappresentano la maggioranza dei crediti ammessi al voto. Ove siano previste diverse classi di creditori, il concordato è approvato se tale maggioranza si verifica inoltre nel maggior numero di classi (2).

*2. Ove siano previste diverse classi di creditori, il concordato è approvato se riporta il voto favorevole dei creditori che rappresentino la maggioranza dei crediti ammessi al voto nelle classi medesime**.

3. I creditori che non fanno pervenire il loro dissenso nel termine fissato dal giudice delegato si ritengono consenzienti.

4. La variazione del numero dei creditori ammessi o dell'ammontare dei singoli crediti, che avvenga per effetto di un provvedimento emesso successivamente alla scadenza del termine fissato dal giudice delegato per le votazioni, non influisce sul calcolo della maggioranza (3).

5. Quando il giudice delegato dispone il voto su più proposte di concordato ai sensi dell'articolo 125, secondo comma, terzo periodo, ultima parte, si considera approvata quella tra esse che ha conseguito il maggior numero di consensi a norma dei commi precedenti e, in caso di parità, la proposta presentata per prima (4).

(1) Articolo sostituito dall'art. 118 del d.lg. 9/1/2006, n. 5.

(2) Comma sostituito dall'art. 9, co. 7, d.lg. 12/9/2007, n. 169, con la decorrenza indicata nell'art. 22 del medesimo d.lg. n. 169/2007.

* Comma da ritenersi abrogato per effetto della sostituzione di cui all'art. 9, co. 7, d.lg. 12/9/2007, n. 169, con la decorrenza indicata nell'art. 22 del medesimo d.lg. n. 169/2007.

(3) Comma modificato dall'art. 9, co. 7, d.lg. 12/9/2007, n. 169, con la decorrenza indicata nell'art. 22 del medesimo d.lg. n. 169/2007.

(4) Comma aggiunto dall'art. 61, co. 2, l. 18/6/2009, n. 69.

129. Giudizio di omologazione (1). – 1. Decorso il termine stabilito per le votazioni, il curatore presenta al giudice delegato una relazione sul loro esito.

2. Se la proposta è stata approvata, il giudice delegato dispone che il curatore ne dia immediata comunicazione a mezzo posta elettronica certificata al proponente, affinché richieda l'omologazione del concordato e ai creditori dissenzienti. Al fallito, se non è possibile procedere alla comunicazione con modalità telematica, la notizia dell'approvazione è comunicata mediante lettera raccomandata con avviso di ricevimento. Con decreto da pubblicarsi a norma dell'articolo 17, fissa un termine non inferiore a quindici giorni e non superiore a trenta giorni per la proposizione di eventuali opposizioni, anche da parte di qualsiasi altro interessato, e per il deposito da parte del comitato dei creditori di una relazione motivata col suo parere definitivo. Se il comitato dei creditori non provvede nel termine, la relazione è redatta e depositata dal curatore nei sette giorni successivi (2).

3. L'opposizione e la richiesta di omologazione si propongono con ricorso a norma dell'articolo 26.

4. Se nel termine fissato non vengono proposte opposizioni, il tribunale, verificata la regolarità della procedura e l'esito della votazione, omologa il concordato con decreto motivato non soggetto a gravame.

5. Se sono state proposte opposizioni, il Tribunale assume i mezzi istruttori richiesti dalle parti o disposti di ufficio, anche delegando uno dei componenti del collegio. Nell'ipotesi di cui al secondo periodo del primo comma dell'articolo 128, se un creditore appartenente ad una classe dissenziente contesta la convenienza della proposta, il tribunale può omologare il concordato qualora ritenga che il credito possa risultare soddisfatto dal concordato in misura non inferiore rispetto alle alternative concretamente praticabili.

6. Il tribunale provvede con decreto motivato pubblicato a norma dell'articolo 17.

(1) Articolo sostituito dall'art. 119 del d.lg. 9/1/2006, n. 5 e, successivamente, dall'art. 9, co. 8, d.lg. 12/9/2007, n. 169, con la decorrenza indicata nell'art. 22 del medesimo d.lg. n. 169/2007.

(2) Comma sostituito dall'art. 17, co. 1, lett. o), d.l. 18/10/2012, n. 179. Per l'applicazione del presente comma vedi quanto disposto dai co. 4 e 5 del medesimo art. 17.

130. Efficacia del decreto (1). – 1. La proposta di concordato diventa efficace dal momento in cui scadono i termini per opporsi all'omologazione, o dal momento in cui si esauriscono le impugnazioni previste dall'articolo 129.

2. Quando il decreto di omologazione diventa definitivo, il curatore rende conto della gestione ai sensi dell'articolo 116 ed il tribunale dichiara chiuso il fallimento.

(1) Articolo sostituito dall'art. 120 del d.lg. 9/1/2006, n. 5.

131. Reclamo (1). – 1. Il decreto del tribunale è reclamabile dinanzi alla corte di appello che pronuncia in camera di consiglio.

2. Il reclamo è proposto con ricorso da depositarsi nella cancelleria della corte d'appello nel termine perentorio di trenta giorni dalla notificazione del decreto fatta dalla cancelleria del tribunale.

3. Esso deve contenere i requisiti prescritti dall'articolo 18, secondo comma, numeri 1), 2), 3) e 4).

4. Il presidente, nei cinque giorni successivi al deposito del ricorso, designa il relatore, e fissa con decreto l'udienza di comparizione entro sessanta giorni dal deposito del ricorso.

5. Il ricorso, unitamente al decreto di fissazione dell'udienza, deve essere notificato, a cura del reclamante, entro dieci giorni dalla comunicazione del decreto, al curatore e alle altre parti, che si identificano, se non sono reclamanti, nel fallito, nel proponente e negli opponenti.

6. Tra la data della notificazione e quella dell'udienza deve intercorrere un termine non minore di trenta giorni.

7. Le parti resistenti devono costituirsi almeno dieci giorni prima della udienza, eleggendo il domicilio nel comune in cui ha sede la corte d'appello.

8. La costituzione si effettua mediante il deposito in cancelleria di una memoria contenente l'esposizione delle difese in fatto e in diritto, nonché l'indicazione dei mezzi di prova e dei documenti prodotti.

9. L'intervento di qualunque interessato non può aver luogo oltre il termine stabilito per la costituzione delle parti resistenti, con le modalità per queste previste.

10. All'udienza, il collegio, sentite le parti, assume, anche d'ufficio, i mezzi di prova, eventualmente delegando un suo componente.

11. La corte provvede con decreto motivato.

12. Il decreto è pubblicato a norma dell'articolo 17 e notificato alle parti, a cura della cancelleria, ed è impugnabile con ricorso per cassazione entro trenta giorni dalla notificazione.

(1) Articolo sostituito dall'art. 121 del d.lg. 9/1/2006, n. 5 e dall'art. 9, co. 9, d.lg. 12/9/2007, n. 169, con la decorrenza indicata nell'art. 22 del medesimo d.lg. n. 169/2007.

• La Corte costituzionale, con sent. 12/11/1974, n. 255, in applicazione dell'art. 27 della l. 11/3/1953, n. 87, aveva dichiarato l'illegittimità costituzionale derivata dell'ultimo comma dell'art. 183 e del co. 1 e 3 del presente articolo, nel testo precedente la modifica, nella parte in cui faceva decorrere dall'affissione i termini, rispettivamente, per ricorrere in cassazione contro la sentenza di appello che decideva in merito alla omologazione o reiezione del concordato preventivo, per proporre appello contro la sentenza che omologava o respingeva il concordato successivo, nonché per ricorrere in cassazione contro quest'ultima sentenza.

132. Intervento del pubblico ministero*. – *1. Il pubblico ministero interviene sia nel giudizio di primo grado sia nel giudizio di appello.*

* Articolo abrogato dall'art. 122 del d.lg. 9/1/2006, n. 5.

133. Spese per omologazione*. – *1. Alle spese di omologazione si provvede con le somme liquide del fallimento, mediante prelevamenti disposti dal giudice delegato. 2. Se non vi sono somme liquide, il giudice dispone che si proceda alle spese di omologazione con prenotazione a debito. Per il rimborso delle spese anticipate dall'erario si provvede a norma dell'art. 91**.*

* Articolo abrogato dall'art. 122 del d.lg. 9/1/2006, n. 5.

** Comma abrogato dall'art. 299, d.P.R. 30/5/2002, n. 115, con effetto a decorrere dal 1/7/2002.

134. Rendiconto del curatore*. – *1. Appena la sentenza di omologazione è passata in giudicato, il curatore deve rendere il conto a norma dell'art. 116.*

* Articolo abrogato dall'art. 122 del d.lg. 9/1/2006, n. 5.

135. Effetti del concordato. – 1. Il concordato è obbligatorio per tutti i creditori anteriori alla apertura del fallimento, compresi quelli che non hanno presentato domanda di ammissione al passivo. A questi però non si estendono le garanzie date nel concordato da terzi.

2. I creditori conservano la loro azione per l'intero credito contro i coobbligati, i fideiussori del fallito e gli obbligati in via di regresso.

136. Esecuzione del concordato. – 1. Dopo la omologazione del concordato il giudice delegato, il curatore e il comitato dei creditori ne sorvegliano l'adempimento, secondo le modalità stabilite nel decreto di omologazione (1).

2. Le somme spettanti ai creditori contestati, condizionali o irreperibili sono depositate nei modi stabiliti dal giudice delegato.

3. Accertata la completa esecuzione del concordato, il giudice delegato ordina lo svincolo delle cauzioni e la cancellazione delle ipoteche iscritte a garanzia e adotta ogni misura idonea per il conseguimento delle finalità del concordato (2).

4. Il provvedimento è pubblicato ed affisso ai sensi dell'art. 17. Le spese sono a carico del debitore.

(1) Comma modificato dall'art. 123, co. 1, lett. a), d.lg. 9/1/2006, n. 5.

(2) Comma sostituito dall'art. 123, co. 1, lett. b), d.lg. 9/1/2006, n. 5.

137. Risoluzione del concordato (1). – 1. Se le garanzie promesse non vengono costituite o se il proponente non adempie regolarmente gli obblighi derivanti dal concordato, ciascun creditore può chiederne la risoluzione.

2. Si applicano le disposizioni dell'articolo 15 in quanto compatibili.

3. Al procedimento è chiamato a partecipare anche l'eventuale garante.

4. La sentenza che risolve il concordato riapre la procedura di fallimento ed è provvisoriamente esecutiva.

5. La sentenza è reclamabile ai sensi dell'articolo 18.

6. Il ricorso per la risoluzione deve proporsi entro un anno dalla scadenza del termine fissato per l'ultimo adempimento previsto nel concordato.

7. Le disposizioni di questo articolo non si applicano quando gli obblighi derivanti dal concordato sono stati assunti dal proponente o da uno o più creditori con liberazione immediata del debitore.

8. Non possono proporre istanza di risoluzione i creditori del fallito verso cui il terzo, ai sensi dell'articolo 124, non abbia assunto responsabilità per effetto del concordato.

(1) Articolo sostituito dall'art. 124 del d.lg. 9/1/2006, n. 5 e, successivamente, dall'art. 9, co. 10, d.lg. 12/9/2007, n. 169, con la decorrenza indicata nell'art. 22 del medesimo d.lg. n. 169/2007.

138. Annullamento del concordato (1). – 1. Il concordato omologato può essere annullato dal tribunale, su istanza del curatore o di qualunque creditore, in contraddittorio con il debitore, quando si scopre che è stato dolosamente esagerato il passivo, ovvero sottratta o dissimulata una parte rilevante dell'attivo. Non è ammessa alcuna altra azione di nullità. Si procede a norma dell'articolo 137.

2. La sentenza che annulla il concordato riapre la procedura di fallimento ed è provvisoriamente esecutiva. Essa è reclamabile ai sensi dell'articolo 18.

3. Il ricorso per l'annullamento deve proporsi nel termine di sei mesi dalla scoperta del dolo e, in ogni caso, non oltre due anni dalla scadenza del termine fissato per l'ultimo adempimento previsto nel concordato.

(1) Articolo modificato dall'art. 125, co. 1, lett. a), b) e c), d.lg. 9/1/2006, n. 5 e, successivamente, sostituito dall'art. 9, co. 11, d.lg. 12/9/2007, n. 169, con la decorrenza indicata nell'art. 22 del medesimo d.lg. n. 169/2007.

139. Provvedimenti conseguenti alla riapertura (1). – 1. La sentenza che riapre la procedura a norma degli articoli 137 e 138 provvede ai sensi dell'articolo 121.

(1) Articolo sostituito dall'art. 126 del d.lg. 9/1/2006, n. 5.

140. Gli effetti della riapertura. – 1. Gli effetti della riapertura sono regolati dagli artt. 122 e 123.

2. Possono essere riproposte le azioni revocatorie già iniziate e interrotte per effetto del concordato.

3. I creditori anteriori conservano le garanzie per le somme tuttora ad essi dovute in base al concordato risolto o annullato e non sono tenuti a restituire quanto hanno già riscosso.

4. Essi concorrono per l'importo del primitivo credito, detratta la parte riscossa in parziale esecuzione del concordato.

141. Nuova proposta di concordato (1). – 1. Reso esecutivo il nuovo stato passivo, il proponente è ammesso a presentare una nuova proposta di concordato. Questo non può tuttavia essere omologato se prima dell'udienza a ciò destinata non sono depositate, nei modi stabiliti del giudice delegato, le somme occorrenti per il suo integrale adempimento o non sono prestate garanzie equivalenti.

(1) Articolo sostituito dall'art. 127 del d.lg. 9/1/2006, n. 5.

Capo IX
Della esdebitazione (1)

(1) Capo sostituito dall'art. 128 del d.lg. 9/1/2006, n. 5.

142. Esdebitazione (1). – 1. Il fallito persona fisica è ammesso al beneficio della liberazione dai debiti residui nei confronti dei creditori concorsuali non soddisfatti a condizione che:

1) abbia cooperato con gli organi della procedura, fornendo tutte le informazioni e la documentazione utile all'accertamento del passivo e adoperandosi per il proficuo svolgimento delle operazioni;

2) non abbia in alcun modo ritardato o contribuito a ritardare lo svolgimento della procedura;

3) non abbia violato le disposizioni di cui all'articolo 48;

4) non abbia beneficiato di altra esdebitazione nei dieci anni precedenti la richiesta;

5) non abbia distratto l'attivo o esposto passività insussistenti, cagionato o aggravato il dissesto rendendo gravemente difficoltosa la ricostruzione del patrimonio e del movimento degli affari o fatto ricorso abusivo al credito;

6) non sia stato condannato con sentenza passata in giudicato per bancarotta fraudolenta o per delitti contro l'economia pubblica, l'industria e il commercio, e altri delitti compiuti in connessione con l'esercizio dell'attività d'impresa, salvo che per tali reati sia intervenuta la riabilitazione. Se è in corso il procedimento penale per uno di tali reati, il tribunale sospende il procedimento fino all'esito di quello penale.

2. L'esdebitazione non può essere concessa qualora non siano stati soddisfatti, neppure in parte, i creditori concorsuali.

3. Restano esclusi dall'esdebitazione:

a) gli obblighi di mantenimento e alimentari e comunque le obbligazioni derivanti da rapporti estranei all'esercizio dell'impresa (2);

b) i debiti per il risarcimento dei danni da fatto illecito extracontrattuale nonché le sanzioni penali ed amministrative di carattere pecuniario che non siano accessorie a debiti estinti.

4. Sono salvi i diritti vantati dai creditori nei confronti di coobbligati, dei fideiussori del debitore e degli obbligati in via di regresso (3).

(1) Articolo sostituito dall'art. 128 del d.lg. 9/1/2006, n. 5.

(2) Lettera modificata dall'art. 10, co. 1, d.lg. 12/9/2007, n. 169, con la decorrenza indicata nell'art. 22 del medesimo d.lg. n. 169/2007.

(3) A norma dell'art. 19, co. 1, d.lg. 12/9/2007, n. 169, con la decorrenza indicata nell'art. 22, co. 1, del citato d.lg. n. 169/2007, le disposizioni del presente Capo si applicano anche alle procedure di fallimento pendenti alla data di entrata in vigore, d.lg. 9/1/2006, n. 5. Vedi, anche, l'art. 22, co. 4, del medesimo d.lg. 12/9/2007, n. 169.

• La Corte costituzionale con sent. 27/2/2008, n. 39 (in G.U. 5/3/2008, n. 11), ha dichiarato l'illegittimità costituzionale del presente articolo, nel testo anteriore all'entrata in vigore, d.lg. 9/1/2006, n. 5 (Riforma organica della disciplina delle procedure concorsuali a norma dell'art. 1, co. 5, l. 14/5/2005, n. 80), in quanto stabilisce che le incapacità personali derivanti al fallito dalla dichiarazione di fallimento perdurano oltre la chiusura della procedura concorsuale.

143. Procedimento di esdebitazione (1). – 1. Il tribunale, con il decreto di chiusura del fallimento o su ricorso del debitore presentato entro l'anno successivo, verificate le condizioni di cui all'articolo 142 e tenuto altresì conto dei comportamenti collaborativi del medesimo, sentito il curatore ed il comitato dei creditori, dichiara inesigibili nei confronti del debitore già dichiarato fallito i debiti concorsuali non soddisfatti integralmente. Il ricorso e il decreto del tribunale sono comunicati dal curatore ai creditori a mezzo posta elettronica certificata (2).

2. Contro il decreto che provvede sul ricorso, il debitore, i creditori non integralmente soddisfatti, il pubblico ministero e qualunque interessato possono proporre reclamo a norma dell'articolo 26 (3).

(1) Articolo sostituito dall'art. 128 del d.lg. 9/1/2006, n. 5.

• A norma dell'art. 19, co. 1, d.lg. 12/9/2007, n. 169, con la decorrenza indicata nell'art. 22, co. 1, del citato d.lg. n. 169/2007, le disposizioni del presente Capo si applicano anche alle procedure di fallimento pendenti alla data di entrata in vigore del d.lg. 9/1/2006, n. 5. Vedi, anche, l'art. 22, co. 4, del medesimo d.lg. 12/9/2007, n. 169.

(2) Comma modificato dall'art. 17, co. 1, lett. p), d.l. 18/10/2012, n. 179. Per l'applicazione del presente comma vedi quanto disposto dai co. 4 e 5 del medesimo art. 17.

(3) La Corte costituzionale con sentenza 30/5/2008, n. 181 (in G.U. 4/6/2008, n. 24) ha dichiarato l'illegittimità costituzionale del presente art., nel testo introdotto a seguito della entrata in vigore del d.lg. 9/1/2006, n. 5, limitatamente alla parte in cui esso, in caso di procedimento di esdebitazione attivato, ad istanza del debitore già dichiarato fallito, nell'anno successivo al decreto di chiusura del fallimento, non prevedeva la notificazione, a cura del ricorrente e nelle forme previste dagli artt. 137 ss. CPC., ai creditori concorrenti non integralmente soddisfatti, del ricorso col quale il debitore chiede di essere ammesso al beneficio della liberazione dai debiti residui nei confronti dei medesimi creditori, nonché del decreto col quale il giudice fissa l'udienza in Camera di consiglio.

144. Esdebitazione per i crediti concorsuali non concorrenti (1). – 1. Il decreto di accoglimento della domanda di esdebitazione produce effetti anche nei confronti dei creditori anteriori alla apertura della procedura di liquidazione che non hanno presentato la domanda di ammissione al passivo; in tale caso, l'esdebitazione opera per la sola eccedenza alla percentuale attribuita nel concorso ai creditori di pari grado (2).

(1) Articolo sostituito dall'art. 128 del d.lg. 9/1/2006, n. 5.

• La Corte costituzionale con sent. 15/7/2004, n. 224 aveva dichiarato l'illegittimità costituzionale dell'ultimo comma del presente articolo, nel testo precedente la modifica, nella parte in cui prevedeva che il termine per la proposizione del reclamo avverso la sentenza che provvedeva sull'istanza di riabilitazione decorresse dalla affissione della sentenza stessa anziché dalla sua comunicazione.

(2) Comma modificato dall'art. 10, co. 2, d.lg. 12/9/2007, n. 169, con la decorrenza indicata nell'art. 22 del medesimo n. d.lg. n. 169/2007.

• A norma dell'art. 19, co. 1, d.lg. 12/9/2007, n. 169, con la decorrenza indicata nell'art. 22, co. 1, del citato d.lg. n. 169/2007, le disposizioni del presente Capo si applicano anche alle procedure di fallimento pendenti alla data di entrata in vigore del d.lg. 9/1/2006, n. 5. Vedi, anche, l'art. 22, co. 4, del medesimo d.lg. 12/9/2007, n. 169.

145. Condanne penali che ostano alla riabilitazione*. *– 1. In nessun caso la riabilitazione può essere concessa se il fallito è stato condannato per bancarotta fraudolenta o per delitti contro il patrimonio, la fede pubblica, l'economia pubblica, l'industria e il commercio, salvo che per tali reati sia intervenuta la riabilitazione prevista dalla legge penale. 2. Se è in corso il procedimento per uno di tali reati, il tribunale sospende di pronunziare sull'istanza fino all'esito del procedimento.*

* Articolo abrogato dall'art. 129 del d.lg. 9/1/2006, n. 5.

Capo X
Del fallimento delle società

146. Amministratori, direttori generali, componenti degli organi di controllo, liquidatori e soci di società a responsabilità limitata (1). – 1. Gli amministratori e i liquidatori della società sono tenuti agli obblighi imposti al fallito dall'articolo 49. Essi devono essere sentiti in tutti i casi in cui la legge richiede che sia sentito il fallito.

2. Sono esercitate dal curatore previa autorizzazione del giudice delegato, sentito il comitato dei creditori:

a) le azioni di responsabilità contro gli amministratori, i componenti degli organi di controllo, i direttori generali e i liquidatori;

b) l'azione di responsabilità contro i soci della società a responsabilità limitata, nei casi previsti dall'articolo 2476, comma settimo, del codice civile.

(1) Articolo sostituito dall'art. 130 del d.lg. 9/1/2006, n. 5.

147. Società con soci a responsabilità illimitata (1). – 1. La sentenza che dichiara il fallimento di una società appartenente ad uno dei tipi regolati nei capi III, IV e VI del titolo V del libro quinto del codice civile, produce anche il fallimento dei soci, pur se non persone fisiche, illimitatamente responsabili.

2. Il fallimento dei soci di cui al comma primo non può essere dichiarato decorso un anno dallo scioglimento del rapporto sociale o dalla cessazione della responsabilità illimitata anche in caso di trasformazione, fusione o scissione, se sono state osservate le formalità per rendere noti ai terzi i fatti indicati. La dichiarazione di fallimento è possibile solo se l'insolvenza della società attenga, in tutto o in parte, a debiti esistenti alla data della cessazione della responsabilità illimitata.

3. Il tribunale, prima di dichiarare il fallimento dei soci illimitatamente responsabili, deve disporne la convocazione a norma dell'articolo 15.

4. Se dopo la dichiarazione di fallimento della società risulta l'esistenza di altri soci illimitatamente responsabili, il tribunale, su istanza del curatore, di un creditore, di un socio fallito, dichiara il fallimento dei medesimi.

5. Allo stesso modo si procede, qualora dopo la dichiarazione di fallimento di un imprenditore individuale risulti che l'impresa è riferibile ad una società di cui il fallito è socio illimitatamente responsabile.

6. Contro la sentenza del tribunale è ammesso reclamo a norma dell'articolo 18 (2).

7. In caso di rigetto della domanda, contro il decreto del tribunale l'istante può proporre reclamo alla corte d'appello a norma dell'articolo 22.

(1) Articolo sostituito dall'art. 131 del d.lg. 9/1/2006, n. 5.

• La Corte costituzionale, con sent. 16/7/1970, n. 142, ha dichiara l'illegittimità costituzionale, del co. 1, nel testo precedente la sostituzione, nelle parti in cui: a) non consentiva ai soci illimitatamente responsabili l'esercizio del diritto di difesa nei limiti compatibili con la natura del procedimento di camera di consiglio prescritto per la dichiarazione di fallimento; b) negava al creditore interessato la legittimazione a proporre istanza di dichiarazione di fallimento di altri soci illimitatamente responsabili nelle forme dell'art. 6 del presente decreto. Successivamente, con sent. 22/7/2000, n. 319, dichiara l'illegittimità costituzionale, del presente comma, nella parte in cui prevede che il fallimento dei soci a responsabilità illimitata di società fallita possa essere dichiarato dopo il decorso di un anno dal momento in cui essi abbiano perso, per qualsiasi causa, la responsabilità illimitata.

• La Corte costituzionale, con sent. 27/6/1972, n. 110, dichiara l'illegittimità costituzionale del co. 2, nel testo precedente la sostituzione, nella parte in cui non prevede che il tribunale debba ordinare la comparizione in camera di consiglio dei soci illimitatamente responsabili nei cui confronti produce effetto la sentenza che dichiara il fallimento della società con soci a responsabilità illimitata, perché detti soci possano esercitare il diritto di difesa. Successivamente, con sent. 28/5/1975, n. 127, dichiara l'illegittimità costituzionale del presente comma, nella parte in cui nega al fallito la legittimazione a chiedere la dichiarazione di fallimento dei soci illimitatamente responsabili; Dichiara, ai sensi dell'art. 27 della l. 11/3/1953, n. 87, la illegittimità costituzionale dell'art. 22 della legge fallimentare, nella parte in cui nega al fallito la legittimazione a proporre reclamo contro la pronuncia del tribunale che ha respinto l'istanza per la dichiarazione di fallimento di socio illimitatamente responsabile.

(2) Comma modificato dall'art. 11 del d.lg. 12/9/2007, n. 169, con la decorrenza indicata nell'art. 22 del medesimo d.lg. n. 169/2007.

148. Fallimento della società e dei soci (1). – 1. Nei casi previsti dall'articolo 147, il tribunale nomina, sia per il fallimento della società, sia per quello dei soci un solo giudice delegato e un solo curatore, pur rimanendo distinte le diverse procedure. Possono essere nominati più comitati dei creditori.

2. Il patrimonio della società e quello dei singoli soci sono tenuti distinti.

3. Il credito dichiarato dai creditori sociali nel fallimento della società si intende dichiarato per l'intero e con il medesimo eventuale privilegio generale anche nel fallimento dei singoli soci. Il creditore sociale ha diritto di partecipare a tutte le ripartizioni fino all'integrale pagamento, salvo il regresso fra i fallimenti dei soci per la parte pagata in più della quota rispettiva.

4. I creditori particolari partecipano soltanto al fallimento dei soci loro debitori.

5. Ciascun creditore può contestare i crediti dei creditori con i quali si trova in concorso.

(1) Articolo sostituito dall'art. 132 del d.lg. 9/1/2006, n. 5.

149. Fallimento dei soci. – 1. Il fallimento di uno o più soci illimitatamente responsabili non produce il fallimento della società.

150. Versamenti dei soci a responsabilità limitata. – 1. Nei fallimenti delle società con soci a responsabilità limitata il giudice delegato può, su proposta del curatore, ingiungere con decreto ai soci a responsabilità limitata e ai precedenti titolari delle quote o delle azioni di eseguire i versamenti ancora dovuti, quantunque non sia scaduto il termine stabilito per il pagamento.

2. Contro il decreto emesso a norma del primo comma può essere proposta opposizione ai sensi dell'articolo 645 del codice di procedura civile (1).

(1) Comma inserito dall'art. 133 del d.lg. 9/1/2006, n. 5.

151. Fallimento di società a responsabilità limitata: polizza assicurativa e fideiussione bancaria (1). – 1. Nei fallimenti di società a responsabilità limitata il giudice, ricorrendone i presupposti, può autorizzare il curatore ad escutere la polizza assicurativa o la fideiussione bancaria rilasciata ai sensi dell'articolo 2464, quarto e sesto comma, del codice civile.

(1) Articolo sostituito dall'art. 134 del d.lg. 9/1/2006, n. 5.

152. Proposta di concordato. – 1. La proposta di concordato per la società fallita è sottoscritta da coloro che ne hanno la rappresentanza sociale.

2. La proposta e le condizioni del concordato, salva diversa disposizione dell'atto costitutivo o dello statuto:

a) nelle società di persone, sono approvate dai soci che rappresentano la maggioranza assoluta del capitale;

b) nelle società per azioni, in accomandita per azioni e a responsabilità limitata, nonché nelle società cooperative, sono deliberate dagli amministratori (1).

3. In ogni caso, la decisione o la deliberazione di cui alla lettera b), del secondo comma deve risultare da verbale redatto da notaio ed è depositata ed iscritta nel registro delle imprese a norma dell'articolo 2436 del codice civile (2).

(1) Comma sostituito art. 135 del d.lg. 9/1/2006, n. 5.

(2) Comma inserito art. 135 del d.lg. 9/1/2006, n. 5.

153. Effetti del concordato della società. – 1. Salvo patto contrario, il concordato fatto da una società con soci a responsabilità illimitata ha efficacia anche di fronte ai soci e fa cessare il loro fallimento (1).

2. Contro il decreto di chiusura del fallimento del socio è ammesso reclamo a norma dell'articolo 26 (2).

(1) Comma modificato dall'art. 136, co. 1, lett. a), d.lg. 9/1/2006, n. 5.

(2) Comma sostituito dall'art. 136, co. 1, lett. b), d.lg. 9/1/2006, n. 5.

154. Concordato particolare del socio – 1. Nel fallimento di una società con soci a responsabilità illimitata, ciascuno dei soci dichiarato fallito può proporre un concordato ai creditori sociali e particolari concorrenti nel proprio fallimento.

Capo XI
Dei patrimoni destinati ad uno specifico affare (1)

(1) Rubrica sostituita dall'art. 137 del d.lg. 9/1/2006, n. 5.

155. Patrimoni destinati ad uno specifico affare (1). – 1. Se è dichiarato il fallimento della società, l'amministrazione del patrimonio destinato previsto dall'articolo 2447-bis, primo comma, lettera a), del codice civile è attribuita al curatore che vi provvede con gestione separata.

2. Il curatore provvede a norma dell'articolo 107 alla cessione a terzi del patrimonio, al fine di conservarne la funzione produttiva. Se la cessione non è possibile, il curatore provvede alla liquidazione del patrimonio secondo le regole della liquidazione della società in quanto compatibili.

3. Il corrispettivo della cessione al netto dei debiti del patrimonio o il residuo attivo della liquidazione sono acquisiti dal curatore nell'attivo fallimentare, detratto quanto spettante ai terzi che vi abbiano effettuato apporti, ai sensi dell'articolo 2447-ter, primo comma, lettera d), del codice civile.

(1) Articolo modificato dall'articolo unico della l. 20/10/1952, n. 1375 e successivamente sostituito dall'art. 138 del d.lg. 9/1/2006, n. 5.

156. Patrimonio destinato incapiente; violazione delle regole di separatezza (1). – 1. Se a seguito del fallimento della società o nel corso della gestione il curatore rileva che il patrimonio destinato è incapiente provvede, previa autorizzazione del giudice delegato, alla sua liquidazione secondo le regole della liquidazione della società in quanto compatibili.

2. I creditori particolari del patrimonio destinato possono presentare domanda di insinuazione al passivo del fallimento della società nei casi di responsabilità sussidiaria o illimitata previsti dall'articolo 2447-quinquies, terzo e quarto comma, del codice civile.

3. Se risultano violate le regole di separatezza fra uno o più patrimoni destinati costituiti dalla società e il patrimonio della società medesima, il curatore può agire in responsabilità contro gli amministratori e i componenti degli organi di controllo della società ai sensi dell'articolo 146.

(1) Articolo modificato dall'art. 161 del d.lg. 19/2/1998, n. 51 e successivamente sostituito dall'art. 139 del d.lg. 9/1/2006, n. 5.

157. Accertamento del passivo*. – *1. Il curatore forma l'elenco dei creditori in base alle scritture contabili, alle dichiarazioni del debitore e alle altre notizie che può assumere. 2. L'elenco, con i documenti giustificativi, è trasmesso al giudice, il quale procede alla formazione dello stato passivo e lo rende esecutivo con decreto. Lo stato passivo col decreto del giudice è depositato in cancelleria, e chiunque può prenderne visione. 3. Il curatore dà notizia mediante lettera raccomandata a ciascun creditore, entro tre giorni dal deposito, del provvedimento che lo riguarda. 4. Entro quindici giorni dal deposito dello stato passivo in cancelleria i creditori non ammessi possono proporre reclamo avanti al giudice. Nello stesso termine possono essere proposte le contestazioni dei creditori ammessi da parte di altri creditori. 5. Il giudice stabilisce l'udienza di discussione delle contestazioni e dei reclami. Egli tenta di definire amichevolmente le questioni e, in caso di risultato negativo, pronuncia unica sentenza.*

* Articolo abrogato dall'art. 140 del d.lg. 9/1/2006, n. 5.

158. Domande di rivendicazione, restituzione e separazione di cose mobili*. – *1. Le disposizioni dell'articolo precedente si applicano anche alle domande di rivendicazione, restituzione e separazione di cose mobili possedute dal fallito.*

* Articolo abrogato dall'art. 140 del d.lg. 9/1/2006, n. 5.

159. Concordato*. – *1. La proposta del concordato è approvata se riporta il consenso della maggioranza di numero e di somma dei creditori che hanno diritto al voto. 2. Il giudice, accertato il concorso delle maggioranze indicate nel comma precedente e qualora ritenga tuttora conveniente il concordato, lo approva con decreto e dispone per la sua esecuzione. 3. Contro il decreto che approva o respinge il concordato non è ammesso gravame.*

* Articolo abrogato dall'art. 140 del d.lg. 9/1/2006, n. 5.

TITOLO III
DEL CONCORDATO PREVENTIVO E DEGLI ACCORDI DI RISTRUTTURAZIONE (1)

(1) Le parole "e degli accordi di ristrutturazione" sono state aggiunte dal d.lg. 9/1/2006, n. 5 ed in vigore dal 16/7/2006.

Capo I
Dell'ammissione alla procedura di concordato preventivo e degli accordi di ristrutturazione (1)

(1) Rubrica così modificata dall'art. 2, co. 1, d.l. 14/3/2005, n. 35.

160. Presupposti per l'ammissione alla procedura (1). – 1. L'imprenditore che si trova in stato di crisi può proporre ai creditori un concordato preventivo sulla base di un piano che può prevedere:

a) la ristrutturazione dei debiti e la soddisfazione dei crediti attraverso qualsiasi forma, anche mediante cessione dei beni, accollo, o altre operazioni straordinarie, ivi compresa l'attribuzione ai creditori, nonché a società da questi partecipate, di azioni, quote, ovvero obbligazioni, anche convertibili in azioni, o altri strumenti finanziari e titoli di debito;

b) l'attribuzione delle attività delle imprese interessate dalla proposta di concordato ad un assuntore; possono costituirsi come assuntori anche i creditori o società da questi partecipate o da costituire nel corso della procedura, le azioni delle quali siano destinate ad essere attribuite ai creditori per effetto del concordato;

c) la suddivisione dei creditori in classi secondo posizione giuridica e interessi economici omogenei;

d) trattamenti differenziati tra creditori appartenenti a classi diverse.

2. La proposta può prevedere che i creditori muniti di privilegio, pegno o ipoteca, non vengano soddisfatti integralmente, purché il piano ne preveda la soddisfazione in misura non inferiore a quella realizzabile, in ragione della collocazione preferenziale, sul ricavato in caso di liquidazione, avuto riguardo al valore di mercato attribuibile ai beni o diritti sui quali sussiste la causa di prelazione indicato nella relazione giurata di un professionista in possesso dei requisiti di cui all'articolo 67, terzo comma, lettera d). Il trattamento stabilito per ciascuna classe non può avere l'effetto di alterare l'ordine delle cause legittime di prelazione (2).

3. Ai fini di cui al primo comma per stato di crisi si intende anche lo stato di insolvenza (3).

4. In ogni caso la proposta di concordato deve assicurare il pagamento di almeno il venti per cento dell'ammontare dei crediti chirografari. La disposizione di cui al presente comma non si applica al concordato con continuità aziendale di cui all'articolo 186-bis (4).

(1) Articolo sostituito dall'art. 2, co. 1, d.l. 14/3/2005, n. 35.

• Rubrica modificata dall'art. 12, co. 1, d.lg. 12/9/2007, n. 169, con la decorrenza indicata nell'art. 22 del medesimo d.lg. n. 169/2007.

(2) Comma aggiunto dall'art. 12, co. 2, d.lg. 12/9/2007, n. 169, con la decorrenza indicata nell'art. 22 del medesimo d.lg. n. 169/2007.

(3) Comma aggiunto dall'art. 36 del d.l. 30/12/2005, n. 273.

(4) Comma così introdotto dall'art. 4, co. 1, d.l. 27/6/2015, n. 83, poi convertito in l. 6/8/2015, n. 132.

161. Domanda di concordato (1). – 1. La domanda per l'ammissione alla procedura di concordato preventivo è proposta con ricorso, sottoscritto dal debitore, al tribunale del luogo in cui l'impresa ha la propria sede principale; il trasferimento della stessa intervenuto nell'anno antecedente al deposito del ricorso non rileva ai fini della individuazione della competenza.

2. Il debitore deve presentare con il ricorso:

a) una aggiornata relazione sulla situazione patrimoniale, economica e finanziaria dell'impresa;

b) uno stato analitico ed estimativo delle attività e l'elenco nominativo dei creditori, con l'indicazione dei rispettivi crediti e delle cause di prelazione;

c) l'elenco dei titolari dei diritti reali o personali su beni di proprietà o in possesso del debitore;

d) il valore dei beni e i creditori particolari degli eventuali soci illimitatamente responsabili;

e) un piano contenente la descrizione analitica delle modalità e dei tempi di adempimento della proposta (2); in ogni caso, la proposta deve indicare l'utilità specificamente individuata ed economicamente valutabile che il proponente si obbliga ad assicurare a ciascun creditore (3).

3. Il piano e la documentazione di cui ai commi precedenti devono essere accompagnati dalla relazione di un professionista, designato dal debitore (4), in possesso dei requisiti di cui all'articolo 67, terzo comma, lettera d), che attesti la veridicità dei dati aziendali e la fattibilità del piano medesimo (5). Analoga relazione deve essere presentata nel caso di modifiche sostanziali della proposta o del piano (6).

4. Per la società la domanda deve essere approvata e sottoscritta a norma dell'articolo 152.

5. La domanda di concordato è comunicata al pubblico ministero ed è pubblicata, a cura del cancelliere, nel registro delle imprese entro il giorno successivo al deposito in cancelleria (7). Al pubblico ministero è trasmessa altresì copia degli atti e dei documenti depositati a norma del secondo e del terzo comma, nonché copia della relazione del commissario giudiziale prevista dall'articolo 172 (8).

6. L'imprenditore può depositare il ricorso contenente la domanda di concordato unitamente ai bilanci relativi agli ultimi tre esercizi e all'elenco nominativo dei creditori con l'indicazione dei rispettivi crediti, riservandosi di presentare la proposta, il piano e la documentazione di cui ai commi secondo e terzo entro un termine fissato dal giudice, compreso fra sessanta e centoventi giorni e prorogabile, in presenza di giustificati motivi, di non oltre sessanta giorni. Nello stesso termine, in alternativa e con conservazione sino all'omologazione degli effetti prodotti dal ricorso, il debitore può depositare domanda ai sensi dell'articolo 182-bis, primo comma. In mancanza, si applica l'articolo 162, commi secondo e terzo. Con decreto motivato che fissa il termine di cui al primo periodo, il tribunale può nominare il commissario giudiziale di cui all'articolo 163, secondo comma, n. 3; si applica l'articolo 170, secondo comma. Il commissario giudiziale, quando accerta che il debitore ha posto in essere una delle condotte previste dall'articolo 173, deve riferirne immediatamente al tribunale che, nelle forme del procedimento di cui all'articolo 15 e verificata la sussistenza delle condotte stesse, può, con decreto, dichiarare improcedibile la domanda e, su istanza del creditore o su richiesta del pubblico ministero, accertati i presupposti di cui agli articoli 1 e 5, dichiara il fallimento del debitore con contestuale sentenza reclamabile a norma dell'articolo 18 (9).

7. Dopo il deposito del ricorso e fino al decreto di cui all'articolo 163 il debitore può compiere gli atti urgenti di straordinaria amministrazione previa autorizzazione del tribunale, il quale può assumere sommarie informazioni e deve acquisire il parere del commissario giudiziale, se nominato. Nello stesso periodo e a decorrere dallo stesso termine il debitore può altresì compiere gli atti di ordinaria amministrazione. I crediti di terzi eventualmente sorti per effetto degli atti legalmente compiuti dal debitore sono prededucibili ai sensi dell'articolo 111 (10).

8. Con il decreto che fissa il termine di cui al sesto comma, primo periodo, il tribunale deve disporre gli obblighi informativi periodici, anche relativi alla gestione finanziaria dell'impresa e all'attività compiuta ai fini della predisposizione della proposta e del piano, che il debitore deve assolvere, con periodicità almeno mensile e sotto la vigilanza del commissario giudiziale se nominato, sino alla scadenza del termine fissato. Il debitore, con periodicità mensile, deposita una situazione finanziaria dell'impresa che, entro il giorno successivo, è pubblicata nel registro delle imprese a cura del cancelliere. In caso di violazione di tali obblighi, si applica l'articolo 162, commi secondo e terzo. Quando risulta che l'attività compiuta dal debitore è manifestamente inidonea alla predisposizione della proposta e del piano, il tribunale, anche d'ufficio, sentito il debitore e il commissario giudiziale se nominato, abbrevia il termine fissato con il decreto di cui al sesto comma, primo periodo. Il tribunale può in ogni momento sentire i creditori (11).

9. La domanda di cui al sesto comma è inammissibile quando il debitore, nei due anni precedenti, ha presentato altra domanda ai sensi del medesimo comma alla quale non abbia fatto seguito l'ammissione alla procedura di concordato

preventivo o l'omologazione dell'accordo di ristrutturazione dei debiti (10).

10. Fermo restando quanto disposto dall'articolo 22, primo comma, quando pende il procedimento per la dichiarazione di fallimento il termine di cui al sesto comma del presente articolo è di sessanta giorni, prorogabili, in presenza di giustificati motivi, di non oltre sessanta giorni (10).

(1) Articolo sostituito dall'art. 2, co. 1, d.l. 14/3/2005, n. 35.

(2) Lettera aggiunta dall'art. 33, co. 1, lett. b), n. 1, d.l. 22/6/2012, n. 83, con la decorrenza indicata dal co. 3 del medesimo art. 33 del suddetto d.l. n. 83/2012.

(3) Le parole da "in ogni caso" fino a "creditore" sono state inserite dall'art. 4, co. 1, lett. b), d.l. 27/6/2015, n. 83, poi convertito in l. 6/8/2015, n. 132.

(4) Le parole "designato dal debitore" sono state aggiunte dall'art. 33, co. 1, lett. b), n. 2, lett. a), d.l. 22/6/2012, n. 83, convertito in l. 7/8/2012, n. 134.

• Periodo aggiunto dall'art. 33, co. 1, lett. b), n. 2, d.l. 22/6/2012, n. 83, poi convertito in l. 7/8/2012, n. 134.

(5) Comma così sostituito dall'art. 12, co. 3, lett. a), d.lg. 12/9/2007, n. 169, in vigore dal 1/12008.

(6) Periodo aggiunto dall'art. 33, co. 1, lett. b), n. 2, lett. b), d.l. 22/6/2012, n. 83, convertito in l. 7/8/2012, n. 134.

(7) Le parole da "è pubblicata" fino a "cancelleria" sono state aggiunte dall'art. 33, co. 1, lett. b), n. 3, d.l. 22/6/2012, n. 83, convertito in l. 7/8/2012, n. 134.

(8) Le parole da "al pubblico ministero" fino a "articolo 172" sono state introdotte dall'art. 4, co. 1 lett. b), d.l. 27/6/2015, n. 83, poi convertito in l. 6/8/2015, n. 132.

(9) Periodo aggiunto dall'art. 33, co. 1, lett. b), d.l. 21/6/2013, n. 69, poi convertito in l. 9/8/2013, n. 98.

(10) Comma aggiunto dall'art. 33, co. 1, lett. b), n. 4, d.l. 22/6/2012, n. 83, poi conv., in l. 7/8/2012, n. 134.

(11) Comma prima aggiunto dall'art. 33, co. 1, lett. b), n. 4, d.l. 22/6/2012, n. 83, convertito in l. 7/8/2012, n. 134, poi sostituito dall'art. 82, co. 3, d.l. 21/6/2013, n. 69, convertito in l. 9/8/2013, n. 98.

162. Inammissibilità della proposta (1). – 1. Il Tribunale può concedere al debitore un termine non superiore a quindici giorni per apportare integrazioni al piano e produrre nuovi documenti.

2. Il Tribunale, se all'esito del procedimento verifica che non ricorrono i presupposti di cui agli articoli 160, commi primo e secondo, e 161, sentito il debitore in camera di consiglio, con decreto non soggetto a reclamo dichiara inammissibile la proposta di concordato. In tali casi il Tribunale, su istanza del creditore o su richiesta del pubblico ministero, accertati i presupposti di cui agli articoli 1 e 5 dichiara il fallimento del debitore.

3. Contro la sentenza che dichiara il fallimento è proponibile reclamo a norma dell'articolo 18. Con il reclamo possono farsi valere anche motivi attinenti all'ammissibilità della proposta di concordato.

(1) Articolo sostituito dall'art. 12, co. 4, d.lg. 12/9/2007, n. 169, con la decorrenza indicata nell'art. 22 del medesimo d.lg. n. 169/2007.

• La Corte costituzionale, con sent. 27/6/1972, n. 110, aveva dichiarato l'illegittimità costituzionale del co. 1 del precedente articolo, nella parte in cui non prevedeva che il tribunale, prima di pronunciarsi sulla domanda di ammissione alla procedura di concordato preventivo, doveva ordinare la comparizione in camera di consiglio del debitore per l'esercizio del diritto di difesa.

163. Ammissione alla procedura e proposte concorrenti (1). – 1. Il tribunale, ove non abbia provveduto a norma dell'articolo 162, commi primo e secondo, con decreto non soggetto a reclamo, dichiara aperta la procedura di concordato preventivo; ove siano previste diverse classi di creditori, il tribunale provvede analogamente previa valutazione della correttezza dei criteri di formazione delle diverse classi (2).

2. Con il provvedimento di cui al primo comma, il tribunale:

1) delega un giudice alla procedura di concordato;

2) ordina la convocazione dei creditori non oltre centoventi giorni dalla data del provvedimento e stabilisce il termine per la comunicazione di questo ai creditori (3);

2-bis) in relazione al numero dei creditori e alla entità del passivo, può stabilire che l'adunanza sia svolta in via telematica con modalità idonee a salvaguardare il contraddittorio e l'effettiva partecipazione dei creditori, anche utilizzando le strutture informatiche messe a disposizione della procedura da soggetti terzi (4);

3) nomina il commissario giudiziale osservate le disposizioni degli articoli 28 e 29;

4) stabilisce il termine non superiore a quindici giorni entro il quale il ricorrente deve depositare nella cancelleria del tribunale la somma pari al 50 per cento delle spese che si presumono necessarie per l'intera procedura, ovvero la diversa minor somma, non inferiore al 20 per cento di tali spese, che sia determinata dal giudice. Su proposta del commissario giudiziale, il giudice delegato può disporre che le somme riscosse vengano investite secondo quanto previsto dall'articolo 34, primo comma (5);

4-bis) ordina al ricorrente di consegnare al commissario giudiziale entro sette giorni copia informatica o su supporto analogico delle scritture contabili e fiscali obbligatorie (6).

3. Qualora non sia eseguito il deposito prescritto, il commissario giudiziale provvede a norma dell'articolo 173, primo comma (7).

4. Uno o più creditori che, anche per effetto di acquisti successivi alla presentazione della domanda di cui all'articolo 161, rappresentano almeno il dieci per cento dei crediti risultanti dalla situazione patrimoniale depositata ai sensi dell'articolo 161, secondo comma, lettera a), possono presentare una proposta concorrente di concordato preventivo e il relativo piano non oltre trenta giorni prima dell'adunanza dei creditori. Ai fini del computo della percentuale del dieci per cento, non si considerano i crediti della società che controlla la società debitrice, delle società da questa controllate e di quelle sottoposte a comune controllo. La relazione di cui al comma terzo dell'articolo 161 può essere limitata alla fattibilità del piano per gli aspetti che non siano già oggetto di verifica da parte del commissario giudiziale, e può essere omessa qualora non ve ne siano (8).

5. Le proposte di concordato concorrenti non sono ammissibili se nella relazione di cui all'articolo 161, terzo comma, il professionista attesta che la proposta di concordato del debitore assicura il pagamento di almeno il quaranta per cento dell'ammontare dei crediti chirografari o, nel caso di concordato con continuità aziendale di cui all'articolo 186-bis, di almeno il trenta per cento dell'ammontare dei crediti chirografari. La proposta può prevedere l'intervento di terzi e, se il debitore ha la forma di società per azioni o a responsabilità limitata, può prevedere un aumento di capitale della società con esclusione o limitazione del diritto d'opzione (9).

6. I creditori che presentano una proposta di concordato concorrente hanno diritto di voto sulla medesima solo se collocati in una autonoma classe (10).

7. Qualora la proposta concorrente preveda diverse classi di creditori essa, prima di essere comunicata ai creditori ai sensi del secondo comma dell'articolo 171, deve essere sottoposta al giudizio del tribunale che verifica la correttezza dei criteri di formazione delle diverse classi (11).

(1) Articolo così sostituito dall'art. 2, co. 1, d.l. 14/3/2005, n. 35, conv., con modif., nella l. 14/5/2005, n. 80.

• Rubrica modificata dall'art. 3, co. 1, lett. a), d.l. 27/6/2015 n. 83, conv., con modif., dalla l. 6/8/2015, n. 132; per l'applicazione vedi l'art. 23, co. 1, del medesimo decreto.

(2) Comma modificato dall'art. 12, co. 5, d.lg. 12/9/2007, n. 169, con la decorrenza indicata nell'art. 22 del medesimo d.lg. n. 169/2007.

(3) Numero modificato dall'art. 3, co. 1, lett. b), d.l. 27/6/2015, n. 83, conv., con modif., dalla l. 6/8/2015, n. 132; per l'applicazione vedi l'art. 23, co. 1, del medesimo decreto.

(4) Numero aggiunto dall'art. 6, co. 1, lett. d), d.l. 3/5/2016, n. 59, conv., con modif., dalla l. 30/6/2016, n. 119.

(5) Numero modificato dall'art. 12, co. 5, d.lg. 12/9/2007 n.169, con la decorrenza indicata nell'art. 22 del medesimo d.lg. n. 169/2007.

(6) Numero aggiunto dall'art. 4, co. 1, lett. c), d.l. 27/6/2015, n. 83, conv., con modif., dalla l. 6/8/2015, n. 132; per l'applicazione vedi l'art. 23, co. 1, del medesimo decreto.

(7) Comma modificato dall'art. 12, co. 5, d.lg. 12/9/2007, n. 169, con la decorrenza indicata nell'art. 22 del medesimo d.lg. n. 169/2007.

(8) Comma aggiunto dall'art. 3, co. 1, lett. c), d.l. 27/6/2015, n. 83, conv., con modif., dalla l. 6/8/2015, n. 132; per l'applicazione vedi l'art. 23, co. 1, del medesimo decreto.

(9) Comma aggiunto dall'art. 3, co. 1, lett. c), d.l. 27/6/2015, n. 83, conv., con modif., dalla l. 6/8/2015, n. 132; per l'applicazione vedi l'art. 23, co. 1, del medesimo decreto.

(10) Comma aggiunto dall'art. 3, co. 1, lett. c), d.l. 27/6/2015, n. 83, conv., con modif., dalla l. 6/8/2015, n. 132; per l'applicazione vedi l'art. 23, co. 1, del medesimo decreto.

(11) Comma aggiunto dall'art. 3, co. 1, lett. c), d.l. 27/6/2015 n. 83, conv., con modif., dalla l. 6/8/2015, n. 132; per l'applicazione vedi l'art. 23, co. 1, del medesimo decreto.

163 bis. Offerte concorrenti (1). – 1. Quando il piano di concordato di cui all'articolo 161, secondo comma, lettera e), comprende una offerta da parte di un soggetto già individuato avente ad oggetto il trasferimento in suo favore, anche prima dell'omologazione, verso un corrispettivo in denaro o comunque a titolo oneroso dell'azienda o di uno o più rami d'azienda o di specifici beni, il tribunale dispone la ricerca di interessati all'acquisto disponendo l'apertura di un procedimento competitivo a norma delle disposizioni previste dal secondo comma del presente articolo. Le disposizioni del presente articolo si applicano anche quando il debitore ha stipulato un contratto che comunque abbia la finalità del trasferimento non immediato dell'azienda, del ramo d'azienda o di specifici beni.

2. Il decreto che dispone l'apertura del procedimento competitivo stabilisce le modalità di presentazione di offerte irrevocabili, prevedendo che ne sia assicurata in ogni caso la comparabilità, i requisiti di partecipazione degli offerenti, le forme e i temi di accesso alle informazioni rilevanti, gli eventuali limiti al loro utilizzo e le modalità con cui il commissario deve fornirle a coloro che ne fanno richiesta, la data dell'udienza per l'esame delle offerte, le modalità di svolgimento della procedura competitiva, le garanzie che devono essere prestate dagli offerenti e le forme di pubblicità del decreto. Con il medesimo decreto è in ogni caso disposta la pubblicità sul portale delle vendite pubbliche di cui all'articolo 490 del codice di procedura civile ed è stabilito l'aumento minimo del corrispettivo di cui al primo comma del presente articolo che le offerte devono prevedere. L'offerta di cui al primo comma diviene irrevocabile dal momento in cui viene modificata l'offerta in conformità a quanto previsto dal decreto di cui al presente comma e viene prestata la garanzia stabilita con il medesimo decreto. Le offerte, da presentarsi in forma segreta non sono efficaci se non conformi a quanto previsto dal decreto e, in ogni caso, quando sottoposte a condizione.

3. Le offerte sono rese pubbliche all'udienza fissata per l'esame delle stesse, alla presenza degli offerenti e di qualunque interessato. Se sono state presentate più offerte migliorative, il giudice dispone la gara tra gli offerenti. La gara può avere luogo alla stessa udienza o ad un'udienza immediatamente successiva e deve concludersi prima dell'adunanza dei creditori, anche quando il piano prevede che la vendita o l'aggiudicazione abbia luogo dopo l'omologazione. In ogni caso, con la vendita o con l'aggiudicazione, se precedente, a soggetto diverso da colui che ha presentato l'offerta di cui al primo comma, quest'ultimo è liberato dalle obbligazioni eventualmente assunte nei confronti del debitore e in suo favore il commissario dispone il rimborso delle spese e dei costi sostenuti per la formulazione dell'offerta entro il limite massimo del tre per cento del prezzo in essa indicato.

4. Il debitore deve modificare la proposta e il piano di concordato in conformità all'esito della gara.

5. La disciplina del presente articolo si applica, in quanto compatibile, anche agli atti da autorizzare ai sensi dell'articolo 161, settimo comma, nonché all'affitto di azienda o di uno o più rami di azienda.

(1) Articolo introdotto dall'art. 2 del d.l. 27/6/2015, n. 83, poi convertito in l. 6/8/2015, n. 132.

164. Decreti del giudice delegato (1). – 1. I decreti del giudice delegato sono soggetti a reclamo a norma dell'articolo 26.

(1) Articolo sostituito dall'art. 141 del d.lg. 9/1/2006, n. 5.

165. Commissario giudiziale. – 1. Il commissario giudiziale è, per quanto attiene all'esercizio delle sue funzioni, pubblico ufficiale.

2. Si applicano al commissario giudiziale gli articoli 36, 37, 38 e 39.

3. Il commissario giudiziale fornisce ai creditori che ne fanno richiesta, valutata la congruità della richiesta medesima e previa assunzione di opportuni obblighi di riservatezza, le informazioni utili per la presentazione di proposte concorrenti, sulla base delle scritture contabili e fiscali obbligatorie del debitore, nonché ogni altra informazione rilevante in suo possesso. In ogni caso si applica il divieto di cui all'articolo 124, comma primo, ultimo periodo (1).

4. La disciplina di cui al comma precedente si applica anche in caso di richieste, da parte di creditori o di terzi, di informazioni utili per la presentazione di offerte ai sensi dell'articolo 163-bis (1).

5. Il commissario giudiziale comunica senza ritardo al pubblico ministero i fatti che possono interessare ai fini delle indagini preliminari in sede e penale e dei quali viene a conoscenza nello svolgimento delle funzioni (1).

(1) Commi così introdotti dall'art. 3, co. 2, d.l. 27/6/2015, n. 83, convertito in l. 6/8/2015, n. 132.

166. Pubblicità del decreto (1). – 1. Il decreto è pubblicato, a cura del cancelliere, a norma dell'articolo 17. Il tribunale può, inoltre, disporne la pubblicazione in uno o più giornali, da esso indicati (2).

2. Se il debitore possiede beni immobili o altri beni soggetti a pubblica registrazione, si applica la disposizione dell'articolo 88, secondo comma.

(1) Articolo sostituito dall'art. 142 del d.lg. 9/1/2006, n. 5.

(2) Comma modificato dall'art. 12, co. 6, d.lg. 12/9/2007, n. 169, con la decorrenza indicata nell'art. 22 del medesimo d.lg. n. 169/2007.

Capo II
Degli effetti dell'ammissione al concordato preventivo

167. Amministrazione dei beni durante la procedura. – 1. Durante la procedura di concordato, il debitore conserva l'amministrazione dei suoi beni e l'esercizio dell'impresa, sotto la vigilanza del commissario giudiziale (1).

2. I mutui, anche sotto forma cambiaria, le transazioni, i compromessi, le alienazioni di beni immobili, le concessioni di ipoteche o di pegno, le fideiussioni, le rinunzie alle liti, le ricognizioni di diritti di terzi, le cancellazioni di ipoteche, le restituzioni di pegni, le accettazioni di eredità e di donazioni e in genere gli atti eccedenti la ordinaria amministrazione, compiuti senza l'autorizzazione scritta del giudice delegato, sono inefficaci rispetto ai creditori anteriori al concordato.

3. Con il decreto previsto dall'articolo 163 o con successivo decreto, il tribunale può stabilire un limite di valore al di sotto del quale non è dovuta l'autorizzazione di cui al secondo comma (2).

(1) Comma modificato dall'art. 143, co. 1, lett. a), d.lg. 9/1/2006, n. 5.

(2) Comma inserito dall'art. 143, co. 1, lett. b), d.lg. 9/1/2006, n. 5.

168. Effetti della presentazione del ricorso. – 1. Dalla data della pubblicazione del ricorso nel registro delle imprese e fino al momento in cui il decreto di omologazione del concordato preventivo diventa definitivo, i creditori per titolo o causa anteriore [al decreto] non possono, sotto pena di nullità, iniziare o proseguire azioni esecutive e cautelari sul patrimonio del debitore (1).

2. Le prescrizioni che sarebbero state interrotte dagli atti predetti rimangono sospese, e le decadenze non si verificano.

3. I creditori non possono acquistare diritti di prelazione con efficacia rispetto ai creditori concorrenti, salvo che vi sia autorizzazione del giudice nei casi previsti dall'articolo precedente. Le ipoteche giudiziali iscritte nei novanta giorni che precedono la data della pubblicazione del ricorso nel registro delle imprese sono inefficaci rispetto ai creditori anteriori al concordato (2).

(1) Comma modificato dall'art. 13 del d.lg. 12/9/2007, n. 169, con la decorrenza indicata nell'art. 22 del medesimo d.lg. n. 169/2007 e successivamente dall'art. 33, co. 1, lett. c), n. 1, lett. a), b) e c), d.l. 22/6/2012, n. 83, con la decorrenza indicata dal co. 3 del medesimo art. 33 del suddetto d.l. n. 83/2012.

(2) Comma modificato dall'art. 33, co. 1, lett. c), n. 2, d.l. 22/6/2012, n. 83, con la decorrenza indicata dal co. 3 del medesimo art. 33 del suddetto d.l. n. 83/2012.

169. Norme applicabili. – 1. Si applicano, con riferimento alla data di presentazione della domanda di concordato, le disposizioni degli articoli 45, 55, 56, 57, 58, 59, 60, 61, 62, 63 (1).

2. Si applica l'articolo 43, quarto comma, sostituendo al fallimento l'impresa ammessa al concordato preventivo (2).

(1) Comma modificato dall'art. 144 del d.lg. 9/1/2006, n. 5.

• La Corte costituzionale, con sent. 18/7/1989, n. 408, aveva dichiarato l'illegittimità costituzionale degli art. 54, co. 3, e 55, co. 1, nonché del presente articolo laddove richiama l'art. 55, nella parte in cui, nelle procedure di fallimento, del debitore e di concordato preventivo, non estendevano la prelazione agli interessi dovuti sui crediti privilegiati delle società o enti cooperativi di produzione e di lavoro, di cui all'art. 2751-bis, n. 5, c.c., che rispondono ai requisiti prescritti dalla legislazione in tema di cooperazione.

(2) Comma introdotto dall'art. 8, co. 1, lett. b-bis), d.l. 27/6/2015, n. 83, convertito in l. 6/8/2015, n. 132.

169 bis. Contratti pendenti (1). – 1. Il debitore con il ricorso di cui all'articolo 161, o successivamente può chiedere che il Tribunale o, dopo il decreto di ammissione, il giudice delegato, con decreto motivato sentito l'altro contraente, assunte, ove occorra, sommarie informazioni, lo autorizzi a sciogliersi dai contratti ancora ineseguiti o non compiutamente eseguiti alla data di presentazione del ricorso. Su richiesta del debitore può essere autorizzata la sospensione del contratto per non più di sessanta giorni, prorogabili una sola volta. Lo scioglimento o la sospensione del contratto hanno effetto dalla comunicazione del provvedimento autorizzativo all'altro contraente (2).

2. In tali casi, il contraente ha diritto ad un indennizzo equivalente al risarcimento del danno conseguente al mancato adempimento. Tale credito è soddisfatto come credito anteriore al concordato. Ferma restando la prededuzione del credito conseguente ad eventuali prestazioni eseguite legalmente e in conformità agli accordi agli usi negoziali, dopo la pubblicazione della domanda ai sensi dell'articolo 161 (3).

3. Lo scioglimento del contratto non si estende alla clausola compromissoria in esso contenuta.

4. Le disposizioni di questo articolo non si applicano ai rapporti di lavoro subordinato nonché ai contratti di cui agli articoli 72, ottavo comma, 72-ter e 80, primo comma.

5. In caso di scioglimento del contratto di locazione finanziaria, il concedente ha diritto alla restituzione del bene ed è tenuto a versare al debitore l'eventuale differenza fra la maggiore somma ricavata dalla vendita o da altra collocazione del bene stesso avvenute a valori di mercato rispetto al credito residuo in linea capitale. La somma versata al debitore a norma del periodo precedente è acquisita alla procedura. Il concedente ha diritto di far valere verso il debitore un credito determinato nella differenza tra il credito vantato alla data del deposito della domanda e quanto ricavato dalla nuova allocazione del bene. Tale credito è soddisfatto come credito anteriore al concordato (4).

(1) Articolo aggiunto dall'art. 33, co. 1, lett. d), d.l. 22/6/2012, n. 83, con la decorrenza indicata dal co. 3 del medesimo art. 33 del suddetto d.l. n. 83/2012.

• Rubrica così modificata dall'art. 8, co. 1, lett. a), d.l. 27/6/2015, n. 83, convertito in l. 6/8/2015, n. 132 (la rubrica in precedenza era "contratti in corso di esecuzione").

(2) Comma così sostituito dall'art. 8, co. 1, lett. b), d.l. 27/6/2015, n. 83, convertito in l. 6/8/2015, n. 132.

(3) Il periodo da "ferma" fino a "articolo 161" è stato introdotto dall'art. 8, co. 1, lett. c), d.l. 27/6/2015, n. 83, convertito in l. 6/8/2015, n. 132.

• Comma così modificato dall'art. 8, co. 1, lett. c), d.l. 27/6/2015, n. 83, conv., con modif., dalla l. 6/8/2015, n. 132; per l'applicazione di tale disposizione vedi l'art. 23, co. 8 del medesimo d.l. n. 83/2015.

(4) Comma introdotto dall'art. 8, co. 1, lett. d), d.l. 27/6/2015, n. 83, convertito in l. 6/8/2015, n. 132.

Capo III
Dei provvedimenti immediati

170. Scritture contabili. – 1. Il giudice delegato, immediatamente dopo il decreto di ammissione al concordato, ne fa annotazione sotto l'ultima scrittura dei libri presentati.

2. I libri sono restituiti al debitore, che deve tenerli a disposizione del giudice delegato e del commissario giudiziale.

171. Convocazione dei creditori. – 1. Il commissario giudiziale deve procedere alla verifica dell'elenco dei creditori e dei debitori con la scorta delle scritture contabili presentate a norma dell'art. 161, apportando le necessarie rettifiche.

2. Il commissario giudiziale provvede a comunicare ai creditori a mezzo posta elettronica certificata, se il relativo indirizzo del destinatario risulta dal registro delle imprese ovvero dall'Indice nazionale degli indirizzi di posta elettronica certificata delle imprese e dei professionisti e, in ogni altro caso, a mezzo lettera raccomandata o telefax presso la sede dell'impresa o la residenza del creditore, un avviso contenente la data di convocazione dei creditori, la proposta del debitore, il decreto di ammissione, il suo indirizzo di posta elettronica certificata, l'invito ad indicare un indirizzo di posta elettronica certificata, le cui variazioni è onere comunicare al com-

missario. Nello stesso avviso è contenuto l'avvertimento di cui all'articolo 92, primo comma, n. 3). Tutte le successive comunicazioni ai creditori sono effettuate dal commissario a mezzo posta elettronica certificata. Quando, nel termine di quindici giorni dalla comunicazione dell'avviso, non è comunicato l'indirizzo di cui all'invito previsto dal primo periodo e nei casi di mancata consegna del messaggio di posta elettronica certificata per cause imputabili al destinatario, esse si eseguono esclusivamente mediante deposito in cancelleria. Si applica l'articolo 31-bis, terzo comma, sostituendo al curatore il commissario giudiziale (1).

3. Quando la comunicazione prevista dal comma precedente è sommamente difficile per il rilevante numero dei creditori o per la difficoltà di identificarli tutti, il tribunale, sentito il commissario giudiziale, può dare l'autorizzazione prevista dall'art. 126.

4. Se vi sono obbligazionisti, il termine previsto dall'art. 163, primo comma, n. 2, deve essere raddoppiato.

5. In ogni caso l'avviso di convocazione per gli obbligazionisti è comunicato al loro rappresentante comune.

6. Sono salve per le imprese esercenti il credito le disposizioni del R.D.L. 8 febbraio 1924, n. 136.

(1) Comma sostituito dall'art. 17, co. 1, lett. q), d.l. 18/10/2012, n. 179. Per l'applicazione del presente comma vedi quanto disposto dai co. 4 e 5 del medesimo art. 17.

172. Operazioni e relazione del commissario. – 1. Il commissario giudiziale redige l'inventario del patrimonio del debitore e una relazione particolareggiata sulle cause del dissesto, sulla condotta del debitore, sulle proposte di concordato e sulle garanzie offerte ai creditori, e la deposita in cancelleria almeno quarantacinque (1) giorni prima dell'adunanza dei creditori. Nella relazione il commissario deve illustrare le utilità che, in caso di fallimento, possono essere apportate dalle azioni risarcitorie, recuperatorie o revocatorie che potrebbero essere promosse nei confronti di terzi (2). Nello stesso termine la comunica a mezzo posta elettronica certificata a norma dell'articolo 171, secondo comma (3).

2. Qualora nel termine di cui al quarto comma dell'articolo 163 siano depositate proposte concorrenti, il commissario giudiziale riferisce in merito ad esse con relazione integrativa da depositare in cancelleria e comunicare ai creditori, con le modalità di cui all'articolo 171, secondo comma, almeno dieci giorni prima dell'adunanza dei creditori. La relazione integrativa contiene, di regola, una particolareggiata comparazione tra tutte le proposte depositate. Le proposte di concordato, ivi compresa quella presentata dal debitore, possono essere modificate fino a quindici giorni prima dell'adunanza dei creditori. Analoga relazione integrativa viene redatta qualora emergano informazioni che i creditori devono conoscere ai fini dell'espressione del voto (4).

3. Su richiesta del commissario il giudice può nominare uno stimatore che lo assista nella valutazione dei beni.

(1) La parola "quarantacinque" è stata inserita dall'art. 3, co. 4, d.l. 27/6/2015, n. 83, poi convertito in l. 6/8/2015, n. 132 (prima il termine era di dieci giorni).

(2) Le parole da "nella relazione" fino a "terzi" è stato introdotto dall'art. 4, co. 1, lett. e), d.l. 27/6/2015, n. 83, poi convertito in l. 6/8/2015, n. 132.

(3) Comma sostituito dall'art. 17, co. 1, lett. r), d.l. 18/10/2012, n. 179. Per l'applicazione del presente comma vedi quanto disposto dai co. 4 e 5 del medesimo art. 17.

(4) Comma introdotto dall'art. 3, comma 3, d.l. 27/6/2015, n. 83, poi convertito in l. 6/8/2015, n. 132.

173. Revoca dell'ammissione al concordato e dichiarazione del fallimento nel corso della procedura (1). – 1. Il commissario giudiziale, se accerta che il debitore ha occultato o dissimulato parte dell'attivo, dolosamente omesso di denunciare uno o più crediti, esposto passività insussistenti o commesso altri atti di frode, deve riferirne immediatamente al tribunale, il quale apre d'ufficio il procedimento per la revoca dell'ammissione al concordato, dandone comunicazione al pubblico ministero e ai creditori. La comunicazione ai creditori è eseguita dal commissario giudiziale a mezzo posta elettronica certificata ai sensi dell'articolo 171, secondo comma (2).

2. All'esito del procedimento, che si svolge nelle forme di cui all'articolo 15, il tribunale provvede con decreto e, su istanza del creditore o su richiesta del pubblico ministero, accertati i presupposti di cui agli articoli 1 e 5, dichiara il fallimento del debitore con contestuale sentenza, reclamabile a norma dell'articolo 18.

3. Le disposizioni di cui al secondo comma si applicano anche se il debitore durante la procedura di concordato compie atti non autorizzati a norma dell'articolo 167 o comunque diretti a frodare le ragioni dei creditori, o se in qualunque momento risulta che mancano le condizioni prescritte per l'ammissibilità del concordato.

(1) Articolo sostituito dall'art. 14, d.lg. 12/9/2007, n. 169, con la decorrenza indicata nell'art. 22 del medesimo d.lg. n. 169/2007.

(2) Comma modificato dall'art. 17, co. 1, lett. s), d.l. 18/10/2012, n. 179, con modificazioni, in l. 17/12/2012, n. 221. Per l'applicazione del presente comma vedi quanto disposto dai co. 4 e 5 del medesimo art. 17.

Capo IV
Della deliberazione del concordato preventivo

174. Adunanza dei creditori. – 1. L'adunanza dei creditori è presieduta dal giudice delegato.

2. Ogni creditore può farsi rappresentare da un mandatario speciale, con procura che può essere scritta senza formalità sull'avviso di convocazione.

3. Il debitore o chi ne ha la legale rappresentanza deve intervenire personalmente. Solo in caso di assoluto impedimento, accertato dal giudice delegato, può farsi rappresentare da un mandatario speciale.

4. Possono intervenire anche i coobbligati, i fideiussori del debitore egli obbligati in via di regresso.

175. Discussione della proposta di concordato. – 1. Nell'adunanza dei creditori il commissario giudiziale illustra la sua relazione e le proposte definitive del debitore e quelle eventualmente presentate dai creditori ai sensi dell'articolo 163, comma quarto (1).

*2. Omissis**.

3. Ciascun creditore può esporre le ragioni per le quali non ritiene ammissibili o convenienti le proposte di concordato e sollevare contestazioni sui crediti concorrenti. Il debitore può esporre le ragioni per le quali non ritiene ammissibili o fattibili le eventuali proposte concorrenti. Quando il tribunale ha disposto che l'adunanza sia svolta in via telematica, la discussione sulla proposta del debitore e sulle eventuali proposte concorrenti è disciplinata con decreto, non soggetto a reclamo, reso dal giudice delegato almeno dieci giorni prima dell'adunanza (2).

4. Il debitore ha facoltà di rispondere e contestare a sua volta i crediti, e ha il dovere di fornire al giudice gli opportuni chiarimenti.

5. Sono sottoposte alla votazione dei creditori tutte le proposte presentate dal debitore e dai creditori, seguendo, per queste ultime, l'ordine temporale del loro deposito (3).

(1) Le parole da "e" fino a "quarto" sono state introdotte con l'art. 3, co. 4, lett. a), d.l. 27/6/2015, n. 83, convertito in l. 6/8/2015, n. 132.

* Il co. 2 è stato soppresso dall'art. 3, co. 4, lett. b), d.l. 27/6/2015, n. 83, poi convertito in l. 6/8/2015, n. 132.

(2) Comma sostituito dall'art. 3, co. 4, lett. c), d.l. 27/6/2015, n. 83, conv., con modif., dalla l. 6/8/2015, n. 132; per l'applicazione vedi l'art. 23, co.1, del medesimo decreto. Da ultimo modificato dall'art. 6, co. 1, lett. e), d.l. 3/5/2016, n. 59, conv., con modif., dalla l. 30/6/2016, n. 119.

(3) Comma così introdotto dall'art. 3, co. 4, lett. d), d.l. 27/6/2015, n. 83, poi convertito in l. 6/8/2015, n. 132.

176. Ammissione provvisoria dei crediti contestati. – 1. Il giudice delegato può ammettere provvisoriamente in tutto o in parte i crediti contestati ai soli fini del voto e del calcolo delle maggioranze, senza che ciò pregiudichi le pronunzie definitive sulla sussistenza dei crediti stessi.

2. I creditori esclusi possono opporsi alla esclusione in sede di omologazione del concordato nel caso in cui la loro ammissione avrebbe avuto influenza sulla formazione delle maggioranze.

177. Maggioranza per l'approvazione del concordato (1). – 1. Il concordato è approvato dai creditori che rappresentano la maggioranza dei crediti ammessi al voto. Ove siano previste diverse classi di creditori, il concordato è approvato se tale maggioranza si verifica inoltre nel maggior numero di classi. Quando sono poste al voto più proposte di concordato ai sensi dell'articolo 175, quinto comma, si considera approvata la proposta che ha conseguito la maggioranza più elevata dei crediti ammessi al voto; in caso di parità, prevale quella del debitore o, in caso di parità fra proposte di creditori, quella presentata per prima. Quando nessuna delle proposte concorrenti poste al voto sia stata approvata con le maggioranze di cui al primo e secondo periodo del presente comma, il giudice delegato, con decreto da adottare entro trenta giorni dal termine di cui al quarto comma dell'articolo 178, rimette al voto la sola proposta che ha conseguito la maggioranza relativa dei crediti ammessi al voto, fissando il termine per la comunicazione ai creditori e il termine a partire dal quale i creditori, nei venti giorni successivi, possono far pervenire il proprio voto con le modalità previste dal predetto articolo. In ogni caso si applicano il primo e secondo periodo del presente comma (2).

2. I creditori muniti di privilegio, pegno o ipoteca, ancorché la garanzia sia contestata, dei quali la proposta di concordato prevede l'integrale pagamento, non hanno diritto al voto se non rinunciano in tutto od in parte al diritto di prelazione. Qualora i creditori muniti di privilegio, pegno o ipoteca rinuncino in tutto o in parte alla prelazione, per la parte del credito non coperta dalla garanzia sono equiparati ai creditori chirografari; la rinuncia ha effetto ai soli fini del concordato.

3. I creditori muniti di diritto di prelazione di cui la proposta di concordato prevede, ai sensi dell'articolo 160, la soddisfazione non integrale, sono equiparati ai chirografari per la parte residua del credito.

4. Sono esclusi dal voto e dal computo delle maggioranze il coniuge del debitore, i suoi parenti e affini fino al quarto grado, la società che controlla la società debitrice, le società da questa controllate e quelle sottoposte a comune controllo, nonché (3) i cessionari o aggiudicatari dei loro crediti da meno di un anno prima della proposta di concordato.

(1) Articolo sostituito dall'art. 2, co. 1, d.l. 14/3/2005, n. 35 conv., con modif., in l. 14/5/2005, n. 80 e dall'art. 15, co. 2, d.lg. 12/9/2007, n. 169, con la decorrenza indicata nell'art. 22 del medesimo d.lg. n. 169/2007.

(2) Il periodo da "quando" fino a "comma" è stato introdotto dall'art. 3, co. 5, lett. a), d.l. 27/6/2015, n. 83, convertito in l. 6/8/2015, n. 132.

(3) Le parole da "la società" fino a "nonché" sono state introdotte dall'art. 3, co. 5, lett. b), d.l. 27/6/2015, n. 83, poi convertito in l. 6/8/2015, n. 132.

178. Adesioni alla proposta di concordato. – 1. Nel processo verbale dell'adunanza dei creditori sono inseriti i voti favorevoli e contrari dei creditori con l'indicazione nominativa dei votanti e dell'ammontare dei rispettivi crediti. È altresì inserita l'indicazione nominativa dei creditori che non hanno esercitato il voto e dell'ammontare dei loro crediti (1).

2. Il processo verbale è sottoscritto dal giudice delegato, dal commissario e dal cancelliere.

3. Se nel giorno stabilito non è possibile compiere tutte le operazioni, la loro continuazione viene rimessa dal giudice ad un'udienza prossima, non oltre otto giorni, dandone comunicazione agli assenti (2).

4. I creditori che non hanno esercitato il voto possono far pervenire il proprio dissenso per telegramma o per lettera o per telefax o per posta elettronica nei venti giorni successivi alla chiusura del verbale. Le manifestazioni di dissenso e gli assensi, anche presunti a norma del presente comma, sono annotati dal cancelliere in calce al verbale (3).

(1) Comma modificato dall'art. 33, co. 1, lett. d-bis), n. 1, d.l. 22/6/2012, n. 83, con la decorrenza indicata dal co. 3 del medesimo art. 33 del suddetto d.l. n. 83/2012.

(2) Comma modificato dall'art. 33, co. 1, lett. d-bis), n. 2, d.l. 22/6/2012, n. 83, con la decorrenza indicata dal co. 3 del medesimo art. 33 del suddetto d.l. n. 83/2012.

(3) Comma sostituito dall'art. 15, co. 3, d.lg. 12/9/2007, n. 169, con la decorrenza indicata nell'art. 22 del medesimo d.lg. n. 169/2007 e successivamente dall'art. 33, co. 1, lett. d-bis), n. 3), d.l. 22/6/2012, n. 83, con la decorrenza indicata dal co. 3 del medesimo art. 33 del suddetto d.l. n. 83/2012; l'art. 4, co. 1, lett. f), d.l. 27/6/2015, n. 83, convertito in l. 6/8/2015, n. 132 ha eliminato le parole "in mancanza, si ritengono consenzienti e come tali sono considerati ai fini del computo della maggioranza dei crediti".

Capo V
Dell'omologazione e dell'esecuzione del concordato preventivo. Degli accordi di ristrutturazione di debiti (1)

(1) Rubrica sostituita dall'art. 145 del d.lg. 9/1/2006, n. 5.

179. Mancata approvazione del concordato. – 1. Se nei termini stabiliti non si raggiungono le maggioranze richieste dal primo comma dell'articolo 177, il giudice delegato ne riferisce immediatamente al tribunale, che deve provvedere a norma dell'art. 162, secondo comma (1).

2. Quando il commissario giudiziale rileva, dopo l'approvazione del concordato, che sono mutate le condizioni di fattibilità del piano, ne dà avviso ai creditori, i quali possono costituirsi nel giudizio di omologazione fino all'udienza di cui all'articolo 180 per modificare il voto (2).

(1) Comma modificato dall'art. 16, co. 1, d.lg. 12/9/2007, n. 169, con la decorrenza indicata nell'art. 22 del medesimo d.lg. n. 169/2007.

(2) Comma aggiunto dall'art. 33, co. 1, lett. d-ter), d.l. 22/6/2012, n. 83, con la decorrenza indicata dal co. 3 del medesimo art. 33 del suddetto d.l. n. 83/2012.

180. Giudizio di omologazione (1). – 1. Se il concordato è stato approvato a norma del primo comma dell'articolo 177, il giudice delegato riferisce al tribunale il quale fissa un'udienza in camera di consiglio per la comparizione delle parti e del commissario giudiziale, disponendo che il provvedimento venga pubblicato a norma dell'articolo 17e notificato, a cura del debitore, al commissario giudiziale e agli eventuali creditori dissenzienti.

2. Il debitore, il commissario giudiziale, gli eventuali creditori dissenzienti e qualsiasi interessato devono costituirsi almeno dieci giorni prima dell'udienza fissata. Nel medesimo

termine il commissario giudiziale deve depositare il proprio motivato parere.

3. Se non sono proposte opposizioni, il tribunale, verificata la regolarità della procedura e l'esito della votazione, omologa il concordato con decreto motivato non soggetto a gravame.

4. Se sono state proposte opposizioni, il Tribunale assume i mezzi istruttori richiesti dalle parti o disposti di ufficio, anche delegando uno dei componenti del collegio. Nell'ipotesi di cui al secondo periodo del primo comma dell'articolo 177 se un creditore appartenente ad una classe dissenziente ovvero, nell'ipotesi di mancata formazione delle classi, i creditori dissenzienti che rappresentano il 20 per cento dei crediti ammessi al voto, contestano la convenienza della proposta, il tribunale può omologare il concordato qualora ritenga che il credito possa risultare soddisfatto dal concordato in misura non inferiore rispetto alle alternative concretamente praticabili (2).

5. Il tribunale provvede con decreto motivato comunicato al debitore e al commissario giudiziale, che provvede a darne notizia ai creditori. Il decreto è pubblicato a norma dell'articolo 17ed è provvisoriamente esecutivo.

6. Le somme spettanti ai creditori contestati, condizionali o irreperibili sono depositate nei modi stabiliti dal tribunale, che fissa altresì le condizioni e le modalità per lo svincolo.

7. Il tribunale, se respinge il concordato, su istanza del creditore o su richiesta del pubblico ministero, accertati i presupposti di cui gli articoli 1 e 5, dichiara il fallimento del debitore, con separata sentenza, emessa contestualmente al decreto.

(1) Articolo sostituito dall'art. 2, co. 1, d.l. 14/3/2005, n. 35, conv., con modif., in l. 14/5/2005, n. 80 e dall'art. 16, co. 2, d.lg. 12/9/2007, n. 169, con la decorrenza indicata nell'art. 22 del medesimo d.lg. n. 169/2007.

(2) Comma modificato dall'art. 33, co. 1, lett. d-quater), d.l. 22/6/2012, n. 83, con la decorrenza indicata dal co. 3 del medesimo art. 33 del suddetto d.l. n. 83/2012.

181. Chiusura della procedura (1). – 1. La procedura di concordato preventivo si chiude con il decreto di omologazione ai sensi dell'articolo 180. L'omologazione deve intervenire nel termine di nove (2) mesi dalla presentazione del ricorso ai sensi dell'articolo 161; il termine può essere prorogato per una sola volta dal tribunale di sessanta giorni.

(1) Articolo sostituito dall'art. 2, co. 1, d.l. 14/3/2005, n. 35.

(2) La parola "nove" è stata introdotta dall'art. 3, co. 5 bis, d.l. 27/6/2015, n. 83, poi convertito in l. 6/8/2015, n. 132 (prima il termine era di sei mesi).

182. Cessioni (1). – Se il concordato consiste nella cessione dei beni e non dispone diversamente, il tribunale nomina nel decreto di omologazione uno o più liquidatori e un comitato di tre o cinque creditori per assistere alla liquidazione e determina le altre modalità della liquidazione. In tal caso, il tribunale dispone che il liquidatore effettui la pubblicità prevista dall'articolo 490, primo comma, del codice di procedura civile e fissa il termine entro cui la stessa deve essere eseguita (2).

Si applicano ai liquidatori gli articoli 28, 29, 37, 38, 39 e 116 in quanto compatibili (3).

Si applicano al comitato dei creditori gli articoli 40 e 41 in quanto compatibili. Alla sostituzione dei membri del comitato provvede in ogni caso il tribunale (3).

Le vendite di aziende e rami di aziende, beni immobili e altri beni iscritti in pubblici registri, nonché le cessioni di attività e passività dell'azienda e di beni o rapporti giuridici individuali in blocco devono essere autorizzate dal comitato dei creditori (3).

Alle vendite, alle cessioni e ai trasferimenti legalmente posti in essere dopo il deposito della domanda di concordato o in esecuzione di questo, si applicano gli articoli da 105 a 108-ter in quanto compatibili. La cancellazione delle iscrizioni relative ai diritti di prelazione, nonché delle trascrizioni dei pignoramenti e dei sequestri conservativi e di ogni altro vincolo, sono effettuati su ordine del giudice, salvo diversa disposizione contenuta nel decreto di omologazione per gli atti a questa successivi (4).

Si applica l'articolo 33, quinto comma, primo, secondo e terzo periodo, sostituendo al curatore il liquidatore, che provvede con periodicità semestrale dalla nomina. Conclusa l'esecuzione del concordato preventivo con cessione dei beni, il liquidatore deposita un rapporto riepilogativo finale redatto in conformità a quanto previsto dall'articolo 33, quinto comma. Il liquidatore comunica a mezzo di posta elettronica certificata altra copia dei rapporti al commissario giudiziale, che a sua volta li comunica ai creditori a norma dell'articolo 171, secondo comma (5).

(1) Rubrica sostituita dall'art. 2, co. 2, lett. a), d.l. 27/6/2015 n. 83, conv., con modif., dalla l. 6/8/2015, n. 132; per l'applicazione vedi l'art. 23, co. 2 e 5, del medesimo decreto.

(2) Comma modificato dall'art. 16, co. 3, d.lg. 12/9/2007 n.169, con la decorrenza indicata nell'art. 22 del medesimo d.lg. n. 169/2007 e successivamente dall'art. 2, co. 2, lett. b), d.l. 27/6/2015 n. 83, conv., con modif., dalla l. 6/8/2015, n. 132; per l'applicazione vedi l'art. 23, co. 2 e 5, del medesimo decreto.

(3) Comma aggiunto dall'art. 16, co. 3, d.lg. 12/9/2007 n.169, con la decorrenza indicata nell'art. 22 del medesimo d.lg. 169/2007.

(4) Comma aggiunto dall'art. 16, co. 3, d.lg. 12/9/2007 n.169, con la decorrenza indicata nell'art. 22 del medesimo d.lg. n. 169/2007 e successivamente sostituito dall'art. 2, co. 2, lett. c), d.l. 27/6/2015 n. 83, conv., con modif., dalla l. 6/8/2015, n. 132; per l'applicazione vedi l'art. 23, co. 2, del medesimo decreto.

(5) Comma aggiunto dall'art. 17, co. 1, lett. t), d.l. 18/10/2012, n. 179. Per l'applicazione del presente comma vedi quanto disposto dai commi 4 e 5 del medesimo articolo 17. Da ultimo sostituito dall'art. 14, co. 1, lett. c), d.lg. 10/10/ 2022, n. 149, con effetto a decorrere dal 28/2/2023, come stabilito dall'art. 35, co. 1, d.lg. n. 149/2022 medesimo, come modificato dall'art. 1, co. 380, lett. a), della l. 29/12/2022, n. 197.

182 bis. Accordi di ristrutturazione dei debiti (1). – 1. L'imprenditore in stato di crisi può domandare, depositando la documentazione di cui all'articolo 161, l'omologazione di un accordo di ristrutturazione dei debiti stipulato con i creditori rappresentanti almeno il sessanta per cento dei crediti, unitamente ad una relazione redatta da un professionista, designato dal debitore, in possesso dei requisiti di cui all'articolo 67, terzo comma, lettera d) sulla veridicità dei dati aziendali e sull'attuabilità dell'accordo stesso con particolare riferimento alla sua idoneità ad assicurare l'integrale pagamento dei creditori estranei nel rispetto dei seguenti termini:

a) entro centoventi giorni dall'omologazione, in caso di crediti già scaduti a quella data;

b) entro centoventi giorni dalla scadenza, in caso di crediti non ancora scaduti alla data dell'omologazione (2).

2. L'accordo è pubblicato nel registro delle imprese e acquista efficacia dal giorno della sua pubblicazione.

3. Dalla data della pubblicazione e per sessanta giorni i creditori per titolo e causa anteriore a tale data non possono iniziare o proseguire azioni cautelari o esecutive sul patrimonio del debitore, né acquisire titoli di prelazione se non concordati. Si applica l'articolo 168, secondo comma (3).

4. Entro trenta giorni dalla pubblicazione i creditori e ogni altro interessato possono proporre opposizione. Il tribunale, decise le opposizioni, procede all'omologazione in camera di consiglio con decreto motivato.

5. Il decreto del tribunale è reclamabile alla corte di appello ai sensi dell'articolo 183, in quanto applicabile, entro quindici giorni dalla sua pubblicazione nel registro delle imprese.

6. Il divieto di iniziare o proseguire le azioni cautelari o

esecutive di cui al terzo comma può essere richiesto dall'imprenditore anche nel corso delle trattative e prima della formalizzazione dell'accordo di cui al presente articolo, depositando presso il tribunale competente ai sensi dell'articolo 9 la documentazione di cui all'articolo 161, primo e secondo comma, lettere a), b), c) e d) e una proposta di accordo corredata da una dichiarazione dell'imprenditore, avente valore di autocertificazione, attestante che sulla proposta sono in corso trattative con i creditori che rappresentano almeno il sessanta per cento dei crediti e da una dichiarazione del professionista avente i requisiti di cui all'articolo 67, terzo comma, lettera d), circa la idoneità della proposta, se accettata, ad assicurare l'integrale pagamento dei creditori con i quali non sono in corso trattative o che hanno comunque negato la propria disponibilità a trattare. L'istanza di sospensione di cui al presente comma è pubblicata nel registro delle imprese e produce l'effetto del divieto di inizio o prosecuzione delle azioni esecutive e cautelari, nonché del divieto di acquisire titoli di prelazione, se non concordati, dalla pubblicazione (4).

7. Il tribunale, verificata la completezza della documentazione depositata, fissa con decreto l'udienza entro il termine di trenta giorni dal deposito dell'istanza di cui al sesto comma, disponendo la comunicazione ai creditori della documentazione stessa. Nel corso dell'udienza, riscontrata la sussistenza dei presupposti per pervenire a un accordo di ristrutturazione dei debiti con le maggioranze di cui al primo comma e delle condizioni per l'integrale pagamento dei creditori con i quali non sono in corso trattative o che hanno comunque negato la propria disponibilità a trattare, dispone con decreto motivato il divieto di iniziare o proseguire le azioni cautelari o esecutive e di acquisire titoli di prelazione se non concordati assegnando il termine di non oltre sessanta giorni per il deposito dell'accordo di ristrutturazione e della relazione redatta dal professionista a norma del primo comma. Il decreto del precedente periodo è reclamabile a norma del quinto comma in quanto applicabile (5).

8. A seguito del deposito di un accordo di ristrutturazione dei debiti nei termini assegnati dal tribunale trovano applicazione le disposizioni di cui al secondo, terzo, quarto e quinto comma. Se nel medesimo termine è depositata una domanda di concordato preventivo, si conservano gli effetti di cui ai commi sesto e settimo (6).

(1) Articolo aggiunto dall'art. 2, co. 1, lett. l), d.l. 14/3/2005, n. 35, conv., con modif., in l. 14/5/2005, n. 80 e, successivamente, sostituito dall'art. 16, co. 4, d.lg. 12/9/2007, n. 169, con la decorrenza indicata nell'art. 22 del medesimo d.lg. n. 169/2007.

(2) Comma sostituito dall'art. 33, co. 1, lett. e), n. 1, d.l. 22/6/2012, n. 83, con la decorrenza indicata dal co. 3 del medesimo art. 33 del suddetto d.l. n. 83/2012.

(3) Comma modificato dall'art. 33, co. 1, lett. e), n. 2, d.l. 22/6/2012, n. 83, con la decorrenza indicata dal co. 3 del medesimo art. 33 del suddetto d.l. n. 83/2012.

(4) Comma aggiunto dall'art. 48, co. 2, d.l. 31/5/2010, n. 78 e successivamente modificato dall'art. 33, co. 1, lett. e), n. 3, lett. a) e b), d.l. 22/6/2012, n. 83, con la decorrenza indicata dal co. 3 del medesimo art. 33 del suddetto d.l. n. 83/2012.

(5) Comma aggiunto dall'art. 48, co. 2, d.l. 31/5/2010, n. 78 e successivamente modificato dall'art. 33, co. 1, lett. e), n. 4, d.l. 22/6/2012, n. 83, con la decorrenza indicata dal co. 3 del medesimo art. 33 del suddetto d.l. n. 83/2012.

(6) Comma aggiunto dall'art. 48, co. 2, d.l. 31/5/2010, n. 78 e successivamente sostituito dall'art. 33, co. 1, lett. e), n. 5,, d.l. 22/6/2012, n. 83, con la decorrenza indicata dal comma 3 del medesimo art. 33 del suddetto d.l. n. 83/2012.

182 ter. Trattamento dei crediti tributari e contributivi (1) (A). – 1. Con il piano di cui all'articolo 160 il debitore, esclusivamente mediante proposta presentata ai sensi del presente articolo, può proporre il pagamento, parziale o anche dilazionato, dei tributi e dei relativi accessori amministrati dalle agenzie fiscali, nonché dei contributi amministrati dagli enti gestori di forme di previdenza e assistenza obbligatorie e dei relativi accessori, se il piano ne prevede la soddisfazione in misura non inferiore a quella realizzabile, in ragione della collocazione preferenziale, sul ricavato in caso di liquidazione, avuto riguardo al valore di mercato attribuibile ai beni o ai diritti sui quali sussiste la causa di prelazione, indicato nella relazione di un professionista in possesso dei requisiti di cui all'articolo 67, terzo comma, lettera d). Se il credito tributario o contributivo è assistito da privilegio, la percentuale, i tempi di pagamento e le eventuali garanzie non possono essere inferiori o meno vantaggiosi rispetto a quelli offerti ai creditori che hanno un grado di privilegio inferiore o a quelli che hanno una posizione giuridica e interessi economici omogenei a quelli delle agenzie e degli enti gestori di forme di previdenza e assistenza obbligatorie; se il credito tributario o contributivo ha natura chirografaria, il trattamento non può essere differenziato rispetto a quello degli altri creditori chirografari ovvero, nel caso di suddivisione in classi, dei creditori rispetto ai quali è previsto un trattamento più favorevole. Nel caso in cui sia proposto il pagamento parziale di un credito tributario o contributivo privilegiato, la quota di credito degradata al chirografo deve essere inserita in un'apposita classe.

2. Ai fini della proposta di accordo sui crediti di natura fiscale, copia della domanda e della relativa documentazione, contestualmente al deposito presso il tribunale, deve essere presentata al competente agente della riscossione e all'ufficio competente sulla base dell'ultimo domicilio fiscale del debitore, unitamente alla copia delle dichiarazioni fiscali per le quali non è pervenuto l'esito dei controlli automatici nonché delle dichiarazioni integrative relative al periodo fino alla data di presentazione della domanda. L'agente della riscossione, non oltre trenta giorni dalla data della presentazione, deve trasmettere al debitore una certificazione attestante l'entità del debito iscritto a ruolo scaduto o sospeso. L'ufficio, nello stesso termine, deve procedere alla liquidazione dei tributi risultanti dalle dichiarazioni e alla notifica dei relativi avvisi di irregolarità, unitamente a una certificazione attestante l'entità del debito derivante da atti di accertamento, ancorché non definitivi, per la parte non iscritta a ruolo, nonché dai ruoli vistati, ma non ancora consegnati all'agente della riscossione. Dopo l'emissione del decreto di cui all'articolo 163, copia dell'avviso di irregolarità e delle certificazioni deve essere trasmessa al commissario giudiziale per gli adempimenti previsti dagli articoli 171, primo comma, e 172. In particolare, per i tributi amministrati dall'Agenzia delle dogane e dei monopoli, l'ufficio competente a ricevere copia della domanda con la relativa documentazione prevista al primo periodo, nonché a rilasciare la certificazione di cui al terzo periodo, si identifica con l'ufficio che ha notificato al debitore gli atti di accertamento.

3. Relativamente al credito tributario complessivo, il voto sulla proposta concordataria è espresso dall'ufficio, previo parere conforme della competente direzione regionale, in sede di adunanza dei creditori, ovvero nei modi previsti dall'articolo 178, quarto comma.

4. Il voto è espresso dall'agente della riscossione limitatamente agli oneri di riscossione di cui all'articolo 17 del decreto legislativo 13 aprile 1999, n. 112.

5. Il debitore può effettuare la proposta di cui al comma 1 anche nell'ambito delle trattative che precedono la stipulazione dell'accordo di ristrutturazione di cui all'articolo 182-bis. In tali casi l'attestazione di cui al citato articolo 182-bis, primo comma, relativamente ai crediti fiscali deve inerire anche alla convenienza del trattamento proposto rispetto alle alternative concretamente praticabili; tale punto costituisce oggetto di specifica valutazione da parte del tribunale. La proposta di transazione fiscale, unitamente alla documenta-

zione di cui all'articolo 161, è depositata presso gli uffici indicati al comma 2 del presente articolo. Alla proposta di transazione deve altresì essere allegata la dichiarazione sostitutiva, resa dal debitore o dal suo legale rappresentante ai sensi dell'articolo 47 del testo unico delle disposizioni legislative e regolamentari in materia di documentazione amministrativa, di cui al decreto del Presidente della Repubblica 28 dicembre 2000, n. 445, che la documentazione di cui al periodo precedente rappresenta fedelmente e integralmente la situazione dell'impresa, con particolare riguardo alle poste attive del patrimonio. L'adesione alla proposta è espressa, su parere conforme della competente direzione regionale, con la sottoscrizione dell'atto negoziale da parte del direttore dell'ufficio. L'atto è sottoscritto anche dall'agente della riscossione in ordine al trattamento degli oneri di riscossione di cui all'articolo 17 del decreto legislativo 13 aprile 1999, n. 112. L'assenso così espresso equivale a sottoscrizione dell'accordo di ristrutturazione.

6. La transazione fiscale conclusa nell'ambito dell'accordo di ristrutturazione di cui all'articolo 182-bis è risolta di diritto se il debitore non esegue integralmente, entro novanta giorni dalle scadenze previste, i pagamenti dovuti alle Agenzie fiscali e agli enti gestori di forme di previdenza e assistenza obbligatorie.

(1) Articolo inserito dall'art. 146 del d.lg. 9/1/2006, n. 5, successivamente modificato dall'art. 16, co. 5, d.lg. 12/9/2007 n. 169, dall'art. 32, co. 5, d.l. 29/11/2008, n. 185, dall'art. 29, co. 2, d.l. 31/5/2010, n. 78 e da ultimo sostituito dall'art. 1, co. 81, l. 11/12/2016, n. 232.

(A) In riferimento al presente articolo vedi: Circolare dell'Agenzia delle Entrate 6 maggio 2015, n. 19/E.

182 quater. Disposizioni in tema di prededucibilità dei crediti nel concordato preventivo, negli accordi di ristrutturazione dei debiti (1). – 1. I crediti derivanti da finanziamenti in qualsiasi forma effettuati [da banche e intermediari finanziari iscritti negli elenchi di cui agli articoli 106 e 107 del decreto legislativo 1° settembre 1993, n. 385,] in esecuzione di un concordato preventivo di cui agli articoli 160 e seguenti ovvero di un accordo di ristrutturazione dei debiti omologato ai sensi dell'articolo 182-bis) sono prededucibili ai sensi e per gli effetti dell'articolo 111 (2).

2. Sono parificati ai crediti di cui al primo comma i crediti derivanti da finanziamenti erogati in funzione della presentazione della domanda di ammissione alla procedura di concordato preventivo o della domanda di omologazione dell'accordo di ristrutturazione dei debiti, qualora i finanziamenti siano previsti dal piano di cui all'articolo 160 o dall'accordo di ristrutturazione e purché la prededuzione sia espressamente disposta nel provvedimento con cui il tribunale accoglie la domanda di ammissione al concordato preventivo ovvero l'accordo sia omologato (3).

3. In deroga agli articoli 2467 e 2497-quinquies del codice civile, il primo e il secondo comma del presente articolo si applicano anche ai finanziamenti effettuati dai soci fino alla concorrenza dell'80 per cento del loro ammontare. Si applicano i commi primo e secondo quando il finanziatore ha acquisito la qualità di socio in esecuzione dell'accordo di ristrutturazione dei debiti o del concordato preventivo (4).

*4. Sono altresì prededucibili i compensi spettanti al professionista incaricato di predispone la relazione di cui agli articoli 161, terzo comma, 182-bis, primo comma, purché ciò sia espressamente disposto nel provvedimento con cui il tribunale accoglie la domanda di ammissione al concordato preventivo ovvero l'accordo sia omologato**.

5. Con riferimento ai crediti indicati al secondo comma, i creditori, anche se soci, sono esclusi dal voto e dal computo delle maggioranze per l'approvazione del concordato ai sensi dell'articolo 177 e dal computo della percentuale dei crediti prevista all'articolo 182-bis, primo e sesto comma (5).

(1) Articolo inserito dall'art. 48, co. 1, d.l. 31/5/2010, n. 78.

(2) Comma modificato dall'art. 33, co. 1, lett. e-bis), n. 1, d.l. 22/6/2012, n. 83, con la decorrenza indicata dal co. 3 del medesimo art. 33 del suddetto d.l. n. 83/2012.

(3) Comma sostituito dall'art. 33, co. 1, lett. e-bis), n. 2, d.l. 22/6/2012, n. 83, con la decorrenza indicata dal co. 3 del medesimo art. 33 del suddetto d.l. n. 83/2012.

(4) Comma sostituito dall'art. 33, co. 1, lett. e-bis), n. 3, d.l. 22/6/2012, n. 83, con la decorrenza indicata dal co. 3 del medesimo art. 33 del suddetto d.l. n. 83/2012.

* Comma abrogato dall'art. 33, co. 1, lett. e-bis), n. 4, d.l. 22/6/2012, n. 83, con la decorrenza indicata dal co. 3 del medesimo art. 33 del suddetto d.l. n. 83/2012.

(5) Comma modificato dall'art. 33, co. 1, lett. e-bis), n. 5, d.l. 22/6/2012, n. 83, con la decorrenza indicata dal co. 3 del medesimo art. 33 del suddetto d.l. n. 83/2012.

182 quinquies. Disposizioni in tema di finanziamento e di continuità aziendale nel concordato preventivo e negli accordi di ristrutturazione dei debiti (1). – 1. Il debitore che presenta, anche ai sensi dell'articolo 161 sesto comma, una domanda di ammissione al concordato preventivo o una domanda di omologazione di un accordo di ristrutturazione dei debiti ai sensi dell'articolo 182 bis, primo comma, o una proposta di accordo ai sensi dell'articolo 182 bis, sesto comma, può chiedere al tribunale di essere autorizzato, anche prima del deposito della documentazione di cui all'articolo 161, commi secondo e terzo (2), assunte se del caso sommarie informazioni, a contrarre finanziamenti, prededucibili ai sensi dell'articolo 111, se un professionista designato dal debitore in possesso dei requisiti di cui all'articolo 67, terzo comma, lettera d), verificato il complessivo fabbisogno finanziario dell'impresa sino all'omologazione, attesta che tali finanziamenti sono funzionali alla migliore soddisfazione dei creditori.

2. L'autorizzazione di cui al primo comma può riguardare anche finanziamenti individuati soltanto per tipologia ed entità, e non ancora oggetto di trattative.

3. Il debitore che presenta una domanda di ammissione al concordato preventivo ai sensi dell'articoli 161, sesto comma, anche in assenza del piano di cui all'articolo 161, secondo comma, lettera e), o una domanda di omologazione di un accordo di ristrutturazione dei debiti ai sensi dell'articolo 182-bis, primo comma, o una proposta di accordo ai sensi dell'articolo 182-bis, sesto comma, può chiedere al tribunale di essere autorizzato in via d'urgenza a contrarre finanziamenti, prededucibili ai sensi dell'articolo 111, funzionali a urgenti necessità relative all'esercizio dell'attività aziendale fino alla scadenza del termine fissato dal tribunale ai sensi dell'articolo 161, sesto comma, o all'udienza di omologazione di cui all'articolo 182-bis, quarto comma, o alla scadenza del termine di cui all'articolo 182-bis, settimo comma. Il ricorso deve specificare la destinazione dei finanziamenti, che il debitore non è in grado di reperire altrimenti tali finanziamenti e che, in assenza di tali finanziamenti, deriverebbe un pregiudizio imminente ed irreparabile all'azienda. Il tribunale, assunte sommarie informazioni sul piano e sulla proposta in corso di elaborazione, sentito il commissario giudiziale se nominato, e, se del caso, sentiti senza formalità i principali creditori, decide in camera di consiglio con decreto motivato, entro dieci giorni dal deposito dell'istanza di autorizzazione, La richiesta può avere ad oggetto anche il mantenimento di linee di credito autoliquidanti in essere al momento del deposito della domanda (3).

4. Il tribunale può autorizzare il debitore a concedere pegno o ipoteca o a cedere crediti a garanzia dei medesimi finanziamenti (4).

5. Il debitore che presenta domanda di ammissione al concordato preventivo con continuità aziendale, anche ai sensi dell'articolo 161 sesto comma, può chiedere al tribunale di essere autorizzato, assunte se del caso sommarie informazioni, a pagare crediti anteriori per prestazioni di beni o servizi, se un professionista in possesso dei requisiti di cui all'articolo 67, terzo comma, lettera d), attesta che tali prestazioni sono essenziali per la prosecuzione dell'attività di impresa e funzionali ad assicurare la migliore soddisfazione dei creditori. L'attestazione del professionista non è necessaria per pagamenti effettuati fino a concorrenza dell'ammontare di nuove risorse finanziarie che vengano apportate al debitore senza obbligo di restituzione o con obbligo di restituzione postergato alla soddisfazione dei creditori.

6. Il debitore che presenta una domanda di omologazione di un accordo di ristrutturazione dei debiti ai sensi dell'articolo 182-bis, primo comma, o una proposta di accordo ai sensi dell'articolo 182-bis, sesto comma, può chiedere al Tribunale di essere autorizzato, in presenza dei presupposti di cui al quinto comma del presente articolo (5), a pagare crediti anche anteriori per prestazioni di beni o servizi. In tal caso i pagamenti effettuati non sono soggetti all'azione revocatoria di cui all'articolo 67.

(1) Articolo aggiunto dall'art. 33, co. 1, lett. f), d.l. 22/6/2012, n. 83, con la decorrenza indicata dal co. 3 del medesimo art. 33 del suddetto d.l. n. 83/2012.

(2) Le parole "anche prima del deposito della documentazione di cui all'articolo 161, commi secondo e terzo" sono state inserite dall'art. 1, lett. a), d.l. 27/6/2015, n. 83, poi convertito in l. 6/8/2015, n. 132.

(3) Comma aggiunto dall'art. 1, lett. b), d.l. 27/6/2015, n. 84, poi convertito in l. 6/8/2015, n. 132.

(4) Le parole "o a cedere crediti" sono state introdotte dall'art. 1, lett. c), d.l. 27/6/2015, n. 83, poi convertito in l. 6/8/2015, n. 132.

(5) Le parole "quinto comma del presente articolo" sono state introdotte dall'art. 1, lett. c-bis), d.l. 27/6/2015, n. 83, poi convertito in l. 6/8/2015, n. 132.

182 sexies. Riduzione o perdita del capitale della società in crisi (1). – 1. Dalla data del deposito della domanda per l'ammissione al concordato preventivo, anche a norma dell'articolo 161, sesto comma, della domanda per l'omologazione dell'accordo di ristrutturazione di cui all'articolo 182 bis ovvero della proposta di accordo a norma del sesto comma dello stesso articolo e sino all'omologazione non si applicano gli articoli 2446, commi secondo e terzo, 2447, 2482-bis, commi quarto, quinto e sesto, e 2482-ter del codice civile. Per lo stesso periodo non opera la causa di scioglimento della società per riduzione o perdita del capitale sociale di cui agli articoli 2484, n. 4, e 2545-duodecies del codice civile.

2. Resta ferma, per il periodo anteriore al deposito delle domande e della proposta di cui al primo comma, l'applicazione dell'articolo 2486 del codice civile.

(1) Articolo aggiunto dall'art. 33, co. 1, lett. f), d.l. 22/6/2012, n. 83, con la decorrenza indicata dal co. 3 del medesimo art. 33 del suddetto d.l. n. 83/2012.

182 septies. Accordo di ristrutturazione con intermediari finanziari e convenzione di moratoria (1). – 1. Quando un'impresa ha debiti verso banche e intermediari finanziari in misura non inferiore alla metà dell'indebitamento complessivo, la disciplina di cui all'articolo 182-bis, in deroga agli articoli 1372 e 1411 del codice civile, è integrata dalle disposizioni contenute nei commi secondo, terzo e quarto. Restano fermi i diritti dei creditori diversi da banche e intermediari finanziari.

2. L'accordo di ristrutturazione dei debiti di cui all'articolo 182-bis può individuare una o più categorie tra i creditori di cui al primo comma che abbiano fra loro posizione giuridica e interessi economici omogenei. In tal caso, con il ricorso di cui al primo comma di tale articolo, il debitore può chiedere che gli effetti dell'accordo vengano estesi anche ai creditori non aderenti che appartengano alla medesima categoria, quando tutti i creditori della categoria siano stati informati dell'avvio delle trattative e siano stati messi in condizione di parteciparvi in buona fede e i crediti delle banche e degli intermediari finanziari aderenti rappresentino il settantacinque per cento dei crediti della categoria. Una banca o un intermediario finanziario può essere titolare di crediti inseriti in più di una categoria.

3. Ai fini di cui al precedente comma non si tiene conto delle ipoteche giudiziali iscritte dalle banche o dagli intermediari finanziari nei novanta giorni che precedono la data di pubblicazione del ricorso nel registro delle imprese.

4. Il debitore, oltre agli adempimenti pubblicitari già previsti, deve notificare il ricorso e la documentazione di cui al primo comma dell'articolo 182-bis alle banche e agli intermediari finanziari ai quali chiede di estendere gli effetti dell'accordo. Per costoro il termine per proporre l'opposizione di cui al quarto comma del medesimo articolo decorre dalla data della notificazione del ricorso. Il tribunale procede all'omologazione previo accertamento, avvalendosi ove occorra di un ausiliario, che le trattative si siano svolte in buona fede e che le banche e gli intermediari finanziari ai quali il debitore chiede di estendere gli effetti dell'accordo:

a) abbiano posizione giuridica e interessi economici omogenei rispetto a quelli delle banche e degli intermediari finanziari aderenti;

b) abbiano ricevuto complete ed aggiornate informazioni sulla situazione patrimoniale, economica e finanziaria del debitore nonché sull'accordo e sui suoi effetti, e siano stati messi in condizione di partecipare alle trattative;

c) possa risultare soddisfatti, in base all'accordo, in misura non inferiore rispetto alle alternative concretamente praticabili.

5. Quando tra l'impresa debitrice e una o più banche o intermediari finanziari viene stipulata una convenzione diretta a disciplinare in via provvisoria gli effetti della crisi attraverso una moratoria temporanea dei crediti nei confronti di una o più banche o intermediari finanziari e sia raggiunta la maggioranza di cui al secondo comma, la convenzione di moratoria, in deroga agli articoli 1372 e 1411 del codice civile, produce effetti anche nei confronti delle banche e degli intermediari finanziari non aderenti se questi siano stati informati dell'avvio delle trattative e siano stati messi in condizione di parteciparvi in buona fede, e un professionista in possesso dei requisiti di cui all'articolo 67, terzo comma, lettera d), attesti l'omogeneità della posizione giuridica e degli interessi economici fra i creditori interessati dalla moratoria.

6. Nel caso previsto dal comma precedente, le banche e gli intermediari finanziari non aderenti alla convenzione possono proporre opposizione entro trenta giorni dalla comunicazione della convenzione stipulata, accompagnata dalla relazione del professionista designato a norma dell'articolo 67, terzo comma, lettera d). La comunicazione deve essere effettuata, alternativamente, mediante lettera raccomandata o posta elettronica certificata. Con l'opposizione, la banca o l'intermediario finanziario può chiedere che la convenzione non produca effetti nei suoi confronti. Il tribunale, con decreto motivato, decide sulle opposizioni, verificando la sussistenza delle condizioni di cui al comma quarto, terzo periodo. Nel termine di quindici giorni dalla comunicazione, il decreto del tribunale è reclamabile alla corte di appello, ai sensi dell'articolo 183.

7. In nessun caso, per effetto degli accordi e convenzioni di cui ai commi precedenti, ai creditori non aderenti possono essere imposti l'esecuzione di nuove prestazioni, la concessione di affidamenti, il mantenimento della possibilità di utilizzare affidamenti esistenti o l'erogazione di nuovi finan-

ziamenti. Agli effetti del presente articolo non è considerata nuova prestazione la prosecuzione della concessione del godimento di beni oggetto di contratti di locazione finanziaria già stipulati.

8. La relazione dell'ausiliario è trasmessa a norma dell'articolo 161, quinto comma.

(1) Articolo aggiunto dall'art. 9, co. 1, d.l. 27/6/2015, n. 83, convertito in l. 6/8/2015, n. 132.

183. Reclamo (1). – 1. Contro il decreto del tribunale può essere proposto reclamo alla corte di appello, la quale pronuncia in camera di consiglio.

2. Con lo stesso reclamo è impugnabile la sentenza dichiarativa di fallimento, contestualmente emessa a norma dell'articolo 180, settimo comma.

(1) Articolo sostituito dall'art. 16, co. 6, d.lg. 12/9/2007, n. 169, con la decorrenza indicata nell'art. 22 del medesimo d.lg. n. 169/2007.

• La Corte costituzionale, con sent. 12/11/1974, n. 255, a) aveva dichiarato la illegittimità costituzionale del co. 1, nel testo precedente la sostituzione, nella parte in cui, per le parti costituite, faceva decorrere il termine per proporre appello contro la sentenza che omologava o respingeva il concordato preventivo dall'affissione, anziché dalla data di ricezione della comunicazione della stessa; b) in applicazione dell'art. 27 della l. 11/3/1953, n. 87, dichiarava, altresì, la illegittimità costituzionale derivata dell'ultimo comma, nella parte in cui facevano decorrere dall'affissione i termini, rispettivamente, per ricorrere in cassazione contro la sentenza di appello che decidevano in merito alla omologazione o reiezione del concordato preventivo, per proporre appello contro la sentenza che omologava o respingeva il concordato successivo, nonché per ricorrere in cassazione contro quest'ultima sentenza.

184. Effetti del concordato per i creditori. – 1. Il concordato omologato è obbligatorio per tutti i creditori anteriori alla pubblicazione nel registro delle imprese del ricorso di cui all'articolo 161. Tuttavia essi conservano impregiudicati i diritti contro i coobbligati, i fideiussori del debitore e gli obbligati in via di regresso (1).

2. Salvo patto contrario, il concordato della società ha efficacia nei confronti dei soci illimitatamente responsabili.

(1) Comma modificato dall'art. 33, co. 1, lett. g), d.l. 22/6/2012, n. 83, con la decorrenza indicata dal co. 3 del medesimo art. 33 del suddetto d.l. n. 83/2012.

Capo VI
Dell'esecuzione, della risoluzione e dell'annullamento del concordato preventivo

185. Esecuzione del concordato. – 1. Dopo l'omologazione del concordato, il commissario giudiziale ne sorveglia l'adempimento, secondo le modalità stabilite nella sentenza di omologazione. Egli deve riferire al giudice ogni fatto dal quale possa derivare pregiudizio ai creditori.

2. Si applica il secondo comma dell'art. 136.

3. Il debitore è tenuto a compiere ogni atto necessario a dare esecuzione alla proposta di concordato presentata da uno o più creditori, qualora sia stata approvata e omologata (1).

4. Nel caso in cui il commissario giudiziale rilevi che il debitore non sta provvedendo al compimento degli atti necessari a dare esecuzione alla suddetta proposta o ne sta ritardando il compimento, deve senza indugio riferirne al tribunale. Il tribunale, sentito il debitore, può attribuire al commissario giudiziale i poteri necessari a provvedere in luogo del debitore al compimento degli atti a questo richiesti (1).

5. Il soggetto che ha presentato la proposta di concordato approvata e omologata dai creditori può denunziare al tribunale i ritardi o le omissioni da parte del debitore, mediante ricorso al tribunale notificato al debitore e al commissario giudiziale, con il quale può chiedere al tribunale di attribuire al commissario giudiziale i poteri necessari a provvedere in luogo del debitore al compimento degli atti a questo richiesti (1).

6. Fermo restando il disposto dell'articolo 173, il tribunale, sentiti in camera di consiglio il debitore e il commissario giudiziale, può revocare l'organo amministrativo, se si tratta di società, e nominare un amministratore giudiziario stabilendo la durata del suo incarico e attribuendogli il potere di compiere ogni atto necessario a dare esecuzione alla suddetta proposta, ivi inclusi, qualora tale proposta preveda un aumento del capitale sociale del debitore, la convocazione dell'assemblea straordinaria dei soci avente ad oggetto la delibera di tale aumento di capitale e l'esercizio del voto nella stessa. Quando è stato nominato il liquidatore a norma dell'articolo 182, i compiti di amministratore giudiziario possono essere a lui attribuiti (1).

(1) Commi introdotti dall'art. 3, co. 6, d.l. 27/6/2015, n. 83, poi convertito in l. 6/8/2015, n. 132.

186. Risoluzione e annullamento del concordato (1). – 1. Ciascuno dei creditori può richiedere la risoluzione del concordato per inadempimento.

2. Il concordato non si può risolvere se l'inadempimento ha scarsa importanza.

3. Il ricorso per la risoluzione deve proporsi entro un anno dalla scadenza del termine fissato per l'ultimo adempimento previsto dal concordato.

4. Le disposizioni che precedono non si applicano quando gli obblighi derivanti dal concordato sono stati assunti da un terzo con liberazione immediata del debitore.

5. Si applicano le disposizioni degli articoli 137 e 138, in quanto compatibili, intendendosi sostituito al curatore il commissario giudiziale.

(1) Articolo sostituito dall'art. 17 del d.lg. 12/9/2007, n. 169, con la decorrenza indicata nell'art. 22 del medesimo d.lg. n. 169/2007.

186 bis. Concordato con continuità aziendale (1). – Quando il piano di concordato di cui all'articolo 161, secondo comma, lettera e) prevede la prosecuzione dell'attività di impresa da parte del debitore, la cessione dell'azienda in esercizio ovvero il conferimento dell'azienda in esercizio in una o più società, anche di nuova costituzione, si applicano le disposizioni del presente articolo. Il piano può prevedere anche la liquidazione di beni non funzionali all'esercizio dell'impresa.

Nei casi previsti dal presente articolo:

a) il piano di cui all'articolo 161, secondo comma, lettera e), deve contenere anche un'analitica indicazione dei costi e dei ricavi attesi dalla prosecuzione dell'attività d'impresa prevista dal piano di concordato, delle risorse finanziarie necessarie e delle relative modalità di copertura;

b) la relazione del professionista di cui all'articolo 161, terzo comma, deve attestare che la prosecuzione dell'attività d'impresa prevista dal piano di concordato è funzionale al miglior soddisfacimento dei creditori;

c) il piano può prevedere, fermo quanto disposto dall'articolo 160, secondo comma, una moratoria fino a due anni dall'omologazione per il pagamento dei creditori muniti di privilegio, pegno o ipoteca, salvo che sia prevista la liquidazione dei beni o diritti sui quali sussiste la causa di prelazione. In tal caso, i creditori muniti di cause di prelazione di cui al periodo precedente non hanno diritto al voto (2).

Fermo quanto previsto nell'articolo 169-bis, i contratti in corso di esecuzione alla data di deposito del ricorso, anche stipulati con pubbliche amministrazioni, non si risolvono per effetto dell'apertura della procedura. Sono inefficaci eventuali patti contrari. L'ammissione al concordato preventivo non impedisce la continuazione di contratti pubblici se il professionista designato dal debitore di cui all'articolo 67 ha attestato la conformità al piano e la ragionevole capacità di adempimento. Di tale continuazione può beneficiare, in presenza dei requisiti di legge, anche la società cessionaria o conferitaria d'azienda o di rami d'azienda cui i contratti siano trasferiti. Il giudice delegato, all'atto della cessione o del conferimento, dispone la cancellazione delle iscrizioni e trascrizioni. Le disposizioni del presente comma si applicano anche nell'ipotesi in cui l'impresa è stata ammessa a concordato che non prevede la continuità aziendale se il predetto professionista attesta che la continuazione è necessaria per la migliore liquidazione dell'azienda in esercizio (3).

Successivamente al deposito della domanda di cui all'articolo 161, la partecipazione a procedure di affidamento di contratti pubblici deve essere autorizzata dal tribunale, e, dopo il decreto di apertura, dal giudice delegato, acquisito il parere del commissario giudiziale ove già nominato (4).

L'ammissione al concordato preventivo non impedisce la partecipazione a procedure di assegnazione di contratti pubblici, quando l'impresa presenta in gara:

a) una relazione di un professionista in possesso dei requisiti di cui all'articolo 67, terzo comma, lettera d), che attesta la conformità al piano e la ragionevole capacità di adempimento del contratto;

[*b) la dichiarazione di altro operatore in possesso dei requisiti di carattere generale, di capacità finanziaria, tecnica, economica nonché di certificazione, richiesti per l'affidamento dell'appalto, il quale si è impegnato nei confronti del concorrente e della stazione appaltante a mettere a disposizione, per la durata del contratto, le risorse necessarie all'esecuzione dell'appalto e a subentrare all'impresa ausiliata nel caso in cui questa fallisca nel corso della gara ovvero dopo la stipulazione del contratto, ovvero non sia per qualsiasi ragione più in grado di dare regolare esecuzione all'appalto. Si applica l'articolo 49 del decreto legislativo 12 aprile 2006, n. 163.*] (5)

Fermo quanto previsto dal comma precedente, l'impresa in concordato può concorrere anche riunita in raggruppamento temporaneo di imprese, purché non rivesta la qualità di mandataria e sempre che le altre imprese aderenti al raggruppamento non siano assoggettate ad una procedura concorsuale. In tal caso la dichiarazione di cui al quarto comma, lettera b), può provenire anche da un operatore facente parte del raggruppamento.

Se nel corso di una procedura iniziata ai sensi del presente articolo l'esercizio dell'attività d'impresa cessa o risulta manifestamente dannoso per i creditori, il tribunale provvede ai sensi dell'articolo 173. Resta salva la facoltà del debitore di modificare la proposta di concordato.

Ogni sei mesi successivi alla presentazione della relazione di cui all'articolo 172, primo comma, il commissario giudiziale redige un rapporto riepilogativo secondo quanto previsto dall'articolo 33, quinto comma, e lo trasmette ai creditori a norma dell'articolo 171, secondo comma. Conclusa l'esecuzione del concordato, deposita un rapporto riepilogativo finale redatto in conformità a quanto previsto dall'articolo 33, quinto comma (6).

(1) Articolo aggiunto dall'art. 33, co. 1, lett. h), d.l. 22/6/2012, n. 83, con la decorrenza indicata dal comma 3 del medesimo articolo 33 del suddetto d.l. n. 83/2012.

(2) Lettera modificata dall'art. 20, co. 1, lett. g), d.l. 24/8/2021, n. 118, conv., con modif., dalla l. 21/10/2021, n. 147.

(3) Comma modificato dall'art. 2, co. 4, lett. b), n. 1), d.l. 18/4/2019, n. 32, conv., con modif., dalla l. 14/6/2019, n. 55.

(4) Comma inserito dall'art. 13, co. 11-bis, d.l. 23/12/2013 n. 145 conv., con modif., dalla l. 21/2/2014, n. 9 e successivamente sostituito dall'art. 2, co. 4, lett. b), n. 2), d.l. 18/4/2019, n. 32, conv., con modif., dalla l. 14/6/2019, n. 55.

(5) Lettera abrogata dall'art. 2, co. 4, lett. b), n. 2-bis), d.l. 18/4/2019, n. 32, conv., con modif., dalla l. 14/6/2019, n. 55.

(6) Comma aggiunto dall'art. 14, co. 1, lett. d), d.lg. 10/10/2022, n. 149, con effetto a decorrere dal 28/2/2023, come stabilito dall'art. 35, co. 1, d.lg. n. 149/2022 medesimo, come modificato dall'art. 1, co. 380, lett. a), l. 29/12/2022, n. 197.

TITOLO IV
*DELL'AMMINISTRAZIONE CONTROLLATA**

* Titolo abrogato dall'art. 147, co. 1, d.lg. 9/1/2006, n. 5, con effetto a decorrere dal 16/7/2006.

187. Domanda di ammissione alla procedura*. – *1. L'imprenditore che si trova in temporanea difficoltà di adempiere le proprie obbligazioni, se ricorrono le condizioni previste dai numeri 1, 2 e 3 del primo comma dell'articolo 160 e vi siano comprovate possibilità di risanare l'impresa, può chiedere al tribunale il controllo della gestione della sua impresa e dell'amministrazione dei suoi beni a tutela degli interessi dei creditori per un periodo non superiore a due anni. 2. La domanda si propone nelle forme stabilite dall'articolo 161.*

* Articolo sostituito dall'art. 1 della, l. 24/7/1978, n. 391 e successivamente abrogato dall'art. 147, co. 1, d.lg. 9/1/2006, n. 5.

188. Ammissione alla procedura*. – *1. Il tribunale, se concorrono le condizioni stabilite dalla legge e se ritiene il debitore meritevole del beneficio, ammette il ricorrente alla procedura di amministrazione controllata con decreto non soggetto a reclamo. Con lo stesso provvedimento: 1) delega un giudice alla procedura; 2) ordina la convocazione dei creditori non oltre i trenta giorni dalla data del provvedimento e stabilisce il termine per la comunicazione del provvedimento stesso ai creditori; 3) nomina il commissario giudiziale secondo le disposizioni degli artt. 27, 28e 29; 4) stabilisce il termine non superiore a otto giorni entro il quale il ricorrente deve depositare nella cancelleria del tribunale la somma che si presume necessaria per l'intera procedura. 2. Il decreto è pubblicato a norma dell'art. 166 e per la durata della procedura produce gli effetti stabiliti dagli artt. 167 e168. 3. Si applicano inoltre le disposizioni degli articoli 164, 165, 170 a 173.*

* Articolo abrogato dall'art. 147, co. 1, d.lg. 9/1/2006, n. 5.

189. Adunanza dei creditori*. – *1. Alla deliberazione dei creditori si applicano le disposizioni degli artt. 174, 175, 176, primo comma, 177, quarto comma, 178 primo, secondo e terzo comma. 2. Si tiene conto a tutti gli effetti dei voti dati per lettera o per telegramma, purché pervenuti prima della chiusura delle operazioni. 3. La proposta del debitore è approvata quando riporta il voto favorevole della maggioranza dei creditori che rappresenti la maggioranza dei crediti, esclusi i creditori aventi diritti di prelazione sui beni del debitore. 4. Se le maggioranze prescritte non sono raggiunte cessano gli effetti del decreto di ammissione alla procedura.*

* Articolo abrogato dall'art. 147, co. 1, d.lg. 9/1/2006, n. 5.

190. Provvedimenti del giudice delegato*. – *1. Se le maggioranze prescritte sono raggiunte, il giudice delegato, tenuto conto del parere dei creditori intervenuti all'adunanza, nomina con decreto un comitato di tre o cinque creditori che assiste il commissario giudiziale. 2. Contro il decreto del giudice delegato è ammesso reclamo da parte di ogni interessato entro dieci giorni dalla sua data. Il tribunale decide in camera di consiglio con decreto non soggetto a gravame* (1).

* Articolo abrogato dall'art. 147, co. 1, d.lg. 9/1/2006, n. 5.

(1) La Corte costituzionale, con sent. 26/7/1988, n. 881, ha dichiarato l'illegittimità costituzionale del presente comma, nella parte in cui si fa decorrere il termine di decadenza di dieci giorni per il reclamo avverso il provvedimento del giudice delegato di cessazione degli effetti dell'amministrazione controllata, dalla data del decreto anziché dalla sua rituale comunicazione all'interessato.

191. Poteri di gestione del commissario giudiziale*. – *1. Durante la procedura il tribunale, su istanza di ogni interessato o d'ufficio sentito il comitato dei creditori, può con decreto non soggetto a reclamo affidare al commissario giudiziale in tutto o in parte la gestione dell'impresa e l'amministrazione dei beni del debitore, determinando i poteri. 2. Il decreto è pubblicato a norma dell'art. 166. 3. In tal caso il commissario al termine del suo ufficio deve rendere conto della sua amministrazione a norma dell'art. 116.*

* Articolo abrogato dall'art. 147, co. 1, d.lg. 9/1/2006, n. 5.

192. Relazioni dell'amministrazione e revoca dell'amministrazione controllata*. – *1. Il commissario giudiziale riferisce ogni due mesi al giudice delegato sull'andamento dell'impresa. 2. Il commissario giudiziale e il comitato dei creditori devono inoltre denunciare al giudice delegato i fatti che consigliano la revoca dell'amministrazione controllata, non appena ne vengano a conoscenza. 3. Se in qualunque momento risulta che l'amministrazione controllata non può utilmente essere continuata, il giudice delegato, promuove dal tribunale la dichiarazione di fallimento salva la facoltà dell'imprenditore di proporre il concordato preventivo secondo le disposizioni del titolo precedente.*

* Articolo abrogato dall'art. 147, co. 1, d.lg. 9/1/2006, n. 5.

193. Fine dell'amministrazione controllata*. – *1. Il debitore che dimostra di essere in grado di soddisfare regolarmente le proprie obbligazioni può chiedere al tribunale anche prima del termine stabilito la cessazione della procedura. In tal caso il tribunale provvede con decreto pubblicato a norma dell'art. 17. 2. Se al termine dell'amministrazione controllata risulta che l'impresa non è in condizioni di adempiere regolarmente le proprie obbligazioni, si applica il terzo comma dell'articolo precedente.*

* Articolo abrogato dall'art. 147, co. 1, d.lg. 9/1/2006, n. 5.

TITOLO V
DELLA LIQUIDAZIONE COATTA AMMINISTRATIVA

194. Norme applicabili. – 1. La liquidazione coatta amministrativa è regolata dalle disposizioni del presente titolo, salvo che le leggi speciali dispongano diversamente.

2. Sono abrogate le disposizioni delle leggi speciali, incompatibili con quelle degli artt. 195, 196, 200, 201, 202, 203, 209, 211 e 213.

195. Accertamento giudiziario dello stato d'insolvenza anteriore alla liquidazione coatta amministrativa (1). – 1. Se un'impresa soggetta a liquidazione coatta amministrativa con esclusione del fallimento si trova in stato di insolvenza, il tribunale del luogo dove l'impresa ha la sede principale, su richiesta di uno o più creditori, ovvero dell'autorità che ha la vigilanza sull'impresa o di questa stessa, dichiara tale stato con sentenza. Il trasferimento della sede principale dell'impresa intervenuto nell'anno antecedente l'apertura del procedimento, non rileva ai fini della competenza.

2. Con la stessa sentenza o con successivo decreto adotta i provvedimenti conservativi che ritenga opportuni nell'interesse dei creditori fino all'inizio della procedura di liquidazione.

3. Prima di provvedere il tribunale deve sentire il debitore, con le modalità di cui all'articolo 15, e l'autorità governativa che ha la vigilanza sull'impresa.

4. La sentenza è comunicata entro tre giorni, a norma dell'articolo 136 del codice di procedura civile, all'autorità competente perché disponga la liquidazione. Essa è inoltre notificata, affissa e resa pubblica nei modi e nei termini stabiliti per la sentenza dichiarativa di fallimento.

5. Contro la sentenza predetta può essere proposto reclamo da qualunque interessato, a norma degli articoli 18 e 19 (2).

6. Il tribunale che respinge il ricorso per la dichiarazione d'insolvenza provvede con decreto motivato. Contro il decreto è ammesso reclamo a norma dell'articolo 22.

7. Il tribunale provvede su istanza del commissario giudiziale alla dichiarazione d'insolvenza a norma di questo articolo quando nel corso della procedura di concordato preventivo di un'impresa soggetta a liquidazione coatta amministrativa, con esclusione del fallimento, si verifica la cessazione della procedura e sussiste lo stato di insolvenza. Si applica in ogni caso il procedimento di cui al terzo comma.

8. Le disposizioni di questo articolo non si applicano agli enti pubblici.

(1) Articolo sostituito dall'art. 148 del d.lg. 9/1/2006, n. 5.

• La Corte costituzionale, con sent. 27/6/1972, n. 110, aveva dichiarato l'illegittimità costituzionale del co. 2 del presente articolo, nel testo precedente la sostituzione, nella parte in cui non prevedeva l'obbligo per il tribunale di disporre la comparizione del debitore in camera di consiglio per l'esercizio del diritto di difesa nel corso dell'istruttoria diretta ad accertare lo stato di insolvenza dell'impresa soggetta a liquidazione coatta amministrativa con esclusione del fallimento.

• La Corte costituzionale, con sent. 4/7/2001, n. 211, aveva dichiarato l'illegittimità costituzionale del co. 4 del presente articolo, nel testo precedente la sostituzione, nella parte in cui prevedeva che il termine per proporre opposizione contro la sentenza che dichiarava lo stato di insolvenza di impresa soggetta a liquidazione coatta amministrativa decorresse, anche per l'impresa, dall'affissione invece che dalla notificazione della sentenza.

(2) Comma modificato dall'art. 18, co. 1, d.lg. 12/9/2007, n. 169, con la decorrenza indicata nell'art. 22 del medesimo d.lg. n. 169/2007.

196. Concorso fra fallimento e liquidazione coatta amministrativa. – 1. Per le imprese soggette a liquidazione coatta amministrativa, per le quali la legge non esclude la procedura fallimentare, la dichiarazione di fallimento preclude la liquidazione coatta amministrativa e il provvedimento di liquidazione coatta amministrativa preclude la dichiarazione di fallimento.

197. Provvedimento di liquidazione. – 1. Il provvedimento che ordina la liquidazione entro dieci giorni dalla sua data è pubblicato integralmente, a cura dell'autorità che lo ha emanato nella Gazzetta Ufficiale della Repubblica italiana ed è comunicato per l'iscrizione all'ufficio del registro delle imprese, salve le altre forme di pubblicità disposte nel provvedimento.

198. Organi della liquidazione amministrativa. – 1. Con il provvedimento che ordina la liquidazione o con altro successivo viene nominato con commissario liquidatore. È altresì nominato un comitato di sorveglianza di tre o cinque membri scelti fra persone particolarmente esperte nel ramo di attività esercitato dall'impresa, possibilmente fra i creditori.

2. Qualora l'importanza dell'impresa lo consigli, possono essere nominati tre commissari liquidatori. In tal caso essi deliberano a maggioranza, e la rappresentanza è esercitata congiuntamente da due di essi. Nella liquidazione delle cooperative la nomina del comitato di sorveglianza è facoltativo.

199. Responsabilità del commissario liquidatore. – 1. Il commissario liquidatore è, per quanto attiene all'esercizio delle sue funzioni, pubblico ufficiale.

2. Durante la liquidazione l'azione di responsabilità contro il commissario liquidatore revocato è proposta dal nuovo liquidatore con l'autorizzazione dell'autorità che vigila sulla liquidazione.

3. Si applicano al commissario liquidatore le disposizioni degli artt. 32, 37 e 38, primo comma, intendendosi sostituiti nei poteri del tribunale e del giudice delegato quelli dell'autorità che vigila sulla liquidazione.

200. Effetti del provvedimento di liquidazione per l'impresa. – 1. Dalla data del provvedimento che ordina la liquidazione si applicano gli artt. 42, 44, 45, 46 e 47 e se l'impresa è una società o una persona giuridica cessano le funzioni delle assemblee e degli organi di amministrazione e di controllo, salvo per il caso previsto dall'art. 214.

2. Nelle controversie anche in corso, relative a rapporti di diritto patrimoniale dell'impresa, sta in giudizio il commissario liquidatore.

201. Effetti della liquidazione per i creditori e sui rapporti giuridici preesistenti. – 1. Dalla data del provvedimento che ordina la liquidazione si applicano le disposizioni del titolo II, capo III, sezione II e sezione IV e le disposizioni dell'art. 66.

2. Si intendono sostituiti nei poteri del tribunale e del giudice delegato l'autorità amministrativa che vigila sulla liquidazione, nei poteri del curatore il commissario liquidatore e in quelli del comitato dei creditori il comitato di sorveglianza.

202. Accertamento giudiziario dello stato d'insolvenza. – 1. Se l'impresa al tempo in cui è stata ordinata la liquidazione, si trovava in stato d'insolvenza e questa non è stata preventivamente dichiarata a norma dell'art. 195, il tribunale del luogo dove l'impresa ha la sede principale, su ricorso del commissario liquidatore o su istanza del pubblico ministero, accerta tale stato con sentenza in camera di consiglio, anche se la liquidazione è stata disposta per insufficienza di attivo.

2. Si applicano le norme dell'art. 195, commi secondo, terzo, quarto, quinto e sesto.

203. Effetti dell'accertamento giudiziario dello stato d'insolvenza. – 1. Accertato giudizialmente lo stato d'insolvenza a norma degli articoli 195 e 202, sono applicabili con effetto dalla data del provvedimento che ordina la liquidazione le disposizioni del titolo II, capo III, sezione III, anche nei riguardi dei soci a responsabilità illimitata. [Si applicano inoltre nei confronti di questi ultimi, degli amministratori, dei direttori generali, dei liquidatori e dei componenti degli organi di vigilanza le disposizioni degli articoli 216 a 219 e 223 a 225.] (1).

2. L'esercizio delle azioni di revoca degli atti compiuti in frode dei creditori compete al commissario liquidatore.

3. Il commissario liquidatore presenta al procuratore della Repubblica una relazione in conformità di quanto è disposto dall'art. 33, primo comma.

(1) Comma così modificato dall'art. 99, d.lg. 8/7/1999, n. 270.

204. Commissario liquidatore. – 1. Il commissario liquidatore procede a tutte le operazioni della liquidazione secondo le direttive dell'autorità che vigila sulla liquidazione, e sotto il controllo del comitato di sorveglianza.

2. Egli prende in consegna i beni compresi nella liquidazione, le scritture contabili e gli altri documenti dell'impresa, richiedendo, ove occorra, l'assistenza di un notaio.

3. Il commissario liquidatore forma quindi l'inventario, nominando se necessario, uno o più stimatori per la valutazione dei beni.

205. Relazione del commissario. – 1. L'imprenditore o, se l'impresa è una società o una persona giuridica, gli amministratori devono rendere al commissario liquidatore il conto della gestione relativo al tempo posteriore all'ultimo bilancio.

2. Il commissario è dispensato dal formare il bilancio annuale, ma deve presentare alla fine di ogni semestre all'autorità che vigila sulla liquidazione una relazione sulla situazione patrimoniale dell'impresa e sull'andamento della gestione accompagnata da un rapporto del comitato di sorveglianza. Nello stesso termine, copia della relazione è trasmessa al comitato di sorveglianza, unitamente agli estratti conto dei depositi postali o bancari relativi al periodo. Il comitato di sorveglianza o ciascuno dei suoi componenti possono formulare osservazioni scritte. Altra copia della relazione è trasmessa, assieme alle eventuali osservazioni, per via telematica all'ufficio del registro delle imprese ed è trasmessa a mezzo di posta elettronica certificata ai creditori e ai titolari di diritti sui beni (1).

(1) Comma modificato dall'art. 17, co. 1, lett. u), d.l. 18/10/2012, n. 179. Per l'applicazione del presente comma vedi quanto disposto dai co. 4 e 5 del medesimo art. 17.

• In riferimento al presente articolo vedi: Circolare Ministero dello Sviluppo economico 1/8/2014, n. 140030.

206. Poteri del commissario. – 1. L'azione di responsabilità contro gli amministratori e i componenti degli organi di controllo dell'impresa in liquidazione, a norma degli artt. 2393 e 2394 del codice civile, è esercitata dal commissario liquidatore, previa autorizzazione dell'autorità che vigila sulla liquidazione.

2. Per il compimento degli atti previsti dall'art. 35, in quanto siano di valore indeterminato o di valore superiore a euro 1.032,91 e per la continuazione dell'esercizio dell'impresa il commissario deve essere autorizzato dall'autorità predetta, la quale provvede sentito il comitato di sorveglianza (1).

(1) L'importo di cui al presente comma è stato così elevato dall'art. 4 della l. 17/7/1975, n. 400.

• Per una deroga alle disposizioni di cui al presente comma, vedi art. 3, co. 4, d.lg. 13/10/1998, n. 373.

207. Comunicazione ai creditori e ai terzi. – 1. Entro un mese dalla nomina il commissario comunica a ciascun creditore, a mezzo posta elettronica certificata, se il relativo indirizzo del destinatario risulta dal registro delle imprese ovvero dall'Indice nazionale degli indirizzi di posta elettronica certificata delle imprese e dei professionisti e, in ogni altro caso, a mezzo lettera raccomandata o telefax presso la sede dell'impresa o la residenza del creditore, il suo indirizzo di posta elettronica certificata e le somme risultanti a credito di ciascuno secondo le scritture contabili e i documenti dell'impresa. Contestualmente il commissario invita i creditori ad indicare, entro il termine di cui al terzo comma, il loro indirizzo di posta elettronica certificata, con l'avvertimento sulle conseguenze di cui al quarto comma e relativo all'onere del creditore di comunicarne ogni variazione. La comunicazione s'intende fatta con riserva delle eventuali contestazioni (1).

2. Analoga comunicazione è fatta a coloro che possono far valere domande di rivendicazione, restituzione e separazione su cose mobili possedute dall'impresa.

3. Entro quindici giorni dal ricevimento della comunicazione i creditori e le altre persone indicate dal comma precedente possono far pervenire al commissario mediante posta elettronica certificata le loro osservazioni o istanze (2).

4. Tutte le successive comunicazioni sono effettuate dal commissario all'indirizzo di posta elettronica certificata indicato ai sensi del primo comma. In caso di mancata indicazione dell'indirizzo di posta elettronica certificata o di mancata comunicazione della variazione, ovvero nei casi di mancata

consegna per cause imputabili al destinatario, esse si eseguono mediante deposito in cancelleria. Si applica l'articolo 31-bis, terzo comma, sostituendo al curatore il commissario liquidatore (3).

(1) Comma sostituito dall'art. 17, co. 1, lett. v), n. 1, d.l. 18/10/2012, n. 179. Per l'applicazione del presente comma vedi quanto disposto dai co. 4 e 5 del medesimo art. 17.

(2) Comma sostituito dall'art. 17, co. 1, lett. v), n. 2, d.l. 18/10/2012, n. 179. Per l'applicazione del presente comma vedi quanto disposto dai co. 4 e 5 del medesimo art. 17.

(3) Comma aggiunto dall'art. 17, co. 1, lett. v), n. 3, d.l. 18/10/2012, n. 179. Per l'applicazione del presente comma vedi quanto disposto dai co. 4 e 5 del medesimo art. 17.

208. Domande dei creditori e dei terzi. – 1. I creditori e le altre persone indicate nell'articolo precedente che non hanno ricevuto la comunicazione prevista dal predetto articolo possono chiedere mediante raccomandata, entro sessanta giorni dalla pubblicazione nella Gazzetta Ufficiale del provvedimento di liquidazione, il riconoscimento dei propri crediti e la restituzione dei loro beni, comunicando l'indirizzo di posta elettronica certificata. Si applica l'articolo 207, quarto comma (1).

(1) Comma modificato dall'art. 17, co. 1, lett. z), d.l. 18/10/2012, n. 179. Per l'applicazione del presente comma vedi quanto disposto dai co. 4 e 5 del medesimo art. 17.

209. Formazione dello stato passivo. – 1. Salvo che le leggi speciali stabiliscano un maggior termine, entro novanta giorni dalla data del provvedimento di liquidazione, il commissario forma l'elenco dei crediti ammessi o respinti e delle domande indicate nel secondo comma dell'articolo 207 accolte o respinte, e lo deposita nella cancelleria del luogo dove l'impresa ha la sede principale. Il commissario trasmette l'elenco dei crediti ammessi o respinti a coloro la cui pretesa non sia in tutto o in parte ammessa a mezzo posta elettronica certificata ai sensi dell'articolo 207, quarto comma. Col deposito in cancelleria l'elenco diventa esecutivo (1).

2. Le impugnazioni, le domande tardive di crediti e le domande di rivendica e di restituzione sono disciplinate dagli articoli 98, 99, 101 e 103, sostituiti al giudice delegato il giudice istruttore ed al curatore il commissario liquidatore (2).

*3. Il presidente del tribunale nomina un giudice per l'istruzione e per i provvedimenti ulteriori. Sono osservate le disposizioni degli artt. da 98 a 103, in quanto applicabili, sostituiti al giudice delegato il giudice istruttore e al curatore il commissario liquidatore**.

4. Restano salve le disposizioni delle leggi speciali relative all'accertamento dei crediti chirografari nella liquidazione delle imprese che esercitano il credito.

(1) Comma sostituito dall'art. 17, co. 1, lett. aa), d.l. 18/10/2012, n. 179 conv., con modif., in l. 17/12/2012, n. 221. Per l'applicazione del presente comma vedi quanto disposto dai co. 4 e 5 del medesimo art. 17.

• La Corte costituzionale con sent. 20/5/1987, n. 181, aveva dichiara l'illegittimità costituzionale del presente comma, nel testo precedente la sostituzione, nella parte in cui non prevedeva che l'imprenditore individuale o gli amministratori della società o della persona giuridica soggetti ad amministrazione straordinaria siano sentiti dal commissario con riferimento alla formazione dell'elenco indicato nello stesso art. 209 legge fallimentare.

(2) Comma sostituito dall'art. 18, co. 2, d.lg. 12/9/2007, n. 169, con la decorrenza indicata nell'art. 22 del medesimo d.lg. n. 169/2007.

• La Corte costituzionale, con sent. 2/12/1980, n. 155, aveva dichiarato l'illegittimità costituzionale del presente comma, nel testo precedente la sostituzione, nella parte in cui prevedeva che il termine per le opposizioni dei creditori in tutto o in parte esclusi decorra dalla data del deposito, nella cancelleria del tribunale del luogo dove l'impresa in liquidazione coatta amministrativa ha la sede principale, dell'elenco dei crediti ammessi o respinti, formato dal commissario liquidatore, anziché non dalla data di ricezione delle raccomandate con avviso di ricevimento, con le quali il commissario liquidatore dà notizia dell'avvenuto deposito ai creditori le cui pretese non sono state in tutto o in parte ammesse.

• La Corte costituzionale, con sent. 29/4/1993, n. 201, aveva dichiarato l'illegittimità costituzionale del presente comma, nel testo precedente la sostituzione, nella parte in cui prevedeva che il termine di 15 giorni per proporre l'impugnazione dei crediti ammessi decorre dalla data del deposito in Cancelleria, da parte del Commissario liquidatore, dell'elenco dei crediti medesimi, anziché da quella di ricezione della lettera raccomandata con avviso di ricevimento, con la quale lo stesso Commissario deve dare notizia dell'avvenuto deposito ai singoli interessati.

* Comma soppresso dall'art. 18, co. 2, d.lg. 12/9/2007, n. 169, con la decorrenza indicata nell'art. 22 del medesimo d.lg. n. 169/2007 per effetto della sostituzione degli originari commi secondo e terzo nell'attuale co. 2.

210. Liquidazione dell'attivo. – 1. Il commissario ha tutti i poteri necessari per la liquidazione dell'attivo, salve le limitazioni stabilite dall'autorità che vigila sulla liquidazione.

2. In ogni caso per la vendita degli immobili e per la vendita dei mobili in blocco occorrono l'autorizzazione dell'autorità che vigila sulla liquidazione e il parere del comitato di sorveglianza.

3. Nel caso di società con soci a responsabilità limitata il presidente del tribunale può, su proposta del commissario liquidatore, ingiungere con decreto ai soci a responsabilità limitata e ai precedenti titolari delle quote o delle azioni di eseguire i versamenti ancora dovuti, quantunque non sia scaduto il termine stabilito per il pagamento.

***211. Società con responsabilità sussidiaria limitata o illimitata dei soci**.** – *1. Nella liquidazione di una società con responsabilità sussidiaria limitata o illimitata dei soci, il commissario liquidatore, dopo il deposito nella cancelleria del tribunale dell'elenco previsto dall'art. 209, comma primo, previa autorizzazione dell'autorità che vigila sulla liquidazione, può chiedere ai soci il versamento delle somme che egli ritiene necessarie per l'estinzione delle passività. Si osservano per il rimanente le disposizioni dell'art. 151, sostituiti ai poteri del giudice delegato quelli del presidente del tribunale e al curatore il commissario liquidatore ed escluso il reclamo a norma dell'art. 26.*

* Articolo abrogato dall'art. 18, co. 3, d.lg. 12/9/2007, n. 169, con la decorrenza indicata nell'art. 22 del medesimo d.lg. n. 169/2007.

212. Ripartizione dell'attivo. – 1. Le somme ricavate dalla liquidazione dell'attivo sono distribuite secondo l'ordine stabilito nell'art. 111.

2. Previo il parere del comitato di sorveglianza, e con l'autorizzazione dell'autorità che vigila sulla liquidazione, il commissario può distribuire acconti parziali, sia a tutti i creditori, sia ad alcune categorie di essi, anche prima che siano realizzate tutte le attività e accertate tutte le passività.

3. Le domande tardive per l'ammissione di crediti o per il riconoscimento dei diritti reali non pregiudicano le ripartizioni già avvenute, e possono essere fatte valere sulle somme non ancora distribuite, osservate le disposizioni dell'art. 112.

4. Alle ripartizioni parziali si applicano le disposizioni dell'art. 113.

213. Chiusura della liquidazione (1). – 1. Prima dell'ultimo riparto ai creditori, il bilancio finale della liquidazione con il conto della gestione e il piano di riparto tra i creditori, accompagnati da una relazione del comitato di sorveglianza, devono essere sottoposti all'autorità, che vigila sulla liquidazione, la quale ne autorizza il deposito presso la cancelleria del tribunale e liquida il compenso al commissario.

2. Dell'avvenuto deposito, a cura del commissario liquidatore, è data comunicazione ai creditori ammessi al passivo ed ai creditori prededucibili con le modalità di cui all'articolo 207, quarto comma, ed è data notizia mediante inserzione nella Gazzetta Ufficiale e nei giornali designati dall'autorità che vigila sulla liquidazione (2).

3. Gli interessati possono proporre le loro contestazioni con ricorso al tribunale nel termine perentorio di venti giorni, decorrente dalla comunicazione fatta dal commissario a norma del primo comma per i creditori e dalla inserzione nella Gazzetta Ufficiale per ogni altro interessato. Le contestazioni sono comunicate, a cura del cancelliere, all'autorità che vigila sulla liquidazione, al commissario liquidatore e al comitato di sorveglianza, che nel termine di venti giorni possono presentare nella cancelleria del tribunale le loro osservazioni. Il tribunale provvede con decreto in camera di consiglio. Si applicano, in quanto compatibili, le disposizioni dell'articolo 26.

4. Decorso il termine senza che siano proposte contestazioni, il bilancio, il conto di gestione e il piano di riparto si intendono approvati, e il commissario provvede alle ripartizioni finali tra i creditori. Si applicano le norme dell'articolo 117, e se del caso degli articoli 2495 e 2496 del codice civile.

(1) Articolo modificato dall'art. 149, co. 1, lett. a) e b), d.lg. 9/1/2006, n. 5 e successivamente sostituito dall'art. 18, co. 4, d.lg. 12/9/2007, n. 169, con la decorrenza indicata nell'art. 22 del medesimo d.lg. n. 169/2007.

• La Corte costituzionale, con sent. 14/4/2006, n. 154, aveva dichiarato l'illegittimità costituzionale del co. 2, nella parte in cui faceva decorrere, nei confronti dei "creditori ammessi", il termine perentorio di venti giorni per proporre contestazioni avverso il piano di riparto, totale o parziale, dalla pubblicazione nella Gazzetta Ufficiale della notizia dell'avvenuto deposito del medesimo in cancelleria, anziché dalla comunicazione dell'avvenuto deposito effettuata a mezzo di raccomandata con avviso di ricevimento ovvero con altra modalità prevista dalla legge.

(2) Comma modificato dall'art. 17, co. 1, lett. bb), d.l. 18/10/2012, n. 179. Per l'applicazione del presente comma vedi quanto disposto dai co. 4 e 5 del medesimo art. 17.

214. Concordato (1). – 1. L'autorità che vigila sulla liquidazione, su parere del commissario liquidatore, sentito il comitato di sorveglianza, può autorizzare l'impresa in liquidazione, uno o più creditori o un terzo a proporre al tribunale un concordato, a norma dell'articolo 124, osservate le disposizioni dell'articolo 152, se si tratta di società.

2. La proposta di concordato è depositata nella cancelleria del tribunale col parere del commissario liquidatore e del comitato di sorveglianza, comunicata dal commissario a tutti i creditori ammessi al passivo con le modalità di cui all'articolo 207, quarto comma, e pubblicata mediante inserzione nella Gazzetta Ufficiale e deposito presso l'ufficio del registro delle imprese (2).

3. I creditori e gli altri interessati possono presentare nella cancelleria le loro opposizioni nel termine perentorio di trenta giorni, decorrente dalla comunicazione fatta dal commissario per i creditori e dall'esecuzione delle formalità pubblicitarie di cui al secondo comma per ogni altro interessato.

4. Il tribunale, sentito il parere dell'autorità che vigila sulla liquidazione, decide sulle opposizioni e sulla proposta di concordato con decreto in camera di consiglio. Si applicano, in quanto compatibili, le disposizioni degli articoli 129, 130 e 131.

5. Gli effetti del concordato sono regolati dall'articolo 135.

6. Il commissario liquidatore con l'assistenza del comitato di sorveglianza sorveglia l'esecuzione del concordato.

(1) Articolo sostituito dall'art. 18, co. 5, d.lg. 12/9/2007, n. 169, con la decorrenza indicata nell'art. 22 del medesimo d.lg. n. 169/2007. Vedi, anche, l'art. 22, co. 3, del medesimo d.lg. 12/9/2007, n. 169.

(2) Comma modificato dall'art. 17, co. 1, lett. cc), d.l. 18/10/2012, n. 179. Per l'applicazione del presente comma vedi quanto disposto dai co. 4 e 5 del medesimo art. 17.

215. Risoluzione e annullamento del concordato (1). – 1. Se il concordato non è eseguito, il tribunale, su ricorso del commissario liquidatore o di uno o più creditori, pronuncia, con sentenza in camera di consiglio, la risoluzione del concordato. Si applicano le disposizioni dei commi dal secondo al sesto dell'articolo 137.

2. Su richiesta del commissario o dei creditori il concordato può essere annullato a norma dell'articolo 138.

3. Risolto o annullato il concordato, si riapre la liquidazione amministrativa e l'autorità che vigila sulla liquidazione adotta i provvedimenti che ritiene necessari.

(1) Articolo sostituito dall'art. 18, co. 6, d.lg. 12/9/2007, n. 169, con la decorrenza indicata nell'art. 22 del medesimo d.lg. n. 169/2007.

TITOLO VI
DISPOSIZIONI PENALI

Capo I
Reati commessi dal fallito

216. Bancarotta fraudolenta. – 1. È punito con la reclusione da tre a dieci anni, se è dichiarato fallito, l'imprenditore, che:

1) ha distratto, occultato, dissimulato, distrutto o dissipato in tutto o in parte i suoi beni ovvero, allo scopo di recare pregiudizio ai creditori, ha esposto o riconosciuto passività inesistenti;

2) ha sottratto, distrutto o falsificato, in tutto o in parte, con lo scopo di procurare a sé o ad altri un ingiusto profitto o di recare pregiudizi ai creditori, i libri o le altre scritture contabili o li ha tenuti in guisa da non rendere possibile la ricostruzione del patrimonio o del movimento degli affari.

2. La stessa pena si applica all'imprenditore, dichiarato fallito, che, durante la procedura fallimentare, commette alcuno dei fatti preveduti dal n. 1 del comma precedente ovvero sottrae, distrugge o falsifica i libri o le altre scritture contabili.

3. È punito con la reclusione da uno a cinque anni il fallito, che, prima o durante la procedura fallimentare, a scopo di favorire, a danno dei creditori, taluno di essi, esegue pagamenti o simula titoli di prelazione.

4. Salve le altre pene accessorie, di cui al capo III, titolo II, libro I del codice penale, la condanna per uno dei fatti previsti nel presente articolo importa per la durata di dieci anni l'inabilitazione all'esercizio di una impresa commerciale e l'incapacità per la stessa durata ad esercitare uffici direttivi presso qualsiasi impresa.

217. Bancarotta semplice. – 1. È punito con la reclusione da sei mesi a due anni, se è dichiarato fallito, l'imprenditore, che, fuori dai casi preveduti nell'articolo precedente:

1) ha fatto spese personali o per la famiglia eccessive rispetto alla sua condizione economica;

2) ha consumato una notevole parte del suo patrimonio in operazioni di pura sorte o manifestamente imprudenti;

3) ha compiuto operazioni di grave imprudenza per ritardare il fallimento;

4) ha aggravato il proprio dissesto, astenendosi dal richiedere la dichiarazione del proprio fallimento o con altra grave colpa;

5) non ha soddisfatto le obbligazioni assunte in un precedente concordato preventivo o fallimentare.

2. La stessa pena si applica al fallito che, durante i tre anni antecedenti alla dichiarazione di fallimento ovvero dall'inizio dell'impresa, se questa ha avuto una minore durata, non ha tenuto i libri e le altre scritture contabili prescritti dalla legge o li ha tenuti in maniera irregolare o incompleta.

3. Salve le altre pene accessorie di cui al capo III, titolo II, libro I del codice penale, la condanna importa l'inabilitazione all'esercizio di un'impresa commerciale e l'incapacità ad esercitare uffici direttivi presso qualsiasi impresa fino a due anni.

217 bis. Esenzioni dai reati di bancarotta (1). – 1. Le disposizioni di cui all'articolo 216, terzo comma, e articolo 217 non si applicano ai pagamenti e alle operazioni compiuti in esecuzione di un concordato preventivo di cui all'articolo 160 o di un accordo di ristrutturazione dei debiti omologato ai sensi dell'articolo 182-bis o del piano di cui all'articolo 67, terzo comma, lettera d), ovvero di un accordo di composizione della crisi omologato ai sensi dell'articolo 12 della legge 27 gennaio 2012, n. 3, nonché ai pagamenti e alle operazioni di finanziamento autorizzati dal giudice a norma dell'articolo 182-quinquies e alle operazioni di finanziamento effettuate ai sensi dell'articolo 22-quater, comma 1, del decreto-legge 24 giugno 2014, n. 91, convertito, con modificazioni, dalla legge 11 agosto 2014, n. 116, nonché ai pagamenti ed alle operazioni compiuti, per le finalità di cui alla medesima disposizione, con impiego delle somme provenienti da tali finanziamenti (2).

(1) Articolo inserito dall'art. 48, co. 2-bis, d.l. 31/5/2010, n. 78.

(2) Comma modificato dall'art. 33, co. 1, lett. l-bis), d.l. 22/6/2012, n. 83, con la decorrenza indicata dal co. 3 del medesimo art. 33 del suddetto d.l. n. 83/2012 e dall'art. 18, co. 2-bis, d.l. 18/10/2012, n. 179 e successivamente dall'art. 2, co. 7, d.l. 5/1/2015, n. 1, conv., con modif., dalla l. 4/3/2015, n. 20.

218. Ricorso abusivo al credito (1). – 1. Gli amministratori, i direttori generali, i liquidatori e gli imprenditori esercenti un'attività commerciale che ricorrono o continuano a ricorrere al credito, anche al di fuori dei casi di cui agli articoli precedenti, dissimulando il dissesto o lo stato d'insolvenza sono puniti con la reclusione da sei mesi a tre anni.

2. La pena è aumentata nel caso di società soggette alle disposizioni di cui al capo II, titolo III, parte IV, del testo unico delle disposizioni in materia di intermediazione finanziaria, di cui al decreto legislativo 24 febbraio 1998, n. 58, e successive modificazioni.

3. Salve le altre pene accessorie di cui al libro I, titolo II, capo III, del codice penale, la condanna importa l'inabilitazione all'esercizio di un'impresa commerciale e l'incapacità ad esercitare uffici direttivi presso qualsiasi impresa fino a tre anni.

(1) Articolo sostituito dall'art. 32 della l. 28/12/2005, n. 262.

219. Circostanze aggravanti e circostanza attenuante. – 1. Nel caso in cui i fatti previsti negli artt. 216, 217 e 218 hanno cagionato un danno patrimoniale di rilevante gravità, le pene da essi stabilite sono aumentate fino alla metà.

2. Le pene stabilite negli articoli suddetti sono aumentate:

1) se il colpevole ha commesso più fatti tra quelli previsti in ciascuno degli articoli indicati;

2) se il colpevole per divieto di legge non poteva esercitare un'impresa commerciale.

3. Nel caso in cui i fatti indicati nel primo comma hanno cagionato un danno patrimoniale di speciale tenuità, le pene sono ridotte fino al terzo.

220. Denuncia di creditori inesistenti e altre inosservanze da parte del fallito. – 1. È punito con la reclusione da sei a diciotto mesi il fallito, il quale, fuori dei casi preveduti all'art. 216, nell'elenco nominativo dei suoi creditori denuncia creditori inesistenti od omette di dichiarare l'esistenza di altri beni da comprendere nell'inventario, ovvero non osserva gli obblighi imposti dagli artt. 16, nn. 3 e 49.

2. Se il fatto è avvenuto per colpa, si applica la reclusione fino ad un anno.

221. Fallimento con procedimento sommario. – 1. Se al fallimento si applica il procedimento sommario le pene previste in questo capo sono ridotte fino al terzo.

222. Fallimento delle società in nome collettivo e in accomandita semplice. – 1. Nel fallimento delle società in nome collettivo e in accomandita semplice le disposizioni del presente capo si applicano ai fatti commessi dai soci illimitatamente responsabili.

Capo II

Reati commessi da persone diverse dal fallito

223. Fatti di bancarotta fraudolenta. – 1. Si applicano le pene stabilite nell'art. 216 agli amministratori, ai direttori generali, ai sindaci e ai liquidatori di società dichiarate fallite, i quali hanno commesso alcuno dei fatti preveduti nel suddetto articolo.

2. Si applica alle persone suddette la pena prevista dal primo comma dell'art. 216, se:

1) hanno cagionato, o concorso a cagionare, il dissesto della società, commettendo alcuno dei fatti previsti dagli articoli 2621, 2622, 2626, 2627, 2628, 2629, 2632, 2633 e 2634 del codice civile (1);

2) hanno cagionato con dolo o per effetto di operazioni dolose il fallimento della società.

3. Si applica altresì in ogni caso la disposizione dell'ultimo comma dell'art. 216.

(1) Numero sostituito dall'art. 4, d.lg. 11/4/2002, n. 61.

224. Fatti di bancarotta semplice. – 1. Si applicano le pene stabilite nell'art. 217 agli amministratori, ai direttori generali, ai sindaci e ai liquidatori di società dichiarate fallite, i quali:

1) hanno commesso alcuno dei fatti preveduti nel suddetto articolo;

2) hanno concorso a cagionare od aggravare il dissesto della società con inosservanza degli obblighi ad essi imposti dalla legge.

225. Ricorso abusivo al credito. – 1. Si applicano le pene stabilite nell'art. 218 agli amministratori ed ai direttori generali di società dichiarate fallite, i quali hanno commesso il fatto in esso previsto.

226. Denuncia di crediti inesistenti. – 1. Si applicano le pene stabilite nell'art. 220 agli amministratori, ai direttori generali e ai liquidatori di società dichiarate fallite, che hanno commesso i fatti in esso indicati.

227. Reati dell'institore. – 1. All'institore dell'imprenditore, dichiarato fallito, il quale nella gestione affidatagli si è reso colpevole dei fatti preveduti negli artt. 216, 217, 218 e 220 si applicano le pene in questi stabilite.

228. Interesse privato del curatore negli atti del fallimento. – 1. Salvo che al fatto non siano applicabili gli artt. 315, 317, 318, 319, 321, 322 e 323 del codice penale, il curatore che prende interesse privato in qualsiasi atto del fallimento direttamente o per interposta persona o con atti simulati è punito con la reclusione da due a sei anni e con la multa non inferiore a euro 206 (1).

2. La condanna importa l'interdizione dai pubblici uffici.

(1) L'importo di cui al presente comma è stato elevato dall'art. 3 della l. 12/7/1961, n. 603 e successivamente dall'art. 113, co. 1, l. 24/11/1981, n. 689.

229. Accettazione di retribuzione non dovuta. – 1. Il curatore del fallimento che riceve o pattuisce una retribuzione, in danaro o in altra forma, in aggiunta di quella liquidata in suo favore dal tribunale o dal giudice delegato, è punito con la reclusione da tre mesi a due anni e con la multa da euro 103 a euro 516 (1).

2. Nei casi più gravi alla condanna può aggiungersi l'inabilitazione temporanea all'ufficio di amministratore per la durata non inferiore a due anni.

(1) L'importo di cui al presente comma è stato elevato dall'art. 3 della l. 12/7/1961, n. 603 e successivamente dall'art. 113, co. 1, l. 24/11/1981, n. 689.

230. Omessa consegna o deposito di cose del fallimento. – 1. Il curatore che non ottempera all'ordine del giudice di consegnare o depositare somme o altra cosa del fallimento, ch'egli detiene a causa del suo ufficio, è punito con la reclusione fino a due anni e con la multa fino a euro 1.032 (1).

2. Se il fatto avviene per colpa, si applica la reclusione fino a sei mesi o la multa fino a euro 309 (1).

(1) L'importo di cui al presente comma è stato elevato dall'art. 3 della l. 12/7/1961, n. 603 e successivamente dall'art. 113, co. 1, l. 24/11/1981, n. 689.

231. Coadiutori del curatore. – 1. Le disposizioni degli artt. 228, 229 e 230 si applicano anche alle persone che coadiuvano il curatore nell'amministrazione del fallimento.

232. Domande di ammissione di crediti simulati o distrazioni senza concorso col fallito. – 1. È punito con la reclusione da uno a cinque anni e con la multa da euro 51 a euro 516, chiunque fuori dei casi di concorso in bancarotta anche per interposta persona presenta domanda di ammissione al passivo del fallimento per un credito fraudolentemente simulato (1).

2. Se la domanda è ritirata prima della verificazione dello stato passivo, la pena è ridotta alla metà.

3. È punito con la reclusione da uno a cinque anni chiunque:

1) dopo la dichiarazione di fallimento, fuori dei casi di concorso in bancarotta o di favoreggiamento, sottrae, distrae, ricetta ovvero in pubbliche o private dichiarazioni dissimula beni del fallito;

2) essendo consapevole dello stato di dissesto dell'imprenditore distrae o ricetta merci o altri beni dello stesso o li acquista a prezzo notevolmente inferiore al valore corrente, se il fallimento si verifica.

4. La pena, nei casi previsti ai nn. 1 e 2, è aumentata se l'acquirente è un imprenditore che esercita un'attività commerciale.

(1) L'importo di cui al presente comma è stato elevato dall'art. 3 della l. 12/7/1961, n. 603 e successivamente dall'art. 113, co. 1, l. 24/11/1981, n. 689.

233. Mercato di voto. – 1. Il creditore che stipula col fallito o con altri nell'interesse del fallito vantaggi a proprio favore per dare il suo voto nel concordato o nelle deliberazioni del comitato dei creditori, è punito con la reclusione da sei mesi a tre anni e con la multa non inferiore a euro 103 (1).

2. La somma o le cose ricevute dal creditore sono confiscate.

3. La stessa pena si applica al fallito e a chi ha contrattato col creditore nell'interesse del fallito.

(1) L'importo di cui al presente comma è stato elevato dall'art. 3 della l. 12/7/1961, n. 603 e successivamente dall'art. 113, co. 1, l. 24/11/1981, n. 689.

234. Esercizio abusivo di attività commerciale. – 1. Chiunque esercita un'impresa commerciale, sebbene si trovi in stato di inabilitazione ad esercitarla per effetto di condanna penale, è punito con la reclusione fino a due anni e con la multa non inferiore a euro 103 (1).

(1) L'importo di cui al presente comma è stato elevato dall'art. 3 della l. 12/7/1961, n. 603 e successivamente dall'art. 113, co. 1, l. 24/11/1981, n. 689.

235. Omessa trasmissione dell'elenco dei protesti cambiari (1). – 1. Il pubblico ufficiale abilitato a levare protesti cambiari che, senza giustificato motivo, omette di inviare nel termine prescritto al presidente del tribunale gli elenchi dei protesti cambiari per mancato pagamento, o invia elenchi incompleti, è punito con la sanzione amministrativa da euro 258 a euro 1.549 (2).

2. La stessa pena si applica al procuratore del registro che nel termine prescritto non trasmette l'elenco delle dichiarazioni di rifiuto di pagamento a norma dell'articolo 13, secondo comma, o trasmette un elenco incompleto.

(1) Articolo sostituito dall'art. 48 della l. 24/11/1981, n. 689.

(2) A norma dell'art. 1, co. 1, lett. c), l. 28/12/1993, n. 561 la sanzione originaria dell'ammenda è stata sostituita dalla sanzione amministrativa e l'importo è stato così elevato dall'art. 2, co. 1, lett. b) della medesima legge.

Capo III
Disposizioni applicabili nel caso di concordato preventivo, accordi di ristrutturazione dei debiti, piani attestati e liquidazione coatta amministrativa (1)

(1) A norma dell'art. 147, co. 2, d.lg. 9/1/2006, n. 5 sono soppressi tutti i riferimenti all'amministrazione controllata contenuti nel presente regio decreto.

236. Concordato preventivo e, accordo di ristrutturazione con intermediari finanziari, e convenzione di moratoria (1). – 1. È punito con la reclusione da uno a cinque anni l'imprenditore, che, al solo scopo di essere ammesso alla procedura di concordato preventivo o di ottenere l'omologazione di un accordo di ristrutturazione con intermediari finanziari o il consenso degli intermediari finanziari alla sottoscrizione della convenzione di moratoria (2) o di amministrazione controllata, siasi attribuito attività inesistenti, ovvero, per influire sulla formazione delle maggioranze, abbia simulato crediti in tutto o in parte inesistenti (1).

2. Nel caso di concordato preventivo o di amministrazione controllata, si applicano:

1) le disposizioni degli artt. 223 e 224 agli amministratori, direttori generali, sindaci e liquidatori di società;

2) la disposizione dell'art. 227 agli institori dell'imprenditore;

3) le disposizioni degli artt. 228 e 229 e al commissario del concordato preventivo o dell'amministrazione controllata;

4) le disposizioni degli artt. 232 e 233 ai creditori (1).

3. Nel caso di accordo di ristrutturazione con intermediari finanziari o di convenzione di moratoria, si applicano le disposizioni previste dal secondo comma, numeri 1), 2) e 4) (3).

(1) A norma dell'art. 147, co. 2, d.lg. 9/1/2006, n. 5 sono soppressi tutti i riferimenti all'amministrazione controllata contenuti nel presente regio decreto.

• Rubrica modificata dall'art. 10, co. 1, lett. a), d.l. 27/6/2015, n. 83, convertito in l. 6/8/2015, n. 132.

(2) Il periodo da "o di ottenere" fino a "moratoria" è stato inserito dall'art. 10, co. 1, lett. a), d.l. 27/6/2015, n. 83, convertito in l. 6/8/2015, n. 132.

(3) Comma inserito dall'art. 10, co. 1, lett. a), d.l. 27/6/2015, n. 83, convertito in l. 6/8/2015, n. 132.

236 bis. Falso in attestazioni e relazioni (1). – 1. Il professionista che nelle relazioni o attestazioni di cui agli articoli 67, terzo comma, lettera d), 161, terzo comma, 182-bis, 182-quinquies,

182-septies (2) e 186-bis espone informazioni false ovvero omette di riferire informazioni rilevanti, è punito con la reclusione da due a cinque anni e con la multa da 50.000 a 100.000 euro.

2. Se il fatto è commesso al fine di conseguire un ingiusto profitto per sé o per altri, la pena è aumentata.

3. Se dal fatto consegue un danno per i creditori la pena è aumentata fino alla metà.

(1) Articolo inserito dall'art. 33, co. 1, lett. l), d.l. 22/6/2012, n. 83, con la decorrenza indicata dal co. 3 del medesimo art. 33 del suddetto d.l. n. 83/2012.

(2) Le parole "182-septies" sono state inserite dall'art. 10, co. 1, lett. b), d.l. 27/6/2015, n. 83, convertito in l. 6/8/2015, n. 132.

237. Liquidazione coatta amministrativa (1). – 1. L'accertamento giudiziale dello stato di insolvenza a norma degli articoli 195 e 202 è equiparato alla dichiarazione di fallimento ai fini dell'applicazione delle disposizioni del presente titolo.

2. Nel caso di liquidazione coatta amministrativa, si applicano al commissario liquidatore ed alle persone che lo coadiuvano nell'amministrazione della procedura le disposizioni degli articoli 228, 229 e 230.

(1) Articolo sostituito dall'art. 99, d.lg. 8/7/1999, n. 270.

Capo IV
Disposizioni di procedura

238. Esercizio dell'azione penale per reati in materia di fallimento. – 1. Per i reati previsti negli artt. 216, 217, 223 e 224 l'azione penale è esercitata dopo la comunicazione della sentenza dichiarativa di fallimento di cui all'art. 17.

2. È iniziata anche prima nel caso previsto dall'art. 7 e in ogni altro in cui concorrano gravi motivi e già esista o sia contemporaneamente presentata domanda per ottenere la dichiarazione suddetta.

***239. Mandato di cattura**. – 1. Per i reati preveduti negli articoli 216, 222, 223, 227 e 236, in rapporto all'art. 216, comma 1 e 2, e nel caso di inosservanza dell'ordine di cui all'art. 16, n. 3, è obbligatoria la spedizione del mandato di cattura. 2. Negli altri casi il mandato di cattura è facoltativo.*

* Articolo abrogato dall'articolo unico della l. 18/11/1964, n. 1217.

240. Costituzione di parte civile. – 1. Il curatore, il commissario giudiziale e il commissario liquidatore possono costituirsi parte civile nel procedimento penale per i reati preveduti nel presente titolo, anche contro il fallito.

2. I creditori possono costituirsi parte civile nel procedimento penale per bancarotta fraudolenta quando manca la costituzione del curatore, del commissario giudiziale o del commissario liquidatore o quando intendono far valere un titolo di azione propria personale.

241. Riabilitazione. – 1. La riabilitazione civile del fallito estingue il reato di bancarotta semplice. Se vi è condanna, ne fa cessare l'esecuzione e gli effetti.

TITOLO VII
DISPOSIZIONI TRANSITORIE

242. Disposizione generale. – 1. Gli effetti della sentenza dichiarativa di fallimento pronunciata prima della entrata in vigore del presente decreto sono regolati dalle leggi anteriori.

2. Tuttavia le forme del procedimento stabilite dal presente decreto si applicano anche alle procedure di fallimento in corso, salvo quanto disposto dagli articoli seguenti.

3. Conservano in ogni caso la loro efficacia gli atti anteriormente compiuti, se erano validi secondo le norme anteriori.

243. Rappresentante degli eredi. – 1. Nei fallimenti in corso il rappresentante degli eredi previsto dall'art. 12, comma secondo deve essere designato entro quindici giorni dall'entrata in vigore del presente decreto.

244. Sentenza dichiarativa di fallimento. – 1. Le opposizioni alla sentenza dichiarativa di fallimento pronunciata prima dell'entrata in vigore del presente decreto sono regolate dalle leggi anteriori.

2. Il gravame contro il provvedimento che respinge la istanza di fallimento è regolata dalle nuove disposizioni, sempreché la causa relativa non sia stata già assegnata a sentenza.

245. Deposito delle somme riscosse. – 1. Il curatore, entro trenta giorni dalla data dell'entrata in vigore del presente decreto, deve provvedere in conformità alle disposizioni dell'art. 34 per i depositi di somme effettuati anteriormente alla predetta data.

246. Provvedimenti del giudice delegato. – 1. I reclami contro i provvedimenti del giudice delegato sono regolati dalle nuove disposizioni, sempreché le cause relative non siano già state assegnate a sentenza.

247. Delegazione dei creditori. – 1. Nei fallimenti in corso le delegazioni dei creditori già costituite rimangono in carica. Tuttavia ove si debba procedere alla sostituzione di uno o più membri di essi, si applicano le norme dell'art. 40.

248. Esercizio provvisorio. – 1. Le disposizioni dell'art. 90 si applicano anche all'esercizio provvisorio dell'impresa del fallito in corso alla data di entrata in vigore del presente decreto.

249. Giudizi di retrodatazione. – 1. Per i fallimenti dichiarati anteriormente all'entrata in vigore del presente decreto il giudizio per la determinazione della data di cessazione dei pagamenti e le opposizioni contro la sentenza che determina tale data sono regolati dalle leggi anteriori, salva l'osservanza dell'art. 265.

250. Accertamento del passivo. – 1. Il procedimento per l'accertamento del passivo, quando il verbale di verificazione dei crediti è stato chiuso prima dell'entrata in vigore del presente decreto, prosegue secondo le norme anteriori.

2. Per i fallimenti dichiarati anteriormente alla data di entrata in vigore del presente decreto, alle domande di rivendicazione, di separazione o di restituzione di cose mobili si applicano le disposizioni anteriori.

251. Domande tardive e istanze di revocazione. – 1. Se sono in corso giudizi su domande tardive per l'ammissione di crediti al passivo o su istanze di revocazione contro crediti ammessi e le cause relative non sono già state assegnate a sentenza, il tribunale con ordinanza rimette le parti davanti al giudice delegato per la prosecuzione del giudizio secondo le disposizioni degli artt. 101 e 102.

252. Liquidazione dell'attivo. – 1. Se prima della entrata in vigore del presente decreto è stata eseguita o autorizzata la vendita di beni compresi nel fallimento il relativo procedimento prosegue secondo le disposizioni anteriori.

253. Ripartizione dell'attivo. – 1. Alla ripartizione dell'attivo fra i creditori si applicano le nuove disposizioni a meno che lo stato di ripartizione non sia stato già reso esecutivo con ordinanza del giudice delegato pronunciata anteriormente alla data di entrata in vigore del presente decreto.

254. Rendiconto del curatore. – 1. Se il curatore ha presentato il conto della gestione, ma questo non è stato ancora approvato a norma delle leggi anteriori prima dell'entrata in vigore del presente decreto, la procedura per l'approvazione del conto prosegue secondo le nuove disposizioni.

255. Concordato. – 1. La proposta di concordato presentata prima dell'entrata in vigore del presente decreto conserva la sua efficacia se era valida secondo le leggi anteriori.

2. L'approvazione della proposta di concordato in relazione alla quale il giudice delegato ha ordinato la convocazione dei creditori prima dell'entrata in vigore del presente decreto ha luogo secondo le disposizioni anteriori. Ma il giudizio di omologazione è regolato dalle nuove disposizioni.

3. Se un giudizio di omologazione di concordato è in corso, ma non ancora assegnato a sentenza, alla data di entrata in vigore del presente decreto, il tribunale rimette con ordinanza gli atti al giudice delegato per la prosecuzione del giudizio secondo le nuove disposizioni.

4. Gli effetti e le modalità di esecuzione del concordato sono regolati dalle nuove disposizioni, a meno che la sentenza di omologazione non sia passata in giudicato prima dell'entrata in vigore del presente decreto.

5. Tuttavia i termini previsti dagli artt. 137 e 138 per l'esercizio delle azioni di risoluzione e di annullamento si applicano anche ai concordati omologati prima della data di entrata in vigore del presente decreto con decorrenza dalla data medesima, a meno che il tempo ancora utile per proporre l'azione, secondo le disposizioni anteriori, sia più breve.

256. Riabilitazione civile. – 1. Anche per i fallimenti dichiarati anteriormente alla data di entrata in vigore del presente decreto il fallito, che non ha già ottenuto la cancellazione dall'albo dei falliti a norma delle leggi anteriori, può chiedere la riabilitazione civile secondo le norme del presente decreto.

2. La cancellazione dall'albo dei falliti ottenuta a norma delle leggi anteriori produce gli stessi effetti della riabilitazione civile.

257. Azione di responsabilità contro gli amministratori. – 1. Il giudice può autorizzare le misure cautelari previste dall'art. 146 anche se l'azione di responsabilità contro gli amministratori è stata disposta prima dell'entrata in vigore del presente decreto.

258. Versamenti dei soci. – 1. Nei giudizi promossi contro soci per i versamenti ancora dovuti, in corso alla data di entrata in vigore del presente decreto, se la causa non è stata ancora assegnata a sentenza, il tribunale rimette le parti con ordinanza davanti al giudice delegato, che provvede a termini dell'art. 150.

259. Piccoli fallimenti. – 1. Per i piccoli fallimenti in corso all'entrata in vigore del presente decreto si applicano le disposizioni anteriori.

260. Concordato preventivo. – 1. La procedura di concordato preventivo, per la quale prima dell'entrata in vigore del presente decreto sia intervenuto il decreto previsto dall'art. 4 della L. 24 maggio 1903, n. 197, sul concordato preventivo e sulla procedura dei piccoli fallimenti, prosegue secondo le disposizioni anteriori. Ma il giudizio di omologazione è regolato dalle nuove disposizioni.

2. Per i giudizi di omologazione in corso e per gli effetti e le modalità di esecuzione del concordato si applicano le disposizioni dell'art. 255, commi secondo, terzo e quarto.

261. Liquidazione coatta amministrativa. – 1. Le liquidazioni coatte amministrative in corso alla data di entrata in vigore del presente decreto proseguono secondo le disposizioni anteriori.

2. Se per un'impresa soggetta a liquidazione coatta amministrativa è in corso la procedura di fallimento o di concordato questa prosegue fino al suo compimento.

262. Iscrizione nel registro delle imprese. – 1. Fino all'attuazione del registro delle imprese non si fa luogo alle iscrizioni che secondo il presente decreto dovrebbero essere eseguite in detto registro.

2. Tuttavia i provvedimenti relativi alle società, per i quali sia prevista la iscrizione nel registro delle imprese, sono iscritti nei registri di cancelleria presso i tribunali, provvisoriamente mantenuti.

263. Ruolo degli amministratori giudiziari. – 1. Col regio decreto preveduto nell'art. 27, comma terzo, o con altro decreto separato saranno riunite e coordinate le disposizioni in vigore relative al fondo speciale preveduto nella L. 10 luglio 1930, n. 995.

2. Fino a quando non sarà emanato il regio decreto anzidetto continueranno ad osservarsi le disposizioni del R.D. 20 novembre 1930, n. 1595 e le altre norme ora in vigore riguardanti la formazione dei ruoli e la nomina e disciplina degli amministratori giudiziari.

3. Parimenti continueranno ad osservarsi, fino a quando non sarà provveduto ai sensi dell'art. 39, le norme contenute nel D.M. 30 novembre 1930 sulla determinazione della misura dei compensi spettanti ai curatori dei fallimenti (1).

(1) Vedi ora d.m. 28/7/1992, n. 570.

264. Istituto di credito. – 1. Quando nel presente decreto si fa riferimento a Istituti di credito in detta espressione s'intendono comprese, oltre l'istituto di emissione, le imprese autorizzate e controllate a norma delle leggi vigenti dall'ispettorato per la difesa del risparmio e per l'esercizio del credito (1).

(1) A norma del d.lgs.lt. 14/9/1944, n. 226 l'Ispettorato è stato soppresso. Le funzioni svolte dall'Ispettorato sono state trasferite alla Banca d'Italia ai sensi di quanto disposto dal d.lg.c.p.s. 17/7/1947, n. 691.

265. Norma di rinvio. – 1. Le disposizioni transitorie per il codice di procedura civile approvate con R.D. 18 dicembre 1941, n. 1368, si applicano anche ai procedimenti in corso connessi alle procedure di fallimento o di concordato preventivo.

266. Disposizioni abrogate. – Con l'entrata in vigore del presente decreto sono abrogate le disposizioni del codice di commercio approvato con L. 2 aprile 1882, n. 681, relative al fallimento, le disposizioni della L. 24 maggio 1903, n. 197, sul concordato preventivo e sulla procedura dei piccoli fallimenti, della L. 10 luglio 1930, n. 995, sul fallimento, sul concordato preventivo e sui piccoli fallimenti, salvo quanto disposto dall'art. 263, nonché ogni altra disposizione contraria o incompatibile con quelle del decreto medesimo.

L. 19 ottobre 2017, n. 155

Delega al Governo per la riforma delle discipline della crisi di impresa e dell'insolvenza

(G.U. 30 ottobre 2017, n. 254)

Capo I
Disposizioni generali

La Camera dei deputati ed il Senato della Repubblica hanno approvato;

IL PRESIDENTE DELLA REPUBBLICA

Promulga la seguente legge:

1. Oggetto della delega al Governo e procedure per l'esercizio della stessa. – 1. Il Governo è delegato ad adottare, entro dodici mesi dalla data di entrata in vigore della presente legge, con l'osservanza dei principi e criteri direttivi di cui alla medesima legge, uno o più decreti legislativi per la riforma organica delle procedure concorsuali di cui al regio decreto 16 marzo 1942, n. 267, e della disciplina sulla composizione delle crisi da sovraindebitamento di cui alla legge 27 gennaio 2012, n. 3, nonché per la revisione del sistema dei privilegi e delle garanzie.

2. Nell'esercizio della delega di cui al comma 1 il Governo tiene conto della normativa dell'Unione europea e in particolare del regolamento (UE) n. 2015/848 del Parlamento europeo e del Consiglio, del 20 maggio 2015, relativo alle procedure di insolvenza, della raccomandazione 2014/135/UE della Commissione, del 12 marzo 2014, nonché dei principi della model law elaborati in materia di insolvenza dalla Commissione delle Nazioni Unite per il diritto commerciale internazionale (UNCITRAL); cura altresì il coordinamento con le disposizioni vigenti, anche modificando la formulazione e la collocazione delle norme non direttamente investite dai principi e criteri direttivi di delega, in modo da renderle ad essi conformi, e adottando le opportune disposizioni transitorie.

3. I decreti legislativi di cui al comma 1 sono adottati su proposta del Ministro della giustizia, di concerto con il Ministro dell'economia e delle finanze e con il Ministro del lavoro e delle politiche sociali. Essi sono successivamente trasmessi alla Camera dei deputati e al Senato della Repubblica, entro il sessantesimo giorno antecedente la scadenza del termine per l'esercizio della delega, per l'espressione dei pareri delle rispettive Commissioni parlamentari competenti per materia e per gli aspetti finanziari, da rendere entro il termine di trenta giorni, decorso inutilmente il quale i decreti possono essere comunque emanati. Il termine per l'esercizio della delega è prorogato di sessanta giorni quando il termine per l'espressione del parere delle Commissioni parlamentari scade nei trenta giorni antecedenti la scadenza del termine di cui al comma 1 o successivamente.

2. Principi generali. – 1. Nell'esercizio della delega di cui all'articolo 1 il Governo provvede a riformare in modo organico la disciplina delle procedure concorsuali attenendosi ai seguenti principi generali:

a) sostituire il termine «fallimento» e i suoi derivati con l'espressione «liquidazione giudiziale», adeguando dal punto di vista lessicale anche le relative disposizioni penali, ferma restando la continuità delle fattispecie criminose;

b) eliminare l'ipotesi della dichiarazione di fallimento d'ufficio, di cui all'articolo 3, comma 1, del decreto legislativo 8 luglio 1999, n. 270;

c) introdurre una definizione dello stato di crisi, intesa come probabilità di futura insolvenza, anche tenendo conto delle elaborazioni della scienza aziendalistica, mantenendo l'attuale nozione di insolvenza di cui all'articolo 5 del regio decreto 16 marzo 1942, n. 267;

d) adottare un unico modello processuale per l'accertamento dello stato di crisi o di insolvenza del debitore, in conformità all'articolo 15 del regio decreto 16 marzo 1942, n. 267, e con caratteristiche di particolare celerità, anche in fase di reclamo, prevedendo la legittimazione ad agire dei soggetti con funzioni di controllo e di vigilanza sull'impresa, ammettendo l'iniziativa del pubblico ministero in ogni caso in cui egli abbia notizia dell'esistenza di uno stato di insolvenza, specificando la disciplina delle misure cautelari, con attribuzione della relativa competenza anche alla Corte di appello, e armonizzando il regime delle impugnazioni, con particolare riguardo all'efficacia delle pronunce rese avverso i provvedimenti di apertura della procedura di liquidazione giudiziale ovvero di omologazione del concordato;

e) assoggettare al procedimento di accertamento dello stato di crisi o di insolvenza ogni categoria di debitore, sia esso persona fisica o giuridica, ente collettivo, consumatore, professionista o imprenditore esercente un'attività commerciale, agricola o artigianale, con esclusione dei soli enti pubblici, disciplinando distintamente i diversi esiti possibili, con riguardo all'apertura di procedure di regolazione concordata o coattiva, conservativa o liquidatoria, tenendo conto delle relative peculiarità soggettive e oggettive e in particolare assimilando il trattamento dell'imprenditore che dimostri di rivestire un profilo dimensionale inferiore a parametri predeterminati, ai sensi dell'articolo 1 del regio decreto 16 marzo 1942, n. 267, a quello riservato a debitori civili, professionisti e consumatori, di cui all'articolo 9 della presente legge;

f) recepire, ai fini della disciplina della competenza territoriale, la nozione di «centro degli interessi principali del debitore» definita dall'ordinamento dell'Unione europea;

g) dare priorità di trattazione, fatti salvi i casi di abuso, alle proposte che comportino il superamento della crisi assicurando la continuità aziendale, anche tramite un diverso imprenditore, purché funzionali al miglior soddisfacimento dei creditori e purché la valutazione di convenienza sia illustrata nel piano, riservando la liquidazione giudiziale ai casi nei quali non sia proposta un'idonea soluzione alternativa;

h) uniformare e semplificare, in raccordo con le disposizioni sul processo civile telematico, la disciplina dei diversi riti speciali previsti dalle disposizioni in materia concorsuale;

i) prevedere che la notificazione nei confronti del debitore, che sia un professionista o un imprenditore, degli atti delle procedure concorsuali e, in particolare, dell'atto che dà inizio al procedimento di accertamento dello stato di crisi abbia luogo obbligatoriamente all'indirizzo del servizio elettronico di recapito certificato qualificato o di posta elettronica certificata del debitore risultante dal registro delle imprese ovvero dall'indice nazionale degli indirizzi di posta elettronica certificata (INI-PEC) delle imprese e dei professionisti; prevedere una procedura telematica alternativa, quando la notificazione a mezzo di posta elettronica certificata, per causa imputabile al destinatario, non è possibile o non ha esito positivo, individuando le modalità e i termini di accesso agli atti ai fini del perfezionamento della notificazione senza altra formalità; prevedere che, al fine di consentire che le notificazioni abbiano luogo con modalità telematiche, l'imprenditore sia tenuto a mantenere attivo l'indirizzo del servizio elettronico di recapito certificato qualificato o di posta elettronica certificata comunicato all'INI-PEC per un anno decorrente dalla data della cancellazione dal registro delle imprese;

l) ridurre la durata e i costi delle procedure concorsuali, anche attraverso misure di responsabilizzazione degli organi di gestione e di contenimento delle ipotesi di predazione, con riguardo altresì ai compensi dei professionisti, al fine di evitare che il pagamento dei crediti prededucibili assorba in misura rilevante l'attivo delle procedure;

m) riformulare le disposizioni che hanno originato contrasti interpretativi, al fine di favorirne il superamento, in coerenza con i principi stabiliti dalla presente legge;

n) assicurare la specializzazione dei giudici addetti alla materia concorsuale, con adeguamento degli organici degli uffici giudiziari la cui competenza risulti ampliata:

1) attribuendo ai tribunali sede delle sezioni specializzate in materia di impresa la competenza sulle procedure concorsuali e sulle cause che da esse derivano, relative alle imprese in amministrazione straordinaria e ai gruppi di imprese di rilevante dimensione;

2) mantenendo invariati i vigenti criteri di attribuzione della competenza per le procedure di crisi o insolvenza del consumatore, del professionista e dell'imprenditore in possesso del profilo dimensionale ridotto di cui alla lettera e);

3) individuando tra i tribunali esistenti, quelli competenti alla trattazione delle procedure concorsuali relative alle imprese diverse da quelle di cui ai numeri 1) e 2), sulla base di criteri oggettivi e omogenei basati sui seguenti indicatori:

3.1) il numero dei giudici professionali previsti nella pianta organica di ciascun tribunale, da valutare in relazione ai limiti dimensionali previsti ai fini della costituzione di una sezione che si occupi in via esclusiva della materia;

3.2) il numero delle procedure concorsuali sopravvenute nel corso degli ultimi cinque anni;

3.3) il numero delle procedure concorsuali definite nel corso degli ultimi cinque anni;

3.4) la durata delle procedure concorsuali nel corso degli ultimi cinque anni;

3.5) il rapporto tra gli indicatori di cui ai numeri 3.2), 3.3) e 3.4) e il corrispondente dato medio nazionale riferito alle procedure concorsuali;

3.6) il numero delle imprese iscritte nel registro delle imprese;

3.7) la popolazione residente nel territorio compreso nel circondario del tribunale, ponendo questo dato in rapporto con l'indicatore di cui al numero 3.6);

o) istituire presso il Ministero della giustizia un albo dei soggetti, costituiti anche in forma associata o societaria, destinati a svolgere, su incarico del tribunale, funzioni di gestione o di controllo nell'ambito delle procedure concorsuali, con indicazione dei requisiti di professionalità, indipendenza ed esperienza necessari per l'iscrizione;

p) armonizzare le procedure di gestione della crisi e dell'insolvenza del datore di lavoro con le forme di tutela dell'occupazione e del reddito dei lavoratori che trovano fondamento nella Carta sociale europea, fatta a Strasburgo il 3 maggio 1996, ratificata ai sensi della legge 9 febbraio 1999, n. 30, e nella direttiva 2008/94/CE del Parlamento europeo e del Consiglio, del 22 ottobre 2008, nonché nella direttiva 2001/23/CE del Consiglio, del 12 marzo 2001, come interpretata dalla Corte di giustizia dell'Unione europea.

2. Per l'attuazione delle disposizioni del comma 1, lettera o), è autorizzata la spesa di euro 100.000 per l'anno 2017. Al relativo onere si provvede mediante corrispondente riduzione dello stanziamento del fondo speciale di parte corrente iscritto, ai fini del bilancio triennale 2017-2019, nell'ambito del programma «Fondi di riserva e speciali» della missione «Fondi da ripartire» dello stato di previsione del Ministero dell'economia e delle finanze per l'anno 2017, allo scopo parzialmente utilizzando l'accantonamento relativo al Ministero della giustizia.

Capo II

Principi e criteri direttivi per la riforma della disciplina delle procedure di crisi e dell'insolvenza

3. Gruppi di imprese. – 1. Nell'esercizio della delega di cui all'articolo 1, il Governo si attiene, per la disciplina della crisi e dell'insolvenza dei gruppi di imprese, ai seguenti principi e criteri direttivi:

a) prevedere una definizione di gruppo di imprese modellata sulla nozione di direzione e coordinamento di cui agli articoli 2497 e seguenti nonché di cui all'articolo 2545-septies del codice civile, corredata della presunzione semplice di assoggettamento a direzione e coordinamento in presenza di un rapporto di controllo ai sensi dell'articolo 2359 del codice civile;

b) prescrivere specifici obblighi dichiarativi nonché il deposito del bilancio consolidato di gruppo, ove redatto, a carico delle imprese appartenenti a un gruppo, a scopo di informazione sui legami di gruppo esistenti, in vista del loro assoggettamento a procedure concorsuali;

c) attribuire all'organo di gestione della procedura il potere di richiedere alla Commissione nazionale per le società e la borsa (CONSOB) o a qualsiasi altra pubblica autorità informazioni utili ad accertare l'esistenza di collegamenti di gruppo, nonché di richiedere alle società fiduciarie le generalità degli effettivi titolari di diritti sulle azioni o sulle quote a esse intestate;

d) prevedere per le imprese, in crisi o insolventi, del gruppo sottoposte alla giurisdizione dello Stato italiano la facoltà di proporre con unico ricorso domanda di omologazione di un accordo unitario di ristrutturazione dei debiti, di ammissione al concordato preventivo o di liquidazione giudiziale, ferma restando in ogni caso l'autonomia delle rispettive masse attive e passive, con predeterminazione del criterio attributivo della competenza, ai fini della gestione unitaria delle rispettive procedure concorsuali, ove le imprese abbiano la propria sede in circoscrizioni giudiziarie diverse;

e) stabilire obblighi reciproci di informazione e di collaborazione tra gli organi di gestione delle diverse procedure, nel caso in cui le imprese insolventi del gruppo siano soggette a separate procedure concorsuali, in Italia o all'estero;

f) stabilire il principio di postergazione del rimborso dei crediti di società o di imprese appartenenti allo stesso gruppo, in presenza dei presupposti di cui all'articolo 2467 del codice civile, fatte salve deroghe dirette a favorire l'erogazione di finanziamenti in funzione o in esecuzione di una procedura di concordato preventivo e di accordo di ristrutturazione dei debiti.

2. Nell'ipotesi di gestione unitaria della procedura di concordato preventivo di gruppo devono essere previsti:

a) la nomina di un unico giudice delegato e di un unico commissario giudiziale e il deposito di un unico fondo per le spese di giustizia;

b) la contemporanea e separata votazione dei creditori di ciascuna impresa;

c) gli effetti dell'eventuale annullamento o risoluzione della proposta unitaria omologata;

d) l'esclusione dal voto delle imprese del gruppo che siano titolari di crediti nei confronti delle altre imprese assoggettate alla procedura;

e) gli effetti dell'eventuale annullamento o risoluzione della proposta unitaria omologata;

f) i criteri per la formulazione del piano unitario di risoluzione della crisi del gruppo, eventualmente attraverso operazioni contrattuali e riorganizzative intragruppo funzionali alla continuità aziendale e al migliore soddisfacimento dei creditori, fatta salva la tutela in sede concorsuale per i soci e per i creditori delle singole imprese nonché per ogni altro controinteressato.

3. Nell'ipotesi di gestione unitaria della procedura di liquidazione giudiziale di gruppo devono essere previsti:

a) la nomina di un unico giudice delegato e di un unico curatore, ma di distinti comitati dei creditori per ciascuna impresa del gruppo;

b) un criterio di ripartizione proporzionale dei costi della procedura tra le singole imprese del gruppo;

c) l'attribuzione al curatore, anche nei confronti di imprese non insolventi del gruppo, del potere di:

1) azionare rimedi contro operazioni antecedenti l'accertamento dello stato di insolvenza e dirette a spostare risorse a un'altra impresa del gruppo, in danno dei creditori;

2) esercitare le azioni di responsabilità di cui all'articolo 2497 del codice civile;

3) promuovere la denuncia di gravi irregolarità gestionali nei confronti degli organi di amministrazione delle società del gruppo non assoggettate alla procedura di liquidazione giudiziale;

4) nel caso in cui ravvisi l'insolvenza di imprese del gruppo non ancora assoggettate alla procedura di liquidazione giudiziale, segnalare tale circostanza agli organi di amministrazione e di controllo ovvero promuovere direttamente l'accertamento dello stato di insolvenza di dette imprese;

d) la disciplina di eventuali proposte di concordato liquidatorio giudiziale, in conformità alla disposizione dell'articolo 7, comma 10, lettera d).

4. Procedure di allerta e di composizione assistita della crisi. – 1. Nell'esercizio della delega di cui all'articolo 1, il Governo disciplina l'introduzione di procedure di allerta e di composizione assistita della crisi, di natura non giudiziale e confidenziale, finalizzate a incentivare l'emersione anticipata della crisi e ad agevolare lo svolgimento di trattative tra debitore e creditori, attenendosi ai seguenti principi e criteri direttivi:

a) individuare i casi in cui le procedure di cui al presente articolo non trovano applicazione, in particolare prevedendo che non si applichino alle società quotate in borsa o in altro mercato regolamentato e alle grandi imprese come definite dalla normativa dell'Unione europea;

b) prevedere l'istituzione presso ciascuna camera di commercio, industria, artigianato e agricoltura di un apposito organismo che assista il debitore nella procedura di composizione assistita della crisi; prevedere che l'organismo nomini un collegio composto da almeno tre esperti, di cui uno designato, tra gli iscritti all'albo di cui all'articolo 2, comma 1, lettera o), dal presidente della sezione specializzata in materia di impresa del tribunale competente per il luogo in cui l'imprenditore ha sede, uno designato, tra gli iscritti al predetto albo, dalla camera di commercio, industria, artigianato e agricoltura e uno designato, tra gli iscritti al medesimo albo, da associazioni di categoria; attribuire al predetto organismo, su istanza del debitore, la competenza ad addivenire a una soluzione della crisi concordata tra il debitore e i creditori, entro un congruo termine, prorogabile solo a fronte di positivi riscontri delle trattative e, in ogni caso, non superiore complessivamente a sei mesi; precisare le condizioni in base alle quali gli atti istruttori della procedura possono essere utilizzati nell'eventuale fase giudiziale; prevedere che l'organismo dia immediata comunicazione ai creditori pubblici qualificati di cui alla lettera d) dell'avvenuta presentazione dell'istanza di cui alla presente lettera; prevedere che il collegio, non oltre la scadenza del termine di cui alla presente lettera, verifichi se è stata raggiunta una soluzione concordata tra il debitore e i creditori; prevedere che, qualora il collegio non individui misure idonee a superare la crisi e attesti lo stato di insolvenza, l'organismo ne dia notizia al pubblico ministero presso il tribunale del luogo in cui il debitore ha sede, ai fini del tempestivo accertamento dell'insolvenza medesima;

c) porre a carico degli organi di controllo societari, del revisore contabile e delle società di revisione, ciascuno nell'ambito delle proprie funzioni, l'obbligo di avvisare immediatamente l'organo amministrativo della società dell'esistenza di fondati indizi della crisi, da individuare secondo parametri corrispondenti a quelli rilevanti ai fini del riconoscimento delle misure premiali di cui alla lettera h), e, in caso di omessa o inadeguata risposta, di informare tempestivamente l'organismo di cui alla lettera b);

d) imporre a creditori pubblici qualificati, tra cui in particolare l'Agenzia delle entrate, gli enti previdenziali e gli agenti della riscossione delle imposte, l'obbligo, a pena di inefficacia dei privilegi accordati ai crediti di cui sono titolari o per i quali procedono, di segnalare immediatamente agli organi di controllo della società e, in ogni caso, all'organismo di cui alla lettera b), il perdurare di inadempimenti di importo rilevante; definire l'inadempimento di importo rilevante sulla base di criteri non assoluti ma relativi, come tali rapportati alle dimensioni dell'impresa, che considerino, in particolare, l'importo non versato delle imposte o dei contributi previdenziali autodichiarati o definitivamente accertati e, in ogni caso, siano tali da assicurare l'anticipata e tempestiva emersione della crisi in relazione a tutte le imprese soggette alle procedure di cui al presente articolo; prevedere che il creditore pubblico qualificato dia immediato avviso al debitore che la sua esposizione debitoria ha superato l'importo rilevante di cui alla presente lettera e che effettuerà la segnalazione agli organi di controllo della società e all'organismo di cui alla lettera b), se entro i successivi tre mesi il debitore non abbia attivato il procedimento di composizione assistita della crisi o non abbia estinto il debito o non abbia raggiunto un accordo con il creditore pubblico qualificato o non abbia chiesto l'ammissione ad una procedura concorsuale;

e) stabilire che l'organismo di cui alla lettera b), a seguito delle segnalazioni ricevute o su istanza del debitore, convochi immediatamente, in via riservata e confidenziale, il debitore medesimo nonché, ove si tratti di società dotata di organi di controllo, anche i componenti di questi ultimi, al fine di individuare nel più breve tempo possibile, previa verifica della situazione patrimoniale, economica e finanziaria esistente, le misure idonee a porre rimedio allo stato di crisi;

f) determinare i criteri di responsabilità del collegio sindacale in modo che, in caso di segnalazione all'organo di amministrazione e all'organismo di cui alla lettera b), non ricorra la responsabilità solidale dei sindaci con gli amministratori per le conseguenze pregiudizievoli dei fatti o delle omissioni successivi alla predetta segnalazione;

g) consentire al debitore che abbia presentato l'istanza di cui alla lettera b) o che sia stato convocato ai sensi della lettera e) di chiedere alla sezione specializzata in materia di impresa l'adozione, omessa ogni formalità non essenziale al contraddittorio, delle misure protettive necessarie per condurre a termine le trattative in corso, disciplinandone durata, effetti, regime di pubblicità, competenza a emetterle e revocabilità, anche d'ufficio in caso di atti in frode ai creditori o quando il collegio di esperti di cui alla lettera b) riferisce che non vi è possibilità di addivenire ad una soluzione concordata della crisi o che non vi sono significativi progressi nell'attuazione delle misure idonee a superare la crisi medesima;

h) prevedere misure premiali, sia di natura patrimoniale sia in termini di responsabilità personale, in favore dell'imprenditore che ha tempestivamente proposto l'istanza di cui alla lettera b) o che ha tempestivamente chiesto l'omologazione di un accordo di ristrutturazione o proposto un concordato preventivo o proposto ricorso per l'apertura della procedura di liquidazione giudiziale; includere tra le misure premiali in termini di responsabilità personale la causa di non punibilità per il delitto di bancarotta semplice e per gli altri reati previsti dalla legge fallimentare, quando abbiano cagionato un danno patrimoniale di speciale tenuità ai sensi all'articolo 219, terzo comma, del regio decreto 16 marzo 1942, n. 267, un'attenuante ad effetto speciale per gli altri reati, nonché una congrua riduzione degli interessi e delle sanzioni correlati ai debiti fiscali dell'impresa, fino alla conclusione della medesima procedura; prevedere che il requisito della tempestività ricorra esclusivamente quando il debitore abbia proposto una delle predette istanze, entro il termine di sei mesi dal verificarsi di determinati indici di natura finanziaria da individuare considerando, in particolare, il rapporto tra mezzi propri e mezzi di terzi, l'indice di rotazione dei crediti, l'indice di rotazione del magazzino e l'indice di liquidità;

i) regolare i rapporti tra la procedura di composizione assistita della crisi avviata ai sensi della lettera b) e il procedimento iniziato a norma della lettera d), prevedendo, in particolare, che, ricevuta la comunicazione dell'organismo di cui alla lettera b), il creditore qualificato sospenda la segnalazione; prevedere che l'organismo di cui alla lettera b) dia comunicazione ai creditori pubblici qualificati della conclusione del procedimento iniziato innanzi ad esso; stabilire il termine, adeguatamente contenuto e decorrente dalla data di ricezione della predetta comunicazione o da quando sono decorsi sei mesi dalla data di presentazione dell'istanza di cui alla lettera b), entro il quale il creditore pubblico qualificato effettua la segnalazione di cui alla lettera d), qualora il debitore, prima della scadenza del termine stesso, non abbia avviato la procedura di composizione assistita della crisi o non abbia estinto il debito o non abbia raggiunto un accordo con il creditore pubblico qualificato o non abbia chiesto l'ammissione ad una procedura concorsuale.

5. Accordi di ristrutturazione dei debiti e piani attestati di risanamento. – 1. Nell'esercizio della delega di cui all'articolo 1, al fine di incentivare gli accordi di ristrutturazione dei debiti, i piani attestati di risanamento e le convenzioni di moratoria nonché i relativi effetti, il Governo si attiene ai seguenti principi e criteri direttivi:

a) estendere la procedura di cui all'articolo 182-septies del regio decreto 16 marzo 1942, n. 267, all'accordo di ristrutturazione non liquidatorio o alla convenzione di moratoria conclusi con creditori, anche diversi da banche e intermediari finanziari, rappresentanti almeno il 75 per cento dei crediti di una o più categorie giuridicamente ed economicamente omogenee;

b) eliminare o ridurre il limite del 60 per cento dei crediti previsto nell'articolo 182-bis del regio decreto 16 marzo 1942, n. 267, ove il debitore non proponga la moratoria del pagamento dei creditori estranei, di cui al primo comma del citato articolo 182-bis, né richieda le misure protettive previste dal sesto comma del medesimo articolo;

c) assimilare la disciplina delle misure protettive degli accordi di ristrutturazione dei debiti a quella prevista per la procedura di concordato preventivo, in quanto compatibile;

d) estendere gli effetti dell'accordo ai soci illimitatamente responsabili, alle medesime condizioni previste nella disciplina del concordato preventivo;

e) prevedere che il piano attestato abbia forma scritta, data certa e contenuto analitico;

f) imporre la rinnovazione delle prescritte attestazioni nel caso di successive modifiche, non marginali, dell'accordo o del piano.

6. Procedura di concordato preventivo. – 1. Nell'esercizio della delega di cui all'articolo 1, per il riordino della disciplina della procedura di concordato preventivo, il Governo si attiene ai seguenti principi e criteri direttivi:

a) prevedere l'ammissibilità di proposte che abbiano natura liquidatoria esclusivamente quando è previsto l'apporto di risorse esterne che aumentino in misura apprezzabile la soddisfazione dei creditori; è assicurato, in ogni caso, il pagamento di almeno il 20 per cento dell'ammontare complessivo dei crediti chirografari;

b) procedere alla revisione della disciplina delle misure protettive, specialmente quanto alla durata e agli effetti, prevedendone la revocabilità, su ricorso degli interessati, ove non arrechino beneficio al buon esito della procedura;

c) fissare le modalità di accertamento della veridicità dei dati aziendali e di verifica della fattibilità del piano, nonché determinare l'entità massima dei compensi spettanti ai professionisti incaricati dal debitore, da commisurare proporzionalmente all'attivo dell'impresa soggetta alla procedura; prevedere altresì che i crediti dei professionisti sorti in funzione del deposito della domanda, anche ai sensi dell'articolo 161, sesto comma, del regio decreto 16 marzo 1942, n. 267, della proposta, del piano e della documentazione di cui ai commi secondo e terzo del predetto articolo 161 siano prededucibili a condizione che la procedura sia aperta a norma dell'articolo 163 del medesimo regio decreto n. 267 del 1942;

d) individuare i casi in cui la suddivisione dei creditori in classi, secondo posizione giuridica e interessi economici omogenei, è obbligatoria, prevedendo, in ogni caso, che tale obbligo sussiste in presenza di creditori assistiti da garanzie esterne;

e) determinare i poteri del tribunale, con particolare riguardo alla valutazione della fattibilità del piano, attribuendo anche poteri di verifica in ordine alla fattibilità anche economica dello stesso, tenendo conto dei rilievi del commissario giudiziale;

f) sopprimere l'adunanza dei creditori, previa regolamentazione delle modalità telematiche per l'esercizio del voto e la formazione del contraddittorio sulle richieste delle parti, nonché adottare un sistema di calcolo delle maggioranze anche «per teste», nell'ipotesi in cui un solo creditore sia titolare di crediti pari o superiori alla maggioranza di quelli ammessi al voto, con apposita disciplina delle situazioni di conflitto di interessi;

g) disciplinare il diritto di voto dei creditori con diritto di prelazione, il cui pagamento sia dilazionato, e dei creditori soddisfatti con utilità diverse dal denaro;

h) integrare la disciplina dei provvedimenti che riguardano i rapporti pendenti, con particolare riferimento: ai presupposti della sospensione e, dopo la presentazione del piano, anche dello scioglimento; al procedimento e al ruolo del commissario giudiziale; agli effetti, in relazione agli esiti possibili della procedura, nonché alla decorrenza e alla durata nell'ipotesi di sospensione; alla competenza per la determinazione dell'indennizzo e ai relativi criteri di quantificazione;

i) integrare la disciplina del concordato con continuità aziendale, prevedendo:

1) che il piano possa contenere, salvo che sia programmata la liquidazione dei beni o diritti sui quali sussista la causa di prelazione, una moratoria per il pagamento dei creditori muniti di privilegio, pegno o ipoteca per un periodo di tempo anche superiore ad un anno, riconoscendo in tal caso ai predetti creditori il diritto di voto;

2) che tale disciplina si applichi anche alla proposta di concordato che preveda la continuità aziendale e nel contempo la liquidazione di beni non funzionali all'esercizio dell'impresa, a condizione che possa ritenersi, a seguito di una valutazione in concreto del piano, che i creditori vengano soddisfatti in misura prevalente dal ricavato prodotto dalla continuità aziendale;

3) che tale disciplina si applichi anche nei casi in cui l'azienda sia oggetto di contratto di affitto, anche se stipulato anteriormente alla domanda di concordato;

l) prevedere una più dettagliata disciplina della fase di esecuzione del piano, anche con riguardo agli effetti purgativi e alla deroga alla solidarietà passiva di cui all'articolo 2560 del codice civile, con possibilità per il tribunale di affidare ad un terzo il compito di porre in essere gli atti necessari all'esecuzione della proposta concordataria;

m) riordinare la disciplina della revoca, dell'annullamento e della risoluzione del concordato preventivo, prevedendo la legittimazione del commissario giudiziale a richiedere, su istanza di un creditore, la risoluzione del concordato per inadempimento;

n) stabilire i presupposti per l'estensione degli effetti esdebitatori ai soci illimitatamente responsabili che siano garanti della società, con eventuale distinzione tra garanzie personali e reali;

o) prevedere il riordino e la semplificazione delle varie tipologie di finanziamento alle imprese in crisi, riconoscendo stabilità alla prededuzione dei finanziamenti autorizzati dal giudice nel caso di successiva liquidazione giudiziale o amministrazione straordinaria, salvo il caso di atti in frode ai creditori;

p) disciplinare il trattamento del credito da imposta sul valore aggiunto nel concordato preventivo anche in presenza di transazione fiscale, tenendo conto anche delle pronunce della Corte di giustizia dell'Unione europea.

2. Nell'esercizio della delega di cui al comma 1, nel caso di procedura riguardante società, il Governo si attiene ai seguenti principi e criteri direttivi:

a) esplicitare presupposti, legittimazione ed effetti dell'azione sociale di responsabilità e dell'azione dei creditori sociali, in conformità ai principi dettati dal codice civile;

b) imporre agli organi della società il dovere di dare tempestiva attuazione alla proposta omologata, stabilendo che, in caso di comportamenti dilatori od ostruzionistici, l'attuazione possa essere affidata ad un amministratore provvisorio, nominato dal tribunale, dotato dei poteri spettanti all'assemblea ovvero del potere di sostituirsi ai soci nell'esercizio del voto in assemblea, con la garanzia di adeguati strumenti d'informazione e di tutela, in sede concorsuale, dei soci;

c) prevedere che, in caso di operazioni di trasformazione, fusione o scissione poste in essere nel corso della procedura:

1) l'opposizione dei creditori possa essere proposta solo in sede di controllo giudiziale sulla legittimità della domanda concordataria;

2) gli effetti delle operazioni siano irreversibili, anche in caso di risoluzione o di annullamento del concordato, salvo il diritto al risarcimento dei soci o dei terzi danneggiati, ai sensi degli articoli 2500-bis e 2504-quater del codice civile;

3) non spetti ai soci il diritto di recesso in conseguenza di operazioni incidenti sull'organizzazione o sulla struttura finanziaria della società.

7. Procedura di liquidazione giudiziale. – 1. Nell'esercizio della delega di cui all'articolo 1, per la disciplina delle procedure di liquidazione giudiziale, il Governo si attiene ai principi e criteri direttivi di cui al presente articolo.

2. Il Governo adotta misure dirette a rendere più efficace la funzione del curatore:

a) integrando la disciplina sulle incompatibilità tra gli incarichi assunti nel succedersi delle procedure;

b) definendo i poteri di accertamento e di accesso a pubbliche amministrazioni e a banche di dati, per assicurare l'effettività dell'apprensione dell'attivo, anche responsabilizzando il debitore;

c) specificando il contenuto minimo del programma di liquidazione;

d) chiarendo l'ambito dei poteri giudiziali di cui all'articolo 108, secondo comma, del regio decreto 16 marzo 1942, n. 267, in ipotesi di subentro del curatore nel contratto preliminare di vendita;

e) attribuendo al curatore, previa acquisizione delle prescritte autorizzazioni, i poteri per il compimento degli atti e delle operazioni riguardanti l'organizzazione e la struttura finanziaria della società, previsti nel programma di liquidazione, assicurando un'adeguata e tempestiva informazione dei soci e dei creditori della società nonché idonei strumenti di tutela, in sede concorsuale, degli stessi e dei terzi interessati.

3. Al fine di semplificare la gestione delle procedure meno complesse, le funzioni del comitato dei creditori possono essere sostituite con forme di consultazione telematica del ceto creditorio, anche nelle modalità del silenzio-assenso.

4. La procedura di liquidazione giudiziale è potenziata mediante l'adozione di misure dirette a:

a) escludere l'operatività di esecuzioni speciali e di privilegi processuali, anche fondiari; prevedere, in ogni caso, che il privilegio fondiario continui ad operare sino alla scadenza del secondo anno successivo a quello di entrata in vigore del decreto legislativo ovvero dell'ultimo dei decreti legislativi emanati in attuazione della delega di cui all'articolo 1;

b) far decorrere il periodo sospetto per le azioni di inefficacia e revocatoria, a ritroso, dal deposito della domanda cui sia seguita l'apertura della liquidazione giudiziale, fermo restando il disposto dell'articolo 69-bis, secondo comma, del regio decreto 16 marzo 1942, n. 267.

5. Ai fini dell'esercizio delle azioni di responsabilità, il Governo prevede la legittimazione del curatore a promuovere o a proseguire:

a) per le società di capitali e per le società cooperative, l'azione sociale di responsabilità e l'azione dei creditori sociali prevista dall'articolo 2394 del codice civile, l'azione prevista dall'articolo 2476, settimo comma, del codice civile, le azioni di responsabilità previste dall'articolo 2497 del codice civile e le altre analoghe azioni di responsabilità contemplate da singole disposizioni di legge;

b) l'azione sociale di responsabilità e l'azione dei creditori sociali prevista dall'articolo 2394 del codice civile, in caso di violazione delle regole di separatezza fra uno o più patrimoni destinati costituiti dalla società e il patrimonio della società medesima;

c) per le società di persone, l'azione sociale di responsabilità nei confronti del socio amministratore cui non sia stata personalmente estesa la procedura di liquidazione giudiziale.

6. La disciplina dei rapporti giuridici pendenti è integrata:

a) limitando la prededuzione, in ogni caso di prosecuzione o di subentro del curatore, compreso l'esercizio provvisorio e salva diversa previsione normativa, ai soli crediti maturati nel corso della procedura;

b) prevedendo lo scioglimento dei contratti aventi carattere personale che non proseguano con il consenso della controparte;

c) dettando un'autonoma regolamentazione del contratto preliminare, anche in relazione alla disciplina degli immobili da costruire.

7. La disciplina degli effetti della procedura sui rapporti di lavoro subordinato è coordinata con la legislazione vigente in materia di diritto del lavoro, per quanto concerne il licenziamento, le forme assicurative e di integrazione salariale, il trattamento di fine rapporto e le modalità di insinuazione al passivo.

8. Il sistema di accertamento del passivo è improntato a criteri di maggiore rapidità, snellezza e concentrazione, adottando misure dirette a:

a) agevolare la presentazione telematica delle domande tempestive di creditori e terzi, anche non residenti nel territorio nazionale, restringendo l'ammissibilità delle domande tardive;

b) introdurre preclusioni attenuate già nella fase monocratica;

c) prevedere forme semplificate per le domande di minor valore o complessità;

d) assicurare stabilità alle decisioni sui diritti reali immobiliari;

e) attrarre nella sede concorsuale l'accertamento di ogni credito opposto in compensazione ai sensi dell'articolo 56 del regio decreto 16 marzo 1942, n. 267;

f) chiarire le modalità di verifica dei diritti vantati su beni del debitore che sia costituito terzo datore di ipoteca;

g) adeguare i criteri civilistici di computo degli interessi alle modalità di liquidazione dell'attivo di cui al comma 9.

9. L'obiettivo della massima trasparenza ed efficienza delle operazioni di liquidazione dell'attivo della procedura è perseguito:

a) introducendo sistemi informativi e di vigilanza della gestione liquidatoria, caratterizzati da trasparenza, pubblicità e obblighi di rendicontazione;

b) garantendo la competitività delle operazioni di liquidazione nell'ambito del mercato unitario telematico nazionale delle vendite, caratterizzato:

1) dalla presenza di un ente che certifichi la ragionevole probabilità di soddisfazione dei crediti insinuati al passivo di ciascuna procedura aderente al sistema;

2) dalla presenza di un operatore del sistema di regolamento e di compensazione;

3) dal riconoscimento, ai creditori che ne facciano richiesta, di un titolo che li abiliti a partecipare alle vendite dei beni in misura proporzionale alla probabilità di soddisfazione del loro credito, certificata dall'ente di cui al numero 1);

4) dalla presenza di uno o più fondi per la gestione dei beni invenduti;

c) introducendo misure volte a garantire all'insolvente i diritti di informazione, accesso e partecipazione, prevedendo che, fatte salve le eventuali limitazioni motivatamente e specificamente fissate dal giudice delegato, all'insolvente medesimo sia assicurata l'informazione sull'andamento della procedura e che lo stesso abbia diritto di accesso agli atti della procedura non coperti da segreto, con possibilità di prenderne visione e di estrarne copia.

10. Al fine di accelerare la chiusura della procedura di cui al presente articolo, sono adottate misure dirette a:

a) affidare la fase di riparto al curatore, fatta salva la facoltà degli interessati di proporre opposizione, ricorrendo al giudice;

b) integrare la disciplina della chiusura della procedura in pendenza di procedimenti giudiziari, specificando che essa concerne tutti i processi nei quali è parte il curatore, comprese le azioni per l'esercizio dei diritti derivanti dalla liquidazione giudiziale e dalle procedure esecutive, nonché le azioni cautelari ed esecutive finalizzate ad ottenere l'attuazione delle decisioni favorevoli conseguite dalla liquidazione giudiziale; prevedere in particolare che il curatore conservi la legittimazione esclusiva in relazione ai predetti procedimenti e che, con il decreto di chiusura in pendenza di procedimenti giudiziari, il tribunale disponga sulle modalità del rendiconto e del riparto supplementare nonché sulla determinazione del supplemento di compenso eventualmente spettante al curatore in caso di realizzazione di ulteriore attivo; prevedere che al curatore sia consentito di mantenere aperta la partita IVA anche dopo la chiusura della liquidazione giudiziale in pendenza di procedimenti giudiziari;

c) prevedere che, alla chiusura della procedura relativa a società di capitali, nei casi di cui ai numeri 1) e 2) del primo comma dell'articolo 118 del regio decreto 16 marzo 1942, n. 267, il curatore convochi l'assemblea ordinaria dei soci per le deliberazioni necessarie ai fini della ripresa dell'attività o della sua cessazione, ovvero per la trattazione di argomenti sollecitati, con richiesta scritta, da un numero di soci che rappresenti una percentuale significativa del capitale sociale;

d) disciplinare e incentivare le proposte di concordato liquidatorio giudiziale da parte di creditori e di terzi, nonché dello stesso debitore, ove questi apporti risorse che incrementino in modo apprezzabile l'attivo.

8. Esdebitazione. – 1. Nell'esercizio della delega di cui all'articolo 1, per la disciplina della procedura di esdebitazione all'esito della procedura di liquidazione giudiziale, il Governo si attiene ai seguenti principi e criteri direttivi:

a) prevedere per il debitore la possibilità di presentare domanda di esdebitazione subito dopo la chiusura della procedura e, in ogni caso, dopo tre anni dalla sua apertura, al di fuori dei casi di frode o di malafede e purché abbia collaborato con gli organi della procedura;

b) introdurre particolari forme di esdebitazione di diritto riservate alle insolvenze minori, fatta salva per i creditori la possibilità di proporre opposizione dinanzi al tribunale;

c) prevedere anche per le società l'ammissione al beneficio della liberazione dai debiti residui nei confronti dei creditori concorsuali non soddisfatti, previo riscontro dei presupposti di meritevolezza in capo agli amministratori e, nel caso di società di persone, in capo ai soci.

9. Sovraindebitamento. – 1. Nell'esercizio della delega di cui all'articolo 1, per la disciplina della procedura di composizione delle crisi da sovraindebitamento di cui alla legge 27 gennaio 2012, n. 3, il Governo procede al riordino e alla semplificazione della disciplina in materia attenendosi ai seguenti principi e criteri direttivi:

a) comprendere nella procedura i soci illimitatamente responsabili e individuare criteri di coordinamento nella gestione delle procedure per sovraindebitamento riguardanti più membri della stessa famiglia;

b) disciplinare le soluzioni dirette a promuovere la continuazione dell'attività svolta dal debitore, nonché le modalità della loro eventuale conversione nelle soluzioni liquidatorie, anche ad istanza del debitore, e consentendo, esclusivamente per il debitore-consumatore, solo la soluzione liquidatoria, con esclusione dell'esdebitazione, nel caso in cui la crisi o l'insolvenza derivino da colpa grave, malafede o frode del debitore;

c) consentire al debitore meritevole, che non sia in grado di offrire ai creditori alcuna utilità, diretta o indiretta, nemmeno futura, di accedere all'esdebitazione solo per una volta, fatto salvo l'obbligo di pagamento del debito entro quattro anni, laddove sopravvengano utilità;

d) prevedere che il piano del consumatore possa comprendere anche la ristrutturazione dei crediti derivanti da contratti di finanziamento con cessione del quinto dello stipendio o della pensione e dalle operazioni di prestito su pegno;

e) prevedere che nella relazione dell'organismo di cui all'articolo 9, comma 3-bis, della legge 27 gennaio 2012, n. 3, sia indicato se il soggetto finanziatore, ai fini della concessione del finanziamento, abbia tenuto conto del merito creditizio del richiedente, valutato in relazione al suo reddito disponibile, dedotto l'importo necessario a mantenere un dignitoso tenore di vita;

f) precludere l'accesso alle procedure ai soggetti già esdebitati nei cinque anni precedenti la domanda o che abbiano beneficiato dell'esdebitazione per due volte, ovvero nei casi di frode accertata;

g) introdurre misure protettive simili a quelle previste nel concordato preventivo, revocabili su istanza dei creditori, o anche d'ufficio in caso di atti in frode ai creditori;

h) riconoscere l'iniziativa per l'apertura delle soluzioni liquidatorie, anche in pendenza di procedure esecutive individuali, ai creditori e, quando l'insolvenza riguardi l'imprenditore, al pubblico ministero;

i) ammettere all'esdebitazione anche le persone giuridiche, su domanda e con procedura semplificata, purché non ricorrano ipotesi di frode ai creditori o di volontario inadempimento del piano o dell'accordo;

l) prevedere misure sanzionatorie, eventualmente di natura processuale con riguardo ai poteri di impugnativa e di opposizione, a carico del creditore che abbia colpevolmente contribuito all'aggravamento della situazione di indebitamento;

m) attribuire anche ai creditori e al pubblico ministero l'iniziativa per la conversione in procedura liquidatoria, nei casi di frode o inadempimento.

10. Privilegi. – 1. Nell'esercizio della delega di cui all'articolo 1, il Governo procede al riordino e alla revisione del sistema dei privilegi, principalmente con l'obiettivo di ridurre le ipotesi di privilegio generale e speciale, con particolare riguardo ai privilegi retentivi, eliminando quelle non più attuali rispetto al tempo in cui sono state introdotte e adeguando in conformità l'ordine delle cause legittime di prelazione.

11. Garanzie non possessorie. – 1. Nell'esercizio della delega di cui all'articolo 1, per la disciplina del sistema delle garanzie reali mobiliari, il Governo si attiene ai seguenti principi e criteri direttivi:

a) regolamentare una forma di garanzia mobiliare senza spossessamento, avente ad oggetto beni, materiali o immateriali, anche futuri, determinati o determinabili, fatta salva la specifica indicazione dell'ammontare massimo garantito, eventualmente utilizzabile anche a garanzia di crediti diversi o ulteriori rispetto a quelli originariamente individuati, disciplinandone i requisiti, ivi compresa la necessità della forma scritta, e le modalità di costituzione, anche mediante iscrizione in apposito registro informatizzato, nonché le regole di opponibilità ai terzi e il concorso con gli altri creditori muniti di cause di prelazione;

b) regolamentare forme, contenuto, requisiti ed effetti dell'iscrizione nel registro informatizzato, direttamente accessibile per via telematica secondo modalità che salvaguardino la protezione dei dati, al fine di consentire le operazioni di consultazione, iscrizione, annotazione, modifica, rinnovo ed estinzione delle garanzie, nonché la regolazione del concorso conseguente all'eventualità di plurime annotazioni; subordinare le operazioni di consultazione, iscrizione, modifica, annotazione e rinnovo al pagamento di un importo in denaro, determinato anche in via regolamentare, in modo da assicurare la copertura delle spese di gestione del registro;

c) stabilire che, salvo diverso accordo delle parti, il soggetto costituente la garanzia abbia la facoltà di utilizzare, nel rispetto dei principi di buona fede e di correttezza e in ogni caso nel rispetto della destinazione economica, i beni oggetto di garanzia, anche nell'esercizio della propria attività economica, estendendo in tale caso la prelazione dai beni originari a quelli che risulteranno all'esito degli atti di disposizione, senza effetto novativo per la garanzia originariamente concessa, fatta salva la possibilità per il creditore di promuovere azioni conservative o inibitorie nel caso di abuso del costituente;

d) consentire al creditore di escutere stragiudizialmente la garanzia anche in deroga al divieto del patto commissorio, a condizione che il valore dei beni sia determinato in maniera oggettiva, fatto salvo l'obbligo di restituire immediatamente al debitore, o ad altri creditori, l'eventuale eccedenza tra il valore di realizzo o assegnazione e l'importo del credito;

e) prevedere forme di pubblicità e di controllo giurisdizionale dell'esecuzione stragiudiziale di cui alla lettera d), regolare i rapporti tra la stessa e le procedure esecutive forzate e concorsuali, adottare misure di protezione del debitore consumatore, nonché forme di tutela dei terzi che abbiano contrattato con il debitore non spossessato ovvero abbiano acquistato in buona fede diritti sul bene mobile oggetto del pegno, curando in ogni caso il coordinamento della nuova disciplina con le disposizioni normative vigenti.

2. Per l'attuazione delle disposizioni di cui al comma 1, lettera a), è autorizzata la spesa di euro 150.000 per l'anno 2017. Al relativo onere si provvede mediante corrispondente riduzione dello stanziamento del fondo speciale di parte corrente iscritto, ai fini del bilancio triennale 2017-2019, nell'ambito del programma «Fondi di riserva e speciali» della missione «Fondi da ripartire» dello stato di previsione del Ministero dell'economia e delle finanze per l'anno 2017, allo scopo parzialmente utilizzando l'accantonamento relativo al Ministero della giustizia.

12. Garanzie in favore degli acquirenti di immobili da costruire. – 1. Il Governo è delegato ad adottare, con le modalità e nei termini di cui all'articolo 1, disposizioni in materia di tutela dei diritti patrimoniali degli acquirenti di immobili da costruire, secondo i seguenti principi e criteri direttivi:

a) al fine di garantire il controllo di legalità da parte del notaio sull'adempimento dell'obbligo di stipulazione della fideiussione di cui agli articoli 2 e 3 del decreto legislativo 20 giugno 2005, n. 122, nonché dell'obbligo di rilascio della polizza assicurativa indennitaria di cui all'articolo 4 del medesimo decreto legislativo, stabilire che l'atto o il contratto avente come finalità il trasferimento non immediato della proprietà o di altro diritto reale di godimento su un immobile da costruire, nonché qualunque atto avente le medesime finalità, debba essere stipulato per atto pubblico o per scrittura privata autenticata;

b) prevedere che dall'inadempimento dell'obbligo assicurativo di cui all'articolo 4 del citato decreto legislativo n. 122 del 2005 consegua la nullità relativa del contratto, nei termini previsti dall'articolo 2, comma 1, del medesimo decreto legislativo.

13. Rapporti tra liquidazione giudiziale e misure penali. – 1. Nell'esercizio della delega di cui all'articolo 1, il Governo adotta disposizioni di coordinamento con il codice delle leggi antimafia e delle misure di prevenzione, di cui al decreto legislativo 6 settembre 2011, n. 159, stabilendo condizioni e criteri di prevalenza, rispetto alla gestione concorsuale, delle misure cautelari adottate in sede penale, anteriormente o successivamente alla dichiarazione di insolvenza.

2. Nell'esercizio della delega di cui all'articolo 1, il Governo adotta disposizioni di coordinamento con la disciplina di cui al decreto legislativo 8 giugno 2001, n. 231, e in particolare con le misure cautelari previste dalla disciplina sulla responsabilità amministrativa delle persone giuridiche, delle società e delle associazioni anche prive di personalità giuridica, nel rispetto del principio di prevalenza del regime concorsuale, salvo che ricorrano ragioni di preminente tutela di interessi di carattere penale.

14. Modifiche al codice civile. – 1. Nell'esercizio della delega di cui all'articolo 1, il Governo procede alle modifiche delle seguenti disposizioni del codice civile rese necessarie per la definizione della disciplina organica di attuazione dei principi e criteri direttivi di cui alla presente legge, in particolare prevedendo:

a) l'applicabilità dell'articolo 2394 alle società a responsabilità limitata e l'abrogazione dell'articolo 2394-bis;

b) il dovere dell'imprenditore e degli organi sociali di istituire assetti organizzativi adeguati per la rilevazione tempestiva della crisi e della perdita della continuità aziendale, nonché di attivarsi per l'adozione tempestiva di uno degli strumenti previsti dall'ordinamento per il superamento della crisi e il recupero della continuità aziendale;

c) l'assoggettamento alla procedura di liquidazione giudiziale come causa di scioglimento delle società di capitali ai sensi dell'articolo 2484;

d) la possibilità di sospensione dell'operatività della causa di scioglimento di cui all'articolo 2484, primo comma, numero 4), e all'articolo 2545-duodecies, nonché degli obblighi posti a carico degli organi sociali dagli articoli 2446, secondo e terzo comma, 2447, 2482-bis, quarto, quinto e sesto comma, 2482-ter e 2486, in forza delle misure protettive previste nell'ambito delle procedure di allerta e di composizione assistita della crisi, degli accordi di ristrutturazione dei debiti e di regolazione concordata preventiva della crisi;

e) i criteri di quantificazione del danno risarcibile nell'azione di responsabilità promossa contro l'organo di amministrazione della società fondata sulla violazione di quanto previsto dall'articolo 2486;

f) l'applicabilità delle disposizioni dell'articolo 2409 alle società a responsabilità limitata, anche prive di organo di controllo;

g) l'estensione dei casi in cui è obbligatoria la nomina dell'organo di controllo, anche monocratico, o del revisore, da parte della società a responsabilità limitata, in particolare prevedendo tale obbligo quando la società per due esercizi consecutivi ha superato almeno uno dei seguenti limiti:

1) totale dell'attivo dello stato patrimoniale: 2 milioni di euro;

2) ricavi delle vendite e delle prestazioni: 2 milioni di euro;

3) dipendenti occupati in media durante l'esercizio: 10 unità;

h) che, se la società a responsabilità limitata, in tutti i casi in cui è obbligata per legge, non nomina l'organo di controllo o il revisore entro il termine previsto dall'articolo 2477, quinto comma, il tribunale provveda alla nomina, oltre che su richiesta di ogni interessato, anche su segnalazione del conservatore del registro delle imprese;

i) che l'obbligo di nomina dell'organo di controllo o del revisore cessi, per la società a responsabilità limitata, quando per tre esercizi consecutivi non è superato alcuno dei limiti di cui alla lettera g).

15. Liquidazione coatta amministrativa. – 1. Nell'esercizio della delega di cui all'articolo 1, per la riforma della liquidazione coatta amministrativa, il Governo si attiene ai seguenti principi e criteri direttivi:

a) applicare in via generale la disciplina concorsuale ordinaria anche alle imprese in stato di crisi o di insolvenza attualmente soggette alla procedura di liquidazione coatta amministrativa, mantenendo fermo il relativo regime speciale solo nei casi previsti:

1) dalle leggi speciali in materia di banche e imprese assimilate, intermediari finanziari, imprese assicurative e assimilate;

2) dalle leggi speciali in materia di procedimenti amministrativi di competenza delle autorità amministrative di vigilanza, conseguenti all'accertamento di irregolarità e all'applicazione di sanzioni da parte delle medesime autorità;

b) attribuire alle autorità amministrative di vigilanza le competenze in tema di segnalazione dell'allerta e le funzioni attribuite agli organismi di composizione della crisi nelle procedure di allerta e di composizione assistita della crisi di cui all'articolo 4, anche al fine di individuare soluzioni di carattere conservativo, nonché la legittimazione alla domanda di apertura della procedura di liquidazione giudiziale di cui all'articolo 7.

2. Le disposizioni del presente articolo e quelle dei decreti legislativi emanati in attuazione dello stesso sono applicabili nelle regioni a statuto speciale e nelle province autonome di Trento e di Bolzano compatibilmente con i rispettivi statuti e le relative norme di attuazione, anche con riferimento alla legge costituzionale 18 ottobre 2001, n. 3.

Capo III
Disposizioni finanziarie

16. Disposizioni finanziarie. – 1. Dall'attuazione della presente legge e dei decreti legislativi da essa previsti, ad eccezione delle disposizioni dell'articolo 2, comma 1, lettera o), e dell'articolo 11, comma 1, lettera a), per le quali sono previste specifiche autorizzazioni di spesa, non devono derivare nuovi o maggiori oneri a carico della finanza pubblica. Ad essa si provvede con le risorse umane, strumentali e finanziarie previste dalla legislazione vigente.

2. In considerazione della complessità della materia trattata e dell'impossibilità di procedere alla determinazione degli eventuali effetti finanziari, per ciascuno schema di decreto legislativo di cui alla presente legge, la corrispondente relazione tecnica evidenzia gli effetti sui saldi di finanza pubblica. Qualora uno o più decreti legislativi determinino nuovi o maggiori oneri, che non trovino compensazione nel proprio ambito, si provvede ai sensi dell'articolo 17, comma 2, della legge 31 dicembre 2009, n. 196. La presente legge munita del sigillo dello Stato, sarà inserita nella Raccolta ufficiale degli atti normativi della Repubblica italiana. È fatto obbligo a chiunque spetti di osservarla e di farla osservare come legge dello Stato.

D.lg. 12 gennaio 2019, n. 14

Codice della crisi d'impresa e dell'insolvenza in attuazione della l. 19 ottobre 2017, n. 155

(G.U. Serie Generale n. 38 del 14 febbraio 2019)

PARTE PRIMA
CODICE DELLA CRISI DI IMPRESA E DELL'INSOLVENZA

TITOLO I
DISPOSIZIONI GENERALI

Capo I
Ambito di applicazione e definizioni

1. Ambito di applicazione. – 1. Il presente codice disciplina le situazioni di crisi o insolvenza del debitore, sia esso consumatore o professionista, ovvero imprenditore che eserciti, anche non a fini di lucro, un'attività commerciale, artigiana o agricola, operando quale persona fisica, persona giuridica o altro ente collettivo, gruppo di imprese o società pubblica, con esclusione dello Stato e degli enti pubblici.

2. Sono fatte salve le disposizioni delle leggi speciali in materia di:

a) amministrazione straordinaria delle grandi imprese. Se la crisi o l'insolvenza di dette imprese non sono disciplinate in via esclusiva, restano applicabili anche le procedure ordinarie regolate dal presente codice;

b) liquidazione coatta amministrativa ai sensi dell'articolo 293.

3. Sono fatte salve le disposizioni delle leggi speciali in materia di crisi di impresa delle società pubbliche.

4. Le disposizioni del presente codice in tema di liquidazione coatta amministrativa si applicano nelle regioni a statuto speciale e nelle province autonome di Trento e Bolzano compatibilmente con i rispettivi Statuti e le relative norme di attuazione, anche con riferimento alla legge costituzionale 18 ottobre 2001, n. 3.

2. Definizioni. – 1. Ai fini del presente codice si intende per:

a) "crisi": lo stato del debitore che rende probabile l'insolvenza e che si manifesta con l'inadeguatezza dei flussi di cassa prospettici a far fronte alle obbligazioni nei successivi dodici mesi (1);

b) «insolvenza»: lo stato del debitore che si manifesta con inadempimenti od altri fatti esteriori, i quali dimostrino che il debitore non è più in grado di soddisfare regolarmente le proprie obbligazioni;

c) «sovraindebitamento»: lo stato di crisi o di insolvenza del consumatore, del professionista, dell'imprenditore minore, dell'imprenditore agricolo, delle start-up innovative di cui al decreto-legge 18 ottobre 2012, n. 179, convertito, con modificazioni, dalla legge 17 dicembre 2012, n. 221, e di ogni altro debitore non assoggettabile alla liquidazione giudiziale ovvero a liquidazione coatta amministrativa o ad altre procedure liquidatorie previste dal codice civile o da leggi speciali per il caso di crisi o insolvenza;

d) «impresa minore»: l'impresa che presenta congiuntamente i seguenti requisiti:

1) un attivo patrimoniale di ammontare complessivo annuo non superiore ad euro trecentomila nei tre esercizi antecedenti la data di deposito della istanza di apertura della liquidazione giudiziale o dall'inizio dell'attività se di durata inferiore;

2) ricavi, in qualunque modo essi risultino, per un ammontare complessivo annuo non superiore ad euro duecentomila nei tre esercizi antecedenti la data di deposito dell'istanza di apertura della liquidazione giudiziale o dall'inizio dell'attività se di durata inferiore;

3) un ammontare di debiti anche non scaduti non superiore ad euro cinquecentomila; i predetti valori possono essere aggiornati ogni tre anni con decreto del Ministro della giustizia adottato a norma dell'articolo 348;

e) «consumatore»: la persona fisica che agisce per scopi estranei all'attività imprenditoriale, commerciale, artigiana o professionale eventualmente svolta, anche se socia di una delle società appartenenti ad uno dei tipi regolati nei capi III, IV e VI del titolo V del libro quinto del codice civile, per i debiti estranei a quelli sociali;

f) «società pubbliche»: le società a controllo pubblico, le società a partecipazione pubblica e le società in house di cui all'articolo 2, lettere m), n), o), del decreto legislativo 19 agosto 2016, n. 175;

[*g) «grandi imprese»: le imprese che, ai sensi dell'articolo 3, paragrafo 4, della direttiva 2013/34/UE del Parlamento europeo e del Consiglio del 26 giugno 2013, alla data di chiusura del bilancio superano i limiti numerici di almeno due dei tre criteri seguenti:*

a) totale dello stato patrimoniale: venti milioni di euro;

b) ricavi netti delle vendite e delle prestazioni: quaranta milioni di euro;

c) numero medio dei dipendenti occupati durante l'esercizio: duecentocinquanta;] *

h) "gruppo di imprese": l'insieme delle società, delle imprese e degli enti, esclusi lo Stato e gli enti territoriali, che, ai sensi degli articoli 2497 e 2545-septies del codice civile, esercitano o sono sottoposti alla direzione e coordinamento di una società, di un ente o di una persona fisica; a tal fine si presume, salvo prova contraria, che l'attività di direzione e coordinamento delle società del gruppo sia esercitata dalla società o ente tenuto al consolidamento dei loro bilanci oppure dalla società o ente che le controlla, direttamente o indirettamente, anche nei casi di controllo congiunto (2);

i) «gruppi di imprese di rilevante dimensione»: i gruppi di imprese composti da un'impresa madre e imprese figlie da includere nel bilancio consolidato, che rispettano i limiti numerici di cui all'articolo 3, paragrafi 6 e 7, della direttiva 2013/34/UE del Parlamento europeo e del Consiglio del 26 giugno 2013;

l) «parti correlate»: [*per parti correlate ai fini del presente codice*] si intendono quelle indicate come tali nel Regolamento della Consob in materia di operazioni con parti correlate (3);

m) «centro degli interessi principali del debitore» (COMI): il luogo in cui il debitore gestisce i suoi interessi in modo abituale e riconoscibile dai terzi;

m-bis) "strumenti di regolazione della crisi e dell'insolvenza": le misure, gli accordi e le procedure volti al risanamento dell'impresa attraverso la modifica della composizione, dello stato o della struttura delle sue attività e passività o del capitale, oppure volti alla liquidazione del patrimonio o delle attività che, a richiesta del debitore, possono essere preceduti dalla composizione negoziata della crisi (4).

n) «albo dei gestori della crisi e insolvenza delle imprese»: l'albo, istituito presso il Ministero della giustizia e disciplinato dall'articolo 356, dei soggetti che su incarico del giudice svolgono, anche in forma associata o societaria, funzioni di gestione, supervisione o controllo nell'ambito degli strumenti di regolazione della crisi e dell'insolvenza e delle procedure di insolvenza previsti dal presente codice (5);

o) «professionista indipendente»: il professionista incaricato dal debitore nell'ambito di uno degli strumenti di regolazione della crisi e dell'insolvenza che soddisfi congiuntamente i seguenti requisiti:

1) essere iscritto all'albo dei gestori della crisi e insolvenza delle imprese, nonché nel registro dei revisori legali;

2) essere in possesso dei requisiti previsti dall'articolo 2399 del codice civile;

3) non essere legato all'impresa o ad altre parti interessate all'operazione di regolazione della crisi da rapporti di natura personale o professionale; il professionista ed i soggetti con i quali è eventualmente unito in associazione professionale non devono aver prestato negli ultimi cinque anni attività di lavoro subordinato o autonomo in favore del debitore, nè essere stati membri degli organi di amministrazione o controllo dell'impresa, nè aver posseduto partecipazioni in essa (6);

o-bis) «"esperto": il soggetto terzo e indipendente, iscritto nell'elenco di cui all'articolo 13, comma 3 e nominato dalla commissione di cui al comma 6 del medesimo articolo 13, che facilita le trattative nell'ambito della composizione negoziata (7).

p) «misure protettive»: le misure temporanee richieste dal debitore per evitare che determinate azioni dei creditori possano pregiudicare, sin dalla fase delle trattative, il buon esito delle iniziative assunte per la regolazione della crisi o dell'insolvenza, anche prima dell'accesso a uno degli strumenti di regolazione della crisi e dell'insolvenza (8);

q) «misure cautelari»: i provvedimenti cautelari emessi dal giudice competente a tutela del patrimonio o dell'impresa del debitore, che appaiano secondo le circostanze più idonei ad assicurare provvisoriamente il buon esito delle trattative e gli effetti degli strumenti di regolazione della crisi e dell'insolvenza e delle procedure di insolvenza (9);

r) «classe di creditori»: insieme di creditori che hanno posizione giuridica e interessi economici omogenei;

s) «domicilio digitale»: il domicilio di cui all'articolo 1, comma 1, lettera n-ter) del decreto legislativo 7 marzo 2005, n. 82;

t) OCC: organismi di composizione delle crisi da sovraindebitamento disciplinati dal decreto del Ministro della giustizia del 24 settembre 2014, n. 202 e successive modificazioni, che svolgono i compiti di composizione assistita della crisi da sovraindebitamento previsti dal presente codice;

[*u) OCRI: gli organismi di composizione della crisi d'impresa, disciplinati dal capo II del titolo II del presente codice, che hanno il compito di ricevere le segnalazioni di allerta e gestire il procedimento di allerta e, per le imprese diverse dalle imprese minori, il procedimento di composizione assistita della crisi*]**.

(1) Lettera precedentemente modificata dall'art. 1, co. 1, lett. a), d.lg. 26/10/2020, n. 147. Successivamente la presente lettera è stata sostituita dall'art. 1, co. 1, lett. a), d.lg. 17/6/2022, n. 83. L'art. 1, co. 1, lett. a), d.lg. n. 147/2020 è stato abrogato dall'art. 48, co. 1, lett. a), d.lg. 83/2022.

* Lettera abrogata dall'art. 1, co. 1, lett. b), d.lg. 17/6/2022, n. 83.

(2) Lettera modificata dall'art. 1, co. 1, lett. b), d.lg. 26/10/2020, n. 147. Successivamente la presente lettera è stata sostituita dall'art. 1, co. 1, lett. c), d.lg. 17/6/2022, n. 83. L'art. 1, co. 1, lett. b), d.lg. n. 147/2020 è stato abrogato dall'art. 48, co. 1, lett. a), d.lg. n. 83/2022.

(3) Lettera modificata dall'art. 1, co 1, lett. c), d.lg. 26/10/2020, n. 147.

(4) Lettera inserita dall'art. 1, co. 1, lett. d), d.lg. 17/6/2022, n. 83.

(5) Lettera modificata dall'art. 1, co. 1, lett. e), d.lg. 17/6/2022, n. 83.

(6) Lettera modificata dall'art. 1, co. 1, lett. f), d.lg. 17/6/2022, n. 83.

(7) Lettera inserita dall'art. 1, co. 1, lett. g), d.lg. 17/6/2022, n. 83.

(8) Lettera modificata dall'art. 1, co. 1, lett. d), d.lg. 26/10/2020, n. 147 e dall'art. 1, co. 1, lett. h), d.lg. 17/6/2022, n. 83.

(9) Lettera modificata dall'art. 1, co. 1, lett. i), d.lg. 17/6/ 2022, n. 83.

** Lettera precedentemente modificata dall'art. 1, co. 1, lett. e), d.lg. 26/10/2020, n. 147. Successivamente la presente lettera è stata sostituita dall'art. 1, co. 1, lett. l), d.lg. 17/6/2022, n. 83. L'art. 1, co. 1, lett. e), d.lg. n. 147/2020 è stato abrogato dall'art. 48, co. 1, lett. a), d.lg. n. 83/2022.

Capo II
Principi generali

Sezione I
Obblighi dei soggetti che partecipano alla regolazione della crisi o dell'insolvenza

3. Adeguatezza delle misure e degli assetti in funzione della rilevazione tempestiva della crisi d'impresa (1). – 1. L'imprenditore individuale deve adottare misure idonee a rilevare tempestivamente lo stato di crisi e assumere senza indugio le iniziative necessarie a farvi fronte.

2. L'imprenditore collettivo deve istituire un assetto organizzativo, amministrativo e contabile adeguato ai sensi dell'articolo 2086 del codice civile, ai fini della tempestiva rilevazione dello stato di crisi e dell'assunzione di idonee iniziative.

3. Al fine di prevedere tempestivamente l'emersione della crisi d'impresa, le misure di cui al comma 1 e gli assetti di cui al comma 2 devono consentire di:

a) rilevare eventuali squilibri di carattere patrimoniale o economico-finanziario, rapportati alle specifiche caratteristiche dell'impresa e dell'attività imprenditoriale svolta dal debitore;

b) verificare la sostenibilità dei debiti e le prospettive di continuità aziendale almeno per i dodici mesi successivi e rilevare i segnali di cui al comma 4;

c) ricavare le informazioni necessarie a utilizzare la lista di controllo particolareggiata e a effettuare il test pratico per la verifica della ragionevole perseguibilità del risanamento di cui all'articolo 13, al comma 2.

4. Costituiscono segnali per la previsione di cui al comma 3:

a) l'esistenza di debiti per retribuzioni scaduti da almeno trenta giorni pari a oltre la metà dell'ammontare complessivo mensile delle retribuzioni;

b) l'esistenza di debiti verso fornitori scaduti da almeno novanta giorni di ammontare superiore a quello dei debiti non scaduti;

c) l'esistenza di esposizioni nei confronti delle banche e degli altri intermediari finanziari che siano scadute da più di sessanta giorni o che abbiano superato da almeno sessanta giorni il limite degli affidamenti ottenuti in qualunque forma purché rappresentino complessivamente almeno il cinque per cento del totale delle esposizioni;

d) l'esistenza di una o più delle esposizioni debitorie previste dall'articolo 25-novies, comma 1.

(1) Articolo sostituito dall'art. 2, co. 1, d.lg. 17/6/2022, n. 83.

4. Doveri delle parti (1). – 1. Nella composizione negoziata, nel corso delle trattative e dei procedimenti per l'accesso agli strumenti di regolazione della crisi e dell'insolvenza, debitore e creditori devono comportarsi secondo buona fede e correttezza.

2. Il debitore ha il dovere di:

a) illustrare la propria situazione in modo completo, veritiero e trasparente, fornendo tutte le informazioni necessarie e appropriate rispetto alle trattative avviate, anche nella composizione negoziata, e allo strumento di regolazione della crisi e dell'insolvenza prescelto;

b) assumere tempestivamente le iniziative idonee alla individuazione delle soluzioni per il superamento delle condizioni di cui all'articolo 12, comma 1, durante la composizione negoziata, e alla rapida definizione dello strumento di regolazione della crisi e dell'insolvenza prescelto, anche al fine di non pregiudicare i diritti dei creditori;

c) gestire il patrimonio o l'impresa durante i procedimenti nell'interesse prioritario dei creditori. Resta fermo quanto previsto dagli articoli 16, comma 4, e 21.

3. Ove non siano previste, dalla legge o dai contratti collettivi di cui all'articolo 2, comma 1, lettera g), del decreto legislativo 6 febbraio 2007, n. 25, diverse procedure di informazione e consultazione, il datore di lavoro, che occupa complessivamente più di quindici dipendenti, informa con comunicazione scritta, trasmessa anche tramite posta elettronica certificata, i soggetti sindacali di cui all'articolo 47, comma 1, della legge 29 dicembre 1990, n. 428, delle rilevanti determinazioni, assunte nel corso delle trattative della composizione negoziata e nella predisposizione del piano nell'ambito di uno strumento di regolazione della crisi e dell'insolvenza, che incidono sui rapporti di lavoro di una pluralità di lavoratori, anche solo per quanto riguarda l'organizzazione del lavoro o le modalità di svolgimento delle prestazioni. I soggetti sindacali, entro tre giorni dalla ricezione dell'informativa, possono chiedere all'imprenditore un incontro. La conseguente consultazione deve avere inizio entro cinque giorni dal ricevimento dell'istanza e, salvo diverso accordo tra i partecipanti, si intende esaurita decorsi dieci giorni dal suo inizio. La consultazione si svolge con vincolo di riservatezza rispetto alle informazioni qualificate come tali dal datore di lavoro o dai suoi rappresentanti nel legittimo interesse dell'impresa. In occasione della consultazione svolta nell'ambito della composizione negoziata è redatto, ai soli fini della determinazione del compenso dell'esperto di cui all'articolo 25-ter, comma 5, un sintetico rapporto sottoscritto dall'imprenditore e dall'esperto.

4. I creditori hanno il dovere di collaborare lealmente con il debitore, con l'esperto nella composizione negoziata e con gli organi nominati dall'autorità giudiziaria e amministrativa e di rispettare l'obbligo di riservatezza sulla situazione del debitore, sulle iniziative da questi assunte e sulle informazioni acquisite. Resta fermo quanto previsto dall'articolo 16, commi 5 e 6.

(1) Articolo sostituito dall'art. 2, co. 2, d.lg. 17/6/2022, n. 83.

5. Trasparenza ed efficienza delle nomine e trattazione prioritaria delle controversie (1). – 1. Le nomine dei professionisti effettuate dalle commissioni di cui all'articolo 13, comma 6, dall'autorità giudiziaria o amministrativa e dagli organi da esse nominati devono assicurare il rispetto di criteri di trasparenza, rotazione ed efficienza.

2. Per assicurare il rispetto dei principi di cui al comma 1, il segretario generale della camera di commercio del capoluogo di regione comunica alle autorità che hanno nominato i membri delle commissioni gli incarichi conferiti. La comunicazione di cui al primo periodo è inviata entro il 15 gennaio di ciascun anno e riguarda gli incarichi conferiti dal 1° gennaio al 31 dicembre dell'anno precedente.

3. Il presidente del tribunale o, nei tribunali suddivisi in sezioni, il presidente della sezione cui è assegnata la trattazione degli strumenti di regolazione della crisi e dell'insolvenza o delle procedure di insolvenza vigila sull'osservanza dei principi di cui al comma 1 e ne assicura l'attuazione mediante l'adozione di protocolli condivisi con i giudici della sezione.

4. Le controversie in cui è parte un organo nominato dall'autorità giudiziaria o amministrativa nell'ambito degli strumenti di regolazione della crisi e dell'insolvenza o delle procedure di insolvenza o comunque un soggetto nei cui confronti è aperta una procedura prevista dal presente codice sono trattate con priorità. Il capo dell'ufficio trasmette annualmente al presidente della corte d'appello i dati relativi al numero e alla durata dei suddetti procedimenti, indicando le disposizioni adottate per assicurarne la celere trattazione. Il presidente della corte d'appello ne dà atto nella relazione sull'amministrazione della giustizia.

(1) Articolo sostituito dall'art. 2, co. 3, d.lg. 17/6/2022, n. 83.

Sezione II
Pubblicazione delle informazioni ed economicità delle procedure (1)

(1) Rubrica sostituita dall'art. 3, co. 1, d.lg. 17/6/2022, n. 83.

5 bis. Pubblicazione delle informazioni e lista di controllo (1). – 1. Nei siti istituzionali del Ministero della giustizia e del Ministero dello sviluppo economico sono pubblicate informazioni pertinenti e aggiornate sugli strumenti per la anticipata emersione della crisi, sugli strumenti di regolazione della crisi e dell'insolvenza e sulle procedure di esdebitazione previsti dal presente codice e dalle leggi speciali dettate in materia di amministrazione straordinaria delle grandi imprese in crisi e di liquidazione coatta amministrativa. Le informazioni di cui al primo periodo sono inserite in apposita sezione dei siti internet dedicata alla crisi d'impresa, facilmente accessibile e di agevole consultazione.

2. Nei siti istituzionali di cui al comma 1 è altresì disponibile una lista di controllo particolareggiata, adeguata anche alle esigenze delle micro, piccole e medie imprese, che contiene indicazioni operative per la redazione dei piani di risanamento. Il contenuto della lista di controllo è definito con il decreto dirigenziale di cui all'articolo 13.

(1) Articolo anteposto dall'art. 3, co. 2, d.lg. 17/6/2022, n. 83.

6. Prededucibilità dei crediti (1). – 1. Oltre ai crediti così espressamente qualificati dalla legge, sono prededucibili:

a) i crediti relativi a spese e compensi per le prestazioni rese dall'organismo di composizione della crisi da sovraindebitamento;

b) i crediti professionali sorti in funzione della domanda di omologazione degli accordi di ristrutturazione dei debiti o del piano di ristrutturazione soggetto a omologazione e per la richiesta delle misure protettive, nei limiti del 75% del credito accertato e a condizione che gli accordi o il piano siano omologati;

c) i crediti professionali sorti in funzione della presentazione della domanda di concordato preventivo nonché del deposito della relativa proposta e del piano che la correda, nei limiti del 75% del credito accertato e a condizione che la procedura sia aperta ai sensi dell'articolo 47;

d) i crediti legalmente sorti durante le procedure concorsuali per la gestione del patrimonio del debitore e la continuazione dell'esercizio dell'impresa, il compenso degli organi preposti e le prestazioni professionali richieste dagli organi medesimi.

2. La prededucibilità permane anche nell'ambito delle successive procedure esecutive o concorsuali.

(1) Articolo modificato dall'art. 2, co. 1, d.lg. 26/10/2020, n. 147, poi sostituito dall'art. 3, co. 2, d.lg. 17/6/2022, n. 83. L'art. 2 del d.lg. n. 147/2020 è stato abrogato dall'art. 48, co. 1, lett. c), d.lg. 83/2022 medesimo.

Sezione III
Principi di carattere processuale

7. Trattazione unitaria delle domande di accesso agli strumenti di regolazione della crisi e dell'insolvenza e alle procedure di insolvenza (1). – 1. Le domande di accesso agli strumenti di regolazione della crisi e dell'insolvenza e alle procedure di insolvenza sono trattate in un unico procedimento e ogni domanda sopravvenuta è riunita a quella già pendente. Il procedimento si svolge nelle forme di cui agli articoli 40 e 41.

2. Nel caso di proposizione di più domande, il tribunale esamina in via prioritaria quella diretta a regolare la crisi o l'insolvenza con strumenti diversi dalla liquidazione giudiziale o dalla liquidazione controllata, a condizione che:

a) la domanda medesima non sia manifestamente inammissibile;

b) il piano non sia manifestamente inadeguato a raggiungere gli obiettivi prefissati;

c) nella proposta siano espressamente indicate la convenienza per i creditori o, in caso di concordato in continuità aziendale, le ragioni della assenza di pregiudizio per i creditori.

3. Ferme le ipotesi di conversione di cui agli articoli 73 e 83, in tutti i casi in cui la domanda diretta a regolare la crisi o l'insolvenza con strumenti diversi dalla liquidazione giudiziale non è accolta ed è accertato lo stato di insolvenza, il tribunale procede, su istanza dei soggetti legittimati, all'apertura della liquidazione giudiziale. Allo stesso modo il tribunale procede in tutti i casi in cui la domanda è inammissibile o improcedibile e nei casi previsti dall'articolo 49, comma 2.

(1) Articolo sostituito dall'art. 4, co. 1, d.lg. 17/6/2022, n. 83.

8. Durata massima delle misure protettive (1). – 1. La durata complessiva delle misure protettive, fino alla omologazione dello strumento di regolazione della crisi e dell'insolvenza o alla apertura della procedura di insolvenza, non può superare il periodo, anche non continuativo, di dodici mesi, inclusi eventuali rinnovi o proroghe, tenuto conto delle misure protettive di cui all'articolo 18.

(1) Articolo sostituito dall'art. 4, co. 2, d.lg. 17/6/2022, n. 83.

9. Sospensione feriale dei termini e patrocinio legale. – 1. La sospensione feriale dei termini di cui all'articolo 1 della legge 7 ottobre 1969, n.742 non si applica ai procedimenti disciplinati dal presente codice, salvo che esso non disponga diversamente.

2. Salvi i casi in cui non sia previsto altrimenti, nelle procedure disciplinate dal presente codice, il patrocinio del difensore è obbligatorio.

10. Comunicazioni telematiche. – 1. Le comunicazioni poste a carico degli organi di gestione, controllo o assistenza delle procedure disciplinate dal presente codice sono effettuate con modalità telematiche al domicilio digitale risultante dall'Indice nazionale degli indirizzi di posta elettronica certificata (INI-PEC) delle imprese e dei professionisti, quando i destinatari hanno l'obbligo di munirsene.

2. Gli organi di cui al comma 1 attivano, dandone tempestiva comunicazione agli interessati, un domicilio digitale, da utilizzare esclusivamente per le comunicazioni inerenti alla procedura:

a) ai creditori e ai titolari di diritti sui beni che non hanno l'obbligo di munirsene;

b) ai soggetti che hanno sede o che risiedono all'estero;

c) al debitore e al legale rappresentante della società o ente sottoposti a una delle procedure disciplinate dal presente codice.

3. Le comunicazioni ai soggetti per i quali la legge prevede l'obbligo di munirsi di un domicilio digitale e che non hanno provveduto ad istituirlo o comunicarlo sono eseguite esclusivamente mediante deposito in cancelleria. Si procede con le stesse modalità nelle ipotesi di mancata consegna del messaggio elettronico per cause imputabili al destinatario. Le disposizioni di cui al secondo periodo si applicano anche ai soggetti cui è stato assegnato un domicilio digitale ai sensi del comma 2.

4. Per tutta la durata della procedura e per i due anni successivi alla relativa chiusura, gli organi di cui al comma 1 sono tenuti a conservare i messaggi elettronici inviati e ricevuti.

5. Ai fini della validità ed efficacia delle predette comunicazioni, alla posta elettronica certificata è equiparato il servizio di recapito certificato ai sensi dell'articolo 1, comma 1-ter, del codice dell'amministrazione digitale di cui al decreto legislativo 7 marzo 2005, n. 82.

6. Le spese per l'attivazione del domicilio digitale previsto dal comma 2 sono a carico della massa.

Sezione IV
Giurisdizione internazionale

11. Attribuzione della giurisdizione (1). – 1. Fatte salve le convenzioni internazionali e la normativa dell'Unione europea, la giurisdizione italiana sulla domanda di accesso a uno strumento di regolazione della crisi e dell'insolvenza o a una procedura di insolvenza disciplinati dalla presente legge sussiste quando il debitore ha in Italia il centro degli interessi principali o una dipendenza.

2. Avverso il provvedimento di accesso a uno strumento di regolazione della crisi e dell'insolvenza o a una procedura di insolvenza è ammessa impugnazione per difetto di giurisdizione da chiunque vi abbia interesse. Si applica il procedimento di cui all'articolo 51. È sempre ammesso il ricorso per cassazione.

3. La giurisdizione italiana di cui al comma 1 sussiste anche per le azioni che derivano direttamente dalla procedura.

(1) Articolo sostituito dall'art. 5, co. 1, d.lg. 17/6/2022, n. 83.

TITOLO II
COMPOSIZIONE NEGOZIATA DELLA CRISI, PIATTAFORMA UNICA NAZIONALE, CONCORDATO SEMPLIFICATO E SEGNALAZIONI PER LA ANTICIPATA EMERSIONE DELLA CRISI (1)

(1) Titolo sostituito dall'art. 6, co. 1, d.lg. 17/6/2022, n. 83.

Capo I
Composizione negoziata della crisi (1)

(1) Capo sostituito dall'art. 6, co. 1, d.lg. 17/6/2022, n. 83.

12. Nozione, effetti e ambito di applicazione (1). – 1. L'imprenditore commerciale e agricolo può chiedere la nomina di un esperto al segretario generale della camera di commercio, industria, artigianato e agricoltura nel cui ambito territoriale si trova la sede legale dell'impresa, quando si trova in condizioni di squilibrio patrimoniale o economico-finanziario che ne rendono probabile la crisi o l'insolvenza e risulta ragionevolmente perseguibile il risanamento dell'impresa. La nomina avviene con le modalità di cui all'articolo 13, commi 6, 7 e 8.

2. L'esperto agevola le trattative tra l'imprenditore, i creditori ed eventuali altri soggetti interessati, al fine di individuare una soluzione per il superamento delle condizioni di cui al comma 1, anche mediante il trasferimento dell'azienda o di rami di essa.

3. Alla composizione negoziata non si applica l'articolo 38. Resta ferma l'applicazione dell'articolo 38 nei procedimenti di cui agli articoli 19 e 22.

(1) Articolo modificato dall'art. 3, co. 1, d.lg. 26/10/2020, n. 147, poi sostituito dall'art. 6, co. 1, d.lg. 17/6/2022, n. 83. L'art. 3, co. 1, d.lg. 26/10/2020, n. 147 è stato abrogato dall'art. 48, co. 1, lett. c), d.lg. n. 83/2022 medesimo.

13. Istituzione della piattaforma telematica nazionale e nomina dell'esperto (1). – 1. È istituita una piattaforma telematica nazionale accessibile agli imprenditori iscritti nel registro delle imprese attraverso il sito istituzionale di ciascuna camera di commercio, industria, artigianato e agricoltura. La piattaforma è gestita dal sistema delle camere di commercio, per il tramite di Unioncamere, sotto la vigilanza del Ministero della giustizia e del Ministero dello sviluppo economico.

2. Sulla piattaforma sono disponibili una lista di controllo particolareggiata, adeguata anche alle esigenze delle micro, piccole e medie imprese, che contiene indicazioni operative per la redazione del piano di risanamento, un test pratico per la verifica della ragionevole perseguibilità del risanamento e un protocollo di conduzione della composizione negoziata accessibili da parte dell'imprenditore e dei professionisti dallo stesso incaricati. La struttura della piattaforma, il contenuto della lista di controllo particolareggiata, le modalità di esecuzione del test pratico e il contenuto del protocollo sono definiti dal decreto dirigenziale del Ministero della giustizia adottato ai sensi dell'articolo 3 del decreto-legge 24 agosto 2021, n. 118, convertito, con modificazioni, dalla legge 21 ottobre 2021, n. 147.

3. Presso la camera di commercio, industria, artigianato e agricoltura di ciascun capoluogo di regione e delle province autonome di Trento e di Bolzano è formato, con le modalità di cui al comma 5, un elenco di esperti nel quale possono essere inseriti: gli iscritti da almeno cinque anni all'albo dei dottori commercialisti e degli esperti contabili e all'albo degli avvocati che documentano di aver maturato precedenti esperienze nel campo della ristrutturazione aziendale e della crisi d'impresa; gli iscritti da almeno cinque anni all'albo dei consulenti del lavoro che documentano di avere concorso, almeno in tre casi, alla conclusione di accordi di ristrutturazione dei debiti omologati o di accordi sottostanti a piani attestati o di avere concorso alla presentazione di concordati con continuità aziendale omologati. Possono inoltre essere inseriti nell'elenco coloro che, pur non iscritti in albi professionali, documentano di avere svolto funzioni di amministrazione, direzione e controllo in imprese interessate da operazioni di ristrutturazione concluse con piani di risanamento attestati,

accordi di ristrutturazione dei debiti e concordati preventivi con continuità aziendale omologati, nei confronti delle quali non sia stata successivamente pronunciata sentenza di apertura della liquidazione giudiziale o sentenza di accertamento dello stato di insolvenza.

4. L'iscrizione all'elenco di cui al comma 3 è altresì subordinata al possesso della specifica formazione prevista con il decreto dirigenziale del Ministero della giustizia di cui al comma 2.

5. La domanda di iscrizione all'elenco è presentata agli ordini professionali di appartenenza dei professionisti richiedenti e, per i soggetti di cui al comma 3, secondo periodo, alla camera di commercio del capoluogo di regione e delle province autonome di Trento e di Bolzano competente per il luogo di residenza. La domanda è corredata della documentazione comprovante il possesso dei requisiti di cui ai commi 3 e 4, di un'autocertificazione attestante l'assolvimento degli obblighi formativi e di un curriculum vitae, a sua volta oggetto di autocertificazione ai sensi degli articoli 46 e 47 del testo unico di cui al decreto del Presidente della Repubblica 28 dicembre 2000, n. 445, dal quale risulti ogni altra esperienza formativa in materia, anche nelle tecniche di facilitazione e mediazione, valutabile all'atto della nomina come titolo di preferenza. La domanda contiene il consenso dell'interessato al trattamento dei dati comunicati al momento della presentazione dell'istanza di iscrizione, ai sensi dell'articolo 6 del regolamento (UE) 2016/679 del Parlamento europeo e del Consiglio, del 27 aprile 2016, anche ai fini della pubblicazione di cui al comma 9. Ciascun ordine professionale, valutata la domanda e verificata la completezza della documentazione allegata, comunica alla camera di commercio del capoluogo della regione in cui si trova o alla camera di commercio delle province autonome di Trento e di Bolzano, i nominativi dei professionisti in possesso dei requisiti di cui ai commi 3 e 4, unitamente a una scheda sintetica contenente le informazioni utili alla individuazione del profilo dell'esperto, per l'inserimento nell'elenco previsto dal comma 3. La scheda è compilata sulla base di un modello uniforme definito con il decreto dirigenziale del Ministero della giustizia di cui al comma 2. Gli ordini professionali, con riferimento ai dati dei rispettivi iscritti, e le camere di commercio, con riferimento ai soggetti di cui al comma 3, secondo periodo, designano i responsabili della formazione, della tenuta e dell'aggiornamento dei dati degli iscritti all'elenco unico e del trattamento dei dati medesimi nel rispetto del regolamento (UE) 2016/679 e del codice in materia di protezione dei dati personali, di cui al decreto legislativo 30 giugno 2003, n. 196. I responsabili accertano la veridicità delle dichiarazioni rese dai richiedenti secondo quanto previsto dall'articolo 71 del citato testo unico di cui al decreto del Presidente della Repubblica n. 445 del 2000. La domanda è respinta se non è corredata di quanto previsto dal secondo e terzo periodo e può essere ripresentata. I consigli nazionali degli ordini professionali disciplinano con regolamento le modalità di formazione, tenuta e aggiornamento dei dati raccolti dagli ordini professionali e comunicati alle camere di commercio per la formazione dell'elenco di cui al comma 3. La comunicazione di cui al quarto periodo avviene con cadenza annuale a partire dalla data di entrata in vigore del presente decreto. Gli ordini professionali comunicano tempestivamente alle camere di commercio l'adozione, nei confronti dei propri iscritti, di sanzioni disciplinari più gravi di quella minima prevista dai singoli ordinamenti nonché l'intervenuta cancellazione dei professionisti dagli albi professionali di appartenenza perché vengano cancellati dall'elenco. Le camere di commercio, ricevute le comunicazioni di competenza degli ordini professionali, provvedono senza indugio all'aggiornamento dell'elenco unico; esse curano direttamente l'aggiornamento dei dati dei soggetti di cui al comma 3, secondo periodo, secondo le tempistiche stabilite nel nono periodo e provvedono alla loro tempestiva cancellazione ove sia intervenuta una causa di ineleggibilità ai sensi dell'articolo 2382 del codice civile.

6. La nomina dell'esperto avviene ad opera di una commissione che resta in carica per due anni. La commissione è costituita presso le camere di commercio, industria, artigianato e agricoltura dei capoluoghi di regione e delle province autonome di Trento e di Bolzano, dei cui uffici di segreteria si avvale per lo svolgimento dei suoi compiti, ed è composta da:

a) due magistrati, uno effettivo e uno supplente, designati dal presidente della sezione specializzata in materia di impresa del tribunale del capoluogo di regione o della provincia autonoma di Trento o di Bolzano nel cui territorio si trova la camera di commercio che ha ricevuto l'istanza di cui all'arti-colo 17;

b) due membri, uno effettivo e uno supplente, designati dal presidente della camera di commercio presso la quale è costituita la commissione;

c) due membri, uno effettivo e uno supplente, designati dal prefetto del capoluogo di regione o della provincia autonoma di Trento o di Bolzano nel cui territorio si trova la camera di commercio che ha ricevuto l'istanza di cui all'articolo 17.

7. Il segretario generale della camera di commercio nel cui ambito territoriale si trova la sede legale dell'impresa, ricevuta l'istanza di cui all'articolo 17, nei successivi due giorni lavorativi, la comunica alla commissione costituita ai sensi del comma 6, unitamente a una nota sintetica contenente l'indicazione del volume d'affari, del numero dei dipendenti e del settore in cui opera l'impresa istante. In caso di incompletezza dell'istanza di nomina o della documentazione, il predetto segretario generale invita l'imprenditore a integrare le informazioni o la documentazione mancante entro un termine di trenta giorni, decorso inutilmente il quale l'istanza non è esaminata e l'imprenditore può riproporla. Entro i cinque giorni lavorativi successivi al ricevimento dell'istanza la commissione nomina l'esperto tra gli iscritti nell'elenco di cui al comma 3 secondo criteri che assicurano la rotazione e la trasparenza e avendo cura che ciascun esperto non riceva più di due incarichi contemporaneamente. La nomina può avvenire anche al di fuori dell'ambito regionale. La commissione tiene conto della complessiva esperienza formativa risultante dalla scheda sintetica di cui al comma 5, quarto periodo, anche esaminando, ove occorra, il curriculum vitae, e dell'attività prestata come esperto nell'ambito di precedenti composizioni negoziate. Se lo ritiene opportuno, la commissione acquisisce, prima della nomina o prima della comunicazione all'esperto nominato, il parere non vincolante di un'associazione di categoria sul territorio.

8. La commissione, coordinata dal membro più anziano, decide a maggioranza. Ai membri della commissione non spettano compensi, gettoni di presenza, rimborsi di spese o altri emolumenti comunque denominati.

9. Gli incarichi conferiti e il curriculum vitae dell'esperto nominato sono pubblicati senza indugio in apposita sezione del sito istituzionale della camera di commercio del luogo di nomina e del luogo dove è tenuto l'elenco presso il quale l'esperto è iscritto, nel rispetto del regolamento (UE) 2016/679 e del citato codice di cui al decreto legislativo 30 giugno 2003, n. 196, omesso ogni riferimento all'imprenditore richiedente. Sono del pari pubblicati sul sito istituzionale di ciascuna camera di commercio gli elenchi contenenti i nominativi degli esperti, formati presso le camere di commercio dei capoluoghi di regione e delle province autonome di Trento e di Bolzano.

10. Per la realizzazione e il funzionamento della piattaforma telematica nazionale di cui al comma 1 è autorizzata la spesa di euro 700.000 per l'anno 2022 e di euro 200.000 annui a decorrere dall'anno 2023, cui si provvede mediante utilizzo delle risorse rinvenienti dall'abrogazione dell'articolo 3 del decreto-legge 24 agosto 2021, n. 118, convertito, con modificazioni, dalla legge 21 ottobre 2021, n. 147, come prevista

dalle disposizioni di attuazione della direttiva (UE) 2019/1023 del Parlamento europeo e del Consiglio del 20 giugno 2019.

(1) Articolo modificato dall'art. 3, co. 2, lett. c), d.lg. 26/10/2020, n. 147, poi sostituito dall'art. 6, co. 1, d.lg. 17/6/2022, n. 83. L'art. 3, co. 2, lett. c), d.lg. n. 147/2020 è stato abrogato dall'art. 48, co. 1, lett. c), d.lg. n. 83/2022 medesimo.

14. Interoperabilità tra la piattaforma telematica nazionale per la composizione negoziata per la soluzione delle crisi d'impresa e altre banche di dati (1). – 1. La piattaforma telematica nazionale di cui all'articolo 13 è collegata alle banche dati dell'Agenzia delle entrate, dell'Istituto nazionale della previdenza sociale, dell'Istituto nazionale per l'assicurazione contro gli infortuni sul lavoro e dell'agente della riscossione e consente l'accesso alle informazioni contenute nella Centrale dei rischi della Banca d'Italia nel rispetto di quanto disposto dall'articolo 7 del testo unico bancario di cui al decreto legislativo 1° settembre 1993, n. 385.

2. L'esperto nominato ai sensi dell'articolo 13, comma 6, accede alle banche dati e alle informazioni di cui al comma 1, previo consenso prestato dall'imprenditore ai sensi del regolamento (UE) 2016/679 del Parlamento europeo e del Consiglio, del 27 aprile 2016, e del codice in materia di protezione dei dati personali, di cui al decreto legislativo 30 giugno 2003, n. 196, ed estrae la documentazione e le informazioni necessari per l'avvio o la prosecuzione delle trattative con i creditori e con le parti interessate. Le modalità di accesso alle banche dati sono stabilite dall'Agenzia delle entrate, dall'Istituto nazionale della previdenza sociale, dall'Istituto nazionale per l'assicurazione contro gli infortuni sul lavoro e dall'agente della riscossione e le modalità di accesso alle informazioni contenute nella Centrale dei rischi sono stabilite dalla Banca d'Italia.

3. L'accesso ai dati attraverso la piattaforma telematica di cui al comma 1 non modifica la disciplina relativa alla titolarità del trattamento, ferme restando le specifiche responsabilità ai sensi dell'articolo 28 del citato regolamento (UE) 2016/679 spettanti al soggetto gestore della piattaforma nonché le responsabilità dei soggetti che trattano i dati in qualità di titolari autonomi del trattamento.

(1) Articolo modificato dall'art. 3, co. 3, d.lg. 26/10/2020, n. 147 poi sostituito dall'art. 6, co. 1, d.lg. 17/6/2022, n. 83. L'art. 3, co. 3 d.lg. n. 147/2020 è stato abrogato dall'art. 48, co. 1, lett. c), d.lg. n. 83/2022 medesimo.

15. Scambio di documentazione e di dati contenuti nella piattaforma telematica nazionale per la composizione negoziata per la soluzione delle crisi d'impresa tra l'imprenditore e i creditori (1). – 1. I creditori possono accedere alla piattaforma telematica nazionale di cui all'articolo 13 e possono inserire al suo interno le informazioni sulla propria posizione creditoria e i dati eventualmente richiesti dall'esperto nominato ai sensi del medesimo articolo 13. Essi accedono ai documenti e alle informazioni inseriti nella piattaforma dall'imprenditore al momento della presentazione dell'istanza di cui all'articolo 17 o nel corso delle trattative. La documentazione e le informazioni inserite nella piattaforma sono accessibili previo consenso prestato, dall'imprenditore e dal singolo creditore, ai sensi del regolamento (UE) 2016/679 del Parlamento europeo e del Consiglio, del 27 aprile 2016, e del codice in materia di protezione dei dati personali, di cui al decreto legislativo 30 giugno 2003, n. 196.

(1) Articolo modificato dall'art. 3, co. 4, lett. a), d.lg. 26/10/2020, n. 147, dall'art. 5, co. 14, d.l. 22/3/2021, n. 41, conv., con modif., dalla l. 21/5/2021, n. 69 e da ultimo sostituito dall'art. 6, co. 1, d.lg. 17/6/2022, n. 83.

16. Requisiti di indipendenza e doveri dell'esperto e delle parti (1). – 1. L'esperto deve essere in possesso dei requisiti previsti dall'articolo 2399 del codice civile e non deve essere legato all'impresa o ad altre parti interessate all'operazione di risanamento da rapporti di natura personale o professionale; il professionista ed i soggetti con i quali è eventualmente unito in associazione professionale non devono aver prestato negli ultimi cinque anni attività di lavoro subordinato o autonomo in favore dell'imprenditore né essere stati membri degli organi di amministrazione o controllo dell'impresa né aver posseduto partecipazioni in essa. Chi ha svolto l'incarico di esperto non può intrattenere rapporti professionali con l'imprenditore se non sono decorsi almeno due anni dall'archiviazione della composizione negoziata.

2. L'esperto è terzo rispetto a tutte le parti e opera in modo professionale, riservato, imparziale e indipendente. Non è equiparabile al professionista indipendente di cui all'articolo 2, comma 1, lettera o). L'esperto, nell'espletamento dell'incarico di cui all'articolo 12, comma 2, verifica la coerenza complessiva delle informazioni fornite dall'imprenditore chiedendo al medesimo e ai creditori tutte le ulteriori informazioni utili o necessarie. Può avvalersi di soggetti dotati di specifica competenza, anche nel settore economico in cui opera l'imprenditore, e di un revisore legale, non legati all'impresa o ad altre parti interessate all'operazione di risanamento da rapporti di natura personale o professionale.

3. Fatto salvo quanto previsto dall'articolo 19, comma 4, l'esperto non può essere tenuto a deporre sul contenuto delle dichiarazioni rese e delle informazioni acquisite nell'esercizio delle sue funzioni, né davanti all'autorità giudiziaria né davanti ad altra autorità. Si applicano le disposizioni dell'articolo 200 del codice di procedura penale e le garanzie previste per il difensore dalle disposizioni dell'articolo 103 del codice di procedura penale in quanto compatibili.

4. L'imprenditore ha il dovere di rappresentare la propria situazione all'esperto, ai creditori e agli altri soggetti interessati in modo completo e trasparente e di gestire il patrimonio e l'impresa senza pregiudicare ingiustamente gli interessi dei creditori.

5. Le banche e gli intermediari finanziari, i loro mandatari e i cessionari dei loro crediti sono tenuti a partecipare alle trattative in modo attivo e informato. L'accesso alla composizione negoziata della crisi non costituisce di per sé causa di sospensione e di revoca degli affidamenti bancari concessi all'imprenditore. In ogni caso la sospensione o la revoca degli affidamenti possono essere disposte se richiesto dalla disciplina di vigilanza prudenziale, con comunicazione che dà conto delle ragioni della decisione assunta.

6. Tutte le parti coinvolte nelle trattative hanno il dovere di collaborare lealmente e in modo sollecito con l'imprenditore e con l'esperto e rispettano l'obbligo di riservatezza sulla situazione dell'imprenditore, sulle iniziative da questi assunte o programmate e sulle informazioni acquisite nel corso delle trattative. Le medesime parti danno riscontro alle proposte e alle richieste che ricevono durante le trattative con risposta tempestiva e motivata.

(1) Articolo sostituito dall'art. 6, co. 1, d.lg. 17/6/2022, n. 83.

17. Accesso alla composizione negoziata e suo funzionamento (1). – 1. L'istanza di nomina dell'esperto indipendente è presentata tramite la piattaforma telematica di cui all'articolo 13 mediante la compilazione di un modello, ivi disponibile, contenente le informazioni utili ai fini della nomina e dello svolgimento dell'incarico da parte dell'esperto nominato.

2. Il contenuto del modello di cui al comma 1 è definito con il decreto dirigenziale del Ministero della giustizia di cui all'articolo 13, comma 2.

3. L'imprenditore, al momento della presentazione dell'istanza, inserisce nella piattaforma telematica:

a) i bilanci degli ultimi tre esercizi, se non già depositati presso l'ufficio del registro delle imprese, oppure, per gli imprenditori che non sono tenuti al deposito dei bilanci, le dichiarazioni dei redditi e dell'IVA degli ultimi tre periodi di imposta, nonché una situazione patrimoniale e finanziaria aggiornata a non oltre sessanta giorni prima della presentazione dell'istanza;

b) un progetto di piano di risanamento redatto secondo le indicazioni della lista di controllo di cui all'articolo 13, comma 2, e una relazione chiara e sintetica sull'attività in concreto esercitata recante un piano finanziario per i successivi sei mesi e le iniziative che intende adottare;

c) l'elenco dei creditori, con l'indicazione dei rispettivi crediti scaduti e a scadere e dell'esistenza di diritti reali e personali di garanzia;

d) una dichiarazione resa ai sensi dell'articolo 46 del decreto del Presidente della Repubblica n. 445 del 2000 sulla pendenza, nei suoi confronti, di ricorsi per l'apertura della liquidazione giudiziale o per l'accertamento dello stato di insolvenza e una dichiarazione con la quale attesta di non avere depositato ricorsi ai sensi dell'articolo 40, anche nelle ipotesi di cui agli articoli 44, comma 1, lettera a), e 54, comma 3;

e) il certificato unico dei debiti tributari di cui all'articolo 364, comma 1;

f) la situazione debitoria complessiva richiesta all'Agenzia delle entrate-Riscossione;

g) il certificato dei debiti contributivi e per premi assicurativi di cui all'articolo 363, comma 1;

h) un estratto delle informazioni presenti nella Centrale dei rischi gestita dalla Banca d'Italia non anteriore di tre mesi rispetto alla presentazione dell'istanza.

4. L'esperto, verificati la propria indipendenza e il possesso delle competenze e della disponibilità di tempo necessarie per lo svolgimento dell'incarico, entro due giorni lavorativi dalla ricezione della nomina, comunica all'imprenditore l'accettazione e contestualmente inserisce nella piattaforma la dichiarazione di accettazione e una dichiarazione resa ai sensi dell'articolo 47 del decreto del Presidente della Repubblica n. 445 del 2000, sul possesso dei requisiti di indipendenza di cui all'articolo 16, comma 1. In caso contrario ne dà comunicazione riservata al soggetto che l'ha nominato perché provveda alla sua sostituzione. L'esperto non può assumere più di due incarichi contemporaneamente.

5. L'esperto, accettato l'incarico, convoca senza indugio l'imprenditore per valutare l'esistenza di una concreta prospettiva di risanamento, anche alla luce delle informazioni assunte dall'organo di controllo e dal revisore legale, ove in carica. L'imprenditore partecipa personalmente e può farsi assistere da consulenti. Se ritiene che le prospettive di risanamento sono concrete l'esperto incontra le altre parti interessate al processo di risanamento e prospetta le possibili strategie di intervento fissando i successivi incontri con cadenza periodica ravvicinata. Se non ravvisa concrete prospettive di risanamento, all'esito della convocazione o in un momento successivo, l'esperto ne dà notizia all'imprenditore e al segretario generale della camera di commercio che dispone l'archiviazione dell'istanza di composizione negoziata entro i successivi cinque giorni lavorativi. Nel corso delle trattative l'esperto può invitare le parti a rideterminare, secondo buona fede, il contenuto dei contratti ad esecuzione continuata o periodica ovvero ad esecuzione differita se la prestazione è divenuta eccessivamente onerosa o se è alterato l'equilibrio del rapporto in ragione di circostanze sopravvenute. Le parti sono tenute a collaborare tra loro per rideterminare il contenuto del contratto o adeguare le prestazioni alle mutate condizioni.

6. Entro tre giorni dalla comunicazione della convocazione le parti possono presentare osservazioni sull'indipendenza dell'esperto al segretario generale della camera di commercio il quale riferisce senza indugio alla commissione perché, valutate le circostanze esposte e sentito l'esperto, se lo ritiene opportuno provveda alla sua sostituzione entro i successivi cinque giorni lavorativi. Allo stesso modo la commissione procede se l'imprenditore e le parti interessate formulano osservazioni sull'operato dell'esperto.

7. L'incarico dell'esperto si considera concluso se, decorsi centottanta giorni dalla accettazione della nomina, le parti non hanno individuato, anche a seguito di sua proposta, una soluzione adeguata per il superamento delle condizioni di cui all'articolo 12, comma 1. L'incarico può proseguire per non oltre centottanta giorni quando tutte le parti lo richiedono e l'esperto vi acconsente, oppure quando la prosecuzione dell'incarico è resa necessaria dal ricorso dell'imprenditore al tribunale ai sensi degli articoli 19 e 22. In caso di sostituzione dell'esperto o nell'ipotesi di cui all'articolo 25, comma 7, il termine di cui al primo periodo decorre dall'accettazione del primo esperto nominato.

8. Al termine dell'incarico l'esperto redige una relazione finale che inserisce nella piattaforma e comunica all'imprenditore e, in caso di concessione delle misure protettive e cautelari di cui agli articoli 18 e 19, al giudice che le ha emesse, che ne dichiara cessati gli effetti. Eseguiti gli adempimenti di cui al primo periodo, l'esperto ne dà comunicazione al segretario generale della camera di commercio per l'archiviazione dell'istanza di composizione negoziata.

9. In caso di archiviazione dell'istanza di cui al comma 1, l'imprenditore non può presentare una nuova istanza prima di un anno dall'archiviazione. Se l'archiviazione è richiesta dall'imprenditore con istanza depositata con le modalità previste nel comma 1 entro due mesi dall'accettazione dell'esperto, il termine di cui al primo periodo è ridotto, per una sola volta, a quattro mesi.

10. Ai costi che gravano sulle camere di commercio per consentire il funzionamento della procedura di composizione negoziata per la soluzione della crisi d'impresa si provvede mediante il versamento, a carico dell'impresa che propone l'istanza, di diritti di segreteria determinati ai sensi dell'articolo 18 della legge 29 dicembre 1993, n. 580.

(1) Articolo modificato dall'art. 3, co. 5, d.lg. 26/10/2020, n. 147 poi sostituito dall'art. 6, co. 1, d.lg. 17/6/2022, n. 83. L'art. 3 del d.lg. n. 147/2020 è stato abrogato dall'art. 48, co. 1, lett. c), d.lg. n. 83/2022 medesimo.

18. Misure protettive (1). – 1. L'imprenditore può chiedere, con l'istanza di nomina dell'esperto o con successiva istanza presentata con le modalità di cui all'articolo 17, comma 1, l'applicazione di misure protettive del patrimonio. L'istanza di applicazione delle misure protettive è pubblicata nel registro delle imprese unitamente all'accettazione dell'esperto e, dal giorno della pubblicazione, i creditori interessati non possono acquisire diritti di prelazione se non concordati con l'imprenditore né possono iniziare o proseguire azioni esecutive e cautelari sul suo patrimonio o sui beni e sui diritti con i quali viene esercitata l'attività d'impresa. Non sono inibiti i pagamenti.

2. Con l'istanza di cui al comma 1, l'imprenditore inserisce nella piattaforma telematica una dichiarazione sull'esistenza di misure esecutive o cautelari disposte nei suoi confronti e un aggiornamento sui ricorsi indicati nella dichiarazione resa ai sensi dell'articolo 17, comma 3, lettera d).

3. Con l'istanza di cui al comma 1, l'imprenditore può chiedere che l'applicazione delle misure protettive sia limitata a determinate iniziative intraprese dai creditori a tutela dei propri diritti o a determinati creditori o categorie di creditori. Sono esclusi dalle misure protettive i diritti di credito dei lavoratori.

4. Dal giorno della pubblicazione dell'istanza di cui al comma 1 e fino alla conclusione delle trattative o all'archi-

viazione dell'istanza di composizione negoziata, la sentenza di apertura della liquidazione giudiziale o di accertamento dello stato di insolvenza non può essere pronunciata, salvo che il tribunale disponga la revoca delle misure protettive. Restano fermi i provvedimenti già concessi ai sensi dell'articolo 54, comma 1.

5. I creditori nei cui confronti operano le misure protettive non possono, unilateralmente, rifiutare l'adempimento dei contratti pendenti o provocarne la risoluzione, né possono anticiparne la scadenza o modificarli in danno dell'imprenditore per il solo fatto del mancato pagamento di crediti anteriori rispetto alla pubblicazione dell'istanza di cui al comma 1. I medesimi creditori possono sospendere l'adempimento dei contratti pendenti dalla pubblicazione dell'istanza di cui al comma 1 fino alla conferma delle misure richieste.

(1) Articolo sostituito dall'art. 6, co.1, d.lg. 17/6/2022, n. 83.

19 Procedimento relativo alle misure protettive e cautelari (1). – 1. Quando l'imprenditore formula la richiesta di cui all'articolo 18, comma 1, con ricorso presentato al tribunale competente ai sensi dell'articolo 27, entro il giorno successivo alla pubblicazione dell'istanza e dell'accettazione dell'esperto, chiede la conferma o la modifica delle misure protettive e, ove occorre, l'adozione dei provvedimenti cautelari necessari per condurre a termine le trattative. Entro trenta giorni dalla pubblicazione di cui al medesimo articolo 18, comma 1, l'imprenditore chiede la pubblicazione nel registro delle imprese del numero di ruolo generale del procedimento instaurato. L'omesso o il ritardato deposito del ricorso è causa di inefficacia delle misure previste dall'articolo 18, comma 1, e, decorso inutilmente il termine di cui al secondo periodo, l'iscrizione dell'istanza è cancellata dal registro delle imprese.

2. L'imprenditore, unitamente al ricorso, deposita:

a) i bilanci degli ultimi tre esercizi oppure, quando non è tenuto al deposito dei bilanci, le dichiarazioni dei redditi e dell'IVA degli ultimi tre periodi di imposta;

b) una situazione patrimoniale e finanziaria aggiornata a non oltre sessanta giorni prima del deposito del ricorso;

c) l'elenco dei creditori, individuando i primi dieci per ammontare, con indicazione dei relativi indirizzi di posta elettronica certificata, se disponibili, oppure degli indirizzi di posta elettronica non certificata per i quali sia verificata o verificabile la titolarità della singola casella;

d) un progetto di piano di risanamento redatto secondo le indicazioni della lista di controllo di cui all'articolo 13, comma 2, un piano finanziario per i successivi sei mesi e un prospetto delle iniziative che intende adottare;

e) una dichiarazione avente valore di autocertificazione attestante, sulla base di criteri di ragionevolezza e proporzionalità, che l'impresa può essere risanata;

f) l'accettazione dell'esperto nominato ai sensi dell'articolo 13, commi 6, 7 e 8, con il relativo indirizzo di posta elettronica certificata.

3. Il tribunale, entro dieci giorni dal deposito del ricorso, fissa, con decreto, l'udienza, da tenersi preferibilmente con sistemi di videoconferenza. Il ricorso, unitamente al decreto, è notificato dal ricorrente, anche all'esperto, con le modalità indicate dal tribunale che prescrive, ai sensi dell'articolo 151 del codice di procedura civile, le forme di notificazione opportune per garantire la celerità del procedimento. Il tribunale, se verifica che il ricorso non è stato depositato nel termine previsto dal comma 1, dichiara con decreto motivato l'inefficacia delle misure protettive senza fissare l'udienza prevista dal primo periodo. Gli effetti protettivi prodotti ai sensi dell'articolo 18, comma 1, cessano altresì se, nel termine di cui al primo periodo, il giudice non provvede alla fissazione dell'udienza. Nei casi previsti dal terzo e quarto periodo la domanda può essere riproposta.

4. All'udienza il tribunale, sentite le parti e chiamato l'esperto a esprimere il proprio parere sulla funzionalità delle misure richieste ad assicurare il buon esito delle trattative, omessa ogni formalità non essenziale al contraddittorio, nomina, se occorre, un ausiliario ai sensi dell'articolo 68 del codice di procedura civile e procede agli atti di istruzione indispensabili in relazione ai provvedimenti cautelari richiesti ai sensi del comma 1 e ai provvedimenti di conferma, revoca o modifica delle misure protettive. Il tribunale può assumere informazioni dai creditori indicati nell'elenco di cui al comma 2, lettera c). Se le misure protettive o i provvedimenti cautelari richiesti incidono sui diritti dei terzi, devono essere sentiti. Il tribunale provvede con ordinanza con la quale stabilisce la durata, non inferiore a trenta e non superiore a centoventi giorni, delle misure protettive e, se occorre, dei provvedimenti cautelari disposti, tenendo conto delle misure eventualmente già concesse ai sensi dell'articolo 54, comma 1. Sentito l'esperto, il tribunale può limitare le misure a determinate iniziative intraprese dai creditori a tutela dei propri diritti o a determinati creditori o categorie di creditori.

5. Il giudice che ha emesso i provvedimenti di cui al comma 4, su istanza delle parti e acquisito il parere dell'esperto, può prorogare la durata delle misure disposte per il tempo necessario ad assicurare il buon esito delle trattative. La proroga non è concessa se il centro degli interessi principali dell'impresa è stato trasferito da un altro Stato membro nei tre mesi precedenti alla formulazione della richiesta di cui all'articolo 18, comma 1. La durata complessiva delle misure non può superare i duecentoquaranta giorni.

6. Su istanza dell'imprenditore, di uno o più creditori o su segnalazione dell'esperto, il giudice che ha emesso i provvedimenti di cui al comma 4 può, in qualunque momento, sentite le parti interessate, e in ogni caso a seguito dell'archiviazione dell'istanza ai sensi dell'articolo 17, commi 5 e 8, revocare le misure protettive e cautelari, o abbreviarne la durata, quando esse non soddisfano l'obiettivo di assicurare il buon esito delle trattative o appaiono sproporzionate rispetto al pregiudizio arrecato ai creditori istanti.

7. I procedimenti disciplinati dal presente articolo si svolgono nella forma prevista dagli articoli 669-bis e seguenti del codice di procedura civile e il tribunale provvede in composizione monocratica con ordinanza comunicata dalla cancelleria al registro delle imprese entro il giorno successivo. Non si applicano l'articolo 669-octies, primo, secondo e terzo comma, e l'articolo 669-novies, primo comma, del codice di procedura civile. Contro l'ordinanza è ammesso reclamo ai sensi dell'articolo 669-terdecies del codice di procedura civile.

8. In caso di revoca o cessazione delle misure protettive, il divieto di acquisire diritti di prelazione se non concordati con l'imprenditore viene meno a far data dalla revoca o dalla cessazione delle misure protettive.

(1) Articolo modificato dall'art. 4, co. 1, d.lg. 26/10/2020, n. 147 poi sostituito dall'art. 6, co. 1, d.lg. 17/6/2022, n. 83. L'art. 4 del d.lg. n. 147/2020 è stato abrogato dall'art. 48, co. 1, lett. c), d.lg. n. 83/2022 medesimo.

20. Sospensione di obblighi e di cause di scioglimento di cui agli articoli 2446,2447,2482-bis, 2482-ter, 2484 e 2545-duodecies del codice civile (1). – 1. Con l'istanza di nomina dell'esperto, o con dichiarazione successivamente presentata con le modalità di cui all'articolo 17, comma 1, l'imprenditore può dichiarare che, sino alla conclusione delle trattative o all'archiviazione dell'istanza di composizione negoziata, non si applicano nei suoi confronti gli articoli 2446, secondo e terzo comma, 2447, 2482-bis, quarto, quinto e sesto comma, e 2482-ter del codice civile e non si verifica la causa di scioglimento della società per riduzione o perdita del capitale sociale di cui agli articoli 2484, primo comma, numero 4), e 2545-duodecies del codice civile. A tal fine, l'istanza o la dichiarazione sono pubblicate nel registro delle imprese e gli effetti di cui al primo periodo decorrono dalla pubblicazione.

2. Se l'imprenditore ha chiesto anche l'applicazione di misure protettive del patrimonio ai sensi degli articoli 18 e 19, la sospensione degli obblighi e delle cause di scioglimento prevista nel comma 1 cessa a partire dalla pubblicazione nel registro delle imprese del provvedimento con il quale il tribunale dichiara l'inefficacia delle misure richieste, ai sensi dell'articolo 19, comma 3, o ne dispone la revoca.

(!) Articolo modificato dall'art. 4, co. 2, d.lg. 26/10/2020, n. 147 poi sostituito dall'art- 6, co. 1, d.lg. 17/6/2022, n. 83. L'art. 4 del d.lg. n. 147/2020 è stato abrogato dall'art. 48, co. 1, lett. c), d.lg. n. 83/2022 medesimo.

21. Gestione dell'impresa in pendenza delle trattative (1). – 1. Nel corso delle trattative l'imprenditore conserva la gestione ordinaria e straordinaria dell'impresa. L'imprenditore in stato di crisi gestisce l'impresa in modo da evitare pregiudizio alla sostenibilità economico-finanziaria dell'attività. Quando, nel corso della composizione negoziata, risulta che l'imprenditore è insolvente ma esistono concrete prospettive di risanamento, lo stesso gestisce l'impresa nel prevalente interesse dei creditori. Restano ferme le responsabilità dell'imprenditore.

2. L'imprenditore informa preventivamente l'esperto, per iscritto, del compimento di atti di straordinaria amministrazione nonché dell'esecuzione di pagamenti che non sono coerenti rispetto alle trattative o alle prospettive di risanamento.

3. L'esperto, quando ritiene che l'atto può arrecare pregiudizio ai creditori, alle trattative o alle prospettive di risanamento, lo segnala per iscritto all'imprenditore e all'organo di controllo.

4. Se, nonostante la segnalazione, l'atto viene compiuto, l'imprenditore ne informa immediatamente l'esperto il quale, nei successivi dieci giorni, può iscrivere il proprio dissenso nel registro delle imprese. Quando l'atto compiuto pregiudica gli interessi dei creditori, l'iscrizione è obbligatoria.

5. Quando sono state concesse misure protettive o cautelari l'esperto, iscritto il proprio dissenso nel registro delle imprese, procede alla segnalazione di cui all'articolo 19, comma 6.

(1) Articolo modificato dall'art. 4 del d.lg. 26/10/2020, n. 147 poi sostituito dall'art. 6, co.1, d.lg. 17/6/2022, n. 83. L'art. 4 del d.lg. n. 147/2020 è stato abrogato dall'art. 48, co. 1, lett. c), d.lg. n. 83/2022 medesimo.

22. Autorizzazioni del tribunale (1). – 1. Su richiesta dell'imprenditore il tribunale, verificata la funzionalità degli atti rispetto alla continuità aziendale e alla migliore soddisfazione dei creditori, può:

a) autorizzare l'imprenditore a contrarre finanziamenti prededucibili ai sensi dell'articolo 6;

b) autorizzare l'imprenditore a contrarre finanziamenti dai soci prededucibili ai sensi dell'articolo 6;

c) autorizzare una o più società appartenenti ad un gruppo di imprese di cui all'articolo 25 a contrarre finanziamenti prededucibili ai sensi dell'articolo 6;

d) autorizzare l'imprenditore a trasferire in qualunque forma l'azienda o uno o più suoi rami senza gli effetti di cui all'articolo 2560, secondo comma, del codice civile, dettando le misure ritenute opportune, tenuto conto delle istanze delle parti interessate al fine di tutelare gli interessi coinvolti; resta fermo l'articolo 2112 del codice civile. Il tribunale verifica altresì il rispetto del principio di competitività nella selezione dell'acquirente.

2. Il procedimento di cui al comma 1 si svolge innanzi al tribunale competente ai sensi dell'articolo 27 che, sentite le parti interessate e assunte le informazioni necessarie, provvedendo, ove occorre, ai sensi dell'articolo 68 del codice di procedura civile, decide in composizione monocratica. Si applicano, in quanto compatibili, gli articoli 737 e seguenti del codice di procedura civile. Il reclamo si propone al tribunale e del collegio non può far parte il giudice che ha pronunciato il provvedimento.

(1) Articolo modificato dall'art. 4 del d.lg. 26/10/2020, n. 147 poi sostituito dall'art. 6, co. 1, d.lg. 17/6/2022, n. 83. L'art. 4 del d.lg. n. 147/2020 è stato abrogato dall'art. 48, co. 1, lett. c), d.lg. n. 83/2022 medesimo.

23. Conclusione delle trattative (1). – 1. Quando è individuata una soluzione idonea al superamento della situazione di cui all'articolo 12, comma 1, le parti possono, alternativamente:

a) concludere un contratto, con uno o più creditori, che produce gli effetti di cui all'articolo 25-bis, comma 1, se, secondo la relazione dell'esperto di cui all'articolo 17, comma 8, è idoneo ad assicurare la continuità aziendale per un periodo non inferiore a due anni;

b) concludere la convenzione di moratoria di cui all'articolo 62;

c) concludere un accordo sottoscritto dall'imprenditore, dai creditori e dall'esperto che produce gli effetti di cui agli articoli 166, comma 3, lettera d), e 324. Con la sottoscrizione dell'accordo l'esperto dà atto che il piano di risanamento appare coerente con la regolazione della crisi o dell'insolvenza.

2. Se all'esito delle trattative non è individuata una soluzione tra quelle di cui al comma 1, l'imprenditore può, in alternativa:

a) predisporre il piano attestato di risanamento di cui all'articolo 56;

b) domandare l'omologazione di un accordo di ristrutturazione dei debiti ai sensi degli articoli 57, 60 e 61. La percentuale di cui all'articolo 61, comma 2, lettera c), è ridotta al 60 per cento se il raggiungimento dell'accordo risulta dalla relazione finale dell'esperto;

c) proporre la domanda di concordato semplificato per la liquidazione del patrimonio di cui all'articolo 25-sexies;

d) accedere ad uno degli strumenti di regolazione della crisi e dell'insolvenza disciplinati dal presente codice, dal decreto legislativo 8 luglio 1999, n. 270 o dal decreto-legge 23 dicembre 2003, n. 347, convertito, con modificazioni, dalla legge 18 febbraio 2004, n. 39. L'imprenditore agricolo può accedere agli strumenti di cui all'articolo 25-quater, comma 4.

(1) Articolo sostituito dall'art. 6, co. 1, d.lg. 17/6/2022, n. 83.

24. Conservazione degli effetti (1). – 1. Gli atti autorizzati dal tribunale ai sensi dell'articolo 22 conservano i propri effetti se successivamente intervengono un accordo di ristrutturazione dei debiti omologato, un concordato preventivo omologato, un piano di ristrutturazione proposto ai sensi dell'articolo 64-bis omologato, l'apertura della liquidazione giudiziale, la liquidazione coatta amministrativa, l'amministrazione straordinaria o il concordato semplificato per la liquidazione del patrimonio di cui all'articolo 25-sexies omologato.

2. Non sono soggetti all'azione revocatoria di cui all'articolo 166, comma 2, gli atti, i pagamenti e le garanzie posti in essere dall'imprenditore nel periodo successivo alla accettazione dell'incarico da parte dell'esperto, purché coerenti con l'andamento e lo stato delle trattative e con le prospettive di risanamento esistenti al momento in cui sono stati compiuti.

3. Gli atti di straordinaria amministrazione e i pagamenti effettuati nel periodo successivo alla accettazione dell'incarico da parte dell'esperto sono in ogni caso soggetti alle azioni di cui agli articoli 165 e 166 se, in relazione ad essi, l'esperto ha iscritto il proprio dissenso nel registro delle imprese ai sensi dell'articolo 21, comma 4, o se il tribunale ha

rigettato la richiesta di autorizzazione presentata ai sensi dell'articolo 22.

4. Nelle ipotesi disciplinate dai commi 1, 2 e 3 resta ferma la responsabilità dell'imprenditore per gli atti compiuti.

5. Le disposizioni di cui agli articoli 322, comma 3, e 323 non si applicano ai pagamenti e alle operazioni compiuti nel periodo successivo alla accettazione dell'incarico da parte dell'esperto in coerenza con l'andamento delle trattative e nella prospettiva di risanamento dell'impresa valutata dall'esperto ai sensi dell'articolo 17, comma 5, purché non siano state effettuate le iscrizioni previste dall'articolo 21, comma 4. Le disposizioni di cui al primo periodo non si applicano inoltre ai pagamenti e alle operazioni autorizzati dal tribunale a norma dell'articolo 22.

(1) Articolo sostituito dall'art. 6, co. 1, d.lg. 17/6/2022, n. 83.

25. Conduzione delle trattative in caso di gruppo di imprese. (1). – 1. Più imprese che si trovano nelle condizioni indicate nell'articolo 12, comma 1, appartenenti al medesimo gruppo e che hanno, ciascuna, il proprio centro degli interessi principali nel territorio dello Stato possono chiedere al segretario generale della camera di commercio la nomina dell'esperto indipendente di cui all'articolo 12, comma 2. La nomina avviene con le modalità di cui all'articolo 13.

2. L'istanza è presentata alla camera di commercio ove è iscritta la società o l'ente, avente il proprio centro degli interessi principali nel territorio dello Stato, che, in base alla pubblicità prevista dall'articolo 2497-bis del codice civile, esercita l'attività di direzione e coordinamento oppure, in mancanza, l'impresa avente il proprio centro degli interessi principali nel territorio dello Stato che presenta la maggiore esposizione debitoria, costituita dalla voce D del passivo nello stato patrimoniale prevista dall'articolo 2424 del codice civile in base all'ultimo bilancio approvato e inserito nella piattaforma telematica ai sensi del comma 4.

3. L'imprenditore inserisce nella piattaforma telematica di cui all'articolo 13, oltre alla documentazione indicata nell'articolo 17, comma 3, una relazione contenente informazioni analitiche sulla struttura del gruppo e sui vincoli partecipativi o contrattuali, l'indicazione del registro delle imprese o dei registri delle imprese in cui è stata effettuata la pubblicità ai sensi dell'articolo 2497-bis del codice civile e il bilancio consolidato di gruppo, ove redatto.

4. Le misure protettive e cautelari di cui agli articoli 18 e 19 sono adottate dal tribunale competente ai sensi dell'articolo 27 rispetto alla società o all'ente che, in base alla pubblicità prevista dall'articolo 2497-bis del codice civile, esercita l'attività di direzione e coordinamento oppure, in mancanza, rispetto all'impresa che presenta la maggiore esposizione debitoria come definita nel comma 2.

5. L'esperto assolve ai compiti di cui all'articolo 12, comma 2, in modo unitario per tutte le imprese che hanno presentato l'istanza, salvo che lo svolgimento congiunto non renda eccessivamente gravose le trattative. In tal caso può svolgere le trattative per singole imprese.

6. Le imprese partecipanti al gruppo che non si trovano nelle condizioni indicate nell'articolo 12, comma 1, possono, anche su invito dell'esperto, partecipare alle trattative.

7. Quando le imprese appartenenti ad un medesimo gruppo presentano più istanze ai sensi dell'articolo 12, comma 1, e gli esperti nominati, sentiti i richiedenti e i creditori, propongono che la composizione negoziata si svolga in modo unitario oppure per più imprese appositamente individuate, la composizione prosegue con l'esperto designato di comune accordo fra quelli nominati. In difetto di designazione, la composizione prosegue con l'esperto nominato a seguito della prima istanza presentata.

8. I finanziamenti eseguiti in favore di società controllate oppure sottoposte a comune controllo, in qualsiasi forma pattuiti dopo la presentazione dell'istanza di cui all'articolo 17, sono esclusi dalla postergazione di cui agli articoli 2467 e 2497-quinquies del codice civile, sempre che l'imprenditore abbia informato preventivamente l'esperto ai sensi dell'articolo 21, comma 2, e che l'esperto, dopo avere segnalato che l'operazione può arrecare pregiudizio ai creditori, non abbia iscritto il proprio dissenso nel registro delle imprese, ai sensi dell'articolo 21, comma 4.

9. Al termine delle trattative, le imprese del gruppo possono stipulare, in via unitaria, uno dei contratti, convenzioni o accordi, di cui all'articolo 23, comma 1, ovvero accedere, separatamente o in via unitaria, alle soluzioni di cui all'articolo 23.

(1) Articolo modificato dall'art. 5 del d.lg. 26/10/2020, n. 147 poi sostituito dall'art. 6, co. 1, d.lg. 17/6/2022, n. 83. L'art. 5 del d.lg. n. 147/2020 è stato abrogato dall'art. 48, co. 1, lett. c), d.lg. n. 83/2022 medesimo.

25 bis. Misure premiali. (1). – 1. Dall'accettazione dell'incarico da parte dell'esperto e sino alla conclusione delle trattative con una delle soluzioni previste dall'articolo 23, commi 1 e 2, lettera b), gli interessi che maturano sui debiti tributari dell'imprenditore sono ridotti alla misura legale.

2. Le sanzioni tributarie per le quali è prevista l'applicazione in misura ridotta in caso di pagamento entro un determinato termine dalla comunicazione dell'ufficio che le irroga, sono ridotte alla misura minima se il termine per il pagamento scade dopo la presentazione della istanza di cui all'articolo 17.

3. Le sanzioni e gli interessi sui debiti tributari sorti prima del deposito dell'istanza di cui all'articolo 17 e oggetto della composizione negoziata sono ridotti della metà nelle ipotesi previste dall'articolo 23, comma 2.

4. In caso di pubblicazione nel registro delle imprese del contratto di cui all'articolo 23, comma 1, lettera a), e dell'accordo di cui all'articolo 23, comma 1, lettera c), l'Agenzia delle entrate concede all'imprenditore che lo richiede, con istanza sottoscritta anche dall'esperto, un piano di rateazione fino ad un massimo di settantadue rate mensili delle somme dovute e non versate a titolo di imposte sul reddito, ritenute alla fonte operate in qualità di sostituto d'imposta, imposta sul valore aggiunto e imposta regionale sulle attività produttive non ancora iscritte a ruolo, e relativi accessori. Si applicano, in quanto compatibili, le disposizioni di cui all'articolo 19 del decreto del Presidente della Repubblica 29 settembre 1973, n. 602. La sottoscrizione dell'esperto costituisce prova dell'esistenza della temporanea situazione di obiettiva difficoltà. L'imprenditore decade automaticamente dal beneficio della rateazione anche in caso di successivo deposito di ricorso ai sensi dell'articolo 40 o in caso di apertura della procedura di liquidazione giudiziale o della liquidazione controllata o di accertamento dello stato di insolvenza oppure in caso di mancato pagamento anche di una sola rata alla sua scadenza.

5. Dalla pubblicazione nel registro delle imprese del contratto e dell'accordo di cui all'articolo 23, comma 1, lettere a) e c), o degli accordi di cui all'articolo 23, comma 2, lettera b), si applicano gli articoli 88, comma 4-ter, e 101, comma 5, del testo unico delle imposte sui redditi, di cui al decreto del Presidente della Repubblica 22 dicembre 1986, n. 917.

6. Nel caso di successiva apertura della procedura di liquidazione giudiziale o di liquidazione controllata o nel caso di accertamento dello stato di insolvenza, gli interessi e le sanzioni sono dovuti senza le riduzioni di cui ai commi 1 e 2.

(1) Articolo aggiunto dall'art. 6, co. 1, d.lg. 17/6/2022, n. 83.

25 ter. Compenso dell'esperto (1). – 1. Il compenso dell'esperto è determinato, tenuto conto dell'opera prestata, della sua complessità, del contributo dato nella negoziazione e della sollecitudine con cui sono state condotte le trattative, in percentuale sull'ammontare dell'attivo dell'impresa debitrice secondo i seguenti scaglioni:

a) fino a euro 100.000,00, dal 4,00 al 6,00 per cento;

b) da euro 100.000,01 e fino a euro 500.000,00, dall'1,00 all'1,50 per cento;

c) da euro 500.000,01 e fino a euro 1.000.000,00, dallo 0,50 allo 0,80 per cento;

d) da euro 1.000.000,01 e fino a euro 2.500.000,00, dallo 0,25 allo 0,43 per cento;

e) da euro 2.500.000,01 e fino a euro 50.000.000,00, dallo 0,05 allo 0,10 per cento;

f) da euro 50.000.000,01 e fino a euro 400.000.000,00, dallo 0,010 allo 0,025 per cento;

g) da euro 400.000.000,01 e fino a euro 1.300.000.000,00, dallo 0,002 allo 0,008 per cento;

h) sulle somme eccedenti euro 1.300.000.000,00, dallo 0,005 allo 0,002 per cento.

2. In caso di composizione negoziata condotta ai sensi dell'articolo 25 in modo unitario per tutte o alcune delle imprese che hanno presentato l'istanza di cui all'articolo 17, il compenso dell'esperto designato è determinato esclusivamente tenendo conto della percentuale sull'ammontare dell'attivo di ciascuna impresa istante partecipante al gruppo.

3. Il compenso complessivo non può essere, in ogni caso, inferiore a euro 4.000,00 e superiore a euro 400.000,00.

4. L'importo di cui al comma 1 è rideterminato, fermi i limiti di cui al comma 3, come di seguito indicato:

a) se il numero dei creditori e delle parti interessate che partecipano alle trattative è compreso tra ventuno e cinquanta, il compenso è aumentato del 25 per cento;

b) se il numero dei creditori e delle parti interessate che partecipano alle trattative è superiore a cinquanta, il compenso è aumentato del 35 per cento;

c) se il numero dei creditori e delle parti interessate che partecipano alle trattative non è superiore a cinque, il compenso è ridotto del 40 per cento;

d) in caso di vendita del complesso aziendale o di individuazione di un acquirente da parte dell'esperto, il compenso è aumentato del 10 per cento.

5. I lavoratori e le rappresentanze sindacali non sono considerati nel numero dei creditori e delle altre parti interessate ai fini del riconoscimento degli aumenti di cui al comma 4, lettere a) e b); all'esperto comunque spetta il compenso di euro 100,00 per ogni ora di presenza risultante dai rapporti redatti ai sensi dell'articolo 4, comma 3, quinto periodo.

6. Il compenso è aumentato del 100 per cento in tutti i casi in cui, anche successivamente alla redazione della relazione finale di cui all'articolo 17, comma 8, si concludono il contratto, la convenzione o gli accordi di cui all'articolo 23, commi 1 e 2, lettera b).

7. Se l'esperto sottoscrive l'accordo di cui all'articolo 23, comma 1, lettera c), gli spetta un ulteriore incremento del 10 per cento sul compenso determinato ai sensi del comma 6.

8. In deroga a quanto previsto dal comma 3, il compenso è liquidato in euro 500,00 quando l'imprenditore non compare davanti all'esperto oppure quando è disposta l'archiviazione subito dopo il primo incontro.

9. Le percentuali di cui al comma 1 sono calcolate sulla media dell'attivo risultante dagli ultimi tre bilanci o, in mancanza, sull'attivo risultante dalla situazione patrimoniale e finanziaria depositata ai sensi dell'articolo 17, comma 3, lettera a). Se l'attività è iniziata da meno di tre anni, la media è calcolata sui bilanci depositati dal suo inizio.

10. All'esperto è dovuto il rimborso delle spese necessarie per l'adempimento dell'incarico, purché accompagnate dalla corrispondente documentazione. Non sono rimborsati gli esborsi sostenuti per la remunerazione dei soggetti dei quali l'esperto si è avvalso ai sensi dell'articolo 16, comma 2.

11. In mancanza di accordo tra le parti, il compenso è liquidato dalla commissione di cui all'articolo 13, comma 6, ed è a carico dell'imprenditore. Il provvedimento costituisce prova scritta idonea a norma dell'articolo 633, primo comma, numero 1), del codice di procedura civile nonché titolo per la concessione dell'esecuzione provvisoria ai sensi dell'articolo 642 del codice di procedura civile.

12. Il compenso dell'esperto è prededucibile ai sensi dell'articolo 6.

13. Dopo almeno sessanta giorni dall'accettazione dell'incarico, su richiesta dell'esperto, può essere disposto in suo favore un acconto in misura non superiore ad un terzo del presumibile compenso finale, tenendo conto dei risultati ottenuti e dell'attività prestata.

(1) Articolo aggiunto dall'art. 6, co. 1, d.lg. 17/6/2022, n. 83. Per l'applicazione delle disposizioni previste dal presente articolo, vedi l'art. 50, co. 2, d.lg. n. 83/2022 medesimo.

25 quater. Imprese sotto soglia (1). – 1. L'imprenditore commerciale e agricolo, che presenta congiuntamente i requisiti di cui all'articolo 2, comma 1, lettera d) e che si trova in condizioni di squilibrio patrimoniale o economico-finanziario che ne rendono probabile la crisi o l'insolvenza, può chiedere la nomina dell'esperto indipendente quando risulta ragionevolmente perseguibile il risanamento dell'impresa.

2. L'istanza è presentata al segretario generale della camera di commercio nel cui ambito territoriale si trova la sede legale dell'impresa unitamente ai documenti di cui all'articolo 17, comma 3, lettere a), c), d), e), f), g) e h), e nelle forme previste dall'articolo 17, comma 1. La dichiarazione di cui all'articolo 17, comma 3, lettera d), riguarda la pendenza di una procedura di liquidazione controllata e contiene l'attestazione di non avere depositato ricorso ai sensi dell'articolo 74 e, per le imprese agricole, anche ai sensi dell'articolo 57. La nomina dell'esperto avviene ad opera del segretario generale al quale è presentata l'istanza.

3. Se all'esito delle trattative è individuata una soluzione idonea al superamento della situazione di cui al comma 1, le parti possono, alternativamente:

a) concludere un contratto privo di effetti nei confronti dei terzi e idoneo ad assicurare la continuità aziendale;

b) concludere un accordo avente il contenuto dell'articolo 62;

c) concludere un accordo sottoscritto dall'imprenditore, dai creditori e dall'esperto, idoneo a produrre gli effetti di cui all'articolo 25-bis, comma 5. Con la sottoscrizione dell'accordo l'esperto dà atto che il piano di risanamento appare coerente con la regolazione della crisi o dell'insolvenza.

4. Se all'esito delle trattative non è possibile raggiungere l'accordo, l'imprenditore può:

a) proporre la domanda di concordato minore di cui all'articolo 74;

b) chiedere la liquidazione controllata dei beni ai sensi dell'articolo 268;

c) proporre la domanda di concordato semplificato per la liquidazione del patrimonio di cui all'articolo 25-sexies;

d) per la sola impresa agricola, domandare l'omologazione di un accordo di ristrutturazione dei debiti ai sensi degli articoli 57, 60 e 61.

5. Si applicano, per quanto non specificamente previsto dalle disposizioni del presente articolo, gli articoli 12, 13, commi 1,2, 3, 4, 5 e 9, 14, 15, 16, 17, commi 1, 2, 4, 5, 6, 7, 8, 9 e 10, 18, 19, 20, 21, 22, 24, commi 3 e 4, 25, 25-bis, 25-ter, 25-quinquies, 25-sexies, 25-septies e 25-octies, in quanto compatibili.

6. Gli atti autorizzati dal tribunale ai sensi dell'articolo 22 conservano i propri effetti se successivamente intervengono un accordo di ristrutturazione dei debiti omologato, un concordato minore omologato, l'apertura della liquidazione con-

trollata o il concordato semplificato per la liquidazione del patrimonio di cui all'articolo 25-sexies omologato.

7. Il compenso dell'esperto è liquidato, ai sensi dell'articolo 25-ter, dal responsabile dell'organismo di composizione della crisi o dal segretario generale della camera di commercio che lo ha nominato.

(1) Articolo aggiunto dall'art. 6, co. 1, d.lg. 17/6/2022, n. 83.

25 quinquies. Limiti di accesso alla composizione negoziata (1). – 1. L'istanza di cui all'articolo 17, non può essere presentata dall'imprenditore in pendenza del procedimento introdotto con ricorso depositato ai sensi dell'articolo 40, anche nelle ipotesi di cui agli articoli 44, comma 1, lettera a), 54, comma 3, e 74. L'istanza non può essere altresì presentata nel caso in cui l'imprenditore, nei quattro mesi precedenti l'istanza medesima, abbia rinunciato alle domande indicate nel primo periodo.

(1) Articolo aggiunto dall'art. 6, co. 1, d.lg. 17/6/2022, n. 83. Per l'applicazione delle disposizioni previste dal comma 1, secondo periodo, del presente articolo, vedi l'art. 50, co. 3, d.lg. n. 83/2022 medesimo.

Capo II
Concordato semplificato per la liquidazione del patrimonio all'esito della composizione negoziata (1)

(1) Capo sostituito dall'art. 6, co. 1, d.lg. 17/6/2022, n. 83.

25 sexies. Concordato semplificato per la liquidazione del patrimonio (1). – 1. Quando l'esperto nella relazione finale dichiara che le trattative si sono svolte secondo correttezza e buona fede, che non hanno avuto esito positivo e che le soluzioni individuate ai sensi dell'articolo 23, commi 1 e 2, lettera b) non sono praticabili, l'imprenditore può presentare, nei sessanta giorni successivi alla comunicazione di cui all'articolo 17, comma 8, una proposta di concordato per cessione dei beni unitamente al piano di liquidazione e ai documenti indicati nell'articolo 39. La proposta può prevedere la suddivisione dei creditori in classi.

2. L'imprenditore chiede l'omologazione del concordato con ricorso presentato al tribunale del luogo in cui l'impresa ha il proprio centro degli interessi principali. Il ricorso è comunicato al pubblico ministero e pubblicato, a cura del cancelliere, nel registro delle imprese entro il giorno successivo alla data del deposito in cancelleria. Dalla data della pubblicazione del ricorso si producono gli effetti di cui agli articoli 6, 46, 94 e 96.

3. Il tribunale, valutata la ritualità della proposta, acquisiti la relazione finale di cui al comma 1 e il parere dell'esperto con specifico riferimento ai presumibili risultati della liquidazione e alle garanzie offerte, nomina un ausiliario ai sensi dell'articolo 68 del codice di procedura civile, assegnando allo stesso un termine per il deposito del parere di cui al comma 4. L'ausiliario fa pervenire l'accettazione dell'incarico entro tre giorni dalla comunicazione. All'ausiliario si applicano le disposizioni di cui agli articoli 35, comma 4-bis, e 35.1 del codice delle leggi antimafia e delle misure di prevenzione, di cui al decreto legislativo 6 settembre 2011, n. 159. Si osservano altresì le disposizioni di cui all'articolo 35.2 del citato decreto legislativo n. 159 del 2011.

4. Con il medesimo decreto il tribunale ordina che la proposta, unitamente al parere dell'ausiliario e alla relazione finale e al parere dell'esperto, sia comunicata a cura del debitore ai creditori risultanti dall'elenco depositato ai sensi dell'articolo 39, comma 1, ove possibile a mezzo posta elettronica certificata o, in mancanza, a mezzo di raccomandata con avviso di ricevimento, specificando dove possono essere reperiti i dati per la sua valutazione e fissa l'udienza per l'omologazione. Tra la scadenza del termine concesso all'ausiliario ai sensi del comma 3 e l'udienza di omologazione devono decorrere non meno di quarantacinque giorni. I creditori e qualsiasi interessato possono proporre opposizione all'omologazione costituendosi nel termine perentorio di dieci giorni prima dell'udienza fissata.

5. Il tribunale, assunti i mezzi istruttori richiesti dalle parti o disposti d'ufficio, omologa il concordato quando, verificata la regolarità del contraddittorio e del procedimento, nonché il rispetto dell'ordine delle cause di prelazione e la fattibilità del piano di liquidazione, rileva che la proposta non arreca pregiudizio ai creditori rispetto all'alternativa della liquidazione giudiziale e comunque assicura un'utilità a ciascun creditore.

6. Il tribunale provvede con decreto motivato, immediatamente esecutivo. Il decreto, pubblicato a norma dell'articolo 45 è comunicato dalla cancelleria alle parti che, nei successivi trenta giorni, possono proporre reclamo alla corte di appello ai sensi dell'articolo 247.

7. Contro il decreto della corte d'appello può essere proposto ricorso per cassazione entro trenta giorni dalla comunicazione.

8. Si applicano, in quanto compatibili, le disposizioni di cui agli articoli 106, 117, 118, 119, 324 e 341, sostituita la figura del commissario giudiziale con quella dell'ausiliario. Ai fini di cui all'articolo 106, il decreto di cui al comma 4 equivale all'ammissione al concordato.

(1) Articolo aggiunto dall'art. 6, co. 1, d.lg. 17/6/2022, n. 83.

25 septies. Disciplina della liquidazione del patrimonio (1). –1. Il tribunale nomina, con il decreto di omologazione, un liquidatore. Si applicano, in quanto compatibili, le disposizioni di cui all'articolo 114.

2. Quando il piano di liquidazione di cui all'articolo 25-sexies comprende un'offerta da parte di un soggetto individuato avente ad oggetto il trasferimento in suo favore dell'azienda o di uno o più rami d'azienda o di specifici beni, il liquidatore giudiziale, verificata l'assenza di soluzioni migliori sul mercato, dà esecuzione all'offerta e alla vendita si applicano gli articoli da 2919 a 2929 del codice civile.

3. Quando il piano di liquidazione prevede che il trasferimento debba essere eseguito prima della omologazione, all'offerta dà esecuzione l'ausiliario, verificata l'assenza di soluzioni migliori sul mercato, con le modalità di cui al comma 2, previa autorizzazione del tribunale.

(1) Articolo aggiunto dall'art. 6, co. 1, d.lg. 17/6/2022, n. 83.

Capo III
Segnalazioni per la anticipata emersione della crisi e programma informatico di verifica della sostenibilità del debito e di elaborazione di piani di rateizzazione (1)

(1) Capo sostituito dall'art. 6, co. 1 , d.lg. 17/6/2022, n. 83.

25 octies. Segnalazione dell'organo di controllo (1). – 1. L'organo di controllo societario segnala, per iscritto, all'organo amministrativo la sussistenza dei presupposti per la presentazione dell'istanza di cui all'articolo 17. La segnalazione è motivata, è trasmessa con mezzi che assicurano la prova dell'avvenuta ricezione e contiene la fissazione di un congruo termine, non superiore a trenta giorni, entro il quale l'organo amministrativo deve riferire in ordine alle iniziative intraprese. In pendenza delle trattative, rimane fermo il dovere di vigilanza di cui all'articolo 2403 del codice civile.

2. La tempestiva segnalazione all'organo amministrativo ai sensi del comma 1 e la vigilanza sull'andamento delle trattative sono valutate ai fini della responsabilità prevista dall'articolo 2407 del codice civile.

(1) Articolo aggiunto dall'art. 6, co. 1, d.lg. 17/6/2022, n. 83.

25 nonies. Segnalazioni dei creditori pubblici qualificati (1). – 1. L'Istituto nazionale della previdenza sociale, l'Istituto nazionale per l'assicurazione contro gli infortuni sul lavoro, l'Agenzia delle entrate e l'Agenzia delle entrate-Riscossione segnalano all'imprenditore e, ove esistente, all'organo di controllo, nella persona del presidente del collegio sindacale in caso di organo collegiale, a mezzo di posta elettronica certificata o, in mancanza, mediante raccomandata con avviso di ricevimento inviata all'indirizzo risultante dall'anagrafe tributaria:

a) per l'Istituto nazionale della previdenza sociale, il ritardo di oltre novanta giorni nel versamento di contributi previdenziali di ammontare superiore:

1) per le imprese con lavoratori subordinati e parasubordinati, al 30 per cento di quelli dovuti nell'anno precedente e all'importo di euro 15.000;

2) per le imprese senza lavoratori subordinati e parasubordinati, all'importo di euro 5.000;

b) per l'Istituto nazionale per l'assicurazione contro gli infortuni sul lavoro, l'esistenza di un debito per premi assicurativi scaduto da oltre novanta giorni e non versato superiore all'importo di euro 5.000;

c) per l'Agenzia delle entrate, l'esistenza di un debito scaduto e non versato relativo all'imposta sul valore aggiunto, risultante dalla comunicazione dei dati delle liquidazioni periodiche di cui all'articolo 21-bis del decreto-legge 31 maggio 2010, n. 78, convertito, con modificazioni, dalla legge 30 luglio 2010, n. 122, di importo superiore a euro 5.000 e, comunque, non inferiore al 10 per cento dell'ammontare del volume d'affari risultante dalla dichiarazione relativa all'anno d'imposta precedente; la segnalazione è in ogni caso inviata se il debito è superiore all'importo di euro 20.000 (2).

d) per l'Agenzia delle entrate-Riscossione, l'esistenza di crediti affidati per la riscossione, autodichiarati o definitivamente accertati e scaduti da oltre novanta giorni, superiori, per le imprese individuali, all'importo di euro 100.000, per le società di persone, all'importo di euro 200.000 e, per le altre società, all'importo di euro 500.000.

2. Le segnalazioni di cui al comma 1 sono inviate:

a) dall'Agenzia delle entrate, contestualmente alla comunicazione di irregolarità di cui all'articolo 54-bis del decreto del Presidente della Repubblica 26 ottobre 1972, n. 633, e, comunque, non oltre centocinquanta giorni dal termine di presentazione delle comunicazioni di cui all'articolo 21-bis del decreto-legge n. 78 del 2010 (3);

b) dall'Istituto nazionale della previdenza sociale, dall'Istituto nazionale per l'assicurazione contro gli infortuni sul lavoro e dall'Agenzia delle entrate-Riscossione, entro sessanta giorni decorrenti dal verificarsi delle condizioni o dal superamento degli importi indicati nel medesimo comma 1.

3. Le segnalazioni di cui al comma 1 contengono l'invito alla presentazione dell'istanza di cui all'articolo 17, comma 1, se ne ricorrono i presupposti.

4. Le disposizioni del presente articolo si applicano:

a) con riferimento all'Istituto nazionale della previdenza sociale e all'Istituto nazionale per l'assicurazione contro gli infortuni sul lavoro, in relazione ai debiti accertati a decorrere dal 1° gennaio 2022, per il primo, e ai debiti accertati a decorrere dall'entrata in vigore del presente decreto per il secondo;

b) con riferimento all'Agenzia delle entrate, in relazione ai debiti risultanti dalle comunicazioni di cui all'articolo 21-bis del decreto-legge n. 78 del 2010 a decorrere da quelle relative al secondo trimestre 2022 (4);

c) con riferimento all'Agenzia delle entrate-Riscossione, in relazione ai carichi affidati all'agente della riscossione a decorrere dal 1° luglio 2022.

(1) Articolo aggiunto dall'art. 6, co. 1, d.lg. 17/6/2022, n. 83.

(2) Lettera sostituita dall'art. 37-bis, co. 1, lett. a), d.l. 21/6/2022, n. 73, conv., con modif., dalla l. 4/8/2022, n. 122.

(3) Lettera sostituita dall'art. 37-bis, co. 1, lett. b), d.l. 21/6/2022, n. 73, conv., con modif., dalla l. 4/8/2022, n. 122.

(4) Lettera sostituita dall'art. 37-bis, co. 1, lett. c), d.l. 21/6/2022, n. 73, conv., con modif., dalla l. 4/8/2022, n. 122.

25 decies. Obblighi di comunicazione per banche e intermediari finanziari (1). – 1. Le banche e gli altri intermediari finanziari di cui all'articolo 106 del testo unico bancario, nel momento in cui comunicano al cliente variazioni, revisioni o revoche degli affidamenti, ne danno notizia anche agli organi di controllo societari, se esistenti.

(1) Articolo aggiunto dall'art. 6, co. 1, d.lg. 17/6/2022, n. 83.

25 undecies. Istituzione di programma informatico di verifica della sostenibilità del debito e per l'elaborazione di piani di rateizzazione automatici (1) – 1. Sulla piattaforma di cui all'articolo 13 è disponibile un programma informatico gratuito che elabora i dati necessari per accertare la sostenibilità del debito esistente e che consente all'imprenditore di condurre il test pratico di cui all'articolo 13, comma 2, per la verifica della ragionevole perseguibilità del risanamento.

2. Se l'indebitamento complessivo dell'imprenditore non supera i 30.000 euro e, all'esito dell'elaborazione condotta dal programma di cui al comma 1, tale debito risulta sostenibile, il programma elabora un piano di rateizzazione. L'imprenditore comunica la rateizzazione ai creditori interessati avvertendoli che, se non manifestano il proprio dissenso entro il termine di trenta giorni dalla ricezione della comunicazione, il piano si intenderà approvato e verrà eseguito secondo le modalità e i tempi nello stesso indicati. Sono fatte salve le disposizioni in materia di crediti di lavoro e di riscossione dei crediti fiscali e previdenziali. Restano ferme le responsabilità per l'inserimento nel programma di dati o informazioni non veritieri.

3. Le informazioni e i dati da inserire nel programma informatico, le specifiche tecniche per il suo funzionamento e le modalità di calcolo del tasso di interesse applicabile ai crediti rateizzati sono definiti con decreto non regolamentare del Ministro dello sviluppo economico, di concerto con il Ministro della giustizia e con il Ministro delegato per l'innovazione tecnologica e la transizione digitale, da adottare entro sessanta giorni dalla data di entrata in vigore del presente decreto.

(1) Articolo aggiunto dall'art. 6, co. 1, d.lg. 17/6/2022, n. 83.

TITOLO III
STRUMENTI DI REGOLAZIONE DELLA CRISI E DELL'INSOLVENZA (1)

(1) Titolo modificato dall'art. 7, co. 1, d.lg. 17/6/2022, n. 83.

Capo I
Giurisdizione

26 Giurisdizione italiana. – 1. L'imprenditore che ha all'estero il centro degli interessi principali può essere ammesso a uno strumento di regolazione della crisi e dell'insolvenza o assoggettato a una procedura di insolvenza nella Repubblica italiana anche se è stata aperta analoga procedura all'estero, quando ha una dipendenza in Italia (1).

2. Il trasferimento del centro degli interessi principali all'estero non esclude la sussistenza della giurisdizione italiana se è avvenuto nell'anno antecedente il deposito della domanda di accesso a uno strumento di regolazione della crisi e dell'insolvenza o a una procedura di insolvenza (2).

3. Sono fatte salve le convenzioni internazionali e la normativa dell'Unione europea.

4. Il tribunale, quando apre una procedura di insolvenza transfrontaliera ai sensi del regolamento (UE) 2015/848 del Parlamento europeo e del Consiglio del 20 maggio 2015, dichiara se la procedura è principale, secondaria o territoriale.

(1) Comma sostituito dall'art. 8, co. 1, lett. a), d.lg. 17/6/2022, n. 83.

(2) Comma sostituito dall'art. 8, co. 1, lett. b), d.lg. 17/6/2022, n. 83.

Capo II
Competenza

27. Competenza per materia e per territorio (1). – 1. Per i procedimenti di accesso a uno strumento di regolazione della crisi e dell'insolvenza o a una procedura di insolvenza e le controversie che ne derivano relativi alle imprese in amministrazione straordinaria e ai gruppi di imprese di rilevante dimensione è competente il tribunale sede delle sezioni specializzate in materia di imprese di cui all'articolo 1 del decreto legislativo 27 giugno 2003, n. 168. Il tribunale sede della sezione specializzata in materia di imprese è individuato a norma dell'articolo 4 del decreto legislativo 27 giugno 2003, n. 168, avuto riguardo al luogo in cui il debitore ha il centro degli interessi principali (2).

2. Per i procedimenti di accesso a uno strumento di regolazione della crisi e dell'insolvenza o a una procedura di insolvenza diversi da quelli di cui al comma 1 e le controversie che ne derivano è competente il tribunale nel cui circondario il debitore ha il centro degli interessi principali (3).

3. Il centro degli interessi principali del debitore si presume coincidente:

a) per la persona fisica esercente attività d'impresa, con la sede legale risultante dal registro delle imprese o, in mancanza, con la sede effettiva dell'attività abituale (4);

b) per la persona fisica non esercente attività d'impresa, con la residenza o il domicilio e, se questi sono sconosciuti, con l'ultima dimora nota o, in mancanza, con il luogo di nascita. Se questo non è in Italia, la competenza è del Tribunale di Roma;

c) per la persona giuridica e gli enti, anche non esercenti attività d'impresa, con la sede legale risultante dal registro delle imprese o, in mancanza, con la sede effettiva dell'attività abituale o, se sconosciuta, secondo quanto previsto nella lettera b), con riguardo al legale rappresentante (4).

(1) Il presente articolo entra in vigore il 15/7/2022, ad eccezione del co. 1, che entra in vigore il 16/3/2019, secondo quanto stabilito dall'art. 389, co. 2, del presente decreto.

(2) Comma modificato dall'art. 9, co. 1, lett. a), d.lg. 17/6/2022, n. 83.

(3) Comma modificato dall'art. 9, co. 1, lett. b), d.lg. 17/6/2022, n. 83.

(4) Lettera modificata dall'art. 9, co. 1, lett. c), d.lg. 17/6/2022, n. 83.

28. Trasferimento del centro degli interessi principali (1). – 1. Il trasferimento del centro degli interessi principali non rileva ai fini della competenza quando è intervenuto nell'anno antecedente al deposito della domanda di accesso a uno strumento di regolazione della crisi e dell'insolvenza o di apertura della liquidazione giudiziale.

(1) Articolo sostituito dall'art. 9, co. 2, d.lg. 17/6/2022, n. 83.

29. Incompetenza. – 1. Il tribunale decide con ordinanza quando dichiara l'incompetenza. L'ordinanza è trasmessa in copia al tribunale dichiarato competente, unitamente agli atti del procedimento.

2. Il tribunale dichiarato competente, se non richiede d'ufficio il regolamento di competenza ai sensi dell'articolo 45 del codice di procedura civile, dispone la prosecuzione del procedimento pendente, dandone comunicazione alle parti.

3. Quando l'incompetenza è dichiarata all'esito del giudizio di cui all'articolo 51, il reclamo, per le questioni diverse dalla competenza, è riassunto, a norma dell'articolo 50 del codice di procedura civile, dinanzi alla corte di appello competente.

30. Conflitto positivo di competenza. – 1. Quando un procedimento per l'accesso agli strumenti di regolazione della crisi e dell'insolvenza o a una procedura di insolvenza è stato aperto da più tribunali, il procedimento prosegue avanti al tribunale competente che si è pronunciato per primo (1).

2. Il tribunale che si è pronunciato successivamente, se non richiede d'ufficio il regolamento di competenza ai sensi dell'articolo 45 del codice di procedura civile, dispone la trasmissione degli atti al tribunale che si è pronunziato per primo. Si applica l'articolo 29, in quanto compatibile.

(1) Comma modificato dall'art. 9, co. 3, d.lg. 17/6/2022, n. 83.

31. Salvezza degli effetti. – 1. A seguito del trasferimento del procedimento da un tribunale all'altro restano salvi gli effetti degli atti compiuti nel procedimento davanti al giudice incompetente.

32. Competenza sulle azioni che derivano dall'apertura delle procedure di liquidazione. – 1. Il tribunale che ha aperto le procedure di liquidazione è competente a conoscere di tutte le azioni che ne derivano, qualunque ne sia il valore.

2. Nei giudizi che derivano dall'apertura delle procedure di liquidazione promossi innanzi al tribunale incompetente, il giudice, anche d'ufficio, assegna alle parti un termine di non oltre trenta giorni per la riassunzione della causa davanti al giudice competente ai sensi dell'articolo 50 del codice di procedura civile e ordina la cancellazione della causa dal ruolo.

Capo III
Cessazione dell'attività del debitore

33. Cessazione dell'attività. – 1. La liquidazione giudiziale può essere aperta entro un anno dalla cessazione dell'attività del debitore, se l'insolvenza si è manifestata anteriormente alla medesima o entro l'anno successivo.

2. Per gli imprenditori la cessazione dell'attività coincide con la cancellazione dal registro delle imprese e, se non iscritti, dal momento in cui i terzi hanno conoscenza della cessazione stessa. È obbligo dell'imprenditore mantenere attivo l'indirizzo del servizio elettronico di recapito certificato qualificato, o di posta elettronica certificata comunicato all'INI-PEC, per un anno decorrente dalla cancellazione.

3. In caso di impresa individuale o di cancellazione di ufficio degli imprenditori collettivi, è fatta comunque salva la facoltà per il creditore o per il pubblico ministero di dimostrare il momento dell'effettiva cessazione dell'attività da cui decorre il termine del comma 1.

4. La domanda di accesso alla procedura di concordato minore, di concordato preventivo o di omologazione degli accordi di ristrutturazione dei debiti presentata dall'imprenditore cancellato dal registro delle imprese è inammissibile (1).

(1) Comma modificato dall'art. 6, co. 1, d.lg. 26/10/2020, n. 147. Per la decorrenza vedi l'art. 42, co. 1, d.lg. n. 147/2020 medesimo.

34. Apertura della liquidazione giudiziale del debitore defunto. – 1. L'apertura della procedura di liquidazione giudiziale nei confronti del debitore defunto può essere dichiarata quando ricorrono le condizioni di cui all'articolo 33.

2. L'erede può chiedere l'apertura della procedura di liquidazione giudiziale nàei confronti del debitore defunto, se dimostra di avervi interesse e l'eredità non sia già confusa con il suo patrimonio.

3. L'erede che chiede l'apertura della procedura di liquidazione giudiziale non è soggetto agli obblighi di deposito della

documentazione di cui all'articolo 39, salva una relazione sulla situazione economico-patrimoniale aggiornata.

4. Con l'apertura della procedura di liquidazione cessano di diritto gli effetti della separazione dei beni ottenuta dai creditori del defunto a norma del codice civile.

35. Morte del debitore. – 1. Se il debitore muore dopo l'apertura della procedura di liquidazione controllata o giudiziale, questa prosegue nei confronti degli eredi, anche se hanno accettato con beneficio d'inventario (1).

2. Se ci sono più eredi, la procedura prosegue nei confronti di quello che è designato come rappresentante. In mancanza di accordo sulla designazione, entro quindici giorni dalla morte del debitore vi provvede il giudice delegato.

(1) Comma modificato dall'art. 6, co. 2, d.lg. 26/10/2020, n. 147. Per la decorrenza vedi l'art. 42, co. 1, d.lg. n. 147/2020 medesimo.

36. Eredità giacente e istituzione di erede sotto condizione sospensiva. – 1. Nel caso previsto dall'articolo 528 del codice civile, la procedura prosegue nei confronti del curatore dell'eredità giacente e nel caso previsto dall'articolo 641 del codice civile nei confronti dell'amministratore nominato a norma dell'articolo 642 dello stesso codice.

Capo IV
Accesso agli strumenti di regolazione della crisi e dell'insolvenza e alla liquidazione giudiziale (1)

(1) Rubrica sostituita dall'art. 10, co. 1, d.lg. 17/6/2022, n. 83.

Sezione I
Iniziativa per l'accesso agli strumenti di regolazione della crisi e dell'insolvenza e alla liquidazione giudiziale (1)

(1) Rubrica sostituita dall'art. 11, co. 1, d.lg. 17/6/2022, n. 83.

37. Iniziativa per l'accesso agli strumenti di regolazione della crisi e dell'insolvenza e alla liquidazione giudiziale (1). – 1. La domanda di accesso agli strumenti di regolazione della crisi e dell'insolvenza è proposta con ricorso del debitore (2).

2. La domanda di apertura della liquidazione giudiziale è proposta con ricorso del debitore, degli organi e delle autorità amministrative che hanno funzioni di controllo e di vigilanza sull'impresa, di uno o più creditori o del pubblico ministero.

(1) Rubrica sostituita dall'art. 11, co. 2, lett. b), d.lg. 17/6/2022, n. 83.

(2) Comma modificato dall'art. 11, co. 2, lett. a), d.lg. 17/6/2022, n. 83.

38. Iniziativa del pubblico ministero (1). – 1. Il pubblico ministero presenta il ricorso per l'apertura della liquidazione giudiziale in ogni caso in cui ha notizia dell'esistenza di uno stato di insolvenza.

2. L'autorità giudiziaria che rileva l'insolvenza nel corso di un procedimento lo segnala al pubblico ministero.

3. Il pubblico ministero può intervenire in tutti i procedimenti per l'accesso agli strumenti di regolazione della crisi e dell'insolvenza o a una procedura di insolvenza (2).

4. Il rappresentante del pubblico ministero intervenuto in uno dei procedimenti di cui al comma 3, instaurato dinanzi al tribunale di cui all'articolo 27, può chiedere di partecipare al successivo grado di giudizio quale sostituto del procuratore generale presso la corte di appello. La partecipazione è disposta dal procuratore generale presso la corte di appello qualora lo ritenga opportuno. Gli avvisi spettano in ogni caso al procuratore generale.

(1) Articolo sostituito dall'art. 7, co. 1, d.lg. 26/10/2020, n. 147

(2) Comma modificato dall'art. 11, co. 3, d.lg. 17/6/2022, n. 83.

39. Obblighi del debitore che chiede l'accesso a uno strumento di regolazione della crisi e dell'insolvenza o a una procedura di insolvenza (1). – 1. Il debitore che chiede l'accesso a uno strumento di regolazione della crisi e dell'insolvenza o a una procedura di insolvenza deposita presso il tribunale le scritture contabili e fiscali obbligatorie, le dichiarazioni dei redditi concernenti i tre esercizi o anni precedenti ovvero l'intera esistenza dell'impresa o dell'attività economica o professionale, se questa ha avuto una minore durata, le dichiarazioni IRAP e le dichiarazioni annuali IVA relative ai medesimi periodi, i bilanci relativi agli ultimi tre esercizi. Deve inoltre depositare, anche in formato digitale, una relazione sulla situazione economica, patrimoniale e finanziaria aggiornata, uno stato particolareggiato ed estimativo delle sue attività, un'idonea certificazione sui debiti fiscali, contributivi e per premi assicurativi, l'elenco nominativo dei creditori e l'indicazione dei rispettivi crediti e delle cause di prelazione nonché l'elenco nominativo di coloro che vantano diritti reali e personali su cose in suo possesso e l'indicazione delle cose stesse e del titolo da cui sorge il diritto. Tali elenchi devono contenere l'indicazione del domicilio digitale dei creditori e dei titolari di diritti reali e personali che ne sono muniti (2).

2. Il debitore deve depositare una relazione riepilogativa degli atti di straordinaria amministrazione di cui all'articolo 94, comma 2, compiuti nel quinquennio anteriore, anche in formato digitale.

3. Quando la domanda è presentata ai sensi dell'articolo 44, comma 1, lettera a), il debitore deposita unitamente alla domanda unicamente i bilanci relativi agli ultimi tre esercizi o, per le imprese non soggette all'obbligo di redazione del bilancio, le dichiarazioni dei redditi e le dichiarazioni IRAP concernenti i tre esercizi precedenti, l'elenco nominativo dei creditori con l'indicazione dei rispettivi crediti e delle cause di prelazione, oltre che con l'indicazione del loro domicilio digitale, se ne sono muniti. L'ulteriore documentazione prevista dai commi 1 e 2 deve essere depositata nel termine assegnato dal tribunale ai sensi dell'articolo 44, comma 1, lettera a) (3).

(1) Articolo sostituito dall'art. 7, co. 1, d.lg. 26/10/2020, n. 147.

• Rubrica sostituita dall'art. 11, co. 4, lett. c), d.lg. 17/6/2022, n. 83.

(2) Comma modificato dall'art. 11, co. 4, lett. a), d.lg. 17/6/2022, n. 83.

(3) Comma modificato dall'art. 11, co. 4, lett. b), d.lg. 17/6/2022, n. 83.

Sezione II
Procedimento unitario per l'accesso agli strumenti di regolazione della crisi e dell'insolvenza e alla liquidazione giudiziale (1)

(1) Rubrica sostituita dall'art. 12, co. 1, d.lg. 17/6/2022, n. 83.

40. Domanda di accesso agli strumenti di regolazione della crisi e dell'insolvenza e alla liquidazione giudiziale (1). – 1. Il procedimento per l'accesso agli strumenti di regolazione della crisi e dell'insolvenza e alla liquidazione giudiziale si svolge dinanzi al tribunale in composizione collegiale, con le modalità previste dalla presente sezione.

2. Il ricorso deve indicare l'ufficio giudiziario, l'oggetto, le ragioni della domanda e le conclusioni ed è sottoscritto dal difensore munito di procura. Per le società, la domanda di accesso a uno strumento di regolazione della crisi e dell'insolvenza è approvata e sottoscritta a norma dell'articolo 120-bis.

3. La domanda del debitore, entro il giorno successivo al deposito, è comunicata dal cancelliere al registro delle imprese. L'iscrizione è eseguita entro il giorno seguente e quando la domanda contiene la richiesta di misure protettive il conservatore, nell'eseguire l'iscrizione, ne fa espressa menzione. La domanda, unitamente ai documenti allegati, è trasmessa al pubblico ministero.

4. Nel caso di domanda di accesso al giudizio di omologazione di accordi di ristrutturazione, gli accordi, contestualmente al deposito, sono pubblicati nel registro delle imprese e acquistano efficacia dal giorno della pubblicazione. Con il decreto di cui all'articolo 48, comma 4, il tribunale può nominare un commissario giudiziale o confermare quello già nominato ai sensi dell'articolo 44, comma 1, lettera b); la nomina del commissario giudiziale è disposta in presenza di istanze per la apertura della procedura di liquidazione giudiziale, quando è necessaria per tutelare gli interessi delle parti istanti.

5. Nel procedimento di liquidazione giudiziale il debitore può stare in giudizio personalmente.

6. In caso di domanda proposta da un creditore, da coloro che hanno funzioni di controllo e di vigilanza sull'impresa o dal pubblico ministero, il ricorso e il decreto di convocazione devono essere notificati, a cura dell'ufficio, all'indirizzo del servizio elettronico di recapito certificato qualificato o di posta elettronica certificata del debitore risultante dal registro delle imprese ovvero dall'Indice nazionale degli indirizzi di posta elettronica certificata (INI-PEC) delle imprese e dei professionisti. L'esito della comunicazione è trasmesso con modalità telematica all'indirizzo di posta elettronica certificata del ricorrente.

7. Quando la notificazione a mezzo di posta elettronica certificata di cui al comma 6 non risulta possibile o non ha esito positivo per causa imputabile al destinatario, il ricorso e il decreto sono notificati senza indugio, a cura della cancelleria, mediante il loro inserimento nell'area web riservata ai sensi dell'articolo 359. La notificazione si ha per eseguita nel terzo giorno successivo a quello in cui è compiuto l'inserimento.

8. Quando la notificazione non risulta possibile o non ha esito positivo, per cause non imputabili al destinatario, la notifica, a cura del ricorrente, si esegue esclusivamente di persona a norma dell'articolo 107, primo comma, del decreto del Presidente della Repubblica 15 dicembre 1959, n. 1229, presso la sede risultante dal registro delle imprese o, per i soggetti non iscritti nel registro delle imprese, presso la residenza. Quando la notificazione non può essere compiuta con queste modalità, si esegue con il deposito dell'atto nella casa comunale della sede che risulta iscritta nel registro delle imprese ovvero presso la residenza per i soggetti non iscritti nel registro delle imprese, e si perfeziona nel momento del deposito stesso. Per le persone fisiche non obbligate a munirsi del domicilio digitale, del deposito è data notizia anche mediante affissione dell'avviso in busta chiusa e sigillata alla porta dell'abitazione o dell'ufficio e per raccomandata con avviso di ricevimento.

9. Nel caso di pendenza di un procedimento di accesso a uno strumento di regolazione della crisi e dell'insolvenza, la domanda di apertura della liquidazione giudiziale è proposta nel medesimo procedimento e fino alla rimessione della causa al collegio per la decisione, con ricorso ai sensi dell'articolo 37, comma 1, e nel rispetto degli obblighi di cui all'articolo 39. Se la domanda di apertura della liquidazione giudiziale è proposta separatamente il tribunale la riunisce, anche d'ufficio, al procedimento pendente.

10. Nel caso di pendenza di un procedimento per la apertura della liquidazione giudiziale introdotto da un soggetto diverso dal debitore, la domanda di accesso a uno strumento di regolazione della crisi e dell'insolvenza è proposta, con ricorso ai sensi dell'articolo 37, comma 1 e nel rispetto degli obblighi di cui all'articolo 39, nel medesimo procedimento, a pena di decadenza, entro la prima udienza e se entro il medesimo termine è proposta separatamente è riunita, anche d'ufficio, al procedimento pendente. Successivamente alla prima udienza, la domanda non può essere proposta autonomamente sino alla conclusione del procedimento per la apertura della liquidazione giudiziale. Il termine di cui al primo periodo non si applica se la domanda di accesso a uno strumento di regolazione della crisi e dell'insolvenza è proposta all'esito della composizione negoziata, entro sessanta giorni dalla comunicazione di cui all'articolo 17, comma 8.

(1) Articolo sostituito dall'art. 12, co. 2, d.lg. 17/6/2022, n. 83.

41. Procedimento per l'apertura della liquidazione giudiziale. – 1. Il tribunale con decreto convoca le parti non oltre quarantacinque giorni dal deposito del ricorso.

2. Tra la data della notifica e quella dell'udienza deve intercorrere un termine non inferiore a quindici giorni.

3. I termini di cui ai commi 1 e 2 possono essere abbreviati dal presidente del tribunale o dal giudice relatore da lui delegato con decreto motivato, se ricorrono particolari ragioni di urgenza. In tali casi, il presidente del tribunale o il giudice da lui delegato può disporre che il ricorso e il decreto di fissazione dell'udienza siano portati a conoscenza delle parti con ogni mezzo idoneo, omessa ogni formalità non indispensabile alla conoscibilità degli stessi.

4. Il decreto fissa un termine fino a sette giorni prima dell'udienza per la presentazione di memorie o un termine ridotto nel caso di cui al primo periodo del comma 3. Il debitore nel costituirsi, deve depositare i bilanci relativi agli ultimi tre esercizi o, se non è soggetto all'obbligo di redazione del bilancio, le dichiarazioni dei redditi concernenti i tre esercizi precedenti ovvero l'intera esistenza dell'impresa, se questa ha avuto una minore durata (1).

5. L'intervento dei terzi che hanno legittimazione a proporre la domanda e del pubblico ministero può avere luogo sino a che la causa non venga rimessa al collegio per la decisione.

6. Il tribunale può delegare al giudice relatore l'audizione delle parti. In tal caso, il giudice delegato provvede all'ammissione ed all'espletamento dei mezzi istruttori richiesti dalle parti o disposti d'ufficio. Il giudice può disporre la raccolta di informazioni da banche dati pubbliche e da pubblici registri.

(1) Comma modificato dall'art. 7, co. 3, d.lg. 26/10/2020, n. 147. Per la decorrenza vedi l'art. 42, co. 1, d.lg. n. 147/2020 medesimo.

42. Istruttoria sui debiti risultanti dai pubblici registri nei procedimenti per l'apertura della liquidazione giudiziale o del concordato preventivo. – 1. Fermo quanto disposto dall'articolo 39, a seguito della domanda di apertura della liquidazione giudiziale o del concordato preventivo, la cancelleria acquisisce, mediante collegamento telematico diretto alle banche dati dell'Agenzia delle entrate, dell'Istituto nazionale di previdenza sociale e del Registro delle imprese, i dati e i documenti relativi al debitore individuati all'articolo 367 e con le modalità prescritte nel medesimo articolo.

2. Fino al momento in cui l'articolo 367 acquista efficacia, la cancelleria provvede all'acquisizione dei dati e documenti indicati al comma 1 mediante richiesta inoltrata tramite posta elettronica certificata.

43. Rinuncia alla domanda. – 1. In caso di rinuncia alla domanda di cui all'articolo 40 il procedimento si estingue, fatta salva la volontà di proseguirlo manifestata dagli intervenuti o dal pubblico ministero per l'apertura della liquidazione giudiziale. Il pubblico ministero può rinunciare alla domanda di apertura della liquidazione giudiziale (1).

2. Sull'estinzione il tribunale provvede con decreto e, [*su istanza di parte,*] nel dichiarare l'estinzione, può condannare la parte che vi ha dato causa alle spese. [*Il decreto è comunicato al pubblico ministero*] (2).

3. Quando la domanda è stata iscritta nel registro delle imprese, il cancelliere comunica immediatamente il decreto di estinzione al medesimo registro per la sua iscrizione da effettuarsi entro il giorno successivo.

(1) Comma sostituito dall'art. 12, co. 3, lett. a), d.lg. 17/6/2022, n. 83.

(2) Comma sostituito dall'art. 7, co. 4, d.lg. 26/10/2020, n. 147 e modificato dall'art. 12, co. 3, lett. b), d.lg. 17/6/2022, n. 83.

44. Accesso a uno strumento di regolazione della crisi e dell'insolvenza con riserva di deposito di documentazione (1). – 1. Il debitore può presentare la domanda di cui all'articolo 40 con la documentazione prevista dall'articolo 39, comma 3, riservandosi di presentare la proposta, il piano e gli accordi. In tale caso il tribunale pronuncia decreto con il quale:

a) fissa un termine compreso tra trenta e sessanta giorni, prorogabile su istanza del debitore in presenza di giustificati motivi e in assenza di domande per l'apertura della liquidazione giudiziale, fino a ulteriori sessanta giorni, entro il quale il debitore deposita la proposta di concordato preventivo con il piano, l'attestazione di veridicità dei dati e di fattibilità e la documentazione di cui all'articolo 39, commi 1 e 2, oppure la domanda di omologazione degli accordi di ristrutturazione dei debiti, con la documentazione di cui all'articolo 39, comma 1, oppure la domanda di omologazione del piano di ristrutturazione di cui all'articolo 64-bis, con la documentazione di cui all'articolo 39, commi 1 e 2;

b) nomina un commissario giudiziale, disponendo che questi riferisca immediatamente al tribunale su ogni atto di frode ai creditori non dichiarato nella domanda ovvero su ogni circostanza o condotta del debitore tali da pregiudicare una soluzione efficace della crisi. Si applica l'articolo 49, comma 3, lettera f);

c) dispone gli obblighi informativi periodici, anche relativi alla gestione finanziaria dell'impresa e all'attività compiuta ai fini della predisposizione della proposta e del piano, che il debitore deve assolvere, con periodicità almeno mensile e sotto la vigilanza del commissario giudiziale, sino alla scadenza del termine fissato ai sensi del comma 1, lettera a). Con la medesima periodicità, il debitore deposita una relazione sulla situazione patrimoniale, economica e finanziaria che, entro il giorno successivo, è iscritta nel registro delle imprese su richiesta del cancelliere;

d) ordina al debitore il versamento, entro un termine perentorio non superiore a dieci giorni, di una somma per le spese della procedura, nella misura necessaria fino alla scadenza del termine fissato ai sensi del comma 1, lettera a).

2. Il tribunale, su segnalazione di un creditore, del commissario giudiziale o del pubblico ministero, con decreto non soggetto a reclamo, sentiti il debitore e i creditori che hanno proposto ricorso per l'apertura della liquidazione giudiziale e omessa ogni formalità non essenziale al contraddittorio, revoca il provvedimento di concessione dei termini adottato ai sensi del comma 1, lettera a), quando accerta una delle situazioni di cui al comma 1, lettera b) o quando vi è stata grave violazione degli obblighi informativi di cui al comma 1, lettera c). Nello stesso modo il tribunale provvede in caso di violazione dell'obbligo di cui al comma 1, lettera d).

3. I termini di cui al comma 1, lettere a), c) e d) non sono soggetti a sospensione feriale dei termini.

(1) Articolo sostituito dall'art. 7, co. 5, d.lg. 26/10/2020, n. 147, poi sostituito dall'art. 12, co. 4, d.lg 17/6/2022, n. 83. L'art. 7, co. 5, d.lg. n. 147/2020 è stato abrogato dall'art. 48, co. 1, lett. c), d.lg. n. 83/2022 medesimo.

45. Comunicazione e pubblicazione del decreto di concessione dei termini. – 1. Entro il giorno successivo al deposito in cancelleria, il decreto di concessione dei termini per l'accesso al concordato preventivo oppure per il deposito della domanda di omologazione del piano di ristrutturazione di cui all'articolo 64-bis o degli accordi di ristrutturazione di cui all'articolo 44, comma 1, lettera a), è comunicato al debitore, al pubblico ministero e ai richiedenti l'apertura della liquidazione giudiziale (1).

2. Nello stesso termine il decreto è trasmesso per estratto a cura del cancelliere all'ufficio del registro delle imprese ai fini della sua iscrizione, da effettuarsi entro il giorno successivo. L'estratto contiene il nome del debitore, il nome del commissario, il dispositivo e la data del deposito. L'iscrizione è effettuata presso l'ufficio del registro delle imprese ove l'imprenditore ha la sede legale e, se questa differisce dalla sede effettiva, anche presso quello corrispondente al luogo ove la procedura è stata aperta (2).

(1) Comma modificato dall'art. 12, co. 5, lett. a), d.lg. 17/6/2022, n. 83.
(2) Comma modificato dall'art. 12, co. 5, lett. b), d.lg. 17/6/2022, n. 83.

46. Effetti della domanda di accesso al concordato preventivo. – 1. Dopo il deposito della domanda di accesso al concordato preventivo, anche ai sensi dell'articolo 44, e fino al decreto di apertura di cui all'articolo 47, il debitore può compiere gli atti urgenti di straordinaria amministrazione previa autorizzazione del tribunale. In difetto di autorizzazione gli atti sono inefficaci e il tribunale dispone la revoca del decreto di cui all'articolo 44, comma 1 (1).

2. La domanda di autorizzazione contiene idonee informazioni sul contenuto del piano. Il tribunale può assumere ulteriori informazioni, anche da terzi, e acquisisce il parere del commissario giudiziale, se nominato (2).

3. Successivamente al decreto di apertura e fino all'omologazione, sull'istanza di autorizzazione provvede il giudice delegato.

4. I crediti di terzi sorti per effetto degli atti legalmente compiuti dal debitore sono prededucibili.

5. I creditori non possono acquisire diritti di prelazione con efficacia rispetto ai creditori concorrenti, salvo che vi sia l'autorizzazione prevista dai commi 1, 2 e 3. Le ipoteche giudiziali iscritte nei novanta giorni che precedono la data della pubblicazione nel registro delle imprese della domanda di accesso sono inefficaci rispetto ai creditori anteriori.

(1) Comma modificato dall'art. 12, co. 6, lett. a), d.lg. 17/6/2022, n. 83.
(2) Comma modificato dall'art. 12, co. 6, lett. b), d.lg. 17/6/2022, n. 83.

47. Apertura del concordato preventivo (1). – 1. A seguito del deposito del piano e della proposta di concordato, il tribunale, acquisito il parere del commissario giudiziale, se già nominato, verifica:

a) in caso di concordato liquidatorio, l'ammissibilità della proposta e la fattibilità del piano, intesa come non manifesta inattitudine del medesimo a raggiungere gli obiettivi prefissati;

b) in caso di concordato in continuità aziendale, la ritualità della proposta. La domanda di accesso al concordato in continuità aziendale è comunque inammissibile se il piano è manifestamente inidoneo alla soddisfazione dei creditori, come proposta dal debitore, e alla conservazione dei valori aziendali.

2. Compiute le verifiche di cui al comma 1, il tribunale, con decreto:

a) nomina il giudice delegato;

b) nomina ovvero conferma il commissario giudiziale;

c) stabilisce, in relazione al numero dei creditori, alla entità del passivo e alla necessità di assicurare la tempestività e l'efficacia della procedura, la data iniziale e finale per l'espressione del voto dei creditori, con modalità idonee a salvaguardare il contraddittorio e l'effettiva partecipazione, anche utilizzando le strutture informatiche messe a disposizione da soggetti terzi, e fissa il termine per la comunicazione del provvedimento ai creditori;

d) fissa il termine perentorio, non superiore a quindici giorni, entro il quale il debitore deve depositare nella cancelleria del tribunale la somma, ulteriore rispetto a quella versata ai sensi dell'articolo 44, comma 1, lettera d), pari al 50 per cento delle spese che si presumono necessarie per l'intera procedura ovvero la diversa minor somma, non inferiore al 20 per cento di tali spese, che sia determinata dal tribunale.

3. Il decreto è comunicato e pubblicato ai sensi dell'articolo 45.

4. Il tribunale, quando accerta la mancanza delle condizioni di cui al comma 1, sentiti il debitore, i creditori che hanno proposto domanda di apertura della liquidazione giudiziale e il pubblico ministero, con decreto motivato dichiara inammissibile la proposta. Il tribunale può concedere al debitore un termine non superiore a quindici giorni per apportare integrazioni al piano e produrre nuovi documenti. Il tribunale dichiara con sentenza l'apertura della liquidazione giudiziale quando è presentato ricorso da parte di uno dei soggetti legittimati.

5. Il decreto di cui al comma 4 è reclamabile dinanzi alla corte di appello nel termine di trenta giorni dalla comunicazione. La corte di appello, sentite le parti, provvede in camera di consiglio con decreto motivato. Si applicano le disposizioni di cui agli articoli 737 e 738 del codice di procedura civile.

6. La domanda può essere riproposta, decorso il termine per proporre reclamo, quando si verifichino mutamenti delle circostanze.

(1) Articolo modificato dall'art. 7, co. 6, d.lg. 26/10/2020, n. 147, poi sostituito dall'art. 12, co. 7, d.lg. 17/6/2022, n. 83. L'art. 7, co. 6, d.lg. n. 147/2020 è stato abrogato dall'art. 48, co. 1, lett. c), d.lg. n. 83/2022 medesimo.

48. Procedimento di omologazione (1). – 1. Se il concordato è stato approvato dai creditori ai sensi dell'articolo 109, il tribunale fissa l'udienza in camera di consiglio per la comparizione delle parti e del commissario giudiziale, disponendo che il provvedimento sia iscritto presso l'ufficio del registro delle imprese dove l'imprenditore ha la sede legale e, se questa differisce dalla sede effettiva, anche presso l'ufficio del luogo in cui la procedura è stata aperta nonché notificato, a cura del debitore, al commissario giudiziale e agli eventuali creditori che hanno espresso il loro dissenso.

2. Le opposizioni dei creditori dissenzienti e di qualsiasi interessato devono essere proposte con memoria depositata nel termine perentorio di almeno dieci giorni prima dell'udienza. Il commissario giudiziale deve depositare il proprio motivato parere almeno cinque giorni prima dell'udienza. Il debitore può depositare memorie fino a due giorni prima dell'udienza.

3. Il tribunale, assunti i mezzi istruttori richiesti dalle parti o disposti d'ufficio nel rispetto di quanto previsto dall'articolo 112, comma 4, per il concordato in continuità aziendale, anche delegando uno dei componenti del collegio, omologa con sentenza il concordato.

4. Quando è depositata una domanda di omologazione di accordi di ristrutturazione, i creditori e ogni altro interessato possono proporre opposizione con memoria depositata entro trenta giorni dall'iscrizione della domanda nel registro delle imprese. Il tribunale fissa l'udienza in camera di consiglio per la comparizione delle parti e del commissario giudiziale, se nominato, disponendo che il provvedimento sia comunicato, a cura del debitore, al commissario giudiziale, ai creditori e ai terzi che hanno proposto opposizione. Il tribunale, assunti i mezzi istruttori richiesti dalle parti o disposti d'ufficio, anche delegando uno dei componenti del collegio, e sentito il commissario giudiziale, omologa con sentenza gli accordi.

5. La sentenza che omologa il concordato, il piano di ristrutturazione soggetto a omologazione o gli accordi di ristrutturazione è notificata e iscritta nel registro delle imprese a norma dell'articolo 45 e produce i propri effetti dalla data della pubblicazione ai sensi dell'articolo 133, primo comma, del codice di procedura civile. Gli effetti nei riguardi dei terzi si producono dalla data di iscrizione nel registro delle imprese.

6. Se il tribunale non omologa il concordato preventivo, gli accordi di ristrutturazione o il piano di ristrutturazione soggetto ad omologazione, provvede con sentenza eventualmente dichiarando, su ricorso di uno dei soggetti legittimati, l'apertura della liquidazione giudiziale secondo quanto previsto dall'articolo 49, commi 1 e 2.

(1) Articolo modificato dall'art. 7, co. 7, d.lg. 26/10/2020, n. 147 poi sostituito dall'art. 12, co. 8, d.lg. 17/6/2022, n. 83. L'art. 7, co. 7, d.lg. n. 147/2020 è stato abrogato dall'art. 48, co. 1, lett. c), d.lg. n. 83/2022 medesimo.

49. Dichiarazione di apertura della liquidazione giudiziale. – 1. Il tribunale, definite le domande di accesso a uno strumento di regolazione della crisi e dell'insolvenza eventualmente proposte, su ricorso di uno dei soggetti legittimati e accertati i presupposti dell'articolo 121, dichiara con sentenza l'apertura della liquidazione giudiziale (1).

2. Allo stesso modo, su ricorso di uno dei soggetti legittimati, il tribunale provvede, osservate le disposizioni di cui all'articolo 44, comma 2, quando è decorso inutilmente o è stato revocato il termine di cui all'articolo 44, comma 1, lettera a), quando il debitore non ha depositato le spese di procedura di cui all'articolo 44, comma 1, lettera d), ovvero nei casi previsti dall'articolo 47, comma 4 e dall'articolo 106 o in caso di mancata approvazione del concordato preventivo o quando il concordato preventivo o gli accordi di ristrutturazione non sono stati omologati (2).

3. Con la sentenza di cui ai commi 1 e 2, il tribunale:

a) nomina il giudice delegato per la procedura;

b) nomina il curatore e, se utile, uno o più esperti per l'esecuzione di compiti specifici in luogo del curatore;

c) ordina al debitore il deposito entro tre giorni dei bilanci e delle scritture contabili e fiscali obbligatorie, in formato digitale nei casi in cui la documentazione è tenuta a norma dell'articolo 2215-bis del codice civile, dei libri sociali, delle dichiarazioni dei redditi, IRAP e IVA dei tre esercizi precedenti, nonché dell'elenco dei creditori corredato dall'indicazione del loro domicilio digitale, se già non eseguito a norma dell'articolo 39 (3);

d) stabilisce il luogo, il giorno e l'ora dell'udienza in cui si procederà all'esame dello stato passivo, entro il termine perentorio di non oltre centoventi giorni dal deposito della sentenza, ovvero centocinquanta giorni in caso di particolare complessità della procedura;

e) assegna ai creditori e ai terzi, che vantano diritti reali o personali su cose in possesso del debitore, il termine perentorio di trenta giorni prima dell'udienza di cui alla lettera d) per la presentazione delle domande di insinuazione;

f) autorizza il curatore, con le modalità di cui agli articoli 155-quater, 155-quinquies e 155-sexies delle disposizioni di attuazione del codice di procedura civile:

1) ad accedere alle banche dati dell'anagrafe tributaria e dell'archivio dei rapporti finanziari;

2) ad accedere alla banca dati degli atti assoggettati a imposta di registro e ad estrarre copia degli stessi;

3) ad acquisire l'elenco dei clienti e l'elenco dei fornitori di cui all'articolo 21 del decreto-legge 31 maggio 2010, n. 78, convertito dalla legge 30 luglio 2010, n. 122 e successive modificazioni;

4) ad acquisire la documentazione contabile in possesso delle banche e degli altri intermediari finanziari relativa ai rapporti con l'impresa debitrice, anche se estinti;

5) ad acquisire le schede contabili dei fornitori e dei clienti relative ai rapporti con l'impresa debitrice.

4. La sentenza è comunicata e pubblicata ai sensi dell'articolo 45. La sentenza produce i propri effetti dalla data della pubblicazione ai sensi dell'articolo 133, primo comma, del codice di procedura civile. Gli effetti nei riguardi dei terzi, fermo quanto disposto agli articoli da 163 a 171, si producono dalla data di iscrizione della sentenza nel registro delle imprese.

5. Non si fa luogo all'apertura della liquidazione giudiziale se l'ammontare dei debiti scaduti e non pagati risultanti dagli atti dell'istruttoria è complessivamente inferiore a euro trentamila. Tale importo è periodicamente aggiornato con le modalità di cui all'articolo 2, comma 1, lettera d).

(1) Comma modificato dall'art. 12, co. 9, lett. a), d.lg. 17/6/2022, n. 83.

(2) Comma modificato dall'art. 12, co. 9, lett. b), d.lg. 17/6/2022, n. 83.

(3) Lettera sostituita dall'art. 7, co. 8, d.lg. 26/10/2020, n. 147.

50. Reclamo contro il provvedimento che rigetta la domanda di apertura della liquidazione giudiziale. – 1. Il tribunale, se respinge la domanda di apertura della liquidazione giudiziale, provvede con decreto motivato. Il decreto, a cura del cancelliere, è comunicato alle parti e, quando è stata disposta la pubblicità della domanda, iscritto nel registro delle imprese.

2. Entro trenta giorni dalla comunicazione, il ricorrente o il pubblico ministero possono proporre reclamo contro il decreto alla corte di appello che, sentite le parti, provvede in camera di consiglio con decreto motivato. Si applicano le disposizioni di cui agli articoli 737 e 738 del codice di procedura civile.

3. Il debitore non può chiedere in separato giudizio la condanna del creditore istante alla rifusione delle spese ovvero al risarcimento del danno per responsabilità aggravata ai sensi dell'articolo 96 del codice di procedura civile.

4. Il decreto della corte di appello che rigetta il reclamo non è ricorribile per cassazione, è comunicato dalla cancelleria alle parti del procedimento in via telematica, al debitore, se non costituito, ai sensi dell'articolo 40, commi 6, 7 e 8 ed è iscritto immediatamente nel registro delle imprese nel caso di pubblicità della domanda (1).

5. In caso di accoglimento del reclamo, la corte di appello dichiara aperta la liquidazione giudiziale con sentenza e rimette gli atti al tribunale, che adotta, con decreto, i provvedimenti di cui all'articolo 49, comma 3. Contro la sentenza può essere proposto ricorso per cassazione [*, ma i termini sono ridotti della metà*]. La sentenza della corte di appello e il decreto del tribunale sono iscritti nel registro delle imprese su richiesta del cancelliere del tribunale (2).

6. I termini di cui agli articoli 33, 34 e 35 si computano con riferimento alla sentenza della corte di appello.

(1) Comma modificato dall'art. 12, co. 10, d.lg. 17/6/2022, n. 83.

(2) Comma modificato dall'art. 7, co. 9, d.lg. 26/10/ 2020, n. 147.

51. Impugnazioni. – 1. Contro la sentenza del tribunale che pronuncia sull'omologazione del concordato preventivo, del piano di ristrutturazione soggetto a omologazione o degli accordi di ristrutturazione oppure dispone l'apertura della liquidazione giudiziale le parti possono proporre reclamo. La sentenza che dichiara aperta la liquidazione giudiziale può essere impugnata anche da qualunque interessato. Il reclamo è proposto con ricorso da depositare nella cancelleria della corte di appello nel termine di trenta giorni (1).

2. Il ricorso deve contenere:

a) l'indicazione della corte di appello competente;

b) le generalità dell'impugnante e del suo procuratore e l'elezione del domicilio nel comune in cui ha sede la corte di appello;

c) l'esposizione dei fatti e degli elementi di diritto su cui si basa l'impugnazione, con le relative conclusioni;

d) l'indicazione dei mezzi di prova di cui il ricorrente intende avvalersi e dei documenti prodotti.

3. Il termine per il reclamo decorre, per le parti, dalla data della notificazione telematica del provvedimento a cura dell'ufficio e, per gli altri interessati, dalla data della iscrizione nel registro delle imprese. Si applica alle parti la disposizione di cui all'articolo 327, primo comma, del codice di procedura civile.

4. Il reclamo non sospende l'efficacia della sentenza, salvo quanto previsto dall'articolo 52. L'accoglimento del reclamo produce gli effetti di cui all'articolo 53.

5. Il presidente, nei cinque giorni successivi al deposito del ricorso, designa il relatore, e fissa con decreto l'udienza di comparizione entro sessanta giorni dal deposito del ricorso.

6. Il ricorso, unitamente al decreto di fissazione dell'udienza, è notificato a cura della cancelleria o in via telematica, al reclamante, al curatore o al commissario giudiziale e alle altre parti entro dieci giorni.

7. Tra la data della notificazione e quella dell'udienza deve intercorrere un termine non minore di trenta giorni.

8. Le parti resistenti devono costituirsi, a pena di decadenza, almeno dieci giorni prima dell'udienza, eleggendo il domicilio nel comune in cui ha sede la corte di appello. La costituzione si effettua mediante il deposito in cancelleria di una memoria contenente l'esposizione delle difese in fatto e in diritto, nonché l'indicazione dei mezzi di prova e dei documenti prodotti.

9. L'intervento di qualunque interessato non può avere luogo oltre il termine stabilito per la costituzione delle parti resistenti con le modalità per queste previste.

10. All'udienza, il collegio, sentite le parti, assume, anche d'ufficio, nel rispetto del contraddittorio, tutti i mezzi di prova che ritiene necessari, eventualmente delegando un suo componente.

11. La corte, esaurita la trattazione, provvede sul ricorso con sentenza entro il termine di trenta giorni.

12. La sentenza è notificata, a cura della cancelleria e in via telematica, alle parti, e deve essere pubblicata e iscritta al registro delle imprese a norma dell'articolo 45.

13. Il termine per proporre il ricorso per cassazione è di trenta giorni dalla notificazione.

14. Il ricorso per cassazione non sospende l'efficacia della sentenza. Si applica, in quanto compatibile, l'articolo 52 se il ricorso è promosso contro la sentenza con la quale la corte di appello ha rigettato il reclamo (2).

15. Salvo quanto previsto dall'articolo 96 del codice di procedura civile, con la sentenza che decide l'impugnazione, il giudice dichiara se la parte soccombente ha agito o resistito con mala fede o colpa grave e, in tal caso, revoca con efficacia retroattiva l'eventuale provvedimento di ammissione della stessa al patrocinio a spese dello Stato. In caso di società o enti, il giudice dichiara se sussiste mala fede del legale rappresentante che ha conferito la procura e, in caso positivo, lo condanna in solido con la società o l'ente al pagamento delle spese dell'intero processo e al pagamento di una somma pari al doppio del contributo unificato di cui all'articolo 9 del decreto del Presidente della Repubblica 30 maggio 2002, n. 115.

(1) Comma modificato dall'art. 12, co. 11, lett. a), d.lg. 17/ /2022, n. 83.

(2) Comma modificato dall'art. 7, co. 10, d.lg. 26/10/2020, n. 147, poi sostituito dall'art. 12, co. 11, lett. b), d.lg. 17/6/2022, n. 83. L'art. 7, co. 10, d.lg. n. 147/2020 è stato abrogato dall'art. 48, co. 1, lett. c), d.lg. n. 83/2022 medesimo.

52. Sospensione della liquidazione, dell'esecuzione del piano o degli accordi. – 1. Proposto il reclamo, la corte di appello, su richiesta di parte o del curatore, può, quando ricorrono gravi e fondati motivi, sospendere, in tutto o in parte o temporaneamente, la liquidazione dell'attivo, la formazione dello stato passivo e il compimento di altri atti di gestione. Allo stesso modo può provvedere, in caso di reclamo avverso la omologazione del concordato preventivo o del piano di ristrutturazione soggetto ad omologazione o degli accordi di ristrutturazione dei debiti, ordinando l'inibitoria, in tutto o in parte o temporanea, dell'attuazione del piano o dei pagamenti (1).

2. La corte di appello può disporre le opportune tutele per i creditori e per la continuità aziendale.

3. L'istanza di sospensione si propone per il reclamante con il reclamo e per le altre parti con l'atto di costituzione; il presidente, con decreto, ordina la comparizione delle parti dinanzi al collegio in camera di consiglio e dispone che copia

del ricorso e del decreto siano notificate alle altre parti e al curatore o al commissario giudiziale, nonché al pubblico ministero.

4. La corte di appello decide con decreto contro il quale non è ammesso ricorso per cassazione.

(1) Comma modificato dall'art. 12, co. 12, d.lg. 17/6/2022, n. 83.

53. Effetti della revoca della liquidazione giudiziale, dell'omologazione del concordato e degli accordi di ristrutturazione. – 1. In caso di revoca della liquidazione giudiziale, restano salvi gli effetti degli atti legalmente compiuti dagli organi della procedura. Gli organi della procedura restano in carica, con i compiti previsti dal presente articolo, fino al momento in cui la sentenza che pronuncia sulla revoca passa in giudicato. Salvo quanto previsto dall'articolo 147 del decreto del Presidente della Repubblica 30 maggio 2002, n. 115, le spese della procedura e il compenso al curatore sono liquidati dal tribunale, su relazione del giudice delegato e tenuto conto delle ragioni dell'apertura della procedura e della sua revoca, con decreto reclamabile ai sensi dell'articolo 124.

2. Dalla pubblicazione della sentenza di revoca e fino al momento in cui essa passa in giudicato, l'amministrazione dei beni e l'esercizio dell'impresa spettano al debitore, sotto la vigilanza del curatore. Il tribunale, assunte, se occorre, sommarie informazioni ed acquisito il parere del curatore, può autorizzare il debitore a stipulare mutui, transazioni, patti compromissori, alienazioni e acquisti di beni immobili, rilasciare garanzie, rinunciare alle liti, compiere ricognizioni di diritti di terzi, consentire cancellazioni di ipoteche e restituzioni di pegni, accettare eredità e donazioni ed a compiere gli altri atti di straordinaria amministrazione.

3. Gli atti compiuti senza l'autorizzazione del tribunale sono inefficaci rispetto ai terzi. I crediti di terzi sorti per effetto degli atti legalmente compiuti dal debitore sono prededucibili ai sensi dell'articolo 98.

4. Con la sentenza che revoca la liquidazione giudiziale, la corte di appello dispone gli obblighi informativi periodici relativi alla gestione economica, patrimoniale e finanziaria dell'impresa, che il debitore deve assolvere sotto la vigilanza del curatore sino al momento in cui la sentenza passa in giudicato. Con la medesima periodicità, stabilita dalla corte di appello, il debitore deposita una relazione sulla situazione patrimoniale, economica e finanziaria dell'impresa. Il tribunale, su istanza del debitore, con decreto non soggetto a reclamo esclude in tutto o in parte la pubblicazione di tale relazione nel registro delle imprese quando la divulgazione dei dati comporta pregiudizio evidente per la continuità aziendale. Entro il giorno successivo al deposito della relazione o della comunicazione al curatore del provvedimento del tribunale che ne dispone la parziale segretazione, la relazione è comunicata dal curatore ai creditori e pubblicata nel registro delle imprese a cura della cancelleria. Il tribunale, a seguito di segnalazione del curatore, del comitato dei creditori o del pubblico ministero, accertata la violazione degli obblighi, con decreto assoggettabile a reclamo ai sensi dell'articolo 124, priva il debitore della possibilità di compiere gli atti di amministrazione ordinaria e straordinaria. Il decreto è trasmesso al registro delle imprese per la pubblicazione.

5. In caso di revoca dell'omologazione del concordato o degli accordi di ristrutturazione dei debiti, su domanda di uno dei soggetti legittimati, la corte d'appello, accertati i presupposti di cui all'articolo 121, dichiara aperta la liquidazione giudiziale e rimette gli atti al tribunale per l'adozione dei provvedimenti di cui all'articolo 49, comma 3. La sentenza che dichiara aperta la liquidazione giudiziale è notificata alle parti a cura della cancelleria della corte d'appello e comunicata al tribunale, nonché iscritta al registro delle imprese. Restano salvi gli effetti degli atti legalmente compiuti dal debitore e dagli organi della procedura prima della revoca.

5-bis. In caso di accoglimento del reclamo proposto contro la sentenza di omologazione del concordato preventivo in continuità aziendale, la corte d'appello, su richiesta delle parti, può confermare la sentenza di omologazione se l'interesse generale dei creditori e dei lavoratori prevale rispetto al pregiudizio subito dal reclamante, riconoscendo a quest'ultimo il risarcimento del danno (1).

6. Nel caso previsto dal comma 5, su istanza del debitore il tribunale, ove ricorrano gravi e giustificati motivi, può sospendere i termini per la proposizione delle impugnazioni dello stato passivo e l'attività di liquidazione fino al momento in cui la sentenza che pronuncia sulla revoca passa in giudicato.

(1) Comma inserito dall'art. 12, co. 13, d.lg. 17/6/2022, n. 83.

Sezione III
Misure cautelari e protettive

54. Misure cautelari e protettive (1). – 1. Nel corso del procedimento per l'apertura della liquidazione giudiziale o della procedura di concordato preventivo o di omologazione degli accordi di ristrutturazione e del piano di ristrutturazione soggetto a omologazione, su istanza di parte, il tribunale può emettere i provvedimenti cautelari, inclusa la nomina di un custode dell'azienda o del patrimonio, che appaiono, secondo le circostanze, più idonei ad assicurare provvisoriamente l'attuazione delle sentenze di omologazione di strumenti di regolazione della crisi e dell'insolvenza e di apertura delle procedure di insolvenza. Le misure cautelari possono essere concesse anche dopo la pubblicazione dell'istanza di cui all'articolo 18, comma 1, tenuto conto dello stato delle trattative e delle misure eventualmente già concesse o confermate ai sensi dell'articolo 19. Non si applicano l'articolo 669-octies, primo, secondo e terzo comma, e l'articolo 669-novies, primo comma, del codice di procedura civile.

2. Se il debitore ne ha fatto richiesta nella domanda di cui all'articolo 40, dalla data della pubblicazione della medesima domanda nel registro delle imprese, i creditori non possono iniziare o proseguire azioni esecutive e cautelari sul suo patrimonio o sui beni e sui diritti con i quali viene esercitata l'attività d'impresa. Dalla stessa data le prescrizioni rimangono sospese e le decadenze non si verificano e la sentenza di apertura della liquidazione giudiziale o di accertamento dello stato di insolvenza non può essere pronunciata. Il debitore può richiedere al tribunale, con successiva istanza, ulteriori misure temporanee per evitare che determinate azioni di uno o più creditori possano pregiudicare, sin dalla fase delle trattative, il buon esito delle iniziative assunte per la regolazione della crisi o dell'insolvenza.

3. Le misure protettive di cui al comma 2, primo e secondo periodo, possono essere richieste dall'imprenditore anche nel corso delle trattative e prima del deposito della domanda di omologazione degli accordi di ristrutturazione, allegando la documentazione di cui all'articolo 39, comma 1 e la proposta di accordo corredata da un'attestazione del professionista indipendente che attesta che sulla proposta sono in corso trattative con i creditori che rappresentano almeno il sessanta per cento dei crediti e che la stessa, se accettata, è idonea ad assicurare l'integrale pagamento dei creditori con i quali non sono in corso trattative o che hanno comunque negato la propria disponibilità a trattare. La disposizione si applica anche agli accordi di ristrutturazione ad efficacia estesa di cui all'articolo 61.

4. Prima del deposito della domanda di cui all'articolo 40, le misure protettive di cui al comma 2, primo e secondo periodo, possono essere richieste dall'imprenditore presentando la domanda di cui agli articoli 17, 18 e 44, comma 1.

5. Le misure protettive disposte conservano efficacia anche

quando il debitore, prima della scadenza fissata dal giudice ai sensi dell'articolo 44, comma 1, lettera a), propone una domanda di accesso a uno strumento di regolazione della crisi e dell'insolvenza diverso da quello indicato nella domanda depositata ai sensi dell'articolo 44.

6. L'amministratore delle procedure di insolvenza nominato dal giudice competente ai sensi dell'articolo 3, paragrafo 1, del regolamento (UE) 2015/848 del Parlamento europeo e del Consiglio del 20 maggio 2015 può chiedere i provvedimenti di cui ai commi 1 e 2 quando nel territorio dello Stato è stata presentata la domanda di cui all'articolo 40 o, se non risulta depositata la domanda, quando nella richiesta sono indicate le condizioni di effettivo ed imminente soddisfacimento non discriminatorio di tutti i creditori secondo la procedura concorsuale aperta.

7. Sono esclusi dalle misure protettive richieste ai sensi del comma 3 i diritti di credito dei lavoratori.

(1) Articolo modificato dall'art. 7, co. 11, d.lg. 26/10/2020, n. 147 poi sostituito dall'art. 13, co. 1, d.lg. 17/6/2022, n. 83. L'art. 7, co. 11, d.lg. n. 147/2020 è stato abrogato dall'art. 48, co. 1, lett. c). d.lg. n. 83/2022 medesimo.

55. Procedimento (1). – 1. Nei casi previsti dall'articolo 54, il presidente del tribunale o della sezione cui è assegnata la trattazione dello strumento di regolazione della crisi e dell'insolvenza o della procedura di liquidazione giudiziale designa il magistrato cui è affidata la trattazione del procedimento. Alla trattazione provvede direttamente il giudice relatore, se già delegato dal tribunale per l'audizione delle parti.

2. Il giudice, nei casi di cui all'articolo 54, commi 1, 2, terzo periodo, e 3, sentite le parti e omessa ogni formalità non essenziale al contraddittorio, procede nel modo che ritiene più opportuno agli atti di istruzione indispensabili in relazione alla misura richiesta e, quando la convocazione delle parti potrebbe pregiudicare l'attuazione del provvedimento, provvede con decreto motivato, assunte, ove occorra, sommarie informazioni. In tal caso fissa, con lo stesso decreto, l'udienza di comparizione delle parti avanti a sé, ove già non disposta ai sensi dell'articolo 41, assegnando all'istante un termine perentorio non superiore a otto giorni per la notifica del ricorso e del decreto alle altre parti. All'udienza il giudice conferma, modifica o revoca i provvedimenti emanati con decreto. L'ordinanza è reclamabile ai sensi dell'articolo 669-terdecies del codice di procedura civile. Le misure perdono efficacia al momento della pubblicazione delle sentenze di omologazione degli strumenti di regolazione della crisi e dell'insolvenza e di apertura delle procedure di insolvenza.

3. Nel caso previsto dall'articolo 54, comma 2, primo e secondo periodo, il giudice, assunte, ove necessario, sommarie informazioni, conferma o revoca le misure protettive entro trenta giorni dall'iscrizione della domanda nel registro delle imprese con decreto reclamabile ai sensi dell'articolo 669-terdecies del codice di procedura civile. La durata delle misure è fissata al massimo in quattro mesi. Il decreto è trasmesso al registro delle imprese per l'iscrizione. Se il deposito del decreto non interviene nel termine prescritto cessano gli effetti protettivi prodottisi ai sensi dell'articolo 54, comma 2, primo e secondo periodo e la domanda può essere riproposta. Le misure protettive perdono efficacia al momento della pubblicazione delle sentenze di omologazione degli strumenti di regolazione della crisi e dell'insolvenza e di apertura delle procedure di insolvenza.

4. Il tribunale, su istanza del debitore o di un creditore e acquisito il parere del commissario giudiziale, se nominato, può prorogare, in tutto o in parte, la durata delle misure concesse, nel rispetto dei termini di cui all'articolo 8, se sono stati compiuti significativi progressi nelle trattative sul piano di ristrutturazione e se la proroga non arreca ingiusto pregiudizio ai diritti e agli interessi delle parti interessate.

5. Su richiesta del debitore o del commissario giudiziale o, in caso di atti di frode, su istanza dei creditori o del pubblico ministero, il tribunale, sentite le parti e omessa ogni formalità non essenziale al contraddittorio, revoca o modifica le misure protettive. La disposizione di cui al primo periodo si applica anche quando il tribunale accerta che le misure protettive concesse non soddisfano più l'obiettivo di agevolare le trattative.

6. I provvedimenti di cui all'articolo 54, commi 1 e 2 possono essere emessi anche dalla corte di appello nei giudizi di reclamo previsti dagli articoli 47, comma 5, e 50.

7. In caso di revoca o cessazione delle misure protettive, il divieto di acquisire diritti di prelazione, se non concordati con l'imprenditore, viene meno a far data dalla revoca o dalla cessazione delle misure protettive.

(1) Articolo modificato dall'art. 7, co. 12 d.lg. 26/10/2020, n. 147 poi sostituito dall'art. 13, co. 2, d.lg. 17/6/2022, n. 83. L'art. 7, co. 12, d.lg. n. 147/2020 è stato abrogato dall'art. 48, co. 1, lett. c), d.lg. n. 83/2022 medesimo.

Titolo IV
STRUMENTI DI REGOLAZIONE DELLA CRISI

Capo I
Accordi

Sezione I
Piano attestato di risanamento (1)

(1) Rubrica sostituita dall'art. 14, co. 1, d.lg. 17/6/2022, n. 83.

56. Accordi in esecuzione di piani attestati di risanamento (1). – 1. L'imprenditore in stato di crisi o di insolvenza può predisporre un piano, rivolto ai creditori, che appaia idoneo a consentire il risanamento dell'esposizione debitoria dell'impresa e ad assicurare il riequilibrio della situazione economico finanziaria.

2. Il piano deve avere data certa e deve indicare:

a) la situazione economico-patrimoniale e finanziaria dell'impresa;

b) le principali cause della crisi;

c) le strategie d'intervento e i tempi necessari per assicurare il riequilibrio della situazione finanziaria;

d) i creditori e l'ammontare dei crediti dei quali si propone la rinegoziazione e lo stato delle eventuali trattative, nonché l'elenco dei creditori estranei, con l'indicazione delle risorse destinate all'integrale soddisfacimento dei loro crediti alla data di scadenza;

e) gli apporti di finanza nuova;

f) i tempi delle azioni da compiersi, che consentono di verificarne la realizzazione, nonché gli strumenti da adottare nel caso di scostamento tra gli obiettivi e la situazione in atto;

g) il piano industriale e l'evidenziazione dei suoi effetti sul piano finanziario.

3. Un professionista indipendente deve attestare la veridicità dei dati aziendali e la fattibilità economica del piano.

4. Il piano, l'attestazione di cui al comma 3 e gli accordi conclusi con i creditori possono essere pubblicati nel registro delle imprese su richiesta del debitore.

5. Gli atti unilaterali e i contratti posti in essere in esecuzione del piano devono essere provati per iscritto e devono avere data certa.

(1) Articolo sostituito dall'art. 8, co. 1, d.lg. 26/10/2020, n. 147. Per la decorrenza vedi l'art. 42, co. 1, d.lg. n. 147/2020 medesimo.

Sezione II

Accordi di ristrutturazione, convenzione di moratoria e accordi su crediti tributari e contributivi (1)

(1) Rubrica sostituita dall'art. 15, co. 1, d.lg. 17/6/2022, n. 83.

57. Accordi di ristrutturazione dei debiti. – 1. Gli accordi di ristrutturazione dei debiti sono conclusi dall'imprenditore, anche non commerciale e diverso dall'imprenditore minore, in stato di crisi o di insolvenza, con i creditori che rappresentino almeno il sessanta per cento dei crediti e sono soggetti ad omologazione ai sensi dell'articolo 48 (1).

2. Gli accordi devono contenere l'indicazione degli elementi del piano economico-finanziario che ne consentono l'esecuzione. Il piano deve essere redatto secondo le modalità indicate dall'articolo 56. Al piano debbono essere allegati i documenti di cui all'articolo 39, commi 1 e 3 (2).

3. Gli accordi devono essere idonei ad assicurare il pagamento integrale dei creditori estranei nei seguenti termini:

a) entro centoventi giorni dall'omologazione, in caso di crediti già scaduti a quella data;

b) entro centoventi giorni dalla scadenza, in caso di crediti non ancora scaduti alla data dell'omologazione.

4. Un professionista indipendente deve attestare la veridicità dei dati aziendali e la fattibilità [*economica*] [*e giuridica*] del piano. L'attestazione deve specificare l'idoneità dell'accordo e del piano ad assicurare l'integrale pagamento dei creditori estranei nel rispetto dei termini di cui al comma 3 (3).

(1) Comma modificato dall'art.15, co. 2, lett. a), d.lg. 17/6/2022, n. 83.

(2) Comma modificato dall'art. 9, co. 1, lett. a), d.lg. 26/10/2020, n. 147.

(3) Comma modificato dall'art. 9, co. 1, lett. b), d.lg. 26/10/2020, n. 147 e poi dall'art. 15, co. 2, lett. b), d.lg. 17/6/2022, n. 83.

58. Rinegoziazione degli accordi o modifiche del piano. – 1. Se prima dell'omologazione intervengono modifiche sostanziali del piano, è rinnovata l'attestazione di cui all'articolo 57, comma 4, e il debitore chiede il rinnovo delle manifestazioni di consenso ai creditori parti degli accordi. L'attestazione deve essere rinnovata anche in caso di modifiche sostanziali degli accordi.

2. Qualora dopo l'omologazione si rendano necessarie modifiche sostanziali del piano, l'imprenditore vi apporta le modifiche idonee ad assicurare l'esecuzione degli accordi, richiedendo al professionista indicato all'articolo 57, comma 4, il rinnovo dell'attestazione. In tal caso, il piano modificato e l'attestazione sono pubblicati nel registro delle imprese e della pubblicazione è dato avviso ai creditori a mezzo lettera raccomandata o posta elettronica certificata. Entro trenta giorni dalla ricezione dell'avviso è ammessa opposizione avanti al tribunale, nelle forme di cui all'articolo 48.

59. Coobbligati e soci illimitatamente responsabili. – 1. Ai creditori che hanno concluso gli accordi di ristrutturazione si applica l'articolo 1239 del codice civile.

2. Nel caso in cui l'efficacia degli accordi sia estesa ai creditori non aderenti, costoro conservano impregiudicati i diritti contro i coobbligati, i fideiussori del debitore e gli obbligati in via di regresso.

3. Salvo patto contrario, gli accordi di ristrutturazione della società hanno efficacia nei confronti dei soci illimitatamente responsabili, i quali, se hanno prestato garanzia, continuano a rispondere per tale diverso titolo, salvo che non sia diversamente previsto.

60. Accordi di ristrutturazione agevolati. – 1. La percentuale di cui al all'articolo 57, comma 1, è ridotta della metà quando il debitore:

a) non proponga la moratoria dei creditori estranei agli accordi;

b) non abbia richiesto e rinunci a richiedere misure protettive temporanee.

61. Accordi di ristrutturazione ad efficacia estesa. – 1. Le disposizioni di cui alla presente sezione si applicano, in deroga agli articoli 1372 e 1411 del codice civile, al caso in cui gli effetti dell'accordo vengano estesi anche ai creditori non aderenti che appartengano alla medesima categoria, individuata tenuto conto dell'omogeneità di posizione giuridica ed interessi economici.

2. Ai fini di cui al comma 1 occorre che:

a) tutti i creditori appartenenti alla categoria siano stati informati dell'avvio delle trattative, siano stati messi in condizione di parteciparvi in buona fede e abbiano ricevuto complete e aggiornate informazioni sulla situazione patrimoniale, economica e finanziaria del debitore nonché sull'accordo e sui suoi effetti;

b) l'accordo abbia carattere non liquidatorio, prevedendo la prosecuzione dell'attività d'impresa in via diretta o indiretta ai sensi dell'articolo 84 [*, comma 2, e che i creditori vengano soddisfatti in misura significativa o prevalente dal ricavato della continuità aziendale*] (1);

c) i crediti dei creditori aderenti appartenenti alla categoria rappresentino il settantacinque per cento di tutti i creditori appartenenti alla categoria, fermo restando che un creditore può essere titolare di crediti inseriti in più di una categoria;

d) i creditori della medesima categoria non aderenti cui vengono estesi gli effetti dell'accordo possano risultare soddisfatti in base all'accordo stesso in misura non inferiore rispetto alla liquidazione giudiziale;

e) il debitore abbia notificato l'accordo, la domanda di omologazione e i documenti allegati ai creditori nei confronti dei quali chiede di estendere gli effetti dell'accordo.

3. I creditori della medesima categoria non aderenti ai quali il debitore chiede di estendere gli effetti dell'accordo possono proporre opposizione ai sensi dell'articolo 48, comma 4. Per essi, il termine per proporre opposizione decorre dalla data della comunicazione.

4. In nessun caso, per effetto dell'accordo di ristrutturazione, ai creditori ai quali è stato esteso l'accordo possono essere imposti l'esecuzione di nuove prestazioni, la concessione di affidamenti, il mantenimento della possibilità di utilizzare affidamenti esistenti o l'erogazione di nuovi finanziamenti. Non è considerata nuova prestazione la prosecuzione della concessione del godimento di beni oggetto di contratti di locazione finanziaria già stipulati.

5. Quando un'impresa ha debiti verso banche e intermediari finanziari in misura non inferiore alla metà dell'indebitamento complessivo, l'accordo di ristrutturazione dei debiti può individuare una o più categorie tra tali tipologie di creditori che abbiano fra loro posizione giuridica ed interessi economici omogenei. In tal caso il debitore, con il ricorso di cui all'articolo 40, può chiedere, anche se non ricorre la condizione prevista dal comma 2, lettera b), che gli effetti dell'accordo vengano estesi anche ai creditori non aderenti appartenenti alla medesima categoria. Restano fermi i diritti dei creditori diversi da banche e intermediari finanziari.

(1) Lettera modificata dall'art. 9, co. 2, d.lg. 26/10/2020, n. 147. Per la decorrenza vedi l'art. 42, co. 1, d.lg. n. 147/2020 medesimo.

62. Convenzione di moratoria. – 1. La convenzione di moratoria conclusa tra un imprenditore, anche non commerciale, e i suoi creditori, diretta a disciplinare in via provvisoria gli effetti della crisi e avente ad oggetto la dilazione delle scadenze dei crediti, la rinuncia agli atti o la sospensione delle azioni esecutive e conservative e ogni altra misura che non comporti rinuncia al credito, in deroga agli articoli 1372 e 1411 del codice civile, è efficace anche nei confronti dei creditori non aderenti che appartengano alla medesima categoria.

2. Ai fini di cui al comma 1 occorre che:

a) tutti i creditori appartenenti alla categoria siano stati informati dell'avvio delle trattative o siano stati messi in condizione di parteciparvi in buona fede e abbiano ricevuto complete e aggiornate informazioni sulla situazione patrimoniale, economica e finanziaria del debitore nonché sulla convenzione e i suoi effetti;

b) i crediti dei creditori aderenti appartenenti alla categoria rappresentino il settantacinque per cento di tutti i creditori appartenenti alla categoria, fermo restando che un creditore può essere titolare di crediti inseriti in più di una categoria;

c) vi siano concrete prospettive che i creditori della medesima categoria non aderenti, cui vengono estesi gli effetti della convenzione, possano risultare soddisfatti all'esito della stessa in misura non inferiore rispetto alla liquidazione giudiziale;

d) un professionista indipendente, abbia attestato la veridicità dei dati aziendali, l'idoneità della convenzione a disciplinare provvisoriamente gli effetti della crisi, e la ricorrenza delle condizioni di cui alla lettera c).

3. In nessun caso, per effetto della convenzione, ai creditori della medesima categoria non aderenti possono essere imposti l'esecuzione di nuove prestazioni, la concessione di affidamenti, il mantenimento della possibilità di utilizzare affidamenti esistenti o l'erogazione di nuovi finanziamenti. Non è considerata nuova prestazione la prosecuzione della concessione del godimento di beni oggetto di contratti di locazione finanziaria già stipulati.

4. La convenzione va comunicata, insieme alla relazione del professionista indicato al comma 2, lettera d), ai creditori non aderenti mediante lettera raccomandata con avviso di ricevimento o presso il domicilio digitale.

5. Entro trenta giorni dalla comunicazione può essere proposta opposizione avanti al tribunale.

6. Il tribunale decide sulle opposizioni in camera di consiglio con sentenza.

7. Contro la sentenza che pronuncia sulle opposizioni è ammesso reclamo ai sensi dell'articolo 51.

63. Transazione su crediti tributari e contributivi (1). – 1. Nell'ambito delle trattative che precedono la stipulazione degli accordi di ristrutturazione di cui agli articoli 57, 60 e 61 il debitore può proporre il pagamento, parziale o anche dilazionato, dei tributi e dei relativi accessori amministrati dalle agenzie fiscali, nonché dei contributi amministrati dagli enti gestori di forme di previdenza, assistenza e assicurazione per l'invalidità, la vecchiaia e i superstiti obbligatorie e dei relativi accessori. In tali casi l'attestazione del professionista indipendente [*in possesso dei requisiti di cui all'art. 2, comma 1, lettera o)*], relativamente ai crediti fiscali e previdenziali, deve inerire anche alla convenienza del trattamento proposto rispetto alla liquidazione giudiziale; tale circostanza costituisce oggetto di specifica valutazione da parte del tribunale (2).

2. La proposta di transazione [*fiscale*], unitamente alla documentazione di cui agli articoli 57, 60 e 61 è depositata presso gli uffici indicati all'articolo 88, comma 3. Alla proposta di transazione deve essere allegata la dichiarazione sostitutiva, resa dal debitore o dal suo legale rappresentante ai sensi dell'articolo 47 del testo unico delle disposizioni legislative e regolamentari in materia di documentazione amministrativa, di cui al decreto del Presidente della Repubblica 28 dicembre 2000, n. 445, che la documentazione di cui al periodo precedente rappresenta fedelmente e integralmente la situazione dell'impresa, con particolare riguardo alle poste attive del patrimonio. L'adesione alla proposta è espressa, su parere conforme della competente direzione regionale, con la sottoscrizione dell'atto negoziale da parte del direttore dell'ufficio. Per i tributi amministrati dall'Agenzia delle dogane e dei monopoli l'adesione alla proposta è espressa dalla competente direzione interregionale, regionale e interprovinciale con la sottoscrizione dell'atto negoziale. L'atto è sottoscritto anche dall'agente della riscossione in ordine al trattamento degli oneri di riscossione di cui all'articolo 17 del decreto legislativo 13 aprile 1999, n. 112. L'assenso così' espresso equivale a sottoscrizione dell'accordo di ristrutturazione. Ai fini del comma 2-bis, l'eventuale adesione deve intervenire entro novanta giorni dal deposito della proposta di transazione [*fiscale*] (3).

2-bis. Il tribunale omologa gli accordi di ristrutturazione anche in mancanza di adesione da parte dell'amministrazione finanziaria o degli enti gestori di forme di previdenza o assistenza obbligatorie quando l'adesione è determinante ai fini del raggiungimento delle percentuali di cui agli articoli 57, comma 1, e 60, comma 1, e, anche sulla base delle risultanze della relazione del professionista indipendente, la proposta di soddisfacimento della predetta amministrazione o degli enti gestori di forme di previdenza o assistenza obbligatorie è conveniente rispetto all'alternativa liquidatoria (4).

3. La transazione [*fiscale*] conclusa nell'ambito degli accordi di ristrutturazione è risolta di diritto se il debitore non esegue integralmente, entro sessanta giorni dalle scadenze previste, i pagamenti dovuti alle agenzie fiscali e agli enti gestori di forme di previdenza e assistenza obbligatorie (5).

(1) Rubrica modificata dall'art. 9, co. 2, lett. a), d.lg. 26/10/2020, n. 147, poi sostituita dall'art. 15, co. 3, lett. c), d.lg. 17/6/2022, n. 83.

(2) Comma modificato dall'art. 9, co. 2, lett. b), d.lg. 26/10/2020, n. 147.

(3) Comma modificato dall'art. 9, co. 2, lett. c), d.lg. 26/10/2020, n. 147 e dall'art. 15, co. 3, lett. a), d.lg. 17/6/2022, n. 83.

(4) Comma inserito dall'art. 15, co. 3, lett. b), d.lg. 17/6/2022, n. 83.

(5) Comma modificato dall'art. 9, co. 2, lett. d), d.lg. 26/10/2020, n. 147.

64. Effetti degli accordi sulla disciplina societaria e sui contratti in caso di concessione di misure protettive (1). – 1. Dalla data del deposito della domanda per l'omologazione degli accordi di ristrutturazione disciplinati dagli articoli 57, 60 e 61 ovvero della richiesta di misure cautelari e protettive ai sensi dell'articolo 54 relative ad una proposta di accordo di ristrutturazione e sino all'omologazione, non si applicano gli articoli 2446, commi secondo e terzo, 2447, 2482-bis, commi quarto, quinto e sesto, e 2482-ter del codice civile. Per lo stesso periodo non opera la causa di scioglimento della società per riduzione o perdita del capitale sociale di cui agli articoli 2484, numero 4, e 2545-duodecies del codice civile.

2. Resta ferma, per il periodo anteriore al deposito delle domande e della richiesta di misure cautelari e protettive di cui al comma 1, l'applicazione dell'articolo 2486 del codice civile.

3. In caso di domanda proposta ai sensi dell'articolo 54, comma 3, o di domanda di concessione delle misure protettive in funzione della omologazione degli accordi di ristrutturazioni, i creditori non possono, unilateralmente, rifiutare l'adempimento dei contratti in corso di esecuzione o provocarne la risoluzione, né possono anticiparne la scadenza o modificarli in danno dell'imprenditore per il solo fatto del deposito delle medesime domande. Sono inefficaci eventuali patti contrari (2).

4. Fermo quanto previsto dal comma 3, i creditori interessati dalle misure protettive non possono, unilateralmente, rifiutare l'adempimento dei contratti essenziali in corso di esecuzione o provocarne la risoluzione, né possono anticiparne la scadenza o modificarli in danno dell'imprenditore per il solo fatto di non essere stati pagati dal debitore. Sono essenziali i contratti necessari per la continuazione della gestione corrente dell'impresa, inclusi i contratti relativi alle forniture la cui interruzione impedisce la prosecuzione dell'attività del debitore (2).

(1) Rubrica modificata dall'art. 15, co. 4, lett. b), d.lg. 17/6/2022, n. 83.

(2) Comma aggiunto dall'art. 15, co. 4, lett. a), d.lg. 17/6/2022, n. 83.

Capo I
Piano di ristrutturazione soggetto a omologazione (1)

(1) Capo inserito dall'art. 16, co. 1, d.lg. 17/6/2022, n. 83.

64 bis. Piano di ristrutturazione soggetto a omologazione (1). – 1. Con il piano di ristrutturazione soggetto a omologazione l'imprenditore commerciale che non dimostra il possesso congiunto dei requisiti di cui all'articolo 2, comma 1, lettera d) e che si trova in stato di crisi o di insolvenza può prevedere il soddisfacimento dei creditori, previa suddivisione degli stessi in classi secondo posizione giuridica e interessi economici omogenei, distribuendo il valore generato dal piano anche in deroga agli articoli 2740 e 2741 del codice civile e alle disposizioni che regolano la graduazione delle cause legittime di prelazione, purché la proposta sia approvata dall'unanimità delle classi. In ogni caso i crediti assistiti dal privilegio di cui all'articolo 2751-bis, n. 1, del codice civile, sono soddisfatti in denaro integralmente entro trenta giorni dall'omologazione.

2. La domanda è presentata nelle forme dell'articolo 40, anche con accesso ai sensi dell'articolo 44, comma 1, lettera a). Con il ricorso il debitore deposita la proposta e il piano, con la documentazione di cui all'articolo 39, commi 1 e 2. Alla domanda si applicano i commi 4 e 5 dell'articolo 46.

3. Un professionista indipendente attesta la veridicità dei dati aziendali e la fattibilità del piano.

4. A seguito della presentazione del ricorso, il tribunale pronuncia decreto con il quale:

a) valutata la mera ritualità della proposta e verificata la correttezza dei criteri di formazione delle classi, nomina un giudice delegato al procedimento e nomina oppure conferma il commissario giudiziale;

b) adotta i provvedimenti di cui all'articolo 47, comma 2, lettere c) e d).

5. Dalla data della presentazione della domanda e fino all'omologazione, l'imprenditore conserva la gestione ordinaria e straordinaria dell'impresa, sotto il controllo del commissario giudiziale secondo quanto previsto nel comma 6. L'imprenditore gestisce l'impresa nel prevalente interesse dei creditori.

6. L'imprenditore informa preventivamente il commissario, per iscritto, del compimento di atti di straordinaria amministrazione nonché dell'esecuzione di pagamenti che non sono coerenti rispetto al piano di ristrutturazione. Il commissario giudiziale, quando ritiene che l'atto può arrecare pregiudizio ai creditori o non è coerente rispetto al piano, lo segnala per iscritto all'imprenditore e all'organo di controllo. Se, nonostante la segnalazione, l'atto viene compiuto, il commissario giudiziale ne informa immediatamente il tribunale ai fini di cui all'articolo 106.

7. Alle operazioni di voto si applicano gli articoli 107, 108, 109, commi 2, 4, 6 e 7, 110 e 111. In ciascuna classe la proposta è approvata se è raggiunta la maggioranza dei crediti ammessi al voto oppure, in mancanza, se hanno votato favorevolmente i due terzi dei crediti dei creditori votanti, purché abbiano votato i creditori titolari di almeno la metà del totale dei crediti della medesima classe. I creditori muniti di diritto di prelazione non votano se soddisfatti in denaro, integralmente, entro centottanta giorni dall'omologazione, e purché la garanzia reale che assiste il credito ipotecario o pignoratizio resti ferma fino alla liquidazione, funzionale al loro pagamento, dei beni e diritti sui quali sussiste la causa di prelazione. Nel caso di crediti assistiti dal privilegio di cui all'articolo 2751-bis, n. 1, del codice civile, il termine di cui al periodo precedente è di trenta giorni. Se non ricorrono le condizioni di cui ai periodi precedenti, i creditori muniti di diritto di prelazione votano e, per la parte incapiente, sono inseriti in una classe distinta.

8. Il tribunale omologa con sentenza il piano di ristrutturazione nel caso di approvazione da parte di tutte le classi. Se con l'opposizione un creditore dissenziente eccepisce il difetto di convenienza della proposta, il tribunale omologa il piano di ristrutturazione quando dalla proposta il credito risulta soddisfatto in misura non inferiore rispetto alla liquidazione giudiziale.

9. Anche ai fini di cui all'articolo 64-ter, al piano di ristrutturazione soggetto a omologazione si applicano, in quanto compatibili, gli articoli 48, commi 1, 2 e 3, 84, comma 8, 87, commi 1 e 2, 89, 90, 91, 92, 93, 94-bis, 95, 96, 97, 98, 99, 101 e 102, nonché le disposizioni di cui alle sezioni IV e VI, del capo III del titolo IV del presente codice, ad eccezione delle disposizioni di cui agli articoli 112 e 114. Ai giudizi di reclamo e di cassazione si applicano gli articoli 51, 52 e 53.

(1) Articolo inserito dall'art. 16, co. 1, d.lg. 17/6/2022, n. 83.

64 ter. Mancata approvazione di tutte le classi (1). – 1. Se il piano di ristrutturazione non è approvato da tutte le classi, secondo quanto risulta dalla relazione depositata ai sensi dell'articolo 110, il debitore, entro quindici giorni dalla data del deposito della relazione medesima, se ritiene di avere ottenuto l'approvazione di tutte le classi, può chiedere che il tribunale accerti l'esito della votazione e omologhi il piano di ristrutturazione.

2. Decorso il termine di cui al comma 1 senza che il debitore abbia avanzato la richiesta ivi prevista o modificato la domanda ai sensi dell'articolo 64-quater, si applica l'articolo 111.

(1) Articolo inserito dall'art. 16, co. 1, d.lg. 17/6/2022, n. 83.

64 quater. Conversione del piano di ristrutturazione soggetto ad omologazione in concordato preventivo (1). – 1. Se il piano di ristrutturazione non è approvato da tutte le classi, secondo quanto risulta dalla relazione depositata ai sensi dell'articolo 110, il debitore, in luogo della richiesta di cui all'articolo 64-ter comma 1, può modificare la domanda formulando una proposta di concordato e chiedendo che il tribunale pronunci il decreto previsto dall'articolo 47. Il debitore può procedere allo stesso modo anche se un creditore ha contestato il difetto di convenienza nelle osservazioni formulate ai sensi dell'articolo 107, comma 4.

2. Il debitore può, in ogni momento, modificare la domanda, formulando la proposta di concordato, anche al di fuori delle ipotesi di cui al comma 1.

3. I termini per l'approvazione della proposta sono ridotti alla metà.

4. La memoria contenente la modifica della domanda è pubblicata nel registro delle imprese e dal giorno della pubblicazione si applicano le disposizioni degli articoli 46, commi 1, 2 e 3, e 47, comma 2, lett. c), nonché il capo III del titolo IV del presente codice.

5. Il debitore che ha presentato la domanda di concordato preventivo può modificarla chiedendo l'omologazione del piano di ristrutturazione sino a che non sono iniziate le operazioni di voto.

(1) Articolo inserito dall'art. 16, co. 1, d.lg. 17/6/2022, n. 83.

Capo II
Procedure di composizione delle crisi da sovraindebitamento

Sezione I
Disposizioni di carattere generale

65. Ambito di applicazione delle procedure di composizione delle crisi da sovraindebitamento. – 1. I debitori di cui all'articolo 2, comma 1, lettera c) possono proporre soluzioni della crisi da sovraindebitamento secondo le norme del presente capo o del titolo V, capo IX.

2. Si applicano, per quanto non specificamente previsto dalle disposizioni della presente sezione, le disposizioni del titolo III, in quanto compatibili.

3. I compiti del commissario giudiziale o del liquidatore nominati nelle procedure di cui al comma 1 sono svolti dall'OCC. La nomina dell'attestatore è sempre facoltativa.

4. La procedura produce i suoi effetti anche nei confronti dei soci illimitatamente responsabili*.

* Comma abrogato dall'art. 10, co. 1, d.lg. 26/10/2020, n. 147. Per la decorrenza vedi l'art. 42, co. 1, d.lg. n. 147/2020 medesimo.

66. Procedure familiari. – 1. I membri della stessa famiglia possono presentare un unico progetto di risoluzione della crisi da sovraindebitamento quando sono conviventi o quando il sovraindebitamento ha un'origine comune. Quando uno dei debitori non è un consumatore, al progetto unitario si applicano le disposizioni della sezione III del presente capo.

2. Ai fini del comma 1, oltre al coniuge, si considerano membri della stessa famiglia i parenti entro il quarto grado e gli affini entro il secondo, nonché le parti dell'unione civile e i conviventi di fatto di cui alla legge 20 maggio 2016, n.76.

3. Le masse attive e passive rimangono distinte.

4. Nel caso in cui siano presentate più richieste di risoluzione della crisi da sovraindebitamento riguardanti membri della stessa famiglia, il giudice adotta i necessari provvedimenti per assicurarne il coordinamento. La competenza appartiene al giudice adito per primo.

5. La liquidazione del compenso dovuto all'organismo di composizione della crisi è ripartita tra i membri della famiglia in misura proporzionale all'entità dei debiti di ciascuno.

Sezione II
Ristrutturazione dei debiti del consumatore

67. Procedura di ristrutturazione dei debiti. – 1. Il consumatore sovraindebitato, con l'ausilio dell'OCC, può proporre ai creditori un piano di ristrutturazione dei debiti che indichi in modo specifico tempi e modalità per superare la crisi da sovraindebitamento. La proposta ha contenuto libero e può prevedere il soddisfacimento, anche parziale e differenziato, dei crediti in qualsiasi forma (1).

2. La domanda è corredata dell'elenco:

a) di tutti i creditori, con l'indicazione delle somme dovute e delle cause di prelazione;

b) della consistenza e della composizione del patrimonio;

c) degli atti di straordinaria amministrazione compiuti negli ultimi cinque anni;

d) delle dichiarazioni dei redditi degli ultimi tre anni;

e) degli stipendi, delle pensioni, dei salari e di tutte le altre entrate del debitore e del suo nucleo familiare, con l'indicazione di quanto occorre al mantenimento della sua famiglia.

3. La proposta può prevedere anche la falcidia e la ristrutturazione dei debiti derivanti da contratti di finanziamento con cessione del quinto dello stipendio, del trattamento di fine rapporto o della pensione e dalle operazioni di prestito su pegno, salvo quanto previsto dal comma 4.

4. È possibile prevedere che i crediti muniti di privilegio, pegno o ipoteca possano essere soddisfatti non integralmente, allorché ne sia assicurato il pagamento in misura non inferiore a quella realizzabile, in ragione della collocazione preferenziale sul ricavato in caso di liquidazione, avuto riguardo al valore di mercato attribuibile ai beni o ai diritti oggetto della causa di prelazione, come attestato dall'OCC.

5. È possibile prevedere anche il rimborso, alla scadenza convenuta, delle rate a scadere del contratto di mutuo garantito da ipoteca iscritta sull'abitazione principale del debitore se lo stesso, alla data del deposito della domanda, ha adempiuto le proprie obbligazioni o se il giudice lo autorizza al pagamento del debito per capitale ed interessi scaduto a tale data.

6. Il procedimento si svolge dinanzi al tribunale in composizione monocratica.

(1) Comma modificato dall'art. 11, co. 1, d.lg. 26/10/2020, n. 147. Per la decorrenza vedi l'art. 42, co. 1, d.lg. n. 147/2020 medesimo.

68. Presentazione della domanda e attività dell'OCC. – 1. La domanda deve essere presentata al giudice tramite un OCC costituito nel circondario del tribunale competente ai sensi dell'articolo 27, comma 2. Se nel circondario del tribunale competente non vi è un OCC, i compiti e le funzioni allo stesso attribuiti sono svolti da un professionista o da una società tra professionisti in possesso dei requisiti di cui all'articolo 358 nominati dal presidente del tribunale competente o da un giudice da lui delegato e individuati, ove possibile, tra gli iscritti all'albo dei gestori della crisi di cui al decreto del Ministro della giustizia 24 settembre 2014, n. 202. Non è necessaria l'assistenza di un difensore (1).

2. Alla domanda, deve essere allegata una relazione dell'OCC, che deve contenere:

a) l'indicazione delle cause dell'indebitamento e della diligenza impiegata dal debitore nell'assumere le obbligazioni;

b) l'esposizione delle ragioni dell'incapacità del debitore di adempiere le obbligazioni assunte;

c) la valutazione sulla completezza ed attendibilità della documentazione depositata a corredo della domanda;

d) l'indicazione presunta dei costi della procedura.

3. L'OCC, nella sua relazione, deve indicare anche se il soggetto finanziatore, ai fini della concessione del finanziamento, abbia tenuto conto del merito creditizio del debitore, valutato in relazione al suo reddito disponibile, dedotto l'importo necessario a mantenere un dignitoso tenore di vita. A tal fine si ritiene idonea una quantificazione non inferiore all'ammontare dell'assegno sociale moltiplicato per un parametro corrispondente al numero dei componenti il nucleo familiare della scala di equivalenza dell'ISEE di cui al decreto del Presidente del Consiglio dei ministri del 5 dicembre 2013, n. 159.

4. L'OCC, entro sette giorni dall'avvenuto conferimento dell'incarico da parte del debitore, ne dà notizia all'agente della riscossione e agli uffici fiscali, anche degli enti locali, competenti sulla base dell'ultimo domicilio fiscale dell'istante, i quali entro quindici giorni debbono comunicare il debito tributario accertato e gli eventuali accertamenti pendenti.

5. Il deposito della domanda sospende, ai soli effetti del concorso, il corso degli interessi convenzionali o legali fino alla chiusura della procedura, a meno che i crediti non siano garantiti da ipoteca, da pegno o privilegio, salvo quanto previsto dagli articoli 2749, 2788 e 2855, commi secondo e terzo, del codice civile.

(1) Comma modificato dall'art. 11, co. 2, d.lg. 26/10/2020, n. 147. Per la decorrenza vedi l'art. 42, co. 1, d.lg. n. 147/2020 medesimo.

69. Condizioni soggettive ostative. – 1. Il consumatore non può accedere alla procedura disciplinata in questa sezione se è già stato esdebitato nei cinque anni precedenti la domanda o ha già beneficiato dell'esdebitazione per due volte, ovvero ha determinato la situazione di sovraindebitamento con colpa grave, malafede o frode.

2. Il creditore che ha colpevolmente determinato la situazione di indebitamento o il suo aggravamento o che ha violato i principi di cui all'articolo 124-bis del decreto legislativo 1° settembre 1993, n. 385, non può presentare opposizione o reclamo in sede di omologa per contestare la convenienza della proposta (1).

(1) Comma sostituito dall'art. 11, co. 3, d.lg. 26/10/2020, n. 147. Per la decorrenza vedi l'art. 42, co. 1, d.lg. n. 147/2020 medesimo.

70. Omologazione del piano. – 1. Il giudice, se la proposta e il piano sono ammissibili, dispone con decreto che siano pubblicati in apposita area del sito web del tribunale o del Ministero della giustizia e che ne sia data comunicazione entro trenta giorni, a cura dell'OCC, a tutti i creditori.

2. Ricevuta la comunicazione di cui al comma 1, il creditore deve comunicare all'OCC un indirizzo di posta elettronica certificata. In mancanza, le successive comunicazioni sono effettuate mediante deposito in cancelleria.

3. Nei venti giorni successivi alla comunicazione ogni creditore può presentare osservazioni, inviandole all'indirizzo di posta elettronica certificata dell'OCC, indicato nella comunicazione.

4. Con il decreto di cui al comma 1, il giudice, su istanza del debitore, può disporre la sospensione dei procedimenti di esecuzione forzata che potrebbero pregiudicare la fattibilità del piano. Il giudice, su istanza del debitore, può altresì disporre il divieto di azioni esecutive e cautelari sul patrimonio del consumatore nonché le altre misure idonee a conservare l'integrità del patrimonio fino alla conclusione del procedimento, compreso il divieto di compiere atti di straordinaria amministrazione se non preventivamente autorizzati (1).

5. Le misure protettive sono revocabili su istanza dei creditori, o anche d'ufficio, in caso di atti in frode. Il giudice, salvo che l'istanza di revoca non sia palesemente inammissibile o manifestamente infondata, sente le parti, anche mediante scambio di memorie scritte e provvede con decreto.

6. Entro i dieci giorni successivi alla scadenza del termine di cui al comma 3, l'OCC, sentito il debitore, riferisce al giudice e propone le modifiche al piano che ritiene necessarie.

7. Il giudice, verificata l'ammissibilità giuridica e la fattibilità [*economica*] del piano, risolta ogni contestazione, omologa il piano con sentenza e ne dispone, ove necessario, la trascrizione a cura dell'OCC. Con la stessa sentenza dichiara chiusa la procedura (2).

8. La sentenza di omologa è comunicata ai creditori ed è pubblicata entro quarantotto ore a norma del comma 1. La sentenza è impugnabile ai sensi dell'articolo 51.

9. Quando uno dei creditori o qualunque altro interessato, con le osservazioni di cui al comma 3, contesta la convenienza della proposta, il giudice omologa il piano se ritiene che comunque il credito dell'opponente possa essere soddisfatto dall'esecuzione del piano in misura non inferiore all'alternativa liquidatoria.

10. In caso di diniego dell'omologazione, il giudice provvede con decreto motivato e dichiara l'inefficacia delle misure protettive accordate. Su istanza del debitore, verificata la sussistenza dei presupposti di legge, dichiara aperta la procedura liquidatoria ai sensi degli articoli 268 e seguenti.

11. Nei casi di frode l'istanza di cui al comma 10, secondo periodo, può essere presentata anche da un creditore o dal pubblico ministero.

12. Contro il decreto di cui al comma 10, è ammesso reclamo ai sensi dell'articolo 50.

(1) Comma modificato dall'art. 11, co. 4, d.lg. 26/10/2020, n. 147.

(2) Comma modificato dall'art. 17, co. 1, d.lg. 17/6/2022, n. 83.

71. Esecuzione del piano (1). – 1. Il debitore è tenuto a compiere ogni atto necessario a dare esecuzione al piano omologato.

L'OCC vigila sull'esatto adempimento del piano, risolve le eventuali difficoltà e le sottopone al giudice, se necessario. Alle vendite e alle cessioni, se previste dal piano, provvede il debitore tramite procedure competitive, anche avvalendosi di soggetti specializzati, sotto il controllo e con la collaborazione dell'OCC, sulla base di stime condivise con il predetto organismo, assicurando, con adeguate forme di pubblicità, la massima informazione e partecipazione degli interessati. Ogni sei mesi, l'OCC riferisce al giudice per iscritto sullo stato dell'esecuzione.

2. Il giudice, sentito l'OCC e verificata la conformità dell'atto dispositivo al piano, autorizza lo svincolo delle somme e ordina la cancellazione delle iscrizioni relative ai diritti di prelazione, della trascrizione dei pignoramenti, dei sequestri conservativi nonché di ogni altro vincolo, ivi compresa la trascrizione della sentenza effettuata ai sensi dell'articolo 70, comma 7.

3. I pagamenti e gli atti dispositivi dei beni posti in essere in violazione del piano sono inefficaci rispetto ai creditori anteriori al momento in cui è stata eseguita la pubblicità di cui all'articolo 70, comma 1.

4. Terminata l'esecuzione, l'OCC, sentito il debitore, presenta al giudice una relazione finale. Il giudice, se il piano è stato integralmente e correttamente eseguito, procede alla liquidazione del compenso all'OCC, tenuto conto di quanto eventualmente convenuto dall'organismo con il debitore, e ne autorizza il pagamento.

5. Quando il piano non è stato integralmente e correttamente eseguito, il giudice indica gli atti necessari per l'esecuzione del piano ed un termine per il loro compimento. Se le prescrizioni non sono adempiute nel termine, anche prorogato, il giudice revoca l'omologazione, osservate, in quanto compatibili, le disposizioni di cui all'articolo 72.

6. Nella liquidazione del compenso il giudice tiene conto della diligenza dell'OCC.

(1) Articolo sostituito dall'art. 11, co. 5, d.lg. 26/10/2020, n. 147. Per la decorrenza vedi l'art. 42, co. 1, d.lg. n. 147/2020 medesimo.

72. Revoca dell'omologazione. – 1. Il giudice revoca l'omologazione d'ufficio o su istanza di un creditore, del pubblico ministero o di qualsiasi altro interessato, in contraddittorio con il debitore, quando è stato dolosamente o con colpa grave aumentato o diminuito il passivo, ovvero sottratta o dissimulata una parte rilevante dell'attivo ovvero dolosamente simulate attività inesistenti o se risultano commessi altri atti diretti a frodare le ragioni dei creditori.

2. Il giudice provvede allo stesso modo in caso di inadempimento degli obblighi previsti nel piano o qualora questo sia divenuto inattuabile e non sia possibile modificarlo.

3. L'OCC è tenuto a segnalare al giudice ogni fatto rilevante ai fini della revoca dell'omologazione.

4. La domanda di revoca non può essere proposta e l'iniziativa da parte del tribunale non può essere assunta decorsi sei mesi dalla presentazione della relazione finale (1).

5. Sulla richiesta di revoca, il giudice sente le parti, anche mediante scambio di memorie scritte e provvede con sentenza reclamabile ai sensi dell'articolo 51 (2).

6. La revoca dell'omologazione non pregiudica i diritti acquistati dai terzi in buona fede.

(1) Comma modificato dall'art. 11, co. 6, lett. a), d.lg. 26/10/2020, n. 147. Per la decorrenza vedi l'art. 42, co. 1, del d.lg. n. 147/2020 medesimo.

(2) Comma sostituito dall'art. 11, co. 6, lett. b), d.lg. 26/10/2020, n. 147. Per la decorrenza vedi l'art. 42, co. 1, d.lg. n. 147/2020 medesimo.

73. Conversione in procedura liquidatoria. – 1. In caso di revoca dell'omologazione il giudice, su istanza del debitore, dispone la conversione in liquidazione controllata.

2. Se la revoca consegue ad atti di frode o ad inadempimento, l'istanza di cui al comma 1 può essere proposta anche dai creditori o dal pubblico ministero.

3. In caso di conversione, il giudice concede termine al debitore per l'integrazione della documentazione e provvede ai sensi dell'articolo 270.

Sezione III

Concordato minore

74. Proposta di concordato minore. – 1. I debitori di cui all'articolo 2, comma 1, lettera c), in stato di sovraindebitamento, escluso il consumatore, possono formulare ai creditori una proposta di concordato minore, quando consente di proseguire l'attività imprenditoriale o professionale.

2. Fuori dai casi previsti dal comma 1, il concordato minore può essere proposto esclusivamente quando è previsto l'apporto di risorse esterne che aumentino in misura apprezzabile la soddisfazione dei creditori.

3. La proposta di concordato minore ha contenuto libero, indica in modo specifico tempi e modalità per superare la crisi da sovraindebitamento e può prevedere il soddisfacimento, anche parziale, dei crediti attraverso qualsiasi forma, nonché la eventuale suddivisione dei creditori in classi. La formazione delle classi è obbligatoria per i creditori titolari di garanzie prestate da terzi (1).

4. Per quanto non previsto dalla presente sezione, si applicano le disposizioni del capo III del presente titolo in quanto compatibili.

(1) Comma modificato dall'art. 12, co. 1, d.lg. 26/10/2020, n. 147. Per la decorrenza vedi l'art. 42, co. 1, d.lg. n. 147/2020 medesimo.

75. Documentazione e trattamento dei crediti privilegiati. – 1. Il debitore deve allegare alla domanda:

a) il piano con i bilanci, le scritture contabili e fiscali obbligatorie, le dichiarazioni dei redditi, le dichiarazioni IRAP e le dichiarazioni annuali IVA concernenti i tre anni anteriori o gli ultimi esercizi precedenti se l'attività ha avuto minor durata;

b) una relazione aggiornata sulla situazione economica, patrimoniale e finanziaria;

c) l'elenco di tutti i creditori, con le rispettive cause di prelazione e l'indicazione delle somme dovute. L'elenco deve contenere l'indicazione del domicilio digitale dei creditori che ne sono muniti;

d) gli atti di straordinaria amministrazione di cui all'articolo 94, comma 2, compiuti negli ultimi cinque anni;

e) la documentazione relativa a stipendi, pensioni, salari e altre entrate proprie e della famiglia, con l'indicazione di quanto occorra al mantenimento della stessa (1).

2. È possibile prevedere che i crediti muniti di privilegio, pegno o ipoteca possano essere soddisfatti non integralmente, allorché ne sia assicurato il pagamento in misura non inferiore a quella realizzabile, in ragione della collocazione preferenziale sul ricavato in caso di liquidazione, avuto riguardo al valore di mercato attribuibile ai beni o ai diritti sui quali insiste la causa di prelazione, come attestato dagli organismi di composizione della crisi.

3. Quando è prevista la continuazione dell'attività aziendale, è possibile prevedere il rimborso, alla scadenza convenuta, delle rate a scadere del contratto di mutuo con garanzia reale gravante su beni strumentali all'esercizio dell'impresa se il debitore, alla data della presentazione della domanda di concordato, ha adempiuto le proprie obbligazioni o se il giudice lo autorizza al pagamento del debito per capitale ed interessi scaduto a tale data. L'OCC attesta anche che il credito garantito potrebbe essere soddisfatto integralmente con il ricavato della liquidazione del bene effettuata a valore di mercato e che il rimborso delle rate a scadere non lede i diritti degli altri creditori.

(1) Comma sostituito dall'art. 12, co. 2, d.lg. 26/10/2020, n. 147. Per la decorrenza vedi l'art. 42, co. 1, d.lg. n. 147/2020 medesimo.

76. Presentazione della domanda e attività dell'OCC. – 1. La domanda è formulata tramite un OCC costituito nel circondario del tribunale competente ai sensi dell'articolo 27, comma 2. Se nel circondario del tribunale competente non vi è un OCC, i compiti e le funzioni allo stesso attribuiti sono svolti da un professionista o da una società tra professionisti in possesso dei requisiti di cui all'articolo 358, nominati dal presidente del tribunale competente o da un giudice da lui delegato, individuati, ove possibile, tra gli iscritti all'albo dei gestori della crisi di cui al decreto del Ministro della giustizia 24 settembre 2014, n. 202(1).

2. Alla domanda deve essere allegata una relazione particolareggiata dell'OCC, che comprende:

a) l'indicazione delle cause dell'indebitamento e della diligenza impiegata dal debitore nell'assumere le obbligazioni;

b) l'esposizione delle ragioni dell'incapacità del debitore di adempiere le obbligazioni assunte;

c) l'indicazione della eventuale esistenza di atti del debitore impugnati dai creditori;

d) la valutazione sulla completezza e attendibilità della documentazione depositata a corredo della domanda, nonché sulla convenienza del piano rispetto all'alternativa liquidatoria;

e) l'indicazione presumibile dei costi della procedura;

f) la percentuale, le modalità e i tempi di soddisfacimento dei creditori;

g) l'indicazione dei criteri adottati nella formazione delle classi, ove previste dalla proposta.

3. L'OCC, nella sua relazione, deve indicare anche se il soggetto finanziatore, ai fini della concessione del finanziamento, abbia tenuto conto del merito creditizio del debitore.

4. L'OCC, entro sette giorni dall'avvenuto conferimento dell'incarico da parte del debitore, ne dà notizia all'agente della riscossione e agli uffici fiscali, anche degli enti locali, competenti sulla base dell'ultimo domicilio fiscale dell'istante, i quali entro quindici giorni debbono comunicare il debito tributario accertato e gli eventuali accertamenti pendenti.

5. Il deposito della domanda sospende, ai soli effetti del concorso, il corso degli interessi convenzionali o legali fino alla chiusura della liquidazione, a meno che i crediti non siano garantiti da ipoteca, pegno o privilegio, salvo quanto previsto dagli articoli 2749, 2788 e 2855, commi secondo e terzo, del codice civile.

6. Il procedimento si svolge dinanzi al tribunale in composizione monocratica.

(1) Comma modificato dall'art. 12, co. 3, d.lg. 26/10/2020, n. 147. Per la decorrenza vedi l'art. 42, co. 1, d.lg. n. 147/2020 medesimo.

77. Inammissibilità della domanda di concordato minore. – 1. La domanda di concordato minore è inammissibile se mancano i documenti di cui agli articoli 75 e 76, se il debitore presenta requisiti dimensionali che eccedono i limiti di cui all'articolo 2, comma 1, lettera d), numeri 1), 2) e 3), se è già stato esdebitato nei cinque anni precedenti la domanda o ha già beneficiato dell'esdebitazione per due volte o se risultano commessi atti diretti a frodare le ragioni dei creditori.

78. Procedimento. – 1. Il giudice, se la domanda è ammissibile, dichiara aperta la procedura con decreto non soggetto a reclamo e dispone la comunicazione, a cura dell'OCC, a tutti i creditori della proposta e del decreto (1).

2. Con il decreto di cui al comma 1, il giudice:

a) dispone la pubblicazione del decreto mediante inserimento in apposita area del sito web del tribunale o del Ministero della giustizia e nel registro delle imprese se il debitore svolge attività d'impresa;

b) ordina, ove il piano preveda la cessione o l'affidamento a terzi di beni immobili o beni mobili registrati, la trascrizione del decreto presso gli uffici competenti;

c) assegna ai creditori un termine non superiore a trenta giorni entro il quale devono fare pervenire all'OCC, a mezzo posta elettronica certificata o altro servizio elettronico di recapito certificato qualificato ai sensi dell'articolo 1, comma

1-ter del Codice dell'amministrazione digitale di cui al decreto legislativo n. 82 del 2005, la dichiarazione di adesione o di mancata adesione alla proposta di concordato e le eventuali contestazioni (2);

d) su istanza del debitore, dispone che, sino al momento in cui il provvedimento di omologazione diventa definitivo, non possono, sotto pena di nullità, essere iniziate o proseguite azioni esecutive individuali nè disposti sequestri conservativi nè acquistati diritti di prelazione sul patrimonio del debitore da parte dei creditori aventi titolo o causa anteriore.

2-bis. Con il decreto di cui al comma 1, il giudice nomina il commissario giudiziale perché svolga, a partire da quel momento, le funzioni dell'OCC se:

a) è stata disposta la sospensione generale delle azioni esecutive individuali e la nomina appare necessaria per tutelare gli interessi delle parti;

b) è proposta domanda di concordato in continuità aziendale, con omologazione da pronunciarsi ai sensi dell'articolo 112, comma 2;

c) la nomina è richiesta dal debitore (3).

3. L'OCC cura l'esecuzione del decreto.

4. Nella comunicazione di cui al comma 2, lettera c), il creditore deve indicare un indirizzo di posta elettronica certificata o altro servizio elettronico di recapito certificato qualificato, a cui ricevere tutte le comunicazioni. In mancanza, i provvedimenti sono comunicati mediante deposito in cancelleria (4).

5. Gli atti eccedenti l'ordinaria amministrazione compiuti senza l'autorizzazione del giudice sono inefficaci rispetto ai creditori anteriori al momento in cui è stata eseguita la pubblicità del decreto.

(1) Comma modificato dall'art. 12, co. 4, d.lg. 26/10/2020, n. 147.

(2) Lettera modificata dall'art. 18, co. 1, lett. a), d.lg. 17/6/2022, n. 83.

(3) Comma inserito dall'art. 18, co. 1, lett. b), d.lg. 17/6/2022, n. 83.

(4) Comma modificato dall'art. 18, co. 1, lett. c), d.lg. 17/6/2022, n. 83.

79. Maggioranza per l'approvazione del concordato minore. –1. Il concordato minore è approvato dai creditori che rappresentano la maggioranza dei crediti ammessi al voto. Quando un unico creditore è titolare di crediti in misura superiore alla maggioranza dei crediti ammessi al voto, il concordato minore è approvato se, oltre alla maggioranza di cui al periodo precedente, ha riportato la maggioranza per teste dei voti espressi dai creditori ammessi al voto. Quando sono previste diverse classi di creditori, il concordato minore è approvato se la maggioranza dei crediti ammessi al voto è raggiunta anche nel maggior numero di classi. I creditori muniti di privilegio, pegno o ipoteca, dei quali la proposta prevede l'integrale pagamento, non sono computati ai fini del raggiungimento della maggioranza e non hanno diritto di esprimersi sulla proposta, salvo che non rinuncino in tutto o in parte al diritto di prelazione. I creditori soddisfatti parzialmente ai sensi dell'articolo 74, comma 3, sono equiparati ai chirografari per la parte residua del credito (1).

2. Non sono ammessi al voto e non sono computati ai fini del raggiungimento delle maggioranze il coniuge, la parte dell'unione civile e il convivente di fatto del debitore di cui alla legge 20 maggio 2016, n. 76, i parenti e gli affini del debitore fino al quarto grado, la società che controlla la società debitrice, le società da questa controllate e quelle sottoposte a comune controllo, nonché i cessionari o aggiudicatari dei loro crediti da meno di un anno prima della domanda. Sono inoltre esclusi dal voto e dal computo delle maggioranze i creditori in conflitto d'interessi (2).

3. In mancanza di comunicazione all'OCC nel termine assegnato, si intende che i creditori abbiano prestato consenso alla proposta nei termini in cui è stata loro trasmessa.

4. Salvo patto contrario, il concordato minore della società produce i suoi effetti anche per i soci illimitatamente responsabili (3).

5. Il concordato minore non pregiudica i diritti dei creditori nei confronti dei coobbligati, fideiussori del debitore e obbligati in via di regresso, salvo che sia diversamente previsto.

(1) Comma modificato dall'art. 12, co. 5, lett. a), d.lg. 26/10/2020, n. 147. Per la decorrenza vedi l'art. 42, co. 1, d.lg. n. 147/2020 medesimo.

(2) Comma sostituito dall'art. 12, co. 5, lett. b), d.lg. 26/102020, n. 147. Per la decorrenza vedi l'art. 42, co. 1, d.lg. n. 147/2020 medesimo.

(3) Comma sostituito dall'art. 12, co. 5, lett. c), d.lg. 26/10/2020, n. 147. Per la decorrenza vedi l'art. 42, co. 1, l d.lg n. 147/2020 medesimo.

80. Omologazione del concordato minore. – 1. Il giudice, verificati la ammissibilità giuridica e la fattibilità [*economica*] del piano e il raggiungimento della percentuale di cui all'articolo 79 in mancanza di contestazioni, omologa il concordato minore con sentenza, disponendo forme adeguate di pubblicità e, se necessario, la sua trascrizione (1).

2. Con la sentenza di omologazione, il giudice dichiara chiusa la procedura.

3. Quando uno dei creditori o qualunque altro interessato contesta la convenienza della proposta, il giudice, sentiti il debitore e l'OCC, omologa il concordato minore se ritiene che il credito dell'opponente possa essere soddisfatto dall'esecuzione del piano in misura non inferiore all'alternativa liquidatoria. Il giudice omologa altresì il concordato minore anche in mancanza di adesione da parte dell'amministrazione finanziariao degli enti gestori di forme di previdenza o assistenza obbligatorie quando l'adesione è determinante ai fini del raggiungimento della percentuale di cui all'articolo 79, comma 1 e, anche sulla base delle risultanze, sul punto, della specifica relazione dell'OCC, la proposta di soddisfacimento dell'amministrazione o degli enti gestori di forme di previdenza o assistenza obbligatorie è conveniente rispetto all'alternativa liquidatoria (2).

4. Il creditore, anche dissenziente, che ha colpevolmente determinato la situazione di indebitamento o il suo aggravamento, non può presentare opposizione in sede di omologa per contestare la convenienza della proposta (3).

5. Il giudice, se rigetta la domanda di omologa, dichiara con decreto motivato l'inefficacia delle misure protettive accordate e, su istanza del debitore, dichiara aperta la procedura di liquidazione controllata ai sensi degli articoli 268 e seguenti.

6. In caso di frode, l'istanza di cui al comma 5 può essere proposta anche da un creditore o dal pubblico ministero.

7. Il decreto è reclamabile ai sensi dell'articolo 50.

(1) Comma modificato dall'art. 18, co. 2, d.lg. 17/6/2022, n. 83.

(2) Comma sostituito dall'art. 12, co. 6, lett. a), d.lg. 26/10/2020, n. 147.

(3) Comma sostituito dall'art. 12, co. 6, lett. b), d.lg. 26/10/2020, n. 147.

81. Esecuzione del concordato minore (1). – 1. Il debitore è tenuto a compiere ogni atto necessario a dare esecuzione al piano omologato. L'OCC vigila sull'esatto adempimento del concordato minore, risolve le eventuali difficoltà e, se necessario, le sottopone al giudice. Alle vendite e alle cessioni, se previste dal piano, provvede il debitore, tramite procedure competitive, anche avvalendosi di soggetti specializzati, sotto il controllo e con la collaborazione dell'OCC, sulla base di stime effettuate, salvo il caso di beni di modesto valore, da parte di operatori esperti, assicurando, con adeguate forme di pubblicità, la massima informazione e partecipazione degli interessati. Ogni sei mesi, l'OCC riferisce al giudice per iscritto sullo stato dell'esecuzione.

2. Il giudice, sentito l'OCC e verificata la conformità

dell'atto dispositivo al piano, autorizza lo svincolo delle somme e ordina la cancellazione delle iscrizioni relative ai diritti di prelazione, della trascrizione dei pignoramenti, dei sequestri conservativi nonché di ogni altro vincolo, ivi compresa la trascrizione del decreto di apertura del concordato minore, effettuata ai sensi dell'articolo 78, comma 2, lettera b).

3. I pagamenti e gli atti dispositivi dei beni posti in essere in violazione del piano sono inefficaci rispetto ai creditori anteriori al momento in cui è stata eseguita la pubblicità di cui all'articolo 78, comma 2, lettera a).

4. Terminata l'esecuzione, l'OCC, sentito il debitore, presenta al giudice una relazione finale. Il giudice, se il piano è stato integralmente e correttamente eseguito, procede alla liquidazione del compenso all'OCC, tenuto conto di quanto eventualmente convenuto dall'organismo con il debitore, e ne autorizza il pagamento.

5. Quando il piano non è stato integralmente e correttamente eseguito, il giudice indica gli atti necessari per l'esecuzione del piano ed un termine per il loro compimento. Se le prescrizioni non sono adempiute nel termine, anche prorogato su istanza formulata dal debitore tramite l'OCC, il giudice revoca l'omologazione, osservate, in quanto compatibili, le disposizioni di cui all'articolo 82.

6. Nella liquidazione del compenso il giudice tiene conto della diligenza dell'OCC.

(1) Articolo sostituito dall'art. 12, co. 7, d.lg. 26/10/2020, n. 147. Per la decorrenza vedi l'art. 42, co. 1, d.lg. n. 147/2020 medesimo.

82. Revoca dell'omologazione (1). – 1. Il giudice revoca l'omologazione d'ufficio o su istanza di un creditore, del pubblico ministero o di qualsiasi altro interessato, in contraddittorio con il debitore, quando è stato dolosamente o con colpa grave aumentato o diminuito il passivo, ovvero quando è stata sottratta o dissimulata una parte rilevante dell'attivo ovvero quando sono state dolosamente simulate attività inesistenti o quando risultano commessi altri atti diretti a frodare le ragioni dei creditori.

2. Il giudice provvede allo stesso modo in caso di mancata esecuzione integrale del piano, fermo quanto previsto dall'articolo 81, comma 5, o qualora il piano sia divenuto inattuabile e non sia possibile modificarlo.

3. La domanda di revoca non può essere proposta e l'iniziativa da parte del tribunale non può essere assunta decorsi sei mesi dalla presentazione della relazione finale.

4. L'OCC è tenuto a segnalare al giudice ogni fatto rilevante ai fini della revoca dell'omologazione.

5. Sulla richiesta di revoca, il giudice sente le parti, anche mediante scambio di memorie scritte e provvede con sentenza reclamabile ai sensi dell'articolo 51.

6. La revoca dell'omologazione non pregiudica i diritti acquistati dai terzi in buona fede.

(1) Articolo sostituito dall'art. 12, co. 8, d.lg. 26/10/2020, n. 147. Per la decorrenza vedi l'art. 42, co. 1, d.lg. n. 147/2020 medesimo.

83. Conversione in procedura liquidatoria. – 1. In ogni caso di revoca [*o risoluzione*] il giudice, su istanza del debitore, dispone la conversione in liquidazione controllata (1).

2. Se la revoca [*o la risoluzione*] consegue ad atti di frode o ad inadempimento, l'istanza di cui al comma 1 può essere proposta anche dai creditori o dal pubblico ministero (2).

3. In caso di conversione, il giudice concede termine al debitore per l'integrazione della documentazione e provvede ai sensi dell'articolo 270.

(1) Comma modificato dall'art. 12, co. 9, lett. a), d.lg. 26/10/2020, n. 147. Per la decorrenza vedi l'art. 42, co. 1, d.lg. n. 147/2020 medesimo.

(2) Comma modificato dall'art. 12, co. 9, lett. b), d.lg. 26/10/2020, n. 147. Per la decorrenza vedi l'art. 42, co. 1, d.lg. n. 147/2020 medesimo.

Capo III
Concordato preventivo

Sezione I
Finalità e contenuti del concordato preventivo (1)

(1) Rubrica sostituita dall'art. 19, co. 1, d.lg. 17/6/2022, n. 83.

84. Finalità del concordato preventivo e tipologie di piano (1). – 1. L'imprenditore di cui all'articolo 121, che si trova in stato di crisi o di insolvenza, può proporre un concordato che realizzi, sulla base di un piano avente il contenuto di cui all'articolo 87, il soddisfacimento dei creditori in misura non inferiore a quella realizzabile in caso di liquidazione giudiziale mediante la continuità aziendale, la liquidazione del patrimonio, l'attribuzione delle attività ad un assuntore o in qualsiasi altra forma. Possono costituirsi come assuntori anche i creditori o società da questi partecipate. È fatto salvo il disposto dell'articolo 296.

2. La continuità aziendale tutela l'interesse dei creditori e preserva, nella misura possibile, i posti di lavoro. La continuità aziendale può essere diretta, con prosecuzione dell'attività d'impresa da parte dell'imprenditore che ha presentato la domanda di concordato, ovvero indiretta, se è prevista dal piano la gestione dell'azienda in esercizio o la ripresa dell'attività da parte di soggetto diverso dal debitore in forza di cessione, usufrutto, conferimento dell'azienda in una o più società, anche di nuova costituzione, ovvero in forza di affitto, anche stipulato anteriormente, purché in funzione della presentazione del ricorso, o a qualunque altro titolo.

3. Nel concordato in continuità aziendale i creditori vengono soddisfatti in misura anche non prevalente dal ricavato prodotto dalla continuità aziendale diretta o indiretta. La proposta di concordato prevede per ciascun creditore un'utilità specificamente individuata ed economicamente valutabile, che può consistere anche nella prosecuzione o rinnovazione di rapporti contrattuali con il debitore o con il suo avente causa.

4. Nel concordato con liquidazione del patrimonio la proposta prevede un apporto di risorse esterne che incrementi di almeno il 10 per cento l'attivo disponibile al momento della presentazione della domanda e assicuri il soddisfacimento dei creditori chirografari e dei creditori privilegiati degradati per incapienza in misura non inferiore al 20 per cento del loro ammontare complessivo. Le risorse esterne possono essere distribuite in deroga agli articoli 2740 e 2741 del codice civile purché sia rispettato il requisito del 20 per cento. Si considerano esterne le risorse apportate a qualunque titolo dai soci senza obbligo di restituzione o con vincolo di postergazione, di cui il piano prevede la diretta destinazione a vantaggio dei creditori concorsuali.

5. I creditori muniti di privilegio, pegno o ipoteca, possono essere soddisfatti anche non integralmente, purché in misura non inferiore a quella realizzabile in caso di liquidazione dei beni o dei diritti sui quali sussiste la causa di prelazione, al netto del presumibile ammontare delle spese di procedura inerenti al bene o diritto e della quota parte delle spese generali, attestato da professionista indipendente. La quota residua del credito è trattata come credito chirografario.

6. Nel concordato in continuità aziendale il valore di liquidazione è distribuito nel rispetto della graduazione delle cause legittime di prelazione; per il valore eccedente quello di liquidazione è sufficiente che i crediti inseriti in una classe ricevano complessivamente un trattamento almeno pari a quello delle classi dello stesso grado e più favorevole rispetto a quello delle classi di grado inferiore.

7. I crediti assistiti dal privilegio di cui all'articolo 2751-bis, n. 1, del codice civile sono soddisfatti, nel concordato in continuità aziendale, nel rispetto della graduazione delle cau-

se legittime di prelazione sul valore di liquidazione e sul valore eccedente il valore di liquidazione. La proposta e il piano assicurano altresì il rispetto di quanto previsto dall'articolo 2116, primo comma, del codice civile.

8. Quando il piano prevede la liquidazione del patrimonio o la cessione dell'azienda e l'offerente non sia già individuato, il tribunale nomina un liquidatore che, anche avvalendosi di soggetti specializzati, compie le operazioni di liquidazione assicurandone l'efficienza e la celerità nel rispetto dei principi di pubblicità e trasparenza. Si applicano gli articoli da 2919 a 2929 del codice civile.

9. Quando il piano prevede l'offerta da parte di un soggetto individuato, avente ad oggetto l'affitto o il trasferimento in suo favore, anche prima dell'omologazione, dell'azienda o di uno o più rami d'azienda, il giudice provvede ai sensi dell'articolo 91, comma 1.

(1) Articolo modificato dall'art. 13, co. 1 e 2, d.lg. 26/10/2020, n. 147 poi sostituito dall'art. 19, co. 2, d.lg. 17/6/2022, n. 83. L'art. 13, co. 1 e 2, d.lg. n. 147/2020 è stato abrogato dall'art. 48, co. 1, lett. c), d.lg. n. 83/2022 medesimo.

85. Suddivisione dei creditori in classi (1). – 1. Il piano può prevedere la suddivisione dei creditori in classi con trattamenti differenziati tra creditori appartenenti a classi diverse.

2. La suddivisione dei creditori in classi è obbligatoria per i creditori titolari di crediti tributari o previdenziali dei quali non sia previsto l'integrale pagamento, per i creditori titolari di garanzie prestate da terzi, per i creditori che vengono soddisfatti anche in parte con utilità diverse dal denaro e per i creditori proponenti il concordato e per le parti ad essi correlate.

3. Nel concordato in continuità aziendale la suddivisione dei creditori in classi è in ogni caso obbligatoria. I creditori muniti di privilegio, pegno o ipoteca, interessati dalla ristrutturazione perché non ricorrono le condizioni di cui all'articolo 109, comma 5, sono suddivisi in classi e le imprese minori, titolari di crediti chirografari derivanti da rapporti di fornitura di beni e servizi, sono inserite in classi separate.

4. Fermo quanto previsto dall'articolo 84, commi 5, 6 e 7, il trattamento stabilito per ciascuna classe non può avere l'effetto di alterare l'ordine delle cause legittime di prelazione.

(1) Articolo sostituito dall'art. 19, co. 3, d.lg. 17/6/2022, n. 83.

86. Moratoria nel concordato in continuità (1). – 1. Fermo quanto previsto nell'articolo 109, il piano può prevedere una moratoria per il pagamento dei creditori muniti di privilegio, pegno o ipoteca, salvo che sia prevista la liquidazione dei beni o diritti sui quali sussiste la causa di prelazione. Per i creditori assistiti dal privilegio previsto dall'articolo 2751-bis, n. 1, del codice civile può essere prevista una moratoria per il pagamento fino a sei mesi dall'omologazione.

(1) Articolo modificato dall'art. 13, co. 2, d.lg. 26/10/2020, n. 147, poi sostituito dall'art. 19, co. 4, d.lg. 17/6/2022, n. 83. L'art. 13, co. 2, d.lg. 26/10/2020, n. 147 è stato abrogato dall'art. 48, co. 1, lett. c), d.lg. n. 83/2022 medesimo.

87. Contenuto del piano di concordato (1). – 1. Il debitore presenta, con la proposta di concordato e unitamente alla documentazione prevista dall'articolo 39, un piano contenente:

a) l'indicazione del debitore e delle eventuali parti correlate, le sue attività e passività al momento della presentazione del piano e la descrizione della situazione economico-finanziaria dell'impresa e della posizione dei lavoratori;

b) una descrizione delle cause e dell'entità dello stato di crisi o di insolvenza in cui si trova e l'indicazione delle strategie d'intervento;

c) il valore di liquidazione del patrimonio, alla data della domanda di concordato, in ipotesi di liquidazione giudiziale;

d) le modalità di ristrutturazione dei debiti e di soddisfazione dei crediti attraverso qualsiasi forma, anche mediante cessione dei beni, accollo, o altre operazioni straordinarie, ivi compresa l'attribuzione ai creditori, nonché a società da questi partecipate, di azioni, quote, ovvero obbligazioni, anche convertibili in azioni, o altri strumenti finanziari e titoli di debito;

e) la descrizione analitica delle modalità e dei tempi di adempimento della proposta nonché, in caso di concordato in continuità, il piano industriale con l'indicazione degli effetti sul piano finanziario e dei tempi necessari per assicurare il riequilibrio della situazione finanziaria;

f) ove sia prevista la prosecuzione dell'attività d'impresa in forma diretta, l'analitica individuazione dei costi e dei ricavi attesi, del fabbisogno finanziario e delle relative modalità di copertura, tenendo conto anche dei costi necessari per assicurare il rispetto della normativa in materia di sicurezza sul lavoro e di tutela dell'ambiente;

g) gli apporti di finanza nuova eventualmente previsti e le ragioni per cui sono necessari per l'attuazione del piano;

h) le azioni risarcitorie e recuperatorie esperibili nonché le azioni eventualmente proponibili solo nel caso di apertura della procedura di liquidazione giudiziale e le prospettive di realizzo;

i) le iniziative da adottare qualora si verifichi uno scostamento dagli obiettivi pianificati;

l) le parti interessate dal piano, indicate individualmente o descritte per categorie di debiti, e l'ammontare dei relativi crediti e interessi, con indicazione dell'ammontare eventualmente contestato;

m) le classi in cui le parti interessate sono state suddivise ai fini del voto, con indicazione dei criteri di formazione utilizzati, del valore dei rispettivi crediti e degli interessi di ciascuna classe;

n) le eventuali parti non interessate dal piano, indicate individualmente o descritte per categorie di debiti, unitamente a una descrizione dei motivi per i quali non sono interessate;

o) le modalità di informazione e consultazione dei rappresentanti dei lavoratori nonché gli effetti della ristrutturazione sui rapporti di lavoro, sulla loro organizzazione o sulle modalità di svolgimento delle prestazioni;

p) l'indicazione del commissario giudiziale ove già nominato.

2. Nella domanda il debitore indica le ragioni per cui la proposta concordataria è preferibile rispetto alla liquidazione giudiziale.

3. Il debitore deposita, con la domanda, la relazione di un professionista indipendente, che attesti la veridicità dei dati aziendali e la fattibilità del piano e, in caso di continuità aziendale, che il piano è atto a impedire o superare l'insolvenza del debitore, a garantire la sostenibilità economica dell'impresa e a riconoscere a ciascun creditore un trattamento non deteriore rispetto a quello che riceverebbe in caso di liquidazione giudiziale. Analoga relazione deve essere presentata nel caso di modifiche sostanziali della proposta o del piano.

(1) Articolo modificato dall'art. 13, co. 3, d.lg. 26/10/2020, n. 147 poi sostituito dall'art. 19, co. 5, d.lg. 17/6/2022, n. 83. L'art. 13, co. 3, d.lg. 26/10/2020, n. 147 è stato abrogato dall'art. 48, co. 1, lett. c), d.lg. n. 83/2022 medesimo.

88. Trattamento dei crediti tributari e contributivi. – 1. Fermo restando quanto previsto, per il concordato in continuità aziendale, dall'articolo 112, comma 2, con il piano di concordato il debitore, esclusivamente mediante proposta presentata ai sensi del presente articolo, può proporre il pagamento, parziale o anche dilazionato, dei tributi e dei relativi accessori amministrati dalle agenzie fiscali, nonché dei contributi amministrati dagli enti gestori di forme di previdenza, assistenza e assicurazione per l'invalidità, la vecchiaia e i superstiti obbligatorie e dei relativi accessori, se il piano ne prevede la soddisfazione in misura non inferiore a quella realizzabile, in ragione della collocazione preferenziale, sul ricavato in caso di liquidazione, avuto riguardo al valore di mercato attribuibile ai beni o ai diritti sui quali sussiste la causa di prelazione, indicato nella relazione di un professionista indipendente. Se il credito tributario e contributivo è assistito da privilegio, la percentuale, i tempi di pagamento e le eventuali garanzie non possono essere inferiori o meno vantaggiosi rispetto a quelli offerti ai creditori che hanno un grado di privilegio inferiore o a quelli che hanno una posizione giuridica e interessi economici omogenei a quelli delle agenzie e degli enti gestori di forme di previdenza e assistenza obbligatorie. Se il credito tributario o contributivo ha natura chirografaria, anche a seguito di degradazione per incapienza, il trattamento non può essere differenziato rispetto a quello degli altri crediti chirografari ovvero, nel caso di suddivisione in classi, dei crediti rispetto ai quali è previsto un trattamento più favorevole (1).

2. L'attestazione del professionista indipendente, relativamente ai crediti tributari e contributivi, ha ad oggetto anche la convenienza del trattamento proposto rispetto alla liquidazione giudiziale e, nel concordato in continuità aziendale, la sussistenza di un trattamento non deteriore (2).

2-bis. Il tribunale omologa il concordato preventivo anche in mancanza di adesione da parte dell'amministrazione finanziaria o degli enti gestori di forme di previdenza o assistenza obbligatorie quando l'adesione è determinante ai fini del raggiungimento delle percentuali di cui all'articolo 109, comma 1, e, anche sulla base delle risultanze della relazione del professionista indipendente, la proposta di soddisfacimento della predetta amministrazione o degli enti gestori di forme di previdenza o assistenza obbligatorie è conveniente o non deteriore rispetto all'alternativa liquidatoria (3).

3. Copia della proposta e della relativa documentazione, contestualmente al deposito presso il tribunale, deve essere presentata al competente agente della riscossione e agli altri uffici competenti sulla base dell'ultimo domicilio fiscale del debitore, unitamente alla copia delle dichiarazioni fiscali per le quali non è pervenuto l'esito dei controlli automatici nonché delle dichiarazioni integrative relative al periodo fino alla data di presentazione della domanda. L'agente della riscossione, non oltre trenta giorni dalla data della presentazione, deve trasmettere al debitore una certificazione attestante l'entità del debito iscritto a ruolo scaduto o sospeso. Gli uffici, nello stesso termine, devono procedere alla liquidazione dei tributi risultanti dalle dichiarazioni e alla notifica dei relativi avvisi di irregolarità, unitamente a una certificazione attestante l'entità del debito derivante da atti di accertamento, ancorché non definitivi, per la parte non iscritta a ruolo, nonché dai ruoli vistati, ma non ancora consegnati all'agente della riscossione. Dopo la nomina del commissario giudiziale copia dell'avviso di irregolarità e delle certificazioni deve essergli trasmessa per gli adempimenti previsti dagli articoli 105, comma 1, e 106. In particolare, per i tributi amministrati dall'Agenzia delle dogane e dei monopoli, l'ufficio competente a ricevere copia della domanda con la relativa documentazione prevista al primo periodo, nonché a rilasciare la certificazione di cui al terzo periodo, si identifica con l'ufficio che ha notificato al debitore gli atti di accertamento (4).

4. Relativamente al credito tributario chirografario complessivo, il voto sulla proposta concordataria è espresso dall'ufficio, previo parere conforme della competente direzione regionale.

5. Il voto è espresso dall'agente della riscossione limitatamente agli oneri di riscossione di cui all'articolo 17 del decreto legislativo 13 aprile 1999, n. 112.

(1) Comma sostituito dall'art. 13, co. 4, lett. a), d.lg. 26/10/2020, n. 147 e dall'art. 19, co. 6, lett. a), d.lg. 17/6/2022, n. 83.

(2) Comma modificato dall'art. 13, co. 4, lett. b), d.lg. 26/10/2020, n. 147 e dall'art. 19, co. 6, lett. b), d.lg. 17/6/2022, n. 83.

(3) Comma inserito dall'art. 19, co. 6, lett. c), d.lg. 17/6/2022, n. 83.

(4) Comma modificato dall'art. 13, co. 4, lett. c), d.lg. 26/10/2020, n. 147.

89. Riduzione o perdita del capitale della società in crisi. – 1. Dalla data del deposito della domanda e sino all'omologazione non si applicano gli articoli 2446, commi secondo e terzo, 2447, 2482-bis, commi quarto, quinto e sesto, e 2482-ter del codice civile. Per lo stesso periodo non opera la causa di scioglimento della società per riduzione o perdita del capitale sociale di cui agli articoli 2484, n. 4, e 2545-duodecies del codice civile.

2. Resta ferma, per il periodo anteriore al deposito delle domande e della proposta di cui al comma 1, l'applicazione dell'articolo 2486 del codice civile.

90. Proposte concorrenti. – 1. Colui o coloro che, anche per effetto di acquisti successivi alla domanda di concordato, rappresentano almeno il dieci per cento dei crediti risultanti dalla situazione patrimoniale depositata dal debitore, possono presentare una proposta concorrente di concordato preventivo e il relativo piano non oltre trenta giorni prima della data iniziale stabilita per la votazione dei creditori.

2. Ai fini del computo della percentuale del dieci per cento, non si considerano i crediti della società che controlla la società debitrice, delle società da questa controllate e di quelle sottoposte a comune controllo.

3. La proposta concorrente non può essere presentata dal debitore, neppure per interposta persona, dal coniuge, dalla parte di un'unione civile tra persone dello stesso sesso o dal convivente di fatto del debitore, da parenti e affini entro il quarto grado e da parti correlate.

4. La relazione di cui all'articolo 87, comma 3, può essere limitata alla fattibilità del piano per gli aspetti che non siano già oggetto di verifica da parte del commissario giudiziale, e può essere omessa se non ve ne sono (1).

5. Le proposte di concordato concorrenti non sono ammissibili se nella relazione di cui all'articolo 87, comma 3, il professionista indipendente attesta che la proposta di concordato del debitore assicura il pagamento di almeno il trenta per cento dell'ammontare dei crediti chirografari. Tale percentuale è ridotta al 20 per cento nel caso in cui il debitore abbia utilmente avviato la composizione negoziata ai sensi dell'articolo 13 (2).

6. La proposta può prevedere l'intervento di terzi e, se il debitore ha la forma di società per azioni o a responsabilità limitata, un aumento di capitale della società con esclusione o limitazione del diritto d'opzione.

7. La proposta concorrente prima di essere comunicata ai creditori, deve essere sottoposta al giudizio del tribunale che verifica la correttezza dei criteri di formazione delle classi.

8. Le proposte di concordato, ivi compresa quella presentata dal debitore, possono essere modificate fino a venti giorni prima della votazione dei creditori.

(1) Comma modificato dall'art. 19, co. 7, lett. a), d.lgs. 17/6/2022, n. 83.

(2) Comma modificato dall'art. 19, co. 7, lett. b), d.lg. 17/6/2022, n. 83.

91. Offerte concorrenti. – 1. Il tribunale o il giudice da esso delegato, esclusivamente quando il piano di concordato comprende un'offerta irrevocabile da parte di un soggetto già individuato e avente ad oggetto il trasferimento in suo favore, anche prima dell'omologazione, verso un corrispettivo in denaro o comunque a titolo oneroso, dell'azienda o di uno o più rami d'azienda o di specifici beni, dispone che dell'offerta stessa sia data idonea pubblicità al fine di acquisire offerte concorrenti. La stessa disciplina si applica in caso di affitto d'azienda (1).

2. La medesima disciplina si applica quando, prima dell'apertura della procedura di concordato, il debitore ha stipulato un contratto che comunque abbia la finalità del trasferimento non immediato dell'azienda, del ramo d'azienda o di specifici beni aziendali.

3. Se pervengono manifestazioni di interesse, il tribunale o il giudice da esso delegato, dispone con decreto l'apertura della procedura competitiva.

4. Il decreto di cui al comma 3 stabilisce le modalità di presentazione di offerte irrevocabili, prevedendo che ne sia assicurata in ogni caso la comparabilità, i requisiti di partecipazione degli offerenti, le forme e i tempi di accesso alle informazioni rilevanti, gli eventuali limiti al loro utilizzo e le modalità con cui il commissario deve fornirle a coloro che ne fanno richiesta, le modalità di svolgimento della procedura competitiva, l'aumento minimo del corrispettivo che le offerte devono prevedere, le garanzie che devono essere prestate dagli offerenti, le forme di pubblicità e la data dell'udienza per l'esame delle offerte se la vendita avviene davanti al giudice.

5. La pubblicità è in ogni caso disposta sul portale delle vendite pubbliche di cui all'articolo 490 del codice di procedura civile, nelle forme di pubblicità di cui al predetto articolo per quanto compatibili.

6. Le offerte, da presentarsi in forma segreta, non sono efficaci se non conformi a quanto previsto dal decreto e, in ogni caso, quando sottoposte a condizione.

7. Le offerte sono rese pubbliche nel giorno stabilito per la gara alla presenza degli offerenti e di qualunque interessato. Se sono state presentate più offerte migliorative, si procede alla gara tra gli offerenti. La gara deve concludersi almeno venti giorni prima della data fissata per il voto dei creditori, anche quando il piano prevede che la vendita o l'aggiudicazione abbia luogo dopo l'omologazione.

8. Con la vendita o con l'aggiudicazione, se precedente, a soggetto diverso dall'originario offerente indicato nel piano, questi e il debitore sono liberati dalle obbligazioni reciprocamente assunte. In favore dell'originario offerente il commissario dispone il rimborso delle spese e dei costi sostenuti per la formulazione dell'offerta entro il limite massimo del tre per cento del prezzo in essa indicato.

9. Il debitore modifica la proposta ed il piano in conformità all'esito della gara.

10. Nel caso in cui, indetta la gara, non vengano presentate offerte, l'originario offerente rimane vincolato nei termini di cui all'offerta indicata al comma 1.

11. Il presente articolo si applica, in quanto compatibile, nel caso in cui il debitore abbia chiesto l'assegnazione del termine previsto dall'articolo 44, comma 1, lettera a).

(1) Comma sostituito dall'art. 13, co. 5, d.lg. 26/10/2020, n. 147. Per la decorrenza vedi l'art. 42, co. 1, d.lg. n. 147/2020 medesimo.

Sezione II
Organi e amministrazione

92. Commissario giudiziale. – 1. Il commissario giudiziale è, per quanto attiene all'esercizio delle sue funzioni, pubblico ufficiale.

2. Si applicano al commissario giudiziale gli articoli 125, 126, 133, 134, 135, 136 e 137, in quanto compatibili, nonché le disposizioni di cui agli articoli 35, comma 4-bis, e 35.1 del decreto legislativo 6 settembre 2011, n. 159; si osservano altresì le disposizioni di cui all'articolo 35.2 del predetto decreto (1).

3. Il commissario giudiziale vigila sull'attività del debitore e fornisce ai creditori che ne fanno richiesta, valutata la congruità della stessa e previa assunzione di opportuni obblighi di riservatezza, le informazioni utili per la presentazione di proposte concorrenti, sulla base delle scritture contabili e fiscali obbligatorie del debitore, nonché ogni altra informazione rilevante in suo possesso. Nel concordato in continuità aziendale, nel termine concesso ai sensi dell'articolo 44, comma 1, lettera a), il commissario giudiziale, se richiesto o in caso di concessione delle misure protettive di cui all'articolo 54, comma 2, affianca il debitore e i creditori nella negoziazione del piano formulando, ove occorra, suggerimenti per la sua redazione (2).

4. La disciplina di cui al comma 3 si applica anche in caso di richieste, da parte di creditori o di terzi, di informazioni utili per la presentazione di offerte concorrenti.

5. Il commissario giudiziale comunica senza ritardo al pubblico ministero i fatti che possono interessare ai fini delle indagini preliminari in sede penale e dei quali viene a conoscenza nello svolgimento delle sue funzioni.

(1) Comma modificato dall'art. 14, co. 1, d.lg. 26/10/2020, n. 147 e dall'art. 20, co. 1, lett. a), d.lg. 17/6/2022, n. 83.

(2) Comma sostituito dall'art. 20, co.1, lett. b), d.lg. 17/6/2022, n. 83.

93. Pubblicità del decreto. – 1. Se il debitore possiede beni immobili o altri beni soggetti a pubblica registrazione, il decreto di apertura è trascritto nei pubblici registri a cura del commissario giudiziale.

Sezione III
Effetti della presentazione della domanda di concordato preventivo

94. Effetti della presentazione della domanda di concordato. – 1. Dalla data di presentazione della domanda di accesso al concordato preventivo e fino all'omologazione, il debitore conserva l'amministrazione dei suoi beni e l'esercizio dell'impresa, sotto la vigilanza del commissario giudiziale.

2. Fermo il disposto dell'articolo 46, i mutui, anche sotto forma cambiaria, le transazioni, i compromessi, le alienazioni di beni immobili e di partecipazioni societarie di controllo, le concessioni di ipoteche o di pegno, le fideiussioni, le rinunzie alle liti, le ricognizioni di diritti di terzi, le cancellazioni di ipoteche, le restituzioni di pegni, le accettazioni di eredità e di donazioni e in genere gli atti eccedenti l'ordinaria amministrazione, compiuti senza l'autorizzazione del giudice delegato, sono inefficaci rispetto ai creditori anteriori al concordato.

3. L'autorizzazione può essere concessa prima dell'omologazione, sentito il commissario giudiziale, se l'atto è funzionale al miglior soddisfacimento dei creditori (1).

4. Con decreto, il tribunale può stabilire un limite di valore al di sotto del quale non è dovuta l'autorizzazione di cui al comma 2.

5. L'alienazione e l'affitto di azienda, di rami di azienda e di specifici beni autorizzati ai sensi del comma 2, sono effettuate tramite procedure competitive, previa stima ed adeguata pubblicità.

6. Il tribunale, in caso di urgenza, sentito il commissario giudiziale, può autorizzare gli atti previsti al comma 5 senza far luogo a pubblicità e alle procedure competitive quando può essere compromesso irreparabilmente l'interesse dei creditori al miglior soddisfacimento. Del provvedimento e del compimento dell'atto deve comunque essere data adeguata pubblicità e comunicazione ai creditori (2).

(1) Comma modificato dall'art. 15, co. 1, lett. a), d.lg. 26/10/2020, n. 147. Per la decorrenza vedi l'art. 42, co. 1, d.lg. n. 147/2020 medesimo.

(2) Comma sostituito dall'art. 15, co. 1, lett. b), d.lg. 26/10/2020, n. 147. Per la decorrenza vedi l'art. 42, co. 1, d.lg. n. 147/2020 medesimo.

94 bis. Disposizioni speciali per i contratti pendenti nel concordato in continuità aziendale (1). – 1. I creditori non possono, unilateralmente, rifiutare l'adempimento dei contratti in corso di esecuzione o provocarne la risoluzione, né possono anticiparne la scadenza o modificarli in danno dell'imprenditore per il solo fatto del deposito della domanda di accesso al concordato in continuità aziendale, dell'emissione del decreto di apertura di cui all'articolo 47 e della concessione delle misure protettive o cautelari. Sono inefficaci eventuali patti contrari.

2. Fermo quanto previsto dal comma 1, i creditori interessati dalle misure protettive concesse ai sensi dell'articolo 54, comma 2, non possono, unilateralmente, rifiutare l'adempimento dei contratti essenziali in corso di esecuzione o provocarne la risoluzione, né possono anticiparne la scadenza o modificarli in danno dell'imprenditore per il solo fatto del mancato pagamento di crediti anteriori rispetto alla presentazione della domanda di accesso al concordato preventivo in continuità aziendale. Sono essenziali i contratti necessari per la continuazione della gestione corrente dell'impresa, inclusi i contratti relativi alle forniture la cui interruzione impedisce la prosecuzione dell'attività del debitore.

(1) Articolo inserito dall'art. 21, co. 1, d.lg. 17/6/2022, n. 83.

95. Disposizioni speciali per i contratti con le pubbliche amministrazioni. – 1. Fermo quanto previsto nell'articolo 97, i contratti in corso di esecuzione, stipulati con pubbliche amministrazioni, non si risolvono per effetto del deposito della domanda di concordato. Sono inefficaci eventuali patti contrari.

2. Il deposito della domanda di accesso al concordato preventivo non impedisce la continuazione di contratti con le pubbliche amministrazioni, se il professionista indipendente ha attestato la conformità al piano, ove predisposto, e la ragionevole capacità di adempimento. Di tale continuazione può beneficiare, in presenza dei requisiti di legge, anche la società cessionaria o conferitaria d'azienda o di rami d'azienda cui i contratti siano trasferiti, purché in possesso dei requisiti per la partecipazione alla gara e per l'esecuzione del contratto. Il giudice delegato, all'atto della cessione o del conferimento, dispone la cancellazione delle iscrizioni e trascrizioni. Le disposizioni del presente comma si applicano anche nell'ipotesi in cui l'impresa sia stata ammessa al concordato liquidatorio quando il professionista indipendente attesta che la continuazione è necessaria per la migliore liquidazione dell'azienda in esercizio.

3. Successivamente al deposito della domanda di cui all'articolo 40, la partecipazione a procedure di affidamento di contratti pubblici deve essere autorizzata dal tribunale, e, dopo il decreto di apertura, dal giudice delegato, acquisito il parere del commissario giudiziale ove già nominato.

4. L'autorizzazione consente la partecipazione alla gara previo deposito di una relazione del professionista indipendente che attesta la conformità al piano, ove predisposto, e la ragionevole capacità di adempimento del contratto.

5. Fermo quanto previsto dal comma 4, l'impresa in concordato può concorrere anche riunita in raggruppamento temporaneo di imprese, purché non rivesta la qualità di mandataria e sempre che nessuna delle altre imprese aderenti al raggruppamento sia assoggettata ad una procedura concorsuale.

96. Norme applicabili dalla data di deposito della domanda di accesso al concordato preventivo. – 1. Si applicano, con riferimento alla data di presentazione della domanda di accesso al concordato preventivo, le disposizioni degli articoli 145, nonché da 153 a 162.

97. Contratti pendenti (1). – 1. Salvo quanto previsto dall'articolo 91, comma 2, i contratti ancora ineseguiti o non compiutamente eseguiti nelle prestazioni principali da entrambe le parti alla data del deposito della domanda di accesso al concordato preventivo, proseguono anche durante il concordato. Sono inefficaci eventuali patti contrari. Il debitore può chiedere, con autonoma istanza, l'autorizzazione alla sospensione o allo scioglimento di uno o più contratti, se la prosecuzione non è coerente con le previsioni del piano né funzionale alla sua esecuzione. Il debitore, unitamente all'istanza, deposita la prova della sua avvenuta notificazione alla controparte.

2. L'istanza di sospensione può essere depositata contestualmente o successivamente al deposito della domanda di accesso al concordato; la richiesta di scioglimento può essere depositata solo quando sono presentati anche il piano e la proposta.

3. Salvo quanto previsto al comma 4, con l'istanza il debitore propone anche una quantificazione dell'indennizzo dovuto alla controparte della quale si tiene conto nel piano per la determinazione del fabbisogno concordatario.

4. La controparte può opporsi alla richiesta del debitore depositando una memoria scritta entro sette giorni dall'avvenuta notificazione dell'istanza.

5. Decorso il termine di cui al comma 4, fino al deposito del decreto di apertura previsto dall'articolo 47, provvede sull'istanza, con decreto motivato e reclamabile, il tribunale. Dopo il decreto di apertura, provvede il giudice delegato.

6. La sospensione o lo scioglimento del contratto hanno effetto dalla data della notificazione del provvedimento autorizzativo all'altro contraente effettuata a cura del debitore. Tra la data della notificazione dell'istanza di sospensione o di scioglimento e la data della notificazione del provvedimento autorizzativo la controparte non può esigere dal debitore la prestazione dovuta né invocare la risoluzione di diritto del contratto per il mancato adempimento di obbligazioni con scadenza successiva al deposito della domanda di accesso al concordato preventivo.

7. La sospensione richiesta prima del deposito della proposta e del piano non può essere autorizzata per una durata eccedente il termine concesso dal tribunale ai sensi dell'articolo 44, comma 1, lettera a). Quando siano stati presentati proposta e piano, la sospensione può essere autorizzata anche per una durata ulteriore, che comunque non può essere superiore a trenta giorni dalla data del decreto di apertura, non ulteriormente prorogabile.

8. Lo scioglimento del contratto non si estende alla clausola compromissoria in esso contenuta.

9. Nel caso in cui sia autorizzata la sospensione o lo scioglimento, il contraente ha diritto a un indennizzo equivalente al risarcimento del danno conseguente al mancato adempimento.

10. In caso di mancato accordo sulla misura dell'indennizzo la sua determinazione è rimessa al giudice ordinariamente competente. Il giudice delegato provvede alla quantificazione del credito ai soli fini del voto e del calcolo delle maggioranze ai sensi dell'articolo 109.

11. L'indennizzo è soddisfatto come credito chirografario anteriore al concordato, ferma restando la prededuzione del credito conseguente a eventuali prestazioni eseguite legalmente e in conformità agli accordi o agli usi negoziali dopo la pubblicazione della domanda di accesso al concordato e prima della notificazione di cui al comma 6.

12. In caso di scioglimento del contatto di locazione finanziaria, il concedente ha diritto alla restituzione del bene ed è tenuto a versare al debitore quanto ricavato dalla vendita o da altra collocazione del bene, effettuata ai valori di mercato, dedotta una somma pari all'ammontare dei canoni scaduti e non pagati fino alla data dello scioglimento, dei canoni a scadere, solo in linea capitale, e del prezzo pattuito per

l'esercizio dell'opzione finale di acquisto, nonché le spese anticipate per il recupero del bene, la stima e la sua conservazione per il tempo necessario alla vendita. La somma versata al debitore a norma del primo periodo è acquisita alla procedura. Quando il valore realizzato con la vendita o altra collocazione del bene è inferiore all'ammontare dell'importo dovuto al concedente, questi ha diritto di far valere il diritto di credito per la differenza nei confronti del debitore come credito anteriore al concordato. La vendita o l'allocazione sono effettuate secondo i criteri e le modalità di cui all'articolo 1, comma 139, della legge 4 agosto 2017, n. 124.

13. Le disposizioni del presente articolo non si applicano ai rapporti di lavoro subordinato, nonché ai contratti di cui agli articoli 173, comma 3, 176 e 185, comma 1.

14. Nel contratto di finanziamento bancario costituisce prestazione principale ai sensi del comma 1 anche la riscossione diretta da parte del finanziatore nei confronti dei terzi debitori della parte finanziata. In caso di scioglimento, il finanziatore ha diritto di riscuotere e trattenere le somme corrisposte dai terzi debitori fino al rimborso integrale delle anticipazioni effettuate nel periodo compreso tra i centoventi giorni antecedenti il deposito della domanda di accesso di cui all'articolo 40 e la notificazione di cui al comma 6.

(1) Articolo sostituito dall'art. 15, co. 2, d.lg. 26/10/2020, n. 147. Per la decorrenza vedi l'art. 42, co. 1, d.lg. n. 147/2020 medesimo.

98. Prededuzione nel concordato preventivo. – 1. I crediti prededucibili sono soddisfatti durante la procedura alla scadenza prevista dalla legge o dal contratto.

99. Finanziamenti prededucibili autorizzati prima dell'omologazione del concordato preventivo o di accordi di ristrutturazione dei debiti (1). – 1. Il debitore, anche con la domanda di accesso di cui agli articoli 40 e 44 e nei casi previsti dagli articoli 57, 60, 61 e 87, quando è prevista la continuazione dell'attività aziendale, anche se unicamente in funzione della liquidazione, può chiedere con ricorso al tribunale di essere autorizzato, anche prima del deposito della documentazione che deve essere allegata alla domanda, a contrarre finanziamenti in qualsiasi forma, compresa la richiesta di emissione di garanzie, prededucibili, funzionali all'esercizio dell'attività aziendale sino all'omologa del concordato preventivo o degli accordi di ristrutturazione dei debiti ovvero all'apertura e allo svolgimento di tali procedure e in ogni caso funzionali alla miglior soddisfazione dei creditori.

2. Il ricorso deve specificare la destinazione dei finanziamenti, che il debitore non è in grado di reperirli altrimenti e indicare le ragioni per cui l'assenza di tali finanziamenti determinerebbe grave pregiudizio per l'attività aziendale o per il prosieguo della procedura. Il ricorso deve essere accompagnato dalla relazione di un professionista indipendente che attesti la sussistenza dei requisiti di cui al comma 1, nonché che i finanziamenti sono funzionali alla migliore soddisfazione dei creditori. La relazione non è necessaria quando il tribunale ravvisa l'urgenza di provvedere per evitare un danno grave ed irreparabile all'attività aziendale.

3. Il tribunale, assunte sommarie informazioni, sentito il commissario giudiziale e, se lo ritiene opportuno, sentiti senza formalità i principali creditori, decide in camera di consiglio con decreto motivato entro dieci giorni dal deposito dell'istanza di autorizzazione.

4. Il tribunale può autorizzare il debitore a concedere pegno o ipoteca o a cedere crediti a garanzia dei finanziamenti autorizzati.

5. Le disposizioni di cui ai commi da 1 a 4 si applicano anche ai finanziamenti erogati in funzione della presentazione della domanda di ammissione alla procedura di concordato preventivo o della domanda di omologazione di accordi di ristrutturazione dei debiti, quando i finanziamenti sono previsti dal relativo piano e purché la prededuzione sia espressamente disposta nel provvedimento con cui il tribunale accoglie la domanda di ammissione al concordato preventivo ovvero gli accordi di ristrutturazione siano omologati.

6. In caso di successiva apertura della procedura di liquidazione giudiziale, i finanziamenti autorizzati non beneficiano della prededuzione quando risulta congiuntamente che:

a) il ricorso o l'attestazione di cui al comma 2 contengono dati falsi ovvero omettono informazioni rilevanti o comunque quando il debitore ha commesso altri atti in frode ai creditori per ottenere l'autorizzazione;

b) il curatore dimostra che i soggetti che hanno erogato i finanziamenti, alla data dell'erogazione, conoscevano le circostanze di cui alla lettera a).

(1) Articolo sostituito dall'art. 15, co. 3, d.lg. 26/10/2020, n. 147. Per la decorrenza vedi l'art. 42, co. 1, d.lg. n. 147/2020 medesimo.

100. Autorizzazione al pagamento di crediti pregressi. – 1. Il debitore che presenta domanda di concordato ai sensi degli articoli 44 e 87, quando è prevista la continuazione dell'attività aziendale, può chiedere al tribunale di essere autorizzato, assunte se del caso sommarie informazioni, a pagare crediti anteriori per prestazioni di beni o servizi, se un professionista indipendente attesta che tali prestazioni sono essenziali per la prosecuzione dell'attività di impresa e funzionali ad assicurare la migliore soddisfazione dei creditori. L'attestazione del professionista non è necessaria per pagamenti effettuati fino a concorrenza dell'ammontare di nuove risorse finanziarie che vengano apportate al debitore senza obbligo di restituzione o con obbligo di restituzione postergato alla soddisfazione dei creditori. Il tribunale può autorizzare, alle medesime condizioni, il pagamento delle retribuzioni dovute per le mensilità antecedenti il deposito del ricorso ai lavoratori addetti all'attività di cui è prevista la continuazione (1).

2. Quando è prevista la continuazione dell'attività aziendale, la disciplina di cui al comma 1 si applica, in deroga al disposto dell'articolo 154, comma 2, al rimborso, alla scadenza convenuta, delle rate a scadere del contratto di mutuo con garanzia reale gravante su beni strumentali all'esercizio dell'impresa se il debitore, alla data della presentazione della domanda di concordato, ha adempiuto le proprie obbligazioni o se il tribunale lo autorizza al pagamento del debito per capitale ed interessi scaduto a tale data. Il professionista indipendente attesta anche che il credito garantito potrebbe essere soddisfatto integralmente con il ricavato della liquidazione del bene effettuata a valore di mercato e che il rimborso delle rate a scadere non lede i diritti degli altri creditori.

(1) Comma modificato dall'art. 21, co. 2, d.lg. 17/6/2022, n. 83.

101. Finanziamenti prededucibili in esecuzione di un concordato preventivo o di accordi di ristrutturazione dei debiti. – 1. Quando è prevista la continuazione dell'attività aziendale, i crediti derivanti da finanziamenti in qualsiasi forma effettuati, ivi compresa l'emissione di garanzie, in esecuzione di un concordato preventivo ovvero di accordi di ristrutturazione dei debiti omologati ed espressamente previsti nel piano ad essi sottostante sono prededucibili.

2. In caso di successiva ammissione del debitore alla procedura di liquidazione giudiziale, i predetti finanziamenti non beneficiano della prededuzione quando il piano di concordato preventivo o dell'accordo di ristrutturazione dei debiti risulta, sulla base di una valutazione da riferirsi al momento del deposito, basato su dati falsi o sull'omissione di informazioni rilevanti o il debitore ha compiuto atti in frode ai creditori e il curatore dimostra che i soggetti che hanno erogato i finanziamenti, alla data dell'erogazione, conoscevano tali circostanze.

102. Finanziamenti prededucibili dei soci. – 1. In deroga agli articoli 2467 e 2497-quinquies del codice civile, il beneficio della prededuzione previsto agli articoli 99 e 101 si applica ai finanziamenti erogati dai soci in qualsiasi forma, inclusa l'emissione di garanzie e controgaranzie, fino all'ottanta per cento del loro ammontare.

2. Il medesimo beneficio opera per l'intero ammontare dei finanziamenti qualora il finanziatore abbia acquisito la qualità di socio in esecuzione del concordato preventivo o degli accordi di ristrutturazione dei debiti.

Sezione IV
Provvedimenti immediati

103. Scritture contabili. – 1. Il commissario giudiziale, immediatamente dopo il decreto di apertura del concordato preventivo, ne fa annotazione sotto l'ultima scrittura dei libri presentati.

2. I libri sono restituiti al debitore, che deve tenerli a disposizione del giudice delegato e del commissario giudiziale.

104. Convocazione dei creditori. – 1. Il commissario giudiziale deve procedere alla verifica dell'elenco dei creditori e dei debitori sulla scorta delle scritture contabili, apportando le necessarie rettifiche.

2. Il commissario giudiziale provvede a comunicare ai creditori a mezzo posta elettronica certificata, se il destinatario ha un indirizzo digitale e, in ogni altro caso, a mezzo lettera raccomandata spedita presso la sede dell'impresa o la residenza del creditore, il piano e un avviso contenente la data iniziale e finale del voto dei creditori, la proposta del debitore, il decreto di apertura, il suo indirizzo di posta elettronica certificata, l'invito ad indicare un indirizzo di posta elettronica certificata, oppure un servizio elettronico di recapito certificato qualificato di cui all'articolo 1, comma 1-ter del Codice dell'amministrazione digitale di cui al decreto legislativo 7 marzo 2005, n. 82 le cui variazioni è onere comunicare al commissario. Nello stesso avviso è contenuto l'avvertimento di cui all'articolo 200, comma 1, lettera c). Tutte le successive comunicazioni ai creditori sono effettuate dal commissario a mezzo posta elettronica certificata (1).

3. Quando, nel termine di quindici giorni dalla comunicazione dell'avviso, non è comunicato l'indirizzo di cui all'invito previsto dal comma 2 e nei casi di mancata consegna del messaggio di posta elettronica certificata per cause imputabili al destinatario, le comunicazioni si eseguono esclusivamente mediante deposito in cancelleria. Si applica l'articolo 10, comma 3.

4. Quando la comunicazione prevista dal comma 2 è sommamente difficile per il rilevante numero dei creditori o per la difficoltà di identificarli tutti, il tribunale, sentito il commissario giudiziale, può dare l'autorizzazione prevista dall'articolo 242.

5. Se vi sono obbligazionisti, il termine per la votazione deve essere raddoppiato. La data iniziale e finale stabilita per il voto è in ogni caso comunicata al rappresentante comune degli obbligazionisti.

(1) Comma modificato dall'art. 22, co. 1, d.lg. 17/6/2022, n. 83.

105. Operazioni e relazione del commissario. – 1. Il commissario giudiziale redige l'inventario del patrimonio del debitore e una relazione particolareggiata sulle cause del dissesto, precisando se l'impresa si trovi in stato di crisi o di insolvenza, sulla condotta del debitore, sulle proposte di concordato e sulle garanzie offerte ai creditori, e la deposita in cancelleria almeno quarantacinque giorni prima della data iniziale stabilita per il voto dei creditori. Copia della relazione è trasmessa al pubblico ministero (1).

2. Nella relazione il commissario illustra le utilità che, in caso di liquidazione giudiziale, possono essere apportate dalle azioni risarcitorie, recuperatorie o revocatorie che potrebbero essere promosse nei confronti di terzi.

3. Qualora siano depositate proposte concorrenti, il commissario giudiziale riferisce in merito ad esse con relazione integrativa da depositare in cancelleria e comunicare ai creditori, con le modalità di cui all'articolo 104, comma 2, almeno quindici giorni prima della data iniziale stabilita per il voto dei creditori. Copia della relazione integrativa è trasmessa al pubblico ministero (2).

4. La relazione integrativa contiene, la comparazione tra tutte le proposte depositate. Le proposte di concordato, ivi compresa quella presentata dal debitore, possono essere modificate fino a venti giorni prima della data iniziale stabilita per il voto dei creditori.

5. Analoga relazione integrativa viene redatta qualora emergano informazioni che i creditori devono conoscere ai fini dell'espressione del voto. Essa è comunicata ai creditori almeno quindici giorni prima della data iniziale stabilita per il voto ed è trasmessa al pubblico ministero (3).

[1] Comma modificato dall'art. 16, co. 1, lett. a), d.lg. 26/10/2020, n. 147. Per la decorrenza vedi l'art. 42, co. 1, d.lg. n. 147/2020 medesimo.

(2) Comma modificato dall'art. 16, co. 1, lett. b), d.lg. 26/10/2020, n. 147. Per la decorrenza vedi l'art. 42, co. 1, d.lg. n. 147/2020 medesimo.

(3) Comma modificato dall'art. 16, co. 1, lett. c), d.lg. 26/10/2020, n. 147. Per la decorrenza vedi l'art. 42, co. 1, d.lg. n. 147/2020 medesimo.

106. Atti di frode e apertura della liquidazione giudiziale nel corso della procedura. – 1. Il commissario giudiziale, se accerta che il debitore ha occultato o dissimulato parte dell'attivo, dolosamente omesso di denunciare uno o più crediti, esposto passività insussistenti o commesso altri atti di frode, deve riferirne immediatamente al tribunale, che provvede ai sensi dell'articolo 44, comma 2, dandone comunicazione al pubblico ministero e ai creditori. La comunicazione ai creditori è eseguita dal commissario giudiziale (1).

2. Le disposizioni di cui al comma 1 si applicano anche quando il debitore non ha effettuato tempestivamente il deposito previsto dall'articolo 47, comma 2, lettera d) o il debitore compie atti non autorizzati o comunque diretti a frodare le ragioni dei creditori, o se in qualunque momento risulta che mancano le condizioni prescritte per l'apertura del concordato previste agli articoli da 84 a 88 (2).

3. All'esito del procedimento, il tribunale, revocato il decreto di cui all'articolo 47, su istanza del creditore o su richiesta del pubblico ministero, apre la procedura di liquidazione giudiziale dei beni del debitore (3).

(1) Comma modificato dall'art. 16, co. 2, lett. a), d.lg. 26/10/2020, n. 147.

(2) Comma modificato dall'art. 16, co. 2, lett. b), d.lg. 26/10/2020, n. 147, e dall'art. 22, co. 2, lett. a), d.lg. 17/6/2022, n. 83.

(3) Comma modificato dall'art. 16, co. 2, lett. a), d.lg. 26/102020, n. 147 e dall'art. 22, co. 2, lett. b), d.lg. 17/62022, n. 83.

Sezione V
Voto nel concordato preventivo

107. Voto dei creditori. – 1. Il voto dei creditori è espresso con modalità telematiche.

2. Sono sottoposte alla votazione dei creditori tutte le proposte presentate dal debitore e dai creditori, seguendo, per queste ultime, l'ordine temporale del loro deposito. Il giudice delegato regola l'ordine e l'orario delle votazioni con proprio decreto.

3. Almeno quindici giorni prima della data iniziale stabilita per il voto il commissario giudiziale illustra la sua relazione e le proposte definitive del debitore e quelle eventualmente presentate dai creditori con comunicazione inviata ai creditori, al debitore e a tutti gli altri interessati e depositata nella cancelleria del giudice delegato. Alla relazione è allegato, ai soli fini della votazione, l'elenco dei creditori legittimati al voto con indicazione dell'ammontare per cui sono ammessi.

4. Almeno dieci giorni prima della data iniziale stabilita per il voto, il debitore, coloro che hanno formulato proposte alternative, i coobbligati, i fideiussori del debitore e gli obbligati in via di regresso, i creditori possono formulare osservazioni e contestazioni a mezzo di posta elettronica certificata indirizzata al commissario giudiziale. Ciascun creditore può esporre le ragioni per le quali non ritiene ammissibili o convenienti le proposte di concordato e sollevare contestazioni sui crediti concorrenti. Il debitore ha facoltà di rispondere e contestare a sua volta i crediti, e ha il dovere di fornire al giudice gli opportuni chiarimenti. Il debitore, inoltre, può esporre le ragioni per le quali ritiene non ammissibili o non fattibili le eventuali proposte concorrenti.

5. Il commissario giudiziale dà comunicazione ai creditori, al debitore e a tutti gli altri interessati delle osservazioni e contestazioni pervenute e ne informa il giudice delegato.

6. Il commissario giudiziale deposita la propria relazione definitiva e la comunica ai creditori, al debitore ed agli altri interessati almeno sette giorni prima» della data iniziale stabilita per il voto (1).

7. I provvedimenti del giudice delegato sono comunicati al debitore, ai creditori, al commissario giudiziale e almeno due giorni prima della data iniziale stabilita per il voto (2).

8. Il voto è espresso a mezzo posta elettronica certificata inviata al commissario giudiziale, Tutti i dati sono di proprietà del Ministero della Giustizia e debbono essere conservati secondo la disciplina vigente per gli atti giudiziari.

9. I termini previsti dai commi 3, 4 e 6 non sono soggetti alla sospensione feriale dei termini di cui all'articolo 1 della legge 7 ottobre 1969, n. 742.

(1) Comma modificato dall'art. 17, co. 1, lett. a), d.lg. 26/10/2020, n. 147. Per la decorrenza vedi l'art. 42, co. 1, d.lg. n. 147/2020 medesimo.

(2) Comma modificato dall'art. 17, co. 1, lett. b), d.lg. 26/102020, n. 147. Per la decorrenza vedi l'art. 42, co. 1, d.lg. n. 147/2020 medesimo.

108. Ammissione provvisoria dei crediti contestati. – 1. Il giudice delegato può ammettere provvisoriamente in tutto o in parte i crediti contestati ai soli fini del voto e del calcolo delle maggioranze, senza che ciò pregiudichi le pronunzie definitive sulla sussistenza e sulla collocazione dei crediti stessi. Provvede nello stesso modo in caso di rinuncia al privilegio. La decisione è comunicata ai sensi dell'articolo 107, comma 7. In mancanza, i creditori sono ammessi al voto sulla base dell'elenco dei creditori di cui all'articolo 107, comma 3, fatto salvo il diritto di proporre opposizione all'omologazione (1).

2. I creditori esclusi possono opporsi alla esclusione in sede di omologazione del concordato nel caso in cui la loro ammissione avrebbe avuto influenza sulla formazione delle maggioranze.

(1) Comma sostituito dall'art. 17, co. 2, d.lg. 26/10/2020, n. 147. Per la decorrenza vedi l'art. 42, co. 1, d.lg. n. 147/2020 medesimo.

109. Maggioranza per l'approvazione del concordato (1). – 1. Salvo quanto previsto, per il concordato in continuità aziendale, dal comma 5, il concordato è approvato dai creditori che rappresentano la maggioranza dei crediti ammessi al voto. Nel caso in cui un unico creditore sia titolare di crediti in misura superiore alla maggioranza dei crediti ammessi al voto, il concordato è approvato se, oltre alla maggioranza di cui al primo periodo, abbia riportato la maggioranza per teste dei voti espressi dai creditori ammessi al voto. Ove siano previste diverse classi di creditori, il concordato è approvato se la maggioranza dei crediti ammessi al voto è raggiunta inoltre nel maggior numero di classi.

2. Quando sono poste al voto più proposte di concordato, si considera approvata la proposta che ha conseguito la maggioranza più elevata dei crediti ammessi al voto; in caso di parità, prevale quella del debitore o, in caso di parità fra proposte di creditori, quella presentata per prima. Quando nessuna delle proposte concorrenti poste al voto sia stata approvata con le maggioranze di cui al primo e secondo periodo del presente comma, il giudice delegato, con decreto da adottare entro trenta giorni dal termine di cui all'articolo 110, comma 2, rimette al voto la sola proposta che ha conseguito la maggioranza relativa dei crediti ammessi al voto, fissando il termine per la comunicazione ai creditori e il termine a partire dal quale i creditori, nei venti giorni successivi, possono far pervenire il proprio voto per posta elettronica certificata. In ogni caso si applicano le disposizioni del comma 1.

3. I creditori muniti di privilegio, pegno o ipoteca, ancorché la garanzia sia contestata, dei quali la proposta di concordato prevede l'integrale pagamento, non hanno diritto al voto se non rinunciano in tutto od in parte al diritto di prelazione. Qualora i creditori muniti di privilegio, pegno o ipoteca rinuncino in tutto o in parte alla prelazione, per la parte del credito non coperta dalla garanzia sono equiparati ai creditori chirografari; la rinuncia ha effetto ai soli fini del concordato.

4. I creditori muniti di diritto di prelazione di cui la proposta di concordato prevede la soddisfazione non integrale, sono equiparati ai chirografari per la parte residua del credito.

5. Il concordato in continuità aziendale è approvato se tutte le classi votano a favore. In ciascuna classe la proposta è approvata se è raggiunta la maggioranza dei crediti ammessi al voto oppure, in mancanza, se hanno votato favorevolmente i due terzi dei crediti dei creditori votanti, purché abbiano votato i creditori titolari di almeno la metà del totale dei crediti della medesima classe. In caso di mancata approvazione si applica l'articolo 112, comma 2. I creditori muniti di diritto di prelazione non votano se soddisfatti in denaro, integralmente, entro centottanta giorni dall'omologazione, e purché la garanzia reale che assiste il credito ipotecario o pignoratizio resti ferma fino alla liquidazione, funzionale al loro pagamento, dei beni e diritti sui quali sussiste la causa di prelazione. Nel caso di crediti assistiti dal privilegio di cui all'articolo 2751-bis, n. 1, del codice civile, il termine di cui al quarto periodo è di trenta giorni. Se non ricorrono le condizioni di cui al primo e secondo periodo, i creditori muniti di diritto di prelazione votano e, per la parte incapiente, sono inseriti in una classe distinta.

6. Sono esclusi dal voto e dal computo delle maggioranze il coniuge o il convivente di fatto del debitore, ovvero la parte dell'unione civile con il debitore, i parenti e affini del debitore fino al quarto grado, la società che controlla la società debitrice, le società da questa controllate e quelle sottoposte a comune controllo, nonché i cessionari o aggiudicatari dei loro crediti da meno di un anno prima della domanda di concordato. Sono inoltre esclusi dal voto e dal computo delle maggioranze i creditori in conflitto d'interessi.

7. Il creditore che propone il concordato ovvero le società da questo controllate, le società controllanti o sottoposte a comune controllo, ai sensi dell'articolo 2359, primo comma, del codice civile possono votare soltanto se la proposta ne prevede l'inserimento in apposita classe.

(1) Articolo sostituito dall'art. 23, co. 1, d.lg. 17/6/2022, n. 83.

110. Adesioni alla proposta di concordato. – 1. All'esito della votazione è redatta dal commissario giudiziale apposita relazione in cui sono inseriti i voti favorevoli e contrari dei creditori con l'indicazione nominativa dei votanti e dell'ammontare dei rispettivi crediti. È altresì inserita l'indicazione nominativa dei creditori che non hanno esercitato il voto e dell'ammontare dei loro crediti. Alla relazione è allegata, su supporto informatico, la documentazione relativa all'espressione dei voti.

2. La relazione è depositata in cancelleria il giorno successivo alla chiusura delle operazioni di voto.

3. Quando il commissario giudiziale rileva, dopo l'approvazione del concordato, che sono mutate le condizioni di fattibilità del piano, ne dà avviso ai creditori, i quali possono costituirsi nel giudizio di omologazione fino all'udienza di cui all'articolo 48, comma 1, per modificare il voto.

111. Mancata approvazione del concordato. – 1. Se nel termine stabilito non si raggiungono le maggioranze richieste, il giudice delegato ne riferisce immediatamente al tribunale, che provvede a norma dell'articolo 49, comma 1.

Sezione VI
Omologazione del concordato preventivo

112. Giudizio di omologazione (1). – 1. Il tribunale omologa il concordato verificati:

a) la regolarità della procedura;

b) l'esito della votazione;

c) l'ammissibilità della proposta;

d) la corretta formazione delle classi;

e) la parità di trattamento dei creditori all'interno di ciascuna classe;

f) in caso di concordato in continuità aziendale, che tutte le classi abbiano votato favorevolmente, che il piano non sia privo di ragionevoli prospettive di impedire o superare l'insolvenza e che eventuali nuovi finanziamenti siano necessari per l'attuazione del piano e non pregiudichino ingiustamente gli interessi dei creditori;

g) in ogni altro caso, la fattibilità del piano, intesa come non manifesta inattitudine a raggiungere gli obiettivi prefissati.

2. Nel concordato in continuità aziendale, se una o più classi sono dissenzienti, il tribunale, su richiesta del debitore o con il consenso del debitore in caso di proposte concorrenti, omologa altresì se ricorrono congiuntamente le seguenti condizioni:

a) il valore di liquidazione è distribuito nel rispetto della graduazione delle cause legittime di prelazione;

b) il valore eccedente quello di liquidazione è distribuito in modo tale che i crediti inclusi nelle classi dissenzienti ricevano complessivamente un trattamento almeno pari a quello delle classi dello stesso grado e più favorevole rispetto a quello delle classi di grado inferiore, fermo restando quanto previsto dall'articolo 84, comma 7;

c) nessun creditore riceve più dell'importo del proprio credito;

d) la proposta è approvata dalla maggioranza delle classi, purché almeno una sia formata da creditori titolari di diritti di prelazione, oppure, in mancanza, la proposta è approvata da almeno una classe di creditori che sarebbero almeno parzialmente soddisfatti rispettando la graduazione delle cause legittime di prelazione anche sul valore eccedente quello di liquidazione.

3. Nel concordato in continuità aziendale, se con l'opposizione un creditore dissenziente eccepisce il difetto di convenienza della proposta, il tribunale omologa il concordato quando, secondo la proposta e il piano, il credito risulta soddisfatto in misura non inferiore rispetto alla liquidazione giudiziale.

4. In caso di opposizione proposta da un creditore dissenziente, la stima del complesso aziendale del debitore è disposta dal tribunale solo se con l'opposizione è eccepita la violazione della convenienza di cui al comma 3 o il mancato rispetto delle condizioni di ristrutturazione trasversale di cui al comma 2.

5. Nel concordato che prevede la liquidazione del patrimonio oppure l'attribuzione delle attività a un assuntore o in qualsiasi altra forma, se un creditore dissenziente appartenente a una classe dissenziente ovvero, nell'ipotesi di mancata formazione delle classi, i creditori dissenzienti che rappresentano il 20 per cento dei crediti ammessi al voto, contestano la convenienza della proposta, il tribunale può omologare il concordato qualora ritenga che il credito possa risultare soddisfatto dal concordato in misura non inferiore rispetto alla liquidazione giudiziale.

6. Le somme spettanti ai creditori contestati, condizionali o irreperibili sono depositate nei modi stabiliti dal tribunale, che fissa altresì le condizioni e le modalità per lo svincolo.

(1) Articolo sostituito dall'art. 24, co. 1, d.lg. 17/6/2022, n. 83.

113. Chiusura della procedura. – 1. La procedura di concordato preventivo si chiude con la sentenza di omologazione ai sensi dell'articolo 48.

2. L'omologazione deve intervenire nel termine di dodici mesi dalla presentazione della domanda ai sensi dell'articolo 40 (1).

(1) Comma aggiunto dall'art. 24, co. 2, d.lg. 17/6/2022, n. 83.

114. Cessioni dei beni. – 1. Se il concordato consiste nella cessione dei beni, il tribunale nomina nella sentenza di omologazione uno o più liquidatori e un comitato di tre o cinque creditori per assistere alla liquidazione e determina le altre modalità della liquidazione. In tal caso, il tribunale dispone che il liquidatore effettui la pubblicità prevista dall'articolo 490, primo comma, del codice di procedura civile e fissa il termine entro cui la stessa deve essere eseguita.

2. Si applicano ai liquidatori gli articoli 125, 126, 134, 135, 136, 137 e 231 in quanto compatibili e l'articolo 358. Si applicano altresì al liquidatore le disposizioni di cui agli articoli 35, comma 4-bis, e 35.1 del decreto legislativo 6 settembre 2011, n. 159 e si osservano le disposizioni di cui all'articolo 35.2 del predetto decreto (1).

3. Si applicano al comitato dei creditori gli articoli 138 e 140, in quanto compatibili. Alla sostituzione dei membri del comitato provvede in ogni caso il tribunale.

4. Alle vendite, alle cessioni e ai trasferimenti legalmente posti in essere dopo il deposito della domanda di concordato o in esecuzione di questo, si applicano le disposizioni sulle vendite nella liquidazione giudiziale, in quanto compatibili. La cancellazione delle iscrizioni relative ai diritti di prelazione, nonché delle trascrizioni dei pignoramenti e dei sequestri conservativi e di ogni altro vincolo, sono effettuati su ordine del giudice, salvo diversa disposizione contenuta nella sentenza di omologazione per gli atti a questa successivi.

5. Il liquidatore comunica con periodicità semestrale al commissario giudiziale le informazioni rilevanti relative all'andamento della liquidazione. Il commissario ne dà notizia, con le sue osservazioni, al pubblico ministero e ai creditori e ne deposita copia presso la cancelleria del tribunale.

6. Conclusa l'esecuzione del concordato, il liquidatore comunica al commissario giudiziale un rapporto riepilogativo finale, accompagnato dal conto della sua gestione e dagli estratti del conto bancario o postale. Il commissario ne dà notizia, con le sue osservazioni, al pubblico ministero e ai creditori e ne deposita copia presso la cancelleria del tribunale (2).

(1) Comma modificato dall'art. 18, co. 1, d.lg. 26/10/2020, n. 147 e dall'art. 24, co. 3, lett. a), d.lg. 17/6/2022, n. 83.

(2) Comma aggiunto dall'art. 24, co. 3, lett. b), d.lg. 17/6/2022, n. 83.

115. Azioni del liquidatore giudiziale in caso di cessione dei beni. – 1. Il liquidatore giudiziale esercita, o se pendente, prosegue, ogni azione prevista dalla legge finalizzata a conseguire la disponibilità dei beni compresi nel patrimonio del debitore e ogni azione diretta al recupero dei crediti.

2. Il liquidatore esercita oppure, se pendente, prosegue l'azione sociale di responsabilità. Ogni patto contrario o ogni diversa previsione contenuti nella proposta o nel piano sono inopponibili al liquidatore e ai creditori sociali.

3. Resta ferma, in ogni caso, anche in pendenza della procedura e nel corso della sua esecuzione, la legittimazione di ciascun creditore sociale a esercitare o proseguire l'azione di responsabilità prevista dall'articolo 2394 del codice civile.

116. Trasformazione, fusione o scissione. – 1. Se il piano prevede il compimento, durante la procedura oppure dopo la sua omologazione, di operazioni di trasformazione, fusione o scissione della società debitrice, la validità di queste può essere contestata dai creditori solo con l'opposizione all'omologazione.

2. A questo fine, il tribunale, nel provvedimento di fissazione dell'udienza di cui all'articolo 48, dispone che il piano sia pubblicato nel registro delle imprese del luogo ove hanno sede le società interessate dalle operazioni di trasformazione, fusione o scissione. Tra la data della pubblicazione e l'udienza devono intercorrere almeno trenta giorni.

3. Gli effetti delle operazioni di cui al comma 1, in caso di risoluzione o di annullamento del concordato, sono irreversibili, salvo il diritto al risarcimento del danno eventualmente spettante ai soci o ai terzi ai sensi degli articoli 2500-bis, comma secondo, 2504-quater, comma secondo, e 2506-ter, comma quinto, del codice civile.

4. Trovano applicazione, in quanto compatibili, le disposizioni contenute nel capo X del titolo V del libro V del codice civile.

5. Quando il piano prevede il compimento delle operazioni di cui al comma 1, il diritto di recesso dei soci è sospeso fino all'attuazione del piano (1).

(1) Comma aggiunto dall'art. 24, co. 4, d.lg. 17/6/2022, n. 83.

117. Effetti del concordato per i creditori. – 1. Il concordato omologato è obbligatorio per tutti i creditori anteriori alla pubblicazione nel registro delle imprese della domanda di accesso. Tuttavia essi conservano impregiudicati i diritti contro i coobbligati, i fideiussori del debitore e gli obbligati in via di regresso.

2. Salvo patto contrario, il concordato della società ha efficacia nei confronti dei soci illimitatamente responsabili.

118. Esecuzione del concordato. – 1. Dopo l'omologazione del concordato, il commissario giudiziale ne sorveglia l'adempimento, secondo le modalità stabilite nella sentenza di omologazione. Egli deve riferire al giudice ogni fatto dal quale possa derivare pregiudizio ai creditori. Ogni sei mesi successivi alla presentazione della relazione di cui all'articolo 105, comma 1, redige un rapporto riepilogativo redatto in conformità a quanto previsto dall'articolo 130, comma 9, e lo trasmette ai creditori. Conclusa l'esecuzione del concordato, il commissario giudiziale deposita un rapporto riepilogativo finale redatto in conformità a quanto previsto dal medesimo articolo 130, comma 9 (1).

2. Le somme spettanti ai creditori contestati, condizionali o irreperibili sono depositate nei modi stabiliti dal giudice delegato.

3. Il debitore è tenuto a compiere ogni atto necessario a dare esecuzione alla proposta di concordato anche se presentata da uno o più creditori, qualora sia stata approvata e omologata.

4. Nel caso in cui il commissario giudiziale rilevi che il debitore non sta provvedendo al compimento degli atti necessari a dare esecuzione alla proposta o ne sta ritardando il compimento, deve senza indugio riferirne al tribunale. Il tribunale, sentito il debitore, può attribuire al commissario giudiziale i poteri necessari a provvedere in luogo del debitore al compimento degli atti a questo richiesti.

5. Il soggetto che ha presentato la proposta di concordato approvata e omologata dai creditori può denunciare al tribunale i ritardi e le omissioni del debitore mediante ricorso notificato al debitore e al commissario giudiziale con il quale può chiedere al tribunale di attribuire al commissario i poteri necessari per provvedere ai sensi del comma 4 o di revocare l'organo amministrativo, se si tratta di società, nominando un amministratore giudiziario. Sono in ogni caso fatti salvi i diritti di informazione e di voto dei soci di minoranza.

6. Il tribunale provvede in camera di consiglio, sentito il debitore ed il commissario giudiziale. Quando nomina un amministratore giudiziario, stabilisce la durata dell'incarico e gli attribuisce il potere di compiere gli atti necessari a dare esecuzione alla proposta omologata, ivi inclusi, se la proposta prevede un aumento del capitale sociale della società debitrice o altre deliberazioni di competenza dell'assemblea dei soci, la convocazione dell'assemblea avente ad oggetto tali deliberazioni e l'esercizio del diritto di voto nelle stesse per le azioni o quote facenti capo al socio o ai soci di maggioranza. Al liquidatore, se nominato, possono essere attribuiti i compiti di amministratore giudiziario. Il provvedimento di nomina dell'amministratore giudiziario è comunicato a cura del cancelliere, entro cinque giorni, all'ufficio del registro delle imprese per l'iscrizione (2).

7. In caso di trasferimento di beni, il commissario richiede al tribunale, che provvede in composizione monocratica, l'emissione di decreto di cancellazione delle formalità iscritte, delegando ove opportuno al notaio rogante l'atto di trasferimento.

8. In deroga all'articolo 2560 del codice civile, l'acquirente o cessionario dell'azienda non risponde dei debiti pregressi, salvo diversa previsione del piano di concordato.

(1) Comma modificato dall'art. 24, co. 5, d.lg. 17/6/2022, n. 83.

(2) Comma modificato dall'art. 18, co. 2, d.lg. 26/10/2020, n. 147.

119. Risoluzione del concordato (1). – 1. Ciascuno dei creditori e il commissario giudiziale, su istanza di uno o più creditori, possono richiedere la risoluzione del concordato per inadempimento.

2. Al procedimento è chiamato a partecipare l'eventuale garante.

3. Il concordato non si può risolvere se l'inadempimento ha scarsa importanza.

4. Il ricorso per la risoluzione deve proporsi entro un anno dalla scadenza del termine fissato per l'ultimo adempimento previsto dal concordato.

5. Le disposizioni che precedono non si applicano quando gli obblighi derivanti dal concordato sono stati assunti da un terzo con liberazione immediata del debitore.

6. Il procedimento è regolato ai sensi degli articoli 40 e 41.

7. Il tribunale dichiara aperta la liquidazione giudiziale solo a seguito della risoluzione del concordato, salvo che lo stato di insolvenza consegua a debiti sorti successivamente al deposito della domanda di apertura del concordato preventivo.

(1) Articolo sostituito dall'art. 18, co. 3, d.lg. 26/10/2020, n. 147. Per la decorrenza vedi l'art. 42, co. 1, d.lg. n. 147/2020 medesimo.

120. Annullamento del concordato. – 1. Il concordato può essere annullato su istanza del commissario o di qualunque creditore, in contraddittorio con il debitore, quando si scopre che è stato dolosamente esagerato il passivo ovvero sottratta o dissimulata una parte rilevante dell'attivo. Non è ammessa altra azione di nullità.

2. Il ricorso per annullamento deve proporsi nel termine di sei mesi dalla scoperta del dolo e, in ogni caso, non oltre due anni dalla scadenza del termine fissato per l'ultimo adempimento previsto nel concordato.

3. Il procedimento è regolato ai sensi degli articoli 40 e 41.

Sezione VI bis

Degli strumenti di regolazione della crisi e dell'insolvenza delle società (1)

(1) Sezione inserita dall'art. 25, co. 1, d.lg. 17/6/2022, n. 83.

120 bis. Accesso (1). – 1. L'accesso a uno strumento di regolazione della crisi e dell'insolvenza è deciso, in via esclusiva, dagli amministratori unitamente al contenuto della proposta e alle condizioni del piano. La decisione deve risultare da verbale redatto da notaio ed è depositata e iscritta nel registro delle imprese. La domanda di accesso è sottoscritta da coloro che hanno la rappresentanza della società.

2. Ai fini del buon esito della ristrutturazione il piano può prevedere qualsiasi modificazione dello statuto della società debitrice, ivi inclusi aumenti e riduzioni di capitale anche con limitazione o esclusione del diritto di opzione e altre modificazioni che incidono direttamente sui diritti di partecipazione dei soci, nonché fusioni, scissioni e trasformazioni.

3. Gli amministratori sono tenuti a informare i soci dell'avvenuta decisione di accedere a uno strumento di regolazione della crisi e dell'insolvenza e a riferire periodicamente del suo andamento.

4. Dalla iscrizione della decisione nel registro delle imprese e fino alla omologazione, la revoca degli amministratori è inefficace se non ricorre una giusta causa. Non costituisce giusta causa la presentazione di una domanda di accesso a uno strumento di regolazione della crisi e dell'insolvenza in presenza delle condizioni di legge. La deliberazione di revoca deve essere approvata con decreto dalla sezione specializzata del tribunale delle imprese competente, sentiti gli interessati.

5. I soci che rappresentano almeno il dieci per cento del capitale sono legittimati alla presentazione di proposte concorrenti ai sensi dell'articolo 90. La domanda è sottoscritta da ciascun socio proponente.

6. Le disposizioni di questo articolo si applicano, in quanto compatibili, agli strumenti di regolazione della crisi e dell'insolvenza presentati dagli imprenditori collettivi diversi dalle società.

(1) Articolo inserito dall'art. 25, co. 1, d.lg. 17/6/2022, n. 83.

120 ter. Classamento dei soci e dei titolari di strumenti finanziari (1). – 1. Lo strumento di regolazione della crisi e dell'insolvenza può prevedere la formazione di una classe di soci o di più classi se esistono soci ai quali lo statuto, anche a seguito delle modifiche previste dal piano, riconosce diritti diversi.

2. La formazione delle classi previste dal comma 1 è obbligatoria se il piano prevede modificazioni che incidono direttamente sui diritti di partecipazione dei soci e, in ogni caso, per le società che fanno ricorso al mercato del capitale di rischio.

3. I soci, inseriti in una o più classi, esprimono il proprio voto nelle forme e nei termini previsti per l'espressione del voto da parte dei creditori. All'interno della classe il socio ha diritto di voto in misura proporzionale alla quota di capitale posseduta anteriormente alla presentazione della domanda. Il socio che non ha espresso il proprio dissenso entro il suddetto termine si ritiene consenziente.

4. Le disposizioni di questo articolo si applicano, in quanto compatibili, ai titolari di strumenti finanziari, a eccezione di quelli che attribuiscono il diritto incondizionato al rimborso anche parziale dell'apporto.

(1) Articolo inserito dall'art. 25, co. 1, d.lg. 17/6/2022, n. 83.

120 quater. Condizioni di omologazione del concordato con attribuzioni ai soci (1). – 1. Fermo quanto previsto dall'articolo 112, se il piano prevede che il valore risultante dalla ristrutturazione sia riservato anche ai soci anteriori alla presentazione della domanda, il concordato, in caso di dissenso di una o più classi di creditori, può essere omologato se il trattamento proposto a ciascuna delle classi dissenzienti sarebbe almeno altrettanto favorevole rispetto a quello proposto alle classi del medesimo rango e più favorevole di quello proposto alle classi di rango inferiore, anche se a tali classi venisse destinato il valore complessivamente riservato ai soci. Se non vi sono classi di creditori di rango pari o inferiore a quella dissenziente, il concordato può essere omologato solo quando il valore destinato al soddisfacimento dei creditori appartenenti alla classe dissenziente è superiore a quello complessivamente riservato ai soci.

2. Per valore riservato ai soci si intende il valore effettivo, conseguente all'omologazione della proposta, delle loro partecipazioni e degli strumenti che attribuiscono il diritto di acquisirle, dedotto il valore da essi eventualmente apportato ai fini della ristrutturazione in forma di conferimenti o di versamenti a fondo perduto oppure, per le imprese minori, anche in altra forma.

3. I soci possono opporsi all'omologazione del concordato al fine di far valere il pregiudizio subito rispetto all'alternativa liquidatoria.

4. Le disposizioni di questo articolo si applicano, in quanto compatibili, all'omologazione del concordato in continuità aziendale presentato dagli imprenditori individuali o collettivi diversi dalle società e dai professionisti.

(1) Articolo inserito dall'art. 25, co. 1, d.lg. 17/6/2022, n. 83.

120 quinquies. Esecuzione (1). – 1. Il provvedimento di omologazione dello strumento di regolazione della crisi e dell'insolvenza determina la riduzione e l'aumento del capitale e le altre modificazioni statutarie nei termini previsti dal piano, demanda agli amministratori l'adozione di ogni atto necessario a darvi esecuzione e li autorizza a porre in essere, nei successivi trenta giorni o nel diverso termine previsto dal piano, le ulteriori modificazioni statutarie programmate dal piano. In mancanza il tribunale, su richiesta di qualsiasi interessato e sentiti gli amministratori, può nominare un amministratore giudiziario, attribuendogli i poteri necessari a provvedere in luogo di costoro agli adempimenti di cui al presente articolo, e disporre la revoca per giusta causa degli amministratori.

2. Se il notaio incaricato ritiene non adempiute le condizioni stabilite dalla legge, ne dà comunicazione tempestivamente, e comunque non oltre il termine di trenta giorni, agli amministratori. Gli amministratori, nei trenta giorni successivi, possono ricorrere, per i provvedimenti necessari, al tribunale che ha omologato lo strumento di regolazione della crisi e dell'insolvenza.

3. Le modificazioni della compagine sociale conseguenti all'esecuzione di uno strumento di regolazione della crisi e dell'insolvenza non costituiscono causa di risoluzione o di modificazione di contratti stipulati dalla società. Sono inefficaci eventuali patti contrari.

(1) Articolo inserito dall'art. 25, co. 1, d.lg. 17/6/2022, n. 83.

TITOLO V

LIQUIDAZIONE GIUDIZIALE

Capo I
Imprenditori individuali e società

Sezione I

Presupposti della liquidazione giudiziale e organi preposti

121. Presupposti della liquidazione giudiziale. – 1. Le disposizioni sulla liquidazione giudiziale si applicano agli imprenditori commerciali che non dimostrino il possesso congiunto dei requisiti di cui all'articolo 2, comma 1, lettera d), e che siano in stato di insolvenza.

122. Poteri del tribunale concorsuale. – 1. Il tribunale che ha dichiarato aperta la procedura di liquidazione giudiziale è investito dell'intera procedura e:

a) provvede alla nomina, alla revoca o sostituzione per giustificati motivi degli organi della procedura, quando non è prevista la competenza del giudice delegato;

b) può in ogni tempo sentire in camera di consiglio il curatore, il comitato dei creditori e il debitore;

c) decide le controversie relative alla procedura stessa che non sono di competenza del giudice delegato, nonché i reclami contro i provvedimenti del giudice delegato.

2. I provvedimenti del tribunale sono pronunciati con decreto motivato, salvo che la legge non preveda che il provvedimento sia adottato in forma diversa.

123. Poteri del giudice delegato. – 1. Il giudice delegato esercita funzioni di vigilanza e di controllo sulla regolarità della procedura e:

a) riferisce al tribunale su ogni affare per il quale è richiesto un provvedimento del collegio;

b) emette o provoca dalle competenti autorità i provvedimenti urgenti per la conservazione del patrimonio, ad esclusione di quelli che incidono su diritti di terzi che rivendichino un proprio diritto incompatibile con l'acquisizione;

c) convoca il curatore e il comitato dei creditori nei casi prescritti dalla legge e ogni qualvolta lo ravvisi opportuno per il corretto e sollecito svolgimento della procedura;

d) su proposta del curatore, liquida i compensi e dispone l'eventuale revoca dell'incarico conferito alle persone la cui opera è stata richiesta dal medesimo curatore nell'interesse della procedura;

e) provvede sui reclami proposti contro gli atti del curatore e del comitato dei creditori;

f) fatto salvo quanto previsto dall'articolo 128, comma 2, autorizza il curatore a stare in giudizio come attore o come convenuto, quando è utile per il miglior soddisfacimento dei creditori. L'autorizzazione deve essere sempre data per atti determinati e per i giudizi deve essere rilasciata per ogni grado di essi;

g) nomina gli arbitri, su proposta del curatore;

h) procede all'accertamento dei crediti e dei diritti vantati da terzi sui beni compresi nella procedura, secondo le disposizioni del capo III.

i) quando ne ravvisa l'opportunità, dispone che il curatore presenti relazioni ulteriori rispetto a quelle previste dall'articolo 130, prescrivendone le modalità.

2. Il giudice delegato non può trattare i giudizi che ha autorizzato, nè far parte del collegio investito del reclamo proposto contro i suoi atti.

3. I provvedimenti del giudice delegato sono pronunciati con decreto motivato.

124. Reclamo contro i decreti del giudice delegato e del tribunale. – 1. Salvo che sia diversamente disposto, contro i decreti del giudice delegato e del tribunale il curatore, il comitato dei creditori, il debitore e ogni altro interessato possono proporre reclamo, rispettivamente, al tribunale o alla corte di appello nel termine perentorio di dieci giorni dalla comunicazione o dalla notificazione per il curatore, per il debitore, per il comitato dei creditori e per chi ha chiesto o nei cui confronti è stato chiesto il provvedimento. Per gli altri interessati, il termine decorre dall'esecuzione delle formalità pubblicitarie previste dalla legge o disposte dal giudice delegato o dal tribunale, se quest'ultimo ha emesso il provvedimento.

2. In ogni caso il reclamo non può più proporsi decorsi novanta giorni dal deposito del provvedimento nel fascicolo della procedura.

3. Il reclamo si propone con ricorso, che deve contenere:

a) l'indicazione del tribunale o della corte di appello competente, del giudice delegato e della procedura di liquidazione giudiziale;

b) le generalità, il codice fiscale del ricorrente e il nome e il domicilio digitale del difensore;

c) l'esposizione delle ragioni di fatto e di diritto su cui si basa il reclamo, con le relative conclusioni;

d) l'indicazione dei mezzi di prova di cui il ricorrente intende avvalersi e dei documenti prodotti.

4. Il reclamo non sospende l'esecuzione del provvedimento impugnato.

5. Il presidente con decreto designa il relatore e fissa l'udienza di comparizione entro quaranta giorni dal deposito del ricorso.

6. Il ricorso, unitamente al decreto di fissazione dell'udienza, deve essere notificato, a cura del reclamante, al curatore, mediante trasmissione al domicilio digitale della procedura, e ai controinteressati, entro cinque giorni dalla comunicazione del decreto.

7. Tra la data della notificazione e quella dell'udienza deve intercorrere un termine non minore di quindici giorni.

8. Il resistente deve costituirsi almeno cinque giorni prima dell'udienza, depositando memoria contenente l'indicazione delle proprie generalità e del suo codice fiscale, nonché il nome e domicilio digitale del difensore, nonché l'esposizione delle difese in fatto e in diritto, oltre all'indicazione dei mezzi di prova e dei documenti prodotti.

9. Ogni altro interessato può intervenire nel termine e nei modi previsti dal comma 8.

10. I termini di cui ai commi 7 e 8 possono essere abbreviati dal presidente, con decreto motivato, se ricorrono ragioni di urgenza.

11. All'udienza il collegio, sentite le parti, ammette o assume anche d'ufficio i mezzi di prova, se non ritiene di delegarne l'assunzione al relatore.

12. Entro trenta giorni dall'udienza di comparizione, il collegio provvede sul reclamo con decreto motivato.

125. Nomina del curatore. – 1. Il curatore è nominato con la sentenza di apertura della liquidazione giudiziale, osservati gli articoli 356 e 358.

2. Si applicano agli esperti nominati ai sensi dell'articolo 49, comma 3, lettera b), le disposizioni del comma 1 e degli articoli 123 e da 126 a 136 in quanto compatibili.

3. Al curatore, agli esperti nominati ai sensi dell'articolo 49, comma 3, lettera b), ed al coadiutore nominato a norma dell'articolo 129, comma 2, si applicano le disposizioni di cui agli articoli 35, comma 4-bis, e 35.1 del decreto legislativo 6 settembre 2011, n. 159; si osservano altresì le disposizioni di cui all'articolo 35.2 del predetto decreto.

4. I provvedimenti di nomina dei curatori, dei commissari giudiziali e dei liquidatori giudiziali confluiscono nel registro nazionale già istituito presso il Ministero della giustizia. Nel registro vengono altresì annotati i provvedimenti di chiusura della liquidazione giudiziale e di omologazione del concordato, nonché l'ammontare dell'attivo e del passivo delle procedure chiuse e i provvedimenti di liquidazione degli acconti e del compenso finale in favore di ciascuno dei soggetti di cui al primo periodo. Il registro è tenuto con modalità informatiche ed è accessibile al pubblico (1).

(1) Comma modificato dall'art. 19, co. 1, lett. a) e b), d.lg. 26/10/2020, n. 147. Per la decorrenza vedi l'art. 42, co. 1, d.lg. n. 147/2020 medesimo.

126. Accettazione del curatore. – 1. Il curatore deve, entro i due giorni successivi alla comunicazione della nomina, far pervenire in cancelleria la propria accettazione. Se il curatore non osserva questo obbligo il tribunale, in camera di consiglio, provvede d'urgenza alla nomina di altro curatore.

2. Intervenuta l'accettazione, l'ufficio comunica telematicamente al curatore le credenziali per l'accesso al domicilio digitale assegnato alla procedura dal Ministero della giustizia.

127. Qualità di pubblico ufficiale. – 1. Il curatore, per quanto attiene all'esercizio delle sue funzioni, è pubblico ufficiale.

128. Gestione della procedura. – 1. Il curatore ha l'amministrazione del patrimonio compreso nella liquidazione giudiziale e compie tutte le operazioni della procedura sotto la vigilanza del giudice delegato e del comitato dei creditori, nell'ambito delle funzioni ad esso attribuite.

2. Egli non può stare in giudizio senza l'autorizzazione del giudice delegato, salvo che in materia di contestazioni e di tardive dichiarazioni di crediti e di diritti di terzi sui beni compresi nella liquidazione giudiziale, e salvo che nei procedimenti promossi per impugnare atti del giudice delegato o del tribunale e in ogni altro caso in cui non occorra ministero di difensore.

3. La nomina dei difensori spetta al curatore. Il curatore non può assumere la veste di avvocato nei giudizi che riguardano la liquidazione giudiziale. Il curatore può tuttavia assumere la veste di difensore, se in possesso della necessaria qualifica nei giudizi avanti al giudice tributario quando ciò è funzionale ad un risparmio per la massa (1).

(1) Comma modificato dall'art. 19, co. 2, d.lg. 26/10/2020, n. 147. Per la decorrenza vedi l'art. 42, co. 1, d.lg. n. 147/2020 medesimo.

129. Esercizio delle attribuzioni del curatore. – 1. Il curatore esercita personalmente le funzioni del proprio ufficio e può delegare ad altri specifiche operazioni, previa autorizzazione del comitato dei creditori, con esclusione degli adempimenti di cui agli articoli 198, 200, 203, 205 e 213. L'onere per il compenso del delegato, liquidato dal giudice, è detratto dal compenso del curatore.

2. Il curatore può essere autorizzato dal comitato dei creditori a farsi coadiuvare da tecnici o da altre persone retribuite, compreso il debitore e gli amministratori della società o dell'ente in liquidazione giudiziale, sotto la sua responsabilità. Del compenso riconosciuto a tali soggetti si tiene conto ai fini della liquidazione del compenso del curatore.

130. Relazioni e rapporti riepilogativi del curatore. – 1. Il curatore, entro trenta giorni dalla dichiarazione di apertura della liquidazione giudiziale, presenta al giudice delegato un'informativa sugli accertamenti compiuti e sugli elementi informativi acquisiti relativi alle cause dell'insolvenza e alla responsabilità del debitore ovvero degli amministratori e degli organi di controllo della società.

2. Se il debitore o gli amministratori non ottemperano agli obblighi di deposito di cui all'articolo 49, comma 3, lettera c), e se il debitore non ottempera agli obblighi di cui all'articolo 198, comma 2, il curatore informa senza indugio il pubblico ministero. In tal caso o quando le scritture contabili sono incomplete o comunque risultano inattendibili, il curatore, con riguardo alle operazioni compiute dal debitore nei cinque anni anteriori alla presentazione della domanda cui sia seguita l'apertura della liquidazione giudiziale, oltre alle ricerche effettuate ai sensi dell'articolo 49, comma 3, lettera f), può chiedere al giudice delegato di essere autorizzato ad accedere a banche dati, ulteriori rispetto a quelle di cui all'articolo 49 e specificamente indicate nell'istanza di autorizzazione (1).

3. Il giudice delegato può autorizzare il curatore a richiedere alle pubbliche amministrazioni le informazioni e i documenti in loro possesso.

4. Il curatore, entro sessanta giorni dal deposito del decreto di esecutività dello stato passivo, presenta al giudice delegato una relazione particolareggiata in ordine al tempo e alle cause dell'insorgere della crisi e del manifestarsi dell'insolvenza del debitore, sulla diligenza spiegata dal debitore nell'esercizio dell'impresa, sulla responsabilità del debitore o di altri e su quanto può interessare anche ai fini delle indagini preliminari in sede penale. Il curatore allega alla relazione il bilancio dell'ultimo esercizio formato ai sensi dell'articolo 198, comma 2, nonché il rendiconto di gestione di cui all'articolo 2487-bis del codice civile, evidenziando le rettifiche apportate (2).

5. Se il debitore insolvente è una società o altro ente, la relazione espone i fatti accertati e le informazioni raccolte sulla responsabilità degli amministratori e degli organi di controllo, dei soci e, eventualmente, di estranei alla società. Se la società o l'ente fa parte di un gruppo, il curatore deve altresì riferire sulla natura dei rapporti con le altre società o enti e allegare le informazioni raccolte sulle rispettive responsabilità, avuto riguardo agli effetti dei rapporti economici e contrattuali con le altre imprese del gruppo.

6. Quando non si fa luogo all'accertamento del passivo ai sensi dell'articolo 209 la relazione di cui ai commi 4 e 5 è depositata entro il termine di centottanta giorni dalla dichiarazione di apertura della liquidazione giudiziale.

7. Le relazioni di cui ai commi 1, 4 e 5 sono trasmesse in copia integrale entro cinque giorni dal deposito al pubblico ministero.

8. Il giudice delegato dispone la secretazione delle parti relative alla responsabilità penale del debitore e di terzi ed alle azioni che il curatore intende proporre qualora possano comportare l'adozione di provvedimenti cautelari, nonché alle circostanze estranee agli interessi della procedura e che investano la sfera personale del debitore.

9. Il curatore, inoltre, entro quattro mesi dal deposito del decreto di esecutività dello stato passivo e, successivamente, ogni sei mesi, presenta al giudice delegato un rapporto riepilogativo delle attività svolte e delle informazioni raccolte dopo le precedenti relazioni, accompagnato dal conto della sua gestione e dagli estratti del conto bancario o postale della procedura relativi agli stessi periodi. Copia del rapporto e dei documenti allegati è trasmessa al comitato dei creditori. Nel termine di quindici giorni, il comitato dei creditori o ciascuno dei suoi componenti possono formulare osservazioni scritte. Nei successivi quindici giorni copia del rapporto, assieme alle eventuali osservazioni, omesse le parti secretate, è trasmessa per mezzo della posta elettronica certificata al debitore, ai creditori e ai titolari di diritti sui beni.

(1) Comma modificato dall'art. 19, co. 3, lett. a), d.lg. 26/10/2020, n. 147. Per la decorrenza vedi l'art. 42, co. 1, d.lg. n. 147/2020 medesimo.

(2) Comma modificato dall'art. 19, co. 3, lett. b), d.lg. 26/10/2020, n. 147. Per la decorrenza vedi l'art. 42, co. 1, d.lg. n. 147/2020 medesimo.

131. Deposito delle somme riscosse. – 1. Le somme riscosse a qualunque titolo dal curatore sono depositate entro il termine massimo di dieci giorni sul conto corrente intestato alla procedura di liquidazione aperto presso un ufficio postale o presso una banca scelta dal curatore.

2. Il mancato deposito nel termine è valutato dal tribunale ai fini dell'eventuale revoca del curatore.

3. Il prelievo delle somme è eseguito su copia conforme del mandato di pagamento del giudice delegato e, nel periodo di intestazione «Fondo unico giustizia» del conto corrente, su disposizione di Equitalia Giustizia s.p.a., in conformità a quanto previsto dall'articolo 2 del decreto-legge 16 settembre 2008, n. 143, convertito, con modificazioni, dalla legge 13 novembre 2008, n. 181.

4. Il mandato è sottoscritto dal giudice delegato e dal cancelliere con firma digitale ed è trasmesso telematicamente al depositario nel rispetto delle disposizioni, anche regolamentari, concernenti la sottoscrizione, la trasmissione e la ricezione dei documenti informatici. La trasmissione telematica è oggetto di disciplina con apposito decreto del Ministro della Giustizia, che ne stabilisce modalità, condizioni e limiti. La disposizione acquista efficacia a decorrere dal novantesimo giorno successivo alla pubblicazione nella Gazzetta Ufficiale del provvedimento del responsabile dei sistemi informativi automatizzati del Ministero della giustizia, da adottarsi entro un anno dall'entrata in vigore del presente codice, attestante la piena funzionalità dei sistemi di trasmissione telematica.

132. Integrazione dei poteri del curatore. – 1. Le riduzioni di crediti, le transazioni, i compromessi, le rinunzie alle liti, le ricognizioni di diritti di terzi, la cancellazione di ipoteche, la restituzione di pegni, lo svincolo delle cauzioni, l'accettazione di eredità e donazioni e gli altri atti di straordinaria amministrazione sono effettuati dal curatore, previa l'autorizzazione del comitato dei creditori.

2. Nel richiedere l'autorizzazione del comitato dei creditori, il curatore formula le proprie conclusioni anche sulla convenienza della proposta.

3. Se gli atti suddetti sono di valore superiore a cinquantamila euro e in ogni caso per le transazioni, il curatore ne informa previamente il giudice delegato, salvo che gli stessi siano già stati autorizzati dal medesimo ai sensi dell'articolo 213, comma 7.

4. Il limite di cui al comma 3 può essere adeguato con decreto del Ministro della giustizia.

133. Reclamo contro gli atti e le omissioni del curatore. – 1. Contro gli atti di amministrazione e le omissioni del curatore, il comitato dei creditori, il debitore e ogni altro interessato possono proporre reclamo, per violazione di legge, con ricorso al giudice delegato entro otto giorni dalla conoscenza dell'atto o, in caso di omissione, dalla scadenza del termine indicato nella diffida a provvedere. Il giudice delegato, sentite le parti, decide sul reclamo, omessa ogni formalità non indispensabile al contraddittorio.

2. Se il reclamo è accolto, il curatore deve conformarsi alla decisione del giudice delegato.

3. Contro il decreto del giudice delegato può essere proposto il reclamo previsto dall'articolo 124.

134. Revoca del curatore. – 1. Il tribunale può in ogni tempo, su proposta del giudice delegato o su richiesta del comitato dei creditori o d'ufficio, revocare il curatore.

2. Il tribunale provvede con decreto motivato, sentiti il curatore e il comitato dei creditori.

3. Contro il decreto di revoca o di rigetto dell'istanza di revoca del curatore è ammesso il reclamo alla corte di appello previsto dall'articolo 124. Il reclamo non sospende l'efficacia del decreto.

135. Sostituzione del curatore. – 1. Al fine di evitare conflitti di interessi, il debitore e i creditori ammessi possono chiedere la sostituzione del curatore indicandone al tribunale le ragioni. Il tribunale, valutate le ragioni della richiesta e verificata l'assenza di conflitto di interessi in capo ai creditori istanti, provvede alla nomina del nuovo curatore (1).

2. Dal computo dei crediti, su istanza di uno o più creditori, sono esclusi quelli i cui titolari si trovino in conflitto di interessi.*

(1) Comma sostituito dall'art. 26, co. 1, lett. a), d.lg. 17/6/2022, n. 83.

* Comma abrogato dall'art. 26, co. 1, lett. b), d.lg. 17/6/2022, n. 83.

136. Responsabilità del curatore. – 1. Il curatore adempie ai doveri del proprio ufficio, imposti dalla legge o derivanti dal programma di liquidazione approvato, con la diligenza richiesta dalla natura dell'incarico. Egli deve tenere un registro informatico, consultabile telematicamente, oltre che dal giudice delegato, da ciascuno dei componenti del comitato dei creditori e in cui deve annotare giorno per giorno le operazioni relative alla sua amministrazione. Mensilmente il curatore firma digitalmente il registro e vi appone la marca temporale, in conformità alle regole tecniche per la formazione, la trasmissione, la conservazione, la copia, la duplicazione, la riproduzione e la validazione dei documenti informatici.

2. Il curatore procede alle operazioni di liquidazione contemporaneamente alle operazioni di accertamento del passivo.

3. Durante la liquidazione giudiziale, l'azione di responsabilità contro il curatore revocato o sostituito è proposta dal nuovo curatore, previa autorizzazione del giudice delegato.

4. Il curatore che cessa dal suo ufficio, anche durante la liquidazione giudiziale, nonché al termine dei giudizi e delle altre operazioni di cui all'articolo 233, comma 2, deve rendere il conto della gestione a norma dell'articolo 231, comunicandolo anche al curatore eventualmente nominato in sua vece, il quale può presentare osservazioni e contestazioni.

5. Il responsabile dei sistemi informativi automatizzati del Ministero della giustizia, entro sei mesi dalla data di entrata in vigore del presente codice, stabilisce le specifiche tecniche necessarie per assicurare la compatibilità tra i software utilizzati per la tenuta del registro di cui al comma 1 con i sistemi informativi del Ministero della giustizia.

137. Compenso del curatore. – 1. Il compenso e le spese dovuti al curatore, anche se la liquidazione giudiziale si chiude con concordato, sono liquidati ad istanza del curatore con decreto del tribunale non soggetto a reclamo, su relazione del giudice delegato, secondo le norme stabilite con decreto del Ministro della giustizia.

2. La liquidazione del compenso è fatta dopo l'approvazione del rendiconto e, se del caso, dopo l'esecuzione del concordato. Al curatore è dovuta anche un'integrazione del compenso per l'attività svolta fino al termine dei giudizi e delle altre operazioni di cui all'articolo 233, comma 2. È in facoltà del tribunale accordare al curatore acconti sul compenso. Salvo che non ricorrano giustificati motivi, ogni liquidazione di acconto deve essere preceduta dalla esecuzione di un progetto di ripartizione parziale.

3. Se nell'incarico si sono succeduti più curatori, il compenso è stabilito secondo criteri di proporzionalità ed è liquidato, in ogni caso, al termine della procedura, salvi eventuali acconti.

4. Nessun compenso, oltre quello liquidato dal tribunale, può essere preteso dal curatore, nemmeno per rimborso di spese. Le promesse e i pagamenti fatti contro questo divieto sono nulli ed è sempre ammessa la ripetizione di ciò che è stato pagato, indipendentemente dall'esercizio dell'azione penale.

5. Quando sono nominati esperti ai sensi dell'articolo 49, comma 3, lettera b), alla liquidazione del compenso si applica il comma 3.

138. Nomina del comitato dei creditori. – 1. Il comitato dei creditori è nominato dal giudice delegato entro trenta giorni dalla sentenza che ha aperto la liquidazione giudiziale, sulla base delle risultanze documentali, sentito il curatore e tenuto conto della disponibilità ad assumere l'incarico e delle altre indicazioni eventualmente date dai creditori con la domanda di ammissione al passivo o precedentemente. Salvo quanto previsto dall'articolo 139, la composizione del comitato può essere modificata dal giudice delegato in relazione alle variazioni dello stato passivo o per altro giustificato motivo.

2. Il comitato è composto di tre o cinque membri scelti tra i creditori, in modo da rappresentare in misura equilibrata quantità e qualità dei crediti e avuto riguardo alla possibilità di soddisfacimento dei crediti stessi.

3. Il comitato, entro dieci giorni dalla nomina, provvede, su convocazione del curatore, a nominare a maggioranza il proprio presidente.

4. Alla sostituzione dei membri del comitato provvede il giudice delegato secondo i criteri dettati dai commi 1 e 2.

5. Il comitato dei creditori si considera costituito con l'accettazione della nomina da parte dei suoi componenti comunicata al curatore che ne informa immediatamente il giudice delegato.

6. Il componente del comitato che si trova in conflitto di interessi si astiene dalla votazione.

7. Ciascun componente del comitato dei creditori può delegare, a sue spese, a un avvocato o a un dottore commercialista, in tutto o in parte, l'espletamento delle proprie funzioni, dandone comunicazione al giudice delegato.

139. Sostituzione e compenso dei componenti del comitato dei creditori. – 1. I creditori che rappresentano la maggioranza dei crediti ammessi possono effettuare nuove designazioni in ordine ai componenti del comitato dei creditori, nel rispetto dei criteri di cui all'articolo 138. Il giudice delegato provvede alla nomina dei soggetti designati, verificato il rispetto delle condizioni di cui all'articolo 138, commi 1 e 2.

2. Dal computo dei crediti, su istanza di uno o più creditori, sono esclusi quelli che si trovino in conflitto di interessi.

3. Il giudice delegato, su istanza del comitato dei creditori, acquisito il parere del curatore, può stabilire che ai componenti del comitato dei creditori sia attribuito, oltre al rimborso delle spese, un compenso per la loro attività, in misura non superiore al dieci per cento di quello liquidato al curatore.

140. Funzioni e responsabilità del comitato dei creditori e dei suoi componenti. – 1. Il comitato dei creditori vigila sull'operato del curatore, ne autorizza gli atti ed esprime pareri nei casi previsti dalla legge, ovvero su richiesta del tribunale o del giudice delegato, succintamente motivando le proprie deliberazioni.

2. Il presidente convoca il comitato per le deliberazioni di competenza o quando sia richiesto da un terzo dei suoi componenti.

3. Le deliberazioni del comitato sono prese a maggioranza dei votanti, nel termine massimo di quindici giorni successivi a quello in cui la richiesta è pervenuta al presidente. Il voto può essere espresso in riunioni collegiali o mediante consultazioni telematiche, purché sia possibile conservare la prova della manifestazione di voto.

4. In caso di inerzia, di impossibilità di costituzione per insufficienza di numero o indisponibilità dei creditori, o di funzionamento del comitato o di urgenza, provvede il giudice delegato.

5. Il comitato e ogni suo componente possono ispezionare in qualunque tempo le scritture contabili e i documenti della procedura e hanno diritto di chiedere notizie e chiarimenti al curatore e al debitore. Se ricorrono le circostanze di cui al comma 4 gli stessi poteri possono essere esercitati da ciascun creditore, previa l'autorizzazione del giudice delegato.

6. I componenti del comitato hanno diritto al rimborso delle spese, oltre all'eventuale compenso riconosciuto ai sensi e nelle forme di cui all'articolo 139, comma 3.

7. Ai componenti del comitato dei creditori si applica, in quanto compatibile, l'articolo 2407, primo e terzo comma, del codice civile.

8. L'azione di responsabilità può essere proposta dal curatore durante lo svolgimento della procedura. Il giudice delegato provvede all'immediata sostituzione dei componenti del comitato dei creditori nei confronti dei quali ha autorizzato l'azione.

141. Reclamo contro gli atti del comitato dei creditori. – 1. Contro le autorizzazioni o i dinieghi del comitato dei creditori, il curatore, il debitore e ogni altro interessato possono proporre reclamo, per violazione di legge, al giudice delegato entro otto giorni dalla conoscenza dell'atto. Il giudice delegato decide sul reclamo sentite le parti, omessa ogni formalità non indispensabile al contraddittorio.

2. Contro il decreto del giudice delegato può essere proposto il reclamo previsto dall'articolo 124.

Sezione II
Effetti dell'apertura della liquidazione giudiziale per il debitore

142. Beni del debitore. – 1. La sentenza che dichiara aperta la liquidazione giudiziale priva dalla sua data il debitore dell'amministrazione e della disponibilità dei suoi beni esistenti alla data di apertura della liquidazione giudiziale.

2. Sono compresi nella liquidazione giudiziale anche i beni che pervengono al debitore durante la procedura, dedotte le passività incontrate per l'acquisto e la conservazione dei beni medesimi.

3. Il curatore, previa autorizzazione del comitato dei creditori, può rinunziare ad acquisire i beni del debitore, compresi quelli che gli pervengono durante la procedura, qualora i costi da sostenere per il loro acquisto e la loro conservazione risultino superiori al presumibile valore di realizzo dei beni stessi.

143. Rapporti processuali. – 1. Nelle controversie, anche in corso, relative a rapporti di diritto patrimoniale del debitore compresi nella liquidazione giudiziale sta in giudizio il curatore.

2. Il debitore può intervenire nel giudizio solo per le questioni dalle quali può dipendere un'imputazione di bancarotta a suo carico o se l'intervento è previsto dalla legge.

3. L'apertura della liquidazione giudiziale determina l'interruzione del processo. Il termine per la riassunzione del processo interrotto decorre da quando l'interruzione viene dichiarata dal giudice.

144. Atti compiuti dal debitore dopo l'apertura della liquidazione giudiziale. – 1. Gli atti compiuti dal debitore e i pagamenti da lui eseguiti o ricevuti dopo l'apertura della liquidazione giudiziale sono inefficaci rispetto ai creditori.

2. Fermo quanto previsto dall'articolo 142, comma 2, sono acquisite alla liquidazione giudiziale tutte le utilità che il debitore consegue nel corso della procedura per effetto degli atti di cui al comma 1.

145. Formalità eseguite dopo l'apertura della liquidazione giudiziale. – 1. Le formalità necessarie per rendere opponibili gli atti ai terzi, se compiute dopo la data dell'apertura della liquidazione giudiziale, sono senza effetto rispetto ai creditori.

146. Beni non compresi nella liquidazione giudiziale. – 1. Non sono compresi nella liquidazione giudiziale:

a) i beni e i diritti di natura strettamente personale;

b) gli assegni aventi carattere alimentare, gli stipendi, le pensioni, i salari e ciò che il debitore guadagna con la sua attività, entro i limiti di quanto occorre per il mantenimento suo e della sua famiglia;

c) i frutti derivanti dall'usufrutto legale sui beni dei figli, i beni costituiti in fondo patrimoniale e i frutti di essi, salvo quanto è disposto dall'articolo 170 del codice civile;

d) le cose che non possono essere pignorate per disposizione di legge.

2. I limiti previsti al comma 1, lettera b), sono fissati con decreto motivato del giudice delegato, sentiti il curatore ed il comitato dei creditori, tenuto conto della condizione personale del debitore e di quella della sua famiglia.

147. Alimenti ed abitazione del debitore. – 1. Se al debitore vengono a mancare i mezzi di sussistenza, il giudice delegato, sentiti il curatore e il comitato dei creditori, può concedergli un sussidio a titolo di alimenti per lui e per la famiglia.

2. La casa della quale il debitore è proprietario o può godere in quanto titolare di altro diritto reale, nei limiti in cui è necessaria all'abitazione di lui e della famiglia, non può essere distratta da tale uso fino alla sua liquidazione.

148. Corrispondenza diretta al debitore. – 1. Il debitore persona fisica, è tenuto a consegnare al curatore la propria corrispondenza di ogni genere, inclusa quella elettronica, riguardante i rapporti compresi nella liquidazione giudiziale.

2. La corrispondenza diretta al debitore che non è una persona fisica è consegnata al curatore.

149. Obblighi del debitore. – 1. Il debitore, se persona fisica, nonché gli amministratori o i liquidatori della società o dell'ente nei cui confronti è aperta la liquidazione giudiziale, sono tenuti a comunicare al curatore la propria residenza ovvero il proprio domicilio e ogni loro cambiamento.

2. Se occorrono informazioni o chiarimenti ai fini della gestione della procedura, i soggetti di cui al comma 1 devono presentarsi personalmente al giudice delegato, al curatore o al comitato dei creditori.

3. In caso di legittimo impedimento o di altro giustificato motivo, i medesimi soggetti possono essere autorizzati dal giudice delegato a comparire per mezzo di un procuratore.

Sezione III
Effetti dell'apertura della liquidazione giudiziale per i creditori

150. Divieto di azioni esecutive e cautelari individuali. – 1. Salvo diversa disposizione della legge, dal giorno della dichiarazione di apertura della liquidazione giudiziale nessuna azione individuale esecutiva o cautelare anche per crediti maturati durante la liquidazione giudiziale, può essere iniziata o proseguita sui beni compresi nella procedura.

151. Concorso dei creditori. – 1. La liquidazione giudiziale apre il concorso dei creditori sul patrimonio del debitore.

2. Ogni credito, anche se munito di diritto di prelazione o prededucibile, nonché ogni diritto reale o personale, mobiliare o immobiliare, deve essere accertato secondo le norme stabilite dal capo III del presente titolo, salvo diverse disposizioni della legge.

3. Le disposizioni del comma 2 si applicano anche ai crediti esentati dal divieto di cui all'articolo 150.

152. Creditori muniti di pegno o privilegio su mobili. – 1. I crediti garantiti da pegno o assistiti da privilegio a norma degli articoli 2756 e 2761 del codice civile possono essere realizzati al di fuori della liquidazione giudiziale anche durante la procedura, dopo che sono stati ammessi al passivo con prelazione.

2. Per essere autorizzato alla vendita il creditore fa istanza al giudice delegato, il quale, sentiti il curatore e il comitato dei creditori, stabilisce con decreto il tempo della vendita, determinandone le modalità a norma dell'articolo 216. Il giudice delegato può assegnare i beni al creditore che ne ha fatto istanza. Il giudice delegato provvede acquisita la valutazione dei beni oggetto del provvedimento di autorizzazione o di assegnazione.

3. Se il ricavato della vendita, al netto delle spese o, in caso di assegnazione, il valore di stima è superiore all'importo del credito ammesso al passivo con prelazione, il creditore ne versa al curatore l'eccedenza.

4. Il giudice delegato, sentito il comitato dei creditori, se è stato nominato, può anche autorizzare il curatore a riprendere le cose sottoposte a pegno o a privilegio, pagando il creditore, o ad eseguire la vendita nei modi stabiliti dal comma 2.

153. Diritto dei creditori privilegiati nella ripartizione dell'attivo. – 1. I creditori garantiti da ipoteca, pegno o privilegio fanno valere il loro diritto di prelazione sul prezzo dei beni vincolati per il capitale, gli interessi e le spese; se non sono soddisfatti integralmente, concorrono, per quanto è ancora loro dovuto, con i creditori chirografari nelle ripartizioni del resto dell'attivo.

2. Essi hanno diritto di concorrere anche nelle ripartizioni che si eseguono prima della distribuzione del prezzo dei beni vincolati a loro garanzia. In tal caso, se ottengono un'utile collocazione definitiva su questo prezzo per la totalità del loro credito, computati in primo luogo gli interessi, l'importo ricevuto nelle ripartizioni anteriori viene detratto dalla somma loro assegnata per essere attribuito ai creditori chirografari. Se la collocazione utile ha luogo per una parte del credito garantito, per il capitale non soddisfatto essi hanno diritto di trattenere solo la percentuale definitiva assegnata ai creditori chirografari.

3. L'estensione del diritto di prelazione agli interessi è regolata dagli articoli 2749,2788 e 2855, commi secondo e terzo, del codice civile, intendendosi equiparata la dichiarazione di apertura della liquidazione giudiziale all'atto di pignoramento. Per i crediti assistiti da privilegio generale, il decorso degli interessi cessa alla data del deposito del progetto di riparto nel quale il credito è soddisfatto anche se parzialmente.

4. Se il credito è garantito da ipoteca, la prelazione si estende anche alle spese della costituzione, dell'iscrizione e della rinnovazione dell'ipoteca.

5. Se il credito è garantito da pegno o assistito da privilegio speciale a norma degli articoli 2756 e 2761 del codice civile, la prelazione si estende anche alle spese della costituzione del pegno e, nel caso previsto dall'articolo 152, commi 1 e 2, alle spese di conservazione e vendita del bene costituito in pegno o oggetto del privilegio, nonché alle spese di individuazione e consegna del bene oggetto di pegno non possessorio.

154. Crediti pecuniari. – 1. La dichiarazione di apertura della liquidazione giudiziale sospende il corso degli interessi convenzionali o legali, agli effetti del concorso, fino alla chiusura della procedura ovvero fino all'archiviazione disposta ai sensi dell'articolo 234, comma 7, a meno che i crediti non siano garantiti da ipoteca, da pegno o privilegio, salvo quanto è disposto dall'articolo 153, comma 3.

2. I crediti pecuniari si considerano scaduti, agli effetti del concorso, alla data della dichiarazione di apertura della liquidazione giudiziale.

3. I crediti condizionali partecipano al concorso a norma degli articoli 204, 226 e 227. Sono compresi tra i crediti condizionali quelli che non possono essere fatti valere contro il debitore il cui patrimonio è sottoposto alla liquidazione giudiziale, se non previa escussione di un obbligato principale.

155. Compensazione. – 1. I creditori possono opporre in compensazione dei loro debiti verso il debitore il cui patrimonio è sottoposto alla liquidazione giudiziale i propri crediti verso quest'ultimo, ancorché non scaduti prima dell'apertura della procedura concorsuale.

2. La compensazione non ha luogo se il creditore ha acquistato il credito per atto tra vivi dopo il deposito della domanda cui è seguita l'apertura della liquidazione giudiziale o nell'anno anteriore.

156. Crediti infruttiferi. – I crediti infruttiferi non ancora scaduti alla data dell'apertura della liquidazione giudiziale sono ammessi al passivo per l'intera somma. Tuttavia ad ogni singola ripartizione saranno detratti gli interessi composti, in ragione del saggio stabilito dall'articolo 1284 del codice civile, per il tempo che resta a decorrere dalla data del mandato di pagamento sino al giorno della scadenza del credito.

157. Obbligazioni ed altri titoli di debito. – 1. I crediti derivanti da obbligazioni e da altri titoli di debito sono ammessi al passivo per il loro valore nominale, detratti i rimborsi già effettuati; se è previsto un premio da estrarre a sorte, il suo valore attualizzato viene distribuito tra tutti i titoli che hanno diritto al sorteggio.

158. Crediti non pecuniari. – 1. I crediti non scaduti, aventi per oggetto una prestazione in danaro determinata con riferimento ad altri valori o aventi per oggetto una prestazione diversa dal danaro, concorrono secondo il loro valore alla data di apertura della liquidazione giudiziale.

2. In deroga a quanto previsto dal comma 1, la rivalutazione dei crediti di lavoro è ammessa anche dopo la domanda di accesso agli strumenti di regolazione della crisi e dell'insolvenza e dopo l'apertura di una procedura di insolvenza. La rivalutazione è ammessa, negli strumenti di regolazione della crisi e dell'insolvenza, fino alla definitività della sentenza di omologazione e, nelle procedure di insolvenza, fino al decreto pronunciato ai sensi dell'articolo 204, comma 4, in relazione alle domande di ammissione al passivo depositate nel termine di cui all'articolo 201, comma 1 (1).

(1) Comma aggiunto dall'art. 27, co. 1, d.lg. 17/6/2022, n. 83.

159. Rendita perpetua e rendita vitalizia. – 1. Se nel passivo della liquidazione giudiziale sono presenti crediti per rendita perpetua, questa è riscattata a norma dell'articolo 1866 del codice civile.

2. Il creditore di una rendita vitalizia è ammesso al passivo per una somma equivalente al valore capitale della rendita stessa al momento dell'apertura della liquidazione giudiziale.

160. Creditore di più coobbligati solidali. – 1. Il creditore di più coobbligati in solido concorre nella liquidazione giudiziale del patrimonio di quelli che sono sottoposti a tale procedura, per l'intero credito in capitale e accessori, sino al totale pagamento.

2. Il regresso tra i coobbligati può essere esercitato solo dopo che il creditore sia stato soddisfatto per l'intero credito.

161. Creditore di più coobbligati solidali parzialmente soddisfatto. – 1. Il creditore che, prima dell'apertura della liquidazione giudiziale, ha ricevuto da un coobbligato in solido con il debitore il cui patrimonio è sottoposto alla procedura concorsuale, o da un fideiussore, una parte del proprio credito, ha diritto di concorrere nella liquidazione giudiziale per la parte non riscossa.

2. Il coobbligato che ha diritto di regresso verso il debitore ha diritto di concorrere nella liquidazione giudiziale di questo per la somma pagata.

3. Tuttavia il creditore ha diritto di farsi assegnare la quota di riparto spettante al coobbligato fino a concorrenza di quanto ancora dovutogli. Resta impregiudicato il diritto verso il coobbligato se il creditore rimane parzialmente insoddisfatto.

162. Coobbligato o fideiussore con diritto di garanzia. – 1. Il coobbligato o fideiussore del debitore sottoposto a liquidazione giudiziale che ha un diritto di pegno o di ipoteca sui beni di lui a garanzia della sua azione di regresso concorre nella liquidazione giudiziale per la somma per la quale ha ipoteca o pegno.

2. Il ricavato della vendita dei beni ipotecati o delle cose date in pegno spetta al creditore in deduzione della somma dovuta.

Sezione IV
Effetti della liquidazione giudiziale sugli atti pregiudizievoli ai creditori

163. Atti a titolo gratuito. – 1. Sono privi di effetto rispetto ai creditori, se compiuti dal debitore dopo il deposito della domanda cui è seguita l'apertura della liquidazione giudiziale o nei due anni anteriori, gli atti a titolo gratuito, esclusi i regali d'uso e gli atti compiuti in adempimento di un dovere morale o a scopo di pubblica utilità, in quanto la liberalità sia proporzionata al patrimonio del donante.

2. I beni oggetto degli atti di cui al comma 1 sono acquisiti al patrimonio della liquidazione giudiziale mediante trascrizione della sentenza che ha dichiarato l'apertura della procedura concorsuale. Nel caso di cui al presente articolo ogni interessato può proporre reclamo avverso la trascrizione a norma dell'articolo 133.

164. Pagamenti di crediti non scaduti e postergati. – 1. Sono privi di effetto rispetto ai creditori i pagamenti di crediti che scadono nel giorno della dichiarazione di apertura della liquidazione giudiziale o posteriormente, se sono stati eseguiti dal debitore dopo il deposito della domanda cui è seguita l'apertura della procedura concorsuale o nei due anni anteriori.

2. Sono privi di effetto rispetto ai creditori i rimborsi dei finanziamenti dei soci a favore della società se sono stati eseguiti dal debitore dopo il deposito della domanda cui è seguita l'apertura della procedura concorsuale o nell'anno anteriore. Si applica l'articolo 2467, secondo comma, codice civile.

3. La disposizione di cui al comma 2 si applica anche al rimborso dei finanziamenti effettuati a favore della società assoggettata alla liquidazione giudiziale da chi esercita attività di direzione e coordinamento nei suoi confronti o da altri soggetti ad essa sottoposti.

165. Azione revocatoria ordinaria. – 1. Il curatore può domandare che siano dichiarati inefficaci gli atti compiuti dal debitore in pregiudizio dei creditori, secondo le norme del codice civile.

2. L'azione si propone dinanzi al tribunale competente ai sensi dell'articolo 27 sia in confronto del contraente immediato, sia in confronto dei suoi aventi causa nei casi in cui sia proponibile contro costoro.

166. Atti a titolo oneroso, pagamenti, garanzie. – 1. Sono revocati, salvo che l'altra parte provi che non conosceva lo stato d'insolvenza del debitore:

a) gli atti a titolo oneroso in cui le prestazioni eseguite o le obbligazioni assunte dal debitore sorpassano di oltre un quarto ciò che a lui è stato dato o promesso, se compiuti dopo il deposito della domanda cui è seguita l'apertura della liquidazione giudiziale o nell'anno anteriore;

b) gli atti estintivi di debiti pecuniari scaduti ed esigibili non effettuati con danaro o con altri mezzi normali di pagamento, se compiuti dopo il deposito della domanda cui è seguita l'apertura della liquidazione giudiziale o nell'anno anteriore;

c) i pegni, le anticresi e le ipoteche volontarie costituiti dopo il deposito della domanda cui è seguita l'apertura della liquidazione giudiziale o nell'anno anteriore per debiti preesistenti non scaduti;

d) i pegni, le anticresi e le ipoteche giudiziali o volontarie costituiti dopo il deposito della domanda cui è seguita l'apertura della liquidazione giudiziale o nei sei mesi anteriori per debiti scaduti.

2. Sono altresì revocati, se il curatore prova che l'altra parte conosceva lo stato d'insolvenza del debitore, i pagamenti di debiti liquidi ed esigibili, gli atti a titolo oneroso e quelli costitutivi di un diritto di prelazione per debiti, anche di terzi, contestualmente creati, se compiuti dal debitore dopo il deposito della domanda cui è seguita l'apertura della liquidazione giudiziale o nei sei mesi anteriori.

3. Non sono soggetti all'azione revocatoria:

a) i pagamenti di beni e servizi effettuati nell'esercizio dell'attività d'impresa nei termini d'uso;

b) le rimesse effettuate su un conto corrente bancario che non hanno ridotto in maniera [*consistente e*] durevole l'esposizione del debitore nei confronti della banca (1);

c) le vendite e i preliminari di vendita trascritti ai sensi dell'articolo 2645-bis del codice civile, i cui effetti non siano cessati ai sensi del comma terzo della suddetta disposizione, conclusi a giusto prezzo e aventi ad oggetto immobili ad uso abitativo, destinati a costituire l'abitazione principale dell'acquirente o di suoi parenti e affini entro il terzo grado, ovvero immobili ad uso non abitativo destinati a costituire la sede principale dell'attività d'impresa dell'acquirente, purché alla data dell'apertura della liquidazione giudiziale tale attività sia effettivamente esercitata ovvero siano stati compiuti investimenti per darvi inizio;

d) gli atti, i pagamenti effettuati e le garanzie concesse su beni del debitore posti in essere in esecuzione del piano attestato di cui all'articolo 56 o di cui all'articolo 284 e in esso indicati. L'esclusione non opera in caso di dolo o colpa grave dell'attestatore o di dolo o colpa grave del debitore, quando il creditore ne era a conoscenza al momento del compimento dell'atto, del pagamento o della costituzione della garanzia. L'esclusione opera anche con riguardo all'azione revocatoria ordinaria;

e) gli atti, i pagamenti e le garanzie su beni del debitore posti in essere in esecuzione del concordato preventivo, del piano di ristrutturazione di cui all'articolo 64-bis omologato e dell'accordo di ristrutturazione omologato e in essi indicati, nonché gli atti, i pagamenti e le garanzie legalmente posti in essere [*e*] dal debitore dopo il deposito della domanda di accesso al concordato preventivo o all'accordo di ristrutturazione. L'esclusione opera anche con riguardo all'azione revocatoria ordinaria (2);

f) i pagamenti eseguiti dal debitore a titolo di corrispettivo di prestazioni di lavoro effettuate da suoi dipendenti o altri suoi collaboratori, anche non subordinati;

g) i pagamenti di debiti liquidi ed esigibili eseguiti dal debitore alla scadenza per ottenere la prestazione di servizi strumentali all'accesso agli strumenti di regolazione della crisi e dell'insolvenza e alle procedure di insolvenza previsti dal presente codice (3).

4. Le disposizioni di questo articolo non si applicano all'istituto di emissione, alle operazioni di credito su pegno e di credito fondiario; sono salve le disposizioni delle leggi speciali.

(1) Lettera modificata dall'art. 20, co. 1, d.lg. 26/10/2020, n. 147

(2) Lettera modificata dall'art. 20, co. 1, d.lg. 26/10/2020, n. 147 e dall'art. 28, co. 1, lett. a), d.lg. 17/6/2022, n. 83.

(3) Lettera modificata dall'art. 28, co. 1, lett. b), d.lg. 17/6/2022, n. 83.

167. Patrimoni destinati ad uno specifico affare. – 1. Gli atti che incidono su un patrimonio destinato ad uno specifico affare previsto dall'articolo 2447-bis, primo comma, lettera a), del codice civile sono revocabili quando pregiudicano il patrimonio della società. Il presupposto soggettivo dell'azione è costituito dalla conoscenza dello stato d'insolvenza della società.

168. Pagamento di cambiale scaduta. – 1. In deroga a quanto disposto dall'articolo 166, comma 2, non può essere revocato il pagamento di una cambiale, se il possessore di questa doveva accettarlo per non perdere l'azione cambiaria di regresso. In tal caso, l'ultimo obbligato in via di regresso, in confronto del quale il curatore provi che conosceva lo stato di insolvenza del principale obbligato quando ha tratto o girato la cambiale, deve versare la somma riscossa al curatore.

169. Atti compiuti tra coniugi, parti di un'unione civile tra persone dello stesso sesso o conviventi di fatto. – 1. Gli atti previsti dall'articolo 166, compiuti tra coniugi, parti di un'unione civile tra persone dello stesso sesso o conviventi di fatto nel tempo in cui il debitore esercitava un'impresa e quelli a titolo gratuito compiuti tra le stesse persone più di due anni prima della data di deposito della domanda cui è seguita l'apertura della liquidazione giudiziale, ma nel tempo in cui il debitore esercitava un'impresa, sono revocati se il coniuge o la parte di un'unione civile tra persone dello stesso sesso o il convivente di fatto non prova che ignorava lo stato d'insolvenza del debitore.

170. Limiti temporali delle azioni revocatorie e d'inefficacia (1). – 1. Le azioni revocatorie e di inefficacia disciplinate nella presente sezione non possono essere promosse dal curatore decorsi tre anni dall'apertura della liquidazione giudiziale e comunque si prescrivono decorsi cinque anni dal compimento dell'atto.

2. Quando alla domanda di accesso a una procedura concorsuale segue l'apertura della liquidazione giudiziale, i termini di cui agli articoli 163, 164, 166, commi 1 e 2, e 169 decorrono dalla data di pubblicazione della predetta domanda di accesso.

(1) Articolo sostituito dall'art. 20, co. 2, d.lg. 26/10/2020, n. 147. Per la decorrenza vedi l'art. 42, co.1, d.lg. n. 147/2020 medesimo.

171. Effetti della revocazione. – 1. La revocatoria dei pagamenti avvenuti tramite intermediari specializzati, procedure di compensazione multilaterale o società previste dall'articolo 1 della legge 23 novembre 1939, n. 1966, si esercita e produce effetti nei confronti del destinatario della prestazione.

2. Colui che, per effetto della revoca prevista dalle disposizioni precedenti, ha restituito quanto aveva ricevuto è ammesso al passivo della liquidazione giudiziale per il suo eventuale credito.

3. Qualora la revoca abbia ad oggetto atti estintivi di posizioni passive derivanti da rapporti di conto corrente bancario o comunque rapporti continuativi o reiterati, il terzo deve restituire una somma pari alla differenza tra l'ammontare massimo raggiunto dalle sue pretese, nel periodo per il quale è provata la conoscenza dello stato d'insolvenza, e l'ammontare residuo delle stesse, alla data in cui si è aperto il concorso. Resta salvo il diritto del convenuto d'insinuare al passivo un credito d'importo corrispondente a quanto restituito.

Sezione V
Effetti della liquidazione giudiziale sui rapporti giuridici pendenti

172. Rapporti pendenti. – 1. Se un contratto è ancora ineseguito o non compiutamente eseguito nelle prestazioni principali da entrambe le parti al momento in cui è aperta la procedura di liquidazione giudiziale l'esecuzione del contratto, fatte salve le diverse disposizioni della presente sezione, rimane sospesa fino a quando il curatore, con l'autorizzazione del comitato dei creditori, dichiara di subentrare nel contratto in luogo del debitore, assumendo, a decorrere dalla data del subentro, tutti i relativi obblighi, ovvero di sciogliersi dal medesimo salvo che, nei contratti ad effetti reali, sia già avvenuto il trasferimento del diritto.

2. Il contraente può mettere in mora il curatore, facendogli assegnare dal giudice delegato un termine non superiore a sessanta giorni, decorso il quale il contratto si intende sciolto.
3. In caso di prosecuzione del contratto, sono prededucibili soltanto i crediti maturati nel corso della procedura.
4. In caso di scioglimento del contratto, il contraente ha diritto di far valere nel passivo della liquidazione giudiziale il credito conseguente al mancato adempimento, senza che gli sia dovuto risarcimento del danno.
5. L'azione di risoluzione del contratto promossa prima dell'apertura della liquidazione giudiziale nei confronti della parte inadempiente spiega i suoi effetti nei confronti del curatore, fatta salva, nei casi previsti, l'efficacia della trascrizione della domanda; se il contraente intende ottenere con la pronuncia di risoluzione la restituzione di una somma o di un bene, ovvero il risarcimento del danno, deve proporre la domanda secondo le disposizioni di cui al capo III del presente titolo.
6. Sono inefficaci le clausole negoziali che fanno dipendere la risoluzione del contratto dall'apertura della liquidazione giudiziale.
7. Sono salve le norme speciali in materia di contratti pubblici.

173. Contratti preliminari. – 1. Il curatore può sciogliersi dal contratto preliminare di vendita immobiliare anche quando il promissario acquirente abbia proposto e trascritto prima dell'apertura della liquidazione giudiziale domanda di esecuzione in forma specifica ai sensi dell'articolo 2932 del codice civile, ma lo scioglimento non è opponibile al promissario acquirente se la domanda viene successivamente accolta.
2. In caso di scioglimento del contratto preliminare di vendita immobiliare trascritto ai sensi dell'articolo 2645-bis del codice civile, il promissario acquirente ha diritto di far valere il proprio credito nel passivo, senza che gli sia dovuto il risarcimento del danno, e gode del privilegio di cui all'articolo 2775-bis del codice civile, a condizione che gli effetti della trascrizione del contratto preliminare non siano cessati anteriormente alla data dell'apertura della liquidazione giudiziale.
3. Fatto salvo quanto previsto dall'articolo 174, il contratto preliminare di vendita trascritto ai sensi dell'articolo 2645-bis del codice civile non si scioglie se ha ad oggetto un immobile ad uso abitativo destinato a costituire l'abitazione principale del promissario acquirente o di suoi parenti ed affini entro il terzo grado ovvero un immobile ad uso non abitativo destinato a costituire la sede principale dell'attività di impresa del promissario acquirente, sempre che gli effetti della trascrizione non siano cessati anteriormente alla data dell'apertura della liquidazione giudiziale e il promissario acquirente ne chieda l'esecuzione nel termine e secondo le modalità stabilite per la presentazione delle domande di accertamento dei diritti dei terzi sui beni compresi nella procedura.
4. Nei casi di subentro del curatore nel contratto preliminare di vendita, l'immobile è trasferito e consegnato al promissario acquirente nello stato in cui si trova. Gli acconti corrisposti prima dell'apertura della liquidazione giudiziale sono opponibili alla massa in misura pari alla metà dell'importo che il promissario acquirente dimostra di aver versato. Il giudice delegato, una volta eseguita la vendita e riscosso interamente il prezzo, ordina con decreto la cancellazione delle iscrizioni relative ai diritti di prelazione, nonché delle trascrizioni dei pignoramenti e dei sequestri conservativi e di ogni altro vincolo.

174. Contratti relativi a immobili da costruire. – 1. I contratti di cui all'articolo 5 del decreto legislativo 20 giugno 2005, n. 122, si sciolgono se, prima che il curatore comunichi la scelta tra esecuzione o scioglimento, l'acquirente abbia escusso la fideiussione a garanzia della restituzione di quanto versato al costruttore, dandone altresì comunicazione al curatore. In ogni caso, la fideiussione non può essere escussa dopo che il curatore ha comunicato di voler dare esecuzione al contratto.

175. Contratti di carattere personale. – 1. I contratti di carattere personale si sciolgono per effetto dell'apertura della procedura di liquidazione giudiziale nei confronti di uno dei contraenti, salvo che il curatore, con l'autorizzazione del comitato dei creditori e il consenso dell'altro contraente, manifesti la volontà di subentrarvi, assumendo, a decorrere dalla data del subentro, tutti i relativi obblighi.
2. Ai fini di cui al comma 1, i contratti sono di carattere personale quando la considerazione della qualità soggettiva della parte nei cui confronti è aperta la liquidazione giudiziale è stata motivo determinante del consenso.

176. Effetti sui finanziamenti destinati ad uno specifico affare. – 1. L'apertura della liquidazione giudiziale della società determina lo scioglimento del contratto di finanziamento di cui all'articolo 2447-bis, primo comma, lettera b), del codice civile quando impedisce la realizzazione o la continuazione dell'operazione. In caso contrario, il curatore, sentito il parere del comitato dei creditori, può decidere di subentrare nel contratto in luogo della società, assumendo, a decorrere dalla data del subentro, tutti i relativi obblighi.
2. Se il curatore non subentra nel contratto, il finanziatore può chiedere al giudice delegato di essere autorizzato, sentito il comitato dei creditori, a realizzare o a continuare l'operazione, in proprio o affidandola a terzi; in tale ipotesi il finanziatore può trattenere i proventi dell'affare e può insinuarsi al passivo della procedura in via chirografaria per l'eventuale credito residuo.
3. Nelle ipotesi ai commi 1, secondo periodo e 2, resta ferma la disciplina prevista dall'articolo 2447-decies, terzo, quarto e quinto comma, del codice civile.
4. Qualora, nel caso di cui al comma 1, non si verifichi alcuna delle ipotesi previste ai commi 1, secondo periodo e 2, si applica l'articolo 2447-decies, sesto comma, del codice civile.

177. Locazione finanziaria. – 1. In caso di apertura della liquidazione giudiziale del patrimonio dell'utilizzatore, quando il curatore decide di sciogliersi dal contratto di locazione finanziaria a norma dell'articolo 172, il concedente ha diritto alla restituzione del bene ed è tenuto a versare alla curatela l'eventuale differenza fra la maggiore somma ricavata dalla vendita o da altra collocazione del bene a valori di mercato rispetto al credito residuo in linea capitale, determinato ai sensi dell'articolo 97, comma 12, primo periodo; per le somme già riscosse si applica l'articolo 166, comma 3, lettera a).
2. Il concedente ha diritto di insinuarsi nello stato passivo per la differenza fra il credito vantato alla data di apertura della liquidazione giudiziale e quanto ricavabile dalla nuova allocazione del bene secondo la stima disposta dal giudice delegato.
3. In caso di apertura della liquidazione giudiziale nei confronti di società autorizzata alla concessione di finanziamenti sotto forma di locazione finanziaria, il contratto prosegue. L'utilizzatore conserva la facoltà di acquistare, alla scadenza del contratto, la proprietà del bene, previo pagamento dei canoni e del prezzo pattuito.

178. Vendita con riserva di proprietà. – 1. Nella vendita con riserva di proprietà, in caso di apertura della liquidazione giudiziale del patrimonio del compratore, se il prezzo deve essere pagato a termine o a rate, il curatore può subentrare nel contratto con l'autorizzazione del comitato dei creditori. Il venditore può chiedere cauzione a meno che il curatore paghi immediatamente il prezzo con lo sconto dell'interesse legale. Qualora il curatore si sciolga dal contratto, il venditore deve restituire le rate di prezzo già riscosse, salvo il diritto ad un equo compenso per l'uso della cosa, che può essere compensato con il credito avente ad oggetto la restituzione delle rate pagate.

2. L'apertura della liquidazione giudiziale nei confronti del venditore non è causa di scioglimento del contratto.

179. Contratti ad esecuzione continuata o periodica. – 1. Se il curatore subentra in un contratto ad esecuzione continuata o periodica deve pagare integralmente il prezzo delle consegne avvenute e dei servizi erogati dopo l'apertura della liquidazione giudiziale.

2. Il creditore può chiedere l'ammissione al passivo del prezzo delle consegne avvenute e dei servizi erogati prima dell'apertura della liquidazione giudiziale.

180. Restituzione di cose non pagate. – 1. Se la cosa mobile oggetto della vendita è già stata spedita al compratore prima che nei suoi confronti sia stata aperta la liquidazione, ma non è ancora a sua disposizione nel luogo di destinazione, né altri ha acquistato diritti sulla medesima, il venditore può riprenderne il possesso, assumendo a suo carico le spese e restituendo gli acconti ricevuti, sempreché egli non preferisca dar corso al contratto facendo valere nel passivo il credito per il prezzo, o il curatore non intenda farsi consegnare la cosa pagandone il prezzo integrale.

181. Contratto di borsa a termine. – 1. Il contratto di borsa a termine, se il termine scade dopo l'apertura della liquidazione giudiziale del patrimonio di uno dei contraenti, si scioglie alla data dell'apertura della procedura.

2. La differenza fra il prezzo contrattuale e il valore delle cose o dei titoli alla data dell'apertura della procedura è versata al curatore, se il contraente il cui patrimonio è sottoposto a liquidazione giudiziale risulta in credito o è ammessa al passivo nel caso contrario.

182. Associazione in partecipazione. – 1. L'associazione in partecipazione si scioglie per effetto dell'apertura della liquidazione giudiziale nei confronti dell'associante.

2. L'associato ha diritto di far valere nel passivo della liquidazione giudiziale il credito per quella parte dei conferimenti che non è assorbita dalle perdite a suo carico.

3. L'associato è tenuto al versamento della parte ancora dovuta nei limiti delle perdite che sono a suo carico. Nei suoi confronti è applicata la procedura prevista dall'articolo 260.

183. Conto corrente, mandato, commissione. – 1. I contratti di conto corrente, anche bancario, e di commissione, si sciolgono per effetto dell'apertura della liquidazione giudiziale nei confronti di una delle parti.

2. Il contratto di mandato si scioglie per effetto dell'apertura della liquidazione giudiziale nei confronti del mandatario.

3. Se il curatore della liquidazione giudiziale del patrimonio del mandante subentra nel contratto, il credito del mandatario per l'attività compiuta dopo l'apertura della procedura è soddisfatto in prededuzione.

184. Contratto di affitto di azienda. – 1. L'apertura della liquidazione giudiziale nei confronti del concedente non scioglie il contratto di affitto d'azienda, ma il curatore, previa autorizzazione del comitato dei creditori, può recedere entro sessanta giorni, corrispondendo alla controparte un equo indennizzo, che, nel dissenso tra le parti, è determinato dal giudice delegato, sentiti gli interessati. L'indennizzo è insinuato al passivo come credito concorsuale.

2. In caso di recesso del curatore e comunque alla scadenza del contratto, si applicano le disposizioni di cui all'articolo 212, comma 6.

3. In caso di apertura della liquidazione giudiziale nei confronti dell'affittuario, il curatore può in qualunque tempo, previa autorizzazione del comitato dei creditori, recedere dal contratto, corrispondendo al concedente un equo indennizzo per l'anticipato recesso, che, nel dissenso fra le parti, è determinato dal giudice delegato, sentiti gli interessati. L'indennizzo è insinuato al passivo come credito concorsuale.

185. Contratto di locazione di immobili. – 1. L'apertura della liquidazione giudiziale nei confronti del locatore non scioglie il contratto di locazione di immobili e il curatore subentra nel contratto.

2. Qualora, alla data dell'apertura della liquidazione giudiziale, la residua durata del contratto sia superiore a quattro anni, il curatore, entro un anno dall'apertura della procedura, può, previa autorizzazione del comitato dei creditori, recedere dal contratto corrispondendo al conduttore un equo indennizzo per l'anticipato recesso, che, nel dissenso fra le parti, è determinato dal giudice delegato, sentiti gli interessati. L'indennizzo è insinuato al passivo come credito concorsuale. Il recesso ha effetto decorsi quattro anni dall'apertura della procedura.

3. In caso di apertura della liquidazione giudiziale nei confronti del conduttore, il curatore può in qualunque tempo, previa autorizzazione del comitato dei creditori, recedere dal contratto, corrispondendo al locatore un equo indennizzo per l'anticipato recesso, che nel dissenso fra le parti, è determinato dal giudice delegato, sentiti gli interessati. L'indennizzo è insinuato al passivo come credito concorsuale.

186. Contratto di appalto. – 1. Il contratto di appalto si scioglie per effetto dell'apertura della liquidazione giudiziale nei confronti di una delle parti, se il curatore, previa autorizzazione del comitato dei creditori, non dichiara di voler subentrare nel rapporto dandone comunicazione all'altra parte nel termine di sessanta giorni dall'apertura della procedura ed offrendo idonee garanzie.

2. Nel caso di apertura della liquidazione giudiziale nei confronti dell'appaltatore, il rapporto contrattuale si scioglie se la considerazione della qualità soggettiva dello stesso appaltatore è stata un motivo determinante del contratto, salvo che il committente non consenta, comunque, la prosecuzione del rapporto.

187. Contratto di assicurazione. – 1. Al contratto di assicurazione contro i danni si applica l'articolo 172, salvo il diritto di recesso dell'assicuratore a norma dell'articolo 1898 del codice civile se la prosecuzione del contratto può determinare un aggravamento del rischio.

2. Se il curatore comunica di voler subentrare nel contratto, il credito dell'assicuratore è soddisfatto in prededuzione per i premi scaduti dopo l'apertura della liquidazione giudiziale.

188. Contratto di edizione. – 1. Gli effetti dell'apertura della liquidazione giudiziale nei confronti dell'editore sul contratto di edizione sono regolati dalla legge speciale.

189. Rapporti di lavoro subordinato. – 1. L'apertura della liquidazione giudiziale nei confronti del datore di lavoro non costituisce motivo di licenziamento. I rapporti di lavoro subordinato in atto alla data della sentenza dichiarativa restano sospesi fino a quando il curatore, con l'autorizzazione del giudice delegato, sentito il comitato dei creditori, comunica ai lavoratori di subentrarvi, assumendo i relativi obblighi, ovvero il recesso.

2. Il recesso del curatore dai rapporti di lavoro subordinato sospesi ai sensi del comma 1 ha effetto dalla data di apertura della liquidazione giudiziale. Il subentro del curatore nei rapporti di lavoro subordinato sospesi decorre dalla comunica-

zione dal medesimo effettuata ai lavoratori. Il curatore trasmette all'Ispettorato territoriale del lavoro del luogo ove è stata aperta la liquidazione giudiziale, entro trenta giorni dalla nomina, l'elenco dei dipendenti dell'impresa in forza al momento dell'apertura della liquidazione giudiziale stessa. Su istanza del curatore il termine può essere prorogato dal giudice delegato di ulteriori trenta giorni, quando l'impresa occupa più di cinquanta dipendenti.

3. Qualora non sia possibile la continuazione o il trasferimento dell'azienda o di un suo ramo o comunque sussistano manifeste ragioni economiche inerenti l'assetto dell'organizzazione del lavoro, il curatore procede senza indugio al recesso dai relativi rapporti di lavoro subordinato. Il curatore comunica la risoluzione per iscritto. In ogni caso, salvo quanto disposto dal comma 4, decorso il termine di quattro mesi dalla data di apertura della liquidazione giudiziale senza che il curatore abbia comunicato il subentro, i rapporti di lavoro subordinato che non siano già cessati si intendono risolti di diritto con decorrenza dalla data di apertura della liquidazione giudiziale, salvo quanto previsto dai commi 4 e 6.

4. Il curatore o il direttore dell'Ispettorato territoriale del lavoro del luogo ove è stata aperta la liquidazione giudiziale, qualora ritengano sussistenti possibilità di ripresa o trasferimento a terzi dell'azienda o di un suo ramo, possono chiedere al giudice delegato, con istanza da depositarsi presso la cancelleria del tribunale, a pena di inammissibilità, almeno quindici giorni prima della scadenza del termine di cui al comma 3, una proroga del medesimo termine. Analoga istanza può in ogni caso essere presentata, personalmente o a mezzo di difensore munito di procura dallo stesso autenticata, anche dai singoli lavoratori, ma in tal caso la proroga ha effetto solo nei confronti dei lavoratori istanti; l'istanza del lavoratore deve contenere, sempre a pena di inammissibilità, elezione di domicilio o indicazione di indirizzo PEC ove ricevere le comunicazioni. Il giudice delegato, qualora il curatore entro il termine di cui al comma 3 non abbia proceduto al subentro o al recesso, entro trenta giorni dal deposito dell'istanza ovvero, in caso di più istanze, dal deposito dell'ultima di queste, può assegnare al curatore un termine non superiore a otto mesi per assumere le determinazioni di cui al comma 1. Il giudice delegato tiene conto, nello stabilire la misura del termine, delle prospettive di ripresa delle attività o di trasferimento dell'azienda. Il termine così concesso decorre dalla data di deposito in cancelleria del provvedimento del giudice delegato, che è immediatamente comunicato al curatore e agli eventuali altri istanti. Qualora nel termine così prorogato il curatore non procede al subentro o al recesso, i rapporti di lavoro subordinato che non siano già cessati, si intendono risolti di diritto, salvo quanto previsto al comma 6, con decorrenza dalla data di apertura della liquidazione giudiziale. In tale ipotesi, a favore di ciascun lavoratore nei cui confronti è stata disposta la proroga, è riconosciuta un'indennità non assoggettata a contribuzione previdenziale di importo pari a due mensilità dell'ultima retribuzione di riferimento per il calcolo del trattamento di fine rapporto per ogni anno di servizio, in misura comunque non inferiore a due e non superiore a otto mensilità, che è ammessa al passivo come credito successivo all'apertura della liquidazione giudiziale.

5. Salvi i casi di ammissione ai trattamenti di cui al titolo I del decreto legislativo 14 settembre 2015 n. 148, ovvero di accesso alle prestazioni di cui al titolo II del medesimo decreto legislativo o ad altre prestazioni di sostegno al reddito, le eventuali dimissioni del lavoratore nel periodo di sospensione tra la data della sentenza dichiarativa fino alla data della comunicazione di cui al comma 1, si intendono rassegnate per giusta causa ai sensi dell'articolo 2119 del codice civile con effetto dalla data di apertura della liquidazione giudiziale (1).

6. Nel caso in cui il curatore intenda procedere a licenziamento collettivo secondo le previsioni di cui agli articoli 4, comma 1 e 24, comma 1, della legge 23 luglio 1991 n. 223, trovano applicazione, in deroga a quanto previsto dall'articolo 4, commi da 2 a 8, della stessa legge, le seguenti disposizioni:

a) il curatore che intende avviare la procedura di licenziamento collettivo è tenuto a darne comunicazione preventiva per iscritto alle rappresentanze sindacali aziendali costituite a norma dell'articolo 19 della legge 20 maggio 1970, n. 300, ovvero alle rappresentanze sindacali unitarie nonché alle rispettive associazioni di categoria. In mancanza delle predette rappresentanze la comunicazione deve essere effettuata alle associazioni di categoria aderenti alle confederazioni maggiormente rappresentative sul piano nazionale; la comunicazione alle associazioni di categoria può essere effettuata per il tramite dell'associazione dei datori di lavoro alla quale l'impresa aderisce o conferisce mandato. La comunicazione è trasmessa altresì all'Ispettorato territoriale del lavoro del luogo ove i lavoratori interessati prestano in prevalenza la propria attività e, comunque, all'Ispettorato territoriale del lavoro del luogo ove è stata aperta la liquidazione giudiziale;

b) la comunicazione di cui alla lettera a) deve contenere sintetica indicazione: dei motivi che determinano la situazione di eccedenza; dei motivi tecnici, organizzativi o produttivi, per i quali si ritiene di non poter adottare misure idonee a porre rimedio alla predetta situazione ed evitare, in tutto o in parte, il licenziamento collettivo; del numero, della collocazione aziendale e dei profili professionali del personale eccedente nonché del personale abitualmente impiegato; dei tempi di attuazione del programma di riduzione del personale; delle eventuali misure programmate per fronteggiare le conseguenze sul piano sociale della attuazione del programma medesimo e del metodo di calcolo di tutte le attribuzioni patrimoniali diverse da quelle già previste dalla legislazione vigente e dalla contrattazione collettiva;

c) entro sette giorni dalla data del ricevimento della comunicazione di cui alla lettera a), le rappresentanze sindacali aziendali ovvero le rappresentanze sindacali unitarie e le rispettive associazioni formulano per iscritto al curatore istanza per esame congiunto; l'esame congiunto può essere convocato anche dall'Ispettorato territoriale del lavoro, nel solo caso in cui l'avvio della procedura di licenziamento collettivo non sia stato determinato dalla cessazione dell'attività dell'azienda o di un suo ramo. Qualora nel predetto termine di sette giorni non sia pervenuta alcuna istanza di esame congiunto o lo stesso, nei casi in cui è previsto, non sia stato fissato dall'Ispettorato territoriale del lavoro in data compresa entro i quaranta giorni dal ricevimento della comunicazione di cui alla lettera a), la procedura si intende esaurita.

d) l'esame congiunto, cui può partecipare il direttore dell'Ispettorato territoriale del lavoro o funzionario da questi delegato, ha lo scopo di esaminare le cause che hanno contribuito a determinare l'eccedenza del personale e le possibilità di utilizzazione diversa di tale personale, o di una sua parte, nell'ambito della stessa impresa, anche mediante contratti di solidarietà e forme flessibili di gestione del tempo di lavoro. Qualora non sia possibile evitare la riduzione di personale, è esaminata la possibilità di ricorrere a misure sociali di accompagnamento intese, in particolare, a facilitare la riqualificazione e la riconversione dei lavoratori licenziati. I rappresentanti sindacali dei lavoratori possono farsi assistere, ove lo ritengano opportuno, da esperti;

e) la procedura disciplinata dal presente comma si applica, ricorrendo le condizioni di cui all'articolo 24, comma 1, legge 23 luglio 1991, n. 223, anche quando si intenda procedere al licenziamento di uno o più dirigenti, in tal caso svolgendosi l'esame congiunto in apposito incontro;

f) la consultazione si intende esaurita qualora, decorsi dieci giorni dal suo inizio, non sia stato raggiunto un accordo sindacale, salvo che il giudice delegato, per giusti motivi ne autorizzi la proroga, prima della sua scadenza, per un termine non superiore a dieci giorni;

g) raggiunto l'accordo sindacale o comunque esaurita la procedura di cui alle lettere precedenti, il curatore provvede ad ogni atto conseguente ai sensi dell'articolo 4, comma 9, della legge 23 luglio 1991, n. 223.

7. In ogni caso, le disposizioni di cui al comma 6 non si applicano nelle procedure di amministrazione straordinaria delle grandi imprese.

8. In caso di recesso del curatore, di licenziamento, dimissioni o risoluzione di diritto secondo le previsioni del presente articolo, spetta al lavoratore con rapporto a tempo indeterminato l'indennità di mancato preavviso che, ai fini dell'ammissione al passivo, è considerata, unitamente al trattamento di fine rapporto, come credito anteriore all'apertura della liquidazione giudiziale. Parimenti, nei casi di cessazione dei rapporti secondo le previsioni del presente articolo, il contributo previsto dall'articolo 2, comma 31, della legge 28 giugno 2012, n. 92, che è dovuto anche in caso di risoluzione di diritto, è ammesso al passivo come credito anteriore all'apertura della liquidazione giudiziale.

9. Durante l'esercizio dell'impresa del debitore in liquidazione giudiziale da parte del curatore i rapporti di lavoro subordinato in essere proseguono, salvo che il curatore non intenda sospenderli o procedere al licenziamento ai sensi della disciplina lavoristica vigente. In caso di sospensione si applicano i commi da 2 a 6 e 8 in quanto compatibili (2).

(1) Comma sostituito dall'art. 21, co. 1, lett. a), d.lg. 26/10/2020, n. 147. Per la decorrenza vedi l'art. 42, co. 1, d.lg. n. 147/2020 medesimo.

(2) Comma sostituito dall'art. 21, co. 1, lett. b), d.lg. 26/10/2020, n. 147. Per la decorrenza vedi l'art. 42, co. 1, d.lg. n. 147/2020 medesimo.

190. Trattamento NASpI. – 1. La cessazione del rapporto di lavoro ai sensi dell'articolo 189 costituisce perdita involontaria dell'occupazione ai fini di cui all'articolo 3 del decreto legislativo 4 marzo 2015, n. 22 e al lavoratore è riconosciuto il trattamento NASpI a condizione che ricorrano i requisiti di cui al predetto articolo, nel rispetto delle altre disposizioni di cui al decreto legislativo n. 22 del 2015.

191. Effetti del trasferimento di azienda sui rapporti di lavoro. – 1. Al trasferimento di azienda nell'ambito delle procedure di liquidazione giudiziale, concordato preventivo e al trasferimento d'azienda in esecuzione di accordi di ristrutturazione si applicano l'articolo 47 della legge 29 dicembre 1990, n. 428, l'articolo 11 del decreto-legge 23 dicembre 2013, n. 145, convertito nella legge 21 febbraio 2014, n. 9 e le altre disposizioni vigenti in materia.

192. Clausola arbitrale. – 1. Se il contratto in cui è contenuta una clausola compromissoria è sciolto a norma delle disposizioni della presente sezione, il procedimento arbitrale pendente non può essere proseguito.

Capo II
Custodia e amministrazione dei beni compresi nella liquidazione giudiziale

193. Sigilli. – 1. Dichiarata aperta la liquidazione giudiziale, il curatore procede all'immediata ricognizione dei beni e, se necessario, all'apposizione dei sigilli sui beni che si trovano nella sede principale dell'impresa e sugli altri beni del debitore secondo le norme stabilite dal codice di procedura civile, quando non è possibile procedere immediatamente al loro inventario.

2. Il curatore può richiedere l'assistenza della forza pubblica.

3. Se i beni o le cose si trovano in più luoghi e non è agevole l'immediato completamento delle operazioni, il giudice delegato può autorizzare il curatore ad avvalersi di uno o più coadiutori.

4. Per i beni e le cose sulle quali non è possibile apporre i sigilli, si procede a norma dell'articolo 758 del codice di procedura civile.

194. Consegna del denaro, titoli, scritture contabili e di altra documentazione. – 1. Devono essere consegnati al curatore:

a) il denaro contante;

b) le cambiali e gli altri titoli, compresi quelli scaduti;

c) le scritture contabili e ogni altra documentazione dal medesimo richiesta, se non ancora depositate in cancelleria.

2. Il denaro è dal curatore depositato sul conto corrente della procedura. I titoli e gli altri documenti sono custoditi personalmente dal curatore o, con autorizzazione del giudice delegato, affidati in custodia a terzi.

3. Ogni interessato, se autorizzato dal curatore, può, a sue spese, esaminare le scritture contabili e gli altri documenti acquisiti dallo stesso curatore, ed estrarne copia.

195. Inventario. – 1. Il curatore, rimossi, se in precedenza apposti, i sigilli, redige l'inventario nel più breve termine possibile secondo le norme stabilite dal codice di procedura civile, presenti o avvisati il debitore e il comitato dei creditori, se nominato, formando processo verbale delle attività compiute, al quale allega la documentazione fotografica dei beni inventariati. Possono intervenire i creditori.

2. Il curatore, quando occorre, nomina uno stimatore.

3. Prima di chiudere l'inventario il curatore invita il debitore o, se si tratta di società, gli amministratori a dichiarare se hanno notizia di altri beni da comprendere nell'inventario, avvertendoli delle pene stabilite dall'articolo 327 in caso di falsa o omessa dichiarazione.

4. L'inventario è redatto in doppio originale e sottoscritto da tutti gli intervenuti. Uno degli originali deve essere depositato nella cancelleria del tribunale.

196. Inventario di altri beni. – 1. In deroga a quanto previsto dagli articoli 151, comma 2, e 210, il giudice delegato, su istanza della parte interessata, può, sentiti il curatore e il comitato dei creditori, se già costituito, disporre che non siano inclusi nell'inventario o siano restituiti agli aventi diritto i beni mobili sui quali terzi vantano diritti reali o personali chiaramente e immediatamente riconoscibili.

2. Sono inventariati anche i beni di proprietà del debitore dei quali il terzo detentore ha diritto di rimanere nel godimento in virtù di un titolo opponibile al curatore.

197. Presa in consegna dei beni del debitore da parte del curatore. – 1. Il curatore prende in consegna i beni, le scritture contabili e i documenti del debitore di mano in mano che ne fa l'inventario, fatta eccezione per i beni di cui all'articolo 196, comma 2.

2. Se il debitore possiede immobili o beni mobili iscritti in pubblici registri, il curatore notifica un estratto della sentenza di apertura della liquidazione giudiziale ai competenti uffici, perché sia trascritto nei pubblici registri (1).

(1) Comma modificato dall'art. 22, co. 1, d.lg. 26/10/2020, n. 147. Per la decorrenza vedi l'art. 42, co. 1, d.lg. n. 147/2020 medesimo.

198. Elenchi dei creditori e dei titolari di diritti immobiliari o mobiliari e bilancio. – 1. Il curatore, in base alle scritture contabili del debitore e alle altre notizie che può raccogliere, compila l'elenco dei creditori, con l'indicazione dei rispettivi crediti e diritti di prelazione, nonché l'elenco di coloro che appaiono titolari di diritti reali e personali, mobiliari e immobiliari, su beni in possesso o nella disponibilità del debitore, con l'indicazione dei titoli relativi. Gli elenchi sono depositati in cancelleria.

2. Il debitore deve presentare il bilancio dell'ultimo esercizio entro trenta giorni dall'apertura della liquidazione giudiziale; in mancanza, alla redazione provvede il curatore. Il curatore inoltre apporta le rettifiche necessarie al bilancio presentato dal debitore e ai bilanci e agli elenchi presentati a norma dell'articolo 39. Fino alla chiusura della liquidazione giudiziale i liquidatori non sono tenuti all'adempimento degli obblighi di cui all'articolo 2490 del codice civile (1).

(1) Comma sostituito dall'art. 22, co. 2, d.lg. 26/10/2020, n. 147. Per la decorrenza vedi l'art. 42, co. 1, d.lg. n. 147/2020 medesimo.

199. Fascicolo della procedura. – 1. Con la pubblicazione della sentenza di liquidazione giudiziale viene assegnato il domicilio digitale e viene formato il fascicolo informatico della procedura, nel quale devono essere contenuti tutti gli atti, i provvedimenti e i ricorsi attinenti al procedimento, opportunamente suddivisi in sezioni, esclusi quelli che, per ragioni di riservatezza, debbono essere custoditi nel fascicolo riservato (1).

2. I componenti del comitato dei creditori e il debitore possono prendere visione ed estrarre copia di tutti gli atti, i documenti e i provvedimenti inseriti nel fascicolo, fatta eccezione per quelli di cui il giudice delegato ha ordinato la secretazione.

3. Gli altri creditori ed i terzi hanno diritto di prendere visione e di estrarre copia degli atti e dei documenti per i quali sussiste un loro specifico ed attuale interesse, previa autorizzazione del giudice delegato, sentito il curatore.

4. I creditori possono prendere visione ed estrarre copia, a proprie spese, degli atti, dei documenti e dei provvedimenti del procedimento di accertamento del passivo e dei diritti dei terzi sui beni compresi nella liquidazione giudiziale.

(1) Per l'applicazione delle disposizioni di cui al presente comma, vedi l'art. 38, co. 4, d.l. 24/2/2023, n. 13, non ancora convertito in legge.

Capo III
Accertamento del passivo e dei diritti dei terzi sui beni compresi nella liquidazione giudiziale

200. Avviso ai creditori e agli altri interessati. – 1. Il curatore comunica senza indugio a coloro che, sulla base della documentazione in suo possesso o delle informazioni raccolte, risultano creditori o titolari di diritti reali o personali su beni mobili e immobili di proprietà o in possesso del debitore compresi nella liquidazione giudiziale, per mezzo della posta elettronica certificata, se l'indirizzo del destinatario risulta dal registro delle imprese ovvero dall'Indice nazionale degli indirizzi di posta elettronica certificata delle imprese e dei professionisti e, in ogni altro caso, mediante lettera raccomandata indirizzata alla sede, alla residenza o al domicilio del destinatario:

a) che possono partecipare al concorso trasmettendo la domanda con le modalità indicate nell'articolo 201, anche senza l'assistenza di un difensore;

b) la data, l'ora e il luogo fissati per l'esame dello stato passivo e il termine entro cui vanno presentate le domande;

c) ogni utile informazione per agevolare la presentazione della domanda e con l'avvertimento delle conseguenze di cui all'articolo 10, comma 3, nonché della sussistenza dell'onere previsto dall'articolo 201, comma 3, lettera e);

d) che possono chiedere l'assegnazione delle somme non riscosse dagli aventi diritto e i relativi interessi ai sensi dell'articolo 232, comma 4;

e), il domicilio digitale assegnato alla procedura (1).

2. Se il creditore ha sede o risiede all'estero, la comunicazione può essere effettuata al suo rappresentante in Italia, se esistente.

(1) Comma sostituito dall'art. 23, co. 1, d.lg. 26/10/2020, n. 147. Per la decorrenza vedi l'art. 42, co. 1, d.lg. n. 147/2020 medesimo.

201. Domanda di ammissione al passivo. – 1. Le domande di ammissione al passivo di un credito o di restituzione o rivendicazione di beni mobili o immobili compresi nella procedura, nonché le domande di partecipazione al riparto delle somme ricavate dalla liquidazione di beni compresi nella procedura ipotecati a garanzia di debiti altrui, si propongono con ricorso da trasmettere a norma del comma 2, almeno trenta giorni prima dell'udienza fissata per l'esame dello stato passivo.

2. Il ricorso può essere sottoscritto anche personalmente dalla parte ed è formato ai sensi degli articoli 20, comma 1-bis, ovvero 22, comma 3, del decreto legislativo 7 marzo 2005, n. 82, e successive modificazioni e, nel termine stabilito dal comma 1, è trasmesso all'indirizzo di posta elettronica certificata del curatore indicato nell'avviso di cui all'articolo 200, insieme ai documenti di cui al comma 6. L'originale del titolo di credito allegato al ricorso è depositato presso la cancelleria del tribunale.

3. Il ricorso contiene:

a) l'indicazione della procedura cui si intende partecipare e le generalità del creditore ed il suo numero di codice fiscale, nonché le coordinate bancarie dell'istante o la dichiarazione di voler essere pagato con modalità, diversa dall'accredito in conto corrente bancario, stabilita dal giudice delegato ai sensi dell'articolo 230, comma 1;

b) la determinazione della somma che si intende insinuare al passivo, ovvero la descrizione del bene di cui si chiede la restituzione o la rivendicazione, ovvero l'ammontare del credito per il quale si intende partecipare al riparto se il debitore nei cui confronti è aperta la liquidazione giudiziale è terzo datore d'ipoteca;

c) la succinta esposizione dei fatti e degli elementi di diritto che costituiscono la ragione della domanda;

d) l'eventuale indicazione di un titolo di prelazione, nonché la descrizione del bene sul quale la prelazione si esercita, se questa ha carattere speciale;

e) l'indicazione dell'indirizzo di posta elettronica certificata, al quale ricevere tutte le comunicazioni relative alla procedura, le cui variazioni è onere comunicare al curatore.

4. Il ricorso è inammissibile se è omesso o assolutamente incerto uno dei requisiti di cui alle lettere a), b), o c) del comma 3. Se è omesso o assolutamente incerto il requisito di cui alla lettera d), il credito è considerato chirografario.

5. Se è omessa l'indicazione di cui al comma 3, lettera e), nonché nei casi di mancata consegna del messaggio di posta elettronica certificata per cause imputabili al destinatario si applica l'articolo 10, comma 3.

6. Al ricorso sono allegati i documenti dimostrativi del diritto fatto valere.

7. Con la domanda di restituzione o rivendicazione, il terzo può chiedere la sospensione della liquidazione dei beni oggetto della domanda.

8. Il ricorso può essere presentato dal rappresentante comune degli obbligazionisti ai sensi dell'articolo 2418, secondo comma, del codice civile, anche per singoli gruppi di creditori.

9. Il giudice ad istanza della parte può disporre che il cancelliere prenda copia dei titoli al portatore o all'ordine presentati e li restituisca con l'annotazione dell'avvenuta domanda di ammissione al passivo.

10. Il procedimento introdotto dalla domanda di cui al comma 1 è soggetto alla sospensione feriale dei termini di cui all'articolo 1 della legge 7 ottobre 1969, n. 742.

202. Effetti della domanda. – 1. La domanda di cui all'articolo 201 produce gli effetti della domanda giudiziale per tutto il corso della liquidazione giudiziale e fino all'esaurimento dei giudizi e delle operazioni che proseguono dopo il decreto di chiusura a norma dell'articolo 235.

203. Progetto di stato passivo e udienza di discussione. – 1. Il curatore esamina le domande di cui all'articolo 201 e predispone elenchi separati dei creditori e dei titolari di diritti su beni mobili e immobili di proprietà o in possesso del debitore, rassegnando per ciascuno le sue motivate conclusioni. Il curatore può eccepire i fatti estintivi, modificativi o impeditivi del diritto fatto valere, nonché l'inefficacia del titolo su cui sono fondati il credito o la prelazione, anche se è prescritta la relativa azione.

2. Il curatore deposita il progetto di stato passivo corredato dalle relative domande nella cancelleria del tribunale almeno quindici giorni prima dell'udienza fissata per l'esame dello stato passivo e nello stesso termine lo trasmette ai creditori e ai titolari di diritti sui beni all'indirizzo indicato nella domanda di ammissione al passivo. I creditori, i titolari di diritti sui beni ed il debitore possono esaminare il progetto e presentare al curatore, con le modalità indicate dall'articolo 201, comma 2, osservazioni scritte e documenti integrativi fino a cinque giorni prima dell'udienza.

3. All'udienza fissata per l'esame dello stato passivo, il giudice delegato, anche in assenza delle parti, decide su ciascuna domanda, nei limiti delle conclusioni formulate e avuto riguardo alle eccezioni del curatore, a quelle rilevabili d'ufficio ed a quelle formulate dagli altri interessati. Il giudice delegato può procedere ad atti di istruzione su richiesta delle parti, compatibilmente con le esigenze di speditezza del procedimento. In relazione al numero dei creditori e alla entità del passivo, il giudice delegato può stabilire che l'udienza sia svolta in via telematica con modalità idonee a salvaguardare il contraddittorio e l'effettiva partecipazione dei creditori, anche utilizzando le strutture informatiche messe a disposizione della procedura da soggetti terzi.

4. Il debitore può chiedere di essere sentito.

5. Delle operazioni si redige processo verbale.

204. Formazione ed esecutività dello stato passivo. – 1. Il giudice delegato, con decreto succintamente motivato, accoglie in tutto o in parte ovvero respinge o dichiara inammissibile la domanda proposta ai sensi dell'articolo 201. La dichiarazione di inammissibilità della domanda non ne preclude la successiva riproposizione.

2. Oltre che nei casi stabiliti dalla legge, sono ammessi al passivo con riserva:

a) i crediti condizionati e quelli indicati all'articolo 154, comma 3;

b) i crediti per i quali la mancata produzione del titolo dipende da fatto non riferibile al creditore, a condizione che la produzione avvenga nel termine assegnato dal giudice;

c) i crediti accertati con sentenza del giudice ordinario o speciale non passata in giudicato, pronunziata prima della dichiarazione di apertura della liquidazione giudiziale. Il curatore può proporre o proseguire il giudizio di impugnazione.

3. Se le operazioni non possono esaurirsi in una sola udienza, il giudice ne rinvia la prosecuzione a non più di otto giorni, senza altro avviso per gli intervenuti e per gli assenti.

4. Terminato l'esame di tutte le domande, il giudice delegato forma lo stato passivo e lo rende esecutivo con decreto depositato in cancelleria.

5. Il decreto che rende esecutivo lo stato passivo e le decisioni assunte dal tribunale all'esito dei giudizi di cui all'articolo 206, limitatamente ai crediti accertati ed al diritto di partecipare al riparto quando il debitore ha concesso ipoteca a garanzia di debiti altrui, producono effetti soltanto ai fini del concorso.

205. Comunicazione dell'esito del procedimento di accertamento del passivo (1). – 1. Il curatore, immediatamente dopo la dichiarazione di esecutività dello stato passivo, ne dà comunicazione trasmettendo una copia a tutti i ricorrenti, informandoli del diritto di proporre opposizione in caso di mancato accoglimento della domanda.

2. La comunicazione contiene anche la sintetica esposizione delle concrete prospettive di soddisfacimento dei creditori concorsuali.

(1) Articolo sostituito dall'art. 23, co. 2, d.lg. 26/10/2020, n. 147. Per la decorrenza vedi l'art. 42, co. 1, d.lg. n. 147/2020 medesimo.

206. Impugnazioni. – 1. Contro il decreto che rende esecutivo lo stato passivo può essere proposta opposizione, impugnazione dei crediti ammessi o revocazione.

2. Con l'opposizione il creditore o il titolare di diritti su beni mobili o immobili contestano che la propria domanda sia stata accolta in parte o sia stata respinta. L'opposizione è proposta nei confronti del curatore.

3. Con l'impugnazione il curatore, il creditore o il titolare di diritti su beni mobili o immobili contestano che la domanda di un creditore o di altro concorrente sia stata accolta. L'impugnazione è rivolta nei confronti del creditore concorrente, la cui domanda è stata accolta. Al procedimento partecipa anche il curatore.

4. Nei casi di cui ai commi 2 e 3, la parte contro cui l'impugnazione è proposta, nei limiti delle conclusioni rassegnate nel procedimento di accertamento del passivo, può proporre impugnazione incidentale anche se è per essa decorso il termine di cui all'articolo 207, comma 1.

5. Con la revocazione il curatore, il creditore o il titolare di diritti su beni mobili o immobili, decorsi i termini per la proposizione della opposizione o della impugnazione, possono chiedere che il provvedimento di accoglimento o di rigetto venga revocato se si scopre che essi sono stati determinati da falsità, dolo, errore essenziale di fatto o dalla mancata conoscenza di documenti decisivi che non sono stati prodotti tempestivamente per causa non imputabile all'istante. La revocazione è proposta nei confronti del creditore concorrente, la cui domanda è stata accolta, ovvero nei confronti del curatore quando la domanda è stata respinta. Nel primo caso, al procedimento partecipa il curatore.

6. Gli errori materiali contenuti nello stato passivo sono corretti con decreto del giudice delegato su istanza del creditore o del titolare di diritti sui beni o del curatore, sentito il curatore o la parte interessata.

207. Procedimento. – 1. Le impugnazioni di cui all'articolo 206 si propongono con ricorso entro il termine perentorio di trenta giorni dalla comunicazione di cui all'articolo 205 ovvero, nel caso di revocazione, dalla scoperta della falsità, del dolo, dell'errore o del documento di cui all'articolo 206, comma 5.

2. Il ricorso deve contenere:

a) l'indicazione del tribunale, del giudice delegato e della procedura di liquidazione giudiziale;

b) le generalità dell'impugnante e l'elezione del domicilio nel comune ove ha sede il tribunale che ha aperto la liquidazione giudiziale;

c) l'esposizione dei fatti e degli elementi di diritto su cui si basa l'impugnazione e le relative conclusioni;

d) a pena di decadenza, le eccezioni processuali e di merito non rilevabili d'ufficio, nonché l'indicazione specifica dei mezzi di prova di cui il ricorrente intende avvalersi e dei documenti prodotti.

3. Il presidente, nei cinque giorni successivi al deposito del ricorso, designa il relatore, al quale può delegare la trattazione del procedimento, e fissa con decreto l'udienza di comparizione entro sessanta giorni dal deposito del ricorso.

4. Il ricorso, unitamente al decreto di fissazione dell'udienza, deve essere notificato, a cura del ricorrente, al curatore e all'eventuale controinteressato entro dieci giorni dalla comunicazione del decreto.

5. Tra la data della notificazione e quella dell'udienza deve intercorrere un termine non minore di trenta giorni.

6. Le parti resistenti devono costituirsi almeno dieci giorni prima dell'udienza, eleggendo il domicilio nel comune in cui ha sede il tribunale.

7. La costituzione si effettua mediante deposito di una memoria difensiva contenente, a pena di decadenza, le eccezioni processuali e di merito non rilevabili d'ufficio, nonché l'indicazione specifica dei mezzi di prova e dei documenti contestualmente prodotti. L'impugnazione incidentale tardiva si propone, a pena di decadenza, nella memoria di cui al presente comma.

8. Se è proposta impugnazione incidentale tardiva il tribunale adotta i provvedimenti necessari ad assicurare il contraddittorio.

9. L'intervento di qualunque interessato non può avere luogo oltre il termine stabilito per la costituzione delle parti resistenti con le modalità per queste previste.

10. In caso di mancata comparizione delle parti si applicano gli articoli 181 e 309 del codice di procedura civile. Il curatore, anche se non costituito, partecipa all'udienza di comparizione fissata ai sensi del comma 3, per informare le altre parti ed il giudice in ordine allo stato della procedura e alle concrete prospettive di soddisfacimento dei creditori concorsuali (1).

11. Il giudice provvede all'ammissione e all'espletamento dei mezzi istruttori.

12. Il giudice delegato alla liquidazione giudiziale non può far parte del collegio.

13. Il collegio provvede in via definitiva sull'opposizione, impugnazione o revocazione con decreto motivato, entro sessanta giorni dall'udienza o dalla scadenza del termine eventualmente assegnato per il deposito di memorie.

14. Il decreto è comunicato dalla cancelleria alle parti che, nei successivi trenta giorni, possono proporre ricorso per cassazione.

15. Gli errori materiali contenuti nel decreto sono corretti con decreto dal tribunale senza necessità di instaurazione del contraddittorio se tutte le parti concordano nel chiedere la stessa correzione. Se è chiesta da una delle parti, il presidente del collegio, con decreto da notificarsi insieme con il ricorso, fissa l'udienza nella quale le parti debbono comparire davanti al giudice designato come relatore. Sull'istanza il collegio provvede con decreto, che deve essere annotato sull'originale del provvedimento.

16. Le impugnazioni di cui all'articolo 206 sono soggette alla sospensione feriale dei termini di cui all'articolo 1 della legge 7 ottobre 1969, n. 742.

(1) Comma sostituito dall'art. 23, co. 3, d.lg. 26/10/2020, n. 147. Per la decorrenza vedi l'art. 42, co. 1, d.lg. n. 147/2020 medesimo.

208. Domande tardive. – 1. Le domande di ammissione al passivo di un credito, di restituzione o rivendicazione di beni mobili e immobili, trasmesse al curatore oltre il termine di trenta giorni prima dell'udienza fissata per la verifica del passivo e non oltre quello di sei mesi dal deposito del decreto di esecutività dello stato passivo sono considerate tardive. In caso di particolare complessità della procedura, il tribunale, con la sentenza che dichiara aperta la liquidazione giudiziale, può prorogare quest'ultimo termine fino a dodici mesi.

2. Il procedimento di accertamento delle domande tardive si svolge nelle stesse forme di cui all'articolo 203. Quando vengono presentate domande tardive, il giudice delegato fissa per l'esame delle stesse un'udienza entro i successivi quattro mesi, salvo che sussistano motivi d'urgenza. Il curatore dà avviso della data dell'udienza a coloro che hanno presentato la domanda e ai creditori già ammessi al passivo. Si applicano le disposizioni di cui agli articoli da 201 a 207.

3. Decorso il termine di cui al comma 1, e comunque fino a quando non siano esaurite tutte le ripartizioni dell'attivo della liquidazione giudiziale, la domanda tardiva è ammissibile solo se l'istante prova che il ritardo è dipeso da causa a lui non imputabile e se trasmette la domanda al curatore non oltre sessanta giorni dal momento in cui è cessata la causa che ne ha impedito il deposito tempestivo. Quando la domanda risulta manifestamente inammissibile perché l'istante non ha indicato le circostanze da cui è dipeso il ritardo o non ne ha offerto prova documentale o non ha indicato i mezzi di prova di cui intende valersi per dimostrarne la non imputabilità, il giudice delegato dichiara con decreto l'inammissibilità della domanda. Il decreto è reclamabile a norma dell'articolo 124.

209. Previsione di insufficiente realizzo. – 1. Il tribunale, con decreto motivato da adottarsi prima dell'udienza per l'esame dello stato passivo, su istanza del curatore depositata almeno venti giorni prima dell'udienza stessa, corredata da una relazione sulle prospettive della liquidazione, e dal parere del comitato dei creditori, sentito il debitore, dispone non farsi luogo al procedimento di accertamento del passivo relativamente ai crediti concorsuali se risulta che non può essere acquisito attivo da distribuire ad alcuno dei creditori che abbiano chiesto l'ammissione al passivo, salva la soddisfazione dei crediti prededucibili e delle spese di procedura.

2. Le disposizioni di cui al comma 1 si applicano, in quanto compatibili, anche quando la condizione di insufficiente realizzo emerge successivamente alla verifica dello stato passivo.

3. Il curatore comunica il decreto di cui al comma 1 trasmettendone copia ai creditori che abbiano presentato domanda di ammissione al passivo ai sensi degli articoli 201 e 208 i quali, nei quindici giorni successivi, possono presentare reclamo, a norma dell'articolo 124, alla corte di appello, che provvede sentiti il reclamante, il curatore, il comitato dei creditori e il debitore.

210. Procedimenti relativi a domande di rivendica e restituzione. – 1. Ai procedimenti che hanno ad oggetto domande di restituzione o di rivendicazione, si applica il regime probatorio previsto nell'articolo 621 del codice di procedura civile. Se il bene non è stato acquisito all'attivo della procedura, il titolare del diritto, anche nel corso dell'udienza di cui all'articolo 207, può modificare l'originaria domanda e chiedere l'ammissione al passivo del controvalore del bene alla data di apertura del concorso. Se il curatore perde il possesso della cosa dopo averla acquisita, il titolare del diritto può chiedere che il controvalore del bene sia corrisposto in prededuzione.

2. Sono salve le disposizioni dell'articolo 1706 del codice civile.

3. Il decreto che accoglie la domanda di rivendica di beni o diritti il cui trasferimento è soggetto a forme di pubblicità legale deve essere reso opponibile ai terzi con le medesime forme.

Capo IV
Esercizio dell'impresa e liquidazione dell'attivo

Sezione I
Disposizioni generali

211. Esercizio dell'impresa del debitore. – 1. L'apertura della liquidazione giudiziale non determina la cessazione dell'attività d'impresa quando ricorrono le condizioni di cui ai commi 2 e 3.

2. Con la sentenza che dichiara aperta la liquidazione giudiziale, il tribunale autorizza il curatore a proseguire l'esercizio dell'impresa, anche limitatamente a specifici rami dell'azienda, [*se dall'interruzione può derivare un grave danno,*] purché la prosecuzione non arrechi pregiudizio ai creditori (1).

3. Successivamente, su proposta del curatore, il giudice delegato, previo parere favorevole del comitato dei creditori, autorizza, con decreto motivato, l'esercizio dell'impresa, anche limitatamente a specifici rami dell'azienda, fissandone la durata.

4. Durante il periodo di esercizio, il comitato dei creditori è convocato dal curatore, almeno ogni tre mesi, per essere informato sull'andamento della gestione e per pronunciarsi sull'opportunità di continuare l'esercizio.

5. Se il comitato dei creditori non ravvisa l'opportunità di continuare l'esercizio, il giudice delegato ne ordina la cessazione.

6. Ogni semestre, o comunque alla conclusione del periodo di esercizio, il curatore deve depositare un rendiconto dell'attività. In ogni caso il curatore informa senza indugio il giudice delegato e il comitato dei creditori di circostanze sopravvenute che possono influire sulla prosecuzione dell'esercizio.

7. Il tribunale può ordinare la cessazione dell'esercizio in qualsiasi momento laddove ne ravvisi l'opportunità, con decreto in camera di consiglio non soggetto a reclamo, sentiti il curatore e il comitato dei creditori.

8. Durante l'esercizio i contratti pendenti proseguono, salvo che il curatore non intenda sospenderne l'esecuzione o scioglierli. È fatto salvo il disposto dell'articolo 110, comma 3, del decreto legislativo 18 aprile 2016, n. 50. I crediti sorti nel corso dell'esercizio sono soddisfatti in prededuzione ai sensi dell'articolo 221, comma 1, lettera a).

9. Al momento della cessazione dell'esercizio si applicano le disposizioni di cui alla sezione V del capo I del titolo V.

10. Il curatore autorizzato all'esercizio dell'impresa non può partecipare a procedure di affidamento di concessioni e appalti di lavori, forniture e servizi ovvero essere affidatario di subappalto.

(1) Comma modificato dall'art. 24, co. 1, d.lg. 26/10/2020, n. 147. Per la decorrenza vedi l'art. 42, co. 1, d.lg. n. 147/2020 medesimo.

212. Affitto dell'azienda o di suoi rami. – 1. Anche prima della presentazione del programma di liquidazione di cui all'articolo 213, su proposta del curatore, il giudice delegato, previo parere favorevole del comitato dei creditori, autorizza l'affitto dell'azienda del debitore a terzi, anche limitatamente a specifici rami, quando appaia utile al fine della più proficua vendita dell'azienda o di parti della stessa.

2. La scelta dell'affittuario è effettuata dal curatore a norma dell'articolo 216, sulla base di stima, assicurando, con adeguate forme di pubblicità, la massima informazione e partecipazione degli interessati. La scelta dell'affittuario deve tenere conto, oltre che dell'ammontare del canone offerto, delle garanzie prestate e della attendibilità del piano di prosecuzione delle attività imprenditoriali, avuto riguardo alla conservazione dei livelli occupazionali.

3. Il contratto di affitto stipulato dal curatore nelle forme previste dall'articolo 2556 del codice civile deve prevedere il diritto del curatore di procedere alla ispezione della azienda, la prestazione di idonee garanzie per tutte le obbligazioni dell'affittuario derivanti dal contratto e dalla legge, il diritto di recesso del curatore dal contratto che può essere esercitato, sentito il comitato dei creditori, con la corresponsione all'affittuario di un giusto indennizzo da corrispondere in prededuzione.

4. La durata dell'affitto deve essere compatibile con le esigenze della liquidazione dei beni.

5. Il diritto di prelazione a favore dell'affittuario può essere concesso convenzionalmente, previa autorizzazione del giudice delegato e previo parere favorevole del comitato dei creditori. In tale caso, esaurito il procedimento di determinazione del prezzo di vendita dell'azienda o del singolo ramo, il curatore, entro dieci giorni, lo comunica all'affittuario, il quale può esercitare il diritto di prelazione entro cinque giorni dal ricevimento della comunicazione.

6. La retrocessione alla liquidazione giudiziale di aziende, o rami di aziende, non comporta la responsabilità della procedura per i debiti maturati sino alla retrocessione, in deroga a quanto previsto dagli articoli 2112 e 2560 del codice civile. Ai rapporti pendenti al momento della retrocessione si applicano le disposizioni di cui alla sezione V del capo I del titolo V.

213. Programma di liquidazione. – 1. Entro sessanta giorni dalla redazione dell'inventario e in ogni caso non oltre centocinquanta giorni dalla sentenza dichiarativa dell'apertura della liquidazione giudiziale, il curatore predispone un programma di liquidazione da sottoporre all'approvazione del comitato dei creditori. Il mancato rispetto del termine di centocinquanta giorni di cui al primo periodo senza giustificato motivo è giusta causa di revoca del curatore (1).

2. Il curatore, previa autorizzazione del comitato dei creditori, può non acquisire all'attivo o rinunciare a liquidare uno o più beni, se l'attività di liquidazione appaia manifestamente non conveniente. In questo caso, il curatore notifica l'istanza e la relativa autorizzazione ai competenti uffici per l'annotazione nei pubblici registri e ne dà comunicazione ai creditori i quali, in deroga a quanto previsto nell'articolo 150, possono iniziare azioni esecutive o cautelari sui beni rimessi nella disponibilità del debitore. Si presume manifestamente non conveniente la prosecuzione dell'attività di liquidazione dopo sei esperimenti di vendita cui non ha fatto seguito l'aggiudicazione, salvo che il giudice delegato non autorizzi il curatore a continuare l'attività liquidatoria, in presenza di giustificati motivi (2).

3. Il programma è suddiviso in sezioni in cui sono indicati separatamente criteri e modalità della liquidazione dei beni immobili, della liquidazione degli altri beni e della riscossione dei crediti, con indicazione dei costi e dei presumibili tempi di realizzo. Nel programma sono, inoltre, indicati le azioni giudiziali di qualunque natura e il subentro nelle liti pendenti, con i costi per il primo grado di giudizio. Sono, altresì, indicati gli esiti delle liquidazioni già compiute.

4. Il programma indica gli atti necessari per la conservazione del valore dell'impresa, quali l'esercizio dell'impresa del debitore e l'affitto di azienda, ancorché relativi a singoli rami dell'azienda, nonché le modalità di cessione unitaria dell'azienda, di singoli rami, di beni o di rapporti giuridici individuabili in blocco.

5. Nel programma è indicato il termine entro il quale avrà inizio l'attività di liquidazione dell'attivo ed il termine del suo presumibile completamento. Entro otto mesi dall'apertura della procedura deve avere luogo il primo esperimento di vendita dei beni e devono iniziare le attività di recupero dei crediti, salvo che il giudice delegato, con decreto motivato, non ne autorizzi il differimento. Il termine per il completamento della liquidazione non può eccedere cinque anni dal deposito della sentenza di apertura della procedura. In casi di eccezionale complessità, questo termine può essere differito a sette anni dal giudice delegato (3).

6. Per sopravvenute esigenze, il curatore può presentare un supplemento del piano di liquidazione. Prima della approvazione del programma, il curatore può procedere alla liquidazione di beni, previa autorizzazione del giudice delegato e sentito il comitato dei creditori se già nominato, solo quando dal ritardo può derivare pregiudizio all'interesse dei creditori (4).

7. Il programma è trasmesso al giudice delegato che ne autorizza la sottoposizione al comitato dei creditori per l'appro-

vazione. Il giudice delegato autorizza i singoli atti liquidatori in quanto conformi al programma approvato.

8. Il mancato rispetto dei termini di cui al comma 5 senza giustificato motivo è causa di revoca del curatore (5).

9. Se il curatore ha rispettato i termini di cui al comma 5, nel calcolo dei termini di cui alla legge 24 marzo 2001, n. 89, non si tiene conto del tempo necessario per il completamento della liquidazione (6).

(1) Comma modificato dall'art. 29, co. 1, lett. a), d.lg. 17/6/2022, n. 83.

(2) Comma modificato dall'art. 29, co. 1, lett. b), d.lg. 17/6/2022, n. 83.

(3) Comma modificato dall'art. 29, co. 1, lett. c), d.lg. 17/6/2022, n. 83.

(4) Comma modificato dall'art. 29, co. 1, lett. d), d.lg. 17/6/2022, n. 83.

(5) Comma modificato dall'art. 29, co. 1, lett. e), d.lg. 17/6/2022, n. 83.

(6) Comma aggiunto dall'art. 29, co. 1, lett. f), d.lg. 17/6/2022, n. 83.

Sezione II
Vendita dei beni

214. Vendita dell'azienda o di suoi rami o di beni o rapporti in blocco. – 1. La liquidazione dei singoli beni ai sensi delle disposizioni del presente capo è disposta quando risulta prevedibile che la vendita dell'intero complesso aziendale, di suoi rami, di beni o rapporti giuridici individuabili in blocco non consenta una maggiore soddisfazione dei creditori.

2. La vendita del complesso aziendale o di rami dello stesso è effettuata con le modalità di cui all'articolo 216, in conformità a quanto disposto dall'articolo 2556 del codice civile.

3. Salva diversa convenzione, è esclusa la responsabilità dell'acquirente per i debiti relativi all'esercizio delle aziende cedute sorti prima del trasferimento.

4. Il curatore può procedere altresì alla cessione delle attività e delle passività dell'azienda o dei suoi rami, nonché di beni o rapporti giuridici individuali in blocco, esclusa comunque la responsabilità dell'alienante prevista dall'articolo 2560 del codice civile.

5. La cessione dei crediti relativi alle aziende cedute, anche in mancanza di notifica al debitore o di sua accettazione, ha effetto, nei confronti dei terzi, dal momento dell'iscrizione del trasferimento nel registro delle imprese. Tuttavia il debitore ceduto è liberato se paga in buona fede al cedente.

6. I privilegi e le garanzie di qualsiasi tipo, da chiunque prestate o comunque esistenti a favore del cedente, conservano la loro validità e il loro grado a favore del cessionario.

7. Il curatore può procedere alla liquidazione anche mediante il conferimento in una o più società, eventualmente di nuova costituzione, dell'azienda o di rami della stessa, ovvero di beni o crediti, con i relativi rapporti contrattuali in corso, esclusa la responsabilità dell'alienante ai sensi dell'articolo 2560 del codice civile e osservate le disposizioni inderogabili contenute nella presente sezione. Le azioni o quote della società che riceve il conferimento possono essere attribuite, nel rispetto delle cause di prelazione, a singoli creditori che vi consentono. Sono salve le diverse disposizioni previste in leggi speciali.

8. Il pagamento del prezzo può essere effettuato mediante accollo di debiti da parte dell'acquirente solo se non viene alterata la graduazione dei crediti.

215. Cessioni di crediti, azioni revocatorie e partecipazioni e mandato a riscuotere crediti. – 1. Il curatore può cedere i crediti, compresi quelli di natura fiscale o futuri, anche se oggetto di contestazione; può altresì cedere le azioni revocatorie concorsuali, se i relativi giudizi sono già pendenti.

2. Per la vendita delle partecipazioni in società a responsabilità limitata si applica l'articolo 2471 del codice civile.

3. In alternativa alla cessione di cui al comma 1, il curatore può stipulare contratti di mandato per la riscossione dei crediti.

216. Modalità della liquidazione. – 1. I beni acquisiti all'attivo della procedura sono stimati da esperti nominati dal curatore ai sensi dell'articolo 129, comma 2. La relazione di stima deve essere depositata con modalità telematiche nel rispetto della normativa anche regolamentare concernente la sottoscrizione, la trasmissione e la ricezione dei documenti informatici, nonché delle apposite specifiche tecniche del responsabile per i sistemi informativi automatizzati del Ministero della giustizia. I modelli informatici delle relazioni di stima sono pubblicati sul portale delle vendite pubbliche e, quando la stima riguarda un bene immobile, deve contenere le informazioni previste dall'articolo 173-bis delle disposizioni per l'attuazione del codice di procedura civile. L'inosservanza della disposizione di cui al secondo periodo costituisce motivo di revoca dell'incarico. La stima può essere omessa per i beni di modesto valore. Il compenso dell'esperto è liquidato a norma dell'articolo 161, terzo comma, delle disposizioni per l'attuazione del codice di procedura civile.

2. Le vendite e gli altri atti di liquidazione posti in essere in esecuzione del programma di liquidazione sono effettuati dal curatore o dal delegato alle vendite tramite procedure competitive, anche avvalendosi di soggetti specializzati, sulla base delle stime effettuate ai sensi del comma 1, assicurando, con adeguate forme di pubblicità, la massima informazione e partecipazione degli interessati [*con le modalità stabilite con ordinanza dal giudice delegato*]. Il curatore informa il giudice delegato dell'andamento delle attività di liquidazione nelle relazioni di cui all'articolo 130, comma 9. Per i beni immobili il curatore pone in essere almeno tre esperimenti di vendita all'anno. Dopo il terzo esperimento andato deserto il prezzo può essere ribassato fino al limite della metà rispetto a quello dell'ultimo esperimento. Fatto salvo quanto previsto dall'articolo 147, comma 2, il giudice delegato ordina la liberazione dei beni immobili occupati dal debitore o da terzi in forza di titolo non opponibile al curatore. Il provvedimento è attuato dal curatore secondo le disposizioni del giudice delegato, senza l'osservanza di formalità diverse da quelle stabilite dal giudice, anche successivamente alla pronuncia del decreto di trasferimento nell'interesse dell'aggiudicatario se questi non lo esenta. Per l'attuazione dell'ordine di liberazione il giudice delegato può avvalersi della forza pubblica e nominare ausiliari ai sensi dell'articolo 68 del codice di procedura civile. Quando nell'immobile si trovano beni mobili che non devono essere consegnati ovvero documenti inerenti lo svolgimento di attività imprenditoriale o professionale, il curatore intima di asportarli alla parte tenuta al rilascio ovvero al soggetto al quale gli stessi risultano appartenere, assegnandogli il relativo termine, non inferiore a trenta giorni, salvi i casi di urgenza. Dell'intimazione si dà atto a verbale ovvero, se il soggetto intimato non è presente, mediante atto notificato dal curatore. Se l'asporto non è eseguito entro il termine assegnato, i beni o i documenti sono considerati abbandonati e il curatore, salvo diversa disposizione del giudice delegato, ne dispone lo smaltimento o la distruzione. Per i beni immobili e gli altri beni iscritti nei pubblici registri, prima del completamento delle operazioni di vendita, è data notizia mediante notificazione da parte del curatore, a ciascuno dei creditori ipotecari o i cui crediti siano assistiti da privilegio sul bene (1).

3. Il curatore può proporre nel programma di liquidazione che le vendite dei beni mobili, immobili e mobili registrati vengano effettuate dal giudice delegato secondo le disposizioni del codice di procedura civile in quanto compatibili (2).

4. Le vendite di cui ai commi 2 e 3 sono effettuate con modalità telematiche tramite il portale delle vendite pubbliche, salvo che tali modalità siano pregiudizievoli per gli interessi dei creditori o per il sollecito svolgimento della procedura.

5. Il curatore effettua la pubblicità, sul portale delle vendite pubbliche, dell'avviso contenente tutti i dati che possono in-

teressare il pubblico o della ordinanza di vendita e di ogni altro atto o documento ritenuto utile e può ricorrere anche a ulteriori forme di pubblicità idonee ad assicurare la massima informazione e partecipazione degli interessati, da effettuarsi almeno trenta giorni prima della vendita. Il termine può essere ridotto, previa autorizzazione del giudice delegato, esclusivamente nei casi di assoluta urgenza (3).

6. Gli interessati a presentare l'offerta di acquisto formulano tramite il portale delle vendite pubbliche la richiesta di esaminare i beni in vendita. Essi hanno diritto di esaminare i beni in vendita entro quindici giorni dalla richiesta o nel diverso termine stabilito dal giudice delegato. La richiesta non può essere resa nota a persona diversa dal curatore o dal delegato alla vendita. L'esame dei beni si svolge con modalità idonee a garantire la riservatezza dell'identità degli interessati e ad impedire che essi abbiano contatti tra loro (4).

7. L'offerta non è efficace se perviene oltre il termine stabilito nell'avviso di cui al comma 5 o nell'ordinanza di vendita o se l'offerente non presta cauzione nella misura indicata. Le offerte di acquisto sono efficaci anche se inferiori di non oltre un quarto al prezzo stabilito nell'avviso di cui al comma 5 o nell'ordinanza di vendita e sono presentate tramite il portale delle vendite pubbliche (5).

8. Le vendite e gli atti di liquidazione possono prevedere che il versamento del prezzo abbia luogo ratealmente; si applicano, in quanto compatibili, le disposizioni di cui agli articoli 569, terzo comma, terzo periodo, 574, primo comma, secondo periodo, 585 e 587, primo comma, secondo periodo, del codice di procedura civile.

9. Il curatore informa il giudice delegato e il comitato dei creditori dell'esito della procedura di vendita o liquidazione di ciascun bene entro cinque giorni dalla sua conclusione mediante deposito nel fascicolo informatico della documentazione relativa alla vendita (6).

10. Se alla data di apertura della liquidazione sono pendenti procedure esecutive, il curatore può subentrarvi; in tale caso si applicano le disposizioni del codice di procedura civile; altrimenti, su istanza del curatore, il giudice dell'esecuzione dichiara l'improcedibilità dell'esecuzione, fermi restando gli effetti conservativi sostanziali del pignoramento in favore dei creditori.

11. I dati delle relazioni di stima di cui al comma 1 sono estratti ed elaborati, a cura del Ministero della giustizia, anche nell'ambito di rilevazioni statistiche nazionali e pubblicati sul portale delle vendite pubbliche.

12. Con regolamento del Ministro della giustizia, da adottare ai sensi dell'articolo 17, comma 3, della legge 23 agosto 1988, n. 400, entro il termine di sei mesi dalla data di entrata in vigore del presente decreto, sono stabiliti requisiti di onorabilità e professionalità dei soggetti specializzati dei quali il curatore può avvalersi ai sensi del comma 2 (7).

(1) Comma sostituito dall'art. 25, co. 1, lett. a), d.lg. 26/10/2020, n. 147 e modificato dall'art. 30, co. 1, lett. a), n. 1) e 2), d.lg. 17/6/2022, n. 83.

(2) Comma sostituito dall'art. 30, co. 1, lett. b), d.lg. 17/6/2022, n. 83.

(3) Comma sostituito dall'art. 30, co. 1, lett. c), d.lg. 17/6/2022, n. 83.

(4) Periodi aggiunti dall"art. 25, co. 1, lett. b), d.lg. 26/10/2020, n. 147.

(5) Comma modificato dall'art. 30, co. 1, lett. d), d.lg. 17/6/2022, n. 83.

(6) Comma modificato dall'dall'art. 25, co. 1, lett. c), d.lg. 26/10/2020, n. 147. e dall'art. 30, co. 1, lett. e), d.lg. 17/6/2022, n. 83.

(7) Comma aggiunto dall'art. 30, co. 1, lett. f), d.lg. 17/6/2022, n. 83.

217. Poteri del giudice delegato. – 1. Il giudice delegato, su istanza del debitore, del comitato dei creditori o di altri interessati, previo parere dello stesso comitato dei creditori, può sospendere, con decreto motivato, le operazioni di vendita, qualora ricorrano gravi e giustificati motivi ovvero, su istanza presentata dagli stessi soggetti entro dieci giorni dal deposito di cui all'articolo 216, comma 9, impedire il perfezionamento della vendita quando il prezzo offerto risulti notevolmente inferiore a quello ritenuto congruo. Se il prezzo offerto è inferiore, rispetto a quello indicato nell'ordinanza di vendita, in misura non superiore ad un quarto, il giudice delegato può impedire il perfezionamento della vendita in presenza di concreti elementi idonei a dimostrare che un nuovo esperimento di vendita può consentire, con elevato grado di probabilità, il conseguimento di un prezzo perlomeno pari a quello stabilito.

2. Per i beni immobili e gli altri beni iscritti in pubblici registri, una volta eseguita la vendita e riscosso interamente il prezzo, il giudice delegato ordina, con decreto, la cancellazione delle iscrizioni relative ai diritti di prelazione, nonché delle trascrizioni dei pignoramenti e dei sequestri conservativi e di ogni altro vincolo.

218. Vendita dei diritti sulle opere dell'ingegno, sulle invenzioni industriali e sui marchi. – 1. Il trasferimento dei diritti di utilizzazione economica delle opere dell'ingegno, il trasferimento dei diritti nascenti delle invenzioni industriali, il trasferimento dei marchi e la cessione di banche di dati sono fatte a norma delle rispettive leggi speciali.

219. Procedimento di distribuzione della somma ricavata. – 1. Il giudice delegato provvede alla distribuzione della somma ricavata dalla vendita secondo le disposizioni del capo seguente.

2. Il tribunale stabilisce con decreto la somma da attribuire, se del caso, al curatore in conto del compenso finale da liquidarsi a norma dell'articolo 137. Tale somma è prelevata sul prezzo insieme alle spese di procedura e di amministrazione.

Capo V
Ripartizione dell'attivo

220. Procedimento di ripartizione. – 1. Il curatore, ogni quattro mesi a partire dalla data del decreto previsto dall'articolo 204, comma 4, o nel diverso termine stabilito dal giudice delegato, trasmette a tutti i creditori, compresi quelli per i quali è in corso uno dei giudizi di cui all'articolo 206, un prospetto delle somme disponibili, nonché, qualora l'entità del passivo accertato consenta una ripartizione in misura apprezzabile, un progetto di ripartizione delle medesime, riservate quelle occorrenti per la procedura. Nel progetto sono collocati anche i crediti per i quali non si applica il divieto di azioni esecutive e cautelari di cui all'articolo 150.

2. Nel caso in cui siano in corso giudizi di cui all'articolo 206, il curatore, nel progetto di ripartizione di cui al comma 1, indica, per ciascun creditore, le somme immediatamente ripartibili nonché le somme ripartibili soltanto previa consegna di una fideiussione autonoma, irrevocabile e a prima richiesta, rilasciata in favore della procedura da uno dei soggetti di cui all'articolo 574, primo comma, secondo periodo, del codice di procedura civile, idonea a garantire la restituzione alla procedura delle somme che risultino ripartite in eccesso, anche in forza di provvedimenti provvisoriamente esecutivi resi nell'ambito dei giudizi di cui all'articolo 206, oltre agli interessi, al tasso applicato dalla Banca centrale europea alle sue più recenti operazioni di rifinanziamento principali, a decorrere dal pagamento e sino all'effettiva restituzione. Le disposizioni del periodo precedente si applicano anche ai creditori che avrebbero diritto alla ripartizione delle somme ricavate nel caso in cui risulti insussistente, in tutto o in parte, il credito avente diritto all'accantonamento ovvero oggetto di controversia a norma dell'articolo 206.

3. I creditori, entro il termine perentorio di quindici giorni dalla ricezione della comunicazione di cui al comma 1, pos-

sono proporre reclamo al giudice delegato contro il progetto di riparto ai sensi dell'articolo 133.

4. Decorso tale termine, il giudice delegato, su richiesta del curatore, corredata dal progetto di riparto e dai documenti comprovanti l'avvenuta trasmissione, dichiara esecutivo il progetto di ripartizione.

5. Se sono proposti reclami, il progetto di ripartizione è dichiarato esecutivo con accantonamento delle somme corrispondenti ai crediti oggetto di contestazione. Non si fa luogo ad accantonamento qualora sia presentata in favore della procedura una fideiussione a norma del primo periodo del comma 2, idonea a garantire la restituzione di somme che, in forza del provvedimento che decide il reclamo, risultino ripartite in eccesso, oltre agli interessi nella misura prevista dal predetto secondo periodo del comma 2. Il provvedimento che decide sul reclamo dispone in ordine alla destinazione delle somme accantonate.

6. In presenza di somme disponibili per la ripartizione, il mancato rispetto dell'obbligo di cui al comma 1, costituisce giusta causa di revoca del curatore.

221. Ordine di distribuzione delle somme. – 1. Le somme ricavate dalla liquidazione dell'attivo sono erogate nel seguente ordine:

a) per il pagamento dei crediti prededucibili;

b) per il pagamento dei crediti ammessi con prelazione sulle cose vendute secondo l'ordine assegnato dalla legge;

c) per il pagamento dei creditori chirografari, in proporzione dell'ammontare del credito per cui ciascuno di essi sia stato ammesso, compresi i creditori indicati alla lettera b), qualora non sia stata ancora realizzata la garanzia, ovvero per la parte per cui essi siamo rimasti non soddisfatti dal relativo realizzo;

d) per il pagamento dei crediti postergati.

222. Disciplina dei crediti prededucibili. – 1. I crediti prededucibili devono essere accertati con le modalità di cui al capo III del presente titolo, con esclusione di quelli non contestati per collocazione e ammontare, anche se sorti durante l'esercizio dell'impresa del debitore, e di quelli sorti a seguito di provvedimenti di liquidazione di compensi dei soggetti nominati ai sensi dell'articolo 123; in questo ultimo caso, se contestati, devono essere accertati con il procedimento di cui all'articolo 124.

2. I crediti prededucibili vanno soddisfatti per il capitale, gli interessi e le spese con il ricavato della liquidazione del patrimonio mobiliare e immobiliare, tenuto conto delle rispettive cause di prelazione, con esclusione di quanto ricavato dalla liquidazione dei beni oggetto di pegno ed ipoteca per la parte destinata ai creditori garantiti, salvo il disposto dell'articolo 223. Il corso degli interessi cessa al momento del pagamento.

3. I crediti prededucibili sorti nel corso della procedura di liquidazione giudiziale che sono liquidi, esigibili e non contestati per collocazione e per ammontare, possono essere soddisfatti al di fuori del procedimento di riparto se l'attivo è presumibilmente sufficiente a soddisfare tutti i titolari di tali crediti. Il pagamento deve essere autorizzato dal comitato dei creditori ovvero dal giudice delegato.

4. Se l'attivo è insufficiente, la distribuzione deve avvenire secondo i criteri della graduazione e della proporzionalità, conformemente all'ordine assegnato dalla legge.

223. Conti speciali. – 1. La massa liquida attiva immobiliare è costituita dalle somme ricavate dalla liquidazione dei beni immobili, come definiti dall'articolo 812 del codice civile, e dei loro frutti e pertinenze, nonché dalla quota proporzionale di interessi attivi liquidati sui depositi delle relative somme.

2. La massa liquida attiva mobiliare è costituita da tutte le altre entrate.

3. Il curatore deve tenere un conto autonomo delle vendite dei singoli beni immobili oggetto di privilegio speciale e di ipoteca e dei singoli beni mobili o gruppo di mobili oggetto di pegno e privilegio speciale, con analitica indicazione delle entrate e delle uscite di carattere specifico e della quota di quelle di carattere generale imputabili a ciascun bene o gruppo di beni secondo un criterio proporzionale.

224. Crediti assistiti da prelazione. – 1. I crediti assistiti da privilegio generale hanno diritto di prelazione per il capitale, le spese e gli interessi, nei limiti di cui agli articoli 153 e 154, sul prezzo ricavato dalla liquidazione del patrimonio mobiliare, sul quale concorrono in un'unica graduatoria con i crediti garantiti da privilegio speciale mobiliare, secondo il grado previsto dalla legge.

2. I crediti garantiti da ipoteca e pegno e quelli assistiti da privilegio speciale hanno diritto di prelazione per il capitale, le spese e gli interessi, nei limiti di cui agli articoli 153 e 154, sul prezzo ricavato dai beni vincolati alla loro garanzia.

225. Partecipazione dei creditori ammessi tardivamente. – 1. I creditori ammessi a norma dell'articolo 208 concorrono soltanto alle ripartizioni posteriori alla loro ammissione in proporzione del rispettivo credito, salvo il diritto di prelevare le quote che sarebbero loro spettate nelle precedenti ripartizioni se assistiti da cause di prelazione o se il ritardo è dipeso da cause ad essi non imputabili.

226. Ripartizioni e diritti in favore del creditore con domanda tardiva. – 1. Il creditore ammesso a norma dell'articolo 208 ha diritto di concorrere sulle somme già distribuite nei limiti di quanto stabilito nell'articolo 225. Il titolare di diritti su beni mobili o immobili, se prova che il ritardo nella presentazione della domanda è dipeso da causa non imputabile, può chiedere che siano sospese le attività di liquidazione del bene sino all'accertamento del diritto. Si applica l'articolo 208, comma 3.

227. Ripartizioni parziali. – 1. Nelle ripartizioni parziali, che non possono superare l'ottanta per cento delle somme da ripartire, devono essere trattenute e depositate, nei modi stabiliti dal giudice delegato, le quote assegnate:

a) ai creditori ammessi con riserva;

b) ai creditori opponenti a favore dei quali sono state disposte misure cautelari;

c) ai creditori opponenti la cui domanda è stata accolta quando la sentenza non è passata in giudicato;

d) ai creditori nei cui confronti sono stati proposti i giudizi di impugnazione e di revocazione.

2. Le somme ritenute necessarie per spese future, per soddisfare il compenso al curatore e ogni altro debito prededucibile devono essere trattenute. In questo caso, l'ammontare della quota da ripartire indicata nel comma 1 deve essere ridotta se la misura dell'ottanta per cento appare insufficiente.

3. Devono essere altresì trattenute e depositate nei modi stabiliti dal giudice delegato le somme ricevute dalla procedura per effetto di provvedimenti provvisoriamente esecutivi e non ancora passati in giudicato.

228. Scioglimento delle ammissioni con riserva. – 1. Quando si verifica l'evento che ha determinato l'accoglimento di una domanda con riserva, su istanza del curatore o della parte interessata, il giudice delegato modifica lo stato passivo, con decreto, disponendo che la domanda deve intendersi accolta definitivamente.

229. Restituzione di somme riscosse. – 1. I pagamenti effettuati in esecuzione dei piani di riparto non possono essere ripetuti, salvo il caso dell'accoglimento di domande di revocazione.

2. I creditori che hanno percepito pagamenti non dovuti, devono restituire le somme riscosse, oltre agli interessi legali dal momento del pagamento effettuato a loro favore.

230. Pagamento ai creditori. – 1. Il curatore provvede al pagamento delle somme assegnate ai creditori nel piano di ripartizione nei modi stabiliti dal giudice delegato, idonei ad assicurare la prova del pagamento stesso.

2. Se prima della ripartizione i crediti ammessi sono stati ceduti, il curatore attribuisce le quote di riparto ai cessionari, qualora la cessione sia stata tempestivamente comunicata, unitamente alla documentazione che attesti, con atto recante le sottoscrizioni autenticate di cedente e cessionario, l'intervenuta cessione. In questo caso, il curatore provvede alla rettifica formale dello stato passivo. Le stesse disposizioni si applicano in caso di surrogazione del creditore.

231. Rendiconto del curatore. – 1. Compiuta la liquidazione dell'attivo e prima del riparto finale, nonché in ogni caso in cui cessa dalle funzioni, il curatore presenta al giudice delegato l'esposizione analitica delle operazioni contabili, dell'attività di gestione della procedura, delle modalità con cui ha attuato il programma di liquidazione e il relativo esito.

2. Il giudice ordina il deposito del conto in cancelleria e fissa l'udienza che non può essere tenuta prima che siano decorsi quindici giorni dalla comunicazione del rendiconto a tutti i creditori.

3. Dell'avvenuto deposito e della fissazione dell'udienza il curatore dà immediata comunicazione al debitore, ai creditori ammessi al passivo, a coloro che hanno proposto opposizione, ai creditori in prededuzione non soddisfatti, inviando loro copia del rendiconto e avvisandoli che possono presentare eventuali osservazioni o contestazioni fino a cinque giorni prima dell'udienza con le modalità di cui all'articolo 201, comma 2.

4. Se all'udienza stabilita non sorgono contestazioni o su queste viene raggiunto un accordo, il giudice approva il conto con decreto; altrimenti, fissa l'udienza innanzi al collegio che, sentite le parti, provvede in camera di consiglio.

232. Ripartizione finale. – 1. Approvato il conto e liquidato il compenso del curatore, il giudice delegato, sentite le proposte del curatore, ordina il riparto finale secondo le norme precedenti.

2. Nel riparto finale vengono distribuiti anche gli accantonamenti precedentemente fatti. Tuttavia, se la condizione non si è ancora verificata ovvero se il provvedimento non è ancora passato in giudicato, la somma è depositata nei modi stabiliti dal giudice delegato, perché, verificatisi gli eventi indicati, possa essere versata ai creditori cui spetta o fatta oggetto di riparto supplementare fra gli altri creditori. Gli accantonamenti non impediscono la chiusura della procedura.

3. Il giudice delegato, nel rispetto delle cause di prelazione, può disporre che a singoli creditori che vi consentono siano assegnati, in luogo delle somme agli stessi spettanti, crediti di imposta del debitore non ancora rimborsati.

4. Per i creditori che non si presentano o sono irreperibili le somme dovute sono nuovamente depositate presso l'ufficio postale o la banca già indicati ai sensi dell'articolo 131. Decorsi cinque anni dal deposito, le somme non riscosse dagli aventi diritto e i relativi interessi, se non richieste da altri creditori, rimasti insoddisfatti, sono versate a cura del depositario all'entrata del bilancio dello Stato per essere riassegnate, con decreti del Ministro dell'economia e delle finanze, allo stato di previsione del Ministero della giustizia.

5. Il giudice, anche se è intervenuta l'esdebitazione del debitore, omessa ogni formalità non essenziale al contraddittorio, su ricorso dei creditori rimasti insoddisfatti che abbiano presentato la richiesta di cui al comma 4, dispone la distribuzione delle somme non riscosse fra i soli richiedenti e in base all'articolo 221.

Capo VI
Cessazione della procedura di liquidazione giudiziale

233. Casi di chiusura. – 1. Salvo quanto disposto per il caso di concordato, la procedura di liquidazione giudiziale si chiude:

a) se nel termine stabilito nella sentenza con cui è stata dichiarata aperta la procedura non sono state proposte domande di ammissione al passivo;

b) quando, anche prima che sia compiuta la ripartizione finale dell'attivo, le ripartizioni ai creditori raggiungono l'intero ammontare dei crediti ammessi, o questi sono in altro modo estinti e sono pagati tutti i debiti e le spese da soddisfare in prededuzione;

c) quando è compiuta la ripartizione finale dell'attivo;

d) quando nel corso della procedura si accerta che la sua prosecuzione non consente di soddisfare, neppure in parte, i creditori concorsuali, nè i crediti prededucibili e le spese di procedura. Tale circostanza può essere accertata con la relazione o con i successivi rapporti riepilogativi di cui all'articolo 130.

2. In caso di chiusura della procedura di liquidazione giudiziale di società di capitali, nei casi di cui al comma 1, lettere a) e b), il curatore convoca l'assemblea ordinaria dei soci per le deliberazioni necessarie ai fini della ripresa dell'attività o della sua cessazione ovvero per la trattazione di argomenti sollecitati, con richiesta scritta, da un numero di soci che rappresenti il venti per cento del capitale sociale. Nei casi di chiusura di cui al comma 1, lettere c) e d), ove si tratti di procedura di liquidazione giudiziale di società e fatto salvo quanto previsto dall'articolo 234, comma 6, secondo periodo, il curatore ne chiede la cancellazione dal registro delle imprese.

3. La chiusura della procedura di liquidazione giudiziale della società nei casi di cui alle lettere a) e b) determina anche la chiusura della procedura estesa ai soci ai sensi dell'articolo 256, salvo che nei confronti del socio non sia stata aperta una procedura di liquidazione giudiziale come imprenditore individuale.

234. Prosecuzione di giudizi e procedimenti esecutivi dopo la chiusura. – 1. La chiusura della procedura nel caso di cui all'articolo 233, comma 1, lettera c), non è impedita dalla pendenza di giudizi o procedimenti esecutivi, rispetto ai quali il curatore mantiene la legittimazione processuale, anche nei successivi stati e gradi del giudizio, ai sensi dell'articolo 143. La legittimazione del curatore sussiste altresì per i procedimenti, compresi quelli cautelari e esecutivi, strumentali all'attuazione delle decisioni favorevoli alla liquidazione giudiziale, anche se instaurati dopo la chiusura della procedura.

2. In deroga all'articolo 132, le rinunzie alle liti e le transazioni sono autorizzate dal giudice delegato.

3. Le somme necessarie per spese future ed eventuali oneri relativi ai giudizi pendenti, nonché le somme ricevute dal curatore per effetto di provvedimenti provvisoriamente esecutivi e non ancora passati in giudicato, sono trattenute dal curatore secondo quanto previsto dall'articolo 232, comma 2.

4. Dopo la chiusura della procedura, le somme ricevute dal curatore per effetto di provvedimenti definitivi e gli eventuali residui degli accantonamenti sono fatti oggetto di riparto supplementare fra i creditori secondo le modalità disposte dal tribunale con il decreto di cui all'articolo 235.

5. In relazione alle eventuali sopravvenienze attive derivanti dai giudizi pendenti non si fa luogo a riapertura della procedura.

6. Con il decreto di chiusura il tribunale impartisce le disposizioni necessarie per il deposito del rapporto riepilogati-

vo di cui all'articolo 130, comma 9, di un supplemento di rendiconto, del riparto supplementare e del rapporto riepilogativo finale. La chiusura della procedura a norma del presente comma non comporta la cancellazione della società dal registro delle imprese sino alla conclusione dei giudizi in corso e alla effettuazione dei riparti supplementari, anche all'esito delle ulteriori attività liquidatorie che si siano rese necessarie.

7. Eseguito l'ultimo progetto di ripartizione o comunque definiti i giudizi e procedimenti pendenti, il curatore chiede al tribunale di archiviare la procedura di liquidazione giudiziale. Il tribunale provvede con decreto.

8. Entro dieci giorni dal deposito del decreto di archiviazione, il curatore chiede la cancellazione della società dal registro delle imprese ovvero, quando le ripartizioni ai creditori raggiungono l'intero ammontare dei crediti ammessi, o questi sono in altro modo estinti e sono pagati tutti i debiti e le spese da soddisfare in prededuzione, procede ai sensi dell'articolo 233, comma 2, primo periodo (1).

(1) Comma modificato dall'art. 26, co. 1, d.lg. 26/10/2020, n. 147. Per la decorrenza vedi l'art. 42, co. 1, d.lg. n. 147/2020 medesimo.

235. Decreto di chiusura. – 1. La chiusura della procedura di liquidazione giudiziale è dichiarata con decreto motivato del tribunale su istanza del curatore o del debitore ovvero di ufficio, pubblicato nelle forme prescritte dall'articolo 45. Unitamente all'istanza di cui al primo periodo il curatore deposita un rapporto riepilogativo finale redatto in conformità a quanto previsto dall'articolo 130, comma 9 (1).

2. Quando la chiusura della procedura è dichiarata ai sensi dell'articolo 233, comma 1, lettera d), prima dell'approvazione del programma di liquidazione, il tribunale decide sentiti il curatore, il comitato dei creditori e il debitore.

3. Contro il decreto che dichiara la chiusura o ne respinge la richiesta è ammesso reclamo a norma dell'articolo 124. Contro il decreto della corte di appello, il ricorso per cassazione è proposto nel termine perentorio di trenta giorni, decorrente dalla notificazione o comunicazione del provvedimento per il curatore, per il debitore, per il comitato dei creditori e per chi ha proposto il reclamo o è intervenuto nel procedimento; dal compimento della pubblicità di cui all'articolo 45 per ogni altro interessato.

4. Il decreto di chiusura acquista efficacia quando è decorso il termine per il reclamo, senza che questo sia stato proposto, ovvero quando il reclamo è definitivamente rigettato.

5. Con i decreti emessi ai sensi dei commi 1 e 3, sono impartite le disposizioni esecutive volte ad attuare gli effetti della decisione. Allo stesso modo si provvede a seguito del passaggio in giudicato della sentenza di revoca della procedura di liquidazione giudiziale o della definitività del decreto di omologazione del concordato proposto nel corso della procedura stessa.

(1) Comma modificato dall'art. 31, co. 1, d.lg. 17/6/2022, n. 83.

236. Effetti della chiusura. – 1. Con la chiusura cessano gli effetti della procedura di liquidazione giudiziale sul patrimonio del debitore e le conseguenti incapacità personali e decadono gli organi preposti alla procedura medesima.

2. Le azioni esperite dal curatore per l'esercizio di diritti derivanti dalla procedura non possono essere proseguite, fatto salvo quanto previsto dall'articolo 234.

3. I creditori riacquistano il libero esercizio delle azioni verso il debitore per la parte non soddisfatta dei loro crediti per capitale e interessi, salvo quanto previsto dagli articoli 278 e seguenti.

4. Il decreto o la sentenza con la quale il credito è stato ammesso al passivo costituisce prova scritta per gli effetti di cui all'articolo 634 del codice di procedura civile.

5. Nell'ipotesi di chiusura in pendenza di giudizi ai sensi dell'articolo 234, il giudice delegato e il curatore restano in carica ai soli fini di quanto ivi previsto. In nessun caso i creditori possono agire su quanto è oggetto dei giudizi medesimi.

237. Casi di riapertura della procedura di liquidazione giudiziale. – 1. Salvo che sia stata pronunciata l'esdebitazione nei casi preveduti dall'articolo 233, comma 1, lettere c) e d), il tribunale, entro cinque anni dal decreto di chiusura, su istanza del debitore o di qualunque creditore, può ordinare che la liquidazione giudiziale già chiusa sia riaperta, quando risulta che nel patrimonio del debitore esistono attività in misura tale da rendere utile il provvedimento.

2. Il tribunale, con sentenza in camera di consiglio, se accoglie l'istanza:

a) richiama in ufficio il giudice delegato e il curatore o li nomina di nuovo;

b) stabilisce i termini previsti dalle lettere d) ed e) dell'articolo 49, comma 3, eventualmente abbreviandoli non oltre la metà; i creditori già ammessi al passivo nella procedura chiusa possono chiedere la conferma del provvedimento di ammissione salvo che intendano insinuare al passivo ulteriori interessi.

3. La sentenza può essere reclamata a norma dell'articolo 51.

4. La sentenza è pubblicata a norma dell'articolo 45.

5. Il giudice delegato nomina il comitato dei creditori, tenendo conto nella scelta anche dei nuovi creditori.

6. Per le altre operazioni si seguono le norme stabilite nei capi precedenti.

238. Concorso dei vecchi e nuovi creditori. – 1. I creditori concorrono alle nuove ripartizioni per le somme loro dovute al momento della riapertura, dedotto quanto hanno percepito nelle precedenti ripartizioni, salve in ogni caso le cause legittime di prelazione.

2. Restano ferme le precedenti statuizioni a norma del capo III del presente titolo.

239. Effetti della riapertura sugli atti pregiudizievoli ai creditori. – 1. In caso di riapertura della procedura di liquidazione giudiziale, per le azioni revocatorie relative agli atti del debitore, compiuti dopo la chiusura della procedura, i termini stabiliti dagli articoli 164, 166 e 167, sono computati dalla data della sentenza di riapertura.

2. Sono privi di effetto nei confronti dei creditori gli atti a titolo gratuito e quelli di cui all'articolo 169, posteriori alla chiusura e anteriori alla riapertura della procedura.

Capo VII
Concordato nella liquidazione giudiziale

240. Proposta di concordato nella liquidazione giudiziale. – 1. Dichiarata aperta la liquidazione giudiziale, i creditori o i terzi possono proporre un concordato anche prima del decreto che rende esecutivo lo stato passivo, purché sia stata tenuta dal debitore la contabilità e i dati risultanti da essa e le altre notizie disponibili consentano al curatore di predisporre un elenco provvisorio dei creditori da sottoporre all'approvazione del giudice delegato. La proposta non può essere presentata dal debitore, da società cui egli partecipi o da società sottoposte a comune controllo se non dopo il decorso di un anno dalla sentenza che ha dichiarato l'apertura della procedura di liquidazione giudiziale e purché non siano decorsi due anni dal decreto che rende esecutivo lo stato passivo. La proposta del debitore di società cui egli partecipi o di società sottoposte a comune controllo è ammissibile solo se prevede l'apporto di risorse che incrementino il valore dell'attivo di almeno il dieci per cento (1).

2. La proposta inoltre può prevedere:

a) la suddivisione dei creditori in classi, secondo posizione giuridica ed interessi economici omogenei;

b) trattamenti differenziati fra creditori appartenenti a classi diverse, indicando le ragioni dei trattamenti differenziati dei medesimi;

c) la ristrutturazione dei debiti e la soddisfazione dei crediti attraverso qualsiasi forma, anche mediante cessione dei beni, accollo o altre operazioni straordinarie, ivi compresa l'attribuzione ai creditori, nonché a società da questi partecipate, di azioni, quote ovvero obbligazioni, anche convertibili in azioni o altri strumenti finanziari e titoli di debito.

3. Se la società in liquidazione giudiziale ha emesso obbligazioni o strumenti finanziari oggetto della proposta di concordato, i portatori di tali titoli sono costituiti in classe.

4. La proposta può prevedere che i creditori muniti di privilegio, pegno o ipoteca, non vengano soddisfatti integralmente, purché il piano ne preveda la soddisfazione in misura non inferiore a quella realizzabile, in ragione della collocazione preferenziale, sul ricavato in caso di liquidazione, avuto riguardo al valore di mercato attribuibile ai beni o diritti sui quali sussiste la causa di prelazione, al netto del presumibile ammontare delle spese di procedura inerenti al bene o diritto e della quota parte delle spese generali, indicato nella relazione giurata di un professionista indipendente, iscritto nell'albo dei revisori legali, in possesso dei requisiti di cui all'articolo 358 e designato dal tribunale. Il trattamento stabilito per ciascuna classe non può avere l'effetto di alterare l'ordine delle cause legittime di prelazione.

5. La proposta presentata da uno o più creditori o da un terzo può prevedere la cessione, oltre che dei beni compresi nell'attivo della liquidazione giudiziale, anche delle azioni di pertinenza della massa, purché autorizzate dal giudice delegato, con specifica indicazione dell'oggetto e del fondamento della pretesa. Il proponente può limitare gli impegni assunti con il concordato ai soli creditori ammessi al passivo, anche provvisoriamente, e a quelli che hanno proposto opposizione allo stato passivo o domanda di ammissione tardiva al tempo della proposta. In tale caso, verso gli altri creditori continua a rispondere il debitore, fermo quanto disposto dagli articoli 278 e seguenti in caso di esdebitazione.

(1) Comma modificato dall'art. 27, co. 1, d.lg. 26/10/2020, n. 147. Per la decorrenza vedi l'art. 42, co. 1, d.lg. n. 147/2020 medesimo.

241. Esame della proposta e comunicazione ai creditori. – 1. La proposta di concordato è presentata con ricorso al giudice delegato, il quale chiede il parere del curatore, con specifico riferimento ai presumibili risultati della liquidazione e alle garanzie offerte. Quando il ricorso è proposto da un terzo, esso deve contenere l'indicazione dell'indirizzo di posta elettronica certificata al quale ricevere le comunicazioni. Si applica l'articolo 10, comma 3.

2. Una volta espletato tale adempimento preliminare il giudice delegato, acquisito il parere favorevole del comitato dei creditori, valutata la ritualità della proposta, ordina che la stessa, unitamente al parere del comitato dei creditori e del curatore, venga comunicata a cura di quest'ultimo ai creditori a mezzo posta elettronica certificata, specificando dove possono essere reperiti i dati per la sua valutazione e informandoli che la mancata risposta sarà considerata come voto favorevole. Nel medesimo provvedimento il giudice delegato fissa un termine non inferiore a venti giorni e non superiore a trenta, entro il quale i creditori devono far pervenire nella cancelleria del tribunale eventuali dichiarazioni di dissenso. In caso di presentazione di più proposte o se comunque ne sopraggiunge una nuova prima che il giudice delegato ordini la comunicazione, il comitato dei creditori sceglie quella da sottoporre all'approvazione dei creditori. Su richiesta del curatore, il giudice delegato può ordinare la comunicazione ai creditori di una o di altre proposte, tra quelle non scelte, ritenute parimenti convenienti. Si applica l'articolo 140, comma 4.

3. Qualora la proposta contenga condizioni differenziate per singole classi di creditori essa, prima di essere comunicata ai creditori, deve essere sottoposta, con i pareri di cui ai commi 1 e 2, al giudizio del tribunale che verifica il corretto utilizzo dei criteri di cui all'articolo 240, comma 2, lettere a) e b), tenendo conto della relazione giurata di cui al comma 4, dello stesso articolo.

242. Concordato nel caso di numerosi creditori. – 1. Ove le comunicazioni siano dirette ad un rilevante numero di destinatari, il giudice delegato può autorizzare il curatore a dare notizia della proposta di concordato, anziché con comunicazione ai singoli creditori, mediante pubblicazione del testo integrale della medesima su uno o più quotidiani a diffusione nazionale o locale.

243. Voto nel concordato. – 1. Hanno diritto di voto i creditori indicati nello stato passivo reso esecutivo ai sensi dell'articolo 204, compresi i creditori ammessi provvisoriamente e con riserva. Se la proposta è presentata prima che lo stato passivo venga reso esecutivo, hanno diritto al voto i creditori che risultano dall'elenco provvisorio predisposto dal curatore e approvato dal giudice delegato.

2. I creditori muniti di privilegio, pegno o ipoteca, ancorché la garanzia sia contestata, dei quali la proposta di concordato prevede l'integrale pagamento, non hanno diritto al voto se non rinunciano al diritto di prelazione, salvo quanto previsto dal comma 3. La rinuncia può essere anche parziale, purché non inferiore alla terza parte dell'intero credito fra capitale ed accessori.

3. Qualora i creditori muniti di privilegio, pegno o ipoteca rinuncino in tutto o in parte alla prelazione, per la parte del credito non coperta dalla garanzia sono assimilati ai creditori chirografari; la rinuncia ha effetto ai soli fini del concordato.

4. I creditori muniti di diritto di prelazione di cui la proposta di concordato prevede, ai sensi dell'articolo 240, comma 4, la soddisfazione non integrale, sono considerati chirografari per la parte residua del credito.

5. Sono esclusi dal voto e dal computo delle maggioranze il coniuge, la parte di un'unione civile tra persone dello stesso sesso, il convivente di fatto del debitore, i suoi parenti e affini fino al quarto grado, la società che controlla la società debitrice, le società da questa controllate e quelle sottoposte a comune controllo, nonché i cessionari o aggiudicatari dei loro crediti da meno di un anno prima della domanda di concordato. Sono inoltre esclusi dal voto e dal computo delle maggioranze i creditori in conflitto d'interessi.

6. Il creditore che propone il concordato ovvero le società da questo controllate, le società controllanti o sottoposte a comune controllo, ai sensi del primo comma dell'articolo 2359 del codice civile possono votare soltanto se la proposta ne prevede l'inserimento in apposita classe.

7. I trasferimenti di crediti avvenuti dopo la sentenza che ha dichiarato l'apertura della procedura di liquidazione giudiziale non attribuiscono diritto di voto, salvo che siano effettuati a favore di banche o altri intermediari finanziari.

244. Approvazione del concordato nella liquidazione giudiziale. – 1. Il concordato è approvato dai creditori che rappresentano la maggioranza dei crediti ammessi al voto. Ove siano previste diverse classi di creditori, il concordato è approvato se tale maggioranza si verifica inoltre nel maggior numero di classi.

2. I creditori che non fanno pervenire il loro dissenso nel termine fissato dal giudice delegato si ritengono consenzienti.

3. La variazione del numero dei creditori ammessi o

dell'ammontare dei singoli crediti, che avvenga per effetto di un provvedimento emesso successivamente alla scadenza del termine fissato dal giudice delegato per le votazioni, non influisce sul calcolo della maggioranza.

4. Quando il giudice delegato dispone il voto su più proposte di concordato ai sensi dell'articolo 241, comma 2, quarto periodo, si considera approvata quella tra esse che ha conseguito il maggior numero di consensi a norma dei commi 1, 2 e 3, e, in caso di parità, la proposta presentata per prima.

245. Giudizio di omologazione. – 1. Decorso il termine stabilito per le votazioni, il curatore presenta al giudice delegato una relazione sul loro esito.

2. Se la proposta è stata approvata, il giudice delegato dispone che il curatore ne dia immediata comunicazione a mezzo posta elettronica certificata al proponente, affinché richieda l'omologazione del concordato e ai creditori dissenzienti. Al debitore, se non è possibile procedere alla comunicazione con modalità telematica, la notizia dell'approvazione è comunicata mediante lettera raccomandata con avviso di ricevimento. Con decreto da pubblicarsi a norma dell'articolo 45 fissa un termine non inferiore a quindici giorni e non superiore a trenta giorni per la proposizione di eventuali opposizioni, anche da parte di qualsiasi altro interessato, e per il deposito da parte del comitato dei creditori di una relazione motivata col suo parere definitivo. Se il comitato dei creditori non provvede nel termine, la relazione è redatta e depositata dal curatore nei sette giorni successivi.

3. L'opposizione e la richiesta di omologazione si propongono con ricorso a norma dell'articolo 124.

4. Se nel termine fissato non vengono proposte opposizioni, il tribunale, verificata la regolarità della procedura e l'esito della votazione, omologa il concordato con decreto motivato non soggetto a gravame.

5. Se sono state proposte opposizioni, il tribunale assume i mezzi istruttori richiesti dalle parti o disposti di ufficio, anche delegando uno dei componenti del collegio. Nell'ipotesi di cui all'articolo 244, comma 1, secondo periodo, se un creditore appartenente a una classe dissenziente contesta la convenienza della proposta, il tribunale omologa il concordato se ritiene che il credito può risultare soddisfatto dal concordato in misura non inferiore rispetto alle alternative concretamente praticabili.

6. Il tribunale provvede con decreto motivato pubblicato a norma dell'articolo 45.

246. Efficacia del decreto. – 1. La proposta di concordato diventa efficace dal momento in cui scadono i termini per opporsi all'omologazione o da quello in cui si esauriscono le impugnazioni previste dall'articolo 245 (1).

2. Quando il decreto di omologazione diventa definitivo, il curatore rende conto della gestione ai sensi dell'articolo 231 e il tribunale dichiara chiusa la procedura di liquidazione giudiziale.

(1) Comma modificato dall'art. 27, co. 2, d.lg. 26/10/2020, n. 147. Per la decorrenza vedi l'art. 42, co. 1, d.lg. n. 147/2020 medesimo.

247. Reclamo. – 1. Il decreto del tribunale è reclamabile dinanzi alla corte di appello che pronuncia in camera di consiglio.

2. Il reclamo è proposto con ricorso da depositarsi nella cancelleria della corte di appello nel termine perentorio di trenta giorni dalla notificazione del decreto fatta dalla cancelleria del tribunale.

3. Esso deve contenere i requisiti prescritti dall'articolo 51, comma 2.

4. Il presidente, nei cinque giorni successivi al deposito del ricorso, designa il relatore, e fissa con decreto l'udienza di comparizione entro sessanta giorni dal deposito del ricorso.

5. Il ricorso, unitamente al decreto di fissazione dell'udienza, deve essere notificato, a cura del reclamante, entro dieci giorni dalla comunicazione del decreto, al curatore e alle altre parti, che si identificano, se non sono reclamanti, nel debitore, nel proponente e negli opponenti.

6. Tra la data della notificazione e quella dell'udienza deve intercorrere un termine non minore di trenta giorni.

7. Le parti resistenti devono costituirsi almeno dieci giorni prima della udienza, eleggendo il domicilio nel comune in cui ha sede la corte di appello.

8. La costituzione si effettua mediante il deposito in cancelleria di una memoria contenente l'esposizione delle difese in fatto e in diritto, nonché l'indicazione dei mezzi di prova e dei documenti prodotti.

9. L'intervento di qualunque interessato non può aver luogo oltre il termine stabilito per la costituzione delle parti resistenti, con le modalità per queste previste.

10. All'udienza, il collegio, sentite le parti, assume, anche d'ufficio, i mezzi di prova, eventualmente delegando un suo componente.

11. La corte provvede con decreto motivato.

12. Il decreto è pubblicato a norma dell'articolo 45 e notificato alle parti, a cura della cancelleria, ed è impugnabile con ricorso per cassazione entro trenta giorni dalla notificazione.

248. Effetti del concordato nella liquidazione giudiziale. – 1. Il concordato omologato è obbligatorio per tutti i creditori anteriori alla sentenza che dichiara l'apertura della procedura di liquidazione giudiziale, compresi quelli che non hanno presentato domanda di ammissione al passivo. A questi non si estendono le garanzie date nel concordato da terzi.

2. I creditori conservano la loro azione per l'intero credito contro i coobbligati, i fideiussori del debitore e gli obbligati in via di regresso.

249. Esecuzione del concordato nella liquidazione giudiziale. – 1. Dopo la omologazione del concordato il giudice delegato, il curatore e il comitato dei creditori ne sorvegliano l'adempimento, secondo le modalità stabilite nel decreto di omologazione.

2. Le somme spettanti ai creditori contestati, condizionali o irreperibili, sono depositate nei modi stabiliti dal giudice delegato.

3. Accertata la completa esecuzione del concordato, il giudice delegato ordina lo svincolo delle cauzioni e la cancellazione delle ipoteche iscritte a garanzia e adotta ogni misura idonea per il conseguimento delle finalità del concordato.

4. Il provvedimento è pubblicato ed affisso ai sensi dell'articolo 45. Le spese sono a carico del debitore.

250. Risoluzione del concordato nella liquidazione giudiziale. – 1. Se le garanzie promesse non vengono costituite o se il proponente non adempie regolarmente gli obblighi derivanti dal concordato, ciascun creditore può chiederne la risoluzione.

2. Il ricorso per la risoluzione deve essere proposto entro un anno dalla scadenza del termine fissato per l'ultimo adempimento previsto nel concordato.

3. Il procedimento è regolato dall'articolo 41. Ad esso è chiamato a partecipare anche l'eventuale garante.

4. La sentenza che risolve il concordato riapre la procedura di liquidazione giudiziale ed è provvisoriamente esecutiva. Con essa il tribunale adotta i provvedimenti di cui all'articolo 237, comma 2. La sentenza è reclamabile ai sensi dell'articolo 51.

5. Le disposizioni del presente articolo non si applicano quando gli obblighi derivanti dal concordato sono stati assunti dal proponente o da uno o più creditori con liberazione immediata del debitore.

6. Non possono proporre istanza di risoluzione i creditori

verso cui il terzo, ai sensi dell'articolo 240, comma 5, non abbia assunto responsabilità per effetto del concordato.

251. Annullamento del concordato nella liquidazione giudiziale. – 1. Il concordato omologato può essere annullato dal tribunale, su istanza del curatore o di qualunque creditore, in contraddittorio con il debitore, quando si scopre che è stato dolosamente esagerato il passivo o che è stata sottratta o dissimulata una parte rilevante dell'attivo.

2. Il ricorso per l'annullamento deve proporsi nel termine di sei mesi dalla scoperta del dolo e, in ogni caso, non oltre due anni dalla scadenza del termine fissato per l'ultimo adempimento previsto nel concordato. Non è ammessa alcuna altra azione di nullità. Si procede a norma dell'articolo 250.

3. La sentenza che annulla il concordato riapre la procedura di liquidazione giudiziale ed è provvisoriamente esecutiva. Con essa il tribunale adotta i provvedimenti di cui all'articolo 237, comma 2. La sentenza è reclamabile ai sensi dell'articolo 51.

252. Effetti della riapertura della liquidazione giudiziale. – 1. Nei casi di risoluzione o annullamento del concordato, gli effetti della riapertura della liquidazione giudiziale sono regolati dagli articoli 238 e 239.

2. Possono essere riproposte le azioni revocatorie già iniziate e interrotte per effetto del concordato.

3. I creditori anteriori conservano le garanzie per le somme ancora ad essi dovute in base al concordato risolto o annullato e non sono tenuti a restituire quanto hanno già riscosso.

4. Essi concorrono per l'importo del primitivo credito, detratta la parte riscossa in parziale esecuzione del concordato.

253. Nuova proposta di concordato. – 1. Reso esecutivo il nuovo stato passivo, il proponente è ammesso a presentare una nuova proposta di concordato. Questo non può tuttavia essere omologato se prima dell'udienza a ciò destinata non sono depositate, nei modi stabiliti dal giudice delegato, le somme occorrenti per il suo integrale adempimento o non sono prestate garanzie equivalenti.

Capo VIII
Liquidazione giudiziale e concordato nella liquidazione giudiziale delle società

254. Doveri degli amministratori e dei liquidatori. – 1. Gli amministratori e i liquidatori della società in liquidazione giudiziale devono essere sentiti in tutti i casi in cui la legge richiede che sia sentito il debitore e sono tenuti a fornire le informazioni o i chiarimenti necessari per la gestione della procedura richiesti dal curatore o dal comitato dei creditori.

255. Azioni di responsabilità. – 1. Il curatore, autorizzato ai sensi dell'articolo 128, comma 2, può promuovere o proseguire [, *anche separatamente*] (1):

a) l'azione sociale di responsabilità;

b) l'azione dei creditori sociali prevista dall'articolo 2394 e dall'articolo 2476, sesto comma, del codice civile;

c) l'azione prevista dall'articolo 2476, ottavo comma, del codice civile (2);

d) l'azione prevista dall'articolo 2497, quarto comma, del codice civile;

e) tutte le altre azioni di responsabilità che gli sono attribuite da singole disposizioni di legge.

(1) Alinea modificato dall'art. 32, co. 1, d.lg. 17/6/2022, n. 83.

(2) Lettera modificata dall'art. 28, co. 1, d.lg. 26/10/2020, n. 147.

256. Società con soci a responsabilità illimitata. – 1. La sentenza che dichiara l'apertura della procedura di liquidazione giudiziale nei confronti di una società appartenente ad uno dei tipi regolati nei capi III, IV e VI del titolo V del libro quinto del codice civile produce l'apertura della procedura di liquidazione giudiziale anche nei confronti dei soci, pur se non persone fisiche, illimitatamente responsabili.

2. La liquidazione giudiziale nei confronti dei soci di cui al comma 1 non può essere disposta decorso un anno dallo scioglimento del rapporto sociale o dalla cessazione della responsabilità illimitata anche in caso di trasformazione, fusione o scissione, se sono state osservate le formalità per renderle note ai terzi. La liquidazione giudiziale è possibile solo se l'insolvenza della società attenga, in tutto o in parte, a debiti esistenti alla data della cessazione della responsabilità illimitata.

3. Il tribunale, prima di disporre la liquidazione giudiziale nei confronti dei soci illimitatamente responsabili, ne ordina la convocazione a norma dell'articolo 41.

4. Se dopo l'apertura della procedura di liquidazione giudiziale della società risulta l'esistenza di altri soci illimitatamente responsabili, il tribunale, su istanza del curatore, di un creditore, di un socio nei confronti del quale la procedura è già stata aperta o del pubblico ministero, dispone l'apertura della procedura di liquidazione giudiziale nei confronti dei medesimi. L'istanza può essere proposta anche dai soci e dai loro creditori personali.

5. Allo stesso modo si procede quando, dopo l'apertura della procedura di liquidazione giudiziale nei confronti di un imprenditore individuale o di una società, risulta che l'impresa è riferibile ad una società di cui l'imprenditore o la società è socio illimitatamente responsabile.

6. Contro la sentenza del tribunale è ammesso reclamo a norma dell'articolo 51. Al giudizio di reclamo deve partecipare il curatore, il creditore, il socio o il pubblico ministero che proposto la domanda di estensione, nonché il creditore che ha proposto il ricorso per l'apertura della procedura di liquidazione giudiziale.

7. In caso di rigetto della domanda, contro il decreto del tribunale l'istante può proporre reclamo alla corte di appello a norma dell'articolo 50.

257. Liquidazione giudiziale della società e dei soci. – 1. Nei casi previsti dall'articolo 256, il tribunale nomina, sia per la liquidazione giudiziale della società, sia per quella nei confronti dei soci, un solo giudice delegato e un solo curatore, pur rimanendo distinte le diverse procedure. Possono essere nominati più comitati dei creditori. Il curatore ha diritto ad un solo compenso.

2. Il patrimonio della società e quello dei singoli soci sono tenuti distinti.

3. Il credito dichiarato dai creditori sociali nella liquidazione giudiziale della società si intende dichiarato per l'intero e con il medesimo eventuale privilegio generale anche nella liquidazione giudiziale aperta nei confronti dei singoli soci. Il creditore sociale ha diritto di partecipare a tutte le ripartizioni fino all'integrale pagamento, salvo il regresso fra le procedure di liquidazione nei confronti dei soci per la parte pagata in più della quota rispettiva.

4. I creditori particolari partecipano soltanto alla liquidazione giudiziale nei confronti dei soci loro debitori.

5. Ciascun creditore può contestare i crediti dei creditori con i quali si trova in concorso.

6. Il curatore della liquidazione giudiziale della società può esercitare l'azione sociale di responsabilità nei confronti del socio amministratore anche se nei suoi confronti non è stata aperta la procedura di liquidazione giudiziale.

258. Effetti sulla società dell'apertura della liquidazione giudiziale nei confronti dei soci. – 1. La liquidazione giudiziale aperta nei confronti di uno o più soci illimitatamente responsabili non determina l'apertura della liquidazione giudiziale nei confronti della società.

259. Liquidazione giudiziale nei confronti di enti ed imprenditori collettivi non societari. – 1. Le disposizioni di cui agli articoli 254, 255, 256, 257 e 258 si applicano, in quanto compatibili, anche agli enti e imprenditori collettivi non societari e ai loro componenti illimitatamente e personalmente responsabili per le obbligazioni dell'ente.

260. Versamenti dei soci a responsabilità limitata. – 1. Nella procedura di liquidazione giudiziale delle società con soci a responsabilità limitata il giudice delegato può, su proposta del curatore, ingiungere con decreto ai soci e ai precedenti titolari delle quote o delle azioni di eseguire i versamenti ancora dovuti, quantunque non sia scaduto il termine stabilito per il pagamento.

2. Contro il decreto emesso a norma del comma 1, può essere proposta opposizione ai sensi dell'articolo 645 del codice di procedura civile.

261. Liquidazione giudiziale di società a responsabilità limitata: polizza assicurativa e fideiussione bancaria. – 1. Nella procedura di liquidazione giudiziale di società a responsabilità limitata il giudice delegato, ricorrendone i presupposti, può autorizzare il curatore ad escutere la polizza assicurativa o la fideiussione bancaria rilasciata ai sensi dell'articolo 2464, quarto e sesto comma, del codice civile.

262. Patrimoni destinati ad uno specifico affare. – 1. Se è aperta la liquidazione giudiziale nei confronti della società, l'amministrazione del patrimonio destinato previsto dall'articolo 2447-bis, primo comma, lettera a), del codice civile è attribuita al curatore, che vi provvede con gestione separata.

2. Il curatore provvede a norma dell'articolo 216 alla cessione a terzi del patrimonio, al fine di conservarne la funzione produttiva. Se la cessione non è possibile, il curatore provvede alla liquidazione del patrimonio secondo le regole della liquidazione della società in quanto compatibili.

3. Il corrispettivo della cessione al netto dei debiti del patrimonio o il residuo attivo della liquidazione sono acquisiti dal curatore nell'attivo della liquidazione giudiziale, detratto quanto spettante ai terzi che vi abbiano effettuato apporti, ai sensi dell'articolo 2447-ter, primo comma, lettera c), del codice civile (1).

(1) Comma modificato dall'art. 28, co. 2, d.lg. 26/10/2020, n. 147. Per la decorrenza vedi l'art. 42, co. 1, d.lg. n. 147/2020 medesimo.

263. Patrimonio destinato incapiente e violazione delle regole di separatezza. – 1. Se a seguito dell'apertura della liquidazione giudiziale nei confronti della società o nel corso della gestione il curatore rileva che il patrimonio destinato è incapiente provvede, previa autorizzazione del giudice delegato, alla sua liquidazione secondo le regole della liquidazione della società, in quanto compatibili.

2. I creditori particolari del patrimonio destinato possono presentare domanda di insinuazione al passivo della procedura di liquidazione giudiziale aperta nei confronti della società nei casi di responsabilità sussidiaria o illimitata previsti dall'articolo 2447-quinquies, terzo e quarto comma, del codice civile.

3. Se risultano violate le regole di separatezza fra uno o più patrimoni destinati costituiti dalla società e il patrimonio della società medesima, il curatore può proporre l'azione sociale di responsabilità e l'azione dei creditori sociali prevista dall'articolo 2394 del codice civile nei confronti degli amministratori e dei componenti degli organi di controllo della società.

264. Attribuzione al curatore dei poteri dell'assemblea. – 1. Il curatore può compiere gli atti e le operazioni riguardanti l'organizzazione e la struttura finanziaria della società previsti nel programma di liquidazione, dandone adeguata e tempestiva informazione ai soci ed ai creditori della società. I soci, i creditori ed i terzi interessati possono proporre reclamo ai sensi dell'articolo 133.

2. Il programma di liquidazione può prevedere l'attribuzione al curatore, per determinati atti od operazioni, dei poteri dell'assemblea dei soci. Le decisioni che non sono prese in conformità della legge o dell'atto costitutivo, possono essere impugnate con reclamo al tribunale ai sensi dell'articolo 133. Si applicano, in quanto compatibili, gli articoli da 2377 a 2379-ter e l'articolo 2479-ter del codice civile (1).

(1) Comma modificato dall'art. 28, co. 3, d.lg. 26/10/2020, n. 147. Per la decorrenza vedi l'art. 42, co. 1, del d.lg.n. 147/2020 medesimo.

265. Proposta di concordato nella liquidazione giudiziale della società. – 1. La proposta di concordato per la società sottoposta a liquidazione giudiziale è sottoscritta da coloro che ne hanno la rappresentanza sociale.

2. La proposta e le condizioni del concordato, salva diversa disposizione dell'atto costitutivo o dello statuto:

a) nelle società di persone, sono approvate dai soci che rappresentano la maggioranza assoluta del capitale;

b) nelle società per azioni, in accomandita per azioni e a responsabilità limitata, nonché nelle società cooperative, sono deliberate dagli amministratori.

3. In ogni caso, la decisione o la deliberazione di cui al comma 2, lettera b), deve risultare da verbale redatto da notaio ed è depositata ed iscritta nel registro delle imprese a norma dell'articolo 2436 del codice civile.

266. Effetti del concordato nella liquidazione giudiziale della società. – 1. Salvo patto contrario, il concordato della società ha effetto anche con riguardo ai soci a responsabilità illimitata e fa cessare la procedura di liquidazione giudiziale aperta nei loro confronti.

2. Contro il decreto di chiusura della liquidazione giudiziale aperta nei confronti del socio è ammesso reclamo a norma dell'articolo 124.

267. Concordato del socio. – 1. Nella procedura di liquidazione giudiziale di una società con soci a responsabilità illimitata, ciascuno dei soci può proporre un concordato ai creditori sociali e particolari concorrenti nella procedura di liquidazione giudiziale aperta nei suoi confronti.

Capo IX
Liquidazione controllata del sovraindebitato

268. Liquidazione controllata (1). – 1. Il debitore in stato di sovraindebitamento può domandare con ricorso al tribunale competente ai sensi dell'articolo 27, comma 2, l'apertura di una procedura di liquidazione controllata dei suoi beni.

2. Quando il debitore è in stato di insolvenza, la domanda può essere presentata da un creditore anche in pendenza di procedure esecutive individuali [*e, se l'insolvenza riguarda un imprenditore, dal pubblico ministero*]. Nei casi di cui al primo periodo non si fa luogo all'apertura della liquidazione controllata se l'ammontare dei debiti scaduti e non pagati risultanti dagli atti dell'istruttoria è inferiore a euro cinquantamila. Tale importo è periodicamente aggiornato con le modalità di cui all'articolo 2, comma 1, lettera d) (2).

3. Quando la domanda è proposta da un creditore nei confronti di un debitore persona fisica non si fa luogo all'apertura della liquidazione controllata se l'OCC, su richiesta del debitore, attesta che non è possibile acquisire attivo da distribuire ai creditori neppure mediante l'esercizio di azioni giudiziarie. All'attestazione sono allegati i documenti di cui all'articolo 283, comma 3.

4. Non sono compresi nella liquidazione:

a) i crediti impignorabili ai sensi dell'articolo 545 del codice di procedura civile;

b) i crediti aventi carattere alimentare e di mantenimento, gli stipendi, le pensioni, i salari e ciò che il debitore guadagna con la sua attività nei limiti, indicati dal giudice, di quanto occorre al mantenimento suo e della sua famiglia;

c) i frutti derivanti dall'usufrutto legale sui beni dei figli, i beni costituiti in fondo patrimoniale e i frutti di essi, salvo quanto disposto dall'articolo 170 del codice civile;

d) le cose che non possono essere pignorate per disposizione di legge.

5. Il deposito della domanda sospende, ai soli effetti del concorso, il corso degli interessi convenzionali o legali fino alla chiusura della liquidazione, a meno che i crediti non siano garantiti da ipoteca, pegno o privilegio e salvo quanto previsto dagli articoli 2749,2788 e 2855, secondo e terzo comma, del codice civile.

(1) Articolo sostituito dall'art. 29, co. 1, d.lg. 26/10/2020, n. 147.

(2) Comma modificato dall'art. 33, co. 1, lett. a) e b), d.lg. 17/6/2022, n. 83.

269. Domanda del debitore. – 1. Il ricorso può essere presentato personalmente dal debitore, con l'assistenza dell'OCC.

2. Al ricorso deve essere allegata una relazione, redatta dall'OCC, che esponga una valutazione sulla completezza e l'attendibilità della documentazione depositata a corredo della domanda e che illustri la situazione economica, patrimoniale e finanziaria del debitore.

3. L'OCC, entro sette giorni dal conferimento dell'incarico da parte del debitore, ne dà notizia all'agente della riscossione e agli uffici fiscali, anche degli enti locali, competenti sulla base dell'ultimo domicilio fiscale dell'istante.

270. Apertura della liquidazione controllata. – 1. Il tribunale, in assenza di domande di accesso alle procedure di cui al titolo IV e verificati i presupposti di cui agli articoli 268 e 269, dichiara con sentenza l'apertura della liquidazione controllata. La sentenza produce i suoi effetti anche nei confronti dei soci illimitatamente responsabili. Si applica, in quanto compatibile, l'articolo 256 (1).

2. Con la sentenza il tribunale:

a) nomina il giudice delegato;

b) nomina il liquidatore, confermando, in caso di domanda presentata dal debitore, l'OCC di cui all'articolo 269 o, per giustificati motivi, scegliendolo nell'elenco dei gestori della crisi di cui al decreto del Ministro della giustizia 24 settembre 2014, n. 202. In questo ultimo caso la scelta è effettuata di regola tra i gestori residenti nel circondario del tribunale competente e l'eventuale deroga deve essere espressamente motivata e comunicata al presidente del tribunale (2);

c) ordina al debitore il deposito entro sette giorni dei bilanci e delle scritture contabili e fiscali obbligatorie, nonché dell'elenco dei creditori;

d) assegna ai terzi che vantano diritti sui beni del debitore e ai creditori risultanti dall'elenco depositato un termine non superiore a sessanta giorni entro il quale, a pena di inammissibilità, devono trasmettere al liquidatore, a mezzo posta elettronica certificata, la domanda di restituzione, di rivendicazione o di ammissione al passivo, predisposta ai sensi dell'articolo 201; si applica l'articolo 10, comma 3;

e) ordina la consegna o il rilascio dei beni facenti parte del patrimonio di liquidazione, salvo che non ritenga, in presenza di gravi e specifiche ragioni, di autorizzare il debitore o il terzo a utilizzare alcuni di essi. Il provvedimento è titolo esecutivo ed è posto in esecuzione a cura del liquidatore;

f) dispone l'inserimento della sentenza nel sito internet del tribunale o del Ministero della giustizia. Nel caso in cui il debitore svolga attività d'impresa, la pubblicazione è altresì effettuata presso il registro delle imprese;

g) ordina, quando vi sono beni immobili o beni mobili registrati, la trascrizione della sentenza presso gli uffici competenti.

3. Al liquidatore nominato dal tribunale ai sensi del comma 2, lettera b), seconda parte, si applicano gli articoli 35, comma 4-bis, 35.1 e 35.2 del decreto legislativo 6 settembre 2011, n. 159.

4. Gli adempimenti di cui al comma 2, lettere f) e g), sono eseguiti a cura del liquidatore; la sentenza è notificata al debitore, ai creditori e ai titolari di diritti sui beni oggetto di liquidazione.

5. Si applicano l'articolo 143 in quanto compatibile e gli articoli 150 e 151; per i casi non regolati dal presente capo si applicano altresì, in quanto compatibili, le disposizioni sul procedimento unitario di cui al titolo III.

6. Se un contratto è ancora ineseguito o non compiutamente eseguito nelle prestazioni principali da entrambe le parti al momento in cui è aperta la procedura di liquidazione controllata, l'esecuzione del contratto rimane sospesa fino a quando il liquidatore, sentito il debitore, dichiara di subentrare nel contratto in luogo del predetto debitore, assumendo, a decorrere dalla data del subentro, tutti i relativi obblighi, ovvero di sciogliersi dal medesimo salvo che, nei contratti ad effetti reali, sia già avvenuto il trasferimento del diritto. Il contraente può mettere in mora il liquidatore, facendogli assegnare dal giudice delegato un termine non superiore a sessanta giorni, decorso il quale il contratto si intende sciolto. In caso di prosecuzione del contratto, sono prededucibili soltanto i crediti maturati nel corso della procedura. In caso di scioglimento del contratto, il contraente ha diritto di far valere nel passivo della liquidazione controllata il credito conseguente al mancato adempimento, senza che gli sia dovuto risarcimento del danno.

(1) Comma modificato dall'art. 29, co. 2, lett. a), d.lg. 26/10/2020, n. 147. Per la decorrenza vedi l'art. 42, co. 1, d.lg. n. 147/2020 medesimo.

(2) Comma modificato dall'art. 29, co. 2, lett. b), d.lg. 26/10/2020, n. 147. Per la decorrenza vedi l'art. 42, co. 1, d.lg. n. 147/2020 medesimo.

271. Concorso di procedure. – 1. Se la domanda di liquidazione controllata è proposta dai creditori o dal pubblico ministero e il debitore chiede l'accesso a una procedura di cui al capo II del titolo IV, il giudice concede un termine per l'integrazione della domanda.

2. Nella pendenza del termine di cui al comma 1, non può essere dichiarata aperta la liquidazione controllata e la relativa domanda è dichiarata improcedibile quando sia aperta una procedura ai sensi del capo III del titolo IV. Alla scadenza del termine di cui al comma 1, senza che il debitore abbia integrato la domanda, ovvero in ogni caso di mancata apertura o cessazione delle procedure di cui al capo III del titolo IV, il giudice provvede ai sensi dell'articolo 270, commi 1 e 2. Si applicano, in quanto compatibili, gli articoli da 51 a 55.

272. Elenco dei creditori, inventario dei beni e programma di liquidazione. – 1. Il liquidatore entro trenta giorni dalla comunicazione della sentenza aggiorna l'elenco dei creditori, ai quali notifica la sentenza ai sensi dell'articolo 270, comma 4. Il termine di cui all'articolo 270, comma 2, lettera d), può essere prorogato di trenta giorni.

2. Entro novanta giorni dall'apertura della liquidazione controllata il liquidatore completa l'inventario dei beni del debitore e redige un programma in ordine a tempi e modalità della liquidazione. Si applica l'articolo 213, commi 3 e 4, in quanto compatibile. Il programma è depositato in cancelleria ed approvato dal giudice delegato.

3. Il programma deve assicurare la ragionevole durata della procedura.

273. Formazione del passivo (1). – 1. Scaduti i termini per la proposizione delle domande di cui all'articolo 270, comma 2, lettera d), il liquidatore predispone un progetto di stato passivo, comprendente un elenco dei titolari di diritti sui beni mobili e immobili di proprietà o in possesso del debitore, e lo comunica agli interessati all'indirizzo di posta elettronica certificato indicato nella domanda. In mancanza della predetta indicazione, il provvedimento si intende comunicato mediante deposito in cancelleria.

2. Entro quindici giorni possono essere proposte osservazioni, con le stesse modalità della domanda di cui all'articolo 270, comma 2, lettera d).

3. In assenza di osservazioni, il liquidatore forma lo stato passivo, lo deposita in cancelleria e ne dispone l'inserimento nel sito web del tribunale o del Ministero della giustizia.

4. Quando sono formulate osservazioni che il liquidatore ritiene fondate, predispone, entro quindici giorni successivi alla scadenza del termine di cui al comma 2, un nuovo progetto di stato passivo che comunica ai sensi del comma 1.

5. In presenza di contestazioni non superabili ai sensi del comma 4, il liquidatore rimette gli atti al giudice delegato, il quale provvede alla definitiva formazione del passivo con decreto motivato, pubblicato ai sensi del comma 3.

6. Contro il decreto può essere proposto reclamo davanti al collegio, di cui non può far parte il giudice delegato. Il procedimento si svolge senza formalità, assicurando il rispetto del contraddittorio.

7. Decorso il termine di cui al comma 1, e comunque fino a quando non siano esaurite tutte le ripartizioni dell'attivo della liquidazione, la domanda tardiva è ammissibile solo se l'istante prova che il ritardo è dipeso da causa a lui non imputabile e se trasmette la domanda al liquidatore non oltre sessanta giorni dal momento in cui è cessata la causa che ne ha impedito il deposito tempestivo. Il procedimento di accertamento delle domande tardive si svolge nelle stesse forme di cui ai commi da 1 a 6. Quando la domanda risulta manifestamente inammissibile perché l'istante non ha indicato le circostanze da cui è dipeso il ritardo o non ne ha offerto prova documentale o non ha indicato i mezzi di prova di cui intende valersi per dimostrarne la non imputabilità, il giudice delegato dichiara con decreto l'inammissibilità della domanda. Il decreto è reclamabile a norma dell'articolo 124.

(1) Articolo sostituito dall'art. 29, co. 3, d.lg. 26/10/2020, n. 147. Per la decorrenza vedi l'art. 42, co. 1, d.lg. n. 147/2020 medesimo.

274. Azioni del liquidatore. – 1. Il liquidatore, autorizzato dal giudice delegato, esercita o se pendente, prosegue, ogni azione prevista dalla legge finalizzata a conseguire la disponibilità dei beni compresi nel patrimonio del debitore e ogni azione diretta al recupero dei crediti.

2. Il liquidatore, sempre con l'autorizzazione del giudice delegato, esercita o, se pendenti, prosegue le azioni dirette a far dichiarare inefficaci gli atti compiuti dal debitore in pregiudizio dei creditori, secondo le norme del codice civile.

3. Il giudice delegato autorizza il liquidatore ad esercitare o proseguire le azioni di cui ai commi 1 e 2, quando è utile per il miglior soddisfacimento dei creditori.

275. Esecuzione del programma di liquidazione. – 1. Il programma di liquidazione è eseguito dal liquidatore, che ogni sei mesi ne riferisce al giudice delegato. Il mancato deposito delle relazioni semestrali costituisce causa di revoca dell'incarico ed è valutato ai fini della liquidazione del compenso.

2. Il liquidatore ha l'amministrazione dei beni che compongono il patrimonio di liquidazione. Si applicano le disposizioni sulle vendite nella liquidazione giudiziale, in quanto compatibili. Eseguita la vendita e riscosso interamente il prezzo, il giudice ordina la cancellazione delle iscrizioni relative ai diritti di prelazione, delle trascrizioni dei pignoramenti e dei sequestri conservativi nonché di ogni altro vincolo.

3. Terminata l'esecuzione, il liquidatore presenta al giudice il rendiconto. Il giudice verifica la conformità degli atti dispositivi al programma di liquidazione e, se approva il rendiconto, procede alla liquidazione del compenso del liquidatore.

4. Il giudice, se non approva il rendiconto, indica gli atti necessari al completamento della liquidazione ovvero le opportune rettifiche ed integrazioni del rendiconto, nonché un termine per il loro compimento. Se le prescrizioni non sono adempiute nel termine, anche prorogato, il giudice provvede alla sostituzione del liquidatore e nella liquidazione del compenso tiene conto della diligenza prestata, con possibilità di escludere in tutto o in parte il compenso stesso.

5. Il liquidatore provvede alla distribuzione delle somme ricavate dalla liquidazione secondo l'ordine di prelazione risultante dallo stato passivo, previa formazione di un progetto di riparto da comunicare al debitore e ai creditori, con termine non superiore a giorni quindici per osservazioni. In assenza di contestazioni, comunica il progetto di riparto al giudice che senza indugio ne autorizza l'esecuzione.

6. Se sorgono contestazioni sul progetto di riparto, il liquidatore verifica la possibilità di componimento e vi apporta le modifiche che ritiene opportune. Altrimenti rimette gli atti al giudice delegato, il quale provvede con decreto motivato, reclamabile ai sensi dell'articolo 124.

276. Chiusura della procedura. – 1. La procedura si chiude con decreto. Si applica l'articolo 233, in quanto compatibile (1).

2. Con decreto di chiusura, il giudice, su istanza del liquidatore, autorizza il pagamento del compenso liquidato ai sensi dell'articolo 275, comma 3 e lo svincolo delle somme eventualmente accantonate.

(1) Comma modificato dall'art. 29, co. 4, d.lg. 26/10/2020, n. 147. Per la decorrenza vedi l'art. 42, co. 1, d.lg. n. 147/2020 medesimo.

277. Creditori posteriori. – 1. I creditori con causa o titolo posteriore al momento dell'esecuzione della pubblicità di cui all'articolo 270, comma 2, lettera f), non possono procedere esecutivamente sui beni oggetto di liquidazione.

2. I crediti sorti in occasione o in funzione della liquidazione sono soddisfatti con preferenza rispetto agli altri, con esclusione di quanto ricavato dalla liquidazione dei beni oggetto di pegno e ipoteca per la parte destinata ai creditori garantiti.

Capo X
Esdebitazione

Sezione I
Condizioni e procedimento della esdebitazione nella liquidazione giudiziale e nella liquidazione controllata

278. Oggetto e ambito di applicazione. – 1. L'esdebitazione consiste nella liberazione dai debiti e comporta la inesigibilità dal debitore dei crediti rimasti insoddisfatti nell'ambito di una procedura di liquidazione giudiziale o di liquidazione controllata. Con l'esdebitazione vengono meno le cause di ineleggibilità e di decadenza collegate all'apertura della liquidazione giudiziale (1).

2. Nei confronti dei creditori per fatto o causa anteriori che non hanno partecipato al concorso l'esdebitazione opera per la sola parte eccedente la percentuale attribuita nel concorso ai creditori di pari grado.

3. Possono accedere all'esdebitazione, secondo le norme del presente capo, tutti i debitori di cui all'articolo 1, comma 1.

4. Se il debitore è una società o altro ente, le condizioni stabilite nell'articolo 280 devono sussistere nei confronti dei soci illimitatamente responsabili e dei legali rappresentanti (2).

5. L'esdebitazione della società ha efficacia nei confronti dei soci illimitatamente responsabili.

6. Sono salvi i diritti vantati dai creditori nei confronti dei coobbligati e dei fideiussori del debitore, nonché degli obbligati in via di regresso.

7. Restano esclusi dall'esdebitazione:

a) gli obblighi di mantenimento e alimentari;

b) i debiti per il risarcimento dei danni da fatto illecito extracontrattuale, nonché le sanzioni penali e amministrative di carattere pecuniario che non siano accessorie a debiti estinti.

(1) Comma modificato dall'art. 30, co. 1, lett. a), d.lg. 26/10/2020, n. 147 e dall'art. 34, co. 1, d.lg. 17/6/2022, n. 83.

(2) Comma sostituito dall'art. 30, co. 1, lett. b), d.lg. 26/10/2020, n. 147.

279. Condizioni temporali di accesso. – 1. Salvo il disposto dell'articolo 280, il debitore ha diritto a conseguire l'esdebitazione decorsi tre anni dall'apertura della procedura di liquidazione o al momento della chiusura della procedura, se antecedente.

*2. Il termine di cui al comma 1 è ridotto a due anni quando il debitore ha tempestivamente proposto istanza di composizione assistita della crisi**.

* Comma abrogato dall'art. 34, co. 2, d.lg. 17/6/2022, n. 83.

280. Condizioni per l'esdebitazione. – 1. Il debitore è ammesso al beneficio della liberazione dai debiti a condizione che:

a) non sia stato condannato con sentenza passata in giudicato per bancarotta fraudolenta o per delitti contro l'economia pubblica, l'industria e il commercio, o altri delitti compiuti in connessione con l'esercizio dell'attività d'impresa, salvo che per essi sia intervenuta la riabilitazione. Se è in corso il procedimento penale per uno di tali reati o v'è stata applicazione di una delle misure di prevenzione di cui al decreto legislativo 6 settembre 2011, n. 159, il beneficio può essere riconosciuto solo all'esito del relativo procedimento;

b) non abbia distratto l'attivo o esposto passività insussistenti, cagionato o aggravato il dissesto rendendo gravemente difficoltosa la ricostruzione del patrimonio e del movimento degli affari o fatto ricorso abusivo al credito;

c) non abbia ostacolato o rallentato lo svolgimento della procedura e abbia fornito agli organi ad essa preposti tutte le informazioni utili e i documenti necessari per il suo buon andamento;

d) non abbia beneficiato di altra esdebitazione nei cinque anni precedenti la scadenza del termine per l'esdebitazione;

e) non abbia già beneficiato dell'esdebitazione per due volte.

281. Procedimento. – 1. Il tribunale, contestualmente alla pronuncia del decreto di chiusura della procedura, sentiti gli organi della stessa e verificata la sussistenza delle condizioni di cui agli articoli 278, 279 e 280, dichiara inesigibili nei confronti del debitore i debiti concorsuali non soddisfatti.

2. Allo stesso modo il tribunale provvede, su istanza del debitore, quando siano decorsi almeno tre anni dalla data in cui è stata aperta la procedura di liquidazione giudiziale.

3. Ai fini di cui ai commi 1 e 2, il curatore dà atto, nei rapporti riepilogativi di cui all'articolo 130, dei fatti rilevanti per la concessione o il diniego del beneficio.

4. Il decreto del tribunale è comunicato agli organi della procedura, al pubblico ministero, al debitore e ai creditori ammessi al passivo non integralmente soddisfatti, i quali possono proporre reclamo a norma dell'articolo 124; il termine per proporre reclamo è di trenta giorni. Il decreto è iscritto nel registro delle imprese su richiesta del cancelliere (1).

5. L'esdebitazione non ha effetti sui giudizi in corso e sulle operazioni liquidatorie, anche se posteriori alla chiusura della liquidazione giudiziale disposta a norma dell'articolo 234.

6. Quando dall'esito dei predetti giudizi e operazioni deriva un maggior riparto a favore dei creditori, l'esdebitazione ha effetto solo per la parte definitivamente non soddisfatta.

(1) Comma modificato dall'art. 30, co. 2, d.lg. 26/10/2020, n. 147. Per la decorrenza vedi l'art. 42, co. 1, d.lg. n. 147/2020 medesimo.

Sezione II
Disposizioni in materia di esdebitazione del soggetto sovraindebitato 1

(1) Rubrica sostituita dall'art. 31, co. 1, d.lg. 26/10/2020, n. 147, a decorrere dal 15/7/2022, secondo quanto stabilito dall'art. 42, co. 1, d.lg. n. 147/2020 medesimo.

282. Esdebitazione di diritto. – 1. Per le procedure di liquidazione controllata, l'esdebitazione opera di diritto a seguito del provvedimento di chiusura o anteriormente, decorsi tre anni dalla sua apertura, ed è dichiarata con decreto motivato del tribunale, iscritto al registro delle imprese su richiesta del cancelliere. Il decreto che dichiara l'esdebitazione del consumatore o del professionista è pubblicato in apposita area del sito web del tribunale o del Ministero della giustizia (1).

2. L'esdebitazione non opera nelle ipotesi previste dall'articolo 280 nonché nelle ipotesi in cui il debitore ha determinato la situazione di sovraindebitamento con colpa grave, malafede o frode (2).

3. Il provvedimento di cui al comma 1 o il provvedimento con cui il tribunale dichiara la sussistenza delle preclusioni di cui al comma 2 è comunicato al pubblico ministero, ai creditori e al debitore, i quali possono proporre reclamo ai sensi dell'articolo 124; il termine per proporre reclamo è di trenta giorni (3).

(1) Comma modificato dall'art. 31, co. 2, lett. a), d.lg. 26/10/2020, n. 147. Per la decorrenza vedi l'art. 42, co. 1, d.lg. n. 147/2020 medesimo.

(2) Comma sostituito dall'art. 31, co. 2, lett. b), d.lg. 26/10/2020, n. 147. Per la decorrenza vedi l'art. 42, co. 1, d.lg. n. 147/2020 medesimo.

(3) Comma sostituito dall'art. 31, co. 2, lett. a), d.lg. 26/10/2020, n. 147. Per la decorrenza vedi l'art. 42, co. 1, d.lg. n. 147/2020 medesimo.

283. Esdebitazione del sovraindebitato incapiente (1). – 1. Il debitore persona fisica meritevole, che non sia in grado di offrire ai creditori alcuna utilità, diretta o indiretta, nemmeno in prospettiva futura, può accedere all'esdebitazione solo per una volta, fatto salvo l'obbligo di pagamento del debito entro quattro anni dal decreto del giudice laddove sopravvengano utilità rilevanti che consentano il soddisfacimento dei creditori in misura non inferiore complessivamente al dieci per cento. Non sono considerate utilità, ai sensi del periodo precedente, i finanziamenti, in qualsiasi forma erogati (2).

2. La valutazione di rilevanza di cui al comma 1 deve essere condotta su base annua, dedotte le spese di produzione del reddito e quanto occorrente al mantenimento del debitore e della sua famiglia in misura pari all'assegno sociale aumentato della metà moltiplicato per un parametro corrispondente al numero dei componenti il nucleo familiare della scala di equivalenza dell'ISEE di cui al decreto del Presidente del Consiglio dei ministri del 5 dicembre 2013, n. 159.

3. La domanda di esdebitazione è presentata tramite l'OCC al giudice competente, unitamente alla seguente documentazione:

a) l'elenco di tutti i creditori, con l'indicazione delle somme dovute;

b) l'elenco degli atti di straordinaria amministrazione compiuti negli ultimi cinque anni;

c) la copia delle dichiarazioni dei redditi degli ultimi tre anni;

d) l'indicazione degli stipendi, delle pensioni, dei salari e di tutte le altre entrate del debitore e del suo nucleo familiare.

4. Alla domanda deve essere allegata una relazione particolareggiata dell'OCC, che comprende:

a) l'indicazione delle cause dell'indebitamento e della diligenza impiegata dal debitore nell'assumere le obbligazioni;

b) l'esposizione delle ragioni dell'incapacità del debitore di adempiere le obbligazioni assunte;

c) l'indicazione della eventuale esistenza di atti del debitore impugnati dai creditori;

d) la valutazione sulla completezza ed attendibilità della documentazione depositata a corredo della domanda.

5. L'OCC, nella relazione, deve indicare anche se il soggetto finanziatore, ai fini della concessione del finanziamento, abbia tenuto conto del merito creditizio del debitore, valutato in relazione al suo reddito disponibile, dedotto l'importo necessario a mantenere un dignitoso tenore di vita; a tal fine si ritiene idonea una quantificazione non inferiore a quella indicata al comma 2.

6. I compensi dell'OCC sono ridotti della metà.

7. Il giudice, assunte le informazioni ritenute utili, valutata la meritevolezza del debitore e verificata, a tal fine, l'assenza di atti in frode e la mancanza di dolo o colpa grave nella formazione dell'indebitamento, concede con decreto l'esdebitazione, indicando le modalità e il termine entro il quale il debitore deve presentare, a pena di revoca del beneficio, ove positiva, la dichiarazione annuale relativa alle sopravvenienze rilevanti ai sensi dei commi 1 e 2.

8. Il decreto è comunicato al debitore e ai creditori, i quali possono proporre opposizione nel termine di trenta giorni. Decorsi trenta giorni dall'ultima delle comunicazioni, il giudice, instaurato nelle forme ritenute più opportune il contraddittorio tra i creditori opponenti ed il debitore, conferma o revoca il decreto. La decisione è soggetta a reclamo ai sensi dell'articolo 50.

9. L'OCC, nei quattro anni successivi al deposito del decreto che concede l'esdebitazione, vigila sulla tempestività del deposito della dichiarazione di cui al comma 7 e, se il giudice ne fa richiesta, compie le verifiche necessarie per accertare l'esistenza di sopravvenienze rilevanti ai sensi dei commi 1 e 2.

(1) Rubrica sostituita dall'art. 31, co. 3, lett. a), d.lg. 26/10/2020, n. 147. Per la decorrenza vedi l'art. 42, co. 1, d.lg. n. 147/2020 medesimo.

(2) Comma modificato dall'art. 31, co. 3, lett. b), d.lg. 26/10/2020, n. 147. Per la decorrenza vedi l'art. 42, co. 1, d.lg. n. 147/2020 medesimo.

TITOLO VI

DISPOSIZIONI RELATIVE AI GRUPPI DI IMPRESE

Capo I

Regolazione della crisi o insolvenza del gruppo

284. Concordato, accordi di ristrutturazione e piano attestato di gruppo (1). – 1. Più imprese in stato di crisi o di insolvenza appartenenti al medesimo gruppo e aventi ciascuna il centro degli interessi principali nello Stato italiano possono proporre con un unico ricorso la domanda di accesso al concordato preventivo di cui all'articolo 40 con un piano unitario o con piani reciprocamente collegati e interferenti.

2. Parimenti può essere proposta con un unico ricorso, da più imprese appartenenti al medesimo gruppo e aventi tutte il proprio centro degli interessi principali nello Stato italiano, la domanda di accesso alla procedura di omologazione di accordi di ristrutturazione dei debiti, ai sensi degli articoli 57, 60 e 61.

3. Resta ferma l'autonomia delle rispettive masse attive e passive.

4. La domanda proposta ai sensi dei commi 1 e 2 deve contenere l'illustrazione delle ragioni di maggiore convenienza, in funzione del migliore soddisfacimento dei creditori delle singole imprese, della scelta di presentare un piano unitario ovvero piani reciprocamente collegati e interferenti invece di un piano autonomo per ciascuna impresa. Il piano o i piani di cui al comma 1 quantificano il beneficio stimato per i creditori di ciascuna impresa del gruppo, anche per effetto della sussistenza di vantaggi compensativi, conseguiti o fondatamente prevedibili, derivanti dal collegamento o dall'appartenenza al gruppo. La domanda deve inoltre fornire informazioni analitiche, complete e aggiornate sulla struttura del gruppo e sui vincoli partecipativi o contrattuali esistenti tra le imprese e indicare il registro delle imprese o i registri delle imprese in cui è stata effettuata la pubblicità ai sensi dell'articolo 2497-bis del codice civile. Il bilancio consolidato di gruppo, ove redatto, deve essere allegato al ricorso unitamente alla documentazione prevista, rispettivamente, per l'accesso al concordato preventivo o agli accordi di ristrutturazione. Si applica l'articolo 289.

5. Il piano unitario o i piani reciprocamente collegati e interferenti, rivolti ai rispettivi creditori, aventi il contenuto indicato nell'articolo 56, comma 2, devono essere idonei a consentire il risanamento dell'esposizione debitoria di ciascuna impresa e ad assicurare il riequilibrio complessivo della situazione finanziaria di ognuna. Un professionista indipendente attesta:

a) la veridicità dei dati aziendali;

b) la fattibilità del piano o dei piani;

c) le ragioni di maggiore convenienza, in funzione del migliore soddisfacimento dei creditori delle singole imprese, della scelta di presentare un piano unitario ovvero piani reciprocamente collegati e interferenti invece di un piano autonomo per ciascuna impresa;

d) la quantificazione del beneficio stimato per i creditori di ciascuna impresa del gruppo, operata ai sensi del comma 4. L'attestazione contiene anche informazioni analitiche, complete e aggiornate sulla struttura del gruppo e sui vincoli partecipativi o contrattuali esistenti tra le imprese.

6. Su richiesta delle imprese debitrici, il piano o i piani sono pubblicati nel registro delle imprese o nei registri delle imprese in cui è stata effettuata la pubblicità ai sensi dell'articolo 2497-bis del codice civile. Si applica l'articolo 289

(1) Articolo sostituito dall'art. 32, co. 1, d.lg. 26/10/2020, n. 147. Per la decorrenza vedi l'art. 42, co. 1, d.lg. n. 147/2020 medesimo.

285. Contenuto del piano o dei piani di gruppo e azioni a tutela dei creditori e dei soci. – 1. Il piano [*concordatario*] o i piani concordatari di gruppo possono prevedere la liquidazione di alcune imprese e la continuazione dell'attività di altre imprese del gruppo. Si applica tuttavia la sola disciplina del concordato in continuità quando, confrontando i flussi complessivi derivanti dalla continuazione dell'attività con i flussi complessivi derivanti dalla liquidazione, risulta che i creditori delle imprese del gruppo sono soddisfatti in misura prevalente dal ricavato prodotto dalla continuità aziendale diretta o indiretta, [*ivi compresa la cessione del magazzino*] (1).

2. Il piano o i piani concordatari possono altresì prevedere operazioni contrattuali e riorganizzative, inclusi i trasferimenti di risorse infragruppo, purché un professionista indipendente attesti che dette operazioni sono necessarie ai fini della continuità aziendale per le imprese per le quali essa è prevista nel piano e coerenti con l'obiettivo del miglior soddisfacimento dei creditori di tutte le imprese del gruppo tenuto conto

dei vantaggi compensativi derivanti alle singole imprese, fermo quanto previsto dagli articoli 47 e 112 (2).

3. Se non ricorre l'ipotesi prevista dal comma 1, secondo periodo, gli effetti pregiudizievoli delle operazioni di cui ai commi 1 e 2 possono essere contestati dai creditori dissenzienti appartenenti a una classe dissenziente o, nel caso di mancata formazione delle classi, dai creditori dissenzienti che rappresentano almeno il venti per cento dei crediti ammessi al voto con riguardo ad una singola impresa, attraverso l'opposizione all'omologazione del concordato di gruppo. I creditori non aderenti possono proporre opposizione all'omologazione degli accordi di ristrutturazione (3).

4. In caso di opposizione proposta ai sensi del comma 3, il tribunale omologa il concordato o gli accordi di ristrutturazione qualora ritenga, sulla base di una valutazione complessiva del piano o dei piani collegati e tenuto conto dei vantaggi compensativi derivanti alle singole imprese del gruppo, che i creditori possano essere soddisfatti in misura non inferiore a quanto ricaverebbero dalla liquidazione giudiziale della singola impresa (4).

4-bis. Nell'ipotesi di cui al comma 1, secondo periodo, il tribunale omologa il concordato secondo quanto previsto dall'articolo 112, commi 2, 3 e 4 (5).

5. I soci possono far valere il pregiudizio arrecato alla redditività e al valore della partecipazione sociale dalle operazioni di cui ai commi 1 e 2, esclusivamente attraverso l'opposizione all'omologazione del concordato di gruppo. Il tribunale omologa il concordato se esclude la sussistenza del predetto pregiudizio in considerazione dei vantaggi compensativi derivanti alle singole imprese dal piano di gruppo (6).

(1) Comma modificato dall'art. 32, co. 2, lett. a), d.lg. 26/10/2020, n. 147.

(2) Comma modificato dall'art. 35, co. 1, lett. a), d.lg. 17/6/2022, n. 83.

(3) Comma modificato dall'art. 32, co. 2, lett. b), d.lg. 26/10/2020, n. 147 e dall'art. 35, co. 1, lett. b), d.lg. 17/6/2022, n. 83.

(4) Comma modificato dall'art. 32, co. 2, lett. c), d.lg. 26/10/2020, n. 147 e dall'art. 35, co. 1, lett. c), d.lg. 17/6/2022, n. 83.

(5) Comma inserito dall'art. 35, co. 1, lett. d), d.lg. 17/6/2022, n. 83.

(6) Comma sostituito dall'art. 32, co. 2, lett. a), d.lg. 26/10/2020, n. 147.

286 Procedimento di concordato di gruppo (1). – 1. Se le diverse imprese del gruppo hanno il proprio centro degli interessi principali in circoscrizioni giudiziarie diverse, è competente il tribunale individuato ai sensi dell'articolo 27 in relazione al centro degli interessi principali della società o ente o persona fisica che, in base alla pubblicità prevista dall'articolo 2497-bis del codice civile, esercita l'attività di direzione e coordinamento oppure, in mancanza, dell'impresa che presenta la maggiore esposizione debitoria in base all'ultimo bilancio approvato.

2. Il tribunale, se accoglie il ricorso, nomina un unico giudice delegato e un unico commissario giudiziale per tutte le imprese del gruppo e dispone il deposito di un unico fondo per le spese di giustizia.

3. I costi della procedura sono ripartiti fra le imprese del gruppo in proporzione delle rispettive masse attive.

4. Il commissario giudiziale, con l'autorizzazione del giudice, può richiedere alla Commissione nazionale per le società e la borsa - CONSOB o a qualsiasi altra pubblica autorità informazioni utili ad accertare l'esistenza di collegamenti di gruppo e alle società fiduciarie le generalità degli effettivi titolari di diritti sulle azioni o sulle quote ad esse intestate. Le informazioni sono fornite entro quindici giorni dalla richiesta.

5. I creditori di ciascuna delle imprese che hanno proposto la domanda di accesso al concordato di gruppo, suddivisi per classi qualora tale suddivisione sia prevista dalla legge o dal piano, votano in maniera contestuale e separata sulla proposta presentata dall'impresa loro debitrice. Il concordato di gruppo è approvato quando le proposte delle singole imprese del gruppo sono approvate dalla maggioranza prevista dall'articolo 109.

6. Sono escluse dal voto le imprese del gruppo titolari di crediti nei confronti dell'impresa ammessa alla procedura.

7. Il tribunale, con il decreto di omologazione, nomina un comitato dei creditori per ciascuna impresa del gruppo e, quando il concordato prevede la cessione dei beni, un unico liquidatore giudiziale per tutte le imprese.

8. Il concordato di gruppo omologato non può essere risolto o annullato quando i presupposti per la risoluzione o l'annullamento si verificano soltanto rispetto a una o ad alcune imprese del gruppo, a meno che ne risulti significativamente compromessa l'attuazione del piano anche da parte delle altre imprese.

(1) Articolo sostituito dall'art. 32, co. 3, d.lg. 26/10/2020, n. 147. Per la decorrenza vedi l'art. 42, co. 1, d.lg. n. 147/2020 medesimo.

Capo II
Procedura unitaria di liquidazione giudiziale

287. Liquidazione giudiziale di gruppo. – 1. Più imprese in stato di insolvenza, appartenenti al medesimo gruppo e aventi ciascuna il centro degli interessi principali nello Stato italiano, possono essere assoggettate, in accoglimento di un unico ricorso, dinanzi ad un unico tribunale, a una procedura di liquidazione giudiziale unitaria quando risultino opportune forme di coordinamento nella liquidazione degli attivi, in funzione dell'obiettivo del migliore soddisfacimento dei creditori delle diverse imprese del gruppo, ferma restando l'autonomia delle rispettive masse attive e passive. A tal fine il tribunale tiene conto dei preesistenti reciproci collegamenti di natura economica o produttiva, della composizione dei patrimoni delle diverse imprese e della presenza dei medesimi amministratori.

2. In tal caso, il tribunale nomina, salvo che sussistano specifiche ragioni, un unico giudice delegato, un unico curatore, un comitato dei creditori per ciascuna impresa del gruppo.

3. Nel programma di liquidazione il curatore illustra le modalità del coordinamento nella liquidazione degli attivi delle diverse imprese. Le spese generali della procedura sono imputate alle imprese del gruppo in proporzione delle rispettive masse attive.

4. Se le diverse imprese del gruppo hanno il proprio centro degli interessi principali in circoscrizioni giudiziarie diverse, il tribunale competente è quello dinanzi al quale è stata depositata la prima domanda di liquidazione giudiziale. Qualora la domanda di accesso alla procedura sia presentata contemporaneamente da più imprese dello stesso gruppo, è competente il tribunale individuato ai sensi dell'articolo 27, in relazione al centro degli interessi principali della società o ente o persona fisica che, in base alla pubblicità prevista dall'articolo 2497-bis del codice civile, esercita l'attività di direzione e coordinamento oppure, in mancanza, dell'impresa che presenta la più elevata esposizione debitoria in base all'ultimo bilancio approvato.

5. Quando ravvisa l'insolvenza di un'impresa del gruppo non ancora assoggettata alla procedura di liquidazione giudiziale, il curatore designato ai sensi del comma 2, segnala tale circostanza agli organi di amministrazione e controllo ovvero promuove direttamente l'accertamento dello stato di insolvenza di detta impresa.

288. Procedure concorsuali autonome di imprese appartenenti allo stesso gruppo. – 1. Nel caso in cui più imprese appartenenti a un medesimo gruppo siano assoggettate a separate procedure di liquidazione giudiziale ovvero a separate procedure di concordato preventivo, eventualmente dinanzi a tribunali diversi, gli organi di gestione delle diverse procedure cooperano per facilitare la gestione efficace di tali procedure.

Capo III
Strumenti di regolazione della crisi e dell'insolvenza e procedure di insolvenza di imprese appartenenti ad un gruppo (1)

(1) Rubrica sostituita dall'art. 36, co. 1, d.lg. 17/6/2022, n. 83.

289. Domanda di accesso e obblighi di informazione e collaborazione. – 1. La domanda di accesso a uno strumento di regolazione della crisi e dell'insolvenza o a una procedura di insolvenza presentata da un'impresa appartenente ad un gruppo deve contenere informazioni analitiche sulla struttura del gruppo e sui vincoli partecipativi o contrattuali esistenti tra le società e imprese e indicare il registro delle imprese o i registri delle imprese in cui è stata effettuata la pubblicità ai sensi dell'articolo 2497-bis del codice civile. L'impresa deve, inoltre, depositare il bilancio consolidato di gruppo, ove redatto. In ogni caso il tribunale ovvero, successivamente, il curatore o il commissario giudiziale possono, al fine di accertare l'esistenza di collegamenti di gruppo, richiedere alla CONSOB o a qualsiasi altra pubblica autorità e alle società fiduciarie le generalità degli effettivi titolari di diritti sulle azioni o sulle quote ad esse intestate. Le informazioni sono fornite entro quindici giorni dalla richiesta (1).

(1) Comma modificato dall'art. 36, co. 2, d.lg. 17/6/2022, n. 83.

Capo IV
Norme comuni

290. Azioni di inefficacia fra imprese del gruppo. – 1. Nei confronti delle imprese appartenenti al medesimo gruppo possono essere promosse dal curatore, sia nel caso di apertura di una procedura unitaria, sia nel caso di apertura di una pluralità di procedure, azioni dirette a conseguire la dichiarazione di inefficacia di atti e contratti posti in essere nei cinque anni antecedenti il deposito dell'istanza di liquidazione giudiziale, che abbiano avuto l'effetto di spostare risorse a favore di un'altra impresa del gruppo con pregiudizio dei creditori, fatto salvo il disposto dell'articolo 2497, primo comma, del codice civile.

2. Spetta alla società beneficiaria provare di non essere stata a conoscenza del carattere pregiudizievole dell'atto o del contratto.

3. Il curatore della procedura di liquidazione giudiziale aperta nei confronti di una società appartenente ad un gruppo può esercitare, nei confronti delle altre società del gruppo, l'azione revocatoria prevista dall'articolo 166 degli atti compiuti dopo il deposito della domanda di apertura della liquidazione giudiziale o, nei casi di cui all'articolo 166, comma 1, lettere a) e b), nei due anni anteriori al deposito della domanda o nell'anno anteriore, nei casi di cui all'articolo 166, comma 1, lettere c) e d).

291. Azioni di responsabilità e denuncia di gravi irregolarità di gestione nei confronti di imprese del gruppo. – 1. Il curatore, sia nel caso di apertura di una procedura unitaria, sia nel caso di apertura di una pluralità di procedure, è legittimato ad esercitare le azioni di responsabilità previste dall'articolo 2497 del codice civile.

2. Il curatore è altresì legittimato a proporre, nei confronti di amministratori e sindaci delle società del gruppo non assoggettate alla procedura di liquidazione giudiziale, la denuncia di cui all'articolo 2409 del codice civile.

292. Postergazione del rimborso dei crediti da finanziamenti infragruppo. – 1. I crediti che la società o l'ente o la persona fisica esercente l'attività di direzione e o coordinamento vanta, anche a seguito di escussione di garanzie, nei confronti delle imprese sottoposte a direzione e coordinamento, o che queste ultime vantano nei confronti dei primi sulla base di rapporti di finanziamento contratti dopo il deposito della domanda che ha dato luogo all'apertura della liquidazione giudiziale o nell'anno anteriore, sono postergati rispetto al soddisfacimento degli altri creditori. Se tali crediti sono stati rimborsati nell'anno anteriore alla domanda che ha dato luogo all'apertura della liquidazione giudiziale, si applica l'articolo 164.

2. La disposizione di cui al comma 1, primo periodo, non si applica ai finanziamenti previsti dall'articolo 102.

TITOLO VII
LIQUIDAZIONE COATTA AMMINISTRATIVA

Capo I
Natura e norme applicabili

293. Disciplina applicabile e presupposti. – 1. La liquidazione coatta amministrativa è il procedimento concorsuale amministrativo che si applica nei casi espressamente previsti dalla legge.

2. La legge determina le imprese soggette a liquidazione coatta amministrativa, i casi per i quali la liquidazione coatta amministrativa può essere disposta e l'autorità competente a disporla.

294. Rinvio alle norme speciali. – 1. La liquidazione coatta amministrativa è regolata dalle disposizioni del presente titolo, salvo che le leggi speciali dispongano diversamente.

2. I rinvii al regio decreto 16 marzo 1942, n. 267 contenuti in leggi speciali in materia di liquidazione coatta amministrativa si intendono fatti alle disposizioni del presente codice della crisi e dell'insolvenza e secondo le norme di coordinamento.

3. Le disposizioni di questo titolo non si applicano agli enti pubblici.

Capo II
Procedimento

295. Liquidazione coatta amministrativa e liquidazione giudiziale. – 1. Le imprese soggette a liquidazione coatta amministrativa non sono soggette a liquidazione giudiziale, salvo che la legge diversamente disponga.

2. Quando la legge ammette la procedura di liquidazione coatta amministrativa e quella di liquidazione giudiziale, la dichiarazione di apertura della liquidazione giudiziale preclude la liquidazione coatta amministrativa e il provvedimento che ordina la liquidazione coatta amministrativa preclude l'apertura della liquidazione giudiziale.

296. Rapporti tra concordato preventivo e liquidazione coatta amministrativa. – 1. Se la legge non dispone diversamente, le imprese soggette a liquidazione coatta amministrativa possono essere sempre ammesse alla procedura di concordato preventivo, osservato, per le imprese non assoggettabili a liquidazione giudiziale, l'articolo 297, comma 8.

297. Accertamento giudiziario dello stato di insolvenza anteriore alla liquidazione coatta amministrativa. – 1. Salva diversa disposizione delle leggi speciali, se un'impresa soggetta a liquidazione coatta amministrativa con esclusione della liquidazione giudiziale si trova in stato di insolvenza, il tribunale del luogo in cui essa ha il centro degli interessi principali, su ricorso di uno o più creditori o dell'autorità che ha la vigilanza sull'impresa o di questa stessa, dichiara tale stato con sentenza.

2. Il trasferimento del centro degli interessi principali intervenuto nell'anno antecedente il deposito della domanda per la dichiarazione dello stato di insolvenza non rileva ai fini della competenza.

3. Con la stessa sentenza o con successivo decreto, il tribunale adotta i provvedimenti conservativi che ritenga opportuni nell'interesse dei creditori fino all'inizio della procedura di liquidazione.

4. Prima di provvedere il tribunale deve sentire il debitore, con le modalità di cui all'articolo 40 e l'autorità che ha la vigilanza sull'impresa.

5. La sentenza è comunicata entro tre giorni, a norma dell'articolo 136 del codice di procedura civile, all'autorità competente perché disponga la liquidazione o, se ne ritiene sussistenti i presupposti, l'avvio della risoluzione ai sensi del decreto di recepimento della direttiva 2014/59/UE. Essa è inoltre notificata, e resa pubblica a norma dell'articolo 45.

6. Contro la sentenza può essere proposto reclamo da qualunque interessato, a norma dell'articolo 51.

7. Il tribunale che respinge il ricorso per la dichiarazione d'insolvenza provvede con decreto motivato. Contro il decreto è ammesso reclamo a norma dell'articolo 50.

8. Il tribunale provvede su istanza del commissario giudiziale alla dichiarazione d'insolvenza a norma del presente articolo quando nel corso della procedura di concordato preventivo di un'impresa soggetta a liquidazione coatta amministrativa, con esclusione della liquidazione giudiziale, si verifica la cessazione della procedura e sussiste lo stato di insolvenza. Si applica, in ogni caso, il procedimento di cui al comma 4.

9. Le disposizioni di questo articolo non si applicano agli enti pubblici.

298. Accertamento giudiziario dello stato d'insolvenza successivo alla liquidazione coatta amministrativa. – 1. Se l'impresa, al tempo in cui è stata ordinata la liquidazione, si trovava in stato d'insolvenza e questa non è stata preventivamente dichiarata a norma dell'articolo 297, il tribunale del luogo in cui essa ha il centro degli interessi principali, su ricorso del commissario liquidatore o del pubblico ministero, accerta tale stato con sentenza in camera di consiglio, anche se la liquidazione è stata disposta per insufficienza di attivo.

2. Si applicano le norme dell'articolo 297, commi 3, 4, 5, 6 e 7.

3. Restano salve le diverse disposizioni delle leggi speciali relative all'accertamento dello stato di insolvenza successivo all'apertura della liquidazione coatta amministrativa.

299. Effetti dell'accertamento giudiziario dello stato d'insolvenza. – 1. Accertato giudizialmente lo stato d'insolvenza a norma degli articoli 297 e 298, sono applicabili, con effetto dalla data del provvedimento che ha accertato lo stato di insolvenza, le disposizioni del titolo V, capo I, sezione IV, anche nei riguardi dei soci a responsabilità illimitata, sostituito al deposito della domanda di apertura della liquidazione giudiziale il deposito della domanda per l'accertamento dello stato di insolvenza.

2. L'esercizio delle azioni di revoca degli atti compiuti in frode dei creditori compete al commissario liquidatore. Il termine di decadenza di cui all'articolo 170 decorre dalla data del provvedimento di nomina del commissario liquidatore, se successivo al provvedimento che accerta lo stato di insolvenza.

3. Il commissario liquidatore presenta al pubblico ministero la relazione prevista dall'articolo 130.

300. Provvedimento di liquidazione. – 1. Il provvedimento che ordina la liquidazione, entro dieci giorni dalla sua data, è pubblicato integralmente, a cura dell'autorità che lo ha emanato, nella Gazzetta Ufficiale della Repubblica italiana ed è comunicato per l'iscrizione all'ufficio del registro delle imprese, salve le altre forme di pubblicità disposte nel provvedimento.

301. Organi della liquidazione coatta amministrativa. – 1. Con il provvedimento che ordina la liquidazione o con altro successivo viene nominato un commissario liquidatore. Si applicano gli articoli 356 e 358. È altresì nominato un comitato di sorveglianza di tre membri o cinque membri, scelti fra persone particolarmente esperte nel ramo di attività esercitato dall'impresa, possibilmente fra i creditori (1).

2. Qualora l'importanza dell'impresa lo consigli, possono essere nominati tre commissari liquidatori. In tal caso essi deliberano a maggioranza, e la rappresentanza è esercitata congiuntamente da due di essi. Nella liquidazione delle cooperative la nomina del comitato di sorveglianza è facoltativa.

(1) Comma modificato dall'art. 37, co. 1, d.lg. 17/6/2022, n. 83.

302. Responsabilità del commissario liquidatore. – 1. Il commissario liquidatore è, per quanto attiene all'esercizio delle sue funzioni, pubblico ufficiale.

2. Durante la liquidazione l'azione di responsabilità contro il commissario liquidatore revocato è proposta dal nuovo liquidatore con l'autorizzazione dell'autorità che vigila sulla liquidazione.

3. Si applicano al commissario liquidatore le disposizioni degli articoli 129, 134, 135 e 136, comma 1, intendendosi sostituiti nei poteri del tribunale e del giudice delegato quelli dell'autorità che vigila sulla liquidazione (1).

(1) Comma modificato dall'art. 37, co. 2, d.lg. 17/6/2022, n. 83.

303. Effetti del provvedimento di liquidazione. – 1. Dalla data del provvedimento che ordina la liquidazione si applicano gli articoli 142, 144, 145, 146 e 147 e se l'impresa è una persona giuridica, cessano le funzioni delle assemblee e degli organi di amministrazione e di controllo, salvo il caso previsto dall'articolo 314.

2. Nelle controversie anche in corso, relative a rapporti di diritto patrimoniale, sta in giudizio il commissario liquidatore.

304. Effetti della liquidazione per i creditori e sui rapporti giuridici preesistenti. – 1. Dalla data del provvedimento che ordina la liquidazione si applicano le disposizioni del titolo V, capo I, sezioni III e V e le disposizioni dell'articolo 165.

2. Si intendono sostituiti nei poteri del tribunale e del giudice delegato l'autorità amministrativa che vigila sulla liquidazione, nei poteri del curatore il commissario liquidatore e, in quelli del comitato dei creditori, il comitato di sorveglianza.

305. Commissario liquidatore. – 1. Il commissario liquidatore procede a tutte le operazioni della liquidazione secondo le direttive dell'autorità che vigila sulla liquidazione e sotto il controllo del comitato di sorveglianza.

2. Il commissario prende in consegna i beni compresi nella liquidazione, le scritture contabili e gli altri documenti dell'impresa o dell'ente richiedendo, ove occorra, l'assistenza di un notaio.

3. Il commissario forma quindi l'inventario, nominando, se necessario, uno o più stimatori per la valutazione dei beni.

306. Relazione del commissario. – 1. L'imprenditore o, se l'impresa è una società o una persona giuridica, gli amministratori devono rendere al commissario liquidatore il conto della gestione relativo al tempo posteriore all'ultimo bilancio.

2. Il commissario è dispensato dal formare il bilancio an-

nuale, ma deve presentare alla fine di ogni semestre all'autorità che vigila sulla liquidazione una relazione sulla situazione patrimoniale dell'impresa e sull'andamento della gestione, precisando la sussistenza di eventuali segnali di cui all'articolo 3, accompagnata da un rapporto del comitato di sorveglianza. Nello stesso termine, copia della relazione è trasmessa al comitato di sorveglianza, unitamente agli estratti conto dei depositi postali o bancari relativi al periodo. Il comitato di sorveglianza o ciascuno dei suoi componenti possono formulare osservazioni scritte. Altra copia della relazione è trasmessa, assieme alle eventuali osservazioni, per via telematica all'ufficio del registro delle imprese ed è trasmessa a mezzo di posta elettronica certificata ai creditori e ai titolari di diritti sui beni (1).

(1) Comma modificato dall'art. 37, co. 3, d.lg. 17/6/2022, n. 83.

307. Poteri del commissario. – 1. L'azione di responsabilità contro gli amministratori e i componenti degli organi di controllo dell'impresa o dell'ente in liquidazione, a norma degli articoli 2393,2394,2476, primo, sesto, e ottavo comma, 2497 del codice civile, è esercitata dal commissario liquidatore, previa autorizzazione dell'autorità che vigila sulla liquidazione (1).

2. Per il compimento degli atti previsti dall'articolo 132 di valore indeterminato o superiore a euro 1032,91 e per la continuazione dell'esercizio dell'impresa, il commissario deve essere autorizzato dall'autorità predetta, la quale provvede sentito il comitato di sorveglianza.

(1) Comma modificato dall'art. 33, co. 1, d.lg. 26/10/2020, n. 147. Per la decorrenza vedi l'art. 42, co. 1, d.lg. n. 147/2020 medesimo.

308. Comunicazione ai creditori e ai terzi. – 1. Entro un mese dalla nomina il commissario comunica a ciascun creditore, a mezzo posta elettronica certificata, se il destinatario ha un domicilio digitale e, in ogni altro caso, a mezzo lettera raccomandata presso la sede dell'impresa o la residenza del creditore, il suo indirizzo di posta elettronica certificata e le somme risultanti a credito di ciascuno secondo le scritture contabili e i documenti dell'impresa. Contestualmente il commissario invita i creditori a indicare, entro il termine di cui al comma 3, il loro indirizzo di posta elettronica certificata, con l'avvertimento sulle conseguenze di cui al comma 4 e relativo all'onere del creditore di comunicarne ogni variazione. La comunicazione s'intende fatta con riserva delle eventuali contestazioni.

2. Analoga comunicazione è fatta a coloro che possono far valere domande di rivendicazione, restituzione e separazione su cose mobili e immobili posseduti dall'impresa.

3. Entro quindici giorni dal ricevimento della comunicazione i creditori e le altre persone indicate dal comma 2 possono far pervenire al commissario mediante posta elettronica certificata le loro osservazioni o istanze.

4. Tutte le successive comunicazioni sono effettuate dal commissario all'indirizzo di posta elettronica certificata indicato ai sensi del comma 1. In caso di mancata indicazione dell'indirizzo di posta elettronica certificata o di mancata comunicazione della variazione, o nei casi di mancata consegna per cause imputabili al destinatario, esse si eseguono mediante deposito in cancelleria. Si applica l'articolo 104, commi 2, 3 e 4, in quanto compatibile.

309. Domande dei creditori e dei terzi. – 1. I creditori e le altre persone indicate nell'articolo 308 che non hanno ricevuto la comunicazione prevista dal predetto articolo possono chiedere mediante raccomandata, entro sessanta giorni dalla pubblicazione del provvedimento di liquidazione nella Gazzetta Ufficiale, il riconoscimento dei propri crediti e la restituzione dei loro beni, comunicando l'indirizzo di posta elettronica certificata. Si applica l'articolo 308, comma 4.

310. Formazione dello stato passivo. – 1. Salvo che le leggi speciali stabiliscano un maggior termine, entro novanta giorni dalla data del provvedimento di liquidazione, il commissario forma l'elenco dei crediti ammessi o respinti e delle domande indicate all'articolo 308, comma 2, accolte o respinte, e lo deposita nella cancelleria del tribunale dove ha il centro degli interessi principali. Il commissario trasmette l'elenco dei crediti ammessi o respinti a coloro la cui pretesa non sia in tutto o in parte ammessa a mezzo posta elettronica certificata ai sensi dell'articolo 308, comma 4. Con il deposito in cancelleria l'elenco diventa esecutivo.

2. Le impugnazioni, le domande tardive di crediti e le domande di rivendica e di restituzione sono disciplinate dagli articoli 206, 207, 208 e 210, sostituiti al giudice delegato il giudice incaricato per la trattazione di esse dal presidente del tribunale ed al curatore il commissario liquidatore.

3. Restano salve le disposizioni delle leggi speciali relative all'accertamento dei crediti chirografari nella liquidazione delle imprese che esercitano il credito.

311. Liquidazione dell'attivo. – 1. Il commissario ha tutti i poteri necessari per la liquidazione dell'attivo, salve le limitazioni stabilite dall'autorità che vigila sulla liquidazione.

2. In ogni caso per la vendita degli immobili e per la vendita dei mobili in blocco occorrono l'autorizzazione dell'autorità che vigila sulla liquidazione e il parere del comitato di sorveglianza.

3. Nel caso di società con soci a responsabilità limitata il presidente del tribunale può, su proposta del commissario liquidatore, ingiungere con decreto ai soci a responsabilità limitata e ai precedenti titolari delle quote o delle azioni di eseguire i versamenti ancora dovuti, quantunque non sia scaduto il termine stabilito per il pagamento.

312. Ripartizione dell'attivo. – 1. Le somme ricavate dalla liquidazione dell'attivo sono distribuite secondo l'ordine stabilito nell'articolo 221.

2. Previo parere del comitato di sorveglianza, e con l'autorizzazione dell'autorità che vigila sulla liquidazione, il commissario può distribuire acconti parziali a tutti i creditori o ad alcune categorie di essi, anche prima che siano realizzate tutte le attività e accertate tutte le passività.

3. Le domande tardive per l'ammissione di crediti o per il riconoscimento dei diritti reali non pregiudicano le ripartizioni già avvenute, e possono essere fatte valere sulle somme non ancora distribuite, osservate le disposizioni dell'articolo 225.

4. Alle ripartizioni parziali si applicano le disposizioni dell'articolo 227.

313. Chiusura della liquidazione. – 1. Prima dell'ultimo riparto ai creditori, il bilancio finale della liquidazione, con il conto della gestione e il piano di riparto tra i creditori, accompagnati da una relazione del comitato di sorveglianza, devono essere sottoposti all'autorità che vigila sulla liquidazione, la quale ne autorizza il deposito presso la cancelleria del tribunale competente ai sensi dell'articolo 27 e liquida il compenso al commissario.

2. Dell'avvenuto deposito, a cura del commissario liquidatore, è data comunicazione ai creditori ammessi al passivo e ai creditori prededucibili con le modalità di cui all'articolo 308, comma 4 ed è data notizia mediante inserzione nella Gazzetta Ufficiale e nei giornali designati dall'autorità che vigila sulla liquidazione.

3. Gli interessati possono proporre le loro contestazioni con ricorso al tribunale nel termine perentorio di venti giorni, decorrente dalla comunicazione fatta dal commissario a norma del comma 1 per i creditori e dall'inserzione nella Gazzetta Ufficiale per ogni altro interessato. Le contestazioni sono comunicate, a cura del cancelliere, all'autorità che vigila sulla

liquidazione, al commissario liquidatore e al comitato di sorveglianza, che nel termine di venti giorni possono presentare nella cancelleria del tribunale le loro osservazioni. Il tribunale provvede con decreto in camera di consiglio. Si applicano, in quanto compatibili, le disposizioni dell'articolo 124.

4. Decorso il termine senza che siano proposte contestazioni, il bilancio, il conto di gestione e il piano di riparto si intendono approvati, e il commissario provvede alle ripartizioni finali tra i creditori. Si applicano le norme dell'articolo 231 e, se del caso, degli articoli 2495 e 2496 del codice civile.

314. Concordato della liquidazione. – 1. L'autorità che vigila sulla liquidazione, su parere del commissario liquidatore, sentito il comitato di sorveglianza, può autorizzare l'impresa in liquidazione, uno o più creditori o un terzo a proporre al tribunale un concordato, a norma dell'articolo 240, osservate le disposizioni dell'articolo 265, se si tratta di società.

2. La proposta di concordato è depositata nella cancelleria del tribunale competente ai sensi dell'articolo 27 con il parere del commissario liquidatore e del comitato di sorveglianza, comunicata dal commissario a tutti i creditori ammessi al passivo con le modalità di cui all'articolo 308, comma 4, pubblicata mediante inserzione nella Gazzetta Ufficiale e deposito presso l'ufficio del registro delle imprese.

3. I creditori e gli altri interessati possono presentare nella cancelleria le loro opposizioni nel termine perentorio di trenta giorni, decorrente dalla comunicazione fatta dal commissario per i creditori e dall'esecuzione delle formalità pubblicitarie di cui al comma 2 per ogni altro interessato.

4. Il tribunale, sentito il parere dell'autorità che vigila sulla liquidazione, decide sulle opposizioni e sulla proposta di concordato con sentenza in camera di consiglio. Si applicano, in quanto compatibili, le disposizioni degli articoli 245, 246 e 247.

5. Gli effetti del concordato sono regolati dall'articolo 248.

6. Il commissario liquidatore con l'assistenza del comitato di sorveglianza sorveglia l'esecuzione del concordato.

315. Risoluzione e annullamento del concordato. – 1. Se il concordato non è eseguito, il tribunale, su ricorso del commissario liquidatore o di uno o più creditori, ne pronuncia la risoluzione con sentenza in camera di consiglio. Si applicano le disposizioni dall'articolo 250, commi 2, 3, 4, 5 e 6.

2. Su richiesta del commissario o dei creditori il concordato può essere annullato a norma dell'articolo 251.

3. Risolto o annullato il concordato, si riapre la liquidazione coatta amministrativa e l'autorità che vigila sulla liquidazione adotta i provvedimenti che ritiene necessari.

Capo III
Funzioni delle autorità amministrative di vigilanza per la crisi e l'insolvenza

316. Funzioni delle autorità amministrative di vigilanza. – 1. Oltre a quanto previsto nei precedenti articoli, le autorità amministrative di vigilanza sono altresì competenti a:

a) ricevere dagli organi interni di controllo dei soggetti vigilati e dai soggetti incaricati della revisione e dell'ispezione la comunicazione dei segnali di cui all'articolo 3 (1);

*b) svolgere le funzioni attribuite agli organismi di composizione assistita della crisi, designando i componenti del collegio di cui all'articolo 17, comma 1, lettere b) e c), a seguito della richiesta di nomina del debitore o richiedendo direttamente la costituzione del collegio al referente, ai sensi dell'articolo 16. Per l'impresa minore è nominato, con i medesimi poteri del collegio, un commissario tra gli iscritti all'albo speciale di cui all'articolo 356. L'apertura della procedura di composizione assistita della crisi non costituisce causa di revoca degli amministratori e dei sindaci;**.

c) proporre domanda di accertamento dello stato di insolvenza con apertura della liquidazione coatta amministrativa.

(1) Lettera sostituita dall'art. 38, co. 1, lett. a), d.lg. 17/6/2022, n. 83.

* Lettera abrogata dall'art. 38, co. 1, lett. b), d.lg. 17/6/2022, n. 83.

TITOLO VIII
LIQUIDAZIONE GIUDIZIALE E MISURE CAUTELARI PENALI

317. Principio di prevalenza delle misure cautelari reali e tutela dei terzi. – 1. Le condizioni e i criteri di prevalenza rispetto alla gestione concorsuale delle misure cautelari reali sulle cose indicate dall'articolo 142 sono regolate dalle disposizioni del Libro I, titolo IV del decreto legislativo 6 settembre 2011, n. 159, salvo quanto previsto dagli articoli 318, 319 e 320.

2. Per misure cautelari reali di cui al comma 1 si intendono i sequestri delle cose di cui è consentita la confisca disposti ai sensi dell'articolo 321, comma 2, del codice di procedura penale, la cui attuazione è disciplinata dall'articolo 104-bis delle norme di attuazione, di coordinamento e transitorie del codice di procedura penale.

318. Sequestro preventivo. – 1. In pendenza della procedura di liquidazione giudiziale non può essere disposto sequestro preventivo ai sensi dell'articolo 321, comma 1, del codice di procedura penale sulle cose di cui all'articolo 142, sempre che la loro fabbricazione, uso, porto, detenzione e alienazione non costituisca reato e salvo che la fabbricazione, l'uso, il porto, la detenzione e l'alienazione possano essere consentiti mediante autorizzazione amministrativa.

2. Quando, disposto sequestro preventivo ai sensi dell'articolo 321, comma 1, del codice di procedura penale, è dichiarata l'apertura di liquidazione giudiziale sulle medesime cose, il giudice, a richiesta del curatore, revoca il decreto di sequestro e dispone la restituzione delle cose in suo favore.

3. Nel caso di cui al comma 2, il curatore comunica all'autorità giudiziaria che aveva disposto o richiesto il sequestro, la dichiarazione dello stato di insolvenza e di apertura della procedura della liquidazione giudiziale, il provvedimento di revoca o chiusura della liquidazione giudiziale, nonché l'elenco delle cose non liquidate e già sottoposte a sequestro. Il curatore provvede alla cancellazione delle iscrizioni e trascrizioni decorsi novanta giorni dalla comunicazione di cui al primo periodo.

4. Le disposizioni di cui ai commi 1 e 2 non si applicano quando sono sottoposte a sequestro preventivo le cose indicate all'articolo 146 e le cose non suscettibili di liquidazione, per disposizione di legge o per decisione degli organi della procedura.

319. Sequestro conservativo. – 1. In pendenza della procedura di liquidazione giudiziale non può essere disposto sequestro conservativo ai sensi dell'articolo 316 del codice di procedura penale sulle cose di cui all'articolo 142.

2. Quando, disposto sequestro conservativo ai sensi dell'articolo 316 del codice di procedura penale, è dichiarata l'apertura di liquidazione giudiziale sulle medesime cose, si applica l'articolo 150 e il giudice, a richiesta del curatore, revoca il sequestro conservativo e dispone la restituzione delle cose in suo favore.

320. Legittimazione del curatore. – 1. Contro il decreto di sequestro e le ordinanze in materia di sequestro il curatore può proporre richiesta di riesame e appello nei casi, nei termini e con le modalità previsti dal codice di procedura penale. Nei predetti termini e modalità il curatore è legittimato a proporre ricorso per cassazione.

321. Liquidazione coatta amministrativa e misure di prevenzione. – 1. Le disposizioni che precedono si applicano in quanto compatibili alla liquidazione coatta amministrativa.

TITOLO IX
DISPOSIZIONI PENALI

Capo I
Reati commessi dall'imprenditore in liquidazione giudiziale

322. Bancarotta fraudolenta. – 1. È punito con la reclusione da tre a dieci anni, se è dichiarato in liquidazione giudiziale, l'imprenditore che:

a) ha distratto, occultato, dissimulato, distrutto o dissipato in tutto o in parte i suoi beni ovvero, allo scopo di recare pregiudizio ai creditori, ha esposto o riconosciuto passività inesistenti;

b) ha sottratto, distrutto o falsificato, in tutto o in parte, con lo scopo di procurare a sè o ad altri un ingiusto profitto o di recare pregiudizi ai creditori, i libri o le altre scritture contabili o li ha tenuti in guisa da non rendere possibile la ricostruzione del patrimonio o del movimento degli affari.

2. La stessa pena si applica all'imprenditore, dichiarato in liquidazione giudiziale, che, durante la procedura, commette alcuno dei fatti preveduti dalla lettera a) del comma 1, ovvero sottrae, distrugge o falsifica i libri o le altre scritture contabili.

3. È punito con la reclusione da uno a cinque anni l'imprenditore in liquidazione giudiziale che, prima o durante la procedura, a scopo di favorire, a danno dei creditori, taluno di essi, esegue pagamenti o simula titoli di prelazione.

4. Salve le altre pene accessorie, di cui al capo III, titolo II, libro I del codice penale, la condanna per uno dei fatti previsti nel presente articolo importa l'inabilitazione all'esercizio di una impresa commerciale e l'incapacità ad esercitare uffici direttivi presso qualsiasi impresa fino a dieci anni.

323. Bancarotta semplice. – 1. È punito con la reclusione da sei mesi a due anni, se è dichiarato in liquidazione giudiziale, l'imprenditore che, fuori dai casi preveduti nell'articolo precedente:

a) ha sostenuto spese personali o per la famiglia eccessive rispetto alla sua condizione economica;

b) ha consumato una notevole parte del suo patrimonio in operazioni di pura sorte o manifestamente imprudenti;

c) ha compiuto operazioni di grave imprudenza per ritardare l'apertura della liquidazione giudiziale;

d) ha aggravato il proprio dissesto, astenendosi dal richiedere la dichiarazione di apertura della propria liquidazione giudiziale o con altra grave colpa;

e) non ha soddisfatto le obbligazioni assunte in un precedente concordato preventivo o liquidatorio giudiziale.

2. La stessa pena si applica all'imprenditore in liquidazione giudiziale che, durante i tre anni antecedenti alla dichiarazione di liquidazione giudiziale ovvero dall'inizio dell'impresa, se questa ha avuto una minore durata, non ha tenuto i libri e le altre scritture contabili prescritti dalla legge o li ha tenuti in maniera irregolare o incompleta.

3. Salve le altre pene accessorie di cui al capo III, titolo II, libro I del codice penale, la condanna importa l'inabilitazione all'esercizio di un'impresa commerciale e l'incapacità ad esercitare uffici direttivi presso qualsiasi impresa fino a due anni.

324. Esenzioni dai reati di bancarotta. – 1. Le disposizioni di cui agli articoli 322, comma 3 e 323 non si applicano ai pagamenti e alle operazioni computi in esecuzione di un concordato preventivo o di accordi di ristrutturazione dei debiti omologati o degli accordi in esecuzione del piano attestato ovvero del concordato minore omologato ai sensi dell'articolo 80, nonché ai pagamenti e alle operazioni di finanziamento autorizzati dal giudice a norma degli articoli 99, 100 e 101.

325. Ricorso abusivo al credito. – 1. Gli amministratori, i direttori generali, i liquidatori e gli imprenditori esercenti un'attività commerciale che ricorrono o continuano a ricorrere al credito, anche al di fuori dei casi di cui agli articoli 322 e 323, dissimulando il dissesto o lo stato d'insolvenza sono puniti con la reclusione da sei mesi a tre anni.

2. La pena è aumentata nel caso di società soggette alle disposizioni di cui al capo II, titolo III, parte IV, del testo unico delle disposizioni in materia di intermediazione finanziaria, di cui al decreto legislativo 24 febbraio 1998, n. 58, e successive modificazioni.

3. Salve le altre pene accessorie di cui al libro I, titolo II, capo III, del codice penale, la condanna importa l'inabilitazione all'esercizio di un'impresa commerciale e l'incapacità ad esercitare uffici direttivi presso qualsiasi impresa fino a tre anni.

326. Circostanze aggravanti e circostanza attenuante. – 1. Nel caso in cui i fatti previsti negli articoli 322, 323 e 325 hanno cagionato un danno patrimoniale di rilevante gravità, le pene da essi stabilite sono aumentate fino alla metà.

2. Le pene stabilite negli articoli suddetti sono aumentate:

a) se il colpevole ha commesso più fatti tra quelli previsti in ciascuno degli articoli indicati;

b) se il colpevole per divieto di legge non poteva esercitare un'impresa commerciale.

3. Nel caso in cui i fatti indicati nel comma 1 hanno cagionato un danno patrimoniale di speciale tenuità, le pene sono ridotte fino al terzo.

327. Denuncia di creditori inesistenti e altre inosservanze da parte dell'imprenditore in liquidazione giudiziale. – 1. È punito con la reclusione da sei mesi a un anno e sei mesi l'imprenditore in liquidazione giudiziale, il quale, fuori dei casi preveduti all'articolo 322, nell'elenco nominativo dei suoi creditori denuncia creditori inesistenti od omette di dichiarare l'esistenza di altri beni da comprendere nell'inventario, ovvero non osserva gli obblighi imposti dagli articoli 49, comma 3, lettera c) e 149.

2. Se il fatto è avvenuto per colpa, si applica la reclusione fino ad un anno.

328. Liquidazione giudiziale delle società in nome collettivo e in accomandita semplice. – 1. Nella liquidazione giudiziale delle società in nome collettivo e in accomandita semplice le disposizioni del presente capo si applicano ai fatti commessi dai soci illimitatamente responsabili.

Capo II
Reati commessi da persone diverse dall'imprenditore in liquidazione giudiziale

329. Fatti di bancarotta fraudolenta. – 1. Si applicano le pene stabilite nell'articolo 322 agli amministratori, ai direttori generali, ai sindaci e ai liquidatori di società in liquidazione giudiziale, i quali hanno commesso alcuno dei fatti preveduti nel suddetto articolo.

2. Si applica alle persone suddette la pena prevista dall'articolo 322, comma 1, se:

a) hanno cagionato, o concorso a cagionare, il dissesto della società, commettendo alcuno dei fatti previsti dagli articoli 2621, 2622, 2626, 2627, 2628, 2629, 2632, 2633 e 2634 del codice civile.

b) hanno cagionato con dolo o per effetto di operazioni dolose il dissesto della società.

3. Si applica altresì in ogni caso la disposizione dell'articolo 322, comma 4.

330. Fatti di bancarotta semplice. – 1. Si applicano le pene stabilite nell'articolo 323 agli amministratori, ai direttori generali, ai sindaci e ai liquidatori di società dichiarate in liquidazione giudiziale, i quali:

a) hanno commesso alcuno dei fatti preveduti nel suddetto articolo;

b) hanno concorso a cagionare od aggravare il dissesto della società con inosservanza degli obblighi ad essi imposti dalla legge.

331. Ricorso abusivo al credito. – 1. Si applicano le pene stabilite nell'articolo 325 agli amministratori ed ai direttori generali di società sottoposte a liquidazione giudiziale, i quali hanno commesso il fatto in esso previsto.

332. Denuncia di crediti inesistenti. – 1. Si applicano le pene stabilite nell'articolo 327 agli amministratori, ai direttori generali e ai liquidatori di società dichiarate in liquidazione giudiziale, che hanno commesso i fatti in esso indicati.

333. Reati dell'institore. – 1. All'institore dell'imprenditore, dichiarato in liquidazione giudiziale, il quale nella gestione affidatagli si è reso colpevole dei fatti preveduti negli articoli 322, 323, 325 e 327 si applicano le pene in questi stabilite.

334. Interesse privato del curatore negli atti della liquidazione giudiziale. – 1. Salvo che al fatto non siano applicabili gli articoli 315, 317, 318, 319, 321, 322 e 323 del codice penale, il curatore che prende interesse privato in qualsiasi atto della liquidazione giudiziale direttamente o per interposta persona o con atti simulati è punito con la reclusione da due a sei anni e con la multa non inferiore a euro 206.

2. La condanna importa l'interdizione dai pubblici uffici.

335. Accettazione di retribuzione non dovuta. – 1. Il curatore della liquidazione giudiziale che riceve o pattuisce una retribuzione, in danaro o in altra forma, in aggiunta di quella liquidata in suo favore dal tribunale o dal giudice delegato, è punito con la reclusione da tre mesi a due anni e con la multa da euro 103 a euro 516.

2. Nei casi più gravi alla condanna può aggiungersi l'inabilitazione temporanea all'ufficio di amministratore per la durata non inferiore a due anni.

336. Omessa consegna o deposito di cose della liquidazione giudiziale. – 1. Il curatore che non ottempera all'ordine del giudice di consegnare o depositare somme o altra cosa della liquidazione giudiziale, ch'egli detiene a causa del suo ufficio, è punito con la reclusione fino a due anni e con la multa fino a euro 1.032.

2. Se il fatto avviene per colpa, si applica la reclusione fino a sei mesi o la multa fino a euro 309.

337. Coadiutori del curatore. – 1. Le disposizioni degli articoli 333, 334 e 335, si applicano anche alle persone che coadiuvano il curatore nell'amministrazione della liquidazione giudiziale.

338. Domande di ammissione di crediti simulati o distrazioni senza concorso con l'imprenditore in liquidazione giudiziale. – 1. È punito con la reclusione da uno a cinque anni e con la multa da euro 51 a euro 516 chiunque, fuori dei casi di concorso in bancarotta, anche per interposta persona presenta domanda di ammissione al passivo della liquidazione giudiziale per un credito fraudolentemente simulato.

2. Se la domanda è ritirata prima della verificazione dello stato passivo, la pena è ridotta alla metà.

3. È punito con la reclusione da uno a cinque anni chiunque:

a) dopo l'apertura della procedura di liquidazione giudiziale, fuori dei casi di concorso in bancarotta o di favoreggiamento, sottrae, distrae, ricetta ovvero in pubbliche o private dichiarazioni dissimula beni del debitore assoggettato a liquidazione giudiziale;

b) essendo consapevole dello stato di dissesto dell'imprenditore distrae o ricetta merci o altri beni dello stesso o li acquista a prezzo notevolmente inferiore al valore corrente, se la apertura della liquidazione giudiziale si verifica.

4. La pena, nei casi previsti dalle lettere a) e b) del comma 3, è aumentata se l'acquirente è un imprenditore che esercita un'attività commerciale.

339. Mercato di voto. – 1. Il creditore che stipula con l'imprenditore in liquidazione giudiziale o con altri nell'interesse del predetto vantaggi a proprio favore per dare il suo voto nel concordato o nelle deliberazioni del comitato dei creditori, è punito con la reclusione da sei mesi a tre anni e con la multa non inferiore a euro 103.

2. La somma o le cose ricevute dal creditore sono confiscate.

3. La stessa pena si applica all'imprenditore in liquidazione giudiziale e a chi ha contrattato col creditore nell'interesse dell'imprenditore in liquidazione giudiziale.

340. Esercizio abusivo di attività commerciale. – 1. Chiunque esercita un'impresa commerciale, sebbene si trovi in stato di inabilitazione ad esercitarla per effetto di condanna penale, è punito con la reclusione fino a due anni e con la multa non inferiore a euro 103.

Capo III
Disposizioni applicabili nel caso di concordato preventivo, accordi di ristrutturazione dei debiti, piani attestati e liquidazione coatta amministrativa

341. Concordato preventivo e accordo di ristrutturazione con intermediari finanziari e convenzione di moratoria. – 1. È punito con la reclusione da uno a cinque anni l'imprenditore, che, al solo scopo di ottenere l'apertura della procedura di concordato preventivo o di ottenere l'omologazione di un accordo di ristrutturazione o il consenso alla sottoscrizione della convenzione di moratoria, si sia attribuito attività inesistenti, ovvero, per influire sulla formazione delle maggioranze, abbia simulato crediti in tutto o in parte inesistenti.

2. Nel caso di concordato preventivo si applicano:

a) le disposizioni degli articoli 329 e 330 agli amministratori, direttori generali, sindaci e liquidatori di società;

b) la disposizione dell'articolo 333 agli institori dell'imprenditore;

c) le disposizioni degli articoli 334 e 335 al commissario del concordato preventivo;

d) le disposizioni degli articoli 338 e 339 ai creditori.

3. Nel caso di accordi di ristrutturazione ad efficacia estesa o di convenzione di moratoria, nonché nel caso di omologa di accordi di ristrutturazione ai sensi dell'articolo 63, comma 2-bis, si applicano le disposizioni previste al comma 2, lettere a), b) e d) (1).

(1) Comma modificato dall'art. 39, co. 1, d.lg. 17/6/2022, n. 83.

342. Falso in attestazioni e relazioni. – 1. Il professionista che nelle relazioni o attestazioni di cui agli articoli 56 comma 4, 57, comma 4, 58 commi 1 e 2, 62, comma 2, lettera d), 87, comma 3, 88, commi 1 e 2, 90, comma 5, 100, commi 1 e 2, espone informazioni false ovvero omette di riferire informazioni rilevanti in ordine alla veridicità dei dati contenuti nel piano o nei documenti ad esso allegati, è punito con la reclusione da due a cinque anni e con la multa da 50.000 a 100.000 euro (1).

2. Se il fatto è commesso al fine di conseguire un ingiusto profitto per sè o per altri, la pena è aumentata.

3. Se dal fatto consegue un danno per i creditori la pena è aumentata fino alla metà.

(1) Comma modificato dall'art. 39, co. 2, d.lg. 17/6/2022, n. 83.

343. Liquidazione coatta amministrativa (1). – 1. L'accertamento giudiziario dello stato di insolvenza a norma degli articoli 297 e 298 è equiparato alla dichiarazione di apertura della liquidazione giudiziale ai fini dell'applicazione delle disposizioni del presente titolo.

2. Nel caso di liquidazione coatta amministrativa si applicano al commissario liquidatore le disposizioni degli articoli 334, 335 e 336.

3. Nel caso di risoluzione, si applicano al commissario speciale di cui all'articolo 37 del decreto legislativo 16 novembre 2015, n. 180, e alle persone che lo coadiuvano nell'amministrazione della procedura le disposizioni degli articoli 334, 335 e 336.

(1) Articolo sostituito dall'art. 34, co. 1, d.lg. 26/10/2020, n. 147. Per la decorrenza vedi l'art. 42, co. 1, d.lg. n. 147/2020 medesimo.

Capo IV

Reati commessi nelle procedure di composizione delle crisi da sovraindebitamento (1)

(1) Rubrica sostituita dall'art. 40, co. 1, d.lg. 17/6/2022, n. 83.

344. Sanzioni per il debitore e per i componenti dell'organismo di composizione della crisi. – 1. Salvo che il fatto costituisca più grave reato, è punito con la reclusione da sei mesi a due anni e con la multa da 1.000 a 50.000 euro il debitore che:

a) al fine di ottenere l'accesso alle procedure di composizione delle crisi da sovraindebitamento di cui alle sezioni II e III del capo II del titolo IV aumenta o diminuisce il passivo ovvero sottrae o dissimula una parte rilevante dell'attivo ovvero dolosamente simula attività inesistenti;

b) al fine di ottenere l'accesso alle procedure di cui alle sezioni II e III del capo II del titolo IV e di quelle di cui al capo IX del titolo V, produce documentazione contraffatta o alterata, ovvero sottrae, occulta o distrugge, in tutto o in parte, la documentazione relativa alla propria situazione debitoria ovvero la propria documentazione contabile;

c) nel corso delle procedure di cui alle sezioni II e III del capo II, effettua pagamenti in violazione del piano di ristrutturazione dei debiti o del concordato minore omologati;

d) dopo il deposito del piano di ristrutturazione dei debiti o della proposta di concordato minore, e per tutta la durata della procedura, aggrava la sua posizione debitoria;

e) intenzionalmente non rispetta i contenuti del piano di ristrutturazione dei debiti o del concordato minore.

2. Le pene previste dal comma 1 si applicano al debitore incapiente che, con la domanda di esdebitazione di cui all'articolo 283, produce documentazione contraffatta o alterata o sottrae, occulta o distrugge, in tutto o in parte, la documentazione relativa alla propria situazione debitoria ovvero la propria documentazione contabile ovvero omette, dopo il decreto di esdebitazione, la dichiarazione di cui al comma 7 del medesimo articolo 283, quando dovuta o in essa attesta falsamente fatti rilevanti.

3. Il componente dell'organismo di composizione della crisi che rende false attestazioni nella relazione di cui agli articoli 68, 76, 269 e 283 in ordine alla veridicità dei dati contenuti nella proposta di cui agli articoli 67 e 75, nell'attestazione di cui all'articolo 268, nella domanda di apertura della liquidazione controllata o nella domanda di esdebitazione di cui all'articolo 283, è punito con la reclusione da uno a tre anni e con la multa da 1.000 a 50.000 euro (1).

4. Le pene di cui al comma 2, si applicano al componente dell'organismo di composizione della crisi che cagiona danno ai creditori omettendo o rifiutando senza giustificato motivo un atto del suo ufficio.

(1) Comma sostituito dall'art. 35 del d.lgs. 26/10/2020, n. 147. Per la decorrenza vedi l'art. 42, co. 1, d.lg. n. 147/2020 medesimo.

345. Falso nelle attestazioni dei componenti dell'OCRI*. *– 1. Il componente dell'organismo di composizione della crisi di impresa che nell'attestazione di cui all'articolo 19, comma 3, espone informazioni false ovvero omette di riferire informazioni rilevanti in ordine alla veridicità dei dati contenuti nel piano o nei documenti ad esso allegati, è punito con la reclusione da due a cinque anni e con la multa da 50.000 a 100.000 euro.*

2. Se il fatto è commesso al fine di conseguire un ingiusto profitto per sè o per altri, la pena è aumentata.

3. Se dal fatto consegue un danno per i creditori la pena è aumentata fino alla metà.

* Articolo abrogato dall'art. 40, co. 2, d.lg. 17/6/2022, n. 83.

Capo V

Disposizioni di procedura

346. Esercizio dell'azione penale per reati in materia di liquidazione giudiziale. – 1. Per reati previsti negli articoli 322, 323, 329 e 330, l'azione penale è esercitata dopo la comunicazione della sentenza di apertura della liquidazione giudiziale di cui all'articolo 49.

2. È iniziata anche prima nel caso previsto dall'articolo 38 e in ogni altro in cui concorrano gravi motivi e già esista o sia contemporaneamente presentata domanda per ottenere la dichiarazione suddetta.

347. Costituzione di parte civile. – 1. Il curatore, il liquidatore giudiziale, il commissario liquidatore e il commissario speciale di cui all'articolo 37 del decreto legislativo 16 novembre 2015, n. 180, possono costituirsi parte civile nel procedimento penale per i reati preveduti nel presente titolo, anche contro l'imprenditore in liquidazione giudiziale.

2. I creditori possono costituirsi parte civile nel procedimento penale per bancarotta fraudolenta quando manca la costituzione del curatore, del commissario liquidatore o del commissario speciale di cui all'articolo 37 del decreto legislativo 16 novembre 2015, n. 180, quando non sia stato nominato il liquidatore giudiziale o quando intendono far valere un titolo di azione propria personale.

Titolo X

DISPOSIZIONI PER L'ATTUAZIONE DEL CODICE DELLA CRISI E DELL'INSOLVENZA, NORME DI COORDINAMENTO E DISCIPLINA TRANSITORIA

Capo I

Disposizioni generali (1)

(1) Rubrica sostituita dall'art. 41, co. 1, d.lg. 17/6/2022, n. 83.

348. Adeguamento delle soglie dell'impresa minore. – 1. Ogni tre anni il Ministro della giustizia può procedere all'aggiornamento dei valori di cui all'articolo 2, comma 1, lettera d), con decreto adottato sulla base della media delle variazioni degli indici ISTAT dei prezzi al consumo per le famiglie di operai ed impiegati intervenute nel periodo di riferimento.

349. Sostituzione dei termini fallimento e fallito. – 1. Nelle disposizioni normative vigenti i termini «fallimento», «procedura fallimentare», «fallito» nonché le espressioni dagli stessi termini derivate devono intendersi sostituite, rispettivamente, con le espressioni «liquidazione giudiziale», «procedura di liquidazione giudiziale» e «debitore assoggettato a liquidazione giudiziale» e loro derivati, con salvezza della continuità delle fattispecie.

350. Modifiche alla disciplina dell'amministrazione straordinaria. – 1. All'articolo 3, comma 1, del decreto legislativo 8 luglio 1999, n. 270, le parole «del luogo in cui essa ha la sede principale» sono sostituite dalle seguenti: «competente ai sensi dell'articolo 27, comma 1, del codice della crisi e dell'insolvenza»;

2. All'articolo 2, comma 1, del decreto-legge 23 dicembre 2003, n. 347, convertito, con modificazioni, in legge 18 febbraio 2004, n. 39, le parole «del luogo in cui ha la sede principale» sono sostituite dalle seguenti: «competente ai sensi dell'articolo 27, comma 1, del codice della crisi e dell'insolvenza».

351. Disposizioni sui compensi dell'OCRI*. – *1. Gli importi spettanti all'OCRI per i costi amministrativi e i compensi dei componenti del collegio sono concordati con il debitore o, in difetto, liquidati dal presidente della sezione specializzata in materia di impresa del tribunale di cui all'articolo 17, comma 1, lettera a), o da un suo delegato, tenuto conto dell'impegno in concreto richiesto e degli esiti del procedimento, sulla base dei seguenti parametri:*

a) in caso di mancata comparizione del debitore, il compenso minimo del curatore ridotto al cinquanta per cento, di cui la metà all'ufficio del referente e la restante metà suddivisa tra i componenti del collegio;

b) per la sola audizione del debitore, il compenso minimo del curatore, di cui un terzo all'ufficio del referente e due terzi da suddividere tra i componenti del collegio;

c) per il procedimento di composizione assistita della crisi, i compensi e i rimborsi delle spese previsti dal decreto del Ministro della giustizia 24 settembre 2014, n. 202, articoli 14,15 e 16, in quanto compatibili, avuto riguardo all'attivo e al passivo del debitore risultanti dai dati acquisiti dall'organismo.

2. Ai costi fissi che gravano sulle camere di commercio per consentire il funzionamento degli OCRI si provvede mediante il versamento di diritti di segreteria determinati ai sensi dell'articolo 18 della legge n. 580 del 29 dicembre 1993.

* Articolo abrogato dall'art. 41, co. 2, d.lg. 17/6/2022, n. 83.

352. Disposizioni transitorie sul funzionamento dell'OCRI*. – *1. Sino alla istituzione presso il Ministero della giustizia dell'albo di cui all'articolo 356, i componenti del collegio di cui all'articolo 17, comma 1, lettere a) e b), sono individuati tra i soggetti iscritti all'albo dei dottori commercialisti e degli esperti contabili o all'albo degli avvocati i quali abbiano svolto funzioni di commissario giudiziale, attestatore o abbiano assistito il debitore nella presentazione della domanda di accesso in almeno tre procedure di concordato preventivo che abbiano superato la fase dell'apertura o tre accordi di ristrutturazione dei debiti che siano stati omologati* (1).

* Articolo abrogato dall'art. 41, co. 2, d.lg. 17/6/2022, n. 83.

(1) Comma modificato dall'art. 36, co. 1, d.lg. 26/10/2020, n. 147 con decorrenza indicata dall'art. 42, co. 1, d.lg. n. 147/2020 medesimo. L'art. 36 del d.lg. n. 147/2020 è stato abrogato dall'art. 48, co. 1, lett. c), d.lg. n. 83/2022.

353. Istituzione di un osservatorio permanente. – 1. Il Ministro della giustizia, con decreto adottato di concerto con il Ministro dell'economia e delle finanze e con il Ministro per lo sviluppo economico entro sei mesi dalla data di entrata in vigore del presente decreto, istituisce, anche ai fini di cui all'articolo 355, un osservatorio permanente sull'efficienza delle misure e degli strumenti previsti dal titolo II e degli strumenti di regolazione della crisi d'impresa (1).

2. Ai componenti dell'osservatorio non sono corrisposti compensi e gettoni di presenza, rimborsi spese ed altri emolumenti comunque denominati.

(1) Comma modificato dall'art. 41, co. 3, lett. a), b) e c), d.lg. 17/6/2022, n. 83.

354. Revisione dei parametri*. – *1. Al fine di migliorare la tempestività e l'efficienza delle segnalazioni dirette a favorire l'emersione precoce della crisi di impresa, sulla base dei dati elaborati dall'osservatorio di cui all'articolo 353, con regolamento adottato a norma dell'articolo 17, comma 2, della legge 23 agosto 1988, n. 400, si provvede all'eventuale revisione delle disposizioni contenute nell'articolo 15, con riferimento sia alla tipologia dei debiti sia all'entità degli stessi, nonché dei presupposti della tempestività dell'iniziativa ai sensi dell'articolo 24 ai fini delle misure premiali di natura fiscale di cui all'articolo 25.*

* Articolo abrogato dall'art. 41, co. 4, d.lg. 17/6/2022, n. 83.

355. Relazione al Parlamento. – 1. Entro due anni in sede di prima applicazione, e successivamente ogni tre anni, il Ministro della giustizia presenta al Parlamento una relazione dettagliata sull'applicazione del presente codice, tenuto conto dei dati elaborati dall'osservatorio di cui all'articolo 353.

Capo II
Albo degli incaricati della gestione e del controllo nelle procedure

356. Albo dei soggetti incaricati dall'autorità giudiziaria delle funzioni di gestione e di controllo nelle procedure di cui al codice della crisi e dell'insolvenza (1). – 1. È istituito presso il Ministero della giustizia un albo dei soggetti, costituiti anche in forma associata o societaria, destinati a svolgere, su incarico del tribunale, le funzioni di curatore, commissario giudiziale o liquidatore, nelle procedure previste nel codice della crisi e dell'insolvenza. È assicurato il collegamento dati con le informazioni contenute nel registro di cui all'articolo 125, comma 4. Il Ministero della giustizia esercita la vigilanza sull'attività degli iscritti all'albo.

2. Possono ottenere l'iscrizione i soggetti che, in possesso dei requisiti di cui all'articolo 358, comma 1, dimostrano di aver assolto gli obblighi di formazione di cui all'articolo 4, comma 5, lettere b), c) e d), del decreto del Ministro della giustizia 24 settembre 2014, n. 202, e successive modificazioni. Per i professionisti iscritti agli ordini professionali degli avvocati, dei dottori commercialisti e degli esperti contabili, dei consulenti del lavoro la durata dei corsi di cui al predetto articolo 4, comma 5, lettera b), è di quaranta ore. Ai fini del primo popolamento dell'albo, possono ottenere l'iscrizione anche i soggetti in possesso dei requisiti di cui all'articolo 358, comma 1, che documentano di essere stati nominati, alla data di entrata in vigore del presente articolo, in almeno due procedure negli ultimi quattro anni, curatori fallimentari, commissari o liquidatori giudiziali [*, ovvero, ai fini della nomina quali componenti dell'OCRI, i soggetti di cui all'articolo 352*]. Costituisce condizione per il mantenimento dell'iscrizione l'acquisizione di uno specifico aggiornamento biennale, ai sensi del predetto decreto. La Scuola

superiore della magistratura elabora le linee guida generali per la definizione dei programmi dei corsi di formazione e di aggiornamento. I requisiti di cui all'articolo 358, comma 1, lettera b), devono essere in possesso della persona fisica responsabile della procedura, nonché del legale rappresentante della società tra professionisti o di tutti i componenti dello studio professionale associato (2).

3. Costituisce requisito per l'iscrizione all'albo il possesso dei seguenti requisiti di onorabilità:

a) non versare in una delle condizioni di ineleggibilità o decadenza previste dall'articolo 2382 del codice civile;

b) non essere stati sottoposti a misure di prevenzione disposte dall'autorità giudiziaria ai sensi del decreto legislativo 6 settembre 2011, n. 159;

c) non essere stati condannati con sentenza passata in giudicato, salvi gli effetti della riabilitazione:

1) a pena detentiva per uno dei reati previsti dalle norme che disciplinano l'attività bancaria, finanziaria, mobiliare, assicurativa e dalle norme in materia di mercati e valori mobiliari, di strumenti di pagamento;

2) alla reclusione per uno dei delitti previsti nel titolo XI del libro V del codice civile o nel presente codice;

3) alla reclusione per un tempo non inferiore a un anno per un delitto contro la pubblica amministrazione, contro la fede pubblica, contro il patrimonio, contro l'ordine pubblico, contro l'economia pubblica ovvero per un delitto in materia tributaria;

4) alla reclusione per un tempo superiore a due anni per un qualunque delitto non colposo;

d) non avere riportato negli ultimi cinque anni una sanzione disciplinare più grave di quella minima prevista dai singoli ordinamenti professionali.

(1) In riferimento agli obblighi formativi e requisito alternativo ai fini del primo popolamento. Modalità di documentazione, vedi: Circolare Ministero della Giustizia 19/1/2023.

• Per il Regolamento recante disposizioni sul funzionamento dell'albo dei soggetti incaricati dall'autorità giudiziaria delle funzioni di gestione e di controllo nelle procedure di cui al presente articolo vedi d.m. 3/3/2022, n. 75.

(2) Comma sostituito dall'art. 37, co. 1, d.lg. 26/10/2020, n. 147 e successivamente modificato dall'art. 42, co. 1, d.lg. 17/6/2022, n. 83.

357. Funzionamento dell'albo. – 1. Con decreto del Ministro della giustizia, di concerto con il Ministro dell'economia e delle finanze, da adottare ai sensi dell'articolo 17, comma 3, della legge 23 agosto 1988, n. 400, entro il 30 giugno 2020, sono stabilite, in particolare (1):

a) le modalità di iscrizione all'albo di cui all'articolo 356;

b) le modalità di sospensione e cancellazione, volontaria o disposta dal Ministero della giustizia, dal medesimo albo anche a seguito del mancato versamento del contributo previsto dal comma 2 (2);

c) le modalità di esercizio del potere di vigilanza da parte del Ministero della giustizia.

2. Con lo stesso decreto è stabilito l'importo del contributo che deve essere versato per l'iscrizione e per il suo mantenimento, tenuto conto delle spese per la realizzazione, lo sviluppo e l'aggiornamento dell'albo. Le somme corrisposte a titolo di contributo sono versate all'entrata del bilancio dello Stato per essere riassegnate allo stato di previsione del Ministero della giustizia.

(1) Alinea modificato dall'art. 8, co. 4, d.l. 30/12/2019, n. 162, conv., con modif., dalla l. 28/2/2020, n. 8.

(2) Lettera sostituita dall'art. 37, co. 2, d.lg. 26/10/ 2020, n. 147.

358. Requisiti per la nomina agli incarichi nelle procedure. – 1. Possono essere chiamati a svolgere le funzioni di curatore, commissario giudiziale e liquidatore, nelle procedure di cui al codice della crisi e dell'insolvenza:

a) gli iscritti agli albi degli avvocati, dei dottori commercialisti e degli esperti contabili e dei consulenti del lavoro;

b) gli studi professionali associati o società tra professionisti, sempre che i soci delle stesse siano in possesso dei requisiti professionali di cui alla lettera a), e, in tal caso, all'atto dell'accettazione dell'incarico, deve essere designata la persona fisica responsabile della procedura;

c) coloro che abbiano svolto funzioni di amministrazione, direzione e controllo in società di capitali o società cooperative, dando prova di adeguate capacità imprenditoriali e purché non sia intervenuta nei loro confronti dichiarazione di apertura della procedura di liquidazione giudiziale.

2. Non possono essere nominati curatore, commissario giudiziale o liquidatore, il coniuge, la parte di un'unione civile tra persone dello stesso sesso, il convivente di fatto, i parenti e gli affini entro il quarto grado del debitore, i creditori di questo e chi ha concorso al dissesto dell'impresa, nonché chiunque si trovi in conflitto di interessi con la procedura.

3. Il curatore, il commissario giudiziale e il liquidatore sono nominati dall'autorità giudiziaria tenuto conto:

a) delle risultanze dei rapporti riepilogativi [*di cui all'articolo 16-bis, commi 9-quater, 9-quinquies e 9-septies, del decreto-legge 18 ottobre 2012, n. 179, convertito, con modificazioni, dalla legge 24 dicembre 2012, n. 228*] (1);

b) degli incarichi in corso, in relazione alla necessità di assicurare l'espletamento diretto, personale, efficiente e tempestivo delle funzioni (2);

c) delle esigenze di trasparenza e di rotazione nell'assegnazione degli incarichi, anche tenuto conto del numero delle procedure aperte nell'anno precedente, valutata la esperienza richiesta dalla natura e dall'oggetto dello specifico incarico (3);

d) con riferimento agli iscritti agli albi dei consulenti del lavoro, dell'esistenza di rapporti di lavoro subordinato in atto al momento dell'apertura della liquidazione giudiziale, del deposito del decreto di ammissione al concordato preventivo o al momento della sua omologazione.

e) in caso di procedura che presenta elementi transfrontalieri, delle correlate esperienze e competenze acquisite e, in particolare, della capacità di rispettare gli obblighi di cui al regolamento (UE) 2015/848, di comunicare e cooperare con i professionisti che gestiscono le procedure di insolvenza e con le autorità giudiziarie o amministrative di un altro Stato membro, nonché delle risorse umane e amministrative necessarie per far fronte a casi potenzialmente complessi (4).

(1) Lettera modificata dall'art. 42, co. 2, lett. a), d.lg. 17/6/2022, n. 83.

(2) Lettera modificata dall'art. 37, co. 3, lett. a), d.lg. 26/10/2020, n. 147.

(3) Lettera modificata dall'art. 37, co. 3, lett. b), d.lg. 26/10/2020, n. 147.

(4) Lettera aggiunta dall'art. 42, co. 2, lett. b), d.lg. 17/6/2022, n. 83.

Capo III
Disciplina dei procedimenti

359. Area web riservata. – 1. L'area web riservata di cui all'articolo 40, comma 7, è realizzata dal Ministero dello sviluppo economico, sentita l'Agenzia per l'Italia digitale, avvalendosi delle strutture informatiche di cui all'articolo 6-bis, comma 4, del decreto legislativo 7 marzo 2005, n. 82 (Codice dell'amministrazione digitale) (1).

2. Il Ministro dello sviluppo economico, di concerto con il Ministro della giustizia e con il Ministro per la pubblica amministrazione, sentito il Garante per la protezione dei dati personali, con decreto da adottarsi entro il 1° marzo 2020, definisce in particolare:

a) la codifica degli eventi che generano avvisi di mancata

consegna, distinguendo tra quelli imputabili e quelli non imputabili al destinatario;

b) le modalità di inserimento automatico degli atti nell'area web riservata;

c) le modalità di accesso a ciascuna area da parte dei rispettivi titolari;

d) le modalità di comunicazione al titolare dell'area web riservata del link per accedere agevolmente all'atto oggetto della notifica, escludendo la rilevanza di questa comunicazione ai fini del perfezionamento della notifica, già avvenuta per effetto dell'inserimento di cui alla lettera seguente;

e) il contenuto e le modalità di rilascio alla cancelleria dell'attestazione dell'avvenuto inserimento dell'atto da notificare nell'area web riservata;

f) il contenuto della ricevuta di avvenuta notifica mediante inserimento nell'area web riservata e le modalità di firma elettronica;

g) il periodo di tempo per il quale è assicurata la conservazione dell'atto notificato nell'area web riservata.

h) le misure necessarie ad assicurare la protezione dei dati personali.

(1) Comma modificato dall'art. 43, co. 1, d.lg. 17/6/2022, n. 83.

360. Disposizioni in materia di obbligatorietà del deposito con modalità telematiche degli atti del procedimento di accertamento dello stato di crisi o di insolvenza. – 1. Dopo l'articolo 16-bis, comma 4, del decreto-legge 18 ottobre 2012, n. 179, convertito dalla legge 17 dicembre 2012, n. 221 è inserito il seguente comma:

«4-bis. Nei procedimenti giudiziali diretti all'apertura delle procedure concorsuali, in ogni grado di giudizio, gli atti dei difensori e degli ausiliari del giudice, nonché i documenti sono depositati esclusivamente con modalità telematiche, nel rispetto della normativa anche regolamentare concernente la sottoscrizione, la trasmissione e la ricezione dei documenti informatici. Si applica il secondo periodo del comma 4. Per il ricorso per cassazione, la disposizione acquista efficacia a decorrere dal sessantesimo giorno successivo alla pubblicazione nella Gazzetta Ufficiale del provvedimento del responsabile dei sistemi informativi automatizzati del Ministero della giustizia, da adottarsi entro un anno dall'entrata in vigore del codice della crisi di impresa e dell'insolvenza, adottato in attuazione dell'articolo 1 della legge delega 19 ottobre 2017, n. 155, attestante la piena funzionalità dei servizi di comunicazione.» (1).

(1) Le disposizioni di cui al presente articolo entrano in vigore il 15/7/2022, secondo quanto stabilito dall'art. 389, come modificato dall'art. 1, co. 1, lett. b), d.l. 24/8/2021, n. 118, conv., con modif., dalla l. 21/10/2021, n. 147 e successivamente dall'art. 42, co. 1, d.l. 30/4/2022, n. 36, conv., con modif., dalla l. 29/6/2022, n. 79.

361. Norma transitoria sul deposito telematico delle notifiche. – 1. Quando la notificazione telematica di cui all'articolo 40, comma 6, non risulta possibile o non ha esito positivo, per causa imputabile al destinatario e sino all'emanazione del decreto di cui all'articolo 359, si applicano le disposizioni di cui all'articolo 40, comma 8 (1).

(1) Comma modificato dall'art. 43, co. 2, d.lg. 17/6/2022, n. 83.

362. Trattazione delle controversie concorsuali presso la Corte di cassazione. – 1. Presso la Corte di cassazione, alla sezione incaricata della trattazione delle controversie di cui al presente codice, sono destinati magistrati nel numero richiesto dalle esigenze del servizio, tenuto conto dei procedimenti pendenti e pervenuti e dell'urgenza della definizione.

2. L'assegnazione del personale di magistratura alla sezione di cui al comma 1 ha luogo nei limiti della dotazione organica vigente.

363. Certificazione dei debiti contributivi e per premi assicurativi. – 1. L'Istituto nazionale per la previdenza sociale e l'Istituto nazionale per gli infortuni sul lavoro, su richiesta del debitore o del tribunale, comunicano i crediti dagli stessi vantati nei confronti del debitore a titolo di contributi e premi assicurativi, attraverso il rilascio di un certificato unico (1).

2. L'INPS e l'INAIL, entro novanta giorni dall'entrata in vigore del presente articolo, definiscono i contenuti della comunicazione ed i tempi per il rilascio del certificato unico di cui al comma 1 con proprio provvedimento, approvato dal Ministero del lavoro e delle politiche sociali, di concerto con il Ministero dell'economia e delle finanze e, per i profili di competenza, con il Dipartimento della funzione pubblica.

(1) In riferimento al presente comma, vedi: Nota INAIL - Istituto nazionale assicurazione infortuni sul lavoro 12/11/2021, n. 12681.

364. Certificazione dei debiti tributari. – 1. Gli uffici dell'Amministrazione finanziaria e degli enti preposti all'accertamento dei tributi di loro competenza rilasciano, su richiesta del debitore o del tribunale, un certificato unico sull'esistenza di debiti risultanti dai rispettivi atti, dalle contestazioni in corso e da quelle già definite per le quali i debiti non sono stati soddisfatti.

2. L'Agenzia delle entrate adotta, entro novanta giorni dalla data di entrata in vigore del presente articolo, con proprio provvedimento, modelli per la certificazione dei carichi pendenti, risultanti al sistema informativo dell'anagrafe tributaria e dell'esistenza di contestazioni, nonché per le istruzioni agli uffici locali dell'Agenzia delle entrate competenti al rilascio e definisce un fac-simile di richiesta delle certificazioni medesime da parte dei soggetti interessati, curando la tempestività di rilascio.

365. Informazioni sui debiti fiscali, contributivi e per premi assicurativi. – 1. A seguito della domanda di apertura della liquidazione giudiziale o del concordato preventivo e fino alla emanazione dei provvedimenti di cui agli articoli 363 e 364, la cancelleria acquisisce dagli uffici competenti idonea certificazione sui debiti fiscali, contributivi e per premi assicurativi.

366. Modifica all'articolo 147 del Testo unico in materia di spese di giustizia. – 1. L'articolo 147 del decreto del Presidente della Repubblica 30 maggio 2002, n. 115, è sostituito dal seguente:

«Art. 147 (L) (Recupero delle spese in caso di revoca della dichiarazione di apertura della liquidazione giudiziale). - 1. In caso di revoca della dichiarazione di apertura della liquidazione giudiziale, le spese della procedura e il compenso del curatore sono a carico del creditore istante quando ha chiesto con colpa la dichiarazione di apertura della liquidazione giudiziale; sono a carico del debitore persona fisica, se con il suo comportamento ha dato causa alla dichiarazione di apertura della liquidazione giudiziale. La corte di appello, quando revoca la liquidazione giudiziale, accerta se l'apertura della procedura è imputabile al creditore o al debitore.».

2. Le disposizioni dell'articolo 147 del decreto del Presidente della Repubblica n. 115 del 2002, come sostituito dal comma 1, si applicano anche in caso di revoca dei fallimenti adottati con provvedimento emesso a norma dell'articolo 18 del regio decreto 16 marzo 1942, n. 267.

367. Modalità di accesso alle informazioni sui debiti risultanti da banche dati pubbliche. – 1. Nei procedimenti di cui all'articolo 42, comma 1, le pubbliche amministrazioni che gestiscono le banche dati del Registro delle imprese, dell'Anagrafe tributaria e dell'Istituto nazionale di previdenza sociale trasmettono direttamente e automaticamente alla cancelleria, mediante il sistema di cooperazione applicativa ai sensi del decreto legislativo 7 marzo 2005, n. 82, Codice dell'amministrazione digitale, i dati e i documenti di cui ai commi 2, 3 e 4.

2. Il Registro delle imprese trasmette alla cancelleria i bilanci relativi agli ultimi tre esercizi, la visura storica, gli atti con cui sono state compiute le operazioni straordinarie e in particolare aumento e riduzione di capitale, fusione e scissione, trasferimenti di azienda o di rami di azienda. Ulteriori informazioni e documenti possono essere individuati con decreto non avente natura regolamentare del Ministero della giustizia, di concerto con il Ministero dello sviluppo economico.

3. L'Agenzia delle entrate trasmette alla cancelleria le dichiarazioni dei redditi concernenti i tre esercizi o anni precedenti, l'elenco degli atti sottoposti a imposta di registro e i debiti fiscali, indicando partitamente per questi ultimi interessi, sanzioni e gli anni in cui i debiti sono sorti. Con decreto del direttore generale della giustizia civile d'intesa con il direttore generale dell'Agenzia delle entrate possono essere individuati ulteriori documenti e informazioni.

4. L'Istituto nazionale di previdenza sociale trasmette alla cancelleria le informazioni relative ai debiti contributivi. Con decreto del direttore generale della giustizia civile d'intesa con il presidente del predetto Istituto possono essere individuati ulteriori documenti e informazioni.

5. Sino a quando non sono definiti dall'Agenzia per l'Italia digitale gli standard di comunicazione e le regole tecniche di cui all'articolo 71 del decreto legislativo 7 marzo 2005, n. 82, e, in ogni caso, quando l'amministrazione che gestisce la banca dati o il Ministero della giustizia non dispongono dei sistemi informatici per la cooperazione applicativa di cui al codice dell'amministrazione digitale, i dati, i documenti e le informazioni di cui al presente articolo sono acquisiti previa stipulazione, senza nuovi o maggiori oneri per la finanza pubblica, di una convenzione a titolo gratuito e senza nuovi o maggiori oneri per la finanza pubblica, finalizzata alla fruibilità informatica dei dati, sentito il Garante per la protezione dei dati personali.

6. Con le medesime modalità di cui al comma 1 sono altresì trasmesse alla cancelleria le ulteriori informazioni relative al debitore e rilevanti per la sussistenza dei requisiti eccedenti quelli di cui all'articolo 2, comma 1, lettera d), detenute dalle altre pubbliche amministrazioni individuate dal Ministero della giustizia. Si applica il comma 5.

7. Le disposizioni del presente articolo acquistano efficacia a decorrere dal sessantesimo giorno successivo alla pubblicazione nella Gazzetta Ufficiale del provvedimento del responsabile dei sistemi informativi automatizzati del Ministero della giustizia, da adottarsi entro un anno dall'entrata in vigore del presente codice, attestante la piena funzionalità del collegamento telematico, anche a seguito della stipulazione delle convenzioni di cui al comma 5.

Capo IV
Disposizioni in materia di diritto del lavoro

368. Coordinamento con la disciplina del diritto del lavoro. – 1. All'articolo 5, comma 3, della legge 23 luglio 1991 n. 223, dopo le parole «comma 12» sono aggiunte le seguenti: «nonché di violazione delle procedure di cui all'articolo 189, comma 6, del codice della crisi e dell'insolvenza».

2. All'articolo 10 del decreto legislativo 4 marzo 2015, n. 23, dopo le parole «comma 12» sono aggiunte le seguenti: «nonché di violazione delle procedure di cui all'articolo 189, comma 6, del codice della crisi e dell'insolvenza».

3. All'articolo 24 della legge 23 luglio 1991, n. 223 sono introdotte le seguenti modifiche:

a) al comma 1, dopo il primo periodo, è aggiunto il seguente: «Fermi i requisiti numerici e temporali prescritti dal presente comma, alle imprese in stato di liquidazione giudiziale si applicano le disposizioni di cui all'articolo 189, comma 6, del codice della crisi e dell'insolvenza.»;

b) al comma 1-bis, dopo il primo periodo, è aggiunto il seguente: «Ai datori di lavoro non imprenditori in stato di liquidazione giudiziale si applicano le disposizioni di cui all'articolo 189, comma 6, del codice della crisi e dell'insolvenza.»;

c) al comma 1-quinquies, dopo le parole: «procedure richiamate dall'articolo 4, comma 12,» sono aggiunte le seguenti: «nonché di violazione delle procedure di cui all'articolo 189, comma 6, del codice della crisi e dell'insolvenza.».

4. All'articolo 47 della legge 29 dicembre 1990, n. 428, sono apportate le seguenti modificazioni e integrazioni:

a) dopo il comma 1 è inserito il seguente: «1-bis. Nei casi di trasferimenti di aziende nell'ambito degli strumenti di regolazione della crisi e dell'insolvenza e delle procedure di insolvenza disciplinati dal decreto legislativo 12 gennaio 2019, n. 14, la comunicazione di cui al comma 1 può essere effettuata anche solo da chi intenda proporre offerta di acquisto dell'azienda o proposta di concordato preventivo concorrente con quella dell'imprenditore; in tale ipotesi l'efficacia degli accordi di cui ai commi 4-bis e 5 può essere subordinata alla successiva attribuzione dell'azienda ai terzi offerenti o proponenti.» (1).

b) il comma 4-bis è sostituito dal seguente:

«4-bis. Nel caso in cui sia stato raggiunto un accordo, nel corso delle consultazioni di cui ai precedenti commi, con finalità di salvaguardia dell'occupazione, l'articolo 2112 del codice civile, fermo il trasferimento al cessionario dei rapporti di lavoro, trova applicazione, per quanto attiene alle condizioni di lavoro, nei termini e con le limitazioni previste dall'accordo medesimo, da concludersi anche attraverso i contratti collettivi di cui all'articolo 51 del decreto legislativo 15 giugno 2015, n. 81, qualora il trasferimento riguardi aziende:

a) per le quali vi sia stata la dichiarazione di apertura della procedura di concordato preventivo in regime di continuità indiretta, ai sensi dell'articolo 84, comma 2, del codice della crisi e dell'insolvenza, con trasferimento di azienda successivo all'apertura del concordato stesso;

b) per le quali vi sia stata l'omologazione degli accordi di ristrutturazione dei debiti, quando gli accordi non hanno carattere liquidatorio;

c) per le quali è stata disposta l'amministrazione straordinaria, ai sensi del decreto legislativo 8 luglio 1999, n. 270, in caso di continuazione o di mancata cessazione dell'attività»;

c) il comma 5 è sostituito dal seguente:

«5. Qualora il trasferimento riguardi imprese nei confronti delle quali vi sia stata apertura della liquidazione giudiziale o di concordato preventivo liquidatorio, ovvero emanazione del provvedimento di liquidazione coatta amministrativa, nel caso in cui la continuazione dell'attività non sia stata disposta o sia cessata, i rapporti di lavoro continuano con il cessionario. Tuttavia, in tali ipotesi, nel corso delle consultazioni di cui ai precedenti commi, possono comunque stipularsi, con finalità di salvaguardia dell'occupazione, contratti collettivi ai sensi dell'articolo 51 del decreto legislativo 15 giugno 2015, n. 81, in deroga all'articolo 2112, commi 1, 3 e 4, del codice civile; resta altresì salva la possibilità di accordi individuali, anche in caso di esodo incentivato dal rapporto di lavoro, da sottoscriversi nelle sedi di cui all'articolo 2113, ultimo comma del codice civile.»;

d) dopo il comma 5 sono aggiunti i seguenti:

«5-bis. Nelle ipotesi previste dal comma 5, non si applica l'articolo 2112, comma 2, del codice civile e il trattamento di fine rapporto è immediatamente esigibile nei confronti del cedente dell'azienda. Il Fondo di garanzia, in presenza delle condizioni previste dall'articolo 2 della legge 29 maggio 1982, n. 297, interviene anche a favore dei lavoratori che passano senza soluzione di continuità alle dipendenze dell'acquirente; nei casi predetti, la data del trasferimento tiene luogo di quella della cessazione del rapporto di lavoro, anche ai fini dell'individuazione dei crediti di lavoro diversi dal trattamento di fine rapporto, da corrispondere ai sensi dell'articolo 2, comma 1, del decreto legislativo 27 gennaio 1992, n. 80. I predetti crediti per trattamento di fine rapporto e di cui all'articolo 2, comma 1, del decreto legislativo 27 gennaio 1992, n. 80 sono corrisposti dal Fondo di Garanzia nella loro integrale misura, quale che sia la percentuale di soddisfazione stabilita, nel rispetto dell'articolo 84, comma 5, del codice della crisi e dell'insolvenza, in sede di concordato preventivo (2).

5-ter. Qualora il trasferimento riguardi imprese nei confronti delle quali vi sia stata sottoposizione all'amministrazione straordinaria, nel caso in cui la continuazione dell'attività non sia stata disposta o sia cessata e nel corso della consultazione di cui ai precedenti commi sia stato raggiunto un accordo circa il mantenimento anche parziale dell'occupazione, ai lavoratori il cui rapporto di lavoro continua con l'acquirente non trova applicazione l'articolo 2112 del codice civile, salvo che dall'accordo risultino condizioni di miglior favore. Il predetto accordo può altresì prevedere che il trasferimento non riguardi il personale eccedentario e che quest'ultimo continui a rimanere, in tutto o in parte, alle dipendenze dell'alienante.»;

e) al comma 6 dopo le parole «i lavoratori che» è aggiunta la seguente: «comunque»;

f) all'articolo 11, comma 3, del decreto-legge 23 dicembre 2013, n. 145, convertito, con modificazioni, dalla legge 21 febbraio 2014, n. 9, le parole «dell'articolo 2, comma 19, della legge 28 giugno 2012, n. 92» sono sostituite dalle seguenti: «dell'articolo 8 del decreto legislativo 4 marzo 2015, n. 22» (3).

(1) Comma modificato dall'art. 44, co. 1, lett. a), d.lg. 17/6/2022, n. 83.

(2) Capoverso modificato dall'art. 44, co. 1, lett. b), d.lg. 17/6/2022, n. 83.

(3) Le disposizioni di cui al presente articolo entrano in vigore il 15/7/2022, secondo quanto stabilito dall'art. 389, come modificato dall'art. 1, co. 1, lett. b), d.l. 24/8/2021, n. 118, conv., con modif., dalla l. 21/10/2021, n. 147 e dall'art. 42, co. 1, d.l. 30/4/2022, n. 36, conv., con modif., dalla l. 29/6/2022, n. 79.

Capo V
Disposizioni di coordinamento in tema di liquidazione coatta amministrativa e in altre materie

369. Norme di coordinamento con le disposizioni del decreto legislativo 1° settembre 1993, n. 385 e del decreto legislativo 16 novembre 2015, n. 180 (1). – 1. Al decreto legislativo 1° settembre 1993, n. 385, sono apportate le seguenti modificazioni:

a) all'articolo 39, comma 4, le parole: «a revocatoria fallimentare» sono sostituite dalle seguenti «alla revocatoria di cui all'articolo 166 del codice della crisi e dell'insolvenza» e le parole: «L'art. 67 della legge fallimentare» sono sostituite dalle seguenti: «L'articolo 166 del codice della crisi e dell'insolvenza»;

b) all'articolo 69-septiesdecies, le parole: «agli articoli 64, 65, 66 e 67, 216, primo comma, n.1), e terzo comma, e 217 della legge fallimentare» sono sostituite dalle seguenti: «agli articoli 163, 164, 165, 166, 290, 292, 322, comma 1, lettera a), e comma 3, e 323 del codice della crisi e dell'insolvenza»;

c) all'articolo 70, comma 7, le parole: «il titolo IV della legge fallimentare e» sono soppresse;

d) all'articolo 80, comma 6, le parole: «della legge fallimentare» sono sostituite dalle seguenti: «del codice della crisi e dell'insolvenza»;

e) all'articolo 82 sono apportate le seguenti modificazioni:

1) al comma 1, le parole: «in cui essa ha la sede legale» sono sostituite dalle seguenti: «dove essa ha il centro degli interessi principali», le parole «dell'art. 195, commi primo, secondo periodo, terzo, quarto, quinto, sesto e ottavo della legge fallimentare» sono sostituite dalle seguenti: «dell'articolo 297 del codice della crisi e dell'insolvenza» (2);

2) al comma 2, le parole «del luogo in cui la banca ha la sede legale» sono sostituite dalle seguenti: «del luogo in cui la banca ha il centro degli interessi principali», le parole «dell'art. 195, terzo, quarto, quinto e sesto comma della legge fallimentare» sono sostituite dalle seguenti: «dell'articolo 298 del codice della crisi e dell'insolvenza» (3);

3) al comma 3, le parole «nell'art. 203 della legge fallimentare» sono sostituite dalle seguenti: «nell'articolo 299 del codice della crisi e dell'insolvenza» (4);

f) all'articolo 83 sono apportate le seguenti modificazioni:

1) al comma 2, le parole: «dagli articoli 42, 44, 45 e 66, nonché dalle disposizioni del titolo II, capo III, sezione II e sezione IV della legge fallimentare» sono sostituite dalle seguenti: «dagli articoli 142, 144, 145 e 165, nonché dalle disposizioni del titolo V, capo I, sezione III e V del codice della crisi e dell'insolvenza»;

2) al comma 3, le parole «del luogo dove la banca ha la sede legale» sono sostituite dalle seguenti: «del luogo in cui la banca ha il centro degli interessi principali»;

3) al comma 3-bis, le parole «all'articolo 56, primo comma, della legge fallimentare» sono sostituite dalle seguenti: «all'articolo 155, comma 1, del codice della crisi e dell'insolvenza»;

g) all'articolo 86 sono apportate le seguenti modificazioni:

1) al comma 3, le parole «del luogo ove la banca ha la sede legale» sono sostituite dalle seguenti: «del luogo in cui la banca ha il centro degli interessi principali» e le parole «Si applica l'articolo 31-bis, terzo comma, della legge fallimentare, intendendosi sostituito al curatore il commissario liquidatore» sono sostituite dalle seguenti: «In pendenza della procedura e per il periodo di due anni dalla chiusura della stessa, il commissario liquidatore è tenuto a conservare i messaggi di posta elettronica certificata inviati e ricevuti»;

2) al comma 7, le parole «del luogo ove la banca ha la sede legale» sono sostituite dalle seguenti: «del luogo in cui la banca ha il centro degli interessi principali»;

h) all'articolo 87, al comma 2, le parole «del luogo ove la banca ha la sede legale» sono sostituite dalle seguenti: «del luogo in cui la banca ha il centro degli interessi principali» e le parole «l'articolo 99, commi 2 e seguenti, della legge fallimentare» sono sostituite dalle seguenti: «l'articolo 206, comma 2 e seguenti, del codice della crisi e dell'insolvenza»;

i) all'articolo 91 sono apportate le seguenti modificazioni:

1) al primo periodo del primo comma, le parole «dall'articolo 111 della legge fallimentare» sono sostituite dalle seguenti: «dall'articolo 221 del codice della crisi e dell'insolvenza» e, al secondo periodo, le parole «nell'articolo 111, comma primo, numero 1) della legge fallimentare» sono sostituite dalle seguenti: «nell'articolo 221, comma 1, lettera a), del codice della crisi e dell'insolvenza»;

2) al comma 1-bis, le parole «dall'articolo 111 della legge fallimentare» sono sostituite dalle seguenti: «dall'articolo 221 del codice della crisi e dell'insolvenza»;

3) al comma 3, le parole «dell'articolo 111, comma 1, numero 3) della legge fallimentare» sono sostituite dalle seguenti: «dall'articolo 221, comma 1, lettera c) del codice della crisi e dell'insolvenza»;

l) all'articolo 93 sono apportate le seguenti modificazioni:

1) al comma 1, le parole «del luogo dove l'impresa ha la sede legale» sono sostituite dalle seguenti: «del luogo dove

l'impresa ha il centro degli interessi principali» e le parole «dell'art. 152, secondo comma, della legge fallimentare» sono sostituite dalle seguenti: «dell'articolo 265, comma 2, del codice della crisi e dell'insolvenza»;

2) al comma 3, ultimo periodo, le parole «dall'articolo 135 della legge fallimentare» sono sostituite dalle seguenti: «dall'articolo 248 del codice della crisi e dell'insolvenza»;

3) al comma 6, le parole «l'articolo 131 della legge fallimentare» sono sostituite dalle seguenti: «l'articolo 247 del codice della crisi e dell'insolvenza»;

m) all'articolo 94, comma 3, le parole «l'articolo 215 della legge fallimentare» sono sostituite dalle seguenti: «l'articolo 315 del codice della crisi e dell'insolvenza»;

n) all'articolo 99, il comma 5 è sostituito dal seguente: «5. Quando sia accertato giudizialmente lo stato di insolvenza, compete ai commissari l'esperimento dell'azione revocatoria prevista dall'articolo 166 del codice della crisi e dell'insolvenza nei confronti di altre società del gruppo. L'azione può essere esperita per gli atti indicati al comma 1, lettere a), b) e c), dell'articolo 166 del codice della crisi e dell'insolvenza, che siano stati posti in essere nei cinque anni anteriori al provvedimento di liquidazione coatta e per gli atti indicati al comma 1, lettera d), e al comma 2, dello stesso articolo che siano stati posti in essere nei tre anni anteriori.»;

o) all'articolo 104, comma 1, le parole «ha sede legale la capogruppo» sono sostituite dalle seguenti: «la capogruppo ha il centro degli interessi principali».

2. La disposizione di cui al comma 1, lettera a), si applica alle liquidazioni giudiziali aperte a seguito di domanda depositata o iniziativa comunque esercitata successivamente alla data di entrata in vigore del presente decreto.

3. La disposizione di cui al comma 1, lettera b), si applica agli accordi previsti dal capo 02-I del Titolo IV del Testo unico bancario e alle prestazioni di sostegno finanziario in loro esecuzione, approvati successivamente alla data di entrata in vigore del presente decreto.

4. Le disposizioni di cui al comma 1, lettere d), e), f), g), h), i), l), m), n), e o), si applicano alle liquidazioni coatte amministrative disposte per effetto di domande depositate o iniziative comunque esercitate successivamente alla data di entrata in vigore del presente decreto.

5. Al decreto legislativo 16 novembre 2015, n. 180, sono apportate le seguenti modificazioni:

a) all'articolo 36:

1) al comma 2, le parole: «Le disposizioni del Titolo VI della legge fallimentare» sono sostituite dalle seguenti: «Le disposizioni del Titolo IX del codice della crisi d'impresa e dell'insolvenza»;

2) al comma 3, il secondo ed il terzo periodo sono sostituiti dai seguenti: «I termini di cui agli articoli 163, 164, comma 1, 166, comma 1, 169 e 170 del codice della crisi d'impresa e dell'insolvenza decorrono dalla data di avvio della risoluzione. Non sono esperibili le azioni previste dall'articolo 166, comma 2, del codice della crisi d'impresa e dell'insolvenza.»;

b) al comma 8 dell'articolo 37, le parole: «prededucibili ai sensi dell'articolo 111 della legge fallimentare» sono sostituite dalle seguenti: «prededucibili ai sensi dell'articolo 6, comma 1, lettera d), del codice della crisi d'impresa e dell'insolvenza»;

c) al comma 3 dell'articolo 38, l'ultimo periodo è sostituito dal seguente: «Se è dichiarato lo stato di insolvenza, i termini di cui agli articoli 163, 164, 166, comma 1, e 169 del codice della crisi d'impresa e dell'insolvenza decorrono dalla data determinata dalla Banca d'Italia ai sensi dell'articolo 32, comma 2.».

6. Le disposizioni di cui al comma 5 si applicano alle procedure di risoluzione avviate ai sensi dell'articolo 32 del decreto legislativo 16 novembre 2015, n. 180, successivamente alla data di entrata in vigore del presente decreto.

(1) Le disposizioni di cui al presente articolo entrano in vigore il 15/7/2022, secondo quanto stabilito dall'art. 389, come modificato dall'art. 1, co. 1, lett. b), d.l. 24/8/2021, n. 118, conv., con modif., dalla l. 21/10/2021, n. 147 e dall'art. 42, co. 1, d.l. 30/4/2022, n. 36, conv., con modif., dalla l. 29/6/2022, n. 79.

• Articolo sostituito dall'art. 38, co. 1, d.lg. 26/10/2020, n. 147. Per la decorrenza vedi l'art. 42, co. 1, d.lg. n. 147/2020 medesimo.

(2) Numero modificato dall'art. 6, co. 1, lett. a), n. 1), d.lg. 8/11/2021, n. 193.

(3) Numero modificato dall'art. 6, co. 1, lett. a), n. 2), d.lg. 8/11/2021, n. 193.

(4) Numero modificato dall'art. 6, co. 1, lett. a), n. 3), d.lg. 8/11/2021, n. 193.

370. Norme di coordinamento con le disposizioni del decreto legislativo 7 settembre 2005, n. 209 (1). – 1. Al decreto legislativo 7 settembre 2005, n. 209, sono apportate le seguenti modificazioni:

a) all'articolo 238, le parole «non si applica il titolo III della legge fallimentare» sono sostituite dalle seguenti: «non si applicano le disposizioni dei capi I e III del titolo IV del codice della crisi e dell'insolvenza»;

b) all'articolo 245, comma 7, secondo periodo, le parole «della legge fallimentare» sono sostituite dalle seguenti: «del codice della crisi e dell'insolvenza»;

c) all'articolo 248 sono apportate le seguenti modificazioni:

1) al comma 1, le parole «dove l'impresa ha la sede legale» sono sostituite dalle seguenti: «dove l'impresa ha il centro degli interessi principali», le parole «dell'articolo 195, primo, secondo periodo, terzo, quarto, quinto e sesto comma, della legge fallimentare» sono sostituite dalle seguenti: «dell'articolo 297 del codice della crisi e dell'insolvenza»;

2) al comma 2, le parole «in cui l'impresa ha la sede legale» sono sostituite dalle seguenti: «dove l'impresa ha il centro degli interessi principali», le parole «dell'articolo 195, terzo, quarto, quinto e sesto comma, della legge fallimentare» sono sostituite dalle seguenti: «dell'articolo 297 del codice della crisi e dell'insolvenza»;

3) al comma 3, le parole «nell'articolo 5, secondo comma, della legge fallimentare» sono sostituite dalle seguenti: «nell'articolo 2, comma 1, lettera b), del codice della crisi e dell'insolvenza»;

4) al comma 4, le parole «nell'art. 203 della legge fallimentare» sono sostituite dalle seguenti: «nell'articolo 299 del codice della crisi e dell'insolvenza»;

d) all'articolo 249 sono apportate le seguenti modificazioni:

1) al comma 1, le parole «del luogo dove l'impresa ha la sede legale» sono sostituite dalle seguenti: «dove l'impresa ha il centro degli interessi principali»;

2) al comma 2, le parole «titolo II, capo III, sezione II e sezione IV, e dall'articolo 66 della legge fallimentare» sono sostituite dalle seguenti: «titolo V, capo I, sezione III e V del codice della crisi e dell'insolvenza e dall'articolo 165 del medesimo codice»;

e) all'articolo 252 sono apportate le seguenti modificazioni:

1) al comma 2, le parole «del luogo dove ha sede legale l'impresa» sono sostituite dalle seguenti: «dove l'impresa ha il centro degli interessi principali»;

2) al comma 8, le parole «del luogo ove l'impresa ha sede legale» sono sostituite dalle seguenti: «dove l'impresa ha il centro degli interessi principali»;

f) all'articolo 254, comma 2, le parole «dagli articoli 98 e 99 della legge fallimentare» sono sostituite dalle seguenti: «dagli articoli 206 e 207 del codice della crisi e dell'insolvenza»;

g) all'articolo 255, le parole «dalla legge fallimentare» sono sostituite dalle seguenti: «dal codice della crisi e dell'insolvenza»;

h) all'articolo 256, le parole «dagli articoli 98 e 99 della legge fallimentare» sono sostituite dalle seguenti: «dagli articoli 206 e 207 del codice della crisi e dell'insolvenza»;

i) all'articolo 257, comma 1, le parole «dall'articolo 35 della legge fallimentare» sono sostituite dalle seguenti: «dall'articolo 132 del codice della crisi e dell'insolvenza» e le parole «a quanto disposto dall'articolo 206, secondo comma, della medesima» sono sostituite dalle seguenti: «a quanto disposto dall'articolo 307, comma 2, del medesimo codice»;

l) all'articolo 258, comma 6, le parole «all'articolo 111, primo comma, numero 1, della legge fallimentare» sono sostituite dalle seguenti: «all'articolo 221, comma 1, lettera a), del codice della crisi e dell'insolvenza»;

m) all'articolo 260, al comma 1, primo periodo, le parole «dall'articolo 111 della legge fallimentare» sono sostituite dalle seguenti: «dall'articolo 221 del codice della crisi e dell'insolvenza» e, al comma 1, secondo periodo, le parole «nell'articolo 111, comma primo, numero 1) della legge fallimentare» sono sostituite dalle seguenti: «nell'articolo 221, comma 1, lettera a), del codice della crisi e dell'insolvenza»;

n) all'articolo 262, comma 1, le parole «dell'art. 152, secondo comma, della legge fallimentare» sono sostituite dalle seguenti: «dell'articolo 265, comma 2, del codice della crisi e dell'insolvenza» e le parole «del luogo dove l'impresa ha la sede legale» sono sostituite dalle seguenti: «dove l'impresa ha il centro degli interessi principali»;

o) all'articolo 263, comma 3, le parole «Si applica l'articolo 215 della legge fallimentare» sono sostituite dalle seguenti: «Si applicano gli articoli 250 e 251 del codice della crisi e dell'insolvenza»;

p) all'articolo 265, comma 3, le parole «all'articolo 213, secondo e terzo comma, della legge fallimentare» sono sostituite dalle seguenti: «all'articolo 313 del codice della crisi e dell'insolvenza»;

q) all'articolo 270, comma 1, le parole «dall'articolo 56 della legge fallimentare» sono sostituite dalle seguenti: «all'articolo 155 del codice della crisi e dell'insolvenza»;

r) all'articolo 276, comma 5, prima parte, le parole «67 della legge fallimentare», sono sostituite dalle seguenti: «166 del codice della crisi e dell'insolvenza» e le parole «per gli atti indicati ai numeri 1), 2) e 3) del primo comma dell'articolo 67 della legge fallimentare, che siano stati posti in essere nei cinque anni anteriori al provvedimento di liquidazione coatta, e per gli atti indicati al numero 4) del primo comma e dal secondo comma del medesimo articolo 67, che siano stati posti in essere nei tre anni anteriori» sono sostituite dalle seguenti : «per gli atti indicati all'articolo 166, comma 1, lettere a), b) e c) del codice della crisi e dell'insolvenza che siano stati posti in essere nei cinque anni anteriori al provvedimento di liquidazione coatta, e per gli atti indicati all'articolo 166, comma 1, lettere a), b) e c) e comma 2 del codice della crisi e dell'insolvenza, che siano stati posti in essere nei tre anni anteriori»;

s) all'articolo 281, comma 1, le parole «tribunale nella cui circoscrizione ha sede legale tale società controllante» sono sostituite dalle seguenti: «tribunale dove tale società controllante ha il centro degli interessi principali».

2. Le disposizioni di cui al comma 1, lettere b), c), d), e), f), g), h), i), l), m), n), o), p), q), r) e s), si applicano alle liquidazioni coatte amministrative disposte per effetto di domande depositate o iniziative comunque esercitate successivamente all'entrata in vigore del presente decreto.

(1) Le disposizioni di cui al presente articolo entrano in vigore il 15/7/2022, secondo quanto stabilito dall'art. 389, come modificato dall'art. 1, co. 1, lett. b), d.l. 24/8/2021, n. 118, conv., con modif., dalla l. 21/10/2021, n. 147 e dall'art. 42, co. 1, d.l. 30/4/2022, n. 36, conv., con modif., dalla l. 29/6/2022, n. 79.

371. Norme di coordinamento con l'articolo 16 delle disposizioni di attuazione del codice civile. – 1. All'articolo 16 delle disposizioni di attuazione del codice civile, le parole «201, 207, 208, 209, 210, 212 e 213 del r.d. 16 marzo 1942, n. 267» sono sostituite dalle seguenti: «304, 308, 309, 310, 311, 312 e 313 del codice della crisi e dell'insolvenza».

2. Il comma 1 si applica alle liquidazioni generali del patrimonio disposte per effetto di domande depositate o iniziative comunque esercitate successivamente all'entrata in vigore del presente decreto.

372. Modifiche al codice dei contratti pubblici di cui al decreto legislativo 18 aprile 2016, n. 50 (1). – 1. Al codice dei contratti pubblici di cui al decreto legislativo 18 aprile 2016, n. 50, sono apportate le seguenti modificazioni:

a) all'articolo 48, al comma 17, le parole «articolo 110, comma 5, in caso di fallimento, liquidazione coatta amministrativa, amministrazione controllata, amministrazione straordinaria, concordato preventivo ovvero procedura di insolvenza concorsuale o di liquidazione del mandatario ovvero, qualora si tratti di imprenditore individuale, in caso di morte, interdizione, inabilitazione o fallimento» sono sostituite dalle seguenti: «articolo 110, comma 6, in caso di liquidazione giudiziale, liquidazione coatta amministrativa, amministrazione straordinaria, concordato preventivo o di liquidazione del mandatario ovvero, qualora si tratti di imprenditore individuale, in caso di morte, interdizione, inabilitazione o liquidazione giudiziale» e, al comma 18, le parole «articolo 110, comma 5, in caso di fallimento, liquidazione coatta amministrativa, amministrazione controllata, amministrazione straordinaria, concordato preventivo ovvero procedura di insolvenza concorsuale o di liquidazione di uno dei mandanti ovvero, qualora si tratti di imprenditore individuale, in caso di morte, interdizione, inabilitazione o fallimento» sono sostituite dalle seguenti: «articolo 110, comma 6, in caso di liquidazione giudiziale, liquidazione coatta amministrativa, amministrazione straordinaria, concordato preventivo o di liquidazione di uno dei mandanti ovvero, qualora si tratti di imprenditore individuale, in caso di morte, interdizione, inabilitazione o liquidazione giudiziale»;

b) all'articolo 80, comma 5, la lettera b) è sostituita dalla seguente: «b) l'operatore economico sia stato sottoposto a liquidazione giudiziale o si trovi in stato di liquidazione coatta o di concordato preventivo o sia in corso nei suoi confronti un procedimento per la dichiarazione di una di tali situazioni, fermo restando quanto previsto dall'articolo 95 del codice della crisi di impresa e dell'insolvenza adottato in attuazione della delega di cui all'articolo 1 della legge 19 ottobre 2017, n.155 e dall'articolo 110;»;

c) l'articolo 110 è sostituito dal seguente:

«Art. 110 (Procedure di affidamento in caso di liquidazione giudiziale dell'esecutore o di risoluzione del contratto e misure straordinarie di gestione). - 1. Fatto salvo quanto previsto ai commi 3 e seguenti, le stazioni appaltanti, in caso di liquidazione giudiziale, di liquidazione coatta e concordato preventivo, ovvero di risoluzione del contratto ai sensi dell'articolo 108 ovvero di recesso dal contratto ai sensi dell'articolo 88, comma 4-ter, del decreto legislativo 6 settembre 2011, n. 159, ovvero in caso di dichiarazione giudiziale di inefficacia del contratto, interpellano progressivamente i soggetti che hanno partecipato all'originaria procedura di gara, risultanti dalla relativa graduatoria, al fine di stipulare un nuovo contratto per l'affidamento dell'esecuzione o del completamento dei lavori, servizi o forniture.

2. L'affidamento avviene alle medesime condizioni già proposte dall'originario aggiudicatario in sede in offerta.

3. Il curatore della procedura di liquidazione giudiziale, autorizzato all'esercizio dell'impresa, può eseguire i contratti già stipulati dall'impresa assoggettata alla liquidazione giudiziale su autorizzazione del giudice delegato.

4. Alle imprese che hanno depositato la domanda di cui

all'articolo 40 del codice della crisi di impresa e dell'insolvenza adottato in attuazione della delega di cui all'articolo 1 della legge 19 ottobre 2017, n. 155, si applica l'articolo 95 del medesimo codice. Per la partecipazione alle procedure di affidamento di contratti pubblici tra il momento del deposito della domanda di cui al primo periodo ed il momento del deposito del decreto previsto dall'articolo 47 del codice della crisi di impresa e dell'insolvenza è sempre necessario l'avvalimento dei requisiti di un altro soggetto (2).

5. L'impresa ammessa al concordato preventivo non necessita di avvalimento di requisiti di altro soggetto.

6. L'ANAC può subordinare la partecipazione, l'affidamento di subappalti e la stipulazione dei relativi contratti alla necessità che l'impresa in concordato si avvalga di un altro operatore in possesso dei requisiti di carattere generale, di capacità finanziaria, tecnica, economica, nonché di certificazione, richiesti per l'affidamento dell'appalto, che si impegni nei confronti dell'impresa concorrente e della stazione appaltante a mettere a disposizione, per la durata del contratto, le risorse necessarie all'esecuzione dell'appalto e a subentrare all'impresa ausiliata nel caso in cui questa nel corso della gara, ovvero dopo la stipulazione del contratto, non sia per qualsiasi ragione più in grado di dare regolare esecuzione all'appalto o alla concessione quando l'impresa non è in possesso dei requisiti aggiuntivi che l'ANAC individua con apposite linee guida.

7. Restano ferme le disposizioni previste dall'articolo 32 del decreto-legge 24 giugno 2014, n. 90, convertito, con modificazioni, dalla legge 11 agosto 2014, n. 114, in materia di misure straordinarie di gestione di imprese nell'ambito della prevenzione della corruzione.»;

2. Le disposizioni di cui al comma 1 si applicano alle procedure in cui il bando o l'avviso con cui si indice la gara è pubblicato successivamente alla data di entrata in vigore del presente codice, nonché, per i contratti non preceduti dalla pubblicazione di bandi o avvisi, alle procedure in cui, alla medesima data, non sono ancora stati inviati gli inviti a presentare le offerte.

(1) Le disposizioni di cui al presente articolo entrano in vigore il 15/7/2022, secondo quanto stabilito dall'art. 389, come modificato dall'art. 1, co. 1, lett. b), d.l. 24/8/2021, n. 118, conv., con modif., dalla l. 21/10/2021, n. 147 e dall'art. 42, co. 1, d.l. 30/4/2022, n. 36, conv., con modif., dalla l. 29/6/2022, n. 79.

(2) Capoverso modificato dall'art. 38, co. 2, d.lg. 26/10/2020, n. 147. Per la decorrenza vedi l'art. 42, co. 1, d.lg. n. 147/2020 medesimo.

Capo VI
Disposizioni di coordinamento della disciplina penale

373. Coordinamento con le norme di attuazione del codice di procedura penale (1). – 1. All'articolo 104-bis delle norme di attuazione, di coordinamento e transitorie del codice di procedura penale approvate con decreto legislativo 28 luglio 1989, n. 271 sono apportate le seguenti modificazioni:

a) il comma 1-bis è sostituito dal seguente: «1-bis. Si applicano le disposizioni di cui al Libro I, titolo III, del codice di cui al decreto legislativo 6 settembre 2011, n. 159, e successive modificazioni nella parte in cui recano la disciplina della nomina e revoca dell'amministratore, dei compiti, degli obblighi dello stesso e della gestione dei beni. Quando il sequestro è disposto ai sensi dell'articolo 321, comma 2, del codice ai fini della tutela dei terzi e nei rapporti con la procedura di liquidazione giudiziaria si applicano, altresì, le disposizioni di cui al titolo IV del Libro I del citato decreto legislativo.»;

b) il comma 1-quater è sostituito dal seguente: «1-quater. Ai casi di sequestro e confisca in casi particolari previsti dall'articolo 240-bis del codice penale o dalle altre disposizioni di legge che a questo articolo rinviano, nonché agli altri casi di sequestro e confisca di beni adottati nei procedimenti relativi ai delitti di cui all'articolo 51, comma 3-bis, del codice, si applicano le disposizioni del titolo IV del Libro I del decreto legislativo 6 settembre 2011, n. 159. Si applicano inoltre le disposizioni previste dal medesimo decreto legislativo in materia di amministrazione e destinazione dei beni sequestrati e confiscati e di esecuzione del sequestro. In tali casi l'Agenzia nazionale per l'amministrazione e la destinazione dei beni sequestrati e confiscati alla criminalità organizzata coadiuva l'autorità giudiziaria nell'amministrazione e nella custodia dei beni sequestrati, fino al provvedimento di confisca emesso dalla corte di appello e, successivamente a tale provvedimento, amministra i beni medesimi secondo le modalità previste dal citato decreto legislativo 6 settembre 2011, n. 159. Restano comunque salvi i diritti della persona offesa dal reato alle restituzioni e al risarcimento del danno».

(1) Le disposizioni di cui al presente articolo entrano in vigore il 15/7/2022, secondo quanto stabilito dall'art. 389, come modificato dall'art. 1, co. 1, lett. b), d.l. 24/8/2021, n. 118, conv., con modif., dalla l. 21/10/2021, n. 147 e successivamente dall'art. 42, co. 1, d.l. 30/4/2022, n. 36, conv., con modif., dalla l. 29/6/2022, n. 79.

Capo VII
Abrogazioni

374. Abrogazioni (1). – 1. Il comma 43 dell'articolo 23 del decreto-legge 6 luglio 2011, n. 98, convertito con modificazioni, dalla legge 15 luglio 2011, n. 111 è abrogato.

(1) Le disposizioni di cui al presente articolo entrano in vigore il 15/7/2022, secondo quanto stabilito dall'art. 389, come modificato dall'art. 1, co. 1, lett. b), d.l. 24/8/2021, n. 118, conv., con modif., dalla l. 21/10/2021, n. 147 e dall'art. 42, co. 1, d.l. 30/4/2022, n. 36, conv., con modif., dalla l. 29/6/2022, n. 79.

PARTE SECONDA
MODIFICHE AL CODICE CIVILE

375. Assetti organizzativi dell'impresa. – 1. La rubrica dell'articolo 2086 del codice civile è sostituita dalla seguente: «Gestione dell'impresa».

2. All'articolo 2086 del codice civile, dopo il primo comma è aggiunto il seguente:

«L'imprenditore, che operi in forma societaria o collettiva, ha il dovere di istituire un assetto organizzativo, amministrativo e contabile adeguato alla natura e alle dimensioni dell'impresa, anche in funzione della rilevazione tempestiva della crisi dell'impresa e della perdita della continuità aziendale, nonché di attivarsi senza indugio per l'adozione e l'attuazione di uno degli strumenti previsti dall'ordinamento per il superamento della crisi e il recupero della continuità aziendale».

376. Crisi dell'impresa e rapporti di lavoro. – 1. All'articolo 2119 del codice civile, il secondo comma è sostituito dal seguente: «Non costituisce giusta causa di risoluzione del contratto la liquidazione coatta amministrativa dell'impresa. Gli effetti della liquidazione giudiziale sui rapporti di lavoro sono regolati dal codice della crisi e dell'insolvenza.».

377. Assetti organizzativi societari. – 1. All'articolo 2257 del codice civile, il primo comma è sostituito dal seguente: «La gestione dell'impresa si svolge nel rispetto della disposizione di cui all'articolo 2086, secondo comma, e spetta esclusivamente agli amministratori, i quali compiono le operazioni necessarie per l'attuazione dell'oggetto sociale. Salvo diversa pattuizione, l'amministrazione della società spetta a ciascuno dei soci disgiuntamente dagli altri.».

2. All'articolo 2380-bis del codice civile, il primo comma è sostituito dal seguente: «La gestione dell'impresa si svolge nel rispetto della disposizione di cui all'articolo 2086, secondo comma, e spetta esclusivamente agli amministratori, i quali compiono le operazioni necessarie per l'attuazione dell'oggetto sociale.»

3. All'articolo 2409-novies, primo comma, del codice civile, il primo periodo è sostituito dal seguente: «La gestione dell'impresa si svolge nel rispetto della disposizione di cui all'articolo 2086, secondo comma, e spetta esclusivamente al consiglio di gestione, il quale compie le operazioni necessarie per l'attuazione dell'oggetto sociale.».

4. All'articolo 2475 del codice civile, il primo comma è sostituito dal seguente: «La gestione dell'impresa si svolge nel rispetto della disposizione di cui all'articolo 2086, secondo comma, e spetta esclusivamente agli amministratori, i quali compiono le operazioni necessarie per l'attuazione dell'oggetto sociale. Salvo diversa disposizione dell'atto costitutivo, l'amministrazione della società è affidata a uno o più soci nominati con decisione dei soci presa ai sensi dell'articolo 2479.».

5. All'articolo 2475 del codice civile, dopo il quinto comma è aggiunto il seguente: «Si applica, in quanto compatibile, l'articolo 2381.».

378. Responsabilità degli amministratori. – 1. All'articolo 2476 del codice civile, dopo il quinto comma è inserito il seguente: «Gli amministratori rispondono verso i creditori sociali per l'inosservanza degli obblighi inerenti alla conservazione dell'integrità del patrimonio sociale. L'azione può essere proposta dai creditori quando il patrimonio sociale risulta insufficiente al soddisfacimento dei loro crediti. La rinunzia all'azione da parte della società non impedisce l'esercizio dell'azione da parte dei creditori sociali. La transazione può essere impugnata dai creditori sociali soltanto con l'azione revocatoria quando ne ricorrono gli estremi.»

2. All'articolo 2486 del codice civile dopo il secondo comma è aggiunto il seguente: «Quando è accertata la responsabilità degli amministratori a norma del presente articolo, e salva la prova di un diverso ammontare, il danno risarcibile si presume pari alla differenza tra il patrimonio netto alla data in cui l'amministratore è cessato dalla carica o, in caso di apertura di una procedura concorsuale, alla data di apertura di tale procedura e il patrimonio netto determinato alla data in cui si è verificata una causa di scioglimento di cui all'articolo 2484, detratti i costi sostenuti e da sostenere, secondo un criterio di normalità, dopo il verificarsi della causa di scioglimento e fino al compimento della liquidazione. Se è stata aperta una procedura concorsuale e mancano le scritture contabili o se a causa dell'irregolarità delle stesse o per altre ragioni i netti patrimoniali non possono essere determinati, il danno è liquidato in misura pari alla differenza tra attivo e passivo accertati nella procedura».

379. Nomina degli organi di controllo. – 1. All'articolo 2477 del codice civile il secondo e il terzo comma sono sostituiti dai seguenti:

«La nomina dell'organo di controllo o del revisore è obbligatoria se la società:

a) è tenuta alla redazione del bilancio consolidato;

b) controlla una società obbligata alla revisione legale dei conti;

c) ha superato per due esercizi consecutivi almeno uno dei seguenti limiti:

1) totale dell'attivo dello stato patrimoniale: 2 milioni di euro;

2) ricavi delle vendite e delle prestazioni: 2 milioni di euro;

3) dipendenti occupati in media durante l'esercizio: 10 unità.

L'obbligo di nomina dell'organo di controllo o del revisore di cui alla lettera c) del terzo comma cessa quando, per tre esercizi consecutivi, non è superato alcuno dei predetti limiti.»

2. All'articolo 2477, quinto comma, del codice civile, dopo le parole «qualsiasi soggetto interessato» sono aggiunte le seguenti: «o su segnalazione del conservatore del registro delle imprese» e dopo il quinto comma è aggiunto il seguente: «Si applicano le disposizioni dell'articolo 2409 anche se la società è priva di organo di controllo.».

3. Le società a responsabilità limitata e le società cooperative costituite alla data di entrata in vigore del presente articolo, quando ricorrono i requisiti di cui al comma 1, devono provvedere a nominare gli organi di controllo o il revisore e, se necessario, ad uniformare l'atto costitutivo e lo statuto alle disposizioni di cui al predetto comma entro la data di approvazione dei bilanci relativi all'esercizio 2022, stabilita ai sensi dell'articolo 2364, secondo comma, del codice civile. Fino alla scadenza del termine, le previgenti disposizioni dell'atto costitutivo e dello statuto conservano la loro efficacia anche se non sono conformi alle inderogabili disposizioni di cui al comma 1. Ai fini della prima applicazione delle disposizioni di cui all'articolo 2477 del codice civile, commi secondo e terzo, come sostituiti dal comma 1, si ha riguardo ai due esercizi antecedenti la scadenza indicata nel primo periodo (1).

4. All'articolo 92 delle disposizioni per l'attuazione del codice civile e disposizioni transitorie, al primo comma, le parole «capi V e VI» sono sostituite dalle seguenti: «capi V, VI e VII».

(1) Comma modificato dall'art. 8, co. 6-sexies, d.l. 30/12/2019, n. 162, conv., con modif., dalla l. 28/2/2020, n. 8, dall'art. 51-bis, co. 1, d.l. 19/5/2020, n. 34, conv., con modif., dalla l. 17/7/2020, n. 77 e successivamente dall'art. 1-bis d.l. 24/8/2021, n. 118, conv., con modif., dalla l. 21/10/2021, n. 147.

380. Cause di scioglimento delle società di capitali (1). – 1. All'articolo 2484, primo comma, del codice civile dopo il numero 7) è aggiunto il seguente: "7-bis) per l'apertura della procedura di liquidazione giudiziale e della liquidazione controllata. Si applicano, in quanto compatibili, gli articoli 2487 e 2487-bis.".

2. All'articolo 2487-bis, terzo comma, del codice civile, è aggiunto, infine, il seguente periodo: "Quando nei confronti della società è stata aperta la procedura di liquidazione giudiziale o di liquidazione controllata, il rendiconto sulla gestione è consegnato anche, rispettivamente, al curatore o al liquidatore della liquidazione controllata.".

(1) Articolo sostituito dall'art. 39, co. 1, d.lg. 26/10/2020, n. 147. Per la decorrenza vedi l'art. 42, co. 1, d.lg. n. 147/2020 medesimo.

381. Disposizioni in materia di società cooperative ed enti mutualistici. – 1. All'articolo 2545-terdecies, primo comma, del codice civile, il secondo periodo è sostituito dal seguente: «Le cooperative che svolgono attività commerciale sono soggette anche a liquidazione giudiziale».

2. All'articolo 2545-sexiesdecies, primo comma, del codice civile, il primo periodo è sostituito dal seguente: «Fuori dai casi di cui all'articolo 2545-septiesdecies, in caso di irregolare funzionamento della società cooperativa, l'autorità di vigilanza può revocare gli amministratori e i sindaci, affidare la gestione della società a un commissario, determinando i poteri e la durata, al fine di sanare le irregolarità riscontrate e, nel caso di crisi o insolvenza, autorizzarlo a domandare [*la nomina del collegio o del commissario per la composizione assistita della crisi stessa o*] l'accesso a una delle procedure regolatrici previste nel codice della crisi e dell'insolvenza.» (1).

(1) Comma modificato dall'art. 45, co. 1, d.lg. 17/6/2022, n. 83.

382. Cause di scioglimento delle società di persone (1). – 1. All'articolo 2272 del codice civile, al primo comma, dopo il numero 5) è aggiunto il seguente: "5-bis) per l'apertura della procedura di liquidazione controllata.".

2. All'articolo 2288 del codice civile, il primo comma è sostituito dal seguente: "È escluso di diritto il socio nei confronti del quale è stata aperta o al quale è stata estesa la procedura di liquidazione giudiziale o di liquidazione controllata.".

3. All'articolo 2308 del codice civile, il primo comma è sostituito dal seguente: "La società si scioglie, oltre che per le cause indicate dall'articolo 2272, per provvedimento dell'autorità governativa nei casi stabiliti dalla legge e per l'apertura della procedura di liquidazione giudiziale.".

(1) Articolo sostituito dall'art. 39, co. 2, d.lg. 26/10/2020, n. 147. Per la decorrenza vedi l'art. 42, co. 1, d.lg. n. 147/2020 medesimo.

383. Finanziamenti dei soci. – 1. All'articolo 2467, primo comma, del codice civile sono soppresse le parole «e, se avvenuto nell'anno precedente la dichiarazione di fallimento della società, deve essere restituito.».

384. Abrogazioni di disposizioni del codice civile. – 1. Dalla data dell'entrata in vigore del presente codice, l'articolo 2221 del codice civile è abrogato.

PARTE TERZA
GARANZIE IN FAVORE DEGLI ACQUIRENTI DI IMMOBILI DA COSTRUIRE

385. Modifiche all'articolo 3 del decreto legislativo n. 122 del 2005. – 1. All'articolo 3 del decreto legislativo 20 giugno 2005, n. 122 sono apportate le seguenti modificazioni:

a) il comma 1 è sostituito dal seguente: «1. La fideiussione è rilasciata da una banca o da un'impresa esercente le assicurazioni; essa deve garantire, nel caso in cui il costruttore incorra in una situazione di crisi di cui al comma 2 o, nel caso di inadempimento all'obbligo assicurativo di cui all'articolo 4, la restituzione delle somme e del valore di ogni altro eventuale corrispettivo effettivamente riscossi e dei relativi interessi legali maturati fino al momento in cui la predetta situazione si è verificata.»;

b) il comma 3 è sostituito dal seguente: «3. La fideiussione può essere escussa:

a) a decorrere dalla data in cui si è verificata la situazione di crisi di cui al comma 2 a condizione che, per l'ipotesi di cui alla lettera a) del medesimo comma, l'acquirente abbia comunicato al costruttore la propria volontà di recedere dal contratto e, per le ipotesi di cui alle lettere b), c) e d) del comma 2, il competente organo della procedura concorsuale non abbia comunicato la volontà di subentrare nel contratto preliminare;

b) a decorrere dalla data dell'attestazione del notaio di non aver ricevuto per la data dell'atto di trasferimento della proprietà la polizza assicurativa conforme al decreto ministeriale di cui all'articolo 4, quando l'acquirente ha comunicato al costruttore la propria volontà di recedere dal contratto di cui all'articolo 6.

c) il comma 7 è sostituito dal seguente: «7. L'efficacia della fideiussione cessa nel momento in cui il fideiussore riceve dal costruttore o da un altro dei contraenti copia dell'atto di trasferimento della proprietà o di altro diritto reale di godimento sull'immobile o dell'atto definitivo di assegnazione il quale contenga la menzione di cui all'articolo 4, comma 1-quater.»;

d) dopo il comma 7 è aggiunto il seguente: «7-bis. Con decreto del Ministro della giustizia, di concerto con il Ministro dell'economia e delle finanze, da adottarsi entro novanta giorni dalla data di entrata in vigore della presente disposizione, è determinato il modello standard della fideiussione.».

386. Modifiche all'articolo 4 del decreto legislativo n. 122 del 2005. – 1. All'articolo 4 del decreto legislativo 20 giugno 2005, n. 122 sono apportate le seguenti modificazioni:

a) al comma 1, dopo le parole «all'atto del trasferimento della proprietà» sono inserite le seguenti: «a pena di nullità del contratto che può essere fatta valere solo dall'acquirente,»

b) dopo il comma 1 sono aggiunti i seguenti:

«1-bis. Con decreto del Ministro dello sviluppo economico, di concerto con il Ministro della giustizia e con il Ministro dell'economia e delle finanze, da adottarsi entro novanta giorni dalla data di entrata in vigore della presente disposizione, sono determinati il contenuto e le caratteristiche della polizza di assicurazione e il relativo modello standard.

1-ter. In caso di inadempimento all'obbligo previsto dal comma 1, l'acquirente che abbia comunicato al costruttore la propria volontà di recedere dal contratto di cui all'articolo 6 ha diritto di escutere la fideiussione ai sensi dell'articolo 3, comma 3, lettera b).

1-quater. L'atto di trasferimento deve contenere la menzione degli estremi identificativi della polizza assicurativa e della sua conformità al decreto previsto dal comma 1-bis.».

387. Modifiche all'articolo 5 del decreto legislativo n. 122 del 2005. – 1. All'articolo 5 del decreto legislativo 20 giugno 2005, n. 122, dopo il comma 1-bis, è aggiunto il seguente: «1-ter. Le modifiche apportate dal decreto legislativo di attuazione dell'articolo 12 della legge 19 ottobre 2017, n. 155 si applicano ai contratti aventi ad oggetto immobili da costruire per i quali il titolo abilitativo edilizio sia stato richiesto o presentato successivamente alla data di entrata in vigore del decreto stesso.».

388. Modifiche all'articolo 6 del decreto legislativo n. 122 del 2005. – 1. All'articolo 6, comma 1, del decreto legislativo 20 giugno 2005, n. 122 sono apportate le seguenti modificazioni:

a) all'alinea, dopo le parole «immobile oggetto del presente decreto», sono aggiunte le seguenti: «devono essere stipulati per atto pubblico o per scrittura privata autenticata»;

b) la lettera g) è sostituita dalla seguente: «g) gli estremi della fideiussione di cui all'articolo 2 e l'attestazione della sua conformità al modello contenuto nel decreto di cui all'articolo 3, comma 7-bis;».

PARTE QUARTA
DISPOSIZIONI FINALI E TRANSITORIE

389. Entrata in vigore. – 1. Il presente decreto entra in vigore il 15 luglio 2022, salvo quanto previsto al comma 2 (1).

*1-bis. Il titolo II della Parte prima entra in vigore il 31 dicembre 2023.**.

2. Gli articoli 27, comma 1, 350, 356, 357, 359, 363, 364, 366, 375, 377, 378, 379, 385, 386, 387 e 388 entrano in vigore il trentesimo giorno successivo alla pubblicazione nella Gazzetta Ufficiale del presente decreto.

3. Le disposizioni di cui agli articoli 3 e 4 del decreto legislativo 20 giugno 2005, n. 122, come modificati dagli articoli 385 e 386 del presente codice, si applicano anche nelle more dell'adozione dei decreti di cui agli articoli 3, comma 7-bis, e 4, comma 1-bis, del predetto decreto legislativo e il contenuto della fideiussione e della polizza assicurativa è determinato dalle parti nel rispetto di quanto previsto dalle richiamate di-

sposizioni. Fermo quanto previsto dal periodo precedente, le disposizioni di cui al decreto adottato ai sensi del predetto articolo 4, comma 1-bis, non si applicano agli immobili per i quali il titolo edilizio sia stato rilasciato prima della data di entrata in vigore del medesimo decreto (2).

(1) Comma sostituito dall'art. 5, co. 1, d.l. 8/4/2020, n. 23, conv., con modif., dalla l. 5/6/2020, n. 40 e successivamente dall'art. 1, co. 1, lett. a), d.l. 24/8/2021, n. 118, conv., con modif., dalla l. 21/10/2021, n. 147. Da ultimo modificato dall'art. 42, co. 1, lett. a), d.l. 30/4/2022, n. 36, conv., con modif., dalla l. 29/6/2022, n. 79.

* Comma inserito dall'art. 1, co. 1, lett. b), d.l. 24/8/2021, n. 118, conv., con modif., dalla l. 21/10/2021, n. 147. Da ultimo abrogato dall'art. 42, co. 1, lett. b), d.l. 30/4/2022, n. 36, conv., con modif., dalla l. 29/6/2022, n. 79.

(2) Comma modificato dall'art. 12, co. 6-bis, d.l. 29/12/2022, n. 198, conv., con modif., dalla l. 24/2/2023, n. 14.

390. Disciplina transitoria. – 1. I ricorsi per dichiarazione di fallimento e le proposte di concordato fallimentare, i ricorsi per l'omologazione degli accordi di ristrutturazione, per l'apertura del concordato preventivo, per l'accertamento dello stato di insolvenza delle imprese soggette a liquidazione coatta amministrativa e le domande di accesso alle procedure di composizione della crisi da sovraindebitamento depositati prima dell'entrata in vigore del presente decreto sono definiti secondo le disposizioni del regio decreto 16 marzo 1942, n. 267, nonché della legge 27 gennaio 2012, n. 3.

2. Le procedure di fallimento e le altre procedure di cui al comma 1, pendenti alla data di entrata in vigore del presente decreto, nonché le procedure aperte a seguito della definizione dei ricorsi e delle domande di cui al medesimo comma sono definite secondo le disposizioni del regio decreto 16 marzo 1942, n. 267, nonché della legge 27 gennaio 2012, n. 3.

3. Quando, in relazione alle procedure di cui ai commi 1 e 2, sono commessi i fatti puniti dalle disposizioni penali del titolo sesto del regio decreto 16 marzo 1942, n. 267, nonché della sezione terza del capo II della legge 27 gennaio 2012, n. 3, ai medesimi fatti si applicano le predette disposizioni.

391. Disposizioni finanziarie e finali. – 1. Per l'attuazione delle disposizioni di cui al presente decreto legislativo si provvede nel limite delle risorse finanziarie, umane e strumentali disponibili a legislazione vigente, senza nuovi o maggiori oneri per la finanza pubblica.

2. L'attuazione delle disposizioni di cui all'articolo 27 avviene nei limiti della dotazione organica del personale amministrativo e di magistratura.

Il presente decreto, munito del sigillo dello Stato, sarà inserito nella Raccolta ufficiale degli atti normativi della Repubblica italiana. È fatto obbligo a chiunque spetti di osservarlo e di farlo osservare.

Dato a Roma, addì 12 gennaio 2019

L. 21 ottobre 2021, n. 147

(G.U. 23 ottobre 2021, n. 254)

Conversione in legge, con modificazioni, del decreto-legge 24 agosto 2021, n. 118, recante misure urgenti in materia di crisi d'impresa e di risanamento aziendale, nonché ulteriori misure urgenti in materia di giustizia

1. Allegato 1

Modificazioni apportate in sede di conversione al decreto-legge 24 agosto 2021, n. 118

All'articolo 1:

al comma 1, alinea, dopo le parole: «All'articolo 389 del» sono inserite le seguenti: «codice della crisi d'impresa e dell'insolvenza, di cui al».

Dopo l'articolo 1 è inserito il seguente:

«Art. 1-bis (Proroga del termine per la nomina degli organi di controllo nelle società a responsabilità limitata e nelle società cooperative). – 1. All'articolo 379, comma 3, del codice della crisi d'impresa e dell'insolvenza, di cui al decreto legislativo 12 gennaio 2019, n. 14, le parole: "dei bilanci relativi all'esercizio 2021" sono sostituite dalle seguenti: "dei bilanci relativi all'esercizio 2022"».

L'articolo 3 è sostituito dal seguente:

«Art. 3 (Istituzione della piattaforma telematica nazionale e nomina dell'esperto). – 1. È istituita una piattaforma telematica nazionale accessibile agli imprenditori iscritti nel registro delle imprese attraverso il sito internet istituzionale di ciascuna camera di commercio, industria, artigianato e agricoltura. La piattaforma è gestita dal sistema delle camere di commercio, industria, artigianato e agricoltura, per il tramite di Unioncamere, sotto la vigilanza del Ministero della giustizia e del Ministero dello sviluppo economico.

2. Sulla piattaforma sono disponibili una lista di controllo particolareggiata, adeguata anche alle esigenze delle micro, piccole e medie imprese, che contiene indicazioni operative per la redazione del piano di risanamento, un test pratico per la verifica della ragionevole perseguibilità del risanamento, accessibile da parte dell'imprenditore e dei professionisti dallo stesso incaricati, e un protocollo di conduzione della composizione negoziata. La struttura della piattaforma, la lista di controllo particolareggiata, le modalità di esecuzione del test pratico e il contenuto del protocollo sono definiti con decreto dirigenziale del Ministero della giustizia da adottare entro trenta giorni dalla data di entrata in vigore del presente decreto.

3. Presso la camera di commercio, industria, artigianato e agricoltura di ciascun capoluogo di regione e delle Province autonome di Trento e di Bolzano è formato, con le modalità di cui al comma 5, un elenco di esperti nel quale possono essere inseriti: gli iscritti da almeno cinque anni all'albo dei dottori commercialisti e degli esperti contabili e all'albo degli avvocati che documentano di aver maturato precedenti esperienze nel campo della ristrutturazione aziendale e della crisi d'impresa; gli iscritti da almeno cinque anni all'albo dei consulenti del lavoro che documentano di avere concorso, almeno in tre casi, alla conclusione di accordi di ristrutturazione dei debiti omologati o di accordi sottostanti a piani attestati o di avere concorso alla presentazione di concordati con continuità aziendale omologati. Possono inoltre essere inseriti nell'elenco coloro che, pur non iscritti in albi professionali, documentano di avere svolto funzioni di amministrazione, direzione e controllo in imprese interessate da operazioni di ristrutturazione concluse con piani di risanamento attestati, accordi di ristrutturazione dei debiti e concordati preventivi

con continuità aziendale omologati, nei confronti delle quali non sia stata successivamente pronunciata sentenza dichiarativa di fallimento o sentenza di accertamento dello stato di insolvenza.

4. L'iscrizione all'elenco di cui al comma 3 è altresì subordinata al possesso della specifica formazione prevista con il decreto dirigenziale del Ministero della giustizia di cui al comma 2.

5. La domanda di iscrizione all'elenco è presentata agli ordini professionali di appartenenza dei professionisti richiedenti e, per i soggetti di cui al comma 3, secondo periodo, alla camera di commercio, industria, artigianato e agricoltura del capoluogo di regione e delle Province autonome di Trento e di Bolzano competente per il luogo di residenza. La domanda è corredata della documentazione comprovante il possesso dei requisiti di cui ai commi 3 e 4, di un'autocertificazione attestante l'assolvimento degli obblighi formativi e di un curriculum vitae, a sua volta oggetto di autocertificazione ai sensi degli articoli 46 e 47 del testo unico di cui al decreto del Presidente della Repubblica 28 dicembre 2000, n. 445, dal quale risulti ogni altra esperienza formativa in materia, anche nelle tecniche di facilitazione e mediazione, valutabile all'atto della nomina come titolo di preferenza. La domanda contiene il consenso dell'interessato al trattamento dei dati comunicati al momento della presentazione dell'istanza di iscrizione, ai sensi dell'articolo 6 del regolamento (UE) n. 2016/679 del Parlamento europeo e del Consiglio, del 27 aprile 2016, anche ai fini della pubblicazione di cui al comma 9. Ciascun ordine professionale, verificata la completezza della domanda e della documentazione, comunica i nominativi dei professionisti in possesso dei requisiti di cui ai commi 3 e 4 alla camera di commercio, industria, artigianato e agricoltura del capoluogo della regione in cui si trova o alla camera di commercio, industria, artigianato e agricoltura delle Province autonome di Trento e di Bolzano per il loro inserimento nell'elenco previsto dal comma 3. Gli ordini professionali, con riferimento ai dati dei rispettivi iscritti, e le camere di commercio, industria, artigianato e agricoltura, con riferimento ai soggetti di cui al comma 3, secondo periodo, designano i responsabili della formazione, della tenuta e dell'aggiornamento dei dati degli iscritti all'elenco unico e del trattamento dei dati medesimi nel rispetto del regolamento (UE) n. 2016/679 e del codice in materia di protezione dei dati personali, di cui al decreto legislativo 30 giugno 2003, n. 196. I responsabili accertano la veridicità delle dichiarazioni rese dai richiedenti secondo quanto previsto dall'articolo 71 del citato testo unico di cui al decreto del Presidente della Repubblica n. 445 del 2000. La domanda è respinta se non è corredata di quanto previsto dal secondo e terzo periodo e può essere ripresentata. I consigli nazionali degli ordini professionali disciplinano con regolamento le modalità di formazione, tenuta e aggiornamento dei dati raccolti dagli ordini professionali e comunicati alle camere di commercio, industria, artigianato e agricoltura per la formazione dell'elenco di cui al comma 3. Ai fini del primo popolamento dell'elenco, fino al 16 maggio 2022, l'aggiornamento dei dati comunicati dagli ordini professionali è continuo e, a partire dal 17 maggio 2022, avviene con cadenza annuale. Gli ordini professionali comunicano tempestivamente alle camere di commercio, industria, artigianato e agricoltura l'adozione, nei confronti dei propri iscritti, di sanzioni disciplinari più gravi di quella minima prevista dai singoli ordinamenti nonché l'intervenuta cancellazione dei professionisti dagli albi professionali di appartenenza perché vengano cancellati dall'elenco. Le camere di commercio, industria, artigianato e agricoltura, ricevute le comunicazioni di competenza degli ordini professionali, provvedono senza indugio all'aggiornamento dell'elenco unico; esse curano direttamente l'aggiornamento dei dati dei soggetti di cui al comma 3, secondo periodo, secondo le tempistiche stabilite nel nono periodo e provvedono alla loro tempestiva cancellazione ove sia intervenuta una causa di ineleggibilità ai sensi dell'articolo 2382 del codice civile.

6. La nomina dell'esperto avviene ad opera di una commissione che resta in carica per due anni. La commissione è costituita presso le camere di commercio, industria, artigianato e agricoltura dei capoluoghi di regione e delle Province autonome di Trento e di Bolzano ed è composta da:

a) un magistrato designato dal presidente della sezione specializzata in materia di impresa del tribunale del capoluogo di regione o della Provincia autonoma di Trento o di Bolzano nel cui territorio si trova la camera di commercio, industria, artigianato e agricoltura che ha ricevuto l'istanza di cui all'articolo 2, comma 1;

b) un membro designato dal presidente della camera di commercio, industria, artigianato e agricoltura presso la quale è costituita la commissione;

c) un membro designato dal prefetto del capoluogo di regione o della Provincia autonoma di Trento o di Bolzano nel cui territorio si trova la camera di commercio, industria, artigianato e agricoltura che ha ricevuto l'istanza di cui all'articolo 2, comma 1.

7. Il segretario generale della camera di commercio, industria, artigianato e agricoltura nel cui ambito territoriale si trova la sede dell'impresa, ricevuta l'istanza di cui all'articolo 2, comma 1, nei successivi due giorni lavorativi, la comunica alla commissione costituita ai sensi del comma 6, unitamente a una nota sintetica contenente l'indicazione del volume d'affari, del numero dei dipendenti e del settore in cui opera l'impresa istante. Entro i cinque giorni lavorativi successivi la commissione nomina l'esperto nel campo della ristrutturazione tra gli iscritti nell'elenco di cui al comma 3 secondo criteri che assicurano la rotazione e la trasparenza e avendo cura che ciascun esperto non riceva più di due incarichi contemporaneamente. La nomina può avvenire anche al di fuori dell'ambito regionale. La commissione tiene conto della complessiva esperienza formativa risultante dal curriculum vitae di cui al comma 5.

8. La commissione, coordinata dal membro più anziano, decide a maggioranza. Ai suoi membri non spettano compensi, gettoni di presenza, rimborsi di spese o altri emolumenti comunque denominati.

9. Gli incarichi conferiti e il curriculum vitae dell'esperto nominato sono pubblicati senza indugio in apposita sezione del sito internet istituzionale della camera di commercio, industria, artigianato e agricoltura del luogo di nomina e del luogo dove è tenuto l'elenco presso il quale l'esperto è iscritto, nel rispetto del regolamento (UE) n. 2016/679 e del citato codice di cui al decreto legislativo 30 giugno 2003, n. 196, omesso ogni riferimento all'imprenditore richiedente.

10. Per la realizzazione ed il funzionamento della piattaforma telematica nazionale di cui al comma 1 è autorizzata la spesa di euro 700.000 per l'anno 2022 e di euro 200.000 annui a decorrere dall'anno 2023, cui si provvede mediante corrispondente riduzione delle proiezioni dello stanziamento del fondo speciale di parte corrente iscritto, ai fini del bilancio triennale 2021-2023, nell'ambito del programma "Fondi di riserva e speciali" della missione "Fondi da ripartire" dello stato di previsione del Ministero dell'economia e delle finanze per l'anno 2021, allo scopo parzialmente utilizzando l'accantonamento relativo al Ministero della giustizia per euro 700.000 per l'anno 2022 e l'accantonamento relativo al Ministero dello sviluppo economico per euro 200.000 annui a decorrere dall'anno 2023.

11. Il Ministro dell'economia e delle finanze è autorizzato ad apportare, con propri decreti, le occorrenti variazioni di bilancio».

All'articolo 4:

al comma 1 è aggiunto, in fine, il seguente periodo: «Chi

ha svolto l'incarico di esperto non può intrattenere rapporti professionali con l'imprenditore se non sono decorsi almeno due anni dall'archiviazione della composizione negoziata»;

al comma 2:

al primo periodo, dopo le parole: «L'esperto» sono inserite le seguenti: «è terzo rispetto a tutte le parti e»;

al secondo periodo, dopo le parole: «revisore legale» sono aggiunte le seguenti: «, non legati all'impresa o ad altre parti interessate all'operazione di risanamento da rapporti di natura personale o professionale».

All'articolo 5:

al comma 3:

alla lettera d), dopo la parola: «insolvenza» sono aggiunte le seguenti: «e una dichiarazione con la quale attesta di non avere depositato ricorsi ai sensi degli articoli 161 e 182-bis del regio decreto n. 267 del 1942, anche nelle ipotesi di cui al sesto comma del predetto articolo 161 e al sesto comma del predetto articolo 182-bis»;

alla lettera g), le parole: «certificato dei debiti contributivi e dei premi assicurativi» sono sostituite dalle seguenti: «certificato dei debiti contributivi e per premi assicurativi» e le parole: «, oppure, se non disponibile, il documento unico di regolarità contributiva» sono soppresse;

al comma 4:

al primo periodo, le parole: «L'esperto, verificata» sono sostituite dalle seguenti: «L'esperto, verificati»;

il terzo periodo è sostituito dal seguente: «L'esperto non può assumere più di due incarichi contemporaneamente»;

al comma 7, secondo periodo, dopo le parole: «L'incarico può proseguire» sono inserite le seguenti: «per non oltre centottanta giorni»;

dopo il comma 8 sono aggiunti i seguenti:

«8-bis. Ai costi che gravano sulle camere di commercio, industria, artigianato e agricoltura per consentire il funzionamento della procedura di composizione negoziata per la soluzione della crisi d'impresa si provvede mediante il versamento, a carico dell'impresa che propone l'istanza, di diritti di segreteria determinati ai sensi dell'articolo 18 della legge 29 dicembre 1993, n. 580.

8-ter. In caso di archiviazione dell'istanza di cui all'articolo 2, comma 1, l'imprenditore non può presentare una nuova istanza prima di un anno dall'archiviazione stessa».

All'articolo 6:

al comma 5, dopo la parola: «anteriori» sono aggiunte le seguenti: «rispetto alla pubblicazione dell'istanza di cui al comma 1».

All'articolo 7:

al comma 1, primo periodo, le parole: «lo stesso giorno al tribunale competente ai sensi dell'articolo 9 del regio decreto 16 marzo 1942, n. 267» sono sostituite dalle seguenti: «al tribunale competente ai sensi dell'articolo 9 del regio decreto 16 marzo 1942, n. 267, lo stesso giorno della pubblicazione dell'istanza e dell'accettazione dell'esperto»;

al comma 2, lettera f), le parole: «il nominativo» sono sostituite dalle seguenti: «l'accettazione»;

al comma 3, dopo le parole: «dal deposito del ricorso» è inserito il seguente segno di interpunzione: «,»;

al comma 4, le parole: «sentite le parti e l'esperto» sono sostituite dalle seguenti: «sentiti le parti e l'esperto».

L'articolo 8 è sostituito dal seguente:

«Articolo 8 (Sospensione di obblighi e di cause di scioglimento di cui agli articoli 2446,2447,2482-bis, 2482-ter, 2484 e 2545-duodecies del codice civile). – 1. Con l'istanza di nomina dell'esperto, o con dichiarazione successivamente presentata con le modalità di cui all'articolo 5, comma 1, l'imprenditore può dichiarare che, sino alla conclusione delle trattative o all'archiviazione dell'istanza di composizione negoziata, non si applicano nei suoi confronti gli articoli 2446, secondo e terzo comma, 2447, 2482-bis, quarto, quinto e sesto comma, e 2482-ter del codice civile e non si verifica la causa di scioglimento della società per riduzione o perdita del capitale sociale di cui agli articoli 2484, primo comma, numero 4), e 2545-duodecies del codice civile. A tal fine, l'istanza o la dichiarazione sono pubblicate nel registro delle imprese e gli effetti di cui al primo periodo decorrono dalla pubblicazione».

All'articolo 9:

il comma 1 è sostituito dal seguente:

«1. Nel corso delle trattative l'imprenditore conserva la gestione ordinaria e straordinaria dell'impresa. L'imprenditore in stato di crisi gestisce l'impresa in modo da evitare pregiudizio alla sostenibilità economico-finanziaria dell'attività. Quando, nel corso della composizione negoziata, risulta che l'imprenditore è insolvente ma esistono concrete prospettive di risanamento, lo stesso gestisce l'impresa nel prevalente interesse dei creditori. Restano ferme le responsabilità dell'imprenditore».

All'articolo 10:

al comma 1:

alla lettera c), le parole: «gruppo di cui all'articolo 13» sono sostituite dalle seguenti: «gruppo di imprese di cui all'articolo 13 del presente decreto»;

alla lettera d), dopo le parole: «di cui all'articolo 2560, secondo comma, del codice civile» sono inserite le seguenti: «, dettando le misure ritenute opportune, tenuto conto delle istanze delle parti interessate al fine di tutelare gli interessi coinvolti».

All'articolo 11:

al comma 1, lettera c), le parole: «, senza necessità dell'attestazione prevista dal medesimo articolo 67, terzo comma, lettera d)» sono sostituite dalle seguenti: «; in tal caso non occorre l'attestazione prevista dal medesimo articolo 67, terzo comma, lettera d)»;

al comma 3:

alla lettera b), alle parole: «proporre la domanda di concordato semplificato» sono premesse le seguenti: «all'esito delle trattative,»;

alla lettera c) sono aggiunte, in fine, le seguenti parole: «, e, per le imprese agricole, alle procedure di accordo di ristrutturazione dei debiti o di liquidazione dei beni disciplinate dagli articoli 7 e 14-ter della legge 27 gennaio 2012, n. 3».

All'articolo 14:

al comma 5, dopo le parole: «e 101, comma 5, del» sono inserite le seguenti: «testo unico delle imposte sui redditi, di cui al».

All'articolo 15:

al comma 2, le parole: «dell'esonero o dell'attenuazione» sono soppresse.

All'articolo 16:

al comma 1, lettera h), le parole: «euro 1.300.000.000,01» sono sostituite dalle seguenti: «euro 1.300.000.000,00»;

dopo il comma 1 è inserito il seguente:

«1-bis. In caso di composizione negoziata condotta ai sensi dell'articolo 13 in modo unitario per tutte o alcune delle imprese che hanno presentato l'istanza di cui all'articolo 2, comma 1, il compenso dell'esperto designato è determinato esclusivamente tenendo conto della percentuale sull'ammontare dell'attivo di ciascuna impresa istante partecipante al gruppo»;

al comma 3, lettera b), dopo le parole: «e delle parti interessate» sono inserite le seguenti: «che partecipano alle trattative»;

al comma 4, le parole: «, tuttavia all'esperto» sono sostituite dalle seguenti: «; all'esperto comunque»;

al comma 5, le parole: «comma 1» sono sostituite dalle seguenti: «commi 1 e 2» e le parole: «, o è predisposto un piano attestato di risanamento di cui all'articolo 11, comma 3, lettera a)» sono soppresse;

al comma 10, secondo periodo, le parole: «del n. 1 dell'articolo 633» sono sostituite dalle seguenti: «dell'articolo 633, primo comma, numero 1),» e le parole: «della provvisoria esecuzione» sono sostituite dalle seguenti: «dell'esecuzione provvisoria».

All'articolo 17:

al comma 2:

al primo periodo, alle parole: «d), e), f), g) e h)» sono premesse le seguenti: «a), c),»;

dopo il secondo periodo è aggiunto il seguente: «La nomina dell'esperto avviene a cura del soggetto al quale è presentata l'istanza»;

al comma 3, le parole: «e, dopo aver accettato l'incarico, sente l'imprenditore e acquisisce i bilanci dell'ultimo triennio, se disponibili, le dichiarazioni fiscali e la documentazione contabile ritenuta necessaria per redigere, ove non disponibile, una relazione aggiornata sulla situazione patrimoniale ed economico-finanziaria dell'imprenditore nonché un elenco aggiornato dei creditori e dei relativi diritti» sono soppresse;

al comma 4, lettera b), le parole: «senza necessità di attestazione," sono soppresse e le parole: «, senza necessità dell'attestazione prevista dal medesimo articolo 67, terzo comma, lettera d)» sono sostituite dalle seguenti: «; in tal caso non occorre l'attestazione prevista dal medesimo articolo 67, terzo comma, lettera d)»;

al comma 6, le parole: «l'esperto, su richiesta dell'imprenditore, svolge i compiti di gestore della crisi di cui alla legge 27 gennaio 2012, n. 3» sono sostituite dalle seguenti:

«l'imprenditore può accedere ad una delle procedure disciplinate dalla legge 27 gennaio 2012, n. 3»;

al comma 7, dopo le parole: «gli articoli» sono inserite le seguenti: «3, commi 3 e 4,».

All'articolo 18:

il comma 1 è sostituito dal seguente:

«1. Quando l'esperto nella relazione finale dichiara che le trattative si sono svolte secondo correttezza e buona fede, che non hanno avuto esito positivo e che le soluzioni individuate ai sensi dell'articolo 11, commi 1 e 2, non sono praticabili, l'imprenditore può presentare, nei sessanta giorni successivi alla comunicazione di cui all'articolo 5, comma 8, una proposta di concordato per cessione dei beni unitamente al piano di liquidazione e ai documenti indicati nell'articolo 161, secondo comma, lettere a), b), c) e d), del regio decreto 16 marzo 1942, n. 267. La proposta può prevedere la suddivisione dei creditori in classi»;

al comma 3:

al primo periodo, dopo le parole: «nomina un ausiliario ai sensi dell'articolo 68 del codice di procedura civile» sono aggiunte le seguenti: «, assegnando allo stesso un termine per il deposito del parere di cui al comma 4»;

al terzo periodo, dopo le parole: «e 35.1 del» sono inserite le seguenti: «codice delle leggi antimafia e delle misure di prevenzione, di cui al»;

al comma 4:

al primo periodo, dopo le parole: «e alla relazione finale» sono inserite le seguenti: «e al parere» e le parole: «fissa la data dell'udienza» sono sostituite dalle seguenti: «fissa l'udienza»;

il secondo periodo è sostituito dal seguente: «Tra la scadenza del termine concesso all'ausiliario ai sensi del comma 3 e l'udienza di omologazione devono decorrere non meno di trenta giorni»;

al comma 8, dopo le parole: «articoli 173, 184, 185, 186» è inserita la seguente: «, 217-bis».

All'articolo 19:

dopo il comma 3 sono aggiunti i seguenti:

«3-bis. Al fine di razionalizzare le procedure di amministrazione straordinaria delle imprese di cui al decreto legislativo 8 luglio 1999, n. 270, e al decreto-legge 23 dicembre 2003, n. 347, convertito, con modificazioni, dalla legge 18 febbraio 2004, n. 39, nelle quali sia avvenuta la dismissione dei compendi aziendali e che si trovino nella fase di liquidazione, oppure nel caso in cui i programmi di cui all'articolo 27, comma 2, del citato decreto legislativo n. 270 del 1999 non siano completati nei termini ivi previsti, il Ministro dello sviluppo economico, con proprio decreto, può nominare la società Fintecna S.p.a. commissario.

3-ter. Il Ministro dello sviluppo economico, con proprio decreto, può nominare la Fintecna S.p.a. commissario nelle procedure liquidatorie che sono state accorpate ai sensi dell'articolo 1, comma 498, della legge 27 dicembre 2006, n. 296.

3-quater. Per effetto di quanto previsto dai commi 3-bis e 3-ter, la nomina a commissario della Fintecna S.p.a. comporta la decadenza dei precedenti commissari, senza ulteriori oneri per la procedura, e la misura dell'eventuale compenso residuo, a carico dell'impresa assoggettata alla procedura di amministrazione straordinaria, è determinata dal Ministero dello sviluppo economico.

Entro sessanta giorni dal decreto di nomina della società, i precedenti commissari trasmettono al Ministero dello sviluppo economico, nonché alla società, una relazione illustrativa recante la descrizione dell'attività svolta ed il relativo rendiconto, fermi restando gli altri obblighi a loro carico previsti dalla vigente normativa. Sono revocati i mandati giudiziali e stragiudiziali e le consulenze conferiti precedentemente dai commissari qualora essi non siano confermati nel termine di novanta giorni dal decreto di nomina della società.

3-quinquies. Al fine di supportare le amministrazioni pubbliche nelle attività di gestione delle proprie partecipazioni, all'articolo 1, comma 1100, della legge 27 dicembre 2017, n. 205, sono apportate le seguenti modificazioni:

a) al primo periodo, dopo la parola: «statali» sono inserite le seguenti: «, o comunque a partecipazione pubblica,»;

b) dopo il terzo periodo è inserito il seguente: «I suddetti criteri possono essere adeguati per i patrimoni delle società e degli enti non interamente statali, con decreto di natura non regolamentare del Ministro dell'economia e delle finanze, d'intesa con le amministrazioni pubbliche interessate»;

c) al quarto periodo, le parole: «spettante allo Stato» sono soppresse;

d) al nono periodo, le parole: «Ministero dell'economia e delle finanze» sono sostituite dalla seguente: «cedente»;

e) all'ultimo periodo, le parole: «I proventi» sono sostituite dalle seguenti: «Se di spettanza del Ministero dell'economia e delle finanze, i proventi».

3-sexies. All'articolo 1 della legge 27 dicembre 2017, n. 205, dopo il comma 1100 è inserito il seguente:

«1100-bis. Al fine di accelerare le operazioni di razionalizzazione periodica delle partecipazioni pubbliche nonché la revisione straordinaria delle medesime di cui agli articoli 20 e 24 del testo unico in materia di società a partecipazione pubblica, di cui al decreto legislativo 19 agosto 2016, n. 175, le amministrazioni pubbliche possono affidare alla Fintecna S.p.a. o a società da questa interamente controllata le attività di liquidatore delle società in cui detengono partecipazioni, nonché le attività di supporto al collocamento sul mercato e alla gestione di procedure di natura liquidatoria e concorsuale comunque denominate, anche sottoscrivendo apposita convenzione con la quale sono regolati i rapporti, le attività da svolgere, il relativo compenso, nonché le modalità di rendicontazione e controllo con oneri a valere sul valore di realizzo delle operazioni. Agli eventuali ulteriori oneri derivanti dalla convenzione si provvede a valere sulle risorse disponibili a legislazione vigente"».

All'articolo 20:

al comma 1:

la lettera e) è sostituita dalla seguente:

«e) l'articolo 182-septies è sostituito dal seguente:

"Art. 182-septies (Accordi di ristrutturazione ad efficacia estesa). – La disciplina di cui all'articolo 182-bis si applica, in deroga agli articoli 1372 e 1411 del codice civile, al caso in cui gli effetti dell'accordo siano estesi anche ai creditori non aderenti che appartengano alla medesima categoria, individuata tenuto conto dell'omogeneità di posizione giuridica ed interessi economici.

Ai fini di cui al primo comma occorre che:

a) tutti i creditori appartenenti alla categoria siano stati informati dell'avvio delle trattative, siano stati messi in condizione di parteciparvi in buona fede e abbiano ricevuto complete e aggiornate informazioni sulla situazione patrimoniale, economica e finanziaria del debitore nonché sull'accordo e sui suoi effetti;

b) l'accordo preveda la prosecuzione dell'attività d'impresa in via diretta o indiretta;

c) i crediti dei creditori aderenti appartenenti alla categoria rappresentino il 75 per cento di tutti i creditori appartenenti alla categoria, fermo restando che un creditore può essere titolare di crediti inseriti in più di una categoria;

d) i creditori della medesima categoria non aderenti ai quali sono estesi gli effetti dell'accordo possano risultare soddisfatti in base all'accordo stesso in misura non inferiore rispetto all'alternativa liquidatoria;

e) il debitore abbia notificato l'accordo, la domanda di omologazione e i documenti allegati ai creditori nei confronti dei quali chiede di estendere gli effetti dell'accordo.

Per i creditori della medesima categoria non aderenti ai quali il debitore chiede di estendere gli effetti dell'accordo il termine per proporre opposizione decorre dalla data della notifica di cui al secondo comma.

In nessun caso, per effetto dell'accordo di ristrutturazione, ai creditori ai quali è stato esteso l'accordo possono essere imposti l'esecuzione di nuove prestazioni, la concessione di affidamenti, il mantenimento della possibilità di utilizzare affidamenti esistenti o l'erogazione di nuovi finanziamenti. Non è considerata nuova prestazione la prosecuzione della concessione del godimento di beni oggetto di contratti di locazione finanziaria già stipulati.

Quando un'impresa ha debiti verso banche e intermediari finanziari in misura non inferiore alla metà dell'indebitamento complessivo, l'accordo di ristrutturazione dei debiti può individuare una o più categorie tra tali tipologie di creditori che abbiano fra loro posizione giuridica ed interessi economici omogenei.

In tal caso il debitore, con la domanda di cui all'articolo 182-bis, può chiedere, anche se non ricorre la condizione prevista dal secondo comma, lettera b), del presente articolo, che gli effetti dell'accordo siano estesi anche ai creditori non aderenti appartenenti alla medesima categoria. Restano fermi i diritti dei creditori diversi da banche e intermediari finanziari.

Ai fini dell'accordo non si tiene conto delle ipoteche giudiziali iscritte nei novanta giorni che precedono la data di pubblicazione del ricorso nel registro delle imprese"»;

alla lettera h), le parole: «nel caso di omologa» sono sostituite dalle seguenti: «nel caso di omologazione».

All'articolo 23:

il comma 2 è sostituito dal seguente:

«2. L'istanza di cui all'articolo 2, comma 1, non può essere presentata dall'imprenditore in pendenza del procedimento introdotto con domanda di omologazione di un accordo di ristrutturazione, con ricorso per l'ammissione al concordato preventivo, anche ai sensi dell'articolo 161, sesto comma, del regio decreto 16 marzo 1942, n. 267, con ricorso depositato ai sensi dell'articolo 182-bis, sesto comma, del regio decreto 16 marzo 1942, n. 267, o con ricorso per l'accesso alle procedure di accordo di ristrutturazione dei debiti o di liquidazione dei beni di cui agli articoli 7 e 14-ter della legge 27 gennaio 2012, n. 3».

Al capo I, dopo l'articolo 23: è aggiunto il seguente:

«Art. 23-bis (Disposizioni in materia di specifiche tecniche sui rapporti riepilogativi nelle procedure esecutive e concorsuali).

– 1. All'articolo 20, comma 5, del decreto-legge 12 settembre 2014, n. 132, convertito, con modificazioni, dalla legge 10 novembre 2014, n. 162, le parole: ", a decorrere dal novantesimo giorno dalla pubblicazione nella Gazzetta Ufficiale del provvedimento contenente le specifiche tecniche di cui all'articolo 16-bis, comma 9-septies, del decreto-legge n. 179 del 2012, convertito, con modificazioni, dalla legge n. 221 del 2012" sono soppresse».

All'articolo 24:

al comma 2, le parole: «del Programma Fondi di riserva e speciali» sono sostituite dalle seguenti: «del programma "Fondi di riserva e speciali"».

All'articolo 25:

al comma 1, capoverso 3-bis, le parole: «ai sensi del decreto» sono sostituite dalle seguenti: «ai sensi del codice dell'amministrazione digitale, di cui al decreto».

Al capo II, dopo l'articolo 26 è aggiunto il seguente:

«Art. 26-bis (Misure urgenti in materia di concorso per il reclutamento di magistrati ordinari). – 1. Il Ministero della giustizia è autorizzato a indire un concorso pubblico, da bandire entro sei mesi dalla data di entrata in vigore della legge di conversione del presente decreto, sulla base delle disposizioni speciali contenute nel presente articolo, per il reclutamento di cinquecento magistrati ordinari in tirocinio, di cui al contingente previsto dall'articolo 1, comma 379, della legge 30 dicembre 2018, n. 145, per la copertura dei posti vacanti nell'organico della magistratura.

2. Per il solo concorso di cui al comma 1, in deroga a quanto previsto dall'articolo 5, comma 1-bis, del decreto legislativo 5 aprile 2006, n. 160, la commissione esaminatrice è composta da un magistrato il quale abbia conseguito la sesta valutazione di professionalità, che la presiede, da ventitrè magistrati che abbiano conseguito almeno la terza valutazione di professionalità, da sei professori universitari di ruolo titolari di insegnamenti nelle materie oggetto di esame, cui si applicano, a loro richiesta, le disposizioni di cui all'articolo 13, secondo comma, del decreto del Presidente della Repubblica 11 luglio 1980, n. 382, nominati su proposta del Consiglio universitario nazionale, e da quattro avvocati iscritti all'albo speciale dei patrocinanti dinanzi alle magistrature superiori, nominati su proposta del Consiglio nazionale forense. Non possono essere nominati componenti della commissione di concorso i magistrati, gli avvocati ed i professori universitari che nei dieci anni precedenti abbiano prestato, a qualsiasi titolo e in qualsiasi modo, attività di docenza nelle scuole di preparazione al concorso per magistrato ordinario.

3. La prova scritta del concorso per magistrato ordinario di cui al comma 1 consiste nello svolgimento di sintetici elaborati teorici vertenti sulle materie di cui all'articolo 1, comma 3, del decreto legislativo 5 aprile 2006, n. 160. Nel definire i criteri per la valutazione omogenea degli elaborati scritti a norma dell'articolo 5, comma 3, del predetto decreto legislativo n. 160 del 2006, la commissione esaminatrice tiene conto della capacità di sintesi nello svolgimento degli elaborati. Gli elaborati devono essere presentati nel termine di cinque ore dalla dettatura.

4. Per il solo concorso di cui al comma 1, in deroga a quanto previsto dall'articolo 5, comma 6, del decreto legislativo 5 aprile 2006, n. 160, se i candidati che hanno portato a termine la prova scritta sono più di trecento, il presidente, dopo aver provveduto alla valutazione di almeno venti candidati in seduta plenaria con la partecipazione di tutti i componenti, forma per ogni seduta tre sottocommissioni, a ciascuna delle quali assegna, secondo criteri obiettivi, un terzo dei candidati da esaminare. Le sottocommissioni sono rispettivamente pre-

siedute dal presidente e dai magistrati più anziani presenti, a loro volta sostituiti, in caso di assenza o impedimento, dai magistrati più anziani presenti, e assistite ciascuna da un segretario. La commissione delibera su ogni oggetto eccedente la competenza delle sottocommissioni. Per la valutazione degli elaborati scritti il presidente suddivide ciascuna sottocommissione in tre collegi, composti ciascuno di almeno tre componenti, presieduti dal presidente o dal magistrato più anziano.

In caso di parità di voti, prevale quello di chi presiede. Ciascun collegio della medesima sottocommissione esamina gli elaborati di una delle materie oggetto della prova relativamente ad ogni candidato.

5. Per il concorso di cui al comma 1, nonché per quello indetto con decreto del Ministro della giustizia 29 ottobre 2019, pubblicato nella Gazzetta Ufficiale, 4ª Serie speciale, n. 91 del 19 novembre 2019, per l'espletamento della prova orale il presidente forma per ogni seduta due sottocommissioni, a ciascuna delle quali assegna, secondo criteri obiettivi, la metà dei candidati da esaminare. Le sottocommissioni sono rispettivamente presiedute dal presidente e dal magistrato più anziano presente alla seduta, a loro volta sostituiti, in caso di assenza o impedimento, dai magistrati più anziani presenti, e assistite ciascuna da un segretario. Le sottocommissioni procedono all'esame orale dei candidati e all'attribuzione del punteggio finale, osservate, in quanto compatibili, le disposizioni degli articoli 14, 15, primo e terzo comma, e 16 del regio decreto 15 ottobre 1925, n. 1860.

6. Salvo quanto previsto dalle disposizioni dei commi 2, 3, 4 e 5, allo svolgimento del concorso per magistrato ordinario indetto ai sensi del comma 1 si applicano le disposizioni vigenti alla data di entrata in vigore della legge di conversione del presente decreto.

7. All'articolo 7 del regio decreto 15 ottobre 1925, n. 1860, il terzo comma è sostituito dal seguente:

"È loro consentito di consultare i semplici testi dei codici, delle leggi e dei decreti dello Stato, da essi preventivamente comunicati alla commissione, e da questa posti a loro disposizione previa verifica, o in alternativa, previa determinazione contenuta nel decreto ministeriale di adozione del diario delle prove scritte, è loro consentita la consultazione dei predetti testi normativi mediante modalità informatiche. Con decreto del Ministro della giustizia da adottare entro sei mesi dalla data di entrata in vigore della presente disposizione sono individuate le modalità operative e tecniche della consultazione di cui al periodo precedente".

8. L'articolo 4 del decreto legislativo 5 aprile 2006, n. 160, è sostituito dal seguente:

"Art. 4 (Presentazione della domanda). – 1. La domanda di partecipazione al concorso per esami per magistrato ordinario, indirizzata al Consiglio superiore della magistratura, è inviata telematicamente, secondo modalità da determinare nel bando di concorso, entro il termine di trenta giorni decorrenti dalla data di pubblicazione del bando nella Gazzetta Ufficiale, al procuratore della Repubblica presso il tribunale nel cui circondario il candidato è residente.

2. Non sono ammessi a partecipare al concorso i candidati le cui domande sono inviate in difformità da quanto stabilito nel bando di concorso di cui al comma 1.

3. Per i candidati, cittadini italiani, non residenti nel territorio dello Stato, la modalità telematica di trasmissione delle domande di partecipazione prevede l'invio al procuratore della Repubblica presso il tribunale di Roma".

9. Per l'attuazione delle disposizioni di cui al presente articolo, e in particolare per far fronte ai maggiori oneri connessi alla gestione delle previste procedure concorsuali, è autorizzata la spesa di euro 5.962.281 per l'anno 2022, cui si provvede mediante corrispondente riduzione delle proiezioni dello stanziamento del fondo speciale di parte corrente iscritto, ai fini del bilancio triennale 2021-2023, nell'ambito del programma "Fondi di riserva e speciali" della missione "Fondi da ripartire" dello stato di previsione del Ministero dell'economia e delle finanze per l'anno 2021, allo scopo parzialmente utilizzando l'accantonamento relativo al Ministero della giustizia. Il Ministro dell'economia e delle finanze è autorizzato ad apportare, con propri decreti, le occorrenti variazioni di bilancio».

Dopo l'articolo 28 è inserito il seguente:

«Art. 28-bis (Clausola di salvaguardia). – 1. Le disposizioni del presente decreto si applicano nelle regioni a statuto speciale e nelle Province autonome di Trento e di Bolzano compatibilmente con i rispettivi statuti e le relative norme di attuazione, anche con riferimento alla legge costituzionale 18 ottobre 2001, n. 3»

Sezione XV

FAMIGLIA

L. 1 dicembre 1970, n. 898

Disciplina dei casi di scioglimento del matrimonio

Art. 1. – 1. Il giudice pronuncia lo scioglimento del matrimonio contratto a norma del codice civile, quando, esperito inutilmente il tentativo di conciliazione di cui al successivo art. 4, accerta che la comunione spirituale e materiale tra i coniugi non può essere mantenuta o ricostituita per l'esistenza di una delle cause previste dall'art. 3.

Art. 2. – 1. Nei casi in cui il matrimonio sia stato celebrato con rito religioso e regolarmente trascritto, il giudice, quando, esperito inutilmente il tentativo di conciliazione di cui al successivo art. 4, accerta che la comunione spirituale e materiale tra i coniugi non può essere mantenuta o ricostituita per l'esistenza di una delle cause previste dall'art. 3, pronuncia la cessazione degli effetti civili conseguenti alla trascrizione del matrimonio.

Art. 3. – 1. Lo scioglimento o la cessazione degli effetti civili del matrimonio può essere domandato da uno dei coniugi:

1) quando, dopo la celebrazione del matrimonio, l'altro coniuge è stato condannato, con sentenza passata in giudicato, anche per fatti commessi in precedenza:

a) all'ergastolo ovvero ad una pena superiore ad anni quindici, anche con più sentenze, per uno o più delitti non colposi, esclusi i reati politici e quelli commessi per motivi di particolare valore morale e sociale;

b) a qualsiasi pena detentiva per il delitto di cui all'art. 564 del codice penale e per uno dei delitti di cui agli articoli 519, 521, 523 e 524 del codice penale, ovvero per induzione, costrizione, sfruttamento o favoreggiamento della prostituzione (1);

c) a qualsiasi pena per omicidio volontario di un figlio ovvero per tentato omicidio a danno del coniuge o di un figlio (2);

d) a qualsiasi pena detentiva, con due o più condanne, per i delitti di cui all'art. 582, quando ricorra la circostanza aggravante di cui al secondo comma dell'art. 583, e agli articoli 570, 572 e 643 del codice penale, in danno del coniuge o di un figlio (3).

Nelle ipotesi previste alla lettera d) il giudice competente a pronunciare lo scioglimento o la cessazione degli effetti civili del matrimonio accerta, anche in considerazione del comportamento successivo del convenuto, la di lui inidoneità a mantenere o ricostituire la convivenza familiare.

Per tutte le ipotesi previste nel n. 1) del presente articolo la domanda non è proponibile dal coniuge che sia stato condannato per concorso nel reato ovvero quando la convivenza coniugale è ripresa;

2) nei casi in cui:

a) l'altro coniuge è stato assolto per vizio totale di mente da uno dei delitti previsti nelle lettere b) e c) del numero 1) del presente articolo, quando il giudice competente a pronunciare lo scioglimento o la cessazione degli effetti civili del matrimonio accerta l'inidoneità del convenuto a mantenere o ricostituire la convivenza familiare;

b) è stata pronunciata con sentenza passata in giudicato la separazione giudiziale fra i coniugi, ovvero è stata omologata la separazione consensuale ovvero è intervenuta separazione di fatto quando la separazione di fatto stessa è iniziata almeno due anni prima del 18 dicembre 1970 (4).

In tutti i predetti casi, per la proposizione della domanda di scioglimento o di cessazione degli effetti civili del matrimonio, le separazioni devono essersi protratte ininterrottamente da almeno dodici mesi dalla data dell'udienza di comparizione dei coniugi nella procedura di separazione personale e da sei mesi nel caso di separazione consensuale, anche quando il giudizio contenzioso si sia trasformato in consensuale, ovvero dalla data certificata nell'accordo di separazione raggiunto a seguito di convenzione di negoziazione assistita da un avvocato ovvero dalla data dell'atto contenente l'accordo di separazione concluso innanzi all'ufficiale dello stato civile. Nei casi in cui la legge consente di proporre congiuntamente la domanda di separazione personale e quella di scioglimento o cessazione degli effetti civili del matrimonio, quest'ultima è procedibile una volta decorsi i termini sopra indicati.

L'eventuale interruzione della separazione deve essere eccepita dalla parte convenuta (5).

[*Quando vi sia opposizione del coniuge convenuto il termine di cui sopra è elevato:*

ad anni sette, nel caso di separazione pronunciata per colpa esclusiva dell'attore;

*ad anni sei, nel caso di separazione consensuale omologata in data anteriore all'entrata in vigore della presente legge o di separazione di fatto;**]

c) il procedimento penale promosso per i delitti previsti dalle lettere b) e c) del n. 1) del presente articolo si è concluso con sentenza di non doversi procedere per estinzione del reato, quando il giudice competente a pronunciare lo scioglimento o la cessazione degli effetti civili del matrimonio ritiene che nei fatti commessi sussistano gli elementi costitutivi e le condizioni di punibilità dei delitti stessi;

d) il procedimento penale per incesto si è concluso con sentenza di proscioglimento o di assoluzione che dichiari non punibile il fatto per mancanza di pubblico scandalo;

e) l'altro coniuge, cittadino straniero, ha ottenuto all'estero l'annullamento o lo scioglimento del matrimonio o ha contratto all'estero nuovo matrimonio;

f) il matrimonio non è stato consumato;

g) è passata in giudicato sentenza di rettificazione di attribuzione di sesso a norma della legge 14 aprile 1982, n. 164 (6).

(1) Lettera sostituita dall'art. 1, co. 1, l. 6/3/1987, n. 74.

(2) Lettera sostituita dall'art. 2, co. 1, l. 6/3/1987, n. 74.

(3) Lettera modificata dall'art. 3, co. 1, l. 6/3/1987, n. 74.

(4) Lettera modificata dall'art. 4, co. 1, l. 6/3/1987, n. 74.

• Per la convenzione di negoziazione assistita nei casi di cui alla presente lettera, vedi l'art. 6, co. 1, d.l. 12/9/2014, n. 132, conv., con modif., dalla l. 10/11/2014, n. 162.

(5) Capoverso sostituito dall'art. 5, co. 1, l. 6/3/1987, n. 74, successivamente modificato dall'art. 12, co. 4, d.l. 12/9/2014 n. 132, conv., con modif., dalla l. 10/11/2014, n. 162; per l'applicazione vedi il co. 7 del medesimo art. 12. Da ultimo, capoverso modificato dall'art. 1, co. 1, l. 6/5/2015, n. 55; per l'applicazione vedi l'art.

3, co. 1, della medesima legge. Comma poi modificato dall'art. 27, co. 1, lett. a), d.lg. 10/10/2022, n. 149, con effetto a decorrere dal 28/2/2023, come stabilito dall'art. 35, co. 1, d.lg. n. 149/2022 medesimo, come modificato dall'art. 1, co. 380, lett. a), l. 29/12/2022, n. 197.

* Capoverso soppresso dall'art. 6, co. 1, l. 6/3/1987, n. 74.

(6) Lettera aggiunta dall'art. 7, co. 1, l. 6/3/1987, n. 74.

Art. 4*. *– 1. La domanda per ottenere lo scioglimento o la cessazione degli effetti civili del matrimonio si propone al tribunale del luogo dell'ultima residenza comune dei coniugi ovvero, in mancanza, del luogo in cui il coniuge convenuto ha residenza o domicilio. Qualora il coniuge convenuto sia residente all'estero o risulti irreperibile, la domanda si propone al tribunale del luogo di residenza o di domicilio del ricorrente e, se anche questi è residente all'estero, a qualunque tribunale della Repubblica. La domanda congiunta può essere proposta al tribunale del luogo di residenza o di domicilio dell'uno o dell'altro coniuge (1).*

2. La domanda si propone con ricorso, che deve contenere l'esposizione dei fatti e degli elementi di diritto sui quali la domanda di scioglimento del matrimonio o di cessazione degli effetti civili dello stesso è fondata.

3. Del ricorso il cancelliere dà comunicazione all'ufficiale dello stato civile del luogo dove il matrimonio fu trascritto per l'annotazione in calce all'atto.

4. Nel ricorso deve essere indicata l'esistenza di figli di entrambi i coniugi (2).

5. Il presidente del tribunale, nei cinque giorni successivi al deposito in cancelleria, fissa con decreto la data di comparizione dei coniugi davanti a sé, che deve avvenire entro novanta giorni dal deposito del ricorso, il termine per la notificazione del ricorso e del decreto ed il termine entro cui il coniuge convenuto può depositare memoria difensiva e documenti. Il presidente nomina un curatore speciale quando il convenuto è malato di mente o legalmente incapace.

6. Al ricorso e alla prima memoria difensiva sono allegate le ultime dichiarazioni dei redditi rispettivamente presentate.

7. I coniugi devono comparire davanti al presidente del tribunale personalmente, salvo gravi e comprovati motivi, e con l'assistenza di un difensore. Se il ricorrente non si presenta o rinuncia, la domanda non ha effetto. Se non si presenta il coniuge convenuto, il presidente può fissare un nuovo giorno per la comparizione, ordinando che la notificazione del ricorso e del decreto gli sia rinnovata. All'udienza di comparizione, il presidente deve sentire i coniugi prima separatamente poi congiuntamente, tentando di conciliarli. Se i coniugi si conciliano, il presidente fa redigere processo verbale della conciliazione.

8. Se la conciliazione non riesce, il presidente, sentiti i coniugi e i rispettivi difensori nonché, disposto l'ascolto del figlio minore che abbia compiuto gli anni dodici e anche di età inferiore ove capace di discernimento, dà, anche d'ufficio, con ordinanza i provvedimenti temporanei e urgenti che reputa opportuni nell'interesse dei coniugi e della prole, nomina il giudice istruttore e fissa l'udienza di comparizione e trattazione dinanzi a questo. Nello stesso modo il presidente provvede, se il coniuge convenuto non compare, sentito il ricorrente e il suo difensore. L'ordinanza del presidente può essere revocata o modificata dal giudice istruttore. Si applica l'articolo 189 delle disposizioni di attuazione del codice di procedura civile (3).

9. Tra la data dell'ordinanza, ovvero tra la data entro cui la stessa deve essere notificata al convenuto non comparso, e quella dell'udienza di comparizione e trattazione devono intercorrere i termini di cui all'articolo 163-bis del codice di procedura civile ridotti a metà.

10. Con l'ordinanza di cui al comma 8, il presidente assegna altresì termine al ricorrente per il deposito in cancelleria di memoria integrativa, che deve avere il contenuto di cui all'articolo 163, terzo comma, numeri 2), 3), 4), 5) e 6), del codice di procedura civile e termine al convenuto per la costituzione in giudizio ai sensi degli articoli 166 e 167, primo e secondo comma, dello stesso codice nonché per la proposizione delle eccezioni processuali e di merito che non siano rilevabili d'ufficio. L'ordinanza deve contenere l'avvertimento al convenuto che la costituzione oltre il suddetto termine implica le decadenze di cui all'articolo 167 del codice di procedura civile e che oltre il termine stesso non potranno più essere proposte le eccezioni processuali e di merito non rilevabili d'ufficio.

11. All'udienza davanti al giudice istruttore si applicano le disposizioni di cui agli articoli 180 e 183, commi primo, secondo, quarto, quinto, sesto e settimo, del codice di procedura civile. Si applica altresì l'articolo 184 del medesimo codice.

12. Nel caso in cui il processo debba continuare per la determinazione dell'assegno, il tribunale emette sentenza non definitiva relativa allo scioglimento o alla cessazione degli effetti civili del matrimonio. Avverso tale sentenza è ammesso solo appello immediato. Appena formatosi il giudicato, si applica la previsione di cui all'articolo 10.

13. Quando vi sia stata la sentenza non definitiva, il tribunale, emettendo la sentenza che dispone l'obbligo della somministrazione dell'assegno, può disporre che tale obbligo produca effetti fin dal momento della domanda.

14. Per la parte relativa ai provvedimenti di natura economica la sentenza di primo grado è provvisoriamente esecutiva.

15. L'appello è deciso in camera di consiglio.

16. La domanda congiunta dei coniugi di scioglimento o di cessazione degli effetti civili del matrimonio che indichi anche compiutamente le condizioni inerenti alla prole e ai rapporti economici, è proposta con ricorso al tribunale in camera di consiglio. Il tribunale, sentiti i coniugi, verificata l'esistenza dei presupposti di legge e valutata la rispondenza delle condizioni all'interesse dei figli, decide con sentenza. Qualora il tribunale ravvisi che le condizioni relative ai figli sono in contrasto con gli interessi degli stessi, si applica la procedura di cui al comma 8 (4).].

* Articolo abrogato dall'art. 27, co. 1, lett. b), d.lg. 10/10/2022, n. 149, con effetto a decorrere dal 28/2/2023, come stabilito dall'art. 35, co. 1, d.lg. n. 149/2022 medesimo, come modificato dall'art. 1, co. 380, lett. a), l. 29/12/2022, n. 197.

(1) La Corte Costituzionale, con sent. 23/5/2008, n. 169 (in G.U. 28/5/2008, n. 23), ha dichiarato l'illegittimità costituzionale del presente comma, nel testo sostituito dall'art. 2, co. 3-bis, d.l. 14/3/2005, n. 35, limitatamente alle parole «del luogo dell'ulti-ma residenza comune dei coniugi ovvero, in mancanza,».

(2) Comma sostituito dall'art. 98, co. 1, lett. a), d.lg. 28/12/2013, n. 154.

(3) Comma modificato dall'art. 98, co. 1, lett. a), d.lg. 28/12/2013, n. 154.

(4) Comma sostituito dall'art. 8, co. 1, l. 6/3/1987, n. 74 e dall'art. 2, co. 3-bis, d.l. 14/3/2005, n. 35, conv., con modif., dalla l. 14/5/2005, n. 80, con effetto a decorrere dal 1° marzo 2006, come previsto dall'art. 2, co. 3-quinquies, del medesimo d.l. n. 35/2005.

Art. 5. – 1. Il tribunale adito, in contraddittorio delle parti e con l'intervento obbligatorio del pubblico ministero, accertata la sussistenza di uno dei casi di cui all'art. 3, pronuncia con sentenza lo scioglimento o la cessazione degli effetti civili del matrimonio ed ordina all'ufficiale dello stato civile del luogo ove venne trascritto il matrimonio di procedere alla annotazione della sentenza.

2. La donna perde il cognome che aveva aggiunto al proprio a seguito del matrimonio (1).

3. Il tribunale, con la sentenza con cui pronuncia lo scioglimento o la cessazione degli effetti civili del matrimonio,

può autorizzare la donna che ne faccia richiesta a conservare il cognome del marito aggiunto al proprio quando sussista un interesse suo o dei figli meritevole di tutela (2).

4. La decisione di cui al comma precedente può essere modificata con successiva sentenza, per motivi di particolare gravità, su istanza di una delle parti (2).

5. La sentenza è impugnabile da ciascuna delle parti. Il pubblico ministero può ai sensi dell'art. 72 del codice di procedura civile, proporre impugnazione limitatamente agli interessi patrimoniali dei figli minori o legalmente incapaci.

6. Con la sentenza che pronuncia lo scioglimento o la cessazione degli effetti civili del matrimonio, il tribunale, tenuto conto delle condizioni dei coniugi, delle ragioni della decisione, del contributo personale ed economico dato da ciascuno alla conduzione familiare ed alla formazione del patrimonio di ciascuno o di quello comune, del reddito di entrambi, e valutati tutti i suddetti elementi anche in rapporto alla durata del matrimonio, dispone l'obbligo per un coniuge di somministrare periodicamente a favore dell'altro un assegno quando quest'ultimo non ha mezzi adeguati o comunque non può procurarseli per ragioni oggettive (3).

7. La sentenza deve stabilire anche un criterio di adeguamento automatico dell'assegno, almeno con riferimento agli indici di svalutazione monetaria. Il tribunale può, in caso di palese iniquità, escludere la previsione con motivata decisione (4).

8. Su accordo delle parti la corresponsione può avvenire in unica soluzione ove questa sia ritenuta equa dal tribunale. In tal caso non può essere proposta alcuna successiva domanda di contenuto economico (4).

[*9. I coniugi devono presentare all'udienza di comparizione avanti al presidente del tribunale la dichiarazione personale dei redditi e ogni documentazione relativa ai loro redditi e al loro patrimonio personale e comune. In caso di contestazioni il tribunale dispone indagini sui redditi, sui patrimoni e sull'effettivo tenore di vita, valendosi, se del caso, anche della polizia tributaria*]*.

10. L'obbligo di corresponsione dell'assegno cessa se il coniuge, al quale deve essere corrisposto, passa a nuove nozze.

11. Il coniuge, al quale non spetti l'assistenza sanitaria per nessun altro titolo, conserva il diritto nei confronti dell'ente mutualistico da cui sia assistito l'altro coniuge. Il diritto si estingue se egli passa a nuove nozze (5).

(1) Comma sostituito dall'art. 9, co. 1, l. 6/3/1987, n. 74.

(2) Comma inserito dall'art. 9, co. 1, l. 6/3/1987, n. 74

(3) Comma sostituito dall'art. 10, co. 1, l. 6/3/1987, n. 74.

(4) Comma inserito dall'art. 10, co. 1, l. 6/3/1987, n. 74.

* Comma inserito dall'art. 10, co. 1, l. 6/3/1987, n. 74 e successivamente abrogato dall'art. 27, co. 1, lett. c), d.lg. 10/10/2022, n. 149, con effetto a decorrere dal 28/2/2023, come stabilito dall'art. 35, co. 1, d.lg. n. 149/2022 medesimo, come modificato dall'art. 1, co. 380, lett. a), l. 29/12/2022, n. 197.

(5) Comma aggiunto dall'art. 1 della l. 1/8/1978, n. 436.

Art. 6 (1). – 1. L'obbligo, ai sensi degli articoli 315-bis e 316-bis del codice civile, di mantenere, educare ed istruire i figli nati o adottati durante il matrimonio di cui sia stato pronunciato lo scioglimento o la cessazione degli effetti civili, permane anche nel caso di passaggio a nuove nozze di uno o di entrambi i genitori (2).

2. Il Tribunale che pronuncia lo scioglimento o la cessazione degli effetti civili del matrimonio applica, riguardo ai figli, le disposizioni contenute nel capo II, del titolo IX, del libro primo, del codice civile (3).

*3. In particolare il tribunale stabilisce la misura ed il modo con cui il genitore non affidatario deve contribuire al mantenimento, all'istruzione e all'educazione dei figli, nonché le modalità di esercizio dei suoi diritti nei rapporti con essi. 4. Il genitore cui sono affidati i figli, salva diversa disposizione del tribunale, ha l'esercizio esclusivo della potestà su di essi; egli deve attenersi alle condizioni determinate dal tribunale. Salvo che non sia diversamente stabilito, le decisioni di maggiore interesse per i figli sono adottate da entrambi i genitori. Il genitore cui i figli non siano affidati ha il diritto ed il dovere di vigilare sulla loro istruzione ed educazione e può ricorrere al tribunale quando ritenga che siano state assunte decisioni pregiudizievoli al loro interesse. 5. Qualora il genitore affidatario non si attenga alle condizioni dettate, il tribunale valuterà detto comportamento al fine del cambio di affidamento**.

6. L'abitazione nella casa familiare spetta di preferenza al genitore cui vengono affidati i figli o con il quale i figli convivono oltre la maggiore età. In ogni caso ai fini dell'assegnazione il giudice dovrà valutare le condizioni economiche dei coniugi e le ragioni della decisione e favorire il coniuge più debole. L'assegnazione, in quanto trascritta, è opponibile al terzo acquirente ai sensi dell'art. 1599 del codice civile.

7. Il tribunale dà inoltre disposizioni circa l'amministrazione dei beni dei figli e, nell'ipotesi in cui l'esercizio della responsabilità genitoriale sia affidato ad entrambi i genitori, circa il concorso degli stessi al godimento dell'usufrutto legale (2).

*8. In caso di temporanea impossibilità di affidare il minore ad uno dei genitori, il tribunale procede all'affidamento familiare di cui all'art. 2 della legge 4 maggio 1983, n. 184. 9. Nell'emanare i provvedimenti relativi all'affidamento dei figli e al contributo per il loro mantenimento, il giudice deve tener conto dell'accordo fra le parti: i provvedimenti possono essere diversi rispetto alle domande delle parti o al loro accordo, ed emessi dopo l'assunzione di mezzi di prova dedotti dalle parti o disposti d'ufficio dal giudice, ivi compresa, qualora sia strettamente necessario anche in considerazione della loro età, l'audizione dei figli minori. 10. All'attuazione dei provvedimenti relativi all'affidamento della prole provvede il giudice del merito, e, nel caso previsto dal comma 8, anche d'ufficio. A tal fine copia del provvedimento di affidamento è trasmessa, a cura del pubblico ministero, al giudice tutelare. 11. Nel fissare la misura dell'assegno di mantenimento relativo ai figli il tribunale determina anche un criterio di adeguamento automatico dello stesso, almeno con riferimento agli indici di svalutazione monetaria. 12. In presenza di figli minori, ciascuno dei genitori è obbligato a comunicare all'altro, entro il termine perentorio di trenta giorni, l'avvento cambiamento di residenza o di domicilio. La mancata comunicazione obbliga al risarcimento del danno eventualmente verificatosi a carico del coniuge o dei figli per la difficoltà di reperire il soggetto**.

(1) Articolo sostituito dall'art. 11, co. 1, l. 6/3/1987, n. 74.

(2) Comma modificato dall'art. 98, co. 1, lett. b), d.lg. 28/12/2013, n. 154.

(3) Comma sostituito dall'art. 98, co. 1, lett. b), d.lg. 28/12/2013, n. 154.

* Commi abrogati dall'art. 98, co. 1, lett. b), d.lg. 28/12/2013, n. 154.

Art. 7. – 1. Il secondo comma dell'art. 252 del codice civile è così modificato:

«I figli adulterini possono essere riconosciuti anche dal genitore che, al tempo del concepimento, era unito in matrimonio, qualora il matrimonio sia sciolto per effetto della morte dell'altro coniuge ovvero per pronuncia di scioglimento o di cessazione degli effetti civili conseguenti alla trascrizione del matrimonio celebrato con rito religioso».

Art. 8*. – *1. Il tribunale che pronuncia lo scioglimento o la cessazione degli effetti civili del matrimonio può imporre all'obbligato di prestare idonea garanzia reale o personale* *se esiste il pericolo che egli possa sottrarsi all'adempimento degli obblighi di cui agli articoli 5 e 6. 2. La sentenza costituisce titolo per l'iscrizione dell'ipoteca giudiziale ai sensi dell'art. 2818 del codice civile. 3. Il coniuge cui spetta la corresponsione periodica dell'assegno, dopo la costituzione in mora a mezzo raccomandata con avviso di ricevimento del coniuge obbligato e inadempiente per un periodo di almeno trenta giorni, può notificare il provvedimento in cui è stabilita la misura dell'assegno ai terzi tenuti a corrispondere periodicamente somme di denaro al coniuge obbligato con l'invito a versargli direttamente le somme dovute, dandone comunicazione al coniuge inadempiente* (1). *4. Ove il terzo cui sia stato notificato il provvedimento non adempia, il coniuge creditore ha azione diretta esecutiva nei suoi confronti per il pagamento delle somme dovutegli quale assegno di mantenimento ai sensi degli articoli 5 e 6* (2). *5. Qualora il credito del coniuge obbligato nei confronti dei suddetti terzi sia stato già pignorato al momento della notificazione, all'assegnazione e alla ripartizione delle somme fra il coniuge cui spetta la corresponsione periodica dell'assegno, il creditore procedente e i creditori intervenuti nell'esecuzione, provvede il giudice dell'esecuzione* (2). *6. Lo Stato e gli altri enti indicati nell'art. 1 del testo unico delle leggi concernenti il sequestro, il pignoramento e la cessione degli stipendi, salari e pensioni dei dipendenti delle pubbliche amministrazioni, approvato con decreto del Presidente della Repubblica 5 gennaio 1950, n. 180, nonché gli altri enti datori di lavoro cui sia stato notificato il provvedimento in cui è stabilita la misura dell'assegno e l'invito a pagare direttamente al coniuge cui spetta la corresponsione periodica, non possono versare a quest'ultimo oltre la metà delle somme dovute al coniuge obbligato, comprensive anche degli assegni e degli emolumenti accessori* (2). *7. Per assicurare che siano soddisfatte o conservate le ragioni del creditore in ordine all'adempimento degli obblighi di cui agli articoli 5 e 6, su richiesta dell'avente diritto, il giudice può disporre il sequestro dei beni del coniuge obbligato a somministrare l'assegno. Le somme spettanti al coniuge obbligato alla corresponsione dell'assegno di cui al precedente comma sono soggette a sequestro e pignoramento fino alla concorrenza della metà per il soddisfacimento dell'assegno periodico di cui agli articoli 5 e 6* (2).

* Articolo abrogato dall'art. 27, co. 1, lett. d), d.lg. 10/10/2022, n. 149, con effetto a decorrere dal 28/2/2023, come stabilito dall'art. 35, co. 1, d.lg. n. 149/2022 medesimo, come modificato dall'art. 1, co. 380, lett. a), l. 29/12/2022, n. 197.

(1) Comma sostituito dall'art. 12, co. 1, l. 6/3/1987, n. 74.

(2) Comma aggiunto dall'art. 12, co. 1, l. 6/3/1987, n. 74.

Art. 9 (1). – [*1. Qualora sopravvengano giustificati motivi dopo la sentenza che pronuncia lo scioglimento o la cessazione degli effetti civili del matrimonio, il tribunale, in camera di consiglio e, per i provvedimenti relativi ai figli, con la partecipazione del pubblico ministero, può, su istanza di parte, disporre la revisione delle disposizioni concernenti l'affidamento dei figli e di quelle relative alla misura e alle modalità dei contributi da corrispondere ai sensi degli articoli 5 e 6.*]*.

2. In caso di morte dell'ex coniuge e in assenza di un coniuge superstite avente i requisiti per la pensione di reversibilità, il coniuge rispetto al quale è stata pronunciata sentenza di scioglimento o di cessazione degli effetti civili del matrimonio ha diritto, se non passato a nuove nozze e sempre che sia titolare di assegno ai sensi dell'art. 5, alla pensione di reversibilità, sempre che il rapporto da cui trae origine il trattamento pensionistico sia anteriore alla sentenza.

3. Qualora esista un coniuge superstite avente i requisiti per la pensione di reversibilità, una quota della pensione e degli altri assegni a questi spettanti è attribuita dal tribunale, tenendo conto della durata del rapporto, al coniuge rispetto al quale è stata pronunciata la sentenza di scioglimento o di cessazione degli effetti civili del matrimonio e che sia titolare dell'assegno di cui all'art. 5. Se in tale condizione si trovano più persone, il tribunale provvede a ripartire fra tutti la pensione e gli altri assegni, nonché a ripartire tra i restanti le quote attribuite a chi sia successivamente morto o passato a nuove nozze.

4. Restano fermi, nei limiti stabiliti dalla legislazione vigente, i diritti spettanti a figli, genitori o collaterali in merito al trattamento di reversibilità.

5. Alle domande giudiziali dirette al conseguimento della pensione di reversibilità o di parte di essa deve essere allegato un atto notorio, ai sensi della legge 4 gennaio 1968, n. 15, dal quale risultino tutti gli aventi diritto. In ogni caso, la sentenza che accoglie la domanda non pregiudica la tutela, nei confronti dei beneficiari, degli aventi diritto pretermessi, salva comunque l'applicabilità delle sanzioni penali per le dichiarazioni mendaci (2).

(1) A norma dell'art. 5 della l. 28/12/2005, n. 263, per "titolarità dell'assegno ai sensi dell'articolo 5" deve intendersi l'avvenuto riconoscimento dell'assegno medesimo da parte del tribunale ai sensi dell'articolo 5 della presente legge.

• A norma dell'art. 23, co. 6, d.l. 28/10/2020, n. 137, conv., con modif., dalla l. 18/12/2020, n. 176, il giudice può disporre che le udienze civili in materia di separazione consensuale di cui all'art. 711 CPC. e di divorzio congiunto di cui al presente articolo siano sostituite dal deposito telematico di note scritte di cui all'art. 221, co. 4, d.l. 19/5/2020, n. 34, conv., con modif., dalla l. 17/7/2020, n. 77, nel caso in cui tutte le parti che avrebbero diritto a partecipare all'udienza vi rinuncino espressamente con comunicazione, depositata almeno quindici giorni prima dell'udienza, nella quale dichiarano di essere a conoscenza delle norme processuali che prevedono la partecipazione all'udienza, di aver aderito liberamente alla possibilità di rinunciare alla partecipazione all'udienza, di confermare le conclusioni rassegnate nel ricorso e, nei giudizi di separazione e divorzio, di non volersi conciliare.

* Comma abrogato dall'art. 27, co. 1, lett. e), d.lg. 10/10/2022, n. 149, con effetto a decorrere dal 28/2/2023, come stabilito dall'art. 35, co. 1, d.lg. n. 149/2022 medesimo, come modificato dall'art. 1, co. 380, lett. a), l. 29/12/2022, n. 197.

(2) Comma sostituito dall'art. 2 della l. 1°/8/1978, n. 436 e successivamente dall'art. 13, co. 1, l. 6/3/1987, n. 74. Per l'affidamento condiviso dei figli vedi art. 4, co. 1, l. 8/2/2006 n. 54.

Art. 9 bis (1). – 1. A colui al quale è stato riconosciuto il diritto alla corresponsione periodica di somme di denaro a norma dell'art. 5, qualora versi in stato di bisogno, il tribunale, dopo il decesso dell'obbligato, può attribuire un assegno periodico a carico dell'eredità tenendo conto dell'importo di quelle somme, della entità del bisogno, dell'eventuale pensione di reversibilità, delle sostanze ereditarie, del numero e della qualità degli eredi e delle loro condizioni economiche. L'assegno non spetta se gli obblighi patrimoniali previsti dall'art. 5 sono stati soddisfatti in unica soluzione.

2. Su accordo delle parti la corresponsione dell'assegno può avvenire in unica soluzione. Il diritto all'assegno si estingue se il beneficiario passa a nuove nozze o viene meno il suo stato di bisogno. Qualora risorga lo stato di bisogno l'assegno può essere nuovamente attribuito.

(1) Articolo aggiunto dall'art. 3 della l. 1/8/1978, n. 436.

Art. 10. – [*1. La sentenza che pronuncia lo scioglimento o la cessazione degli effetti civili del matrimonio, quando sia passata in giudicato, deve essere trasmessa in copia autentica, a cura del cancelliere del tribunale o della Corte che l'ha emessa, all'ufficiale dello stato civile del comune in cui il matrimonio fu trascritto, per le annotazioni e le ulteriori incombenze di cui al regio decreto 9 luglio 1939, n. 1238.*]*.

2. Lo scioglimento e la cessazione degli effetti civili del matrimonio, pronunciati nei casi rispettivamente previsti dagli articoli 1 e 2 della presente legge, hanno efficacia, a tutti gli effetti civili, dal giorno dell'annotazione della sentenza.

* Comma abrogato dall'art. 27, co. 1, lett. f), d.lg. 10/10/2022, n. 149, con effetto a decorrere dal 28/2/2023, come stabilito dall'art. 35, co. 1, d.lg. n. 149/2022 medesimo, come modificato dall'art. 1, co. 380, lett. a), l. 29/12/2022, n. 197.

Art. 11*. – *Dopo lo scioglimento o la cessazione degli effetti civili del matrimonio, se il tribunale non ha disposto altrimenti, ciascun genitore esercita la patria potestà sui figli affidatigli. Il genitore al quale sono stati affidati i figli ne amministra i beni con l'obbligo di rendere conto annualmente al giudice tutelare e ne ha l'usufrutto fino a quando non passi a nuove nozze. L'altro genitore conserva il diritto di vigilare e il dovere di collaborare alla educazione e all'istruzione dei figli.*

L'altro genitore, se ritiene pregiudizievoli per il figlio i provvedimenti presi dall'esercente la patria potestà, può ricorrere al giudice tutelare prospettando i provvedimenti che considera adeguati.

Il giudice, sentito il figlio che ha compiuto il 14° anno di età, dichiara quale dei provvedimenti è adeguato all'interesse del figlio.

* Articolo abrogato dall'art. 14, co. 1, l. 6/3/1987, n. 74.

Art. 12 (1). – 1. Le disposizioni del codice civile in tema di riconoscimento del figlio nato fuori del matrimonio si applicano, per quanto di ragione, anche nel caso di scioglimento o di cessazione degli effetti civili del matrimonio.

(1) Articolo inizialmente sostituito dall'art. 15, co. 1, l. 6/3/1987, n. 74 e successivamente modificato dall'art. 98, co. 1, lett. c), d.lg. 28/12/2013, n. 154.

Art. 12 bis (1). – 1. Il coniuge nei cui confronti sia stata pronunciata sentenza di scioglimento o di cessazione degli effetti civili del matrimonio ha diritto, se non passato a nuove nozze e in quanto sia titolare di assegno ai sensi dell'art. 5, ad una percentuale dell'indennità di fine rapporto percepita dall'altro coniuge all'atto della cessazione del rapporto di lavoro anche se l'indennità viene a maturare dopo la sentenza.

2. Tale percentuale è pari al quaranta per cento dell'indennità totale riferibile agli anni in cui il rapporto di lavoro è coinciso con il matrimonio.

(1) Articolo aggiunto dall'art. 16, co. 1, l. 6/3/1987, n. 74.

Art. 12 ter (1). – 1. In caso di genitori rispetto ai quali sia stata pronunciata sentenza di scioglimento o di cessazione degli effetti civili del matrimonio, la pensione di reversibilità spettante ad essi per la morte di un figlio deceduto per fatti di servizio è attribuita automaticamente dall'ente erogante in parti eguali a ciascun genitore.

2. Alla morte di uno dei genitori, la quota parte di pensione si consolida automaticamente in favore dell'altro.

3. Analogamente si provvede, in presenza della predetta sentenza, per la pensione di reversibilità spettante al genitore del dante causa secondo le disposizioni di cui agli articoli 83 e 87 del decreto del Presidente della Repubblica 29 dicembre 1973, n. 1092.

(1) Articolo aggiunto dall'art. 17, co. 1, l. 6/3/1987, n. 74.

Art. 12 quater (1). – 1. Per le cause relative ai diritti di obbligazione di cui alla presente legge è competente anche il giudice del luogo in cui deve essere eseguita l'obbligazione dedotta in giudizio.

(1) Articolo aggiunto dall'art. 18, co. 1, l. 6/3/1987, n. 74.

Art. 12 quinquies (1). – 1. Allo straniero, coniuge di cittadina italiana, la legge nazionale del quale non disciplina lo scioglimento o la cessazione degli effetti civili del matrimonio, si applicano le disposizioni di cui alla presente legge.

(1) Articolo aggiunto dall'art. 20, co. 1, l. 6/3/1987, n. 74.

Art. 12 sexies*. – *1. Al coniuge che si sottrae all'obbligo di corresponsione dell'assegno dovuto a norma degli articoli 5 e 6 della presente legge si applicano le pene previste dall'art. 570 del codice penale.*

* Articolo aggiunto dall'art. 21, co. 1, l. 6/3/1987, n. 74 e successivamente abrogato dall'art. 7, co. 1, lett. b), d.lg. 1/3/2018, n. 21. Vedi l'art. 570-bis CP.

L. 14 aprile 1982, n. 164

Norme in materia di rettificazione di attribuzione di sesso

(*Estratto, art. 2*)

Art. 2*. – *La domanda di rettificazione di attribuzione di sesso di cui all'articolo 1 è proposta con ricorso al tribunale del luogo dove ha residenza l'attore. Il presidente del tribunale designa il giudice istruttore e fissa con decreto la data per la trattazione del ricorso e il termine per la notificazione al coniuge e ai figli. Al giudizio partecipa il pubblico ministero ai sensi dell'articolo 70 del codice di procedura civile. Quando è necessario, il giudice istruttore dispone con ordinanza l'acquisizione di consulenza intesa ad accertare le condizioni psico-sessuali dell'interessato. Con la sentenza che accoglie la domanda di rettificazione di attribuzione di sesso il tribunale ordina all'ufficiale di stato civile del comune dove fu compilato l'atto di nascita di effettuare la rettificazione nel relativo registro.*

* Articolo abrogato dall'art. 34, co. 39, lett. c), d.lg. 1/9/2011, n. 150. Vedi inoltre l'art. 36, co. 2, d.lg. 1/9/2011, n. 150.

• La Corte costituzionale, con sent. 11/6/2014, n. 170 (in G.U. 18/6/2014, n. 26), ha dichiarato l'illegittimità costituzionale del presente articolo, nella parte in cui non prevede che la sentenza di rettificazione dell'attribuzione di sesso di uno dei coniugi, che provoca lo scioglimento del matrimonio o la cessazione degli effetti civili conseguenti alla trascrizione del matrimonio, consenta, comunque, ove entrambi lo richiedano, di mantenere in vita un rapporto di coppia giuridicamente regolato con altra forma di convivenza registrata, che tuteli adeguatamente i diritti ed obblighi della coppia medesima, con le modalità da statuirsi dal legislatore.

L. 4 maggio 1983, n. 184

Diritto del minore ad una famiglia

ADOZIONE E AFFIDAMENTO (1)

(1) Epigrafe sostituita dall'art. 1 della l. 28/3/2001, n. 149.

TITOLO I
PRINCIPI GENERALI (1)

(1) Rubrica sostituita dall'art. 1 della l. 28/3/2001, n. 149.

Art. 1 (1). – 1. Il minore ha diritto di crescere ed essere educato nell'ambito della propria famiglia.

2. Le condizioni di indigenza dei genitori o del genitore esercente la responsabilità genitoriale non possono essere di ostacolo all'esercizio del diritto del minore alla propria famiglia. A tal fine a favore della famiglia sono disposti interventi di sostegno e di aiuto.

3. Lo Stato, le regioni e gli enti locali, nell'ambito delle proprie competenze, sostengono, con idonei interventi, nel rispetto della loro autonomia e nei limiti delle risorse finanziarie disponibili, i nuclei familiari a rischio, al fine di prevenire l'abbandono e di consentire al minore di essere educato nell'ambito della propria famiglia. Essi promuovono altresì iniziative di formazione dell'opinione pubblica sull'affidamento e l'adozione e di sostegno all'attività delle comunità di tipo familiare, organizzano corsi di preparazione ed aggiornamento professionale degli operatori sociali nonché incontri di formazione e preparazione per le famiglie e le persone che intendono avere in affidamento o in adozione minori. I medesimi enti possono stipulare convenzioni con enti o associazioni senza fini di lucro che operano nel campo della tutela dei minori e delle famiglie per la realizzazione delle attività di cui al presente comma.

4. Quando la famiglia non è in grado di provvedere alla crescita e all'educazione del minore, si applicano gli istituti di cui alla presente legge.

5. Il diritto del minore a vivere, crescere ed essere educato nell'ambito di una famiglia è assicurato senza distinzione di sesso, di etnia, di età, di lingua, di religione e nel rispetto della identità culturale del minore e comunque non in contrasto con i principi fondamentali dell'ordinamento.

(1) Articolo sostituito dall'art. 1, co. 3, l. 28/3/2001, n. 149 e, successivamente, modificato dall'art. 100, co. 1, lett. a), d.lg. 28/12/2013, n. 154 a decorrere dal 7/2/2014 come indicato dall'art. 108, co. 1, del citato decreto.

TITOLO I BIS
DELL'AFFIDAMENTO DEL MINORE (1)

(1) Titolo aggiunto dall'art. 2 della l. 28/3/2001, n. 149.

Art. 2 (1). – 1. Il minore temporaneamente privo di un ambiente familiare idoneo, nonostante gli interventi di sostegno e aiuto disposti ai sensi dell'articolo 1, è affidato ad una famiglia, preferibilmente con figli minori, o ad una persona singola, in grado di assicurargli il mantenimento, l'educazione, l'istruzione e le relazioni affettive di cui egli ha bisogno.

1.1. Il minore non può essere affidato a parenti o affini entro il quarto grado di chi ha composto il collegio che ha adottato il provvedimento, del consulente tecnico d'ufficio e di coloro che hanno svolto le funzioni di assistente sociale nel medesimo procedimento (2).

1-bis. Gli enti locali possono promuovere la sensibilizzazione e la formazione di affidatari per favorire l'affidamento familiare dei minori stranieri non accompagnati, in via prioritaria rispetto al ricovero in una struttura di accoglienza (3).

1-ter. Dall'attuazione delle disposizioni di cui al comma 1-bis non devono derivare nuovi o maggiori oneri per la finanza pubblica; gli enti locali provvedono nei limiti delle risorse disponibili nei propri bilanci (3).

2. Ove non sia possibile l'affidamento nei termini di cui al comma 1, è consentito l'inserimento del minore in una comunità di tipo familiare o, in mancanza, in un istituto di assistenza pubblico o privato, che abbia sede preferibilmente nel luogo più vicino a quello in cui stabilmente risiede il nucleo familiare di provenienza. Per i minori di età inferiore a sei anni l'inserimento può avvenire solo presso una comunità di tipo familiare.

2-bis. Il minore non può essere inserito presso strutture o comunità pubbliche o private nelle quali rivestono cariche rappresentative, o partecipano alla gestione delle medesime strutture, o prestano a favore di esse attività professionale, anche a titolo gratuito, o fanno parte degli organi di società che le gestiscono, persone che sono parenti o affini entro il quarto grado, convivente, parte dell'unione civile o coniuge di chi ha composto il collegio che ha adottato il provvedimento, del consulente tecnico d'ufficio o di coloro che hanno svolto le funzioni di assistente sociale nel medesimo procedimento (4).

3. In caso di necessità e urgenza l'affidamento può essere disposto anche senza porre in essere gli interventi di cui all'articolo 1, commi 2 e 3.

3-bis. I provvedimenti adottati ai sensi dei commi 2 e 3 devono indicare espressamente le ragioni per le quali non si ritiene possibile la permanenza nel nucleo familiare originario e le ragioni per le quali non sia possibile procedere ad un affidamento ad una famiglia, fermo restando quanto disposto dall'articolo 4, comma 3 (5).

4. Il ricovero in istituto deve essere superato entro il 31 dicembre 2006 mediante affidamento ad una famiglia e, ove ciò non sia possibile, mediante inserimento in comunità di tipo familiare caratterizzate da organizzazione e da rapporti interpersonali analoghi a quelli di una famiglia.

5. Le regioni, nell'ambito delle proprie competenze e sulla base di criteri stabiliti dalla Conferenza permanente per i rapporti tra lo Stato, le regioni e le province autonome di Trento e di Bolzano, definiscono gli standard minimi dei servizi e dell'assistenza che devono essere forniti dalle comunità di tipo familiare e dagli istituti e verificano periodicamente il rispetto dei medesimi.

(1) Articolo sostituito dall'arti. 2 della l. 28/3/2001, n. 149.

(2) Comma inserito dall'art. 28, co. 1, lett. a), n. 1), d.lg. 10/10/2022, n. 149, con effetto a decorrere dal 28/2/2023, come stabilito dall'art. 35, co. 1, d.lg. n. 149/2022 medesimo, come modificato dall'art. 1, co. 380, lett. a), l. 29/12/2022, n. 197.

(3) Comma inserito dall'art. 7, co. 1, l.7/4/2017 n. 47.

(4) Comma inserito dall'art. 28, co. 1, lett. a), n. 2), d.lg. 10/10/2022, n. 149, con effetto a decorrere dal 28/2/2023, come stabilito dall'art. 35, co. 1, d.lg. n. 149/2022 medesimo, come modificato dall'art. 1, co. 380, lett. a), l. 29/12/2022, n. 197.

(5) Comma inserito dall'art. 9, co. 1, l. 29/7/2020, n. 107.

Art. 3 (1). – 1. I legali rappresentanti delle comunità di tipo familiare e degli istituti di assistenza pubblici o privati esercitano i poteri tutelari sul minore affidato, secondo le norme del capo I del titolo X del libro primo del codice civile, fino a quando non si provveda alla nomina di un tutore in tutti i casi nei quali l'esercizio della responsabilità genitoriale o della tutela sia impedito.

2. Nei casi previsti dal comma 1, entro trenta giorni dall'accoglienza del minore, i legali rappresentanti devono proporre istanza per la nomina del tutore. Gli stessi e coloro che prestano anche gratuitamente la propria attività a favore delle comunità di tipo familiare e degli istituti di assistenza pubblici o privati non possono essere chiamati a tale incarico.

3. Nel caso in cui i genitori riprendano l'esercizio della responsabilità genitoriale, le comunità di tipo familiare e gli istituti di assistenza pubblici o privati chiedono al giudice tutelare di fissare eventuali limiti o condizioni a tale esercizio.

(1) Articolo sostituito dall'art. 3, co. 1, l. 28/3/2001, n. 149 e, successivamente, modificato dall'art. 100, co. 1, lett. b), d.lg. 28/12/2013, n. 154 a decorrere dal 7/2/2014 come indicato dall'art. 108, co. 1, del citato decreto.

Art. 4 (1). – 1. L'affidamento familiare è disposto dal servizio sociale locale, previo consenso manifestato dai genitori o dal genitore esercente in via esclusiva la responsabilità genitoriale, ovvero dal tutore, sentito il minore che ha compiuto gli anni dodici e anche il minore di età inferiore, in considerazione della sua capacità di discernimento. Il giudice tutelare del luogo ove si trova il minore rende esecutivo il provvedimento con decreto (2).

2. Ove manchi l'assenso dei genitori esercenti la responsabilità genitoriale o del tutore, provvede il tribunale per i minorenni. Si applicano l'articolo 5-bis e gli articoli 330 e seguenti del codice civile (3).

3. Nel provvedimento di affidamento familiare devono essere indicate specificatamente le motivazioni di esso, nonché i tempi e i modi dell'esercizio dei poteri riconosciuti all'affidatario, e le modalità attraverso le quali i genitori e gli altri componenti il nucleo familiare possono mantenere i rapporti con il minore. Deve altresì essere indicato il servizio sociale locale cui è attribuita la responsabilità del programma di assistenza, nonché la vigilanza durante l'affidamento con l'obbligo di tenere costantemente informati il giudice tutelare o il tribunale per i minorenni, a seconda che si tratti di provvedimento emesso ai sensi dei commi 1 o 2. Il servizio sociale locale cui è attribuita la responsabilità del programma di assistenza, nonché la vigilanza durante l'affidamento, deve riferire senza indugio al giudice tutelare o al tribunale per i minorenni del luogo in cui il minore si trova, a seconda che si tratti di provvedimento emesso ai sensi dei commi 1 o 2, ogni evento di particolare rilevanza ed è tenuto a presentare una relazione semestrale sull'andamento del programma di assistenza, sulla sua presumibile ulteriore durata e sull'evoluzione delle condizioni di difficoltà del nucleo familiare di provenienza.

4. Nel provvedimento di cui al comma 3, deve inoltre essere indicato il periodo di presumibile durata dell'affidamento che deve essere rapportabile al complesso di interventi volti al recupero della famiglia d'origine. Tale periodo non può superare la durata di ventiquattro mesi ed è prorogabile, dal tribunale per i minorenni, su richiesta del pubblico ministero e nel contraddittorio delle parti, qualora la sospensione dell'affidamento rechi grave pregiudizio al minore. A tal fine, prima del decorso del termine di durata dell'affidamento il servizio sociale segnala al pubblico ministero l'opportunità di richiederne la proroga (4).

5. L'affidamento familiare cessa con il decorso del termine di cui al comma 4 o con provvedimento della stessa autorità che lo ha disposto, valutato l'interesse del minore, quando sia venuta meno la situazione di difficoltà temporanea della famiglia d'origine che lo ha determinato, ovvero nel caso in cui la prosecuzione di esso rechi pregiudizio al minore (5).

5-bis. Qualora, durante un prolungato periodo di affidamento, il minore sia dichiarato adottabile ai sensi delle disposizioni del capo II del titolo II e qualora, sussistendo i requisiti previsti dall'articolo 6, la famiglia affidataria chieda di poterlo adottare, il tribunale per i minorenni, nel decidere sull'adozione, tiene conto dei legami affettivi significativi e del rapporto stabile e duraturo consolidatosi tra il minore e la famiglia affidataria (6).

5-ter. Qualora, a seguito di un periodo di affidamento, il minore faccia ritorno nella famiglia di origine o sia dato in affidamento ad altra famiglia o sia adottato da altra famiglia, è comunque tutelata, se rispondente all'interesse del minore, la continuità delle positive relazioni socio-affettive consolidatesi durante l'affidamento (6).

5-quater. Il giudice, ai fini delle decisioni di cui ai commi 4, 5-bis e 5-ter, tiene conto anche delle valutazioni documentate dei servizi sociali, ascoltato il minore che ha compiuto gli anni dodici o anche di età inferiore se capace di discernimento (7).

5-quinquies. Nel caso di minore rimasto privo di un ambiente familiare idoneo a causa della morte del genitore, cagionata volontariamente dal coniuge, anche legalmente separato o divorziato, dall'altra parte dell'unione civile, anche se l'unione civile è cessata, dal convivente o da persona legata al genitore stesso, anche in passato, da relazione affettiva, il tribunale competente, eseguiti i necessari accertamenti, provvede privilegiando la continuità delle relazioni affettive consolidatesi tra il minore stesso e i parenti fino al terzo grado. Nel caso in cui vi siano fratelli o sorelle, il tribunale provvede assicurando, per quanto possibile, la continuità affettiva tra gli stessi (8).

5-sexies. Su segnalazione del tribunale competente, i servizi sociali assicurano ai minori di cui al comma 5-quinquies un adeguato sostegno psicologico e l'accesso alle misure di sostegno volte a garantire il diritto allo studio e l'inserimento nell'attività lavorativa (8).

6. Il giudice tutelare, trascorso il periodo di durata previsto, ovvero intervenute le circostanze di cui al comma 5, sentiti il servizio sociale locale interessato ed il minore che ha compiuto gli anni dodici e anche il minore di età inferiore, in considerazione della sua capacità di discernimento, richiede, se necessario, al competente tribunale per i minorenni l'adozione di ulteriori provvedimenti nell'interesse del minore.

7. Le disposizioni del presente articolo si applicano, in quanto compatibili, anche nel caso di minori inseriti presso una comunità di tipo familiare o un istituto di assistenza pubblico o privato, ma decorsi dodici mesi il giudice verifica nel contraddittorio delle parti l'andamento del programma di assistenza, l'evoluzione delle condizioni di difficoltà del nucleo familiare di provenienza e l'opportunità della prosecuzione dell'inserimento (9).

(1) Articolo sostituito dall'art. 4 della l. 28/3/2001, n. 149 e successivamente modificato dall'art. 100, co. 1, lett. c), d.lg. 28/12/2013 n. 154 a decorrere dal 7/2/2014 come indicato dall' art. 108, co. 1, del citato decreto. Nel testo in vigore fino al 6/2/2014 le parole "responsabilità genitoriale" erano "potestà".

(2) Comma modificato dall'art. 28, co. 1, lett. b), n. 1), d.lg. 10/10/2022, n. 149, con effetto a decorrere dal 28/2/2023, come stabilito dall'art. 35, co. 1, d.lg. n. 149/2022 medesimo, come modificato dall'art. 1, co. 380, lett. a), l. 29/12/2022, n. 197.

(3) Comma modificato dall'art. 28, co. 1, lett. b), n. 2), d.lg. 10/10/2022, n. 149, con effetto a decorrere dal 28/2/2023, come stabilito dall'art. 35, co. 1, d.lg. n. 149/2022 medesimo, come modificato dall'art. 1, co. 380, lett. a), l. 29/12/2022, n. 197.

(4) Comma sostituito dall'art. 28, co. 1, lett. b), n. 3), d.lg. 10/10/2022, n. 149, con effetto a decorrere dal 28/2/2023, come stabilito dall'art. 35, co. 1, d.lg. n. 149/2022 medesimo,

come modificato dall'art. 1, co. 380, lett. a), l. 29/12/2022, n. 197.

(5) Comma modificato dall'art. 28, co. 1, lett. b), n. 4), d.lg. 10/10/2022, n. 149, con effetto a decorrere dal 28/2/2023, come stabilito dall'art. 35, co. 1, d.lg. n. 149/2022 medesimo, come modificato dall'art. 1, co. 380, lett. a), l. 29/12/2022, n. 197.

(6) Comma inserito dall'art. 1, co. 1, l. 19/10/2015, n. 173.

(7) Comma inserito dall'art. 1, co. 1, l. 19/10/2015, n. 173 e successivamente modificato dall'art. 28, co. 1, lett. b), n. 5), d.lg. 10/10/2022, n. 149, con effetto a decorrere dal 28/2/2023, come stabilito dall'art. 35, co. 1, d.lg. n. 149/2022 medesimo, come modificato dall'art. 1, co. 380, lett. a), l. 29/12/2022, n. 197.

(8) Comma inserito dall'art. 10, co. 1, l. 11/1/2018, n. 4.

(9) Comma modificato dall'art. 28, co. 1, lett. b), n. 6), d.lg. 10/10/2022, n. 149, con effetto a decorrere dal 28/2/2023, come stabilito dall'art. 35, co. 1, d.lg. n. 149/2022 medesimo, come modificato dall'art. 1, co. 380, lett. a), l. 29/12/2022, n. 197.

Art. 5 (1). – 1. L'affidatario deve accogliere presso di sé il minore e provvedere al suo mantenimento e alla sua educazione e istruzione, tenendo conto delle indicazioni dei genitori per i quali non vi sia stata pronuncia ai sensi degli articoli 330 e 333 del codice civile, ovvero del tutore o curatore, ed osservando le prescrizioni stabilite dall'autorità affidante. Si applicano, in quanto compatibili, le disposizioni dell'articolo 316 del codice civile. In ogni caso l'affidatario esercita i poteri connessi con la responsabilità genitoriale in relazione agli ordinari rapporti con la istituzione scolastica e con le autorità sanitarie. L'affidatario o l'eventuale famiglia collocataria devono essere convocati, a pena di nullità, nei procedimenti civili in materia di responsabilità genitoriale, di affidamento e di adottabilità relativi al minore affidato ed hanno facoltà di presentare memorie scritte nell'interesse del minore (2).

2. Il servizio sociale, nell'ambito delle proprie competenze, su disposizione del giudice ovvero secondo le necessità del caso, svolge opera di sostegno educativo e psicologico, agevola i rapporti con la famiglia di provenienza ed il rientro nella stessa del minore secondo le modalità più idonee, avvalendosi anche delle competenze professionali delle altre strutture del territorio e dell'opera delle associazioni familiari eventualmente indicate dagli affidatari.

3. Le norme di cui ai commi 1 e 2 si applicano, in quanto compatibili, nel caso di minori ospitati presso una comunità di tipo familiare o che si trovino presso un istituto di assistenza pubblico o privato.

4. Lo Stato, le regioni e gli enti locali, nell'ambito delle proprie competenze e nei limiti delle disponibilità finanziarie dei rispettivi bilanci, intervengono con misure di sostegno e di aiuto economico in favore della famiglia affidataria.

(1) Articolo sostituito dall'art. 5, co. 1, l. 28/3/2001, n. 149 e, successivamente, modificato dall'art. 100, co. 1, lett. d), d.lg. 28/12/2013 n. 154 a decorrere dal 7/2/2014 come indicato dall'art. 108, co. 1, del citato decreto.

(2) Comma modificato dall'art. 2, co. 1, l. 19/10/2015, n. 173 e successivamente dall'art. 28, co. 1, lett. c), d.lg. 10/10/2022, n. 149, con effetto a decorrere dal 28/2/2023, come stabilito dall'art. 35, co. 1, d.lg. n. 149/2022 medesimo, come modificato dall'art. 1, co. 380, lett. a), l. 29/12/2022, n. 197.

Art. 5 bis (1). – 1. Il minore può essere affidato al servizio sociale del luogo di residenza abituale, quando si trova nella condizione prevista dall'articolo 333 del codice civile e gli interventi di cui all'articolo 1, commi 2 e 3, si sono rivelati inefficaci o i genitori non hanno collaborato alla loro attuazione, fatto salvo quanto previsto all'articolo 2, comma 3.

2. Con il provvedimento con cui dispone la limitazione della responsabilità genitoriale e affida il minore al servizio sociale, il tribunale indica:

a) il soggetto presso il quale il minore è collocato;

b) gli atti che devono essere compiuti direttamente dal servizio sociale dell'ente locale, anche in collaborazione con il servizio sanitario, in base agli interventi previsti dall'articolo 4, comma 3;

c) gli atti che possono essere compiuti dal soggetto collocatario del minore;

d) gli atti che possono essere compiuti dai genitori;

e) gli atti che possono essere compiuti dal curatore nominato ai sensi dell'articolo 333, secondo comma, del codice civile;

f) i compiti affidati al servizio sociale ai sensi dell'articolo 5, comma 2;

g) la durata dell'affidamento, non superiore a ventiquattro mesi;

h) la periodicità, non superiore a sei mesi, con la quale il servizio sociale riferisce all'autorità giudiziaria che procede ovvero, in mancanza, al giudice tutelare sull'andamento degli interventi, sui rapporti mantenuti dal minore con i genitori, sull'attuazione del progetto predisposto dal tribunale.

3. Il servizio sociale, nello svolgimento dei compiti a lui affidati e nell'adozione delle scelte a lui demandate, tiene conto delle indicazioni dei genitori che non siano stati dichiarati decaduti dalla responsabilità genitoriale e del minore nonché, ove vi siano, del curatore e del curatore speciale.

4. Entro quindici giorni dalla notifica del provvedimento il servizio sociale comunica il nominativo del responsabile dell'affidamento al tribunale, ai genitori, agli esercenti la responsabilità genitoriale, al curatore se nominato e al soggetto collocatario.

5. Se l'affidamento al servizio sociale è disposto con il provvedimento che definisce il giudizio, la decisione è comunicata al giudice tutelare del luogo di residenza abituale del minore, per la vigilanza sulla sua attuazione.

6. Il giudice competente per l'attuazione, su istanza del servizio sociale, adotta i provvedimenti opportuni nell'interesse del minore.

7. Si applicano le disposizioni in materia di inefficacia e di proroga dell'affidamento di cui all'articolo 4, commi 4, 5 e 5-quater.

(1) Articolo inserito dall'art. 28, co. 1, lett. d), d.lg. 10/10/2022, n. 149, con effetto a decorrere dal 28/2/2023, come stabilito dall'art. 35, co. 1, d.lg. n. 149/2022 medesimo, come modificato dall'art. 1, co. 380, lett. a), l. 29/12/2022, n. 197.

TITOLO II
DELL'ADOZIONE

Capo I
Disposizioni generali

Art. 6 (1). – 1. L'adozione è consentita a coniugi uniti in matrimonio da almeno tre anni. Tra i coniugi non deve sussistere e non deve avere avuto luogo negli ultimi tre anni separazione personale neppure di fatto.

2. I coniugi devono essere affettivamente idonei e capaci di educare, istruire e mantenere i minori che intendano adottare.

3. L'età degli adottanti deve superare di almeno diciotto e di non più di quarantacinque anni l'età dell'adottando.

4. Il requisito della stabilità del rapporto di cui al comma 1 può ritenersi realizzato anche quando i coniugi abbiano convissuto in modo stabile e continuativo prima del matrimonio per un periodo di tre anni, nel caso in cui il tribunale per i minorenni accerti la continuità e la stabilità della convivenza, avuto riguardo a tutte le circostanze del caso concreto.

5. I limiti di cui al comma 3 possono essere derogati, qualora il tribunale per i minorenni accerti che dalla mancata adozione derivi un danno grave e non altrimenti evitabile per il minore.

6. Non è preclusa l'adozione quando il limite massimo di età degli adottanti sia superato da uno solo di essi in misura non superiore a dieci anni, ovvero quando essi siano genitori di figli anche adottivi dei quali almeno uno sia in età minore, ovvero quando l'adozione riguardi un fratello o una sorella del minore già dagli stessi adottato (2).

7. Ai medesimi coniugi sono consentite più adozioni anche con atti successivi e costituisce criterio preferenziale ai fini dell'adozione l'avere già adottato un fratello dell'adottando o il fare richiesta di adottare più fratelli, ovvero la disponibilità dichiarata all'adozione di minori che si trovino nelle condizioni indicate dall'articolo 3, comma 1, della legge 5 febbraio 1992, n. 104, concernente l'assistenza, l'integrazione sociale e i diritti delle persone handicappate.

8. Nel caso di adozione dei minori di età superiore a dodici anni o con handicap accertato ai sensi dell'articolo 4 della legge 5 febbraio 1992, n. 104, lo Stato, le regioni e gli enti locali possono intervenire, nell'ambito delle proprie competenze e nei limiti delle disponibilità finanziarie dei rispettivi bilanci, con specifiche misure di carattere economico, eventualmente anche mediante misure di sostegno alla formazione e all'inserimento sociale, fino all'età di diciotto anni degli adottati.

(1) Articolo sostituito dall'art. 6, co. 1, l. 28/3/2001, n. 149.

• La Corte costituzionale, nel testo precedente alla sostituzione operata dalla l. n. 149/2001, si è così espressa: la sent. 1/4/1992, n. 148 ha dichiarato l'illegittimità costituzionale dell'art. 6, co. 2, nella parte in cui non consente l'adozione di uno o più fratelli in stato di adottabilità, quando per uno di essi l'età degli adottanti supera di più di quarant'anni l'età dell'adottando e dalla separazione deriva ai minori un danno grave per il venir meno della comunanza di vita e di educazione; la sent. 24/7/1996, n. 303 ha dichiarato l'illegittimità costituzionale dell'art. 6, co. 2, nella parte in cui non prevede che il giudice possa disporre l'adozione, valutando esclusivamente l'interesse del minore, quando l'età di uno dei coniugi adottanti superi di oltre quaranta anni l'età dell'adottando, pur rimanendo la differenza di età compresa in quella che di solito intercorre tra genitori e figli, se dalla mancata adozione deriva un danno grave e non altrimenti evitabile per il minore; la sent. 9/10/1998, n. 349 ha dichiarato l'illegittimità costituzionale dell'art. 6, co. 2, nella parte in cui non prevede che il giudice possa disporre l'adozione, valutando esclusivamente l'interesse del minore, quando l'età di uno dei coniugi adottanti non superi di almeno diciotto anni l'età dell'adottando, pur rimanendo la differenza di età compresa in quella che di solito intercorre tra genitori e figli, se dalla mancata adozione deriva un danno grave e non altrimenti evitabile per il minore; la sent. 5/7/1999, n. 283 ha dichiarato l'illegittimità costituzionale dell'art. 6, co. 2, nella parte in cui non prevede che il giudice possa disporre l'adozione, valutando esclusivamente l'interesse del minore, quando l'età dei coniugi adottanti superi di oltre quaranta anni l'età dell'adottando, pur rimanendo la differenza di età compresa in quella che di solito intercorre tra genitori e figli, se dalla mancata adozione deriva un danno grave e non altrimenti evitabile per il minore.

(2) Comma modificato dall'art. 100, co. 1, lett. e), d.lg. 28/12/2013, n. 154 a decorrere dal 7/2/2014 come indicato dall'art. 108, co. 1, del citato decreto.

Art. 7 (1). – 1. L'adozione è consentita a favore dei minori dichiarati in stato di adottabilità ai sensi degli articoli seguenti.

2. Il minore, il quale ha compiuto gli anni quattordici, non può essere adottato se non presta personalmente il proprio consenso, che deve essere manifestato anche quando il minore compia l'età predetta nel corso del procedimento. Il consenso dato può comunque essere revocato sino alla pronuncia definitiva dell'adozione.

3. Se l'adottando ha compiuto gli anni dodici deve essere personalmente sentito; se ha un'età inferiore, deve essere sentito, in considerazione della sua capacità di discernimento.

(1) Articolo sostituito dall'art. 7 della l. 28/3/2001, n. 149.

Capo II
Della dichiarazione di adottabilità (1)

(1) A norma dell'art. 1 del d.l. 24/4/2001, n. 150, in via transitoria, fino alla emanazione di una specifica disciplina sulla difesa di ufficio nei procedimenti per la dichiarazione dello stato di adottabilità disciplinati dal presente Capo, e comunque non oltre il 30/6/2002, ai predetti procedimenti e ai relativi giudizi di opposizione continuano ad applicarsi le disposizioni processuali vigenti anteriormente alla data di entrata in vigore del citato d.l. n. 150/2001.

Art. 8 (1). – 1. Sono dichiarati in stato di adottabilità dal tribunale per i minorenni del distretto nel quale si trovano, i minori di cui sia accertata la situazione di abbandono perché privi di assistenza morale e materiale da parte dei genitori o dei parenti tenuti a provvedervi, purché la mancanza di assistenza non sia dovuta a causa di forza maggiore di carattere transitorio.

2. La situazione di abbandono sussiste, sempre che ricorrano le condizioni di cui al comma 1, anche quando i minori si trovino presso istituti di assistenza pubblici o privati o comunità di tipo familiare ovvero siano in affidamento familiare.

3. Non sussiste causa di forza maggiore quando i soggetti di cui al comma 1 rifiutano le misure di sostegno offerte dai servizi sociali locali, anche all'esito della segnalazione di cui all'articolo 79-bis, e tale rifiuto viene ritenuto ingiustificato dal giudice (2).

4. Il procedimento di adottabilità deve svolgersi fin dall'inizio con l'assistenza legale del minore e dei genitori o degli altri parenti, di cui al comma 2 dell'articolo 10.

(1) Articolo sostituito dall'art. 8, co. 1, l. 28/3/2001, n. 149.

• A norma dell'art. 1 del d.l. 24/4/2001, n. 150, in via transitoria, fino alla emanazione di una specifica disciplina sulla difesa di ufficio nei procedimenti per la dichiarazione dello stato di adottabilità disciplinati dal presente articolo, e comunque non oltre il 30/6/2002, ai predetti procedimenti e ai relativi giudizi di opposizione continuano ad applicarsi le disposizioni processuali vigenti anteriormente alla data di entrata in vigore del citato d.l. n. 150/2001.

(2) Comma modificato dall'art. 100, co. 1, lett. f), d.lg. 28/12/2013, n. 154 a decorrere dal 7/2/2014 come indicato dall'art. 108, co. 1, del citato decreto.

Art. 9 (1). – 1. Chiunque ha facoltà di segnalare all'autorità pubblica situazioni di abbandono di minori di età. I pubblici ufficiali, gli incaricati di un pubblico servizio, gli esercenti un servizio di pubblica necessità debbono riferire al più presto al procuratore della Repubblica presso il tribunale per i minorenni del luogo in cui il minore si trova sulle condizioni di ogni minore in situazione di abbandono di cui vengano a conoscenza in ragione del proprio ufficio.

2. Gli istituti di assistenza pubblici o privati e le comunità di tipo familiare devono trasmettere semestralmente al procuratore della Repubblica presso il tribunale per i minorenni del luogo ove hanno sede l'elenco di tutti i minori collocati presso di loro con l'indicazione specifica, per ciascuno di essi, della località di residenza dei genitori, dei rapporti con la famiglia e delle condizioni psicofisiche del minore stesso. Il procuratore della Repubblica presso il tribunale per i minorenni, assunte le necessarie informazioni, chiede al tribunale, con ricorso, di dichiarare l'adottabilità di quelli tra i minori segnalati o collocati presso le comunità di tipo familiare o gli istituti di assistenza pubblici o privati o presso una famiglia affidataria, che risultano in situazioni di abbandono, specificandone i motivi.

3. Il procuratore della Repubblica presso il tribunale per i minorenni, che trasmette gli atti al medesimo tribunale con relazione informativa, ogni sei mesi, effettua o dispone ispe-

zioni negli istituti di assistenza pubblici o privati ai fini di cui al comma 2. Può procedere a ispezioni straordinarie in ogni tempo.

4. Chiunque, non essendo parente entro il quarto grado, accoglie stabilmente nella propria abitazione un minore, qualora l'accoglienza si protragga per un periodo superiore a sei mesi, deve, trascorso tale periodo, darne segnalazione al procuratore della Repubblica presso il tribunale per i minorenni. L'omissione della segnalazione può comportare l'inidoneità ad ottenere affidamenti familiari o adottivi e l'incapacità all'ufficio tutelare.

5. Nello stesso termine di cui al comma 4, uguale segnalazione deve essere effettuata dal genitore che affidi stabilmente a chi non sia parente entro il quarto grado il figlio minore per un periodo non inferiore a sei mesi. L'omissione della segnalazione può comportare la decadenza dalla responsabilità genitoriale sul figlio a norma dell'articolo 330 del codice civile e l'apertura della procedura di adottabilità (2).

(1) Articolo sostituito dall'art. 9, co. 1, l. 28/3/2001, n. 149.

• A norma dell'art. 1 del d.l. 24/4/2001, n. 150, in via transitoria, fino alla emanazione di una specifica disciplina sulla difesa di ufficio nei procedimenti per la dichiarazione dello stato di adottabilità disciplinati dal presente articolo, e comunque non oltre il 30/6/2002, ai predetti procedimenti e ai relativi giudizi di opposizione continuano ad applicarsi le disposizioni processuali vigenti anteriormente alla data di entrata in vigore del citato d.l. n. 150/2001.

(2) Comma modificato dall'art. 100, co. 1, lett. g), d.lg. 28/12/2013, n. 154 a decorrere dal 7/2/2014 come indicato dall'art. 108, co. 1, del citato decreto.

Art. 10 (1). – 1. Il presidente del tribunale per i minorenni o un giudice da lui delegato, ricevuto il ricorso di cui all'articolo 9, comma 2, provvede all'immediata apertura di un procedimento relativo allo stato di abbandono del minore. Dispone immediatamente, all'occorrenza, tramite i servizi sociali locali o gli organi di pubblica sicurezza, più approfonditi accertamenti sulle condizioni giuridiche e di fatto del minore, sull'ambiente in cui ha vissuto e vive ai fini di verificare se sussiste lo stato di abbandono.

2. All'atto dell'apertura del procedimento, sono avvertiti i genitori o, in mancanza, i parenti entro il quarto grado che abbiano rapporti significativi con il minore. Con lo stesso atto il presidente del tribunale per i minorenni li invita a nominare un difensore e li informa della nomina di un difensore di ufficio per il caso che essi non vi provvedano. Tali soggetti, assistiti dal difensore, possono partecipare a tutti gli accertamenti disposti dal tribunale, possono presentare istanze anche istruttorie e prendere visione ed estrarre copia degli atti contenuti nel fascicolo previa autorizzazione del giudice.

3. Il tribunale può disporre in ogni momento e fino all'affidamento preadottivo ogni opportuno provvedimento provvisorio nell'interesse del minore, ivi compresi il collocamento temporaneo presso una famiglia o una comunità di tipo familiare, la sospensione della responsabilità genitoriale dei genitori sul minore, la sospensione dell'esercizio delle funzioni del tutore e la nomina di un tutore provvisorio (1).

4. In caso di urgente necessità, i provvedimenti di cui al comma 3 possono essere adottati dal presidente del tribunale per i minorenni o da un giudice da lui delegato.

5. Il tribunale, entro trenta giorni, deve confermare, modificare o revocare i provvedimenti urgenti assunti ai sensi del comma 4. Il tribunale provvede in camera di consiglio con l'intervento del pubblico ministero, sentite tutte le parti interessate ed assunta ogni necessaria informazione. Deve inoltre essere sentito il minore che ha compiuto gli anni dodici e anche il minore di età inferiore, in considerazione della sua capacità di discernimento. I provvedimenti adottati debbono essere comunicati al pubblico ministero ed ai genitori. Si applicano le norme di cui agli articoli 330 e seguenti del codice civile.

(1) Articolo sostituito dall'art. 10, l. 28/3/2001, n. 149.

• A norma dell'art. 1 del d.l. 24/4/2001, n. 150, in via transitoria, fino alla emanazione di una specifica disciplina sulla difesa di ufficio nei procedimenti per la dichiarazione dello stato di adottabilità disciplinati dal presente articolo, e comunque non oltre il 30/6/2002, ai predetti procedimenti e ai relativi giudizi di opposizione continuano ad applicarsi le disposizioni processuali vigenti anteriormente alla data di entrata in vigore del citato d.l. n. 150/2001.

(2) Comma modificato dall'art. 100, co. 1, lett. h), d.lg. 28/12/2013, n. 154 a decorrere dal 7/2/2014 come indicato dall'art. 108, co. 1, del citato decreto.

Art. 11 (1). – 1. Quando dalle indagini previste nell'articolo precedente risultano deceduti i genitori del minore e non risultano esistenti parenti entro il quarto grado che abbiano rapporti significativi con il minore, il tribunale per i minorenni provvede a dichiarare lo stato di adottabilità, salvo che esistano istanze di adozione ai sensi dell'articolo 44. In tal caso il tribunale per i minorenni decide nell'esclusivo interesse del minore (2).

2. Nel caso in cui non risulti l'esistenza di genitori [naturali] che abbiano riconosciuto il minore o la cui paternità o maternità sia stata dichiarata giudizialmente, il tribunale per i minorenni, senza eseguire ulteriori accertamenti, provvede immediatamente alla dichiarazione dello stato di adottabilità a meno che non vi sia richiesta di sospensione della procedura da parte di chi, affermando di essere uno dei genitori [naturali], chiede termine per provvedere al riconoscimento. La sospensione può essere disposta dal tribunale per un periodo massimo di due mesi sempreché nel frattempo il minore sia assistito dal genitore [naturale] o dai parenti fino al quarto grado o in altro modo conveniente, permanendo comunque un rapporto con il genitore [naturale].

3. Nel caso di non riconoscibilità per difetto di età del genitore, la procedura è rinviata anche d'ufficio sino al compimento del sedicesimo anno di età del genitore [naturale], purché sussistano le condizioni menzionate nel comma precedente. Al compimento del sedicesimo anno, il genitore può chiedere ulteriore sospensione per altri due mesi. Il genitore autorizzato al riconoscimento prima del compimento del sedicesimo anno ai sensi dell'articolo 250, quinto comma, del codice civile, può chiedere ulteriore sospensione per altri due mesi dopo l'autorizzazione (3).

4. Ove il tribunale sospenda o rinvii la procedura ai sensi dei commi precedenti, nomina al minore, se necessario, un tutore provvisorio.

5. Se entro detti termini viene effettuato il riconoscimento, deve dichiararsi chiusa la procedura, ove non sussista abbandono morale e materiale. Se trascorrono i termini senza che sia stato effettuato il riconoscimento, si provvede senza altra formalità di procedura alla pronuncia dello stato di adottabilità.

6. Il tribunale, in ogni caso, anche a mezzo dei servizi locali, informa entrambi i presunti genitori, se possibile, o comunque quello reperibile, che si possono avvalere delle facoltà di cui al secondo e terzo comma.

7. Intervenuta la dichiarazione di adottabilità e l'affidamento preadottivo, il riconoscimento è privo di efficacia. Il giudizio per la dichiarazione giudiziale di paternità o maternità è sospeso di diritto e si estingue ove segua la pronuncia di adozione divenuta definitiva.

(1) Articolo modificato dall'art. 100, co. 1, lett. i), d.lg. 28/12/2013, n. 154 a decorrere dal 7/2/2014 come indicato dall'art. 108, co. 1, del citato decreto.

• A norma dell'art. 1, d.l. 24/4/2001, n. 150, in via transitoria, fino alla emanazione di una specifica disciplina sulla difesa di ufficio nei procedimenti per la dichiarazione dello stato di adottabilità disciplinati dal presente articolo, e comunque non oltre il 30/6/2002, ai predetti procedimenti e ai relativi giudizi di opposizione continuano ad applicarsi le disposizioni processuali vigenti anteriormente alla data di entrata in vigore del citato d.l. 150/2001.

(2) Comma modificato dall'art. 11, co. 1, l. 28/3/2001, n. 149.

(3) Comma modificato dall'art. 100, co. 1, lett. i), d.lg. 28/12/2013, n. 154 a decorrere dal 7/2/2014 come indicato dall'art. 108, co. 1, del citato decreto.

Art. 12. – 1. Quando attraverso le indagini effettuate consta l'esistenza dei genitori o di parenti entro il quarto grado indicati nell'articolo precedente, che abbiano mantenuto rapporti significativi con il minore, e ne è nota la residenza, il presidente del tribunale per i minorenni con decreto motivato fissa la loro comparizione, entro un congruo termine, dinanzi a sé o ad un giudice da lui delegato.

2. Nel caso in cui i genitori o i parenti risiedano fuori dalla circoscrizione del tribunale per i minorenni che procede, la loro audizione può essere delegata al tribunale per i minorenni del luogo della loro residenza.

3. In caso di residenza all'estero è delegata l'autorità consolare competente.

4. Udite le dichiarazioni dei genitori o dei parenti, il presidente del tribunale per i minorenni o il giudice delegato, ove ne ravvisi l'opportunità, impartisce con decreto motivato ai genitori o ai parenti prescrizioni idonee a garantire l'assistenza morale, il mantenimento, l'istruzione e l'educazione del minore, stabilendo al tempo stesso periodici accertamenti da eseguirsi direttamente o avvalendosi del giudice tutelare o dei servizi locali, ai quali può essere affidato l'incarico di operare al fine di più validi rapporti tra il minore e la famiglia.

5. Il presidente o il giudice delegato può, altresì, chiedere al pubblico ministero di promuovere l'azione per la corresponsione degli alimenti a carico di chi vi è tenuto per legge e, al tempo stesso, dispone, ove d'uopo, provvedimenti temporanei ai sensi del comma 3 dell'articolo 10 (1).

(1) Comma modificato dall'art. 12 della l. 28/3/2001, n. 149.

• A norma dell'art. 1 del d.l. 24/4/2001, n. 150, in via transitoria, fino alla emanazione di una specifica disciplina sulla difesa di ufficio nei procedimenti per la dichiarazione dello stato di adottabilità disciplinati dal presente articolo, e comunque non oltre il 30/6/2002, ai predetti procedimenti e ai relativi giudizi di opposizione continuano ad applicarsi le disposizioni processuali vigenti anteriormente alla data di entrata in vigore del citato d.l. n. 150/2001.

Art. 13. – 1. Nel caso in cui i genitori ed i parenti di cui all'articolo precedente risultino irreperibili ovvero non ne sia conosciuta la residenza, la dimora o il domicilio, il tribunale per i minorenni provvede alla loro convocazione ai sensi degli articoli 140 e 143 del codice di procedura civile, previe nuove ricerche tramite gli organi di pubblica sicurezza (1).

(1) A norma dell'art. 1 del d.l. 24/4/2001, n. 150, in via transitoria, fino alla emanazione di una specifica disciplina sulla difesa di ufficio nei procedimenti per la dichiarazione dello stato di adottabilità disciplinati dal presente articolo, e comunque non oltre il 30/6/2002, ai predetti procedimenti e ai relativi giudizi di opposizione continuano ad applicarsi le disposizioni processuali vigenti anteriormente alla data di entrata in vigore del citato d.l. n. 150/2001.

Art. 14 (1). – 1. Il tribunale per i minorenni può disporre, prima della dichiarazione di adottabilità, la sospensione del procedimento, quando da particolari circostanze emerse dalle indagini effettuate risulta che la sospensione può riuscire utile nell'interesse del minore. In tal caso la sospensione è disposta con ordinanza motivata per un periodo non superiore a un anno.

2. La sospensione è comunicata ai servizi sociali locali competenti perché adottino le iniziative opportune.

(1) Articolo sostituito dall'art. 13 della l. 28/3/2001, n. 149.

• A norma dell'art. 1 del d.l. 24/4/2001, n. 150, in via transitoria, fino alla emanazione di una specifica disciplina sulla difesa di ufficio nei procedimenti per la dichiarazione dello stato di adottabilità disciplinati dal presente articolo, e comunque non oltre il 30/6/2002, ai predetti procedimenti e ai relativi giudizi di opposizione continuano ad applicarsi le disposizioni processuali vigenti anteriormente alla data di entrata in vigore del citato d.l. n. 150/2001.

Art. 15 (1). – 1. A conclusione delle indagini e degli accertamenti previsti dagli articoli precedenti, ove risulti la situazione di abbandono di cui all'articolo 8, lo stato di adottabilità del minore è dichiarato dal tribunale per i minorenni quando:

a) i genitori ed i parenti convocati ai sensi degli articoli 12 e articolo 13 non si sono presentati senza giustificato motivo;

b) l'audizione dei soggetti di cui alla lettera a) ha dimostrato il persistere della mancanza di assistenza morale e materiale e la non disponibilità ad ovviarvi;

c) le prescrizioni impartite ai sensi dell'articolo 12 sono rimaste inadempiute per responsabilità dei genitori ovvero è provata l'irrecuperabilità delle capacità genitoriali dei genitori in un tempo ragionevole (2).

2. La dichiarazione dello stato di adottabilità del minore è disposta dal tribunale per i minorenni in camera di consiglio con sentenza, sentito il pubblico ministero, nonché il rappresentante dell'istituto di assistenza pubblico o privato o della comunità di tipo familiare presso cui il minore è collocato o la persona cui egli è affidato. Devono essere, parimenti, sentiti il tutore, ove esista, ed il minore che abbia compiuto gli anni dodici e anche il minore di età inferiore, in considerazione della sua capacità di discernimento.

3. La sentenza è notificata per esteso al pubblico ministero, ai genitori, ai parenti indicati nel primo comma dell'articolo 12, al tutore, nonché al curatore speciale ove esistano, con contestuale avviso agli stessi del loro diritto di proporre impugnazione nelle forme e nei termini di cui all'articolo 17.

(1) Articolo sostituito dall'art. 14, co. 1, l. 28/3/2001, n. 149.

• A norma dell'art. 1 del d.l. 24/4/2001, n. 150, in via transitoria, fino alla emanazione di una specifica disciplina sulla difesa di ufficio nei procedimenti per la dichiarazione dello stato di adottabilità disciplinati dal presente articolo, e comunque non oltre il 30/6/2002, ai predetti procedimenti e ai relativi giudizi di opposizione continuano ad applicarsi le disposizioni processuali vigenti anteriormente alla data di entrata in vigore del citato d.l. n. 150/2001.

(2) Lettera sostituita dall'art. 100, co. 1, lett. l), d.lg. 28/12/2013, n. 154 a decorrere dal 7/2/2014 come indicato dall'art. 108, co. 1, del citato decreto.

Art. 16 (1). – 1. Il tribunale per i minorenni, esaurita la procedura prevista nei precedenti articoli e qualora ritenga che non sussistano i presupposti per la pronuncia per lo stato di adottabilità dichiara che non vi è luogo a provvedere.

2. La sentenza è notificata per esteso al pubblico ministero, ai genitori, ai parenti indicati nel primo comma dell'articolo 12, nonché al tutore e al curatore speciale ove esistano. Il tribunale per i minorenni adotta i provvedimenti opportuni nell'interesse del minore.

3. Si applicano gli articoli 330 e seguenti del codice civile.

(1) Articolo sostituito dall'art. 15 della l. 28/3/2001, n. 149.

• A norma dell'art. 1 del d.l. 24/4/2001, n. 150, in via transitoria, fino alla emanazione di una specifica disciplina sulla difesa di ufficio nei procedimenti per la dichiarazione dello stato di adottabilità disciplinati dal presente articolo, e comunque non oltre il 30/6/2002, ai predetti procedimenti e ai relativi giudizi di opposizione continuano ad applicarsi le disposizioni processuali vigenti anteriormente alla data di entrata in vigore del citato d.l. n. 150/2001.

Art. 17 (1). – 1. Avverso la sentenza il pubblico ministero e le altre parti possono proporre impugnazione avanti la Corte d'appello, sezione per i minorenni, entro trenta giorni dalla notificazione. La Corte, sentite le parti e il pubblico ministero ed effettuato ogni altro opportuno accertamento, pronuncia sentenza in camera di consiglio e provvede al deposito della stessa in cancelleria, entro quindici giorni dalla pronuncia. La sentenza è notificata d'ufficio al pubblico ministero e alle altre parti.

2. Avverso la sentenza della Corte d'appello è ammesso ricorso per Cassazione, entro trenta giorni dalla notificazione, per i motivi di cui ai numeri 3, 4 e 5 del primo comma dell'articolo 360 del codice di procedura civile. Si applica altresì il secondo comma dello stesso articolo.

3. L'udienza di discussione dell'appello e del ricorso deve essere fissata entro sessanta giorni dal deposito dei rispettivi atti introduttivi.

(1) Articolo sostituito dall'art. 16, l. 28/3/2001, n. 149.

• A norma dell'art. 1 del d.l. 24/4/2001, n. 150, in via transitoria, fino alla emanazione di una specifica disciplina sulla difesa di ufficio nei procedimenti per la dichiarazione dello stato di adottabilità disciplinati dal presente articolo, e comunque non oltre il 30/6/2002, ai predetti procedimenti e ai relativi giudizi di opposizione continuano ad applicarsi le disposizioni processuali vigenti anteriormente alla data di entrata in vigore del citato d.l. n. 150/2001.

Art. 18 (1). – 1. La sentenza definitiva che dichiara lo stato di adottabilità è trascritta, a cura del cancelliere del tribunale per i minorenni, su apposito registro conservato presso la cancelleria del tribunale stesso. La trascrizione deve essere effettuata entro il decimo giorno successivo a quello della comunicazione che la sentenza di adottabilità è divenuta definitiva. A questo effetto, il cancelliere del giudice dell'impugnazione deve inviare immediatamente apposita comunicazione al cancelliere del tribunale per i minorenni.

(1) Articolo sostituito dall'art. 17 della l. 28/3/2001, n. 149.

• A norma dell'art. 1 del d.l. 24/4/2001, n. 150, in via transitoria, fino alla emanazione di una specifica disciplina sulla difesa di ufficio nei procedimenti per la dichiarazione dello stato di adottabilità disciplinati dal presente articolo, e comunque non oltre il 30/6/2002, ai predetti procedimenti e ai relativi giudizi di opposizione continuano ad applicarsi le disposizioni processuali vigenti anteriormente alla data di entrata in vigore del citato d.l. n. 150/2001.

Art. 19. – 1. Durante lo stato di adottabilità è sospeso l'esercizio della responsabilità genitoriale (1).

2. Il tribunale per i minorenni nomina un tutore, ove già non esista, e adotta gli ulteriori provvedimenti nell'interesse del minore (2).

(1) Comma modificato dall'art. 100, co. 1, lett. m), d.lg. 28/12/2013, n. 154 a decorrere dal 7/2/2014 come indicato dall'art. 108, co. 1, del citato decreto.

(2) A norma dell'art. 1 del d.l. 24/4/2001, n. 150, in via transitoria, fino alla emanazione di una specifica disciplina sulla difesa di ufficio nei procedimenti per la dichiarazione dello stato di adottabilità disciplinati dal presente articolo, e comunque non oltre il 30/6/2002, ai predetti procedimenti e ai relativi giudizi di opposizione continuano ad applicarsi le disposizioni processuali vigenti anteriormente alla data di entrata in vigore del citato d.l. n. 150/2001.

Art. 20. – 1. Lo stato di adottabilità cessa per adozione o per il raggiungimento della maggiore età da parte dell'adottando (1).

(1) A norma dell'art. 1 del d.l. 24/4/2001, n. 150, in via transitoria, fino alla emanazione di una specifica disciplina sulla difesa di ufficio nei procedimenti per la dichiarazione dello stato di adottabilità disciplinati dal presente articolo, e comunque non oltre il 30/6/2002, ai predetti procedimenti e ai relativi giudizi di opposizione continuano ad applicarsi le disposizioni processuali vigenti anteriormente alla data di entrata in vigore del citato d.l. n. 150/2001.

Art. 21 (1). – 1. Lo stato di adottabilità cessa altresì per revoca, nell'interesse del minore, in quanto siano venute meno le condizioni di cui all'articolo 8, comma 1, successivamente alla sentenza di cui al comma 2 dell'articolo 15.

2. La revoca è pronunciata dal tribunale per i minorenni d'ufficio o su istanza del pubblico ministero, dei genitori, del tutore.

3. Il tribunale provvede in camera di consiglio, sentito il pubblico ministero.

4. Nel caso in cui sia in atto l'affidamento preadottivo, lo stato di adottabilità non può essere revocato.

(1) Articolo così sostituito dall'art. 18 della l. 28/3/2001, n. 149.

• A norma dell'art. 1 del d.l. 24/4/2001, n. 150, in via transitoria, fino alla emanazione di una specifica disciplina sulla difesa di ufficio nei procedimenti per la dichiarazione dello stato di adottabilità disciplinati dal presente articolo, e comunque non oltre il 30/6/2002, ai predetti procedimenti e ai relativi giudizi di opposizione continuano ad applicarsi le disposizioni processuali vigenti anteriormente alla data di entrata in vigore del citato d.l. n. 150/2001.

Capo III
Dell'affidamento preadottivo

Art. 22 (1). – 1. Coloro che intendono adottare devono presentare domanda al tribunale per i minorenni, specificando l'eventuale disponibilità ad adottare più fratelli ovvero minori che si trovino nelle condizioni indicate dall'articolo 3, comma 1, della legge 5 febbraio 1992, n. 104, concernente l'assistenza, l'integrazione sociale e i diritti delle persone handicappate. È ammissibile la presentazione di più domande anche successive a più tribunali per i minorenni, purché in ogni caso se ne dia comunicazione a tutti i tribunali precedentemente aditi. I tribunali cui la domanda è presentata possono richiedere copia degli atti di parte ed istruttori, relativi ai medesimi coniugi, agli altri tribunali; gli atti possono altresì essere comunicati d'ufficio. La domanda decade dopo tre anni dalla presentazione e può essere rinnovata.

2. In ogni momento a coloro che intendono adottare devono essere fornite, se richieste, notizie sullo stato del procedimento.

3. Il tribunale per i minorenni, accertati previamente i requisiti di cui all'articolo 6, dispone l'esecuzione delle adeguate indagini di cui al comma 4, ricorrendo ai servizi socio-assistenziali degli enti locali singoli o associati, nonché avvalendosi delle competenti professionalità delle aziende sanitarie locali ed ospedaliere, dando precedenza nella istruttoria alle domande dirette all'adozione di minori di età superiore a cinque anni o con handicap accertato ai sensi dell'articolo 4 della legge 5 febbraio 1992, n. 104.

4. Le indagini, che devono essere tempestivamente avviate e concludersi entro centoventi giorni, riguardano in particolare la capacità di educare il minore, la situazione personale ed economica, la salute, l'ambiente familiare dei richiedenti, i motivi per i quali questi ultimi desiderano adottare il minore. Con provvedimento motivato, il termine entro il quale devono concludersi le indagini può essere prorogato una sola volta e per non più di centoventi giorni.

5. Il tribunale per i minorenni, in base alle indagini effettuate, sceglie tra le coppie che hanno presentato domanda quella maggiormente in grado di corrispondere alle esigenze del minore.

6. Il tribunale per i minorenni, in camera di consiglio, sentiti il pubblico ministero, gli ascendenti dei richiedenti ove esistano, il minore che abbia compiuto gli anni dodici e anche il minore di età inferiore, in considerazione della sua capacità di discernimento, omessa ogni altra formalità di procedura, dispone, senza indugio, l'affidamento preadottivo, determinandone le modalità con ordinanza. Il minore che abbia compiuto gli anni quattordici deve manifestare espresso consenso all'affidamento alla coppia prescelta.

7. Il tribunale per i minorenni deve in ogni caso informare i richiedenti sui fatti rilevanti, relativi al minore, emersi dalle indagini. Non può essere disposto l'affidamento di uno solo di più fratelli, tutti in stato di adottabilità, salvo che non sussistano gravi ragioni. L'ordinanza è comunicata al pubblico ministero, ai richiedenti ed al tutore. Il provvedimento di affidamento preadottivo è immediatamente, e comunque non oltre dieci giorni, annotato a cura del cancelliere a margine della trascrizione di cui all'articolo 18.

8. Il tribunale per i minorenni vigila sul buon andamento dell'affidamento preadottivo avvalendosi anche del giudice tutelare e dei servizi locali sociali e consultoriali. In caso di accertate difficoltà, convoca, anche separatamente, gli affidatari e il minore, alla presenza, se del caso, di uno psicologo, al fine di valutare le cause all'origine delle difficoltà. Ove necessario, dispone interventi di sostegno psicologico e sociale.

(1) Articolo sostituito dall'art. 19, l. 28/3/2001, n. 149.

Art. 23 (1). – 1. L'affidamento preadottivo è revocato dal tribunale per i minorenni d'ufficio o su istanza del pubblico ministero o del tutore o di coloro che esercitano la vigilanza di cui all'articolo 22, comma 8, quando vengano accertate difficoltà di idonea convivenza ritenute non superabili. Il provvedimento relativo alla revoca è adottato dal tribunale per i minorenni, in camera di consiglio, con decreto motivato. Debbono essere sentiti, oltre al pubblico ministero ed al presentatore dell'istanza di revoca, il minore che abbia compiuto gli anni dodici e anche il minore di età inferiore, in considerazione della sua capacità di discernimento, gli affidatari, il tutore e coloro che abbiano svolto attività di vigilanza o di sostegno.

2. Il decreto è comunicato al pubblico ministero, al presentatore dell'istanza di revoca, agli affidatari ed al tutore. Il decreto che dispone la revoca dell'affidamento preadottivo è annotato a cura del cancelliere entro dieci giorni a margine della trascrizione di cui all'articolo 18.

3. In caso di revoca, il tribunale per i minorenni adotta gli opportuni provvedimenti temporanei in favore del minore ai sensi dell'articolo 10, comma 3. Si applicano gli articoli 330 e seguenti del codice civile.

(1) Articolo sostituito dall'art. 20, l. 28/3/2001, n. 149.

Art. 24. – 1. Il pubblico ministero e il tutore possono impugnare il decreto del tribunale relativo all'affidamento preadottivo o alla sua revoca, entro dieci giorni dalla comunicazione, con reclamo alla sezione per i minorenni della corte d'appello.

2. La corte d'appello, sentiti il ricorrente, il pubblico ministero e, ove occorra, le persone indicate nell'articolo 23 ed effettuati ogni altro accertamento ed indagine opportuni, decide in camera di consiglio con decreto motivato.

Capo IV
Della dichiarazione di adozione

Art. 25 (1). – 1. Il tribunale per i minorenni che ha dichiarato lo stato di adottabilità, decorso un anno dall'affidamento, sentiti i coniugi adottanti, il minore che abbia compiuto gli anni dodici e il minore di età inferiore, in considerazione della sua capacità di discernimento, il pubblico ministero, il tutore e coloro che abbiano svolto attività di vigilanza o di sostegno, verifica che ricorrano tutte le condizioni previste dal presente capo e, senza altra formalità di procedura, provvede sull'adozione con sentenza in camera di consiglio, decidendo di fare luogo o di non fare luogo all'adozione. Il minore che abbia compiuto gli anni quattordici deve manifestare espresso consenso all'adozione nei confronti della coppia prescelta.

1-bis. Le disposizioni di cui al comma 1 si applicano anche nell'ipotesi di prolungato periodo di affidamento ai sensi dell'articolo 4, comma 5-bis (2).

2. Qualora la domanda di adozione venga proposta da coniugi che hanno discendenti [legittimi o legittimati], questi, se maggiori degli anni dodici, debbono essere sentiti (3).

3. Nell'interesse del minore il termine di cui al comma 1 può essere prorogato di un anno, d'ufficio o su domanda dei coniugi affidatari, con ordinanza motivata.

4. Se uno dei coniugi muore o diviene incapace durante l'affidamento preadottivo, l'adozione, nell'interesse del minore, può essere ugualmente disposta ad istanza dell'altro coniuge nei confronti di entrambi, con effetto, per il coniuge deceduto, dalla data della morte.

5. Se nel corso dell'affidamento preadottivo interviene separazione tra i coniugi affidatari, l'adozione può essere disposta nei confronti di uno solo o di entrambi, nell'esclusivo interesse del minore, qualora il coniuge o i coniugi ne facciano richiesta.

6. La sentenza che decide sull'adozione è comunicata al pubblico ministero, ai coniugi adottanti ed al tutore.

7. Nel caso di provvedimento negativo viene meno l'affidamento preadottivo ed il tribunale per i minorenni assume gli opportuni provvedimenti temporanei in favore del minore ai sensi dell'articolo 10, comma 3. Si applicano gli articoli 330 e seguenti del codice civile.

(1) Articolo sostituito dall'art. 21, co. 1, l. 28/3/2001, n. 149.

(2) Comma inserito dalla l. 19/10/2015, n. 173.

(3) Comma modificato dall'art. 100, co. 1, lett. n), d.lg. 28/12/2013, n. 154 a decorrere dal 7/2/2014 come indicato dall'art. 108, co. 1, del citato decreto.

Art. 26 (1). – 1. Avverso la sentenza che dichiara se fare luogo o non fare luogo all'adozione, entro trenta giorni dalla notifica, può essere proposta impugnazione davanti alla sezione per i minorenni della Corte d'appello da parte del pubblico ministero, dagli adottanti e dal tutore del minore. La Corte d'appello, sentite le parti ed esperito ogni accertamento ritenuto opportuno, pronuncia sentenza. La sentenza è notificata d'ufficio alle parti per esteso.

2. Avverso la sentenza della Corte d'appello è ammesso ricorso per Cassazione, che deve essere proposto entro trenta giorni dalla notifica della stessa, solo per i motivi di cui al primo comma, numero 3, dell'articolo 360 del codice di procedura civile.

3. L'udienza di discussione dell'appello e del ricorso per Cassazione deve essere fissata entro sessanta giorni dal deposito dei rispettivi atti introduttivi.

4. La sentenza che pronuncia l'adozione, divenuta definitiva, è immediatamente trascritta nel registro di cui all'articolo 18 e comunicata all'ufficiale dello stato civile che la annota a margine dell'atto di nascita dell'adottato. A questo effetto, il cancelliere del giudice dell'impugnazione deve immediatamente dare comunicazione della definitività della sentenza al cancelliere del tribunale per i minorenni.

5. Gli effetti dell'adozione si producono dal momento della definitività della sentenza.

(1) Articolo sostituito dall'art. 22, l. 28/3/2001, n. 149.

Art. 27 (1). – 1. Per effetto dell'adozione l'adottato acquista lo stato di figlio nato nel matrimonio degli adottanti, dei quali assume e trasmette il cognome (2).

Se l'adozione è disposta nei confronti della moglie separata, ai sensi dell'articolo 25, comma 5, l'adottato assume il cognome della famiglia di lei (3).

Con l'adozione cessano i rapporti dell'adottato verso la famiglia d'origine, salvi i divieti matrimoniali.

(1) La Corte Costituzionale, con sent. 31/5/2022, n. 131, (in G.U. 1/6/2022, n. 22), ha dichiarato l'illegittimità costituzionale del presente comma nella parte in cui prevede che il figlio nato nel matrimonio assume il cognome del padre, anziché prevedere che il figlio assume i cognomi dei genitori, nell'ordine dai medesimi concordato, fatto salvo l'accordo, alla nascita, per attribuire il cognome di uno di loro soltanto e nella parte in cui prevede che l'adottato assume il cognome degli adottanti, anziché prevedere che l'adottato assume i cognomi degli adottanti, nell'ordine dai medesimi concordato, fatto salvo l'accordo, raggiunto nel procedimento di adozione, per attribuire il cognome di uno di loro soltanto.

(2) Comma modificato dall'art. 100, co. 1, lett. o), d.lg. 28/12/2013 n. 154 a decorrere dal 7/2/2014 come indicato dall'art. 108, co. 1, del citato decreto.

(3) Comma modificato dall'art. 23 della l. 28/3/2001, n. 149.

Art. 28 (1). – 1. Il minore adottato è informato di tale sua condizione ed i genitori adottivi vi provvedono nei modi e termini che essi ritengono più opportuni.

2. Qualunque attestazione di stato civile riferita all'adottato deve essere rilasciata con la sola indicazione del nuovo cognome e con l'esclusione di qualsiasi riferimento alla paternità e alla maternità del minore e dell'annotazione di cui all'articolo 26, comma 4.

3. L'ufficiale di stato civile, l'ufficiale di anagrafe e qualsiasi altro ente pubblico o privato, autorità o pubblico ufficio debbono rifiutarsi di fornire notizie, informazioni, certificazioni, estratti o copie dai quali possa comunque risultare il rapporto di adozione, salvo autorizzazione espressa dell'autorità giudiziaria. Non è necessaria l'autorizzazione qualora la richiesta provenga dall'ufficiale di stato civile, per verificare se sussistano impedimenti matrimoniali.

4. Le informazioni concernenti l'identità dei genitori biologici possono essere fornite ai genitori adottivi, quali esercenti la responsabilità genitoriale, su autorizzazione del tribunale per i minorenni, solo se sussistono gravi e comprovati motivi. Il tribunale accerta che l'informazione sia preceduta e accompagnata da adeguata preparazione e assistenza del minore. Le informazioni possono essere fornite anche al responsabile di una struttura ospedaliera o di un presidio sanitario, ove ricorrano i presupposti della necessità e della urgenza e vi sia grave pericolo per la salute del minore (2).

5. L'adottato, raggiunta l'età di venticinque anni, può accedere a informazioni che riguardano la sua origine e l'identità dei propri genitori biologici. Può farlo anche raggiunta la maggiore età, se sussistono gravi e comprovati motivi attinenti alla sua salute psico-fisica. L'istanza deve essere presentata al tribunale per i minorenni del luogo di residenza.

6. Il tribunale per i minorenni procede all'audizione delle persone di cui ritenga opportuno l'ascolto; assume tutte le informazioni di carattere sociale e psicologico, al fine di valutare che l'accesso alle notizie di cui al comma 5 non comporti grave turbamento all'equilibrio psico-fisico del richiedente. Definita l'istruttoria, il tribunale per i minorenni autorizza con decreto l'accesso alle notizie richieste.

7. L'accesso alle informazioni non è consentito nei confronti della madre che abbia dichiarato alla nascita di non volere essere nominata ai sensi dell'articolo 30, comma 1, del decreto del Presidente della Repubblica 3 novembre 2000, n. 396 (3).

8. Fatto salvo quanto previsto dai commi precedenti, l'autorizzazione non è richiesta per l'adottato maggiore di età quando i genitori adottivi sono deceduti o divenuti irreperibili.

(1) Articolo sostituito dall'art. 24, co. 1, l. 28/3/2001, n. 149.

(2) Comma modificato dall'art. 100, co. 1, lett. p), d.lg. 28/12/2013, n. 154 a decorrere dal 7/2/2014 come indicato dall'art. 108, co. 1, del citato decreto.

(3) Comma sostituito dall'art. 177, co. 2, d.lg. 30/6/2003, n. 196.

• La Corte costituzionale, con sent. 22/11/2013, n. 278 ha dichiarato l'illegittimità costituzionale del presente comma, come sostituito dall'art. 177, co. 2, d.lg. 30/6/2003, n. 196 (Codice in materia di protezione dei dati personali), nella parte in cui non prevede – attraverso un procedimento, stabilito dalla legge, che assicuri la massima riservatezza – la possibilità per il giudice di interpellare la madre – che abbia dichiarato di non voler essere nominata ai sensi dell'art. 30, co. 1, d.P.R. 3/11/2000, n. 396 (Regolamento per la revisione e la semplificazione dell'ordinamento dello stato civile, a norma dell'art. 2, co. 12, l. 15/5/1997, n. 127) – su richiesta del figlio, ai fini di una eventuale revoca di tale dichiarazione.

TITOLO III
DELL'ADOZIONE INTERNAZIONALE

Capo I
Dell'adozione di minori stranieri (1)

(1) Capo sostituito dall'art. 3 della l. 31/12/1998, n. 476.

Art. 29 (1). – 1. L'adozione di minori stranieri ha luogo conformemente ai princípi e secondo le direttive della Convenzione per la tutela dei minori e la cooperazione in materia di adozione internazionale, fatta a L'Aja il 29 maggio 1993, di seguito denominata "Convenzione", a norma delle disposizioni contenute nella presente legge.

(1) Articolo sostituito dall'art. 3, co. 1, l. 31/12/1998, n. 476.

Art. 29 bis (1). – 1. Le persone residenti in Italia, che si trovano nelle condizioni prescritte dall'articolo 6 e che intendono adottare un minore straniero residente all'estero, presentano dichiarazione di disponibilità al tribunale per i minorenni del distretto in cui hanno la residenza e chiedono che lo stesso dichiari la loro idoneità all'adozione.

2. Nel caso di cittadini italiani residenti in uno Stato straniero, fatto salvo quanto stabilito nell'articolo 36, comma 4, è competente il tribunale per i minorenni del distretto in cui si trova il luogo della loro ultima residenza; in mancanza, è competente il tribunale per i minorenni di Roma.

3. Il tribunale per i minorenni, se non ritiene di dover pronunciare immediatamente decreto di inidoneità per manifesta carenza dei requisiti, trasmette, entro quindici giorni dalla presentazione, copia della dichiarazione di disponibilità ai servizi degli enti locali.

4. I servizi socio-assistenziali degli enti locali singoli o associati, anche avvalendosi per quanto di competenza delle aziende sanitarie locali e ospedaliere, svolgono le seguenti attività:

a) informazione sull'adozione internazionale e sulle relative procedure, sugli enti autorizzati e sulle altre forme di solidarietà nei confronti dei minori in difficoltà, anche in collaborazione con gli enti autorizzati di cui all'articolo 39-ter;

b) preparazione degli aspiranti all'adozione, anche in collaborazione con i predetti enti;

c) acquisizione di elementi sulla situazione personale, familiare e sanitaria degli aspiranti genitori adottivi, sul loro ambiente sociale, sulle motivazioni che li determinano, sulla loro attitudine a farsi carico di un'adozione internazionale, sulla loro capacità di rispondere in modo adeguato alle esigenze di più minori o di uno solo, sulle eventuali caratteristiche particolari dei minori che essi sarebbero in grado di accogliere, nonché acquisizione di ogni altro elemento utile per la valutazione da parte del tribunale per i minorenni della loro idoneità all'adozione.

5. I servizi trasmettono al tribunale per i minorenni, in esito all'attività svolta, una relazione completa di tutti gli elementi indicati al comma 4, entro i quattro mesi successivi alla trasmissione della dichiarazione di disponibilità.

(1) Articolo aggiunto dall'art. 3 della l. 31/12/1998, n. 476.

Art. 30 (1). – 1. Il tribunale per i minorenni, ricevuta la relazione di cui all'articolo 29-bis, comma 5, sente gli aspiranti all'adozione, anche a mezzo di un giudice delegato, dispone se necessario gli opportuni approfondimenti e pronuncia, entro i due mesi successivi, decreto motivato attestante la sussistenza ovvero l'insussistenza dei requisiti per adottare.

2. Il decreto di idoneità ad adottare ha efficacia per tutta la durata della procedura, che deve essere promossa dagli interessati entro un anno dalla comunicazione del provvedimento. Il decreto contiene anche indicazioni per favorire il migliore incontro tra gli aspiranti all'adozione ed il minore da adottare.

3. Il decreto è trasmesso immediatamente, con copia della relazione e della documentazione esistente negli atti, alla Commissione di cui all'articolo 38 e, se già indicato dagli aspiranti all'adozione, all'ente autorizzato di cui all'articolo 39-ter.

4. Qualora il decreto di idoneità, previo ascolto degli interessati, sia revocato per cause sopravvenute che incidano in modo rilevante sul giudizio di idoneità, il tribunale per i minorenni comunica immediatamente il relativo provvedimento alla Commissione ed all'ente autorizzato di cui al comma 3.

5. Il decreto di idoneità ovvero di inidoneità e quello di revoca sono reclamabili davanti alla corte d'appello, a termini degli articoli 739 e 740 del codice di procedura civile, da parte del pubblico ministero e degli interessati.

(1) Articolo sostituito dall'art. 3 della l. 31/12/1998, n. 476.

Art. 31 (1). – 1. Gli aspiranti all'adozione, che abbiano ottenuto il decreto di idoneità, devono conferire incarico a curare la procedura di adozione ad uno degli enti autorizzati di cui all'articolo 39-ter.

2. Nelle situazioni considerate dall'articolo 44, primo comma, lettera a), il tribunale per i minorenni può autorizzare gli aspiranti adottanti, valutate le loro personalità, ad effettuare direttamente le attività previste alle lettere b), d), e), f) ed h) del comma 3 del presente articolo.

3. L'ente autorizzato che ha ricevuto l'incarico di curare la procedura di adozione:

a) informa gli aspiranti sulle procedure che inizierà e sulle concrete prospettive di adozione;

b) svolge le pratiche di adozione presso le competenti autorità del Paese indicato dagli aspiranti all'adozione tra quelli con cui esso intrattiene rapporti, trasmettendo alle stesse la domanda di adozione, unitamente al decreto di idoneità ed alla relazione ad esso allegata, affinché le autorità straniere formulino le proposte di incontro tra gli aspiranti all'adozione ed il minore da adottare;

c) raccoglie dall'autorità straniera la proposta di incontro tra gli aspiranti all'adozione ed il minore da adottare, curando che sia accompagnata da tutte le informazioni di carattere sanitario riguardanti il minore, dalle notizie riguardanti la sua famiglia di origine e le sue esperienze di vita;

d) trasferisce tutte le informazioni e tutte le notizie riguardanti il minore agli aspiranti genitori adottivi, informandoli della proposta di incontro tra gli aspiranti all'adozione ed il minore da adottare e assistendoli in tutte le attività da svolgere nel Paese straniero;

e) riceve il consenso scritto all'incontro tra gli aspiranti all'adozione ed il minore da adottare, proposto dall'autorità straniera, da parte degli aspiranti all'adozione, ne autentica le firme e trasmette l'atto di consenso all'autorità straniera, svolgendo tutte le altre attività dalla stessa richieste; l'autenticazione delle firme degli aspiranti adottanti può essere effettuata anche dall'impiegato comunale delegato all'autentica o da un notaio o da un segretario di qualsiasi ufficio giudiziario;

f) riceve dall'autorità straniera attestazione della sussistenza delle condizioni di cui all'articolo 4 della Convenzione e concorda con la stessa, qualora ne sussistano i requisiti, l'opportunità di procedere all'adozione ovvero, in caso contrario, prende atto del mancato accordo e ne dà immediata informazione alla Commissione di cui all'articolo 38 comunicandone le ragioni; ove sia richiesto dallo Stato di origine, approva la decisione di affidare il minore o i minori ai futuri genitori adottivi;

g) informa immediatamente la Commissione, il tribunale per i minorenni e i servizi dell'ente locale della decisione di affidamento dell'autorità straniera e richiede alla Commissione, trasmettendo la documentazione necessaria, l'autorizzazione all'ingresso e alla residenza permanente del minore o dei minori in Italia;

h) certifica la data di inserimento del minore presso i coniugi affidatari o i genitori adottivi;

i) riceve dall'autorità straniera copia degli atti e della documentazione relativi al minore e li trasmette immediatamente al tribunale per i minorenni e alla Commissione;

l) vigila sulle modalità di trasferimento in Italia e si adopera affinché questo avvenga in compagnia degli adottanti o dei futuri adottanti;

m) svolge in collaborazione con i servizi dell'ente locale attività di sostegno del nucleo adottivo fin dall'ingresso del minore in Italia su richiesta degli adottanti;

n) certifica la durata delle necessarie assenze dal lavoro, ai sensi delle lettere a) e b) del comma 1 dell'articolo 39-quater, nel caso in cui le stesse non siano determinate da ragioni di salute del bambino, nonché la durata del periodo di permanenza all'estero nel caso di congedo non retribuito ai sensi della lettera c) del medesimo comma 1 dell'articolo 39-quater;*

o) certifica, nell'ammontare complessivo agli effetti di quanto previsto dall'articolo 10, comma 1, lettera l-bis), del testo unico delle imposte sui redditi, approvato con decreto del Presidente della Repubblica 22 dicembre 1986, n. 917, le spese sostenute dai genitori adottivi per l'espletamento della procedura di adozione.

(1) Articolo sostituito dall'art. 3, co. 1, l. 31/12/1998, n. 476.
* Lettera abrogata dall'art. 86, co. 2, d.lg. 26/3/2001, n. 151.

Art. 32 (1). – 1. La Commissione di cui all'articolo 38, ricevuti gli atti di cui all'articolo 31 e valutate le conclusioni dell'ente incaricato, dichiara che l'adozione risponde al superiore interesse del minore e ne autorizza l'ingresso e la residenza permanente in Italia.

2. La dichiarazione di cui al comma 1 non è ammessa:

a) quando dalla documentazione trasmessa dall'autorità del Paese straniero non emerge la situazione di abbandono del minore e la constatazione dell'impossibilità di affidamento o di adozione nello Stato di origine;

b) qualora nel Paese straniero l'adozione non determini per l'adottato l'acquisizione dello stato di figlio nato nel matrimonio e la cessazione dei rapporti giuridici fra il minore e la famiglia di origine, a meno che i genitori biologici abbiano espressamente consentito al prodursi di tali effetti (2).

3. Anche quando l'adozione pronunciata nello Stato straniero non produce la cessazione dei rapporti giuridici con la famiglia d'origine, la stessa può essere convertita in una adozione che produca tale effetto, se il tribunale per i minorenni la riconosce conforme alla Convenzione. Solo in caso di riconoscimento di tale conformità, è ordinata la trascrizione.

4. Gli uffici consolari italiani all'estero collaborano, per quanto di competenza, con l'ente autorizzato per il buon esito della procedura di adozione. Essi, dopo aver ricevuto formale comunicazione da parte della Commissione ai sensi dell'articolo 39, comma 1, lettera h), rilasciano il visto di ingresso per adozione a beneficio del minore adottando.

(1) Articolo sostituito dall'art. 3, co. 1, l. 31/12/1998, n. 476.
(2) Lettera modificata dall'art. 100, co. 1, lett. q), d.lg. 28/12/2013, n. 154 a decorrere dal 7/2/2014 come indicato dall'art. 108, co. 1, del citato decreto.

Art. 33 (1). – 1. Ai minori che non sono muniti di visto di ingresso rilasciato ai sensi dell'articolo 32 della presente legge e che non sono accompagnati da almeno un genitore o da parenti entro il quarto grado si applicano le disposizioni dell'articolo 19, comma 1-bis, del testo unico di cui al decreto legislativo 25 luglio 1998, n. 286 (1).

2. È fatto divieto alle autorità consolari italiane di concedere a minori stranieri il visto di ingresso nel territorio dello Stato a scopo di adozione, al di fuori delle ipotesi previste dal presente Capo e senza la previa autorizzazione della Commissione di cui all'articolo 38.

3. Coloro che hanno accompagnato alla frontiera un minore al quale non viene consentito l'ingresso in Italia provvedono a proprie spese al suo rimpatrio immediato nel Paese d'origine. Gli uffici di frontiera segnalano immediatamente il caso alla Commissione affinché prenda contatto con il Paese di origine del minore per assicurarne la migliore collocazione nel suo superiore interesse.

4. Il divieto di cui al comma 1 non opera nel caso in cui, per eventi bellici, calamità naturali o eventi eccezionali secondo quanto previsto dall'articolo 18 della legge 6 marzo 1998, n. 40, o per altro grave impedimento di carattere oggettivo, non sia possibile l'espletamento delle procedure di cui al presente Capo e sempre che sussistano motivi di esclusivo interesse del minore all'ingresso nello Stato. In questi casi gli uffici di frontiera segnalano l'ingresso del minore alla Commissione ed al tribunale per i minorenni competente in relazione al luogo di residenza di coloro che lo accompagnano.

5. Qualora sia comunque avvenuto l'ingresso di un minore nel territorio dello Stato al di fuori delle situazioni consentite, il pubblico ufficiale o l'ente autorizzato che ne ha notizia lo segnala al tribunale per i minorenni competente in relazione al luogo in cui il minore si trova. Il tribunale, adottato ogni opportuno provvedimento temporaneo nell'interesse del minore, provvede ai sensi dell'articolo 37-bis, qualora ne sussistano i presupposti, ovvero segnala la situazione alla Commissione affinché prenda contatto con il Paese di origine del minore e si proceda ai sensi dell'articolo 34 (2).

(1) Articolo sostituito dall'art. 3 della l. 31/12/1998, n. 476.
(2) Comma sostituito dall'art. 3, co. 2, l. 7/4/2017, n. 47.

Art. 34 (1). – 1. Il minore che ha fatto ingresso nel territorio dello Stato sulla base di un provvedimento straniero di adozione o di affidamento a scopo di adozione gode, dal momento dell'ingresso, di tutti i diritti attribuiti al minore italiano in affidamento familiare.

2. Dal momento dell'ingresso in Italia e per almeno un anno, ai fini di una corretta integrazione familiare e sociale, i servizi socio-assistenziali degli enti locali e gli enti autorizzati, su richiesta degli interessati, assistono gli affidatari, i genitori adottivi e il minore. Essi in ogni caso riferiscono al tribunale per i minorenni sull'andamento dell'inserimento, segnalando le eventuali difficoltà per gli opportuni interventi.

3. Il minore adottato acquista la cittadinanza italiana per effetto della trascrizione del provvedimento di adozione nei registri dello stato civile.

(1) Articolo sostituito dall'art. 3 della l. 31/12/1998, n. 476.

Art. 35 (1). – 1. L'adozione pronunciata all'estero produce nell'ordinamento italiano gli effetti di cui all'articolo 27.

2. Qualora l'adozione sia stata pronunciata nello Stato estero prima dell'arrivo del minore in Italia, il tribunale verifica che nel provvedimento dell'autorità che ha pronunciato l'adozione risulti la sussistenza delle condizioni delle adozioni internazionali previste dall'articolo 4 della Convenzione.

3. Il tribunale accerta inoltre che l'adozione non sia contraria ai princìpi fondamentali che regolano nello Stato il diritto di famiglia e dei minori, valutati in relazione al superiore interesse del minore, e se sussistono la certificazione di conformità alla Convenzione di cui alla lettera i) e l'autorizzazione prevista dalla lettera h) del comma 1 dell'articolo 39, ordina la trascrizione del provvedimento di adozione nei registri dello stato civile.

4. Qualora l'adozione debba perfezionarsi dopo l'arrivo del minore in Italia, il tribunale per i minorenni riconosce il provvedimento dell'autorità straniera come affidamento preadottivo, se non contrario ai princìpi fondamentali che regolano nello Stato il diritto di famiglia e dei minori, valutati in relazione al superiore interesse del minore, e stabilisce la durata del predetto affidamento in un anno che decorre dall'inserimento del minore nella nuova famiglia. Decorso tale periodo, se ritiene che la sua permanenza nella famiglia che lo ha accolto è tuttora conforme all'interesse del minore, il tribunale per i minorenni pronuncia l'adozione e ne dispone la trascrizione nei registri dello stato civile. In caso contrario, anche prima che sia decorso il periodo di affidamento preadottivo, lo revoca e adotta i provvedimenti di cui all'articolo 21 della Convenzione. In tal caso il minore che abbia compiuto gli anni 14 deve sempre esprimere il consenso circa i provvedimenti da assumere; se ha raggiunto gli anni 12 deve essere personalmente sentito; se di età inferiore deve essere sentito ove ciò non alteri il suo equilibrio psico-emotivo, tenuto conto della valutazione dello psicologo nominato dal tribunale (2).

5. Competente per la pronuncia dei provvedimenti è il tribunale per i minorenni del distretto in cui gli aspiranti all'adozione hanno la residenza nel momento dell'ingresso del minore in Italia.

6. Fatto salvo quanto previsto nell'articolo 36, non può comunque essere ordinata la trascrizione nei casi in cui:

a) il provvedimento di adozione riguarda adottanti non in possesso dei requisiti previsti dalla legge italiana sull'adozione;

b) non sono state rispettate le indicazioni contenute nella dichiarazione di idoneità;

c) non è possibile la conversione in adozione produttiva degli effetti di cui all'articolo 27;

d) l'adozione o l'affidamento stranieri non si sono realizzati tramite le autorità centrali e un ente autorizzato;

e) l'inserimento del minore nella famiglia adottiva si è manifestato contrario al suo interesse.

(1) Articolo sostituito dall'art. 3 della l. 31/12/1998, n. 476.
(2) Comma modificato dall'art. 32 della l. 28/3/2001, n. 149.

Art. 36 (1). – 1. L'adozione internazionale dei minori provenienti da Stati che hanno ratificato la Convenzione, o che nello spirito della Convenzione abbiano stipulato accordi bilaterali, può avvenire solo con le procedure e gli effetti previsti dalla presente legge.

2. L'adozione o l'affidamento a scopo adottivo, pronunciati in un Paese non aderente alla Convenzione né firmatario di accordi bilaterali, possono essere dichiarati efficaci in Italia a condizione che:

a) sia accertata la condizione di abbandono del minore straniero o il consenso dei genitori biologici ad una adozione che determini per il minore adottato l'acquisizione dello stato di figlio nato nel matrimonio degli adottanti e la cessazione dei rapporti giuridici fra il minore e la famiglia d'origine (2);

b) gli adottanti abbiano ottenuto il decreto di idoneità previsto dall'articolo 30 e le procedure adottive siano state effettuate con l'intervento della Commissione di cui all'articolo 38 e di un ente autorizzato;

c) siano state rispettate le indicazioni contenute nel decreto di idoneità;

d) sia stata concessa l'autorizzazione prevista dall'articolo 39, comma 1, lettera h).

3. Il relativo provvedimento è assunto dal tribunale per i

minorenni che ha emesso il decreto di idoneità all'adozione. Di tale provvedimento è data comunicazione alla Commissione, che provvede a quanto disposto dall'articolo 39, comma 1, lettera e).

4. L'adozione pronunciata dalla competente autorità di un Paese straniero a istanza di cittadini italiani, che dimostrino al momento della pronuncia di aver soggiornato continuativamente nello stesso e di avervi avuto la residenza da almeno due anni, viene riconosciuta ad ogni effetto in Italia con provvedimento del tribunale per i minorenni, purché conforme ai princìpi della Convenzione.

(1) Articolo sostituito dall'art. 3 della l. 31/12/1998, n. 476.

(2) Lettera modificata dall'art. 100, co. 1, lett. r), d.lg. 28/12/2013, n. 154 a decorrere dal 7/2/2014 come indicato dall'art. 108, co. 1, del citato decreto.

Art. 37 (1). – 1. Successivamente all'adozione, la Commissione di cui all'articolo 38 può comunicare ai genitori adottivi, eventualmente tramite il tribunale per i minorenni, solo le informazioni che hanno rilevanza per lo stato di salute dell'adottato.

2. Il tribunale per i minorenni che ha emesso i provvedimenti indicati dagli articoli 35 e 36 e la Commissione conservano le informazioni acquisite sull'origine del minore, sull'identità dei suoi genitori biologici e sull'anamnesi sanitaria del minore e della sua famiglia di origine (2).

3. Per quanto concerne l'accesso alle altre informazioni valgono le disposizioni vigenti in tema di adozione di minori italiani.

(1) Articolo sostituito dall'art. 3 della l. 31/12/1998, n. 476.

(2) Comma modificato dall'art. 100, co. 1, lett. s), d.lg. 28/12/2013, n. 154 a decorrere dal 7/2/2014 come indicato dall'art. 108, co. 1, del citato decreto.

Art. 37 bis (1). – 1. Al minore straniero che si trova nello Stato in situazione di abbandono si applica la legge italiana in materia di adozione, di affidamento e di provvedimenti necessari in caso di urgenza.

(1) Articolo aggiunto dall'art. 3 della l. 31/12/1998, n. 476.

Art. 38 (1). – 1. Ai fini indicati dall'articolo 6 della Convenzione è costituita presso la Presidenza del Consiglio dei ministri la Commissione per le adozioni internazionali (2).

2. La Commissione è composta da: a) un presidente nominato dal Presidente del Consiglio dei ministri nella persona di un magistrato avente esperienza nel settore minorile ovvero di un dirigente dello Stato avente analoga specifica esperienza (3)*; b) due rappresentanti della Presidenza del Consiglio dei ministri; c) un rappresentante del Ministero del lavoro e delle politiche sociali; d) un rappresentante del Ministero degli affari esteri; e) un rappresentante del Ministero dell'interno; f) due rappresentanti del Ministero della giustizia; g) un rappresentante del Ministero della salute; h) un rappresentante del Ministero dell'economia e delle finanze; i) un rappresentante del Ministero dell'istruzione, dell'università e della ricerca; l) tre rappresentanti della Conferenza unificata di cui all'articolo 8 del decreto legislativo 28 agosto 1997, n. 281; m) tre rappresentanti designati, sulla base di apposito decreto del Presidente del Consiglio dei ministri, da associazioni familiari a carattere nazionale, almeno uno dei quali designato dal Forum delle associazioni familiari**;*

*3. Il presidente dura in carica quattro anni e l'incarico può essere rinnovato una sola volta***.

4. I componenti della Commissione rimangono in carica quattro anni. [*Con regolamento adottato dalla Commissione è assicurato l'avvicendamento graduale dei componenti della Commissione stessa allo scadere del termine di permanenza in carica. A tal fine il regolamento può prorogare la durata in carica dei componenti della Commissione per periodi non superiori ad un anno****].

5. La Commissione si avvale di personale dei ruoli della Presidenza del Consiglio dei ministri e di altre amministrazioni pubbliche.

(1) Articolo sostituito dall'art. 3 della l. 31/12/1998, n. 476 e poi modificato dall'art. 2 della l. 16/1/2003, n. 3.

• Vedi, anche, il d.P.R. 1/12/1999, n. 492.

• Per l'attuazione del presente comma vedi d.P.R. 8/6/2007, n. 108.

(2) Per l'attuazione del presente comma vedi d.P.R. 8/6/2007, n. 108.

(3) Per la determinazione dell'indennità del Presidente di cui al presente comma vedi art. 3-quinquies del d.l. 28/5/2004, n. 136.

* Comma sostituito dall'art. 2 della l. 16/1/2003, n. 3. Vedi, anche, il co. 3 dell'art. 2 della citata l. n. 3/2003. Per l'abrogazione del presente comma, vedi l'art. 1, co. 19-quinquies, d.l. 18/5/2006, n. 181. L'abrogazione decorre dalla data di entrata in vigore del Regolamento recante il riordino della Commissione per le adozioni internazionali, adottato con d.P.R. 8/6/2007, n. 108, ai sensi di quanto previsto dall'art. 17, co. 2, l. 23/8/1988, n. 400, art. 1, co. 19-quinquies, d.l. 18/5/2006, n. 181.

** Comma modificato dall'art. 39-duodetricies del d.l. 30/12/2005, n. 273. Per l'abrogazione del presente comma, vedi l'art. 1, co. 19-quinquies, d.l. 18/5/2006, n. 181. L'abrogazione decorre dalla data di entrata in vigore del Regolamento recante il riordino della Commissione per le adozioni internazionali, adottato con d.P.R. 8/6/2007, n. 108, ai sensi di quanto previsto dall'art. 17, co. 2, l. 23/8/1988, n. 400, art. 1, co. 19-quinquies, d.l. 18/5/2006, n. 181.

*** Comma modificato dall'art. 2 della l. 16/1/2003, n. 3. Per l'abrogazione del presente comma, vedi l'art. 1, co. 19-quinquies, d.l. 18/5/2006, n. 181. L'abrogazione decorre dalla data di entrata in vigore del Regolamento recante il riordino della Commissione per le adozioni internazionali, adottato con d.P.R. 8/6/2007, n. 108, ai sensi di quanto previsto dall'art. 17, co. 2, l. 23/8/1988, n. 400, art. 1, co. 19-quinquies, del d.l. 18/5/2006, n. 181.

Art. 39*. – *1. La Commissione per le adozioni internazionali: a) collabora con le autorità centrali per le adozioni internazionali degli altri Stati, anche raccogliendo le informazioni necessarie, ai fini dell'attuazione delle convenzioni internazionali in materia di adozione; b) propone la stipulazione di accordi bilaterali in materia di adozione internazionale; c) autorizza l'attività degli enti di cui all'articolo 39-ter, cura la tenuta del relativo albo, vigila sul loro operato, lo verifica almeno ogni tre anni, revoca l'autorizzazione concessa nei casi di gravi inadempienze, insufficienze o violazione delle norme della presente legge. Le medesime funzioni sono svolte dalla Commissione con riferimento all'attività svolta dai servizi per l'adozione internazionale, di cui all'articolo 39-bis; d) agisce al fine di assicurare l'omogenea diffusione degli enti autorizzati sul territorio nazionale e delle relative rappresentanze nei Paesi stranieri; e) conserva tutti gli atti e le informazioni relativi alle procedure di adozione internazionale; f) promuove la cooperazione fra i soggetti che operano nel campo dell'adozione internazionale e della protezione dei minori; g) promuove iniziative di formazione per quanti operino o intendano operare nel campo dell'adozione; h) autorizza l'ingresso e il soggiorno permanente del minore straniero adottato o affidato a scopo di adozione; i) certifica la conformità dell'adozione alle disposizioni della Convenzione, come previsto dall'articolo 23, comma 1, della Convenzione stessa; l) per le attività di informazione e formazione, collabora anche con enti diversi da quelli di cui all'articolo 39-ter. 2. La decisione dell'ente autorizzato di non concordare con l'autorità straniera l'opportunità di procedere all'adozione è sottoposta ad esame della Commissione, su istanza dei coniugi interessati; ove non confermi il precedente diniego, la Commissione può procedere direttamente, o delegando altro ente o ufficio, agli incombenti di cui all'articolo 31. 3. La Commissione attua incontri periodici con i rappresentanti degli enti autorizzati al fine di esami-*

nare le problematiche emergenti e coordinare la programmazione degli interventi attuativi dei princípi della Convenzione.
4. La Commissione presenta al Presidente del Consiglio dei ministri, che la trasmette al Parlamento, una relazione biennale sullo stato delle adozioni internazionali, sullo stato della attuazione della Convenzione e sulla stipulazione di accordi bilaterali anche con Paesi non aderenti alla stessa.

* Articolo sostituito dall'art. 3 della l. 31/12/1998, n. 476. Per l'abrogazione del presente articolo, vedi l'art. 1, co. 19-quinquies, d.l. 18/5/2006, n. 181. L'abrogazione decorre dalla data di entrata in vigore del Regolamento recante il riordino della Commissione per le adozioni internazionali, adottato con d.P.R. 8/6/2007, n. 108, ai sensi di quanto previsto dall'art. 17, co. 2, l. 23/8/1988, n. 400.

Art. 39 bis (1). – 1. Le regioni e le province autonome di Trento e di Bolzano nell'ambito delle loro competenze:

a) concorrono a sviluppare una rete di servizi in grado di svolgere i compiti previsti dalla presente legge;

b) vigilano sul funzionamento delle strutture e dei servizi che operano nel territorio per l'adozione internazionale, al fine di garantire livelli adeguati di intervento;

c) promuovono la definizione di protocolli operativi e convenzioni fra enti autorizzati e servizi, nonché forme stabili di collegamento fra gli stessi e gli organi giudiziari minorili.

2. Le regioni e le province autonome di Trento e di Bolzano possono istituire un servizio per l'adozione internazionale che sia in possesso dei requisiti di cui all'articolo 39-ter e svolga per le coppie che lo richiedano al momento della presentazione della domanda di adozione internazionale le attività di cui all'articolo 31, comma 3.

3. I servizi per l'adozione internazionale di cui al comma 2 sono istituiti e disciplinati con legge regionale o provinciale in attuazione dei princìpi di cui alla presente legge. Alle regioni e alle province autonome di Trento e di Bolzano sono delegate le funzioni amministrative relative ai servizi per l'adozione internazionale.

(1) Articolo aggiunto dall'art. 3 della l. 31/12/1998, n. 476.

Art. 39 ter (1). – 1. Al fine di ottenere l'autorizzazione prevista dall'articolo 39, comma 1, lettera c), e per conservarla, gli enti debbono essere in possesso dei seguenti requisiti:

a) essere diretti e composti da persone con adeguata formazione e competenza nel campo dell'adozione internazionale, e con idonee qualità morali;

b) avvalersi dell'apporto di professionisti in campo sociale, giuridico e psicologico, iscritti al relativo albo professionale, che abbiano la capacità di sostenere i coniugi prima, durante e dopo l'adozione;

c) disporre di un'adeguata struttura organizzativa in almeno una regione o in una provincia autonoma in Italia e delle necessarie strutture personali per operare nei Paesi stranieri in cui intendono agire;

d) non avere fini di lucro, assicurare una gestione contabile assolutamente trasparente, anche sui costi necessari per l'espletamento della procedura, ed una metodologia operativa corretta e verificabile;

e) non avere e non operare pregiudiziali discriminazioni nei confronti delle persone che aspirano all'adozione, ivi comprese le discriminazioni di tipo ideologico e religioso;

f) impegnarsi a partecipare ad attività di promozione dei diritti dell'infanzia, preferibilmente attraverso azioni di cooperazione allo sviluppo, anche in collaborazione con le organizzazioni non governative, e di attuazione del principio di sussidiarietà dell'adozione internazionale nei Paesi di provenienza dei minori;

g) avere sede legale nel territorio nazionale.

(1) Articolo aggiunto dall'art. 3 della l. 31/12/1998, n. 476.

***Art. 39 quater**. – 1. Fermo restando quanto previsto in altre disposizioni di legge, i genitori adottivi e coloro che hanno un minore in affidamento preadottivo hanno diritto a fruire dei seguenti benefici: a) l'astensione dal lavoro, quale regolata dall'articolo 6, primo comma, della legge 9 dicembre 1977, n. 903, anche se il minore adottato ha superato i sei anni di età; b) l'assenza dal lavoro, quale regolata dall'articolo 6, secondo comma, e dall'articolo 7 della predetta legge n. 903 del 1977, sino a che il minore adottato non abbia raggiunto i sei anni di età; c) congedo di durata corrispondente al periodo di permanenza nello Stato straniero richiesto per l'adozione.*

* Articolo aggiunto dall'art. 3, co. 1, l. 31/12/1998, n. 476 e successivamente abrogato dall'art. 86, co. 2, d.lg. 26/3/2001, n. 151.

Capo II
Dell'espatrio di minori a scopo di adozione

Art. 40. – 1. I residenti all'estero, stranieri o cittadini italiani, che intendono adottare un cittadino italiano minore di età, devono presentare domanda al console italiano competente per territorio, che la inoltra al tribunale per i minorenni del distretto dove si trova il luogo di dimora del minore, ovvero il luogo del suo ultimo domicilio; in mancanza di dimora o di precedente domicilio nello Stato, è competente il tribunale per i minorenni di Roma.

2. Agli stranieri stabilmente residenti in Paesi che hanno ratificato la Convenzione, in luogo della procedura disciplinata dal primo comma si applicano le procedure stabilite nella Convenzione per quanto riguarda l'intervento ed i compiti delle autorità centrali e degli enti autorizzati. Per il resto si applicano le disposizioni della presente legge (1).

(1) Comma aggiunto dall'art. 5 della l. 31/12/1998, n. 476.

Art. 41. – 1. Il console del luogo ove risiedono gli adottanti vigila sul buon andamento dell'affidamento preadottivo avvalendosi, ove lo ritenga opportuno, dell'ausilio di idonee organizzazioni assistenziali italiane o straniere.

2. Qualora insorgano difficoltà di ambientamento del minore nella famiglia dei coniugi affidatari o si verifichino, comunque, fatti incompatibili con l'affidamento preadottivo, il console deve immediatamente darne notizia scritta al tribunale per i minorenni che ha pronunciato l'affidamento.

3. Il console del luogo ove risiede il minore vigila per quanto di propria competenza perché i provvedimenti dell'autorità italiana relativi al minore abbiano esecuzione e se del caso provvede al rimpatrio del minore.

4. Nel caso di adozione di minore stabilmente residente in Italia da parte di cittadini stranieri residenti stabilmente in Paesi che hanno ratificato la Convenzione, le funzioni attribuite al console dal presente articolo sono svolte dall'autorità centrale straniera e dall'ente autorizzato (1).

(1) Comma aggiunto dall'art. 5 della l. 31/12/1998, n. 476.

Art. 42. – 1. Qualora sia in corso nel territorio dello Stato un procedimento di adozione di un minore affidato a stranieri, o a cittadini italiani residenti all'estero, non può essere reso esecutivo un provvedimento di adozione dello stesso minore pronunciato da autorità straniera.

Art. 43. – 1. Le disposizioni di cui ai commi 4 e 5 dell'articolo 9 si applicano anche ai cittadini italiani residenti all'estero (1).

2. Per quanto riguarda lo svolgimento delle funzioni consolari, si applicano, in quanto compatibili, gli articoli 34, 35 e 36 del decreto del Presidente della Repubblica 5 gennaio 1967, n. 200.

3. Competente ad accertare la situazione di abbandono del cittadino minore di età che si trovi all'estero e a disporre i conseguenti provvedimenti temporanei nel suo interesse ai sensi dell'articolo 10, compreso se del caso il rimpatrio, è il tribunale per i minorenni del distretto ove si trova il luogo di ultimo domicilio del minore; in mancanza di precedente domicilio nello Stato è competente il tribunale per i minorenni di Roma.

(1) Comma modificato dall'art. 33 della l. 28/3/2001, n. 149.

TITOLO IV
DELL'ADOZIONE IN CASI PARTICOLARI

Capo I
Dell'adozione in casi particolari e dei suoi effetti

Art. 44 (1). – 1. I minori possono essere adottati anche quando non ricorrono le condizioni di cui al comma 1 dell'articolo 7:

a) da persone unite al minore da vincolo di parentela fino al sesto grado o da preesistente rapporto stabile e duraturo, (anche maturato nell'ambito di un prolungato periodo di affidamento,) quando il minore sia orfano di padre e di madre (2);

b) dal coniuge nel caso in cui il minore sia figlio anche adottivo dell'altro coniuge;

c) quando il minore si trovi nelle condizioni indicate dall'articolo 3, comma 1, della legge 5 febbraio 1992, n. 104, e sia orfano di padre e di madre;

d) quando vi sia la constatata impossibilità di affidamento preadottivo.

2. L'adozione, nei casi indicati nel comma 1, è consentita anche in presenza di figli [legittimi] (3).

3. Nei casi di cui alle lettere a), c), e d) del comma 1 l'adozione è consentita, oltre che ai coniugi, anche a chi non è coniugato. Se l'adottante è persona coniugata e non separata, l'adozione può essere tuttavia disposta solo a seguito di richiesta da parte di entrambi i coniugi.

4. Nei casi di cui alle lettere a) e d) del comma 1 l'età dell'adottante deve superare di almeno diciotto anni quella di coloro che egli intende adottare.

(1) Articolo sostituito dall'art. 25 della l. 28/3/2001, n. 149. La Corte costituzionale, con sent. 2/2/1990, n. 44, aveva dichiarato l'illegittimità costituzionale dell'art. 44, co. 5, nella parte in cui, limitatamente al disposto della lett. b), co. 1, non consentiva al giudice competente di ridurre, in presenza di validi motivi per la realizzazione dell'unità familiare, l'intervallo di età a diciotto anni.

(2) Comma modificato dalla l. 19/10/2015, n. 173.

(3) Comma modificato dall'art. 100, co. 1, lett. t), d.lg. 28/12/2013, n. 154 a decorrere dal 7/2/2014 come indicato dall'art. 108, co. 1, del citato decreto. Il testo in vigore fino al 6/2/2014 era il seguente: «Co. 2. L'adozione, nei casi indicati nel co. 1, è consentita anche in presenza di figli legittimi».

Art. 45 (1). – 1. Nel procedimento di adozione nei casi previsti dall'articolo 44 si richiede il consenso dell'adottante e dell'adottando che abbia compiuto il quattordicesimo anno di età.

2. Se l'adottando ha compiuto gli anni dodici deve essere personalmente sentito; se ha una età inferiore, deve essere sentito, in considerazione della sua capacità di discernimento.

3. In ogni caso, se l'adottando non ha compiuto gli anni quattordici, l'adozione deve essere disposta dopo che sia stato sentito il suo legale rappresentante.

4. Quando l'adozione deve essere disposta nel caso previsto dall'articolo 44, comma 1, lettera c), deve essere sentito il legale rappresentante dell'adottando in luogo di questi, se lo stesso non può esserlo o non può prestare il proprio consenso ai sensi del presente articolo a causa delle sue condizioni di minorazione.

(1) Articolo sostituito dall'art. 26 della l. 28/3/2001, n. 149. La Corte costituzionale, con sent. 18/2/1988, n. 182, aveva dichiarato l'illegittimità costituzionale dell'art. 45, co. 2, nella parte in cui era previsto il consenso anziché l'audizione del legale rappresentante del minore.

Art. 46. – 1. Per l'adozione è necessario l'assenso dei genitori e del coniuge dell'adottando.

2. Quando è negato l'assenso previsto dal primo comma, il tribunale, sentiti gli interessati, su istanza dell'adottante, può, ove ritenga il rifiuto ingiustificato o contrario all'interesse dell'adottando, pronunziare ugualmente l'adozione, salvo che l'assenso sia stato rifiutato dai genitori esercenti la responsabilità genitoriale o dal coniuge, se convivente, dell'adottando. Parimenti il tribunale può pronunciare l'adozione quando è impossibile ottenere l'assenso per incapacità o irreperibilità delle persone chiamate ad esprimerlo (1).

(1) Comma modificato dall'art. 100, co. 1, lett. u), d.lg. 28/12/2013, n. 154 a decorrere dal 7/2/2014 come indicato dall'art. 108, co. 1, del citato decreto. Il testo in vigore fino al 6/2/2014 era il seguente: «Co. 2. Quando è negato l'assenso previsto dal primo comma, il tribunale, sentiti gli interessati, su istanza dell'adottante, può, ove ritenga il rifiuto ingiustificato o contrario all'interesse dell'adottando, pronunziare ugualmente l'adozione, salvo che l'assenso sia stato rifiutato dai genitori esercenti la potestà o dal coniuge, se convivente, dell'adottando. Parimenti il tribunale può pronunciare l'adozione quando è impossibile ottenere l'assenso per incapacità o irreperibilità delle persone chiamate ad esprimerlo».

Art. 47 (1). – 1. L'adozione produce i suoi effetti dalla data della sentenza che la pronuncia. Finché la sentenza non è emanata, tanto l'adottante quanto l'adottando possono revocare il loro consenso.

2. Se uno dei coniugi muore dopo la prestazione del consenso e prima della emanazione della sentenza, si può procedere, su istanza dell'altro coniuge, al compimento degli atti necessari per l'adozione.

3. Se l'adozione è ammessa, essa produce i suoi effetti dal momento della morte dell'adottante.

(1) Articolo sostituito dall'art. 27 della l. 28/3/2001, n. 149.

Art. 48. – 1. Se il minore è adottato da due coniugi, o dal coniuge di uno dei genitori, la responsabilità genitoriale sull'adottato ed il relativo esercizio spettano ad entrambi (1).

2. L'adottante ha l'obbligo di mantenere l'adottato, di istruirlo ed educarlo conformemente a quanto prescritto dall'articolo 147 del codice civile.

3. Se l'adottato ha beni propri, l'amministrazione di essi, durante la minore età dell'adottato stesso, spetta all'adottante, il quale non ne ha l'usufrutto legale, ma può impiegare le rendite per le spese di mantenimento, istruzione ed educazione del minore con l'obbligo di investirne l'eccedenza in modo fruttifero. Si applicano le disposizioni dell'articolo 382 del codice civile.

(1) Comma modificato dall'art. 100, co. 1, lett. v), d.lg. 28/12/2013, n. 154 a decorrere dal 7/2/2014 come indicato dall'art. 108, co. 1, del citato decreto.

Art. 49 (1). – 1. L'adottante deve fare l'inventario dei beni dell'adottato e trasmetterlo al giudice tutelare entro trenta giorni dalla data della comunicazione della sentenza di adozione. Si osservano, in quanto applicabili, le disposizioni contenute nella sezione III del capo I del titolo X del libro primo del codice civile.

2. L'adottante che omette di fare l'inventario nel termine stabilito o fa un inventario infedele può essere privato del-

l'amministrazione dei beni dal giudice tutelare, salvo l'obbligo del risarcimento dei danni.

(1) Articolo sostituito dall'art. 28 della l. 28/3/2001, n. 149.

Art. 50 (1). – 1. Se cessa l'esercizio da parte, dell'adottante o degli adottanti della responsabilità genitoriale, il tribunale per i minorenni su istanza dell'adottato, dei suoi parenti o affini o del pubblico ministero, o anche d'ufficio, può emettere i provvedimenti opportuni circa la cura della persona dell'adottato, la sua rappresentanza e l'amministrazione dei suoi beni, anche se ritiene conveniente che l'esercizio della responsabilità genitoriale sia ripreso dai genitori. Si applicano le norme di cui agli articoli 330 e seguenti del codice civile.

(1) Articolo modificato dall'art. 100, co. 1, lett. z), d.lg. 28/12/2013, n. 154 a decorrere dal 7/2/2014 come indicato dall'art. 108, co. 1, del citato decreto. Nel testo in vigore fino al 6/2/2014 le parole "responsabilità genitoriale" erano sostituite da "potestà".

Art. 51. – 1. La revoca dell'adozione può essere pronunciata dal tribunale su domanda dell'adottante, quando l'adottato maggiore di quattordici anni abbia attentato alla vita di lui o del suo coniuge, dei suoi discendenti o ascendenti, ovvero si sia reso colpevole verso di loro di delitto punibile con pena restrittiva della libertà personale non inferiore nel minimo a tre anni.

2. Se l'adottante muore in conseguenza dell'attentato, la revoca dell'adozione può essere chiesta da coloro ai quali si devolverebbe l'eredità in mancanza dell'adottato e dei suoi discendenti.

3. Il tribunale, assunte informazioni ed effettuato ogni opportuno accertamento e indagine, sentiti il pubblico ministero, l'adottante e l'adottato, pronuncia la sentenza.

4. Il tribunale, sentito il pubblico ministero ed il minore, può emettere altresì i provvedimenti opportuni con decreto in camera di consiglio circa la cura della persona del minore, la rappresentanza e l'amministrazione dei beni.

5. Si applicano gli articoli 330 e seguenti del codice civile.

6. Nei casi in cui siano adottati i provvedimenti di cui al quarto comma, il tribunale li segnala al giudice tutelare ai fini della nomina di un tutore.

Art. 52. – 1. Quando i fatti previsti nell'articolo precedente sono stati compiuti dall'adottante contro l'adottato, oppure contro il coniuge o i discendenti o gli ascendenti di lui, la revoca può essere pronunciata su domanda dell'adottato o su istanza del pubblico ministero.

2. Il tribunale, assunte informazioni ed effettuato ogni opportuno accertamento e indagine, sentiti il pubblico ministero, l'adottante e l'adottato che abbia compiuto gli anni dodici e anche di età inferiore, in considerazione della sua capacità di discernimento, pronuncia sentenza (1).

3. Inoltre il tribunale, sentiti il pubblico ministero ed il minore che abbia compiuto gli anni dodici e, se opportuno, anche di età inferiore, può dare provvedimenti opportuni con decreto in camera di consiglio circa la cura della persona del minore, la sua rappresentanza e l'amministrazione dei beni, anche se ritiene conveniente che l'esercizio della responsabilità genitoriale sia ripreso dai genitori (2).

4. Si applicano gli articoli 330 e seguenti del codice civile.

5. Nei casi in cui siano adottati i provvedimenti di cui al terzo comma il tribunale li segnala al giudice tutelare al fine della nomina di un tutore.

(1) Comma modificato dall'art. 32 della l. 28/3/2001, n. 149.

(2) Comma modificato dall'art. 100, co. 1, lett. aa), d.lg. 28/12/2013, n. 154 a decorrere dal 7/2/2014 come indicato dall'art. 108, co. 1, del citato decreto. Nel testo in vigore fino al 6/2/2014 le parole "responsabilità genitoriale" erano sostituite da "potestà".

Art. 53. – 1. La revoca dell'adozione può essere promossa dal pubblico ministero in conseguenza della violazione dei doveri incombenti sugli adottanti.

2. Si applicano le disposizioni di cui ai precedenti articoli.

Art. 54. – 1. Gli effetti dell'adozione cessano quando passa in giudicato la sentenza di revoca.

2. Se tuttavia la revoca è pronunziata dopo la morte dell'adottante per fatto imputabile all'adottato, l'adottato e i suoi discendenti sono esclusi dalla successione dell'adottante.

Art. 55 (1). – 1. Si applicano al presente capo le disposi-zioni degli articoli 293, 294, 295, 299, 300 e 304 del codice civile.

(1) La Corte costituzionale, con sent. 28/3/2022, n. 79, ha dichiarato l'illegittimità costituzionale del presente artico-lo, nella parte in cui, mediante rinvio all'art. 300, co. 2, CC., prevede che l'adozione in casi particolari non induce alcun rapporto civile tra l'adottato e i parenti dell'adottante.

Capo II
Delle forme dell'adozione in casi particolari

Art. 56. – 1. Competente a pronunciarsi sull'adozione è il tribunale per i minorenni del distretto dove si trova il minore.

2. Il consenso dell'adottante e dell'adottando che ha compiuto i quattordici anni e del legale rappresentante dell'adottando deve essere manifestato personalmente al presidente del tribunale o ad un giudice da lui delegato (1).

3. L'assenso delle persone indicate nell'articolo 46 può essere dato da persona munita di procura speciale rilasciata per atto pubblico o per scrittura privata autenticata.

4. Si applicano gli articoli 313 e 314 del codice civile, ferma restando la competenza del tribunale per i minorenni e della sezione per i minorenni e della sezione per i minorenni della corte di appello.

(1) La Corte costituzionale, con sent. 18/2/1988, n. 182, ha dichiarato l'illegittimità costituzionale del presente comma, nella parte in cui è previsto il consenso anziché l'audizione del legale rappresentante del minore.

Art. 57. – 1. Il tribunale verifica:

I) se ricorrono le circostanze di cui all'articolo 44;

II) se l'adozione realizza il preminente interesse del minore.

2. A tal fine il tribunale per i minorenni, sentiti i genitori dell'adottando, dispone l'esecuzione di adeguate indagini da effettuarsi, tramite i servizi locali e gli organi di pubblica sicurezza, sull'adottante, sul minore e sulla di lui famiglia.

3. L'indagine dovrà riguardare in particolare:

a) l'idoneità affettiva e la capacità di educare e istruire il minore, la situazione personale ed economica, la salute, l'ambiente familiare degli adottanti (1);

b) i motivi per i quali l'adottante desidera adottare il minore;

c) la personalità del minore;

d) la possibilità di idonea convivenza, tenendo conto della personalità dell'adottante e del minore.

(1) Lettera sostituita dall'art. 29 della l. 28/3/2001, n. 149.

TITOLO V
MODIFICHE AL TITOLO VIII DEL LIBRO I DEL CODICE CIVILE

Art. 58. – 1. L'intitolazione del titolo VIII del libro I del codice civile è sostituita dalla seguente: "Dell'adozione di persone maggiori di età".

Art. 59. – 1. L'intitolazione del capo I del titolo VIII del libro

I del codice civile è sostituita dalla seguente: "Dell'adozione di persone maggiori di età e dei suoi effetti".

Art. 60. – 1. Le disposizioni di cui al capo I del titolo VIII del libro I del codice civile non si applicano alle persone minori di età.

Art. 61. – 1. L'art. 299 del codice civile è sostituito dal seguente:

«L'adottato assume il cognome dell'adottante e lo antepone al proprio.

L'adottato che sia figlio naturale non riconosciuto dai propri genitori assume solo il cognome dell'adottante.

Il riconoscimento successivo all'adozione non fa assumere all'adottato il cognome del genitore che lo ha riconosciuto, salvo che l'adozione sia successivamente revocata. Il figlio naturale che sia stato riconosciuto dai propri genitori e sia successivamente adottato, assume il cognome dell'adottante.

Se l'adozione è compiuta da coniugi, l'adottato assume il cognome del marito.

Se l'adozione è compiuta da una donna maritata, l'adottato, che non sia figlio del marito, assume il cognome della famiglia di lei».

Art. 62. – 1. L'art. 307 del codice civile è sostituito dal seguente:

«Quando i fatti previsti dall'articolo precedente sono stati compiuti dall'adottante contro l'adottato, oppure contro il coniuge o i discendenti o gli ascendenti di lui, la revoca può essere pronunciata su domanda dell'adottato».

Art. 63. – 1. L'intitolazione del capo II del titolo VIII del libro I del codice civile è sostituita dalla seguente: "Delle forme dell'adozione di persone di maggiore età".

Art. 64. – 1. L'art. 312 del codice civile è sostituito dal seguente:

«Il tribunale, assunte le opportune informazioni, verifica:

I) se tutte le condizioni della legge sono state adempiute;

II) se l'adozione conviene all'adottando».

Art. 65. – 1. L'art. 313 del codice civile è sostituito dal seguente:

«Il tribunale, in camera di consiglio, sentito il pubblico ministero e omessa ogni altra formalità di procedura, provvede con decreto motivato decidendo di far luogo o non far luogo alla adozione.

L'adottante, il pubblico ministero, l'adottando, entro trenta giorni dalla comunicazione, possono impugnare il decreto del tribunale con reclamo alla corte di appello, che decide in camera di consiglio, sentito il pubblico ministero».

Art. 66. – 1. I primi due commi dell'art. 314 del codice civile sono sostituiti dai seguenti:

«Il decreto che pronuncia l'adozione, divenuto definitivo, è trascritto a cura del cancelliere del tribunale competente, entro il decimo giorno successivo a quello della relativa comunicazione, da effettuarsi non oltre cinque giorni dal deposito, da parte del cancelliere del giudice dell'impugnazione, su apposito registro e comunicato all'ufficiale di stato civile per l'annotazione a margine dell'atto di nascita dell'adottato.

Con la procedura di cui al comma precedente deve essere altresì trascritta ed annotata la sentenza di revoca della adozione, passata in giudicato».

Art. 67. – 1. Sono abrogati: il secondo e il terzo comma dell'art. 293, il secondo e il terzo comma dell'art. 296, gli articoli 301, 302, 303, 308 e 310 del codice civile.

2. È abrogato altresì il capo III del titolo VIII del libro I del codice civile.

TITOLO VI
NORME FINALI, PENALI E TRANSITORIE

Art. 68. – 1. Il primo comma dell'art. 38 delle disposizioni di attuazione del codice civile è sostituito dal seguente:

«Sono di competenza del tribunale per i minorenni i provvedimenti contemplati dagli articoli 84, 90, 171, 194, secondo comma, 250, 252, 262, 264, 316, 317-bis, 330, 332, 333, 334, 335 e 371, ultimo comma, nonché nel caso di minori dall'art. 269, primo comma, del codice civile».

Art. 69. – 1. In aggiunta a quanto disposto nell'articolo 51 delle disposizioni di attuazione del codice civile, nel registro delle tutele devono essere annotati i provvedimenti emanati dal tribunale per i minorenni ai sensi dell'articolo 10 della presente legge.

Art. 70 (1). – 1. I pubblici ufficiali o gli incaricati di un pubblico servizio che omettono di riferire alla procura della Repubblica presso il tribunale per i minorenni sulle condizioni di ogni minore in situazione di abbandono di cui vengano a conoscenza in ragione del proprio ufficio, sono puniti ai sensi dell'articolo 328 del codice penale. Gli esercenti un servizio di pubblica necessità sono puniti con la pena della reclusione fino ad un anno o con la multa da lire 500.000 a lire 2.500.000.

2. I rappresentanti degli istituti di assistenza pubblici o privati che omettono di trasmettere semestralmente alla procura della Repubblica presso il tribunale per i minorenni l'elenco di tutti i minori ricoverati o assistiti, ovvero forniscono informazioni inesatte circa i rapporti familiari concernenti i medesimi, sono puniti con la pena della reclusione fino ad un anno o con la multa da lire 500.000 a lire 5.000.000.

(1) Articolo sostituito dall'art. 34 della l. 28/3/2001, n. 149.

Art. 71. – 1. Chiunque, in violazione delle norme di legge in materia di adozione, affida a terzi con carattere definitivo un minore, ovvero lo avvia all'estero perché sia definitivamente affidato, è punito con la reclusione da uno a tre anni (1).

2. Se il fatto è commesso dal tutore ovvero da altra persona cui il minore è affidato per ragioni di educazione, di istruzione, di vigilanza e di custodia, la pena è aumentata della metà.

3. Se il fatto è commesso dal genitore la condanna comporta la perdita della relativa responsabilità genitoriale e l'apertura della procedura di adottabilità; se è commesso del tutore consegue la rimozione dall'ufficio; se è commesso dalla persona cui il minore è affidato consegue la inidoneità ad ottenere affidamenti familiari o adottivi e l'incapacità all'ufficio tutelare (2).

4. Se il fatto è commesso da pubblici ufficiali, da incaricati di un pubblico servizio, da esercenti la professione sanitaria o forense, da appartenenti ad istituti di assistenza pubblici o privati nei casi di cui all'articolo 61, numeri 9 e 11, del codice penale, la pena è raddoppiata.

5. La pena stabilita nel primo comma del presente articolo si applica anche a coloro che, consegnando o promettendo denaro od altra utilità a terzi, accolgono minori in illecito affidamento con carattere di definitività. La condanna comporta la inidoneità ad ottenere affidamenti familiari o adottivi e l'incapacità all'ufficio tutelare.

6. Chiunque svolga opera di mediazione al fine di realizzare l'affidamento di cui al primo comma è punito con la reclusione fino ad un anno o con multa da lire 500.000 a lire 5.000.000 (3).

(1) Comma così sostituito dall'art. 35 della l. 28/3/2001, n. 149.

(2) Comma modificato dall'art. 100, co. 1, lett. bb), d.lg. 28/12/2013,

n. 154 a decorrere dal 7/2/2014 come indicato dall'art. 108, co. 1, del citato decreto. Nel testo in vigore fino al 6/2/2014 le parole "responsabilità genitoriale" erano sostituite da "potestà".

(3) Comma così sostituito dall'art. 35 della l. 28/3/2001, n. 149.

Art. 72. – 1. Chiunque, per procurarsi denaro o altra utilità, in violazione delle disposizioni della presente legge, introduce nello Stato uno straniero minore di età perché sia definitivamente affidato a cittadini italiani è punito con la reclusione da uno a tre anni.

2. La pena stabilita nel precedente comma si applica anche a coloro che, consegnando o promettendo danaro o altra utilità a terzi, accolgono stranieri minori di età in illecito affidamento con carattere di definitività. La condanna comporta l'inidoneità a ottenere affidamenti familiari o adottivi e l'incapacità all'ufficio tutelare.

Art. 72 bis (1). – 1. Chiunque svolga per conto di terzi pratiche inerenti all'adozione di minori stranieri senza avere previamente ottenuto l'autorizzazione prevista dall'articolo 39, comma 1, lettera c), è punito con la pena della reclusione fino a un anno o con la multa da uno a dieci milioni di lire.

2. La pena è della reclusione da sei mesi a tre anni e della multa da due a sei milioni di lire per i legali rappresentanti ed i responsabili di associazioni o di agenzie che trattano le pratiche di cui al comma 1.

3. Fatti salvi i casi previsti dall'articolo 36, comma 4, coloro che, per l'adozione di minori stranieri, si avvalgono dell'opera di associazioni, organizzazioni, enti o persone non autorizzati nelle forme di legge sono puniti con le pene di cui al comma 1 diminuite di un terzo.

(1) Articolo aggiunto dall'art. 6 della l. 31/12/1998, n. 476.

Art. 73. – 1. Chiunque essendone a conoscenza in ragione del proprio ufficio fornisce qualsiasi notizia atta a rintracciare un minore nei cui confronti sia stata pronunciata adozione o rivela in qualsiasi modo notizie circa lo stato di figlio adottivo è punito con la reclusione fino a sei mesi o con la multa da lire 200.000 a lire 2.000.000 (1).

2. Se il fatto è commesso da un pubblico ufficiale o da un incaricato di pubblico servizio, si applica la pena della reclusione da sei mesi a tre anni.

3. Le disposizioni di cui ai commi precedenti si applicano anche a chi fornisce tali notizie successivamente all'affidamento preadottivo e senza l'autorizzazione del tribunale per i minorenni.

(1) Comma sostituito dall'art. 36 della l. 28/3/2001, n. 149.

• Comma modificato dall'art. 100, co. 1, lett. cc), d.lg. 28/12/2013, n. 154 a decorrere dal 7/2/2014 come indicato dall'art. 108, co. 1, del citato decreto. Nel testo in vigore fino al 6/2/2014 la parola "adottivo" era "legittimo per adozione".

Art. 74 (1). – 1. Gli ufficiali di stato civile trasmettono immediatamente al competente tribunale per i minorenni comunicazione, sottoscritta dal dichiarante, dell'avvenuto riconoscimento da parte di persona coniugata di un figlio nato fuori del matrimonio non riconosciuto dall'altro genitore. Il tribunale dispone l'esecuzione di opportune indagini per accertare la veridicità del riconoscimento.

2. Nel caso in cui vi siano fondati motivi per ritenere che ricorrano gli estremi dell'impugnazione del riconoscimento il tribunale per i minorenni assume, anche d'ufficio, i provvedimenti di cui all'articolo 264, secondo comma, del codice civile.

(1) Articolo modificato dall'art. 100, co. 1, lett. dd), d.lg. 28/12/2013, n. 154 a decorrere dal 7/2/2014 come indicato dall'art. 108, co. 1, del citato decreto. Nel testo in vigore fino al 6/2/2014 le parole "nato fuori del matrimonio" erano sostituite da "naturale".

Art. 75. – 1. L'ammissione al patrocinio a spese dello Stato comporta l'assistenza legale alle procedure previste ai sensi della presente legge. 2. La liquidazione delle spese, delle competenze e degli onorari viene effettuata dal giudice con apposita ordinanza, a richiesta del difensore, allorché l'attività di assistenza di quest'ultimo è da ritenersi cessata. 3. Si applica la disposizione di cui all'art. 14, secondo comma, della legge 11 agosto 1973, n. 533.*

* Articolo abrogato dall'art. 299 del d.lg. 30/5/2002, n. 113 e dall'art. 299 del d.p.r. 30/5/2002, n. 115, a decorrere dal 1/7/2002. Vedi, ora, l'art. 143 del citato d.p.r. 30/5/2002, n. 115.

Art. 76. – 1. Alle procedure relative all'adozione di minori stranieri in corso o già definite al momento di entrata in vigore della presente legge continuano ad applicarsi le disposizioni vigenti alla data medesima (1).

(1) La Corte costituzionale, con sent. 1/7/1986, n. 199, ha dichiarato l'illegittimità costituzionale del presente articolo, nella parte in cui preclude l'applicazione dell'art. 37 alle procedure già iniziate nei confronti di minore straniero in stato di abbandono in Italia.

Art. 77. – 1. Gli articoli da 404 a 413 del codice civile sono abrogati. Per le affiliazioni già pronunciate alla data di entrata in vigore della presente legge si applicano i divieti e le autorizzazioni di cui all'articolo 87 del codice civile.

Art. 78. – 1. Il quarto comma dell'art. 87 del codice civile è sostituito dal seguente:

«Il tribunale, su ricorso degli interessati, con decreto emesso in camera di consiglio, sentito il pubblico ministero, può autorizzare il matrimonio nei casi indicati dai numeri 3 e 5, anche se si tratti di affiliazione o di filiazione naturale. L'autorizzazione può essere accordata anche nel caso indicato dal numero 4, quando l'affinità deriva da matrimonio dichiarato nullo».

Art. 79. – 1. Entro tre anni dall'entrata in vigore della presente legge i coniugi che risultino forniti dei requisiti di cui all'articolo 6 possono chiedere al tribunale per i minorenni di dichiarare, sempreché il provvedimento risponda agli interessi dell'adottato e dell'affiliato, con decreto motivato, l'estensione degli effetti della adozione nei confronti degli affiliati o adottati ai sensi dell'art. 291 del codice civile, precedentemente in vigore, se minorenni all'epoca del relativo provvedimento (1).

2. Il tribunale dispone l'esecuzione delle opportune indagini di cui all'articolo 57, sugli adottanti e sull'adottato o affiliato.

3. Gli adottati o affiliati che abbiano compiuto gli anni dodici e, in considerazione della loro capacità di discernimento, anche i minori di età inferiore devono essere sentiti; se hanno compiuto gli anni quattordici devono prestare il consenso (2).

4. Il coniuge dell'adottato o affiliato, se convivente non legalmente separato, deve prestare l'assenso.

5. I discendenti degli adottati o affilianti che hanno superato gli anni quattordici devono essere sentiti.

6. Se gli adottati o affiliati sono figli legittimi o riconosciuti è necessario l'assenso dei genitori. Nel caso di irreperibilità o di rifiuto non motivato, su ricorso degli adottanti o affilianti, sentiti il pubblico ministero, i genitori dell'adottato o affiliato e quest'ultimo, se ha compiuto gli anni dodici, decide il tribunale con sentenza che, in caso di accoglimento della domanda, tiene luogo dell'assenso mancante.

7. Al decreto relativo all'estensione degli effetti dell'adozione si applicano le disposizioni di cui agli articoli 25, 27 e 28, in quanto compatibili.

8. Il decreto del tribunale per i minorenni che nega l'estensione degli effetti dell'adozione può essere impugnato anche dall'adottato o affiliato se maggiorenne.

(1) La Corte costituzionale, con sent. 1/7/1986, n. 198, ha dichiarato l'illegittimità costituzionale del presente comma, nella parte in cui, nella ipotesi di coniugi non più uniti in matrimonio alla data della presentazione della domanda di estensione degli effetti dell'adozione, non consente di pronunziare l'estensione stessa nei confronti degli adottati ai sensi dell'art. 291, precedentemente in vigore. La stessa Corte, con sent. 18/2/1988, n. 183, ha dichiarato l'illegittimità costituzionale del presente comma, nella parte in cui non consente l'estensione degli effetti dell'adozione legittimante nei confronti dei minori adottati con adozione ordinaria quando la differenza di età tra adottanti e adottato superi i 40 anni.

(2) Comma modificato dall'art. 32 della l. 28/3/2001, n. 149.

Art. 79 bis (1). – 1. Il giudice segnala ai comuni le situazioni di indigenza di nuclei familiari che richiedono interventi di sostegno per consentire al minore di essere educato nell'ambito della propria famiglia.

(1) Articolo inserito dall'art. 100, co. 1, lett. e), d.lg. 28/12/2013, n. 154 a decorrere dal 7/2/2014 come indicato dall'art. 108, co. 1, del citato decreto.

Art. 80 (1). – 1. Il giudice, se del caso ed anche in relazione alla durata dell'affidamento, può disporre che gli assegni familiari e le prestazioni previdenziali relative al minore siano erogati temporaneamente in favore dell'affidatario.

2. Le disposizioni di cui all'articolo 12 del testo unico delle imposte sui redditi, approvato con decreto del Presidente della Repubblica 22 dicembre 1986, n. 917, e successive modificazioni, all'articolo 6 della legge 9 dicembre 1977, n. 903, e alla legge 8 marzo 2000, n. 53, si applicano anche agli affidatari di cui al comma 1.

3. Alle persone affidatarie si estendono tutti i benefici in tema di astensione obbligatoria e facoltativa dal lavoro, di permessi per malattia, di riposi giornalieri, previsti per i genitori biologici.

4. Le regioni determinano le condizioni e modalità di sostegno alle famiglie, persone e comunità di tipo familiare che hanno minori in affidamento, affinché tale affidamento si possa fondare sulla disponibilità e l'idoneità all'accoglienza indipendentemente dalle condizioni economiche.

(1) Articolo prima modificato dell'art. 86 del d.lg. 26/3/2001, n. 151 e successivamente sostituito dall'art. 38 della l. 28/3/2001, n. 149.

Art. 81. – 1. L'ultimo comma dell'art. 244 del codice civile è sostituito dal seguente:

«L'azione può essere altresì promossa da un curatore speciale nominato dal giudice, assunte sommarie informazioni, su istanza del figlio minore che ha compiuto i sedici anni, o del pubblico ministero quando si tratta di minore di età inferiore».

Art. 82. – 1. Gli atti, i documenti ed i provvedimenti relativi alle procedure previste dalla presente legge nei riguardi di persone minori di età, sono esenti dalle imposte di bollo e di registro e da ogni spesa, tassa e diritto dovuti ai pubblici uffici.

2. Sono ugualmente esenti gli atti ed i documenti relativi all'esecuzione dei provvedimenti pronunciati dal giudice nei procedimenti su indicati.

3. Agli oneri derivanti dall'attuazione della presente legge, valutati in annue lire 100.000.000, si provvede mediante corrispondente riduzione del capitolo 1589 dello stato di previsione del Ministero di grazia e giustizia [ora della giustizia] per l'anno finanziario 1983 e corrispondenti capitoli degli esercizi successivi.

4. Il Ministro del tesoro è autorizzato ad apportare con propri decreti le occorrenti variazioni di bilancio.

L. 31 dicembre 1998, n. 476

Ratifica ed esecuzione della Convenzione per la tutela dei minori e la cooperazione in materia di adozione internazionale, fatta a L'Aja il 29 maggio 1993. Modifiche alla legge 4 maggio 1983, n. 184, in tema di adozione di minori stranieri

ADOZIONE INTERNAZIONALE

Art. 1. – Il Presidente della Repubblica è autorizzato a ratificare la Convenzione per la tutela dei minori e la cooperazione in materia di adozione internazionale, fatta a L'Aja il 29 maggio 1993, di seguito denominata "Convenzione".

Art. 2. – 1. Piena ed intera esecuzione è data alla Convenzione a decorrere dalla sua entrata in vigore, in conformità all'articolo 46 della Convenzione medesima.

Art. 3. – 1. Il Capo I del Titolo III della legge 4 maggio 1983, n. 184, è sostituito dal seguente:

«Capo I. – Dell'adozione di minori stranieri.

Art. 29. – 1. L'adozione di minori stranieri ha luogo conformemente ai princìpi e secondo le direttive della Convenzione per la tutela dei minori e la cooperazione in materia di adozione internazionale, fatta a L'Aja il 29 maggio 1993, di seguito denominata "Convenzione", a norma delle disposizioni contenute nella presente legge.

Art. 29-bis. – 1. Le persone residenti in Italia, che si trovano nelle condizioni prescritte dall'articolo 6 e che intendono adottare un minore straniero residente all'estero, presentano dichiarazione di disponibilità al tribunale per i minorenni del distretto in cui hanno la residenza e chiedono che lo stesso dichiari la loro idoneità all'adozione.

2. Nel caso di cittadini italiani residenti in uno Stato straniero, fatto salvo quanto stabilito nell'articolo 36, comma 4, è competente il tribunale per i minorenni del distretto in cui si trova il luogo della loro ultima residenza; in mancanza, è competente il tribunale per i minorenni di Roma.

3. Il tribunale per i minorenni, se non ritiene di dover pronunciare immediatamente decreto di inidoneità per manifesta carenza dei requisiti, trasmette, entro quindici giorni dalla presentazione, copia della dichiarazione di disponibilità ai servizi degli enti locali.

4. I servizi socio-assistenziali degli enti locali singoli o associati, anche avvalendosi per quanto di competenza delle aziende sanitarie locali e ospedaliere, svolgono le seguenti attività:

a) informazione sull'adozione internazionale e sulle relative procedure, sugli enti autorizzati e sulle altre forme di solidarietà nei confronti dei minori in difficoltà, anche in collaborazione con gli enti autorizzati di cui all'articolo 39-ter;

b) preparazione degli aspiranti all'adozione, anche in collaborazione con i predetti enti;

c) acquisizione di elementi sulla situazione personale, familiare e sanitaria degli aspiranti genitori adottivi, sul loro ambiente sociale, sulle motivazioni che li determinano, sulla loro attitudine a farsi carico di un'adozione internazionale, sulla loro capacità di rispondere in modo adeguato alle esigenze di più minori o di uno solo, sulle eventuali caratteristiche particolari dei minori che essi sarebbero in grado di accogliere, nonché acquisizione di ogni altro elemento utile per la valutazione da parte del tribunale per i minorenni della loro idoneità all'adozione.

5. I servizi trasmettono al tribunale per i minorenni, in esito all'attività svolta, una relazione completa di tutti gli elementi indicati al comma 4, entro i quattro mesi successivi alla trasmissione della dichiarazione di disponibilità.

Art. 30. – 1. Il tribunale per i minorenni, ricevuta la relazione di cui all'articolo 29-bis, comma 5, sente gli aspiranti all'adozione, anche a mezzo di un giudice delegato, dispone se necessario gli opportuni approfondimenti e pronuncia, entro i due mesi successivi, decreto motivato attestante la sussistenza ovvero l'insussistenza dei requisiti per adottare.

2. Il decreto di idoneità ad adottare ha efficacia per tutta la durata della procedura, che deve essere promossa dagli interessati entro un anno dalla comunicazione del provvedimento. Il decreto contiene anche indicazioni per favorire il migliore incontro tra gli aspiranti all'adozione ed il minore da adottare.

3. Il decreto è trasmesso immediatamente, con copia della relazione e della documentazione esistente negli atti, alla Commissione di cui all'articolo 38 e, se già indicato dagli aspiranti all'adozione, all'ente autorizzato di cui all'articolo 39-ter.

4. Qualora il decreto di idoneità, previo ascolto degli interessati, sia revocato per cause sopravvenute che incidano in modo rilevante sul giudizio di idoneità, il tribunale per i minorenni comunica immediatamente il relativo provvedimento alla Commissione ed all'ente autorizzato di cui al comma 3.

5. Il decreto di idoneità ovvero di inidoneità e quello di revoca sono reclamabili davanti alla corte d'appello, a termini degli articoli 739 e 740 del codice di procedura civile, da parte del pubblico ministero e degli interessati.

Art. 31. – 1. Gli aspiranti all'adozione, che abbiano ottenuto il decreto di idoneità, devono conferire incarico a curare la procedura di adozione ad uno degli enti autorizzati di cui all'articolo 39-ter.

2. Nelle situazioni considerate dall'articolo 44, primo comma, lettera a), il tribunale per i minorenni può autorizzare gli aspiranti adottanti, valutate le loro personalità, ad effettuare direttamente le attività previste alle lettere b), d), e), f) ed h) del comma 3 del presente articolo.

3. L'ente autorizzato che ha ricevuto l'incarico di curare la procedura di adozione:

a) informa gli aspiranti sulle procedure che inizierà e sulle concrete prospettive di adozione;

b) svolge le pratiche di adozione presso le competenti autorità del Paese indicato dagli aspiranti all'adozione tra quelli con cui esso intrattiene rapporti, trasmettendo alle stesse la domanda di adozione, unitamente al decreto di idoneità ed alla relazione ad esso allegata, affinché le autorità straniere formulino le proposte di incontro tra gli aspiranti all'adozione ed il minore da adottare;

c) raccoglie dall'autorità straniera la proposta di incontro tra gli aspiranti all'adozione ed il minore da adottare, curando che sia accompagnata da tutte le informazioni di carattere sanitario riguardanti il minore, dalle notizie riguardanti la sua famiglia di origine e le sue esperienze di vita;

d) trasferisce tutte le informazioni e tutte le notizie riguardanti il minore agli aspiranti genitori adottivi, informandoli della proposta di incontro tra gli aspiranti all'adozione ed il minore da adottare e assistendoli in tutte le attività da svolgere nel Paese straniero;

e) riceve il consenso scritto all'incontro tra gli aspiranti all'adozione ed il minore da adottare, proposto dall'autorità straniera, da parte degli aspiranti all'adozione, ne autentica le firme e trasmette l'atto di consenso all'autorità straniera, svolgendo tutte le altre attività dalla stessa richieste; l'autenticazione delle firme degli aspiranti adottanti può essere effettuata anche dall'impiegato comunale delegato all'autentica o da un notaio o da un segretario di qualsiasi ufficio giudiziario;

f) riceve dall'autorità straniera attestazione della sussistenza delle condizioni di cui all'articolo 4 della Convenzione e concorda con la stessa, qualora ne sussistano i requisiti, l'opportunità di procedere all'adozione ovvero, in caso contrario, prende atto del mancato accordo e ne dà immediata informazione alla Commissione di cui all'articolo 38 comunicandone le ragioni; ove sia richiesto dallo Stato di origine, approva la decisione di affidare il minore o i minori ai futuri genitori adottivi;

g) informa immediatamente la Commissione, il tribunale per i minorenni e i servizi dell'ente locale della decisione di affidamento dell'autorità straniera e richiede alla Commissione, trasmettendo la documentazione necessaria, l'autorizzazione all'ingresso e alla residenza permanente del minore o dei minori in Italia;

h) certifica la data di inserimento del minore presso i coniugi affidatari o i genitori adottivi;

i) riceve dall'autorità straniera copia degli atti e della documentazione relativi al minore e li trasmette immediatamente al tribunale per i minorenni e alla Commissione;

l) vigila sulle modalità di trasferimento in Italia e si adopera affinché questo avvenga in compagnia degli adottanti o dei futuri adottanti;

m) svolge in collaborazione con i servizi dell'ente locale attività di sostegno del nucleo adottivo fin dall'ingresso del minore in Italia su richiesta degli adottanti;

n) certifica la durata delle necessarie assenze dal lavoro, ai sensi delle lettere a) e b) del comma 1 dell'articolo 39-quater, nel caso in cui le stesse non siano determinate da ragioni di salute del bambino, nonché la durata del periodo di permanenza all'estero nel caso di congedo non retribuito ai sensi della lettera c) del medesimo comma 1 dell'articolo 39-quater;

o) certifica, nell'ammontare complessivo agli effetti di quanto previsto dall'articolo 10, comma 1, lettera l-bis), del testo unico delle imposte sui redditi, approvato con decreto del Presidente della Repubblica 22 dicembre 1986, n. 917, le spese sostenute dai genitori adottivi per l'espletamento della procedura di adozione.

Art. 32. – 1. La Commissione di cui all'articolo 38, ricevuti gli atti di cui all'articolo 31 e valutate le conclusioni dell'ente incaricato, dichiara che l'adozione risponde al superiore interesse del minore e ne autorizza l'ingresso e la residenza permanente in Italia.

2. La dichiarazione di cui al comma 1 non è ammessa:

a) quando dalla documentazione trasmessa dall'autorità del Paese straniero non emerge la situazione di abbandono del minore e la constatazione dell'impossibilità di affidamento o di adozione nello Stato di origine;

b) qualora nel Paese straniero l'adozione non determini per l'adottato l'acquisizione dello stato di figlio legittimo e la cessazione dei rapporti giuridici fra il minore e la famiglia di origine, a meno che i genitori naturali abbiano espressamente consentito al prodursi di tali effetti.

3. Anche quando l'adozione pronunciata nello Stato straniero non produce la cessazione dei rapporti giuridici con la famiglia d'origine, la stessa può essere convertita in una adozione che produca tale effetto, se il tribunale per i minorenni la riconosce conforme alla Convenzione. Solo in caso di rico-

noscimento di tale conformità, è ordinata la trascrizione.

4. Gli uffici consolari italiani all'estero collaborano, per quanto di competenza, con l'ente autorizzato per il buon esito della procedura di adozione. Essi, dopo aver ricevuto formale comunicazione da parte della Commissione ai sensi dell'articolo 39, comma 1, lettera h), rilasciano il visto di ingresso per adozione a beneficio del minore adottando.

Art. 33. – 1. Fatte salve le ordinarie disposizioni relative all'ingresso nello Stato per fini familiari, turistici, di studio e di cura, non è consentito l'ingresso nello Stato a minori che non sono muniti di visto di ingresso rilasciato ai sensi dell'articolo 32 ovvero che non sono accompagnati da almeno un genitore o da parenti entro il quarto grado.

2. È fatto divieto alle autorità consolari italiane di concedere a minori stranieri il visto di ingresso nel territorio dello Stato a scopo di adozione, al di fuori delle ipotesi previste dal presente Capo e senza la previa autorizzazione della Commissione di cui all'articolo 38.

3. Coloro che hanno accompagnato alla frontiera un minore al quale non viene consentito l'ingresso in Italia provvedono a proprie spese al suo rimpatrio immediato nel Paese d'origine. Gli uffici di frontiera segnalano immediatamente il caso alla Commissione affinché prenda contatto con il Paese di origine del minore per assicurarne la migliore collocazione nel suo superiore interesse.

4. Il divieto di cui al comma 1 non opera nel caso in cui, per eventi bellici, calamità naturali o eventi eccezionali secondo quanto previsto dall'articolo 18 della legge 6 marzo 1998, n. 40, o per altro grave impedimento di carattere oggettivo, non sia possibile l'espletamento delle procedure di cui al presente Capo e sempre che sussistano motivi di esclusivo interesse del minore all'ingresso nello Stato. In questi casi gli uffici di frontiera segnalano l'ingresso del minore alla Commissione ed al tribunale per i minorenni competente in relazione al luogo di residenza di coloro che lo accompagnano.

5. Qualora sia comunque avvenuto l'ingresso di un minore nel territorio dello Stato al di fuori delle situazioni consentite, il pubblico ufficiale o l'ente autorizzato che ne ha notizia lo segnala al tribunale per i minorenni competente in relazione al luogo in cui il minore si trova. Il tribunale, adottato ogni opportuno provvedimento temporaneo nell'interesse del minore, provvede ai sensi dell'articolo 37-bis, qualora ne sussistano i presupposti, ovvero segnala la situazione alla Commissione affinché prenda contatto con il Paese di origine del minore e si proceda ai sensi dell'articolo 34.

Art. 34. – 1. Il minore che ha fatto ingresso nel territorio dello Stato sulla base di un provvedimento straniero di adozione o di affidamento a scopo di adozione gode, dal momento dell'ingresso, di tutti i diritti attribuiti al minore italiano in affidamento familiare.

2. Dal momento dell'ingresso in Italia e per almeno un anno, ai fini di una corretta integrazione familiare e sociale, i servizi socio-assistenziali degli enti locali e gli enti autorizzati, su richiesta degli interessati, assistono gli affidatari, i genitori adottivi e il minore. Essi in ogni caso riferiscono al tribunale per i minorenni sull'andamento dell'inserimento, segnalando le eventuali difficoltà per gli opportuni interventi.

3. Il minore adottato acquista la cittadinanza italiana per effetto della trascrizione del provvedimento di adozione nei registri dello stato civile.

Art. 35. – 1. L'adozione pronunciata all'estero produce nell'ordinamento italiano gli effetti di cui all'articolo 27.

2. Qualora l'adozione sia stata pronunciata nello Stato estero prima dell'arrivo del minore in Italia, il tribunale verifica che nel provvedimento dell'autorità che ha pronunciato l'adozione risulti la sussistenza delle condizioni delle adozioni internazionali previste dall'articolo 4 della Convenzione.

3. Il tribunale accerta inoltre che l'adozione non sia contraria ai princìpi fondamentali che regolano nello Stato il diritto di famiglia e dei minori, valutati in relazione al superiore interesse del minore, e se sussistono la certificazione di conformità alla Convenzione di cui alla lettera i) e l'autorizzazione prevista dalla lettera h) del comma 1 dell'articolo 39, ordina la trascrizione del provvedimento di adozione nei registri dello stato civile.

4. Qualora l'adozione debba perfezionarsi dopo l'arrivo del minore in Italia, il tribunale per i minorenni riconosce il provvedimento dell'autorità straniera come affidamento preadottivo, se non contrario ai princìpi fondamentali che regolano nello Stato il diritto di famiglia e dei minori, valutati in relazione al superiore interesse del minore, e stabilisce la durata del predetto affidamento in un anno che decorre dall'inserimento del minore nella nuova famiglia. Decorso tale periodo, se ritiene che la sua permanenza nella famiglia che lo ha accolto è tuttora conforme all'interesse del minore, il tribunale per i minorenni pronuncia l'adozione e ne dispone la trascrizione nei registri dello stato civile. In caso contrario, anche prima che sia decorso il periodo di affidamento preadottivo, lo revoca e adotta i provvedimenti di cui all'articolo 21 della Convenzione. In tal caso il minore che abbia compiuto gli anni 14 deve sempre esprimere il consenso circa i provvedimenti da assumere; se ha raggiunto gli anni 12 deve essere personalmente sentito; se di età inferiore può essere sentito ove sia opportuno e ove ciò non alteri il suo equilibrio psico-emotivo, tenuto conto della valutazione dello psicologo nominato dal tribunale.

5. Competente per la pronuncia dei provvedimenti è il tribunale per i minorenni del distretto in cui gli aspiranti all'adozione hanno la residenza nel momento dell'ingresso del minore in Italia.

6. Fatto salvo quanto previsto nell'articolo 36, non può comunque essere ordinata la trascrizione nei casi in cui:

a) il provvedimento di adozione riguarda adottanti non in possesso dei requisiti previsti dalla legge italiana sull'adozione;

b) non sono state rispettate le indicazioni contenute nella dichiarazione di idoneità;

c) non è possibile la conversione in adozione produttiva degli effetti di cui all'articolo 27;

d) l'adozione o l'affidamento stranieri non si sono realizzati tramite le autorità centrali e un ente autorizzato;

e) l'inserimento del minore nella famiglia adottiva si è manifestato contrario al suo interesse.

Art. 36. – 1. L'adozione internazionale dei minori provenienti da Stati che hanno ratificato la Convenzione, o che nello spirito della Convenzione abbiano stipulato accordi bilaterali, può avvenire solo con le procedure e gli effetti previsti dalla presente legge.

2. L'adozione o affidamento a scopo adottivo, pronunciati in un Paese non aderente alla Convenzione né firmatario di accordi bilaterali, possono essere dichiarati efficaci in Italia a condizione che:

a) sia accertata la condizione di abbandono del minore straniero o il consenso dei genitori naturali ad una adozione che determini per il minore adottato l'acquisizione dello stato di figlio legittimo degli adottanti e la cessazione dei rapporti giuridici fra il minore e la famiglia d'origine;

b) gli adottanti abbiano ottenuto il decreto di idoneità previsto dall'articolo 30 e le procedure adottive siano state effettuate con l'intervento della Commissione di cui all'articolo 38 e di un ente autorizzato;

c) siano state rispettate le indicazioni contenute nel decreto di idoneità;

d) sia stata concessa l'autorizzazione prevista dall'articolo 39, comma 1, lettera h).

3. Il relativo provvedimento è assunto dal tribunale per i minorenni che ha emesso il decreto di idoneità all'adozione. Di tale provvedimento è data comunicazione alla Commissione, che provvede a quanto disposto dall'articolo 39, comma 1, lettera e).

4. L'adozione pronunciata dalla competente autorità di un Paese straniero a istanza di cittadini italiani, che dimostrino al momento della pronuncia di aver soggiornato continuativamente nello stesso e di avervi avuto la residenza da almeno due anni, viene riconosciuta ad ogni effetto in Italia con provvedimento del tribunale per i minorenni, purché conforme ai principi della Convenzione.

Art. 37. – 1. Successivamente all'adozione, la Commissione di cui all'articolo 38 può comunicare ai genitori adottivi, eventualmente tramite il tribunale per i minorenni, solo le informazioni che hanno rilevanza per lo stato di salute dell'adottato.

2. Il tribunale per i minorenni che ha emesso i provvedimenti indicati dagli articoli 35 e 36 e la Commissione conservano le informazioni acquisite sull'origine del minore, sull'identità dei suoi genitori naturali e sull'anamnesi sanitaria del minore e della sua famiglia di origine.

3. Per quanto concerne l'accesso alle altre informazioni valgono le disposizioni vigenti in tema di adozione di minori italiani.

Art. 37-bis. – 1. Al minore straniero che si trova nello Stato in situazione di abbandono si applica la legge italiana in materia di adozione, di affidamento e di provvedimenti necessari in caso di urgenza.

Art. 38. – 1. Ai fini indicati dall'articolo 6 della Convenzione è costituita presso la Presidenza del Consiglio dei ministri la Commissione per le adozioni internazionali.

2. La Commissione è composta da:

a) un presidente nominato dal Presidente del Consiglio dei ministri nella persona di un magistrato avente esperienza nel settore minorile ovvero un dirigente dello Stato avente analoga specifica esperienza;

b) due rappresentanti della Presidenza del Consiglio dei ministri, Dipartimento per gli affari sociali;

c) un rappresentante del Ministero degli affari esteri;

d) un rappresentante del Ministero dell'interno;

e) due rappresentanti del Ministero di grazia e giustizia;

f) un rappresentante del Ministero della sanità;

g) tre rappresentanti della Conferenza unificata di cui all'articolo 8 del decreto legislativo 28 agosto 1997, n. 281.

3. Il presidente dura in carica due anni e l'incarico può essere rinnovato una sola volta.

4. I componenti della Commissione rimangono in carica quattro anni. Con regolamento adottato dalla Commissione è assicurato l'avvicendamento graduale dei componenti della Commissione stessa allo scadere del termine di permanenza in carica. A tal fine il regolamento può prorogare la durata in carica dei componenti della Commissione per periodi non superiori ad un anno.

5. La Commissione si avvale di personale dei ruoli della Presidenza del Consiglio dei ministri e di altre amministrazioni pubbliche.

Art. 39. – 1. La Commissione per le adozioni internazionali:

a) collabora con le autorità centrali per le adozioni internazionali degli altri Stati, anche raccogliendo le informazioni necessarie, ai fini dell'attuazione delle convenzioni internazionali in materia di adozione;

b) propone la stipulazione di accordi bilaterali in materia di adozione internazionale;

c) autorizza l'attività degli enti di cui all'articolo 39-ter, cura la tenuta del relativo albo, vigila sul loro operato, lo verifica almeno ogni tre anni, revoca l'autorizzazione concessa nei casi di gravi inadempienze, insufficienze o violazione delle norme della presente legge. Le medesime funzioni sono svolte dalla Commissione con riferimento all'attività svolta dai servizi per l'adozione internazionale, di cui all'articolo 39-bis;

d) agisce al fine di assicurare l'omogenea diffusione degli enti autorizzati sul territorio nazionale e delle relative rappresentanze nei Paesi stranieri;

e) conserva tutti gli atti e le informazioni relativi alle procedure di adozione internazionale;

f) promuove la cooperazione fra i soggetti che operano nel campo dell'adozione internazionale e della protezione dei minori;

g) promuove iniziative di formazione per quanti operino o intendano operare nel campo dell'adozione;

h) autorizza l'ingresso e il soggiorno permanente del minore straniero adottato o affidato a scopo di adozione;

i) certifica la conformità dell'adozione alle disposizioni della Convenzione, come previsto dall'articolo 23, comma 1, della Convenzione stessa;

l) per le attività di informazione e formazione, collabora anche con enti diversi da quelli di cui all'articolo 39-ter.

2. La decisione dell'ente autorizzato di non concordare con l'autorità straniera l'opportunità di procedere all'adozione è sottoposta ad esame della Commissione, su istanza dei coniugi interessati; ove non confermi il precedente diniego, la Commissione può procedere direttamente, o delegando altro ente o ufficio, agli incombenti di cui all'articolo 31.

3. La Commissione attua incontri periodici con i rappresentanti degli enti autorizzati al fine di esaminare le problematiche emergenti e coordinare la programmazione degli interventi attuativi dei principi della Convenzione.

4. La Commissione presenta al Presidente del Consiglio dei ministri, che la trasmette al Parlamento, una relazione biennale sullo stato delle adozioni internazionali, sullo stato della attuazione della Convenzione e sulla stipulazione di accordi bilaterali anche con Paesi non aderenti alla stessa.

Art. 39-bis. – 1. Le regioni e le province autonome di Trento e di Bolzano nell'ambito delle loro competenze:

a) concorrono a sviluppare una rete di servizi in grado di svolgere i compiti previsti dalla presente legge;

b) vigilano sul funzionamento delle strutture e dei servizi che operano nel territorio per l'adozione internazionale, al fine di garantire livelli adeguati di intervento;

c) promuovono la definizione di protocolli operativi e convenzioni fra enti autorizzati e servizi, nonché forme stabili di collegamento fra gli stessi e gli organi giudiziari minorili.

2. Le regioni e le province autonome di Trento e di Bolzano possono istituire un servizio per l'adozione internazionale che sia in possesso dei requisiti di cui all'articolo 39-ter e svolga per le coppie che lo richiedano al momento della presentazione della domanda di adozione internazionale le attività di cui all'articolo 31, comma 3.

3. I servizi per l'adozione internazionale di cui al comma 2 sono istituiti e disciplinati con legge regionale o provinciale in attuazione dei princìpi di cui alla presente legge. Alle regioni e alle province autonome di Trento e di Bolzano sono delegate le funzioni amministrative relative ai servizi per l'adozione internazionale.

Art. 39-ter. – 1. Al fine di ottenere l'autorizzazione prevista dall'articolo 39, comma 1, lettera c), e per conservarla, gli enti debbono essere in possesso dei seguenti requisiti:

a) essere diretti e composti da persone con adeguata formazione e competenza nel campo dell'adozione internazionale, e con idonee qualità morali;

b) avvalersi dell'apporto di professionisti in campo sociale, giuridico e psicologico, iscritti al relativo albo professionale, che abbiano la capacità di sostenere i coniugi prima, durante e dopo l'adozione;

c) disporre di un'adeguata struttura organizzativa in almeno una regione o in una provincia autonoma in Italia e delle necessarie strutture personali per operare nei Paesi stranieri in cui intendono agire;

d) non avere fini di lucro, assicurare una gestione contabile assolutamente trasparente, anche sui costi necessari per l'espletamento della procedura, ed una metodologia operativa corretta e verificabile;

e) non avere e non operare pregiudiziali discriminazioni nei confronti delle persone che aspirano all'adozione, ivi comprese le discriminazioni di tipo ideologico e religioso;

f) impegnarsi a partecipare ad attività di promozione dei diritti dell'infanzia, preferibilmente attraverso azioni di cooperazione allo sviluppo, anche in collaborazione con le organizzazioni non governative, e di attuazione del principio di sussidiarietà dell'adozione internazionale nei Paesi di provenienza dei minori;

g) avere sede legale nel territorio nazionale.

Art. 39-quater. – 1. Fermo restando quanto previsto in altre disposizioni di legge, i genitori adottivi e coloro che hanno un minore in affidamento preadottivo hanno diritto a fruire dei seguenti benefici:

a) l'astensione dal lavoro, quale regolata dall'articolo 6, primo comma, della legge 9 dicembre 1977, n. 903, anche se il minore adottato ha superato i sei anni di età;

b) l'assenza dal lavoro, quale regolata dall'articolo 6, secondo comma, e dall'articolo 7 della predetta legge n. 903 del 1977, sino a che il minore adottato non abbia raggiunto i sei anni di età;

c) congedo di durata corrispondente al periodo di permanenza nello Stato straniero richiesto per l'adozione».

Art. 4. – 1. Nell'art. 10, comma 1, del testo unico delle imposte sui redditi, approvato con decreto del Presidente della Repubblica 22 dicembre 1986, n. 917, dopo la lettera l) è aggiunta la seguente:

«l-bis) il cinquanta per cento delle spese sostenute dai genitori adottivi per l'espletamento della procedura di adozione disciplinata dalle disposizioni contenute nel Capo I del Titolo III della legge 4 maggio 1983, n. 184».

Art. 5. – 1. All'art. 40 della legge 4 maggio 1983, n. 184, è aggiunto il seguente comma:

«Agli stranieri stabilmente residenti in Paesi che hanno ratificato la Convenzione, in luogo della procedura disciplinata dal primo comma si applicano le procedure stabilite nella Convenzione per quanto riguarda l'intervento ed i compiti delle Autorità Centrali e degli enti autorizzati. Per il resto si applicano le disposizioni della presente legge».

2. All'art. 41 della legge 4 maggio 1983, n. 184, è aggiunto il seguente comma:

«Nel caso di adozione di minore stabilmente residente in Italia da parte di cittadini stranieri residenti stabilmente in Paesi che hanno ratificato la Convenzione, le funzioni attribuite al console dal presente articolo sono svolte dall'Autorità Centrale straniera e dall'ente autorizzato».

Art. 6. – 1. Dopo l'art. 72 della legge 4 maggio 1983, n. 184, è inserito il seguente:

«Art. 72-bis. – 1. Chiunque svolga per conto di terzi pratiche inerenti all'adozione di minori stranieri senza avere previamente ottenuto l'autorizzazione prevista dall'art. 39, comma 1, lettera c), è punito con la pena della reclusione fino a un anno o con la multa da uno a dieci milioni di lire.

2. La pena è della reclusione da sei mesi a tre anni e della multa da due a sei milioni di lire per i legali rappresentanti ed i responsabili di associazioni o di agenzie che trattano le pratiche di cui al comma 1.

3. Fatti salvi i casi previsti dall'art. 36, comma 4, coloro che, per l'adozione di minori stranieri, si avvalgono dell'opera di associazioni, organizzazioni, enti o persone non autorizzati nelle forme di legge sono puniti con le pene di cui al comma 1 diminuite di un terzo».

Art. 7. – 1. Con regolamento, da emanare ai sensi dell'articolo 17, comma 1, della legge 23 agosto 1988, n. 400, entro quattro mesi dalla data di entrata in vigore della presente legge, su proposta del Presidente del Consiglio dei ministri, di concerto con i Ministri degli affari esteri, dell'interno, di grazia e giustizia e della sanità, è data attuazione alle norme della presente legge riguardanti la costituzione e l'organizzazione della Commissione per le adozioni internazionali, anche per quanto concerne il contingente di personale e le relative qualifiche. Con il medesimo regolamento sono disciplinate le procedure per ottenere l'autorizzazione, i suoi contenuti, la modifica o la revoca della medesima, la tenuta dell'albo ed ogni altra modalità operativa relativa agli enti autorizzati di cui all'articolo 39-ter della legge 4 maggio 1983, n. 184, introdotto dall'articolo 3 della presente legge (1).

2. Il regolamento di cui al comma 1 disciplina altresì l'invio da parte della Commissione per le adozioni internazionali di proprio personale in missione presso le rappresentanze diplomatiche e consolari all'estero (1).

3. La Commissione è costituita nei tre mesi successivi all'emanazione del regolamento di cui al comma 1.

(1) Per l'attuazione del presente comma, vedi il d.P.R. 1/12/1999, n. 492.

Art. 8. – 1. Le dichiarazioni di idoneità all'adozione ed i provvedimenti di adozione e di affidamento preadottivo, pronunziati in data anteriore a quella di entrata in vigore della Convenzione, conservano piena efficacia.

2. Le domande già presentate alla data di entrata in vigore della presente legge e quelle inoltrate successivamente continuano ad essere esaminate e trattate secondo le disposizioni di natura procedimentale anteriori, sino alla avvenuta costituzione della Commissione per le adozioni internazionali e alla pubblicazione dell'albo degli enti autorizzati.

3. Le disposizioni di attuazione della Convenzione per la tutela dei minori e la cooperazione in materia di adozione internazionale, fatta a L'Aja il 29 maggio 1993, contenute nell'articolo 3 della presente legge, hanno efficacia a partire dalla data di entrata in vigore della Convenzione stessa.

Art. 9. – 1. All'onere derivante dall'attuazione della presente legge, valutato in lire 13.200 milioni annue a decorrere dal 1998, si provvede mediante corrispondente riduzione dello stanziamento iscritto nell'ambito dell'unità previsionale di base di parte corrente "Fondo speciale" dello stato di previsione del Ministero del tesoro, del bilancio e della programmazione economica per l'anno finanziario 1998, allo scopo parzialmente utilizzando, per 11.200 milioni di lire, l'accantonamento relativo al Ministero degli affari esteri e, per 2.000 milioni di lire, l'accantonamento relativo alla Presidenza del Consiglio dei ministri.

2. Le somme di cui al comma 1 confluiscono nel Fondo per le politiche sociali istituito presso la Presidenza del Consiglio dei ministri, con esclusione della quota di minori entrate pari a 3.000 milioni di lire recate dall'articolo 39-quater della legge 4 maggio 1983, n. 184, introdotto dall'articolo 3 della presente legge, nonché dall'articolo 4 della presente legge.

3. Il Ministro del tesoro, del bilancio e della programmazione economica è autorizzato ad apportare, con propri decreti, le occorrenti variazioni di bilancio (1).

(1) Vedi, anche, l'art. 80 della l. 27/12/2002, n. 289 e l'art. 2, co. 3, l. 16/1/2003, n. 3.

CONVENZIONE

CAPITOLO I
SFERA DI APPLICAZIONE DELLA CONVENZIONE

Art. 1. – 1. La presente Convenzione ha per oggetto:

a) di stabilire delle garanzie, affinché le adozioni internazionali si facciano nell'interesse superiore del minore e nel rispetto dei diritti fondamentali che gli sono riconosciuti nel diritto internazionale;

b) d'instaurare un sistema di cooperazione fra gli Stati contraenti, al fine di assicurare il rispetto di queste garanzie e quindi prevenire la sottrazione, la vendita e la tratta dei minori;

c) di assicurare il riconoscimento, negli Stati contraenti, delle adozioni realizzate in conformità alla Convenzione.

Art. 2. – 1. La Convenzione si applica allorché un minore, residente abitualmente in uno Stato contraente ("Stato d'origine") è stato o deve essere trasferito in un altro Stato contraente ("Stato di accoglienza"), sia a seguito di adozione nello Stato d'origine da parte di coniugi o di una persona residente abitualmente nello Stato di accoglienza, sia in vista di tale adozione nello Stato di accoglienza o in quello di origine.

2. La Convenzione contempla solo le adozioni che determinano un legame di filiazione.

Art. 3. – 1. La Convenzione cessa di applicarsi se i consensi previsti dall'articolo 17 lettera c) non sono stati espressi prima che il minore compia l'età di diciotto anni.

CAPITOLO II
CONDIZIONI DELLE ADOZIONI INTERNAZIONALI

Art. 4. – 1. Le adozioni contemplate dalla Convenzione possono aver luogo soltanto se le autorità competenti dello Stato d'origine:

a) hanno stabilito che il minore è adottabile;

b) hanno constatato, dopo aver debitamente vagliato le possibilità di affidamento del minore nello Stato d'origine, che l'adozione internazionale corrisponde al suo superiore interesse;

c) si sono assicurate:

1) che le persone, istituzioni ed autorità, il cui consenso è richiesto per l'adozione, sono state assistite con la necessaria consulenza e sono state debitamente informate sulle conseguenze del loro consenso, in particolare per quanto riguarda il mantenimento o la cessazione, a causa dell'adozione, dei legami giuridici fra il minore e la sua famiglia d'origine;

2) che tali persone, istituzioni ed autorità hanno prestato il consenso liberamente, nelle forme legalmente stabilite e che questo consenso è stato espresso o attestato per iscritto;

3) che i consensi non sono stati ottenuti mediante pagamento o contropartita di alcun genere e non sono stati revocati; e

4) che il consenso della madre, qualora sia richiesto, sia stato prestato solo successivamente alla nascita del minore; e

d) si sono assicurate, tenuto conto dell'età e della maturità del minore,

1) che questi è stato assistito mediante una consulenza e che è stato debitamente informato sulle conseguenze dell'adozione e del suo consenso all'adozione, qualora tale consenso sia richiesto;

2) che i desideri e le opinioni del minore sono stati presi in considerazione;

3) che il consenso del minore all'adozione, quando è richiesto, è stato prestato liberamente, nelle forme legalmente stabilite, ed è stato espresso o constatato per iscritto; e

4) che il consenso non è stato ottenuto mediante pagamento o contropartita di alcun genere.

Art. 5. – 1. Le adozioni contemplate dalla Convenzione possono aver luogo soltanto se le autorità competenti dello Stato di accoglienza:

a) hanno constatato che i futuri genitori adottivi sono qualificati e idonei per l'adozione;

b) si sono assicurate che i futuri genitori adottivi sono stati assistiti con i necessari consigli; e

c) hanno constatato che il minore è o sarà autorizzato ad entrare ed a soggiornare in permanenza nello Stato medesimo.

CAPITOLO III
AUTORITÀ CENTRALI E ORGANISMI ABILITATI

Art. 6. – 1. Ogni Stato contraente designa un'Autorità Centrale incaricata di svolgere i compiti che le sono imposti dalla Convenzione.

2. Gli Stati federali, gli Stati in cui sono in vigore diversi ordinamenti giuridici e gli Stati comprendenti unità territoriali autonome sono liberi di designare più di una Autorità Centrale, specificando l'estensione territoriale o soggettiva delle rispettive funzioni. Lo Stato che ha nominato più di un'Autorità Centrale designerà l'Autorità Centrale cui potrà essere indirizzata ogni comunicazione, per la successiva remissione all'Autorità Centrale competente nell'ambito dello Stato medesimo.

Art. 7. – 1. Le Autorità Centrali debbono cooperare fra loro e promuovere la collaborazione fra le autorità competenti dei loro Stati per assicurare la protezione dei minori e per realizzare gli altri scopi della Convenzione.

2. Esse prendono direttamente tutte le misure idonee per:

a) fornire informazioni sulla legislazione dei loro Stati in materia d'adozione, ed altre informazioni generali, come statistiche e formulari tipo;

b) informarsi scambievolmente sul funzionamento della Convenzione e, per quanto possibile, eliminare gli ostacoli all'applicazione della medesima.

Art. 8. – 1. Le Autorità Centrali prendono, sia direttamente sia col concorso di pubbliche autorità, tutte le misure idonee a prevenire profitti materiali indebiti in occasione di una adozione e ad impedire qualsiasi pratica contraria agli scopi della Convenzione.

Art. 9. – 1. Le Autorità Centrali prendono, sia direttamente, sia col concorso di pubbliche autorità o di organismi debitamente abilitati nel loro Stato, ogni misura idonea, in particolare per:

a) raccogliere, conservare e scambiare informazioni relative alla situazione del minore e dei futuri genitori adottivi, nella misura necessaria alla realizzazione dell'adozione;

b) agevolare, seguire ed attivare la procedura in vista dell'adozione;

c) promuovere nei rispettivi Stati l'istituzione di servizi di consulenza per l'adozione e per la fase successiva all'adozione;

d) scambiare rapporti generali di valutazione sulle esperienze in materia di adozione internazionale;

e) rispondere, nella misura consentita dalla legge del proprio Stato, alle richieste motivate di informazioni su una particolare situazione d'adozione, formulate da altre Autorità Centrali o da autorità pubbliche.

Art. 10. – 1. Possono ottenere l'abilitazione e conservarla solo quegli organismi che dimostrino la loro idoneità a svolgere correttamente i compiti che potrebbero essere loro affidati.

Art. 11. – 1. Un organismo abilitato deve:

a) perseguire solo scopi non lucrativi nelle condizioni e nei limiti fissati dalle autorità competenti dello Stato che concede l'abilitazione;

b) essere diretto e gestito da persone che, per integrità morale, formazione o esperienza, sono qualificate ad agire nel campo dell'adozione internazionale;

c) essere sottoposto alla sorveglianza di autorità competenti dello Stato medesimo, per quanto riguarda la sua composizione, il suo funzionamento e la sua situazione finanziaria.

Art. 12. – 1. Un organismo abilitato in uno Stato contraente non potrà agire in un altro Stato se le autorità competenti di entrambi gli Stati non vi abbiano consentito.

Art. 13. – 1. La designazione delle Autorità Centrali e, se del caso, l'estensione delle loro funzioni, come pure la denominazione e l'indirizzo degli organismi abilitati sono comunicati da ogni Stato contraente all'Ufficio Permanente della Conferenza de L'Aja di diritto internazionale privato.

CAPITOLO IV
CONDIZIONI PROCEDURALI DELL'ADOZIONE INTERNAZIONALE

Art. 14. – 1. Le persone residenti abitualmente in uno Stato contraente, che desiderano adottare un minore con residenza abituale in un altro Stato contraente, debbono rivolgersi all'Autorità Centrale dello Stato in cui esse risiedono abitualmente.

Art. 15. – 1. Se ritiene che i richiedenti sono qualificati ed idonei per l'adozione, l'Autorità Centrale dello Stato di accoglienza redige una relazione contenente informazioni sulla loro identità, capacità legale ed idoneità all'adozione, sulla loro situazione personale, familiare e sanitaria, sul loro ambiente sociale, sulle motivazioni che li determinano, sulla loro attitudine a farsi carico di un'adozione internazionale, nonché sulle caratteristiche dei minori che essi sarebbero in grado di accogliere.

2. Essa trasmette la relazione all'Autorità Centrale dello Stato d'origine.

Art. 16. – 1. Se ritiene che il minore è adottabile, l'Autorità Centrale dello Stato d'origine:

a) redige una relazione contenente informazioni circa l'identità del minore, la sua adottabilità, il suo ambiente sociale, la sua evoluzione personale e familiare, l'anamnesi sanitaria del minore stesso e della sua famiglia, nonché circa le sue necessità particolari;

b) tiene in debito conto le condizioni di educazione del minore, la sua origine etnica, religiosa e culturale;

c) si assicura che i consensi previsti dall'articolo 4 sono stati ottenuti; e

d) constata, basandosi particolarmente sulle relazioni concernenti il minore ed i futuri genitori adottivi, che l'affidamento prefigurato è nel superiore interesse del minore.

2. Trasmette all'Autorità Centrale dello Stato di accoglienza la relazione sul minore, la prova dei consensi richiesti e le ragioni della sua decisione sull'affidamento, curando di non rivelare l'identità della madre e del padre se, nello Stato d'origine, tale identità non debba essere resa nota.

Art. 17. – 1. La decisione di affidamento di un minore a futuri genitori adottivi può essere presa nello Stato d'origine soltanto a condizione che:

a) l'Autorità Centrale di questo Stato si sia accertata del consenso dei futuri genitori adottivi;

b) l'Autorità Centrale dello Stato di accoglienza abbia approvato la decisione di affidamento, allorché la legge di questo Stato o l'Autorità Centrale dello Stato d'origine lo richiedano;

c) le Autorità Centrali di entrambi gli Stati siano concordi sul fatto che la procedura di adozione prosegua; e

d) sia stato determinato, in conformità all'articolo 5, che i futuri genitori adottivi sono qualificati ed idonei all'adozione e che il minore è o sarà autorizzato ad entrare ed a soggiornare in permanenza nello Stato di accoglienza.

Art. 18. – 1. Le Autorità Centrali di entrambi gli Stati effettuano i passi necessari per far ottenere al minore l'autorizzazione ad uscire dallo Stato d'origine, e quella d'ingresso e di residenza permanente nello Stato d'accoglienza.

Art. 19. – 1. Il trasferimento del minore nello Stato di accoglienza può aver luogo solo se le condizioni fissate dall'art. 17 si sono verificate.

2. Le Autorità Centrali di entrambi gli Stati si adoperano affinché il trasferimento avvenga in assoluta sicurezza, in condizioni appropriate e, se possibile, in compagnia dei genitori adottivi o dei futuri genitori adottivi.

3. Se il trasferimento non ha luogo, le relazioni indicate agli articoli 15 e 16 vengono restituite alle autorità mittenti.

Art. 20. – 1. Le Autorità Centrali si tengono informate sulla procedura di adozione, sulle misure prese per condurla a termine e sullo svolgimento del periodo di prova, quando è richiesto.

Art. 21. – 1. Allorché l'adozione deve aver luogo successivamente al trasferimento del minore nello Stato di accoglienza, l'Autorità Centrale di tale Stato, se ritiene che la permanenza del minore nella famiglia che lo ha accolto non è più conforme al superiore interesse di lui, prende le misure necessarie alla protezione del minore, particolarmente al fine di:

a) riprendere il minore dalle persone che desideravano adottarlo ed averne provvisoriamente cura;

b) di concerto con l'Autorità Centrale dello Stato d'origine, assicurare senza ritardo un nuovo affidamento per l'adozione del minore o, in difetto, una presa a carico alternativa durevole; l'adozione non può aver luogo se l'Autorità Centrale dello Stato d'origine non è stata debitamente informata circa i nuovi genitori adottivi;

c) come ultima ipotesi, provvedere al ritorno del minore, se il suo interesse lo richiede.

2. Il minore, tenuto particolarmente conto della sua età e della sua maturità, sarà consultato e, se del caso, sarà ottenuto il suo consenso sulle misure da prendere in conformità al presente articolo.

Art. 22. – 1. Le funzioni conferite all'Autorità Centrale dal presente capitolo possono essere esercitate da autorità pubbliche o da organismi abilitati in conformità alle norme contenute nel capitolo III, nella misura consentita dalle leggi del suo Stato.

2. Qualunque Stato contraente può dichiarare al depositario della Convenzione che le funzioni conferite all'Autorità Centrale in virtù degli articoli da 15 a 21 possono esser esercitate altresì in tale Stato, nella misura consentita dalla legge e sotto il controllo delle autorità statali competenti, da organismi o persone che:

a) soddisfino le condizioni di moralità, di competenza professionale, d'esperienza e di responsabilità richieste dallo Stato medesimo; e

b) siano, per integrità morale e formazione od esperienza, qualificate ad agire nel campo dell'adozione internazionale.

3. Lo Stato contraente che fa la dichiarazione prevista al comma 2, comunica regolarmente all'Ufficio Permanente della Conferenza de L'Aja di diritto internazionale privato i nomi e gli indirizzi degli organismi e delle persone interessati.

4. Uno Stato contraente può dichiarare al depositario della Convenzione che le adozioni dei minori residenti abitualmente sul suo territorio possono aver luogo solo se le funzioni conferite alle Autorità Centrali sono esercitate in conformità al primo comma.

5. Anche se è stata fatta la dichiarazione indicata al comma 2, le relazioni previste dagli articoli 15 e 16 sono, in ogni caso, redatte sotto la responsabilità dell'Autorità Centrale o di altre autorità o organismi, in conformità al primo comma.

CAPITOLO V
RICONOSCIMENTO ED EFFETTI DELL'ADOZIONE

Art. 23. – 1. L'adozione certificata conforme alla Convenzione, dall'autorità competente dello Stato contraente in cui ha avuto luogo, è riconosciuta di pieno diritto negli altri Stati contraenti. Il certificato indica quando e da chi i consensi indicati all'articolo 17, lettera c), sono stati prestati.

2. Ogni Stato contraente, al momento della firma, della ratifica, dell'accettazione, dell'approvazione o dell'adesione, notifica al depositario della convenzione l'identità e le funzioni dell'autorità o delle autorità che, in tale Stato, sono competenti a rilasciare il certificato. Notifica, altresì, qualsiasi modifica nella designazione di queste autorità.

Art. 24. – 1. Il riconoscimento dell'adozione può essere rifiutato da uno Stato contraente solo se essa è manifestamente contraria all'ordine pubblico, tenuto conto dell'interesse superiore del minore.

Art. 25. – 1. Ogni Stato contraente può dichiarare al depositario della Convenzione di non essere tenuto a riconoscere, in base a questa, le adozioni fatte in conformità ad un accordo concluso in applicazione dell'articolo 39, comma 2.

Art. 26. – 1. Il riconoscimento dell'adozione comporta quello:

a) del legame giuridico di filiazione tra il minore ed i suoi genitori adottivi;

b) della responsabilità parentale dei genitori adottivi nei confronti del minore;

c) della cessazione del legame giuridico preesistente di filiazione tra il minore, sua madre e suo padre, se l'adozione produce questo effetto nello Stato contraente in cui ha avuto luogo.

2. Se l'adozione ha l'effetto di porre fine ad un legame giuridico preesistente di filiazione tra il minore ed i suoi genitori, il minore gode nello Stato di accoglienza ed in ogni altro Stato contraente in cui l'adozione è riconosciuta, di diritti equivalenti a quelli risultanti da un'adozione che produca tale effetto in ciascuno di questi Stati.

3. I commi precedenti non pregiudicano l'applicazione di qualunque disposizione più favorevole al minore, in vigore nello Stato contraente che riconosce l'adozione.

Art. 27. – 1. L'adozione fatta nello Stato d'origine, se non ha per effetto di porre fine al legame preesistente di filiazione, può essere convertita, nello Stato di accoglienza che la riconosce in conformità alla Convenzione, in una adozione che produce questo effetto,

a) se l'ordinamento giuridico dello Stato di accoglienza lo consente; e

b) se i consensi previsti dall'articolo 4, lettere c) e d), sono stati o sono prestati in considerazione di una tale adozione.

2. Alla decisione di conversione dell'adozione si applica l'articolo 23.

CAPITOLO VI
DISPOSIZIONI GENERALI

Art. 28. – 1. La Convenzione non deroga alle leggi dello Stato d'origine, che richiedono che l'adozione di un minore residente abitualmente in tale Stato deve aver luogo nel suo territorio o che proibisca l'affidamento del minore nello Stato di accoglienza o il suo trasferimento verso questo Stato prima dell'adozione.

Art. 29. – 1. Nessun contatto può aver luogo fra i futuri genitori adottivi ed i genitori del minore o qualsiasi altra persona che ne abbia la custodia, fino a quando non sono soddisfatte le condizioni previste dell'articolo 4, lettere da a) a c), e dell'articolo 5 lettera a), salvo se l'adozione abbia luogo fra i membri della stessa famiglia o se siano osservate le condizioni fissate dall'autorità competente dello Stato d'origine.

Art. 30. – 1. Le autorità competenti di ciascuno Stato contraente conservano con cura le informazioni in loro possesso sulle origini del minore, in particolare quelle relative all'identità della madre e del padre ed i dati sui precedenti sanitari del minore e della sua famiglia.

2. Le medesime autorità assicurano l'accesso del minore o del suo rappresentante a tali informazioni, con l'assistenza appropriata, nella misura consentita dalla legge dello Stato.

Art. 31. – 1. Salvo quanto previsto dall'articolo 30, i dati personali raccolti o trasmessi in conformità alla Convenzione, in particolare quelli indicati agli articoli 15 e 16, non possono essere utilizzati a fini diversi da quelli per cui sono stati raccolti o trasmessi.

Art. 32. – 1. Non è consentito alcun profitto materiale indebito in relazione a prestazioni per una adozione internazionale.

2. Possono essere richiesti e pagati soltanto gli oneri e le spese, compresi gli onorari, in misura ragionevole, dovuti alle persone che sono intervenute nell'adozione.

3. I dirigenti, gli amministratori e gli impiegati degli organismi che intervengono nell'adozione non possono ricevere una remunerazione sproporzionata in rapporto ai servizi resi.

Art. 33. – 1. Quando un'autorità competente constata che una disposizione della Convenzione è stata trasgredita o rischia chiaramente di esserlo, ne informa subito l'Autorità Centrale dello Stato cui essa appartiene. L'Autorità Centrale ha la responsabilità di curare che siano applicate le misure opportune.

Art. 34. – 1. Se l'Autorità competente dello Stato destinatario di un documento lo richiede, questo deve essere tradotto, con certificazione di conformità all'originale. Le spese di traduzione, salvo se diversamente stabilito, sono a carico dei futuri genitori adottivi.

Art. 35. – 1. Le autorità competenti degli Stati contraenti trattano le procedure di adozione in modo sollecito.

Art. 36. – 1 Riguardo a quegli Stati che hanno, in materia di adozione, due o più sistemi di diritto, applicabili in differenti unità territoriali:

a) qualsiasi riferimento alla residenza abituale nello Stato s'intende fatto alla residenza abituale in una unità territoriale di questo Stato;

b) qualsiasi riferimento alla legge dello Stato s'intende fatto alla legge in vigore nell'unità territoriale pertinente;

c) qualsiasi riferimento alle autorità competenti o alle autorità pubbliche dello Stato s'intende fatto alle autorità abilitate ad agire nell'unità territoriale pertinente;

d) qualsiasi riferimento agli organismi abilitati dello Stato s'intende fatto agli organismi abilitati nell'unità territoriale pertinente.

Art. 37. – 1. Quando uno Stato ha, in materia di adozione, due o più sistemi di diritto, applicabili a differenti categorie di persone, ogni riferimento alla legge di detto Stato s'intende fatto al sistema di diritto indicato dall'ordinamento dello Stato medesimo.

Art. 38. – 1. Uno Stato in cui diverse unità territoriali abbiano proprie regole giuridiche in materia di adozione, non è tenuto ad applicare la Convenzione, qualora uno Stato con ordinamento giuridico unitario non fosse tenuta ad applicarla.

Art. 39. – 1. La Convenzione non deroga agli strumenti internazionali ai quali degli Stati contraenti siano Parti e che contengono disposizioni sulle materie regolate dalla presente Convenzione, a meno che non sia diversamente dichiarato dagli Stati Parti di tali strumenti.

2. Ogni Stato contraente può concludere, con uno o più degli altri Stati contraenti, accordi tendenti a favorire l'applicazione della Convenzione nei loro reciproci rapporti. Tali accordi possono derogare solo alle disposizioni contenute negli articoli da 14 a 16 e da 18 a 21. Gli Stati che concludono simili accordi ne trasmettono una copia al depositario della Convenzione.

Art. 40. – 1. Non è ammessa alcuna riserva alla Convenzione.

Art. 41. – 1. La Convenzione è applicabile in ogni caso in cui la domanda, prevista dall'articolo 14, sia pervenuta in epoca successiva all'entrata in vigore della Convenzione nello Stato di accoglienza ed in quello d'origine.

Art. 42. – 1. Il Segretario Generale della Conferenza de L'Aja di diritto internazionale privato convoca periodicamente una Commissione speciale, al fine di valutare il funzionamento pratico della Convenzione.

CAPITOLO VII
CLAUSOLE FINALI

Art. 43. – 1. La Convenzione è aperta alla firma degli Stati che erano Membri della Conferenza de L'Aja di diritto internazionale privato al momento della Diciassettesima Sessione e degli altri Stati che hanno partecipato a tale Sessione.

2. Essa sarà ratificata, accettata o approvata e gli strumenti di ratifica, di accettazione e di approvazione saranno depositati presso il Ministero degli Affari Esteri del Regno dei Paesi Bassi, depositario della Convenzione.

Art. 44. – 1. Gli altri Stati potranno aderire alla Convenzione, successivamente alla sua entrata in vigore, ai sensi dell'articolo 46, comma 1.

2. Lo strumento di adesione sarà depositato presso il depositario.

3. L'adesione avrà effetto soltanto nei rapporti fra lo Stato aderente e gli Stati contraenti che non abbiano sollevato obiezioni nei confronti di essa nel termine di sei mesi dalla ricezione della notifica prevista dall'articolo 48, lettera b). Tale eventuale obiezione potrà altresì essere sollevata da qualsiasi Stato al momento della ratifica, dell'accettazione o dell'approvazione della Convenzione, successive all'adesione. Tali obiezioni vanno notificate al depositario.

Art. 45. – 1. Uno Stato che comprende due o più unità territoriali, nelle quali differenti ordinamenti giuridici si applicano alle materie contemplate dalla presente Convenzione, può, al momento della firma, della ratifica, dell'accettazione, dell'approvazione o dell'adesione, dichiarare che la presente Convenzione si applica a tutte le unità territoriali o soltanto ad una o ad alcune di esse, e può in qualsiasi momento modificare tale dichiarazione facendone una nuova.

2. Queste dichiarazioni sono notificate al depositario ed indicano espressamente le unità territoriali in cui la Convenzione si applica.

3. Se uno Stato non fa alcuna dichiarazione ai sensi del presente articolo, la Convenzione si applica a tutte le unità territoriali di detto Stato.

Art. 46. – 1. La Convenzione entra in vigore il primo giorno del mese successivo allo scadere di un periodo di tre mesi dopo il deposito del terzo strumento di ratifica, di accettazione o d'approvazione previsto dall'articolo 43.

2. In seguito la Convenzione entrerà in vigore:

a) per ogni Stato che la ratifica, l'accetta o l'approva posteriormente, o che vi aderisce, il primo giorno del mese successivo allo scadere di un periodo di tre mesi dopo il deposito del proprio strumento di ratifica, d'accettazione, d'approvazione o di adesione;

b) per le unità territoriali cui la Convenzione sia stata estesa in conformità all'articolo 45, il primo giorno del mese successivo allo scadere di un periodo di tre mesi dopo la notifica prevista in detto articolo.

Art. 47. – 1. Ogni Stato Parte alla Convenzione può denunciarla mediante notifica indirizzata per iscritto al depositario.

2. La denuncia avrà effetto dal primo giorno del mese successivo allo scadere di un periodo di dodici mesi dopo la data di ricevimento della notifica da parte del depositario. Se è specificato nella notifica un periodo più lungo perché abbia efficacia la denuncia, questa avrà effetto allo scadere del periodo in questione, dopo la data di ricevimento della notifica.

Art. 48. – 1. Il depositario notifica agli Stati membri della Conferenza de L'Aja di diritto internazionale privato, agli altri Stati che hanno partecipato alla Diciassettesima Sessione, e agli Stati che hanno aderito in conformità alle disposizioni dell'articolo 44:

a) le firme, le ratifiche, le accettazioni e le approvazioni indicate all'articolo 43;

b) le adesioni e le obiezioni alle adesioni indicate all'articolo 44;

c) la data in cui la Convenzione entrerà in vigore in conformità alle disposizioni dell'articolo 46;

d) le dichiarazioni e le designazioni menzionate agli articoli 22, 23, 25 e 45;

e) gli accordi menzionati all'articolo 39;

f) le denunce previste dall'articolo 47.

L. 19 febbraio 2004, n. 40

Norme in materia di procreazione assistita

Capo I
Principi generali

1. Finalità. – 1. Al fine di favorire la soluzione dei problemi riproduttivi derivanti dalla sterilità o dalla infertilità umana è consentito il ricorso alla procreazione medicalmente assistita, alle condizioni e secondo le modalità previste dalla presente legge, che assicura i diritti di tutti i soggetti coinvolti, compreso il concepito (1).

2. Il ricorso alla procreazione medicalmente assistita è consentito qualora non vi siano altri metodi terapeutici efficaci per rimuovere le cause di sterilità o infertilità (1).

(1) La Corte costituzionale, con sent. 14/5-5/6/2015, n. 96 (in G.U. 1ª s.s. 10/6/2015, n. 23), ha dichiarato "l'illegittimità costituzionale degli artt. 1, commi 1 e 2, e 4, comma 1, della legge 19 febbraio 2004, n. 40 (Norme in materia di procreazione medicalmente assistita), nella parte in cui non consentono il ricorso alle tecniche di procreazione medicalmente assistita alle coppie fertili portatrici di malattie genetiche trasmissibili, rispondenti ai criteri di gravità di cui all'art. 6, comma 1, lettera b), della legge 22 maggio 1978, n. 194 (Norme per la tutela sociale della maternità e sull'interruzione volontaria della gravidanza), accertate da apposite strutture pubbliche".

2. Interventi contro la sterilità e la infertilità. – 1. Il Ministro della salute, sentito il Ministro dell'istruzione, dell'università e della ricerca, può promuovere ricerche sulle cause patologiche, psicologiche, ambientali e sociali dei fenomeni della sterilità e della infertilità e favorire gli interventi necessari per rimuoverle nonché per ridurne l'incidenza, può incentivare gli studi e le ricerche sulle tecniche di crioconservazione dei gameti e può altresì promuovere campagne di informazione e di prevenzione dei fenomeni della sterilità e della infertilità.

2. Per le finalità di cui al comma 1 è autorizzata la spesa massima di 2 milioni di euro a decorrere dal 2004.

3. All'onere derivante dall'attuazione del comma 2 si provvede mediante corrispondente riduzione dello stanziamento iscritto, ai fini del bilancio triennale 2004-2006, nell'ambito dell'unità previsionale di base di parte corrente "Fondo speciale" dello stato di previsione del Ministero dell'economia e delle finanze per l'anno 2004, allo scopo parzialmente utilizzando l'accantonamento relativo al Ministero della salute. Il Ministro dell'economia e delle finanze è autorizzato ad apportare, con propri decreti, le occorrenti variazioni di bilancio.

3. Modifica alla legge 29 luglio 1975, n. 405. – 1. Al primo comma dell'articolo 1 della legge 29 luglio 1975, n. 405, sono aggiunte, in fine, le seguenti lettere:

«d-bis) l'informazione e l'assistenza riguardo ai problemi della sterilità e della infertilità umana, nonché alle tecniche di procreazione medicalmente assistita;

d-ter) l'informazione sulle procedure per l'adozione e l'affidamento familiare».

2. Dall'attuazione del presente articolo non devono derivare nuovi o maggiori oneri a carico della finanza pubblica.

Capo II
Accesso alle tecniche

4. Accesso alle tecniche. – 1. Il ricorso alle tecniche di procreazione medicalmente assistita è consentito solo quando sia accertata l'impossibilità di rimuovere altrimenti le cause impeditive della procreazione ed è comunque circoscritto ai casi di sterilità o di infertilità inspiegate documentate da atto medico nonché ai casi di sterilità o di infertilità da causa accertata e certificata da atto medico.

2. Le tecniche di procreazione medicalmente assistita sono applicate in base ai seguenti principi:

a) gradualità, al fine di evitare il ricorso ad interventi aventi un grado di invasività tecnico e psicologico più gravoso per i destinatari, ispirandosi al principio della minore invasività;

b) consenso informato, da realizzare ai sensi dell'articolo 6.

3. È vietato il ricorso a tecniche di procreazione medicalmente assistita di tipo eterologo (1).

(1) La Corte costituzionale, con sent. 10/6/2014, n. 162 ha dichiarato l'illegittimità costituzionale del presente comma, nella parte in cui stabilisce per la coppia di cui all'art. 5, co. 1, della presente legge, il divieto del ricorso a tecniche di procreazione medicalmente assistita di tipo eterologo, qualora sia stata diagnosticata una patologia che sia causa di sterilità o infertilità assolute ed irreversibili.

5. Requisiti soggettivi. – 1. Fermo restando quanto stabilito dall'articolo 4, comma 1, possono accedere alle tecniche di procreazione medicalmente assistita coppie di maggiorenni di sesso diverso, coniugate o conviventi, in età potenzialmente fertile, entrambi viventi.

6. Consenso informato. – 1. Per le finalità indicate dal comma 3, prima del ricorso ed in ogni fase di applicazione delle tecniche di procreazione medicalmente assistita il medico informa in maniera dettagliata i soggetti di cui all'articolo 5 sui metodi, sui problemi bioetici e sui possibili effetti collaterali sanitari e psicologici conseguenti all'applicazione delle tecniche stesse, sulle probabilità di successo e sui rischi dalle stesse derivanti, nonché sulle relative conseguenze giuridiche per la donna, per l'uomo e per il nascituro.

Alla coppia deve essere prospettata la possibilità di ricorrere a procedure di adozione o di affidamento ai sensi della legge 4 maggio 1983, n. 184, e successive modificazioni, come alternativa alla procreazione medicalmente assistita. Le informazioni di cui al presente comma e quelle concernenti il grado di invasività delle tecniche nei confronti della donna e dell'uomo devono essere fornite per ciascuna delle tecniche applicate e in modo tale da garantire il formarsi di una volontà consapevole e consapevolmente espressa.

2. Alla coppia devono essere prospettati con chiarezza i costi economici dell'intera procedura qualora si tratti di strutture private autorizzate.

3. La volontà di entrambi i soggetti di accedere alle tecniche di procreazione medicalmente assistita è espressa per iscritto congiuntamente al medico responsabile della struttura, secondo modalità definite con decreto dei Ministri della giustizia e della salute, adottato ai sensi dell'articolo 17, comma 3, della legge 23 agosto 1988, n. 400, entro tre mesi dalla data di entrata in vigore della presente legge. Tra la manifestazione della volontà e l'applicazione della tecnica deve intercorrere un termine non inferiore a sette giorni. La volontà può essere revocata da ciascuno dei soggetti indicati dal presente comma fino al momento della fecondazione dell'ovulo.

4. Fatti salvi i requisiti previsti dalla presente legge, il medico responsabile della struttura può decidere di non procedere alla procreazione medicalmente assistita, esclusivamente per motivi di ordine medico-sanitario. In tale caso deve fornire alla coppia motivazione scritta di tale decisione.

5. Ai richiedenti, al momento di accedere alle tecniche di procreazione medicalmente assistita, devono essere esplicitate con chiarezza e mediante sottoscrizione le conseguenze giuridiche di cui all'articolo 8 e all'articolo 9 della presente legge.

7. Linee guida. – 1. Il Ministro della salute, avvalendosi dell'Istituto superiore di sanità, e previo parere del Consiglio superiore di sanità, definisce, con proprio decreto, da emanare entro tre mesi dalla data di entrata in vigore della presente legge, linee guida contenenti l'indicazione delle procedure e delle tecniche di procreazione medicalmente assistita.

2. Le linee guida di cui al comma 1 sono vincolanti per tutte le strutture autorizzate.

3. Le linee guida sono aggiornate periodicamente, almeno ogni tre anni, in rapporto all'evoluzione tecnico-scientifica, con le medesime procedure di cui al comma 1.

Capo III
Disposizioni concernenti la tutela del nascituro

8. Stato giuridico del nato (1). – 1. I nati a seguito dell'applicazione delle tecniche di procreazione medicalmente assistita hanno lo stato di figli nati nel matrimonio o di figli riconosciuti della coppia che ha espresso la volontà di ricorrere alle tecniche medesime ai sensi dell'articolo 6.

(1) Articolo modificato dall'art. 102, co. 1, d.lg. 28/12/2013, n. 154 a decorrere dal 7/2/2014 come indicato dall'art. 108, co. 1, del citato decreto. Nel testo in vigore fino al 6/2/2014 la parola "nati nel matrimonio" era "legittimi".

9. Divieto del disconoscimento della paternità e dell'anonimato della madre. – 1. Qualora si ricorra a tecniche di procreazione medicalmente assistita di tipo eterologo in violazione del divieto di cui all'articolo 4, comma 3, il coniuge o il convivente il cui consenso è ricavabile da atti concludenti non può esercitare l'azione di disconoscimento della paternità nei casi previsti dall'articolo 235, primo comma, numeri 1) e 2), del codice civile, né l'impugnazione di cui all'articolo 263 dello stesso codice (1).

2. La madre del nato a seguito dell'applicazione di tecniche di procreazione medicalmente assistita non può dichiarare la volontà di non essere nominata, ai sensi dell'articolo 30, comma 1, del regolamento di cui al decreto del Presidente della Repubblica 3 novembre 2000, n. 396.

3. In caso di applicazione di tecniche di tipo eterologo in violazione del divieto di cui all'articolo 4, comma 3, il donatore di gameti non acquisisce alcuna relazione giuridica parentale con il nato e non può far valere nei suoi confronti alcun diritto né essere titolare di obblighi (1).

(1) La Corte costituzionale, con sent. 10/6/2014, n. 162 ha dichiarato l'illegittimità costituzionale del presente comma, limitatamente alle parole "in violazione del divieto di cui all'art. 4, co. 3".

Capo IV
Regolamentazione delle strutture autorizzate all'applicazione delle tecniche di procreazione medicalmente assistita

10. Strutture autorizzate. – 1. Gli interventi di procreazione medicalmente assistita sono realizzati nelle strutture pubbliche e private autorizzate dalle regioni e iscritte al registro di cui all'articolo 11.

2. Le regioni e le province autonome di Trento e di Bolzano definiscono con proprio atto, entro tre mesi dalla data di entrata in vigore della presente legge:

a) i requisiti tecnico-scientifici e organizzativi delle strutture;

b) le caratteristiche del personale delle strutture;

c) i criteri per la determinazione della durata delle autorizzazioni e dei casi di revoca delle stesse;

d) i criteri per lo svolgimento dei controlli sul rispetto delle disposizioni della presente legge e sul permanere dei requisiti tecnico-scientifici e organizzativi delle strutture.

11. Registro. – 1. È istituito, con decreto del Ministro della salute, presso l'Istituto superiore di sanità, il registro nazionale delle strutture autorizzate all'applicazione delle tecniche di procreazione medicalmente assistita, degli embrioni formati e dei nati a seguito dell'applicazione delle tecniche medesime.

2. L'iscrizione al registro di cui al comma 1 è obbligatoria.

3. L'Istituto superiore di sanità raccoglie e diffonde, in collaborazione con gli osservatori epidemiologici regionali, le informazioni necessarie al fine di consentire la trasparenza e la pubblicità delle tecniche di procreazione medicalmente assistita adottate e dei risultati conseguiti.

4. L'Istituto superiore di sanità raccoglie le istanze, le informazioni, i suggerimenti, le proposte delle società scientifiche e degli utenti riguardanti la procreazione medicalmente assistita.

5. Le strutture di cui al presente articolo sono tenute a fornire agli osservatori epidemiologici regionali e all'Istituto superiore di sanità i dati necessari per le finalità indicate dall'articolo 15 nonché ogni altra informazione necessaria allo svolgimento delle funzioni di controllo e di ispezione da parte delle autorità competenti.

6. All'onere derivante dall'attuazione del presente articolo, determinato nella misura massima di 154.937 euro a decorrere dall'anno 2004, si provvede mediante corrispondente riduzione dello stanziamento iscritto, ai fini del bilancio triennale 2004-2006, nell'ambito dell'unità previsionale di base di parte corrente "Fondo speciale" dello stato di previsione del Ministero dell'economia e delle finanze per l'anno 2004, allo scopo parzialmente utilizzando l'accantonamento relativo al Ministero della salute. Il Ministro dell'economia e delle finanze è autorizzato ad apportare, con propri decreti, le occorrenti variazioni di bilancio.

Capo V
Divieti e sanzioni

12. Divieti generali e sanzioni. – 1. Chiunque a qualsiasi titolo utilizza a fini procreativi gameti di soggetti estranei alla coppia richiedente, in violazione di quanto previsto dall'articolo 4, comma 3, è punito con la sanzione amministrativa pecuniaria da 300.000 a 600.000 euro (1).

2. Chiunque a qualsiasi titolo, in violazione dell'articolo 5, applica tecniche di procreazione medicalmente assistita a coppie i cui componenti non siano entrambi viventi o uno dei cui componenti sia minorenne ovvero che siano composte da soggetti dello stesso sesso o non coniugati o non conviventi è punito con la sanzione amministrativa pecuniaria da 200.000 a 400.000 euro (2).

3. Per l'accertamento dei requisiti di cui al comma 2 il medico si avvale di una dichiarazione sottoscritta dai soggetti richiedenti. In caso di dichiarazioni mendaci si applica l'articolo 76, commi 1 e 2, del testo unico delle disposizioni legislative e regolamentari in materia di documentazione amministrativa, di cui al decreto del Presidente della Repubblica 28 dicembre 2000, n. 445.

4. Chiunque applica tecniche di procreazione medicalmente assistita senza avere raccolto il consenso secondo le modalità di cui all'articolo 6 è punito con la sanzione amministrativa pecuniaria da 5.000 a 50.000 euro.

5. Chiunque a qualsiasi titolo applica tecniche di procreazione medicalmente assistita in strutture diverse da quelle di

cui all'articolo 10 è punito con la sanzione amministrativa pecuniaria da 100.000 a 300.000 euro.

6. Chiunque, in qualsiasi forma, realizza, organizza o pubblicizza la commercializzazione di gameti o di embrioni o la surrogazione di maternità è punito con la reclusione da tre mesi a due anni e con la multa da 600.000 a un milione di euro.

7. Chiunque realizza un processo volto ad ottenere un essere umano discendente da un'unica cellula di partenza, eventualmente identico, quanto al patrimonio genetico nucleare, ad un altro essere umano in vita o morto, è punito con la reclusione da dieci a venti anni e con la multa da 600.000 a un milione di euro. Il medico è punito, altresì, con l'interdizione perpetua dall'esercizio della professione.

8. Non sono punibili l'uomo o la donna ai quali sono applicate le tecniche nei casi di cui ai commi 1, 2, 4 e 5.

9. È disposta la sospensione da uno a tre anni dall'esercizio professionale nei confronti dell'esercente una professione sanitaria condannato per uno degli illeciti di cui al presente articolo, salvo quanto previsto dal comma 7.

10. L'autorizzazione concessa ai sensi dell'articolo 10 alla struttura al cui interno è eseguita una delle pratiche vietate ai sensi del presente articolo è sospesa per un anno. Nell'ipotesi di più violazioni dei divieti di cui al presente articolo o di recidiva l'autorizzazione può essere revocata.

(1) La Corte costituzionale, con sent. 10/6/2014, n. 162 ha dichiarato l'illegittimità costituzionale del presente comma, nei limiti di cui in motivazione.

(2) La Corte costituzionale, con sent. 9/4-10/6/2014, n. 162 (in G.U. 1a s.s. 18/6/2014, n. 26) ha dichiarato l'illegittimità costituzionale del presente articolo, co. 1, «nei limiti di cui in motivazione».

Capo VI
Misure di tutela dell'embrione

13. Sperimentazione sugli embrioni umani. – 1. È vietata qualsiasi sperimentazione su ciascun embrione umano.

2. La ricerca clinica e sperimentale su ciascun embrione umano è consentita a condizione che si perseguano finalità esclusivamente terapeutiche e diagnostiche ad essa collegate volte alla tutela della salute e allo sviluppo dell'embrione stesso, e qualora non siano disponibili metodologie alternative.

3. Sono, comunque, vietati:

a) la produzione di embrioni umani a fini di ricerca o di sperimentazione o comunque a fini diversi da quello previsto dalla presente legge;

b) ogni forma di selezione a scopo eugenetico degli embrioni e dei gameti ovvero interventi che, attraverso tecniche di selezione, di manipolazione o comunque tramite procedimenti artificiali, siano diretti ad alterare il patrimonio genetico dell'embrione o del gamete ovvero a predeterminarne caratteristiche genetiche, ad eccezione degli interventi aventi finalità diagnostiche e terapeutiche, di cui al comma 2 del presente articolo (1);

c) interventi di clonazione mediante trasferimento di nucleo o di scissione precoce dell'embrione o di ectogenesi sia a fini procreativi sia di ricerca;

d) la fecondazione di un gamete umano con un gamete di specie diversa e la produzione di ibridi o di chimere.

4. La violazione dei divieti di cui al comma 1 è punita con la reclusione da due a sei anni e con la multa da 50.000 a 150.000 euro. In caso di violazione di uno dei divieti di cui al comma 3 la pena è aumentata. Le circostanze attenuanti concorrenti con le circostanze aggravanti previste dal comma 3 non possono essere ritenute equivalenti o prevalenti rispetto a queste (1).

In caso di violazione di uno dei divieti di cui al comma 3 la pena è aumentata. Le circostanze attenuanti concorrenti con le circostanze aggravanti previste dal comma 3 non possono essere ritenute equivalenti o prevalenti rispetto a queste.

5. È disposta la sospensione da uno a tre anni dall'esercizio professionale nei confronti dell'esercente una professione sanitaria condannato per uno degli illeciti di cui al presente articolo.

(1) La Corte costituzionale, con sent. 21/10-11/11/2015, n. 229 (in G.U. 1ª s.s. 18/11/2015, n. 46), ha dichiarato «l'illegittimità costituzionale dell'art. 13, commi 3, lettera b), e 4 della legge 19 febbraio 2004, n. 40 (Norme in materia di procreazione medicalmente assistita), nella parte in cui contempla come ipotesi di reato la condotta di selezione degli embrioni anche nei casi in cui questa sia esclusivamente finalizzata ad evitare l'impianto nell'utero della donna di embrioni affetti da malattie genetiche trasmissibili rispondenti ai criteri di gravità di cui all'art. 6, comma 1, lettera b), della legge 22 maggio 1978, n. 194 (Norme per la tutela della maternità e sulla interruzione della gravidanza) e accertate da apposite strutture pubbliche».

14. Limiti all'applicazione delle tecniche sugli embrioni. – 1. È vietata la crioconservazione e la soppressione di embrioni, fermo restando quanto previsto dalla legge 22 maggio 1978, n. 194.

2. Le tecniche di produzione degli embrioni, tenuto conto dell'evoluzione tecnico-scientifica e di quanto previsto dall'articolo 7, comma 3, non devono creare un numero di embrioni superiore a quello strettamente necessario ad un unico e contemporaneo impianto, comunque non superiore a tre (1).

3. Qualora il trasferimento nell'utero degli embrioni non risulti possibile per grave e documentata causa di forza maggiore relativa allo stato di salute della donna non prevedibile al momento della fecondazione è consentita la crioconservazione degli embrioni stessi fino alla data del trasferimento, da realizzare non appena possibile (2).

4. Ai fini della presente legge sulla procreazione medicalmente assistita è vietata la riduzione embrionaria di gravidanze plurime, salvo nei casi previsti dalla legge 22 maggio 1978, n. 194.

5. I soggetti di cui all'articolo 5 sono informati sul numero e, su loro richiesta, sullo stato di salute degli embrioni prodotti e da trasferire nell'utero.

6. La violazione di uno dei divieti e degli obblighi di cui ai commi precedenti è punita con la reclusione fino a tre anni e con la multa da 50.000 a 150.000 euro.

7. È disposta la sospensione fino ad un anno dall'esercizio professionale nei confronti dell'esercente una professione sanitaria condannato per uno dei reati di cui al presente articolo.

8. È consentita la crioconservazione dei gameti maschile e femminile, previo consenso informato e scritto.

9. La violazione delle disposizioni di cui al comma 8 è punita con la sanzione amministrativa pecuniaria da 5.000 a 50.000 euro.

(1) La Corte costituzionale, con sent. 8/5/2009, n. 151 (in G.U. 13/5/2009, n. 19), ha dichiarato l'illegittimità costituzionale del presente comma, limitatamente alle parole «ad un unico e contemporaneo impianto, comunque non superiore a tre».

(2) La Corte costituzionale, con sent. 8/5/2009, n. 151 (in G.U. 13/5/2009, n. 19), ha dichiarato l'illegittimità costituzionale del presente comma, nella parte in cui non prevede che il trasferimento degli embrioni, da realizzare non appena possibile, debba essere effettuato senza pregiudizio della salute della donna.

Capo VII
Disposizioni finali e transitorie

15. Relazione al Parlamento. – 1. L'Istituto superiore di sanità predispone, entro il 30 aprile 2011, una relazione annuale per il Ministro della salute in base ai dati raccolti ai sensi dell'articolo 11, comma 5, sull'attività delle strutture autorizzate, con particolare riferimento alla valutazione epidemiologica delle tecniche e degli interventi effettuati (1).

2. Il Ministro della salute, sulla base dei dati indicati al comma 1, presenta entro il 30 giugno di ogni anno una relazione al Parlamento sull'attuazione della presente legge.

(1) A norma dell'art. 1, co. 1, d.l. 29/12/2010, n. 225, il termine di scadenza di cui al presente comma, è stato sostituito al 31/3/2011.

• Comma modificato dall'art. 2, co. 1-quinques, d.l. 29/12/2010, n. 225, che ha sostituito il termine di scadenza del 28 febbraio di ciascun anno, di cui al presente comma, al 30/4/2011.

16. Obiezione di coscienza. – 1. Il personale sanitario ed esercente le attività sanitarie ausiliarie non è tenuto a prendere parte alle procedure per l'applicazione delle tecniche di procreazione medicalmente assistita disciplinate dalla presente legge quando sollevi obiezione di coscienza con preventiva dichiarazione. La dichiarazione dell'obiettore deve essere comunicata entro tre mesi dalla data di entrata in vigore della presente legge al direttore dell'azienda unità sanitaria locale o dell'azienda ospedaliera, nel caso di personale dipendente, al direttore sanitario, nel caso di personale dipendente da strutture private autorizzate o accreditate.

2. L'obiezione può essere sempre revocata o venire proposta anche al di fuori dei termini di cui al comma 1, ma in tale caso la dichiarazione produce effetto dopo un mese dalla sua presentazione agli organismi di cui al comma 1.

3. L'obiezione di coscienza esonera il personale sanitario ed esercente le attività sanitarie ausiliarie dal compimento delle procedure e delle attività specificatamente e necessariamente dirette a determinare l'intervento di procreazione medicalmente assistita e non dall'assistenza antecedente e conseguente l'intervento.

17. Disposizioni transitorie. – 1. Le strutture e i centri iscritti nell'elenco predisposto presso l'Istituto superiore di sanità ai sensi dell'ordinanza del Ministro della sanità del 5 marzo 1997, pubblicata nella Gazzetta Ufficiale n. 55 del 7 marzo 1997, sono autorizzati ad applicare le tecniche di procreazione medicalmente assistita, nel rispetto delle disposizioni della presente legge, fino al nono mese successivo alla data di entrata in vigore della presente legge.

2. Entro trenta giorni dalla data di entrata in vigore della presente legge, le strutture e i centri di cui al comma 1 trasmettono al Ministero della salute un elenco contenente l'indicazione numerica degli embrioni prodotti a seguito dell'applicazione di tecniche di procreazione medicalmente assistita nel periodo precedente la data di entrata in vigore della presente legge, nonché, nel rispetto delle vigenti disposizioni sulla tutela della riservatezza dei dati personali, l'indicazione nominativa di coloro che hanno fatto ricorso alle tecniche medesime a seguito delle quali sono stati formati gli embrioni. La violazione della disposizione del presente comma è punita con la sanzione amministrativa pecuniaria da 25.000 a 50.000 euro.

3. Entro tre mesi dalla data di entrata in vigore della presente legge il Ministro della salute, avvalendosi dell'Istituto superiore di sanità, definisce, con proprio decreto, le modalità e i termini di conservazione degli embrioni di cui al comma 2 (1).

(1) Vedi il d.m. 4/8/2004.

18. Fondo per le tecniche di procreazione medicalmente assistita (1). – 1. Al fine di favorire l'accesso alle tecniche di procreazione medicalmente assistita da parte dei soggetti di cui all'articolo 5, presso il Ministero della salute è istituito il Fondo per le tecniche di procreazione medicalmente assistita. Il Fondo è ripartito tra le regioni e le province autonome di Trento e di Bolzano sulla base di criteri determinati con decreto del Ministro della salute, da emanare entro sessanta giorni dalla data di entrata in vigore della presente legge, sentita la Conferenza permanente per i rapporti tra lo Stato, le regioni e le province autonome di Trento e di Bolzano.

2. Per la dotazione del Fondo di cui al comma 1 è autorizzata la spesa di 6,8 milioni di euro a decorrere dall'anno 2004.

3. All'onere derivante dall'attuazione del presente articolo si provvede mediante corrispondente riduzione dello stanziamento iscritto, ai fini del bilancio triennale 2004-2006, nell'ambito dell'unità previsionale di base di parte corrente "Fondo speciale" dello stato di previsione del Ministero dell'economia e delle finanze per l'anno 2004, allo scopo parzialmente utilizzando l'accantonamento relativo al Ministero medesimo. Il Ministro dell'economia e delle finanze è autorizzato ad apportare, con propri decreti, le occorrenti variazioni di bilancio.

La presente legge, munita del sigillo dello Stato, sarà inserita nella Raccolta ufficiale degli atti normativi della Repubblica italiana. È fatto obbligo a chiunque spetti di osservarla e di farla osservare come legge dello Stato.

(1) Per la ripartizione del Fondo di cui al presente articolo vedi il d.m. 15/3/2007. A norma dell'art. 1, co. 450, l. 30/12/2020, n. 178 il Fondo di cui al presente comma è incrementata di 5 milioni di euro per ciascuno degli anni 2021, 2022 e 2023.

L. 8 febbraio 2006, n. 54

Disposizioni in materia di separazione dei genitori e affidamento condiviso dei figli

AFFIDAMENTO CONDIVISO

1. Modifiche al codice civile. – 1. L'articolo 155 del codice civile è sostituito dal seguente:

«Art. 155 (Provvedimenti riguardo ai figli). – Anche in caso di separazione personale dei genitori il figlio minore ha il diritto di mantenere un rapporto equilibrato e continuativo con ciascuno di essi, di ricevere cura, educazione e istruzione da entrambi e di conservare rapporti significativi con gli ascendenti e con i parenti di ciascun ramo genitoriale.

Per realizzare la finalità indicata dal primo comma, il giudice che pronuncia la separazione personale dei coniugi adotta i provvedimenti relativi alla prole con esclusivo riferimento all'interesse morale e materiale di essa. Valuta prioritariamente la possibilità che i figli minori restino affidati a entrambi i genitori oppure stabilisce a quale di essi i figli sono affidati, determina i tempi e le modalità della loro presenza presso ciascun genitore, fissando altresì la misura e il modo con cui ciascuno di essi deve contribuire al mantenimento, alla cura, all'istruzione e all'educazione dei figli. Prende atto, se non contrari all'interesse dei figli, degli accordi intervenuti tra i genitori. Adotta ogni altro provvedimento relativo alla prole.

La potestà genitoriale è esercitata da entrambi i genitori. Le decisioni di maggiore interesse per i figli relative all'istruzione, all'educazione e alla salute sono assunte di comune accordo tenendo conto delle capacità, dell'inclinazione naturale e delle aspirazioni dei figli. In caso di disaccordo la decisione è rimessa al giudice.

Limitatamente alle decisioni su questioni di ordinaria amministrazione, il giudice può stabilire che i genitori esercitino la potestà separatamente.

Salvo accordi diversi liberamente sottoscritti dalle parti, ciascuno dei genitori provvede al mantenimento dei figli in misura proporzionale al proprio reddito; il giudice stabilisce, ove necessario, la corresponsione di un assegno periodico al fine di realizzare il principio di proporzionalità, da determinare considerando:

1) le attuali esigenze del figlio;

2) il tenore di vita goduto dal figlio in costanza di convivenza con entrambi i genitori;

3) i tempi di permanenza presso ciascun genitore;

4) le risorse economiche di entrambi i genitori;

5) la valenza economica dei compiti domestici e di cura assunti da ciascun genitore.

L'assegno è automaticamente adeguato agli indici ISTAT in difetto di altro parametro indicato dalle parti o dal giudice.

Ove le informazioni di carattere economico fornite dai genitori non risultino sufficientemente documentate, il giudice dispone un accertamento della polizia tributaria sui redditi e sui beni oggetto della contestazione, anche se intestati a soggetti diversi».

2. Dopo l'articolo 155 del codice civile, come sostituito dal comma 1 del presente articolo, sono inseriti i seguenti:

«Art. 155-bis (Affidamento a un solo genitore e opposizione all'affidamento condiviso). – Il giudice può disporre l'affidamento dei figli ad uno solo dei genitori qualora ritenga con provvedimento motivato che l'affidamento all'altro sia contrario all'interesse del minore.

Ciascuno dei genitori può, in qualsiasi momento, chiedere l'affidamento esclusivo quando sussistono le condizioni indicate al primo comma. Il giudice, se accoglie la domanda, dispone l'affidamento esclusivo al genitore istante, facendo salvi, per quanto possibile, i diritti del minore previsti dal primo comma dell'articolo 155. Se la domanda risulta manifestamente infondata, il giudice può considerare il comportamento del genitore istante ai fini della determinazione dei provvedimenti da adottare nell'interesse dei figli, rimanendo ferma l'applicazione dell'articolo 96 del codice di procedura civile.

Art. 155-ter (Revisione delle disposizioni concernenti l'affidamento dei figli). – I genitori hanno diritto di chiedere in ogni tempo la revisione delle disposizioni concernenti l'affidamento dei figli, l'attribuzione dell'esercizio della potestà su di essi e delle eventuali disposizioni relative alla misura e alla modalità del contributo.

Art. 155-quater (Assegnazione della casa familiare e prescrizioni in tema di residenza). – Il godimento della casa familiare è attribuito tenendo prioritariamente conto dell'interesse dei figli.

Dell'assegnazione il giudice tiene conto nella regolazione dei rapporti economici tra i genitori, considerato l'eventuale titolo di proprietà. Il diritto al godimento della casa familiare viene meno nel caso che l'assegnatario non abiti o cessi di abitare stabilmente nella casa familiare o conviva more uxorio o contragga nuovo matrimonio. Il provvedimento di assegnazione e quello di revoca sono trascrivibili e opponibili a terzi ai sensi dell'articolo 2643.

Nel caso in cui uno dei coniugi cambi la residenza o il domicilio, l'altro coniuge può chiedere, se il mutamento interferisce con le modalità dell'affidamento, la ridefinizione degli accordi o dei provvedimenti adottati, ivi compresi quelli economici.

Art. 155-quinquies (Disposizioni in favore dei figli maggiorenni). – Il giudice, valutate le circostanze, può disporre in favore dei figli maggiorenni non indipendenti economicamente il pagamento di un assegno periodico. Tale assegno, salvo diversa determinazione del giudice, è versato direttamente all'avente diritto.

Ai figli maggiorenni portatori di handicap grave ai sensi dell'articolo 3, comma 3, della legge 5 febbraio 1992, n. 104, si applicano integralmente le disposizioni previste in favore dei figli minori.

Art. 155-sexies (Poteri del giudice e ascolto del minore). – Prima dell'emanazione, anche in via provvisoria, dei provvedimenti di cui all'articolo 155, il giudice può assumere, ad istanza di parte o d'ufficio, mezzi di prova. Il giudice dispone, inoltre, l'audizione del figlio minore che abbia compiuto gli anni dodici e anche di età inferiore ove capace di discernimento.

Qualora ne ravvisi l'opportunità, il giudice, sentite le parti e ottenuto il loro consenso, può rinviare l'adozione dei provvedimenti di cui all'articolo 155 per consentire che i coniugi, avvalendosi di esperti, tentino una mediazione per raggiungere un accordo, con particolare riferimento alla tutela dell'interesse morale e materiale dei figli».

2. Modifiche al codice di procedura civile. – 1. Dopo il terzo comma dell'articolo 708 del codice di procedura civile, è aggiunto il seguente:

«Contro i provvedimenti di cui al terzo comma si può proporre reclamo con ricorso alla Corte d'appello che si pronuncia in camera di consiglio. Il reclamo deve essere proposto nel termine perentorio di dieci giorni dalla notificazione del provvedimento».

2. Dopo l'articolo 709-bis del codice di procedura civile, è inserito il seguente:

«Art. 709-ter (Soluzione delle controversie e provvedimenti in caso di inadempienze o violazioni). – Per la soluzione delle controversie insorte tra i genitori in ordine all'esercizio della potestà genitoriale o delle modalità dell'affidamento è competente il giudice del procedimento in corso. Per i procedimenti di cui all'articolo 710 è competente il tribunale del luogo di residenza del minore.

A seguito del ricorso, il giudice convoca le parti e adotta i provvedimenti opportuni. In caso di gravi inadempienze o di atti che comunque arrechino pregiudizio al minore od ostacolino il corretto svolgimento delle modalità dell'affidamento, può modificare i provvedimenti in vigore e può, anche congiuntamente:

1) ammonire il genitore inadempiente;

2) disporre il risarcimento dei danni, a carico di uno dei genitori, nei confronti del minore;

3) disporre il risarcimento dei danni, a carico di uno dei genitori, nei confronti dell'altro;

4) condannare il genitore inadempiente al pagamento di una sanzione amministrativa pecuniaria, da un minimo di 75 euro a un massimo di 5.000 euro a favore della Cassa delle ammende.

I provvedimenti assunti dal giudice del procedimento sono impugnabili nei modi ordinari».

3. Disposizioni penali*. – *1. In caso di violazione degli obblighi di natura economica si applica l'articolo 12-sexies della legge 1° dicembre 1970, n. 898.*

* Articolo abrogato dall'art. 7, co. 1, lett. o), d.lg. 1/3/2018, n. 21. Vedi l'art. 570-bis CP.

4. Disposizioni finali. – 1. Nei casi in cui il decreto di omologa dei patti di separazione consensuale, la sentenza di separazione giudiziale, di scioglimento, di annullamento o di cessazione degli effetti civili del matrimonio sia già stata emessa alla data di entrata in vigore della presente legge, ciascuno dei genitori può richiedere, nei modi previsti dall'articolo 710 del codice di procedura civile o dall'articolo 9 della legge 1° dicembre 1970, n. 898, e successive modificazioni, l'applicazione delle disposizioni della presente legge.

2. Le disposizioni della presente legge si applicano anche in caso di scioglimento, di cessazione degli effetti civili o di nullità del matrimonio, nonché ai procedimenti relativi ai figli di genitori non coniugati.

5. Disposizione finanziaria. – 1. Dall'attuazione della presente legge non devono derivare nuovi o maggiori oneri a carico della finanza pubblica.

La presente legge, munita del sigillo dello Stato, sarà inserita nella Raccolta ufficiale degli atti normativi della Repubblica italiana. È fatto obbligo a chiunque spetti di osservarla e di farla osservare come legge dello Stato.

L. 22 maggio 2015, n. 55

Disposizioni in materia di scioglimento o di cessazione degli effetti civili del matrimonio nonché di comunione tra i coniugi, c.d. Divorzio breve

Art. 1. – 1. Al secondo capoverso della lettera b) del numero 2) dell'articolo 3 della legge 1o dicembre 1970, n. 898, e successive modificazioni, le parole: «tre anni a far tempo dalla avvenuta comparizione dei coniugi innanzi al presidente del tribunale nella procedura di separazione personale anche quando il giudizio contenzioso si sia trasformato in consensuale» sono sostituite dalle seguenti: «dodici mesi dall'avvenuta comparizione dei coniugi innanzi al presidente del tribunale nella procedura di separazione personale e da sei mesi nel caso di separazione consensuale, anche quando il giudizio contenzioso si sia trasformato in consensuale».

Art. 2. – 1. All'articolo 191 del codice civile, dopo il primo comma è inserito il seguente:

«Nel caso di separazione personale, la comunione tra i coniugi si scioglie nel momento in cui il presidente del tribunale autorizza i coniugi a vivere separati, ovvero alla data di sottoscrizione del processo verbale di separazione consensuale dei coniugi dinanzi al presidente, purché omologato. L'ordinanza con la quale i coniugi sono autorizzati a vivere separati è comunicata all'ufficiale dello stato civile ai fini dell'annotazione dello scioglimento della comunione».

Art. 3. – 1. Le disposizioni di cui agli articoli 1 e 2 si applicano ai procedimenti in corso alla data di entrata in vigore della presente legge, anche nei casi in cui il procedimento di separazione che ne costituisce il presupposto risulti ancora pendente alla medesima data.

L. 20 maggio 2016, n. 76

Regolamentazione delle unioni civili tra persone dello stesso sesso e disciplina delle convivenze (1)

Pubblicata nella G.U. 21 maggio 2016, n. 118. In vigore dal 5 giugno 2016

(1) Vedi disposizioni di cui all'art. 1, co. 1 e art. 5, co. 2, l. 22/12/2017, n. 219 in tema di norme in materia di consenso informato e di disposizioni anticipate di trattamento – Per l'attuazione della presente legge vedi: d.lg. 19/1/2017, n. 5, d.lg. 19/1/2017, n. 6 e d.lg. 19/1/2017, n. 7.

Art. 1. – 1. La presente legge istituisce l'unione civile tra persone dello stesso sesso quale specifica formazione sociale ai sensi degli articoli 2 e 3 della Costituzione e reca la disciplina delle convivenze di fatto.

2. Due persone maggiorenni dello stesso sesso costituiscono un'unione civile mediante dichiarazione di fronte all'ufficiale di stato civile ed alla presenza di due testimoni [$\underline{84^2}$, 107].

3. L'ufficiale di stato civile provvede alla registrazione degli atti di unione civile tra persone dello stesso sesso nell'archivio dello stato civile.

4. Sono cause impeditive per la costituzione dell'unione civile tra persone dello stesso sesso:

a) la sussistenza, per una delle parti, di un vincolo matrimoniale o di un'unione civile tra persone dello stesso sesso [86];

b) l'interdizione di una delle parti per infermità di mente; se l'istanza d'interdizione è soltanto promossa, il pubblico ministero può chiedere che si sospenda la costituzione dell'unione civile; in tal caso il procedimento non può aver luogo finché la sentenza che ha pronunziato sull'istanza non sia passata in giudicato [85];

c) la sussistenza tra le parti dei rapporti di cui all'articolo 87, primo comma, del codice civile; non possono altresì contrarre unione civile tra persone dello stesso sesso lo zio e il nipote e la zia e la nipote; si applicano le disposizioni di cui al medesimo articolo 87 [87];

d) la condanna definitiva di un contraente per omicidio consumato o tentato nei confronti di chi sia coniugato o unito civilmente con l'altra parte; se è stato disposto soltanto rinvio a giudizio ovvero sentenza di condanna di primo o secondo grado ovvero una misura cautelare la costituzione dell'unione civile tra persone dello stesso sesso è sospesa sino a quando non è pronunziata sentenza di proscioglimento [88].

5. La sussistenza di una delle cause impeditive di cui al comma 4 comporta la nullità dell'unione civile tra persone dello stesso sesso. All'unione civile tra persone dello stesso sesso si applicano gli articoli 65 e 68, nonché le disposizioni di cui agli articoli 119, 120, 123, 125, 126, 127, 128, 129 e 129-bis del codice civile [65, 68, 119, 120, 123, 125, 126, 127, 128, 129, 129 bis].

6. L'unione civile costituita in violazione di una delle cause impeditive di cui al comma 4, ovvero in violazione dell'articolo 68 del codice civile, può essere impugnata da ciascuna delle parti dell'unione civile, dagli ascendenti prossimi, dal pubblico ministero e da tutti coloro che abbiano per impugnarla un interesse legittimo e attuale. L'unione civile costituita da una parte durante l'assenza dell'altra non può essere impugnata finché dura l'assenza.

7. L'unione civile può essere impugnata dalla parte il cui consenso è stato estorto con violenza o determinato da timore di eccezionale gravità determinato da cause esterne alla parte stessa. Può essere altresì impugnata dalla parte il cui consenso è stato dato per effetto di errore sull'identità della persona o di errore essenziale su qualità personali dell'altra parte. L'azione non può essere proposta se vi è stata coabitazione per un anno dopo che è cessata la violenza o le cause che hanno determinato il timore ovvero sia stato scoperto l'errore. L'errore sulle qualità personali è essenziale qualora, tenute presenti le condizioni dell'altra parte, si accerti che la stessa non avrebbe prestato il suo consenso se le avesse esattamente conosciute e purché l'errore riguardi [120]:

a) l'esistenza di una malattia fisica o psichica, tale da impedire lo svolgimento della vita comune;

b) le circostanze di cui all'articolo 122, terzo comma, numeri 2), 3) e 4), del codice civile [122 co. 2, co. 3 n. 2, 3 e 4].

8. La parte può in qualunque tempo impugnare il matrimonio o l'unione civile dell'altra parte. Se si oppone la nullità della prima unione civile, tale questione deve essere preventivamente giudicata.

9. L'unione civile tra persone dello stesso sesso è certificata dal relativo documento attestante la costituzione dell'unione, che deve contenere i dati anagrafici delle parti, l'indicazione del loro regime patrimoniale e della loro residenza, oltre ai dati anagrafici e alla residenza dei testimoni.

10. Mediante dichiarazione all'ufficiale di stato civile le parti possono stabilire di assumere, per la durata dell'unione civile tra persone dello stesso sesso, un cognome comune scegliendolo tra i loro cognomi. La parte può anteporre o posporre al cognome comune il proprio cognome, se diverso, facendone dichiarazione all'ufficiale di stato civile.

11. Con la costituzione dell'unione civile tra persone dello stesso sesso le parti acquistano gli stessi diritti e assumono i medesimi doveri; dall'unione civile deriva l'obbligo reciproco all'assistenza morale e materiale e alla coabitazione. Entrambe le parti sono tenute, ciascuna in relazione alle proprie sostanze e alla propria capacità di lavoro professionale e casalingo, a contribuire ai bisogni comuni [*143*].

12. Le parti concordano tra loro l'indirizzo della vita familiare e fissano la residenza comune; a ciascuna delle parti spetta il potere di attuare l'indirizzo concordato [144].

13. Il regime patrimoniale dell'unione civile tra persone dello stesso sesso, in mancanza di diversa convenzione patrimoniale, è costituito dalla comunione dei beni. In materia di forma, modifica, simulazione e capacità per la stipula delle convenzioni patrimoniali si applicano gli articoli 162, 163, 164 e 166 del codice civile. Le parti non possono derogare né ai diritti né ai doveri previsti dalla legge per effetto dell'unione civile. Si applicano le disposizioni di cui alle sezioni II, III, IV, V e VI del capo VI del titolo VI del libro primo del codice civile [159, 162, 163, 164, 166, libro I, titolo VI capo VI sezioni II, III, IV, V, VI].

14. Quando la condotta della parte dell'unione civile è causa di grave pregiudizio all'integrità fisica o morale ovvero alla libertà dell'altra parte, il giudice, su istanza di parte, può adottare con decreto uno o più dei provvedimenti di cui all'articolo 342-ter del codice civile [342 ter].

15. Nella scelta dell'amministratore di sostegno il giudice tutelare preferisce, ove possibile, la parte dell'unione civile tra persone dello stesso sesso. L'interdizione o l'inabilitazione possono essere promosse anche dalla parte dell'unione civile, la quale può presentare istanza di revoca quando ne cessa la causa [408, 417, 429].

16. La violenza è causa di annullamento del contratto anche quando il male minacciato riguarda la persona o i beni dell'altra parte dell'unione civile costituita dal contraente o da un discendente o ascendente di lui [1436].

17. In caso di morte del prestatore di lavoro, le indennità indicate dagli articoli 2118 e 2120 del codice civile devono corrispondersi anche alla parte dell'unione civile [2120, 2122].

18. La prescrizione rimane sospesa tra le parti dell'unione civile [2941$^{1\ n.\ 1}$].

19. All'unione civile tra persone dello stesso sesso si applicano le disposizioni di cui al titolo XIII del libro primo del codice civile, nonché gli articoli 116, primo comma, 146, 2647, 2653, primo comma, numero 4), e 2659 del codice civile [116 co. 1, 146, 2647, 2653, 2659, libro I titolo XIII].

20. Al solo fine di assicurare l'effettività della tutela dei diritti e il pieno adempimento degli obblighi derivanti dall'unione civile tra persone dello stesso sesso, le disposizioni che si riferiscono al matrimonio e le disposizioni contenenti le parole «coniuge», «coniugi» o termini equivalenti, ovunque ricorrono nelle leggi, negli atti aventi forza di legge, nei regolamenti nonché negli atti amministrativi e nei contratti collettivi, si applicano anche ad ognuna delle parti dell'unione civile tra persone dello stesso sesso. La disposizione di cui al periodo precedente non si applica alle norme del codice civile non richiamate espressamente nella presente legge, nonché alle disposizioni di cui alla legge 4 maggio 1983, n. 184. Resta fermo quanto previsto e consentito in materia di adozione dalle norme vigenti (1).

21. Alle parti dell'unione civile tra persone dello stesso sesso si applicano le disposizioni previste dal capo III e dal capo X del titolo I, dal titolo II e dal capo II e dal capo V-bis del titolo IV del libro secondo del codice civile.

22. La morte o la dichiarazione di morte presunta di una delle parti dell'unione civile ne determina lo scioglimento.

23. L'unione civile si scioglie altresì nei casi previsti dall'articolo 3, numero 1) e numero 2), lettere a), c), d) ed e), della legge 1°(gradi) dicembre 1970, n. 898.

24. L'unione civile si scioglie, inoltre, quando le parti hanno manifestato anche disgiuntamente la volontà di scioglimento dinanzi all'ufficiale dello stato civile. In tale caso la domanda di scioglimento dell'unione civile è proposta decorsi tre mesi dalla data della manifestazione di volontà di scioglimento dell'unione [*151*].

25. Si applicano, in quanto compatibili, gli articoli 4, 5, primo comma, e dal quinto all'undicesimo comma, 8, 9, 9-bis, 10, 12-bis, 12-ter, 12-quater, 12-quinquies e 12-sexies della legge 1° dicembre 1970, n. 898, nonché le disposizioni di cui al Titolo II del libro quarto del codice di procedura civile ed agli articoli 6 e 12 del decreto-legge 12 settembre 2014, n. 132, conv., con modif., dalla legge 10 novembre 2014, n. 162 (1).

26. La sentenza di rettificazione di attribuzione di sesso determina lo scioglimento dell'unione civile tra persone dello stesso sesso.

27. Alla rettificazione anagrafica di sesso, ove i coniugi abbiano manifestato la volontà di non sciogliere il matrimonio o di non cessarne gli effetti civili, consegue l'automatica instaurazione dell'unione civile tra persone dello stesso sesso (2).

28. Fatte salve le disposizioni di cui alla presente legge, il

Governo è delegato ad adottare, entro sei mesi dalla data di entrata in vigore della presente legge, uno o più decreti legislativi in materia di unione civile tra persone dello stesso sesso nel rispetto dei seguenti princìpi e criteri direttivi:

a) adeguamento alle previsioni della presente legge delle disposizioni dell'ordinamento dello stato civile in materia di iscrizioni, trascrizioni e annotazioni (3);

b) modifica e riordino delle norme in materia di diritto internazionale privato, prevedendo l'applicazione della disciplina dell'unione civile tra persone dello stesso sesso regolata dalle leggi italiane alle coppie formate da persone dello stesso sesso che abbiano contratto all'estero matrimonio, unione civile o altro istituto analogo (4);

c) modificazioni ed integrazioni normative per il necessario coordinamento con la presente legge delle disposizioni contenute nelle leggi, negli atti aventi forza di legge, nei regolamenti e nei decreti (5).

29. I decreti legislativi di cui al comma 28 sono adottati su proposta del Ministro della giustizia, di concerto con il Ministro dell'interno, il Ministro del lavoro e delle politiche sociali e il Ministro degli affari esteri e della cooperazione internazionale.

30. Ciascuno schema di decreto legislativo di cui al comma 28, a seguito della deliberazione del Consiglio dei ministri, è trasmesso alla Camera dei deputati e al Senato della Repubblica perché su di esso siano espressi, entro sessanta giorni dalla trasmissione, i pareri delle Commissioni parlamentari competenti per materia. Decorso tale termine il decreto può essere comunque adottato, anche in mancanza dei pareri. Qualora il termine per l'espressione dei pareri parlamentari scada nei trenta giorni che precedono la scadenza del termine previsto dal comma 28, quest'ultimo termine è prorogato di tre mesi. Il Governo, qualora non intenda conformarsi ai pareri parlamentari, trasmette nuovamente i testi alle Camere con le sue osservazioni e con eventuali modificazioni, corredate dei necessari elementi integrativi di informazione e motivazione. I pareri definitivi delle Commissioni competenti per materia sono espressi entro il termine di dieci giorni dalla data della nuova trasmissione. Decorso tale termine, i decreti possono essere comunque adottati.

31. Entro due anni dalla data di entrata in vigore di ciascun decreto legislativo adottato ai sensi del comma 28, il Governo può adottare disposizioni integrative e correttive del decreto medesimo, nel rispetto dei princìpi e criteri direttivi di cui al citato comma 28, con la procedura prevista nei commi 29 e 30.

32. All'articolo 86 del codice civile, dopo le parole: «da un matrimonio» sono inserite le seguenti: «o da un'unione civile tra persone dello stesso sesso» [86].

33. All'articolo 124 del codice civile, dopo le parole: «impugnare il matrimonio» sono inserite le seguenti: «o l'unione civile tra persone dello stesso sesso» [124].

34. Con decreto del Presidente del Consiglio dei ministri, su proposta del Ministro dell'interno, da emanare entro trenta giorni dalla data di entrata in vigore della presente legge, sono stabilite le disposizioni transitorie necessarie per la tenuta dei registri nell'archivio dello stato civile nelle more dell'entrata in vigore dei decreti legislativi adottati ai sensi del comma 28, lettera a) (6).

35. Le disposizioni di cui ai commi da 1 a 34 acquistano efficacia a decorrere dalla data di entrata in vigore della presente legge.

36. Ai fini delle disposizioni di cui ai commi da 37 a 67 si intendono per «conviventi di fatto» due persone maggiorenni unite stabilmente da legami affettivi di coppia e di reciproca assistenza morale e materiale, non vincolate da rapporti di parentela, affinità o adozione, da matrimonio o da un'unione civile.

37. Ferma restando la sussistenza dei presupposti di cui al comma 36, per l'accertamento della stabile convivenza si fa riferimento alla dichiarazione anagrafica di cui all'articolo 4 e alla lettera b) del comma 1 dell'articolo 13 del regolamento di cui al decreto del Presidente della Repubblica 30 maggio 1989, n. 223 (1).

38. I conviventi di fatto hanno gli stessi diritti spettanti al coniuge nei casi previsti dall'ordinamento penitenziario.

39. In caso di malattia o di ricovero, i conviventi di fatto hanno diritto reciproco di visita, di assistenza nonché di accesso alle informazioni personali, secondo le regole di organizzazione delle strutture ospedaliere o di assistenza pubbliche, private o convenzionate, previste per i coniugi e i familiari.

40. Ciascun convivente di fatto può designare l'altro quale suo rappresentante con poteri pieni o limitati:

a) in caso di malattia che comporta incapacità di intendere e di volere, per le decisioni in materia di salute;

b) in caso di morte, per quanto riguarda la donazione di organi, le modalità di trattamento del corpo e le celebrazioni funerarie (7).

41. La designazione di cui al comma 40 è effettuata in forma scritta e autografa oppure, in caso di impossibilità di redigerla, alla presenza di un testimone (7).

42. Salvo quanto previsto dall'articolo 337-sexies del codice civile, in caso di morte del proprietario della casa di comune residenza il convivente di fatto superstite ha diritto di continuare ad abitare nella stessa per due anni o per un periodo pari alla convivenza se superiore a due anni e comunque non oltre i cinque anni. Ove nella stessa coabitino figli minori o figli disabili del convivente superstite, il medesimo ha diritto di continuare ad abitare nella casa di comune residenza per un periodo non inferiore a tre anni.

43. Il diritto di cui al comma 42 viene meno nel caso in cui il convivente superstite cessi di abitare stabilmente nella casa di comune residenza o in caso di matrimonio, di unione civile o di nuova convivenza di fatto.

44. Nei casi di morte del conduttore o di suo recesso dal contratto di locazione della casa di comune residenza, il convivente di fatto ha facoltà di succedergli nel contratto.

45. Nel caso in cui l'appartenenza ad un nucleo familiare costituisca titolo o causa di preferenza nelle graduatorie per l'assegnazione di alloggi di edilizia popolare, di tale titolo o causa di preferenza possono godere, a parità di condizioni, i conviventi di fatto.

46. Nella sezione VI del capo VI del titolo VI del libro primo del codice civile, dopo l'articolo 230-bis è aggiunto il seguente:

«Art. 230-ter (Diritti del convivente). – Al convivente di fatto che presti stabilmente la propria opera all'interno dell'impresa dell'altro convivente spetta una partecipazione agli utili dell'impresa familiare ed ai beni acquistati con essi nonché agli incrementi dell'azienda, anche in ordine all'avviamento, commisurata al lavoro prestato. Il diritto di partecipazione non spetta qualora tra i conviventi esista un rapporto di società o di lavoro subordinato».

47. All'articolo 712, secondo comma, del codice di procedura civile, dopo le parole: «del coniuge» sono inserite le seguenti: «o del convivente di fatto».

48. Il convivente di fatto può essere nominato tutore, curatore o amministratore di sostegno, qualora l'altra parte sia dichiarata interdetta o inabilitata ai sensi delle norme vigenti ovvero ricorrano i presupposti di cui all'articolo 404 del codice civile.

49. In caso di decesso del convivente di fatto, derivante da fatto illecito di un terzo, nell'individuazione del danno risarcibile alla parte superstite si applicano i medesimi criteri individuati per il risarcimento del danno al coniuge superstite.

50. I conviventi di fatto possono disciplinare i rapporti patrimoniali relativi alla loro vita in comune con la sottoscrizione di un contratto di convivenza.

51. Il contratto di cui al comma 50, le sue modifiche e la sua risoluzione sono redatti in forma scritta, a pena di nullità,

con atto pubblico o scrittura privata con sottoscrizione autenticata da un notaio o da un avvocato che ne attestano la conformità alle norme imperative e all'ordine pubblico.

52. Ai fini dell'opponibilità ai terzi, il professionista che ha ricevuto l'atto in forma pubblica o che ne ha autenticato la sottoscrizione ai sensi del comma 51 deve provvedere entro i successivi dieci giorni a trasmetterne copia al comune di residenza dei conviventi per l'iscrizione all'anagrafe ai sensi degli articoli 5 e 7 del regolamento di cui al decreto del Presidente della Repubblica 30 maggio 1989, n. 223.

53. Il contratto di cui al comma 50 reca l'indicazione dell'indirizzo indicato da ciascuna parte al quale sono effettuate le comunicazioni inerenti al contratto medesimo. Il contratto può contenere:

a) l'indicazione della residenza;

b) le modalità di contribuzione alle necessità della vita in comune, in relazione alle sostanze di ciascuno e alla capacità di lavoro professionale o casalingo;

c) il regime patrimoniale della comunione dei beni, di cui alla sezione III del capo VI del titolo VI del libro primo del codice civile.

54. Il regime patrimoniale scelto nel contratto di convivenza può essere modificato in qualunque momento nel corso della convivenza con le modalità di cui al comma 51.

55. Il trattamento dei dati personali contenuti nelle certificazioni anagrafiche deve avvenire conformemente alla normativa prevista dal codice in materia di protezione dei dati personali, di cui al decreto legislativo 30 giugno 2003, n. 196, garantendo il rispetto della dignità degli appartenenti al contratto di convivenza. I dati personali contenuti nelle certificazioni anagrafiche non possono costituire elemento di discriminazione a carico delle parti del contratto di convivenza.

56. Il contratto di convivenza non può essere sottoposto a termine o condizione. Nel caso in cui le parti inseriscano termini o condizioni, questi si hanno per non apposti.

57. Il contratto di convivenza è affetto da nullità insanabile che può essere fatta valere da chiunque vi abbia interesse se concluso:

a) in presenza di un vincolo matrimoniale, di un'unione civile o di un altro contratto di convivenza;

b) in violazione del comma 36;

c) da persona minore di età;

d) da persona interdetta giudizialmente;

e) in caso di condanna per il delitto di cui all'articolo 88 del codice civile.

58. Gli effetti del contratto di convivenza restano sospesi in pendenza del procedimento di interdizione giudiziale o nel caso di rinvio a giudizio o di misura cautelare disposti per il delitto di cui all'articolo 88 del codice civile, fino a quando non sia pronunciata sentenza di proscioglimento.

59. Il contratto di convivenza si risolve per:

a) accordo delle parti;

b) recesso unilaterale;

c) matrimonio o unione civile tra i conviventi o tra un convivente ed altra persona;

d) morte di uno dei contraenti.

60. La risoluzione del contratto di convivenza per accordo delle parti o per recesso unilaterale deve essere redatta nelle forme di cui al comma 51. Qualora il contratto di convivenza preveda, a norma del comma 53, lettera c), il regime patrimoniale della comunione dei beni, la sua risoluzione determina lo scioglimento della comunione medesima e si applicano, in quanto compatibili, le disposizioni di cui alla sezione III del capo VI del titolo VI del libro primo del codice civile. Resta in ogni caso ferma la competenza del notaio per gli atti di trasferimento di diritti reali immobiliari comunque discendenti dal contratto di convivenza.

61. Nel caso di recesso unilaterale da un contratto di convivenza il professionista che riceve o che autentica l'atto è tenuto, oltre che agli adempimenti di cui al comma 52, a notificarne copia all'altro contraente all'indirizzo risultante dal contratto. Nel caso in cui la casa familiare sia nella disponibilità esclusiva del recedente, la dichiarazione di recesso, a pena di nullità, deve contenere il termine, non inferiore a novanta giorni, concesso al convivente per lasciare l'abitazione.

62. Nel caso di cui alla lettera c) del comma 59, il contraente che ha contratto matrimonio o unione civile deve notificare all'altro contraente, nonché al professionista che ha ricevuto o autenticato il contratto di convivenza, l'estratto di matrimonio o di unione civile.

63. Nel caso di cui alla lettera d) del comma 59, il contraente superstite o gli eredi del contraente deceduto devono notificare al professionista che ha ricevuto o autenticato il contratto di convivenza l'estratto dell'atto di morte affinché provveda ad annotare a margine del contratto di convivenza l'avvenuta risoluzione del contratto e a notificarlo all'anagrafe del comune di residenza.

64. Dopo l'articolo 30 della legge 31 maggio 1995, n. 218, è inserito il seguente:

«Art. 30-bis (Contratti di convivenza). – 1. Ai contratti di convivenza si applica la legge nazionale comune dei contraenti. Ai contraenti di diversa cittadinanza si applica la legge del luogo in cui la convivenza è prevalentemente localizzata.

2. Sono fatte salve le norme nazionali, europee ed internazionali che regolano il caso di cittadinanza plurima».

65. In caso di cessazione della convivenza di fatto, il giudice stabilisce il diritto del convivente di ricevere dall'altro convivente e gli alimenti qualora versi in stato di bisogno e non sia in grado di provvedere al proprio mantenimento. In tali casi, gli alimenti sono assegnati per un periodo proporzionale alla durata della convivenza e nella misura determinata ai sensi dell'articolo 438, secondo comma, del codice civile. Ai fini della determinazione dell'ordine degli obbligati ai sensi dell'articolo 433 del codice civile, l'obbligo alimentare del convivente di cui al presente comma è adempiuto con precedenza sui fratelli e sorelle.

66. Agli oneri derivanti dall'attuazione dei commi da 1 a 35 del presente articolo, valutati complessivamente in 3,7 milioni di euro per l'anno 2016, in 6,7 milioni di euro per l'anno 2017, in 8 milioni di euro per l'anno 2018, in 9,8 milioni di euro per l'anno 2019, in 11,7 milioni di euro per l'anno 2020, in 13,7 milioni di euro per l'anno 2021, in 15,8 milioni di euro per l'anno 2022, in 17,9 milioni di euro per l'anno 2023, in 20,3 milioni di euro per l'anno 2024 e in 22,7 milioni di euro annui a decorrere dall'anno 2025, si provvede:

a) quanto a 3,7 milioni di euro per l'anno 2016, a 1,3 milioni di euro per l'anno 2018, a 3,1 milioni di euro per l'anno 2019, a 5 milioni di euro per l'anno 2020, a 7 milioni di euro per l'anno 2021, a 9,1 milioni di euro per l'anno 2022, a 11,2 milioni di euro per l'anno 2023, a 13,6 milioni di euro per l'anno 2024 e a 16 milioni di euro annui a decorrere dall'anno 2025, mediante riduzione del Fondo per interventi strutturali di politica economica, di cui all'articolo 10, comma 5, del decreto-legge 29 novembre 2004, n. 282, convertito, con modificazioni, dalla legge 27 dicembre 2004, n. 307;

b) quanto a 6,7 milioni di euro annui a decorrere dall'anno 2017, mediante corrispondente riduzione delle proiezioni, per gli anni 2017 e 2018, dello stanziamento del fondo speciale di parte corrente iscritto, ai fini del bilancio triennale 2016-2018, nell'ambito del programma «Fondi di riserva e speciali» della missione «Fondi da ripartire» dello stato di previsione del Ministero dell'economia e delle finanze per l'anno 2016, allo scopo parzialmente utilizzando l'accantonamento relativo al medesimo Ministero.

67. Ai sensi dell'articolo 17, comma 12, della legge 31 dicembre 2009, n. 196, il Ministro del lavoro e delle politiche sociali, sulla base dei dati comunicati dall'INPS, provvede al monitoraggio degli oneri di natura previdenziale ed assisten-

ziale di cui ai commi da 11 a 20 del presente articolo e riferisce in merito al Ministro dell'economia e delle finanze. Nel caso si verifichino o siano in procinto di verificarsi scostamenti rispetto alle previsioni di cui al comma 66, il Ministro dell'economia e delle finanze, sentito il Ministro del lavoro e delle politiche sociali, provvede, con proprio decreto, alla riduzione, nella misura necessaria alla copertura finanziaria del maggior onere risultante dall'attività di monitoraggio, delle dotazioni finanziarie di parte corrente aventi la natura di spese rimodulabili, ai sensi dell'articolo 21, comma 5, lettera b), della legge 31 dicembre 2009, n. 196, nell'ambito dello stato di previsione del Ministero del lavoro e delle politiche sociali.

68. Il Ministro dell'economia e delle finanze riferisce senza ritardo alle Camere con apposita relazione in merito alle cause degli scostamenti e all'adozione delle misure di cui al comma 67.

69. Il Ministro dell'economia e delle finanze è autorizzato ad apportare, con propri decreti, le occorrenti variazioni di bilancio.

La presente legge, munita del sigillo dello Stato, sarà inserita nella Raccolta ufficiale degli atti normativi della Repubblica italiana. È fatto obbligo a chiunque spetti di osservarla e di farla osservare come legge dello Stato.

(1) Comma sostituito dall'art. 29, co. 6, d.lg. 10/10/2022, n. 149, con effetto a decorrere dal 28/2/2023, come stabilito dall'art. 35, co. 1, d.lg. n. 149/2022 medesimo, come modificato dall'art. 1, co. 380, lett. a), l. 29/12/2022, n. 197.
In tema di norme in materia di consenso informato e di disposizioni anticipate di trattamento (biotestamento) vedi art. 1, co. 2 e art. 1, co. 5, l. 22/12/2017, n. 219.

(2) In merito alle unioni tra persone dello stesso sesso, v. anche Corte cost. n. 11/6/2014, n. 170 che ha dichiarato «l'illegittimità costituzionale degli artt. 2 e 4 della legge 14 aprile 1982, n. 164 (Norme in materia di rettificazione di attribuzione di sesso), nella parte in cui non prevedono che la sentenza di rettificazione dell'attribuzione di sesso di uno dei coniugi, che provoca lo scioglimento del matrimonio o la cessazione degli effetti civili conseguenti alla trascrizione del matrimonio, consenta, comunque, ove entrambi lo richiedano, di mantenere in vita un rapporto di coppia giuridicamente regolato con altra forma di convivenza registrata, che tuteli adeguatamente i diritti ed obblighi della coppia medesima, con le modalità da statuirsi dal legislatore», nonché ha dichiarato: «l'illegittimità costituzionale dell'art. 31, comma 6, del decreto legislativo 1° settembre 2011, n. 150 (Disposizioni complementari al codice di procedura civile in materia di riduzione e semplificazione dei procedimenti civili di cognizione, ai sensi dell'articolo 54 della legge 18 giugno 2009, n. 69), nella parte in cui non prevede che la sentenza di rettificazione dell'attribuzione di sesso di uno dei coniugi, che determina lo scioglimento del matrimonio o la cessazione degli effetti civili conseguenti alla trascrizione del matrimonio celebrato con rito religioso, consenta, comunque, ove entrambi lo richiedano, di mantenere in vita un rapporto di coppia giuridicamente regolato con altra forma di convivenza registrata, che tuteli i diritti ed obblighi della coppia medesima, con le modalità da statuirsi dal legislatore». Si veda anche: Belgio (l. 13/2/2003); Danimarca (l. 7/6/2012); Finlandia (l. 28/11/2014); Francia (l. 17/5/2013 n. 2013-404); Islanda (l. 12/6/2010); Lussemburgo (l. 18/6/2014); Norvegia (l. 11/6/2008); Olanda (l. 21/12/2000, n. 9); Portogallo (l. 8/1/2010); Regno unito (l. 17/7/2013 per Inghilterra e Galles; l. 5/2/2014 per la Scozia); Spagna (l. 30/6/2005, n. 13/2005); Svezia (l. 1/5/2009).

(3) In attuazione di quanto disposto dalla presente lettera vedi il d.lg. 19/1/2017, n. 5.

(4) In attuazione di quanto disposto dalla presente lettera vedi il d.lg. 19/1/2017, n. 7.

(5) In attuazione di quanto disposto dalla presente lettera vedi il d.lg. 19/1/2017, n. 5 e il d.lg. 19/1/2017, n. 6.

(6) In attuazione di quanto disposto dal presente comma vedi il d.p.c.m. 23/7/2016, n. 144.

(7) Vedi art. 6, l. 22/12/2017 n. 219, norme in materia di consenso informato e di disposizioni anticipate di trattamento biotestamento) nonché art. 408 c.c.

D.lg. 19 gennaio 2017, n. 5

Adeguamento delle disposizioni dell'ordinamento dello stato civile in materia di iscrizioni, trascrizioni e annotazioni, nonché modificazioni ed integrazioni normative per la regolamentazione delle unioni civili, ai sensi dell'articolo 1, comma 28, lettere a) e c), della legge 20 maggio 2016, n. 76

(G.U. 27 gennaio 2017, n. 22)

IL PRESIDENTE DELLA REPUBBLICA

Visti gli articoli 76 e 87, quinto comma, della Costituzione;

Vista la legge 20 maggio 2016, n. 76, recante Regolamentazione delle unioni civili tra persone dello stesso sesso e disciplina delle convivenze e, in particolare, l'articolo 1, comma 28, lettere a) e c), che delega il Governo ad adottare disposizioni per l'adeguamento delle norme dell'ordinamento dello stato civile in materia di iscrizioni, trascrizioni e annotazioni alle previsioni della legge sulla regolamentazione delle unioni civili tra persone dello stesso sesso, nonché ad adottare disposizioni recanti modifiche ed integrazioni normative per il necessario coordinamento con la medesima legge delle disposizioni contenute nelle leggi, negli atti aventi forza di legge, nei regolamenti e nei decreti;

Visto il regio decreto 9 luglio 1939, n. 1238, recante Ordinamento dello stato civile; Visto il decreto del Presidente della Repubblica 3 novembre 2000, n. 396, recante Regolamento per la revisione e la semplificazione dell'ordinamento dello stato civile, a norma dell'articolo 2, comma 12, della legge 15 maggio 1997, n. 127; Vista la preliminare deliberazione del Consiglio dei ministri, adottata nella riunione del 4 ottobre 2016; Acquisito il parere delle competenti commissioni della Camera dei deputati e del Senato della Repubblica; Vista la deliberazione del Consiglio dei ministri, adottata nella riunione del 14 gennaio 2017; Sulla proposta del Ministro della giustizia, di concerto con il Ministro dell'interno, il Ministro del lavoro e delle politiche sociali, il Ministro degli affari esteri e della cooperazione internazionale;

Emana il seguente decreto legislativo:

1. Modifiche al decreto del Presidente della Repubblica 3 novembre 2000, n. 396. – 1. Al decreto del Presidente della Repubblica 3 novembre 2000, n. 396, sono apportate le seguenti modificazioni:

a) all'articolo 1, comma 3, secondo periodo, dopo le parole: «n. 91,» la parola: «e» è soppressa e dopo le parole: «per la celebrazione del matrimonio» sono inserite le seguenti: «e per la costituzione delle unioni civili di cui alla legge 20 maggio 2016, n. 76»;

b) all'articolo 6, comma 1, dopo le parole: «il coniuge,» sono inserite le seguenti: «la persona a lui unita civilmente,»;

c) all'articolo 10, comma 1, dopo le parole: «i matrimoni» sono inserite le seguenti: «, le unioni civili»;

d) all'articolo 12, comma 2, primo periodo, dopo la parola: «matrimonio» sono inserite le seguenti: «, unione civile»;

e) all'articolo 16 sono apportate le seguenti modificazioni:

1) la rubrica è sostituita dalla seguente: «Matrimoni celebrati e unioni civili costituite all'estero»;

2) al comma 1, il primo periodo è sostituito dal seguente: «Il matrimonio e l'unione civile all'estero, quando gli sposi o le parti dell'unione civile sono entrambi cittadini italiani o uno di essi è cittadino italiano e l'altro è cittadino straniero, possono essere celebrati o costituiti innanzi all'autorità diplomatica o consolare competente, oppure innanzi all'autorità locale secondo le leggi del luogo.»;

f) all'articolo 17, secondo periodo, dopo le parole: «di matrimonio» sono inserite le seguenti: «o dell'unione civile» e dopo le parole: «se gli sposi» sono inserite le seguenti: «o le parti dell'unione civile»;

g) all'articolo 19, comma 2, dopo le parole: «matrimoni celebrati» sono inserite le seguenti: «e delle unioni civili costituite»;

h) all'articolo 26, comma 1, secondo periodo, dopo le parole: «l'atto di matrimonio» sono inserite le seguenti: «o dell'unione civile»;

i) all'articolo 49, comma 1, sono apportate le seguenti modificazioni:

1) la lettera f) è sostituita dalla seguente: «f) gli atti di matrimonio e le sentenze dalle quali risulta l'esistenza del matrimonio, gli atti di costituzione dell'unione civile, iscritta anche ai sensi dell'articolo 70-octies, comma 5, e le sentenze dalle quali risulta l'esistenza dell'unione civile;»;

2) alla lettera g) sono aggiunte, in fine, le seguenti parole: «e quelle che pronunciano la nullità o lo scioglimento dell'unione civile»;

3) alla lettera g-bis) sono aggiunte, in fine, le seguenti parole: «e quelli conclusi tra le parti dell'unione civile al fine di raggiungere una soluzione consensuale di scioglimento dell'unione civile»;

4) alla lettera g-ter) dopo le parole: «del matrimonio» sono inserite le seguenti: «e quelli di scioglimento dell'unione civile»;

l) dopo l'articolo 62 le parole: «Capo IV Della registrazione relativa agli atti di matrimonio» sono sostituite dalle seguenti: «Capo IV Della registrazione relativa agli atti di matrimonio e di unione civile»;

m) all'articolo 63 sono apportate le seguenti modificazioni:

1) al comma 1:

a) alla lettera a) sono aggiunte, in fine, le seguenti parole: «e le unioni civili costituite davanti a lui e quelle di cui all'articolo 70-octies, comma 5»;

b) alla lettera b) sono aggiunte, in fine, le seguenti parole: «e le unioni civili costituite fuori dalla casa comunale a norma dell'articolo 70-novies»;

c) alla lettera c) sono aggiunte, in fine, le seguenti parole: «, e le unioni civili costituite in imminente pericolo di vita di una delle parti a norma dell'articolo 70-decies»;

d) alla lettera d) sono aggiunte, in fine, le seguenti parole: «, e le unioni civili costituite per delega a norma dell'articolo 70-quater»;

e) alla lettera f) dopo la parola: «matrimoni» sono inserite le seguenti: «e di costituzione delle unioni civili»;

f) dopo la lettera g-ter) sono aggiunte le seguenti:

«g-quater) gli accordi di scioglimento dell'unione civile ricevuti dall'ufficiale dello stato civile, nonché di modifica delle condizioni di scioglimento;

g-quinquies) la manifestazione congiunta di volontà di scioglimento dell'unione civile, a norma dell'articolo 1, comma 24, della legge 20 maggio 2016, n. 76, ovvero la manifestazione di volontà di scioglimento dell'unione civile di una sola parte a norma della predetta disposizione, previamente comunicata all'altra parte mediante invio di lettera raccomandata con avviso di ricevimento alla residenza anagrafica o, in mancanza, all'ultimo indirizzo noto, ovvero con altra forma di comunicazione parimenti idonea;

g-sexies) la dichiarazione con la quale le parti, dopo la costituzione dell'unione civile, dichiarano di voler assumere, per la durata dell'unione civile, un cognome comune scegliendolo tra i loro cognomi o di anteporre o posporre al cognome comune il proprio cognome, se diverso.»;

2) al comma 2:

a) alla lettera b) dopo le parole: «codice civile,» sono inserite le seguenti: «e delle unioni civili costituite per delega ai sensi dell'articolo 70-quater,» e sono aggiunte, in fine, le seguenti parole: «o delle parti dell'unione civile»;

b) dopo la lettera b) è inserita la seguente:

«b-bis) gli atti di costituzione di unione civile avvenuti in un comune scelto dalle parti, trasmessi all'ufficiale dello stato civile dei comuni di residenza delle parti;»;

c) alla lettera c) sono aggiunte, in fine, le seguenti parole: «e le unioni civili costituite all'estero»;

d) dopo la lettera c) è inserita la seguente: «c-bis) gli atti dei matrimoni tra persone dello stesso sesso celebrati all'estero;»;

e) alla lettera d) dopo le parole: «matrimoni celebrati» sono inserite le seguenti: «o le unioni civili costituite»;

f) alla lettera e) dopo le parole: «degli sposi» sono inserite le seguenti: «e gli atti e i processi verbali di costituzione delle unioni civili avvenute in caso di imminente pericolo di vita di una delle parti dell'unione civile»;

g) alla lettera f) sono aggiunte, in fine, le seguenti parole: «o dell'unione civile»;

h) dopo la lettera g) è inserita la seguente:

«g-bis) le sentenze e gli altri atti con cui si pronuncia all'estero la nullità, lo scioglimento di unioni civili ovvero si rettifica in qualsiasi modo un atto dell'unione civile già iscritto o trascritto negli archivi di cui all'articolo 10;»;

i) dopo la lettera h-bis) è aggiunta la seguente:

«h-ter) gli accordi raggiunti a seguito di convenzione di negoziazione assistita da un avvocato, conclusi tra le parti dell'unione civile al fine di raggiungere una soluzione consensuale di scioglimento dell'unione civile, nonché di modifica delle condizioni dello scioglimento.»;

n) all'articolo 65 sono apportate le seguenti modificazioni:

1) al comma 1, dopo le parole: «o aereo,» sono inserite le seguenti: «o se l'unione civile è costituita nell'imminente pericolo di vita di una delle parti, durante un viaggio marittimo o aereo,»;

2) al comma 2, dopo le parole: «matrimoni celebrati» sono inserite le seguenti: «o alla costituzione di unioni civili» e dopo le parole: «degli sposi» sono inserite le seguenti: «o delle parti dell'unione civile,»;

o) all'articolo 66 sono apportate le seguenti modificazioni:

1) dopo il comma 1 è inserito il seguente:

«1-bis. Nella ipotesi in cui la parte dell'unione civile non conosce la lingua italiana nonché in quelle in cui è sorda, muta, o comunque impedita a comunicare, l'ufficiale dello stato civile costituisce l'unione civile o con l'ausilio di un interprete o avvalendosi di mezzi idonei per rivolgere alla parte le domande, riceverne le risposte e darle comunicazione delle disposizioni contenute nell'articolo 1, commi 11 e 12, della legge 20 maggio 2016, n. 76, e della dichiarazione di costituzione dell'unione civile tra le parti.»;

2) al comma 2 le parole: «di cui al comma 1» sono sostituite dalle seguenti: «di cui ai commi 1 e 1-bis» e sono aggiunte, in fine, le seguenti parole: «e per la costituzione dell'unione civile»;

p) all'articolo 67 sono apportate le seguenti modificazioni:

1) alla rubrica dopo le parole: «matrimonio celebrato» sono inserite le seguenti: «e unione civile costituita»;

2) al comma 1 dopo le parole: «codice civile» sono inserite le seguenti: «o dall'articolo 70-quater» e dopo le parole: «del matrimonio» sono inserite le seguenti: «o per la costituzione dell'unione civile»;

q) all'articolo 68 sono apportate le seguenti modificazioni:

1) al comma 1 dopo le parole: «il matrimonio» sono inserite le seguenti: «o costituito l'unione civile» e dopo le parole: «degli sposi» sono inserite le seguenti: «e delle parti dell'unione civile»;

2) al comma 2 dopo la parola: «celebrato» sono inserite le seguenti: «o l'unione civile costituita» e dopo le parole: «dell'atto di matrimonio» sono inserite le seguenti: «o di costituzione dell'unione civile»;

3) al comma 3, lettera b), dopo le parole: «all'estero» sono inserite le seguenti: «o della costituzione dell'unione civile avvenuta all'estero» e dopo le parole: «lo scioglimento» sono inserite le seguenti: «di un matrimonio o di una unione civile»; r) all'articolo 69 sono apportate le seguenti modificazioni:

a) al comma 1 è aggiunta, in fine, la seguente lettera:

«i-bis) della costituzione dell'unione civile iscritta ai sensi dell'articolo 70-octies, comma 5.»;

b) dopo il comma 1 è inserito il seguente: «1-bis. Negli atti di costituzione dell'unione civile si fa annotazione:

a) delle convenzioni patrimoniali, delle relative modificazioni, delle sentenze di omologazione di cui all'articolo 163 del codice civile, delle sentenze di separazione giudiziale dei beni di cui all'articolo 193 del codice civile, e della scelta della legge applicabile ai loro rapporti patrimoniali operata in base alle vigenti norme di diritto internazionale privato;

b) della dichiarazione contenente la manifestazione di volontà di scioglimento dell'unione civile resa ai sensi dell'articolo 1, comma 24, della legge 20 maggio 2016, n. 76;

c) delle sentenze, anche straniere, di scioglimento dell'unione civile; di quelle che dichiarano efficace nello Stato la pronuncia straniera di nullità o di scioglimento dell'unione civile;

d) degli accordi raggiunti a seguito di convenzione di negoziazione assistita da uno o più avvocati, conclusi tra le parti al fine di raggiungere una soluzione consensuale di scioglimento dell'unione civile;

e) degli accordi di scioglimento dell'unione civile ricevuti dall'ufficiale dello stato civile;

f) delle sentenze con le quali si pronuncia l'annullamento della trascrizione dell'atto di costituzione dell'unione civile;

g) delle sentenze dichiarative di assenza o di morte presunta di una delle parti dell'unione civile e di quelle che dichiarano l'esistenza della parte di cui era stata dichiarata la morte presunta o ne accertano la morte;

h) dei provvedimenti che determinano il cambiamento o la modificazione del cognome o del nome o di entrambi e dei provvedimenti di revoca relativi ad una delle parti dell'unione civile;

i) dei provvedimenti di rettificazione.»;

s) all'articolo 70, comma 1, dopo le parole: «il matrimonio» sono inserite le seguenti: «e nel costituire l'unione civile»;

t) dopo l'articolo 70 è inserito il seguente titolo:

«Titolo VIII-bis – Della richiesta e della costituzione dell'unione civile

Art. 70-bis (Richiesta di costituzione dell'unione civile). – 1. La richiesta di costituzione dell'unione civile è presentata all'ufficio dello stato civile del comune scelto dalle parti. Chi richiede la costituzione dell'unione civile deve dichiarare il nome e il cognome, la data e il luogo di nascita, la cittadinanza e il luogo di residenza delle parti dell'unione civile, nonché l'insussistenza delle cause impeditive alla costituzione dell'unione di cui all'articolo 1, comma 4, della legge 20 maggio 2016, n. 76.

2. L'ufficiale dello stato civile deve verificare l'esattezza della dichiarazione di cui al comma 1 e può acquisire d'ufficio eventuali documenti che ritenga necessari per provare l'inesistenza di impedimenti alla costituzione dell'unione civile.

3. Ricevuta la richiesta di costituzione dell'unione civile, l'ufficiale dello stato civile redige processo verbale in cui indica l'identità delle persone comparse, la richiesta a lui fatta, le dichiarazioni delle parti o di chi le rappresenta, e lo sottoscrive unitamente ai richiedenti.

4. La richiesta di costituzione dell'unione civile può essere fatta anche all'ufficiale dello stato civile del comune di scelta delle parti da persona che ne ha avuto dalle stesse speciale incarico nei modi indicati dall'articolo 12, comma 7.

Art. 70-ter (Verifiche). 1. Le verifiche di cui all'articolo 70-bis, comma 2, devono essere effettuate entro trenta giorni dalla redazione del processo verbale. Da tale data, o anche da data antecedente, se le verifiche sono completate prima e l'ufficiale dello stato civile ne ha dato obbligatoria comunicazione ai richiedenti, le parti possono presentarsi all'ufficiale dello stato civile per costituire l'unione civile.

2. Quando è accertata l'insussistenza dei presupposti o la sussistenza di un impedimento, l'ufficiale dello stato civile ne dà comunicazione alle parti e non procede alla costituzione dell'unione civile.

3. I documenti presentati o acquisti sono registrati, dopo la costituzione dell'unione civile, negli archivi di cui all'articolo 10.

4. Quando la costituzione dell'unione civile non avviene nei centottanta giorni successivi al termine o alla comunicazione di cui al comma 1, la richiesta delle parti e le verifiche dell'ufficiale dello stato civile si considerano come non avvenute.

Art. 70-quater (Costituzione dell'unione civile per delega). – 1. Quando vi è necessità o convenienza di costituire l'unione civile in un comune diverso da quello in cui è stata presentata la richiesta, l'ufficiale dello stato civile, completate le verifiche di cui all'articolo 70-bis, su istanza delle parti, delega per iscritto l'ufficiale dello stato civile del comune dalle stesse indicato.

Art. 70-quinquies (Impedimenti). – 1. Quando a costituire l'unione civile osta un impedimento per il quale è stata concessa autorizzazione a termini delle disposizioni del codice civile, una delle parti dell'unione civile deve presentare copia del relativo provvedimento.

Art. 70-sexies (Casi particolari). – 1. Quando una delle parti che chiede la costituzione dell'unione civile è un cittadino italiano residente all'estero, l'ufficiale dello stato civile al quale è fatta richiesta effettua le verifiche di cui all'articolo 70-bis, anche presso il competente ufficio consolare. Se invece la richiesta di costituzione dell'unione civile viene fatta all'autorità consolare, quest'ultima effettua le verifiche di cui all'articolo 70-bis tramite l'ufficiale dello stato civile del comune di iscrizione anagrafica.

Art. 70-septies (Registrazioni). – 1. I documenti che giustificano le enunciazioni contenute nel processo verbale di richiesta di costituzione dell'unione civile sono registrati, costituita l'unione civile, di seguito all'atto di costituzione dell'unione civile negli archivi di cui all'articolo 10.

Art. 70-octies (Costituzione dell'unione civile). – 1. Trascorso il termine previsto dall'articolo 70-ter, comma 1, l'ufficiale dello stato civile può procedere alla costituzione dell'unione civile.

2. Le parti, nel giorno prescelto, si presentano e rendono personalmente e congiuntamente, alla presenza di due testimoni, all'ufficiale dello stato civile del comune dove è stata presentata la richiesta, la dichiarazione di voler costituire unione civile.

3. Le parti possono dichiarare di assumere, per la durata dell'unione civile, un cognome comune scegliendolo tra i loro cognomi. La parte può anteporre o posporre al cognome comune il proprio cognome, se diverso, facendone dichiara-

zione all'ufficiale dello stato civile. Possono inoltre dichiarare di scegliere il regime della separazione dei beni nei loro rapporti patrimoniali.

4. L'ufficiale dello stato civile, ricevuta la dichiarazione di cui al comma 2, fatta menzione del contenuto dei commi 11 e 12 dell'articolo 1 della legge 20 maggio 2016, n. 76, iscrive l'atto di costituzione dell'unione civile nel registro delle unioni civili. Tale atto, dopo essere stato letto agli intervenuti, è sottoscritto dalle parti, dai testimoni e dall'ufficiale dello stato civile.

5. Nell'ipotesi di cui all'articolo 31, comma 4-bis, del decreto legislativo 1° settembre 2011, n. 150, l'ufficiale dello stato civile del comune di celebrazione del matrimonio o di trascrizione se avvenuto all'estero, ricevuta la comunicazione della sentenza di rettificazione di attribuzione di sesso, procede all'iscrizione dell'unione civile nel registro delle unioni civili con le eventuali annotazioni relative alla scelta del cognome ed al regime patrimoniale.

Art. 70-novies (Costituzione dell'unione civile fuori della casa comunale). – 1. Se una delle parti dell'unione civile, per infermità o per altro impedimento giustificato all'ufficio dello stato civile, è nell'impossibilità di recarsi alla casa comunale, l'ufficiale si trasferisce col segretario nel luogo in cui si trova la parte impedita e, ivi, alla presenza di due testimoni, procede alla costituzione dell'unione civile.

Art. 70-decies (Costituzione dell'unione civile in imminente pericolo di vita). – 1. Nel caso di imminente pericolo di vita di una delle parti, l'ufficiale di stato civile del luogo può procedere alla costituzione senza le verifiche di cui all'articolo 70-bis, comma 2, purché le parti prima giurino che non esistono tra loro impedimenti.

2. L'ufficiale dello stato civile dichiara nell'atto di costituzione dell'unione il modo con cui ha accertato l'imminente pericolo di vita e procede secondo le modalità di cui all'articolo 70-novies.

Art. 70-undecies (Opposizione del pubblico ministero). – 1. L'ufficiale dello stato civile, se conosce che osta alla costituzione dell'unione civile un impedimento che non è stato dichiarato, deve immediatamente informare il procuratore della Repubblica, affinché questi possa proporre opposizione alla costituzione dell'unione civile.

2. L'atto di opposizione deve essere proposto con ricorso al presidente del tribunale del luogo dove è stata richiesta la costituzione dell'unione civile che fissa con decreto la comparizione delle parti davanti al collegio per una data compresa tra i tre e i dieci giorni da quella di presentazione del ricorso e dispone che ricorso e decreto siano comunicati al procuratore della Repubblica e siano notificati, a cura del ricorrente, entro il giorno precedente a quello fissato per la comparizione, alle parti dell'unione civile e all'ufficiale dello stato civile del comune nel quale deve essere costituita l'unione civile.

3. Il tribunale, sentite le parti ed acquisiti senza particolari formalità gli elementi del caso, decide con decreto motivato avente efficacia immediata, indipendentemente dall'eventuale reclamo.

4. Se l'opposizione è stata proposta da chi ne ha facoltà, per causa ammessa dalla legge, il presidente del tribunale può, con proprio decreto, ove ne sussista la opportunità, sospendere la costituzione dell'unione civile sino a che sia stata rimossa la opposizione.

Art. 70-duodecies (Termine per l'opposizione). – 1. L'opposizione all'unione civile può essere sempre proposta prima della sua costituzione.

Art. 70-terdecies (Annotazione dell'opposizione). – 1. Nel processo verbale di richiesta di costituzione della unione civile deve essere annotato l'atto di opposizione.

2. Nello stesso verbale si deve altresì annotare il decreto che rigetta od accoglie l'opposizione o il provvedimento di estinzione del giudizio.

Art. 70-quaterdecies (Contenuto dell'atto di costituzione dell'unione civile). – 1. L'atto di costituzione dell'unione civile deve specificamente indicare:

a) il nome e il cognome, il luogo e la data di nascita, la cittadinanza e la residenza delle parti dell'unione civile; il nome, il cognome, il luogo e la data di nascita e la residenza dei testimoni;

b) la data della richiesta di costituzione dell'unione civile, salvo il caso di cui all'articolo 70-decies;

c) il decreto di autorizzazione quando ricorre alcuno degli impedimenti di legge, salvo il caso di cui all'articolo 70-decies;

d) la menzione dell'avvenuta lettura del contenuto dei commi 11 e 12 dell'articolo 1 della legge 20 maggio 2016, n. 76;

e) la dichiarazione delle parti di voler costituire l'unione civile;

f) il luogo della costituzione dell'unione civile nel caso di imminente pericolo di vita e di costituzione fuori della casa comunale ed il motivo del trasferimento dell'ufficiale dello stato civile in detto luogo.

2. Quando contemporaneamente alla costituzione dell'unione civile le parti dichiarano di scegliere il cognome comune, a norma dell'articolo 1, comma 10, della legge 20 maggio 2016, n. 76, la dichiarazione è inserita nell'atto stesso di costituzione dell'unione civile. Ugualmente si provvede nel caso di scelta del regime di separazione dei beni o di scelta della legge applicabile ai loro rapporti patrimoniali operata in base alle vigenti norme di diritto internazionale privato.

Art. 70-quinquiesdecies (Certificazione dell'unione civile). – 1. La certificazione dell'unione civile riporta i dati anagrafici delle parti, l'indicazione del regime patrimoniale e della residenza, oltre ai dati anagrafici ed alla residenza dei testimoni.

2. Nei documenti e atti in cui è prevista l'indicazione dello stato civile, per le parti dell'unione civile sono riportate le seguenti formule: "unito civilmente" o "unita civilmente".»;

u) all'articolo 73, comma 1, primo periodo, dopo le parole: «cognome del coniuge» sono inserite le seguenti: «o della parte a lui unita civilmente» e dopo le parole: «coniugato, vedovo o divorziato» sono inserite le seguenti: «unito civilmente o se l'unione civile si era in precedenza sciolta per una delle cause di cui all'articolo 1, commi da 22 a 26, della legge 20 maggio 2016, n. 76».

2. Modifiche al regio decreto 9 luglio 1939, n. 1238. – 1. Al regio decreto 9 luglio 1939, n. 1238, sono apportate le seguenti modificazioni:

a) all'articolo 14, primo comma, è aggiunto, in fine, il seguente numero: «4-bis) di unioni civili»;

b) all'articolo 134:

1) al primo comma dopo le parole: «ai numeri 5, 6, 7 e 8,» sono inserite le seguenti: «e nell'articolo 134-bis, comma 3, alle lettere d), e) e f),» e dopo le parole: «fu celebrato» sono inserite le seguenti: «o l'unione civile costituita»;

2) al secondo comma dopo le parole: «del matrimonio» sono inserite le seguenti: «o della costituzione dell'unione civile»;

c) dopo l'articolo 134 è inserito il seguente capo:

«Capo VI-bis – Registro delle unioni civili

Art. 134-bis (Iscrizioni e trascrizioni nel registro delle unioni civili). – 1. Nella parte prima del registro delle unioni civili, l'ufficiale dello stato civile iscrive gli atti di costituzione delle unioni civili avvenute davanti a lui.

2. Nella parte seconda, composta di fogli in bianco, si iscrivono:

a) gli atti di costituzione delle unioni civili fuori della casa comunale;

b) gli atti di costituzione delle unioni civili in caso di imminente pericolo di vita di una delle parti;

c) gli atti di costituzione delle unioni civili avvenuti per delega;

d) gli atti di costituzione delle unioni civili ai quali, per la particolarità del caso, non si adattano i moduli stampati.

3. Nella stessa parte seconda si trascrivono:

a) gli atti di costituzione delle unioni civili avvenute all'estero e gli atti dei matrimoni tra persone dello stesso sesso avvenuti all'estero;

b) gli atti di costituzione delle unioni civili avvenuti davanti ad un altro ufficiale dello stato civile per delega;

c) gli atti di costituzione delle unioni civili, già iscritti nel comune di costituzione, nel comune di residenza di una delle parti;

d) le sentenze passate in giudicato dalle quali risulta l'esistenza dell'unione civile;

e) le sentenze passate in giudicato con le quali si dichiara la nullità dell'unione civile ovvero si rettifica in qualsiasi modo un atto dell'unione civile già iscritto nei registri e quelle che rendono esecutive nella Repubblica sentenze straniere che pronunziano la nullità o lo scioglimento dell'unione civile;

f) le sentenze passate in giudicato con le quali si ordina la trascrizione di un atto dell'unione civile altrove costituito.».

3. Modifiche al decreto del Presidente della Repubblica 30 maggio 1989, n. 223. – 1. Al decreto del Presidente della Repubblica 30 maggio 1989, n. 223, sono apportate le seguenti modificazioni:

a) all'articolo 4, comma 1, dopo le parole: «vincoli di matrimonio,» sono inserite le seguenti: «unione civile,»;

b) all'articolo 12:

1) al comma 1, le parole: «e le celebrazioni di matrimonio,» sono sostituite dalle seguenti: «, le celebrazioni di matrimonio e le costituzioni di unione civile,»;

2) al comma 2, primo periodo, dopo le parole: «celebrazioni di matrimonio» sono inserite le seguenti: «e alle costituzioni di unione civile»;

c) all'articolo 20:

1) al comma 1, secondo periodo, dopo le parole: «il nome del coniuge» sono inserite le seguenti: «o della parte dell'unione civile»;

2) dopo il comma 3 è inserito il seguente: «3-bis. Per le parti dell'unione civile le schede devono essere intestate al cognome posseduto prima dell'unione civile.».

4. Modifiche al decreto del Ministro dell'interno 27 febbraio 2001. – 1. Con decreto del Ministro dell'interno, da adottarsi entro trenta giorni dalla pubblicazione del presente decreto, sono apportate al decreto del Ministro dell'interno 27 febbraio 2001, pubblicato nella Gazzetta Ufficiale n. 66 del 20 marzo 2001, le necessarie modifiche di coordinamento con le disposizioni del presente decreto.

5. Modifiche al regio decreto 30 marzo 1942, n. 327. – 1. Al codice della navigazione di cui al regio decreto 30 marzo 1942, n. 327, sono apportate le seguenti modificazioni:

a) all'articolo 204, alla rubrica dopo la parola: «Matrimonio» sono inserite le seguenti: «e unione civile» e al primo comma sono aggiunte, in fine le seguenti parole: «e alla costituzione dell'unione civile nel caso di cui all'articolo 65 del decreto del Presidente della Repubblica 3 novembre 2000, n. 396, e con le forme dell'articolo 70-decies del medesimo decreto.»;

b) all'articolo 834, alla rubrica dopo la parola: «Matrimonio» sono inserite le seguenti: «e unione civile», al primo comma sono aggiunte, in fine, le seguenti parole: «e alla costituzione dell'unione civile nel caso di cui all'articolo 65 del decreto del Presidente della Repubblica 3 novembre 2000, n. 396, e con le forme dell'articolo 70-decies del medesimo decreto.» e al secondo comma dopo le parole: «L'atto di matrimonio» sono inserite le seguenti: «e di costituzione dell'unione civile»;

c) all'articolo 836, primo comma, dopo le parole: «degli atti di matrimonio» sono inserite le seguenti: «, degli atti di costituzione dell'unione civile».

6. Modifiche al decreto legislativo 3 febbraio 2011, n. 71, recante ordinamento e funzioni degli uffici consolari, ai sensi dell'articolo 14, comma 18, della legge 28 novembre 2005, n. 246. – 1. Al decreto legislativo 3 febbraio 2011, n. 71, sono apportate le seguenti modificazioni:

a) dopo l'articolo 12 è inserito il seguente:

«Art. 12-bis (Unione civile). – 1. Il capo dell'ufficio consolare riceve le dichiarazioni di cui all'articolo 1, commi 2 e 10, della legge 20 maggio 2016, n. 76, rese da cittadini italiani o da un cittadino e un non cittadino. Le dichiarazioni di costituzione di unione civile possono essere rifiutate alle condizioni di cui all'articolo 12, comma 2.»;

b) dopo l'articolo 15 è inserito il seguente:

«Art. 15-bis (Modalità di costituzione dell'unione civile). – 1. Le unioni civili sono costituite pubblicamente nella sede consolare. Possono essere eccezionalmente costituite fuori della sede consolare per impedimento delle parti o per gravi motivi di sicurezza. Si osservano le disposizioni in tema di costituzione previste dalla normativa nazionale.

2. Se del caso, il capo dell'ufficio consolare, prima di ricevere le dichiarazioni delle parti, porta a loro conoscenza, alla presenza dei testimoni, la possibile inefficacia della loro unione civile nell'ordinamento locale.»;

c) all'articolo 17 è aggiunto, in fine, il seguente comma: «1-bis. Sui ricorsi, sulle opposizioni e sulle impugnazioni in materia di unioni civili richieste o costituite all'estero è competente a decidere il tribunale del luogo di ultima residenza in Italia dell'una o dell'altra parte, ovvero il tribunale nel cui circondario si trova il Comune di iscrizione anagrafica dell'una o dell'altra.»;

d) all'articolo 18, alla rubrica, sono aggiunte, in fine, le seguenti parole: «e di atti di unione civile» e al comma 1 dopo le parole: «matrimoni celebrati» sono inserite le seguenti: «o a unioni civili costituite»;

e) all'articolo 62, comma 1, dopo le parole: «i matrimoni» sono inserite le seguenti «, le unioni civili» e dopo la lettera b) è inserita la seguente: «b-bis) degli atti relativi a unioni civili;»;

f) all'articolo 66, comma 1, lettera d), sono aggiunte, in fine, le seguenti parole: «anche nel caso di unione civile»;

g) all'allegato recante la tabella dei diritti consolari, Sezione II, Atti notarili:

1) all'articolo 11 le parole: «Convenzioni di matrimonio a carattere patrimoniale» sono sostituite dalle seguenti: «Convenzioni di matrimonio o di unione civile a carattere patrimoniale»;

2) all'articolo 19 dopo le parole: «in favore dell'altro» sono inserite le seguenti: «o di una parte dell'unione civile in favore dell'altra».

7. Modifiche al decreto legislativo 1° settembre 2011, n. 150 – 1. All'articolo 31 del decreto legislativo 1° settembre 2011, n. 150, dopo il comma 4 è inserito il seguente: «4-bis. Fino alla precisazione delle conclusioni la persona che ha proposto domanda di rettificazione di attribuzione di sesso ed il coniuge possono, con dichiarazione congiunta, resa personalmente in udienza, esprimere la volontà, in caso di accoglimento della domanda, di costituire l'unione civile, effettuando le eventuali dichiarazioni riguardanti la scelta del cognome ed il regime patrimoniale. Il tribunale, con la sentenza che accoglie la domanda, ordina all'ufficiale dello stato civile del comune di celebrazione del matrimonio o di trascrizione se avvenuto all'estero, di iscrivere l'unione civile nel registro delle unioni civili e di annotare le eventuali dichiarazioni rese dalle parti relative alla scelta del cognome ed al regime patrimoniale.».

8. Disposizioni di coordinamento con il decreto del Presidente del Consiglio dei ministri 23 luglio 2016, n. 144 – 1. Entro trenta giorni dalla data di entrata in vigore del presente decreto, l'ufficiale dello stato civile, con la procedura di correzione di cui all'articolo 98, comma 1, del decreto del Presidente della Repubblica 3 novembre 2000, n. 396, annulla l'annotazione relativa alla scelta del cognome effettuata a norma dell'articolo 4, comma 2, del decreto del Presidente del Consiglio dei ministri 23 luglio 2016, n. 144.

9. Invarianza finanziaria – 1. Dall'attuazione delle disposizioni di cui al presente decreto non devono derivare nuovi o maggiori oneri a carico della finanza pubblica. Le amministrazioni interessate provvedono agli adempimenti ivi previsti con le risorse umane, strumentali e finanziarie disponibili a legislazione vigente.

D.lg. 19 gennaio 2017, n. 6

Modificazioni ed integrazioni normative in materia penale per il necessario coordinamento con la disciplina delle unioni civili, ai sensi dell'articolo 1, comma 28, lettera c), della legge 20 maggio 2016, n. 76

(G.U. 27 gennaio 2017, n. 22)

IL PRESIDENTE DELLA REPUBBLICA

Visti gli articoli 76 e 87, quinto comma, della Costituzione;

Visto l'articolo 1, comma 28, lettera c), della legge 20 maggio 2016, n. 76, che delega il Governo all'adozione di modificazioni ed integrazioni normative per il necessario coordinamento con la presente legge delle disposizioni contenute nelle leggi, negli atti aventi forza di legge, nei regolamenti e nei decreti;

Visto il regio decreto 19 ottobre 1930, n. 1398, recante approvazione del testo definitivo del codice penale;

Visto il decreto del Presidente della Repubblica 22 settembre 1988, n. 447, recante approvazione del codice di procedura penale;

Vista la preliminare deliberazione del Consiglio dei ministri, adottata nella riunione del 4 ottobre 2016; Acquisiti i pareri delle competenti commissioni della Camera dei deputati e del Senato della Repubblica;

Vista la deliberazione del Consiglio dei ministri, adottata nella riunione del 14 gennaio 2017;

Sulla proposta del Ministro della giustizia, di concerto con il Ministro dell'interno, il Ministro del lavoro e delle politiche sociali e il Ministro degli affari esteri e della cooperazione internazionale;

Emana il seguente decreto legislativo:

1. Modifiche al codice penale. – 1. Al codice penale, approvato con regio decreto 19 ottobre 1930, n. 1398, sono apportate le seguenti modificazioni:

a) all'articolo 307, quarto comma, dopo le parole: «il coniuge,» sono inserite le seguenti: «la parte di un'unione civile tra persone dello stesso sesso,»;

b) dopo l'articolo 574-bis è inserito il seguente:

«Art. 574-ter – (Costituzione di un'unione civile agli effetti della legge penale). – Agli effetti della legge penale il termine matrimonio si intende riferito anche alla costituzione di un'unione civile tra persone dello stesso sesso.

Quando la legge penale considera la qualità di coniuge come elemento costitutivo o come circostanza aggravante di un reato essa si intende riferita anche alla parte di un'unione civile tra persone dello stesso sesso.»;

c) all'articolo 649, primo comma, dopo il numero 1) è inserito il seguente: «1-bis. della parte dell'unione civile tra persone dello stesso sesso;»;

d) all'articolo 649, secondo comma, dopo le parole: «del coniuge legalmente separato» sono inserite le seguenti: «o della parte dell'unione civile tra persone dello stesso sesso, nel caso in cui sia stata manifestata la volontà di scioglimento dinanzi all'ufficiale dello stato civile e non sia intervenuto lo scioglimento della stessa».

2. Modifiche al codice di procedura penale. – 1. All'articolo 199, comma 3, del codice di procedura penale, approvato con il decreto del Presidente della Repubblica 22 settembre 1988, n. 447, sono apportate le seguenti modificazioni:

a) al secondo periodo, dopo le parole: «convivenza coniugale» sono inserite le seguenti: «o derivante da un'unione civile tra persone dello stesso sesso»;

b) alla lettera c) le parole: «cessazione degli effetti civili del matrimonio contratto con l'imputato» sono sostituite dalle seguenti: «cessazione degli effetti civili del matrimonio o dell'unione civile tra persone dello stesso sesso contratti con l'imputato».

3. Clausola di invarianza finanziaria. – 1. Dall'attuazione del presente decreto non devono derivare nuovi o maggiori oneri a carico della finanza pubblica. Le amministrazioni interessate provvedono ai compiti di cui al presente decreto con le risorse umane, strumentali e finanziarie previste a legislazione vigente.

D.lg. 19 gennaio 2017, n. 7

Modifiche e riordino delle norme di diritto internazionale privato per la regolamentazione delle unioni civili, ai sensi dell'articolo 1, comma 28, lettera b), della legge 20 maggio 2016, n. 76

(G.U. 27 gennaio 2017, n. 22)

IL PRESIDENTE DELLA REPUBBLICA

Visti gli articoli 76 e 87, quinto comma, della Costituzione;

Visto l'articolo 1, comma 28, lettera b), della legge 20 maggio 2016, n. 76, che delega il Governo all'adozione di disposizioni di modifica e riordino delle norme di diritto internazionale privato in materia di unioni civili tra persone dello stesso sesso;

Visto il regolamento 2009/4/CE del Consiglio del 18 dicembre 2008, relativo alla competenza, alla legge applicabile, al riconoscimento e all'esecuzione delle decisioni e alla cooperazione in materia di obbligazioni alimentari;

Visto il regolamento n. 1259/2010/UE del Consiglio, del 20 dicembre 2010, relativo ad una cooperazione rafforzata nel settore della legge applicabile al divorzio e alla separazione personale;

Visto il regolamento 2016/1104/UE del Consiglio, del 24 giugno 2016, che attua la cooperazione rafforzata nel settore della competenza, della legge applicabile, del riconoscimento e dell'esecuzione delle decisioni in materia di effetti patrimoniali delle unioni registrate;

Vista la legge 31 maggio 1995, n. 218, recante riforma del sistema italiano di diritto internazionale privato;

Vista la preliminare deliberazione del Consiglio dei ministri, adottata nella riunione del 4 ottobre 2016;

Acquisiti i pareri delle competenti commissioni della Camera dei deputati e del Senato della Repubblica;

Vista la deliberazione del Consiglio dei ministri, adottata nella riunione del 14 gennaio 2017;

Sulla proposta del Ministro della giustizia, di concerto con i Ministri dell'interno, del lavoro e delle politiche sociali e degli affari esteri e della cooperazione internazionale;

Emana il seguente decreto legislativo:

1. Modifiche alla legge 31 maggio 1995, n. 218. – 1. Alla legge 31 maggio 1995, n. 218, sono apportate le seguenti modificazioni:

a) dopo l'articolo 32 sono inseriti i seguenti articoli:

«Art. 32-bis (Matrimonio contratto all'estero da cittadini italiani dello stesso sesso). – 1. Il matrimonio contratto all'estero da cittadini italiani con persona dello stesso sesso produce gli effetti dell'unione civile regolata dalla legge italiana.

Art. 32-ter (Unione civile tra persone maggiorenni dello stesso sesso). – 1. La capacità e le altre condizioni per costituire unione civile sono regolate dalla legge nazionale di ciascuna parte al momento della costituzione dell'unione civile. Se la legge applicabile non ammette l'unione civile tra persone maggiorenni dello stesso sesso si applica la legge italiana. Le disposizioni di cui all'articolo 1, comma 4, della legge 20 maggio 2016, n. 76, sono di applicazione necessaria.

2. Ai fini del nulla osta di cui all'articolo 116, primo comma, del codice civile, non rilevano gli impedimenti relativi al sesso delle parti. Qualora la produzione del nulla osta sia preclusa in ragione del mancato riconoscimento, secondo la legge dello Stato di cui lo straniero è cittadino, dell'unione civile tra persone dello stesso sesso o di analogo istituto, il nulla osta è sostituito da un certificato o altro atto comunque idoneo ad attestare la libertà di stato, ovvero da dichiarazione sostitutiva ai sensi del decreto del Presidente della Repubblica 28 dicembre 2000, n. 445. Resta salva la libertà di stato accertata o acquisita per effetto di un giudicato italiano o riconosciuto in Italia.

3. L'unione civile è valida, quanto alla forma, se è considerata tale dalla legge del luogo di costituzione o dalla legge nazionale di almeno una delle parti o dalla legge dello Stato di comune residenza al momento della costituzione.

4. I rapporti personali e patrimoniali tra le parti sono regolati dalla legge dello Stato davanti alle cui autorità l'unione è stata costituita. A richiesta di una delle parti il giudice può disporre l'applicazione della legge dello Stato nel quale la vita comune è prevalentemente localizzata. Le parti possono convenire per iscritto che i loro rapporti patrimoniali sono regolati dalla legge dello Stato di cui almeno una di esse è cittadina o nel quale almeno una di esse risiede.

5. Alle obbligazioni alimentari si applica l'articolo 45.

Art. 32-quater – (Scioglimento dell'unione civile). 1. In materia di scioglimento dell'unione civile la giurisdizione italiana sussiste, oltre che nei casi previsti dagli articoli 3 e 9, anche quando una delle parti è cittadina italiana o l'unione è stata costituita in Italia. I medesimi titoli di giurisdizione si applicano anche in materia di nullità o di annullamento dell'unione civile.

2. Lo scioglimento dell'unione civile è regolato dalla legge applicabile al divorzio in conformità al regolamento n. 1259/2010/UE del Consiglio del 20 dicembre 2010 relativo ad una cooperazione rafforzata nel settore della legge applicabile al divorzio e alla separazione personale.

«Art. 32-quinquies – (Unione civile costituita all'estero tra cittadini italiani dello stesso sesso). – 1. L'unione civile, o altro istituto analogo, costituiti all'estero tra cittadini italiani dello stesso sesso abitualmente residenti in Italia produce gli effetti dell'unione civile regolata dalla legge italiana;

b) l'articolo 45 è sostituito dal seguente:

Art. 45. (Obbligazioni alimentari nella famiglia). – 1. Le obbligazioni alimentari nella famiglia sono regolate dalla legge designata dal regolamento 2009/4/CE del Consiglio del 18 dicembre 2008 relativo alla competenza, alla legge applicabile, al riconoscimento e all'esecuzione delle decisioni e alla cooperazione in materia di obbligazioni alimentari, e successive modificazioni.».

2. Clausola di invarianza finanziaria. – 1. Dall'attuazione del presente decreto non devono derivare nuovi o maggiori oneri a carico della finanza pubblica. Le amministrazioni interessate provvedono ai compiti di cui al presente decreto con le risorse umane, strumentali e finanziarie previste a legislazione vigente.

Sezione XVI

LAVORO

L. 15 luglio 1966, n. 604

Norme sui licenziamenti individuali

Testo aggiornato all'art. 1 della l. n. 92/2012 (1)

(1) V. anche l. 11/5/1990, n. 108 e per il pubblico impiego d.lg. 30/3/2001, n. 165.

Art. 1. – Nel rapporto di lavoro a tempo indeterminato [2118 CC.], intercedente con datori di lavoro privati o con enti pubblici, ove la stabilità non sia assicurata da norme di legge, di regolamento e di contratto collettivo o individuale, il licenziamento del prestatore di lavoro non può avvenire che per giusta causa ai sensi dell'art. 2119 del Codice civile o per giustificato motivo [3, 5 e 8] (1).

(1) V. art. 18 della l. 20/5/1970, n. 300.

Art. 2 (1). – 1. Il datore di lavoro, imprenditore o non imprenditore, deve comunicare per iscritto il licenziamento al prestatore di lavoro.

2. La comunicazione del licenziamento deve contenere la specificazione dei motivi che lo hanno determinato (2).

3. Il licenziamento intimato senza l'osservanza delle disposizioni di cui ai commi 1 e 2 è inefficace.

4. Le disposizioni di cui al comma 1 e di cui all'articolo 9 si applicano anche ai dirigenti.

(1) Articolo sostituito dall'art. 22 della l. 11/5/1990, n. 108.

(2) Comma così sostituito dall'art. 1, co. 37, l. 28/6/2012, n. 92. Il testo previgente disponeva: «Il prestatore di lavoro può chiedere, entro quindici giorni dalla comunicazione, i motivi che hanno determinato il recesso: in tal caso il datore di lavoro deve, nei sette giorni dalla richiesta, comunicarli per iscritto».

Art. 3. – Il licenziamento per giustificato motivo con preavviso è determinato da un notevole inadempimento degli obblighi contrattuali del prestatore di lavoro [1455 CC.] ovvero da ragioni inerenti all'attività produttiva, all'organizzazione del lavoro e al regolare funzionamento di essa [41[2] Cost.] (1).

(1) V. anche art. 30, co. 3, l. 4/11/2010, n. 183.

Art. 4. – Il licenziamento determinato da ragioni di credo politico o fede religiosa, dall'appartenenza ad un sindacato e dalla partecipazione ad attività sindacali è nullo [1418 CC.], indipendentemente dalla motivazione adottata (1).

(1) V. art. 3 della l. 11/5/1990, n. 108.

Art. 5. – L'onere della prova della sussistenza della giusta causa o del giustificato motivo di licenziamento spetta al datore di lavoro [8].

Art. 6. – 1. Il licenziamento deve essere impugnato a pena di decadenza entro sessanta giorni (1) dalla ricezione della sua comunicazione in forma scritta, ovvero dalla comunicazione [1334], anch'essa in forma scritta, dei motivi, ove non contestuale, con qualsiasi atto scritto, anche extragiudiziale, idoneo a rendere nota la volontà del lavoratore anche attraverso l'intervento dell'organizzazione sindacale diretto ad impugnare il licenziamento stesso (2).

2. L'impugnazione è inefficace se non è seguita, entro il successivo termine di centottanta (3) giorni, dal deposito del ricorso nella cancelleria del tribunale in funzione di giudice del lavoro o dalla comunicazione alla controparte della richiesta di tentativo di conciliazione o arbitrato, ferma restando la possibilità di produrre nuovi documenti formatisi dopo il deposito del ricorso. Qualora la conciliazione o l'arbitrato richiesti siano rifiutati o non sia raggiunto l'accordo necessario al relativo espletamento, il ricorso al giudice deve essere depositato a pena di decadenza entro sessanta giorni dal rifiuto o dal mancato accordo (4).

3. A conoscere delle controversie derivanti dall'applicazione della presente legge è competente il pretore (5).

(1) V. art. 32, co. 1-bis, l. 4/11/2010, n. 183.

(2) Comma così sostituito dall'art. 32, co. 1, l. 4/11/2010, n. 183. Il testo previgente era: «Il licenziamento deve essere impugnato a pena di decadenza entro 60 giorni dalla ricezione della sua comunicazione, con qualsiasi atto scritto, anche extragiudiziale, idoneo a rendere nota la volontà del lavoratore anche attraverso l'intervento dell'organizzazione sindacale diretto ad impugnare il licenziamento stesso».

(3) Il termine si applica in relazione ai licenziamenti intimati dopo la data del 18/7/2012 per effetto di quanto disposto dall'art. 1, co. 39, l. 28/6/2012, n. 92, in luogo del termine previgente fissato in giorni duecentosettanta.

(4) Comma così sostituito dall'art. 32, co. 1-bis, l. 4/11/2010, n. 183. Il testo previgente era: «Il termine di cui al comma precedente decorre dalla comunicazione del licenziamento ovvero dalla comunicazione dei motivi ove questa non sia contestuale a quella del licenziamento».

(5) Leggi ora Tribunale ordinario ai sensi dell'art. 1 del d.lg. 19/2/1998, n. 51.

Art. 7 (1). – 1. Ferma l'applicabilità, per il licenziamento per giusta causa e per giustificato motivo soggettivo, dell'articolo 7 della legge 20 maggio 1970, n. 300, il licenziamento per giustificato motivo oggettivo di cui all'articolo 3, seconda parte, della presente legge, qualora disposto da un datore di lavoro avente i requisiti dimensionali di cui all'articolo 18, ottavo comma, della legge 20 maggio 1970, n. 300, e successive modificazioni, deve essere preceduto da una comunicazione effettuata dal datore di lavoro alla Direzione territoriale del lavoro del luogo dove il lavoratore presta la sua opera, e trasmessa per conoscenza al lavoratore.

2. Nella comunicazione di cui al comma 1, il datore di lavoro deve dichiarare l'intenzione di procedere al licenziamento per motivo oggettivo e indicare i motivi del licenzia-

mento medesimo nonché le eventuali misure di assistenza alla ricollocazione del lavoratore interessato.

3. La Direzione territoriale del lavoro trasmette la convocazione al datore di lavoro e al lavoratore nel termine perentorio di sette giorni dalla ricezione della richiesta: l'incontro si svolge dinanzi alla commissione provinciale di conciliazione di cui all'articolo 410 del codice di procedura civile.

4. La comunicazione contenente l'invito si considera validamente effettuata quando è recapitata al domicilio del lavoratore indicato nel contratto di lavoro o ad altro domicilio formalmente comunicato dal lavoratore al datore di lavoro, ovvero è consegnata al lavoratore che ne sottoscrive copia per ricevuta.

5. Le parti possono essere assistite dalle organizzazioni di rappresentanza cui sono iscritte o conferiscono mandato oppure da un componente della rappresentanza sindacale dei lavoratori, ovvero da un avvocato o un consulente del lavoro.

6. La procedura di cui al presente articolo non trova applicazione in caso di licenziamento per superamento del periodo di comporto di cui all'articolo 2110 del codice civile, nonché per i licenziamenti e le interruzioni del rapporto di lavoro a tempo indeterminato di cui all'articolo 2, comma 34, della legge 28 giugno 2012, n. 92. La stessa procedura, durante la quale le parti, con la partecipazione attiva della commissione di cui al comma 3, procedono ad esaminare anche soluzioni alternative al recesso, si conclude entro venti giorni dal momento in cui la Direzione territoriale del lavoro ha trasmesso la convocazione per l'incontro, fatta salva l'ipotesi in cui le parti, di comune avviso, non ritengano di proseguire la discussione finalizzata al raggiungimento di un accordo. Se fallisce il tentativo di conciliazione e, comunque decorso il termine di cui al comma 3, il datore di lavoro può comunicare il licenziamento al lavoratore. La mancata presentazione di una o entrambe le parti al tentativo di conciliazione è valutata dal giudice ai sensi dell'articolo 116 del codice di procedura civile (2).

7. Se la conciliazione ha esito positivo e prevede la risoluzione consensuale del rapporto di lavoro, si applicano le disposizioni in materia di Assicurazione sociale per l'impiego (ASpI) e può essere previsto, al fine di favorirne la ricollocazione professionale, l'affidamento del lavoratore ad un'agenzia di cui all'articolo 4, comma 1, lettere a), c) ed e), del decreto legislativo 10 settembre 2003, n. 276 (3).

8. Il comportamento complessivo delle parti, desumibile anche dal verbale redatto in sede di commissione provinciale di conciliazione e dalla proposta conciliativa avanzata dalla stessa, è valutato dal giudice per la determinazione dell'indennità risarcitoria di cui all'articolo 18, settimo comma, della legge 20 maggio 1970, n. 300, e successive modificazioni, e per l'applicazione degli articoli 91 e 92 del codice di procedura civile. 9. In caso di legittimo e documentato impedimento del lavoratore a presenziare all'incontro di cui al comma 3, la procedura può essere sospesa per un massimo di quindici giorni.

(1) Art. così sostituito dall'art. 1, co. 40, l. 28/6/2012, n. 92. Il testo previgente disponeva: «Quando il prestatore di lavoro non possa avvalersi delle procedure previste dai contratti collettivi o dagli accordi sindacali, può promuovere, entro venti giorni dalla comunicazione del licenziamento ovvero dalla comunicazione dei motivi ove questa non sia contestuale a quella del licenziamento, il tentativo di conciliazione presso l'Ufficio provinciale del lavoro e della massima occupazione.
Le parti possono farsi assistere dalle associazioni sindacali a cui sono iscritte o alle quali conferiscono mandato.
Il relativo verbale di conciliazione, in copia autenticata dal direttore dell'Ufficio provinciale del lavoro e della massima occupazione, acquista forza di titolo esecutivo con decreto, del pretore.
Il termine di cui al primo comma dell'articolo precedente è sospeso dal giorno della richiesta all'Ufficio provinciale del lavoro e della massima occupazione fino alla data della comunicazione del deposito in cancelleria del decreto del pretore, di cui al comma precedente o, nel caso di fallimento, del tentativo di conciliazione, fino alla data del relativo verbale. In caso di esito negativo del tentativo di conciliazione di cui al primo comma le parti possono definire consensualmente la controversia mediante arbitrato irrituale». V. anche l'art. 1, co. 41, l. 28/6/2012, n. 92.

(2) Comma così sostituito dall'art. 7, co. 4, d.l. 28/6/2013, n. 76, conv. in l. 9/8/2013, n. 99. Il testo previgente così statuiva: «La procedura di cui al presente articolo, durante la quale le parti, con la partecipazione attiva della commissione di cui al comma 3, procedono ad esaminare anche soluzioni alternative al recesso, si conclude entro venti giorni dal momento in cui la Direzione territoriale del lavoro ha trasmesso la convocazione per l'incontro, fatta salva l'ipotesi in cui le parti, di comune avviso, non ritengano di proseguire la discussione finalizzata al raggiungimento di un accordo. Se fallisce il tentativo di conciliazione e, comunque, decorso il termine di cui al comma 3, il datore di lavoro può comunicare il licenziamento al lavoratore».

(3) L'inciso "lett. a), c) ed e) del d.lgs. 10/9/2003, n. 276" è stato rettificato in G.U. 14/7/2012, n. 163.

Art. 8 (1). – Quando risulti accertato che non ricorrono gli estremi del licenziamento per giusta causa o giustificato motivo, il datore di lavoro è tenuto a riassumere il prestatore di lavoro entro il termine di tre giorni o, in mancanza, a risarcire il danno versandogli un'indennità di importo compreso tra un minimo di 2,5 ed un massimo di 6 mensilità dell'ultima retribuzione globale di fatto, avuto riguardo al numero dei dipendenti occupati, alle dimensioni dell'impresa, all'anzianità di servizio del prestatore di lavoro, al comportamento e alle condizioni delle parti (2). La misura massima della predetta indennità può essere maggiorata fino a 10 mensilità per il prestatore di lavoro con anzianità superiore ai dieci anni e fino a 14 mensilità per il prestatore di lavoro con anzianità superiore ai venti anni, se dipendenti da datore di lavoro che occupa più di quindici prestatori di lavoro.

(1) Articolo così sostituito dall'art. 2, n. 5, l. 11/5/1990, n. 108. Cfr. anche Corte cost. 23/11/1994, n. 398 che ha dichiarato non fondata la questione di legittimità costituzionale dell'art. 8 della l. 15/7/1966, n. 604.

(2) Cfr. art. 30, co. 3, l. 4/11/2010, n. 183.

Art. 9. – L'indennità di anzianità [2120] è dovuta al prestatore di lavoro in ogni caso di risoluzione del rapporto di lavoro.

Art. 10 (1). – Le norme della presente legge si applicano nei confronti dei prestatori di lavoro che rivestano la qualifica di impiegato e di operaio, ai sensi dell'articolo 2095 del Codice civile e, per quelli assunti in prova [2096 CC.], si applicano dal momento in cui l'assunzione diviene definitiva [2096^4 CC.] e, in ogni caso, quando sono decorsi sei mesi dall'inizio del rapporto di lavoro.

(1) Articolo dichiarato illegittimo dalla Corte costituzionale, con sent. 4/2/1970, n. 14, nella parte in cui non comprende gli apprendisti tra i beneficiari dell'indennità dovuta ai sensi dell'art. 9, nonché con sent. 28/11/1973, n. 169, nella parte in cui esclude gli apprendisti dall'applicabilità nei loro confronti degli art. 1, 2, 3, 4, 5, 6, 7, 8, 11, 12, 13 della medesima legge; ancora con sent. 22/12/1980, n. 189, nella parte in cui esclude il diritto del prestatore di lavoro a percepire l'indennità di anzianità quando sia stato licenziato durante il periodo di prova; inoltre con sent. 3/4/1987, n. 96 nella parte in cui non prevede l'applicabilità della legge stessa a personale marittimo navigante delle imprese di navigazione; infine con sent. 31/1/1991, n. 41, nella parte in cui non prevede l'applicabilità della legge stessa al personale navigante delle imprese di navigazione aerea.

Art. 11 (1). – La materia dei licenziamenti collettivi per riduzione di personale è esclusa dalle disposizioni della presente legge (2).

(1) Nella previgente formulazione tale articolo si componeva di due commi. Il co. 1 del presente articolo è stato abrogato dall'art.

6, n. 2, l. 11/5/1990, n. 108, lo stesso disponeva: «Le disposizioni della presente legge non si applicano ai datori di lavoro che occupano fino a trentacinque dipendenti e nei riguardi dei prestatori di lavoro che siano in possesso dei requisiti di legge per avere diritto alla pensione di vecchiaia o che abbiano comunque superato il 65o anno di età, fatte salve le disposizioni degli articoli 4 e 9».

(2) V. art. 25, co. 7, l. 12/8/1977, n. 675. Cfr. Corte cost. 13/5/1993, n. 240.

Art. 12. – Sono fatte salve le disposizioni di contratti collettivi e accordi sindacali che contengano, per la materia disciplinata dalla presente legge, condizioni più favorevoli ai prestatori di lavoro.

Art. 13. – Tutti gli atti e i documenti relativi ai giudizi o alle procedure di conciliazione previsti dalla presente legge sono esenti da bollo, imposta di registro e da ogni altra tassa o spesa.

Art. 14. – La presente legge entra in vigore il giorno successivo a quello della sua pubblicazione nella Gazzetta Ufficiale (1).

(1) La pubblicazione è avvenuta in G.U. 6/8/1966, n. 195.

L. 20 maggio 1970, n. 300

(G.U. 27 maggio 1970, n. 131)

Statuto dei lavoratori

TITOLO I
NORME SULLA TUTELA DELLA LIBERTÀ E DIGNITÀ DEI LAVORATORI, DELLA LIBERTÀ SINDACALE E DELL'ATTIVITÀ SINDACALE NEI LUOGHI DI LAVORO E NORME SUL COLLOCAMENTO (1)

(1) V. art. 51, co. 2, d.lg. 30/3/2001, n. 165 che dispone: «La legge 20 maggio 1970, n. 300, e successive modificazioni ed integrazioni, si applica alle pubbliche amministrazioni a prescindere dal numero dei dipendenti». Per i dipendenti degli enti pubblici v. anche art. 54 ss. della l. 26/5/1976, n. 411, nonché per i soci lavoratori di cooperativa art. 2 e 3 della l. 3/4/2001, n. 142.

1. Libertà di opinione. – I lavoratori, senza distinzione di opinioni politiche, sindacali e di fede religiosa, hanno diritto, nei luoghi dove prestano la loro opera, di manifestare liberamente il proprio pensiero [21 Cost.], nel rispetto dei principi della Costituzione e delle norme della presente legge.

2. Guardie giurate. – Il datore di lavoro può impiegare le guardie particolari giurate, di cui agli articoli 133 e seguenti del testo unico approvato con regio decreto 18 giugno 1931, numero 773, soltanto per scopi di tutela del patrimonio aziendale.

Le guardie giurate non possono contestare ai lavoratori azioni o fatti diversi da quelli che attengono alla tutela del patrimonio aziendale.

È fatto divieto al datore di lavoro di adibire alla vigilanza sull'attività lavorativa le guardie di cui al primo comma, le quali non possono accedere nei locali dove si svolge tale attività, durante lo svolgimento della stessa, se non eccezionalmente per specifiche e motivate esigenze attinenti ai compiti di cui al primo comma.

In caso di inosservanza da parte di una guardia particolare giurata delle disposizioni di cui al presente articolo, l'Ispettorato del lavoro ne promuove presso il questore la sospensione dal servizio, salvo il provvedimento di revoca della licenza da parte del prefetto nei casi più gravi.

3. Personale di vigilanza. – I nominativi e le mansioni specifiche del personale addetto alla vigilanza dell'attività lavorativa debbono essere comunicati ai lavoratori interessati.

4. Impianti audiovisivi e altri strumenti di controllo (1). – 1. Gli impianti audiovisivi e gli altri strumenti dai quali derivi anche la possibilità di controllo a distanza dell'attività dei lavoratori possono essere impiegati esclusivamente per esigenze organizzative e produttive, per la sicurezza del lavoro e per la tutela del patrimonio aziendale e possono essere installati previo accordo collettivo stipulato dalla rappresentanza sindacale unitaria o dalle rappresentanze sindacali aziendali. In alternativa, nel caso di imprese con unità produttive ubicate in diverse province della stessa regione ovvero in più regioni, tale accordo può essere stipulato dalle associazioni sindacali comparativamente più rappresentative sul piano nazionale. In mancanza di accordo, gli impianti e gli strumenti di cui al primo periodo possono essere installati previa autorizzazione della sede territoriale dell'Ispettorato nazionale del lavoro o, in alternativa, nel caso di imprese con unità produttive dislocate negli ambiti di competenza di più sedi territoriali, della sede centrale dell'Ispettorato nazionale del lavoro. I provvedimenti di cui al terzo periodo sono definitivi (periodo sostituito dall'art. 5 comma 2 d.lg. 24/9/2016 n. 185).

2. La disposizione di cui al comma 1 non si applica agli strumenti utilizzati dal lavoratore per rendere la prestazione lavorativa e agli strumenti di registrazione degli accessi e delle presenze.

3. Le informazioni raccolte ai sensi dei commi 1 e 2 sono utilizzabili a tutti i fini connessi al rapporto di lavoro a condizione che sia data al lavoratore adeguata informazione delle modalità d'uso degli strumenti e di effettuazione dei controlli e nel rispetto di quanto disposto dal decreto legislativo 30 giugno 2003, n. 196.

(1) Articolo sostituito dall'art. 23 del d.lg. 14/9/2015, 151.

5. Accertamenti sanitari. – Sono vietati accertamenti da parte del datore di lavoro sulla idoneità e sulla infermità per malattia o infortunio del lavoratore dipendente.

Il controllo delle assenze per infermità può essere effettuato soltanto attraverso i servizi ispettivi degli istituti previdenziali competenti, i quali sono tenuti a compierlo quando il datore di lavoro lo richieda (1).

Il datore di lavoro ha facoltà di far controllare la idoneità fisica del lavoratore da parte di enti pubblici ed istituti specializzati di diritto pubblico.

(1) V. anche decreto Ministero del Lavoro 14/5/1986 e successive modifiche, nonché Corte cost. 26/1/1988, n. 78. Per la legittimità dell'ispezione personale coattiva in relazione all'art. 13 Cost., v. Corte cost. 5/2/1975, n. 23.

6. Visite personali di controllo. – Le visite personali di controllo sul lavoratore sono vietate fuorché nei casi in cui siano indispensabili ai fini della tutela del patrimonio aziendale, in relazione alla qualità degli strumenti di lavoro o delle materie prime o dei prodotti.

In tali casi le visite personali potranno essere effettuate soltanto a condizione che siano eseguite all'uscita dei luoghi di lavoro, che siano salvaguardate la dignità e la riservatezza del lavoratore e che avvengano con l'applicazione di sistemi di selezione automatica riferiti alla collettività o a gruppi di lavoratori.

Le ipotesi nelle quali possono essere disposte le visite personali, nonché, ferme restando le condizioni di cui al secondo comma del presente articolo, le relative modalità debbono essere concordate dal datore di lavoro con le rappresentanze sindacali aziendali oppure, in mancanza di queste, con la commissione interna. In difetto di accordo, su istanza del datore di lavoro, provvede l'Ispettorato del lavoro.

Contro i provvedimenti dell'Ispettorato del lavoro di cui al precedente comma, il datore di lavoro, le rappresentanze sindacali aziendali o, in mancanza di queste, la commissione interna, oppure i sindacati dei lavoratori di cui al successivo articolo 19 possono ricorrere, entro 30 giorni dalla comunicazione del provvedimento, al Ministro per il lavoro e la previdenza sociale.

7. Sanzioni disciplinari (1). – Le norme disciplinari [2106] relative alle sanzioni, alle infrazioni in relazione alle quali ciascuna di esse può essere applicata ed alle procedure di contestazione delle stesse, devono essere portate a conoscenza dei lavoratori mediante affissione in luogo accessibile a tutti. Esse devono applicare quanto in materia è stabilito da accordi e contratti di lavoro ove esistano (2).

Il datore di lavoro non può adottare alcun provvedimento disciplinare nei confronti del lavoratore senza avergli preventivamente contestato l'addebito e senza averlo sentito a sua difesa (2).

Il lavoratore potrà farsi assistere da un rappresentante dell'associazione sindacale cui aderisce o conferisce mandato (2).

Fermo restando quanto disposto dalla legge 15 luglio 1966, n. 604, non possono essere disposte sanzioni disciplinari che comportino mutamenti definitivi del rapporto di lavoro; inoltre la multa non può essere disposta per un importo superiore a quattro ore della retribuzione base e la sospensione dal servizio e dalla retribuzione per più di dieci giorni.

In ogni caso, i provvedimenti disciplinari più gravi del rimprovero verbale non possono essere applicati prima che siano trascorsi cinque giorni dalla contestazione per iscritto del fatto che vi ha dato causa.

Salvo analoghe procedure previste dai contratti collettivi di lavoro e ferma restando la facoltà di adire l'autorità giudiziaria, il lavoratore al quale sia stata applicata una sanzione disciplinare può promuovere, nei venti giorni successivi, anche per mezzo dell'associazione alla quale sia iscritto ovvero conferisca mandato, la costituzione, tramite l'ufficio provinciale del lavoro e della massima occupazione, di un collegio di conciliazione ed arbitrato, composto da un rappresentante di ciascuna delle parti e da un terzo membro scelto di comune accordo o, in difetto di accordo, nominato dal direttore dell'ufficio del lavoro. La sanzione disciplinare resta sospesa fino alla pronuncia da parte del collegio.

Qualora il datore di lavoro non provveda, entro dieci giorni dall'invito rivoltogli dall'ufficio del lavoro, a nominare il proprio rappresentante in seno al collegio di cui al comma precedente, la sanzione disciplinare non ha effetto. Se il datore di lavoro adisce l'autorità giudiziaria, la sanzione disciplinare resta sospesa fino alla definizione del giudizio.

Non può tenersi conto ad alcun effetto delle sanzioni disciplinari decorsi due anni dalla loro applicazione.

(1) Cfr. per le sanzioni disciplinari irrogate dalle federazioni sportive nazionali l'art. 4 della l. 23/3/1981, n. 91.

(2) La Corte costituzionale con sent. 30/11/1982, n. 204 ha dichiarato costituzionalmente illegittimo tale comma interpretato nel senso che sia inapplicabile ai licenziamenti disciplinari, per i quali lo stesso comma non sia espressamente richiamato dalla normativa legislativa, collettiva o validamente posta dal datore di lavoro. Inoltre, la Corte costituzionale con sent. 25/7/1989, n. 427 sono stati dichiarati costituzionalmente illegittimi il secondo e terzo comma nella parte in cui è esclusa la loro applicabilità al licenziamento per motivi disciplinari irrogato da imprenditore che abbia meno di sedici dipendenti.

8. Divieto di indagini sulle opinioni. – È fatto divieto al datore di lavoro, ai fini dell'assunzione, come nel corso dello svolgimento del rapporto di lavoro, di effettuare indagini, anche a mezzo di terzi, sulle opinioni politiche, religiose o sindacali del lavoratore, nonché su fatti non rilevanti ai fini della valutazione dell'attitudine professionale del lavoratore.

9. Tutela della salute e dell'integrità fisica. – I lavoratori, mediante loro rappresentanze [19], hanno diritto di controllare l'applicazione delle norme per la prevenzione degli infortuni (1) e delle malattie professionali e di promuovere la ricerca, l'elaborazione e l'attuazione di tutte le misure idonee a tutelare la loro salute e la loro integrità fisica.

(1) V. art. 20 e 21 della l. 23/12/1978, n. 833 sull'istituzione del Servizio Sanitario Nazionale.

10. Lavoratori studenti. – I lavoratori studenti, iscritti e frequentanti corsi regolari di studio in scuole di istruzione primaria, secondaria e di qualificazione professionale, statali, pareggiate o legalmente riconosciute o comunque abilitate al rilascio di titoli di studio legali, hanno diritto a turni di lavoro che agevolino la frequenza ai corsi e la preparazione agli esami e non sono obbligati a prestazioni di lavoro straordinario o durante i riposi settimanali.

I lavoratori studenti, compresi quelli universitari, che devono sostenere prove di esame, hanno diritto a fruire di permessi giornalieri retribuiti.

Il datore di lavoro potrà richiedere la produzione delle certificazioni necessarie all'esercizio dei diritti di cui al primo e secondo comma.

11. Attività culturali, ricreative e assistenziali e controlli sul servizio di mensa (1). – Le attività culturali, ricreative ed assistenziali promosse nell'azienda sono gestite da organismi formati a maggioranza dai rappresentanti dei lavoratori.

Le rappresentanze sindacali aziendali, costituite a norma dell'art. 19, hanno diritto di controllare la qualità del servizio di mensa secondo modalità stabilite dalla contrattazione collettiva (2).

(1) Rubrica così modificata dall'art. 6, co. 6, d.l. 11/7/1992, n. 333, conv., con modif., nella l. 8/8/1992, n. 359.

(2) Comma aggiunto dall'art. 6, co. 7, d.l. 11/7/1992, n. 333, conv., con modif., nella l. 8/8/1992, n. 359.

12. Istituti di patronato*. – *Gli istituti di patronato e di assistenza sociale, riconosciuti dal Ministero del lavoro e della previdenza sociale, per l'adempimento dei compiti di cui al D.Lgs.C.P.S. 29 luglio 1947, n. 804, hanno diritto di svolgere, su un piano di parità, la loro attività all'interno dell'azienda, secondo le modalità da stabilirsi con accordi aziendali.*

* Articolo da ritenersi abrogato ai sensi dell'art. 21, co. 3, l. 30/3/2001, n. 152 recante nuova disciplina per gli istituti di patronato e di assistenza sociale.

13. Mansioni del lavoratore. – L'articolo 2103 del codice civile è sostituito dal seguente:

«Il prestatore di lavoro deve essere adibito alle mansioni per le quali è stato assunto o a quelle corrispondenti alla categoria superiore che abbia successivamente acquisito ovvero a mansioni equivalenti alle ultime effettivamente svolte, senza alcuna diminuzione della retribuzione. Nel caso di assegnazione a mansioni superiori il prestatore ha diritto al trattamento corrispondente all'attività svolta, e l'assegnazione stessa diviene definitiva, ove la medesima non abbia avuto luogo per sostituzione di lavoratore assente con diritto alla conservazione del posto, dopo un periodo fissato dai contratti collettivi, e comunque non superiore a tre mesi. Egli non può essere trasferito da una unità produttiva ad un'altra se non per comprovate ragioni tecniche, organizzative e produttive.

Ogni patto contrario è nullo».

TITOLO II
DELLA LIBERTÀ SINDACALE

14. Diritto di associazione e di attività sindacale. – Il diritto di costituire associazioni sindacali, di aderirvi e di svolgere attività sindacale, è garantito a tutti i lavoratori all'interno dei luoghi di lavoro [39 Cost.].

15. Atti discriminatori. – È nullo qualsiasi patto od atto diretto a:

a) subordinare l'occupazione di un lavoratore (1) alla condizione che aderisca o non aderisca ad una associazione sindacale ovvero cessi di farne parte;

b) licenziare un lavoratore, discriminarlo nella assegnazione di qualifiche o mansioni, nei trasferimenti, nei provvedimenti disciplinari, o recargli altrimenti pregiudizio a causa della sua affiliazione o attività sindacale ovvero della sua partecipazione ad uno sciopero [40 Cost.] (2).

Le disposizioni di cui al comma precedente si applicano altresì ai patti o atti diretti a fini di discriminazione politica, religiosa, razziale, di lingua o di sesso, di handicap, di età o basata sull'orientamento sessuale o sulle convinzioni personali.

(1) V. art. 4 della l. 15/7/1966, n. 604.

(2) Comma prima sostituito dall'art. 13, l. 9/12/1977, n. 903 e poi così modificato dall'art. 4, co. 1, d.lg. 9/7/2003, n. 216.

16. Trattamenti economici collettivi discriminatori. – È vietata la concessione di trattamenti economici di maggior favore aventi carattere discriminatorio a mente dell'articolo 15.

Il *pretore* (1), su domanda dei lavoratori nei cui confronti è stata attuata la discriminazione di cui al comma precedente o delle associazioni sindacali alle quali questi hanno dato mandato, accertati i fatti, condanna il datore di lavoro al pagamento, a favore del fondo adeguamento pensioni, di una somma pari all'importo dei trattamenti economici di maggior favore illegittimamente corrisposti nel periodo massimo di un anno.

(1) Ora tribunale ordinario ai sensi dell'art. 1 del d.lg. 19/2/1998, n. 51.

17. Sindacati di comodo. – È fatto divieto ai datori di lavoro ed alle associazioni di datori di lavoro di costituire o sostenere, con mezzi finanziari o altrimenti, associazioni sindacali di lavoratori.

18. Tutela del lavoratore in caso di licenziamento illegittimo (1) (2). – Il giudice, con la sentenza con la quale dichiara la nullità del licenziamento perché discriminatorio ai sensi dell'articolo 3 della legge 11 maggio 1990, n. 108, ovvero intimato in concomitanza col matrimonio ai sensi dell'articolo 35 del codice delle pari opportunità tra uomo e donna, di cui al decreto legislativo 11 aprile 2006, n. 198, o in violazione dei divieti di licenziamento di cui all'articolo 54, commi 1, 6, 7 e 9, del testo unico delle disposizioni legislative in materia di tutela e sostegno della maternità e della paternità, di cui al decreto legislativo 26 marzo 2001, n. 151, e successive modificazioni, ovvero perché riconducibile ad altri casi di nullità previsti dalla legge o determinato da un motivo illecito determinante ai sensi dell'articolo 1345 del codice civile, ordina al datore di lavoro, imprenditore o non imprenditore, la reintegrazione del lavoratore nel posto di lavoro, indipendentemente dal motivo formalmente addotto e quale che sia il numero dei dipendenti occupati dal datore di lavoro. La presente disposizione si applica anche ai dirigenti. A seguito dell'ordine di reintegrazione, il rapporto di lavoro si intende risolto quando il lavoratore non abbia ripreso servizio entro trenta giorni dall'invito del datore di lavoro, salvo il caso in cui abbia richiesto l'indennità di cui al terzo comma del presente articolo. Il regime di cui al presente articolo si applica anche al licenziamento dichiarato inefficace perché intimato in forma orale (3).

Il giudice, con la sentenza di cui al primo comma, condanna altresì il datore di lavoro al risarcimento del danno subito dal lavoratore per il licenziamento di cui sia stata accertata la nullità, stabilendo a tal fine un'indennità commisurata all'ultima retribuzione globale di fatto maturata dal giorno del licenziamento sino a quello dell'effettiva reintegrazione, dedotto quanto percepito, nel periodo di estromissione, per lo svolgimento di altre attività lavorative. In ogni caso la misura del risarcimento non potrà essere inferiore a cinque mensilità della retribuzione globale di fatto. Il datore di lavoro è condannato inoltre, per il medesimo periodo, al versamento dei contributi previdenziali e assistenziali (3).

Fermo restando il diritto al risarcimento del danno come previsto al secondo comma, al lavoratore è data la facoltà di chiedere al datore di lavoro, in sostituzione della reintegrazione nel posto di lavoro, un'indennità pari a quindici mensilità dell'ultima retribuzione globale di fatto, la cui richiesta determina la risoluzione del rapporto di lavoro, e che non è assoggettata a contribuzione previdenziale. La richiesta dell'indennità deve essere effettuata entro trenta giorni dalla comunicazione del deposito della sentenza, o dall'invito del datore di lavoro a riprendere servizio, se anteriore alla predetta comunicazione (4).

Il giudice, nelle ipotesi in cui accerta che non ricorrono gli estremi del giustificato motivo soggettivo o della giusta causa addotti dal datore di lavoro, per insussistenza del fatto contestato ovvero perché il fatto rientra tra le condotte punibili con una sanzione conservativa sulla base delle previsioni dei contratti collettivi ovvero dei codici disciplinari applicabili, annulla il licenziamento e condanna il datore di lavoro alla reintegrazione nel posto di lavoro di cui al primo comma e al pagamento di un'indennità risarcitoria commisurata all'ultima retribuzione globale di fatto dal giorno del licenziamento sino a quello dell'effettiva reintegrazione, dedotto quanto il lavoratore ha percepito, nel periodo di estromissione, per lo svolgimento di altre attività lavorative, nonché quanto avrebbe potuto percepire dedicandosi con diligenza alla ricerca di una nuova occupazione. In ogni caso la misura dell'indennità risarcitoria non può essere superiore a dodici mensilità della retribuzione globale di fatto. Il datore di lavoro è condannato, altresì, al versamento dei contributi previdenziali e assistenziali dal giorno del licenziamento fino a quello della effettiva reintegrazione, maggiorati degli interessi nella misura legale senza applicazione di sanzioni per omessa o ritardata contribuzione, per un importo pari al differenziale contributivo esistente tra la contribuzione che sarebbe stata maturata nel rapporto di lavoro risolto dall'illegittimo licenziamento e quella accreditata al lavoratore in conseguenza dello svolgimento di altre attività lavorative. In quest'ultimo caso, qualora i contributi afferiscano ad altra gestione previdenziale, essi sono imputati d'ufficio alla gestione corrispondente all'attività lavorativa svolta dal dipendente licenziato, con addebito dei relativi costi al datore di lavoro. A seguito dell'ordine di reintegrazione, il rapporto di lavoro si intende risolto quando il lavoratore non abbia ripreso servizio entro trenta giorni dall'invito del datore di lavoro, salvo il caso in cui abbia richiesto l'indennità sostitutiva della reintegrazione nel posto di lavoro ai sensi del terzo comma (5).

Il giudice, nelle altre ipotesi in cui accerta che non ricorrono gli estremi del giustificato motivo soggettivo o della giusta causa addotti dal datore di lavoro, dichiara risolto il rapporto di lavoro con effetto dalla data del licenziamento e condanna il datore di lavoro al pagamento di un'indennità risarcitoria onnicomprensiva determinata tra un minimo di dodici e un massimo di ventiquattro mensilità dell'ultima retribuzione globale di fatto, in relazione all'anzianità del lavoratore e tenuto conto del numero dei dipendenti occupati, delle dimensioni dell'attività economica, del comportamento e delle condizioni delle parti, con onere di specifica motivazione a tale riguardo (6).

Nell'ipotesi in cui il licenziamento sia dichiarato inefficace per violazione del requisito di motivazione di cui all'articolo 2, comma 2, della legge 15 luglio 1966, n. 604, e successive modificazioni, della procedura di cui all'articolo 7 della presente legge, o della procedura di cui all'articolo 7 della legge 15 luglio 1966, n. 604, e successive modificazioni, si applica il regime di cui al quinto comma, ma con attribuzione al lavoratore di un'indennità risarcitoria onnicomprensiva determinata, in relazione alla gravità della violazione formale o procedurale commessa dal datore di lavoro, tra un minimo di sei e un massimo di dodici mensilità dell'ultima retribuzione globale di fatto, con onere di specifica motivazione a tale riguardo, a meno che il giudice, sulla base della domanda del lavoratore, accerti che vi è anche un difetto di giustificazione del licenziamento, nel qual caso applica, in luogo di quelle previste dal presente comma, le tutele di cui ai commi quarto, quinto o settimo (7).

Il giudice applica la medesima disciplina di cui al quarto comma del presente articolo nell'ipotesi in cui accerti il difetto di giustificazione del licenziamento intimato, anche ai sensi degli articoli 4, comma 4, e 10, comma 3, della legge 12 marzo 1999, n. 68, per motivo oggettivo consistente nell'inidoneità fisica o psichica del lavoratore, ovvero che il licenziamento è stato intimato in violazione dell'articolo 2110, secondo comma, del codice civile. Può altresì applicare la predetta disciplina nell'ipotesi in cui accerti la manifesta insussistenza del fatto posto a base del licenziamento per giustificato motivo oggettivo; nelle altre ipotesi in cui accerta che non ricorrono gli estremi del predetto giustificato motivo, il giudice applica la disciplina di cui al quinto comma. In tale ultimo caso il giudice, ai fini della determinazione dell'indennità tra il minimo e il massimo previsti, tiene conto, oltre ai criteri di cui al quinto comma, delle iniziative assunte dal lavoratore per la ricerca di una nuova occupazione e del comportamento delle parti nell'ambito della procedura di cui all'articolo 7 della legge 15 luglio 1966, n. 604, e successive modificazioni. Qualora, nel corso del giudizio, sulla base della domanda formulata dal lavoratore, il licenziamento risulti determinato da ragioni discriminatorie o disciplinari, trovano applicazione le relative tutele previste dal presente articolo (8).

Le disposizioni dei commi dal quarto al settimo si applicano al datore di lavoro, imprenditore o non imprenditore, che in ciascuna sede, stabilimento, filiale, ufficio o reparto autonomo nel quale ha avuto luogo il licenziamento occupa alle sue dipendenze più di quindici lavoratori o più di cinque se si tratta di imprenditore agricolo, nonché al datore di lavoro, imprenditore o non imprenditore, che nell'ambito dello stesso comune occupa più di quindici dipendenti e all'impresa agricola che nel medesimo ambito territoriale occupa più di cinque dipendenti, anche se ciascuna unità produttiva, singolarmente considerata, non raggiunge tali limiti, e in ogni caso al datore di lavoro, imprenditore e non imprenditore, che occupa più di sessanta dipendenti (8).

Ai fini del computo del numero dei dipendenti di cui all'ottavo comma si tiene conto dei lavoratori assunti con contratto a tempo indeterminato parziale per la quota di orario effettivamente svolto, tenendo conto, a tale proposito, che il computo delle unità lavorative fa riferimento all'orario previsto dalla contrattazione collettiva del settore. Non si computano il coniuge e i parenti del datore di lavoro entro il secondo grado in linea diretta e in linea collaterale. Il computo dei limiti occupazionali di cui all'ottavo comma non incide su norme o istituti che prevedono agevolazioni finanziarie o creditizie (8).

Nell'ipotesi di revoca del licenziamento, purché effettuata entro il termine di quindici giorni dalla comunicazione al datore di lavoro dell'impugnazione del medesimo, il rapporto di lavoro si intende ripristinato senza soluzione di continuità, con diritto del lavoratore alla retribuzione maturata nel periodo precedente alla revoca, e non trovano applicazione i regimi sanzionatori previsti dal presente articolo (8).

Nell'ipotesi di licenziamento dei lavoratori di cui all'articolo 22, su istanza congiunta del lavoratore e del sindacato cui questi aderisce o conferisca mandato, il giudice, in ogni stato e grado del giudizio di merito, può disporre con ordinanza, quando ritenga irrilevanti o insufficienti gli elementi di prova forniti dal datore di lavoro, la reintegrazione del lavoratore nel posto di lavoro.

L'ordinanza di cui al comma precedente può essere impugnata con reclamo immediato al giudice medesimo che l'ha pronunciata. Si applicano le disposizioni dell'articolo 178, terzo, quarto, quinto e sesto comma del codice di procedura civile.

L'ordinanza può essere revocata con la sentenza che decide la causa.

Nell'ipotesi di licenziamento dei lavoratori di cui all'articolo 22, il datore di lavoro che non ottempera alla sentenza di cui al primo comma ovvero all'ordinanza di cui all'undicesimo comma, non impugnata o confermata dal giudice che l'ha pronunciata, è tenuto anche, per ogni giorno di ritardo, al pagamento a favore del Fondo adeguamento pensioni di una somma pari all'importo della retribuzione dovuta al lavoratore (9).

(1) Per l'applicazione delle disposizioni di cui all'art. 1, co. da 48 a 68, l. 28/6/2012, n. 92, alle controversie aventi ad oggetto l'impugnativa dei licenziamenti, nelle ipotesi regolate dal presente articolo, anche quando devono essere risolte questioni relative alla qualificazione del rapporto di lavoro, vedi l'art. 1, co. 47, l. 28/6/2012, n. 92.

(2) Rubrica sostituita dall'art. 1, co. 42, lett. a), l. 28/6/2012, n. 92.

(3) Comma sostituito dall'art. 1, co. 1, l. 11/5/1990, n. 108 e dall'art. 1, co. 42, lett. b), l. 28/6/2012, n. 92, che ha sostituito gli originali commi da 1 a 6 con gli attuali commi da 1 a 10.

(4) Comma inizialmente aggiunto dall'art. 1, co. 1, l. 11/5/1990, n. 108 e successivamente sostituito dall'art. 1, co. 42, lett. b), l. 28/6/2012, n. 92, che ha sostituito gli originali commi da 1 a 6 con gli attuali commi da 1 a 10.

(5) Comma inizialmente aggiunto dall'art. 1, co. 1, l. 11/5/1990, n. 108 e successivamente sostituito dall'art. 1, co. 42, lett. b), l. 28/6/2012, n. 92, che ha sostituito gli originali commi da 1 a 6 con gli attuali commi da 1 a 11.

(6) Comma aggiunto dall'art. 1, co. 1, l. 11/5/1990, n. 108 e successivamente sostituito dall'art. 1, co. 42, lett. b), l. 28/6/2012, n. 92, che ha sostituito gli originali commi da 1 a 6 con gli attuali commi da 1 a 10.

(7) Comma sostituito dall'art. 1, co. 42, lett. b), l. 28/6/2012, n. 92, che ha sostituito gli originali commi da 1 a 6 con gli attuali commi da 1 a 10.

(8) Comma inserito dall'art. 1, co. 42, lett. b), l. 28/6/2012, n. 92,

che ha sostituito gli originali commi da 1 a 6 con gli attuali commi da 1 a 10.

• La Corte costituzionale, con sent. 1/4/2021, n. 59 (in G.U. 7/4/2021, n. 14), ha dichiarato l'illegittimità costituzionale del secondo periodo del presente comma, come modificato dall'art. 1, co. 42, lett. b), l. 28/6/2012, n. 92 (Disposizioni in materia di riforma del mercato del lavoro in una prospettiva di crescita), nella parte in cui prevede che il giudice, quando accerti la manifesta insussistenza del fatto posto a base del licenziamento per giustificato motivo oggettivo, «può altresì applicare» – invece che «applica altresì» – la disciplina di cui al medesimo art. 18, co. 4.

• La Corte costituzionale, con sent. 19/5/2022, n. 125 (in G.U. 25/5/2022, n. 21), ha dichiarato l'illegittimità costituzionale del presente comma come modificato dall'art. 1, co. 42, lett. b), l. 28/6/2012, n. 92 (Disposizioni in materia di riforma del mercato del lavoro in una prospettiva di crescita), limitatamente alla parola "manifesta".

(9) A norma dell'art. 6, co. 2-bis, d.l. 31/12/2007, n. 248 l'efficacia delle disposizioni di cui al presente articolo nei confronti del prestatore di lavoro nelle condizioni previste dall'art. 4, co. 2, l. 11/5/1990, n. 108, è comunque prorogata fino al momento della decorrenza del trattamento pensionistico di vecchiaia spettante al prestatore medesimo.

• Comma modificato dall'art. 1, co. 42, lett. c), l. 28/6/2012, n. 92.

TITOLO III
DELL'ATTIVITÀ SINDACALE (1)

(1) V. per la materia della contrattazione collettiva e della rappresentatività sindacale nel pubblico impiego gli art. 40 ss. del d.lg. 30/3/2001, n. 165.

19. Costituzione delle rappresentanze sindacali aziendali. – Rappresentanze sindacali aziendali possono essere costituite ad iniziativa dei lavoratori in ogni unità produttiva [35], nell'ambito:

*a)**.

b) delle associazioni sindacali che siano firmatarie di contratti collettivi di lavoro applicati nell'unità produttiva (1).

Nell'ambito di aziende con più unità produttive le rappresentanze sindacali possono istituire organi di coordinamento [22, 23, 29 e 30] (2).

* La lett. a), abrogata dall'art. 1 del d.P.R. 28/7/1995, n. 312, a seguito di referendum popolare, recitava: «a) delle associazioni aderenti alle confederazioni maggiormente rappresentative sul piano nazionale».

(1) Lettera così modificata dall'art. 1, d.P.R. 28/7/1995, n. 312 a seguito di referendum popolare.
Il testo previgente recitava «b) delle associazioni sindacali non affiliate alle predette confederazioni che siano firmatarie di contratti collettivi nazionali o provinciali di lavoro applicati nell'unità produttiva». Inoltre, la Corte costituzionale, con sent. 23/7/2013, n. 231, ha dichiarato l'illegittimità costituzionale della presente lettera nella parte in cui non prevede che la rappresentanza sindacale aziendale possa essere costituita anche nell'ambito di associazioni sindacali che, pur non firmatarie dei contratti collettivi applicati nell'unità produttiva, abbiano comunque partecipato alla negoziazione relativa agli stessi contratti quali rappresentanti dei lavoratori dell'azienda. V. infine anche Corte cost. 12/7/1996, n. 244.

(2) V. Corte cost. 12/7/1996, n. 244.

20. Assemblea. – I lavoratori hanno diritto di riunirsi, nella unità produttiva in cui prestano la loro opera, fuori dell'orario di lavoro, nonché durante l'orario di lavoro, nei limiti di dieci ore annue, per le quali verrà corrisposta la normale retribuzione. Migliori condizioni possono essere stabilite dalla contrattazione collettiva.

Le riunioni – che possono riguardare la generalità dei lavoratori o gruppi di essi – sono indette, singolarmente o congiuntamente, dalle rappresentanze sindacali aziendali nell'unità produttiva, con ordine del giorno su materie di interesse sindacale e del lavoro e secondo l'ordine di precedenza delle convocazioni, comunicate al datore di lavoro.

Alle riunioni possono partecipare, previo preavviso al datore di lavoro, dirigenti esterni del sindacato che ha costituito la rappresentanza sindacale aziendale.

Ulteriori modalità per l'esercizio del diritto di assemblea possono essere stabilite dai contratti collettivi di lavoro, anche aziendali.

21. Referendum. – Il datore di lavoro deve consentire nell'ambito aziendale lo svolgimento, fuori dell'orario di lavoro, di referendum, sia generali che per categoria, su materie inerenti all'attività sindacale, indetti da tutte le rappresentanze sindacali aziendali [19] tra i lavoratori, con diritto di partecipazione di tutti i lavoratori appartenenti alla unità produttiva e alla categoria particolarmente interessata.

Ulteriori modalità per lo svolgimento del referendum possono essere stabilite dai contratti collettivi di lavoro anche aziendali.

22. Trasferimento dei dirigenti delle rappresentanze sindacali aziendali. – Il trasferimento dall'unità produttiva dei dirigenti delle rappresentanze sindacali aziendali di cui al precedente articolo 19, dei candidati e dei membri di commissione interna può essere disposto solo previo nulla osta delle associazioni sindacali di appartenenza.

Le disposizioni di cui al comma precedente ed ai commi quarto, quinto, sesto e settimo dell'articolo 18 si applicano sino alla fine del terzo mese successivo a quello in cui è stata eletta la commissione interna per i candidati nelle elezioni della commissione stessa e sino alla fine dell'anno successivo a quello in cui è cessato l'incarico per tutti gli altri.

23. Permessi retribuiti. – I dirigenti delle rappresentanze sindacali aziendali di cui all'articolo 19 hanno diritto, per l'espletamento del loro mandato, a permessi retribuiti [24].

Salvo clausole più favorevoli dei contratti collettivi di lavoro hanno diritto ai permessi di cui al primo comma almeno:

a) un dirigente per ciascuna rappresentanza sindacale aziendale nelle unità produttive che occupano fino a 200 dipendenti della categoria per cui la stessa è organizzata;

b) un dirigente ogni 300 o frazione di 300 dipendenti per ciascuna rappresentanza sindacale aziendale nelle unità produttive che occupano fino a 3.000 dipendenti della categoria per cui la stessa è organizzata;

c) un dirigente ogni 500 o frazione di 500 dipendenti della categoria per cui è organizzata la rappresentanza sindacale aziendale nelle unità produttive di maggiori dimensioni, in aggiunta al numero minimo di cui alla precedente lettera b) [29].

I permessi retribuiti di cui al presente articolo non potranno essere inferiori a otto ore mensili nelle aziende di cui alle lettere b) e c) del comma precedente; nelle aziende di cui alla lettera a) i permessi retribuiti non potranno essere inferiori ad un'ora all'anno per ciascun dipendente.

Il lavoratore che intende esercitare il diritto di cui al primo comma deve darne comunicazione scritta al datore di lavoro di regola 24 ore prima, tramite le rappresentanze sindacali aziendali.

24. Permessi non retribuiti. – I dirigenti sindacali aziendali di cui all'articolo 23 hanno diritto a permessi non retribuiti per la partecipazione a trattative sindacali o a congressi e convegni di natura sindacale, in misura non inferiore a otto giorni all'anno.

I lavoratori che intendano esercitare il diritto di cui al comma precedente devono darne comunicazione scritta al datore di lavoro di regola tre giorni prima, tramite le rappresentanze sindacali aziendali.

25. Diritto di affissione. – Le rappresentanze sindacali aziendali hanno diritto di affiggere, su appositi spazi, che il datore di lavoro ha l'obbligo di predisporre in luoghi accessibili a tutti i lavoratori all'interno dell'unità produttiva, pubblicazioni, testi e comunicati inerenti a materie di interesse sindacale e del lavoro.

26. Contributi sindacali. – I lavoratori hanno diritto di raccogliere contributi e di svolgere opera di proselitismo per le loro organizzazioni sindacali all'interno dei luoghi di lavoro, senza pregiudizio del normale svolgimento dell'attività aziendale.

*Le associazioni sindacali dei lavoratori hanno diritto di percepire, tramite ritenuta sul salario nonché sulle prestazioni erogate per conto degli enti previdenziali, i contributi sindacali che i lavoratori intendono loro versare, con modalità stabilite dai contratti collettivi di lavoro, che garantiscono la segretezza del versamento effettuato dal lavoratore a ciascuna associazione sindacale. Nelle aziende nelle quali il rapporto di lavoro non è regolato da contratti collettivi, il lavoratore ha diritto di chiedere il versamento del contributo sindacale all'associazione da lui indicata**.

* Commi abrogati dall'art. 1 del d.P.R. 28/7/1995, n. 313 a seguito di referendum popolare.

27. Locali delle rappresentanze sindacali aziendali. – Il datore di lavoro nelle unità produttive con almeno 200 dipendenti pone permanentemente a disposizione delle rappresentanze sindacali aziendali, per l'esercizio delle loro funzioni, un idoneo locale comune all'interno dell'unità produttiva o nelle immediate vicinanze di essa [35].

Nelle unità produttive con un numero inferiore di dipendenti le rappresentanze sindacali aziendali hanno diritto di usufruire, ove ne facciano richiesta, di un locale idoneo per le loro riunioni.

TITOLO IV
DISPOSIZIONI VARIE E GENERALI (1)

(1) V. per il pubblico impiego gli art. 40 ss., d.lg. 30/3/2001, n. 165.

28. Repressione della condotta antisindacale (1). – Qualora il datore di lavoro ponga in essere comportamenti diretti ad impedire o limitare l'esercizio della libertà [14] e della attività sindacale [19] nonché del diritto di sciopero [40 Cost.], su ricorso degli organismi locali delle associazioni sindacali nazionali che vi abbiano interesse, *il pretore* (2) del luogo ove è posto in essere il comportamento denunziato, nei due giorni successivi, convocate le parti ed assunte sommarie informazioni, qualora ritenga sussistente la violazione di cui al presente comma, ordina al datore di lavoro, con decreto motivato ed immediatamente esecutivo, la cessazione del comportamento illegittimo e la rimozione degli effetti.

L'efficacia esecutiva del decreto non può essere revocata fino alla sentenza con cui *il pretore* (2) in funzione di giudice del lavoro definisce il giudizio instaurato a norma del comma successivo (3).

Contro il decreto che decide sul ricorso è ammessa, entro 15 giorni dalla comunicazione del decreto alle parti, opposizione davanti al pretore (1) in funzione di giudice del lavoro che decide con sentenza immediatamente esecutiva. Si osservano le disposizioni degli articoli 413 e seguenti del codice di procedura civile (4).

Il datore di lavoro che non ottempera al decreto, di cui al primo comma, o alla sentenza pronunciata nel giudizio di opposizione è punito ai sensi dell'articolo 650 del codice penale.

L'autorità giudiziaria ordina la pubblicazione della sentenza penale di condanna nei modi stabiliti dall'articolo 36 del codice penale (5).

(1) Questo articolo prevedeva nella versione originaria anche i co. 6 e 7, abrogati dall'art. 4 della l. 11/4/2000, n. 83, che recitavano: «Se il comportamento di cui al primo comma è posto in essere da una amministrazione statale o da un altro ente pubblico non economico, l'azione è proposta con ricorso davanti al pretore competente per territorio.
Qualora il comportamento antisindacale sia lesivo anche di situazioni soggettive inerenti al rapporto di impiego, le organizzazioni sindacali di cui al primo comma, ove intendano ottenere anche la rimozione dei provvedimenti lesivi delle predette situazioni, propongono il ricorso davanti al tribunale amministrativo regionale competente per territorio, che provvede in via di urgenza con le modalità di cui al primo comma. Contro il decreto che decide sul ricorso è ammessa, entro quindici giorni dalla comunicazione del decreto alle parti, opposizione davanti allo stesso tribunale, che decide con sentenza immediatamente esecutiva».

(2) Ora tribunale ordinario ai sensi dell'art. 1 del d.lg. 19/2/1998, n. 51.

(3) Comma così sostituito dall'art. 2 della l. 8/11/1977, n. 847.

(4) Comma così sostituito dall'art. 3 della l. 8/11/1977, n. 847.

(5) V. Corte cost. 14/1/1974, n. 1; 6/3/1974, n. 54; 17/12/1975, n. 241; 5/5/1980, n. 68 e 24/3/1988, n. 334.

29. Fusione delle rappresentanze sindacali aziendali. – Quando le rappresentanze sindacali aziendali di cui all'articolo 19 si siano costituite nell'ambito di due o più delle associazioni di cui alle lettere a) e b) del primo comma dell'articolo predetto, nonché nella ipotesi di fusione di più rappresentanze sindacali, i limiti numerici stabiliti dall'articolo 23, secondo comma, si intendono riferiti a ciascuna delle associazioni sindacali unitariamente rappresentate nella unità produttiva.

Quando la formazione di rappresentanze sindacali unitarie consegua alla fusione delle associazioni di cui alle lettere a) e b) del primo comma dell'articolo 19, i limiti numerici della tutela accordata ai dirigenti di rappresentanze sindacali aziendali, stabiliti in applicazione dell'articolo 23, secondo comma, ovvero del primo comma del presente articolo restano immutati.

30. Permessi per i dirigenti provinciali e nazionali. – I componenti degli organi direttivi, provinciali e nazionali, delle associazioni di cui all'articolo 19 hanno diritto a permessi retribuiti, secondo le norme dei contratti di lavoro, per la partecipazione alle riunioni degli organi suddetti.

31. Aspettativa dei lavoratori chiamati a funzioni pubbliche elettive o a ricoprire cariche sindacali provinciali e nazionali (1). – I lavoratori che siano eletti membri del Parlamento nazionale o del Parlamento europeo o di assemblee regionali ovvero siano chiamati ad altre funzioni pubbliche elettive possono, a richiesta, essere collocati in aspettativa non retribuita, per tutta la durata del loro mandato (2).

La medesima disposizione si applica ai lavoratori chiamati a ricoprire cariche sindacali provinciali e nazionali.

I periodi di aspettativa di cui ai precedenti commi sono considerati utili, a richiesta dell'interessato, ai fini del riconoscimento del diritto e della determinazione della misura della pensione a carico dell'assicurazione generale obbligatoria di cui al R.D.L. 4 ottobre 1935, n. 1827, e successive modifiche ed integrazioni, nonché a carico di enti, fondi, casse e gestioni per forme obbligatorie di previdenza sostitutive della assicurazione predetta, o che ne comportino comunque l'esonero.

Durante i periodi di aspettativa l'interessato, in caso di malattia, conserva il diritto alle prestazioni a carico dei competenti enti preposti alla erogazione delle prestazioni medesime.

Le disposizioni di cui al terzo e al quarto comma non si applicano qualora a favore dei lavoratori siano previste forme previdenziali per il trattamento di pensione e per malattia, in relazione all'attività espletata durante il periodo di aspettativa (3).

(1) La Corte costituzionale con ord. 3/5/2002, n. 149, ha dichiarato

la manifesta infondatezza della questione di legittimità costituzionale degli art. 31, 37 e 40 sollevata in riferimento all'art. 3 Cost.

(2) Comma così sostituito dall'art. 2 della l. 13/8/1979, n. 384.

(3) V. l. 9/5/1977, n. 210, recante l'interpretazione autentica di tale comma, che recita «Le limitazioni previste dall'ultimo comma dell'articolo 31 della legge 20 maggio 1970, n. 300, si applicano ai lavoratori che durante il periodo di aspettativa esplicano attività lavorativa che comporti forme di tutela previdenziale a carico dell'assicurazione generale obbligatoria di cui al regio decreto-legge 4 ottobre 1935, n. 1827, e successive modificazioni ed integrazioni, ovvero a carico di fondi sostitutivi, esclusivi o esonerativi dell'assicurazione predetta». V. anche Corte cost. 23/6/1988, n. 698.

32. Permessi ai lavoratori chiamati a funzioni pubbliche elettive. – I lavoratori eletti alla carica di consigliere comunale o provinciale che non chiedano di essere collocati in aspettativa sono, a loro richiesta, autorizzati ad assentarsi dal servizio per il tempo strettamente necessario all'espletamento del mandato, senza alcuna decurtazione della retribuzione (1).

I lavoratori eletti alla carica di sindaco o di assessore comunale, ovvero di presidente di giunta provinciale o di assessore provinciale hanno diritto anche a permessi non retribuiti per un minimo di trenta ore mensili (1).

(1) V. art. 79 ss. del d.lg. 18/8/2000, n. 267.

TITOLO V
NORME SUL COLLOCAMENTO

33. Collocamento*. – *La commissione per il collocamento, di cui all'articolo 26 della legge 29 aprile 1949, n. 264, è costituita obbligatoriamente presso le sezioni zonali, comunali e frazionali degli Uffici provinciali del lavoro e della massima occupazione, quando ne facciano richiesta le organizzazioni sindacali dei lavoratori più rappresentative. Alla nomina della commissione provvede il direttore dell'Ufficio provinciale del lavoro e della massima occupazione, il quale, nel richiedere la designazione dei rappresentanti dei lavoratori e dei datori di lavoro, tiene conto del grado di rappresentatività delle organizzazioni sindacali e assegna loro un termine di 15 giorni, decorso il quale provvede d'ufficio. La commissione è presieduta dal dirigente della sezione zonale, comunale, frazionale, ovvero da un suo delegato, e delibera a maggioranza dei presenti. In caso di parità prevale il voto del presidente. La commissione ha il compito di stabilire e di aggiornare periodicamente la graduatoria delle precedenze per l'avviamento al lavoro, secondo i criteri di cui al quarto comma dell'articolo 15 della legge 29 aprile 1949, n. 264. Salvo il caso nel quale sia ammessa la richiesta nominativa, la sezione di collocamento, nella scelta del lavoratore da avviare al lavoro, deve uniformarsi alla graduatoria di cui al comma precedente, che deve essere esposta al pubblico presso la sezione medesima e deve essere aggiornata ad ogni chiusura dell'ufficio con la indicazione degli avviati. Devono altresì essere esposte al pubblico le richieste numeriche che pervengono dalle ditte. La commissione ha anche il compito di rilasciare il nulla osta per l'avviamento al lavoro ad accoglimento di richieste nominative o di quelle di ogni altro tipo che siano disposte dalle leggi o dai contratti di lavoro. Nei casi di motivata urgenza, l'avviamento è provvisoriamente autorizzato dalla sezione di collocamento e deve essere convalidato dalla commissione di cui al primo comma del presente articolo, entro dieci giorni. Dei dinieghi di avviamento al lavoro per richiesta nominativa deve essere data motivazione scritta su apposito verbale in duplice copia, una da tenere presso la sezione di collocamento e l'altra presso il direttore dell'Ufficio provinciale del lavoro. Tale motivazione scritta deve essere immediatamente trasmessa al datore di lavoro richiedente. Nel caso in cui la commissione neghi la convalida ovvero non si pronunci entro venti giorni dalla data della comunicazione di avviamento, gli interessati possono inoltrare ricorso al direttore dell'Ufficio provinciale del lavoro, il quale decide in via definitiva, su conforme parere della commissione di cui all'articolo 25 della legge 29 aprile 1949, n. 264. I turni di lavoro di cui all'articolo 16 della legge 29 aprile 1949, n. 264, sono stabiliti dalla commissione e in nessun caso possono essere modificati dalla sezione. Il direttore dell'Ufficio provinciale del lavoro annulla d'ufficio i provvedimenti di avviamento e di diniego di avviamento al lavoro in contrasto con le disposizioni di legge. Contro le decisioni del direttore dell'ufficio provinciale del lavoro è ammesso ricorso al Ministro per il lavoro e la previdenza sociale. Per il passaggio del lavoratore dall'azienda nella quale è occupato ad un'altra occorre il nulla osta della sezione di collocamento competente. Ai datori di lavoro che non assumono i lavoratori per il tramite degli uffici di collocamento, sono applicate le sanzioni previste dall'articolo 38 della presente legge. Le norme contenute nella legge 29 aprile 1949, n. 264, rimangono in vigore in quanto non modificate dalla presente legge.*

* Articolo abrogato dall'art. 8, lett. d), d.lg. 19/12/2002, n. 297.

34. Richieste nominative di manodopera*. – *A decorrere dal novantesimo giorno dall'entrata in vigore della presente legge, le richieste nominative di manodopera da avviare al lavoro sono ammesse esclusivamente per i componenti del nucleo familiare del datore di lavoro, per i lavoratori di concetto e per gli appartenenti a ristrette categorie di lavoratori altamente specializzati, da stabilirsi con decreto del Ministro per il lavoro e la previdenza sociale, sentita la commissione centrale di cui alla legge 29 aprile 1949, n. 264.*

* Articolo abrogato dall'art. 8, lett. d), d.lg. 19/12/2002, n. 297.

TITOLO VI
DISPOSIZIONI FINALI E PENALI

35. Campo di applicazione. – Per le imprese industriali e commerciali [2195 CC.], le disposizioni del titolo III, ad eccezione del primo comma dell'articolo 27, della presente legge si applicano a ciascuna sede, stabilimento, filiale, ufficio o reparto autonomo che occupa più di quindici dipendenti. Le stesse disposizioni si applicano alle imprese agricole [2135 CC.] che occupano più di cinque dipendenti (1).

Le norme suddette si applicano, altresì, alle imprese industriali e commerciali che nell'ambito dello stesso comune occupano più di quindici dipendenti ed alle imprese agricole che nel medesimo ambito territoriale occupano più di cinque dipendenti anche se ciascuna unità produttiva, singolarmente considerata, non raggiunge tali limiti (2).

Ferme restando le norme di cui agli articoli 1, 8, 9, 14, 15, 16 e 17, i contratti collettivi di lavoro provvedono ad applicare i principi di cui alla presente legge alle imprese di navigazione per il personale navigante (3).

(1) Comma così modificato dall'art. 6, n. 1, l. 11/5/1990, n. 108.

(2) V. Corte cost. 14/1/1986, n. 2.

(3) La Corte costituzionale, con sent. 3/4/1987, n. 96, ha dichiarato costituzionalmente illegittimo tale comma nella parte in cui non prevede la diretta applicabilità al personale navigante delle imprese di navigazione anche dell'art. 18 della medesima legge; con sent. 23/7/1991, n. 364, nella parte in cui non prevede la diretta applicabilità allo stesso dei co. 1, 2 e 3 dell'art. 7 della medesima legge; con sent. 31/1/1991, n. 4, nella parte in cui non prevede la diretta applicabilità al predetto personale anche dell'art. 18 della stessa legge, come modificato dall'art. 1 della l. 11/5/1990, n. 108 (Disciplina dei licenziamenti individuali).

36. Obblighi dei titolari di benefici accordati dallo Stato e degli appaltatori di opere pubbliche (1). – Nei provvedimenti di concessione di benefici accordati ai sensi delle vigenti leggi dallo Stato a favore di imprenditori che esercitano professionalmente un'attività economica organizzata e nei capitolati di appalto attinenti all'esecuzione di opere pubbliche, deve essere inserita la clausola esplicita determinante l'obbligo per il beneficiario o appaltatore di applicare o di far applicare nei confronti dei lavoratori dipendenti condizioni non inferiori a quelle risultanti dai contratti collettivi di lavoro della categoria e della zona.

Tale obbligo deve essere osservato sia nella fase di realizzazione degli impianti o delle opere che in quella successiva, per tutto il tempo in cui l'imprenditore beneficia delle agevolazioni finanziarie e creditizie concesse dallo Stato ai sensi delle vigenti disposizioni di legge.

Ogni infrazione al suddetto obbligo che sia accertata dall'Ispettorato del lavoro viene comunicata immediatamente ai Ministri nella cui amministrazione sia stata disposta la concessione del beneficio o dell'appalto. Questi adotteranno le opportune determinazioni, fino alla revoca del beneficio, e nei casi più gravi o nel caso di recidiva potranno decidere l'esclusione del responsabile, per un tempo fino a cinque anni, da qualsiasi ulteriore concessione di agevolazioni finanziarie o creditizie ovvero da qualsiasi appalto.

Le disposizioni di cui ai commi precedenti si applicano anche quando si tratti di agevolazioni finanziarie e creditizie ovvero di appalti concessi da enti pubblici, ai quali l'Ispettorato del lavoro comunica direttamente le infrazioni per l'adozione delle sanzioni.

(1) La Corte costituzionale con sent. 19/6/1998, n. 226 ha dichiarato costituzionalmente illegittimo tale articolo nella parte in cui non prevede che, nelle concessioni di pubblico servizio, deve essere inserita la clausola esplicita determinante l'obbligo per il concessionario di applicare o di far applicare nei confronti dei lavoratori dipendenti condizioni non inferiori a quelle risultanti dai contratti collettivi di lavoro della categoria e della zona. la diretta.

37. Applicazione ai dipendenti da enti pubblici (1). – Le disposizioni della presente legge si applicano anche ai rapporti di lavoro e di impiego dei dipendenti da enti pubblici che svolgano esclusivamente o prevalentemente attività economica [2093, 2201 CC.]. Le disposizioni della presente legge si applicano altresì ai rapporti di impiego dei dipendenti dagli altri enti pubblici [2129 CC.], salvo che la materia sia diversamente regolata da norme speciali.

(1) La Corte costituzionale con ord. 3/5/2002, n. 149, ha dichiarato la manifesta infondatezza della questione di legittimità costituzionale degli art. 31, 37 e 40 sollevata in riferimento all'art. 3 Cost.

38. Disposizioni penali. – Le violazioni degli articoli 2, 5, 6, e 15, primo comma lettera a), sono punite, salvo che il fatto non costituisca più grave reato, con l'ammenda da lire 300.000 [€ 154] a lire 3.000.000 [€ 1.549] (1) o con l'arresto da 15 giorni ad un anno (2).

Nei casi più gravi le pene dell'arresto e dell'ammenda sono applicate congiuntamente.

Quando per le condizioni economiche del reo, l'ammenda stabilita nel primo comma può presumersi inefficace anche se applicata nel massimo, il giudice ha facoltà di aumentarla fino al quintuplo.

Nei casi previsti dal secondo comma, l'autorità giudiziaria ordina la pubblicazione della sentenza penale di condanna nei modi stabiliti dall'articolo 36 del codice penale.

(1) Pena così triplicata dalla l. 24/11/1981, n. 689.

(2) Comma così modificato dall'art. 179, co. 2, d.lg. 30/6/2003, n. 196 a decorrere dal 1/1/2004.

39. Versamento delle ammende al Fondo adeguamento pensioni. – L'importo delle ammende è versato al Fondo adeguamento pensioni dei lavoratori.

40. Abrogazione delle disposizioni contrastanti (1). – Ogni disposizione in contrasto con le norme contenute nella presente legge è abrogata.

Restano salve le condizioni dei contratti collettivi e degli accordi sindacali più favorevoli ai lavoratori.

(1) La Corte costituzionale con ord. 3/5/2002, n. 149, ha dichiarato la manifesta infondatezza della questione di legittimità costituzionale degli art. 31, 37 e 40 sollevata in riferimento all'art. 3 Cost.

41. Esenzioni fiscali. – Tutti gli atti e documenti necessari per la attuazione della presente legge e per l'esercizio dei diritti connessi, nonché tutti gli atti e documenti relativi ai giudizi nascenti dalla sua applicazione sono esenti da bollo, imposte di registro o di qualsiasi altra specie e da tasse.

La presente legge è stata pubblicata in G.U. 27 maggio 1970, n. 131.

L. 29 maggio 1982, n. 297

Disciplina del trattamento di fine rapporto e norme in materia pensionistica

1. Modifiche di disposizioni del codice civile (1). – *Omissis.*

(1) V. art. 2120, 2121, 2776 c.c. e relative note.

2. Fondo di garanzia (1). – 1. È istituito presso l'Istituto nazionale della previdenza sociale il "Fondo di garanzia per il trattamento di fine rapporto" con lo scopo di sostituirsi al datore di lavoro in caso di insolvenza del medesimo nel pagamento del trattamento di fine rapporto, di cui all'articolo 2120 del codice civile, spettante ai lavoratori o loro aventi diritto.

2. Trascorsi quindici giorni dal deposito dello stato passivo, reso esecutivo ai sensi dell'articolo 97 del regio decreto 16 marzo 1942, n. 267, ovvero dopo la pubblicazione della sentenza di cui all'articolo 99 dello stesso decreto, per il caso siano state proposte opposizioni o impugnazioni riguardanti il suo credito, ovvero dalla pubblicazione della sentenza di omologazione del concordato preventivo, il lavoratore o i suoi aventi diritto possono ottenere a domanda il pagamento, a carico del fondo, del trattamento di fine rapporto di lavoro e dei relativi crediti accessori, previa detrazione delle somme eventualmente corrisposte.

3. Nell'ipotesi di dichiarazione tardiva di crediti di lavoro di cui all'articolo 101 del regio decreto 16 marzo 1942, n. 267, la domanda di cui al comma precedente può essere presentata dopo il decreto di ammissione al passivo o dopo la sentenza che decide il giudizio insorto per l'eventuale contestazione del curatore fallimentare.

4. Ove l'impresa sia sottoposta a liquidazione coatta amministrativa la domanda può essere presentata trascorsi quin-

dici giorni dal deposito dello stato passivo, di cui all'articolo 209 del regio decreto 16 marzo 1942, n. 267, ovvero, ove siano state proposte opposizioni o impugnazioni riguardanti il credito di lavoro, dalla sentenza che decide su di esse.

4-bis. L'intervento del Fondo di garanzia opera anche nel caso in cui datore di lavoro sia un'impresa, avente attività sul territorio di almeno due Stati membri, costituita secondo il diritto di un altro Stato membro ed in tale Stato sottoposta ad una procedura concorsuale, a condizione che il dipendente abbia abitualmente svolto la sua attività in Italia (2).

5. Qualora il datore di lavoro, non soggetto alle disposizioni del regio decreto 16 marzo 1942, n. 267, non adempia, in caso di risoluzione del rapporto di lavoro, alla corresponsione del trattamento dovuto o vi adempia in misura parziale, il lavoratore o i suoi aventi diritto possono chiedere al fondo il pagamento del trattamento di fine rapporto, sempreché, a seguito dell'esperimento dell'esecuzione forzata per la realizzazione del credito relativo a detto trattamento, le garanzie patrimoniali siano risultate in tutto o in parte insufficienti. Il fondo, ove non sussista contestazione in materia, esegue il pagamento del trattamento insoluto.

6. Quanto previsto nei commi precedenti si applica soltanto nei casi in cui la risoluzione del rapporto di lavoro e la procedura concorsuale od esecutiva siano intervenute successivamente all'entrata in vigore della presente legge [5^{9}].

7. I pagamenti di cui al secondo, terzo, quarto e quinto comma del presente articolo sono eseguiti dal fondo entro 60 giorni dalla richiesta dell'interessato. Il fondo è surrogato di diritto al lavoratore o ai suoi aventi causa nel privilegio spettante sul patrimonio dei datori di lavoro ai sensi degli articoli 2751-bis e 2776 del codice civile per le somme da esso pagate.

8. Il fondo, per le cui entrate ed uscite è tenuta una contabilità separata nella gestione dell'assicurazione obbligatoria contro la disoccupazione, è alimentato con un contributo a carico dei datori di lavoro pari allo 0,03 per cento della retribuzione di cui all'articolo 12 della legge 30 aprile 1969, n. 153, a decorrere dal periodo di paga in corso al 1 luglio 1982. Per tale contributo si osservano le stesse disposizioni vigenti per l'accertamento e la riscossione dei contributi dovuti al Fondo pensioni dei lavoratori dipendenti. Le disponibilità del fondo di garanzia non possono in alcun modo essere utilizzate al di fuori della finalità istituzionale del fondo stesso. Al fine di assicurare il pareggio della gestione, l'aliquota contributiva può essere modificata, in diminuzione o in aumento, con decreto del Ministro del lavoro e della previdenza sociale, di concerto con il Ministro del tesoro, sentito il consiglio di amministrazione dell'INPS, sulla base delle risultanze del bilancio consuntivo del fondo medesimo.

9. Il datore di lavoro deve integrare le denunce previste dall'articolo 4, primo comma, del decreto-legge 6 luglio 1978, n. 352, convertito, con modificazione, nella legge 4 agosto 1978, n. 467, con l'indicazione dei dati necessari all'applicazione delle norme contenute nel presente articolo nonché dei dati relativi all'accantonamento effettuato nell'anno precedente ed all'accantonamento complessivo risultante a credito del lavoratore. Si applicano altresì le disposizioni di cui ai commi secondo, terzo e quarto dell'articolo 4 del predetto decreto-legge. Le disposizioni del presente comma non si applicano al rapporto di lavoro domestico.

10. Per i giornalisti e per i dirigenti di aziende industriali, il fondo di garanzia per il trattamento di fine rapporto è gestito, rispettivamente, dall'Istituto nazionale di previdenza dei giornalisti italiani "Giovanni Amendola" e dall'Istituto nazionale di previdenza per i dirigenti di aziende industriali.

(1) La Corte costituzionale con sent. 12/2/1996, n. 30 ha dichiarato non fondata la questione di legittimità costituzionale di tale articolo in riferimento all'art. 3 Cost.

(2) Comma introdotto dal d.lg. 19/8/2005, n. 186 di attuazione della direttiva 2002/74/CE concernente la tutela dei lavoratori subordinati in caso di insolvenza del datore di lavoro.

3. Norme in materia pensionistica. – *Omissis.*

4. Disposizioni finali. – Le indennità di cui agli articoli 351, 352, 919 e 920 del codice della navigazione, approvato con regio decreto 30 marzo 1942, n. 327, sono sostituite dal trattamento di fine rapporto disciplinato dall'articolo 2120 del codice civile.

Quando a norma del capo IV del titolo IV del codice della navigazione, approvato con regio decreto 30 marzo 1942, n. 327, il trattamento o altra indennità di fine rapporto sono commisurati alla retribuzione, questa si intende determinata e regolata dai contratti collettivi di lavoro.

La disposizione di cui al sesto comma dell'articolo 2120 del codice civile non si applica alle aziende dichiarate in crisi ai sensi della legge 12 agosto 1977, n. 675, e successive modificazioni.

Le norme di cui all'articolo 2120 del codice civile e ai commi secondo, terzo, quarto, quinto e sesto dell'articolo 5 della presente legge si applicano a tutti i rapporti di lavoro subordinato per i quali siano previste forme di indennità di anzianità, di fine lavoro, di buonuscita, comunque denominate e da qualsiasi fonte disciplinate.

Restano salve le indennità corrisposte alla cessazione del rapporto aventi natura e funzione diverse da quelle delle indennità di cui al comma precedente.

Resta altresì ferma la disciplina legislativa del trattamento di fine servizio dei dipendenti pubblici.

Il fondo di cui all'articolo 3 del regio decreto-legge 8 gennaio 1942, n. 5, convertito, con modificazioni, nella legge 2 ottobre 1942, n. 1251, è soppresso.

Le disponibilità del fondo di cui al precedente comma sono devolute ai datori di lavoro aventi diritto, proporzionalmente agli accantonamenti effettuati a norma di legge. Le modalità di liquidazione delle disponibilità anzidette sono stabilite con decreto del Ministro del lavoro e della previdenza sociale, di concerto con il Ministro del tesoro.

Sono abrogati gli articoli 1 e 1-bis del decreto-legge 1 febbraio 1977, n. 12, convertito, con modificazioni, nella legge 31 marzo 1977, n. 91.

Sono abrogate tutte le altre norme di legge o aventi forza di legge che disciplinano le forme di indennità di anzianità, di fine rapporto e di buonuscita, comunque denominate.

Sono nulle e vengono sostituite di diritto dalle norme della presente legge tutte le clausole dei contratti collettivi regolanti la materia del trattamento di fine rapporto.

Nei casi in cui norme di legge o aventi forza di legge o clausole di contratti collettivi facciano richiamo agli istituti indicati al precedente decimo comma o alle fonti regolatrici di essi, il richiamo deve intendersi riferito al trattamento di fine rapporto di cui all'articolo 1 della presente legge.

5. Disposizioni transitorie. – L'indennità di anzianità che sarebbe spettata ai singoli prestatori di lavoro in caso di cessazione del rapporto all'atto dell'entrata in vigore della presente legge è calcolata secondo la disciplina vigente sino a tale momento e si cumula a tutti gli effetti con il trattamento di cui all'articolo 2120 del codice civile. Si applicano le disposizioni del quarto e quinto comma dell'articolo 2120 del codice civile.

A parziale deroga del secondo e terzo comma dell'articolo 2120 del codice civile, gli aumenti dell'indennità di contingenza o di emolumenti di analoga natura, maturati a partire dal 1 febbraio 1977 e fino al 31 maggio 1982, sono computati nella retribuzione annua utile nelle seguenti misure e scadenze:

25 punti a partire dal 1 gennaio 1983;

ulteriori 25 punti a partire dal 1 luglio 1983;
ulteriori 25 punti a partire dal 1 gennaio 1984;
ulteriori 25 punti a partire dal 1 luglio 1984;
ulteriori 25 punti a partire dal 1 gennaio 1985;
ulteriori 25 punti a partire dal 1 luglio 1985;
i residui punti a partire dal 1 gennaio 1986.

In caso di risoluzione del rapporto di lavoro anteriormente all'anno 1986, gli aumenti dell'indennità di contingenza o di emolumenti di analoga natura maturati a partire dal 1 febbraio 1977 e fino al 31 maggio 1982 e non ancora computati a norma del comma precedente, sono corrisposti in aggiunta al trattamento di fine rapporto maturato.

Fino al 31 dicembre 1989, e salvo disposizioni più favorevoli dei contratti collettivi, nei confronti dei lavoratori che all'atto dell'entrata in vigore della presente legge fruiscono dell'indennità di anzianità in misura inferiore a quella prevista dalla legge 18 dicembre 1960, n. 1561, le misure espresse in ore o giorni indicate dai contratti collettivi per l'indennità di anzianità sono commisurate proporzionalmente all'importo della retribuzione di ciascun anno divisa per 13,5.

Entro la data di cui al comma precedente tutte le categorie di lavoratori debbono fruire del trattamento previsto dall'articolo 1 della presente legge.

Le disposizioni di cui ai precedenti quarto e quinto comma si applicano anche al personale navigante con le qualifiche di "sottufficiale" e di "comune".

È riaperto, fino al 31 maggio 1982, il termine stabilito nell'articolo 23 del decreto-legge 8 aprile 1974, n. 95, convertito, con modificazioni, nella legge 7 giugno 1974, n. 216, per il versamento degli accantonamenti e per l'adeguamento dei contratti di assicurazione e capitalizzazione di cui al decreto-legge 8 gennaio 1942, n. 5, convertito, con modificazioni, nella legge 2 ottobre 1942, n. 1251.

Per l'anno 1982 l'incremento dell'indice dei prezzi al consumo per le famiglie di operai e di impiegati del mese di dicembre è quello risultante rispetto all'indice del mese di maggio.

La presente legge entra in vigore il giorno successivo alla sua pubblicazione nella Gazzetta Ufficiale (1).

(1) La presente legge è stata pubblicata in G.U. 31/5/1982, n. 147.

L. 11 maggio 1990, n. 108

Disciplina dei licenziamenti individuali

1. Reintegrazione (1). – *Omissis*.

(1) Tale articolo sostituisce l'art. 18, co. 1, 2, l. 20/5/1970, n. 300.

2. Riassunzione o risarcimento del danno. – 1. I datori di lavoro privati, imprenditori non agricoli e non imprenditori, e gli enti pubblici di cui all'articolo 1 della legge 15 luglio 1966, n. 604, che occupano alle loro dipendenze fino a quindici lavoratori ed i datori di lavoro imprenditori agricoli che occupano alle loro dipendenze fino a cinque lavoratori computati con il criterio di cui all'articolo 18 della legge 20 maggio 1970, n. 300, come modificato dall'articolo 1 della presente legge, sono soggetti all'applicazione delle disposizioni di cui alla legge 15 luglio 1966, n. 604, così come modificata dalla presente legge. Sono altresì soggetti all'applicazione di dette disposizioni i datori di lavoro che occupano fino a sessanta dipendenti, qualora non sia applicabile il disposto dell'articolo 18 della legge 20 maggio 1970, n. 300, come modificato dall'articolo 1 della presente legge.

2-3. *Omissis* (1).

(1) Tali commi hanno sostituito rispettivamente l'art. 2 e l'art. 8 della l. 15/7/1966, n. 604.

3. Licenziamento discriminatorio (1). – 1. Il licenziamento determinato da ragioni discriminatorie ai sensi dell'articolo 4 della legge 15 luglio 1966, n. 604, e dell'articolo 15 della legge 20 maggio 1970, n. 300, come modificato dall'articolo 13 della legge 9 dicembre 1977, n. 903, è nullo indipendentemente dalla motivazione addotta e comporta, quale che sia il numero dei dipendenti occupati dal datore di lavoro, le conseguenze previste dall'articolo 18 della legge 20 maggio 1970, n. 300, come modificato dalla presente legge. Tali disposizioni si applicano anche ai dirigenti.

(1) V. anche d.lg. 26/3/2001, n. 151 per la nullità del licenziamento determinato dalla fruizione di congedi parentali e familiari.

4. Area di non applicazione. – 1. Fermo restando quanto previsto dall'articolo 3, le disposizioni degli articoli 1 e 2 non trovano applicazione nei rapporti disciplinati dalla legge 2 aprile 1958, n. 339. La disciplina di cui all'articolo 18 della legge 20 maggio 1970, n. 300, come modificato dall'articolo 1 della presente legge, non trova applicazione nei confronti dei datori di lavoro non imprenditori che svolgono senza fini di lucro attività di natura politica, sindacale, culturale, di istruzione ovvero di religione o di culto.

2. Le disposizioni di cui all'articolo 18 della legge 20 maggio 1970, n. 300, come modificato dall'articolo 1 della presente legge, e dell'articolo 2 non si applicano nei confronti dei prestatori di lavoro ultrasessantenni, in possesso dei requisiti pensionistici, sempre che non abbiano optato per la prosecuzione del rapporto di lavoro ai sensi dell'articolo 6 del decreto-legge 22 dicembre 1981, n. 791, convertito, con modificazioni, dalla legge 26 febbraio 1982, n. 54 (1). Sono fatte salve le disposizioni dell'articolo 3 della presente legge e dell'articolo 9 della legge 15 luglio 1966, n. 604.

(1) V. art 6, co. 2-bis, d.l. 31/12/2007, n. 248, conv. in l. 28/2/2008, n. 31, che dispone «L'efficacia delle disposizioni di cui all'articolo 18 della legge 20 maggio 1970, n. 300, e successive modificazioni, nei confronti del prestatore di lavoro nelle condizioni previste dall'articolo 4, comma 2, della legge 11 maggio 1990, n. 108, è comunque prorogata fino al momento della decorrenza del trattamento pensionistico di vecchiaia spettante al prestatore medesimo».

5. Tentativo obbligatorio di conciliazione, arbitrato e spese processuali (1). – 1. La domanda in giudizio di cui all'articolo 2 della presente legge non può essere proposta se non è preceduta dalla richiesta di conciliazione avanzata secondo le procedure previste dai contratti e accordi collettivi di lavoro, ovvero dagli articoli 410 e 411 del codice di procedura civile.

2. L'improcedibilità della domanda è rilevabile anche d'ufficio nella prima udienza di discussione.

3. Ove il giudice rilevi l'improcedibilità della domanda a norma del comma 2 sospende il giudizio e fissa alle parti un termine perentorio non superiore a sessanta giorni per la proposizione della richiesta del tentativo di conciliazione.

4. Il processo deve essere riassunto a cura di una delle parti nel termine perentorio di centottanta giorni, che decorre dalla cessazione della causa di sospensione.

5. La comunicazione al datore di lavoro della richiesta di espletamento della procedura obbligatoria di conciliazione avvenuta nel termine di cui all'articolo 6 della legge 15 luglio 1966, n. 604, impedisce la decadenza sancita nella medesima norma.

6. Ove il tentativo di conciliazione fallisca, ciascuna delle parti entro il termine di venti giorni può promuovere, anche attraverso l'associazione sindacale a cui è iscritta o conferisca mandato, il deferimento della controversia al collegio di arbitrato previsto dal contratto collettivo nazionale di lavoro applicabile o, in mancanza, ad un collegio composto da un rappresentante scelto da ciascuna parte e da un presidente scelto di comune accordo o, in difetto, dal direttore dell'ufficio provinciale del lavoro e della massima occupazione. Il collegio si pronuncia entro trenta giorni e la sua decisione acquista efficacia di titolo esecutivo osservate le disposizioni dell'articolo 411 del codice di procedura civile.

7. Il comportamento complessivo delle parti viene valutato dal giudice per l'applicazione degli articoli 91, 92, 96 del codice di procedura civile.

(1) V. Corte cost. 4/3/1992, n. 82.

6. Abrogazioni. – 1. Nel primo comma dell'articolo 35 della legge 20 maggio 1970, n. 300, sono soppresse le parole "dell'articolo 18 e".

2. Il primo comma dell'articolo 11 della legge 15 luglio 1966, n. 604, è abrogato.

D.lg. 4 marzo 2015, n. 23

Disposizioni in materia di contratto di lavoro a tempo indeterminato a tutele crescenti, in attuazione della legge 10 dicembre 2014, n. 183

(G.U. 6 marzo 2015, n. 54)

1. Campo di applicazione. – 1. Per i lavoratori che rivestono la qualifica di operai, impiegati o quadri, assunti con contratto di lavoro subordinato a tempo indeterminato a decorrere dalla data di entrata in vigore del presente decreto, il regime di tutela nel caso di licenziamento illegittimo è disciplinato dalle disposizioni di cui al presente decreto.

2. Le disposizioni di cui al presente decreto si applicano anche nei casi di conversione, successiva all'entrata in vigore del presente decreto, di contratto a tempo determinato o di apprendistato in contratto a tempo indeterminato.

Nel caso in cui il datore di lavoro, in conseguenza di assunzioni a tempo indeterminato avvenute successivamente all'entrata in vigore del presente decreto, integri il requisito occupazionale di cui all'articolo 18, ottavo e nono comma, della legge 20 maggio 1970, n. 300, e successive modificazioni, il licenziamento dei lavoratori, anche se assunti precedentemente a tale data, è disciplinato dalle disposizioni del presente decreto.

2. Licenziamento discriminatorio, nullo e intimato in forma orale. – 1. Il giudice, con la pronuncia con la quale dichiara la nullità del licenziamento perché discriminatorio a norma dell'articolo 15 della legge 20 maggio 1970, n. 300, e successive modificazioni, ovvero perché riconducibile agli altri casi di nullità espressamente previsti dalla legge, ordina al datore di lavoro, imprenditore o non imprenditore, la reintegrazione del lavoratore nel posto di lavoro, indipendentemente dal motivo formalmente addotto. A seguito dell'ordine di reintegrazione, il rapporto di lavoro si intende risolto quando il lavoratore non abbia ripreso servizio entro trenta giorni dall'invito del datore di lavoro, salvo il caso in cui abbia richiesto l'indennità di cui al comma 3. Il regime di cui al presente articolo si applica anche al licenziamento dichiarato inefficace perché intimato in forma orale.

2. Con la pronuncia di cui al comma 1, il giudice condanna altresì il datore di lavoro al risarcimento del danno subito dal lavoratore per il licenziamento di cui sia stata accertata la nullità e l'inefficacia, stabilendo a tal fine un'indennità commisurata all'ultima retribuzione di riferimento per il calcolo del trattamento di fine rapporto, corrispondente al periodo dal giorno del licenziamento sino a quello dell'effettiva reintegrazione, dedotto quanto percepito, nel periodo di estromissione, per lo svolgimento di altre attività lavorative. In ogni caso la misura del risarcimento non potrà essere inferiore a cinque mensilità dell'ultima retribuzione di riferimento per il calcolo del trattamento di fine rapporto. Il datore di lavoro è condannato, altresì, per il medesimo periodo, al versamento dei contributi previdenziali e assistenziali.

3. Fermo restando il diritto al risarcimento del danno come previsto al comma 2, al lavoratore è data la facoltà di chiedere al datore di lavoro, in sostituzione della reintegrazione nel posto di lavoro, un'indennità pari a quindici mensilità dell'ultima retribuzione di riferimento per il calcolo del trattamento di fine rapporto, la cui richiesta determina la risoluzione del rapporto di lavoro, e che non è assoggettata a contribuzione previdenziale. La richiesta dell'indennità deve essere effettuata entro trenta giorni dalla comunicazione del deposito della pronuncia o dall'invito del datore di lavoro a riprendere servizio, se anteriore alla predetta comunicazione.

4. La disciplina di cui al presente articolo trova applicazione anche nelle ipotesi in cui il giudice accerta il difetto di giustificazione per motivo consistente nella disabilità fisica o psichica del lavoratore, anche ai sensi degli articoli 4, comma 4, e 10, comma 3, della legge 12 marzo 1999, n. 68.

3. Licenziamento per giustificato motivo e giusta causa. – 1. Salvo quanto disposto dal comma 2, nei casi in cui risulta accertato che non ricorrono gli estremi del licenziamento per giustificato motivo oggettivo o per giustificato motivo soggettivo o giusta causa, il giudice dichiara estinto il rapporto di lavoro alla data del licenziamento e condanna il datore di lavoro al pagamento di un'indennità non assoggettata a contribuzione previdenziale di importo pari a due mensilità dell'ultima retribuzione di riferimento per il calcolo del trattamento di fine rapporto per ogni anno di servizio, in misura comunque non inferiore a sei e non superiore a trentasei mensilità (1).

2. Esclusivamente nelle ipotesi di licenziamento per giustificato motivo soggettivo o per giusta causa in cui sia direttamente dimostrata in giudizio l'insussistenza del fatto materiale contestato al lavoratore, rispetto alla quale resta estranea ogni valutazione circa la sproporzione del licenziamento, il giudice annulla il licenziamento e condanna il datore di lavoro alla reintegrazione del lavoratore nel posto di lavoro e al pagamento di un'indennità risarcitoria commisurata all'ultima retribuzione di riferimento per il calcolo del trattamento

di fine rapporto, corrispondente al periodo dal giorno del licenziamento fino a quello dell'effettiva reintegrazione, dedotto quanto il lavoratore abbia percepito per lo svolgimento di altre attività lavorative, nonché quanto avrebbe potuto percepire accettando una congrua offerta di lavoro ai sensi dell'articolo 4, comma 1, lettera c), del decreto legislativo 21 aprile 2000, n. 181, e successive modificazioni. In ogni caso la misura dell'indennità risarcitoria relativa al periodo antecedente alla pronuncia di reintegrazione non può essere superiore a dodici mensilità dell'ultima retribuzione di riferimento per il calcolo del trattamento di fine rapporto. Il datore di lavoro è condannato, altresì, al versamento dei contributi previdenziali e assistenziali dal giorno del licenziamento fino a quello dell'effettiva reintegrazione, senza applicazione di sanzioni per omissione contributiva. Al lavoratore è attribuita la facoltà di cui all'articolo 2, comma 3.

3. Al licenziamento dei lavoratori di cui all'articolo 1 non trova applicazione l'articolo 7 della legge 15 luglio 1966, n. 604, e successive modificazioni.

(1) Testo modificato dall'art. 3 del d.l. 12/7/2018, n. 87, conv., con modif., dalla l. 9/8/2018, n. 96 Nel testo previgente in termine era non inferiore a quattro e non superiore a ventiquattro mensilità.
La Corte Costituzionale, sent. 26/9-8/11/2018, n. 194 (in G.U. 1ª s.s. 14/11/2018 n. 45), ha dichiarato «l'illegittimità costituzionale dell'art. 3, comma 1, del decreto legislativo 4 marzo 2015, n. 23 (Disposizioni in materia di contratto di lavoro a tempo indeterminato a tutele crescenti, in attuazione della legge 10/12/2014, n. 183)» – sia nel testo originario sia nel testo modificato dall'art. 3, co. 1, d.l. 12/7/2018, n. 87 (Disposizioni urgenti per la dignità dei lavoratori e delle imprese), conv., con modif., nella l. 9/8/2018, n. 96 – limitatamente alle parole «di importo pari a due mensilità dell'ultima retribuzione di riferimento per il calcolo del trattamento di fine rapporto per ogni anno di servizio».

4. Vizi formali e procedurali. – 1. Nell'ipotesi in cui il licenziamento sia intimato con violazione del requisito di motivazione di cui all'articolo 2, comma 2, della legge n. 604 del 1966 o della procedura di cui all'articolo 7 della legge n. 300 del 1970, il giudice dichiara estinto il rapporto di lavoro alla data del licenziamento e condanna il datore di lavoro al pagamento di un'indennità non assoggettata a contribuzione previdenziale di importo pari a una mensilità dell'ultima retribuzione di riferimento per il calcolo del trattamento di fine rapporto per ogni anno di servizio, in misura comunque non inferiore a due e non superiore a dodici mensilità, a meno che il giudice, sulla base della domanda del lavoratore, accerti la sussistenza dei presupposti per l'applicazione delle tutele di cui agli articoli 2 e 3 del presente decreto.

5. Revoca del licenziamento. – 1. Nell'ipotesi di revoca del licenziamento, purché effettuata entro il termine di quindici giorni dalla comunicazione al datore di lavoro dell'impugnazione del medesimo, il rapporto di lavoro si intende ripristinato senza soluzione di continuità, con diritto del lavoratore alla retribuzione maturata nel periodo precedente alla revoca, e non trovano applicazione i regimi sanzionatori previsti dal presente decreto.

6. Offerta di conciliazione. – 1. In caso di licenziamento dei lavoratori di cui all'articolo 1, al fine di evitare il giudizio e ferma restando la possibilità per le parti di addivenire a ogni altra modalità di conciliazione prevista dalla legge, il datore di lavoro può offrire al lavoratore, entro i termini di impugnazione stragiudiziale del licenziamento, in una delle sedi di cui all'articolo 2113, quarto comma, del codice civile, e all'articolo 76 del decreto legislativo 10 settembre 2003, n. 276, e successive modificazioni, un importo che non costituisce reddito imponibile ai fini dell'imposta sul reddito delle persone fisiche e non è assoggettato a contribuzione previdenziale, di ammontare pari a una mensilità della retribuzione di riferimento per il calcolo del trattamento di fine rapporto per ogni anno di servizio, in misura comunque non inferiore a tre e non superiore a ventisette mensilità, mediante consegna al lavoratore di un assegno circolare. (1) L'accettazione dell'assegno in tale sede da parte del lavoratore comporta l'estinzione del rapporto alla data del licenziamento e la rinuncia alla impugnazione del licenziamento anche qualora il lavoratore l'abbia già proposta. Le eventuali ulteriori somme pattuite nella stessa sede conciliativa a chiusura di ogni altra pendenza derivante dal rapporto di lavoro sono soggette al regime fiscale ordinario.

2. Alle minori entrate derivanti dal comma 1 valutate in 2 milioni di euro per l'anno 2015, 7,9 milioni di euro per l'anno 2016, 13,8 milioni di euro per l'anno 2017, 17,5 milioni di euro per l'anno 2018, 21,2 milioni di euro per l'anno 2019, 24,4 milioni di euro per l'anno 2020, 27,6 milioni di euro per l'anno 2021, 30,8 milioni di euro per l'anno 2022, 34,0 milioni di euro per l'anno 2023 e 37,2 milioni di euro annui a decorrere dall'anno 2024 si provvede mediante corrispondente riduzione del fondo di cui all'articolo 1, comma 107, della legge 23 dicembre 2014, n. 190.

3. Il sistema permanente di monitoraggio e valutazione istituito a norma dell'articolo 1, comma 2, della legge 28 giugno 2012, n. 92, assicura il monitoraggio sull'attuazione della presente disposizione.

4. A tal fine la comunicazione obbligatoria telematica di cessazione del rapporto di cui all'articolo 4-bis del decreto legislativo 21 aprile 2000, n. 181, e successive modificazioni, è integrata da una ulteriore comunicazione, da effettuarsi da parte del datore di lavoro entro 65 giorni dalla cessazione del rapporto, nella quale deve essere indicata l'avvenuta ovvero la non avvenuta conciliazione di cui al comma 1 e la cui omissione è assoggettata alla medesima sanzione prevista per l'omissione della comunicazione di cui al predetto articolo 4-bis. Il modello di trasmissione della comunicazione obbligatoria è conseguentemente riformulato. Alle attività di cui al presente comma si provvede con le risorse umane, strumentali e finanziarie disponibili a legislazione vigente e, comunque, senza nuovi o maggiori oneri per la finanza pubblica.

(1) Testo modificato dall'art. 3, co. 1-bis, d.l. 12/7/2018, n. 87, conv., con modif., dalla l. 9/8/2018, n. 96 Nel testo previgente il termine era non inferiore a due e non superiore a diciotto mensilità.

7. Computo dell'anzianità negli appalti. – 1. Ai fini del calcolo delle indennità e dell'importo di cui all'articolo 3, comma 1, all'articolo 4, e all'articolo 6, l'anzianità di servizio del lavoratore che passa alle dipendenze dell'impresa subentrante nell'appalto si computa tenendosi conto di tutto il periodo durante il quale il lavoratore è stato impiegato nell'attività appaltata.

8. Computo e misura delle indennità per frazioni di anno. – 1. Per le frazioni di anno d'anzianità di servizio, le indennità e l'importo di cui all'articolo 3, comma 1, all'articolo 4, e all'articolo 6, sono riproporzionati e le frazioni di mese uguali o superiori a quindici giorni si computano come mese intero.

9. Piccole imprese e organizzazioni di tendenza. – 1. Ove il datore di lavoro non raggiunga i requisiti dimensionali di cui all'articolo 18, ottavo e nono comma, della legge n. 300 del 1970, non si applica l'articolo 3, comma 2, e l'ammontare delle indennità e dell'importo previsti dall'articolo 3, comma 1, dall'articolo 4, comma 1 e dall'articolo 6, comma 1, è dimezzato e non può in ogni caso superare il limite di sei mensilità.

2. Ai datori di lavoro non imprenditori, che svolgono senza fine di lucro attività di natura politica, sindacale, culturale, di istruzione ovvero di religione o di culto, si applica la disciplina di cui al presente decreto.

10. Licenziamento collettivo. – 1. n caso di licenziamento collettivo ai sensi degli articoli 4 e 24 della legge 23 luglio 1991, n. 223, intimato senza l'osservanza della forma scritta, si applica il regime sanzionatorio di cui all'articolo 2 del presente decreto. In caso di violazione delle procedure richiamate all'articolo 4, comma 12 nonché di violazione delle procedure di cui all'articolo 189, comma 6, del codice della crisi e dell'insolvenza, o dei criteri di scelta di cui all'articolo 5, comma 1, della legge n. 223 del 1991, si applica il regime di cui all'articolo 3, comma 1 (1).

(1) Comma modificato dall'art. 368, co. 2, d.lg. 12/1/2019, n. 14, a decorrere dal 15/7/2022, ai sensi di quanto stabilito dall'art. 389, co. 1, d.lg. n. 14/2019, come modificato dall'art. 5, co. 1, d.l. 8/4/2020, n. 23, conv., con modif., dalla l. 5//6/2020, n. 40, dall'art. 1, co. 1, lett. b), d.l. 24/8/2021, n. 118, conv, con modif., dalla l. 21/10/2021, n. 147 e successivamente dall'ar. 42, co. 1, d.l.. 30/4/2022, n. 36, conv., con modif., dalla l. 29/6/2022, n. 79.

11. Rito applicabile. – 1. Ai licenziamenti di cui al presente decreto non si applicano le disposizioni dei commi da 48 a 68 dell'articolo 1 della legge 28 giugno 2012, n. 92.

12. Entrata in vigore. – 1. Il presente decreto entra in vigore il giorno successivo a quello della sua pubblicazione nella Gazzetta Ufficiale della Repubblica italiana.

Il presente decreto, munito del sigillo dello Stato, sarà inserito nella Raccolta ufficiale degli atti normativi della Repubblica italiana. È fatto obbligo a chiunque spetti di osservarlo e di farlo osservare.

D.lg. 15 giugno 2015, n. 80

Misure per la conciliazione delle esigenze di cura, di vita e di lavoro, in attuazione dell'articolo 1, commi 8 e 9, della legge 10 dicembre 2014, n. 183

IL PRESIDENTE DELLA REPUBBLICA

Visti gli articoli 76 e 87, quinto comma, della Costituzione;

Vista la legge 10 dicembre 2014, n. 183, recante: «Deleghe al Governo in materia di riforma degli ammortizzatori sociali, dei servizi per il lavoro e delle politiche attive, nonché in materia di riordino della disciplina dei rapporti di lavoro e dell'attività ispettiva e di tutela e conciliazione delle esigenze di cura, di vita e di lavoro», e in particolare l'articolo 1, commi 8 e 9, che conferisce delega al Governo ad adottare uno o più decreti legislativi per la revisione e l'aggiornamento delle misure volte a tutelare la maternità e le forme di conciliazione dei tempi di vita e di lavoro;

Visto il testo unico delle disposizioni legislative in materia di tutela e sostegno della maternità e della paternità, di cui al decreto legislativo 26 marzo 2001, n. 151.";

Visto il decreto legislativo 18 luglio 2011, n. 119, recante: «Attuazione dell'articolo 23 della legge 4 novembre 2010, n. 183, recante delega al Governo per il riordino della normativa in materia di congedi, aspettative e permessi.»;

Vista la legge 8 marzo 2000, n. 53, recante: «Disposizioni per il sostegno della maternità e della paternità, per il diritto alla cura e alla formazione e per il coordinamento dei tempi delle città.»;

Vista la legge 5 febbraio 1992, n. 104, recante: «Legge-quadro per l'assistenza, l'integrazione sociale e i diritti delle persone handicappate.»;

Visto il decreto-legge 14 agosto 2013, n. 93, convertito, con modificazioni, dalla legge 15 ottobre 2013, n. 119, recante: «Disposizioni urgenti in materia di sicurezza e per il contrasto della violenza di genere, nonché in tema di protezione civile e di commissariamento delle province.»;

Vista la preliminare deliberazione del Consiglio dei ministri, adottata nella riunione del 20 febbraio 2015;

Acquisiti i pareri delle competenti Commissioni parlamentari della Camera dei deputati e del Senato della Repubblica;

Vista la deliberazione del Consiglio dei ministri, adottata nella riunione dell'11 giugno 2015;

Sulla proposta del Ministro del lavoro e delle politiche sociali, di concerto con i Ministri dell'economia e delle finanze e per la semplificazione e la pubblica amministrazione;

Emana

il seguente decreto legislativo:

Art. 1. – 1. Le disposizioni del presente decreto legislativo, in attuazione dell'articolo 1, commi 8 e 9, della legge 10 dicembre 2014, n. 183, recano misure volte a tutelare la maternità delle lavoratrici e a favorire le opportunità di conciliazione dei tempi di vita e di lavoro per la generalità dei lavoratori.

Art. 2. – 1. Al decreto legislativo 26 marzo 2001, n. 151, sono apportate le seguenti modificazioni:

a) all'articolo 16, comma 1, la lettera d) è sostituita dalla seguente:

«d) durante i giorni non goduti prima del parto, qualora il parto avvenga in data anticipata rispetto a quella presunta. Tali giorni si aggiungono al periodo di congedo di maternità dopo il parto, anche qualora la somma dei periodi di cui alle lettere a) e c) superi il limite complessivo di cinque mesi.»;

b) dopo l'articolo 16 è inserito il seguente:

«Art. 16-bis (Rinvio e sospensione del congedo di maternità). – 1. In caso di ricovero del neonato in una struttura pubblica o privata, la madre ha diritto di chiedere la sospensione del congedo di maternità per il periodo di cui all'articolo 16, comma 1, lettere c) e d), e di godere del congedo, in tutto o in parte, dalla data di dimissione del bambino.

2. Il diritto di cui al comma 1 può essere esercitato una sola volta per ogni figlio ed è subordinato alla produzione di attestazione medica che dichiari la compatibilità dello stato di salute della donna con la ripresa dell'attività lavorativa.».

Art. 3. – 1. All'articolo 24 del decreto legislativo 26 marzo 2001, n. 151, il comma 1 è sostituito dal seguente:

«1. L'indennità di maternità è corrisposta anche nei casi di risoluzione del rapporto di lavoro previsti dall'articolo 54, comma 3, lettere a), b) e c), che si verifichino durante i periodi di congedo di maternità previsti dagli articoli 16 e 17».

Art. 4. – 1. All'articolo 26 del decreto legislativo 26 marzo 2001, n. 151, dopo il comma 6 è inserito il seguente:

«6-bis. La disposizione di cui all'articolo 16-bis trova applicazione anche al congedo di maternità disciplinato dal presente articolo.».

Art. 5. – 1. All'articolo 28 del decreto legislativo 26 marzo 2001, n. 151, sono apportate le seguenti modifiche:

a) dopo il comma 1 sono inseriti i seguenti:

«1-bis. Le disposizioni di cui al comma 1, si applicano anche qualora la madre sia lavoratrice autonoma avente diritto all'indennità di cui all'articolo 66».

1-ter. L'indennità di cui all'articolo 66 spetta al padre lavoratore autonomo, previa domanda all'INPS, per tutta la durata del congedo di maternità o per la parte residua che sarebbe spettata alla lavoratrice in caso di morte o di grave infermità della madre ovvero di abbandono, nonché in caso di affidamento esclusivo del bambino al padre»;

b) il comma 2 è sostituito dal seguente:

«2. Il padre lavoratore che intende avvalersi del diritto di cui ai commi 1 e 1-bis presenta al datore di lavoro la certificazione relativa alle condizioni ivi previste. In caso di abbandono, il padre lavoratore ne rende dichiarazione ai sensi dell'articolo 47 del decreto del Presidente della Repubblica 28 dicembre 2000, n. 445.

L'INPS provvede d'ufficio agli accertamenti amministrativi necessari all'erogazione dell'indennità di cui al comma 1-ter, con le risorse umane, strumentali e finanziarie previste a legislazione vigente.».

Art. 6. – 1. All'articolo 31 del decreto legislativo 26 marzo 2001, n. 151, il comma 2 è sostituito dal seguente:

«2. Il congedo di cui all'articolo 26, comma 4, spetta, alle medesime condizioni, al lavoratore anche qualora la madre non sia lavoratrice. L'ente autorizzato che ha ricevuto l'incarico di curare la procedura di adozione certifica la durata del periodo di permanenza all'estero del lavoratore.».

Art. 7. – 1. All'articolo 32 del decreto legislativo 26 marzo 2001, n. 151, sono apportate le seguenti modifiche:

a) al comma 1 le parole: «nei primi suoi otto anni di vita» sono sostituite dalle seguenti: «nei primi suoi dodici anni di vita»;

b) dopo il comma 1-bis è inserito il seguente:

«1-ter. In caso di mancata regolamentazione, da parte della contrattazione collettiva, anche di livello aziendale, delle modalità di fruizione del congedo parentale su base oraria, ciascun genitore può scegliere tra la fruizione giornaliera e quella oraria.

La fruizione su base oraria è consentita in misura pari alla metà dell'orario medio giornaliero del periodo di paga quadrisettimanale o mensile immediatamente precedente a quello nel corso del quale ha inizio il congedo parentale. Nei casi di cui al presente comma è esclusa la cumulabilità della fruizione oraria del congedo parentale con permessi o riposi di cui al presente decreto legislativo. Le disposizioni di cui al presente comma non si applicano al personale del comparto sicurezza e difesa e a quello dei vigili del fuoco e soccorso pubblico.»;

c) il comma 3 è sostituito dal seguente:

«3. Ai fini dell'esercizio del diritto di cui al comma 1, il genitore è tenuto, salvo casi di oggettiva impossibilità, a preavvisare il datore di lavoro secondo le modalità e i criteri definiti dai contratti collettivi e, comunque, con un termine di preavviso non inferiore a cinque giorni indicando l'inizio e la fine del periodo di congedo. Il termine di preavviso è pari a 2 giorni nel caso di congedo parentale su base oraria.».

Art. 8. – 1. All'articolo 33, comma 1, del decreto legislativo 26 marzo 2001, n. 151, le parole: «entro il compimento dell'ottavo anno di vita del bambino» sono sostituite dalle seguenti: «entro il compimento del dodicesimo anno di vita del bambino».

Art. 9. – 1. All'articolo 34 del decreto legislativo 26 marzo 2001, n. 151, sono apportate le seguenti modificazioni:

a) al comma 1, le parole: «fino al terzo anno» sono sostituite dalle seguenti: «fino al sesto anno»;

b) al comma 3 dopo le parole: «è dovuta» sono inserite le seguenti: «, fino all'ottavo anno di vita del bambino,».

Art. 10. – 1. All'articolo 36 del decreto legislativo 26 marzo 2001, n. 151, sono apportate le seguenti modifiche:

a) al comma 2 le parole: «entro otto anni dall'ingresso del minore in famiglia» sono sostituite dalle seguenti: «entro dodici anni dall'ingresso del minore in famiglia;

b) il comma 3 è sostituito dal seguente:

«3. L'indennità di cui all'articolo 34, comma 1, è dovuta, per il periodo massimo complessivo ivi previsto, entro i sei anni dall'ingresso del minore in famiglia.».

Art. 11. – 1. All'articolo 53, comma 2, del decreto legislativo 26 marzo 2001, n. 151, dopo la lettera b), è aggiunta la seguente:

«b-bis) la lavoratrice madre adottiva o affidataria di un minore, nei primi tre anni dall'ingresso del minore in famiglia, e comunque non oltre il dodicesimo anno di età o, in alternativa ed alle stesse condizioni, il lavoratore padre adottivo o affidatario convivente con la stessa.».

Art. 12. – 1. All'articolo 55 del decreto legislativo 26 marzo 2001, n. 151, sono apportate le seguenti modificazioni:

a) il comma 1 è sostituito dal seguente:

«1. In caso di dimissioni volontarie presentate durante il periodo per cui è previsto, a norma dell'articolo 54, il divieto di licenziamento, la lavoratrice ha diritto alle indennità previste da disposizioni di legge e contrattuali per il caso di licenziamento. La lavoratrice e il lavoratore che si dimettono nel predetto periodo non sono tenuti al preavviso.»;

b) il comma 5 è abrogato.

Art. 13. – 1. Dopo l'articolo 64 sono inseriti i seguenti:

«Art. 64-bis (Adozioni e affidamenti). – 1. In caso di adozione, nazionale o internazionale, alle lavoratrici di cui all'articolo 2, comma 26, della legge 8 agosto 1995, n. 335, non iscritte ad altre forme obbligatorie, spetta, sulla base di idonea documentazione, un'indennità per i cinque mesi successivi all'effettivo ingresso del minore in famiglia, alle condizioni e secondo le modalità di cui al decreto del Ministro del lavoro e delle politiche sociali, di concerto con il Ministro dell'economia e delle finanze, adottato ai sensi dell'articolo 59, comma 16, della legge 27 dicembre 1997, n. 449.

Art. 64-ter (Automaticità delle prestazioni). – 1. I lavoratori e le lavoratrici iscritti alla gestione separata di cui all'articolo 2, comma 26, della legge 8 agosto 1995, n. 335, non iscritti ad altre forme obbligatorie, hanno diritto all'indennità di maternità anche in caso di mancato versamento alla gestione dei relativi contributi previdenziali da parte del committente.».

Art. 14. – 1. La rubrica del capo XI è sostituita dalla seguente: «Lavoratori autonomi».

Art. 15. – 1. All'articolo 66 del decreto legislativo 26 marzo 2001, n. 151, dopo il comma 1, è aggiunto il seguente:

«1-bis. L'indennità di cui al comma 1 spetta al padre lavoratore autonomo, per il periodo in cui sarebbe spettata alla madre lavoratrice autonoma o per la parte residua, in caso di morte o di grave infermità della madre ovvero di abbandono, nonché in caso di affidamento esclusivo del bambino al padre.».

Art. 16. – 1. All'articolo 67 del decreto legislativo 26 marzo 2001, n. 151, sono apportate le seguenti modifiche:

a) dopo il comma 1 è inserito il seguente:

«1-bis. L'indennità di cui all'articolo 66, comma 1-bis, è erogata previa domanda all'INPS, corredata dalla certificazione relativa alle condizioni ivi previste. In caso di abbandono il padre lavoratore autonomo ne rende dichiarazione ai sensi dell'articolo 47 del decreto del Presidente della Repubblica 28 dicembre 2000, n. 445.»;

b) il comma 2 è sostituito dal seguente:

«2. In caso di adozione o di affidamento, l'indennità di maternità di cui all'articolo 66 spetta, sulla base di idonea documentazione, per i periodi e secondo quanto previsto all'articolo 26.».

Art. 17. – 1. La rubrica del capo XII è sostituita dalla seguente: «Liberi professionisti».

Art. 18. – 1. All'articolo 70 del decreto legislativo 26 marzo 2001, n. 151, dopo il comma 3-bis è aggiunto il seguente:

«3-ter. L'indennità di cui al comma 1 spetta al padre libero professionista per il periodo in cui sarebbe spettata alla madre libera professionista o per la parte residua, in caso di morte o di grave infermità della madre ovvero di abbandono, nonché in caso di affidamento esclusivo del bambino al padre.».

Art. 19. – 1. All'articolo 71 del decreto legislativo 26 marzo 2001, n. 151, dopo il comma 3 è inserito il seguente:

«3-bis. L'indennità di cui all'articolo 70, comma 3-ter è erogata previa domanda al competente ente previdenziale, corredata dalla certificazione relativa alle condizioni ivi previste. In caso di abbandono il padre libero professionista ne rende dichiarazione ai sensi dell'articolo 47 del decreto del Presidente della Repubblica 28 dicembre 2000, n. 445.».

Art. 20. – 1. All'articolo 72 del decreto legislativo 26 marzo 2001, n. 151, sono apportate le seguenti modifiche:

a) il comma 1 è sostituito dal seguente:

«1. In caso di adozione o di affidamento, l'indennità di maternità di cui all'articolo 70 spetta, sulla base di idonea documentazione, per i periodi e secondo quanto previsto all'articolo 26.»;

b) il comma 2 è sostituito dal seguente:

«2. La domanda deve essere presentata dalla madre al competente ente che gestisce forme obbligatorie di previdenza in favore dei liberi professionisti entro il termine perentorio di centottanta giorni dall'ingresso del minore e deve essere corredata da idonee dichiarazioni, ai sensi del decreto del Presidente della Repubblica 28 dicembre 2000, n. 445, attestanti l'inesistenza del diritto a indennità di maternità per qualsiasi altro titolo e la data di effettivo ingresso del minore nella famiglia.».

Art. 21. – 1. All'articolo 85 del decreto legislativo 26 marzo 2001, n. 151, sono apportate le seguenti modificazioni:

a) al comma 1 sono soppresse le lettere m) e z);

b) al comma 2, la lettera h) è sostituita dalla seguente:

«h) il decreto del Ministro della sanità 10 settembre 1998;».

Art. 22. – 1. Al decreto legislativo 8 aprile 2003, n. 66, sono apportate le seguenti modificazioni:

a) all'articolo 11, comma 2, dopo la lettera b), è inserita la seguente:

«b-bis) la lavoratrice madre adottiva o affidataria di un minore, nei primi tre anni dall'ingresso del minore in famiglia, e comunque non oltre il dodicesimo anno di età o, in alternativa ed alle stesse condizioni, il lavoratore padre adottivo o affidatario convivente con la stessa;»;

b) all'articolo 18-bis, comma 1, secondo periodo, dopo le parole:

«lettere a), b)» sono inserite le seguenti: «b-bis) e».

Art. 23. – 1. I datori di lavoro privati che facciano ricorso all'istituto del telelavoro per motivi legati ad esigenze di conciliazione dei tempi di vita e di lavoro in forza di accordi collettivi stipulati da associazioni sindacali comparativamente più rappresentative sul piano nazionale, possono escludere i lavoratori ammessi al telelavoro dal computo dei limiti numerici previsti da leggi e contratti collettivi per l'applicazione di particolari normative e istituti.

Art. 24. – 1. La dipendente di datore di lavoro pubblico o privato, [*con esclusione del lavoro domestico,*] inserita nei percorsi di protezione relativi alla violenza di genere, debitamente certificati dai servizi sociali del comune di residenza o dai centri antiviolenza o dalle case rifugio di cui all'articolo 5-bis decreto-legge 14 agosto 2013, n. 93, convertito, con modificazioni, dalla legge 15 ottobre 2013, n. 119, ha il diritto di astenersi dal lavoro per motivi connessi al suddetto percorso di protezione per un periodo massimo di tre mesi*.

2. Le lavoratrici titolari di rapporti di collaborazione coordinata e continuativa inserite nei percorsi di protezione relativi alla violenza di genere, debitamente certificati dai servizi sociali del Comune di residenza o dai Centri antiviolenza o dalle Case rifugio di cui all'articolo 5-bis, del decreto-legge 14 agosto 2013, n. 93, convertito, con modificazioni, dalla legge 15 ottobre 2013, n. 119, hanno diritto alla sospensione del rapporto contrattuale per motivi connessi allo svolgimento del percorso di protezione, per il periodo corrispondente all'astensione, la cui durata non può essere superiore a tre mesi.

3. Ai fini dell'esercizio del diritto di cui al presente articolo, la lavoratrice, salvo casi di oggettiva impossibilità, è tenuta a preavvisare il datore di lavoro o il committente con un termine di preavviso non inferiore a sette giorni, con l'indicazione dell'inizio e della fine del periodo di congedo e a produrre la certificazione di cui ai commi 1 e 2.

4. Durante il periodo di congedo, la lavoratrice ha diritto a percepire un'indennità corrispondente all'ultima retribuzione, con riferimento alle voci fisse e continuative del trattamento, e il periodo medesimo è coperto da contribuzione figurativa. L'indennità è corrisposta dal datore di lavoro secondo le modalità previste per la corresponsione dei trattamenti economici di maternità. I datori di lavoro privati, nella denuncia contributiva, detraggono l'importo dell'indennità dall'ammontare dei contributi previdenziali dovuti all'ente previdenziale competente. Per i dipendenti dei predetti datori di lavoro privati, compresi quelli per i quali non è prevista l'assicurazione per le prestazioni di maternità, l'indennità di cui al presente comma è corrisposta con le modalità di cui all'articolo 1 del decreto-legge 30 dicembre 1979, n. 663, convertito, con modificazioni, dalla legge 29 febbraio 1980, n. 33. Tale periodo è computato ai fini dell'anzianità di servizio a tutti gli effetti, nonché ai fini della maturazione delle ferie, della tredicesima mensilità e del trattamento di fine rapporto.

5. Il congedo di cui al comma 1 può essere usufruito su base oraria o giornaliera nell'arco temporale di tre anni secondo quanto previsto da successivi accordi collettivi nazionali stipulati da associazioni sindacali comparativamente più rappresentative sul piano nazionale. In caso di mancata regolamentazione, da parte della contrattazione collettiva, delle modalità di fruizione del congedo, la dipendente può scegliere tra la fruizione giornaliera e quella oraria. La fruizione su base oraria è consentita in misura pari alla metà dell'orario medio giornaliero del periodo di paga quadrisettimanale o mensile immediatamente precedente a quello nel corso del quale ha inizio il congedo.

6. La lavoratrice di cui al comma 1 ha diritto alla trasformazione del rapporto di lavoro a tempo pieno in lavoro a tempo parziale, verticale od orizzontale, ove disponibili in organico. Il rapporto di lavoro a tempo parziale deve essere nuovamente trasformato, a richiesta della lavoratrice, in rapporto di lavoro a tempo pieno.

7. Restano in ogni caso salve disposizioni più favorevoli previste dalla contrattazione collettiva.

* Parole soppresse dall'art. 1, co. 217, l. 27/12/2017, n. 250.

Art. 25. – 1. In via sperimentale, per il triennio 2016-2018, una quota pari a 38,3 milioni di euro per l'anno 2016, a 36,2 milioni di euro per l'anno 2017 e a 35,6 milioni di euro per l'anno 2018 delle risorse del Fondo per il finanziamento di sgravi contributivi per incentivare la contrattazione di secondo livello, di cui all'articolo 1, comma 68, ultimo periodo, della legge 24 dicembre 2007, n. 247, e successive modificazioni, è destinata alla promozione della conciliazione tra vita professionale e vita privata, secondo i criteri indicati al comma 2 (1).

2. Con decreto del Ministro del lavoro e delle politiche sociali, di concerto con il Ministro dell'economia e delle finanze, sono definiti criteri e modalità per l'utilizzo delle risorse di cui al comma 1 sulla base delle linee guida elaborate ai sensi del comma 3, attraverso l'adozione di modelli finalizzati a favorire la stipula di contratti collettivi aziendali. Il medesimo decreto definisce ulteriori azioni e modalità di intervento in materia di conciliazione tra vita professionale e vita privata, anche attraverso l'adozione di linee guida e modelli finalizzati a favorire la stipula di contratti collettivi aziendali.

3. All'elaborazione delle linee guida ed al coordinamento delle connesse attività di monitoraggio degli interventi di cui al comma 2 provvede una cabina di regia di cui fanno parte tre rappresentanti designati dal Presidente del Consiglio dei ministri o, rispettivamente, ove nominati, dal Ministro delegato per le politiche della famiglia, dal Ministro delegato per le pari opportunità e dal Ministro delegato per la semplificazione e la pubblica amministrazione, da un rappresentante designato dal Ministro dell'economia e delle finanze, e da un rappresentante designato dal Ministro del lavoro e delle politiche sociali che la presiede. Ai componenti della cabina di regia non spetta alcun compenso, indennità, gettone di presenza, rimborso spese o emolumento comunque denominato. All'attuazione di quanto previsto dal presente comma si provvede con le risorse umane, strumentali e finanziarie disponibili a legislazione vigente e, comunque, senza nuovi o maggiori oneri per la finanza pubblica.

(1) Comma modificato dall'art. 1, co. 191, l. 28/12/2015, n. 208.

Art. 26. – 1. Agli oneri derivanti dagli articoli da 2 a 24 valutati in 104 milioni di euro per l'anno 2015 si provvede mediante corrispondente riduzione del fondo di cui all'articolo 1, comma 107, della legge 23 dicembre 2014, n. 190.

2. Le disposizioni di cui agli articoli 2, 3, 5, 7, 8, 9, 10, 13, 14, 15, 16 e 24 si applicano in via sperimentale esclusivamente per il solo anno 2015 e per le sole giornate di astensione riconosciute nell'anno 2015 medesimo.

3. Il riconoscimento dei benefici per gli anni successivi al 2015 è condizionato alla entrata in vigore di decreti legislativi attuativi dei criteri di delega di cui alla legge 10 dicembre 2014, n. 183, che individuino adeguata copertura finanziaria.

4. Nel caso in cui non entrino in vigore i provvedimenti di cui al comma 3, a decorrere dal 1° gennaio 2016 e con riferimento alle giornate di astensione riconosciute a decorrere dall'anno 2016, le disposizioni modificate dagli articoli 2, 3, 5, 7, 8, 9, 10, 13, 14, 15 e 16 si applicano nel testo vigente prima dell'entrata in vigore del presente decreto.

Art. 27. – 1. Ai sensi dell'articolo 17, comma 12, della legge 31 dicembre 2009, n. 196, il Ministero dell'economia e delle finanze e il Ministero del lavoro e delle politiche sociali, anche avvalendosi del sistema permanente di monitoraggio e valutazione istituito ai sensi dell'articolo 1, comma 2, della legge 28 giugno 2012, n. 92, provvedono al monitoraggio degli effetti finanziari derivanti dalle disposizioni introdotte dal presente decreto. Nel caso in cui si verifichino, o siano in procinto di verificarsi, scostamenti rispetto alle previsioni di spesa di cui all'articolo 26, il Ministro dell'economia e delle finanze provvede, sentito il Ministro del lavoro e delle politiche sociali, con proprio decreto alla rideterminazione dei benefici previsti dai precedenti articoli, avuto riguardo, in particolare, a quanto previsto dagli articoli da 7 a 10. In tal caso, il Ministro dell'economia e delle finanze riferisce alle Camere con apposita relazione ai sensi dell'articolo 17, comma 12, della citata legge di contabilità e finanza pubblica.

Art. 28. – 1. Il presente decreto entra in vigore il giorno successivo a quello della sua pubblicazione nella Gazzetta Ufficiale della Repubblica italiana. Il presente decreto, munito del sigillo dello Stato, sarà inserito nella Raccolta ufficiale degli atti normativi della Repubblica italiana. È fatto obbligo a chiunque spetti di osservarlo e di farlo osservare.

D.lg. 15 giugno 2015, n. 81

Disciplina organica dei contratti di lavoro e revisione della normativa in tema di mansioni, a norma dell'articolo 1, comma 7, della legge 10 dicembre 2014, n. 183

Capo I
Disposizioni in materia di rapporto di lavoro

1. Forma contrattuale comune. – 1. Il contratto di lavoro subordinato a tempo indeterminato costituisce la forma comune di rapporto di lavoro.

2. Collaborazioni organizzate dal committente. – 1. A far data dal 1° gennaio 2016, si applica la disciplina del rapporto di lavoro subordinato anche ai rapporti di collaborazione che si concretano in prestazioni di lavoro prevalentemente personali, continuative e le cui modalità di esecuzione sono organizzate dal committente [anche con riferimento ai tempi e al luogo di lavoro]. Le disposizioni di cui al presente comma si applicano anche qualora le modalità di esecuzione della prestazione siano organizzate mediante piattaforme anche digitali (1).

2. La disposizione di cui al comma 1 non trova applicazione con riferimento:

a) alle collaborazioni per le quali gli accordi collettivi nazionali stipulati da associazioni sindacali comparativamente più rappresentative sul piano nazionale prevedono discipline specifiche riguardanti il trattamento economico e normativo, in ragione delle particolari esigenze produttive ed organizzative del relativo settore;

b) alle collaborazioni prestate nell'esercizio di professioni intellettuali per le quali è necessaria l'iscrizione in appositi albi professionali;

c) alle attività prestate nell'esercizio della loro funzione dai componenti degli organi di amministrazione e controllo delle società e dai partecipanti a collegi e commissioni;

d) alle collaborazioni rese a fini istituzionali in favore delle associazioni e società sportive dilettantistiche affiliate alle federazioni sportive nazionali, alle discipline sportive asso-

*ciate e agli enti di promozione sportiva riconosciuti dal C.O.N.I., come individuati e disciplinati dal decreto legislativo 28 febbraio 2021, n. 36 [, nonché delle società sportive dilettantistiche lucrative]**.

d-bis) alle collaborazioni prestate nell'ambito della produzione e della realizzazione di spettacoli da parte delle fondazioni di cui al decreto legislativo 29 giugno 1996, n. 367 (2).

d-ter) alle collaborazioni degli operatori che prestano le attività di cui alla legge 21 marzo 2001, n. 74 (3).

3. Le parti possono richiedere alle commissioni di cui all'articolo 76 del decreto legislativo 10 settembre 2003, n. 276, la certificazione dell'assenza dei requisiti di cui al comma 1. Il lavoratore può farsi assistere da un rappresentante dell'associazione sindacale cui aderisce o conferisce mandato o da un avvocato o da un consulente del lavoro.

4. La disposizione di cui al comma 1 non trova applicazione nei confronti delle pubbliche amministrazioni. [Dal 1° gennaio 2018 è comunque fatto divieto alle pubbliche amministrazioni di stipulare i contratti di collaborazione di cui al comma 1.] (4).

(1) Comma modificato dall'art. 1, co. 1, lett. a), d.l. 3/9/2019, n. 101, conv., con modif., dalla l. 2/11/2019, n. 128.

* Lettera modificata dall'art. 1, co. 356, l. 27/12/2017, n. 205 e dall'art. 13, co. 2, d.l. 12/7/2018, n. 87, conv., con modif., dalla l. 9/8/2018, n. 96. Per ulteriori disposizioni vedi l'art. 1, co. 358, l. 27/12/2017, n. 205. Successivamente lettera abrogata, a decorrere dal 1/7/2022, dall'art. 52, co. 1, lett. d), d.lg. 28/2/2021, n. 3.

(2) Lettera aggiunta dall'art. 24, co. 3-quater, lett. d), d.l. 24/6/2016, n. 113, conv., con modif., dalla l. 7/8/2016, n. 160.

(3) Lettera aggiunta dall'art. 1, co. 1, lett. 0a), d.l. 12/7/2018, n. 87, conv., con modif., dalla l. 9/8/2018, n. 96.

(4) Comma modificato dall'art. 1, co. 8, d.l. 30/12/2016, n. 244, conv., con modif., dalla l. 27/2/2017, n. 19 e successivamente dall'art. 22, co. 9, d.lg. 25/5/2017, n. 75.

3. Disciplina delle mansioni. – 1. L'articolo 2103 del codice civile è sostituito dal seguente:

«2103. Prestazione del lavoro. – Il lavoratore deve essere adibito alle mansioni per le quali è stato assunto o a quelle corrispondenti all'inquadramento superiore che abbia successivamente acquisito ovvero a mansioni riconducibili allo stesso livello e categoria legale di inquadramento delle ultime effettivamente svolte.

In caso di modifica degli assetti organizzativi aziendali che incide sulla posizione del lavoratore, lo stesso può essere assegnato a mansioni appartenenti al livello di inquadramento inferiore purché rientranti nella medesima categoria legale.

Il mutamento di mansioni è accompagnato, ove necessario, dall'assolvimento dell'obbligo formativo, il cui mancato adempimento non determina comunque la nullità dell'atto di assegnazione delle nuove mansioni.

Ulteriori ipotesi di assegnazione di mansioni appartenenti al livello di inquadramento inferiore, purché rientranti nella medesima categoria legale, possono essere previste dai contratti collettivi.

Nelle ipotesi di cui al secondo e al quarto comma, il mutamento di mansioni è comunicato per iscritto, a pena di nullità, e il lavoratore ha diritto alla conservazione del livello di inquadramento e del trattamento retributivo in godimento, fatta eccezione per gli elementi retributivi collegati a particolari modalità di svolgimento della precedente prestazione lavorativa.

Nelle sedi di cui all'articolo 2113, quarto comma, o avanti alle commissioni di certificazione, possono essere stipulati accordi individuali di modifica delle mansioni, della categoria legale e del livello di inquadramento e della relativa retribuzione, nell'interesse del lavoratore alla conservazione dell'occupazione, all'acquisizione di una diversa professionalità o al miglioramento delle condizioni di vita. Il lavoratore può farsi assistere da un rappresentante dell'associazione sindacale cui aderisce o conferisce mandato o da un avvocato o da un consulente del lavoro.

Nel caso di assegnazione a mansioni superiori il lavoratore ha diritto al trattamento corrispondente all'attività svolta e l'assegnazione diviene definitiva, salvo diversa volontà del lavoratore, ove la medesima non abbia avuto luogo per ragioni sostitutive di altro lavoratore in servizio, dopo il periodo fissato dai contratti collettivi o, in mancanza, dopo sei mesi continuativi.

Il lavoratore non può essere trasferito da un'unità produttiva ad un'altra se non per comprovate ragioni tecniche, organizzative e produttive.

Salvo che ricorrano le condizioni di cui al secondo e al quarto comma e fermo quanto disposto al sesto comma, ogni patto contrario è nullo.».

2. L'articolo 6 della legge 13 maggio 1985, n. 190, è abrogato.

Capo II
Lavoro a orario ridotto e flessibile

Sezione I
Lavoro a tempo parziale

4. Definizione. – 1. Nel rapporto di lavoro subordinato, anche a tempo determinato, l'assunzione può avvenire a tempo pieno, ai sensi dell'articolo 3 del decreto legislativo 8 aprile 2003, n. 66, o a tempo parziale.

5. Forma e contenuti del contratto di lavoro a tempo parziale. – 1. Il contratto di lavoro a tempo parziale è stipulato in forma scritta ai fini della prova.

2. Nel contratto di lavoro a tempo parziale è contenuta puntuale indicazione della durata della prestazione lavorativa e della collocazione temporale dell'orario con riferimento al giorno, alla settimana, al mese e all'anno.

3. Quando l'organizzazione del lavoro è articolata in turni, l'indicazione di cui al comma 2 può avvenire anche mediante rinvio a turni programmati di lavoro articolati su fasce orarie prestabilite.

6. Lavoro supplementare, lavoro straordinario, clausole elastiche. – 1. Nel rispetto di quanto previsto dai contratti collettivi, il datore di lavoro ha la facoltà di richiedere, entro i limiti dell'orario normale di lavoro di cui all'articolo 3 del decreto legislativo n. 66 del 2003, lo svolgimento di prestazioni supplementari, intendendosi per tali quelle svolte oltre l'orario concordato fra le parti ai sensi dell'articolo 5, comma 2, anche in relazione alle giornate, alle settimane o ai mesi.

2. Nel caso in cui il contratto collettivo applicato al rapporto di lavoro non disciplini il lavoro supplementare, il datore di lavoro può richiedere al lavoratore lo svolgimento di prestazioni di lavoro supplementare in misura non superiore al 25 per cento delle ore di lavoro settimanali concordate. In tale ipotesi, il lavoratore può rifiutare lo svolgimento del lavoro supplementare ove giustificato da comprovate esigenze lavorative, di salute, familiari o di formazione professionale. Il lavoro supplementare è retribuito con una maggiorazione del 15 per cento della retribuzione oraria globale di fatto, comprensiva dell'incidenza della retribuzione delle ore supplementari sugli istituti retributivi indiretti e differiti.

3. Nel rapporto di lavoro a tempo parziale è consentito lo svolgimento di prestazioni di lavoro straordinario, così come definito dall'articolo 1, comma 2, lettera c), del decreto legislativo n. 66 del 2003.

4. Nel rispetto di quanto previsto dai contratti collettivi, le

parti del contratto di lavoro a tempo parziale possono pattuire, per iscritto, clausole elastiche relative alla variazione della collocazione temporale della prestazione lavorativa ovvero relative alla variazione in aumento della sua durata.

5. Nei casi di cui al comma 4, il prestatore di lavoro ha diritto a un preavviso di due giorni lavorativi, fatte salve le diverse intese tra le parti, nonché a specifiche compensazioni, nella misura ovvero nelle forme determinate dai contratti collettivi.

6. Nel caso in cui il contratto collettivo applicato al rapporto non disciplini le clausole elastiche queste possono essere pattuite per iscritto dalle parti avanti alle commissioni di certificazione, con facoltà del lavoratore di farsi assistere da un rappresentante dell'associazione sindacale cui aderisce o conferisce mandato o da un avvocato o da un consulente del lavoro. Le clausole elastiche prevedono, a pena di nullità, le condizioni e le modalità con le quali il datore di lavoro, con preavviso di due giorni lavorativi, può modificare la collocazione temporale della prestazione e variarne in aumento la durata, nonché la misura massima dell'aumento, che non può eccedere il limite del 25 per cento della normale prestazione annua a tempo parziale. Le modifiche dell'orario di cui al secondo periodo comportano il diritto del lavoratore ad una maggiorazione del 15 per cento della retribuzione oraria globale di fatto, comprensiva dell'incidenza della retribuzione sugli istituti retributivi indiretti e differiti.

7. Al lavoratore che si trova nelle condizioni di cui all'articolo 8, commi da 3 a 5, ovvero in quelle di cui all'articolo 10, primo comma, della legge 20 maggio 1970, n. 300, è riconosciuta la facoltà di revocare il consenso prestato alla clausola elastica.

8. Il rifiuto del lavoratore di concordare variazioni dell'orario di lavoro non costituisce giustificato motivo di licenziamento.

7. Trattamento del lavoratore a tempo parziale. – 1. Il lavoratore a tempo parziale non deve ricevere un trattamento meno favorevole rispetto al lavoratore a tempo pieno di pari inquadramento.

2. Il lavoratore a tempo parziale ha i medesimi diritti di un lavoratore a tempo pieno comparabile ed il suo trattamento economico e normativo è riproporzionato in ragione della ridotta entità della prestazione lavorativa. I contratti collettivi possono modulare la durata del periodo di prova, del periodo di preavviso in caso di licenziamento o dimissioni e quella del periodo di conservazione del posto di lavoro in caso di malattia ed infortunio in relazione all'articolazione dell'orario di lavoro.

8. Trasformazione del rapporto. – 1. Il rifiuto del lavoratore di trasformare il proprio rapporto di lavoro a tempo pieno in rapporto a tempo parziale, o viceversa, non costituisce giustificato motivo di licenziamento.

2. Su accordo delle parti risultante da atto scritto è ammessa la trasformazione del rapporto di lavoro a tempo pieno in rapporto a tempo parziale.

3. I lavoratori del settore pubblico e del settore privato affetti da patologie oncologiche nonché da gravi patologie cronico-degenerative ingravescenti, per i quali residui una ridotta capacità lavorativa, eventualmente anche a causa degli effetti invalidanti di terapie salvavita, accertata da una commissione medica istituita presso l'azienda unità sanitaria locale territorialmente competente, hanno diritto alla trasformazione del rapporto di lavoro a tempo pieno in lavoro a tempo parziale. A richiesta del lavoratore il rapporto di lavoro a tempo parziale è trasformato nuovamente in rapporto di lavoro a tempo pieno.

4. In caso di patologie oncologiche o gravi patologie cronico-degenerative ingravescenti riguardanti il coniuge la parte di un'unione civile di cui all'articolo 1, comma 20, della legge 20 maggio 2016, n. 76 o il convivente di fatto ai sensi dell'articolo 1, comma 36, della medesima legge, i figli o i genitori del lavoratore o della lavoratrice, nonché nel caso in cui il lavoratore o la lavoratrice assista una persona convivente con totale e permanente inabilità lavorativa con connotazione di gravità ai sensi dell'articolo 3, comma 3, della legge 5 febbraio 1992, n. 104, che abbia necessità di assistenza continua in quanto non in grado di compiere gli atti quotidiani della vita, è riconosciuta la priorità nella trasformazione del contratto di lavoro da tempo pieno a tempo parziale (1).

5. In caso di richiesta del lavoratore o della lavoratrice, con figlio convivente di età non superiore a tredici anni o con figlio convivente portatore di handicap ai sensi dell'articolo 3 della legge n. 104 del 1992, è riconosciuta la priorità nella trasformazione del contratto di lavoro da tempo pieno a tempo parziale.

5-bis. La lavoratrice o il lavoratore che richiede la trasformazione del contratto, ai sensi dei commi 4 e 5, non può essere sanzionato, demansionato, licenziato, trasferito o sottoposto ad altra misura organizzativa avente effetti negativi, diretti o indiretti, sulle condizioni di lavoro. Qualunque misura adottata in violazione del precedente periodo è da considerarsi ritorsiva o discriminatoria e, pertanto, nulla (2).

5-ter. La violazione delle disposizioni di cui ai commi 3, 4, 5 e 5-bis, ove rilevata nei due anni antecedenti alla richiesta della certificazione della parità di genere di cui all'articolo 46-bis del decreto-legislativo 11 aprile 2006, n. 198, o di analoghe certificazioni previste dalle regioni e dalle province autonome nei rispettivi ordinamenti, impedisce al datore di lavoro il conseguimento delle stesse certificazioni (2).

6. Il lavoratore il cui rapporto sia trasformato da tempo pieno in tempo parziale ha diritto di precedenza nelle assunzioni con contratto a tempo pieno per l'espletamento delle stesse mansioni o di mansioni di pari livello e categoria legale rispetto a quelle oggetto del rapporto di lavoro a tempo parziale.

7. Il lavoratore può chiedere, per una sola volta, in luogo del congedo parentale od entro i limiti del congedo ancora spettante ai sensi del Capo V del decreto legislativo 26 marzo 2001, n. 151, la trasformazione del rapporto di lavoro a tempo pieno in rapporto a tempo parziale, purché con una riduzione d'orario non superiore al 50 per cento. Il datore di lavoro è tenuto a dar corso alla trasformazione entro quindici giorni dalla richiesta.

8. In caso di assunzione di personale a tempo parziale il datore di lavoro è tenuto a darne tempestiva informazione al personale già dipendente con rapporto a tempo pieno occupato in unità produttive site nello stesso ambito comunale, anche mediante comunicazione scritta in luogo accessibile a tutti nei locali dell'impresa, ed a prendere in considerazione le domande di trasformazione a tempo parziale dei rapporti dei dipendenti a tempo pieno.

(1) Comma modificato dall'art. 5, co. 1, let. a), d.lg. 30/6/2022, n. 105.

(2) Comma inserito dall'art. 5, co. 1, lett. b), d.lg. 30/6/2022, n. 105.

9. Criteri di computo dei lavoratori a tempo parziale. – 1. Ai fini della applicazione di qualsiasi disciplina di fonte legale o contrattuale per la quale sia rilevante il computo dei dipendenti del datore di lavoro, i lavoratori a tempo parziale sono computati in proporzione all'orario svolto, rapportato al tempo pieno. A tal fine, l'arrotondamento opera per le frazioni di orario che eccedono la somma degli orari a tempo parziale corrispondente a unità intere di orario a tempo pieno.

10. Sanzioni. – 1. In difetto di prova in ordine alla stipulazione a tempo parziale del contratto di lavoro, su domanda del lavoratore è dichiarata la sussistenza fra le parti di un rapporto di lavoro a tempo pieno, fermo restando, per il periodo antecedente alla data della pronuncia giudiziale, il diritto alla retribuzione ed al versamento dei contributi previdenziali dovuti per le prestazioni effettivamente rese.

2. Qualora nel contratto scritto non sia determinata la durata della prestazione lavorativa, su domanda del lavoratore è dichiarata la sussistenza di un rapporto di lavoro a tempo pieno a partire dalla pronuncia. Qualora l'omissione riguardi la sola collocazione temporale dell'orario, il giudice determina le modalità temporali di svolgimento della prestazione lavorativa a tempo parziale, tenendo conto delle responsabilità familiari del lavoratore interessato e della sua necessità di integrazione del reddito mediante lo svolgimento di altra attività lavorativa, nonché delle esigenze del datore di lavoro. Per il periodo antecedente alla pronuncia, il lavoratore ha in entrambi i casi diritto, in aggiunta alla retribuzione dovuta per le prestazioni effettivamente rese, a un'ulteriore somma a titolo di risarcimento del danno.

3. Lo svolgimento di prestazioni in esecuzione di clausole elastiche senza il rispetto delle condizioni, delle modalità e dei limiti previsti dalla legge o dai contratti collettivi comporta il diritto del lavoratore, in aggiunta alla retribuzione dovuta, a un'ulteriore somma a titolo di risarcimento del danno.

11. Disciplina previdenziale. – 1. La retribuzione minima oraria, da assumere quale base per il calcolo dei contributi previdenziali dovuti per i lavoratori a tempo parziale, si determina rapportando alle giornate di lavoro settimanale ad orario normale il minimale giornaliero di cui all'articolo 7 del decreto-legge 12 settembre 1983, n. 463, convertito, con modificazioni, dalla legge 11 novembre 1983, n. 638, e dividendo l'importo così ottenuto per il numero delle ore di orario normale settimanale previsto dal contratto collettivo nazionale di categoria per i lavoratori a tempo pieno.

2. Gli assegni per il nucleo familiare spettano ai lavoratori a tempo parziale per l'intera misura settimanale in presenza di una prestazione lavorativa settimanale di durata non inferiore al minimo di ventiquattro ore. A tal fine sono cumulate le ore prestate in diversi rapporti di lavoro. In caso contrario spettano tanti assegni giornalieri quante sono le giornate di lavoro effettivamente prestate, qualunque sia il numero delle ore lavorate nella giornata. Qualora non si possa individuare l'attività principale per gli effetti dell'articolo 20 del decreto del Presidente della Repubblica 30 maggio 1955, n. 797, e successive modificazioni, gli assegni per il nucleo familiare sono corrisposti direttamente dall'INPS.

3. La retribuzione dei lavoratori a tempo parziale, a valere ai fini dell'assicurazione contro gli infortuni sul lavoro e le malattie professionali è uguale alla retribuzione tabellare prevista dalla contrattazione collettiva per il corrispondente rapporto di lavoro a tempo pieno. La retribuzione tabellare è determinata su base oraria in relazione alla durata normale annua della prestazione di lavoro espressa in ore. La retribuzione minima oraria da assumere quale base di calcolo dei premi per l'assicurazione di cui al presente comma è stabilita con le modalità di cui al comma 1.

4. Nel caso di trasformazione del rapporto di lavoro a tempo pieno in rapporto di lavoro a tempo parziale e viceversa, ai fini della determinazione dell'ammontare del trattamento di pensione si computa per intero l'anzianità relativa ai periodi di lavoro a tempo pieno e, in proporzione all'orario effettivamente svolto, l'anzianità inerente ai periodi di lavoro a tempo parziale.

12. Lavoro a tempo parziale nelle amministrazioni pubbliche. – 1. Ai sensi dell'articolo 2, comma 2, del decreto legislativo 30 marzo 2001, n. 165, le disposizioni della presente sezione si applicano, ove non diversamente disposto, anche ai rapporti di lavoro alle dipendenze delle amministrazioni pubbliche, con esclusione di quelle contenute negli articoli 6, commi 2 e 6, e 10, e, comunque, fermo restando quanto previsto da disposizioni speciali in materia.

Sezione II
Lavoro intermittente

13. Definizione e casi di ricorso al lavoro intermittente. – 1. Il contratto di lavoro intermittente è il contratto, anche a tempo determinato, mediante il quale un lavoratore si pone a disposizione di un datore di lavoro che ne può utilizzare la prestazione lavorativa in modo discontinuo o intermittente secondo le esigenze individuate dai contratti collettivi, anche con riferimento alla possibilità di svolgere le prestazioni in periodi predeterminati nell'arco della settimana, del mese o dell'anno. In mancanza di contratto collettivo, i casi di utilizzo del lavoro intermittente sono individuati con decreto del Ministro del lavoro e delle politiche sociali.

2. Il contratto di lavoro intermittente può in ogni caso essere concluso con soggetti con meno di 24 anni di età, purché le prestazioni lavorative siano svolte entro il venticinquesimo anno, e con più di 55 anni.

3. In ogni caso, con l'eccezione dei settori del turismo, dei pubblici esercizi e dello spettacolo, il contratto di lavoro intermittente è ammesso, per ciascun lavoratore con il medesimo datore di lavoro, per un periodo complessivamente non superiore a quattrocento giornate di effettivo lavoro nell'arco di tre anni solari. In caso di superamento del predetto periodo il relativo rapporto si trasforma in un rapporto di lavoro a tempo pieno e indeterminato.

4. Nei periodi in cui non ne viene utilizzata la prestazione il lavoratore intermittente non matura alcun trattamento economico e normativo, salvo che abbia garantito al datore di lavoro la propria disponibilità a rispondere alle chiamate, nel qual caso gli spetta l'indennità di disponibilità di cui all'articolo 16.

5. Le disposizioni della presente sezione non trovano applicazione ai rapporti di lavoro alle dipendenze delle pubbliche amministrazioni.

14. Divieti. – 1. È vietato il ricorso al lavoro intermittente:

a) per la sostituzione di lavoratori che esercitano il diritto di sciopero;

b) presso unità produttive nelle quali si è proceduto, entro i sei mesi precedenti, a licenziamenti collettivi a norma degli articoli 4 e 24 della legge 23 luglio 1991, n. 223, che hanno riguardato lavoratori adibiti alle stesse mansioni cui si riferisce il contratto di lavoro intermittente, ovvero presso unità produttive nelle quali sono operanti una sospensione del lavoro o una riduzione dell'orario in regime di cassa integrazione guadagni, che interessano lavoratori adibiti alle mansioni cui si riferisce il contratto di lavoro intermittente;

c) ai datori di lavoro che non hanno effettuato la valutazione dei rischi in applicazione della normativa di tutela della salute e della sicurezza dei lavoratori.

15. Forma e comunicazioni (1). – 1. Il contratto di lavoro intermittente è stipulato in forma scritta ai fini della prova e, oltre alle informazioni di cui all'articolo 1, comma 1, del decreto legislativo 26 maggio 1997, n. 152, deve contenere i seguenti elementi:

a) la natura variabile della programmazione del lavoro, durata e ipotesi, oggettive o soggettive, che consentono la stipulazione del contratto a norma dell'articolo 13;

b) il luogo e le modalità della disponibilità eventualmente garantita dal lavoratore;

c) il trattamento economico e normativo spettante al lavoratore per la prestazione eseguita, con l'indicazione dell'ammontare delle eventuali ore retribuite garantite al lavoratore e della retribuzione dovuta per il lavoro prestato in aggiunta alle ore garantite nonché la relativa indennità di disponibilità, ove prevista;

d) le forme e le modalità con cui il datore di lavoro è legittimato a richiedere l'esecuzione della prestazione di lavoro e del relativo preavviso di chiamata del lavoratore, nonché le modalità di rilevazione della prestazione;

e) i tempi e le modalità di pagamento della retribuzione e dell'indennità di disponibilità;

f) le misure di sicurezza necessarie in relazione al tipo di attività dedotta in contratto;

g) le eventuali fasce orarie e i giorni predeterminati in cui il lavoratore è tenuto a svolgere le prestazioni lavorative (2).

2. Fatte salve le previsioni più favorevoli dei contratti collettivi, il datore di lavoro è tenuto a informare con cadenza annuale le rappresentanze sindacali aziendali o la rappresentanza sindacale unitaria sull'andamento del ricorso al contratto di lavoro intermittente.

3. Prima dell'inizio della prestazione lavorativa o di un ciclo integrato di prestazioni di durata non superiore a trenta giorni, il datore di lavoro è tenuto a comunicarne la durata alla direzione territoriale del lavoro competente per territorio, mediante sms o posta elettronica. Con decreto del Ministro del lavoro e delle politiche sociali, di concerto con il Ministro per la semplificazione e la pubblica amministrazione, possono essere individuate modalità applicative della disposizione di cui al primo periodo, nonché ulteriori modalità di comunicazione in funzione dello sviluppo delle tecnologie. In caso di violazione degli obblighi di cui al presente comma si applica la sanzione amministrativa da euro 400 ad euro 2.400 in relazione a ciascun lavoratore per cui è stata omessa la comunicazione. Non si applica la procedura di diffida di cui all'articolo 13 del decreto legislativo 23 aprile 2004, n. 124.

(1) Vedi l'art. 84, co. 8, lett. b), d.l. 19/5/2020, n. 34, conv., con modif., dalla l. 17/7/2020, n. 77, vedi anche l'art. 15, co. 3, e art. 15 bis, co. 3, d.l. 28/10/2020, n. 137, conv., con modif., dalla l. 18/12/2020, n. 176.

(2) Comma sostituito dall'art. 5, co. 2, lett. a), d.lg. 27/6/2022, n. 104. Per l'applicazione vedi l'art. 16, co. 1, del medesimo d.lg. 104/2022.

16. Indennità di disponibilità (1). – 1. La misura dell'indennità mensile di disponibilità, divisibile in quote orarie, è determinata dai contratti collettivi e non è comunque inferiore all'importo fissato con decreto del Ministro del lavoro e delle politiche sociali, sentite le associazioni sindacali comparativamente più rappresentative sul piano nazionale.

2. L'indennità di disponibilità è esclusa dal computo di ogni istituto di legge o di contratto collettivo.

3. L'indennità di disponibilità è assoggettata a contribuzione previdenziale per il suo effettivo ammontare, in deroga alla normativa in materia di minimale contributivo.

4. In caso di malattia o di altro evento che gli renda temporaneamente impossibile rispondere alla chiamata, il lavoratore è tenuto a informarne tempestivamente il datore di lavoro, specificando la durata dell'impedimento, durante il quale non matura il diritto all'indennità di disponibilità. Ove non provveda all'adempimento di cui al periodo precedente, il lavoratore perde il diritto all'indennità per un periodo di quindici giorni, salvo diversa previsione del contratto individuale.

5. Il rifiuto ingiustificato di rispondere alla chiamata può costituire motivo di licenziamento e comportare la restituzione della quota di indennità di disponibilità riferita al periodo successivo al rifiuto.

6. Con decreto del Ministro del lavoro e delle politiche sociali, di concerto con il Ministro dell'economia e delle finanze, è stabilita la misura della retribuzione convenzionale in riferimento alla quale il lavoratore intermittente può versare la differenza contributiva per i periodi in cui ha percepito una retribuzione inferiore a quella convenzionale ovvero ha usufruito dell'indennità di disponibilità fino a concorrenza del medesimo importo.

(1) Vedi l'art. 84, co. 8, lett. b), d.l. 19/5/2020, n. 34, conv., con modif., dalla l. 17/7/2020, n. 77, vedi anche l'art. 15, co. 3, e art. 15 bis, co. 3, d.l. 28/10/2020, n. 137, conv., con modif., dalla l. 18/12/2020, n. 176.

17. Principio di non discriminazione (1). – 1. Il lavoratore intermittente non deve ricevere, per i periodi lavorati e a parità di mansioni svolte, un trattamento economico e normativo complessivamente meno favorevole rispetto al lavoratore di pari livello.

2. Il trattamento economico, normativo e previdenziale del lavoratore intermittente, è riproporzionato in ragione della prestazione lavorativa effettivamente eseguita, in particolare per quanto riguarda l'importo della retribuzione globale e delle singole componenti di essa, nonché delle ferie e dei trattamenti per malattia e infortunio, congedo di maternità e parentale.

(1) Vedi l'art. 84, co. 8, lett. b), d.l. 19/5/2020, n. 34, conv., con modf., dalla l. 17/7/2020, n. 77, vedi anche l'art. 15, co. 3, e art. 15 bis, co. 3, d.l. 28/10/2020, n. 137, conv., con modif., dalla l. 18/12/2020, n. 176.

18. Computo del lavoratore intermittente (1). – 1. Ai fini dell'applicazione di qualsiasi disciplina di fonte legale o contrattuale per la quale sia rilevante il computo dei dipendenti del datore di lavoro, il lavoratore intermittente è computato nell'organico dell'impresa in proporzione all'orario di lavoro effettivamente svolto nell'arco di ciascun semestre.

(1) Vedi l'art. 84, co. 8, lett. b), d.l. 19/5/2020, n. 34, conv., con modf., dalla l. 17/7/2020, n. 77, vedi anche l'art. 15, co. 3, e art. 15-bis, co. 3, d.l. 28/10/2020, n. 137, conv., con modif., dalla l. 18/12/2020, n. 176.

Capo III
Lavoro a tempo determinato

19. Apposizione del termine e durata massima (1). – 1. Al contratto di lavoro subordinato può essere apposto un termine di durata non superiore a dodici mesi. Il contratto può avere una durata superiore, ma comunque non eccedente i ventiquattro mesi, solo in presenza di almeno una delle seguenti condizioni:

a) esigenze temporanee e oggettive, estranee all'ordinaria attività, ovvero esigenze di sostituzione di altri lavoratori;

b) esigenze connesse a incrementi temporanei, significativi e non programmabili, dell'attività ordinaria (2).

1-bis. In caso di stipulazione di un contratto di durata superiore a dodici mesi in assenza delle condizioni di cui al comma 1, il contratto si trasforma in contratto a tempo indeterminato dalla data di superamento del termine di dodici mesi (3).

2. Fatte salve le diverse disposizioni dei contratti collettivi, e con l'eccezione delle attività stagionali di cui all'articolo 21, comma 2, la durata dei rapporti di lavoro a tempo determinato intercorsi tra lo stesso datore di lavoro e lo stesso lavoratore, per effetto di una successione di contratti, conclusi per lo svolgimento di mansioni di pari livello e categoria legale e indipendentemente dai periodi di interruzione tra un contratto e l'altro, non può superare i ventiquattro mesi. Ai fini del computo di tale periodo si tiene altresì conto dei periodi di missione aventi ad oggetto mansioni di pari livello e categoria legale, svolti tra i medesimi soggetti, nell'ambito di somministrazioni di lavoro a tempo determinato. Qualora il limite dei ventiquattro mesi sia superato, per effetto di un unico contratto o di una successione di contratti, il contratto

si trasforma in contratto a tempo indeterminato dalla data di tale superamento.

3. Fermo quanto disposto al comma 2, un ulteriore contratto a tempo determinato fra gli stessi soggetti, della durata massima di dodici mesi, può essere stipulato presso la direzione territoriale del lavoro competente per territorio. In caso di mancato rispetto della descritta procedura, nonché di superamento del termine stabilito nel medesimo contratto, lo stesso si trasforma in contratto a tempo indeterminato dalla data della stipulazione.

4. Con l'eccezione dei rapporti di lavoro di durata non superiore a dodici giorni, l'apposizione del termine al contratto è priva di effetto se non risulta da atto scritto, una copia del quale deve essere consegnata dal datore di lavoro al lavoratore entro cinque giorni lavorativi dall'inizio della prestazione. L'atto scritto contiene, in caso di rinnovo, la specificazione delle esigenze di cui al comma 1 in base alle quali è stipulato; in caso di proroga dello stesso rapporto tale indicazione è necessaria solo quando il termine complessivo eccede i dodici mesi (4).

5. Il datore di lavoro informa i lavoratori a tempo determinato, nonché le rappresentanze sindacali aziendali ovvero la rappresentanza sindacale unitaria, circa i posti vacanti che si rendono disponibili nell'impresa, secondo le modalità definite dai contratti collettivi.

(1) Il d.l. 30/12/2016, n. 244, conv., con modif., dalla l. 27/2/2017, n. 19, ha disposto (con l'art. 1, co. 5-bis) che «Nelle more della conclusione delle procedure concorsuali, di cui all'articolo 4, comma 6, del decreto-legge 31 agosto 2013, n. 101, convertito, con modificazioni, dalla legge 30 ottobre 2013, n. 125, da bandire entro il 31 dicembre 2018 e i cui requisiti di partecipazione devono essere posseduti dal personale dell'Istituto nazionale di statistica (ISTAT) con contratto di lavoro a tempo determinato alla data di entrata in vigore della legge di conversione del presente decreto, il termine di scadenza dei contratti del personale in servizio a tempo determinato, fissato al 31 dicembre 2017, è prorogato, anche in deroga alla normativa vigente sul rapporto di lavoro a tempo determinato di cui agli articoli da 19 a 29 del decreto legislativo 15 giugno 2015, n. 81, fino alla conclusione delle medesime procedure e comunque non oltre il 31 dicembre 2019».
Il d.l. 12/7/2018, n. 87, conv., con modif., dalla l. 9/8/2018, n. 96, ha disposto:
– (con l'art. 1, co. 2) che «Le disposizioni di cui al comma 1 si applicano ai contratti di lavoro a tempo determinato stipulati successivamente alla data di entrata in vigore del presente decreto, nonché ai rinnovi e alle proroghe contrattuali successivi al 31 ottobre 2018»;
– (con l'art. 1, co. 3) che «Le disposizioni di cui al presente articolo, nonché quelle di cui agli articoli 2 e 3, non si applicano ai contratti stipulati dalle pubbliche amministrazioni, ai quali continuano ad applicarsi le disposizioni vigenti anteriormente alla data di entrata in vigore del presente decreto»;
– (con l'art. 2, co. 1-ter) che «Le condizioni di cui all'articolo 19, comma 1, del decreto legislativo 15 giugno 2015, n. 81, come sostituito dall'articolo 1, comma 1, lettera a), del presente decreto, nel caso di ricorso al contratto di somministrazione di lavoro, si applicano esclusivamente all'utilizzatore».
Il d.l. 12/7/2018, n. 87, conv., con modif., dalla l. 9/8/2018, n. 96, come modificato dalla l. 30/12/2018, n. 145, ha disposto (con l'art. 1, co. 3) che «Le disposizioni di cui al presente articolo, nonché quelle di cui agli articoli 2 e 3, non si applicano ai contratti stipulati dalle pubbliche amministrazioni nonché ai contratti di lavoro a tempo determinato stipulati dalle università private, incluse le filiazioni di università straniere, istituti pubblici di ricerca, società pubbliche che promuovono la ricerca e l'innovazione ovvero enti privati di ricerca e lavoratori chiamati a svolgere attività di insegnamento, di ricerca scientifica o tecnologica, di trasferimento di know-how, di supporto all'innovazione, di assistenza tecnica alla stessa o di coordinamento e direzione della stessa, ai quali continuano ad applicarsi le disposizioni vigenti anteriormente alla data di entrata in vigore del presente decreto».

(2) Comma così modificato dall'art. 1, co. 1, d.l. 12/7/2018, n. 87, conv., con modif., dalla l. 9/8/2018, n. 96.

(3) Comma introdotto dall'art. 1, co. 1, d.l. 12/7/2018, n. 87, conv., con modif., dalla l. 9/8/2018, n. 96.

(4) L'art. 2, co. 1, n. 2, d.l. 12/7/2018, n. 87 ha previsto che la parola «trentasei» è sostituita dalla seguente: «ventiquattro».

(5) Comma così modificato dall'art. 1, co. 1, n. 3, d.l. 12/7/2018, n. 87, conv., con modif., dalla l. 9/8/2018, n. 96.

20. Divieti. – 1. L'apposizione di un termine alla durata di un contratto di lavoro subordinato non è ammessa:

a) per la sostituzione di lavoratori che esercitano il diritto di sciopero;

b) presso unità produttive nelle quali si è proceduto, entro i sei mesi precedenti, a licenziamenti collettivi a norma degli articoli 4 e 24 della legge n. 223 del 1991, che hanno riguardato lavoratori adibiti alle stesse mansioni cui si riferisce il contratto di lavoro a tempo determinato, salvo che il contratto sia concluso per provvedere alla sostituzione di lavoratori assenti, per assumere lavoratori iscritti nelle liste di mobilità, o abbia una durata iniziale non superiore a tre mesi;

c) presso unità produttive nelle quali sono operanti una sospensione del lavoro o una riduzione dell'orario in regime di cassa integrazione guadagni, che interessano lavoratori adibiti alle mansioni cui si riferisce il contratto a tempo determinato;

d) da parte di datori di lavoro che non hanno effettuato la valutazione dei rischi in applicazione della normativa di tutela della salute e della sicurezza dei lavoratori.

2. In caso di violazione dei divieti di cui al comma 1, il contratto si trasforma in contratto a tempo indeterminato.

21. Proroghe e rinnovi (1). 01. Il contratto può essere rinnovato solo a fronte delle condizioni di cui all'articolo 19, comma 1. Il contratto può essere prorogato liberamente nei primi dodici mesi e, successivamente, solo in presenza delle condizioni di cui all'articolo 19, comma 1. In caso di violazione di quanto disposto dal primo e dal secondo periodo, il contratto si trasforma in contratto a tempo indeterminato. I contratti per attività stagionali, di cui al comma 2 del presente articolo, possono essere rinnovati o prorogati anche in assenza delle condizioni di cui all'articolo 19, comma 1 (2).

1. Il termine del contratto a tempo determinato può essere prorogato, con il consenso del lavoratore, solo quando la durata iniziale del contratto sia inferiore a ventiquattro mesi, e, comunque, per un massimo di quattro volte nell'arco di ventiquattro mesi a prescindere dal numero dei contratti. Qualora il numero delle proroghe sia superiore, il contratto si trasforma in contratto a tempo indeterminato dalla data di decorrenza della quinta proroga (3).

2. Qualora il lavoratore sia riassunto a tempo determinato entro dieci giorni dalla data di scadenza di un contratto di durata fino a sei mesi, ovvero venti giorni dalla data di scadenza di un contratto di durata superiore a sei mesi, il secondo contratto si trasforma in contratto a tempo indeterminato. Le disposizioni di cui al presente comma non trovano applicazione nei confronti dei lavoratori impiegati nelle attività stagionali individuate con decreto del Ministero del lavoro e delle politiche sociali nonché nelle ipotesi individuate dai contratti collettivi. Fino all'adozione del decreto di cui al secondo periodo continuano a trovare applicazione le disposizioni del decreto del Presidente della Repubblica 7 ottobre 1963, n. 1525.

3. I limiti previsti dal presente articolo non si applicano alle imprese start-up innovative di cui di cui all'articolo 25, commi 2 e 3, del decreto-legge 18 ottobre 2012, n. 179, convertito, con modificazioni, dalla legge 17 dicembre 2012, n. 221, per il periodo di quattro anni dalla costituzione della società, ovvero per il più limitato periodo previsto dal comma 3 del suddetto articolo 25 per le società già costituite.

(1) A norma dell'art. 93, co. 1 del d.l. 19/5/2020, n. 34, conv., con

modif., dalla l. 17/7/2020, n. 77, come modificato dall'art. 17, co. 1 del d.l. 22/3/2021, n. 41, non ancora convertito in legge, in deroga al presente articolo e fino al 31 dicembre 2021, ferma restando la durata massima complessiva di ventiquattro mesi, è possibile rinnovare o prorogare per un periodo massimo di dodici mesi e per una sola volta i contratti di lavoro subordinato a tempo determinato, anche in assenza delle condizioni di cui all'art. 19, co. 1 del presente decreto legislativo.

(2) Comma premesso dall'art. 1, co. 1, lett. b), punto 1) del d.l. 12/7/2018, n. 87, conv., con modif., dalla l. 9/8/2018, n. 96. Per l'applicazione delle seguenti disposizioni vedi l'art. 1, co. 2 e 3 del d.l. n. 87/2018 medesimo.

(3) Comma modificato dall'art. 1, co. 1, lett. b), punto 2) del d.l. 12/7/2018, n. 87, conv., con modif., dalla l. 9/8/2018, n. 96. Per l'applicazione delle seguenti disposizioni vedi l'art. 1, co. 2 e 3 del d.l. n. 87/2018 medesimo. dell'art. 92, co. 1 del d.l. 19/5/2020, n. 34, conv., con modif., dalla l. 17/7/2020, n. 77.

22. Continuazione del rapporto oltre la scadenza del termine. – 1. Fermi i limiti di durata massima di cui all'articolo 19, se il rapporto di lavoro continua dopo la scadenza del termine inizialmente fissato o successivamente prorogato, il datore di lavoro è tenuto a corrispondere al lavoratore una maggiorazione della retribuzione per ogni giorno di continuazione del rapporto pari al 20 per cento fino al decimo giorno successivo e al 40 per cento per ciascun giorno ulteriore.

2. Qualora il rapporto di lavoro continui oltre il trentesimo giorno in caso di contratto di durata inferiore a sei mesi, ovvero oltre il cinquantesimo giorno negli altri casi, il contratto si trasforma in contratto a tempo indeterminato dalla scadenza dei predetti termini.

23. Numero complessivo di contratti a tempo determinato. – 1. Salvo diversa disposizione dei contratti collettivi non possono essere assunti lavoratori a tempo determinato in misura superiore al 20 per cento del numero dei lavoratori a tempo indeterminato in forza al 1° gennaio dell'anno di assunzione, con un arrotondamento del decimale all'unità superiore qualora esso sia eguale o superiore a 0,5. Nel caso di inizio dell'attività nel corso dell'anno, il limite percentuale si computa sul numero dei lavoratori a tempo indeterminato in forza al momento dell'assunzione. Per i datori di lavoro che occupano fino a cinque dipendenti è sempre possibile stipulare un contratto di lavoro a tempo determinato.

2. Sono esenti dal limite di cui al comma 1, nonché da eventuali limitazioni quantitative previste da contratti collettivi, i contratti a tempo determinato conclusi:

a) nella fase di avvio di nuove attività, per i periodi definiti dai contratti collettivi, anche in misura non uniforme con riferimento ad aree geografiche e comparti merceologici;

b) da imprese start-up innovative di cui all'articolo 25, commi 2 e 3, del decreto-legge n. 179 del 2012, convertito, con modificazioni, dalla legge n. 221 del 2012, per il periodo di quattro anni dalla costituzione della società ovvero per il più limitato periodo previsto dal comma 3 del suddetto articolo 25 per le società già costituite;

c) per lo svolgimento delle attività stagionali di cui all'articolo 21, comma 2;

d) per specifici spettacoli ovvero specifici programmi radiofonici o televisivi o per la produzione di specifiche opere audiovisive;

e) per sostituzione di lavoratori assenti;

f) con lavoratori di età superiore a 50 anni.

3. Il limite percentuale di cui al comma 1 non si applica, inoltre, ai contratti di lavoro a tempo determinato stipulati tra università private, incluse le filiazioni di università straniere, istituti pubblici di ricerca ovvero enti privati di ricerca e lavoratori chiamati a svolgere attività di insegnamento, di ricerca scientifica o tecnologica, di assistenza tecnica alla stessa o di coordinamento e direzione della stessa, tra istituti della cultura di appartenenza statale ovvero enti, pubblici e privati derivanti da trasformazione di precedenti enti pubblici, vigilati dal Ministero dei beni e delle attività culturali e del turismo, ad esclusione delle fondazioni di produzione musicale di cui al decreto legislativo 29 giugno 1996, n. 367, e lavoratori impiegati per soddisfare esigenze temporanee legate alla realizzazione di mostre, eventi e manifestazioni di interesse culturale. I contratti di lavoro a tempo determinato che hanno ad oggetto in via esclusiva lo svolgimento di attività di ricerca scientifica possono avere durata pari a quella del progetto di ricerca al quale si riferiscono.

4. In caso di violazione del limite percentuale di cui al comma 1, restando esclusa la trasformazione dei contratti interessati in contratti a tempo indeterminato, per ciascun lavoratore si applica una sanzione amministrativa di importo pari:

a) al 20 per cento della retribuzione, per ciascun mese o frazione di mese superiore a quindici giorni di durata del rapporto di lavoro, se il numero dei lavoratori assunti in violazione del limite percentuale non è superiore a uno;

b) al 50 per cento della retribuzione, per ciascun mese o frazione di mese superiore a quindici giorni di durata del rapporto di lavoro, se il numero dei lavoratori assunti in violazione del limite percentuale è superiore a uno.

5. I contratti collettivi definiscono modalità e contenuti delle informazioni da rendere alle rappresentanze sindacali aziendali o alla rappresentanza sindacale unitaria dei lavoratori in merito all'utilizzo del lavoro a tempo determinato.

24. Diritti di precedenza. – 1. Salvo diversa disposizione dei contratti collettivi, il lavoratore che, nell'esecuzione di uno o più contratti a tempo determinato presso la stessa azienda, ha prestato attività lavorativa per un periodo superiore a sei mesi ha diritto di precedenza nelle assunzioni a tempo indeterminato effettuate dal datore di lavoro entro i successivi dodici mesi con riferimento alle mansioni già espletate in esecuzione dei rapporti a termine.

2. Per le lavoratrici, il congedo di maternità di cui al Capo III del decreto legislativo n. 151 del 2001, e successive modificazioni, usufruito nell'esecuzione di un contratto a tempo determinato presso lo stesso datore di lavoro, concorre a determinare il periodo di attività lavorativa utile a conseguire il diritto di precedenza di cui al comma 1. Alle medesime lavoratrici è altresì riconosciuto, alle stesse condizioni di cui al comma 1, il diritto di precedenza nelle assunzioni a tempo determinato effettuate dal datore di lavoro entro i successivi dodici mesi, con riferimento alle mansioni già espletate in esecuzione dei precedenti rapporti a termine.

3. Il lavoratore assunto a tempo determinato per lo svolgimento di attività stagionali ha diritto di precedenza rispetto a nuove assunzioni a tempo determinato da parte dello stesso datore di lavoro per le medesime attività stagionali.

4. Il diritto di precedenza deve essere espressamente richiamato nell'atto scritto di cui all'articolo 19, comma 4, e può essere esercitato a condizione che il lavoratore manifesti per iscritto la propria volontà in tal senso al datore di lavoro entro sei mesi dalla data di cessazione del rapporto di lavoro nei casi di cui ai commi 1 e 2, ed entro tre mesi nel caso di cui al comma 3. Il diritto di precedenza si estingue una volta trascorso un anno dalla data di cessazione del rapporto.

25. Principio di non discriminazione. – 1. Al lavoratore a tempo determinato spetta il trattamento economico e normativo in atto nell'impresa per i lavoratori con contratto a tempo indeterminato comparabili, intendendosi per tali quelli inquadrati nello stesso livello in forza dei criteri di classificazione stabiliti dalla contrattazione collettiva, ed in proporzione al periodo lavorativo prestato, sempre che non sia obiettivamente incompatibile con la natura del contratto a tempo determinato.

2. Nel caso di inosservanza degli obblighi di cui al comma 1, il datore di lavoro è punito con la sanzione amministrativa da 25,82 euro a 154,94 euro. Se l'inosservanza si riferisce a più di cinque lavoratori, si applica la sanzione amministrativa da 154,94 euro a 1.032,91 euro.

26. Formazione. – 1. I contratti collettivi possono prevedere modalità e strumenti diretti ad agevolare l'accesso dei lavoratori a tempo determinato a opportunità di formazione adeguata, per aumentarne la qualificazione, promuoverne la carriera e migliorarne la mobilità occupazionale.

27. Criteri di computo. – 1. Salvo che sia diversamente disposto, ai fini dell'applicazione di qualsiasi disciplina di fonte legale o contrattuale per la quale sia rilevante il computo dei dipendenti del datore di lavoro, si tiene conto del numero medio mensile di lavoratori a tempo determinato, compresi i dirigenti, impiegati negli ultimi due anni, sulla base dell'effettiva durata dei loro rapporti di lavoro.

28. Decadenza e tutele. – 1. L'impugnazione del contratto a tempo determinato deve avvenire, con le modalità previste dal primo comma dell'articolo 6 della legge 15 luglio 1966, n. 604, entro centottanta giorni dalla cessazione del singolo contratto. Trova altresì applicazione il secondo comma del suddetto articolo 6 (1).

2. Nei casi di trasformazione del contratto a tempo determinato in contratto a tempo indeterminato, il giudice condanna il datore di lavoro al risarcimento del danno a favore del lavoratore stabilendo un'indennità onnicomprensiva nella misura compresa tra un minimo di 2,5 e un massimo di 12 mensilità dell'ultima retribuzione di riferimento per il calcolo del trattamento di fine rapporto, avuto riguardo ai criteri indicati nell'articolo 8 della legge n. 604 del 1966. La predetta indennità ristora per intero il pregiudizio subito dal lavoratore, comprese le conseguenze retributive e contributive relative al periodo compreso tra la scadenza del termine e la pronuncia con la quale il giudice ha ordinato la ricostituzione del rapporto di lavoro.

3. In presenza di contratti collettivi che prevedano l'assunzione, anche a tempo indeterminato, di lavoratori già occupati con contratto a termine nell'ambito di specifiche graduatorie, il limite massimo dell'indennità fissata dal comma 2 è ridotto alla metà.

(1) Il d.l. 30/12/2016, n. 244, conv., con modif., dalla l. 27/2/2017, n. 19, ha disposto (con l'art. 1, co. 5-bis) che «Nelle more della conclusione delle procedure concorsuali, di cui all'articolo 4, comma 6, del decreto-legge 31 agosto 2013, n. 101, convertito, con modificazioni, dalla legge 30 ottobre 2013, n. 125, da bandire entro il 31 dicembre 2018 e i cui requisiti di partecipazione devono essere posseduti dal personale dell'Istituto nazionale di statistica (ISTAT) con contratto di lavoro a tempo determinato alla data di entrata in vigore della legge di conversione del presente decreto, il termine di scadenza dei contratti del personale in servizio a tempo determinato, fissato al 31 dicembre 2017, è prorogato, anche in deroga alla normativa vigente sul rapporto di lavoro a tempo determinato di cui agli articoli da 19 a 29 del decreto legislativo 15 giugno 2015, n. 81, fino alla conclusione delle medesime procedure e comunque non oltre il 31 dicembre 2019».

Il d.l. 12/7/2018, n. 87, conv., con modif., dalla l. 9/8/2018, n. 96, ha disposto (con l'art. 1, co. 2) che «Le disposizioni di cui al comma 1 si applicano ai contratti di lavoro a tempo determinato stipulati successivamente alla data di entrata in vigore del presente decreto, nonché ai rinnovi e alle proroghe contrattuali successivi al 31 ottobre 2018». Ha inoltre disposto (con l'art. 1, co. 3) che «Le disposizioni di cui al presente articolo, nonché quelle di cui agli articoli 2 e 3, non si applicano ai contratti stipulati dalle pubbliche amministrazioni, ai quali continuano ad applicarsi le disposizioni vigenti anteriormente alla data di entrata in vigore del presente decreto».

Il d.l. 12/7/2018, n. 87, conv., con modif., dalla l. 9/8/2018, n. 96, come modificato dalla l. 30/12/2018, n. 145, ha disposto (con l'art. 1, co. 3) che «Le disposizioni di cui al presente articolo, nonché quelle di cui agli articoli 2 e 3, non si applicano ai contratti stipulati dalle pubbliche amministrazioni nonché ai contratti di lavoro a tempo determinato stipulati dalle università private, incluse le filiazioni di università straniere, istituti pubblici di ricerca, società pubbliche che promuovono la ricerca e l'innovazione ovvero enti privati di ricerca e lavoratori chiamati a svolgere attività di insegnamento, di ricerca scientifica o tecnologica, di trasferimento di know-how, di supporto all'innovazione, di assistenza tecnica alla stessa o di coordinamento e direzione della stessa, ai quali continuano ad applicarsi le disposizioni vigenti anteriormente alla data di entrata in vigore del presente decreto».

• Comma modificato dall'art. 1, co. 1, lett. c), d.l. 12/7/2018, n. 87, conv., con modif., dalla l. 9/8/2018, n. 96 nella parte in cui ha disposto che all'art. 28, co. 1, le parole «centoventi giorni» sono sostituite dalle seguenti: «centottanta giorni».

29. Esclusioni e discipline specifiche. – 1. Sono esclusi dal campo di applicazione del presente capo, in quanto già disciplinati da specifiche normative:

a) ferme restando le disposizioni di cui agli articoli 25 e 27, i rapporti instaurati ai sensi dell'articolo 8, comma 2, della legge n. 223 del 1991;

b) i rapporti di lavoro tra i datori di lavoro dell'agricoltura e gli operai a tempo determinato, così come definiti dall'articolo 12, comma 2, del decreto legislativo 11 agosto 1993, n. 375;

c) i richiami in servizio del personale volontario del Corpo nazionale dei vigili del fuoco.

2. Sono, altresì, esclusi dal campo di applicazione del presente capo:

a) i contratti di lavoro a tempo determinato con i dirigenti, che non possono avere una durata superiore a cinque anni, salvo il diritto del dirigente di recedere a norma dell'articolo 2118 del codice civile una volta trascorso un triennio;

b) i rapporti per l'esecuzione di speciali servizi di durata non superiore a tre giorni, nel settore del turismo e dei pubblici esercizi, nei casi individuati dai contratti collettivi, nonché quelli instaurati per la fornitura di lavoro portuale temporaneo di cui all'articolo 17 della legge 28 gennaio 1994, n. 84, fermo l'obbligo di comunicare l'instaurazione del rapporto di lavoro entro il giorno antecedente (1);

c) i contratti a tempo determinato stipulati con il personale docente ed ATA per il conferimento delle supplenze e con il personale sanitario, anche dirigente, del Servizio sanitario nazionale;

d) i contratti a tempo determinato stipulati ai sensi della legge 30 dicembre 2010, n. 240 (A).

3. Al personale artistico e tecnico delle fondazioni di produzione musicale di cui al decreto legislativo 29 giugno 1996, n. 367, non si applicano le disposizioni di cui all'articolo 19, commi da 1 a 3, e 21.

3-bis. Fermo restando quanto previsto dall'articolo 23, in presenza di esigenze contingenti o temporanee determinate dalla eterogeneità delle produzioni artistiche che rendono necessario l'impiego anche di ulteriore personale artistico e tecnico ovvero, nel rispetto di quanto previsto nel contratto collettivo di categoria, dalla sostituzione di lavoratori temporaneamente assenti, le fondazioni lirico sinfoniche di cui all'articolo 1 del decreto legislativo 29 giugno 1996, n. 367 e di cui alla legge 11 novembre 2003, n. 310, i teatri di tradizione di cui all'articolo 28 della legge 14 agosto 1967, n. 800, e i soggetti finanziati dal Fondo unico per lo spettacolo che applicano il contratto collettivo nazionale di lavoro delle fondazioni lirico sinfoniche possono stipulare, con atto scritto a pena di nullità, uno o più contratti di lavoro a tempo determinato per lo svolgimento di mansioni di pari livello e categoria legale, per una durata che non può superare complessivamente , a decorrere dal 1° luglio 2019, fatte salve le diverse disposizioni dei contratti collettivi, i trentasei mesi, anche non continuativi, anche all'esito di successive proroghe o rinnovi. Al fine di salvaguardare i relativi cicli lavorativi e produttivi, nelle more dell'approvazione delle nuove dotazioni organiche e dell'espletamento delle procedure concorsuali, le fondazioni lirico-sinfoniche possono prorogare fino al 30 giugno 2023 i contratti di lavoro stipulati a tempo determinato nell'anno 2019 con personale artistico e tecnico in presenza di esigenze contingenti o temporanee. A pena di nullità, il contratto reca l'indicazione espressa della condizione che, ai sensi del presente comma, consente l'assunzione a tempo determinato, la proroga o il rinnovo. Detto incombente è assolto anche attraverso il puntuale riferimento alla realizzazione di uno o più spettacoli, di una o più produzioni artistiche cui sia destinato l'impiego del lavoratore assunto con contratto di lavoro a tempo determinato. Fatta salva l'obbligatorietà della forma scritta a pena di nullità, il presente comma non trova applicazione nei confronti dei lavoratori impiegati nelle attività stagionali individuate ai sensi dell'articolo 21, comma 2 (2).

3-ter. La violazione di norme inderogabili riguardanti la costituzione, la durata, la proroga o i rinnovi di contratti di lavoro subordinato a tempo determinato di cui al comma 3-bis non ne comporta la conversione in contratti a tempo indeterminato. Il lavoratore interessato ha diritto al risarcimento del danno derivante dalla prestazione di lavoro in violazione di disposizioni imperative. Le fondazioni hanno l'obbligo di recuperare le somme pagate a tale titolo nei confronti dei dirigenti responsabili, qualora la violazione sia dovuta a dolo o colpa grave (3).

4. Resta fermo quanto disposto dall'articolo 36 del decreto legislativo n. 165 del 2001.

(A) In riferimento al presente comma vedi: Circolare della Presidenza del Consiglio dei Ministri 2/9/2015, n. 3/2015.

(1) Lettera modificata dall'art. 2, co. 01, d.l. 12/7/2018, n. 87, conv., con modif., dalla l. 9/8/2018, n. 96.

(2) Comma inserito dall'art. 1, co. 1, d.l. 28/6/2019, n. 59, conv., con modif., dalla l. 8/8/2019, n. 81 e successivamente modificato dall'art. 6, co. 8-bis, d.l. 30/4/2022, n. 36, conv., con modif., dalla l. 29/6/2022, n. 79.

(3) Comma inserito dall'art. 1, co. 1, d.l. 28/6/2019, n. 59, conv., con modif., dalla l. 8/8/2019, n. 81.

Capo IV
Somministrazione di lavoro

30. Definizione. – 1. Il contratto di somministrazione di lavoro è il contratto, a tempo indeterminato o determinato, con il quale un'agenzia di somministrazione autorizzata, ai sensi del decreto legislativo n. 276 del 2003, mette a disposizione di un utilizzatore uno o più lavoratori suoi dipendenti, i quali, per tutta la durata della missione, svolgono la propria attività nell'interesse e sotto la direzione e il controllo dell'utilizzatore.

31. Somministrazione di lavoro a tempo indeterminato e determinato. – 1. Salvo diversa previsione dei contratti collettivi applicati dall'utilizzatore, il numero dei lavoratori somministrati con contratto di somministrazione di lavoro a tempo indeterminato non può eccedere il 20 per cento del numero dei lavoratori a tempo indeterminato in forza presso l'utilizzatore al 1° gennaio dell'anno di stipula del predetto contratto, con un arrotondamento del decimale all'unità superiore qualora esso sia eguale o superiore a 0,5. Nel caso di inizio dell'attività nel corso dell'anno, il limite percentuale si computa sul numero dei lavoratori a tempo indeterminato in forza al momento della stipula del contratto di somministrazione di lavoro a tempo indeterminato. Possono essere somministrati a tempo indeterminato esclusivamente i lavoratori assunti dal somministratore a tempo indeterminato. Nel caso in cui il contratto di somministrazione tra l'agenzia di somministrazione e l'utilizzatore sia a tempo determinato l'utilizzatore può impiegare in missione, per periodi superiori a ventiquattro mesi anche non continuativi, il medesimo lavoratore somministrato, per il quale l'agenzia di somministrazione abbia comunicato all'utilizzatore l'assunzione a tempo indeterminato, senza che ciò determini in capo all'utilizzatore stesso la costituzione di un rapporto di lavoro a tempo indeterminato con il lavoratore somministrato. La disposizione di cui al periodo precedente ha efficacia fino al 30 giugno 2024 (1).

2. Salva diversa previsione dei contratti collettivi applicati dall'utilizzatore e fermo restando il limite disposto dall'articolo 23, il numero dei lavoratori assunti con contratto a tempo determinato ovvero con contratto di somministrazione a tempo determinato non può eccedere complessivamente il 30 per cento del numero dei lavoratori a tempo indeterminato in forza presso l'utilizzatore al 1° gennaio dell'anno di stipulazione dei predetti contratti, con arrotondamento del decimale all'unità superiore qualora esso sia eguale o superiore a 0,5. Nel caso di inizio dell'attività nel corso dell'anno, il limite percentuale si computa sul numero dei lavoratori a tempo indeterminato in forza al momento della stipulazione del contratto di somministrazione di lavoro. è in ogni caso esente da limiti quantitativi la somministrazione a tempo determinato di lavoratori di cui all'articolo 8, comma 2, della legge 23 luglio 1991, n. 223, di soggetti disoccupati che godono da almeno sei mesi di trattamenti di disoccupazione non agricola o di ammortizzatori sociali e di lavoratori svantaggiati o molto svantaggiati ai sensi dei numeri 4) e 99) dell'articolo 2 del regolamento (UE) n. 651/2014 della Commissione, del 17 giugno 2014, come individuati con decreto del Ministro del lavoro e delle politiche sociali (2).

3. I lavoratori somministrati sono informati dall'utilizzatore dei posti vacanti presso quest'ultimo, anche mediante un avviso generale affisso all'interno dei locali dell'utilizzatore.

4. Fermo quanto disposto dall'articolo 36 del decreto legislativo n. 165 del 2001, la disciplina della somministrazione a tempo indeterminato non trova applicazione nei confronti delle pubbliche amministrazioni.

(1) Comma modificato dall'art. 8, co. 1-bis, d.l. 14/8/2020, n. 104, conv., con modif., dalla l. 13/10/2020, n. 126; successivamente modificato dall'art. 11, co. 15, d.l. 21/10/2021, n. 146, conv., con modif., dalla l. 17/12/2021, n. 215, dall'art. 23-quater, co. 1, d.l. 27/1/2022, n. 4, conv., con modif., dalla l. 28/3/2022, n. 25 e da ultimo, dall'art. 12-quinquies, co. 1, d.l. 21/3/2022, n. 21, conv., con modif., dalla l. 20/5/2022, n. 51.

(2) Comma sostituito dall'art. 2, co. 02, d.l. 12/7/2018, n. 87, conv., con modif., dalla l. 9/8/2018, n. 96.

32. Divieti. – 1. Il contratto di somministrazione di lavoro è vietato:

a) per la sostituzione di lavoratori che esercitano il diritto di sciopero;

b) presso unità produttive nelle quali si è proceduto, entro i sei mesi precedenti, a licenziamenti collettivi ai sensi degli articoli 4 e 24 della legge n. 223 del 1991, che hanno riguardato lavoratori adibiti alle stesse mansioni cui si riferisce il contratto di somministrazione di lavoro, salvo che il contratto sia concluso per provvedere alla sostituzione di lavoratori assenti o abbia una durata iniziale non superiore a tre mesi;

c) presso unità produttive nelle quali sono operanti una sospensione del lavoro o una riduzione dell'orario in regime di cassa integrazione guadagni, che interessano lavoratori adibiti alle stesse mansioni cui si riferisce il contratto di somministrazione di lavoro;

d) da parte di datori di lavoro che non abbiano effettuato la valutazione dei rischi in applicazione della normativa di tutela della salute e della sicurezza dei lavoratori.

33. Forma del contratto di somministrazione. – 1. Il contratto di somministrazione di lavoro è stipulato in forma scritta e contiene i seguenti elementi:

a) gli estremi dell'autorizzazione rilasciata al somministratore;

b) il numero dei lavoratori da somministrare;

c) l'indicazione di eventuali rischi per la salute e la sicurezza del lavoratore e le misure di prevenzione adottate;

d) la data di inizio e la durata prevista della somministrazione di lavoro;

e) le mansioni alle quali saranno adibiti i lavoratori e l'inquadramento dei medesimi;

f) il luogo, l'orario di lavoro e il trattamento economico e normativo dei lavoratori.

2. Con il contratto di somministrazione di lavoro l'utilizzatore assume l'obbligo di comunicare al somministratore il trattamento economico e normativo applicabile ai lavoratori suoi dipendenti che svolgono le medesime mansioni dei lavoratori da somministrare e a rimborsare al somministratore gli oneri retributivi e previdenziali da questo effettivamente sostenuti in favore dei lavoratori.

3. Le informazioni di cui al comma 1, la data di inizio e la durata prevedibile della missione, nonché le informazioni di cui all'articolo 1, comma 1, del decreto legislativo 26 maggio 1997, n. 152, sono comunicate per iscritto al lavoratore dall'agenzia di somministrazione secondo le modalità e i termini di cui all'articolo 1, comma 2, del medesimo decreto legislativo n. 152 del 1997, ovvero prima dell'invio in missione presso l'utilizzatore (1).

(1) Comma sostituito dall'art. 5, co. 2, lett. b), d.lg. 27/6/2022, n. 104. Per l'applicazione vedi l'art. 16, co. 1, medesimo d.lg. n. 104/2022.

34. Disciplina dei rapporti di lavoro. – 1. In caso di assunzione a tempo indeterminato il rapporto di lavoro tra somministratore e lavoratore è soggetto alla disciplina prevista per il rapporto di lavoro a tempo indeterminato. Nel contratto di lavoro è determinata l'indennità mensile di disponibilità, divisibile in quote orarie, corrisposta dal somministratore al lavoratore per i periodi nei quali egli rimane in attesa di essere inviato in missione, nella misura prevista dal contratto collettivo applicabile al somministratore e comunque non inferiore all'importo fissato con decreto del Ministro del lavoro e delle politiche sociali. L'indennità di disponibilità è esclusa dal computo di ogni istituto di legge o di contratto collettivo.

2. In caso di assunzione a tempo determinato il rapporto di lavoro tra somministratore e lavoratore è soggetto alla disciplina di cui al capo III, con esclusione delle disposizioni di cui agli articoli 21, comma 2, 23 e 24. Il termine inizialmente posto al contratto di lavoro può in ogni caso essere prorogato, con il consenso del lavoratore e per atto scritto, nei casi e per la durata previsti dal contratto collettivo applicato dal somministratore (1).

3. Il lavoratore somministrato non è computato nell'organico dell'utilizzatore ai fini dell'applicazione di normative di legge o di contratto collettivo, fatta eccezione per quelle relative alla tutela della salute e della sicurezza sul lavoro. In caso di somministrazione di lavoratori disabili per missioni di durata non inferiore a dodici mesi, il lavoratore somministrato è computato nella quota di riserva di cui all'articolo 3 della legge 12 marzo 1999, n. 68.

4. Le disposizioni di cui all'articolo 4 e 24 della legge n. 223 del 1991 non trovano applicazione nel caso di cessazione della somministrazione di lavoro a tempo indeterminato, cui si applica l'articolo 3 della legge n. 604 del 1966 (2).

(1) Periodo aggiunto dall'art. 2 del d.l. 12/7/2018, n. 87, conv., con modif., dalla l. 9/8/2018, n. 96.

(2) Il d.l. 12/7/2018, n. 87, conv., con modif., dalla l. 9/7/2018, n. 96, ha disposto (con l'art. 1, co. 3) che «Le disposizioni di cui al presente articolo, nonché quelle di cui agli articoli 2 e 3, non si applicano ai contratti stipulati dalle pubbliche amministrazioni, ai quali continuano ad applicarsi le disposizioni vigenti anteriormente alla data di entrata in vigore del presente decreto».
Il d.l. 12/7/2018, n. 87, conv., con modif., dalla l. 9/8/2018, n. 96, come modificato dalla l. 30/12/2018, n. 145, ha disposto (con l'art. 1, co. 3) che «Le disposizioni di cui al presente articolo, nonché quelle di cui agli articoli 2 e 3, non si applicano ai contratti stipulati dalle pubbliche amministrazioni nonché ai contratti di lavoro a tempo determinato stipulati dalle università private, incluse le filiazioni di università straniere, istituti pubblici di ricerca, società pubbliche che promuovono la ricerca e l'innovazione ovvero enti privati di ricerca e lavoratori chiamati a svolgere attività di insegnamento, di ricerca scientifica o tecnologica, di trasferimento di know-how, di supporto all'innovazione, di assistenza tecnica alla stessa o di coordinamento e direzione della stessa, ai quali continuano ad applicarsi le disposizioni vigenti anteriormente alla data di entrata in vigore del presente decreto».

35. Tutela del lavoratore, esercizio del potere disciplinare e regime della solidarietà. – 1. Per tutta la durata della missione presso l'utilizzatore, i lavoratori del somministratore hanno diritto, a parità di mansioni svolte, a condizioni economiche e normative complessivamente non inferiori a quelle dei dipendenti di pari livello dell'utilizzatore.

2. L'utilizzatore è obbligato in solido con il somministratore a corrispondere ai lavoratori i trattamenti retributivi e a versare i relativi contributi previdenziali, salvo il diritto di rivalsa verso il somministratore.

3. I contratti collettivi applicati dall'utilizzatore stabiliscono modalità e criteri per la determinazione e corresponsione delle erogazioni economiche correlate ai risultati conseguiti nella realizzazione di programmi concordati tra le parti o collegati all'andamento economico dell'impresa. I lavoratori somministrati hanno altresì diritto a fruire dei servizi sociali e assistenziali di cui godono i dipendenti dell'utilizzatore addetti alla stessa unità produttiva, esclusi quelli il cui godimento sia condizionato alla iscrizione ad associazioni o società cooperative o al conseguimento di una determinata anzianità di servizio.

4. Il somministratore informa i lavoratori sui rischi per la sicurezza e la salute connessi alle attività produttive e li forma e addestra all'uso delle attrezzature di lavoro necessarie allo svolgimento dell'attività lavorativa per la quale essi vengono assunti, in conformità al decreto legislativo 9 aprile 2008, n. 81. Il contratto di somministrazione può prevedere che tale obbligo sia adempiuto dall'utilizzatore. L'utilizzatore osserva nei confronti dei lavoratori somministrati gli obblighi di prevenzione e protezione cui è tenuto, per legge e contratto collettivo, nei confronti dei propri dipendenti.

5. Nel caso in cui adibisca il lavoratore a mansioni di livello superiore o inferiore a quelle dedotte in contratto, l'utilizzatore deve darne immediata comunicazione scritta al somministratore consegnandone copia al lavoratore medesimo. Ove non abbia adempiuto all'obbligo di informazione, l'utilizzatore risponde in via esclusiva per le differenze retributive spettanti al lavoratore occupato in mansioni superiori e per l'eventuale risarcimento del danno derivante dall'assegnazione a mansioni inferiori.

6. Ai fini dell'esercizio del potere disciplinare, che è riservato al somministratore, l'utilizzatore comunica al sommini-

stratore gli elementi che formeranno oggetto della contestazione ai sensi dell'articolo 7 della legge n. 300 del 1970.

7. L'utilizzatore risponde nei confronti dei terzi dei danni a essi arrecati dal lavoratore nello svolgimento delle sue mansioni. 8. È nulla ogni clausola diretta a limitare, anche indirettamente, la facoltà dell'utilizzatore di assumere il lavoratore al termine della sua missione, fatta salva l'ipotesi in cui al lavoratore sia corrisposta una adeguata indennità, secondo quanto stabilito dal contratto collettivo applicabile al somministratore.

36. Diritti sindacali e garanzie collettive. – 1. Ai lavoratori delle agenzie di somministrazione si applicano i diritti sindacali previsti dalla legge n. 300 del 1970, e successive modificazioni.

2. Il lavoratore somministrato ha diritto a esercitare presso l'utilizzatore, per tutta la durata della missione, i diritti di libertà e di attività sindacale, nonché a partecipare alle assemblee del personale dipendente delle imprese utilizzatrici.

3. Ogni dodici mesi l'utilizzatore, anche per il tramite della associazione dei datori di lavoro alla quale aderisce o conferisce mandato, comunica alle rappresentanze sindacali aziendali ovvero alla rappresentanza sindacale unitaria o, in mancanza, agli organismi territoriali di categoria delle associazioni sindacali comparativamente più rappresentative sul piano nazionale, il numero dei contratti di somministrazione di lavoro conclusi, la durata degli stessi, il numero e la qualifica dei lavoratori interessati.

37. Norme previdenziali. – 1. Gli oneri contributivi, previdenziali, assicurativi ed assistenziali, previsti dalle vigenti disposizioni legislative, sono a carico del somministratore che, ai sensi e per gli effetti di cui all'articolo 49 della legge 9 marzo 1989, n. 88, è inquadrato nel settore terziario. L'indennità di disponibilità è assoggettata a contribuzione previdenziale per il suo effettivo ammontare, in deroga alla normativa in materia di minimale contributivo.

2. Il somministratore non è tenuto al versamento della aliquota contributiva di cui all'articolo 25, comma 4, della legge 21 dicembre 1978, n. 845.

3. Gli obblighi dell'assicurazione contro gli infortuni e le malattie professionali previsti dal decreto del Presidente della Repubblica 30 giugno 1965, n. 1124, e successive modificazioni, sono determinati in relazione al tipo e al rischio delle lavorazioni svolte. I premi e i contributi sono determinati in relazione al tasso medio o medio ponderato, stabilito per l'attività svolta dall'impresa utilizzatrice, nella quale sono inquadrabili le lavorazioni svolte dai lavoratori somministrati, ovvero in base al tasso medio o medio ponderato della voce di tariffa corrispondente alla lavorazione effettivamente prestata dal lavoratore somministrato, ove presso l'impresa utilizzatrice la stessa non sia già assicurata.

4. Nel settore agricolo e in caso di somministrazione di lavoratori domestici trovano applicazione i criteri di erogazione e gli oneri previdenziali e assistenziali previsti dai relativi settori.

38. Somministrazione irregolare. – 1. In mancanza di forma scritta il contratto di somministrazione di lavoro è nullo e i lavoratori sono considerati a tutti gli effetti alle dipendenze dell'utilizzatore.

2. Quando la somministrazione di lavoro avvenga al di fuori dei limiti e delle condizioni di cui agli articoli 31, commi 1 e 2, 32 e 33, comma 1, lettere a), b), c) e d), il lavoratore può chiedere, anche soltanto nei confronti dell'utilizzatore, la costituzione di un rapporto di lavoro alle dipendenze di quest'ultimo, con effetto dall'inizio della somministrazione.

3. Nelle ipotesi di cui al comma 2 tutti i pagamenti effettuati dal somministratore, a titolo retributivo o di contribuzione previdenziale, valgono a liberare il soggetto che ne ha effettivamente utilizzato la prestazione dal debito corrispondente fino a concorrenza della somma effettivamente pagata. Tutti gli atti compiuti o ricevuti dal somministratore nella costituzione o nella gestione del rapporto, per il periodo durante il quale la somministrazione ha avuto luogo, si intendono come compiuti o ricevuti dal soggetto che ha effettivamente utilizzato la prestazione.

4. La disposizione di cui al comma 2 non trova applicazione nei confronti delle pubbliche amministrazioni.

38 bis. Somministrazione fraudolenta (1). – 1. Ferme restando le sanzioni di cui all'articolo 18 del decreto legislativo 10 settembre 2003, n. 276, quando la somministrazione di lavoro è posta in essere con la specifica finalità di eludere norme inderogabili di legge o di contratto collettivo applicate al lavoratore, il somministratore e l'utilizzatore sono puniti con la pena dell'ammenda di 20 euro per ciascun lavoratore coinvolto e per ciascun giorno di somministrazione.

(1) Articolo inserito dall'art. 2, d.l. 12/7/2018, n. 87, conv., con modif., dalla l. 9/8/2018, n. 96.

39. Decadenza e tutele. – 1. Nel caso in cui il lavoratore chieda la costituzione del rapporto di lavoro con l'utilizzatore, ai sensi dell'articolo 38, comma 2, trovano applicazione le disposizioni dell'articolo 6 della legge n. 604 del 1966, e il termine di cui al primo comma del predetto articolo decorre dalla data in cui il lavoratore ha cessato di svolgere la propria attività presso l'utilizzatore.

2. Nel caso in cui il giudice accolga la domanda di cui al comma 1, condanna il datore di lavoro al risarcimento del danno in favore del lavoratore, stabilendo un'indennità onnicomprensiva nella misura compresa tra un minimo di 2,5 e un massimo di 12 mensilità dell'ultima retribuzione di riferimento per il calcolo del trattamento di fine rapporto, avuto riguardo ai criteri indicati nell'articolo 8 della legge n. 604 del 1966. La predetta indennità ristora per intero il pregiudizio subito dal lavoratore, comprese le conseguenze retributive e contributive, relativo al periodo compreso tra la data in cui il lavoratore ha cessato di svolgere la propria attività presso l'utilizzatore e la pronuncia con la quale il giudice ha ordinato la costituzione del rapporto di lavoro.

40. Sanzioni. – 1. La violazione degli obblighi e dei divieti di cui agli articoli 33, comma 1, nonché, per il solo utilizzatore, di cui agli articoli 31 e 32 e, per il solo somministratore, di cui all'articolo 33, comma 3, sono punite con la sanzione amministrativa pecuniaria da euro 250 a euro 1.250.

2. La violazione delle disposizioni di cui all'articolo 35, comma 1, e per il solo utilizzatore, di cui all'articolo 35, comma 3, secondo periodo, e 36, comma 3, sono punite con la sanzione amministrativa pecuniaria prevista dal comma 1.

Capo V
Apprendistato

41. Definizione. – 1. L'apprendistato è un contratto di lavoro a tempo indeterminato finalizzato alla formazione e alla occupazione dei giovani.

2. Il contratto di apprendistato si articola nelle seguenti tipologie:

a) apprendistato per la qualifica e il diploma professionale, il diploma di istruzione secondaria superiore e il certificato di specializzazione tecnica superiore;

b) apprendistato professionalizzante;

c) apprendistato di alta formazione e ricerca.

3. L'apprendistato per la qualifica e il diploma professionale, il diploma di istruzione secondaria superiore e il certificato di specializzazione tecnica superiore e quello di alta formazione e ricerca integrano organicamente, in un sistema duale, formazione e lavoro, con riferimento ai titoli di istruzione e formazione e alle qualificazioni professionali contenuti nel Repertorio nazionale di cui all'articolo 8 del decreto legislativo 16 gennaio 2013, n. 13, nell'ambito del Quadro europeo delle qualificazioni.

42. Disciplina generale. – 1. Il contratto di apprendistato è stipulato in forma scritta ai fini della prova. Il contratto di apprendistato contiene, in forma sintetica, il piano formativo individuale definito anche sulla base di moduli e formulari stabiliti dalla contrattazione collettiva o dagli enti bilaterali di cui all'articolo 2, comma 1, lettera h), del decreto legislativo n. 276 del 2003. Nell'apprendistato per la qualifica e il diploma professionale, il diploma di istruzione secondaria superiore e il certificato di specializzazione tecnica superiore e nell'apprendistato di alta formazione e ricerca, il piano formativo individuale è predisposto dalla istituzione formativa con il coinvolgimento dell'impresa. Al piano formativo individuale, per la quota a carico dell'istituzione formativa, si provvede nell'ambito delle risorse umane, finanziarie e strumentali disponibili a legislazione vigente (1).

2. Il contratto di apprendistato ha una durata minima non inferiore a sei mesi, fatto salvo quanto previsto dagli articoli 43, comma 8, e 44, comma 5.

3. Durante l'apprendistato trovano applicazione le sanzioni previste dalla normativa vigente per il licenziamento illegittimo. Nel contratto di apprendistato per la qualifica e il diploma professionale, il diploma di istruzione secondaria superiore e il certificato di specializzazione tecnica superiore, costituisce giustificato motivo di licenziamento il mancato raggiungimento degli obiettivi formativi come attestato dall'istituzione formativa.

4. Al termine del periodo di apprendistato le parti possono recedere dal contratto, ai sensi dell'articolo 2118 del codice civile, con preavviso decorrente dal medesimo termine. Durante il periodo di preavviso continua a trovare applicazione la disciplina del contratto di apprendistato. Se nessuna delle parti recede il rapporto prosegue come ordinario rapporto di lavoro subordinato a tempo indeterminato.

5. Salvo quanto disposto dai commi da 1 a 4, la disciplina del contratto di apprendistato è rimessa ad accordi interconfederali ovvero ai contratti collettivi nazionali di lavoro stipulati dalle associazioni sindacali comparativamente più rappresentative sul piano nazionale, nel rispetto dei seguenti principi:

a) divieto di retribuzione a cottimo;

b) possibilità di inquadrare il lavoratore fino a due livelli inferiori rispetto a quello spettante in applicazione del contratto collettivo nazionale di lavoro ai lavoratori addetti a mansioni che richiedono qualificazioni corrispondenti a quelle al cui conseguimento è finalizzato il contratto, o, in alternativa, di stabilire la retribuzione dell'apprendista in misura percentuale e proporzionata all'anzianità di servizio;

c) presenza di un tutore o referente aziendale;

d) possibilità di finanziare i percorsi formativi aziendali degli apprendisti per il tramite dei fondi paritetici interprofessionali di cui all'articolo 118 della legge 23 dicembre 2000, n. 388, e all'articolo 12 del decreto legislativo n. 276 del 2003, anche attraverso accordi con le regioni e le province autonome di Trento e Bolzano;

e) possibilità del riconoscimento, sulla base dei risultati conseguiti nel percorso di formazione, esterna e interna alla impresa, della qualificazione professionale ai fini contrattuali e delle competenze acquisite ai fini del proseguimento degli studi nonché nei percorsi di istruzione degli adulti;

f) registrazione della formazione effettuata e della qualificazione professionale ai fini contrattuali eventualmente acquisita nel libretto formativo del cittadino di cui all'articolo 2, comma 1, lettera i), del decreto legislativo n. 276 del 2003;

g) possibilità di prolungare il periodo di apprendistato in caso di malattia, infortunio o altra causa di sospensione involontaria del lavoro, di durata superiore a trenta giorni;

h) possibilità di definire forme e modalità per la conferma in servizio, senza nuovi o maggiori oneri per la finanza pubblica, al termine del percorso formativo, al fine di ulteriori assunzioni in apprendistato.

6. Per gli apprendisti l'applicazione delle norme sulla previdenza e assistenza sociale obbligatoria si estende alle seguenti forme:

a) assicurazione contro gli infortuni sul lavoro e le malattie professionali;

b) assicurazione contro le malattie;

c) assicurazione contro l'invalidità e vecchiaia;

d) maternità;

e) assegno familiare;

f) assicurazione sociale per l'impiego, in relazione alla quale, in aggiunta a quanto previsto in relazione al regime contributivo per le assicurazioni di cui alle precedenti lettere, ai sensi della disciplina di cui all'articolo 1, comma 773, della legge 27 dicembre 2006, n. 296, con effetto sui periodi contributivi maturati a decorrere dal 1° gennaio 2013 è dovuta dai datori di lavoro per gli apprendisti artigiani e non artigiani una contribuzione pari all'1,31 per cento della retribuzione imponibile ai fini previdenziali, con riferimento alla quale non operano le disposizioni di cui all'articolo 22, comma 1, della legge 12 novembre 2011, n. 183.

7. Il numero complessivo di apprendisti che un datore di lavoro può assumere, direttamente o indirettamente per il tramite delle agenzie di somministrazione autorizzate, non può superare il rapporto di 3 a 2 rispetto alle maestranze specializzate e qualificate in servizio presso il medesimo datore di lavoro. Tale rapporto non può superare il 100 per cento per i datori di lavoro che occupano un numero di lavoratori inferiore a dieci unità. È in ogni caso esclusa la possibilità di utilizzare apprendisti con contratto di somministrazione a tempo determinato. Il datore di lavoro che non abbia alle proprie dipendenze lavoratori qualificati o specializzati, o che comunque ne abbia in numero inferiore a tre, può assumere apprendisti in numero non superiore a tre. Le disposizioni di cui al presente comma non si applicano alle imprese artigiane per le quali trovano applicazione le disposizioni di cui all'articolo 4 della legge 8 agosto 1985, n. 443.

8. Ferma restando la possibilità per i contratti collettivi nazionali di lavoro, stipulati dalle associazioni sindacali comparativamente più rappresentative sul piano nazionale, di individuare limiti diversi da quelli previsti dal presente comma, esclusivamente per i datori di lavoro che occupano almeno cinquanta dipendenti, l'assunzione di nuovi apprendisti con contratto di apprendistato professionalizzante è subordinata alla prosecuzione, a tempo indeterminato, del rapporto di lavoro al termine del periodo di apprendistato, nei trentasei mesi precedenti la nuova assunzione, di almeno il 20 per cento degli apprendisti dipendenti dallo stesso datore di lavoro, restando esclusi dal computo i rapporti cessati per recesso durante il periodo di prova, dimissioni o licenziamento per giusta causa. Qualora non sia rispettata la predetta percentuale, è in ogni caso consentita l'assunzione di un apprendista con contratto professionalizzante. Gli apprendisti assunti in violazione dei limiti di cui al presente comma sono considerati ordinari lavoratori subordinati a tempo indeterminato sin dalla data di costituzione del rapporto.

(1) Il d.lg. 14/9/2015, n. 150, ha disposto (con l'art. 32, co. 1, lett. c) che «A titolo sperimentale, per le assunzioni con contratto di apprendistato per la qualifica e il diploma professionale, il diploma di istruzione secondaria superiore e il certificato di specializzazione tecnica superiore a decorrere dalla data di entrata in vigore del

presente provvedimento e fino al 31 dicembre 2016, si applicano i seguenti benefici:
[...]
c) è riconosciuto lo sgravio totale dei contributi a carico del datore di lavoro di finanziamento dell'ASpI di cui all'art. 42, comma 6, lettera f), del decreto legislativo 15 giugno 2015, n. 81 e dello 0,30 per cento, previsto dall'articolo 25 della legge n. 845 del 1978».

43. Apprendistato per la qualifica e il diploma professionale, il diploma di istruzione secondaria superiore e il certificato di specializzazione tecnica superiore. – 1. L'apprendistato per la qualifica e il diploma professionale e il certificato di specializzazione tecnica superiore è strutturato in modo da coniugare la formazione effettuata in azienda con l'istruzione e la formazione professionale svolta dalle istituzioni formative che operano nell'ambito dei sistemi regionali di istruzione e formazione sulla base dei livelli essenziali delle prestazioni di cui al decreto legislativo 17 ottobre 2005, n. 226, e di quelli di cui all'articolo 46.

2. Possono essere assunti con il contratto di cui al comma 1, in tutti i settori di attività, i giovani che hanno compiuto i 15 anni di età e fino al compimento dei 25. La durata del contratto è determinata in considerazione della qualifica o del diploma da conseguire e non può in ogni caso essere superiore a tre anni o a quattro anni nel caso di diploma professionale quadriennale.

3. Fermo restando quanto previsto dall'articolo 46, comma 1, la regolamentazione dell'apprendistato per la qualifica e il diploma professionale e il certificato di specializzazione tecnica superiore è rimessa alle regioni e alle province autonome di Trento e Bolzano.

In assenza di regolamentazione regionale l'attivazione dell'apprendistato per la qualifica e il diploma professionale e il certificato di specializzazione tecnica superiore è rimessa al Ministero del lavoro e delle politiche sociali, che ne disciplina l'esercizio con propri decreti.

4. In relazione alle qualificazioni contenute nel Repertorio di cui all'articolo 41, comma 3, i datori di lavoro hanno la facoltà di prorogare fino ad un anno il contratto di apprendistato dei giovani qualificati e diplomati, che hanno concluso positivamente i percorsi di cui al comma 1, per il consolidamento e l'acquisizione di ulteriori competenze tecnico-professionali e specialistiche, utili anche ai fini dell'acquisizione del certificato di specializzazione tecnica superiore o del diploma di maturità professionale all'esito del corso annuale integrativo di cui all'articolo 15, comma 6, del decreto legislativo n. 226 del 2005. Il contratto di apprendistato può essere prorogato fino ad un anno anche nel caso in cui, al termine dei percorsi di cui al comma 1, l'apprendista non abbia conseguito la qualifica, il diploma, il certificato di specializzazione tecnica superiore o il diploma di maturità professionale all'esito del corso annuale integrativo.

5. Possono essere, altresì, stipulati contratti di apprendistato, di durata non superiore a quattro anni, rivolti ai giovani iscritti a partire dal secondo anno dei percorsi di istruzione secondaria superiore, per l'acquisizione, oltre che del diploma di istruzione secondaria superiore, di ulteriori competenze tecnico-professionali rispetto a quelle già previste dai vigenti regolamenti scolastici, utili anche ai fini del conseguimento del certificato di specializzazione tecnica superiore. A tal fine, è abrogato il comma 2 dell'articolo 8-bis del decreto-legge 12 settembre 2013, n. 104, convertito, con modificazioni, dalla legge 8 novembre 2013, n. 128. Sono fatti salvi, fino alla loro conclusione, i programmi sperimentali per lo svolgimento di periodi di formazione in azienda già attivati. Possono essere, inoltre, stipulati contratti di apprendistato, di durata non superiore a due anni, per i giovani che frequentano il corso annuale integrativo che si conclude con l'esame di Stato, di cui all'articolo 6, comma 5, del decreto del Presidente della Repubblica 15 marzo 2010, n. 87.

6. Il datore di lavoro che intende stipulare il contratto di apprendistato per la qualifica e il diploma professionale, il diploma di istruzione secondaria superiore e il certificato di specializzazione tecnica superiore sottoscrive un protocollo con l'istituzione formativa a cui lo studente è iscritto, che stabilisce il contenuto e la durata degli obblighi formativi del datore di lavoro, secondo lo schema definito con il decreto di cui all'articolo 46, comma 1. Con il medesimo decreto sono definiti i criteri generali per la realizzazione dei percorsi di apprendistato, e, in particolare, i requisiti delle imprese nelle quali si svolge e il monte orario massimo del percorso scolastico che può essere svolto in apprendistato, nonché il numero di ore da effettuare in azienda, nel rispetto dell'autonomia delle istituzioni scolastiche e delle competenze delle regioni e delle provincie autonome.

Nell'apprendistato che si svolge nell'ambito del sistema di istruzione e formazione professionale regionale, la formazione esterna all'azienda è impartita nell'istituzione formativa a cui lo studente è iscritto e non può essere superiore al 60 per cento dell'orario ordinamentale per il secondo anno e al 50 per cento per il terzo e quarto anno, nonché per l'anno successivo finalizzato al conseguimento del certificato di specializzazione tecnica, in ogni caso nell'ambito delle risorse umane, finanziarie e strumentali disponibili nel rispetto di quanto stabilito dalla legislazione vigente.

7. Per le ore di formazione svolte nella istituzione formativa il datore di lavoro è esonerato da ogni obbligo retributivo. Per le ore di formazione a carico del datore di lavoro è riconosciuta al lavoratore una retribuzione pari al 10 per cento di quella che gli sarebbe dovuta. Sono fatte salve le diverse previsioni dei contratti collettivi.

8. Per le regioni e le province autonome di Trento e Bolzano che abbiano definito un sistema di alternanza scuola-lavoro, i contratti collettivi stipulati dalle associazioni sindacali comparativamente più rappresentative sul piano nazionale possono prevedere specifiche modalità di utilizzo del contratto di apprendistato, anche a tempo determinato, per lo svolgimento di attività stagionali.

9. Successivamente al conseguimento della qualifica o del diploma professionale ai sensi del decreto legislativo n. 226 del 2005, nonché del diploma di istruzione secondaria superiore, allo scopo di conseguire la qualificazione professionale ai fini contrattuali, è possibile la trasformazione del contratto in apprendistato professionalizzante. In tal caso, la durata massima complessiva dei due periodi di apprendistato non può eccedere quella individuata dalla contrattazione collettiva di cui all'articolo 42, comma 5.

44. Apprendistato professionalizzante. – 1. Possono essere assunti in tutti i settori di attività, pubblici o privati, con contratto di apprendistato professionalizzante per il conseguimento di una qualificazione professionale ai fini contrattuali, i soggetti di età compresa tra i 18 e i 29 anni. Per i soggetti in possesso di una qualifica professionale, conseguita ai sensi del decreto legislativo n. 226 del 2005, il contratto di apprendistato professionalizzante può essere stipulato a partire dal diciassettesimo anno di età. La qualificazione professionale al cui conseguimento è finalizzato il contratto è determinata dalle parti del contratto sulla base dei profili o qualificazioni professionali previsti per il settore di riferimento dai sistemi di inquadramento del personale di cui ai contratti collettivi stipulati dalle associazioni sindacali comparativamente più rappresentative sul piano nazionale.

2. Gli accordi interconfederali e i contratti collettivi nazionali di lavoro stipulati dalle associazioni sindacali comparativamente più rappresentative sul piano nazionale stabiliscono, in ragione del tipo di qualificazione professionale ai fini contrattuali da conseguire, la durata e le modalità di erogazione della formazione per l'acquisizione delle relative competenze

tecnico-professionali e specialistiche, nonché la durata anche minima del periodo di apprendistato, che non può essere superiore a tre anni ovvero cinque per i profili professionali caratterizzanti la figura dell'artigiano individuati dalla contrattazione collettiva di riferimento.

3. La formazione di tipo professionalizzante, svolta sotto la responsabilità del datore di lavoro, è integrata, nei limiti delle risorse annualmente disponibili, dalla offerta formativa pubblica, interna o esterna alla azienda, finalizzata alla acquisizione di competenze di base e trasversali per un monte complessivo non superiore a centoventi ore per la durata del triennio e disciplinata dalle regioni e dalle province autonome di Trento e Bolzano, sentite le parti sociali e tenuto conto del titolo di studio e delle competenze dell'apprendista. La regione comunica al datore di lavoro, entro quarantacinque giorni dalla comunicazione dell'instaurazione del rapporto, effettuata ai sensi dell'articolo 9-bis del decreto-legge 1° ottobre 1996, n. 510, convertito, con modificazioni, dalla legge 28 novembre 1996, n. 608, le modalità di svolgimento dell'offerta formativa pubblica, anche con riferimento alle sedi e al calendario delle attività previste, avvalendosi anche dei datori di lavoro e delle loro associazioni che si siano dichiarate disponibili, ai sensi delle linee guida adottate dalla Conferenza permanente per i rapporti tra lo Stato, le regioni e le province autonome di Trento e Bolzano in data 20 febbraio 2014.

4. Le regioni e le province autonome di Trento e Bolzano e le associazioni di categoria dei datori di lavoro possono definire, anche nell'ambito della bilateralità, le modalità per il riconoscimento della qualifica di maestro artigiano o di mestiere.

5. Per i datori di lavoro che svolgono la propria attività in cicli stagionali, i contratti collettivi nazionali di lavoro stipulati dalle associazioni sindacali comparativamente più rappresentative sul piano nazionale possono prevedere specifiche modalità di svolgimento del contratto di apprendistato, anche a tempo determinato. La previsione di cui al primo periodo trova applicazione altresì nell'ambito delle attività in cicli stagionali che si svolgono nel settore del cinema e dell'audiovisivo (1).

(1) Ultimo periodo così modificato dall'art. 2, co. 1, d.lg. 7/12/2017, n. 202.

45. Apprendistato di alta formazione e di ricerca. – 1. Possono essere assunti in tutti i settori di attività, pubblici o privati, con contratto di apprendistato per il conseguimento di titoli di studio universitari e della alta formazione, compresi i dottorati di ricerca, i diplomi relativi ai percorsi degli istituti tecnici superiori di cui all'articolo 7 del decreto del Presidente del Consiglio dei ministri 25 gennaio 2008, per attività di ricerca, nonché per il praticantato per l'accesso alle professioni ordinistiche, i soggetti di età compresa tra i 18 e i 29 anni in possesso di diploma di istruzione secondaria superiore o di un diploma professionale conseguito nei percorsi di istruzione e formazione professionale integrato da un certificato di specializzazione tecnica superiore o del diploma di maturità professionale all'esito del corso annuale integrativo.

2. Il datore di lavoro che intende stipulare un contratto di cui al comma 1 sottoscrive un protocollo con l'istituzione formativa a cui lo studente è iscritto o con l'ente di ricerca, che stabilisce la durata e le modalità, anche temporali, della formazione a carico del datore di lavoro, secondo lo schema definito con il decreto di cui all'articolo 46, comma 1. Il suddetto protocollo stabilisce, altresì, il numero dei crediti formativi riconoscibili a ciascuno studente per la formazione a carico del datore di lavoro in ragione del numero di ore di formazione svolte in azienda, anche in deroga al limite di cui all'articolo 2, comma 147, del decreto-legge 3 ottobre 2006, n. 262, convertito, con modificazioni, dalla legge 24 novembre 2006, n. 286. I principi e le modalità di attribuzione dei crediti formativi sono definiti con il decreto di cui all'articolo 46, comma 1. La formazione esterna all'azienda è svolta nell'istituzione formativa a cui lo studente è iscritto e nei percorsi di istruzione tecnica superiore e non può, di norma, essere superiore al 60 per cento dell'orario ordinamentale.

3. Per le ore di formazione svolte nella istituzione formativa il datore di lavoro è esonerato da ogni obbligo retributivo. Per le ore di formazione a carico del datore di lavoro è riconosciuta al lavoratore una retribuzione pari al 10 per cento di quella che gli sarebbe dovuta. Sono fatte salve le diverse previsioni dei contratti collettivi.

4. La regolamentazione e la durata del periodo di apprendistato per attività di ricerca o per percorsi di alta formazione è rimessa alle regioni e alle province autonome di Trento e Bolzano, per i soli profili che attengono alla formazione, sentite le associazioni territoriali dei datori di lavoro e dei lavoratori comparativamente più rappresentative sul piano nazionale, le università, gli istituti tecnici superiori e le altre istituzioni formative o di ricerca comprese quelle in possesso di riconoscimento istituzionale di rilevanza nazionale o regionale e aventi come oggetto la promozione delle attività imprenditoriali, del lavoro, della formazione, della innovazione e del trasferimento tecnologico (1).

5. In assenza delle regolamentazioni regionali di cui al comma 4, l'attivazione dei percorsi di apprendistato di alta formazione e ricerca è disciplinata dalle disposizioni del decreto di cui all'articolo 46, comma 1. Sono fatte salve fino alla regolamentazione regionale le convenzioni stipulate dai datori di lavoro o dalle loro associazioni con le università, gli istituti tecnici superiori e le altre istituzioni formative o di ricerca, senza nuovi o maggiori oneri a carico della finanza pubblica.

(1) Commi così modificati dall'art. 1, co. 1, lett. a), n. 1), d.lg. 24/9/2016, n. 185, a decorrere dall'8/10/2016, ai sensi di quanto disposto dall'art. 6, co. 1, del medesimo d.lg. n. 185/2016.

46. Standard professionali e formativi e certificazione delle competenze. – 1. Con decreto del Ministro del lavoro e delle politiche sociali, di concerto con il Ministro dell'istruzione, dell'università e della ricerca e del Ministro dell'economia e delle finanze, previa intesa in sede di Conferenza permanente per i rapporti tra lo Stato, le regioni e le province autonome di Trento e Bolzano, ai sensi dell'articolo 3 del decreto legislativo 28 agosto 1997, n. 281, sono definiti gli standard formativi dell'apprendistato, che costituiscono livelli essenziali delle prestazioni ai sensi dell'articolo 16 del decreto legislativo n. 226 del 2005.

2. La registrazione nel libretto formativo del cittadino, ai sensi del decreto legislativo n. 13 del 2013, è di competenza: a) del datore di lavoro, nel contratto di apprendistato professionalizzante, per quanto riguarda la formazione effettuata per il conseguimento della qualificazione professionale ai fini contrattuali; b) dell'istituzione formativa o ente di ricerca di appartenenza dello studente, nel contratto di apprendistato per la qualifica e il diploma professionale, il diploma di istruzione secondaria superiore e il certificato di specializzazione tecnica superiore e nel contratto di apprendistato di alta formazione e ricerca.

3. Allo scopo di armonizzare le diverse qualifiche e qualificazioni professionali acquisite in apprendistato e consentire una correlazione tra standard formativi e standard professionali è istituito presso il Ministero del lavoro e delle politiche sociali, senza nuovi o maggiori oneri a carico della finanza pubblica, il repertorio delle professioni predisposto sulla base dei sistemi di classificazione del personale previsti nei contratti collettivi di lavoro e in coerenza con quanto previsto nelle premesse dalla intesa tra Governo, regioni, province autonome e parti sociali del 17 febbraio 2010, da un apposito organismo tecnico di cui fanno parte il Ministero dell'istruzione, della università e della ricerca, le associazioni dei datori di lavoro e dei lavoratori comparativamente più rappresen-

tative sul piano nazionale e i rappresentanti della Conferenza permanente per i rapporti tra lo Stato, le regioni e le province autonome di Trento e Bolzano.

4. Le competenze acquisite dall'apprendista sono certificate dall'istituzione formativa di provenienza dello studente secondo le disposizioni di cui al decreto legislativo n. 13 del 2013, e, in particolare, nel rispetto dei livelli essenziali delle prestazioni ivi disciplinati.

47. Disposizioni finali. – 1. In caso di inadempimento nella erogazione della formazione a carico del datore di lavoro, di cui egli sia esclusivamente responsabile e che sia tale da impedire la realizzazione delle finalità di cui agli articoli 43, 44 e 45, il datore di lavoro è tenuto a versare la differenza tra la contribuzione versata e quella dovuta con riferimento al livello di inquadramento contrattuale superiore che sarebbe stato raggiunto dal lavoratore al termine del periodo di apprendistato, maggiorata del 100 per cento, con esclusione di qualsiasi sanzione per omessa contribuzione. Nel caso in cui rilevi un inadempimento nella erogazione della formazione prevista nel piano formativo individuale, il personale ispettivo del Ministero del lavoro e delle politiche sociali adotta un provvedimento di disposizione, ai sensi dell'articolo 14 del decreto legislativo n. 124 del 2004, assegnando un congruo termine al datore di lavoro per adempiere.

2. Per la violazione della disposizione di cui all'articolo 42, comma 1, nonché per la violazione delle previsioni contrattuali collettive attuative dei principi di cui all'articolo 42, comma 5, lettere a), b) e c), il datore di lavoro è punito con la sanzione amministrativa pecuniaria da 100 a 600 euro. In caso di recidiva la sanzione amministrativa pecuniaria è aumentata da 300 a 1500 euro. Alla contestazione delle sanzioni amministrative di cui al presente comma provvedono gli organi di vigilanza che effettuano accertamenti in materia di lavoro e legislazione sociale nei modi e nelle forme di cui all'articolo 13 del decreto legislativo n. 124 del 2004. L'autorità competente a ricevere il rapporto ai sensi dell'articolo 17 della legge 24 novembre 1981, n. 689, è la direzione territoriale del lavoro.

3. Fatte salve le diverse previsioni di legge o di contratto collettivo, i lavoratori assunti con contratto di apprendistato sono esclusi dal computo dei limiti numerici previsti da leggi e contratti collettivi per l'applicazione di particolari normative e istituti.

4. Ai fini della loro qualificazione o riqualificazione professionale è possibile assumere in apprendistato professionalizzante, senza limiti di età, i lavoratori beneficiari di indennità di mobilità o di un trattamento di disoccupazione. Per essi trovano applicazione, in deroga alle previsioni di cui all'articolo 42, comma 4, le disposizioni in materia di licenziamenti individuali, nonché, per i lavoratori beneficiari di indennità di mobilità, il regime contributivo agevolato di cui all'articolo 25, comma 9, della legge n. 223 del 1991, e l'incentivo di cui all'articolo 8, comma 4, della medesima legge.

5. Per le regioni e le province autonome e i settori ove la disciplina di cui al presente capo non sia immediatamente operativa, trovano applicazione le regolazioni vigenti. In assenza della offerta formativa pubblica di cui all'articolo 44, comma 3, trovano immediata applicazione le regolazioni contrattuali vigenti.

6. La disciplina del reclutamento e dell'accesso, nonché l'applicazione del contratto di apprendistato per i settori di attività pubblici, di cui agli articoli 44 e 45, sono definite con decreto del Presidente del Consiglio dei ministri, su proposta del Ministro per la semplificazione e la pubblica amministrazione e del Ministro del lavoro e delle politiche sociali, di concerto con il Ministro dell'economia e delle finanze, sentite le parti sociali e la Conferenza unificata di cui all'articolo 8 del decreto legislativo n. 281 del 1997.

7. I benefici contributivi in materia di previdenza e assistenza sociale sono mantenuti per un anno dalla prosecuzione del rapporto di lavoro al termine del periodo di apprendistato, con esclusione dei lavoratori assunti ai sensi del comma 4 del presente articolo.

8. I datori di lavoro che hanno sedi in più regioni o province autonome possono fare riferimento al percorso formativo della regione dove è ubicata la sede legale e possono altresì accentrare le comunicazioni di cui all'articolo 9-bis del decreto-legge n. 510 del 1996 nel servizio informatico dove è ubicata la sede legale.

9. Restano in ogni caso ferme le competenze delle regioni a statuto speciale e delle province autonome di Trento e di Bolzano ai sensi dello statuto speciale e delle relative norme di attuazione.

10. Con successivo decreto, ai sensi dell'articolo 1, comma 4, lettera a), della legge 10 dicembre 2014, n. 183, sono definiti gli incentivi per i datori di lavoro che assumono con l'apprendistato per la qualifica e il diploma professionale, il diploma di istruzione secondaria superiore e il certificato di specializzazione tecnica superiore e con l'apprendistato di alta formazione e ricerca.

Capo V bis

Tutela del lavoro tramite piattaforme digitali (1)

(1) Capo inserito dall'art. 1, co. 1, lett. c), d.l. 3/9/2019, n. 101, conv., con modif., dalla l. 2/11/2019, n. 128.

47 bis. Scopo, oggetto e ambito di applicazione (1). – 1. Fatto salvo quanto previsto dall'articolo 2, comma 1, le disposizioni del presente capo stabiliscono livelli minimi di tutela per i lavoratori autonomi che svolgono attività di consegna di beni per conto altrui, in ambito urbano e con l'ausilio di velocipedi o veicoli a motore di cui all'articolo 47, comma 2, lettera a), del codice della strada, di cui al decreto legislativo 30 aprile 1992, n. 285, attraverso piattaforme anche digitali.

2. Ai fini di cui al comma 1 si considerano piattaforme digitali i programmi e le procedure informatiche utilizzati dal committente che, indipendentemente dal luogo di stabilimento, sono strumentali alle attività di consegna di beni, fissandone il compenso e determinando le modalità di esecuzione della prestazione.

(1) Articolo inserito dall'art. 1, co. 1, lett. c), d.l. 3/9/2019, n. 101, conv., con modif., dalla l. 2/11/2019, n. 128.

47 ter. Forma contrattuale e informazioni (1). – 1. I contratti individuali di lavoro di cui all'articolo 47-bis sono provati per iscritto e i lavoratori devono ricevere entro la data di instaurazione del rapporto di lavoro le informazioni di cui agli articoli 1 e 1-bis del decreto legislativo 26 maggio 1997, n. 152, in quanto compatibili, nonché le informazioni inerenti alla tutela della sicurezza ai sensi del comma 3 dell'articolo 47-septies (2).

2. In caso di violazione di quanto previsto dal comma 1, si applica l'articolo 4 del decreto legislativo 26 maggio 1997, n. 152, e il lavoratore ha diritto a un'indennità risarcitoria di entità non superiore ai compensi percepiti nell'ultimo anno, determinata equitativamente con riguardo alla gravità e alla durata delle violazioni e al comportamento delle parti.

3. La violazione di quanto previsto dal comma 1 è valutata come elemento di prova delle condizioni effettivamente applicate al rapporto di lavoro e delle connesse lesioni dei diritti previsti dal presente decreto.

(1) Articolo inserito dall'art. 1, co. 1, lett. c), d.l. 3/9/2019, n. 101, conv., con modif., dalla l. 2/11/2019, n. 128.

(2) Comma sostituito dall'art. 5, co. 2, lett. c), d.lg. 27/6/2022, n. 104. Per l l'applicazione vedi l'art. 16, co. 1, del medesimo d.lg. n. 104/2022.

47 quater. Compenso (1). – 1. I contratti collettivi stipulati dalle organizzazioni sindacali e datoriali comparativamente più rappresentative a livello nazionale possono definire criteri di determinazione del compenso complessivo che tengano conto delle modalità di svolgimento della prestazione e dell'organizzazione del committente.

2. In difetto della stipula dei contratti di cui al comma 1, i lavoratori di cui all'articolo 47-bis non possono essere retribuiti in base alle consegne effettuate e ai medesimi lavoratori deve essere garantito un compenso minimo orario parametrato ai minimi tabellari stabiliti da contratti collettivi nazionali di settori affini o equivalenti sottoscritti dalle organizzazioni sindacali e datoriali comparativamente più rappresentative a livello nazionale.

3. Ai lavoratori di cui all'articolo 47-bis deve essere garantita un'indennità integrativa non inferiore al 10 per cento per il lavoro svolto di notte, durante le festività o in condizioni meteorologiche sfavorevoli, determinata dai contratti di cui al comma 1 o, in difetto, con decreto del Ministro del lavoro e delle politiche sociali.

(1) Articolo inserito dall'art. 1, co. 1, lett. c), d.l. 3/9/2019, n. 101, conv., con modif., dalla l. 2/11/2019, n. 128, con l'applicazione prevista dal co. 2 del medesimo art. 1.

47 quinquies. Divieto di discriminazione (1). – 1. Ai lavoratori di cui all'articolo 47-bis si applicano la disciplina antidiscriminatoria e quella a tutela della libertà e dignità del lavoratore previste per i lavoratori subordinati, ivi compreso l'accesso alla piattaforma.

2. L'esclusione dalla piattaforma e le riduzioni delle occasioni di lavoro ascrivibili alla mancata accettazione della prestazione sono vietate.

(1) Articolo inserito dall'art. 1, co. 1, lett. c), d.l. 3/9/2019, n. 101, conv., con modif., dalla l. 2/11/2019, n. 128.

47 sexies. Protezione dei dati personali (1). – 1. I dati personali dei lavoratori che svolgono la loro attività attraverso le piattaforme digitali sono trattati in conformità alle disposizioni del regolamento (UE) 2016/679 del Parlamento europeo e del Consiglio, del 27 aprile 2016, e al codice di cui al decreto legislativo 30 giugno 2003, n. 196.

(1) Articolo inserito dall'art. 1, co. 1, lett. c), d.l. 3/9/2019, n. 101, conv., con modif., dalla l. 2/11/2019, n. 128.

47 septies. Copertura assicurativa obbligatoria contro gli infortuni sul lavoro e le malattie professionali (1). – 1. I prestatori di lavoro di cui al presente capo sono comunque soggetti alla copertura assicurativa obbligatoria contro gli infortuni sul lavoro e le malattie professionali prevista dal testo unico di cui al decreto del Presidente della Repubblica 30 giugno 1965, n. 1124. Il premio di assicurazione INAIL è determinato ai sensi dell'articolo 41 del citato decreto del Presidente della Repubblica n. 1124 del 1965, in base al tasso di rischio corrispondente all'attività svolta. Ai fini del calcolo del premio assicurativo, si assume come retribuzione imponibile, ai sensi dell'articolo 30 del decreto del Presidente della Repubblica n. 1124 del 1965, la retribuzione convenzionale giornaliera di importo corrispondente alla misura del limite minimo di retribuzione giornaliera in vigore per tutte le contribuzioni dovute in materia di previdenza e assistenza sociale, rapportata ai giorni di effettiva attività.

2. Ai fini dell'assicurazione INAIL, il committente che utilizza la piattaforma anche digitale è tenuto a tutti gli adempimenti del datore di lavoro previsti dal decreto del Presidente della Repubblica n. 1124 del 1965.

3. Il committente che utilizza la piattaforma anche digitale è tenuto nei confronti dei lavoratori di cui al comma 1, a propria cura e spese, al rispetto del decreto legislativo 9 aprile 2008, n. 81 (A).

(1) Articolo inserito dall'art. 1, co. 1, lett. c), d.l. 3/9/2019, n. 101, conv., con modif., dalla l. 2/11/2019, n. 128, con l'applicazione prevista dal co. 2 del medesimo art. 1.

(A) In riferimento ad alcune istruzioni operative riguardo la copertura assicurativa dei lavoratori autonomi che svolgono attività di consegna di beni per conto altrui, in ambito urbano e con l'ausilio di velocipedi o veicoli a motore, attraverso piattaforme anche digitali (c.d. riders), vedi: Nota INAIL – Istituto nazionale assicurazione infortuni sul lavoro 23/1/2020, n. 866.

47 octies. Osservatorio (1). – 1. Al fine di assicurare il monitoraggio e la valutazione indipendente delle disposizioni del presente capo, è istituito, senza nuovi o maggiori oneri per la finanza pubblica, presso il Ministero del lavoro e delle politiche sociali un osservatorio permanente, presieduto dal Ministro o da un suo delegato e composto da rappresentanti dei datori di lavoro e dei lavoratori di cui al comma 1 dell'articolo 47-bis, designati dalle organizzazioni sindacali comparativamente più rappresentative a livello nazionale. L'osservatorio verifica, sulla base dei dati forniti dal Ministero del lavoro e delle politiche sociali, dall'INPS e dall'INAIL, gli effetti delle disposizioni del presente capo e può proporre eventuali revisioni in base all'evoluzione del mercato del lavoro e della dinamica sociale. Ai componenti dell'osservatorio non spetta alcun compenso, indennità, gettone di presenza, rimborso spese o emolumento comunque denominato. L'attuazione delle disposizioni di cui al presente articolo non deve comportare nuovi o maggiori oneri a carico della finanza pubblica ed è assicurata con le risorse finanziarie, umane e strumentali previste a legislazione vigente.

(1) Articolo inserito dall'art. 1, co. 1, lett. c), d.l. 3/9/2019, n. 101, conv., con modif., dalla l. 2/11/2019, n. 128.

Capo VI
Lavoro accessorio

48. Definizione e campo di applicazione*.

* Articolo abrogato dal d.l. 17/3/2017, n. 25, convertito senza modifiche dalla l. 20/4/2017, n. 49.

49. Disciplina del lavoro accessorio*.

* Articolo abrogato dal d.l. 17/3/2017, n. 25, convertito senza modifiche dalla l. 20/4/2017, n. 49.

50. Coordinamento informativo a fini previdenziali*.

* Articolo abrogato dal d.l. 17/3/2017, n. 25, convertito senza modifiche dalla l. 20/4/2017, n. 49.

Capo VII
Disposizioni finali

51. Norme di rinvio ai contratti collettivi. – 1. Salvo diversa previsione, ai fini del presente decreto, per contratti collettivi si intendono i contratti collettivi nazionali, territoriali o aziendali stipulati da associazioni sindacali comparativamente più rappresentative sul piano nazionale e i contratti collettivi aziendali stipulati dalle loro rappresentanze sindacali aziendali ovvero dalla rappresentanza sindacale unitaria.

52. Superamento del contratto a progetto. – 1. Le disposizioni di cui agli articoli da 61 a 69-bis del decreto legislativo n. 276 del 2003 sono abrogate e continuano ad applicarsi esclusivamente per la regolazione dei contratti già in atto alla data di entrata in vigore del presente decreto.

2. Resta salvo quanto disposto dall'articolo 409 del codice di procedura civile.

53. Superamento dell'associazione in partecipazione con apporto di lavoro. – 1. All'articolo 2549 del codice civile sono apportate le seguenti modificazioni:

a) il secondo comma è sostituito dal seguente: «Nel caso in cui l'associato sia una persona fisica l'apporto di cui al primo comma non può consistere, nemmeno in parte, in una prestazione di lavoro.»;

b) il comma terzo è abrogato.

2. I contratti di associazione in partecipazione in atto alla data di entrata in vigore del presente decreto, nei quali l'apporto dell'associato persona fisica consiste, in tutto o in parte, in una prestazione di lavoro, sono fatti salvi fino alla loro cessazione.

54. Stabilizzazione dei collaboratori coordinati e continuativi anche a progetto e di persone titolari di partita IVA. – 1. Al fine di promuovere la stabilizzazione dell'occupazione mediante il ricorso a contratti di lavoro subordinato a tempo indeterminato nonché di garantire il corretto utilizzo dei contratti di lavoro autonomo, a decorrere dal 1° gennaio 2016, i datori di lavoro privati che procedano alla assunzione con contratto di lavoro subordinato a tempo indeterminato di soggetti già parti di contratti di collaborazione coordinata e continuativa anche a progetto e di soggetti titolari di partita IVA con cui abbiano intrattenuto rapporti di lavoro autonomo, godono degli effetti di cui al comma 2 a condizione che:

a) i lavoratori interessati alle assunzioni sottoscrivano, con riferimento a tutte le possibili pretese riguardanti la qualificazione del pregresso rapporto di lavoro, atti di conciliazione in una delle sedi di cui all'articolo 2113, quarto comma, del codice civile, o avanti alle commissioni di certificazione;

b) nei dodici mesi successivi alle assunzioni di cui al comma 2, i datori di lavoro non recedano dal rapporto di lavoro, salvo che per giusta causa ovvero per giustificato motivo soggettivo.

2. L'assunzione a tempo indeterminato alle condizioni di cui al comma 1, lettere a) e b), comporta l'estinzione degli illeciti amministrativi, contributivi e fiscali connessi all'erronea qualificazione del rapporto di lavoro, fatti salvi gli illeciti accertati a seguito di accessi ispettivi effettuati in data antecedente alla assunzione.

55. Abrogazioni e norme transitorie. – 1. Sono abrogate le seguenti disposizioni di legge:

a) il decreto legislativo 25 febbraio 2000, n. 61;

b) il decreto legislativo 6 settembre 2001, n. 368, salvo quanto previsto al comma 2 e fermo restando quanto disposto dall'articolo 9, comma 28, del decreto-legge 31 maggio 2010, n. 78, convertito, con modificazioni, dalla legge 30 luglio 2010, n. 122;

c) l'articolo 3-bis, del decreto-legge 11 giugno 2002, n. 108, convertito, con modificazioni, dalla legge 31 luglio 2002, n. 172;

d) gli articoli 18, commi 3 e 3-bis, da 20 a 28, da 33 a 45, nonché da 70 a 73 del decreto legislativo n. 276 del 2003.

e) l'articolo 3, comma 5, del decreto legislativo 9 aprile 2008, n. 81;

f) l'articolo 32, commi 3, lettera a), dalle parole «ovvero alla nullità del termine apposto al contratto di lavoro» fino alle parole «è fissato in 180 giorni», 5 e 6 della legge 4 novembre 2010, n. 183;

g) il decreto legislativo 14 settembre 2011, n. 167, salvo quanto disposto dall'articolo 47, comma 5;

h) l'articolo 1, commi 13 e 30, della legge 28 giugno 2012, n. 92;

i) l'articolo 28, commi da 2 a 6, del decreto-legge n. 179 del 2012, convertito, con modificazioni, dalla legge n. 221 del 2012;

l) l'articolo 8-bis, comma 2, del decreto-legge 12 settembre 2013, n. 104, convertito, con modificazioni, dalla legge 8 novembre 2013, n. 128, e successive modificazioni, fatti salvi, fino alla loro conclusione, i programmi sperimentali per lo svolgimento di periodi di formazione in azienda già attivati;

m) le disposizioni vigenti alla data di entrata in vigore del presente decreto, non espressamente richiamate, che siano incompatibili con la disciplina da esso introdotta.

2. L'articolo 2 del decreto legislativo n. 368 del 2001 è abrogato dal 1° gennaio 2017.

2-bis. I contratti di apprendistato per la qualifica e per il diploma professionale, stipulati ai sensi dell'articolo 3 del decreto legislativo 14 settembre 2011, n. 167, in corso alla data di entrata in vigore della presente disposizione, possono essere prorogati fino ad un anno, qualora alla scadenza l'apprendista non abbia conseguito la qualifica o il diploma professionale (1).

3. Sino all'emanazione dei decreti richiamati dalle disposizioni del presente decreto legislativo, trovano applicazione le regolamentazioni vigenti.

(1) Comma inserito dall'art. 1, co. 1, lett. c), d.lg. 24/9/2016, n. 185, a decorrere dall'8/10/2016, ai sensi di quanto disposto dall'art. 6, co. 1, del medesimo d.lgs. n. 185/2016.

56. Copertura finanziaria e clausola di salvaguardia. – 1. Alle minori entrate contributive derivanti dall'attuazione degli articoli 2 e da 52 a 54 del presente decreto, connesse ad un maggior accesso ai benefici contributivi di cui all'articolo 1, comma 118, della legge 23 dicembre 2014, n. 190, valutate in 16 milioni di euro per l'anno 2015, 58 milioni di euro per l'anno 2016, 67 milioni di euro per l'anno 2017, 53 milioni di euro per l'anno 2018 e in 8 milioni di euro per l'anno 2019 si provvede:

a) quanto a 16 milioni di euro per l'anno 2015, 52 milioni di euro per l'anno 2016, 40 milioni di euro per l'anno 2017, 28 milioni di euro per l'anno 2018 mediante corrispondente riduzione del fondo di cui all'articolo 1, comma 107, della legge 23 dicembre 2014, n. 190;

b) quanto a 6 milioni per l'anno 2016, 20 milioni per l'anno 2017, 16 milioni di euro per l'anno 2018 e a 8 milioni di euro per l'anno 2019 mediante le maggiori entrate derivanti dall'attuazione delle medesime disposizioni;

c) quanto a 7 milioni di euro per l'anno 2017 e a 9 milioni di euro per l'anno 2018, mediante utilizzo del Fondo sociale per l'occupazione e la formazione, di cui all'articolo 18, comma 1, lettera a), del decreto-legge 29 novembre 2008, n. 185, convertito, con modificazioni, dalla legge 28 gennaio 2009, n. 2, in misura pari a 12 milioni di euro per l'anno 2017 e a 15 milioni di euro per l'anno 2018 al fine di garantire la necessaria compensazione sui saldi di finanza pubblica.

2. Ai sensi dell'articolo 17, comma 12, della legge 31 dicembre 2009, n. 196, il Ministero dell'economia e delle finanze e il Ministero del lavoro e delle politiche sociali, anche avvalendosi del sistema permanente di monitoraggio e valutazione istituito ai sensi dell'articolo 1, comma 2, della legge n. 92 del 2012, assicurano, con le risorse umane, strumentali e finanziarie disponibili a legislazione vigente e senza nuovi o maggiori oneri a carico della finanza pubblica, il monitoraggio degli effetti finanziari derivanti dalle disposizioni del presente decreto. Nel caso in cui si verifichino, o siano in procinto di verificarsi, effetti finanziari negativi e in particolare scostamenti rispetto alla valutazione delle minori entrate di cui al comma 1, agli eventuali maggiori oneri si provvede mediante corrispondente riduzione del Fondo di cui all'articolo 1, comma 107, della legge 23 dicembre 2014, n. 190. È conseguentemente accantonato e reso indisponibile sul medesimo Fondo nonché, ai fini degli effetti in termini di fabbisogno e indebitamento netto, sul fondo di cui all'articolo 6, comma 2, del decreto-legge 7 ottobre 2008, n. 154, convertito, con modificazioni, dalla legge 4 dicembre 2008, n. 189, un importo complessivo pari al 50 per cento degli oneri indicati al comma 1,

alinea, fino all'esito dei monitoraggi annuali previsti nel primo periodo del presente comma. Le somme accantonate e non utilizzate all'esito del monitoraggio sono conservate nel conto dei residui per essere destinate al Fondo sociale per l'occupazione e la formazione, di cui all'articolo 18, comma 1, lettera a), del decreto-legge 29 novembre 2008, n. 185, convertito, con modificazioni, dalla legge 28 gennaio 2009, n. 2. In tali casi, il Ministro dell'economia e delle finanze riferisce alle Camere con apposita relazione ai sensi dell'articolo 17, comma 12, della legge 31 dicembre 2009, n. 196.

3. Il Ministro dell'economia e delle finanze è autorizzato ad apportare, con propri decreti, le occorrenti variazioni di bilancio.

57. Entrata in vigore. – 1. Il presente decreto entra in vigore il giorno successivo a quello della sua pubblicazione nella Gazzetta Ufficiale della Repubblica italiana. Il presente decreto, munito del sigillo dello Stato, sarà inserito nella Raccolta ufficiale degli atti normativi della Repubblica italiana. È fatto obbligo a chiunque spetti di osservarlo e di farlo osservare.

Sezione XVII

LEASING FINANZIARIO E INTERNAZIONALE

R.d. 16 marzo 1942, n. 267

Disciplina del fallimento, del concordato preventivo, dell'amministrazione controllata e della liquidazione coatta amministrativa

Art. 72 quater. (*rinvio* Parte V, Sezione XV).

L. 2 maggio 1976, n. 183

Disciplina dell'intervento straordinario nel Mezzogiorno per il quinquennio 1976-80*

(Estratto, art. 17)

* Legge abrogata dall'art. 24 del d.l. 25/6/2008, n. 112, con la decorrenza prevista dal co. 1 del medesimo art. 24.

17. Norme concernenti la locazione finanziaria di attività industriali. – *La Società finanziaria meridionale costituita ai sensi dell'art. 9 della legge 6 ottobre 1971, n. 853, è autorizzata a costituire una società per azioni per l'esercizio della locazione finanziaria di impianti industriali per la cui realizzazione può essere concesso il contributo di cui al precedente art. 10 sulla base dei criteri e modalità fissati dal Comitato previsto allo stesso articolo.*

Per operazioni di locazione finanziaria si intendono le operazioni di locazione di beni mobili e immobili, acquistati o fatti costruire dal locatore, su scelta e indicazione del conduttore, che ne assume tutti i rischi, e con facoltà per quest'ultimo di divenire proprietario dei beni locati al termine della locazione, dietro versamento di un prezzo prestabilito.

La Cassa per il Mezzogiorno, per le operazioni realizzate dalla società di cui al primo comma, è autorizzata a concedere in unica soluzione al momento della registrazione del contratto di locazione finanziaria stipulato tra la società locatrice ed il conduttore, un contributo in conto canoni di valore equivalente alla somma dei contributi in conto capitale e dei contributi agli interessi di cui le operazioni godrebbero se realizzate con un mutuo agevolato.

L'importo equivalente ai contributi sugli interessi di cui al comma precedente è determinato ad un tasso di attualizzazione fissato con decreto del Ministro per il tesoro, tenendo conto del valore residuale del bene stabilito in contratto.

La Società di cui al primo comma dovrà ridurre i canoni a carico del conduttore in misura equivalente alla somma da essa ricevuta ai sensi del terzo comma.

Alla scadenza del contratto, gli impianti oggetto della locazione finanziaria di cui al primo comma possono essere acquistati dal conduttore per un importo pari all'uno per cento del loro valore di acquisto. Ove gli impianti fossero stati costruiti su aree di proprietà della Finanziaria meridionale, l'acquisto, per l'importo predetto, si estende alle aree medesime.

In caso di insolvenza del conduttore, il contratto di locazione finanziaria è sciolto e la società di cui al primo comma è autorizzata a locare gli impianti ad un diverso conduttore, purché essi rimangano nell'ambito di territori meridionali. Il nuovo conduttore fruisce delle medesime agevolazioni ed è tenuto al versamento dei residui canoni gravanti sul precedente, salvi gli interessi passivi venuti a maturazione per l'insolvenza di questi, che sono a suo carico.

Ai contratti di locazione finanziaria stipulati si applicano, ai fini dell'opponibilità ai terzi e della registrazione, le disposizioni vigenti in materia di iscrizione in pubblici registri e d'imposta di registro.

Il contratto di locazione finanziaria è soggetto all'imposta fissa di registro di L. 5.000.

Alle operazioni di locazione finanziaria di macchinari diverse da quelle realizzate dalla società di cui al primo comma e poste in essere da altre società esercenti la locazione finanziaria, potranno essere estese le agevolazioni previste dal presente articolo. A tal fine la Cassa per il Mezzogiorno è autorizzata a stipulare con dette società apposite convenzioni.

L. 14 luglio 1993, n. 259

Ratifica ed esecuzione della Convenzione UNIDROIT sul leasing finanziario internazionale, fatta a Ottawa il 28 maggio 1988

Art. 1. – 1. Il Presidente della Repubblica è autorizzato a ratificare la Convenzione UNIDROIT sul leasing finanziario internazionale, fatto a Ottawa il 28 maggio 1988.

Art. 2. – 1. Piena ed intera esecuzione è data alla Convenzione di cui all'art. 1 a decorrere dalla data della sua entrata in vigore, in conformità a quanto disposto dall'art. 16, della Convenzione stessa.

Art. 3. – 1. La presente legge entra in vigore il giorno successivo a quello della sua pubblicazione nella Gazzetta Ufficiale.

CONVENZIONE

CAPITOLO I
SFERA DI APPLICAZIONE E DISPOSIZIONI GENERALI

Art. 1. – 1. La presente Convenzione disciplina l'operazione di leasing finanziario descritta al paragrafo 2, nella quale una parte (il concedente):

a) stipula un contratto (il contratto di fornitura), sulla base delle indicazioni di un'altra parte (l'utilizzatore), con un terzo (il fornitore) in base al quale il concedente acquista impianti, materiali o altri beni strumentali (il bene o il bene strumentale) alle condizioni approvate dall'utilizzatore nella misura in cui lo concernono, e

b) stipula un contratto (il contratto di leasing) con l'utilizzatore dando a quest'ultimo il diritto di usare il bene contro pagamento di canoni.

2. L'operazione di leasing finanziario, di cui al paragrafo precedente, è un'operazione che presenta le seguenti caratteristiche:

a) l'utilizzatore sceglie il bene ed il relativo fornitore senza fare primario affidamento sulla capacità di giudizio del concedente;

b) il bene è acquistato dal concedente in collegamento con un contratto di leasing, stipulato o da stipulare tra concedente ed utilizzatore e di cui il fornitore è a conoscenza;

c) i canoni fissati nel contratto di leasing sono calcolati tenendo conto in particolare dell'ammortamento di tutto o di una parte sostanziale del costo del bene.

3. La presente Convenzione si applica a prescindere dalla circostanza che l'utilizzatore abbia o meno, fin dal principio o in seguito, l'opzione di acquistare il bene o di prorogare il leasing per un periodo ulteriore ed a prescindere dal fatto che tale opzione possa essere esercitata per un prezzo o per un canone nominali.

4. La presente Convenzione si applica ad ogni operazione di leasing concernente ogni bene strumentale ad eccezione di quelli usati dall'utilizzatore essenzialmente per usi personali, familiari o domestici.

Art. 2. – 1. Nei casi di una o più operazioni di sub-leasing concernenti lo stesso bene, la presente Convenzione si applica a ciascuna operazione che sia un'operazione di leasing finanziario e che sia comunque soggetta alla presente Convenzione, come se il soggetto dal quale il primo concedente (così come definito nel paragrafo 1 dell'articolo precedente) ha acquistato il bene fosse il fornitore, e come se il contratto, in base al quale il bene è stato acquistato, fosse un contratto di fornitura.

Art. 3. – 1. La presente Convenzione si applica allorquando il concedente e l'utilizzatore abbiano la loro sede di affari in Stati diversi e quando:

a) questi Stati o lo Stato nel quale il fornitore ha la propria sede di affari sono Stati contraenti; o

b) il contratto di fornitura ed il contratto di leasing sono disciplinati dalla legge di uno Stato contraente.

2. Nella presente Convenzione, il riferimento alla sede di affari di una delle parti significa, se tale parte ha più di una sede di affari, la sede che ha la più stretta relazione con il contratto in questione e la sua esecuzione, tenuto conto delle circostanze note e contemplate dalle parti in qualsiasi momento anteriore o al momento della conclusione del contratto.

Art. 4. – 1. L'applicazione delle disposizioni della presente Convenzione non viene meno qualora il bene venga ad essere incorporato o connesso ad un immobile.

2. Le questioni relative all'incorporazione o alla fissazione del bene ad un immobile, così come quelle relative agli effetti sui diritti inter se del concedente e di un soggetto titolare di diritti reali sull'immobile sono regolate dalla legge dello Stato dove tale immobile è situato.

Art. 5. – 1. L'applicazione della presente Convenzione può essere esclusa solo con il consenso di ciascuna delle parti del contratto di fornitura e di ciascuna delle parti del contratto di leasing.

2. Quando l'applicazione della presente Convenzione non sia stata esclusa, in conformità al precedente paragrafo, le parti possono, nelle loro reciproche relazioni, derogare a qualunque delle sue disposizioni o modificarne gli effetti ad eccezione di quanto previsto nel paragrafo 3 dell'art. 8, nell'alinea b) del paragrafo 3 e nel paragrafo 4 dell'art. 13.

Art. 6. – 1. Nella interpretazione della presente Convenzione si deve avere riguardo al suo oggetto, ai suoi obiettivi così come sanciti nel preambolo, al suo carattere internazionale ed all'esigenza di promuovere l'uniformità della sua applicazione così come di assicurare l'osservanza della buona fede nel commercio internazionale.

2. Le questioni, relative alle materie disciplinate dalla presente Convenzione e che non sono da essa espressamente regolate, sono disciplinate in conformità ai princìpi generali sui quali la Convenzione si basa o, in mancanza di tali princìpi, in conformità alla legge applicabile in virtù delle norme di diritto internazionale privato.

CAPITOLO II
DIRITTI ED OBBLIGHI DELLE PARTI

Art. 7. – 1. a) I diritti reali del concedente sul bene sono opponibili al curatore del fallimento ed ai creditori dell'utilizzatore, compresi i creditori che abbiano compiuto atti cautelari od esecutivi.

b) Ai fini del presente paragrafo il termine "curatore del fallimento" comprende il liquidatore, l'amministratore e qualunque altra persona designata a gestire i beni dell'utilizzatore nell'interesse della massa dei creditori.

2. Quando, secondo la legge applicabile, i diritti reali del concedente sul bene sono opponibili ai soggetti di cui al paragrafo precedente soltanto a condizione che sia soddisfatta la disciplina in tema di pubblicità, tali diritti sono opponibili a tali soggetti a condizione che detta disciplina sia stata osservata.

3. La legge applicabile, ai fini del paragrafo precedente, è quella dello Stato che, nel momento nel quale la persona di cui al paragrafo 1 è, in grado di invocare le disposizioni di cui al paragrafo 2, è:

a) per ciò che concerne le navi immatricolate, lo Stato nel quale la nave è immatricolata al nome del suo proprietario. Ai fini del presente alinea il locatario del nudo scafo non può essere considerato come proprietario;

b) per ciò che concerne gli aeromobili immatricolati conformemente alla Convenzione relativa alla Aviazione civile internazionale di Chicago del 7 dicembre 1944, lo Stato nel quale l'aeromobile è immatricolato;

c) per ciò che concerne ogni altro bene appartenente ad una categoria di beni che possono essere sposati normalmente da uno Stato all'altro, ivi compresi i motori di aereo, lo Stato nel quale sia situata la principale sede di affari dell'utilizzatore;

d) per ciò che concerne ogni altro bene, lo Stato dove detto bene è situato.

4. Il paragrafo 2 non pregiudica le disposizioni di altri trattati che importino l'obbligo di riconoscere i diritti reali del concedente sul bene.

5. Il presente articolo non pregiudicherà la prelazione dei creditori titolari di:

a) un privilegio o una garanzia mobiliare sul bene, costituiti oppure no in virtù di un contratto, fatta eccezione per quelli che derivano da un procedimento cautelare o esecutivo, o

b) un diritto di sequestro, di ritenzione o di disposizione conferito specificamente con riferimento a navi o aeromobili, riconosciuto dalle disposizioni della legge applicabile in base alle norme di diritto internazionale privato.

Art. 8. – 1. a) Fatta riserva per le disposizioni della presente Convenzione e dei contratti di leasing, il concedente è esonerato da ogni responsabilità derivante dal bene nei confronti dell'utilizzatore, fatta eccezione per il caso in cui questi abbia subito il danno in ragione dell'affidamento riposto nella capacità di giudizio del concedente, nonché in ragione dell'intervento di quest'ultimo nella scelta del fornitore e delle caratteristiche del bene.

b) Il concedente è esonerato, in tale sua qualità, da ogni responsabilità nei confronti dei terzi per morte e danni a persone e a cose causati dal bene.

c) Le disposizioni del presente paragrafo non regolano la responsabilità del concedente in diversa qualità, ad esempio in quella di proprietario.

2. Il concedente garantisce che il pacifico godimento dell'utilizzatore non sarà turbato da soggetti che abbiano la proprietà del bene o altro superiore diritto su di esso o che facciano valere tale diritto di proprietà o diritto superiore nel corso di procedimenti giudiziari, allorché tale diritto o tale pretesa non risultino da un atto o da una omissione dell'utilizzatore.

3. Le parti non possono derogare alle disposizioni del paragrafo precedente né modificarne gli effetti nella misura in cui il diritto o la pretesa derivino da un atto o da un'omissione del concedente o da sua colpa grave.

4. Le disposizioni previste nei paragrafi 2 e 3 non pregiudicheranno l'eventuale più ampia garanzia di pacifico godimento a carico del concedente che sia inderogabile in base alla legge applicabile secondo le regole di diritto internazionale privato.

Art. 9. – 1. L'utilizzatore deve avere cura del bene, usarlo in modo ragionevole e conservarlo nello stato in cui gli è stato consegnato, fatta eccezione per la normale usura e per ogni modificazione del bene concordata tra le parti.

2. Quando il contratto di leasing giunge a termine, l'utilizzatore deve restituire il bene al concedente nello stato descritto nel paragrafo precedente, a meno che egli non abbia esercitato il diritto di acquistare il bene o di prorogare il contratto di leasing per un periodo ulteriore.

Art. 10. – 1. Gli obblighi del fornitore in base al contratto di fornitura potranno essere fatti valere anche dall'utilizzatore come se egli stesso fosse parte di tale contratto e come se il bene gli dovesse essere fornito direttamente. Tuttavia il fornitore non sarà responsabile nei confronti sia del concedente che dell'utilizzatore per il medesimo danno.

2. Questo articolo non dà tuttavia diritto all'utilizzatore di risolvere o annullare il contratto di fornitura senza il consenso del concedente.

Art. 11. – 1. I diritti dell'utilizzatore, derivanti dal contratto di fornitura in base alla presente Convenzione, non saranno pregiudicati da una modifica di un qualsiasi termine del contratto di fornitura che sia stato preventivamente approvato dall'utilizzatore, a meno che quest'ultimo non abbia acconsentito a tale modifica.

Art. 12. – 1. Se il bene non viene consegnato o viene consegnato in ritardo o non è conforme al contratto di fornitura:

a) l'utilizzatore ha il diritto, nei confronti del concedente, di rifiutare il bene o di risolvere il contratto di leasing; e

b) il concedente ha il diritto di rimediare al suo inadempimento all'obbligo di consegnare il bene in conformità al contratto di fornitura, come se l'utilizzatore avesse convenuto l'acquisto del bene dal concedente alle stesse condizioni stabilite dal contratto di fornitura.

2. I diritti previsti dal paragrafo precedente potranno essere esercitati e saranno perduti nelle stesse circostanze che se l'utilizzatore avesse convenuto di acquistare il bene del concedente alle stesse condizioni sancite dal contratto di fornitura.

3. L'utilizzatore ha il diritto di trattenere i canoni dovuti in base al contratto di leasing fino a che il concedente non abbia rimediato al suo inadempimento all'obbligo di consegnare il bene in conformità al contratto di fornitura, o fino a quando l'utilizzatore non abbia perduto il diritto di rifiutare il bene.

4. L'utilizzatore, quando abbia esercitato il diritto di risolvere il contratto di leasing, può ottenere il rimborso di tutti i canoni pagati e delle altre somme anticipate, dedotta una somma corrispondente ai benefici che abbia potuto ragionevolmente trarre dal bene.

5. L'utilizzatore non ha altra azione nei confronti del concedente, in conseguenza della mancata consegna, della consegna ritardata o della consegna di bene non conforme, salvo che tali eventi non siano attribuibili all'atto o all'omissione del concedente.

6. Il presente articolo non pregiudica i diritti riconosciuti all'utilizzatore nei confronti del fornitore in base all'art. 10.

Art. 13. – 1. In caso di inadempienza dell'utilizzatore, il concedente può percepire i canoni scaduti e non pagati così come gli interessi di mora ed i danni.

2. In caso di sostanziale inadempienza dell'utilizzatore, fatta riserva per quanto previsto dal paragrafo 5, il concedente può anche esigere il pagamento anticipato del valore dei canoni non ancora scaduti, quando questo sia previsto dal contratto di leasing, o risolvere tale contratto e, dopo la risoluzione:

a) recuperare il bene; e

b) ottenere un risarcimento del danno tale da porre il concedente nella stessa situazione nella quale egli si sarebbe trovato se l'utilizzatore avesse esattamente adempiuto al contratto di leasing.

3. a) Il contratto di leasing può definire il criterio di calcolo dei danni che possono essere risarciti in base all'alinea b) del paragrafo 2.

b) Una tale pattuizione sarà valida tra le parti a meno che essa non comporti un risarcimento eccessivo in rapporto ai danni previsti dall'alinea b) del paragrafo 2. Le parti non possono derogare alle disposizioni del presente alinea né modificarne gli effetti.

4. Quando il concedente ha risolto il contratto di leasing non può far valere una clausola di tale contratto che preveda il pagamento anticipato del valore dei canoni non ancora scaduti; il valore di tali canoni può tuttavia essere preso in considerazione per il calcolo dei danni che possono essere risarciti in base all'alinea b) del paragrafo 2 ed in base al paragrafo 3. Le parti non possono derogare alle disposizioni del presente paragrafo né modificarne gli effetti.

5. Il concedente non può esigere il pagamento anticipato dei canoni non ancora scaduti né risolvere il contratto di leasing in base al paragrafo 2, se non abbia offerto all'utilizzatore una effettiva possibilità di rimediare alla sua inadempienza, a condizione che ciò sia possibile.

6. Il concedente non può percepire il risarcimento del danno qualora non abbia adottato tutte le cautele ragionevolmente necessarie per limitare l'ammontare del suo danno.

Art. 14. – 1. Il concedente può accordare garanzie sul bene o cedere in tutto o in parte i suoi diritti sullo stesso o quelli che gli derivano dal contratto di leasing. Una tale cessione non lo libera da alcuno degli obblighi che gli derivano dal contratto di leasing, non altera la natura di tale contratto e non modifica il regime giuridico quale risulta dalla presente Convenzione.

2. L'utilizzatore può cedere il diritto all'uso del bene o qualsiasi altro diritto che derivi dal contratto di leasing a condizione che il concedente abbia acconsentito a tale cessione e sotto riserva dei diritti dei terzi.

CAPITOLO III
DISPOSIZIONI FINALI

Art. 15. – 1. La presente Convenzione è aperta alla firma in occasione della seduta di chiusura della Conferenza diplomatica per l'adozione dei progetti di Convenzioni dell'UNIDROIT sul factoring e sul leasing finanziario internazionali e rimarrà aperta alla firma di tutti gli Stati fino al 31 dicembre 1990 ad Ottawa.

2. La presente Convenzione è oggetto di ratifica, accettazione o approvazione da parte degli Stati firmatari.

3. La presente Convenzione sarà aperta all'adesione di tutti gli Stati che non l'abbiano sottoscritta a partire dalla data dalla quale sarà aperta alla firma.

4. La ratifica, l'accettazione, l'approvazione o l'adesione si effettuano mediante deposito di un formale strumento presso il depositario.

Art. 16. – 1. La presente Convenzione entra in vigore il primo giorno del mese successivo alla scadenza del periodo di sei mesi dalla data di deposito del terzo strumento di ratifica, accettazione, approvazione o adesione.

2. Allorché uno Stato ratifica, accetta o approva la presente Convenzione o aderisce dopo il deposito del terzo strumento di ratifica, accettazione, approvazione o adesione, questa Convenzione entra in vigore nei confronti di tale Stato il primo giorno del mese successivo al sesto mese dalla data del deposito del suo strumento di ratifica, accettazione, approvazione o adesione.

Art. 17. – 1. La presente Convenzione non prevale sulle convenzioni concluse o ancora da concludere; in particolare essa non pregiudica la responsabilità che grava su ogni persona in conseguenza di convenzioni in vigore o future.

Art. 18. – 1. Se uno Stato contraente ha due o più unità territoriali, nelle quali sono applicabili differenti sistemi normativi nelle materie regolate dalla presente Convenzione, esso potrà dichiarare, in occasione della sottoscrizione, della ratifica, dell'accettazione, dell'approvazione o dell'adesione, che la presente Convenzione verrà applicata a tutte le sue unità territoriali o solo ad una o più di esse e potrà in qualsiasi momento sostituire questa dichiarazione con una nuova dichiarazione.

2. Queste dichiarazioni devono essere notificate al depositario e devono indicare espressamente le unità territoriali alle quali si applica la Convenzione.

3. Se, in virtù di una dichiarazione fatta in conformità con il presente articolo, questa Convenzione si applica ad una o più, ma non a tutte le unità territoriali di uno Stato contraente, e se la sede di affari di una parte è situata in questo Stato, tale sede di affari, ai fini della presente Convenzione, si considera localizzata in uno Stato contraente, soltanto se è situata in una unità territoriale in cui opera e si applica la Convenzione.

4. Se uno Stato contraente non fa alcuna dichiarazione ai sensi del paragrafo 1, la Convenzione deve essere applicata in tutte le unità territoriali di questo Stato.

Art. 19. – 1. Due o più Stati contraenti che, nelle materie regolate dalla presente Convenzione, applicano norme giuridiche identiche o sostanzialmente coincidenti, possono dichiarare in ogni momento che la Convenzione non si applica quando il fornitore, il concedente e l'utilizzatore hanno la loro sede di affari in questi Stati. Tali dichiarazioni possono essere fatte congiuntamente o mediante dichiarazioni unilaterali e reciproche.

2. Ogni Stato contraente che, nelle materie regolate dalla presente Convenzione, applica norme giuridiche identiche o sostanzialmente coincidenti con quelle di uno o più Stati non contraenti, può, in ogni momento, dichiarare che la Convenzione non si applica allorché il fornitore, il concedente e l'utilizzatore hanno le loro sedi di affari in tali Stati.

3. Se uno Stato al quale si riferisce una dichiarazione fatta in virtù del paragrafo precedente successivamente diviene Stato contraente, la menzionata dichiarazione avrà, a partire dalla data nella quale la presente Convenzione entrerà in vigore in tale Stato, l'effetto di una dichiarazione resa in virtù del paragrafo 1, a condizione che il nuovo Stato contraente si associ a tale dichiarazione o faccia una dichiarazione unilaterale e reciproca.

Art. 20. – 1. Ogni Stato contraente può, in occasione della sottoscrizione, ratifica, accettazione, approvazione o adesione dichiarare che esso sostituirà al paragrafo 3 dell'art. 8 il suo diritto interno se questo non consente al concedente l'esonero da responsabilità per colpa o negligenza.

Art. 21. – 1. Le dichiarazioni rese in virtù della presente Convenzione al momento della sottoscrizione sono soggette a conferma in occasione della ratifica, accettazione o approvazione.

2. Le dichiarazioni e le conferme di tali dichiarazioni devono essere rese per iscritto ed essere formalmente notificate al depositario.

3. Le dichiarazioni producono i loro effetti contemporaneamente all'entrata in vigore della presente Convenzione nei confronti degli Stati interessati alla loro applicazione. Tuttavia le dichiarazioni, di cui il depositario riceve formale notifica dopo tale entrata in vigore, producono effetto dal primo

giorno del mese successivo al sesto mese dalla data di ricezione da parte del depositario. Le dichiarazioni unilaterali e reciproche, rese in virtù dell'art. 19, producono effetto dal primo giorno del mese successivo al sesto mese dalla data di ricezione dell'ultima dichiarazione da parte del depositario.

4. Ogni Stato che fa una dichiarazione in virtù della presente Convenzione può in qualsiasi momento revocarla mediante formale notifica per iscritto indirizzata al depositario. Tale revoca produrrà effetto dal primo giorno del mese successivo al sesto mese dalla data di ricezione della notifica da parte del depositario.

5. La revoca di una dichiarazione resa in virtù dell'art. 19 rende inefficace, nei confronti dello Stato che l'ha resa, dalla data in cui la revoca produce effetto, ogni dichiarazione congiunta o unilaterale e reciproca resa da un altro Stato ai sensi di detto articolo.

Art. 22. – 1. Non sono ammesse riserve se non quelle espressamente consentite dalla presente Convenzione.

Art. 23. – 1. La presente Convenzione si applica alle operazioni di leasing finanziario quando il contratto di leasing e il contratto di fornitura sono ambedue conclusi dopo l'entrata in vigore della Convenzione o negli Stati contraenti a cui si riferisce l'alinea a) del paragrafo 1 dell'art. 3, o nello Stato o negli Stati contraenti di cui all'alinea b) del paragrafo 1 di detto articolo.

Art. 24. – 1. La presente Convenzione può essere denunciata da ogni Stato contraente in ogni momento a decorrere dalla data di entrata in vigore della stessa in quello Stato.

2. La denuncia si effettua mediante deposito di un formale strumento presso il depositario.

3. La denuncia produce i suoi effetti dal primo giorno del mese successivo al sesto mese a decorrere dalla data del deposito dello strumento di denuncia presso il depositario. Allorché nella denuncia sia previsto un periodo più lungo per la produzione dei suoi effetti questa produrrà i suoi effetti alla scadenza di tale più lungo periodo a decorrere dal suo deposito presso il depositario.

Art. 25. – 1. La presente Convenzione è depositata presso il Governo del Canada.

2. Il Governo del Canada:

a) informa tutti gli Stati che hanno sottoscritto la presente Convenzione o che vi abbiano aderito e il Presidente dell'Istituto internazionale per l'unificazione del diritto privato (UNIDROIT) su:

i) ogni nuova sottoscrizione e ogni deposito di strumenti di ratifica, accettazione, approvazione o adesione e sulla data in cui tale sottoscrizione o tale deposito si sono verificati;

ii) ogni dichiarazione resa in virtù degli articoli 18, 19 e 20;

iii) ogni revoca di dichiarazione resa in virtù del paragrafo 4 dell'art. 21;

iv) la data di entrata in vigore della presente Convenzione;

v) il deposito di ogni strumento di denuncia della presente Convenzione, così come sulla data in cui tale deposito si è verificato e sulla data a decorrere dalla quale la denuncia produce i suoi effetti;

b) trasmette copie conformi e certificate della presente Convenzione a tutti gli Stati firmatari, a tutti gli Stati che vi abbiano aderito e al Presidente dell'Istituto internazionale per l'unificazione del diritto privato (UNIDROIT).

3. Del che fanno fede i sottoscritti plenipotenziari, debitamente autorizzati dai rispettivi governi, che a tal fine hanno firmato la presente Convenzione.

4. Redatta a Ottawa, il ventotto di maggio del millenovecentottantotto in un solo originale del quale le versioni inglese e francese sono ugualmente autentiche.

D.lg. 1 settembre 1993, n. 385

Testo unico delle leggi in materia bancaria e creditizia

(G.U. 30 settembre 1993, n. 230, S.O. n. 92)

(*Estratto, art. 125 quinquies*)

125 quinquies. Inadempimento del fornitore (1). – 1. Nei contratti di credito collegati, in caso di inadempimento da parte del fornitore dei beni o dei servizi il consumatore, dopo aver inutilmente effettuato la costituzione in mora del fornitore, ha diritto alla risoluzione del contratto di credito, se con riferimento al contratto di fornitura di beni o servizi ricorrono le condizioni di cui all'articolo 1455 del codice civile.

2. La risoluzione del contratto di credito comporta l'obbligo del finanziatore di rimborsare al consumatore le rate già pagate, nonché ogni altro onere eventualmente applicato. La risoluzione del contratto di credito non comporta l'obbligo del consumatore di rimborsare al finanziatore l'importo che sia stato già versato al fornitore dei beni o dei servizi. Il finanziatore ha il diritto di ripetere detto importo nei confronti del fornitore stesso.

3. In caso di locazione finanziaria (leasing) il consumatore, dopo aver inutilmente effettuato la costituzione in mora del fornitore dei beni o dei servizi, può chiedere al finanziatore di agire per la risoluzione del contratto. La richiesta al fornitore determina la sospensione del pagamento dei canoni. La risoluzione del contratto di fornitura determina la risoluzione di diritto, senza penalità e oneri, del contratto di locazione finanziaria. Si applica il comma 2.

4. I diritti previsti dal presente articolo possono essere fatti valere anche nei confronti del terzo al quale il finanziatore abbia ceduto i diritti derivanti dal contratto di concessione del credito.

(1) Articolo inserito dall'art. 1 del d.lg. 13/8/2010, n. 141.

D.l. 14 marzo 2011, n. 23

Disposizioni in materia di federalismo Fiscale Municipale

(*Estratto, art. 3*)

3. Cedolare secca sugli affitti. – 1. In alternativa facoltativa rispetto al regime ordinario vigente per la tassazione del reddito fondiario ai fini dell'imposta sul reddito delle persone fisiche, il proprietario o il titolare di diritto reale di godimento di unità immobiliari abitative locate ad uso abitativo può optare per il seguente regime.

2. A decorrere dall'anno 2011, il canone di locazione relativo ai contratti aventi ad oggetto immobili ad uso abitativo e le relative pertinenze locate congiuntamente all'abitazione, può essere assoggettato, in base alla decisione del locatore, ad un'imposta, operata nella forma della cedolare secca, sostitutiva dell'imposta sul reddito delle persone fisiche e delle relative addizionali, nonché delle imposte di registro e di bollo sul contratto di locazione; la cedolare secca sostituisce anche le imposte di registro e di bollo sulla risoluzione e sulle proroghe del contratto di locazione. Sul canone di locazione annuo stabilito dalle parti la cedolare secca si applica in ragione di un'aliquota del 21 per cento. La cedolare secca può essere applicata anche ai contratti di locazione per i quali non sussiste l'obbligo di registrazione. Per i contratti stipulati secondo le disposizioni di cui agli articoli 2, comma 3, e 8 della legge 9 dicembre 1998, n. 431, relativi ad abitazioni ubicate nei comuni di cui all'articolo 1, comma 1, lettere a) e b), del decreto-legge 30 dicembre 1988, n. 551, convertito, con modificazioni, dalla legge 21 febbraio 1989, n. 61, e negli altri comuni ad alta tensione abitativa individuati dal Comitato interministeriale per la programmazione economica, l'aliquota della cedolare secca calcolata sul canone pattuito dalle parti è ridotta al 15 per cento (1). Sui contratti di locazione aventi a oggetto immobili ad uso abitativo, qualora assoggettati alla cedolare secca di cui al presente comma, alla fideiussione prestata per il conduttore non si applicano le imposte di registro e di bollo (2).

3. Nei casi di omessa richiesta di registrazione del contratto di locazione si applica l'articolo 69 del testo unico delle disposizioni concernenti l'imposta di registro, di cui al decreto del Presidente della Repubblica 26 aprile 1986, n. 131. La mancata presentazione della comunicazione relativa alla proroga del contratto non comporta la revoca dell'opzione esercitata in sede di registrazione del contratto di locazione qualora il contribuente abbia mantenuto un comportamento coerente con la volontà di optare per il regime della cedolare secca, effettuando i relativi versamenti e dichiarando i redditi da cedolare secca nel relativo quadro della dichiarazione dei redditi. In caso di mancata presentazione della comunicazione relativa alla proroga, anche tacita, o alla risoluzione del contratto di locazione per il quale è stata esercitata l'opzione per l'applicazione della cedolare secca, entro trenta giorni dal verificarsi dell'evento, si applica la sanzione nella misura fissa pari a euro 100, ridotta a euro 50 se la comunicazione è presentata con ritardo non superiore a trenta giorni (3).

4. La cedolare secca è versata entro il termine stabilito per il versamento dell'imposta sul reddito delle persone fisiche. Non si fa luogo al rimborso delle imposte di bollo e di registro eventualmente già pagate. Per la liquidazione, l'accertamento, la riscossione, i rimborsi, le sanzioni, gli interessi ed il contenzioso ad essa relativi si applicano le disposizioni previste per le imposte sui redditi. Con provvedimento del Direttore dell'Agenzia delle entrate, da emanare entro novanta giorni dalla data di entrata in vigore del presente provvedimento, sono stabilite le modalità di esercizio dell'opzione di cui al comma 1, nonché di versamento in acconto della cedolare secca dovuta, nella misura dell'85 per cento per l'anno 2011 e del 95 per cento dal 2012, e del versamento a saldo della medesima cedolare, nonché ogni altra disposizione utile, anche dichiarativa, ai fini dell'attuazione del presente articolo (4).

*5. Se nella dichiarazione dei redditi il canone derivante dalla locazione di immobili ad uso abitativo non è indicato o è indicato in misura inferiore a quella effettiva, si applicano in misura raddoppiata, rispettivamente, le sanzioni amministrative previste dall'articolo 1, commi 1 e 2, del decreto legislativo 18 dicembre 1997, n. 471. In deroga a quanto previsto dal decreto legislativo 19 giugno 1997, n. 218, per i redditi derivanti dalla locazione di immobili ad uso abitativo, nel caso di definizione dell'accertamento con adesione del contribuente ovvero di rinuncia del contribuente all'impugnazione dell'accertamento, si applicano, senza riduzione, le sanzioni amministrative previste dall'articolo 1, commi 1 e 2, e dall'articolo 13, comma 1, del citato decreto legislativo n. 471 del 1997**.

6. Le disposizioni di cui ai commi 1, 2, 4 e 5 del presente articolo non si applicano alle locazioni di unità immobiliari ad uso abitativo effettuate nell'esercizio di una attività d'impresa, o di arti e professioni. Il reddito derivante dai contratti di cui al presente articolo non può essere, comunque, inferiore al reddito determinato ai sensi dell'articolo 37, comma 1, del testo unico delle imposte sui redditi di cui al decreto del Presidente della Repubblica 22 dicembre 1986, n. 917 (5).

6-bis. L'opzione di cui al comma 1 può essere esercitata anche per le unità immobiliari abitative locate nei confronti di cooperative edilizie per la locazione o enti senza scopo di lucro di cui al libro I, titolo II del codice civile, purché sublocate a studenti universitari e date a disposizione dei comuni con rinuncia all'aggiornamento del canone di locazione o assegnazione (6).

7. Quando le vigenti disposizioni fanno riferimento, per il riconoscimento della spettanza o per la determinazione di deduzioni, detrazioni o benefici di qualsiasi titolo, anche di natura non tributaria, al possesso di requisiti reddituali, si tiene comunque conto anche del reddito assoggettato alla cedolare secca. Il predetto reddito rileva anche ai fini dell'indicatore della situazione economica equivalente (I.S.E.E.) di cui al decreto legislativo 31 marzo 1998, n. 109.

8. Ai contratti di locazione degli immobili ad uso abitativo, comunque stipulati, che, ricorrendone i presupposti, non sono registrati entro il termine stabilito dalla legge, si applica la seguente disciplina:

a) la durata della locazione è stabilita in quattro anni a decorrere dalla data della registrazione, volontaria o d'ufficio;

b) al rinnovo si applica la disciplina di cui all'articolo 2, comma 1, della citata legge n. 431 del 1998;

c) a decorrere dalla registrazione il canone annuo di locazione è fissato in misura pari al triplo della rendita catastale, oltre l'adeguamento, dal secondo anno, in base al 75 per cento dell'aumento degli indici ISTAT dei prezzi al consumo per le famiglie degli impiegati ed operai. Se il contratto prevede un canone inferiore, si applica comunque il canone stabilito dalle parti (7).

9. Le disposizioni di cui all'articolo 1, comma 346, della

legge 30 dicembre 2004, n. 311, ed al comma 8 del presente articolo si applicano anche ai casi in cui:

a) nel contratto di locazione registrato sia stato indicato un importo inferiore a quello effettivo;

b) sia stato registrato un contratto di comodato fittizio (7).

10. La disciplina di cui ai commi 8 e 9 non si applica ove la registrazione sia effettuata entro sessanta giorni dalla data di entrata in vigore del presente decreto.

10-bis. Per assicurare il contrasto dell'evasione fiscale nel settore delle locazioni abitative e l'attuazione di quanto disposto dai commi 8 e 9 sono attribuite ai comuni, in relazione ai contratti di locazione, funzioni di monitoraggio anche previo utilizzo di quanto previsto dall'articolo 1130, primo comma, numero 6), del codice civile in materia di registro di anagrafe condominiale e conseguenti annotazioni delle locazioni esistenti in ambito di edifici condominiali (8).

11. Nel caso in cui il locatore opti per l'applicazione della cedolare secca è sospesa, per un periodo corrispondente alla durata dell'opzione, la facoltà di chiedere l'aggiornamento del canone, anche se prevista nel contratto a qualsiasi titolo, inclusa la variazione accertata dall'ISTAT dell'indice nazionale dei prezzi al consumo per le famiglie di operai e impiegati verificatasi nell'anno precedente. L'opzione non ha effetto se di essa il locatore non ha dato preventiva comunicazione al conduttore con lettera raccomandata, con la quale rinuncia ad esercitare la facoltà di chiedere l'aggiornamento del canone a qualsiasi titolo. Le disposizioni di cui al presente comma sono inderogabili.

(1) Per la riduzione della presente aliquota e la sua applicabilità, per il quadriennio 2014-2017, vedi l'art. 9, co. 1 e 2-bis, d.l. 28/3/2014, n. 47, conv., con modif., dalla l. 23/5/2014, n. 80.

(2) Comma modificato dall'art. 4, co. 1-bis, d.l. 2/3/2012, n. 16, conv., con modif., in l. 26/4/2012, n. 44 e dall'art. 4, co. 1, d.l. 31/8/2013, n. 102, conv., con modif., dalla l. 28/10/2013, n. 124. A norma del co. 2 del medesimo art. 4, le disposizioni introdotte dal co. 1 del suddetto art. 4 hanno effetto a decorrere dal periodo di imposta in corso al 31/12/2013. Da ultimo, a norma dell'art. 9, co. 1, d.l. 28/3/2014, n. 47, conv., con modif., dalla l. 23/5/2014, n. 80, come modificato dall'art. 1, co. 16, l. 27/12/2017, n. 205 per gli anni dal 2014 al 2019, l'aliquota prevista al presente comma, quarto periodo, è ridotta al 10 per cento. Per l'applicazione della presente disposizione vedi quanto disposto dal co. 2-bis del medesimo art. 9, modificato dall'art. 1, co. 6, l. 27/12/2019, n. 160 e, da ultimo, sostituito dall'art. 4, co. 3-novies, d.l. 30/12/2019 n.162, conv., con modif. dalla l. 28/2/2020, n. 8.

(3) Comma da ultimo così sostituito dall'art. 7-quater, co. 24, d.l. 22/10/2016, n. 193, conv., con modif., dalla l. 1/12/2016, n. 225. Precedentemente modificato dall'art. 2, co. 5, d.l. 20/6/2012, n. 79, conv., con modif., dalla l. 7/8/2012, n. 131, e dall'art. 17, co. 2, d.lg. 24/9/2015, n. 158; per l'applicazione di tale ultima disposizione vedi l'art. 32, co. 1 del medesimo d.lg. n. 158/2015.

(4) In attuazione di quanto disposto dal presente comma vedi il provv. 7/4/2011.

* Comma abrogato, a decorrere dal 1/1/2016, dall'art. 32, co. 2, lett. d), d.lg. 24/9/2015, n. 158, come modificato dall'art. 1, co. 133, l. 28/12/2015, n. 208.

(5) Comma così modificato dall'art. 2, co. 5, d.l. 20/6/2012, n. 79, conv., con modif., dalla l. 7/8/2012, n. 131.

(6) Comma inserito dall'art. 9, co. 2, d.l. 28/3/2014, n. 47, conv., con modif., dalla l. 23/5/2014, n. 80.

(7) La Corte costituzionale, con sentenza 10-14/3/2014, n. 50 (G.U. 19/3/2014, n. 13 – Prima serie speciale), ha dichiarato, tra l'altro, l'illegittimità costituzionale del presente comma.

• A norma dell'art. 5, co. 1-ter, d.l. 28/3/2014, n. 47, conv., con modif., dalla l. 23/5/2014, n. 8 0sono fatti salvi, fino alla data del 31/12/2015, gli effetti prodottisi e i rapporti giuridici sorti sulla base dei contratti di locazione registrati ai sensi del presente comma.

• La Corte costituzionale, con sentenza 10-14/3/2014, n. 50 (G.U. 19/3/2014, n. 13, 1ª Serie speciale), ha dichiarato la manifesta inammissibilità della questione di legittimità costituzionale dell'art. 3, comma 8, sollevata in riferimento agli artt. 3, 41, 42 e 76 Cost.

• La Corte costituzionale, con ordinanza 7/5-10/6/2014, n. 164 (G.U. 18/6/2014, n. 26, 1ª Serie speciale), ha dichiarato la manifesta inammissibilità delle questioni di legittimità costituzionale dell'art. 3, co. 8 perché già decise con sentenza n. 50/2014.

(8) Comma inserito dall'art. 1, co. 49, l. 27/12/2013, n. 147, a decorrere dal 1/1/2014.

D.l. 12 settembre 2014, n. 133

conv., con modif., dalla legge 11 novembre 2014, n. 164

Disciplina dei contratti di godimento in funzione della successiva alienazione di immobili (c.d. Rent to buy)

(*Estratto, art. 23*)

23. Disciplina dei contratti di godimento in funzione della successiva alienazione di immobili (*rinvio*, Parte V, Sezione VII).

L. 28 dicembre 2015, n. 208

Disposizioni per la formazione del bilancio annuale e pluriennale dello Stato (c.d. Legge di stabilità 2016), Leasing abitativo

(*Estratto, art. 1, co. 75-84*)

Art. 1, co. 75. – Le giovani coppie costituenti un nucleo familiare composto da coniugi o da conviventi more uxorio che abbiano costituito nucleo da almeno tre anni, in cui almeno uno dei due componenti non abbia superato i trentacinque anni, acquirenti di unità immobiliare da adibire ad abitazione principale, beneficiano di una detrazione dall'imposta lorda, fino a concorrenza del suo ammontare, per le spese documentate sostenute per l'acquisto di mobili ad arredo della medesima unità abitativa. La detrazione di cui al presente comma, da ripartire tra gli aventi diritto in dieci quote annuali di pari importo, spetta nella misura del 50 per cento delle spese sostenute dal 1° gennaio 2016 al 31 dicembre 2016 ed è calcolata su un ammontare complessivo non superiore a 16.000 euro. Il beneficio di cui al presente comma non è cumulabile con quello di cui alla lettera c) del comma 74.

76. Con il contratto di locazione finanziaria di immobile da adibire ad abitazione principale, la banca o l'intermediario finanziario iscritto nell'albo di cui all'articolo 106 del testo unico delle leggi in materia bancaria e creditizia, di cui al decreto legislativo 1° settembre 1993, n. 385, si obbliga ad acquistare o a far costruire l'immobile su scelta e secondo le indicazioni dell'utilizzatore, che se ne assume tutti i rischi, anche di perimento, e lo mette a disposizione per un dato tempo verso un determinato corrispettivo che tenga conto del prezzo di acquisto o di costruzione e della durata del contratto. Alla scadenza del contratto l'utilizzatore ha la facoltà di acquistare la proprietà del bene a un prezzo prestabilito.

77. All'acquisto dell'immobile oggetto del contratto di locazione finanziaria si applica l'articolo 67, terzo comma, lettera a), del regio decreto 16 marzo 1942, n. 267.

78. In caso di risoluzione del contratto di locazione finanziaria per inadempimento dell'utilizzatore, il concedente ha diritto alla restituzione del bene ed è tenuto a corrispondere all'utilizzatore quanto ricavato dalla vendita o da altra collocazione del bene avvenute a valori di mercato, dedotta la somma dei canoni scaduti e non pagati fino alla data della risoluzione, dei canoni a scadere attualizzati e del prezzo pattuito per l'esercizio dell'opzione finale di acquisto. L'eventuale differenza negativa è corrisposta dall'utilizzatore al concedente. Nelle attività di vendita e ricollocazione del bene, di cui al periodo precedente, la banca o l'intermediario finanziario deve attenersi a criteri di trasparenza e pubblicità nei confronti dell'utilizzatore.

Art. 1, co. 79. – Per il contratto di cui al comma 76 l'utilizzatore può chiedere, previa presentazione di apposita richiesta al concedente, la sospensione del pagamento dei corrispettivi periodici per non più di una volta e per un periodo massimo complessivo non superiore a dodici mesi nel corso dell'esecuzione del contratto medesimo. In tal caso, la durata del contratto è prorogata di un periodo eguale alla durata della sospensione. L'ammissione al beneficio della sospensione è subordinata esclusivamente all'accadimento di almeno uno dei seguenti eventi, intervenuti successivamente alla stipula del contratto di cui al comma 76:

a) cessazione del rapporto di lavoro subordinato, ad eccezione delle ipotesi di risoluzione consensuale, di risoluzione per limiti di età con diritto a pensione di vecchiaia o di anzianità, di licenziamento per giusta causa o giustificato motivo soggettivo, di dimissioni del lavoratore non per giusta causa;

b) cessazione dei rapporti di lavoro di cui all'articolo 409, numero 3), del codice di procedura civile, ad eccezione delle ipotesi di risoluzione consensuale, di recesso datoriale per giusta causa, di recesso del lavoratore non per giusta causa.

80. Al termine della sospensione, il pagamento dei corrispettivi periodici riprende secondo gli importi e con la periodicità originariamente previsti dal contratto, salvo diverso patto eventualmente intervenuto fra le parti per la rinegoziazione delle condizioni del contratto medesimo. Decorso il periodo di sospensione, in caso di mancata ripresa dei pagamenti si applicano le disposizioni del comma 78. La sospensione non comporta l'applicazione di alcuna commissione o spesa di istruttoria e avviene senza richiesta di garanzie aggiuntive.

81. Per il rilascio dell'immobile il concedente può agire con il procedimento per convalida di sfratto di cui al libro IV, titolo I, capo II, del codice di procedura civile.

82. All'articolo 15, comma 1, del testo unico delle imposte sui redditi, di cui al decreto del Presidente della Repubblica 22 dicembre 1986, n. 917, dopo la lettera i-sexies) sono inserite le seguenti: «i-sexies.1) i canoni, e i relativi oneri accessori, per un importo non superiore a 8.000 euro, e il costo di acquisto a fronte dell'esercizio dell'opzione finale, per un importo non superiore a 20.000 euro, derivanti da contratti di locazione finanziaria su unità immobiliari, anche da costruire, da adibire ad abitazione principale entro un anno dalla consegna, sostenuti da giovani di età inferiore a 35 anni con un reddito complessivo non superiore a 55.000 euro all'atto della stipula del contratto di locazione finanziaria che non sono titolari di diritti di proprietà su immobili a destinazione abitativa; la detrazione spetta alle condizioni di cui alla lettera b); i-sexies.2) le spese di cui alla lettera i-sexies.1), alle condizioni ivi indicate e per importi non superiori alla metà di quelli ivi indicati, sostenute da soggetti di età non inferiore a 35 anni con un reddito complessivo non superiore a 55.000 euro all'atto della stipula del contratto di locazione finanziaria che non sono titolari di diritti di proprietà su immobili a destinazione abitativa».

83. Al testo unico delle disposizioni concernenti l'imposta di registro, di cui al decreto del Presidente della Repubblica 26 aprile 1986, n. 131, sono apportate le seguenti modificazioni:

a) all'articolo 40, comma 1-bis, le parole: «immobili strumentali, anche da costruire ed ancorché assoggettati all'imposta sul valore aggiunto, di cui all'articolo 10, primo comma, numero 8-ter)» sono sostituite dalle seguenti: «immobili abitativi e strumentali, anche da costruire ed ancorché assoggettati all'imposta sul valore aggiunto, di cui all'articolo 10, primo comma, numeri 8-bis) e 8-ter)»;

b) all'articolo 1 della tariffa, parte prima:

1) dopo il terzo capoverso è aggiunto il seguente:

«Se il trasferimento è effettuato nei confronti di banche e intermediari finanziari autorizzati all'esercizio dell'attività di leasing finanziario, e ha per oggetto case di abitazione, di categoria catastale diversa da A1, A8 e A9, acquisite in locazione finanziaria da utilizzatori per i quali ricorrono le condizioni di cui alle note II-bis) e II-sexies): 1,5 per cento»;

2) è aggiunta, in fine, la seguente nota:

«II-sexies) Nell'applicazione della nota II-bis) ai trasferimenti effettuati nei confronti di banche e intermediari finanziari autorizzati all'esercizio dell'attività di leasing finanziario, si considera, in luogo dell'acquirente, l'utilizzatore e, in luogo dell'atto di acquisto, il contratto di locazione finanziaria»;

c) all'articolo 8-bis della tariffa, parte prima:

1) dopo il comma 1 sono aggiunti i seguenti:

«1-bis. Atti relativi alle cessioni, da parte degli utilizzatori, di contratti di locazione finanziaria aventi ad oggetto immobili a destinazione abitativa, di categoria catastale diversa da A1, A8 e A9, effettuate nei confronti di soggetti per i quali ricorrono le condizioni di cui alle note II-bis) e II-sexies) dell'articolo 1, ancorché assoggettati all'imposta sul valore aggiunto, di cui all'articolo 10, primo comma, numero 8-bis), del decreto del Presidente della Repubblica 26 ottobre 1972, n. 633: 1,5 per cento.

1-ter. Atti, diversi da quelli di cui al comma 1-bis, relativi alle cessioni, da parte degli utilizzatori, di contratti di locazione finanziaria aventi ad oggetto immobili a destinazione abitativa, anche da costruire ed ancorché assoggettati all'imposta sul valore aggiunto, di cui all'articolo 10, primo comma, numero 8-bis), del decreto del Presidente della Repubblica 26 ottobre 1972, n. 633: 9 per cento»;

2) alla nota I), le parole: «di cui al comma 1» sono sostituite dalle seguenti: «di cui ai commi 1, 1-bis e 1-ter».

84. Le disposizioni di cui ai commi 82 e 83 si applicano dal 1° gennaio 2016 al 31 dicembre 2020.

L. 4 agosto 2017, n. 124

Legge annuale per il mercato e la concorrenza

(G.U. 14 agosto 2017, n. 189)

Artt. 136-140. (*rinvio* Parte V, Sezione VI).

Sezione XVIII
LOCAZIONI

L. 27 luglio 1978, n. 392
Disciplina delle locazioni di immobili urbani

TITOLO I
DEL CONTRATTO DI LOCAZIONE

Capo I
Locazione di immobili urbani adibiti ad uso di abitazione

1. Durata della locazione*. – *La durata della locazione avente per oggetto immobili urbani per uso abitazione non può essere inferiore a quattro anni. Se le parti hanno determinato una durata inferiore o hanno convenuto una locazione senza determinazione di tempo la durata si intende convenuta per quattro anni. Il disposto del comma precedente non si applica quando si tratti di locazioni stipulate per soddisfare esigenze abitative di natura transitoria.*

* Articolo abrogato dall'art. 14 della l. 9/12/1998, n. 431.

2. Disciplina della sublocazione. – 1. Il conduttore non può sublocare totalmente l'immobile, né può cedere ad altri il contratto senza il consenso del locatore.

2. Salvo patto contrario il conduttore ha la facoltà di sublocare parzialmente l'immobile, previa comunicazione al locatore con lettera raccomandata che indichi la persona del subconduttore, la durata del contratto ed i vani sublocati.

3. Rinnovazione tacita*. – *Il contratto si rinnova per un periodo di quattro anni se nessuna delle parti comunica all'altra, almeno sei mesi prima della scadenza, con lettera raccomandata, che non intende rinnovarlo. La stessa disciplina si applica ad ogni altra successiva scadenza.*

* Articolo abrogato dall'art. 14 della l. 9/12/1998, n. 431.

4. Recesso del conduttore. – 1. È in facoltà delle parti consentire contrattualmente che il conduttore possa recedere in qualsiasi momento dal contratto dandone avviso al locatore, con lettera raccomandata, almeno sei mesi prima della data in cui il recesso deve avere esecuzione.

2. Indipendentemente dalle previsioni contrattuali il conduttore, qualora ricorrano gravi motivi, può recedere in qualsiasi momento dal contratto con preavviso di almeno sei mesi da comunicarsi con lettera raccomandata.

5. Inadempimento del conduttore. – 1. Salvo quanto previsto dall'articolo 55, il mancato pagamento del canone decorsi venti giorni dalla scadenza prevista, ovvero il mancato pagamento, nel termine previsto, degli oneri accessori quando l'importo non pagato superi quello di due mensilità del canone, costituisce motivo di risoluzione, ai sensi dell'articolo 1455 del codice civile.

6. Successione nel contratto. – 1. In caso di morte del conduttore, gli succedono nel contratto il coniuge, gli eredi ed i parenti ed affini con lui abitualmente conviventi (1).

2. In caso di separazione giudiziale, di scioglimento del matrimonio o di cessazione degli effetti civili dello stesso, nel contratto di locazione succede al conduttore l'altro coniuge, se il diritto di abitare nella casa familiare sia stato attribuito dal giudice a quest'ultimo.

3. In caso di separazione consensuale o di nullità matrimoniale al conduttore succede l'altro coniuge se tra i due si sia così convenuto (2).

(1) La Corte costituzionale, con sent. 7/4/1988, n. 404, ha dichiarato l'illegittimità costituzionale del presente comma, nella parte in cui non prevede tra i successibili nella titolarità del contratto di locazione, in caso di morte del conduttore, il convivente *more uxorio*.

(2) La Corte costituzionale, con sent. 7/4/1988, n. 404, ha dichiarato l'illegittimità costituzionale del presente comma, nella parte in cui non prevede che il coniuge separato di fatto succeda al conduttore, se tra i due si sia così convenuto.

• La Corte costituzionale, con sent. 7/4/1988, n. 404, ha dichiarato l'illegittimità costituzionale del presente articolo, nella parte in cui non prevede la successione nel contratto di locazione al conduttore che abbia cessato la convivenza, a favore del già convivente quando vi sia prole naturale.

7. Clausola di scioglimento in caso di alienazione. – 1. È nulla la clausola che prevede la risoluzione del contratto in caso di alienazione della cosa locata.

8. Spese di registrazione. – 1. Le spese di registrazione del contratto di locazione sono a carico del conduttore e del locatore in parti uguali.

9. Oneri accessori. – 1. Sono interamente a carico del conduttore, salvo patto contrario, le spese relative al servizio di pulizia, al funzionamento e all'ordinaria manutenzione dell'ascensore, alla fornitura dell'acqua, dell'energia elettrica, del riscaldamento e del condizionamento dell'aria, allo spurgo dei pozzi neri e delle latrine, nonché alla fornitura di altri servizi comuni.

2. Le spese per il servizio di portineria sono a carico del conduttore nella misura del 90 per cento, salvo che le parti abbiano convenuto una misura inferiore.

3. Il pagamento deve avvenire entro due mesi dalla richiesta. Prima di effettuare il pagamento il conduttore ha diritto di ottenere l'indicazione specifica delle spese di cui ai commi precedenti con la menzione dei criteri di ripartizione. Il conduttore ha inoltre diritto di prendere visione dei documenti giustificativi delle spese effettuate.

4. Gli oneri di cui al primo comma addebitati dal locatore al conduttore devono intendersi corrispettivi di prestazioni accessorie a quella di locazione ai sensi e per gli effetti dell'art. 12 del D.P.R. 26 ottobre 1972, n. 633 (1).

5. La disposizione di cui al quarto comma non si applica ove i servizi accessori al contratto di locazione forniti siano per loro particolare natura e caratteristiche riferibili a specifica attività imprenditoriale del locatore e configurino oggetto di un autonomo contratto di prestazione dei servizi stessi (1).

(1) Comma aggiunto dall'art. 67, d.l. 30/8/1993, n. 331, conv. in l. 29/10/1993, n. 427.

10. Partecipazione del conduttore all'assemblea dei condomini. – 1. Il conduttore ha diritto di voto, in luogo del proprietario dell'appartamento locatogli, nelle delibere dell'assemblea condominiale relative alle spese e alle modalità di gestione dei servizi di riscaldamento e di condizionamento d'aria.

2. Egli ha inoltre diritto di intervenire, senza diritto di voto, sulle delibere relative alla modificazione degli altri servizi comuni.

3. La disciplina di cui al primo comma si applica anche qualora si tratti di edificio non in condominio.

In tale ipotesi i conduttori si riuniscono in apposita assemblea convocati dal proprietario dell'edificio o da almeno tre conduttori.

4. Si osservano, in quanto applicabili, le disposizioni del codice civile sull'assemblea dei condomini.

11. Deposito cauzionale. – 1. Il deposito cauzionale non può essere superiore a tre mensilità del canone. Esso è produttivo di interessi legali che debbono essere corrisposti al conduttore alla fine di ogni anno.

12. Equo canone degli immobili adibiti ad uso di abitazione*. – *Il canone di locazione e sublocazione degli immobili adibiti ad uso di abitazione non può superare il 3,85% del valore locativo dell'immobile locato. Il valore locativo è costituito dal prodotto della superficie convenzionale dell'immobile per il costo unitario di produzione del medesimo. Il costo unitario di produzione è pari al costo base moltiplicato per i coefficienti correttivi indicati nell'art. 15. Gli elementi che concorrono alla determinazione del canone di affitto, accertati dalle parti, vanno indicati nel contratto di locazione. Se l'immobile locato è completamente arredato con mobili forniti dal locatore e idonei, per consistenza e qualità, all'uso convenuto, il canone determinato ai sensi dei commi precedenti può essere maggiorato fino ad un massimo del 30%. Le suddette modalità si applicano fino alla attuazione della riforma del catasto edilizio urbano**.*

* Articolo abrogato dall'art. 14, co. 4, l. 9/12/1998, n. 431.

** Comma soppresso dall'art. 1, co. 10, d.l. 13/9/1991, n. 299, conv., con modif., dalla l. 18/11/1991, n. 363.

13. Superficie convenzionale*. – *La superficie convenzionale è data dalla somma dei seguenti elementi: a) l'intera superficie dell'unità immobiliare; b) il 50% della superficie delle autorimesse singole; c) il 20% della superficie del posto macchina in autorimesse di uso comune; d) il 25% della superficie di balconi, terrazze, cantine ed altri accessori simili; e) il 15% della superficie scoperta di pertinenza dell'immobile in godimento esclusivo del conduttore; f) il 10% della superficie condominiale a verde nella misura corrispondente alla quota millesimale dell'unità immobiliare. È detratto il 30% dalla superficie dei vani con altezza utile inferiore a metri 1,70. Le superfici di cui alle lettere a), b) e d) si misurano al netto dei muri perimetrali e di quelli interni. L'elemento di cui alla lettera e) entra nel computo della superficie convenzionale fino ad un massimo non eccedente la superficie di cui alla lettera a). Alla superficie di cui alla lettera a) si applicano i seguenti coefficienti: a) 1,00 per l'unità immobiliare di superficie superiore a metri quadrati 70; b) 1,10 per l'unità immobiliare di superficie compresa fra metri quadrati 46 e metri quadrati 70 (1); c) 1,20 per l'unità immobiliare inferiore a metri quadrati 46 (1). I coefficienti di cui alle lettere b) e c) del quinto comma non si applicano agli immobili il cui stato di conservazione e manutenzione è scadente ai sensi dell'art. 21 (1).*

* Articolo abrogato dall'art. 14, co. 4, l. 9/12/1998, n. 431.

(1) La Corte costituzionale, con sent. 18/6/1987, n. 236 ha dichiarato: a) l'illegittimità della lett. b) dell'art. 13, co. 5, l. 27/7/1978, n. 392, nella parte in cui, mediante l'applicazione dei coefficienti maggiorativi, consente che il canone relativo ad immobili di dimensioni inferiori ai 70,01 mq possa essere maggiore di quello previsto per immobili compresi nella fascia superiore, anziché equiparato a quello previsto per immobili di mq 70; b) ai sensi dell'art. 27, l. 11/3/1953, n. 87, l'illegittimità della lett. c) dell'art. 13, co. 5, l. 27/7/1978, n. 392, nella parte in cui, mediante l'applicazione dei coefficienti maggiorativi, consente che il canone relativo ad immobili di dimensioni inferiori ai 46 mq possa essere maggiore di quello previsto per immobili compresi nella fascia superiore anziché equiparato a quello previsto per immobili di mq 46.

14. Costo base*. – *Il costo base a metro quadrato per gli immobili, la cui costruzione è stata ultimata entro il 31 dicembre 1975, è fissato in: a) L. 250.000 per gli immobili situati in Piemonte, Valle d'Aosta, Liguria, Lombardia, Trentino-Alto Adige, Veneto, Friuli-Venezia Giulia, Emilia-Romagna, Toscana, Umbria, Marche e Lazio; b) L. 225.000 per gli immobili situati in Campania, Abruzzi, Molise, Puglia, Basilicata, Calabria, Sicilia e Sardegna. La data di ultimazione dei lavori è quella risultante dal certificato di abitabilità o, in mancanza, dal certificato di ultimazione dei lavori presentato agli uffici delle imposte, oppure quella comunque accertata.*

* Articolo abrogato dall'art. 14, co. 4, l. 9/12/1998, n. 431.

15. Coefficienti correttivi del costo base*. – *I coefficienti correttivi sono stabiliti in funzione del tipo, della classe demografica dei comuni, dell'ubicazione, del livello di piano, della vetustà e dello stato di conservazione e manutenzione dell'immobile.*

* Articolo abrogato dall'art. 14, co. 4, l. 9/12/1998, n. 431.

16. Tipologia*. – *In relazione alla tipologia si fa riferimento alla categoria catastale con i coefficienti risultanti dalla tabella seguente: a) 2,00 per le abitazioni di tipo signorile (A/1); b) 1,25 per le abitazioni di tipo civile (A/2); c) 1,05 per le abitazioni di tipo economico (A/3); d) 0,80 per le abitazioni di tipo popolare (A/4); e) 0,50 per le abitazioni di tipo ultrapopolare (A/5); f) 0,70 per le abitazioni di tipo rurale (A/6); g) 1,40 per le abitazioni di tipo villini (A/7); h) 0,80 per le abitazioni ed alloggi tipici dei luoghi (A/11). Qualora gli immobili non risultino censiti in catasto, ed ai soli fini del comma precedente, la categoria catastale viene stabilita dall'ufficio tecnico erariale sulla base delle categorie catastali delle unità immobiliari che siano ubicate nella stessa zona censuaria ed abbiano caratteristiche analoghe. A tale fine gli interessati devono presentare all'ufficio tecnico erariale competente per territorio apposita domanda corredata da una planimetria dell'immobile con una sommaria descrizione dell'edificio, delle rifiniture dell'unità immobiliare locata nonché degli impianti in essa installati. L'ufficio provvede entro novanta giorni dalla richiesta senza obbligo di sopralluogo.*

* Articolo abrogato dall'art. 14, co. 4, l. 9/12/1998, n. 431.

17. Classe demografica dei comuni*. – *In relazione alla classe demografica si applicano i seguenti coefficienti: a) 1,20 per gli immobili siti in comuni con popolazione superiore a 400.000 abitanti; b) 1,10 per gli immobili siti in comuni con popolazione superiore a 250.000 abitanti; c) 1,05 per gli immobili siti in comuni con popolazione superiore a 100.000 abitanti; d) 0,95 per gli immobili siti in comuni con popolazione superiore a 50.000 abitanti; e) 0,90 per gli immobili siti in comuni con popolazione superiore a 10.000 abitanti; f) 0,80 per gli immobili siti in comuni con popolazione fino a 10.000 abitanti. Il numero degli abitanti di un comune è stabilito sulla base degli ultimi dati sulla popolazione residente pubblicati dall'ISTAT.*

* Articolo abrogato dall'art. 14, co. 4, l. 9/12/1998, n. 431.

18. Ubicazione*. – *In relazione all'ubicazione i consigli comunali dei comuni con popolazione superiore a 20.000 abitanti provvedono a ripartire il territorio comunale in cinque zone alle quali si applicano i coefficienti della tabella seguente: a) 0,85 per la zona agricola; b) 1 per la zona edificata periferica; c) 1,20 per la zona edificata compresa fra quella periferica e il centro storico; d) 1,20 per le zone di pregio particolare site nella zona edificata periferica o nella zona agricola; e) 1,30 per il centro storico. I consigli comunali devono provvedere alla ripartizione del territorio comunale in zone entro tre mesi dall'entrata in vigore della presente legge. Nei comuni con popolazione non superiore ai 20.000 abitanti si applicano le perimetrazioni previste nell'art. 16 della legge 22 ottobre 1971, n. 865, con i seguenti coefficienti: a) 0,85 per la zona agricola; b) 1 per il centro edificato; c) 1,10 per il centro storico. All'interno delle zone di cui alle lettere b), c) ed e) del primo comma ed alle lettere b) e c) del terzo comma i consigli comunali possono individuare edifici o comparti di edifici particolarmente degradati ai quali si applica il coefficiente 0,90, in sostituzione dei coefficienti suindicati.*

* Articolo abrogato dall'art. 14, co. 4, l. 9/12/1998, n. 431.

19. Livello di piano*. – *In relazione al livello di piano, limitatamente alle unità immobiliari situate in immobili costituiti da almeno tre piani fuori terra, si applicano i seguenti coefficienti: a) 0,80 per le abitazioni situate al piano seminterrato; b) 0,90 per le abitazioni situate al piano terreno; c) 1,00 per le abitazioni situate nei piani intermedi e all'ultimo piano; d) 1,20 per le abitazioni situate al piano attico. Per le abitazioni situate al quarto piano e superiori di immobili sprovvisti di ascensore, i coefficienti previsti alle lettere c) e d) del comma precedente sono rispettivamente ridotti a 0,95 e 1,10.*

* Articolo abrogato dall'art. 14, co. 4, l. 9/12/1998, n. 431.

20. Vetustà*. – *In relazione alla vetustà si applica un coefficiente di degrado per ogni anno decorrente dal sesto anno successivo a quello di costruzione dell'immobile e stabilito nel modo seguente: a) 1% per i successivi quindici anni; b) 0,50% per gli ulteriori trenta anni. Se si è proceduto a lavori di integrale ristrutturazione o di completo restauro dell'unità immobiliare, anno di costruzione è quello della ultimazione di tali lavori comunque accertato.*

* Articolo abrogato dall'art. 14, co. 4, l. 9/12/1998, n. 431.

21. Stato di conservazione e manutenzione*. – *In relazione allo stato di conservazione e manutenzione dell'immobile si applicano i seguenti coefficienti: a) 1,00 se lo stato è normale; b) 0,80 se lo stato è mediocre; c) 0,60 se lo stato è scadente. Per la determinazione dello stato di conservazione e manutenzione si tiene conto dei seguenti elementi propri dell'unità immobiliare: 1) pavimenti; 2) pareti e soffitti; 3) infissi; 4) impianto elettrico; 5) impianto idrico e servizi igienico-sanitari; 6) impianto di riscaldamento; nonché dei seguenti elementi comuni: 1) accessi, scale e ascensore; 2) facciate, coperture e parti comuni in genere. Lo stato dell'immobile si considera mediocre qualora siano in scadenti condizioni tre degli elementi di cui sopra, dei quali due devono essere propri dell'unità immobiliare. Lo stato dell'immobile si considera scadente qualora siano in scadenti condizioni almeno quattro degli elementi di cui sopra, dei quali tre devono essere propri dell'unità immobiliare. Lo stato dell'immobile si considera scadente in ogni caso se l'unità immobiliare non dispone di impianto elettrico o dell'impianto idrico con acqua corrente nella cucina e nei servizi, ovvero se non dispone di servizi igienici privati o se essi sono comuni a più unità immobiliari. Il Ministro dei lavori pubblici, con suo decreto da emanarsi entro tre mesi dalla entrata in vigore della presente legge, indicherà analiticamente gli elementi di valutazione fissati nei commi precedenti.*

* Articolo abrogato dall'art. 14, co. 4, l. 9/12/1998, n. 431.

22. Immobili ultimati dopo il 31 dicembre 1975*. – *Per gli immobili adibiti ad uso di abitazione che sono stati ultimati dopo il 31 dicembre 1975, il costo base di produzione a metro quadrato è fissato con decreto del Presidente della Repubblica, su proposta del Ministro dei lavori pubblici, di concerto con quello di grazia e giustizia, sentito il Consiglio dei Ministri, da emanare entro il 31 marzo di ogni anno e da pubblicare nella Gazzetta Ufficiale della Repubblica. Il costo base di produzione è determinato, anche in misura differenziata per regione o per gruppi di regioni, tenendo conto: a) dei costi di produzione dell'edilizia convenzionata; b) dell'incidenza del contributo di concessione; c) del costo dell'area, che non potrà essere superiore al 25% del costo di produzione; d) degli oneri di urbanizzazione che gravano sul costruttore. Se, ai fini dell'imposta sul valore aggiunto o di quella di registro o di altra imposizione fiscale, ovvero relativamente agli oneri delle assicurazioni obbligatorie o in base ad altre documentazioni di origine pubblica, risultano costi maggiori di quelli indicati nel decreto ai sensi delle lettere a), b) e d) del comma precedente, il costo base si modifica nei singoli casi, tenendo conto di tali maggiori costi. Il costruttore, in quanto di sua spettanza, è tenuto a fornire al proprietario tali dati, se la richiesta venga fatta anteriormente al primo trasferimento dell'immobile; in tal caso gli stessi elementi dovranno essere comunicati agli uffici del catasto edilizio urbano. Agli effetti di cui sopra si tiene comunque conto del valore dell'immobile accertato ai fini dell'imposta di registro relativa al suo trasferimento a qualsiasi titolo, in quanto il valore di riferimento per la determinazione del canone è quello dei costi come sopra definiti. Ai fini della determinazione del canone di locazione per gli immobili urbani ultimati dopo il 31 dicembre 1975, al costo base, determinato a norma del presente articolo, si applicano le disposizioni di cui agli articoli da 15 a 21; nelle ipotesi di cui al precedente comma non si applicano i coefficienti previsti nell'art. 16 nei casi in cui il maggior costo riguardi il costo di produzione.*

* Articolo abrogato dall'art. 14, co. 4, l. 9/12/1998, n. 431.

23. Riparazioni straordinarie*. – *Quando si eseguano sull'immobile importanti ed improrogabili opere necessarie per conservare ad esso la sua destinazione o per evitare maggiori danni che ne compromettano l'efficienza in relazione all'uso a cui è adibito, o comunque opere di straordinaria manutenzione di rilevante entità, il locatore può chiedere al conduttore che il canone risultante dall'applicazione degli articoli precedenti venga integrato con un aumento non superiore all'interesse legale sul capitale impiegato nelle opere e nei lavori effettuati, dedotte le indennità e i contributi di ogni natura che il locatore abbia percepito o che successivamente venga a percepire per le opere eseguite. L'aumento decorre dalla data in cui sono state ultimate le opere, se la richiesta è fatta entro trenta giorni dalla data stessa; in caso diverso decorre dal primo giorno del mese successivo al ricevimento della richiesta. Le disposizioni dei commi precedenti sono applicabili anche quando il locatore venga assoggettato a contributi di miglioria per trasformazioni urbane nella zona in cui è situato l'immobile. Le controversie derivanti dall'applicazione del presente articolo sono decise con le modalità indicate negli articoli 43 e seguenti.*

* Articolo abrogato dall'art. 14, co. 4, l. 9/12/1998, n. 431.

24. Aggiornamento del canone*. – *Per gli immobili adibiti ad uso d'abitazione il canone di locazione definito ai sensi* *degli articoli da 12 a 23 è aggiornato ogni anno in misura pari al 75% della variazione, accertata dall'ISTAT, dell'indice dei prezzi al consumo per le famiglie di operai e impiegati verificatasi nell'anno precedente. L'aggiornamento del canone decorrerà dal mese successivo a quello in cui ne viene fatta richiesta con lettera raccomandata.*

* Articolo abrogato dall'art. 14, co. 4, l. 9/12/1998, n. 431.

25. Adeguamento del canone*. *– Ciascuna delle parti, in ogni momento del rapporto contrattuale, ha diritto all'adeguamento del canone in relazione all'eventuale mutamento degli elementi di cui agli articoli 13 e 15, escluso il parametro relativo alla vetustà che si applica al momento del rinnovo contrattuale. L'adeguamento del canone avrà effetto dal mese successivo a quello durante il quale sia stato richiesto mediante lettera raccomandata.*

* Articolo abrogato dall'art. 14, co. 4, l. 9/12/1998, n. 431.

26. Ambito di applicazione*. *– Le disposizioni di cui al presente capo non si applicano: a) alle locazioni stipulate per soddisfare esigenze abitative di natura transitoria, salvo che il conduttore abiti stabilmente nell'immobile per motivi di lavoro o di studio; b) alle locazioni relative ad alloggi costruiti a totale carico dello Stato per i quali si applica il canone sociale determinato in base alle disposizioni vigenti; c) alle locazioni relative ad alloggi soggetti alla disciplina dell'edilizia convenzionata* (1)*; d) alle locazioni relative ad immobili inclusi nelle categorie catastali A/8 e A/9. Le disposizioni di cui agli articoli da 12 a 25 non si applicano alle locazioni concernenti gli immobili siti in comuni che al censimento del 1971 avevano popolazione residente fino a 5.000 abitanti qualora, nel quinquennio precedente l'entrata in vigore della presente legge, e successivamente ogni quinquennio, la popolazione residente non abbia subito variazioni in aumento, o comunque l'aumento percentuale sia stato inferiore a quello medio nazionale, secondo i dati pubblicati dall'ISTAT. Il comune provvede a dare pubblica notizia della condizione di cui al precedente comma e delle eventuali variazioni.*

* Articolo abrogato dall'art. 14, co. 4, l. 9/12/1998, n. 431.

(1) La Corte costituzionale, con sent. 11/2/1988, n. 155, ha dichiarato l'illegittimità della presente lettera nella parte in cui non dispone che il canone di locazione degli immobili soggetti alla disciplina dell'edilizia convenzionata non deve comunque superare il canone che risulterebbe dall'applicazione delle disposizioni del titolo I, capo I, della medesima legge.

Capo II
Locazione di immobili urbani adibiti ad uso diverso da quello di abitazione

27. Durata della locazione. – 1. La durata delle locazioni e sublocazioni di immobili urbani non può essere inferiore a sei anni se gli immobili sono adibiti ad una delle attività appresso indicate industriali, commerciali e artigianali di interesse turistico, quali agenzie di viaggio e turismo, impianti sportivi e ricreativi, aziende di soggiorno ed altri organismi di promozione turistica e simili (1).

2. La disposizione di cui al comma precedente si applica anche ai contratti relativi ad immobili adibiti all'esercizio abituale e professionale di qualsiasi attività di lavoro autonomo.

3. La durata della locazione non può essere inferiore a nove anni se l'immobile urbano, anche se ammobiliato, è adibito ad attività alberghiere, all'esercizio di imprese assimilate ai sensi dell'articolo 1786 del codice civile o all'esercizio di attività teatrali (2).

4. Se è convenuta una durata inferiore o non è convenuta alcuna durata, la locazione si intende pattuita per la durata rispettivamente prevista nei commi precedenti.

5. Il contratto di locazione può essere stipulato per un periodo più breve qualora l'attività esercitata o da esercitare nell'immobile abbia, per sua natura, carattere transitorio.

6. Se la locazione ha carattere stagionale, il locatore è obbligato a locare l'immobile, per la medesima stagione dell'anno successivo, allo stesso conduttore che gliene abbia fatta richiesta con lettera raccomandata prima della scadenza del contratto. L'obbligo del locatore ha la durata massima di sei anni consecutivi o di nove se si tratta di utilizzazione alberghiera.

7. È in facoltà delle parti consentire contrattualmente che il conduttore possa recedere in qualsiasi momento dal contratto dandone avviso al locatore, mediante lettera raccomandata, almeno sei mesi prima della data in cui il recesso deve avere esecuzione.

8. Indipendentemente dalle previsioni contrattuali il conduttore, qualora ricorrano gravi motivi, può recedere in qualsiasi momento dal contratto con preavviso di almeno sei mesi da comunicarsi con lettera raccomandata (3).

(1) Comma sostituito dall'art. 52, d.lg. 23/5/2011, n. 79.

(2) Comma modificato dall'art. 7, co. 1, lett. a), l. 8/2/2007, n. 9 e successivamente sostituito dall'art. 52, d.lg. 23/5/2011, n. 79.

(3) Vedi, anche, l'art. 4, d.l. 12/10/2000, n. 279 conv. in l. 11/12/2000, n. 365.

28. Rinnovazione del contratto. – 1. Per le locazioni di immobili nei quali siano esercitate le attività indicate nei commi primo e secondo dell'articolo 27, il contratto si rinnova tacitamente di sei anni in sei anni, e per quelle di immobili adibiti ad attività alberghiere o all'esercizio di attività teatrali, di nove anni in nove anni; tale rinnovazione non ha luogo se sopravviene disdetta da comunicarsi all'altra parte, a mezzo di lettera raccomandata, rispettivamente almeno 12 o 18 mesi prima della scadenza (1).

2. Alla prima scadenza contrattuale, rispettivamente di sei o di nove anni, il locatore può esercitare la facoltà di diniego della rinnovazione soltanto per i motivi di cui all'articolo 29 con le modalità e i termini ivi previsti.

(1) Comma modificato dall'art. 7, co. 1, l. 8/2/2007, n. 9. Vedi, anche, il co. 2 dello stesso articolo.

29. Diniego di rinnovazione del contratto alla prima scadenza. – 1. Il diniego della rinnovazione del contratto alla prima scadenza di cui all'articolo precedente è consentito al locatore ove egli intenda:

a) adibire l'immobile ad abitazione propria o del coniuge o dei parenti entro il secondo grado in linea retta;

b) adibire l'immobile all'esercizio, in proprio o da parte del coniuge o dei parenti entro il secondo grado in linea retta, di una delle attività indicate nell'articolo 27, o, se si tratta di pubbliche amministrazioni, enti pubblici o di diritto pubblico, all'esercizio di attività tendenti al conseguimento delle loro finalità istituzionali;

c) demolire l'immobile per ricostruirlo, ovvero procedere alla sua integrale ristrutturazione o completo restauro, ovvero eseguire su di esso un intervento sulla base di un programma comunale pluriennale di attuazione ai sensi delle leggi vigenti. Nei casi suddetti il possesso della prescritta licenza o concessione è condizione per l'azione di rilascio; gli effetti del provvedimento di rilascio si risolvono se, prima della sua esecuzione, siano scaduti i termini della licenza o della concessione e quest'ultima non sia stata nuovamente disposta;

d) ristrutturare l'immobile al fine di rendere la superficie dei locali adibiti alla vendita conforme a quanto previsto nell'articolo 12 della legge 11 giugno 1971, n. 426 e ai relativi piani comunali, sempre che le opere da effettuarsi rendano incompatibile la permanenza del conduttore nell'immobile. Anche in tal caso il possesso della prescritta licenza o concessione è condizione per l'azione di rilascio; gli effetti del provvedimento di rilascio si risolvono alle condizioni previste nella precedente lettera c) (1).

2. Per le locazioni di immobili adibiti all'esercizio di albergo, pensione o locanda, anche se ammobiliati, il locatore può negare la rinnovazione del contratto nelle ipotesi previste dall'articolo 7 della legge 2 marzo 1963, n. 191, modificato dall'articolo 4-bis del decreto-legge 27 giugno 1967, n. 460, convertito, con modificazioni, nella legge 28 luglio 1967, n. 628, qualora l'immobile sia oggetto di intervento sulla base di un programma comunale pluriennale di attuazione ai sensi delle leggi vigenti. Nei casi suddetti il possesso della prescritta licenza o concessione è condizione per l'azione di rilascio. Gli effetti del provvedimento di rilascio si risolvono alle condizioni previste nella precedente lettera c). Il locatore può altresì negare la rinnovazione se intende esercitare personalmente nell'immobile o farvi esercitare dal coniuge o da parenti entro il secondo grado in linea retta la medesima attività del conduttore, osservate le disposizioni di cui all'art. 5 della L. 2 marzo 1963, n. 191, modificato dall'art. 4-bis del D.L. 27 giugno 1967, n. 460, convertito, con modificazioni, nella L. 28 luglio 1967, n. 628.

3. Ai fini di cui ai commi precedenti il locatore, a pena di decadenza, deve dichiarare la propria volontà di conseguire, alla scadenza del contratto, la disponibilità dell'immobile locato; tale dichiarazione deve essere effettuata, con lettera raccomandata, almeno 12 o 18 mesi prima della scadenza, rispettivamente per le attività indicate nei commi primo e secondo dell'articolo 27 e per le attività alberghiere.

4. Nella comunicazione deve essere specificato, a pena di nullità, il motivo, tra quelli tassativamente indicati nei commi precedenti, sul quale la disdetta è fondata.

5. Se il locatore non adempie alle prescrizioni di cui ai precedenti commi il contratto s'intende rinnovato a norma dell'articolo precedente.

(1) La Corte costituzionale, con sent. 9/10/1998, n. 348, ha dichiarato l'illegittimità costituzionale dell'ultima parte della presente lettera, nella parte in cui prevede che la scadenza, nel corso del processo, del termine per l'inizio dei lavori, indicato nella licenza o concessione, impedisce l'emanazione del provvedimento di rilascio.

30. Procedura per il rilascio. – 1. Avvenuta la comunicazione di cui al terzo comma dell'articolo 29 e prima della data per la quale è richiesta la disponibilità ovvero quando tale data sia trascorsa senza che il conduttore abbia rilasciato l'immobile, il locatore può convenire in giudizio il conduttore, osservando le norme previste dall'art. 447-bis del codice di procedura civile (1).

*2. La controversia è di competenza del conciliatore qualora il canone annuo non superi lire seicentomila; negli altri casi è di competenza del pretore**.

3. Competente per territorio è il giudice nella cui circoscrizione è posto l'immobile. Sono nulle le clausole derogative dalla competenza per territorio.

4. Alla prima udienza, se il convenuto compare e non si oppone, il giudice ad istanza del locatore, pronunzia ordinanza di rilascio per la scadenza di cui alla comunicazione prevista dall'articolo 29.

5. L'ordinanza costituisce titolo esecutivo e definisce il giudizio.

6. Nel caso di opposizione del convenuto il giudice esperisce il tentativo di conciliazione.

7. Se il tentativo riesce viene redatto verbale che costituisce titolo esecutivo. In caso contrario o nella contumacia del convenuto si procede a norma dell'articolo 420 e seguenti del codice di procedura civile.

8. Il giudice, su istanza del ricorrente, alla prima udienza e comunque in ogni stato del giudizio, valutate le ragioni addotte dalle parti e le prove raccolte, può disporre il rilascio dell'immobile con ordinanza costituente titolo esecutivo.

(1) Comma così modificato dall'art. 89, l. 26/11/1990, n. 353. Successivamente, il citato art. 89, l. n. 353/1990, come modificato dall'art. 2, co. 2, l. 4/12/1992, n. 477 ha disposto che la presente modifica decorra a partire del 2/1/1994. Infine, il suddetto art. 89, l. n. 353/1990, come da ultimo modificato dall'art. 3, d.l. 7/10/1994, n. 571, conv., con modif., dalla l. 6/12/1994, n. 673, ha disposto la decorrenza della presente modifica a partire dal 30/4/1995.

* Comma abrogato dall'art. 6, l. 30/7/1984, n. 399 e dall'art. 89, l. 26/11/1990, n. 353. Successivamente, il citato art. 89, l. n. 353/1990, come modificato. dall'art. 2, co. 2, l. 4/12/1992, n. 477 ha disposto che la presente modifica decorra a partire del 2/1/1994. Infine, il suddetto art. 89, l. n. 353/1990, come da ultimo modificato. dall'art. 3, d.l. 7/10/1994, n. 571, conv., con modif., dalla l. 6/12/1994, n. 673, ha disposto la decorrenza della presente modifica a partire dal 30/4/1995.

31. Sanzioni. – 1. Il locatore che abbia ottenuto la disponibilità dell'immobile per uno dei motivi previsti dall'art. 29 e che, nel termine di sei mesi dall'avvenuta consegna, non abbia adibito l'immobile ad abitazione propria, del coniuge o dei parenti entro il secondo grado in linea retta, o non abbia adibito l'immobile ad esercizio in proprio di una delle attività indicate all'art. 27, ovvero non abbia rispettato i termini della concessione o quelli del piano comunale di intervento per quanto attiene l'inizio dei lavori di demolizione, ricostruzione, ristrutturazione o restauro dell'immobile ovvero, in caso di immobili adibiti ad esercizio di albergo, pensione o locanda, non abbia completato i lavori di ricostruzione nel termine stabilito dal Ministero del turismo e dello spettacolo, è tenuto, se il conduttore lo richiede, al ripristino del contratto, salvi i diritti acquistati da terzi in buona fede, e al rimborso delle spese di trasloco e degli altri oneri sopportati, ovvero al risarcimento del danno nei confronti del conduttore in misura non superiore a quarantotto mensilità del canone di locazione percepito prima della risoluzione del contratto, oltre alle indennità previste ai sensi dell'art. 34.

2. Il giudice, oltre a determinare il ripristino o il risarcimento del danno, ordina al locatore il pagamento di una somma da L. 500.000 a L. 2.000.000 da devolvere al comune nel cui territorio è sito l'immobile, ad integrazione del fondo sociale previsto dal titolo III della presente legge.

32. Aggiornamento del canone (1). – 1. Le parti possono convenire che il canone di locazione sia aggiornato annualmente su richiesta del locatore per eventuali variazioni del potere di acquisto della lira.

2. Le variazioni in aumento del canone, per i contratti stipulati per durata non superiore a quella di cui all'articolo 27, non possono essere superiori al 75 per cento di quelle, accertate dall'ISTAT, dell'indice dei prezzi al consumo per le famiglie di operai ed impiegati (2).

3. Le disposizioni del presente articolo si applicano anche ai contratti di locazione stagionale ed a quelli in corso al momento dell'entrata in vigore del limite di aggiornamento di cui al secondo comma del presente articolo (3).

(1) Articolo sostituito dall'art. 1, co. 9-sexies, d.l. 7/2/1985, n. 12.

(2) Comma modificato dall'art. 41, co. 16-duodecies, lett. a), d.l. 30/12/2008, n. 207.

(3) Comma modificato dall'art. 41, co. 16-duodecies, lett. b), d.l. 30/12/2008, n. 207.

33. Canone delle locazioni stagionali. – 1. Il canone delle locazioni stagionali può essere aggiornato con le modalità di cui all'articolo 32.

34. Indennità per la perdita dell'avviamento. – 1. In caso di cessazione del rapporto di locazione relativo agli immobili di cui all'articolo 27, che non sia dovuta a risoluzione per inadempimento o disdetta o recesso del conduttore o a una delle procedure previste dal regio decreto 16 marzo 1942, n. 267, il conduttore ha diritto, per le attività indicate ai numeri 1) e 2) dell'articolo 27, ad una indennità pari a 18 mensilità dell'ultimo canone corrisposto; per le attività alberghiere l'indennità è pari a 21 mensilità.

2. Il conduttore ha diritto ad una ulteriore indennità pari all'importo di quelle rispettivamente sopra previste qualora l'immobile venga, da chiunque, adibito all'esercizio della stessa attività o di attività incluse nella medesima tabella merceologica che siano affini a quella già esercitata dal conduttore uscente ed ove il nuovo esercizio venga iniziato entro un anno dalla cessazione del precedente.

3. L'esecuzione del provvedimento di rilascio dell'immobile è condizionata dall'avvenuta corresponsione dell'indennità di cui al primo comma. L'indennità di cui al secondo comma deve essere corrisposta all'inizio del nuovo esercizio.

4. Nel giudizio relativo alla spettanza ed alla determinazione dell'indennità per la perdita dell'avviamento, le parti hanno l'onere di quantificare specificatamente la entità della somma reclamata o offerta e la corresponsione dell'importo indicato dal conduttore, o, in difetto, offerto dal locatore o comunque risultante dalla sentenza di primo grado, consente, salvo conguaglio all'esito del giudizio, l'esecuzione del provvedimento di rilascio dell'immobile (1).

(1) Comma aggiunto dall'art. 9, d.l. 30/12/1988, n. 551, conv. in l. 21/2/1989, n. 61.

• La Corte costituzionale, con sent. 14/12/1989, n. 542, ha dichiarato l'illegittimità costituzionale del presente articolo, nella parte in cui non prevede i provvedimenti della pubblica amministrazione tra le cause di cessazione del rapporto di locazione che escludono il diritto del conduttore alla indennità per la perdita dell'avviamento.

35. Limiti. – 1. Le disposizioni di cui all'articolo precedente non si applicano in caso di cessazione di rapporti di locazione relativi ad immobili utilizzati per lo svolgimento di attività che non comportino contatti diretti con il pubblico degli utenti e dei consumatori nonché destinati all'esercizio di attività professionali, ad attività di carattere transitorio, ed agli immobili complementari o interni a stazioni ferroviarie, porti, aeroporti, aree di servizio stradali o autostradali, alberghi e villaggi turistici.

36. Sublocazione e cessione del contratto di locazione. – 1. Il conduttore può sublocare l'immobile o cedere il contratto di locazione anche senza il consenso del locatore, purché venga insieme ceduta o locata l'azienda, dandone comunicazione al locatore mediante lettera raccomandata con avviso di ricevimento. Il locatore può opporsi, per gravi motivi, entro trenta giorni dal ricevimento della comunicazione. Nel caso di cessione, il locatore, se non ha liberato il cedente, può agire contro il medesimo qualora il cessionario non adempia le obbligazioni assunte.

2. Le indennità previste dall'articolo 34 sono liquidate a favore di colui che risulta conduttore al momento della cessazione effettiva della locazione.

37. Successione nel contratto. – 1. In caso di morte del conduttore, gli succedono nel contratto coloro che, per successione o per precedente rapporto risultante da atto di data certa anteriore alla apertura della successione, hanno diritto a continuarne l'attività.

2. In caso di separazione legale o consensuale, di scioglimento o di cessazione degli effetti civili del matrimonio, il contratto di locazione si trasferisce al coniuge, anche se non conduttore, che continui nell'immobile la stessa attività già ivi esercitata assieme all'altro coniuge prima della separazione legale o consensuale ovvero prima dello scioglimento o della cessazione degli effetti civili del matrimonio.

3. Se l'immobile è adibito all'uso di più professionisti, artigiani o commercianti e uno solo di essi è titolare del contratto, in caso di morte gli succedono nel contratto, in concorso con gli aventi diritto di cui ai commi precedenti, gli altri professionisti, artigiani o commercianti.

4. Nelle ipotesi di recesso del titolare del contratto, succedono nello stesso gli altri professionisti, artigiani o commercianti. In tal caso il locatore può opporsi alla successione nel contratto, per gravi motivi, con le modalità di cui all'articolo precedente.

38. Diritto di prelazione. – 1. Nel caso in cui il locatore intenda trasferire a titolo oneroso l'immobile locato, deve darne comunicazione al conduttore con atto notificato a mezzo di ufficiale giudiziario.

2. Nella comunicazione devono essere indicati il corrispettivo, da quantificare in ogni caso in denaro, le altre condizioni alle quali la compravendita dovrebbe essere conclusa e l'invito ad esercitare o meno il diritto di prelazione.

3. Il conduttore deve esercitare il diritto di prelazione entro il termine di sessanta giorni dalla ricezione della comunicazione, con atto notificato al proprietario a mezzo di ufficiale giudiziario, offrendo condizioni uguali a quelle comunicategli (1).

4. Ove il diritto di prelazione sia esercitato, il versamento del prezzo di acquisto, salvo diversa condizione indicata nella comunicazione del locatore, deve essere effettuato entro il termine di trenta giorni decorrenti dal sessantesimo giorno successivo a quello dell'avvenuta notificazione della comunicazione da parte del proprietario, contestualmente alla stipulazione del contratto di compravendita o del contratto preliminare.

5. Nel caso in cui l'immobile risulti locato a più persone, la comunicazione di cui al primo comma deve essere effettuata a ciascuna di esse.

6. Il diritto di prelazione può essere esercitato congiuntamente da tutti i conduttori, ovvero, qualora taluno vi rinunci, dai rimanenti o dal rimanente conduttore.

7. L'avente titolo che, entro trenta giorni dalla notificazione di cui al primo comma, non abbia comunicato agli altri aventi diritto la sua intenzione di avvalersi della prelazione, si considera avere rinunciato alla prelazione medesima.

8. Le norme del presente articolo non si applicano nelle ipotesi previste dall'articolo 732 del codice civile, per le quali la prelazione opera a favore dei coeredi, e nella ipotesi di trasferimento effettuato a favore del coniuge o dei parenti entro il secondo grado.

(1) Vedi l'art. 10, d.l. 18/1/1992, n. 9, conv. in l. 28/2/1992, n. 217.

39. Diritto di riscatto. – 1. Qualora il proprietario non provveda alla notificazione di cui all'articolo precedente, o il corrispettivo indicato sia superiore a quello risultante dall'atto di trasferimento a titolo oneroso dell'immobile, l'avente diritto alla prelazione può, entro sei mesi dalla trascrizione del contratto, riscattare l'immobile dall'acquirente e da ogni altro successivo avente causa.

2. Ove sia stato esercitato il diritto di riscatto, il versamento del prezzo deve essere effettuato entro il termine di tre mesi che decorrono, quando non vi sia opposizione al riscatto, dalla prima udienza del relativo giudizio, o dalla ricezione dell'atto notificato con cui l'acquirente o successivo avente causa comunichi prima di tale udienza di non opporsi al riscatto.

3. Se per qualsiasi motivo, l'acquirente o successivo avente causa faccia opposizione al riscatto, il termine di tre mesi decorre dal giorno del passaggio in giudicato della sentenza che definisce il giudizio.

40. Diritto di prelazione in caso di nuova locazione. – 1. Il locatore che intende locare a terzi l'immobile, alla scadenza del contratto rinnovato ai sensi dell'articolo 28, deve comunicare le offerte al conduttore, mediante raccomandata con avviso di ricevimento, almeno sessanta giorni prima della scadenza.

2. Tale obbligo non ricorre quando il conduttore abbia comunicato che non intende rinnovare la locazione e nei casi di cessazione del rapporto di locazione dovuti a risoluzione per inadempimento o recesso del conduttore o ad una delle procedure previste dal regio decreto 16 marzo 1942, n. 267, e successive modificazioni, relative al conduttore medesimo.

3. Il conduttore ha diritto di prelazione se, nelle forme predette ed entro trenta giorni dalla ricezione della comunicazione di cui al primo comma, offra condizioni uguali a quelle comunicategli dal locatore.

4. Egli conserva tale diritto anche nel caso in cui il contratto tra il locatore e il nuovo conduttore sia sciolto entro un anno, ovvero quando il locatore abbia ottenuto il rilascio dell'immobile non intendendo locarlo a terzi, e, viceversa, lo abbia concesso in locazione entro i sei mesi successivi.

41. Norme applicabili. – 1. Ai contratti previsti nell'articolo 27 si applicano le disposizioni degli articoli da 7 a 11.

2. Le disposizioni di cui agli articoli 38, 39 e 40 non si applicano ai rapporti di locazione di cui all'articolo 35.

42. Destinazione degli immobili a particolari attività. – 1. I contratti di locazione e sublocazione di immobili urbani adibiti ad attività ricreative, assistenziali, culturali e scolastiche, nonché a sede di partiti o di sindacati, e quelli stipulati dallo Stato o da altri enti pubblici territoriali in qualità di conduttori, hanno la durata di cui al primo comma dell'articolo 27.

2. A tali contratti si applicano le disposizioni degli articoli 32 e 41, nonché le disposizioni processuali di cui al titolo I capo III, ed il preavviso per il rilascio di cui all'articolo 28 (1).

(1) Vedi, anche l'art. 15-bis del d.l. 23/1/1982, n. 9, conv. in l. 25/3/1982, n. 94.

Capo III
Disposizioni processuali

43. – La domanda concernente controversie relative alla determinazione, all'aggiornamento e all'adeguamento del canone non può essere proposta se non è preceduta dalla domanda di conciliazione di cui all'articolo seguente. L'improcedibilità è rilevabile, anche d'ufficio, in ogni stato e grado del procedimento.*

* Articolo abrogato dall'art. 89 della l. 26/11/1990, n. 353. Successivamente, il citato art. 89, l. n. 353/1990, come modificato dall'art. 2, co. 2, l. 4/12/1992, n. 477 ha disposto che la presente modifica decorra a partire del 2/1/1994. Infine, il suddetto art. 89, l. n. 353/1990, come da ultimo modificato dall'art. 3 del d.l. 7/10/1994, n. 571, conv., con modif., dalla l. 6/12/1994, n. 673, ha disposto la decorrenza della presente modifica a partire dal 30/4/1995.

44. – La domanda di conciliazione concernente la determinazione, l'aggiornamento e l'adeguamento del canone è presentata al giudice competente. Il giudice convoca le parti, con comunicazione da effettuarsi a cura della cancelleria, per una udienza da tenersi non oltre quindici giorni dalla presentazione della domanda di conciliazione, per l'amichevole componimento della vertenza. Se le parti si conciliano, viene redatto processo verbale sottoscritto dalle parti e dal giudice e depositato in cancelleria. Il processo verbale costituisce titolo esecutivo. Se la conciliazione non riesce, il giudice ne dà atto nel verbale. Nell'udienza di cui sopra il giudice può essere affiancato da due esperti, uno per ciascuna delle parti, che possono sceglierli anche nell'ambito delle organizzazioni di inquilini o di proprietari. Le parti possono partecipare all'udienza personalmente o a mezzo di procuratore speciale e possono farsi assistere dal difensore.*

* Articolo abrogato dall'art. 89 della l. 26/11/1990, n. 353. Successivamente, il citato art. 89 della l. n. 353/1990, come modificato dall'art. 2, co. 2, l. 4/12/1992, n. 477 ha disposto che la presente modifica decorra a partire del 2/1/1994. Infine, il suddetto art. 89 della l. n. 353/1990, come da ultimo modificato dall'art. 3 del d.l. 7/10/1994, n. 571, conv., con modif., dalla l. 6/12/1994, n. 673, ha disposto la decorrenza della presente modifica a partire dal 30/4/1995.

45. Ricorso al giudice. – *Se il tentativo di conciliazione non riesce, o comunque decorso il termine di novanta giorni dalla presentazione della domanda di cui all'articolo precedente, le parti possono chiedere al giudice la determinazione del canone. La controversia è di competenza del conciliatore qualora il canone di cui si chiede la determinazione, l'aggiornamento o l'adeguamento non sia superiore a L. 50.000 mensili; negli altri casi è di competenza del pretore. Le controversie relative alle opere di conservazione dell'immobile di cui all'art. 23, alle indennità di cui all'art. 34 e alla indennità per i miglioramenti di cui agli articoli 1592 del codice civile e 12 del regio decreto-legge 18 gennaio 1937, n. 975, convertito, con modificazioni, nella legge 30 dicembre 1937, n. 2651, sono di competenza del pretore qualunque ne sia il valore. Sono nulle le clausole derogative dalla competenza per territorio*.*

1. In primo grado la parte può stare in giudizio personalmente, quando il valore della causa non eccede lire 50.000 mensili nelle controversie aventi ad oggetto la determinazione, l'aggiornamento o l'adeguamento del canone, e lire 600.000 nelle controversie previste dal terzo comma (1).

2. Fino al termine del giudizio il conduttore è obbligato a corrispondere, salvo conguaglio, l'importo non contestato.

* Commi abrogati dall'art. 89, co. 3, l. 26/11/1990, n. 353. Successivamente, il citato art. 89 della l. n. 353/1990, come modificato dall'art. 2, co. 2, l. 4/12/1992, n. 477 ha disposto che la presente modifica decorra a partire del 2/1/1994. Infine, il suddetto art. 89, l. n. 353/1990, come da ultimo modificato dall'art. 3 del d.l. 7/10/1994, n. 571, conv., con modif., dalla l. 6/12/1994, n. 673, ha disposto la decorrenza della presente modifica a partire dal 30/4/1995.

(1) Comma sostituito dall'art. 6, co. 6, l. 30/7/1984, n. 399.

46. – Il procedimento per le controversie di cui agli articoli 30 e 45, per tutto ciò che non è regolato dalla presente legge, è disciplinato dagli articoli 414, 415, 416, 417, commi secondo, terzo, quarto e quinto, 418, 419, 420, 421, comma primo, 422, 424, 429, commi primo e secondo, 430 del codice di procedura civile e dall'art. 431 dello stesso codice, in quanto applicabile. Si applica altresì l'art. 145 delle disposizioni di attuazione del codice di procedura civile.*

* Articolo abrogato dall'art. 89 della l. 26/11/1990, n. 353. Successivamente, il citato art. 89, l. n. 353/1990, come modificato dall'art. 2, co. 2, l. 4/12/1992, n. 477 ha disposto che la presente modifica decorra a partire del 2/1/1994. Infine, il suddetto art. 89 della l. n. 353/1990, come da ultimo modificato dall'art. 3 del d.l. 7/10/1994, n. 571, conv., con modif., dalla l. 6/12/1994, n. 673, ha disposto la decorrenza della presente modifica a partire dal 30/4/1995.

47. – Il giudice può disporre d'ufficio, in qualsiasi momento, l'ispezione dell'immobile e l'ammissione di ogni mezzo di prova, anche fuori dei limiti stabiliti dal codice civile, ad eccezione del giuramento decisorio, nonché la richiesta di informazioni, sia scritte sia orali, alle associazioni di categoria indicate dalle parti.*

* Articolo abrogato dall'art. 89 della l. 26/11/1990, n. 353. Succes-

sivamente, il citato art. 89 della l. n. 353/1990, come modificato dall'art. 2, co. 2, l. 4/12/1992, n. 477 ha disposto che la presente modifica decorra a partire del 2/1/1994. Infine, il suddetto art. 89 della l. n. 353/1990, come da ultimo modificato dall'art. 3 del d.l. 7/10/1994, n. 571, conv., con modif., dalla l. 6/12/1994, n. 673, ha disposto la decorrenza della presente modifica a partire dal 30/4/1995.

48. – Il pretore [o il conciliatore], quando rileva che una causa promossa nelle forme ordinarie riguarda una delle controversie previste negli articoli 30 e 45, fissa con ordinanza l'udienza di cui all'art. 420 del codice di procedura civile e il termine perentorio entro il quale le parti dovranno provvedere all'eventuale integrazione degli atti introduttivi mediante deposito di memorie e documenti di cancelleria* (1). *Qualora la causa non rientri nella rispettiva competenza per valore, il pretore o il conciliatore la rimette con ordinanza non impugnabile al giudice competente, fissando un termine perentorio non superiore a trenta giorni per la riassunzione* (1).

* Articolo abrogato dall'art. 89 della l. 26/11/1990, n. 353. Successivamente, il citato art. 89 della l. n. 353/1990, come modificato dall'art. 2, co. 2, l. 4/12/1992, n. 477 ha disposto che la presente modifica decorra a partire del 2/1/1994. Infine, il suddetto art. 89 della l. n. 353/1990, come da ultimo modificato dall'art. 3 del d.l. 7/10/1994, n. 571, conv., con modif., dalla l. 6/12/1994, n. 673, ha disposto la decorrenza della presente modifica a partire dal 30/4/1995.

(1) Comma modificato dall'art. 6, co. 8, l. 30/7/1984, n. 399.

49. Passaggio dal rito speciale al rito ordinario*. *– Il giudice, quando rileva che una causa promossa nelle forme stabilite nel presente capo riguarda una controversia diversa da quelle previste negli articoli 30 e 45, qualora la causa non rientri nella sua competenza, la rimette con ordinanza al giudice competente, fissando un termine perentorio non superiore a trenta giorni per la riassunzione con rito ordinario. In tal caso le prove acquisite avranno l'efficacia consentita dalle norme ordinarie.*

* Articolo abrogato dall'art. 89 della l. 26/11/1990, n. 353. Successivamente, il citato art. 89 della l. n. 353/1990, come modificato dall'art. 2, co. 2, l. 4/12/1992, n. 477 ha disposto che la presente modifica decorra a partire del 2/1/1994. Infine, il suddetto art. 89 della l. n. 353/1990, come da ultimo modificato dall'art. 3 del d.l. 7/10/1994, n. 571, conv., con modif., dalla l. 6/12/1994, n. 673, ha disposto la decorrenza della presente modifica a partire dal 30/4/1995.

50. Incompetenza del giudice*. *– Quando una causa relativa alle controversie di cui agli articoli 30 e 45 sia stata proposta dinanzi a giudice incompetente, l'incompetenza può essere eccepita dal convenuto soltanto nella memoria difensiva di cui all'art. 416 del codice di procedura civile, ovvero rilevata d'ufficio dal giudice non oltre l'udienza di cui all'art. 420 dello stesso codice. Quando l'incompetenza sia stata eccepita o rilevata ai sensi del comma precedente, il giudice rimette la causa al giudice competente, fissando un termine perentorio non superiore a trenta giorni per la riassunzione.*

* Articolo abrogato dall'art. 89 della l. 26/11/1990, n. 353. Successivamente, il citato art. 89, l. n. 353/1990, come modificato dall'art. 2, co. 2, l. 4/12/1992, n. 477 ha disposto che la presente modifica decorra a partire del 2/1/1994. Infine, il suddetto art. 89 della l. n. 353/1990, come da ultimo modificato dall'art. 3 del d.l. 7/10/1994, n. 571, conv., con modif., dalla l. 6/12/1994, n. 673, ha disposto la decorrenza della presente modifica a partire dal 30/4/1995.

51. – L'appello contro le sentenze del pretore nei processi relativi alle controversie previste negli articoli 30 e 45 si propone al tribunale* (1). *Il procedimento di appello, per tutto ciò che non è regolato dalla presente legge, è disciplinato dagli articoli 434, 435, 436, 437, commi primo, secondo e terzo, 438, primo comma, del codice di procedura civile. È applicabile la disposizione di cui al secondo comma dell'art. 429 dello stesso codice.*

* Articolo abrogato dall'art. 89 della l. 26/11/1990, n. 353. Successivamente, il citato art. 89 della l. n. 353/1990, come modificato dall'art. 2, co. 2, l. 4/12/1992, n. 477 ha disposto che la presente modifica decorra a partire del 2/1/1994. Infine, il suddetto art. 89 della l. n. 353/1990, come da ultimo modificato dall'art. 3 del d.l. 7/10/1994, n. 571, conv., con modif., dalla l. 6/12/1994, n. 673, ha disposto la decorrenza della presente modifica a partire dal 30/4/1995.

(1) Comma sostituito dall'art. 6, co. 9, l. 30/7/1984, n. 399.

52. Cambiamento del rito in appello*. *– Il giudice, se ritiene che il procedimento in primo grado non si sia svolto secondo il rito prescritto, procede a norma degli articoli 48 e 49.*

* Articolo abrogato dall'art. 89 della l. 26/11/1990, n. 353. Successivamente, il citato art. 89 della l. n. 353/1990, come modificato dall'art. 2, co. 2, l. 4/12/1992, n. 477 ha disposto che la presente modifica decorra a partire del 2/1/1994. Infine, il suddetto art. 89 della l. n. 353/1990, come da ultimo modificato dall'art. 3 del d.l. 7/10/1994, n. 571, conv., con modif., dalla l. 6/12/1994, n. 673, ha disposto la decorrenza della presente modifica a partire dal 30/4/1995.

53. Consulente tecnico in appello*. *– Il giudice, nell'udienza di cui al primo comma dell'art. 437 del codice di procedura civile, può nominare un consulente tecnico rinviando ad altra udienza da fissarsi non oltre venti giorni. Il consulente deve depositare il proprio parere non oltre dieci giorni prima della nuova udienza.*

* Articolo abrogato dall'art. 89 della l. 26/11/1990, n. 353. Successivamente, il citato art. 89 della l. n. 353/1990, come modificato dall'art. 2, co. 2, l. 4/12/1992, n. 477 ha disposto che la presente modifica decorra a partire del 2/1/1994. Infine, il suddetto art. 89 della l. n. 353/1990, come da ultimo modificato dall'art. 3 del d.l. 7/10/1994, n. 571, conv., con modif., dalla l. 6/12/1994, n. 673, ha disposto la decorrenza della presente modifica a partire dal 30/4/1995.

54. Clausola compromissoria*. *– È nulla la clausola con la quale le parti stabiliscono che le controversie relative alla determinazione del canone siano decise da arbitri.*

* Articolo abrogato dall'art. 14 della l. 9/12/1998, n. 431. Successivamente, il citato art. 89 della l. n. 353/1990, come modificato dall'art. 2, co. 2, l. 4/12/1992, n. 477 ha disposto che la presente modifica decorra a partire del 2/1/1994. Infine, il suddetto art. 89 della l. n. 353/1990, come da ultimo modificato dall'art. 3 del d.l. 7/10/1994, n. 571, conv., con modif., dalla l. 6/12/1994, n. 673, ha disposto la decorrenza della presente modifica a partire dal 30/4/1995.

55. Termine per il pagamento dei canoni scaduti. – 1. La morosità del conduttore nel pagamento dei canoni o degli oneri di cui all'articolo 5 può essere sanata in sede giudiziale per non più di tre volte nel corso di un quadriennio se il conduttore alla prima udienza versa l'importo dovuto per tutti i canoni scaduti e per gli oneri accessori maturati sino a tale data, maggiorato degli interessi legali e delle spese processuali liquidate in tale sede dal giudice.

2. Ove il pagamento non avvenga in udienza, il giudice, dinanzi a comprovate condizioni di difficoltà del conduttore, può assegnare un termine non superiore a giorni novanta.

In tal caso rinvia l'udienza a non oltre dieci giorni dalla scadenza del termine assegnato.

3. La morosità può essere sanata, per non più di quattro volte complessivamente nel corso di un quadriennio, ed il termine di cui al secondo comma è di centoventi giorni, se l'inadempienza, protrattasi per non oltre due mesi, è conseguente alle precarie condizioni economiche del conduttore,

insorte dopo la stipulazione del contratto e dipendenti da disoccupazione, malattie o gravi, comprovate condizioni di difficoltà.

4. Il pagamento, nei termini di cui ai commi precedenti, esclude la risoluzione del contratto.

56. Modalità per il rilascio (1). – 1. Con il provvedimento che dispone il rilascio, il giudice, previa motivazione che tenga conto anche delle condizioni del conduttore comparate a quelle del locatore nonché delle ragioni per le quali viene disposto il rilascio stesso e, nei casi di finita locazione, del tempo trascorso dalla disdetta, fissa la data dell'esecuzione entro il termine massimo di sei mesi ovvero, in casi eccezionali, di dodici mesi dalla data del provvedimento.

2. Nelle ipotesi di cui all'articolo 55, per il caso in cui il conduttore non provveda al pagamento nel termine assegnato, la data dell'esecuzione non può essere fissata oltre sessanta giorni dalla scadenza del termine concesso per il pagamento.

3. Qualunque forma abbia il provvedimento di rilascio, il locatore e il conduttore possono, in qualsiasi momento e limitatamente alla data fissata per l'esecuzione, proporre al tribunale in composizione collegiale l'opposizione di cui all'articolo 6, comma 4, della legge 9 dicembre 1998, n. 431.

4. Trascorsa inutilmente la data fissata, il locatore promuove l'esecuzione ai sensi degli articoli 605 e seguenti del codice di procedura civile.

(1) Articolo sostituito dall'art. 7-bis del d.l. 13/9/2004, n. 240.

57. Esenzioni fiscali ed onorari professionali (1). – 1. Gli atti, i documenti ed i provvedimenti relativi alle controversie in materia di locazione il cui valore non eccede le lire 600.000, nonché i provvedimenti di cui all'articolo 44, sono esenti dall'imposta di bollo e di registro; negli stessi casi gli onorari di avvocato e procuratore sono ridotti alla metà.

2. È abrogata ogni altra disposizione incompatibile con la presente legge.

(1) Articolo così sostituito dall'art. 6 della l. 30/7/1984, n. 399. Vedi art. 19 della l. 13/5/1999, n. 133.

TITOLO II
DISCIPLINA TRANSITORIA

Capo I
Contratti di locazione di immobili adibiti ad uso di abitazione

58. Durata dei contratti in corso soggetti a proroga. – 1. I contratti di locazione e sublocazione di immobili urbani adibiti ad uso di abitazione e soggetti a proroga secondo la legislazione vigente si considerano prorogati ed hanno la durata prevista nell'articolo 1 con le seguenti decorrenze:

a) dal 1° gennaio 1979, per i contratti stipulati anteriormente al 31 dicembre 1952;

b) dal 1° luglio 1979, per i contratti stipulati fra il 1° gennaio 1953 ed il 7 novembre 1963;

c) dal 1° gennaio 1980, per i contratti stipulati dopo il 7 novembre 1963 (1).

(1) La Corte costituzionale con sent. 27/2/1980, n. 22, dichiara l'illegittimità costituzionale del presente articolo in combinato disposto con gli art. 59, n. 1, 65 della medesima l. 27/7/1978, n. 392, nella parte in cui esclude il diritto di recesso per necessità del locatore dai contratti in corso alla data del 30/7/1978 e non soggetti a proroga.

• La Corte costituzionale, con sent. 28/7/1983, n. 250, ha dichiarato l'illegittimità costituzionale del presente articolo nn. 2, 3, 6 e 8 in combinato disposto con gli art. 58, 65 della presente legge, nella parte in cui esclude il diritto di recesso del locatore, per i motivi indicati nel cit. art. 59, nn. 2, 3, 6 e 8, dai contratti in corso alla data del 30/7/1978 e non soggetti a proroga. Con la medesima sentenza, ha dichiarato l'illegittimità costituzionale del combinato disposto degli art. 58, 59, nn. 4, 5 e 7 nonché 65 della presente legge, nella parte in cui esclude il diritto di recesso del locatore, per i motivi indicati nel citato art. 59, nn. 4, 5 e 7 dai contratti in corso alla data del 30/7/1978 e non soggetti a proroga.

59. Recesso del locatore. – 1. Nei casi di cui all'articolo precedente il locatore può recedere in ogni momento dal contratto dandone comunicazione al conduttore mediante lettera raccomandata e con un preavviso di almeno sei mesi:

1) quando abbia la necessità, verificatasi dopo la costituzione del rapporto locatizio, di destinare l'immobile ad uso abitativo, commerciale, artigianale o professionale proprio, del coniuge o dei parenti in linea retta entro il secondo grado;

2) quando, volendo disporre dell'immobile per abitazione propria, del coniuge o dei propri parenti in linea retta fino al secondo grado oppure quando, trattandosi di ente pubblico o comunque con finalità pubbliche sociali, mutualistiche, cooperativistiche, assistenziali o di culto che voglia disporre dell'immobile per l'esercizio delle proprie funzioni, offra al conduttore altro immobile idoneo per cui sia dovuto un canone di locazione proporzionato alle condizioni del conduttore medesimo e comunque non superiore del 20 per cento al canone del precedente immobile e assuma a suo carico le spese di trasloco. Quando l'opposizione del conduttore all'azione del locatore risulti infondata, questi potrà essere esonerato dalle spese di trasloco;

3) quando l'immobile locato sia compreso in un edificio gravemente danneggiato che debba essere ricostruito o del quale debba essere assicurata la stabilità e la permanenza del conduttore impedisca di compiere gli indispensabili lavori;

4) quando il proprietario intenda demolire o trasformare notevolmente l'immobile locato per eseguire nuove costruzioni o, trattandosi di appartamento sito all'ultimo piano, quando intenda eseguire sopraelevazioni a norma di legge, e per eseguire sia indispensabile per ragioni tecniche lo sgombero dell'appartamento stesso;

5) quando l'immobile locato sia di interesse artistico o storico, ai sensi della legge 1° giugno 1939, n. 1089, nel caso in cui la competente sovraintendenza riconosca necessario ed urgente che si proceda a riparazioni o restauri, la cui esecuzione sia resa impossibile dallo stato di occupazione dell'immobile;

6) quando il conduttore può disporre di altra abitazione idonea alle proprie esigenze familiari nello stesso comune ovvero in un comune confinante;

7) quando il conduttore, avendo sublocato parzialmente l'immobile, non lo occupa nemmeno in parte, con continuità. Si presume l'esistenza della sublocazione quando l'immobile risulta occupato da persone che non sono alle dipendenze del conduttore o che non sono a questo legate da vincoli di parentela o di affinità entro il quarto grado, salvo che si tratti di ospiti transitori. La presunzione non si applica nei confronti delle persone che si sono trasferite nell'immobile assieme al conduttore;

8) quando il conduttore non occupa continuativamente l'immobile senza giustificato motivo.

2. Nelle ipotesi di cui ai numeri 4) e 5) del precedente comma, il possesso della licenza o concessione è condizione per l'azione di rilascio. Gli effetti del provvedimento di rilascio si risolvono alle condizioni previste nella lettera c) dell'articolo 29.

3. Alla procedura per il rilascio dell'immobile si applicano le norme di cui ai precedenti articoli 30 e 56 (1).

(1) La Corte costituzionale con sent. 27/7/1980, n. 22, dichiara l'illegittimità costituzionale del presente articolo in combinato disposto con gli art. 58, 65 della medesima l. 27/7/1978, n. 392, nel-

la parte in cui esclude il diritto di recesso per necessità del locatore dai contratti in corso alla data del 30/7/1978 e non soggetti a proroga.

• La Corte costituzionale, con sent. 28/7/1983, n. 250, ha dichiarato l'illegittimità costituzionale del combinato disposto degli art. 58, 59 nn. 2, 3, 6 e 8 nonché 65 della presente legge, nella parte in cui esclude il diritto di recesso del locatore, per i motivi indicati nel cit. art. 59, nn. 2, 3, 6 e 8, dai contratti in corso alla data del 30/7/1978 e non soggetti a proroga. Con la medesima sentenza, ha dichiarato l'illegittimità costituzionale del combinato disposto degli art. 58, 59, n. 4, 5 e 7 nonché 65 della presente legge, nella parte in cui esclude il diritto di recesso del locatore, per i motivi indicati nel citato art. 59, nn. 4, 5 e 7 dai contratti in corso alla data del 30/7/1978 e non soggetti a proroga.

60. Ripristino del rapporto e risarcimento del danno*. – *Il provvedimento che dispone il rilascio dell'immobile in conseguenza dell'esercizio da parte del locatore del diritto di recesso, perde efficacia se il locatore, nel termine di sei mesi da quando ha riacquistato la disponibilità dell'immobile, non lo adibisca all'uso per il quale aveva agito ovvero, nei casi di cui ai numeri 3), 4) e 5) dell'art. 59, non inizi, nel suddetto termine, i lavori per i quali è stata rilasciata licenza o concessione. Il conduttore ha diritto, nei confronti del locatore e dei suoi aventi causa, al ripristino del contratto di locazione, salvi i diritti acquisiti dai terzi in buona fede, e al rimborso delle spese di trasloco e degli altri oneri sopportati, ovvero a sua scelta al risarcimento del danno da determinarsi dal giudice in misura non inferiore a 12 e non superiore a 48 mensilità del canone, oltre ad un equo indennizzo per le spese di trasloco. Il giudice, oltre a determinare il ripristino o il risarcimento, ordina al locatore il pagamento di una somma da L. 500.000 a L. 2.000.000 da devolvere al comune nel cui territorio è sito l'immobile, ad integrazione del fondo sociale di cui al titolo III della presente legge.*

* Articolo abrogato dall'art. 14 della l. 9/12/1998, n. 431.

61. Acquirente dell'immobile locato*. – *La facoltà di recesso nel caso previsto dal n. 1) dell'art. 59 non può essere esercitata da chi ha acquistato l'immobile per atto tra vivi finché non siano decorsi almeno due anni dalla data dell'acquisto. Il termine è ridotto ad un anno se nei confronti dell'acquirente è in corso un procedimento di rilascio non dovuto a morosità ovvero se l'acquirente è cittadino emigrato in un paese straniero in qualità di lavoratore e intenda rientrare in Italia per risiedervi stabilmente. Quando l'immobile è stato donato a causa di matrimonio o costituito in fondo patrimoniale e il matrimonio sia stato celebrato, il termine di cui al primo comma si computa dal giorno in cui il dante causa ha acquistato il diritto sull'immobile.*

* Articolo abrogato dall'art. 14 della l. 9/12/1998, n. 431.

62. Canone dei contratti soggetti a proroga*. – *Il canone di cui agli articoli 12 e 24 si applica ai contratti previsti nell'art. 58 dall'inizio del sesto anno a decorrere dalla entrata in vigore della presente legge ed il canone è adeguato in relazione all'eventuale mutamento degli elementi di cui agli articoli 13 e 15. Fino alla data suddetta il canone di locazione corrisposto dal conduttore, calcolato al netto degli oneri accessori, può essere aumentato a richiesta del locatore, a decorrere dal primo giorno del quarto mese successivo a quello di entrata in vigore della presente legge, nella misura del 20% all'anno per i primi due anni e del 15% all'anno per gli anni successivi della differenza risultante tra il canone definito ai sensi dell'art. 12 ed il canone attualmente corrisposto. Se il canone attualmente corrisposto è superiore a quello definito ai sensi dell'art. 12 si applicano le disposizioni dello stesso art. 12 e quelle dell'art. 24 a partire dal primo giorno del quarto mese successivo alla entrata in vigore della presente legge. Ove alcuni parametri, coefficienti o altri elementi necessari per la determinazione del canone a norma dell'art. 12 non siano noti in tempo utile, gli adeguamenti del canone di locazione di cui ai precedenti commi si applicano tenendo conto di tutti gli altri elementi noti, salvo i conguagli che decorreranno in ogni caso dalle date di cui ai commi precedenti. Le parti possono liberamente concordare modalità diverse sempre che il canone definito non superi quello risultante dall'applicazione degli articoli 12 e 24.*

* Articolo abrogato dall'art. 14 della l. 9/12/1998, n. 431.

63. Aggiornamento del canone dei contratti in corso soggetti a proroga*. – *Per i primi due anni a decorrere dalla entrata in vigore della presente legge il canone di locazione relativo ai contratti previsti nell'art. 58 non è aggiornato per gli effetti di cui all'art. 24. Dall'inizio del terzo anno il canone di locazione è aggiornato in base alla variazione, accertata dall'ISTAT, dell'indice dei prezzi al consumo per le famiglie di operai ed impiegati verificatasi nell'anno precedente. Se le variazioni sono in aumento, di esse si applica soltanto: il 20% dall'inizio del terzo anno; il 40% dall'inizio del quarto anno; il 60% dall'inizio del quinto anno; il 75% dall'inizio del sesto anno. In ogni caso con l'integrale applicazione dell'equo canone l'aggiornamento di cui all'art. 24 si applica nella intera misura ivi prevista.*

* Articolo abrogato dall'art. 14 della l. 9/12/1998, n. 431.

64. Particolari contratti soggetti a proroga*. – *Ai contratti di locazione di cui all'art. 26, comma primo, lettera d) e comma secondo, soggetti a proroga secondo la legislazione vigente, si applicano per la durata le disposizioni dell'art. 58. Fino al termine di tale durata il canone può essere modificato a richiesta del locatore mediante aggiornamento annuale, in base al 75% della variazione, accertata dall'ISTAT, dell'indice dei prezzi al consumo per le famiglie di operai e impiegati, verificatasi nell'anno precedente.*

* Articolo abrogato dall'art. 14 della l. 9/12/1998, n. 431.

65. Contratti in corso non soggetti a proroga*. – *Le disposizioni degli articoli 1 e 3 si applicano anche ai contratti in corso alla data di entrata in vigore della presente legge e non soggetti a proroga, detraendosi, per la determinazione della durata prevista all'art. 1, il tempo già trascorso dall'inizio della locazione o, in caso di intervenuto rinnovo contrattuale, dalla data di esso. La disposizione di cui al comma precedente si applica anche ai contratti per i quali, alla data di entrata in vigore della presente legge, è in corso procedimento per convalida di licenza o di sfratto per finita locazione. Il canone di cui agli articoli 12 e 24 si applica ai contratti di cui al presente articolo a partire dall'inizio del secondo anno a decorrere dall'entrata in vigore della presente legge, ed il canone è adeguato in relazione all'eventuale mutamento degli elementi di cui agli articoli 13 e 15. Fino alla data suddetta il canone di locazione corrisposto dal conduttore, calcolato al netto degli oneri accessori, può essere aumentato su richiesta del locatore a decorrere dal primo giorno del quarto mese successivo a quello di entrata in vigore della presente legge nella misura del 50% della differenza risultante fra il canone definito ai sensi dell'art. 12 ed il canone attualmente corrisposto. Se il canone attualmente corrisposto è superiore a quello definito ai sensi dell'art. 12 si applicano le disposizioni dello stesso art. 12 e quelle dell'art. 24 a partire dal primo giorno del quarto mese successivo all'entrata in vigore della presente legge. Ai contratti di locazione di cui all'art. 26, comma primo, lettera d) e comma secondo, non soggetti a proroga, si applicano le disposizioni di cui ai commi primo e secondo del presente articolo. Fino alla scadenza di cui al* *primo comma il canone può essere modificato, su richiesta del locatore, soltanto mediante aggiornamento annuale, in base al 75% della variazione, accertata dall'ISTAT, dell'indice dei prezzi al consumo per le famiglie di operai e impiegati verificatasi nell'anno precedente* (1).

* Articolo abrogato dall'art. 14 della l. 9/12/1998, n. 431.

(1) La Corte costituzionale con sent. 27/2/1980, n. 22, dichiara l'illegittimità costituzionale del presente articolo in combinato disposto con gli art. 58 e 59, n. 1 della medesima l. 27/7/1978, n. 392, nella parte in cui esclude il diritto di recesso per necessità del locatore dai contratti in corso alla data del 30/7/1978 e non soggetti a proroga.

• La Corte costituzionale, con sent. 28/7/1983, n. 250, ha dichiarato l'illegittimità costituzionale del presente articolo in combinato disposto con gli art. 58, 59, nn. 2, 3, 6 e 8 della presente legge, nella parte in cui esclude il diritto di recesso del locatore, per i motivi indicati nel cit. art. 59 nn. 2, 3, 6 e 8, dai contratti in corso alla data del 30/7/1978 e non soggetti a proroga. Con la medesima sentenza, ha dichiarato l'illegittimità costituzionale del combinato disposto degli art. 58, 59, nn. 4, 5 e 7 nonché 65 della presente legge, nella parte in cui esclude il diritto di recesso del locatore, per i motivi indicati nel citato art. 59, nn. 4, 5 e 7 dai contratti in corso alla data del 30/7/1978 e non soggetti a proroga.

66. Oneri accessori conglobati nel canone*. – *Gli oneri accessori che, nei rapporti in corso, siano stati posti a carico del conduttore e conglobati nel canone, non possono essere computati in misura superiore al 10% del canone pattuito qualora il contraente interessato non ne provi l'importo effettivo.*

* Articolo abrogato dall'art. 14 della l. 9/12/1998, n. 431.

Capo II
Contratti di locazione di immobili adibiti ad uso diverso da quello di abitazione

67. Contratti in corso soggetti a proroga. – 1. I contratti di locazione di cui all'art. 27 in corso al momento dell'entrata in vigore della presente legge e soggetti a proroga secondo la legislazione vigente si considerano prorogati ed hanno la seguente durata:

a) anni 4, i contratti stipulati prima del 31 dicembre 1964 (1);

b) anni 5, i contratti stipulati tra il 1° gennaio 1965 ed il 31 dicembre 1973 (1);

c) anni 6, i contratti stipulati dopo il 31 dicembre 1973 (1).

2. La durata di cui sopra decorre dal giorno e dal mese, successivi alla entrata in vigore della presente legge, corrispondenti a quelli di scadenza previsti nel contratto di locazione; ove tale determinazione non sia possibile, dallo stesso giorno di entrata in vigore della presente legge.

3. È in facoltà delle parti di stipulare anche prima della scadenza sopra prevista un nuovo contratto di locazione secondo le disposizioni del capo III, titolo I, della presente legge.

4. Successivamente, a norma dell'articolo 2, comma 1, della legge 25 luglio 1984, n. 377, sono prorogate sino al 31 dicembre 1984. Da ultimo, sono prorogate fino all'entrata in vigore della nuova disciplina in materia di locazione degli immobili adibiti ad uso diverso dell'abitazione e, comunque, non oltre il 30 giugno 1985 dall'articolo 1, comma 8, del D.L. 7 febbraio 1985, n. 12.

(1) A norma dell'art. 15-bis, co. 1, d.l. 23/1/1982, n. 9, le scadenze dei contratti di cui alla presente lettera, sono ulteriormente prorogate di due anni. Vedi inoltre art. 15-bis, co. 1, del medesimo decreto legge.

68. Aumenti del canone. – 1. Nei contratti di locazione o sublocazione di cui al precedente articolo il canone corrisposto dal conduttore, calcolato al netto degli oneri accessori, può essere a richiesta del locatore, aumentato a decorrere dal primo giorno del mese successivo a quello di entrata in vigore della presente legge per il restante periodo di durata del contratto, nelle misure seguenti:

1) non superiore al 15 per cento all'anno, per i contratti stipulati anteriormente al 31 dicembre 1964;

2) non superiore al 10 per cento all'anno per i contratti stipulati fra il 1° gennaio 1965 ed il 31 dicembre 1973;

3) non superiore al 5 per cento all'anno per i contratti stipulati dopo il 31 dicembre 1973.

69. Diritto di prelazione in caso di nuova locazione e indennità per l'avviamento commerciale. – 1. Nei contratti di locazione di immobili adibiti ad uso diverso da quello di abitazione, di cui agli articoli 67 e 71 della presente legge, il locatore comunica, mediante raccomandata con avviso di ricevimento da inviarsi entro il 28 febbraio 1987, se ed a quali condizioni intende proseguire la locazione ovvero le condizioni offerte da terzi per la locazione dell'immobile.

2. L'obbligo ricorre anche quando il locatore non intende proseguire nella locazione per i motivi indicati all'art. 29.

3. Tale obbligo non ricorre quando il conduttore abbia comunicato al locatore che non intende rinnovare la locazione e nei casi di cessazione del rapporto per inadempimento o recesso del conduttore o qualora sia in corso una delle procedure previste dal regio decreto 16 marzo 1942, n. 267, e successive modificazioni, a carico del conduttore medesimo.

4. Il conduttore deve rendere noto al locatore, entro trenta giorni dalla comunicazione di cui al primo comma, se intende proseguire la locazione alle nuove condizioni.

5. Il conduttore ha diritto di prelazione se, entro trenta giorni dalla ricezione della comunicazione di cui al primo comma, offre condizioni uguali a quelle comunicategli dal locatore. Egli conserva tale diritto anche nell'ipotesi di cui al quarto comma dell'art. 40.

6. Il conduttore, se non accetta le condizioni offerte dal locatore ovvero non esercita la prelazione, ha diritto ad un compenso pari a 24 mensilità, ovvero a trenta per le locazioni con destinazione alberghiera, del canone richiesto dal locatore od offerto dal terzo.

7. Se il locatore non intende proseguire nella locazione il conduttore può, entro trenta giorni dalla comunicazione del locatore o in mancanza di questa, se dovuta, dalla scadenza del termine di cui al primo comma, offrire un nuovo canone, impegnandosi a costituire, all'atto del rinnovo e per la durata del contratto, una polizza assicurativa oppure una fidejussione bancaria per una somma pari a 12 mensilità del canone offerto.

8. Se il locatore non intende proseguire nella locazione sulla base delle condizioni offerte, al conduttore è dovuta l'indennità per l'avviamento commerciale nella misura di 24 mensilità, ovvero di 30 per le locazioni con destinazione alberghiera, del canone offerto ai sensi del comma precedente.

9. In mancanza dell'offerta del nuovo canone da parte del conduttore nonché nei casi di rilascio dell'immobile per i motivi di cui all'art. 29 salvo quelli di cui al primo comma, lettera a), è dovuta l'indennità per avviamento commerciale nella misura di 21 mensilità, ovvero di 25 per le locazioni con destinazione alberghiera, del canone corrente di mercato per i locali aventi le stesse caratteristiche. In caso di rilascio dell'immobile per i motivi di cui all'art. 29, primo comma, lettera a), la predetta indennità è calcolata con riferimento al canone corrisposto. L'indennità dovuta è complessivamente di 24 mensilità, ovvero di 32 per le locazioni con destinazione alberghiera, nei casi di cui al secondo comma dell'art. 34.

10. L'esecuzione del provvedimento di rilascio dell'immobile è condizionata all'avvenuta corresponsione dell'indennità di cui ai precedenti commi sesto, ottavo e nono.

11. Per i contratti di cui agli articoli 67 e 71 le disposizioni del presente articolo sono sostitutive di quelle degli articoli 34 e 40.

12. Le disposizioni del presente articolo si applicano anche ai contratti relativi ad immobili utilizzati per lo svolgimento di attività di cui all'art. 27, primo comma, che non comportano contatti diretti con il pubblico degli utenti e dei consumatori, di attività professionali e di attività di cui all'art. 42. In tali casi, il compenso spettante al conduttore ai sensi dei precedenti commi sesto, ottavo e nono, è limitato a dodici mensilità. Il compenso non è dovuto qualora il locatore intenda ottenere la disponibilità dell'immobile per i motivi di cui all'art. 29 (1).

(1) La Corte costituzionale, con sent. 5/10/1983, n. 300 ha dichiarato l'illegittimità costituzionale del combinato disposto del co. 7, nella versione precedente a quella attuale e l'art. 73 nella parte in cui – relativamente alle ipotesi di recesso del locatore dai contratti disciplinati dall'art. 67 stessa l. 27/7/1978, n. 392, motivate con la sopravvenuta necessità di adibire l'immobile ad abitazione propria o del coniuge o dei parenti in linea retta entro il secondo grado – prevede che l'indennità per l'avviamento commerciale dovuta al conduttore sia determinata sulla base del canone corrente di mercato per i locali aventi le stesse caratteristiche, anziché con riferimento all'ultimo canone corrisposto.

• Articolo sostituito dall'art. 1, co. 9-bis, d.l. 7/2/1985, n. 12, conv., con modif., dalla l. 5/4/1985, n. 118 e, successivamente, dall'art. 1, co. 1, d.l. 9/12/1986, n. 832 conv. in l. 6/2/1987, n. 15.

• La Corte costituzionale, con sent. 3/6/1992, n. 242, ha dichiarato l'illegittimità costituzionale del presente articolo, nella parte in cui non prevede che l'obbligo del locatore di corrispondere al conduttore la indennità per l'avviamento commerciale non ricorre quando causa di cessazione del rapporto è un provvedimento della pubblica amministrazione che esclude indefinitamente la utilizzazione economica dell'immobile.

70. Immobili destinati a particolari attività soggetti a proroga. – 1. Ai contratti di locazione di cui all'articolo 42 si applicano le disposizioni degli articoli 67 e 68.

71. Contratti in corso non soggetti a proroga. – 1. Le disposizioni degli articoli 27 e 42, primo comma, si applicano anche in contratti in corso al momento dell'entrata in vigore della presente legge e non soggetti a proroga legale, detraendosi, per la determinazione della durata prevista in detta disposizione, il periodo di locazione già trascorso dall'inizio della locazione o, in caso di intervenuto rinnovo contrattuale, dalla data di esso.

2. La durata non può comunque essere inferiore a due anni dalla data di entrata in vigore della presente legge.

3. Le disposizioni di cui ai commi precedenti si applicano anche ai contratti di cui sopra per i quali, alla data di entrata in vigore della presente legge, è in corso procedimento per convalida di licenza o di sfratto.

4. Il canone potrà essere aggiornato annualmente su richiesta del locatore dal giorno della scadenza contrattualmente prevista, in base al 75 per cento della variazione, accertata dall'ISTAT, dell'indice dei prezzi al consumo per le famiglie di operai ed impiegati verificatasi nell'anno precedente.

72. Mutamento della destinazione. – 1. I nuovi contratti di locazione di immobili il cui uso venga mutato da quello preesistente di abitazione non possono prevedere, per un periodo di quattro anni dalla data di entrata in vigore della presente legge, un canone superiore a quello di cui agli articoli 12 e 24, tranne che siano intervenute radicali trasformazioni dell'immobile stesso autorizzate ai sensi delle vigenti leggi.

73. Norme applicabili (1). – 1. Per i contratti previsti negli articoli 67, 70 e ferme restando le scadenze convenzionali, nell'articolo 71, il locatore può recedere in base ai motivi di cui all'articolo 29 e con il preavviso di cui all'articolo 59. Nei casi previsti dalle lettere a), e b) dell'ultimo periodo del secondo comma dell'articolo 29 tale facoltà è riconosciuta soltanto ove ricorra la necessità del locatore o del coniuge o dei parenti entro il secondo grado in linea retta, verificatasi dopo la costituzione del rapporto locatizio. Si applicano le disposizioni degli articoli 30 e 31 e degli articoli da 35 a 39, nonché quelli dell'articolo 69, settimo, ottavo e nono comma.

(1) Articolo modificato dall'art. 1-bis del d.l. 30/1/1979, n. 21, conv. in l. 31/3/1979, n. 93.

• La Corte costituzionale, con sent. 5/10/1983, n. 300, ha dichiarato l'illegittimità costituzionale del presente articolo, nella parte in cui, relativamente alle ipotesi di recesso del locatore dai contratti disciplinati dall'art. 67, motivate con la sopravvenuta necessità di adibire l'immobile ad abitazione propria o del coniuge o dei propri parenti in linea retta entro il secondo grado, prevede che l'indennità per l'avviamento commerciale dovuta al conduttore sia determinata sulla base del canone corrente di mercato per i locali aventi le stesse caratteristiche, anziché con riferimento all'ultimo canone corrisposto.

• La Corte costituzionale, con sent. 10/12/1987, n. 562, ha dichiarato l'illegittimità costituzionale del presente articolo, nella parte in cui non richiama espressamente l'obbligo di corrispondere l'indennità per la perdita dell'avviamento commerciale di cui all'art. 69, co. 7, 8 e 9, di questa legge nel testo originario.

Capo III
Disposizioni processuali

74. Rinvio. – 1. Le disposizioni degli articoli da 43 a 57 sono applicabili alle locazioni previste nei capi I e II del presente titolo.

TITOLO III
FONDO SOCIALE

75. Istituzione del fondo sociale*. – *Presso il Ministero del tesoro è istituito un fondo sociale per l'integrazione dei canoni di locazione per i conduttori meno abbienti. Tale fondo è costituito da un conto corrente infruttifero sul quale le regioni potranno prelevare le cifre messe a disposizione secondo le modalità di cui agli articoli seguenti. Il Ministro del bilancio riunisce annualmente la commissione interregionale di cui alla legge 16 maggio 1970, n. 281, e sottopone ad essa una proposta di ripartizione per regione della somma disponibile. Le proposte del Ministro e il parere della commissione sono rimesse al CIPE per le decisioni definitive.*

* Articolo abrogato dall'art. 14 della l. 9/12/1998, n. 431.

76. Ripartizione del fondo*. – *Le regioni, con provvedimento del consiglio regionale, decidono entro un mese dalla ripartizione dei fondi, le modalità di distribuzione tra i vari comuni tenendo conto delle esigenze esistenti in ciascuno di essi. Le somme così ripartite devono servire a concorrere al pagamento degli aumenti del canone di locazione per i conduttori meno abbienti. Di norma i comuni, nell'ambito degli stanziamenti assegnati, destineranno le somme secondo i seguenti criteri: a) il reddito annuo complessivo, riferito alla somma dei redditi imputati al conduttore ed alle altre persone con lui abitualmente conviventi, non sia superiore complessivamente all'importo di due pensioni minime INPS per la generalità dei lavoratori per nuclei familiari costituiti da uno o due componenti; b) al momento dell'entrata in vigore della presente legge, i conduttori siano intestatari del contratto di affitto dell'alloggio, che, per ubicazione, tipologia e superficie, deve essere strettamente necessario alle esigenze del conduttore e delle persone con lui abitualmente conviventi; c) i conduttori abbiano ricevuto, per effetto dell'entrata in vigore della presente legge, richiesta di aumento del canone di locazione attualmente corrisposto.*

* Articolo abrogato dall'art. 14 della l. 9/12/1998, n. 431.

*77. **Integrazione del canone***. – L'integrazione del canone di locazione consisterà nella corresponsione di un contributo annuo non superiore all'80% dell'aumento del canone di locazione conseguente all'applicazione dell'equo canone, secondo l'entità e le modalità definite dalla presente legge. Il contributo di cui al comma precedente non può in ogni caso essere superiore alla somma annua di L. 200.000. Ai conduttori che usufruiscono del contributo integrativo è fatto divieto di procedere alla sublocazione dell'immobile locato a pena di decadenza dal contributo medesimo.*

* Articolo abrogato dall'art. 14 della l. 9/12/1998, n. 431.

*78. **Copertura finanziaria***. – La spesa di L. 240 miliardi derivante dall'applicazione del presente titolo sarà iscritta nello stato di previsione della spesa del Ministero del tesoro in ragione di L. 15 miliardi nell'anno 1978, di L. 25 miliardi nell'anno 1979, di L. 35 miliardi nell'anno 1980, di L. 45 miliardi nell'anno 1981, di L. 55 miliardi nell'anno 1982 e di L. 65 miliardi nell'anno 1983. All'onere di L. 15 miliardi relativo all'anno finanziario 1978 si provvede con corrispondente riduzione del fondo speciale iscritto al capitolo 9001 dello stato di previsione della spesa del Ministero del tesoro per l'anno finanziario medesimo. Il Ministro del tesoro è autorizzato ad apportare, con propri decreti, le occorrenti variazioni di bilancio.*

* Articolo abrogato dall'art. 14 della l. 9/12/1998, n. 431.

TITOLO IV
DISPOSIZIONI FINALI

*79. **Patti contrari alla legge***. – 1. È nulla ogni pattuizione diretta a limitare la durata legale del contratto o ad attribuire al locatore un canone maggiore rispetto a quello previsto dagli articoli precedenti ovvero ad attribuirgli altro vantaggio in contrasto con le disposizioni della presente legge. 2. Il conduttore con azione proponibile fino a sei mesi dopo la riconsegna dell'immobile locato, può ripetere le somme sotto qualsiasi forma corrisposte in violazione dei divieti e dei limiti previsti dalla presente legge. 3. In deroga alle disposizioni del primo comma, nei contratti di locazione di immobili adibiti ad uso diverso da quello di abitazione, anche se adibiti ad attività alberghiera, per i quali sia pattuito un canone annuo superiore ad euro 250.000, e che non siano riferiti a locali qualificati di interesse storico a seguito di provvedimento regionale o comunale, è facoltà delle parti concordare contrattualmente termini e condizioni in deroga alle disposizioni della presente legge. I contratti di cui al periodo precedente devono essere provati per iscritto (1).*

* Articolo abrogato dall'art. 14, co. 4, l. 9/12/1998, n. 431, limitatamente alle locazioni abitative.

(1) Comma aggiunto dall'art. 18, co. 1, d.l. 12/9/2014, n. 133, conv., con modif., dalla l. 11/11/2014, n. 164. Per l'applicazione vedi il co. 2 del medesimo art. 18.

80. Uso diverso da quello pattuito. – 1. Se il conduttore adibisce l'immobile ad un uso diverso da quello pattuito, il locatore può chiedere la risoluzione del contratto entro tre mesi dal momento in cui ne ha avuto conoscenza e comunque entro un anno dal mutamento di destinazione (1).

2. Decorso tale termine senza che la risoluzione sia stata chiesta, al contratto si applica il regime giuridico corrispondente all'uso effettivo dell'immobile. Qualora la destinazione ad uso diverso da quello pattuito sia parziale, al contratto si applica il regime giuridico corrispondente all'uso prevalente.

(1) La Corte costituzionale, con sent. 18/2/1988, n. 185, ha dichiarato l'illegittimità costituzionale del presente comma, limitatamente alle parole "e comunque entro un anno dal mutamento di destinazione".

81. Pubblicazione dei dati ISTAT nella Gazzetta Ufficiale. – 1. Le variazioni dell'indice dei prezzi al consumo per le famiglie di operai e impiegati accertate dall'ISTAT sono pubblicate nella Gazzetta Ufficiale della Repubblica italiana.

82. Giudizi in corso. – 1. Ai giudizi in corso al momento dell'entrata in vigore della presente legge continuano ad applicarsi ad ogni effetto le leggi precedenti.

*83. **Relazione al Parlamento***. – Il Ministro di grazia e giustizia, di concerto col Ministro dei lavori pubblici, ogni anno, a decorrere da quello successivo all'entrata in vigore della presente legge, presenta al Parlamento, entro il 31 marzo, una relazione sulla applicazione del nuovo regime delle locazioni, che consenta di valutarne tutti gli effetti, ai fini di ogni necessaria e tempestiva modificazione della presente legge.*

* Articolo abrogato dall'art. 14 della l. 9/12/1998, n. 431.

84. Abrogazione. – 1. Sono abrogate tutte le disposizioni incompatibili con la presente legge.

85. Entrata in vigore. – 1. La presente legge entra in vigore il giorno successivo alla sua pubblicazione nella Gazzetta Ufficiale.

L. 9 dicembre 1998, n. 431

Disciplina delle locazioni e del rilascio degli immobili adibiti ad uso abitativo

Capo I
Locazione di immobili adibiti ad uso abitativo

1. Ambito di applicazione. – 1. I contratti di locazione di immobili adibiti ad uso abitativo, di seguito denominati "contratti di locazione", sono stipulati o rinnovati, successivamente alla data di entrata in vigore della presente legge, ai sensi dei commi 1 e 3 dell'articolo 2.

2. Le disposizioni di cui agli articoli 2, 3, 4, 4-bis, 7, 8 e 13 della presente legge non si applicano (1):

a) ai contratti di locazione relativi agli immobili vincolati ai sensi della legge 1° giugno 1939, n. 1089, o inclusi nelle categorie catastali A/1, A/8 e A/9, che sono sottoposti esclusivamente alla disciplina di cui agli articoli 1571 e seguenti del codice civile qualora non siano stipulati secondo le modalità di cui al comma 3 dell'articolo 2 della presente legge;

b) agli alloggi di edilizia residenziale pubblica, ai quali si applica la relativa normativa vigente, statale e regionale;

c) agli alloggi locati esclusivamente per finalità turistiche.

3. Le disposizioni di cui agli articoli 2, 3, 4, 4-bis, 7, 8 e 13 della presente legge non si applicano ai contratti di locazione stipulati dagli enti locali in qualità di conduttori per soddisfare esigenze abitative di carattere transitorio, ai quali si appli-

cano le disposizioni di cui agli articoli 1571 e seguenti del codice civile. A tali contratti non si applica l'articolo 56 della legge 27 luglio 1978, n. 392 (1).

4. A decorrere dalla data di entrata in vigore della presente legge, per la stipula di validi contratti di locazione è richiesta la forma scritta.

(1) Comma modificato dall'art. 2, l. 8/1/2002, n. 2.

2. Modalità di stipula e di rinnovo dei contratti di locazione. – 1. Le parti possono stipulare contratti di locazione di durata non inferiore a quattro anni, decorsi i quali i contratti sono rinnovati per un periodo di quattro anni, fatti salvi i casi in cui il locatore intenda adibire l'immobile agli usi o effettuare sullo stesso le opere di cui all'articolo 3, ovvero vendere l'immobile alle condizioni e con le modalità di cui al medesimo articolo 3. Alla seconda scadenza del contratto, ciascuna delle parti ha diritto di attivare la procedura per il rinnovo a nuove condizioni o per la rinuncia al rinnovo del contratto, comunicando la propria intenzione con lettera raccomandata da inviare all'altra parte almeno sei mesi prima della scadenza. La parte interpellata deve rispondere a mezzo lettera raccomandata entro sessanta giorni dalla data di ricezione della raccomandata di cui al secondo periodo. In mancanza di risposta o di accordo il contratto si intenderà scaduto alla data di cessazione della locazione. In mancanza della comunicazione di cui al secondo periodo il contratto è rinnovato tacitamente alle medesime condizioni (1).

2. Per i contratti stipulati o rinnovati ai sensi del comma 1, i contraenti possono avvalersi dell'assistenza delle organizzazioni della proprietà edilizia e dei conduttori.

3. In alternativa a quanto previsto dal comma 1, le parti possono stipulare contratti di locazione, definendo il valore del canone, la durata del contratto, anche in relazione a quanto previsto dall'articolo 5, comma 1, nel rispetto comunque di quanto previsto dal comma 5 del presente articolo, ed altre condizioni contrattuali sulla base di quanto stabilito in appositi accordi definiti in sede locale fra le organizzazioni della proprietà edilizia e le organizzazioni dei conduttori maggiormente rappresentative. Al fine di promuovere i predetti accordi, i comuni, anche in forma associata, provvedono a convocare le predette organizzazioni entro sessanta giorni dalla emanazione del decreto di cui al comma 2 dell'articolo 4. I medesimi accordi sono depositati, a cura delle organizzazioni firmatarie, presso ogni comune dell'area territoriale interessata (2).

4. Per favorire la realizzazione degli accordi di cui al comma 3, i comuni possono deliberare, nel rispetto dell'equilibrio di bilancio, aliquote dell'imposta comunale sugli immobili (ICI) più favorevoli per i proprietari che concedono in locazione a titolo di abitazione principale immobili alle condizioni definite dagli accordi stessi. I comuni che adottano tali delibere possono derogare al limite minimo stabilito, ai fini della determinazione delle aliquote, dalla normativa vigente al momento in cui le delibere stesse sono assunte. I comuni di cui all'articolo 1 del decreto-legge 30 dicembre 1988, n. 551, convertito, con modificazioni, dalla legge 21 febbraio 1989, n. 61, e successive modificazioni, per la stessa finalità di cui al primo periodo possono derogare al limite massimo stabilito dalla normativa vigente in misura non superiore al 2 per mille, limitatamente agli immobili non locati per i quali non risultino essere stati registrati contratti di locazione da almeno due anni (3).

5. I contratti di locazione stipulati ai sensi del comma 3 non possono avere durata inferiore ai tre anni, ad eccezione di quelli di cui all'articolo 5. Alla prima scadenza del contratto, ove le parti non concordino sul rinnovo del medesimo, il contratto è prorogato di diritto per due anni fatta salva la facoltà di disdetta da parte del locatore che intenda adibire l'immobile agli usi o effettuare sullo stesso le opere di cui all'articolo 3, ovvero vendere l'immobile alle condizioni e con le modalità di cui al medesimo articolo 3. Alla scadenza del periodo di proroga biennale ciascuna delle parti ha diritto di attivare la procedura per il rinnovo a nuove condizioni o per la rinuncia al rinnovo del contratto comunicando la propria intenzione con lettera raccomandata da inviare all'altra parte almeno sei mesi prima della scadenza. In mancanza della comunicazione il contratto è rinnovato tacitamente alle medesime condizioni (4).

6. I contratti di locazione stipulati prima della data di entrata in vigore della presente legge che si rinnovino tacitamente sono disciplinati dal comma 1 del presente articolo.

(1) Vedi l'art. 2 del d.m. 30/12/2002.

(2) Il d.l. 28/3/2014, n. 47, conv., con modif., dalla l. 23/5/2014, n. 80, nel modificare l'art. 3, co. 2, d.lg. 14/3/2011, n. 23, ha conseguentemente disposto (con l'art. 9, co. 1) che «Per il quadriennio 2014-2017, l'aliquota prevista all'articolo 3, comma 2, quarto periodo, del decreto legislativo 14 marzo 2011, n. 23, come modificato dall'articolo 4 del decreto-legge 31 agosto 2013, n. 102 convertito, con modificazioni, dalla legge 28 ottobre 2013, n. 124, è ridotta al 10 per cento».

(3) A norma dell'art. 2, co. 288, l. 24/12/2007, n. 244 il presente comma deve essere interpretato nel senso che le aliquote possono arrivare fino all'esenzione dall'imposta.

(4) A norma dell'art. 19-bis, co. 1, d.l. 30/4/2019, n. 34, conv., con modif., dalla l. 28/6/2019, n. 58, le disposizioni di cui al quarto periodo del presente comma, si interpreta nel senso che, in mancanza della comunicazione ivi prevista, il contratto è rinnovato tacitamente, a ciascuna scadenza, per un ulteriore biennio.

3. Disdetta del contratto da parte del locatore. – 1. Alla prima scadenza dei contratti stipulati ai sensi del comma 1 dell'articolo 2 e alla prima scadenza dei contratti stipulati ai sensi del comma 3 del medesimo articolo, il locatore può avvalersi della facoltà di diniego del rinnovo del contratto, dandone comunicazione al conduttore con preavviso di almeno sei mesi, per i seguenti motivi:

a) quando il locatore intenda destinare l'immobile ad uso abitativo, commerciale, artigianale o professionale proprio, del coniuge, dei genitori, dei figli o dei parenti entro il secondo grado;

b) quando il locatore, persona giuridica, società o ente pubblico o comunque con finalità pubbliche, sociali, mutualistiche, cooperative, assistenziali, culturali o di culto intenda destinare l'immobile all'esercizio delle attività dirette a perseguire le predette finalità ed offra al conduttore altro immobile idoneo e di cui il locatore abbia la piena disponibilità;

c) quando il conduttore abbia la piena disponibilità di un alloggio libero ed idoneo nello stesso comune;

d) quando l'immobile sia compreso in un edificio gravemente danneggiato che debba essere ricostruito o del quale debba essere assicurata la stabilità e la permanenza del conduttore sia di ostacolo al compimento di indispensabili lavori;

e) quando l'immobile si trovi in uno stabile del quale è prevista l'integrale ristrutturazione, ovvero si intenda operare la demolizione o la radicale trasformazione per realizzare nuove costruzioni, ovvero, trattandosi di immobile sito all'ultimo piano, il proprietario intenda eseguire sopraelevazioni a norma di legge e per eseguirle sia indispensabile per ragioni tecniche lo sgombero dell'immobile stesso;

f) quando, senza che si sia verificata alcuna legittima successione nel contratto, il conduttore non occupi continuativamente l'immobile senza giustificato motivo;

g) quando il locatore intenda vendere l'immobile a terzi e non abbia la proprietà di altri immobili ad uso abitativo oltre a quello eventualmente adibito a propria abitazione. In tal caso al conduttore è riconosciuto il diritto di prelazione, da esercitare con le modalità di cui agli articoli 38 e 39 della legge 27 luglio 1978, n. 392.

2. Nei casi di disdetta del contratto da parte del locatore per

i motivi di cui al comma 1, lettere d) ed e), il possesso, per l'esecuzione dei lavori ivi indicati, della concessione o dell'autorizzazione edilizia è condizione di procedibilità dell'azione di rilascio. I termini di validità della concessione o dell'autorizzazione decorrono dall'effettiva disponibilità a seguito del rilascio dell'immobile. Il conduttore ha diritto di prelazione, da esercitare con le modalità di cui all'articolo 40 della legge 27 luglio 1978, n. 392, se il proprietario, terminati i lavori, concede nuovamente in locazione l'immobile. Nella comunicazione del locatore deve essere specificato, a pena di nullità, il motivo, fra quelli tassativamente indicati al comma 1, sul quale la disdetta è fondata.

3. Qualora il locatore abbia riacquistato la disponibilità dell'alloggio a seguito di illegittimo esercizio della facoltà di disdetta ai sensi del presente articolo, il locatore stesso è tenuto a corrispondere un risarcimento al conduttore da determinare in misura non inferiore a trentasei mensilità dell'ultimo canone di locazione percepito.

4. Per la procedura di diniego di rinnovo si applica l'articolo 30 della legge 27 luglio 1978, n. 392, e successive modificazioni.

5. Nel caso in cui il locatore abbia riacquistato, anche con procedura giudiziaria, la disponibilità dell'alloggio e non lo adibisca, nel termine di dodici mesi dalla data in cui ha riacquistato la disponibilità, agli usi per i quali ha esercitato facoltà di disdetta ai sensi del presente articolo, il conduttore ha diritto al ripristino del rapporto di locazione alle medesime condizioni di cui al contratto disdettato o, in alternativa, al risarcimento di cui al comma 3.

6. Il conduttore, qualora ricorrano gravi motivi, può recedere in qualsiasi momento dal contratto, dando comunicazione al locatore con preavviso di sei mesi.

Capo II
Contratti di locazione stipulati in base ad accordi definiti in sede locale

4. Convenzione nazionale. – 1. Al fine di favorire la realizzazione degli accordi di cui al comma 3 dell'articolo 2, il Ministro dei lavori pubblici convoca le organizzazioni della proprietà edilizia e dei conduttori maggiormente rappresentative a livello nazionale entro sessanta giorni dalla data di entrata in vigore della presente legge e, successivamente, ogni tre anni a decorrere dalla medesima data, al fine di promuovere una convenzione, di seguito denominata "convenzione nazionale", che individui i criteri generali per la definizione dei canoni, anche in relazione alla durata dei contratti, alla rendita catastale dell'immobile e ad altri parametri oggettivi, nonché delle modalità per garantire particolari esigenze delle parti. In caso di mancanza di accordo delle parti, i predetti criteri generali sono stabiliti dal Ministro dei lavori pubblici, di concerto con il Ministro delle finanze, con il decreto di cui al comma 2 del presente articolo, sulla base degli orientamenti prevalenti espressi dalle predette organizzazioni. I criteri generali definiti ai sensi del presente comma costituiscono la base per la realizzazione degli accordi locali di cui al comma 3 dell'articolo 2 e il loro rispetto, unitamente all'utilizzazione dei tipi di contratto di cui all'articolo 4-bis, costituisce condizione per l'applicazione dei benefici di cui all'articolo 8 (1).

2. I criteri generali di cui al comma 1 sono indicati in apposito decreto del Ministro dei lavori pubblici, di concerto con il Ministro delle finanze, da emanare entro trenta giorni dalla conclusione della convenzione nazionale ovvero dalla constatazione, da parte del Ministro dei lavori pubblici, della mancanza di accordo delle parti, trascorsi novanta giorni dalla loro convocazione. Con il medesimo decreto sono stabilite le modalità di applicazione dei benefici di cui all'articolo 8 per i contratti di locazione stipulati ai sensi del comma 3 dell'articolo 2 in conformità ai criteri generali di cui al comma 1 del presente articolo.

3. Entro quattro mesi dalla data di emanazione del decreto di cui al comma 2, il Ministro dei lavori pubblici, di concerto con il Ministro delle finanze, fissa con apposito decreto le condizioni alle quali possono essere stipulati i contratti di cui al comma 3 dell'articolo 2 nonché dell'articolo 5, nel caso in cui non vengano convocate da parte dei comuni le organizzazioni della proprietà edilizia e dei conduttori ovvero non siano definiti gli accordi di cui al medesimo comma 3 dell'articolo 2 (2).

4. Fermo restando quanto stabilito dall'articolo 60, comma 1, lettera e), del decreto legislativo 31 marzo 1998, n. 112, con apposito atto di indirizzo e coordinamento, da adottare con decreto del Presidente della Repubblica, previa deliberazione del Consiglio dei ministri, ai sensi dell'articolo 8 della legge 15 marzo 1997, n. 59, sono definiti, in sostituzione di quelli facenti riferimento alla legge 27 luglio 1978, n. 392, e successive modificazioni, criteri in materia di determinazione da parte delle regioni dei canoni di locazione per gli alloggi di edilizia residenziale pubblica. Gli attuali criteri di determinazione dei canoni restano validi fino all'adeguamento da parte delle regioni ai criteri stabiliti ai sensi del presente comma.

(1) Comma modificato dall'art. 2 della l. 8/1/2002, n. 2.

(2) Vedi l'art. 7 del d.m. 30/12/2002.

• Comma modificato dall'art. 7 del d.l. 13/9/2004, n. 240.

4 bis. Tipi di contratto (1). – 1. La convenzione nazionale di cui all'articolo 4, comma 1, approva i tipi di contratto per la stipula dei contratti agevolati di cui all'articolo 2, comma 3, nonché dei contratti di locazione di natura transitoria di cui all'articolo 5, comma 1, e dei contratti di locazione per studenti universitari di cui all'articolo 5, commi 2 e 3.

2. I tipi di contratto possono indicare scelte alternative, da definire negli accordi locali, in relazione a specifici aspetti contrattuali, con particolare riferimento ai criteri per la misurazione delle superfici degli immobili.

3. In caso di mancanza di accordo delle parti, i tipi di contratto sono definiti con il decreto di cui all'articolo 4, comma 2.

(1) Articolo inserito dall'art. 1 della l. 8/1/2002, n. 2.

5. Contratti di locazione di natura transitoria. – 1. Il decreto di cui al comma 2 dell'articolo 4 definisce le condizioni e le modalità per la stipula di contratti di locazione di natura transitoria anche di durata inferiore ai limiti previsti dalla presente legge per soddisfare particolari esigenze delle parti (1).

2. In alternativa a quanto previsto dal comma 1, possono essere stipulati contratti di locazione per soddisfare le esigenze abitative di studenti universitari sulla base dei tipi di contratto di cui all'articolo 4-bis (2).

3. È facoltà dei comuni sede di università o di corsi universitari distaccati, eventualmente d'intesa con comuni limitrofi, promuovere specifici accordi locali per la definizione, sulla base dei criteri stabiliti ai sensi del comma 2 dell'articolo 4, dei canoni di locazione di immobili ad uso abitativo per studenti universitari. Agli accordi partecipano, oltre alle organizzazioni di cui al comma 3 dell'articolo 2, le aziende per il diritto allo studio e le associazioni degli studenti, nonché cooperative ed enti non lucrativi operanti nel settore (1).

(1) Per la durata di tali contratti vedi l'art. 2 del d.m. 30/12/2002.

(2) Comma modificato dall'art. 2 della l. 8/1/2002, n. 2.

Capo III
Esecuzione dei provvedimenti di rilascio degli immobili adibiti ad uso abitativo

6. Rilascio degli immobili. – 1. Nei comuni indicati all'articolo 1 del decreto-legge 30 dicembre 1988, n. 551, convertito, con modificazioni, dalla legge 21 febbraio 1989, n. 61, e successive modificazioni, le esecuzioni dei provvedimenti di rilascio di immobili adibiti ad uso abitativo per finita locazione sono sospese per un periodo di centottanta giorni a decorrere dalla data di entrata in vigore della presente legge.

2. Il locatore ed il conduttore di immobili adibiti ad uso abitativo, per i quali penda provvedimento esecutivo di rilascio per finita locazione, avviano entro il termine di sospensione di cui al comma 1, a mezzo di lettera raccomandata con avviso di ricevimento, anche tramite le rispettive organizzazioni sindacali, trattative per la stipula di un nuovo contratto di locazione in base alle procedure definite all'articolo 2 della presente legge.

3. Trascorso il termine di cui al comma 1 ed in mancanza di accordo fra le parti per il rinnovo della locazione, i conduttori interessati possono chiedere, entro e non oltre i trenta giorni dalla scadenza del termine fissato dal comma 1, con istanza rivolta al pretore competente ai sensi dell'articolo 26, primo comma, del codice di procedura civile, che sia nuovamente fissato il giorno dell'esecuzione. Si applicano i commi dal secondo al settimo dell'articolo 11 del decreto-legge 23 gennaio 1982, n. 9, convertito, con modificazioni, dalla legge 25 marzo 1982, n. 94. Avverso il decreto del pretore è ammessa opposizione al tribunale che giudica con le modalità di cui all'articolo 618 del codice di procedura civile. Il decreto con cui il pretore fissa nuovamente la data dell'esecuzione vale anche come autorizzazione all'ufficiale giudiziario a servirsi dell'assistenza della forza pubblica.

4. Per i provvedimenti esecutivi di rilascio per finita locazione emessi dopo la data di entrata in vigore della presente legge, il conduttore può chiedere una sola volta, con istanza rivolta al pretore competente ai sensi dell'articolo 26, primo comma, del codice di procedura civile, che sia nuovamente fissato il giorno dell'esecuzione entro un termine di sei mesi salvi i casi di cui al comma 5. Si applicano i commi dal secondo al settimo dell'articolo 11 del citato decreto-legge n. 9 del 1982, convertito, con modificazioni, dalla legge n. 94 del 1982. Avverso il decreto del pretore il locatore ed il conduttore possono proporre opposizione per qualsiasi motivo al tribunale che giudica con le modalità di cui all'articolo 618 del codice di procedura civile.

5. Il differimento del termine delle esecuzioni di cui ai commi 3 e 4 può essere fissato fino a diciotto mesi nei casi in cui il conduttore abbia compiuto i 65 anni di età, abbia cinque o più figli a carico, sia iscritto nelle liste di mobilità, percepisca un trattamento di disoccupazione o di integrazione salariale, sia formalmente assegnatario di alloggio di edilizia residenziale pubblica ovvero di ente previdenziale o assicurativo, sia prenotatario di alloggio cooperativo in corso di costruzione, sia acquirente di un alloggio in costruzione, sia proprietario di alloggio per il quale abbia iniziato azione di rilascio. Il medesimo differimento del termine delle esecuzioni può essere fissato nei casi in cui il conduttore o uno dei componenti il nucleo familiare, convivente con il conduttore da almeno sei mesi, sia portatore di handicap o malato terminale (1).

6. Durante i periodi di sospensione delle esecuzioni di cui al comma 1 del presente articolo e al comma quarto dell'articolo 11 del citato decreto-legge n. 9 del 1982, convertito, con modificazioni, dalla legge n. 94 del 1982, nonché per i periodi di cui all'articolo 3 del citato decreto-legge n. 551 del 1988 e prorogati, e comunque fino all'effettivo rilascio, i conduttori sono tenuti a corrispondere, ai sensi dell'articolo 1591 del codice civile, una somma mensile pari all'ammontare del canone dovuto alla cessazione del contratto, al quale si applicano automaticamente ogni anno aggiornamenti in misura pari al settantacinque per cento della variazione, accertata dall'Istituto nazionale di statistica (ISTAT), dell'indice dei prezzi al consumo per le famiglie di operai e impiegati verificatasi nell'anno precedente; l'importo così determinato è maggiorato del venti per cento. La corresponsione di tale maggiorazione esime il conduttore dall'obbligo di risarcire il maggior danno ai sensi dell'articolo 1591 del codice civile. Durante i predetti periodi di sospensione sono dovuti gli oneri accessori di cui all'articolo 9 della legge 27 luglio 1978, n. 392, e successive modificazioni. In caso di inadempimento, il conduttore decade dal beneficio, comunque concesso, della sospensione dell'esecuzione del provvedimento di rilascio, fatto salvo quanto previsto dall'articolo 55 della citata legge n. 392 del 1978 (2).

7. Fatto salvo quanto previsto dai commi 2-bis e 2-ter dell'articolo 1 del citato decreto-legge n. 551 del 1988, convertito, con modificazioni, dalla legge n. 61 del 1989, nonché quanto previsto dai commi primo, secondo e terzo dell'articolo 17 del citato decreto-legge n. 9 del 1982, convertito, con modificazioni, dalla legge n. 94 del 1982, è data priorità ai destinatari di provvedimenti di rilascio con data di esecuzione fissata entro il termine di tre mesi.

(1) Il termine dilatorio di cui al presente comma, non può essere inferiore a nove mesi, mentre l'esecuzione dei provvedimenti di rilascio già emessi è differita di nove mesi a partire dal 1/1/2000 (art. 1 del d.l. 25/2/2000, n. 32, conv. in l. 20/4/2000, n. 97).

(2) La Corte costituzionale, con sent. 9/11/2000, n. 482, ha dichiarato l'illegittimità costituzionale del presente comma, nella parte in cui esime il conduttore dall'obbligo di risarcire il maggior danno, ai sensi dell'art. 1591 CC., anche nel periodo successivo alla scadenza del termine di sospensione della esecuzione stabilito ope legis o di quello giudizialmente fissato per il rilascio dell'immobile.

7. Condizione per la messa in esecuzione del provvedimento di rilascio dell'immobile. – 1. Condizione per la messa in esecuzione del provvedimento di rilascio dell'immobile locato è la dimostrazione che il contratto di locazione è stato registrato, che l'immobile è stato denunciato ai fini dell'applicazione dell'ICI e che il reddito derivante dall'immobile medesimo è stato dichiarato ai fini dell'applicazione delle imposte sui redditi. Ai fini della predetta dimostrazione, nel precetto di cui all'articolo 480 del codice di procedura civile devono essere indicati gli estremi di registrazione del contratto di locazione, gli estremi dell'ultima denuncia dell'unità immobiliare alla quale il contratto si riferisce ai fini dell'applicazione dell'ICI, gli estremi dell'ultima dichiarazione dei redditi nella quale il reddito derivante dal contratto è stato dichiarato nonché gli estremi delle ricevute di versamento dell'ICI relative all'anno precedente a quello di competenza (1).

(1) Per un'interpretazione autentica del primo periodo del presente comma, vedi art. 1 del d.l. 25/2/2000, n. 32, conv. in l. 20/4/2000, n. 97.

• La Corte costituzionale, con sent. 5/10/2001, n. 333 ha dichiarato l'illegittimità costituzionale del presente articolo.

Capo IV
Misure di sostegno al mercato delle locazioni

8. Agevolazioni fiscali. – 1. Nei comuni di cui all'articolo 1 del decreto-legge 30 dicembre 1988, n. 551, convertito, con modificazioni, dalla legge 21 febbraio 1989, n. 61, e successive modificazioni, il reddito imponibile derivante al proprietario dai contratti stipulati o rinnovati ai sensi del comma 3 dell'articolo 2 a seguito di accordo definito in sede locale e nel rispetto dei criteri indicati dal decreto di cui al comma 2 dell'articolo 4, ovvero nel rispetto delle condizioni fissate dal decreto di cui al comma 3 del medesimo articolo 4, determinato ai sensi dell'articolo 34 del testo unico delle imposte sui redditi, approvato con decreto del Presidente della Repubblica 22 dicembre 1986, n. 917, e successive modificazioni, è ulteriormente ridotto del 30 per cento. Per i suddetti contratti il corrispettivo annuo ai fini della determinazione della base imponibile per l'applicazione dell'imposta proporzionale di registro è assunto nella misura minima del 70 per cento.

*2. Il locatore, per usufruire dei benefici di cui al comma 1, deve indicare nella dichiarazione dei redditi gli estremi di registrazione del contratto di locazione nonché quelli della denuncia dell'immobile ai fini dell'applicazione dell'ICI**.

3. Le agevolazioni di cui al presente articolo non si applicano ai contratti di locazione volti a soddisfare esigenze abitative di natura transitoria, fatta eccezione per i contratti di cui al comma 2 dell'articolo 5 e per i contratti di cui al comma 3 dell'articolo 1.

4. Il Comitato interministeriale per la programmazione economica (CIPE), su proposta del Ministro dei lavori pubblici, di intesa con i Ministri dell'interno e della giustizia, provvede, ogni ventiquattro mesi, all'aggiornamento dell'elenco dei comuni di cui al comma 1, anche articolando ed ampliando i criteri previsti dall'articolo 1 del decreto-legge 29 ottobre 1986, n. 708, convertito, con modificazioni, dalla legge 23 dicembre 1986, n. 899. La proposta del Ministro dei lavori pubblici è formulata avuto riguardo alle risultanze dell'attività dell'Osservatorio della condizione abitativa di cui all'articolo 12. Qualora le determinazioni del CIPE comportino un aumento del numero dei beneficiari dell'agevolazione fiscale prevista dal comma 1, è corrispondentemente aumentata, con decreto del Ministro delle finanze, di concerto con il Ministro del tesoro, del bilancio e della programmazione economica, la percentuale di determinazione della base imponibile prevista dal medesimo comma. Tale aumento non si applica ai contratti stipulati prima della data di entrata in vigore del predetto decreto del Ministro delle finanze (1).

5. Al comma 1 dell'art. 23 del testo unico delle imposte sui redditi, approvato con decreto del Presidente della Repubblica 22 dicembre 1986, n. 917, sono aggiunti, in fine, i seguenti periodi: "I redditi derivanti da contratti di locazione di immobili ad uso abitativo, se non percepiti, non concorrono a formare il reddito dal momento della conclusione del procedimento giurisdizionale di convalida di sfratto per morosità del conduttore. Per le imposte versate sui canoni venuti a scadenza e non percepiti come da accertamento avvenuto nell'ambito del procedimento giurisdizionale di convalida di sfratto per morosità è riconosciuto un credito di imposta di pari ammontare".

6. Per l'attuazione dei commi da 1 a 4 è autorizzata la spesa di lire 4 miliardi per l'anno 1999, di lire 157,5 miliardi per l'anno 2000, di lire 247,5 miliardi per l'anno 2001, di lire 337,5 miliardi per l'anno 2002, di lire 427,5 miliardi per l'anno 2003 e di lire 360 miliardi a decorrere dall'anno 2004.

7. Per l'attuazione del comma 5 è autorizzata la spesa di lire 94 miliardi per l'anno 2000 e di lire 60 miliardi a decorrere dall'anno 2001.

* Il d.l. 30/12/2016, n. 244 (in G.U. 30/12/2016, n. 304), conv., con modif., dalla l. 27/2/2017, n. 19 (in S.O. n. 14, relativo alla G.U. 28/02/2017, n. 49), ha disposto con l'art. 13, co. 4-octies l'abrogazione del presente comma.

(1) Vedi l'art. 5 del d.m. 30/12/2002.

9. Disposizioni per i fondi per la previdenza complementare**. – *1. I fondi per la previdenza complementare regolamentati dal decreto legislativo 21 aprile 1993, n. 124, che detengono direttamente beni immobili possono optare per la libera determinazione dei canoni di locazione oppure per l'applicazione dei contratti previsti dall'art. 2, comma 3, della presente legge. Nel primo caso, tuttavia, i redditi derivanti dalle locazioni dei suddetti immobili sono soggetti all'IRPEG.*

* Articolo abrogato dall'art. 7 del d.lg. 18/2/2000, n. 47.

10. Ulteriori agevolazioni fiscali. – 1. Con provvedimento collegato alla manovra finanziaria per il triennio 2000-2002 è istituito, a decorrere dall'anno 2001, un fondo per la copertura delle minori entrate derivanti dalla concessione, secondo modalità determinate dal medesimo provvedimento collegato, di una detrazione ai fini dell'imposta sul reddito delle persone fisiche in favore dei conduttori, appartenenti a determinate categorie di reddito, di alloggi locati a titolo di abitazione principale, da stabilire anche nell'ambito di una generale revisione dell'imposizione sugli immobili. Per gli esercizi successivi al triennio 2000-2002, alla dotazione del fondo si provvede con stanziamento determinato dalla legge finanziaria, ai sensi dell'articolo 11, comma 3, lettera d), della legge 5 agosto 1978, n. 468, e successive modificazioni.

2. Le detrazioni di cui al comma 1 non sono cumulabili con i contributi previsti dal comma 3 dell'articolo 11 (1).

(1) Vedi l'art. 5 del d.m. 30/12/2002.

11. Fondo nazionale. – 1. Presso il Ministero dei lavori pubblici è istituito il Fondo nazionale per il sostegno all'accesso alle abitazioni in locazione, la cui dotazione annua è determinata dalla legge finanziaria, ai sensi dell'articolo 11, comma 3, lettera d), della legge 5 agosto 1978, n. 468, e successive modificazioni (1).

2. Per ottenere i contributi di cui al comma 3 i conduttori devono dichiarare sotto la propria responsabilità che il contratto di locazione è stato registrato.

3. Le somme assegnate al Fondo di cui al comma 1 sono utilizzate per la concessione, ai conduttori aventi i requisiti minimi individuati con le modalità di cui al comma 4, di contributi integrativi per il pagamento dei canoni di locazione dovuti ai proprietari degli immobili, di proprietà sia pubblica sia privata, e, tenendo conto anche delle disponibilità del Fondo, per sostenere le iniziative intraprese dai Comuni e dalle regioni anche attraverso la costituzione di agenzie o istituti per la locazione o fondi di garanzia o attraverso attività di promozione in convenzione con imprese di costruzione ed altri soggetti imprenditoriali, cooperative edilizie per la locazione, tese a favorire la mobilità nel settore della locazione, attraverso il reperimento di alloggi da concedere in locazione a canoni concordati, ovvero attraverso la rinegoziazione delle locazioni esistenti per consentire alle parti, con il supporto delle organizzazioni di rappresentanza dei proprietari e degli inquilini, la stipula di un nuovo contratto a canone inferiore. Le procedure previste per gli sfratti per morosità si applicano alle locazioni di cui al presente comma, anche se per finita locazione. I comuni possono, con delibera della propria giunta, prevedere che i contributi integrativi destinati ai conduttori vengano, in caso di morosità, erogati al locatore interessato a sanatoria della morosità medesima, anche tramite l'associazione della proprietà edilizia dallo stesso locatore per iscritto designata, che attesta l'avvenuta sanatoria con dichiarazione sottoscritta anche dal locatore (2).

4. Il Ministro dei lavori pubblici, entro novanta giorni dalla data di entrata in vigore della presente legge, previa intesa in sede di Conferenza permanente per i rapporti fra lo Stato, le regioni e le province autonome di Trento e di Bolzano, definisce, con proprio decreto, i requisiti minimi necessari per beneficiare dei contributi integrativi di cui al comma 3 e i criteri per la determinazione dell'entità dei contributi stessi in relazione al reddito familiare e all'incidenza sul reddito medesimo del canone di locazione.

5. Le risorse assegnate al Fondo di cui al comma 1 sono ripartite, entro il 31 marzo di ogni anno, tra le regioni e le province autonome di Trento e di Bolzano. A decorrere dall'anno 2005 la ripartizione è effettuata dal Ministro delle infrastrutture e dei trasporti, previa intesa con la Conferenza permanente per i rapporti tra lo Stato, le regioni e le province

autonome di Trento e di Bolzano, sulla base dei criteri fissati con apposito decreto del Ministro delle infrastrutture e dei trasporti, previa medesima intesa ed in rapporto alla quota di risorse messe a disposizione dalle singole regioni e province autonome, ai sensi del comma 6 (3).

6. Le regioni e le province autonome di Trento e di Bolzano possono concorrere al finanziamento degli interventi di cui al comma 3 con proprie risorse iscritte nei rispettivi bilanci e definire, sentiti i comuni, la finalità di utilizzo del Fondo ottimizzandone l'efficienza, anche in forma coordinata con il Fondo per gli inquilini morosi incolpevoli istituito dall'articolo 6, comma 5, del decreto-legge 31 agosto 2013, n. 102, convertito con modificazioni dalla legge 28 ottobre 2013, n. 124 (4).

7. Le regioni e le province autonome di Trento e di Bolzano provvedono alla ripartizione fra i comuni delle risorse di cui al comma 6 nonché di quelle destinate al Fondo ad esse attribuite ai sensi del comma 5; le risorse destinate dalle regioni e dalle province autonome di Trento e di Bolzano alla costituzione di agenzie o istituti per la locazione o fondi di garanzia o alle attività di promozione in convenzione con imprese di costruzione ed altri soggetti imprenditoriali, cooperative edilizie per la locazione sono assegnate dalle stesse ai comuni sulla base di parametri che premino sia il numero di abbinamenti tra alloggi a canone concordato e nuclei familiari provenienti da alloggi di edilizia residenziale pubblica sovvenzionata o sottoposti a procedure di sfratto esecutivo, sia il numero di contratti di locazione a canone concordato complessivamente intermediati nel biennio precedente (5).

8. I comuni definiscono l'entità e le modalità di erogazione dei contributi di cui al comma 3, individuando con appositi bandi pubblici i requisiti dei conduttori che possono beneficiarne, nel rispetto dei criteri e dei requisiti minimi di cui al comma 4. I bandi per la concessione dei contributi integrativi devono essere emessi entro il 30 settembre di ogni anno con riferimento alle risorse assegnate, per l'anno di emissione del bando, dalla legge finanziaria (6).

9. Per gli anni 1999, 2000 e 2001, ai fini della concessione dei contributi integrativi di cui al comma 3, è assegnata al Fondo una quota, pari a lire 600 miliardi per ciascuno degli anni 1999, 2000 e 2001, delle risorse di cui alla legge 14 febbraio 1963, n. 60, relative alle annualità 1996, 1997 e 1998. Tali disponibilità sono versate all'entrata del bilancio dello Stato per essere riassegnate, con decreti del Ministro del tesoro, del bilancio e della programmazione economica, ad apposita unità previsionale di base dello stato di previsione del Ministero dei lavori pubblici. Le predette risorse, accantonate dalla deliberazione del CIPE del 6 maggio 1998, non sono trasferite ai sensi dell'articolo 61 del decreto legislativo 31 marzo 1998, n. 112, e restano nella disponibilità della Sezione autonoma della Cassa depositi e prestiti per il predetto versamento.

10. Il Ministero dei lavori pubblici provvederà, a valere sulle risorse del Fondo di cui al comma 1, ad effettuare il versamento all'entrata del bilancio dello Stato nell'anno 2003 delle somme occorrenti per la copertura delle ulteriori minori entrate derivanti, in tale esercizio, dall'applicazione dell'articolo 8, commi da 1 a 4, pari a lire 67,5 miliardi, intendendosi ridotta per un importo corrispondente l'autorizzazione di spesa per l'anno medesimo determinata ai sensi del comma 1 del presente articolo.

11. Le disponibilità del Fondo sociale, istituito ai sensi dell'articolo 75 della legge 27 luglio 1978, n. 392, sono versate all'entrata del bilancio dello Stato per essere riassegnate con decreto del Ministro del tesoro, del bilancio e della programmazione economica al Fondo di cui al comma 1 (7).

(1) Per l'incremento, relativo all'anno 2004, della dotazione del fondo di cui al presente comma vedi l'art. 1-bis del d.l. 12/7/2004, n. 168. Per l'incremento, relativo all'anno 2009, vedi l'art. 2 del d.l. 29/11/2008, n. 185.

(2) Comma così modificato dall'art. 7 del d.l. 13/9/2004, n. 240 e successivamente dall'art. 2, co. 1, lett. a), d.l. 28/3/2014, n. 47, conv., con modif., dalla l. 23/5/2014, n. 80.

• Per i requisiti minimi dei conduttori per beneficiare dei contributi integrativi a valere sulle risorse assegnate al Fondo nazionale di sostegno per l'accesso alle abitazioni in locazione di cui al presente comma, vedi il d.m. 7/6/1999. A norma dell'art. 2, co. 1-bis, d.l. 28/3/2014, n. 47, conv., con modif., dalla l. 23/5/2014, n. 80, l'applicazione da parte dei comuni, al fine di contrastare l'emergenza abitativa, delle disposizioni di cui al presente comma costituisce titolo di preferenza nell'assegnazione di contributi pubblici per qualsiasi tipo di edilizia economica e popolare.

(3) Comma sostituito dall'art. 1 della l. 8/2/2001, n. 21 e successivamente dall'art. 7 del d.l. 13/9/2004, n. 240. Per i criteri di ripartizione delle risorse di cui al presente comma vedi il d.m. 14/9/2005. Per il riparto delle risorse del Fondo nazionale per il sostegno all'accesso alle abitazioni in locazione vedi: per l'anno 2002, il d.m. 4/12/2002, per l'anno 2003, il d.m. 5/12/2003, per l'anno 2004, il d.m. 18/11/2004, per l'anno 2005, il d.m. 28/11/2005, per l'anno 2006, il d.m. 10/11/2006 e per l'anno 2007, il d.m. 3/9/2007.

(4) Comma modificato dall'art. 2, co. 1, lett. b), d.l. 28/3/2014, n. 47, conv., con modif., dalla l. 23/5/2014, n. 80.

(5) Comma modificato dall'art. 1 della l. 8/2/2001, n. 21 e successivamente sostituito dall'art. 2, co. 1, lett. c), d.l. 28/3/2014, n. 47, conv., con modif., dalla l. 23/5/2014, n. 80.

(6) Comma modificato dall'art. 1, co. 1-bis, d.l. 20/10/2008, n. 158.

(7) Vedi art. 1, co. 4, d.l. 25/2/2000, n. 32, conv. in l. 20/4/2000, n. 97.

• A norma dell'art. 6, co. 4, d.l. 31/8/2013, n. 102, conv., con modif., dalla l. 28/10/2013, n. 124, al Fondo nazionale per il sostegno all'accesso alle abitazioni in locazione è assegnata una dotazione di 50 milioni di euro per ciascuno degli anni 2014 e 2015. Per il riparto disponibilità anno 2015 del Fondo nazionale di sostegno per l'accesso alle abitazioni in locazione, vedi il d.m. 29/1/2015. A norma dell'art. 29, co. 1, d.l. 19/5/2020, n. 34, conv., con modif., dalla l. 17/7/2020, n. 77, al fine di mitigare gli effetti economici derivanti dalla diffusione del contagio da COVID-19, il Fondo nazionale per il sostegno all'accesso alle abitazioni in locazione di cui al presente articolo, è incrementato di ulteriori 160 milioni di euro per l'anno 2020.

Capo V
Disposizioni finali

12. Osservatorio della condizione abitativa. – 1. L'Osservatorio della condizione abitativa, istituito dall'articolo 59 del decreto legislativo 31 marzo 1998, n. 112, è costituito presso il Ministero dei lavori pubblici ed effettua la raccolta dei dati nonché il monitoraggio permanente della situazione abitativa. Il Ministro dei lavori pubblici, con proprio decreto da emanare entro sessanta giorni dalla data di entrata in vigore della presente legge, definisce l'organizzazione e le funzioni dell'Osservatorio, anche ai fini del collegamento con gli osservatori istituiti dalle regioni con propri provvedimenti (1).

(1) Vedi il Comunicato 24/5/2005.

13. Patti contrari alla legge (1). – 1. È nulla ogni pattuizione volta a determinare un importo del canone di locazione superiore a quello risultante dal contratto scritto e registrato. È fatto carico al locatore di provvedere alla registrazione nel termine perentorio di trenta giorni, dandone documentata comunicazione, nei successivi sessanta giorni, al conduttore ed all'amministratore del condominio, anche ai fini dell'ottemperanza agli obblighi di tenuta dell'anagrafe condominiale di cui all'articolo 1130, numero 6), del codice civile (2).

2. Nei casi di nullità d cui al comma 1 il conduttore, con

azione proponibile nel termine di sei mesi dalla riconsegna dell'immobile locato, può chiedere la restituzione delle somme corrisposte in misura superiore al canone risultante dal contratto scritto e registrato.

3. È nulla ogni pattuizione volta a derogare ai limiti di durata del contratto stabiliti dalla presente legge.

4. Per i contratti di cui al comma 3 dell'articolo 2 è nulla ogni pattuizione volta ad attribuire al locatore un canone superiore a quello massimo definito dagli accordi conclusi in sede locale per immobili aventi le medesime caratteristiche e appartenenti alle medesime tipologie. Per i contratti stipulati in base al comma 1 dell'articolo 2, è nulla, ove in contrasto con le disposizioni della presente legge, qualsiasi pattuizione diretta ad attribuire al locatore un canone superiore a quello contrattualmente stabilito.

5. Per i conduttori che, per gli effetti della disciplina di cui all'articolo 3, commi 8 e 9, del decreto legislativo 14 marzo 2011, n. 23, prorogati dall'articolo 5, comma 1-ter, del decreto-legge 28 marzo 2014, n. 47, convertito, con modificazioni, dalla legge 23 maggio 2014, n. 80, hanno versato, nel periodo intercorso dalla data di entrata in vigore del decreto legislativo n. 23 del 2011 al giorno 16 luglio 2915, il canone annuo di locazione nella misura stabilita dalla disposizione di cui al citato articolo 3, comma 8, del decreto legislativo n. 23 del 2011, l'importo del canone di locazione dovuto ovvero dell'indennità di occupazione maturata, su base annua, è pari al triplo della rendita catastale dell'immobile, nel periodo considerato (3).

6. Nei casi di nullità di cui al comma 4 il conduttore, con azione proponibile nel termine di sei mesi dalla riconsegna dell'immobile locato, può richiedere la restituzione delle somme indebitamente versate, Nei medesimi casi il conduttore può altresì richiedere, con azione proponibile dinanzi all'autorità giudiziaria (4), che la locazione venga ricondotta a condizioni conformi a quanto previsto dal comma 1 dell'articolo 2 ovvero dal comma 3 dell'articolo 2. Tale azione è, altresì, consentita nei casi in cui il locatore non abbia provveduto alla prescritta registrazione del contratto nel termine di cui al comma 1 del presente articolo. Nel giudizio che accerta l'esistenza del contratto di locazione il giudice determina il canone dovuto, che non può eccedere quello del valore minimo definito ai sensi dell'articolo 2 ovvero quello definito ai sensi dell'articolo 5, commi 2 e 3, nel caso di conduttore che abiti stabilmente l'alloggio per i motivi ivi regolati. L'autorità giudiziaria stabilisce la restituzione delle somme eventualmente eccedenti (5).

7. Le disposizioni di cui al comma 6 devono ritenersi applicabili a tutte le ipotesi ivi previste insorte sin dall'entrata in vigore della presente legge (6).

8. I riferimenti alla registrazione del contratto di cui alla presente legge non producono effetti se non vi è obbligo di registrazione del contratto stesso.

(1) Articolo così modificato dall'art. 1, co. 59 e ss., l. 28/12/2015, n. 208 (legge di stabilità 2016).

(2) Il periodo da "è" fino a "civile" è stato introdotto dall'art. 1, co. 59 e ss., l. 28/12/2015, n. 208 (legge di stabilità 2016).

(3) Comma inserito dall'art. 1, co. 59 e ss., l. 28/12/2015, n. 208 (legge di stabilità 2016).

(4) Le parole "all'autorità giudiziaria" sono state introdotte con l. 28/12/2015, n. 208 (legge di stabilità 2016); in precedenza la norma usava le parole "dinanzi al pretore".

(5) Norma così modificata dall'art. 1, co. 59 e ss., l. 28/12/2015, n. 208 (legge di stabilità 2016).

(6) Comma introdotto dall'art. 1, co. 59 e ss., l. 28/12/2015, n. 208 (legge di stabilità 2016).

14. Disposizioni transitorie e abrogazione di norme. – 1. In sede di prima applicazione dell'articolo 4 della presente legge, non trova applicazione il termine di novanta giorni di cui al comma 2 del medesimo articolo 4.

2. Con l'attuazione del decreto legislativo 19 febbraio 1998, n. 51, nell'articolo 6 e nell'articolo 13, comma 5, della presente legge al pretore si intende sostituito il tribunale in composizione monocratica e al tribunale il tribunale in composizione collegiale.

3. Sono abrogati l'art. 11, d.l. 11 luglio 1992, n. 333, convertito, con modificazioni, dalla legge 8 agosto 1992, n. 359, nonché gli artt. 1-bis, 2, 3, 4, 5 e 8, d.l. 30 dicembre 1988, n. 551, conv. in l. 21 febbraio 1989, n. 61.

4. Sono altresì abrogati gli articoli 1, 3, 12, 13, 14, 15, 16, 17, 18, 19, 20, 21, 22, 23, 24, 25, 26, 54, 60, 61, 62, 63, 64, 65, 66, 75, 76, 77, 78, 79, limitatamente alle locazioni abitative, e 83 della legge 27 luglio 1978, n. 392, e successive modificazioni.

5. Ai contratti per la loro intera durata ed ai giudizi in corso alla data di entrata in vigore della presente legge continuano ad applicarsi ad ogni effetto le disposizioni normative in materia di locazioni vigenti prima di tale data.

15. Copertura finanziaria. – 1. All'onere derivante dall'attuazione dei commi da 1 a 5 dell'articolo 8, valutato in lire 4 miliardi per l'anno 1999 e in lire 420 miliardi a decorrere dall'anno 2000, si provvede mediante utilizzo delle proiezioni per i medesimi anni degli stanziamenti iscritti, ai fini del bilancio triennale 1998-2000, nell'ambito dell'unità previsionale di base di parte corrente "Fondo speciale" dello stato di previsione del Ministero del tesoro, del bilancio e della programmazione economica per l'anno finanziario 1998, allo scopo parzialmente utilizzando, quanto a lire 4 miliardi per l'anno 1999 e quanto a lire 299 miliardi per l'anno 2000, l'accantonamento relativo al Ministero dei lavori pubblici, nonché, quanto a lire 107 miliardi per l'anno 2000, l'accantonamento relativo alla Presidenza del Consiglio dei ministri e, quanto a lire 14 miliardi per l'anno 2000, l'accantonamento relativo al Ministero di grazia e giustizia.

2. Il Ministro del tesoro, del bilancio e della programmazione economica è autorizzato ad apportare, con propri decreti, le occorrenti variazioni di bilancio.

L. 30 dicembre 2004, n. 311

Disposizioni per la formazione del bilancio annuale e pluriennale dello Stato (legge finanziaria 2005)

(Estratto, art. 1, comma 346)

Art. 1, comma 346. – I contratti di locazione, o che comunque costituiscono diritti relativi di godimento, di unità immobiliari ovvero di loro porzioni, comunque stipulati, sono nulli se, ricorrendone i presupposti, non sono registrati.

D.l. 12 settembre 2014, n. 133

conv., con modif., dalla legge 11 novembre 2014, n. 164

Disciplina dei contratti di godimento in funzione della successiva alienazione di immobili, c.d. Rent to buy

(Estratto, art. 23)

23. Disciplina dei contratti di godimento in funzione della successiva alienazione di immobili (*rinvio*, Parte V, Sezione VII).

Sezione XIX
NEGOZIAZIONE ASSISTITA

D.l. 12 settembre 2014, n. 132

conv., con modif., dalla legge 10 novembre 2014, n. 162

Misure urgenti di degiurisdizionalizzazione ed altri interventi per la definizione dell'arretrato in materia di processo civile

(*Estratto, artt. 1-12*)

Capo I
Eliminazione dell'arretrato e trasferimento in sede arbitrale dei procedimenti civili pendenti

1. Trasferimento alla sede arbitrale di procedimenti pendenti dinanzi all'autorità giudiziaria. – 1. Nelle cause civili dinanzi al tribunale o in grado d'appello pendenti alla data di entrata in vigore del presente decreto, che non hanno ad oggetto diritti indisponibili e che non vertono in materia di lavoro, previdenza e assistenza sociale, nelle quali la causa non è stata assunta in decisione, le parti, con istanza congiunta, possono richiedere di promuovere un procedimento arbitrale a norma delle disposizioni contenute nel titolo VIII del libro IV del codice di procedura civile. Tale facoltà è consentita altresì nelle cause vertenti su diritti che abbiano nel contratto collettivo di lavoro la propria fonte esclusiva, quando il contratto stesso abbia previsto e disciplinato la soluzione arbitrale. Per le controversie di valore non superiore a 50.000 euro in materia di responsabilità extracontrattuale o aventi ad oggetto il pagamento di somme di denaro, nei casi in cui sia parte del giudizio una pubblica amministrazione, il consenso di questa alla richiesta di promuovere il procedimento arbitrale avanzata dalla sola parte privata si intende in ogni caso prestato, salvo che la pubblica amministrazione esprima il dissenso scritto entro trenta giorni dalla richiesta (1).

2. Il giudice, rilevata la sussistenza delle condizioni di cui al comma 1, ferme restando le preclusioni e le decadenze intervenute, dispone la trasmissione del fascicolo al presidente del Consiglio dell'ordine del circondario in cui ha sede il tribunale ovvero la corte di appello per la nomina del collegio arbitrale per le controversie di valore superiore ad euro 100.000 e, ove le parti lo decidano concordemente, di un arbitro per le controversie di valore inferiore ad euro 100.000. Gli arbitri sono individuati, concordemente dalle parti o dal presidente del Consiglio dell'ordine, tra gli avvocati iscritti da almeno cinque anni nell'albo dell'ordine circondariale che non hanno subito negli ultimi cinque anni condanne definitive comportanti la sospensione dall'albo e che, prima della trasmissione del fascicolo, hanno reso una dichiarazione di disponibilità al Consiglio stesso (1).

2-bis. La funzione di consigliere dell'ordine e l'incarico arbitrale di cui al presente articolo sono incompatibili. Tale incompatibilità si estende anche per i consiglieri uscenti per una intera consiliatura successiva alla conclusione del loro mandato (2).

3. Il procedimento prosegue davanti agli arbitri. Restano fermi gli effetti sostanziali e processuali prodotti dalla domanda giudiziale e il lodo ha gli stessi effetti della sentenza.

4. Quando la trasmissione a norma del comma 2 è disposta in grado d'appello e il procedimento arbitrale non si conclude con la pronuncia del lodo entro centoventi giorni dall'accettazione della nomina del collegio arbitrale, il processo deve essere riassunto entro il termine perentorio dei successivi sessanta giorni. È in facoltà degli arbitri, previo accordo tra le parti, richiedere che il termine per il deposito del lodo sia prorogato di ulteriori trenta giorni. Quando il processo è riassunto il lodo non può essere più pronunciato. Se nessuna delle parti procede alla riassunzione nel termine, il procedimento si estingue e si applica l'articolo 338 del codice di procedura civile. Quando, a norma dell'articolo 830 del codice di procedura civile, è stata dichiarata la nullità del lodo pronunciato entro il termine di centoventi giorni di cui al primo periodo o, in ogni caso, entro la scadenza di quello per la riassunzione, il processo deve essere riassunto entro sessanta giorni dal passaggio in giudicato della sentenza di nullità (1).

5. Nei casi di cui ai commi 1, 2, 3 e 4, con decreto regolamentare del Ministro della giustizia, da adottare entro novanta giorni dalla data di entrata in vigore della legge di conversione del presente decreto, possono essere stabilite riduzioni dei parametri relativi ai compensi degli arbitri. Nei medesimi casi non si applica l'articolo 814, primo comma, secondo periodo, del codice di procedura civile (1).

5-bis. Con il decreto di cui al comma 5 sono altresì stabiliti i criteri per l'assegnazione degli arbitrati tra i quali, in particolare, le competenze professionali dell'arbitro, anche in relazione alle ragioni del contendere e alla materia oggetto della controversia, nonché il principio della rotazione nell'assegnazione degli incarichi, prevedendo altresì sistemi di designazione automatica (3).

(1) Comma modificato dall'art. 1, co. 1, l. 10/11/2014, n. 162, in sede di conversione.

(2) Comma inserito dall'art. 1, co. 1, l. 10/11/2014, n. 162, in sede di conversione.

(3) Comma aggiunto dall'art. 1, co. 1, l. 10/11/2014, n. 162, in sede di conversione.

Capo II
Procedura di negoziazione assistita da avvocati

Sezione I
Della procedura di negoziazione assistita (1)

(1) Sezione inserita dall'art. 9, co. 1, lett. b), d.lg. 10/10/2022, n. 149, con applicazione a decorrere dal 28/2/2023, come stabilito dall'art. 35, co. 1, d.lg. n. 149/2022 medesimo, come modificato dall'art. 1, co. 380, lett. c), punto 3), l. n. 29/12/2022, n. 197.

2. Convenzione di negoziazione assistita da [uno o più] avvocati (1). – 1. La convenzione di negoziazione assistita da [uno o più] avvocati è un accordo mediante il quale le parti convengono di cooperare in buona fede e con lealtà per risolvere in via amichevole la controversia tramite l'assistenza di avvocati iscritti all'albo anche ai sensi dell'articolo 6 del decreto legislativo 2 febbraio 2001, n. 96 (2).

1-bis. È fatto obbligo per le amministrazioni pubbliche di cui all'articolo 1, comma 2, del decreto legislativo 30 marzo 2001, n. 165, di affidare la convenzione di negoziazione alla propria avvocatura, ove presente (3).

2. La convenzione di negoziazione deve precisare:

a) il termine concordato dalle parti per l'espletamento della procedura, in ogni caso non inferiore a un mese e non superiore a tre mesi, prorogabile per ulteriori trenta giorni su accordo tra le parti (4);

b) l'oggetto della controversia, che non deve riguardare diritti indisponibili [o vertere in materia di lavoro] (5).

2-bis. La convenzione di negoziazione può inoltre precisare, nei limiti previsti dal presente capo:

a) la possibilità di acquisire dichiarazioni di terzi su fatti rilevanti in relazione all'oggetto della controversia;

b) la possibilità di acquisire dichiarazioni della controparte sulla verità di fatti ad essa sfavorevoli e favorevoli alla parte nel cui interesse sono richieste;

c) la possibilità di svolgere la negoziazione con modalità telematiche;

d) la possibilità di svolgere gli incontri con collegamenti audiovisivi a distanza (6).

3. La convenzione è conclusa per un periodo di tempo determinato dalle parti, fermo restando il termine di cui al comma 2, lettera a).

4. La convenzione di negoziazione è redatta, a pena di nullità, in forma scritta.

5. La convenzione è conclusa con l'assistenza di uno o più avvocati (7).

6. Gli avvocati certificano l'autografia delle sottoscrizioni apposte alla convenzione sotto la propria responsabilità professionale.

7. È dovere deontologico degli avvocati informare il cliente all'atto del conferimento dell'incarico della possibilità di ricorrere alla convenzione di negoziazione assistita.

7-bis. Salvo diverso accordo, la convenzione di negoziazione assistita è conclusa mediante utilizzo del modello elaborato dal Consiglio nazionale forense in conformità alle disposizioni del presente capo (6).

(1) Rubrica modificata dall'art. 1, co. 1, l. 10/11/2014, n. 162, in sede di conversione e successivamente dall'art. 9, co. 1, lett. c), n. 5), d.lg. 10/10/2022, n. 149, con applicazione a decorrere dal 28/2/2023, come stabilito dall'art. 35, co. 1, d.lg. n. 149/2022 medesimo, come modificato dall'art. 1, co. 380, lett. c), punto 3), l. 29/12/2022, n. 197.

(2) Comma modificato dall'art. 1, co. 1, l. 10/11/2014, n. 162, in sede di conversione e successivamente dall'art. 9, co. 1, lett. c), n. 1), d.lg. 10/10/2022, n. 149, con applicazione a decorrere dal 28/2/2023, come stabilito dall'art. 35, co. 1, d.lg. n. 149/2022 medesimo, come modificato dall'art. 1, co. 380, lett. c), punto 3), l. 29/12/2022, n. 197.

(3) Comma inserito dall'art. 1, co. 1, l. 10/11/2014, n. 162, in sede di conversione.

(4) Lettera modificata dall'art. 1, co. 1, l. 10/11/2014, n. 162, in sede di conversione.

(5) Lettera modificata dall'art. 1, co. 1, l. 10/11/2014, n. 162, in sede di conversione e successivamente dall'art. 9, co. 1, lett. c), n. 2), d.lg. 10/10/2022, n. 149, con applicazione a decorrere dal 28/2/2023, come stabilito dall'art. 35, co. 1, d.lg. n. 149/2022 medesimo, come modificato dall'art. 1, co. 380, lett. c), punto 3), l. 29/12/2022, n. 197.

(6) Comma inserito dall'art. 9, co. 1, lett. c), n. 3), d.lg. 10/10/2022, n. 149, con applicazione a decorrere dal 28/2/2023, come stabilito dall'art. 35, co. 1, d.lg. n. 149/2022 medesimo, come modificato dall'art. 1, co. 380, lett. c), punto 3), l. 29/12/2022, n. 197.

(7) Comma modificato dall'art. 1, co. 1, l. 10/11/2014, n. 162, in sede di conversione.

2 bis. Negoziazione assistita in modalità telematica (1). – 1. Quando la negoziazione si svolge in modalità telematica, ciascun atto del procedimento, ivi compreso l'accordo conclusivo, è formato e sottoscritto nel rispetto delle disposizioni del codice dell'amministrazione digitale, di cui al decreto legislativo 7 marzo 2005, n. 82, ed è trasmesso a mezzo posta elettronica certificata o con altro servizio elettronico di recapito certificato qualificato, secondo quanto previsto dalla normativa anche regolamentare concernente la trasmissione e la ricezione dei documenti informatici.

2. Gli incontri si possono svolgere con collegamento audiovisivo da remoto. I sistemi di collegamento audiovisivo utilizzati per gli incontri del procedimento di negoziazione assicurano la contestuale, effettiva e reciproca udibilità e visibilità delle persone collegate. Ciascuna parte può chiedere di partecipare da remoto o in presenza.

3. Non può essere svolta con modalità telematiche né con collegamenti audiovisivi da remoto l'acquisizione delle dichiarazioni del terzo di cui all'articolo 4-bis.

4. Quando l'accordo di negoziazione è contenuto in un documento sottoscritto dalle parti con modalità analogica, tale sottoscrizione è certificata dagli avvocati con firma digitale, o altro tipo di firma elettronica qualificata o avanzata, nel rispetto delle regole tecniche di cui all'articolo 20, comma 1-bis, del decreto legislativo n. 82 del 2005.

(1) Articolo inserito dall'art. 9, co. 1, lett. d), d.lg. 10/10/2022, n. 149, con applicazione a decorrere dal 28/2/2023, come stabilito dall'art. 35, co. 1, d.lg. n. 149/2022 medesimo, come modificato dall'art. 1, co. 380, lett. c), punto 3), l. 29/12/2022, n. 197.

2 ter. Negoziazione assistita nelle controversie di lavoro (1). – 1. Per le controversie di cui all'articolo 409 del codice di procedura civile, fermo restando quanto disposto dall'articolo 412-ter del medesimo codice, le parti possono ricorrere alla negoziazione assistita senza che ciò costituisca condizione di procedibilità della domanda giudiziale. Ciascuna parte è assistita da almeno un avvocato e può essere anche assistita da un consulente del lavoro. All'accordo raggiunto all'esito della procedura di negoziazione assistita si applica l'articolo 2113, quarto comma, del codice civile. L'accordo è trasmesso a cura di una delle due parti, entro dieci giorni, ad uno degli organismi di cui all'articolo 76 del decreto legislativo 10 settembre 2003, n. 276.

(1) Articolo inserito dall'art. 9, co. 1, lett. d), d.lg. 10/10/2022, n. 149, con applicazione a decorrere dal 28/2/2023, come stabilito dall'art. 35, co. 4, d.lg. n. 149/2022 medesimo come modificato dall'art. 1, co. 380, lett. c), punto 3), l. 29/12/2022, n. 197.

3. Improcedibilità. – 1. Chi intende esercitare in giudizio un'azione relativa a una controversia in materia di risarcimento del danno da circolazione di veicoli e natanti deve, tramite il suo avvocato, invitare l'altra parte a stipulare una convenzione di negoziazione assistita. Allo stesso modo deve procedere, fuori dei casi previsti dal periodo precedente e dall'articolo 5, comma 1-bis, del decreto legislativo 4 marzo 2010 n. 28, chi intende proporre in giudizio una domanda di pagamento a qualsiasi titolo di somme non eccedenti cinquantamila euro. L'esperimento del procedimento di negoziazione assistita è condizione di procedibilità della domanda giudiziale. L'improcedibilità deve essere eccepita dal convenuto, a pena di decadenza, o rilevata d'ufficio dal giudice, non oltre la prima udienza. Il giudice quando rileva che la negoziazione assistita è già iniziata, ma non si è conclusa, fissa la successiva udienza dopo la scadenza del termine di cui all'articolo 2 comma 3.

Allo stesso modo provvede quando la negoziazione non è stata esperita, assegnando contestualmente alle parti il termine di quindici giorni per la comunicazione dell'invito. Il presente comma non si applica alle controversie concernenti obbligazioni contrattuali derivanti da contratti conclusi tra professionisti e consumatori. Il ricorso a un sistema di risoluzione stragiudiziale delle controversie istituito ai sensi dell'articolo 187.1 del decreto legislativo 7 settembre 2005, n. 209, tiene luogo della stipula di una convenzione di negoziazione assistita ai sensi delle presenti disposizioni (1).

2. Quando l'esperimento del procedimento di negoziazione assistita è condizione di procedibilità della domanda giudiziale la condizione si considera avverata se l'invito non è seguito da adesione o è seguito da rifiuto entro trenta giorni dalla sua ricezione ovvero quando è decorso il periodo di tempo di cui all'articolo 2, comma 2, lettera a).

3. La disposizione di cui al comma 1 non si applica:

a) nei procedimenti per ingiunzione, inclusa l'opposizione;

b) nei procedimenti di consulenza tecnica preventiva ai fini della composizione della lite, di cui all'articolo 696-bis del codice di procedura civile;

c) nei procedimenti di opposizione o incidentali di cognizione relativi all'esecuzione forzata;

d) nei procedimenti in camera di consiglio;

e) nell'azione civile esercitata nel processo penale.

4. L'esperimento del procedimento di negoziazione assistita nei casi di cui al comma 1 non preclude la concessione di provvedimenti urgenti e cautelari, né la trascrizione della domanda giudiziale.

5. Restano ferme le disposizioni che prevedono speciali procedimenti obbligatori di conciliazione e mediazione, comunque denominati. Il termine di cui ai commi 1 e 2, per materie soggette ad altri termini di procedibilità, decorre unitamente ai medesimi (2).

[*6. Quando il procedimento di negoziazione assistita è condizione di procedibilità della domanda, all'avvocato non è dovuto compenso dalla parte che si trova nelle condizioni per l'ammissione al patrocinio a spese dello Stato, ai sensi dell'articolo 76 (L) del testo unico delle disposizioni legislative e regolamentari in materia di spese di giustizia, di cui al decreto del Presidente della Repubblica 30 maggio 2002, n. 115 e successive modificazioni. A tale fine la parte è tenuta a depositare all'avvocato apposita dichiarazione sostitutiva dell'atto di notorietà, la cui sottoscrizione può essere autenticata dal medesimo avvocato, nonché a produrre, se l'avvocato lo richiede, la documentazione necessaria a comprovare la veridicità di quanto dichiarato.*]*

7. La disposizione di cui al comma 1 non si applica quando la parte può stare in giudizio personalmente.

8. Le disposizioni di cui al presente articolo acquistano efficacia decorsi novanta giorni dall'entrata in vigore della legge di conversione del presente decreto.

(1) Comma modificato dall'art. 2, co. 2, d.lg. 30/12/2020, n. 187.

(2) Comma modificato dall'art. 1, co. 1, l. 10/11/2014, n. 162, in sede di conversione.

* Comma abrogato dall'art. 9, co. 1, lett. e), d.lg. 10/10/2022, n. 149, con applicazione a decorrere dal 30/6/2023, come stabilito dall'art. 41, co. 4, d.lg. n. 149/2022 medesimo, come modificato dall'art. 1, co. 380, lett. c), punto 3), l. 29/12/2022, n. 197.

4. Non accettazione dell'invito e mancato accordo. – 1. L'invito a stipulare la convenzione deve indicare l'oggetto della controversia e contenere l'avvertimento che la mancata risposta all'invito entro trenta giorni dalla ricezione o il suo rifiuto può essere valutato dal giudice ai fini delle spese del giudizio e di quanto previsto dagli articoli 96, primo, secondo e terzo comma, e 642, primo comma, del codice di procedura civile (1).

2. La certificazione dell'autografia della firma apposta all'invito avviene ad opera dell'avvocato che formula l'invito.

3. La dichiarazione di mancato accordo è certificata dagli avvocati designati.

(1) Comma modificato dall'art. 9, co. 1, lett. f), d.lg. 10/10/2022, n. 149, con applicazione a decorrere dal 28/2/2023, come stabilito dall'art. 35, co. 1, d.lg. n. 149/2022 medesimo, come modificato dall'art. 1, co. 380, lett. c), punto 3), l. 29/12/2022, n. 197.

4 bis. Acquisizione di dichiarazioni (1). – 1. Quando la convenzione di negoziazione assistita lo prevede, ciascun avvocato può invitare un terzo a rendere dichiarazioni su fatti specificamente individuati e rilevanti in relazione all'oggetto della controversia, presso il suo studio professionale o presso il Consiglio dell'ordine degli avvocati, in presenza degli avvocati che assistono le altre parti.

2. L'informatore, previa identificazione, è invitato a dichiarare se ha rapporti di parentela o di natura personale e professionale con alcuna delle parti o se ha un interesse nella causa, ed è altresì preliminarmente avvisato:

a) della qualifica dei soggetti dinanzi ai quali rende le dichiarazioni e dello scopo della loro acquisizione;

b) della facoltà di non rendere dichiarazioni;

c) della facoltà di astenersi ai sensi dell'articolo 249 del codice di procedura civile;

d) delle responsabilità penali conseguenti alle false dichiarazioni;

e) del dovere di mantenere riservate le domande che gli sono rivolte e le risposte date;

f) delle modalità di acquisizione e documentazione delle dichiarazioni.

3. Non può rendere dichiarazioni chi non ha compiuto il quattordicesimo anno di età e chi si trova nella condizione prevista dall'articolo 246 del codice di procedura civile.

4. Le domande rivolte all'informatore e le dichiarazioni da lui rese sono verbalizzate in un documento, redatto dagli avvocati, che contiene l'indicazione del luogo e della data in cui sono acquisite le dichiarazioni, le generalità dell'informatore e degli avvocati e l'attestazione che sono stati rivolti gli avvertimenti di cui al comma 2.

5. Il documento di cui al comma 4, previa integrale lettura, è sottoscritto dall'informatore e dagli avvocati. All'informatore e a ciascuna delle parti ne è consegnato un originale.

6. Il documento di cui al comma 4, sottoscritto ai sensi del comma 5, fa piena prova di quanto gli avvocati attestano essere avvenuto in loro presenza. Può essere prodotto nel giudizio tra le parti della convenzione di negoziazione assistita ed è valutato dal giudice ai sensi dell'articolo 116, primo comma, del codice di procedura civile. Il giudice può sempre disporre che l'informatore sia escusso come testimone.

7. Quando l'informatore non si presenta o si rifiuta di rendere dichiarazioni, e la negoziazione si è conclusa senza accordo, la parte che ritiene necessaria la sua deposizione può chiedere che ne sia ordinata l'audizione davanti al giudice. Si applicano, in quanto compatibili, gli articoli 693, 694, 695, 697,698 e 699 del codice di procedura civile.

(1) Articolo inserito dall'art. 9, co. 1, lett. g), d.lg. 10/10/2022, n. 149, con applicazione a decorrere dal 28/2/2023, come stabilito dall'art. 35, co. 1, d.lg. n. 149/2022 medesimo, come modificato dall'art. 1, co. 380, lett. c), punto 3), l. 29/12/2022, n. 197.

4 ter. Dichiarazioni confessorie (1). – 1. Quando la convenzione di negoziazione assistita lo prevede, ciascun avvocato può invitare la controparte a rendere per iscritto dichiarazioni su fatti, specificamente individuati e rilevanti in relazione all'oggetto della controversia, ad essa sfavorevoli e favorevoli alla parte nel cui interesse sono richieste. La dichiarazione è resa e sottoscritta dalla parte e dall'avvocato che la assiste anche ai fini della certificazione dell'autografia.

2. Il documento contenente la dichiarazione di cui al comma 1 fa piena prova di quanto l'avvocato attesta essere avvenuto in sua presenza e può essere prodotto nel giudizio iniziato dalle parti della convenzione di negoziazione assistita. Tale documento ha l'efficacia ed è soggetto ai limiti previsti dall'articolo 2735 del codice civile.

3. Il rifiuto ingiustificato di rendere dichiarazioni sui fatti di cui al comma 1 è valutato dal giudice ai fini delle spese del giudizio, anche ai sensi dell'articolo 96, commi primo, secondo e terzo, del codice di procedura civile.

(1) Articolo inserito dall'art. 9, co. 1, lett. g), d.lg. 10/10/2022, n. 149, con applicazione a decorrere dal 28/2/2023, come stabilito dall'art. 41, co. 4, d.lg. n. 149/2022 medesimo, come modificato dall'art. 1, co. 380, lett. c), punto 3), l. 29/12/2022, n. 197.

5. Esecutività dell'accordo raggiunto a seguito della convenzione e trascrizione. – 1. L'accordo che compone la controversia, sottoscritto dalle parti e dagli avvocati che le assistono, costituisce titolo esecutivo e per l'iscrizione di ipoteca giudiziale.

1-bis. L'accordo che compone la controversia contiene l'indicazione del relativo valore (1).

2. Gli avvocati certificano l'autografia delle firme e la conformità dell'accordo alle norme imperative e all'ordine pubblico.

2-bis. L'accordo di cui al comma 1 deve essere integralmente trascritto nel precetto ai sensi dell'articolo 480, secondo comma, del codice di procedura civile (2).

3. Se con l'accordo le parti concludono uno dei contratti o compiono uno degli atti soggetti a trascrizione, per procedere alla trascrizione dello stesso la sottoscrizione del processo verbale di accordo deve essere autenticata da un pubblico ufficiale a ciò autorizzato (3).

4. Costituisce illecito deontologico per l'avvocato impugnare un accordo alla cui redazione ha partecipato.

4-bis. All'articolo 12, comma 1, del decreto legislativo 4 marzo 2010, n. 28, dopo il secondo periodo è inserito il seguente: "L'accordo di cui al periodo precedente deve essere integralmente trascritto nel precetto ai sensi dell'articolo 480, secondo comma, del codice di procedura civile" (4).

(1) Comma inserito dall'art. 9, co. 1, lett. h), d.lg. 10/10/2022, n. 149, con applicazione a decorrere dal 28/2/2023, come stabilito dall'art. 35, co. 1, d.lg. n. 149/2022 medesimo, come modificato dall'art. 1, co. 380, lett. c), punto 3), l. 29/12/2022, n. 197.

(2) Comma inserito dall'art. 1, co. 1, l. 10/11/2014, n. 162, in sede di conversione.

(3) Comma modificato dall'art. 1, co. 1, l. 10/11/2014, n. 162, in sede di conversione.

(4) Comma aggiunto dall'art. 1, co. 1, l. 10/11/2014, n. 162, in sede di conversione.

6. Convenzione di negoziazione assistita da [uno o più] avvocati per le soluzioni consensuali di separazione personale, di cessazione degli effetti civili o di scioglimento del matrimonio, di modifica delle condizioni di separazione o di divorzio, di affidamento e mantenimento dei figli nati fuori del matrimonio, e loro modifica, e di alimenti (1)(A). – 1. La convenzione di negoziazione assistita da almeno un avvocato per parte può essere conclusa tra coniugi al fine di raggiungere una soluzione consensuale di separazione personale, di cessazione degli effetti civili del matrimonio, di scioglimento del matrimonio nei casi di cui all'articolo 3, primo comma, numero 2), lettera b), della legge 1° dicembre 1970, n. 898, e successive modificazioni, di modifica delle condizioni di separazione o di divorzio (2).

1-bis. La convenzione di negoziazione assistita da almeno un avvocato per parte può essere conclusa tra i genitori al fine di raggiungere una soluzione consensuale per la disciplina delle modalità di affidamento e mantenimento dei figli minori nati fuori del matrimonio, nonché per la disciplina delle modalità di mantenimento dei figli maggiorenni non economicamente autosufficienti nati fuori del matrimonio e per la modifica delle condizioni già determinate. Può altresì essere conclusa tra le parti per raggiungere una soluzione consensuale per la determinazione dell'assegno di mantenimento richiesto ai genitori dal figlio maggiorenne economicamente non autosufficiente e per la determinazione degli alimenti, ai sensi dell'articolo 433 del codice civile, e per la modifica di tali determinazioni (3).

2. In mancanza di figli minori, di figli maggiorenni incapaci o portatori di handicap grave ai sensi dell'articolo 3, comma 3, della legge 5 febbraio 1992, n. 104, ovvero economicamente non autosufficienti, l'accordo raggiunto a seguito di convenzione di negoziazione assistita è trasmesso al procuratore della Repubblica presso il tribunale competente il quale, quando non ravvisa irregolarità, comunica agli avvocati di tutte le parti il nullaosta per gli adempimenti ai sensi del comma 3. In presenza di figli minori, di figli maggiorenni incapaci o portatori di handicap grave ovvero economicamente non autosufficienti, l'accordo raggiunto a seguito di convenzione di negoziazione assistita deve essere trasmesso entro il termine di dieci giorni al procuratore della Repubblica presso il tribunale competente, il quale, quando ritiene che l'accordo risponde all'interesse dei figli, lo autorizza e lo comunica a tutte le parti. Quando ritiene che l'accordo non risponde all'interesse dei figli o che è opportuno procedere al loro ascolto, il procuratore della Repubblica lo trasmette, entro cinque giorni, al presidente del tribunale, che fissa, entro i successivi trenta giorni, la comparizione delle parti e provvede senza ritardo. All'accordo autorizzato si applica il comma 3 (4) (B).

2-bis. L'accordo è trasmesso con modalità telematiche, a cura degli avvocati che assistono le parti, al procuratore della Repubblica per il rilascio del nullaosta o per l'autorizzazione. Il procuratore della Repubblica, quando appone il nullaosta o rilascia l'autorizzazione, trasmette l'accordo sottoscritto digitalmente agli avvocati delle parti (5).

3. L'accordo raggiunto a seguito della convenzione produce gli effetti e tiene luogo dei provvedimenti giudiziali che definiscono, nei casi di cui ai commi 1 e 1-bis, i procedimenti di separazione personale, di cessazione degli effetti civili del matrimonio, di scioglimento del matrimonio e di modifica delle condizioni di separazione o di divorzio. Gli eventuali patti di trasferimento immobiliari contenuti nell'accordo hanno effetti obbligatori. Nell'accordo si dà atto che gli avvocati hanno tentato di conciliare le parti e le hanno informate della possibilità di esperire la mediazione familiare e che gli avvocati hanno informato le parti dell'importanza per il minore di trascorrere tempi adeguati con ciascuno dei genitori. L'avvocato della parte è obbligato a trasmettere, entro il termine di dieci giorni, all'ufficiale dello stato civile del Comune in cui il matrimonio fu iscritto o trascritto, copia, autenticata dallo stesso, dell'accordo munito delle certificazioni di cui all'articolo 5, di affidamento e di mantenimento dei figli minori nati fuori del matrimonio, nonché i procedimenti per la disciplina delle modalità di mantenimento dei figli maggiorenni non economicamente autosufficienti e per la modifica delle condizioni già determinate, per la determinazione degli alimenti e per la loro modifica (6).

3-bis. Quando la negoziazione assistita ha ad oggetto lo scioglimento o la cessazione degli effetti civili del matrimonio o lo scioglimento dell'unione civile, le parti possono stabilire, nell'accordo, la corresponsione di un assegno in unica soluzione. In tal caso la valutazione di equità è effettuata dagli avvocati, mediante certificazione di tale pattuizione, ai sensi dell'articolo 5, ottavo comma, della legge 1° dicembre 1970, n. 898 (7).

3-ter. L'accordo, munito di nullaosta o di autorizzazione, è trasmesso senza indugio a mezzo posta elettronica certificata o con altro sistema elettronico di recapito certificato qualificato, a cura degli avvocati che lo hanno sottoscritto, al Consiglio dell'ordine presso cui è iscritto uno degli avvocati, che ne cura la conservazione in apposito archivio. Il Consiglio dell'ordine, se richiesto, rilascia copia autentica dell'accordo alle parti e ai difensori che lo hanno sottoscritto. La conservazione ed esibizione dell'accordo è disciplinata dall'articolo 43 del decreto legislativo 7 marzo 2005, n. 82 (7).

4. All'avvocato che viola l'obbligo di cui al comma 3, terzo periodo, è applicata la sanzione amministrativa pecuniaria da euro 2.000 ad euro 10.000. Alla irrogazione della sanzione di cui al periodo che precede è competente il Comune in cui devono essere eseguite le annotazioni previste dall'articolo 69 del decreto del Presidente della Repubblica 3 novembre 2000, n. 396 (8).

5. Al decreto del Presidente della Repubblica 3 novembre 2000, n. 396, sono apportate le seguenti modificazioni:

a) all'articolo 49, comma 1, dopo la lettera g) è inserita la seguente: "g-bis) gli accordi raggiunti a seguito di convenzione di negoziazione assistita da uno o più avvocati ovvero autorizzati, conclusi tra coniugi al fine di raggiungere una soluzione consensuale di cessazione degli effetti civili del matrimonio e di scioglimento del matrimonio";

b) all'articolo 63, comma 2, dopo la lettera h) è aggiunta la seguente: "h-bis) gli accordi raggiunti a seguito di convenzione di negoziazione assistita da uno o più avvocati conclusi tra coniugi al fine di raggiungere una soluzione consensuale di separazione personale, di cessazione degli effetti civili del matrimonio, di scioglimento del matrimonio, nonché di modifica delle condizioni di separazione o di divorzio";

c) all'articolo 69, comma 1, dopo la lettera d) è inserita la seguente: "d-bis) degli accordi raggiunti a seguito di convenzione di negoziazione assistita da uno o più avvocati ovvero autorizzati, conclusi tra coniugi al fine di raggiungere una soluzione consensuale di separazione personale, di cessazione degli effetti civili del matrimonio, di scioglimento del matrimonio" (9).

(1) Rubrica modificata dall'art. 1, co. 1, l. 10/11/2014, n. 162, in sede di conversione e successivamente dall'art. 1, co. 35, lett. a), l. 26/11/2021, n. 206. Vedi anche l'art. 1, co. 37, l. n. 206/2021 medesima. Da ultimo modificata dall'art. 9, co. 1, lett. i), n. 6), d.lg. 10/10/2022, n. 149, con applicazione a decorrere dal 28/2/2023, come stabilito dall'art. 35, co. 1, d.lg. n. 149/2022 medesimo, come modificato dall'art. 1, co. 380, lett. c), punto 3), l. 29/12/2022, n. 197.

(A) In riferimento al presente articolo vedi: Circolare del Ministero dell'Interno 10/10/2014, n. 2107; Circolare del Ministero dell'interno 28/11/2014, n. 19; Circolare del Ministero della Giustizia 16/3/2015, n. 2309; Circolare del Ministero dell'Interno 24/4/2015, n. 6; Risoluzione dell'Agenzia delle Entrate 16/7/2015, n. 65/E; Risposta Agenzia delle Entrate 28/5/2020 n. 158.

(2) Comma modificato dall'art. 1, co. 1, l. 10/11/2014, n. 162, in sede di conversione.

(3) Comma inserito dall'art. 1, co. 35, lett. b), l. 26/11/2021, n. 206. Vedi anche l'art. 1, co. 37, l. n. 206/2021 medesima.

(4) Comma sostituito dall'art. 1, co. 1, l. 10/11/2014, n. 162, in sede di conversione e successivamente modificato dall'art. 29, co. 5, d.lg. 10/10/2022, n. 149, con effetto a decorrere dal 28/2/2023, come stabilito dall'art. 35, co. 1, d.lg. n. 149/2022 medesimo e dall'art. 9, co. 1, lett. i), nn. 1) e 2), d.lg. 10/10/2022, n. 149, con applicazione a decorrere dal 28/2/2023, come stabilito dall'art. 35, co. 1, d.lg. n. 149/2022 medesimo, come modificato dall'art. 1, co. 380, lett. c), punto 3), l. 29/12/2022, n. 197.

(B) In riferimento al presente comma vedi: Circolare del Ministero della Giustizia 29/7/2015, n. 111920.

(5) Comma modificato dall'art. 9, co. 1, lett. i), n. 3), d.lg. 10/10/2022, n. 149, con applicazione a decorrere dal 28/2/2023, come stabilito dall'art. 35, co. 1, d.lg. n. 149/2022 medesimo, come modificato dall'art. 1, co. 380, lett. c), punto 3), l. 29/12/2022, n. 197.

(6) Comma modificato dall'art. 1, co. 1, l. 10/11/2014, n. 162, in sede di conversione, dall'art. 1, co. 35, lett. c), l. 26/11/2021, n. 206. Vedi anche l'art. 1, co. 37, l. n. 206/2021 medesima. Da ultimo modificato dall'art. 9, co. 1, lett. i), n. 4), d.lg. 10/10/2022, n. 149, con applicazione a decorrere dal 28/2/2023, come stabilito dall'art. 35, co. 1, d.lg. n. 149/2022 medesimo, come modificato dall'art. 1, co. 380, lett. c), punto 3), l. 29/12/2022, n. 197.

(7) Comma inserito dall'art. 9, co. 1, lett. i), n. 5), d.lg. 10/10/2022, n. 149, con applicazione a decorrere dal 28/2/2023, come stabilito dall'art. 35, co. 1, d.lg. n. 149/2022 medesimo, come modificato dall'art. 1, co. 380, lett. c), punto 3), l. 29/12/2022, n. 197.

(8) Comma modificato dall'art. 1, co. 1, l. 10/11/2014, n. 162, in sede di conversione.

(9) Comma sostituito dall'art. 1, co. 1, l. 10/11/2014, n. 162, in sede di conversione.

7. Conciliazione avente per oggetto diritti del prestatore di lavoro*. – *[1. All'articolo 2113 del codice civile, al quarto comma, dopo le parole "del codice di procedura civile" sono aggiunte le seguenti: «o conclusa a seguito di una procedura di negoziazione assistita da un avvocato».]*

* Articolo soppresso dall'art. 1, co. 1, l. 10/11/2014, n. 162, in sede di conversione.

8. Interruzione della prescrizione e della decadenza. – 1. Dal momento della comunicazione dell'invito a concludere una convenzione di negoziazione assistita ovvero della sottoscrizione della convenzione si producono sulla prescrizione gli effetti della domanda giudiziale. Dalla stessa data è impedita, per una sola volta, la decadenza, ma se l'invito è rifiutato o non è accettato nel termine di cui all'articolo 4, comma 1, la domanda giudiziale deve essere proposta entro il medesimo termine di decadenza decorrente dal rifiuto, dalla mancata accettazione nel termine ovvero dalla dichiarazione di mancato accordo certificata dagli avvocati.

9. Obblighi dei difensori e tutela della riservatezza. – 1. I difensori non possono essere nominati arbitri ai sensi dell'articolo 810 del codice di procedura civile nelle controversie aventi il medesimo oggetto o connesse.

2. È fatto obbligo agli avvocati e alle parti di comportarsi con lealtà e di tenere riservate le informazioni ricevute. Le dichiarazioni rese e le informazioni acquisite nel corso del procedimento non possono essere utilizzate nel giudizio avente in tutto o in parte il medesimo oggetto.

3. I difensori delle parti e coloro che partecipano al procedimento non possono essere tenuti a deporre sul contenuto delle dichiarazioni rese e delle informazioni acquisite.

4. A tutti coloro che partecipano al procedimento si applicano le disposizioni dell'articolo 200 del codice di procedura penale e si estendono le garanzie previste per il difensore dalle disposizioni dell'articolo 103 del medesimo codice di procedura penale in quanto applicabili.

4-bis. La violazione delle prescrizioni di cui al comma 1 e degli obblighi di lealtà e riservatezza di cui al comma 2 costituisce per l'avvocato illecito disciplinare (1).

(1) Comma aggiunto dall'art. 1, co. 1, l. 10/11/2014, n. 162, in sede di conversione.

10. Antiriciclaggio. – 1. All'articolo 12, comma 2, del decreto legislativo 21 novembre 2007, n. 231, dopo le parole: «compresa la consulenza sull'eventualità di intentare o evitare un procedimento,» sono inserite le seguenti: «anche tramite una convenzione di negoziazione assistita da uno o più avvocati ai sensi di legge,» (1).

(1) Comma modificato dall'art. 1, co. 1, l. 10/11/2014, n. 162, in sede di conversione.

11. Raccolta dei dati. – 1. I difensori che sottoscrivono l'accordo raggiunto dalle parti a seguito della convenzione sono tenuti a trasmetterne copia al Consiglio dell'ordine circondariale del luogo ove l'accordo è stato raggiunto, ovvero al Consiglio dell'ordine presso cui è iscritto uno degli avvocati.

2. Con cadenza annuale il Consiglio nazionale forense provvede al monitoraggio delle procedure di negoziazione assistita e ne trasmette i dati al Ministero della giustizia.

2-bis. Il Ministro della giustizia trasmette alle Camere, con cadenza annuale, una relazione sullo stato di attuazione delle disposizioni di cui al presente capo, contenente, in particolare, i dati trasmessi ai sensi del comma 2, distinti per tipologia di controversia, unitamente ai dati relativi alle controversie iscritte a ruolo nell'anno di riferimento, a loro volta distinti per tipologia (1).

(1) Comma aggiunto dall'art. 1, co. 1, l. 10/11/2014, n. 162, in sede di conversione.

Sezione II
Disposizioni sul patrocinio a spese dello Stato nella negoziazione assistita (1)

(1) Sezione inserita dall'art. 9, co. 1, lett. l), d.lg. 10/10/2022, n. 149, con applicazione a decorrere dal 30/6/2023, come stabilito dall'art. 41, co. 4, d.lg. 149/2022 medesimo, come modificato dall'art. 1, co. 380, lett. c), punto 3), l. 29/12/2022, n. 197.

11 bis. Istituzione del patrocinio e ambito di applicabilità (1). – 1. È assicurato, alle condizioni stabilite nella presente sezione, il patrocinio a spese dello Stato alla parte non abbiente per l'assistenza dell'avvocato nel procedimento di negoziazione assistita nei casi di cui all'articolo 3, comma 1, se è raggiunto l'accordo.

2. L'ammissione al patrocinio è esclusa nelle controversie per cessione di crediti e ragioni altrui, ad eccezione del caso in cui la cessione appare indubbiamente fatta in pagamento di crediti o ragioni preesistenti.

(1) Articolo inserito dall'art. 9, co. 1, lett. l), d.lg. 10/10/2022, n. 149, con applicazione a decorrere dal 30/6/2023, come stabilito dall'art. 41, co. 4, d.lg. 149/2022 medesimo, come modificato dall'art. 1, co. 380, lett. c), punto 3), l. 29/12/2022, n. 197.

11 ter. Condizioni per l'ammissione (1). – 1. Può essere ammesso al patrocinio chi è titolare di un reddito imponibile ai fini dell'imposta personale sul reddito, risultante dall'ultima dichiarazione, non superiore all'importo indicato dagli articoli 76 e 77 del testo unico delle disposizioni legislative e regolamentari in materia di spese di giustizia, di cui al decreto del Presidente della Repubblica 30 maggio 2002, n. 115.

(1) Articolo inserito dall'art. 9, co. 1, lett. l), d.lg. 10/10/2022, n. 149, con applicazione a decorrere dal 30/6/2023, come stabilito dall'art. 41, co. 4, d.lg. 149/2022 medesimo, come modificato dall'art. 1, co. 380, lett. c), punto 3), l. 29/12/2022, n. 197.

11 quater. Istanza per l'ammissione anticipata (1). – 1. L'interessato che si trova nelle condizioni indicate nell'articolo 11-ter può chiedere di essere ammesso al patrocinio a spese dello Stato al fine di stipulare una convenzione di negoziazione assistita e partecipare alla relativa procedura.

2. L'istanza per l'ammissione, a pena di inammissibilità, è redatta e sottoscritta in conformità agli articoli 78, comma 2, e 79, comma 1, lettere b), c) e d), del decreto del Presidente della Repubblica n. 115 del 2002, e contiene le enunciazioni in fatto e in diritto utili a valutare la non manifesta infondatezza della pretesa che si intende far valere.

3. Per i redditi prodotti all'estero, il cittadino di Stato non appartenente all'Unione europea o l'apolide, a pena di inammissibilità, correda l'istanza con una certificazione dell'autorità consolare competente che attesta la veridicità di quanto in essa indicato. In caso di impossibilità di presentare tale certificazione, l'istanza è corredata da una dichiarazione sostitutiva di certificazione, redatta ai sensi dell'articolo 47 del decreto del Presidente della Repubblica 28 dicembre 2000, n. 445.

(1) Articolo inserito dall'art. 9, co. 1, lett. l), d.lg. 10/10/2022, n. 149, con applicazione a decorrere dal 30/6/2023, come stabilito dall'art. 41, co. 4, d.lg. n. 149/2022 medesimo, come modificato dall'art. 1, co. 380, lett. c), punto 3), l. 29/12/2022, n. 197.

11 quinquies. Organo competente a ricevere l'istanza di ammissione anticipata e nomina dell'avvocato (1). – 1. L'istanza per l'ammissione anticipata è presentata, personalmente o a mezzo raccomandata o a mezzo posta elettronica certificata o servizio elettronico di recapito certificato qualificato, dall'interessato o dall'avvocato che ne ha autenticato la firma, al Consiglio dell'ordine degli avvocati del luogo in cui ha sede il tribunale che sarebbe competente a conoscere della controversia.

2. Entro venti giorni dalla presentazione dell'istanza per l'ammissione, il Consiglio dell'ordine degli avvocati, verificatane l'ammissibilità, ammette l'interessato al patrocinio, in via anticipata e provvisoria, e gliene dà immediata comunicazione.

3. Chi è ammesso al patrocinio può nominare un avvocato scelto tra gli iscritti negli elenchi degli avvocati per il patrocinio a spese dello Stato, istituiti presso il Consiglio individuato in conformità al comma 1.

(1) Articolo inserito dall'art. 9, co. 1, lett. l), d.lg. 10/10/2022, n. 149, con applicazione a decorrere dal 30/6/2023, come stabilito dall'art. 41, co. 4, d.lg. n. 149/2022 medesimo, come modificato dall'art. 1, co. 380, lett. c), punto 3), l. 29/12/2022, n. 197.

11 sexies. Ricorso avverso il rigetto dell'istanza per l'ammissione anticipata (1). – 1. Contro il rigetto dell'istanza per l'ammissione anticipata, l'interessato può proporre ricorso, entro venti giorni dalla comunicazione, avanti al presidente del tribunale del luogo in cui ha sede il Consiglio dell'ordine che ha adottato il provvedimento. Si applica l'articolo 99, commi 2, 3 e 4, del decreto del Presidente della Repubblica n. 115 del 2002.

(1) Articolo inserito dall'art. 9, co. 1, lett. l), d.lg. 10/10/2022, n. 149, con applicazione a decorrere dal 30/6/2023, come stabilito dall'art. 41, co. 4, d.lg. n. 149/2022 medesimo, come modificato dall'art. 1, co. 380, lett. c), punto 3), l. 29/12/2022, n. 197.

11 septies. Effetti dell'ammissione anticipata e sua conferma (1). – 1. L'ammissione anticipata al patrocinio è valida per l'intera procedura di negoziazione assistita e la parte ammessa è tenuta, nel corso del procedimento, a comunicare al proprio avvocato le modifiche reddituali idonee a incidere sulle condizioni di ammissione di cui all'articolo 11-ter.

2. Quando è raggiunto l'accordo di negoziazione, l'ammissione è confermata, su istanza dell'avvocato, dal Consiglio dell'ordine che ha deliberato l'ammissione anticipata, mediante apposizione del visto di congruità sulla parcella.

3. L'istanza di conferma indica l'ammontare del compenso richiesto dall'avvocato ed è corredata dall'accordo. Il Consiglio dell'ordine, verificata la completezza della documentazione e la congruità del compenso in base al valore dell'accordo indicato ai sensi dell'articolo 5, comma 1-bis, conferma l'ammissione e trasmette copia della parcella vistata all'ufficio competente del Ministero della giustizia perché proceda alle verifiche ritenute necessarie.

4. L'avvocato non può chiedere e percepire dal proprio assistito compensi o rimborsi a qualunque titolo, diversi da quelli previsti dal presente capo. Ogni patto contrario è nullo e si applica l'articolo 85, comma 3, del decreto del Presi-

dente della Repubblica n. 115 del 2002.

(1) Articolo inserito dall'art. 9, co. 1, lett. l), d.lg. 10/10/2022, n. 149, con applicazione a decorrere dal 30/6/2023, come stabilito dall'art. 41, co. 4, d.lg. 149/2022 medesimo, come modificato dall'art. 1, co. 380, lett. c), punto 3), l. 29/12/2022, n. 197.

11 octies. Determinazione, liquidazione e pagamento dell'onorario e delle spese dell'avvocato (1). – 1. Con decreto del Ministro della giustizia, adottato di concerto con il Ministro dell'economia e delle finanze entro sei mesi dalla data di entrata in vigore delle disposizioni attuative della legge 26 novembre 2021, n. 206, sono stabiliti gli importi spettanti all'avvocato della parte ammessa al patrocinio a spese dello Stato a titolo di onorario e spese. Con il medesimo decreto sono individuate le modalità di liquidazione e di pagamento, anche mediante riconoscimento di credito di imposta o di compensazione, delle somme determinate ai sensi del presente articolo, nonché le modalità e i contenuti della relativa richiesta e i controlli applicabili, anche di autenticità.

(1) Articolo inserito dall'art. 9, co. 1, lett. l), d.lg. 10/10/2022, n. 149, con applicazione a decorrere dal 30/6/2023, come stabilito dall'art. 41, co. 4, d.lg. n. 149/2022 medesimo, come modificato dall'art. 1, co. 380, lett. c), punto 3), l. 29/12/2022, n. 197.

11 nonies. Revoca del provvedimento di ammissione e ricorso avverso il relativo decreto (1). – 1. L'insussistenza dei presupposti per l'ammissione, da chiunque accertata, anche a seguito dei controlli di cui all'articolo 11-decies, è comunicata al Consiglio dell'ordine che ha deliberato l'ammissione.

2. Le sopravvenute modifiche delle condizioni reddituali che escludono l'ammissione al patrocinio sono immediatamente comunicate dalla parte ammessa o dal suo avvocato al Consiglio dell'ordine che ha deliberato l'ammissione in via anticipata.

3. Ricevute le comunicazioni previste dai commi 1 e 2, il Consiglio dell'ordine, effettuate le verifiche ritenute necessarie, revoca l'ammissione e ne dà comunicazione all'interessato e all'avvocato.

4. Contro il provvedimento di revoca l'interessato può proporre ricorso, entro venti giorni dalla comunicazione, avanti al presidente del tribunale del luogo in cui ha sede il Consiglio dell'ordine che lo ha adottato. Si applica l'articolo 99, commi 2, 3 e 4, del decreto del Presidente della Repubblica 30 maggio 2002, n. 115.

(1) Articolo inserito dall'art. 9, co. 1, lett. l), d.lg. 10/10/2022, n. 149, con applicazione a decorrere dal 30/6/2023, come stabilito dall'art. 41, co. 4, d.lg. n. 149/2022 medesimo, come modificato dall'art. 1, co. 380, lett. c), punto 3), l. 29/12/2022, n. 197.

11 decies. Sanzioni e controlli da parte della Guardia di finanza (1). – 1. Chiunque, al fine di ottenere o mantenere l'ammissione al patrocinio a spese dello Stato, formula l'istanza per l'ammissione corredata dalla dichiarazione sostitutiva di certificazione, attestante falsamente la sussistenza delle condizioni di reddito previste, è punito ai sensi dell'articolo 125, comma 1, del decreto del Presidente della Repubblica 30 maggio 2002, n. 115.

2. Si applica l'articolo 88 del decreto del Presidente della Repubblica 30 maggio 2002, n. 115.

(1) Articolo inserito dall'art. 9, co. 1, lett. l), d.lg. 10/10/2022, n. 149, con applicazione a decorrere dal 30/6/2023, come stabilito dall'art. 41, co. 4, d.lg. n. 149/2022 medesimo, come modificato dall'art. 1, co. 380, lett. c), punto 3), l. 29/12/2022, n. 197.

11 undecies. Disposizioni finanziarie (1). – 1. All'onere derivante dall'attuazione delle disposizioni di cui alla sezione II del presente capo, valutato in euro 549.360 annui a decorrere dall'anno 2023, si provvede mediante corrispondente riduzione del Fondo per l'attuazione della delega per l'efficienza del processo civile di cui all'articolo 1, comma 39, legge 26 novembre 2021, n. 206.

(1) Articolo inserito dall'art. 9, co. 1, lett. l), d.lg. 10/10/2022, n. 149, con applicazione a decorrere dal 30/6/2023, come stabilito dall'art. 41, co. 4, d.lg. n. 149/2022 medesimo, come modificato dall'art. 1, co. 380, lett. c), punto 3), l. 29/12/2022, n. 197.

Capo III
Ulteriori disposizioni per la semplificazione dei procedimenti di separazione personale e di divorzio

12. Separazione consensuale, richiesta congiunta di scioglimento o di cessazione degli effetti civili del matrimonio e modifica delle condizioni di separazione o di divorzio innanzi all'ufficiale dello stato civile (A). – 1. I coniugi possono concludere, innanzi al sindaco, quale ufficiale dello stato civile a norma dell'articolo 1 del decreto del Presidente della Repubblica 3 novembre 2000, n. 396, del comune di residenza di uno di loro o del comune presso cui è iscritto o trascritto l'atto di matrimonio, con l'assistenza facoltativa di un avvocato, un accordo di separazione personale ovvero, nei casi di cui all'articolo 3, primo comma, numero 2), lettera b), della legge 1° dicembre 1970, n. 898, di scioglimento o di cessazione degli effetti civili del matrimonio, nonché di modifica delle condizioni di separazione o di divorzio (1).

2. Le disposizioni di cui al presente articolo non si applicano in presenza di figli minori, di figli maggiorenni incapaci o portatori di handicap grave ai sensi dell'articolo 3, comma 3, della legge 5 febbraio 1992, n. 104, ovvero economicamente non autosufficienti (1).

3. L'ufficiale dello stato civile riceve da ciascuna delle parti personalmente, con l'assistenza facoltativa di un avvocato, la dichiarazione che esse vogliono separarsi ovvero far cessare gli effetti civili del matrimonio o ottenerne lo scioglimento secondo condizioni tra di esse concordate. Allo stesso modo si procede per la modifica delle condizioni di separazione o di divorzio. L'accordo non può contenere patti di trasferimento patrimoniale. L'atto contenente l'accordo è compilato e sottoscritto immediatamente dopo il ricevimento delle dichiarazioni di cui al presente comma. L'accordo tiene luogo dei provvedimenti giudiziali che definiscono, nei casi di cui al comma 1, i procedimenti di separazione personale, di cessazione degli effetti civili del matrimonio, di scioglimento del matrimonio e di modifica delle condizioni di separazione o di divorzio. Nei soli casi di separazione personale, ovvero di cessazione degli effetti civili del matrimonio o di scioglimento del matrimonio secondo condizioni concordate, l'ufficiale dello stato civile, quando riceve le dichiarazioni dei coniugi, li invita a comparire di fronte a sé non prima di trenta giorni dalla ricezione per la conferma dell'accordo anche ai fini degli adempimenti di cui al comma 5. La mancata comparizione equivale a mancata conferma dell'accordo (1).

4. All'articolo 3, al secondo capoverso della lettera b) del numero 2 del primo comma della legge 1° dicembre 1970, n. 898, dopo le parole «trasformato in consensuale» sono aggiunte le seguenti: «, ovvero dalla data certificata nell'accordo di separazione raggiunto a seguito di convenzione di negoziazione assistita da un avvocato ovvero dalla data dell'atto contenente l'accordo di separazione concluso innanzi all'ufficiale dello stato civile.».

5. Al decreto del Presidente della Repubblica 3 novembre 2000, n. 396 sono apportate le seguenti modificazioni:

a) all'articolo 49, comma 1, dopo la lettera g-bis), è aggiunta la seguente lettera: «g-ter) gli accordi di scioglimento o di cessazione degli effetti civili del matrimonio ricevuti dall'ufficiale dello stato civile;»;

b) all'articolo 63, comma 1, dopo la lettera g), è aggiunta la seguente lettera: «g-ter) gli accordi di separazione personale, di scioglimento o di cessazione degli effetti civili del matrimonio ricevuti dall'ufficiale dello stato civile, nonché di modifica delle condizioni di separazione o di divorzio;»;

c) all'articolo 69, comma 1, dopo la lettera d-bis), è aggiunta la seguente lettera: «d-ter) degli accordi di separazione personale, di scioglimento o di cessazione degli effetti civili del matrimonio ricevuti dall'ufficiale dello stato civile;» (2).

6. Alla Tabella D), allegata alla legge 8 giugno 1962, n. 604, dopo il punto 11 delle norme speciali inserire il seguente punto: «11-bis) Il diritto fisso da esigere da parte dei comuni all'atto della conclusione dell'accordo di separazione personale, ovvero di scioglimento o di cessazione degli effetti civili del matrimonio, nonché di modifica delle condizioni di separazione o di divorzio, ricevuto dall'ufficiale di stato civile del comune non può essere stabilito in misura superiore all'imposta fissa di bollo prevista per le pubblicazioni di matrimonio dall'articolo 4 della tabella allegato A) al decreto del Presidente della Repubblica 26 ottobre 1972, n. 642».

7. Le disposizioni del presente articolo si applicano a decorrere dal trentesimo giorno successivo all'entrata in vigore della legge di conversione del presente decreto.

(A) In riferimento al presente articolo vedi: Circolare del Ministero dell'Interno 10/10/2014, n. 2107; Circolare del Ministero dell'interno 28/11/2014, n. 19; Circolare del Ministero dell'Interno 24/4/2015, n. 6.

(1) Comma modificato dall'art. 1, co. 1, l. 10/11/2014, n. 162, in sede di conversione.

(2) Lettera modificata dall'art. 1, co. 1, l. 10/11/2014, n. 162, in sede di conversione.

L. 28 dicembre 2015, n. 208 (Legge stabilità 2016)

Modifiche ad art. 21-bis della l. 6 agosto 2015, n. 132 (incentivi fiscali alla degiurisdizionalizzazione)

(*Estratto, art. 1, co. 618*)

Art. 1, co. 618. – All'articolo 21-bis del decreto-legge 27 giugno 2015, n. 83, convertito, con modificazioni, dalla legge 6 agosto 2015, n. 132, sono apportate le seguenti modificazioni:

a) il comma 1 è sostituito dal seguente:

«1. Alle parti che corrispondono o che hanno corrisposto il compenso agli avvocati abilitati ad assisterli nel procedimento di negoziazione assistita ai sensi del capo II del decreto-legge 12 settembre 2014, n. 132, convertito, con modificazioni, dalla legge 10 novembre 2014, n. 162, nonché alle parti che corrispondono o che hanno corrisposto il compenso agli arbitri nel procedimento di cui al capo I del medesimo decreto, è riconosciuto, in caso di successo della negoziazione, ovvero di conclusione dell'arbitrato con lodo, un credito di imposta commisurato al compenso fino a concorrenza di 250 euro, nel limite di spesa di 5 milioni di euro annui a decorrere dall'anno 2016»;

b) al comma 2, le parole: «sessanta giorni dalla data di entrata in vigore della legge di conversione del presente decreto» sono sostituite dalle seguenti: «il 30 marzo 2016»;

c) al comma 3, le parole: «dell'anno 2016» sono sostituite dalle seguenti: «di ciascun anno successivo a quello di corresponsione dei compensi di cui al comma 1»;

d) al comma 4, le parole: «per l'anno 2015» sono soppresse;

e) al comma 5, le parole: «agli oneri derivanti dall'attuazione del presente articolo, pari a 5 milioni di euro per l'anno 2016,» sono sostituite dalle seguenti: «per l'attuazione del presente articolo è autorizzata la spesa di 5 milioni di euro annui a decorrere dall'anno 2016. Agli oneri per l'anno 2016».

D.l. 27 giugno 2015, n. 83, conv., con modif., in legge 6 agosto 2015, n. 132

Misure urgenti in materia fallimentare, civile e processuale civile e di organizzazione e funzionamento dell'amministrazione giudiziaria

(*Estratto, art. 21 bis*)

21 bis. Incentivi fiscali alla degiurisdizionalizzazione. – 1. Alle parti che corrispondono o che hanno corrisposto il compenso agli avvocati abilitati ad assisterli nel procedimento di negoziazione assistita ai sensi del capo II del decreto-legge 12 settembre 2014, n. 132, convertito, con modificazioni, dalla legge 10 novembre 2014, n. 162, nonché alle parti che corrispondono o che hanno corrisposto il compenso agli arbitri nel procedimento di cui al capo I del medesimo decreto, è riconosciuto, in caso di successo della negoziazione, ovvero di conclusione dell'arbitrato con lodo, un credito di imposta commisurato al compenso fino a concorrenza di 250 euro, nel limite di spesa di 5 milioni di euro annui a decorrere dall'anno 2016 (1).

2. Con decreto del Ministro della giustizia, di concerto con il Ministro dell'economia e delle finanze, da adottare entro il 30 marzo 2016 (2), sono stabiliti le modalità e la documentazione da esibire a corredo della richiesta del credito di imposta e i controlli sull'autenticità della stessa.

3. Il Ministero della giustizia comunica all'interessato, entro il 30 aprile di ciascun anno successivo a quello di corresponsione dei compensi di cui al comma 1 (3), l'importo del credito di imposta effettivamente spettante in relazione a cia-

scuno dei procedimenti di cui ai capi I e II del decreto-legge 12 settembre 2014, n. 132, convertito, con modificazioni, dalla legge 10 novembre 2014, n. 162, determinato in misura proporzionale alle risorse stanziate e trasmette, in via telematica, all'Agenzia delle entrate, l'elenco dei beneficiari e i relativi importi a ciascuno comunicati.

4. Il credito di imposta deve essere indicato nella dichiarazione dei redditi per l'anno 2015 (4) ed è utilizzabile a decorrere dalla data di ricevimento della comunicazione di cui al comma 3 del presente articolo, in compensazione ai sensi dell'articolo 17 del decreto legislativo 9 luglio 1997, n. 241, e successive modificazioni, nonché, da parte delle persone non titolari di redditi di impresa o di lavoro autonomo, in diminuzione delle imposte sui redditi. Il credito di imposta non dà luogo a rimborso e non concorre alla formazione del reddito ai fini delle imposte sui redditi, né del valore della produzione netta ai fini dell'imposta reginale sulle attività produttive e non rileva ai fini del rapporto di cui agli articoli 61 e 109, comma 5, del testo unico delle imposte sui redditi, di cui al decreto del Presidente della Repubblica 22 dicembre 1986, n. 917, e successive modificazioni.

5. Per l'attuazione del presente articolo è autorizzata la spesa di 5 milioni di euro annui a decorrere dall'anno 2016. Agli oneri per l'anno 2016 (5), si provvede mediante corrispondente riduzione del fondo di cui all'articolo 1, comma 96, della legge 23 dicembre 2014, n. 190.

6. Il Ministro dell'economia e delle finanze è autorizzato ad apportare, con propri decreti, le occorrenti variazioni di bilancio.

(1) Comma modificato dalla l. 28/12/2015, n. 208 (in SO n. 70, relativo alla G.U. 30/12/2015, n. 302).

(2) Le parole "entro il 30 marzo 2016" sono state inserite dall'art. 1, co. 618, l. 28/12/2015, n. 208 (in precedente la norma diceva "da adottare entro sessanta giorni dall'entrata in vigore della legge di conversione del presente decreto").

(3) Le parole "di ciascun anno successivo a quello di corresponsione dei compensi di cui al comma" sono state inserite dall'art. 1, co. 618, l. 28/12/2015, n. 208 (legge di stabilità per il 2016); in precedenza la norma si riferiva al periodo "entro il 30 aprile dell'anno 2016".

(4) Le parole "per l'anno 2015" sono state introdotte dall'art. 1, co. 618, l. 28/12/2015, n. 208 (legge di stabilità 2016).

(5) Le parole da "per" a "anno 2016" sono state inserite dall'art. 1, co. 618, l. 28/12/2015, n. 208 (legge di stabilità per il 2016).

Sezione XX

PARCHEGGI

L. 17 agosto 1942, n. 1150

Legge urbanistica

(*Estratto, art. 41 sexies*)

Artt. 1-41 quinquies. – *Omissis.*

Art. 41 sexies. – 1. Nelle nuove costruzioni ed anche nelle aree di pertinenza delle costruzioni stesse, debbono essere riservati appositi spazi per parcheggi in misura non inferiore ad un metro quadrato per ogni 10 metri cubi di costruzione (1).

2. Gli spazi per parcheggi realizzati in forza del primo comma non sono gravati da vincoli pertinenziali di sorta né da diritti d'uso a favore dei proprietari di altre unità immobiliari e sono trasferibili autonomamente da esse (2).

(1) Articolo aggiunto dall'art. 18, l. 6/8/1967, n. 765 e successivamente sostituito dall'art. 2, l. 24/3/1989, n. 122.

(2) Comma aggiunto dall'art. 12, co. 9, l. 28/11/2005, n. 246.

Artt. 41 septies-45. – *Omissis.*

L. 28 febbraio 1985, n. 47

Norme in materia di controllo dell'attività urbanistico-edilizia, sanzioni, recupero e sanatoria delle opere edilizie

(*Estratto, art. 26*)

Artt. 1-25. – *Omissis.*

***Art. 26. Opere interne**.** – *1. Non sono soggette a concessione né ad autorizzazione le opere interne alle costruzioni che non siano in contrasto con gli strumenti urbanistici adottati o approvati e con i regolamenti edilizi vigenti, non comportino modifiche della sagoma, della costruzione, dei prospetti né aumento delle superfici utili e del numero delle unità immobiliari, non modifichino la destinazione d'uso delle costruzioni e delle singole unità immobiliari, non rechino pregiudizio alla statica dell'immobile e, per quanto riguarda gli immobili compresi nelle zone indicate alla lettera A dell'articolo 2 del decreto ministeriale 2 aprile 1968, pubblicato nella Gazzetta Ufficiale n. 97 del 16 aprile 1968, rispettino le originarie caratteristiche costruttive. Ai fini dell'applicazione del presente articolo non è considerato aumento delle superfici utili l'eliminazione o lo spostamento di pareti interne o di parti di esse (1).*

2. Nei casi di cui al comma precedente, contestualmente all'inizio dei lavori, il proprietario dell'unità immobiliare deve presentare al sindaco una relazione, a firma di un professionista abilitato alla progettazione, che asseveri le opere da compiersi e il rispetto delle norme di sicurezza e delle norme igienico-sanitarie vigenti. 3. Le sanzioni di cui al precedente articolo 10, ridotte di un terzo, si applicano anche nel caso di mancata presentazione della relazione di cui al precedente comma (2). 4. Le disposizioni di cui ai commi precedenti non si applicano nel caso di immobili vincolati ai sensi delle leggi 1° giugno 1939, n. 1089, e 29 giugno 1939, n. 1497, e successive modificazioni ed integrazioni. 5. Gli spazi di cui all'articolo 18 della legge 6 agosto 1967, n. 765, costituiscono pertinenze delle costruzioni, ai sensi e per gli effetti degli articoli 817, 818 e 819 del codice civile.

* Articolo abrogato dall'art. 136, co. 2, lett. f), d.P.R. 6/6/2001, n. 380 a decorrere dal 1/1/2002 ai sensi dell'art. 138 del medesimo decreto. Successivamente, il termine di entrata in vigore del d.P.R. 6/6/2001, n. 380 è prorogato al 30/6/2002 dall'art. 5-bis, co. 1, d.l. 23/11/2001, n. 411, conv., con modif., dalla l. 31/12/2001, n. 463 e, da ultimo, è stato ulteriormente prorogato al 30/6/2003 dall'art. 2, co. 1, d.l. 20/6/2002, n. 122, conv. con l. 1/8/2002, n. 185.

(1) Comma modificato dall'art. 3-bis, co. 1 e 2, d.l. 23/4/1985, n. 146, conv. in l. 21/6/1985, n. 298.

(2) Comma aggiunto dall'art. 3-bis, co. 3, d.l. 23/4/1985, n. 146, conv. in l. 21/6/1985, n. 298.

Artt. 26-52. – *Omissis.*

L. 24 marzo 1989, n. 122

Disposizioni in materia di parcheggi, programma triennale per le aree urbane maggiormente popolate nonché modificazioni di alcune norme del testo unico sulla disciplina della circolazione stradale

(*Estratto, art. 9*)

Artt. 1-8. – *Omissis*.

Art. 9. – 1. I proprietari di immobili possono realizzare nel sottosuolo degli stessi ovvero nei locali siti al piano terreno dei fabbricati parcheggi da destinare a pertinenza delle singole unità immobiliari, anche in deroga agli strumenti urbanistici ed ai regolamenti edilizi vigenti. Tali parcheggi possono essere realizzati, ad uso esclusivo dei residenti, anche nel sottosuolo di aree pertinenziali esterne al fabbricato, purché non in contrasto con i piani urbani del traffico, tenuto conto dell'uso della superficie sovrastante e compatibilmente con la tutela dei corpi idrici. Restano in ogni caso fermi i vincoli previsti dalla legislazione in materia paesaggistica ed ambientale ed i poteri attribuiti dalla medesima legislazione alle regioni e ai Ministeri dell'ambiente e per i beni culturali ed ambientali da esercitare motivatamente nel termine di 90 giorni. I parcheggi stessi, ove i piani urbani del traffico non siano stati redatti, potranno comunque essere realizzati nel rispetto delle indicazioni di cui al periodo precedente (1).

2. L'esecuzione delle opere e degli interventi previsti dal comma 1 è soggetta a denuncia di inizio attività (2).

3. Le deliberazioni che hanno per oggetto le opere e gli interventi di cui al comma 1 sono approvate salvo che si tratti di proprietà non condominiale dalla assemblea del condominio, in prima o in seconda convocazione, con la maggioranza prevista dall'articolo 1136, secondo comma, del codice civile. Resta fermo quanto disposto dagli articoli 1120, secondo comma, e 1121, terzo comma, del codice civile (3).

4. I comuni, previa determinazione dei criteri di cessione del diritto di superficie e su richiesta dei privati interessati o di imprese di costruzione o di società anche cooperative, possono prevedere, nell'ambito del programma urbano dei parcheggi, la realizzazione di parcheggi da destinare a pertinenza di immobili privati su aree comunali o nel sottosuolo delle stesse. Tale disposizione si applica anche agli interventi in fase di avvio o già avviati. La costituzione del diritto di superficie è subordinata alla stipula di una convenzione nella quale siano previsti (4):

a) la durata della concessione del diritto di superficie per un periodo non superiore a novanta anni;

b) il dimensionamento dell'opera ed il piano economico-finanziario previsti per la sua realizzazione;

c) i tempi previsti per la progettazione esecutiva, la messa a disposizione delle aree necessarie e la esecuzione dei lavori;

d) i tempi e le modalità per la verifica dello stato di attuazione nonché le sanzioni previste per gli eventuali inadempimenti.

5. Fermo restando quanto previsto dall'articolo 41-sexies, della legge 17 agosto 1942, n. 1150, e successive modificazioni, e l'modificabilità dell'esclusiva destinazione a parcheggio, la proprietà dei parcheggi realizzati a norma del comma 1 può essere trasferita, anche in deroga a quanto previsto nel titolo edilizio che ha legittimato la costruzione e nei successivi atti convenzionali, solo con contestuale destinazione del parcheggio trasferito a pertinenza di altra unità immobiliare sita nello stesso comune. I parcheggi realizzati ai sensi del comma 4 non possono essere ceduti separatamente dall'unità immobiliare alla quale sono legati da vincolo pertinenziale e i relativi atti di cessione sono nulli, ad eccezione di espressa previsione contenuta nella convenzione stipulata con il comune, ovvero quando quest'ultimo abbia autorizzato l'atto di cessione (5).

6. Le opere e gli interventi di cui ai precedenti commi 1 e 4, nonché gli acquisti di immobili destinati a parcheggi, effettuati da enti o imprese di assicurazione sono equiparati, ai fini della copertura delle riserve tecniche, ad immobili ai sensi degli articoli 32 ed 86 della legge 22 ottobre 1986, n. 742.

(1) Comma integrato dall'art. 17, co. 90, lett. a), l. 15/5/1997, n. 127 e, successivamente dall'art. 37, co. 1, l. 7/12/1999, n. 472.

(2) Comma sostituito dall'art. 137, co. 2, d.P.R. 6/6/2001, n. 380.

(3) Comma modificato dall'art. 17, co. 90, l. 15/5/1997, n. 127.

(4) Comma modificato dall'art. 10, co. 2-ter, d.l. 30/12/1997, n. 457, conv., con modif., dalla l. 27/2/1998, n. 30.

(5) Comma sostituito dall'art. 10 del d.l. 9/2/2012, n. 5.

Artt. 10-29. – *Omissis*.

Sezione XXI
PERSONE GIURIDICHE

D.P.R. 10 febbraio 2000, n. 361
Regolamento recante norme per la semplificazione dei procedimenti di riconoscimento di persone giuridiche private e di approvazione delle modifiche dell'atto costitutivo e dello statuto

1. Procedimento per l'acquisto della personalità giuridica. – 1. Salvo quanto previsto dagli articoli 7 e 9, le associazioni, le fondazioni e le altre istituzioni di carattere privato acquistano la personalità giuridica mediante il riconoscimento determinato dall'iscrizione nel registro delle persone giuridiche, istituito presso le prefetture.

2. La domanda per il riconoscimento di una persona giuridica, sottoscritta dal fondatore ovvero da coloro ai quali è conferita la rappresentanza dell'ente, è presentata alla prefettura nella cui provincia è stabilita la sede dell'ente. Alla domanda i richiedenti allegano copia autentica dell'atto costitutivo e dello statuto. La prefettura rilascia una ricevuta che attesta la data di presentazione della domanda.

3. Ai fini del riconoscimento è necessario che siano state soddisfatte le condizioni previste da norme di legge o di regolamento per la costituzione dell'ente, che lo scopo sia possibile e lecito e che il patrimonio risulti adeguato alla realizzazione dello scopo.

4. La consistenza del patrimonio deve essere dimostrata da idonea documentazione allegata alla domanda.

5. Entro il termine di centoventi giorni dalla data di presentazione della domanda il prefetto provvede all'iscrizione.

6. Qualora la prefettura ravvisi ragioni ostative all'iscrizione ovvero la necessità di integrare la documentazione presentata, entro il termine di cui al comma 5, ne dà motivata comunicazione ai richiedenti, i quali, nei successivi trenta giorni, possono presentare memorie e documenti. Se, nell'ulteriore termine di trenta giorni, il prefetto non comunica ai richiedenti il motivato diniego ovvero non provvede all'iscrizione, questa si intende negata.

7. Il riconoscimento delle fondazioni istituite per testamento può essere concesso dal prefetto, d'ufficio, in caso di ingiustificata inerzia del soggetto abilitato alla presentazione della domanda.

8. Le prefetture istituiscono il registro di cui al comma 1, entro novanta giorni dalla data di entrata in vigore del presente regolamento.

9. Le prefetture e le regioni provvedono, ai sensi dell'art. 6 del decreto legislativo 28 agosto 1997, n. 281, ad attivare collegamenti telematici per lo scambio dei dati e delle informazioni.

10. Con decreto del Ministro per i beni e le attività culturali, da adottarsi entro novanta giorni dalla data di entrata in vigore del presente regolamento, sentito il Ministro dell'interno, sono determinati i casi in cui il riconoscimento delle persone giuridiche che operano nelle materie di competenza del Ministero per i beni e le attività culturali è subordinato al preventivo parere della stessa amministrazione, da esprimersi nel termine di sessanta giorni dalla richiesta del prefetto. In mancanza del parere il prefetto procede ai sensi dei commi 5 e 6 (1).

(1) Vedi d.m. 7/5/2002.

2. Modificazioni dello statuto e dell'atto costitutivo. – 1. Le modificazioni dello statuto e dell'atto costitutivo sono approvate con le modalità e nei termini previsti per l'acquisto della personalità giuridica dall'art. 1, salvo i casi di riconoscimento della personalità giuridica per atto legislativo.

2. Alla domanda sono allegati i documenti idonei a dimostrare la sussistenza dei requisiti previsti dall'art. 21, secondo comma, del codice civile.

3. Per le fondazioni, alla domanda è allegata la documentazione necessaria a comprovare il rispetto delle disposizioni statutarie inerenti al procedimento di modifica dello statuto.

3. Registro delle persone giuridiche. – 1. Il registro di cui all'art. 1, comma 1, consta di due parti, l'una generale e l'altra analitica.

2. Nella prima parte del registro sono iscritte le persone giuridiche con la sola indicazione della loro denominazione.

3. L'iscrizione è contrassegnata da un numero d'ordine ed è accompagnata dall'indicazione della data, del nome del richiedente, delle pagine riservate nella parte analitica alla stessa persona giuridica e del volume in cui sono contenuti lo statuto e l'atto costitutivo e di quello dove sono raccolte le copie delle deliberazioni e dei provvedimenti iscritti nel registro. Alla fine della parte generale il registro è munito di una rubrica alfabetica contenente il nome della persona giuridica, il numero della pagina in cui la stessa è iscritta e il riferimento alla parte analitica del registro.

4. Nella seconda parte del registro, distintamente per ogni persona giuridica, sono iscritti tutti gli elementi e i fatti indicati nell'art. 4.

5. Ad ogni persona giuridica è riservato nella seconda parte del registro un intero foglio costituito da due pagine contrapposte. Le iscrizioni successive si fanno nello stesso foglio. Quando il foglio riservato ad una persona giuridica è esaurito, le iscrizioni sono fatte in un foglio successivo. La continuazione deve risultare chiaramente dalla pagina esaurita.

6. Il registro, prima di essere posto in uso, deve essere numerato e vidimato in ciascun foglio dal prefetto ovvero da un funzionario da questi delegato con decreto da iscriversi nella prima pagina del registro. Nell'ultima pagina il prefetto indica il numero dei fogli di cui è composto il registro.

7. Per ottenere l'iscrizione dei fatti indicati nell'art. 4, comma 2, il richiedente deve presentare copia autentica in carta libera della deliberazione o del provvedimento da iscrivere. Tali copie restano depositate in prefettura e sono ordinate in volumi muniti di rubrica alfabetica.

8. Il registro e i documenti relativi possono essere esaminati da chiunque ne fa richiesta. La prefettura deve rilasciare gli estratti e i certificati che sono richiesti.

9. Agli adempimenti di cui al presente regolamento è data attuazione, ove possibile, mediante l'utilizzo dei mezzi telematici previsti dalle norme vigenti.

4. Iscrizioni nel registro. – 1. Nel registro devono essere indicati la data dell'atto costitutivo. la denominazione, lo scopo, il patrimonio, la durata, qualora sia stata determinata, la sede della persona giuridica e il cognome, il nome e il codice fiscale degli amministratori, con menzione di quelli ai quali è attribuita la rappresentanza.

2. Nel registro devono altresì essere iscritte le modificazioni dell'atto costitutivo e dello statuto, il trasferimento della sede e l'istituzione di sedi secondarie, la sostituzione degli amministratori, con indicazione di quelli ai quali è attribuita la rappresentanza, le deliberazioni di scioglimento, i provvedimenti che ordinano lo scioglimento o accertano l'estinzione, il cognome e nome dei liquidatori e tutti gli altri atti e fatti la cui iscrizione è espressamente prevista da norme di legge o di regolamento.

5. Decentramento amministrativo. – 1. Le funzioni amministrative già attribuite all'autorità governativa dalle norme del capo II, titolo II, libro I del codice civile, sono esercitate dalle prefetture ovvero dalle regioni o dalle province autonome competenti.

6. Estinzione della persona giuridica. – 1. La prefettura, la regione ovvero la provincia autonoma competente accerta, su istanza di qualunque interessato o anche d'ufficio, l'esistenza di una delle cause di estinzione della persona giuridica previste dall'art. 27 del codice civile e dà comunicazione della dichiarazione di estinzione agli amministratori e al presidente del tribunale ai fini di cui all'art. 11 delle disposizioni di attuazione del codice civile.

2. Chiusa la procedura di liquidazione, il presidente del tribunale provvede che ne sia data comunicazione ai competenti uffici per la conseguente cancellazione dell'ente dal registro delle persone giuridiche.

7. Competenze delle regioni e delle province autonome. – 1. Il riconoscimento delle persone giuridiche private che operano nelle materie attribuite alla competenza delle regioni dall'art. 14 del decreto del Presidente della Repubblica 24 luglio 1977, n. 616, e le cui finalità statutarie si esauriscono nell'ambito di una sola regione, è determinato dall'iscrizione nel registro delle persone giuridiche istituito presso la stessa regione.

2. Entro novanta giorni dalla data di entrata in vigore del presente regolamento le regioni a statuto ordinario istituiscono il registro delle persone giuridiche di cui al comma 1. Fino a quando non abbiano provveduto, le regioni applicano le norme del presente regolamento.

3. Le regioni a statuto speciale e le province autonome di Trento e di Bolzano provvedono ad adeguare i rispettivi ordinamenti.

8. Coordinamento con il codice civile e con le norme di attuazione. – 1. I richiami a norme abrogate dal presente regolamento contenuti nel codice civile e nelle leggi speciali s'intendono riferiti alle corrispondenti disposizioni del regolamento medesimo. Ogni riferimento a competenze dell'autorità giudiziaria in tema di acquisto della personalità giuridica, di tenuta del registro delle persone giuridiche e di iscrizioni nello stesso s'intende fatto alla prefettura ovvero alla regione o provincia autonoma competenti.

2. Le sanzioni di cui all'art. 35 del codice civile si applicano alle ipotesi di mancata richiesta di iscrizione nei termini e secondo le modalità previste nel presente regolamento.

9. Norme speciali. – 1. Le norme del presente regolamento sono applicabili ai procedimenti di riconoscimento delle associazioni previste dall'art. 10 della legge 20 maggio 1985, n. 222, fatto salvo quanto disposto dal secondo e terzo comma del medesimo articolo.

2. Nulla è innovato nella disciplina degli enti ecclesiastici civilmente riconosciuti, in base alla legge 20 maggio 1985, n. 222, nonché degli enti civilmente riconosciuti in base alle leggi di approvazione di intese con le confessioni religiose ai sensi dell'art. 8, terzo comma, della Costituzione. Nei confronti di tali enti trovano applicazione le disposizioni contenute negli articoli 3 e 4.

3. Sono fatte comunque salve le altre norme speciali derogatorie rispetto alla disciplina delle persone giuridiche di cui al libro I, titolo II, del codice civile, alle relative disposizioni di attuazione e alle norme del presente regolamento.

10. Norme finali e transitorie (1). – 1. I compiti spettanti in base alle disposizioni del presente regolamento al prefetto e alle prefetture si intendono riferiti, per le province autonome di Trento e di Bolzano ai commissari di governo e ai rispettivi uffici, e per la Regione Valle d'Aosta al presidente della commissione di coordinamento e al suo ufficio.

2. Le amministrazioni dello Stato provvedono, entro novanta giorni dalla data di entrata in vigore del presente regolamento, a trasmettere alle prefetture competenti per territorio gli atti relativi ai procedimenti pendenti, nonché quelli concernenti le persone giuridiche private che hanno conseguito il riconoscimento nel vigore della precedente disciplina.

3. Entro il medesimo termine, le cancellerie dei tribunali trasmettono alle prefetture, alle regioni ovvero alle province autonome, secondo le rispettive competenze, gli atti relativi alle persone giuridiche iscritte nel registro.

4. I termini di conclusione di tutti i procedimenti pendenti alla data di entrata in vigore del presente regolamento, nonché di quelli relativi a domande presentate nelle more dell'istituzione del registro decorrono dalla data di istituzione del medesimo.

5. Fino al momento dell'effettivo trasferimento dei registri e dei relativi atti alle prefetture, ovvero alle regioni o province autonome, al rilascio dei certificati concernenti le persone giuridiche provvede la cancelleria del tribunale.

(1) Con sent. 16/1-5/2/2003, n. 38 la Corte costituzionale ha dichiarato che non spetta allo Stato, e per esso al Governo, stabilire con regolamento che i compiti spettanti in base alle disposizioni del regolamento medesimo al prefetto e alle prefetture sono riferiti, per la Regione Valle d'Aosta, al presidente della commissione di coordinamento e al suo ufficio, anziché al Presidente della Regione; e per l'effetto annulla il presente articolo nella parte in cui dispone che "i compiti spettanti in base alle disposizioni del presente regolamento al prefetto e alle prefetture si intendono riferiti" "per la Regione Valle d'Aosta al presidente della commissione di coordinamento e al suo ufficio".

11. Abrogazioni. – 1. Ai sensi dell'art. 20, comma 4, della legge 15 marzo 1997, n. 59, dalla data di entrata in vigore del presente regolamento, sono abrogate le seguenti disposizioni:

a) art. 12 del codice civile;

b) art. 16, terzo comma, del codice civile;

c) art. 27, terzo comma, del codice civile;

d) articoli 33 e 34, del codice civile;

e) art. 35, limitatamente alle parole: "dagli articoli 33 e 34, nel termine e secondo le modalità stabilite dalle norme di attuazione del codice";

f) articoli 1, 2, 4, 10, 20, secondo comma, 22, 23, 24, 25, 26, 27, 28, 29 e 30 delle disposizioni di attuazione del codice civile e disposizioni transitorie, approvate con regio decreto 30 marzo 1942, n. 318.

12. Entrata in vigore. – 1. Il presente regolamento entra in vigore il quindicesimo giorno successivo a quello della sua pubblicazione nella Gazzetta Ufficiale della Repubblica italiana.

D.lg. 8 giugno 2001, n. 231

Disciplina della responsabilità amministrativa delle persone giuridiche, delle società e delle associazioni anche prive di personalità giuridica, a norma dell'articolo 11 della legge 29 settembre 2000, n. 300

Capo I
Responsabilità amministrativa dell'ente

Sezione I
Principi generali e criteri di attribuzione della responsabilità amministrativa

1. Soggetti. – 1. Il presente decreto legislativo disciplina la responsabilità degli enti per gli illeciti amministrativi dipendenti da reato.

2. Le disposizioni in esso previste si applicano agli enti forniti di personalità giuridica e alle società e associazioni anche prive di personalità giuridica.

3. Non si applicano allo Stato, agli enti pubblici territoriali, agli altri enti pubblici non economici nonché agli enti che svolgono funzioni di rilievo costituzionale.

2. Principio di legalità. – 1. L'ente non può essere ritenuto responsabile per un fatto costituente reato se la sua responsabilità amministrativa in relazione a quel reato e le relative sanzioni non sono espressamente previste da una legge entrata in vigore prima della commissione del fatto.

3. Successione di leggi. – 1. L'ente non può essere ritenuto responsabile per un fatto che secondo una legge posteriore non costituisce più reato o in relazione al quale non è più prevista la responsabilità amministrativa dell'ente, e, se vi è stata condanna, ne cessano l'esecuzione e gli effetti giuridici.

2. Se la legge del tempo in cui è stato commesso l'illecito e le successive sono diverse, si applica quella le cui disposizioni sono più favorevoli, salvo che sia intervenuta pronuncia irrevocabile.

3. Le disposizioni dei commi 1 e 2 non si applicano se si tratta di leggi eccezionali o temporanee.

4. Reati commessi all'estero. – 1. Nei casi e alle condizioni previsti dagli articoli 7, 8, 9 e 10 del codice penale, gli enti aventi nel territorio dello Stato la sede principale rispondono anche in relazione ai reati commessi all'estero, purché nei loro confronti non proceda lo Stato del luogo in cui è stato commesso il fatto.

2. Nei casi in cui la legge prevede che il colpevole sia punito a richiesta del Ministro della giustizia, si procede contro l'ente solo se la richiesta è formulata anche nei confronti di quest'ultimo.

5. Responsabilità dell'ente. – 1. L'ente è responsabile per i reati commessi nel suo interesse o a suo vantaggio:

a) da persone che rivestono funzioni di rappresentanza, di amministrazione o di direzione dell'ente o di una sua unità organizzativa dotata di autonomia finanziaria e funzionale nonché da persone che esercitano, anche di fatto, la gestione e il controllo dello stesso;

b) da persone sottoposte alla direzione o alla vigilanza di uno dei soggetti di cui alla lettera a).

2. L'ente non risponde se le persone indicate nel comma 1 hanno agito nell'interesse esclusivo proprio o di terzi.

6. Soggetti in posizione apicale e modelli di organizzazione dell'ente. – 1. Se il reato è stato commesso dalle persone indicate nell'articolo 5, comma 1, lettera a), l'ente non risponde se prova che:

a) l'organo dirigente ha adottato ed efficacemente attuato, prima della commissione del fatto, modelli di organizzazione e di gestione idonei a prevenire reati della specie di quello verificatosi;

b) il compito di vigilare sul funzionamento e l'osservanza dei modelli di curare il loro aggiornamento è stato affidato a un organismo dell'ente dotato di autonomi poteri di iniziativa e di controllo;

c) le persone hanno commesso il reato eludendo fraudolentemente i modelli di organizzazione e di gestione;

d) non vi è stata omessa o insufficiente vigilanza da parte dell'organismo di cui alla lettera b).

2. In relazione all'estensione dei poteri delegati e al rischio di commissione dei reati, i modelli di cui alla lettera a), del comma 1, devono rispondere alle seguenti esigenze:

a) individuare le attività nel cui ambito possono essere commessi reati;

b) prevedere specifici protocolli diretti a programmare la formazione e l'attuazione delle decisioni dell'ente in relazione ai reati da prevenire;

c) individuare modalità di gestione delle risorse finanziarie idonee ad impedire la commissione dei reati;

d) prevedere obblighi di informazione nei confronti dell'organismo deputato a vigilare sul funzionamento e l'osservanza dei modelli;

e) introdurre un sistema disciplinare idoneo a sanzionare il mancato rispetto delle misure indicate nel modello.

2-bis. I modelli di cui al comma 1, lettera a), prevedono, ai sensi del decreto legislativo attuativo della direttiva (UE) 2019/1937 del Parlamento europeo e del Consiglio del 23 ottobre 2019, i canali di segnalazione interna, il divieto di ritorsione e il sistema disciplinare, adottato ai sensi del comma 2, lettera e) (1).

[*2-ter. L'adozione di misure discriminatorie nei confronti dei soggetti che effettuano le segnalazioni di cui al comma 2-bis può essere denunciata all'Ispettorato nazionale del lavoro, per i provvedimenti di propria competenza, oltre che dal segnalante, anche dall'organizzazione sindacale indicata dal medesimo. 2-quater. Il licenziamento ritorsivo o discriminatorio del soggetto segnalante è nullo. Sono altresì nulli il mutamento di mansioni ai sensi dell'articolo 2103 del codice civile, nonché qualsiasi altra misura ritorsiva o discriminatoria adottata nei confronti del segnalante. È onere del datore di lavoro, in caso di controversie legate all'irrogazione di sanzioni disciplinari, o a demansionamenti, licenziamenti, trasferimenti, o sottoposizione del segnalante ad altra misura organizzativa avente effetti negativi, diretti o indiretti, sulle condizioni di lavoro, successivi alla presentazione della segnalazione, dimostrare che tali misure sono fondate su ragioni estranee alla segnalazione stessa*] (2).

3. I modelli di organizzazione e di gestione possono essere adottati, garantendo le esigenze di cui al comma 2, sulla base di codici di comportamento redatti dalle associazioni rappresentative degli enti, comunicati al Ministero della giustizia che, di concerto con i Ministeri competenti, può formulare, entro trenta giorni, osservazioni sulla idoneità dei modelli a prevenire i reati (3).

4. Negli enti di piccole dimensioni i compiti indicati nella

lettera b), del comma 1, possono essere svolti direttamente dall'organo dirigente.

4-bis. Nelle società di capitali il collegio sindacale, il consiglio di sorveglianza e il comitato per il controllo della gestione possono svolgere le funzioni dell'organismo di vigilanza di cui al comma 1, lettera b) (4).

5. È comunque disposta la confisca del profitto che l'ente ha tratto dal reato, anche nella forma per equivalente.

(1) Comma inserito dall'art. 2 della l. 30/11/2017, n. 179 successivamente sostituito dall'art. 24, co. 5, d.lg. 10/3/2023, n. 24, per l'effetto di tale modifica a decorrere dal 17/12/2023, vedi l'art. 24, co. 2, del medesimo d.lg. n. 24/2023. Per il testo in vigore fino a tale data vedi testo previgente.

(2) Comma inserito dall'art. 2 della l. 30/11/2017, n. 179 successivamente abrogato dall'art. 23, co. 1, lett. a), d.lg. 10/3/2023, n. 24, con effetto a decorrere dal 15/7/2023, come disposto dall'art. 24, co. 1, del medesimo d.lg. n. 24/2023.

(3) Vedi l'art. 8, co. 1, d.m. 26/6/2003, n. 201.

(4) Comma inserito dall'art. 14, co. 12, l. 12/11/2011, n. 183, a decorrere dal 1/1/2012, ai sensi dell'art. 36, co. 1, della medesima l. n. 183/2011.

7. Soggetti sottoposti all'altrui direzione e modelli di organizzazione dell'ente. – 1. Nel caso previsto dall'articolo 5, comma 1, lettera b), lente è responsabile se la commissione del reato è stata resa possibile dall'inosservanza degli obblighi di direzione o vigilanza.

2. In ogni caso, è esclusa l'inosservanza degli obblighi di direzione o vigilanza se l'ente, prima della commissione del reato, ha adottato ed efficacemente attuato un modello di organizzazione, gestione e controllo idoneo a prevenire reati della specie di quello verificatosi.

3. Il modello prevede, in relazione alla natura e alla dimensione dell'organizzazione nonché al tipo di attività svolta, misure idonee a garantire lo svolgimento dell'attività nel rispetto della legge e a scoprire ed eliminare tempestivamente situazioni di rischio.

4. L'efficace attuazione del modello richiede:

a) una verifica periodica e l'eventuale modifica dello stesso quando sono scoperte significative violazioni delle prescrizioni ovvero quando intervengono mutamenti nell'organizzazione o nell'attività;

b) un sistema disciplinare idoneo a sanzionare il mancato rispetto delle misure indicate nel modello.

8. Autonomia delle responsabilità dell'ente. – 1. La responsabilità dell'ente sussiste anche quando:

a) l'autore del reato non è stato identificato o non è imputabile;

b) il reato si estingue per una causa diversa dall'amnistia.

2. Salvo che la legge disponga diversamente, non si procede nei confronti dell'ente quando è concessa amnistia per un reato in relazione al quale è prevista la sua responsabilità e l'imputato ha rinunciato alla sua applicazione.

3. L'ente può rinunciare all'amnistia.

Sezione II
Sanzioni in generale

9. Sanzioni amministrative. – 1. Le sanzioni per gli illeciti amministrativi dipendenti da reato sono:

a) la sanzione pecuniaria;

b) le sanzioni interdittive;

c) la confisca;

d) la pubblicazione della sentenza.

2. Le sanzioni interdittive sono:

a) l'interdizione dall'esercizio dell'attività;

b) la sospensione o la revoca delle autorizzazioni, licenze o concessioni funzionali alla commissione dell'illecito;

c) il divieto di contrattare con la pubblica amministrazione, salvo che per ottenere le prestazioni di un pubblico servizio;

d) l'esclusione da agevolazioni, finanziamenti, contributi o sussidi e l'eventuale revoca di quelli già concessi;

e) il divieto di pubblicizzare beni o servizi.

10. Sanzione amministrativa pecuniaria. – 1. Per l'illecito amministrativo dipendente da reato si applica sempre la sanzione pecuniaria.

2. La sanzione pecuniaria viene applicata per quote in un numero non inferiore a cento né superiore a mille.

3. L'importo di una quota va da un minimo di lire cinquecentomila ad un massimo di lire tre milioni.

4. Non è ammesso il pagamento in misura ridotta.

11. Criteri di commisurazione della sanzione pecuniaria. – 1. Nella commisurazione della sanzione pecuniaria il giudice determina il numero delle quote tenendo conto della gravità del fatto, del grado della responsabilità dell'ente nonché dell'attività svolta per eliminare o attenuare le conseguenze del fatto e per prevenire la commissione di ulteriori illeciti.

2. L'importo della quota è fissato sulla base delle condizioni economiche e patrimoniali dell'ente allo scopo di assicurare l'efficacia della sanzione.

3. Nei casi previsti dall'articolo 12, comma 1, l'importo della quota è sempre di lire duecentomila.

12. Casi di riduzione della sanzione pecuniaria. – 1. La sanzione pecuniaria è ridotta della metà e non può comunque essere superiore a lire duecento milioni se:

a) l'autore del reato ha commesso il fatto nel prevalente interesse proprio o di terzi e lente non ne ha ricavato vantaggio o ne ha ricavato un vantaggio minimo;

b) il danno patrimoniale cagionato è di particolare tenuità;

2. La sanzione è ridotta da un terzo alla metà se, prima della dichiarazione di apertura del dibattimento di primo grado:

a) l'ente ha risarcito integralmente il danno e ha eliminato le conseguenze dannose o pericolose del reato ovvero si è comunque efficacemente adoperato in tal senso;

b) è stato adottato e reso operativo un modello organizzativo idoneo a prevenire reati della specie di quello verificatosi.

3. Nel caso in cui concorrono entrambe le condizioni previste dalle lettere del precedente comma, la sanzione è ridotta dalla metà ai due terzi.

4. In ogni caso, la sanzione pecuniaria non può essere inferiore a lire venti milioni.

13. Sanzioni interdittive. – 1. Le sanzioni interdittive si applicano in relazione ai reati per i quali sono espressamente previste, quando ricorre almeno una delle seguenti condizioni:

a) l'ente ha tratto dal reato un profitto di rilevante entità e il reato è stato commesso da soggetti in posizione apicale ovvero da soggetti sottoposti all'altrui direzione quando, in questo caso, la commissione del reato è stata determinata o agevolata da gravi carenze organizzative;

b) in caso di reiterazione degli illeciti.

2. Fermo restando quanto previsto dall'articolo 25, comma 5, le sanzioni interdittive hanno una durata non inferiore a tre mesi e non superiore a due anni (1).

3. Le sanzioni interdittive non si applicano nei casi previsti dall'articolo 12, comma 1.

(1) Comma modificato dall'art. 1, co. 9, lett. a), l. 9/1/2019, n. 3.

14. Criteri di scelta delle sanzioni interdittive. – 1. Le sanzioni interdittive hanno ad oggetto la specifica attività alla quale si riferisce l'illecito dell'ente. Il giudice ne determina il tipo e la durata sulla base dei criteri indicati nell'articolo 11, tenendo conto dell'idoneità delle singole sanzioni a prevenire illeciti del tipo di quello commesso.

2. Il divieto di contrattare con la pubblica amministrazione può anche essere limitato a determinati tipi di contratto o a determinate amministrazioni. L'interdizione dall'esercizio di un'attività comporta la sospensione ovvero la revoca delle autorizzazioni, licenze o concessioni funzionali allo svolgimento dell'attività.

3. Se necessario, le sanzioni interdittive possono essere applicate congiuntamente.

4. L'interdizione dall'esercizio dell'attività si applica soltanto quando l'irrogazione di altre sanzioni interdittive risulta inadeguata.

15. Commissario giudiziale. – 1. Se sussistono i presupposti per l'applicazione di una sanzione interdittiva che determina l'interruzione dell'attività dell'ente, il giudice, in luogo dell'applicazione della sanzione, dispone la prosecuzione dell'attività dell'ente da parte di un commissario per un periodo pari alla durata della pena interdittiva che sarebbe stata applicata, quando ricorre almeno una delle seguenti condizioni:

a) l'ente svolge un pubblico servizio o un servizio di pubblica necessità la cui interruzione può provocare un grave pregiudizio alla collettività;

b) l'interruzione dell'attività dell'ente può provocare, tenuto conto delle sue dimensioni e delle condizioni economiche del territorio in cui è situato, rilevanti ripercussioni sull'occupazione;

b-bis) l'attività è svolta in stabilimenti industriali o parti di essi dichiarati di interesse strategico nazionale ai sensi dell'articolo 1 del decreto-legge 3 dicembre 2012, n. 207, convertito, con modificazioni, dalla legge 24 dicembre 2012, n. 231. In caso di imprese che dopo il verificarsi dei reati che danno luogo all'applicazione della sanzione sono state ammesse all'amministrazione straordinaria, anche in via temporanea ai sensi dell'articolo 1 del decreto-legge 5 dicembre 2022, n. 187, la prosecuzione dell'attività è affidata al commissario già nominato nell'ambito della procedura di amministrazione straordinaria (1).

2. Con la sentenza che dispone la prosecuzione dell'attività, il giudice indica i compiti ed i poteri del commissario, tenendo conto della specifica attività in cui è stato posto in essere l'illecito da parte dell'ente.

3. Nell'ambito dei compiti e dei poteri indicati dal giudice, il commissario cura l'adozione e l'efficace attuazione dei modelli di organizzazione e di controllo idonei a prevenire reati della specie di quello verificatosi. Non può compiere atti di straordinaria amministrazione senza autorizzazione del giudice.

4. Il profitto derivante dalla prosecuzione dell'attività viene confiscato.

5. La prosecuzione dell'attività da parte del commissario non può essere disposta quando l'interruzione dell'attività consegue all'applicazione in via definitiva di una sanzione interdittiva.

(1) Lettera aggiunta dall'art. 5, co. 1, lett. a), d.l. 5/1/2023, n. 2, conv., con modif., dalla l. 3/3/2023, n. 17.

16. Sanzioni interdittive applicate in via definitiva. – 1. Può essere disposta l'interdizione definitiva dall'esercizio dell'attività se l'ente ha tratto dal reato un profitto di rilevante entità ed è già stato condannato, almeno tre volte negli ultimi sette anni, alla interdizione temporanea dall'esercizio dell'attività.

2. Il giudice può applicare all'ente, in via definitiva, la sanzione del divieto di contrattare con la pubblica amministrazione ovvero del divieto di pubblicizzare beni o servizi quando è già stato condannato alla stessa sanzione almeno tre volte negli ultimi sette anni.

3. Se l'ente o una sua unità organizzativa viene stabilmente utilizzato allo scopo unico o prevalente di consentire o agevolare la commissione di reati in relazione ai quali è prevista la sua responsabilità è sempre disposta l'interdizione definitiva dall'esercizio dell'attività e non si applicano le disposizioni previste dall'articolo 17.

17. Riparazione delle conseguenze del reato. – 1. Ferma l'applicazione delle sanzioni pecuniarie, le sanzioni interdittive non si applicano quando, prima della dichiarazione di apertura del dibattimento di primo grado, concorrono le seguenti condizioni:

a) l'ente ha risarcito integralmente il danno e ha eliminato le conseguenze dannose o pericolose del reato ovvero si è comunque efficacemente adoperato in tal senso;

b) l'ente ha eliminato le carenze organizzative che hanno determinato il reato mediante l'adozione e l'attuazione di modelli organizzativi idonei a prevenire reati della specie di quello verificatosi;

c) l'ente ha messo a disposizione il profitto conseguito ai fini della confisca.

1-bis. In ogni caso, le sanzioni interdittive non possono essere applicate quando pregiudicano la continuità dell'attività svolta in stabilimenti industriali o parti di essi dichiarati di interesse strategico nazionale ai sensi dell'articolo 1 del decreto-legge 3 dicembre 2012, n. 207, convertito, con modificazioni, dalla legge 24 dicembre 2012, n. 231, se l'ente ha eliminato le carenze organizzative che hanno determinato il reato mediante l'adozione e l'attuazione di modelli organizzativi idonei a prevenire reati della specie di quello verificatosi. Il modello organizzativo si considera sempre idoneo a prevenire reati della specie di quello verificatosi quando nell'ambito della procedura di riconoscimento dell'interesse strategico nazionale sono stati adottati provvedimenti diretti a realizzare, anche attraverso l'adozione di modelli organizzativi, il necessario bilanciamento tra le esigenze di continuità dell'attività produttiva e di salvaguardia dell'occupazione e la tutela della sicurezza sul luogo di lavoro, della salute, dell'ambiente e degli altri eventuali beni giuridici lesi dagli illeciti commessi (1).

(1) Comma aggiunto dall'art. 5, co. 1, lett. b), d.l. 5/1/2023, n. 2, conv., con modif., dalla l. 3/3/2023, n. 17.

18. Pubblicazione della sentenza di condanna. – 1. La pubblicazione della sentenza di condanna può essere disposta quando nei confronti dell'ente viene applicata una sanzione interdittiva.

2. La pubblicazione della sentenza avviene ai sensi dell'articolo 36 del codice penale nonché mediante affissione nel comune ove l'ente ha la sede principale (1).

3. La pubblicazione della sentenza è eseguita, a cura della cancelleria del giudice, a spese dell'ente.

(1) Comma sostituito, a decorrere dal 1/1/2010, dall'art. 2, co. 218, l. 23/12/2009, n. 191.

19. Confisca. – 1. Nei confronti dell'ente è sempre disposta, con la sentenza di condanna, la confisca del prezzo o del profitto del reato, salvo che per la parte che può essere restituita al danneggiato. Sono fatti salvi i diritti acquisiti dai terzi in buona fede.

2. Quando non è possibile eseguire la confisca a norma del comma 1, la stessa può avere ad oggetto somme di denaro, beni o altre utilità di valore equivalente al prezzo o al profitto del reato.

20. Reiterazione. – 1. Si ha reiterazione quando l'ente, già condannato in via definitiva almeno una volta per un illecito dipendente da reato, ne commette un altro nei cinque anni successivi alla condanna definitiva.

21. Pluralità di illeciti. – 1. Quando l'ente è responsabile in relazione ad una pluralità di reati commessi con una unica azione od omissione ovvero commessi nello svolgimento di una medesima attività e prima che per uno di essi sia stata pronunciata sentenza anche non definitiva, si applica la sanzione pecuniaria prevista per l'illecito più grave aumentata fino al triplo. Per effetto di detto aumento, l'ammontare della sanzione pecuniaria non può comunque essere superiore alla somma delle sanzioni applicabili per ciascun illecito.

2. Nei casi previsti dal comma 1, quando in relazione a uno o più degli illeciti ricorrono le condizioni per l'applicazione delle sanzioni interdittive, si applica quella prevista per l'illecito più grave.

22. Prescrizione. – 1. Le sanzioni amministrative si prescrivono nel termine di cinque anni dalla data di consumazione del reato.

2. Interrompono la prescrizione la richiesta di applicazione di misure cautelari interdittive e la contestazione dell'illecito amministrativo a norma dell'articolo 59.

3. Per effetto della interruzione inizia un nuovo periodo di prescrizione.

4. Se l'interruzione è avvenuta mediante la contestazione dell'illecito amministrativo dipendente da reato, la prescrizione non corre fino al momento in cui passa in giudicato la sentenza che definisce il giudizio.

23. Inosservanza delle sanzioni interdittive. – 1. Chiunque, nello svolgimento dell'attività dell'ente a cui è stata applicata una sanzione o una misura cautelare interdittiva trasgredisce agli obblighi o ai divieti inerenti a tali sanzioni o misure, è punito con la reclusione da sei mesi a tre anni.

2. Nel caso di cui al comma 1, nei confronti dell'ente nell'interesse o a vantaggio del quale il reato è stato commesso, si applica la sanzione amministrativa pecuniaria da duecento e seicento quote e la confisca del profitto, a norma dell'articolo 19.

3. Se dal reato di cui al comma 1, l'ente ha tratto un profitto rilevante, si applicano le sanzioni interdittive, anche diverse da quelle in precedenza irrogate.

Sezione III
Responsabilità amministrativa da reato (1)

(1) Rubrica sostituita dall'art. 3 del d.lg. 11/4/2002, n. 61.

24. Indebita percezione di erogazioni, truffa in danno dello Stato, di un ente pubblico o dell'Unione europea o per il conseguimento di erogazioni pubbliche, frode informatica in danno dello Stato o di un ente pubblico e frode nelle pubbliche forniture (1). – 1. In relazione alla commissione dei delitti di cui agli articoli 316-bis, 316-ter, 356, 640, comma 2, n. 1, 640-bis e 640-ter se commesso in danno dello Stato o di altro ente pubblico o dell'Unione europea, del codice penale, si applica all'ente la sanzione pecuniaria fino a cinquecento quote (2).

2. Se, in seguito alla commissione dei delitti di cui al comma 1, l'ente ha conseguito un profitto di rilevante entità o è derivato un danno di particolare gravità; si applica la sanzione pecuniaria da duecento a seicento quote.

2-bis. Si applicano all'ente le sanzioni previste ai commi precedenti in relazione alla commissione del delitto di cui all'articolo 2 della legge 23 dicembre 1986, n. 898 (3).

3. Nei casi previsti dai commi precedenti, si applicano le sanzioni interdittive previste dall'art. 9, co. 2, lett. c), d) ed e).

(1) Rubrica sostituita dall'art. 5, co. 1, lett. a), n. 1), d.lg. 14/7/2020, n. 75.

(2) Comma modificato dall'art. 5, co. 1, lett. a), n. 2), d.lg. 14/7/2020, n. 75.

(3) Comma inserito dall'art. 5, co. 1, lett. a), n. 3), d.lg. 14/7/2020, n. 75.

24 bis. Delitti informatici e trattamento illecito di dati (1). – 1. In relazione alla commissione dei delitti di cui agli articoli 615-ter, 617-quater, 617-quinquies, 635-bis, 635-ter, 635-quater e 635-quinquies del codice penale, si applica all'ente la sanzione pecuniaria da cento a cinquecento quote.

2. In relazione alla commissione dei delitti di cui agli articoli 615-quater e 615-quinquies del codice penale, si applica all'ente la sanzione pecuniaria sino a trecento quote.

3. In relazione alla commissione dei delitti di cui agli articoli 491-bis e 640-quinquies del codice penale, salvo quanto previsto dall'articolo 24 del presente decreto per i casi di frode informatica in danno dello Stato o di altro ente pubblico, e dei delitti di cui all'articolo 1, comma 11, del decreto-legge 21 settembre 2019, n. 105, si applica all'ente la sanzione pecuniaria sino a quattrocento quote (2).

4. Nei casi di condanna per uno dei delitti indicati nel comma 1 si applicano le sanzioni interdittive previste dall'articolo 9, comma 2, lettere a), b) ed e). Nei casi di condanna per uno dei delitti indicati nel comma 2 si applicano le sanzioni interdittive previste dall'articolo 9, comma 2, lettere b) ed e). Nei casi di condanna per uno dei delitti indicati nel comma 3 si applicano le sanzioni interdittive previste dall'articolo 9, comma 2, lettere c), d) ed e).

(1) Articolo aggiunto dall'art. 7 della l. 18/3/2008, n. 48.

(2) Comma modificato dall'art. 1, co. 11-bis, d.l. 21/9/2019, n. 105, conv., con modif., dalla l. 18/11/2019, n. 133.

24 ter. Delitti di criminalità organizzata (1). –1. In relazione alla commissione di taluno dei delitti di cui agli articoli 416, sesto comma, 416-bis, 416-ter e 630 del codice penale, ai delitti commessi avvalendosi delle condizioni previste dal predetto articolo 416-bis ovvero al fine di agevolare l'attività delle associazioni previste dallo stesso articolo, nonché ai delitti previsti dall'articolo 74 del testo unico di cui al decreto del Presidente della Repubblica 9 ottobre 1990, n. 309, si applica la sanzione pecuniaria da quattrocento a mille quote.

2. In relazione alla commissione di taluno dei delitti di cui all'articolo 416 del codice penale, ad esclusione del sesto comma, ovvero di cui all'articolo 407, comma 2, lettera a), numero 5), del codice di procedura penale, si applica la sanzione pecuniaria da trecento a ottocento quote.

3. Nei casi di condanna per uno dei delitti indicati nei commi 1 e 2, si applicano le sanzioni interdittive previste dall'articolo 9, comma 2, per una durata non inferiore ad un anno.

4. Se l'ente o una sua unità organizzativa viene stabilmente utilizzato allo scopo unico o prevalente di consentire o agevolare la commissione dei reati indicati nei commi 1 e 2, si applica la sanzione dell'interdizione definitiva dall'esercizio dell'attività ai sensi dell'articolo 16, comma 3.

(1) Articolo inserito dall'art. 2, co. 29, l. 15/7/2009, n. 94.

25. Peculato, concussione, induzione indebita a dare o promettere utilità, corruzione e abuso d'ufficio (1). – 1. In relazione alla commissione dei delitti di cui agli articoli 318, 321, 322, commi primo e terzo, e 346-bis del codice penale, si applica la sanzione pecuniaria fino a duecento quote. La medesima sanzione si applica, quando il fatto offende gli interessi finanziari dell'Unione europea, in relazione alla commissione dei delitti di cui agli articoli 314, primo comma, 316 e 323 del codice penale (2).

2. In relazione alla commissione dei delitti di cui agli articoli 319, 319-ter, comma 1, 321, 322, commi 2 e 4, del codi-

ce penale, si applica all'ente la sanzione pecuniaria da duecento a seicento quote.

3. In relazione alla commissione dei delitti di cui agli articoli 317, 319, aggravato ai sensi dell'articolo 319-bis quando dal fatto l'ente ha conseguito un profitto di rilevante entità, 319-ter, comma 2, 319-quater e 321 del codice penale, si applica all'ente la sanzione pecuniaria da trecento a ottocento quote (3).

4. Le sanzioni pecuniarie previste per i delitti di cui ai commi da 1 a 3, si applicano all'ente anche quando tali delitti sono stati commessi dalle persone indicate negli articoli 320 e 322-bis.

5. Nei casi di condanna per uno dei delitti indicati nei commi 2 e 3, si applicano le sanzioni interdittive previste dall'articolo 9, comma 2, per una durata non inferiore a quattro anni e non superiore a sette anni, se il reato è stato commesso da uno dei soggetti di cui all'articolo 5, comma 1, lettera a), e per una durata non inferiore a due anni e non superiore a quattro, se il reato è stato commesso da uno dei soggetti di cui all'articolo 5, comma 1, lettera b) (4).

5-bis. Se prima della sentenza di primo grado l'ente si è efficacemente adoperato per evitare che l'attività delittuosa sia portata a conseguenze ulteriori, per assicurare le prove dei reati e per l'individuazione dei responsabili ovvero per il sequestro delle somme o altre utilità trasferite e ha eliminato le carenze organizzative che hanno determinato il reato mediante l'adozione e l'attuazione di modelli organizzativi idonei a prevenire reati della specie di quello verificatosi, le sanzioni interdittive hanno la durata stabilita dall'articolo 13, comma 2 (5).

(1) Rubrica modificata dall'art. 1, co. 77, lett. a), n. 1), l. 6/11/2012, n. 190 e successivamente sostituita dall'art. 5, co. 1, lett. b), n. 1), d.lg. 14/7/2020, n. 75.

(2) Comma sostituito dall'art. 1, co. 9, lett. b), n. 1), l. 9/1/2019, n. 3 e successivamente modificato dall'art. 5, co. 1, lett. b), n. 1), d.lg. 14/7/2020, n. 75.

(3) Comma modificato dall'art. 1, co. 77, lett. a), n. 2), l. 6/11/2012, n. 190.

(4) Comma sostituito dall'art. 1, co. 9, lett. b), n. 2), l. 9/1/2019, n. 3.

(5) Comma aggiunto dall'art. 1, co. 9, lett. b), n. 3), l. 9/1/2019, n. 3.

25 bis. Falsità in monete, in carte di pubblico credito, in valori di bollo e in strumenti o segni di riconoscimento (1) (2). – 1. In relazione alla commissione dei delitti previsti dal codice penale in materia di falsità in monete, in carte di pubblico credito, in valori di bollo e in strumenti o segni di riconoscimento, si applicano all'ente le seguenti sanzioni pecuniarie (3):

a) per il delitto di cui all'articolo 453 la sanzione pecuniaria da trecento a ottocento quote;

b) per i delitti di cui agli articoli 454, 460 e 461 la sanzione pecuniaria fino a cinquecento quote;

c) per il delitto di cui all'articolo 455 le sanzioni pecuniarie stabilite dalla lettera a), in relazione all'articolo 453, e dalla lettera b), in relazione all'articolo 454, ridotte da un terzo alla metà;

d) per i delitti di cui agli articoli 457 e 464, secondo comma, le sanzioni pecuniarie fino a duecento quote;

e) per il delitto di cui all'articolo 459 le sanzioni pecuniarie previste dalle lettere a), c) e d) ridotte di un terzo;

f) per il delitto di cui all'articolo 464, primo comma, la sanzione pecuniaria fino a trecento quote.

f-bis) per i delitti di cui agli articoli 473 e 474, la sanzione pecuniaria fino a cinquecento quote (4).

2. Nei casi di condanna per uno dei delitti di cui agli articoli 453, 454, 455, 459, 460, 461, 473 e 474 del codice penale, si applicano all'ente le sanzioni interdittive previste dall'articolo 9, comma 2, per una durata non superiore ad un anno (5).

(1) Articolo aggiunto dall'art. 6 del d.l. 25/9/2001, n. 350.

(2) Rubrica sostituita dall'art. 17, co. 7, lett. a), n. 4), l. 23/7/2009, n. 99.

(3) Alinea modificato dall'art. 17, co. 7, lett. a), n. 1), l. 23/7/2009, n. 99.

(4) Lettera inserita dall'art. 17, co. 7, lett. a), n. 2), l. 23/7/2009, n. 99.

(5) Comma modificato dall'art. 17, co. 7, lett. a), n. 3), l. 23/7/2009, n. 99.

25 bis.1. Delitti contro l'industria e il commercio (1). – 1. In relazione alla commissione dei delitti contro l'industria e il commercio previsti dal codice penale, si applicano all'ente le seguenti sanzioni pecuniarie:

a) per i delitti di cui agli articoli 513, 515, 516, 517, 517-ter e 517-quater la sanzione pecuniaria fino a cinquecento quote;

b) per i delitti di cui agli articoli 513-bis e 514 la sanzione pecuniaria fino a ottocento quote.

2. Nel caso di condanna per i delitti di cui alla lettera b) del comma 1 si applicano all'ente le sanzioni interdittive previste dall'articolo 9, comma 2.

(1) Articolo aggiunto dall'art. 17, co. 7, lett. b), l. 23/7/2009, n. 99.

25 ter. Reati societari (1) (2). – 1. In relazione ai reati in materia societaria previsti o da altre leggi speciali, si applicano all'ente le seguenti sanzioni pecuniarie (3):

a) per il delitto di false comunicazioni sociali previsto dall'articolo 2621 del codice civile, la sanzione pecuniaria da duecento a quattrocento quote (4);

a-bis) per il delitto di false comunicazioni sociali previsto dall'articolo 2621-bis del codice civile, la sanzione pecuniaria da cento a duecento quote (5);

b) per il delitto di false comunicazioni sociali previsto dall'articolo 2622 del codice civile, la sanzione pecuniaria da quattrocento a seicento quote (6);

[c) per il delitto di false comunicazioni sociali in danno dei soci o dei creditori, previsto dall'articolo 2622, terzo comma, del codice civile, la sanzione pecuniaria da quattrocento a ottocento quote;] (7)

d) per la contravvenzione di falso in prospetto, prevista dall'articolo 2623, primo comma, del codice civile, la sanzione pecuniaria da duecento a duecentosessanta quote;

e) per il delitto di falso in prospetto, previsto dall'articolo 2623, secondo comma, del codice civile, la sanzione pecuniaria da quattrocento a seicentosessanta quote;

f) per la contravvenzione di falsità nelle relazioni o nelle comunicazioni delle società di revisione, prevista dall'articolo 2624, primo comma, del codice civile, la sanzione pecuniaria da duecento a seicentosessanta quote;

g) per il delitto di falsità nelle relazioni o nelle comunicazioni delle società di revisione, previsto dall'articolo 2624, secondo comma, del codice civile, la sanzione pecuniaria da quattrocento a ottocento quote;

h) per il delitto di impedito controllo, previsto dall'articolo 2625, secondo comma, del codice civile, la sanzione pecuniaria da duecento a trecentosessanta quote;

i) per il delitto di formazione fittizia del capitale, previsto dall'articolo 2632 del codice civile, la sanzione pecuniaria da duecento a trecentosessanta quote;

l) per il delitto di indebita restituzione dei conferimenti, previsto dall'articolo 2626 del codice civile, la sanzione pecuniaria da duecento a trecentosessanta quote;

m) per la contravvenzione di illegale ripartizione degli utili e delle riserve, prevista dall'articolo 2627 del codice civile, la sanzione pecuniaria da duecento a duecentosessanta quote;

n) per il delitto di illecite operazioni sulle azioni o quote sociali o della società controllante, previsto dall'articolo 2628 del codice civile, la sanzione pecuniaria da duecento a trecentosessanta quote;

o) per il delitto di operazioni in pregiudizio dei creditori, previsto dall'articolo 2629 del codice civile, la sanzione pecuniaria da trecento a seicentosessanta quote;

p) per il delitto di indebita ripartizione dei beni sociali da parte dei liquidatori, previsto dall'articolo 2633 del codice civile, la sanzione pecuniaria da trecento a seicentosessanta quote;

q) per il delitto di illecita influenza sull'assemblea, previsto dall'articolo 2636 del codice civile, la sanzione pecuniaria da trecento a seicentosessanta quote;

r) per il delitto di aggiotaggio, previsto dall'articolo 2637 del codice civile e per il delitto di omessa comunicazione del conflitto d'interessi previsto dall'articolo 2629-bis del codice civile, la sanzione pecuniaria da quattrocento a mille quote (8);

s) per i delitti di ostacolo all'esercizio delle funzioni delle autorità pubbliche di vigilanza, previsti dall'articolo 2638, primo e secondo comma, del codice civile, la sanzione pecuniaria da quattrocento a ottocento quote;

s-bis) per il delitto di corruzione tra privati, nei casi previsti dal terzo comma dell'articolo 2635 del codice civile, la sanzione pecuniaria da quattrocento a seicento quote e, nei casi di istigazione di cui al primo comma dell'articolo 2635-bis del codice civile, la sanzione pecuniaria da duecento a quattrocento quote. Si applicano altresì le sanzioni interdittive previste dall'articolo 9, comma 2 (9);

s-ter) per il delitto di false o omesse dichiarazioni per il rilascio del certificato preliminare previsto dalla normativa attuativa della direttiva (UE) 2019/2121, del Parlamento europeo e del Consiglio, del 27 novembre 2019, la sanzione pecuniaria da centocinquanta a trecento quote (10).

3. Se, in seguito alla commissione dei reati di cui al comma 1, l'ente ha conseguito un profitto di rilevante entità, la sanzione pecuniaria è aumentata di un terzo.

(1) Articolo inserito dall'art. 3, co. 1, d.lg. 11/4/2002, n. 61.

(2) A norma dell'art. 39, co. 5, l. 28/12/2005, n. 262, le sanzioni pecuniarie previste dal presente articolo, sono raddoppiate.

(3) Alinea sostituito dall'art. 12, co. 1, lett. a), l. 27/5/2015, n. 69 e successivamente modificato dall'art. 55, co. 1, lett. a), d.lg. 2/3/2023, n. 19.

(4) Lettera sostituita dall'art. 12, co. 1, lett. b), l. 27/5/2015, n. 69.

(5) Lettera inserita dall'art. 12, co. 1, lett. c), l. 27/5/2015, n. 69.

(6) Lettera sostituita dall'art. 12, co. 1, lett. d), l. 27/5/2015, n. 69.

(7) Lettera abrogata dall'art. 12, co. 1, lett. e), l. 27/5/2015, n. 69.

(8) Lettera modificata dall'art. 31, co. 2, l. 28/12/2005, n. 262.

(9) Lettera inserita dall'art. 1, co. 77, lett. b), l. 6/11/2012, n. 190 e successivamente sostituita dall'art. 6, co. 1, d.lg. 15/3/2017, n. 38.

(10) Lettera inserita dall'art. 55, co. 1, lett. c), d.lg. 2/3/2023, n. 19.

25 quater. Delitti con finalità di terrorismo o di eversione dell'ordine democratico (1). – 1. In relazione alla commissione dei delitti aventi finalità di terrorismo o di eversione dell'ordine democratico, previsti dal codice penale e dalle leggi speciali, si applicano all'ente le seguenti sanzioni pecuniarie:

a) se il delitto è punito con la pena della reclusione inferiore a dieci anni, la sanzione pecuniaria da duecento a settecento quote;

b) se il delitto è punito con la pena della reclusione non inferiore a dieci anni o con l'ergastolo, la sanzione pecuniaria da quattrocento a mille quote.

2. Nei casi di condanna per uno dei delitti indicati nel comma 1, si applicano le sanzioni interdittive previste dall'articolo 9, comma 2, per una durata non inferiore ad un anno.

3. Se l'ente o una sua unità organizzativa viene stabilmente utilizzato allo scopo unico o prevalente di consentire o agevolare la commissione dei reati indicati nel comma 1, si applica la sanzione dell'interdizione definitiva dall'esercizio dell'attività ai sensi dell'articolo 16, comma 3.

4. Le disposizioni dei commi 1, 2 e 3 si applicano altresì in relazione alla commissione di delitti, diversi da quelli indicati nel comma 1, che siano comunque stati posti in essere in violazione di quanto previsto dall'articolo 2 della Convenzione internazionale per la repressione del finanziamento del terrorismo fatta a New York il 9 dicembre 1999.

(1) Articolo inserito dall'art. 3 della l. 14/1/2003, n. 7.

25 quater.1. Pratiche di mutilazione degli organi genitali femminili (1). – 1. In relazione alla commissione dei delitti di cui all'articolo 583-bis del codice penale si applicano all'ente, nella cui struttura è commesso il delitto, la sanzione pecuniaria da 300 a 700 quote e le sanzioni interdittive previste dall'articolo 9, comma 2, per una durata non inferiore ad un anno. Nel caso in cui si tratti di un ente privato accreditato è altresì revocato l'accreditamento.

2. Se l'ente o una sua unità organizzativa viene stabilmente utilizzato allo scopo unico o prevalente di consentire o agevolare la commissione dei delitti indicati al comma 1, si applica la sanzione dell'interdizione definitiva dall'esercizio dell'attività ai sensi dell'articolo 16, comma 3.

(1) Articolo inserito dall'art. 3 della l. 14/1/2003, n. 7.

25 quinquies. Delitti contro la personalità individuale (1). – 1. In relazione alla commissione dei delitti previsti dalla sezione I del capo III del titolo XII del libro II del codice penale si applicano all'ente le seguenti sanzioni pecuniarie:

a) per i delitti di cui agli articoli 600, 601, 602 e 603-bis, la sanzione pecuniaria da quattrocento a mille quote (2);

b) per i delitti di cui agli articoli 600-bis, primo comma, 600-ter, primo e secondo comma, anche se relativi al materiale pornografico di cui all'articolo 600-quater.1, e 600-quinquies, la sanzione pecuniaria da trecento a ottocento quote (3);

c) per i delitti di cui agli articoli 600-bis, secondo comma, 600-ter, terzo e quarto comma, e 600-quater, anche se relativi al materiale pornografico di cui all'articolo 600-quater.1, nonché per il delitto di cui all'articolo 609-undecies la sanzione pecuniaria da duecento a settecento quote (4).

2. Nei casi di condanna per uno dei delitti indicati nel comma 1, lettere a) e b), si applicano le sanzioni interdittive previste dall'articolo 9, comma 2, per una durata non inferiore ad un anno.

3. Se l'ente o una sua unità organizzativa viene stabilmente utilizzato allo scopo unico o prevalente di consentire o agevolare la commissione dei reati indicati nel comma 1, si applica la sanzione dell'interdizione definitiva dall'esercizio dell'attività ai sensi dell'articolo 16, comma 3.

(1) Articolo inserito dall'art. 5 della l. 11/8/2003, n. 228.

(2) Lettera modificata dall'art. 6, co. 1, l. 29/10/2016, n. 199.

(3) Lettera modificata dall'art. 10 della l. 6/2/2006, n. 38.

(4) Lettera modificata dall'art. 10 della l. 6/2/2006, n. 38 e successivamente dall'art. 3, co. 1, d.lg. 4/3/2014 n. 39.

25 sexies. Abusi di mercato (1). – 1. In relazione ai reati di abuso di informazioni privilegiate e di manipolazione del mercato previsti dalla parte V, titolo I-bis, capo II, del testo unico di cui al decreto legislativo 24 febbraio 1998, n. 58, si applica all'ente la sanzione pecuniaria da quattrocento a mille quote.

2. Se, in seguito alla commissione dei reati di cui al comma 1, il prodotto o il profitto conseguito dall'ente è di rilevante entità, la sanzione è aumentata fino a dieci volte tale prodotto o profitto.

(1) Articolo inserito dall'art. 9, co. 3, l. 18/4/2005, n. 62.

25 septies. Omicidio colposo o lesioni gravi o gravissime commesse con violazione delle norme sulla tutela della salute e sicurezza sul lavoro (1). – 1. In relazione al delitto di cui all'articolo 589 del codice penale, commesso con violazione dell'articolo 55, comma 2, del decreto legislativo attuativo della delega di cui alla legge 3 agosto 2007, n. 123, in materia di salute e sicurezza sul lavoro, si applica una sanzione pecuniaria in misura pari a 1.000 quote. Nel caso di condanna per il delitto di cui al precedente periodo si applicano le sanzioni interdittive di cui all'articolo 9, comma 2, per una durata non inferiore a tre mesi e non superiore ad un anno.

2. Salvo quanto previsto dal comma 1, in relazione al delitto di cui all'articolo 589 del codice penale, commesso con violazione delle norme sulla tutela della salute e sicurezza sul lavoro, si applica una sanzione pecuniaria in misura non inferiore a 250 quote e non superiore a 500 quote. Nel caso di condanna per il delitto di cui al precedente periodo si applicano le sanzioni interdittive di cui all'articolo 9, comma 2, per una durata non inferiore a tre mesi e non superiore ad un anno.

3. In relazione al delitto di cui all'articolo 590, terzo comma, del codice penale, commesso con violazione delle norme sulla tutela della salute e sicurezza sul lavoro, si applica una sanzione pecuniaria in misura non superiore a 250 quote. Nel caso di condanna per il delitto di cui al precedente periodo si applicano le sanzioni interdittive di cui all'articolo 9, comma 2, per una durata non superiore a sei mesi.

(1) Articolo inserito dall'art. 9 della l. 3/8/2007, n. 123 e successivamente sostituito dall'art. 300 del d.lg. 9/4/2008, n. 81.

25 octies. Ricettazione, riciclaggio e impiego di denaro, beni o utilità di provenienza illecita, nonché autoriciclaggio (1). – 1. In relazione ai reati di cui agli articoli 648, 648-bis, 648-ter e 648-ter.1 del codice penale, si applica all'ente la sanzione pecuniaria da 200 a 800 quote. Nel caso in cui il denaro, i beni o le altre utilità provengono da delitto per il quale è stabilita la pena della reclusione superiore nel massimo a cinque anni si applica la sanzione pecuniaria da 400 a 1000 quote.

2. Nei casi di condanna per uno dei delitti di cui al comma 1 si applicano all'ente le sanzioni interdittive previste dall'articolo 9, comma 2, per una durata non superiore a due anni.

3. In relazione agli illeciti di cui ai commi 1 e 2, il Ministero della giustizia, sentito il parere dell'UIF, formula le osservazioni di cui all'articolo 6 del decreto legislativo 8 giugno 2001, n. 231.

(1) Articolo inserito dall'art. 63 del d.lg. 21/11/2007, n. 231, successivamente modificato dall'art. 3, co. 5, lett. b), l. 15/12/2014, n. 186 e da ultimo sostituito dall'art. 72, co. 3, d.lg. 21/11/2007, n. 231, come modificato dall'art. 5, co. 1, d.lg. 25/5/2017, n. 90.

25 octies.1. Delitti in materia di strumenti di pagamento diversi dai contanti (1). – 1. In relazione alla commissione dei delitti previsti dal codice penale in materia di strumenti di pagamento diversi dai contanti, si applicano all'ente le seguenti sanzioni pecuniarie:

a) per il delitto di cui all'articolo 493-ter, la sanzione pecuniaria da 300 a 800 quote;

b) per il delitto di cui all'articolo 493-quater e per il delitto di cui all'articolo 640-ter, nell'ipotesi aggravata dalla realizzazione di un trasferimento di denaro, di valore monetario o di valuta virtuale, la sanzione pecuniaria sino a 500 quote.

2. Salvo che il fatto integri altro illecito amministrativo sanzionato più gravemente, in relazione alla commissione di ogni altro delitto contro la fede pubblica, contro il patrimonio o che comunque offende il patrimonio previsto dal codice penale, quando ha ad oggetto strumenti di pagamento diversi dai contanti, si applicano all'ente le seguenti sanzioni pecuniarie:

a) se il delitto è punito con la pena della reclusione inferiore ai dieci anni, la sanzione pecuniaria sino a 500 quote;

b) se il delitto è punito con la pena non inferiore ai dieci anni di reclusione, la sanzione pecuniaria da 300 a 800 quote.

3. Nei casi di condanna per uno dei delitti di cui ai commi 1 e 2 si applicano all'ente le sanzioni interdittive previste dall'articolo 9, comma 2.

(1) Articolo inserito dall'art. 3, co. 1, d.lg. 8/11/2021, n. 184.

25 nonies. Delitti in materia di violazione del diritto d'autore (1). – 1. In relazione alla commissione dei delitti previsti dagli articoli 171, primo comma, lettera a bis), e terzo comma, 171-bis, 171-ter, 171-septies e 171-octies della legge 22 aprile 1941, n. 633, si applica all'ente la sanzione pecuniaria fino a cinquecento quote.

2. Nel caso di condanna per i delitti di cui al comma 1 si applicano all'ente le sanzioni interdittive previste dall'articolo 9, comma 2, per una durata non superiore ad un anno. Resta fermo quanto previsto dall'articolo 174- quinquies della citata legge n. 633 del 1941.

(1) Articolo inserito dall'art. 15, co. 7, lett. c), l. 23/7/2009, n. 99.

25 decies. Induzione a non rendere dichiarazioni o a rendere dichiarazioni mendaci all'autorità giudiziaria (1). – 1. In relazione alla commissione del delitto di cui all'articolo 377-bis del codice penale, si applica all'ente la sanzione pecuniaria fino a cinquecento quote.

(1) Articolo inserito dall'art. 4, co. 1, l. 3/8/2009, n. 116, come sostituito dall'art. 2 del d.lg. 7/7/2011, n. 121.

25 undecies. Reati ambientali (1). – 1. In relazione alla commissione dei reati previsti dal codice penale, si applicano all'ente le seguenti sanzioni pecuniarie:

a) per la violazione dell'art. 452-bis, la sanzione pecuniaria da duecentocinquanta a seicento quote (2);

b) per la violazione dell'art. 452-quater, la sanzione pecuniaria da quattrocento a ottocento quote (2);

c) per la violazione dell'art. 452-quinquies, la sanzione pecuniaria da duecento a cinquecento quote (3);

d) per i delitti associativi aggravati ai sensi dell'articolo 452-octies, la sanzione pecuniaria da trecento a mille quote (3);

e) per il delitto di traffico e abbandono di materiale ad alta radioattività ai sensi dell'articolo 452-sexies, la sanzione pecuniaria da duecentocinquanta a seicento quote (3);

f) per la violazione dell'articolo 727-bis, la sanzione pecuniaria fino a duecentocinquanta quote (3);

g) per la violazione dell'articolo 733-bis, la sanzione pecuniaria da centocinquanta a duecentocinquanta quote (3).

1-bis. Nei casi di condanna per i delitti indicati al comma 1, lettere a) e b), del presente articolo, si applicano, oltre alle sanzioni pecuniarie ivi previste, le sanzioni interdittive previste dall'articolo 9, per un periodo non superiore a un anno per il delitto di cui alla citata lettera a) (4).

2. In relazione alla commissione dei reati previsti dal decreto legislativo 3 aprile 2006, n. 152, si applicano all'ente le seguenti sanzioni pecuniarie:

a) per i reati di cui all'articolo 137:

1) per la violazione dei commi 3, 5, primo periodo, e 13, la sanzione pecuniaria da centocinquanta a duecentocinquanta quote;

2) per la violazione dei commi 2, 5, secondo periodo, e 11, la sanzione pecuniaria da duecento a trecento quote.

b) per i reati di cui all'articolo 256:

1) per la violazione dei commi 1, lettera a), e 6, primo periodo, la sanzione pecuniaria fino a duecentocinquanta quote;

2) per la violazione dei commi 1, lettera b), 3, primo periodo, e 5, la sanzione pecuniaria da centocinquanta a duecentocinquanta quote;

3) per la violazione del comma 3, secondo periodo, la sanzione pecuniaria da duecento a trecento quote;

c) per i reati di cui all'articolo 257:

1) per la violazione del comma 1, la sanzione pecuniaria fino a duecentocinquanta quote;

2) per la violazione del comma 2, la sanzione pecuniaria da centocinquanta a duecentocinquanta quote;

d) per la violazione dell'articolo 258, comma 4, secondo periodo, la sanzione pecuniaria da centocinquanta a duecentocinquanta quote;

e) per la violazione dell'articolo 259, comma 1, la sanzione pecuniaria da centocinquanta a duecentocinquanta quote;

f) per il delitto di cui all'articolo 260, la sanzione pecuniaria da trecento a cinquecento quote, nel caso previsto dal comma 1 e da quattrocento a ottocento quote nel caso previsto dal comma 2;

g) per la violazione dell'articolo 260-bis, la sanzione pecuniaria da centocinquanta a duecentocinquanta quote nel caso previsto dai commi 6, 7, secondo e terzo periodo, e 8, primo periodo, e la sanzione pecuniaria da duecento a trecento quote nel caso previsto dal comma 8, secondo periodo;

h) per la violazione dell'articolo 279, comma 5, la sanzione pecuniaria fino a duecentocinquanta quote.

3. In relazione alla commissione dei reati previsti dalla legge 7 febbraio 1992, n. 150, si applicano all'ente le seguenti sanzioni pecuniarie:

a) per la violazione degli articoli 1, comma 1, 2, commi 1 e 2, e 6, comma 4, la sanzione pecuniaria fino a duecentocinquanta quote;

b) per la violazione dell'articolo 1, comma 2, la sanzione pecuniaria da centocinquanta a duecentocinquanta quote;

c) per i reati del codice penale richiamati dall'articolo 3-bis, comma 1, della medesima legge n. 150 del 1992, rispettivamente:

1) la sanzione pecuniaria fino a duecentocinquanta quote, in caso di commissione di reati per cui è prevista la pena non superiore nel massimo ad un anno di reclusione;

2) la sanzione pecuniaria da centocinquanta a duecentocinquanta quote, in caso di commissione di reati per cui è prevista la pena non superiore nel massimo a due anni di reclusione;

3) la sanzione pecuniaria da duecento a trecento quote, in caso di commissione di reati per cui è prevista la pena non superiore nel massimo a tre anni di reclusione;

4) la sanzione pecuniaria da trecento a cinquecento quote, in caso di commissione di reati per cui è prevista la pena superiore nel massimo a tre anni di reclusione.

4. In relazione alla commissione dei reati previsti dall'articolo 3, comma 6, della legge 28 dicembre 1993, n. 549, si applica all'ente la sanzione pecuniaria da centocinquanta a duecentocinquanta quote.

5. In relazione alla commissione dei reati previsti dal decreto legislativo 6 novembre 2007, n. 202, si applicano all'ente le seguenti sanzioni pecuniarie:

a) per il reato di cui all'articolo 9, comma 1, la sanzione pecuniaria fino a duecentocinquanta quote;

b) per i reati di cui agli articoli 8, comma 1, e 9, comma 2, la sanzione pecuniaria da centocinquanta a duecentocinquanta quote;

c) per il reato di cui all'articolo 8, comma 2, la sanzione pecuniaria da duecento a trecento quote.

6. Le sanzioni previste dal comma 2, lettera b), sono ridotte della metà nel caso di commissione del reato previsto dall'articolo 256, comma 4, del decreto legislativo 3 aprile 2006, n. 152.

7. Nei casi di condanna per i delitti indicati al comma 2, lettere a), n. 2), b), n. 3), e f), e al comma 5, lettere b) e c), si applicano le sanzioni interdittive previste dall'articolo 9, comma 2, del decreto legislativo 8 giugno 2001, n. 231, per una durata non superiore a sei mesi.

8. Se l'ente o una sua unità organizzativa vengono stabilmente utilizzati allo scopo unico o prevalente di consentire o agevolare la commissione dei reati di cui all'articolo 260 del decreto legislativo 3 aprile 2006, n. 152, e all'articolo 8 del decreto legislativo 6 novembre 2007, n. 202, si applica la sanzione dell'interdizione definitiva dall'esercizio dell'attività ai sensi dell'art. 16, comma 3, del decreto legislativo 8 giugno 2001 n. 231.

(1) Articolo inserito dall'art. 2, co. 2, d.lg. 7/7/2011, n. 121.

(2) Lettera sostituita dall'art. 1, co. 8, lett. a), l. 22/7/2015, n. 68.

(3) Lettera inserita per effetto della sostituzione disposta dall'art. 1, co. 8, lett. a), l. 22/5/2015, n. 68.

(4) Comma inserito dall'art. 1, co. 8, lett. b), l. 22/5/2015, n. 68.

25 duodecies. Impiego di cittadini di paesi terzi il cui soggiorno è irregolare (1). – 1. In relazione alla commissione del delitto di cui all'articolo 22, comma 12-bis, del decreto legislativo 25 luglio 1998, n. 286, si applica all'ente la sanzione pecuniaria da 100 a 200 quote, entro il limite di 150.000 euro.

1-bis. In relazione alla commissione dei delitti di cui all'articolo 12, commi 3, 3-bis e 3-ter, del testo unico di cui al decreto legislativo 25 luglio 1998, n. 286, e successive modificazioni, si applica all'ente la sanzione pecuniaria da quattrocento a mille quote (2).

1-ter. In relazione alla commissione dei delitti di cui all'articolo 12, comma 5, del testo unico di cui al decreto legislativo 25 luglio 1998, n. 286, e successive modificazioni, si applica all'ente la sanzione pecuniaria da cento a duecento quote (2).

1-quater. Nei casi di condanna per i delitti di cui ai commi 1-bis e 1-ter del presente articolo, si applicano le sanzioni interdittive previste dall'articolo 9, comma 2, per una durata non inferiore a un anno (2).

(1) Articolo inserito dall'art. 2, co. 1, d.lg. 16/7/2012, n. 109.

(2) Comma inserito dall'art. 30, co. 4, l. 17/10/2017, n. 161.

25 terdecies. Razzismo e xenofobia (1). – 1. In relazione alla commissione dei delitti di cui all'articolo 3, comma 3-bis, della legge 13 ottobre 1975, n. 654, si applica all'ente la sanzione pecuniaria da duecento a ottocento quote.

2. Nei casi di condanna per i delitti di cui al comma 1 si applicano all'ente le sanzioni interdittive previste dall'articolo 9, comma 2, per una durata non inferiore a un anno.

3. Se l'ente o una sua unità organizzativa è stabilmente utilizzato allo scopo unico o prevalente di consentire o agevolare la commissione dei delitti indicati nel comma 1, si applica la sanzione dell'interdizione definitiva dall'esercizio dell'attività ai sensi dell'articolo 16, comma 3.

(1) Articolo aggiunto dall'art. 5, co. 2, l. 20/11/2017, n. 167 (Legge europea 2017).

25 quaterdecies. Frode in competizioni sportive, esercizio abusivo di gioco o di scommessa e giochi d'azzardo esercitati a mezzo di apparecchi vietati (1). – 1. In relazione alla commissione dei reati di cui agli articoli 1 e 4 della legge 13 dicembre 1989, n. 401, si applicano all'ente le seguenti sanzioni pecuniarie:

a) per i delitti, la sanzione pecuniaria fino a cinquecento quote;

b) per le contravvenzioni, la sanzione pecuniaria fino a duecentosessanta quote.

2. Nei casi di condanna per uno dei delitti indicati nel comma 1, lettera a), del presente articolo, si applicano le sanzioni interdittive previste dall'articolo 9, comma 2, per una durata non inferiore a un anno.

(1) Articolo inserito dall'art. 5, co. 1, l. 3/5/2019, n. 39.

25 quinquiesdecies. Reati tributari (1). – 1. In relazione alla commissione dei delitti previsti dal decreto legislativo 10 marzo 2000, n. 74, si applicano all'ente le seguenti sanzioni pecuniarie:

a) per il delitto di dichiarazione fraudolenta mediante uso di fatture o altri documenti per operazioni inesistenti previsto dall'articolo 2, comma 1, la sanzione pecuniaria fino a cinquecento quote;

b) per il delitto di dichiarazione fraudolenta mediante uso di fatture o altri documenti per operazioni inesistenti, previsto dall'articolo 2, comma 2-bis, la sanzione pecuniaria fino a quattrocento quote;

c) per il delitto di dichiarazione fraudolenta mediante altri artifici, previsto dall'articolo 3, la sanzione pecuniaria fino a cinquecento quote;

d) per il delitto di emissione di fatture o altri documenti per operazioni inesistenti, previsto dall'articolo 8, comma 1, la sanzione pecuniaria fino a cinquecento quote;

e) per il delitto di emissione di fatture o altri documenti per operazioni inesistenti, previsto dall'articolo 8, comma 2-bis, la sanzione pecuniaria fino a quattrocento quote;

f) per il delitto di occultamento o distruzione di documenti contabili, previsto dall'articolo 10, la sanzione pecuniaria fino a quattrocento quote;

g) per il delitto di sottrazione fraudolenta al pagamento di imposte, previsto dall'articolo 11, la sanzione pecuniaria fino a quattrocento quote.

1-bis. In relazione alla commissione dei delitti previsti dal decreto legislativo 10 marzo 2000, n. 74, quando sono commessi al fine di evadere l'imposta sul valore aggiunto nell'ambito di sistemi fraudolenti transfrontalieri connessi al territorio di almeno un altro Stato membro dell'Unione europea, da cui consegua o possa conseguire un danno complessivo pari o superiore dieci milioni di euro, si applicano all'ente le seguenti sanzioni pecuniarie (2):

a) per il delitto di dichiarazione infedele previsto dall'articolo 4, la sanzione pecuniaria fino a trecento quote;

b) per il delitto di omessa dichiarazione previsto dall'articolo 5, la sanzione pecuniaria fino a quattrocento quote;

c) per il delitto di indebita compensazione previsto dall'articolo 10-quater, la sanzione pecuniaria fino a quattrocento quote (3).

2. Se, in seguito alla commissione dei delitti indicati ai commi 1 e 1-bis, l'ente ha conseguito un profitto di rilevante entità, la sanzione pecuniaria è aumentata di un terzo (4).

3. Nei casi previsti dai commi 1, 1-bis e 2, si applicano le sanzioni interdittive di cui all'articolo 9, comma 2, lettere c), d) ed e) (5).

(1) Articolo inserito dall'art. 39, co. 2, d.l. 26/10/2019, n. 124, conv., con modif., dalla l. 19/12/2019, n. 157. Per l'applicazione delle presenti disposizioni vedi l'art. 39, co. 3, d.l. 26/10/2019, n. 124, conv., con modif., dalla l. 19/12/2019, n. 157.

(2) Alinea modificato dall'art. 5, co. 1, d.lg. 4/10/2022, n. 156.

(3) Comma inserito dall'art. 5, co. 1, lett. c), n. 1), d.lg. 14/7/2020, n. 75.

(4) Comma modificato dall'art. 5, co. 1, lett. c), n. 2), d.lg. 14/7/2020, n. 75.

(5) Comma modificato dall'art. 5, co. 1, lett. c), n. 3), d.lg. 14/7/2020, n. 75.

25 sexiesdecies. Contrabbando (1). – 1. In relazione alla commissione dei reati previsti dal decreto del Presidente della Repubblica 23 gennaio 1973, n. 43, si applica all'ente la sanzione pecuniaria fino a duecento quote.

2. Quando i diritti di confine dovuti superano centomila euro si applica all'ente la sanzione pecuniaria fino a quattrocento quote.

3. Nei casi previsti dai commi 1 e 2 si applicano all'ente le sanzioni interdittive previste dall'articolo 9, comma 2, lettere c), d) ed e).

(1) Articolo aggiunto dall'art. 5, co. 1, lett. d), d.lg. 14/7/2020, n. 75.

25 septiesdecies. Delitti contro il patrimonio culturale (1). – 1. In relazione alla commissione del delitto previsto dall'articolo 518-novies del codice penale, si applica all'ente la sanzione pecuniaria da cento a quattrocento quote.

2. In relazione alla commissione dei delitti previsti dagli articoli 518-ter, 518-decies e 518-undecies del codice penale, si applica all'ente la sanzione pecuniaria da duecento a cinquecento quote.

3. In relazione alla commissione dei delitti previsti dagli articoli 518-duodecies e 518-quaterdecies del codice penale, si applica all'ente la sanzione pecuniaria da trecento a settecento quote.

4. In relazione alla commissione dei delitti previsti dagli articoli 518-bis, 518-quater e 518-octies del codice penale, si applica all'ente la sanzione pecuniaria da quattrocento a novecento quote.

5. Nel caso di condanna per i delitti di cui ai commi da 1 a 4, si applicano all'ente le sanzioni interdittive previste dall'articolo 9, comma 2, per una durata non superiore a due anni.

(1) Articolo inserito dall'art. 3, co. 1, l. 9/3/2022, n. 22.

25 octiesdecies. Riciclaggio di beni culturali e devastazione e saccheggio di beni culturali e paesaggistici (1). – 1. In relazione alla commissione dei delitti previsti dagli articoli 518-sexies e 518-terdecies del codice penale, si applica all'ente la sanzione pecuniaria da cinquecento a mille quote.

2. Se l'ente o una sua unità organizzativa viene stabilmente utilizzato allo scopo unico o prevalente di consentire o agevolare la commissione dei delitti indicati al comma 1, si applica la sanzione dell'interdizione definitiva dall'esercizio dell'attività ai sensi dell'articolo 16, comma 3.

(1) Articolo inserito dall'art. 3, co. 1, l. 9/3/2022, n. 22.

26. Delitti tentati. – 1. Le sanzioni pecuniarie e interdittive sono ridotte da un terzo alla metà in relazione alla commissione, nelle forme del tentativo, dei delitti indicati nel presente capo del decreto.

2. L'ente non risponde quando volontariamente impedisce il compimento dell'azione o la realizzazione dell'evento.

Capo II
Responsabilità patrimoniale e vicende modificative dell'ente

Sezione I
Responsabilità patrimoniale dell'ente

27. Responsabilità patrimoniale dell'ente. – 1. Dell'obbligazione per il pagamento della sanzione pecuniaria risponde soltanto l'ente con il suo patrimonio o con il fondo comune.

2. I crediti dello Stato derivanti degli illeciti amministrativi dell'ente relativi a reati hanno privilegio secondo le disposizioni del codice di procedura penale sui crediti dipendenti da reato. A tale fine, la sanzione pecuniaria si intende equiparata alla pena pecuniaria.

Sezione II
Vicende modificative dell'ente

28. Trasformazione dell'ente. – 1. Nel caso di trasformazione dell'ente, resta ferma la responsabilità per i reati commessi anteriormente alla data in cui la trasformazione ha avuto effetto.

29. Fusione dell'ente. – 1. Nel caso di fusione, anche per incorporazione, l'ente che ne risulta risponde dei reati dei quali erano responsabili gli enti partecipanti alla fusione.

30. Scissione dell'ente. – 1. Nel caso di scissione parziale, resta ferma la responsabilità dell'ente scisso per i reati commessi anteriormente alla data in cui la scissione ha avuto effetto, salvo quanto previsto dal comma 3.

2. Gli enti beneficiari della scissione, sia totale che parziale, sono solidalmente obbligati al pagamento delle sanzioni pecuniarie dovute dall'ente scisso per i reati commessi anteriormente alla data dalla quale la scissione ha avuto effetto. L'obbligo è limitato al valore effettivo del patrimonio netto trasferito al singolo ente, salvo che si tratti di ente al quale è stato trasferito, anche in parte il ramo di attività nell'ambito del quale è stato commesso il reato.

3. Le sanzioni interdittive relative ai reati indicati nel comma 2, si applicano agli enti cui è rimasto o è stato trasferito, anche in parte, il ramo di attività nell'ambito del quale il reato è stato commesso.

31. Determinazione delle sanzioni nel caso di fusione o scissione. – 1. Se la fusione o la scissione è avvenuta prima della conclusione del giudizio, il giudice, nella commisurazione della sanzione pecuniaria a norma dell'articolo 11, comma 2, tiene conto delle condizioni economiche e patrimoniali dell'ente originariamente responsabile.

2. Salvo quanto previsto dall'articolo 17, l'ente risultante dalla fusione e l'ente al quale, nel caso di scissione, è applicabile la sanzione interdittiva possono chiedere al giudice la sostituzione della medesima con la sanzione pecuniaria, qualora, a seguito della fusione o della scissione, si sia realizzata la condizione prevista dalla lettera b) del comma 1 dell'articolo 17, e ricorrano le ulteriori condizioni di cui alle lettere a) e c) del medesimo articolo.

3. Se accoglie la richiesta, il giudice, nel pronunciare sentenza di condanna, sostituisce la sanzione interdittiva con una sanzione pecuniaria di ammontare pari da una a due volte quello della sanzione pecuniaria inflitta all'ente in relazione al medesimo reato.

4. Resta salva la facoltà dell'ente, anche nei casi di fusione o scissione successiva alla conclusione del giudizio, di chiedere la conversione della sanzione interdittiva in sanzione pecuniaria.

32. Rilevanza della fusione o della scissione ai fini della reiterazione. – 1. Nei casi di responsabilità dell'ente risultante dalla fusione o beneficiario della scissione per reati commessi successivamente alla data dalla quale la fusione o la scissione ha avuto effetto, il giudice può ritenere la reiterazione, a norma dell'articolo 20, anche in rapporto a condanne pronunciate nei confronti degli enti partecipanti alla fusione o dell'ente scisso per reati commessi anteriormente a tale data.

2. A tale fine, il giudice tiene conto della natura delle violazioni e dell'attività nell'ambito della quale sono state commesse nonché delle caratteristiche della fusione o della scissione.

3. Rispetto agli enti beneficiari della scissione, la reiterazione può essere ritenuta, a norma dei commi 1 e 2, solo se ad essi è stato trasferito, anche in parte, il ramo di attività nell'ambito del quale è stato commesso il reato per cui è stata pronunciata condanna nei confronti dell'ente scisso.

33. Cessione di azienda. – 1. Nel caso di cessione dell'azienda nella cui attività è stato commesso il reato, il cessionario è solidalmente obbligato, salvo il beneficio della preventiva escussione dell'ente cedente e nei limiti del valore dell'azienda, al pagamento della sanzione pecuniaria.

2. L'obbligazione del cessionario è limitata alle sanzioni pecuniarie che risultano dai libri contabili obbligatori, ovvero dovute per illeciti amministrativi dei quali egli era comunque a conoscenza.

3. Le disposizioni del presente articolo si applicano anche nel caso di conferimento di azienda.

Capo III
Procedimento di accertamento e di applicazione delle sanzioni amministrative

Sezione I
Disposizioni generali

34. Disposizioni processuali applicabili. – 1. Per il procedimento relativo agli illeciti amministrativi dipendenti da reato, si osservano le norme di questo capo nonché, in quanto compatibili, le disposizioni del codice di procedura penale e del decreto legislativo 28 luglio 1989, n. 271.

35. Estensione della disciplina relativa all'imputato. – 1. All'ente si applicano le disposizioni processuali relative all'imputato, in quanto compatibili.

Sezione II
Soggetti, giurisdizione e competenza

36. Attribuzioni del giudice penale. – 1. La competenza a conoscere gli illeciti amministrativi dell'ente appartiene al giudice penale competente per i reati dai quali gli stessi dipendono.

2. Per il procedimento di accertamento dell'illecito amministrativo dell'ente si osservano le disposizioni sulla composizione del tribunale e le disposizioni processuali collegate relative ai reati dai quali l'illecito amministrativo dipende.

37. Casi di improcedibilità. – 1. Non si procede all'accertamento dell'illecito amministrativo dell'ente quando l'azione penale non può essere iniziata o proseguita nei confronti dell'autore del reato per la mancanza di una condizione di procedibilità.

38. Riunione e separazione dei procedimenti. – 1. Il procedimento per l'illecito amministrativo dell'ente è riunito al procedimento penale instaurato nei confronti dell'autore del reato da cui l'illecito dipende.

2. Si procede separatamente per l'illecito amministrativo dell'ente soltanto quando:

a) è stata ordinata la sospensione del procedimento ai sensi dell'articolo 71 del codice di procedura penale;

b) il procedimento è stato definito con il giudizio abbreviato o con l'applicazione della pena ai sensi dell'articolo 444 del codice di procedura penale, ovvero è stato emesso il decreto penale di condanna;

c) l'osservanza delle disposizioni processuali lo rende necessario.

39. Rappresentanza dell'ente. – 1. L'ente partecipa al procedimento penale con il proprio rappresentante legale, salvo che questi sia imputato del reato da cui dipende l'illecito amministrativo.

2. L'ente che intende partecipare al procedimento si costituisce depositando nella cancelleria dell'autorità giudiziaria procedente una dichiarazione contenente a pena di inammissibilità:

a) la denominazione dell'ente e le generalità del suo legale rappresentante;

b) il nome ed il cognome del difensore e l'indicazione della procura;

c) la sottoscrizione del difensore;

d) la dichiarazione o l'elezione di domicilio.

3. La procura, conferita nelle forme previste dall'articolo 100, comma 1, del codice di procedura penale, è depositata nella segreteria del pubblico ministero o nella cancelleria del giudice ovvero è presentata in udienza unitamente alla dichiarazione di cui al comma 2.

4. Quando non compare il legale rappresentante, l'ente costituito è rappresentato dal difensore.

40. Difensore di ufficio. – 1. L'ente che non ha nominato un difensore di fiducia o ne è rimasto privo è assistito da un difensore di ufficio.

41. Contumacia dell'ente. – 1. L'ente che non si costituisce nel processo è dichiarato contumace.

42. Vicende modificative dell'ente nel corso del processo. – 1. Nel caso di trasformazione, di fusione o di scissione dell'ente originariamente responsabile, il procedimento prosegue nei confronti degli enti risultanti da tali vicende modificative o beneficiari della scissione, che partecipano al processo, nello stato in cui lo stesso si trova, depositando la dichiarazione di cui all'articolo 39, comma 2.

43. Notificazioni all'ente. – 1. Per la prima notificazione all'ente si osservano le disposizioni dell'articolo 154, comma 3, del codice di procedura penale.

2. Sono comunque valide le notificazioni eseguite mediante consegna al legale rappresentante, anche se imputato del reato da cui dipende l'illecito amministrativo.

3. Se l'ente ha dichiarato o eletto domicilio nella dichiarazione di cui all'articolo 39 o in altro atto comunicato all'autorità giudiziaria, le notificazioni sono eseguite ai sensi dell'articolo 161 del codice di procedura penale.

4. Se non è possibile eseguire le notificazioni nei modi previsti dai commi precedenti, l'autorità giudiziaria dispone nuove ricerche. Qualora le ricerche non diano esito positivo, il giudice, su richiesta del pubblico ministero, sospende il procedimento.

Sezione III
Prove

44. Incompatibilità con l'ufficio di testimone. – 1. Non può essere assunta come testimone:

a) la persona imputata del reato da cui dipende l'illecito amministrativo;

b) la persona che rappresenta l'ente indicata nella dichiarazione di cui all'articolo 39, comma 2, e che rivestiva tale funzione anche al momento della commissione del reato.

2. Nel caso di incompatibilità la persona che rappresenta l'ente può essere interrogata ed esaminata nelle forme, con i limiti e con gli effetti previsti per l'interrogatorio e per l'esame della persona imputata in un procedimento connesso.

Sezione IV
Misure cautelari

45. Applicazione delle misure cautelari. – 1. Quando sussistono gravi indizi per ritenere la sussistenza della responsabilità dell'ente per un illecito amministrativo dipendente da reato e vi sono fondati e specifici elementi che fanno ritenere concreto il pericolo che vengano commessi illeciti della stessa indole di quello per cui si procede, il pubblico ministero può richiedere l'applicazione quale misura cautelare di una delle sanzioni interdittive previste dall'articolo 9, comma 2, presentando al giudice gli elementi su cui la richiesta si fonda, compresi quelli a favore dell'ente e le eventuali deduzioni e memorie difensive già depositate.

2. Sulla richiesta il giudice provvede con ordinanza, in cui indica anche le modalità applicative della misura. Si osservano le disposizioni dell'articolo 292 del codice di procedura penale.

3. In luogo della misura cautelare interdittiva, il giudice può nominare un commissario giudiziale a norma dell'articolo 15 per un periodo pari alla durata della misura che sarebbe stata applicata. La nomina del commissario di cui al primo periodo è sempre disposta, in luogo della misura cautelare interdittiva, quando la misura possa pregiudicare la continuità dell'attività svolta in stabilimenti industriali o parti di essi dichiarati di interesse strategico nazionale ai sensi dell'articolo 1 del decreto-legge 3 dicembre 2012, n. 207, convertito, con modificazioni, dalla legge 24 dicembre 2012, n. 231 (1).

(1) Comma modificato dall'art. 5, co. 1, lett. c), d.l. 5/1/2023, n. 2, conv., con modif., dalla l. 3/3/2023, n. 17.

46. Criteri di scelta delle misure. – 1. Nel disporre le misure cautelari, il giudice tiene conto della specifica idoneità di ciascuna in relazione alla natura e al grado delle esigenze cautelari da soddisfare nel caso concreto.

2. Ogni misura cautelare deve essere proporzionata all'entità del fatto e alla sanzione che si ritiene possa essere applicata all'ente.

3. L'interdizione dall'esercizio dell'attività può essere disposta in via cautelare soltanto quando ogni altra misura risulti inadeguata.

4. Le misure cautelari non possono essere applicate congiuntamente.

47. Giudice competente e procedimento di applicazione. – 1. Sull'applicazione e sulla revoca delle misure cautelari nonché sulle modifiche delle loro modalità esecutive, provvede il giudice che procede. Nel corso delle indagini provvede il giudice per le indagini preliminari. Si applicano altresì le disposizioni di cui all'articolo 91 del decreto legislativo 28 luglio 1989, n. 271.

2. Se la richiesta di applicazione della misura cautelare è presentata fuori udienza, il giudice fissa la data dell'udienza e ne fa dare avviso al pubblico ministero, all'ente e ai difensori. L'ente e i difensori sono altresì avvisati che, presso la cancelleria del giudice, possono esaminare la richiesta dal pubblico ministero e gli elementi sui quali la stessa si fonda.

3. Nell'udienza prevista dal comma 2, si osservano le forme dell'articolo 127, commi 1, 2, 3, 4, 5, 6 e 10, del codice di procedura penale; i termini previsti ai commi 1 e 2 del medesimo articolo sono ridotti rispettivamente a cinque e a tre giorni. Tra il deposito della richiesta e la data dell'udienza non può intercorrere un termine superiore a quindici giorni.

48. Adempimenti esecutivi. – 1. L'ordinanza che dispone l'applicazione di una misura cautelare é notificata all'ente a cura del pubblico ministero.

49. Sospensione delle misure cautelari. – 1. Le misure cautelari possono essere sospese se l'ente chiede di poter realizzare gli adempimenti cui la legge condiziona l'esclusione di sanzioni interdittive a norma dell'articolo 17. In tal caso, il giudice, sentito il pubblico ministero, se ritiene di accogliere la richiesta, determina una somma di denaro a titolo di cauzione, dispone la sospensione della misura e indica il termine per la realizzazione delle condotte riparatorie di cui al medesimo articolo 17.

2. La cauzione consiste nel deposito presso la Cassa delle ammende di una somma di denaro che non può comunque essere inferiore alla metà della sanzione pecuniaria minima prevista per l'illecito per cui si procede. In luogo del deposito, è ammessa la prestazione di una garanzia mediante ipoteca o fideiussione solidale.

3. Nel caso di mancata, incompleta o inefficace esecuzione delle attività nel termine fissato, la misura cautelare viene ripristinata e la somma depositata o per la quale è stata data garanzia è devoluta alla Cassa delle ammende.

4. Se si realizzano le condizioni di cui all'articolo 17 il giudice revoca la misura cautelare e ordina la restituzione della somma depositata o la cancellazione dell'ipoteca; la fideiussione prestata si estingue.

50. Revoca e sostituzione delle misure cautelari. – 1. Le misure cautelari sono revocate anche d'ufficio quando risultano mancanti, anche per fatti sopravvenuti, le condizioni di applicabilità previste dall'articolo 45 ovvero quando ricorrono le ipotesi previste dall'articolo 17.

2. Quando le esigenze cautelari risultano attenuate ovvero la misura applicata non appare piu proporzionata all'entità del fatto o alla sanzione che si ritiene possa essere applicata in via definitiva, il giudice, su richiesta del pubblico ministero o dell'ente, sostituisce la misura con un'altra meno grave ovvero ne dispone l'applicazione con modalità meno gravose, anche stabilendo una minore durata.

51. Durata massima delle misure cautelari. – 1. Nel disporre le misure cautelari il giudice ne determina la durata, che non può superare un anno (1).

2. Dopo la sentenza di condanna di primo grado, la durata della misura cautelare può avere la stessa durata della corrispondente sanzione applicata con la medesima sentenza. In ogni caso, la durata della misura cautelare non può superare un anno e quattro mesi (1).

3. Il termine di durata delle misure cautelari decorre dalla data della notifica dell'ordinanza.

4. La durata delle misure cautelari è computata nella durata delle sanzioni applicate in via definitiva.

(1) Comma modificato dall'art. 1, co. 9, lett. c), n. 1), l. 9/1/2019, n. 3.

52. Impugnazione dei provvedimenti che applicano le misure cautelari. – 1. Il pubblico ministero e l'ente, per mezzo del suo difensore, possono proporre appello contro tutti i provvedimenti in materia di misure cautelari, indicandone contestualmente i motivi. Si osservano le disposizioni di cui all'articolo 322-bis, commi 1-bis e 2, del codice di procedura penale.

2. Contro il provvedimento emesso a norma del comma 1, il pubblico ministero e l'ente, per mezzo del suo difensore, possono proporre ricorso per cassazione per violazione di legge. Si osservano le disposizioni di cui all'articolo 325 del codice di procedura penale.

53. Sequestro preventivo. – 1. Il giudice può disporre il sequestro delle cose di cui è consentita la confisca a norma dell'articolo 19. Si osservano le disposizioni di cui agli articoli 321, commi 3, 3-bis e 3-ter, 322, 322-bis e 323 del codice di procedura penale, in quanto applicabili.

1-bis. Ove il sequestro, eseguito ai fini della confisca per equivalente prevista dal comma 2 dell'articolo 19, abbia ad oggetto società, aziende ovvero beni, ivi compresi i titoli, nonché quote azionarie o liquidità anche se in deposito, il custode amministratore giudiziario ne consente l'utilizzo e la gestione agli organi societari esclusivamente al fine di garantire la continuità e lo sviluppo aziendali, esercitando i poteri di vigilanza e riferendone all'autorità giudiziaria. In caso di violazione della predetta finalità l'autorità giudiziaria adotta i provvedimenti conseguenti e può nominare un amministratore nell'esercizio dei poteri di azionista. Con la nomina si intendono eseguiti gli adempimenti di cui all'articolo 104 delle norme di attuazione, di coordinamento e transitorie del codice di procedura penale, di cui al decreto legislativo 28 luglio 1989, n. 271. In caso di sequestro in danno di società che gestiscono stabilimenti di interesse strategico nazionale e di loro controllate, si applicano le disposizioni di cui al decreto-legge 4 giugno 2013, n. 61, convertito, con modificazioni, dalla legge 3 agosto 2013, n. 89 (1).

1-ter. Quando il sequestro abbia ad oggetto stabilimenti industriali o parti di essi che siano stati dichiarati di interesse strategico nazionale ai sensi dell'articolo 1 del decreto-legge 3 dicembre 2012, n. 207, convertito, con modificazioni, dalla legge 24 dicembre 2012, n. 231, [o loro parti,] ovvero impianti o infrastrutture necessari ad assicurarne la continuità produttiva, si applica l'articolo 104-bis, commi 1-bis.1 e 1-bis.2, delle norme di attuazione, di coordinamento e transitorie del codice di procedura penale, di cui al decreto legislativo 28 luglio 1989, n. 271 (2).

(1) Comma aggiunto dall'art. 12, co. 5-bis, d.l. 31/8/2013, n. 101, conv., con modif., dalla l. 30/10/2013, n. 125.

(2) Comma aggiunto dall'art. 5, co. 1, lett. d), d.l. 5/1/2023, n. 2, conv., con modif., dalla l. 3/3/2023, n. 17.

54. Sequestro conservativo. – 1. Se vi è fondata ragione di ritenere che manchino o si disperdano le garanzie per il pagamento della sanzione pecuniaria, delle spese del procedimento e di ogni altra somma dovuta all'erario dello Stato, il pubblico ministero, in ogni stato e grado del processo di merito, chiede il sequestro conservativo dei beni mobili e immobili dell'ente o delle somme o cose allo stesso dovute. Si osservano le disposizioni di cui agli articoli 316, comma 4, 317, 318, 319 e 320 del codice di procedura penale, in quanto applicabili.

Sezione V
Indagini preliminari e udienza preliminare

55. Annotazione dell'illecito amministrativo. – 1. Il pubblico ministero che acquisisce la notizia dell'illecito amministrativo dipendente da reato commesso dall'ente annota immediatamente, nel registro di cui all'articolo 335 del codice di procedura penale, gli elementi identificativi dell'ente unitamente, ove possibile, alle generalità del suo legale rappresentante nonché il reato da cui dipende l'illecito.

2. L'annotazione di cui al comma 1 è comunicata all'ente o al suo difensore che ne faccia richiesta negli stessi limiti in cui è consentita la comunicazione delle iscrizioni della notizia di reato alla persona alla quale il reato è attribuito.

56. Termine per l'accertamento dell'illecito amministrativo nelle indagini preliminari. – 1. Il pubblico ministero procede all'accertamento dell'illecito amministrativo negli stessi termini previsti per le indagini preliminari relative al reato da cui dipende l'illecito stesso.

2. Il termine per l'accertamento dell'illecito amministrativo a carico dell'ente decorre dalla annotazione prevista dall'articolo 55.

57. Informazione di garanzia. – 1. L'informazione di garanzia inviata all'ente deve contenere l'invito a dichiarare ovvero eleggere domicilio per le notificazioni nonché l'avvertimento che per partecipare al procedimento deve depositare la dichiarazione di cui all'articolo 39, comma 2.

58. Archiviazione. – 1. Se non procede alla contestazione dell'illecito amministrativo a norma dell'articolo 59, il pubblico ministero emette decreto motivato di archiviazione degli atti, comunicandolo al procuratore generale presso la corte d'appello. Il procuratore generale può svolgere gli accertamenti indispensabili e, qualora ritenga ne ricorrano le condizioni, contesta all'ente le violazioni amministrative conseguenti al reato entro sei mesi dalla comunicazione.

59. Contestazione dell'illecito amministrativo. – 1. Quando non dispone l'archiviazione, il pubblico ministero contesta all'ente l'illecito amministrativo dipendente dal reato. La contestazione dell'illecito è contenuta in uno degli atti indicati dall'articolo 405, comma 1, del codice di procedura penale.

2. La contestazione contiene gli elementi identificativi dell'ente, l'enunciazione, in forma chiara e precisa, del fatto che può comportare l'applicazione delle sanzioni amministrative, con l'indicazione del reato da cui l'illecito dipende e dei relativi articoli di legge e delle fonti di prova.

60. Decadenza dalla contestazione. – 1. Non può procedersi alla contestazione di cui all'articolo 59 quando il reato da cui dipende l'illecito amministrativo dell'ente è estinto per prescrizione.

61. Provvedimenti emessi nell'udienza preliminare. – 1. Il giudice dell'udienza preliminare pronuncia sentenza di non luogo a procedere nei casi di estinzione o di improcedibilità della sanzione amministrativa, ovvero quando l'illecito stesso non sussiste o gli elementi acquisiti risultano insufficienti, contraddittori o comunque non idonei a sostenere in giudizio la responsabilità dell'ente. Si applicano le disposizioni dell'articolo 426 del codice di procedura penale.

2. Il decreto che, a seguito dell'udienza preliminare, dispone il giudizio nei confronti dell'ente, contiene, a pena di nullità, la contestazione dell'illecito amministrativo dipendente dal reato, con l'enunciazione, in forma chiara e precisa, del fatto che può comportare l'applicazione delle sanzioni e l'indicazione del reato da cui l'illecito dipende e dei relativi articoli di legge e delle fonti di prova nonché gli elementi identificativi dell'ente.

Sezione VI
Procedimenti speciali

62. Giudizio abbreviato. – 1. Per il giudizio abbreviato si osservano le disposizioni del titolo I del libro sesto del codice di procedura penale, in quanto applicabili.

2. Se manca l'udienza preliminare, si applicano, secondo i casi, le disposizioni degli articoli 555, comma 2, 557 e 558, comma 8.

3. La riduzione di cui all'articolo 442, comma 2, del codice di procedura penale è operata sulla durata della sanzione interdittiva e sull'ammontare della sanzione pecuniaria.

4. In ogni caso, il giudizio abbreviato non è ammesso quando per l'illecito amministrativo è prevista l'applicazione di una sanzione interdittiva in via definitiva.

63. Applicazione della sanzione su richiesta. – 1. L'applicazione all'ente della sanzione su richiesta è ammessa se il giudizio nei confronti dell'imputato è definito ovvero definibile a norma dell'articolo 444 del codice di procedura penale nonché in tutti i casi in cui per l'illecito amministrativo è prevista la sola sanzione pecuniaria. Si osservano le disposizioni di cui al titolo II del libro sesto del codice di procedura penale, in quanto applicabili.

2. Nei casi in cui è applicabile la sanzione su richiesta, la riduzione di cui all'articolo 444, comma 1, del codice di procedura penale è operata sulla durata della sanzione interdittiva e sull'ammontare della sanzione pecuniaria.

3. Il giudice, se ritiene che debba essere applicata una sanzione interdittiva in via definitiva, rigetta la richiesta.

64. Procedimento per decreto. – 1. Il pubblico ministero, quando ritiene che si debba applicare la sola sanzione pecuniaria, può presentare al giudice per le indagini preliminari, entro un anno dalla data dell'annotazione dell'illecito amministrativo nel registro di cui all'articolo 55 e previa trasmissione del fascicolo, richiesta motivata di emissione del decreto di applicazione della sanzione pecuniaria, indicandone la misura (1).

2. Il pubblico ministero può chiedere l'applicazione di una sanzione pecuniaria diminuita sino alla metà rispetto al minimo dell'importo applicabile.

3. Il giudice, quando non accoglie la richiesta, se non deve pronunciare sentenza di esclusione della responsabilità dell'ente, restituisce gli atti al pubblico ministero.

4. Si osservano le disposizioni del titolo V del libro sesto e dell'articolo 557 del codice di procedura penale, in quanto compatibili.

(1) Comma modificato dall'art. 68, co. 1, d.lg. 10/10/2022, n. 150 a decorrere dal 30/12/2022, come disposto dall'art. 99-bis del d.lg. 150/2022 medesimo. Per il testo vigente fino a tale data, vedi testo storico.

Sezione VII
Giudizio

65. Termine per provvedere alla riparazione delle conseguenze del reato. – 1. Prima dell'apertura del dibattimento di primo grado, il giudice può disporre la sospensione del processo se l'ente chiede di provvedere alle attività di cui all'articolo 17 e dimostra di essere stato nell'impossibilità di effettuarle prima. In tal caso, il giudice, se ritiene di accogliere la richiesta, determina una somma di denaro a titolo di cauzione. Si osservano le disposizioni di cui all'articolo 49.

66. Sentenza di esclusione della responsabilità dell'ente. – 1. Se l'illecito amministrativo contestato all'ente non sussiste, il giudice lo dichiara con sentenza, indicandone la causa nel dispositivo. Allo stesso modo procede quando manca, è insufficiente o è contraddittoria la prova dell'illecito amministrativo.

67. Sentenza di non doversi procedere. – 1. Il giudice pronuncia sentenza di non doversi procedere nei casi previsti dall'articolo 60 e quando la sanzione è estinta per prescrizione.

68. Provvedimenti sulle misure cautelari. – 1. Quando pronuncia una delle sentenza di cui agli articoli 66 e 67, il giudice dichiara la cessazione delle misure cautelari eventualmente disposte.

69. Sentenza di condanna. – 1. Se l'ente risulta responsabile dell'illecito amministrativo contestato il giudice applica le sanzioni previste dalla legge e lo condanna al pagamento delle spese processuali.

2. In caso di applicazione delle sanzioni interdittive la sentenza deve sempre indicare l'attività o le strutture oggetto della sanzione.

70. Sentenza in caso di vicende modificative dell'ente. – 1. Nel caso di trasformazione, fusione o scissione dell'ente responsabile, il giudice dà atto nel dispositivo che la sentenza è pronunciata nei confronti degli enti risultanti dalla trasformazione o fusione ovvero beneficiari della scissione, indicando l'ente originariamente responsabile.

2. La sentenza pronunciata nei confronti dell'ente originariamente responsabile ha comunque effetto anche nei confronti degli enti indicati nel comma 1.

Sezione VIII
Impugnazioni

71. Impugnazioni delle sentenze relative alla responsabilità amministrativa dell'ente. – 1. Contro la sentenza che applica sanzioni amministrative diverse da quelle interdittive l'ente può proporre impugnazione nei casi e nei modi stabiliti per l'imputato del reato dal quale dipende l'illecito amministrativo.

2. Contro la sentenza che applica una o più sanzioni interdittive, l'ente può sempre proporre appello anche se questo non è ammesso per l'imputato del reato dal quale dipende l'illecito amministrativo.

3. Contro la sentenza che riguarda l'illecito amministrativo il pubblico ministero può proporre le stesse impugnazioni consentite per il reato da cui l'illecito amministrativo dipende.

72. Estensione delle impugnazioni. – 1. Le impugnazioni proposte dall'imputato del reato da cui dipende l'illecito amministrativo e dall'ente, giovano, rispettivamente, all'ente e all'imputato, purché non fondate su motivi esclusivamente personali.

73. Revisione delle sentenze. – 1. Alle sentenze pronunciate nei confronti dell'ente si applicano, in quanto compatibili, le disposizioni del titolo IV del libro nono del codice di procedura penale ad eccezione degli articoli 643, 644, 645, 646 e 647.

Sezione IX
Esecuzione

74. Giudice dell'esecuzione. – 1. Competente a conoscere dell'esecuzione delle sanzioni amministrative dipendenti da reato è il giudice indicato nell'articolo 665 del codice di procedura penale.

2. Il giudice indicato nel comma 1 è pure competente per i provvedimenti relativi:

a) alla cessazione dell'esecuzione delle sanzioni nei casi previsti dall'articolo 3;

b) alla cessazione dell'esecuzione nei casi di estinzione del reato per amnistia;

c) alla determinazione della sanzione amministrativa applicabile nei casi previsti dall'articolo 21, commi 1 e 2;

d) alla confisca e alla restituzione delle cose sequestrate.

3. Nel procedimento di esecuzione si osservano le disposizioni di cui all'articolo 666 del codice di procedura penale, in quanto applicabili. Nei casi previsti dal comma 2, lettere b) e d) si osservano le disposizioni di cui all'articolo 667, comma 4, del codice di procedura penale.

4. Quando è applicata l'interdizione dall'esercizio dell'attività, il giudice, su richiesta dell'ente, può autorizzare il compimento di atti di gestione ordinaria che non comportino la prosecuzione dell'attività interdetta. Si osservano le disposizioni di cui all'articolo 667, comma 4, del codice di procedura penale.

75. Esecuzione delle sanzioni pecuniarie* *[1. Le condanne al pagamento delle sanzioni amministrative pecuniarie sono eseguite nei modi stabiliti per l'esecuzione delle pene pecuniarie. 2. Per il pagamento rateale, per la dilazione del pagamento e per la sospensione della riscossione delle sanzioni amministrative pecuniarie si osservano le disposizioni di cui agli articoli 19 e 19-bis del decreto del Presidente della Repubblica 29 settembre 1973, n. 602, come modificato dall'articolo 7 del decreto legislativo 26 febbraio 1999, n. 46].*

* Articolo abrogato, a decorrere dal 1/7/2002, dall'art. 299 del d.P.R. 30/5/2002, n. 115.

76. Pubblicazione della sentenza applicativa della condanna. – 1. La pubblicazione della sentenza di condanna è eseguita a spese dell'ente nei cui confronti è stata applicata la sanzione. Si osservano le disposizioni di cui all'articolo 694, commi 2, 3 e 4, del codice di procedura penale.

77. Esecuzione delle sanzioni interdittive. – 1. L'estratto della sentenza che ha disposto l'applicazione di una sanzione interdittiva è notificata all'ente a cura del pubblico ministero.

2. Ai fini della decorrenza del termine di durata delle sanzioni interdittive si ha riguardo alla data della notificazione.

78. Conversione delle sanzioni interdittive. – 1. L'ente che ha posto in essere tardivamente le condotte di cui all'articolo 17, entro venti giorni dalla notifica dell'estratto della sentenza, può richiedere la conversione della sanzione amministrativa interdittiva in sanzione pecuniaria.

2. La richiesta è presentata al giudice dell'esecuzione e deve contenere la documentazione attestante l'avvenuta esecuzione degli adempimenti di cui all'articolo 17.

3. Entro dieci giorni dalla presentazione della richiesta, il giudice fissa l'udienza in camera di consiglio e ne fa dare avviso alle parti e ai difensori; se la richiesta non appare manifestamente infondata, il giudice può sospendere l'esecuzione della sanzione. La sospensione è disposta con decreto motivato revocabile.

4. Se accoglie la richiesta il giudice, con ordinanza, converte le sanzioni interdittive, determinando l'importo della sanzione pecuniaria in una somma non inferiore a quella già applicata in sentenza e non superiore al doppio della stessa. Nel determinare l'importo della somma il giudice tiene conto della gravità dell'illecito ritenuto in sentenza e delle ragioni che hanno determinato il tardivo adempimento delle condizioni di cui all'articolo 17.

79. Nomina del commissario giudiziale e confisca del profitto. – 1. Quando deve essere eseguita la sentenza che dispone la prosecuzione dell'attività dell'ente ai sensi dell'articolo 15, la nomina del commissario giudiziale è richiesta dal pubblico ministero al giudice dell'esecuzione, il quale vi provvede senza formalità.

2. Il commissario riferisce ogni tre mesi al giudice dell'esecuzione e al pubblico ministero sull'andamento della gestione e, terminato l'incarico, trasmette al giudice una relazione sull'attività svolta nella quale rende conto della gestione, indicando altresì l'entità del profitto da sottoporre a confisca e le modalità con le quali sono stati attuati i modelli organizzativi.

3. Il giudice decide sulla confisca con le forme dell'articolo 667, comma 4, del codice di procedura penale.

4. Le spese relative all'attività svolta dal commissario e al suo compenso sono a carico dell'ente.

80. Anagrafe nazionale delle sanzioni amministrative*. – *[1. Presso il casellario giudiziale centrale è istituita l'anagrafe nazionale delle sanzioni amministrative di cui al capo II. 2. Nell'anagrafe sono iscritti, per estratto, le sentenze e i decreti che hanno applicato agli enti sanzioni amministrative dipendenti da reato appena divenuti irrevocabili nonché i provvedimenti emessi dagli organi giurisdizionali dell'esecuzione non più soggetti ad impugnazione che riguardano le sanzioni amministrative. 3. Le iscrizioni dell'anagrafe sono eliminate trascorsi cinque anni dal giorno in cui hanno avuto esecuzione se è stata applicata la sanzione pecuniaria o dieci anni se è stata applicata una sanzione diversa sempre che nei periodi indicati non è stato commesso un ulteriore illecito amministrativo.].*

* Articolo abrogato dall'art. 52 del d.P.R. 14/11/2002, n. 313, con effetto a decorrere dalla data prevista dall'art. 55 del d.P.R. citato. Per le disposizioni contenute nel presente articolo vedi ora art. 9 e 11 del d.P.R. citato.

81. Certificati dell'anagrafe*. – *[1. Ogni organo avente giurisdizione, ai sensi del presente decreto legislativo, in ordine all'illecito amministrativo dipendente da reato ha diritto di ottenere, per ragioni di giustizia, il certificato di tutte le iscrizioni esistenti nei confronti dell'ente. Uguale diritto appartiene a tutte le pubbliche amministrazioni e agli enti incaricati di* *pubblici servizi quando il certificato è necessario per provvedere ad un atto delle loro funzioni, in relazione all'ente cui il certificato stesso si riferisce. 2. Il pubblico ministero può richiedere, per ragioni di giustizia, il predetto certificato dell'ente sottoposto a procedimento di accertamento della responsabilità amministrativa dipendente da reato. 3. L'ente al quale le iscrizioni si riferiscono ha diritto di ottenere il relativo certificato senza motivare la domanda. 4. Nel certificato di cui al comma 3 non sono riportate le iscrizioni relative alle sentenze di applicazione della sanzione su richiesta e ai decreti di applicazione della sanzione pecuniaria.]*

* Articolo abrogato dall'art. 52 del d.P.R. 14/11/2002, n. 313, con effetto a decorrere dalla data prevista dall'art. 55 del d.P.R. citato. Per le disposizioni contenute nel presente articolo vedi ora art. 30, 31 e 32 del d.P.R. citato.

82. Questioni concernenti le iscrizioni e i certificati *. *– [1. Sulle questioni relative alle iscrizioni e ai certificati dell'anagrafe è competente il tribunale di Roma, che decide in composizione monocratica osservando le disposizioni di cui all'articolo 78. Capo IV Disposizioni di attuazione e di coordinamento.].*

* Articolo abrogato dall'art. 52 del d.P.R. 14/11/2002, n. 313, con effetto a decorrere dalla data prevista dall'art. 55 del d.P.R. citato. Per le disposizioni contenute nel presente articolo vedi ora art. 40 del d.P.R. citato.

Capo IV
Disposizioni di attuazione e di coordinamento

83. Concorso di sanzioni. – 1. Nei confronti dell'ente si applicano soltanto le sanzioni interdittive stabilite nel presente decreto legislativo anche quando diverse disposizioni di legge prevedono, in conseguenza della sentenza di condanna per il reato, l'applicazione nei confronti dell'ente di sanzioni amministrative di contenuto identico o analogo.

2. Se, in conseguenza dell'illecito, all'ente è stata già applicata una sanzione amministrativa di contenuto identico o analogo a quella interdittiva prevista dal presente decreto legislativo, la durata della sanzione già sofferta è computata ai fini della determinazione della durata della sanzione amministrativa dipendente da reato.

84. Comunicazioni alle autorità di controllo o di vigilanza. – 1. Il provvedimento che applica misure cautelari interdittive e la sentenza irrevocabile di condanna sono comunicati, a cura della cancelleria del giudice che li ha emessi, alle autorità che esercitano il controllo o la vigilanza sull'ente.

85. Disposizioni regolamentari. – 1. Con regolamento emanato ai sensi dell'articolo 17, comma 3, della legge 23 agosto 1988, n. 400, entro sessanta giorni dalla data di pubblicazione del presente decreto legislativo, il Ministro della giustizia adotta le disposizioni regolamentari relative al procedimento di accertamento dell'illecito amministrativo che concernono:

a) le modalità di formazione e tenuta dei fascicoli degli uffici giudiziari;

[*b) i compiti ed il funzionamento dell'Anagrafe nazionale;*]*

c) le altre attività necessarie per l'attuazione del presente decreto legislativo.

2. Il parere del Consiglio di Stato sul regolamento previsto dal comma 1 è reso entro trenta giorni dalla richiesta.

Il presente decreto, munito del sigillo dello Stato, sarà inserito nella Raccolta ufficiale degli atti normativi della Repubblica italiana. È fatto obbligo a chiunque spetti di osservarlo e di farlo osservare.

* Lettera abrogata dall'art. 52 del d.P.R. 14/11/2002, n. 313, con effetto a decorrere dalla data prevista dall'art. 55 del d.P.R. citato.

D.lg. 24 marzo 2006, n. 155
Disciplina dell'impresa sociale, a norma della l. 13 giugno 2005, n. 118
(G.U. 27 aprile 2006, n. 97)

1. Nozione. – 1. Possono acquisire la qualifica di impresa sociale tutte le organizzazioni private, ivi compresi gli enti di cui al libro V del codice civile, che esercitano in via stabile e principale un'attività economica organizzata al fine della produzione o dello scambio di beni o servizi di utilità sociale, diretta a realizzare finalità di interesse generale, e che hanno i requisiti di cui agli articoli 2, 3 e 4.

2. Le amministrazioni pubbliche di cui all'articolo 1, comma 2, del decreto legislativo 30 marzo 2001, n. 165, e successive modificazioni, e le organizzazioni i cui atti costitutivi limitino, anche indirettamente, l'erogazione dei beni e dei servizi in favore dei soli soci, associati o partecipi non acquisiscono la qualifica di impresa sociale.

3. Agli enti ecclesiastici e agli enti delle confessioni religiose con le quali lo Stato ha stipulato patti, accordi o intese si applicano le norme di cui al presente decreto limitatamente allo svolgimento delle attività elencate all'articolo 2, a condizione che per tali attività adottino un regolamento, in forma di scrittura privata autenticata, che recepisca le norme del presente decreto. Per tali attività devono essere tenute separatamente le scritture contabili previste dall'articolo 10. Il regolamento deve contenere i requisiti che sono richiesti dal presente decreto per gli atti costitutivi.

2. Utilità sociale. – 1. Si considerano beni e servizi di utilità sociale quelli prodotti o scambiati nei seguenti settori:

a) assistenza sociale, ai sensi della legge 8 novembre 2000, n. 328, recante legge quadro per la realizzazione del sistema integrato di interventi e servizi sociali;

b) assistenza sanitaria, per l'erogazione delle prestazioni di cui al Decreto del Presidente del Consiglio dei Ministri in data 29 novembre 2001, recante «Definizione dei livelli essenziali di assistenza», e successive modificazioni, pubblicato nel supplemento ordinario alla Gazzetta Ufficiale n. 33 dell'8 febbraio 2002;

c) assistenza socio-sanitaria, ai sensi del decreto del Presidente del Consiglio dei Ministri in data 14 febbraio 2001, recante «Atto di indirizzo e coordinamento in materia di prestazioni socio-sanitarie», pubblicato nella Gazzetta Ufficiale n. 129 del 6 giugno 2001;

d) educazione, istruzione e formazione, ai sensi della legge 28 marzo 2003, n. 53, recante delega al Governo per la definizione delle norme generali sull'istruzione e dei livelli essenziali delle prestazioni in materia di istruzione e formazione professionale;

e) tutela dell'ambiente e dell'ecosistema, ai sensi della legge 15 dicembre 2004, n. 308, recante delega al Governo per il riordino, il coordinamento e l'integrazione della legislazione in materia ambientale e misure di diretta applicazione, con esclusione delle attività, esercitate abitualmente, di raccolta e riciclaggio dei rifiuti urbani, speciali e pericolosi;

f) valorizzazione del patrimonio culturale, ai sensi del Codice dei beni culturali e del paesaggio, di cui al decreto legislativo 22 gennaio 2004, n. 42;

g) turismo sociale, di cui all'articolo 7, comma 10, della legge 29 marzo 2001, n. 135, recante riforma della legislazione nazionale del turismo;

h) formazione universitaria e post-universitaria;

i) ricerca ed erogazione di servizi culturali;

l) formazione extra-scolastica, finalizzata alla prevenzione della dispersione scolastica ed al successo scolastico e formativo;

m) servizi strumentali alle imprese sociali, resi da enti composti in misura superiore al settanta per cento da organizzazioni che esercitano un'impresa sociale;

m-bis) cooperazione allo sviluppo (1).

2. Indipendentemente dall'esercizio della attività di impresa nei settori di cui al comma 1, possono acquisire la qualifica di impresa sociale le organizzazioni che esercitano attività di impresa, al fine dell'inserimento lavorativo di soggetti che siano:

a) lavoratori svantaggiati ai sensi dell'articolo 2, primo paragrafo 1, lettera f), punti i), ix) e x), del regolamento (CE) n. 2204/2002 della Commissione, 5 dicembre 2002, della Commissione relativo all'applicazione degli articoli 87 e 88 del trattato CE agli aiuti di Stato a favore dell'occupazione;

b) lavoratori disabili ai sensi dell'articolo 2, primo paragrafo 1, lettera g), del citato regolamento (CE) n. 2204/2002.

3. Per attività principale ai sensi dell'articolo 1, comma 1, si intende quella per la quale i relativi ricavi sono superiori al settanta per cento dei ricavi complessivi dell'organizzazione che esercita l'impresa sociale. Con decreto del Ministro delle attività produttive e del Ministro del lavoro e delle politiche sociali sono definiti i criteri quantitativi e temporali per il computo della percentuale del settanta per cento dei ricavi complessivi dell'impresa.

4. I lavoratori di cui al comma 2 devono essere in misura non inferiore al trenta per cento dei lavoratori impiegati a qualunque titolo nell'impresa; la relativa situazione deve essere attestata ai sensi della normativa vigente.

5. Per gli enti di cui all'articolo 1, comma 3, le disposizioni di cui ai commi 3 e 4 si applicano limitatamente allo svolgimento delle attività di cui al presente articolo.

(1) Lettera aggiunta dall'art. 31, co. 3, l. 11/8/2014, n. 125.

3. Assenza dello scopo di lucro. – 1. L'organizzazione che esercita un'impresa sociale destina gli utili e gli avanzi di gestione allo svolgimento dell'attività statutaria o ad incremento del patrimonio.

2. A tale fine è vietata la distribuzione, anche in forma indiretta, di utili e avanzi di gestione, comunque denominati, nonché fondi e riserve in favore di amministratori, soci, partecipanti, lavoratori o collaboratori. Si considera distribuzione indiretta di utili:

a) la corresponsione agli amministratori di compensi superiori a quelli previsti nelle imprese che operano nei medesimi o analoghi settori e condizioni, salvo comprovate esigenze attinenti alla necessità di acquisire specifiche competenze ed, in ogni caso, con un incremento massimo del venti per cento;

b) la corresponsione ai lavoratori subordinati o autonomi di retribuzioni o compensi superiori a quelli previsti dai contratti o accordi collettivi per le medesime qualifiche, salvo comprovate esigenze attinenti alla necessità di acquisire specifiche professionalità;

c) la remunerazione degli strumenti finanziari diversi dalle azioni o quote, a soggetti diversi dalle banche e dagli intermediari finanziari autorizzati, superiori di cinque punti percentuali al tasso ufficiale di riferimento.

4. Struttura proprietaria e disciplina dei gruppi. – 1. All'attività di direzione e controllo di un'impresa sociale si applicano, in quanto compatibili, le norme di cui al capo IX del titolo V del libro V e l'articolo 2545-septies del codice civile. Si considera, in ogni caso, esercitare attività di direzione e controllo il soggetto che, per previsioni statutarie o per qualsiasi altra ragione, abbia la facoltà di nomina della maggioranza degli organi di amministrazione.

2. I gruppi di imprese sociali sono tenuti a depositare l'accordo di partecipazione presso il registro delle imprese. I gruppi di imprese sociali sono inoltre tenuti a redigere e depositare i documenti contabili ed il bilancio sociale in forma consolidata, secondo le linee guida di cui all'articolo 10.

3. Le imprese private con finalità lucrative e le amministrazioni pubbliche di cui all'articolo 1, comma 2, del decreto legislativo 30 marzo 2001, n. 165, e successive modificazioni, non possono esercitare attività di direzione e detenere il controllo di un'impresa sociale.

4. Nel caso di decisione assunta con il voto o l'influenza determinante dei soggetti di cui al comma 3, il relativo atto è annullabile e può essere impugnato in conformità delle norme del codice civile entro il termine di 180 giorni. La legittimazione ad impugnare spetta anche al Ministero del lavoro e delle politiche sociali.

5. Costituzione. – 1. L'organizzazione che esercita un'impresa sociale deve essere costituita con atto pubblico. Oltre a quanto specificamente previsto per ciascun tipo di organizzazione, secondo la normativa applicabile a ciascuna di esse, gli atti costitutivi devono esplicitare il carattere sociale dell'impresa in conformità alle norme del presente decreto ed in particolare indicare:

a) l'oggetto sociale, con particolare riferimento alle disposizioni di cui all'articolo 2;

b) l'assenza di scopo di lucro, di cui all'articolo 3.

2. Gli atti costitutivi, le loro modificazioni e gli altri fatti relativi all'impresa devono essere depositati entro trenta giorni a cura del notaio o degli amministratori presso l'ufficio del registro delle imprese nella cui circoscrizione è stabilita la sede legale, per l'iscrizione in apposita sezione. Si applica l'articolo 31, comma 2, della legge 24 novembre 2000, n. 340.

3. Il Ministero del lavoro e delle politiche sociali, ai fini di cui all'articolo 16, accede anche in via telematica agli atti depositati presso l'ufficio del registro delle imprese.

4. Gli enti di cui all'articolo 1, comma 3, sono tenuti al deposito del solo regolamento e delle sue modificazioni.

5. Con decreto del Ministro delle attività produttive e del Ministro del lavoro e delle politiche sociali sono definiti gli atti che devono essere depositati e le procedure di cui al presente articolo.

6. Responsabilità patrimoniale. – 1. Salvo quanto già disposto in tema di responsabilità limitata per le diverse forme giuridiche previste dal libro V del codice civile, nelle organizzazioni che esercitano un'impresa sociale il cui patrimonio è superiore a ventimila euro, dal momento della iscrizione nella apposita sezione del registro delle imprese, delle obbligazioni assunte risponde soltanto l'organizzazione con il suo patrimonio.

2. Quando risulta che, in conseguenza di perdite, il patrimonio è diminuito di oltre un terzo rispetto all'importo di cui al comma 1, delle obbligazioni assunte rispondono personalmente e solidalmente anche coloro che hanno agito in nome e per conto dell'impresa.

3. La disposizione di cui al presente articolo non si applica agli enti di cui all'articolo 1, comma 3.

7. Denominazione. – 1. Nella denominazione è obbligatorio l'uso della locuzione: «impresa sociale».

2. La disposizione di cui al comma 1 non si applica agli enti di cui all'articolo 1, comma 3.

3. L'uso della locuzione: «impresa sociale» ovvero di altre parole o locuzioni idonee a trarre in inganno è vietato a soggetti diversi dalle organizzazioni che esercitano un'impresa sociale.

8. Cariche sociali. – 1. Negli enti associativi, la nomina della maggioranza dei componenti delle cariche sociali non può essere riservata a soggetti esterni alla organizzazione che esercita l'impresa sociale, salvo quanto specificamente previsto per ogni tipo di ente dalle norme legali e statutarie e compatibilmente con la sua natura.

2. Non possono rivestire cariche sociali soggetti nominati dagli enti di cui all'articolo 4, comma 3.

3. L'atto costitutivo deve prevedere specifici requisiti di onorabilità, professionalità ed indipendenza per coloro che assumono cariche sociali.

9. Ammissione ed esclusione. – 1. Le modalità di ammissione ed esclusione dei soci, nonché la disciplina del rapporto sociale sono regolate secondo il principio di non discriminazione, compatibilmente con la forma giuridica dell'ente.

2. Gli atti costitutivi devono prevedere la facoltà dell'istante che dei provvedimenti di diniego di ammissione o di esclusione possa essere investita l'assemblea dei soci.

10. Scritture contabili. – 1. L'organizzazione che esercita l'impresa sociale deve, in ogni caso, tenere il libro giornale e il libro degli inventari, in conformità alle disposizioni di cui agli articoli 2216 e 2217 del codice civile, nonché redigere e depositare presso il registro delle imprese un apposito documento che rappresenti adeguatamente la situazione patrimoniale ed economica dell'impresa.

2. L'organizzazione che esercita l'impresa sociale deve, inoltre, redigere e depositare presso il registro delle imprese il bilancio sociale, secondo linee guida adottate con decreto del Ministro del lavoro e delle politiche sociali, sentita l'Agenzia per le organizzazioni non lucrative di utilità sociale, in modo da rappresentare l'osservanza delle finalità sociali da parte dell'impresa sociale.

3. Per gli enti di cui all'articolo 1, comma 3, le disposizioni di cui al presente articolo si applicano limitatamente alle attività indicate nel regolamento.

11. Organi di controllo. – 1. Ove non sia diversamente stabilito dalla legge, gli atti costitutivi devono prevedere, nel caso del superamento di due dei limiti indicati nel primo comma dell'articolo 2435-bis del codice civile ridotti della metà, la nomina di uno o più sindaci, che vigilano sull'osservanza della legge e dello statuto e sul rispetto dei principi di corretta amministrazione, sull'adeguatezza dell'assetto organizzativo, amministrativo e contabile.

2. I sindaci esercitano anche compiti di monitoraggio dell'osservanza delle finalità sociali da parte dell'impresa, avuto particolare riguardo alle disposizioni di cui agli articoli 2, 3, 4, 6, 8, 9, 10, 12 e 14. Del monitoraggio deve essere data risultanza in sede di redazione del bilancio sociale di cui all'articolo 10, comma 2.

3. I sindaci possono in qualsiasi momento procedere ad atti di ispezione e di controllo; a tale fine, possono chiedere agli amministratori notizie, anche con riferimento ai gruppi di imprese sociali, sull'andamento delle operazioni o su determinati affari.

4. Nel caso in cui l'impresa sociale superi per due esercizi consecutivi due dei limiti indicati nel primo comma dell'articolo 2435-bis del codice civile, il controllo contabile è esercitato da uno o più revisori contabili iscritti nel registro istituito presso il Ministero della giustizia o dai sindaci. Nel caso in cui il controllo contabile sia esercitato dai sindaci, essi devono essere iscritti all'albo dei revisori contabili iscritti nel registro istituito presso il Ministero della giustizia.

12. Coinvolgimento dei lavoratori e dei destinatari delle attività. – 1. Ferma restando la normativa in vigore, nei regolamenti aziendali o negli atti costitutivi devono essere previste forme di coinvolgimento dei lavoratori e dei destinatari delle attività.

2. Per coinvolgimento deve intendersi qualsiasi meccanismo, ivi comprese l'informazione, la consultazione o la partecipazione, mediante il quale lavoratori e destinatari delle attività possono esercitare un'influenza sulle decisioni che devono essere adottate nell'ambito dell'impresa, almeno in relazione alle questioni che incidano direttamente sulle condizioni di lavoro e sulla qualità dei beni e dei servizi prodotti o scambiati.

13. Trasformazione, fusione, scissione e cessione d'azienda e devoluzione del patrimonio. – 1. Per le organizzazioni che esercitano un'impresa sociale, la trasformazione, la fusione e la scissione devono essere realizzate in modo da preservare l'assenza di scopo di lucro di cui all'articolo 3 dei soggetti risultanti dagli atti posti in essere; la cessione d'azienda deve essere realizzata in modo da preservare il perseguimento delle finalità di interesse generale di cui all'articolo 2 da parte del cessionario. Per gli enti di cui all'articolo 1, comma 3, la disposizione di cui al presente comma si applica limitatamente alle attività indicate nel regolamento.

2. Gli atti di cui al comma 1 devono essere posti in essere in conformità a linee guida adottate con decreto del Ministro del lavoro e delle politiche sociali, sentita l'Agenzia per le organizzazioni non lucrative di utilità sociale.

3. Salvo quanto previsto in tema di cooperative, in caso di cessazione dell'impresa, il patrimonio residuo è devoluto ad organizzazioni non lucrative di utilità sociale, associazioni, comitati, fondazioni ed enti ecclesiastici, secondo le norme statutarie. La disposizione di cui al presente comma non si applica agli enti di cui all'articolo 1, comma 3.

4. Gli organi di amministrazione notificano, con atto scritto di data certa, al Ministero del lavoro e delle politiche sociali l'intenzione di procedere ad uno degli atti di cui al comma 1, allegando la documentazione necessaria alla valutazione di conformità alle linee guida di cui al comma 2, ovvero la denominazione dei beneficiari della devoluzione del patrimonio.

5. L'efficacia degli atti è subordinata all'autorizzazione del Ministero del lavoro e delle politiche sociali, sentita l'Agenzia per le organizzazioni non lucrative di utilità sociale, che si intende concessa decorsi novanta giorni dalla ricezione della notificazione.

6. Le disposizioni di cui al presente articolo non si applicano quando il beneficiario dell'atto è un'altra organizzazione che esercita un'impresa sociale.

14. Lavoro nell'impresa sociale. – 1. Ai lavoratori dell'impresa sociale non può essere corrisposto un trattamento economico e normativo inferiore a quello previsto dai contratti e accordi collettivi applicabili.

2. Salva la specifica disciplina per gli enti di cui all'articolo 1, comma 3, è ammessa la prestazione di attività di volontariato, nei limiti del cinquanta per cento dei lavoratori a qualunque titolo impiegati nell'impresa sociale. Si applicano gli articoli 2, 4 e 17 della legge 11 agosto 1991, n. 266.

3. I lavoratori dell'impresa sociale, a qualunque titolo prestino la loro opera, hanno i diritti di informazione, consultazione e partecipazione nei termini e con le modalità specificate nei regolamenti aziendali o concordati dagli organi di am-

ministrazione dell'impresa sociale con loro rappresentanti. Degli esiti del coinvolgimento deve essere fatta menzione nel bilancio sociale di cui all'articolo 10, comma 2.

15. Procedure concorsuali. – 1. In caso di insolvenza, le organizzazioni che esercitano un'impresa sociale sono assoggettate alla liquidazione coatta amministrativa, di cui al regio decreto 16 marzo 1942, n. 267. La disposizione di cui al presente comma non si applica agli enti di cui all'articolo 1, comma 3.

2. Alla devoluzione del patrimonio residuo al termine della procedura concorsuale si applica l'articolo 13, comma 3.

16. Funzioni di monitoraggio e ricerca. – 1. Il Ministero del lavoro e delle politiche sociali promuove attività di raccordo degli uffici competenti, coinvolgendo anche altre amministrazioni dello Stato, l'Agenzia per le organizzazioni non lucrative di utilità sociale e le parti sociali, le agenzie tecniche e gli enti di ricerca di cui normalmente si avvale o che siano soggetti alla sua vigilanza, e le parti sociali, al fine di sviluppare azioni di sistema e svolgere attività di monitoraggio e ricerca.

2. Il Ministero del lavoro e delle politiche sociali, avvalendosi delle proprie strutture territoriali, esercita le funzioni ispettive, al fine di verificare il rispetto delle disposizioni del presente decreto da parte delle imprese sociali.

3. In caso di accertata violazione delle norme di cui al presente decreto o di gravi inadempienze delle norme a tutela dei lavoratori, gli uffici competenti del Ministero del lavoro e delle politiche sociali, assunte le opportune informazioni, diffidano gli organi direttivi dell'impresa sociale a regolarizzare i comportamenti illegittimi entro un congruo termine, decorso inutilmente il quale, applicano le sanzioni di cui al comma 4.

4. In caso di accertata violazione delle norme di cui agli articoli 1, 2, 3 e 4, o di mancata ottemperanza alla intimazione di cui al comma 3, gli uffici competenti del Ministero del lavoro e delle politiche sociali dispongono la perdita della qualifica di impresa sociale. Il provvedimento è trasmesso ai fini della cancellazione dell'impresa sociale dall'apposita sezione del registro delle imprese. Si applica l'articolo 13, comma 3.

5. Il Ministero del lavoro e delle politiche sociali svolge i propri compiti e assume le determinazioni di cui al presente articolo sentita l'Agenzia per le organizzazioni non lucrative di utilità sociale.

17. Norme di coordinamento. – 1. Le organizzazioni non lucrative di utilità sociale e gli enti non commerciali di cui al decreto legislativo 4 dicembre 1997, n. 460, che acquisiscono anche la qualifica di impresa sociale, continuano ad applicare le disposizioni tributarie previste dal medesimo decreto legislativo n. 460 del 1997, subordinatamente al rispetto dei requisiti soggettivi e delle altre condizioni ivi previsti.

2. All'articolo 3, comma 2, del decreto legislativo 17 maggio 1999, n. 153 dopo la parola: «strumentali» sono inserite le seguenti: «, delle imprese sociali».

3. Le cooperative sociali ed i loro consorzi, di cui alla legge 8 novembre 1991, n. 381, i cui statuti rispettino le disposizioni di cui agli articoli 10, comma 2, e 12, acquisiscono la qualifica di impresa sociale. Alle cooperative sociali ed i loro consorzi, di cui alla legge 8 novembre 1991, n. 381, che rispettino le disposizioni di cui al periodo precedente, le disposizioni di cui al presente decreto si applicano nel rispetto della normativa specifica delle cooperative.

4. Entro dodici mesi dalla data di entrata in vigore del presente decreto, ai soli fini di cui al comma 3, le cooperative sociali ed i loro consorzi, di cui alla legge 8 novembre 1991, n. 381, possono modificare i propri statuti con le modalità e le maggioranze previste per le deliberazioni dell'assemblea ordinaria.

18. Disposizione di carattere finanziario. – 1. All'attuazione del presente decreto le amministrazioni competenti provvedono avvalendosi delle risorse umane, strumentali e finanziarie disponibili a legislazione vigente, senza nuovi o maggiori oneri per la finanza pubblica. Il presente decreto, munito del sigillo dello Stato, sarà inserito nella Raccolta ufficiale degli atti normativi della Repubblica italiana. È fatto obbligo a chiunque spetti di osservarlo e di farlo osservare.

L. 12 novembre 2011, n. 183

Disposizioni per la formazione del bilancio annuale e pluriennale dello Stato

(Legge di stabilità 2012)

(*Estratto, art. 10*)

10. Riforma degli ordini professionali e società tra professionisti. – 1. All'articolo 3, comma 5, alinea, del decreto-legge 13 agosto 2011, n. 138, convertito, con modificazioni, dalla legge 14 settembre 2011, n. 148, le parole: «Gli ordinamenti professionali dovranno essere riformati entro 12 mesi dalla data di entrata in vigore del presente decreto per recepire i seguenti principi:» sono sostituite dalle seguenti: «Con decreto del Presidente della Repubblica emanato ai sensi dell'articolo 17, comma 2, della legge 23 agosto 1988, n. 400, gli ordinamenti professionali dovranno essere riformati entro 12 mesi dalla data di entrata in vigore del presente decreto per recepire i seguenti principi:».

2. All'articolo 3 del decreto-legge 13 agosto 2011, n. 138, convertito, con modificazioni, dalla legge 14 settembre 2011, n. 148, dopo il comma 5 sono inseriti i seguenti:

"5-bis. Le norme vigenti sugli ordinamenti professionali in contrasto con i princìpi di cui al comma 5, lettere da a) a g), sono abrogate con effetto dalla data di entrata in vigore del regolamento governativo di cui al comma 5 e, in ogni caso, dalla data del 13 agosto 2012.

5-ter. Il Governo, entro il 31 dicembre 2012, provvede a raccogliere le disposizioni aventi forza di legge che non risultano abrogate per effetto del comma 5-bis in un testo unico da emanare ai sensi dell'articolo 17-bis della legge 23 agosto 1988, n. 400" (1).

3. È consentita la costituzione di società per l'esercizio di attività professionali regolamentate nel sistema ordinistico secondo i modelli societari regolati dai titoli V e VI del libro V del codice civile. Le società cooperative di professionisti sono costituite da un numero di soci non inferiore a tre (2).

4. Possono assumere la qualifica di società tra professionisti le società il cui atto costitutivo preveda:

a) l'esercizio in via esclusiva dell'attività professionale da parte dei soci;

b) l'ammissione in qualità di soci dei soli professionisti iscritti ad ordini, albi e collegi, anche in differenti sezioni, nonché dei cittadini degli Stati membri dell'Unione europea, purché in possesso del titolo di studio abilitante, ovvero soggetti non professionisti soltanto per prestazioni tecniche, o per finalità di investimento. In ogni caso il numero dei soci professionisti e la partecipazione al capitale sociale dei professionisti deve essere tale da determinare la maggioranza di due terzi nelle deliberazioni o decisioni dei soci; il venir meno di tale condizione costituisce causa di scioglimento della società e il consiglio dell'ordine o collegio professionale presso il quale è iscritta la società procede alla cancellazione della stessa dall'albo, salvo che la società non abbia provveduto a ristabilire la prevalenza dei soci professionisti nel termine perentorio di sei mesi (3);

c) criteri e modalità affinché l'esecuzione dell'incarico professionale conferito alla società sia eseguito solo dai soci in possesso dei requisiti per l'esercizio della prestazione professionale richiesta; la designazione del socio professionista sia compiuta dall'utente e, in mancanza di tale designazione, il nominativo debba essere previamente comunicato per iscritto all'utente;

c-bis) la stipula di polizza di assicurazione per la copertura dei rischi derivanti dalla responsabilità civile per i danni causati ai clienti dai singoli soci professionisti nell'esercizio dell'attività professionale (4);

d) le modalità di esclusione dalla società del socio che sia stato cancellato dal rispettivo albo con provvedimento definitivo.

5. La denominazione sociale, in qualunque modo formata, deve contenere l'indicazione di società tra professionisti.

6. La partecipazione ad una società è incompatibile con la partecipazione ad altra società tra professionisti.

7. I professionisti soci sono tenuti all'osservanza del codice deontologico del proprio ordine, così come la società è soggetta al regime disciplinare dell'ordine al quale risulti iscritta. Il socio professionista può opporre agli altri soci il segreto concernente le attività professionali a lui affidate (5).

8. La società tra professionisti può essere costituita anche per l'esercizio di più attività professionali.

9. Restano salve le associazioni professionali, nonché i diversi modelli societari già vigenti alla data di entrata in vigore della presente legge (6).

10. Ai sensi dell'articolo 17, comma 3, della legge 23 agosto 1988, n. 400, il Ministro della giustizia, di concerto con il Ministro dello sviluppo economico, entro sei mesi dalla data di pubblicazione della presente legge, adotta un regolamento allo scopo di disciplinare le materie di cui ai precedenti commi 4, lettera c), 6 e 7 (7).

11. La legge 23 novembre 1939, n. 1815, e successive modificazioni, è abrogata.

12. All'articolo 3, comma 5, lettera d), del decreto-legge 13 agosto 2011, n. 138, convertito, con modificazioni, dalla legge 14 settembre 2011, n. 148, le parole: «prendendo come riferimento le tariffe professionali. È ammessa la pattuizione dei compensi anche in deroga alle tariffe» sono soppresse.

(1) Comma sostituito dall'art. 33, co. 1, d.l. 6/12/2011, n. 201.

(2) Comma modificato dall'art. 9-bis, co. 1, lett. a), d.l. 24/1/2012, n. 1.

(3) Lettera modificata dall'art. 9-bis, co. 1, lett. b), d.l. 24/1/2012, n. 1.

(4) Lettera inserita dall'art. 9-bis, co. 1, lett. c), d.l. 24/1/2012, n. 1.

(5) Comma modificato dall'art. 9-bis, co. 1, lett. d), d.l. 24/1/2012, n. 1.

(6) Comma modificato dall'art. 9-bis, co. 1, lett. e), d.l. 24/1/2012, n. 1.

(7) Per il regolamento in materia di società per l'esercizio di attività professionali regolamentate nel sistema ordinistico di cui al presente comma vedi il d.m. 8/2/2013, n. 34.

L. 28 dicembre 2015, n. 208

in materia di Società "Benefit" (Legge di stabilità 2016)

(*Estratto, art. 1, co. 376-384*)

376. Le disposizioni previste dai commi dal presente al comma 382 hanno lo scopo di promuovere la costituzione e favorire la diffusione di società, di seguito denominate «società benefit», che nell'esercizio di una attività economica, oltre allo scopo di dividerne gli utili, perseguono una o più finalità di beneficio comune e operano in modo responsabile, sostenibile e trasparente nei confronti di persone, comunità, territori e ambiente, beni ed attività culturali e sociali, enti e associazioni ed altri portatori di interesse.

377. Le finalità di cui al comma 376 sono indicate specificatamente nell'oggetto sociale della società benefit e sono perseguite mediante una gestione volta al bilanciamento con l'interesse dei soci e con l'interesse di coloro sui quali l'attività sociale possa avere un impatto. Le finalità possono essere perseguite da ciascuna delle società di cui al libro V, titoli V e VI, del codice civile, nel rispetto della relativa disciplina.

378. Ai fini di cui ai commi da 376 a 382, si intende per:

a) «beneficio comune»: il perseguimento, nell'esercizio dell'attività economica delle società benefit, di uno o più effetti positivi, o la riduzione degli effetti negativi, su una o più categorie di cui al comma 376;

b) «altri portatori di interesse»: il soggetto o i gruppi di soggetti coinvolti, direttamente o indirettamente, dall'attività delle società di cui al comma 376, quali lavoratori, clienti, fornitori, finanziatori, creditori, pubblica amministrazione e società civile;

c) «standard di valutazione esterno»: modalità e criteri di cui all'allegato 4 annesso alla presente legge, che devono essere necessariamente utilizzati per la valutazione dell'impatto generato dalla società benefit in termini di beneficio comune;

d) «aree di valutazione»: ambiti settoriali, identificati nell'allegato 5 annesso alla presente legge, che devono essere necessariamente inclusi nella valutazione dell'attività di beneficio comune.

379. La società benefit, fermo restando quanto previsto nel codice civile, deve indicare, nell'ambito del proprio oggetto sociale, le finalità specifiche di beneficio comune che intende perseguire. Le società diverse dalle società benefit, qualora intendano perseguire anche finalità di beneficio comune, sono tenute a modificare l'atto costitutivo o lo statuto, nel rispetto delle disposizioni che regolano le modificazioni del contratto sociale o dello statuto, proprie di ciascun tipo di società; le suddette modifiche sono depositate, iscritte e pubblicate nel rispetto di quanto previsto per ciascun tipo di società dagli articoli 2252, 2300 e 2436 del codice civile. La società benefit può introdurre, accanto alla denominazione sociale, le pa-

role: «Società benefit» o l'abbreviazione: «SB» e utilizzare tale denominazione nei titoli emessi, nella documentazione e nelle comunicazioni verso terzi.

380. La società benefit è amministrata in modo da bilanciare l'interesse dei soci, il perseguimento delle finalità di beneficio comune e gli interessi delle categorie indicate nel comma 376, conformemente a quanto previsto dallo statuto. La società benefit, fermo quanto disposto dalla disciplina di ciascun tipo di società prevista dal codice civile, individua il soggetto o i soggetti responsabili a cui affidare funzioni e compiti volti al perseguimento delle suddette finalità.

381. L'inosservanza degli obblighi di cui al comma 380 può costituire inadempimento dei doveri imposti agli amministratori dalla legge e dallo statuto. In caso di inadempimento degli obblighi di cui al comma 380, si applica quanto disposto dal codice civile in relazione a ciascun tipo di società in tema di responsabilità degli amministratori.

382. Ai fini di cui ai commi da 376 a 384, la società benefit redige annualmente una relazione concernente il perseguimento del beneficio comune, da allegare al bilancio societario e che include: a) la descrizione degli obiettivi specifici, delle modalità e delle azioni attuati dagli amministratori per il perseguimento delle finalità di beneficio comune e delle eventuali circostanze che lo hanno impedito o rallentato;

b) la valutazione dell'impatto generato utilizzando lo standard di valutazione esterno con caratteristiche descritte nell'allegato 4 annesso alla presente legge e che comprende le aree di valutazione identificate nell'allegato 5 annesso alla presente legge;

c) una sezione dedicata alla descrizione dei nuovi obiettivi che la società intende perseguire nell'esercizio successivo.

383. La relazione annuale è pubblicata nel sito internet della società, qualora esistente. A tutela dei soggetti beneficiari, taluni dati finanziari della relazione possono essere omessi.

384. La società benefit che non persegua le finalità di beneficio comune è soggetta alle disposizioni di cui al decreto legislativo 2 agosto 2007, n. 145, in materia di pubblicità ingannevole e alle disposizioni del codice del consumo, di cui al decreto legislativo 6 settembre 2005, n. 206. L'Autorità garante della concorrenza e del mercato svolge i relativi compiti e attività, nei limiti delle risorse disponibili e senza nuovi o maggiori oneri a carico dei soggetti vigilati.

D.lg. 3 luglio 2017, n. 112

Revisione della disciplina in materia di impresa sociale, a norma dell'articolo 2, comma 2, lettera c) della legge 6 giugno 2016, n. 106

1. Nozione e qualifica di impresa sociale. – 1. Possono acquisire la qualifica di impresa sociale tutti gli enti privati, inclusi quelli costituiti nelle forme di cui al libro V del codice civile, che, in conformità alle disposizioni del presente decreto, esercitano in via stabile e principale un'attività d'impresa di interesse generale, senza scopo di lucro e per finalità civiche, solidaristiche e di utilità sociale, adottando modalità di gestione responsabili e trasparenti e favorendo il più ampio coinvolgimento dei lavoratori, degli utenti e di altri soggetti interessati alle loro attività.

2. Non possono acquisire la qualifica di impresa sociale le società costituite da un unico socio persona fisica, le amministrazioni pubbliche di cui all'articolo 1, comma 2, del decreto legislativo 30 marzo 2001, n. 165, e successive modificazioni, e gli enti i cui atti costitutivi limitino, anche indirettamente, l'erogazione dei beni e dei servizi in favore dei soli soci o associati.

3. Agli enti religiosi civilmente riconosciuti e alle fabbricerie di cui all'articolo 72 della legge 20 maggio 1985, n. 222 le norme del presente decreto si applicano limitatamente allo svolgimento delle attività di cui all'articolo 2, a condizione che per tali attività adottino un regolamento, in forma di atto pubblico o scrittura privata autenticata, che, ove non diversamente previsto ed in ogni caso nel rispetto della struttura e delle finalità di tali enti, recepisca le norme del presente decreto. Per lo svolgimento di tali attività deve essere costituito un patrimonio destinato e devono essere tenute separatamente le scritture contabili di cui all'articolo 9. I beni che compongono il patrimonio destinato sono indicati nel regolamento, anche con atto distinto ad esso allegato. Per le obbligazioni contratte in relazione alle attività di cui all'articolo 2, gli enti religiosi civilmente riconosciuti e le fabbricerie di cui all'articolo 72 della legge n. 222 del 1985, rispondono nei limiti del patrimonio destinato. Gli altri creditori dell'ente religioso civilmente riconosciuto o della fabbriceria non possono far valere alcun diritto sul patrimonio destinato allo svolgimento delle attività di cui al citato articolo 2 (1).

4. Le cooperative sociali e i loro consorzi, di cui alla legge 8 novembre 1991, n. 381, acquisiscono di diritto la qualifica di imprese sociali. Alle cooperative sociali e ai loro consorzi, le disposizioni del presente decreto si applicano nel rispetto della normativa specifica delle cooperative ed in quanto compatibili, fermo restando l'ambito di attività di cui all'articolo 1 della citata legge n. 381 del 1991, come modificato ai sensi dell'articolo 17, comma 1 (A).

5. Alle imprese sociali si applicano, in quanto compatibili con le disposizioni del presente decreto, le norme del codice del Terzo settore di cui al decreto legislativo 3 luglio 2017, n. 117, e, in mancanza e per gli aspetti non disciplinati, le norme del codice civile e le relative disposizioni di attuazione concernenti la forma giuridica in cui l'impresa sociale è costituita. (2)

6. Le disposizioni del presente decreto si applicano in quanto compatibili con il decreto legislativo 19 agosto 2016, n. 175.

7. Le disposizioni del presente decreto non si applicano agli enti di cui al decreto legislativo 17 maggio 1999, n. 153.

(1) Comma modificato dall'art. 66, co. 1 bis, d.l. 31/5/2021, n. 77, conv., con modif., dalla l. 29/7/2021, n. 108 e dall'art. 9, co. 1-ter, lett. a) b) e c), d.l. 30/12/2021, n. 228, conv., con modif., dalla l. 25/2/2022, n. 15.

(A) Per l'applicazione alle cooperative sociali della disciplina in materia di impresa sociale di cui al presente comma vedi: Nota Ministero del Lavoro e delle Politiche Sociali 31/1/2019, n. 29103.

(2) Comma modificato dall'art. 8, co. 1, lett. b), d.lg. 20/7/2018, n. 95.

2. Attività d'impresa di interesse generale. – 1. L'impresa sociale esercita in via stabile e principale una o più attività d'impresa di interesse generale per il perseguimento di finalità civiche, solidaristiche e di utilità sociale. Ai fini del presente decreto, si considerano di interesse generale, se svolte in conformità alle norme particolari che ne disciplinano l'esercizio, le attività d'impresa aventi ad oggetto:

a) interventi e servizi sociali ai sensi dell'articolo 1, commi 1 e 2, della legge 8 novembre 2000, n. 328, e successive modificazioni, ed interventi, servizi e prestazioni di cui alla legge 5 febbraio 1992, n. 104, e successive modificazioni, e di cui alla legge 22 giugno 2016, n. 112, e successive modificazioni;

b) interventi e prestazioni sanitarie;

c) prestazioni socio-sanitarie di cui al decreto del Presidente del Consiglio dei ministri del 14 febbraio 2001, pubblicato nella Gazzetta Ufficiale n. 129 del 6 giugno 2001, e successive modificazioni;

d) educazione, istruzione e formazione professionale, ai sensi della legge 28 marzo 2003, n. 53, e successive modificazioni, nonché le attività culturali di interesse sociale con finalità educativa;

e) interventi e servizi finalizzati alla salvaguardia e al miglioramento delle condizioni dell'ambiente e all'utilizzazione accorta e razionale delle risorse naturali, con esclusione dell'attività, esercitata abitualmente, di raccolta e riciclaggio dei rifiuti urbani, speciali e pericolosi;

f) interventi di tutela e valorizzazione del patrimonio culturale e del paesaggio, ai sensi del decreto legislativo 22 gennaio 2004, n. 42, e successive modificazioni;

g) formazione universitaria e post-universitaria;

h) ricerca scientifica di particolare interesse sociale;

i) organizzazione e gestione di attività culturali, artistiche o ricreative di interesse sociale, incluse attività, anche editoriali, di promozione e diffusione della cultura e della pratica del volontariato, e delle attività di interesse generale di cui al presente articolo;

j) radiodiffusione sonora a carattere comunitario, ai sensi dell'articolo 16, comma 5, della legge 6 agosto 1990, n. 223, e successive modificazioni;

k) organizzazione e gestione di attività turistiche di interesse sociale, culturale o religioso;

l) formazione extra-scolastica, finalizzata alla prevenzione della dispersione scolastica e al successo scolastico e formativo, alla prevenzione del bullismo ed al contrasto della povertà educativa;

m) servizi strumentali alle imprese sociali o ad altri enti del Terzo settore resi da enti composti in misura non inferiore al settanta per cento da imprese sociali o da altri enti del Terzo settore;

n) cooperazione allo sviluppo, ai sensi della legge 11 agosto 2014, n. 125, e successive modificazioni;

o) attività commerciali, produttive, di educazione e informazione, di promozione, di rappresentanza, di concessione in licenza di marchi di certificazione, svolte nell'ambito o a favore di filiere del commercio equo e solidale, da intendersi come un rapporto commerciale con un produttore operante in un'area economica svantaggiata situata, di norma, in un Paese in via di sviluppo, sulla base di un accordo di lunga durata finalizzato a promuovere l'accesso del produttore al mercato, e che preveda il pagamento di un prezzo equo, misure di sviluppo in favore del produttore e l'obbligo del produttore di garantire condizioni di lavoro sicure, nel rispetto delle normative nazionali ed internazionali, in modo da permettere ai lavoratori di condurre un'esistenza libera e dignitosa, e di rispettare i diritti sindacali, nonché di impegnarsi per il contrasto del lavoro infantile;

p) servizi finalizzati all'inserimento o al reinserimento nel mercato del lavoro dei lavoratori e delle persone di cui al comma 4;

q) alloggio sociale, ai sensi del decreto del Ministro delle infrastrutture 22 aprile 2008, e successive modificazioni nonché ogni altra attività di carattere residenziale temporaneo diretta a soddisfare bisogni sociali, sanitari, culturali, formativi o lavorativi;

r) accoglienza umanitaria ed integrazione sociale dei migranti;

s) microcredito, ai sensi dell'articolo 111 del decreto legislativo 1° settembre 1993, n. 385, e successive modificazioni;

t) agricoltura sociale, ai sensi dell'articolo 2 della legge 18 agosto 2015, n. 141, e successive modificazioni;

u) organizzazione e gestione di attività sportive dilettantistiche;

v) riqualificazione di beni pubblici inutilizzati o di beni confiscati alla criminalità organizzata.

2. Tenuto conto delle finalità civiche, solidaristiche e di utilità sociale di cui all'articolo 1, comma 1, della legge n. 106 del 2016, nonché delle finalità e dei principi di cui agli articoli 1 e 2 del codice del Terzo settore di cui al decreto legislativo 3 luglio 2017, n. 117, l'elenco delle attività d'impresa di interesse generale di cui al comma 1 può essere aggiornato con decreto del Presidente del Consiglio dei ministri da adottarsi, ai sensi dell'articolo 17, comma 3, della legge 23 agosto 1988, n. 400, su proposta del Ministro del lavoro e delle politiche sociali, di concerto con il Ministro dell'economia e delle finanze, previa intesa in sede di Conferenza unificata, acquisito il parere delle commissioni parlamentari competenti, che si esprimono entro trenta giorni dalla data di trasmissione del decreto, decorsi i quali quest'ultimo può essere comunque adottato. (1)

3. Ai fini di cui al comma 1, si intende svolta in via principale l'attività per la quale i relativi ricavi siano superiori al settanta per cento dei ricavi complessivi dell'impresa sociale, secondo criteri di computo definiti con decreto del Ministro dello sviluppo economico, di concerto con il Ministro del lavoro e delle politiche sociali (2).

4. Ai fini del presente decreto, si considera comunque di interesse generale, indipendentemente dal suo oggetto, l'attività d'impresa nella quale, per il perseguimento di finalità civiche, solidaristiche e di utilità sociale, sono occupati:

a) lavoratori molto svantaggiati ai sensi dell'articolo 2, numero 99), del regolamento (UE) n. 651/2014 della Commissione, del 17 giugno 2014, e successive modificazioni;

b) persone svantaggiate o con disabilità ai sensi dell'articolo 112, comma 2, del decreto legislativo 18 aprile 2016, n. 50, e successive modificazioni, nonché persone beneficiarie di protezione internazionale ai sensi del decreto legislativo 19 novembre 2007, n. 251, e successive modificazioni, e persone senza fissa dimora iscritte nel registro di cui all'articolo 2, quarto comma, della legge 24 dicembre 1954, n. 1228, le quali versino in una condizione di povertà tale da non poter reperire e mantenere un'abitazione in autonomia.

5. Ai fini di cui al comma 4, l'impresa sociale impiega alle sue dipendenze un numero di persone di cui alle lettere a) e b) non inferiore al trenta per cento dei lavoratori. Ai fini del computo di questa percentuale minima, i lavoratori di cui alla lettera a) non possono contare per più di un terzo e per più di ventiquattro mesi dall'assunzione. La situazione dei lavoratori di cui al comma 4 deve essere attestata ai sensi della normativa vigente. (3)

6. Per gli enti di cui all'articolo 1, comma 3, le disposizioni di cui ai commi 3 e 5 si applicano limitatamente allo svolgimento delle attività di cui al presente articolo.

(1) Comma modificato dall'art. 8, co. 1, lett. b), d.lg. 20/7/2018, n. 95.

(2) Per l'attuazione del presente comma, vedi il d.m. 22/6/2021.

(3) Comma modificato dall'art. 2, co. 1, d.lg. 20/7/2018, n. 95.

3. Assenza di scopo di lucro. – 1. Salvo quanto previsto dal comma 3 e dall'articolo 16, l'impresa sociale destina eventuali utili ed avanzi di gestione allo svolgimento dell'attività statutaria o ad incremento del patrimonio.

2. Ai fini di cui al comma 1, è vietata la distribuzione, anche indiretta, di utili ed avanzi di gestione, fondi e riserve comunque denominati, a fondatori, soci o associati, lavoratori

e collaboratori, amministratori ed altri componenti degli organi sociali, anche nel caso di recesso o di qualsiasi altra ipotesi di scioglimento individuale del rapporto. Nelle imprese sociali costituite nelle forme di cui al libro V del codice civile è ammesso il rimborso al socio del capitale effettivamente versato ed eventualmente rivalutato o aumentato nei limiti di cui al comma 3, lettera a). Ai sensi e per gli effetti di cui al presente comma, si considerano in ogni caso distribuzione indiretta di utili:

a) la corresponsione ad amministratori, sindaci e a chiunque rivesta cariche sociali di compensi individuali non proporzionati all'attività svolta, alle responsabilità assunte e alle specifiche competenze o comunque superiori a quelli previsti in enti che operano nei medesimi o analoghi settori e condizioni;

b) la corresponsione ai lavoratori subordinati o autonomi di retribuzioni o compensi superiori del quaranta per cento rispetto a quelli previsti, per le medesime qualifiche, dai contratti collettivi di cui all'articolo 51 del decreto legislativo 15 giugno 2015, n. 81, salvo comprovate esigenze attinenti alla necessità di acquisire specifiche competenze ai fini dello svolgimento delle attività di interesse generale di cui all'articolo 2, comma 1, lettere b), g) o h);

c) la remunerazione degli strumenti finanziari diversi dalle azioni o quote, a soggetti diversi dalle banche e dagli intermediari finanziari autorizzati, in misura superiore a due punti rispetto al limite massimo previsto per la distribuzione di dividendi dal comma 3, lettera a);

d) l'acquisto di beni o servizi per corrispettivi che, senza valide ragioni economiche, siano superiori al loro valore normale;

e) le cessioni di beni e le prestazioni di servizi, a condizioni più favorevoli di quelle di mercato, a soci, associati o partecipanti, ai fondatori, ai componenti gli organi amministrativi e di controllo, a coloro che a qualsiasi titolo operino per l'organizzazione o ne facciano parte, ai soggetti che effettuano erogazioni liberali a favore dell'organizzazione, ai loro parenti entro il terzo grado ed ai loro affini entro il secondo grado, nonché alle società da questi direttamente o indirettamente controllate o collegate, esclusivamente in ragione della loro qualità, salvo che tali cessioni o prestazioni non costituiscano l'oggetto dell'attività di interesse generale di cui all'articolo 2;

f) la corresponsione a soggetti diversi dalle banche e dagli intermediari finanziari autorizzati, di interessi passivi, in dipendenza di prestiti di ogni specie, superiori di quattro punti al tasso annuo di riferimento. Il predetto limite può essere aggiornato con decreto del Ministro del lavoro e delle politiche sociali, di concerto con il Ministro dell'economia e delle finanze.

2-bis. Ai fini di cui ai commi 1 e 2, non si considera distribuzione, neanche indiretta, di utili ed avanzi di gestione la ripartizione ai soci di ristorni correlati ad attività di interesse generale di cui all'articolo 2, effettuata ai sensi dell'art. 2545-sexies del codice civile e nel rispetto di condizioni e limiti stabiliti dalla legge o dallo statuto, da imprese sociali costituite in forma di società cooperativa, a condizione che lo statuto o l'atto costitutivo indichi i criteri di ripartizione dei ristorni ai soci proporzionalmente alla quantità e alla qualità degli scambi mutualistici e che si registri un avanzo della gestione mutualistica. (1)

3. L'impresa sociale può destinare una quota inferiore al cinquanta per cento degli utili e degli avanzi di gestione annuali, dedotte eventuali perdite maturate negli esercizi precedenti:

a) se costituita nelle forme di cui al libro V del codice civile, ad aumento gratuito del capitale sociale sottoscritto e versato dai soci, nei limiti delle variazioni dell'indice nazionale generale annuo dei prezzi al consumo per le famiglie di operai e di impiegati, calcolate dall'Istituto nazionale di statistica (ISTAT) per il periodo corrispondente a quello dell'esercizio sociale in cui gli utili e gli avanzi di gestione sono stati prodotti, oppure alla distribuzione, anche mediante aumento gratuito del capitale sociale o l'emissione di strumenti finanziari, di dividendi ai soci, in misura comunque non superiore all'interesse massimo dei buoni postali fruttiferi, aumentato di due punti e mezzo rispetto al capitale effettivamente versato;

b) a erogazioni gratuite in favore di enti del Terzo settore diversi dalle imprese sociali, che non siano fondatori, associati, soci dell'impresa sociale o società da questa controllate, finalizzate alla promozione di specifici progetti di utilità sociale.

(1) Comma inserito dall'art. 3, co. 1, d.lg. 20/7/2018, n. 95.

4. Struttura proprietaria e disciplina dei gruppi. – 1. All'attività di direzione e coordinamento di un'impresa sociale si applicano, in quanto compatibili, le norme di cui al capo IX del titolo V del libro V e l'articolo 2545-septies del codice civile. Si considera, in ogni caso, esercitare attività di direzione e coordinamento il soggetto che, per previsioni statutarie o per qualsiasi altra ragione, abbia la facoltà di nominare la maggioranza dei componenti dell'organo di amministrazione dell'impresa sociale.

2. I gruppi di imprese sociali sono tenuti a depositare l'accordo di partecipazione presso il registro delle imprese. I gruppi di imprese sociali sono inoltre tenuti a redigere e depositare i documenti contabili ed il bilancio sociale in forma consolidata, predisposto in conformità alle linee guida di cui all'articolo 9.

3. Le società costituite da un unico socio persona fisica, gli enti con scopo di lucro e le amministrazioni pubbliche di cui all'articolo 1, comma 2, del decreto legislativo 30 marzo 2001, n. 165, e successive modificazioni, non possono esercitare attività di direzione e coordinamento o detenere, in qualsiasi forma, anche analoga, congiunta o indiretta, il controllo di un'impresa sociale ai sensi dell'articolo 2359 del codice civile, ad eccezione delle associazioni o fondazioni di diritto privato ex Ipab derivanti dai processi di trasformazione delle istituzioni pubbliche di assistenza o beneficenza, ai sensi del decreto del Presidente del Consiglio dei ministri 16 febbraio 1990, pubblicato nella Gazzetta Ufficiale n. 45 del 23 febbraio 1990, e del decreto legislativo 4 maggio 2001, n. 207, in quanto la nomina da parte della pubblica amministrazione degli amministratori di tali enti si configura come mera designazione, intesa come espressione della rappresentanza della cittadinanza, e non si configura quindi mandato fiduciario con rappresentanza, sicche' è sempre esclusa qualsiasi norma di controllo da parte di quest'ultima (1).

4. Le decisioni assunte in violazione del divieto di cui al comma 3 sono annullabili e possono essere impugnate in conformità delle norme del codice civile entro il termine di centottanta giorni. La legittimazione ad impugnare spetta anche al Ministero del lavoro e delle politiche sociali.

(1) Comma modificato dall'art. 11-sexies, co. 1, d.l. 14/12/2018, n. 135, conv., con modif., dalla l. 11/2/2019, n. 12.

5. Costituzione. – 1. L'impresa sociale è costituita con atto pubblico. Oltre a quanto specificamente previsto per ciascun tipo di organizzazione, secondo la normativa applicabile a ciascuna di esse, gli atti costitutivi devono esplicitare il carattere sociale dell'impresa in conformità alle norme del presente decreto e in particolare indicare:

a) l'oggetto sociale, con particolare riferimento alle disposizioni di cui all'articolo 2, comma 1, 2 e 3 o le condizioni di cui all'articolo 2, commi 4 e 5;

b) l'assenza di scopo di lucro, di cui all'articolo 3.

2. Gli atti costitutivi, le loro modificazioni e gli altri atti relativi all'impresa devono essere depositati entro trenta giorni a

cura del notaio o degli amministratori presso l'ufficio del registro delle imprese nella cui circoscrizione è stabilita la sede legale, per l'iscrizione in apposita sezione. Si applica l'articolo 31, comma 2, della legge 24 novembre 2000, n. 340.

3. Il Ministero del lavoro e delle politiche sociali, ai fini di cui all'articolo 15, accede anche in via telematica agli atti depositati presso l'ufficio del registro delle imprese.

4. Gli enti di cui all'articolo 1, comma 3, sono tenuti al deposito del solo regolamento e delle sue modificazioni.

5. Con decreto del Ministro dello sviluppo economico, di concerto con il Ministro del lavoro e delle politiche sociali, sono definiti gli atti che devono essere depositati e le procedure di cui al presente articolo.

6. Denominazione. – 1. La denominazione o ragione sociale, in qualunque modo formate, devono contenere l'indicazione di «impresa sociale». Di tale indicazione deve farsi uso negli atti e nella corrispondenza dell'impresa sociale.

2. La disposizione di cui al comma 1 non si applica agli enti di cui all'articolo 1, comma 3.

3. L'indicazione di «impresa sociale», ovvero di altre parole o locuzioni equivalenti o ingannevoli, non può essere usata da soggetti diversi dalle imprese sociali.

7. Cariche sociali. – 1. L'atto costitutivo o lo statuto possono riservare a soggetti esterni all'impresa sociale la nomina di componenti degli organi sociali. In ogni caso, la nomina della maggioranza dei componenti dell'organo di amministrazione è riservata all'assemblea degli associati o dei soci dell'impresa sociale.

2. Non possono assumere la presidenza dell'impresa sociale rappresentanti degli enti di cui all'articolo 4, comma 3.

3. Fermo restando quanto previsto dal decreto legislativo 8 aprile 2013, n. 39, l'atto costitutivo deve prevedere specifici requisiti di onorabilità, professionalità ed indipendenza per coloro che assumono cariche sociali.

8. Ammissione ed esclusione. – 1. Le modalità di ammissione ed esclusione di soci o associati, nonché il rapporto sociale, sono regolati dagli atti costitutivi o dagli statuti dell'impresa sociale secondo il principio di non discriminazione, tenendo conto delle peculiarità della compagine sociale e della struttura associativa o societaria e compatibilmente con la forma giuridica in cui l'impresa sociale è costituita.

2. Compatibilmente con la forma giuridica in cui l'impresa sociale è costituita, gli atti costitutivi o gli statuti disciplinano la facoltà per l'istante di investire l'assemblea degli associati o dei soci, o un altro organo eletto dalla medesima, in relazione ai provvedimenti di diniego di ammissione o di esclusione di soci o associati.

9. Scritture contabili. – 1. L'impresa sociale deve tenere il libro giornale e il libro degli inventari in conformità alle disposizioni del codice civile applicabili, e deve redigere e depositare presso il registro delle imprese il bilancio di esercizio redatto, a seconda dei casi, ai sensi degli articoli 2423 e seguenti, 2435-bis o 2435-ter del codice civile, in quanto compatibili.

2. L'impresa sociale deve, inoltre, depositare presso il registro delle imprese e pubblicare nel proprio sito internet il bilancio sociale redatto secondo linee guida adottate con decreto del Ministro del lavoro e delle politiche sociali, sentito il Consiglio nazionale del Terzo settore di cui all'articolo 5, comma 1, lettera g), della legge 6 giugno 2016, n. 106, e tenendo conto, tra gli altri elementi, della natura dell'attività esercitata e delle dimensioni dell'impresa sociale, anche ai fini della valutazione dell'impatto sociale delle attività svolte.

3. Per gli enti di cui all'articolo 1, comma 3, le disposizioni di cui al presente articolo si applicano limitatamente alle attività indicate nel regolamento.

10. Organi di controllo interno. – 1. Fatte salve disposizioni più restrittive relative alla forma giuridica in cui l'impresa sociale è costituita, l'atto costitutivo dell'impresa sociale deve prevedere la nomina di uno o più sindaci aventi i requisiti di cui all'articolo 2397, comma 2, e 2399 del codice civile.

2. I sindaci vigilano sull'osservanza della legge e dello statuto e sul rispetto dei principi di corretta amministrazione, anche con riferimento alle disposizioni del decreto legislativo 8 giugno 2001, n. 231, qualora applicabili, nonché sull'adeguatezza dell'assetto organizzativo, amministrativo e contabile e sul suo concreto funzionamento.

3. I sindaci esercitano, inoltre, compiti di monitoraggio dell'osservanza delle finalità sociali da parte dell'impresa sociale, avuto particolare riguardo alle disposizioni di cui agli articoli 2, 3, 4, 11 e 13, ed attestano che il bilancio sociale sia stato redatto in conformità alle linee guida di cui all'articolo 9, comma 2. Il bilancio sociale dà atto degli esiti del monitoraggio svolto dai sindaci.

4. I sindaci possono in qualsiasi momento procedere ad atti di ispezione e di controllo. A tal fine, essi possono chiedere agli amministratori notizie, anche con riferimento ai gruppi di imprese sociali, sull'andamento delle operazioni o su determinati affari.

5. Fatte salve disposizioni più restrittive relative alla forma giuridica in cui l'impresa sociale è costituita, nel caso in cui l'impresa sociale superi per due esercizi consecutivi due dei limiti indicati nel primo comma dell'articolo 2435-bis del codice civile, la revisione legale dei conti è esercitata da un revisore legale o da una società di revisione legale iscritti nell'apposito registro, o da sindaci iscritti nell'apposito registro dei revisori legali.

11. Coinvolgimento dei lavoratori, degli utenti e di altri soggetti interessati alle attività. – 1. Nei regolamenti aziendali o negli statuti delle imprese sociali devono essere previste adeguate forme di coinvolgimento dei lavoratori e degli utenti e di altri soggetti direttamente interessati alle loro attività.

2. Per coinvolgimento deve intendersi un meccanismo di consultazione o di partecipazione mediante il quale lavoratori, utenti e altri soggetti direttamente interessati alle attività siano posti in grado di esercitare un'influenza sulle decisioni dell'impresa sociale, con particolare riferimento alle questioni che incidano direttamente sulle condizioni di lavoro e sulla qualità dei beni o dei servizi.

3. Le modalità di coinvolgimento devono essere individuate dall'impresa sociale tenendo conto, tra gli altri elementi, dei contratti collettivi di cui all'articolo 51 del decreto legislativo 15 giugno 2015, n. 81, della natura dell'attività esercitata, delle categorie di soggetti da coinvolgere e delle dimensioni dell'impresa sociale, in conformità a linee guida adottate con decreto del Ministro del lavoro e delle politiche sociali, sentito il Consiglio nazionale del Terzo settore. Delle forme e modalità di coinvolgimento deve farsi menzione nel bilancio sociale di cui all'articolo 9, comma 2.

4. Gli statuti delle imprese sociali devono in ogni caso disciplinare:

a) i casi e le modalità della partecipazione dei lavoratori e degli utenti, anche tramite loro rappresentanti, all'assemblea degli associati o dei soci;

b) nelle imprese sociali che superino due dei limiti indicati nel primo comma dell'articolo 2435-bis del codice civile ridotti della metà, la nomina, da parte dei lavoratori ed eventualmente degli utenti di almeno un componente sia dell'organo di amministrazione che dell'organo di controllo.

5. Il presente articolo non si applica alle imprese sociali costituite nella forma di società cooperativa a mutualità prevalente e agli enti di cui all'articolo 1, comma 3.

12. Trasformazione, fusione, scissione, cessione d'azienda e devoluzione del patrimonio (A). – 1. Salvo quanto specificamente previsto dal codice civile per le società cooperative, la trasformazione, la fusione e la scissione delle imprese sociali devono essere realizzate in modo da preservare l'assenza di scopo di lucro, i vincoli di destinazione del patrimonio, e il perseguimento delle attività e delle finalità da parte dei soggetti risultanti dagli atti posti in essere; la cessione d'azienda o di un ramo d'azienda relativo allo svolgimento dell'attività d'impresa di interesse generale deve essere realizzata, previa relazione giurata di un esperto designato dal tribunale nel cui circondario ha sede l'impresa sociale, attestante il valore effettivo del patrimonio dell'impresa, in modo da preservare il perseguimento delle attività e delle finalità da parte del cessionario. Per gli enti di cui all'articolo 1, comma 3, la disposizione di cui al presente comma si applica limitatamente alle attività indicate nel regolamento (1).

2. Gli atti di cui al comma 1 devono essere posti in essere in conformità alle disposizioni dell'apposito decreto adottato dal Ministro del lavoro e delle politiche sociali, sentito il Consiglio nazionale del Terzo settore.

3. L'organo di amministrazione dell'impresa sociale notifica, con atto scritto di data certa, al Ministero del lavoro e delle politiche sociali l'intenzione di procedere ad uno degli atti di cui al comma 1, allegando la documentazione necessaria alla valutazione di conformità al decreto di cui al comma 2, ovvero la denominazione dei beneficiari della devoluzione del patrimonio.

4. L'efficacia degli atti di cui al comma 1 è subordinata all'autorizzazione del Ministero del lavoro e delle politiche sociali, che si intende concessa decorsi novanta giorni dalla ricezione della notificazione. Avverso il provvedimento del Ministero del lavoro e delle politiche sociali che nega l'autorizzazione è ammesso ricorso dinanzi al giudice amministrativo.

5. In caso di scioglimento volontario dell'ente o di perdita volontaria della qualifica di impresa sociale, il patrimonio residuo, dedotto, nelle imprese sociali costituite nelle forme di cui al libro V del codice civile, il capitale effettivamente versato dai soci, eventualmente rivalutato o aumentato, e i dividendi deliberati e non distribuiti nei limiti di cui all'articolo 3, comma 3, lettera a), è devoluto, salvo quanto specificamente previsto in tema di società cooperative, ad altri enti del Terzo settore costituiti ed operanti da almeno tre anni o ai fondi di cui all'articolo 16, comma 1, secondo le disposizioni statutarie. La disposizione di cui al presente comma non si applica agli enti di cui all'articolo 1, comma 3.

(A) In riferimento alla Comunicazione di intenzione a procedere a fusione per incorporazione di cooperative sociali vedi: Nota Ministero del Lavoro e delle Politiche Sociali 8/5/2020, n. 4073.

(1) Comma modificato dall'art. 4, co. 1, d.lg. 20/7/2018, n. 95.

13. Lavoro nell'impresa sociale. – 1. I lavoratori dell'impresa sociale hanno diritto ad un trattamento economico e normativo non inferiore a quello previsto dai contratti collettivi di cui all'articolo 51 del decreto legislativo 15 giugno 2015, n. 81. In ogni caso, la differenza retributiva tra lavoratori dipendenti dell'impresa sociale non può essere superiore al rapporto uno ad otto, da calcolarsi sulla base della retribuzione annua lorda. Le imprese sociali danno conto del rispetto di tale parametro nel proprio bilancio sociale.

2. Salva la specifica disciplina per gli enti di cui all'articolo 1, comma 3, nelle imprese sociali è ammessa la prestazione di attività di volontariato, ma il numero dei volontari impiegati nell'attività d'impresa, dei quali l'impresa sociale deve tenere un apposito registro, non può essere superiore a quello dei lavoratori. L'impresa sociale deve assicurare i volontari che prestano attività di volontariato nell'impresa medesima contro gli infortuni e le malattie connessi allo svolgimento dell'attività stessa, nonché per la responsabilità civile verso terzi.

2-bis. Le prestazioni di attività di volontariato possono essere utilizzate in misura complementare e non sostitutiva rispetto ai parametri di impiego di operatori professionali previsti dalle disposizioni vigenti. Esse non concorrono alla determinazione dei costi di servizio, fatta eccezione per gli oneri connessi all'applicazione del comma 2 (1).

(1) Comma aggiunto dall'art. 5, co. 1, d.lg. 20/7/2018, n. 95.

14. Procedure concorsuali. – 1. In caso di insolvenza, le imprese sociali sono assoggettate alla liquidazione coatta amministrativa, di cui al regio decreto 16 marzo 1942, n. 267, e successive modificazioni.

2. Il provvedimento che dispone la liquidazione coatta amministrativa delle imprese sociali, ad esclusione di quelle aventi la forma di società cooperativa, nonché la contestuale o successiva nomina del relativo commissario liquidatore di cui all'articolo 198 del regio decreto 16 marzo 1942, n. 267, è adottato con decreto del Ministro del lavoro e delle politiche sociali.

3. Nelle procedure di liquidazione coatta amministrativa di cui al comma 2, con decreto del Ministro del lavoro e delle politiche sociali, di concerto con il Ministro dell'economia e delle finanze, sono individuati criteri e modalità di remunerazione dei commissari liquidatori e dei membri del comitato di sorveglianza, sulla base dell'economicità, efficacia ed efficienza delle attività svolte.

4. Fino all'adozione del decreto di cui al comma 3, la liquidazione del compenso dei commissari liquidatori e dei componenti dei comitati di sorveglianza è stabilita sulla base del decreto del Ministro dello sviluppo economico 3 novembre 2016, recante «Criteri per la determinazione e liquidazione dei compensi spettanti ai commissari liquidatori e ai membri dei comitati di sorveglianza delle procedure di liquidazione coatta amministrativa ai sensi dell'articolo 2545-terdecies c.c. e di scioglimento per atto dell'autorità ai sensi dell'articolo 2545-septiesdecies c.c.».

5. Il patrimonio residuo al termine della procedura concorsuale è devoluto ai sensi dell'articolo 15, comma 8.

6. Le disposizioni di cui al presente articolo non si applicano agli enti di cui all'articolo 1, comma 3.

15. Funzioni di monitoraggio, ricerca e controllo. – 1. Il Ministero del lavoro e delle politiche sociali promuove attività di raccordo con altre amministrazioni pubbliche di cui all'articolo 1, comma 2, del decreto legislativo 30 marzo 2001, n. 165, il Consiglio nazionale del Terzo settore e le parti sociali, al fine di sviluppare azioni di sistema e svolgere attività di monitoraggio e ricerca.

2. Il Ministero del lavoro e delle politiche sociali demanda all'Ispettorato nazionale del lavoro di cui all'articolo 1 del decreto legislativo 14 settembre 2015, n. 149, le funzioni ispettive, al fine di verificare il rispetto delle disposizioni del presente decreto da parte delle imprese sociali.

3. Ai fini dell'esercizio dell'attività ispettiva nei confronti delle imprese sociali il Ministero del lavoro e delle politiche sociali può avvalersi di enti associativi riconosciuti, cui aderiscano almeno mille imprese sociali iscritte nel registro delle imprese di almeno cinque diverse regioni o province autonome, e delle associazioni di cui all'articolo 3 del decreto legislativo 2 agosto 2002, n. 220.

4. Con decreto del Ministro del lavoro e delle politiche sociali sono definiti le forme, i contenuti e le modalità dell'attività ispettiva sulle imprese sociali, nonché il contributo per l'attività ispettiva da porre a loro carico, e, ai fini del comma 3, sono individuati i criteri, i requisiti e le procedure per il

riconoscimento degli enti associativi tra imprese sociali, e le forme di vigilanza su tali enti da parte del Ministero del lavoro e delle politiche sociali. Le imprese sociali sono sottoposte ad attività ispettiva almeno una volta all'anno sulla base di un modello di verbale approvato con decreto del Ministro del lavoro e delle politiche sociali (1).

5. L'attività ispettiva sulle imprese sociali costituite in forma di società cooperativa è svolta nel rispetto delle attribuzioni, delle modalità e dei termini di cui al decreto legislativo 2 agosto 2002, n. 220. Con decreto del Ministro dello sviluppo economico, di concerto con il Ministro del lavoro e delle politiche sociali, sono individuate le norme di coordinamento necessarie al fine di assicurare l'unicità, la completezza, la periodicità e l'efficacia dell'attività ispettiva.

6. In caso di accertata violazione delle disposizioni di cui al presente decreto, il soggetto esercente l'attività ispettiva ai sensi dei commi 2 e 3 diffida gli organi di amministrazione dell'impresa sociale a regolarizzare i comportamenti illegittimi entro un congruo termine.

7. In caso di ostacolo allo svolgimento dell'attività ispettiva o di mancata ottemperanza alla diffida di cui al comma 6, il Ministero vigilante può nominare un commissario ad acta, anche nella persona del legale rappresentante dell'impresa sociale, che affianchi gli organi dell'impresa sociale e provveda allo specifico adempimento richiesto.

8. Nel caso di irregolarità non sanabili o non sanate il Ministro vigilante dispone la perdita della qualifica di impresa sociale. Tale provvedimento dispone altresì che il patrimonio residuo dell'impresa sociale, dedotto, nelle imprese sociali costituite nelle forme di cui al libro V del codice civile, il capitale effettivamente versato dai soci, eventualmente rivalutato o aumentato, e i dividendi deliberati e non distribuiti nei limiti di cui all'articolo 3, comma 3, lettera a), è devoluto al fondo istituito ai sensi dell'articolo 16 dall'ente o dall'associazione cui l'impresa sociale aderisce o, in mancanza, dalla Fondazione Italia Sociale, salvo quanto specificamente previsto in tema di società cooperative. Il provvedimento è trasmesso ai fini della cancellazione dell'impresa sociale dall'apposita sezione del registro delle imprese.

9. Avverso i provvedimenti del Ministro del lavoro e delle politiche sociali emessi ai sensi del comma 8 è ammesso ricorso dinanzi al giudice amministrativo.

(1) Vedi l'art. 1, co. 1, d.m. 20/7/2022.

16. Fondo per la promozione e lo sviluppo delle imprese sociali. – 1. Le imprese sociali destinano una quota non superiore al tre per cento degli utili netti annuali, dedotte eventuali perdite maturate negli esercizi precedenti, a fondi istituiti dagli enti e dalle associazioni di cui all'articolo 15, comma 3, nonché dalla Fondazione Italia Sociale, specificamente ed esclusivamente destinati alla promozione e allo sviluppo delle imprese sociali attraverso azioni ed iniziative di varia natura, quali il finanziamento di progetti di studio e di ricerca in tema di impresa sociale o di attività di formazione dei lavoratori dell'impresa sociale, la promozione della costituzione di imprese sociali o di loro enti associativi, o il finanziamento di specifici programmi di sviluppo di imprese sociali o di loro enti associativi. Tali versamenti sono deducibili ai fini dell'imposta sui redditi dell'impresa sociale erogante (1).

[1] Comma modificato dall'art. 26, co. 2, lett. a), d.l. 21/6/2022, n. 73, conv., con modif., dalla l. 4/8/2022, n. 122.

17. Norme di coordinamento e transitorie. – 1. All'articolo 1, comma 1, lettera a), della legge 8 novembre 1991, n. 381, dopo le parole: «servizi socio-sanitari ed educativi», sono inserite le seguenti: «, incluse le attività di cui all'articolo 2, comma 1, lettere a), b), c), d), l), e p), del decreto legislativo recante revisione della disciplina in materia di impresa sociale, di cui all'articolo 1, comma 2, lettera c), della legge 6 giugno 2016, n. 106».

2. Le società cooperative che assumono la qualifica di impresa sociale per le attività di cui all'articolo 2, comma 1, lettera q), possono iscriversi all'Albo nazionale istituito ai sensi dell'articolo 13 della legge 31 gennaio 1992, n. 59. Le società cooperative edilizie di abitazione e loro consorzi iscritte all'Albo nazionale di cui al periodo precedente possono in ogni caso svolgere le attività di cui all'articolo 2, comma 1, lettera q).

3. Le imprese sociali già costituite al momento dell'entrata in vigore del presente decreto, si adeguano alle disposizioni del presente decreto entro il 31 marzo 2021. Entro il medesimo termine, esse possono modificare i propri statuti con le modalità e le maggioranze previste per le deliberazioni dell'assemblea ordinaria al fine di adeguarli alle nuove disposizioni inderogabili o di introdurre clausole che escludono l'applicazione di nuove disposizioni, derogabili mediante specifica clausola statutaria (1).

4. Ogni riferimento nel presente decreto al Consiglio nazionale del Terzo settore diviene efficace ed operativo dal momento dell'istituzione di tale Consiglio.

(1) Comma modificato dall'art. 6, co. 1, lett. a) e b), d.lg. 20/7/2018, n. 95, successivamente dall'art. 35, co. 2, d.l. 17/3/2020, n. 18, conv., con modif., dalla l. 24/4/2020, n. 27 e da ultimo, dall'art. 1, co. 4-decies, d.l. 7/10/2020, n. 125, conv., con modif., dalla l. 27/11/2020, n. 159.

• Per una deroga al presente comma vedi l'art. 43, co. 4-bis, d.l. 30/4/2019, n. 34, conv., con modif., dalla l. 28/6/2019, n. 58.

18. Misure fiscali e di sostegno economico. – 1. Non concorrono alla formazione del reddito imponibile delle imprese sociali le somme destinate al versamento del contributo per l'attività ispettiva di cui all'articolo 15, nonché le somme destinate ad apposite riserve ai sensi dell'articolo 3, commi 1 e 2. L'utilizzazione delle riserve a copertura di perdite è consentita e non comporta la decadenza dal beneficio, sempre che non si dia luogo a distribuzione di utili fino a quando le riserve non siano state ricostituite. (1)

2. Non concorrono altresì a formare il reddito imponibile delle imprese sociali le imposte sui redditi riferibili alle variazioni effettuate ai sensi dell'articolo 83 del testo unico delle imposte sui redditi, approvato con decreto del Presidente della Repubblica 22 dicembre 1986, n. 917. La disposizione di cui al periodo precedente è applicabile solo se determina un utile o un maggior utile da destinare a incremento del patrimonio ai sensi dell'articolo 3, comma 1. (1)

3. Dall' imposta lorda sul reddito delle persone fisiche si detrae un importo pari al trenta per cento della somma investita, successivamente alla data di entrata in vigore del presente decreto, dal contribuente nel capitale sociale di una o più società, incluse società cooperative, che abbiano acquisito la qualifica di impresa sociale da non più di cinque anni. L'ammontare, in tutto o in parte, non detraibile nel periodo d'imposta di riferimento può essere portato in detrazione dall'imposta sul reddito delle persone fisiche nei periodi d'imposta successivi, ma non oltre il terzo. L'investimento massimo detraibile non può eccedere, in ciascun periodo d'imposta, l'importo di euro 1.000.000 e deve essere mantenuto per almeno cinque anni. L'eventuale cessione, anche parziale, dell'investimento prima del decorso di tale termine, comporta la decadenza dal beneficio e l'obbligo per il contribuente di restituire l'importo detratto, unitamente agli interessi legali. (2)

4. Non concorre alla formazione del reddito dei soggetti passivi dell'imposta sul reddito delle società, il trenta per cento della somma investita, successivamente alla data di entrata in vigore del presente decreto, nel capitale sociale di una o più società, incluse società cooperative, che abbiano acquisito

la qualifica di impresa sociale da non più di cinque anni. L'investimento massimo deducibile non può eccedere, in ciascun periodo d'imposta, l'importo di euro 1.800.000 e deve essere mantenuto per almeno cinque anni. L'eventuale cessione, anche parziale, dell'investimento prima del decorso di tale termine, comporta la decadenza dal beneficio ed il recupero a tassazione dell'importo dedotto. Sull'imposta non versata per effetto della deduzione non spettante sono dovuti gli interessi legali (3).

5. Le disposizioni di cui ai commi 3 e 4 si applicano anche agli atti di dotazione e ai contributi di qualsiasi natura, posti in essere successivamente alla data di entrata in vigore del presente decreto, in favore di fondazioni che abbiano acquisito la qualifica di impresa sociale da non più di cinque anni. Fino al quinto periodo d'imposta successivo all'autorizzazione di cui al comma 9, le disposizioni di cui ai commi 3 e 4 si applicano anche alle somme investite nel capitale delle società che hanno acquisito la qualifica di impresa sociale successivamente alla data di entrata in vigore del presente decreto (4).

6. Con decreto del Ministro del lavoro e delle politiche sociali, di concerto con il Ministro dell'economia e delle finanze e con il Ministro dello sviluppo economico, da adottarsi entro sessanta giorni dalla data di entrata in vigore del presente decreto, sono individuate le modalità di attuazione delle disposizioni di cui ai commi 3, 4 e 5.

7. Alle imprese sociali non si applica la disciplina prevista per le società di cui all'articolo 30 della legge 23 dicembre 1994, n. 724, all'articolo 2, commi da 36-decies a 36-duodecies del decreto-legge 13 agosto 2011, n. 138, convertito, con modificazioni, dalla legge 14 settembre 2011, n. 148, all'articolo 62-bis del decreto-legge 30 agosto 1993, n. 331, convertito, con modificazioni, dalla legge 29 ottobre 1993, n. 427, all'articolo 3, commi da 181 a 189, della legge 28 dicembre 1995, n. 549 e all'articolo 9-bis del decreto-legge 24 aprile 2017, n. 50, convertito, con modificazioni, dalla legge 21 giugno 2017, n. 96 (5).

8. Al testo unico delle disposizioni in materia di intermediazione finanziaria di cui al decreto legislativo 24 febbraio 1998, n. 58, sono apportate le seguenti modificazioni:

a) all'articolo 1:

1) al comma 5-novies, le parole: «portale per la raccolta di capitali per le PMI» sono sostituite dalle seguenti: «portale per la raccolta di capitali per le PMI e per le imprese sociali», e prima delle parole «e degli organismi di investimento collettivo del risparmio» sono inserite le seguenti: «, delle imprese sociali»;

2) dopo il comma 5-undecies è inserito il seguente:

«5-duodecies. Per "imprese sociali" si intendono le imprese sociali ai sensi del decreto legislativo di cui all'articolo 1, comma 2, lettera c), della legge 6 giugno 2016, n. 106, costituite in forma di società di capitali o di società cooperativa»;

b) la rubrica del capo III-quater, del titolo III, della Parte II, è sostituita dalla seguente: «Gestione di portali per la raccolta di capitali per le PMI e per le imprese sociali»;

c) all'articolo 50-quinquies:

1) la rubrica è sostituita dalla seguente: «Gestione di portali per la raccolta di PMI e per le imprese sociali»;

2) al comma 1, prima delle parole «per gli organismi di investimento collettivo del risparmio» sono inserite le seguenti: «, per le imprese sociali,»;

3) al comma 2, prima delle parole «per gli organismi di investimento collettivo del risparmio» sono inserite le seguenti: «, per le imprese sociali,»;

d) all'articolo 100-ter, comma 1, prima delle parole «dagli organismi di investimento collettivo del risparmio», sono inserite le seguenti parole: «, dalle imprese sociali,»;

e) all'articolo 100-ter, comma 2, le parole: «o della PMI innovativa», sono sostituite dalle seguenti: «, della PMI innovativa o dell'impresa sociale»;

f) all'articolo 100-ter, comma 2-bis, le parole «e di PMI innovative» sono sostituite dalle seguenti: «, di PMI innovative e di imprese sociali»;

g) all'articolo 100-ter, comma 2-quater, le parole «e da PMI innovative» sono sostituite dalle seguenti: «, da PMI innovative e da imprese sociali».

8-bis. Ai fini dell'applicazione delle disposizioni del presente articolo, le amministrazioni vigilanti trasmettono all'Amministrazione finanziaria gli esiti dei controlli di competenza, ai fini dell'eventuale assunzione dei conseguenti provvedimenti. A seguito della propria attività di controllo, l'Amministrazione finanziaria trasmette alle amministrazioni vigilanti ogni elemento utile ai fini della valutazione in merito all'eventuale perdita della qualifica di impresa sociale di cui all'articolo 15, comma 8. È fatto comunque salvo il potere di autonomo controllo da parte dell'Amministrazione finanziaria (6).

8-ter. In caso di violazione delle disposizioni del presente articolo, oltre alla decadenza dalle agevolazioni, si applica l'articolo 2545-sexiesdecies del codice civile ai fini della gestione commissariale (6).

9. L'efficacia delle disposizioni del presente articolo e dell'articolo 16 è subordinata, ai sensi dell'articolo 108, paragrafo 3, del Trattato sul funzionamento dell'Unione europea, all'autorizzazione della Commissione europea, richiesta a cura del Ministero del lavoro e delle politiche sociali.

(1) Comma sostituito dall'art. 7, co. 1, lett. a), d.lg. 20/7/2018, n. 95.

(2) Comma modificato dall'art. 7, co. 1, lett. b) e c), d.lg. 20/7/2018, n. 95.

(3) Comma modificato dall'art. 7, co. 1, lett. d) ed e), d.lg. 20/7/2018, n. 95.

(4) Comma modificato dall'art. 7, co. 1, lett. f), d.lg. 20/7/2018, n. 95 e successivamente dall'art. 26, co. 2, lett. b), d.l. 21/6/2022, n. 73, conv., con modif., dalla l. 4/8/2022, n. 122.

(5) Comma modificato dall'art. 7, co. 1, lett. g), d.lg. 20/7/2018, n. 95.

(6) Comma aggiunto dall'art. 7, co. 1, lett. h), d.lg. 20/7/2018, n. 95.

19. Abrogazioni. – 1. Il decreto legislativo 24 marzo 2006, n. 155, è abrogato e tutti i riferimenti a quest'ultimo decreto si intendono riferiti al presente decreto legislativo.

20. Copertura finanziaria. – 1. Agli oneri derivanti dall'attuazione dell'articolo 17, comma 1, e dell'articolo 18, commi 1, 3, 4 e 7, pari a 6,82 milioni di euro per l'anno 2018 e a 3,9 milioni di euro annui a decorrere dall'anno 2019 si provvede mediante corrispondente riduzione dell'autorizzazione di spesa di cui all'articolo 1, comma 187, della legge 23 dicembre 2014, n. 190.

2. Ai fini dell'attuazione della disposizione di cui al precedente comma 1, il Ministro dell'economia e delle finanze è autorizzato ad apportare, con proprio decreto, le occorrenti variazioni di bilancio.

3. Dall'attuazione delle ulteriori disposizioni del presente decreto non devono derivare nuovi o maggiori oneri a carico della finanza pubblica. Le amministrazioni interessate provvedono all'attuazione delle disposizioni con le risorse umane, strumentali e finanziarie disponibili a legislazione vigente.

21. Entrata in vigore. – 1. Il presente decreto entra in vigore il giorno successivo a quello della sua pubblicazione nella Gazzetta Ufficiale della Repubblica italiana.

Il presente decreto, munito del sigillo dello Stato, sarà inserito nella Raccolta ufficiale degli atti normativi della Repubblica italiana. È fatto obbligo a chiunque spetti di osservarlo e di farlo osservare.

D.lg. 3 luglio 2017, n. 117

Codice del Terzo settore, a norma dell'articolo 1, comma 2, lettera b) della legge 6 giugno 2016, n. 106

(*Rinvio*, Parte V, Sezione XVI)

D.lg. 8 novembre 2021, n. 183

(G.U. 29 novembre 2021, n. 284)

Recepimento della direttiva (UE) 2019/1151 del Parlamento europeo e del Consiglio, del 20 giugno 2019, recante modifica della direttiva (UE) 2017/1132 per quanto concerne l'uso di strumenti e processi digitali nel diritto societario

1. Definizioni. – 1. Ai fini del presente decreto, si intende per:

a) «mezzi di identificazione elettronica», mezzi di identificazione elettronica quali definiti all'articolo 3, paragrafo 1, punto 2, del regolamento (UE) n. 910/2014 del Parlamento europeo e del Consiglio del 23 luglio 2014;

b) «regime di identificazione elettronica», il regime di identificazione elettronica di cui all'articolo 3, paragrafo 1, punto 4, del regolamento (UE) n. 910/2014, contenuto nella notifica alla Commissione europea eseguita ai sensi dell'articolo 9 del medesimo regolamento e pubblicata nella Gazzetta ufficiale dell'Unione europea del 2 maggio 2019 – 2019/C 150/06;

c) «costituzione», l'intero processo di costituzione di una società, compresa la stesura dell'atto costitutivo di una società e tutte le misure necessarie per l'iscrizione di una società nel registro;

d) «registrazione di una sede secondaria», il processo che conduce alla divulgazione dei documenti e delle informazioni relativi ad una sede secondaria di nuova apertura in uno Stato membro;

e) «modello», un modello per l'atto costitutivo di una società che può essere utilizzato per la costituzione online di una società secondo la disciplina dettata dal presente decreto;

f) «BRIS», il sistema di interconnessione dei registri delle imprese di cui all'articolo 22 della direttiva (UE) 2017/1132 del Parlamento europeo e del Consiglio del 14 giugno 2017;

g) «EUID», il codice identificativo unico europeo delle imprese volto a facilitare l'avvio di un sistema europeo di interconnessione tra i registri delle imprese.

2. Atto costitutivo delle società a responsabilità limitata e delle società a responsabilità limitata semplificata ricevuto dal notaio in videoconferenza. – 1. L'atto costitutivo delle società a responsabilità limitata e delle società a responsabilità limitata semplificata aventi sede in Italia e con capitale versato mediante conferimenti in denaro può essere ricevuto dal notaio, per atto pubblico informatico, con la partecipazione in videoconferenza delle parti richiedenti o di alcune di esse. Gli atti di cui al primo periodo sono ricevuti mediante l'utilizzo di una piattaforma telematica predisposta e gestita dal Consiglio nazionale del notariato. Si applicano, in quanto compatibili, gli articoli 47-bis, 47-ter e 52-bis della legge 16 febbraio 1913, n. 89, ed i conferimenti sono eseguiti mediante bonifico bancario eseguito sul conto corrente dedicato di cui all'articolo 1, comma 63, della legge 27 dicembre 2013, n. 147.

2. La piattaforma di cui al comma 1 consente l'accertamento dell'identità, la verifica dell'apposizione, da parte di chi ne è titolare, della firma digitale prevista dal decreto legislativo 7 marzo 2005, n. 82, o di altro tipo di firma elettronica qualificata ai sensi del regolamento (UE) 910/2014 del 23 luglio 2014 del Parlamento Europeo e del Consiglio del 23 luglio 2014, la verifica e l'attestazione della validità dei certificati di firma utilizzati nonché la percezione di ciò che accade alle parti collegate in videoconferenza nel momento in cui manifestano la loro volontà. A tal fine, la piattaforma utilizza mezzi di identificazione elettronica aventi un livello di garanzia pari a quello previsto dall'articolo 8, paragrafo 2, lettera b) o lettera c), del regolamento (UE) 910/2014, e assicura il collegamento continuo con le parti in videoconferenza, la visualizzazione dell'atto da sottoscrivere, l'apposizione della sottoscrizione elettronica da parte di tutti i firmatari, la conservazione dell'atto mediante collegamento con la struttura di cui all'articolo 62-bis della legge 16 febbraio 1913, n. 89, ed il tracciamento di ogni attività. La piattaforma consente inoltre, ai fini della sottoscrizione dell'atto, il contestuale rilascio alle parti di una firma elettronica avente i requisiti di cui al primo periodo.

3. Gli atti di cui al comma 1 possono essere ricevuti dal notaio per atto pubblico informatico anche utilizzando modelli uniformi adottati con decreto del Ministro dello sviluppo economico entro sessanta giorni dalla data di entrata in vigore del presente decreto. I modelli sono redatti anche in lingua inglese e sono pubblicati sul sito istituzionale di ciascuna camera di commercio, industria, artigianato e agricoltura. In caso di utilizzo dei modelli uniformi di cui al primo periodo, il compenso per l'attività notarile è determinato in misura non superiore a quello previsto dalla Tabella C)-Notai del decreto del Ministro della giustizia 20 luglio 2012, n. 140, ridotto alla metà.

4. Per la redazione degli atti costitutivi ricevuti in videoconferenza si applica l'articolo 26, secondo comma, della legge 16 febbraio 1913, n. 89, tenuto conto del luogo in cui almeno una delle parti intervenute ha la residenza o la sede legale. Il notaio riceve l'atto in ogni caso se tutte le parti hanno la residenza al di fuori del territorio dello Stato.

5. Il notaio interrompe la stipula dell'atto in videoconferenza e chiede la presenza fisica delle parti, o di alcune di esse, se dubita dell'identità del richiedente o se rileva il mancato rispetto delle norme riguardanti la capacità di agire e la capacità dei richiedenti di rappresentare una società.

6. Nei casi previsti dall'articolo 59-bis della legge 16 febbraio 1913, n. 89, il notaio ha facoltà di rettificare un atto informatico, fatti salvi i diritti dei terzi, mediante propria certificazione contenuta in atto pubblico formato con modalità

informatica da inserire nel sistema di conservazione di cui all'articolo 62-bis della legge 16 febbraio 1913, n. 89.

3. Pubblicità di dati e atti societari attraverso il registro delle imprese in modalità digitale. – 1. La pubblicità di dati ed atti societari nel registro delle imprese è regolata dagli articoli 8,11, comma 8, e 14, comma 7, del decreto del Presidente della Repubblica 7 dicembre 1995, n. 581.

2. Gli atti e i dati concernenti società di capitali sono conservati nel registro delle imprese in forma digitalizzata.

3. I documenti e le informazioni presentati al registro delle imprese sono conservati in formato aperto di cui all'articolo 1, comma 1, lettera l-bis), del decreto legislativo 7 marzo 2005, n. 82 oppure come dati strutturati.

4. Con decreto del Ministro dello sviluppo economico, da adottarsi entro dodici mesi dalla data di entrata in vigore del presente decreto, previo parere del Garante per la protezione dei dati personali, sono individuate le modalità di dettaglio per l'interscambio dati mediante il sistema di interconnessione dei registri di cui all'articolo 22 della direttiva (UE) 2017/1132, in conformità alle previsioni del regolamento (UE) 2021/1042, allegato, punto 15, nonché con riferimento all'interscambio dei dati di cui all'ottavo comma dell'articolo 2508-bis del codice civile in conformità con le previsioni del regolamento (UE) 2021/1042, allegato, punto 15.

4. Registrazione delle filiali e notifica della cessazione delle filiali. – 1. La registrazione o cancellazione, nel registro delle imprese, della sede secondaria di una società di capitali soggetta alla legge di uno Stato membro è comunicata senza indugio, dal medesimo registro, allo Stato membro in cui è registrata la società tramite il BRIS.

2. In caso di sede secondaria registrata nel territorio di uno Stato membro da parte di una società di capitali soggetta alla legge italiana, il registro delle imprese che riceve la comunicazione di registrazione rilascia idonea prova di ricezione della comunicazione e provvede senza ritardo all'iscrizione.

3. L'articolo 2197, ultimo comma, del codice civile non si applica in caso di sedi secondarie registrate nel territorio di un altro Stato membro da società di capitali soggette alla legge italiana.

5. Deposito telematico di atti e informazioni relativi a società ed a sedi secondarie. – 1. La sottoscrizione delle istanze di iscrizione o deposito di atti o dati nel registro delle imprese predisposte mediante la modulistica elettronica approvata con decreto del Ministro dello sviluppo economico ai sensi degli articoli 11, comma 1, e 14, comma 1, del decreto del Presidente della Repubblica 7 dicembre 1995, n. 581, è apposta dal soggetto obbligato o legittimato mediante firma elettronica qualificata conforme al regolamento UE 2014/910, o mediante firma digitale ai sensi dell'articolo 1, comma 1, lettera s), del codice dell'amministrazione digitale di cui al decreto legislativo 7 marzo 2005, n. 82. L'identificazione dei richiedenti nelle procedure di cui al primo periodo, ove necessaria, si esegue mediante gli strumenti di identificazione elettronica di cui all'articolo 6 del regolamento (UE) 910/2014, aventi un livello di garanzia pari a quello previsto dall'articolo 8, paragrafo 2, lettera b) o lettera c), del medesimo regolamento.

6. Modifiche alle norme del codice civile in materia di società. – 1. All'articolo 2475 del codice civile sono apportate le seguenti modificazioni:

a) al primo comma è aggiunto, in fine, il seguente periodo: «Si applica l'articolo 2382.»;

b) al secondo comma, dopo le parole «si applicano il» è aggiunta la seguente: «primo,».

2. All'articolo 2383 del codice civile, primo comma, è aggiunto, in fine, il seguente periodo: «La nomina è in ogni caso preceduta dalla presentazione, da parte dell'interessato, di una dichiarazione circa l'inesistenza, a suo carico, delle cause di ineleggibilità previste dall'articolo 2382 e di interdizioni dall'ufficio di amministratore adottate nei suoi confronti in uno Stato membro dell'Unione europea.».

3. Dopo l'articolo 2508 del codice civile è inserito il seguente:

«Art. 2508-bis (Registrazione e cancellazione telematica della sede secondaria di una società soggetta alla legge di uno Stato membro dell'Unione europea). – L'atto istitutivo di sedi secondarie nel territorio dello Stato da parte di società di capitali soggette alla legge di uno Stato membro dell'Unione europea e gli atti di nomina dei soggetti che rappresentano stabilmente la società per le attività della sede secondaria, con l'indicazione dei relativi poteri, sono depositati, ai fini della loro iscrizione nel registro delle imprese, presso un notaio esercente in Italia con le modalità disciplinate dagli articoli 47-bis, 47-ter e 52-bis della legge 16 febbraio 1913, n. 89, anche con le modalità in videoconferenza di cui alle disposizioni di attuazione della direttiva (UE) 2019/1151 del Parlamento europeo e del Consiglio del 20 giugno 2019. Gli atti da depositare, ai fini della procedura di cui al periodo precedente, sono contenuti in duplicati informatici o copie informatiche rilasciate dal competente registro delle imprese delle quali è garantita, ai sensi del decreto legislativo 7 marzo 2005, n. 82, la provenienza dal medesimo registro e la conformità ai corrispondenti documenti o informazioni nello stesso iscritti. Il notaio può richiedere la presenza fisica delle parti, o di alcune di esse, se dubita dell'identità dei richiedenti o se rileva il mancato rispetto delle norme riguardanti la capacità di agire e la capacità dei richiedenti di rappresentare una società.

Ai fini della registrazione delle sedi secondarie di cui al primo comma, sono forniti i seguenti dati:

a) l'indirizzo della sede secondaria;

b) l'attività della sede secondaria;

c) il registro di iscrizione della società;

d) il numero di iscrizione della società nel registro di cui al punto c);

e) la denominazione della società;

f) la forma legale della società;

g) l'ampiezza dei poteri dei soggetti che rappresentano stabilmente la società per le attività della sede secondaria;

h) gli estremi dell'atto costitutivo e, eventualmente, dello statuto ove presente come documento separato;

i) i dati personali dei legali rappresentanti della società;

l) i dati personali dei soggetti che rappresentano stabilmente la società per le attività della sede secondaria;

m) l'eventuale stato di liquidazione della società, i dati personali dei liquidatori e i poteri agli stessi conferiti, nonché l'eventuale conclusione della procedura di liquidazione;

n) la pendenza di una procedura di insolvenza o di altra procedura di ristrutturazione aziendale connessa a crisi aziendale della società;

o) la data di chiusura della sede secondaria.

Ai medesimi fini di cui al secondo comma, sono altresì depositati:

a) la nomina, la cessazione o la revoca dei liquidatori;

b) la nomina, la cessazione o la revoca dei legali rappresentanti della società;

c) la nomina, la cessazione o la revoca dei soggetti che rappresentano stabilmente la società per le attività della sede secondaria;

d) l'ultimo bilancio di esercizio della società;

e) l'atto costitutivo e lo statuto, ove presente come documento separato, della società, e le relative modifiche;

f) una dichiarazione resa dai soggetti che rappresentano stabilmente la società per le attività della sede secondaria circa l'inesistenza, a loro carico, delle cause di ineleggibilità previste dall'articolo 2382 e di interdizioni dall'ufficio di amministratore adottate nei loro confronti in uno Stato membro dell'Unione europea.

La capacità di agire dei richiedenti e il loro potere di rappresentare la società sono verificate, mediante il sistema di interconnessione di cui all'articolo 22 della direttiva (UE) 2017/1132, dalle risultanze del registro delle imprese in cui è iscritta la società. Nel caso di indisponibilità del sistema di interconnessione, è utilizzato un certificato rilasciato dal competente registro da non oltre sei mesi. Se il potere rappresentativo deriva da una procura e questa non è acquisibile tramite il sistema di interconnessione di cui all'articolo 22 della direttiva (UE) 2017/1132, la procura è consegnata in originale al notaio.

Se la registrazione della sede secondaria non può essere completata nel termine di dieci giorni dal momento della presentazione dei documenti e delle informazioni di cui al secondo, terzo e quarto comma, l'ufficio del registro delle imprese comunica ai richiedenti i motivi del ritardo.

Gli atti di cui al terzo comma e i documenti di cui al quarto comma redatti in una lingua straniera sono accompagnati dalla traduzione giurata.

Gli uffici del registro delle imprese comunicano, tramite il sistema di interconnessione di cui all'articolo 22 della direttiva (UE) 2017/1132, ai registri delle imprese di altri Stati membri in cui sono registrate sedi secondarie di società di capitali regolate dalla legge italiana, le modifiche ai seguenti elementi:

a) denominazione della società;
b) sede legale della società;
c) numero di iscrizione della società nel registro;
d) forma legale della società;
e) legali rappresentanti, con specificazione se in forma congiunta o disgiunta, amministratori, componenti degli organi di controllo o di supervisione;
f) bilanci societari.

Ove siano destinatari della comunicazione di cui all'ottavo comma, in qualità di uffici di registrazione di una sede secondaria di società soggette alla legge di un altro Stato membro dell'Unione europea, gli uffici del registro delle imprese rilasciano attestazione di ricezione della comunicazione e provvedono senza ritardo all'iscrizione dei conseguenti aggiornamenti.

L'istanza con cui si richiede la registrazione della sede secondaria di una società di capitali soggetta alla legge di uno Stato membro dell'Unione europea ai sensi del primo comma, è sottoscritta elettronicamente da un notaio esercente nel territorio dello Stato. Gli adempimenti pubblicitari successivi alla registrazione possono essere assolti mediante firma elettronica qualificata o firma digitale da un amministratore della società o dallo stabile preposto.».

7. Scambio di informazioni su amministratori colpiti da cause di ineleggibilità o decadenza. – 1. L'ufficio del registro delle imprese fornisce, senza ritardo, mediante il BRIS le informazioni richieste dall'autorità di un altro Stato membro sull'esistenza di cause di ineleggibilità di cui all'articolo 2382 del codice civile a carico degli amministratori di società di capitali aventi sede nel territorio dello Stato richiedente.

2. I dati personali delle persone di cui al comma 1 sono trattati conformemente al regolamento (UE) 2016/679 e al decreto legislativo 30 giugno 2003, n. 196, al fine di consentire all'autorità competente di valutare le necessarie informazioni relative alla cessazione dalla carica di amministratore della persona interessata.

Le autorità, le persone o gli organismi incaricati di trattare lo svolgimento delle procedure telematiche previste dal presente decreto conservano i dati personali trasmessi ai fini del presente articolo per il tempo strettamente necessario all'evasione della richiesta di informazioni.

8. Consultazione gratuita degli atti e dati tramite il BRIS – e parametri applicabili per determinare i diritti di consultazione. – 1. I seguenti atti e dati concernenti le società di capitali sono resi disponibili gratuitamente per il tramite del BRIS:

a) denominazione della società;
b) forma legale della società;
c) sede legale della società;
d) Stato Membro di iscrizione;
e) numero di iscrizione della società;
f) EUID della società;
g) stato della società:
1) scioglimento;
2) liquidazione;
3) cancellazione;
4) attiva;
5) inattiva;
h) oggetto sociale;
i) legali rappresentanti, con specificazione se congiuntamente o disgiuntamente;
l) sedi secondarie aperte dalla società in altri Stati membri, e più precisamente:
1) nome della sede secondaria, ove esistente;
2) numero di iscrizione nel registro locale;
3) EUID della sede secondaria;
4) Stato membro in cui la sede secondaria è registrata.

2. Lo scambio di informazioni tra registri delle imprese attraverso il BRIS è gratuito.

3. I diritti applicati per ottenere dati e documenti attraverso il BRIS non eccedono i relativi costi amministrativi, includendosi in questi i costi di sviluppo e di mantenimento del registro delle imprese.

9. Modalità di rilascio ed autenticazione dei dati e documenti da parte del registro delle imprese. – 1. Le copie e gli estratti di documenti e informazioni detenuti dagli uffici del registro delle imprese sono rilasciati in formato elettronico e, salvo rinuncia del richiedente, sono autenticati, ai sensi del decreto legislativo 7 marzo 2005, n. 82, dal conservatore del registro delle imprese che ne attesta la provenienza dallo stesso registro e la conformità ai documenti ed alle informazioni in esso conservati.

2. Con decreto del Ministro dello sviluppo economico, da adottarsi entro sessanta giorni dalla data di entrata in vigore del presente decreto, sono individuate le specifiche modalità per il rilascio delle copie e degli estratti di cui al comma 1.

10. Atti e documenti consultabili attraverso il BRIS. – 1. Gli uffici del registro delle imprese rendono consultabili tramite il BRIS gli atti e le informazioni di cui all'articolo 14 della direttiva (UE) 1132/2017, relativi alle società di capitali.

2. Attraverso il BRIS gli uffici del registro delle imprese rendono, altresì, consultabili gli atti e i documenti di cui al comma 1 anche per società diverse dalle società di capitali.

11. Clausola di invarianza finanziaria. – 1. Dall'attuazione del presente decreto non devono derivare nuovi o maggiori oneri a carico della finanza pubblica. Le amministrazioni interessate provvedono all'attuazione del presente decreto con le risorse umane, strumentali e finanziarie disponibili a legislazione vigente.

12. Acquisizione di efficacia differita per alcune disposizioni. – 1. Gli effetti delle disposizioni recate dall'articolo 7 decorrono dal 1° agosto 2023.

Il presente decreto, munito del sigillo dello Stato sarà inserito nella Raccolta ufficiale degli atti nominativi della Repubblica italiana. È fatto obbligo a chiunque spetti di osservarlo e di farlo osservare.

D.lg. 2 marzo 2023, n. 19

(in Gazz. Uff. 7 marzo 2023, n. 56)

Attuazione della direttiva (UE) 2019/2121 del Parlamento europeo e del Consiglio, del 27 novembre 2019, che modifica la direttiva (UE) 2017/1132 per quanto riguarda le trasformazioni, le fusioni e le scissioni transfrontaliere

(*Estratto 1-50*)

Capo I
Disposizioni comuni

1. Definizioni comuni. – 1. Ai fini del presente decreto si intendono per:

a) «società di capitali»:

1) le società disciplinate dai capi V, VI e VII del titolo V e del capo I titolo VI del libro V del codice civile, la società europea e la società cooperativa europea;

2) le società di cui all'allegato II della direttiva (UE) 2017/1132 del Parlamento europeo e del Consiglio, del 14 giugno 2017;

3) per le operazioni di cui al capo III, qualsiasi altra società di uno Stato membro che ha personalità giuridica, è dotata di capitale sociale, risponde solo con il proprio patrimonio delle obbligazioni sociali ed è soggetta, in virtù della legislazione nazionale ad essa applicabile, alle disposizioni dettate dalla sezione 2 del capo II del titolo I e dalla sezione 1 del capo III del titolo I della direttiva 2017/1132/CE per proteggere gli interessi dei soci e dei terzi;

b) «società diverse dalle società di capitali»: le società disciplinate dai capi II, III e IV del titolo V del libro V del codice civile iscritte nel registro delle imprese e ogni altra società regolata dalla legge di uno Stato appartenente all'Unione europea che non è compresa nell'allegato II della direttiva (UE) 2017/1132 e non soddisfa le condizioni di cui alla lettera a), numero 3);

c) «società italiana»: società regolata dalla legge italiana;

d) «società di altro Stato membro»: società regolata dalla legge di uno Stato appartenente all'Unione europea anche non avente la sede sociale, l'amministrazione centrale o il centro di attività principale nel territorio dell'Unione europea;

e) «enti non societari»: qualunque ente, di natura non societaria, regolato dalla legge italiana o di uno Stato appartenente all'Unione europea, che esercita un'attività di impresa, ha la sede, l'amministrazione centrale o il centro di attività principale nel territorio dell'Unione europea ed è iscritto in un registro delle imprese;

f) «operazione transfrontaliera»: una trasformazione, fusione o scissione alla quale partecipano o dalla quale risultano una o più società regolate dalla legge italiana e almeno una società regolata dalla legge di uno Stato appartenente all'Unione europea;

g) «operazione internazionale»: una trasformazione, fusione o scissione alla quale partecipano o dalla quale risultano una o più società regolate dalla legge italiana e almeno una società regolata dalla legge di uno Stato non appartenente all'Unione europea;

h) «registro delle imprese»: il registro previsto dalla legge 29 dicembre 1993, n. 580, e ogni altro registro centrale istituito ai sensi dell'articolo 16 della direttiva (UE) 2017/1132;

i) «BRIS», il sistema di interconnessione dei registri delle imprese di cui all'articolo 22 della direttiva (UE) 2017/1132;

l) «rappresentanti dei lavoratori»: i rappresentanti dei lavoratori di cui all'articolo 2, comma 1, lettera e), del decreto legislativo 19 agosto 2005, n. 188;

m) «organo di rappresentanza»: l'organo di rappresentanza dei lavoratori di cui all'articolo 2, comma 1, lettera f), del decreto legislativo n. 188 del 2005

n) «delegazione speciale di negoziazione»: la delegazione di cui all'articolo 2, comma 1, lettera g), del decreto legislativo n. 188 del 2005;

o) «coinvolgimento dei lavoratori»: la procedura di cui all'articolo 2, comma 1, lettera h), del decreto legislativo n. 188 del 2005;

p) «informazione»: l'informazione di cui all'articolo 2, comma 1, lettera i), del decreto legislativo n. 188 del 2005;

q) «consultazione»: la consultazione di cui all'articolo 2, comma 1, lettera l), del decreto legislativo n. 188 del 2005;

r) «partecipazione»: la partecipazione di cui all'articolo 2, comma 1, lettera m), del decreto legislativo n. 188 del 2005;

s) «beneficio pubblico»: qualsiasi intervento di sostegno pubblico per lo sviluppo delle attività produttive, comunque denominato, a carico della finanza pubblica o di fondi europei, attribuito in una delle forme previste dall'articolo 7 del decreto legislativo 31 marzo 1998, n. 123, e oggetto di iscrizione obbligatoria nel registro aiuti di Stato o in altro registro previsto dalla legge;

t) «beneficio pubblico localizzato»: qualsiasi intervento di sostegno pubblico destinato a un investimento produttivo in uno specifico ambito del territorio dello Stato o relativo a uno stabilimento, sede, filiale, ufficio o reparto autonomo, sito nel territorio dello Stato, che si trova nella disponibilità della società italiana partecipante alla trasformazione, fusione o scissione, che ne ha beneficiato, o di società controllante, controllata o collegata alla partecipante ai sensi dell'articolo 2359 del codice civile.

2. Ambito di applicazione. – 1. Il presente decreto si applica:

a) alle operazioni transfrontaliere riguardanti una o più società di capitali italiane e una o più società di capitali di altro Stato membro che hanno la sede sociale o l'amministrazione centrale o il centro di attività principale stabilito nel territorio dell'Unione europea;

b) alle operazioni transfrontaliere riguardanti società diverse dalle società di capitali o società di capitali che non hanno nel territorio dell'Unione europea la sede sociale né l'amministrazione centrale né il centro di attività principale, se l'applicazione della disciplina di recepimento delle direttive (UE) 2017/1132 e (UE) 2019/2121 a tali operazioni è parimenti prevista dalla legge applicabile a ciascuna delle società di altro Stato membro partecipanti o risultanti dall'operazione;

c) alle operazioni transfrontaliere che non rientrano nei casi di cui alle lettere a) e b) e alle operazioni internazionali, nel rispetto dell'articolo 25, comma 3, della legge 31 maggio 1995, n. 218;

d) alle operazioni transfrontaliere a cui partecipano, o da cui risultano, enti non societari, in quanto compatibile, nel rispetto dell'articolo 25, comma 3, della legge n. 218 del 1995.

2. Il presente decreto non si applica alle operazioni transfrontaliere o internazionali cui partecipa:

a) una società di investimento a capitale variabile di cui

all'articolo 1, comma 1, lettera i), del decreto legislativo 24 febbraio 1998, n. 58, recante il testo unico delle disposizioni in materia di intermediazione finanziaria ai sensi degli articoli 8 e 21 della legge 6 febbraio 1996, n. 52;

b) una società sottoposta a strumenti, poteri e meccanismi di risoluzione di cui all'articolo 1, comma 1, lettera f), del decreto legislativo 16 novembre 2015, n. 180, o al titolo V del regolamento (UE) 2021/23;

c) una società sottoposta a una delle misure di prevenzione della crisi di cui all'articolo 1, comma 1, lettera mm), del decreto legislativo n. 180 del 2015 o all'articolo 2, punto 48), del regolamento (UE) 2021/23.

3. Il presente decreto si applica, in quanto compatibile, alle operazioni transfrontaliere o internazionali riguardanti società nei cui confronti sono aperte procedure di regolazione della crisi o dell'insolvenza, fatta salva l'applicazione delle specifiche disposizioni dettate in materia di crisi d'impresa.

3. Condizioni relative alle operazioni transfrontaliere o internazionali. – 1. La partecipazione a un'operazione transfrontaliera o internazionale non è consentita:

a) alle società di capitali in liquidazione che hanno iniziato la distribuzione dell'attivo;

b) alle società cooperative a mutualità prevalente di cui all'articolo 2512 del codice civile.

2. Le operazioni di cui all'articolo 2, comma 1, lettere a) e b), attuate in conformità al presente decreto soddisfano il requisito di cui all'articolo 25, comma 3, della legge 31 maggio 1995, n. 218.

4. Norme applicabili. – 1. Nelle operazioni cui non partecipano società di capitali:

a) fatti salvi i termini previsti dall'articolo 40, ove applicabili, i termini di cui agli articoli 20 e 23 sono ridotti a quindici giorni;

b) il termine per l'opposizione dei creditori di cui agli articoli 10 e 28 è di trenta giorni, decorrenti dalla data dell'iscrizione della decisione nel registro delle imprese;

c) non si applicano gli articoli 16, 39 e 50, salvo l'obbligo della società italiana, tenuta ad applicare un regime di partecipazione dei dipendenti a seguito di un'operazione transfrontaliera effettuata in conformità alle disposizioni del presente decreto, di assicurare la tutela dei medesimi diritti di partecipazione nell'ambito di nuove operazioni di trasformazione, fusione e scissione nazionali, internazionali o transfrontaliere, effettuate nei quattro anni successivi alla data di efficacia dell'operazione.

2. Le disposizioni di cui ai capi II, III e IV relative alle operazioni transfrontaliere, salvo che sia diversamente disposto, si applicano alle operazioni internazionali in quanto compatibili.

3. Le disposizioni riguardanti il BRIS, quale sistema per la trasmissione di atti, dati e documenti, si applicano alle operazioni di cui all'articolo 2, comma 1, lettera a), e alle altre operazioni per le quali la normativa europea assicura il funzionamento del sistema di interconnessione dei registri.

4. Alle operazioni previste dall'articolo 2, comma 1, lettere c) e d), non si applicano le norme che disciplinano il rilascio, da parte della competente autorità di altro Stato membro, del certificato preliminare e la sua efficacia, ai fini dell'attuazione dell'operazione transfrontaliera. Nelle medesime operazioni, ai fini del rilascio del certificato preliminare e del controllo di legalità di cui agli articoli 13, 33 e 47, il notaio accerta la sussistenza delle condizioni previste dall'articolo 25, comma 3, della legge n. 218 del 1995 e le disposizioni che regolano la comunicazione di dati tra il registro delle imprese italiano e il registro delle imprese di un altro Stato si applicano in quanto compatibili.

5. Nelle operazioni transfrontaliere di cui all'articolo 2, comma 1, lettera d), a cui partecipa un ente non societario regolato dalla legge italiana, la pubblicità degli atti fino al rilascio del certificato preliminare è eseguita nel registro delle imprese. Il deposito previsto dagli articoli 14, 34 e 48 è eseguito in ciascuno dei pubblici registri in cui l'ente è iscritto o deve iscriversi come conseguenza dell'operazione transfrontaliera e l'operazione ha efficacia dall'ultima di tali iscrizioni.

6. Restano salvi la disciplina e i poteri previsti dal testo unico delle leggi in materia bancaria e creditizia di cui al decreto legislativo 1° settembre 1993, n. 385, dal testo unico delle disposizioni in materia di intermediazione finanziaria di cui al decreto legislativo 24 febbraio 1998, n. 58, dal decreto legislativo 7 settembre 2005, n. 209, dalla legge 10 ottobre 1990, n. 287, dal decreto-legge 31 maggio 1994, n. 332, convertito, con modificazioni, dalla legge 30 luglio 1994, n. 474, e dal decreto-legge 15 marzo 2012, n. 21, convertito, con modificazioni e dalla legge 11 maggio 2012, n. 56.

5. Autorità competente. – 1. Le verifiche sulle operazioni disciplinate dal presente decreto ai fini del rilascio del certificato preliminare di cui all'articolo 29 e i controlli previsti dagli articoli 13, 33 e 47 sono attribuiti al notaio quale pubblico ufficiale. Il notaio può richiedere i documenti o le informazioni ritenuti necessari, in base alle informazioni e ai documenti ricevuti, per la verifica delle condizioni per l'attuazione della singola operazione e per la verifica dell'assenza di condizioni ostative.

2. Nel controllo di legalità di cui agli articoli 13, 33 e 47 il notaio accetta il certificato preliminare rilasciato dalla competente autorità quale atto che attesta il regolare adempimento degli atti e delle formalità preliminari alla realizzazione dell'operazione, in conformità alla legge dello Stato membro interessato. La mancanza di certificato preliminare impedisce il rilascio dell'attestazione di legalità.

3. Nell'esercizio delle funzioni di cui al comma 1 il notaio può verificare il rispetto dell'articolo 30 mediante richiesta alle amministrazioni pubbliche competenti delle informazioni ritenute necessarie. Tali informazioni sono acquisite anche mediante accesso alle banche dati degli enti creditori e al registro nazionale degli aiuti di Stato di cui all'articolo 52 della legge 24 dicembre 2012, n. 234. Le amministrazioni e gli enti responsabili individuano i dati cui è possibile accedere e le modalità di accesso sono stabilite mediante la stipulazione di convenzioni che non determinino nuovi o maggiori oneri per la finanza pubblica con il Consiglio nazionale del notariato.

4. Fatto salvo quanto previsto all'articolo 30, comma 3, per la disamina della documentazione acquisita e per le verifiche di cui all'articolo 29 il notaio può richiedere l'assistenza di uno o più esperti con competenza nei settori interessati dall'operazione, in possesso dei requisiti di indipendenza previsti dall'articolo 2399 del codice civile e non legati all'impresa o ad altre parti interessate all'operazione da rapporti di natura personale o professionale. L'esperto e i soggetti con i quali è eventualmente unito in associazione professionale non devono aver prestato negli ultimi cinque anni attività di lavoro subordinato o autonomo in favore della società né essere stati membri degli organi di amministrazione o controllo dell'impresa né aver posseduto partecipazioni in essa.

5. Ai fini del rilascio del certificato preliminare e dello svolgimento del controllo di legalità, la presentazione dell'istanza, con i documenti allegati, e ogni altra successiva trasmissione di atti e informazioni, può avvenire mediante documento informatico sottoscritto con la firma digitale prevista dal decreto legislativo 7 marzo 2005, n. 82, o con altro tipo di firma elettronica qualificata ai sensi del regolamento (UE) 910/2014 del Parlamento europeo e del Consiglio, del 23 luglio 2014, e trasmesso al domicilio digitale del notaio. Se dubita dell'identità del richiedente o se rileva il mancato rispetto delle norme riguardanti la capacità di agire e la capa-

cità dei richiedenti di rappresentare la società, il notaio può chiedere la presenza fisica delle parti.

Capo II
Trasformazione

6. Definizioni. – 1. Ai fini del presente capo si intendono per:

a) «trasformazione»: l'operazione mediante la quale una società, senza essere sciolta né sottoposta a liquidazione e pur conservando la propria personalità giuridica, muta la legge a cui è sottoposta e il suo tipo sociale, adottandone uno previsto dalla legge dello Stato di destinazione e individuando la sede sociale nel rispetto di tale legge;

b) «Stato di partenza»: lo Stato dalla cui legge la società sottoposta a trasformazione è regolata e nel cui pubblico registro essa è iscritta prima della trasformazione transfrontaliera;

c) «Stato di destinazione»: lo Stato dalla cui legge la società risultante dalla trasformazione è regolata e nel cui pubblico registro è iscritta, in esito alla trasformazione transfrontaliera;

d) «società sottoposta a trasformazione»: società, regolata dalla legge dello Stato di partenza e ivi iscritta in un pubblico registro, che delibera la trasformazione transfrontaliera;

e) «società risultante dalla trasformazione»: società regolata dalla legge dello Stato di destinazione e ivi iscritta in un pubblico registro in esito a una trasformazione transfrontaliera.

7. Norme applicabili alla trasformazione. – 1. Alla trasformazione transfrontaliera si applicano gli articoli 20, 21, 23, 24, 29, 30, 31, 37 e 40, commi 1 e 2, e tutti i riferimenti alla fusione contenuti in detti articoli s'intendono riferiti anche alla trasformazione. Si applicano altresì gli articoli 2500-quater e 2500-sexies, terzo e quarto comma, del codice civile.

2. Resta salvo quanto previsto dal regolamento (CE) n. 2157/2001 del Consiglio, dell'8 ottobre 2001, in materia di trasferimento di sede di una società europea e quanto previsto dal regolamento (CE) n. 1435/2003 del Consiglio, del 22 luglio 2003, in materia di trasferimento di sede di una società cooperativa europea.

8. Progetto di trasformazione. – 1. Il progetto di trasformazione transfrontaliera comprende le informazioni relative a:

a) il tipo, la denominazione o ragione sociale, la sede e la legge regolatrice della società nello Stato di partenza;

b) il tipo, la denominazione, la sede e la legge regolatrice proposte per la società nello Stato di destinazione;

c) l'atto costitutivo della società risultante dalla trasformazione;

d) il trattamento eventualmente riservato a particolari categorie di soci e ai possessori di titoli diversi dalle azioni e il trattamento loro riservato;

e) eventuali garanzie o impegni offerti ai creditori;

f) i vantaggi particolari eventualmente attribuiti a favore dei soggetti cui compete l'amministrazione o dei membri degli organi di controllo della società sottoposta a trasformazione;

g) i contributi e i finanziamenti pubblici ricevuti, sotto qualsiasi forma, nello Stato membro di partenza, nei cinque anni anteriori alla data del deposito del progetto di trasformazione, con separata indicazione dei contributi e finanziamenti per i quali è stato adottato un provvedimento di revoca o decadenza dal beneficio oppure è in corso il relativo procedimento;

h) i dati sulla liquidazione in denaro offerta ai soci per il caso di recesso, a norma dell'articolo 25, e il domicilio digitale presso il quale la società riceve le eventuali comunicazioni di recesso;

i) le procedure di coinvolgimento dei lavoratori nella definizione dei loro diritti di partecipazione nella società risultante dalla trasformazione e le alternative possibili, se ne ricorrono i presupposti;

l) le probabili ripercussioni della trasformazione transfrontaliera sull'occupazione;

m) la data di efficacia della trasformazione transfrontaliera o i criteri per la sua determinazione;

n) il calendario proposto a titolo indicativo per l'operazione.

9. Recesso. – 1. I soci che non hanno concorso all'approvazione del progetto di trasformazione transfrontaliera hanno diritto di recedere dalla società italiana che procede alla trasformazione, secondo le disposizioni di cui agli articoli 25 e 27.

2. Il parere sulla congruità del valore di liquidazione, indicato nel progetto di trasformazione, è redatto da un esperto indipendente, scelto o designato ai sensi dell'articolo 22, ha i contenuti previsti dal medesimo articolo 22, commi 4 e 5, ed è messo a disposizione, presso la sede della società e con modalità telematica, almeno trenta giorni prima dell'assemblea.

3. L'esperto ha diritto di ottenere dalla società tutte le informazioni e i documenti utili e di procedere ad ogni necessaria verifica. L'esperto risponde dei danni causati alla società, ai loro soci e ai terzi. Si applicano le disposizioni dell'articolo 64 del codice di procedura civile.

4. La relazione sulla congruità del valore di liquidazione non è richiesta se vi rinunciano all'unanimità i soci e i possessori di altri strumenti finanziari che attribuiscono il diritto di voto.

10. Opposizione dei creditori. – 1. Con riguardo alla società italiana sottoposta a trasformazione, il certificato preliminare non può essere rilasciato prima di novanta giorni dal deposito per l'iscrizione nel registro delle imprese del progetto di trasformazione o della nota informativa prevista dall'articolo 20, comma 3, salvo che consti il consenso dei creditori della società o il pagamento dei creditori che non hanno dato il consenso o il deposito delle somme corrispondenti presso una banca.

2. Se non ricorre alcuna di tali eccezioni, i creditori anteriori all'iscrizione che temono di ricevere concreto pregiudizio dalla trasformazione, anche in ragione del mutamento di legge applicabile, possono, nel termine di cui al comma 1, fare opposizione. Il tribunale, se ritiene infondato il pericolo di pregiudizio per i creditori oppure se la società ha prestato idonea garanzia, dispone che l'operazione abbia luogo nonostante l'opposizione. Le garanzie prestate dalla società ai sensi del presente articolo sono subordinate all'efficacia della trasformazione.

3. In ogni caso, la trasformazione transfrontaliera non libera i soci a responsabilità illimitata dalla responsabilità per le obbligazioni sociali sorte prima della data di efficacia della trasformazione, se non risulta che i creditori sociali hanno dato il loro consenso alla trasformazione.

11. Foro facoltativo delle controversie relative alla società risultante dalla trasformazione. – 1. Per i due anni successivi alla data di efficacia della trasformazione transfrontaliera, la società risultante dalla trasformazione può essere convenuta davanti alle autorità giurisdizionali dello Stato di partenza da un creditore anteriore all'iscrizione del progetto di trasformazione transfrontaliera nel registro delle imprese. Tale facoltà non pregiudica l'applicazione di altri criteri di giurisdizione previsti dal diritto dell'Unione europea o dal diritto nazionale, né gli effetti di un accordo contrattuale di scelta del foro.

2. La società italiana sottoposta a trasformazione internazionale può essere convenuta per i due anni successivi alla data di efficacia della trasformazione avanti all'autorità giurisdizionale italiana da un creditore anteriore all'iscrizione del progetto di trasformazione nel registro delle imprese. Tale facoltà non pregiudica l'applicazione di altri criteri di giuri-

sdizione, né gli effetti di un accordo contrattuale di scelta del foro e non può applicarsi se incompatibile con una convenzione internazionale di cui è parte l'Italia.

12. Atto di trasformazione transfrontaliera. – 1. Se è sottoposta a trasformazione una società italiana, la relativa decisione risulta da atto pubblico.

2. Se dalla trasformazione risulta una società italiana, il notaio per atto pubblico riceve in deposito, o redige, la relativa decisione ed espleta il controllo di legalità di cui all'articolo 13.

13. Controllo di legalità della trasformazione transfrontaliera. – 1. Se la società risultante dalla trasformazione transfrontaliera ha adottato la legge italiana, il notaio, entro trenta giorni dal ricevimento del certificato preliminare e della delibera di approvazione del progetto di trasformazione, espleta il controllo di legalità sulla attuazione della trasformazione rilasciandone apposita attestazione. Fatte salve altre possibili modalità di trasmissione, il notaio incaricato del controllo di legalità acquisisce senza oneri il certificato preliminare, redatto dalla competente autorità, dal registro delle imprese anche tramite il BRIS.

2. Ai fini del controllo di cui al comma 1, il notaio verifica che:

a) siano rispettati i requisiti per la costituzione e iscrizione nel registro delle imprese della società risultante dalla trasformazione, che ha adottato la legge italiana;

b) sia pervenuto il certificato preliminare alla trasformazione transfrontaliera relativo alla società sottoposta a trasformazione;

c) quando necessario, siano state stabilite le modalità di partecipazione dei lavoratori ai sensi dell'articolo 16.

3. Se dalla trasformazione risulta una società di capitali italiana, il capitale è determinato sulla base dei valori attuali degli elementi dell'attivo e del passivo e deve risultare da una relazione di stima redatta a norma dell'articolo 2343 del codice civile o dalla documentazione di cui all'articolo 2343-ter del codice civile oppure, quando dalla trasformazione risulta una società a responsabilità limitata, da una relazione di stima redatta a norma dell'articolo 2465 del codice civile. Si applica altresì, nel caso di società per azioni o in accomandita per azioni, l'articolo 2343, secondo, terzo e, in quanto compatibile, quarto comma, del codice civile e, nelle ipotesi di cui all'articolo 2343-ter, primo e secondo comma, del codice civile, si applica il terzo comma del medesimo articolo 2343 del codice civile.

4. Il comma 3 non si applica quando è sottoposta a trasformazione in società italiana una società di altro Stato membro soggetta alle regole di formazione del capitale di cui al titolo I capo IV della direttiva (UE) 2017/1132 del Parlamento europeo e del Consiglio, del 14 giugno 2017, o a regole equivalenti.

5. Se il notaio ritiene non adempiute le condizioni stabilite dalla legge o omette il rilascio dell'attestazione, si osservano, in quanto compatibili, le disposizioni di cui all'articolo 29, commi 5, 6 e 7.

6. Per la società italiana sottoposta a trasformazione transfrontaliera che ha adottato una legge diversa da quella italiana, il controllo di legalità di cui al comma 1 è espletato dall'autorità all'uopo designata da tale Stato.

14. Pubblicità. – 1. Per la società italiana sottoposta a trasformazione transfrontaliera, la decisione di trasformazione, unitamente al certificato preliminare e all'attestazione di espletamento del controllo di legalità previsto dall'articolo 13, è depositata per l'iscrizione nel registro delle imprese dove ha sede la società, entro trenta giorni dall'attestazione.

2. Per la società risultante dalla trasformazione che ha adottato la legge italiana, entro trenta giorni dal rilascio dell'attestazione di cui all'articolo 13, comma 1, l'atto costitutivo, unitamente all'attestazione e al certificato preliminare, è depositato per l'iscrizione nel registro delle imprese del luogo dove la società ha sede. Fatte salve altre modalità di trasmissione, l'ufficio del registro delle imprese comunica senza indugio, tramite il BRIS, l'avvenuta iscrizione al corrispondente registro delle imprese in cui è iscritta la società sottoposta a trasformazione.

15. Efficacia ed effetti della trasformazione. – 1. La data dalla quale la trasformazione ha effetto è determinata dalla legge applicabile alla società risultante dalla trasformazione. La società italiana sottoposta a trasformazione è cancellata dal registro delle imprese quando l'ufficio competente ha provveduto all'iscrizione della società risultante dalla trasformazione, a condizione che si sia provveduto al deposito di cui all'articolo 14, comma 1. Fatte salve altre modalità di trasmissione, nelle trasformazioni transfrontaliere, la comunicazione di avvenuta iscrizione della società risultante dalla trasformazione avviene tramite il BRIS.

2. La trasformazione transfrontaliera in una società regolata dalla legge italiana ha effetto dalla data di iscrizione dell'atto costitutivo nel registro delle imprese del luogo ove ha sede la società risultante dalla trasformazione. Il progetto può stabilire una data successiva.

3. La società risultante dalla trasformazione conserva i diritti e gli obblighi e prosegue in tutti i rapporti anche processuali della società che ha effettuato la trasformazione.

16. Partecipazione dei lavoratori. – 1. Quando la società sottoposta a trasformazione transfrontaliera applica un regime di partecipazione dei lavoratori o ha avuto nei sei mesi precedenti la pubblicazione del progetto di trasformazione un numero medio di lavoratori pari ai quattro quinti del minimo richiesto per la sua attivazione, secondo la legge dello Stato membro dalla quale è regolata, la partecipazione dei lavoratori nella società italiana risultante dalla trasformazione e il loro coinvolgimento nella definizione dei relativi diritti sono disciplinati in base a procedure, criteri e modalità stabiliti negli accordi tra le parti stipulanti i contratti collettivi nazionali di lavoro applicati nella società stessa. In mancanza degli accordi di cui al primo periodo, il regime applicato prima della trasformazione continua ad applicarsi, in tutti i suoi elementi, alla società risultante dalla trasformazione, secondo le disposizioni di riferimento previste dall'allegato I, parte terza, del decreto legislativo n. 188 del 2005. La società comunica immediatamente ai lavoratori o ai loro rappresentanti l'esito dei negoziati.

2. Se la società, anteriormente alla trasformazione, applica un regime di partecipazione dei lavoratori, tale regime continua ad applicarsi durante i negoziati e fino alla data di entrata in vigore degli accordi o all'eventuale applicazione delle disposizioni di riferimento.

3. I negoziati iniziano subito dopo la costituzione della delegazione speciale di negoziazione e possono proseguire nei sei mesi successivi, prorogabili dalle parti, di comune accordo, per ulteriori sei mesi. Per quanto non previsto dal presente articolo, ai negoziati si applicano i seguenti articoli del decreto legislativo n. 188 del 2005:

a) articolo 3, commi 1, 2, lettere a), numero 1), b) e c), e commi 3, 4, primo e secondo periodo, 6 e 11;

b) articolo 4, commi 1, 2, lettere a), g) e h), 3 e 4;

c) articoli 6, 8, 10 e 12.

4. A seguito dei negoziati, le disposizioni di riferimento di cui al comma 1 si applicano se le parti hanno concordato nel corso dei negoziati di avvalersi di tali disposizioni oppure non è stato raggiunto un accordo entro il termine previsto e l'organo amministrativo della società sottoposta a trasformazione accetta l'applicazione di tali disposizioni.

5. Resta fermo il comma 2 dell'allegato I, parte terza, del decreto legislativo n. 188 del 2005. Si applica l'articolo 11

del decreto legislativo n. 188 del 2005 e l'articolo 12, paragrafi 2 e 4, del regolamento (CE) n. 2157/2001 del Consiglio, dell'8 ottobre 2021.

6. Quando in seguito ai negoziati preliminari si applicano le disposizioni di riferimento per la partecipazione dei lavoratori di cui al comma 1, può essere apposto un limite massimo alla quota di rappresentanti dei lavoratori nel consiglio di amministrazione o di vigilanza della società italiana risultante dalla trasformazione. La quota indicata nel primo periodo non può essere inferiore a un terzo, se nella società sottoposta a trasformazione i rappresentanti dei lavoratori costituiscono almeno un terzo dei membri dell'organo di amministrazione o di vigilanza.

7. La società italiana risultante dalla trasformazione tenuta, ai sensi delle disposizioni di cui al comma 1, ad applicare un regime di partecipazione dei lavoratori, assume una forma giuridica che consente l'esercizio dei diritti di partecipazione.

8. La società di cui al comma 7 garantisce la tutela dei diritti di partecipazione dei lavoratori in caso di nuove operazioni di trasformazione, fusione e scissione nazionali, internazionali o transfrontaliere effettuate nei quattro anni successivi alla data di efficacia della trasformazione transfrontaliera, in conformità alle disposizioni di cui al presente articolo ove compatibili.

Capo III
Fusione

17. Definizioni. – 1. Al fini del presente capo si intendono per:

a) «fusione»: l'operazione di cui all'articolo 2501, primo comma, del codice civile, con esclusione dei trasferimenti di parte dell'azienda;

b) «società risultante dalla fusione»: la società incorporante o, nel caso di fusione mediante costituzione di nuova società, la società di nuova costituzione;

c) «società partecipante alla fusione»: la società incorporante, la società incorporata o, nel caso di fusione mediante costituzione di nuova società, la società che prende parte alla fusione.

18. Norme applicabili alla fusione. – 1. Salvo che non sia diversamente disposto dal presente decreto, alla società italiana partecipante alla fusione transfrontaliera si applica il titolo V, capo X, sezione II, del libro V del codice civile.

2. Fermo restando quanto disposto dall'articolo 32, in caso di conflitto con le norme applicabili alle società di altro Stato membro partecipanti alla fusione transfrontaliera sugli adempimenti successivi al rilascio del certificato preliminare, è data prevalenza alla legge applicabile alla società risultante dalla fusione medesima.

3. L'articolo 2501-bis del codice civile non trova applicazione se la società partecipante alla fusione il cui controllo è oggetto di acquisizione non è una società italiana.

4. Resta altresì salvo quanto previsto dal regolamento (CE) n. 2157/2001 del Consiglio, dell'8 ottobre 2001, in materia di costituzione di una società europea per fusione e quanto previsto dal regolamento (CE) n. 1435/2003 del Consiglio, del 22 luglio 2003, in materia di costituzione di una società cooperativa europea per fusione.

19. Progetto di fusione. – 1. Il progetto comune di fusione transfrontaliera comprende le informazioni di cui all'articolo 2501-ter, primo comma, del codice civile. Da esso devono altresì risultare:

a) il tipo, la denominazione, e la sede nonché la legge regolatrice della società risultante dalla fusione e di ciascuna delle società partecipanti;

b) ogni modalità particolare relativa al diritto di partecipazione agli utili;

c) i diritti accordati dalla società risultante dalla fusione ai soci titolari di diritti speciali o ai possessori di titoli diversi dalle quote rappresentative del capitale sociale o le misure proposte nei loro confronti;

d) i vantaggi eventualmente attribuiti a favore dei membri degli organi di controllo delle società partecipanti alla fusione;

e) quando ne ricorrono i presupposti, le informazioni sulle procedure di coinvolgimento dei lavoratori nella definizione dei loro diritti di partecipazione nella società risultante dalla fusione e le alternative possibili;

f) le probabili ripercussioni della fusione sull'occupazione;

g) le informazioni sulla valutazione degli elementi patrimoniali attivi e passivi che sono trasferiti alla società risultante dalla fusione;

h) la data cui si riferisce la situazione patrimoniale o il bilancio di ciascuna delle società partecipanti alla fusione utilizzati per definire le condizioni della fusione;

i) ove necessario, le ulteriori informazioni la cui inclusione nel progetto comune è prevista dalla legge applicabile alle società partecipanti alla fusione;

l) la data di efficacia della fusione o i criteri per la sua determinazione;

m) i dati sulla liquidazione in denaro offerta ai soci per il caso di recesso, a norma dell'articolo 25 e l'indicazione del domicilio digitale presso il quale la società riceve le eventuali comunicazioni di recesso;

n) eventuali garanzie o impegni offerti ai creditori;

o) il calendario proposto a titolo indicativo per l'operazione.

2. Quando dalla fusione risulta una società regolata dalla legge di un altro Stato, il progetto deve altresì indicare se la società italiana ha ricevuto, nei cinque anni anteriori alla pubblicazione del progetto, benefici pubblici o benefici pubblici localizzati precisandone, in caso positivo, l'entità e i soggetti che li hanno erogati. Sono inoltre indicati i procedimenti di revoca o decadenza dai benefici avviati, o i provvedimenti di revoca o decadenza adottati entro la data di cui al primo periodo e le somme da restituire, comprendenti le garanzie escusse e le sanzioni. In caso di fusione internazionale, i benefici pubblici localizzati indicati nel progetto sono quelli ricevuti nei dieci anni anteriori alla sua pubblicazione. L'indicazione di cui al primo periodo è inserita anche se negativa.

3. Il conguaglio in danaro di cui all'articolo 2501-ter, primo comma, numero 3), del codice civile, non può essere superiore al dieci per cento del valore nominale delle azioni o delle quote assegnate o, in mancanza di valore nominale, della loro parità contabile, salvo che la legge applicabile ad almeno una delle società partecipanti alla fusione o la legge applicabile alla società risultante dalla fusione consenta il conguaglio in danaro in misura superiore.

20. Pubblicità. – 1. Il progetto di fusione transfrontaliera è depositato per l'iscrizione nel registro delle imprese del luogo ove hanno sede le società partecipanti alla fusione, almeno trenta giorni prima della data fissata per la decisione, insieme con un avviso ai soci, creditori e rappresentanti dei lavoratori o, in loro mancanza, ai lavoratori stessi, che li informa della facoltà e delle modalità di presentazione di osservazioni al progetto fino a cinque giorni prima della data dell'assemblea. Gli amministratori riferiscono all'assemblea delle osservazioni pervenute.

2. In alternativa al deposito presso il registro delle imprese il progetto di fusione transfrontaliera e l'avviso sono pubblicati e messi a disposizione, senza oneri, nel sito Internet della società durante i trenta giorni che precedono l'assemblea e, nel caso di approvazione del progetto, fino a fusione avvenu-

ta. La pubblicazione avviene con modalità atte a garantire la sicurezza del sito medesimo, l'autenticità dei documenti e la certezza della data di pubblicazione.

3. La società che si avvale della pubblicazione sul sito Internet deposita per l'iscrizione nel registro delle imprese, nel medesimo termine di cui al comma 1, una nota informativa che indica:

a) per ciascuna società partecipante alla fusione e per l'eventuale società di nuova costituzione, il tipo, la denominazione e la sede;

b) il registro delle imprese presso cui sono iscritte le società partecipanti alla fusione e il relativo numero di iscrizione;

c) per ciascuna società partecipante alla fusione, l'indicazione delle modalità di esercizio dei diritti da parte di creditori, dei lavoratori e dei soci;

d) il sito Internet nel quale sono accessibili per via telematica gratuitamente il progetto di fusione transfrontaliera, l'avviso di cui al comma 1 e informazioni esaurienti sulle modalità previste dalla lettera c).

4. Il registro delle imprese rende accessibili al pubblico, senza oneri, tramite il BRIS, il progetto di fusione transfrontaliera, l'avviso di cui al comma 1, la nota informativa di cui al comma 3 e ogni altro documento depositato ai sensi del presente articolo.

5. I diritti applicati alla società per la pubblicità nel registro delle imprese, prevista dal presente articolo, non eccedono i relativi costi amministrativi, includendosi in questi i costi di sviluppo e di mantenimento del registro delle imprese.

21. Relazione dell'organo amministrativo. – 1. L'organo amministrativo di ciascuna delle società che partecipano alla fusione redige una relazione destinata ai soci e ai lavoratori nella quale illustra e giustifica gli aspetti giuridici ed economici della fusione transfrontaliera e illustra le implicazioni della fusione transfrontaliera per i lavoratori e per l'attività futura della società. L'organo amministrativo può redigere una relazione unica o due separate per soci e lavoratori.

2. La relazione destinata ai soci illustra e giustifica, sotto il profilo giuridico ed economico, il progetto di fusione e, in particolare, il valore di liquidazione delle azioni o quote per il caso di recesso, il rapporto di cambio e i criteri utilizzati per determinarli nonché segnala le eventuali difficoltà di valutazione insorte. La relazione indica, altresì, i diritti e le tutele di cui i soci dispongono ai sensi degli articoli 25 e 26. La relazione non è richiesta se vi rinunciano all'unanimità i soci e i possessori di altri strumenti finanziari che attribuiscono il diritto di voto della società italiana partecipante alla fusione.

3. Nella relazione destinata ai lavoratori sono illustrati l'impatto giuridico ed economico della fusione sui rapporti di lavoro ed eventuali modifiche sostanziali alle condizioni di lavoro o all'ubicazione delle attività e sono indicate le misure eventualmente previste per la salvaguardia dell'occupazione e le ricadute dell'operazione su eventuali società controllate.

4. Quando dalla fusione risulta una società regolata dalla legge di altro Stato, la relazione dell'organo amministrativo destinata ai soci e ai dipendenti illustra le informazioni indicate nel progetto ai sensi dell'articolo 19, comma 2.

5. La relazione non è necessaria quando la società partecipante alla fusione e le sue eventuali controllate hanno come unici dipendenti i membri dell'organo amministrativo.

6. Gli amministratori riferiscono all'assemblea del parere espresso dai rappresentanti dei lavoratori o, in loro assenza, dai lavoratori stessi. Se il parere di cui al primo periodo è ricevuto almeno cinque giorni prima dell'assemblea, è allegato alla relazione e messo a disposizione nelle medesime forme.

22. Relazione degli esperti. – 1. La relazione di cui all'articolo 2501-sexies del codice civile è redatta da uno o più esperti scelti fra i soggetti di cui all'articolo 2409-bis, primo comma, del codice civile. Se la società italiana partecipante alla fusione transfrontaliera è ammessa alla negoziazione in mercati regolamentati, l'esperto è scelto fra le società di revisione sottoposte alla vigilanza della Commissione nazionale per le società e la borsa.

2. Se la società risultante dalla fusione transfrontaliera è una società per azioni o in accomandita per azioni, o una società di altro Stato membro di tipo equivalente, l'esperto o gli esperti di cui al comma 1 sono designati dal tribunale del luogo in cui ha sede la società italiana partecipante alla fusione transfrontaliera.

3. La relazione di cui all'articolo 2501-sexies del codice civile può essere redatta per tutte le società partecipanti alla fusione transfrontaliera da uno o più esperti indipendenti designati, su richiesta congiunta di tali società, o abilitati, da una autorità amministrativa o giudiziaria in conformità della legge applicabile ad una delle società partecipanti alla fusione transfrontaliera o alla società risultante dalla fusione medesima. L'autorità italiana competente alla designazione è il tribunale del luogo in cui ha sede la società italiana partecipante alla fusione transfrontaliera o risultante dalla stessa. La relazione unica contiene le eventuali ulteriori informazioni richieste dalla legge applicabile alle società partecipanti alla fusione transfrontaliera.

4. La relazione di cui all'articolo 2501-sexies del codice civile contiene anche un parere sulla congruità del valore di liquidazione, indicato nel progetto, per il caso di recesso, considerando i criteri di stima indicati nell'articolo 25, comma 5, e indicando:

a) il metodo o i metodi seguiti per la determinazione del valore di liquidazione e i valori risultanti dall'applicazione di ciascuno di tali metodi;

b) le eventuali difficoltà di valutazione.

5. La relazione deve contenere, inoltre, un parere sull'adeguatezza del metodo o dei metodi seguiti per la determinazione del valore di liquidazione e sull'importanza relativa attribuita a ciascuno di essi nella determinazione del valore adottato.

6. Se dalla fusione risulta una società di capitali italiana e alla fusione partecipa una società di altro Stato membro non soggetta alle regole di formazione del capitale di cui al titolo I capo IV della direttiva (UE) 2017/1132 del Parlamento europeo e del Consiglio, del 14 giugno 2017, o a regole equivalenti, si applica l'articolo 2501-sexies, settimo comma, del codice civile.

23. Termini e deposito di atti. – 1. La relazione dell'organo amministrativo è depositata in copia presso la sede della società e messa a disposizione in forma elettronica. La stessa è a disposizione dei soci durante i quarantacinque giorni che precedono la decisione in ordine alla fusione ed è inviata almeno quarantacinque giorni prima della decisione ai rappresentanti dei lavoratori, o ai lavoratori stessi in mancanza di rappresentanti. Il progetto di fusione, una volta redatto, è reso disponibile con le stesse modalità.

2. La relazione degli esperti e gli altri atti previsti dall'articolo 2501-septies del codice civile restano a disposizione dei soci, durante i trenta giorni che precedono la decisione in ordine alla fusione.

3. Per le modalità di consultazione e rilascio di copia delle relazioni e degli atti si applica l'articolo 2501-septies, secondo comma, del codice civile.

24. Decisione. – 1. Per la regolare costituzione dell'assemblea si osservano le disposizioni di legge previste per la modificazione dell'atto costitutivo. La decisione è presa con la maggioranza dei due terzi del capitale rappresentato in assemblea e, nelle società a responsabilità limitata, la decisione è presa anche con il voto favorevole di una maggioranza che rappresenti almeno la metà del capitale sociale.

2. Lo statuto può richiedere una maggioranza più elevata, purché non superiore ai nove decimi del capitale sociale. In nessun caso la maggioranza richiesta per l'approvazione di un'operazione di trasformazione o di scissione è superiore a quella prevista per la fusione. Il primo e il secondo periodo non si applicano alle decisioni sulle fusioni transfrontaliere adottate dalle società di cui all'articolo 1, comma 1, lettera b).

3. Per l'approvazione del progetto è richiesto il consenso di ciascun socio che, con l'operazione, assume maggiori obblighi economici nei confronti di altri soci o della società o assume responsabilità illimitata nei confronti di terzi.

4. L'efficacia della delibera di approvazione del progetto comune di fusione transfrontaliera può essere subordinata all'approvazione con successiva delibera da parte dell'assemblea delle modalità di partecipazione dei lavoratori nella società risultante dalla fusione.

5. Si applica l'articolo 2502, secondo comma, del codice civile a condizione che tutte le società partecipanti alla fusione deliberino le medesime modifiche.

6. L'incongruità del rapporto di cambio o del valore di liquidazione o la non correttezza delle relative informazioni contenute nelle relazioni di cui agli articoli 21 e 22 non costituisce motivo sufficiente per la sospensione dell'efficacia o l'annullamento della decisione.

7. Per la regolare costituzione degli organi competenti e per la decisione sulla fusione adottata dagli enti di cui all'articolo 1, comma 1, lettera e), si osservano le disposizioni di legge previste per la modificazione dell'atto costitutivo.

25. Recesso. 1. Quando dalla fusione transfrontaliera risulta una società di altro Stato membro, i soci che non hanno concorso all'approvazione del progetto di fusione, ferme restando le altre cause di recesso previste dalla legge o dallo statuto, hanno diritto di recedere dalla società italiana che partecipa alla fusione in conformità al presente articolo. Quando la società risultante dalla fusione è italiana, i soci della società italiana che partecipa alla fusione hanno diritto di recedere in conformità a quanto previsto dal codice civile, ferma restando l'applicazione dei commi 2 e 3 e degli articoli 19, comma 1, lettera m), e 21, comma 2.

2. I soci che hanno partecipato all'assemblea che ha adottato la delibera di cui all'articolo 24 possono esercitare il diritto di recesso entro quindici giorni dall'iscrizione della delibera nel registro delle imprese e comunque non oltre trenta giorni dalla sua adozione. I soci assenti e i soci privi del diritto di voto nell'assemblea che ha approvato il progetto di fusione possono esercitare il diritto di recesso entro quindici giorni dall'iscrizione della delibera nel registro delle imprese.

3. La dichiarazione di recesso contiene le indicazioni di cui all'articolo 2437-bis del codice civile e, a pena di decadenza, l'eventuale contestazione del valore indicato nel progetto di fusione. Il diritto di recesso è esercitato mediante lettera raccomandata oppure mediante documento informatico sottoscritto con la firma digitale prevista dal decreto legislativo 7 marzo 2005, n. 82, o con altro tipo di firma elettronica qualificata ai sensi del regolamento (UE) 910/2014 del Parlamento europeo e del Consiglio, del 23 luglio 2014, e trasmesso al domicilio digitale indicato nel progetto ai sensi dell'articolo 19, comma 1, lettera m).

4. Alla liquidazione delle azioni o quote dei soci recedenti si applicano gli articoli 2437-quater e 2473, quarto comma, del codice civile, con le seguenti eccezioni:

a) l'offerta in opzione ai soci e l'eventuale collocamento presso terzi avvengono al valore fissato nel progetto di fusione;

b) nella società per azioni, l'offerta di opzione è depositata presso il registro delle imprese entro quindici giorni dalla scadenza dei termini per il recesso;

c) in caso di assenza di utili o riserve disponibili nel patrimonio della società incorporata, resta fermo l'obbligo della società di liquidare il socio recedente e non è pregiudicata l'attuazione della fusione, fatti salvi l'opposizione dei creditori prevista dall'articolo 2503 del codice civile e, ove applicabile, il rispetto dei requisiti di capitale da parte della società risultante dalla fusione;

d) la liquidazione avviene non oltre sessanta giorni dalla data in cui la fusione ha avuto effetto.

5. Il valore di liquidazione è determinato dagli amministratori, sentito il parere dell'organo di controllo o del soggetto incaricato della revisione, se presente, tenuto conto della consistenza patrimoniale della società e delle sue prospettive reddituali, nonché dell'eventuale valore di mercato delle azioni o quote. Si osservano le disposizioni di cui all'articolo 2437-ter, terzo e quarto comma, del codice civile.

6. In caso di contestazione del valore di liquidazione da parte di uno o più soci, da effettuarsi nella dichiarazione di recesso, tale valore è determinato tramite relazione giurata di un esperto nominato dal tribunale. L'istanza di nomina dell'esperto è presentata entro trenta giorni dall'iscrizione della delibera di fusione nel registro delle imprese al tribunale ove la società partecipante ha sede. Per le società di cui all'articolo 3 del decreto legislativo 27 giugno 2003, n. 168, è competente la sezione specializzata in materia di impresa del tribunale individuato a norma dell'articolo 4, comma 1, dello stesso decreto legislativo n. 168 del 2003. Il tribunale assegna all'esperto un termine fino a sessanta giorni dalla nomina, prorogabile per gravi motivi di ulteriori sessanta giorni, per la determinazione del valore di liquidazione. In caso di eccezionale difficoltà di valutazione, i termini di cui al quarto periodo possono essere raddoppiati. Il tribunale regola le spese di lite secondo i criteri di cui agli articoli 91 e seguenti del codice di procedura civile e, se richiesto, provvede alla liquidazione del compenso dell'esperto. La determinazione del valore ha efficacia nei confronti della società e di tutti i soci recedenti che lo hanno contestato e può essere impugnata soltanto nei casi previsti dall'articolo 1349, primo comma, del codice civile. Quando dalla determinazione dell'esperto risulta un valore superiore a quello indicato nel progetto, la differenza è corrisposta entro sessanta giorni dal deposito della relazione dell'esperto nella cancelleria del tribunale.

7. Se non è diversamente previsto nell'atto di trasferimento delle azioni o quote, il recedente conserva la qualità di socio sino alla data in cui la fusione diviene efficace.

26. Contestazione del rapporto di cambio. – 1. I soci che non hanno concorso alla deliberazione e sono pregiudicati dalla non congruità del rapporto di cambio, hanno diritto, subordinatamente all'efficacia della fusione e salvo che sia esercitato il diritto di recesso, al pagamento, da parte della società risultante dalla fusione, di un indennizzo pari alla differenza tra il valore che la partecipazione avrebbe avuto in base ad un rapporto di cambio congruamente determinato e il valore che la medesima partecipazione ha in base al rapporto di cambio fissato nel progetto, calcolati alla data di approvazione del progetto.

2. La domanda di determinazione dell'indennizzo è proposta, a pena di decadenza, nei confronti della società risultante dalla fusione entro novanta giorni dalla data in cui la fusione ha acquistato efficacia. La proposizione della domanda non impedisce l'iscrizione della fusione transfrontaliera.

3. L'esercizio dell'azione di cui al comma 2 non pregiudica l'esercizio, da parte dei soci, dell'azione risarcitoria nei confronti della società, degli amministratori o degli esperti indipendenti.

27. Disposizioni comuni sulle controversie relative al recesso e alla contestazione del rapporto di cambio. – 1. I diritti di cui agli articoli 25 e 26 sono disciplinati dalla legge dello Stato da cui è regolata la società partecipante alla fusione e le relative controversie, se non devolute ad arbitri, sono attribuite in via esclusiva alla giurisdizione di tale Stato, anche dopo che la fusione transfrontaliera ha avuto effetto.

2. In caso di fusione internazionale, fatte salve le convenzioni internazionali applicabili, sulle controversie di cui al comma 1 riguardanti una società italiana partecipante alla fusione, sussiste la giurisdizione italiana, anche dopo che la fusione ha avuto effetto, indipendentemente dalla sede e dalla legge regolatrice della società risultante dalla fusione.

3. La competenza appartiene al tribunale ove la società partecipante alla fusione ha sede. Relativamente alle società di cui all'articolo 3 del decreto legislativo 27 giugno 2003, n. 168, la competenza appartiene alla sezione specializzata in materia di impresa del tribunale, individuato a norma dell'articolo 4, comma 1, dello stesso decreto n. 168 del 2003.

28. Opposizione dei creditori. – 1. Il certificato preliminare alla fusione non può essere rilasciato prima di novanta giorni dal deposito per l'iscrizione nel registro delle imprese del progetto di fusione o della nota informativa prevista dall'articolo 20, comma 3. Il certificato può essere rilasciato prima del termine di novanta giorni quando risulta il consenso dei creditori della società anteriori all'iscrizione del progetto di fusione o il pagamento dei creditori che non hanno dato il consenso o il deposito delle somme corrispondenti presso una banca, salvo che la relazione di cui all'articolo 2501-sexies del codice civile sia redatta, per tutte le società partecipanti alla fusione, da un'unica società di revisione che asseveri, sotto la propria responsabilità ai sensi dello stesso articolo 2501-sexies, sesto comma, che la situazione patrimoniale e finanziaria delle società partecipanti alla fusione, considerato anche il mutamento di legge applicabile, rende non necessarie garanzie a tutela dei suddetti creditori.

2. Se non ricorre alcuna delle condizioni di cui al comma 1, i creditori anteriori all'iscrizione del progetto di fusione che temono di ricevere concreto pregiudizio dalla fusione, possono proporre opposizione nel suddetto termine di novanta giorni. Si applica l'articolo 2445, quarto comma, del codice civile.

3. Le garanzie prestate dalla società a norma del presente articolo sono subordinate all'efficacia della fusione.

29. Certificato preliminare. – 1. Su richiesta della società italiana partecipante alla fusione transfrontaliera, il notaio rilascia il certificato preliminare attestante il regolare adempimento, in conformità alla legge, degli atti e delle formalità preliminari alla realizzazione della fusione.

2. Alla richiesta sono allegati:

a) il progetto di fusione transfrontaliera;

b) la delibera dell'assemblea di approvazione del progetto;

c) le relazioni degli amministratori e degli esperti indipendenti, salvo che i soci vi abbiano rinunciato nei casi consentiti dalla legge, e, se pervenuto, il parere dei rappresentanti dei lavoratori;

d) le osservazioni di soci, lavoratori e creditori, se pervenute;

e) la dichiarazione sostitutiva dell'atto di notorietà, resa dalle società partecipanti alla fusione, attestante che, nei casi previsti dalla legge, la procedura di negoziazione è iniziata;

f) quando dalla fusione transfrontaliera risulta una società soggetta alla legge di altro Stato, le certificazioni relative ai debiti previsti dall'articolo 30, in quanto applicabile, rilasciate non oltre novanta giorni prima della richiesta, e il consenso della società ai sensi del regolamento (UE) 2016/679, del Parlamento europeo e del Consiglio, del 27 aprile 2016, e del Codice in materia di protezione dei dati personali, di cui al decreto legislativo 30 giugno 2003, n. 196, per l'acquisizione delle informazioni di cui all'articolo 5, comma 3;

g) la dichiarazione che le informazioni inserite nel progetto ai sensi dell'articolo 19, comma 2, e quelle risultanti dalle certificazioni previste dalla lettera f) non hanno subito modifiche o il relativo aggiornamento alla data di presentazione della richiesta;

h) la prova della costituzione delle garanzie o del pagamento dei debiti risultanti dalle certificazioni di cui alla lettera f);

i) le informazioni rilevanti, ai fini della fusione, che riguardano società controllanti, controllate o collegate ai sensi dell'articolo 2359 del codice civile.

3. Ai fini del rilascio del certificato preliminare, sulla base della documentazione, delle informazioni e delle dichiarazioni a sua disposizione, il notaio verifica:

a) l'avvenuta iscrizione presso il registro delle imprese della delibera di fusione transfrontaliera;

b) il decorso del termine per l'opposizione dei creditori oppure la realizzazione dei presupposti che consentono l'attuazione della fusione prima del decorso del termine, oppure, in caso di opposizione dei creditori, che il tribunale abbia provveduto ai sensi dell'articolo 2445, quarto comma, del codice civile;

c) se pertinente, che il progetto di fusione contenga le informazioni previste dall'articolo 19, comma 1, lettera e), e che sia stata resa la dichiarazione di cui al comma 2, lettera e), del presente articolo;

d) quando l'assemblea ha subordinato, ai sensi dell'articolo 24, comma 4, l'efficacia della delibera di approvazione del progetto comune di fusione transfrontaliera all'approvazione delle modalità di partecipazione dei lavoratori, che queste sono state da essa approvate;

e) l'assolvimento degli obblighi previsti dall'articolo 30, ove applicabile;

f) l'assenza, in base alle informazioni e ai documenti ricevuti o acquisiti, di condizioni ostative all'attuazione della fusione transfrontaliera relative alla società richiedente;

g) che, in base alle informazioni e ai documenti ricevuti o acquisiti, la fusione non sia effettuata per scopi manifestamente abusivi o fraudolenti, dai quali consegue la violazione o l'elusione di una norma imperativa del diritto dell'Unione o della legge italiana, e che non sia finalizzata alla commissione di reati secondo la legge italiana.

4. Il certificato preliminare è rilasciato dal notaio senza indugio e salve ragioni di eccezionale complessità, specificamente motivate, non oltre trenta giorni dal ricevimento della documentazione completa.

5. Se il notaio ritiene non adempiute le condizioni stabilite dalla legge o non osservate formalità necessarie per la realizzazione della fusione, comunica senza indugio agli amministratori della società richiedente i motivi ostativi al rilascio del certificato e assegna alla società un termine per sanare tali mancanze, se ritiene che le stesse possano essere sanate. In ogni caso, entro il termine di dieci giorni dalla comunicazione, la società può presentare per iscritto le proprie osservazioni. Se non è possibile sanare tali mancanze o la società non provvede nel termine concessole, o in quello eventualmente prorogato per gravi motivi, o rinuncia ad avvalersi del termine, il notaio comunica agli amministratori della società il rifiuto di rilascio del certificato preliminare, indicandone i motivi anche rispetto alle osservazioni ricevute.

6. Nei trenta giorni successivi alla comunicazione del rifiuto di cui al comma 5 o alla decorrenza del termine di cui al comma 4 senza che il notaio abbia rilasciato il certificato preliminare, gli amministratori possono domandare il rilascio del certificato mediante ricorso, a norma degli articoli 737 e seguenti del codice di procedura civile, al tribunale del luogo ove la società partecipante ha sede. Per le società di cui all'articolo 3 del decreto legislativo 27 giugno 2003, n. 168, è competente la sezione specializzata in materia di impresa del tribunale individuato a norma dell'articolo 4, comma 1, dello stesso decreto.

7. Il tribunale, verificato l'adempimento delle condizioni richieste dalla legge e sentito il pubblico ministero, rilascia con decreto il certificato preliminare. Se ritiene non adempiute le formalità previste dalla legge o non osservate formalità necessarie per la realizzazione della fusione, il tribunale procede ai sensi del comma 5, primo periodo.

8. Il certificato preliminare rilasciato ai sensi del comma 4 o del comma 7 è depositato per l'iscrizione nel registro delle imprese, a cura dell'organo amministrativo della società, e reso disponibile tramite il BRIS. Fatte salve altre possibili modalità di trasmissione, l'autorità competente di cui all'articolo 33, comma 4, acquisisce senza oneri dal registro delle imprese, tramite il BRIS, il certificato preliminare.

9. Il rifiuto del rilascio del certificato preliminare ai sensi del comma 5 e il dispositivo del provvedimento di rigetto del ricorso proposto ai sensi del comma 6 sono iscritti senza indugio a cura dell'organo amministrativo della società nel registro delle imprese.

30. Certificato preliminare in caso di debiti e benefici pubblici. – 1. Quando dalla fusione transfrontaliera risulta una società soggetta alla legge di altro Stato, la società italiana che partecipa alla fusione, con la richiesta del certificato preliminare, è tenuta a dimostrare, mediante le pertinenti certificazioni, di non avere debiti nei confronti di amministrazioni o enti pubblici o di averli soddisfatti o garantiti in conformità all'articolo 31. Sono rilevanti, ai fini dell'applicazione del primo periodo:

a) debiti tributari, contributi previdenziali o premi assicurativi, rispettivamente certificati dall'Agenzia delle entrate, dall'INPS e dall'INAIL e dell'agente della riscossione, anche non definitivamente accertati;

b) sanzioni amministrative pecuniarie dipendenti da reato, applicate con sentenza o decreto irrevocabile, ai sensi del decreto legislativo 8 giugno 2001, n. 231, certificate dall'Ufficio centrale presso il Ministero della Giustizia, secondo le risultanze dell'anagrafe prevista dall'articolo 2, comma 1, lettera c), del Testo unico delle disposizioni legislative e regolamentari in materia di casellario giudiziale, di casellario giudiziale europeo, di anagrafe delle sanzioni amministrative dipendenti da reato e dei relativi carichi pendenti di cui al decreto del Presidente della Repubblica 14 novembre 2002, n. 313;

c) debiti, anche nei confronti di società a controllo pubblico, come definite dall'articolo 2, comma 1, lettera m), del decreto legislativo 19 agosto 2016, n. 175, per la restituzione di benefici pubblici non localizzati quando è stato adottato il provvedimento di revoca o decadenza del beneficio o avviato il relativo procedimento o escussa la garanzia da parte del creditore;

d) debiti per la restituzione di benefici pubblici localizzati, quando l'amministrazione o l'ente creditore ha adottato un provvedimento di decadenza dal beneficio o avviato il relativo procedimento o quando la società partecipante alla fusione, che ha ricevuto il beneficio, o altra società che sia con essa in relazione di controllo o collegata ai sensi dell'articolo 2359 del codice civile, ha comunicato l'intenzione di chiudere il sito beneficiato e cessare definitivamente o ridimensionare l'attività con la riduzione del personale ai sensi dell'articolo 1, commi 224 e seguenti, della legge 30 dicembre 2021, n. 234;

e) debiti aventi a oggetto la restituzione di aiuti di Stato incompatibili con il diritto dell'Unione, dei quali la Commissione europea ha ordinato il recupero, secondo le risultanze dell'elenco previsto dall'articolo 52, comma 2, lettera d), della legge 24 dicembre 2012, n. 234.

2. In deroga a quanto previsto dal comma 1, primo periodo, la società di capitali italiana che partecipa alla fusione è tenuta a soddisfare o garantire i debiti di cui allo stesso comma 1, secondo periodo, lettere a), b) e c), quando ricorre almeno una delle seguenti condizioni:

a) nella relazione allegata a uno dei bilanci relativi ai tre esercizi anteriori alla data di pubblicazione del progetto di fusione, e depositati nel registro delle imprese, il soggetto incaricato della revisione legale dei conti evidenzia dubbi significativi sulla capacità della società di mantenere la continuità aziendale;

b) la società si trova in stato di liquidazione o ha revocato la liquidazione nei tre anni anteriori alla data di pubblicazione del progetto di fusione;

c) dalla situazione patrimoniale di cui all'articolo 2501-quater del codice civile o dall'ultimo bilancio di esercizio depositato prima della pubblicazione del progetto di fusione il patrimonio netto risulta negativo o inferiore al minimo legale salvo che la società, al momento della pubblicazione del progetto di fusione, abbia adottato i provvedimenti di cui agli articoli 2447 e 2482-ter del codice civile o che la legge consenta di posticiparne l'adozione;

d) nei tre esercizi anteriori alla pubblicazione del progetto di fusione, la società ha omesso il deposito di uno o più bilanci e, a tale fine, si considera omesso il deposito avvenuto con ritardo di oltre duecentoquaranta giorni dalla chiusura dell'esercizio.

3. Per la disamina della documentazione acquisita e per le verifiche richieste dal presente articolo, il notaio può chiedere la relazione giurata di un revisore legale o di una società di revisione iscritta nell'apposito registro, designato dal notaio stesso, avente i requisiti di indipendenza di cui all'articolo 5, comma 4.

4. Il presente articolo non si applica alle società regolate dal testo unico delle leggi in materia bancaria e creditizia di cui al decreto legislativo 1° settembre 1993, n. 385, dal testo unico delle disposizioni in materia di intermediazione finanziaria di cui al decreto legislativo 24 febbraio 1998, n. 58, dal decreto legislativo 7 settembre 2005, n. 209.

31. Modalità di costituzione e disciplina delle garanzie per i debiti e benefici pubblici. – 1. Le garanzie di cui all'articolo 30 sono costituite per un ammontare pari al centoquindici per cento del debito residuo mediante:

a) cauzione in denaro o titoli del debito pubblico garantiti dallo Stato al corso del giorno del deposito, costituiti in deposito o pegno a favore dell'ente creditore presso una banca;

b) fideiussione bancaria o assicurativa o rilasciata dagli intermediari iscritti nell'albo di cui all'articolo 106 del decreto legislativo n. 385 del 1993, che svolgono in via esclusiva o prevalente attività di rilascio di garanzie e che sono sottoposti a revisione contabile da parte di una società di revisione iscritta nell'albo previsto dall'articolo 161 del decreto legislativo n. 58 del 1998.

2. La fideiussione rilasciata ai sensi del comma 1, lettera b), contiene la rinuncia al beneficio della preventiva escussione del debitore principale, la rinuncia all'eccezione di cui all'articolo 1957 del codice civile e l'obbligo di adempiere entro quindici giorni, a semplice richiesta scritta dell'ente creditore.

3. La garanzia ha effetto subordinatamente all'efficacia della fusione ed è svincolata se il debito si estingue per qualsiasi causa o se l'atto o il provvedimento da cui il debito medesimo deriva è dichiarato nullo o annullato con decisione amministrativa o giurisdizionale definitiva. In caso di riduzione di almeno un quinto dell'ammontare del debito, la società debitrice o il garante ha diritto a chiedere la proporzionale riduzione dell'importo della garanzia.

4. L'attestato di avvenuta prestazione della garanzia, che l'ente creditore rilascia, a richiesta della società debitrice, costituisce prova del soddisfacimento della condizione per il rilascio del certificato preliminare.

32. Atto di fusione transfrontaliera. – 1. La fusione transfrontaliera risulta da atto pubblico.

2. Se la società risultante dalla fusione transfrontaliera è una società italiana il notaio redige l'atto pubblico di fusione di cui all'articolo 2504 del codice civile ed espleta il controllo di legalità di cui all'articolo 33.

3. Se la società risultante dalla fusione transfrontaliera è una società di altro Stato l'atto pubblico di fusione è redatto dall'autorità competente dello Stato la cui legge è applicabile alla società risultante dalla fusione ed è depositato presso il notaio ai fini di cui all'articolo 34, comma 2. Quando tale legge non prevede che la fusione transfrontaliera risulti da atto pubblico e nel caso di fusione internazionale, l'atto di fusione è redatto dal notaio.

33. Controllo di legalità della fusione transfrontaliera. – 1. Se la società risultante dalla fusione transfrontaliera è una società italiana, il notaio, entro trenta giorni dal ricevimento dei certificati preliminari e delle delibere di approvazione del progetto comune di fusione relativi a ciascuna delle società partecipanti, espleta il controllo di legalità sulla attuazione della fusione rilasciandone apposita attestazione. Fatte salve altre possibili modalità di trasmissione, il notaio incaricato del controllo di legalità acquisisce il certificato preliminare redatto dalla competente autorità, senza oneri, dal registro delle imprese, tramite il BRIS.

2. Ai fini del controllo di cui al comma 1, il notaio verifica che:

a) le società partecipanti alla fusione transfrontaliera abbiano approvato un identico progetto comune;

b) siano pervenuti i certificati preliminari alla fusione transfrontaliera relativi a ciascuna delle società partecipanti;

c) quando necessario, siano state stabilite le modalità di partecipazione dei lavoratori ai sensi dell'articolo 39.

3. Se il notaio ritiene non adempiute le condizioni stabilite dalla legge o omette il rilascio dell'attestazione, si osservano, in quanto compatibili, le disposizioni di cui all'articolo 29, commi 5, 6 e 7.

4. Se la società risultante dalla fusione transfrontaliera è una società di altro Stato membro il controllo di legalità di cui al comma 1 è espletato dall'autorità all'uopo designata da tale Stato.

34. Pubblicità. – 1. Se la società risultante dalla fusione transfrontaliera è italiana, entro trenta giorni, l'atto di fusione, unitamente all'attestazione di cui all'articolo 33, comma 1, e ai certificati preliminari, è depositato per l'iscrizione nel registro delle imprese dove ha sede ciascuna delle società italiane partecipanti e la società risultante dalla fusione. Il deposito relativo alla società risultante dalla fusione non può precedere quelli relativi alle altre società italiane partecipanti alla fusione.

2. Se la società risultante dalla fusione è una società di altro Stato membro, entro quarantacinque giorni dall'espletamento del controllo di cui all'articolo 33, comma 2, l'atto pubblico di fusione, unitamente all'attestazione dell'espletamento del suddetto controllo, è depositato per l'iscrizione nel registro delle imprese dove ha sede la società italiana partecipante alla fusione.

35. Efficacia della fusione transfrontaliera. – 1. Se la società risultante dalla fusione transfrontaliera è italiana, la fusione ha effetto dalla data di iscrizione dell'atto nel registro delle imprese del luogo ove ha sede tale società. Nella fusione mediante incorporazione può essere stabilita una data successiva.

2. Fatte salve altre modalità di trasmissione, l 'ufficio del registro delle imprese di cui al comma 1 comunica senza indugio, tramite il BRIS, al corrispondente registro delle imprese in cui è iscritta ciascuna società partecipante alla fusione che l'operazione ha acquistato efficacia, affinché provveda alla relativa cancellazione.

3. Quando la società risultante dalla fusione è una società di altro Stato membro, la data dalla quale la fusione ha effetto è determinata dalla legge applicabile a tale società.

4. Fatte salve altre modalità di trasmissione, nel caso di cui al comma 3, la società italiana partecipante alla fusione transfrontaliera è cancellata dal registro delle imprese a seguito della comunicazione, tramite il BRIS, da parte del registro delle imprese in cui è iscritta la società risultante dalla fusione, che la fusione ha acquistato efficacia, a condizione che si sia provveduto all'iscrizione di cui all'articolo 34, comma 2.

36. Effetti della fusione transfrontaliera. – 1. La fusione transfrontaliera produce gli effetti di cui all'articolo 2504-bis, primo comma, del codice civile.

2. La società italiana risultante dalla fusione adempie le formalità particolari eventualmente prescritte dalla legislazione applicabile alla società di altro Stato membro partecipante alla fusione per l'opponibilità a terzi del trasferimento di determinati beni, diritti e obbligazioni inclusi nel patrimonio di tale società.

37. Invalidità della fusione transfrontaliera. – 1. Non può essere pronunciata l'invalidità della fusione transfrontaliera quando ha acquistato efficacia ai sensi dell'articolo 35.

2. Resta salvo il diritto al risarcimento del danno spettante ai soci e ai terzi danneggiati dalla fusione.

38. Formalità semplificate. – 1. Quando una fusione transfrontaliera per incorporazione è realizzata da una società che detiene tutte le azioni, le quote o gli altri titoli che conferiscono diritti di voto nell'assemblea della società incorporata:

a) il progetto non contiene le informazioni di cui all'articolo 19, comma 1, lettere b) e m), e di cui all'articolo 2505, primo comma, del codice civile;

b) non è richiesta la relazione dell'organo amministrativo destinata ai soci e quella degli esperti indipendenti, salvo il caso di cui all'articolo 2501-bis del codice civile;

c) la relazione dell'organo amministrativo destinata ai lavoratori è richiesta per la sola società incorporante e contiene anche le informazioni relative alle ricadute dell'operazione sull'occupazione nella società incorporata;

d) il progetto di fusione può non essere approvato da parte dell'assemblea della società italiana incorporata;

e) con riguardo alla società italiana incorporante, si applica l'articolo 2505, secondo e terzo comma, del codice civile.

2. Il comma 1 si applica anche alla fusione transfrontaliera per incorporazione quando una sola persona detiene, direttamente o indirettamente, per il tramite di una o più società partecipanti alla fusione, tutte le azioni o quote sia della società incorporante, sia di quelle incorporate.

3. Quando le stesse persone detengono partecipazioni, nella medesima proporzione, in ciascuna delle società partecipanti alla fusione, non è richiesta la relazione dell'organo amministrativo destinata ai soci e la relazione degli esperti indipendenti e non si applicano l'articolo 2501-ter, primo comma, numeri 3, 4 e 5 del codice civile e l'articolo 19, comma 1, lettere b) e m), del presente decreto.

4. Quando una fusione per incorporazione è realizzata da una società che detiene almeno il novanta per cento ma non la totalità delle azioni, quote o altri titoli che conferiscono il diritto di voto nell'assemblea della società incorporata, la relazione dell'organo amministrativo destinata ai soci, la relazione degli esperti indipendenti e la situazione patrimoniale di cui all'articolo 2501-quater del codice civile sono richieste se previsto dalla legislazione nazionale cui è soggetta la società incorporante o la società incorporata.

5. Nel caso previsto dal comma 4, se il progetto di fusione concede agli altri soci il diritto di far acquistare le loro azioni o quote dalla società incorporante, il corrispettivo per la cessione, determinato con i criteri previsti per il recesso, è indicato nel progetto di fusione ed è oggetto di parere ai sensi

dell'articolo 22, comma 5. Si applicano, in quanto compatibili, gli articoli 25 e 27.

39. Partecipazione dei lavoratori. – 1. Quando almeno una delle società partecipanti alla fusione applica un regime di partecipazione dei lavoratori o ha avuto, nei sei mesi precedenti la pubblicazione del progetto comune di fusione, un numero medio di lavoratori pari ai quattro quinti del minimo richiesto per l'attivazione della partecipazione dei lavoratori, secondo la legislazione dello Stato membro dalla quale è regolata, la partecipazione dei lavoratori nella società italiana risultante dalla fusione transfrontaliera e il loro coinvolgimento nella definizione dei relativi diritti sono disciplinati in base a procedure, criteri e modalità stabiliti in accordi tra le parti stipulanti i contratti collettivi nazionali di lavoro applicati nella società stessa o, in mancanza di tali accordi, dalle disposizioni di riferimento previste dall'allegato I, parte terza, del decreto legislativo n. 188 del 2005, in quanto applicabili.

2. Se almeno una delle società partecipanti alla fusione applica un regime di partecipazione dei lavoratori, il consiglio di amministrazione o di gestione della società italiana partecipante alla fusione transfrontaliera e i competenti organi di direzione o amministrazione delle società di altro Stato membro partecipanti alla fusione transfrontaliera possono decidere di applicare, senza negoziati preliminari, le disposizioni di riferimento di cui al comma 1, a decorrere dalla data di efficacia della fusione transfrontaliera.

3. I negoziati iniziano subito dopo la costituzione della delegazione speciale di negoziazione e possono proseguire nei sei mesi successivi, prorogabili dalle parti, di comune accordo, per ulteriori sei mesi. Per quanto non previsto dal presente articolo, per la costituzione della delegazione speciale di negoziazione e ai negoziati si applicano i seguenti articoli del decreto legislativo n. 188 del 2005:

a) articolo 3, commi 1, 2, 3, 4, lettera a), 5, 6 e 11;
b) articolo 4, commi 1, 2, lettere a), g) e h), e 3;
c) articoli 6, 8, 10 e 12.

4. A seguito dei negoziati, le disposizioni di riferimento di cui al comma 1 si applicano:

a) se le parti hanno concordato nel corso dei negoziati di avvalersi di tali disposizioni oppure non è stato raggiunto un accordo entro il termine previsto e i competenti organi di ciascuna delle società partecipanti alla fusione accettano l'applicazione di tali disposizioni;

b) se una o più delle società partecipanti applica, anteriormente alla fusione, una o più forme di partecipazione che interessano, nell'insieme, almeno un terzo del numero complessivo dei lavoratori di tutte le società partecipanti;

c) se una o più delle società partecipanti applica forme di partecipazione che interessano meno di un terzo del numero complessivo dei lavoratori, a condizione che la delegazione speciale di negoziazione decida in tal senso.

5. Resta fermo il comma 2 dell'allegato I, parte terza, del decreto legislativo n. 188 del 2005. Si applicano l'articolo 7, comma 3, del decreto legislativo n. 188 del 2005 e l'articolo 12, paragrafi 2, 3 e 4, del regolamento (CE) n. 2157/2001 del Consiglio, dell'8 ottobre 2021.

6. Quando in seguito ai negoziati preliminari si applicano le disposizioni di riferimento per la partecipazione dei lavoratori di cui al comma 1, può essere apposto un limite massimo alla quota di rappresentanti dei lavoratori nel consiglio di amministrazione o di vigilanza della società italiana risultante dalla fusione transfrontaliera. La quota indicata nel primo periodo non può essere inferiore a un terzo se in una delle società partecipanti alla fusione transfrontaliera i rappresentanti dei lavoratori costituiscono almeno un terzo dei membri dell'organo di amministrazione o di vigilanza.

7. La società italiana risultante dalla fusione transfrontaliera tenuta, ai sensi delle disposizioni di cui al comma 1, ad applicare un regime di partecipazione dei lavoratori, assume una forma giuridica che consente l'esercizio dei diritti di partecipazione.

8. La società di cui al comma 7 garantisce la tutela dei diritti di partecipazione dei lavoratori in caso di nuove operazioni di trasformazione, fusione e scissione nazionali, internazionali o transfrontaliere, effettuate nei quattro anni successivi alla data di efficacia della fusione transfrontaliera, in conformità alle disposizioni del presente articolo, ove compatibili.

9. Nel caso previsto dal comma 2, la società comunica ai lavoratori o ai loro rappresentanti la propria determinazione di adottare le disposizioni di riferimento di cui al comma 1 o avviare i negoziati preliminari. In ogni caso, la società comunica immediatamente ai lavoratori o ai loro rappresentanti l'esito dei negoziati.

40. Informazione e consultazione dei lavoratori. – 1. I diritti di informazione e consultazione previsti dal decreto legislativo 6 febbraio 2007, n. 25, e dal decreto legislativo 22 giugno 2012, n. 113, in quanto applicabili alla società italiana partecipante alla fusione, sono esercitati secondo le modalità di cui al comma 2, ferme restando le condizioni dei contratti collettivi e degli accordi sindacali, nonché le eventuali prassi più favorevoli per i lavoratori.

2. La relazione dell'organo amministrativo destinata ai lavoratori è messa a disposizione dei rappresentanti dei lavoratori almeno quarantacinque giorni prima della data fissata per la convocazione dell'assemblea. Su richiesta scritta, comunicata almeno trenta giorni prima della data dell'assemblea, la società avvia, nei cinque giorni successivi, l'esame congiunto dell'operazione, che si intende esaurito qualora, decorsi venti giorni dal suo inizio, non sia stato raggiunto un accordo. La società comunica ai rappresentanti dei lavoratori risposta scritta e motivata al parere redatto dai rappresentanti dei lavoratori e alle richieste e osservazioni formulate durante l'esame congiunto, prima che l'assemblea abbia luogo. Gli amministratori procedono ai sensi dell'articolo 21, comma 6.

3. Restano fermi gli articoli 2112 del codice civile e 47 della legge 29 dicembre 1990 n. 428.

Capo IV
Scissione

41. Definizioni. – 1. Ai fini del presente capo si intendono per:

a) «scissione»: l'operazione di cui agli articoli 2506, primo comma, e 2506.1, primo comma, del codice civile;

b) «società partecipante alla scissione»: la società scissa e, se preesistente alla scissione, la società beneficiaria;

c) «società risultante dalla scissione»: la società beneficiaria.

42. Norme applicabili alla scissione. – 1. Salvo quanto espressamente disposto dal presente decreto, si applica alla società italiana partecipante alla scissione transfrontaliera il titolo V, capo X, sezione III del libro V del codice civile.

2. Si applicano alla scissione gli articoli 20, 21, 22, 23, 24, 25, 27, 28, 29, 30, 31, 36, 37, 38 e 40. Tutti i riferimenti alla fusione s'intendono riferiti anche alla scissione.

3. Alla scissione mediante scorporo non si applicano gli articoli 25, 27 e 45 e non sono richieste le relazioni di cui agli articoli 21 e 22.

4. Quando la scissione avviene mediante la costituzione di una o più nuove società e i criteri di attribuzione delle azioni o quote sono proporzionali, la relazione degli esperti è richiesta per i soli contenuti di cui all'articolo 22, commi 4, 5 e 6.

5. Nell'operazione di scissione mediante assegnazione a favore di una società preesistente in caso di conflitto con le norme applicabili alla società di altro Stato membro partecipante alla scissione rispetto gli adempimenti successivi al

rilascio del certificato preliminare, fermo restando quanto disposto dall'articolo 46, si applica l'articolo 18, comma 2.

6. Resta altresì salvo quanto previsto dal regolamento (CE) n. 2157/2001 del Consiglio, dell'8 ottobre 2001, in materia di costituzione di una società europea e quanto previsto dal regolamento (CE) n. 1435/2003 del Consiglio, del 22 luglio 2003, in materia di costituzione di una società cooperativa europea.

43. Progetto di scissione. – 1. Il progetto di scissione transfrontaliera comprende le informazioni di cui all'articolo 2506-bis, primo comma, del codice civile e di cui all'articolo 19 e indica i criteri di ripartizione degli elementi dell'attivo e del passivo non espressamente assegnati oppure sopravvenuti. Nella scissione mediante scorporo, il progetto non comprende le informazioni di cui all'articolo 19, comma 1, lettere b) e m), e comma 3.

2. Quando la destinazione di un elemento dell'attivo non è desumibile dal progetto, tale elemento è ripartito, in caso di assegnazione dell'intero patrimonio della società scissa, tra le società beneficiarie e, in caso di assegnazione parziale del patrimonio della società scissa, tra quest'ultima e le società beneficiarie. La ripartizione avviene in misura proporzionale alla quota del patrimonio netto assegnato a ciascuna società, così come valutato ai fini della determinazione del rapporto di cambio.

3. Quando la destinazione di un elemento del passivo non è desumibile dal progetto, di tale passività rispondono in solido, in caso di assegnazione dell'intero patrimonio, le società beneficiarie e, in caso di assegnazione parziale del patrimonio, la società scissa e le società beneficiarie. La responsabilità solidale è limitata al valore effettivo del patrimonio netto assegnato o mantenuto da ciascuna società.

4. Il progetto indica i criteri di distribuzione, tra i soci della società scissa, delle azioni o quote delle società beneficiarie ed eventualmente della società scissa. Si osservano le maggioranze previste dall'articolo 24, comma 1, anche nell'ipotesi disciplinata dall'articolo 2506, secondo comma, ultimo periodo, del codice civile.

5. Il conguaglio in danaro di cui all'articolo 2506, secondo comma, del codice civile non può essere superiore al dieci per cento del valore nominale delle azioni o delle quote assegnate o, in mancanza di valore nominale, della loro parità contabile, salvo che la legge applicabile alla società scissa o almeno a una delle società beneficiarie consenta il conguaglio in danaro in misura superiore.

44. Recesso e diritto di vendita. – 1. Quando il progetto di scissione transfrontaliera prevede l'attribuzione proporzionale ai soci di azioni o quote di una o più società di un altro Stato membro, i soci che non hanno concorso all'approvazione della scissione hanno diritto di recedere dalla società italiana scissa.

2. Le condizioni e le modalità di esercizio del diritto di recesso del socio da una società italiana partecipante alla scissione in qualità di beneficiaria, sono regolate dal codice civile e si applicano gli articoli 19, comma 1, lettera m), e 21, comma 2.

3. Quando la destinazione del debito verso il socio, per il caso di recesso, non è desumibile dal progetto, dopo che la scissione ha avuto efficacia si applica l'articolo 43, comma 3.

4. Quando il progetto prevede una attribuzione di azioni o quote ai soci non proporzionale alla partecipazione originaria, si applica l'articolo 2506-bis, quarto comma, secondo periodo, del codice civile.

5. Al diritto di vendita previsto dal comma 4 si applica l'articolo 25, commi 2, 3, 4, lettera d), 5, 6 e 7. La proposta di acquisto, allegata al progetto di scissione, è irrevocabile e obbliga il proponente a corrispondere al socio che esercita il diritto di vendita il corrispettivo fissato nel progetto e l'eventuale maggior valore determinato ai sensi dell'articolo 25, comma 6. Ciascuna società è responsabile in solido, ai sensi dell'articolo 2506-quater, terzo comma, del codice civile, dell'obbligo assunto dal proponente, fermo restando il diritto di rivalsa.

45. Contestazione dei criteri di assegnazione o del rapporto di cambio. – 1. Quando la scissione avviene mediante la costituzione di una o più nuove società e il progetto prevede una attribuzione delle partecipazioni ai soci non proporzionale alla loro quota di partecipazione originaria, i soci che non hanno concorso alla deliberazione e sono pregiudicati dalla non congruità del rapporto di cambio applicato hanno diritto, subordinatamente all'efficacia della scissione e salvo che sia esercitato il diritto di vendita, al pagamento di un indennizzo pari alla differenza, calcolata alla data di approvazione del progetto, tra il valore della partecipazione originaria e la somma dei valori delle partecipazioni mantenute o acquisite per effetto della scissione.

2. Risponde solidalmente dell'obbligo di corrispondere l'indennizzo ciascuna società, scissa o beneficiaria, a cui il progetto di scissione destina una frazione di patrimonio netto di valore effettivo superiore al valore della partecipazione detenuta nella società scissa dai soci assegnatari delle relative azioni o quote. A tale fine non sono calcolati la frazione di patrimonio netto e il valore della partecipazione riferibili ai soci pregiudicati dal rapporto di cambio.

3. La domanda di cui al comma 1 è proposta a pena di decadenza entro novanta giorni dalla data in cui la scissione ha acquistato efficacia. La proposizione della domanda non impedisce l'iscrizione della scissione. Quando beneficiaria della scissione è una società preesistente, per la contestazione del rapporto di cambio e per la liquidazione dell'indennizzo si applica l'articolo 26.

4. L'esercizio delle azioni di cui al presente articolo non pregiudica l'esercizio, da parte dei soci, dell'azione risarcitoria nei confronti della società, degli amministratori o degli esperti indipendenti.

46. Atto di scissione transfrontaliera. – 1. La scissione transfrontaliera risulta da atto pubblico.

2. Quando la scissa è una società italiana, il notaio redige l'atto pubblico di scissione di cui agli articoli 2504 e 2506-ter, quinto comma, del codice civile.

3. Quando beneficiaria della scissione è una società italiana, l'atto pubblico è redatto dall'autorità competente designata dalla legge applicabile alla società scissa ed è depositato presso il notaio ai fini di cui all'articolo 48, comma 2. Quando tale legge non prevede che la scissione transfrontaliera risulti da atto pubblico, il notaio provvede a redigerlo o riceve in deposito l'atto pubblico redatto dall'autorità competente designata dalla legge applicabile ad altra società beneficiaria. In ogni caso il notaio espleta il controllo di legalità di cui all'articolo 47.

4. Fermo restando quanto previsto al comma 2, quando beneficiaria della scissione è una società preesistente, l'atto pubblico di scissione può essere redatto a norma dell'articolo 32, commi 2 e 3.

47. Controllo di legalità della scissione transfrontaliera. – 1. Se beneficiaria della scissione è una società italiana, il notaio, entro trenta giorni dal ricevimento del certificato preliminare e della delibera di approvazione del progetto di scissione transfrontaliera, espleta il controllo di legalità sull'attuazione della scissione transfrontaliera, rilasciandone apposita attestazione. Fatte salve altre possibili modalità di trasmissione, il notaio incaricato del controllo di legalità acquisisce senza oneri il certificato preliminare, redatto dalla competente autorità, presso il registro delle imprese tramite il BRIS.

2. Ai fini del controllo di cui al comma 1, il notaio verifica che:

a) siano rispettati i requisiti per la costituzione e iscrizione nel registro delle imprese delle società di nuova costituzione regolate dalla legge italiana;

b) tutte le società partecipanti alla scissione abbiano approvato un identico progetto di scissione transfrontaliera;

c) sia pervenuto il certificato preliminare alla scissione transfrontaliera relativo alla società scissa e alle altre società eventualmente partecipanti alla scissione in qualità di beneficiarie;

d) quando necessario, siano state stabilite le modalità di partecipazione dei lavoratori ai sensi dell'articolo 50.

3. Se il notaio ritiene non adempiute le condizioni stabilite dalla legge o omette il rilascio dell'attestazione, si osservano, in quanto compatibili, le disposizioni di cui all'articolo 29, commi 5, 6 e 7.

4. Se beneficiaria della scissione è una società di altro Stato membro il controllo di legalità di cui al comma 1 è espletato dall'autorità all'uopo designata da tale Stato.

48. Pubblicità. – 1. Per la società italiana scissa, l'atto di scissione, unitamente alle attestazioni rilasciate ai sensi dell'articolo 47, è depositato per l'iscrizione nel registro delle imprese dove ha sede la società, entro trenta giorni dall'ultima attestazione. Se una o più tra le beneficiarie sono società italiane, il deposito relativo ad esse non può precedere quello relativo alla società scissa.

2. Per la società italiana beneficiaria della scissione, entro trenta giorni dal rilascio dell'attestazione di cui all'articolo 47, comma 1, l'atto pubblico di scissione, unitamente all'attestazione e al certificato preliminare, è depositato per l'iscrizione nel registro delle imprese del luogo dove la società ha sede. Fatte salve altre modalità di trasmissione, l'ufficio del registro delle imprese comunica senza indugio, tramite il BRIS, l'avvenuta iscrizione al corrispondente registro delle imprese in cui è iscritta la società scissa.

49. Efficacia della scissione transfrontaliera. – 1. La scissione transfrontaliera di una società italiana acquista efficacia quando l'ufficio del registro delle imprese in cui tale società è iscritta ha avuto notizia dell'iscrizione dell'atto di scissione nei registri delle imprese in cui sono iscritte le società beneficiarie, a condizione che si sia provveduto al deposito previsto dall'articolo 48, comma 1. Gli effetti della scissione decorrono dall'ultima di tali iscrizioni. Può essere stabilita una data di efficacia successiva, salvo che nel caso di scissione mediante costituzione di società nuove.

2. Fatte salve altre modalità di trasmissione, l'ufficio di cui al comma 1 comunica senza indugio, tramite il BRIS, al corrispondente ufficio del registro delle imprese in cui è iscritta ciascuna società beneficiaria che la scissione transfrontaliera ha acquistato efficacia, indicando la data dell'ultima iscrizione.

3. Se la scissione ha comportato l'assegnazione dell'intero patrimonio, dopo che la scissione ha acquistato efficacia, la società italiana scissa è cancellata dal registro delle imprese.

4. Quando la scissa è una società di altro Stato membro, la data dalla quale la scissione acquista efficacia è determinata dalla legge applicabile a tale società.

50. Partecipazione dei lavoratori. – 1. Quando la società scissa applica un regime di partecipazione dei lavoratori o ha avuto, nei sei mesi precedenti la pubblicazione del progetto di scissione, un numero medio di lavoratori pari ai quattro quinti del minimo richiesto per l'attivazione della partecipazione dei lavoratori, secondo la legislazione dello Stato membro da cui è regolata, la partecipazione dei lavoratori nella società italiana risultante dalla scissione e il loro coinvolgimento nella definizione dei relativi diritti sono disciplinati in base a procedure, criteri e modalità stabiliti in accordi tra le parti stipulanti i contratti collettivi nazionali di lavoro applicati nella società stessa. In mancanza di tali accordi, il regime applicato prima della scissione continua ad applicarsi, in tutti i suoi elementi, alla società risultante dalla scissione, secondo le disposizioni di riferimento previste dall'allegato I, parte terza del decreto legislativo n. 188 del 2005. La società comunica immediatamente ai lavoratori o ai loro rappresentanti l'esito dei negoziati.

2. Se, anteriormente alla scissione, la società applica un regime di partecipazione dei lavoratori, tale regime continua ad applicarsi durante i negoziati e fino alla data di entrata in vigore degli accordi o all'eventuale applicazione delle disposizioni di riferimento.

3. I negoziati iniziano subito dopo la costituzione della delegazione speciale di negoziazione e possono proseguire nei sei mesi successivi, prorogabili dalle parti, di comune accordo, per ulteriori sei mesi. Per quanto non previsto dal presente articolo, ai negoziati si applicano i seguenti articoli del decreto legislativo n. 188 del 2005:

a) articolo 3, commi 1 e 2, lettere a), numero 1, b) e c) e commi 3, 4, primo e secondo periodo, 6 e 11;

b) articolo 4, commi 1, 2, lettere a), g) e h), 3 e 4;

c) articoli 6, 8, 10 e 12.

4. A seguito dei negoziati, le disposizioni di riferimento di cui al comma 1 si applicano se le parti hanno concordato nel corso dei negoziati di avvalersi di tali disposizioni oppure non è stato raggiunto alcun accordo entro il termine previsto e l'organo amministrativo della società scissa decide di accettare l'applicazione di tali disposizioni.

5. Resta fermo il comma 2 dell'allegato I, parte terza del decreto legislativo n. 188 del 2005 e si applica l'articolo 11 del medesimo decreto legislativo n. 188 del 2005 e l'articolo 12, paragrafi 2 e 4, del regolamento (CE) n. 2157/2001 del Consiglio, dell'8 ottobre 2021.

6. Quando in seguito ai negoziati preliminari si applicano le disposizioni di riferimento per la partecipazione dei lavoratori di cui al comma 1, può essere apposto un limite massimo alla quota di rappresentanti dei lavoratori nel consiglio di amministrazione o di vigilanza della società italiana risultante dalla scissione. La quota indicata nel primo periodo non può essere inferiore a un terzo, se nella società scissa i rappresentanti dei lavoratori costituiscono almeno un terzo dei membri dell'organo di amministrazione o di vigilanza.

7. La società italiana risultante dalla scissione tenuta, ai sensi delle disposizioni di cui al comma 1, ad applicare un regime di partecipazione dei lavoratori, assume una forma giuridica che consente l'esercizio dei diritti di partecipazione.

8. La società di cui al comma 7 garantisce la tutela dei diritti di partecipazione dei lavoratori in caso di nuove operazioni di trasformazione, fusione e scissione nazionali, internazionali o transfrontaliere effettuate nei quattro anni successivi alla data di efficacia della scissione transfrontaliera, in conformità alle disposizioni del presente articolo, ove compatibili.

9. Quando la scissione avviene a favore di una società preesistente:

a) ai negoziati si applicano, in quanto compatibili, le disposizioni richiamate dall'articolo 39, comma 3;

b) la decisione deve essere assunta dai competenti organi delle società partecipanti alla scissione e si applicano, in quanto compatibili, l'articolo 39, comma 4, lettera b), primo periodo, considerando nel numero complessivo i soli lavoratori della società scissa di cui il progetto prevede l'attribuzione alla società beneficiaria preesistente, e l'articolo 7, comma 3, del decreto legislativo n. 188 del 2005.

Omissis.

Sezione XXII
PRIVACY

D.lg. 9 aprile 2003, n. 70

Attuazione della direttiva 2000/31/CE relativa a taluni aspetti giuridici dei servizi della società dell'informazione nel mercato interno, con particolare riferimento al commercio elettronico

1. Finalità. – 1. Il presente decreto è diretto a promuovere la libera circolazione dei servizi della società dell'informazione, fra i quali il commercio elettronico.

2. Non rientrano nel campo di applicazione del presente decreto:

a) i rapporti fra contribuente e amministrazione finanziaria connessi con l'applicazione, anche tramite concessionari, delle disposizioni in materia di tributi nonché la regolamentazione degli aspetti tributari dei servizi della società dell'informazione ed in particolare del commercio elettronico;

b) le questioni relative al diritto alla riservatezza, con riguardo al trattamento dei dati personali nel settore delle telecomunicazioni di cui alla legge 31 dicembre 1996, n. 675, e al decreto legislativo 13 maggio 1998, n. 171, e successive modificazioni;

c) le intese restrittive della concorrenza;

d) le prestazioni di servizi della società dell'informazione effettuate da soggetti stabiliti in Paesi non appartenenti allo spazio economico europeo;

e) le attività, dei notai o di altre professioni, nella misura in cui implicano un nesso diretto e specifico con l'esercizio dei pubblici poteri;

f) la rappresentanza e la difesa processuali;

g) i giochi d'azzardo, ove ammessi, che implicano una posta pecuniaria, i giochi di fortuna, compresi il lotto, le lotterie, le scommesse i concorsi pronostici e gli altri giochi come definiti dalla normativa vigente, nonché quelli nei quali l'elemento aleatorio è prevalente.

3. Sono fatte salve le disposizioni comunitarie e nazionali sulla tutela della salute pubblica e dei consumatori, sul regime autorizzatorio in ordine alle prestazioni di servizi investigativi o di vigilanza privata, nonché in materia di ordine pubblico e di sicurezza, di prevenzione del riciclaggio del denaro, del traffico illecito di stupefacenti, di commercio, importazione ed esportazione di armi, munizioni ed esplosivi e dei materiali d'armamento di cui alla legge 9 luglio 1990, n. 185.

2. Definizioni. – 1. Ai fini del presente decreto si intende per:

a) "servizi della società dell'informazione": le attività economiche svolte in linea –on line-, nonché i servizi definiti dall'articolo 1, comma 1, lettera b), della legge 21 giugno 1986, n. 317, e successive modificazioni;

b) "Prestatore": la persona fisica o giuridica che presta un servizio della società dell'informazione;

c) "prestatore stabilito": il prestatore che esercita effettivamente un'attività economica mediante una stabile organizzazione per un tempo indeterminato. La presenza e l'uso dei mezzi tecnici e delle tecnologie necessarie per prestare un servizio non costituiscono di per se uno stabilimento del prestatore;

d) "destinatario del servizio": il soggetto che, a scopi professionali e non, utilizza un servizio della società dell'informazione, in particolare per ricercare o rendere accessibili informazioni;

e) "consumatore": qualsiasi persona fisica che agisca con finalità non riferibili all'attività commerciale, imprenditoriale o professionale eventualmente svolta;

f) "comunicazioni commerciali": tutte le forme di comunicazione destinate, in modo diretto o indiretto, a promuovere beni, servizi o l'immagine di un'impresa, di un'organizzazione o di un soggetto che esercita un'attività agricola, commerciale, industriale, artigianale o una libera professione. Non sono di per se comunicazioni commerciali:

1) le informazioni che consentono un accesso diretto all'attività dell'impresa, del soggetto o dell'organizzazione, come un nome di dominio, o un indirizzo di posta elettronica;

2) le comunicazioni relative a beni, servizi o all'immagine di tale impresa, soggetto o organizzazione, elaborate in modo indipendente, in particolare senza alcun corrispettivo;

g) "professione regolamentata": professione riconosciuta ai sensi dell'articolo 2 del decreto legislativo 7 gennaio 1992, n. 115, ovvero ai sensi dell'articolo 2 del decreto legislativo 2 maggio 1994, n. 319;

h) "ambito regolamentato": le disposizioni applicabili ai prestatori di servizi o ai servizi della società dell'informazione, indipendentemente dal fatto che siano di carattere generale o loro specificamente destinate. L'ambito regolamentato riguarda le disposizioni che il prestatore deve soddisfare per quanto concerne:

1) l'accesso all'attività di servizi della società dell'informazione, quali le disposizioni riguardanti le qualifiche e i regimi di autorizzazione o di notifica;

2) l'esercizio dell'attività di un servizio della società dell'informazione, quali, ad esempio, le disposizioni riguardanti il comportamento del prestatore, la qualità o i contenuti del servizio, comprese le disposizioni applicabili alla pubblicità e ai contratti, ovvero alla responsabilità del prestatore.

2. L'ambito regolamentato comprende unicamente i requisiti riguardanti le attività in linea e non comprende i requisiti legali relativi a:

a) le merci in quanto tali, nonché le merci, i beni e i prodotti per le quali le disposizioni comunitarie o nazionali nelle materie di cui zateria bancaria, finanziaria, assicurativa e dei sistemi di pagamento e le competenze degli organi amministrativi e degli organi di polizia aventi funzioni di vigilanza e di controllo, compreso il controllo sulle reti informatiche di cui alla legge 31 luglio 1997, n. 249, e delle autorità indipendenti di settore.

3. Mercato Interno. – 1. I servizi della società dell'informazione forniti da un prestatore stabilito sul territorio italiano si conformano alle disposizioni nazionali applicabili nell'ambito regolamentato e alle norme del presente decreto.

2. Le disposizioni relative all'ambito regolamentato di cui all'articolo 2, comma 1, lettera h), non possono limitare la libera circolazione dei servizi della società dell'informazione provenienti da un prestatore stabilito in un altro Stato membro.

3. Alle controversie che riguardano il prestatore stabilito si applicano le disposizioni del regolamento CE n. 44/2001 del Consiglio, del 22 dicembre 2000, concernente la competenza giurisdizionale, il riconoscimento e l'esecuzione delle decisioni in materia civile e commerciale.

4. Deroghe all'articolo 3. – 1. Le disposizioni dei commi 1 e 2 dell'articolo 3, non si applicano nei seguenti casi:

a) diritti d'autore, diritti assimilati, diritti di cui alla legge 21 febbraio 1989, n. 70, e al decreto legislativo 6 maggio 1999, n. 169, nonché diritti di proprietà industriale;

b) emissione di moneta elettronica da parte di istituti per i quali gli Stati membri hanno applicato una delle deroghe di cui all'articolo 8, paragrafo l, della direttiva 2000/46/CE del Parlamento europeo e del Consiglio riguardante l'avvio, l'esercizio e la vigilanza prudenziale dell'attività degli istituti di moneta elettronica;

c) l'articolo 44, paragrafo 2, della direttiva 85/611/CEE, in materia di pubblicità degli organismi di investimento collettivo in valori mobiliari;

d) all'attività assicurativa di cui all'articolo 30 e al titolo IV della direttiva 92/49/CEE, terza direttiva sulle assicurazioni sui danni, agli articoli 7 e 8 della direttiva 88/357/CEE, seconda direttiva sulle assicurazioni sui danni; al titolo IV della direttiva 92/96/CEE, terza direttiva sulle assicurazioni sulla vita, e all'articolo 4 della direttiva 90/619/CEE, la seconda direttiva sulle assicurazioni sulla vita, come modificate dalla direttiva 2002/83/CE;

e) facoltà delle parti di scegliere la legge applicabile al loro contratto;

f) obbligazioni contrattuali riguardanti i contratti conclusi dai consumatori;

g) validità dei contratti che istituiscono o trasferiscono diritti relativi a beni immobili nei casi in cui tali contratti devono soddisfare requisiti formali;

h) ammissibilità delle comunicazioni commerciali non sollecitate per posta elettronica.

5. Deroghe. – 1. La libera circolazione di un determinato servizio della società dell'informazione proveniente da un altro Stato membro può essere limitata, con provvedimento dell'autorità giudiziaria o degli organi amministrativi di vigilanza o delle autorità indipendenti di settore, per motivi di:

a) ordine pubblico, per l'opera di prevenzione, investigazione, individuazione e perseguimento di reati, in particolare la tutela dei minori e la lotta contro l'incitamento all'odio razziale, sessuale, religioso o etnico, nonché contro la violazione della dignità umana;

b) tutela della salute pubblica;

c) pubblica sicurezza, compresa la salvaguardia della sicurezza e della difesa nazionale;

d) tutela dei consumatori, ivi compresi gli investitori.

2. I provvedimenti di cui al comma 1 possono essere adottati se, nel caso concreto, sono:

a) necessari riguardo ad un determinato servizio della società dell'informazione lesivo degli obiettivi posti a tutela degli interessi pubblici di cui al comma 1, ovvero che costituisca un rischio serio e grave di pregiudizio agli stessi obiettivi;

b) proporzionati a tali obiettivi.

3. Fatti salvi i procedimenti giudiziari egli atti compiuti nell'ambito di un'indagine penale, l'autorità competente, per il tramite del Ministero delle attività produttive ovvero l'autorità indipendente di settore, deve, prima di adottare il provvedimento:

a) chiedere allo Stato membro di cui al comma 1 di prendere provvedimenti e verificare che essi non sono stati presi o che erano inadeguati;

b) notificare alla Commissione europea e allo Stato membro di cui al comma 1, la sua intenzione di adottare tali provvedimenti. Dei provvedimenti adottati dalle autorità indipendenti, è data periodicamente comunicazione al Ministero competente.

4. In caso di urgenza, i soggetti di cui al comma 3 possono derogare alle condizioni poste nello stesso comma. I provvedimenti, in tal caso, sono notificati nel più breve tempo possibile alla Commissione e allo Stato membro, insieme ai motivi dell'urgenza.

6. Assenza di autorizzazione preventiva. – 1. L'accesso all'attività di un prestatore di un servizio della società dell'informazione e il suo esercizio non sono soggetti, in quanto tali, ad autorizzazione preventiva o ad altra misura di effetto equivalente.

2. Sono fatte salve le disposizioni sui regimi di autorizzazione che non riguardano specificatamente ed esclusivamente i servizi della società dell'informazione o i regimi di autorizzazione nel settore dei servizi delle telecomunicazioni di cui al decreto del Presidente della Repubblica 19 settembre 1997, n. 318, dalla cui applicazione sono esclusi i servizi della società dell'informazione.

7. Informazioni generali obbligatorie. – 1. Il prestatore, in aggiunta agli obblighi informativi previsti per specifici beni e servizi, deve rendere facilmente accessibili, in modo diretto e permanente, ai destinatari del servizio e alle Autorità competenti le seguenti informazioni:

a) il nome, la denominazione o la ragione sociale;

b) il domicilio o la sede legale;

c) gli estremi che permettono di contattare rapidamente il prestatore e di comunicare direttamente ed efficacemente con lo stesso, compreso l'indirizzo di posta elettronica;

d) il numero di iscrizione al repertorio delle attività economiche, REA, o al registro delle imprese;

e) gli elementi di individuazione, nonché gli estremi della competente autorità di vigilanza qualora un'attività sia soggetta a concessione, licenza od autorizzazione;

f) per quanto riguarda le professioni regolamentate:

1) L'ordine professionale o istituzione analoga, presso cui il prestatore sia iscritto e il numero di iscrizione;

2) il titolo professionale e lo Stato membro in cui è stato rilasciato;

3) il riferimento alle norme professionali e agli eventuali codici di condotta vigenti nello Stato membro di stabilimento e le modalità di consultazione dei medesimi;

g) il numero della partita IVA o altro numero di identificazione considerato equivalente nello Stato membro, qualora il prestatore eserciti un'attività soggetta ad imposta;

h) l'indicazione in modo chiaro ed inequivocabile dei prezzi e delle tariffe dei diversi servizi della società dell'informazione forniti, evidenziando se comprendono le imposte, i costi di consegna ed altri elementi aggiuntivi da specificare;

i) l'indicazione delle attività consentite al consumatore e al destinatario del servizio e gli estremi del contratto qualora un'attività sia soggetta ad autorizzazione o l'oggetto della prestazione sia fornito sulla base di un contratto di licenza d'uso.

2. Il prestatore deve aggiornare le informazioni di cui al comma 1.

3. La registrazione della testata editoriale telematica è obbligatoria esclusivamente per le attività per le quali i prestatori del servizio intendano avvalersi delle provvidenze previste dalla legge 7 marzo 2001, n. 62.

8. Obblighi di informazione per la comunicazione com-

merciale. – 1. In aggiunta agli obblighi informativi previsti per specifici beni e servizi, le comunicazioni commerciali che costituiscono un servizio della società dell'informazione o ne sono parte integrante, devono contenere, sin dal primo invio, in modo chiaro ed inequivocabile, una specifica informativa, diretta ad evidenziare:

a) che si tratta di comunicazione commerciale;

b) la persona fisica o giuridica per conto della quale è effettuata la comunicazione commerciale;

c) che si tratta di un'offerta promozionale come sconti, premi, o omaggi e le relative condizioni di accesso;

d) che si tratta di concorsi o giochi promozionali, se consentiti, e le relative condizioni di partecipazione.

9. Comunicazione commerciale non sollecitata. – 1. Fatti salvi gli obblighi previsti dal decreto legislativo 22 maggio 1999, n. 185, e dal decreto legislativo 13 maggio 1998, n. 171, le comunicazioni commerciali non sollecitate trasmesse da un prestatore per posta elettronica devono, in modo chiaro e inequivocabile, essere identificate come tali fin dal momento in cui il destinatario le riceve e contenere l'indicazione che il destinatario del messaggio può opporsi al ricevimento in futuro di tali comunicazioni.

2. La prova del carattere sollecitato delle comunicazioni commerciali è onere del prestatore.

10. Uso delle comunicazioni commerciali nelle professioni regolamentate. – 1. L'impiego di comunicazioni commerciali che costituiscono un servizio della società dell'informazione o ne sono parte, fornite da chi esercita una professione regolamentata, deve essere conforme alle regole di deontologia professionale e in particolare, all'indipendenza, alla dignità, all'onore della professione, al segreto professionale e alla lealtà verso clienti e colleghi.

11. Esclusioni. – 1. Il presente decreto non si applica a:

a) contratti che istituiscono o trasferiscono diritti relativi a beni immobili, diversi da quelli in materia di locazione;

b) contratti che richiedono per legge l'intervento di organi giurisdizionali, pubblici poteri o professioni che implicano l'esercizio di pubblici poteri;

c) contratti di fideiussione o di garanzie prestate da persone che agiscono a fini che esulano dalle loro attività commerciali, imprenditoriali o professionali;

d) contratti disciplinati dal diritto di famiglia o di successione.

12. Informazioni dirette alla conclusione del contratto. – 1. Oltre agli obblighi informativi previsti per specifici beni e servizi, nonché a quelli stabiliti dall'articolo 3 del decreto legislativo 22 maggio 1999, n. 185, il prestatore, salvo diverso accordo tra parti che non siano consumatori, deve fornire in modo chiaro, comprensibile ed inequivocabile, prima dell'inoltro dell'ordine da parte del destinatario del servizio, le seguenti informazioni:

a) le varie fasi tecniche da seguire per la conclusione del contratto;

b) il modo in cui il contratto concluso sarà archiviato e le relative modalità di accesso;

c) i mezzi tecnici messi a disposizione del destinatario per individuare e correggere gli errori di inserimento dei dati; prima di inoltrare l'ordine al prestatore;

d) gli eventuali codici di condotta cui aderisce e come accedervi per via telematica;

e) le lingue a disposizione per concludere il contratto oltre all'italiano;

f) l'indicazione degli strumenti di composizione delle controversie.

2. Il comma 1 non è applicabile ai contratti conclusi esclusivamente mediante scambio di messaggi di posta elettronica o comunicazioni individuali equivalenti.

3. Le clausole e le condizioni generali del contratto proposte al destinatario devono essere messe a sua disposizione in modo che gli sia consentita la memorizzazione e la riproduzione.

13. Inoltro dell'ordine. – 1. Le norme sulla conclusione dei contratti si applicano anche nei casi in cui il destinatario di un bene o di un servizio della società dell'informazione inoltri il proprio ordine per via telematica.

2. Salvo differente accordo tra parti diverse dai consumatori, il prestatore deve, senza ingiustificato ritardo e per via telematica, accusare ricevuta dell'ordine del destinatario contenente un riepilogo delle condizioni generali e particolari applicabili al contratto, le informazioni relative alle caratteristiche essenziali del bene o del servizio e l'indicazione dettagliata del prezzo, dei mezzi di pagamento, del recesso, dei costi di consegna e dei tributi applicabili.

3. L'ordine e la ricevuta si considerano pervenuti quando le parti alle quali sono indirizzati hanno la possibilità di accedervi.

4. Le disposizioni di cui ai commi 2 e 3 non si applicano ai contratti conclusi esclusivamente mediante scambio di messaggi di posta elettronica o comunicazioni individuali equivalenti.

14. Responsabilità nell'attività di semplice trasporto – Mere conduit. – 1. Nella prestazione di un servizio della società dell'informazione consistente nel trasmettere, su una rete di comunicazione, informazioni fornite da un destinatario del servizio, o nel fornire un accesso alla rete di comunicazione, il prestatore non è responsabile delle informazioni trasmesse a condizione che:

a) non dia origine alla trasmissione;

b) non selezioni il destinatario della trasmissione;

c) non selezioni né modifichi le informazioni trasmesse.

2. Le attività di trasmissione e di fornitura di accesso di cui al comma 1 includono la memorizzazione automatica, intermedia e transitoria delle informazioni trasmesse, a condizione che questa serva solo alla trasmissione sulla rete di comunicazione e che la sua durata non ecceda il tempo ragionevolmente necessario a tale scopo.

3. L'autorità giudiziaria o quella amministrativa, avente funzioni di vigilanza, può esigere, anche in via d'urgenza, che il prestatore, nell'esercizio delle attività di cui al comma 2, impedisca o ponga fine alle violazioni commesse.

15. Responsabilità nell'attività di memorizzazione temporanea "caching". – 1. Nella prestazione di un servizio della società dell'informazione, consistente nel trasmettere, su una rete di comunicazione, informazioni fornite da un destinatario del servizio, il prestatore non è responsabile della memorizzazione automatica, intermedia e temporanea di tali informazioni effettuata al solo scopo di rendere più efficace il successivo inoltro ad altri destinatari a loro richiesta, a condizione che:

a) non modifichi le informazioni;

b) si conformi alle condizioni di accesso alle informazioni;

c) si conformi alle norme di aggiornamento delle informazioni, indicate in un modo ampiamente riconosciuto e utilizzato dalle imprese del settore;

d) non interferisca con l'uso lecito di tecnologia ampiamente riconosciuta e utilizzata nel settore per ottenere dati sull'impiego delle informazioni;

e) agisca prontamente per rimuovere le informazioni che ha memorizzato, o per disabilitare l'accesso, non appena venga effettivamente a conoscenza del fatto che le informazioni sono state rimosse dal luogo dove si trovavano inizialmente sulla rete o che l'accesso alle informazioni è stato disabilitato oppure che un organo giurisdizionale o un'autorità amministrativa ne ha disposto la rimozione o la disabilitazione.

2. L'autorità giudiziaria o quella amministrativa aventi funzioni di vigilanza può esigere, anche in via d'urgenza, che il prestatore, nell'esercizio delle attività di cui al comma 1, impedisca o ponga fine alle violazioni commesse.

16. Responsabilità nell'attività di memorizzazione di informazioni – hosting. – 1. Nella prestazione di un servizio della società dell'informazione, consistente nella memorizzazione di informazioni fornite da un destinatario del servizio, il prestatore non è responsabile delle informazioni memorizzate a richiesta di un destinatario del servizio, a condizione che detto prestatore:

a) non sia effettivamente a conoscenza del fatto che l'attività o l'informazione è illecita e, per quanto attiene ad azioni risarcitorie, non sia al corrente di fatti o di circostanze che rendono manifesta l'illiceità dell'attività o dell'informazione;

b) non appena a conoscenza di tali fatti, su comunicazione delle autorità competenti, agisca immediatamente per rimuovere le informazioni o per disabilitarne l'accesso.

2. Le disposizioni di cui al comma 1 non si applicano se il destinatario del servizio agisce sotto l'autorità o il controllo del prestatore.

3. L'autorità giudiziaria o quella amministrativa competente può esigere, anche in via d'urgenza, che il prestatore, nell'esercizio delle attività di cui al comma 1, impedisca o ponga fine alle violazioni commesse.

17. Assenza dell'obbligo generale di sorveglianza. – 1. Nella prestazione dei servizi di cui agli articoli 14, 15 e 16, il prestatore non è assoggettato ad un obbligo generale di sorveglianza sulle informazioni che trasmette o memorizza, ne ad un obbligo generale di ricercare attivamente fatti o circostanze che indichino la presenza di attività illecite.

2. Fatte salve le disposizioni di cui agli articoli 14, 15e 16, il prestatore. è comunque tenuto:

a) ad informare senza indugio l'autorità giudiziaria o quella amministrativa avente funzioni di vigilanza, qualora sia a conoscenza di presunte attività o informazioni illecite riguardanti un suo destinatario del servizio della società dell'informazione;

b) a fornire senza indugio, a richiesta delle autorità competenti, le informazioni in suo possesso che consentano l'identificazione del destinatario dei suoi servizi con cui ha accordi di memorizzazione dei dati, al fine di individuare e prevenire attività illecite.

3. Il prestatore è civilmente responsabile del contenuto di tali servizi nel caso in cui, richiesto dall'autorità giudiziaria o amministrativa avente funzioni di vigilanza, non ha agito prontamente per impedire l'accesso a detto contenuto, ovvero se, avendo avuto conoscenza del carattere illecito o pregiudizievole per un terzo del contenuto di un servizio al quale assicura l'accesso, non ha provveduto ad informarne l'autorità competente.

18. Codici di condotta. – 1. Le associazioni o le organizzazioni imprenditoriali, professionali o di consumatori promuovono l'adozione di codici di condotta che trasmettono al Ministero delle attività produttive ed alla Commissione Europea, con ogni utile informazione sulla loro applicazione e sul loro impatto nelle pratiche e consuetudini relative al commercio elettronico.

2. Il codice di condotta, se adottato, è reso accessibile per via telematica e deve essere redatto, oltre che in lingua italiana e inglese, almeno in un'altra lingua comunitaria.

3. Nella redazione di codici di condotta deve essere garantita la protezione dei minori e salvaguardata la dignità umana.

19. Composizione delle controversie. – 1. In caso di controversie, prestatore e destinatario, del servizio della società dell'informazione possono adire, anche organi di composizione extragiudiziale che operano anche per via telematica. Tali organi, se operano in conformità ai principi previsti dall'ordinamento comunitario e da quello nazionale, sono notificati, su loro richiesta, alla Commissione dell'Unione Europea per l'inserimento nella Rete europea di composizione extragiudiziale delle controversie.

2. Gli organi di composizione extragiudiziale delle controversie comunicano alla Commissione Europea, nonché al Ministero delle attività produttive, che provvede a dame comunicazione alle Amministrazioni competenti per materia, le decisioni significative che adottano sui servizi della società dell'informazione, nonché ogni altra informazione su pratiche, consuetudini od usi relativi al commercio elettronico.

20. Cooperazione. – 1. Presso il Ministero delle attività produttive è istituito, senza maggiori oneri a carico del bilancio dello Stato, il punto di contatto nazionale che fornisce assistenza e collaborazione agli Stati membri e alla Commissione. Il punto di contatto è accessibile anche per via telematica.

2. Il Ministero delle attività produttive, provvede affinché sul proprio sito siano rese tempestivamente disponibili, per le Amministrazioni pubbliche, per i destinatari e per i fornitori di servizi:

a) le informazioni generali sui diritti ed obblighi contrattuali e sui meccanismi di reclamo e ricorso disponibili in caso di controversie, nonché sui codici di condotta elaborati con le associazioni di consumatori iscritte nell'elenco di cui all'articolo 5 della legge 30 luglio 1998, n. 281;

b) gli estremi delle autorità, organizzazioni o associazioni presso le quali possono ottenere ulteriori informazioni o assistenza;

c) gli estremi e la sintesi delle decisioni significative riguardo a controversie sui servizi della società dell'informazione, comprese quelle adottate dagli organi di composizione extragiudiziale, non che informazioni su pratiche, consuetudini od usi relativi al commercio elettronico.

21. Sanzioni. – 1. Salvo che il fatto costituisca reato, le violazioni di cui agli articoli 7, 8, 9, 10 e 12 sono punite con il pagamento di una sanzione amministrativa pecuniaria da 103 euro a 10.000 euro.

2. Nei casi di particolare gravità o di recidiva i limiti minimo e massimo della sanzione indicata al comma 1 sono raddoppiati.

3. Le sanzioni sono applicate ai sensi della legge 24 novembre 1981, n. 689. Fermo restando quanto previsto in ordine ai poteri di accertamento degli ufficiali e degli agenti di polizia giudiziaria dall'articolo 13 della citata legge 24 novembre 1981, n. 689, all'accertamento delle violazioni provvedono, d'ufficio o su denunzia, gli organi di polizia amministrativa. Il rapporto di accertamento delle violazioni di cui al comma 1 è presentato al Ministero delle attività produttive, fatta salva l'ipotesi di cui all'articolo 24 della legge 24 novembre 1981, n. 689.

22. Entrata in vigore. – Il presente decreto entra in vigore il trentesimo giorno dalla data della sua pubblicazione nella Gazzetta Ufficiale della Repubblica italiana.

Il presente decreto, munito del sigillo dello Stato, sarà inserito nella Raccolta ufficiale degli atti normativi della Repubblica italiana. E fatto obbligo a chiunque spetti di osservarlo e di farlo osservare.

D.lg. 30 giugno 2003, n. 196

Codice in materia di protezione dei dati personali

PARTE I
DISPOSIZIONI GENERALI

TITOLO I
PRINCIPI E DISPOSIZIONI GENERALI (1)

(1) Rubrica così sostituita dall'art. 2, co. 1, lett. a), d.lg. 10/8/2018, n. 101. Precedentemente, la rubrica era la seguente: "Principi generali".

Capo I
Oggetto, finalità e Autorità di controllo (1)

(1) Intitolazione inserita dall'art. 2, co. 1, lett. b), d.lg. 10/8/2018, n. 101.

1. Oggetto (1). – 1. Il trattamento dei dati personali avviene secondo le norme del regolamento (UE) 2016/679 del Parlamento europeo e del Consiglio, del 27 aprile 2016, di seguito «Regolamento», e del presente codice, nel rispetto della dignità umana, dei diritti e delle libertà fondamentali della persona.

(1) Articolo modificato dall'art. 4, co. 9, l. 4/3/2009, n. 15, dall'art. 14, co. 1, lett. a), l. 4/11/2010, n. 183 e successivamente sostituito dall'art. 2, co. 1, lett. c), d.lg. 10/8/2018, n. 101.

2. Finalità (1). – 1. Il presente codice reca disposizioni per l'adeguamento dell'ordinamento nazionale alle disposizioni del regolamento.

(1) Articolo sostituito dall'art. 2, co. 1, lett. d), d.lg. 10/8/2018, n. 101.

2 bis. Autorità di controllo (1). – 1. L'Autorità di controllo di cui all'articolo 51 del regolamento è individuata nel Garante per la protezione dei dati personali, di seguito «Garante», di cui all'articolo 153.

(1) Articolo inserito dall'art. 2, co. 1, lett. e), d.lg. 10/8/2018, n. 101.

Capo II
Principi (1)

(1) Intitolazione inserita dall'art. 2, co. 1, lett. f), d.lg. 10/8/2018, n. 101.

2 ter. Base giuridica per il trattamento di dati personali effettuato per l'esecuzione di un compito di interesse pubblico o connesso all'esercizio di pubblici poteri (1). – 1. La base giuridica prevista dall'articolo 6, paragrafo 3, lettera b), del regolamento è costituita esclusivamente da una norma di legge o, nei casi previsti dalla legge, di regolamento.

2. La comunicazione fra titolari che effettuano trattamenti di dati personali, diversi da quelli ricompresi nelle particolari categorie di cui all'articolo 9 del Regolamento e di quelli relativi a condanne penali e reati di cui all'articolo 10 del Regolamento, per l'esecuzione di un compito di interesse pubblico o connesso all'esercizio di pubblici poteri è ammessa se prevista ai sensi del comma 1. In mancanza di tale norma, la comunicazione è ammessa quando è comunque necessaria per lo svolgimento di compiti di interesse pubblico e lo svolgimento di funzioni istituzionali e può essere iniziata se è decorso il termine di quarantacinque giorni dalla relativa comunicazione al Garante, senza che lo stesso abbia adottato una diversa determinazione delle misure da adottarsi a garanzia degli interessati.

3. La diffusione e la comunicazione di dati personali, trattati per l'esecuzione di un compito di interesse pubblico o connesso all'esercizio di pubblici poteri, a soggetti che intendono trattarli per altre finalità sono ammesse unicamente se previste ai sensi del comma 1.

4. Si intende per:

a) "comunicazione", il dare conoscenza dei dati personali a uno o più soggetti determinati diversi dall'interessato, dal rappresentante del titolare nel territorio dell'Unione europea, dal responsabile o dal suo rappresentante nel territorio dell'Unione europea, dalle persone autorizzate, ai sensi dell'articolo 2-quaterdecies, al trattamento dei dati personali sotto l'autorità diretta del titolare o del responsabile, in qualunque forma, anche mediante la loro messa a disposizione, consultazione o mediante interconnessione;

b) "diffusione", il dare conoscenza dei dati personali a soggetti indeterminati, in qualunque forma, anche mediante la loro messa a disposizione o consultazione.

(1) Articolo inserito dall'art. 2, co. 1, lett. f), d.lg. 10/8/2018, n. 101.

2 quater. Regole deontologiche (1). – 1. Il Garante promuove, nell'osservanza del principio di rappresentatività e tenendo conto delle raccomandazioni del Consiglio d'Europa sul trattamento dei dati personali, l'adozione di regole deontologiche per i trattamenti previsti dalle disposizioni di cui agli articoli 6, paragrafo 1, lettere c) ed e), 9, paragrafo 4, e al capo IX del Regolamento, ne verifica la conformità alle disposizioni vigenti, anche attraverso l'esame di osservazioni di soggetti interessati e contribuisce a garantirne la diffusione e il rispetto.

2. Lo schema di regole deontologiche è sottoposto a consultazione pubblica per almeno sessanta giorni.

3. Conclusa la fase delle consultazioni, le regole deontologiche sono approvate dal Garante ai sensi dell'articolo 154-bis, comma 1, lettera b), pubblicate nella Gazzetta Ufficiale della Repubblica italiana e, con decreto del Ministro della giustizia, sono riportate nell'allegato A del presente codice.

4. Il rispetto delle disposizioni contenute nelle regole deontologiche di cui al comma 1 costituisce condizione essenziale per la liceità e la correttezza del trattamento dei dati personali.

(1) Articolo inserito dall'art. 2, co. 1, lett. f), d.lg. 10/8/2018, n. 101.

2 quinquies. Consenso del minore in relazione ai servizi della società dell'informazione (1). – 1. In attuazione dell'articolo 8, paragrafo 1, del Regolamento, il minore che ha compiuto i quattordici anni può esprimere il consenso al trattamento dei propri dati personali in relazione all'offerta diretta di servizi della società dell'informazione. Con riguardo a tali servizi, il trattamento dei dati personali del minore di età inferiore a quattordici anni, fondato sull'articolo 6, paragrafo 1, lettera a), del Regolamento, è lecito a condizione che sia prestato da chi esercita la responsabilità genitoriale.

2. In relazione all'offerta diretta ai minori dei servizi di cui al comma 1, il titolare del trattamento redige con linguaggio particolarmente chiaro e semplice, conciso ed esaustivo, facilmente accessibile e comprensibile dal minore, al fine di

rendere significativo il consenso prestato da quest'ultimo, le informazioni e le comunicazioni relative al trattamento che lo riguardi.

(1) Articolo inserito dall'art. 2, co. 1, lett. f), d.lg. 10/8/2018, n. 101.

2 sexies. Trattamento di categorie particolari di dati personali necessario per motivi di interesse pubblico rilevante (1). – 1. I trattamenti delle categorie particolari di dati personali di cui all'articolo 9, paragrafo 1, del Regolamento, necessari per motivi di interesse pubblico rilevante ai sensi del paragrafo 2, lettera g), del medesimo articolo, sono ammessi qualora siano previsti dal diritto dell'Unione europea ovvero, nell'ordinamento interno, da disposizioni di legge o, nei casi previsti dalla legge, di regolamento che specifichino i tipi di dati che possono essere trattati, le operazioni eseguibili e il motivo di interesse pubblico rilevante, nonché le misure appropriate e specifiche per tutelare i diritti fondamentali e gli interessi dell'interessato.

2. Fermo quanto previsto dal comma 1, si considera rilevante l'interesse pubblico relativo a trattamenti effettuati da soggetti che svolgono compiti di interesse pubblico o connessi all'esercizio di pubblici poteri nelle seguenti materie:

a) accesso a documenti amministrativi e accesso civico;

b) tenuta degli atti e dei registri dello stato civile, delle anagrafi della popolazione residente in Italia e dei cittadini italiani residenti all'estero, e delle liste elettorali, nonché rilascio di documenti di riconoscimento o di viaggio o cambiamento delle generalità;

c) tenuta di registri pubblici relativi a beni immobili o mobili;

d) tenuta dell'anagrafe nazionale degli abilitati alla guida e dell'archivio nazionale dei veicoli;

e) cittadinanza, immigrazione, asilo, condizione dello straniero e del profugo, stato di rifugiato;

f) elettorato attivo e passivo ed esercizio di altri diritti politici, protezione diplomatica e consolare, nonché documentazione delle attività istituzionali di organi pubblici, con particolare riguardo alla redazione di verbali e resoconti dell'attività di assemblee rappresentative, commissioni e di altri organi collegiali o assembleari;

g) esercizio del mandato degli organi rappresentativi, ivi compresa la loro sospensione o il loro scioglimento, nonché l'accertamento delle cause di ineleggibilità, incompatibilità o di decadenza, ovvero di rimozione o sospensione da cariche pubbliche;

h) svolgimento delle funzioni di controllo, indirizzo politico, inchiesta parlamentare o sindacato ispettivo e l'accesso a documenti riconosciuto dalla legge e dai regolamenti degli organi interessati per esclusive finalità direttamente connesse all'espletamento di un mandato elettivo;

i) attività dei soggetti pubblici dirette all'applicazione, anche tramite i loro concessionari, delle disposizioni in materia tributaria e doganale;

l) attività di controllo e ispettive;

m) concessione, liquidazione, modifica e revoca di benefici economici, agevolazioni, elargizioni, altri emolumenti e abilitazioni;

n) conferimento di onorificenze e ricompense, riconoscimento della personalità giuridica di associazioni, fondazioni ed enti, anche di culto, accertamento dei requisiti di onorabilità e di professionalità per le nomine, per i profili di competenza del soggetto pubblico, ad uffici anche di culto e a cariche direttive di persone giuridiche, imprese e di istituzioni scolastiche non statali, nonché rilascio e revoca di autorizzazioni o abilitazioni, concessione di patrocini, patronati e premi di rappresentanza, adesione a comitati d'onore e ammissione a cerimonie ed incontri istituzionali;

o) rapporti tra i soggetti pubblici e gli enti del terzo settore;

p) obiezione di coscienza;

q) attività sanzionatorie e di tutela in sede amministrativa o giudiziaria;

r) rapporti istituzionali con enti di culto, confessioni religiose e comunità religiose;

s) attività socio-assistenziali a tutela dei minori e soggetti bisognosi, non autosufficienti e incapaci;

t) attività amministrative e certificatorie correlate a quelle di diagnosi, assistenza o terapia sanitaria o sociale, ivi incluse quelle correlate ai trapianti d'organo e di tessuti nonché alle trasfusioni di sangue umano;

u) compiti del servizio sanitario nazionale e dei soggetti operanti in ambito sanitario, nonché compiti di igiene e sicurezza sui luoghi di lavoro e sicurezza e salute della popolazione, protezione civile, salvaguardia della vita e incolumità fisica;

v) programmazione, gestione, controllo e valutazione dell'assistenza sanitaria, ivi incluse l'instaurazione, la gestione, la pianificazione e il controllo dei rapporti tra l'amministrazione ed i soggetti accreditati o convenzionati con il servizio sanitario nazionale;

z) vigilanza sulle sperimentazioni, farmacovigilanza, autorizzazione all'immissione in commercio e all'importazione di medicinali e di altri prodotti di rilevanza sanitaria;

aa) tutela sociale della maternità ed interruzione volontaria della gravidanza, dipendenze, assistenza, integrazione sociale e diritti dei disabili;

bb) istruzione e formazione in ambito scolastico, professionale, superiore o universitario;

cc) trattamenti effettuati a fini di archiviazione nel pubblico interesse o di ricerca storica, concernenti la conservazione, l'ordinamento e la comunicazione dei documenti detenuti negli archivi di Stato negli archivi storici degli enti pubblici, o in archivi privati dichiarati di interesse storico particolarmente importante, per fini di ricerca scientifica, nonché per fini statistici da parte di soggetti che fanno parte del sistema statistico nazionale (Sistan);

dd) instaurazione, gestione ed estinzione, di rapporti di lavoro di qualunque tipo, anche non retribuito o onorario, e di altre forme di impiego, materia sindacale, occupazione e collocamento obbligatorio, previdenza e assistenza, tutela delle minoranze e pari opportunità nell'ambito dei rapporti di lavoro, adempimento degli obblighi retributivi, fiscali e contabili, igiene e sicurezza del lavoro o di sicurezza o salute della popolazione, accertamento della responsabilità civile, disciplinare e contabile, attività ispettiva.

3. Per i dati genetici, biometrici e relativi alla salute il trattamento avviene comunque nel rispetto di quanto previsto dall'articolo 2-septies.

(1) Articolo inserito dall'art. 2, co. 1, lett. f), d.lg. 10/8/2018, n. 101.

2 septies. Misure di garanzia per il trattamento dei dati genetici, biometrici e relativi alla salute (1). – 1. In attuazione di quanto previsto dall'articolo 9, paragrafo 4, del regolamento, i dati genetici, biometrici e relativi alla salute, possono essere oggetto di trattamento in presenza di una delle condizioni di cui al paragrafo 2 del medesimo articolo ed in conformità alle misure di garanzia disposte dal Garante, nel rispetto di quanto previsto dal presente articolo.

2. Il provvedimento che stabilisce le misure di garanzia di cui al comma 1 è adottato con cadenza almeno biennale e tenendo conto:

a) delle linee guida, delle raccomandazioni e delle migliori prassi pubblicate dal Comitato europeo per la protezione dei dati e delle migliori prassi in materia di trattamento dei dati personali;

b) dell'evoluzione scientifica e tecnologica nel settore oggetto delle misure;

c) dell'interesse alla libera circolazione dei dati personali nel territorio dell'Unione europea.

3. Lo schema di provvedimento è sottoposto a consultazione pubblica per un periodo non inferiore a sessanta giorni.

4. Le misure di garanzia sono adottate nel rispetto di quanto previsto dall'articolo 9, paragrafo 2, del Regolamento, e riguardano anche le cautele da adottare relativamente a:

a) contrassegni sui veicoli e accessi a zone a traffico limitato;

b) profili organizzativi e gestionali in ambito sanitario;

c) modalità per la comunicazione diretta all'interessato delle diagnosi e dei dati relativi alla propria salute;

d) prescrizioni di medicinali.

5. Le misure di garanzia sono adottate in relazione a ciascuna categoria dei dati personali di cui al comma 1, avendo riguardo alle specifiche finalità del trattamento e possono individuare, in conformità a quanto previsto al comma 2, ulteriori condizioni sulla base delle quali il trattamento di tali dati è consentito. In particolare, le misure di garanzia individuano le misure di sicurezza, ivi comprese quelle tecniche di cifratura e di pseudonimizzazione, le misure di minimizzazione, le specifiche modalità per l'accesso selettivo ai dati e per rendere le informazioni agli interessati, nonché le eventuali altre misure necessarie a garantire i diritti degli interessati.

6. Le misure di garanzia che riguardano i dati genetici e il trattamento dei dati relativi alla salute per finalità di prevenzione, diagnosi e cura nonché quelle di cui al comma 4, lettere b), c) e d), sono adottate sentito il Ministro della salute che, a tal fine, acquisisce il parere del Consiglio superiore di sanità. Limitatamente ai dati genetici, le misure di garanzia possono individuare, in caso di particolare ed elevato livello di rischio, il consenso come ulteriore misura di protezione dei diritti dell'interessato, a norma dell'articolo 9, paragrafo 4, del regolamento, o altre cautele specifiche.

7. Nel rispetto dei principi in materia di protezione dei dati personali, con riferimento agli obblighi di cui all'articolo 32 del Regolamento, è ammesso l'utilizzo dei dati biometrici con riguardo alle procedure di accesso fisico e logico ai dati da parte dei soggetti autorizzati, nel rispetto delle misure di garanzia di cui al presente articolo.

8. I dati personali di cui al comma 1 non possono essere diffusi.

(1) Articolo inserito dall'art. 2, co. 1, lett. f), d.lg. 10/8/2018, n. 101.

2 octies. Principi relativi al trattamento di dati relativi a condanne penali e reati (1). – 1. Fatto salvo quanto previsto dal decreto legislativo 18 maggio 2018, n. 51, il trattamento di dati personali relativi a condanne penali e a reati o a connesse misure di sicurezza sulla base dell'articolo 6, paragrafo 1, del Regolamento, che non avviene sotto il controllo dell'autorità pubblica, è consentito, ai sensi dell'articolo 10 del medesimo regolamento, solo se autorizzato da una norma di legge o, nei casi previsti dalla legge, di regolamento, che prevedano garanzie appropriate per i diritti e le libertà degli interessati.

2. In mancanza delle predette disposizioni di legge o di regolamento, i trattamenti dei dati di cui al comma 1 nonché le garanzie di cui al medesimo comma sono individuati con decreto del Ministro della giustizia, da adottarsi, ai sensi dell'articolo 17, comma 3, della legge 23 agosto 1988, n. 400, sentito il Garante.

3. Fermo quanto previsto dai commi 1 e 2, il trattamento di dati personali relativi a condanne penali e a reati o a connesse misure di sicurezza è consentito se autorizzato da una norma di legge o, nei casi previsti dalla legge, di regolamento, riguardanti, in particolare:

a) l'adempimento di obblighi e l'esercizio di diritti da parte del titolare o dell'interessato in materia di diritto del lavoro o comunque nell'ambito dei rapporti di lavoro, nei limiti stabiliti da leggi, regolamenti e contratti collettivi, secondo quanto previsto dagli articoli 9, paragrafo 2, lettera b), e 88 del regolamento;

b) l'adempimento degli obblighi previsti da disposizioni di legge o di regolamento in materia di mediazione finalizzata alla conciliazione delle controversie civili e commerciali;

c) la verifica o l'accertamento dei requisiti di onorabilità, requisiti soggettivi e presupposti interdittivi nei casi previsti dalle leggi o dai regolamenti;

d) l'accertamento di responsabilità in relazione a sinistri o eventi attinenti alla vita umana, nonché la prevenzione, l'accertamento e il contrasto di frodi o situazioni di concreto rischio per il corretto esercizio dell'attività assicurativa, nei limiti di quanto previsto dalle leggi o dai regolamenti in materia;

e) l'accertamento, l'esercizio o la difesa di un diritto in sede giudiziaria;

f) l'esercizio del diritto di accesso ai dati e ai documenti amministrativi, nei limiti di quanto previsto dalle leggi o dai regolamenti in materia;

g) l'esecuzione di investigazioni o le ricerche o la raccolta di informazioni per conto di terzi ai sensi dell'articolo 134 del testo unico delle leggi di pubblica sicurezza;

h) l'adempimento di obblighi previsti da disposizioni di legge in materia di comunicazioni e informazioni antimafia o in materia di prevenzione della delinquenza di tipo mafioso e di altre gravi forme di pericolosità sociale, nei casi previsti da leggi o da regolamenti, o per la produzione della documentazione prescritta dalla legge per partecipare a gare d'appalto;

i) l'accertamento del requisito di idoneità morale di coloro che intendono partecipare a gare d'appalto, in adempimento di quanto previsto dalle vigenti normative in materia di appalti;

l) l'attuazione della disciplina in materia di attribuzione del rating di legalità delle imprese ai sensi dell'articolo 5-ter del decreto-legge 24 gennaio 2012, n. 1, convertito, con modificazioni, dalla legge 24 marzo 2012, n. 27;

m) l'adempimento degli obblighi previsti dalle normative vigenti in materia di prevenzione dell'uso del sistema finanziario a scopo di riciclaggio dei proventi di attività criminose e di finanziamento del terrorismo.

4. Nei casi in cui le disposizioni di cui al comma 3 non individuano le garanzie appropriate per i diritti e le libertà degli interessati, tali garanzie sono previste con il decreto di cui al comma 2.

5. Quando il trattamento dei dati di cui al presente articolo avviene sotto il controllo dell'autorità pubblica si applicano le disposizioni previste dall'articolo 2-sexies.

6. Con il decreto di cui al comma 2 è autorizzato il trattamento dei dati di cui all'articolo 10 del Regolamento, effettuato in attuazione di protocolli di intesa per la prevenzione e il contrasto dei fenomeni di criminalità organizzata, stipulati con il Ministero dell'interno o con le prefetture-UTG. In relazione a tali protocolli, il decreto di cui al comma 2 individua, le tipologie dei dati trattati, gli interessati, le operazioni di trattamento eseguibili, anche in relazione all'aggiornamento e alla conservazione e prevede le garanzie appropriate per i diritti e le libertà degli interessati. Il decreto è adottato, limitatamente agli ambiti di cui al presente comma, di concerto con il Ministro dell'interno.

(1) Articolo inserito dall'art. 2, co. 1, lett. f), d.lg. 10/8/2018, n. 101.

2 nonies. Trattamenti disciplinati dalla Presidenza della Repubblica, dalla Camera dei deputati, dal Senato della Repubblica e dalla Corte costituzionale (1). – 1. Le disposizioni degli articoli 2-sexies, 2-septies e 2-octies del presente decreto legislativo recano principi applicabili, in conformità ai rispettivi ordinamenti, ai trattamenti delle categorie di dati personali di cui agli articoli 9, paragrafo 1, e 10 del Regolamento, disciplinati dalla Presidenza della Repubblica, dal Senato della Repubblica, dalla Camera dei deputati e dalla Corte costituzionale.

(1) Articolo inserito dall'art. 2, co. 1, lett. f), d.lg. 10/8/2018, n. 101.

2 decies. Inutilizzabilità dei dati (1). – 1. I dati personali trattati in violazione della disciplina rilevante in materia di trattamento dei dati personali non possono essere utilizzati, salvo quanto previsto dall'articolo 160-bis.

(1) Articolo inserito dall'art. 2, co. 1, lett. f), d.lg. 10/8/2018, n. 101.

Capo III
Disposizioni in materia di diritti dell'interessato (1)

(1) Intitolazione inserita dall'art. 2, co. 1, lett. f), d.lg. 10/8/2018, n. 101.

2 undecies. Limitazioni ai diritti dell'interessato (1). – 1. I diritti di cui agli articoli da 15 a 22 del Regolamento non possono essere esercitati con richiesta al titolare del trattamento ovvero con reclamo ai sensi dell'articolo 77 del Regolamento qualora dall'esercizio di tali diritti possa derivare un pregiudizio effettivo e concreto:

a) agli interessi tutelati in base alle disposizioni in materia di riciclaggio;

b) agli interessi tutelati in base alle disposizioni in materia di sostegno alle vittime di richieste estorsive;

c) all'attività di Commissioni parlamentari d'inchiesta istituite ai sensi dell'articolo 82 della Costituzione;

d) alle attività svolte da un soggetto pubblico, diverso dagli enti pubblici economici, in base ad espressa disposizione di legge, per esclusive finalità inerenti alla politica monetaria e valutaria, al sistema dei pagamenti, al controllo degli intermediari e dei mercati creditizi e finanziari, nonché alla tutela della loro stabilità;

e) allo svolgimento delle investigazioni difensive o all'esercizio di un diritto in sede giudiziaria;

f) alla riservatezza dell'identità del dipendente che segnala ai sensi della legge 30 novembre 2017, n. 179, l'illecito di cui sia venuto a conoscenza in ragione del proprio ufficio.

2. Nei casi di cui al comma 1, lettera c), si applica quanto previsto dai regolamenti parlamentari ovvero dalla legge o dalle norme istitutive della Commissione d'inchiesta.

3. Nei casi di cui al comma 1, lettere a), b), d) e) ed f) i diritti di cui al medesimo comma sono esercitati conformemente alle disposizioni di legge o di regolamento che regolano il settore, che devono almeno recare misure dirette a disciplinare gli ambiti di cui all'articolo 23, paragrafo 2, del Regolamento. L'esercizio dei medesimi diritti può, in ogni caso, essere ritardato, limitato o escluso con comunicazione motivata e resa senza ritardo all'interessato, a meno che la comunicazione possa compromettere la finalità della limitazione, per il tempo e nei limiti in cui ciò costituisca una misura necessaria e proporzionata, tenuto conto dei diritti fondamentali e dei legittimi interessi dell'interessato, al fine di salvaguardare gli interessi di cui al comma 1, lettere a), b), d), e) ed f). In tali casi, i diritti dell'interessato possono essere esercitati anche tramite il Garante con le modalità di cui all'articolo 160. In tale ipotesi, il Garante informa l'interessato di aver eseguito tutte le verifiche necessarie o di aver svolto un riesame, nonché del diritto dell'interessato di proporre ricorso giurisdizionale. Il titolare del trattamento informa l'interessato delle facoltà di cui al presente comma.

(1) Articolo inserito dall'art. 2, co.1, lett. f), d.lg. 10/8/2018, n. 101.

2 duodecies. Limitazioni per ragioni di giustizia (1). – 1. In applicazione dell'articolo 23, paragrafo 1, lettera f), del Regolamento, in relazione ai trattamenti di dati personali effettuati per ragioni di giustizia nell'ambito di procedimenti dinanzi agli uffici giudiziari di ogni ordine e grado nonché dinanzi al Consiglio superiore della magistratura e agli altri organi di autogoverno delle magistrature speciali o presso il Ministero della giustizia, i diritti e gli obblighi di cui agli articoli da 12 a 22 e 34 del Regolamento sono disciplinati nei limiti e con le modalità previste dalle disposizioni di legge o di Regolamento che regolano tali procedimenti, nel rispetto di quanto previsto dall'articolo 23, paragrafo 2, del Regolamento.

2. Fermo quanto previsto dal comma 1, l'esercizio dei diritti e l'adempimento degli obblighi di cui agli articoli da 12 a 22 e 34 del Regolamento possono, in ogni caso, essere ritardati, limitati o esclusi, con comunicazione motivata e resa senza ritardo all'interessato, a meno che la comunicazione possa compromettere la finalità della limitazione, nella misura e per il tempo in cui ciò costituisca una misura necessaria e proporzionata, tenuto conto dei diritti fondamentali e dei legittimi interessi dell'interessato, per salvaguardare l'indipendenza della magistratura e dei procedimenti giudiziari.

3. Si applica l'articolo 2-undecies, comma 3, terzo, quarto e quinto periodo.

4. Ai fini del presente articolo si intendono effettuati per ragioni di giustizia i trattamenti di dati personali correlati alla trattazione giudiziaria di affari e di controversie, i trattamenti effettuati in materia di trattamento giuridico ed economico del personale di magistratura, nonché i trattamenti svolti nell'ambito delle attività ispettive su uffici giudiziari. Le ragioni di giustizia non ricorrono per l'ordinaria attività amministrativo-gestionale di personale, mezzi o strutture, quando non è pregiudicata la segretezza di atti direttamente connessi alla trattazione giudiziaria di procedimenti.

(1) Articolo inserito dall'art. 2, co. 1, lett. f), d.lg. 10/8/2018, n. 101.

2 terdecies. Diritti riguardanti le persone decedute (1). – 1. I diritti di cui agli articoli da 15 a 22 del Regolamento riferiti ai dati personali concernenti persone decedute possono essere esercitati da chi ha un interesse proprio, o agisce a tutela dell'interessato, in qualità di suo mandatario, o per ragioni familiari meritevoli di protezione.

2. L'esercizio dei diritti di cui al comma 1 non è ammesso nei casi previsti dalla legge o quando, limitatamente all'offerta diretta di servizi della società dell'informazione, l'interessato lo ha espressamente vietato con dichiarazione scritta presentata al titolare del trattamento o a quest'ultimo comunicata.

3. La volontà dell'interessato di vietare l'esercizio dei diritti di cui al comma 1 deve risultare in modo non equivoco e deve essere specifica, libera e informata; il divieto può riguardare l'esercizio soltanto di alcuni dei diritti di cui al predetto comma.

4. L'interessato ha in ogni momento il diritto di revocare o modificare il divieto di cui ai commi 2 e 3.

5. In ogni caso, il divieto non può produrre effetti pregiudizievoli per l'esercizio da parte dei terzi dei diritti patrimoniali che derivano dalla morte dell'interessato nonché del diritto di difendere in giudizio i propri interessi.

(1) Articolo inserito dall'art. 2, co. 1, lett. f), d.lg. 10/8/2018, n. 101.

Capo IV
Disposizioni relative al titolare del trattamento e al responsabile del trattamento (1)

(1) Intitolazione inserita dall'art. 2, co. 1, lett. f), d.lg. 10/8/2018, n. 101.

2 quaterdecies. Attribuzione di funzioni e compiti a soggetti designati (1). – 1. Il titolare o il responsabile del trattamento possono prevedere, sotto la propria responsabilità e nell'ambito del proprio assetto organizzativo, che specifici compiti e funzioni connessi al trattamento di dati personali siano attribuiti a persone fisiche, espressamente designate, che operano sotto la loro autorità.

2. Il titolare o il responsabile del trattamento individuano le modalità più opportune per autorizzare al trattamento dei dati personali le persone che operano sotto la propria autorità diretta.

(1) Articolo inserito dall'art. 2, co. 1, lett. f), d.lg. 10/8/2018, n. 101.

2 quinquiesdecies. Trattamento che presenta rischi elevati per l'esecuzione di un compito di interesse pubblico (1). – 1. Con riguardo ai trattamenti svolti per l'esecuzione di un compito di interesse pubblico che possono presentare rischi elevati ai sensi dell'articolo 35 del Regolamento, il Garante può, sulla base di quanto disposto dall'articolo 36, paragrafo 5, del medesimo Regolamento e con provvedimenti di carattere generale adottati d'ufficio, prescrivere misure e accorgimenti a garanzia dell'interessato, che il titolare del trattamento è tenuto ad adottare.

(1) Articolo inserito dall'art. 2, co. 1, lett. f), d.lg. 10/8/2018, n. 101.

2 sexiesdecies. Responsabile della protezione dei dati per i trattamenti effettuati dalle autorità giudiziarie nell'esercizio delle loro funzioni (1). – 1. Il responsabile della protezione dati è designato, a norma delle disposizioni di cui alla sezione 4 del capo IV del Regolamento, anche in relazione ai trattamenti di dati personali effettuati dalle autorità giudiziarie nell'esercizio delle loro funzioni.

(1) Articolo inserito dall'art. 2, co. 1, lett. f), d.lg. 10/8/2018, n. 101.

2 septiesdecies. Organismo nazionale di accreditamento (1). – 1. L'organismo nazionale di accreditamento di cui all'articolo 43, paragrafo 1, lettera b), del Regolamento è l'Ente unico nazionale di accreditamento, istituito ai sensi del Regolamento (CE) n. 765/2008, del Parlamento europeo e del Consiglio, del 9 luglio 2008, fatto salvo il potere del Garante di assumere direttamente, con deliberazione pubblicata nella Gazzetta Ufficiale della Repubblica italiana e in caso di grave inadempimento dei suoi compiti da parte dell'Ente unico nazionale di accreditamento, l'esercizio di tali funzioni, anche con riferimento a una o più categorie di trattamenti.

(1) Articolo inserito dall'art. 2, co. 1, lett. f), d.lg. 10/8/2018, n. 101.

3. Principio di necessità nel trattamento dei dati*. – *1. I sistemi informativi e i programmi informatici sono configurati riducendo al minimo l'utilizzazione di dati personali e di dati identificativi, in modo da escluderne il trattamento quando le finalità perseguite nei singoli casi possono essere realizzate mediante, rispettivamente, dati anonimi od opportune modalità che permettano di identificare l'interessato solo in caso di necessità.*

* Articolo abrogato dall'art. 27, co. 1, lett. a), n. 1, d.lg. 10/8/2018, n. 101.

4. Definizioni*. – *1. Ai fini del presente codice si intende per: a) "trattamento", qualunque operazione o complesso di operazioni, effettuati anche senza l'ausilio di strumenti elettronici, concernenti la raccolta, la registrazione, l'organizzazione, la conservazione, la consultazione, l'elaborazione, la modificazione, la selezione, l'estrazione, il raffronto, l'utilizzo, l'interconnessione, il blocco, la comunicazione, la diffusione, la cancellazione e la distruzione di dati, anche se non registrati in una banca di dati; b) "dato personale", qualunque informazione relativa a persona fisica, [persona giuridica, ente od associazione,] identificata o identificabile, anche indirettamente, mediante riferimento a qualsiasi altra informazione, ivi compreso un numero di identificazione personale* (1)*; c) "dati identificativi", i dati personali che permettono l'identificazione diretta dell'interessato; d) "dati sensibili", i dati personali idonei a rivelare l'origine razziale ed etnica, le convinzioni religiose, filosofiche o di altro genere, le opinioni politiche, l'adesione a partiti, sindacati, associazioni od organizzazioni a carattere religioso, filosofico, politico o sindacale, nonché i dati personali idonei a rivelare lo stato di salute e la vita sessuale; e) "dati giudiziari", i dati personali idonei a rivelare provvedimenti di cui all'articolo 3, comma 1, lettere da a) a o) e da r) a u), del d.P.R. 14 novembre 2002, n. 313, in materia di casellario giudiziale, di anagrafe delle sanzioni amministrative dipendenti da reato e dei relativi carichi pendenti, o la qualità di imputato o di indagato ai sensi degli articoli 60 e 61 del codice di procedura penale; f) "titolare", la persona fisica, la persona giuridica, la pubblica amministrazione e qualsiasi altro ente, associazione od organismo cui competono, anche unitamente ad altro titolare, le decisioni in ordine alle finalità, alle modalità del trattamento di dati personali e agli strumenti utilizzati, ivi compreso il profilo della sicurezza; g) "responsabile", la persona fisica, la persona giuridica, la pubblica amministrazione e qualsiasi altro ente, associazione od organismo preposti dal titolare al trattamento di dati personali; h) "incaricati", le persone fisiche autorizzate a compiere operazioni di trattamento dal titolare o dal responsabile; i) "interessato", la persona fisica, [la persona giuridica, l'ente o l'associazione] cui si riferiscono i dati personali* (2)*; l) "comunicazione", il dare conoscenza dei dati personali a uno o più soggetti determinati diversi dall'interessato, dal rappresentante del titolare nel territorio dello Stato, dal responsabile e dagli incaricati, in qualunque forma, anche mediante la loro messa a disposizione o consultazione; m) "diffusione", il dare conoscenza dei dati personali a soggetti indeterminati, in qualunque forma, anche mediante la loro messa a disposizione o consultazione; n) "dato anonimo", il dato che in origine, o a seguito di trattamento, non può essere associato ad un interessato identificato o identificabile; o) "blocco", la conservazione di dati personali con sospensione temporanea di ogni altra operazione del trattamento; p) "banca di dati", qualsiasi complesso organizzato di dati personali, ripartito in una o più unità dislocate in uno o più siti; q) "Garante", l'autorità di cui all'articolo 153, istituita dalla legge 31 dicembre 1996, n. 675. 2. Ai fini del presente codice si intende, inoltre, per: a) "comunicazione elettronica", ogni informazione scambiata o trasmessa tra un numero finito di soggetti tramite un servizio di comunicazione elettronica accessibile al pubblico. Sono escluse le informazioni trasmesse al pubblico tramite una rete di comunicazione elettronica, come parte di un servizio di radiodiffusione, salvo che le stesse informazioni siano collegate ad un contraente o utente ricevente, identificato o identificabile* (3)*; b) chiamata, la connessione istituita da un servizio di comunicazione elettronica accessibile al pubblico che consente la comunicazione bidirezionale* (4)*; c) reti di comunicazione elettronica, i sistemi di trasmissione e, se del caso, le apparecchiature di commutazione o di instradamento e altre risorse, inclusi gli elementi di rete non attivi, che consentono di trasmettere segnali via cavo, via radio, a mezzo di fibre ottiche o con altri mezzi elettromagnetici, comprese le reti satellitari, le reti terrestri mobili e fisse a commutazione di circuito e a commutazione di pacchetto, compresa Internet, le reti utilizzate per la diffusione circolare dei programmi sonori e televisivi, i sistemi per il trasporto della corrente elettrica, nella misura in cui siano utilizzati per trasmettere i segnali, le reti televisive via cavo, indipendentemente dal tipo di informazione trasportato* (5)*; d) rete pubblica di comunicazioni, una rete di comunicazione elettronica utilizzata interamente o prevalentemente per fornire servizi di comunicazione elettronica accessibili al pub-*

blico, che supporta il trasferimento di informazioni tra i punti terminali di reti (6); e) "servizio di comunicazione elettronica", i servizi consistenti esclusivamente o prevalentemente nella trasmissione di segnali su reti di comunicazioni elettroniche, compresi i servizi di telecomunicazioni e i servizi di trasmissione nelle reti utilizzate per la diffusione circolare radiotelevisiva, nei limiti previsti dall'articolo 2, lettera c), della direttiva 2002/21/CE del Parlamento europeo e del Consiglio, del 7 marzo 2002; f) "contraente", qualunque persona fisica, persona giuridica, ente o associazione parte di un contratto con un fornitore di servizi di comunicazione elettronica accessibili al pubblico per la fornitura di tali servizi, o comunque destinatario di tali servizi tramite schede prepagate (7); g) "utente", qualsiasi persona fisica che utilizza un servizio di comunicazione elettronica accessibile al pubblico, per motivi privati o commerciali, senza esservi necessariamente abbonata; h) "dati relativi al traffico", qualsiasi dato sottoposto a trattamento ai fini della trasmissione di una comunicazione su una rete di comunicazione elettronica o della relativa fatturazione; i) "dati relativi all'ubicazione", ogni dato trattato in una rete di comunicazione elettronica o da un servizio di comunicazione elettronica che indica la posizione geografica dell'apparecchiatura terminale dell'utente di un servizio di comunicazione elettronica accessibile al pubblico (8); l) "servizio a valore aggiunto", il servizio che richiede il trattamento dei dati relativi al traffico o dei dati relativi all'ubicazione diversi dai dati relativi al traffico, oltre a quanto è necessario per la trasmissione di una comunicazione o della relativa fatturazione; m) "posta elettronica", messaggi contenenti testi, voci, suoni o immagini trasmessi attraverso una rete pubblica di comunicazione, che possono essere archiviati in rete o nell'apparecchiatura terminale ricevente, fino a che il ricevente non ne ha preso conoscenza. 3. Ai fini del presente codice si intende, altresì, per: a) "misure minime", il complesso delle misure tecniche, informatiche, organizzative, logistiche e procedurali di sicurezza che configurano il livello minimo di protezione richiesto in relazione ai rischi previsti nell'articolo 31; b) "strumenti elettronici", gli elaboratori, i programmi per elaboratori e qualunque dispositivo elettronico o comunque automatizzato con cui si effettua il trattamento; c) "autenticazione informatica", l'insieme degli strumenti elettronici e delle procedure per la verifica anche indiretta dell'identità; d) "credenziali di autenticazione", i dati ed i dispositivi, in possesso di una persona, da questa conosciuti o ad essa univocamente correlati, utilizzati per l'autenticazione informatica; e) "parola chiave", componente di una credenziale di autenticazione associata ad una persona ed a questa nota, costituita da una sequenza di caratteri o altri dati in forma elettronica; f) "profilo di autorizzazione", l'insieme delle informazioni, univocamente associate ad una persona, che consente di individuare a quali dati essa può accedere, nonché i trattamenti ad essa consentiti; g) "sistema di autorizzazione", l'insieme degli strumenti e delle procedure che abilitano l'accesso ai dati e alle modalità di trattamento degli stessi, in funzione del profilo di autorizzazione del richiedente. g-bis) violazione di dati personali: violazione della sicurezza che comporta anche accidentalmente la distruzione, la perdita, la modifica, la rivelazione non autorizzata o l'accesso ai dati personali trasmessi, memorizzati o comunque elaborati nel contesto della fornitura di un servizio di comunicazione accessibile al pubblico (9). 4. Ai fini del presente codice si intende per: a) "scopi storici", le finalità di studio, indagine, ricerca e documentazione di figure, fatti e circostanze del passato; b) "scopi statistici", le finalità di indagine statistica o di produzione di risultati statistici, anche a mezzo di sistemi informativi statistici; c) "scopi scientifici", le finalità di studio e di indagine sistematica finalizzata allo sviluppo delle conoscenze scientifiche in uno specifico settore.

* Articolo abrogato dall'art. 27, co. 1, lett. a), n. 1), d.lg. 10/8/2018, n. 101.

(1) Lettera modificata dall'art. 40, co. 2, lett. a), d.l. 6/12/2011, n. 201.

(2) Lettera modificata dall'art. 40, co. 2, lett. b), d.l. 6/12/2011, n. 201.

(3) A norma dell'art. 1, co. 12, d.lg. 28/5/2012, n. 69, la parola "contraente" ha sostituito la parola "abbonato", ovunque ricorrente nel presente decreto.

(4) Lettera sostituita dall'art. 1, co. 1, lett. a), n. 1), d.lg. 28/5/2012, n. 69.

(5) Lettera sostituita dall'art. 1, co. 1, lett. a), n. 2), d.lg. 28/5/2012, n. 69.

(6) Lettera sostituita dall'art. 1, co. 1, lett. a), n. 3), d.lg. 28/5/2012, n. 69.

(7) A norma dell'art. 1, co. 12, d.lg. 28/5/2012, n. 69, la parola "contraente" ha sostituito la parola "abbonato", ovunque ricorrente nel presente decreto.

(8) Lettera modificata dall'art. 1, co. 1, lett. a), n. 4), d.lg. 28/5/2012, n. 69.

(9) Lettera aggiunta dall'art. 1, co. 1, lett. b), d.lg. 28/5/2012, n. 69.

5. Oggetto ed ambito di applicazione*. – *1. Il presente codice disciplina il trattamento di dati personali, anche detenuti all'estero, effettuato da chiunque è stabilito nel territorio dello Stato o in un luogo comunque soggetto alla sovranità dello Stato. 2. Il presente codice si applica anche al trattamento di dati personali effettuato da chiunque è stabilito nel territorio di un Paese non appartenente all'Unione europea e impiega, per il trattamento, strumenti situati nel territorio dello Stato anche diversi da quelli elettronici, salvo che essi siano utilizzati solo ai fini di transito nel territorio dell'Unione europea. In caso di applicazione del presente codice, il titolare del trattamento designa un proprio rappresentante stabilito nel territorio dello Stato ai fini dell'applicazione della disciplina sul trattamento dei dati personali. 3. Il trattamento di dati personali effettuato da persone fisiche per fini esclusivamente personali è soggetto all'applicazione del presente codice solo se i dati sono destinati ad una comunicazione sistematica o alla diffusione. Si applicano in ogni caso le disposizioni in tema di responsabilità e di sicurezza dei dati di cui agli articoli 15 e 31. 3-bis. Il trattamento dei dati personali relativi a persone giuridiche, imprese, enti o associazioni effettuato nell'ambito di rapporti intercorrenti esclusivamente tra i medesimi soggetti per le finalità amministrativo-contabili, come definite all'articolo 34, comma 1-ter, non è soggetto all'applicazione del presente codice**.*

* Articolo abrogato dall'art. 27, co. 1, lett. a), n. 1), d.lg. 10/8/2018, n. 101.

** Comma aggiunto dall'art. 6, co. 2, lett. a), n. 1), d.l. 13/5/2011, n. 70 e successivamente abrogato dall'art. 40, co. 2, lett. c) del d.l. 6/12/2011, n. 201.

6. Disciplina del trattamento*. – *1. Le disposizioni contenute nella presente Parte si applicano a tutti i trattamenti di dati, salvo quanto previsto, in relazione ad alcuni trattamenti, dalle disposizioni integrative o modificative della Parte II.*

* Articolo abrogato dall'art. 27, co. 1, lett. a), n. 1), d.lg. 10/8/2018, n. 101.

TITOLO II
*DIRITTI DELL'INTERESSATO**

* Titolo abrogato dall'art. 27, co. 1, lett. a), n. 2), d.lg. 10/8/2018, n. 101. Vedi, anche, l'art. 22, co. 6, del citato d.lg. n. 101/2018.

7. Diritto di accesso ai dati personali ed altri diritti*. – *1. L'interessato ha diritto di ottenere la conferma dell'esistenza o meno di dati personali che lo riguardano, anche se non an-*

cora registrati, e la loro comunicazione in forma intelligibile. 2. L'interessato ha diritto di ottenere l'indicazione: a) dell'origine dei dati personali; b) delle finalità e modalità del trattamento; c) della logica applicata in caso di trattamento effettuato con l'ausilio di strumenti elettronici; d) degli estremi identificativi del titolare, dei responsabili e del rappresentante designato ai sensi dell'articolo 5, comma 2; e) dei soggetti o delle categorie di soggetti ai quali i dati personali possono essere comunicati o che possono venirne a conoscenza in qualità di rappresentante designato nel territorio dello Stato, di responsabili o incaricati. 3. L'interessato ha diritto di ottenere: a) l'aggiornamento, la rettificazione ovvero, quando vi ha interesse, l'integrazione dei dati; b) la cancellazione, la trasformazione in forma anonima o il blocco dei dati trattati in violazione di legge, compresi quelli di cui non è necessaria la conservazione in relazione agli scopi per i quali i dati sono stati raccolti o successivamente trattati; c) l'attestazione che le operazioni di cui alle lettere a) e b) sono state portate a conoscenza, anche per quanto riguarda il loro contenuto, di coloro ai quali i dati sono stati comunicati o diffusi, eccettuato il caso in cui tale adempimento si rivela impossibile o comporta un impiego di mezzi manifestamente sproporzionato rispetto al diritto tutelato. 4. L'interessato ha diritto di opporsi, in tutto o in parte: a) per motivi legittimi al trattamento dei dati personali che lo riguardano, ancorché pertinenti allo scopo della raccolta; b) al trattamento di dati personali che lo riguardano a fini di invio di materiale pubblicitario o di vendita diretta o per il compimento di ricerche di mercato o di comunicazione commerciale.

* Articolo abrogato dall'art. 27, co. 1, lett. a), n. 2), d.lg. 10/8/2018, n. 101.

8. *Esercizio dei diritti.** – *1. I diritti di cui all'articolo 7 sono esercitati con richiesta rivolta senza formalità al titolare o al responsabile, anche per il tramite di un incaricato, alla quale è fornito idoneo riscontro senza ritardo. 2. I diritti di cui all'articolo 7 non possono essere esercitati con richiesta al titolare o al responsabile o con ricorso ai sensi dell'articolo 145, se i trattamenti di dati personali sono effettuati: a) in base alle disposizioni del decreto-legge 3 maggio 1991, n. 143, convertito, con modificazioni, dalla legge 5 luglio 1991, n. 197, e successive modificazioni, in materia di riciclaggio; b) in base alle disposizioni del decreto-legge 31 dicembre 1991, n. 419, convertito, con modificazioni, dalla legge 18 febbraio 1992, n. 172, e successive modificazioni, in materia di sostegno alle vittime di richieste estorsive; c) da Commissioni parlamentari d'inchiesta istituite ai sensi dell'articolo 82 della Costituzione; d) da un soggetto pubblico, diverso dagli enti pubblici economici, in base ad espressa disposizione di legge, per esclusive finalità inerenti alla politica monetaria e valutaria, al sistema dei pagamenti, al controllo degli intermediari e dei mercati creditizi e finanziari, nonché alla tutela della loro stabilità; e) ai sensi dell'articolo 24, comma 1, lettera f), limitatamente al periodo durante il quale potrebbe derivarne un pregiudizio effettivo e concreto per lo svolgimento delle investigazioni difensive o per l'esercizio del diritto in sede giudiziaria; f) da fornitori di servizi di comunicazione elettronica accessibili al pubblico relativamente a comunicazioni telefoniche in entrata, salvo che possa derivarne un pregiudizio effettivo e concreto per lo svolgimento delle investigazioni difensive di cui alla legge 7 dicembre 2000, n. 397; g) per ragioni di giustizia, presso uffici giudiziari di ogni ordine e grado o il Consiglio superiore della magistratura o altri organi di autogoverno o il Ministero della giustizia; h) ai sensi dell'articolo 53, fermo restando quanto previsto dalla legge 1° aprile 1981, n. 121. 3. Il Garante, anche su segnalazione dell'interessato, nei casi di cui al comma 2, lettere a), b), d), e) ed f), provvede nei modi di cui agli articoli 157, 158 e 159 e, nei casi di cui alle lettere c), g) ed h) del medesimo comma, provvede nei modi di cui all'articolo 160. 4. L'esercizio dei diritti di cui all'articolo 7, quando non riguarda dati di carattere oggettivo, può avere luogo salvo che concerna la rettificazione o l'integrazione di dati personali di tipo valutativo, relativi a giudizi, opinioni o ad altri apprezzamenti di tipo soggettivo, nonché l'indicazione di condotte da tenersi o di decisioni in via di assunzione da parte del titolare del trattamento.*

* Articolo abrogato dall'art. 27, co. 1, lett. a), n. 2), d.lg. 10/8/2018, n. 101.

9. *Modalità di esercizio.** – *1. La richiesta rivolta al titolare o al responsabile può essere trasmessa anche mediante lettera raccomandata, telefax o posta elettronica. Il Garante può individuare altro idoneo sistema in riferimento a nuove soluzioni tecnologiche. Quando riguarda l'esercizio dei diritti di cui all'articolo 7, commi 1 e 2, la richiesta può essere formulata anche oralmente e in tal caso è annotata sinteticamente a cura dell'incaricato o del responsabile. 2. Nell'esercizio dei diritti di cui all'articolo 7 l'interessato può conferire, per iscritto, delega o procura a persone fisiche, enti, associazioni od organismi. L'interessato può, altresì, farsi assistere da una persona di fiducia. 3. I diritti di cui all'articolo 7 riferiti a dati personali concernenti persone decedute possono essere esercitati da chi ha un interesse proprio, o agisce a tutela dell'interessato o per ragioni familiari meritevoli di protezione. 4. L'identità dell'interessato è verificata sulla base di idonei elementi di valutazione, anche mediante atti o documenti disponibili o esibizione o allegazione di copia di un documento di riconoscimento. La persona che agisce per conto dell'interessato esibisce o allega copia della procura, ovvero della delega sottoscritta in presenza di un incaricato o sottoscritta e presentata unitamente a copia fotostatica non autenticata di un documento di riconoscimento dell'interessato. Se l'interessato è una persona giuridica, un ente o un'associazione, la richiesta è avanzata dalla persona fisica legittimata in base ai rispettivi statuti od ordinamenti* (1). *5. La richiesta di cui all'articolo 7, commi 1 e 2, è formulata liberamente e senza costrizioni e può essere rinnovata, salva l'esistenza di giustificati motivi, con intervallo non minore di novanta giorni.*

* Articolo abrogato dall'art. 27, co. 1, lett. a), n. 2), d.lg. 10/8/2018, n. 101.

(1) Comma modificato dall'art. 40, co. 2, lett. d), d.l. 6/12/2011, n. 201.

10. *Riscontro all'interessato.** – *1. Per garantire l'effettivo esercizio dei diritti di cui all'articolo 7 il titolare del trattamento è tenuto ad adottare idonee misure volte, in particolare: a) ad agevolare l'accesso ai dati personali da parte dell'interessato, anche attraverso l'impiego di appositi programmi per elaboratore finalizzati ad un'accurata selezione dei dati che riguardano singoli interessati identificati o identificabili; b) a semplificare le modalità e a ridurre i tempi per il riscontro al richiedente, anche nell'ambito di uffici o servizi preposti alle relazioni con il pubblico. 2. I dati sono estratti a cura del responsabile o degli incaricati e possono essere comunicati al richiedente anche oralmente, ovvero offerti in visione mediante strumenti elettronici, sempre che in tali casi la comprensione dei dati sia agevole, considerata anche la qualità e la quantità delle informazioni. Se vi è richiesta, si provvede alla trasposizione dei dati su supporto cartaceo o informatico, ovvero alla loro trasmissione per via telematica. 3. Salvo che la richiesta sia riferita ad un particolare trattamento o a specifici dati personali o categorie di dati personali, il riscontro all'interessato comprende tutti i dati personali che riguardano l'interessato comunque trattati dal titolare.*

Se la richiesta è rivolta ad un esercente una professione sanitaria o ad un organismo sanitario si osserva la disposizione di cui all'articolo 84, comma 1. 4. Quando l'estrazione dei dati risulta particolarmente difficoltosa il riscontro alla richiesta dell'interessato può avvenire anche attraverso l'esibizione o la consegna in copia di atti e documenti contenenti i dati personali richiesti. 5. Il diritto di ottenere la comunicazione in forma intelligibile dei dati non riguarda dati personali relativi a terzi, salvo che la scomposizione dei dati trattati o la privazione di alcuni elementi renda incomprensibili i dati personali relativi all'interessato. 6. La comunicazione dei dati è effettuata in forma intelligibile anche attraverso l'utilizzo di una grafia comprensibile. In caso di comunicazione di codici o sigle sono forniti, anche mediante gli incaricati, i parametri per la comprensione del relativo significato. 7. Quando, a seguito della richiesta di cui all'articolo 7, commi 1 e 2, lettere a), b) e c) non risulta confermata l'esistenza di dati che riguardano l'interessato, può essere chiesto un contributo spese non eccedente i costi effettivamente sopportati per la ricerca effettuata nel caso specifico. 8. Il contributo di cui al comma 7 non può comunque superare l'importo determinato dal Garante con provvedimento di carattere generale, che può individuarlo forfettariamente in relazione al caso in cui i dati sono trattati con strumenti elettronici e la risposta è fornita oralmente. Con il medesimo provvedimento il Garante può prevedere che il contributo possa essere chiesto quando i dati personali figurano su uno speciale supporto del quale è richiesta specificamente la riproduzione, oppure quando, presso uno o più titolari, si determina un notevole impiego di mezzi in relazione alla complessità o all'entità delle richieste ed è confermata l'esistenza di dati che riguardano l'interessato. 9. Il contributo di cui ai commi 7 e 8 è corrisposto anche mediante versamento postale o bancario, ovvero mediante carta di pagamento o di credito, ove possibile all'atto della ricezione del riscontro e comunque non oltre quindici giorni da tale riscontro.

* Articolo abrogato dall'art. 27, co. 1, lett. a), n. 2), d.lg. 10/8/2018, n. 101.

TITOLO III
*REGOLE GENERALI PER IL TRATTAMENTO DEI DATI**

* Titolo abrogato dall'art. 27, co. 1, lett. a), n. 2), d.lg. 10/8/2018, n. 101. Vedi, anche, l'art. 22, co. 6, del citato d.lg. n. 101/2018.

Capo I
*Regole per tutti i trattamenti**

* Capo abrogato dall'art. 27, co. 1, lett. a), n. 2), d.lg. 10/8/2018, n. 101. Vedi, anche, l'art. 22, co. 6, del citato d.lg. n. 101/2018.

***11. Modalità del trattamento e requisiti dei dati**.** – *1. I dati personali oggetto di trattamento sono: a) trattati in modo lecito e secondo correttezza; b) raccolti e registrati per scopi determinati, espliciti e legittimi, ed utilizzati in altre operazioni del trattamento in termini compatibili con tali scopi; c) esatti e, se necessario, aggiornati; d) pertinenti, completi e non eccedenti rispetto alle finalità per le quali sono raccolti o successivamente trattati; e) conservati in una forma che consenta l'identificazione dell'interessato per un periodo di tempo non superiore a quello necessario agli scopi per i quali essi sono stati raccolti o successivamente trattati. 2. I dati personali trattati in violazione della disciplina rilevante in materia di trattamento dei dati personali non possono essere utilizzati.*

* Articolo abrogato dall'art. 27, co. 1, lett. a), n. 2), d.lg. 10/8/2018, n. 101.

***12. Codici di deontologia e di buona condotta**.** – *1. Il Garante promuove nell'ambito delle categorie interessate, nell'osservanza del principio di rappresentatività e tenendo conto dei criteri direttivi delle raccomandazioni del Consiglio d'Europa sul trattamento di dati personali, la sottoscrizione di codici di deontologia e di buona condotta per determinati settori, ne verifica la conformità alle leggi e ai regolamenti anche attraverso l'esame di osservazioni di soggetti interessati e contribuisce a garantirne la diffusione e il rispetto. 2. I codici sono pubblicati nella Gazzetta Ufficiale della Repubblica italiana a cura del Garante e, con decreto del Ministro della giustizia, sono riportati nell'allegato A) del presente codice. 3. Il rispetto delle disposizioni contenute nei codici di cui al comma 1 costituisce condizione essenziale per la liceità e correttezza del trattamento dei dati personali effettuato da soggetti privati e pubblici. 4. Le disposizioni del presente articolo si applicano anche al codice di deontologia per i trattamenti di dati per finalità giornalistiche promosso dal Garante nei modi di cui al comma 1 e all'articolo 139* (1).

* Articolo abrogato dall'art. 27, co. 1, lett. a), n. 2), d.lg. 10/8/2018, n. 101.

(1) Per l'inserimento nell'Allegato A del presente decreto del Codice di deontologia e di buona condotta per i trattamenti di dati personali per scopi statistici e scientifici ed il Codice di deontologia e di buona condotta per i sistemi informativi gestiti da soggetti privati in tema di crediti al consumo, affidabilità e puntualità nei pagamenti, vedi il d.m. 14/1/2005; per l'inserimento del Codice di deontologia e di buona condotta per i dati trattati per svolgere investigazioni difensive o per far valere o difendere un diritto in sede giudiziaria, vedi il d.m. 2/12/2008; per l'inserimento del Codice di deontologia e di buona condotta per i trattamenti di dati personali per scopi statistici e di ricerca scientifica effettuati nell'ambito del Sistema statistico nazionale, nella versione modificata con Delibera 12/6/2014, n. 296, vedi il d.m. 24/9/2014; per l'inserimento del Codice di deontologia e di buona condotta per il trattamento dei dati personali effettuato a fini di informazione commerciale, vedi il d.m. 22/10/2015.

***13. Informativa**.** – *1. L'interessato o la persona presso la quale sono raccolti i dati personali sono previamente informati oralmente o per iscritto circa: a) le finalità e le modalità del trattamento cui sono destinati i dati; b) la natura obbligatoria o facoltativa del conferimento dei dati; c) le conseguenze di un eventuale rifiuto di rispondere; d) i soggetti o le categorie di soggetti ai quali i dati personali possono essere comunicati o che possono venirne a conoscenza in qualità di responsabili o incaricati, e l'ambito di diffusione dei dati medesimi; e) i diritti di cui all'articolo 7; f) gli estremi identificativi del titolare e, se designati, del rappresentante nel territorio dello Stato ai sensi dell'articolo 5 e del responsabile. Quando il titolare ha designato più responsabili è indicato almeno uno di essi, indicando il sito della rete di comunicazione o le modalità attraverso le quali è conoscibile in modo agevole l'elenco aggiornato dei responsabili. Quando è stato designato un responsabile per il riscontro all'interessato in caso di esercizio dei diritti di cui all'articolo 7, è indicato tale responsabile. 2. L'informativa di cui al comma 1 contiene anche gli elementi previsti da specifiche disposizioni del presente codice e può non comprendere gli elementi già noti alla persona che fornisce i dati o la cui conoscenza può ostacolare in concreto l'espletamento, da parte di un soggetto pubblico, di funzioni ispettive o di controllo svolte per finalità di difesa o sicurezza dello Stato oppure di prevenzione, accertamento o repressione di reati. 3. Il Garante può individuare con proprio provvedimento modalità semplificate per l'informativa fornita in particolare da servizi telefonici di assistenza e informazione al pubblico* (1). *4. Se i dati personali non sono raccolti presso l'interessato, l'informativa di cui al comma 1, comprensiva delle categorie di dati trattati, è data al medesimo interessato all'atto della registrazione dei dati* *o, quando è prevista la loro comunicazione, non oltre la prima comunicazione. 5. La disposizione di cui al comma 4 non si applica quando: a) i dati sono trattati in base ad un obbligo previsto dalla legge, da un regolamento o dalla normativa comunitaria; b) i dati sono trattati ai fini dello svolgimento delle investigazioni difensive di cui alla legge 7 dicembre 2000, n. 397, o, comunque, per far valere o difendere un diritto in sede giudiziaria, sempre che i dati siano trattati esclusivamente per tali finalità e per il periodo strettamente necessario al loro perseguimento; c) l'informativa all'interessato comporta un impiego di mezzi che il Garante, prescrivendo eventuali misure appropriate, dichiari manifestamente sproporzionati rispetto al diritto tutelato, ovvero si riveli, a giudizio del Garante, impossibile* (1) (2). *5-bis. L'informativa di cui al comma 1 non è dovuta in caso di ricezione di curricula spontaneamente trasmessi dagli interessati ai fini dell'eventuale instaurazione di un rapporto di lavoro. Al momento del primo contatto successivo all'invio del curriculum, il titolare è tenuto a fornire all'interessato, anche oralmente, una informativa breve contenente almeno gli elementi di cui al comma 1, lettere a), d) ed f)* (3).

* Articolo abrogato dall'art. 27, co. 1, lett. a), n. 2), d.lg. 10/8/2018, n. 101.

(1) Per la semplificazione dei trattamenti di dati per finalità amministrative e contabili vedi il Provvedimento del garante per la protezione dei dati personali 19/6/2008.

(2) In riferimento al presente articolo vedi: Circolare AGEA 7/6/2010, n. 19.

(3) Comma aggiunto dall'art. 6, co. 2, lett. a), n. 2), d.l. 13/5/2011, n. 70.

• Per una deroga al presente articolo vedi l'art. 44, co. 1-bis, d.l. 30/12/2008, n.207, conv., con modif, in l. 27/2/2009, n. 14, come modificato dall'art. 20 bis, co. 3, d.l. 25/9/2009, n. 135.

14. Definizione di profili e della personalità dell'interessato*. – *1. Nessun atto o provvedimento giudiziario o amministrativo che implichi una valutazione del comportamento umano può essere fondato unicamente su un trattamento automatizzato di dati personali volto a definire il profilo o la personalità dell'interessato. 2. L'interessato può opporsi ad ogni altro tipo di determinazione adottata sulla base del trattamento di cui al comma 1, ai sensi dell'articolo 7, comma 4, lettera a), salvo che la determinazione sia stata adottata in occasione della conclusione o dell'esecuzione di un contratto, in accoglimento di una proposta dell'interessato o sulla base di adeguate garanzie individuate dal presente codice o da un provvedimento del Garante ai sensi dell'articolo 17.*

* Articolo abrogato dall'art. 27, co. 1, lett. a), n. 2), d.lg. 10/8/2018, n. 101.

15. Danni cagionati per effetto del trattamento*. – *1. Chiunque cagiona danno ad altri per effetto del trattamento di dati personali è tenuto al risarcimento ai sensi dell'articolo 2050 del codice civile.*

2. Il danno non patrimoniale è risarcibile anche in caso di violazione dell'articolo 11.

* Articolo abrogato dall'art. 27, co. 1, lett. a), n. 2), d.lg. 10/8/2018, n. 101.

16. Cessazione del trattamento*. – *1. In caso di cessazione, per qualsiasi causa, di un trattamento i dati sono: a) distrutti; b) ceduti ad altro titolare, purché destinati ad un trattamento in termini compatibili agli scopi per i quali i dati sono raccolti; c) conservati per fini esclusivamente personali e non destinati ad una comunicazione sistematica o alla diffusione; d) conservati o ceduti ad altro titolare, per scopi storici, statistici o scientifici, in conformità alla legge, ai regolamenti, alla normativa comunitaria e ai codici di deontologia e di buona condotta sottoscritti ai sensi dell'articolo 12. 2. La cessione dei dati in violazione di quanto previsto dal comma 1, lettera b), o di altre disposizioni rilevanti in materia di trattamento dei dati personali è priva di effetti.*

* Articolo abrogato dall'art. 27, co. 1, lett. a), n. 2), d.lg. 10/8/2018, n. 101.

17. Trattamento che presenta rischi specifici*. – *1. Il trattamento dei dati diversi da quelli sensibili e giudiziari che presenta rischi specifici per i diritti e le libertà fondamentali, nonché per la dignità dell'interessato, in relazione alla natura dei dati o alle modalità del trattamento o agli effetti che può determinare, è ammesso nel rispetto di misure ed accorgimenti a garanzia dell'interessato, ove prescritti. 2. Le misure e gli accorgimenti di cui al comma 1 sono prescritti dal Garante in applicazione dei principi sanciti dal presente codice, nell'ambito di una verifica preliminare all'inizio del trattamento, effettuata anche in relazione a determinate categorie di titolari o di trattamenti, anche a seguito di un interpello del titolare.*

* Articolo abrogato dall'art. 27, co. 1, lett. a), n. 2), d.lg. 10/8/2018, n. 101.

Capo II
*Regole ulteriori per i soggetti pubblici**

* Capo abrogato dall'art. 27, co. 1, lett. a), n. 2), d.lg. 10/8/2018, n. 101. Vedi, anche, l'art. 22, co. 6, del citato d.lg. n. 101/2018.

18. Principi applicabili a tutti i trattamenti effettuati da soggetti pubblici*. – *1. Le disposizioni del presente capo riguardano tutti i soggetti pubblici, esclusi gli enti pubblici economici. 2. Qualunque trattamento di dati personali da parte di soggetti pubblici è consentito soltanto per lo svolgimento delle funzioni istituzionali. 3. Nel trattare i dati il soggetto pubblico osserva i presupposti e i limiti stabiliti dal presente codice, anche in relazione alla diversa natura dei dati, nonché dalla legge e dai regolamenti. 4. Salvo quanto previsto nella Parte II per gli esercenti le professioni sanitarie e gli organismi sanitari pubblici, i soggetti pubblici non devono richiedere il consenso dell'interessato. 5. Si osservano le disposizioni di cui all'articolo 25 in tema di comunicazione e diffusione.*

* Articolo abrogato dall'art. 27, co. 1, lett. a), n. 2), d.lg. 10/8/2018, n. 101.

19. Principi applicabili al trattamento di dati diversi da quelli sensibili e giudiziari*. – *1. Il trattamento da parte di un soggetto pubblico riguardante dati diversi da quelli sensibili e giudiziari è consentito, fermo restando quanto previsto dall'articolo 18, comma 2, anche in mancanza di una norma di legge o di regolamento che lo preveda espressamente. 2. La comunicazione da parte di un soggetto pubblico ad altri soggetti pubblici è ammessa quando è prevista da una norma di legge o di regolamento. In mancanza di tale norma la comunicazione è ammessa quando è comunque necessaria per lo svolgimento di funzioni istituzionali e può essere iniziata se è decorso il termine di cui all'articolo 39, comma 2, e non è stata adottata la diversa determinazione ivi indicata. 3. La comunicazione da parte di un soggetto pubblico a privati o a enti pubblici economici e la diffusione da parte di un soggetto pubblico sono ammesse unicamente quando sono previste da una norma di legge o di regolamento. 3-bis. Le notizie concernenti lo svolgimento delle prestazioni di chiunque sia addetto a una funzione pubblica e la relativa valutazione sono rese accessibili dall'amministrazione di appartenenza. Non sono invece ostensibili, se non nei casi previsti dalla legge, le* *notizie concernenti la natura delle infermità e degli impedimenti personali o familiari che causino l'astensione dal lavoro, nonché le componenti della valutazione o le notizie concernenti il rapporto di lavoro tra il predetto dipendente e l'amministrazione, idonee a rivelare taluna delle informazioni di cui all'articolo 4, comma 1, lettera d)***.

* Articolo abrogato dall'art. 27, co. 1, lett. a), n. 2), d.lg. 10/8/2018, n. 101.

** Comma inserito dall'art. 14, co. 1, lett. b), l. 4/11/2010, n. 183 e successivamente abrogato dall'art. 53, co. 1, lett. e), d.lg. 14/3/2013, n. 33.

20. Principi applicabili al trattamento di dati sensibili*. – *1. Il trattamento dei dati sensibili da parte di soggetti pubblici è consentito solo se autorizzato da espressa disposizione di legge nella quale sono specificati i tipi di dati che possono essere trattati e di operazioni eseguibili e le finalità di rilevante interesse pubblico perseguite. 2. Nei casi in cui una disposizione di legge specifica la finalità di rilevante interesse pubblico, ma non i tipi di dati sensibili e di operazioni eseguibili, il trattamento è consentito solo in riferimento ai tipi di dati e di operazioni identificati e resi pubblici a cura dei soggetti che ne effettuano il trattamento, in relazione alle specifiche finalità perseguite nei singoli casi e nel rispetto dei principi di cui all'articolo 22, con atto di natura regolamentare adottato in conformità al parere espresso dal Garante ai sensi dell'articolo 154, comma 1, lettera g), anche su schemi tipo* (1). *3. Se il trattamento non è previsto espressamente da una disposizione di legge i soggetti pubblici possono richiedere al Garante l'individuazione delle attività, tra quelle demandate ai medesimi soggetti dalla legge, che perseguono finalità di rilevante interesse pubblico e per le quali è conseguentemente autorizzato, ai sensi dell'articolo 26, comma 2, il trattamento dei dati sensibili. Il trattamento è consentito solo se il soggetto pubblico provvede altresì a identificare e rendere pubblici i tipi di dati e di operazioni nei modi di cui al comma 2* (1). *4. L'identificazione dei tipi di dati e di operazioni di cui ai commi 2 e 3 è aggiornata e integrata periodicamente* (2).

* Articolo abrogato dall'art. 27, co. 1, lett. a), n. 2), d.lg. 10/8/2018, n. 101.

(1) Per il regolamento di attuazione di cui al presente co. vedi il d.m. 23/6/2004, n. 225, il d.m. 13/4/2006, n. 203, il Provvedimento 16/12/2005, la Deliberazione 29/12/2005, n. 26, il Comunicato 19/4/2006, il Comunicato 24/7/2006, il d.m. 21/6/2006, n. 244, il d.m. 12/12/2006 n. 306, il provvedimento 2/1/2007, il d.p.c.m. 30/11/2006 n. 312, il d.m. 9/2/2007, n. 21, il d.m. 28/2/2007, n. 54, il Provvedimento 28/2/2007, il Provvedimento 12/4/2007, il d.m. 7/3/2007, n. 58, il d.m. 12/3/2007, n. 59, il d.m. 16/5/2007, n. 100, il d.m. 22/5/2007, il d.m. 3/8/2007, n. 168 e il d.m. 29/11/2007, n. 255. Vedi, inoltre, il Provvedimento 6/11/2015.

(2) Per l'attuazione delle norme di cui al presente articolo, vedi il Provvedimento 30/4/2008. Per il regolamento di attuazione del presente articolo vedi il Regolamento 1° aprile 2009.

21. Principi applicabili al trattamento di dati giudiziari* (1). *–1. Il trattamento di dati giudiziari da parte di soggetti pubblici è consentito solo se autorizzato da espressa disposizione di legge o provvedimento del Garante che specifichino le finalità di rilevante interesse pubblico del trattamento, i tipi di dati trattati e di operazioni eseguibili. 1-bis. Il trattamento dei dati giudiziari è altresì consentito quando è effettuato in attuazione di protocolli d'intesa per la prevenzione e il contrasto dei fenomeni di criminalità organizzata stipulati con il Ministero dell'interno o con i suoi uffici periferici di cui all' articolo 15, comma 2, del decreto legislativo 30 luglio 1999, n. 300, previo parere del Garante per la protezione dei dati personali, che specificano la tipologia dei dati trattati e delle operazioni eseguibili* (2). *2. Le disposizioni di cui all'articolo 20, commi 2 e 4, si applicano anche al trattamento dei dati giudiziari* (3).

* Articolo abrogato dall'art. 27, co. 1, lett. a), n. 2), d.lg. 10/8/2018, n. 101.

(1) Per il regolamento di attuazione del presente articolo vedi d.m. 23/6/2004, n. 225, d.m. 13/4/2006, n. 203, il d.m. 21/6/2006, n. 244, il d.m. 12/12/2006, n. 306, il d.m. 9/2/2007, n. 21, il d.m. 7/3/2007, n. 58, il d.m. 12/3/2007, n. 59 e il d.m. 22/5/2007. Vedi, anche, il Provvedimento 16/12/2005, il Provvedimento 30/4/2008 ed il Regolamento 1/4/2009.

(2) Comma inserito dall'art. 45, co. 1, lett. a) del d.l. 9/2/2012, n. 5.

(3) Per il regolamento di attuazione del presente co. vedi la Deliberazione 29/12/2005, n. 26, il Comunicato 19/4/2006, provvedimento 2/1/2007, il d.p.c.m. 30/11/2006, n. 312, il d.m. 28/2/2007, n. 54, il Provvedimento 28 febbraio 2007, il Provvedimento 12/4/2007, il d.m. 16/5/2007, n. 100, il d.m. 3/8/2007, n. 168 e il d.m. 29/11/2007, n. 255. Vedi, inoltre, il Provvedimento 6/11/2015.

22. Principi applicabili al trattamento di dati sensibili e giudiziari*. – *1. I soggetti pubblici conformano il trattamento dei dati sensibili e giudiziari secondo modalità volte a prevenire violazioni dei diritti, delle libertà fondamentali e della dignità dell'interessato. 2. Nel fornire l'informativa di cui all'articolo 13 i soggetti pubblici fanno espresso riferimento alla normativa che prevede gli obblighi o i compiti in base alla quale è effettuato il trattamento dei dati sensibili e giudiziari. 3. I soggetti pubblici possono trattare solo i dati sensibili e giudiziari indispensabili per svolgere attività istituzionali che non possono essere adempiute, caso per caso, mediante il trattamento di dati anonimi o di dati personali di natura diversa. 4. I dati sensibili e giudiziari sono raccolti, di regola, presso l'interessato. 5. In applicazione dell'articolo 11, comma 1, lettere c), d) ed e), i soggetti pubblici verificano periodicamente l'esattezza e l'aggiornamento dei dati sensibili e giudiziari, nonché la loro pertinenza, completezza, non eccedenza e indispensabilità rispetto alle finalità perseguite nei singoli casi, anche con riferimento ai dati che l'interessato fornisce di propria iniziativa. Al fine di assicurare che i dati sensibili e giudiziari siano indispensabili rispetto agli obblighi e ai compiti loro attribuiti, i soggetti pubblici valutano specificamente il rapporto tra i dati e gli adempimenti. I dati che, anche a seguito delle verifiche, risultano eccedenti o non pertinenti o non indispensabili non possono essere utilizzati, salvo che per l'eventuale conservazione, a norma di legge, dell'atto o del documento che li contiene. Specifica attenzione è prestata per la verifica dell'indispensabilità dei dati sensibili e giudiziari riferiti a soggetti diversi da quelli cui si riferiscono direttamente le prestazioni o gli adempimenti. 6. I dati sensibili e giudiziari contenuti in elenchi, registri o banche di dati, tenuti con l'ausilio di strumenti elettronici, sono trattati con tecniche di cifratura o mediante l'utilizzazione di codici identificativi o di altre soluzioni che, considerato il numero e la natura dei dati trattati, li rendono temporaneamente inintelligibili anche a chi è autorizzato ad accedervi e permettono di identificare gli interessati solo in caso di necessità. 7. I dati idonei a rivelare lo stato di salute e la vita sessuale sono conservati separatamente da altri dati personali trattati per finalità che non richiedono il loro utilizzo. I medesimi dati sono trattati con le modalità di cui al comma 6 anche quando sono tenuti in elenchi, registri o banche di dati senza l'ausilio di strumenti elettronici. 8. I dati idonei a rivelare lo stato di salute non possono essere diffusi. 9. Rispetto ai dati sensibili e giudiziari indispensabili ai sensi del comma 3, i soggetti pubblici sono autorizzati ad effettuare unicamente le operazioni di trattamento indispensabili per il perseguimento delle finalità per le quali il trattamento è consentito, anche quando i dati sono raccolti nello svolgimento di compiti di vigilanza, di controllo o ispettivi. 10. I dati sensibili e giudiziari non possono essere trattati nell'ambito di test psi-*

co-attitudinali volti a definire il profilo o la personalità dell'interessato. Le operazioni di raffronto tra dati sensibili e giudiziari, nonché i trattamenti di dati sensibili e giudiziari ai sensi dell'articolo 14, sono effettuati solo previa annotazione scritta dei motivi. 11. In ogni caso, le operazioni e i trattamenti di cui al comma 10, se effettuati utilizzando banche di dati di diversi titolari, nonché la diffusione dei dati sensibili e giudiziari, sono ammessi solo se previsti da espressa disposizione di legge. 12. Le disposizioni di cui al presente articolo recano principi applicabili, in conformità ai rispettivi ordinamenti, ai trattamenti disciplinati dalla Presidenza della Repubblica, dalla Camera dei deputati, dal Senato della Repubblica e dalla Corte costituzionale.

* Articolo abrogato dall'art. 27, co. 1, lett. a), n. 2), d.lg. 10/8/2018, n. 101.

Capo III
*Regole ulteriori per privati ed enti pubblici economici**

* Capo abrogato dall'art. 27, co. 1, lett. a), n. 2), d.lg. 10/8/2018, n. 101. Vedi, anche, l'art. 22, co. 6, del citato d.lg. n. 101/2018.

23. Consenso*. – *1. Il trattamento di dati personali da parte di privati o di enti pubblici economici è ammesso solo con il consenso espresso dell'interessato. 2. Il consenso può riguardare l'intero trattamento ovvero una o più operazioni dello stesso. 3. Il consenso è validamente prestato solo se è espresso liberamente e specificamente in riferimento ad un trattamento chiaramente individuato, se è documentato per iscritto, e se sono state rese all'interessato le informazioni di cui all'articolo 13. 4. Il consenso è manifestato in forma scritta quando il trattamento riguarda dati sensibili* (1).

* Articolo abrogato dall'art. 27, co. 1, lett. a), n. 2), d.lg. 10/8/2018, n. 101.

(1) Per una deroga al presente articolo vedi l'art. 44, co. 1-bis, d.l. 30/12/2008, n. 207, conv., con modif. in l. 27/2/2009, n. 14, come modificato dall'art. 20-bis, co. 3, d.l. 25/9/2009, n. 135.

24. Casi nei quali può essere effettuato il trattamento senza consenso*. – *1. Il consenso non è richiesto, oltre che nei casi previsti nella Parte II, quando il trattamento: a) è necessario per adempiere ad un obbligo previsto dalla legge, da un regolamento o dalla normativa comunitaria; b) è necessario per eseguire obblighi derivanti da un contratto del quale è parte l'interessato o per adempiere, prima della conclusione del contratto, a specifiche richieste dell'interessato; c) riguarda dati provenienti da pubblici registri, elenchi, atti o documenti conoscibili da chiunque, fermi restando i limiti e le modalità che le leggi, i regolamenti o la normativa comunitaria stabiliscono per la conoscibilità e pubblicità dei dati; d) riguarda dati relativi allo svolgimento di attività economiche, trattati nel rispetto della vigente normativa in materia di segreto aziendale e industriale; e) è necessario per la salvaguardia della vita o dell'incolumità fisica di un terzo. Se la medesima finalità riguarda l'interessato e quest'ultimo non può prestare il proprio consenso per impossibilità fisica, per incapacità di agire o per incapacità di intendere o di volere, il consenso è manifestato da chi esercita legalmente la potestà, ovvero da un prossimo congiunto, da un familiare, da un convivente o, in loro assenza, dal responsabile della struttura presso cui dimora l'interessato. Si applica la disposizione di cui all'articolo 82, comma 2; f) con esclusione della diffusione, è necessario ai fini dello svolgimento delle investigazioni difensive di cui alla legge 7 dicembre 2000, n. 397, o, comunque, per far valere o difendere un diritto in sede giudiziaria, sempre che i dati siano trattati esclusivamente per tali finalità e per il periodo strettamente necessario al loro perseguimento, nel rispetto della vigente normativa in materia di segreto aziendale e industriale; g) con esclusione della diffusione, è necessario, nei casi individuati dal Garante sulla base dei principi sanciti dalla legge, per perseguire un legittimo interesse del titolare o di un terzo destinatario dei dati [anche in riferimento all'attività di gruppi bancari e di società controllate o collegate], qualora non prevalgano i diritti e le libertà fondamentali, la dignità o un legittimo interesse dell'interessato* (1); *h) con esclusione della comunicazione all'esterno e della diffusione, è effettuato da associazioni, enti od organismi senza scopo di lucro, anche non riconosciuti, in riferimento a soggetti che hanno con essi contatti regolari o ad aderenti, per il perseguimento di scopi determinati e legittimi individuati dall'atto costitutivo, dallo statuto o dal contratto collettivo, e con modalità di utilizzo previste espressamente con determinazione resa nota agli interessati all'atto dell'informativa ai sensi dell'articolo 13; i) è necessario, in conformità ai rispettivi codici di deontologia di cui all'allegato A), per esclusivi scopi scientifici o statistici, ovvero per esclusivi scopi storici presso archivi privati dichiarati di notevole interesse storico ai sensi dell'articolo 6, comma 2, del decreto legislativo 29 ottobre 1999, n. 490, di approvazione del testo unico in materia di beni culturali e ambientali o, secondo quanto previsto dai medesimi codici, presso altri archivi privati. i-bis) riguarda dati contenuti nei curricula, nei casi di cui all'articolo 13, comma 5-bis* (2); *i-ter) con esclusione della diffusione e fatto salvo quanto previsto dall'articolo 130 del presente codice, riguarda la comunicazione di dati tra società, enti o associazioni con società controllanti, controllate o collegate ai sensi dell' articolo 2359 del codice civile ovvero con società sottoposte a comune controllo, nonché tra consorzi, reti di imprese e raggruppamenti e associazioni temporanei di imprese con i soggetti ad essi aderenti, per le finalità amministrativo contabili, come definite all'articolo 34, comma 1-ter, e purché queste finalità siano previste espressamente con determinazione resa nota agli interessati all'atto dell'informativa di cui all'articolo 13* (2).

* Articolo abrogato dall'art. 27, co. 1, lett. a), n. 2), d.lg. 10/8/2018, n. 101.

(1) Lettera modificata dall'art. 6, co. 2, lett. a), n. 3), d.l. 13/5/2011, n. 70, conv., con modif. dalla l. 12/7/2011, n. 106.

(2) Lettera aggiunta dall'art. 6, co. 2, lett. a), n. 3), d.l. 13/5/2011, n. 70, conv., con modif. dalla l. 12/7/2011, n. 106.

25. Divieti di comunicazione e diffusione*. – *1. La comunicazione e la diffusione sono vietate, oltre che in caso di divieto disposto dal Garante o dall'autorità giudiziaria: a) in riferimento a dati personali dei quali è stata ordinata la cancellazione, ovvero quando è decorso il periodo di tempo indicato nell'articolo 11, comma 1, lettera e); b) per finalità diverse da quelle indicate nella notificazione del trattamento, ove prescritta. 2. È fatta salva la comunicazione o diffusione di dati richieste, in conformità alla legge, da forze di polizia, dall'autorità giudiziaria, da organismi di informazione e sicurezza o da altri soggetti pubblici ai sensi dell'articolo 58, comma 2, per finalità di difesa o di sicurezza dello Stato o di prevenzione, accertamento o repressione di reati.*

* Articolo abrogato dall'art. 27, co. 1, lett. a), n. 2), d.lg. 10/8/2018, n. 101.

26. Garanzie per i dati sensibili*. – *1. I dati sensibili possono essere oggetto di trattamento solo con il consenso scritto dell'interessato e previa autorizzazione del Garante, nell'osservanza dei presupposti e dei limiti stabiliti dal presente codice, nonché dalla legge e dai regolamenti. 2. Il Garante comunica la decisione adottata sulla richiesta di autorizzazione entro quarantacinque giorni, decorsi i quali la mancata pronuncia* *equivale a rigetto. Con il provvedimento di autorizzazione, ovvero successivamente, anche sulla base di eventuali verifiche, il Garante può prescrivere misure e accorgimenti a garanzia dell'interessato, che il titolare del trattamento è tenuto ad adottare. 3. Il comma 1 non si applica al trattamento: a) dei dati relativi agli aderenti alle confessioni religiose e ai soggetti che con riferimento a finalità di natura esclusivamente religiosa hanno contatti regolari con le medesime confessioni, effettuato dai relativi organi, ovvero da enti civilmente riconosciuti, sempre che i dati non siano diffusi o comunicati fuori delle medesime confessioni. Queste ultime determinano idonee garanzie relativamente ai trattamenti effettuati, nel rispetto dei principi indicati al riguardo con autorizzazione del Garante; b) dei dati riguardanti l'adesione di associazioni od organizzazioni a carattere sindacale o di categoria ad altre associazioni, organizzazioni o confederazioni a carattere sindacale o di categoria. b-bis) dei dati contenuti nei curricula, nei casi di cui all'articolo 13, comma 5-bis* (1). *4. I dati sensibili possono essere oggetto di trattamento anche senza consenso, previa autorizzazione del Garante: a) quando il trattamento è effettuato da associazioni, enti od organismi senza scopo di lucro, anche non riconosciuti, a carattere politico, filosofico, religioso o sindacale, ivi compresi partiti e movimenti politici, per il perseguimento di scopi determinati e legittimi individuati dall'atto costitutivo, dallo statuto o dal contratto collettivo, relativamente ai dati personali degli aderenti o dei soggetti che in relazione a tali finalità hanno contatti regolari con l'associazione, ente od organismo, sempre che i dati non siano comunicati all'esterno o diffusi e l'ente, associazione od organismo determini idonee garanzie relativamente ai trattamenti effettuati, prevedendo espressamente le modalità di utilizzo dei dati con determinazione resa nota agli interessati all'atto dell'informativa ai sensi dell'articolo 13; b) quando il trattamento è necessario per la salvaguardia della vita o dell'incolumità fisica di un terzo. Se la medesima finalità riguarda l'interessato e quest'ultimo non può prestare il proprio consenso per impossibilità fisica, per incapacità di agire o per incapacità di intendere o di volere, il consenso è manifestato da chi esercita legalmente la potestà, ovvero da un prossimo congiunto, da un familiare, da un convivente o, in loro assenza, dal responsabile della struttura presso cui dimora l'interessato. Si applica la disposizione di cui all'articolo 82, comma 2; c) quando il trattamento è necessario ai fini dello svolgimento delle investigazioni difensive di cui alla legge 7 dicembre 2000, n. 397, o, comunque, per far valere o difendere in sede giudiziaria un diritto, sempre che i dati siano trattati esclusivamente per tali finalità e per il periodo strettamente necessario al loro perseguimento. Se i dati sono idonei a rivelare lo stato di salute e la vita sessuale, il diritto deve essere di rango pari a quello dell'interessato, ovvero consistente in un diritto della personalità o in un altro diritto o libertà fondamentale e inviolabile; d) quando è necessario per adempiere a specifici obblighi o compiti previsti dalla legge, da un regolamento o dalla normativa comunitaria per la gestione del rapporto di lavoro, anche in materia di igiene e sicurezza del lavoro e della popolazione e di previdenza e assistenza, nei limiti previsti dall'autorizzazione e ferme restando le disposizioni del codice di deontologia e di buona condotta di cui all'articolo 111. 5. I dati idonei a rivelare lo stato di salute non possono essere diffusi.*

* Articolo abrogato dall'art. 27, co. 1, lett. a), n. 2), d.lg. 10/8/2018, n. 101.

(1) Lettera aggiunta dall'art. 6, co. 2, lett. b), n. 4), d.l. 13/5/2011, n. 70, conv., con modif. dalla l. 12/7/2011, n. 106.

27. Garanzie per i dati giudiziari*. *– 1. Il trattamento di dati giudiziari da parte di privati o di enti pubblici economici è consentito soltanto se autorizzato da espressa disposizione di legge o provvedimento del Garante che specifichino le rilevanti finalità di interesse pubblico del trattamento, i tipi di dati trattati e di operazioni eseguibili. Si applica quanto previsto dall'articolo 21, comma 1-bis* (1).

* Articolo abrogato dall'art. 27, co. 1, lett. a), n. 2), d.lg. 10/8/2018, n. 101.

(1) Comma modificato dall'art. 45, co. 1, lett. b) del d.l. 9/2/2012, n. 5, conv., con modif. dalla l. 4/4/2012, n. 35.

TITOLO IV
SOGGETTI CHE EFFETTUANO IL TRATTAMENTO*

* Titolo abrogato dall'art. 27, co. 1, lett. a), n. 2), d.lg. 10/8/2018, n. 101. Vedi, anche, l'art. 22, co. 6, del citato d.lg. n. 101/2018.

28. Titolare del trattamento*. *– 1. Quando il trattamento è effettuato da una persona giuridica, da una pubblica amministrazione o da un qualsiasi altro ente, associazione od organismo, titolare del trattamento è l'entità nel suo complesso o l'unità od organismo periferico che esercita un potere decisionale del tutto autonomo sulle finalità e sulle modalità del trattamento, ivi compreso il profilo della sicurezza.*

* Articolo abrogato dall'art. 27, co. 1, lett. a), n. 2), d.lg. 10/8/2018, n. 101.

29. Responsabile del trattamento*. *– 1. Il responsabile è designato dal titolare facoltativamente. 2. Se designato, il responsabile è individuato tra soggetti che per esperienza, capacità ed affidabilità forniscano idonea garanzia del pieno rispetto delle vigenti disposizioni in materia di trattamento, ivi compreso il profilo relativo alla sicurezza. 3. Ove necessario per esigenze organizzative, possono essere designati responsabili più soggetti, anche mediante suddivisione di compiti. 4. I compiti affidati al responsabile sono analiticamente specificati per iscritto dal titolare. 4-bis. Fermo restando quanto previsto ai commi 1, 2, 3 e 4, il titolare può avvalersi, per il trattamento di dati, anche sensibili, di soggetti pubblici o privati che, in qualità di responsabili del trattamento, forniscano le garanzie di cui al comma 2. I titolari stipulano con i predetti responsabili atti giuridici in forma scritta, che specificano la finalità perseguita, la tipologia dei dati, la durata del trattamento, gli obblighi e i diritti del responsabile del trattamento e le modalità di trattamento; i predetti atti sono adottati in conformità a schemi tipo predisposti dal Garante* (1). *5. Il responsabile effettua il trattamento attenendosi alle condizioni stabilite ai sensi del comma 4-bis e alle istruzioni impartite dal titolare, il quale, anche tramite verifiche periodiche, vigila sulla puntuale osservanza delle disposizioni di cui al comma 2, delle proprie istruzioni e di quanto stabilito negli atti di cui al comma 4-bis* (2).

* Articolo abrogato dall'art. 27, co. 1, lett. a), n. 2), d.lg. 10/8/2018, n. 101.

(1) Comma inserito dall'art. 28, co. 1, lett. a), n. 1), l. 20/11/2017, n. 167.

(2) Comma sostituito dall'art. 28, co. 1, lett. a), n. 2), l. 20/11/2017, n. 167.

30. Incaricati del trattamento*. *– 1. Le operazioni di trattamento possono essere effettuate solo da incaricati che operano sotto la diretta autorità del titolare o del responsabile, attenendosi alle istruzioni impartite. 2. La designazione è effettuata per iscritto e individua puntualmente l'ambito del trattamento consentito. Si considera tale anche la documen-*

tata preposizione della persona fisica ad una unità per la quale è individuato, per iscritto, l'ambito del trattamento consentito agli addetti all'unità medesima.

* Articolo abrogato dall'art. 27, co. 1, lett. a), n. 2), d.lg. 10/8/2018, n. 101.

TITOLO V
SICUREZZA DEI DATI E DEI SISTEMI*

* Titolo abrogato dall'art. 27, co. 1, lett. a), n. 2), d.lg. 10/8/2018, n. 101. Vedi, anche, l'art. 22, co. 6, del citato d.lg. n. 101/2018.

Capo I
Misure di sicurezza*

* Capo abrogato dall'art. 27, co. 1, lett. a), n. 2), d.lg. 10/8/2018, n. 101.

31. Obblighi di sicurezza*. – *1. I dati personali oggetto di trattamento sono custoditi e controllati, anche in relazione alle conoscenze acquisite in base al progresso tecnico, alla natura dei dati e alle specifiche caratteristiche del trattamento, in modo da ridurre al minimo, mediante l'adozione di idonee e preventive misure di sicurezza, i rischi di distruzione o perdita, anche accidentale, dei dati stessi, di accesso non autorizzato o di trattamento non consentito o non conforme alle finalità della raccolta.*

* Articolo abrogato dall'art. 27, co. 1, lett. a), n. 2), d.lg. 10/8/2018, n. 101.

32. Obblighi relativi ai fornitori di servizi di comunicazione elettronica accessibili al pubblico* (1). – *1. Il fornitore di un servizio di comunicazione elettronica accessibile al pubblico adotta, ai sensi dell'articolo 31, anche attraverso altri soggetti a cui sia affidata l'erogazione del predetto servizio, misure tecniche e organizzative adeguate al rischio esistente, per salvaguardare la sicurezza dei suoi servizi e per gli adempimenti di cui all'articolo 32-bis* (2). *1-bis. Ferma restando l'osservanza degli obblighi di cui agli articoli 30 e 31, i soggetti che operano sulle reti di comunicazione elettronica garantiscono che i dati personali siano accessibili soltanto al personale autorizzato per fini legalmente autorizzati* (3). *1-ter. Le misure di cui ai commi 1 e 1-bis garantiscono la protezione dei dati relativi al traffico ed all'ubicazione e degli altri dati personali archiviati o trasmessi dalla distruzione anche accidentale, da perdita o alterazione anche accidentale e da archiviazione, trattamento, accesso o divulgazione non autorizzati o illeciti, nonché assicurano l'attuazione di una politica di sicurezza* (3). *2. Quando la sicurezza del servizio o dei dati personali richiede anche l'adozione di misure che riguardano la rete, il fornitore del servizio di comunicazione elettronica accessibile al pubblico adotta tali misure congiuntamente con il fornitore della rete pubblica di comunicazioni. In caso di mancato accordo, su richiesta di uno dei fornitori, la controversia è definita dall'Autorità per le garanzie nelle comunicazioni secondo le modalità previste dalla normativa vigente. 3. Il fornitore di un servizio di comunicazione elettronica accessibile al pubblico informa i contraenti e, ove possibile, gli utenti, se sussiste un particolare rischio di violazione della sicurezza della rete, indicando, quando il rischio è al di fuori dell'ambito di applicazione delle misure che il fornitore stesso è tenuto ad adottare ai sensi dei commi 1, 1-bis e 2, tutti i possibili rimedi e i relativi costi presumibili. Analoga informativa è resa al Garante e all'Autorità per le garanzie nelle comunicazioni* (4).

* Articolo abrogato dall'art. 27, co. 1, lett. a), n. 2), d.lg. 10/8/2018, n. 101.

(1) Rubrica sostituita dall'art. 1, co. 2, lett. a), d.lg. 28/5/2012, n. 69.

(2) Comma sostituito dall'art. 1, co. 2, lett. b), d.lg. 28/5/2012, n. 69.

(3) Comma inserito dall'art. 1, co. 2, lett. c), d.lg. 28/5/2012, n. 69.

(4) Comma modificato dall'art. 1, co. 2, lett. d), d.lg. 28/5/2012, n. 69.

• A norma dell'art. 1, co. 12, d.lg. 28/5/2012, n. 69, la parola "contraente" ha sostituito la parola "abbonato", ovunque ricorrente nel presente decreto.

32 bis. Adempimenti conseguenti ad una violazione di dati personali* (1). – *1. In caso di violazione di dati personali, il fornitore di servizi di comunicazione elettronica accessibili al pubblico comunica senza indebiti ritardi detta violazione al Garante. 2. Quando la violazione di dati personali rischia di arrecare pregiudizio ai dati personali o alla riservatezza di contraente o di altra persona, il fornitore comunica anche agli stessi senza ritardo l'avvenuta violazione. 3. La comunicazione di cui al comma 2 non è dovuta se il fornitore ha dimostrato al Garante di aver utilizzato misure tecnologiche di protezione che rendono i dati inintelligibili a chiunque non sia autorizzato ad accedervi e che tali misure erano state applicate ai dati oggetto della violazione. 4. Ove il fornitore non vi abbia già provveduto, il Garante può, considerate le presumibili ripercussioni negative della violazione, obbligare lo stesso a comunicare al contraente o ad altra persona l'avvenuta violazione. 5. La comunicazione al contraente o ad altra persona contiene almeno una descrizione della natura della violazione di dati personali e i punti di contatto presso cui si possono ottenere maggiori informazioni ed elenca le misure raccomandate per attenuare i possibili effetti pregiudizievoli della violazione di dati personali. La comunicazione al Garante descrive, inoltre, le conseguenze della violazione di dati personali e le misure proposte o adottate dal fornitore per porvi rimedio. 6. Il Garante può emanare, con proprio provvedimento, orientamenti e istruzioni in relazione alle circostanze in cui il fornitore ha l'obbligo di comunicare le violazioni di dati personali, al formato applicabile a tale comunicazione, nonché alle relative modalità di effettuazione, tenuto conto delle eventuali misure tecniche di attuazione adottate dalla Commissione europea ai sensi dell'articolo 4, paragrafo 5, della direttiva 2002/58/CE, come modificata dalla direttiva 2009/136/CE. 7. I fornitori tengono un aggiornato inventario delle violazioni di dati personali, ivi incluse le circostanze in cui si sono verificate, le loro conseguenze e i provvedimenti adottati per porvi rimedio, in modo da consentire al Garante di verificare il rispetto delle disposizioni del presente articolo. Nell'inventario figurano unicamente le informazioni necessarie a tal fine. 8. Nel caso in cui il fornitore di un servizio di comunicazione elettronica accessibile al pubblico affidi l'erogazione del predetto servizio ad altri soggetti, gli stessi sono tenuti a comunicare al fornitore senza indebito ritardo tutti gli eventi e le informazioni necessarie a consentire a quest'ultimo di effettuare gli adempimenti di cui al presente articolo.*

* Articolo abrogato dall'art. 27, co. 1, lett. a), n. 2), d.lg. 10/8/2018, n. 101.

(1) Articolo inserito dall'art. 1, co. 3, d.lg. 28/5/2012, n. 69.

Capo II
Misure minime di sicurezza*

* Capo abrogato dall'art. 27, co. 1, lett. a), n. 2), d.lg. 10/8/2018, n. 101.

33. Misure minime*. – *1. Nel quadro dei più generali obblighi di sicurezza di cui all'articolo 31, o previsti da speciali disposizioni, i titolari del trattamento sono comunque tenuti ad adottare le misure minime individuate nel presente capo o* *ai sensi dell'articolo 58, comma 3, volte ad assicurare un livello minimo di protezione dei dati personali.*

* Articolo abrogato dall'art. 27, co. 1, lett. a), n. 2), d.lg. 10/8/2018, n. 101.

***34. Trattamenti con strumenti elettronici**.** – *1. Il trattamento di dati personali effettuato con strumenti elettronici è consentito solo se sono adottate, nei modi previsti dal disciplinare tecnico contenuto nell'allegato B), le seguenti misure minime: a) autenticazione informatica; b) adozione di procedure di gestione delle credenziali di autenticazione; c) utilizzazione di un sistema di autorizzazione; d) aggiornamento periodico dell'individuazione dell'ambito del trattamento consentito ai singoli incaricati e addetti alla gestione o alla manutenzione degli strumenti elettronici; e) protezione degli strumenti elettronici e dei dati rispetto a trattamenti illeciti di dati, ad accessi non consentiti e a determinati programmi informatici; f) adozione di procedure per la custodia di copie di sicurezza, il ripristino della disponibilità dei dati e dei sistemi; g) tenuta di un aggiornato documento programmatico sulla sicurezza* (1)*; h) adozione di tecniche di cifratura o di codici identificativi per determinati trattamenti di dati idonei a rivelare lo stato di salute o la vita sessuale effettuati da organismi sanitari. 1-bis. Per i soggetti che trattano soltanto dati personali non sensibili e che trattano come unici dati sensibili e giudiziari quelli relativi ai propri dipendenti e collaboratori, anche se extracomunitari, compresi quelli relativi al coniuge e ai parenti, la tenuta di un aggiornato documento programmatico sulla sicurezza è sostituita dall'obbligo di autocertificazione, resa dal titolare del trattamento ai sensi dell'articolo 47 del testo unico di cui al decreto del Presidente della Repubblica 28 dicembre 2000, n. 445, di trattare soltanto tali dati in osservanza delle misure minime di sicurezza previste dal presente codice e dal disciplinare tecnico contenuto nell'allegato B). In relazione a tali trattamenti, nonché a trattamenti comunque effettuati per correnti finalità amministrativo - contabili, in particolare presso piccole e medie imprese, liberi professionisti e artigiani, il Garante, sentiti il Ministro per la semplificazione normativa e il Ministro per la pubblica amministrazione e l'innovazione, individua con proprio provvedimento, da aggiornare periodicamente, modalità semplificate di applicazione del disciplinare tecnico contenuto nel citato allegato B) in ordine all'adozione delle misure minime di cui al comma 1* (2). *1-ter. Ai fini dell'applicazione delle disposizioni in materia di protezione dei dati personali, i trattamenti effettuati per finalità amministrativo-contabili sono quelli connessi allo svolgimento delle attività di natura organizzativa, amministrativa, finanziaria e contabile, a prescindere dalla natura dei dati trattati. In particolare, perseguono tali finalità le attività organizzative interne, quelle funzionali all'adempimento di obblighi contrattuali e precontrattuali, alla gestione del rapporto di lavoro in tutte le sue fasi, alla tenuta della contabilità e all'applicazione delle norme in materia fiscale, sindacale, previdenziale-assistenziale, di salute, igiene e sicurezza sul lavoro* (3).

* Articolo abrogato dall'art. 27, co. 1, lett. a), n. 2), d.lg. 10/8/2018, n. 101.

(1) Lettera soppressa dall'art. 45, co. 1, lett. c) del d.l. 9/2/2012, n. 5.

(2) Comma aggiunto dall'art. 29, co. 1, d.l. 25/6/2008, n. 112, come modificato dalla l. 6/8/2008, n. 133, in sede di conversione e successivamente sostituito dall'art. 6, co. 2, lett. b), n. 5), d.l. 13/5/2011, n. 70. Comma, da ultimo, abrogato dall'art. 45, co. 1, lett. c), d.l. 9/2/2012, n. 5.

(3) Comma aggiunto dall'art. 6, co. 2, lett. b), n. 5), d.l. 13/5/2011, n. 70.

***35. Trattamenti senza l'ausilio di strumenti elettronici**.** – *1. Il trattamento di dati personali effettuato senza l'ausilio di strumenti elettronici è consentito solo se sono adottate, nei modi previsti dal disciplinare tecnico contenuto nell'allegato B), le seguenti misure minime: a) aggiornamento periodico dell'individuazione dell'ambito del trattamento consentito ai singoli incaricati o alle unità organizzative; b) previsione di procedure per un'idonea custodia di atti e documenti affidati agli incaricati per lo svolgimento dei relativi compiti; c) previsione di procedure per la conservazione di determinati atti in archivi ad accesso selezionato e disciplina delle modalità di accesso finalizzata all'identificazione degli incaricati.*

* Articolo abrogato dall'art. 27, co. 1, lett. a), n. 2), d.lg. 10/8/2018, n. 101.

***36. Adeguamento**.** – *1. Il disciplinare tecnico di cui all'allegato B), relativo alle misure minime di cui al presente capo, è aggiornato periodicamente con decreto del Ministro della giustizia di concerto con il Ministro per le innovazioni e le tecnologie e il Ministro per la semplificazione normativa, in relazione all'evoluzione tecnica e all'esperienza maturata nel settore* (1).

* Articolo abrogato dall'art. 27, co. 1, lett. a), n. 2), d.lg. 10/8/2018, n. 101.

(1) Articolo modificato dall'art. 29, co. 5-bis, d.l. 25/6/2008, n. 112, come modif. dalla l. 6/8/2008, n. 133, in sede di conversione.

TITOLO VI
ADEMPIMENTI*

* Titolo abrogato dall'art. 27, co. 1, lett. a), n. 2), d.lg. 10/8/2018, n. 101. Vedi, anche, l'art. 22, co. 6, del citato d.lg. n. 101/2018.

***37. Notificazione del trattamento**.** – *1. Il titolare notifica al Garante il trattamento di dati personali cui intende procedere, solo se il trattamento riguarda: a) dati genetici, biometrici o dati che indicano la posizione geografica di persone od oggetti mediante una rete di comunicazione elettronica; b) dati idonei a rivelare lo stato di salute e la vita sessuale, trattati a fini di procreazione assistita, prestazione di servizi sanitari per via telematica relativi a banche di dati o alla fornitura di beni, indagini epidemiologiche, rilevazione di malattie mentali, infettive e diffusive, sieropositività, trapianto di organi e tessuti e monitoraggio della spesa sanitaria; c) dati idonei a rivelare la vita sessuale o la sfera psichica trattati da associazioni, enti od organismi senza scopo di lucro, anche non riconosciuti, a carattere politico, filosofico, religioso o sindacale; d) dati trattati con l'ausilio di strumenti elettronici volti a definire il profilo o la personalità dell'interessato, o ad analizzare abitudini o scelte di consumo, ovvero a monitorare l'utilizzo di servizi di comunicazione elettronica con esclusione dei trattamenti tecnicamente indispensabili per fornire i servizi medesimi agli utenti; e) dati sensibili registrati in banche di dati a fini di selezione del personale per conto terzi, nonché dati sensibili utilizzati per sondaggi di opinione, ricerche di mercato e altre ricerche campionarie; f) dati registrati in apposite banche di dati gestite con strumenti elettronici e relative al rischio sulla solvibilità economica, alla situazione patrimoniale, al corretto adempimento di obbligazioni, a comportamenti illeciti o fraudolenti. 1-bis. La notificazione relativa al trattamento dei dati di cui al comma 1 non è dovuta se relativa all'attività dei medici di famiglia e dei pediatri di libera scelta, in quanto tale funzione è tipica del loro rapporto professionale con il Servizio sanitario nazionale* (1). *2. Il Garante può individuare altri trattamenti suscettibili di recare pregiudizio ai diritti e alle libertà dell'interessato, in ragione delle relative modalità o della natura dei dati personali, con proprio provvedimento adottato anche ai sensi dell'articolo 17. Con analogo provvedimento pubblicato sulla Gazzetta ufficiale della Repubblica italiana* *il Garante può anche individuare, nell'ambito dei trattamenti di cui al comma 1, eventuali trattamenti non suscettibili di recare detto pregiudizio e pertanto sottratti all'obbligo di notificazione. 3. La notificazione è effettuata con unico atto anche quando il trattamento comporta il trasferimento all'estero dei dati. 4. Il Garante inserisce le notificazioni ricevute in un registro dei trattamenti accessibile a chiunque e determina le modalità per la sua consultazione gratuita per via telematica, anche mediante convenzioni con soggetti pubblici o presso il proprio Ufficio. Le notizie accessibili tramite la consultazione del registro possono essere trattate per esclusive finalità di applicazione della disciplina in materia di protezione dei dati personali* (2).

* Articolo abrogato dall'art. 27, co. 1, lett. a), n. 2), d.lg. 10/8/2018, n. 101.

(1) Comma inserito dall'art. 2 quinquies del d.l. 29/3/2004, n. 81.

(2) A norma dell'art. 22, co. 8, d.lg. 10/8/2018, n. 101, il registro dei trattamenti di cui al presente comma, cessa di essere alimentato a far data dal 25 maggio 2018. Da tale data e fino al 31 dicembre 2019, il registro resta accessibile a chiunque secondo le modalità stabilite nel suddetto art. 37, co. 4, d.lg. n. 196/2003.

38. Modalità di notificazione*. – *1. La notificazione del trattamento è presentata al Garante prima dell'inizio del trattamento ed una sola volta, a prescindere dal numero delle operazioni e della durata del trattamento da effettuare, e può anche riguardare uno o più trattamenti con finalità correlate. 2. La notificazione è validamente effettuata solo se è trasmessa attraverso il sito del Garante, utilizzando l'apposito modello, che contiene la richiesta di fornire tutte e soltanto le seguenti informazioni: a) le coordinate identificative del titolare del trattamento e, eventualmente, del suo rappresentante, nonché le modalità per individuare il responsabile del trattamento se designato; b) la o le finalità del trattamento; c) una descrizione della o delle categorie di persone interessate e dei dati o delle categorie di dati relativi alle medesime; d) i destinatari o le categorie di destinatari a cui i dati possono essere comunicati; e) i trasferimenti di dati previsti verso Paesi terzi; f) una descrizione generale che permetta di valutare in via preliminare l'adeguatezza delle misure adottate per garantire la sicurezza del trattamento* (1). *3. Il Garante favorisce la disponibilità del modello per via telematica e la notificazione anche attraverso convenzioni stipulate con soggetti autorizzati in base alla normativa vigente, anche presso associazioni di categoria e ordini professionali. 4. Una nuova notificazione è richiesta solo anteriormente alla cessazione del trattamento o al mutamento di taluno degli elementi da indicare nella notificazione medesima. 5. Il Garante può individuare altro idoneo sistema per la notificazione in riferimento a nuove soluzioni tecnologiche previste dalla normativa vigente. 6. Il titolare del trattamento che non è tenuto alla notificazione al Garante ai sensi dell'articolo 37 fornisce le notizie contenute nel modello di cui al comma 2 a chi ne fa richiesta, salvo che il trattamento riguardi pubblici registri, elenchi, atti o documenti conoscibili da chiunque.*

* Articolo abrogato dall'art. 27, co. 1, lett. a), n. 2), d.lg. 10/8/2018, n. 101.

(1) Comma sostituito dall'art. 29, co. 4, d.l. 25/6/2008, n. 112, come modif. dalla l. 6/8/2008, n. 133, in sede di conversione.

39. Obblighi di comunicazione*. – *1. Il titolare del trattamento è tenuto a comunicare previamente al Garante le seguenti circostanze: a) comunicazione di dati personali da parte di un soggetto pubblico ad altro soggetto pubblico non prevista da una norma di legge o di regolamento, effettuata in qualunque forma anche mediante convenzione; b) trattamento di dati idonei a rivelare lo stato di salute previsto dal programma di ricerca biomedica o sanitaria di cui all'articolo 110, comma 1, primo periodo. 2. I trattamenti oggetto di comunicazione ai sensi del comma 1 possono essere iniziati decorsi quarantacinque giorni dal ricevimento della comunicazione salvo diversa determinazione anche successiva del Garante. 3. La comunicazione di cui al comma 1 è inviata utilizzando il modello predisposto e reso disponibile dal Garante, e trasmessa a quest'ultimo per via telematica osservando le modalità di sottoscrizione con firma digitale e conferma del ricevimento di cui all'articolo 38, comma 2, oppure mediante telefax o lettera raccomandata.*

* Articolo abrogato dall'art. 27, co. 1, lett. a), n. 2), d.lg. 10/8/2018, n. 101.

40. Autorizzazioni generali*. – *1. Le disposizioni del presente codice che prevedono un'autorizzazione del Garante sono applicate anche mediante il rilascio di autorizzazioni relative a determinate categorie di titolari o di trattamenti, pubblicate nella Gazzetta Ufficiale della Repubblica italiana.*

* Articolo abrogato dall'art. 27, co. 1, lett. a), n. 2), d.lg. 10/8/2018, n. 101.

41. Richieste di autorizzazione*. – *1. Il titolare del trattamento che rientra nell'ambito di applicazione di un'autorizzazione rilasciata ai sensi dell'articolo 40 non è tenuto a presentare al Garante una richiesta di autorizzazione se il trattamento che intende effettuare è conforme alle relative prescrizioni. 2. Se una richiesta di autorizzazione riguarda un trattamento autorizzato ai sensi dell'articolo 40 il Garante può provvedere comunque sulla richiesta se le specifiche modalità del trattamento lo giustificano. 3. L'eventuale richiesta di autorizzazione è formulata utilizzando esclusivamente il modello predisposto e reso disponibile dal Garante e trasmessa a quest'ultimo per via telematica, osservando le modalità di sottoscrizione e conferma del ricevimento di cui all'articolo 38, comma 2. La medesima richiesta e l'autorizzazione possono essere trasmesse anche mediante telefax o lettera raccomandata. 4. Se il richiedente è invitato dal Garante a fornire informazioni o ad esibire documenti, il termine di quarantacinque giorni di cui all'articolo 26, comma 2, decorre dalla data di scadenza del termine fissato per l'adempimento richiesto. 5. In presenza di particolari circostanze, il Garante può rilasciare un'autorizzazione provvisoria a tempo determinato.*

* Articolo abrogato dall'art. 27, co. 1, lett. a), n. 2), d.lg. 10/8/2018, n. 101.

TITOLO VII
*TRASFERIMENTO DEI DATI ALL'ESTERO**

* Titolo abrogato dall' art. 27, co. 1, lett. a), n. 2), d.lg. 10/8/2018, n. 101. Vedi, anche, l'art. 22, co. 6, del citato d.lg. n. 101/2018.

42. Trasferimenti all'interno dell'Unione europea*. – *1. Le disposizioni del presente codice non possono essere applicate in modo tale da restringere o vietare la libera circolazione dei dati personali fra gli Stati membri dell'Unione europea, fatta salva l'adozione, in conformità allo stesso codice, di eventuali provvedimenti in caso di trasferimenti di dati effettuati al fine di eludere le medesime disposizioni.*

* Articolo abrogato dall'art. 27, co. 1, lett. a), n. 2), d.lg. 10/8/2018, n. 101.

43. Trasferimenti consentiti in Paesi terzi*. – *1. Il trasferimento anche temporaneo fuori del territorio dello Stato, con qualsiasi forma o mezzo, di dati personali oggetto di trattamento, se diretto verso un Paese non appartenente all'Unione europea è consentito quando: a) l'interessato ha manife-*

stato il proprio consenso espresso o, se si tratta di dati sensibili, in forma scritta; b) è necessario per l'esecuzione di obblighi derivanti da un contratto del quale è parte l'interessato o per adempiere, prima della conclusione del contratto, a specifiche richieste dell'interessato, ovvero per la conclusione o per l'esecuzione di un contratto stipulato a favore dell'interessato; c) è necessario per la salvaguardia di un interesse pubblico rilevante individuato con legge o con regolamento o, se il trasferimento riguarda dati sensibili o giudiziari, specificato o individuato ai sensi degli articoli 20 e 21; d) è necessario per la salvaguardia della vita o dell'incolumità fisica di un terzo. Se la medesima finalità riguarda l'interessato e quest'ultimo non può prestare il proprio consenso per impossibilità fisica, per incapacità di agire o per incapacità di intendere o di volere, il consenso è manifestato da chi esercita legalmente la potestà, ovvero da un prossimo congiunto, da un familiare, da un convivente o, in loro assenza, dal responsabile della struttura presso cui dimora l'interessato. Si applica la disposizione di cui all'articolo 82, comma 2; e) è necessario ai fini dello svolgimento delle investigazioni difensive di cui alla legge 7 dicembre 2000, n. 397, o, comunque, per far valere o difendere un diritto in sede giudiziaria, sempre che i dati siano trasferiti esclusivamente per tali finalità e per il periodo strettamente necessario al loro perseguimento, nel rispetto della vigente normativa in materia di segreto aziendale e industriale; f) è effettuato in accoglimento di una richiesta di accesso ai documenti amministrativi, ovvero di una richiesta di informazioni estraibili da un pubblico registro, elenco, atto o documento conoscibile da chiunque, con l'osservanza delle norme che regolano la materia; g) è necessario, in conformità ai rispettivi codici di deontologia di cui all'allegato A), per esclusivi scopi scientifici o statistici, ovvero per esclusivi scopi storici presso archivi privati dichiarati di notevole interesse storico ai sensi dell'articolo 6, comma 2, del decreto legislativo 29 ottobre 1999, n. 490, di approvazione del testo unico in materia di beni culturali e ambientali o, secondo quanto previsto dai medesimi codici, presso altri archivi privati;] h) il trattamento concerne dati riguardanti persone giuridiche, enti o associazioni (1).

* Articolo abrogato dall'art. 27, co. 1, lett. a), n. 2), d.lg. 10/8/2018, n. 101.

(1) Lettera soppressa dall'art. 40, co. 2, lett. e), d.l. 6/12/2011, n. 201.

***44. Altri trasferimenti consentiti*.** – 1. Il trasferimento di dati personali oggetto di trattamento, diretto verso un Paese non appartenente all'Unione europea, è altresì consentito quando è autorizzato dal Garante sulla base di adeguate garanzie per i diritti dell'interessato: a) individuate dal Garante anche in relazione a garanzie prestate con un contratto o mediante regole di condotta esistenti nell'ambito di società appartenenti a un medesimo gruppo. L'interessato può far valere i propri diritti nel territorio dello Stato, in base al presente codice, anche in ordine all'inosservanza delle garanzie medesime* (1)*; b) individuate con le decisioni previste dagli articoli 25, paragrafo 6, e 26, paragrafo 4, della direttiva 95/46/CE del Parlamento europeo e del Consiglio, del 24 ottobre 1995, con le quali la Commissione europea constata che un Paese non appartenente all'Unione europea garantisce un livello di protezione adeguato o che alcune clausole contrattuali offrono garanzie sufficienti.*

* Articolo abrogato dall'art. 27, co. 1, lett. a), n. 2), d.lg. 10/8/2018, n. 101.

(1) Lettera modificata dall'art. 29, co. 5-bis, d.l. 25/6/2008, n. 112, come modif. dalla l. 6/8/2008, n. 133, in sede di conversione.

***45. Trasferimenti vietati*.** – 1. Fuori dei casi di cui agli articoli 43 e 44, il trasferimento anche temporaneo fuori del territorio dello Stato, con qualsiasi forma o mezzo, di dati personali oggetto di trattamento, diretto verso un Paese non appartenente all'Unione europea, è vietato quando l'ordinamento del Paese di destinazione o di transito dei dati non assicura un livello di tutela delle persone adeguato. Sono valutate anche le modalità del trasferimento e dei trattamenti previsti, le relative finalità, la natura dei dati e le misure di sicurezza.*

* Articolo abrogato dall'art. 27, co. 1, lett. a), n. 2), d.lg. 10/8/2018, n. 101.

PARTE II
DISPOSIZIONI SPECIFICHE PER I TRATTAMENTI NECESSARI PER ADEMPIERE AD UN OBBLIGO LEGALE O PER L'ESECUZIONE DI UN COMPITO DI INTERESSE PUBBLICO O CONNESSO ALL'ESERCIZIO DI PUBBLICI POTERI NONCHÉ DISPOSIZIONI PER I TRATTAMENTI DI CUI AL CAPO IX DEL REGOLAMENTO (1)

(1) Rubrica sostituita dall'art. 3, co. 1, lett. f), d.lg. 10/8/2018, n. 101.

TITOLO 0.I
DISPOSIZIONI SULLA BASE GIURIDICA (1)

(1) Intitolazione inserita dall' art. 3, co. 2, lett. a), d.lg. 10/8/2018, n. 101.

45 bis. Base giuridica (1). – 1. Le disposizioni contenute nella presente parte sono stabilite in attuazione dell'articolo 6, paragrafo 2, nonché dell'articolo 23, paragrafo 1, del regolamento.

(1) Articolo inserito dall'art. 3, co. 2, lett. a), d.lg. 10/8/2018, n. 101.

TITOLO I
TRATTAMENTI IN AMBITO GIUDIZIARIO

Capo I
*Profili generali**

* Capo abrogato dall'art. 27, co. 1, lett. b), n. 1), d.lg. 10/8/2018, n. 101.

***46. Titolari dei trattamenti*.** – 1. Gli uffici giudiziari di ogni ordine e grado, il Consiglio superiore della magistratura, gli altri organi di autogoverno e il Ministero della giustizia sono titolari dei trattamenti di dati personali relativi alle rispettive attribuzioni conferite per legge o regolamento. 2. Con decreto del Ministro della giustizia sono individuati, nell'allegato C) al presente codice, i trattamenti non occasionali di cui al comma 1 effettuati con strumenti elettronici, relativamente a banche di dati centrali od oggetto di interconnessione tra più uffici o titolari. I provvedimenti con cui il Consiglio superiore della magistratura e gli altri organi di autogoverno di cui al comma 1 individuano i medesimi trattamenti da essi effettuati sono riportati nell'allegato C) con decreto del Ministro della giustizia.*

* Articolo abrogato dall'art. 27, co. 1, lett. b), n. 1), d.lg. 10/8/2018, n. 101.

47. Trattamenti per ragioni di giustizia*. – *1. In caso di trattamento di dati personali effettuato presso uffici giudiziari di ogni ordine e grado, presso il Consiglio superiore della magistratura, gli altri organi di autogoverno e il Ministero della giustizia, non si applicano, se il trattamento è effettuato per ragioni di giustizia, le seguenti disposizioni del codice: a) articoli 9, 10, 12, 13 e 16, da 18 a 22, 37, 38, commi da 1 a 5, e da 39 a 45; b) articoli da 145 a 151. 2. Agli effetti del presente codice si intendono effettuati per ragioni di giustizia i trattamenti di dati personali direttamente correlati alla trattazione giudiziaria di affari e di controversie, o che, in materia di trattamento giuridico ed economico del personale di magistratura, hanno una diretta incidenza sulla funzione giurisdizionale, nonché le attività ispettive su uffici giudiziari. Le medesime ragioni di giustizia non ricorrono per l'ordinaria attività amministrativo-gestionale di personale, mezzi o strutture, quando non è pregiudicata la segretezza di atti direttamente connessi alla predetta trattazione.*

* Articolo abrogato dall'art. 27, co. 1, lett. b), n. 1), d.lg. 10/8/2018, n. 101.

48. Banche di dati di uffici giudiziari*. – *1. Nei casi in cui l'autorità giudiziaria di ogni ordine e grado può acquisire in conformità alle vigenti disposizioni processuali dati, informazioni, atti e documenti da soggetti pubblici, l'acquisizione può essere effettuata anche per via telematica. A tale fine gli uffici giudiziari possono avvalersi delle convenzioni-tipo stipulate dal Ministero della giustizia con soggetti pubblici, volte ad agevolare la consultazione da parte dei medesimi uffici, mediante reti di comunicazione elettronica, di pubblici registri, elenchi, schedari e banche di dati, nel rispetto delle pertinenti disposizioni e dei principi di cui agli articoli 3 e 11 del presente codice.*

* Articolo abrogato dall'art. 27, co. 1, lett. b), n. 1), d.lg. 10/8/2018, n. 101.

49. Disposizioni di attuazione*. – *1. Con decreto del Ministro della giustizia sono adottate, anche ad integrazione del decreto del Ministro di grazia e giustizia 30 settembre 1989, n. 334, le disposizioni regolamentari necessarie per l'attuazione dei principi del presente codice nella materia penale e civile.*

* Articolo abrogato dall'art. 27, co. 1, lett. b), n. 1), d.lg. 10/8/2018, n. 101.

Capo II
Minori

50. Notizie o immagini relative a minori (1). – 1. Il divieto di cui all'articolo 13 del decreto del Presidente della Repubblica 22 settembre 1988, n. 448, di pubblicazione e divulgazione con qualsiasi mezzo di notizie o immagini idonee a consentire l'identificazione di un minore si osserva anche in caso di coinvolgimento a qualunque titolo del minore in procedimenti giudiziari in materie diverse da quella penale. La violazione del divieto di cui al presente articolo è punita ai sensi dell'articolo 684 del codice penale.

(1) Articolo modificato dall'art. 3, co. 2, lett. b), d.lg. 10/8/2018, n. 101.

Capo III
Informatica giuridica

51. Principi generali. – 1. Fermo restando quanto previsto dalle disposizioni processuali concernenti la visione e il rilascio di estratti e di copie di atti e documenti, i dati identificativi delle questioni pendenti dinanzi all'autorità giudiziaria di ogni ordine e grado sono resi accessibili a chi vi abbia interesse anche mediante reti di comunicazione elettronica, ivi compreso il sito istituzionale della medesima autorità nella rete Internet.

2. Le sentenze e le altre decisioni dell'autorità giudiziaria di ogni ordine e grado depositate in cancelleria o segreteria sono rese accessibili anche attraverso il sistema informativo e il sito istituzionale della medesima autorità nella rete Internet, osservando le cautele previste dal presente capo.

52. Dati identificativi degli interessati. – 1. Fermo restando quanto previsto dalle disposizioni concernenti la redazione e il contenuto di sentenze e di altri provvedimenti giurisdizionali dell'autorità giudiziaria di ogni ordine e grado, l'interessato può chiedere per motivi legittimi, con richiesta depositata nella cancelleria o segreteria dell'ufficio che procede prima che sia definito il relativo grado di giudizio, che sia apposta a cura della medesima cancelleria o segreteria, sull'originale della sentenza o del provvedimento, un'annotazione volta a precludere, in caso di riproduzione della sentenza o provvedimento in qualsiasi forma, [per finalità di informazione giuridica su riviste giuridiche, supporti elettronici o mediante reti di comunicazione elettronica,] l'indicazione delle generalità e di altri dati identificativi del medesimo interessato riportati sulla sentenza o provvedimento (1).

2. Sulla richiesta di cui al comma 1 provvede in calce con decreto, senza ulteriori formalità, l'autorità che pronuncia la sentenza o adotta il provvedimento. La medesima autorità può disporre d'ufficio che sia apposta l'annotazione di cui al comma 1, a tutela dei diritti o della dignità degli interessati.

3. Nei casi di cui ai commi 1 e 2, all'atto del deposito della sentenza o provvedimento, la cancelleria o segreteria vi appone e sottoscrive anche con timbro la seguente annotazione, recante l'indicazione degli estremi del presente articolo: 'In caso di diffusione omettere le generalità e gli altri dati identificativi di ...'.

4. In caso di diffusione anche da parte di terzi di sentenze o di altri provvedimenti recanti l'annotazione di cui al comma 2, o delle relative massime giuridiche, è omessa l'indicazione delle generalità e degli altri dati identificativi dell'interessato.

5. Fermo restando quanto previsto dall'articolo 734-bis del codice penale relativamente alle persone offese da atti di violenza sessuale, chiunque diffonde sentenze o altri provvedimenti giurisdizionali dell'autorità giudiziaria di ogni ordine e grado è tenuto ad omettere in ogni caso, anche in mancanza dell'annotazione di cui al comma 2, le generalità, altri dati identificativi o altri dati anche relativi a terzi dai quali può desumersi anche indirettamente l'identità di minori, oppure delle parti nei procedimenti in materia di rapporti di famiglia e di stato delle persone.

6. Le disposizioni di cui al presente articolo si applicano anche in caso di deposito di lodo ai sensi dell'articolo 825 del codice di procedura civile. La parte può formulare agli arbitri la richiesta di cui al comma 1 prima della pronuncia del lodo e gli arbitri appongono sul lodo l'annotazione di cui al comma 3, anche ai sensi del comma 2. Il collegio arbitrale costituito presso la camera arbitrale per i lavori pubblici ai sensi dell'articolo 209 del Codice dei contratti pubblici di cui al decreto legislativo 18 aprile 2016, n. 50, provvede in modo analogo in caso di richiesta di una parte (2).

7. Fuori dei casi indicati nel presente articolo è ammessa la diffusione in ogni forma del contenuto anche integrale di sentenze e di altri provvedimenti giurisdizionali.

(1) Comma modificato dall'art. 3, co. 2, lett. c), n. 1), d.lg. 10/8/2018, n. 101.

(2) Comma modificato dall'art. 3, co. 2, lett. c), n. 2), d.lg. 10/8/2018, n. 101.

TITOLO II
TRATTAMENTI DA PARTE DI FORZE DI POLIZIA

Capo I
Profili generali

53. Ambito applicativo e titolari dei trattamenti*. *– 1. Agli effetti del presente codice si intendono effettuati per finalità di polizia i trattamenti di dati personali direttamente correlati all'esercizio dei compiti di polizia di prevenzione dei reati, di tutela dell'ordine e della sicurezza pubblica, nonché di polizia giudiziaria, svolti, ai sensi del codice di procedura penale, per la prevenzione e repressione dei reati. 2. Ai trattamenti di dati personali previsti da disposizioni di legge, di regolamento, nonché individuati dal decreto di cui al comma 3, effettuati dal Centro elaborazione dati del Dipartimento della pubblica sicurezza o da forze di polizia sui dati destinati a confluirvi, ovvero da organi di pubblica sicurezza o altri soggetti pubblici nell'esercizio delle attribuzioni conferite da disposizioni di legge o di regolamento non si applicano, se il trattamento è effettuato per finalità di polizia, le seguenti disposizioni del codice: a) articoli 9, 10, 12, 13 e 16, da 18 a 22, 37, 38, commi da 1 a 5, e da 39 a 45; b) articoli da 145 a 151. 3. Con decreto adottato dal Ministro dell'interno, previa comunicazione alle competenti Commissioni parlamentari, sono individuati, nell'allegato C) al presente codice, i trattamenti non occasionali di cui al comma 2 effettuati con strumenti elettronici e i relativi titolari.*

* Articolo sostituito dall'art. 7, co. 1, d.l. 18/2/2015, n. 7, conv., con modif., dalla l. 17/4/2015, n. 43 e successivamente abrogato dall'art. 49, co. 1, d.lg. 18/5/2018, n. 51.

54. Modalità di trattamento e flussi di dati*. *– 1. Nei casi in cui le autorità di pubblica sicurezza o le forze di polizia possono acquisire in conformità alle vigenti disposizioni di legge o di regolamento dati, informazioni, atti e documenti da altri soggetti, l'acquisizione può essere effettuata anche per via telematica. A tal fine gli organi o uffici interessati possono avvalersi di convenzioni volte ad agevolare la consultazione da parte dei medesimi organi o uffici, mediante reti di comunicazione elettronica, di pubblici registri, elenchi, schedari e banche di dati, nel rispetto delle pertinenti disposizioni e dei principi di cui agli articoli 3 e 11. Le convenzioni-tipo sono adottate dal Ministero dell'interno, su conforme parere del Garante, e stabiliscono le modalità dei collegamenti e degli accessi anche al fine di assicurare l'accesso selettivo ai soli dati necessari al perseguimento delle finalità di cui all'articolo 53. 2. I dati trattati per le finalità di cui al medesimo articolo 53 sono conservati separatamente da quelli registrati per finalità amministrative che non richiedono il loro utilizzo. 3. Fermo restando quanto previsto dall'articolo 11, il Centro elaborazioni dati di cui all'articolo 53 assicura l'aggiornamento periodico e la pertinenza e non eccedenza dei dati personali trattati anche attraverso interrogazioni autorizzate del casellario giudiziale e del casellario dei carichi pendenti del Ministero della giustizia di cui al decreto del Presidente della Repubblica 14 novembre 2002, n. 313, o di altre banche di dati di forze di polizia, necessarie per le finalità di cui all'articolo 53. 4. Gli organi, uffici e comandi di polizia verificano periodicamente i requisiti di cui all'articolo 11 in riferimento ai dati trattati anche senza l'ausilio di strumenti elettronici, e provvedono al loro aggiornamento anche sulla base delle procedure adottate dal Centro elaborazioni dati ai sensi del comma 3, o, per i trattamenti effettuati senza l'ausilio di strumenti elettronici, mediante annotazioni o integrazioni dei documenti che li contengono.*

* Articolo abrogato dall'art. 49, co. 1, d.lg. 18/5/2018, n. 51.

55. Particolari tecnologie*. *– 1. Il trattamento di dati personali che implica maggiori rischi di un danno all'interessato, con particolare riguardo a banche di dati genetici o biometrici, a tecniche basate su dati relativi all'ubicazione, a banche di dati basate su particolari tecniche di elaborazione delle informazioni e all'introduzione di particolari tecnologie, è effettuato nel rispetto delle misure e degli accorgimenti a garanzia dell'interessato prescritti ai sensi dell'articolo 17 sulla base di preventiva comunicazione ai sensi dell'articolo 39.*

* Articolo abrogato dall'art. 49, co. 1, d.lg. 18/5/2018, n. 51.

56. Tutela dell'interessato*. *– 1. Le disposizioni di cui all'articolo 10, commi 3, 4 e 5, della legge 1° aprile 1981, n. 121, e successive modificazioni, si applicano anche, oltre che ai dati destinati a confluire nel Centro elaborazione dati di cui all'articolo 53, a dati trattati con l'ausilio di strumenti elettronici da organi, uffici o comandi di polizia.*

* Articolo abrogato dall'art. 49, co. 1, d.lg. 18/5/2018, n. 51.

57. Disposizioni di attuazione*. *– 1. Con decreto del Presidente della Repubblica, previa deliberazione del Consiglio dei ministri, su proposta del Ministro dell'interno, di concerto con il Ministro della giustizia, sono individuate le modalità di attuazione dei principi del presente codice relativamente al trattamento dei dati effettuato per le finalità di cui all'articolo 53 dal Centro elaborazioni dati e da organi, uffici o comandi di polizia, anche ad integrazione e modifica del decreto del Presidente della Repubblica 3 maggio 1982, n. 378, e in attuazione della Raccomandazione R (87) 15 del Consiglio d'Europa del 17 settembre 1987, e successive modificazioni. Le modalità sono individuate con particolare riguardo: a) al principio secondo cui la raccolta dei dati è correlata alla specifica finalità perseguita, in relazione alla prevenzione di un pericolo concreto o alla repressione di reati, in particolare per quanto riguarda i trattamenti effettuati per finalità di analisi; b) all'aggiornamento periodico dei dati, anche relativi a valutazioni effettuate in base alla legge, alle diverse modalità relative ai dati trattati senza l'ausilio di strumenti elettronici e alle modalità per rendere conoscibili gli aggiornamenti da parte di altri organi e uffici cui i dati sono stati in precedenza comunicati; c) ai presupposti per effettuare trattamenti per esigenze temporanee o collegati a situazioni particolari, anche ai fini della verifica dei requisiti dei dati ai sensi dell'articolo 11, dell'individuazione delle categorie di interessati e della conservazione separata da altri dati che non richiedono il loro utilizzo; d) all'individuazione di specifici termini di conservazione dei dati in relazione alla natura dei dati o agli strumenti utilizzati per il loro trattamento, nonché alla tipologia dei procedimenti nell'ambito dei quali essi sono trattati o i provvedimenti sono adottati; e) alla comunicazione ad altri soggetti, anche all'estero o per l'esercizio di un diritto o di un interesse legittimo, e alla loro diffusione, ove necessaria in conformità alla legge; f) all'uso di particolari tecniche di elaborazione e di ricerca delle informazioni, anche mediante il ricorso a sistemi di indice.*

* Articolo abrogato, a decorrere dall'8 giugno 2019, dall'art. 49, co. 2, d.lg. 18/5/2018, n. 51.

TITOLO III
DIFESA E SICUREZZA DELLO STATO

Capo I
Profili generali

58. Trattamenti di dati personali per fini di sicurezza nazionale o difesa (1). – 1. Ai trattamenti di dati personali effettuati dagli organismi di cui agli articoli 4,6 e 7 della legge 3 agosto 2007, n. 124, sulla base dell'articolo 26 della predetta legge o di altre disposizioni di legge o regolamento, ovvero relativi a dati coperti da segreto di Stato ai sensi degli articoli 39 e seguenti della medesima legge, si applicano le disposizioni di cui all'articolo 160, comma 4, nonché, in quanto compatibili, le disposizioni di cui agli articoli 2, 3, 8, 15, 16, 18, 25, 37, 41, 42 e 43 del decreto legislativo 18 maggio 2018, n. 51.

2. Fermo restando quanto previsto dal comma 1, ai trattamenti effettuati da soggetti pubblici per finalità di difesa o di sicurezza dello Stato, in base ad espresse disposizioni di legge che prevedano specificamente il trattamento, si applicano le disposizioni di cui al comma 1 del presente articolo, nonché quelle di cui agli articoli 23 e 24 del decreto legislativo 18 maggio 2018, n. 51.

3. Con uno o più regolamenti sono individuate le modalità di applicazione delle disposizioni di cui ai commi 1 e 2, in riferimento alle tipologie di dati, di interessati, di operazioni di trattamento eseguibili e di persone autorizzate al trattamento dei dati personali sotto l'autorità diretta del titolare o del responsabile ai sensi dell'articolo 2-quaterdecies, anche in relazione all'aggiornamento e alla conservazione. I regolamenti, negli ambiti di cui al comma 1, sono adottati ai sensi dell'articolo 43 della legge 3 agosto 2007, n. 124, e, negli ambiti di cui al comma 2, sono adottati con decreto del Presidente del Consiglio dei ministri, ai sensi dell'articolo 17, comma 3, della legge 23 agosto 1988, n. 400, su proposta dei Ministri competenti.

4. Con uno o più regolamenti adottati con decreto del Presidente della Repubblica su proposta del Ministro della difesa, sono disciplinate le misure attuative del presente decreto in materia di esercizio delle funzioni di difesa e sicurezza nazionale da parte delle Forze armate.

(1) Articolo sostituito dall'art. 4, co. 1, d.lg. 10/8/2018, n. 101.

TITOLO IV
TRATTAMENTI IN AMBITO PUBBLICO

Capo I
Accesso ai documenti amministrativi

59. Accesso a documenti amministrativi e accesso civico (1). – 1. Fatto salvo quanto previsto dall'articolo 60, i presupposti, le modalità, i limiti per l'esercizio del diritto di accesso a documenti amministrativi contenenti dati personali, e la relativa tutela giurisdizionale, restano disciplinati dalla legge 7 agosto 1990, n. 241, e successive modificazioni e dalle altre disposizioni di legge in materia, nonché dai relativi regolamenti di attuazione, anche per ciò che concerne i tipi di dati di cui agli articoli 9 e 10 del regolamento e le operazioni di trattamento eseguibili in esecuzione di una richiesta di accesso. [Le attività finalizzate all'applicazione di tale disciplina si considerano di rilevante interesse pubblico.] (2).

1-bis. I presupposti, le modalità e i limiti per l'esercizio del diritto di accesso civico restano disciplinati dal decreto legislativo 14 marzo 2013, n. 33 (3).

(1) Rubrica modificata dall'art. 5, co. 1, lett. a), n. 1), d.lg. 10/8/2018, n. 101.

(2) Comma modificato dall'art. 5, co. 1, lett. a), n. 2), d.lg. 10/8/2018, n. 101.

(3) Comma aggiunto dall'art. 5, co. 1, lett. a), n. 3), d.lg. 10/8/2018, n. 101.

60. Dati relativi alla salute o alla vita sessuale o all'orientamento sessuale (1). – 1. Quando il trattamento concerne dati genetici, relativi alla salute, alla vita sessuale o all'orientamento sessuale della persona, il trattamento è consentito se la situazione giuridicamente rilevante che si intende tutelare con la richiesta di accesso ai documenti amministrativi, è di rango almeno pari ai diritti dell'interessato, ovvero consiste in un diritto della personalità o in un altro diritto o libertà fondamentale.

(1) Articolo sostituito dall'art. 5, co. 1, lett. b), d.lg. 10/8/2018, n. 101.

Capo II
Registri pubblici e albi professionali

61. Utilizzazione di dati pubblici e regole deontologiche (1). – 1. Il Garante promuove, ai sensi dell'articolo 2-quater, l'adozione di regole deontologiche per il trattamento dei dati personali provenienti da archivi, registri, elenchi, atti o documenti tenuti da soggetti pubblici, anche individuando i casi in cui deve essere indicata la fonte di acquisizione dei dati e prevedendo garanzie appropriate per l'associazione di dati provenienti da più archivi, tenendo presenti le pertinenti Raccomandazioni del Consiglio d'Europa (2).

2. Agli effetti dell'applicazione del presente codice i dati personali diversi da quelli di cui agli articoli 9 e 10 del regolamento, che devono essere inseriti in un albo professionale in conformità alla legge o ad un regolamento, possono essere comunicati a soggetti pubblici e privati o diffusi, ai sensi dell'articolo 2-ter del presente codice, anche mediante reti di comunicazione elettronica. Può essere altresì menzionata l'esistenza di provvedimenti che a qualsiasi titolo incidono sull'esercizio della professione (2).

3. L'ordine o collegio professionale può, a richiesta della persona iscritta nell'albo che vi ha interesse, integrare i dati di cui al comma 2 con ulteriori dati pertinenti e non eccedenti in relazione all'attività professionale.

4. A richiesta dell'interessato l'ordine o collegio professionale può altresì fornire a terzi notizie o informazioni relative, in particolare, a speciali qualificazioni professionali non menzionate nell'albo, ovvero alla disponibilità ad assumere incarichi o a ricevere materiale informativo a carattere scientifico inerente anche a convegni o seminari.

(1) Rubrica modificata dall'art. 5, co. 1, lett. c), n. 1), d.lg. 10/8/2018, n. 101.

(2) Comma sostituito dall'art. 5, co. 1, lett. c), n. 2), d.lg. 10/8/2018, n. 101.

Capo III
*Stato civile, anagrafi e liste elettorali**

* Capo abrogato dall'art. 27, co. 1, lett. b), n. 2), d.lg. 10/8/2018, n. 101.

62. Dati sensibili e giudiziari* *. – 1. Si considerano di rilevante interesse pubblico, ai sensi degli articoli 20 e 21, le finalità relative alla tenuta degli atti e dei registri dello stato civile, delle anagrafi della popolazione residente in Italia e dei cittadini italiani residenti all'estero, e delle liste elettorali, nonché al rilascio di documenti di riconoscimento o al cambiamento delle generalità.*

* Articolo abrogato dall'art. 27, co. 1, lett. b), n. 2), d.lg. 10/8/2018, n. 101.

63. Consultazione di atti* *. – 1. Gli atti dello stato civile conservati negli Archivi di Stato sono consultabili nei limiti previsti dall'articolo 107 del decreto legislativo 29 ottobre 1999, n. 490.*

* Articolo abrogato dall'art. 27, co. 1, lett. b), n. 2), d.lg. 10/8/2018, n. 101.

Capo IV
*Finalità di rilevante interesse pubblico**

* Capo abrogato dall'art. 27, co. 1, lett. b), n. 2), d.lg. 10/8/2018, n. 101.

64. Cittadinanza, immigrazione e condizione dello straniero*. – *1. Si considerano di rilevante interesse pubblico, ai sensi degli articoli 20 e 21, le finalità di applicazione della disciplina in materia di cittadinanza, di immigrazione, di asilo, di condizione dello straniero e del profugo e sullo stato di rifugiato. 2. Nell'ambito delle finalità di cui al comma 1 è ammesso, in particolare, il trattamento dei dati sensibili e giudiziari indispensabili: a) al rilascio e al rinnovo di visti, permessi, attestazioni, autorizzazioni e documenti anche sanitari; b) al riconoscimento del diritto di asilo o dello stato di rifugiato, o all'applicazione della protezione temporanea e di altri istituti o misure di carattere umanitario, ovvero all'attuazione di obblighi di legge in materia di politiche migratorie; c) in relazione agli obblighi dei datori di lavoro e dei lavoratori, ai ricongiungimenti, all'applicazione delle norme vigenti in materia di istruzione e di alloggio, alla partecipazione alla vita pubblica e all'integrazione sociale. 3. Il presente articolo non si applica ai trattamenti di dati sensibili e giudiziari effettuati in esecuzione degli accordi e convenzioni di cui all'articolo 154, comma 2, lettere a) e b), o comunque effettuati per finalità di difesa o di sicurezza dello Stato o di prevenzione, accertamento o repressione dei reati, in base ad espressa disposizione di legge che prevede specificamente il trattamento.*

* Articolo abrogato dall'art. 27, co. 1, lett. b), n. 2), d.lg. 10/8/2018, n. 101.

65. Diritti politici e pubblicità dell'attività di organi*. – *1. Si considerano di rilevante interesse pubblico, ai sensi degli articoli 20 e 21, le finalità di applicazione della disciplina in materia di: a) elettorato attivo e passivo e di esercizio di altri diritti politici, nel rispetto della segretezza del voto, nonché di esercizio del mandato degli organi rappresentativi o di tenuta degli elenchi dei giudici popolari; b) documentazione dell'attività istituzionale di organi pubblici. 2. I trattamenti dei dati sensibili e giudiziari per le finalità di cui al comma 1 sono consentiti per eseguire specifici compiti previsti da leggi o da regolamenti fra i quali, in particolare, quelli concernenti: a) lo svolgimento di consultazioni elettorali e la verifica della relativa regolarità; b) le richieste di referendum, le relative consultazioni e la verifica delle relative regolarità; c) l'accertamento delle cause di ineleggibilità, incompatibilità o di decadenza, o di rimozione o sospensione da cariche pubbliche, ovvero di sospensione o di scioglimento degli organi; d) l'esame di segnalazioni, petizioni, appelli e di proposte di legge di iniziativa popolare, l'attività di commissioni di inchiesta, il rapporto con gruppi politici; e) la designazione e la nomina di rappresentanti in commissioni, enti e uffici. 3. Ai fini del presente articolo, è consentita la diffusione dei dati sensibili e giudiziari per le finalità di cui al comma 1, lettera a), in particolare con riguardo alle sottoscrizioni di liste, alla presentazione delle candidature, agli incarichi in organizzazioni o associazioni politiche, alle cariche istituzionali e agli organi eletti. 4. Ai fini del presente articolo, in particolare, è consentito il trattamento di dati sensibili e giudiziari indispensabili: a) per la redazione di verbali e resoconti dell'attività di assemblee rappresentative, commissioni e di altri organi collegiali o assembleari; b) per l'esclusivo svolgimento di una funzione di controllo, di indirizzo politico o di sindacato ispettivo e per l'accesso a documenti riconosciuto dalla legge e dai regolamenti degli organi interessati per esclusive finalità direttamente connesse all'espletamento di un mandato elettivo. 5. I dati sensibili e giudiziari trattati per le finalità di cui al comma 1 possono essere comunicati e diffusi nelle forme previste dai rispettivi ordinamenti. Non è comunque consentita la divulgazione dei dati sensibili e giudiziari che non risultano indispensabili per assicurare il rispetto del principio di pubblicità dell'attività istituzionale, fermo restando il divieto di diffusione dei dati idonei a rivelare lo stato di salute.*

* Articolo abrogato dall'art. 27, co. 1, lett. b), n. 2), d.lg. 10/8/2018, n. 101.

66. Materia tributaria e doganale* (1). – *1. Si considerano di rilevante interesse pubblico, ai sensi degli articoli 20 e 21, le attività dei soggetti pubblici dirette all' applicazione, anche tramite i loro concessionari, delle disposizioni in materia di tributi, in relazione ai contribuenti, ai sostituti e ai responsabili di imposta, nonché in materia di deduzioni e detrazioni e per l'applicazione delle disposizioni la cui esecuzione è affidata alle dogane. 2. Si considerano inoltre di rilevante interesse pubblico, ai sensi degli articoli 20 e 21, le attività dirette, in materia di imposte, alla prevenzione e repressione delle violazioni degli obblighi e alla adozione dei provvedimenti previsti da leggi, regolamenti o dalla normativa comunitaria, nonché al controllo e alla esecuzione forzata dell'esatto adempimento di tali obblighi, alla effettuazione dei rimborsi, alla destinazione di quote d'imposta, e quelle dirette alla gestione ed alienazione di immobili statali, all'inventario e alla qualificazione degli immobili e alla conservazione dei registri immobiliari.*

* Articolo abrogato dall'art. 27, co. 1, lett. b), n. 2), d.lg. 10/8/2018, n. 101.

(1) Vedi l'art. 1, co. 611, lett. f), l. 27/12/2013, n. 147.

67. Attività di controllo e ispettive*. – *1. Si considerano di rilevante interesse pubblico, ai sensi degli articoli 20 e 21, le finalità di: a) verifica della legittimità, del buon andamento, dell'imparzialità dell'attività amministrativa, nonché della rispondenza di detta attività a requisiti di razionalità, economicità, efficienza ed efficacia per le quali sono, comunque, attribuite dalla legge a soggetti pubblici funzioni di controllo, di riscontro ed ispettive nei confronti di altri soggetti; b) accertamento, nei limiti delle finalità istituzionali, con riferimento a dati sensibili e giudiziari relativi ad esposti e petizioni, ovvero ad atti di controllo o di sindacato ispettivo di cui all'articolo 65, comma 4.*

* Articolo abrogato dall'art. 27, co. 1, lett. b), n. 2), d.lg. 10/8/2018, n. 101.

68. Benefici economici ed abilitazioni*. – *1. Si considerano di rilevante interesse pubblico, ai sensi degli articoli 20 e 21, le finalità di applicazione della disciplina in materia di concessione, liquidazione, modifica e revoca di benefici economici, agevolazioni, elargizioni, altri emolumenti e abilitazioni. 2. Si intendono ricompresi fra i trattamenti regolati dal presente articolo anche quelli indispensabili in relazione: a) alle comunicazioni, certificazioni ed informazioni previste dalla normativa antimafia; b) alle elargizioni di contributi previsti dalla normativa in materia di usura e di vittime di richieste estorsive; c) alla corresponsione delle pensioni di guerra o al riconoscimento di benefici in favore di perseguitati politici e di internati in campo di sterminio e di loro congiunti; d) al riconoscimento di benefici connessi all'invalidità civile; e) alla concessione di contributi in materia di formazione professionale; f) alla concessione di contributi, finanziamenti, elargizioni ed altri benefici previsti dalla legge, dai regolamenti o dalla normativa comunitaria, anche in favore di associazioni, fondazioni ed enti; g) al riconoscimento di* *esoneri, agevolazioni o riduzioni tariffarie o economiche, franchigie, o al rilascio di concessioni anche radiotelevisive, licenze, autorizzazioni, iscrizioni ed altri titoli abilitativi previsti dalla legge, da un regolamento o dalla normativa comunitaria. 3. Il trattamento può comprendere la diffusione nei soli casi in cui ciò è indispensabile per la trasparenza delle attività indicate nel presente articolo, in conformità alle leggi, e per finalità di vigilanza e di controllo conseguenti alle attività medesime, fermo restando il divieto di diffusione dei dati idonei a rivelare lo stato di salute.*

* Articolo abrogato dall'art. 27, co. 1, lett. b), n. 2), d.lg. 10/8/2018, n. 101.

69. Onorificenze, ricompense e riconoscimenti*. *– 1. Si considerano di rilevante interesse pubblico, ai sensi degli articoli 20 e 21, le finalità di applicazione della disciplina in materia di conferimento di onorificenze e ricompense, di riconoscimento della personalità giuridica di associazioni, fondazioni ed enti, anche di culto, di accertamento dei requisiti di onorabilità e di professionalità per le nomine, per i profili di competenza del soggetto pubblico, ad uffici anche di culto e a cariche direttive di persone giuridiche, imprese e di istituzioni scolastiche non statali, nonché di rilascio e revoca di autorizzazioni o abilitazioni, di concessione di patrocini, patronati e premi di rappresentanza, di adesione a comitati d'onore e di ammissione a cerimonie ed incontri istituzionali.*

* Articolo abrogato dall'art. 27, co. 1, lett. b), n. 2), d.lg. 10/8/2018, n. 101.

70. Volontariato e obiezione di coscienza*. *– 1. Si considerano di rilevante interesse pubblico, ai sensi degli articoli 20 e 21, le finalità di applicazione della disciplina in materia di rapporti tra i soggetti pubblici e le organizzazioni di volontariato, in particolare per quanto riguarda l'elargizione di contributi finalizzati al loro sostegno, la tenuta di registri generali delle medesime organizzazioni e la cooperazione internazionale. 2. Si considerano, altresì, di rilevante interesse pubblico le finalità di applicazione della legge 8 luglio 1998, n. 230, e delle altre disposizioni di legge in materia di obiezione di coscienza.*

* Articolo abrogato dall'art. 27, co. 1, lett. b), n. 2), d.lg. 10/8/2018, n. 101.

71. Attività sanzionatorie e di tutela*. *– 1. Si considerano di rilevante interesse pubblico, ai sensi degli articoli 20 e 21, le finalità: a) di applicazione delle norme in materia di sanzioni amministrative e ricorsi; b) volte a far valere il diritto di difesa in sede amministrativa o giudiziaria, anche da parte di un terzo, anche ai sensi dell'articolo 391-quater del codice di procedura penale, o direttamente connesse alla riparazione di un errore giudiziario o in caso di violazione del termine ragionevole del processo o di un'ingiusta restrizione della libertà personale. 2. Quando il trattamento concerne dati idonei a rivelare lo stato di salute o la vita sessuale, il trattamento è consentito se il diritto da far valere o difendere, di cui alla lettera b) del comma 1, è di rango almeno pari a quello dell'interessato, ovvero consiste in un diritto della personalità o in un altro diritto o libertà fondamentale e inviolabile.*

* Articolo abrogato dall'art. 27, co. 1, lett. b), n. 2), d.lg. 10/8/2018, n. 101.

72. Rapporti con enti di culto*. *– 1. Si considerano di rilevante interesse pubblico, ai sensi degli articoli 20 e 21, le finalità relative allo svolgimento dei rapporti istituzionali con enti di culto, confessioni religiose e comunità religiose.*

* Articolo abrogato dall'art. 27, co. 1, lett. b), n. 2), d.lg. 10/8/2018, n. 101.

73. Altre finalità in ambito amministrativo e sociale*. *– 1. Si considerano di rilevante interesse pubblico, ai sensi degli articoli 20 e 21, nell'ambito delle attività che la legge demanda ad un soggetto pubblico, le finalità socio-assistenziali, con particolare riferimento a: a) interventi di sostegno psicosociale e di formazione in favore di giovani o di altri soggetti che versano in condizioni di disagio sociale, economico o familiare; b) interventi anche di rilievo sanitario in favore di soggetti bisognosi o non autosufficienti o incapaci, ivi compresi i servizi di assistenza economica o domiciliare, di telesoccorso, accompagnamento e trasporto; c) assistenza nei confronti di minori, anche in relazione a vicende giudiziarie; d) indagini psico-sociali relative a provvedimenti di adozione anche internazionale; e) compiti di vigilanza per affidamenti temporanei; f) iniziative di vigilanza e di sostegno in riferimento al soggiorno di nomadi; g) interventi in tema di barriere architettoniche. 2. Si considerano, altresì, di rilevante interesse pubblico, ai sensi degli articoli 20 e 21, nell'ambito delle attività che la legge demanda ad un soggetto pubblico, le finalità: a) di gestione di asili nido; b) concernenti la gestione di mense scolastiche o la fornitura di sussidi, contributi e materiale didattico; c) ricreative o di promozione della cultura e dello sport, con particolare riferimento all'organizzazione di soggiorni, mostre, conferenze e manifestazioni sportive o all'uso di beni immobili o all'occupazione di suolo pubblico; d) di assegnazione di alloggi di edilizia residenziale pubblica; e) relative alla leva militare; f) di polizia amministrativa anche locale, salvo quanto previsto dall'articolo 53, con particolare riferimento ai servizi di igiene, di polizia mortuaria e ai controlli in materia di ambiente, tutela delle risorse idriche e difesa del suolo; g) degli uffici per le relazioni con il pubblico; h) in materia di protezione civile; i) di supporto al collocamento e all'avviamento al lavoro, in particolare a cura di centri di iniziativa locale per l'occupazione e di sportelli-lavoro; l) dei difensori civici regionali e locali.*

* Articolo abrogato dall'art. 27, co. 1, lett. b), n. 2), d.lg. 10/8/2018, n. 101.

Capo V
Particolari contrassegni*

* Capo abrogato dall'art. 27, co. 1, lett. b), n. 2), d.lg. 10/8/2018, n. 101.

74. Contrassegni su veicoli e accessi a centri storici*. *– 1. I contrassegni rilasciati a qualunque titolo per la circolazione e la sosta di veicoli a servizio di persone invalide, ovvero per il transito e la sosta in zone a traffico limitato, e che devono essere esposti su veicoli, contengono i soli dati indispensabili ad individuare l'autorizzazione rilasciata e senza l'apposizione di diciture dalle quali può essere individuata la persona fisica interessata (1). 2. Per fini di cui al comma 1, le generalità e l'indirizzo della persona fisica interessata sono riportati sui contrassegni con modalità che non consentono la loro diretta visibilità se non in caso di richiesta di esibizione o di necessità di accertamento (2). 3. La disposizione di cui al comma 2 si applica anche in caso di fissazione a qualunque titolo di un obbligo di esposizione sui veicoli di copia del libretto di circolazione o di altro documento. 4. Per il trattamento dei dati raccolti mediante impianti per la rilevazione degli accessi di veicoli ai centri storici ed alle zone a traffico limitato continuano, altresì, ad applicarsi le disposizioni del decreto del Presidente della Repubblica 22 giugno 1999, n. 250.*

* Articolo abrogato dall'art. 27, co. 1, lett. b), n. 2), d.lg. 10/8/2018, n. 101.

(1) Comma modificato dall'art. 58, co. 1, lett. a), l. 29/7/2010, n. 120.

(2) Comma sostituito dall'art. 58, co. 1, lett. b), l. 29/7/2010, n. 120.

TITOLO V
TRATTAMENTO DI DATI PERSONALI IN AMBITO SANITARIO

Capo I
Principi generali

75. Specifiche condizioni in ambito sanitario (1). – 1. Il trattamento dei dati personali effettuato per finalità di tutela della salute e incolumità fisica dell'interessato o di terzi o della collettività deve essere effettuato ai sensi dell'articolo 9, paragrafi 2, lettere h) ed i), e 3 del regolamento, dell'articolo 2-septies del presente codice, nonché nel rispetto delle specifiche disposizioni di settore

(1) Articolo sostituito dall'art. 6, co. 1, lett. a), d.lg. 10/8/2018, n. 101.

76. Esercenti professioni sanitarie e organismi sanitari pubblici*. – *1. Gli esercenti le professioni sanitarie e gli organismi sanitari pubblici, anche nell'ambito di un'attività di rilevante interesse pubblico ai sensi dell'articolo 85, trattano i dati personali idonei a rivelare lo stato di salute: a) con il consenso dell'interessato e anche senza l'autorizzazione del Garante, se il trattamento riguarda dati e operazioni indispensabili per perseguire una finalità di tutela della salute o dell'incolumità fisica dell'interessato; b) anche senza il consenso dell'interessato e previa autorizzazione del Garante, se la finalità di cui alla lettera a) riguarda un terzo o la collettività. 2. Nei casi di cui al comma 1 il consenso può essere prestato con le modalità semplificate di cui al capo II. 3. Nei casi di cui al comma 1 l'autorizzazione del Garante è rilasciata, salvi i casi di particolare urgenza, sentito il Consiglio superiore di sanità.*

* Articolo abrogato dall'art. 27, co. 1, lett. b), n. 3), d.lg. 10/8/2018, n. 101.

Capo II
Modalità particolari per informare l'interessato e per il trattamento dei dati personali (1)

(1) Rubrica sostituita dall'art. 6, co. 1, lett. b), d.lg. 10/8/2018, n. 101.

77. Modalità particolari (1). – 1. Le disposizioni del presente titolo individuano modalità particolari utilizzabili dai soggetti di cui al comma 2:

a) per informare l'interessato ai sensi degli articoli 13 e 14 del Regolamento;

b) per il trattamento dei dati personali.

2. Le modalità di cui al comma 1 sono applicabili:

a) dalle strutture pubbliche e private, che erogano prestazioni sanitarie e socio-sanitarie e dagli esercenti le professioni sanitarie;

b) dai soggetti pubblici indicati all'articolo 80.

(1) Articolo sostituito dall'art. 6, co. 1, lett. c), d.lg. 10/8/2018, n. 101.

78. Informazioni del medico di medicina generale o del pediatra (1). – 1. Il medico di medicina generale o il pediatra di libera scelta informano l'interessato relativamente al trattamento dei dati personali, in forma chiara e tale da rendere agevolmente comprensibili gli elementi indicati negli articoli 13 e 14 del Regolamento (2).

2. Le informazioni possono essere fornite per il complessivo trattamento dei dati personali necessario per attività di diagnosi, assistenza e terapia sanitaria, svolte dal medico o dal pediatra a tutela della salute o dell'incolumità fisica dell'interessato, su richiesta dello stesso o di cui questi è informato in quanto effettuate nel suo interesse (3).

3. Le informazioni possono riguardare, altresì, dati personali eventualmente raccolti presso terzi e sono fornite preferibilmente per iscritto (4).

4. Le informazioni, se non è diversamente specificato dal medico o dal pediatra, riguardano anche il trattamento di dati correlato a quello effettuato dal medico di medicina generale o dal pediatra di libera scelta, effettuato da un professionista o da altro soggetto, parimenti individuabile in base alla prestazione richiesta, che (5):

a) sostituisce temporaneamente il medico o il pediatra;

b) fornisce una prestazione specialistica su richiesta del medico e del pediatra;

c) può trattare lecitamente i dati nell'ambito di un'attività professionale prestata in forma associata;

d) fornisce farmaci prescritti;

e) comunica dati personali al medico o pediatra in conformità alla disciplina applicabile.

5. Le informazioni rese ai sensi del presente articolo evidenziano analiticamente eventuali trattamenti di dati personali che presentano rischi specifici per i diritti e le libertà fondamentali, nonché per la dignità dell'interessato, in particolare in caso di trattamenti effettuati:

a) per fini di ricerca scientifica anche nell'ambito di sperimentazioni cliniche, in conformità alle leggi e ai regolamenti, ponendo in particolare evidenza che il consenso, ove richiesto, è manifestato liberamente;

b) nell'ambito della teleassistenza o telemedicina;

c) per fornire altri beni o servizi all'interessato attraverso una rete di comunicazione elettronica;

c-bis) ai fini dell'implementazione del fascicolo sanitario elettronico di cui all'articolo 12 del decreto-legge 18 ottobre 2012, n. 179, convertito, con modificazioni, dalla legge 17 dicembre 2012, n. 221;

c-ter) ai fini dei sistemi di sorveglianza e dei registri di cui all'articolo 12 del decreto-legge 18 ottobre 2012, n. 179, convertito, con modificazioni, dalla legge 17 dicembre 2012, n. 221 (6).

(1) Rubrica modificata dall'art. 6, co. 1, lett. d), n. 1), d.lg. 10/8/2018, n. 101.

(2) Comma modificato dall'art. 6, co. 1, lett. d), n. 2), d.lg. 10/8/2018, n. 101.

(3) Comma modificato dall'art. 6, co. 1, lett. d), n. 3), d.lg. 10/8/2018, n. 101.

(4) Comma sostituito dall'art. 6, co. 1, lett. d), n. 4), d.lg. 10/8/2018, n. 101.

(5) Alinea modificato dall'art. 6, co. 1, lett. d), n. 5), d.lg. 10/8/2018, n. 101.

(6) Comma modificato dall'art. 6, co. 1, lett. d), n. 6), d.lg. 10/8/2018, n. 101.

79. Informazioni da parte di strutture pubbliche e private che erogano prestazioni sanitarie e socio-sanitarie (1). – 1. Le strutture pubbliche e private, che erogano prestazioni sanitarie e socio-sanitarie possono avvalersi delle modalità particolari di cui all'articolo 78 in riferimento ad una pluralità di prestazioni erogate anche da distinti reparti ed unità della stessa struttura o di sue articolazioni ospedaliere o territoriali specificamente identificate (2).

2. Nei casi di cui al comma 1 la struttura o le sue articolazioni annotano l'avvenuta informazione con modalità uniformi e tali da permettere una verifica al riguardo da parte di altri reparti ed unità che, anche in tempi diversi, trattano dati relativi al medesimo interessato (3).

3. Le modalità particolari di cui all'articolo 78 possono essere utilizzate in modo omogeneo e coordinato in riferimento all'insieme dei trattamenti di dati personali effettuati nel com-

plesso delle strutture facenti capo alle aziende sanitarie (4).

4. Sulla base di adeguate misure organizzative in applicazione del comma 3, le modalità particolari possono essere utilizzate per più trattamenti di dati effettuati nei casi di cui al presente articolo e dai soggetti di cui all'articolo 80 (5).

(1) Rubrica sostituita dall'art. 6, co. 1, lett. e), n. 1), d.lg. 10/8/2018, n. 101.

(2) Comma sostituito dall'art. 6, co. 1, lett. e), n. 2), d.lg. 10/8/2018, n. 101.

(3) Comma modificato dall'art. 6, co. 1, lett. e), n. 3), d.lg. 10/8/2018, n. 101.

(4) Comma modificato dall'art. 6, co. 1, lett. e), n. 4), d.lg. 10/8/2018, n. 101.

(5) Comma modificato dall'art. 6, co. 1, lett. e), n. 5), d.lg. 10/8/2018, n. 101.

80. Informazioni da parte di altri soggetti (1). – 1. Nel fornire le informazioni di cui agli articoli 13 e 14 del Regolamento, oltre a quanto previsto dall'articolo 79, possono avvalersi della facoltà di fornire un'unica informativa per una pluralità di trattamenti di dati effettuati, a fini amministrativi e in tempi diversi, rispetto a dati raccolti presso l'interessato e presso terzi, i competenti servizi o strutture di altri soggetti pubblici, diversi da quelli di cui al predetto articolo 79, operanti in ambito sanitario o della protezione e sicurezza sociale.

2. Le informazioni di cui al comma 1 sono integrate con appositi e idonei cartelli ed avvisi agevolmente visibili al pubblico, affissi e diffusi anche nell'ambito di pubblicazioni istituzionali e mediante reti di comunicazione elettronica, in particolare per quanto riguarda attività amministrative effettuate per motivi di interesse pubblico rilevante che non richiedono il consenso degli interessati.

(1) Articolo sostituito dall'art. 6, co. 1, lett. f), d.lg. 10/8/2018, n. 101.

81. Prestazione del consenso*. – *1. Il consenso al trattamento dei dati idonei a rivelare lo stato di salute, nei casi in cui è necessario ai sensi del presente codice o di altra disposizione di legge, può essere manifestato con un'unica dichiarazione, anche oralmente. In tal caso il consenso è documentato, anziché con atto scritto dell'interessato, con annotazione dell'esercente la professione sanitaria o dell'organismo sanitario pubblico, riferita al trattamento di dati effettuato da uno o più soggetti e all'informativa all'interessato, nei modi indicati negli articoli 78, 79 e 80. 2. Quando il medico o il pediatra fornisce l'informativa per conto di più professionisti ai sensi dell'articolo 78, comma 4, oltre quanto previsto dal comma 1, il consenso è reso conoscibile ai medesimi professionisti con adeguate modalità, anche attraverso menzione, annotazione o apposizione di un bollino o tagliando su una carta elettronica o sulla tessera sanitaria, contenente un richiamo al medesimo articolo 78, comma 4, e alle eventuali diverse specificazioni apposte all'informativa ai sensi del medesimo comma.*

* Articolo abrogato dall'art. 27, co. 1, lett. b), n. 3), d.lg. 10/8/2018, n. 101.

82. Emergenze e tutela della salute e dell'incolumità fisica. – 1. Le informazioni di cui agli articoli 13 e 14 del Regolamento possono essere rese senza ritardo, successivamente alla prestazione, nel caso di emergenza sanitaria o di igiene pubblica per la quale la competente autorità ha adottato un'ordinanza contingibile ed urgente ai sensi dell'articolo 117 del decreto legislativo 31 marzo 1998, n. 112 (1).

2. Tali informazioni possono altresì essere rese senza ritardo, successivamente alla prestazione, in caso di (2):

a) impossibilità fisica, incapacità di agire o incapacità di intendere o di volere dell'interessato, quando non è possibile rendere le informazioni, nei casi previsti, a chi esercita legalmente la rappresentanza, ovvero a un prossimo congiunto, a un familiare, a un convivente o unito civilmente ovvero a un fiduciario ai sensi dell'articolo 4 della legge 22 dicembre 2017, n. 219 o, in loro assenza, al responsabile della struttura presso cui dimora l'interessato (3);

b) rischio grave, imminente ed irreparabile per la salute o l'incolumità fisica dell'interessato.

3. Le informazioni di cui al comma 1 possono essere rese senza ritardo, successivamente alla prestazione, anche in caso di prestazione medica che può essere pregiudicata dal loro preventivo rilascio, in termini di tempestività o efficacia (4).

4. Dopo il raggiungimento della maggiore età le informazioni sono fornite all'interessato nel caso in cui non siano state fornite in precedenza (5).

(1) Comma modificato dall'art. 6, co. 1, lett. g), n. 1), d.lg. 10/8/2018, n. 101.

(2) Alinea modificato dall'art. 6, co. 1, lett. g), n. 2), d.lg. 10/8/2018, n. 101.

(3) Lettera sostituita dall'art. 6, co. 1, lett. g), n. 2), d.lg. 10/8/2018, n. 101.

(4) Comma modificato dall'art. 6, co. 1, lett. g), n. 3), d.lg. 10/8/2018, n. 101.

(5) Comma modificato dall'art. 6, co. 1, lett. g), n. 4), d.lg. 10/8/2018, n. 101.

83. Altre misure per il rispetto dei diritti degli interessati*. – *1. I soggetti di cui agli articoli 78, 79 e 80 adottano idonee misure per garantire, nell'organizzazione delle prestazioni e dei servizi, il rispetto dei diritti, delle libertà fondamentali e della dignità degli interessati, nonché del segreto professionale, fermo restando quanto previsto dalle leggi e dai regolamenti in materia di modalità di trattamento dei dati sensibili e di misure minime di sicurezza. 2. Le misure di cui al comma 1 comprendono, in particolare: a) soluzioni volte a rispettare, in relazione a prestazioni sanitarie o ad adempimenti amministrativi preceduti da un periodo di attesa all'interno di strutture, un ordine di precedenza e di chiamata degli interessati prescindendo dalla loro individuazione nominativa; b) l'istituzione di appropriate distanze di cortesia, tenendo conto dell'eventuale uso di apparati vocali o di barriere; c) soluzioni tali da prevenire, durante colloqui, l'indebita conoscenza da parte di terzi di informazioni idonee a rivelare lo stato di salute; d) cautele volte ad evitare che le prestazioni sanitarie, ivi compresa l'eventuale documentazione di anamnesi, avvenga in situazioni di promiscuità derivanti dalle modalità o dai locali prescelti; e) il rispetto della dignità dell'interessato in occasione della prestazione medica e in ogni operazione di trattamento dei dati; f) la previsione di opportuni accorgimenti volti ad assicurare che, ove necessario, possa essere data correttamente notizia o conferma anche telefonica, ai soli terzi legittimati, di una prestazione di pronto soccorso; g) la formale previsione, in conformità agli ordinamenti interni delle strutture ospedaliere e territoriali, di adeguate modalità per informare i terzi legittimati in occasione di visite sulla dislocazione degli interessati nell'ambito dei reparti, informandone previamente gli interessati e rispettando eventuali loro contrarie manifestazioni legittime di volontà; h) la messa in atto di procedure, anche di formazione del personale, dirette a prevenire nei confronti di estranei un'esplicita correlazione tra l'interessato e reparti o strutture, indicativa dell'esistenza di un particolare stato di salute; i) la sottoposizione degli incaricati che non sono tenuti per legge al segreto professionale a regole di condotta analoghe al segreto professionale. 2-bis. Le misure di cui al comma 2 non si applicano ai soggetti di cui all' articolo 78, che ottemperano alle disposizioni di cui al comma 1 secondo modalità* *adeguate a garantire un rapporto personale e fiduciario con gli assistiti, nel rispetto del codice di deontologia sottoscritto ai sensi dell'articolo 12* (1).

* Articolo abrogato dall'art. 27, co. 1, lett. b), n. 3), d.lg. 10/8/2018, n. 101.

(1) Comma inserito dall'art. 2 quinquies del d.l. 29/3/2004, n. 81.

84. Comunicazione di dati all'interessato*. – *1. I dati personali idonei a rivelare lo stato di salute possono essere resi noti all'interessato o ai soggetti di cui all'articolo 82, comma 2, lettera a), da parte di esercenti le professioni sanitarie ed organismi sanitari, solo per il tramite di un medico designato dall'interessato o dal titolare. Il presente comma non si applica in riferimento ai dati personali forniti in precedenza dal medesimo interessato. 2. Il titolare o il responsabile possono autorizzare per iscritto esercenti le professioni sanitarie diversi dai medici, che nell'esercizio dei propri compiti intrattengono rapporti diretti con i pazienti e sono incaricati di trattare dati personali idonei a rivelare lo stato di salute, a rendere noti i medesimi dati all'interessato o ai soggetti di cui all'articolo 82, comma 2, lettera a). L'atto di incarico individua appropriate modalità e cautele rapportate al contesto nel quale è effettuato il trattamento di dati.*

* Articolo abrogato dall'art. 27, co. 1, lett. b), n. 3), d.lg. 10/8/2018, n. 101.

Capo III
*Finalità di rilevante interesse pubblico**

* Capo abrogato dall'art. 27, co. 1, lett. b), n. 4), d.lg. 10/8/2018, n. 101.

85. Compiti del Servizio sanitario nazionale*. – *1. Fuori dei casi di cui al comma 2, si considerano di rilevante interesse pubblico, ai sensi degli articoli 20 e 21, le finalità che rientrano nei compiti del Servizio sanitario nazionale e degli altri organismi sanitari pubblici relative alle seguenti attività: a) attività amministrative correlate a quelle di prevenzione, diagnosi, cura e riabilitazione dei soggetti assistiti dal Servizio sanitario nazionale, ivi compresa l'assistenza degli stranieri in Italia e dei cittadini italiani all'estero, nonché di assistenza sanitaria erogata al personale navigante ed aeroportuale; b) programmazione, gestione, controllo e valutazione dell'assistenza sanitaria; c) vigilanza sulle sperimentazioni, farmacovigilanza, autorizzazione all'immissione in commercio e all'importazione di medicinali e di altri prodotti di rilevanza sanitaria; d) attività certificatorie; e) l'applicazione della normativa in materia di igiene e sicurezza nei luoghi di lavoro e di sicurezza e salute della popolazione (A); f) le attività amministrative correlate ai trapianti d'organo e di tessuti, nonché alle trasfusioni di sangue umano, anche in applicazione della legge 4 maggio 1990, n. 107; g) instaurazione, gestione, pianificazione e controllo dei rapporti tra l'amministrazione ed i soggetti accreditati o convenzionati del Servizio sanitario nazionale. 2. Il comma 1 non si applica ai trattamenti di dati idonei a rivelare lo stato di salute effettuati da esercenti le professioni sanitarie o da organismi sanitari pubblici per finalità di tutela della salute o dell'incolumità fisica dell'interessato, di un terzo o della collettività, per i quali si osservano le disposizioni relative al consenso dell'interessato o all'autorizzazione del Garante ai sensi dell'articolo 76. 3. All'identificazione dei tipi di dati idonei a rivelare lo stato di salute e di operazioni su essi eseguibili è assicurata ampia pubblicità, anche tramite affissione di una copia o di una guida illustrativa presso ciascuna azienda sanitaria e presso gli studi dei medici di medicina generale e dei pediatri di libera scelta. 4. Il trattamento di dati identificativi dell'interessato è lecito da parte dei soli soggetti che perseguono direttamente le finalità di cui al comma 1. L'utilizzazione delle diverse tipologie di dati è consentita ai soli incaricati, preposti, caso per caso, alle specifiche fasi delle attività di cui al medesimo comma, secondo il principio dell'indispensabilità dei dati di volta in volta trattati.*

* Articolo abrogato dall'art. 27, co. 1, lett. b), n. 4), d.lg. 10/8/2018, n. 101.

(A) In riferimento alla presente lettera vedi: Parere Autorità garante per la protezione dei dati personali 15/5/2013, n. 2475383.

86. Altre finalità di rilevante interesse pubblico*. – *1. Fuori dei casi di cui agli articoli 76 e 85, si considerano di rilevante interesse pubblico, ai sensi degli articoli 20 e 21, le finalità, perseguite mediante trattamento di dati sensibili e giudiziari, relative alle attività amministrative correlate all'applicazione della disciplina in materia di: a) tutela sociale della maternità e di interruzione volontaria della gravidanza, con particolare riferimento a quelle svolte per la gestione di consultori familiari e istituzioni analoghe, per l'informazione, la cura e la degenza delle madri, nonché per gli interventi di interruzione della gravidanza; b) stupefacenti e sostanze psicotrope, con particolare riferimento a quelle svolte al fine di assicurare, anche avvalendosi di enti ed associazioni senza fine di lucro, i servizi pubblici necessari per l'assistenza socio-sanitaria ai tossicodipendenti, gli interventi anche di tipo preventivo previsti dalle leggi e l'applicazione delle misure amministrative previste; c) assistenza, integrazione sociale e diritti delle persone handicappate effettuati, in particolare, al fine di: 1) accertare l'handicap ed assicurare la funzionalità dei servizi terapeutici e riabilitativi, di aiuto personale e familiare, nonché interventi economici integrativi ed altre agevolazioni; 2) curare l'integrazione sociale, l'educazione, l'istruzione e l'informazione alla famiglia del portatore di handicap, nonché il collocamento obbligatorio nei casi previsti dalla legge; 3) realizzare comunità-alloggio e centri socio riabilitativi; 4) curare la tenuta degli albi degli enti e delle associazioni ed organizzazioni di volontariato impegnati nel settore. 2. Ai trattamenti di cui al presente articolo si applicano le disposizioni di cui all'articolo 85, comma 4.*

* Articolo abrogato dall'art. 237, co. 1, lett. b), n. 4), d.lg. 10/8/2018, n. 101.

Capo IV
Prescrizioni mediche

87. Medicinali a carico del Servizio sanitario nazionale*. – *1. Le ricette relative a prescrizioni di medicinali a carico, anche parziale, del Servizio sanitario nazionale sono redatte secondo il modello di cui al comma 2, conformato in modo da permettere di risalire all'identità dell'interessato solo in caso di necessità connesse al controllo della correttezza della prescrizione, ovvero a fini di verifiche amministrative o per scopi epidemiologici e di ricerca, nel rispetto delle norme deontologiche applicabili. 2. Il modello cartaceo per le ricette di medicinali relative a prescrizioni di medicinali a carico, anche parziale, del Servizio sanitario nazionale, di cui agli allegati 1, 3, 5 e 6 del decreto del Ministro della sanità 11 luglio 1988, n. 350, e al capitolo 2, paragrafo 2.2.2. del relativo disciplinare tecnico, è integrato da un tagliando predisposto su carta o con tecnica di tipo copiativo e unito ai bordi delle zone indicate nel comma 3. 3. Il tagliando di cui al comma 2 è apposto sulle zone del modello predisposte per l'indicazione delle generalità e dell'indirizzo dell'assistito, in modo da consentirne la visione solo per effetto di una momentanea separazione del tagliando medesimo che risulti necessaria ai sensi dei commi 4 e 5. 4. Il tagliando può essere momentaneamente separato dal modello di ricetta, e successivamente riunito allo stesso, quando il farmacista lo ritiene* *indispensabile, mediante sottoscrizione apposta sul tagliando, per una effettiva necessità connessa al controllo della correttezza della prescrizione, anche per quanto riguarda la corretta fornitura del farmaco. 5. Il tagliando può essere momentaneamente separato nei modi di cui al comma 3 anche presso i competenti organi per fini di verifica amministrativa sulla correttezza della prescrizione, o da parte di soggetti legittimati a svolgere indagini epidemiologiche o di ricerca in conformità alla legge, quando è indispensabile per il perseguimento delle rispettive finalità. 6. Con decreto del Ministro della salute, sentito il Garante, può essere individuata una ulteriore soluzione tecnica diversa da quella indicata nel comma 1, basata sull'uso di una fascetta adesiva o su altra tecnica equipollente relativa anche a modelli non cartacei.*

* Articolo abrogato dall'art. 27, co. 1, lett. b), n. 5), d.lg. 10/8/2018, n. 101.

88. Medicinali non a carico del Servizio sanitario nazionale*. *– 1. Nelle prescrizioni cartacee di medicinali soggetti a prescrizione ripetibile non a carico, anche parziale, del Servizio sanitario nazionale, le generalità dell'interessato non sono indicate. 2. Nei casi di cui al comma 1 il medico può indicare le generalità dell'interessato solo se ritiene indispensabile permettere di risalire alla sua identità, per un'effettiva necessità derivante dalle particolari condizioni del medesimo interessato o da una speciale modalità di preparazione o di utilizzazione.*

* Articolo abrogato dall'art. 27, co. 1, lett. b), n. 5), d.lg. 10/8/2018, n. 101.

89. Casi particolari*. *– 1. Le disposizioni del presente capo non precludono l'applicazione di disposizioni normative che prevedono il rilascio di ricette che non identificano l'interessato o recanti particolari annotazioni, contenute anche nel decreto-legge 17 febbraio 1998, n. 23, convertito, con modificazioni, dalla legge 8 aprile 1998, n. 94. 2. Nei casi in cui deve essere accertata l'identità dell'interessato ai sensi del testo unico delle leggi in materia di disciplina degli stupefacenti e sostanze psicotrope, prevenzione, cura e riabilitazione dei relativi stati di tossicodipendenza, approvato con decreto del Presidente della Repubblica 9 ottobre 1990, n. 309, e successive modificazioni, le ricette sono conservate separatamente da ogni altro documento che non ne richiede l'utilizzo. 2-bis. Per i soggetti di cui all'articolo 78, l'attuazione delle disposizioni di cui all'articolo 87, comma 3, e 88, comma 1, è subordinata ad un'esplicita richiesta dell'interessato* (1).

* Articolo abrogato dall'art. 27, co. 1, lett. b), n. 5), d.lg. 10/8/2018, n. 101.

(1) Comma inserito dall'art. 2 quinquies del d.l. 29/3/2004, n. 81.

89 bis. Prescrizioni di medicinali (1). – 1. Per le prescrizioni di medicinali, laddove non è necessario inserire il nominativo dell'interessato, si adottano cautele particolari in relazione a quanto disposto dal Garante nelle misure di garanzia di cui all'articolo 2-septies, anche ai fini del controllo della correttezza della prescrizione ovvero per finalità amministrative o per fini di ricerca scientifica nel settore della sanità pubblica.

(1) Articolo inserito dall'art. 6, co. 1, lett. h), d.lg. 10/8/2018, n. 101.

Capo V
*Dati genetici**

* Capo abrogato dall'art. 27, co. 1, lett. b), n. 6), d.lg. 10/8/2018, n. 101.

90. Trattamento dei dati genetici e donatori di midollo osseo*. *– 1. Il trattamento dei dati genetici da chiunque effettuato è consentito nei soli casi previsti da apposita autorizzazione rilasciata dal Garante sentito il Ministro della salute, che acquisisce, a tal fine, il parere del Consiglio superiore di sanità. 2. L'autorizzazione di cui al comma 1 individua anche gli ulteriori elementi da includere nell'informativa ai sensi dell'articolo 13, con particolare riguardo alla specificazione delle finalità perseguite e dei risultati conseguibili anche in relazione alle notizie inattese che possono essere conosciute per effetto del trattamento dei dati e al diritto di opporsi al medesimo trattamento per motivi legittimi. 3. Il donatore di midollo osseo, ai sensi della legge 6 marzo 2001, n. 52, ha il diritto e il dovere di mantenere l'anonimato sia nei confronti del ricevente sia nei confronti di terzi.*

* Articolo abrogato dall'art. 27, co. 1, lett. b), n. 6), d.lg. 10/8/2018, n. 101.

Capo VI
Disposizioni varie

91. Dati trattati mediante carte*. *– 1. Il trattamento in ogni forma di dati idonei a rivelare lo stato di salute o la vita sessuale eventualmente registrati su carte anche non elettroniche, compresa la carta nazionale dei servizi, o trattati mediante le medesime carte è consentito se necessario ai sensi dell'articolo 3, nell'osservanza di misure ed accorgimenti prescritti dal Garante nei modi di cui all'articolo 17.*

* Articolo abrogato dall'art. 27, co. 1, lett. b), n. 7), d.lg. 10/8/2018, n. 101.

92. Cartelle cliniche. – 1. Nei casi in cui strutture, pubbliche e private, che erogano prestazioni sanitarie e socio-sanitarie redigono e conservano una cartella clinica in conformità alla disciplina applicabile, sono adottati opportuni accorgimenti per assicurare la comprensibilità dei dati e per distinguere i dati relativi al paziente da quelli eventualmente riguardanti altri interessati, ivi comprese informazioni relative a nascituri (1).

2. Eventuali richieste di presa visione o di rilascio di copia della cartella e dell'acclusa scheda di dimissione ospedaliera da parte di soggetti diversi dall'interessato possono essere accolte, in tutto o in parte, solo se la richiesta è giustificata dalla documentata necessità:

a) di esercitare o difendere un diritto in sede giudiziaria, ai sensi dell'articolo 9, paragrafo 2, lettera f), del Regolamento, di rango pari a quello dell'interessato, ovvero consistente in un diritto della personalità o in un altro diritto o libertà fondamentale [e inviolabile] (2);

b) di tutelare, in conformità alla disciplina sull'accesso ai documenti amministrativi, una situazione giuridicamente rilevante di rango pari a quella dell'interessato, ovvero consistente in un diritto della personalità o in un altro diritto o libertà fondamentale [e inviolabile] (3).

(1) Comma modificato dall'art. 6, co. 1, lett. i), n. 1), d.lg. 10/8/2018, n. 101.

(2) Lettera modificata dall'art. 6, co. 1, lett. i), n. 2), d.lg. 10/8/2018, n. 101.

(3) Lettera modificata dall'art. 6, co. 1, lett. i), n. 3), d.lg. 10/8/2018, n. 101.

93. Certificato di assistenza al parto. – 1. Ai fini della dichiarazione di nascita il certificato di assistenza al parto è sempre sostituito da una semplice attestazione contenente i soli dati richiesti nei registri di nascita. Si osservano, altresì, le disposizioni dell'articolo 109.

2. Il certificato di assistenza al parto o la cartella clinica,

ove comprensivi dei dati personali che rendono identificabile la madre che abbia dichiarato di non voler essere nominata avvalendosi della facoltà di cui all'articolo 30, comma 1, del decreto del Presidente della Repubblica 3 novembre 2000, n. 396, possono essere rilasciati in copia integrale a chi vi abbia interesse, in conformità alla legge, decorsi cento anni dalla formazione del documento.

3. Durante il periodo di cui al comma 2 la richiesta di accesso al certificato o alla cartella può essere accolta relativamente ai dati relativi alla madre che abbia dichiarato di non voler essere nominata, osservando le opportune cautele per evitare che quest'ultima sia identificabile.

94. Banche di dati, registri e schedari in ambito sanitario*. *– 1. Il trattamento di dati idonei a rivelare lo stato di salute contenuti in banche di dati, schedari, archivi o registri tenuti in ambito sanitario, è effettuato nel rispetto dell'articolo 3 anche presso banche di dati, schedari, archivi o registri già istituiti alla data di entrata in vigore del presente codice e in riferimento ad accessi di terzi previsti dalla disciplina vigente alla medesima data, in particolare presso: a) il registro nazionale dei casi di mesotelioma asbesto-correlati istituito presso l'Istituto superiore per la prevenzione e la sicurezza del lavoro (Ispesl), di cui all'articolo 1 del decreto del Presidente del Consiglio dei ministri 10 dicembre 2002, n. 308; b) la banca di dati in materia di sorveglianza della malattia di Creutzfeldt-Jakob o delle varianti e sindromi ad essa correlate, di cui al decreto del Ministro della salute in data 21 dicembre 2001, pubblicato nella Gazzetta Ufficiale n. 8 del 10 gennaio 2002; c) il registro nazionale delle malattie rare di cui all'articolo 3 del decreto del Ministro della sanità in data 18 maggio 2001, n. 279; d) i registri dei donatori di midollo osseo istituiti in applicazione della legge 6 marzo 2001, n. 52; e) gli schedari dei donatori di sangue di cui all'articolo 15 del decreto del Ministro della sanità in data 26 gennaio 2001, pubblicato nella Gazzetta Ufficiale n. 78 del 3 aprile 2001.*

* Articolo abrogato dall'art. 27, co. 1, lett. b), n. 7), d.lg. 10/8/2018, n. 101.

TITOLO VI
ISTRUZIONE

Capo I
Profili generali

95. Dati sensibili e giudiziari*. *– 1. Si considerano di rilevante interesse pubblico, ai sensi degli articoli 20 e 21, le finalità di istruzione e di formazione in ambito scolastico, professionale, superiore o universitario, con particolare riferimento a quelle svolte anche in forma integrata.*

* Articolo abrogato dall'art. 27, co. 1, lett. b), n. 7), d.lg. 10/8/2018, n. 101.

96. Trattamento di dati relativi a studenti (1). – 1. Al fine di agevolare l'orientamento, la formazione e l'inserimento professionale, anche all'estero, le istituzioni del sistema nazionale di istruzione, i centri di formazione professionale regionale, le scuole private non paritarie nonché le istituzioni di alta formazione artistica e coreutica e le università statali o non statali legalmente riconosciute su richiesta degli interessati, possono comunicare o diffondere, anche a privati e per via telematica, dati relativi agli esiti formativi, intermedi e finali, degli studenti e altri dati personali diversi da quelli di cui agli articoli 9 e 10 del Regolamento, pertinenti in relazione alle predette finalità e indicati nelle informazioni rese agli interessati ai sensi dell'articolo 13 del Regolamento. I dati possono essere successivamente trattati esclusivamente per le predette finalità.

2. Resta ferma la disposizione di cui all'articolo 2, comma 2, del decreto del Presidente della Repubblica 24 giugno 1998, n. 249, sulla tutela del diritto dello studente alla riservatezza. Restano altresì ferme le vigenti disposizioni in materia di pubblicazione dell'esito degli esami mediante affissione nell'albo dell'istituto e di rilascio di diplomi e certificati.

(1) Articolo sostituito dall'art. 7, co. 1, d.lg. 10/8/2018, n. 101.

TITOLO VII
TRATTAMENTI A FINI DI ARCHIVIAZIONE NEL PUBBLICO INTERESSE, DI RICERCA SCIENTIFICA O STORICA O A FINI STATISTICI (1)

(1) Rubrica sostituita dall'art. 8, co. 1, lett. a), d.lg. 10/8/2018, n. 101.

Capo I
Profili generali

97. Ambito applicativo (1). – 1. Il presente titolo disciplina il trattamento dei dati personali effettuato a fini di archiviazione nel pubblico interesse, di ricerca scientifica o storica o a fini statistici, ai sensi dell'articolo 89 del regolamento.

(1) Articolo sostituito dall'art. 8, co. 1, lett. b), d.lg. 10/8/2018, n. 101.

98. Finalità di rilevante interesse pubblico*. *– 1. Si considerano di rilevante interesse pubblico, ai sensi degli articoli 20 e 21, le finalità relative ai trattamenti effettuati da soggetti pubblici: a) per scopi storici, concernenti la conservazione, l'ordinamento e la comunicazione dei documenti detenuti negli archivi di Stato e negli archivi storici degli enti pubblici, secondo quanto disposto dal decreto legislativo 29 ottobre 1999, n. 490, di approvazione del testo unico in materia di beni culturali e ambientali, come modificato dal presente codice; b) che fanno parte del sistema statistico nazionale (Sistan) ai sensi del decreto legislativo 6 settembre 1989, n. 322, e successive modificazioni; c) per scopi scientifici.*

* Articolo abrogato dall'art. 27, co. 1, lett. b), n. 7), d.lg. 10/8/2018, n. 101.

99. Durata del trattamento (1). – 1. Il trattamento di dati personali a fini di archiviazione nel pubblico interesse, di ricerca scientifica o storica o a fini statistici può essere effettuato anche oltre il periodo di tempo necessario per conseguire i diversi scopi per i quali i dati sono stati in precedenza raccolti o trattati.

2. A fini di archiviazione nel pubblico interesse, di ricerca scientifica o storica o a fini statistici possono comunque essere conservati o ceduti ad altro titolare i dati personali dei quali, per qualsiasi causa, è cessato il trattamento nel rispetto di quanto previsto dall'articolo 89, paragrafo 1, del Regolamento.

(1) Articolo sostituito dall'art. 8, co. 1, lett. c), d.lg. 10/8/2018, n. 101.

100. Dati relativi ad attività di studio e ricerca. – 1. Al fine di promuovere e sostenere la ricerca e la collaborazione in campo scientifico e tecnologico i soggetti pubblici, ivi comprese le università e gli enti di ricerca, possono con autonome determinazioni comunicare e diffondere, anche a privati e per via telematica, dati relativi ad attività di studio e di ricerca, a laureati, dottori di ricerca, tecnici e tecnologi, ricercatori, docenti, esperti e studiosi, con esclusione di quelli di cui agli articoli 9 e 10 del Regolamento (1).

2. Resta fermo il diritto dell'interessato di rettifica, cancel-

lazione, limitazione e opposizione ai sensi degli articoli 16, 17, 18 e 21 del Regolamento (2).

3. I dati di cui al presente articolo non costituiscono documenti amministrativi ai sensi della legge 7 agosto 1990, n. 241.

4. I dati di cui al presente articolo possono essere successivamente trattati per i soli scopi in base ai quali sono comunicati o diffusi.

4-bis. I diritti di cui al comma 2 si esercitano con le modalità previste dalle regole deontologiche (3).

(1) Comma modificato dall'art. 8, co. 1, lett. d), n. 1), d.lg. 10/8/2018, n. 101.

(2) Comma modificato dall'art. 8, co. 1, lett. d), n. 2), d.lg. 10/8/2018, n. 101.

(3) Comma aggiunto dall'art. 8, co. 1, lett. d), n. 3), d.lg. 10/8/2018, n. 101.

Capo II
Trattamento a fini di archiviazione nel pubblico interesse o di ricerca storica (1)

(1) Rubrica sostituita dall'art. 8, co. 1, lett. e), d.lg. 10/8/2018, n. 101.

101. Modalità di trattamento. – 1. I dati personali raccolti a fini di archiviazione nel pubblico interesse o di ricerca storica non possono essere utilizzati per adottare atti o provvedimenti amministrativi sfavorevoli all'interessato, salvo che siano utilizzati anche per altre finalità nel rispetto dell'articolo 5 del regolamento (1).

2. I documenti contenenti dati personali, trattati a fini di archiviazione nel pubblico interesse o di ricerca storica, possono essere utilizzati, tenendo conto della loro natura, solo se pertinenti e indispensabili per il perseguimento di tali scopi. I dati personali diffusi possono essere utilizzati solo per il perseguimento dei medesimi scopi (2).

3. I dati personali possono essere comunque diffusi quando sono relativi a circostanze o fatti resi noti direttamente dall'interessato o attraverso suoi comportamenti in pubblico.

(1) Comma modificato dall'art. 8, co. 1, lett. f), n. 1), d.lg. 10/8/2018, n. 101.

(2) Comma modificato dall'art. 8, co. 1, lett. f), n. 2), d.lg. 10/8/2018, n. 101.

102. Regole deontologiche per il trattamento a fini di archiviazione nel pubblico interesse o di ricerca storica (1). – 1. Il Garante promuove, ai sensi dell'articolo 2-quater, la sottoscrizione di regole deontologiche per i soggetti pubblici e privati, ivi comprese le società scientifiche e le associazioni professionali, interessati al trattamento dei dati a fini di archiviazione nel pubblico interesse o di ricerca storica (2).

2. Le regole deontologiche di cui al comma 1 individuano garanzie adeguate per i diritti e le libertà dell'interessato in particolare:

a) le regole di correttezza e di non discriminazione nei confronti degli utenti da osservare anche nella comunicazione e diffusione dei dati, in armonia con le disposizioni del presente codice e del Regolamento applicabili ai trattamenti di dati per finalità giornalistiche o di pubblicazione di articoli, saggi e altre manifestazioni del pensiero anche nell'espressione artistica;

b) le particolari cautele per la raccolta, la consultazione e la diffusione di documenti concernenti dati idonei a rivelare lo stato di salute, la vita sessuale o rapporti riservati di tipo familiare, identificando casi in cui l'interessato o chi vi abbia interesse è informato dall'utente della prevista diffusione di dati;

c) le modalità di applicazione agli archivi privati della disciplina dettata in materia di trattamento dei dati a fini di archiviazione nel pubblico interesse o di ricerca storica, anche in riferimento all'uniformità dei criteri da seguire per la consultazione e alle cautele da osservare nella comunicazione e nella diffusione (3).

(1) Rubrica sostituita dall'art. 8, co. 1, lett. g), n. 1), d.lg. 10/8/2018, n. 101.

(2) Comma sostituito dall'art. 8, co. 1, lett. g), n. 2), d.lg. 10/8/2018, n. 101.

(3) Comma modificato dall'art. 8, co. 1, lett. g), n. 3), d.lg. 10/8/2018, n. 101.

103. Consultazione di documenti conservati in archivi (1). – 1. La consultazione dei documenti conservati negli archivi di Stato, in quelli storici degli enti pubblici e in archivi privati dichiarati di interesse storico particolarmente importante è disciplinata dal decreto legislativo 22 gennaio 2004, n. 42 e dalle relative regole deontologiche.

(1) Articolo sostituito dall'art. 8, co. 1, lett. h), d.lg. 10/8/2018, n. 101.

Capo III
Trattamento a fini statistici o di ricerca scientifica (1)

(1) Rubrica sostituita dall'art. 8, co. 1, lett. i), d.lg. 10/8/2018, n. 101.

104. Ambito applicativo e dati identificativi a fini statistici o di ricerca scientifica (1). – 1. Le disposizioni del presente capo si applicano ai trattamenti di dati per fini statistici o, in quanto compatibili, per fini di ricerca scientifica (2).

2. Agli effetti dell'applicazione del presente capo, in relazione ai dati identificativi si tiene conto dell'insieme dei mezzi che possono essere ragionevolmente utilizzati dal titolare o da altri per identificare l'interessato, anche in base alle conoscenze acquisite in relazione al progresso tecnico.

(1) Rubrica modificata dall'art. 8, co. 1, lett. l), n. 1), d.lg. 10/8/2018, n. 101.

(2) Comma modificato dall'art. 8, co. 1, lett. l), n. 2), d.lg. 10/8/2018, n. 101.

105. Modalità di trattamento. – 1. I dati personali trattati a fini statistici o di ricerca scientifica non possono essere utilizzati per prendere decisioni o provvedimenti relativamente all'interessato, né per trattamenti di dati per scopi di altra natura (1).

2. I fini statistici e di ricerca scientifica devono essere chiaramente determinati e resi noti all'interessato, nei modi di cui agli articoli 13 e 14 del regolamento anche in relazione a quanto previsto dall'articolo 106, comma 2, lettera b), del presente codice e dall'articolo 6-bis del decreto legislativo 6 settembre 1989, n. 322 [, e successive modificazioni] (2).

3. Quando specifiche circostanze individuate dalle regole deontologiche di cui all'articolo 106 sono tali da consentire ad un soggetto di rispondere in nome e per conto di un altro, in quanto familiare o convivente, le informazioni all'interessato possono essere date anche per il tramite del soggetto rispondente (3).

4. Per il trattamento effettuato a fini statistici o di ricerca scientifica rispetto a dati raccolti per altri scopi, le informazioni all'interessato non sono dovute quando richiede uno sforzo sproporzionato rispetto al diritto tutelato, se sono adottate le idonee forme di pubblicità individuate dalle regole deontologiche di cui all'articolo 106 (4).

(1) Comma modificato dall'art. 8, co. 1, lett. m), n. 1), d.lg. 10/8/2018, n. 101.

(2) Comma modificato dall'art. 8, co. 1, lett. m), n. 2), d.lg. 10/8/2018, n. 101.

(3) Comma modificato dall'art. 8, co. 1, lett. m), n. 3), d.lg. 10/8/2018, n. 101.

(4) Comma modificato dall'art. 8, co. 1, lett. m), n. 4), d.lg. 10/8/2018, n. 101.

106. Regole deontologiche per trattamenti a fini statistici o di ricerca scientifica (1). – 1. Il Garante promuove, ai sensi dell'articolo 2-quater, regole deontologiche per i soggetti pubblici e privati, ivi comprese le società scientifiche e le associazioni professionali, interessati al trattamento dei dati per fini statistici o di ricerca scientifica, volte a individuare garanzie adeguate per i diritti e le libertà dell'interessato in conformità all'articolo 89 del Regolamento.

2. Con le regole deontologiche di cui al comma 1, tenendo conto, per i soggetti già compresi nell'ambito del Sistema statistico nazionale, di quanto già previsto dal decreto legislativo 6 settembre 1989, n. 322, e, per altri soggetti, sulla base di analoghe garanzie, sono individuati in particolare:

a) i presupposti e i procedimenti per documentare e verificare che i trattamenti, fuori dai casi previsti dal medesimo decreto legislativo n. 322 del 1989, siano effettuati per idonei ed effettivi fini statistici o di ricerca scientifica;

b) per quanto non previsto dal presente codice, gli ulteriori presupposti del trattamento e le connesse garanzie, anche in riferimento alla durata della conservazione dei dati, alle informazioni da rendere agli interessati relativamente ai dati raccolti anche presso terzi, alla comunicazione e diffusione, ai criteri selettivi da osservare per il trattamento di dati identificativi, alle specifiche misure di sicurezza e alle modalità per la modifica dei dati a seguito dell'esercizio dei diritti dell'interessato, tenendo conto dei principi contenuti nelle pertinenti raccomandazioni del Consiglio d'Europa;

c) l'insieme dei mezzi che possono essere ragionevolmente utilizzati dal titolare del trattamento o da altri per identificare direttamente o indirettamente l'interessato, anche in relazione alle conoscenze acquisite in base al progresso tecnico;

d) le garanzie da osservare nei casi in cui si può prescindere dal consenso dell'interessato, tenendo conto dei principi contenuti nelle raccomandazioni di cui alla lettera b);

e) modalità semplificate per la prestazione del consenso degli interessati relativamente al trattamento dei dati di cui all'articolo 9 del regolamento;

f) i casi nei quali i diritti di cui agli articoli 15, 16, 18 e 21 del Regolamento possono essere limitati ai sensi dell'articolo 89, paragrafo 2, del medesimo Regolamento;

g) le regole di correttezza da osservare nella raccolta dei dati e le istruzioni da impartire alle persone autorizzate al trattamento dei dati personali sotto l'autorità diretta del titolare o del responsabile ai sensi dell'articolo 2-quaterdecies;

h) le misure da adottare per favorire il rispetto del principio di minimizzazione e delle misure tecniche e organizzative di cui all'articolo 32 del Regolamento, anche in riferimento alle cautele volte ad impedire l'accesso da parte di persone fisiche che non sono autorizzate o designate e l'identificazione non autorizzata degli interessati, all'interconnessione dei sistemi informativi anche nell'ambito del Sistema statistico nazionale e all'interscambio di dati per fini statistici o di ricerca scientifica da effettuarsi con enti ed uffici situati all'estero;

i) l'impegno al rispetto di regole deontologiche da parte delle persone che, ai sensi dell'articolo 2-quaterdecies, risultano autorizzate al trattamento dei dati personali sotto l'autorità diretta del titolare o del responsabile del trattamento, che non sono tenute in base alla legge al segreto d'ufficio o professionale, tali da assicurare analoghi livelli di sicurezza e di riservatezza.

(1) Articolo sostituito dall'art. 8, co. 1, lett. n), d.lg. 10/8/2018, n. 101.

107. Trattamento di categorie particolari di dati personali (1). – 1. Fermo restando quanto previsto dall'articolo 2-sexies e fuori dei casi di particolari indagini a fini statistici o di ricerca scientifica previste dalla legge, il consenso dell'interessato al trattamento di dati di cui all'articolo 9 del Regolamento, quando è richiesto, può essere prestato con modalità semplificate, individuate dalle regole deontologiche di cui all'articolo 106 o dalle misure di cui all'articolo 2-septies.

(1) Articolo sostituito dall'art. 8, co. 1, lett. o), d.lg. 10/8/2018, n. 101.

108. Sistema statistico nazionale (1). – 1. Il trattamento di dati personali da parte di soggetti che fanno parte del Sistema statistico nazionale, oltre a quanto previsto dalle regole deontologiche di cui all'articolo 106, comma 2, resta inoltre disciplinato dal decreto legislativo 6 settembre 1989, n. 322, in particolare per quanto riguarda il trattamento dei dati di cui all'articolo 9 del Regolamento indicati nel programma statistico nazionale, le informative all'interessato, l'esercizio dei relativi diritti e i dati non tutelati dal segreto statistico ai sensi dell'articolo 9, comma 4, del medesimo decreto legislativo n. 322 del 1989.

(1) Articolo sostituito dall'art. 8, co. 1, lett. p), d.lg. 10/8/2018, n. 101.

109. Dati statistici relativi all'evento della nascita. – 1. Per la rilevazione dei dati statistici relativi agli eventi di nascita, compresi quelli relativi ai nati affetti da malformazioni e ai nati morti, nonché per i flussi di dati anche da parte di direttori sanitari, si osservano, oltre alle disposizioni di cui al decreto del Ministro della sanità 16 luglio 2001, n. 349, le modalità tecniche determinate dall'Istituto nazionale di statistica, sentiti i Ministri della salute, dell'interno e il Garante (1).

(1) Comma modificato dall'art. 8, co. 1, lett. q), d.lg. 10/8/2018, n. 101.

110. Ricerca medica, biomedica ed epidemiologica (1). – 1. Il consenso dell'interessato per il trattamento dei dati relativi alla salute, a fini di ricerca scientifica in campo medico, biomedico o epidemiologico, non è necessario quando la ricerca è effettuata in base a disposizioni di legge o di regolamento o al diritto dell'Unione europea in conformità all'articolo 9, paragrafo 2, lettera j), del Regolamento, ivi incluso il caso in cui la ricerca rientra in un programma di ricerca biomedica o sanitaria previsto ai sensi dell'articolo 12-bis del decreto legislativo 30 dicembre 1992, n. 502, ed è condotta e resa pubblica una valutazione d'impatto ai sensi degli articoli 35 e 36 del Regolamento. Il consenso non è inoltre necessario quando, a causa di particolari ragioni, informare gli interessati risulta impossibile o implica uno sforzo sproporzionato, oppure rischia di rendere impossibile o di pregiudicare gravemente il conseguimento delle finalità della ricerca. In tali casi, il titolare del trattamento adotta misure appropriate per tutelare i diritti, le libertà e i legittimi interessi dell'interessato, il programma di ricerca è oggetto di motivato parere favorevole del competente comitato etico a livello territoriale e deve essere sottoposto a preventiva consultazione del Garante ai sensi dell'articolo 36 del Regolamento.

2. In caso di esercizio dei diritti dell'interessato ai sensi dell'articolo 16 del regolamento nei riguardi dei trattamenti di cui al comma 1, la rettificazione e l'integrazione dei dati sono annotati senza modificare questi ultimi, quando il risultato di tali operazioni non produce effetti significativi sul risultato della ricerca.

(1) Articolo sostituito dall'art. 8, co. 1, lett. r), d.lg. 10/8/2018, n. 101.

110 bis. Trattamento ulteriore da parte di terzi dei dati personali a fini di ricerca scientifica o a fini statistici (1). – 1. Il Garante può autorizzare il trattamento ulteriore di dati personali, compresi quelli dei trattamenti speciali di cui all'articolo 9 del Regolamento, a fini di ricerca scientifica o a fini statistici da parte di soggetti terzi che svolgano principalmente tali attività quando, a causa di particolari ragioni, informare gli interessati risulta impossibile o implica uno sforzo sproporzionato, oppure rischia di rendere impossibile o di pregiudicare gravemente il conseguimento delle finalità della ricerca, a condizione che siano adottate misure appropriate per tutelare i diritti, le libertà e i legittimi interessi dell'interessato, in conformità all'articolo 89 del Regolamento, comprese forme preventive di minimizzazione e di anonimizzazione dei dati.

2. Il Garante comunica la decisione adottata sulla richiesta di autorizzazione entro quarantacinque giorni, decorsi i quali la mancata pronuncia equivale a rigetto. Con il provvedimento di autorizzazione o anche successivamente, sulla base di eventuali verifiche, il Garante stabilisce le condizioni e le misure necessarie ad assicurare adeguate garanzie a tutela degli interessati nell'ambito del trattamento ulteriore dei dati personali da parte di terzi, anche sotto il profilo della loro sicurezza.

3. Il trattamento ulteriore di dati personali da parte di terzi per le finalità di cui al presente articolo può essere autorizzato dal Garante anche mediante provvedimenti generali, adottati d'ufficio e anche in relazione a determinate categorie di titolari e di trattamenti, con i quali sono stabilite le condizioni dell'ulteriore trattamento e prescritte le misure necessarie per assicurare adeguate garanzie a tutela degli interessati. I provvedimenti adottati a norma del presente comma sono pubblicati nella Gazzetta Ufficiale della Repubblica italiana.

4. Non costituisce trattamento ulteriore da parte di terzi il trattamento dei dati personali raccolti per l'attività clinica, a fini di ricerca, da parte degli Istituti di ricovero e cura a carattere scientifico, pubblici e privati, in ragione del carattere strumentale dell'attività di assistenza sanitaria svolta dai predetti istituti rispetto alla ricerca, nell'osservanza di quanto previsto dall'articolo 89 del Regolamento.

(1) Articolo inserito dall'art. 28, co. 1, lett. b), l. 20/11/2017, n. 167 e successivamente sostituito dall'art. 8, co. 1, lett. s), d.lg. 10/8/2018, n. 101.

TITOLO VIII

TRATTAMENTI NELL'AMBITO DEL RAPPORTO DI LAVORO (1)

(1) Rubrica sostituita dall'art. 9, co. 1, lett. a), d.lg. 10/8/2018, n. 101.

Capo I
Profili generali

111. Regole deontologiche per trattamenti nell'ambito del rapporto di lavoro (1). – 1. Il Garante promuove, ai sensi dell'articolo 2-quater, l'adozione di regole deontologiche per i soggetti pubblici e privati interessati al trattamento dei dati personali effettuato nell'ambito del rapporto di lavoro per le finalità di cui all'articolo 88 del Regolamento, prevedendo anche specifiche modalità per le informazioni da rendere all'interessato.

(1) Articolo sostituito dall'art. 9, co. 1, lett. b), d.lg. 10/8/2018, n. 101.

111 bis. Informazioni in caso di ricezione di curriculum (1). – 1. Le informazioni di cui all'articolo 13 del Regolamento, nei casi di ricezione dei curricula spontaneamente trasmessi dagli interessati al fine della instaurazione di un rapporto di lavoro, vengono fornite al momento del primo contatto utile, successivo all'invio del curriculum medesimo. Nei limiti delle finalità di cui all'articolo 6, paragrafo 1, lettera b), del Regolamento, il consenso al trattamento dei dati personali presenti nei curricula non è dovuto.

(1) Articolo inserito dall'art. 9, co. 1, lett. c), d.lg. 10/8/2018, n. 101.

112. Finalità di rilevante interesse pubblico*. – *1. Si considerano di rilevante interesse pubblico, ai sensi degli articoli 20 e 21, le finalità di instaurazione e gestione da parte di soggetti pubblici di rapporti di lavoro di qualunque tipo, dipendente o autonomo, anche non retribuito o onorario o a tempo parziale o temporaneo, e di altre forme di impiego che non comportano la costituzione di un rapporto di lavoro subordinato. 2. Tra i trattamenti effettuati per le finalità di cui al comma 1, si intendono ricompresi, in particolare, quelli effettuati al fine di: a) applicare la normativa in materia di collocamento obbligatorio e assumere personale anche appartenente a categorie protette; b) garantire le pari opportunità; c) accertare il possesso di particolari requisiti previsti per l'accesso a specifici impieghi, anche in materia di tutela delle minoranze linguistiche, ovvero la sussistenza dei presupposti per la sospensione o la cessazione dall'impiego o dal servizio, il trasferimento di sede per incompatibilità e il conferimento di speciali abilitazioni; d) adempiere ad obblighi connessi alla definizione dello stato giuridico ed economico, ivi compreso il riconoscimento della causa di servizio o dell'equo indennizzo, nonché ad obblighi retributivi, fiscali o contabili, relativamente al personale in servizio o in quiescenza, ivi compresa la corresponsione di premi e benefici assistenziali; e) adempiere a specifici obblighi o svolgere compiti previsti dalla normativa in materia di igiene e sicurezza del lavoro o di sicurezza o salute della popolazione, nonché in materia sindacale; f) applicare, anche da parte di enti previdenziali ed assistenziali, la normativa in materia di previdenza ed assistenza ivi compresa quella integrativa, anche in applicazione del decreto legislativo del Capo provvisorio dello Stato 29 luglio 1947, n. 804, riguardo alla comunicazione di dati, anche mediante reti di comunicazione elettronica, agli istituti di patronato e di assistenza sociale, alle associazioni di categoria e agli ordini professionali che abbiano ottenuto il consenso dell'interessato ai sensi dell'articolo 23 in relazione a tipi di dati individuati specificamente; g) svolgere attività dirette all'accertamento della responsabilità civile, disciplinare e contabile ed esaminare i ricorsi amministrativi in conformità alle norme che regolano le rispettive materie; h) comparire in giudizio a mezzo di propri rappresentanti o partecipare alle procedure di arbitrato o di conciliazione nei casi previsti dalla legge o dai contratti collettivi di lavoro; i) salvaguardare la vita o l'incolumità fisica dell'interessato o di terzi; l) gestire l'anagrafe dei pubblici dipendenti e applicare la normativa in materia di assunzione di incarichi da parte di dipendenti pubblici, collaboratori e consulenti; m) applicare la normativa in materia di incompatibilità e rapporti di lavoro a tempo parziale; n) svolgere l'attività di indagine e ispezione presso soggetti pubblici; o) valutare la qualità dei servizi resi e dei risultati conseguiti. 3. La diffusione dei dati di cui alle lettere m), n) ed o) del comma 2 è consentita in forma anonima e, comunque, tale da non consentire l'individuazione dell'interessato.*

* Articolo abrogato dall'art. 27, co. 1, lett. b), n. 7), d.lg. 10/8/2018, n. 101.

Capo II
Trattamento di dati riguardanti i prestatori di lavoro (1)

(1) Rubrica sostituita dall'art. 9, co. 1, lett. d), d.lg. 10/8/2018, n. 101.

113. Raccolta di dati e pertinenza. – 1. Resta fermo quanto disposto dall'articolo 8 della legge 20 maggio 1970, n. 300, nonché dall'articolo 10 del decreto legislativo 10 settembre 2003, n. 276 (1).

(1) Comma modificato dall'art. 9, co. 1, lett. f), d.lg. 10/8/2018, n. 101.

Capo III
Controllo a distanza, lavoro agile e telelavoro (1)

(1) Rubrica sostituita dall'art. 9, co. 1, lett. e), d.lg. 10/8/2018, n. 101.

114. Garanzie in materia di controllo a distanza (1). – 1. Resta fermo quanto disposto dall'articolo 4 della legge 20 maggio 1970, n. 300.

(1) Rubrica sostituita dall'art. 9, co. 1, lett. g), d.lg. 10/8/2018, n. 101.

115. Telelavoro, lavoro agile e lavoro domestico (1). – 1. Nell'ambito del rapporto di lavoro domestico del telelavoro e del lavoro agile il datore di lavoro è tenuto a garantire al lavoratore il rispetto della sua personalità e della sua libertà morale (2).

2. Il lavoratore domestico è tenuto a mantenere la necessaria riservatezza per tutto quanto si riferisce alla vita familiare.

(1) Rubrica sostituita dall'art. 9, co. 1, lett. h), n. 1), d.lg. 10/8/2018, n. 101.

(2) Comma modificato dall'art. 9, co. 1, lett. h), n. 2), d.lg. 10/8/2018, n. 101.

Capo IV
Istituti di patronato e di assistenza sociale

116. Conoscibilità di dati su mandato dell'interessato. – 1. Per lo svolgimento delle proprie attività gli istituti di patronato e di assistenza sociale, nell'ambito del mandato conferito dall'interessato, possono accedere alle banche di dati degli enti eroganti le prestazioni, in relazione a tipi di dati individuati specificamente con il consenso manifestato dall'interessato medesimo (1).

2. Il Ministro del lavoro e delle politiche sociali stabilisce con proprio decreto le linee-guida di apposite convenzioni da stipulare tra gli istituti di patronato e di assistenza sociale e gli enti eroganti le prestazioni.

(1) Comma modificato dall'art. 9, co. 1, lett. i), d.lg. 10/8/2018, n. 101.

TITOLO IX
ALTRI TRATTAMENTI IN AMBITO PUBBLICO O DI INTERESSE PUBBLICO (1)

(1) Rubrica sostituita dall'art. 10, co. 1, lett. a), d.lg. 10/8/2018, n. 101.

Capo I
Assicurazioni (1)

(1) Rubrica sostituita dall'art. 10, co. 1, lett. b), d.lg. 10/8/2018, n. 101.

117. Affidabilità e puntualità nei pagamenti*. *– 1. Il Garante promuove, ai sensi dell'articolo 12, la sottoscrizione di un codice di deontologia e di buona condotta per il trattamento dei dati personali effettuato nell'ambito di sistemi informativi di cui sono titolari soggetti privati, utilizzati a fini di concessione di crediti al consumo o comunque riguardanti l'affidabilità e la puntualità nei pagamenti da parte degli interessati, individuando anche specifiche modalità per garantire la comunicazione di dati personali esatti e aggiornati nel rispetto dei diritti dell'interessato.*

* Articolo abrogato dall'art. 27, co. 1, lett. b), n. 7), d.lg. 10/8/2018, n. 101.

118. Informazioni commerciali*. *– 1. Il Garante promuove, ai sensi dell'articolo 12, la sottoscrizione di un codice di deontologia e di buona condotta per il trattamento dei dati personali effettuato a fini di informazione commerciale, prevedendo anche, in correlazione con quanto previsto dall'articolo 13, comma 5, modalità semplificate per l'informativa all'interessato e idonei meccanismi per garantire la qualità e l'esattezza dei dati raccolti e comunicati.*

* Articolo abrogato dall'art. 27, co. 1, lett. b), n. 7), d.lg. 10/8/2018, n. 101.

119. Dati relativi al comportamento debitorio*. *– 1. Con il codice di deontologia e di buona condotta di cui all'articolo 118 sono altresì individuati termini armonizzati di conservazione dei dati personali contenuti, in particolare, in banche di dati, registri ed elenchi tenuti da soggetti pubblici e privati, riferiti al comportamento debitorio dell'interessato nei casi diversi da quelli disciplinati nel codice di cui all'articolo 117, tenendo conto della specificità dei trattamenti nei diversi ambiti.*

* Articolo abrogato dall'art. 27, co. 1, lett. b), n. 7), d.lg. 10/8/2018, n. 101.

120. Sinistri. – 1. L'Istituto per la vigilanza sulle assicurazioni [private e di interesse collettivo (ISVAP)] definisce con proprio provvedimento le procedure e le modalità di funzionamento della banca di dati dei sinistri istituita per la prevenzione e il contrasto di comportamenti fraudolenti nel settore delle assicurazioni obbligatorie per i veicoli a motore immatricolati in Italia, stabilisce le modalità di accesso alle informazioni raccolte dalla banca dati per gli organi giudiziari e per le pubbliche amministrazioni competenti in materia di prevenzione e contrasto di comportamenti fraudolenti nel settore delle assicurazioni obbligatorie, nonché le modalità e i limiti per l'accesso alle informazioni da parte delle imprese di assicurazione (1).

2. Il trattamento e la comunicazione ai soggetti di cui al comma 1 dei dati personali sono consentiti per lo svolgimento delle funzioni indicate nel medesimo comma.

3. Per quanto non previsto dal presente articolo si applicano le disposizioni dall'articolo 135 del codice delle assicurazioni private di cui al decreto legislativo 7 settembre 2005, n. 209 (2).

(1) Comma modificato dall'art. 10, co. 1, lett. c), n. 1), d.lg. 10/8/2018, n. 101.

(2) Comma modificato dall'art. 352 del d.lg. 7/9/2005, n. 209 e dall'art. 10, co. 1, lett. c), n. 2), d.lg. 10/8/2018, n. 101.

TITOLO X
COMUNICAZIONI ELETTRONICHE

Capo I
Servizi di comunicazione elettronica (1)

(1) A norma dell'articolo unico del Provvedimento del Garante per la Protezione dei dati personali 20/9/2012, n. 262, il garante, ai sensi dell'art. 154, co. 1, lett. b) ed h) del presente Codice, ritiene che, a seguito delle modifiche apportate al suddetto Codice dall'art. 40, co. 2, d.l. n. 201/2011, continui a trovare applicazione anche alle persone giuridiche, enti ed associazioni il presente Capo, rectius le disposizioni ivi contenute che riguardano i "contraenti", a prescindere dal loro essere persone fisiche ovvero giuridiche, enti ed associazioni.

121. Servizi interessati e definizioni (1). – 1. Le disposizioni del presente titolo si applicano al trattamento dei dati personali connesso alla fornitura di servizi di comunicazione elettronica accessibili al pubblico su reti pubbliche di comunicazioni, comprese quelle che supportano i dispositivi di raccolta dei dati e di identificazione (2).

1-bis. Ai fini dell'applicazione delle disposizioni del presente titolo si intende per:

a) «comunicazione elettronica», ogni informazione scambiata o trasmessa tra un numero finito di soggetti tramite un servizio di comunicazione elettronica accessibile al pubblico. Sono escluse le informazioni trasmesse al pubblico tramite una rete di comunicazione elettronica, come parte di un servizio di radiodiffusione, salvo che le stesse informazioni siano collegate ad un contraente o utente ricevente, identificato o identificabile;

b) «chiamata», la connessione istituita da un servizio di comunicazione elettronica accessibile al pubblico che consente la comunicazione bidirezionale;

c) «reti di comunicazione elettronica», i sistemi di trasmissione e, se del caso, le apparecchiature di commutazione o di instradamento e altre risorse, inclusi gli elementi di rete non attivi, che consentono di trasmettere segnali via cavo, via radio, a mezzo di fibre ottiche o con altri mezzi elettromagnetici, comprese le reti satellitari, le reti terrestri mobili e fisse a commutazione di circuito e a commutazione di pacchetto, compresa Internet, le reti utilizzate per la diffusione circolare dei programmi sonori e televisivi, i sistemi per il trasporto della corrente elettrica, nella misura in cui siano utilizzati per trasmettere i segnali, le reti televisive via cavo, indipendentemente dal tipo di informazione trasportato;

d) «rete pubblica di comunicazioni», una rete di comunicazione elettronica utilizzata interamente o prevalentemente per fornire servizi di comunicazione elettronica accessibili al pubblico, che supporta il trasferimento di informazioni tra i punti terminali di reti;

e) «servizio di comunicazione elettronica», i servizi consistenti esclusivamente o prevalentemente nella trasmissione di segnali su reti di comunicazioni elettroniche, compresi i servizi di telecomunicazioni e i servizi di trasmissione nelle reti utilizzate per la diffusione circolare radiotelevisiva, nei limiti previsti dall'articolo 2, lettera c), della direttiva 2002/21/CE del Parlamento europeo e del Consiglio, del 7 marzo 2002;

f) «contraente», qualunque persona fisica, persona giuridica, ente o associazione parte di un contratto con un fornitore di servizi di comunicazione elettronica accessibili al pubblico per la fornitura di tali servizi, o comunque destinatario di tali servizi tramite schede prepagate;

g) «utente», qualsiasi persona fisica che utilizza un servizio di comunicazione elettronica accessibile al pubblico, per motivi privati o commerciali, senza esservi necessariamente abbonata;

h) «dati relativi al traffico», qualsiasi dato sottoposto a trattamento ai fini della trasmissione di una comunicazione su una rete di comunicazione elettronica o della relativa fatturazione;

i) «dati relativi all'ubicazione», ogni dato trattato in una rete di comunicazione elettronica o da un servizio di comunicazione elettronica che indica la posizione geografica dell'apparecchiatura terminale dell'utente di un servizio di comunicazione elettronica accessibile al pubblico;

l) «servizio a valore aggiunto», il servizio che richiede il trattamento dei dati relativi al traffico o dei dati relativi all'ubicazione diversi dai dati relativi al traffico, oltre a quanto è necessario per la trasmissione di una comunicazione o della relativa fatturazione;

m) «posta elettronica», messaggi contenenti testi, voci, suoni o immagini trasmessi attraverso una rete pubblica di comunicazione, che possono essere archiviati in rete o nell'apparecchiatura terminale ricevente, fino a che il ricevente non ne ha preso conoscenza (3).

(1) Rubrica sostituita dall'art. 11, co. 1, lett. a), n. 1), d.lg. 10/8/2018, n. 101.

(2) Comma modificato dall'art. 1, co. 4, d.lg. 28/5/2012, n. 69.

(3) Comma aggiunto dall'art. 11, co. 1, lett. a), n. 2), d.lg. 10/8/2018, n. 101.

122. Informazioni raccolte nei riguardi del contraente o dell'utente (1). – 1. L'archiviazione delle informazioni nell'apparecchio terminale di un contraente o di un utente o l'accesso a informazioni già archiviate sono consentiti unicamente a condizione che il contraente o l'utente abbia espresso il proprio consenso dopo essere stato informato con [le] modalità semplificate [di cui all'articolo 13, comma 3]. Ciò non vieta l'eventuale archiviazione tecnica o l'accesso alle informazioni già archiviate se finalizzati unicamente ad effettuare la trasmissione di una comunicazione su una rete di comunicazione elettronica, o nella misura strettamente necessaria al fornitore di un servizio della società dell'informazione esplicitamente richiesto dal contraente o dall'utente a erogare tale servizio. Ai fini della determinazione delle modalità semplificate di cui al primo periodo il Garante tiene anche conto delle proposte formulate dalle associazioni maggiormente rappresentative a livello nazionale dei consumatori e delle categorie economiche coinvolte, anche allo scopo di garantire l'utilizzo di metodologie che assicurino l'effettiva consapevolezza del contraente o dell'utente (2).

2. Ai fini dell'espressione del consenso di cui al comma 1, possono essere utilizzate specifiche configurazioni di programmi informatici o di dispositivi che siano di facile e chiara utilizzabilità per il contraente o l'utente (3).

2-bis. Salvo quanto previsto dal comma 1, è vietato l'uso di una rete di comunicazione elettronica per accedere a informazioni archiviate nell'apparecchio terminale di un contraente o di un utente, per archiviare informazioni o per monitorare le operazioni dell'utente (4).

(1) A norma dell'art. 1, co. 12, d.lg. 28/5/2012, n. 69, la parola "contraente" ha sostituito la parola "abbonato", ovunque ricorrente nel presente decreto.

(2) Comma sostituito dall'art. 1, co. 5, lett. a), d.lg. 28/5/2012, n. 69 e successivamente modificato dall'art. 11, co. 1, lett. b), d.lg. 10/8/2018, n. 101.

(3) Comma sostituito dall'art. 1, co. 5, lett. b), d.lg. 28/5/2012, n. 69.

(4) Comma aggiunto dall'art. 1, co. 5, lett. c), d.lg. 28/5/2012, n. 69.

123. Dati relativi al traffico. – 1. I dati relativi al traffico riguardanti contraenti ed utenti trattati dal fornitore di una rete pubblica di comunicazioni o di un servizio di comunicazione elettronica accessibile al pubblico sono cancellati o resi anonimi quando non sono più necessari ai fini della trasmissione della comunicazione elettronica, fatte salve le disposizioni dei commi 2, 3 e 5 (1).

2. Il trattamento dei dati relativi al traffico strettamente necessari a fini di fatturazione per il contraente, ovvero di pagamenti in caso di interconnessione, è consentito al fornitore, a fini di documentazione in caso di contestazione della fattura o per la pretesa del pagamento, per un periodo non superiore a sei mesi, salva l'ulteriore specifica conservazione necessaria per effetto di una contestazione anche in sede giudiziale (1).

3. Il fornitore di un servizio di comunicazione elettronica accessibile al pubblico può trattare i dati di cui al comma 2 nella misura e per la durata necessarie a fini di commercializzazione di servizi di comunicazione elettronica o per la fornitura di servizi a valore aggiunto, solo se il contraente o l'utente cui i dati si riferiscono hanno manifestato preliminarmente il proprio consenso, che è revocabile in ogni momento (2).

4. Nel fornire le informazioni di cui agli articoli 13 e 14 del Regolamento il fornitore del servizio informa il contraente o l'utente sulla natura dei dati relativi al traffico che sono sot-

toposti a trattamento e sulla durata del medesimo trattamento ai fini di cui ai commi 2 e 3 (2).

5. Il trattamento dei dati personali relativi al traffico è consentito unicamente a persone che, ai sensi dell'articolo 2-quaterdecies, risultano autorizzate al trattamento e che operano sotto la diretta autorità del fornitore del servizio di comunicazione elettronica accessibile al pubblico o, a seconda dei casi, del fornitore della rete pubblica di comunicazioni e che si occupano della fatturazione o della gestione del traffico, di analisi per conto di clienti, dell'accertamento di frodi, o della commercializzazione dei servizi di comunicazione elettronica o della prestazione dei servizi a valore aggiunto. Il trattamento è limitato a quanto è strettamente necessario per lo svolgimento di tali attività e deve assicurare l'identificazione della persona autorizzata che accede ai dati anche mediante un'operazione di interrogazione automatizzata (3).

6. L'Autorità per le garanzie nelle comunicazioni può ottenere i dati relativi alla fatturazione o al traffico necessari ai fini della risoluzione di controversie attinenti, in particolare, all'interconnessione o alla fatturazione.

(1) A norma dell'art. 1, co. 12, d.lg. 28/5/2012, n. 69, la parola "contraente" ha sostituito la parola "abbonato", ovunque ricorrente nel presente decreto.

(2) A norma dell'art. 1, co. 12, d.lg. 28/5/2012, n. 69, la parola "contraente" ha sostituito la parola "abbonato", ovunque ricorrente nel presente decreto. Successivamente modificato dall'art. 11, co. 1, lett. c), n. 1), d.lg. 10/8/2018, n. 101.

(3) Comma modificato dall'art. 11, co. 1, lett. c), n. 2), d.lg. 10/8/2018, n. 101.

124. Fatturazione dettagliata. – 1. Il contraente ha diritto di ricevere in dettaglio, a richiesta e senza alcun aggravio di spesa, la dimostrazione degli elementi che compongono la fattura relativi, in particolare, alla data e all'ora di inizio della conversazione, al numero selezionato, al tipo di numerazione, alla località, alla durata e al numero di scatti addebitati per ciascuna conversazione (1).

2. Il fornitore del servizio di comunicazione elettronica accessibile al pubblico è tenuto ad abilitare l'utente ad effettuare comunicazioni e a richiedere servizi da qualsiasi terminale, gratuitamente ed in modo agevole, avvalendosi per il pagamento di modalità alternative alla fatturazione, anche impersonali, quali carte di credito o di debito o carte prepagate.

3. Nella documentazione inviata al contraente relativa alle comunicazioni effettuate non sono evidenziati i servizi e le comunicazioni di cui al comma 2, né le comunicazioni necessarie per attivare le modalità alternative alla fatturazione (1).

4. Nella fatturazione al contraente non sono evidenziate le ultime tre cifre dei numeri chiamati. Ad esclusivi fini di specifica contestazione dell'esattezza di addebiti determinati o riferiti a periodi limitati, il contraente può richiedere la comunicazione dei numeri completi delle comunicazioni in questione (1).

5. Il Garante, accertata l'effettiva disponibilità delle modalità di cui al comma 2, può autorizzare il fornitore ad indicare nella fatturazione i numeri completi delle comunicazioni.

(1) A norma dell'art. 1, co. 12, d.lg. 28/5/2012, n. 69, la parola "contraente" ha sostituito la parola "abbonato", ovunque ricorrente nel presente decreto.

125. Identificazione della linea. – 1. Se è disponibile la presentazione dell'identificazione della linea chiamante, il fornitore del servizio di comunicazione elettronica accessibile al pubblico assicura all'utente chiamante la possibilità di impedire, gratuitamente e mediante una funzione semplice, la presentazione dell'identificazione della linea chiamante, chiamata per chiamata. Il contraente chiamante deve avere tale possibilità linea per linea. Rimane in ogni caso fermo quanto previsto dall'articolo 2, comma 1, della legge 11 gennaio 2018, n. 5 (1).

2. Se è disponibile la presentazione dell'identificazione della linea chiamante, il fornitore del servizio di comunicazione elettronica accessibile al pubblico assicura al contraente chiamato la possibilità di impedire, gratuitamente e mediante una funzione semplice, la presentazione dell'identificazione delle chiamate entranti (2).

3. Se è disponibile la presentazione dell'identificazione della linea chiamante e tale indicazione avviene prima che la comunicazione sia stabilita, il fornitore del servizio di comunicazione elettronica accessibile al pubblico assicura al contraente chiamato la possibilità, mediante una funzione semplice e gratuita, di respingere le chiamate entranti se la presentazione dell'identificazione della linea chiamante è stata eliminata dall'utente o contraente chiamante (2).

4. Se è disponibile la presentazione dell'identificazione della linea collegata, il fornitore del servizio di comunicazione elettronica accessibile al pubblico assicura al contraente chiamato la possibilità di impedire, gratuitamente e mediante una funzione semplice, la presentazione dell'identificazione della linea collegata all'utente chiamante (2).

5. Le disposizioni di cui al comma 1 si applicano anche alle chiamate dirette verso Paesi non appartenenti all'Unione europea. Le disposizioni di cui ai commi 2, 3 e 4 si applicano anche alle chiamate provenienti da tali Paesi.

6. Se è disponibile la presentazione dell'identificazione della linea chiamante o di quella collegata, il fornitore del servizio di comunicazione elettronica accessibile al pubblico informa i contraenti e gli utenti dell'esistenza di tale servizio e delle possibilità previste ai commi 1, 2, 3 e 4 (2).

(1) A norma dell'art. 1, co. 12, d.lg. 28/5/2012, n. 69, la parola "contraente" ha sostituito la parola "abbonato", ovunque ricorrente nel presente decreto. Successivamente il presente co. è stato modificato dall'art. 11, co. 1, lett. d), d.lg. 10/8/2018, n. 101.

(2) A norma dell'art. 1, co. 12, d.lg. 28/5/2012, n. 69, la parola "contraente" ha sostituito la parola "abbonato", ovunque ricorrente nel presente decreto.

126. Dati relativi all'ubicazione. – 1. I dati relativi all'ubicazione diversi dai dati relativi al traffico, riferiti agli utenti o ai contraenti di reti pubbliche di comunicazione o di servizi di comunicazione elettronica accessibili al pubblico, possono essere trattati solo se anonimi o se l'utente o il contraente ha manifestato previamente il proprio consenso, revocabile in ogni momento, e nella misura e per la durata necessari per la fornitura del servizio a valore aggiunto richiesto (1).

2. Il fornitore del servizio, prima di richiedere il consenso, informa gli utenti e i contraenti sulla natura dei dati relativi all'ubicazione diversi dai dati relativi al traffico che saranno sottoposti al trattamento, sugli scopi e sulla durata di quest'ultimo, nonché sull'eventualità che i dati siano trasmessi ad un terzo per la prestazione del servizio a valore aggiunto (1).

3. L'utente e il contraente che manifestano il proprio consenso al trattamento dei dati relativi all'ubicazione, diversi dai dati relativi al traffico, conservano il diritto di richiedere, gratuitamente e mediante una funzione semplice, l'interruzione temporanea del trattamento di tali dati per ciascun collegamento alla rete o per ciascuna trasmissione di comunicazioni (1).

4. Il trattamento dei dati relativi all'ubicazione diversi dai dati relativi al traffico, ai sensi dei commi 1, 2 e 3, è consentito unicamente a persone autorizzate al trattamento, ai sensi dell'articolo 2-quaterdecies, che operano sotto la diretta autorità del fornitore del servizio di comunicazione elettronica accessibile al pubblico o, a seconda dei casi, del fornitore della rete pubblica di comunicazioni o del terzo che fornisce il servizio a valore aggiunto. Il trattamento è limitato a quanto

è strettamente necessario per la fornitura del servizio a valore aggiunto e deve assicurare l'identificazione della persona autorizzata che accede ai dati anche mediante un'operazione di interrogazione automatizzata (2).

(1) A norma dell'art. 1, co. 12, d.lg. 28/5/2012, n. 69, la parola "contraente" ha sostituito la parola "abbonato", ovunque ricorrente nel presente decreto.

(2) Comma modificato dall'art. 11, co. 1, lett. e), d.lg. 10/8/2018, n. 101.

127. Chiamate di disturbo e di emergenza. – 1. Il contraente che riceve chiamate di disturbo può richiedere che il fornitore della rete pubblica di comunicazioni o del servizio di comunicazione elettronica accessibile al pubblico renda temporaneamente inefficace la soppressione della presentazione dell'identificazione della linea chiamante e conservi i dati relativi alla provenienza della chiamata ricevuta. L'inefficacia della soppressione può essere disposta per i soli orari durante i quali si verificano le chiamate di disturbo e per un periodo non superiore a quindici giorni (1).

2. La richiesta formulata per iscritto dal contraente specifica le modalità di ricezione delle chiamate di disturbo e nel caso in cui sia preceduta da una richiesta telefonica è inoltrata entro quarantotto ore (1).

3. I dati conservati ai sensi del comma 1 possono essere comunicati al contraente che dichiari di utilizzarli per esclusive finalità di tutela rispetto a chiamate di disturbo. Per i servizi di cui al comma 1 il fornitore assicura procedure trasparenti nei confronti dei contraenti e può richiedere un contributo spese non superiore ai costi effettivamente sopportati (1).

4. Il fornitore di una rete pubblica di comunicazioni o di un servizio di comunicazione elettronica accessibile al pubblico predispone procedure trasparenti per garantire, linea per linea, l'inefficacia della soppressione dell'identificazione della linea chiamante, nonché, ove necessario, il trattamento dei dati relativi all'ubicazione, nonostante il rifiuto o il mancato consenso temporanei del contraente o dell'utente, da parte dei servizi abilitati in base alla legge a ricevere chiamate d'emergenza. I servizi sono individuati con decreto del Ministro delle comunicazioni, sentiti il Garante e l'Autorità per le garanzie nelle comunicazioni (1).

(1) A norma dell'articolo 1, co. 12, d.lg. 28/5/2012, n. 69, la parola "contraente" ha sostituito la parola "abbonato", ovunque ricorrente nel presente decreto.

128. Trasferimento automatico della chiamata. – 1. Il fornitore di un servizio di comunicazione elettronica accessibile al pubblico adotta le misure necessarie per consentire a ciascun contraente, gratuitamente e mediante una funzione semplice, di poter bloccare il trasferimento automatico delle chiamate verso il proprio terminale effettuato da terzi (1).

(1) A norma dell'articolo 1, co. 12, d.lg. 28/5/2012, n. 69, la parola "contraente" ha sostituito la parola "abbonato", ovunque ricorrente nel presente decreto.

129. Elenchi di contraenti (1). – 1. Il Garante individua con proprio provvedimento, in cooperazione con l'Autorità per le garanzie nelle comunicazioni ai sensi dell'articolo 154, comma 4, e in conformità alla normativa dell'Unione europea, le modalità di inserimento e di successivo utilizzo dei dati personali relativi ai contraenti negli elenchi cartacei o elettronici a disposizione del pubblico.

2. Il provvedimento di cui al comma 1 individua idonee modalità per la manifestazione del consenso all'inclusione negli elenchi e, rispettivamente, all'utilizzo dei dati per finalità di invio di materiale pubblicitario o di vendita diretta o per il compimento di ricerche di mercato o di comunicazione commerciale nonché per le finalità di cui all'articolo 21, paragrafo 2, del Regolamento, in base al principio della massima semplificazione delle modalità di inclusione negli elenchi a fini di mera ricerca del contraente per comunicazioni interpersonali, e del consenso specifico ed espresso qualora il trattamento esuli da tali fini, nonché in tema di verifica, rettifica o cancellazione dei dati senza oneri.

(1) Articolo modificato dall'art. 1, co. 12, d.lg. 28/5/2012, n. 69 e successivamente sostituito dall'art. 11, co. 1, lett. f), d.lg. 10/8/2018, n. 101.

130. Comunicazioni indesiderate. – 1. Fermo restando quanto stabilito dagli articoli 8 e 21 del decreto legislativo 9 aprile 2003, n. 70, l'uso di sistemi automatizzati di chiamata o di comunicazione di chiamata senza l'intervento di un operatore per l'invio di materiale pubblicitario o di vendita diretta o per il compimento di ricerche di mercato o di comunicazione commerciale è consentito con il consenso del contraente o utente. Resta in ogni caso fermo quanto previsto dall'articolo 1, comma 14, della legge 11 gennaio 2018, n. 5 (1).

2. La disposizione di cui al comma 1 si applica anche alle comunicazioni elettroniche, effettuate per le finalità ivi indicate, mediante posta elettronica, telefax, messaggi del tipo Mms (Multimedia Messaging Service) o Sms (Short Message Service) o di altro tipo.

3. Fuori dei casi di cui ai commi 1 e 2, ulteriori comunicazioni per le finalità di cui ai medesimi commi effettuate con mezzi diversi da quelli ivi indicati, sono consentite ai sensi degli articoli 6 e 7 del Regolamento nonché ai sensi di quanto previsto dal comma 3-bis [del presente articolo] (2).

3-bis. In deroga a quanto previsto dall'articolo 129, il trattamento dei dati di cui al comma 1 del predetto articolo, mediante l'impiego del telefono e della posta cartacea per le finalità di invio di materiale pubblicitario o di vendita diretta o per il compimento di ricerche di mercato o di comunicazione commerciale, è consentito nei confronti di chi non abbia esercitato il diritto di opposizione, con modalità semplificate e anche in via telematica, mediante l'iscrizione della numerazione della quale è intestatario e degli altri dati personali di cui all'articolo 129, comma 1, in un registro pubblico delle opposizioni (3).

3-ter. Il registro di cui al comma 3-bis è istituito con decreto del Presidente della Repubblica da adottare ai sensi dell'articolo 17, comma 2, della legge 23 agosto 1988, n. 400, previa deliberazione del Consiglio dei ministri, acquisito il parere del Consiglio di Stato e delle Commissioni parlamentari competenti in materia, che si pronunciano entro trenta giorni dalla richiesta, nonché, per i relativi profili di competenza, il parere dell'Autorità per le garanzie nelle comunicazioni, che si esprime entro il medesimo termine, secondo i seguenti criteri e princìpi generali:

a) attribuzione dell'istituzione e della gestione del registro ad un ente o organismo pubblico titolare di competenze inerenti alla materia;

b) previsione che l'ente o organismo deputato all'istituzione e alla gestione del registro vi provveda con le risorse umane e strumentali di cui dispone o affidandone la realizzazione e la gestione a terzi, che se ne assumono interamente gli oneri finanziari e organizzativi, mediante contratto di servizio, nel rispetto del codice dei contratti pubblici di cui al decreto legislativo 18 aprile 2016, n. 50. I soggetti che si avvalgono del registro per effettuare le comunicazioni corrispondono tariffe di accesso basate sugli effettivi costi di funzionamento e di manutenzione. Il Ministro dello sviluppo economico, con proprio provvedimento, determina tali tariffe (4);

c) previsione che le modalità tecniche di funzionamento del registro consentano ad ogni utente di chiedere che sia iscritta la numerazione della quale è intestatario secondo modalità semplificate ed anche in via telematica o telefonica;

d) previsione di modalità tecniche di funzionamento e di

accesso al registro mediante interrogazioni selettive che non consentano il trasferimento dei dati presenti nel registro stesso, prevedendo il tracciamento delle operazioni compiute e la conservazione dei dati relativi agli accessi;

e) disciplina delle tempistiche e delle modalità dell'iscrizione al registro, senza distinzione di settore di attività o di categoria merceologica, e del relativo aggiornamento, nonché del correlativo periodo massimo di utilizzabilità dei dati verificati nel registro medesimo, prevedendosi che l'iscrizione abbia durata indefinita e sia revocabile in qualunque momento, mediante strumenti di facile utilizzo e gratuitamente;

f) obbligo per i soggetti che effettuano trattamenti di dati per le finalità di invio di materiale pubblicitario o di vendita diretta o per il compimento di ricerche di mercato o di comunicazione commerciale, di garantire la presentazione dell'identificazione della linea chiamante e di fornire all'utente idonee informative, in particolare sulla possibilità e sulle modalità di iscrizione nel registro per opporsi a futuri contatti (4);

g) previsione che l'iscrizione nel registro non precluda i trattamenti dei dati altrimenti acquisiti e trattati nel rispetto degli articoli 6 e 7 del Regolamento (4).

3-quater. La vigilanza e il controllo sull'organizzazione e il funzionamento del registro di cui al comma 3-bis e sul trattamento dei dati sono attribuiti al Garante (5).

4. Fatto salvo quanto previsto nel comma 1, se il titolare del trattamento utilizza, a fini di vendita diretta di propri prodótti o servizi, le coordinate di posta elettronica fornite dall'interessato nel contesto della vendita di un prodotto o di un servizio, può non richiedere il consenso dell'interessato, sempre che si tratti di servizi analoghi a quelli oggetto della vendita e l'interessato, adeguatamente informato, non rifiuti tale uso, inizialmente o in occasione di successive comunicazioni. L'interessato, al momento della raccolta e in occasione dell'invio di ogni comunicazione effettuata per le finalità di cui al presente comma, è informato della possibilità di opporsi in ogni momento al trattamento, in maniera agevole e gratuitamente.

5. È vietato in ogni caso l'invio di comunicazioni per le finalità di cui al comma 1 o, comunque, a scopo promozionale, effettuato camuffando o celando l'identità del mittente o in violazione dell'articolo 8 del decreto legislativo 9 aprile 2003, n. 70, o senza fornire un idoneo recapito presso il quale l'interessato possa esercitare i diritti di cui agli articoli da 15 a 22 del Regolamento, oppure esortando i destinatari a visitare siti web che violino il predetto articolo 8 del decreto legislativo n. 70 del 2003 (6).

6. In caso di reiterata violazione delle disposizioni di cui al presente articolo il Garante può, provvedendo ai sensi dell'articolo 58 del Regolamento, altresì prescrivere a fornitori di servizi di comunicazione elettronica di adottare procedure di filtraggio o altre misure praticabili relativamente alle coordinate di posta elettronica da cui sono stati inviate le comunicazioni (7).

(1) Comma modificato dall'art. 1, co. 7, lett. a), d.lg. 28/5/2012, n. 69 e successivamente dall'art. 11, co. 1, lett. g), n. 1), d.lg. 10/8/2018, n. 101.

(2) Comma modificato dall'art. 20 bis, co. 1, lett. a), d.l. 25/9/2009, n. 135 e successivamente dall'art. 11, co. 1, lett. g), n. 2), d.lg. 10/8/2018, n. 101.

(3) Comma inserito dall'art. 20 bis, co. 1, lett. b), d.l. 25/9/2009, n. 135.

• Per l'istituzione del registro di cui al presente comma vedi l'art. 20 bis, co. 2, d.l. 25/9/2009, n. 135. Vedi anche il D.P.R. 7/9/2010, n. 178.

• Comma modificato dall'art. 6, co. 2, lett. b), n. 6), d.l. 13/5/2011, n. 70 e successivamente dall'art. 11, co. 1, lett. g), n. 3), d.lg. 10/8/2018, n. 101.

(4) Lettera modificata dall'art. 11, co. 1, lett. g), n. 4), d.lg. 10/8/2018, n. 101.

(5) Comma inserito dall'art. 20 bis, co. 1, lett. b), d.l. 25/9/2009, n. 135.

(6) Comma modificato dall'art. 1, co. 7, lett. b), d.lg. 28/5/2012, n. 69 e successivamente dall'art. 11, co. 1, lett. g), n. 6), d.lg. 10/8/2018, n. 101.

(7) Comma modificato dall'art. 11, co. 1, lett. g), n. 7), d.lg. 10/8/2018, n. 101.

131. Informazioni a contraenti e utenti (1). – 1. Il fornitore di un servizio di comunicazione elettronica accessibile al pubblico informa il contraente e, ove possibile, l'utente circa la sussistenza di situazioni che permettono di apprendere in modo non intenzionale il contenuto di comunicazioni o conversazioni da parte di soggetti ad esse estranei (2).

2. Il contraente informa l'utente quando il contenuto delle comunicazioni o conversazioni può essere appreso da altri a causa del tipo di apparecchiature terminali utilizzate o del collegamento realizzato tra le stesse presso la sede del contraente medesimo (2).

3. L'utente informa l'altro utente quando, nel corso della conversazione, sono utilizzati dispositivi che consentono l'ascolto della conversazione stessa da parte di altri soggetti.

(1) Rubrica sostituita dall'art. 11, co. 1, lett. h), d.lg. 10/8/2018, n. 101.

(2) A norma dell'art. 1, co. 12, d.lg. 28/5/2012, n. 69, la parola "contraente" ha sostituito la parola "abbonato", ovunque ricorrente nel presente decreto.

132. Conservazione di dati di traffico per altre finalità (1). – 1. Fermo restando quanto previsto dall'articolo 123, comma 2, i dati relativi al traffico telefonico [inclusi quelli concernenti le chiamate senza risposta] sono conservati dal fornitore per ventiquattro mesi dalla data della comunicazione, per finalità di accertamento e repressione dei reati, mentre, per le medesime finalità, i dati relativi al traffico telematico, esclusi comunque i contenuti delle comunicazioni, sono conservati dal fornitore per dodici mesi dalla data della comunicazione (2).

1-bis. I dati relativi alle chiamate senza risposta, trattati temporaneamente da parte dei fornitori di servizi di comunicazione elettronica accessibili al pubblico oppure di una rete pubblica di comunicazione, sono conservati per trenta giorni (3).

2. Decorso il termine di cui al comma 1, i dati relativi al traffico telefonico, inclusi quelli concernenti le chiamate senza risposta, sono conservati dal fornitore per ulteriori ventiquattro mesi e quelli relativi al traffico telematico, esclusi comunque i contenuti delle comunicazioni, sono conservati per ulteriori sei mesi per esclusive finalità di accertamento e repressione dei delitti di cui all'articolo 407, comma 2, lettera a) del codice di procedura penale , nonché dei delitti in danno di sistemi informatici o telematici (2)*.

3. Entro il termine di cui al comma 1, i dati sono acquisiti presso il fornitore con decreto motivato del pubblico ministero anche su istanza del difensore dell'imputato, della persona sottoposta alle indagini, della persona offesa e delle altre parti private. Il difensore dell'imputato o della persona sottoposta alle indagini può richiedere, direttamente al fornitore i dati relativi alle utenze intestate al proprio assistito con le modalità indicate dall'articolo 391-quater del codice di procedura penale [, ferme restando le condizioni di cui all'articolo 8, comma 2, lettera f), per il traffico entrante.] La richiesta di accesso diretto alle comunicazioni telefoniche in entrata può essere effettuata solo quando possa derivarne un pregiudizio effettivo e concreto per lo svolgimento delle investigazioni difensive di cui alla legge 7 dicembre 2000, n. 397; diversamente, i diritti di cui agli articoli da 12 a 22 del Regolamento possono essere esercitati con le modalità di cui all'articolo 2-undecies, comma 3, terzo, quarto e quinto periodo (4).

*4. Dopo la scadenza del termine indicato al comma 1, il giudice autorizza l'acquisizione dei dati, con decreto motivato, se ritiene che sussistano sufficienti indizi dei delitti di cui all'articolo 407, comma 2, lettera a), del codice di procedura penale, nonché dei delitti in danno di sistemi informatici o telematici. 4-bis. Nei casi di urgenza, quando vi è fondato motivo di ritenere che dal ritardo possa derivare grave pregiudizio alle indagini, il pubblico ministero dispone la acquisizione dei dati relativi al traffico telefonico con decreto motivato che è comunicato immediatamente, e comunque non oltre ventiquattro ore, al giudice competente per il rilascio dell'autorizzazione in via ordinaria. Il giudice, entro quarantotto ore dal provvedimento, decide sulla convalida con decreto motivato. Se il decreto del pubblico ministero non è convalidato nel termine stabilito, i dati acquisiti non possono essere utilizzati***(5).

4-ter. Il Ministro dell'interno o, su sua delega, i responsabili degli uffici centrali specialistici in materia informatica o telematica della Polizia di Stato, dell'Arma dei carabinieri e del Corpo della guardia di finanza, nonché gli altri soggetti indicati nel comma 1 dell'articolo 226 delle norme di attuazione, di coordinamento e transitorie del codice di procedura penale, di cui al decreto legislativo 28 luglio 1989, n. 271, possono ordinare, anche in relazione alle eventuali richieste avanzate da autorità investigative straniere, ai fornitori e agli operatori di servizi informatici o telematici di conservare e proteggere, secondo le modalità indicate e per un periodo non superiore a novanta giorni, i dati relativi al traffico telematico, esclusi comunque i contenuti delle comunicazioni, ai fini dello svolgimento delle investigazioni preventive previste dal citato articolo 226 delle norme di cui al decreto legislativo n. 271 del 1989, ovvero per finalità di accertamento e repressione di specifici reati. Il provvedimento, prorogabile, per motivate esigenze, per una durata complessiva non superiore a sei mesi, può prevedere particolari modalità di custodia dei dati e l'eventuale indisponibilità dei dati stessi da parte dei fornitori e degli operatori di servizi informatici o telematici ovvero di terzi (6).

4-quater. Il fornitore o l'operatore di servizi informatici o telematici cui è rivolto l'ordine previsto dal comma 4-ter deve ottemperarvi senza ritardo, fornendo immediatamente all'autorità richiedente l'assicurazione dell'adempimento. Il fornitore o l'operatore di servizi informatici o telematici è tenuto a mantenere il segreto relativamente all'ordine ricevuto e alle attività conseguentemente svolte per il periodo indicato dall'autorità. In caso di violazione dell'obbligo si applicano, salvo che il fatto costituisca più grave reato, le disposizioni dell'articolo 326 del codice penale (6).

4-quinquies. I provvedimenti adottati ai sensi del comma 4-ter sono comunicati per iscritto, senza ritardo e comunque entro quarantotto ore dalla notifica al destinatario, al pubblico ministero del luogo di esecuzione il quale, se ne ricorrono i presupposti, li convalida. In caso di mancata convalida, i provvedimenti assunti perdono efficacia (6).

5. Il trattamento dei dati per le finalità di cui al comma 1 è effettuato nel rispetto delle misure e degli accorgimenti a garanzia dell'interessato prescritti dal Garante secondo le modalità di cui all'articolo 2-quinquiesdecies, volti a garantire che i dati conservati possiedano i medesimi requisiti di qualità, sicurezza e protezione dei dati in rete, nonché ad indicare le modalità tecniche per la periodica distruzione dei dati, decorsi i termini di cui al comma 1 (7).

5-bis. È fatta salva la disciplina di cui all'articolo 24 della legge 20 novembre 2017, n. 167 (8).

(1) Articolo sostituito dall'art. 3 del d.l. 24/12/2003, n. 354, convertito in l. 26/2/2004, n. 45. Vedi, anche, l'art. 3 del d.lg. 30/5/2008, n. 109.

(2) Comma modificato dall'art. 6 del d.l. 27/7/2005, n. 144.

• Comma modificato dall'art. 2 del d.lg. 30/5/2008, n. 109. Vedi, anche, l'art. 5, co. 2, del medesimo d.lg. 30/5/2008, n. 109.

(3) Comma inserito dall'art. 2 del d.lg. 30/5/2008, n. 109, con la decorrenza prevista dall'art. 6 del medesimo d.lg. Vedi, anche, l'art. 5, co. 2, del medesimo d.lg. 30/5/2008, n. 109.

* Comma abrogato dall'art. 2 del d.lg. 30/5/2008, n. 109.

(4) Comma modificato dall'art. 6 del d.l. 27/7/2005, n. 144 e successivamente dall'art. 11, co. 1, lett. i), n. 1), d.lg. 10/8/2018, n. 101.

** Commi abrogati dall'art. 2 del d.lg. 30/5/2008, n. 109.

(5) Comma inserito dall'art. 6, co. 3, lett. f), d.l. 27/7/2005, n. 144, conv., con modif., dalla l. 31/7/2005, n. 155.

(6) Comma aggiunto dall'art. 10 della l. 18/3/2008, n. 48.

(7) Comma modificato dall'art. 2 del d.lg. 30/5/2008, n. 109 e successivamente dall'art. 11, co. 1, lett. i), n. 2), d.lg. 10/8/2018, n. 101.

(8) Comma aggiunto dall'art. 11, co. 1, lett. i), n. 3), d.lg. 10/8/2018, n. 101.

132 bis. Procedure istituite dai fornitori (1). – 1. I fornitori istituiscono procedure interne per corrispondere alle richieste effettuate in conformità alle disposizioni che prevedono forme di accesso a dati personali degli utenti.

2. A richiesta, i fornitori forniscono al Garante, per i profili di competenza, informazioni sulle procedure di cui al comma 1, sul numero di richieste ricevute, sui motivi legali addotti e sulle risposte date.

(1) Articolo inserito dall'art. 1, co. 8, d.lg. 28/5/2012, n. 69.

132 ter. Sicurezza del trattamento (1). – 1. Nel rispetto di quanto disposto dall'articolo 32 del Regolamento, ai fornitori di servizi di comunicazione elettronica accessibili al pubblico si applicano le disposizioni del presente articolo.

2. Il fornitore di un servizio di comunicazione elettronica accessibile al pubblico adotta, ai sensi dell'articolo 32 del Regolamento, anche attraverso altri soggetti a cui sia affidata l'erogazione del servizio, misure tecniche e organizzative adeguate al rischio esistente.

3. I soggetti che operano sulle reti di comunicazione elettronica garantiscono che i dati personali siano accessibili soltanto al personale autorizzato per fini legalmente autorizzati.

4. Le misure di cui ai commi 2 e 3 garantiscono la protezione dei dati relativi al traffico ed all'ubicazione e degli altri dati personali archiviati o trasmessi dalla distruzione anche accidentale, da perdita o alterazione anche accidentale e da archiviazione, trattamento, accesso o divulgazione non autorizzati o illeciti, nonché garantiscono l'attuazione di una politica di sicurezza.

5. Quando la sicurezza del servizio o dei dati personali richiede anche l'adozione di misure che riguardano la rete, il fornitore del servizio di comunicazione elettronica accessibile al pubblico adotta tali misure congiuntamente con il fornitore della rete pubblica di comunicazioni. In caso di mancato accordo, su richiesta di uno dei fornitori, la controversia è definita dall'Autorità per le garanzie nelle comunicazioni secondo le modalità previste dalla normativa vigente.

(1) Articolo inserito dall'art. 10, co. 1, lett. l), d.lg. 10/8/2018, n. 101.

132 quater. Informazioni sui rischi (1). – 1. Il fornitore di un servizio di comunicazione elettronica accessibile al pubblico informa gli abbonati e, ove possibile, gli utenti, mediante linguaggio chiaro, idoneo e adeguato rispetto alla categoria e alla fascia di età dell'interessato a cui siano fornite le suddette informazioni, con particolare attenzione in caso di minori di età, se sussiste un particolare rischio di violazione della sicurezza della rete, indicando, quando il rischio è al di fuori dell'ambito di applicazione delle misure che il fornitore stesso è tenuto ad adottare a norma dell'articolo 132-ter, commi 2, 3 e 5, tutti i possibili rimedi e i relativi costi presumibili. Analoghe informazioni sono rese al Garante e all'Autorità per le garanzie nelle comunicazioni.

(1) Articolo inserito dall'art. 11, co. 1, lett. l), d.lg. 10/8/2018, n. 101.

Capo II
*Internet e reti telematiche**

* Capo abrogato dall'art. 27, co. 1, lett. b), n. 8), d.lg. 10/8/2018, n. 101.

133. Codice di deontologia e di buona condotta*. *– 1. Il Garante promuove, ai sensi dell'articolo 12, la sottoscrizione di un codice di deontologia e di buona condotta per il trattamento dei dati personali effettuato da fornitori di servizi di comunicazione e informazione offerti mediante reti di comunicazione elettronica, con particolare riguardo ai criteri per assicurare ed uniformare una più adeguata informazione e consapevolezza degli utenti delle reti di comunicazione elettronica gestite da soggetti pubblici e privati rispetto ai tipi di dati personali trattati e alle modalità del loro trattamento, in particolare attraverso informative fornite in linea in modo agevole e interattivo, per favorire una più ampia trasparenza e correttezza nei confronti dei medesimi utenti e il pieno rispetto dei principi di cui all'articolo 11, anche ai fini dell'eventuale rilascio di certificazioni attestanti la qualità delle modalità prescelte e il livello di sicurezza assicurato.*

* Articolo abrogato dall'art. 27, co. 1, lett. b), n. 8), d.lg. 10/8/2018, n. 101.

Capo III
*Videosorveglianza**

* Capo abrogato dall'art. 27, co. 1, lett. b), n. 8), d.lg. 10/8/2018, n. 101.

134. Codice di deontologia e di buona condotta*. *– 1. Il Garante promuove, ai sensi dell'articolo 12, la sottoscrizione di un codice di deontologia e di buona condotta per il trattamento dei dati personali effettuato con strumenti elettronici di rilevamento di immagini, prevedendo specifiche modalità di trattamento e forme semplificate di informativa all'interessato per garantire la liceità e la correttezza anche in riferimento a quanto previsto dall'articolo 11.*

* Articolo abrogato dall'art. 27, co. 1, lett. b), n. 8), d.lg. 10/8/2018, n. 101.

Titolo XI
*LIBERE PROFESSIONI E INVESTIGAZIONE PRIVATA**

* Titolo abrogato dall'art. 27, co. 1, lett. b), n. 8), d.lg. 10/8/2018, n. 101.

Capo I
*Profili generali**

* Capo abrogato dall'art. 27, co. 1, lett. b), n. 8), d.lg. 10/8/2018, n. 101.

135. Profili generali*. *– 1. Il Garante promuove, ai sensi dell'articolo 12, la sottoscrizione di un codice di deontologia e di buona condotta per il trattamento dei dati personali effettuato per lo svolgimento delle investigazioni difensive di cui alla legge 7 dicembre 2000, n. 397, o per far valere o difendere un diritto in sede giudiziaria, in particolare da liberi professionisti o da soggetti che esercitano un'attività di investigazione privata autorizzata in conformità alla legge.*

* Articolo abrogato dall'art. 27, co. 1, lett. b), n. 8), d.lg. 10/8/2018, n. 101.

Titolo XII
GIORNALISMO, LIBERTÀ DI INFORMAZIONE E DI ESPRESSIONE (1)

(1) Rubrica sostituita dall'art. 12, co. 1, lett. a), d.lg. 10/8/2018, n. 101.

Capo I
Profili generali

136. Finalità giornalistiche e altre manifestazioni del pensiero. – 1. Le disposizioni del presente titolo si applicano, ai sensi dell'articolo 85 del Regolamento, al trattamento (1):

a) effettuato nell'esercizio della professione di giornalista e per l'esclusivo perseguimento delle relative finalità;

b) effettuato dai soggetti iscritti nell'elenco dei pubblicisti o nel registro dei praticanti di cui agli articoli 26 e 33 della legge 3 febbraio 1963, n. 69;

c) [temporaneo] finalizzato esclusivamente alla pubblicazione o diffusione anche occasionale di articoli, saggi e altre manifestazioni del pensiero anche nell'espressione accademica, artistica e letteraria (2).

(1) Alinea modificato dall'art. 12, co. 1, lett. b), d.lg. 10/8/2018, n. 101.

(2) Lettera modificata dall'art. 12, co. 1, lett. b), d.lg. 10/8/2018, n. 101.

137. Disposizioni applicabili (1). – 1. Con riferimento a quanto previsto dall'articolo 136, possono essere trattati i dati di cui agli articoli 9 e 10 del Regolamento anche senza il consenso dell'interessato, purché nel rispetto delle regole deontologiche di cui all'articolo 139.

2. Ai trattamenti indicati nell'articolo 136 non si applicano le disposizioni relative:

a) alle misure di garanzia di cui all'articolo 2-septies e ai provvedimenti generali di cui all'articolo 2-quinquiesdecies;

b) al trasferimento dei dati verso paesi terzi o organizzazioni internazionali, contenute nel Capo V del Regolamento.

3. In caso di diffusione o di comunicazione dei dati per le finalità di cui all'articolo 136 restano fermi i limiti del diritto di cronaca a tutela dei diritti di cui all'articolo 1, paragrafo 2, del Regolamento e all'articolo 1 del presente codice e, in particolare, quello dell'essenzialità dell'informazione riguardo a fatti di interesse pubblico. Possono essere trattati i dati personali relativi a circostanze o fatti resi noti direttamente dagli interessati o attraverso loro comportamenti in pubblico.

(1) Articolo sostituito dall'art. 12, co. 1, lett. c), d.lg. 10/8/2018, n. 101.

138. Segreto professionale. – 1. In caso di richiesta dell'interessato di conoscere l'origine dei dati personali ai sensi dell'articolo 15, paragrafo 1, lettera g), del Regolamento restano ferme le norme sul segreto professionale degli esercenti la professione di giornalista, limitatamente alla fonte della notizia (1).

(1) Comma modificato dall'art. 12, co. 1, lett. d), d.lg. 10/8/2018, n. 101.

Capo II
Regole deontologiche relative ad attività giornalistiche e ad altre manifestazioni del pensiero (1)

(1) Rubrica sostituita dall'art. 12, co. 1, lett. e), d.lg. 10/8/2018, n. 101.

139. Regole deontologiche relative ad attività giornalistiche (1). – 1. Il Garante promuove, ai sensi dell'articolo 2-quater, l'adozione da parte del Consiglio nazionale dell'ordine dei giornalisti di regole deontologiche relative al trattamento dei dati di cui all'articolo 136, che prevedono misure ed accorgimenti a garanzia degli interessati rapportate alla natura dei dati, in particolare per quanto riguarda quelli relativi alla salute e alla vita o all'orientamento sessuale. Le regole possono anche prevedere forme particolari per le informazioni di cui agli articoli 13 e 14 del Regolamento.

2. Le regole deontologiche o le modificazioni od integrazioni alle stesse che non sono adottate dal Consiglio entro sei mesi dalla proposta del Garante sono adottate in via sostitutiva dal Garante e sono efficaci sino a quando diviene efficace una diversa disciplina secondo la procedura di cooperazione.

3. Le regole deontologiche e le disposizioni di modificazione ed integrazione divengono efficaci quindici giorni dopo la loro pubblicazione nella Gazzetta Ufficiale della Repubblica italiana ai sensi dell'articolo 2-quater.

4. In caso di violazione delle prescrizioni contenute nelle regole deontologiche, il Garante può vietare il trattamento ai sensi dell'articolo 58 del Regolamento.

5. Il Garante, in cooperazione con il Consiglio nazionale dell'ordine dei giornalisti, prescrive eventuali misure e accorgimenti a garanzia degli interessati, che il Consiglio è tenuto a recepire.

(1) Articolo sostituito dall'art. 12, co. 1, lett. f), d.lg. 10/8/2018, n. 101.

Titolo XIII
*MARKETING DIRETTO**

* Titolo abrogato dall'art. 27, co. 1, lett. b), n. 8), d.lg. 10/8/2018, n. 101.

Capo I
*Profili generali**

* Capo abrogato dall'art. 27, co. 1, lett. b), n. 8), d.lg. 10/8/2018, n. 101.

140. Codice di deontologia e di buona condotta. – 1. Il Garante promuove, ai sensi dell'articolo 12, la sottoscrizione di un codice di deontologia e di buona condotta per il trattamento dei dati personali effettuato a fini di invio di materiale pubblicitario o di vendita diretta, ovvero per il compimento di ricerche di mercato o di comunicazione commerciale, prevedendo anche, per i casi in cui il trattamento non presuppone il consenso dell'interessato, forme semplificate per manifestare e rendere meglio conoscibile l'eventuale dichiarazione di non voler ricevere determinate comunicazioni.*

* Articolo abrogato dall'art. 27, co. 1, lett. b), n. 8), d.lg. 10/8/2018, n. 101.

PARTE III
TUTELA DELL'INTERESSATO E SANZIONI

Titolo I
TUTELA AMMINISTRATIVA E GIURISDIZIONALE

Capo 01
Alternatività delle forme di tutela (1)

(1) Intitolazione inserita dall' art. 13, co. 1, lett. a), d.lg. 10/8/2018, n. 101.

140 bis. Forme alternative di tutela (1). – 1. Qualora ritenga che i diritti di cui gode sulla base della normativa in materia di protezione dei dati personali siano stati violati, l'interessato può proporre reclamo al Garante o ricorso dinanzi all'autorità giudiziaria.

2. Il reclamo al Garante non può essere proposto se, per il medesimo oggetto e tra le stesse parti, è stata già adita l'autorità giudiziaria.

3. La presentazione del reclamo al Garante rende improponibile un'ulteriore domanda dinanzi all'autorità giudiziaria tra le stesse parti e per il medesimo oggetto, salvo quanto previsto dall'articolo 10, comma 4, del decreto legislativo 1° settembre 2011, n. 150.

(1) Articolo inserito dall'art. 13, co. 1, lett. a), d.lg. 10/8/2018, n. 101.

Capo I
Tutela dinanzi al garante

Sezione I
Principi generali

141. Reclamo al Garante (1). – 1. L'interessato può rivolgersi al Garante mediante reclamo ai sensi dell'articolo 77 del Regolamento.

(1) Articolo sostituito dall'art. 13, co. 1, lett. c), d.lg. 10/8/2018, n. 101.

Sezione II
Tutela amministrativa

142. Proposizione del reclamo (1). – 1. Il reclamo contiene un'indicazione per quanto possibile dettagliata dei fatti e delle circostanze su cui si fonda, delle disposizioni che si presumono violate e delle misure richieste, nonché gli estremi identificativi del titolare o del responsabile del trattamento, ove conosciuto.

2. Il reclamo è sottoscritto dall'interessato o, su mandato di questo, da un ente del terzo settore soggetto alla disciplina del decreto legislativo 3 luglio 2017, n. 117, che sia attivo nel settore della tutela dei diritti e delle libertà degli interessati, con riguardo alla protezione dei dati personali.

3. Il reclamo reca in allegato la documentazione utile ai fini della sua valutazione e l'eventuale mandato, e indica un recapito per l'invio di comunicazioni anche tramite posta elettronica, telefax o telefono.

4. Il Garante predispone un modello per il reclamo, da pubblicare nel proprio sito istituzionale, di cui favorisce la disponibilità con strumenti elettronici.

5. Il Garante disciplina con proprio regolamento il procedimento relativo all'esame dei reclami, nonché modalità semplificate e termini abbreviati per la trattazione di reclami che abbiano ad oggetto la violazione degli articoli da 15 a 22 del Regolamento.

(1) Articolo sostituito dall'art. 13, co. 1, lett. e), d.lg. 10/8/2018, n. 101.

143. Decisione del reclamo (1). – 1. Esaurita l'istruttoria preliminare, se il reclamo non è manifestamente infondato e sussistono i presupposti per adottare un provvedimento, il Garante, anche prima della definizione del procedimento può adottare i provvedimenti di cui all'articolo 58 del Regolamento nel rispetto delle disposizioni di cui all'articolo 56 dello stesso.

2. I provvedimenti di cui al comma 1 sono pubblicati nella Gazzetta Ufficiale della Repubblica italiana se i relativi destinatari non sono facilmente identificabili per il numero o per la complessità degli accertamenti.

3. Il Garante decide il reclamo entro nove mesi dalla data di presentazione e, in ogni caso, entro tre mesi dalla predetta

data informa l'interessato sullo stato del procedimento. In presenza di motivate esigenze istruttorie, che il Garante comunica all'interessato, il reclamo è deciso entro dodici mesi. In caso di attivazione del procedimento di cooperazione di cui all'articolo 60 del Regolamento, il termine rimane sospeso per la durata del predetto procedimento.

4. Avverso la decisione è ammesso ricorso giurisdizionale ai sensi dell'articolo 152.

(1) Articolo sostituito dall'art. 13, co. 1, lett. f), d.lg. 10/8/2018, n. 101.

144. Segnalazioni (1). – 1. Chiunque può rivolgere una segnalazione che il Garante può valutare anche ai fini dell'emanazione dei provvedimenti di cui all'articolo 58 del Regolamento.

2. I provvedimenti del Garante di cui all'articolo 58 del Regolamento possono essere adottati anche d'ufficio.

(1) Articolo sostituito dall'art. 13, co. 1, lett. g), d.lg. 10/8/2018, n. 101.

Sezione III
*Tutela alternativa a quella giurisdizionale**

* Sezione abrogata dall'art. 27, co. 1, lett. c), n. 1), d.lg. 10/8/2018, n. 101.

145. Ricorsi*. – *1. I diritti di cui all'articolo 7 possono essere fatti valere dinanzi all'autorità giudiziaria o con ricorso al Garante.*

2. Il ricorso al Garante non può essere proposto se, per il medesimo oggetto e tra le stesse parti, è stata già adita l'autorità giudiziaria.

3. La presentazione del ricorso al Garante rende improponibile un'ulteriore domanda dinanzi all'autorità giudiziaria tra le stesse parti e per il medesimo oggetto.

* Articolo abrogato dall'art. 27, co. 1, lett. c), n. 1), d.lg. 10/8/2018, n. 101.

146. Interpello preventivo*. – *1. Salvi i casi in cui il decorso del termine esporrebbe taluno a pregiudizio imminente ed irreparabile, il ricorso al Garante può essere proposto solo dopo che è stata avanzata richiesta sul medesimo oggetto al titolare o al responsabile ai sensi dell'articolo 8, comma 1, e sono decorsi i termini previsti dal presente articolo, ovvero è stato opposto alla richiesta un diniego anche parziale. 2. Il riscontro alla richiesta da parte del titolare o del responsabile è fornito entro quindici giorni dal suo ricevimento. 3. Entro il termine di cui al comma 2, se le operazioni necessarie per un integrale riscontro alla richiesta sono di particolare complessità, ovvero ricorre altro giustificato motivo, il titolare o il responsabile ne danno comunicazione all'interessato. In tal caso, il termine per l'integrale riscontro è di trenta giorni dal ricevimento della richiesta medesima.*

* Articolo abrogato dall'art. 27, co. 1, lett. c), n. 1), d.lg. 10/8/2018, n. 101.

147. Presentazione del ricorso* (1). – *1. Il ricorso è proposto nei confronti del titolare e indica: a) gli estremi identificativi del ricorrente, dell'eventuale procuratore speciale, del titolare e, ove conosciuto, del responsabile eventualmente designato per il riscontro all'interessato in caso di esercizio dei diritti di cui all'articolo 7; b) la data della richiesta presentata al titolare o al responsabile ai sensi dell'articolo 8, comma 1, oppure del pregiudizio imminente ed irreparabile che permette di prescindere dalla richiesta medesima; c) gli elementi posti a fondamento della domanda; d) il provvedimento richiesto al Garante; e) il domicilio eletto ai fini del procedimento. 2. Il ricorso è sottoscritto dal ricorrente o dal procuratore speciale e reca in allegato: a) la copia della richiesta rivolta al titolare o al responsabile ai sensi dell'articolo 8, comma 1; b) l'eventuale procura; c) la prova del versamento dei diritti di segreteria. 3. Al ricorso è unita, altresì, la documentazione utile ai fini della sua valutazione e l'indicazione di un recapito per l'invio di comunicazioni al ricorrente o al procuratore speciale mediante posta elettronica, telefax o telefono. 4. Il ricorso è rivolto al Garante e la relativa sottoscrizione è autenticata. L'autenticazione non è richiesta se la sottoscrizione è apposta presso l'Ufficio del Garante o da un procuratore speciale iscritto all'albo degli avvocati al quale la procura è conferita ai sensi dell'articolo 83 del codice di procedura civile, ovvero con firma digitale in conformità alla normativa vigente. 5. Il ricorso è validamente proposto solo se è trasmesso con plico raccomandato, oppure per via telematica osservando le modalità relative alla sottoscrizione con firma digitale e alla conferma del ricevimento prescritte ai sensi dell'articolo 38, comma 2, ovvero presentato direttamente presso l'Ufficio del Garante.*

* Articolo abrogato dall'art. 27, co. 1, lett. c), n. 1), d.lg. 10/8/2018, n. 101.

(1) Per la regolarizzazione dei ricorsi vedi Deliberazione del Garante per la protezione dei dati personali 23 dicembre 2004.

148. Inammissibilità del ricorso*. – *1. Il ricorso è inammissibile: a) se proviene da un soggetto non legittimato; b) in caso di inosservanza delle disposizioni di cui agli articoli 145 e 146; c) se difetta di taluno degli elementi indicati nell'articolo 147, commi 1 e 2, salvo che sia regolarizzato dal ricorrente o dal procuratore speciale anche su invito dell'Ufficio del Garante ai sensi del comma 2, entro sette giorni dalla data della sua presentazione o della ricezione dell'invito. In tale caso, il ricorso si considera presentato al momento in cui il ricorso regolarizzato perviene all'Ufficio. 2. Il Garante determina i casi in cui è possibile la regolarizzazione del ricorso.*

* Articolo abrogato dall'art. 27, co. 1, lett. c), n. 1), d.lg. 10/8/2018, n. 101.

149. Procedimento relativo al ricorso*. – *1. Fuori dei casi in cui è dichiarato inammissibile o manifestamente infondato, il ricorso è comunicato al titolare entro tre giorni a cura dell'Ufficio del Garante, con invito ad esercitare entro dieci giorni dal suo ricevimento la facoltà di comunicare al ricorrente e all'Ufficio la propria eventuale adesione spontanea. L'invito è comunicato al titolare per il tramite del responsabile eventualmente designato per il riscontro all'interessato in caso di esercizio dei diritti di cui all'articolo 7, ove indicato nel ricorso. 2. In caso di adesione spontanea è dichiarato non luogo a provvedere. Se il ricorrente lo richiede, è determinato in misura forfettaria l'ammontare delle spese e dei diritti inerenti al ricorso, posti a carico della controparte o compensati per giusti motivi anche parzialmente. 3. Nel procedimento dinanzi al Garante il titolare, il responsabile di cui al comma 1 e l'interessato hanno diritto di essere sentiti, personalmente o a mezzo di procuratore speciale, e hanno facoltà di presentare memorie o documenti. A tal fine l'invito di cui al comma 1 è trasmesso anche al ricorrente e reca l'indicazione del termine entro il quale il titolare, il medesimo responsabile e l'interessato possono presentare memorie e documenti, nonché della data in cui tali soggetti possono essere sentiti in contraddittorio anche mediante idonea tecnica audiovisiva. 4. Nel procedimento il ricorrente può precisare la domanda nei limiti di quanto chiesto con il ricorso o a seguito di eccezioni formulate dal titolare. 5. Il Garante può disporre, anche d'ufficio, l'espletamento di una o più perizie. Il provvedimento che le dispone precisa il contenuto dell'incarico e il termine per la sua esecuzione ed è comunicato alle parti le quali possono presenziare alle operazioni personalmente o tramite procuratori o consulenti designati. Il provvedimento dispone inoltre in* *ordine all'anticipazione delle spese della perizia. 6. Nel procedimento, il titolare e il responsabile di cui al comma 1 possono essere assistiti da un procuratore o da altra persona di fiducia. 7. Se gli accertamenti risultano particolarmente complessi o vi è l'assenso delle parti il termine di sessanta giorni di cui all'articolo 150, comma 2, può essere prorogato per un periodo non superiore ad ulteriori quaranta giorni. 8. Il decorso dei termini previsti dall'articolo 150, comma 2 e dall'articolo 151 è sospeso di diritto dal 1° agosto al 15 settembre di ciascun anno e riprende a decorrere dalla fine del periodo di sospensione. Se il decorso ha inizio durante tale periodo, l'inizio stesso è differito alla fine del periodo medesimo. La sospensione non opera nei casi in cui sussiste il pregiudizio di cui all'articolo 146, comma 1, e non preclude l'adozione dei menti di cui all'articolo 150, comma 1.*

* Articolo abrogato dall'art. 27, co. 1, lett. c), n. 1), d.lg. 10/8/2018, n. 101.

150. Provvedimenti a seguito del ricorso*. *– 1. Se la particolarità del caso lo richiede, il Garante può disporre in via provvisoria il blocco in tutto o in parte di taluno dei dati, ovvero l'immediata sospensione di una o più operazioni del trattamento. Il provvedimento può essere adottato anche prima della comunicazione del ricorso ai sensi dell'articolo 149, comma 1, e cessa di avere ogni effetto se non è adottata nei termini la decisione di cui al comma 2. Il medesimo provvedimento è impugnabile unitamente a tale decisione. 2. Assunte le necessarie informazioni il Garante, se ritiene fondato il ricorso, ordina al titolare, con decisione motivata, la cessazione del comportamento illegittimo, indicando le misure necessarie a tutela dei diritti dell'interessato e assegnando un termine per la loro adozione. La mancata pronuncia sul ricorso, decorsi sessanta giorni dalla data di presentazione, equivale a rigetto. 3. Se vi è stata previa richiesta di taluna delle parti, il provvedimento che definisce il procedimento determina in misura forfettaria l'ammontare delle spese e dei diritti inerenti al ricorso, posti a carico, anche in parte, del soccombente o compensati anche parzialmente per giusti motivi. 4. Il provvedimento espresso, anche provvisorio, adottato dal Garante è comunicato alle parti entro dieci giorni presso il domicilio eletto o risultante dagli atti. Il provvedimento può essere comunicato alle parti anche mediante posta elettronica o telefax. 5. Se sorgono difficoltà o contestazioni riguardo all'esecuzione del provvedimento di cui ai commi 1 e 2, il Garante, sentite le parti ove richiesto, dispone le modalità di attuazione avvalendosi, se necessario, del personale dell'Ufficio o della collaborazione di altri organi dello Stato. 6. In caso di mancata opposizione avverso il provvedimento che determina l'ammontare delle spese e dei diritti, o di suo rigetto, il provvedimento medesimo costituisce, per questa parte, titolo esecutivo ai sensi degli articoli 474 e 475 del codice di procedura civile.*

* Articolo abrogato dall'art. 27, co. 1, lett. c), n. 1), d.lg. 10/8/2018, n. 101.

151. Opposizione*. *– [1. Avverso il provvedimento espresso o il rigetto tacito di cui all'articolo 150, comma 2, il titolare o l'interessato possono proporre opposizione con ricorso ai sensi dell'articolo 152. L'opposizione non sospende l'esecuzione del provvedimento. 2. Il tribunale provvede nei modi di cui all'articolo 152.].*

* Articolo abrogato dall'art. 27, co. 1, lett. c), n. 1), d.lg. 10/8/2018, n. 101.

Capo II
Tutela giurisdizionale

152. Autorità giudiziaria ordinaria. – 1. Tutte le controversie che riguardano le materie oggetto dei ricorsi giurisdizionali di cui agli articoli 78 e 79 del Regolamento e quelli comunque riguardanti l'applicazione della normativa in materia di protezione dei dati personali, nonché il diritto al risarcimento del danno ai sensi dell'articolo 82 del medesimo regolamento, sono attribuite all'autorità giudiziaria ordinaria (1).

1-bis. Le controversie di cui al comma 1 sono disciplinate dall'articolo 10 del decreto legislativo 1° settembre 2011, n. 150 (2).

2. Per tutte le controversie di cui al comma 1 l'azione si propone con ricorso depositato nella cancelleria del tribunale del luogo ove risiede il titolare del trattamento. 3. Il tribunale decide in ogni caso in composizione monocratica. 4. Se è presentato avverso un provvedimento del Garante anche ai sensi dell'articolo 143, il ricorso è proposto entro il termine di trenta giorni dalla data di comunicazione del provvedimento o dalla data del rigetto tacito. Se il ricorso è proposto oltre tale termine il giudice lo dichiara inammissibile con ordinanza ricorribile per cassazione. 5. La proposizione del ricorso non sospende l'esecuzione del provvedimento del Garante. Se ricorrono gravi motivi il giudice, sentite le parti, può disporre diversamente in tutto o in parte con ordinanza impugnabile unitamente alla decisione che definisce il grado di giudizio. 6. Quando sussiste pericolo imminente di un danno grave ed irreparabile il giudice può emanare i provvedimenti necessari con decreto motivato, fissando, con il medesimo provvedimento, l'udienza di comparizione delle parti entro un termine non superiore a quindici giorni. In tale udienza, con ordinanza, il giudice conferma, modifica o revoca i provvedimenti emanati con decreto. 7. Il giudice fissa l'udienza di comparizione delle parti con decreto con il quale assegna al ricorrente il termine perentorio entro cui notificarlo alle altre parti e al Garante. Tra il giorno della notificazione e l'udienza di comparizione intercorrono non meno di trenta giorni. 8. Se alla prima udienza il ricorrente non compare senza addurre alcun legittimo impedimento, il giudice dispone la cancellazione della causa dal ruolo e dichiara l'estinzione del processo, ponendo a carico del ricorrente le spese di giudizio. 9. Nel corso del giudizio il giudice dispone, anche d'ufficio, omettendo ogni formalità non necessaria al contraddittorio, i mezzi di prova che ritiene necessari e può disporre la citazione di testimoni anche senza la formulazione di capitoli. 10. Terminata l'istruttoria, il giudice invita le parti a precisare le conclusioni ed a procedere, nella stessa udienza, alla discussione orale della causa, pronunciando subito dopo la sentenza mediante lettura del dispositivo. Le motivazioni della sentenza sono depositate in cancelleria entro i successivi trenta giorni. Il giudice può anche redigere e leggere, unitamente al dispositivo, la motivazione della sentenza, che è subito dopo depositata in cancelleria. 11. Se necessario, il giudice può concedere alle parti un termine non superiore a dieci giorni per il deposito di note difensive e rinviare la causa all'udienza immediatamente successiva alla scadenza del termine per la discussione e la pronuncia della sentenza. 12. Con la sentenza il giudice, anche in deroga al divieto di cui all'articolo 4 della legge 20 marzo 1865, n. 2248, allegato E), quando è necessario anche in relazione all'eventuale atto del soggetto pubblico titolare o responsabile, accoglie o rigetta la domanda, in tutto o in parte, prescrive le misure necessarie, dispone sul risarcimento del danno, ove richiesto, e pone a carico della parte soccombente le spese del procedimento. 13. La sentenza non è appellabile, ma è ammesso il ricorso per cassazione. 14. Le disposizioni di cui al presente articolo si applicano anche nei casi previsti dall'articolo 10, comma 5, della legge 1° aprile 1981, n. 121, e successive modificazioni.*

(1) Comma modificato dall'art. 34, co. 9, lett. a), d.lg. 1/9/2011, n. 150 e successivamente dall'art. 13, co. 1, lett. h), d.lg. 10/8/2018, n. 101.

(2) Comma inserito dall'art. 34, co. 9, lett. b), d.lg. 1/9/2011, n. 150.
* Commi abrogati dall'art. 34, co. 9, lett. c), d.lg. 1/9/2011, n. 150.

TITOLO II
AUTORITÀ DI CONTROLLO INDIPENDENTE (1)

(1) Rubrica sostituita dall'art. 14, co. 1, lett. a), d.lg. 10/8/2018, n. 101.

Capo I
Il Garante per la protezione dei dati personali

153. Garante per la protezione dei dati personali (1). – 1. Il Garante è composto dal Collegio, che ne costituisce il vertice, e dall'Ufficio. Il Collegio è costituito da quattro componenti, eletti due dalla Camera dei deputati e due dal Senato della Repubblica con voto limitato. I componenti devono essere eletti tra coloro che presentano la propria candidatura nell'ambito di una procedura di selezione il cui avviso deve essere pubblicato nei siti internet della Camera, del Senato e del Garante almeno sessanta giorni prima della nomina. Le candidature devono pervenire almeno trenta giorni prima della nomina e i curricula devono essere pubblicati negli stessi siti internet. Le candidature possono essere avanzate da persone che assicurino indipendenza e che risultino di comprovata esperienza nel settore della protezione dei dati personali, con particolare riferimento alle discipline giuridiche o dell'informatica.

2. I componenti eleggono nel loro ambito un presidente, il cui voto prevale in caso di parità. Eleggono altresì un vice presidente, che assume le funzioni del presidente in caso di sua assenza o impedimento.

3. L'incarico di presidente e quello di componente hanno durata settennale e non sono rinnovabili. Per tutta la durata dell'incarico il presidente e i componenti non possono esercitare, a pena di decadenza, alcuna attività professionale o di consulenza, anche non remunerata, né essere amministratori o dipendenti di enti pubblici o privati, ne' ricoprire cariche elettive.

4. I membri del Collegio devono mantenere il segreto, sia durante sia successivamente alla cessazione dell'incarico, in merito alle informazioni riservate cui hanno avuto accesso nell'esecuzione dei propri compiti o nell'esercizio dei propri poteri.

5. All'atto dell'accettazione della nomina il presidente e i componenti sono collocati fuori ruolo se dipendenti di pubbliche amministrazioni o magistrati in attività di servizio; se professori universitari di ruolo, sono collocati in aspettativa senza assegni ai sensi dell'articolo 13 del decreto del Presidente della Repubblica 11 luglio 1980, n. 382. Il personale collocato fuori ruolo o in aspettativa non può essere sostituito.

6. Al presidente compete una indennità di funzione pari alla retribuzione in godimento al primo Presidente della Corte di cassazione, nei limiti previsti dalla legge per il trattamento economico annuo omnicomprensivo di chiunque riceva a carico delle finanze pubbliche emolumenti o retribuzioni nell'ambito di rapporti di lavoro dipendente o autonomo con pubbliche amministrazioni statali. Ai componenti compete una indennità pari ai due terzi di quella spettante al Presidente.

7. Alle dipendenze del Garante è posto l'Ufficio di cui all'articolo 155.

8. Il presidente, i componenti, il segretario generale e i dipendenti si astengono dal trattare, per i due anni successivi alla cessazione dell'incarico ovvero del servizio presso il Garante, procedimenti dinanzi al Garante, ivi compresa la presentazione per conto di terzi di reclami richieste di parere o interpelli.

(1) Articolo sostituito dall'art. 14, co. 1, lett. b), d.lg. 10/8/2018, n. 101.

154. Compiti (A) (1). – 1. Oltre a quanto previsto da specifiche disposizioni e dalla Sezione II del Capo VI del regolamento, il Garante, ai sensi dell'articolo 57, paragrafo 1, lettera v), del Regolamento medesimo, anche di propria iniziativa e avvalendosi dell'Ufficio, in conformità alla disciplina vigente e nei confronti di uno o più titolari del trattamento, ha il compito di:

a) controllare se i trattamenti sono effettuati nel rispetto della disciplina applicabile, anche in caso di loro cessazione e con riferimento alla conservazione dei dati di traffico;

b) trattare i reclami presentati ai sensi del regolamento, e delle disposizioni del presente codice, anche individuando con proprio regolamento modalità specifiche per la trattazione, nonché fissando annualmente le priorità delle questioni emergenti dai reclami che potranno essere istruite nel corso dell'anno di riferimento;

c) promuovere l'adozione di regole deontologiche, nei casi di cui all'articolo 2-quater;

d) denunciare i fatti configurabili come reati perseguibili d'ufficio, dei quali viene a conoscenza nell'esercizio o a causa delle funzioni;

e) trasmettere la relazione, predisposta annualmente ai sensi dell'articolo 59 del Regolamento, al Parlamento e al Governo entro il 31 maggio dell'anno successivo a quello cui si riferisce;

f) assicurare la tutela dei diritti e delle libertà fondamentali degli individui dando idonea attuazione al Regolamento e al presente codice;

g) provvedere altresì all'espletamento dei compiti ad esso attribuiti dal diritto dell'Unione europea o dello Stato e svolgere le ulteriori funzioni previste dall'ordinamento.

2. Il Garante svolge altresì, ai sensi del comma 1, la funzione di controllo o assistenza in materia di trattamento dei dati personali prevista da leggi di ratifica di accordi o convenzioni internazionali o da atti comunitari o dell'Unione europea e, in particolare:

a) dal Regolamento (CE) n. 1987/2006 del Parlamento europeo e del Consiglio, del 20 dicembre 2006, sull'istituzione, l'esercizio e l'uso del sistema d'informazione Schengen di seconda generazione (SIS II) e Decisione 2007/533/GAI del Consiglio, del 12 giugno 2007, sull'istituzione, l'esercizio e l'uso del sistema d'informazione Schengen di seconda generazione (SIS II);

b) dal Regolamento (UE) 2016/794 del Parlamento europeo e del Consiglio, dell'11 maggio 2016, che istituisce l'Agenzia dell'Unione europea per la cooperazione nell'attività di contrasto (Europol) e sostituisce e abroga le decisioni del Consiglio 2009/371/GAI, 2009/934/GAI, 2009/935/GAI, 2009/936/GAI e 2009/968/GAI;

c) dal Regolamento (UE) 2015/1525 del Parlamento europeo e del Consiglio, del 9 settembre 2015, che modifica il Regolamento (CE) n. 515/97 del Consiglio relativo alla mutua assistenza tra le autorità amministrative degli Stati membri e alla collaborazione tra queste e la Commissione per assicurare la corretta applicazione delle normative doganale e agricola e decisione 2009/917/GAI del Consiglio, del 30 novembre 2009, sull'uso dell'informatica nel settore doganale;

d) dal Regolamento (CE) n. 603/2013 del Parlamento europeo e del Consiglio, del 26 giugno 2013, che istituisce l'Eurodac per il confronto delle impronte digitali per l'efficace applicazione del Regolamento (UE) n. 604/2013 che stabilisce i criteri e i meccanismi di determinazione dello Stato membro competente per l'esame di una domanda di protezione internazionale presentata in uno degli Stati membri da un cittadino di un paese terzo o da un apolide e per le richieste di confronto con i dati Eurodac presentate dalle autorità di contrasto degli Stati membri e da Europol a fini di contrasto, e che modifica il Regolamento (UE) n. 1077/2011 che istituisce un'agenzia europea per la gestione operativa dei sistemi IT su larga scala nello spazio di libertà, sicurezza e giustizia;

e) dal Regolamento (CE) n. 767/2008 del Parlamento europeo e del Consiglio, del 9 luglio 2008, concernente il sistema di informazione visti (VIS) e lo scambio di dati tra Stati membri sui visti per soggiorni di breve durata (Regolamento VIS) e decisione n. 2008/633/GAI del Consiglio, del 23 giugno 2008, relativa all'accesso per la consultazione al sistema di informazione visti (VIS) da parte delle autorità designate degli Stati membri e di Europol ai fini della prevenzione, dell'individuazione e dell'investigazione di reati di terrorismo e altri reati gravi;

f) dal Regolamento (CE) n. 1024/2012 del Parlamento europeo e del Consiglio, del 25 ottobre 2012, relativo alla cooperazione amministrativa attraverso il sistema di informazione del mercato interno e che abroga la decisione 2008/49/CE della Commissione (Regolamento IMI) Testo rilevante ai fini del SEE;

g) dalle disposizioni di cui al capitolo IV della Convenzione n. 108 sulla protezione delle persone rispetto al trattamento automatizzato di dati di carattere personale, adottata a Strasburgo il 28 gennaio 1981 e resa esecutiva con legge 21 febbraio 1989, n. 98, quale autorità designata ai fini della cooperazione tra Stati ai sensi dell'articolo 13 della convenzione medesima.

3. Per quanto non previsto dal Regolamento e dal presente codice, il Garante disciplina con proprio Regolamento, ai sensi dell'articolo 156, comma 3, le modalità specifiche dei procedimenti relativi all'esercizio dei compiti e dei poteri ad esso attribuiti dal Regolamento e dal presente codice.

4. Il Garante collabora con altre autorità amministrative indipendenti nazionali nello svolgimento dei rispettivi compiti.

5. Fatti salvi i termini più brevi previsti per legge, il parere del Garante, anche nei casi di cui agli articoli 36, paragrafo 4, del Regolamento, è reso nel termine di quarantacinque giorni dal ricevimento della richiesta. Decorso il termine, l'amministrazione può procedere indipendentemente dall'acquisizione del parere. Quando, per esigenze istruttorie, non può essere rispettato il termine di cui al presente comma, tale termine può essere interrotto per una sola volta e il parere deve essere reso definitivamente entro venti giorni dal ricevimento degli elementi istruttori da parte delle amministrazioni interessate.

6. Copia dei provvedimenti emessi dall'autorità giudiziaria in relazione a quanto previsto dal presente codice o in materia di criminalità informatica è trasmessa, a cura della cancelleria, al Garante.

7. Il Garante non è competente per il controllo dei trattamenti effettuati dalle autorità giudiziarie nell'esercizio delle loro funzioni.

(A) In riferimento al presente articolo vedi: Parere Autorità garante per la protezione dei dati personali 8/5/2013, n. 2433401.

(1) Articolo modificato dall'art. 4 del d.lg. 30/5/2008, n. 109 e successivamente sostituito dall'art. 14, co. 1, lett. c), d.lg. 10/8/2018, n. 101.

• Vedi il Provvedimento del garante per la protezione dei dati personali 23/11/2006, il Provvedimento del garante per la protezione dei dati personali 19/6/2008 e l'articolo unico, punto 1), della Deliberazione del Garante per la protezione dei dati personali 15/5/2014, n. 243.

154 bis. Poteri (1). – 1. Oltre a quanto previsto da specifiche disposizioni, dalla Sezione II del Capo VI del Regolamento e dal presente codice, ai sensi dell'articolo 58, paragrafo 6, del Regolamento medesimo, il Garante ha il potere di:

a) adottare linee guida di indirizzo riguardanti le misure organizzative e tecniche di attuazione dei principi del Regolamento, anche per singoli settori e in applicazione dei principi di cui all'articolo 25 del Regolamento;

b) approvare le regole deontologiche di cui all'articolo 2-quater.

2. Il Garante può invitare rappresentanti di un'altra autorità amministrativa indipendente nazionale a partecipare alle proprie riunioni, o essere invitato alle riunioni di altra autorità amministrativa indipendente nazionale, prendendo parte alla discussione di argomenti di comune interesse; può richiedere, altresì, la collaborazione di personale specializzato addetto ad altra autorità amministrativa indipendente nazionale.

3. Il Garante pubblica i propri provvedimenti sulla base di quanto previsto con atto di natura generale che disciplina anche la durata di tale pubblicazione, la pubblicità nella Gazzetta Ufficiale della Repubblica italiana e sul proprio sito internet istituzionale nonché i casi di oscuramento.

4. In considerazione delle esigenze di semplificazione delle micro, piccole e medie imprese, come definite dalla raccomandazione 2003/361/CE, il Garante per la protezione dei dati personali, nel rispetto delle disposizioni del Regolamento e del presente Codice, promuove, nelle linee guida adottate a norma del comma 1, lettera a), modalità semplificate di adempimento degli obblighi del titolare del trattamento.

(1) Articolo inserito dall'art. 14, co. 1, lett. d), d.lg. 10/8/2018, n. 101.

154 ter. Potere di agire e rappresentanza in giudizio (1). – 1. Il Garante è legittimato ad agire in giudizio nei confronti del titolare o del responsabile del trattamento in caso di violazione delle disposizioni in materia di protezione dei dati personali.

2. Il Garante è rappresentato in giudizio dall'Avvocatura dello Stato, ai sensi dell'articolo 1 del regio decreto 30 ottobre 1933, n. 1611.

3. Nei casi di conflitto di interesse, il Garante, sentito l'Avvocato generale dello Stato, può stare in giudizio tramite propri funzionari iscritti nell'elenco speciale degli avvocati dipendenti di enti pubblici ovvero avvocati del libero foro.

(1) Articolo inserito dall'art. 14, co. 1, lett. d), d.lg. 10/8/2018, n. 101.

Capo II
L'ufficio del Garante

155. Ufficio del Garante (1). – 1. All'Ufficio del Garante, al fine di garantire la responsabilità e l'autonomia ai sensi della legge 7 agosto 1990, n. 241, e successive modificazioni, e del decreto legislativo 30 marzo 2001, n. 165, e successive modificazioni, si applicano i principi riguardanti l'individuazione e le funzioni del responsabile del procedimento, nonché quelli relativi alla distinzione fra le funzioni di indirizzo e di controllo, attribuite agli organi di vertice, e le funzioni di gestione attribuite ai dirigenti. Si applicano altresì le disposizioni del medesimo decreto legislativo n. 165 del 2001 espressamente richiamate dal presente codice.

(1) Rubrica sostituita dall'art. 14, co. 1, lett. e), d.lg. 10/8/2018, n. 101.

156. Ruolo organico e personale (1). – 1. All'Ufficio del Garante è preposto un segretario generale, nominato tra persone di elevata e comprovata qualificazione professionale rispetto al ruolo e agli obiettivi da conseguire, scelto anche tra i magistrati ordinari, amministrativi e contabili, gli avvocati dello Stato, i professori universitari di ruolo in materie giuridiche ed economiche, nonché i dirigenti di prima fascia dello Stato.

2. Il ruolo organico del personale dipendente è stabilito nel limite di centosessantadue unità. Al ruolo organico del Garante si accede esclusivamente mediante concorso pubblico. Nei casi in cui sia ritenuto utile al fine di garantire l'economicità e l'efficienza dell'azione amministrativa, nonché di favorire il reclutamento di personale con maggiore esperienza nell'ambito delle procedure concorsuali di cui al secondo periodo, il Garante può riservare una quota non superiore al

cinquanta per cento dei posti banditi al personale di ruolo delle amministrazioni pubbliche che sia stato assunto per concorso pubblico e abbia maturato un'esperienza almeno triennale nel rispettivo ruolo organico. La disposizione di cui all'articolo 30 del decreto legislativo 30 marzo 2001, n. 165, si applica esclusivamente nell'ambito del personale di ruolo delle autorità amministrative indipendenti di cui all'articolo 22, comma 1, del decreto-legge 24 giugno 2014, n. 90, convertito, con modificazioni, dalla legge 11 agosto 2014, n. 114.

3. Con propri regolamenti pubblicati nella Gazzetta Ufficiale della Repubblica italiana, il Garante definisce:

a) l'organizzazione e il funzionamento dell'Ufficio anche ai fini dello svolgimento dei compiti e dell'esercizio dei poteri di cui agli articoli 154, 154-bis, 160, nonché all'articolo 57, paragrafo 1, del Regolamento;

b) l'ordinamento delle carriere e le modalità di reclutamento del personale secondo i principi e le procedure di cui agli articoli 1,35 e 36 del decreto legislativo n. 165 del 2001;

c) la ripartizione dell'organico tra le diverse aree e qualifiche;

d) il trattamento giuridico ed economico del personale, secondo i criteri previsti dalla legge 31 luglio 1997, n. 249, e, per gli incarichi dirigenziali, dagli articoli 19, comma 6, e 23-bis del decreto legislativo 30 marzo 2001, n. 165, tenuto conto delle specifiche esigenze funzionali e organizzative. Nelle more della più generale razionalizzazione del trattamento economico delle autorità amministrative indipendenti, al personale è attribuito l'80 per cento del trattamento economico del personale dell'Autorità per le garanzie nelle comunicazioni;

e) la gestione amministrativa e la contabilità, anche in deroga alle norme sulla contabilità generale dello Stato.

4. L'Ufficio può avvalersi, per motivate esigenze, di dipendenti dello Stato o di altre amministrazioni pubbliche o di enti pubblici collocati in posizione di fuori ruolo o equiparati nelle forme previste dai rispettivi ordinamenti, ovvero in aspettativa ai sensi dell'articolo 13 del decreto del Presidente della Repubblica 11 luglio 1980, n. 382, in numero non superiore, complessivamente, a venti unità e per non oltre il venti per cento delle qualifiche dirigenziali, lasciando non coperto un corrispondente numero di posti di ruolo.

5. In aggiunta al personale di ruolo, l'Ufficio può assumere dipendenti con contratto a tempo determinato o avvalersi di consulenti incaricati ai sensi dell'articolo 7, comma 6, del decreto legislativo n. 165 del 2001, in misura comunque non superiore a venti unità complessive. Resta in ogni caso fermo, per i contratti a tempo determinato, il rispetto dell'articolo 36 del decreto legislativo n. 165 del 2001.

6. Il personale addetto all'Ufficio del Garante ed i consulenti sono tenuti, sia durante che dopo il mandato, al segreto su ciò di cui sono venuti a conoscenza, nell'esercizio delle proprie funzioni, in ordine a notizie che devono rimanere segrete.

7. Il personale dell'Ufficio del Garante addetto agli accertamenti di cui all'articolo 158 e agli articoli 57, paragrafo 1, lettera h), 58, paragrafo 1, lettera b), e 62, del Regolamento riveste, nei limiti del servizio cui è destinato e secondo le rispettive attribuzioni, la qualifica di ufficiale o agente di polizia giudiziaria.

8. Le spese di funzionamento del Garante, in adempimento all'articolo 52, paragrafo 4, del Regolamento, ivi comprese quelle necessarie ad assicurare la sua partecipazione alle procedure di cooperazione e al meccanismo di coerenza introdotti dal Regolamento, nonché quelle connesse alle risorse umane, tecniche e finanziarie, ai locali e alle infrastrutture necessarie per l'effettivo adempimento dei suoi compiti e l'esercizio dei propri poteri, sono poste a carico di un fondo stanziato a tale scopo nel bilancio dello Stato e iscritto in apposita missione e programma di spesa del Ministero dell'economia e delle finanze. Il rendiconto della gestione finanziaria è soggetto al controllo della Corte dei conti. Il Garante può esigere dal titolare del trattamento il versamento di diritti di segreteria in relazione a particolari procedimenti.

(1) Articolo sostituito dall'art. 14, co. 1, lett. f), d.lg. 10/8/2018, n. 101.
• Vedi inoltre la Deliberazione 29/12/2005, n. 26, l'art. 1, co. 542, l. 27/12/2006, n. 296, l'art. 1, co. 268, l. 27/12/2013, n. 147, l'art. 36, co. 1, l. 7/7/2016, n. 122.

Capo III
Accertamenti e controlli

157. Richiesta di informazioni e di esibizione di documenti (1). – 1. Nell'ambito dei poteri di cui all'articolo 58 del Regolamento, e per l'espletamento dei propri compiti, il Garante può richiedere al titolare, al responsabile, al rappresentante del titolare o del responsabile, all'interessato o anche a terzi di fornire informazioni e di esibire documenti anche con riferimento al contenuto di banche di dati.

(1) Articolo sostituito dall'art. 14, co. 1, lett. g), d.lg. 10/8/2018, n. 101.

158. Accertamenti (1). – 1. Il Garante può disporre accessi a banche di dati, archivi o altre ispezioni e verifiche nei luoghi ove si svolge il trattamento o nei quali occorre effettuare rilevazioni comunque utili al controllo del rispetto della disciplina in materia di trattamento dei dati personali.

2. I controlli di cui al comma 1, nonché quelli effettuati ai sensi dell'articolo 62 del Regolamento, sono eseguiti da personale dell'Ufficio, con la partecipazione, se del caso, di componenti o personale di autorità di controllo di altri Stati membri dell'Unione europea.

3. Il Garante si avvale anche, ove necessario, della collaborazione di altri organi dello Stato per lo svolgimento dei suoi compiti istituzionali.

4. Gli accertamenti di cui ai commi 1 e 2, se svolti in un'abitazione o in un altro luogo di privata dimora o nelle relative appartenenze, sono effettuati con l'assenso informato del titolare o del responsabile, oppure previa autorizzazione del presidente del tribunale competente per territorio in relazione al luogo dell'accertamento, il quale provvede con decreto motivato senza ritardo, al più tardi entro tre giorni dal ricevimento della richiesta del Garante quando è documentata l'indifferibilità dell'accertamento.

5. Con le garanzie di cui al comma 4, gli accertamenti svolti nei luoghi di cui al medesimo comma possono altresì riguardare reti di comunicazione accessibili al pubblico, potendosi procedere all'acquisizione di dati e informazioni online. A tal fine, viene redatto apposito verbale in contraddittorio con le parti ove l'accertamento venga effettuato presso il titolare del trattamento.

(1) Articolo sostituito dall'art. 14, co. 1, lett. h), d.lg. 10/8/2018, n. 101.

159. Modalità. – 1. Il personale operante, munito di documento di riconoscimento, può essere assistito ove necessario da consulenti tenuti al segreto su ciò di cui sono venuti a conoscenza, nell'esercizio delle proprie funzioni, in ordine a notizie che devono rimanere segrete. Nel procedere a rilievi e ad operazioni tecniche può altresì estrarre copia di ogni atto, dato e documento, anche a campione e su supporto informatico o per via telematica. Degli accertamenti è redatto sommario verbale nel quale sono annotate anche le eventuali dichiarazioni dei presenti (1).

2. Ai soggetti presso i quali sono eseguiti gli accertamenti è consegnata copia dell'autorizzazione del presidente del tribunale, ove rilasciata. I medesimi soggetti sono tenuti a farli

eseguire e a prestare la collaborazione a tal fine necessaria. In caso di rifiuto gli accertamenti sono comunque eseguiti e le spese in tal caso occorrenti sono poste a carico del titolare con il provvedimento che definisce il procedimento, che per questa parte costituisce titolo esecutivo ai sensi degli articoli 474 e 475 del codice di procedura civile.

3. Gli accertamenti, se effettuati presso il titolare o il responsabile o il rappresentante del titolare o del responsabile, sono eseguiti dandone informazione a quest'ultimo o, se questo è assente o non è designato, alle persone autorizzate al trattamento dei dati personali sotto l'autorità diretta del titolare o del responsabile ai sensi dell'articolo 2-quaterdecies. Agli accertamenti possono assistere persone indicate dal titolare o dal responsabile (2).

4. Se non è disposto diversamente nel decreto di autorizzazione del presidente del tribunale, l'accertamento non può essere iniziato prima delle ore sette e dopo le ore venti, e può essere eseguito anche con preavviso quando ciò può facilitarne l'esecuzione.

5. Le informative, le richieste e i provvedimenti di cui al presente articolo e agli articoli 157 e 158 possono essere trasmessi anche mediante posta elettronica [e telefax] (3).

6. Quando emergono indizi di reato si osserva la disposizione di cui all'articolo 220 delle norme di attuazione, di coordinamento e transitorie del codice di procedura penale, approvate con decreto legislativo 28 luglio 1989, n. 271.

(1) Comma modificato dall'art. 14, co. 1, lett. i), n. 1), d.lg. 10/8/2018, n. 101.

(2) Comma modificato dall'art. 14, co. 1, lett. i), n. 2), d.lg. 10/8/2018, n. 101.

(3) Comma modificato dall'art. 14, co. 1, lett. i), n. 3), d.lg. 10/8/2018, n. 101.

160. Particolari accertamenti (1). – 1. Per i trattamenti di dati personali di cui all'articolo 58, gli accertamenti sono effettuati per il tramite di un componente designato dal Garante.

2. Se il trattamento non risulta conforme alle norme del Regolamento ovvero alle disposizioni di legge o di Regolamento, il Garante indica al titolare o al responsabile le necessarie modificazioni ed integrazioni e ne verifica l'attuazione. Se l'accertamento è stato richiesto dall'interessato, a quest'ultimo è fornito in ogni caso un riscontro circa il relativo esito, se ciò non pregiudica azioni od operazioni a tutela dell'ordine e della sicurezza pubblica o di prevenzione e repressione dei reati o ricorrono motivi di difesa o di sicurezza dello Stato.

3. Gli accertamenti non sono delegabili. Quando risulta necessario in ragione della specificità della verifica, il componente designato può farsi assistere da personale specializzato tenuto al segreto su ciò di cui sono venuti a conoscenza in ordine a notizie che devono rimanere segrete. Gli atti e i documenti acquisiti sono custoditi secondo modalità tali da assicurarne la segretezza e sono conoscibili dal presidente e dai componenti del Garante e, se necessario per lo svolgimento delle funzioni dell'organo, da un numero delimitato di addetti all'Ufficio individuati dal Garante sulla base di criteri definiti dal Regolamento di cui all'articolo 156, comma 3, lettera a).

4. Per gli accertamenti di cui al comma 3 relativi agli organismi di informazione e di sicurezza e ai dati coperti da segreto di Stato il componente designato prende visione degli atti e dei documenti rilevanti e riferisce oralmente nelle riunioni del Garante.

(1) Articolo sostituito dall'art. 14, co. 1, lett. l), d.lg. 10/8/2018, n. 101.

160 bis. Validità, efficacia e utilizzabilità nel procedimento giudiziario di atti, documenti e provvedimenti basati sul trattamento di dati personali non conforme a disposizioni di legge o di Regolamento (1). – 1. La validità, l'efficacia e l'utilizzabilità nel procedimento giudiziario di atti, documenti e provvedimenti basati sul trattamento di dati personali non conforme a disposizioni di legge o di Regolamento restano disciplinate dalle pertinenti disposizioni processuali.

(1) Articolo inserito dall'art. 14, co. 1, lett. m), d.lg. 10/8/2018, n. 101.

TITOLO III
SANZIONI

Capo I
Violazioni amministrative

***161. Omessa o inidonea informativa all'interessato**.** *– 1. La violazione delle disposizioni di cui all'articolo 13 è punita con la sanzione amministrativa del pagamento di una somma da seimila euro a trentaseimila euro* (1).

* Articolo abrogato dall'art. 27, co. 1, lett. c), n. 2), d.lg. 10/8/2018, n. 101.

(1) Articolo modificato dall'art. 44, co. 2, d.l. 30/12/2008, n. 207.

***162. Altre fattispecie**.** *– 1. La cessione dei dati in violazione di quanto previsto dall'articolo 16, comma 1, lettera b), o di altre disposizioni in materia di disciplina del trattamento dei dati personali è punita con la sanzione amministrativa del pagamento di una somma da diecimila euro a sessantamila euro* (1). *2. La violazione della disposizione di cui all'articolo 84, comma 1, è punita con la sanzione amministrativa del pagamento di una somma da mille euro a seimila euro* (2). *2-bis. In caso di trattamento di dati personali effettuato in violazione delle misure indicate nell'articolo 33 o delle disposizioni indicate nell'articolo 167 è altresì applicata in sede amministrativa, in ogni caso, la sanzione del pagamento di una somma da diecimila euro a centoventimila euro. Nei casi di cui all'articolo 33 è escluso il pagamento in misura ridotta* (3). *2-ter. In caso di inosservanza dei provvedimenti di prescrizione di misure necessarie o di divieto di cui, rispettivamente, all'articolo 154, comma 1, lettere c) e d), è altresì applicata in sede amministrativa, in ogni caso, la sanzione del pagamento di una somma da trentamila euro a centottantamila euro* (4). *2-quater. La violazione del diritto di opposizione nelle forme previste dall'articolo 130, comma 3-bis, e dal relativo regolamento è sanzionata ai sensi del comma 2-bis del presente articolo* (5).

* Articolo abrogato dall'art. 27, co. 1, lett. c), n. 2), d.lg. 10/8/2018, n. 101.

(1) Comma modificato dall'art. 44, co. 3, lett. a), d.l. 30/12/2008, n. 207.

(2) Comma modificato dall'art. 44, co. 3, lett. b), d.l. 30/12/2008, n. 207.

(3) Comma inserito dall'art. 44, co. 3, lett. c), d.l. 30/12/2008, n. 207 e successivamente modificato dall'art. 20 bis, co. 1, lett. c) del d.l. 25/9/2009, n. 135.

(4) Comma inserito dall'art. 44, co. 3, lett. c), d.l. 30/12/2008, n. 207.

(5) Comma inserito dall'art. 20 bis, co. 1, lett. c), d.l. 25/9/2009, n. 135.

162 bis. Sanzioni in materia di conservazione dei dati di traffico* (1). *– 1. Salvo che il fatto costituisca reato e salvo quanto previsto dall'articolo 5, comma 2, del decreto legislativo di recepimento della direttiva 2006/24/CE del Parlamento europeo e del Consiglio del 15 marzo 2006, nel caso di violazione delle disposizioni di cui all'art. 132, commi 1 e 1-bis, si applica la sanzione amministrativa pecuniaria da 10.000 euro a 50.000 euro [, che può essere aumentata sino al triplo in ragione delle condizioni economiche dei responsabili della violazione].*

* Articolo abrogato dall'art. 27, co. 1, lett. c), n. 2), d.lg. 10/8/2018, n. 101.

(1) Articolo inserito dall'art. 5, d.lg. 30/5/2008, n.109 e successivamente modificato dall'art. 44, co. 4, d.l. 30/12/2008, n. 207.

162 ter. Sanzioni nei confronti di fornitori di servizi di comunicazione elettronica accessibili al pubblico* (1). – *1. La violazione delle disposizioni di cui all'articolo 32-bis, comma 1, è punita con la sanzione amministrativa del pagamento di una somma da venticinquemila euro a centocinquantamila euro. 2. La violazione delle disposizioni di cui all'articolo 32-bis, comma 2, è punita con la sanzione amministrativa del pagamento di una somma da centocinquanta euro a mille euro per ciascun contraente o altra persona nei cui confronti venga omessa o ritardata la comunicazione di cui al medesimo articolo 32-bis, comma 2. Non si applica l'articolo 8 della legge 24 novembre 1981, n. 689. 3. La sanzione amministrativa di cui al comma 2 non può essere applicata in misura superiore al 5 per cento del volume d'affari realizzato dal fornitore di servizi di comunicazione elettronica accessibili al pubblico nell'ultimo esercizio chiuso anteriormente alla notificazione della contestazione della violazione amministrativa, fermo restando quanto previsto dall'articolo 164-bis, comma 4. 4. La violazione delle disposizioni di cui all'articolo 32-bis, comma 7, è punita con la sanzione amministrativa del pagamento di una somma da ventimila euro a centoventimila euro. 5. Le medesime sanzioni di cui al presente articolo si applicano nei confronti dei soggetti a cui il fornitore di servizi di comunicazione elettronica accessibili al pubblico abbia affidato l'erogazione dei predetti servizi, qualora tali soggetti non abbiano comunicato senza indebito ritardo, al fornitore, ai sensi dell'articolo 32-bis, comma 8, le informazioni necessarie ai fini degli adempimenti di cui all'articolo 32-bis.*

* Articolo abrogato dall'art. 27, co. 1, lett. c), n. 2), d.lg. 10/8/2018, n. 101.

(1) Articolo inserito dall'art. 1, co. 9, d.lg. 28/5/2012, n. 69.

163. Omessa o incompleta notificazione*. – *1. Chiunque, essendovi tenuto, non provvede tempestivamente alla notificazione ai sensi degli articoli 37 e 38, ovvero indica in essa notizie incomplete, è punito con la sanzione amministrativa del pagamento di una somma da ventimila euro a centoventimila euro [e con la sanzione amministrativa accessoria della pubblicazione dell'ordinanza-ingiunzione, per intero o per estratto, in uno o più giornali indicati nel provvedimento che la applica]* (1).

* Articolo abrogato dall'art. 27, co. 1, lett. c), n. 2), d.lg. 10/8/2018, n. 101.

(1) Articolo modificato dall'art. 44, co. 5, d.l. 30/12/2008, n. 207.

164. Omessa informazione o esibizione al Garante*. – *1. Chiunque omette di fornire le informazioni o di esibire i documenti richiesti dal Garante ai sensi degli articoli 15, comma 2, e 157 è punito con la sanzione amministrativa del pagamento di una somma da diecimila euro a sessantamila euro* (1).

* Articolo abrogato dall'art. 27, co. 1, lett. c), n. 2), d.lg. 10/8/2018, n. 101.

(1) Articolo modificato dall'art. 44, co. 6, d.l. 30/12/2008, n. 207.

164 bis. Casi di minore gravità e ipotesi aggravate* (1). – *1. Se taluna delle violazioni di cui agli articoli 161, 162, 162-ter, 163 e 164 è di minore gravità, avuto altresì riguardo alla natura anche economica o sociale dell'attività svolta, i limiti minimi e massimi stabiliti dai medesimi articoli sono applicati in misura pari a due quinti* (2). *2. In caso di più violazioni di un'unica o di più disposizioni di cui al presente Capo, a eccezione di quelle previste dagli articoli 162, comma 2, 162-bis e 164, commesse anche in tempi diversi in relazione a banche di dati di particolare rilevanza o dimensioni, si applica la sanzione amministrativa del pagamento di una somma da cinquantamila euro a trecentomila euro. Non è ammesso il pagamento in misura ridotta. 3. In altri casi di maggiore gravità e, in particolare, di maggiore rilevanza del pregiudizio per uno o più interessati, ovvero quando la violazione coinvolge numerosi interessati, i limiti minimo e massimo delle sanzioni di cui al presente Capo sono applicati in misura pari al doppio. 4. Le sanzioni di cui al presente Capo possono essere aumentate fino al quadruplo quando possono risultare inefficaci in ragione delle condizioni economiche del contravventore.*

* Articolo abrogato dall'art. 27, co. 1, lett. c), n. 2), d.lg. 10/8/2018, n. 101.

(1) Articolo inserito dall'art. 44, co. 7, d.l. 30/12/2008, n. 207.

(2) Comma modificato dall'art. 1, co. 10, d.lg. 28/5/2012, n. 69.

165. Pubblicazione del provvedimento del Garante*. – *1. Nei casi di cui agli articoli del presente Capo può essere applicata la sanzione amministrativa accessoria della pubblicazione dell'ordinanza-ingiunzione, per intero o per estratto, in uno o più giornali indicati nel provvedimento che la applica. La pubblicazione ha luogo a cura e spese del contravventore* (1).

* Articolo abrogato dall'art. 27, co. 1, lett. c), n. 2), d.lg. 10/8/2018, n. 101.

(1) Articolo modificato dall'art. 44, co. 8, d.l. 30/12/2008, n. 207.

166. Criteri di applicazione delle sanzioni amministrative pecuniarie e procedimento per l'adozione dei provvedimenti correttivi e sanzionatori (1). – 1. Sono soggette alla sanzione amministrativa di cui all'articolo 83, paragrafo 4, del Regolamento le violazioni delle disposizioni di cui agli articoli 2-quinquies, comma 2, 2-quinquiesdecies, 92, comma 1, 93, comma 1, 123, comma 4, 128, 129, comma 2, e 132-ter. Alla medesima sanzione amministrativa è soggetto colui che non effettua la valutazione di impatto di cui all'articolo 110, comma 1, primo periodo, ovvero non sottopone il programma di ricerca a consultazione preventiva del Garante a norma del terzo periodo del predetto comma.

2. Sono soggette alla sanzione amministrativa di cui all'articolo 83, paragrafo 5, del Regolamento le violazioni delle disposizioni di cui agli articoli 2-ter, 2-quinquies, comma 1, 2-sexies, 2-septies, comma 8, 2-octies, 2-terdecies, commi 1, 2, 3 e 4, 52, commi 4 e 5, 75, 78, 79, 80, 82, 92, comma 2, 93, commi 2 e 3, 96, 99, 100, commi 1, 2 e 4, 101, 105 commi 1, 2 e 4, 110-bis, commi 2 e 3, 111, 111-bis, 116, comma 1, 120, comma 2, 122, 123, commi 1, 2, 3 e 5, 124, 125, 126, 130, commi da 1 a 5, 131, 132, 132-bis, comma 2, 132-quater, 157, nonché delle misure di garanzia, delle regole deontologiche di cui rispettivamente agli articoli 2-septies e 2-quater.

3. Il Garante è l'organo competente ad adottare i provvedimenti correttivi di cui all'articolo 58, paragrafo 2, del Regolamento, nonché ad irrogare le sanzioni di cui all'articolo 83 del medesimo Regolamento e di cui ai commi 1 e 2.

4. Il procedimento per l'adozione dei provvedimenti e delle sanzioni indicati al comma 3 può essere avviato, nei confronti sia di soggetti privati, sia di autorità pubbliche ed organismi pubblici, a seguito di reclamo ai sensi dell'articolo 77 del Regolamento o di attività istruttoria d'iniziativa del Garante, nell'ambito dell'esercizio dei poteri d'indagine di cui all'articolo 58, paragrafo 1, del Regolamento, nonché in relazione ad accessi, ispezioni e verifiche svolte in base a poteri di accertamento autonomi, ovvero delegati dal Garante.

5. L'Ufficio del Garante, quando ritiene che gli elementi

acquisiti nel corso delle attività di cui al comma 4 configurino una o più violazioni indicate nel presente titolo e nell'articolo 83, paragrafi 4, 5 e 6, del Regolamento, avvia il procedimento per l'adozione dei provvedimenti e delle sanzioni di cui al comma 3 notificando al titolare o al responsabile del trattamento le presunte violazioni, nel rispetto delle garanzie previste dal Regolamento di cui al comma 9, salvo che la previa notifica della contestazione non risulti incompatibile con la natura e le finalità del provvedimento da adottare.

6. Entro trenta giorni dal ricevimento della comunicazione di cui al comma 5, il contravventore può inviare al Garante scritti difensivi o documenti e può chiedere di essere sentito dalla medesima autorità.

7. Nell'adozione dei provvedimenti sanzionatori nei casi di cui al comma 3 si osservano, in quanto applicabili, gli articoli da 1 a 9, da 18 a 22 e da 24 a 28 della legge 24 novembre 1981, n. 689; nei medesimi casi può essere applicata la sanzione amministrativa accessoria della pubblicazione dell'ordinanza-ingiunzione, per intero o per estratto, sul sito internet del Garante. I proventi delle sanzioni, nella misura del cinquanta per cento del totale annuo, sono riassegnati al fondo di cui all'articolo 156, comma 8, per essere destinati alle specifiche attività di sensibilizzazione e di ispezione nonché di attuazione del Regolamento svolte dal Garante.

8. Entro il termine di cui all'articolo 10, comma 3, del decreto legislativo n. 150 del 2011 previsto per la proposizione del ricorso, il trasgressore e gli obbligati in solido possono definire la controversia adeguandosi alle prescrizioni del Garante, ove impartite, e mediante il pagamento di un importo pari alla metà della sanzione irrogata.

9. Nel rispetto dell'articolo 58, paragrafo 4, del Regolamento, con proprio regolamento pubblicato nella Gazzetta Ufficiale della Repubblica italiana, il Garante definisce le modalità del procedimento per l'adozione dei provvedimenti e delle sanzioni di cui al comma 3 ed i relativi termini, in conformità ai principi della piena conoscenza degli atti istruttori, del contraddittorio, della verbalizzazione, nonché della distinzione tra funzioni istruttorie e funzioni decisorie rispetto all'irrogazione della sanzione.

10. Le disposizioni relative a sanzioni amministrative previste dal presente codice e dall'articolo 83 del Regolamento non si applicano in relazione ai trattamenti svolti in ambito giudiziario.

(1) Articolo sostituito dall'art. 15, co. 1, lett. a), d.lg. 10/8/2018, n. 101, come rettificato con Errata Corrige 12/9/2018 (in G.U. 12/9/2018, n. 212).

Capo II
Illeciti penali

167. Trattamento illecito di dati (1). – 1. Salvo che il fatto costituisca più grave reato, chiunque, al fine di trarre per sé o per altri profitto ovvero di arrecare danno all'interessato, operando in violazione di quanto disposto dagli articoli 123, 126 e 130 o dal provvedimento di cui all'articolo 129 arreca nocumento all'interessato, è punito con la reclusione da sei mesi a un anno e sei mesi.

2. Salvo che il fatto costituisca più grave reato, chiunque, al fine di trarre per sé o per altri profitto ovvero di arrecare danno all'interessato, procedendo al trattamento dei dati personali di cui agli articoli 9 e 10 del Regolamento in violazione delle disposizioni di cui agli articoli 2-sexies e 2-octies, o delle misure di garanzia di cui all'articolo 2-septies ovvero operando in violazione delle misure adottate ai sensi dell'articolo 2-quinquiesdecies arreca nocumento all'interessato, è punito con la reclusione da uno a tre anni.

3. Salvo che il fatto costituisca più grave reato, la pena di cui al comma 2 si applica altresì a chiunque, al fine di trarre per sé o per altri profitto ovvero di arrecare danno all'interessato, procedendo al trasferimento dei dati personali verso un paese terzo o un'organizzazione internazionale al di fuori dei casi consentiti ai sensi degli articoli 45, 46 o 49 del Regolamento, arreca nocumento all'interessato.

4. Il Pubblico ministero, quando ha notizia dei reati di cui ai commi 1, 2 e 3, ne informa senza ritardo il Garante (2).

5. Il Garante trasmette al pubblico ministero, con una relazione motivata, la documentazione raccolta nello svolgimento dell'attività di accertamento nel caso in cui emergano elementi che facciano presumere la esistenza di un reato. La trasmissione degli atti al pubblico ministero avviene al più tardi al termine dell'attività di accertamento delle violazioni delle disposizioni di cui al presente decreto.

6. Quando per lo stesso fatto è stata applicata a norma del presente codice o del Regolamento a carico dell'imputato o dell'ente una sanzione amministrativa pecuniaria dal Garante e questa è stata riscossa, la pena è diminuita.

(1) Articolo sostituito dall'art. 15, co. 1, lett. b), d.lg. 10/8/2018, n. 101.

(2) Vedi inoltre Protocollo d'intesa tra la Procura di Roma e il Garante Privacy dell'8/1/2019.

167 bis. Comunicazione e diffusione illecita di dati personali oggetto di trattamento su larga scala (1). – 1. Salvo che il fatto costituisca più grave reato, chiunque comunica o diffonde al fine di trarre profitto per sé o altri ovvero al fine di arrecare danno, un archivio automatizzato o una parte sostanziale di esso contenente dati personali oggetto di trattamento su larga scala, in violazione degli articoli 2-ter, 2-sexies e 2-octies, è punito con la reclusione da uno a sei anni.

2. Salvo che il fatto costituisca più grave reato, chiunque, al fine trarne profitto per sé o altri ovvero di arrecare danno, comunica o diffonde, senza consenso, un archivio automatizzato o una parte sostanziale di esso contenente dati personali oggetto di trattamento su larga scala, è punito con la reclusione da uno a sei anni, quando il consenso dell'interessato è richiesto per le operazioni di comunicazione e di diffusione.

3. Per i reati di cui ai commi 1 e 2, si applicano i commi 4, 5 e 6 dell'articolo 167 (2).

(1) Articolo inserito dall'art. 15, co. 1, lett. c), d.lg. 10/8/2018, n. 101.

(2) Vedi inoltre Protocollo d'intesa tra la Procura di Roma e il Garante Privacy dell'8/1/2019.

167 ter. Acquisizione fraudolenta di dati personali oggetto di trattamento su larga scala (1). – 1. Salvo che il fatto costituisca più grave reato, chiunque, al fine trarne profitto per sé o altri ovvero di arrecare danno, acquisisce con mezzi fraudolenti un archivio automatizzato o una parte sostanziale di esso contenente dati personali oggetto di trattamento su larga scala è punito con la reclusione da uno a quattro anni.

2. Per il reato di cui al comma 1 si applicano i commi 4, 5 e 6 dell'articolo 167 (2).

(1) Articolo inserito dall'art. 15, co. 1, lett. c), d.lg. 10/8/2018, n. 101.

(2) Vedi inoltre Protocollo d'intesa tra la Procura di Roma e il Garante Privacy dell'8 gennaio 2019.

168. Falsità nelle dichiarazioni al Garante e interruzione dell'esecuzione dei compiti o dell'esercizio dei poteri del Garante (1). – 1. Salvo che il fatto costituisca più grave reato, chiunque, in un procedimento o nel corso di accertamenti dinanzi al Garante, dichiara o attesta falsamente notizie o circostanze o produce atti o documenti falsi, è punito con la reclusione da sei mesi a tre anni.

2. Fuori dei casi di cui al comma 1, è punito con la reclu-

sione sino ad un anno chiunque intenzionalmente cagiona un'interruzione o turba la regolarità di un procedimento dinanzi al Garante o degli accertamenti dallo stesso svolti.

(1) Articolo modificato dall'art. 1, co. 11, d.lg. 28/5/2012, n. 69 e successivamente sostituito dall'art. 15, co. 1, lett. d), d.lg. 10/8/2018, n. 101.

169. Misure di sicurezza*. *– 1. Chiunque, essendovi tenuto, omette di adottare le misure minime previste dall'articolo 33 è punito con l'arresto sino a due anni [o con l'ammenda da diecimila euro a cinquantamila euro.]* (1). *2. All'autore del reato, all'atto dell'accertamento o, nei casi complessi, anche con successivo atto del Garante, è impartita una prescrizione fissando un termine per la regolarizzazione non eccedente il periodo di tempo tecnicamente necessario, prorogabile in caso di particolare complessità o per l'oggettiva difficoltà dell'adempimento e comunque non superiore a sei mesi. Nei sessanta giorni successivi allo scadere del termine, se risulta l'adempimento alla prescrizione, l'autore del reato è ammesso dal Garante a pagare una somma pari al quarto del massimo della sanzione stabilita per la violazione amministrativa. L'adempimento e il pagamento estinguono il reato. L'organo che impartisce la prescrizione e il pubblico ministero provvedono nei modi di cui agli articoli 21, 22, 23 e 24 del decreto legislativo 19 dicembre 1994, n. 758, e successive modificazioni, in quanto applicabili* (2).

* Articolo abrogato dall'art. 27, co. 1, lett. c), n. 2), d.lg. 10/8/2018, n. 101.

(1) Comma modificato dall'art. 44, co. 9, lett. a), d.l. 30/12/2008, n. 207.

(2) Comma modificato dall'art. 44, co. 9, lett. b), d.l. 30/12/2008, n. 207.

170. Inosservanza di provvedimenti del Garante (1). – 1. Chiunque, essendovi tenuto, non osserva il provvedimento adottato dal Garante ai sensi degli articoli 58, paragrafo 2, lettera f) del Regolamento, dell'articolo 2-septies, comma 1, nonché i provvedimenti generali di cui all'articolo 21, comma 1, del decreto legislativo di attuazione dell'articolo 13 della legge 25 ottobre 2017, n. 163 è punito con la reclusione da tre mesi a due anni.

(1) Articolo sostituito dall'art. 15, co. 1, lett. e), d.lg. 10/8/2018, n. 101.

171. Violazioni delle disposizioni in materia di controlli a distanza e indagini sulle opinioni dei lavoratori (1). – 1. La violazione delle disposizioni di cui agli articoli 4, comma 1, e 8 della legge 20 maggio 1970, n. 300, è punita con le sanzioni di cui all'articolo 38 della medesima legge.

(1) Articolo sostituito dall'art. 23, co. 2, d.lg. 14/9/2015, n. 151 e successivamente dall'art. 15, co. 1, lett. f), d.lg. 10/8/2018, n. 101.

172. Pene accessorie. – 1. La condanna per uno dei delitti previsti dal presente codice importa la pubblicazione della sentenza, ai sensi dell'articolo 36, secondo e terzo comma, del codice penale (1).

(1) Comma modificato dall'art. 15, co. 1, lett. g), d.lg. 10/8/2018, n. 101.

TITOLO IV
DISPOSIZIONI MODIFICATIVE, ABROGATIVE, TRANSITORIE E FINALI

Capo I
Disposizioni di modifica

173. Convenzione di applicazione dell'Accordo di Schengen*. *– 1. La legge 30 settembre 1993, n. 388, e successive modificazioni, di ratifica ed esecuzione dei protocolli e degli accordi di adesione all'accordo di Schengen e alla relativa convenzione di applicazione, è così modificata: a) il comma 2 dell'articolo 9 è sostituito dal seguente: 2. Le richieste di accesso, rettifica o cancellazione, nonché di verifica, di cui, rispettivamente, agli articoli 109, 110 e 114, paragrafo 2, della Convenzione, sono rivolte all'autorità di cui al comma 1.'; 'b) il comma 2 dell'articolo 10 è soppresso; c) l'articolo 11 è sostituito dal seguente: '11. 1. L'autorità di controllo di cui all'articolo 114 della Convenzione è il Garante per la protezione dei dati personali. Nell'esercizio dei compiti ad esso demandati per legge, il Garante esercita il controllo sui trattamenti di dati in applicazione della Convenzione ed esegue le verifiche previste nel medesimo articolo 114, anche su segnalazione o reclamo dell'interessato all'esito di un inidoneo riscontro alla richiesta rivolta ai sensi dell'articolo 9, comma 2, quando non è possibile fornire al medesimo interessato una risposta sulla base degli elementi forniti dall'autorità di cui all'articolo 9, comma 1. 2. Si applicano le disposizioni dell'articolo 10, comma 5, della legge 1° aprile 1981, n. 121, e successive modificazioni.'; d) l'articolo 12 è abrogato.*

* Articolo abrogato dall'art. 27, co. 1, lett. c), n. 3), d.lg. 10/8/2018, n. 101.

174. Notifiche di atti e vendite giudiziarie*. *– 1. All'articolo 137 del codice di procedura civile, dopo il secondo comma, sono inseriti i seguenti: 'Se la notificazione non può essere eseguita in mani proprie del destinatario, tranne che nel caso previsto dal secondo comma dell'articolo 143, l'ufficiale giudiziario consegna o deposita la copia dell'atto da notificare in busta che provvede a sigillare e su cui trascrive il numero cronologico della notificazione, dandone atto nella relazione in calce all'originale e alla copia dell'atto stesso. Sulla busta non sono apposti segni o indicazioni dai quali possa desumersi il contenuto dell'atto. Le disposizioni di cui al terzo comma si applicano anche alle comunicazioni effettuate con biglietto di cancelleria ai sensi degli articoli 133 e 136.'. 2. Al primo comma dell'articolo 138 del codice di procedura civile, le parole da: 'può sempre eseguire' a 'destinatario,' sono sostituite dalle seguenti: 'esegue la notificazione di regola mediante consegna della copia nelle mani proprie del destinatario, presso la casa di abitazione oppure, se ciò non è possibile,'. 3. Nel quarto comma dell'articolo 139 del codice di procedura civile, la parola: 'l'originale' è sostituita dalle seguenti: 'una ricevuta'. 4. Nell'articolo 140 del codice di procedura civile, dopo le parole: 'affigge avviso del deposito sono inserite le seguenti: 'in busta chiusa e sigillata'. 5. All'articolo 142 del codice di procedura civile sono apportate le seguenti modificazioni: a) il primo e il secondo comma sono sostituiti dal seguente: 'Salvo quanto disposto nel secondo comma, se il destinatario non ha residenza, dimora o domicilio nello Stato e non vi ha eletto domicilio o costituito un procuratore a norma dell'articolo 77, l'atto è notificato mediante spedizione al destinatario per mezzo della posta con raccomandata e mediante consegna di altra copia al pubblico ministero che ne cura la trasmissione al Ministero degli affari esteri per la consegna alla persona alla quale è diretta.'; b) nell'ultimo comma le parole: 'ai commi precedenti' sono sostituite dalle seguenti: 'al primo comma'. 6. Nell'articolo 143, primo comma, del codice di procedura civile, sono soppresse le parole da: ', e mediante' fino alla fine del periodo. 7. All'articolo 151, primo comma, del codice di procedura civile dopo le parole: 'maggiore celerità' sono aggiunte le seguenti: ', di riservatezza o di tutela della dignità'. 8. All'articolo 250 del codice di procedura civile dopo il primo comma è aggiunto il seguente: 'L'intimazione di cui al primo comma, se non è eseguita in mani proprie del* *destinatario o mediante servizio postale, è effettuata in busta chiusa e sigillata'. 9. All'articolo 490, terzo comma, del codice di procedura civile è aggiunto, in fine, il seguente periodo: 'Nell'avviso è omessa l'indicazione del debitore'. 10. All'articolo 570, primo comma, del codice di procedura civile le parole: 'del debitore,' sono soppresse e le parole da: 'informazioni' fino alla fine sono sostituite dalle seguenti: 'informazioni, anche relative alle generalità del debitore, possono essere fornite dalla cancelleria del tribunale a chiunque vi abbia interesse'. 11. All'articolo 14, quarto comma, della legge 24 novembre 1981, n. 689, e successive modificazioni, è aggiunto, in fine, il seguente periodo: 'Quando la notificazione non può essere eseguita in mani proprie del destinatario, si osservano le modalità previste dall'articolo 137, terzo comma, del medesimo codice.". 12. Dopo l'articolo 15 del decreto del Presidente della Repubblica 28 dicembre 2000, n. 445, è inserito il seguente: 'Articolo 15-bis. (Notificazioni di atti e documenti, comunicazioni ed avvisi) 1. Alla notificazione di atti e di documenti da parte di organi delle pubbliche amministrazioni a soggetti diversi dagli interessati o da persone da essi delegate, nonché a comunicazioni ed avvisi circa il relativo contenuto, si applicano le disposizioni contenute nell'articolo 137, terzo comma, del codice di procedura civile. Nei biglietti e negli inviti di presentazione sono indicate le informazioni strettamente necessarie a tale fine.". 13. All'articolo 148 del codice di procedura penale sono apportate le seguenti modificazioni: a) il comma 3 è sostituito dal seguente: '3. L'atto è notificato per intero, salvo che la legge disponga altrimenti, di regola mediante consegna di copia al destinatario oppure, se ciò non è possibile, alle persone indicate nel presente titolo. Quando la notifica non può essere eseguita in mani proprie del destinatario, l'ufficiale giudiziario o la polizia giudiziaria consegnano la copia dell'atto da notificare, fatta eccezione per il caso di notificazione al difensore o al domiciliatario, dopo averla inserita in busta che provvedono a sigillare trascrivendovi il numero cronologico della notificazione e dandone atto nella relazione in calce all'originale e alla copia dell'atto.'; b) dopo il comma 5 è aggiunto il seguente: '5-bis. Le comunicazioni, gli avvisi ed ogni altro biglietto o invito consegnati non in busta chiusa a persona diversa dal destinatario recano le indicazioni strettamente necessarie.'. 14. All'articolo 157, comma 6, del codice di procedura penale le parole: 'è scritta all'esterno del plico stesso' sono sostituite dalle seguenti: 'è effettuata nei modi previsti dall'articolo 148, comma 3'. 15. All'art. 80 delle disposizioni di attuazione del codice di procedura penale, approvate con decreto legislativo 28 luglio 1989, n. 271, il comma 1 è sostituito dal seguente: '1. Se la copia del decreto di perquisizione locale è consegnata al portiere o a chi ne fa le veci, si applica la disposizione di cui all'articolo 148, comma 3, del codice.'. 16. Alla legge 20 novembre 1982, n. 890, sono apportate le seguenti modificazioni: a) all'articolo 2, primo comma, è aggiunto, in fine, il seguente periodo: "Sulle buste non sono apposti segni o indicazioni dai quali possa desumersi il contenuto dell'atto."; b) all'articolo 8, secondo comma, secondo periodo, dopo le parole: "L'agente postale rilascia avviso" sono inserite le seguenti: ", in busta chiusa, del deposito".*

* Articolo abrogato dall'art. 27, co. 1, lett. c), n. 3), d.lg. 10/8/2018, n. 101.

175. Forze di polizia. – *1. Il trattamento effettuato per il conferimento delle notizie ed informazioni acquisite nel corso di attività amministrative ai sensi dell'articolo 21, comma 1, della legge 26 marzo 2001, n. 128, e per le connessioni di cui al comma 3 del medesimo articolo è oggetto di comunicazione al Garante ai sensi dell'articolo 39, commi 2 e 3*. 2. I dati personali trattati dalle forze di polizia, dagli organi di pubblica sicurezza e dagli altri soggetti di cui all'articolo 53, comma 1, senza l'ausilio di strumenti elettronici anteriormente alla data di entrata in vigore del presente codice, in sede di applicazione del presente codice possono essere ulteriormente trattati se ne è verificata l'esattezza, completezza ed aggiornamento ai sensi dell'articolo 11*.*

3. L'articolo 10 della legge 1° aprile 1981, n. 121, e successive modificazioni, è sostituito dal seguente:

'Art. 10 (Controlli). – 1. Il controllo sul Centro elaborazione dati è esercitato dal Garante per la protezione dei dati personali, nei modi previsti dalla legge e dai regolamenti.

2. I dati e le informazioni conservati negli archivi del Centro possono essere utilizzati in procedimenti giudiziari o amministrativi soltanto attraverso l'acquisizione delle fonti originarie indicate nel primo comma dell'articolo 7, fermo restando quanto stabilito dall'articolo 240 del codice di procedura penale. Quando nel corso di un procedimento giurisdizionale o amministrativo viene rilevata l'erroneità o l'incompletezza dei dati e delle informazioni, o l'illegittimità del loro trattamento, l'autorità precedente ne dà notizia al Garante per la protezione dei dati personali.

3. La persona alla quale si riferiscono i dati può chiedere all'ufficio di cui alla lettera a) del primo comma dell'articolo 5 la conferma dell'esistenza di dati personali che lo riguardano, la loro comunicazione in forma intellegibile e, se i dati risultano trattati in violazione di vigenti disposizioni di legge o di regolamento, la loro cancellazione o trasformazione in forma anonima.

4. Esperiti i necessari accertamenti, l'ufficio comunica al richiedente, non oltre trenta giorni dalla richiesta, le determinazioni adottate. L'ufficio può omettere di provvedere sulla richiesta se ciò può pregiudicare azioni od operazioni a tutela dell'ordine e della sicurezza pubblica o di prevenzione e repressione della criminalità, dandone informazione al Garante per la protezione dei dati personali.

5. Chiunque viene a conoscenza dell'esistenza di dati personali che lo riguardano, trattati anche in forma non automatizzata in violazione di disposizioni di legge o di regolamento, può chiedere al tribunale del luogo ove risiede il titolare del trattamento di compiere gli accertamenti necessari e di ordinare la rettifica, l'integrazione, la cancellazione o la trasformazione in forma anonima dei dati medesimi.'.

* Commi abrogati dall'art. 27, co. 1, lett. c), n. 3), d.lg. 10/8/2018, n. 101.

176. Soggetti pubblici*. – *1. Nell'articolo 24, comma 3, della legge 7 agosto 1990, n. 241, dopo le parole: 'mediante strumenti informatici' sono inserite le seguenti: ', fuori dei casi di accesso a dati personali da parte della persona cui i dati si riferiscono, '. 2. Nell'articolo 2 del decreto legislativo 30 marzo 2001, n. 165, in materia di ordinamento del lavoro alle dipendenze delle amministrazioni pubbliche, dopo il comma 1 è inserito il seguente: '1-bis. I criteri di organizzazione di cui al presente articolo sono attuati nel rispetto della disciplina in materia di trattamento dei dati personali.'. 3. L'articolo 4, comma 1, del decreto legislativo 12 febbraio 1993, n. 39, e successive modificazioni, è sostituito dal seguente: '1. È istituito il Centro nazionale per l'informatica nella pubblica amministrazione, che opera presso la Presidenza del Consiglio dei ministri per l'attuazione delle politiche del Ministro per l'innovazione e le tecnologie, con autonomia tecnica, funzionale, amministrativa, contabile e finanziaria e con indipendenza di giudizio.'. 4. Al Centro nazionale per l'informatica nella pubblica amministrazione continuano ad applicarsi l'articolo 6 del decreto legislativo 12 febbraio 1993, n. 39, nonché le vigenti modalità di finanziamento nell'ambito dello stato di previsione del Ministero dell'economia e delle finanze. 5. L'articolo 5, comma 1, del decreto legislativo n. 39 del 1993, e successive modificazioni,* *è sostituito dal seguente: '1. Il Centro nazionale propone al Presidente del Consiglio dei ministri l'adozione di regolamenti concernenti la sua organizzazione, il suo funzionamento, l'amministrazione del personale, l'ordinamento delle carriere, nonché la gestione delle spese nei limiti previsti dal presente decreto.'. 6. La denominazione: 'Autorità per l'informatica nella pubblica amministrazione' contenuta nella vigente normativa è sostituita dalla seguente: 'Centro nazionale per l'informatica nella pubblica amministrazione'.*

* Articolo abrogato dall'art. 27, co. 1, lett. c), n. 3), d.lg. 10/8/2018, n. 101.

177. Disciplina anagrafica, dello stato civile e delle liste elettorali*. – *1. Il comune può utilizzare gli elenchi di cui all'articolo 34, comma 1, del decreto del Presidente della Repubblica 30 maggio 1989, n. 223, per esclusivo uso di pubblica utilità anche in caso di applicazione della disciplina in materia di comunicazione istituzionale. 2. Il comma 7 dell'articolo 28 della legge 4 maggio 1983, n. 184, e successive modificazioni, è sostituito dal seguente: '7. L'accesso alle informazioni non è consentito nei confronti della madre che abbia dichiarato alla nascita di non volere essere nominata ai sensi dell'articolo 30, comma 1, del decreto del Presidente della Repubblica 3 novembre 2000, n. 396.'. 3. Il rilascio degli estratti degli atti dello stato civile di cui all'articolo 107 del decreto del Presidente della Repubblica 3 novembre 2000, n. 396 è consentito solo ai soggetti cui l'atto si riferisce, oppure su motivata istanza comprovante l'interesse personale e concreto del richiedente a fini di tutela di una situazione giuridicamente rilevante, ovvero decorsi settanta anni dalla formazione dell'atto. 4. Nel primo comma dell'articolo 5 del decreto del Presidente della Repubblica 20 marzo 1967, n. 223, sono soppresse le lettere d) ed e). 5. Nell'articolo 51 del decreto del Presidente della Repubblica 20 marzo 1967, n. 223, il quinto comma è sostituto dal seguente: 'Le liste elettorali possono essere rilasciate in copia per finalità di applicazione della disciplina in materia di elettorato attivo e passivo, di studio, di ricerca statistica, scientifica o storica, o carattere socio-assistenziale o per il perseguimento di un interesse collettivo o diffuso.'.*

* Articolo abrogato dall'art. 27, co. 1, lett. c), n. 3), d.lg. 10/8/2018, n. 101.

178. Disposizioni in materia sanitaria*. – *1. Nell'articolo 27, terzo e quinto comma, della legge 23 dicembre 1978, n. 833, in materia di libretto sanitario personale, dopo le parole: 'il Consiglio sanitario nazionale' e prima della virgola sono inserite le seguenti: 'e il Garante per la protezione dei dati personali. 2. All'articolo 5 della legge 5 giugno 1990, n. 135, in materia di AIDS e infezione da HIV, sono apportate le seguenti modifiche: a) il comma 1 è sostituito dal seguente: '1. L'operatore sanitario e ogni altro soggetto che viene a conoscenza di un caso di AIDS, ovvero di un caso di infezione da HIV, anche non accompagnato da stato morboso, è tenuto a prestare la necessaria assistenza e ad adottare ogni misura o accorgimento occorrente per la tutela dei diritti e delle libertà fondamentali dell'interessato, nonché della relativa dignità.'; b) nel comma 2, le parole: 'decreto del Ministro della sanità' sono sostituite dalle seguenti: 'decreto del Ministro della salute, sentito il Garante per la protezione dei dati personali'. 3. Nell'articolo 5, comma 3, del decreto legislativo 30 dicembre 1992, n. 539, e successive modificazioni, in materia di medicinali per uso umano, è inserito, in fine, il seguente periodo: 'Decorso tale periodo il farmacista distrugge le ricette con modalità atte ad escludere l'accesso di terzi ai dati in esse contenuti'. 4. All'articolo 2, comma 1, del decreto del Ministro della sanità in data 11 febbraio 1997, pubblicato sulla Gazzetta ufficiale n. 72 del 27 marzo 1997, in materia di importazione di medicinali registrati all'estero, sono soppresse le lettere f) ed h). 5. Nel comma 1, primo periodo, dell'articolo 5-bis del decreto-legge 17 febbraio 1998, n. 23, convertito, con modificazioni, dalla legge 8 aprile 1998, n. 94, le parole da: 'riguarda anche' fino alla fine del periodo sono sostituite dalle seguenti: 'è acquisito unitamente al consenso relativo al trattamento dei dati personali'.].*

* Articolo abrogato dall'art. 27, co. 1, lett. c), n. 3), d.lg. 10/8/2018, n. 101.

179. Altre modifiche*. – *1. Nell'articolo 6 della legge 2 aprile 1958, n. 339, sono soppresse le parole: '; mantenere la necessaria riservatezza per tutto quanto si riferisce alla vita familiare' e: 'garantire al lavoratore il rispetto della sua personalità e della sua libertà morale;'. 2. Nell'articolo 38, primo comma, della legge 20 maggio 1970, n. 300, sono soppresse le parole: '4,' e ',8'. 3. Al comma 3 dell'articolo 12 del decreto legislativo 22 maggio 1999, n. 185, in materia di contratti a distanza, sono aggiunte in fine le seguenti parole: ', ovvero, limitatamente alla violazione di cui all'articolo 10, al Garante per la protezione dei dati personali'.] [4. Dopo l'articolo 107 del decreto legislativo 29 ottobre 1999, n. 490, di approvazione del testo unico in materia di beni culturali e ambientali, è inserito il seguente: "Articolo 107-bis. Trattamento di dati personali per scopi storici. – 1. I documenti per i quali è autorizzata la consultazione ai sensi dell'articolo 107, comma 2, conservano il loro carattere riservato e non possono essere diffusi. 2. I documenti detenuti presso l'Archivio centrale dello Stato e gli Archivi di Stato sono conservati e consultabili anche in caso di esercizio dei diritti dell'interessato ai sensi dell'articolo 13 della legge 31 dicembre 1996, n. 675, qualora ciò risulti necessario per scopi storici. Ai documenti è allegata la documentazione relativa all'esercizio dei diritti. Su richiesta di chiunque vi abbia interesse ai sensi del medesimo articolo 13, può essere comunque disposto il blocco dei dati personali, qualora il loro trattamento comporti un concreto pericolo di lesione della dignità, della riservatezza o dell'identità personale degli interessati e i dati non siano di rilevante interesse pubblico."**.*

* Articolo abrogato dall'art. 27, co. 1, lett. c), n. 3), d.lg. 10/8/2018, n. 101.

** Comma abrogato dall'art. 184 del d.lg. 22/1/2004, n. 42.

Capo II
*Disposizioni transitorie**

* Capo abrogato dall'art. 27, co. 1, lett. c), n. 4), d.lg. 10/8/2018, n. 101.

180. Misure di sicurezza*. – *1. Le misure minime di sicurezza di cui agli articoli da 33 a 35 e all'allegato B) che non erano previste dal decreto del Presidente della Repubblica 28 luglio 1999, n. 318, sono adottate entro il 31 marzo 2006* (1). *2. Il titolare che alla data di entrata in vigore del presente codice dispone di strumenti elettronici che, per obiettive ragioni tecniche, non consentono in tutto o in parte l'immediata applicazione delle misure minime di cui all'articolo 34 e delle corrispondenti modalità tecniche di cui all'allegato B), descrive le medesime ragioni in un documento a data certa da conservare presso la propria struttura. 3. Nel caso di cui al comma 2, il titolare adotta ogni possibile misura di sicurezza in relazione agli strumenti elettronici detenuti in modo da evitare, anche sulla base di idonee misure organizzative, logistiche o procedurali, un incremento dei rischi di cui all'articolo 31, adeguando i medesimi strumenti al più tardi entro il 30 giugno 2006* (2).

* Articolo abrogato dall'art. 27, co. 1, lett. c), n. 4), d.lg. 10/8/2018, n. 101.

(1) Termine prima prorogato dall'art. 3 del d.l. 24/6/2004, n. 158, conv., con modif., dalla l. 27/7/2004, n. 188, dall'art. 6 del d.l. 9/11/2004, n. 266, conv., con modif., dalla l. 27/12/2004, n. 306, dall'art. 6-bis del d.l. 30/12/2004, n. 314 conv., con modif., dalla l. 1/3/2005, n. 26, e in ultimo dall'art. 10 del d.l. 30/12/2005, n. 273, conv., con modif., dalla l. 23/2/2006, n. 51.

(2) Comma modificato dall'art. 3 del d.l. 24/6/2004, n. 158, conv., con modif., dalla l. 27/7/2004, n. 188, dall'art. 6 del d.l. 9/11/2004, n. 266, conv., con modif., dalla l. 27/12/2004, n. 306, dall'art. 6-bis del d.l. 30/12/2004, n. 314, conv., con modif., dalla l. 1/3/2005, n. 26, e in ultimo dall'art. 10 del d.l. 30/12/2005, n. 273, conv., con modif., dalla l. 23/2/2006, n. 51.

181. Altre disposizioni transitorie*. – *1. Per i trattamenti di dati personali iniziati prima del 1 gennaio 2004, in sede di prima applicazione del presente codice: a) l'identificazione con atto di natura regolamentare dei tipi di dati e di operazioni ai sensi degli articoli 20, commi 2 e 3, e 21, comma 2, è effettuata, ove mancante, entro il 28 febbraio 2007* (1)*; b) la determinazione da rendere nota agli interessati ai sensi dell'articoli 26, commi 3, lettera a), e 4, lettera a), è adottata, ove mancante, entro il 30 giugno 2004; c) le notificazioni previste dall'articoli 37 sono effettuate entro il 30 aprile 2004; d) le comunicazioni previste dall'articoli 39 sono effettuate entro il 30 giugno 2004; [e) le modalità semplificate per l'informativa e la manifestazione del consenso, ove necessario, possono essere utilizzate dal medico di medicina generale, dal pediatra di libera scelta e dagli organismi sanitari anche in occasione del primo ulteriore contatto con l'interessato, al più tardi entro il 30 settembre 2004**;f) l'utilizzazione dei modelli di cui all'articolo 87, comma 2, è obbligatoria a decorrere dal 1 gennaio 2005. 2. Le disposizioni di cui all'articolo 21-bis del decreto del Presidente della Repubblica 30 settembre 1963, n. 1409, introdotto dall'articolo 9 del decreto legislativo 30 luglio 1999, n. 281, restano in vigore fino alla data di entrata in vigore del presente codice. 3. L'individuazione dei trattamenti e dei titolari di cui agli articoli 46 e 53, da riportare nell'allegato C), è effettuata in sede di prima applicazione del presente codice entro il 30 giugno 2004. 4. Il materiale informativo eventualmente trasferito al Garante ai sensi dell'articolo 43, comma 1, della legge 31 dicembre 1996, n. 675, utilizzato per le opportune verifiche, continua ad essere successivamente archiviato o distrutto in base alla normativa vigente. 5. L'omissione delle generalità e degli altri dati identificativi dell'interessato ai sensi dell'articolo 52, comma 4, è effettuata sulle sentenze o decisioni pronunciate o adottate prima dell'entrata in vigore del presente codice solo su diretta richiesta dell'interessato e limitatamente ai documenti pubblicati mediante rete di comunicazione elettronica o sui nuovi prodotti su supporto cartaceo o elettronico. I sistemi informativi utilizzati ai sensi dell'articolo 51, comma 1, sono adeguati alla medesima disposizione entro dodici mesi dalla data di entrata in vigore del presente codice. 6. Le confessioni religiose che, prima dell'adozione del presente codice, abbiano determinato e adottato nell'ambito del rispettivo ordinamento le garanzie di cui all'articolo 26, comma 3, lettera a), possono proseguire l'attività di trattamento nel rispetto delle medesime. 6-bis. Fino alla data in cui divengono efficaci le misure e gli accorgimenti prescritti ai sensi dell'articolo 132, comma 5, per la conservazione del traffico telefonico si osserva il termine di cui all' articolo 4, comma 2, del decreto legislativo 13 maggio 1998, n. 171* (2).

* Articolo abrogato dall'art. 27, co. 1, lett. c), n. 4), d.lg. 10/8/2018, n. 101.

(1) Termine prorogato dall'art. 3 del d.l. 24/6/2004, n. 158, dall'art. 8-bis del d.l. 30/11/2005, n. 245, dall'art. 10 del d.l. 30/12/2005, n. 273 e successivamente modificato dall'art. 1 del d.l. 12/5/2006, n. 173 e dall'art. 6, co. 1, d.l. 28/12/2006, n. 300.

• Per il Regolamento di attuazione della presente lettera vedi d.m. 23/6/2004, n. 225 e il d.m. 29/11/2007, n. 255.

** Lettera abrogata dall'art. 2-quinquies del d.l. 29/3/2004, n. 81.

(2) Comma aggiunto dall'art. 4 del d.l. 24/12/2003, n. 354, conv. in l. 26/2/2004, n. 45.

182. Ufficio del Garante*. – *1. Al fine di assicurare la continuità delle attività istituzionali, in sede di prima applicazione del presente codice e comunque non oltre il 31 marzo 2004, il Garante: a) può individuare i presupposti per l'inquadramento in ruolo, al livello iniziale delle rispettive qualifiche e nei limiti delle disponibilità di organico, del personale appartenente ad amministrazioni pubbliche o ad enti pubblici in servizio presso l'Ufficio del Garante in posizione di fuori ruolo o equiparato alla data di pubblicazione del presente codice; b) può prevedere riserve di posti nei concorsi pubblici, unicamente nel limite del trenta per cento delle disponibilità di organico, per il personale non di ruolo in servizio presso l'Ufficio del Garante che abbia maturato un'esperienza lavorativa presso il Garante di almeno un anno.*

* Articolo abrogato dall'art. 27, co. 1, lett. c), n. 4), d.lg. 10/8/2018, n. 101.

Capo III
Abrogazioni

183. Norme abrogate. – 1. Dalla data di entrata in vigore del presente codice sono abrogati:

a) la legge 31 dicembre 1996, n. 675;

b) la legge 3 novembre 2000, n. 325;

c) il decreto legislativo 9 maggio 1997, n. 123;

d) il decreto legislativo 28 luglio 1997, n. 255;

e) l'articolo 1 del decreto legislativo 8 maggio 1998, n. 135;

f) il decreto legislativo 13 maggio 1998, n. 171;

g) il decreto legislativo 6 novembre 1998, n. 389;

h) il decreto legislativo 26 febbraio 1999, n. 51;

i) il decreto legislativo 11 maggio 1999, n. 135;

l) il decreto legislativo 30 luglio 1999, n. 281, ad eccezione degli articoli 8, comma 1, 11 e 12;

m) il decreto legislativo 30 luglio 1999, n. 282;

n) il decreto legislativo 28 dicembre 2001, n. 467;

o) il decreto del Presidente della Repubblica 28 luglio 1999, n. 318.

2. Dalla data di entrata in vigore del presente codice sono abrogati gli articoli 12, 13, 14, 15, 16, 17, 18, 19 e 20 del decreto del Presidente della Repubblica 31 marzo 1998, n. 501.

3. Dalla data di entrata in vigore del presente codice sono o restano, altresì, abrogati:

a) l'art. 5, comma 9, del decreto del Ministro della sanità 18 maggio 2001, n. 279, in materia di malattie rare;

b) l'articolo 12 della legge 30 marzo 2001, n. 152;

c) l'articolo 4, comma 3, della legge 6 marzo 2001, n. 52, in materia di donatori midollo osseo;

d) l'articolo 16, commi 2 e 3, del decreto del Presidente della Repubblica 28 dicembre 2000, n. 445, in materia di certificati di assistenza al parto;

e) l'art. 2, comma 5, del decreto del Ministro della sanità 27 ottobre 2000, n. 380, in materia di flussi informativi sui dimessi dagli istituti di ricovero;

f) l'articolo 2, comma 5-quater 1, secondo e terzo periodo, del decreto-legge 28 marzo 2000, n. 70, convertito, con modificazioni, dalla legge 26 maggio 2000, n. 137, e successive modificazioni, in materia di banca dati sinistri in ambito assicurativo;

g) l'articolo 6, comma 4, del decreto legislativo 5 giugno 1998, n. 204, in materia di diffusione di dati a fini di ricerca e collaborazione in campo scientifico e tecnologico;

h) l'articolo 330-bis del decreto legislativo 16 aprile 1994, n. 297, in materia di diffusione di dati relativi a studenti;

i) l'articolo 8, quarto comma, e l'articolo 9, quarto comma, della legge 1° aprile 1981, n. 121.

4. Dalla data in cui divengono efficaci le disposizioni del codice di deontologia e di buona condotta di cui all'articolo 118, i termini di conservazione dei dati personali individuati ai sensi dell'articolo 119, eventualmente previsti da norme di legge o di regolamento, si osservano nella misura indicata dal medesimo codice (1).

(1) Vedi art. 5, d.l. 24/12/2003, n. 354, convertito in l. 26/2/2004, n. 45.

Capo IV
Norme finali

184. Attuazione di direttive europee*. *– 1. Le disposizioni del presente codice danno attuazione alla direttiva 96/45/CE del Parlamento europeo e del Consiglio, del 24 ottobre 1995, e alla direttiva 2002/58/CE del Parlamento europeo e del Consiglio, del 12 luglio 2002. 2. Quando leggi, regolamenti e altre disposizioni fanno riferimento a disposizioni comprese nella legge 31 dicembre 1996, n. 675, e in altre disposizioni abrogate dal presente codice, il riferimento si intende effettuato alle corrispondenti disposizioni del presente codice secondo la tavola di corrispondenza riportata in allegato. 3. Restano ferme le disposizioni di legge e di regolamento che stabiliscono divieti o limiti più restrittivi in materia di trattamento di taluni dati personali.*

* Articolo abrogato dall'art. 27, co. 1, lett. c), n. 5), d.lg. 10/8/2018, n. 101.

185. Allegazione dei codici di deontologia e di buona condotta*. *– 1. L'allegato A) riporta, oltre ai codici di cui all'articolo 12, commi 1 e 4, quelli promossi ai sensi degli articoli 25 e 31 della legge 31 dicembre 1996, n. 675, e già pubblicati nella Gazzetta Ufficiale della Repubblica italiana alla data di emanazione del presente codice.*

* Articolo abrogato dall'art. 27, co. 1, lett. c), n. 5), d.lg. 10/8/2018, n. 101.

186. Entrata in vigore. – 1. Le disposizioni di cui al presente codice entrano in vigore il 1° gennaio 2004, ad eccezione delle disposizioni di cui agli articoli 156, 176, commi 3, 4, 5 e 6 e 182, che entrano in vigore il giorno successivo alla data di pubblicazione del presente codice. Dalla medesima data si osservano altresì i termini in materia di ricorsi di cui agli articoli 149, comma 8, e 150, comma 2.

Il presente codice, munito del sigillo dello Stato, sarà inserito nella Raccolta ufficiale degli atti normativi della Repubblica italiana. È fatto obbligo a chiunque spetti di osservarlo e di farlo osservare.

D.lg. 18 maggio 2018, n. 51

Attuazione della direttiva (UE) 2016/680 del Parlamento europeo e del Consiglio, del 27 aprile 2016, relativa alla protezione delle persone fisiche con riguardo al trattamento dei dati personali da parte delle autorità competenti a fini di prevenzione, indagine, accertamento e perseguimento di reati o esecuzione di sanzioni penali, nonché alla libera circolazione di tali dati e che abroga la decisione quadro 2008/977/GAI del Consiglio

Capo I
DISPOSIZIONI GENERALI PRINCIPI E DISPOSIZIONI GENERALI (1)

(1) Art. 47-sexies della legge 2 novembre 2019 n. 128. Protezione dei dati personali. – 1. I dati personali dei lavoratori che svolgono la loro attività attraverso le piattaforme digitali sono trattati in conformità alle disposizioni del regolamento (UE) 2016/679 del Parlamento europeo e del Consiglio, del 27 aprile 2016, e al codice di cui al decreto legislativo 30 giugno 2003, n. 196.

1. Oggetto e ambito di applicazione. – 1. Il presente decreto attua nell'ordinamento interno le disposizioni della direttiva (UE) 2016/680 del Parlamento europeo e del Consiglio, del 27 aprile 2016, relativa alla protezione delle persone fisiche con riguardo al trattamento dei dati personali da parte delle autorità competenti a fini di prevenzione, indagine, accertamento e perseguimento di reati o esecuzione di sanzioni penali, nonché alla libera circolazione di tali dati, e che abroga la decisione quadro 2008/977/GAI del Consiglio.

2. Il presente decreto si applica al trattamento interamente o parzialmente automatizzato di dati personali delle persone fisiche e al trattamento non automatizzato di dati personali delle persone fisiche contenuti in un archivio o ad esso destinati, svolti dalle autorità competenti a fini di prevenzione, indagine, accertamento e perseguimento di reati, o esecuzione di sanzioni penali, incluse la salva-guardia contro e la prevenzione di minacce alla sicurezza pubblica.

3. Il presente decreto non si applica ai trattamenti di dati personali:

a) effettuati nello svolgimento di attività concernenti la sicurezza nazionale o rientranti nell'ambito di applicazione del titolo V, capo 2, del trattato sull'Unione europea e per tutte le attività che non rientrano nell'ambito di applicazione del diritto dell'Unione europea;

b) effettuati da istituzioni, organi, uffici e agenzie dell'Unione europea.

2. Definizioni. – 1. Ai fini del presente decreto, si applicano le seguenti definizioni:

a) dati personali: qualsiasi informazione riguardante una persona fisica identificata o identificabile («interessato»);

b) trattamento: qualsiasi operazione o insieme di operazioni, compiute con o senza l'ausilio di processi automatizzati, applicate a dati personali o insiemi di dati personali, come la raccolta, la registrazione, l'organizzazione, la strutturazione, la conservazione, l'adattamento o la modifica, l'estrazione, la consultazione, l'uso, la comunicazione mediante trasmissione, diffusione o qualsiasi altra forma di messa a disposizione, il raffronto o l'interconnessione, la limitazione, la cancellazione o la distruzione;

c) limitazione di trattamento: il contrassegno dei dati personali conservati con l'obiettivo di limitarne il trattamento in futuro;

d) pseudonimizzazione: il trattamento dei dati personali in modo tale che i dati personali non possano più essere attribuiti a un interessato specifico senza l'utilizzo di informazioni aggiuntive, a condizione che tali informazioni aggiuntive siano conservate separatamente e soggette a misure tecniche e organizzative intese a garantire che i dati personali non siano attribuiti a una persona fisica identificata o identificabile;

e) profilazione: qualsiasi forma di trattamento automatizzato di dati personali consistente nell'utilizzo di tali dati per valutare determinati aspetti personali relativi a una persona fisica, in particolare per analizzare o prevedere aspetti riguardanti il rendimento professionale, la situazione economica, la salute, le preferenze personali, gli interessi, l'affidabilità, il comportamento, l'ubicazione o gli spostamenti di detta persona fisica;

f) archivio: qualsiasi insieme strutturato di dati personali accessibili secondo criteri determinati, indipendentemente dal fatto che tale insieme sia centralizzato, decentralizzato o ripartito in modo funzionale o geografico;

g) autorità competente:

1) qualsiasi autorità pubblica dello Stato, di uno Stato membro dell'Unione europea o di uno Stato terzo competente in materia di prevenzione, indagine, accertamento e perseguimento di reati o esecuzione di sanzioni penali, incluse la salvaguardia contro e la prevenzione di minacce alla sicurezza pubblica;

2) qualsiasi altro organismo o entità incaricato dagli ordinamenti interni di esercitare l'autorità pubblica e i poteri pubblici a fini di prevenzione, indagine, accertamento e perseguimento di reati o esecuzione di sanzioni penali, incluse la salvaguardia e la prevenzione di minacce alla sicurezza pubblica;

h) titolare del trattamento: l'autorità competente che, singolarmente o insieme ad altri, determina le finalità e i mezzi del trattamento di dati personali; quando le finalità e i mezzi di tale trattamento sono determinati dal diritto dell'Unione europea o dello Stato, il titolare del trattamento o i criteri specifici applicabili alla sua nomina possono essere previsti dal diritto dell'Unione europea o dello Stato;

i) responsabile del trattamento: la persona fisica o giuridica, l'autorità pubblica, il servizio o altro organismo che tratta dati personali per conto del titolare del trattamento;

l) destinatario: la persona fisica o giuridica, l'autorità pubblica, il servizio o un altro organismo che riceve comunicazione di dati personali, che si tratti o meno di terzi. Tuttavia, le autorità pubbliche che possono ricevere comunicazione di dati personali nell'ambito di una specifica indagine conformemente al diritto dell'Unione europea o dello Stato non sono considerate destinatari; il trattamento di tali dati da parte di tali autorità pubbliche è conforme alle norme in materia di protezione dei dati applicabili secondo le finalità del trattamento;

m) violazione dei dati personali: la violazione della sicurezza che comporta accidentalmente o in modo illecito la distruzione, la perdita, la modifica, la divulgazione non autorizzata o l'accesso ai dati personali trasmessi, conservati o comunque trattati;

n) dati genetici: i dati personali relativi alle caratteristiche genetiche ereditarie o acquisite di una persona fisica, che forniscono informazioni univoche sulla fisiologia o sulla salute di detta persona fisica e che risultano in particolare dall'analisi di un campione biologico della persona fisica in questione;

o) dati biometrici: i dati personali ottenuti da un trattamento tecnico specifico relativi alle caratteristiche fisiche, fisiologiche o comportamentali di una persona fisica che ne consentono o confermano l'identificazione univoca, quali l'immagine facciale o i dati dattiloscopici;

p) dati relativi alla salute: i dati personali attinenti alla salute fisica o mentale di una persona fisica, compresa la prestazione di servizi di assistenza sanitaria, che rivelano informazioni relative al suo stato di salute;

q) file di log: registro degli accessi e delle operazioni;

r) autorità di controllo: l'autorità pubblica indipendente istituita negli Stati membri ai sensi dell'articolo 41 della direttiva;

s) il Garante: autorità di controllo nell'ordinamento interno, individuata nel Garante per la protezione dei dati personali, istituito dal decreto legislativo 30 giugno 2003, n. 196;

t) organizzazione internazionale: un'organizzazione e gli organismi di diritto internazionale pubblico a essa subordinati o qualsiasi altro organismo istituito da o sulla base di un accordo tra due o più Stati;

u) Codice: Codice in materia di protezione dei dati personali, adottato con il decreto legislativo 30 giugno 2003, n. 196;

v) Stato membro: Stato membro dell'Unione europea;

z) Paese terzo: Stato non membro dell'Unione europea;

aa) direttiva: la direttiva (UE) 2016/680 del Parlamento europeo e del Consiglio del 27 aprile 2016;

bb) regolamento UE: il regolamento (UE) 2016/679 del Parlamento europeo e del Consiglio del 27 aprile 2016;

cc) Forze di polizia: le Forze di polizia di cui all'articolo 16 della legge 1° aprile 1981, n. 121.

3. Principi applicabili al trattamento di dati personali. – 1. I dati personali di cui all'articolo 1, comma 2, sono:

a) trattati in modo lecito e corretto;

b) raccolti per finalità determinate, espresse e legittime e trattati in modo compatibile con tali finalità;

c) adeguati, pertinenti e non eccedenti rispetto alle finalità per le quali sono trattati;

d) esatti e, se necessario, aggiornati; devono essere adottate tutte le misure ragionevoli per cancellare o rettificare tempestivamente i dati inesatti rispetto alle finalità per le quali sono trattati;

e) conservati con modalità che consentano l'identificazione degli interessati per il tempo necessario al conseguimento delle finalità per le quali sono trattati, sottoposti a esame periodico per verificarne la persistente necessità di conservazione, cancellati o anonimizzati una volta decorso tale termine;

f) trattati in modo da garantire un'adeguata sicurezza e protezione da trattamenti non autorizzati o illeciti e dalla perdita, dalla distruzione o dal danno accidentali, mediante l'adozione di misure tecniche e organizzative adeguate.

2. Il trattamento per una delle finalità di cui all'articolo 1, comma 2, diversa da quella per cui i dati sono raccolti, è consentito se il titolare del trattamento, anche se diverso da quello che ha raccolto i dati, è autorizzato a trattarli per detta finalità, conformemente al diritto dell'Unione europea o dell'ordinamento interno e se il trattamento è necessario e proporzionato a tale diversa finalità, conformemente al diritto dell'Unione europea o dell'ordinamento interno.

3. Il trattamento per le finalità di cui all'articolo 1, comma 2, può comprendere l'archiviazione nel pubblico interesse, l'utilizzo scientifico, storico o statistico, fatte salve le garanzie adeguate per i diritti e le libertà degli interessati.

4. Il titolare del trattamento è responsabile del rispetto dei principi di cui ai commi 1, 2 e 3.

4. Conservazione e verifica della qualità dei dati, distinzione tra categorie di interessati e di dati. – 1. Il titolare del trattamento, tenuto conto della finalità del tratta-mento e per quanto possibile, distingue i dati personali in relazione alle diverse categorie di interessati previste dalla legge e i dati fondati su fatti da quelli fondati su valutazioni. La distinzione in relazione alle diverse categorie di interessati si applica, in particolare, alle seguenti categorie di interessati: persone sottoposte a indagine; imputati; persone sottoposte a indagine o imputate in procedimento connesso o collegato; persone condannate con sentenza definitiva; persone offese dal reato; parti civili; persone informate sui fatti; testimoni.

2. Le autorità competenti adottano misure adeguate a garantire che i dati personali inesatti, incompleti o non aggiornati non siano trasmessi o resi disponibili. A tal fine ciascuna autorità competente, per quanto possibile, verifica la qualità dei dati personali prima che questi siano trasmessi o resi disponibili e correda la loro trasmissione delle informazioni che consentono all'autorità ricevente di valutarne il grado di esattezza, completezza, aggiornamento e affidabilità.

3. Quando risulta che i dati personali sono stati trasmessi illecitamente o sono inesatti, il destinatario ne è tempestivamente informato. In tal caso, i dati personali devono essere rettificati o cancellati o il trattamento deve essere limitato a norma dell'articolo 12.

5. Liceità del trattamento. – 1. Il trattamento è lecito se è necessario per l'esecuzione di un compito di un'autorità competente per le finalità di cui all'articolo 1, comma 2, e si basa sul diritto dell'Unione europea o su disposizioni di legge o, nei casi previsti dalla legge, di regolamento che individuano i dati personali e le finalità del trattamento.

2. Con decreto del Presidente della Repubblica, adottato ai sensi dell'articolo 17, comma 1, della legge 23 agosto 1988, n. 400, sono individuati, per i trattamenti o le categorie di trattamenti non occasionali di cui al comma 1, i termini, ove non già stabiliti da disposizioni di legge o di regolamento, e le modalità di conservazione dei dati, i soggetti legittimati ad accedervi, le condizioni di accesso, le modalità di consultazione, nonché le modalità e le condizioni per l'esercizio dei diritti di cui agli articoli 9, 10, 11 e 13. I termini di conservazione sono determinati in conformità ai criteri indicati all'articolo 3, comma 1, tenendo conto delle diverse categorie di interessati e delle finalità perseguite.

6. Condizioni di trattamento specifiche. – 1. I dati personali raccolti per le finalità di cui all'articolo 1, comma 2, non possono essere trattati per finalità diverse, salvo che tale trattamento sia consentito dal diritto dell'Unione europea o dalla legge.

2. Ai trattamenti eseguiti per finalità diverse da quelle di cui all'articolo 1, comma 2, comprese le attività di archiviazione nel pubblico interesse, di ricerca scientifica o storica o per finalità statistiche, si applica il regolamento UE, salve le disposizioni di cui all'articolo 58 del Codice.

3. Se il diritto dell'Unione europea o le disposizioni legislative o regolamentari prevedono condizioni specifiche per il trattamento dei dati personali, l'autorità competente che trasmette tali dati informa il destinatario delle condizioni e dell'obbligo di rispettarle.

4. L'autorità competente che trasmette i dati applica le stesse condizioni previste per le trasmissioni di dati all'interno dello Stato ai destinatari di altri Stati membri o ad agenzie, uffici e organi istituiti a norma del titolo V, capi 4 e 5, del Trattato sul funzionamento dell'Unione europea.

7. Trattamento di categorie particolari di dati personali. – 1. Il trattamento di dati di cui all'articolo 9 del regolamento UE è autorizzato solo se strettamente necessario e assistito da garanzie adeguate per i diritti e le libertà dell'interessato e specificamente previsto dal diritto dell'Unione europea o da legge o, nei casi previsti dalla legge, da regolamento, ovvero, ferme le garanzie dei diritti e delle libertà, se necessario per salvaguardare un interesse vitale dell'interessato o di un'altra persona fisica o se ha ad oggetto dati resi manifestamente pubblici dall'interessato.

8. Processo decisionale automatizzato relativo alle persone fisiche. – 1. Sono vietate le decisioni basate unicamente su un trattamento automatizzato, compresa la profilazione, che producono effetti negativi nei confronti dell'interessato, salvo che siano autorizzate dal diritto dell'Unione europea o da specifiche disposizioni di legge.

2. Le disposizioni di legge devono prevedere garanzie adeguate per i diritti e le libertà dell'interessato. In ogni caso è garantito il diritto di ottenere l'intervento umano da parte del titolare del trattamento.

3. Le decisioni di cui al comma 1 non possono basarsi sulle categorie particolari di dati personali di cui all'articolo 9 del regolamento UE, salvo che siano in vigore misure adeguate a salvaguardia dei diritti, delle libertà e dei legittimi interessi dell'interessato.

4. Fermo il divieto di cui all'articolo 21 della Carta dei diritti fondamentali dell'Unione europea, è vietata la profilazione finalizzata alla discriminazione di persone fisiche sulla base di categorie particolari di dati personali di cui all'articolo 9 del regolamento UE.

Capo II
Diritti dell'interessato

9. Comunicazioni e modalità per l'esercizio dei diritti dell'interessato. – 1. Il titolare del trattamento adotta misure adeguate a fornire all'interessato tutte le informazioni di cui all'articolo 10 ed effettua le comunicazioni relative al trattamento di cui agli articoli 8, 11, 12, 13, 14 e 27, in forma concisa, intellegibile e facilmente accessibile, con un linguaggio semplice e chiaro. Le informazioni sono fornite con qualsiasi mezzo adeguato, anche per via elettronica, se possibile con le stesse modalità della richiesta.

2. Il titolare del trattamento facilita l'esercizio dei diritti di cui agli articoli 8, 11, 12, 13 e 14 da parte dell'interessato.

3. Il titolare del trattamento informa l'interessato senza ingiustificato ritardo e per iscritto dell'esito della sua richiesta.

4. È assicurata la gratuità del rilascio di informazioni ai sensi dell'articolo 10 e dell'esercizio dei diritti previsti dagli articoli 8, 11, 12, 13, 14 e 27. Si applicano le disposizioni di cui all'articolo 12, paragrafo 5, secondo periodo, del regolamento UE.

5. Fermo quanto previsto dall'articolo 5, comma 1, con decreto adottato dal Ministro competente sono individuati, ove necessario anche per categorie, i trattamenti non occasionali effettuati con strumenti elettronici per le finalità di cui all'articolo 1, comma 2, previsti da disposizioni di legge o di regolamento, nonché i relativi titolari.

10. Informazioni da rendere disponibili o da fornire all'interessato. – 1. Il titolare del trattamento mette a disposizione dell'interessato, anche sul proprio sito internet, le seguenti informazioni:

a) l'identità e i dati di contatto del titolare del trattamento;

b) i dati di contatto del responsabile della protezione dei dati, se previsto;

c) le finalità del trattamento cui sono destinati i dati personali;

d) la sussistenza del diritto di proporre reclamo al Garante e i relativi dati di contatto;

e) la sussistenza del diritto di chiedere al titolare del trattamento l'accesso ai dati e la rettifica o la cancellazione dei dati personali e la limitazione del trattamento dei dati personali che lo riguardano.

2. In aggiunta alle informazioni di cui al comma 1, il titolare del trattamento, quando previsto da disposizioni di legge o di regolamento, fornisce all'interessato le seguenti ulteriori informazioni, funzionali all'esercizio dei propri diritti:

a) il titolo giuridico del trattamento;

b) il periodo di conservazione dei dati personali o, se non è possibile, i criteri per determinare tale periodo;

c) le categorie di destinatari dei dati personali, anche in Paesi terzi o in seno a organizzazioni internazionali;

d) le ulteriori informazioni ritenute utili all'esercizio dei diritti, in particolare nel caso in cui i dati personali siano stati raccolti all'insaputa dell'interessato.

11. Diritto di accesso dell'interessato. – 1. L'interessato ha il diritto di ottenere dal titolare del trattamento conferma dell'esistenza di un trattamento in corso di dati personali che lo riguardano e, in tal caso, l'accesso ai dati e alle seguenti informazioni:

a) le finalità e il titolo giuridico del trattamento;

b) le categorie di dati personali trattati;

c) i destinatari o le categorie di destinatari a cui i dati personali sono stati comunicati;

d) il periodo di conservazione dei dati personali o, se non è possibile, i criteri per determinare tale periodo;

e) il diritto di chiedere al titolare del trattamento la rettifica o la cancellazione dei dati personali o la limitazione del trattamento dei dati personali che lo riguardano;

f) il diritto di proporre reclamo al Garante, con i relativi dati di contatto;

g) la comunicazione dei dati personali oggetto del trattamento e di tutte le informazioni disponibili sulla loro origine.

2. Nei casi di cui all'articolo 14, comma 2, il titolare del trattamento informa l'interessato, senza ingiustificato ritardo e per iscritto, di ogni rifiuto o limitazione dell'accesso e dei relativi motivi, nonché del diritto di proporre reclamo dinanzi al Garante o di proporre ricorso giurisdizionale.

3. Il titolare del trattamento documenta i motivi di fatto o di diritto su cui si basa la decisione di cui al comma 2. Tali informazioni sono rese disponibili al Garante.

12. Diritto di rettifica o cancellazione di dati personali e limitazione di trattamento. – 1. L'interessato ha il diritto di ottenere dal titolare del trattamento, senza ingiustificato ritardo, la rettifica dei dati personali inesatti che lo riguardano. Tenuto conto delle finalità del trattamento, l'interessato ha il diritto di ottenere l'integrazione dei dati personali incompleti, anche fornendo una dichiarazione integrativa.

2. Fermo quanto previsto dall'articolo 14, comma 1 e 2, il titolare del trattamento cancella senza ingiustificato ritardo i dati personali, quando il trattamento si pone in contrasto con le disposizioni di cui agli articoli 3, 5 o 7 e in ogni altro caso previsto dalla legge.

3. In luogo della cancellazione, il titolare del trattamento limita il trattamento quando l'esattezza dei dati, contestata dall'interessato, non può essere accertata o se i dati devono essere conservati a fini probatori.

4. Quando il trattamento è limitato per l'impossibilità di accertare l'esattezza dei dati, il titolare del trattamento informa l'interessato prima di revocare la limitazione.

5. L'interessato ha diritto di essere informato per iscritto dal titolare del trattamento del rifiuto di rettifica, di cancellazione o di limitazione del trattamento e dei relativi motivi, nonché del diritto di proporre reclamo dinanzi al Garante o di proporre ricorso giurisdizionale.

7. Il titolare del trattamento comunica le rettifiche dei dati personali inesatti all'autorità competente da cui provengono.

8. Qualora i dati personali siano stati rettificati o cancellati o il trattamento sia stato limitato ai sensi dei commi 1, 2 e 3, il titolare del trattamento ne informa i destinatari e questi provvedono, sotto la propria responsabilità, alla rettifica o cancellazione dei dati personali ovvero alla limitazione del trattamento.

13. Esercizio dei diritti dell'interessato e verifica da parte del Garante. – 1. Al di fuori dei casi di trattamento effettuato dall'autorità giudiziaria per le finalità di cui all'articolo 1, comma 2, i diritti dell'interessato possono essere esercitati anche tramite il Garante con le modalità di cui all'articolo 160 del codice.

2. Il titolare del trattamento informa l'interessato della facoltà di cui al comma 1.

3. Nei casi di cui al comma 1, il Garante informa l'interessato di aver eseguito tutte le verifiche necessarie o di aver svolto un riesame, nonché del diritto dell'interessato di proporre ricorso giurisdizionale.

14. Limitazioni dell'esercizio dei diritti dell'interessato. – 1. I diritti di cui agli articoli 10, 11 e 12, relativamente ai dati personali contenuti in una decisione giudiziaria, in atti o documenti oggetto di trattamento nel corso di accertamenti o indagini, nel casellario giudiziale o in un fascicolo oggetto di trattamento nel corso di un procedimento penale o in fase di esecuzione penale, sono esercitati conformemente a quanto previsto dalle disposizioni di legge o di regolamento che disciplinano tali atti e procedimenti. Chiunque vi abbia interesse, durante il procedimento penale o dopo la sua definizione, può chiedere, con le modalità di cui all'articolo 116 del codice di procedura penale, la rettifica, la cancellazione o la limitazione dei dati personali che lo riguardano. Il giudice provvede con le forme dell'articolo 130 del codice di procedura penale.

2. Fermo quanto previsto dal comma 1, l'esercizio dei diritti di cui agli articoli 11, commi 1 e 2, e 12, comma 5, nonché l'adempimento dell'obbligo di cui all'articolo 10, comma 2, possono essere ritardati, limitati o esclusi, con disposizione di legge o di regolamento adottato ai sensi dell'articolo 5, comma 2, nella misura e per il tempo in cui ciò costituisca una misura necessaria e proporzionata, tenuto conto dei diritti fondamentali e dei legittimi interessi della persona fisica interessata al fine di:

a) non compromettere il buon esito dell'attività di prevenzione, indagine, accertamento e perseguimento di reati o l'esecuzione di sanzioni penali, nonché l'applicazione delle misure di prevenzione personali e patrimoniali e delle misure di sicurezza;

b) tutelare la sicurezza pubblica;

c) tutelare la sicurezza nazionale;

d) tutelare i diritti e le libertà altrui.

Capo III
Titolare del trattamento e responsabile del trattamento

Sezione I
Obblighi generali

15. Obblighi del titolare del trattamento. – 1. Il titolare del trattamento, tenuto conto della natura, dell'ambito di applicazione, del contesto e delle finalità del trattamento, nonché dei rischi per i diritti e le libertà delle persone fisiche, mette in atto misure tecniche e organizzative adeguate per garantire che il trattamento sia effettuato in conformità alle norme del presente decreto.

2. Le misure di cui al comma 1 sono riesaminate e aggiornate qualora necessario e, ove proporzionato rispetto all'attività di trattamento, includono l'attuazione di politiche adeguate in materia di protezione dei dati da parte del titolare del trattamento.

16. Protezione dei dati fin dalla progettazione e protezione per impostazione predefinita. – 1. Il titolare del trattamento, tenuto conto delle cognizioni tecniche disponibili e dei costi di attuazione, della natura, dell'ambito di applicazione, del contesto e delle finalità del trattamento, nonché dei rischi per i diritti e le libertà delle persone fisiche, mette in atto misure tecniche e organizzative adeguate, quale la pseudonimizzazione, per garantire la protezione dei dati e per tutelare i diritti degli interessati, in conformità alle norme del presente decreto.

2. Il titolare del trattamento mette in atto misure tecniche e organizzative adeguate per garantire che siano trattati, per impostazione predefinita, solo i dati personali necessari per ogni specifica finalità del trattamento. Tale obbligo vale per la quantità dei dati personali raccolti, la portata del trattamento, il periodo di conservazione e l'accessibilità. In particolare, tali misure garantiscono che, per impostazione predefinita, non siano resi accessibili dati personali a un numero indefinito di persone fisiche senza l'intervento della persona fisica.

17. Contitolari del trattamento. – 1. Due o più titolari del trattamento che determinano congiuntamente le finalità e i mezzi del trattamento sono contitolari del trattamento.

2. I contitolari del trattamento determinano mediante accordo con modalità trasparenti gli ambiti delle rispettive responsabilità per l'osservanza delle norme di cui al presente decreto, salvo che detti ambiti siano determinati dal diritto dell'Unione europea o da disposizioni legislative o regolamentari.

3. Con l'accordo di cui al comma 2 è designato il punto di contatto per gli interessati. Indipendentemente dalle disposizioni di tale accordo, l'interessato può esercitare i diritti nei confronti di e contro ciascun titolare del trattamento.

18. Responsabile del trattamento. – 1. Qualora un trattamento debba essere effettuato per conto del titolare del trattamento, quest'ultimo ricorre a responsabili del trattamento che garantiscono misure tecniche e organizzative adeguate ad assicurare la protezione dei dati personali e la tutela dei diritti dell'interessato.

2. Il responsabile del trattamento non può ricorrere a un altro responsabile senza preventiva autorizzazione scritta del titolare del trattamento.

3. L'esecuzione dei trattamenti da parte di un responsabile del trattamento è disciplinata da un contratto o da altro atto giuridico che prevede l'oggetto, la durata, la natura e la finalità del trattamento, il tipo di dati personali e le categorie di interessati, gli obblighi e i diritti del titolare del trattamento. Tale contratto o diverso atto giuridico prevede anche che il responsabile del trattamento:

a) agisca soltanto su istruzione del titolare del trattamento;

b) garantisca che le persone autorizzate al trattamento dei dati personali si siano impegnate alla riservatezza o abbiano un adeguato obbligo legale di riservatezza;

c) assista il titolare del trattamento con ogni mezzo adeguato per garantire il rispetto delle disposizioni relative ai diritti dell'interessato;

d) su scelta del titolare del trattamento, cancelli o gli restituisca tutti i dati personali dopo che è terminata la prestazione dei servizi di trattamento di dati e cancelli le copie esistenti, salvo che il diritto dell'Unione europea o la legge preveda la conservazione dei dati personali;

e) metta a disposizione del titolare del trattamento tutte le informazioni necessarie per dimostrare il rispetto delle condizioni di cui al presente articolo;

f) rispetti le condizioni di cui ai commi 2 e 3 nel caso di ricorso ad altro responsabile del trattamento.

4. Il contratto o il diverso atto di cui al comma 3 è stipulato per iscritto, anche in formato elettronico.

5. Se un responsabile del trattamento determina, in violazione del presente decreto, le finalità e i mezzi del trattamento, è considerato titolare del trattamento.

19. Trattamento sotto l'autorità del titolare del trattamento o del responsabile del trattamento. – 1. Il responsabile del trattamento o chiunque agisca sotto la sua autorità o sotto quella del titolare del trattamento può trattare i dati personali cui ha accesso solo in conformità alle istruzioni del titolare del trattamento, salvo che sia diversamente previsto dal diritto dell'Unione europea o da disposizioni di legge o, nei casi previsti dalla legge, di regolamento.

20. Registri delle attività di trattamento. – 1. I titolari del trattamento tengono un registro di tutte le categorie di attività di trattamento sotto la propria responsabilità. Tale registro contiene le seguenti informazioni:

a) il nome e i dati di contatto del titolare del trattamento e, se previsti, di ogni contitolare del trattamento e del responsabile della protezione dei dati;

b) le finalità del trattamento;

c) le categorie di destinatari a cui i dati personali sono stati o saranno comunicati, compresi i destinatari di paesi terzi o presso organizzazioni internazionali;

d) una descrizione delle categorie di interessati e delle categorie di dati personali;

e) se previsto, il ricorso alla profilazione;

f) se previste, le categorie di trasferimenti di dati personali verso un Paese terzo o verso organizzazioni internazionali;

g) un'indicazione del titolo giuridico del trattamento cui sono destinati i dati personali, anche in caso di trasferimento;

h) ove possibile, i termini ultimi previsti per la cancellazione delle diverse categorie di dati personali;

i) ove possibile, una descrizione generale delle misure di sicurezza tecniche e organizzative di cui all'articolo 25, comma 1.

2. I responsabili del trattamento tengono un registro di tutte le categorie di attività di trattamento svolte per conto di un titolare del trattamento, contenente le seguenti informazioni:

a) il nome e i dati di contatto del responsabile o dei responsabili del trattamento, di ogni titolare del trattamento per conto del quale agiscono e, se esistente, del responsabile della protezione dei dati;

b) le categorie dei trattamenti effettuati per conto di ogni titolare del trattamento;

c) i trasferimenti di dati personali effettuati su istruzione del titolare del trattamento verso un Paese terzo o verso un'organizzazione internazionale;

d) ove possibile, una descrizione generale delle misure di sicurezza tecniche e organizzative di cui all'articolo 25, comma 1.

3. I registri di cui ai commi 1 e 2 sono tenuti in forma scritta, anche in formato elettronico. Su richiesta, il titolare del trattamento e il responsabile del trattamento mettono tali registri a disposizione del Garante.

21. Registrazione. – 1. Le operazioni di raccolta, modifica, consultazione, comunicazione, trasferimento, interconnessione e cancellazione di dati, eseguite in sistemi di trattamento automatizzati, sono registrate in appositi file di log, da conservare per la durata stabilita con il decreto di cui all'articolo 5, comma 2.

2. Le registrazioni delle operazioni di cui al comma 1 debbono consentire di conoscere i motivi, la data e l'ora di tali operazioni e, se possibile, di identificare la persona che ha eseguito le operazioni e i destinatari.

3. Le registrazioni sono usate ai soli fini della verifica della liceità del trattamento, per finalità di controllo interno, per garantire l'integrità e la sicurezza dei dati personali e nell'ambito di procedimenti penali.

4. Su richiesta e fatto salvo quanto previsto dall'articolo 37, comma 3, il titolare del trattamento e il responsabile del trattamento mettono le registrazioni a disposizione del Garante.

22. Cooperazione con il Garante. – 1. Salvo quanto previsto dall'articolo 37, comma 3, il titolare del trattamento e il responsabile del trattamento cooperano, su richiesta, con il Garante.

23. Valutazione d'impatto sulla protezione dei dati. – 1. Se il trattamento, per l'uso di nuove tecnologie e per la sua natura, per l'ambito di applicazione, per il contesto e per le finalità, presenta un rischio elevato per i diritti e le libertà delle persone fisiche, il titolare del trattamento, prima di procedere al trattamento, effettua una valutazione del suo impatto sulla protezione dei dati personali.

2. La valutazione di cui al comma 1 contiene una descrizione generale dei trattamenti previsti, una valutazione dei rischi per i diritti e le libertà degli interessati, le misure previste per affrontare tali rischi, le garanzie, le misure di sicurezza e i meccanismi per garantire la protezione dei dati personali e il rispetto delle norme del presente decreto.

24. Consultazione preventiva del Garante. – 1. Salvo quanto previsto dall'articolo 37, comma 6, il titolare del trattamento o il responsabile del trattamento consultano il Garante prima del trattamento di dati personali che figureranno in un nuovo archivio di prossima creazione se:

a) una valutazione d'impatto sulla protezione dei dati di cui all'articolo 23 indica che il trattamento presenterebbe un rischio elevato in assenza di misure adottate dal titolare del trattamento per attenuare il rischio; oppure

b) il tipo di trattamento presenta un rischio elevato per i diritti e le libertà degli interessati anche in ragione dell'utilizzo di tecnologie, procedure o meccanismi nuovi ovvero di dati genetici o biometrici.

2. Il Garante è consultato nel corso dell'esame di un progetto di legge o di uno schema di decreto legislativo ovvero di uno schema di regolamento o decreto non avente carattere regolamentare, suscettibile di rilevare ai fini della garanzia del diritto alla protezione dei dati personali.

3. Il Garante può stabilire un elenco di trattamenti soggetti a consultazione preventiva ai sensi del comma 1.

4. Il titolare del trattamento trasmette al Garante la valutazione d'impatto sulla protezione dei dati di cui all'articolo 23 e, su richiesta, ogni altra informazione, al fine di consentire a detta autorità di effettuare una valutazione della conformità del trattamento, dei rischi per la protezione dei dati personali dell'interessato e delle relative garanzie.

5. Ove ritenga che il trattamento di cui al comma 1 violi le disposizioni del presente decreto, il Garante fornisce, entro un termine di sei settimane dal ricevimento della richiesta di consultazione, un parere per iscritto al titolare del trattamento e, se esistente, al responsabile del trattamento. Il Garante si avvale dei poteri di cui all'articolo 37, comma 3.

6. Il termine di cui al comma 5 può essere prorogato di un mese nel caso di trattamento complesso. Il Garante informa della proroga e dei motivi del ritardo il titolare del trattamento e, se esistente, il responsabile del trattamento, entro un mese dal ricevimento della richiesta di consultazione.

Sezione II
Sicurezza dei dati personali

25. Sicurezza del trattamento. – 1. Il titolare del trattamento e il responsabile del trattamento, tenuto conto delle cognizioni tecniche disponibili, dei costi di attuazione, della natura, dell'oggetto, del contesto e delle finalità del trattamento, nonché del grado di rischio per i diritti e le libertà delle persone fisiche, mettono in atto misure tecniche e organizzative che garantiscano un livello di sicurezza adeguato al rischio di violazione dei dati.

2. Per il trattamento automatizzato il titolare o il responsabile del trattamento, previa valutazione dei rischi, adottano misure volte a:

a) vietare alle persone non autorizzate l'accesso alle attrezzature utilizzate per il trattamento («controllo dell'accesso alle attrezzature»);

b) impedire che supporti di dati possano essere letti, copiati, modificati o asportati da persone non autorizzate («controllo dei supporti di dati»);

c) impedire che i dati personali siano inseriti senza autorizzazione e che i dati personali conservati siano visionati, modificati o cancellati senza autorizzazione («controllo della conservazione»);

d) impedire che persone non autorizzate utilizzino sistemi di trattamento automatizzato mediante attrezzature per la trasmissione di dati («controllo dell'utente»);

e) garantire che le persone autorizzate a usare un sistema di trattamento automatizzato abbiano accesso solo ai dati personali cui si riferisce la loro autorizzazione d'accesso («controllo dell'accesso ai dati»);

f) garantire la possibilità di individuare i soggetti ai quali siano stati o possano essere trasmessi o resi disponibili i dati personali utilizzando attrezzature per la trasmissione di dati («controllo della trasmissione»);

g) garantire la possibilità di verificare e accertare a posteriori quali dati personali sono stati introdotti nei sistemi di trattamento automatizzato, il momento della loro introduzione e la persona che l'ha effettuata («controllo dell'introduzione»);

h) impedire che i dati personali possano essere letti, copiati, modificati o cancellati in modo non autorizzato durante i trasferimenti di dati personali o il trasporto di supporti di dati («controllo del trasporto»);

i) garantire che, in caso di interruzione, i sistemi utilizzati possano essere ripristinati («recupero»);

l) garantire che le funzioni del sistema siano operative, che eventuali errori di funzionamento siano segnalati («affidabilità») e che i dati personali conservati non possano essere falsati da un errore di funzionamento del sistema («integrità»).

26. Notifica al Garante di una violazione di dati personali. – 1. Salvo quanto previsto dall'articolo 37, comma 6, in caso di violazione di dati personali, il titolare del trattamento notifica la violazione al Garante con le modalità di cui all'articolo 33 del regolamento UE.

2. Se la violazione dei dati personali riguarda dati personali che sono stati trasmessi dal o al titolare del trattamento di un altro Stato membro, le informazioni previste dal citato articolo 33 del regolamento UE sono comunicate, senza ingiustificato ritardo, al titolare del trattamento di tale Stato membro.

27. Comunicazione di una violazione di dati personali all'interessato. – 1. Quando la violazione di dati personali è suscettibile di presentare un rischio elevato per i diritti e le libertà delle persone fisiche, si osservano le disposizioni in tema di comunicazioni di cui all'articolo 34 del regolamento UE.

2. La comunicazione all'interessato di cui al comma 1 può essere ritardata, limitata od omessa alle condizioni e per i motivi di cui all'articolo 14, comma 2.

Sezione III
Responsabile della protezione dei dati

28. Designazione del responsabile della protezione dei dati. – 1. Il titolare del trattamento designa un responsabile della protezione dei dati.

2. Il responsabile della protezione dei dati è designato in funzione delle qualità professionali, in particolare della conoscenza specialistica della normativa e delle prassi in materia di protezione dei dati, e della capacità di assolvere i compiti di cui all'articolo 30.

3. Può essere designato un unico responsabile della protezione dei dati per più autorità competenti, tenuto conto della loro struttura organizzativa e dimensione.

4. Il titolare del trattamento pubblica i dati di contatto del responsabile della protezione dei dati e, salvo quanto previsto dall'articolo 37, comma 6, li comunica al Garante.

29. Posizione del responsabile della protezione dei dati. – 1. Il titolare del trattamento si assicura che il responsabile della protezione dei dati sia coinvolto adeguatamente e tempestivamente in tutte le questioni riguardanti la protezione dei dati personali.

2. Il titolare del trattamento coadiuva il responsabile della protezione dei dati nell'esecuzione dei compiti di cui all'articolo 30 fornendogli le risorse necessarie per assolvere tali compiti, per accedere ai dati personali e ai trattamenti e per mantenere la propria conoscenza specialistica.

30. Compiti del responsabile della protezione dei dati. – 1. Il titolare del trattamento conferisce al responsabile della protezione dei dati almeno i seguenti compiti:

a) informare il titolare del trattamento e i dipendenti che effettuano il trattamento degli obblighi derivanti dal presente decreto nonché da altre disposizioni dell'Unione europea o dello Stato relative alla protezione dei dati;

b) vigilare sull'osservanza del presente decreto e di altre disposizioni dell'Unione europea o dello Stato relative alla protezione dei dati nonché delle previsioni di programma del titolare del trattamento in materia di protezione dei dati personali, compresi l'attribuzione delle responsabilità, la sensibilizzazione e la formazione del personale che partecipa ai trattamenti e alle connesse attività di controllo;

c) fornire, se richiesto, un parere in merito alla valutazione d'impatto sulla protezione dei dati e sorvegliarne lo svolgimento ai sensi dell'articolo 23;

d) cooperare con il Garante;

e) fungere da punto di contatto per il Garante per questioni connesse al trattamento, tra cui la consultazione preventiva di cui all'articolo 24, ed effettuare, ove necessario, consultazioni relativamente a qualunque altra questione.

Capo IV
Trasferimento di dati personali verso Paesi terzi o organizzazioni internazionali

31. Principi generali in materia di trasferimento di dati personali. – 1. Il trasferimento di dati personali oggetto di un trattamento o destinati a essere oggetto di un trattamento dopo il trasferimento verso un Paese terzo o un'organizzazione internazionale, compresi trasferimenti successivi verso un altro Paese terzo o un'altra organizzazione internazionale è consentito se:

a) il trasferimento è necessario per le finalità di cui all'articolo 1, comma 2;

b) i dati personali sono trasferiti al titolare del trattamento in un Paese terzo o a un'organizzazione internazionale che sia un'autorità competente per le finalità di cui all'articolo 1, comma 2;

c) qualora i dati personali siano trasmessi o resi disponibili da uno Stato membro, tale Stato ha fornito la propria autorizzazione preliminare al trasferimento conformemente al proprio diritto nazionale;

d) la Commissione europea ha adottato una decisione di adeguatezza, a norma dell'articolo 32 o, in mancanza, sono state fornite o esistono garanzie adeguate ai sensi dell'articolo 33; in assenza di una decisione di adeguatezza e di garanzie adeguate, si applicano deroghe per situazioni specifiche ai sensi dell'articolo 34; e e) in caso di trasferimento successivo a un altro Paese terzo o a un'altra organizzazione internazionale, l'autorità competente che ha effettuato il trasferimento originario o un'altra autorità competente dello stesso Stato membro autorizza il trasferimento successivo dopo avere valutato tutti i fattori pertinenti, tra cui la gravità del reato, la finalità per la quale i dati personali sono stati trasferiti e il livello di protezione dei dati personali previsto nel Paese terzo o nell'organizzazione internazionale verso i quali i dati personali sono successivamente trasferiti.

2. In assenza dell'autorizzazione preliminare di un altro Stato membro di cui al comma 1, lettera c), il trasferimento di dati personali è consentito solo se necessario per prevenire una minaccia grave e immediata alla sicurezza pubblica di uno Stato membro o di un Paese terzo o agli interessi vitali di uno Stato membro e l'autorizzazione preliminare non può essere ottenuta tempestivamente. L'autorità competente a rilasciare l'autorizzazione preliminare è informata senza ritardo.

32. Trasferimento sulla base di una decisione di adeguatezza. – 1. Il trasferimento di dati personali verso un Paese terzo o un'organizzazione internazionale è consentito se la Commissione europea ha deciso che il Paese terzo, un territorio o uno o più settori specifici all'interno del Paese terzo, o l'organizzazione internazionale garantiscono un livello di protezione adeguato. In tal caso non sono necessarie autorizzazioni specifiche.

33. Trasferimenti soggetti a garanzie adeguate. – 1. In mancanza o in caso di revoca, modifica o sospensione di una decisione di adeguatezza di cui all'articolo 32, il trasferimento di dati personali verso un Paese terzo o un'organizzazione internazionale è consentito se:

a) sono fornite garanzie adeguate per la protezione dei dati personali attraverso uno strumento giuridicamente vincolante; o

b) il titolare del trattamento, valutate tutte le circostanze relative allo specifico trasferimento, ritiene che sussistano garanzie adeguate per la protezione dei dati personali.

2. Il titolare del trattamento informa il Garante dei trasferimenti effettuati ai sensi del comma 1, lettera b), e ne conserva documentazione che, su richiesta, mette a disposizione del Garante, con l'indicazione della data e dell'ora del trasferimento, dell'autorità competente ricevente, della motivazione del trasferimento e dei dati personali trasferiti.

34. Deroghe in situazioni specifiche. – 1. In mancanza o in caso di revoca, modifica o sospensione di una decisione di adeguatezza ai sensi dell'articolo 32 o di garanzie adeguate di cui all'articolo 33, il trasferimento o una categoria di trasferimenti di dati personali verso un Paese terzo o un'organizzazione internazionale sono consentiti se necessari per una delle seguenti finalità:

a) per tutelare un interesse vitale dell'interessato o di un'altra persona;

b) per salvaguardare i legittimi interessi dell'interessato quando lo preveda il diritto dello Stato membro che trasferisce i dati personali;

c) per prevenire una minaccia grave e immediata alla sicurezza pubblica di uno Stato membro o di un Paese terzo;

d) in singoli casi, per le finalità di cui all'articolo 1, comma 2;

e) in singoli casi, per accertare, esercitare o difendere un diritto in sede giudiziaria in relazione alle finalità di cui all'articolo 1, comma 2.

2. Nei casi di cui al comma 1, lettere d) ed e), i dati personali non sono trasferiti se l'autorità competente che effettua il trasferimento valuta i diritti e le libertà fondamentali dell'interessato prevalenti rispetto all'interesse pubblico al trasferimento.

3. Il trasferimento effettuato ai sensi del comma 1 deve es-

sere documentato e, su richiesta, la documentazione deve essere messa a disposizione del Garante con l'indicazione della data e dell'ora del trasferimento, dell'autorità competente ricevente, della motivazione del trasferimento e dei dati personali trasferiti.

35. Trasferimenti di dati personali a destinatari stabiliti in Paesi terzi. – 1. In deroga a quanto previsto dall'articolo 31, comma 1, lettera b), e fatti salvi eventuali accordi internazionali di cui al comma 2, le autorità competenti di cui all'articolo 2, comma 1, lettera g), numero 1), possono, in singoli e specifici casi previsti da norme di legge o di regolamento o dal diritto dell'Unione europea, trasferire dati personali direttamente a destinatari stabiliti in Paesi terzi se:

a) il trasferimento è strettamente necessario per l'assolvimento di un compito previsto dal diritto dell'Unione europea o dall'ordinamento interno, per le finalità di cui all'articolo 1, comma 2;

b) l'autorità competente che effettua il trasferimento valuta che i diritti e le libertà fondamentali dell'interessato non prevalgono sull'interesse pubblico che rende necessario il trasferimento;

c) l'autorità competente che effettua il trasferimento ritiene che il trasferimento a un'autorità per le finalità di cui all'articolo 1, comma 2, nel Paese terzo sia inefficace o inidoneo, in particolare in quanto non può essere effettuato tempestivamente;

d) l'autorità competente ai fini di cui all'articolo 1, comma 2, nel Paese terzo è informata senza ingiustificato ritardo, salvo che ciò pregiudichi la finalità per cui il trasferimento è effettuato;

e) l'autorità competente che effettua il trasferimento informa il destinatario della finalità specifica o delle finalità specifiche per le quali i dati personali devono essere trattati, a condizione che tale trattamento sia necessario.

2. Per accordo internazionale di cui al comma 1 si intende qualsiasi accordo internazionale bilaterale o multilaterale in vigore tra gli Stati membri e Paesi terzi nel settore della cooperazione giudiziaria in materia penale e della cooperazione di polizia.

3. L'autorità competente informa il Garante dei trasferimenti previsti dal presente articolo.

4. Il trasferimento effettuato ai sensi del comma 1 è documentato.

36. Cooperazione internazionale per la protezione dei dati personali e accordi internazionali precedentemente conclusi. – 1. In relazione ai Paesi terzi e alle organizzazioni internazionali, sono adottate misure appropriate per le finalità di cui all'articolo 50 del regolamento UE.

2. Restano in vigore, fino alla loro modifica, sostituzione o revoca, gli accordi internazionali relativi al trasferimento di dati personali verso Paesi terzi o organizzazioni internazionali conclusi anteriormente al 6 maggio 2016 e che sono conformi al diritto dell'Unione europea applicabile a tale data.

Capo V
Tutela e sanzioni amministrative

37. Autorità di controllo. – 1. Il Garante è l'autorità di controllo incaricata di vigilare sull'applicazione delle norme di cui al presente decreto, al fine di tutelare i diritti e le libertà fondamentali delle persone fisiche con riguardo al trattamento di dati personali e di agevolare la libera circolazione dei dati all'interno dell'Unione europea.

2. Ai fini di cui al comma 1 sono attribuite al Garante le funzioni di cui all'articolo 154 del Codice, nonché le seguenti:

a) promozione di una diffusa conoscenza e della consapevolezza circa i rischi, le norme, le garanzie e i diritti in relazione al trattamento;

b) promozione della consapevolezza in capo ai titolari e responsabili del trattamento dell'importanza degli obblighi previsti dal presente decreto;

c) espressione di pareri nei casi previsti dalla legge;

d) rilascio, su richiesta dell'interessato, di informazioni in merito all'esercizio dei diritti previsti dal presente decreto e, se del caso, cooperazione, a tal fine, con le autorità di controllo di altri Stati membri;

e) trattazione dei reclami proposti da un interessato, da un organismo, un'organizzazione o un'associazione ai sensi dell'articolo 40 e compimento delle indagini sull'oggetto del reclamo, informando il reclamante dello stato e dell'esito delle indagini entro un termine ragionevole, in particolare ove siano necessarie ulteriori indagini o un coordinamento con un'altra autorità di controllo;

f) supporto agli interessati nella proposizione dei reclami;

g) accertamento della liceità del trattamento ai sensi dell'articolo 13 e informazione all'interessato entro un termine ragionevole dell'esito della verifica ai sensi del comma 3 di detto articolo, o dei motivi per cui non è stata effettuata;

h) collaborazione, anche tramite scambi di informazioni, con le altre autorità di controllo e attività di assistenza reciproca, al fine di garantire l'applicazione e l'attuazione del presente decreto;

i) verifica degli sviluppi tecnologici e sociali che presentano un interesse, se ed in quanto incidenti sulla protezione dei dati personali, in particolare l'evoluzione delle tecnologie dell'informazione e della comunicazione;

l) prestazione di consulenza in merito ai trattamenti di cui all'articolo 24;

m) contribuzione alle attività del comitato di cui all'articolo 68 del regolamento UE.

3. Ai fini di cui al comma 1 sono attribuiti al Garante i seguenti poteri:

a) svolgere indagini sull'applicazione del presente decreto, anche sulla base di informazioni ricevute da un'altra autorità di controllo o da un'altra autorità pubblica. Lo svolgimento delle indagini è disciplinato dalle disposizioni del Codice;

b) ottenere, dal titolare del trattamento e dal responsabile del trattamento, l'accesso a tutti i dati personali oggetto del trattamento e a tutte le informazioni necessarie per l'adempimento dei suoi compiti;

c) rivolgere avvertimenti al titolare del trattamento o al responsabile del trattamento in ordine alle possibili violazioni delle norme del presente decreto;

d) ingiungere al titolare del trattamento o al responsabile del trattamento di conformare i trattamenti alle disposizioni del presente decreto, se del caso, con specifiche modalità ed entro un determinato termine, ordinando in particolare la rettifica o la cancellazione di dati personali o la limitazione del trattamento ai sensi dell'articolo 12;

e) imporre una limitazione provvisoria o definitiva al trattamento, incluso il divieto e il blocco dello stesso;

f) promuovere la segnalazione riservata di violazioni del presente decreto;

g) denunciare i reati dei quali viene a conoscenza nell'esercizio o a causa delle funzioni;

h) predisporre annualmente una relazione sull'attività svolta, da trasmettere al Parlamento e al Governo, ai sensi dell'articolo 154, comma 1, del Codice e da mettere a disposizione del pubblico, della Commissione europea e del comitato di cui all'articolo 68 del regolamento UE, in cui può figurare un elenco delle tipologie di violazioni notificate e di sanzioni imposte.

4. I poteri di cui al comma 3 sono esercitati nei modi, nelle forme e con le garanzie previste dalla legge.

5. Le funzioni e i poteri di cui ai commi 2 e 3 sono eserci-

tati senza spese per l'interessato o per il responsabile della protezione dati. Il Garante non provvede in ordine alle richieste manifestamente infondate o inammissibili in quanto ripropongono, senza nuovi elementi, richieste già rigettate.

6. Il Garante non è competente in ordine al controllo del rispetto delle norme del presente decreto, limitatamente ai trattamenti effettuati dall'autorità giudiziaria nell'esercizio delle funzioni giurisdizionali, nonché di quelle giudiziarie del pubblico ministero.

38. Assistenza reciproca. – 1. Il Garante coopera con la Commissione europea al fine di contribuire alla coerente applicazione del diritto dell'Unione in materia di protezione dei dati personali, scambia con le autorità di controllo degli altri Stati membri le informazioni utili e presta assistenza reciproca al fine di attuare e applicare il presente decreto in maniera coerente, e di cooperare efficacemente con loro. L'assistenza reciproca comprende le richieste di informazioni e le misure di controllo, quali le richieste di effettuare consultazioni, ispezioni e indagini.

2. Il Garante adotta, con proprio provvedimento, le misure di cui all'articolo 61, paragrafo 2, del regolamento UE.

3. Le richieste di assistenza sono conformi alle modalità di cui all'articolo 61, paragrafo 3, del regolamento UE.

4. Il Garante non può rifiutare di dare seguito alla richiesta, salvo che sia incompetente o l'intervento richiesto violi il diritto interno o dell'Unione europea.

5. Il Garante osserva le disposizioni di cui all'articolo 61, paragrafi 5, 6 e 7, del regolamento UE.

39. Reclamo al Garante e ricorso giurisdizionale. – 1. Fermo quanto previsto dall'articolo 37, comma 6, l'interessato, se ritiene che il trattamento dei dati personali che lo riguardano violi le disposizioni del presente decreto, può proporre reclamo al Garante, con le modalità di cui agli articoli 142 e 143 del Codice.

2. Il Garante informa l'interessato dello stato o dell'esito del reclamo, compresa la possibilità del ricorso giurisdizionale.

3. Per l'inosservanza delle disposizioni del presente decreto in violazione dei suoi diritti, l'interessato può proporre ricorso giurisdizionale secondo quanto previsto e regolato dalla disciplina contenuta nella parte III, titolo I, capo II del Codice.

40. Rappresentanza degli interessati. – 1. L'interessato può dare mandato a un ente del terzo settore soggetto alla disciplina del decreto legislativo 3 luglio 2017, n. 117, che sia attivo nel settore della tutela dei diritti e delle libertà degli interessati con riguardo alla protezione dei dati personali, al fine di esercitare per suo conto i diritti di cui all'articolo 39, ferme le disposizioni in materia di patrocinio previste dal codice di procedura civile.

41. Diritto al risarcimento. – 1. Il titolare o il responsabile del trattamento sono tenuti, a norma dell'articolo 82 del regolamento UE, al risarcimento del danno patrimoniale o non patrimoniale cagionato da un trattamento o da qualsiasi altro atto compiuti in violazione delle disposizioni del presente decreto.

42. Sanzioni amministrative. – 1. Salvo che il fatto costituisca reato e ad esclusione dei trattamenti svolti in ambito giudiziario, la violazione delle disposizioni di cui all'articolo 3, comma 1, lettere a), b), d), e) ed f), all'articolo 4, commi 2 e 3, all'articolo 6, commi 3 e 4, all'articolo 7, all'articolo 8, è punita con la sanzione amministrativa del pagamento di una somma da 50.000 euro a 150.000 euro. La medesima sanzione amministrativa si applica al trasferimento dei dati personali verso un Paese terzo o un'organizzazione internazionale in assenza della decisione di adeguatezza della Commissione europea, salvo quanto previsto dagli articoli 33 e 34.

2. Salvo che il fatto costituisca reato e ad esclusione dei trattamenti svolti in ambito giudiziario, è punita con la sanzione amministrativa del pagamento di una somma da 20.000 euro a 80.000 euro la violazione delle disposizioni di cui all'articolo 14, comma 2. Con la medesima sanzione è punita la violazione delle disposizioni di cui all'articolo 17, comma 2, all'articolo 18, commi 1, 2, 3 e 4, all'articolo 19, all'articolo 20, all'articolo 21, all'articolo 22, all'articolo 23, all'articolo 24, commi 1 e 4, all'articolo 26, all'articolo 27, all'articolo 28, commi 1 e 4, all'articolo 29, comma 2.

3. Nella determinazione della sanzione amministrativa da applicare secondo quanto previsto dai commi 1 e 2 si tiene conto dei criteri di cui all'articolo 83, paragrafo 2, lettere a), b), c), d), e), f), g), h), i), k), del regolamento UE.

4. Il procedimento per l'applicazione delle sanzioni è regolato dall'articolo 166 del Codice. Si applica altresì l'articolo 165 del Codice.

Capo VI
Illeciti penali

43. Trattamento illecito di dati. – 1. Salvo che il fatto costituisca più grave reato, chiunque, al fine di trarne per sé o per altri profitto o di recare ad altri un danno, procede al trattamento di dati personali in violazione di quanto disposto dall'articolo 5, comma 1, è punito, se dal fatto deriva nocumento, con la reclusione da sei mesi a un anno e sei mesi o, se la condotta comporta comunicazione o diffusione dei dati, con la reclusione da sei mesi a due anni.

2. Salvo che il fatto costituisca più grave reato, chiunque, al fine di trarne per sé o per altri profitto o di recare ad altri un danno, procede al trattamento di dati personali in violazione di quanto disposto dall'articolo 7 o dall'articolo 8, comma 4, è punito, se dal fatto deriva nocumento, con la reclusione da uno a tre anni.

44. Falsità in atti e dichiarazioni al Garante. – 1. Salvo che il fatto costituisca più grave reato, chiunque, in un procedimento dinanzi al Garante riguardante il trattamento dei dati di cui all'articolo 1, comma 2, o nel corso di accertamenti riguardanti i medesimi dati, dichiara o attesta falsamente notizie o circostanze o produce atti o documenti falsi, è punito con la reclusione da sei mesi a tre anni.

45. Inosservanza di provvedimenti del Garante. – 1. Chiunque, essendovi tenuto, non osserva il provvedimento adottato dal Garante ai sensi dell'articolo 143, comma 1, lettera c), del Codice, in un procedimento riguardante il trattamento dei dati di cui all'articolo 1, comma 2, è punito con la reclusione da tre mesi a due anni.

46. Pene accessorie. – 1. La condanna per uno dei delitti previsti dal presente decreto importa la pubblicazione della sentenza, ai sensi dell'articolo 36, secondo e terzo comma, del codice penale.

Capo VII
Disposizioni integrative sui trattamenti delle Forze di polizia

47. Modalità di trattamento e flussi di dati da parte delle Forze di polizia. – 1. Nei casi in cui le autorità di pubblica sicurezza o le Forze di polizia possono acquisire in conformità alle vigenti disposizioni di legge o di regolamento dati, informazioni, atti e documenti da altri soggetti, l'acquisizione può essere effettuata anche per via telematica. A tal fine gli organi o uffici interessati possono avvalersi di convenzioni volte ad agevolare la consultazione da parte dei medesimi organi o uffici, mediante reti di comunicazione elettronica, di pubblici registri, elenchi, schedari e banche di dati, nel rispetto delle pertinenti disposizioni e dei principi di cui agli articoli da 3 a 8. Le convenzioni-tipo sono adottate dal Ministero dell'interno, su conforme parere del Garante, e stabiliscono le modalità dei collegamenti e degli accessi anche al fine di assicurare l'accesso selettivo ai soli dati necessari al perseguimento delle finalità di cui all'articolo 1, comma 2.

2. I dati trattati dalle Forze di polizia per le finalità di cui all'articolo 1, comma 2, sono conservati separatamente da quelli registrati per finalità amministrative che non richiedono il loro utilizzo.

3. Fermo restando quanto previsto dagli articoli da 2 a 7, il Centro elaborazione dati del Dipartimento della pubblica sicurezza assicura l'aggiornamento periodico, la proporzionalità, la pertinenza e la non eccedenza dei dati personali trattati anche attraverso interrogazioni autorizzate del casellario giudiziale e del casellario dei carichi pendenti del Ministero della giustizia di cui al decreto del Presidente della Repubblica 14 novembre 2002, n. 313, o di altre banche di dati delle Forze di polizia, necessarie per le finalità di cui all'articolo 1, comma 1.

4. Gli organi, uffici e comandi di polizia verificano periodicamente i requisiti di cui agli articoli da 2 a 7 in riferimento ai dati trattati anche senza l'ausilio di strumenti elettronici, e provvedono al loro aggiornamento anche sulla base delle procedure adottate dal Centro elaborazione dati ai sensi del comma 3, o, per i trattamenti effettuati senza l'ausilio di strumenti elettronici, mediante annotazioni o integrazioni dei documenti che li contengono.

48. Tutela dell'interessato. – 1. Restano ferme le disposizioni di cui dall'articolo 10, commi 3, 4 e 5, della legge 1° aprile 1981, n. 121, e successive modificazioni, concernenti i controlli sul Centro elaborazione dati del Dipartimento della pubblica sicurezza.

2. Le disposizioni di cui all'articolo 10, commi 3, 4 e 5, della legge n. 121 del 1981, si applicano, oltre ai dati destinati a confluire nel Centro elaborazione dati di cui al comma 1, ai dati trattati con l'ausilio di strumenti elettronici da organi, uffici o comandi delle Forze di polizia di cui all'articolo 16 della predetta legge n. 121 del 1981.

Capo VIII
Disposizioni di coordinamento e abrogazioni

49. Abrogazioni e disposizioni di coordinamento. – 1. Gli articoli 53, 54, 55 e 56 del Codice sono abrogati.

2. L'articolo 57 del Codice è abrogato decorso un anno dalla data di entrata in vigore del presente decreto.

3. I decreti adottati in attuazione degli articoli 53 e 57 del Codice continuano ad applicarsi fino all'adozione di diversa disciplina ai sensi degli articoli 5, comma 2, e 9, comma 5.

50. Clausola di invarianza finanziaria. – 1. Dall'attuazione delle disposizioni di cui al presente decreto non devono derivare nuovi o maggiori oneri per la finanza pubblica. Le amministrazioni interessate provvedono agli adempimenti previsti dal presente decreto con le risorse umane, finanziarie e strumentali disponibili a legislazione vigente.

Il presente decreto, munito del sigillo dello Stato, sarà inserito nella Raccolta ufficiale degli atti normativi della Repubblica italiana. È fatto obbligo a chiunque spetti di osservarlo e di farlo osservare.

Regolamento (UE) 2016/679 del Parlamento europeo e del Consiglio del 27 aprile 2016

relativo alla protezione delle persone fisiche con riguardo al trattamento dei dati personali, nonché alla libera circolazione di tali dati e che abroga la direttiva 95/46/CE (regolamento generale sulla protezione dei dati)

(G.U. 4 maggio 2016, n. L119)

(Estratto artt. 1-43; artt. 77-84)

Capo I
Disposizioni generali

1. Oggetto e finalità. – 1. Il presente regolamento stabilisce norme relative alla protezione delle persone fisiche con riguardo al trattamento dei dati personali, nonché norme relative alla libera circolazione di tali dati.

2. Il presente regolamento protegge i diritti e le libertà fondamentali delle persone fisiche, in particolare il diritto alla protezione dei dati personali.

3. La libera circolazione dei dati personali nell'Unione non può essere limitata né vietata per motivi attinenti alla protezione delle persone fisiche con riguardo al trattamento dei dati personali.

2. Ambito di applicazione materiale. – 1. Il presente regolamento si applica al trattamento interamente o parzialmente automatizzato di dati personali e al trattamento non automatizzato di dati personali contenuti in un archivio o destinati a figurarvi.

2. Il presente regolamento non si applica ai trattamenti di dati personali:

a) effettuati per attività che non rientrano nell'ambito di applicazione del diritto dell'Unione;

b) effettuati dagli Stati membri nell'esercizio di attività che rientrano nell'ambito di applicazione del titolo V, capo 2, TUE;

c) effettuati da una persona fisica per l'esercizio di attività a carattere esclusivamente personale o domestico;

d) effettuati dalle autorità competenti a fini di prevenzione, indagine, accertamento o perseguimento di reati o esecuzione di sanzioni penali, incluse la salvaguardia contro minacce alla sicurezza pubblica e la prevenzione delle stesse.

3. Per il trattamento dei dati personali da parte di istituzioni, organi, uffici e agenzie dell'Unione, si applica il regolamento (CE) n. 45/2001. Il regolamento (CE) n. 45/2001 e gli

altri atti giuridici dell'Unione applicabili a tale trattamento di dati personali devono essere adeguati ai principi e alle norme del presente regolamento conformemente all'articolo 98.

4. Il presente regolamento non pregiudica pertanto l'applicazione della direttiva 2000/31/CE, in particolare le norme relative alla responsabilità dei prestatori intermediari di servizi di cui agli articoli da 12 a 15 della medesima direttiva.

3. Ambito di applicazione territoriale. – 1. Il presente regolamento si applica al trattamento dei dati personali effettuato nell'ambito delle attività di uno stabilimento da parte di un titolare del trattamento o di un responsabile del trattamento nell'Unione, indipendentemente dal fatto che il trattamento sia effettuato o meno nell'Unione.

2. Il presente regolamento si applica al trattamento dei dati personali di interessati che si trovano nell'Unione, effettuato da un titolare del trattamento o da un responsabile del trattamento che non è stabilito nell'Unione, quando le attività di trattamento riguardano:

a) l'offerta di beni o la prestazione di servizi ai suddetti interessati nell'Unione, indipendentemente dall'obbligatorietà di un pagamento dell'interessato; oppure

b) il monitoraggio del loro comportamento nella misura in cui tale comportamento ha luogo all'interno dell'Unione.

3. Il presente regolamento si applica al trattamento dei dati personali effettuato da un titolare del trattamento che non è stabilito nell'Unione, ma in un luogo soggetto al diritto di uno Stato membro in virtù del diritto internazionale pubblico.

4. Definizioni. – Ai fini del presente regolamento s'intende per:

1) «dato personale»: qualsiasi informazione riguardante una persona fisica identificata o identificabile («interessato»); si considera identificabile la persona fisica che può essere identificata, direttamente o indirettamente, con particolare riferimento a un identificativo come il nome, un numero di identificazione, dati relativi all'ubicazione, un identificativo online o a uno o più elementi caratteristici della sua identità fisica, fisiologica, genetica, psichica, economica, culturale o sociale;

2) «trattamento»: qualsiasi operazione o insieme di operazioni, compiute con o senza l'ausilio di processi automatizzati e applicate a dati personali o insiemi di dati personali, come la raccolta, la registrazione, l'organizzazione, la strutturazione, la conservazione, l'adattamento o la modifica, l'estrazione, la consultazione, l'uso, la comunicazione mediante trasmissione, diffusione o qualsiasi altra forma di messa a disposizione, il raffronto o l'interconnessione, la limitazione, la cancellazione o la distruzione;

3) «limitazione di trattamento»: il contrassegno dei dati personali conservati con l'obiettivo di limitarne il trattamento in futuro;

4) «profilazione»: qualsiasi forma di trattamento automatizzato di dati personali consistente nell'utilizzo di tali dati personali per valutare determinati aspetti personali relativi a una persona fisica, in particolare per analizzare o prevedere aspetti riguardanti il rendimento professionale, la situazione economica, la salute, le preferenze personali, gli interessi, l'affidabilità, il comportamento, l'ubicazione o gli spostamenti di detta persona fisica;

5) «pseudonimizzazione»: il trattamento dei dati personali in modo tale che i dati personali non possano più essere attribuiti a un interessato specifico senza l'utilizzo di informazioni aggiuntive, a condizione che tali informazioni aggiuntive siano conservate separatamente e soggette a misure tecniche e organizzative intese a garantire che tali dati personali non siano attribuiti a una persona fisica identificata o identificabile;

6) «archivio»: qualsiasi insieme strutturato di dati personali accessibili secondo criteri determinati, indipendentemente dal fatto che tale insieme sia centralizzato, decentralizzato o ripartito in modo funzionale o geografico;

7) «titolare del trattamento»: la persona fisica o giuridica, l'autorità pubblica, il servizio o altro organismo che, singolarmente o insieme ad altri, determina le finalità e i mezzi del trattamento di dati personali; quando le finalità e i mezzi di tale trattamento sono determinati dal diritto dell'Unione o degli Stati membri, il titolare del trattamento o i criteri specifici applicabili alla sua designazione possono essere stabiliti dal diritto dell'Unione o degli Stati membri;

8) «responsabile del trattamento»: la persona fisica o giuridica, l'autorità pubblica, il servizio o altro organismo che tratta dati personali per conto del titolare del trattamento;

9) «destinatario»: la persona fisica o giuridica, l'autorità pubblica, il servizio o un altro organismo che riceve comunicazione di dati personali, che si tratti o meno di terzi. Tuttavia, le autorità pubbliche che possono ricevere comunicazione di dati personali nell'ambito di una specifica indagine conformemente al diritto dell'Unione o degli Stati membri non sono considerate destinatari; il trattamento di tali dati da parte di dette autorità pubbliche è conforme alle norme applicabili in materia di protezione dei dati secondo le finalità del trattamento;

10) «terzo»: la persona fisica o giuridica, l'autorità pubblica, il servizio o altro organismo che non sia l'interessato, il titolare del trattamento, il responsabile del trattamento e le persone autorizzate al trattamento dei dati personali sotto l'autorità diretta del titolare o del responsabile;

11) «consenso dell'interessato»: qualsiasi manifestazione di volontà libera, specifica, informata e inequivocabile dell'interessato, con la quale lo stesso manifesta il proprio assenso, mediante dichiarazione o azione positiva inequivocabile, che i dati personali che lo riguardano siano oggetto di trattamento;

12) «violazione dei dati personali»: la violazione di sicurezza che comporta accidentalmente o in modo illecito la distruzione, la perdita, la modifica, la divulgazione non autorizzata o l'accesso ai dati personali trasmessi, conservati o comunque trattati;

13) «dati genetici»: i dati personali relativi alle caratteristiche genetiche ereditarie o acquisite di una persona fisica che forniscono informazioni univoche sulla fisiologia o sulla salute di detta persona fisica, e che risultano in particolare dall'analisi di un campione biologico della persona fisica in questione;

14) «dati biometrici»: i dati personali ottenuti da un trattamento tecnico specifico relativi alle caratteristiche fisiche, fisiologiche o comportamentali di una persona fisica che ne consentono o confermano l'identificazione univoca, quali l'immagine facciale o i dati dattiloscopici;

15) «dati relativi alla salute»: i dati personali attinenti alla salute fisica o mentale di una persona fisica, compresa la prestazione di servizi di assistenza sanitaria, che rivelano informazioni relative al suo stato di salute;

16) «stabilimento principale»:

a) per quanto riguarda un titolare del trattamento con stabilimenti in più di uno Stato membro, il luogo della sua amministrazione centrale nell'Unione, salvo che le decisioni sulle finalità e i mezzi del trattamento di dati personali siano adottate in un altro stabilimento del titolare del trattamento nell'Unione e che quest'ultimo stabilimento abbia facoltà di ordinare l'esecuzione di tali decisioni, nel qual caso lo stabilimento che ha adottato siffatte decisioni è considerato essere lo stabilimento principale;

b) con riferimento a un responsabile del trattamento con stabilimenti in più di uno Stato membro, il luogo in cui ha sede la sua amministrazione centrale nell'Unione o, se il responsabile del trattamento non ha un'amministrazione centrale nell'Unione, lo stabilimento del responsabile del trattamento nell'Unione in cui sono condotte le principali attività di trattamento nel contesto delle attività di uno stabilimento del responsabile del trattamento nella misura in cui tale responsabile è soggetto a obblighi specifici ai sensi del presente regolamento;

17) «rappresentante»: la persona fisica o giuridica stabilita nell'Unione che, designata dal titolare del trattamento o dal responsabile del trattamento per iscritto ai sensi dell'articolo 27, li rappresenta per quanto riguarda gli obblighi rispettivi a norma del presente regolamento;

18) «impresa»: la persona fisica o giuridica, indipendentemente dalla forma giuridica rivestita, che eserciti un'attività economica, comprendente le società di persone o le associazioni che esercitano regolarmente un'attività economica;

19) «gruppo imprenditoriale»: un gruppo costituito da un'impresa controllante e dalle imprese da questa controllate;

20) «norme vincolanti d'impresa»: le politiche in materia di protezione dei dati personali applicate da un titolare del trattamento o responsabile del trattamento stabilito nel territorio di uno Stato membro al trasferimento o al complesso di trasferimenti di dati personali a un titolare del trattamento o responsabile del trattamento in uno o più paesi terzi, nell'ambito di un gruppo imprenditoriale o di un gruppo di imprese che svolge un'attività economica comune;

21) «autorità di controllo»: l'autorità pubblica indipendente istituita da uno Stato membro ai sensi dell'articolo 51;

22) «autorità di controllo interessata»: un'autorità di controllo interessata dal trattamento di dati personali in quanto:

a) il titolare del trattamento o il responsabile del trattamento è stabilito sul territorio dello Stato membro di tale autorità di controllo;

b) gli interessati che risiedono nello Stato membro dell'autorità di controllo sono o sono probabilmente influenzati in modo sostanziale dal trattamento; oppure

c) un reclamo è stato proposto a tale autorità di controllo;

23) «trattamento transfrontaliero»:

a) trattamento di dati personali che ha luogo nell'ambito delle attività di stabilimenti in più di uno Stato membro di un titolare del trattamento o responsabile del trattamento nell'Unione ove il titolare del trattamento o il responsabile del trattamento siano stabiliti in più di uno Stato membro; oppure

b) trattamento di dati personali che ha luogo nell'ambito delle attività di un unico stabilimento di un titolare del trattamento o responsabile del trattamento nell'Unione, ma che incide o probabilmente incide in modo sostanziale su interessati in più di uno Stato membro;

24) «obiezione pertinente e motivata»: un'obiezione al progetto di decisione sul fatto che vi sia o meno una violazione del presente regolamento, oppure che l'azione prevista in relazione al titolare del trattamento o responsabile del trattamento sia conforme al presente regolamento, la quale obiezione dimostra chiaramente la rilevanza dei rischi posti dal progetto di decisione riguardo ai diritti e alle libertà fondamentali degli interessati e, ove applicabile, alla libera circolazione dei dati personali all'interno dell'Unione;

25) «servizio della società dell'informazione»: il servizio definito all'articolo 1, paragrafo 1, lettera b), della direttiva (UE) 2015/1535 del Parlamento europeo e del Consiglio;

26) «organizzazione internazionale»: un'organizzazione e gli organismi di diritto internazionale pubblico a essa subordinati o qualsiasi altro organismo istituito da o sulla base di un accordo tra due o più Stati.

Capo II
Principi

5. Principi applicabili al trattamento di dati personali. – 1. I dati personali sono:

a) trattati in modo lecito, corretto e trasparente nei confronti dell'interessato («liceità, correttezza e trasparenza»);

b) raccolti per finalità determinate, esplicite e legittime, e successivamente trattati in modo che non sia incompatibile con tali finalità; un ulteriore trattamento dei dati personali a fini di archiviazione nel pubblico interesse, di ricerca scientifica o storica o a fini statistici non è, conformemente all'articolo 89, paragrafo 1, considerato incompatibile con le finalità iniziali («limitazione della finalità»);

c) adeguati, pertinenti e limitati a quanto necessario rispetto alle finalità per le quali sono trattati («minimizzazione dei dati»);

d) esatti e, se necessario, aggiornati; devono essere adottate tutte le misure ragionevoli per cancellare o rettificare tempestivamente i dati inesatti rispetto alle finalità per le quali sono trattati («esattezza»);

e) conservati in una forma che consenta l'identificazione degli interessati per un arco di tempo non superiore al conseguimento delle finalità per le quali sono trattati; i dati personali possono essere conservati per periodi più lunghi a condizione che siano trattati esclusivamente a fini di archiviazione nel pubblico interesse, di ricerca scientifica o storica o a fini statistici, conformemente all'articolo 89, paragrafo 1, fatta salva l'attuazione di misure tecniche e organizzative adeguate richieste dal presente regolamento a tutela dei diritti e delle libertà dell'interessato («limitazione della conservazione»);

f) trattati in maniera da garantire un'adeguata sicurezza dei dati personali, compresa la protezione, mediante misure tecniche e organizzative adeguate, da trattamenti non autorizzati o illeciti e dalla perdita, dalla distruzione o dal danno accidentali («integrità e riservatezza»).

2. Il titolare del trattamento è competente per il rispetto del paragrafo 1 e in grado di comprovarlo («responsabilizzazione»).

6. Liceità del trattamento. – 1. Il trattamento è lecito solo se e nella misura in cui ricorre almeno una delle seguenti condizioni:

a) l'interessato ha espresso il consenso al trattamento dei propri dati personali per una o più specifiche finalità;

b) il trattamento è necessario all'esecuzione di un contratto di cui l'interessato è parte o all'esecuzione di misure precontrattuali adottate su richiesta dello stesso;

c) il trattamento è necessario per adempiere un obbligo legale al quale è soggetto il titolare del trattamento;

d) il trattamento è necessario per la salvaguardia degli interessi vitali dell'interessato o di un'altra persona fisica;

e) il trattamento è necessario per l'esecuzione di un compito di interesse pubblico o connesso all'esercizio di pubblici poteri di cui è investito il titolare del trattamento;

f) il trattamento è necessario per il perseguimento del legittimo interesse del titolare del trattamento o di terzi, a condizione che non prevalgano gli interessi o i diritti e le libertà fondamentali dell'interessato che richiedono la protezione dei dati personali, in particolare se l'interessato è un minore.

La lettera f) del primo comma non si applica al trattamento di dati effettuato dalle autorità pubbliche nell'esecuzione dei loro compiti.

2. Gli Stati membri possono mantenere o introdurre disposizioni più specifiche per adeguare l'applicazione delle norme del presente regolamento con riguardo al trattamento, in conformità del paragrafo 1, lettere c) ed e), determinando con maggiore precisione requisiti specifici per il trattamento e altre misure atte a garantire un trattamento lecito e corretto anche per le altre specifiche situazioni di trattamento di cui al capo IX.

3. La base su cui si fonda il trattamento dei dati di cui al paragrafo 1, lettere c) ed e), deve essere stabilita:

a) dal diritto dell'Unione; o

b) dal diritto dello Stato membro cui è soggetto il titolare del trattamento.

La finalità del trattamento è determinata in tale base giuridica o, per quanto riguarda il trattamento di cui al paragrafo

1, lettera e), è necessaria per l'esecuzione di un compito svolto nel pubblico interesse o connesso all'esercizio di pubblici poteri di cui è investito il titolare del trattamento. Tale base giuridica potrebbe contenere disposizioni specifiche per adeguare l'applicazione delle norme del presente regolamento, tra cui: le condizioni generali relative alla liceità del trattamento da parte del titolare del trattamento; le tipologie di dati oggetto del trattamento; gli interessati; i soggetti cui possono essere comunicati i dati personali e le finalità per cui sono comunicati; le limitazioni della finalità, i periodi di conservazione e le operazioni e procedure di trattamento, comprese le misure atte a garantire un trattamento lecito e corretto, quali quelle per altre specifiche situazioni di trattamento di cui al capo IX. Il diritto dell'Unione o degli Stati membri persegue un obiettivo di interesse pubblico ed è proporzionato all'obiettivo legittimo perseguito.

4. Laddove il trattamento per una finalità diversa da quella per la quale i dati personali sono stati raccolti non sia basato sul consenso dell'interessato o su un atto legislativo dell'Unione o degli Stati membri che costituisca una misura necessaria e proporzionata in una società democratica per la salvaguardia degli obiettivi di cui all'articolo 23, paragrafo 1, al fine di verificare se il trattamento per un'altra finalità sia compatibile con la finalità per la quale i dati personali sono stati inizialmente raccolti, il titolare del trattamento tiene conto, tra l'altro:

a) di ogni nesso tra le finalità per cui i dati personali sono stati raccolti e le finalità dell'ulteriore trattamento previsto;

b) del contesto in cui i dati personali sono stati raccolti, in particolare relativamente alla relazione tra l'interessato e il titolare del trattamento;

c) della natura dei dati personali, specialmente se siano trattate categorie particolari di dati personali ai sensi dell'articolo 9, oppure se siano trattati dati relativi a condanne penali e a reati ai sensi dell'articolo 10;

d) delle possibili conseguenze dell'ulteriore trattamento previsto per gli interessati;

e) dell'esistenza di garanzie adeguate, che possono comprendere la cifratura o la pseudonimizzazione.

7. Condizioni per il consenso. – 1. Qualora il trattamento sia basato sul consenso, il titolare del trattamento deve essere in grado di dimostrare che l'interessato ha prestato il proprio consenso al trattamento dei propri dati personali.

2. Se il consenso dell'interessato è prestato nel contesto di una dichiarazione scritta che riguarda anche altre questioni, la richiesta di consenso è presentata in modo chiaramente distinguibile dalle altre materie, in forma comprensibile e facilmente accessibile, utilizzando un linguaggio semplice e chiaro. Nessuna parte di una tale dichiarazione che costituisca una violazione del presente regolamento è vincolante.

3. L'interessato ha il diritto di revocare il proprio consenso in qualsiasi momento. La revoca del consenso non pregiudica la liceità del trattamento basata sul consenso prima della revoca. Prima di prestare il proprio consenso, l'interessato è informato di ciò. Il consenso è revocato con la stessa facilità con cui è accordato (1).

4. Nel valutare se il consenso sia stato liberamente prestato, si tiene nella massima considerazione l'eventualità, tra le altre, che l'esecuzione di un contratto, compresa la prestazione di un servizio, sia condizionata alla prestazione del consenso al trattamento di dati personali non necessario all'esecuzione di tale contratto.

(1) Paragrafo così corretto da Rettifica pubblicata nella G.U.U.E. 23/5/2018, n. 127 Serie L.

8. Condizioni applicabili al consenso dei minori in relazione ai servizi della società dell'informazione. – 1. Qualora si applichi l'articolo 6, paragrafo 1, lettera a), per quanto riguarda l'offerta diretta di servizi della società dell'informazione ai minori, il trattamento di dati personali del minore è lecito ove il minore abbia almeno 16 anni. Ove il minore abbia un'età inferiore ai 16 anni, tale trattamento è lecito soltanto se e nella misura in cui tale consenso è prestato o autorizzato dal titolare della responsabilità genitoriale.

Gli Stati membri possono stabilire per legge un'età inferiore a tali fini purché non inferiore ai 13 anni.

2. Il titolare del trattamento si adopera in ogni modo ragionevole per verificare in tali casi che il consenso sia prestato o autorizzato dal titolare della responsabilità genitoriale sul minore, in considerazione delle tecnologie disponibili.

3. Il paragrafo 1 non pregiudica le disposizioni generali del diritto dei contratti degli Stati membri, quali le norme sulla validità, la formazione o l'efficacia di un contratto rispetto a un minore.

9. Trattamento di categorie particolari di dati personali. – 1. È vietato trattare dati personali che rivelino l'origine razziale o etnica, le opinioni politiche, le convinzioni religiose o filosofiche, o l'appartenenza sindacale, nonché trattare dati genetici, dati biometrici intesi a identificare in modo univoco una persona fisica, dati relativi alla salute o alla vita sessuale o all'orientamento sessuale della persona.

2. Il paragrafo 1 non si applica se si verifica uno dei seguenti casi:

a) l'interessato ha prestato il proprio consenso esplicito al trattamento di tali dati personali per una o più finalità specifiche, salvo nei casi in cui il diritto dell'Unione o degli Stati membri dispone che l'interessato non possa revocare il divieto di cui al paragrafo 1;

b) il trattamento è necessario per assolvere gli obblighi ed esercitare i diritti specifici del titolare del trattamento o dell'interessato in materia di diritto del lavoro e della sicurezza sociale e protezione sociale, nella misura in cui sia autorizzato dal diritto dell'Unione o degli Stati membri o da un contratto collettivo ai sensi del diritto degli Stati membri, in presenza di garanzie appropriate per i diritti fondamentali e gli interessi dell'interessato;

c) il trattamento è necessario per tutelare un interesse vitale dell'interessato o di un'altra persona fisica qualora l'interessato si trovi nell'incapacità fisica o giuridica di prestare il proprio consenso;

d) il trattamento è effettuato, nell'ambito delle sue legittime attività e con adeguate garanzie, da una fondazione, associazione o altro organismo senza scopo di lucro che persegua finalità politiche, filosofiche, religiose o sindacali, a condizione che il trattamento riguardi unicamente i membri, gli ex membri o le persone che hanno regolari contatti con la fondazione, l'associazione o l'organismo a motivo delle sue finalità e che i dati personali non siano comunicati all'esterno senza il consenso dell'interessato;

e) il trattamento riguarda dati personali resi manifestamente pubblici dall'interessato;

f) il trattamento è necessario per accertare, esercitare o difendere un diritto in sede giudiziaria o ogniqualvolta le autorità giurisdizionali esercitino le loro funzioni giurisdizionali;

g) il trattamento è necessario per motivi di interesse pubblico rilevante sulla base del diritto dell'Unione o degli Stati membri, che deve essere proporzionato alla finalità perseguita, rispettare l'essenza del diritto alla protezione dei dati e prevedere misure appropriate e specifiche per tutelare i diritti fondamentali e gli interessi dell'interessato;

h) il trattamento è necessario per finalità di medicina preventiva o di medicina del lavoro, valutazione della capacità lavorativa del dipendente, diagnosi, assistenza o terapia sanitaria o sociale ovvero gestione dei sistemi e servizi sanitari o sociali sulla base del diritto dell'Unione o degli Stati membri o conformemente al contratto con un professionista della sanità, fatte salve le condizioni e le garanzie di cui al paragrafo 3;

i) il trattamento è necessario per motivi di interesse pubblico nel settore della sanità pubblica, quali la protezione da gravi minacce per la salute a carattere transfrontaliero o la garanzia di parametri elevati di qualità e sicurezza dell'assistenza sanitaria e dei medicinali e dei dispositivi medici, sulla base del diritto dell'Unione o degli Stati membri che prevede misure appropriate e specifiche per tutelare i diritti e le libertà dell'interessato, in particolare il segreto professionale;

j) il trattamento è necessario a fini di archiviazione nel pubblico interesse, di ricerca scientifica o storica o a fini statistici in conformità dell'articolo 89, paragrafo 1, sulla base del diritto dell'Unione o nazionale, che è proporzionato alla finalità perseguita, rispetta l'essenza del diritto alla protezione dei dati e prevede misure appropriate e specifiche per tutelare i diritti fondamentali e gli interessi dell'interessato.

3. I dati personali di cui al paragrafo 1 possono essere trattati per le finalità di cui al paragrafo 2, lettera h), se tali dati sono trattati da o sotto la responsabilità di un professionista soggetto al segreto professionale conformemente al diritto dell'Unione o degli Stati membri o alle norme stabilite dagli organismi nazionali competenti o da altra persona anch'essa soggetta all'obbligo di segretezza conformemente al diritto dell'Unione o degli Stati membri o alle norme stabilite dagli organismi nazionali competenti.

4. Gli Stati membri possono mantenere o introdurre ulteriori condizioni, comprese limitazioni, con riguardo al trattamento di dati genetici, dati biometrici o dati relativi alla salute.

10. Trattamento dei dati personali relativi a condanne penali e reati. – Il trattamento dei dati personali relativi alle condanne penali e ai reati o a connesse misure di sicurezza sulla base dell'articolo 6, paragrafo 1, deve avvenire soltanto sotto il controllo dell'autorità pubblica o se il trattamento è autorizzato dal diritto dell'Unione o degli Stati membri che preveda garanzie appropriate per i diritti e le libertà degli interessati. Un eventuale registro completo delle condanne penali deve essere tenuto soltanto sotto il controllo dell'autorità pubblica.

11. Trattamento che non richiede l'identificazione. – 1. Se le finalità per cui un titolare del trattamento tratta i dati personali non richiedono o non richiedono più l'identificazione dell'interessato, il titolare del trattamento non è obbligato a conservare, acquisire o trattare ulteriori informazioni per identificare l'interessato al solo fine di rispettare il presente regolamento.

2. Qualora, nei casi di cui al paragrafo 1 del presente articolo, il titolare del trattamento possa dimostrare di non essere in grado di identificare l'interessato, ne informa l'interessato, se possibile. In tali casi, gli articoli da 15 a 20 non si applicano tranne quando l'interessato, al fine di esercitare i diritti di cui ai suddetti articoli, fornisce ulteriori informazioni che ne consentano l'identificazione

Capo III
Diritti dell'interessato

Sezione 1
Trasparenza e modalità

12. Informazioni, comunicazioni e modalità trasparenti per l'esercizio dei diritti dell'interessato. – 1. Il titolare del trattamento adotta misure appropriate per fornire all'interessato tutte le informazioni di cui agli articoli 13 e 14 e le comunicazioni di cui agli articoli da 15 a 22 e all'articolo 34 relative al trattamento in forma concisa, trasparente, intelligibile e facilmente accessibile, con un linguaggio semplice e chiaro, in particolare nel caso di informazioni destinate specificamente ai minori. Le informazioni sono fornite per iscritto o con altri mezzi, anche, se del caso, con mezzi elettronici. Se richiesto dall'interessato, le informazioni possono essere fornite oralmente, purché sia comprovata con altri mezzi l'identità dell'interessato.

2. Il titolare del trattamento agevola l'esercizio dei diritti dell'interessato ai sensi degli articoli da 15 a 22. Nei casi di cui all'articolo 11, paragrafo 2, il titolare del trattamento non può rifiutare di soddisfare la richiesta dell'interessato al fine di esercitare i suoi diritti ai sensi degli articoli da 15 a 22, salvo che il titolare del trattamento dimostri che non è in grado di identificare l'interessato.

3. Il titolare del trattamento fornisce all'interessato le informazioni relative all'azione intrapresa riguardo a una richiesta ai sensi degli articoli da 15 a 22 senza ingiustificato ritardo e, comunque, al più tardi entro un mese dal ricevimento della richiesta stessa. Tale termine può essere prorogato di due mesi, se necessario, tenuto conto della complessità e del numero delle richieste. Il titolare del trattamento informa l'interessato di tale proroga, e dei motivi del ritardo, entro un mese dal ricevimento della richiesta. Se l'interessato presenta la richiesta mediante mezzi elettronici, le informazioni sono fornite, ove possibile, con mezzi elettronici, salvo diversa indicazione dell'interessato.

4. Se non ottempera alla richiesta dell'interessato, il titolare del trattamento informa l'interessato senza ritardo, e al più tardi entro un mese dal ricevimento della richiesta, dei motivi dell'inottemperanza e della possibilità di proporre reclamo a un'autorità di controllo e di proporre ricorso giurisdizionale.

5. Le informazioni fornite ai sensi degli articoli 13 e 14 ed eventuali comunicazioni e azioni intraprese ai sensi degli articoli da 15 a 22 e dell'articolo 34 sono gratuite. Se le richieste dell'interessato sono manifestamente infondate o eccessive, in particolare per il loro carattere ripetitivo, il titolare del trattamento può:

a) addebitare un contributo spese ragionevole tenendo conto dei costi amministrativi sostenuti per fornire le informazioni o la comunicazione o intraprendere l'azione richiesta; oppure

b) rifiutare di soddisfare la richiesta.

Incombe al titolare del trattamento l'onere di dimostrare il carattere manifestamente infondato o eccessivo della richiesta.

6. Fatto salvo l'articolo 11, qualora il titolare del trattamento nutra ragionevoli dubbi circa l'identità della persona fisica che presenta la richiesta di cui agli articoli da 15 a 21, può richiedere ulteriori informazioni necessarie per confermare l'identità dell'interessato.

7. Le informazioni da fornire agli interessati a norma degli articoli 13 e 14 possono essere fornite in combinazione con icone standardizzate per dare, in modo facilmente visibile, intelligibile e chiaramente leggibile, un quadro d'insieme del trattamento previsto. Se presentate elettronicamente, le icone sono leggibili da dispositivo automatico.

8. Alla Commissione è conferito il potere di adottare atti delegati conformemente all'articolo 92 al fine di stabilire le informazioni da presentare sotto forma di icona e le procedure per fornire icone standardizzate.

Sezione 2
Informazione e accesso ai dati personali

13. Informazioni da fornire qualora i dati personali siano raccolti presso l'interessato. – 1. In caso di raccolta presso l'interessato di dati che lo riguardano, il titolare del trattamento fornisce all'interessato, nel momento in cui i dati personali sono ottenuti, le seguenti informazioni:

a) l'identità e i dati di contatto del titolare del trattamento e, ove applicabile, del suo rappresentante;

b) i dati di contatto del responsabile della protezione dei dati, ove applicabile;

c) le finalità del trattamento cui sono destinati i dati personali nonché la base giuridica del trattamento;

d) qualora il trattamento si basi sull'articolo 6, paragrafo 1, lettera f), i legittimi interessi perseguiti dal titolare del trattamento o da terzi;

e) gli eventuali destinatari o le eventuali categorie di destinatari dei dati personali;

f) ove applicabile, l'intenzione del titolare del trattamento di trasferire dati personali a un paese terzo o a un'organizzazione internazionale e l'esistenza o l'assenza di una decisione di adeguatezza della Commissione o, nel caso dei trasferimenti di cui all'articolo 46 o 47, o all'articolo 49, paragrafo 1, secondo comma, il riferimento alle garanzie appropriate o opportune e i mezzi per ottenere una copia di tali garanzie o il luogo dove sono state rese disponibili (1).

2. In aggiunta alle informazioni di cui al paragrafo 1, nel momento in cui i dati personali sono ottenuti, il titolare del trattamento fornisce all'interessato le seguenti ulteriori informazioni necessarie per garantire un trattamento corretto e trasparente:

a) il periodo di conservazione dei dati personali oppure, se non è possibile, i criteri utilizzati per determinare tale periodo;

b) l'esistenza del diritto dell'interessato di chiedere al titolare del trattamento l'accesso ai dati personali e la rettifica o la cancellazione degli stessi o la limitazione del trattamento dei dati personali che lo riguardano o di opporsi al loro trattamento, oltre al diritto alla portabilità dei dati (1);

c) qualora il trattamento sia basato sull'articolo 6, paragrafo 1, lettera a), oppure sull'articolo 9, paragrafo 2, lettera a), l'esistenza del diritto di revocare il consenso in qualsiasi momento senza pregiudicare la liceità del trattamento basata sul consenso prestato prima della revoca;

d) il diritto di proporre reclamo a un'autorità di controllo;

e) se la comunicazione di dati personali è un obbligo legale o contrattuale oppure un requisito necessario per la conclusione di un contratto, e se l'interessato ha l'obbligo di fornire i dati personali nonché le possibili conseguenze della mancata comunicazione di tali dati;

f) l'esistenza di un processo decisionale automatizzato, compresa la profilazione di cui all'articolo 22, paragrafi 1 e 4, e, almeno in tali casi, informazioni significative sulla logica utilizzata, nonché l'importanza e le conseguenze previste di tale trattamento per l'interessato.

3. Qualora il titolare del trattamento intenda trattare ulteriormente i dati personali per una finalità diversa da quella per cui essi sono stati raccolti, prima di tale ulteriore trattamento fornisce all'interessato informazioni in merito a tale diversa finalità e ogni ulteriore informazione pertinente di cui al paragrafo 2.

4. I paragrafi 1, 2 e 3 non si applicano se e nella misura in cui l'interessato dispone già delle informazioni.

(1) Lettera così corretta da Rettifica pubblicata nella G.U.U.E. 23/5/2018, n. 127 Serie L.

14. Informazioni da fornire qualora i dati personali non siano stati ottenuti presso l'interessato. – 1. Qualora i dati non siano stati ottenuti presso l'interessato, il titolare del trattamento fornisce all'interessato le seguenti informazioni:

a) l'identità e i dati di contatto del titolare del trattamento e, ove applicabile, del suo rappresentante;

b) i dati di contatto del responsabile della protezione dei dati, ove applicabile;

c) le finalità del trattamento cui sono destinati i dati personali nonché la base giuridica del trattamento;

d) le categorie di dati personali in questione;

e) gli eventuali destinatari o le eventuali categorie di destinatari dei dati personali;

f) ove applicabile, l'intenzione del titolare del trattamento di trasferire dati personali a un destinatario in un paese terzo o a un'organizzazione internazionale e l'esistenza o l'assenza di una decisione di adeguatezza della Commissione o, nel caso dei trasferimenti di cui all'articolo 46 o 47, o all'articolo 49, paragrafo 1, secondo comma, il riferimento alle garanzie adeguate o opportune e i mezzi per ottenere una copia di tali garanzie o il luogo dove sono state rese disponibili (1).

2. Oltre alle informazioni di cui al paragrafo 1, il titolare del trattamento fornisce all'interessato le seguenti informazioni necessarie per garantire un trattamento corretto e trasparente nei confronti dell'interessato:

a) il periodo di conservazione dei dati personali oppure, se non è possibile, i criteri utilizzati per determinare tale periodo;

b) qualora il trattamento si basi sull'articolo 6, paragrafo 1, lettera f), i legittimi interessi perseguiti dal titolare del trattamento o da terzi;

c) l'esistenza del diritto dell'interessato di chiedere al titolare del trattamento l'accesso ai dati personali e la rettifica o la cancellazione degli stessi o la limitazione del trattamento dei dati personali che lo riguardano e di opporsi al loro trattamento, oltre al diritto alla portabilità dei dati;

d) qualora il trattamento sia basato sull'articolo 6, paragrafo 1, lettera a), oppure sull'articolo 9, paragrafo 2, lettera a), l'esistenza del diritto di revocare il consenso in qualsiasi momento senza pregiudicare la liceità del trattamento basata sul consenso prima della revoca;

e) il diritto di proporre reclamo a un'autorità di controllo;

f) la fonte da cui hanno origine i dati personali e, se del caso, l'eventualità che i dati provengano da fonti accessibili al pubblico;

g) l'esistenza di un processo decisionale automatizzato, compresa la profilazione di cui all'articolo 22, paragrafi 1 e 4, e, almeno in tali casi, informazioni significative sulla logica utilizzata, nonché l'importanza e le conseguenze previste di tale trattamento per l'interessato.

3. Il titolare del trattamento fornisce le informazioni di cui ai paragrafi 1 e 2:

a) entro un termine ragionevole dall'ottenimento dei dati personali, ma al più tardi entro un mese, in considerazione delle specifiche circostanze in cui i dati personali sono trattati;

b) nel caso in cui i dati personali siano destinati alla comunicazione con l'interessato, al più tardi al momento della prima comunicazione all'interessato; oppure

c) nel caso sia prevista la comunicazione ad altro destinatario, non oltre la prima comunicazione dei dati personali.

4. Qualora il titolare del trattamento intenda trattare ulteriormente i dati personali per una finalità diversa da quella per cui essi sono stati ottenuti, prima di tale ulteriore trattamento fornisce all'interessato informazioni in merito a tale diversa finalità e ogni informazione pertinente di cui al paragrafo 2.

5. I paragrafi da 1 a 4 non si applicano se e nella misura in cui:

a) l'interessato dispone già delle informazioni;

b) comunicare tali informazioni risulta impossibile o implicherebbe uno sforzo sproporzionato; in particolare per il trattamento a fini di archiviazione nel pubblico interesse, di ricerca scientifica o storica o a fini statistici, fatte salve le condizioni e le garanzie di cui all'articolo 89, paragrafo 1, o nella misura in cui l'obbligo di cui al paragrafo 1 del presente articolo rischi di rendere impossibile o di pregiudicare gravemente il conseguimento delle finalità di tale trattamento. In tali casi, il titolare del trattamento adotta misure appropriate per tutelare i diritti, le libertà e i legittimi interessi dell'interessato, anche rendendo pubbliche le informazioni;

c) l'ottenimento o la comunicazione sono espressamente previsti dal diritto dell'Unione o dello Stato membro cui è soggetto il titolare del trattamento e che prevede misure appropriate per tutelare gli interessi legittimi dell'interessato; oppure

d) qualora i dati personali debbano rimanere riservati conformemente a un obbligo di segreto professionale disciplinato dal diritto dell'Unione o degli Stati membri, compreso un obbligo di segretezza previsto per legge.

(1) Lettera così corretta da Rettifica pubblicata nella G.U.U.E. 23/5/2018, n. 127 Serie L.

15. Diritto di accesso dell'interessato. – 1. L'interessato ha il diritto di ottenere dal titolare del trattamento la conferma che sia o meno in corso un trattamento di dati personali che lo riguardano e in tal caso, di ottenere l'accesso ai dati personali e alle seguenti informazioni:

a) le finalità del trattamento;

b) le categorie di dati personali in questione;

c) i destinatari o le categorie di destinatari a cui i dati personali sono stati o saranno comunicati, in particolare se destinatari di paesi terzi o organizzazioni internazionali;

d) quando possibile, il periodo di conservazione dei dati personali previsto oppure, se non è possibile, i criteri utilizzati per determinare tale periodo;

e) l'esistenza del diritto dell'interessato di chiedere al titolare del trattamento la rettifica o la cancellazione dei dati personali o la limitazione del trattamento dei dati personali che lo riguardano o di opporsi al loro trattamento;

f) il diritto di proporre reclamo a un'autorità di controllo;

g) qualora i dati non siano raccolti presso l'interessato, tutte le informazioni disponibili sulla loro origine;

h) l'esistenza di un processo decisionale automatizzato, compresa la profilazione di cui all'articolo 22, paragrafi 1 e 4, e, almeno in tali casi, informazioni significative sulla logica utilizzata, nonché l'importanza e le conseguenze previste di tale trattamento per l'interessato.

2. Qualora i dati personali siano trasferiti a un paese terzo o a un'organizzazione internazionale, l'interessato ha il diritto di essere informato dell'esistenza di garanzie adeguate ai sensi dell'articolo 46 relative al trasferimento.

3. Il titolare del trattamento fornisce una copia dei dati personali oggetto di trattamento. In caso di ulteriori copie richieste dall'interessato, il titolare del trattamento può addebitare un contributo spese ragionevole basato sui costi amministrativi. Se l'interessato presenta la richiesta mediante mezzi elettronici, e salvo indicazione diversa dell'interessato, le informazioni sono fornite in un formato elettronico di uso comune.

4. Il diritto di ottenere una copia di cui al paragrafo 3 non deve ledere i diritti e le libertà altrui.

Sezione 3
Rettifica e cancellazione

16. Diritto di rettifica. – L'interessato ha il diritto di ottenere dal titolare del trattamento la rettifica dei dati personali inesatti che lo riguardano senza ingiustificato ritardo. Tenuto conto delle finalità del trattamento, l'interessato ha il diritto di ottenere l'integrazione dei dati personali incompleti, anche fornendo una dichiarazione integrativa.

17. Diritto alla cancellazione («diritto all'oblio»). – 1. L'interessato ha il diritto di ottenere dal titolare del trattamento la cancellazione dei dati personali che lo riguardano senza ingiustificato ritardo e il titolare del trattamento ha l'obbligo di cancellare senza ingiustificato ritardo i dati personali, se sussiste uno dei motivi seguenti:

a) i dati personali non sono più necessari rispetto alle finalità per le quali sono stati raccolti o altrimenti trattati;

b) l'interessato revoca il consenso su cui si basa il trattamento conformemente all'articolo 6, paragrafo 1, lettera a), o all'articolo 9, paragrafo 2, lettera a), e se non sussiste altro fondamento giuridico per il trattamento;

c) l'interessato si oppone al trattamento ai sensi dell'articolo 21, paragrafo 1, e non sussiste alcun motivo legittimo prevalente per procedere al trattamento, oppure si oppone al trattamento ai sensi dell'articolo 21, paragrafo 2;

d) i dati personali sono stati trattati illecitamente;

e) i dati personali devono essere cancellati per adempiere un obbligo giuridico previsto dal diritto dell'Unione o dello Stato membro cui è soggetto il titolare del trattamento (1);

f) i dati personali sono stati raccolti relativamente all'offerta di servizi della società dell'informazione di cui all'articolo 8, paragrafo 1.

2. Il titolare del trattamento, se ha reso pubblici dati personali ed è obbligato, ai sensi del paragrafo 1, a cancellarli, tenendo conto della tecnologia disponibile e dei costi di attuazione adotta le misure ragionevoli, anche tecniche, per informare i titolari del trattamento che stanno trattando i dati personali della richiesta dell'interessato di cancellare qualsiasi link, copia o riproduzione dei suoi dati personali.

3. I paragrafi 1 e 2 non si applicano nella misura in cui il trattamento sia necessario:

a) per l'esercizio del diritto alla libertà di espressione e di informazione;

b) per l'adempimento di un obbligo legale che richieda il trattamento previsto dal diritto dell'Unione o dello Stato membro cui è soggetto il titolare del trattamento o per l'esecuzione di un compito svolto nel pubblico interesse oppure nell'esercizio di pubblici poteri di cui è investito il titolare del trattamento;

c) per motivi di interesse pubblico nel settore della sanità pubblica in conformità dell'articolo 9, paragrafo 2, lettere h) e i), e dell'articolo 9, paragrafo 3;

d) a fini di archiviazione nel pubblico interesse, di ricerca scientifica o storica o a fini statistici conformemente all'articolo 89, paragrafo 1, nella misura in cui il diritto di cui al paragrafo 1 rischi di rendere impossibile o di pregiudicare gravemente il conseguimento degli obiettivi di tale trattamento; o

e) per l'accertamento, l'esercizio o la difesa di un diritto in sede giudiziaria.

(1) Lettera così corretta da Rettifica pubblicata nella G.U.U.E. 23/5/2018, n. 127 Serie L.

18. Diritto di limitazione di trattamento. – 1. L'interessato ha il diritto di ottenere dal titolare del trattamento la limitazione del trattamento quando ricorre una delle seguenti ipotesi:

a) l'interessato contesta l'esattezza dei dati personali, per il periodo necessario al titolare del trattamento per verificare l'esattezza di tali dati personali;

b) il trattamento è illecito e l'interessato si oppone alla cancellazione dei dati personali e chiede invece che ne sia limitato l'utilizzo;

c) benché il titolare del trattamento non ne abbia più bisogno ai fini del trattamento, i dati personali sono necessari all'interessato per l'accertamento, l'esercizio o la difesa di un diritto in sede giudiziaria;

d) l'interessato si è opposto al trattamento ai sensi dell'articolo 21, paragrafo 1, in attesa della verifica in merito all'eventuale prevalenza dei motivi legittimi del titolare del trattamento rispetto a quelli dell'interessato.

2. Se il trattamento è limitato a norma del paragrafo 1, tali dati personali sono trattati, salvo che per la conservazione, soltanto con il consenso dell'interessato o per l'accertamento, l'esercizio o la difesa di un diritto in sede giudiziaria oppure per tutelare i diritti di un'altra persona fisica o giuridica o per

motivi di interesse pubblico rilevante dell'Unione o di uno Stato membro.

3. L'interessato che ha ottenuto la limitazione del trattamento a norma del paragrafo 1 è informato dal titolare del trattamento prima che detta limitazione sia revocata.

19. Obbligo di notifica in caso di rettifica o cancellazione dei dati personali o limitazione del trattamento. – Il titolare del trattamento comunica a ciascuno dei destinatari cui sono stati trasmessi i dati personali le eventuali rettifiche o cancellazioni o limitazioni del trattamento effettuate a norma dell'articolo 16, dell'articolo 17, paragrafo 1, e dell'articolo 18, salvo che ciò si riveli impossibile o implichi uno sforzo sproporzionato. Il titolare del trattamento comunica all'interessato tali destinatari qualora l'interessato lo richieda.

20. Diritto alla portabilità dei dati. – 1. L'interessato ha il diritto di ricevere in un formato strutturato, di uso comune e leggibile da dispositivo automatico i dati personali che lo riguardano forniti a un titolare del trattamento e ha il diritto di trasmettere tali dati a un altro titolare del trattamento senza impedimenti da parte del titolare del trattamento cui li ha forniti qualora:

a) il trattamento si basi sul consenso ai sensi dell'articolo 6, paragrafo 1, lettera a), o dell'articolo 9, paragrafo 2, lettera a), o su un contratto ai sensi dell'articolo 6, paragrafo 1, lettera b); e

b) il trattamento sia effettuato con mezzi automatizzati.

2. Nell'esercitare i propri diritti relativamente alla portabilità dei dati a norma del paragrafo 1, l'interessato ha il diritto di ottenere la trasmissione diretta dei dati personali da un titolare del trattamento all'altro, se tecnicamente fattibile.

3. L'esercizio del diritto di cui al paragrafo 1 del presente articolo lascia impregiudicato l'articolo 17. Tale diritto non si applica al trattamento necessario per l'esecuzione di un compito di interesse pubblico o connesso all'esercizio di pubblici poteri di cui è investito il titolare del trattamento.

4. Il diritto di cui al paragrafo 1 non deve ledere i diritti e le libertà altrui.

Sezione 4
Diritto di opposizione e processo decisionale automatizzato relativo alle persone fisiche

21. Diritto di opposizione. – 1. L'interessato ha il diritto di opporsi in qualsiasi momento, per motivi connessi alla sua situazione particolare, al trattamento dei dati personali che lo riguardano ai sensi dell'articolo 6, paragrafo 1, lettere e) o f), compresa la profilazione sulla base di tali disposizioni. Il titolare del trattamento si astiene dal trattare ulteriormente i dati personali salvo che egli dimostri l'esistenza di motivi legittimi cogenti per procedere al trattamento che prevalgono sugli interessi, sui diritti e sulle libertà dell'interessato oppure per l'accertamento, l'esercizio o la difesa di un diritto in sede giudiziaria.

2. Qualora i dati personali siano trattati per finalità di marketing diretto, l'interessato ha il diritto di opporsi in qualsiasi momento al trattamento dei dati personali che lo riguardano effettuato per tali finalità, compresa la profilazione nella misura in cui sia connessa a tale marketing diretto.

3. Qualora l'interessato si opponga al trattamento per finalità di marketing diretto, i dati personali non sono più oggetto di trattamento per tali finalità.

4. Il diritto di cui ai paragrafi 1 e 2 è esplicitamente portato all'attenzione dell'interessato ed è presentato chiaramente e separatamente da qualsiasi altra informazione al più tardi al momento della prima comunicazione con l'interessato.

5. Nel contesto dell'utilizzo di servizi della società dell'informazione e fatta salva la direttiva 2002/58/CE, l'interessato può esercitare il proprio diritto di opposizione con mezzi automatizzati che utilizzano specifiche tecniche.

6. Qualora i dati personali siano trattati a fini di ricerca scientifica o storica o a fini statistici a norma dell'articolo 89, paragrafo 1, l'interessato, per motivi connessi alla sua situazione particolare, ha il diritto di opporsi al trattamento di dati personali che lo riguardano, salvo se il trattamento è necessario per l'esecuzione di un compito di interesse pubblico (1).

(1) Paragrafo così corretto da Rettifica pubblicata nella G.U.U.E. 23/5/2018, n. 127 Serie L.

22. Processo decisionale automatizzato relativo alle persone fisiche, compresa la profilazione. – 1. L'interessato ha il diritto di non essere sottoposto a una decisione basata unicamente sul trattamento automatizzato, compresa la profilazione, che produca effetti giuridici che lo riguardano o che incida in modo analogo significativamente sulla sua persona.

2. Il paragrafo 1 non si applica nel caso in cui la decisione:

a) sia necessaria per la conclusione o l'esecuzione di un contratto tra l'interessato e un titolare del trattamento;

b) sia autorizzata dal diritto dell'Unione o dello Stato membro cui è soggetto il titolare del trattamento, che precisa altresì misure adeguate a tutela dei diritti, delle libertà e dei legittimi interessi dell'interessato;

c) si basi sul consenso esplicito dell'interessato.

3. Nei casi di cui al paragrafo 2, lettere a) e c), il titolare del trattamento attua misure appropriate per tutelare i diritti, le libertà e i legittimi interessi dell'interessato, almeno il diritto di ottenere l'intervento umano da parte del titolare del trattamento, di esprimere la propria opinione e di contestare la decisione.

4. Le decisioni di cui al paragrafo 2 non si basano sulle categorie particolari di dati personali di cui all'articolo 9, paragrafo 1, a meno che non sia d'applicazione l'articolo 9, paragrafo 2, lettere a) o g), e non siano in vigore misure adeguate a tutela dei diritti, delle libertà e dei legittimi interessi dell'interessato.

Sezione 5
Limitazioni

23. Limitazioni. – 1. Il diritto dell'Unione o dello Stato membro cui è soggetto il titolare del trattamento o il responsabile del trattamento può limitare, mediante misure legislative, la portata degli obblighi e dei diritti di cui agli articoli da 12 a 22 e 34, nonché all'articolo 5, nella misura in cui le disposizioni ivi contenute corrispondano ai diritti e agli obblighi di cui agli articoli da 12 a 22, qualora tale limitazione rispetti l'essenza dei diritti e delle libertà fondamentali e sia una misura necessaria e proporzionata in una società democratica per salvaguardare:

a) la sicurezza nazionale;

b) la difesa;

c) la sicurezza pubblica;

d) la prevenzione, l'indagine, l'accertamento e il perseguimento di reati o l'esecuzione di sanzioni penali, incluse la salvaguardia contro e la prevenzione di minacce alla sicurezza pubblica;

e) altri importanti obiettivi di interesse pubblico generale dell'Unione o di uno Stato membro, in particolare un rilevante interesse economico o finanziario dell'Unione o di uno Stato membro, anche in materia monetaria, di bilancio e tributaria, di sanità pubblica e sicurezza sociale;

f) la salvaguardia dell'indipendenza della magistratura e dei procedimenti giudiziari;

g) le attività volte a prevenire, indagare, accertare e perseguire violazioni della deontologia delle professioni regolamentate;

h) una funzione di controllo, d'ispezione o di regolamentazione connessa, anche occasionalmente, all'esercizio di pubblici poteri nei casi di cui alle lettere da a), a e) e g);

i) la tutela dell'interessato o dei diritti e delle libertà altrui;

j) l'esecuzione delle azioni civili.

2. In particolare qualsiasi misura legislativa di cui al paragrafo 1 contiene disposizioni specifiche riguardanti almeno, se del caso:

a) le finalità del trattamento o le categorie di trattamento;

b) le categorie di dati personali;

c) la portata delle limitazioni introdotte;

d) le garanzie per prevenire abusi o l'accesso o il trasferimento illeciti;

e) l'indicazione precisa del titolare del trattamento o delle categorie di titolari;

f) i periodi di conservazione e le garanzie applicabili tenuto conto della natura, dell'ambito di applicazione e delle finalità del trattamento o delle categorie di trattamento;

g) i rischi per i diritti e le libertà degli interessati; e

h) il diritto degli interessati di essere informati della limitazione, a meno che ciò possa compromettere la finalità della stessa.

Capo IV
Titolare del trattamento e responsabile del trattamento

Sezione 1
Obblighi generali

24. Responsabilità del titolare del trattamento. – 1. Tenuto conto della natura, dell'ambito di applicazione, del contesto e delle finalità del trattamento, nonché dei rischi aventi probabilità e gravità diverse per i diritti e le libertà delle persone fisiche, il titolare del trattamento mette in atto misure tecniche e organizzative adeguate per garantire, ed essere in grado di dimostrare, che il trattamento è effettuato conformemente al presente regolamento. Dette misure sono riesaminate e aggiornate qualora necessario.

2. Se ciò è proporzionato rispetto alle attività di trattamento, le misure di cui al paragrafo 1 includono l'attuazione di politiche adeguate in materia di protezione dei dati da parte del titolare del trattamento.

3. L'adesione ai codici di condotta di cui all'articolo 40 o a un meccanismo di certificazione di cui all'articolo 42 può essere utilizzata come elemento per dimostrare il rispetto degli obblighi del titolare del trattamento.

25. Protezione dei dati fin dalla progettazione e protezione dei dati per impostazione predefinita (1). – 1. Tenendo conto dello stato dell'arte e dei costi di attuazione, nonché della natura, dell'ambito di applicazione, del contesto e delle finalità del trattamento, come anche dei rischi aventi probabilità e gravità diverse per i diritti e le libertà delle persone fisiche costituiti dal trattamento, sia al momento di determinare i mezzi del trattamento sia all'atto del trattamento stesso il titolare del trattamento mette in atto misure tecniche e organizzative adeguate, quali la pseudonimizzazione, volte ad attuare in modo efficace i principi di protezione dei dati, quali la minimizzazione, e a integrare nel trattamento le necessarie garanzie al fine di soddisfare i requisiti del presente regolamento e tutelare i diritti degli interessati.

2. Il titolare del trattamento mette in atto misure tecniche e organizzative adeguate per garantire che siano trattati, per impostazione predefinita, solo i dati personali necessari per ogni specifica finalità del trattamento. Tale obbligo vale per la quantità dei dati personali raccolti, la portata del trattamento, il periodo di conservazione e l'accessibilità. In particolare, dette misure garantiscono che, per impostazione predefinita, non siano resi accessibili dati personali a un numero indefinito di persone fisiche senza l'intervento della persona fisica.

3. Un meccanismo di certificazione approvato ai sensi dell'articolo 42 può essere utilizzato come elemento per dimostrare la conformità ai requisiti di cui ai paragrafi 1 e 2 del presente articolo.

(1) Titolo così corretto da Rettifica pubblicata nella G.U.U.E. 23/5/2018, n. 127 Serie L.

26. Contitolari del trattamento. – 1. Allorché due o più titolari del trattamento determinano congiuntamente le finalità e i mezzi del trattamento, essi sono contitolari del trattamento. Essi determinano in modo trasparente, mediante un accordo interno, le rispettive responsabilità in merito all'osservanza degli obblighi derivanti dal presente regolamento, con particolare riguardo all'esercizio dei diritti dell'interessato, e le rispettive funzioni di comunicazione delle informazioni di cui agli articoli 13 e 14, a meno che e nella misura in cui le rispettive responsabilità siano determinate dal diritto dell'Unione o dello Stato membro cui i titolari del trattamento sono soggetti. Tale accordo può designare un punto di contatto per gli interessati.

2. L'accordo di cui al paragrafo 1 riflette adeguatamente i rispettivi ruoli e i rapporti dei contitolari con gli interessati. Il contenuto essenziale dell'accordo è messo a disposizione dell'interessato.

3. Indipendentemente dalle disposizioni dell'accordo di cui al paragrafo 1, l'interessato può esercitare i propri diritti ai sensi del presente regolamento nei confronti di e contro ciascun titolare del trattamento.

27. Rappresentanti di titolari del trattamento o dei responsabili del trattamento non stabiliti nell'Unione. – 1. Ove si applichi l'articolo 3, paragrafo 2, il titolare del trattamento o il responsabile del trattamento designa per iscritto un rappresentante nell'Unione.

2. L'obbligo di cui al paragrafo 1 del presente articolo non si applica:

a) al trattamento se quest'ultimo è occasionale, non include il trattamento, su larga scala, di categorie particolari di dati di cui all'articolo 9, paragrafo 1, o di dati personali relativi a condanne penali e a reati di cui all'articolo 10, ed è improbabile che presenti un rischio per i diritti e le libertà delle persone fisiche, tenuto conto della natura, del contesto, dell'ambito di applicazione e delle finalità del trattamento; oppure

b) alle autorità pubbliche o agli organismi pubblici.

3. Il rappresentante è stabilito in uno degli Stati membri in cui si trovano gli interessati e i cui dati personali sono trattati nell'ambito dell'offerta di beni o servizi o il cui comportamento è monitorato.

4. Ai fini della conformità con il presente regolamento, il rappresentante è incaricato dal titolare del trattamento o dal responsabile del trattamento a fungere da interlocutore, in aggiunta o in sostituzione del titolare del trattamento o del responsabile del trattamento, in particolare delle autorità di controllo e degli interessati, per tutte le questioni riguardanti il trattamento.

5. La designazione di un rappresentante a cura del titolare del trattamento o del responsabile del trattamento fa salve le azioni legali che potrebbero essere promosse contro lo stesso titolare del trattamento o responsabile del trattamento.

28. Responsabile del trattamento. – 1. Qualora un trattamento debba essere effettuato per conto del titolare del trattamento, quest'ultimo ricorre unicamente a responsabili del trattamento che presentino garanzie sufficienti per mettere in atto misure tecniche e organizzative adeguate in modo tale che il trattamento soddisfi i requisiti del presente regolamento e garantisca la tutela dei diritti dell'interessato.

2. Il responsabile del trattamento non ricorre a un altro responsabile senza previa autorizzazione scritta, specifica o generale, del titolare del trattamento. Nel caso di autorizzazione scritta generale, il responsabile del trattamento informa il titolare del trattamento di eventuali modifiche previste riguardanti l'aggiunta o la sostituzione di altri responsabili del trattamento, dando così al titolare del trattamento l'opportunità di opporsi a tali modifiche.

3. I trattamenti da parte di un responsabile del trattamento sono disciplinati da un contratto o da altro atto giuridico a norma del diritto dell'Unione o degli Stati membri, che vincoli il responsabile del trattamento al titolare del trattamento e che stipuli la materia disciplinata e la durata del trattamento, la natura e la finalità del trattamento, il tipo di dati personali e le categorie di interessati, gli obblighi e i diritti del titolare del trattamento. Il contratto o altro atto giuridico prevede, in particolare, che il responsabile del trattamento:

a) tratti i dati personali soltanto su istruzione documentata del titolare del trattamento, anche in caso di trasferimento di dati personali verso un paese terzo o un'organizzazione internazionale, salvo che lo richieda il diritto dell'Unione o nazionale cui è soggetto il responsabile del trattamento; in tal caso, il responsabile del trattamento informa il titolare del trattamento circa tale obbligo giuridico prima del trattamento, a meno che il diritto vieti tale informazione per rilevanti motivi di interesse pubblico;

b) garantisca che le persone autorizzate al trattamento dei dati personali si siano impegnate alla riservatezza o abbiano un adeguato obbligo legale di riservatezza;

c) adotti tutte le misure richieste ai sensi dell'articolo 32;

d) rispetti le condizioni di cui ai paragrafi 2 e 4 per ricorrere a un altro responsabile del trattamento;

e) tenendo conto della natura del trattamento, assista il titolare del trattamento con misure tecniche e organizzative adeguate, nella misura in cui ciò sia possibile, al fine di soddisfare l'obbligo del titolare del trattamento di dare seguito alle richieste per l'esercizio dei diritti dell'interessato di cui al capo III;

f) assista il titolare del trattamento nel garantire il rispetto degli obblighi di cui agli articoli da 32 a 36, tenendo conto della natura del trattamento e delle informazioni a disposizione del responsabile del trattamento;

g) su scelta del titolare del trattamento, cancelli o gli restituisca tutti i dati personali dopo che è terminata la prestazione dei servizi relativi al trattamento e cancelli le copie esistenti, salvo che il diritto dell'Unione o degli Stati membri preveda la conservazione dei dati; e

h) metta a disposizione del titolare del trattamento tutte le informazioni necessarie per dimostrare il rispetto degli obblighi di cui al presente articolo e consenta e contribuisca alle attività di revisione, comprese le ispezioni, realizzati dal titolare del trattamento o da un altro soggetto da questi incaricato.

Con riguardo alla lettera h) del primo comma, il responsabile del trattamento informa immediatamente il titolare del trattamento qualora, a suo parere, un'istruzione violi il presente regolamento o altre disposizioni, nazionali o dell'Unione, relative alla protezione dei dati.

4. Quando un responsabile del trattamento ricorre a un altro responsabile del trattamento per l'esecuzione di specifiche attività di trattamento per conto del titolare del trattamento, su tale altro responsabile del trattamento sono imposti, mediante un contratto o un altro atto giuridico a norma del diritto dell'Unione o degli Stati membri, gli stessi obblighi in materia di protezione dei dati contenuti nel contratto o in altro atto giuridico tra il titolare del trattamento e il responsabile del trattamento di cui al paragrafo 3, prevedendo in particolare garanzie sufficienti per mettere in atto misure tecniche e organizzative adeguate in modo tale che il trattamento soddisfi i requisiti del presente regolamento. Qualora l'altro responsabile del trattamento ometta di adempiere ai propri obblighi in materia di protezione dei dati, il responsabile iniziale conserva nei confronti del titolare del trattamento l'intera responsabilità dell'adempimento degli obblighi dell'altro responsabile.

5. L'adesione da parte del responsabile del trattamento a un codice di condotta approvato di cui all'articolo 40 o a un meccanismo di certificazione approvato di cui all'articolo 42 può essere utilizzata come elemento per dimostrare le garanzie sufficienti di cui ai paragrafi 1 e 4 del presente articolo.

6. Fatto salvo un contratto individuale tra il titolare del trattamento e il responsabile del trattamento, il contratto o altro atto giuridico di cui ai paragrafi 3 e 4 del presente articolo può basarsi, in tutto o in parte, su clausole contrattuali tipo di cui ai paragrafi 7 e 8 del presente articolo, anche laddove siano parte di una certificazione concessa al titolare del trattamento o al responsabile del trattamento ai sensi degli articoli 42 e 43.

7. La Commissione può stabilire clausole contrattuali tipo per le materie di cui ai paragrafi 3 e 4 del presente articolo e secondo la procedura d'esame di cui all'articolo 93, paragrafo 2.

8. Un'autorità di controllo può adottare clausole contrattuali tipo per le materie di cui ai paragrafi 3 e 4 del presente articolo in conformità del meccanismo di coerenza di cui all'articolo 63.

9. Il contratto o altro atto giuridico di cui ai paragrafi 3 e 4 è stipulato in forma scritta, anche in formato elettronico.

10. Fatti salvi gli articoli 82, 83 e 84, se un responsabile del trattamento viola il presente regolamento, determinando le finalità e i mezzi del trattamento, è considerato un titolare del trattamento in questione.

29. Trattamento sotto l'autorità del titolare del trattamento o del responsabile del trattamento. – Il responsabile del trattamento, o chiunque agisca sotto la sua autorità o sotto quella del titolare del trattamento, che abbia accesso a dati personali non può trattare tali dati se non è istruito in tal senso dal titolare del trattamento, salvo che lo richieda il diritto dell'Unione o degli Stati membri.

30. Registri delle attività di trattamento. – 1. Ogni titolare del trattamento e, ove applicabile, il suo rappresentante tengono un registro delle attività di trattamento svolte sotto la propria responsabilità. Tale registro contiene tutte le seguenti informazioni:

a) il nome e i dati di contatto del titolare del trattamento e, ove applicabile, del contitolare del trattamento, del rappresentante del titolare del trattamento e del responsabile della protezione dei dati;

b) le finalità del trattamento;

c) una descrizione delle categorie di interessati e delle categorie di dati personali;

d) le categorie di destinatari a cui i dati personali sono stati o saranno comunicati, compresi i destinatari di paesi terzi od organizzazioni internazionali;

e) ove applicabile, i trasferimenti di dati personali verso un paese terzo o un'organizzazione internazionale, compresa l'identificazione del paese terzo o dell'organizzazione internazionale e, per i trasferimenti di cui al secondo comma dell'articolo 49, la documentazione delle garanzie adeguate;

f) ove possibile, i termini ultimi previsti per la cancellazione delle diverse categorie di dati;

g) ove possibile, una descrizione generale delle misure di sicurezza tecniche e organizzative di cui all'articolo 32, paragrafo 1.

2. Ogni responsabile del trattamento e, ove applicabile, il suo rappresentante tengono un registro di tutte le categorie di attività relative al trattamento svolte per conto di un titolare del trattamento, contenente:

a) il nome e i dati di contatto del responsabile o dei responsabili del trattamento, di ogni titolare del trattamento per conto del quale agisce il responsabile del trattamento, del rappresentante del titolare del trattamento o del responsabile del trattamento e, ove applicabile, del responsabile della protezione dei dati;

b) le categorie dei trattamenti effettuati per conto di ogni titolare del trattamento;

c) ove applicabile, i trasferimenti di dati personali verso un paese terzo o un'organizzazione internazionale, compresa l'identificazione del paese terzo o dell'organizzazione internazionale e, per i trasferimenti di cui al secondo comma dell'articolo 49, la documentazione delle garanzie adeguate;

d) ove possibile, una descrizione generale delle misure di sicurezza tecniche e organizzative di cui all'articolo 32, paragrafo 1.

3. I registri di cui ai paragrafi 1 e 2 sono tenuti in forma scritta, anche in formato elettronico.

4. Su richiesta, il titolare del trattamento o il responsabile del trattamento e, ove applicabile, il rappresentante del titolare del trattamento o del responsabile del trattamento mettono il registro a disposizione dell'autorità di controllo.

5. Gli obblighi di cui ai paragrafi 1 e 2 non si applicano alle imprese o organizzazioni con meno di 250 dipendenti, a meno che il trattamento che esse effettuano possa presentare un rischio per i diritti e le libertà dell'interessato, il trattamento non sia occasionale o includa il trattamento di categorie particolari di dati di cui all'articolo 9, paragrafo 1, o i dati personali relativi a condanne penali e a reati di cui all'articolo 10.

31. Cooperazione con l'autorità di controllo. – Il titolare del trattamento, il responsabile del trattamento e, ove applicabile, il loro rappresentante cooperano, su richiesta, con l'autorità di controllo nell'esecuzione dei suoi compiti.

Sezione 2
Sicurezza dei dati personali

32. Sicurezza del trattamento. – 1. Tenendo conto dello stato dell'arte e dei costi di attuazione, nonché della natura, dell'oggetto, del contesto e delle finalità del trattamento, come anche del rischio di varia probabilità e gravità per i diritti e le libertà delle persone fisiche, il titolare del trattamento e il responsabile del trattamento mettono in atto misure tecniche e organizzative adeguate per garantire un livello di sicurezza adeguato al rischio, che comprendono, tra le altre, se del caso:

a) la pseudonimizzazione e la cifratura dei dati personali;

b) la capacità di assicurare su base permanente la riservatezza, l'integrità, la disponibilità e la resilienza dei sistemi e dei servizi di trattamento;

c) la capacità di ripristinare tempestivamente la disponibilità e l'accesso dei dati personali in caso di incidente fisico o tecnico;

d) una procedura per testare, verificare e valutare regolarmente l'efficacia delle misure tecniche e organizzative al fine di garantire la sicurezza del trattamento.

2. Nel valutare l'adeguato livello di sicurezza, si tiene conto in special modo dei rischi presentati dal trattamento che derivano in particolare dalla distruzione, dalla perdita, dalla modifica, dalla divulgazione non autorizzata o dall'accesso, in modo accidentale o illegale, a dati personali trasmessi, conservati o comunque trattati.

3. L'adesione a un codice di condotta approvato di cui all'articolo 40 o a un meccanismo di certificazione approvato di cui all'articolo 42 può essere utilizzata come elemento per dimostrare la conformità ai requisiti di cui al paragrafo 1 del presente articolo.

4. Il titolare del trattamento e il responsabile del trattamento fanno sì che chiunque agisca sotto la loro autorità e abbia accesso a dati personali non tratti tali dati se non è istruito in tal senso dal titolare del trattamento, salvo che lo richieda il diritto dell'Unione o degli Stati membri.

33. Notifica di una violazione dei dati personali all'autorità di controllo. – 1. In caso di violazione dei dati personali, il titolare del trattamento notifica la violazione all'autorità di controllo competente a norma dell'articolo 55 senza ingiustificato ritardo e, ove possibile, entro 72 ore dal momento in cui ne è venuto a conoscenza, a meno che sia improbabile che la violazione dei dati personali presenti un rischio per i diritti e le libertà delle persone fisiche. Qualora la notifica all'autorità di controllo non sia effettuata entro 72 ore, è corredata dei motivi del ritardo.

2. Il responsabile del trattamento informa il titolare del trattamento senza ingiustificato ritardo dopo essere venuto a conoscenza della violazione.

3. La notifica di cui al paragrafo 1 deve almeno:

a) descrivere la natura della violazione dei dati personali compresi, ove possibile, le categorie e il numero approssimativo di interessati in questione nonché le categorie e il numero approssimativo di registrazioni dei dati personali in questione;

b) comunicare il nome e i dati di contatto del responsabile della protezione dei dati o di altro punto di contatto presso cui ottenere più informazioni;

c) descrivere le probabili conseguenze della violazione dei dati personali;

d) descrivere le misure adottate o di cui si propone l'adozione da parte del titolare del trattamento per porre rimedio alla violazione dei dati personali e anche, se del caso, per attenuarne i possibili effetti negativi.

4. Qualora e nella misura in cui non sia possibile fornire le informazioni contestualmente, le informazioni possono essere fornite in fasi successive senza ulteriore ingiustificato ritardo.

5. Il titolare del trattamento documenta qualsiasi violazione dei dati personali, comprese le circostanze a essa relative, le sue conseguenze e i provvedimenti adottati per porvi rimedio. Tale documentazione consente all'autorità di controllo di verificare il rispetto del presente articolo.

34. Comunicazione di una violazione dei dati personali all'interessato. – 1. Quando la violazione dei dati personali è suscettibile di presentare un rischio elevato per i diritti e le libertà delle persone fisiche, il titolare del trattamento comunica la violazione all'interessato senza ingiustificato ritardo.

2. La comunicazione all'interessato di cui al paragrafo 1 del presente articolo descrive con un linguaggio semplice e chiaro la natura della violazione dei dati personali e contiene almeno le informazioni e le misure di cui all'articolo 33, paragrafo 3, lettere b), c) e d).

3. Non è richiesta la comunicazione all'interessato di cui al paragrafo 1 se è soddisfatta una delle seguenti condizioni:

a) il titolare del trattamento ha messo in atto le misure tecniche e organizzative adeguate di protezione e tali misure erano state applicate ai dati personali oggetto della violazione, in particolare quelle destinate a rendere i dati personali incomprensibili a chiunque non sia autorizzato ad accedervi, quali la cifratura;

b) il titolare del trattamento ha successivamente adottato misure atte a scongiurare il sopraggiungere di un rischio elevato per i diritti e le libertà degli interessati di cui al paragrafo 1;

c) detta comunicazione richiederebbe sforzi sproporzionati. In tal caso, si procede invece a una comunicazione pubblica o a una misura simile, tramite la quale gli interessati sono informati con analoga efficacia.

4. Nel caso in cui il titolare del trattamento non abbia ancora comunicato all'interessato la violazione dei dati personali, l'autorità di controllo può richiedere, dopo aver valutato la probabilità che la violazione dei dati personali presenti un rischio elevato, che vi provveda o può decidere che una delle condizioni di cui al paragrafo 3 è soddisfatta.

Sezione 3

Valutazione d'impatto sulla protezione dei dati e consultazione preventiva

35. Valutazione d'impatto sulla protezione dei dati. – 1. Quando un tipo di trattamento, allorché prevede in particolare l'uso di nuove tecnologie, considerati la natura, l'oggetto, il contesto e le finalità del trattamento, può presentare un rischio elevato per i diritti e le libertà delle persone fisiche, il titolare del trattamento effettua, prima di procedere al trattamento, una valutazione dell'impatto dei trattamenti previsti sulla protezione dei dati personali. Una singola valutazione può esaminare un insieme di trattamenti simili che presentano rischi elevati analoghi.

2. Il titolare del trattamento, allorquando svolge una valutazione d'impatto sulla protezione dei dati, si consulta con il responsabile della protezione dei dati, qualora ne sia designato uno.

3. La valutazione d'impatto sulla protezione dei dati di cui al paragrafo 1 è richiesta in particolare nei casi seguenti:

a) una valutazione sistematica e globale di aspetti personali relativi a persone fisiche, basata su un trattamento automatizzato, compresa la profilazione, e sulla quale si fondano decisioni che hanno effetti giuridici o incidono in modo analogo significativamente su dette persone fisiche;

b) il trattamento, su larga scala, di categorie particolari di dati personali di cui all'articolo 9, paragrafo 1, o di dati relativi a condanne penali e a reati di cui all'articolo 10; o

c) la sorveglianza sistematica su larga scala di una zona accessibile al pubblico.

4. L'autorità di controllo redige e rende pubblico un elenco delle tipologie di trattamenti soggetti al requisito di una valutazione d'impatto sulla protezione dei dati ai sensi del paragrafo 1. L'autorità di controllo comunica tali elenchi al comitato di cui all'articolo 68.

5. L'autorità di controllo può inoltre redigere e rendere pubblico un elenco delle tipologie di trattamenti per le quali non è richiesta una valutazione d'impatto sulla protezione dei dati. L'autorità di controllo comunica tali elenchi al comitato.

6. Prima di adottare gli elenchi di cui ai paragrafi 4 e 5, l'autorità di controllo competente applica il meccanismo di coerenza di cui all'articolo 63 se tali elenchi comprendono attività di trattamento finalizzate all'offerta di beni o servizi a interessati o al monitoraggio del loro comportamento in più Stati membri, o attività di trattamento che possono incidere significativamente sulla libera circolazione dei dati personali all'interno dell'Unione.

7. La valutazione contiene almeno:

a) una descrizione sistematica dei trattamenti previsti e delle finalità del trattamento, compreso, ove applicabile, l'interesse legittimo perseguito dal titolare del trattamento;

b) una valutazione della necessità e proporzionalità dei trattamenti in relazione alle finalità;

c) una valutazione dei rischi per i diritti e le libertà degli interessati di cui al paragrafo 1; e

d) le misure previste per affrontare i rischi, includendo le garanzie, le misure di sicurezza e i meccanismi per garantire la protezione dei dati personali e dimostrare la conformità al presente regolamento, tenuto conto dei diritti e degli interessi legittimi degli interessati e delle altre persone in questione.

8. Nel valutare l'impatto del trattamento effettuato dai relativi titolari o responsabili è tenuto in debito conto il rispetto da parte di questi ultimi dei codici di condotta approvati di cui all'articolo 40, in particolare ai fini di una valutazione d'impatto sulla protezione dei dati.

9. Se del caso, il titolare del trattamento raccoglie le opinioni degli interessati o dei loro rappresentanti sul trattamento previsto, fatta salva la tutela degli interessi commerciali o pubblici o la sicurezza dei trattamenti.

10. Qualora il trattamento effettuato ai sensi dell'articolo 6, paragrafo 1, lettere c) o e), trovi nel diritto dell'Unione o nel diritto dello Stato membro cui il titolare del trattamento è soggetto una base giuridica, tale diritto disciplini il trattamento specifico o l'insieme di trattamenti in questione, e sia già stata effettuata una valutazione d'impatto sulla protezione dei dati nell'ambito di una valutazione d'impatto generale nel contesto dell'adozione di tale base giuridica, i paragrafi da 1 a 7 non si applicano, salvo che gli Stati membri ritengano necessario effettuare tale valutazione prima di procedere alle attività di trattamento.

11. Se necessario, il titolare del trattamento procede a un riesame per valutare se il trattamento dei dati personali sia effettuato conformemente alla valutazione d'impatto sulla protezione dei dati almeno quando insorgono variazioni del rischio rappresentato dalle attività relative al trattamento.

36. Consultazione preventiva. – 1. Il titolare del trattamento, prima di procedere al trattamento, consulta l'autorità di controllo qualora la valutazione d'impatto sulla protezione dei dati a norma dell'articolo 35 indichi che il trattamento presenterebbe un rischio elevato in assenza di misure adottate dal titolare del trattamento per attenuare il rischio.

2. Se ritiene che il trattamento previsto di cui al paragrafo 1 violi il presente regolamento, in particolare qualora il titolare del trattamento non abbia identificato o attenuato sufficientemente il rischio, l'autorità di controllo fornisce, entro un termine di otto settimane dal ricevimento della richiesta di consultazione, un parere scritto al titolare del trattamento e, ove applicabile, al responsabile del trattamento e può avvalersi dei poteri di cui all'articolo 58. Tale periodo può essere prorogato di sei settimane, tenendo conto della complessità del trattamento previsto. L'autorità di controllo informa il titolare del trattamento e, ove applicabile, il responsabile del trattamento di tale proroga, unitamente ai motivi del ritardo, entro un mese dal ricevimento della richiesta di consultazione. La decorrenza dei termini può essere sospesa fino all'ottenimento da parte dell'autorità di controllo delle informazioni richieste ai fini della consultazione.

3. Al momento di consultare l'autorità di controllo ai sensi del paragrafo 1, il titolare del trattamento comunica all'autorità di controllo:

a) ove applicabile, le rispettive responsabilità del titolare del trattamento, dei contitolari del trattamento e dei responsabili del trattamento, in particolare relativamente al trattamento nell'ambito di un gruppo imprenditoriale;

b) le finalità e i mezzi del trattamento previsto;

c) le misure e le garanzie previste per proteggere i diritti e le libertà degli interessati a norma del presente regolamento;

d) ove applicabile, i dati di contatto del responsabile della protezione dei dati (1);

e) la valutazione d'impatto sulla protezione dei dati di cui all'articolo 35; e (1)

f) ogni altra informazione richiesta dall'autorità di controllo.

4. Gli Stati membri consultano l'autorità di controllo durante l'elaborazione di una proposta di atto legislativo che deve essere adottato dai parlamenti nazionali o di misura regolamentare basata su detto atto legislativo relativamente al trattamento.

5. Nonostante il paragrafo 1, il diritto degli Stati membri può prescrivere che i titolari del trattamento consultino l'autorità di controllo, e ne ottengano l'autorizzazione preliminare, in relazione al trattamento da parte di un titolare del trattamento per l'esecuzione, da parte di questi, di un compito di interesse pubblico, tra cui il trattamento con riguardo alla protezione sociale e alla sanità pubblica.

(1) Lettera così corretta da Rettifica pubblicata nella G.U.U.E. 23/5/2018, n. 127 Serie L.

Sezione 4

Responsabile della protezione dei dati

37. Designazione del responsabile della protezione dei dati. – 1. Il titolare del trattamento e il responsabile del trattamento designano sistematicamente un responsabile della protezione dei dati ogniqualvolta:

a) il trattamento è effettuato da un'autorità pubblica o da un organismo pubblico, eccettuate le autorità giurisdizionali quando esercitano le loro funzioni giurisdizionali;

b) le attività principali del titolare del trattamento o del responsabile del trattamento consistono in trattamenti che, per loro natura, ambito di applicazione e/o finalità, richiedono il monitoraggio regolare e sistematico degli interessati su larga scala; oppure

c) le attività principali del titolare del trattamento o del responsabile del trattamento consistono nel trattamento, su larga scala, di categorie particolari di dati personali di cui all'articolo 9 o di dati relativi a condanne penali e a reati di cui all'articolo 10.

2. Un gruppo imprenditoriale può nominare un unico responsabile della protezione dei dati, a condizione che un responsabile della protezione dei dati sia facilmente raggiungibile da ciascuno stabilimento.

3. Qualora il titolare del trattamento o il responsabile del trattamento sia un'autorità pubblica o un organismo pubblico, un unico responsabile della protezione dei dati può essere designato per più autorità pubbliche o organismi pubblici, tenuto conto della loro struttura organizzativa e dimensione.

4. Nei casi diversi da quelli di cui al paragrafo 1, il titolare del trattamento, il responsabile del trattamento o le associazioni e gli altri organismi rappresentanti le categorie di titolari del trattamento o di responsabili del trattamento possono o, se previsto dal diritto dell'Unione o degli Stati membri, devono designare un responsabile della protezione dei dati. Il responsabile della protezione dei dati può agire per dette associazioni e altri organismi rappresentanti i titolari del trattamento o i responsabili del trattamento (1).

5. Il responsabile della protezione dei dati è designato in funzione delle qualità professionali, in particolare della conoscenza specialistica della normativa e delle prassi in materia di protezione dei dati, e della capacità di assolvere i compiti di cui all'articolo 39.

6. Il responsabile della protezione dei dati può essere un dipendente del titolare del trattamento o del responsabile del trattamento oppure assolvere i suoi compiti in base a un contratto di servizi.

7. Il titolare del trattamento o il responsabile del trattamento pubblica i dati di contatto del responsabile della protezione dei dati e li comunica all'autorità di controllo.

(1) Paragrafo così corretto da Rettifica pubblicata nella G.U.U.E. 23/5/2018, n. 127 Serie L.

38. Posizione del responsabile della protezione dei dati. – 1. Il titolare del trattamento e il responsabile del trattamento si assicurano che il responsabile della protezione dei dati sia tempestivamente e adeguatamente coinvolto in tutte le questioni riguardanti la protezione dei dati personali.

2. Il titolare e del trattamento e il responsabile del trattamento sostengono il responsabile della protezione dei dati nell'esecuzione dei compiti di cui all'articolo 39 fornendogli le risorse necessarie per assolvere tali compiti e accedere ai dati personali e ai trattamenti e per mantenere la propria conoscenza specialistica.

3. Il titolare del trattamento e il responsabile del trattamento si assicurano che il responsabile della protezione dei dati non riceva alcuna istruzione per quanto riguarda l'esecuzione di tali compiti. Il responsabile della protezione dei dati non è rimosso o penalizzato dal titolare del trattamento o dal responsabile del trattamento per l'adempimento dei propri compiti. Il responsabile della protezione dei dati riferisce direttamente al vertice gerarchico del titolare del trattamento o del responsabile del trattamento.

4 Gli interessati possono contattare il responsabile della protezione dei dati per tutte le questioni relative al trattamento dei loro dati personali e all'esercizio dei loro diritti derivanti dal presente regolamento.

5. Il responsabile della protezione dei dati è tenuto al segreto o alla riservatezza in merito all'adempimento dei propri compiti, in conformità del diritto dell'Unione o degli Stati membri.

6. Il responsabile della protezione dei dati può svolgere altri compiti e funzioni. Il titolare del trattamento o il responsabile del trattamento si assicura che tali compiti e funzioni non diano adito a un conflitto di interessi.

39. Compiti del responsabile della protezione dei dati. – 1. Il responsabile della protezione dei dati è incaricato almeno dei seguenti compiti:

a) informare e fornire consulenza al titolare del trattamento o al responsabile del trattamento nonché ai dipendenti che eseguono il trattamento in merito agli obblighi derivanti dal presente regolamento nonché da altre disposizioni dell'Unione o degli Stati membri relative alla protezione dei dati;

b) sorvegliare l'osservanza del presente regolamento, di altre disposizioni dell'Unione o degli Stati membri relative alla protezione dei dati nonché delle politiche del titolare del trattamento o del responsabile del trattamento in materia di protezione dei dati personali, compresi l'attribuzione delle responsabilità, la sensibilizzazione e la formazione del personale che partecipa ai trattamenti e alle connesse attività di controllo;

c) fornire, se richiesto, un parere in merito alla valutazione d'impatto sulla protezione dei dati e sorvegliarne lo svolgimento ai sensi dell'articolo 35;

d) cooperare con l'autorità di controllo; e

e) fungere da punto di contatto per l'autorità di controllo per questioni connesse al trattamento, tra cui la consultazione preventiva di cui all'articolo 36, ed effettuare, se del caso, consultazioni relativamente a qualunque altra questione.

2. Nell'eseguire i propri compiti il responsabile della protezione dei dati considera debitamente i rischi inerenti al trattamento, tenuto conto della natura, dell'ambito di applicazione, del contesto e delle finalità del medesimo.

Sezione 5

Codici di condotta e certificazione

40. Codici di condotta. – 1. Gli Stati membri, le autorità di controllo, il comitato e la Commissione incoraggiano l'elaborazione di codici di condotta destinati a contribuire alla corretta applicazione del presente regolamento, in funzione delle specificità dei vari settori di trattamento e delle esigenze specifiche delle micro, piccole e medie imprese.

2. Le associazioni e gli altri organismi rappresentanti le categorie di titolari del trattamento o responsabili del trattamento possono elaborare i codici di condotta, modificarli o prorogarli, allo scopo di precisare l'applicazione del presente regolamento, ad esempio relativamente a:

a) il trattamento corretto e trasparente dei dati;

b) i legittimi interessi perseguiti dai titolari del trattamento in contesti specifici (1);

c) la raccolta dei dati personali;

d) la pseudonimizzazione dei dati personali;

e) l'informazione fornita al pubblico e agli interessati;

f) l'esercizio dei diritti degli interessati;

g) l'informazione fornita e la protezione del minore e le

modalità con cui è ottenuto il consenso dei titolari della responsabilità genitoriale sul minore;

h) le misure e le procedure di cui agli articoli 24 e 25 e le misure volte a garantire la sicurezza del trattamento di cui all'articolo 32;

i) la notifica di una violazione dei dati personali alle autorità di controllo e la comunicazione di tali violazioni dei dati personali all'interessato;

j) il trasferimento di dati personali verso paesi terzi o organizzazioni internazionali; o

k) le procedure stragiudiziali e di altro tipo per comporre le controversie tra titolari del trattamento e interessati in materia di trattamento, fatti salvi i diritti degli interessati ai sensi degli articoli 77 e 79.

3. Oltre all'adesione ai codici di condotta approvati ai sensi del paragrafo 5 del presente articolo e aventi validità generale a norma del paragrafo 9 del presente articolo da parte di titolari o responsabili soggetti al presente regolamento, possono aderire a tali codici di condotta anche i titolari del trattamento o i responsabili del trattamento che non sono soggetti al presente regolamento ai sensi dell'articolo 3, al fine di fornire adeguate garanzie nel quadro dei trasferimenti di dati personali verso paesi terzi o organizzazioni internazionali alle condizioni di cui all'articolo 46, paragrafo 2, lettera e). Detti titolari del trattamento o responsabili del trattamento assumono l'impegno vincolante e azionabile, mediante strumenti contrattuali o di altro tipo giuridicamente vincolanti, di applicare le stesse adeguate garanzie anche per quanto riguarda i diritti degli interessati.

4. Il codice di condotta di cui al paragrafo 2 del presente articolo contiene i meccanismi che consentono all'organismo di cui all'articolo 41, paragrafo 1, di effettuare il controllo obbligatorio del rispetto delle norme del codice da parte dei titolari del trattamento o dei responsabili del trattamento che si impegnano ad applicarlo, fatti salvi i compiti e i poteri delle autorità di controllo competenti ai sensi degli articoli 55 o 56.

5. Le associazioni e gli altri organismi di cui al paragrafo 2 del presente articolo che intendono elaborare un codice di condotta o modificare o prorogare un codice esistente sottopongono il progetto di codice, la modifica o la proroga all'autorità di controllo competente ai sensi dell'articolo 55. L'autorità di controllo esprime un parere sulla conformità al presente regolamento del progetto di codice, della modifica o della proroga e approva tale progetto, modifica o proroga, se ritiene che offra in misura sufficiente garanzie adeguate.

6. Qualora il progetto di codice, la modifica o la proroga siano approvati ai sensi dell'articolo 55, e se il codice di condotta in questione non si riferisce alle attività di trattamento in vari Stati membri, l'autorità di controllo registra e pubblica il codice.

7. Qualora il progetto di codice di condotta si riferisca alle attività di trattamento in vari Stati membri, prima di approvare il progetto, la modifica o la proroga, l'autorità di controllo che è competente ai sensi dell'articolo 55 lo sottopone, tramite la procedura di cui all'articolo 63, al comitato, il quale formula un parere sulla conformità al presente regolamento del progetto di codice, della modifica o della proroga o, nel caso di cui al paragrafo 3 del presente articolo, sulla previsione di adeguate garanzie.

8. Qualora il parere di cui al paragrafo 7 confermi che il progetto di codice di condotta, la modifica o la proroga è conforme al presente regolamento o, nel caso di cui al paragrafo 3, fornisce adeguate garanzie, il comitato trasmette il suo parere alla Commissione.

9. La Commissione può decidere, mediante atti di esecuzione, che il codice di condotta, la modifica o la proroga approvati, che le sono stati sottoposti ai sensi del paragrafo 8 del presente articolo, hanno validità generale all'interno dell'Unione. Tali atti di esecuzione sono adottati secondo la procedura d'esame di cui all'articolo 93, paragrafo 2.

10. La Commissione provvede a dare un'adeguata pubblicità dei codici approvati per i quali è stata decisa la validità generale ai sensi del paragrafo 9.

11. Il comitato raccoglie in un registro tutti i codici di condotta, le modifiche e le proroghe approvati e li rende pubblici mediante mezzi appropriati.

(1) Lettera così corretta da Rettifica pubblicata nella G.U.U.E. 23/5/2018, n. 127 Serie L.

41. Controllo dei codici di condotta approvati (1). – 1. Fatti salvi i compiti e i poteri dell'autorità di controllo competente di cui agli articoli 57 e 58, il controllo della conformità con un codice di condotta ai sensi dell'articolo 40 può essere effettuato da un organismo in possesso del livello adeguato di competenze riguardo al contenuto del codice e del necessario accreditamento a tal fine dell'autorità di controllo competente.

2. L'organismo di cui al paragrafo 1 può essere accreditato a controllare l'osservanza di un codice di condotta se esso ha:

a) dimostrato in modo convincente all'autorità di controllo competente di essere indipendente e competente riguardo al contenuto del codice;

b) istituito procedure che gli consentono di valutare l'ammissibilità dei titolari del trattamento e dei responsabili del trattamento in questione ad applicare il codice, di controllare che detti titolari e responsabili ne rispettino le disposizioni e di riesaminarne periodicamente il funzionamento;

c) istituito procedure e strutture atte a gestire i reclami relativi a violazioni del codice o il modo in cui il codice è stato o è attuato da un titolare del trattamento o un responsabile del trattamento e a rendere dette procedure e strutture trasparenti per gli interessati e il pubblico; e

d) dimostrato in modo convincente all'autorità di controllo competente che i compiti e le funzioni da esso svolti non danno adito a conflitto di interessi (2).

3. L'autorità di controllo competente presenta al comitato il progetto di requisiti per l'accreditamento dell'organismo di cui al paragrafo 1 del presente articolo, ai sensi del meccanismo di coerenza di cui all'articolo 63 (2).

4. Fatti salvi i compiti e i poteri dell'autorità di controllo competente e le disposizioni del capo VIII, un organismo di cui al paragrafo 1 del presente articolo adotta, stanti garanzie appropriate, le opportune misure in caso di violazione del codice da parte di un titolare del trattamento o responsabile del trattamento, tra cui la sospensione o l'esclusione dal codice del titolare del trattamento o del responsabile del trattamento. Esso informa l'autorità di controllo competente di tali misure e dei motivi della loro adozione.

5. L'autorità di controllo competente revoca l'accreditamento dell'organismo di cui al paragrafo 1, se i requisiti per l'accreditamento non sono, o non sono più, rispettati o se le misure adottate dall'organismo violano il presente regolamento (2).

6. Il presente articolo non si applica al trattamento effettuato da autorità pubbliche e da organismi pubblici.

(1) Titolo così corretto da Rettifica pubblicata nella G.U.U.E. 23/5/2018, n. 127 Serie L.

(2) Paragrafo così corretto da Rettifica pubblicata nella G.U.U.E. 23/5/2018, n. 127 Serie L.

42. Certificazione. – 1. Gli Stati membri, le autorità di controllo, il comitato e la Commissione incoraggiano, in particolare a livello di Unione, l'istituzione di meccanismi di certificazione della protezione dei dati nonché di sigilli e marchi di protezione dei dati allo scopo di dimostrare la conformità al presente regolamento dei trattamenti effettuati dai titolari del trattamento e dai responsabili del trattamento. Sono tenute in considerazione le esigenze specifiche delle micro, piccole e medie imprese.

2. Oltre all'adesione dei titolari del trattamento o responsabili del trattamento soggetti al presente regolamento, i meccanismi, i sigilli o i marchi approvati ai sensi del paragrafo 5 del presente articolo possono essere istituiti al fine di dimostrare la previsione di garanzie appropriate da parte dei titolari del trattamento o responsabili del trattamento non soggetti al presente regolamento ai sensi dell'articolo 3, nel quadro dei trasferimenti di dati personali verso paesi terzi o organizzazioni internazionali alle condizioni di cui all'articolo 46, paragrafo 2, lettera f). Detti titolari del trattamento o responsabili del trattamento assumono l'impegno vincolante e azionabile, mediante strumenti contrattuali o di altro tipo giuridicamente vincolanti, di applicare le stesse adeguate garanzie anche per quanto riguarda i diritti degli interessati (1).

3. La certificazione è volontaria e accessibile tramite una procedura trasparente.

4. La certificazione ai sensi del presente articolo non riduce la responsabilità del titolare del trattamento o del responsabile del trattamento riguardo alla conformità al presente regolamento e lascia impregiudicati i compiti e i poteri delle autorità di controllo competenti a norma degli articoli 55 o 56.

5. La certificazione ai sensi del presente articolo è rilasciata dagli organismi di certificazione di cui all'articolo 43 o dall'autorità di controllo competente in base ai criteri approvati da tale autorità di controllo competente ai sensi dell'articolo 58, paragrafo 3, o dal comitato, ai sensi dell'articolo 63. Ove i criteri siano approvati dal comitato, ciò può risultare in una certificazione comune, il sigillo europeo per la protezione dei dati.

6. Il titolare del trattamento o il responsabile del trattamento che sottopone il trattamento effettuato al meccanismo di certificazione fornisce all'organismo di certificazione di cui all'articolo 43 o, ove applicabile, all'autorità di controllo competente tutte le informazioni e l'accesso alle attività di trattamento necessarie a espletare la procedura di certificazione.

7. La certificazione è rilasciata al titolare del trattamento o responsabile del trattamento per un periodo massimo di tre anni e può essere rinnovata alle stesse condizioni purché continuino a essere soddisfatti i criteri pertinenti. La certificazione è revocata, se del caso, dagli organismi di certificazione di cui all'articolo 43 o dall'autorità di controllo competente, a seconda dei casi, qualora non siano o non siano più soddisfatti i criteri per la certificazione (1).

8. Il comitato raccoglie in un registro tutti i meccanismi di certificazione e i sigilli e i marchi di protezione dei dati e li rende pubblici con qualsiasi mezzo appropriato.

(1) Paragrafo così corretto da Rettifica pubblicata nella G.U.U.E. 23/5/2018, n. 127 Serie L.

43. Organismi di certificazione. – 1. Fatti salvi i compiti e i poteri dell'autorità di controllo competente di cui agli articoli 57 e 58, gli organismi di certificazione in possesso del livello adeguato di competenze riguardo alla protezione dei dati, rilasciano e rinnovano la certificazione, dopo averne informato l'autorità di controllo al fine di consentire alla stessa di esercitare i suoi poteri a norma dell'articolo 58, paragrafo 2, lettera h), ove necessario. Gli Stati membri garantiscono che tali organismi di certificazione siano accreditati da uno o entrambi dei seguenti organismi:

a) dall'autorità di controllo competente ai sensi degli articoli 55 o 56;

b) dall'organismo nazionale di accreditamento designato in virtù del regolamento (CE) n. 765/2008 del Parlamento europeo e del Consiglio conformemente alla norma EN-ISO/IEC 17065/2012 e ai requisiti aggiuntivi stabiliti dall'autorità di controllo competente ai sensi degli articoli 55 o 56.

2. Gli organismi di certificazione di cui al paragrafo 1 sono accreditati in conformità di tale paragrafo solo se:

a) hanno dimostrato in modo convincente all'autorità di controllo competente di essere indipendenti e competenti riguardo al contenuto della certificazione;

b) si sono impegnati a rispettare i criteri di cui all'articolo 42, paragrafo 5, e approvati dall'autorità di controllo competente ai sensi degli articoli 55 o 56 o dal comitato, ai sensi dell'articolo 63;

c) hanno istituito procedure per il rilascio, il riesame periodico e la revoca delle certificazioni, dei sigilli e dei marchi di protezione dei dati (1);

d) hanno istituito procedure e strutture atte a gestire i reclami relativi a violazioni della certificazione o il modo in cui la certificazione è stata o è attuata dal titolare del trattamento o dal responsabile del trattamento e a rendere dette procedure e strutture trasparenti per gli interessati e il pubblico; e

e) hanno dimostrato in modo convincente all'autorità di controllo competente che i compiti e le funzioni da loro svolti non danno adito a conflitto di interessi.

3. L'accreditamento degli organi di certificazione di cui ai paragrafi 1 e 2 del presente articolo ha luogo in base ai requisiti approvati dall'autorità di controllo competente ai sensi degli articoli 55 o 56 o dal comitato, ai sensi dell'articolo 63. In caso di accreditamento ai sensi del paragrafo 1, lettera b), del presente articolo, tali requisiti integrano quelli previsti dal regolamento (CE) n. 765/2008 nonché le norme tecniche che definiscono i metodi e le procedure degli organismi di certificazione (2).

4. Gli organismi di certificazione di cui al paragrafo 1 sono responsabili della corretta valutazione che comporta la certificazione o la revoca di quest'ultima, fatta salva la responsabilità del titolare del trattamento o del responsabile del trattamento riguardo alla conformità al presente regolamento. L'accreditamento è rilasciato per un periodo massimo di cinque anni e può essere rinnovato alle stesse condizioni purché l'organismo di certificazione soddisfi i requisiti.

5. L'organismo di certificazione di cui al paragrafo 1 trasmette all'autorità di controllo competente i motivi del rilascio o della revoca della certificazione richiesta.

6. I requisiti di cui al paragrafo 3 del presente articolo e i criteri di cui all'articolo 42, paragrafo 5, sono resi pubblici dall'autorità di controllo in forma facilmente accessibile. Le autorità di controllo provvedono a trasmetterli anche al comitato (2).

7. Fatto salvo il capo VIII, l'autorità di controllo competente o l'organismo nazionale di accreditamento revoca l'accreditamento di un organismo di certificazione di cui al paragrafo 1 del presente articolo, se le condizioni per l'accreditamento non sono, o non sono più, rispettate o se le misure adottate da un organismo di certificazione violano il presente regolamento.

8. Alla Commissione è conferito il potere di adottare atti delegati conformemente all'articolo 92 al fine di precisare i requisiti di cui tenere conto per i meccanismi di certificazione della protezione dei dati di cui all'articolo 42, paragrafo 1.

9. La Commissione può adottare atti di esecuzione per stabilire norme tecniche riguardanti i meccanismi di certificazione e i sigilli e marchi di protezione dei dati e le modalità per promuovere e riconoscere tali meccanismi di certificazione, i sigilli e marchi di protezione dei dati. Tali atti di esecuzione sono adottati secondo la procedura d'esame di cui all'articolo 93, paragrafo 2.

(1) Lettera così corretta da Rettifica pubblicata nella G.U.U.E. 23/5/2018, n. 127 Serie L.

(2) Paragrafo così corretto da Rettifica pubblicata nella G.U.U.E. 23/5/2018, n. 127 Serie L.

Capo VIII

Mezzi di ricorso, responsabilità e sanzioni

77. Diritto di proporre reclamo all'autorità di controllo. – 1. Fatto salvo ogni altro ricorso amministrativo o giurisdizionale, l'interessato che ritenga che il trattamento che lo riguarda violi il presente regolamento ha il diritto di proporre reclamo a un'autorità di controllo, segnatamente nello Stato membro in cui risiede abitualmente, lavora oppure del luogo ove si è verificata la presunta violazione.

2. L'autorità di controllo a cui è stato proposto il reclamo informa il reclamante dello stato o dell'esito del reclamo, compresa la possibilità di un ricorso giurisdizionale ai sensi dell'articolo 78.

78. Diritto a un ricorso giurisdizionale effettivo nei confronti dell'autorità di controllo. – 1. Fatto salvo ogni altro ricorso amministrativo o extragiudiziale, ogni persona fisica o giuridica ha il diritto di proporre un ricorso giurisdizionale effettivo avverso una decisione giuridicamente vincolante dell'autorità di controllo che la riguarda.

2. Fatto salvo ogni altro ricorso amministrativo o extragiudiziale, ciascun interessato ha il diritto di proporre un ricorso giurisdizionale effettivo qualora l'autorità di controllo che sia competente ai sensi degli articoli 55 e 56 non tratti un reclamo o non lo informi entro tre mesi dello stato o dell'esito del reclamo proposto ai sensi dell'articolo 77.

3. Le azioni nei confronti dell'autorità di controllo sono promosse dinanzi alle autorità giurisdizionali dello Stato membro in cui l'autorità di controllo è stabilita.

4. Qualora siano promosse azioni avverso una decisione di un'autorità di controllo che era stata preceduta da un parere o da una decisione del comitato nell'ambito del meccanismo di coerenza, l'autorità di controllo trasmette tale parere o decisione all'autorità giurisdizionale.

79. Diritto a un ricorso giurisdizionale effettivo nei confronti del titolare del trattamento o del responsabile del trattamento. – 1. Fatto salvo ogni altro ricorso amministrativo o extragiudiziale disponibile, compreso il diritto di proporre reclamo a un'autorità di controllo ai sensi dell'articolo 77, ogni interessato ha il diritto di proporre un ricorso giurisdizionale effettivo qualora ritenga che i diritti di cui gode a norma del presente regolamento siano stati violati a seguito di un trattamento.

2. Le azioni nei confronti del titolare del trattamento o del responsabile del trattamento sono promosse dinanzi alle autorità giurisdizionali dello Stato membro in cui il titolare del trattamento o il responsabile del trattamento ha uno stabilimento. In alternativa, tali azioni possono essere promosse dinanzi alle autorità giurisdizionali dello Stato membro in cui l'interessato risiede abitualmente, salvo che il titolare del trattamento o il responsabile del trattamento sia un'autorità pubblica di uno Stato membro nell'esercizio dei pubblici poteri.

80. Rappresentanza degli interessati. – 1. L'interessato ha il diritto di dare mandato a un organismo, un'organizzazione o un'associazione senza scopo di lucro, che siano debitamente costituiti secondo il diritto di uno Stato membro, i cui obiettivi statutari siano di pubblico interesse e che siano attivi nel settore della protezione dei diritti e delle libertà degli interessati con riguardo alla protezione dei dati personali, di proporre il reclamo per suo conto e di esercitare per suo conto i diritti di cui agli articoli 77, 78 e 79 nonché, se previsto dal diritto degli Stati membri, il diritto di ottenere il risarcimento di cui all'articolo 82.

2. Gli Stati membri possono prevedere che un organismo, organizzazione o associazione di cui al paragrafo 1 del presente articolo, indipendentemente dal mandato conferito dall'interessato, abbia il diritto di proporre, in tale Stato membro, un reclamo all'autorità di controllo competente, e di esercitare i diritti di cui agli articoli 78 e 79, qualora ritenga che i diritti di cui un interessato gode a norma del presente regolamento siano stati violati in seguito al trattamento.

81. Sospensione delle azioni. – 1. L'autorità giurisdizionale competente di uno Stato membro che venga a conoscenza di azioni riguardanti lo stesso oggetto relativamente al trattamento dello stesso titolare del trattamento o dello stesso responsabile del trattamento pendenti presso un'autorità giurisdizionale in un altro Stato membro, prende contatto con tale autorità giurisdizionale nell'altro Stato membro per confermare l'esistenza delle azioni.

2. Qualora azioni riguardanti lo stesso oggetto relativamente al trattamento dello stesso titolare del trattamento o dello stesso responsabile del trattamento siano pendenti presso un'autorità giurisdizionale in un altro Stato membro, qualunque autorità giurisdizionale competente successivamente adita può sospendere le azioni.

3. Se tali azioni sono pendenti in primo grado, qualunque autorità giurisdizionale successivamente adita può parimenti dichiarare la propria incompetenza su richiesta di una delle parti a condizione che l'autorità giurisdizionale adita per prima sia competente a conoscere delle domande proposte e la sua legge consenta la riunione dei procedimenti.

82. Diritto al risarcimento e responsabilità. – 1. Chiunque subisca un danno materiale o immateriale causato da una violazione del presente regolamento ha il diritto di ottenere il risarcimento del danno dal titolare del trattamento o dal responsabile del trattamento.

2. Un titolare del trattamento coinvolto nel trattamento risponde per il danno cagionato dal suo trattamento che violi il presente regolamento. Un responsabile del trattamento risponde per il danno causato dal trattamento solo se non ha adempiuto gli obblighi del presente regolamento specificatamente diretti ai responsabili del trattamento o ha agito in modo difforme o contrario rispetto alle legittime istruzioni del titolare del trattamento.

3. Il titolare del trattamento o il responsabile del trattamento è esonerato dalla responsabilità, a norma del paragrafo 2 se dimostra che l'evento dannoso non gli è in alcun modo imputabile.

4. Qualora più titolari del trattamento o responsabili del trattamento oppure entrambi il titolare del trattamento e il responsabile del trattamento siano coinvolti nello stesso trattamento e siano, ai sensi dei paragrafi 2 e 3, responsabili dell'eventuale danno causato dal trattamento, ogni titolare del trattamento o responsabile del trattamento è responsabile in solido per l'intero ammontare del danno, al fine di garantire il risarcimento effettivo dell'interessato.

5. Qualora un titolare del trattamento o un responsabile del trattamento abbia pagato, conformemente al paragrafo 4, l'intero risarcimento del danno, tale titolare del trattamento o responsabile del trattamento ha il diritto di reclamare dagli altri titolari del trattamento o responsabili del trattamento coinvolti nello stesso trattamento la parte del risarcimento corrispondente alla loro parte di responsabilità per il danno conformemente alle condizioni di cui al paragrafo 2.

6. Le azioni legali per l'esercizio del diritto di ottenere il risarcimento del danno sono promosse dinanzi alle autorità giurisdizionali competenti a norma del diritto dello Stato membro di cui all'articolo 79, paragrafo 2.

83. Condizioni generali per infliggere sanzioni amministrative pecuniarie. – 1. Ogni autorità di controllo provvede affinché le sanzioni amministrative pecuniarie inflitte ai sensi del presente articolo in relazione alle violazioni del presente regolamento di cui ai paragrafi 4, 5 e 6 siano in ogni singolo caso effettive, proporzionate e dissuasive.

2. Le sanzioni amministrative pecuniarie sono inflitte, in funzione delle circostanze di ogni singolo caso, in aggiunta alle misure di cui all'articolo 58, paragrafo 2, lettere da a) a h) e j), o in luogo di tali misure. Al momento di decidere se

infliggere una sanzione amministrativa pecuniaria e di fissare l'ammontare della stessa in ogni singolo caso si tiene debito conto dei seguenti elementi:

a) la natura, la gravità e la durata della violazione tenendo in considerazione la natura, l'oggetto o a finalità del trattamento in questione nonché il numero di interessati lesi dal danno e il livello del danno da essi subito;

b) il carattere doloso o colposo della violazione;

c) le misure adottate dal titolare del trattamento o dal responsabile del trattamento per attenuare il danno subito dagli interessati;

d) il grado di responsabilità del titolare del trattamento o del responsabile del trattamento tenendo conto delle misure tecniche e organizzative da essi messe in atto ai sensi degli articoli 25 e 32;

e) eventuali precedenti violazioni pertinenti commesse dal titolare del trattamento o dal responsabile del trattamento;

f) il grado di cooperazione con l'autorità di controllo al fine di porre rimedio alla violazione e attenuarne i possibili effetti negativi;

g) le categorie di dati personali interessate dalla violazione;

h) la maniera in cui l'autorità di controllo ha preso conoscenza della violazione, in particolare se e in che misura il titolare del trattamento o il responsabile del trattamento ha notificato la violazione;

i) qualora siano stati precedentemente disposti provvedimenti di cui all'articolo 58, paragrafo 2, nei confronti del titolare del trattamento o del responsabile del trattamento in questione relativamente allo stesso oggetto, il rispetto di tali provvedimenti;

j) l'adesione ai codici di condotta approvati ai sensi dell'articolo 40 o ai meccanismi di certificazione approvati ai sensi dell'articolo 42; e

k) eventuali altri fattori aggravanti o attenuanti applicabili alle circostanze del caso, ad esempio i benefici finanziari conseguiti o le perdite evitate, direttamente o indirettamente, quale conseguenza della violazione.

3. Se, in relazione allo stesso trattamento o a trattamenti collegati, un titolare del trattamento o un responsabile del trattamento viola, con dolo o colpa, varie disposizioni del presente regolamento, l'importo totale della sanzione amministrativa pecuniaria non supera l'importo specificato per la violazione più grave.

4. In conformità del paragrafo 2, la violazione delle disposizioni seguenti è soggetta a sanzioni amministrative pecuniarie fino a 10 000 000 EUR, o per le imprese, fino al 2% del fatturato mondiale totale annuo dell'esercizio precedente, se superiore:

a) gli obblighi del titolare del trattamento e del responsabile del trattamento a norma degli articoli 8, 11, da 25 a 39, 42 e 43;

b) gli obblighi dell'organismo di certificazione a norma degli articoli 42 e 43;

c) gli obblighi dell'organismo di controllo a norma dell'articolo 41, paragrafo 4.

5. In conformità del paragrafo 2, la violazione delle disposizioni seguenti è soggetta a sanzioni amministrative pecuniarie fino a 20 000 000 EUR, o per le imprese, fino al 4% del fatturato mondiale totale annuo dell'esercizio precedente, se superiore:

a) i principi di base del trattamento, comprese le condizioni relative al consenso, a norma degli articoli 5, 6, 7 e 9;

b) i diritti degli interessati a norma degli articoli da 12 a 22;

c) i trasferimenti di dati personali a un destinatario in un paese terzo o un'organizzazione internazionale a norma degli articoli da 44 a 49;

d) qualsiasi obbligo ai sensi delle legislazioni degli Stati membri adottate a norma del capo IX;

e) l'inosservanza di un ordine, di una limitazione provvisoria o definitiva di trattamento o di un ordine di sospensione dei flussi di dati dell'autorità di controllo ai sensi dell'articolo 58, paragrafo 2, o il negato accesso in violazione dell'articolo 58, paragrafo 1.

6. In conformità del paragrafo 2 del presente articolo, l'inosservanza di un ordine da parte dell'autorità di controllo di cui all'articolo 58, paragrafo 2, è soggetta a sanzioni amministrative pecuniarie fino a 20 000 000 EUR, o per le imprese, fino al 4% del fatturato mondiale totale annuo dell'esercizio precedente, se superiore.

7. Fatti salvi i poteri correttivi delle autorità di controllo a norma dell'articolo 58, paragrafo 2, ogni Stato membro può prevedere norme che dispongano se e in quale misura possono essere inflitte sanzioni amministrative pecuniarie ad autorità pubbliche e organismi pubblici istituiti in tale Stato membro.

8. L'esercizio da parte dell'autorità di controllo dei poteri attribuitile dal presente articolo è soggetto a garanzie procedurali adeguate in conformità del diritto dell'Unione e degli Stati membri, inclusi il ricorso giurisdizionale effettivo e il giusto processo.

9. Se l'ordinamento giuridico dello Stato membro non prevede sanzioni amministrative pecuniarie, il presente articolo può essere applicato in maniera tale che l'azione sanzionatoria sia avviata dall'autorità di controllo competente e la sanzione pecuniaria sia irrogata dalle competenti autorità giurisdizionali nazionali, garantendo nel contempo che i mezzi di ricorso siano effettivi e abbiano effetto equivalente alle sanzioni amministrative pecuniarie irrogate dalle autorità di controllo. In ogni caso, le sanzioni pecuniarie irrogate sono effettive, proporzionate e dissuasive. Tali Stati membri notificano alla Commissione le disposizioni di legge adottate a norma del presente paragrafo al più tardi entro il 25 maggio 2018 e comunicano senza ritardo ogni successiva modifica (1).

(1) Paragrafo così corretto da Rettifica pubblicata nella G.U.U.E. 23/5/2018, n. 127 Serie L.

84. Sanzioni. – 1. Gli Stati membri stabiliscono le norme relative alle altre sanzioni per le violazioni del presente regolamento in particolare per le violazioni non soggette a sanzioni amministrative pecuniarie a norma dell'articolo 83, e adottano tutti i provvedimenti necessari per assicurarne l'applicazione. Tali sanzioni devono essere effettive, proporzionate e dissuasive.

2. Ogni Stato membro notifica alla Commissione le disposizioni di legge adottate ai sensi del paragrafo 1 al più tardi entro il 25 maggio 2018, e comunica senza ritardo ogni successiva modifica (1).

(1) Paragrafo così corretto da Rettifica pubblicata nella G.U.U.E. 23/5/2018, n. 127 Serie L.

D.l. 8 ottobre 2021, n. 139

(G.U. 8 ottobre 2021, n. 241)

Decreto convertito con modificazioni dalla Legge 3 dicembre 2021, n. 205

Disposizioni urgenti per l'accesso alle attività culturali, sportive e ricreative, nonché per l'organizzazione di pubbliche amministrazioni e in materia di protezione dei dati personali (DECRETO CAPIENZE)

Capo I
Disposizioni urgenti per l'accesso alle attività culturali, sportive e ricreative

1. Disposizioni urgenti in materia di spettacoli aperti al pubblico, di eventi e competizioni sportivi e di discoteche. – Al decreto-legge 22 aprile 2021, n. 52, convertito, con modificazioni, dalla legge 17 giugno 2021, n. 87, sono apportate le seguenti modificazioni:

a) all'articolo 5:

1) il comma 1 è sostituito dal seguente:

"1. In zona gialla, gli spettacoli aperti al pubblico in sale teatrali, sale da concerto, sale cinematografiche, locali di intrattenimento e musica dal vivo e in altri locali o spazi anche all'aperto, sono svolti esclusivamente con posti a sedere preassegnati e a condizione che sia assicurato il rispetto della distanza interpersonale di almeno un metro, sia per gli spettatori che non siano abitualmente conviventi, sia per il personale, e l'accesso è consentito esclusivamente ai soggetti muniti di una delle certificazioni verdi COVID-19 di cui all'articolo 9, comma 2. In zona gialla la capienza consentita non può essere superiore al 50 per cento di quella massima autorizzata. In zona bianca, l'accesso agli spettacoli aperti al pubblico in sale teatrali, sale da concerto, sale cinematografiche, locali di intrattenimento e musica dal vivo e in altri locali o spazi anche all'aperto è consentito esclusivamente ai soggetti muniti di una delle certificazioni verdi COVID-19 di cui all'articolo 9, comma 2, e la capienza consentita è pari a quella massima autorizzata. In caso di spettacoli aperti al pubblico che si svolgono in luoghi ordinariamente destinati agli eventi e alle competizioni sportivi, si applicano le disposizioni di cui al comma 2 relative alla capienza consentita negli spazi destinati al pubblico. In ogni caso, per gli spettacoli all'aperto, quando il pubblico, anche solo in parte, vi accede senza posti a sedere preassegnati e senza limiti massimi di capienza autorizzati, gli organizzatori producono all'autorità competente ad autorizzare l'evento anche la documentazione concernente le misure adottate per la prevenzione della diffusione del contagio da COVID-19, tenuto conto delle dimensioni, dello stato e delle caratteristiche dei luoghi, nonché delle indicazioni stabilite in apposite linee guida adottate ai sensi dell'articolo 1, comma 14, del decreto-legge 16 maggio 2020, n. 33, convertito, con modificazioni, dalla legge 14 luglio 2020, n. 74. La predetta autorità comunica le misure individuate dagli organizzatori alla Commissione di cui all'articolo 80 del testo unico delle leggi di pubblica sicurezza, di cui al regio decreto 18 giugno 1931, n. 773, la quale ne tiene conto ai fini delle valutazioni di propria competenza, nel corso di sedute alle quali può invitare rappresentanti delle aziende sanitarie locali, specificamente competenti in materia di sanità pubblica, al fine di acquisire un parere circa l'idoneità delle predette misure. Le misure sono comunicate altresì al Prefetto ai fini delle eventuali misure da adottarsi per la tutela dell'ordine e della sicurezza pubblica, anche previa acquisizione del parere del Comitato provinciale di cui all'articolo 20 della legge 1° aprile 1981, n. 121. Restano sospesi gli spettacoli aperti al pubblico quando non è possibile assicurare il rispetto delle condizioni di cui al presente articolo, nonché, salvo quanto previsto dal comma 1-bis per la zona bianca, le attività che abbiano luogo in sale da ballo, discoteche e locali assimilati." (1);

2) dopo il comma 1 è inserito il seguente:

"1-bis. In zona bianca le attività che abbiano luogo in sale da ballo, discoteche e locali assimilati sono consentite nel rispetto di protocolli e linee guida adottati ai sensi dell'articolo 1, comma 14, del decreto-legge 16 maggio 2020, n. 33, convertito, con modificazioni, dalla legge 14 luglio 2020, n. 74. L'accesso è consentito esclusivamente ai soggetti muniti di una delle certificazioni verdi COVID-19 di cui all'articolo 9, comma 2, con tracciamento dell'accesso alle strutture. La capienza non può comunque essere superiore al 75 per cento all'aperto e al 50 per cento al chiuso rispetto a quella massima autorizzata. Nei locali al chiuso ove si svolgono le predette attività deve essere garantita la presenza di impianti di aereazione senza ricircolo dell'aria oppure di sistemi di filtrazione ad elevata efficienza mediante filtri HEPA o F9, in grado di ridurre la presenza nell'aria del virus SARS-CoV-2, e restano fermi gli obblighi di indossare il dispositivo di protezione delle vie respiratorie previsti dalla vigente normativa, ad eccezione del momento del ballo." (1);

3) il comma 2 è sostituito dal seguente:

"2. In zona gialla, le misure di cui al primo periodo del comma 1 si applicano anche per la partecipazione del pubblico sia agli eventi e alle competizioni di livello agonistico riconosciuti di preminente interesse nazionale con provvedimento del Comitato olimpico nazionale italiano (CONI) e del Comitato italiano paralimpico (CIP), riguardanti gli sport individuali e di squadra, organizzati dalle rispettive federazioni sportive nazionali, discipline sportive associate, enti di promozione sportiva ovvero da organismi sportivi internazionali, sia agli eventi e alle competizioni sportivi diversi da quelli sopra richiamati. In zona gialla, la capienza consentita non può essere superiore al 50 per cento all'aperto e al 35 per cento al chiuso rispetto a quella massima autorizzata. In zona bianca, l'accesso agli eventi e alle competizioni di cui al primo periodo è consentito esclusivamente ai soggetti muniti di una delle certificazioni verdi COVID-19 di cui all'articolo 9, comma 2, e la capienza consentita non può essere superiore al 75 per cento all'aperto e al 60 per cento al chiuso rispetto a quella massima autorizzata. Le percentuali massime di capienza di cui al presente comma si applicano a ciascuno dei settori dedicati alla presenza del pubblico nei luoghi di svolgimento degli eventi e competizioni sportivi. Le attività devono svolgersi nel rispetto delle linee guida adottate dalla Presidenza del Consiglio dei ministri – Dipartimento per lo sport, sentita la Federazione medico sportiva italiana, sulla base di criteri definiti dal Comitato tecnico-scientifico. Quando non è possibile assicurare il rispetto delle condizioni di cui al presente comma, gli eventi e le competizioni sportivi si svolgono senza la presenza di pubblico." (1);

4) il comma 3 è sostituito dal seguente:

"3. In zona bianca e gialla, in relazione all'andamento della situazione epidemiologica e alle caratteristiche dei siti e degli eventi, può essere stabilita una diversa percentuale massima di capienza consentita, nel rispetto dei principi fissati dal Comitato tecnico-scientifico, con linee guida idonee a prevenire o ridurre il rischio di contagio, adottate, per gli spettacoli di cui al comma 1, dalla Conferenza delle Regioni e delle Province autonome e, per gli eventi e le competizioni di cui al comma 2, dal Sottosegretario di Stato con delega in materia di sport.";

b) all'articolo 9-bis, comma 1, lettera b), dopo le parole "spettacoli aperti al pubblico, eventi e competizioni sportivi," sono inserite le seguenti: "nonché attività che abbiano luogo in sale da ballo, discoteche e locali assimilati,";

c) all'articolo 13, comma 1, dopo l'ultimo periodo è aggiunto il seguente: "Ferma restando l'applicazione delle eventuali sanzioni previste dall'ordinamento sportivo, dopo una violazione delle disposizioni di cui all'articolo 5, commi 1, 1-bis e 2, relative alla capienza consentita e al possesso di una delle certificazioni verdi COVID-19 di cui all'articolo 9, comma 2, si applica, a partire dalla seconda violazione, commessa in giornata diversa, la sanzione amministrativa accessoria della chiusura da uno a dieci giorni.".

2. All'articolo 4 del decreto-legge 6 agosto 2021, n. 111, convertito, con modificazioni, dalla legge 24 settembre 2021, n. 133, i commi 2 e 3 sono abrogati.

3. Le disposizioni di cui al presente articolo si applicano dall'11 ottobre 2021.

(1) Capoverso modificato dall'art. 1, co. 1, l. 3/12/2021, n. 205, in sede di conversione.

1 bis. Disposizioni in materia di accesso a spettacoli in impianti con capienza superiore a 5.000 spettatori (1). – 1. All'articolo 1, comma 545-bis, della legge 11 dicembre 2016, n. 232, dopo le parole: "danza e circo contemporaneo" sono inserite le seguenti: ", nonché le manifestazioni carnevalesche, i corsi mascherati, le rievocazioni storiche, giostre e manifestazioni similari".

(1) Articolo inserito dall'art. 1, co. 1, l. 3/12/2021, n. 205, in sede di conversione.

2. Disposizioni urgenti in materia di musei e altri istituti e luoghi della cultura. – 1. All'articolo 5-bis, comma 1, del decreto-legge 22 aprile 2021, n. 52, convertito, con modificazioni, dalla legge 17 giugno 2021, n. 87, le parole "e da consentire che i visitatori possano rispettare la distanza interpersonale di almeno un metro" sono soppresse (1).

2. Le disposizioni di cui al presente articolo si applicano dall'11 ottobre 2021.

(1) Comma modificato dall'art. 1, co. 1, l. 3/12/2021, n. 205, in sede di conversione.

2 bis. Disposizioni urgenti per l'accesso agli autobus adibiti a servizi di noleggio con conducente (1). – 1. Dalla data di entrata in vigore della legge di conversione del presente decreto, l'accesso a bordo degli autobus adibiti a servizi di noleggio con conducente, ad esclusione di quelli impiegati nei servizi aggiuntivi di trasporto pubblico locale e regionale, è consentito esclusivamente ai soggetti muniti di una delle certificazioni verdi COVID-19, come previsto dall'articolo 9-quater del decreto-legge 22 aprile 2021, n. 52, convertito, con modificazioni, dalla legge 17 giugno 2021, n. 87, e la capienza consentita è pari a quella massima di riempimento.

(1) Articolo inserito dall'art. 1, co. 1, l. 3/12/2021, n. 205, in sede di conversione.

3. Disposizioni urgenti in materia di verifica del possesso delle certificazioni verdi COVID-19 nei settori pubblico e privato. – 1. Al decreto-legge 22 aprile 2021, n. 52, convertito, con modificazioni, dalla legge 17 giugno 2021, n. 87, dopo l'articolo 9-septies è inserito il seguente:

"Art. 9-octies (Modalità di verifica del possesso delle certificazioni verdi COVID-19 nei settori pubblico e privato ai fini della programmazione del lavoro). – 1. In caso di richiesta da parte del datore di lavoro, derivante da specifiche esigenze organizzative volte a garantire l'efficace programmazione del lavoro, i lavoratori sono tenuti a rendere le comunicazioni di cui al comma 6 dell'articolo 9-quinquies e al comma 6 dell'articolo 9-septies con un preavviso necessario a soddisfare le predette esigenze organizzative.".

3 bis. Interventi connessi con l'emergenza sanitaria) (1). – 1. Le risorse disponibili sulla contabilità speciale di cui all'articolo 122, comma 9, del decreto-legge 17 marzo 2020, n. 18, convertito, con modificazioni, dalla legge 24 aprile 2020, n. 27, affluite ai sensi dell'articolo 40 del decreto-legge 22 marzo 2021, n. 41, convertito, con modificazioni, dalla legge 21 maggio 2021, n. 69, possono essere utilizzate, nella misura di 210 milioni di euro, fino al termine dello stato di emergenza di cui all'articolo 1 del decreto-legge 23 luglio 2021, n. 105, convertito, con modificazioni, dalla legge 16 settembre 2021, n. 126, per assicurare la continuità degli interventi di competenza del Commissario straordinario di cui al suddetto articolo 122 del decreto-legge 17 marzo 2020, n. 18, convertito, con modificazioni, dalla legge 24 aprile 2020, n. 27.

2. In considerazione della proroga dello stato di emergenza al 31 dicembre 2021, in via eccezionale, limitatamente alle elezioni provinciali da svolgere il 18 dicembre 2021 e in deroga a quanto previsto dai commi 62, secondo periodo, e 74, secondo periodo, dell'articolo 1 della legge 7 aprile 2014, n. 56, al fine di rispettare le disposizioni sul distanziamento sociale per il contrasto del COVID-19, possono essere individuate ulteriori sedi decentrate per procedere alle operazioni di voto, nell'ambito delle risorse disponibili a legislazione vigente, senza nuovi o maggiori oneri per la finanza pubblica.

(1) Articolo inserito dall'art. 1, co. 1, l. 3/12/2021, n. 205, in sede di conversione.

Capo II
Disposizioni urgenti in materia di organizzazione di pubbliche amministrazioni e di esami di stato per l'abilitazione all'esercizio della professione di avvocato

4. Riorganizzazione del Ministero della salute. – 1. La dotazione organica della dirigenza di livello generale del Ministero della salute è incrementata di due unità, con contestuale riduzione di 7 posizioni di dirigente sanitario complessivamente equivalenti sotto il profilo finanziario e di un corrispondente ammontare di facoltà assunzionali disponibili a legislazione vigente (1).

2. All'articolo 47-quater del decreto legislativo 30 luglio 1999, n. 300, il comma 1 è sostituito dal seguente: "1. Il Ministero si articola in direzioni generali, coordinate da un segretario generale. Il numero degli uffici dirigenziali generali, incluso quello del segretario generale, è pari a 15." (1).

3. All'attuazione del presente articolo si provvede nei limiti delle risorse umane, finanziarie e strumentali disponibili a legislazione vigente.

(1) Comma modificato dall'art. 1, co. 1, l. 3/12/2021, n. 205, in sede di conversione.

4 bis. Accesso all'elenco nazionale degli idonei alla nomina a direttore generale delle aziende e degli enti del Servizio sanitario nazionale (1). – 1. In ragione del perdurare dell'emergenza dovuta alla situazione epidemiologica conseguente alla diffusione pandemica del virus SARS-CoV-2, al fine di non disperdere le competenze e le professionalità acquisite dal personale sanitario nel corso del servizio prestato presso le aziende sanitarie locali, le aziende ospedaliere e gli altri enti del Servizio sanitario nazionale, il limite anagrafico per l'accesso all'elenco nazionale di cui all'articolo 1, comma 2, del decreto legislativo 4 agosto 2016, n. 171, è elevato a sessantotto anni. Le disposizioni di cui al presente articolo si applicano fino al termine dello stato di emergenza connesso al COVID-19.

(1) Articolo inserito dall'art. 1, co. 1, l. 3/12/2021, n. 205, in sede di conversione.

5. Disposizioni urgenti in tema di temporaneo rafforzamento dell'Ufficio centrale per il referendum presso la Corte di cassazione. – 1. Al fine di consentire il tempestivo espletamento delle operazioni di verifica di cui all'articolo 32 della legge 25 maggio 1970, n. 352, relative alle richieste di referendum presentate entro il 31 ottobre 2021, in deroga alla disposizione di cui all'articolo 2 del decreto-legge 9 marzo 1995, n. 67, convertito dalla legge 5 maggio 1995, n. 159, per le operazioni di verifica delle sottoscrizioni, dell'indicazione delle generalità dei sottoscrittori, delle vidimazioni dei fogli, delle autenticazioni delle firme e delle certificazioni elettorali, nonché per le operazioni di conteggio delle firme, l'Ufficio centrale per il referendum si avvale di personale della segreteria di cui all'articolo 6 della legge 22 maggio 1978, n. 199, nel numero massimo di 28 unità, appartenente alla seconda area professionale con la qualifica di cancelliere esperto e di assistente giudiziario.

2. Per le medesime finalità di cui al comma 1, per le funzioni di segreteria dell'Ufficio centrale per il referendum, il primo presidente della Corte di cassazione può avvalersi, per un periodo non superiore a sessanta giorni, di personale ulteriore rispetto a quello in servizio a qualsiasi titolo presso la Corte, nel numero massimo di 100 unità, di cui 40 competenti per le funzioni di verifica e conteggio delle sottoscrizioni, appartenenti alla seconda area professionale con la qualifica di assistente giudiziario o cancelliere esperto ovvero profili professionali equiparati, e 60 con mansioni esecutive di supporto e in particolare per l'inserimento dei dati nei sistemi informatici, appartenenti alla seconda area professionale con la qualifica di operatore giudiziario ovvero profili professionali equiparati (1).

3. Su richiesta del primo presidente della Corte di cassazione, l'amministrazione giudiziaria indice interpello, per soli titoli, finalizzato alla acquisizione di manifestazioni di disponibilità alla assegnazione all'ufficio centrale per il referendum della Corte di cassazione.

4. La procedura di assegnazione temporanea di cui al comma 3 è riservata al personale di ruolo dell'amministrazione giudiziaria che abbia maturato un minimo di tre anni di servizio nel profilo professionale di appartenenza, nonché, qualora in possesso delle professionalità richieste e secondo l'equiparazione prevista dal decreto del Presidente del Consiglio dei ministri 26 giugno 2015, pubblicato nella Gazzetta Ufficiale n. 216 del 17 settembre 2015, ai dipendenti di ruolo delle Amministrazioni pubbliche di cui all'articolo 1, comma 2, del decreto legislativo 30 marzo 2001, n. 165, rientranti nel Comparto Funzioni Centrali, nonché al personale militare e delle Forze di polizia di Stato di cui all'articolo 3 del medesimo decreto legislativo secondo i rispettivi ordinamenti. Nell'ambito della procedura di interpello di cui al comma 3, le amministrazioni pubbliche di provenienza dei dipendenti che abbiano manifestato la propria disponibilità sono tenute ad adottare il provvedimento di comando entro cinque giorni dalla richiesta dell'amministrazione giudiziaria; qualora tale provvedimento non sia adottato nel termine suddetto, il nulla osta si ha comunque per rilasciato e l'amministrazione giudiziaria può procedere all'assegnazione, dandone comunicazione all'interessato e all'amministrazione di provenienza. Il trattamento economico fondamentale e accessorio da corrispondere durante il periodo di assegnazione temporanea continuerà ad essere erogato dalla amministrazione di provenienza (1).

5. In ragione delle eccezionali finalità di cui al comma 1, al personale assegnato all'Ufficio centrale per il referendum della Corte di cassazione, anche se distaccato o comandato ai sensi del comma 4, è corrisposto l'onorario giornaliero di cui all'articolo 3, comma 1, della legge 13 marzo 1980, n. 70. Per le unità con mansioni esecutive di supporto di cui al comma 2, tale onorario è ridotto di un quinto. Detto personale, delegato dal presidente dell'Ufficio centrale per il referendum, è responsabile verso l'Ufficio centrale delle operazioni compiute. Resta fermo quanto previsto dall'articolo 6 della legge 22 maggio 1978, n. 199. Non è dovuta, per il personale comandato ai sensi del comma 4, l'indennità giudiziaria.

6. Per l'attuazione delle disposizioni contenute nel presente articolo è autorizzata la spesa di euro 409.648 per l'anno 2021, cui si provvede mediante corrispondente riduzione dello stanziamento del fondo speciale di parte corrente iscritto, ai fini del bilancio triennale 2021-2023, nell'ambito del programma "Fondi di riserva e speciali" della missione «Fondi da ripartire» dello stato di previsione del Ministero dell'economia e delle finanze per l'anno 2021, allo scopo parzialmente utilizzando l'accantonamento relativo al Ministero della giustizia (1).

7. Il Ministro dell'economia e delle finanze è autorizzato ad apportare, con propri decreti, le occorrenti variazioni di bilancio.

(1) Comma modificato dall'art. 1, co. 1, l. 3/12/2021, n. 205, in sede di conversione.

6. Misure urgenti in materia di svolgimento della sessione 2021 dell'esame di Stato per l'abilitazione all'esercizio della professione di avvocato durante l'emergenza epidemiologica da COVID-19. – 1. L'esame di Stato per l'abilitazione all'esercizio della professione di avvocato, limitatamente alla sessione da indire per l'anno 2021, è disciplinato dalle disposizioni di cui al decreto-legge 13 marzo 2021, n. 31, convertito, con modificazioni, dalla legge 15 aprile 2021, n. 50, salvo quanto previsto dal presente articolo.

2. Con il decreto del Ministro della giustizia che indice la sessione d'esame per il 2021 sono fornite le indicazioni relative alla data di inizio delle prove, alle modalità di sorteggio per l'espletamento delle prove orali, alla pubblicità delle sedute di esame, all'accesso e alla permanenza nelle sedi di esame fermo quanto previsto dal successivo comma 3, alle prescrizioni imposte ai fini della prevenzione e protezione dal rischio del contagio da COVID-19, nonché alle modalità di comunicazione delle materie scelte dal candidato per la prima e la seconda prova orale. Con il medesimo decreto vengono altresì disciplinate le modalità di utilizzo di strumenti compensativi per le difficoltà di lettura, di scrittura e di calcolo, nonché la possibilità di usufruire di un prolungamento dei tempi stabiliti per lo svolgimento delle prove, da parte dei candidati con disturbi specifici di apprendimento (DSA). Non si applicano le disposizioni di cui all'articolo 3, comma 2, del decreto-legge 13 marzo 2021, n. 31, convertito, con modificazioni, dalla legge 15 aprile 2021, n. 50 (1).

3. L'accesso ai locali deputati allo svolgimento delle prove d'esame è consentito esclusivamente ai soggetti muniti di una delle certificazioni verdi COVID-19, di cui all'articolo 9, comma 2 del decreto-legge 22 aprile 2021, n. 52, convertito, con modificazioni, dalla legge 17 giugno 2021, n. 87. La mancata esibizione da parte dei candidati al personale addetto

ai controlli delle certificazioni di cui al primo periodo costituisce motivo di esclusione dall'esame.

4. In deroga a quanto previsto dall'articolo 4, comma 6 del decreto-legge 13 marzo 2021, n. 31, convertito, con modificazioni, dalla legge 15 aprile 2021, n. 50, le linee generali da seguire per la formulazione dei quesiti da porre nella prima prova orale e per la valutazione dei candidati, in modo da garantire l'omogeneità e la coerenza dei criteri di esame, sono stabilite con decreto del Ministero della giustizia, sentita la commissione centrale costituita ai sensi del decreto-legge 21 maggio 2003, n. 112, convertito, con modificazioni, dalla legge 18 luglio 2003, n. 180.

5. Per l'attuazione delle disposizioni di cui al presente articolo è autorizzata la spesa di euro 1.820.000 per l'anno 2022, cui si provvede mediante corrispondente riduzione delle proiezioni dello stanziamento del fondo speciale di parte corrente iscritto, ai fini del bilancio triennale 2021-2023, nell'ambito del programma "Fondi di riserva e speciali" della missione «Fondi da ripartire» dello stato di previsione del Ministero dell'economia e delle finanze per l'anno 2021, allo scopo parzialmente utilizzando l'accantonamento relativo al Ministero della giustizia (1).

6. Il Ministro dell'economia e delle finanze è autorizzato ad apportare, con propri decreti, le occorrenti variazioni di bilancio.

(1) Comma modificato dall'art. 1, co. 1, l. 3/12/2021, n. 205, in sede di conversione.

Capo III

Disposizioni urgenti di carattere economico in materia di accoglienza e integrazione, nonché per la tutela della minoranza linguistica slovena

7. Incremento della dotazione del Fondo nazionale per le politiche e i servizi dell'asilo. – 1. Per far fronte alle eccezionali esigenze di accoglienza dei profughi provenienti dall'Afghanistan e dall'Ucraina in conseguenza delle crisi politiche e militari in atto, al fine di consentire per i medesimi l'attivazione di ulteriori 3.000 posti nel Sistema di accoglienza e integrazione (SAI), la dotazione del Fondo nazionale per le politiche e per i servizi dell'asilo di cui all'articolo 1-septies del decreto-legge 30 dicembre 1989, n. 416, convertito, con modificazioni, dalla legge 28 febbraio 1990, n. 39, è incrementata di 11.335.320 euro per l'anno 2021 e di 44.971.650 euro per ciascuno degli anni 2022 e 2023 (1).

2. Agli oneri derivanti dal comma 1 si provvede mediante corrispondente utilizzo delle risorse iscritte, per i medesimi anni, nello stato di previsione del Ministero dell'interno, relative all'attivazione, alla locazione e alla gestione dei centri di trattenimento e di accoglienza per stranieri (2).

(1) Comma modificato dall'art. 1, co. 1, l. 3/12/2021, n. 205, in sede di conversione e successivamente dall'art. 3, co. 3, d.l. 28/2/2022, n. 16, non ancora convertito in legge.

(2) Comma modificato dall'art. 1, co. 1, l. 3/12/2021, n. 205, in sede di conversione.

8. Disposizioni a tutela della minoranza linguistica slovena della Regione Friuli-Venezia Giulia. – 1. All'articolo 19 della legge 23 febbraio 2001, n. 38, sono apportate le seguenti modificazioni:

a) il comma 1 è sostituito dal seguente:

"1. La casa di cultura "Narodni Dom" di Trieste – rione San Giovanni, costituita da edificio e accessori, di proprietà della Regione Friuli-Venezia Giulia, è utilizzata, a titolo gratuito, per le attività di istituzioni culturali e scientifiche di lingua slovena. Nell'edificio di Corso Verdi, già "Trgovski dom", di Gorizia trovano sede istituzioni culturali e scientifiche sia di lingua slovena (a partire dalla Narodna in studijska Knjiznica – Biblioteca degli studi di Trieste) sia di lingua italiana, compatibilmente con le funzioni attualmente ospitate nei medesimi edifici, previa intesa tra la Regione e il Ministero dell'economia e delle finanze.";

b) dopo il comma 1, sono inseriti i seguenti:

"1-bis. L'edificio ubicato in Trieste, Via Filzi, già "Narodni Dom" di proprietà dell'Università degli studi di Trieste, è trasferito in proprietà, a titolo gratuito, alla "Fondazione – Fundacjia Narodni Dom", costituita dall'Unione culturale economica slovena – Slovenska Kulturno– Gospodarska Zveza e dalla Confederazione delle organizzazioni slovene – Svet Slovenskih Organizacij.

1-ter. L'immobile denominato "ex Ospedale militare", sito in Trieste, è concesso in uso gratuito e perpetuo [,] all'Università degli studi di Trieste, per le esigenze del medesimo Ateneo (1).

1-quater. L'edificio denominato "Gregoretti 2", sito in Trieste, è concesso in uso gratuito e perpetuo all'Università degli studi di Trieste, per le esigenze del medesimo Ateneo.

1-quinquies. Le operazioni di trasferimento di cui ai commi 1-bis, 1-ter e 1-quater sono esenti da oneri fiscali.";

c) il comma 2 è abrogato.

2. Al fine di realizzare interventi di riqualificazione ovvero di manutenzione straordinaria degli immobili dell'Università degli studi di Trieste o concessi alla stessa in uso perpetuo e gratuito per lo svolgimento delle proprie attività istituzionali, è autorizzata la spesa di 3 milioni di euro per l'anno 2022 e di due milioni di euro annui per ciascuno degli anni dal 2023 al 2031. Agli oneri previsti dal presente comma si provvede mediante corrispondente riduzione delle proiezioni dello stanziamento del fondo speciale di conto capitale iscritto, ai fini del bilancio triennale 2021-2023, nell'ambito del programma "Fondi di riserva e speciali" della missione «Fondi da ripartire» dello stato di previsione del Ministero dell'economia e delle finanze per l'anno 2021, allo scopo parzialmente utilizzando l'accantonamento relativo al Ministero dell'università e della ricerca (2).

3. Per la rifunzionalizzazione dell'immobile denominato "ex Ospedale militare" nonché per l'ulteriore sostegno degli interventi di cui al comma 2 è autorizzata la spesa di 2 milioni di euro per l'anno 2021 e 7,054 milioni di euro per l'anno 2022 da destinare all'Università degli studi di Trieste. Ai relativi oneri si provvede mediante corrispondente riduzione dello stanziamento del fondo speciale di conto capitale iscritto, ai fini del bilancio triennale 2021-2023, nell'ambito del programma "Fondi di riserva e speciali" della missione "Fondi da ripartire" dello stato di previsione del Ministero dell'economia e delle finanze per l'anno 2021, allo scopo parzialmente utilizzando l'accantonamento relativo al medesimo Ministero (3).

4. Al fine di consentire alla "Fondazione – Fundacjia Narodni Dom" la progressiva immissione nel possesso dell'edificio ubicato in Trieste, Via Filzi, già "Narodni Dom" di cui al comma 1-bis dell'articolo 19 della legge 23 febbraio 2001, n. 38, come introdotto dal presente articolo, con intesa tra la medesima Fondazione e l'Università degli studi di Trieste, da adottarsi entro novanta giorni dalla data di entrata in vigore della legge di conversione del presente decreto, sono stabilite le modalità del trasferimento della Scuola di Studi in lingue moderne per interpreti e traduttori dell'Università degli studi di Trieste, nonché l'individuazione degli spazi assegnati a titolo gratuito all'Università degli studi di Trieste nelle more del medesimo trasferimento e di quelli da porre nella immediata disponibilità della Fondazione.

4-bis. Gli interventi di cui al presente articolo sono identificati dal Codice unico di progetto (CUP) ai sensi dell'articolo 11 della legge 16 gennaio 2003, n. 3, e sono monitorati ai sensi del decreto legislativo 29 dicembre 2011, n. 229 (4).

(1) Capoverso modificato dall'art. 1, co. 1, l. 3/12/2021, n. 205, in sede di conversione.

(2) Comma modificato dall'art. 1, co. 1, l. 3/12/2021, n. 205, in sede di conversione.

(3) Comma modificato dall'art. 1, co. 1, l. 3/12/2021, n. 205, in sede di conversione e successivamente dall'art. 1, co. 567, l. 29/12/2022, n. 197.

(4) Comma aggiunto dall'art. 1, co. 1, l. 3/12/2021, n. 205, in sede di conversione.

Capo IV
Disposizioni urgenti in materia di protezione dei dati personali

9. Disposizioni in materia di protezione dei dati personali (1). – 1. Al codice in materia di protezione dei dati personali, di cui al decreto legislativo 30 giugno 2003, n. 196, sono apportate le seguenti modificazioni:

a) all'articolo 2-ter:

1) al comma 1, le parole: "esclusivamente" e: ", nei casi previsti dalla legge," sono soppresse e dopo le parole: "di regolamento" sono aggiunte le seguenti: "o da atti amministrativi generali";

2) dopo il comma 1 è inserito il seguente:

"1-bis. Fermo restando ogni altro obbligo previsto dal Regolamento e dal presente codice, il trattamento dei dati personali da parte di un'amministrazione pubblica di cui all'articolo 1, comma 2, del decreto legislativo 30 marzo 2001, n. 165, ivi comprese le autorità indipendenti e le amministrazioni inserite nell'elenco di cui all'articolo 1, comma 3, della legge 31 dicembre 2009, n. 196, nonché da parte di una società a controllo pubblico statale o, limitatamente ai gestori di servizi pubblici, locale, di cui all'articolo 16 del testo unico in materia di società a partecipazione pubblica, di cui al decreto legislativo 19 agosto 2016, n. 175, con esclusione, per le società a controllo pubblico, dei trattamenti correlati ad attività svolte in regime di libero mercato, è anche consentito se necessario per l'adempimento di un compito svolto nel pubblico interesse o per l'esercizio di pubblici poteri ad esse attribuiti. In modo da assicurare che tale esercizio non possa arrecare un pregiudizio effettivo e concreto alla tutela dei diritti e delle libertà degli interessati, le disposizioni di cui al presente comma sono esercitate nel rispetto dell'articolo 6 del Regolamento";

3) al comma 2, al primo periodo, dopo le parole: "ai sensi del comma 1" sono aggiunte le seguenti: "o se necessaria ai sensi del comma 1-bis" e il secondo periodo è soppresso;

4) al comma 3, dopo le parole: "ai sensi del comma 1" sono aggiunte le seguenti: "o se necessarie ai sensi del comma 1-bis. In tale ultimo caso, ne viene data notizia al Garante almeno dieci giorni prima dell'inizio della comunicazione o diffusione";

b) all'articolo 2-sexies:

1) al comma 1, le parole: ", nei casi previsti dalla legge," sono soppresse e dopo le parole: "di regolamento" sono inserite le seguenti: "o da atti amministrativi generali";

2) dopo il comma 1 è inserito il seguente:

"1-bis. I dati personali relativi alla salute, privi di elementi identificativi diretti, sono trattati, nel rispetto delle finalità istituzionali di ciascuno, dal Ministero della salute, dall'Istituto superiore di sanità, dall'Agenzia nazionale per i servizi sanitari regionali, dall'Agenzia italiana del farmaco, dall'Istituto nazionale per la promozione della salute delle popolazioni migranti e per il contrasto delle malattie della povertà e, relativamente ai propri assistiti, dalle regioni anche mediante l'interconnessione a livello nazionale dei sistemi informativi su base individuale del Servizio sanitario nazionale, ivi incluso il Fascicolo sanitario elettronico (FSE), aventi finalità compatibili con quelle sottese al trattamento, con le modalità e per le finalità fissate con decreto del Ministro della salute, ai sensi del comma 1, previo parere del Garante, nel rispetto di quanto previsto dal Regolamento, dal presente codice, dal codice dell'amministrazione digitale, di cui al decreto legislativo 7 marzo 2005, n. 82, e dalle linee guida dell'Agenzia per l'Italia digitale in materia di interoperabilità";

c) l'articolo 2-quinquiesdecies è abrogato;

d) all'articolo 58:

1) al comma 1, dopo le parole: "o regolamento" sono inserite le seguenti: "o previste da atti amministrativi generali";

2) al comma 2, le parole: "ad espresse" sono sostituite dalla seguente: "a" e dopo le parole: "di legge" sono inserite le seguenti: "o di regolamento o previste da atti amministrativi generali,";

e) all'articolo 132, comma 5, le parole: "secondo le modalità di cui all'articolo 2-quinquiesdecies" sono sostituite dalle seguenti: "con provvedimento di carattere generale";

f) all'articolo 137, comma 2, lettera a), le parole: "e ai provvedimenti generali di cui all'articolo 2-quinquiesdecies" sono soppresse;

g) dopo l'articolo 144 è inserito il seguente:

"Art. 144-bis (Revenge porn). – 1. Chiunque, compresi i minori ultraquattordicenni, abbia fondato motivo di ritenere che registrazioni audio, immagini o video o altri documenti informatici a contenuto sessualmente esplicito che lo riguardano, destinati a rimanere privati, possano essere oggetto di invio, consegna, cessione, pubblicazione o diffusione attraverso piattaforme digitali senza il suo consenso ha facoltà di segnalare il pericolo al Garante, il quale, nelle quarantotto ore dal ricevimento della segnalazione, decide ai sensi degli articoli 143 e 144 del presente codice.

2. Quando le registrazioni audio, le immagini o i video o gli altri documenti informatici riguardano minori, la segnalazione al Garante può essere effettuata anche dai genitori o dagli esercenti la responsabilità genitoriale o la tutela.

3. Per le finalità di cui al comma 1, l'invio al Garante di registrazioni audio, immagini o video o altri documenti informatici a contenuto sessualmente esplicito riguardanti soggetti terzi, effettuato dall'interessato, non integra il reato di cui all'articolo 612-ter del codice penale.

4. I gestori delle piattaforme digitali destinatari dei provvedimenti di cui al comma 1 conservano il materiale oggetto della segnalazione, a soli fini probatori e con misure indicate dal Garante, anche nell'ambito dei medesimi provvedimenti, idonee a impedire la diretta identificabilità degli interessati, per dodici mesi a decorrere dal ricevimento del provvedimento stesso.

5. Il Garante, con proprio provvedimento, può disciplinare specifiche modalità di svolgimento dei procedimenti di cui al comma 1 e le misure per impedire la diretta identificabilità degli interessati di cui al medesimo comma.

6. I fornitori di servizi di condivisione di contenuti audiovisivi, ovunque stabiliti, che erogano servizi accessibili in Italia, indicano senza ritardo al Garante o pubblicano nel proprio sito internet un recapito al quale possono essere comunicati i provvedimenti adottati ai sensi del comma 1. In caso di inadempimento dell'obbligo di cui al periodo precedente, il Garante diffida il fornitore del servizio ad adempiere entro trenta giorni. In caso di inottemperanza alla diffida si applica la sanzione amministrativa pecuniaria di cui all'articolo 83, paragrafo 4, del Regolamento.

7. Quando il Garante, a seguito della segnalazione di cui al comma 1, acquisisce notizia della consumazione del reato di cui all'articolo 612-ter del codice penale, anche in forma tentata, nel caso di procedibilità d'ufficio trasmette al pubblico ministero la segnalazione ricevuta e la documentazione acquisita";

h) all'articolo 153, comma 6, al primo periodo, dopo le parole: “Al presidente” sono inserite le seguenti: “e ai componenti” e il secondo periodo è sostituito dal seguente: “L’indennità di funzione di cui al primo periodo è da ritenere onnicomprensiva ad esclusione del rimborso delle spese effettivamente sostenute e documentate in occasione di attività istituzionali”;

i) all’articolo 154, dopo il comma 5 sono inseriti i seguenti:

“5-bis. Il parere di cui all’articolo 36, paragrafo 4, del Regolamento è reso dal Garante nei soli casi in cui la legge o il regolamento in corso di adozione disciplina espressamente le modalità del trattamento descrivendo una o più operazioni, compiute con o senza l’ausilio di processi automatizzati e applicate a dati personali o insiemi di dati personali, come la raccolta, la registrazione, l’organizzazione, la strutturazione, la conservazione, l’adattamento o la modifica, l’estrazione, la consultazione, l’uso, la comunicazione mediante trasmissione, diffusione o qualsiasi altra forma di messa a disposizione, il raffronto o l’interconnessione, la limitazione, la cancellazione o la distruzione, nonché nei casi in cui la norma di legge o di regolamento autorizza espressamente un trattamento di dati personali da parte di soggetti privati senza rinviare la disciplina delle modalità del trattamento a fonti sottoordinate.

5-ter. Quando il Presidente del Consiglio dei ministri dichiara che ragioni di urgenza non consentono la consultazione preventiva e comunque nei casi di adozione di decreti-legge, il Garante esprime il parere di cui al comma 5-bis:

a) in sede di esame parlamentare dei disegni di legge o dei disegni di legge di conversione dei decreti-legge;

b) in sede di esame definitivo degli schemi di decreto legislativo sottoposti al parere delle Commissioni parlamentari”;

l) all’articolo 156:

1) al comma 2, il primo periodo è sostituito dal seguente: “A decorrere dal 1° gennaio 2022, il ruolo organico del personale dipendente è stabilito nel limite di duecento unità”;

2) al comma 3, lettera d), le parole: “l’80 per cento del trattamento” sono sostituite dalle seguenti: “il trattamento”;

3) al comma 4, le parole: “venti unità” sono sostituite dalle seguenti: “trenta unità”;

4) al comma 5, le parole: “venti unità” sono sostituite dalle seguenti: “trenta unità”;

m) all’articolo 166:

1) al comma 1, primo periodo, la parola: “2-quinquiesdecies” è soppressa;

2) al comma 5 sono aggiunti, in fine, i seguenti periodi: “Nei confronti dei titolari del trattamento di cui agli articoli 2-ter, comma 1-bis, e 58 del presente codice e all’articolo 1, comma 1, del decreto legislativo 18 maggio 2018, n. 51, la predetta notifica può essere omessa esclusivamente nel caso in cui il Garante abbia accertato che le presunte violazioni hanno già arrecato e continuano ad arrecare un effettivo, concreto, attuale e rilevante pregiudizio ai soggetti interessati al trattamento, che il Garante ha l’obbligo di individuare e indicare nel provvedimento, motivando puntualmente le ragioni dell’omessa notifica. In assenza di tali presupposti, il giudice competente accerta l’inefficacia del provvedimento”;

3) al comma 7, primo periodo, sono aggiunte, in fine, le seguenti parole: “o dell’ingiunzione a realizzare campagne di comunicazione istituzionale volte alla promozione della consapevolezza del diritto alla protezione dei dati personali, sulla base di progetti previamente approvati dal Garante e che tengano conto della gravità della violazione. Nella determinazione della sanzione ai sensi dell’articolo 83, paragrafo 2, del Regolamento, il Garante tiene conto anche di eventuali campagne di comunicazione istituzionale volte alla promozione della consapevolezza del diritto alla protezione dei dati personali, realizzate dal trasgressore anteriormente alla commissione della violazione”;

n) all’articolo 167, comma 2, le parole: “ovvero operando in violazione delle misure adottate ai sensi dell’articolo 2-quinquiesdecies” sono soppresse;

o) all’articolo 170, comma 1, le parole: “essendovi tenuto, non osserva” sono sostituite dalle seguenti: “non osservando”, dopo le parole: “legge 25 ottobre 2017, n. 163” sono inserite le seguenti: “, arreca un concreto nocumento a uno o più soggetti interessati al trattamento” e dopo le parole: “è punito” sono inserite le seguenti: “, a querela della persona offesa,”.

2. All’articolo 22 del decreto legislativo 10 agosto 2018, n. 101, il comma 3 è abrogato.

3. Al decreto legislativo 18 maggio 2018, n. 51, sono apportate le seguenti modificazioni:

a) all’articolo 5:

1) al comma 1, le parole: “, nei casi previsti dalla legge,” sono soppresse e dopo le parole: “di regolamento” sono inserite le seguenti: “o su atti amministrativi generali”;

2) al comma 2, le parole: “del Presidente della Repubblica, adottato ai sensi dell’articolo 17, comma 1, della legge 23 agosto 1988, n. 400” sono sostituite dalle seguenti: “, rispettivamente, del Ministro della giustizia e del Ministro dell’interno”;

b) all’articolo 45, comma 1, le parole: “essendovi tenuto, non osserva” sono sostituite dalle seguenti: “non osservando”, dopo le parole: “articolo 1, comma 2,” sono inserite le seguenti: “arreca un concreto nocumento a uno o più interessati” e dopo le parole: “è punito” sono inserite le seguenti: “, a querela della persona offesa,”.

4. All’articolo 7 del decreto-legge 19 maggio 2020, n. 34, convertito, con modificazioni, dalla legge 17 luglio 2020, n. 77, sono apportate le seguenti modificazioni:

a) dopo il comma 1 è inserito il seguente:

“1-bis. Con le modalità e nei limiti stabiliti dal decreto di cui al comma 2 e fatto salvo quanto previsto dall’articolo 105 del codice di cui al decreto legislativo n. 196 del 2003, il Ministero della salute è autorizzato a trattare anche i dati personali non relativi alla salute necessari a garantire l’effettivo perseguimento delle finalità di cui al comma 1 e l’attuazione del corrispondente intervento di cui alla missione M6 del Piano nazionale di ripresa e resilienza approvato con la decisione di esecuzione del Consiglio dell’Unione europea del 13 luglio 2021. Ai fini di cui al primo periodo, è autorizzata l’interconnessione dei sistemi informativi su base individuale del Servizio sanitario nazionale, ivi incluso il Fascicolo sanitario elettronico (FSE), con i sistemi informativi gestiti da altre amministrazioni pubbliche che raccolgono i dati non relativi alla salute specificamente individuati dal decreto di cui al comma 2, con modalità tali da garantire che l’interessato non sia direttamente identificabile”;

b) al comma 2, le parole: “Con regolamento adottato con decreto del Ministro della salute” sono sostituite dalle seguenti: “Con decreto del Ministro della salute, di natura non regolamentare,”;

c) dopo il comma 2 è aggiunto il seguente:

“2-bis. Nelle more dell’adozione del decreto di cui al comma 2, il Ministero della salute avvia le attività relative alla classificazione delle patologie croniche presenti nella popolazione italiana, limitatamente alla costruzione di modelli analitici prodromici alla realizzazione del modello predittivo del fabbisogno di salute della popolazione, garantendo che gli interessati non siano direttamente identificabili”.

5. Gli articoli 2-ter, comma 1, 2-sexies, comma 1, e 58, commi 1 e 2, del codice di cui al decreto legislativo n. 196 del 2003 e l’articolo 5 del decreto legislativo n. 51 del 2018, come modificati dal presente articolo, si applicano anche ai casi in cui disposizioni di legge già in vigore stabiliscono che i tipi di dati che possono essere trattati, le operazioni eseguibili, il motivo di interesse pubblico rilevante, la finalità del trattamento nonché le misure appropriate e specifiche per tutelare i diritti fondamentali dell’interessato e i suoi interessi sono previsti da uno o più regolamenti.

6. In fase di prima attuazione, l’obbligo di indicazione o di pubblicazione del recapito previsto dall’articolo 144-bis,

comma 6, del codice di cui al decreto legislativo n. 196 del 2003, introdotto dalla lettera g) del comma 1 del presente articolo, è adempiuto nel termine di sei mesi dalla data di entrata in vigore della legge di conversione del presente decreto.

7. I pareri del Garante per la protezione dei dati personali richiesti con riguardo a riforme, misure e progetti del Piano nazionale di ripresa e resilienza di cui al regolamento (UE) 2021/241 del Parlamento europeo e del Consiglio, del 12 febbraio 2021, del Piano nazionale per gli investimenti complementari di cui al decreto-legge 6 maggio 2021, n. 59, convertito, con modificazioni, dalla legge 1° luglio 2021, n. 101, nonché del Piano nazionale integrato per l'energia e il clima 2030 di cui al regolamento (UE) 2018/1999 del Parlamento europeo e del Consiglio, dell'11 dicembre 2018, sono resi nel termine non prorogabile di trenta giorni dalla richiesta, decorso il quale si può procedere indipendentemente dall'acquisizione del parere.

8. Alla legge 11 gennaio 2018, n. 5, sono apportate le seguenti modificazioni:

a) all'articolo 1, comma 2, dopo le parole: "mediante operatore con l'impiego del telefono" sono inserite le seguenti: "nonché, ai fini della revoca di cui al comma 5, anche mediante sistemi automatizzati di chiamata o chiamate senza l'intervento di un operatore,";

b) all'articolo 1, comma 5, le parole: "mediante operatore con l'impiego del telefono" sono soppresse;

c) all'articolo 1, comma 12, dopo le parole: "o che compiono ricerche di mercato o comunicazioni commerciali telefoniche" sono inserite le seguenti: "con o senza l'intervento di un operatore umano";

d) all'articolo 2, comma 1, primo periodo, dopo le parole: "attività di call center" sono inserite le seguenti: ", per chiamate con o senza operatore,".

9. In considerazione di quanto disposto dal regolamento (UE) 2016/679 del Parlamento europeo e del Consiglio, del 27 aprile 2016, nonché dalla direttiva (UE) 2016/680 del Parlamento europeo e del Consiglio, del 27 aprile 2016, e dell'esigenza di disciplinare conformemente i requisiti di ammissibilità, le condizioni e le garanzie relativi all'impiego di sistemi di riconoscimento facciale, nel rispetto del principio di proporzionalità previsto dall'articolo 52 della Carta dei diritti fondamentali dell'Unione europea, l'installazione e l'utilizzazione di impianti di videosorveglianza con sistemi di riconoscimento facciale operanti attraverso l'uso dei dati biometrici di cui all'articolo 4, numero 14), del citato regolamento (UE) 2016/679 in luoghi pubblici o aperti al pubblico, da parte delle autorità pubbliche o di soggetti privati, sono sospese fino all'entrata in vigore di una disciplina legislativa della materia e comunque non oltre il 31 dicembre 2023.

10. La sospensione di cui al comma 9 non si applica agli impianti di videosorveglianza che non usano i sistemi di riconoscimento facciale di cui al medesimo comma 9 e che sono conformi alla normativa vigente.

11. In caso di installazione o di utilizzazione dei sistemi di cui al comma 9, dalla data di entrata in vigore della legge di conversione del presente decreto e fino al 31 dicembre 2023, salvo che il fatto costituisca reato, si applicano le sanzioni amministrative pecuniarie stabilite dall'articolo 166, comma 1, del codice di cui al decreto legislativo 30 giugno 2003, n. 196, e dall'articolo 42, comma 1, del decreto legislativo 18 maggio 2018, n. 51, in base al rispettivo ambito di applicazione.

12. I commi 9, 10 e 11 non si applicano ai trattamenti effettuati dalle autorità competenti a fini di prevenzione e repressione dei reati o di esecuzione di sanzioni penali di cui al decreto legislativo 18 maggio 2018, n. 51, in presenza, salvo che si tratti di trattamenti effettuati dall'autorità giudiziaria nell'esercizio delle funzioni giurisdizionali nonché di quelle giudiziarie del pubblico ministero, di parere favorevole del Garante reso ai sensi dell'articolo 24, comma 1, lettera b), del medesimo decreto legislativo n. 51 del 2018.

13. Per l'attuazione delle disposizioni di cui al comma 1, lettere h) e l), è autorizzata la spesa di euro 8.357.714 per l'anno 2022, euro 11.140.661 per l'anno 2023, euro 11.458.255 per l'anno 2024, euro 11.785.121 per l'anno 2025, euro 12.121.527 per l'anno 2026, euro 12.467.754 per l'anno 2027, euro 12.824.086 per l'anno 2028, euro 13.190.820 per l'anno 2029, euro 13.568.259 per l'anno 2030 ed euro 13.956.716 a decorrere dall'anno 2031, cui si provvede mediante corrispondente riduzione del Fondo di cui all'articolo 1, comma 200, della legge 23 dicembre 2014, n. 190.

14. Con decreto del Presidente del Consiglio dei ministri, da adottare entro centottanta giorni dalla data di entrata in vigore della legge di conversione del presente decreto, sono definiti meccanismi regolatori di armonizzazione della disciplina del trattamento economico nell'ambito delle autorità amministrative indipendenti incluse nell'elenco delle amministrazioni pubbliche inserite nel conto economico consolidato della pubblica amministrazione, individuate annualmente dall'ISTAT ai sensi dell'articolo 1, comma 3, della legge 31 dicembre 2009, n. 196.

(1) Articolo sostituito dall'art. 1, co. 1, l. 3/12/2021, n. 205, in sede di conversione.

9 bis. Clausola di salvaguardia (1). – 1. Le disposizioni del presente decreto si applicano nelle regioni a statuto speciale e nelle province autonome di Trento e di Bolzano compatibilmente con i rispettivi statuti e le relative norme di attuazione.

(1) Articolo inserito dall'art. 1, co. 1, l. 3/12/2021, n. 205, in sede di conversione

10. Entrata in vigore. – 1. Il presente decreto entra in vigore il giorno successivo a quello della sua pubblicazione nella Gazzetta Ufficiale della Repubblica Italiana e sarà presentato alle Camere per la conversione in legge.

Il presente decreto, munito del sigillo dello Stato, sarà inserito nella Raccolta ufficiale degli atti normativi della Repubblica italiana. È fatto obbligo a chiunque spetti di osservarlo e di farlo osservare.

L. 3 dicembre 2021, n. 205

(G.U. 7 dicembre 2021, n. 291)

Conversione in legge, con modificazioni, del decreto-legge 8 ottobre 2021, n. 139, recante disposizioni urgenti per l'accesso alle attività culturali, sportive e ricreative, nonché per l'organizzazione di pubbliche amministrazioni e in materia di protezione dei dati personali

1. Allegato 1

MODIFICAZIONI APPORTATE IN SEDE DI CONVERSIONE AL DECRETO-LEGGE 8 OTTOBRE 2021, N. 139

All'articolo 1:

al comma 1:

alla lettera a):

al numero 1), capoverso 1, al terzo periodo, le parole: «di cui al primo periodo» sono sostituite dalle seguenti: «aperti al pubblico in sale teatrali, sale da concerto, sale cinematografiche, locali di intrattenimento e musica dal vivo e in altri locali o spazi anche all'aperto» e, al sesto periodo, le parole: «articolo 80 del Regio decreto» sono sostituite dalle seguenti: «articolo 80 del testo unico delle leggi di pubblica sicurezza, di cui al regio decreto»;

al numero 2), capoverso 1-bis, al terzo periodo, le parole:

«al 75 per cento di quella massima autorizzata all'aperto e al 50 per cento al chiuso» sono sostituite dalle seguenti: «al 75 per cento all'aperto e al 50 per cento al chiuso rispetto a quella massima autorizzata» e, al quarto periodo, le parole: «ricircolo dell'aria,» sono sostituite dalle seguenti: «ricircolo dell'aria oppure di sistemi di filtrazione ad elevata efficienza mediante filtri HEPA o F9, in grado di ridurre la presenza nell'aria del virus SARS-CoV-2,»;

al numero 3), capoverso 2, al primo periodo, dopo le parole: «ovvero da organismi sportivi internazionali» è inserito il seguente segno d'interpunzione: «,», al secondo periodo, le parole: «al 50 per cento di quella massima autorizzata all'aperto e al 35 per cento al chiuso» sono sostituite dalle seguenti: «al 50 per cento all'aperto e al 35 per cento al chiuso rispetto a quella massima autorizzata» e, al terzo periodo, le parole: «al 75 per cento di quella massima autorizzata all'aperto e al 60 per cento al chiuso» sono sostituite dalle seguenti: «al 75 per cento all'aperto e al 60 per cento al chiuso rispetto a quella massima autorizzata».

Dopo l'articolo 1 è inserito il seguente:

«Art. 1-bis (Disposizioni in materia di accesso a spettacoli in impianti con capienza superiore a 5.000 spettatori). – 1. All'articolo 1, comma 545-bis, della legge 11 dicembre 2016, n. 232, dopo le parole: "danza e circo contemporaneo" sono inserite le seguenti: ", nonché le manifestazioni carnevalesche, i corsi mascherati, le rievocazioni storiche, giostre e manifestazioni similari"».

All'articolo 2:

al comma 1, dopo le parole: «All'articolo 5-bis» sono inserite le seguenti: «, comma 1,».

Dopo l'articolo 2 è inserito il seguente:

«Art. 2-bis (Disposizioni urgenti per l'accesso agli autobus adibiti a servizi di noleggio con conducente). – 1. Dalla data di entrata in vigore della legge di conversione del presente decreto, l'accesso a bordo degli autobus adibiti a servizi di noleggio con conducente, ad esclusione di quelli impiegati nei servizi aggiuntivi di trasporto pubblico locale e regionale, è consentito esclusivamente ai soggetti muniti di una delle certificazioni verdi COVID-19, come previsto dall'articolo 9-quater del decreto-legge 22 aprile 2021, n. 52, convertito, con modificazioni, dalla legge 17 giugno 2021, n. 87, e la capienza consentita è pari a quella massima di riempimento».

Nel capo I, dopo l'articolo 3 è aggiunto il seguente:

«Art. 3-bis (Interventi connessi con l'emergenza sanitaria). – 1. Le risorse disponibili sulla contabilità speciale di cui all'articolo 122, comma 9, del decreto-legge 17 marzo 2020, n. 18, convertito, con modificazioni, dalla legge 24 aprile 2020, n. 27, affluite ai sensi dell'articolo 40 del decreto-legge 22 marzo 2021, n. 41, convertito, con modificazioni, dalla legge 21 maggio 2021, n. 69, possono essere utilizzate, nella misura di 210 milioni di euro, fino al termine dello stato di emergenza di cui all'articolo 1 del decreto-legge 23 luglio 2021, n. 105, convertito, con modificazioni, dalla legge 16 settembre 2021, n. 126, per assicurare la continuità degli interventi di competenza del Commissario straordinario di cui al suddetto articolo 122 del decreto-legge 17 marzo 2020, n. 18, convertito, con modificazioni, dalla legge 24 aprile 2020, n. 27.

2. In considerazione della proroga dello stato di emergenza al 31 dicembre 2021, in via eccezionale, limitatamente alle elezioni provinciali da svolgere il 18 dicembre 2021 e in deroga a quanto previsto dai commi 62, secondo periodo, e 74, secondo periodo, dell'articolo 1 della legge 7 aprile 2014, n. 56, al fine di rispettare le disposizioni sul distanziamento sociale per il contrasto del COVID-19, possono essere individuate ulteriori sedi decentrate per procedere alle operazioni di voto, nell'ambito delle risorse disponibili a legislazione vigente, senza nuovi o maggiori oneri per la finanza pubblica».

All'articolo 4:

al comma 1, le parole: «, finanziariamente equivalenti» sono sostituite dalle seguenti: «complessivamente equivalenti sotto il profilo finanziario»;

al comma 2, le parole: «incluso il segretario generale» sono sostituite dalle seguenti: «incluso quello del segretario generale».

Dopo l'articolo 4 è inserito il seguente:

«Art. 4-bis (Accesso all'elenco nazionale degli idonei alla nomina a direttore generale delle aziende e degli enti del Servizio sanitario nazionale). – 1. In ragione del perdurare dell'emergenza dovuta alla situazione epidemiologica conseguente alla diffusione pandemica del virus SARS-CoV-2, al fine di non disperdere le competenze e le professionalità acquisite dal personale sanitario nel corso del servizio prestato presso le aziende sanitarie locali, le aziende ospedaliere e gli altri enti del Servizio sanitario nazionale, il limite anagrafico per l'accesso all'elenco nazionale di cui all'articolo 1, comma 2, del decreto legislativo 4 agosto 2016, n. 171, è elevato a sessantotto anni. Le disposizioni di cui al presente articolo si applicano fino al termine dello stato di emergenza connesso al COVID-19».

All'articolo 5:

al comma 2, le parole: «numero massimo di 360 unità, di cui 80» sono sostituite dalle seguenti: «numero massimo di 100 unità, di cui 40» e le parole: «e 280 con mansioni esecutive» sono sostituite dalle seguenti: «e 60 con mansioni esecutive»;

al comma 4, al primo periodo, dopo le parole: «decreto del Presidente del Consiglio dei ministri 26 giugno 2015,» sono inserite le seguenti: «pubblicato nella Gazzetta Ufficiale n. 216 del 17 settembre 2015,» e, al secondo periodo, le parole: «amministrazioni pubbliche di appartenenza» sono sostituite dalle seguenti: «amministrazioni pubbliche di provenienza» e le parole: «amministrazione di competenza» sono sostituite dalle seguenti: «amministrazione di provenienza»;

al comma 6, le parole: «euro 990.731» sono sostituite dalle seguenti: «euro 409.648».

All'articolo 6:

al comma 2, primo periodo, le parole: «si forniscono le indicazioni» sono sostituite dalle seguenti: «sono fornite le indicazioni»;

al comma 5, le parole: «del Programma Fondi di riserva e speciali» sono sostituite dalle seguenti: «del programma "Fondi di riserva e speciali"».

All'articolo 7:

al comma 1, le parole: «, in conseguenza della crisi politica in atto in Afghanistan, al fine di consentire» sono sostituite dalle seguenti: «provenienti dall'Afghanistan in conseguenza della crisi politica in atto, al fine di consentire per i medesimi richiedenti»;

al comma 2, le parole: «derivanti dal comma 1, si provvede» sono sostituite dalle seguenti: «derivanti dal comma 1 si provvede» e le parole: «all'attivazione, la locazione e la gestione» sono sostituite dalle seguenti: «all'attivazione, alla locazione e alla gestione».

All'articolo 8:

al comma 1, lettera b), capoverso 1-ter, dopo le parole: «in uso gratuito e perpetuo» il segno d'interpunzione: «,» è soppresso;

al comma 2, al primo periodo, le parole: «dall'anno 2023 all'anno 2031» sono sostituite dalle seguenti: «per ciascuno degli anni dal 2023 al 2031» e, al secondo periodo, le parole: «previsti dal presente comma, si provvede» sono sostituite dalle seguenti: «previsti dal presente comma si provvede» e le parole: «del programma "Fondi di riserva speciale"» sono sostituite dalle seguenti: «del programma "Fondi di riserva e speciali"»;

al comma 3, le parole: «del programma Fondi di riserva e speciali» sono sostituite dalle seguenti: «del programma "Fondi di riserva e speciali"»;

dopo il comma 4 è aggiunto il seguente:

«4-bis. Gli interventi di cui al presente articolo sono identificati dal Codice unico di progetto (CUP) ai sensi dell'articolo 11 della legge 16 gennaio 2003, n. 3, e sono monitorati ai sensi del decreto legislativo 29 dicembre 2011, n. 229».

L'articolo 9 è sostituito dal seguente:

«Art. 9 (Disposizioni in materia di protezione dei dati personali). – 1. Al codice in materia di protezione dei dati personali, di cui al decreto legislativo 30 giugno 2003, n. 196, sono apportate le seguenti modificazioni:

a) all'articolo 2-ter:

1) al comma 1, le parole: "esclusivamente" e: ", nei casi previsti dalla legge," sono soppresse e dopo le parole: "di regolamento" sono aggiunte le seguenti: "o da atti amministrativi generali";

2) dopo il comma 1 è inserito il seguente:

"1-bis. Fermo restando ogni altro obbligo previsto dal Regolamento e dal presente codice, il trattamento dei dati personali da parte di un'amministrazione pubblica di cui all'articolo 1, comma 2, del decreto legislativo 30 marzo 2001, n. 165, ivi comprese le autorità indipendenti e le amministrazioni inserite nell'elenco di cui all'articolo 1, comma 3, della legge 31 dicembre 2009, n. 196, nonché da parte di una società a controllo pubblico statale o, limitatamente ai gestori di servizi pubblici, locale, di cui all'articolo 16 del testo unico in materia di società a partecipazione pubblica, di cui al decreto legislativo 19 agosto 2016, n. 175, con esclusione, per le società a controllo pubblico, dei trattamenti correlati ad attività svolte in regime di libero mercato, è anche consentito se necessario per l'adempimento di un compito svolto nel pubblico interesse o per l'esercizio di pubblici poteri ad esse attribuiti. In modo da assicurare che tale esercizio non possa arrecare un pregiudizio effettivo e concreto alla tutela dei diritti e delle libertà degli interessati, le disposizioni di cui al presente comma sono esercitate nel rispetto dell'articolo 6 del Regolamento";

3) al comma 2, al primo periodo, dopo le parole: "ai sensi del comma 1" sono aggiunte le seguenti: "o se necessaria ai sensi del comma 1-bis" e il secondo periodo è soppresso;

4) al comma 3, dopo le parole: "ai sensi del comma 1" sono aggiunte le seguenti: "o se necessarie ai sensi del comma 1-bis. In tale ultimo caso, ne viene data notizia al Garante almeno dieci giorni prima dell'inizio della comunicazione o diffusione";

b) all'articolo 2-sexies:

1) al comma 1, le parole: ", nei casi previsti dalla legge," sono soppresse e dopo le parole: "di regolamento" sono inserite le seguenti: "o da atti amministrativi generali";

2) dopo il comma 1 è inserito il seguente:

"1-bis. I dati personali relativi alla salute, privi di elementi identificativi diretti, sono trattati, nel rispetto delle finalità istituzionali di ciascuno, dal Ministero della salute, dall'Istituto superiore di sanità, dall'Agenzia nazionale per i servizi sanitari regionali, dall'Agenzia italiana del farmaco, dall'Istituto nazionale per la promozione della salute delle popolazioni migranti e per il contrasto delle malattie della povertà e, relativamente ai propri assistiti, dalle regioni anche mediante l'interconnessione a livello nazionale dei sistemi informativi su base individuale del Servizio sanitario nazionale, ivi incluso il Fascicolo sanitario elettronico (FSE), aventi finalità compatibili con quelle sottese al trattamento, con le modalità e per le finalità fissate con decreto del Ministro della salute, ai sensi del comma 1, previo parere del Garante, nel rispetto di quanto previsto dal Regolamento, dal presente codice, dal codice dell'amministrazione digitale, di cui al decreto legislativo 7 marzo 2005, n. 82, e dalle linee guida dell'Agenzia per l'Italia digitale in materia di interoperabilità";

c) l'articolo 2-quinquiesdecies è abrogato;

d) all'articolo 58:

1) al comma 1, dopo le parole: "o regolamento" sono inserite le seguenti: "o previste da atti amministrativi generali";

2) al comma 2, le parole: "ad espresse" sono sostituite dalla seguente: "a" e dopo le parole: "di legge" sono inserite le seguenti: "o di regolamento o previste da atti amministrativi generali,";

e) all'articolo 132, comma 5, le parole: "secondo le modalità di cui all'articolo 2-quinquiesdecies" sono sostituite dalle seguenti: "con provvedimento di carattere generale";

f) all'articolo 137, comma 2, lettera a), le parole: "e ai provvedimenti generali di cui all'articolo 2-quinquiesdecies" sono soppresse;

g) dopo l'articolo 144 è inserito il seguente:

"Art. 144-bis (Revenge porn). – 1. Chiunque, compresi i minori ultraquattordicenni, abbia fondato motivo di ritenere che registrazioni audio, immagini o video o altri documenti informatici a contenuto sessualmente esplicito che lo riguardano, destinati a rimanere privati, possano essere oggetto di invio, consegna, cessione, pubblicazione o diffusione attraverso piattaforme digitali senza il suo consenso ha facoltà di segnalare il pericolo al Garante, il quale, nelle quarantotto ore dal ricevimento della segnalazione, decide ai sensi degli articoli 143 e 144 del presente codice.

2. Quando le registrazioni audio, le immagini o i video o gli altri documenti informatici riguardano minori, la segnalazione al Garante può essere effettuata anche dai genitori o

dagli esercenti la responsabilità genitoriale o la tutela.

3. Per le finalità di cui al comma 1, l'invio al Garante di registrazioni audio, immagini o video o altri documenti informatici a contenuto sessualmente esplicito riguardanti soggetti terzi, effettuato dall'interessato, non integra il reato di cui all'articolo 612-ter del codice penale.

4. I gestori delle piattaforme digitali destinatari dei provvedimenti di cui al comma 1 conservano il materiale oggetto della segnalazione, a soli fini probatori e con misure indicate dal Garante, anche nell'ambito dei medesimi provvedimenti, idonee a impedire la diretta identificabilità degli interessati, per dodici mesi a decorrere dal ricevimento del provvedimento stesso.

5. Il Garante, con proprio provvedimento, può disciplinare specifiche modalità di svolgimento dei procedimenti di cui al comma 1 e le misure per impedire la diretta identificabilità degli interessati di cui al medesimo comma.

6. I fornitori di servizi di condivisione di contenuti audiovisivi, ovunque stabiliti, che erogano servizi accessibili in Italia, indicano senza ritardo al Garante o pubblicano nel proprio sito internet un recapito al quale possono essere comunicati i provvedimenti adottati ai sensi del comma 1. In caso di inadempimento dell'obbligo di cui al periodo precedente, il Garante diffida il fornitore del servizio ad adempiere entro trenta giorni. In caso di inottemperanza alla diffida si applica la sanzione amministrativa pecuniaria di cui all'articolo 83, paragrafo 4, del Regolamento.

7. Quando il Garante, a seguito della segnalazione di cui al comma 1, acquisisce notizia della consumazione del reato di cui all'articolo 612-ter del codice penale, anche in forma tentata, nel caso di procedibilità d'ufficio trasmette al pubblico ministero la segnalazione ricevuta e la documentazione acquisita";

h) all'articolo 153, comma 6, al primo periodo, dopo le parole: "Al presidente" sono inserite le seguenti: "e ai componenti" e il secondo periodo è sostituito dal seguente: "L'indennità di funzione di cui al primo periodo è da ritenere onnicomprensiva ad esclusione del rimborso delle spese effettivamente sostenute e documentate in occasione di attività istituzionali";

i) all'articolo 154, dopo il comma 5 sono inseriti i seguenti:

"5-bis. Il parere di cui all'articolo 36, paragrafo 4, del Regolamento è reso dal Garante nei soli casi in cui la legge o il regolamento in corso di adozione disciplina espressamente le modalità del trattamento descrivendo una o più operazioni, compiute con o senza l'ausilio di processi automatizzati e applicate a dati personali o insiemi di dati personali, come la raccolta, la registrazione, l'organizzazione, la strutturazione, la conservazione, l'adattamento o la modifica, l'estrazione, la consultazione, l'uso, la comunicazione mediante trasmissione, diffusione o qualsiasi altra forma di messa a disposizione, il raffronto o l'interconnessione, la limitazione, la cancellazione o la distruzione, nonché nei casi in cui la norma di legge o di regolamento autorizza espressamente un trattamento di dati personali da parte di soggetti privati senza rinviare la disciplina delle modalità del trattamento a fonti sottoordinate.

5-ter. Quando il Presidente del Consiglio dei ministri dichiara che ragioni di urgenza non consentono la consultazione preventiva e comunque nei casi di adozione di decreti-legge, il Garante esprime il parere di cui al comma 5-bis:

a) in sede di esame parlamentare dei disegni di legge o dei disegni di legge di conversione dei decreti-legge;

b) in sede di esame definitivo degli schemi di decreto legislativo sottoposti al parere delle Commissioni parlamentari";

l) all'articolo 156:

1) al comma 2, il primo periodo è sostituito dal seguente:

"A decorrere dal 1° gennaio 2022, il ruolo organico del personale dipendente è stabilito nel limite di duecento unità";

2) al comma 3, lettera d), le parole: "l'80 per cento del trattamento" sono sostituite dalle seguenti: "il trattamento";

3) al comma 4, le parole: "venti unità" sono sostituite dalle seguenti: "trenta unità";

4) al comma 5, le parole: "venti unità" sono sostituite dalle seguenti: "trenta unità";

m) all'articolo 166:

1) al comma 1, primo periodo, la parola: "2-quinquiesdecies" è soppressa;

2) al comma 5 sono aggiunti, in fine, i seguenti periodi: "Nei confronti dei titolari del trattamento di cui agli articoli 2-ter, comma 1-bis, e 58 del presente codice e all'articolo 1, comma 1, del decreto legislativo 18 maggio 2018, n. 51, la predetta notifica può essere omessa esclusivamente nel caso in cui il Garante abbia accertato che le presunte violazioni hanno già arrecato e continuano ad arrecare un effettivo, concreto, attuale e rilevante pregiudizio ai soggetti interessati al trattamento, che il Garante ha l'obbligo di individuare e indicare nel provvedimento, motivando puntualmente le ragioni dell'omessa notifica. In assenza di tali presupposti, il giudice competente accerta l'inefficacia del provvedimento";

3) al comma 7, primo periodo, sono aggiunte, in fine, le seguenti parole: "o dell'ingiunzione a realizzare campagne di comunicazione istituzionale volte alla promozione della consapevolezza del diritto alla protezione dei dati personali, sulla base di progetti previamente approvati dal Garante e che tengano conto della gravità della violazione. Nella determinazione della sanzione ai sensi dell'articolo 83, paragrafo 2, del Regolamento, il Garante tiene conto anche di eventuali campagne di comunicazione istituzionale volte alla promozione della consapevolezza del diritto alla protezione dei dati personali, realizzate dal trasgressore anteriormente alla commissione della violazione";

n) all'articolo 167, comma 2, le parole: "ovvero operando in violazione delle misure adottate ai sensi dell'articolo 2-quinquiesdecies" sono soppresse;

o) all'articolo 170, comma 1, le parole: "essendovi tenuto, non osserva" sono sostituite dalle seguenti: "non osservando", dopo le parole: "legge 25 ottobre 2017, n. 163" sono inserite le seguenti: ", arreca un concreto nocumento a uno o più soggetti interessati al trattamento" e dopo le parole: "è punito" sono inserite le seguenti: ", a querela della persona offesa,".

2. All'articolo 22 del decreto legislativo 10 agosto 2018, n. 101, il comma 3 è abrogato.

3. Al decreto legislativo 18 maggio 2018, n. 51, sono apportate le seguenti modificazioni:

a) all'articolo 5:

1) al comma 1, le parole: ", nei casi previsti dalla legge,"

sono soppresse e dopo le parole: "di regolamento" sono inserite le seguenti: "o su atti amministrativi generali";

2) al comma 2, le parole: "del Presidente della Repubblica, adottato ai sensi dell'articolo 17, comma 1, della legge 23 agosto 1988, n. 400" sono sostituite dalle seguenti: ", rispettivamente, del Ministro della giustizia e del Ministro dell'interno";

b) all'articolo 45, comma 1, le parole: "essendovi tenuto, non osserva" sono sostituite dalle seguenti: "non osservando", dopo le parole: "articolo 1, comma 2," sono inserite le seguenti: "arreca un concreto nocumento a uno o più interessati" e dopo le parole: "è punito" sono inserite le seguenti: ", a querela della persona offesa,".

4. All'articolo 7 del decreto-legge 19 maggio 2020, n. 34, convertito, con modificazioni, dalla legge 17 luglio 2020, n. 77, sono apportate le seguenti modificazioni:

a) dopo il comma 1 è inserito il seguente:

"1-bis. Con le modalità e nei limiti stabiliti dal decreto di cui al comma 2 e fatto salvo quanto previsto dall'articolo 105 del codice di cui al decreto legislativo n. 196 del 2003, il Ministero della salute è autorizzato a trattare anche i dati personali non relativi alla salute necessari a garantire l'effettivo perseguimento delle finalità di cui al comma 1 e l'attuazione del corrispondente intervento di cui alla missione M6 del Piano nazionale di ripresa e resilienza approvato con la decisione di esecuzione del Consiglio dell'Unione europea del 13 luglio 2021. Ai fini di cui al primo periodo, è autorizzata l'interconnessione dei sistemi informativi su base individuale del Servizio sanitario nazionale, ivi incluso il Fascicolo sanitario elettronico (FSE), con i sistemi informativi gestiti da altre amministrazioni pubbliche che raccolgono i dati non relativi alla salute specificamente individuati dal decreto di cui al comma 2, con modalità tali da garantire che l'interessato non sia direttamente identificabile";

b) al comma 2, le parole: "Con regolamento adottato con decreto del Ministro della salute" sono sostituite dalle seguenti: "Con decreto del Ministro della salute, di natura non regolamentare,";

c) dopo il comma 2 è aggiunto il seguente:

"2-bis. Nelle more dell'adozione del decreto di cui al comma 2, il Ministero della salute avvia le attività relative alla classificazione delle patologie croniche presenti nella popolazione italiana, limitatamente alla costruzione di modelli analitici prodromici alla realizzazione del modello predittivo del fabbisogno di salute della popolazione, garantendo che gli interessati non siano direttamente identificabili".

5. Gli articoli 2-ter, comma 1, 2-sexies, comma 1, e 58, commi 1 e 2, del codice di cui al decreto legislativo n. 196 del 2003 e l'articolo 5 del decreto legislativo n. 51 del 2018, come modificati dal presente articolo, si applicano anche ai casi in cui disposizioni di legge già in vigore stabiliscono che i tipi di dati che possono essere trattati, le operazioni eseguibili, il motivo di interesse pubblico rilevante, la finalità del trattamento nonché le misure appropriate e specifiche per tutelare i diritti fondamentali dell'interessato e i suoi interessi sono previsti da uno o più regolamenti.

6. In fase di prima attuazione, l'obbligo di indicazione o di pubblicazione del recapito previsto dall'articolo 144-bis, comma 6, del codice di cui al decreto legislativo n. 196 del 2003, introdotto dalla lettera g) del comma 1 del presente articolo, è adempiuto nel termine di sei mesi dalla data di entrata in vigore della legge di conversione del presente decreto.

7. I pareri del Garante per la protezione dei dati personali richiesti con riguardo a riforme, misure e progetti del Piano nazionale di ripresa e resilienza di cui al regolamento (UE) 2021/241 del Parlamento europeo e del Consiglio, del 12 febbraio 2021, del Piano nazionale per gli investimenti complementari di cui al decreto-legge 6 maggio 2021, n. 59, convertito, con modificazioni, dalla legge 1° luglio 2021, n. 101, nonché del Piano nazionale integrato per l'energia e il clima 2030 di cui al regolamento (UE) 2018/1999 del Parlamento europeo e del Consiglio, dell'11 dicembre 2018, sono resi nel termine non prorogabile di trenta giorni dalla richiesta, decorso il quale si può procedere indipendentemente dall'acquisizione del parere.

8. Alla legge 11 gennaio 2018, n. 5, sono apportate le seguenti modificazioni:

a) all'articolo 1, comma 2, dopo le parole: "mediante operatore con l'impiego del telefono" sono inserite le seguenti: "nonché, ai fini della revoca di cui al comma 5, anche mediante sistemi automatizzati di chiamata o chiamate senza l'intervento di un operatore,";

b) all'articolo 1, comma 5, le parole: "mediante operatore con l'impiego del telefono" sono soppresse;

c) all'articolo 1, comma 12, dopo le parole: "o che compiono ricerche di mercato o comunicazioni commerciali telefoniche" sono inserite le seguenti: "con o senza l'intervento di un operatore umano";

d) all'articolo 2, comma 1, primo periodo, dopo le parole: "attività di call center" sono inserite le seguenti: ", per chiamate con o senza operatore,".

9. In considerazione di quanto disposto dal regolamento (UE) 2016/679 del Parlamento europeo e del Consiglio, del 27 aprile 2016, nonché dalla direttiva (UE) 2016/680 del Parlamento europeo e del Consiglio, del 27 aprile 2016, e dell'esigenza di disciplinare conformemente i requisiti di ammissibilità, le condizioni e le garanzie relativi all'impiego di sistemi di riconoscimento facciale, nel rispetto del principio di proporzionalità previsto dall'articolo 52 della Carta dei diritti fondamentali dell'Unione europea, l'installazione e l'utilizzazione di impianti di videosorveglianza con sistemi di riconoscimento facciale operanti attraverso l'uso dei dati biometrici di cui all'articolo 4, numero 14), del citato regolamento (UE) 2016/679 in luoghi pubblici o aperti al pubblico, da parte delle autorità pubbliche o di soggetti privati, sono sospese fino all'entrata in vigore di una disciplina legislativa della materia e comunque non oltre il 31 dicembre 2023.

10. La sospensione di cui al comma 9 non si applica agli impianti di videosorveglianza che non usano i sistemi di riconoscimento facciale di cui al medesimo comma 9 e che sono conformi alla normativa vigente.

11. In caso di installazione o di utilizzazione dei sistemi di cui al comma 9, dalla data di entrata in vigore della legge di conversione del presente decreto e fino al 31 dicembre 2023, salvo che il fatto costituisca reato, si applicano le sanzioni amministrative pecuniarie stabilite dall'articolo 166, comma 1, del codice di cui al decreto legislativo 30 giugno 2003, n. 196, e dall'articolo 42, comma 1, del decreto legislativo 18 maggio 2018, n. 51, in base al rispettivo ambito di applicazione.

12. I commi 9, 10 e 11 non si applicano ai trattamenti effettuati dalle autorità competenti a fini di prevenzione e repressione dei reati o di esecuzione di sanzioni penali di cui al decreto legislativo 18 maggio 2018, n. 51, in presenza, salvo che si tratti di trattamenti effettuati dall'autorità giudiziaria nell'esercizio delle funzioni giurisdizionali nonché di quelle giudiziarie del pubblico ministero, di parere favorevole del Garante reso ai sensi dell'articolo 24, comma 1, lettera b), del medesimo decreto legislativo n. 51 del 2018.

13. Per l'attuazione delle disposizioni di cui al comma 1, lettere h) e l), è autorizzata la spesa di euro 8.357.714 per l'anno 2022, euro 11.140.661 per l'anno 2023, euro 11.458.255 per l'anno 2024, euro 11.785.121 per l'anno 2025, euro 12.121.527 per l'anno 2026, euro 12.467.754 per l'anno 2027, euro 12.824.086 per l'anno 2028, euro 13.190.820 per l'anno 2029, euro 13.568.259 per l'anno 2030 ed euro 13.956.716 a decorrere dall'anno 2031, cui si provvede mediante corrispondente riduzione del Fondo di cui all'articolo 1, comma 200, della legge 23 dicembre 2014, n. 190.

14. Con decreto del Presidente del Consiglio dei ministri, da adottare entro centottanta giorni dalla data di entrata in vigore della legge di conversione del presente decreto, sono definiti meccanismi regolatori di armonizzazione della disciplina del trattamento economico nell'ambito delle autorità amministrative indipendenti incluse nell'elenco delle amministrazioni pubbliche inserite nel conto economico consolidato della pubblica amministrazione, individuate annualmente dall'ISTAT ai sensi dell'articolo 1, comma 3, della legge 31 dicembre 2009, n. 196».

Dopo l'articolo 9 è inserito il seguente:

«Art. 9-bis (Clausola di salvaguardia). – 1. Le disposizioni del presente decreto si applicano nelle regioni a statuto speciale e nelle province autonome di Trento e di Bolzano compatibilmente con i rispettivi statuti e le relative norme di attuazione».

Sezione XXIII

PROPRIETÀ INTELLETTUALE

L. 22 aprile 1941, n. 633

Protezione del diritto d'autore e di altri diritti connessi al suo esercizio

(*Estratto, artt. 1-19*)

Capo I
Opere protette

Art. 1. – 1. Sono protette ai sensi di questa legge le opere dell'ingegno di carattere creativo che appartengono alla letteratura, alla musica, alle arti figurative, all'architettura, al teatro ed alla cinematografia, qualunque ne sia il modo o la forma di espressione.

2. Sono altresì protetti i programmi per elaboratore come opere letterarie ai sensi della Convenzione di Berna sulla protezione delle opere letterarie ed artistiche ratificata e resa esecutiva con legge 20 giugno 1978, n. 399, nonché le banche di dati che per la scelta o la disposizione del materiale costituiscono una creazione intellettuale dell'autore (1).

(1) Comma aggiunto dall'art. 1, co. 1, d.lg. 29/12/1992, n. 518 e, successivamente, modificato dall'art. 1, co. 1, d.lg. 6/5/1999, n. 169.

Art. 2. – 1. In particolare sono comprese nella protezione:

1) le opere letterarie, drammatiche, scientifiche, didattiche, religiose, tanto se in forma scritta quanto se orale;

2) le opere e le composizioni musicali, con o senza parole, le opere drammatico-musicali e le variazioni musicali costituenti di per sé opera originale;

3) le opere coreografiche e pantomimiche, delle quali sia fissata la traccia per iscritto o altrimenti;

4) le opere della scultura, della pittura, dell'arte del disegno, della incisione e delle arti figurative similari, compresa la scenografia (1);

5) i disegni e le opere dell'architettura;

6) le opere dell'arte cinematografica, muta o sonora, sempreché non si tratti di semplice documentazione protetta ai sensi delle norme del capo quinto del titolo secondo;

7) le opere fotografiche e quelle espresse con procedimento analogo a quello della fotografia sempre che non si tratti di semplice fotografia protetta ai sensi delle norme del capo V del titolo II (2);

8) i programmi per elaboratore, in qualsiasi forma espressi purché originali quale risultato di creazione intellettuale dell'autore. Restano esclusi dalla tutela accordata dalla presente legge le idee e i principi che stanno alla base di qualsiasi elemento di un programma, compresi quelli alla base delle sue interfacce. Il termine programma comprende anche il materiale preparatorio per la progettazione del programma stesso (3);

9) le banche di dati di cui al secondo comma dell'articolo 1, intese come raccolte di opere, dati o altri elementi indipendenti sistematicamente o metodicamente disposti ed individualmente accessibili mediante mezzi elettronici o in altro modo. La tutela delle banche di dati non si estende al loro contenuto e lascia impregiudicati diritti esistenti su tale contenuto (4);

10) le opere del disegno industriale che presentino di per sé carattere creativo e valore artistico (5).

(1) Numero così modificato dall'art. 22 del d.lg. 2/2/2001, n. 95.

(2) Numero aggiunto dall'art. 1 del d.P.R. 8/1/1979, n. 19.

(3) Numero aggiunto dall'art. 2 del d.lg. 29/12/1992, n. 518.

(4) Numero aggiunto dall'art. 2 del d.lg. 6/5/1999, n. 169.

(5) Numero aggiunto dall'art. 22 del d.lg. 2/2/2001, n. 95.

Art. 3. – 1. Le opere collettive, costituite dalla riunione di opere o di parti di opere, che hanno carattere di creazione autonoma, come risultato della scelta e del coordinamento ad un determinato fine letterario, scientifico, didattico, religioso, politico od artistico, quali le enciclopedie, i dizionari, le antologie, le riviste e i giornali, sono protette come opere originali indipendentemente e senza pregiudizio dei diritti di autore sulle opere o sulle parti di opere di cui sono composte.

Art. 4. – 1. Senza pregiudizio dei diritti esistenti sull'opera originaria, sono altresì protette le elaborazioni di carattere creativo dell'opera stessa, quali le traduzioni in altra lingua, le trasformazioni da una in altra forma letteraria od artistica, le modificazioni ed aggiunte che costituiscono un rifacimento sostanziale dell'opera originaria, gli adattamenti, le riduzioni, i compendi, le variazioni non costituenti opera originale.

Art. 5. – 1. Le disposizioni di questa legge non si applicano ai testi degli atti ufficiali dello Stato e delle Amministrazioni pubbliche, sia italiane che straniere.

Capo II
Soggetti del diritto

Art. 6. – 1. Il titolo originario dell'acquisto del diritto di autore è costituito dalla creazione dell'opera, quale particolare espressione del lavoro intellettuale.

Art. 7. – 1. È considerato autore dell'opera collettiva chi organizza e dirige la creazione dell'opera stessa.

2. È considerato autore delle elaborazioni l'elaboratore, nei limiti del suo lavoro.

Art. 8. – 1. È reputato autore dell'opera, salvo prova contraria, chi è in essa indicato come tale nelle forme d'uso, ovvero, è annunciato come tale nella recitazione, esecuzione, rappresentazione o radio-diffusione dell'opera stessa.

2. Valgono come nome lo pseudonimo, il nome d'arte, la sigla o il segno convenzionale, che siano notoriamente conosciuti come equivalenti al nome vero (1).

(1) Vedi l'art. 9 CC.

Art. 9. – 1. Chi abbia rappresentato, eseguito o comunque pubblicato un'opera anonima, o pseudonima, è ammesso a far valere i diritti dell'autore, finché non sia rivelato.

2. Questa disposizione non si applica allorché si tratti degli

pseudonimi indicati nel secondo comma dell'articolo precedente.

Art. 10. – 1. Se l'opera è stata creata con il contributo indistinguibile ed inscindibile di più persone, il diritto di autore appartiene in comune a tutti i coautori.

2. Le parti indivise si presumono di valore eguale, salvo la prova per iscritto di diverso accordo.

3. Sono applicabili le disposizioni che regolano la comunione. La difesa del diritto morale può peraltro essere sempre esercitata individualmente da ciascun coautore e l'opera non può essere pubblicata, se inedita, né può essere modificata o utilizzata in forma diversa da quella della prima pubblicazione, senza l'accordo di tutti i coautori. Tuttavia in caso di ingiustificato rifiuto di uno o più coautori, la pubblicazione, la modificazione o la nuova utilizzazione dell'opera può essere autorizzata dall'autorità giudiziaria, alle condizioni e con le modalità da essa stabilite.

Art. 11. – 1. Alle amministrazioni dello Stato, [al partito nazionale fascista], alle Province ed ai Comuni, spetta il diritto di autore sulle opere create e pubblicate sotto il loro nome ed a loro conto e spese (1).

2. Lo stesso diritto spetta agli enti privati che non perseguano scopi di lucro, salvo diverso accordo con gli autori delle opere pubblicate, nonché alle accademie e agli altri enti pubblici culturali sulla raccolta dei loro atti e sulle loro pubblicazioni.

(1) Il partito nazionale fascista è stato soppresso con r.d.l. 2/8/1943, n. 704.

Capo III
Contenuto e durata del diritto di autore

Sezione I
Protezione della utilizzazione economica dell'opera

Art. 12. – 1. L'autore ha il diritto esclusivo di pubblicare l'opera.

2. Ha altresì il diritto esclusivo di utilizzare economicamente l'opera in ogni forma e modo originale, o derivato, nei limiti fissati da questa legge, ed in particolare con l'esercizio dei diritti esclusivi indicati negli articoli seguenti.

3. È considerata come prima pubblicazione la prima forma di esercizio del diritto di utilizzazione.

Art. 12 bis (1). – 1. Salvo patto contrario, il datore di lavoro è titolare del diritto esclusivo di utilizzazione economica del programma per elaboratore o della banca di dati creati dal lavoratore dipendente nell'esecuzione delle sue mansioni o su istruzioni impartite dallo stesso datore di lavoro.

(1) Articolo aggiunto dall'art. 3 del d.lg. 29/12/1992, n. 518 e, successivamente, sostituito dall'art. 3 del d.lg. 6/5/1999, n. 169.

Art. 12 ter (1). – 1. Salvo patto contrario, qualora un'opera di disegno industriale sia creata dal lavoratore dipendente nell'esercizio delle sue mansioni, il datore di lavoro è titolare dei diritti esclusivi di utilizzazione economica dell'opera.

(1) Articolo aggiunto dall'art. 23 del d.lg. 2/2/2001, n. 95.

Art. 13 (1). – 1. Il diritto esclusivo di riprodurre ha per oggetto la moltiplicazione in copie diretta o indiretta, temporanea o permanente, in tutto o in parte dell'opera, in qualunque modo o forma, come la copiatura a mano, la stampa, la litografia, l'incisione, la fotografia, la fonografia, la cinematografia ed ogni altro procedimento di riproduzione.

(1) Articolo sostituito dall'art. 1 del d.lg. 9/4/2003, n. 68.

Art. 14. – 1. Il diritto esclusivo di trascrivere ha per oggetto l'uso dei mezzi atti a trasformare l'opera orale in opera scritta o riprodotta con uno dei mezzi indicati nell'articolo precedente.

Art. 15. – 1. Il diritto esclusivo di eseguire, rappresentare o recitare in pubblico ha per oggetto la esecuzione, la rappresentazione o la recitazione, comunque effettuate, sia gratuitamente che a pagamento, dell'opera musicale, dell'opera drammatica, dell'opera cinematografica, di qualsiasi altra opera di pubblico spettacolo e dell'opera orale.

2. Non è considerata pubblica la esecuzione, rappresentazione o recitazione dell'opera entro la cerchia ordinaria della famiglia, del convitto, della scuola o dell'istituto di ricovero, purché non effettuata a scopo di lucro.

3. Non è considerata pubblica la recitazione di opere letterarie effettuata, senza scopo di lucro, all'interno di musei, archivi e biblioteche pubblici ai fini esclusivi di promozione culturale e di valorizzazione delle opere stesse individuati in base a protocolli di intesa tra la SIAE e il Ministero dei beni e delle attività culturali e del turismo (1).

(1) Comma aggiunto dall'art. 4, co. 1, d.l. 8/8/2013, n. 91, conv., con modif., dalla l. n. 112/2013.

Art. 15 bis. – 1. Agli autori spetta un compenso ridotto quando l'esecuzione, rappresentazione o recitazione dell'opera avvengono nella sede dei centri o degli istituti di assistenza, formalmente istituiti nonché delle associazioni di volontariato, purché destinate ai soli soci ed invitati e sempre che non vengano effettuate a scopo di lucro. In mancanza di accordi fra la Società italiana degli autori ed editori (SIAE) e le associazioni di categoria interessate, la misura del compenso sarà determinata con decreto del Presidente del Consiglio dei ministri, da emanare sentito il Ministro dell'interno.

2. Con decreto del Presidente del Consiglio dei ministri da emanare ai sensi dell'articolo 17, comma 3, della legge 23 agosto 1988, n. 400, sentite le competenti Commissioni parlamentari, sono stabiliti i criteri e le modalità per l'individuazione delle circostanze soggettive ed oggettive che devono dar luogo alla applicazione della disposizione di cui al primo periodo del comma 1. In particolare occorre prescrivere:

a) l'accertamento dell'iscrizione da almeno due anni dei soggetti ivi indicati ai registri istituiti dall'articolo 6 della legge 11 agosto 1991, n. 266;

b) le modalità per l'identificazione della sede dei soggetti e per l'accertamento della quantità dei soci ed invitati, da contenere in un numero limitato e predeterminato;

c) che la condizione di socio sia conseguita in forma documentabile e con largo anticipo rispetto alla data della manifestazione di spettacolo;

d) la verifica che la manifestazione di spettacolo avvenga esclusivamente a titolo gratuito da parte degli artisti, interpreti o esecutori, ed a soli fini di solidarietà nell'esplicazione di finalità di volontariato (1).

2-bis. Agli organizzatori di spettacoli dal vivo allestiti in luoghi con capienza massima di cento partecipanti, ovvero con rappresentazione di opere di giovani esordienti al di sotto dei trentacinque anni, titolari dell'intera quota dei relativi diritti d'autore, sono riconosciute forme di esenzione o di riduzione dalla corresponsione dei diritti d'autore (2).

2-ter. Con decreto del Ministro dei beni e delle attività culturali e del turismo, da emanare entro novanta giorni dalla data di entrata in vigore del presente decreto, sono definiti i criteri e le modalità delle forme di esenzione o di riduzione di cui al comma 2-bis, prevedendo adeguati meccanismi di controllo, anche attraverso forme di responsabilizzazione degli organizzatori, che assicurino il rispetto delle condizioni che legittimano la riduzione o l'esenzione. Con il decreto di cui al presente comma possono altresì essere individuati ulteriori eventi o ricorrenze particolari che permettano l'applicazione di forme di esenzione o di riduzione dalla corresponsione dei diritti d'autore. Il decreto di cui al presente comma prevede misure atte a garantire che, nelle fattispecie previste, la Società italiana degli autori ed editori, in coerenza con le risultanze di bilancio, remuneri in forma compensativa i titolari dei diritti d'autore. Il decreto di cui al presente comma può essere sottoposto a revisione triennale (2).

(1) Articolo aggiunto dall'art. 1, co. 48, d.l. 23/10/1996, n. 545, conv. in l. 23/12/1996, n. 650.

(2) Comma aggiunto dall'art. 45, co. 1, d.lg. 15/3/2017, n. 35.

Art. 16 (1). – 1. Il diritto esclusivo di comunicazione al pubblico su filo o senza filo dell'opera ha per oggetto l'impiego di uno dei mezzi di diffusione a distanza, quali il telegrafo, il telefono, la radio, la televisione ed altri mezzi analoghi e comprende la comunicazione al pubblico via satellite, la ritrasmissione [via cavo], nonché le comunicazioni al pubblico codificate con condizioni particolari di accesso; comprende, altresì, la messa a disposizione del pubblico dell'opera in maniera che ciascuno possa avervi accesso dal luogo e nel momento scelti individualmente (2).

2. Il diritto di cui al comma 1 non si esaurisce con alcun atto di comunicazione al pubblico, ivi compresi gli atti di messa a disposizione del pubblico.

(1) Articolo sostituito dall'art. 1 del d.lg. 23/10/1996, n. 581, dall'art. 1, co. 1, l. 18/8/2000, n. 248 e da ultimo dall'art. 2 del d.lg. 9/4/2003, n. 68.

(2) Comma modificato dall'art. 1, co. 1, lett. a), d.l. 8/11/2021, n. 181.

Art. 16 bis (1). – 1. Ai fini della presente legge si intende per:

a) satellite: qualsiasi satellite operante su bande di frequenza che, a norma della legislazione sulle telecomunicazioni, sono riservate alla trasmissione di segnali destinati alla ricezione diretta del pubblico o riservati alla comunicazione individuale privata purché la ricezione di questa avvenga in condizioni comparabili a quelle applicabili alla ricezione da parte del pubblico;

b) comunicazione al pubblico via satellite: l'atto di inserire sotto il controllo e la responsabilità dell'organismo di radiodiffusione operante sul territorio nazionale i segnali portatori di programmi destinati ad essere ricevuti dal pubblico in una sequenza ininterrotta di comunicazione diretta al satellite e poi a terra. Qualora i segnali portatori di programmi siano diffusi in forma codificata, vi è comunicazione al pubblico via satellite a condizione che i mezzi per la decodificazione della trasmissione siano messi a disposizione del pubblico a cura dell'organismo di radiodiffusione stesso o di terzi con il suo consenso. Qualora la comunicazione al pubblico via satellite abbia luogo nel territorio di uno stato non comunitario nel quale non esista il livello di protezione che per il detto sistema di comunicazione al pubblico stabilisce la presente legge:

1) se i segnali ascendenti portatori di programmi sono trasmessi al satellite da una stazione situata nel territorio nazionale, la comunicazione al pubblico via satellite si considera avvenuta in Italia. I diritti riconosciuti dalla presente legge, relativi alla radiodiffusione via satellite, sono esercitati nei confronti del soggetto che gestisce la stazione;

2) se i segnali ascendenti sono trasmessi da una stazione non situata in uno Stato membro dell'Unione europea, ma la comunicazione al pubblico via satellite avviene su incarico di un organismo di radiodiffusione situato in Italia, la comunicazione al pubblico si considera avvenuta nel territorio nazionale purché l'organismo di radiodiffusione vi abbia la sua sede principale. I diritti stabiliti dalla presente legge, relativi alla radiodiffusione via satellite, sono esercitati nei confronti del soggetto che gestisce l'organismo di radiodiffusione;

[*c) ritrasmissione via cavo: la ritrasmissione simultanea, invariata ed integrale, per il tramite di un sistema di ridistribuzione via cavo o su frequenze molto elevate, destinata al pubblico, di un'emissione primaria radiofonica o televisiva comunque diffusa, proveniente da un altro Stato membro dell'Unione europea e destinata alla ricezione del pubblico*]*.

(1) Articolo inserito dall'art. 2 del d.lg. 23/10/1996, n. 581.

* Lettera abrogata dall'art. 1, co. 1, lett. b), d.lg. 8/11/2021, n. 181.

Art. 16 ter (1). – 1. Ai fini della presente legge per "ritrasmissione" si intende qualsiasi ritrasmissione simultanea, invariata e integrale, destinata al pubblico di una emissione primaria di uno Stato membro, di programmi televisivi o radiofonici destinati al pubblico, quando la trasmissione iniziale è effettuata su filo, via etere o via satellite, esclusa la trasmissione online, e quando la ritrasmissione:

a) è effettuata da un soggetto diverso dall'organismo di diffusione radiotelevisiva che ha effettuato la trasmissione iniziale o sotto il cui controllo e responsabilità tale trasmissione iniziale è stata effettuata, indipendentemente dal modo in cui il soggetto che effettua la ritrasmissione ottiene i segnali che trasportano i programmi dall'organismo di diffusione radiotelevisiva ai fini della ritrasmissione;

b) è effettuata su un servizio di accesso a internet, come definito all'articolo 2, numero 2), del regolamento (UE) 2015/2120 del Parlamento europeo e del Consiglio del 25 novembre 2015, in un ambiente gestito, inteso come un ambiente in cui un operatore di servizi di ritrasmissione fornisce un servizio di ritrasmissione sicura agli utenti autorizzati, nel quale solamente questi ultimi possono accedere alla ritrasmissione e il livello di sicurezza è comparabile a quello utilizzato per il contenuto trasmesso attraverso le reti gestite in cui il contenuto ritrasmesso è criptato.

2. La ritrasmissione di programmi televisivi o radiofonici ai sensi del presente articolo è autorizzata dai titolari del diritto esclusivo di comunicazione al pubblico.

3. I titolari del diritto d'autore e dei diritti connessi diversi dagli organismi di diffusione radiotelevisiva esercitano il diritto di concedere o rifiutare l'autorizzazione per una ritrasmissione all'operatore di un servizio di ritrasmissione che intenda acquisirne i diritti esclusivamente attraverso un organismo di gestione collettiva.

4. Gli organismi di gestione collettiva di cui al presente articolo devono essere in possesso dei requisiti di cui all'articolo 8 del decreto legislativo 15 marzo 2017, n. 35, e operare ai sensi del medesimo decreto.

5. Quando i titolari del diritto non hanno trasferito a un organismo di gestione collettiva la gestione del diritto di cui al comma 3, il diritto di concedere o di rifiutare l'autorizzazione per una ritrasmissione a loro nome spetta all'organismo di gestione collettiva che gestisce i diritti della stessa categoria di titolari e, nel caso di una pluralità di organismi, spetta ai tre organismi maggiormente rappresentativi per ciascuna categoria di titolari, sulla base dei criteri di rappresentatività individuati dall'Autorità per le garanzie nelle comunicazioni entro novanta giorni dalla data di entrata in vigore della presente disposizione.

6. I titolari dei diritti che non hanno conferito mandato a un organismo di gestione collettiva hanno gli stessi diritti e obblighi dei titolari che hanno conferito mandato all'organismo di gestione collettiva che ha stipulato un accordo con l'operatore del servizio di ritrasmissione. I titolari che non hanno conferito mandato a un organismo di gestione collettiva possono esercitare i diritti esclusivi di comunicazione al pubblico entro il termine di tre anni decorrenti dalla data della ritrasmissione che comprende la propria opera o altro materiale protetto.

7. Quando l'emissione primaria proviene da un altro Stato membro dell'Unione europea e l'operatore del servizio di ritrasmissione intende acquisire i diritti di ritrasmissione per il territorio italiano, l'autorizzazione alla ritrasmissione è rilasciata dagli organismi di gestione collettiva nazionali ai sensi del comma 5.

8. Le disposizioni del presente articolo si applicano anche quando la trasmissione iniziale e la ritrasmissione hanno luogo nel territorio nazionale.

(1) Articolo inserito dall'art. 1, co. 1, lett. c), d.lg. 8/11/2021, n. 181.

Art. 16 quater (1). – 1. Ai fini della presente legge, per "servizio online accessorio" si intende un servizio online di fornitura al pubblico di programmi televisivi o radiofonici e di qualsiasi materiale che riveste carattere accessorio rispetto alla trasmissione, simultaneamente ad essa o per un determinato periodo di tempo dopo la trasmissione, effettuato da un organismo di diffusione radiotelevisiva, direttamente o sotto il suo controllo e la sua responsabilità.

2. Per "materiale accessorio" si intende il materiale che ha una relazione chiaramente subordinata rispetto alle trasmissioni, ivi inclusi i materiali che arricchiscono o ampliano in altro modo i programmi in questione, anche mediante anteprima, ampliamento, integrazione o valutazione dei contenuti.

3. Non rientra nella definizione di cui al comma 1 la fornitura dell'accesso a opere individuali o ad altro materiale protetto integrati in un programma televisivo o radiofonico o a opere o ad altro materiale protetto che non hanno una relazione con un programma trasmesso dall'organismo di diffusione radiotelevisiva, come i servizi che danno accesso a singole opere musicali o audiovisive, album musicali o video, quali, tra gli altri, i servizi di video su richiesta.

4. Qualora avvengano nell'ambito di uno o più Stati membri dell'Unione europea, oltre a quello dell'organismo di radiodiffusione, gli atti di comunicazione al pubblico di opere o altri materiali protetti, su filo o senza filo, e di messa a disposizione del pubblico di opere o altri materiali protetti, con modalità tali che ciascuno possa accedervi dal luogo e nel momento da esso scelti, avvenuti nell'ambito di un servizio online accessorio di cui al presente articolo, nonché gli atti di riproduzione di opere o altri materiali protetti necessari per la fornitura, l'accesso o l'utilizzo di tale servizio online, si considerano effettuati esclusivamente nel territorio dello Stato membro dell'Unione europea in cui si trova la sede principale dell'organismo di diffusione radiotelevisiva nelle ipotesi in cui vengono forniti al pubblico:

a) programmi radiofonici;

b) programmi televisivi d'informazione e di attualità oppure programmi di produzione interna interamente ideati, finanziati e realizzati con risorse proprie dall'organismo di diffusione radiotelevisiva.

5. Il principio di cui al comma 4 non si applica alle trasmissioni di eventi sportivi e di opere e altro materiale protetto in esse inclusi.

6. Nelle ipotesi di cui al comma 4, i titolari dei diritti d'autore e dei diritti connessi e gli organismi di diffusione radiotelevisiva determinano l'importo dovuto per il loro utilizzo, tenendo conto di tutti gli aspetti che caratterizzano, a livello quantitativo e qualitativo, il servizio online accessorio, inclusi la durata della disponibilità online dei programmi, il pubblico e le versioni linguistiche fornite. L'importo del pagamento da effettuare può essere calcolato anche sulla base dei ricavi dell'organismo di diffusione radiotelevisiva.

7. Il principio del paese d'origine di cui al comma 4 non pregiudica la libertà contrattuale dei titolari dei diritti d'autore e dei diritti connessi e degli organismi di diffusione radiotelevisiva di limitare lo sfruttamento dei diritti di cui ai precedenti commi e degli altri diritti previsti dalla presente legge in capo ai medesimi soggetti.

8. I commi 6 e 7 si applicano anche quando il servizio online accessorio è effettuato esclusivamente sul territorio nazionale.

(1) Articolo inserito dall'art. 1, co. 1, lett. c), d.lg. 8/11/2021, n. 181.

Art. 16 quinquies (1). – 1. Ai fini della presente legge, per "immissione diretta" si intende il processo tecnico mediante il quale un organismo di diffusione radiotelevisiva trasmette i propri segnali che trasportano i programmi a un organismo diverso dagli organismi di diffusione radiotelevisiva, con modalità che non consentono al pubblico durante la trasmissione di accedere ai predetti segnali.

2. L'organismo di diffusione radiotelevisiva e il distributore di segnali partecipano ad un unico atto di comunicazione al pubblico quando il primo trasmette, mediante immissione diretta e senza trasmissione simultanea al pubblico, i propri segnali che trasportano i programmi esclusivamente ad un distributore di segnali, il quale provvede a trasmetterli al pubblico.

3. Non si applica il comma 2 quando il distributore di segnali si limita a fornire all'organismo di diffusione radiotelevisiva i mezzi tecnici per garantire la ricezione delle trasmissioni o per migliorarne la ricezione.

4. L'organismo di diffusione radiotelevisiva e il distributore di segnali partecipano, ciascuno in base al proprio contributo, all'atto di comunicazione al pubblico di cui al comma 2 e sono tenuti a munirsi dell'autorizzazione dei titolari dei diritti in relazione al contributo specifico da loro fornito alla trasmissione del programma.

5. I titolari dei diritti rilasciano l'autorizzazione di cui al comma 4 esclusivamente attraverso gli organismi di gestione collettiva, come previsto all'articolo 16-ter.

6. Quando gli organismi di diffusione radiotelevisiva trasmettono i segnali portatori di programmi direttamente al pubblico e simultaneamente li trasmettono ad altri organismi mediante il processo tecnico di immissione diretta, le trasmissioni in tal modo effettuate dai distributori di segnali costituiscono un atto di comunicazione al pubblico distinto da quello effettuato dall'organismo di diffusione radiotelevisiva al quale si applica l'articolo 16-ter.

(1) Articolo inserito dall'art. 1, co. 1, lett. c), d.lg. 8/11/2021, n. 181.

Art. 17 (1). – 1. Il diritto esclusivo di distribuzione ha per oggetto la messa in commercio o in circolazione, o comunque a disposizione, del pubblico, con qualsiasi mezzo ed a qualsiasi titolo, dell'originale dell'opera o degli esemplari di essa e comprende, altresì, il diritto esclusivo di introdurre nel territorio degli Stati della Comunità europea, a fini di distribuzione, le riproduzioni fatte negli Stati extracomunitari.

2. Il diritto di distribuzione dell'originale o di copie dell'opera non si esaurisce nella Comunità europea, se non nel caso in cui la prima vendita o il primo atto di trasferimento della proprietà nella Comunità sia effettuato dal titolare del diritto o con il suo consenso.

3. Quanto disposto dal comma 2 non si applica alla messa a disposizione del pubblico di opere in modo che ciascuno possa avervi accesso dal luogo e nel momento scelti individualmente, anche nel caso in cui sia consentita la realizzazione di copie dell'opera.

4. Ai fini dell'esaurimento di cui al comma 2, non costituisce esercizio del diritto esclusivo di distribuzione la consegna gratuita di esemplari delle opere, effettuata o consentita dal titolare a fini promozionali, ovvero di insegnamento o di ricerca scientifica.

(1) Articolo sostituito dall'art. 1 del d.lg. 16/11/1994, n. 685 e, successivamente, dall'art. 3 del d.lg. 9/4/2003, n. 68.

Art. 18. – 1. Il diritto esclusivo di tradurre ha per oggetto la traduzione dell'opera in altra lingua o dialetto.

2. Il diritto esclusivo di elaborare comprende tutte le forme di modificazione, di elaborazione e di trasformazione dell'opera previste nell'art. 4.

3. L'autore ha altresì il diritto di pubblicare le sue opere in raccolta.

4. Ha infine il diritto esclusivo di introdurre nell'opera qualsiasi modificazione.

Art. 18 bis (1). – 1. Il diritto esclusivo di noleggiare ha per oggetto la cessione in uso degli originali, di copie o di supporti di opere, tutelate dal diritto d'autore, fatta per un periodo li-mitato di tempo ed ai fini del conseguimento di un beneficio economico o commerciale diretto o indiretto.

2. Il diritto esclusivo di dare in prestito ha per oggetto la cessione in uso degli originali, di copie o di supporti di opere, tutelate dal diritto d'autore, fatta da istituzioni aperte al pubblico, per un periodo di tempo limitato, a fini diversi da quelli di cui al comma 1.

3. L'autore ha il potere esclusivo di autorizzare il noleggio o il prestito da parte di terzi.

4. I suddetti diritti e poteri non si esauriscono con la vendita o con la distribuzione in qualsiasi forma degli originali, di copie o di supporti delle opere.

5. L'autore, anche in caso di cessione del diritto di noleggio ad un produttore di fonogrammi o di opere cinematografiche o audiovisive o sequenze di immagini in movimento, conserva il diritto di ottenere un'equa remunerazione per il noleggio da questi a sua volta concluso con terzi. Ogni patto contrario è nullo. In difetto di accordo da concludersi tra le categorie interessate quali individuate dall'articolo 16, primo comma, del regolamento, detto compenso è stabilito con la procedura di cui all'articolo 4 del decreto legislativo luogotenenziale 20 luglio 1945, n. 440 (2).

6. I commi da 1 a 4 non si applicano in relazione a progetti o disegni di edifici e ad opere di arte applicata.

(1) Articolo aggiunto dall'art. 2 del d.lg. 16/11/1994, n. 685.
(2) Comma modificato dall'art. 1 del d.lg. 26/5/1997, n. 154.

Art. 19. – 1. I diritti esclusivi previsti dagli articoli precedenti so-no fra loro indipendenti. L'esercizio di uno di essi non esclude l'esercizio esclusivo di ciascuno degli altri diritti.

2. Essi hanno per oggetto l'opera nel suo insieme ed in ciascuna delle sue parti.

Omissis.

D.lg. 10 febbraio 2005, n. 30

Codice della proprietà industriale, a norma dell'articolo 15 della legge 12 dicembre 2002, n. 273

(*Estratto, artt. 1-28, 117-132*)

Capo I
Disposizioni generali e principi fondamentali

1. Diritti di proprietà industriale (1). – 1. Ai fini del presente codice, l'espressione proprietà industriale comprende marchi ed altri segni distintivi, indicazioni geografiche, denominazioni di origine, disegni e modelli, invenzioni, modelli di utilità, topografie dei prodotti a semiconduttori, segreti commerciali e nuove varietà vegetali.

(1) Articolo modificato dall'art. 1 del d.lg. 13/8/2010, n.131 e successivamente dall'art. 1, co. 1, d.lg. 11/5/2018, n. 63.

2. Costituzione ed acquisto dei diritti. – 1. I diritti di proprietà industriale si acquistano mediante brevettazione, mediante registrazione o negli altri modi previsti dal presente codice. La brevettazione e la registrazione danno luogo ai titoli di proprietà industriale.

2. Sono oggetto di brevettazione le invenzioni, i modelli di utilità, le nuove varietà vegetali.

3. Sono oggetto di registrazione i marchi, i disegni e modelli, le topografie dei prodotti a semiconduttori (1).

4. Sono protetti, ricorrendone i presupposti di legge, i segni distintivi diversi dal marchio registrato, i segreti commerciali, le indicazioni geografiche e le denominazioni di origine (2).

5. L'attività amministrativa di brevettazione e di registrazione ha natura di accertamento costitutivo e dà luogo a titoli soggetti ad un regime speciale di nullità e decadenza sulla base delle norme contenute nel presente codice.

(1) Comma modificato dall'art. 2 del d.lg. 13/8/2010, n. 131.
(2) Comma modificato dall'art. 2, co. 1, d.lg. 11/5/2018, n. 63.

3. Trattamento dello straniero. – 1. Ai cittadini di ciascuno Stato facente parte della Convenzione di Parigi per la protezione della proprietà industriale, testo di Stoccolma del 14 luglio 1967, ratificato con legge 28 aprile 1976, n. 424, ovvero della Organizzazione mondiale del commercio ed ai cittadini di Stati non facenti parte delle suddette Convenzioni, ma che siano domiciliati o abbiano uno stabilimento industriale o commerciale effettivo sul territorio di uno Stato facente parte della Convenzione di Unione di Parigi per la protezione della proprietà industriale, è accordato, per le materie di cui al presente codice, lo stesso trattamento accordato ai cittadini italiani. In materia di nuove varietà vegetali, il trattamento accordato ai cittadini italiani è accordato ai cittadini di uno Stato facente parte della Convenzione internazionale per la protezione delle novità vegetali UPOV, testo di Ginevra del 19 marzo 1991, ratificato con legge 23 marzo 1998, n. 110. In materia di topografie dei prodotti a semiconduttori, il trattamento accordato ai cittadini italiani è accordato ai cittadini di un altro Stato solo se la protezione accordata da quello Stato ai cittadini italiani è analoga a quella prevista dal presente codice (1).

2. Ai cittadini di Stati non facenti parte né della Convenzione di Unione di Parigi per la protezione della proprietà industriale, né della Organizzazione mondiale del commercio, né, per quanto attiene alle nuove varietà vegetali, della Convenzione internazionale per la protezione delle novità vegetali, è accordato, per le materie di cui al presente codice, il trattamento accordato ai cittadini italiani, se lo Stato al quale il cittadino appartiene accorda ai cittadini italiani reciprocità di trattamento.

3. Tutti i benefici che le convenzioni internazionali sottoscritte e ratificate dall'Italia riconoscono allo straniero nel

territorio dello Stato, per le materie di cui al presente codice, si intendono automaticamente estese ai cittadini italiani (2).

4. Il diritto di ottenere ai sensi delle convenzioni internazionali la registrazione in Italia di un marchio registrato precedentemente all'estero, al quale si fa riferimento nella domanda di registrazione, spetta al titolare del marchio all'estero, o al suo avente causa.

5. Ai cittadini sono equiparate le persone giuridiche di corrispondente nazionalità.

(1) Comma modificato dall'art. 3, co. 1, d.lg. 13/8/2010, n. 131.

(2) Comma modificato dall'art. 3, co. 2, d.lg. 13/8/2010, n. 131.

4. Priorità. – 1. Chiunque abbia regolarmente depositato, in o per uno Stato facente parte di una convenzione internazionale ratificata dall'Italia che riconosce il diritto di priorità, una domanda diretta ad ottenere un titolo di proprietà industriale o il suo avente causa, fruisce di un diritto di priorità a decorrere dalla prima domanda per effettuare il deposito di una domanda di brevetto d'invenzione, di modello di utilità, di privativa di nuova varietà vegetale, di registrazione di disegno o modello e di registrazione di marchio, secondo le disposizioni dell'articolo 4 della Convenzione di Unione di Parigi.

2. Il termine di priorità è di dodici mesi per i brevetti d'invenzione ed i modelli di utilità e le varietà vegetali, di sei mesi per i disegni o modelli ed i marchi.

3. È riconosciuto come idoneo a far nascere il diritto di priorità qualsiasi deposito avente valore di deposito nazionale regolare, cioè idoneo a stabilire la data alla quale la prima domanda è stata depositata, a norma della legislazione nazionale dello Stato nel quale è stato effettuato, o di accordi bilaterali o plurilaterali, qualunque sia la sorte ulteriore di tale domanda.

5. Esaurimento. – 1. Le facoltà esclusive attribuite dal presente codice al titolare di un diritto di proprietà industriale si esauriscono una volta che i prodotti protetti da un diritto di proprietà industriale siano stati messi in commercio dal titolare o con il suo consenso nel territorio dello Stato o nel territorio di uno Stato membro della Comunità europea o dello Spazio economico europeo.

2. Questa limitazione dei poteri del titolare tuttavia non si applica [, con riferimento al marchio,] quando sussistano motivi legittimi perché il titolare stesso si opponga all'ulteriore commercializzazione dei prodotti, in particolare quando lo stato di questi è modificato o alterato dopo la loro immissione in commercio (1).

3. Le facoltà esclusive attribuite dalla privativa su una varietà protetta, sulle varietà essenzialmente derivate dalla varietà protetta quando questa non sia, a sua volta, una varietà essenzialmente derivata, sulle varietà che non si distinguono nettamente dalla varietà protetta e sulle varietà la cui produzione necessita del ripetuto impiego della varietà protetta, non si estendono agli atti riguardanti:

a) il materiale di riproduzione o di moltiplicazione vegetativa, quale che ne sia la forma;

b) il prodotto della raccolta, comprese piante intere e parti di esse quando tale materiale o prodotto sia stato ceduto o commercializzato dallo stesso costitutore o con il suo consenso nel territorio dello Stato o di uno Stato membro della Comunità europea o dello Spazio economico europeo, a meno che si tratti di atti che implicano una nuova riproduzione o moltiplicazione della varietà protetta oppure un'esportazione del materiale della varietà stessa che consenta di riprodurla in uno Stato che non protegge la varietà del genere o della specie vegetale a cui appartiene, salvo che il materiale esportato sia destinato al consumo finale (2).

(1) Comma modificato dall'art. 4, co. 1, d.lg. 13/8/2010, n. 131.

(2) Comma sostituito dall'art. 4, co. 2, d.lg. 13/8/2010, n. 131.

6. Comunione. – 1. Se un diritto di proprietà industriale appartiene a più soggetti, le facoltà relative sono regolate, salvo convenzioni in contrario, dalle disposizioni del codice civile relative alla comunione in quanto compatibili.

1-bis. In caso di diritto appartenente a più soggetti, la presentazione della domanda di brevetto o di registrazione, la prosecuzione del procedimento di brevettazione o registrazione, la presentazione della domanda di rinnovo, ove prevista, il pagamento dei diritti di mantenimento in vita, la presentazione della traduzione in lingua italiana delle rivendicazioni di una domanda di brevetto europeo o del testo del brevetto europeo concesso o mantenuto in forma modificata o limitata e gli altri procedimenti di fronte all'Ufficio italiano brevetti e marchi possono essere effettuati da ciascuno di tali soggetti nell'interesse di tutti (1).

(1) Comma aggiunto dall'art. 5 del d.lg. 13/8/2010, n. 131.

Capo II
Norme relative all'esistenza, all'ambito e all'esercizio dei diritti di proprietà industriale

Sezione I
Marchi

7. Oggetto della registrazione. – 1. Possono costituire oggetto di registrazione come marchio d'impresa tutti i segni [suscettibili di essere rappresentati graficamente], in particolare le parole, compresi i nomi di persone, i disegni, le lettere, le cifre, i suoni, la forma del prodotto o della confezione di esso, le combinazioni o le tonalità cromatiche, purché siano atti:

a) a distinguere i prodotti o i servizi di un'impresa da quelli di altre imprese; e

b) ad essere rappresentati nel registro in modo tale da consentire alle autorità competenti ed al pubblico di determinare con chiarezza e precisione l'oggetto della protezione conferita al titolare (1).

(1) Comma modificato dall'art. 1, co. 1, d.lg. 20/2/2019, n. 15.

8. Ritratti di persone, nomi e segni notori. – 1. I ritratti di persone non possono essere registrati come marchi senza il consenso delle medesime e, dopo la loro morte, senza il consenso del coniuge e dei figli; in loro mancanza o dopo la loro morte, dei genitori e degli altri ascendenti, e, in mancanza o dopo la morte anche di questi ultimi, dei parenti fino al quarto grado incluso.

2. I nomi di persona diversi da quelli di chi chiede la registrazione possono essere registrati come marchi, purché il loro uso non sia tale da ledere la fama, il credito o il decoro di chi ha diritto di portare tali nomi. L'Ufficio italiano brevetti e marchi ha tuttavia la facoltà di subordinare la registrazione al consenso stabilito al comma 1. In ogni caso, la registrazione non impedirà a chi abbia diritto al nome di farne uso nella ditta da lui prescelta sussistendo i presupposti di cui all'articolo 21, comma 1 (1).

3. Se notori, possono essere registrati o usati come marchio solo dall'avente diritto, o con il consenso di questi, o dei soggetti di cui al comma 1: i nomi di persona, i segni usati in campo artistico, letterario, scientifico, politico o sportivo, le immagini che riproducono trofei, le denominazioni e sigle di manifestazioni e quelli di enti ed associazioni non aventi finalità economiche, nonché gli emblemi caratteristici di questi (2).

(1) Comma modificato dall'art. 6, co. 1, d.lg. 13/8/2010, n. 131.

(2) Comma modificato dall'art. 6, co. 2, d.lg. 13/8/2010, n. 131 e successivamente dall'art. 14, co. 1, d.l. 11/3/2020, n. 16, conv., con modif., dalla l. 8/5/2020, n. 31.

9. Marchi di forma e altri segni non registrabili (1). – 1. Non possono costituire oggetto di registrazione come marchio d'impresa i segni costituiti esclusivamente:

a) dalla forma, o altra caratteristica, imposta dalla natura stessa del prodotto;

b) dalla forma, o altra caratteristica, del prodotto necessaria per ottenere un risultato tecnico;

c) dalla forma, o altra caratteristica, che dà un valore sostanziale al prodotto (2).

(1) Rubrica modificata dall'art. 2, co. 1, lett. a), d.lg. 20/2/2019, n. 15.

(2) Comma modificato dall'art. 2, co. 1, lett. b), d.lg. 20/2/2019, n. 15.

10. Stemmi. – 1. Gli stemmi e gli altri segni considerati nelle convenzioni internazionali vigenti in materia, nei casi e alle condizioni menzionati nelle convenzioni stesse, nonché i segni contenenti simboli, emblemi e stemmi che rivestano un interesse pubblico inclusi i segni riconducibili alle forze dell'ordine e alle forze armate e i nomi di Stati e di enti pubblici territoriali italiani non possono costituire oggetto di registrazione come marchio d'impresa, a meno che l'autorità competente non ne abbia autorizzato la registrazione (1).

1-bis. Non possono altresì formare oggetto di registrazione parole, figure o segni lesivi dell'immagine o della reputazione dell'Italia (2).

2. Trattandosi di marchio contenente parole, figure o segni con significazione politica o di alto valore simbolico, o contenente elementi araldici, l'Ufficio italiano brevetti e marchi, prima della registrazione, invia l'esemplare del marchio e quant'altro possa occorrere alle amministrazioni pubbliche interessate, o competenti, per sentirne l'avviso, in conformità a quanto è disposto nel comma 4.

3. L'Ufficio italiano brevetti e marchi ha la facoltà di provvedere ai termini del comma 2 in ogni caso in cui sussista dubbio che il marchio possa essere contrario alla legge, all'ordine pubblico o al buon costume (3).

4. Se l'amministrazione interessata, o competente, di cui ai commi 2 e 3, esprime avviso contrario alla registrazione del marchio, l'Ufficio italiano brevetti e marchi respinge la domanda.

(1) Comma modificato dall'art. 32, co. 4, lett. a), d.l. 30/4/2019, n. 34, conv. con la l. n. 58/2019.

(2) Comma aggiunto dall'art. 32, co. 4, lett. b), d.l. 30/4/2019, n. 34, conv. con la l. n. 58/2019.

(3) Comma modificato dall'art. 7 del d.lg. 13/8/2010, n. 131.

11. Marchio collettivo. – 1. Le persone giuridiche di diritto pubblico e le associazioni di categoria di fabbricanti, produttori, prestatori di servizi o commercianti, escluse le società di cui al libro quinto, titolo quinto, capi quinto, sesto e settimo, del codice civile, possono ottenere la registrazione di marchi collettivi che hanno la facoltà di concedere in uso a produttori o commercianti (1).

2. I regolamenti concernenti l'uso dei marchi collettivi, i controlli e le relative sanzioni devono essere allegati alla domanda di registrazione in conformità ai requisiti di cui all'articolo 157, comma 1-bis» e le parole «tra i documenti allegati alla domanda» sono sostituite dalle seguenti: «nella raccolta di cui all'articolo 185; le modificazioni regolamentari devono essere comunicate a cura dei titolari all'Ufficio italiano brevetti e marchi per essere incluse tra i documenti allegati alla domanda (2).

3. Le disposizioni dei commi 1 e 2 sono applicabili anche ai marchi collettivi stranieri registrati nel Paese di origine.

4. In deroga all'articolo 13, comma 1, un marchio collettivo può consistere in segni o indicazioni che nel commercio possono servire per designare la provenienza geografica dei prodotti o servizi. Qualsiasi soggetto i cui prodotti o servizi provengano dalla zona geografica in questione ha diritto sia a fare uso del marchio, sia a diventare membro della associazione di categoria titolare del marchio, purché siano soddisfatti tutti i requisiti di cui al regolamento. In tal caso, peraltro, l'Ufficio italiano brevetti e marchi può rifiutare, con provvedimento motivato, la registrazione quando i marchi richiesti possano creare situazioni di ingiustificato privilegio o comunque recare pregiudizio allo sviluppo di altre analoghe iniziative nella regione. L'Ufficio italiano brevetti e marchi ha facoltà di chiedere al riguardo l'avviso delle amministrazioni pubbliche, categorie e organi interessati o competenti. L'avvenuta registrazione del marchio collettivo costituito da nome geografico non autorizza il titolare a vietare a terzi l'uso nel commercio del nome stesso, purché quest'uso sia conforme ai principi della correttezza professionale [e quindi limitato alla funzione di indicazione di provenienza] (3).

5. I marchi collettivi sono soggetti a tutte le altre disposizioni del presente codice in quanto non contrastino con la natura di essi.

(1) Comma sostituito dall'art. 3, co. 1, lett. a), d.lg. 20/2/2019, n. 15.

(2) Comma modificato dall'art. 3, co. 1, lett. b), d.lg. 20/2/2019, n. 15.

(3) Comma modificato dall'art. 8 del d.lg. 13/8/2010, n. 131 e successivamente dall'art. 3, co. 1, lett. c), d.lg. 20/2/2019, n. 15.

11 bis. Marchio di certificazione (1). – 1. Le persone fisiche o giuridiche, tra cui istituzioni, autorità ed organismi accreditati ai sensi della vigente normativa in materia di certificazione, a garantire l'origine, la natura o la qualità di determinati prodotti o servizi, possono ottenere la registrazione per appositi marchi come marchi di certificazione, a condizione che non svolgano un'attività che comporta la fornitura di prodotti o servizi del tipo certificato.

2. I regolamenti concernenti l'uso dei marchi di certificazione, i controlli e le relative sanzioni devono essere allegati alla domanda di registrazione in conformità ai requisiti di cui all'articolo 157, comma 1-ter; le modificazioni regolamentari devono essere comunicate a cura dei titolari all'Ufficio italiano brevetti e marchi per essere incluse nella raccolta di cui all'articolo 185.

3. Le disposizioni dei commi 1 e 2 sono applicabili anche ai marchi di certificazione o di garanzia stranieri registrati nel Paese di origine.

4. In deroga all'articolo 13, comma 1, un marchio di certificazione può consistere in segni o indicazioni che nel commercio possono servire per designare la provenienza geografica dei prodotti o servizi. In tal caso, peraltro, l'Ufficio italiano brevetti e marchi può rifiutare, con provvedimento motivato, la registrazione quando i marchi richiesti possano creare situazioni di ingiustificato privilegio o comunque recare pregiudizio allo sviluppo di altre analoghe iniziative nella regione. L'Ufficio italiano brevetti e marchi ha facoltà di chiedere al riguardo l'avviso delle amministrazioni pubbliche, categorie e organi interessati o competenti. L'avvenuta registrazione del marchio di certificazione costituito da nome geografico non autorizza il titolare a vietare a terzi l'uso nel commercio del nome stesso, purché quest'uso sia conforme ai principi della correttezza professionale.

5. I marchi di certificazione sono soggetti a tutte le altre disposizioni del presente codice in quanto non contrastino con la natura di essi.

(1) Articolo inserito dall'art. 4, co. 1, d.lg. 20/2/2019, n. 15.

11 ter. Marchio storico di interesse nazionale (1). – 1. I titolari o licenziatari esclusivi di marchi d'impresa registrati da almeno cinquanta anni o per i quali sia possibile dimostrare l'uso continuativo da almeno cinquanta anni, utilizzati per la commercializzazione di prodotti o servizi realizzati in un'impresa produttiva nazionale di eccellenza storicamente collegata al territorio nazionale, possono ottenere l'iscrizione del marchio nel registro dei marchi storici di interesse nazionale di cui all'articolo 185-bis.

2. Con decreto del Ministro dello sviluppo economico è istituito il logo «Marchio storico di interesse nazionale» che le imprese iscritte nel registro di cui all'articolo 185-bis, possono utilizzare per le finalità commerciali e promozionali. Con il decreto di cui al primo periodo sono altresì specificati i criteri per l'utilizzo del logo «Marchio storico di interesse nazionale.

(1) Articolo inserito dall'art. 31, co. 1, lett. a), d.l. 30/4/2019, n. 34, conv. con la l. n. 58/2019.

12. Novità (1). – 1. Non possono costituire oggetto di registrazione come marchio d'impresa i segni che alla data del deposito della domanda:

a) siano identici o simili ad un segno già noto come marchio o segno distintivo di prodotti o servizi fabbricati, messi in commercio o prestati da altri per prodotti o servizi identici o affini, se a causa dell'identità o somiglianza tra i segni e dell'identità o affinità fra i prodotti o i servizi possa determinarsi un rischio di confusione per il pubblico, che può consistere anche in un rischio di associazione fra i due segni. Si considera altresì noto il marchio che ai sensi dell'articolo 6-bis della Convenzione di Parigi per la protezione della proprietà industriale, testo di Stoccolma 14 luglio 1967, ratificato con legge 28 aprile 1976, n. 424, sia notoriamente conosciuto presso il pubblico interessato, anche in forza della notorietà acquisita nello Stato attraverso la promozione del marchio. L'uso precedente del segno, quando non importi notorietà di esso, o importi notorietà puramente locale, non toglie la novità, ma il terzo preutente ha diritto di continuare nell'uso del marchio, anche ai fini della pubblicità, nei limiti della diffusione locale, nonostante la registrazione del marchio stesso. L'uso precedente del segno da parte del richiedente o del suo dante causa non è di ostacolo alla registrazione;

b) siano identici o simili a un segno già noto come ditta, denominazione o ragione sociale, insegna e nome a dominio usato nell'attività economica, o altro segno distintivo adottato da altri, se a causa della identità o somiglianza fra i segni e dell'identità o affinità fra l'attività d'impresa da questi esercitata ed i prodotti o servizi per i quali il marchio è registrato possa determinarsi un rischio di confusione per il pubblico, che può consistere anche in un rischio di associazione fra i due segni. L'uso precedente del segno, quando non importi notorietà di esso, o importi notorietà puramente locale, non toglie la novità. L'uso precedente del segno da parte del richiedente o del suo dante causa non è di ostacolo alla registrazione;

c) siano identici ad un marchio già da altri registrato nello Stato o con efficacia nello Stato in seguito a domanda depositata in data anteriore o avente effetto da data anteriore in forza di un diritto di priorità o di una valida rivendicazione di preesistenza per prodotti o servizi identici;

d) siano identici o simili ad un marchio già da altri registrato nello Stato o con efficacia nello Stato, in seguito a domanda depositata in data anteriore o avente effetto da data anteriore in forza di un diritto di priorità o di una valida rivendicazione di preesistenza per prodotti o servizi identici o affini, se a causa dell'identità o somiglianza fra i segni e dell'identità o affinità fra i prodotti o i servizi possa determinarsi un rischio di confusione per il pubblico, che può consistere anche in un rischio di associazione fra i due segni;

e) siano identici o simili ad un marchio già da altri registrato nello Stato o con efficacia nello Stato, in seguito a domanda depositata in data anteriore o avente effetto da data anteriore in forza di un diritto di priorità o di una valida rivendicazione di preesistenza per prodotti o servizi identici, affini o non affini, quando il marchio anteriore goda nell'Unione europea o nello Stato, di rinomanza e quando l'uso di quello successivo senza giusto motivo trarrebbe indebitamente vantaggio dal carattere distintivo o dalla rinomanza del segno anteriore o recherebbe pregiudizio agli stessi (2);

f) siano identici o simili ad un marchio già notoriamente conosciuto ai sensi dell'articolo 6-bis della Convenzione di Parigi per la protezione della proprietà industriale, per prodotti o servizi identici, affini o non affini, quando ricorrono le condizioni di cui alla lettera e) (3).

2. Nei casi di cui alle lettere e), d) ed e), non toglie la novità il marchio anteriore che sia scaduto da oltre due anni ovvero tre se si tratta di un marchio collettivo o di certificazione o possa considerarsi decaduto per non uso ai sensi dell'articolo 24 al momento della proposizione della domanda o dell'eccezione di nullità.

3. Ai fini previsti al comma 1, lettere e), d) ed e), le domande anteriori sono assimilate ai marchi anteriori registrati, sotto riserva della conseguente registrazione (4).

(1) Articolo sostituito dall'art. 9 del d.lg. 13/8/2010, n. 131.

(2) Lettera modificata dall'art. 5, co. 1, lett. a), d.lg. 20/2/2019, n. 15.

(3) Lettera modificata dall'art. 5, co. 1, lett. b), d.lg. 20/2/2019, n. 15.

(4) Comma modificato dall'art. 5, co. 1, lett. c), d.lg. 20/2/2019, n. 15.

13. Capacità distintiva. – 1. Non possono costituire oggetto di registrazione come marchio d'impresa i segni privi di carattere distintivo e in particolare:

a) quelli che consistono esclusivamente in segni divenuti di uso comune nel linguaggio corrente o negli usi costanti del commercio;

b) quelli costituiti esclusivamente dalle denominazioni generiche di prodotti o servizi o da indicazioni descrittive che ad essi si riferiscono, come i segni che in commercio possono servire a designare la specie, la qualità, la quantità, la destinazione, il valore, la provenienza geografica ovvero l'epoca di fabbricazione del prodotto o della prestazione del servizio o altre caratteristiche del prodotto o servizio (1).

2. In deroga al comma 1 [e all'articolo 12, comma 1, lettera a),] possono costituire oggetto di registrazione come marchio d'impresa i segni che prima della domanda di registrazione, a seguito dell'uso che ne sia stato fatto, abbiano acquistato carattere distintivo (2).

3. Il marchio non può essere dichiarato o considerato nullo se prima della proposizione della domanda o dell'eccezione di nullità, il segno che ne forma oggetto, a seguito dell'uso che ne è stato fatto, ha acquistato carattere distintivo.

4. Il marchio decade se, per il fatto dell'attività o dell'inattività del suo titolare, sia divenuto nel commercio denominazione generica del prodotto o servizio o abbia comunque perduto la sua capacità distintiva (3).

(1) Comma sostituito dall'art. 10, co. 1, d.lg. 13/8/2010, n. 131.

(2) Comma modificato dall'art. 10, co. 2, d.lg. 13/8/2010, n. 131.

(3) Comma modificato dall'art. 10, co. 3, d.lg. 13/8/2010, n. 131.

14. Liceità e diritti di terzi (1). – 1. Non possono costituire oggetto di registrazione come marchio d'impresa:

a) i segni contrari alla legge, all'ordine pubblico o al buon costume;

b) i segni idonei ad ingannare il pubblico, in particolare sulla provenienza geografica, sulla natura o sulla qualità dei prodotti o servizi, ovvero sulla tipologia di marchio (2);

c) i segni il cui uso costituirebbe violazione di un altrui diritto di autore, di proprietà industriale o altro diritto esclusivo di terzi (3);

c-bis) i segni esclusi dalla registrazione, conformemente alla legislazione dell'Unione europea o dello Stato o ad accordi internazionali in materia di cui l'Unione europea o lo Stato è parte, relativi alla protezione delle denominazioni d'origine e delle indicazioni geografiche (3);

c-ter) i segni esclusi dalla registrazione conformemente alla normativa dell'Unione europea o ad accordi internazionali in materia di cui l'Unione è parte, relativi alla protezione delle menzioni tradizionali per i vini (3);

c-quater) i segni esclusi dalla registrazione conformemente alla normativa dell'Unione europea relativa alla protezione delle specialità tradizionali garantite o ad accordi internazionali in materia di cui l'Unione europea è parte (3);

c-quinquies) i segni che contengono o riproducono nei loro elementi essenziali una denominazione di varietà vegetale precedentemente registrata conformemente alla legislazione dell'Unione europea o dello Stato o ad accordi internazionali di cui l'Unione europea o lo Stato sono parte, in materia di tutela dei diritti relativi alle varietà vegetali e che, in relazione a queste ultime, sono della stessa specie o di specie apparentate (3).

1-bis. Ai fini del comma 1, lettera c-bis), le domande anteriori di protezione di denominazione di origine o di indicazione geografica, sono assimilate alle denominazioni di origine o di indicazioni geografiche protette, sotto riserva della successiva protezione ed a condizione che la legislazione dell'Unione europea o dello Stato conferisca alla persona autorizzata ad esercitare i diritti da essa derivanti il diritto di vietare l'uso di un marchio d'impresa posteriore (4).

2. Il marchio d'impresa decade:

a) se sia divenuto idoneo ad indurre in inganno il pubblico, in particolare circa la natura, qualità o provenienza dei prodotti o servizi, a causa di modo e del contesto in cui viene utilizzato dal titolare o con il suo consenso, per i prodotti o servizi per i quali è registrato;

b) se sia divenuto contrario alla legge, all'ordine pubblico o al buon costume;

c) per l'omessa adozione da parte del titolare delle misure ragionevolmente idonee a prevenire un uso del marchio non conforme alle condizioni del regolamento d'uso del marchio collettivo o del marchio di certificazione e, in particolare, dei controlli previsti dalle disposizioni regolamentari sull'uso del marchio collettivo o del marchio di certificazione (5).

(1) Rubrica modificata dall'art. 11 del d.lgs. 13/8/2010, n. 131.

(2) Lettera modificata dall'art. 6, co. 1, lett. a), d.lg. 20/2/2019, n. 15.

(3) Lettera modificata dall'art. 6, co. 1, lett. b), d.lg. 20/2/2019, n. 15.

(4) Comma inserito dall'art. 6, co. 1, lett. c), d.lg. 20/2/2019, n. 15.

(5) Lettera sostituita dall'art. 6, co. 1, lett. d), d.lg. 20/2/2019, n. 15.

15. Effetti della registrazione. – 1. I diritti esclusivi considerati da questo codice sono conferiti con la registrazione.

2. Gli effetti della prima registrazione decorrono dalla data di deposito della domanda. Trattandosi di rinnovazione gli effetti di essa decorrono dal giorno successivo alla data di scadenza della registrazione precedente (1).

3. Salvo il disposto dell'articolo 20, comma 1, lettera c), la registrazione esplica effetto limitatamente ai prodotti o servizi indicati nella registrazione stessa ed ai prodotti o servizi affini.

4. La registrazione dura dieci anni a partire dalla data di deposito della domanda, salvo il caso di rinuncia del titolare.

5. La rinuncia diviene efficace con la sua annotazione nel registro dei marchi di impresa e di essa deve essere data notizia nel Bollettino ufficiale.

(1) Comma modificato dall'art. 7, co. 1, d.lg. 20/2/2019, n. 15.

16. Rinnovazione. – 1. La registrazione può essere rinnovata per lo stesso marchio precedente, con riguardo allo stesso genere di prodotti o di servizi secondo la classificazione internazionale dei prodotti e dei servizi risultante dall'Accordo di Nizza, testo di Ginevra del 13 maggio 1977, ratificato con legge 27 aprile 1982, n. 243.

2. La rinnovazione si effettua per periodi di dieci anni.

3. La rinnovazione della registrazione di un marchio che è stato oggetto di trasferimento per una parte dei prodotti o servizi è effettuata separatamente dai rispettivi titolari.

4. Restano immutate la decorrenza e la durata degli effetti della registrazione per i marchi registrati presso l'Organizzazione mondiale della proprietà intellettuale di Ginevra.

17. Registrazione internazionale. – 1. Rimangono ferme, per la registrazione dei marchi presso l'Organizzazione mondiale della proprietà intellettuale di Ginevra (OMPI), le disposizioni vigenti ai sensi delle convenzioni internazionali.

2. I marchi internazionali registrati presso l'Organizzazione mondiale della proprietà intellettuale (OMPI) di Ginevra, in base all'Accordo di Madrid, concernente la registrazione internazionale dei marchi, testo di Stoccolma del 14 luglio 1967, ratificato con legge 28 aprile 1976, n. 424, ed al relativo Protocollo, adottato a Madrid il 27 giugno 1989, ratificato con legge 12 marzo 1996, n. 169, recanti la designazione dell'Italia quale Paese in cui si chiede la protezione, devono rispondere ai requisiti previsti per i marchi nazionali dal presente codice.

3. L'Ufficio italiano brevetti e marchi effettua l'esame dei marchi internazionali designanti l'Italia conformemente alle disposizioni applicabili alle domande di marchi nazionali.

18. Protezione temporanea. – 1. Entro i limiti ed alle condizioni indicate nel comma 2, può essere accordata, mediante decreto del Ministero dello sviluppo economico, una protezione temporanea ai nuovi marchi apposti sui prodotti o sui materiali inerenti alla prestazione dei servizi che figurano in esposizioni nazionali o internazionali, ufficiali od ufficialmente riconosciute, tenute nel territorio dello Stato o in uno Stato estero che accordi reciprocità di trattamento (1).

2. La protezione temporanea fa risalire la priorità della registrazione, a favore del titolare o del suo avente causa, al giorno della consegna del prodotto o del materiale inerente alla prestazione del servizio per l'esposizione, ed ha effetto sempre che la domanda di registrazione sia depositata entro sei mesi dalla data della consegna e, in ogni caso, non oltre sei mesi dalla data di apertura dell'esposizione.

3. Nel caso di esposizione tenuta in uno Stato estero, se ivi è stabilito un termine più breve, la domanda di registrazione deve essere depositata entro questo termine.

4. Tra più marchi identici o simili per prodotti o servizi identici o affini presentati per l'esposizione nello stesso giorno, la priorità spetta al marchio per il quale è stata depositata prima la domanda di registrazione.

5. Le date di cui ai commi 2, 3 e 4 devono essere indicate dall'interessato e menzionate nell'attestato di registrazione, previa la loro verifica da parte dell'Ufficio italiano brevetti e marchi.

(1) Comma modificato dall'art. 8, co. 1, d.lg. 20/2/2019, n. 15.

19. Diritto alla registrazione. – 1. Può ottenere una registrazione per marchio d'impresa chi lo utilizzi o si proponga di utilizzarlo, nella fabbricazione o commercio di prodotti o nella prestazione di servizi della propria impresa o di imprese di cui abbia il controllo o che ne facciano uso con il suo consenso.

2. Non può ottenere una registrazione per marchio di impresa chi abbia fatto la domanda in mala fede.

3. Anche le amministrazioni dello Stato, delle regioni, del-

le province e dei comuni possono ottenere registrazioni di marchio, anche aventi ad oggetto elementi grafici distintivi tratti dal patrimonio culturale, storico, architettonico o ambientale del relativo territorio; in quest'ultimo caso, i proventi derivanti dallo sfruttamento del marchio a fini commerciali, compreso quello effettuato mediante la concessione di licenze e per attività di merchandising, dovranno essere destinati al finanziamento delle attività istituzionali o alla copertura degli eventuali disavanzi pregressi dell'ente (1).

(1) Comma sostituito dall'art. 12 del d.lg. 13/8/2010, n. 131.

20. Diritti conferiti dalla registrazione. – 1. I diritti del titolare del marchio d'impresa registrato consistono nella facoltà di fare uso esclusivo del marchio. Il titolare ha il diritto di vietare ai terzi, salvo proprio consenso, di usare nell'attività economica:

a) un segno identico al marchio per prodotti o servizi identici a quelli per cui esso è stato registrato;

b) un segno identico o simile al marchio registrato, per prodotti o servizi identici o affini, se a causa dell'identità o somiglianza fra i segni e dell'identità o affinità fra i prodotti o servizi, possa determinarsi un rischio di confusione per il pubblico, che può consistere anche in un rischio di associazione fra i due segni;

c) un segno identico o simile al marchio registrato per prodotti o servizi anche non affini, se il marchio registrato goda nello stato di rinomanza e se l'uso del segno, anche a fini diversi da quello di contraddistinguere i prodotti e servizi, senza giusto motivo consente di trarre indebitamente vantaggio dal carattere distintivo o dalla rinomanza del marchio o reca pregiudizio agli stessi (1).

2. Nei casi menzionati al comma 1 il titolare del marchio può in particolare vietare ai terzi di apporre il segno sui prodotti o sulle loro confezioni o sugli imballaggi; di offrire i prodotti, di immetterli in commercio o di detenerli a tali fini, oppure di offrire o fornire i servizi contraddistinti dal segno; di importare o esportare prodotti contraddistinti dal segno stesso; di utilizzare il segno nella corrispondenza commerciale e nella pubblicità; di apporre il segno su confezioni, imballaggi, etichette, cartellini, dispositivi di sicurezza o autenticazione o componenti degli stessi o su altri mezzi su cui il marchio può essere apposto ovvero di offrire, immettere in commercio, detenere a tali fini, importare o esportare tali mezzi recanti il marchio, quando vi sia il rischio che gli stessi possano essere usati in attività costituenti violazione del diritto del titolare (2).

2-bis. Il titolare del marchio può inoltre vietare ai terzi di introdurre in Italia, in ambito commerciale, prodotti che non siano stati immessi in libera pratica, quando detti prodotti oppure il relativo imballaggio provengono da Paesi terzi rispetto all'Unione europea e recano senza autorizzazione un segno identico al marchio o che non può essere distinto nei suoi aspetti essenziali da detto marchio, qualora i prodotti in questione rientrino nell'ambito di protezione del marchio, a meno che durante il procedimento per determinare l'eventuale violazione del marchio, instaurato conformemente al regolamento (UE) 608/2013 del Parlamento europeo e del Consiglio, del 12 giugno 2013, il dichiarante o il detentore dei prodotti fornisca la prova del fatto che il titolare del marchio non ha il diritto di vietare l'immissione in commercio dei prodotti nel Paese di destinazione finale (3).

3. Il commerciante può apporre il proprio marchio alle merci che mette in vendita, ma non può sopprimere il marchio del produttore o del commerciante da cui abbia ricevuto i prodotti o le merci.

3-bis. Se la riproduzione di un marchio in un dizionario, in un'enciclopedia o in un'analoga opera di consultazione in formato cartaceo o elettronico dà l'impressione che esso costituisca il nome generico dei prodotti o dei servizi per i quali il marchio è registrato, su richiesta del titolare del marchio d'impresa l'editore dell'opera provvede affinché la riproduzione del marchio sia, tempestivamente e al più tardi nell'edizione successiva in caso di opere in formato cartaceo, corredata dell'indicazione che si tratta di un marchio registrato (4).

(1) Lettera modificata dall'art. 9, co. 1, lett. a), d.lg. 20/2/2019, n. 15.
(2) Comma modificato dall'art. 9, co. 1, lett. b), d.lg. 20/2/2019, n. 15.
(3) Comma inserito dall'art. 9, co. 1, lett. c), d.lg. 20/2/2019, n. 15.
(4) Comma aggiunto dall'art. 9, co. 1, lett. d), d.lg. 20/2/2019, n. 15.

21. Limitazioni del diritto di marchio. – 1. I diritti di marchio d'impresa registrato non permettono al titolare di vietare ai terzi l'uso nell'attività economica, purché l'uso sia conforme ai principi della correttezza professionale:

a) del loro nome o indirizzo, qualora si tratti di una persona fisica (1);

b) di segni o indicazioni che non sono distintivi o che riguardano la specie, la qualità, la quantità, la destinazione, il valore, la provenienza geografica, l'epoca di fabbricazione del prodotto o di prestazione del servizio o ad altre caratteristiche del prodotto o del servizio (2);

c) del marchio d'impresa per identificare o fare riferimento a prodotti o servizi del titolare di tale marchio, in specie se l'uso del marchio è necessario per indicare la destinazione di un prodotto o servizio, in particolare come accessori o pezzi di ricambio (3) (4).

2. Non è consentito usare il marchio in modo contrario alla legge, né, in specie, in modo da ingenerare un rischio di confusione sul mercato con altri segni conosciuti come distintivi di imprese, prodotti o servizi altrui, o da indurre comunque in inganno il pubblico, in particolare circa la natura, qualità o provenienza dei prodotti o servizi, a causa del modo e del contesto in cui viene utilizzato, o da ledere un altrui diritto di autore, di proprietà industriale, o altro diritto esclusivo di terzi.

3. È vietato a chiunque di fare uso di un marchio registrato dopo che la relativa registrazione è stata dichiarata nulla, quando la causa di nullità comporta la illiceità dell'uso del marchio.

(1) Lettera modificata dall'art. 10, co. 1, lett. a), d.lg. 20/2/2019, n. 15.
(2) Lettera modificata dall'art. 10, co. 1, lett. b), d.lg. 20/2/2019, n. 15.
(3) Lettera modificata dall'art. 10, co. 1, lett. c), d.lg. 20/2/2019, n. 15.
(4) Comma sostituito dall'art. 13 del d.lg. 13/8/2010, n. 131.

22. Unitarietà dei segni distintivi. – 1. È vietato adottare come ditta, denominazione o ragione sociale, insegna e nome a dominio di un sito usato nell'attività economica o altro segno distintivo un segno uguale o simile all'altrui marchio se, a causa dell'identità o dell'affinità tra l'attività di impresa dei titolari di quei segni ed i prodotti o servizi per i quali il marchio è adottato, possa determinarsi un rischio di confusione per il pubblico che può consistere anche in un rischio di associazione fra i due segni (1).

2. Il divieto di cui al comma 1 si estende all'adozione come ditta, denominazione o ragione sociale, insegna e nome a dominio di un sito usato nell'attività economica o altro segno distintivo di un segno uguale o simile ad un marchio registrato per prodotti o servizi anche non affini, che goda nello Stato di rinomanza se l'uso del segno senza giusto motivo consente di trarre indebitamente vantaggio dal carattere distintivo o dalla rinomanza del marchio o reca pregiudizio agli stessi (2).

(1) Comma modificato dall'art. 14 del d.lg. 13/8/2010, n. 131.
(2) Comma modificato dall'art. 14 del d.lg. 13/8/2010, n. 131.

23. Trasferimento del marchio. – 1. Il marchio può essere trasferito per la totalità o per una parte dei prodotti o servizi per i quali è stato registrato.

2. Il marchio può essere oggetto di licenza anche non esclusiva per la totalità o per parte dei prodotti o dei servizi per i quali è stato registrato e per la totalità o per parte del territorio dello Stato, a condizione che, in caso di licenza non esclusiva, il licenziatario si obblighi espressamente ad usare il marchio per contraddistinguere prodotti o servizi eguali a quelli corrispondenti messi in commercio o prestati nel territorio dello Stato con lo stesso marchio dal titolare o da altri licenziatari.

3. Il titolare del marchio d'impresa può far valere il diritto all'uso esclusivo del marchio stesso contro il licenziatario che violi le disposizioni del contratto di licenza relativamente alla durata; al modo di utilizzazione del marchio, alla natura dei prodotti o servizi per i quali la licenza è concessa, al territorio in cui il marchio può essere usato o alla qualità dei prodotti fabbricati e dei servizi prestati dal licenziatario.

4. In ogni caso, dal trasferimento e dalla licenza del marchio non deve derivare inganno in quei caratteri dei prodotti o servizi che sono essenziali nell'apprezzamento del pubblico.

24. Uso del marchio. – 1. A pena di decadenza il marchio deve formare oggetto di uso effettivo da parte del titolare o con il suo consenso, per i prodotti o servizi per i quali è stato registrato, entro cinque anni dalla registrazione, e tale uso non deve essere sospeso per un periodo ininterrotto di cinque anni, salvo che il mancato uso non sia giustificato da un motivo legittimo.

1-bis. Nel caso di un marchio internazionale designante l'Italia e registrato ai sensi dell'accordo di Madrid per la registrazione internazionale dei marchi, testo di Stoccolma del 14 luglio 1967, ratificato con legge 28 aprile 1976, n. 424, o del relativo protocollo del 27 giugno 1989, ratificato con legge 12 marzo 1996, n. 169, il termine indicato al comma 1 decorre dalla data in cui scade il termine per l'Ufficio italiano brevetti e marchi per formulare il rifiuto provvisorio di cui all'articolo 171 o, qualora la registrazione sia stata oggetto di rifiuto provvisorio, dalla data in cui l'Ufficio italiano brevetti e marchi conferma la tutela in Italia della registrazione internazionale in modo definitivo (1).

1-ter. Nel caso di marchi collettivi o di certificazione, i requisiti di cui al comma 1 sono soddisfatti quando l'uso effettivo è effettuato da un soggetto legittimato all'uso (2).

2. Ai fini di cui al presente articolo sono equiparati all'uso del marchio l'uso dello stesso in forma modificata ancorché non registrata, che non ne alteri il carattere distintivo, nonché l'apposizione nello Stato del marchio sui prodotti o sulle loro confezioni o imballaggi ai fini dell'esportazione di essi (3).

3. Salvo il caso di diritti acquistati sul marchio da terzi con il deposito o con l'uso, la decadenza non può essere fatta valere qualora fra la scadenza del quinquennio di non uso e la proposizione della domanda o dell'eccezione di decadenza sia iniziato o ripreso l'uso effettivo del marchio. Tuttavia se il titolare effettua i preparativi per l'inizio o per la ripresa dell'uso del marchio solo dopo aver saputo che sta per essere proposta la domanda o eccezione di decadenza, tale inizio o ripresa non vengono presi in considerazione se non effettuati almeno tre mesi prima della proposizione della domanda o eccezione di decadenza; tale periodo assume peraltro rilievo solo se decorso successivamente alla scadenza del quinquennio di mancato uso.

4. Inoltre, neppure avrà luogo la decadenza per non uso se il titolare del marchio non utilizzato sia titolare, in pari tempo, di altro o altri marchi simili tuttora in vigore di almeno uno dei quali faccia effettiva utilizzazione per contraddistinguere gli stessi prodotti o servizi.

(1) Comma inserito dall'art. 15 del d.lgs. 13/8/2010, n. 131.

(2) Comma inserito dall'art. 11, co. 1, lett. a), d.lg. 20/2/2019, n. 15.

(3) Comma modificato dall'art. 11, co. 1, lett. b), d.lg. 20/2/2019, n. 15.

25. Nullità. – 1. Il marchio è nullo:

a) se manca di uno dei requisiti previsti nell'articolo 7 o se sussista uno degli impedimenti previsti dall'articolo 12;

b) se è in contrasto con il disposto degli articoli 9, 10, 11, 11-bis, 13, 14, comma 1, e 19, comma 2 (1);

c) se è in contrasto con il disposto dell'articolo 8;

d) nel caso dell'articolo 118, comma 3, lettera b).

1-bis. Nel caso di contrasto con le disposizioni in materia di marchi collettivi di cui all'articolo 11, commi 1 e 2, o di marchi di certificazione di cui all'articolo 11-bis, commi 1 e 2, la nullità non può essere dichiarata qualora il titolare del marchio si conformi a dette disposizioni modificando il regolamento d'uso ai sensi degli articoli 11 ed 11-bis, comma 2 (2).

(1) Lettera modificata dall'art. 12, co. 1, lett. a), d.lg. 20/2/2019, n. 15.

(2) Comma aggiunto dall'art. 12, co. 1, lett. b), d.lg. 20/2/2019, n. 15.

26. Decadenza. – 1. Il marchio decade:

a) per volgarizzazione ai sensi dell'articolo 13, comma 4;

b) per illiceità sopravvenuta ai sensi dell'articolo 14, comma 2;

c) per non uso ai sensi dell'articolo 24.

27. Decadenza e nullità parziale. – 1. Se i motivi di decadenza o di nullità di un marchio d'impresa sussistono soltanto per una parte dei prodotti o servizi per i quali il marchio è registrato, la decadenza o nullità riguardano solo questa parte dei prodotti o servizi.

28. Convalidazione. – 1. Il titolare di un marchio d'impresa anteriore ai sensi dell'articolo 12 e il titolare di un diritto di preuso che importi notorietà non puramente locale, i quali abbiano, durante cinque anni consecutivi, tollerato, essendone a conoscenza, l'uso di un marchio posteriore registrato uguale o simile, non possono domandare la dichiarazione di nullità del marchio posteriore né opporsi all'uso dello stesso per i prodotti o servizi in relazione ai quali il detto marchio è stato usato sulla base del proprio marchio anteriore o del proprio preuso, salvo il caso in cui il marchio posteriore sia stato domandato in mala fede. Il titolare del marchio posteriore non può opporsi all'uso di quello anteriore o alla continuazione del preuso.

2. La disciplina del comma 1 si applica anche al caso di marchio registrato in violazione degli articoli 8 e 14, comma 1, lettera c).

Omissis.

Capo III
Tutela giurisdizionale dei diritti di proprietà industriale

Sezione I
Disposizioni processuali

117. Validità ed appartenenza. – 1. La registrazione e la brevettazione non pregiudicano l'esercizio delle azioni circa la validità e l'appartenenza dei diritti di proprietà industriale.

118. Rivendica. – 1. Chiunque ne abbia diritto ai sensi del presente codice può presentare una domanda di registrazione oppure una domanda di brevetto.

2. Qualora con sentenza passata in giudicato si accerti che il diritto alla registrazione oppure al brevetto spetta ad un soggetto diverso da chi abbia depositato la domanda, questi

può, se il titolo di proprietà industriale non è stato ancora rilasciato ed entro tre mesi dal passaggio in giudicato della sentenza:

a) assumere a proprio nome la domanda di brevetto o la domanda di registrazione, rivestendo a tutti gli effetti la qualità di richiedente;

b) depositare una nuova domanda di brevetto oppure di registrazione la cui decorrenza, nei limiti in cui il contenuto di essa non ecceda quello della prima domanda o si riferisca ad un oggetto sostanzialmente identico a quello della prima domanda, risale alla data di deposito o di priorità della domanda iniziale, la quale cessa comunque di avere effetti; depositare, nel caso del marchio, una nuova domanda di registrazione la cui decorrenza, nei limiti in cui il marchio contenuto in essa sia sostanzialmente identico a quello della prima domanda, risale alla data di deposito o di priorità della domanda iniziale, la quale cessa comunque di avere effetti;

c) ottenere il rigetto della domanda.

3. Se il brevetto è stato rilasciato oppure la registrazione è stata effettuata a nome di persona diversa dall'avente diritto, questi può in alternativa:

a) ottenere con sentenza il trasferimento a suo nome del brevetto oppure dell'attestato di registrazione a far data dal momento del deposito;

b) far valere la nullità del brevetto o della registrazione concessi a nome di chi non ne aveva diritto.

4. Decorso il termine di due anni dalla data di pubblicazione della concessione del brevetto per invenzione, per modello di utilità, per una nuova varietà vegetale, oppure dalla pubblicazione della concessione della registrazione della topografia dei prodotti a semiconduttori, senza che l'avente diritto si sia valso di una delle facoltà di cui al comma 3, la nullità può essere fatta valere da chiunque ne abbia interesse.

5. La norma del comma 4 non si applica alle registrazioni di marchio e di disegni e modelli.

6. Salvo l'applicazione di ogni altra tutela, la registrazione di nome a dominio aziendale concessa in violazione dell'articolo 22 o richiesta in mala fede, può essere, su domanda dell'avente diritto, revocata oppure a lui trasferita da parte dell'autorità di registrazione.

119. Paternità. – 1. L'Ufficio italiano brevetti e marchi non verifica l'esattezza della designazione dell'inventore o dell'autore, né la legittimazione del richiedente, fatte salve le verifiche previste dalla legge o dalle convenzioni internazionali. Dinnanzi l'Ufficio italiano brevetti e marchi si presume che il richiedente sia titolare del diritto alla registrazione oppure al brevetto e sia legittimato ad esercitarlo.

2. Una designazione incompleta od errata può essere rettificata soltanto su istanza corredata da una dichiarazione di consenso della persona precedentemente designata e, qualora l'istanza non sia presentata dal richiedente o dal titolare del brevetto o della registrazione, anche da una dichiarazione di consenso di quest'ultimo (1).

3. Se un terzo presenta all'Ufficio italiano brevetti e marchi una sentenza esecutiva in base alla quale il richiedente o il titolare del brevetto o della registrazione è tenuto a designarlo come inventore o come autore l'Ufficio, lo annota sul registro e ne dà notizia nel Bollettino Ufficiale.

(1) Comma modificato dall'art. 51 del d.lg. 13/8/2010, n. 131.

120. Giurisdizione e competenza. – 1. Le azioni in materia di proprietà industriale i cui titoli sono concessi o in corso di concessione si propongono avanti l'autorità giudiziaria dello Stato, qualunque sia la cittadinanza, il domicilio o la residenza delle parti. Se l'azione di nullità o quella di contraffazione sono proposte quando il titolo non è stato ancora concesso, la sentenza può essere pronunciata solo dopo che l'Ufficio italiano brevetti e marchi ha provveduto sulla domanda di concessione, esaminandola con precedenza rispetto a domande presentate in data anteriore. Il giudice, tenuto conto delle circostanze, dispone la sospensione del processo, per una o più volte, fissando con il medesimo provvedimento l'udienza in cui il processo deve proseguire (1).

2. Le azioni previste al comma 1 si propongono davanti all'autorità giudiziaria del luogo in cui il convenuto ha la residenza o il domicilio e, se questi sono sconosciuti, del luogo in cui il convenuto ha la dimora, salvo quanto previsto nel comma 3. Quando il convenuto non ha residenza, né domicilio né dimora nel territorio dello Stato, le azioni sono proposte davanti all'autorità giudiziaria del luogo in cui l'attore ha la residenza o il domicilio. Qualora né l'attore, né il convenuto abbiano nel territorio dello Stato residenza, domicilio o dimora è competente l'autorità giudiziaria di Roma.

3. L'indicazione di domicilio effettuata con la domanda di registrazione o di brevettazione e annotata nel registro vale come elezione di domicilio esclusivo, ai fini della determinazione della competenza e di ogni notificazione di atti di procedimenti davanti ad autorità giurisdizionali ordinarie o amministrative. Il domicilio così eletto può essere modificato soltanto con apposita istanza di sostituzione da annotarsi sul registro a cura dell'Ufficio italiano brevetti e marchi.

4. La competenza in materia di diritti di proprietà industriale appartiene ai tribunali espressamente indicati a tale scopo dal decreto legislativo 27 giugno 2003, n. 168.

5. Per tribunali dei marchi e dei disegni e modelli comunitari ai sensi dell'articolo 91 del regolamento (CE) n. 40/94 e dell'articolo 80 del regolamento (CE) n. 2002/6 si intendono quelli di cui al comma 4.

6. Le azioni fondate su fatti che si assumono lesivi del diritto dell'attore possono essere proposte anche dinanzi all'autorità giudiziaria dotata di sezione specializzata nella cui circoscrizione i fatti sono stati commessi (2).

6-bis. Le regole di giurisdizione e competenza di cui al presente articolo si applicano altresì alle azioni di accertamento negativo anche proposte in via cautelare (3).

(1) Comma sostituito dall'art. 19, co. 2, l. 23/7/2009, n. 99.

(2) Comma modificato dall'art. 52, co. 1, d.lg. 13/8/2010, n. 131.

(3) Comma aggiunto dall'art. 52, co. 2, d.lg. 13/8/2010, n. 131.

121. Ripartizione dell'onere della prova. – 1. Salvo il caso di decadenza per non uso, l'onere di provare la nullità o la decadenza del titolo di proprietà industriale incombe in ogni caso a chi impugna il titolo. Salvo il disposto dell'articolo 67 l'onere di provare la contraffazione incombe al titolare. In ogni caso in cui sia domandata o eccepita la decadenza per non uso, il titolare fornisce la prova dell'uso del marchio a norma dell'articolo 24 (1).

2. Qualora una parte abbia fornito seri indizi della fondatezza delle proprie domande ed abbia individuato documenti, elementi o informazioni detenuti dalla controparte che confermino tali indizi, essa può ottenere che il giudice ne disponga l'esibizione oppure che richieda le informazioni alla controparte. Può ottenere altresì che il giudice ordini alla controparte di fornire gli elementi per l'identificazione dei soggetti implicati nella produzione e distribuzione dei prodotti o dei servizi che costituiscono violazione dei diritti di proprietà industriale (2).

2-bis. In caso di violazione commessa su scala commerciale mediante atti di pirateria di cui all'articolo 144, il giudice può anche disporre, su richiesta di parte, l'esibizione della documentazione bancaria, finanziaria e commerciale che si trovi in possesso della controparte (3).

3. Il giudice, nell'assumere i provvedimenti di cui sopra, adotta le misure idonee a garantire la tutela delle informazioni riservate, sentita la controparte.

4. Il giudice desume argomenti di prova dalle risposte che le parti danno e di rifiuto ingiustificato di ottemperare agli ordini.

5. Nella materia di cui al presente codice il consulente tecnico d'ufficio può ricevere i documenti inerenti ai quesiti posti dal giudice anche se non ancora prodotti in causa, rendendoli noti a tutte le parti. Ciascuna parte può nominare più di un consulente.

(1) Comma modificato dall'art. 13, co. 1, lett. a) e b), d.lg. 20/2/2019, n. 15.

(2) Comma modificato dall'art. 14, co. 1, lett. a), d.lg. 16/3/2006, n. 140.

(3) Comma aggiunto dall'art. 14, co. 1, lett. b), d.lg. 16/36/2006, n. 140 e successivamente modificato dall'art. 53, co. 1, d.lg. 13/8/2010, n. 131.

121 bis. Diritto d'informazione (1). – 1. L'Autorità giudiziaria sia nei giudizi cautelari che di merito può ordinare, su istanza giustificata e proporzionata del richiedente, che vengano fornite informazioni sull'origine e sulle reti di distribuzione di merci o di prestazione di servizi che violano un diritto di cui alla presente legge da parte dell'autore della violazione e da ogni altra persona che:

a) sia stata trovata in possesso di merci oggetto di violazione di un diritto, su scala commerciale; sia stata sorpresa a utilizzare servizi oggetto di violazione di un diritto, su scala commerciale;

b) sia stata sorpresa a fornire su scala commerciale servizi utilizzati in attività di violazione di un diritto;

c) sia stata indicata dai soggetti di cui alle lettere a) o b) come persona implicata nella produzione, fabbricazione o distribuzione di tali prodotti o nella fornitura di tali servizi.

2. Le informazioni di cui al comma 1 possono tra l'altro comprendere il nome e indirizzo dei produttori, dei fabbricanti, dei distributori, dei fornitori e degli altri precedenti detentori dei prodotti o dei servizi, nonché dei grossisti e dei dettaglianti, nonché informazioni sulle quantità prodotte, fabbricate, consegnate, ricevute o ordinate, nonché sul prezzo dei prodotti o servizi in questione.

3. Le informazioni vengono acquisite tramite interrogatorio dei soggetti di cui al comma 1.

4. Il richiedente deve fornire l'indicazione specifica delle persone da interrogare e dei fatti sui quali ognuna di esse deve essere interrogata.

5. Il giudice, ammesso l'interrogatorio, richiede ai soggetti di cui al comma 1 le informazioni indicate dalla parte; può altresì rivolgere loro, d'ufficio o su istanza di parte, tutte le domande che ritiene utili per chiarire le circostanze sulle quali si svolge l'interrogatorio.

6. Si applicano gli articoli 249, 250, 252, 255 e 257, primo comma, del codice di procedura civile.

(1) Articolo inserito dall'art. 15 del d.lg. 16/3/2006, n. 140.

121 ter. Tutela della riservatezza dei segreti commerciali nel corso dei procedimenti giudiziari (1). – 1. Nei procedimenti giudiziari relativi all'acquisizione, all'utilizzazione o alla rivelazione illecite dei segreti commerciali di cui all'articolo 98, il giudice può vietare ai soggetti da lui nominati o delegati, alle parti e ai loro rappresentanti e consulenti, ai difensori, al personale amministrativo, ai testimoni, e agli altri soggetti che a qualunque titolo hanno accesso ai provvedimenti, agli atti e ai documenti presenti nel fascicolo d'ufficio, l'utilizzo o la rivelazione dei segreti commerciali oggetto del procedimento che ritenga riservati. Il provvedimento di divieto di cui al primo periodo è pronunciato su istanza di parte e mantiene efficacia anche successivamente alla conclusione del procedimento nel corso del quale è stato emesso.

2. Il provvedimento di cui al comma 1 perde la sua efficacia:

a) se con sentenza, passata in giudicato, è accertato che i segreti commerciali oggetto di causa erano privi dei requisiti di cui all'articolo 98;

b) se i segreti commerciali diventano generalmente noti o facilmente accessibili agli esperti e agli operatori del settore.

3. Nei procedimenti giudiziari di cui al comma 1 il giudice, su istanza di parte, può adottare i provvedimenti che, nel rispetto dei principi regolatori del giusto processo, appaiano più idonei a tutelare la riservatezza dei segreti commerciali oggetto di causa, ed in particolare:

a) limitare ad un numero ristretto di soggetti l'accesso alle udienze e agli atti e ai documenti presenti nel fascicolo d'ufficio;

b) disporre, nei provvedimenti che definiscono i procedimenti di cui al comma 1, resi disponibili anche a soggetti diversi dalle parti, l'oscuramento o l'omissione delle parti contenenti i segreti commerciali.

4. Ai fini di cui al comma 3, lettera b), il giudice, con il provvedimento, indica le parti dello stesso che il cancelliere è tenuto ad oscurare o omettere all'atto del rilascio di copia a soggetti diversi dalle parti. Agli stessi fini il giudice ordina che, all'atto del deposito del provvedimento, la cancelleria vi apponga un'annotazione dalla quale risulti il divieto per le parti di diffonde-re il provvedimento in versione integrale.

(1) Articolo inserito dall'art. 5 del d.lg. 11/5/2018, n. 63.

122. Legittimazione all'azione di nullità e di decadenza. – 1. Fatto salvo il disposto dell'articolo 118, comma 4, l'azione diretta ad ottenere la dichiarazione di decadenza o di nullità di un titolo di proprietà industriale può essere esercitata da chiunque vi abbia interesse e promossa d'ufficio dal pubblico ministero. In deroga all'articolo 70 del codice di procedura civile l'intervento del pubblico ministero non è obbligatorio (1).

2. L'azione diretta ad ottenere la dichiarazione di nullità di un marchio per la sussistenza di diritti anteriori oppure perché l'uso del marchio costituirebbe violazione di un altrui diritto di autore, di proprietà industriale o altro diritto esclusivo di terzi, oppure perché il marchio costituisce violazione del diritto al nome oppure al ritratto oppure perché la registrazione del marchio è stata effettuata a nome del non avente diritto, può essere esercitata soltanto dal titolare dei diritti anteriori e dal suo avente causa o dall'avente diritto.

3. L'azione diretta ad ottenere la dichiarazione di nullità di un disegno o modello per la sussistenza dei diritti anteriori di cui all'articolo 43, comma 1, lettera d) ed e), oppure perché la registrazione è stata effettuata a nome del non avente diritto oppure perché il disegno o modello costituisce utilizzazione impropria di uno degli elementi elencati nell'articolo 6-ter della Convenzione di Unione di Parigi per la protezione della proprietà industriale – testo di Stoccolma del 14 luglio 1967, ratificata con legge 28 aprile 1976, n. 424, o di disegni, emblemi e stemmi che rivestano un particolare interesse pubblico nello Stato, può essere rispettivamente esercitata soltanto dal titolare dei diritti anteriori e dal suo avente causa o dall'avente diritto oppure da chi abbia interesse all'utilizzazione.

4. L'azione di decadenza o di nullità di un titolo di proprietà industriale è esercitata in contraddittorio di tutti coloro che risultano annotati nel registro quali aventi diritto in quanto titolari di esso (2).

4-bis. L'azione di nullità o decadenza di un marchio registrato è improcedibile qualora, su una domanda con il medesimo oggetto, i medesimi fatti costitutivi e fra le stesse parti, sia stata pronunciata una decisione dall'Ufficio italiano brevetti e marchi ai sensi dell'articolo 184-quater o sia pendente un procedimento dinanzi all'Ufficio italiano brevetti e marchi, ai sensi dell'articolo 184-bis (3).

4-ter. Fuori dal caso di cui al comma 4-bis, qualora l'azione di nullità o decadenza di un marchio registrato sia esercitata in pendenza di un procedimento amministrativo, connesso per il suo oggetto, il giudice può sospendere il relativo processo. La parte che vi abbia interesse deve chiedere la fissazione della nuova udienza entro il termine perentorio di tre mesi dalla definizione del procedimento amministrativo connesso, ai sensi dell'articolo 297, terzo comma, del codice di procedura civile (3).

5. Le sentenze che dichiarano la nullità o la decadenza di un titolo di proprietà industriale sono annotate nel registro a cura dell'Ufficio italiano brevetti e marchi.

6. Una copia dell'atto introduttivo di ogni giudizio civile in materia di titoli di proprietà industriale deve essere comunicata all'Ufficio italiano brevetti e marchi, a cura di chi promuove il giudizio (4).

7. Ove alla comunicazione anzidetta non si sia provveduto, l'autorità giudiziaria, in qualunque grado del giudizio, prima di decidere nel merito, dispone che tale comunicazione venga effettuata.

8. Il cancelliere deve trasmettere all'Ufficio italiano brevetti e marchi copia di ogni sentenza in materia di titoli di proprietà industriale (4).

(1) Comma sostituito dall'art. 19, co. 3, lett. a), l. 23/7/2009, n. 99.

(2) Comma modificato dall'art. 54, co. 1, d.lg. 13/8/2010, n. 131.

(3) Comma inserito dall'art. 14, co. 1, lett. a), d.lg. 20/2/2019, n. 15.

(4) Comma modificato dall'art. 19, co. 3, lett. b), l. 23/7/2009, n. 99.

122 bis. Legittimazione all'azione di contraffazione del licenziatario (1). – 1. Fatte salve le clausole del contratto di licenza, il licenziatario può avviare un'azione per contraffazione di un marchio d'impresa soltanto con il consenso del titolare del medesimo. Il titolare di una licenza esclusiva può tuttavia avviare una siffatta azione se il titolare del marchio, previa messa in mora, non avvia un'azione per contraffazione entro termini appropriati.

2. Il licenziatario può intervenire nell'azione per contraffazione avviata dal titolare del marchio per ottenere il risarcimento del danno da lui subito.

3. Le disposizioni di cui ai commi 1 e 2, si applicano ai soggetti abilitati all'uso di marchi collettivi, di cui all'articolo 11.

(1) Articolo inserito dall'art. 15, co. 1, d.lg. 20/2/2019, n. 15.

123. Efficacia erga omnes. – 1. Le decadenze o le nullità anche parziali di un titolo di proprietà industriale hanno efficacia nei confronti di tutti quando siano dichiarate con sentenza passata in giudicato.

124. Misure correttive e sanzioni civili (1). – 1. Con la sentenza che accerta la violazione di un diritto di proprietà industriale possono essere disposti l'inibitoria della fabbricazione, del commercio e dell'uso delle cose costituenti violazione del diritto, e l'ordine di ritiro definitivo dal commercio delle medesime cose nei confronti di chi ne sia proprietario o ne abbia comunque la disponibilità. L'inibitoria e l'ordine di ritiro definitivo dal commercio possono essere emessi anche contro ogni intermediario, che sia parte del giudizio ed i cui servizi siano utilizzati per violare un diritto di proprietà industriale (2).

2. Pronunciando l'inibitoria, il giudice può fissare una somma dovuta per ogni violazione o inosservanza successivamente constatata e per ogni ritardo nell'esecuzione del provvedimento.

3. Con la sentenza che accerta la violazione di un diritto di proprietà industriale può essere ordinata la distruzione di tutte le cose costituenti la violazione, se non vi si oppongono motivi particolari, a spese dell'autore della violazione. Non può essere ordinata la distruzione della cosa e l'avente diritto può conseguire solo il risarcimento dei danni, se la distruzione della cosa è di pregiudizio all'economia nazionale. Se i prodotti costituenti violazione dei diritti di proprietà industriale sono suscettibili, previa adeguata modifica, di una utilizzazione legittima, può essere disposto dal giudice, in luogo del ritiro definitivo o della loro distruzione, il loro ritiro temporaneo dal commercio, con possibilità di reinserimento a seguito degli adeguamenti imposti a garanzia del rispetto del diritto (2).

4. Con la sentenza che accerta la violazione dei diritti di proprietà industriale, può essere ordinato che gli oggetti prodotti importati o venduti in violazione del diritto e i mezzi specifici che servono univocamente a produrli o ad attuare il metodo o processo tutelato siano assegnati in proprietà al titolare del diritto stesso, fermo restando il diritto al risarcimento del danno.

5. È altresì in facoltà del giudice, su richiesta del proprietario degli oggetti o dei mezzi di produzione di cui al comma 4, tenuto conto della residua durata del titolo di proprietà industriale o delle particolari circostanze del caso, ordinare il sequestro, a spese dell'autore della violazione, fino all'estinzione del titolo, degli oggetti e dei mezzi di produzione. In quest'ultimo caso, il titolare del diritto di proprietà industriale può chiedere che gli oggetti sequestrati gli siano aggiudicati al prezzo che, in mancanza di accordo tra le parti, verrà stabilito dal giudice dell'esecuzione, sentito, occorrendo, un perito.

6. Delle cose costituenti violazione del diritto di proprietà industriale non si può disporre la rimozione o la distruzione, né può esserne interdetto l'uso quando appartengono a chi ne fa uso personale o domestico.

Nell'applicazione delle sanzioni l'autorità giudiziaria tiene conto della necessaria proporzione tra la gravità delle violazioni e le sanzioni, nonché dell'interesse dei terzi (3).

6-bis. Nei procedimenti relativi all'acquisizione, all'utilizzazione o alla rivelazione illecite dei segreti commerciali di cui all'articolo 98, il giudice, nel disporre le misure di cui al presente articolo e nel valutarne la proporzionalità, considera le circostanze del caso concreto, tra le quali:

a) il valore e le altre caratteristiche specifiche dei segreti commerciali;

b) le misure adottate dal legittimo detentore per proteggere i segreti commerciali;

c) la condotta dell'autore della violazione nell'acquisire, utilizzare o rivelare i segreti commerciali;

d) l'impatto dell'utilizzazione o della rivelazione illecite dei segreti commerciali;

e) i legittimi interessi delle parti e l'impatto che l'accoglimento o il rigetto del-le misure potrebbe avere per le stesse;

f) i legittimi interessi dei terzi;

g) l'interesse pubblico generale;

h) le esigenze di tutela dei diritti fondamentali (4).

6-ter. Nei procedimenti relativi all'acquisizione, all'utilizzazione o alla rivelazione illecite dei segreti commerciali di cui all'articolo 98, il giudice può disporre, in alternativa all'applicazione delle misure di cui al presente articolo e su istanza della parte interessata, il pagamento di un indennizzo, qualora ricorrano congiuntamente le seguenti condizioni:

a) la parte istante, al momento dell'utilizzazione o della rivelazione, non conosceva né, secondo le circostanze, avrebbe dovuto conoscere, del fatto che i segreti commerciali erano stati ottenuti da un terzo che li stava utilizzando o rivelando illecitamente;

b) l'esecuzione di tali misure può essere eccessivamente onerosa per la parte istante;

c) l'indennizzo risulti adeguato in relazione al pregiudizio subito dalla parte che ha chiesto l'applicazione delle misure (4).

6-quater. L'indennizzo liquidato a norma del comma 6-ter non può, in ogni caso, superare l'importo dei diritti dovuti qualora la parte istante avesse richiesto l'autorizzazione ad utilizzare i segreti commerciali per il periodo di tempo per il quale l'utilizzo degli stessi avrebbe potuto essere vietato (4).

7. Sulle contestazioni che sorgono nell'eseguire le misure menzionate in questo articolo decide, con ordinanza non soggetta a gravame, sentite le parti, assunte informazioni sommarie, il giudice che ha emesso la sentenza recante le misure anzidette.

(1) Rubrica sostituita dall'art. 16 del d.lg. 16/3/2006, n. 140.

(2) Comma sostituito dall'art. 16 del d.lg. 16/3/2006, n. 140.

(3) Comma modificato dall'art. 16 del d.lg. 16/3/2006, n. 140.

(4) Comma inserito dall'art. 6, co. 1, d.lg. 11/5/2018, n. 63.

125. Risarcimento del danno e restituzione dei profitti dell'autore della violazione (1). – 1. Il risarcimento dovuto al danneggiato è liquidato secondo le disposizioni degli articoli 1223, 1226 e 1227 del codice civile, tenuto conto di tutti gli aspetti pertinenti, quali le conseguenze economiche negative, compreso il mancato guadagno, del titolare del diritto leso, i benefici realizzati dall'autore della violazione e, nei casi appropriati, elementi diversi da quelli economici, come il danno morale arrecato al titolare del diritto dalla violazione.

2. La sentenza che provvede sul risarcimento dei danni può farne la liquidazione in una somma globale stabilita in base agli atti della causa e alle presunzioni che ne derivano. In questo caso il lucro cessante è comunque determinato in un importo non inferiore a quello dei canoni che l'autore della violazione avrebbe dovuto pagare, qualora avesse ottenuto una licenza dal titolare del diritto leso.

3. In ogni caso il titolare del diritto leso può chiedere la restituzione degli utili realizzati dall'autore della violazione, in alternativa al risarcimento del lucro cessante o nella misura in cui essi eccedono tale risarcimento.

(1) Articolo sostituito dall'art. 17 del d.lg. 16/3/2006, n. 140.

126. Pubblicazione della sentenza. – 1. L'autorità giudiziaria può ordinare che l'ordinanza cautelare o la sentenza che accerta la violazione dei diritti di proprietà industriale sia pubblicata integralmente o in sunto o nella sola parte dispositiva, tenuto conto della gravità dei fatti, in uno o più giornali da essa indicati, a spese del soccombente. In ogni caso, sono adottate le misure idonee a garantire la tutela della riservatezza dei segreti commerciali di cui all'articolo 98 (1).

1-bis. Nei procedimenti relativi all'acquisizione, all'utilizzazione o alla rivelazione illecite dei segreti commerciali di cui all'articolo 98, il giudice, nel decidere se adottare una delle misure di cui al comma 1 e nel valutarne la proporzionalità, considera le circostanze del caso concreto e, in particolare:

a) il valore dei segreti commerciali;

b) la condotta dell'autore della violazione nell'acquisire, utilizzare o rivelare i segreti commerciali;

c) l'impatto dell'utilizzazione o della rivelazione illecite dei segreti commerciali;

d) il pericolo di ulteriore utilizzazione o rivelazione illecite dei segreti commerciali da parte dell'autore della violazione (2).

1-ter. Ai fini di cui al comma 1-bis, il giudice considera altresì se le informazioni sull'autore della violazione siano tali da consentire l'identificazione di una persona fisica e, in tal caso, se la pubblicazione di tali informazioni sia giustificata anche in considerazione degli eventuali danni che la misura può provocare alla vita privata e alla reputazione del medesimo autore (2).

(1) Comma modificato dall'art. 7, co. 1, lett. a), d.lg. 11/5/2018, n. 63.

(2) Comma aggiunto dall'art. 7, co. 1, lett. b), d.lg. 11/5/2018, n. 63.

127. Sanzioni penali e amministrative. – *1. Salva l'applicazione degli articoli 473, 474 e 517 del codice penale, chiunque fabbrica, vende, espone, adopera industrialmente, introduce nello Stato oggetti in violazione di un titolo di proprietà industriale valido ai sensi delle norme del presente codice, è punito, a querela di parte, con la multa fino a 1.032,91 euro**.

1-bis. Chiunque si rifiuti senza giustificato motivo di rispondere alle domande del giudice ai sensi dell'articolo 121-bis ovvero fornisce allo stesso false informazioni è punito con le pene previste dall'articolo 372 del codice penale, ridotte della metà (1).

2. Chiunque appone, su un oggetto, parole o indicazioni non corrispondenti al vero, tendenti a far credere che l'oggetto sia protetto da brevetto, disegno o modello oppure topografia o a far credere che il marchio che lo contraddistingue sia stato registrato, è punito con la sanzione amministrativa da 51,65 euro a 516,46 euro.

3. Salvo che il fatto costituisca reato, è punito con la sanzione amministrativa fino a 2.065,83 euro, anche quando non vi sia danno al terzo, chiunque faccia uso di un marchio registrato, dopo che la relativa registrazione è stata dichiarata nulla, quando la causa di nullità comporta la illiceità dell'uso del marchio, oppure sopprima il marchio del produttore o del commerciante da cui abbia ricevuto i prodotti o le merci a fini commerciali.

* Comma abrogato dall'art. 15, co. 2, l. 23/7/2009, n. 99.

(1) Comma inserito dall'art. 18, d.lg. 16/3/2006, n. 140.

128. Consulenza tecnica preventiva (1). – 1. Le istanze per l'espletamento della consulenza tecnica preventiva prevista dall'art. 696-bis del codice di procedura civile, si propongono al Presidente della sezione specializzata del tribunale competente per il giudizio di merito, secondo le disposizioni del medesimo articolo, in quanto compatibili.

(1) Rubrica sostituita dall'art. 55 del d.lg. 13/8/2010, n. 131.

• Articolo sostituito dall'art. 55 del d.lg. 13/8/2010, n. 131.

129. Descrizione e sequestro (1). – 1. Il titolare di un diritto di proprietà industriale può chiedere la descrizione o il sequestro, ed anche il sequestro subordinatamente alla descrizione, di alcuni o di tutti gli oggetti costituenti violazione di tale diritto, nonché dei mezzi adibiti alla produzione dei medesimi e degli elementi di prova concernenti la denunciata violazione e la sua entità. Sono adottate le misure idonee a garantire la tutela delle informazioni riservate.

2. Il giudice, sentite le parti e assunte, quando occorre, sommarie informazioni, provvede con ordinanza e, se dispone la descrizione, autorizza l'eventuale prelevamento di campioni degli oggetti di cui al comma 1. In casi di speciale urgenza, e in particolare quando eventuali ritardi potrebbero causare un danno irreparabile al titolare dei diritti o quando la convocazione della controparte potrebbe pregiudicare l'attuazione del provvedimento di descrizione o di sequestro, provvede sull'istanza con decreto motivato.

3. Salve le esigenze della giustizia penale non possono essere sequestrati, ma soltanto descritti, gli oggetti nei quali si ravvisi la violazione di un diritto di proprietà industriale, finché figurino nel recinto di un'esposizione, ufficiale o ufficialmente riconosciuta, tenuta nel territorio dello Stato, o siano in transito da o per la medesima.

4. I procedimenti di descrizione e di sequestro sono disciplinati dalle norme del codice di procedura civile concernenti i procedimenti cautelari, in quanto compatibili e non derogate dal presente codice. Ai fini della conferma, modifica o revoca della descrizione e dell'eventuale concessione delle misure cautelari chieste unitamente o subordinatamente alla descrizione, il giudice fissa l'udienza di discussione tenendo conto della descrizione allo scopo di valutarne il risultato.

(1) Rubrica sostituita dall'art. 56 del d.lg. 13/8/2010, n. 131.

• Articolo sostituito dall'art. 56 del d.lg. 13/8/2010, n. 131.

130. Esecuzione di descrizione e sequestro (1). – 1. La descrizione e il sequestro vengono eseguiti a mezzo di ufficiale giudiziario, con l'assistenza, ove occorra, di uno o più periti ed anche con l'impiego di mezzi tecnici di accertamento, fotografici o di altra natura.

2. Gli interessati possono essere autorizzati ad assistere alle operazioni anche a mezzo di loro rappresentanti e ad essere assistiti da tecnici di loro fiducia.

3. Decorso il termine dell'articolo 675 del codice di procedura civile, possono essere completate le operazioni di descrizione e di sequestro già iniziate, ma non possono esserne iniziate altre fondate sullo stesso provvedimento. Resta salva la facoltà di chiedere al giudice di disporre ulteriori provvedimenti di descrizione o sequestro nel corso del procedimento di merito.

4. La descrizione e il sequestro possono concernere oggetti appartenenti a soggetti anche non identificati nel ricorso, purché si tratti di oggetti prodotti, offerti, importati, esportati o messi in commercio dalla parte nei cui confronti siano stati emessi i suddetti provvedimenti e purché tali oggetti non siano adibiti ad uso personale.

5. Il verbale delle operazioni di sequestro e di descrizione, con il ricorso ed il provvedimento, deve essere notificato al terzo cui appartengono gli oggetti sui quali descrizione o sequestro sono stati eseguiti, entro quindici giorni dalla data di conclusione delle operazioni stesse a pena di inefficacia.

(1) Rubrica sostituita dall'art. 57 del d.lg. 13/8/2010, n. 131.

131. Inibitoria. – 1. Il titolare di un diritto di proprietà industriale può chiedere che sia disposta l'inibitoria di qualsiasi violazione imminente del suo diritto e del proseguimento o della ripetizione delle violazioni in atto, ed in particolare può chiedere che siano disposti l'inibitoria della fabbricazione, del commercio e dell'uso delle cose costituenti violazione del diritto, e l'ordine di ritiro dal commercio delle medesime cose nei confronti di chi ne sia proprietario o ne abbia comunque la disponibilità, secondo le norme del codice di procedura civile concernenti i procedimenti cautelari. L'inibitoria e l'ordine di ritiro dal commercio possono essere chiesti, sugli stessi presupposti, contro ogni soggetto i cui servizi siano utilizzati per violare un diritto di proprietà industriale (1).

1-bis. Se il giudice nel rilasciare il provvedimento cautelare non stabilisce il termine entro cui le parti devono iniziare il giudizio di merito, quest'ultimo deve essere iniziato entro il termine di venti giorni lavorativi o di trentuno giorni di calendario qualora questi rappresentino un periodo più lungo. Il temine decorre dalla pronuncia dell'ordinanza se avvenuta in udienza o, altrimenti, dalla sua comunicazione (2).

*1-ter. Se il giudizio di merito non è iniziato nel termine perentorio di cui al comma 1, ovvero se successivamente al suo inizio si estingue, il provvedimento cautelare perde la sua efficacia. 1-quater. Le disposizioni di cui al comma 1-ter non si applicano ai provvedimenti di urgenza emessi ai sensi dell'articolo 700 del codice di procedura civile ed agli altri provvedimenti cautelari idonei ad anticipare gli effetti della sentenza di merito. In tali casi ciascuna parte può iniziare il giudizio di merito**.

2. Pronunciando l'inibitoria, il giudice può fissare una somma dovuta per ogni violazione o inosservanza successivamente constatata e per ogni ritardo nell'esecuzione del provvedimento.

(1) Comma sostituito dall'art. 19, co. 1, lett. a), d.lg. 16/3/2006, n. 140.

(2) Comma inserito dall'art. 19, co. 1, lett. b), d.lg. 16/3/2006, n. 140.

* Commi inseriti dall'art. 19, co. 1, lett. b), d.lg. 16/3/2006, n. 140 e successivamente abrogati dall'art. 58, co. 1, d.lg. 13/8/2010, n. 131.

132. Anticipazione della tutela cautelare e rapporti tra il giudizio cautelare e il giudizio di merito (1). – 1. I provvedimenti di cui agli articoli 126, 128, 129, 131 e 133 possono essere concessi anche in corso di brevettazione o di registrazione, purché la domanda sia stata resa accessibile al pubblico oppure nei confronti delle persone a cui la domanda sia stata notificata.

2. Se il giudice nel rilasciare il provvedimento cautelare non stabilisce il termine entro cui le parti devono iniziare il giudizio di merito, quest'ultimo deve essere iniziato entro il termine di venti giorni lavorativi o di trentuno giorni di calendario qualora questi rappresentino un periodo più lungo. Il termine decorre dalla pronuncia dell'ordinanza se avvenuta in udienza o, altrimenti, dalla sua comunicazione. Se sono state chieste misure cautelari ulteriori alla descrizione unitamente o subordinatamente a quest'ultima, ai fini del computo del termine si fa riferimento all'ordinanza del giudice designato che si pronuncia anche su tali ulteriori misure.

3. Se il giudizio di merito non è iniziato nel termine perentorio di cui al comma 2, ovvero se successivamente al suo inizio si estingue, il provvedimento cautelare perde la sua efficacia.

4. Le disposizioni di cui al comma 3 non si applicano ai provvedimenti di urgenza emessi ai sensi dell'articolo 700 del codice di procedura civile ed agli altri provvedimenti cautelari idonei ad anticipare gli effetti della sentenza di merito. In tali casi ciascuna parte può iniziare il giudizio di merito.

5. In tutti i procedimenti cautelari il giudice, ai fini dell'ottenimento di sommarie indicazioni tecniche, può disporre una consulenza tecnica.

5-bis. In tutti i procedimenti cautelari relativi all'acquisizione, all'utilizzazione o alla rivelazione illecite dei segreti commerciali di cui all'articolo 98, il giudice può, su istanza di parte, in alternativa all'applicazione delle misure cautelari, autorizzare la parte interessata a continuare ad utilizzare i segreti commerciali prestando idonea cauzione per l'eventuale risarcimento dei danni subiti dal legittimo detentore. È vietata la rivelazione a terzi dei segreti commerciali di cui è autorizzata l'utilizzazione a norma del primo periodo (2).

5-ter. Nel provvedere sulle domande cautelari in materia di acquisizione, utilizzazione o rivelazione illecite dei segreti commerciali di cui all'articolo 98, il giudice considera le circostanze di cui all'articolo 124, comma 6-bis. Delle medesime circostanze il giudice tiene conto ai fini della valutazione di proporzionalità delle misure (3).

5-quater. Fermo quanto previsto dal comma 4, se le misure cautelari adottate a tutela dei segreti commerciali di cui all'articolo 98 divengono inefficaci, ai sensi del comma 3, per mancato inizio del giudizio di merito nel termine perentorio di cui al comma 2 ovvero perdono efficacia a causa di un'azione o di un'omissione del ricorrente, ovvero se viene successivamente accertato che l'acquisizione, l'utilizzo o la rivelazione illeciti dei predetti segreti commerciali non sussisteva, il ricorrente è tenuto a risarcire il danno cagionato dalle misure adottate (4).

(1) Rubrica sostituita dall'art. 59 del d.lg. 13/8/2010, n. 131.

(2) Articolo sostituito dall'art. 59 del d.lg. 13/8/2010, n. 131.

(3) Comma aggiunto dall'art. 8, co. 1, d.lg. 11/5/2018, n. 63.

(4) Comma aggiunto dall'art. 8, co. 1, d.lg. 11/5/2018, n. 63. Tutela cautelare dei nomi a dominio.

Omissis.

D.lg. 15 marzo 2017, n. 35

Attuazione della direttiva 2014/26/UE sulla gestione collettiva dei diritti d'autore e dei diritti connessi e sulla concessione di licenze multiterritoriali per i diritti su opere musicali per l'uso online nel mercato interno

Capo I
Disposizioni generali

1. Oggetto. – 1. Il presente decreto provvede al recepimento nell'ordinamento nazionale della direttiva 2014/26/UE del Parlamento europeo e del Consiglio del 26 febbraio 2014 sulla gestione collettiva dei diritti d'autore e dei diritti connessi e sulla concessione di licenze multiterritoriali per i diritti su opere musicali per l'uso online nel mercato interno. Esso stabilisce i requisiti necessari per garantire il buon funzionamento della gestione dei diritti d'autore e dei diritti connessi da parte degli organismi di gestione collettiva e delle entità di gestione indipendente, nonché i requisiti per la concessione di licenze multiterritoriali da parte di organismi di gestione collettiva dei diritti d'autore per l'uso online di opere musicali nel mercato interno.

2. Definizioni. – 1. Per «organismo di gestione collettiva» si intende un soggetto, ivi compresa la Società italiana degli autori ed editori (SIAE) disciplinata dagli articoli 180 e seguenti della legge 22 aprile 1941, n. 633, e dalla legge 9 gennaio 2008, n. 2, che, come finalità unica o principale, gestisce diritti d'autore o diritti connessi ai diritti d'autore per conto di più di un titolare di tali diritti, a vantaggio collettivo di questi, e che soddisfi uno o entrambi i seguenti requisiti:

a) è detenuto o controllato dai propri membri;

b) non persegue fini di lucro.

2. Per «entità di gestione indipendente» si intende, fermo restando quanto previsto dall'articolo 180, della legge 22 aprile 1941, n. 633, un soggetto che, come finalità unica o principale, gestisce diritti d'autore o diritti connessi ai diritti d'autore per conto di più di un titolare di tali diritti, a vantaggio collettivo di questi, e che soddisfi entrambi i seguenti requisiti:

a) non è detenuta né controllata, direttamente o indirettamente, integralmente o in parte, dai titolari dei diritti;

b) persegue fini di lucro.

3. Per «titolare dei diritti» si intende qualsiasi persona o entità, diversa da un organismo di gestione collettiva, che detiene diritti d'autore o diritti connessi ai diritti d'autore o a cui, in base a un accordo per lo sfruttamento dei diritti o alla legge, spetta una parte dei proventi.

4. Per «membro di un organismo di gestione collettiva» si intende un titolare dei diritti o un'entità che rappresenta i titolari dei diritti, compresi altri organismi di gestione collettiva e associazioni di titolari di diritti, e che soddisfa i requisiti di adesione dell'organismo di gestione collettiva ed è stato ammesso da questo.

5. Per «licenza multiterritoriale» si intende una licenza che abbia ad oggetto la riproduzione o la comunicazione attraverso reti di comunicazione elettroniche di un'opera musicale per il territorio di più di uno Stato dell'Unione europea.

6. Per «diritti su opere musicali online» si intendono: tutti i diritti di riproduzione e comunicazione al pubblico su opere musicali diffuse attraverso reti di comunicazione elettronica online.

3. Ambito di applicazione. – 1. Agli organismi di gestione collettiva si applicano i Capi I, II, IV, V e VI e, nel caso in cui concedano licenze multiterritoriali per i diritti su opere musicali online, anche il Capo III.

2. Le entità di gestione indipendenti di cui all'articolo 2, comma 2, devono soddisfare i requisiti previsti dall'articolo 8, ad eccezione del comma 1, lettera c), del medesimo articolo, e sono soggette alle disposizioni di cui agli articoli 22, comma 1, 24, 26, comma 1, lettere a), b), c), e), f) e g), 27, nonché al Capo IV del presente decreto.

Capo II
Organismi di gestione collettiva

Sezione I
Rappresentanza dei titolari dei diritti e adesione agli organismi di gestione collettiva

4. Principi generali e diritti dei titolari dei diritti. – 1. Gli organismi di gestione collettiva agiscono nell'interesse dei titolari dei diritti da essi rappresentati, senza imporre loro alcun obbligo che non sia oggettivamente necessario alla protezione dei loro diritti e interessi o alla gestione efficace di questi ultimi.

2. I titolari dei diritti possono affidare ad un organismo di gestione collettiva o ad un'entità di gestione indipendente di loro scelta la gestione dei loro diritti, delle relative categorie o dei tipi di opere e degli altri materiali protetti per i territori da essi indicati, indipendentemente dallo Stato dell'Unione europea di nazionalità, di residenza o di stabilimento dell'organismo di gestione collettiva, dell'entità di gestione indipendente o del titolare dei diritti, fatto salvo quanto disposto dall'articolo 180, della legge 22 aprile 1941, n. 633, in riferimento all'attività di intermediazione di diritti d'autore.

3. L'organismo di gestione collettiva scelto è obbligato ad assumere la gestione affidatagli, se questa rientra nel proprio ambito di attività e non sussistono ragioni oggettivamente giustificate per rifiutarla. L'organismo di gestione collettiva o l'entità di gestione indipendente, prima di assumere la gestione, forniscono ai titolari dei diritti le informazioni di cui ai commi 4, 5, 6 e 7, nonché quelle relative alle spese di gestione e alle detrazioni derivanti dai proventi dei diritti e da eventuali introiti provenienti dall'investimento dei proventi stessi. L'organismo di gestione collettiva o l'entità di gestione indipendente forniscono le stesse informazioni ai titolari dei diritti che, alla data di entrata in vigore del presente decreto, li hanno già autorizzati a gestire i loro diritti, entro tre mesi dalla data di entrata in vigore del presente decreto.

4. I titolari dei diritti, qualora affidino ad un organismo di gestione collettiva o ad un'entità di gestione indipendente la gestione dei propri diritti, specificano, in forma scritta, quale diritto o categoria di diritti o tipo di opere e altri materiali protetti, affidano alla loro gestione.

5. Resta in ogni caso salvo il diritto dei titolari dei diritti di concedere licenze per l'uso non commerciale di diritti, categorie di diritti o tipi di opere e altri materiali protetti di loro scelta.

6. I titolari dei diritti hanno il diritto di revocare l'affidamento dell'attività di intermediazione da loro concesso, in tutto o in parte, per i territori di loro scelta, con un preavviso non inferiore a quattro mesi e non superiore a sei mesi. Tale diritto non può essere subordinato ad alcuna condizione. L'organismo di gestione collettiva o l'entità di gestione indi-

pendente possono decidere che tale revoca produca effetti soltanto alla fine dell'esercizio finanziario.

7. In caso di somme dovute ai titolari dei diritti per atti di sfruttamento verificatisi anteriormente al ritiro dell'autorizzazione o per licenze concesse prima che si producano gli effetti di un'eventuale revoca intervenuta, i titolari dei diritti conservano i diritti di cui agli articoli 15, 17, 24, 27, 34 e 38.

8. I diritti di cui ai commi da 1 a 7 sono indicati nello statuto o nelle condizioni di adesione dell'organismo di gestione collettiva e dell'entità di gestione indipendente.

5. Adesione agli organismi di gestione collettiva. – 1. I requisiti per l'adesione agli organismi di gestione collettiva sono basati su criteri oggettivi, trasparenti e non discriminatori, e sono stabiliti nello statuto o nelle condizioni di adesione dell'organismo di gestione collettiva e sono pubblicamente accessibili.

2. Qualora un organismo di gestione collettiva respinga una domanda di adesione, fornisce per iscritto, entro sessanta giorni dalla presentazione della domanda, al titolare dei diritti una spiegazione adeguata circa i motivi della decisione.

3. L'organismo di gestione collettiva deve apprestare mezzi idonei a consentire lo scambio di comunicazioni con i propri membri per via elettronica, anche ai fini dell'esercizio dei diritti loro spettanti. Lo statuto disciplina le modalità di esercizio di tale comunicazione per via elettronica.

6. Partecipazione dei membri titolari dei diritti. – 1. Gli statuti degli organismi di gestione collettiva prevedono adeguati ed efficaci meccanismi di partecipazione dei propri membri ai processi decisionali. La rappresentanza delle diverse categorie di membri nei processi decisionali deve essere equa ed equilibrata.

2. Gli organismi di gestione collettiva istituiscono un apposito registro dei propri membri e lo aggiornano regolarmente.

7. Diritti dei titolari dei diritti che non sono membri dell'organismo di gestione collettiva. – 1. Gli organismi di gestione collettiva che, in base ad un rapporto giuridico diretto derivante dalla legge o da una cessione di diritti, da una licenza o da qualsiasi altro accordo contrattuale, gestiscono diritti di titolari dei diritti che non ne siano membri, devono osservare le disposizioni di cui agli articoli 5, comma 3, 27, 35, comma 3, e 38.

8. Requisiti degli organismi di gestione collettiva e delle entità di gestione indipendente che svolgono attività di amministrazione e di intermediazione dei diritti connessi al diritto d'autore. – 1. Gli organismi di gestione collettiva diversi dalla Società italiana degli autori e degli editori e le entità di gestione indipendente che svolgono attività di amministrazione e di intermediazione dei diritti connessi al diritto d'autore devono disporre dei seguenti requisiti:

a) costituzione in una forma giuridica prevista dall'ordinamento italiano o di altro Stato membro dell'Unione europea che consenta, con riferimento agli organismi di gestione collettiva, l'effettiva partecipazione e controllo da parte dei titolari dei diritti;

b) il rispetto della normativa vigente in relazione alla forma giuridica prescelta;

c) un'organizzazione conforme a quanto stabilito dalla Sezione II del presente Capo;

d) previsione espressa nello statuto, indipendentemente dalla forma giuridica adottata, dei seguenti elementi:

1) l'attività di amministrazione e intermediazione dei diritti connessi al diritto d'autore di cui alla legge 22 aprile 1941, n. 633, quale oggetto sociale esclusivo o, comunque, prevalente;

2) la tenuta dei libri obbligatori e delle altre scritture contabili ai sensi del Libro V, Titolo II, Capo III, Sezione III, paragrafo 2, del codice civile;

3) la redazione del bilancio ai sensi del Libro V, Titolo V, Capo V, Sezione IX, del codice civile.

2. I requisiti di cui al comma 1, lettere b), c) e d), numero 3), si applicano anche alla Società italiana autori ed editori.

3. I soggetti di cui al comma 1 sono tenuti a segnalare l'inizio dell'attività secondo le modalità previste dall'articolo 19 della legge 7 agosto 1990, n. 241, e successive modificazioni all'Autorità per le garanzie nelle comunicazioni, autorità di vigilanza ai sensi dell'articolo 40, trasmettendo altresì alla suddetta amministrazione una dichiarazione sostitutiva dell'atto di notorietà, ai sensi del decreto del Presidente della Repubblica 28 dicembre 2000, n. 445, e successive modificazioni, attestante il possesso dei requisiti previsti al precedente comma 1, insieme ad una copia del proprio statuto. L'Autorità per le garanzie nelle comunicazioni le modalità per accertare il possesso dei requisiti di cui al presente articolo.

4. La distribuzione del compenso per la riproduzione privata di fonogrammi e di videogrammi di cui agli articoli 71-sexies e 71-septies, della legge 22 aprile 1941, n. 633, da parte delle associazioni di produttori di fonogrammi, opere audiovisive e videogrammi, non costituisce attività di amministrazione ed intermediazione dei diritti connessi al diritto d'autore ai sensi delle disposizioni di cui al presente articolo.

Sezione II

Organizzazione ed organi degli organismi di gestione collettiva

9. Organi degli organismi di gestione collettiva. – 1. Gli statuti degli organismi di gestione collettiva prevedono i seguenti organi:

a) assemblea generale dei membri;
b) organo di amministrazione;
c) organo di sorveglianza;
d) organo di controllo contabile.

10. Assemblea generale dei membri. – 1. L'assemblea generale è composta dai membri dell'organismo di gestione collettiva ed è convocata almeno una volta l'anno.

2. L'assemblea generale decide in merito alla nomina e alla revoca dell'incarico degli amministratori, esamina le loro prestazioni e approva i loro compensi e gli altri eventuali benefici, incluse la liquidazione e le prestazioni previdenziali.

3. L'assemblea generale delibera in merito alle eventuali modifiche dello statuto e in merito alle condizioni di adesione dell'organismo di gestione collettiva, qualora non siano disciplinate nello statuto.

4. L'assemblea generale delibera, nel rispetto della Sezione III, del presente Capo, almeno in merito a quanto segue:

a) alla politica generale di distribuzione degli importi dovuti ai titolari dei diritti;

b) alla politica generale sull'impiego degli importi non distribuibili;

c) alla politica generale di investimento riguardante i proventi dei diritti e le eventuali entrate derivanti dall'investimento di tali proventi;

d) alla politica generale in materia di detrazioni dai proventi dei diritti e dalle eventuali entrate derivanti dall'investimento di tali proventi;

e) all'impiego degli importi non distribuibili;

f) alla politica della gestione dei rischi;

g) all'approvazione di qualsiasi acquisto, vendita o ipoteca di beni immobili;

h) all'approvazione di fusioni e alleanze, alla costituzione di società controllate, all'acquisizione di partecipazioni o diritti in altre entità;

i) all'approvazione dell'assunzione e della concessione di prestiti o della fornitura di garanzia per gli stessi;

l) alla nomina e revoca dei componenti dell'organo di controllo contabile. La presente lettera non si applica alla Società italiana degli autori e degli editori, per la quale resta fermo quanto previsto all'articolo 1, commi 3 e 4, della legge 9 gennaio 2008, n. 2.

5. L'assemblea generale può delegare all'organo di cui all'articolo 11 i poteri di cui al comma 4, lettere f), g), h) ed i).

6. Con riferimento al comma 4, lettere a), b), c) e d), l'assemblea generale può stabilire condizioni più dettagliate per l'impiego dei proventi dei diritti e delle entrate derivanti dal loro investimento.

7. L'assemblea generale esercita il controllo sulle attività dell'organismo di gestione collettiva, approvando la relazione di trasparenza annuale di cui all'articolo 28. Delibera altresì su ogni altra materia o questione prevista dallo statuto.

8. Tutti i membri degli organismi di gestione collettiva hanno il diritto di partecipare e di esercitare, anche per via elettronica, secondo i criteri previsti dallo statuto, il diritto di voto in seno all'assemblea generale. Lo statuto può tuttavia prevedere restrizioni al diritto dei membri di esercitare il diritto di voto in seno all'assemblea generale sulla base di uno o di entrambi i seguenti criteri, purché siano stabiliti e applicati in modo equo e proporzionato e siano pubblicamente accessibili in conformità con le disposizioni degli articoli 25 e 26:

a) durata dell'adesione;

b) importi che un membro ha ricevuto o che gli competono.

9. Ciascun membro degli organismi di gestione collettiva ha il diritto di designare un proprio rappresentante autorizzato a partecipare e votare a suo nome in seno all'assemblea generale dei membri, purché tale designazione non comporti un conflitto di interessi. Lo statuto può stabilire restrizioni in merito alla designazione dei rappresentanti e all'esercizio dei diritti di voto da parte di questi ultimi, purché tali restrizioni non pregiudichino l'adeguata ed effettiva partecipazione dei membri al processo decisionale dell'organismo di gestione collettiva. La delega è valida per un'unica riunione dell'assemblea generale. All'interno della stessa il rappresentante gode degli stessi diritti che spetterebbero al membro che esso rappresenta ed esprime il voto conformemente alle istruzioni di voto impartite dal membro che rappresenta.

10. Lo statuto può prevedere che i poteri dell'assemblea generale siano esercitati da un'assemblea di delegati eletti almeno ogni quattro anni dai membri dell'organismo di gestione collettiva, a condizione che:

a) sia garantita un'effettiva e adeguata partecipazione dei membri al processo decisionale dell'organismo di gestione collettiva;

b) la rappresentanza delle diverse categorie di membri in seno all'assemblea dei delegati sia equa ed equilibrata.

11. All'assemblea dei delegati si applicano, per quanto compatibili, le disposizioni di cui ai commi da 1 a 9.

12. Qualora lo statuto, in ragione della forma giuridica adottata, non preveda un'assemblea generale dei membri o un'assemblea dei delegati, i poteri ad esse spettanti sono esercitati dall'organo di cui all'articolo 11, in conformità alle disposizioni di cui ai commi da 1 a 4 e ai commi 6 e 7.

11. Organo di sorveglianza. – 1. Fermo restando quanto previsto dal decreto legislativo 8 giugno 2001, n. 231, lo statuto deve prevedere l'istituzione di un organo che svolga funzioni di sorveglianza. Tale organo è composto in modo tale da assicurare una rappresentanza equa ed equilibrata delle diverse categorie di membri dell'organismo di gestione collettiva.

2. L'organo di cui al comma 1 assicura il controllo e il monitoraggio costanti dell'esercizio delle funzioni e delle connesse attività attuative e strumentali posti in essere dai soggetti titolari degli organi di gestione.

3. I componenti dell'organo di sorveglianza devono presentare annualmente all'assemblea generale una dichiarazione individuale sugli eventuali conflitti di interesse, contenente le informazioni di cui all'articolo 12, comma 9.

4. L'organo di sorveglianza si riunisce regolarmente almeno al fine di:

a) esercitare i poteri delegatigli dall'assemblea generale dei membri, compresi quelli di cui all'articolo 10, commi 2 e 5;

b) monitorare le attività degli amministratori di cui all'articolo 12, tra cui la corretta esecuzione delle delibere dell'assemblea generale dei membri, con particolare riferimento a quelle sull'attuazione delle politiche generali di cui all'articolo 10, comma 4, lettere a), b), c) e d).

5. L'organo di sorveglianza riferisce in merito all'esercizio dei suoi poteri all'assemblea generale dei membri almeno una volta l'anno.

6. Ai componenti dell'organismo di sorveglianza si applica, in quanto compatibile, l'articolo 12, commi da 1 a 9.

12. Amministrazione degli organismi di gestione collettiva. – 1. Gli amministratori degli organismi di gestione collettiva devono adempiere i doveri ad essi imposti dalla legge e dallo statuto con la diligenza richiesta dalla natura dell'incarico e dalle loro specifiche competenze. Essi gestiscono le attività secondo principi di sana e prudente amministrazione, nel rispetto delle procedure amministrative e contabili, nonché dei meccanismi di controllo interno previsti dallo statuto.

2. Gli amministratori non possono assumere la qualità di soci illimitatamente responsabili in soggetti concorrenti, né esercitare un'attività concorrente per conto proprio o di terzi, né essere amministratori o direttori generali in soggetti concorrenti, salvo autorizzazione dell'assemblea generale dei membri.

3. In caso di inosservanza del divieto di cui al comma 2, gli amministratori possono essere revocati d'ufficio dall'assemblea generale dei membri.

4. La responsabilità degli amministratori è disciplinata ai sensi dell'articolo 2392 del codice civile.

5. Ciascun amministratore deve informare gli altri amministratori e l'organo di sorveglianza di ogni interesse che abbia, per conto proprio o di terzi, in una determinata operazione dell'organismo di gestione collettiva, precisandone la natura, i termini, l'origine e la portata; se si tratta di amministratore delegato o di amministratore unico, deve altresì astenersi dal compiere l'operazione, investendo dello stesso l'organo di sorveglianza, che provvede sull'operazione e riferisce alla prima assemblea utile.

6. Nei casi previsti dal comma 5, le deliberazioni dell'organo di amministrazione ovvero dell'organo di sorveglianza devono adeguatamente motivare le ragioni e la convenienza per l'organismo dell'operazione.

7. Gli amministratori rispondono dei danni derivati all'organismo dalle loro azioni od omissioni. Essi rispondono altresì dei danni derivati all'organismo dalla utilizzazione a vantaggio proprio o di terzi di dati, notizie o opportunità di affari appresi nell'esercizio del suo incarico.

8. Gli statuti possono prevedere ulteriori procedure al fine di evitare conflitti d'interesse e, qualora non sia possibile evitare tali conflitti, procedure volte a individuare, gestire, controllare e rendere pubblici i conflitti di interesse effettivi o potenziali in modo da evitare che incidano negativamente sugli interessi collettivi dei titolari dei diritti rappresentati dall'organismo di gestione collettiva.

9. Lo statuto deve prevedere che gli amministratori trasmettano annualmente una dichiarazione individuale all'assemblea generale dei membri contenente le seguenti informazioni:

a) eventuali profili di conflitto di interesse con riferimento all'organismo di gestione collettiva;

b) eventuali compensi ricevuti nell'esercizio precedente dall'organismo di gestione collettiva, inclusi quelli sotto forma di regimi pensionistici, di prestazioni in natura ed altri tipi di benefici;

c) importi ricevuti nell'esercizio precedente dall'organismo di gestione collettiva in qualità di titolare di diritti;

d) una dichiarazione su qualsiasi conflitto effettivo o potenziale tra gli interessi personali e quelli dell'organismo di gestione collettiva o tra gli obblighi verso quest'ultimo e i doveri nei confronti di qualsiasi altra persona fisica o giuridica.

13. Organo di controllo contabile. – 1. Il controllo contabile degli organismi di gestione collettiva è affidato ad un revisore legale dei conti o ad una società di revisione legale iscritti nell'apposito registro di cui all'articolo 6 del decreto legislativo 27 gennaio 2010, n. 39, ed è disciplinato con le modalità ed ai sensi del codice civile e delle altre leggi applicabili.

2. Alla Società italiana degli autori e degli editori si applica l'articolo 1, commi 3 e 4, della legge 9 gennaio 2008, n. 2. Pertanto il collegio dei revisori dei conti della Società italiana degli autori e degli editori è nominato secondo quanto previsto nel suo statuto, approvato ai sensi dell'articolo 1, comma 4, della legge 9 gennaio 2008, n. 2.

Sezione III
Gestione dei proventi dei diritti da parte degli organismi di gestione collettiva

14. Riscossione e impiego dei proventi dei diritti. – 1. Gli organismi di gestione collettiva riscuotono e gestiscono i proventi dei diritti in base a criteri di diligenza.

2. I proventi dei diritti e le entrate derivanti dal loro investimento devono essere tenuti separati sotto il profilo contabile da eventuali attività proprie degli organismi e dai relativi proventi, nonché dalle spese di gestione o da altre attività.

3. I proventi dei diritti o le entrate derivanti dal loro investimento, non possono essere impiegati per fini diversi dalla distribuzione ai titolari dei diritti, con l'eccezione per la detrazione o compensazione delle spese di gestione in conformità ad una decisione adottata a norma dell'articolo 10, comma 4, lettera d), o per l'impiego dei proventi dei diritti o delle altre entrate derivanti dall'investimento in conformità con una decisione adottata dall'assemblea a norma dell'articolo 10, comma 4.

4. Nei casi in cui gli organismi di gestione collettiva investono i proventi dei diritti o le entrate derivanti dall'investimento di tali proventi, essi agiscono nel migliore interesse dei titolari dei diritti, in conformità con la politica generale di investimento e gestione dei rischi di cui all'articolo 10, comma 4, lettere c) e f).

5. In ogni caso, gli investimenti sono effettuati nell'esclusivo e migliore interesse dei titolari dei diritti, devono garantire la sicurezza, la qualità, la liquidità e la redditività del portafoglio nel suo insieme, devono essere inoltre diversificati in modo da evitare un'eccessiva dipendenza da una particolare attività e l'accumulazione di rischi nel portafoglio nel suo insieme.

15. Detrazioni. – 1. Le spese di gestione e le altre detrazioni dai proventi o derivanti dall'investimento dei proventi dei diritti devono essere stabiliti secondo criteri oggettivi e risultare ragionevoli, in rapporto alle prestazioni fornite che possono comprendere i servizi di cui all'articolo 16.

2. Le spese di gestione e le altre detrazioni dai proventi o derivanti dall'investimento dei proventi dei diritti non devono superare i costi giustificati e documentati sostenuti dagli organismi di gestione collettiva.

3. Gli obblighi concernenti la trasparenza nell'impiego degli importi detratti o compensati per le spese di gestione si applicano a qualsiasi altra detrazione effettuata al fine di coprire i costi di gestione dei diritti d'autore e diritti connessi.

16. Servizi sociali, culturali o educativi. – 1. Nel caso in cui gli organismi di gestione collettiva offrano servizi sociali, culturali o educativi finanziati mediante detrazioni dai proventi dei diritti o da eventuali introiti provenienti dal loro investimento, tali servizi sono prestati sulla base di criteri equi, in particolare in relazione all'accesso e alla loro portata.

17. Distribuzione di importi dovuti ai titolari dei diritti. – 1. Gli organismi di gestione collettiva distribuiscono regolarmente e con la necessaria diligenza e precisione gli importi dovuti ai titolari dei diritti nel rispetto di quanto stabilito dalla presente sezione e in linea con la politica generale in materia di distribuzione stabilita ai sensi dell'articolo 10, comma 4, lettera a).

2. Gli organismi di gestione collettiva, o i loro membri che rappresentano i titolari dei diritti, procedono alla distribuzione e ai pagamenti di tali importi dovuti ai titolari dei diritti celermente, sulla base di criteri di economicità e in modo quanto più possibile analitico, in rapporto alle singole utilizzazioni di opere. La distribuzione deve avvenire in ogni caso non oltre nove mesi a decorrere dalla fine dell'esercizio finanziario nel corso del quale sono stati riscossi tali proventi, a meno che non sia possibile rispettare il suddetto termine per ragioni oggettive correlate, in particolare, agli obblighi di comunicazione da parte degli utilizzatori, all'identificazione dei diritti o dei titolari dei diritti o all'attribuzione delle opere e di altri materiali protetti ai rispettivi titolari.

3. Se il termine per la distribuzione di cui al comma 2 non può essere rispettato, gli importi dovuti ai titolari dei diritti sono tenuti separati nella contabilità degli organismi di gestione collettiva.

18. Identificazione dei titolari dei diritti. – 1. Gli organismi di gestione collettiva adottano tutte le misure necessarie per identificare e localizzare i titolari dei diritti. In particolare, al più tardi entro novanta giorni dopo la scadenza del termine di cui all'articolo 17, gli organismi di gestione collettiva mettono a disposizione le informazioni sulle opere o altri materiali protetti per i quali uno o più titolari dei diritti non sono stati identificati o localizzati:

a) ai titolari di diritti che rappresentano o ai soggetti che rappresentano titolari di diritti, qualora tali soggetti siano membri di un organismo di gestione collettiva;

b) a tutti gli organismi di gestione collettiva con cui hanno concluso accordi di rappresentanza;

2. Le informazioni di cui al comma 1 includono, qualora disponibili:

a) il titolo dell'opera o altro materiale protetto;

b) il nome del titolare dei diritti;

c) il nome dell'editore o produttore pertinente;

d) qualsiasi altra informazione rilevante disponibile che potrebbe contribuire all'identificazione del titolare dei diritti.

3. Gli organismi di gestione collettiva verificano altresì i registri dei propri membri di cui all'articolo 6, comma 2, e altri registri reperibili. Se le misure di cui sopra non producono risultati, gli organismi di gestione collettiva mettono tali informazioni a disposizione del pubblico al più tardi entro un anno dalla scadenza del periodo di novanta giorni, di cui al comma 1.

19. Proventi non distribuibili. – 1. Se gli importi dovuti ai titolari dei diritti non possono essere distribuiti, dopo tre anni a decorrere dalla fine dell'esercizio finanziario nel corso del quale sono stati riscossi i proventi dei diritti, tali importi sono considerati non distribuibili, a condizione che gli organismi di gestione collettiva abbiano adottato tutte le misure necessarie di cui all'articolo 18 per identificare e localizzare i titolari dei diritti.

2. L'assemblea generale o, ove presente, l'assemblea dei

delegati, in conformità con lo statuto, delibera, ai sensi dell'articolo 10, comma 4, lettera b), in merito all'utilizzo degli importi non distribuibili, fatto salvo il diritto dei titolari dei diritti di reclamare tali importi presso gli organismi suddetti, nei termini prescrizionali di quattro anni dalla scadenza del termine ultimo per la distribuzione dei diritti di cui all'articolo 17, comma 2.

3. Gli importi non distribuibili sono utilizzati in modo separato e indipendente al fine di finanziare attività sociali, culturali ed educative ad esclusivo beneficio dei titolari dei diritti.

Sezione IV

Gestione dei diritti per conto di altri organismi di gestione collettiva e relazioni con gli utilizzatori

20. Diritti gestiti nel quadro di accordi di rappresentanza. – 1. Gli organismi di gestione collettiva non operano alcuna discriminazione nei confronti dei titolari dei diritti di cui gestiscono i diritti nel quadro di un accordo di rappresentanza, in particolare per quanto concerne le tariffe applicabili, le spese di gestione, nonché le condizioni per la riscossione dei proventi dei diritti e per la distribuzione degli importi dovuti ai titolari dei diritti.

2. La riscossione dei diritti sul territorio nazionale da parte di organismi di gestione collettiva ed entità di gestione indipendenti stabiliti all'estero è disciplinata dagli accordi di rappresentanza di cui alla presente Sezione.

21. Detrazioni e pagamenti nel quadro degli accordi di rappresentanza. – 1. Gli organismi di gestione collettiva, fatte salve le spese di gestione, non effettuano detrazioni dai proventi dei diritti che gestiscono in base a un accordo di rappresentanza o da eventuali introiti provenienti dall'investimento dei proventi di quei diritti, a meno che l'altro organismo che è parte dell'accordo di rappresentanza non acconsenta espressamente a tali detrazioni.

2. Gli organismi di gestione collettiva procedono regolarmente, diligentemente e accuratamente, secondo quanto prescritto dall'articolo 17, comma 2, alla distribuzione e ai pagamenti agli altri organismi di gestione collettiva che rappresentano.

3. Gli organismi di gestione collettiva che, se rappresentati, ricevono i pagamenti da altri organismi, procedono alla distribuzione e ai pagamenti degli importi dovuti ai titolari dei diritti quanto prima e comunque non oltre sei mesi a decorrere dal ricevimento di tali importi, a meno che tale termine non si possa rispettare per le ragioni oggettive di cui all'articolo 17, comma 2.

4. Gli adempimenti di cui al comma 3 devono essere rispettati anche da parte delle organizzazioni che rappresentano titolari dei diritti che siano membri degli organismi di gestione collettiva che ricevono i pagamenti.

22. Concessione delle licenze. – 1. Gli organismi di gestione collettiva, da un lato, e gli utilizzatori, dall'altro, conducono in buona fede le negoziazioni per la concessione di licenze sui diritti, scambiandosi a tal fine tutte le informazioni necessarie.

2. Gli organismi di gestione collettiva rispondono per iscritto senza indebito ritardo alle richieste degli utilizzatori specificando, fra l'altro, le informazioni che devono essere loro fornite per concedere una licenza. Ricevute tutte le informazioni pertinenti, tali organismi, senza indebito ritardo, concedono una licenza o forniscono agli utilizzatori una dichiarazione motivata in cui spiegano i motivi per cui non intendono sottoporre a licenza un determinato servizio.

3. La concessione delle licenze avviene a condizioni commerciali eque e non discriminatorie e sulla base di criteri semplici, chiari, oggettivi e ragionevoli. Gli organismi di gestione collettiva che concedono licenze su diritti non sono tenuti a basarsi, per altri tipi di servizi online, sulle condizioni di concessione concordate con un utilizzatore, quando quest'ultimo fornisce un nuovo tipo di servizio online proposto al pubblico dell'Unione europea da meno di tre anni.

4. Le tariffe relative a diritti esclusivi e a diritti al compenso devono garantire ai titolari dei diritti una adeguata remunerazione ed essere ragionevoli e proporzionate in rapporto, tra l'altro, al valore economico dell'utilizzo dei diritti negoziati, tenendo conto della natura e della portata dell'uso delle opere e di altri materiali protetti, nonché del valore economico del servizio fornito dall'organismo di gestione collettiva. Quest'ultimo informa gli utilizzatori interessati in merito ai criteri utilizzati per stabilire tali tariffe.

5. Gli organismi di gestione collettiva consentono agli utilizzatori di comunicare con essi per via elettronica, anche ai fini di informazione sull'uso della licenza, nonché in adempimento agli obblighi stabiliti all'articolo 23 e ad altri obblighi previsti dalle licenze.

6. Ai fini della migliore applicazione delle presenti disposizioni, la Società italiana degli autori ed editori disciplina con proprio provvedimento, adottato previo parere vincolante del Ministero dei beni e delle attività culturali e del turismo, entro centottanta giorni dalla data di entrata in vigore del presente decreto, le modalità per l'affidamento dell'incarico di mandatario territoriale, che in ogni caso deve avvenire esclusivamente attraverso procedure di selezione pubblica, adeguatamente pubblicizzate tramite avviso pubblico, in cui siano rispettati i principi della trasparenza e dell'imparzialità. Le procedure di selezione, gestite da commissioni presiedute da esperti indipendenti, prevedono quale criterio di selezione il possesso di adeguati requisiti di professionalità ed onorabilità. Il provvedimento di cui al primo periodo del presente comma disciplina altresì le modalità per prevenire potenziali conflitti di interessi ed il conferimento di mandati tra loro incompatibili, l'introduzione ed il rafforzamento di adeguate forme di controllo sull'operato dei mandatari territoriali, la loro equa e proporzionata distribuzione territoriale, nonché l'uniforme applicazione delle tariffe stabilite. Tali principi si applicano agli altri organismi di gestione collettiva qualora intendano servirsi, per lo svolgimento della loro attività, di propri mandatari.

23. Obblighi degli utilizzatori. – 1. Salvo diversi accordi intervenuti tra le parti, entro novanta giorni dall'utilizzazione, gli utilizzatori devono far pervenire agli organismi di gestione collettiva, nonché alle entità di gestione indipendente, in un formato concordato o prestabilito, le pertinenti informazioni a loro disposizione, necessarie per la riscossione dei proventi dei diritti e per la distribuzione e il pagamento degli importi dovuti ai titolari dei diritti, e riguardanti l'utilizzo di opere protette. Le informazioni riguardano, in particolare:

a) con riferimento all'identificazione dell'opera protetta: il titolo originale; l'anno di produzione o di distribuzione nel territorio dello Stato, il produttore e la durata complessiva dell'opera;

b) con riferimento all'utilizzo dell'opera protetta: tutti i profili inerenti la diffusione, quali la data o il periodo di comunicazione, diffusione, rappresentazione, distribuzione o commercializzazione o comunque pubblica divulgazione. Resta fermo il diritto degli organismi di gestione collettiva e delle entità di gestione indipendente di richiedere ulteriori informazioni, ove disponibili.

2. Ove necessario all'assolvimento dei propri obblighi, gli utilizzatori esercitano senza indugio il diritto di informazione di cui all'articolo 27, indicando puntualmente agli organismi di gestione collettiva ed entità di gestione indipendenti le informazioni non in loro possesso. In questa ipotesi il termine

di 90 giorni è sospeso fino alla data di ricezione di informazioni corrette, complete e congruenti.

3. Gli organismi di gestione collettiva devono concordare in buona fede le informazioni da fornire, le modalità e i tempi nei contratti con gli utilizzatori, anche tenendo conto degli standard adottati su base volontaria dal settore.

4. Il mancato adempimento degli obblighi di informazione o la fornitura di dati falsi o erronei costituisce causa di risoluzione del contratto di licenza, con la conseguente inibizione all'utilizzazione di fonogrammi, opere cinematografiche e audiovisive anche laddove remunerate con equo compenso.

Sezione V
Trasparenza e comunicazioni

24. Informazioni ai titolari dei diritti sulla gestione dei loro diritti. – 1. Gli organismi di gestione collettiva, fatti salvi il comma 2 e gli articoli 25 e 33, comma 2, forniscono almeno una volta l'anno a ciascun titolare dei diritti cui abbiano attribuito proventi o effettuato pagamenti nel corso dell'anno precedente le seguenti informazioni relative al periodo annuale di riferimento dell'attribuzione dei proventi o di effettuazione dei pagamenti:

a) i dati sull'identificazione del titolare dei diritti;

b) i proventi attribuiti al titolare dei diritti;

c) gli importi pagati dall'organismo di gestione collettiva al titolare dei diritti per ciascuna categoria di diritti gestiti e per tipo di utilizzo;

d) il periodo in cui ha avuto luogo l'utilizzo per il quale sono stati attribuiti e pagati gli importi al titolare dei diritti salvo che, per motivi obiettivi legati alla comunicazione da parte degli utilizzatori, non sia stato possibile per l'organismo di gestione collettiva fornire questa informazione;

e) le detrazioni applicate a titolo di spese di gestione;

f) le detrazioni applicate a titolo diverso dalle spese di gestione, ivi incluse altre detrazioni eventualmente previste dalla normativa vigente per la prestazione di servizi sociali, culturali o educativi;

g) i proventi di diritti attribuiti e non ancora pagati al titolare di diritti per qualsiasi periodo.

2. Gli organismi di gestione collettiva che abbiano a loro volta come membri soggetti incaricati della distribuzione dei proventi ai titolari dei diritti forniscono le informazioni di cui al precedente comma 1 a tali soggetti, salvo che questi ultimi non ne siano già in possesso. Tali soggetti forniscono almeno una volta l'anno le informazioni di cui al comma 1 ai titolari dei diritti a cui abbiano attribuito proventi o effettuato pagamenti nel corso dell'anno precedente.

25. Informazioni sulla gestione di diritti fornite ad altri organismi di gestione collettiva nel quadro di accordi di rappresentanza. – 1. Gli organismi di gestione collettiva mettono a disposizione degli organismi di gestione collettiva per conto dei quali gestiscono i diritti nel quadro di un accordo di rappresentanza, almeno le seguenti informazioni in relazione al periodo cui esse si riferiscono:

a) i proventi dei diritti attribuiti, gli importi pagati per ciascuna categoria di diritti e per tipo di utilizzo per i diritti che gestiscono nel quadro dell'accordo di rappresentanza ed eventuali proventi dei diritti attribuiti non ancora pagati per qualsiasi periodo;

b) le detrazioni applicate a titolo di spese di gestione, nonché quelle applicate a titolo diverso dalle spese di gestione a norma dell'articolo 21;

c) le licenze concesse o rifiutate in relazione alle opere e agli altri materiali protetti oggetto dell'accordo di rappresentanza;

d) le delibere adottate dall'assemblea generale o da altro organo competente nella misura in cui esse siano pertinenti in relazione alla gestione dei diritti nel quadro dell'accordo di rappresentanza.

2. Le informazioni di cui al comma 1 vengono messe a disposizione almeno una volta l'anno e per via elettronica.

26. Divulgazione delle informazioni. – 1. Gli organismi di gestione collettiva rendono pubbliche, mantenendole aggiornate sul proprio sito internet, almeno le seguenti informazioni:

a) lo statuto;

b) le condizioni di adesione e le condizioni di ritiro dell'autorizzazione a gestire i diritti, se non specificate nello statuto;

c) i contratti standard per la concessione di licenze e le tariffe standard applicabili, incluse le riduzioni;

d) l'elenco delle persone di cui all'articolo 12;

e) la politica generale di distribuzione degli importi dovuti ai titolari dei diritti;

f) la politica generale relativa alle spese di gestione;

g) la politica generale in materia di detrazioni, diversa rispetto a quella relativa alle spese di gestione, ai proventi dei diritti e a qualsiasi reddito derivante dalle spese di gestione, comprese quelle finalizzate alla prestazione di servizi sociali, culturali ed educativi;

h) un elenco degli accordi di rappresentanza sottoscritti e i nomi degli organismi di gestione collettiva con cui tali accordi di rappresentanza sono stati conclusi;

i) la politica generale sull'utilizzo di importi non distribuibili;

l) le procedure di trattamento dei reclami e di risoluzione delle controversie disponibili a norma degli articoli 38 e 39.

27. Informazioni fornite su richiesta ai titolari dei diritti, ad altri organismi di gestione collettiva e agli utilizzatori. – 1. Sulla base di una richiesta adeguatamente giustificata, gli organismi di gestione collettiva e le entità di gestione indipendenti, fatto salvo quanto previsto dall'articolo 31, mettono a disposizione degli organismi di gestione collettiva per conto di cui gestiscono diritti nel quadro di un accordo di rappresentanza o di qualsiasi titolare di diritti o utilizzatore, per via elettronica e tempestivamente, almeno le seguenti informazioni:

a) le opere o gli altri materiali che gestiscono, i diritti che rappresentano, direttamente o sulla base di accordi di rappresentanza e i territori oggetto di tali accordi;

b) qualora non sia possibile determinare tali opere o altri materiali protetti a causa dell'ambito di attività dell'organismo di gestione collettiva, le tipologie di opere o di altri materiali protetti che rappresentano, i diritti che gestiscono e i territori oggetto di tali accordi.

2. Le informazioni di cui al comma 1 sono fornite agli utilizzatori in modalità tali da garantire l'elaborazione delle informazioni ricevute dagli stessi in forma integrata. A tal fine, con decreto del Ministro dei beni e delle attività culturali e del turismo sono definite le modalità minime comuni relative alla fornitura in via informatica di tali informazioni.

28. Relazione di trasparenza annuale. – 1. Fermi gli obblighi di trasparenza previsti dalla normativa vigente, gli organismi di gestione collettiva elaborano una relazione di trasparenza annuale, comprensiva della relazione speciale di cui al comma 3, per ciascun esercizio finanziario, entro otto mesi dalla fine di tale esercizio. La relazione viene pubblicata sul sito internet di ciascun organismo ove rimane pubblicamente disponibile per almeno cinque anni.

2. La relazione di trasparenza annuale contiene almeno le informazioni di cui all'Allegato al presente decreto.

3. La relazione speciale riguarda l'eventuale utilizzo degli importi detratti ai fini della prestazione di servizi sociali, culturali ed educativi e comprende almeno le informazioni indicate in materia di cui al punto 3 dell'Allegato.

4. I dati contabili inclusi nella relazione di trasparenza annuale sono controllati da uno o più soggetti abilitati per legge alla revisione dei conti. La relazione di revisione e gli eventuali rilievi sono riprodotti integralmente nella relazione di trasparenza annuale. Ai fini del presente comma, i dati contabili comprendono i documenti di bilancio e le informazioni finanziarie come specificate nell'Allegato.

5. Oltre alla relazione di cui al comma 1, la Società italiana degli autori ed editori trasmette, entro il 30 giugno di ogni anno, al Parlamento ed agli enti vigilanti di cui all'articolo 1, comma 3, della legge 9 gennaio 2008, n. 2, una relazione annuale sui risultati dell'attività svolta, relativa ai profili di trasparenza ed efficienza.

Capo III
Concessione da parte di organismi di gestione collettiva di licenze multiterritoriali per l'esercizio di diritti su opere musicali diffuse su reti di comunicazione elettronica online

29. Licenze multiterritoriali per i diritti su opere musicali online. – 1. Gli organismi di gestione collettiva concedono le licenze multiterritoriali per i diritti su opere musicali online nel rispetto dei requisiti di cui al presente Capo.

30. Capacità di trattamento dei dati per la gestione delle licenze multiterritoriali per i diritti su opere musicali online. – 1. Gli organismi di gestione collettiva che concedono licenze multiterritoriali per i diritti su opere musicali online dispongono di strutture adeguate al trattamento efficiente e trasparente, per via elettronica, dei dati necessari alla loro gestione, anche ai fini della corretta identificazione delle opere musicali incluse nel repertorio e del controllo del loro uso, della fatturazione agli utilizzatori, della riscossione dei proventi dei diritti e della distribuzione degli importi dovuti ai titolari dei diritti.

2. Ai fini del comma 1, gli organismi di gestione collettiva assicurano almeno i seguenti requisiti:

a) puntuale identificazione delle opere musicali, integralmente o in parte, che gli organismi di gestione collettiva sono autorizzati a rappresentare;

b) puntuale identificazione, integralmente o in parte, con particolare riferimento a ciascun territorio di pertinenza, dei diritti e dei relativi titolari, per ciascuna opera musicale o parte di essa che gli organismi di gestione collettiva sono autorizzati a rappresentare;

c) utilizzo di identificatori univoci al fine di individuare i titolari dei diritti e le opere musicali, tenendo conto degli standard e delle pratiche adottate su base facoltativa nel settore e sviluppati a livello internazionale o dell'Unione europea;

d) utilizzo di strumenti adeguati ad identificare e risolvere tempestivamente e efficacemente eventuali discrepanze rispetto ai dati in possesso di altri organismi di gestione collettiva che concedono licenze multiterritoriali per i diritti su opere musicali online.

31. Trasparenza delle informazioni sui repertori multiterritoriali per i diritti su opere musicali online. – 1. Gli organismi di gestione collettiva che concedono licenze multiterritoriali per i diritti su opere musicali online offrono, per via elettronica, ai fornitori di servizi musicali online, ai titolari dei diritti rappresentati e ad altri organismi di gestione collettiva, a seguito di richiesta debitamente motivata, informazioni aggiornate che consentono di identificare il repertorio musicale online che rappresentano, ed in particolare:

a) le opere musicali;

b) i diritti, rappresentati integralmente o in parte;

c) i territori interessati.

2. Gli organismi di gestione collettiva possono adottare, ove necessario, misure ragionevoli per garantire la correttezza e l'integrità dei dati, per controllarne il riutilizzo e per proteggere le informazioni commercialmente sensibili.

32. Correttezza delle informazioni sui repertori multiterritoriali. – 1. Gli organismi di gestione collettiva che concedono licenze multiterritoriali per i diritti su opere musicali online dispongono di procedure che consentono ai titolari dei diritti, ad altri organismi di gestione collettiva ed ai fornitori di servizi online di chiedere la correzione dei dati di cui all'elenco dei requisiti di cui all'articolo 30, comma 2, o delle informazioni fornite a norma dell'articolo 31, laddove i predetti soggetti ritengano ragionevolmente che i dati o le informazioni non siano corretti. Nel caso in cui le richieste avanzate siano sufficientemente documentate, gli organismi di gestione collettiva rettificano senza indugio.

2. Gli organismi di gestione collettiva garantiscono che i titolari dei diritti da essi rappresentati, ivi inclusi quelli rappresentati ai sensi dell'articolo 46, possano trasmettere loro per via elettronica le informazioni sulle proprie opere musicali, sui propri diritti e sui territori autorizzati. A tale riguardo, per consentire ai titolari dei diritti di trasmettere le predette informazioni, si applicano nei limiti del possibile gli standard e le prassi settoriali volontari relativi allo scambio di dati sviluppati a livello internazionale o dell'Unione europea.

3. Qualora un organismo di gestione collettiva conferisce ad altro organismo di gestione collettiva un mandato per la concessione di licenze multiterritoriali per i diritti su opere musicali online ai sensi degli articoli 35 e 36, l'organismo mandante applica altresì il comma 2 del presente articolo in relazione ai titolari dei diritti le cui opere musicali siano incluse nel repertorio dell'organismo di gestione collettiva mandatario, salvo diverso accordo tra gli organismi di gestione collettiva.

33. Correttezza e puntualità nelle dichiarazioni sull'uso e nella fatturazione. – 1. Gli organismi di gestione collettiva verificano il corretto utilizzo delle opere musicali online in relazione ai diritti concessi, da parte di fornitori di servizi musicali online cui hanno concesso una licenza multiterritoriale per i diritti su opere musicali online per tali diritti.

2. I fornitori di servizi online comunicano tempestivamente agli organismi di gestione le informazioni sull'utilizzo effettuato delle opere musicali online o dei diritti esercitati. Gli organismi di gestione collettiva offrono ai fornitori di servizi online la possibilità di dichiarare per via elettronica le predette informazioni. Per lo scambio elettronico di tali dati, gli organismi di gestione collettiva consentono l'utilizzo di almeno una modalità di dichiarazione che tenga conto di eventuali standard o prassi adottati su base volontaria nel settore e sviluppati a livello internazionale o dell'Unione europea. Gli organismi di gestione collettiva possono rifiutare le dichiarazioni dei fornitori di servizi online in un formato proprietario se gli organismi accettano dichiarazioni trasmesse per mezzo di uno standard adottato nel settore per lo scambio elettronico dei dati.

3. Gli organismi di gestione collettiva trasmettono le fatture ai fornitori di servizi online con modalità elettronica. L'organismo di gestione collettiva offre l'uso di almeno un formato che tenga conto di standard o prassi adottati su base volontaria nel settore e sviluppati a livello nazionale, internazionale o dell'Unione europea, quale quello previsto dal decreto legislativo 5 agosto 2015, n. 127. Il fornitore di servizi online non può rifiutare la fattura a causa del suo formato se l'organismo di gestione collettiva utilizza uno standard del settore.

4. Gli organismi di gestione collettiva trasmettono una fattura corretta ai fornitori di servizi online subito dopo la comunicazione dell'utilizzo effettivo dell'opera musicale online, tranne nei casi in cui ciò non sia possibile per motivi im-

putabili al fornitore di servizi online. La fattura riporta le opere e i diritti oggetto della licenza in base ai requisiti di cui all'articolo 30, comma 2, e in base all'effettivo utilizzo degli stessi, nella misura in cui ciò è possibile sulla base delle informazioni fornite e del formato utilizzato.

5. Gli organismi di gestione collettiva adottano misure adeguate per consentire ai fornitori di servizi online di contestare la correttezza della fatturazione, anche nel caso in cui lo stesso fornitore riceva fatture da uno o più organismi di gestione collettiva per i medesimi diritti sulla stessa opera musicale online o sullo stesso materiale protetto.

34. Correttezza e puntualità nel pagamento dei titolari dei diritti. – 1. Fatto salvo il comma 3, gli organismi di gestione collettiva che concedono licenze multiterritoriali per i diritti su opere musicali online distribuiscono gli importi dovuti ai titolari dei diritti in virtù di tali licenze subito dopo la dichiarazione dell'uso effettivo delle opere, tranne nei casi in cui ciò non sia possibile per motivi imputabili al fornitore di servizi online.

2. Fatto salvo il comma 3, gli organismi di gestione collettiva forniscono insieme ad ogni pagamento eseguito a norma del comma 1 almeno le seguenti informazioni ai titolari dei diritti:

a) il periodo in cui sono avvenuti gli usi per i quali sono dovuti gli importi ai titolari dei diritti e i territori in cui essi hanno avuto luogo;

b) gli importi raccolti, le detrazioni effettuate e gli importi distribuiti dall'organismo di gestione collettiva per ciascun diritto su qualsiasi opera musicale online per le quali i titolari dei diritti hanno autorizzato gli organismi di gestione collettiva a rappresentarli, integralmente o in parte;

c) gli importi riscossi per i titolari dei diritti, le detrazioni applicate e gli importi distribuiti dall'organismo di gestione collettiva in relazione a ciascun fornitore di servizi online.

3. Qualora un organismo di gestione collettiva conferisca ad altro organismo di gestione collettiva mandato per la concessione di licenze multiterritoriali per i diritti su opere musicali online a norma delle disposizioni degli articoli 35 e 36, l'organismo di gestione collettiva mandatario corrisponde accuratamente e senza indebito ritardo all'organismo mandante gli importi di cui al comma 1 e gli fornisce altresì le informazioni di cui al comma 2. L'organismo di gestione collettiva mandante è responsabile per la successiva distribuzione di tali importi e la fornitura di tali informazioni ai titolari dei diritti, salvo se tra gli organismi di gestione collettiva diversamente concordato.

35. Accordi tra organismi di gestione collettiva per la concessione di licenze multiterritoriali per i diritti su opere musicali online. – 1. Eventuali accordi di rappresentanza tra diversi organismi di gestione collettiva aventi ad oggetto licenze multiterritoriali per i diritti su opere musicali online del proprio repertorio musicale sono di natura non esclusiva. L'organismo di gestione collettiva mandatario gestisce tali diritti in base a condizioni non discriminatorie.

2. L'organismo mandatario informa l'organismo mandante delle principali condizioni cui devono essere concesse le licenze su opere musicali online di quest'ultimo, inclusa la natura dello sfruttamento, di tutte le disposizioni che riguardano o influenzano i diritti di licenza, della durata della licenza, dei periodi contabili e dei territori coperti.

3. L'organismo mandante informa i propri membri delle principali condizioni dell'accordo, inclusi la durata e i costi dei servizi forniti dall'organismo mandatario.

36. Obbligo di rappresentanza di un altro organismo di gestione collettiva per la concessione di licenze multiterritoriali per i diritti su opere musicali online. – 1. Un organismo di gestione collettiva che concede o amministra licenze multiterritoriali per i diritti su opere musicali online di cui al presente Capo è tenuto ad accettare la richiesta di stipulare accordi di rappresentanza da parte di un altro organismo di gestione collettiva che non concede dette licenze se già concede o offre la concessione di licenze multiterritoriali per i diritti su opere musicali online per la stessa categoria di diritti su opere musicali online del repertorio di uno o più altri organismi di gestione collettiva.

2. L'organismo di gestione collettiva interpellato risponde all'organismo di gestione collettiva richiedente per iscritto e senza indebito ritardo.

3. Fatti salvi i commi 5 e 6, l'organismo di gestione collettiva interpellato gestisce il repertorio rappresentato dell'organismo di gestione collettiva richiedente alle stesse condizioni a cui gestisce il proprio repertorio.

4. L'organismo di gestione collettiva interpellato include il repertorio rappresentato dell'organismo di gestione collettiva richiedente ai sensi dei commi da 1 a 3 in tutte le offerte che trasmette ai fornitori di servizi online.

5. Le spese di gestione per il servizio fornito dall'organismo di gestione collettiva all'organismo richiedente non eccedono quelle ragionevolmente sostenute dall'organismo di gestione collettiva interpellato.

6. L'organismo di gestione collettiva richiedente mette a disposizione dell'organismo interpellato le informazioni relative al proprio repertorio musicale necessarie per la concessione di licenze multiterritoriali per i diritti su opere musicali online. Se le informazioni sono insufficienti o fornite in una forma tale da non consentire all'organismo di gestione collettiva interpellato di rispettare i requisiti stabiliti al presente Capo, l'organismo interpellato ha il diritto di addebitare alla controparte le spese ragionevolmente sostenute per rispettare tali prescrizioni o di escludere le opere per cui le informazioni sono insufficienti o inutilizzabili.

37. Deroga per i diritti musicali online richiesti per programmi radiofonici e televisivi. – 1. I requisiti di cui al presente Capo non si applicano agli organismi di gestione collettiva che concedono, sulla base dell'aggregazione volontaria dei diritti richiesti e nel rispetto delle norme sulla concorrenza stabilite agli articoli 2 e 3 della legge 10 ottobre 1990, n. 287, e dell'articolo 2598, del codice civile, primo comma, numero 3), una licenza multiterritoriale per i diritti su opere musicali online richiesta da un'emittente, al fine di comunicare o mettere a disposizione del pubblico:

a) i propri programmi radiofonici o televisivi contemporaneamente o dopo la prima trasmissione;

b) ogni altro materiale online prodotto o commissionato dall'emittente, anche come visione anticipata, che sia accessorio alla prima trasmissione del suo programma radiofonico o televisivo.

Capo IV
Risoluzione delle controversie, vigilanza e sanzioni

38. Procedure di reclamo. – 1. Gli organismi di gestione collettiva mettono a disposizione dei propri membri e degli organismi di gestione collettiva per conto dei quali gestiscono diritti in virtù di un accordo di rappresentanza procedure efficaci e tempestive per il trattamento dei reclami, in particolare per quanto riguarda l'autorizzazione a gestire diritti e il relativo ritiro o la revoca di diritti, le condizioni di adesione, la riscossione degli importi dovuti ai titolari dei diritti, le detrazioni e le distribuzioni.

2. Gli organismi di gestione sono tenuti a rispondere per iscritto ai reclami, nel termine di 45 giorni dalla loro ricezione, fornendo i chiarimenti necessari e, se del caso, adottando

le misure opportune per far venir meno le ragioni della doglianza. Se un reclamo è ritenuto privo di fondamento, occorre fornire adeguata motivazione, a meno che lo stesso non sia palesemente infondato o strumentale.

39. Modifiche in materia di risoluzione delle controversie. – 1. All'articolo 156 della legge 22 aprile 1941, n. 633, dopo il comma 3 è aggiunto il seguente:

«3-bis. Sono devolute alla cognizione delle sezioni specializzate in materia d'impresa previste dal decreto legislativo 27 giugno 2003, n. 168, tutte le controversie aventi ad oggetto i diritti d'autore e i diritti connessi al diritto d'autore previsti dalla presente legge.».

2. All'articolo 3, comma 1, lettera b), del decreto legislativo 27 giugno 2003, n. 168, dopo le parole: «diritto d'autore», sono inserite le seguenti: «e di diritti connessi al diritto d'autore».

40. Vigilanza. – 1. Fermo restando quanto previsto dall'articolo 1, comma 3, della legge 9 gennaio 2008, n. 2, l'Autorità per le garanzie nelle comunicazioni vigila sul rispetto delle disposizioni del presente decreto, esercitando poteri di ispezione e di accesso ed acquisendo la documentazione necessaria.

2. I membri di un organismo di gestione collettiva, i titolari dei diritti, gli utilizzatori, gli organismi di gestione collettiva e le altre parti interessate segnalano, con modalità telematica all'Autorità per le garanzie nelle comunicazioni cui compete la vigilanza, attività o circostanze che costituiscono violazioni delle disposizioni del presente decreto.

3. L'Autorità per le garanzie nelle comunicazioni pubblica sul proprio sito l'elenco delle imprese che hanno comunicato l'inizio delle attività e che risultano in possesso dei requisiti di cui all'articolo 8. Pubblica altresì l'elenco dei soggetti che non risultano essere più in possesso dei requisiti di cui al medesimo articolo e, con le medesime modalità, ogni altra comunicazione di pertinenza.

41. Sanzioni. – 1. Salvo che il fatto non costituisca reato, l'Autorità per le garanzie nelle comunicazioni applica le sanzioni amministrative pecuniarie da 10.000 euro a 50.000 euro a chiunque violi gli obblighi di cui agli articoli 14, commi 1, 4 e 5, 24, 25, 26, 27, 31, 32, 33, comma 1. Le medesime sanzioni sono altresì applicate in caso di inosservanza dei provvedimenti inerenti alla vigilanza o in caso di mancata ottemperanza alle richieste di informazioni o a quelle connesse all'effettuazione dei controlli, ovvero nel caso in cui le informazioni e i documenti acquisiti non siano veritieri e completi. In caso di violazioni di particolare gravità, l'Autorità per le garanzie nelle comunicazioni può sospendere l'attività degli organismi di gestione collettiva e delle entità di gestione indipendente fino a sei mesi ovvero disporre la cessazione dell'attività.

2. Salvo che il fatto non costituisca reato, l'Autorità per le garanzie nelle comunicazioni applica le sanzioni amministrative pecuniarie da 20.000 euro a 100.000 euro a chiunque violi gli obblighi di cui agli articoli 4, commi 1, 2 e 5, 14, commi 2 e 3, 21, commi 1, 2 e 3, 23, 28, 33, comma 2, e 34. In caso di violazioni di particolare gravità, l'Autorità per le garanzie nelle comunicazioni può sospendere l'attività degli organismi di gestione collettiva e delle entità di gestione indipendente fino a sei mesi ovvero disporre la cessazione dell'attività.

3. In caso di plurime violazioni delle disposizioni sanzionate ai commi 1 e 2, è applicata la sanzione più grave prevista aumentata fino ad un terzo.

4. Alla Società italiana autori ed editori si applicano esclusivamente le sanzioni amministrative pecuniarie di cui ai commi 1 e 2, ferme restando le disposizioni vigenti in materia di nomina dei commissari straordinari di Governo, quale espressione del potere di vigilanza di cui all'articolo 1, comma 3 della legge 9 gennaio 2008, n. 2.

5. Si applicano, in quanto compatibili, le disposizioni di cui alla legge 24 novembre 1989, n. 681.

6. L'Autorità per le garanzie nelle comunicazioni disciplina, con proprio regolamento da emanare entro tre mesi dalla data di entrata in vigore del presente decreto, le procedure dirette all'accertamento delle violazioni ed all'irrogazione delle sanzioni di propria competenza, assicurando agli interessati la piena conoscenza degli atti istruttori, il contraddittorio in forma scritta ed orale, la verbalizzazione e la separazione tra funzioni istruttorie e funzioni decisorie.

7. I proventi derivanti dalle sanzioni amministrative, applicate ai sensi del presente articolo, affluiscono all'entrata del bilancio dello Stato per essere riassegnati, con decreto del Ministro dell'economia e delle finanze, nella misura pari al cinquanta per cento, ad un apposito capitolo dello stato di previsione del Ministero dei beni e delle attività culturali e del turismo, per essere assegnati all'Autorità per le garanzie nelle comunicazioni per le attività di prevenzione e per l'accertamento delle sanzioni previste dal presente decreto. Il Ministro dell'economia e delle finanze è autorizzato ad apportare, con propri decreti, le occorrenti variazioni di bilancio.

42. Scambio di informazioni tra Autorità competenti. – 1. L'Autorità per le garanzie nelle comunicazioni tratta senza indebito ritardo una richiesta di informazioni da parte di un'autorità competente di un altro Stato membro designata a tal fine in particolare per quanto riguarda le attività degli organismi di gestione collettiva con sede in Italia, a condizione che la richiesta sia debitamente giustificata.

2. Qualora l'Autorità per le garanzie nelle comunicazioni ritenga che un organismo di gestione collettiva con sede in un altro Stato membro, ma operante sul territorio nazionale per l'intermediazione di diritti connessi al diritto d'autore o tramite messa a disposizione del pubblico dell'opera in maniera che ciascuno possa avervi accesso dal luogo e nel momento scelti individualmente, potrebbe non rispettare le disposizioni del diritto nazionale di quest'ultimo Stato, può trasmettere tutte le pertinenti informazioni alla corrispondente autorità competente, corredate, se del caso, di una richiesta a tale autorità di adottare le misure adeguate nell'ambito delle sue competenze.

3. Qualora l'Autorità per le garanzie nelle comunicazioni riceva una comunicazione di cui al comma 2 da parte di un'autorità competente di un altro Stato membro, la risposta motivata deve essere resa nel termine di tre mesi dal ricevimento.

4. La questione di cui al comma 2 può altresì essere deferita dall'autorità che presenta tale richiesta al gruppo di esperti istituito ai sensi dell'articolo 41 della direttiva 2014/26/UE.

43. Dati personali. – 1. Il trattamento dei dati personali è disciplinato dalla legislazione vigente.

44. Facoltà di segnalazione all'Autorità garante della concorrenza e del mercato. – 1. I titolari dei diritti, gli organismi di gestione collettiva, le entità di gestione indipendente e gli utilizzatori possono indirizzare all'Autorità garante della concorrenza e del mercato, nell'ambito delle competenze ad essa attribuite, osservazioni e proposte dirette alla migliore attuazione delle disposizioni del presente decreto.

Capo V
Ulteriori disposizioni attinenti al diritto d'autore

45. Riduzioni e esenzioni. – 1. All'articolo 15-bis della legge 22 aprile 1941, n. 633, dopo il comma 2, è inserito il seguente:

«2-bis. Agli organizzatori di spettacoli dal vivo allestiti in luoghi con capienza massima di cento partecipanti, ovvero con rappresentazione di opere di giovani esordienti al di sotto dei trentacinque anni, titolari dell'intera quota dei relativi diritti d'autore, sono riconosciute forme di esenzione o di riduzione dalla corresponsione dei diritti d'autore.

2-ter. Con decreto del Ministro dei beni e delle attività culturali e del turismo, da emanare entro novanta giorni dalla data di entrata in vigore del presente decreto, sono definiti i criteri e le modalità delle forme di esenzione o di riduzione di cui al comma 2-bis, prevedendo adeguati meccanismi di controllo, anche attraverso forme di responsabilizzazione degli organizzatori, che assicurino il rispetto delle condizioni che legittimano la riduzione o l'esenzione. Con il decreto di cui al presente comma possono altresì essere individuati ulteriori eventi o ricorrenze particolari che permettano l'applicazione di forme di esenzione o di riduzione dalla corresponsione dei diritti d'autore. Il decreto di cui al presente comma prevede misure atte a garantire che, nelle fattispecie previste, la Società italiana degli autori ed editori, in coerenza con le risultanze di bilancio, remuneri in forma compensativa i titolari dei diritti d'autore. Il decreto di cui al presente comma può essere sottoposto a revisione triennale.».

Capo VI
Disposizioni transitorie e finali

46. Accesso alle licenze multiterritoriali per i diritti su opere musicali online. – 1. Qualora entro il 10 aprile 2017, un organismo di gestione collettiva non concede o offre la concessione di licenze multiterritoriali per i diritti su opere musicali online e non consente a un altro organismo di gestione collettiva di rappresentare tali diritti a questo fine, i titolari dei diritti che hanno autorizzato tale organismo di gestione collettiva a rappresentare i loro diritti su opere musicali online possono ritirare da tale organismo di gestione collettiva i diritti su opere musicali online ai fini della concessione di licenze multiterritoriali per tutti i territori dell'Unione europea, senza dover ritirare i diritti su opere musicali online ai fini della concessione di licenze monoterritoriali, in modo da concedere licenze multiterritoriali per i loro diritti su opere musicali online direttamente o tramite qualsiasi terzo da loro autorizzato o qualsiasi altro organismo di gestione collettiva che si attenga alle disposizioni del Capo III del presente decreto.

47. Disciplina relativa al nuovo Istituto mutualistico artisti interpreti esecutori di cui all'articolo 7, decreto-legge 30 aprile 2010, n. 64, convertito, con modificazioni, dalla legge 29 giugno 2010, n. 100. – 1. All'articolo 7, comma 1, del decreto-legge 30 aprile 2010, n. 64, convertito, con modificazioni, dalla legge 29 giugno 2010, n. 100, le parole da: «Il nuovo IMAIE opera sotto la vigilanza» a «un componente ciascuno del collegio.» sono soppresse.

[2. *Al termine della procedura di liquidazione dell'«IMAIE in liquidazione», di cui all'articolo 7, del decreto-legge 30 aprile 2010, n. 64, convertito, con modificazioni, dalla legge 29 giugno 2010, n. 100, l'eventuale residuo attivo è ripartito a favore degli artisti interpreti ed esecutori con modalità e criteri di destinazione delle somme definiti con decreto del Presidente del Consiglio dei ministri, su proposta del Ministro dei beni e delle attività culturali e del turismo.*]*.

3. All'articolo 7, comma 2, del decreto-legge 30 aprile 2010, n. 64, convertito, con modificazioni, dalla legge 29 giugno 2010, n. 100, le parole: «Al termine della procedura di liquidazione sono trasferiti al nuovo IMAIE l'eventuale residuo attivo ed i crediti maturati.» sono soppresse.

* Comma abrogato dall'art. 185, co. 5, d.l. 19/5/2020, n. 34, conv., con modif., dalla l. 17/7/2020, n. 77.

48. Cooperazione per lo sviluppo di licenze multiterritoriali. – 1. L'Autorità per le garanzie nelle comunicazioni trasmette alla Commissione europea, entro il 10 ottobre 2017, una relazione sulla situazione e lo sviluppo delle licenze multiterritoriali sul territorio italiano. La relazione contiene informazioni sulla disponibilità di licenze multiterritoriali nello Stato membro interessato e sull'osservanza da parte degli organismi di gestione collettiva delle disposizioni di cui al Capo II del presente decreto, insieme con una valutazione dello sviluppo di licenze multiterritoriali per i diritti su opere musicali online da parte di utilizzatori, consumatori, titolari dei diritti e altre parti interessate.

49. Disposizioni transitorie. – 1. Gli organismi di gestione collettiva e le entità di gestione indipendente, che già operano nel settore dell'intermediazione dei diritti d'autore e dei diritti connessi alla data di entrata in vigore del presente decreto provvedono al necessario adeguamento organizzativo e gestionale, al fine di rispettare i requisiti ivi previsti, entro sei mesi dalla data di entrata in vigore del presente decreto. Alla verifica circa l'effettivo adeguamento di cui al precedente periodo provvede l'Autorità per le garanzie nelle comunicazioni, secondo quanto previsto dall'articolo 40. L'Autorità per le garanzie nelle comunicazioni, sulla base delle informazioni a sua disposizione, fornisce alla Commissione europea un elenco degli organismi di gestione collettiva con sede sul proprio territorio, e successivamente comunica alla Commissione europea qualsiasi modifica a tale elenco.

2. Fino all'adozione di nuove disposizioni attuative in tema di criteri di ripartizione dei compensi dovuti agli artisti interpreti ed esecutori, da adottarsi entro tre mesi dalla data di entrata in vigore del presente decreto, con decreto del Ministro dei beni e delle attività culturali e del turismo, continuano ad applicarsi, in quanto compatibili, le disposizioni di cui al decreto del Presidente del Consiglio dei ministri 17 gennaio 2014.

50. Abrogazioni. – 1. L'articolo 39, comma 3, del decreto-legge 24 gennaio 2012, n. 1, convertito, con modificazioni, dalla legge 24 marzo 2012, n. 27, a decorrere dalla data di entrata in vigore del presente decreto è abrogato.

2. Il decreto del Presidente del Consiglio dei ministri 19 dicembre 2012 è abrogato a decorrere dalla scadenza del termine di cui all'articolo 49, comma 1.

51. Clausola di invarianza finanziaria. – 1. Dall'attuazione del presente decreto non devono derivare nuovi o maggiori oneri per la finanza pubblica.

Il presente decreto, munito del sigillo dello Stato, sarà inserito nella Raccolta ufficiale degli atti normativi della Repubblica italiana. È fatto obbligo a chiunque spetti di osservarlo e di farlo osservare.

D.lg. 8 novembre 2021, n. 177

(G.U. 27 novembre 2021, n. 283)

Attuazione della direttiva (UE) 2019/790 del Parlamento europeo e del Consiglio, del 17 aprile 2019, sul diritto d'autore e sui diritti connessi nel mercato unico digitale e che modifica le direttive 96/9/CE e 2001/29/CE

1. Modificazioni alla legge 22 aprile 1941, n. 633 recante «Protezione del diritto d'autore e di altri diritti connessi al suo esercizio». – 1. Alla legge 22 aprile 1941, n. 633, sono apportate le seguenti modificazioni:

a) all'articolo 18-bis, comma 5, ultimo periodo, le parole «con la procedura di cui all'articolo 4 del decreto legislativo luogotenenziale 20 luglio 1945, n. 440» sono sostituite dalle seguenti: «dall'Autorità per le garanzie nelle comunicazioni secondo le procedure previste da apposito regolamento da adottare entro sessanta giorni dalla data di entrata in vigore della presente disposizione»;

b) dopo l'articolo 32-ter della legge 22 aprile 1941, n. 633, è inserito il seguente:

«Art. 32-quater. – 1. Alla scadenza della durata di protezione di un'opera delle arti visive, anche come individuate all'articolo 2, il materiale derivante da un atto di riproduzione di tale opera non è soggetto al diritto d'autore o a diritti connessi, salvo che costituisca un'opera originale. Restano ferme le disposizioni in materia di riproduzione dei beni culturali di cui al decreto legislativo 22 gennaio 2004, n. 42.»;

c) al Titolo I, Capo IV, Sezione II, della legge 22 aprile 1941, n. 633, dopo l'articolo 43 è inserito il seguente:

«Art. 43-bis. – 1. Agli editori di pubblicazioni di carattere giornalistico, sia in forma singola che associata o consorziata, sono riconosciuti per l'utilizzo online delle loro pubblicazioni di carattere giornalistico da parte di prestatori di servizi della società dell'informazione di cui all'articolo 1, comma 1, lett. b), del decreto legislativo 15 dicembre 2017, n. 223, comprese le imprese di media monitoring e rassegne stampa, i diritti esclusivi di riproduzione e comunicazione di cui agli articoli 13 e 16.

2. Per pubblicazione di carattere giornalistico si intende un insieme composto principalmente da opere letterarie di carattere giornalistico, che può includere altre opere e materiali protetti, come fotografie o videogrammi, e costituisce un singolo elemento all'interno di una pubblicazione periodica o regolarmente aggiornata, recante un titolo unico, quale un quotidiano o una rivista di interesse generale o specifico, con la funzione di informare il pubblico su notizie, o altri argomenti, pubblicata su qualsiasi mezzo di comunicazione sotto l'iniziativa, la responsabilità editoriale e il controllo di un editore o di un'agenzia di stampa. Ai fini del presente articolo le pubblicazioni periodiche a fini scientifici o accademici non sono considerate quali pubblicazioni di carattere giornalistico.

3. Per editori di pubblicazioni di carattere giornalistico si intendono i soggetti che, sia in forma singola che associata o consorziata, nell'esercizio di un'attività economica, editano le pubblicazioni di cui al comma 2, anche se stabiliti in un altro Stato membro.

4. Sono fatti salvi in ogni caso i diritti riconosciuti dalla presente legge a favore degli autori e degli altri titolari di diritti concernenti opere o altri materiali inclusi in una pubblicazione a carattere giornalistico, compreso il diritto di sfruttarli anche in forme diverse dalla pubblicazione a carattere giornalistico.

5. Quando un'opera o altri materiali protetti sono inclusi in una pubblicazione di carattere giornalistico sulla base di una licenza non esclusiva, i diritti di cui al comma 1 non possono essere invocati per impedire l'utilizzo da parte di altri utilizzatori autorizzati o per impedire l'utilizzo di opere o di altri materiali la cui protezione sia scaduta.

6. I diritti di cui al comma 1 non sono riconosciuti in caso di utilizzi privati o non commerciali delle pubblicazioni di carattere giornalistico da parte di singoli utilizzatori, né in caso di collegamenti ipertestuali o di utilizzo di singole parole o di estratti molto brevi di pubblicazioni di carattere giornalistico.

7. Per estratto molto breve di pubblicazione di carattere giornalistico si intende qualsiasi porzione di tale pubblicazione che non dispensi dalla necessità di consultazione dell'articolo giornalistico nella sua integrità.

8. Per l'utilizzo online delle pubblicazioni di carattere giornalistico i prestatori di servizi della società dell'informazione riconoscono ai soggetti di cui al comma 1 un equo compenso. Entro sessanta giorni dalla data di entrata in vigore della presente disposizione, l'Autorità per le garanzie nelle comunicazioni adotta un regolamento per l'individuazione dei criteri di riferimento per la determinazione dell'equo compenso di cui al primo periodo, tenendo conto, tra l'altro del numero di consultazioni online dell'articolo, degli anni di attività e della rilevanza sul mercato degli editori di cui al comma 3 e del numero di giornalisti impiegati, nonché dei costi sostenuti per investimenti tecnologici e infrastrutturali da entrambe le parti, e dei benefici economici derivanti, ad entrambe le parti, dalla pubblicazione quanto a visibilità e ricavi pubblicitari.

9. La negoziazione, per la stipula del contratto avente ad oggetto l'utilizzo dei diritti di cui al comma 1, tra i prestatori di servizi della società dell'informazione, comprese le imprese di media monitoring e rassegne stampa, e gli editori di cui al comma 3, è condotta tenendo conto anche dei criteri definiti dal regolamento di cui al comma 8. Nel corso della negoziazione i prestatori di servizi delle società dell'informazione non limitano la visibilità dei contenuti degli editori nei risultati di ricerca. L'ingiustificata limitazione di tali contenuti nella fase delle trattative può essere valutata ai fini della verifica del rispetto dell'obbligo di buona fede di cui all'articolo 1337 del codice civile.

10. Fermo restando il diritto di adire l'autorità giudiziaria ordinaria di cui al comma 11, se entro trenta giorni dalla richiesta di avvio del negoziato di una delle parti interessate non è raggiunto un accordo sull'ammontare del compenso, ciascuna delle parti può rivolgersi all'Autorità per le garanzie nelle comunicazioni per la determinazione dell'equo compenso, esplicitando nella richiesta la propria proposta economica. Entro sessanta giorni dalla richiesta della parte interessata, anche quando una parte, pur regolarmente convocata non si è presentata, l'Autorità indica, sulla base dei criteri stabiliti dal regolamento di cui al comma 8, quale delle proposte economiche formulate è conforme ai suddetti criteri oppure, qualora non reputi conforme nessuna delle proposte, indica d'ufficio l'ammontare dell'equo compenso.

11. Quando, a seguito della determinazione dell'equo compenso da parte dell'Autorità per le garanzie nelle comunicazioni, le parti non addivengono alla stipula del contratto, ciascuna parte può adire la sezione del giudice ordinario spe-

cializzata in materia di impresa, competente ai sensi dell'articolo 3, comma 1, lettera b), del decreto legislativo 27 giugno 2003, n. 168, anche al fine di esperire l'azione di cui all'articolo 9 della legge 18 giugno 1998, n. 192.

12. I prestatori di servizi della società dell'informazione, comprese le imprese di media monitoring e rassegne stampa, sono obbligati a mettere a disposizione, su richiesta della parte interessata, anche tramite gli organismi di gestione collettiva o entità di gestione indipendenti di cui al decreto legislativo 15 marzo 2017 n. 35, qualora mandatari, o dell'Autorità per le garanzie nelle comunicazioni, i dati necessari a determinare la misura dell'equo compenso. L'adempimento dell'obbligo di cui al primo periodo non esonera gli editori di cui al comma 3 dal rispetto della riservatezza delle informazioni di carattere commerciale, industriale e finanziario di cui sono venuti a conoscenza. Sull'adempimento dell'obbligo di informazione a carico dei prestatori di servizi vigila l'Autorità per le garanzie nelle comunicazioni. In caso di mancata comunicazione di tali dati entro trenta giorni dalla richiesta ai sensi del primo periodo, l'Autorità applica una sanzione amministrativa pecuniaria a carico del soggetto inadempiente fino all'uno per cento del fatturato realizzato nell'ultimo esercizio chiuso anteriormente alla notifica della contestazione. Per le sanzioni amministrative di cui al quarto periodo è escluso il beneficio del pagamento in misura ridotta previsto dall'articolo 16 della legge 24 novembre 1981, n. 689.

13. Gli editori di cui al comma 3, sia in forma singola che associata o consorziata, riconoscono agli autori degli articoli giornalistici una quota, compresa tra il 2 per cento e il 5 per cento, dell'equo compenso di cui al comma 8, da determinare, per i lavoratori autonomi, su base convenzionale. Per i lavoratori con rapporto di lavoro subordinato tale quota può essere determinata mediante accordi collettivi.

14. I diritti di cui al presente articolo si estinguono due anni dopo la pubblicazione dell'opera di carattere giornalistico. Tale termine è calcolato a decorrere dal 1° gennaio dell'anno successivo alla data di pubblicazione dell'opera di carattere giornalistico.

15. Le disposizioni di cui al presente articolo non si applicano alle pubblicazioni di carattere giornalistico pubblicate per la prima volta anteriormente al 6 giugno 2019.

16. Ai diritti di cui al comma 1 si applicano le disposizioni relative alle eccezioni e alle limitazioni previste dal Capo V del Titolo I, alle misure tecnologiche di protezione previste dal Titolo II-ter, alle difese e sanzioni giudiziarie di cui al Capo III del Titolo III, nonché l'articolo 2 della legge 20 novembre 2017 n. 167.»;

d) all'articolo 44, le parole «ed il direttore artistico» sono sostituite dalle seguenti: «, il direttore artistico e il traduttore»;

e) all'articolo 46, il quarto comma è sostituito dal seguente:

«Gli autori del soggetto e della sceneggiatura, il direttore artistico, gli adattatori dei dialoghi, i direttori del doppiaggio e i traduttori, nonché gli artisti interpreti e esecutori, primari e comprimari, inclusi i doppiatori, hanno diritto a ricevere un ulteriore compenso in misura percentuale sugli incassi derivanti dalle proiezioni pubbliche dell'opera. Tale compenso è irrinunciabile e le relative forme ed entità sono stabilite con accordi tra le categorie interessate.».

f) all'articolo 46-bis:

1) al comma 1, le parole «un equo compenso» sono sostituite dalle seguenti «un compenso adeguato e proporzionato»;

2) al comma 3, le parole «un equo compenso» sono sostituite dalle seguenti «un compenso adeguato e proporzionato»;

3) al comma 4, le parole «con la procedura di cui all'articolo 4 del decreto legislativo luogotenenziale 20 luglio 1945, n. 440» sono sostituite dalle seguenti: «dall'Autorità per le garanzie nelle comunicazioni secondo le procedure previste da apposito regolamento da adottare entro sessanta giorni dall'entrata in vigore della presente disposizione»;

g) all'articolo 68, dopo il comma 2 è inserito il seguente:

«2-bis. Gli istituti di tutela del patrimonio culturale di cui all'articolo 70-ter, comma 3, per finalità di conservazione e nella misura a tal fine necessaria, hanno sempre il diritto di riprodurre e realizzare copie di opere o di altri materiali protetti, presenti in modo permanente nelle loro raccolte, in qualsiasi formato e su qualsiasi supporto. È nulla qualsiasi pattuizione avente ad oggetto limitazioni o esclusioni di tale diritto.»;

h) all'articolo 69-quater, il comma 12 è abrogato;

i) dopo l'articolo 70, sono inseriti i seguenti:

«Art. 70-bis. – 1. Sono liberi il riassunto, la citazione, la riproduzione, la traduzione e l'adattamento di brani o di parti di opere e di altri materiali e la loro comunicazione al pubblico se effettuati con mezzi digitali, esclusivamente per finalità illustrative ad uso didattico, nei limiti di quanto giustificato dallo scopo non commerciale perseguito, nonché sotto la responsabilità di un istituto di istruzione, nei suoi locali o in altro luogo o in un ambiente elettronico sicuro, accessibili solo al personale docente di tale istituto e agli alunni o studenti iscritti al corso di studi in cui le opere o gli altri materiali sono utilizzati.

2. Il riassunto, la citazione e la riproduzione di brani o di parti di opere e di altri materiali e la loro comunicazione al pubblico sono sempre accompagnati dalla menzione del titolo dell'opera, dei nomi dell'autore, dell'editore e del traduttore, qualora tali indicazioni figurino sull'opera.

3. L'eccezione di cui al comma 1 non si applica al materiale destinato principalmente al mercato dell'istruzione e agli spartiti e alle partiture musicali quando sono disponibili sul mercato opportune licenze volontarie che autorizzano gli utilizzi ivi previsti e quando tali licenze rispondono alle necessità e specificità degli istituti di istruzione e sono da questi facilmente conoscibili ed accessibili.

4. Gli utilizzi di opere e di altri materiali di cui al comma 1 aventi luogo in Italia da parte di un istituto di istruzione che ha sede in un altro Stato membro si intendono effettuati esclusivamente nel suddetto Stato membro.

5. Sono nulle le pattuizioni contrarie a quanto previsto dal presente articolo.

Art. 70-ter. – 1. Sono consentite le riproduzioni compiute da organismi di ricerca e da istituti di tutela del patrimonio culturale, per scopi di ricerca scientifica, ai fini dell'estrazione di testo e di dati da opere o da altri materiali disponibili in reti o banche di dati cui essi hanno lecitamente accesso, nonché la comunicazione al pubblico degli esiti della ricerca ove espressi in nuove opere originali.

2. Ai fini della presente legge per estrazione di testo e di dati si intende qualsiasi tecnica automatizzata volta ad analizzare grandi quantità di testi, suoni, immagini, dati o metadati in formato digitale con lo scopo di generare informazioni, inclusi modelli, tendenze e correlazioni.

3. Ai fini della presente legge per istituti di tutela del patrimonio culturale si intendono le biblioteche, i musei, gli archivi, purché aperti al pubblico o accessibili al pubblico, inclusi quelli afferenti agli istituti di istruzione, agli organismi di ricerca e agli organismi di radiodiffusione pubblici, nonché gli istituti per la tutela del patrimonio cinematografico e sonoro e gli organismi di radiodiffusione pubblici.

4. Ai fini della presente legge, per organismi di ricerca si intendono le università, comprese le relative biblioteche, gli istituti di ricerca o qualsiasi altra entità il cui obiettivo primario è quello di condurre attività di ricerca scientifica o di svolgere attività didattiche che includano la ricerca scientifica, che alternativamente:

a) operino senza scopo di lucro o il cui statuto prevede il reinvestimento degli utili nelle attività di ricerca scientifica, anche in forma di partenariato pubblico-privato;

b) perseguano una finalità di interesse pubblico riconosciuta da uno Stato membro dell'Unione europea.

5. Non si considerano organismi di ricerca quelli sui quali è esercitata da imprese commerciali un'influenza determinante tale da consentire un accesso su base preferenziale ai risultati generati dalle attività di ricerca scientifica.

6. Le copie di opere o di altri materiali realizzate in conformità al comma 1 sono memorizzate con un adeguato livello di sicurezza e possono essere conservate e utilizzate unicamente per scopi di ricerca scientifica, inclusa la verifica dei risultati della ricerca.

7. I titolari dei diritti sono autorizzati ad applicare, in misura non eccedente a quanto necessario allo scopo, misure idonee a garantire la sicurezza e l'integrità delle reti e delle banche dati in cui sono ospitati le opere o gli altri materiali.

8. Le misure di cui ai commi 6 e 7 possono essere definite anche sulla base di accordi tra le associazioni dei titolari dei diritti, gli istituti di tutela del patrimonio culturale e gli organismi di ricerca.

9. Sono nulle le pattuizioni in contrasto con i commi 1, 6 e 7 del presente articolo.

Art. 70-quater. – 1. Fermo restando quanto previsto dall'articolo 70-ter, sono consentite le riproduzioni e le estrazioni da opere o da altri materiali contenuti in reti o in banche di dati cui si ha legittimamente accesso ai fini dell'estrazione di testo e di dati.

L'estrazione di testo e di dati è consentita quando l'utilizzo delle opere e degli altri materiali non è stato espressamente riservato dai titolari del diritto d'autore e dei diritti connessi nonché dai titolari delle banche dati.

2. Le riproduzioni e le estrazioni eseguite ai sensi del comma 1 possono essere conservate solo per il tempo necessario ai fini dell'estrazione di testo e di dati.

3. Per lo svolgimento delle attività di cui al presente articolo sono in ogni caso garantiti livelli di sicurezza non inferiori a quelli definiti per lo svolgimento delle attività di cui all'articolo 70-ter.

Art. 70-quinquies. – 1. L'editore al quale un autore ha trasferito o concesso l'utilizzo di un diritto mediante contratto di trasferimento o licenza ha diritto a una quota, comunque non superiore al 50 per cento, del compenso previsto a favore dell'autore per gli utilizzi dell'opera in virtù di qualsiasi eccezione o limitazione al diritto trasferito o concesso. Tale quota può essere determinata da accordi collettivi, fermo restando il rispetto del limite di cui al primo periodo.

2. La disposizione di cui al comma 1 si applica senza pregiudizio del diritto di prestito di cui all'articolo 69.

Art. 70-sexies. – 1. Quando sono applicate le misure tecnologiche di cui all'articolo 102-quater, anche in base ad accordi o a provvedimenti dell'autorità amministrativa o giudiziaria, i soggetti di cui agli articoli 70-bis, comma 1, e 70-ter, commi 3 e 4, che hanno acquisito il possesso legittimo di esemplari dell'opera o del materiale protetto, oppure vi hanno avuto accesso legittimo, hanno diritto di estrarne una copia alle condizioni, con i limiti e per le finalità previste dai suddetti articoli, purché tale estrazione di copia non sia in contrasto con lo sfruttamento normale dell'opera o degli altri materiali, e a condizione che non arrechi un ingiustificato pregiudizio ai titolari dei diritti.»;

l) all'articolo 80 sono apportate le seguenti modificazioni:

1) al comma 1, dopo le parole «le altre persone» sono inserite le seguenti: «, inclusi i doppiatori»;

2) al comma 2:

2.1) alla lettera d) sono inserite, in fine, le seguenti parole: «e, secondo apposite clausole contrattuali, in caso di cessione del diritto a un produttore di fonogrammi, di ottenere la corrispondente equa remunerazione, adeguata e proporzionata, anche per il tramite degli organismi di gestione collettiva e delle entità di gestione indipendente»;

2.2) alla lettera f), ultimo periodo, le parole «l'IMAIE e le associazioni sindacali competenti della confederazione degli industriali» sono sostituite dalle seguenti: «i soggetti interessati» e le parole «con la procedura di cui all'articolo 4 del decreto legislativo luogotenenziale 20 luglio 1945, n. 440» sono sostituite dalle seguenti: «dall'Autorità per le garanzie nelle comunicazioni secondo le procedure previste da apposito regolamento da adottare entro sessanta giorni dalla data di entrata in vigore della presente disposizione»;

m) all'articolo 84 sono apportate le seguenti modificazioni:

1) al comma 2, dopo le parole «opera cinematografica e assimilata», ovunque ricorrano, sono inserite le seguenti: «, ivi inclusa l'opera teatrale trasmessa» e le parole «un equo compenso» sono sostituite dalle seguenti: «un compenso adeguato e proporzionato»;

2) al comma 3, dopo le parole «opere cinematografiche e assimilate», sono inserite le seguenti: «, ivi incluse le opere teatrali trasmesse» e le parole «un equo compenso» sono sostituite dalle seguenti: «un compenso adeguato e proporzionato»;

3) al comma 4, le parole «l'istituto mutualistico artisti interpreti esecutori e le associazioni sindacali competenti della confederazione degli industriali» sono sostituite dalle seguenti: «i soggetti interessati» e le parole «con la procedura di cui all'articolo 4 del decreto legislativo luogotenenziale 20 luglio 1945, n. 440» sono sostituite dalle seguenti: «dall'Autorità per le garanzie nelle comunicazioni secondo le procedure previste da apposito regolamento da adottare entro sessanta giorni dalla data di entrata in vigore della presente disposizione»;

n) dopo il Titolo II-ter della legge 22 aprile 1941, n. 633, è inserito il seguente: «Titolo II-quater – Utilizzo di contenuti protetti da parte dei prestatori di servizi di condivisione di contenuti online

Art. 102-sexies. – 1. Ai fini del presente Titolo si intende per prestatore di servizi di condivisione di contenuti online un prestatore di servizi della società dell'informazione che presenta cumulativamente i seguenti requisiti:

a) ha come scopo principale, o tra i principali scopi, di memorizzare e dare accesso al pubblico a grandi quantità di opere o di altri materiali protetti dal diritto d'autore;

b) le opere o gli altri materiali protetti sono caricati dai suoi utenti;

c) le opere o gli altri materiali protetti sono organizzati e promossi allo scopo di trarne profitto direttamente o indirettamente.

2. Non sono considerati prestatori di servizi di condivisione di contenuti online ai sensi del presente Titolo quelli che danno accesso alle enciclopedie online senza scopo di lucro, ai repertori didattici o scientifici senza scopo di lucro, nonché le piattaforme di sviluppo e di condivisione di software open source, i fornitori di servizi di comunicazione elettronica, i prestatori di mercati online, di servizi cloud da impresa a impresa e di servizi cloud che consentono agli utenti di caricare contenuti per uso personale, salvo che il mercato online o il servizio cloud consenta di condividere opere protette dal diritto d'autore tra più utenti.

3. I prestatori di servizi di condivisione di contenuti online, quando concedono l'accesso al pubblico a opere protette dal diritto d'autore o ad altri materiali protetti caricati dai loro utenti, compiono un atto di comunicazione al pubblico o un atto di messa a disposizione del pubblico per i quali devono ottenere un'autorizzazione dai titolari dei diritti, anche mediante la conclusione di un accordo di licenza, ottenuta direttamente o tramite gli organismi di gestione collettiva e le entità di gestione indipendente di cui al decreto legislativo del 15 marzo 2017, n. 35.

4. L'autorizzazione di cui al comma 3 include gli atti compiuti dagli utenti che caricano sulla piattaforma del prestatore di servizi opere protette dal diritto d'autore quando non agiscono per scopi commerciali o la loro attività non genera ricavi significativi.

5. Non si applica la limitazione di responsabilità di cui all'articolo 16 del decreto legislativo 9 aprile 2003, n. 70, ai casi di cui al presente Titolo.

Art. 102-septies. – 1. I prestatori di servizi di condivisione di contenuti online, in mancanza dell'autorizzazione di cui all'articolo 102-sexies, sono responsabili per gli atti non autorizzati di comunicazione al pubblico e di messa a disposizione del pubblico di opere e di altri materiali protetti dal diritto d'autore, salvo che dimostrino di avere soddisfatto cumulativamente le seguenti condizioni:

a) aver compiuto i massimi sforzi per ottenere un'autorizzazione secondo elevati standard di diligenza professionale di settore;

b) aver compiuto, secondo elevati standard di diligenza professionale di settore i massimi sforzi per assicurarsi che non sono rese disponibili opere e altri materiali specifici per i quali hanno ricevuto le informazioni pertinenti e necessarie dai titolari dei diritti;

c) avere, dopo la ricezione di una segnalazione sufficientemente motivata da parte dei titolari dei diritti, tempestivamente disabilitato l'accesso o rimosso dai propri siti web le opere o gli altri materiali oggetto di segnalazione e aver compiuto, secondo il livello di diligenza richiesto alla lettera b), i massimi sforzi per impedirne il caricamento in futuro.

2. Per stabilire, secondo il principio di proporzionalità, se il prestatore di servizi di condivisione di contenuti online è esente da responsabilità, sono presi in considerazione, con valutazione caso per caso, anche la tipologia, il pubblico e la dimensione del servizio e la tipologia di opere o di altri materiali caricati dagli utenti del servizio, nonché la disponibilità di strumenti adeguati ed efficaci e il relativo costo per i prestatori di servizi. In ogni caso, non è esente da responsabilità il prestatore di servizi di condivisione di contenuti online che pratica o facilita la pirateria in materia di diritto d'autore.

3. I prestatori di servizi di condivisione di contenuti online forniscono tempestivamente ai titolari dei diritti, su richiesta di questi ultimi, informazioni complete e adeguate sulle modalità di attuazione delle disposizioni di cui al comma 1 e, quando sono stati conclusi accordi di licenza tra i prestatori di servizi e i titolari dei diritti, informazioni sull'utilizzo dei contenuti oggetto degli accordi.

4. L'applicazione delle disposizioni del presente Titolo non comporta un obbligo generale di sorveglianza.

Art. 102-octies. – 1. I nuovi prestatori di servizi di condivisione di contenuti online, che operano nel mercato dell'Unione europea da meno di tre anni e hanno un fatturato annuo inferiore a 10 milioni di euro, calcolati in conformità alla raccomandazione 2003/361/CE della Commissione europea 6 maggio 2003 relativa alla definizione delle microimprese, piccole e medie imprese, sono responsabili ai sensi dell'articolo 102-septies salvo che dimostrino cumulativamente di aver compiuto i massimi sforzi per ottenere un'autorizzazione e di avere, in seguito alla ricezione di una segnalazione sufficientemente circostanziata, tempestivamente disabilitato l'accesso alle opere o ad altri materiali segnalati o aver rimosso dai propri siti web tali opere o altri materiali.

2. I prestatori di servizi di cui al comma 1 che hanno un numero medio di visitatori unici mensili riferiti all'anno solare precedente superiore a 5 milioni, per l'esenzione di responsabilità di cui al comma 1 devono dimostrare altresì di aver compiuto i massimi sforzi per impedire il futuro caricamento di opere o di altri materiali segnalati per i quali i titolari dei diritti hanno fornito informazioni pertinenti e necessarie.

Art. 102-nonies. – 1. La cooperazione tra i prestatori di servizi di condivisione di contenuti online e i titolari dei diritti non pregiudica la disponibilità delle opere o di altri materiali caricati dagli utenti nel rispetto del diritto d'autore e dei diritti connessi, incluso il caso in cui tali opere o altri materiali siano oggetto di un'eccezione o limitazione.

2. Gli utenti, quando caricano e mettono a disposizione contenuti da loro generati tramite un prestatore di servizi di condivisione di contenuti online, possono avvalersi delle seguenti eccezioni o limitazioni al diritto d'autore e ai diritti connessi:

a) citazione, critica, recensione;

b) utilizzo a scopo di caricatura, parodia o pastiche.

3. I prestatori di servizi di condivisione di contenuti online informano i propri utenti, tramite la comunicazione dei loro termini e condizioni del servizio, della possibilità di utilizzare opere e altri materiali avvalendosi delle eccezioni o delle limitazioni al diritto d'autore e ai diritti connessi.

4. L'applicazione delle disposizioni del presente Titolo non comporta l'identificazione dei singoli utenti né il trattamento dei dati personali, ferma restando l'applicazione del regolamento (UE) 2016/679 del Parlamento europeo e del Consiglio del 27 aprile 2016 e del decreto legislativo 30 giugno 2003, n. 196.

Art. 102-decies. – 1. Quando i titolari dei diritti chiedono al prestatore di servizi di condivisione di contenuti online di disabilitare l'accesso a loro specifiche opere o ad altri materiali o di rimuoverli, indicano i motivi della richiesta. Le decisioni sulla richiesta di disabilitazione o la rimozione dei contenuti sono soggette a verifica umana. Il prestatore dà immediata comunicazione agli utenti dell'avvenuta disabilitazione o rimozione.

2. I prestatori di servizi di condivisione di contenuti online istituiscono e rendono disponibili agli utenti dei servizi meccanismi di reclamo celeri ed efficaci per la contestazione della decisione di disabilitazione dell'accesso o di rimozione di specifiche opere o di altri materiali da essi caricati. A tal fine l'Autorità per le garanzie nelle comunicazioni adotta apposite linee guida.

3. Nelle more della decisione sul reclamo, i contenuti in contestazione rimangono disabilitati.

4. La decisione adottata dal prestatore di servizi di condivisione di contenuti online a seguito del reclamo di cui al comma 2 può essere contestata con ricorso presentato all'Autorità per le garanzie nelle comunicazioni, secondo le modalità da essa definite tramite regolamento, da adottare entro sessanta giorni dalla data di entrata in vigore della presente disposizione. È fatto salvo il diritto di ricorrere all'autorità giudiziaria.»;

o) dopo il Titolo II-quater della legge 22 aprile 1941, n. 633, è inserito il seguente:

«Titolo II-quinquies – Utilizzi di opere e altri materiali fuori commercio

Art. 102-undecies. – 1. Un'opera o altri materiali sono da considerare fuori commercio quando si può presumere in buona fede che l'intera opera o gli altri materiali non sono disponibili al pubblico tramite i consueti canali commerciali all'interno dell'Unione europea, in qualsiasi versione o supporto di memorizzazione. Si presumono fuori commercio le opere non disponibili nei canali commerciali da almeno dieci anni. Con decreto del Ministro della cultura possono essere individuati ulteriori requisiti specifici ai fini della definizione delle opere fuori commercio, previa consultazione con i titolari dei diritti, gli organismi di gestione collettiva e gli istituti di tutela del patrimonio culturale.

2. Gli istituti di tutela del patrimonio culturale di cui all'articolo 70-ter, comma 3, nel determinare se un'opera o altri materiali, presenti in modo permanente nelle loro raccolte, sono fuori commercio ne valutano la disponibilità effettiva nei canali commerciali abituali, compiendo un ragionevole sforzo secondo i principi di buona fede e correttezza professionale mediante la consultazione delle fonti d'informazione appropriate, e tenendo conto delle caratteristiche dell'opera o degli altri materiali e di elementi sufficienti facilmente accessibili sulla loro futura disponibilità nei canali commerciali abituali.

3. Quando nel corso della verifica svolta all'interno dell'Unione europea sulla disponibilità commerciale, emergono elementi per ritenere che informazioni pertinenti sulla disponibilità dell'opera in commercio devono essere acquisite in Paesi terzi, si procede ad una verifica della effettiva disponibilità in tali paesi.

4. Quando le opere o gli altri materiali sono stati pubblicati o comunicati al pubblico in più lingue, la valutazione della effettiva disponibilità nei canali commerciali abituali ha rilevanza ai fini della licenza solo in relazione alla lingua o alle lingue per le quali la valutazione è stata effettuata.

5. Le disposizioni del presente Titolo non si applicano agli insiemi di opere o di altri materiali fuori commercio composti prevalentemente da:

a) opere o altri materiali diversi dalle opere cinematografiche o audiovisive, pubblicati o trasmessi per la prima volta in un paese terzo;

b) opere cinematografiche o audiovisive i cui produttori hanno sede o residenza abituale in un paese terzo;

c) opere o altri materiali di cittadini di paesi terzi, per i quali non è ragionevolmente possibile indicare uno Stato membro dell'Unione europea o un paese terzo ai sensi delle lettere a) e b).

6. In deroga al comma 5, le disposizioni del presente Titolo si applicano quando l'organismo di gestione collettiva, coinvolto nel rilascio della licenza ai sensi dell'articolo 102-duodecies, è sufficientemente rappresentativo dei titolari dei diritti nel paese terzo.

Art. 102-duodecies. – 1. Quando l'istituto di tutela del patrimonio culturale accerta, secondo i criteri di cui all'articolo 102-undecies, che l'opera o gli altri materiali sono fuori commercio, richiede all'organismo di gestione collettiva di cui al decreto legislativo 15 marzo 2017, n. 35 rappresentativo dei titolari dei diritti per tipologia di opera o di diritto oggetto della licenza, il rilascio di una licenza non esclusiva a fini non commerciali per la riproduzione, la distribuzione, la comunicazione al pubblico o la messa a disposizione del pubblico dell'opera o degli altri materiali, concordando, quando possibile, l'ambito di applicazione territoriale della licenza. Alla richiesta deve essere allegata la documentazione relativa alla verifica della disponibilità sui canali commerciali abituali effettuata dall'istituto di tutela del patrimonio culturale richiedente.

2. Il rilascio della licenza non esclusiva di cui al comma 1 compete all'organismo di gestione collettiva dello Stato in cui ha sede l'istituto di tutela del patrimonio culturale, quando il titolare dei diritti ha affidato a quell'organismo di gestione il mandato per la gestione delle opere o di altri materiali. In caso di pluralità di autori, i quali hanno conferito il mandato a più organismi di gestione collettiva, la legittimazione al rilascio della licenza compete a ciascuno di essi, previa comunicazione agli altri.

3. Quando il titolare dei diritti non ha conferito il mandato ad alcun organismo di gestione collettiva, il rilascio della licenza di cui al comma 1 compete all'organismo di gestione collettiva che a livello nazionale, sulla base dei mandati ricevuti, è sufficientemente rappresentativo dei titolari di diritti nel pertinente tipo di opere o di altri materiali e nella tipologia di diritti oggetto della licenza e garantisce parità di trattamento a tutti i titolari dei diritti in riferimento alle condizioni di licenza, con gli stessi criteri impiegati nei confronti dei propri associati. Nel caso di pluralità di organismi di gestione collettiva, il rilascio della licenza compete ai tre organismi maggiormente rappresentativi per ciascuna categoria di titolari.

4. Nei casi in cui non esistono organismi di gestione collettiva sufficientemente rappresentativi dei titolari di diritti su banche di dati e programmi per elaboratore, gli istituti di tutela del patrimonio culturale hanno la facoltà di riprodurre e comunicare al pubblico, nonché estrarre, tradurre, adattare, adeguare e modificare le opere o altri materiali che siano fuori commercio e presenti in modo permanente nelle loro raccolte, per consentirne la messa a disposizione, a fini non commerciali, a condizione che sia indicato il nome dell'autore o di qualsiasi altro titolare di diritti individuabile, salvo in caso di impossibilità, e che siano messe a disposizione su siti web non commerciali.

5. Gli utilizzi di opere e di altri materiali di cui al comma 4 aventi luogo in Italia da parte di un istituto di tutela del patrimonio culturale che ha sede in un altro Stato membro si intendono effettuati esclusivamente nel suddetto Stato membro.

Art. 102-terdecies. – 1. L'organismo di gestione collettiva cui è stata presentata la richiesta di una licenza non esclusiva a fini non commerciali per la riproduzione, la distribuzione, la comunicazione al pubblico o la messa a disposizione del pubblico di opere o di altri materiali fuori commercio informa tutti i titolari dei diritti e accerta l'adeguatezza della verifica della disponibilità nei canali commerciali abituali. Quando accerta la non adeguatezza della verifica chiede ulteriori elementi all'istituto di tutela del patrimonio culturale, in mancanza dei quali rigetta la richiesta.

Quando accerta l'adeguatezza della verifica, comunica la richiesta di licenza al Ministero della cultura, che la pubblica nel proprio sito istituzionale.

2. Trascorsi trenta giorni dalla data di pubblicazione, l'organismo di gestione collettiva, in mancanza di opposizione da parte dei titolari dei diritti, rilascia la licenza e ne dà comunicazione, unitamente a tutte le informazioni pertinenti, al portale unico europeo gestito dall'Ufficio dell'Unione europea per la proprietà intellettuale che procede alla pubblicazione della licenza. Sono pertinenti le informazioni relative all'identificazione dell'opera o degli altri materiali fuori commercio oggetto della licenza e alle facoltà attribuite ai titolari dei diritti ai sensi dell'articolo 102-quaterdecies, nonché, quando disponibili e ove opportuno, quelle sulle parti della licenza, i territori interessati e gli utilizzi.

3. I diritti di utilizzo conferiti dalla licenza possono essere esercitati decorsi sei mesi dalla data di pubblicazione sul portale unico di cui al comma 2.

Art. 102-quaterdecies. – 1. I titolari dei diritti hanno facoltà di escludere in qualunque momento le opere o gli altri materiali dall'applicazione del meccanismo di concessione delle licenze previsto dall'articolo 102-duodecies, dandone comunicazione all'organismo di gestione collettiva, sia prima del rilascio della licenza sia successivamente o all'inizio dell'utilizzo da parte dell'istituto di tutela del patrimonio culturale. Se l'esclusione interviene dopo il rilascio della licenza, l'organismo di gestione collettiva la revoca e ne dà comunicazione all'istituto di tutela del patrimonio culturale e al Ministero della cultura. La revoca non pregiudica il legittimo utilizzo effettuato dal licenziatario fino alla ricezione della sua comunicazione e, in caso di pregiudizio economico conseguente a un particolare utilizzo, il titolare del diritto mantiene il diritto di chiedere il relativo indennizzo.

2. Le comunicazioni e pubblicazioni previste dall'articolo 102-terdecies, commi 1 e 2, sono effettuate anche in caso di revoca della licenza conseguente all'esercizio della facoltà di esclusione di cui al comma 1.

3. I titolari dei diritti hanno facoltà di escludere in qualunque momento le proprie opere dall'applicazione dell'eccezione di cui all'articolo 102-duodecies, comma 4, dandone comunicazione all'istituto di tutela del patrimonio culturale successivamente alla comunicazione sul portale unico europeo di cui al comma 4 oppure successivamente alla messa a disposizione dell'opera sul sito web utilizzato dall'istituto. L'esclusione non pregiudica il legittimo utilizzo effettuato dall'istituto dopo la pubblicazione sul sito web fino alla ricezione della sua comunicazione.

4. La pubblicazione sul sito web dell'opera deve essere preceduta dalla comunicazione al portale unico europeo gestito dall'Ufficio dell'Unione europea per la proprietà intellettuale e gli utilizzi consentiti in virtù dell'operatività dell'eccezione di cui all'articolo 102-duodecies, comma 4, possono avere inizio solo decorsi sei mesi dalla data di pubblicazione sul portale unico.

Art. 102-quinquiesdecies. – 1. Una licenza rilasciata, ai sensi e per gli effetti del presente Titolo, avente ad oggetto opere o altri materiali fuori commercio in Italia o in un Paese dell'Unione europea, può consentire l'utilizzo delle opere o degli altri materiali fuori commercio da parte dell'istituto di tutela del patrimonio culturale in qualsiasi Stato membro dell'Unione europea, fatti salvi i limiti territoriali convenzionalmente stabiliti.

Art. 102-sexiesdecies. – 1. Quando un'opera risulta al contempo fuori commercio, ai sensi degli articoli da 102-undecies a 102-quinquiesdecies, e orfana, ai sensi dell'articolo 69-quater, si applicano per il suo utilizzo le disposizioni del presente Titolo.

2. Quando prima di essere dichiarata fuori commercio l'opera è stata utilizzata quale opera orfana, il titolare dei diritti può chiedere l'equo compenso ai soggetti di cui all'articolo 69-bis relativamente a tale periodo di utilizzazione.

Art. 102-septiesdecies. – 1. Il Ministero della cultura promuove un regolare dialogo tra gli organismi rappresentativi degli utilizzatori e dei titolari di diritti, inclusi gli organismi di gestione collettiva e qualunque altra organizzazione rappresentativa di interessi per i singoli settori, al fine di favorire l'applicazione delle procedure di concessione delle licenze per le opere fuori commercio e di garantire l'efficacia delle misure di salvaguardia per i titolari dei diritti.»;

p) all'articolo 107, dopo il primo comma è aggiunto il seguente:

«Gli autori, gli adattatori dei dialoghi, i direttori del doppiaggio e gli artisti interpreti e esecutori, inclusi i doppiatori, che concedono in licenza o trasferiscono i propri diritti esclusivi per lo sfruttamento delle loro opere o di altri materiali protetti hanno il diritto, direttamente o tramite gli organismi di gestione collettiva e le entità di gestione indipendenti di cui al decreto legislativo 15 marzo 2017 n. 35 cui abbiano conferito apposito mandato, a una remunerazione adeguata e proporzionata al valore dei diritti concessi in licenza o trasferiti, nonché commisurata ai ricavi che derivano dal loro sfruttamento, anche tenendo conto, in quanto pertinenti, della particolarità del settore di riferimento e dell'esistenza di accordi di contrattazione collettiva, fatto salvo il diritto al compenso previsto da altre disposizioni di legge, ivi incluse quelle di cui agli articoli 46-bis e 84. Sono nulle le pattuizioni contrarie a quanto previsto dal presente comma. È ammessa una remunerazione forfettaria per l'autore o l'artista quando il suo contributo all'opera o all'esecuzione ha carattere meramente accessorio e i costi delle operazioni di calcolo sono sproporzionati allo scopo.».

q) dopo l'articolo 110-bis, sono inseriti i seguenti:

«Art. 110-ter. – 1. In caso di difficoltà nel raggiungere un accordo contrattuale per la concessione di una licenza per lo sfruttamento delle opere audiovisive su servizi di video on demand, ciascuna delle parti, ai fini della definizione dell'accordo, può chiedere l'assistenza dell'Autorità per le garanzie nelle comunicazioni, che fornisce indicazioni sulle opportune soluzioni negoziali, anche con riferimento alla determinazione del compenso dovuto.

Art. 110-quater. – 1. I soggetti ai quali sono stati concessi in licenza o trasferiti i diritti e i loro aventi causa hanno l'obbligo di fornire agli autori e artisti interpreti e esecutori, anche tramite gli organismi di gestione collettiva e le entità di gestione indipendenti di cui al decreto legislativo 15 marzo 2017 n. 35, con cadenza almeno semestrale, informazioni aggiornate, pertinenti e complete sullo sfruttamento delle opere e prestazioni artistiche, e la remunerazione dovuta. In particolare:

a) l'identità di tutti soggetti interessati dalle cessioni o licenze, ivi inclusi gli utilizzatori secondari di opere e prestazioni che abbiano stipulato accordi con i contraenti diretti di autori e artisti interpreti o esecutori;

b) le modalità di sfruttamento delle opere e delle prestazioni artistiche;

c) i ricavi generati da tali sfruttamenti, ivi inclusi introiti pubblicitari e di merchandising, e la remunerazione contrattualmente dovuta, secondo quanto stabilito negli accordi di concessione di licenza o trasferimento dei diritti;

d) con riferimento specifico ai fornitori di servizi di media audiovisivi non lineari, i numeri di acquisti, visualizzazioni, abbonati.

2. L'adempimento dell'obbligo di cui al comma 1 è richiesto in misura proporzionata ed effettiva per garantire un livello elevato di trasparenza in ogni settore. Resta fermo l'obbligo dei soggetti che hanno ricevuto le informazioni del rispetto della riservatezza delle stesse, in particolare di quelle che costituiscono dati aziendali e informazioni commerciali sensibili, anche attraverso la sottoscrizione di accordi di riservatezza.

3. Quando il cessionario o il licenziatario dei diritti di cui al comma 1 concede i medesimi diritti in licenza a terzi, gli autori e gli artisti interpreti o esecutori hanno diritto di ricevere, anche tramite gli organismi di gestione collettiva e le entità di gestione indipendenti di cui al decreto legislativo 15 marzo 2017 n. 35, informazioni supplementari direttamente da parte dei sublicenziatari, se la loro prima controparte contrattuale non detiene tutte le informazioni necessarie. A tale fine la prima controparte contrattuale fornisce informazioni sull'identità dei sublicenziatari. Per le opere cinematografiche e audiovisive la richiesta di informazioni può essere effettuata dagli aventi diritto anche indirettamente tramite la controparte contrattuale dell'autore e artista interprete o esecutore.

4. Sull'adempimento degli obblighi di comunicazione e di informazione cui ai commi 1, 2 e 3, vigila l'Autorità per le garanzie nelle comunicazioni che, in caso di violazione di tali obblighi, applica una sanzione amministrativa pecuniaria a carico del soggetto inadempiente fino all'1 per cento del fatturato realizzato nell'ultimo esercizio chiuso anteriormente alla notifica della contestazione. Per le sanzioni amministrative di cui al primo periodo è escluso il beneficio del pagamento in misura ridotta previsto dall'articolo 16 della legge 24 novembre 1981, n. 689. In ogni caso la mancata comunicazione delle informazioni di cui ai commi 1, 2 e 3 costituisce una presunzione legale di inadeguatezza del compenso in favore dei titolari dei diritti.

5. Si applicano le regole di trasparenza degli accordi collettivi che soddisfano le condizioni di cui ai commi 1, 2 e 3 ai contratti che ne sono regolati.

6. Agli organismi di gestione collettiva e alle entità di gestione indipendenti di cui all'articolo 2, commi 1 e 2, del decreto legislativo 15 marzo 2017, n. 35 si applica l'articolo 24 del medesimo decreto quanto agli obblighi di informazione di cui al presente articolo.

7. Le disposizioni del presente articolo si applicano a decorrere dal 7 giugno 2022.

Art. 110-quinquies. – 1. Fatto salvo quanto stabilito in materia dagli accordi collettivi, gli autori e gli artisti interpreti o esecutori, direttamente o tramite gli organismi di gestione collettiva o entità di gestione indipendenti di cui al decreto legislativo 15 marzo 2017 n. 35, hanno diritto a una remunerazione ulteriore, adeguata ed equa, dalla parte con cui hanno stipulato un contratto per lo sfruttamento dei diritti o dai suoi aventi causa, se la remunerazione concordata si rivela sproporzionatamente bassa rispetto ai proventi originati nel tempo dallo sfruttamento delle loro opere o prestazioni artistiche, considerate tutte le possibili tipologie di proventi derivanti dallo sfruttamento dell'opera o prestazione artistica, a qualsiasi titolo e in qualsiasi forma, ivi inclusa la messa a disposizione dei fonogrammi online.

2. Le disposizioni di cui al comma 1 non si applicano ai contratti conclusi dagli organismi di gestione collettiva e dalle entità di gestione indipendenti di cui all'articolo 2, commi 1 e 2, del decreto legislativo 15 marzo 2017, n. 35.

Art. 110-sexies. – 1. Per la risoluzione delle controversie aventi ad oggetto gli obblighi di trasparenza di cui all'articolo 110-quater e il meccanismo di adeguamento contrattuale di cui all'articolo 110-quinques, ciascuna delle parti può rivolgersi all'Autorità per le garanzie nelle comunicazioni, che risolve la controversia nel termine di novanta giorni dalla richiesta, in conformità a quanto stabilito da apposito regolamento, da adottare entro sessanta giorni dalla data di entrata in vigore della presente disposizione, fermo restando il diritto di adire l'autorità giudiziaria.

2. La procedura di risoluzione della controversia di cui al comma 1 può essere avviata anche dagli organismi rappresentativi degli autori e degli artisti interpreti o esecutori, su richiesta specifica di uno o più autori o artisti interpreti o esecutori.

Art. 110-septies. – 1. L'autore o l'artista interprete o esecutore che ha concesso in licenza o trasferito in esclusiva i propri diritti relativi ad un'opera o ad altri materiali, in caso di mancato sfruttamento può agire per la risoluzione, anche parziale, del contratto di licenza o di trasferimento dei diritti dell'opera o degli altri materiali protetti, oppure revocare l'esclusiva del contratto. Si applicano le disposizioni del codice civile in materia di risoluzione contrattuale.

2. Il comma 1 non si applica quando il mancato sfruttamento è dovuto a circostanze alle quali l'autore, l'artista interprete o esecutore può ragionevolmente porre rimedio.

3. Nel caso di opera collettiva la risoluzione di cui al comma 1 deve essere chiesta da tutti gli autori ed artisti interpreti o esecutori con il maggior rilievo nel contributo all'opera o all'esecuzione.

4. Salvo diversa previsione contrattuale o diversa disposizione di legge, lo sfruttamento dell'opera o della prestazione artistica deve avvenire nel termine stabilito dal contratto, comunque non superiore a cinque anni o a due anni successivi alla disponibilità dell'opera da parte dell'editore o del produttore. In mancanza, l'autore o artista interprete o esecutore assegna un termine congruo per lo sfruttamento dei diritti concessi in licenza o trasferiti. Decorso il termine, l'autore o l'artista interprete o esecutore può revocare l'esclusiva del contratto o risolvere il contratto, ai sensi del comma 1. Nel caso di opera collettiva, per l'assegnazione del termine e la risoluzione del contratto o la revoca dell'esclusiva si applica il comma 3.

5. Qualsiasi disposizione contrattuale in deroga al diritto di agire per la risoluzione o per la revoca di cui al comma 1 è nulla salvo che sia prevista da un accordo collettivo.»;

r) dopo l'articolo 114 è inserito il seguente:

«Art. 114-bis. – 1. Qualsiasi pattuizione contraria agli articoli 110-quater, 110-quinquies e 110-sexies è inopponibile agli autori, artisti interpreti o esecutori dell'opera o di altro materiale al quale la pattuizione si riferisce.

2. Le disposizioni di cui agli articoli 110-quater e 110-quinquies costituiscono norme di applicazione necessaria ai sensi dell'articolo 3, paragrafo 4, del regolamento CE n. 593/2008 del Parlamento europeo e del Consiglio del 17 giugno 2008 sulla legge applicabile alle obbligazioni contrattuali (Roma I).

3. Le disposizioni di cui agli articoli 107, secondo comma, 110-quater, 110-quinquies e 110-sexies e 110-septies non si applicano agli autori di programmi per elaboratore.»;

s) dopo l'articolo 180-bis è inserito il seguente:

«Art. 180-ter. – 1. Per i diritti di cui agli articoli 18-bis, 46-bis, 73, 73-bis, 80 e 84, i tre organismi di gestione collettiva maggiormente rappresentativi per ciascuna categoria di titolari dei diritti possono stipulare accordi di licenza, per lo sfruttamento di opere o di altri materiali, aventi effetto anche nei confronti di altri titolari di diritti non associati ad essi o ad altri organismi di gestione collettiva di settore, assicurando parità di trattamento.

2. I titolari dei diritti di cui al comma 1 possono escludere le loro opere o gli altri materiali, in qualunque momento e in modo semplice ed efficace, dal meccanismo di concessione di licenze di cui al comma 1.

3. Le somme riscosse dall'organismo di gestione collettiva, se non richieste dal titolare dei diritti di cui al comma 1, vengono tenute a disposizione per il periodo indicato dall'articolo 19 del decreto legislativo 15 marzo 2017, n. 35, e utilizzate secondo le modalità ivi previste.

4. Con regolamento dell'Autorità per le garanzie nelle comunicazioni, da adottare entro tre mesi dalla data di entrata in vigore del presente articolo, sono definiti i criteri per la determinazione della maggiore rappresentatività degli organismi di gestione collettiva del settore, le misure di pubblicità volte ad informare della possibilità di concedere le licenze, nonché la procedura con cui può essere esercitata la facoltà prevista al comma 2.

5. Il presente articolo non pregiudica l'applicazione di altri meccanismi di concessione di licenze collettive con effetto esteso, ove previsti.».

2. Relazione dell'Autorità per le garanzie nelle comunicazioni al Parlamento. – 1. Decorsi due anni dalla data di entrata in vigore del presente decreto, l'Autorità per le garanzie nelle comunicazioni trasmette alle Camere una relazione, integrata da verifica d'impatto della regolazione, sull'applicazione di propria competenza delle disposizioni che vi sono contenute, con particolare riferimento ai criteri e alle modalità di determinazione dell'equo compenso per gli editori di pubblicazioni giornalistiche, di cui all'articolo 43-bis della legge 22 aprile 1941, n. 633, e alla procedura di determinazione dei compensi per gli autori, artisti, interpreti e esecutori, previo confronto con gli organismi di gestione collettiva o entità di gestione indipendenti di cui al decreto legislativo 15 marzo 2017 n. 35.

3. Disposizioni transitorie e finali. – 1. Le disposizioni del presente decreto si applicano anche alle opere e agli altri materiali protetti dalla normativa nazionale in materia di diritto d'autore e diritti connessi vigente alla data del 7 giugno 2021. Sono fatti salvi i contratti conclusi e i diritti acquisiti fino al 6 giugno 2021.

2. All'articolo 1, comma 6, lettera a), numero 5, della legge 31 luglio 1997, n. 249, dopo le parole: «i fornitori di servizi di intermediazione on line e i motori di ricerca on line, anche se non stabiliti, che offrono servizi in Italia,» sono inserite le seguenti «i prestatori di servizi della società dell'informazione, comprese le imprese di media monitoring e rassegne stampa, nonché quelle operanti nel settore del video on demand,».

4. Disposizioni finanziarie. – 1. Al fine di assicurare la copertura dei costi amministrativi complessivamente sostenuti per l'esercizio delle funzioni di regolazione, vigilanza, composizione delle controversie e sanzionatorie di cui agli articoli 18-bis, 43-bis, 46-bis, 80,84, 102-decies, 110-ter, 110-quater, 110-sexies e 180-ter della legge 22 aprile 1941, n. 633, attribuite dal presente decreto all'Autorità per le garanzie nelle comunicazioni, gli adempimenti di competenza dell'Autorità per le garanzie nelle comunicazioni, sono finanziati mediante il contributo di cui all'articolo 1, comma 66, della legge 23 dicembre 2005, n. 266, posto a carico degli editori di pubblicazioni di carattere giornalistico, sia in forma singola che associata o consorziata, nonché dei prestatori di servizi della società dell'informazione, comprese le imprese di media monitoring e rassegne stampa e quelle operanti nel settore del video on demand.

Per i soggetti di cui al primo periodo, l'Autorità, con propria deliberazione, adottata ai sensi dell'articolo 1, comma 65, della legge 23 dicembre 2005, n. 266, stabilisce i termini e le modalità di versamento di detto contributo e fissa l'entità di contribuzione nel limite massimo del 2 per mille dei ricavi realizzati nel territorio nazionale, anche se contabilizzati nei bilanci di società aventi sede all'estero, relativi al valore della produzione, risultante dall'ultimo bilancio di esercizio approvato, ovvero, per i soggetti non obbligati alla redazione di tale bilancio, delle omologhe voci di altre scritture contabili che attestino il valore complessivo della produzione.

2. Dall'attuazione delle disposizioni del presente decreto non devono derivare nuovi o maggiori oneri a carico della finanza pubblica, ad eccezione di quanto previsto dal comma 1.

3. Le amministrazioni interessate provvedono all'adempimento dei compiti derivanti dall'attuazione del presente decreto con le risorse umane, strumentali e finanziarie disponibili a legislazione vigente, ad eccezione di quanto previsto dal comma 1.

Il presente decreto, munito del sigillo dello Stato, sarà inserito nella Raccolta ufficiale degli atti normativi della Repubblica italiana. È fatto obbligo a chiunque spetti di osservarlo e di farlo osservare.

Sezione XXIV
RESPONSABILITÀ CIVILE

R.d. 18 giugno 1931, n. 733
Approvazione del Testo unico delle leggi di pubblica sicurezza
(*Estratto, artt. 5-7*)

TESTO UNICO

TITOLO I
DEI PROVVEDIMENTI DI POLIZIA E DELLA LORO ESECUZIONE

Omissis.

Capo II
Della esecuzione dei provvedimenti di polizia

Art. 5. – I provvedimenti dell'autorità di pubblica sicurezza sono eseguiti in via amministrativa indipendentemente dall'esercizio dell'azione penale.

Qualora gli interessati non vi ottemperino sono adottati, previa diffida di tre giorni, salvi i casi di urgenza, i provvedimenti necessari per la esecuzione d'ufficio.

È autorizzato l'impiego della forza pubblica.

La nota delle spese relative è resa esecutiva dal Prefetto ed è rimessa all'esattore, che ne fa la riscossione nelle forme e coi privilegi fiscali stabiliti dalla legge sulla riscossione delle imposte dirette.

Art. 6. – Salvo che la legge disponga altrimenti, contro i provvedimenti dell'autorità di pubblica sicurezza è ammesso il ricorso in via gerarchica nel termine di giorni dieci dalla notizia del provvedimento.

Il ricorso non ha effetto sospensivo.

La legge determina i casi nei quali il provvedimento del Prefetto è definitivo.

Il provvedimento, anche se definitivo, può essere annullato di ufficio dal Ministro per l'interno.

Art. 7. – Nessun indennizzo è dovuto per i provvedimenti dell'autorità di pubblica sicurezza nell'esercizio delle facoltà ad essa attribuite dalla legge.

Omissis.

L. 13 aprile 1988, n. 117
Risarcimento dei danni cagionati nell'esercizio delle funzioni giudiziarie e responsabilità civile dei magistrati

1. Ambito di applicazione. – 1. Le disposizioni della presente legge si applicano a tutti gli appartenenti alle magistrature ordinaria, amministrativa, contabile, militare e speciali, che esercitano l'attività giudiziaria, indipendentemente dalla natura delle funzioni, nonché agli estranei che partecipano all'esercizio della funzione giudiziaria.

2. Le disposizioni di cui al comma 1 si applicano anche ai magistrati che esercitano le proprie funzioni in organi collegiali.

3. Nelle disposizioni che seguono il termine "magistrato" comprende tutti i soggetti indicati nei commi 1 e 2.

2. Responsabilità per dolo o colpa grave. – 1. Chi ha subito un danno ingiusto per effetto di un comportamento, di un atto o di un provvedimento giudiziario posto in essere dal magistrato con dolo o colpa grave nell'esercizio delle sue funzioni ovvero per diniego di giustizia può agire contro lo Stato per ottenere il risarcimento dei danni patrimoniali e anche di quelli non patrimoniali [che derivino da privazione della libertà personale] (1).

2. Fatti salvi i commi 3 e 3-bis ed i casi di dolo, nell'esercizio delle funzioni giudiziarie non può dar luogo a responsabilità l'attività di interpretazione di norme di diritto né quella di valutazione del fatto e delle prove (2).

3. Costituisce colpa grave la violazione manifesta della legge nonché del diritto dell'Unione europea, il travisamento del fatto o delle prove, ovvero l'affermazione di un fatto la cui esistenza è incontrastabilmente esclusa dagli atti del procedimento o la negazione di un fatto la cui esistenza risulta incontrastabilmente dagli atti del procedimento, ovvero l'emissione di un provvedimento cautelare personale o reale fuori dai casi consentiti dalla legge oppure senza motivazione (3).

3-bis. Fermo restando il giudizio di responsabilità contabile di cui al decreto-legge 23 ottobre 1996, n. 543, convertito, con modificazioni, dalla legge 20 dicembre 1996, n. 639, ai fini della determinazione dei casi in cui sussiste la violazione manifesta della legge nonché del diritto dell'Unione europea si tiene conto, in particolare, del grado di chiarezza e precisione delle norme violate nonché dell'inescusabilità e della gravità dell'inosservanza. In caso di violazione manifesta del diritto dell'Unione europea si deve tener conto anche della mancata osservanza dell'obbligo di rinvio pregiudiziale ai sensi dell'articolo 267, terzo paragrafo, del Trattato sul funzionamento dell'Unione europea, nonché del contrasto dell'atto o del provvedimento con l'interpretazione espressa dalla Corte di giustizia dell'Unione europea (4).

(1) Comma modificato dall'art. 2, co. 1, lett. a), l. 27/2/2015, n. 18. La Corte Costituzionale, con sent. 15/9/2022, n. 205, (in G.U. 21/9/2022, n. 38), ha dichiarato l'illegittimità costituzionale del presente comma, nel testo antecedente alla modifica apportata dall'art. 2, co. 1, lett. a), l. 27/2/2015, n. 18 (Disciplina della responsabilità civile dei magistrati), nella parte in cui non prevede il risarcimento dei danni non patrimoniali da lesione dei diritti inviolabili della persona anche diversi dalla libertà personale.

(2) Comma sostituito dall'art. 2, co. 1, lett. b), l. 27/2/2015, n. 18.

(3) Comma sostituito dall'art. 2, co. 1, lett. c), l. 27/2/2015, n. 18.

(4) Comma aggiunto, per effetto della sostituzione del co. 3, dall'art. 2, co. 1, lett. c), l. 27/2/2015, n. 18.

3. Diniego di giustizia. – 1. Costituisce diniego di giustizia il rifiuto, l'omissione o il ritardo del magistrato nel compimento di atti del suo ufficio quando, trascorso il termine di legge per il compimento dell'atto, la parte ha presentato istanza per ottenere il provvedimento e sono decorsi inutilmente, senza giustificato motivo, trenta giorni dalla data di deposito in cancelleria. Se il termine non è previsto, debbono in ogni caso decorrere inutilmente trenta giorni dalla data del deposito in cancelleria dell'istanza volta ad ottenere il provvedimento.

2. Il termine di trenta giorni può essere prorogato, prima della sua scadenza, dal dirigente dell'ufficio con decreto motivato non oltre i tre mesi dalla data di deposito dell'istanza. Per la redazione di sentenze di particolare complessità, il dirigente dell'ufficio, con ulteriore decreto motivato adottato prima della scadenza, può aumentare fino ad altri tre mesi il termine di cui sopra.

3. Quando l'omissione o il ritardo senza giustificato motivo concernono la libertà personale dell'imputato, il termine di cui al comma 1 è ridotto a cinque giorni, improrogabili, a decorrere dal deposito dell'istanza o coincide con il giorno in cui si è verificata una situazione o è decorso un termine che rendano incompatibile la permanenza della misura restrittiva della libertà personale.

4. Competenza e termini (1). – 1. L'azione di risarcimento del danno contro lo Stato deve essere esercitata nei confronti del Presidente del Consiglio dei ministri. Competente è il tribunale del capoluogo del distretto della corte d'appello, da determinarsi a norma dell'articolo 11 del codice di procedura penale e dell'articolo 1 delle norme di attuazione, di coordinamento e transitorie del codice di procedura penale, approvate con decreto legislativo 28 luglio 1989, n. 271 (2).

2. L'azione di risarcimento del danno contro lo Stato può essere esercitata soltanto quando siano stati esperiti i mezzi ordinari di impugnazione o gli altri rimedi previsti avverso i provvedimenti cautelari e sommari, e comunque quando non siano più possibili la modifica o la revoca del provvedimento ovvero, se tali rimedi non sono previsti, quando sia esaurito il grado del procedimento nell'ambito del quale si è verificato il fatto che ha cagionato il danno. La domanda deve essere proposta a pena di decadenza entro tre anni che decorrono dal momento in cui l'azione è esperibile (3).

3. L'azione può essere esercitata decorsi tre anni dalla data del fatto che ha cagionato il danno se in tal termine non si è concluso il grado del procedimento nell'ambito del quale il fatto stesso si è verificato.

4. Nei casi previsti dall'articolo 3 l'azione deve essere promossa entro tre anni dalla scadenza del termine entro il quale il magistrato avrebbe dovuto provvedere sull'istanza (4).

5. In nessun caso il termine decorre nei confronti della parte che, a causa del segreto istruttorio, non abbia avuto conoscenza del fatto.

(1) A norma dell'art. 8, co. 2, l. 2/12/1998, n. 420 le disposizioni di cui al presente articolo si applicano ai giudizi iniziati successivamente alla pubblicazione in Gazzetta Ufficiale della medesima l. n. 420/1998.

(2) Comma sostituito dall'art. 3 della l. 2/12/1998, n. 420.

(3) Comma modificato dall'art. 3, co. 1, lett. a), l. 27/2/2015, n. 18.

(4) Comma modificato dall'art. 3, co. 1, lett. b), l. 27/2/2015, n. 18.

5. Ammissibilità della domanda*. – *1. Il tribunale, sentite le parti, delibera in camera di consiglio sull'ammissibilità della domanda di cui all'articolo 2. 2. A tale fine il giudice istruttore, alla prima udienza, rimette le parti dinanzi al collegio che è tenuto a provvedere entro quaranta giorni dal provvedimento di rimessione del giudice istruttore. 3. La domanda è inammissibile quando non sono rispettati i termini o i presupposti di cui agli articoli 2, 3 e 4 ovvero quando è manifestamente infondata. 4. L'inammissibilità è dichiarata con decreto motivato, impugnabile con i modi e le forme di cui all'articolo 739 del codice di procedura civile, innanzi alla corte d'appello che pronuncia anch'essa in camera di consiglio con decreto motivato entro quaranta giorni dalla proposizione del reclamo. Contro il decreto di inammissibilità della corte d'appello può essere proposto ricorso per cassazione, che deve essere notificato all'altra parte entro trenta giorni dalla notificazione del decreto da effettuarsi senza indugio a cura della cancelleria e comunque non oltre dieci giorni. Il ricorso è depositato nella cancelleria della stessa corte d'appello nei successivi dieci giorni e l'altra parte deve costituirsi nei dieci giorni successivi depositando memoria e fascicolo presso la cancelleria. La corte, dopo la costituzione delle parti o dopo la scadenza dei termini per il deposito, trasmette gli atti senza indugio e comunque non oltre dieci giorni alla Corte di cassazione che decide entro sessanta giorni dal ricevimento degli atti stessi. La Corte di cassazione, ove annulli il provvedimento di inammissibilità della corte d'appello, dichiara ammissibile la domanda. Scaduto il quarantesimo giorno la parte può presentare, rispettivamente al tribunale o alla corte d'appello o, scaduto il sessantesimo giorno, alla Corte di cassazione, secondo le rispettive competenze, l'istanza di cui all'articolo 3. 5. Il tribunale che dichiara ammissibile la domanda dispone la prosecuzione del processo. La corte d'appello o la Corte di cassazione che in sede di impugnazione dichiarano ammissibile la domanda rimettono per la prosecuzione del processo gli atti ad altra sezione del tribunale e, ove questa non sia costituita, al tribunale che decide in composizione intieramente diversa. Nell'eventuale giudizio di appello non possono far parte della corte i magistrati che abbiano fatto parte del collegio che ha pronunziato l'inammissibilità. Se la domanda è dichiarata ammissibile, il tribunale ordina la trasmissione di copia degli atti ai titolari dell'azione disciplinare; per gli estranei che partecipano all'esercizio di funzioni giudiziarie la copia degli atti è trasmessa agli organi ai quali compete l'eventuale sospensione o revoca della loro nomina.*

* Articolo abrogato dall'art. 3, co. 2, l. 27/2/2015, n. 18.

6. Intervento del magistrato nel giudizio. – 1. Il magistrato il cui comportamento, atto o provvedimento rileva in giudizio non può essere chiamato in causa ma può intervenire in ogni fase e grado del procedimento, ai sensi di quanto disposto dal secondo comma dell'articolo 105 del codice di procedura civile. Al fine di consentire l'eventuale intervento del magistrato, il presidente del tribunale deve dargli comunicazione del procedimento almeno quindici giorni prima della data fissata per la prima udienza.

2. La decisione pronunciata nel giudizio promosso contro lo Stato non fa stato nel giudizio di rivalsa se il magistrato non è intervenuto volontariamente in giudizio. Non fa stato nel procedimento disciplinare.

3. Il magistrato cui viene addebitato il provvedimento non può essere assunto come teste né nel giudizio di ammissibilità, né nel giudizio contro lo Stato.

7. Azione di rivalsa (1). – 1. Il Presidente del Consiglio dei ministri, entro due anni dal risarcimento avvenuto sulla base di titolo giudiziale o di titolo stragiudiziale, ha l'obbligo di esercitare l'azione di rivalsa nei confronti del magistrato nel caso di diniego di giustizia, ovvero nei casi in cui la violazione manifesta della legge nonché del diritto dell'Unione europea ovvero il travisamento del fatto o delle prove, di cui all'articolo 2, commi 2, 3 e 3-bis, sono stati determinati da dolo o negligenza inescusabile.

2. In nessun caso la transazione è opponibile al magistrato nel giudizio di rivalsa o nel giudizio disciplinare.

3. I giudici popolari rispondono soltanto in caso di dolo. I cittadini estranei alla magistratura che concorrono a formare o formano organi giudiziari collegiali rispondono in caso di dolo o negligenza inescusabile per travisamento del fatto o delle prove.

(1) Articolo sostituito dall'art. 4, co. 1, l. 27/2/2015, n. 18.

8. Competenza per l'azione di rivalsa e misura della rivalsa (1). – 1. L'azione di rivalsa deve essere promossa dal Presidente del Consiglio dei Ministri.

2. L'azione di rivalsa deve essere proposta davanti al tribunale del capoluogo del distretto della corte d'appello, da determinarsi a norma dell'articolo 11 del codice di procedura penale e dell'articolo 1 delle norme di attuazione, di coordinamento e transitorie del codice di procedura penale, approvate con decreto legislativo 28 luglio 1989, n. 271 (2).

3. La misura della rivalsa non può superare una somma pari alla metà di una annualità dello stipendio, al netto delle trattenute fiscali, percepito dal magistrato al tempo in cui l'azione di risarcimento è proposta, anche se dal fatto è derivato danno a più persone e queste hanno agito con distinte azioni di responsabilità. Tale limite non si applica al fatto commesso con dolo. L'esecuzione della rivalsa, quando viene effettuata mediante trattenuta sullo stipendio, non può comportare complessivamente il pagamento per rate mensili in misura superiore ad un terzo dello stipendio netto (3).

4. Le disposizioni del comma 3 si applicano anche agli estranei che partecipano all'esercizio delle funzioni giudiziarie. Per essi la misura della rivalsa è calcolata in rapporto allo stipendio iniziale annuo, al netto delle trattenute fiscali, che compete al magistrato di tribunale; se l'estraneo che partecipa all'esercizio delle funzioni giudiziarie percepisce uno stipendio annuo netto o reddito di lavoro autonomo netto inferiore allo stipendio iniziale del magistrato di tribunale, la misura della rivalsa è calcolata in rapporto a tale stipendio o reddito al tempo in cui l'azione di risarcimento è proposta.

(1) A norma dell'art. 8, co. 2, l. 2/12/1998, n. 420 le disposizioni di cui al presente articolo si applicano ai giudizi iniziati successivamente alla pubblicazione in Gazzetta Ufficiale della medesima l. n. 420/1998.

(2) Comma sostituito dall'art. 4 della l. 2/12/1998, n. 420.

(3) Comma sostituito dall'art. 5, co. 1, l. 27/2/2015, n. 18.

9. Azione disciplinare. – 1. Il procuratore generale presso la Corte di cassazione per i magistrati ordinari o il titolare dell'azione disciplinare negli altri casi devono esercitare l'azione disciplinare nei confronti del magistrato per i fatti che hanno dato causa all'azione di risarcimento, salvo che non sia stata già proposta [, entro due mesi dalla comunicazione di cui al comma 5 dell'articolo 5]. Resta ferma la facoltà del Ministro della giustizia di cui al secondo comma dell'articolo 107 della Costituzione (1).

2. Gli atti del giudizio disciplinare possono essere acquisiti, su istanza di parte o d'ufficio, nel giudizio di rivalsa.

3. La disposizione di cui all'articolo 2, che circoscrive la rilevanza della colpa ai casi di colpa grave ivi previsti, non si applica nel giudizio disciplinare.

(1) Comma modificato dall'art. 6, co. 1, l. 27/2/2015, n. 18.

10. Consiglio di presidenza della Corte dei conti. – 1. Fino all'entrata in vigore della legge di riforma della Corte dei conti, la competenza per i giudizi disciplinari e per i provvedimenti attinenti e conseguenti che riguardano le funzioni dei magistrati della Corte dei conti è affidata al consiglio di presidenza.

2. Il consiglio di presidenza è composto:

a) dal presidente della Corte dei conti, che lo presiede;

b) dal procuratore generale della Corte dei conti;

c) dal presidente aggiunto della Corte dei conti o, in sua assenza, dal presidente di sezione più anziano (1);

d) da quattro cittadini scelti di intesa tra i Presidenti delle due Camere tra i professori universitari ordinari di materie giuridiche o gli avvocati con quindici anni di esercizio professionale (2);

e) da dieci magistrati ripartiti tra le qualifiche di presidente di sezione, consigliere o vice procuratore, primo referendario e referendario in proporzione alla rispettiva effettiva consistenza numerica quale risulta dal ruolo alla data del 1° gennaio dell'anno di costituzione dell'organo.

2-bis. I componenti elettivi del Consiglio di presidenza durano in carica 4 anni e non sono nuovamente eleggibili per i successivi otto anni dalla scadenza dell'incarico (3).

3. Alle adunanze del consiglio di presidenza partecipa il segretario generale senza diritto di voto.

4. Il consiglio di presidenza ha il compito di decidere in ordine alle questioni disciplinari. Alle adunanze che hanno tale oggetto non partecipa il segretario generale ed il procuratore generale è chiamato a svolgervi, anche per mezzo dei suoi sostituti, esclusivamente le funzioni inerenti alla promozione dell'azione disciplinare e le relative richieste.

5. I cittadini di cui alla lettera d) del comma 2 non possono esercitare alcuna attività suscettibile di interferire con le funzioni della Corte dei conti.

6. Alla elezione dei componenti di cui alla lettera e) del comma 2 partecipano, in unica tornata, tutti i magistrati con voto personale e segreto.

7. Ciascun elettore ha facoltà di esprimere soltanto una preferenza. Sono nulli i voti espressi oltre tale numero.

8. Per l'elezione è istituito presso la Corte dei conti l'ufficio elettorale nominato dal presidente della Corte dei conti e composto da un presidente di sezione, che lo presiede, e da due consiglieri più anziani di qualifica in servizio presso la Corte dei conti.

9. Il procedimento disciplinare è promosso dal procuratore generale della Corte dei conti. Nella materia si applicano gli articoli 32, 33, commi secondo e terzo, e 34 della legge 27 aprile 1982, n. 186 (4).

10. Fino all'entrata in vigore della legge di riforma della Corte dei conti si applicano in quanto compatibili le norme di cui agli articoli 7, primo, quarto, quinto e settimo comma, 8, 9, quarto e quinto comma, 10, 11, 12, 13, primo comma, numeri 1), 2), 3), e secondo comma, numeri 1), 2), 3), 4), 8), 9), della legge 27 aprile 1982, n. 186.

(1) Lettera sostituita dall'art. 1 del d.lg. 7/2/2006, n. 62, che ha recepito le disposizioni di cui all'art. 2, co. 17, l. 25/7/2005, n. 150.

(2) Vedi art. 18, co. 3, l. 21/7/2000, n. 205.

(3) Comma inserito dall'art. 1 del d.lg. 7/2/2006, n. 62, che ha recepito le disposizioni di cui all'art. 2, co. 17, l. 25/7/2005, n. 150.

(4) La Corte costituzionale, con sent. 27/3/2009, n. 87 ha dichiarato l'illegittimità costituzionale del presente comma, nella parte in cui esclude che il magistrato amministrativo o contabile, sottoposto a procedimento disciplinare, possa farsi assistere da un avvocato.

11. Disposizioni concernenti i referendari e primi referendari della Corte dei conti. – 1. È abolito il rapporto informativo di cui agli articoli 29 del regio decreto 12 ottobre 1933,

n. 1364, e 4 della legge 13 ottobre 1969, n. 691.

2. Si applicano ai referendari e primi referendari della Corte dei conti gli articoli 17, 18, 50, settimo comma, e 51, primo comma, della legge 27 aprile 1982, n. 186, con decorrenza dall'entrata in vigore della presente legge (1).

3. Al relativo onere si provvede mediante l'indisponibilità per tre anni di cinque posti di quelli cumulativamente previsti per le qualifiche di consigliere, vice procuratore generale, primo referendario e referendario dalla tabella B annessa alla legge 20 dicembre 1961, n. 1345, integrata ai sensi dell'articolo 13 del decreto-legge 22 dicembre 1981, n. 786, convertito, con modificazioni, dalla legge 26 febbraio 1982, n. 51, e dell'articolo 7 della legge 8 ottobre 1984, n. 658.

(1) Vedi l. 13/7/1990, n. 189 e l'art. 7 del d.l. 23/10/1996, n. 543.

12. Stato giuridico ed economico dei componenti non magistrati del consiglio di presidenza della Corte dei conti. – 1. Per lo stato giuridico dei componenti non magistrati del consiglio di presidenza della Corte dei conti si osservano in quanto applicabili le disposizioni di cui alla legge 24 marzo 1958, n. 195, e successive modificazioni. Il trattamento economico di tali componenti è stabilito con decreto del Presidente del Consiglio dei Ministri, avuto riguardo alle incompatibilità, ai carichi di lavoro ed all'indennità dei componenti del Consiglio superiore della magistratura eletti dal Parlamento.

13. Responsabilità civile per fatti costituenti reato. – 1. Chi ha subito un danno in conseguenza di un fatto costituente reato commesso dal magistrato nell'esercizio delle sue funzioni ha diritto al risarcimento nei confronti del magistrato e dello Stato. In tal caso l'azione civile per il risarcimento del danno ed il suo esercizio anche nei confronti dello Stato come responsabile civile sono regolati dalle norme ordinarie.

2. All'azione di regresso dello Stato che sia tenuto al risarcimento nei confronti del danneggiato si procede altresì secondo le norme ordinarie relative alla responsabilità dei pubblici dipendenti.

2-bis. Il mancato esercizio dell'azione di regresso, di cui al comma 2, comporta responsabilità contabile. Ai fini dell'accertamento di tale responsabilità, entro il 31 gennaio di ogni anno la Corte dei conti acquisisce informazioni dal Presidente del Consiglio dei ministri e dal Ministro della giustizia sulle condanne al risarcimento dei danni per fatti costituenti reato commessi dal magistrato nell'esercizio delle sue funzioni, emesse nel corso dell'anno precedente e sull'esercizio della relativa azione di regresso (1).

(1) Comma aggiunto dall'art. 7, co. 1, l. 27/2/2015, n. 18.

14. Riparazione per errori giudiziari. – 1. Le disposizioni della presente legge non pregiudicano il diritto alla riparazione a favore delle vittime di errori giudiziari e di ingiusta detenzione.

15. Esenzioni (1). – 1. *Omissis**.

2. Si osserva, in quanto applicabile, l'articolo unico, della legge 2 aprile 1958, n. 319, come sostituito dall'articolo 10, della legge 11 agosto 1973, n. 533 (2).

3. *Omissis**.

(1) Rubrica modificata dall'art. 300, d.P.R. 30/5/2002, n. 115, con effetto a decorrere dal 1/7/2002.

* Comma abrogato dall'art. 299, d.P.R. 30/5/2002, n. 115, con effetto a decorrere dal 1/7/2002.

(2) Comma sostituito dall'art. 300, d.P.R. 30/5/2002, n. 115, con effetto a decorrere dal 1/7/2002.

16. Responsabilità dei componenti gli organi giudiziari collegiali. – 1. All'art. 148 del codice di procedura penale dopo il comma terzo è aggiunto il seguente: "Dei provvedimenti collegiali è compilato sommario processo verbale il quale deve contenere la menzione della unanimità della decisione o del dissenso, succintamente motivato, che qualcuno dei componenti del collegio, da indicarsi nominativamente, abbia eventualmente espresso su ciascuna delle questioni decise. Il verbale, redatto dal meno anziano dei componenti togati del collegio e sottoscritto da tutti i componenti del collegio stesso, è conservato a cura del presidente in plico sigillato presso la cancelleria dell'ufficio" (1).

2. All'art. 131 del codice di procedura civile è aggiunto, in fine, il seguente comma: "Dei provvedimenti collegiali è compilato sommario processo verbale, il quale deve contenere la menzione dell'unanimità della decisione o del dissenso, succintamente motivato, che qualcuno dei componenti del collegio, da indicarsi nominativamente, abbia eventualmente espresso su ciascuna delle questioni decise. Il verbale, redatto dal meno anziano dei componenti togati del collegio e sottoscritto da tutti i componenti del collegio stesso, è conservato a cura del presidente in plico sigillato presso la cancelleria dell'ufficio" (1).

3. Le disposizioni di cui al comma 1 si applicano anche ai provvedimenti di altri giudici collegiali aventi giurisdizione in materia penale e di prevenzione; le disposizioni di cui al comma 2 si applicano anche ai provvedimenti dei giudici collegiali aventi giurisdizione in ogni altra materia. Il verbale delle deliberazioni è redatto dal meno anziano dei componenti del collegio o, per i collegi a composizione mista, dal meno anziano dei componenti togati, ed è sottoscritto da tutti i componenti del collegio stesso.

4. Nei casi previsti dall'articolo 3, il magistrato componente l'organo giudiziario collegiale risponde, altresì, in sede di rivalsa, quando il danno ingiusto, che ha dato luogo al risarcimento, è derivato dall'inosservanza di obblighi di sua specifica competenza.

5. Il tribunale innanzi al quale è proposta l'azione di rivalsa ai sensi dell'articolo 8 chiede la trasmissione del plico sigillato contenente la verbalizzazione della decisione alla quale si riferisce la dedotta responsabilità e ne ordina l'acquisizione agli atti del giudizio.

6. Con decreto del Ministro della giustizia vengono definiti i modelli dei verbali di cui ai commi 1, 2 e 3 e determinate le modalità di conservazione dei plichi sigillati nonché della loro distruzione quando sono decorsi i termini previsti dall'articolo 4.

(1) La Corte costituzionale con sent. 18/1/1989, n. 18, ha dichiarato l'illegittimità costituzionale del presente comma, nella parte in cui dispone che «è compilato sommario processo verbale» anziché «può, se uno dei componenti dell'organo collegiale lo richieda, essere compilato sommario processo verbale».

17. Modifica dell'articolo 328 del codice penale. – 1. Il secondo comma dell'art. 328 del codice penale è sostituito dal seguente: "Se il pubblico ufficiale è un magistrato, vi è omissione o ritardo quando siano decorsi i termini previsti dalla legge perché si configuri diniego di giustizia".

18. Misure finanziarie. – 1. Agli oneri conseguenti all'attuazione dell'articolo 15 della presente legge, valutati in lire 2.000 milioni in ragione d'anno a decorrere dall'esercizio 1988, si fa fronte mediante corrispondente riduzione dello stanziamento iscritto, ai fini del bilancio triennale 1988-1990, al capitolo 6856 dello stato di previsione del Ministero del tesoro per l'anno 1988, utilizzando parzialmente l'accantonamento "Revisione della normativa in materia di patrocinio gratuito".

2. Gli altri oneri derivanti dall'attuazione della presente legge sono imputati ad apposito capitolo da istituire "per memoria" nello stato di previsione del Ministero del tesoro alla cui dotazione si provvede, in considerazione della natura della spesa,

mediante prelevamento dal fondo di riserva per le spese obbligatorie e d'ordine iscritto nel medesimo stato di previsione.

3. Il Ministro del tesoro è autorizzato ad apportare, con propri decreti, le occorrenti variazioni di bilancio.

19. Entrata in vigore. – 1. La presente legge entra in vigore il giorno successivo a quello della sua pubblicazione nella Gazzetta Ufficiale della Repubblica italiana.

2. La presente legge non si applica ai fatti illeciti posti in essere dal magistrato, nei casi previsti dagli articoli 2 e 3, anteriormente alla sua entrata in vigore (1).

(1) La Corte costituzionale, con sent. 22/10/1990, n. 468, ha dichiarato l'illegittimità costituzionale del presente comma, nella parte in cui, quanto ai giudizi di responsabilità civile dei magistrati, relativamente a fatti anteriori al 16 aprile 1988, e proposti successivamente al 7/4/1988, non prevede che il Tribunale competente verifichi con rito camerale la non manifesta infondatezza della domanda ai fini della sua ammissibilità.

D.P.R. 18 aprile 1994, n. 388

Regolamento recante semplificazione del procedimento di risarcimento dei danni provocati a persone e a cose a seguito di operazioni di polizia giudiziaria

1. Presentazione della richiesta di risarcimento danni. – 1. La richiesta in via amministrativa di risarcimento dei danni conseguenti all'espletamento di servizi di ordine pubblico e ad operazioni di polizia giudiziaria deve essere inoltrata alla questura nel cui territorio l'evento dannoso si è verificato o al comando provinciale dell'Arma dei carabinieri territorialmente competente quando l'evento dannoso si è verificato in occasione dell'intervento di militari dell'Arma dei carabinieri.

2. Qualora la domanda venga presentata ad un'autorità incompetente a riceverla ai sensi del precedente comma, quest'ultima la trasmette a quella ritenuta competente.

2. Istruttoria delle richieste di risarcimento dei danni. – 1. Entro trenta giorni dal ricevimento della richiesta, gli uffici di cui all'articolo 1 acquisiscono il rapporto di servizio del personale operante e istruiscono la richiesta corredandola di una analitica relazione contenente la descrizione dell'operazione, della dinamica dei fatti e dei luoghi dove si sono svolti, l'indicazione del personale che ha diretto o disposto le operazioni, le deposizioni testimoniali, i rilievi o accertamenti tecnici ed ogni altro utile elemento di valutazione, trasmettendo gli atti alla Prefettura territorialmente competente.

2. Il termine previsto dal comma 1 è sospeso nel caso in cui il segreto istruttorio su indagini in corso non permetta di acquisire elementi sufficienti per la redazione del rapporto e inizia nuovamente a decorrere nel caso in cui siano cessati tali impedimenti.

3. Richiesta di pareri. – 1. La prefettura, entro venti giorni dal ricevimento degli atti, verifica la completezza della documentazione e la congruità della richiesta, e richiede al competente servizio del Ministero dell'interno l'autorizzazione al pagamento o alla transazione.

2. Se la richiesta, per il danno a cose e a persone, ammonta ad una somma complessivamente superiore a lire dieci milioni, la prefettura acquisisce pareri:

a) sulla fondatezza o meno della pretesa e sulla convenienza per l'amministrazione di addivenire ad una transazione, dall'Avvocatura dello Stato competente;

b) sulla congruità della somma, in caso di danno alle cose, dal competente Ufficio tecnico erariale; in caso di danno ai veicoli, dall'Ufficio motorizzazione dipendente dal Dipartimento della P.S.; in caso di danno alla persona, da un medico dei ruoli dei sanitari della polizia di Stato, esperto in medicina legale.

3. Quando sono richiesti i pareri di cui al comma 2, il termine di cui al comma 1 è di sessanta giorni.

4. Liquidazione del danno. – 1. Entro trenta giorni dalla ricezione della richiesta istruita, il servizio competente del Ministero dell'interno predispone il provvedimento di autorizzazione al pagamento o alla transazione.

2. In caso di transazione, la prefettura provvede alla stipula dell'atto, alla registrazione presso il competente Ufficio del registro e, nei dieci giorni successivi, alla trasmissione al servizio competente del Ministero dell'interno, il quale, entro trenta giorni dalla ricezione, provvede a predisporre il provvedimento di autorizzazione al pagamento.

3. In deroga a quanto previsto dall'art. 14, regio decreto 18 novembre 1923 n. 2440, il prescritto parere al Consiglio di Stato sullo schema di transazione deve essere richiesto solo se il danno da liquidare ammonta ad una somma superiore a lire cinquanta milioni. Il detto limite viene annualmente elevato in riferimento ai parametri ISTAT relativi al costo della lira dei lavoratori dell'industria.

5. Entrata in vigore. – 1. Il presente regolamento entra in vigore centottanta giorni dopo la sua pubblicazione nella Gazzetta Ufficiale.

D.lg. 23 febbraio 2000, n. 38

Disposizioni in materia di assicurazione contro gli infortuni sul lavoro e le malattie professionali, a norma dell'art. 55, comma 1, della legge 17 maggio 1999, n. 144

Capo I
Disposizioni in materia di premi dell'istituto nazionale per l'assicurazione contro gli infortuni sul lavoro e le malattie professionali (Inail)

1. Ambito di applicazione delle gestioni. – 1. A decorrere dal 1° gennaio 2000, fermo restando quanto stabilito dall'art. 1 del testo unico approvato con decreto del Presidente della Repubblica 30 giugno 1965, n. 1124 e successive modifiche ed integrazioni, di seguito denominato "testo unico", nell'ambito della gestione industria di cui al titolo I del medesimo testo unico, sono individuate, ai fini tariffari, le seguenti quattro gestioni separate:

a) industria, per le attività: manifatturiere, estrattive, impiantistiche; di produzione e distribuzione dell'energia, gas ed acqua; dell'edilizia; dei trasporti e comunicazioni; della pesca; dello spettacolo; per le relative attività ausiliarie;

b) artigianato, per le attività di cui alla legge 8 agosto 1985, n. 443 e successive modifiche ed integrazioni (1);

c) terziario, per le attività: commerciali, ivi comprese quelle turistiche; di produzione, intermediazione e prestazione dei servizi anche finanziari; per le attività professionali ed artistiche: per le relative attività ausiliarie;

d) altre attività, per le attività non rientranti fra quelle di cui alle lettere a), b) e c), fra le quali quelle svolte dagli enti pubblici, compresi lo Stato e gli enti locali, e quelle di cui all'art. 49, comma 1, lettera e), della legge 9 marzo 1989, n. 88.

2. A ciascuna delle quattro gestioni di cui al comma 1 sono riferite le attività protette di cui all'art. 1 del testo unico.

(1) Vedi l'art. 1, co. 779, 780 e 781, l. 27/12/2006, n. 296.

2. Classificazione dei datori di lavoro. – 1. I datori di lavoro indicati all'art. 9 del testo unico sono classificati nelle gestioni individuate all'art. 1 ai sensi dell'art. 49 della legge 9 marzo 1989, n. 88 e successive modificazioni e integrazioni.

2. Per i settori non ricadenti nell'ambito dell'art. 49 della legge 9 marzo 1989, n. 88 e successive modificazioni e integrazioni e per i soggetti non classificabili ai sensi del comma 1, la classificazione è disposta dall'INAIL.

3. Avverso i provvedimenti adottati ai sensi del comma 2 è dato ricorso al consiglio di amministrazione dell'INAIL, che decide in via definitiva, con la procedura indicata nell'art. 45 del testo unico.

4. I datori di lavoro devono denunciare all'INAIL le modifiche soggettive ed oggettive che comportino la variazione della classificazione prevista dal presente articolo ai sensi dell'art. 12 del testo unico.

3. Tariffe dei premi. – 1. Fermo restando l'equilibrio finanziario 1. Fermo restando l'equilibrio finanziario complessivo della gestione industria, per ciascuna delle gestioni di cui all'art. 1 sono approvate, con decreto del Ministro del lavoro e della previdenza sociale, di concerto con il Ministro del tesoro, del bilancio e della programmazione economica, su delibera del consiglio di amministrazione dell'INAIL, distinte tariffe dei premi per l'assicurazione contro gli infortuni sul lavoro e le malattie professionali, le relative modalità di applicazione, tenendo conto dell'andamento infortuni-stico aziendale e dell'attuazione delle norme di cui al decreto legislativo 19 settembre 1994, n. 626 e successive modificazioni e integrazioni, nonché degli oneri che concorrono alla determinazione dei tassi di premio.

2. In sede di prima applicazione, le tariffe di cui al comma 1 sono aggiornate entro il triennio successivo alla data di entrata in vigore delle stesse.

3. Ogni tariffa stabilisce, per ciascuna delle lavorazioni in essa comprese, il tasso di premio nella misura corrispondente al relativo rischio medio nazionale in modo da includere l'onere finanziario di cui al secondo comma dell'art. 39 del testo unico.

4. In considerazione della peculiarità dell'attività espletata, sono introdotte, in via sperimentale, per i lavoratori autonomi artigiani, con decreto del Ministro del lavoro e della previdenza sociale, di concerto con il Ministro del tesoro, del bilancio e della programmazione economica, su proposta del consiglio di amministrazione dell'INAIL, speciali forme e livelli tariffari che, assicurando un trattamento minimo di tutela obbligatoria, consentano flessibilità nella scelta degli stessi, anche in considerazione delle iniziative intraprese per migliorare il livello di sicurezza e salute sul lavoro.

5. Le tariffe dei premi relative al triennio 2000-2002, si applicano a decorre-re dal 1° gennaio 2000. Fino all'adozione dei provvedimenti dell'INAIL in applicazione dei decreti ministeriali di approvazione delle suddette tariffe, il premio anticipato di cui all'art. 44 del testo unico e successive modificazioni, è calcolato sulla base della tariffa dei premi in vigore al 31 dicembre 1999, è versato provvisoriamente nella misura del 95 per cento dell'importo così determinato. Limitatamente all'anno 2000 i termini stabiliti dall'art. 28, quarto comma, e dall'art. 44, secondo comma, del testo unico e successive modificazioni, sono prorogati al 16 marzo. Il decreto ministeriale di approvazione delle tariffe fisserà, nelle relative modalità di applicazione, i criteri per eventuali conguagli.

6. Ferma restando la possibilità di modifica con decreto del Ministro del la-voro e della previdenza sociale, di concerto con il Ministro del tesoro, del bilancio e della programmazione economica, su delibera del consiglio di amministrazione dell'INAIL, la misura massima dei tassi medi nazionali è ridotta al 110 per mille (1).

7. Ai fini del finanziamento del disavanzo della gestione agricoltura è auto-rizzata per gli anni 2000 e 2001 la spesa di lire 700 miliardi annui, ai sensi dell'art. 55, comma 1, lettera o), della legge 17 maggio 1999, n. 144, e relative disposizioni attuative. Per gli anni successivi, nei limiti di lire 700 miliardi annui, la spesa è autorizzata subordinatamente all'adozione dei decreti del Presidente del Consiglio dei Ministri di cui all'art. 8 della legge 23 dicembre 1998, n. 448, emanati successivamente alla data di entrata in vi-gore del presente decreto (1).

(1) Comma modificato, con decorrenza dal 1° gennaio 2019, dall'art. 1, co. 1126, lett. n), l. 30/12/2018, n. 145.

4. Assicurazione dei lavoratori dell'area dirigenziale. – 1. A decorrere dalla data di entrata in vigore del presente decreto legislativo, fermo restando quanto disposto dagli articoli 1 e 4 del testo unico, sono soggetti all'obbligo assicurativo contro gli infortuni sul lavoro e le malattie professionali i dipendenti dai soggetti di cui all'art. 9 del testo unico, appartenenti all'area dirigenziale anche qualora vigano previsioni, contrattuali o di legge, di tutela con polizze privatistiche. La retribuzione valevole ai fini contributivi e risarcitivi è pari al massimale per la liquidazione delle rendite, di cui all'art. 116, comma 3, del testo unico. Con decreto del Ministro del lavoro e della previdenza sociale, di concerto con il Ministro del tesoro, del bilancio e della programmazione economica, da emanarsi entro tre mesi dalla data di entrata in vigore del presente decreto legislativo, su delibera del consiglio di amministrazione dell'INAIL, vengono individuati i riferimenti tariffari per la classificazione delle lavorazioni svolte dai suddetti dipendenti.

2. I premi versati anteriormente alla data dell'entrata in vigore del presente decreto legislativo conservano la loro efficacia anche ai fini delle relative prestazioni. Per l'anno 1999 e fino all'entrata in vigore del presente decreto legislativo, la retribuzione valevole ai fini della determinazione del premio è quella indicata nel comma 1. Nel caso di infortuni sul lavoro o malattie professionali che comportino l'obbligo per l'INAIL di corrispondere prestazioni per periodi antecedenti alla data di entrata in vigore del presente decreto legislativo, il relativo rapporto assicurativo decorre dalla data dell'evento indennizzato.

3. Ferma restando la decorrenza dell'obbligo assicurativo e del diritto alle prestazioni dalla data di cui al comma 1, in sede di prima applicazione, i termini per la presentazione delle denunce di cui all'art. 12 del testo unico sono stabiliti in trenta giorni dalla data di entrata in vigore del presente decreto legislativo.

5. Assicurazione dei lavoratori parasubordinati. – 1. A decorrere dalla data di entrata in vigore del presente decreto legislativo, sono soggetti all'obbligo assicurativo i lavoratori parasubordinati indicati all'art. 49, comma 2, lettera a), del decreto del Presidente della Repubblica 22 dicembre 1986, n. 917 e successive modificazioni e integrazioni, qualora svolgano le attività previste dall'art. 1 del testo unico o, per l'esercizio delle proprie mansioni, si avvalgano, non in via occasionale, di veicoli a motore da essi personalmente condotti.

2. Ai fini dell'assicurazione INAIL il committente è tenuto a tutti gli adempimenti del datore di lavoro previsti dal testo unico.

3. Il premio assicurativo è ripartito nella misura di un terzo a carico del lavoratore e di due terzi a carico del committente.

4. Ai fini del calcolo del premio la base imponibile è costituita dai compensi effettivamente percepiti, salvo quanto stabilito dall'art. 116, comma 3, del testo unico. Il tasso applicabile all'attività svolta dal lavoratore è quello dell'azienda qualora l'attività stessa sia inserita nel ciclo produttivo, in caso contrario, dovrà essere quello dell'attività effettivamente svolta.

5. Ferma restando la decorrenza dell'obbligo assicurativo e del diritto alle prestazioni dalla data di cui al comma 1, in sede di prima applicazione, i termini per la presentazione delle denunce di cui all'art. 12 del testo unico sono stabiliti in trenta giorni dalla data di entrata in vigore del presente decreto legislativo.

6. Assicurazione degli sportivi professionisti*. *– 1. A decorrere dalla data di entrata in vigore del presente decreto legislativo sono soggetti all'obbligo assicurativo gli sportivi professionisti dipendenti dai soggetti di cui all'art. 9 del testo unico, anche qualora vigano previsioni, contrattuali o di legge, di tutela con polizze privatistiche. Con decreto del Ministro del lavoro e della previdenza sociale, di concerto con il Ministro del tesoro, del bilancio e della programmazione economica, da emanarsi entro tre mesi dalla data di entrata in vigore del presente decreto legislativo, su delibera del consiglio di amministrazione dell'INAIL, saranno stabilite le retribuzioni e i relativi riferimenti tariffari ai fini della determinazione del premio assicurativo. 1-bis. Dalla data di decorrenza dell'obbligo assicurativo, le retribuzioni stabilite ai fini della determinazione del premio valgono anche ai fini della liquidazione della indennità giornaliera di inabilità temporanea assoluta, di cui all'articolo 66, numero 1), del testo unico delle disposizioni per l'assicurazione obbligatoria contro gli infortuni sul lavoro e le malattie professionali, approvato con decreto del Presidente della Repubblica 30 giugno 1965, n. 1124* (1). *2. Ferma restando la decorrenza dell'obbligo assicurativo e del diritto alle prestazioni dalla data di cui al comma 1, in sede di prima applicazione, i termini per la presentazione delle denunce di cui all'art. 12 del testo unico sono stabiliti in trenta giorni dalla data di entrata in vigore del presente decreto legislativo.*

* Articolo abrogato, a decorrere dal 1° luglio 2023, dall'art. 52, co. 1, d.lg. 28/2/2021, n. 36, come modificato dall'art. 10, co. 13-quater, lett. b), d.l. 25/5/2021, n. 73, conv., con modif., l. 23/7/2021, n. 106 e dall'art. 16, co. 1, lett. b), d.l. 29/12/2022, n. 198, non ancora convertito in legge.

(1) Comma aggiunto dall'art. 1, co. 1, d.lg. 13/3/2002, n. 79.

7. Lavoratori italiani operanti nei Paesi extracomunitari. – 1. Le tariffe di cui all'art. 3 si applicano anche per le attività svolte dai lavoratori italiani operanti nei Paesi extracomunitari, di cui al decreto-legge 31 luglio 1987, n. 317, convertito, con modificazioni, dalla legge 3 ottobre 1987, n. 398.

2. In caso di insussistenza dell'ultima condizione indicata nell'art. 2, comma 6-bis, del decreto-legge 21 marzo 1988, n. 86, convertito, con modificazioni dalla legge 20 maggio 1988, n. 160, i datori di lavoro sono tenuti al pagamento, nei confronti dell'INAIL, di un premio integrativo, da applicarsi con decorrenza dalla data di entrata in vigore del suddetto decreto-legge, a copertura delle prestazioni dovute dall'Istituto stesso ai sensi del testo unico. La misura del premio integrativo è determinata con decreto del Ministro del lavoro e della previdenza sociale, di concerto con il Ministro del tesoro, del bilancio e della programmazione economica, da emanarsi entro tre mesi dalla data di entrata in vigore del presente decreto legislativo, su delibera del consiglio di amministrazione dell'INAIL. I premi versati anteriormente alla data di entrata in vigore del presente decreto legislativo restano acquisiti e conservano la loro efficacia anche ai fini delle relative prestazioni.

8. Retribuzioni di ragguaglio. – 1. All'art. 30 il quarto comma del testo unico è sostituito dal seguente: «Nei casi in cui i prestatori d'opera non percepiscano retribuzione fissa o comunque la remunerazione non sia accettabile, si assume, qualora non siano stabilite tabelle fisse di salari medi o convenzionali, la retribuzione valida ai fini della determinazione del minimale di legge per la liquidazione delle rendite di cui all'art. 116, comma 3».

Capo II
Disposizioni in materia di prestazioni

9. Rettifica per errore. – 1. Le prestazioni a qualunque titolo erogate dall'istituto assicuratore possono essere rettificate dallo stesso Istituto in caso di errore di qualsiasi natura commesso in sede di attribuzione, erogazione o riliquidazione delle prestazioni. Salvo i casi di dolo o colpa grave dell'interessato accertati giudizialmente, l'istituto assicuratore può esercitare la facoltà di rettifica entro dieci anni dalla data di comunicazione dell'originario provvedimento errato.

2. In caso di mutamento della diagnosi medica e della valutazione da parte dell'istituto assicuratore successivamente al riconoscimento delle prestazioni, l'errore, purché non riconducibile a dolo o colpa grave dell'interessato accertati giudi-

zialmente, assume rilevanza ai fini della rettifica solo se accertato con i criteri, metodi e strumenti di indagine disponibili all'atto del provvedimento originario.

3. L'errore non rettificabile comporta il mantenimento delle prestazioni economiche in godimento al momento in cui l'errore stesso è stato rilevato.

4. È abrogato il primo periodo del comma 5 dell'art. 55 della legge 9 marzo 1989, n. 88.

5. I soggetti nei cui confronti si è proceduto a rettifica delle prestazioni sulla base della normativa precedente possono chiedere all'istituto assicuratore il riesame del provvedimento (1).

6. Nei casi prescritti o definiti con sentenza passata in giudicato, la domanda deve essere presentata, a pena di decadenza, entro centottanta giorni dalla data di entrata in vigore del presente decreto legislativo. In caso di accoglimento la riattribuzione della prestazione decorre dal primo giorno del mese successivo alla domanda e non dà diritto alla restituzione di somme arretrate (1).

7. Nei casi non prescritti o non definiti con sentenza passata in giudicato, per la presentazione della domanda si applica, se più favorevole, il termine di cui al comma 6. In caso di accoglimento della domanda, la riattribuzione della prestazione avverrà con decorrenza dalla data di annullamento o di riduzione della stessa (1).

(1) La Corte costituzionale, con sent. 10/5/2005, n. 191, ha dichiarato l'illegittimità costituzionale del presente comma. Vedi l'art. 14-vicies-quater del d.l. 30/12/2005, n. 115.

10. Malattie professionali. – 1. Con decreto del Ministro del lavoro e della previdenza sociale, da emanarsi entro sessanta giorni dalla data di entrata in vigore del presente decreto legislativo, è costituita una commissione scientifica per l'elaborazione e la revisione periodica dell'elenco delle malattie di cui all'art. 139 e delle tabelle di cui agli articoli 3 e 211 del testo unico, composta da non più di quindici componenti in rappresentanza del Ministero del lavoro e della previdenza sociale, del Ministero della sanità, del Ministero del tesoro, del bilancio e della programmazione economica, dell'Istituto superiore della sanità, del Consiglio nazionale delle ricerche (CNR), dell'Istituto superiore per la prevenzione e la sicurezza del lavoro (ISPESL), dell'Istituto italiano di medicina sociale, dell'Istituto nazionale della previdenza sociale (INPS), dell'INAIL, dell'Istituto di previdenza per il settore marittimo (IPSEMA), nonché delle Aziende sanitarie locali (ASL) su designazione dalla Conferenza permanente per i rapporti tra lo Stato, le regioni e le province autonome di Trento e Bolzano. Con il medesimo decreto vengono stabilite la composizione e le norme di funzionamento della commissione stessa.

2. Per l'espletamento della sua attività la commissione si può avvalere della collaborazione di istituti ed enti di ricerca.

3. Alla modifica e all'integrazione delle tabelle di cui agli articoli 3 e 211 del testo unico, si fa luogo, su proposta della commissione di cui al comma 1, con decreto del Ministro del lavoro e della previdenza sociale, di concerto con il Ministro della sanità, sentite le organizzazioni sindacali nazionali di categoria maggiormente rappresentative.

4. Fermo restando che sono considerate malattie professionali anche quelle non comprese nelle tabelle di cui al comma 3 delle quali il lavoratore dimostri l'origine professionale, l'elenco delle malattie di cui all'art. 139 del testo unico conterrà anche liste di malattie di probabile e di possibile origine lavorativa, da tenere sotto osservazione ai fini della revisione delle tabelle delle malattie professionali di cui agli articoli 3 e 211 del testo unico. Gli aggiornamenti dell'elenco sono effettuati con cadenza annuale con decreto del Ministro del lavoro e della previdenza sociale su proposta della commissione di cui al comma 1. La trasmissione della copia della denuncia di cui all'art. 139, comma 2, del testo unico e successive modificazioni e integrazioni, è effettuata, oltre che alla azienda sanitaria locale, anche alla sede dell'istituto assicuratore competente per territorio.

5. Ai fini del presente articolo, è istituito, presso la banca dati INAIL, il registro nazionale delle malattie causate dal lavoro ovvero ad esso correlate. Al registro possono accedere, in ragione della specificità di ruolo e competenza e nel rispetto delle disposizioni di cui alla legge 31 dicembre 1996, n. 675 e successive modificazioni ed integrazioni, oltre la commissione di cui al comma 1, le strutture del Servizio sanitario nazionale, le direzioni provinciali del lavoro e gli altri soggetti pubblici cui, per legge o regolamento, sono attribuiti compiti in materia di protezione della salute e di sicurezza dei lavoratori sui luoghi di lavoro.

11. Rivalutazione delle rendite. – 1. Con effetto dall'anno 2000 e a decorrere dal 1° luglio di ciascun anno la retribuzione di riferimento per la liquidazione delle rendite corrisposte dall'INAIL ai mutilati e agli invalidi del lavoro relativamente a tutte le gestioni di appartenenza dei medesimi, è rivalutata annualmente, su delibera del consiglio di amministrazione dell'INAIL, con decreto del Ministro del lavoro e della previdenza sociale, previa conferenza di servizi con il Ministero dell'economia e delle finanze e, nei casi previsti dalla legge, con il Ministero della salute, sulla base della variazione effettiva dei prezzi al consumo per le famiglie di operai e impiegati intervenuta rispetto all'anno precedente. Gli incrementi annuali, come sopra determinati, verranno riassorbiti nell'anno in cui scatterà la variazione retributiva minima non inferiore al 10 per cento fissata all'art. 20, commi 3 e 4, della legge 28 febbraio 1986, n. 41, rispetto alla retribuzione presa a base per l'ultima rivalutazione effettuata ai sensi del medesimo art. 20 (1).

2. I principi di cui al comma 1 si applicano anche alle rendite corrisposte da altri enti gestori dell'assicurazione obbligatoria contro gli infortuni sul lavoro previsti dal testo unico.

(1) Comma modificato dall'art. 2, co. 114, d.l. 3/10/2006, n. 262.

12. Infortunio in itinere. – 1. All'art. 2 e all'art. 210 del testo unico è aggiunto, in fine, il seguente comma:

«Salvo il caso di interruzione o deviazione del tutto indipendenti dal lavoro o, comunque, non necessitate, l'assicurazione comprende gli infortuni occorsi alle persone assicurate durante il normale percorso di andata e ritorno dal luogo di abitazione a quello di lavoro, durante il normale percorso che collega due luoghi di lavoro se il lavoratore ha più rapporti di lavoro e, qualora non sia presente un servizio di mensa aziendale, durante il normale percorso di andata e ritorno dal luogo di lavoro a quello di consumazione abituale dei pasti. L'interruzione e la deviazione si intendono necessitate quando sono dovute a cause di forza maggiore, ad esigenze essenziali ed improrogabili o all'adempimento di obblighi penalmente rilevanti. L'assicurazione opera anche nel caso di utilizzo del mezzo di trasporto privato, purché necessitato. Restano, in questo caso, esclusi gli infortuni direttamente cagionati dall'abuso di alcolici e di psicofarmaci o dall'uso non terapeutico di stupefacenti ed allucinogeni; l'assicurazione, inoltre, non opera nei confronti del conducente sprovvisto della prescritta abilitazione di guida».

13. Danno biologico. – 1. In attesa della definizione di carattere generale di danno biologico e dei criteri per la determinazione del relativo risarcimento, il presente articolo definisce, in via sperimentale, ai fini della tutela dell'assicurazione obbligatoria conto gli infortuni sul lavoro e le malattie professionali il danno biologico come la lesione all'integrità psicofisica, suscettibile di valutazione medico legale, della persona. Le prestazioni per il ristoro del danno biologico sono determinate in misura indipendente dalla capacità di produzione del reddito del danneggiato.

2. In caso di danno biologico, i danni conseguenti ad infortuni sul lavoro verificatisi, nonché a malattie professionali denunciate a decorrere dalla data di entrata in vigore del decreto ministeriale di cui al comma 3, l'INAIL nell'ambito del sistema d'indennizzo e sostegno sociale, in luogo della prestazione di cui all'articolo 66, primo comma, numero 2), del testo unico, eroga l'indennizzo previsto e regolato dalle seguenti disposizioni (1):

a) le menomazioni conseguenti alle lesioni dell'integrità psicofisica di cui al comma 1 sono valutate in base a specifica "tabella delle menomazioni", comprensiva degli aspetti dinamico-relazionali. L'indennizzo delle menomazioni di grado pari o superiore al 6 per cento ed inferiore al 16 per cento è erogato in capitale dal 16 per cento è erogato in rendita, nella misura indicata nell'apposita "tabella indennizzo danno biologico". Per l'applicazione di tale tabella si fa riferimento all'età dell'assicurato al momento della guarigione clinica. Non si applica il disposto dell'art. 91 del testo unico;

b) le menomazioni di grado pari o superiore al 16 per cento danno diritto all'erogazione di un'ulteriore quota di rendita per l'indennizzo delle conseguenze delle stesse, commisurata al grado della menomazione, alla retribuzione dell'assicurato e al coefficiente di cui all'apposita "tabella dei coefficienti", che costituiscono indici di determinazione della percentuale di retribuzione da prendere in riferimento per l'indennizzo delle conseguenze patrimoniali, in relazione alla categoria di attività lavorativa di appartenenza dell'assicurato e alla ricollocabilità dello stesso. Per la determinazione della corrispondente quota di rendita, la retribuzione, determinata con le modalità e i criteri previsti dal testo unico, viene moltiplicata per il coefficiente di cui alla "tabella dei coefficienti" e per il grado percentuale di menomazione (2).

3. Le tabelle di cui alle lettere a) e b), i relativi criteri applicativi e i successivi adeguamenti sono approvati con decreto del Ministro del lavoro e della previdenza sociale su delibera del consiglio di amministrazione dell'INAIL. In sede di prima attuazione il decreto ministeriale è emanato entro trenta giorni dalla data di entrata in vigore del presente decreto legislativo.

4. Entro dieci anni dalla data dell'infortunio, o quindici anni se trattasi di malattia professionale, qualora le condizioni dell'assicurato, dichiarato guarito senza postumi d'invalidità permanente o con postumi che non raggiungono il minimo per l'indennizzabilità in capitale o per l'indennizzabilità in rendita, dovessero aggravarsi in conseguenza dell'infortunio o della malattia professionale in misura da raggiungere l'indennizzabilità in capitale o in rendita, l'assicurato stesso può chiedere all'istituto assicuratore la liquidazione del capitale o della rendita, formulando la domanda nei modi e nei termini stabiliti per la revisione della rendita in caso di aggravamento. L'importo della rendita è decurtato dell'importo dell'eventuale indennizzo in capitale già corrisposto. La revisione dell'indennizzo in capitale, per aggravamento della menomazione sopravvenuto nei termini di cui sopra, può avvenire una sola volta. Per le malattie neoplastiche, per la silicosi e l'asbestosi e per le malattie infettive e parassitarie la domanda di aggravamento, ai fini della liquidazione della rendita, può essere presentata anche oltre i limiti temporali di cui sopra, con scadenze quinquennali dalla precedente revisione.

5. Nel caso in cui l'assicurato, già colpito da uno o più eventi lesivi rientranti nella disciplina delle presenti disposizioni, subisca un nuovo evento lesivo si procede alla valutazione complessiva dei postumi ed alla liquidazione di un'unica rendita o dell'indennizzo in capitale corrispondente al grado complessivo della menomazione dell'integrità psicofisica. L'importo della nuova rendita o del nuovo indennizzo in capitale è decurtato dell'importo dell'eventuale indennizzo in capitale già corrisposto e non recuperato.

6. Il grado di menomazione dell'integrità psicofisica causato da infortunio sul lavoro o malattia professionale, quando risulti aggravato da menomazioni preesistenti concorrenti derivanti da fatti estranei al lavoro o da infortuni o malattie professionali verificatisi o denunciate prima della data di entrata in vigore del decreto ministeriale di cui al comma 3 e non indennizzati in rendita, deve essere rapportato non all'integrità psicofisica completa, ma a quella ridotta per effetto delle preesistenti menomazioni, il rapporto è espresso da una frazione in cui il denominatore indica il grado d'integrità psicofisica preesistente e il numeratore la differenza tra questa ed il grado d'integrità psicofisica residuato dopo l'infortunio o la malattia professionale. Quando per le conseguenze degli infortuni o delle malattie professionali verificatisi o denunciate prima della data di entrata in vigore del decreto ministeriale di cui al comma 3 l'assicurato percepisca una rendita o sia stato liquidato in capitale ai sensi del testo unico, il grado di menomazione conseguente al nuovo infortunio o alla nuova malattia professionale viene valutato senza tenere conto delle preesistenze. In tale caso, l'assicurato continuerà a percepire l'eventuale rendita corrisposta in conseguenza di infortuni o malattie professionali verificatisi o denunciate prima della data sopra indicata (3).

7. La misura della rendita può essere riveduta, nei modi e nei termini di cui agli articoli 83, 137 e 146 del testo unico. La rendita può anche essere soppressa nel caso di recupero dell'integrità psicofisica nei limiti del minimo indennizzabile in rendita. In tale caso, qualora il grado di menomazione accertato sia compreso nel limite indennizzabile in capitale, viene corrisposto l'indennizzo in capitale calcolato con riferimento all'età dell'assicurato al momento della soppressione della rendita.

8. Quando per le condizioni della lesione non sia ancora accertabile il grado di menomazione dell'integrità psicofisica e sia, comunque, presumibile che questa rientri nei limiti dell'indennizzo in capitale, l'istituto assicuratore può liquidare un indennizzo in capitale in misura provvisoria, dandone comunicazione all'interessato entro trenta giorni dalla data di ricevimento del certificato medico constatante la cessazione dell'inabilità temporanea assoluta, con riserva di procedere a liquidazione definitiva non prima di sei mesi e non oltre un anno dalla data di ricevimento del predetto certificato medico. In ogni caso l'indennizzo definitivo non può essere inferiore a quello provvisoriamente liquidato.

9. In caso di morte dell'assicurato, avvenuta prima che l'istituto assicuratore abbia corrisposto l'indennizzo in capitale, è dovuto un indennizzo proporzionale al tempo trascorso tra la data della guarigione clinica e la morte.

10. Per l'applicazione dell'art. 77 del testo unico si fa riferimento esclusivamente alla quota di rendita di cui al comma 2, lettera b).

11. Per quanto non previsto dalle presenti disposizioni, si applica la normativa del testo unico, in quanto compatibile.

12. All'onere derivante dalla prima applicazione del presente articolo, valutato in lire 340 miliardi annui, si fa fronte con un'addizionale sui premi e contributi assicurativi nella misura e con le modalità stabilite con decreto del Ministro del lavoro e della previdenza sociale di cui al comma 3.

(1) Alinea modificato dall'art. 73, co. 3, l. 23/12/2000, n. 388.

(2) Lettera così modificata dall'articolo unico del d.lg. 19/4/2001, n. 202, con la decorrenza prevista dal co. 2 dell'articolo unico citato.

(3) La Corte Costituzionale, con sent. 13/4/2021, n. 63 (in G.U. 14/4/2021, n. 15), ha dichiarato l'illegittimità costituzionale del secondo periodo del presente comma, nella parte in cui non prevede che, per le patologie aggravate da menomazioni preesistenti concorrenti, trovi applicazione la medesima disciplina contemplata dal primo periodo in aggiunta alla persistente erogazione della rendita di cui al terzo periodo del medesimo co. 6.

13 bis. Disposizioni in tema di menomazione dell'integrità psico-fisica (1). – 1. All'articolo 178 del testo unico di cui al decreto del Presidente della Repubblica 30 giugno 1965, n. 1124, al secondo comma, sono aggiunte, in fine, le seguenti parole: "e, per gli infortuni sul lavoro verificatisi nonché le malattie professionali denunciate a decorrere dal 1° gennaio 2007, abbiano subito o subiscano una menomazione dell'integrità psicofisica di grado pari o superiore al 60 per cento".

2. All'articolo 150, primo comma, del decreto del Presidente della Repubblica 30 giugno 1965, n. 1124, dopo le parole: "purché non superiore all'ottanta per cento" sono inserite le seguenti: "e, per le malattie denunciate a decorrere dal 1° gennaio 2007, con menomazione dell'integrità psicofisica di qualunque grado, purché non superiore al 60 per cento".

3. All'articolo 220 del decreto del Presidente della Repubblica 30 giugno 1965, n. 1124, dopo le parole: "di grado non inferiore al 50 per cento" sono inserite le seguenti: "e, per gli infortuni sul lavoro verificatisi nonché le malattie professionali denunciate a decorrere dal 1° gennaio 2007, ai titolari di rendita per menomazione dell'integrità psicofisica di grado non inferiore al 35 per cento".

4. All'articolo 76, primo comma, del decreto del Presidente della Repubblica 30 giugno 1965, n. 1124, dopo le parole: "invalidità permanente assoluta conseguente a menomazioni elencate nella tabella allegato n. 3" sono inserite le seguenti: "e, per gli infortuni sul lavoro verificatisi nonché le malattie professionali denunciate a decorrere dal 1° gennaio 2007, nei casi di invalidità conseguente a menomazioni elencate nella predetta tabella".

5. All'articolo 218, primo comma, del decreto del Presidente della Repubblica 30 giugno 1965, n. 1124, dopo le parole: "invalidità permanente assoluta conseguente a menomazioni elencate nella tabella allegato n. 3" sono inserite le seguenti: "e, per gli infortuni sul lavoro verificatisi nonché le malattie professionali denunciate a decorrere dal 1° gennaio 2007, nei casi di invalidità conseguente a menomazioni elencate nella predetta tabella".

6. All'articolo 11 della legge 10 maggio 1982, n. 251, è aggiunto il seguente comma: «Ferme restando tutte le altre condizioni, per gli infortuni sul lavoro verificatisi nonché le malattie professionali denunciate a decorrere dal 1° gennaio 2007, lo speciale assegno continuativo mensile di cui al primo comma spetta nel caso di morte, avvenuta per cause non dipendenti dall'infortunio o dalla malattia professionale, del titolare di rendita per menomazione dell'integrità psicofisica di grado non inferiore al 48 per cento».

7. All'articolo 10, terzo comma, della legge 5 maggio 1976, n. 248, al numero 1) sono aggiunte, in fine, le seguenti parole: "e, per gli infortuni sul lavoro verificatisi nonché le malattie professionali denunciate a decorrere dal 1° gennaio 2007, dell'integrità psicofisica di grado superiore al 20 per cento".

(1) Articolo inserito dall'art. 1, co. 782, l. 27/12/2006, n. 296.

Capo III
Disposizioni in materia di semplificazione e snellimento delle procedure

14. Norme in materia di procedure e speditezza dell'azione amministrativa (1). – 1. Al fine di garantire maggiore speditezza all'azione amministrativa, il consiglio di amministrazione dell'INAIL può adottare delibere intese a semplificare e a snellire aspetti procedurali della disciplina dell'assicurazione conto gli infortuni sul lavoro e le malattie professionali. Tali delibere sono soggette all'approvazione del Ministro del lavoro e della previdenza sociale, di concerto con il Ministro del tesoro, del bilancio e della programmazione economica. La presente disposizione non si applica ai procedimenti aventi ad oggetto diritti soggettivi.

2. A decorrere dalla data di entrata in vigore del presente decreto legislativo, i datori di lavoro soggetti alle disposizioni del testo unico debbono comunicare all'INAIL, ferme restando le disposizioni di cui all'articolo 12 del medesimo testo unico, il codice fiscale dei lavoratori assunti o cessati dal servizio contestualmente all'instaurazione del rapporto di lavoro o alla sua cessazione. In caso di omessa o errata comunicazione è applicata una sanzione amministrativa di lire centomila per lavoratore. Ai proventi derivanti dalla comminazione di detta sanzione si applicano le disposizioni di cui all'articolo 197 del testo unico e successive modificazioni e integrazioni.*

(1) Vedi, anche, l'art. 1, co. 27, l. 23/8/2004, n. 243.

* Comma soppresso dall'art. 5, co. 2-bis, d.lg. 21/7/2000, n. 181 con la decorrenza ivi prevista. A norma dell'art. 1, co. 1182, l. 27/12/2006, n. 296 l'obbligo di comunicazione all'INAIL di cui al presente comma, resta in vigore fino alla effettiva operatività delle modalità di trasferimento dei dati contenuti nei moduli per le comunicazioni obbligatorie di cui al decreto previsto dal d.lg. 21/4/2000, n. 181.

Capo IV
Disposizioni in materia di riordinamento dei compiti e della gestione del casellario centrale infortuni

15. Natura e funzione del Casellario centrale infortuni. – 1. Il Casellario centrale infortuni, di seguito denominato Casellario, svolge con autonomia gestionale una funzione pubblica, sotto la vigilanza del Ministero del lavoro e della previdenza sociale, avvalendosi della struttura e delle risorse organizzative poste a disposizione dall'INAIL, il quale provvede alle relative necessità, determinate secondo le indicazioni dell'organo di governo del Casellario, di cui all'art. 19, comma 2, mediante previsione di spesa su separato capitolo nell'ambito del bilancio dell'Istituto.

2. Il Casellario è titolare della banca dati, relativa agli infortuni professionali e non professionali ed alle malattie professionali, la quale viene alimentata dai soggetti indicati nell'art. 17, in seguito denominati utenti.

16. Compiti del Casellario. – 1. Il Casellario svolge i seguenti compiti:

a) archiviare, conservare, comunicare agli utenti dati, relativi a casi d'infortunio professionale e non professionale e di malattia professionale, i quali importino invalidità permanente o morte, anche a prescindere da uno specifico evento lesivo;

b) elaborare i dati, mediante procedure informatiche, che consentano l'ottimizzazione della loro utilizzazione anche in forma aggregata da parte dei soggetti autorizzati;

c) favorire l'integrazione ed il raccordo della propria banca dati con altre analoghe a livello nazionale e sovranazionale, nonché con quelle a carattere previdenziale.

2. Può, altresì, fornire dati in forma aggregata per indagini conoscitive alle istituzioni pubbliche e private di studi e ricerche.

17. Utenti del Casellario. – 1. Sono autorizzati all'accesso alle informazioni contenute nella banca dati:

a) gli istituti che esercitano l'assicurazione obbligatoria contro gli infortuni sul lavoro;

b) gli enti che esercitano, congiuntamente o disgiuntamente, l'assicurazione contro i rischi di infortunio e l'assicurazione conto i rischi derivanti dalla circolazione di automezzi, soggetti al controllo dell'Istituto per la vigilanza sulle assicurazioni private e di interesse collettivo (ISVAP).

18. Obblighi e diritti degli utenti. – 1. Gli utenti sono tenuti a comunicare al Casellario i casi d'invalidità derivanti da infortunio professionale e non o da malattia professionale, il relativo grado ed eventuali variazioni o altri casi d'invalidità o di morte, comunque accertati nell'esercizio delle loro funzioni istituzionali.

2. I soggetti di cui al comma 1, hanno diritto ad acquisire i dati relativi a casi d'infortunio professionale e non professionale e di malattia professionale, i quali importino invalidità permanente o morte, nonché dati in forma aggregata per indagini conoscitive sull'esistenza di precedenti, anche indipendentemente dal verificarsi di un evento lesivo.

3. Le comunicazioni relative agli eventi di cui ai commi 1 e 2 devono essere effettuate nei termini e con le modalità indicati nel regolamento di esecuzione, di cui all'art. 22.

4. Gli utenti rispondono in proprio, ai sensi della legge 31 dicembre 1996, n. 675 e successive modifiche e integrazioni, della utilizzazione dei dati acquisiti dal Casellario.

5. Per consentire l'adeguamento delle strutture organizzative ed informative, l'obbligo di cui al comma 1 relativo agli enti che esercitano l'assicurazione contro i rischi derivanti dalla circolazione di automezzi decorre a partire dall'anno successivo alla data di entrata in vigore del regolamento di esecuzione di cui all'art. 22.

19. Organi del Casellario. – 1. Gli organi del Casellario sono:

a) comitato di gestione;

b) presidente;

c) il dirigente responsabile del casellario.

2. Il comitato di gestione, di seguito denominato comitato, è composto da:

a) un rappresentante del Ministero del lavoro e della previdenza sociale, con funzioni di presidente;

b) un rappresentante dell'INAIL;

c) un rappresentante dell'Istituto di previdenza per il settore marittimo (IPSEMA);

d) un rappresentante dell'utenza pubblica diverso dall'INAIL;

e) un rappresentante dell'Ente nazionale di previdenza e assistenza per gli impiegati dell'agricoltura (ENPAIA);

f) un rappresentante delle imprese di assicurazione designato dall'Associazione nazionale tra le imprese assicuratrici (A.N.I.A.);

g) il dirigente responsabile del Casellario, designato dall'INAIL;

h) due esperti, uno in materia di assicurazione e uno in materia di discipline statistiche, designati dal Ministro del lavoro e della previdenza sociale. Su delibera del comitato di gestione approvata con decreto del Ministro del lavoro e della previdenza sociale può essere variata la composizione del comitato medesimo in funzione delle esigenze emergenti.

3. I membri, nominati con decreto del Ministro del lavoro e della previdenza sociale, durano in carica quattro anni e possono essere confermati per una sola volta. Il comitato è validamente costituito con la presenza della metà più uno dei componenti. Le deliberazioni sono assunte a maggioranza assoluta. Il comitato svolge i seguenti compiti:

a) stabilisce le modalità per l'acquisizione e la gestione dei dati;

b) determina le linee generali e i criteri di massima per la gestione del servizio;

c) delibera il regolamento di esecuzione di cui all'art. 22;

d) determina i contributi dovuti dagli utenti, in base alla spesa effettivamente sostenuta;

e) sovrintende in genere al funzionamento ed alla gestione del Casellario, adottando i necessari provvedimenti;

f) delibera, annualmente, il bilancio di previsione e il conto consuntivo della gestione e lo sottopone al consiglio di amministrazione dell'INAIL.

4. Il presidente:

a) ha la rappresentanza legale del Casellario;

b) assume i provvedimenti di carattere indilazionabile, sottoponendoli a ratifica del comitato nella prima riunione utile.

5. Il dirigente responsabile del Casellario:

a) cura l'esecuzione delle deliberazioni del comitato;

b) dirige i servizi e, sulla base delle deliberazioni del comitato, organizza il funzionamento di essi;

c) segnala al comitato i casi di inadempienza da parte degli utenti;

d) firma gli atti di gestione in conformità alla disciplina di cui al decreto legislativo 3 febbraio 1993, n. 29 e successive modificazioni e integrazioni, nonché gli altri la cui firma sia a lui delegata dal presidente;

e) esercita in genere tutte le attribuzioni a lui demandate dal comitato;

f) svolge una funzione di collegamento con le strutture competenti dell'INAIL, in ordine all'acquisizione e gestione delle risorse ed alla regolazione dei flussi finanziari nell'ambito del bilancio dell'INAIL.

20. Sanzioni. – 1. L'inosservanza degli obblighi di cui all'art. 18, comma 1, comporta l'applicazione di una sanzione amministrativa di euro 25, maggiorata del 10 per cento in ogni caso di reiterazione. Ai proventi derivanti dalla comminazione di detta sanzione si applicano le disposizioni di cui all'art. 197 del testo unico e successive modificazioni e integrazioni.

21. Contributi. – 1. Le spese per le modifiche strutturali, l'aggiornamento delle tecnologie, il funzionamento in genere del Casellario sono anticipate dall'INAIL e, successivamente, ripartite tra gli utenti di cui all'art. 17.

2. Il contributo viene determinato, annualmente, dal comitato, in base alla spesa effettivamente sostenuta per il servizio e commisurato ad una percentuale dei premi e contributi di assicurazione, ivi compresi, nel limite del 10 per cento i premi di assicurazione relativi alla responsabilità civile auto, incassati nell'anno di riferimento.

22. Regolamento di esecuzione. – 1. Le norme di esecuzione del presente capo, nonché le modalità di individuazione dei responsabili del trattamento dei dati ed il sistema di sicurezza degli accessi nel rispetto della legge 31 dicembre 1996, n. 675, sono disciplinati con regolamento, adottato dal comitato entro novanta giorni dal suo insediamento ed approvato con decreto del Ministro del lavoro e della previdenza sociale.

2. Sono abrogate le disposizioni incompatibili con le norme di cui al presente capo.

Capo V
Interventi per il miglioramento delle misure di prevenzione

23. Programmi e progetti in materia di sicurezza e igiene del lavoro. – 1. È istituito, in via sperimentale, per il triennio 1999-2001, in seno alla contabilità generale dell'INAIL, apposita evidenza finalizzata, nel limite consentito dalla normativa comunitaria, ad interventi di sostegno di:

a) programmi di adeguamento delle strutture e dell'organizzazione alle normative di sicurezza e igiene del lavoro delle piccole e medie imprese e dei settori agricolo e artigianale, in attuazione del decreto legislativo 19 settembre 1994, n. 626 e successive modificazioni;

b) progetti per favorire l'applicazione degli articoli 21 e 22 del decreto legislativo 19 settembre 1994, n. 626 e successive modificazioni, anche tramite la produzione di strumenti e prodotti informatici, multimediali, grafico visivi e banche dati, da rendere disponibili per chiunque in forma gratuita o a costo di produzione.

2. Per il finanziamento degli interventi di cui al comma 1, con decreto del Ministro del lavoro e della previdenza sociale, di concerto con il Ministro del tesoro, del bilancio e della pro-

grammazione economica, sono determinate, in misura percentuale, sulla base delle risultanze del bilancio, le risorse economiche da conferire nei limiti di complessivi 600 miliardi di lire.

3. Nell'ambito dei poteri programmatori, l'INAIL determina:

a) i criteri di priorità per l'ammissione dei progetti, avendo particolare riguardo all'ambito lavorativo in cui risulta più accentuato il fenomeno infortunistico;

b) le modalità per la formulazione dei progetti;

c) i termini di presentazione dei progetti;

d) l'entità delle risorse da destinare annualmente alle finalità di cui al comma 1 con particolare riguardo ai programmi di adeguamento delle strutture e dell'organizzazione alla normativa in materia di sicurezza e di igiene sul lavoro.

4. La determinazione di cui al comma 3 è sottoposta all'approvazione del Ministro del lavoro e della previdenza sociale.

5. Il consiglio di amministrazione dell'INAIL, sulla base dei princìpi e dei criteri definiti dalle norme regolamentari di cui al comma 3, provvede all'approvazione dei singoli progetti.

24. Progetti formativi e per l'abbattimento delle barriere architettoniche. – 1. Il consiglio di indirizzo e vigilanza dell'INAIL definisce, in via sperimentale, per il triennio 1999-2001, d'intesa con le regioni, in raccordo con quanto stabilito in materia dalla legge 12 marzo 1999, n. 68, indirizzi programmatici finalizzati alla promozione e al finanziamento dei progetti formativi di riqualificazione professionale degli invalidi del lavoro, nonché, in tutto o in parte, dei progetti per l'abbattimento delle barriere architettoniche nelle piccole e medie imprese e nelle imprese agricole e artigiane che sono tenute a mantenere in servizio o che assumono invalidi del lavoro, determinandone gli stanziamenti in relazione ai maggiori flussi finanziari derivanti dai piani di lotta all'evasione contributiva nel limite di 150 miliardi complessivi.

2. Sulla base degli indirizzi programmatici di cui al comma 1, il consiglio di amministrazione dell'INAIL definisce i criteri e le modalità per l'approvazione dei singoli progetti in analogia a quanto previsto dall'art. 23, comma 3.

Capo VI
Primi interventi di riordino dell'assicurazione infortuni in agricoltura

25. Denuncia degli infortuni sul lavoro. – 1. A decorrere dalla data di entrata in vigore del presente decreto legislativo, l'obbligo di denuncia degli infortuni sul lavoro di cui agli articoli 238 e 239 del testo unico è posto a carico del datore di lavoro, per gli operai agricoli a tempo determinato, e a carico del titolare del nucleo di appartenenza dell'infortunato, per i lavoratori agricoli autonomi.

2. Le modalità operative per la denuncia di cui al comma 1 sono stabilite con delibera del consiglio di amministrazione dell'INAIL da approvarsi con decreto del Ministro del lavoro e della previdenza sociale.

26. Verifiche ispettive per l'evasione e l'elusione assicurativa. – 1. Sulla base delle risultanze dell'istruttoria per la liquidazione delle prestazioni per infortuni o malattia professionale, l'INAIL provvede ad effettuare adeguati controlli ispettivi circa la regolarità assicurativa delle aziende di riferimento, nell'ambito di piani di attività concordati con l'INPS.

27. Banca dati. – 1. L'INAIL provvede a realizzare, in raccordo con l'INPS e con l'Anagrafe delle aziende agricole di cui all'art. 14, comma 3, del decreto legislativo 30 aprile 1998, n. 173, per quanto riguarda le informazioni sulle aziende assicurate, una banca dati per i rischi professionali in agricoltura in modo da rilevare informazioni su specifici andamenti infortunistici, distintamente per diverse realtà produttive e per diverse zone territoriali, nonché informazioni sulle cause e circostanze dell'evento lesivo, al fine di valutarne l'incidenza economica per settore, e in modo da formulare ipotesi di condizioni di equilibrio finanziario che tengano conto del rapporto di equilibrio fra solidarietà di categoria e solidarietà generale.

2. Alla banca dati di cui al comma 1 possono accedere le organizzazioni sindacali di categoria maggiormente rappresentative del settore.

28. Rideterminazione dei contributi. – 1. Ai fini del riequilibrio e del risanamento della gestione agricoltura, compatibilmente con la specificità del settore, fermo restando quanto disposto dagli articoli 257 e 262 del testo unico, è previsto, per gli anni 2001-2005, un incremento dei contributi in quota capitaria dovuti dai lavoratori autonomi agricoli nella misura massima complessiva del 50 per cento.

2. Per gli anni 2001 e 2002, l'incremento dei contributi di cui al comma 1 è fissato nella misura del 12,5 per cento per ciascun anno; per gli anni successivi, la misura dell'incremento è stabilita con decreto del Ministro del lavoro e della previdenza sociale, di concerto con il Ministro del tesoro, del bilancio e della programmazione economica, su delibera del consiglio di amministrazione dell'INAIL.

3. Con effetto dall'anno 2001 le aliquote contributive per i lavoratori agricoli dipendenti sono incrementate del 12,5 per cento.

4. A decorrere dall'anno 2001, con decreto del Ministro del lavoro e della previdenza sociale, di concerto con il Ministro del tesoro, del bilancio e della programmazione economica, può essere determinata la quota parte dei proventi derivanti dalla dismissione dei beni e dei diritti immobiliari dell'INAIL destinata a riduzione dell'incremento dei contributi del settore agricolo previsto dal presente articolo. La presente legge, munita del sigillo dello Stato, sarà inserita nella Raccolta ufficiale degli atti normativi della Repubblica Italiana. È fatto obbligo a chiunque spetti di osservarla e di farla osservare come legge dello Stato.

L. 24 marzo 2001, n. 89

Previsione di equa riparazione in caso di violazione del termine ragionevole del processo e modifica dell'articolo 375 del Codice di procedura civile

Omissis.

Capo II
Equa riparazione

1 bis. Rimedi all'irragionevole durata del processo (1). – 1. La parte di un processo ha diritto a esperire rimedi preventivi alla violazione della Convenzione per la salvaguardia dei diritti dell'uomo e delle libertà fondamentali, ratificata ai sensi della legge 4 agosto 1955, n. 848, sotto il profilo del mancato rispetto del termine ragionevole di cui all'articolo 6, paragrafo 1, della Convenzione stessa.

2. Chi, pur avendo esperito i rimedi preventivi di cui all'articolo 1-ter, ha subito un danno patrimoniale o non patrimo-

niale a causa dell'irragionevole durata del processo ha diritto ad una equa riparazione.

(1) Articolo inserito dall'art. 1, co. 777, lett. a), l. 28/12/2015, n. 208.

1 ter. Rimedi preventivi (1). – 1. Ai fini della presente legge, nei processi civili costituisce rimedio preventivo a norma dell'articolo 1-bis, comma 1, l'introduzione del giudizio nelle forme del procedimento semplificato di cognizione di cui agli articoli 281-decies e seguenti del codice di procedura civile. Costituisce altresì rimedio preventivo formulare richiesta di passaggio dal rito ordinario al rito semplificato a norma dell'articolo 183-bis del codice di procedura civile, entro l'udienza di trattazione e comunque almeno sei mesi prima che siano trascorsi i termini di cui all'articolo 2, comma 2-bis. Nelle cause in cui non si applica il rito semplificato di cognizione, ivi comprese quelle in grado di appello, costituisce rimedio preventivo proporre istanza di decisione a seguito di trattazione orale a norma degli articoli 275, commi secondo, terzo e quarto, 281-sexies e 350-bis del codice di procedura civile, almeno sei mesi prima che siano trascorsi i termini di cui all'articolo 2, comma 2-bis. Nelle cause in cui il tribunale giudica in composizione collegiale, il giudice istruttore quando ritiene che la causa può essere decisa a seguito di trattazione orale, rimette la causa al collegio a norma dell'articolo 275-bis del codice di procedura civile (2).

2. L'imputato e le altre parti del processo penale hanno diritto di depositare, personalmente o a mezzo di procuratore speciale, un'istanza di accelerazione almeno sei mesi prima che siano trascorsi i termini di cui all'articolo 2, comma 2-bis.

3. Nei giudizi dinanzi al giudice amministrativo costituisce rimedio preventivo la presentazione dell'istanza di prelievo di cui all'articolo 71, comma 2, del codice del processo amministrativo, di cui al decreto legislativo 2 luglio 2010, n. 104, almeno sei mesi prima che siano trascorsi i termini di cui all'articolo 2, comma 2-bis.

4. Nel procedimento contabile davanti alla Corte dei conti il presunto responsabile ha diritto di depositare, personalmente o a mezzo di procuratore speciale, un'istanza di accelerazione, almeno sei mesi prima che siano trascorsi i termini di cui all'articolo 2, comma 2-bis.

5. La parte dei giudizi di natura pensionistica dinanzi alla Corte dei conti ha diritto di depositare, personalmente o a mezzo di procuratore speciale, un'istanza di accelerazione, almeno sei mesi prima che siano trascorsi i termini di cui all'articolo 2, comma 2-bis.

6. Nei giudizi davanti alla Corte di cassazione la parte ha diritto a depositare un'istanza di accelerazione almeno due mesi prima che siano trascorsi i termini di cui all'articolo 2, comma 2-bis.

7. Restano ferme le disposizioni che determinano l'ordine di priorità nella trattazione dei procedimenti.

(1) Articolo inserito dall'art. 1, co. 777, lett. a), l. 28/12/2015, n. 208.

(2) Comma sostituito dall'art. 15, co. 1, d.lg. 10/10/2022, n. 149, con effetto a decorrere dal 28/2/2023, come stabilito dall'art. 35, co. 1, d.lg. n. 149/2022 medesimo, come modificato dall'art. 1, co. 380, lett. a), l. 29/12/2022, n. 197.

2. Diritto all'equa riparazione. – 1. È inammissibile la domanda di equa riparazione proposta dal soggetto che non ha esperito i rimedi preventivi all'irragionevole durata del processo di cui all'articolo 1-ter (1).

2. Nell'accertare la violazione il giudice valuta la complessità del caso, l'oggetto del procedimento, il comportamento delle parti e del giudice durante il procedimento, nonché quello di ogni altro soggetto chiamato a concorrervi o a contribuire alla sua definizione (2).

2-bis. Si considera rispettato il termine ragionevole di cui al comma 1 se il processo non eccede la durata di tre anni in primo grado, di due anni in secondo grado, di un anno nel giudizio di legittimità. Ai fini del computo della durata il processo si considera iniziato con il deposito del ricorso introduttivo del giudizio ovvero con la notificazione dell'atto di citazione. Si considera rispettato il termine ragionevole se il procedimento di esecuzione forzata si è concluso in tre anni, e se la procedura concorsuale si è conclusa in sei anni. Il processo penale si considera iniziato con l'assunzione della qualità di imputato, di parte civile o di responsabile civile, ovvero quando l'indagato ha avuto legale conoscenza della chiusura delle indagini preliminari (3).

2-ter. Si considera comunque rispettato il termine ragionevole se il giudizio viene definito in modo irrevocabile in un tempo non superiore a sei anni (4).

2-quater. Ai fini del computo non si tiene conto del tempo in cui il processo è sospeso e di quello intercorso tra il giorno in cui inizia a decorrere il termine per proporre l'impugnazione e la proposizione della stessa (4).

2-quinquies. Non è riconosciuto alcun indennizzo:

a) in favore della parte che ha agito o resistito in giudizio consapevole della infondatezza originaria o sopravvenuta delle proprie domande o difese, anche fuori dai casi di cui all'articolo 96 del codice di procedura civile;

b) nel caso di cui all'articolo 91, primo comma, secondo periodo, del codice di procedura civile;

c) nel caso di cui all' articolo 13, comma 1, primo periodo, del decreto legislativo 4 marzo 2010, n. 28;

d) in ogni altro caso di abuso dei poteri processuali che abbia determinato una ingiustificata dilazione dei tempi del procedimento (5).

2-sexies. Si presume insussistente il pregiudizio da irragionevole durata del processo, salvo prova contraria, nel caso di:

a) dichiarazione di intervenuta prescrizione del reato, limitatamente all'imputato;

b) contumacia della parte;

c) estinzione del processo per rinuncia o inattività delle parti ai sensi degli articoli 306 e 307 del codice di procedura civile e dell'articolo 84 del codice del processo amministrativo, di cui al decreto legislativo 2 luglio 2010, n. 104;

d) perenzione del ricorso ai sensi degli articoli 81 e 82 del codice del processo amministrativo, di cui al decreto legislativo 2 luglio 2010, n. 104;

e) mancata presentazione della domanda di riunione nel giudizio amministrativo presupposto, in pendenza di giudizi dalla stessa parte introdotti e ricorrendo le condizioni di cui all'articolo 70 del codice del processo amministrativo, di cui al decreto legislativo 2 luglio 2010, n. 104;

f) introduzione di domande nuove, connesse con altre già proposte, con ricorso separato, pur ricorrendo i presupposti per i motivi aggiunti di cui all'articolo 43 del codice del processo amministrativo, di cui al decreto legislativo 2 luglio 2010, n. 104, salvo che il giudice amministrativo disponga la separazione dei processi;

g) irrisorietà della pretesa o del valore della causa, valutata anche in relazione alle condizioni personali della parte (6).

2-septies. Si presume parimenti insussistente il danno quando la parte ha conseguito, per effetto della irragionevole durata del processo, vantaggi patrimoniali eguali o maggiori rispetto alla misura dell'indennizzo altrimenti dovuto (7).

*3. Il giudice determina la riparazione a norma dell'articolo 2056 del codice civile, osservando le disposizioni seguenti: a) rileva solamente il danno riferibile al periodo eccedente il termine ragionevole di cui al comma 1; b) il danno non patrimoniale è riparato, oltre che con il pagamento di una somma di denaro, anche attraverso adeguate forme di pubblicità della dichiarazione dell'avvenuta violazione**(8).

(1) Comma sostituito dall'art. 1, co. 777, lett. b) della l. 28/12/2015,

LEGGI COMPLEMENTARI

n. 208. La Corte Costituzionale, con sent. 30/7/2021, n. 175 (in G.U. 4/8/2021, n. 31), ha dichiarato, in relazione all'art. 1-ter, co. 2, l. 24/3/2001, n. 89, l'illegittimità costituzionale del presente comma, nel testo risultante dalle modifiche apportate dall'art. 1, co. 777, lett. a) e b), l. 28/12/2015, n. 208.

(2) Comma sostituito dall'art. 55, co. 1, lett. a), n. 1) del d.l. 22/6/2012, n. 83, conv., con modif., dalla l. 7/8/2012, n. 134.

(3) Comma aggiunto dall'art. 55, co. 1, lett. a), n. 2) del d.l. 22/6/2012, n. 83, conv., con modif., dalla l. 7/8/2012, n. 134.

• La Corte Costituzionale, con sent. 23/7/2015, n. 184 (in G.U., 29 luglio, n. 30), ha dichiarato l'illegittimità costituzionale del presente comma, nella parte in cui prevede che il processo penale si considera iniziato con l'assunzione della qualità di imputato, ovvero quando l'indagato ha avuto legale conoscenza della chiusura delle indagini preliminari, anziché quando l'indagato, in seguito a un atto dell'autorità giudiziaria, ha avuto conoscenza del procedimento penale a suo carico. Successivamente la Corte Costituzionale, con sent. 19/2/2016, n. 36 (in G.U., 24 febbraio, n. 8), ha dichiarato l'illegittimità costituzionale del presente comma nella parte in cui si applica alla durata del processo di primo grado previsto dalla presente legge.

(4) Comma aggiunto dall'art. 55, co. 1, lett. a), n. 2) del d.l. 22/6/2012, n. 83, conv., con modif., dalla l. 7/8/2012, n. 134.

(5) Comma aggiunto dall'art. 55, co. 1, lett. a), n.2) del d.l. 22/6/2012, n. 83, conv., con modif., dalla l. 7/8/2012, n. 134 e, successivamente, sostituito dall'art. 1, co. 777, lett. c) della l. 28/12/2015, n. 208.

• La Corte costituzionale, con sent. 10/7/2019, n. 169 (in G.U. 17/7/2019, n. 29), ha dichiarato l'illegittimità costituzionale della lett. e), del presente comma, nella versione modificata dall'art. 55, co. 1, lett. a), n. 2) del d.l. 22/6/2012, n. 83.

(6) Comma aggiunto dall'art. 1, co. 777, lett. d) della l. 28/12/2015, n. 208.

(7) Comma aggiunto dall'art. 1, co. 777, lett. d) della l. 28/12/2015, n. 208.

* Comma abrogato dall'art. 55, co. 1, lett. a), n. 3) del d.l. 22/6/2012, n. 83, conv., con modif., dalla l. 7/8/ 2012, n. 134.

(8) A norma dell'art. 85, co. 7 del d.l. 17/3/2020, n. 18, conv., con modif., dalla l. 24/4/2020, n. 27, ai fini del computo di cui al presente articolo, nei procedimenti nei quali le udienze sono rinviate a norma dell'art. 85 medesimo, non si tiene conto del periodo compreso tra l'8 marzo 2020 e il 31 agosto 2020.

2 bis. Misura dell'indennizzo (1). – 1. Il giudice liquida a titolo di equa riparazione, di regola, una somma di denaro non inferiore a euro 400 e non superiore a euro 800 per ciascun anno, o frazione di anno superiore a sei mesi, che eccede il termine ragionevole di durata del processo. La somma liquidata può essere incrementata fino al 20 per cento per gli anni successivi al terzo e fino al 40 per cento per gli anni successivi al settimo (2).

1-bis. La somma può essere diminuita fino al 20 per cento quando le parti del processo presupposto sono più di dieci e fino al 40 per cento quando le parti del processo sono più di cinquanta (3).

1-ter. La somma può essere diminuita fino a un terzo in caso di integrale rigetto delle richieste della parte ricorrente nel procedimento cui la domanda di equa riparazione si riferisce (3).

1-quater. L'indennizzo è riconosciuto una sola volta in caso di riunione di più giudizi presupposti che coinvolgono la stessa parte. La somma liquidata può essere incrementata fino al 20 per cento per ciascun ricorso riunito, quando la riunione è disposta su istanza di parte (3).

2. L'indennizzo è determinato a norma dell'articolo 2056 del codice civile, tenendo conto:

a) dell'esito del processo nel quale si è verificata la violazione di cui al comma 1 dell'articolo 2;

b) del comportamento del giudice e delle parti;

c) della natura degli interessi coinvolti;

d) del valore e della rilevanza della causa, valutati anche in relazione alle condizioni personali della parte.

3. La misura dell'indennizzo, anche in deroga al comma 1, non può in ogni caso essere superiore al valore della causa o, se inferiore, a quello del diritto accertato dal giudice.

(1) Articolo aggiunto dall'art. 55, co. 1, lett. b), d.l. 22/6/2012, n. 83, conv., con modif., dalla l. 7/8/2012, n. 134.

(2) Comma sostituito dall'art. 1, co. 777, lett. e), l. 28/12/2015, n. 208.

(3) Comma inserito dall'art. 1, co. 777, lett. f), l. 28/12/2015, n. 208.

3. Procedimento (1). – 1. La domanda di equa riparazione si propone con ricorso al presidente della corte d'appello del distretto in cui ha sede il giudice innanzi al quale si è svolto il primo grado del processo presupposto. Si applica l'articolo 125 del codice di procedura civile (2).

2. Il ricorso è proposto nei confronti del Ministro della giustizia quando si tratta di procedimenti del giudice ordinario, del Ministro della difesa quando si tratta di procedimenti del giudice militare. Negli altri casi è proposto nei confronti del Ministro dell'economia e delle finanze.

3. Unitamente al ricorso deve essere depositata copia autentica dei seguenti atti:

a) l'atto di citazione, il ricorso, le comparse e le memorie relativi al procedimento nel cui ambito la violazione si assume verificata;

b) i verbali di causa e i provvedimenti del giudice;

c) il provvedimento che ha definito il giudizio, ove questo si sia concluso con sentenza od ordinanza irrevocabili.

4. Il presidente della corte d'appello, o un magistrato della corte a tal fine designato, provvede sulla domanda di equa riparazione con decreto motivato da emettere entro trenta giorni dal deposito del ricorso. Non può essere designato il giudice del processo presupposto. Si applicano i primi due commi dell'articolo 640 del codice di procedura civile (3).

5. Se accoglie il ricorso, il giudice ingiunge all'amministrazione contro cui è stata proposta la domanda di pagare senza dilazione la somma liquidata a titolo di equa riparazione, autorizzando in mancanza la provvisoria esecuzione. Nel decreto il giudice liquida le spese del procedimento e ne ingiunge il pagamento.

6. Se il ricorso è in tutto o in parte respinto la domanda non può essere riproposta, ma la parte può fare opposizione a norma dell'articolo 5-ter.

7. L'erogazione degli indennizzi agli aventi diritto avviene nei limiti delle risorse disponibili nel relativo capitolo, fatto salvo il ricorso al conto sospeso (4).

(1) Articolo modificato dall'art. 1, co. 1224, l. 27/12/2006, n. 296 e, successivamente, sostituito dall'art. 55, co. 1, lett. c), d.l. 22/6/2012, n. 83, con la decorrenza di cui al co. 2 del medesimo decreto.

(2) Comma sostituito dall'art. 1, co. 777, lett. g), l. 28/12/2015, n. 208.

(3) Comma modificato dall'art. 1, co. 777, lett. h), l. 28/12/2015, n. 208.

(4) Comma modificato dall'art. 1, co. 777, lett. i), l. 28/12/2015, n. 208.

4. Termine di proponibilità (1). – 1. La domanda di riparazione può essere proposta, a pena di decadenza, entro sei mesi dal momento in cui la decisione che conclude il procedimento è divenuta definitiva (2).

(1) Articolo sostituito dall'art. 55, co. 1, lett. d), d.l. 22/6/2012, n. 83, conv., con modif., dalla l. 7/8/2012, n. 134, con la decorrenza di cui al co. 2 del medesimo decreto.

(2) La Corte Cost., sent. 26/4/2018, n. 88 (in G.U. 2/5/2018, n. 18), ha dichiarato l'illegittimità costituzionale del presente comma nella parte in cui non prevede che la domanda di equa riparazione possa essere proposta in pendenza del procedimento presupposto.

5. Notificazioni e comunicazioni (1). – 1. Il ricorso, unitamente al decreto che accoglie la domanda di equa riparazione, è notificato per copia autentica al soggetto nei cui confronti la domanda è proposta.

2. Il decreto diventa inefficace qualora la notificazione non sia eseguita nel termine di trenta giorni dal deposito in cancelleria del provvedimento e la domanda di equa riparazione non può essere più proposta.

3. La notificazione ai sensi del comma 1 rende improponibile l'opposizione e comporta acquiescenza al decreto da parte del ricorrente.

4. Il decreto che accoglie la domanda è altresì comunicato al procuratore generale della Corte dei conti, ai fini dell'eventuale avvio del procedimento di responsabilità, nonché ai titolari dell'azione disciplinare dei dipendenti pubblici comunque interessati dal procedimento.

(1) Articolo sostituito dall'art. 55, co. 1, lett. e), d.l. 22/6/2012, n. 83, conv., con modif., dalla l. 7/8/2012, n. 134 con la decorrenza di cui al co. 2 del medesimo decreto.

5 bis. Gratuità del procedimento*. – *1. Il procedimento di cui all'articolo 3 è esente dal pagamento del contributo unificato di cui all'articolo 9 della legge 23 dicembre 1999, n. 488. Il procedimento iscritto prima del 13 marzo 2002 è esente dall'imposta di bollo, dai diritti di cancelleria e dai diritti di chiamata di causa dell'ufficiale giudiziario.*

* Articolo inserito dall'art. 2 del d.l. 11/3/2002, n. 28, e successivamente abrogato dall'art. 299 del d.P.R. 30/5/2002, n. 115, a decorrere dal 1/7/2002.

5 ter. Opposizione (1). – 1. Contro il decreto che ha deciso sulla domanda di equa riparazione può essere proposta opposizione nel termine perentorio di trenta giorni dalla comunicazione del provvedimento ovvero dalla sua notificazione.

2. L'opposizione si propone con ricorso davanti all'ufficio giudiziario al quale appartiene il giudice che ha emesso il decreto. Si applica l'articolo 125 del codice di procedura civile.

3. La corte d'appello provvede ai sensi degli articoli 737 e seguenti del codice di procedura civile. Del collegio non può far parte il giudice che ha emanato il provvedimento impugnato.

4. L'opposizione non sospende l'esecuzione del provvedimento. Il collegio, tuttavia, quando ricorrono gravi motivi, può, con ordinanza non impugnabile, sospendere l'efficacia esecutiva del decreto opposto.

5. La corte pronuncia, entro quattro mesi dal deposito del ricorso, decreto impugnabile per cassazione. Il decreto è immediatamente esecutivo.

(1) Articolo inserito dall'art. 55, co. 1, lett. f), d.l. 22/6/2012, n. 83, conv., con modif., dalla l. 7/8/2012, n. 134, con la decorrenza di cui al co. 2 del medesimo decreto.

5. quater. Sanzioni processuali (1). – 1. Con il decreto di cui all'articolo 3, comma 4, ovvero con il provvedimento che definisce il giudizio di opposizione, il giudice, quando la domanda per equa riparazione è dichiarata inammissibile ovvero manifestamente infondata, può condannare il ricorrente al pagamento in favore della cassa delle ammende di una somma di denaro non inferiore ad euro 1.000 e non superiore ad euro 10.000.

(1) Articolo inserito dall'art. 55, co. 1, lett. f), d.l. 22/6/2012, n. 83, conv., con modif., dalla l. 7/8/2012, n. 134, con la decorrenza di cui al co. 2 del medesimo decreto.

5 quinquies. Esecuzione forzata (1). – 1. Al fine di assicurare un'ordinata programmazione dei pagamenti dei creditori di somme liquidate a norma della presente legge, non sono ammessi a pena di nullità rilevabile d'ufficio, atti di sequestro o di pignoramento presso la Tesoreria centrale e presso le Tesorerie provinciali dello Stato per la riscossione coattiva di somme liquidate a norma della presente legge.

2. Ferma restando l'impignorabilità prevista dall'articolo 1, commi 294-bis e 294-ter, della legge 23 dicembre 2005, n. 266, e successive modificazioni, anche relativamente ai fondi, alle aperture di credito e alle contabilità speciali destinati al pagamento di somme liquidate a norma della presente legge, i creditori di dette somme, a pena di nullità rilevabile d'ufficio, eseguono i pignoramenti e i sequestri esclusivamente secondo le disposizioni del libro III, titolo II, capo II del codice di procedura civile, con atto notificato ai Ministeri di cui all'articolo 3, comma 2, ovvero al funzionario delegato del distretto in cui è stato emesso il provvedimento giurisdizionale posto in esecuzione, con l'effetto di sospendere ogni emissione di ordinativi di pagamento relativamente alle somme pignorate. L'ufficio competente presso i Ministeri di cui all'articolo 3, comma 2, a cui sia stato notificato atto di pignoramento o di sequestro, ovvero il funzionario delegato sono tenuti a vincolare l'ammontare per cui si procede, sempreché esistano in contabilità fondi soggetti ad esecuzione forzata; la notifica rimane priva di effetti riguardo agli ordini di pagamento che risultino già emessi.

3. Gli atti di pignoramento o di sequestro devono indicare a pena di nullità rilevabile d'ufficio il provvedimento giurisdizionale posto in esecuzione.

4. Gli atti di sequestro o di pignoramento eventualmente notificati alla Tesoreria centrale e alle Tesorerie provinciali dello Stato non determinano obblighi di accantonamento da parte delle Tesorerie medesime, né sospendono l'accreditamento di somme a favore delle Amministrazioni interessate. Le Tesorerie in tali casi rendono dichiarazione negativa, richiamando gli estremi della presente disposizione di legge.

5. L'articolo 1 del decreto-legge 25 maggio 1994, n. 313, convertito, con modificazioni, dalla legge 22 luglio 1994, n. 460, si applica anche ai fondi destinati al pagamento di somme liquidate a norma della presente legge, ivi compresi quelli accreditati mediante aperture di credito in favore dei funzionari delegati degli uffici centrali e periferici delle amministrazioni interessate.

(1) Articolo inserito dall'art. 6, co. 6, d.l. 8/4/2013, n. 35, conv., con modif., dalla l. 6/6/2013, n. 64.

5 sexies. Modalità di pagamento (1). – 1. Al fine di ricevere il pagamento delle somme liquidate a norma della presente legge, il creditore rilascia all'amministrazione debitrice una dichiarazione, ai sensi degli articoli 46 e 47 del testo unico di cui al decreto del Presidente della Repubblica 28 dicembre 2000, n. 445, attestante la mancata riscossione di somme per il medesimo titolo, l'esercizio di azioni giudiziarie per lo stesso credito, l'ammontare degli importi che l'amministrazione è ancora tenuta a corrispondere, la modalità di riscossione prescelta ai sensi del comma 9 del presente articolo, nonché a trasmettere la documentazione necessaria a norma dei decreti di cui al comma 3.

2. La dichiarazione di cui al comma 1 ha validità semestrale e deve essere rinnovata a richiesta della pubblica amministrazione.

3. Con decreti del Ministero dell'economia e delle finanze e del Ministero della giustizia, da emanare entro il 30 ottobre 2016, sono approvati i modelli di dichiarazione di cui al comma 1 ed è individuata la documentazione da trasmettere all'amministrazione debitrice ai sensi del predetto comma 1. Le amministrazioni pubblicano nei propri siti istituzionali la modulistica di cui al periodo precedente.

3-bis. Con decreti dirigenziali del Ministero dell'economia e delle finanze e del Ministero della giustizia, da adottarsi entro il 31 dicembre 2021, sono indicate le modalità di presentazione telematica dei modelli di cui al comma 3, anche a mezzo di soggetti incaricati, ai sensi del codice dell'amministrazione digitale, di cui al decreto legislativo 7 marzo 2005, n. 82.

4. Nel caso di mancata, incompleta o irregolare trasmissione della dichiarazione o della documentazione di cui ai commi precedenti, l'ordine di pagamento non può essere emesso.

5. L'amministrazione effettua il pagamento entro sei mesi dalla data in cui sono integralmente assolti gli obblighi previsti ai commi precedenti. Il termine di cui al periodo precedente non inizia a decorrere in caso di mancata, incompleta o irregolare trasmissione della dichiarazione ovvero della documentazione di cui ai commi precedenti.

6. L'amministrazione esegue, ove possibile, i provvedimenti per intero. L'erogazione degli indennizzi agli aventi diritto avviene nei limiti delle risorse disponibili sui pertinenti capitoli di bilancio, fatto salvo il ricorso ad anticipazioni di tesoreria mediante pagamento in conto sospeso, la cui regolarizzazione avviene a carico del fondo di riserva per le spese obbligatorie, di cui all'articolo 26 della legge 31 dicembre 2009, n. 196.

7. Prima che sia decorso il termine di cui al comma 5, i creditori non possono procedere all'esecuzione forzata, alla notifica dell'atto di precetto, né proporre ricorso per l'ottemperanza del provvedimento.

8. Qualora i creditori di somme liquidate a norma della presente legge propongano l'azione di ottemperanza di cui al titolo I del libro quarto del codice del processo amministrativo, di cui al decreto legislativo 2 luglio 2010, n. 104, il giudice amministrativo nomina, ove occorra, commissario ad acta un dirigente dell'amministrazione soccombente, con esclusione dei titolari di incarichi di Governo, dei capi dipartimento e di coloro che ricoprono incarichi dirigenziali generali. I compensi riconosciuti al commissario ad acta rientrano nell'onnicomprensività della retribuzione dei dirigenti.

9. Le operazioni di pagamento delle somme dovute a norma della presente legge si effettuano mediante accreditamento sui conti correnti o di pagamento dei creditori. I pagamenti per cassa o per vaglia cambiario non trasferibile sono possibili solo se di importo non superiore a 1.000 euro.

10. Nei casi di riscossione per cassa o tramite vaglia cambiario il creditore può delegare all'incasso un legale rappresentante con il rilascio di procura speciale.

11. Nel processo di esecuzione forzata, anche in corso, non può essere disposto il pagamento di somme o l'assegnazione di crediti in favore dei creditori di somme liquidate a norma della presente legge in caso di mancato, incompleto o irregolare adempimento degli obblighi di comunicazione. La disposizione di cui al presente comma si applica anche al pagamento compiuto dal commissario ad acta.

12. I creditori di provvedimenti notificati anteriormente all'emanazione dei decreti di cui al comma 3 trasmettono la dichiarazione e la documentazione di cui ai commi precedenti avvalendosi della modulistica presente nei siti istituzionali delle amministrazioni. Le dichiarazioni complete e regolari, già trasmesse alla data di entrata in vigore del presente articolo, conservano validità anche in deroga al disposto dei commi 9 e 10.

(1) Articolo inserito dall'art. 1, co. 777, lett. l), l. 28/12/2015, n. 208.

(2) Comma inserito dall'art. 25, co. 1, d.l. 24/8/2021, n. 118, conv., con modif., dalla l. 21/10/2021, n. 147.

6. Norma transitoria. – 1. Nel termine di sei mesi dalla data di entrata in vigore della presente legge, coloro i quali abbiano già tempestivamente presentato ricorso alla Corte europea dei diritti dell'uomo, sotto il profilo del mancato rispetto del termine ragionevole di cui all'articolo 6, paragrafo 1, della Convenzione per la salvaguardia dei diritti dell'uomo e delle libertà fondamentali, ratificata ai sensi della legge 4 agosto 1955, n. 848, possono presentare la domanda di cui all'articolo 3 della presente legge qualora non sia intervenuta una decisione sulla ricevibilità da parte della predetta Corte europea. In tal caso, il ricorso alla corte d'appello deve contenere l'indicazione della data di presentazione del ricorso alla predetta Corte europea (1).

2. La cancelleria del giudice adito informa senza ritardo il Ministero degli affari esteri di tutte le domande presentate ai sensi dell'articolo 3 nel termine di cui al comma 1 del presente articolo.

2-bis. Nei processi la cui durata al 31 ottobre 2016 ecceda i termini ragionevoli di cui all'articolo 2, comma 2-bis, e in quelli assunti in decisione alla stessa data non si applica il comma 1 dell'articolo 2 (2).

2-ter. Il comma 2 dell'articolo 54 del decreto-legge 25 giugno 2008, n. 112, convertito, con modificazioni, dalla legge 6 agosto 2008, n. 133, come modificato dall'articolo 3, comma 23, dell'allegato 4 al decreto legislativo 2 luglio 2010, n. 104, si applica solo nei processi amministrativi la cui durata al 31 ottobre 2016 ecceda i termini di cui all'articolo 2, comma 2-bis (2).

(1) Il termine di cui al presente comma è prorogato al 18/4/2002 dall'art. 1 del d.l. 12/10/2001, n. 370, convertito dalla l. 14/12/2001, n. 432.

(2) Comma aggiunto dall'art. 1, co. 777, lett. m), l. 28/12/2015, n. 208.

7. Disposizioni finanziarie. – 1. All'onere derivante dall'attuazione della presente legge, valutato in lire 12.705 milioni a decorrere dall'anno 2002, si provvede mediante corrispondente riduzione delle proiezioni dello stanziamento iscritto, ai fini del bilancio triennale 2001-2003, nell'ambito dell'unità previsionale di base di parte corrente "Fondo speciale" dello stato di previsione del Ministero del tesoro, del bilancio e della programmazione economica per l'anno 2001, allo scopo parzialmente utilizzando l'accantonamento relativo al medesimo Ministero.

2. Il Ministro del tesoro, del bilancio e della programmazione economica è autorizzato ad apportare, con propri decreti, le occorrenti variazioni di bilancio.

La presente legge, munita del sigillo dello Stato, sarà inserita nella Raccolta ufficiale degli atti normativi della Repubblica italiana. È fatto obbligo a chiunque spetti di osservarla e di farla osservare come legge dello Stato.

L. 3 agosto 2004, n. 206

Nuove norme in favore delle vittime del terrorismo e delle stragi di tale matrice

Art. 1. – 1. Le disposizioni della presente legge si applicano a tutte le vittime degli atti di terrorismo e delle stragi di tale matrice, compiuti sul territorio nazionale o extranazionale, se coinvolgenti cittadini italiani, nonché ai loro familiari superstiti. Ai fini della presente legge, sono ricomprese fra gli atti di terrorismo le azioni criminose compiute sul territorio nazionale in via ripetitiva, rivolte a soggetti indeterminati e poste in essere in luoghi pubblici o aperti al pubblico (1).

1-bis. Le disposizioni della presente legge si applicano inoltre ai familiari delle vittime del disastro aereo di Ustica del 1980 nonché ai familiari delle vittime e ai superstiti della cosiddetta "banda della Uno bianca". Ai beneficiari vanno compensate le somme già percepite (2).

2. Per quanto non espressamente previsto dalla presente legge si applicano le disposizioni contenute nelle leggi 20 ottobre 1990, n. 302, 23 novembre 1998, n. 407, e successive modificazioni, nonché l'articolo 82 della legge 23 dicembre 2000, n. 388, ad eccezione del comma 6 (3).

(1) Comma modificato dall'art. 34 del d.l. 1/10/2007, n. 159.

(2) Comma aggiunto dall'art. 1, co. 1270, l. 27/12/2006, n. 296. Successivamente l'art. 10, co. 2, d.lg. 24/2/2012, n. 20 ha disposto l'inserimento, con effetti dalla data di entrata in vigore del d.lg. 15/3/2010, n. 66, del medesimo co. 1-bis, formulato nel testo seguente: «1-bis. Le disposizioni della presente legge si applicano inoltre ai familiari delle vittime del disastro aereo di Ustica del 1980, nonché ai familiari delle vittime e ai superstiti della cosiddetta "banda della Uno bianca". Ai beneficiari vanno compensate le somme già percepite».

(3) Per l'interpretazione autentica delle disposizioni di cui al presente comma vedi l'art. 3, co. 5, d.l. 4/11/2009, n. 152. A norma dell'art. 10, co. 3, d.lg. 24/2/2012, n. 20 il presente comma si interpreta nel senso che le disposizioni dell'art. 82, co. 4, l. 23/12/2000, n. 388, ivi richiamato, concernenti i requisiti dei familiari delle vittime di atti di terrorismo per l'accesso ai benefici di legge, ricomprendono le pensioni di reversibilità o indirette.

Art. 2. – 1. Ai fini della liquidazione della pensione e dell'indennità di fine rapporto o altro trattamento equipollente a chiunque subisca o abbia subito un'invalidità permanente di qualsiasi entità e grado in conseguenza di atti di terrorismo e delle stragi di tale matrice, nonché alle vedove e agli orfani, la retribuzione pensionabile va rideterminata incrementando la medesima di una quota del 7,5 per cento (1).

1-bis. Ai fini degli incrementi di pensione e di trattamento di fine rapporto o equipollenti di cui al comma 1 e del trattamento aggiuntivo di fine rapporto o equipollenti di cui al comma 1 dell'articolo 3, per i soli dipendenti privati invalidi, nonché per i loro eredi aventi diritto a pensione di reversibilità, che, ai sensi della normativa vigente prima della data di entrata in vigore della presente disposizione, abbiano presentato domanda entro il 30 novembre 2007, in luogo del 7,5 per cento e prescindendo da qualsiasi sbarramento al conseguimento della qualifica superiore, se prevista dai rispettivi contratti di categoria, si fa riferimento alla percentuale di incremento tra la retribuzione contrattuale immediatamente superiore e quella contrattuale posseduta dall'invalido all'atto del pensionamento, ove più favorevole (2).

2. È riconosciuto il diritto ad una maggiorazione della misura della pensione e ai relativi benefici sulla base dei criteri indicati dalla presente legge per coloro che sono stati collocati a riposo alla data di entrata in vigore della presente legge.

3. Sono fatti salvi i trattamenti pensionistici di maggior favore derivanti da iscrizioni assicurative obbligatorie di lavoratori dipendenti, autonomi o liberi professionisti.

(1) Comma modificato dall'art. 34 del d.l. 1/10/2007, n. 159.

(2) Comma inserito dall'art. 1, co. 163, l. 23/12/2014, n. 190.

Art. 3. – 1. A tutti coloro che hanno subito un'invalidità permanente di qualsiasi entità e grado della capacità lavorativa, causata da atti di terrorismo e dalle stragi di tale matrice, e ai loro familiari, anche superstiti, limitatamente al coniuge ed ai figli anche maggiorenni, ed in mancanza, ai genitori, siano essi dipendenti pubblici o privati o autonomi, anche sui loro trattamenti diretti è riconosciuto un aumento figurativo di dieci anni di versamenti contributivi utili ad aumentare, per una pari durata, l'anzianità pensionistica maturata, la misura della pensione, nonché il trattamento di fine rapporto o altro trattamento equipollente. A tale fine è autorizzata la spesa di 5.807.000 euro per l'anno 2004 e di 2.790.000 euro a decorrere dall'anno 2005 (1).

1-bis. Ai lavoratori autonomi e ai liberi professionisti spetta, a titolo di trattamento equipollente al trattamento di fine rapporto, un'indennità calcolata applicando l'aliquota del 6,91 per cento ad un importo pari a dieci volte la media dei redditi, da lavoro autonomo ovvero libero professionale degli ultimi cinque anni di contribuzione, rivalutati, ai sensi dell'articolo 3, comma 5, del decreto legislativo 30 dicembre 1992, n. 503, aumentata del 7,5 per cento. La predetta indennità è determinata ed erogata in unica soluzione nell'anno di decorrenza della pensione (2).

1-ter. I benefici previsti dal comma 1 spettano al coniuge e ai figli dell'invalido, anche se il matrimonio è stato contratto o i figli sono nati successivamente all'evento terroristico. Se l'invalido contrae matrimonio dopo che il beneficio è stato attribuito ai genitori, il coniuge e i figli di costui ne sono esclusi (3).

2. La pensione maturata ai sensi del comma 1 è esente dall'imposta sul reddito delle persone fisiche (IRPEF).

(1) Comma modificato dall'art. 1, co. 794 e 795, l. 27/12/2006, n. 296.

(2) Comma modificato dall'art. 34 del d.l. 1/10/2007, n. 159.

(3) Comma inserito dall'art. 1, co. 164, l. 23/12/2014, n. 190.

Art. 4. – 1. Coloro che hanno subito un'invalidità permanente pari o superiore all'80 per cento della capacità lavorativa, causata da atti di terrorismo e dalle stragi di tale matrice, sono equiparati, ad ogni effetto di legge, ai grandi invalidi di guerra di cui all'articolo 14 del testo unico di cui al decreto del Presidente della Repubblica 23 dicembre 1978, n. 915. A tale fine è autorizzata la spesa di 126.432 euro per l'anno 2004, di 128.960 euro per l'anno 2005 e di 131.539 euro a decorrere dall'anno 2006.

2. A tutti coloro che hanno subito un'invalidità permanente pari o superiore all'80 per cento della capacità lavorativa, causata da atti di terrorismo e dalle stragi di tale matrice, è riconosciuto il diritto immediato alla pensione diretta, in misura pari all'ultima retribuzione percepita integralmente dall'avente diritto e rideterminata secondo le previsioni di cui all'articolo 2, comma 2. Per tale finalità è autorizzata la spesa di 156.000 euro a decorrere dall'anno 2004. Agli effetti di quanto disposto dal presente comma, è indifferente che la posizione assicurativa obbligatoria inerente al rapporto di lavoro dell'invalido sia aperta al momento dell'evento terroristico o successivamente. In nessun caso sono opponibili termini o altre limitazioni temporali alla titolarità della posizione e del diritto al beneficio che ne consegue (1).

2-bis. Per i soggetti che abbiano proseguito l'attività lavorativa ancorché l'evento dannoso sia avvenuto anteriormente alla data di entrata in vigore della presente legge, inclusi i casi di revisione o prima valutazione, purché l'invalidità permanente riconosciuta non risulti inferiore ad un quarto della capacità lavorativa o della rivalutazione dell'invalidità con percentuale omnicomprensiva anche del danno biologico e morale come indicato all'articolo 6, comma 1, al raggiungimento del periodo massimo pensionabile, anche con il concorso degli anni di contribuzione previsti dall'articolo 3, comma 1, la misura del trattamento di quiescenza è pari all'ultima retribuzione annua integralmente percepita e maturata, rideterminata secondo le previsioni di cui all'articolo 2, comma 1 (2).

3. I criteri di cui al comma 2 si applicano per la determinazione della misura della pensione di reversibilità o indiretta in favore dei superstiti in caso di morte della vittima di atti di terrorismo e delle stragi di tale matrice; tali pensioni non sono decurtabili ad ogni effetto di legge.

4. Ai trattamenti pensionistici di cui ai commi 2 e 3 si applicano i benefici fiscali di cui all'articolo 2, commi 5 e 6, della legge 23 novembre 1998, n. 407, in materia di esenzione dall'IRPEF.

(1) Comma modificato dall'art. 2, co. 106, lett. a), l. 24/12/2007, n. 244 e successivamente dall'art. 1, co. 165, l. 23/12/2014, n. 190.

(2) Comma inserito dall'art. 1, co. 792, l. 27/12/2006, n. 296.

Art. 5. – 1. L'elargizione di cui al comma 1 dell'articolo 1 della legge 20 ottobre 1990, n. 302, e successive modificazioni, è corrisposta nella misura massima di 200.000 euro in proporzione alla percentuale di invalidità riportata, in ragione di 2.000 euro per ogni punto percentuale.

2. La disposizione di cui al comma 1 si applica anche alle elargizioni già erogate prima della data di entrata in vigore della presente legge, considerando nel computo anche la rivalutazione di cui all'articolo 6. A tale fine è autorizzata la spesa di 12.070.000 euro per l'anno 2004.

3. A chiunque subisca o abbia subito, per effetto di ferite o di lesioni, causate da atti di terrorismo e dalle stragi di tale matrice, un'invalidità permanente non inferiore ad un quarto della capacità lavorativa, nonché ai superstiti delle vittime, compresi i figli maggiorenni, è concesso, a decorrere dalla data di entrata in vigore della presente legge, oltre all'elargizione di cui al comma 1, uno speciale assegno vitalizio, non reversibile, di 1.033 euro mensili, soggetto alla perequazione automatica di cui all'articolo 11 del decreto legislativo 30 dicembre 1992, n. 503, e successive modificazioni. Per le medesime finalità è autorizzata la spesa di 8.268.132 euro per l'anno 2004, di 8.474.834 euro per l'anno 2005 e di 8.686.694 euro a decorrere dall'anno 2006. Ai figli maggiorenni superstiti, ancorché non conviventi con la vittima alla data dell'evento terroristico, è altresì attribuito, a decorrere dal 26 agosto 2004, l'assegno vitalizio non reversibile di cui all'articolo 2 della legge 23 novembre 1998, n. 407, e successive modificazioni (1).

3-bis. A decorrere dal 1° gennaio 2014, al coniuge e ai figli dell'invalido portatore di una invalidità permanente non inferiore al 50 per cento a causa dell'atto terroristico subito, anche se il matrimonio sia stato contratto successivamente all'atto terroristico e i figli siano nati successivamente allo stesso, è riconosciuto il diritto a uno speciale assegno vitalizio, non reversibile, di 1.033 euro mensili, soggetto alla perequazione automatica di cui all'articolo 11 del decreto legislativo 30 dicembre 1992, n. 503, e successive modificazioni (2).

3-ter. Il diritto all'assegno vitalizio di cui al comma 3-bis non spetta qualora i benefici di cui alla presente legge siano stati riconosciuti al coniuge poi deceduto o all'ex coniuge divorziato o ai figli nati da precedente matrimonio e viventi al momento dell'evento. L'assegno vitalizio non può avere decorrenza anteriore al 1° gennaio 2014 (2).

3-quater. Le disposizioni di cui ai commi 3-bis e 3-ter del presente articolo si applicano anche con riferimento all'assegno vitalizio di cui all'articolo 2, comma 1, della legge 23 novembre 1998, n. 407, e successive modificazioni (2).

4. In caso di decesso dei soggetti di cui al comma 3, ai superstiti aventi diritto alla pensione di reversibilità sono attribuite due annualità, comprensive della tredicesima mensilità, del suddetto trattamento pensionistico limitatamente al coniuge superstite, ai figli minori, ai figli maggiorenni, ai genitori e ai fratelli e alle sorelle, se conviventi e a carico. A tale fine è autorizzata la spesa di 857.000 euro per l'anno 2004 e di 12.500 euro a decorrere dall'anno 2005.

5. L'elargizione di cui all'articolo 4, comma 1, e all'articolo 12, comma 3, della legge 20 ottobre 1990, n. 302, come sostituito dall'articolo 3, comma 2, lettera b), della legge 23 novembre 1998, n. 407, è corrisposta nella misura di 200.000 euro. Per le stesse finalità è autorizzata la spesa di 34.300.000 euro per l'anno 2004.

(1) Comma modificato dall'art. 2, co. 106, lett. b), l. 24/12/2007, n. 244. Per l'estensione dei benefici di cui al presente comma a ulteriori soggetti, a decorrere dal 1/1/2008, vedi le disposizioni di cui all'art. 2, co. 105, l. 24/12/2007, n. 244.

(2) Comma inserito dall'art. 1, co. 494, l. 27/12/2013, n. 147.

Art. 6. – 1. Le percentuali di invalidità già riconosciute e indennizzate in base ai criteri e alle disposizioni della normativa vigente alla data di entrata in vigore della presente legge sono rivalutate tenendo conto dell'eventuale intercorso aggravamento fisico e del riconoscimento del danno biologico e morale. Per le stesse finalità è autorizzata la spesa di 300.000 euro per l'anno 2004.

2. Alle vittime di atti di terrorismo e delle stragi di tale matrice e ai loro familiari è assicurata assistenza psicologica a carico dello Stato. A tale fine è autorizzata la spesa di 50.000 euro a decorrere dall'anno 2004.

Art. 7. – 1. Ai pensionati vittime di atti di terrorismo e delle stragi di tale matrice e ai loro superstiti è assicurato l'adeguamento costante della misura delle relative pensioni al trattamento in godimento dei lavoratori in attività nelle corrispondenti posizioni economiche e con pari anzianità. A tale fine è autorizzata la spesa di 75.180 euro a decorrere dall'anno 2004.

Art. 8. – 1. I documenti e gli atti delle procedure di liquidazione dei benefici previsti dalla presente legge sono esenti dall'imposta di bollo.

2. L'erogazione delle indennità è comunque esente da ogni imposta diretta o indiretta.

Art. 9. – 1. Gli invalidi vittime di atti di terrorismo e delle stragi di tale matrice e i familiari, inclusi i familiari dei deceduti, limitatamente al coniuge e ai figli e, in mancanza dei predetti, ai genitori, sono esenti dalla partecipazione alla spesa per ogni tipo di prestazione sanitaria e farmaceutica. Ai medesimi soggetti è esteso il beneficio di cui all'articolo 1 della legge 19 luglio 2000, n. 203 (1).

(1) Comma modificato dall'art. 2, co. 106, lett. c), l. 24/12/2007, n. 244.

Art. 10. – 1. Nei procedimenti penali, civili, amministrativi e contabili il patrocinio delle vittime di atti di terrorismo e delle stragi di tale matrice o dei superstiti è a totale carico dello Stato. A tale fine è autorizzata la spesa di 50.000 euro a decorrere dall'anno 2004.

2. Ove non risulti essere stata effettuata la comunicazione del deposito della sentenza penale relativa ai fatti di cui all'articolo 1, comma 1, i soggetti danneggiati possono promuovere l'azione civile contro i diretti responsabili entro il termine di decadenza di un anno dalla data di entrata in vigore della presente legge, prescindendo dall'eventuale maturata prescrizione del diritto.

Art. 11. – 1. Nelle ipotesi in cui in sede giudiziaria, amministrativa o contabile siano già state accertate con atti definitivi la dipendenza dell'invalidità e il suo grado ovvero della morte da atti di terrorismo e dalle stragi di tale matrice, ivi comprese le perizie giudiziarie penali, le consulenze tecniche o le certificazioni delle aziende sanitarie locali od ospedaliere e degli ospedali militari, è instaurato ad istanza di parte, entro il termine di sei mesi dalla data di entrata in vigore della presente legge, un procedimento civile dinanzi al tribunale in composizione monocratica. Tale procedimento deve essere concluso con sentenza soggetta all'impugnazione di cui all'articolo 12, comma 2.

Art. 12. – 1. Il tribunale in composizione monocratica competente in base alla residenza anagrafica della vittima o dei superstiti fissa una o al massimo due udienze, intervallate da un periodo di tempo non superiore a quarantacinque giorni, al termine del quale, esposte le richieste delle parti, prodotte ed esperite le prove e precisate le conclusioni, la causa è assegnata a sentenza e decisa nel termine di quattro mesi.

2. Le sentenze di cui al comma 1 sono ricorribili esclusivamente dinanzi alla Corte di cassazione per violazione di legge, ivi compresa la manifesta illogicità della motivazione.

Art. 13. – 1. La competente amministrazione dello Stato, anche prima dell'inizio di azioni giudiziarie o amministrative, d'ufficio o su richiesta di parte, può offrire alla vittima di atti di terrorismo e delle stragi di tale matrice o agli eredi una somma a titolo di definitiva liquidazione, che, in caso di accettazione, è preclusiva di ogni altra azione, costituendo ad ogni effetto transazione.

2. La liquidazione di cui al comma 1 deve essere effettuata nel termine di quattro mesi dalla relativa deliberazione.

Art. 14. – 1. Il riconoscimento delle infermità, il ricalcolo dell'avvenuto aggravamento ai sensi dell'articolo 6 e delle pensioni, nonché ogni liquidazione economica in favore delle vittime di atti di terrorismo e delle stragi di tale matrice devono essere conclusi entro il termine di quattro mesi dalla presentazione della domanda da parte dell'avente diritto alla prefettura-ufficio territoriale del Governo competente in base alla residenza anagrafica del medesimo soggetto.

Si applicano, in quanto compatibili, le disposizioni del regolamento di cui al decreto del Presidente della Repubblica 28 luglio 1999, n. 510.

Art. 15. – 1. I benefici di cui alla presente legge si applicano agli eventi verificatisi sul territorio nazionale a decorrere dal 1° gennaio 1961. A tale fine è autorizzata la spesa di 1.500.000 euro per l'anno 2004.

2. Per gli eventi coinvolgenti cittadini italiani verificatisi all'estero, i benefici di cui alla presente legge si applicano a decorrere dal 1° gennaio 2003. I benefici di cui alla presente legge si applicano anche agli eventi verificatisi all'estero a decorrere dal 1° gennaio 1961, dei quali sono stati vittime cittadini italiani residenti in Italia al momento dell'evento (1).

(1) Comma modificato dall'art. 2, co. 106, lett. d), l. 24/12/2007, n. 244.

Art. 16. – 1. All'onere derivante dall'attuazione della presente legge, salvo quanto previsto dall'articolo 15, comma 2, secondo periodo, valutato complessivamente in 64.100.000 euro per l'anno 2004, in 12.480.000 euro per l'anno 2005 e in 12.900.000 euro a decorrere dall'anno 2006, ivi comprese le minori entrate derivanti dal comma 2 dell'articolo 3, valutate in 407.238 euro per l'anno 2004, in 610.587 euro per l'anno 2005 e in 814.476 euro a decorrere dall'anno 2006, e quelle derivanti dal comma 1 dell'articolo 9, valutate in 130.500 euro a decorrere dall'anno 2004, si provvede mediante corrispondente riduzione dello stanziamento iscritto, ai fini del bilancio triennale 2004-2006, nell'ambito dell'unità previsionale di base di parte corrente "Fondo speciale" dello stato di previsione del Ministero dell'economia e delle finanze per l'anno 2004, allo scopo parzialmente utilizzando: quanto a 4.210.000 euro per l'anno 2004, l'accantonamento relativo al medesimo Ministero; quanto a 4.997.000 euro per l'anno 2004, a 506.000 euro per l'anno 2005 e a 1.430.000 euro per l'anno 2006, l'accantonamento relativo al Ministero della giustizia; quanto a 26.450.000 euro per l'anno 2004, a 27.000 euro per l'anno 2005 e a 29.000 euro per l'anno 2006, l'accantonamento relativo al Ministero degli affari esteri; quanto a 3.401.000 euro per l'anno 2004, a 7.456.000 euro per l'anno 2005 e a 9.273.000 euro per l'anno 2006, l'accantonamento relativo al Ministero dell'interno; quanto a 1.027.000 euro per l'anno 2004, a 682.000 euro per l'anno 2005 e a 2.168.000 euro per l'anno 2006, l'accantonamento relativo al Ministero della difesa; quanto a 21.436.000 euro per l'anno 2004 e a 3.809.000 euro per l'anno 2005, l'accantonamento relativo al Ministero delle politiche agricole e forestali e quanto a 2.579.000 euro per l'anno 2004, l'accantonamento relativo al Ministero delle comunicazioni (1).

2. Il Ministro dell'economia e delle finanze provvede al monitoraggio degli oneri di cui alla presente legge, anche ai fini dell'adozione dei provvedimenti correttivi di cui all'articolo 11-ter, comma 7, della legge 5 agosto 1978, n. 468, e successive modificazioni, ovvero delle misure correttive da assumere, ai sensi dell'articolo 11, comma 3, lettera i-quater), della medesima legge. Gli eventuali decreti emanati ai sensi dell'articolo 7, secondo comma, n. 2), della legge 5 agosto 1978, n. 468, prima dell'entrata in vigore dei provvedimenti o delle misure di cui al periodo precedente, sono tempestivamente trasmessi alle Camere, corredati da apposite relazioni illustrative.

3. Il Ministro dell'economia e delle finanze è autorizzato ad apportare, con propri decreti, le occorrenti variazioni di bilancio. La presente legge, munita del sigillo dello Stato, sarà inserita nella Raccolta ufficiale degli atti normativi della Repubblica italiana. È fatto obbligo a chiunque spetti di osservarla e di farla osservare come legge dello Stato.

(1) Comma modificato dall'art. 2, co. 106, lett. e), l. 24/12/2007, n. 244.

D.lg. 7 settembre 2005, n. 209

Codice delle assicurazioni private

(*Rinvio*, Parte V, Sezione II)

L. 29 ottobre 2005, n. 229

Disposizioni in materia di indennizzo a favore dei soggetti danneggiati da complicanze di tipo irreversibile a causa di vaccinazioni obbligatorie

Art. 1. – 1. Ai soggetti di cui all'articolo 1, comma 1, della legge 25 febbraio 1992, n. 210, è riconosciuto, in relazione alla categoria già loro assegnata dalla competente commissione medico-ospedaliera, di cui all'articolo 165 del testo unico di cui al decreto del Presidente della Repubblica 29 dicembre 1973, n. 1092, un ulteriore indennizzo. Tale ulteriore indennizzo consiste in un assegno mensile vitalizio, di importo pari a sei volte la somma percepita dal danneggiato ai sensi dell'articolo 2 della legge 25 febbraio 1992, n. 210, per le categorie dalla prima alla quarta della tabella A annessa al testo unico di cui al decreto del Presidente della Repubblica 23 dicembre 1978, n. 915, e successive modificazioni, a cinque volte per le categorie quinta e sesta, e a quattro volte per le categorie settima e ottava. Esso è corrisposto per la metà al soggetto danneggiato e per l'altra metà ai congiunti che prestano o abbiano prestato al danneggiato assistenza in maniera prevalente e continuativa. Se il danneggiato è minore di età o incapace di intendere e di volere l'indennizzo è corrisposto per intero ai congiunti conviventi di cui al precedente periodo. Rimane fermo il diritto al risarcimento del danno patrimoniale e non patrimoniale derivante da fatto illecito.

2. In caso di morte dei congiunti di cui al comma 1, l'indennizzo è erogato al danneggiato e, se minore o incapace di intendere e di volere, ai familiari conviventi che prestano assistenza in maniera prevalente e continuativa, per tutto il periodo di esistenza in vita del danneggiato.

3. Qualora a causa della vaccinazione obbligatoria sia derivato il decesso in data successiva a quella di entrata in vigore della presente legge, l'avente diritto può optare tra l'ulteriore indennizzo di cui al comma 1 e un assegno una tantum pari a 150.000 euro, da corrispondere in cinque rate annuali di 30.000 euro ciascuna. Ai fini della presente legge sono considerati aventi diritto nell'ordine i seguenti soggetti a carico: il coniuge, i figli, i genitori, i fratelli minorenni, i fratelli maggiorenni inabili al lavoro.

4. L'intero importo dell'indennizzo, stabilito ai sensi del presente articolo, è rivalutato annualmente in base alla variazione degli indici ISTAT (1).

(1) A norma dell'art. 2, co. 363, l. 24/12/2007, n. 244 l'indennizzo di cui al presente articolo è riconosciuto anche ai soggetti affetti da sindrome da talidomide, determinata dalla somministrazione dell'omonimo farmaco, nelle forme dell'amelia, dell'emimelia, della focomelia e della macromelia. Vedi inoltre l'art. 1, co. 1, d.m. 2/10/2009, n. 163.
Per l'autorizzazione degli indennizzi dovuti ai sensi della presente legge vedi l'art. 1, co. 440, e 441, l. 30/12/2020, n. 178.

Art. 2. – 1. Con decreto del Ministro della salute, da emanare entro sessanta giorni dalla data di entrata in vigore della presente legge, è istituita, senza nuovi o maggiori oneri a carico dello Stato, una commissione per la definizione degli importi da erogare di cui agli articoli 1 e 4.

2. All'istituzione e al funzionamento della commissione di cui al comma 1 si fa fronte con le risorse finanziarie, umane e strumentali disponibili a legislazione vigente. La partecipazione all'attività della commissione non dà luogo alla corresponsione di alcun compenso o rimborso spese.

Art. 3. – 1. I soggetti danneggiati da vaccinazioni obbligatorie che usufruiscono dei benefici di cui alla legge 25 febbraio 1992, n. 210, aventi in corso contenziosi giudiziali, ai sensi della medesima legge, in qualsiasi stato e grado del giudizio, ivi compresa la fase esecutiva, i quali intendono accedere ai benefici previsti dalla presente legge, debbono rinunciare con atto formale alla prosecuzione del giudizio.

2. Gli atti di rinuncia degli interessati sono trasmessi alla commissione di cui all'articolo 2.

Art. 4. – 1. Ai soggetti di cui al comma 1 dell'articolo 1 è ulteriormente riconosciuto il beneficio di un assegno una tantum, il cui ammontare è determinato dalla commissione di cui all'articolo 2, sino alla misura massima di dieci annualità dell'indennizzo di cui al medesimo comma 1 dell'articolo 1, per il periodo compreso tra il manifestarsi dell'evento dannoso e l'ottenimento dell'indennizzo medesimo. Esso è corrisposto per la metà al soggetto danneggiato e per l'altra metà ai congiunti che prestano o abbiano prestato al danneggiato assistenza in maniera prevalente e continuativa.

2. Le annualità pregresse sono definite con tabelle di conversione al 50 per cento del periodo intercorrente tra la data del manifestarsi dell'evento dannoso e la data di ottenimento dell'indennizzo.

3. Gli importi, determinati ai sensi del presente articolo, sono erogati in cinque rate annuali, a decorrere dall'anno successivo alla data di entrata in vigore della presente legge.

Art. 5. – 1. All'onere derivante dall'attuazione della presente legge, valutato in 15,2 milioni di euro per l'anno 2005 e in 30 milioni di euro annui a decorrere dall'anno 2006, si provvede mediante corrispondente riduzione dello stanziamento iscritto, ai fini del bilancio triennale 2005-2007, nell'ambito dell'unità previsionale di base di parte corrente «Fondo speciale» dello stato di previsione del Ministero dell'economia e delle finanze per l'anno 2005, allo scopo parzialmente utilizzando l'accantonamento relativo al Ministero della salute.

2. Il Ministro dell'economia e delle finanze provvede al monitoraggio degli oneri derivanti dall'attuazione della presente legge, anche ai fini dell'applicazione dell'articolo 11-ter, comma 7, della legge 5 agosto 1978, n. 468, e successive modificazioni, e trasmette alle Camere, corredati da apposite relazioni, gli eventuali decreti emanati ai sensi dell'articolo 7, secondo comma, n. 2), della citata legge n. 468 del 1978.

3. Il Ministro dell'economia e delle finanze è autorizzato ad apportare, con propri decreti, le occorrenti variazioni di bilancio.

La presente legge, munita del sigillo dello Stato, sarà inserita nella Raccolta ufficiale degli atti normativi della Repubblica italiana. È fatto obbligo a chiunque spetti di osservarla e di farla osservare come legge dello Stato.

D.P.R. 18 luglio 2006, n. 254

Regolamento recante disciplina del risarcimento diretto dei danni derivanti dalla circolazione stradale, a norma dell'articolo 150 del decreto legislativo 7 settembre 2005, n. 209

1. Definizioni. – 1. Ai fini del presente regolamento si intende per:

a) «codice»: il codice delle assicurazioni private di cui al decreto legislativo 7 settembre 2005, n. 209;

b) «Isvap»: l'Istituto per la vigilanza sulle assicurazioni private e di interesse collettivo;

c) «impresa»: la società autorizzata ad esercitare nel territorio della Repubblica l'assicurazione obbligatoria per la responsabilità civile autoveicoli;

d) «sinistro»: la collisione avvenuta nel territorio della Repubblica tra due veicoli a motore identificati e assicurati per la responsabilità civile obbligatoria dalla quale siano derivati danni ai veicoli o lesioni di lieve entità ai loro conducenti, senza coinvolgimento di altri veicoli responsabili;

e) «danneggiato»: il proprietario o il conducente del veicolo che abbia subito danni a seguito del sinistro;

f) «lesioni»: le lesioni di lieve entità definite all'articolo 139 del codice.

2. Restano ferme, inoltre, le definizioni contenute nell'articolo 1 del codice.

2. Oggetto del regolamento. – 1. Il presente regolamento disciplina le modalità attuative del sistema del risarcimento diretto, nell'ambito dell'assicurazione obbligatoria della responsabilità civile per i danni derivanti dalla circolazione stradale, in attuazione dell'articolo 150 del codice.

3. Ambito di applicazione. – 1. La disciplina del risarcimento diretto si applica in tutte le ipotesi di danni al veicolo e di lesioni di lieve entità al conducente, anche quando nel sinistro siano coinvolti terzi trasportati.

2. Qualora i terzi trasportati subiscano lesioni, la relativa richiesta del risarcimento del danno resta soggetta alla specifica procedura prevista dall'articolo 141 del codice.

4. Veicoli immatricolati all'estero. – 1. La disciplina del risarcimento diretto si applica ai sinistri che coinvolgono:

a) veicoli immatricolati in Italia;

b) veicoli immatricolati nella Repubblica di San Marino e nello Stato Città del Vaticano, se assicurati con imprese con sede legale nello Stato italiano o con imprese che esercitino l'assicurazione obbligatoria responsabilità civile auto ai sensi degli articoli 23 e 24 del codice e che abbiano aderito al sistema del risarcimento diretto.

5. Modalità della richiesta di risarcimento. – 1. Il danneggiato che si ritiene non responsabile, in tutto o in parte, del sinistro rivolge la richiesta di risarcimento all'impresa che ha stipulato il contratto relativo al veicolo utilizzato.

2. La richiesta è presentata mediante lettera raccomandata con avviso di ricevimento o con consegna a mano o a mezzo telegramma o telefax o in via telematica, salvo che nel contratto sia esplicitamente esclusa tale ultima forma di presentazione della richiesta di risarcimento.

3. L'impresa che ha ricevuto la richiesta ne dà immediata comunicazione all'impresa dell'assicurato ritenuto in tutto o in parte responsabile del sinistro, fornendo le sole informazioni necessarie per la verifica della copertura assicurativa e per l'accertamento delle modalità di accadimento del sinistro.

6. Contenuto della richiesta. – 1. Nell'ipotesi di danni al veicolo e alle cose, la richiesta di risarcimento contiene i seguenti elementi:

a) i nomi degli assicurati;

b) le targhe dei due veicoli coinvolti;

c) la denominazione delle rispettive imprese;

d) la descrizione delle circostanze e delle modalità del sinistro;

e) le generalità di eventuali testimoni;

f) l'indicazione dell'eventuale intervento degli Organi di polizia;

g) il luogo, i giorni e le ore in cui le cose danneggiate sono disponibili per la perizia diretta ad accertare l'entità del danno.

2. Nell'ipotesi di lesioni subite dai conducenti, la richiesta indica, inoltre:

a) l'età, l'attività e il reddito del danneggiato;

b) l'entità delle lesioni subite;

c) la dichiarazione di cui all'articolo 142 del codice circa la spettanza o meno di prestazioni da parte di istituti che gestiscono assicurazioni sociali obbligatorie;

d) l'attestazione medica comprovante l'avvenuta guarigione, con o senza postumi permanenti;

e) l'eventuale consulenza medico-legale di parte, corredata dall'indicazione del compenso spettante al professionista.

7. Integrazione e regolarizzazione della richiesta. – 1. In caso di richiesta incompleta, l'impresa, entro trenta giorni dalla ricezione, offrendo l'assistenza tecnica e informativa prevista dall'articolo 9, invita il danneggiato a fornire le integrazioni e i chiarimenti necessari per la regolarizzazione della richiesta.

2. Nell'ipotesi di cui al comma 1, i termini per la formulazione dell'offerta o per la comunicazione della mancata offerta sono sospesi fino alla data di ricezione delle integrazioni e dei chiarimenti richiesti.

8. Determinazioni dell'impresa. – 1. Con apposita comunicazione inviata al danneggiato, l'impresa indica, alternativamente:

a) una congrua offerta di risarcimento del danno, eventualmente in forma specifica, se previsto dal contratto;

b) gli specifici motivi che impediscono di formulare l'offerta di risarcimento del danno.

2. La comunicazione di cui al comma 1 è inviata entro i seguenti termini:

a) novanta giorni, nel caso di lesioni;

b) sessanta giorni, nel caso di danni riguardanti solo i veicoli o le cose;

c) trenta giorni, nel caso di danni ai veicoli o alle cose, qualora il modulo di denuncia del sinistro sia sottoscritto da entrambi i conducenti coinvolti nel sinistro.

9. Assistenza tecnica e informativa ai danneggiati. – 1. L'impresa, nell'adempimento degli obblighi contrattuali di correttezza e buona fede, fornisce al danneggiato ogni assistenza informativa e tecnica utile per consentire la migliore prestazione del servizio e la piena realizzazione del diritto al risarcimento del danno. Tali obblighi comprendono, in particolare, oltre a quanto stabilito espressamente dal contratto, il supporto tecnico nella compilazione della richiesta di risarcimento, anche ai fini della quantificazione dei danni alle cose e ai veicoli, il suo controllo e l'eventuale integrazione, l'illustrazione e la precisazione dei criteri di responsabilità di cui all'allegato A.

2. Nel caso in cui la somma offerta dall'impresa di assicurazione sia accettata dal danneggiato, sugli importi corrisposti non sono dovuti compensi per la consulenza o assistenza professionale di cui si sia avvalso il danneggiato diversa da quella medico-legale per i danni alla persona.

10. Accesso telematico. – 1. Ai fini della liquidazione dei danni derivanti dal sinistro, l'impresa ha diritto di accedere in via telematica agli archivi previsti dall'articolo 132, comma 3, del codice, per la verifica dei dati tecnici e del proprietario dell'altro veicolo.

11. Sinistri esclusi dal sistema di risarcimento diretto. – 1. Nel caso in cui il sinistro non rientra nell'ambito di applicazione previsto dall'articolo 3, l'impresa ne informa il danneggiato a mezzo raccomandata con avviso di ricevimento, entro trenta giorni decorrenti dalla ricezione della richiesta di risarcimento.

2. Entro il termine di cui al comma 1, l'impresa è tenuta a trasmettere la richiesta, corredata della documentazione acquisita per ogni ulteriore valutazione, all'impresa del responsabile qualora quest'ultima sia nota in base agli elementi in suo possesso.

3. I termini previsti dagli articoli 145 e 148 del codice iniziano a decorrere dal momento in cui l'impresa del responsabile del sinistro riceve la comunicazione di cui al comma 2.

12. Criteri di determinazione del grado di responsabilità delle parti. – 1. L'impresa adotta le proprie determinazioni in ordine alla richiesta del danneggiato, applicando i criteri di accertamento della responsabilità dei sinistri stabiliti nella tabella di cui all'allegato A, in conformità alla disciplina legislativa e regolamentare in materia di circolazione stradale.

2. Qualora il sinistro non rientri in alcuna delle ipotesi previste dalla tabella di cui al comma 1, l'accertamento della responsabilità è compiuto con riferimento alla fattispecie concreta, nel rispetto dei principi generali in tema di responsabilità derivante dalla circolazione dei veicoli.

13. Organizzazione e gestione del sistema di risarcimento diretto. – 1. Le imprese di assicurazione stipulano fra loro una convenzione ai fini della regolazione dei rapporti organizzativi ed economici per la gestione del risarcimento diretto.

2. Per la regolazione contabile dei rapporti economici, la convenzione deve prevedere una stanza di compensazione dei risarcimenti effettuati. Le compensazioni avvengono sulla base di costi medi che possono essere differenziati per grandi tipologie di veicoli assicurati e per danni a cose e danni alle persone, nonché, limitatamente ai danni a cose, per macroaree territorialmente omogenee in numero non superiore a tre. I predetti criteri di differenziazione, applicati alternativamente o congiuntamente, non devono determinare una eccessiva frammentazione dei costi medi da prendere a base per le compensazioni. Le compensazioni possono avvenire anche sulla base di meccanismi che prevedano l'applicazione di franchigie a carico dell'impresa che ha risarcito il danno, secondo le regole definite dalla convenzione (1).

2-bis. Le differenziazioni delle compensazioni da applicare ai sensi del comma 2 sono stabilite e possono essere modificate con decreto del Ministro dello sviluppo economico, sentiti l'ISVAP e il Comitato tecnico di cui al comma 4, sulla base dell'andamento effettivo dei costi e dell'esperienza maturata sul sistema, senza tuttavia determinare mutamenti frequenti e in nessun caso per periodi di applicazione inferiori ad una annualità (2).

3. L'attività della stanza di compensazione deve svolgersi in regime di completa autonomia rispetto alle imprese di assicurazione ed ai loro organismi associativi.

4. I valori dei costi medi e delle eventuali franchigie di cui al comma 2 vengono calcolati annualmente sulla base dei risarcimenti effettivamente corrisposti nell'esercizio precedente per i sinistri rientranti nell'ambito di applicazione del sistema di risarcimento diretto. Per il calcolo annuale dei valori da assumere ai fini delle compensazioni, sulla base dei dati forniti dalla stanza di compensazione di cui al comma 2, è istituito presso il Ministero dello sviluppo economico un Comitato tecnico composto dai seguenti componenti:

a) un rappresentante del Ministero dello sviluppo economico, con funzioni di Presidente;

b) un rappresentante dell'ISVAP;

c) un rappresentante dell'Associazione nazionale fra le imprese assicuratrici;

d) un esperto in scienze statistiche ed attuariali;

e) due rappresentanti del Consiglio nazionale dei consumatori e degli utenti. L'esperto di cui alla lettera d) non deve avere svolto, nei due anni precedenti la nomina, incarichi presso imprese di assicurazione.

5. Per il primo anno di applicazione del sistema di risarcimento diretto, il Comitato tecnico calcola i valori di cui al comma 4 sulla base di statistiche di mercato.

6. I componenti il Comitato sono nominati con decreto del Ministro dello sviluppo economico per la durata di un triennio e possono essere riconfermati una sola volta. Il Comitato delibera a maggioranza e, in caso di parità, prevale il voto del Presidente.

7. Il costo relativo al funzionamento della convenzione è posto a carico delle imprese che aderiscono al sistema di risarcimento diretto.

8. Le imprese con sede legale in altri Stati membri dell'Unione europea che operano nel territorio della Repubblica, ai sensi degli articoli 23 e 24 del codice, hanno facoltà di aderire al sistema di risarcimento diretto mediante sottoscrizione della convenzione di cui al comma 1.

9. Non costituiscono prestazioni di servizi ai fini dell'imposta sul valore aggiunto le regolazioni dei rapporti tra imprese nell'ambito della procedura di risarcimento diretto.

10. Le informazioni, acquisite nell'ambito dei rapporti organizzativi ed economici per la gestione del risarcimento diretto, possono essere utilizzati, esclusivamente, per le finalità della stessa stanza di compensazione.

(1) Comma sostituito dall'articolo unico del d.P.R. 18/2/2009, n. 28.

(2) Comma inserito dall'articolo unico del d.P.R. 18/2/2009, n. 28.

14. Benefici derivanti agli assicurati. – 1. Il sistema del risarcimento diretto dovrà consentire effettivi benefici per gli assicurati, attraverso l'ottimizzazione della gestione, il controllo dei costi e l'innovazione dei contratti che potranno contemplare l'impiego di clausole che prevedano il risarcimento del danno in forma specifica con contestuale riduzione del premio per l'assicurato.

2. In presenza di clausole che prevedono il risarcimento del danno in forma specifica, nel contratto deve essere espressamente indicata la percentuale di sconto applicata.

15. Entrata in vigore. – 1. Il presente regolamento entra in vigore il 1° gennaio 2007 e si applica ai sinistri verificatisi a partire dal 1° febbraio 2007.

2. Per i sinistri che coinvolgono ciclomotori, il presente regolamento si applica a condizione che i ciclomotori stessi siano muniti di targa ai sensi del decreto del Presidente della Repubblica 6 marzo 2006, n. 153.

Il presente decreto, munito del sigillo dello Stato, sarà inserito nella Raccolta ufficiale degli atti normativi della Repubblica italiana. È fatto obbligo a chiunque spetti di osservarlo e di farlo osservare.

D.l. 13 settembre 2012, n. 158, conv., con modif., in l. 8 novembre 2012, n. 189

Disposizioni urgenti per promuovere lo sviluppo del Paese mediante un più alto livello di tutela della salute (c.d. decreto Balduzzi)

(*Estratto, art. 3*)

Omissis.

3. Responsabilità professionale dell'esercente le professioni sanitarie. – 1. L'esercente la professione sanitaria che nello Decreto Legge del 13/09/2012 – N. 158

*1. L'esercente la professione sanitaria che nello svolgimento della propria attività si attiene a linee guida e buone pratiche accreditate dalla comunità scientifica non risponde penalmente per colpa lieve. In tali casi resta comunque fermo l'obbligo di cui all'articolo 2043 del codice civile. Il giudice, anche nella determinazione del risarcimento del danno, tiene debitamente conto della condotta di cui al primo periodo**.

2. Con decreto del Presidente della Repubblica, adottato ai sensi dell'articolo 17, comma 1, della legge 23 agosto 1988, n. 400, da emanare entro il 30 giugno 2013, su proposta del Ministro della salute, di concerto con i Ministri dello sviluppo economico e dell'economia e delle finanze, sentite l'Associazione nazionale fra le imprese assicuratrici (ANIA), la Federazione nazionale degli ordini dei medici chirurghi e degli odontoiatri, nonché le Federazioni nazionali degli ordini e dei collegi delle professioni sanitarie e le organizzazioni sindacali maggiormente rappresentative delle categorie professionali interessate, anche in attuazione dell'articolo 3, comma 5, lettera e), del decreto-legge 13 agosto 2011, n. 138, convertito, con modificazioni, dalla legge 14 settembre 2011, n. 148, al fine di agevolare l'accesso alla copertura assicurativa agli esercenti le professioni sanitarie, sono disciplinati le procedure e i requisiti minimi e uniformi per l'idoneità dei relativi contratti, in conformità ai seguenti criteri (1)*: a) determinare i casi nei quali, sulla base di definite categorie di rischio professionale, prevedere l'obbligo, in capo ad un fondo appositamente costituito, di garantire idonea copertura assicurativa agli esercenti le professioni sanitarie, anche nell'esercizio dell'attività libero-professionale intramuraria, nei limiti delle risorse del fondo stesso. Il fondo viene finanziato dal contributo dei professionisti che ne facciano espressa richiesta, nella misura determinata dal soggetto gestore del fondo di cui alla lettera b), e da un ulteriore contributo a carico delle imprese autorizzate all'esercizio dell'assicurazione per danni derivanti dall'attività medico-professionale, determinato in misura percentuale ai premi incassati nel precedente esercizio, comunque non superiore al 4 per cento del premio stesso, con provvedimento adottato dal Ministro dello sviluppo economico, di concerto con il Ministro della salute e il Ministro dell'economia e delle finanze, sentite la Federazione nazionale degli ordini dei medici chirurghi e degli odontoiatri, nonché le Federazioni nazionali degli ordini e dei collegi delle professioni sanitarie* (2)*; b) determinare il soggetto gestore del Fondo di cui alla lettera a) e le sue competenze senza nuovi o maggiori oneri a carico della finanza pubblica; c) prevedere che i contratti di assicurazione debbano essere stipulati anche in base a condizioni che dispongano alla scadenza la variazione in aumento o in diminuzione del premio in relazione al verificarsi o meno di sinistri e subordinare comunque la disdetta della polizza alla reiterazione di una condotta colposa da parte del sanitario accertata con sentenza definitiva* (3)**.

3. Il danno biologico conseguente all'attività dell'esercente della professione sanitaria è risarcito sulla base delle tabelle di cui agli articoli 138 e 139 del decreto legislativo 7 settembre 2005, n. 209, eventualmente integrate con la procedura di cui al comma 1 del predetto articolo 138 e sulla base dei criteri di cui ai citati articoli, per tener conto delle fattispecie da esse non previste, afferenti all'attività di cui al presente articolo.

*4. Nel rispetto dell'ambito applicativo dell'articolo 3, comma 5, lettera e) del decreto legge 13 agosto 2011, n. 138, convertito, con modificazioni, dalla legge 14 settembre 2011, n. 148, per i contenuti e le procedure inerenti ai contratti assicurativi per i rischi derivanti dall'esercizio dell'attività professionale resa nell'ambito del Servizio sanitario nazionale o in rapporto di convenzione, il decreto di cui al comma 2 viene adottato sentita altresì la Conferenza permanente per i rapporti tra lo Stato, le regioni e le province autonome di Trento e di Bolzano. Resta comunque esclusa a carico degli enti del Servizio sanitario nazionale ogni copertura assicurativa della responsabilità civile ulteriore rispetto a quella prevista, per il relativo personale, dalla normativa contrattuale vigente****.

5. Gli albi dei consulenti tecnici d'ufficio di cui all'articolo 13 del regio decreto 18 dicembre 1941, n. 1368, recante disposizioni di attuazione del codice di procedura civile, devono essere aggiornati con cadenza almeno quinquennale, al fine di garantire, oltre a quella medico legale, una idonea e qualificata rappresentanza di esperti delle discipline specialistiche dell'area sanitaria, anche con il coinvolgi-mento delle società scientifiche tra i quali scegliere per la nomina tenendo conto della disciplina interessata nel procedimento (4).

6. Dall'applicazione del presente articolo non devono derivare nuovi o maggiori oneri a carico della finanza pubblica (4).

* Comma sostituito dall'art. 1, co. 1, l. 8/11/2012, 189, in sede di conversione e successivamente abrogato dall'art. 6, co. 2, l. 8/3/2017 n. 24.

(1) Alinea modificato dall'art. 1, co. 1, l. 8/11/2012, n. 189, in sede di conversione.

(2) Lettera modificata dall'art. 1, co. 1, l. 8/11/2012, n. 189, in sede di conversione e successivamente dall'art. 27, co. 1, lett. a) e b), d.l. 24/6/2014, n. 90, conv., con modif., dalla l. 11/8/2014, n. 114.

(3) Lettera modificata dall'art. 1, co. 1, l. 8/11/2012, n. 189, in sede di conversione.

** Comma abrogato dall'art. 11, co. 2, l. 11/1/2018, n. 3.

*** Comma modificato dall'art. 27, co. 1, lett. c), d.l. 24/6/2014, n. 90, conv., con modif., dalla l. 11/8/2014, n. 114 e successivamente abrogato dall'art. 11, co. 2, l. 11/1/2018, n. 3.

(4) Comma modificato dall'art. 1, co. 1, l. 8/11/2012, n. 189, in sede di conversione.

Omissis.

Direttiva 26 novembre 2014, n. 2014/104/UE (1)

Direttiva del Parlamento europeo e del Consiglio relativa a determinate norme che regolano le azioni per il risarcimento del danno ai sensi del diritto nazionale per violazioni delle disposizioni del diritto della concorrenza degli Stati membri e dell'Unione europea

(*Rinvio,* Parte V, Sezione VI)

(1) La presente direttiva è stata recepita con l. 9/7/2015, n. 114 (Legge di delegazione europea 2014).

D.lg. 19 gennaio 2017, n. 3

Attuazione della direttiva 2014/104/UE del Parlamento europeo e del Consiglio, del 26 novembre 2014, relativa a determinate norme che regolano le azioni per il risarcimento del danno ai sensi del diritto nazionale per violazioni delle disposizioni del diritto della concorrenza degli Stati membri e dell'Unione europea

(*Rinvio,* Parte V, Sezione VI)

L. 8 marzo 2017, n. 24

Disposizioni in materia di sicurezza delle cure e della persona assistita, nonché in materia di responsabilità professionale degli esercenti le professioni sanitarie

1. Sicurezza delle cure in sanità. – 1. La sicurezza delle cure è parte costitutiva del diritto alla salute ed è perseguita nell'interesse dell'individuo e della collettività.

2. La sicurezza delle cure si realizza anche mediante l'insieme di tutte le attività finalizzate alla prevenzione e alla gestione del rischio connesso all'erogazione di prestazioni sanitarie e l'utilizzo appropriato delle risorse strutturali, tecnologiche e organizzative.

3. Alle attività di prevenzione del rischio messe in atto dalle strutture sanitarie e sociosanitarie, pubbliche e private, è tenuto a concorrere tutto il personale, compresi i liberi professionisti che vi operano in regime di convenzione con il Servizio sanitario nazionale.

2. Attribuzione della funzione di garante per il diritto alla salute al Difensore civico regionale o provinciale e istituzione dei Centri regionali per la gestione del rischio sanitario e la sicurezza del paziente. – 1. Le regioni e le province autonome di Trento e di Bolzano possono affidare all'ufficio del Difensore civico la funzione di garante per il diritto alla salute e disciplinarne la struttura organizzativa e il supporto tecnico.

2. Il Difensore civico, nella sua funzione di garante per il diritto alla salute, può essere adito gratuitamente da ciascun soggetto destinatario di prestazioni sanitarie, direttamente o mediante un proprio delegato, per la segnalazione di disfunzioni del sistema dell'assistenza sanitaria e sociosanitaria.

3. Il Difensore civico acquisisce, anche digitalmente, gli atti relativi alla segnalazione pervenuta e, qualora abbia verificato la fondatezza della segnalazione, interviene a tutela del diritto leso con i poteri e le modalità stabiliti dalla legislazione regionale.

4. In ogni regione è istituito, con le risorse umane, strumentali e finanziarie disponibili a legislazione vigente e comunque senza nuovi o maggiori oneri a carico della finanza pubblica, il Centro per la gestione del rischio sanitario e la sicurezza del paziente, che raccoglie dalle strutture sanitarie e sociosanitarie pubbliche e private i dati regionali sui rischi ed eventi avversi e sul contenzioso e li trasmette annualmente, mediante procedura telematica unificata a livello nazionale, all'Osservatorio nazionale delle buone pratiche sulla sicurezza nella sanità, di cui all'articolo 3.

5. All'articolo 1, comma 539, della legge 28 dicembre 2015, n. 208, è aggiunta, in fine, la seguente lettera:

«d-bis) predisposizione di una relazione annuale consuntiva sugli eventi avversi verificatisi all'interno della struttura, sulle cause che hanno prodotto l'evento avverso e sulle conseguenti iniziative messe in atto. Detta relazione è pubblicata nel sito internet della struttura sanitaria».

3. Osservatorio nazionale delle buone pratiche sulla sicurezza nella sanità. – 1. Entro tre mesi dalla data di entrata in vigore della presente legge, con decreto del Ministro della salute, previa intesa in sede di Conferenza permanente per i rapporti tra lo Stato, le regioni e le province autonome di Trento e di Bolzano, è istituito, senza nuovi o maggiori oneri per la finanza pubblica, presso l'Agenzia nazionale per i servizi sanitari regionali (AGENAS), l'Osservatorio nazionale delle buone pratiche sulla sicurezza nella sanità, di seguito denominato «Osservatorio».

2. L'Osservatorio acquisisce dai Centri per la gestione del rischio sanitario e la sicurezza del paziente, di cui all'articolo 2, i dati regionali relativi ai rischi ed eventi avversi nonché alle cause, all'entità, alla frequenza e all'onere finanziario del contenzioso e, anche mediante la predisposizione, con l'ausilio delle società scientifiche e delle associazioni tecnico-scientifiche delle professioni sanitarie di cui all'articolo 5, di linee di indirizzo, individua idonee misure per la prevenzione

e la gestione del rischio sanitario e il monitoraggio delle buone pratiche per la sicurezza delle cure nonché per la formazione e l'aggiornamento del personale esercente le professioni sanitarie.

3. Il Ministro della salute trasmette annualmente alle Camere una relazione sull'attività svolta dall'Osservatorio.

4. L'Osservatorio, nell'esercizio delle sue funzioni, si avvale anche del Sistema informativo per il monitoraggio degli errori in sanità (SIMES), istituito con decreto del Ministro del lavoro, della salute e delle politiche sociali 11 dicembre 2009, pubblicato nella Gazzetta Ufficiale n. 8 del 12 gennaio 2010.

4. Trasparenza dei dati. – 1. Le prestazioni sanitarie erogate dalle strutture pubbliche e private sono soggette all'obbligo di trasparenza, nel rispetto del codice in materia di protezione dei dati personali, di cui al decreto legislativo 30 giugno 2003, n. 196.

2. La direzione sanitaria della struttura pubblica o privata, entro sette giorni dalla presentazione della richiesta da parte degli interessati aventi diritto, in conformità alla disciplina sull'accesso ai documenti amministrativi e a quanto previsto dal codice in materia di protezione dei dati personali, di cui al decreto legislativo 30 giugno 2003, n. 196, fornisce la documentazione sanitaria disponibile relativa al paziente, preferibilmente in formato elettronico; le eventuali integrazioni sono fornite, in ogni caso, entro il termine massimo di trenta giorni dalla presentazione della suddetta richiesta. Entro novanta giorni dalla data di entrata in vigore della presente legge, le strutture sanitarie pubbliche e private adeguano i regolamenti interni adottati in attuazione della legge 7 agosto 1990, n. 241, alle disposizioni del presente comma.

3. Le strutture sanitarie pubbliche e private rendono disponibili, mediante pubblicazione nel proprio sito internet, i dati relativi a tutti i risarcimenti erogati nell'ultimo quinquennio, verificati nell'ambito dell'esercizio della funzione di monitoraggio, prevenzione e gestione del rischio sanitario (risk management) di cui all'articolo 1, comma 539, della legge 28 dicembre 2015, n. 208, come modificato dagli articoli 2 e 16 della presente legge.

4. All'articolo 37 del regolamento di polizia mortuaria, di cui al decreto del Presidente della Repubblica 10 settembre 1990, n. 285, dopo il comma 2 è inserito il seguente:

«2-bis. I familiari o gli altri aventi titolo del deceduto possono concordare con il direttore sanitario o sociosanitario l'esecuzione del riscontro diagnostico, sia nel caso di decesso ospedaliero che in altro luogo, e possono disporre la presenza di un medico di loro fiducia».

5. Buone pratiche clinico-assistenziali e raccomandazioni previste dalle linee guida. – 1. Gli esercenti le professioni sanitarie, nell'esecuzione delle prestazioni sanitarie con finalità preventive, diagnostiche, terapeutiche, palliative, riabilitative e di medicina legale, si attengono, salve le specificità del caso concreto, alle raccomandazioni previste dalle linee guida pubblicate ai sensi del comma 3 ed elaborate da enti e istituzioni pubblici e privati nonché dalle società scientifiche e dalle associazioni tecnico-scientifiche del-le professioni sanitarie iscritte in apposito elenco istituito e regolamentato con decreto del Ministro della salute, da emanare entro novanta giorni dalla data di entrata in vigore della presente legge, e da aggiornare con cadenza biennale. In mancanza delle suddette raccomandazioni, gli esercenti le professioni sanitarie si attengono alle buone pratiche clinico-assistenziali.

2. Nel regolamentare l'iscrizione in apposito elenco delle società scientifiche e delle associazioni tecnico-scientifiche di cui al comma 1, il decreto del Ministro della salute stabilisce:

a) i requisiti minimi di rappresentatività sul territorio nazionale;

b) la costituzione mediante atto pubblico e le garanzie da prevedere nello statuto in riferimento al libero accesso dei professionisti aventi titolo e alla loro partecipazione alle decisioni, all'autonomia e all'indipendenza, all'assenza di scopo di lucro, alla pubblicazione nel sito istituzionale dei bilanci preventivi, dei consuntivi e degli incarichi retribuiti, alla dichiarazione e regolazione dei conflitti di interesse e all'individuazione di sistemi di verifica e controllo della qualità della produzione tecnico-scientifica;

c) le procedure di iscrizione all'elenco nonché le verifiche sul mantenimento dei requisiti e le modalità di sospensione o cancellazione dallo stesso.

3. Le linee guida e gli aggiornamenti delle stesse elaborati dai soggetti di cui al comma 1 sono integrati nel Sistema nazionale per le linee guida (SNLG), il quale è disciplinato nei compiti e nelle funzioni con decreto del Ministro della salute, da emanare, previa intesa in sede di Conferenza permanente per i rapporti tra lo Stato, le regioni e le province autonome di Trento e di Bolzano, [con la procedura di cui all'articolo 1, comma 28, secondo periodo, della legge 23 dicembre 1996, n. 662, e successive modificazioni,] entro centoventi giorni dalla data di entrata in vigore della presente legge. L'Istituto superiore di sanità pubblica nel proprio sito internet le linee guida e gli aggiornamenti delle stesse indicati dal SNLG, previa verifica della conformità della metodologia adottata a standard definiti e resi pubblici dallo stesso Istituto, nonché della rilevanza delle evidenze scienti-fiche dichiarate a supporto delle raccomandazioni (1).

4. Le attività di cui al comma 3 sono svolte nell'ambito delle risorse umane, finanziarie e strumentali già disponibili a legislazione vigente e comunque senza nuovi o maggiori oneri per la finanza pubblica.

(1) Comma modificato dall'art. 11, co. 1, l. 11/1/2018, n. 3.

6. Responsabilità penale dell'esercente la professione sanitaria. – 1. Dopo l'articolo 590-quinquies del codice penale è inserito il seguente:

«Art. 590-sexies (Responsabilità colposa per morte o lesioni personali in ambito sanitario). – Se i fatti di cui agli articoli 589 e 590 sono commessi nell'esercizio della professione sanitaria, si applicano le pene ivi previste salvo quanto disposto dal secondo comma.

Qualora l'evento si sia verificato a causa di imperizia, la punibilità è esclusa quando sono rispettate le raccomandazioni previste dalle linee guida come definite e pubblicate ai sensi di legge ovvero, in mancanza di queste, le buone pratiche clinico-assistenziali, sempre che le raccomandazioni previste dalle predette linee guida risultino adeguate alle specificità del caso concreto».

2. All'articolo 3 del decreto-legge 13 settembre 2012, n. 158, convertito, con modificazioni, dalla legge 8 novembre 2012, n. 189, il comma 1 è abrogato.

7. Responsabilità civile della struttura e dell'esercente la professione sanitaria. – 1. La struttura sanitaria o sociosanitaria pubblica o privata che, nell'adempimento della propria obbligazione, si avvalga dell'opera di esercenti la professione sanitaria, anche se scelti dal paziente e ancorché non dipendenti della struttura stessa, risponde, ai sensi degli articoli 1218 e 1228 del codice civile, delle loro condotte dolose o colpose.

2. La disposizione di cui al comma 1 si applica anche alle prestazioni sanitarie svolte in regime di libera professione intramuraria ovvero nell'ambito di attività di sperimentazione e di ricerca clinica ovvero in regime di convenzione con il Servizio sanitario nazionale nonché attraverso la telemedicina.

3. L'esercente la professione sanitaria di cui ai commi 1 e 2 risponde del proprio operato ai sensi dell'articolo 2043 del codice civile, salvo che abbia agito nell'adempimento di ob-

bligazione contrattuale assunta con il paziente. Il giudice, nella determinazione del risarcimento del danno, tiene conto della condotta dell'esercente la professione sanitaria ai sensi dell'articolo 5 della presente legge e dell'articolo 590-sexies del codice penale, introdotto dall'articolo 6 della presente legge.

4. Il danno conseguente all'attività della struttura sanitaria o sociosanitaria, pubblica o privata, e dell'esercente la professione sanitaria è risarcito sulla base delle tabelle di cui agli articoli 138 e 139 del codice delle assicurazioni private, di cui al decreto legislativo 7 settembre 2005, n. 209, integrate, ove necessario, con la procedura di cui al comma 1 del predetto articolo 138 e sulla base dei criteri di cui ai citati articoli, per tener conto delle fattispecie da esse non previste, afferenti alle attività di cui al presente articolo.

5. Le disposizioni del presente articolo costituiscono norme imperative ai sensi del codice civile.

8. Tentativo obbligatorio di conciliazione. – 1. Chi intende esercitare un'azione innanzi al giudice civile relativa a una controversia di risarcimento del danno derivante da responsabilità sanitaria è tenuto preliminarmente a proporre ricorso ai sensi dell'articolo 696-bis del codice di procedura civile dinanzi al giudice competente.

2. La presentazione del ricorso di cui al comma 1 costituisce condizione di procedibilità della domanda di risarcimento. È fatta salva la possibilità di esperire in alternativa il procedimento di mediazione ai sensi dell'articolo 5, comma 1, del decreto legislativo 4 marzo 2010, n. 28. In tali casi non trova invece applicazione l'articolo 3 del decreto-legge 12 settembre 2014, n. 132, convertito, con modificazioni, dalla legge 10 novembre 2014, n. 162. L'improcedibilità deve essere eccepita dal convenuto, a pena di decadenza, o rilevata d'ufficio dal giudice, non oltre la prima udienza. Il giudice, ove rilevi che il procedimento di cui all'articolo 696-bis del codice di procedura civile non è stato espletato ovvero che è iniziato ma non si è concluso, assegna alle parti il termine di quindici giorni per la presentazione dinanzi a sé dell'istanza di consulenza tecnica in via preventiva ovvero di completamento del procedimento (1).

3. Ove la conciliazione non riesca o il procedimento non si concluda entro il termine perentorio di sei mesi dal deposito del ricorso, la domanda diviene procedibile e gli effetti della domanda sono salvi se, entro novanta giorni dal deposito della relazione o dalla scadenza del termine perentorio, è depositato, presso il giudice che ha trattato il procedimento di cui al comma 1, il ricorso di cui all'articolo 281-undecies del codice di procedura civile. In tal caso il giudice fissa l'udienza di comparizione delle parti; e procede con le forme del rito semplificato di cognizione a norma degli articoli 281-decies e seguenti (2).

4. La partecipazione al procedimento di consulenza tecnica preventiva di cui al presente articolo, effettuato secondo il disposto dell'articolo 15 della presente legge, è obbligatoria per tutte le parti, comprese le imprese di assicurazione di cui all'articolo 10, che hanno l'obbligo di formulare l'offerta di risarcimento del danno ovvero comunicare i motivi per cui ritengono di non formularla. In caso di sentenza a favore del danneggiato, quando l'impresa di assicurazione non ha formulato l'offerta di risarcimento nell'ambito del procedimento di consulenza tecnica preventiva di cui ai commi precedenti, il giudice trasmette copia della sentenza all'Istituto per la vigilanza sulle assicurazioni (IVASS) per gli adempimenti di propria competenza. In caso di mancata partecipazione, il giudice, con il provvedimento che definisce il giudizio, condanna le parti che non hanno partecipato al pagamento delle spese di consulenza e di lite, indipendentemente dall'esito del giudizio, oltre che ad una pena pecuniaria, determinata equitativamente, in favore della parte che è comparsa alla conciliazione.

(1) Comma modificato dall'art. 15, co. 2, lett. a), d.lg. 10/10/2022, n. 149, con effetto a decorrere dal 28/2/2023, come stabilito dall'art. 35, co. 1, d.lg. n. 149/2022 medesimo, come modificato dall'art. 1, co. 380, lett. a), l. 29/12/2022, n. 197.

(2) Comma modificato dall'art. 15, co. 2, lett. b), d.lg. 10/10/2022, n. 149, con effetto a decorrere dal 28/2/2023, come stabilito dall'art. 35, co. 1, d.lg. n. 149/2022 medesimo, come modificato dall'art. 1, co. 380, lett. a), l. 29/12/2022, n. 197.

9. Azione di rivalsa o di responsabilità amministrativa. – 1. L'azione di rivalsa nei confronti dell'esercente la professione sanitaria può essere esercitata solo in caso di dolo o colpa grave.

2. Se l'esercente la professione sanitaria non è stato parte del giudizio o della procedura stragiudiziale di risarcimento del danno, l'azione di rivalsa nei suoi confronti può essere esercitata soltanto successivamente al risarcimento avvenuto sulla base di titolo giudiziale o stragiudiziale ed è esercitata, a pena di decadenza, entro un anno dall'avvenuto pagamento.

3. La decisione pronunciata nel giudizio promosso contro la struttura sanitaria o sociosanitaria o contro l'impresa di assicurazione non fa stato nel giudizio di rivalsa se l'esercente la professione sanitaria non è stato parte del giudizio.

4. In nessun caso la transazione è opponibile all'esercente la professione sanitaria nel giudizio di rivalsa.

5. In caso di accoglimento della domanda di risarcimento proposta dal danneggiato nei confronti della struttura sanitaria o sociosanitaria pubblica, ai sensi dei commi 1 e 2 dell'articolo 7, o dell'esercente la professione sanitaria, ai sensi del comma 3 del medesimo articolo 7, l'azione di responsabilità amministrativa, per dolo o colpa grave, nei confronti dell'esercente la professione sanitaria è esercitata dal pubblico ministero presso la Corte dei conti. Ai fini della quantificazione del danno, fermo restando quanto previsto dall'articolo 1, comma 1-bis, della legge 14 gennaio 1994, n. 20, e dall'articolo 52, secondo comma, del testo unico di cui al regio decreto 12 luglio 1934, n. 1214, si tiene conto delle situazioni di fatto di particolare difficoltà, anche di natura organizzativa, della struttura sanitaria o sociosanitaria pubblica, in cui l'esercente la professione sanitaria ha operato. L'importo della condanna per la responsabilità amministrativa e della surroga-zione di cui all'articolo 1916, primo comma, del codice civile, per singolo evento, in caso di colpa grave, non può superare una somma pari al triplo del valore maggiore della retribuzione lorda o del corrispettivo convenzionale conseguiti nell'anno di inizio della condotta causa dell'evento o nell'anno immediatamente precedente o successivo. Per i tre anni successivi al passaggio in giudicato della decisione di accoglimento della domanda di risarcimento proposta dal danneggiato, l'esercente la professione sanitaria, nell'ambito delle strutture sanitarie o sociosanitarie pubbliche, non può essere preposto ad incarichi professionali superiori rispetto a quelli ricoperti e il giudicato costituisce oggetto di specifica valutazione da parte dei commissari nei pubblici concorsi per incarichi superiori (1).

6. In caso di accoglimento della domanda proposta dal danneggiato nei confronti della struttura sanitaria o sociosanitaria privata o nei confronti dell'impresa di assicurazione titolare di polizza con la medesima struttura, la misura della rivalsa e quella della surrogazione richiesta dall'impresa di assicurazione, ai sensi dell'articolo 1916, primo comma, del codice civile, per singolo evento, in caso di colpa grave, non possono superare una somma pari al triplo del valore maggiore del reddito professionale, ivi compresa la retribuzione lorda, conseguito nell'anno di inizio della condotta causa dell'evento o nell'anno immediatamente precedente o successivo. Il limite alla misura della rivalsa, di cui al periodo precedente, non si applica nei confronti degli esercenti la professione sanitaria di cui all'articolo 10, comma 2 (2).

7. Nel giudizio di rivalsa e in quello di responsabilità amministrativa il giudice può desumere argomenti di prova dalle prove assunte nel giudizio in-staurato dal danneggiato nei confronti della struttura sanitaria o sociosanitaria o dell'impresa di assicurazione se l'esercente la professione sanitaria ne è stato parte.

(1) Comma modificato dall'art. 11, co. 1, lett. a), l. 11/1/2018, n. 3.

(2) Comma modificato dall'art. 11, co. 1, lett. b), l. 11/1/2018, n. 3.

10. Obbligo di assicurazione. – 1. Le strutture sanitarie e sociosanitarie pubbliche e private devono essere provviste di copertura assicurativa o di altre analoghe misure per la responsabilità civile verso terzi e per la responsabilità civile verso prestatori d'opera, ai sensi dell'articolo 27, comma 1-bis, del decreto-legge 24 giugno 2014, n. 90, convertito, con modificazioni, dalla legge 11 agosto 2014, n. 114, anche per danni cagionati dal personale a qualunque titolo operante presso le strutture sanitarie o sociosanitarie pubbliche e private, compresi coloro che svolgono attività di formazione, aggiornamento nonché di sperimentazione e di ricerca clinica. La disposizione del primo periodo si applica anche alle prestazioni sanitarie svolte in regime di libera professione intramuraria ovvero in regime di convenzione con il Servizio sanitario nazionale nonché attraverso la telemedicina. Le strutture di cui al primo periodo stipulano, altresì, polizze assicurative o adottano altre analoghe misure per la copertura della responsabilità civile verso terzi degli esercenti le professioni sanitarie anche ai sensi e per gli effetti delle disposizioni di cui al comma 3 dell'articolo 7, fermo restando quanto previsto dall'articolo 9. Le disposizioni di cui al periodo precedente non si applicano in relazione agli esercenti la professione sanitaria di cui al comma 2.

2. Per l'esercente la professione sanitaria che svolga la propria attività al di fuori di una delle strutture di cui al comma 1 del presente articolo o che presti la sua opera all'interno della stessa in regime libero-professionale ovvero che si avvalga della stessa nell'adempimento della propria obbligazione contrattuale assunta con il paziente ai sensi dell'articolo 7, comma 3, resta fermo l'obbligo di cui all'articolo 3, comma 5, lettera e), del decreto-legge 13 agosto 2011, n. 138, convertito, con modificazioni, dalla legge 14 settembre 2011, n. 148, all'articolo 5 del regolamento di cui al decreto del Presidente della Repubblica 7 agosto 2012, n. 137, e all'articolo 3, comma 2, del decreto-legge 13 settembre 2012, n. 158, convertito, con modificazioni, dalla legge 8 novembre 2012, n. 189.

3. Al fine di garantire efficacia alle azioni di cui all'articolo 9 e all'articolo 12, comma 3, ciascun esercente la professione sanitaria operante a qualunque titolo in strutture sanitarie o sociosanitarie pubbliche o private provvede alla stipula, con oneri a proprio carico, di un'adeguata polizza di assicurazione per colpa grave.

4. Le strutture di cui al comma 1 rendono nota, mediante pubblicazione nel proprio sito internet, la denominazione dell'impresa che presta la copertura assicurativa della responsabilità civile verso i terzi e verso i prestatori d'opera di cui al comma 1, indicando per esteso i contratti, le clausole assicurative ovvero le altre analoghe misure che determinano la copertura assicurativa.

5. Con decreto da emanare entro novanta giorni dalla data di entrata in vigore della presente legge, il Ministro dello sviluppo economico, di concerto con il Ministro della salute, definisce i criteri e le modalità per lo svolgimento delle funzioni di vigilanza e controllo esercitate dall'IVASS sulle imprese di assicurazione che intendano stipulare polizze con le strutture di cui al comma 1 e con gli esercenti la professione sanitaria.

6. Con decreto del Ministro dello sviluppo economico, da emanare entro centoventi giorni dalla data di entrata in vigore della presente legge, di concerto con il Ministro della salute e con il Ministro dell'economia e delle finanze, previa intesa in sede di Conferenza permanente per i rapporti tra lo Stato, le regioni e le province autonome di Trento e di Bolzano, sentiti l'IVASS, l'Associazione nazionale fra le imprese assicuratrici (ANIA), le Associazioni nazionali rappresentative delle strutture private che erogano prestazioni sanitarie e sociosanitarie, la Federazione nazionale degli ordini dei medici chirurghi e degli odontoiatri, le Federazioni nazionali degli ordini e dei collegi delle professioni sanitarie e le organizzazioni sindacali maggiormente rappresentative delle categorie professionali interessate, nonché le associazioni di tutela dei cittadini e dei pazienti, sono determinati i requisiti minimi delle polizze assicurative per le strutture sanitarie e sociosanitarie pubbliche e private e per gli esercenti le professioni sanitarie, prevedendo l'individuazione di classi di rischio a cui far corrispondere massimali differenziati. Il medesimo decreto stabilisce i requisiti minimi di garanzia e le condizioni generali di operatività delle altre analoghe misure, anche di assunzione diretta del rischio, richiamate dal comma 1; disciplina altresì le regole per il trasferimento del rischio nel caso di subentro contrattuale di un'impresa di assicurazione nonché la previsione nel bilancio delle strutture di un fondo rischi e di un fondo costituito dalla messa a riserva per competenza dei risarcimenti relativi ai sinistri denunciati. A tali fondi si applicano le disposizioni di cui all'articolo 1, commi 5 e 5-bis, del decreto-legge 18 gennaio 1993, n. 9, convertito, con modificazioni, dalla legge 18 marzo 1993, n. 67.

7. Con decreto del Ministro dello sviluppo economico da emanare, di concerto con il Ministro della salute e sentito l'IVASS, entro centoventi giorni dalla data di entrata in vigore della presente legge, sono individuati i dati relativi alle polizze di assicurazione stipulate ai sensi dei commi 1 e 2, e alle altre analoghe misure adottate ai sensi dei commi 1 e 6 e sono stabiliti, altresì, le modalità e i termini per la comunicazione di tali dati da parte delle strutture sanitarie e sociosanitarie pubbliche e private e degli esercenti le professioni sanitarie all'Osservatorio. Il medesimo decreto stabilisce le modalità e i termini per l'accesso a tali dati.

11. Estensione della garanzia assicurativa. – 1. La garanzia assicurativa deve prevedere una operatività temporale anche per gli eventi accaduti nei dieci anni antecedenti la conclusione del contratto assicurativo, purché denunciati all'impresa di assicurazione durante la vigenza temporale della polizza. In caso di cessazione definitiva dell'attività professionale per qualsiasi causa deve essere previsto un periodo di ultrattività della copertura per le richieste di risarcimento presentate per la prima volta entro i dieci anni successivi e riferite a fatti generatori della responsabilità verificatisi nel periodo di efficacia della polizza, incluso il periodo di retroattività della copertura. L'ultrattività è estesa agli eredi e non è assoggettabile alla clausola di disdetta.

12. Azione diretta del soggetto danneggiato. – 1. Fatte salve le disposizioni dell'articolo 8, il soggetto danneggiato ha diritto di agire direttamente, entro i limiti delle somme per le quali è stato stipulato il contratto di assicurazione, nei confronti dell'impresa di assicurazione che presta la copertura assicurativa alle strutture sanitarie o sociosanitarie pubbliche o private di cui al comma 1 dell'articolo 10 e all'esercente la professione sanitaria di cui al comma 2 del medesimo articolo 10.

2. Non sono opponibili al danneggiato, per l'intero massimale di polizza, eccezioni derivanti dal contratto diverse da quelle stabilite dal decreto di cui all'articolo 10, comma 6, che definisce i requisiti minimi delle polizze assicurative per le strutture sanitarie e sociosanitarie pubbliche e private e per gli esercenti le professioni sanitarie di cui all'articolo 10, comma 2.

3. L'impresa di assicurazione ha diritto di rivalsa verso l'assicurato nel rispetto dei requisiti minimi, non derogabili contrattualmente, stabiliti dal decreto di cui all'articolo 10, comma 6.

4. Nel giudizio promosso contro l'impresa di assicurazione della struttura sanitaria o sociosanitaria pubblica o privata a norma del comma 1 è litisconsorte necessario la struttura medesima; nel giudizio promosso contro l'impresa di assicurazione dell'esercente la professione sanitaria a norma del comma 1 è litisconsorte necessario l'esercente la professione sanitaria. L'impresa di assicurazione, l'esercente la professione sanitaria e il danneggiato hanno diritto di accesso alla documentazione della struttura relativa ai fatti dedotti in ogni fase della trattazione del sinistro.

5. L'azione diretta del danneggiato nei confronti dell'impresa di assicurazione è soggetta al termine di prescrizione pari a quello dell'azione verso la struttura sanitaria o sociosanitaria pubblica o privata o l'esercente la professione sanitaria.

6. Le disposizioni del presente articolo si applicano a decorrere dalla data di entrata in vigore del decreto di cui al comma 6 dell'articolo 10 con il quale sono determinati i requisiti minimi delle polizze assicurative per le strutture sanitarie e sociosanitarie e per gli esercenti le professioni sanitarie.

13. Obbligo di comunicazione all'esercente la professione sanitaria del giudizio basato sulla sua responsabilità. – 1. Le strutture sanitarie e sociosanitarie di cui all'articolo 7, comma 1, e le imprese di assicurazione che prestano la copertura assicurativa nei con-fronti dei soggetti di cui all'articolo 10, commi 1 e 2, comunicano all'esercente la professione sanitaria l'instaurazione del giudizio promosso nei loro confronti dal danneggiato, entro quarantacinque giorni dalla ricezione della notifica dell'atto introduttivo, mediante posta elettronica certificata o lettera raccomandata con avviso di ricevimento contenente copia dell'atto introduttivo del giudizio. Le strutture sanitarie e sociosanitarie e le imprese di assicurazione entro quarantacinque giorni comunicano all'esercente la professione sanitaria, mediante posta elettronica certificata o lettera raccomandata con avviso di ricevimento, l'avvio di trattative stragiudiziali con il danneggiato, con invito a prendervi parte. L'omissione, la tardività o l'in-completezza delle comunicazioni di cui al presente comma preclude l'ammissibilità delle azioni di rivalsa o di responsabilità amministrativa di cui all'articolo 9 (1).

(1) Comma modificato dall'art. 11, co. 1, lett. d), l. 11/1/2018, n. 3.

14. Fondo di garanzia per i danni derivanti da responsabilità sanitaria. – 1. È istituito, nello stato di previsione del Ministero della salute, il Fondo di garanzia per i danni derivanti da responsabilità sanitaria. Il Fondo di garanzia è alimentato dal versamento di un contributo annuale dovuto dalle imprese autorizzate all'esercizio delle assicurazioni per la responsabilità civile per i danni causati da responsabilità sanitaria. A tal fine il predetto contributo è versato all'entrata del bilancio dello Stato per essere riassegnato al Fondo di garanzia. Il Ministero della salute con apposita convenzione affida alla Concessionaria servizi assicurativi pubblici (CONSAP) Spa la gestione delle risorse del Fondo di garanzia.

2. Con regolamento adottato con decreto del Ministro della salute, da emanare entro centoventi giorni dalla data di entrata in vigore della presente legge, di concerto con il Ministro dello sviluppo economico e con il Ministro e dell'economia e delle finanze, sentite la Conferenza permanente per i rapporti tra lo Stato, le regioni e le province autonome di Trento e di Bolzano e le rappresentanze delle imprese di assicurazione, sono definiti:

a) la misura del contributo dovuto dalle imprese autorizzate all'esercizio delle assicurazioni per la responsabilità civile per i danni causati da responsabilità sanitaria;

b) le modalità di versamento del contributo di cui alla lettera a);

c) i principi cui dovrà uniformarsi la convenzione tra il Ministero della salute e la CONSAP Spa;

d) le modalità di intervento, il funzionamento e il regresso del Fondo di garanzia nei confronti del responsabile del sinistro.

3. Il Fondo di garanzia di cui al comma 1 concorre al risarcimento del danno nei limiti delle effettive disponibilità finanziarie.

4. La misura del contributo di cui al comma 2, lettera a), è aggiornata annualmente con apposito decreto del Ministro della salute, da adottare di concerto con il Ministro dello sviluppo economico e con il Ministro dell'economia e delle finanze, in relazione alle effettive esigenze della gestione del Fondo di garanzia.

5. Ai fini della rideterminazione del contributo di cui al comma 2, lettera a), la CONSAP Spa trasmette ogni anno al Ministero della salute e al Ministero dello sviluppo economico un rendiconto della gestione del Fondo di garanzia di cui al comma 1, riferito all'anno precedente, secondo le disposizioni stabilite dal regolamento di cui al comma 2.

6. Gli oneri per l'istruttoria e la gestione delle richieste di risarcimento sono posti a carico del Fondo di garanzia di cui al comma 1.

7. Il Fondo di garanzia di cui al comma 1 risarcisce i danni cagionati da responsabilità sanitaria nei seguenti casi:

a) qualora il danno sia di importo eccedente rispetto ai massimali previsti dai contratti di assicurazione stipulati dalla struttura sanitaria o sociosanitaria pubblica o privata ovvero dall'esercente la professione sanitaria ai sensi del decreto di cui all'articolo 10, comma 6;

b) qualora la struttura sanitaria o sociosanitaria pubblica o privata ovvero l'esercente la professione sanitaria risultino assicurati presso un'impresa che al momento del sinistro si trovi in stato di insolvenza o di liquidazione coatta amministrativa o vi venga posta successivamente;

c) qualora la struttura sanitaria o sociosanitaria pubblica o privata ovvero l'esercente la professione sanitaria siano sprovvisti di copertura assicurati-va per recesso unilaterale dell'impresa assicuratrice ovvero per la sopravvenuta inesistenza o cancellazione dall'albo dell'impresa assicuratrice stessa.

7-bis. Il Fondo di garanzia di cui al comma 1 assolve anche alla funzione di agevolare l'accesso alla copertura assicurativa da parte degli esercenti le professioni sanitarie che svolgono la propria attività in regime libero-professionale, ai sensi dell'articolo 10, comma 6 (1).

8. Il decreto di cui all'articolo 10, comma 6, prevede che il massimale minimo sia rideterminato in relazione all'andamento del Fondo per le ipotesi di cui alla lettera a) del comma 7 del presente articolo.

9. Le disposizioni di cui al presente articolo si applicano ai sinistri denunciati per la prima volta dopo la data di entrata in vigore della presente legge.

10. Il Ministro dell'economia e delle finanze è autorizzato ad apportare, con propri decreti, le occorrenti variazioni di bilancio.

(1) Comma inserito dall'art. 11, co. 1, lett. e), l. 11/1/2018, n. 3.

15. Nomina dei consulenti tecnici d'ufficio e dei periti nei giudizi di responsabilità sanitaria. – 1. Nei procedimenti civili e nei procedimenti penali aventi ad oggetto la responsabilità sanitaria, l'autorità giudiziaria affida l'espletamento della consulenza tecnica e della perizia a un medico specializzato in medicina legale e a uno o più specialisti nella disciplina che abbiano specifica e pratica conoscenza di quanto oggetto del procedimento, avendo cura che i soggetti da nominare, scelti tra gli iscritti negli albi di cui ai commi 2 e 3, non siano in posizione di conflitto di interessi nello specifico procedimento o in altri connessi e che i consulenti tecnici d'ufficio da nominare nell'ambito del procedimento di cui all'articolo 8, comma 1, siano in possesso di adeguate e comprovate competenze nell'ambito della conciliazione acquisite anche mediante specifici percorsi formativi.

2. Negli albi dei consulenti di cui all'articolo 13 delle disposizioni per l'attuazione del codice di procedura civile e disposizioni transitorie, di cui al regio decreto 18 dicembre 1941, n. 1368, e dei periti di cui all'articolo 67 delle norme di attuazione, di coordinamento e transitorie del codice di procedura penale, di cui al decreto legislativo 28 luglio 1989, n. 271, devono essere indicate e documentate le specializzazioni degli iscritti esperti in medicina. In sede di revisione degli albi è indicata, relativamente a ciascuno degli esperti di cui al periodo precedente, l'esperienza professionale maturata, con particolare riferimento al numero e alla tipologia degli incarichi conferiti e di quelli revocati.

3. Gli albi dei consulenti di cui all'articolo 13 delle disposizioni per l'attuazione del codice di procedura civile e disposizioni transitorie, di cui al regio decreto 18 dicembre 1941, n. 1368, e gli albi dei periti di cui all'articolo 67 delle norme di attuazione, di coordinamento e transitorie del codice di procedura penale, di cui al decreto legislativo 28 luglio 1989, n. 271, devono essere aggiornati con cadenza almeno quinquennale, al fine di garantire, oltre a quella medico-legale, un'idonea e adeguata rappresentanza di esperti delle discipline specialistiche riferite a tutte le professioni sanitarie, tra i quali scegliere per la nomina tenendo conto della disciplina interessata nel procedimento.

4. Nei casi di cui al comma 1, l'incarico è conferito al collegio e, nella determinazione del compenso globale, non si applica l'aumento del 40 per cento per ciascuno degli altri componenti del collegio previsto dall'articolo 53 del testo unico delle disposizioni legislative e regolamentari in materia di spese di giustizia, di cui al decreto del Presidente della Repubblica 30 maggio 2002, n. 115 (1).

(1) La Corte Costituzionale, con sent. 20/5/2021, n. 102, ha dichiarato l'illegittimità costituzionale del presente comma, limitatamente alle parole: «e, nella determinazione del compenso globale, non si applica l'aumento del 40 per cento per ciascuno degli altri componenti del collegio previsto dall'articolo 53 del testo unico delle disposizioni legislative e regolamentari in materia di spese di giustizia, di cui al decreto del Presidente della Repubblica 30 maggio 2002, n. 115».

16. Modifiche alla legge 28 dicembre 2015, n. 208, in materia di responsabilità professionale del personale sanitario. – 1. All'articolo 1, comma 539, lettera a), della legge 28 dicembre 2015, n. 208, il secondo periodo è sostituito dal seguente: «I verbali e gli atti conseguenti all'attività di gestione del rischio clinico non possono essere acquisiti o utilizzati nell'ambito di procedimenti giudiziari».

2. All'articolo 1, comma 540, della legge 28 dicembre 2015, n. 208, le parole da: «ovvero» fino alla fine del comma sono sostituite dalle seguenti: «, in medicina legale ovvero da personale dipendente con adeguata formazione e comprovata esperienza almeno triennale nel settore».

17. Clausola di salvaguardia. – 1. Le disposizioni della presente legge sono applicabili nelle regioni a statuto speciale e nelle province autonome di Trento e di Bolzano compatibilmente con i rispettivi statuti e le relative norme di attuazione, anche con riferimento alla legge costituzionale 18 ottobre 2001, n. 3.

18. Clausola di invarianza finanziaria. – 1. Le amministrazioni interessate provvedono all'attuazione delle disposizioni di cui alla presente legge nell'ambito delle risorse umane, strumentali e finanziarie disponibili a legislazione vigente e comunque senza nuovi o maggiori oneri per la finanza pubblica. La presente legge, munita del sigillo dello Stato, sarà inserita nella Raccolta ufficiale degli atti normativi della Repubblica italiana. È fatto obbligo a chiunque spetti di osservarla e di farla osservare come legge dello Stato.

Sezione XXV
SANZIONI AMMINISTRATIVE

L. 24 novembre 1981, n. 689
Modifiche al sistema penale

Capo I
Le sanzioni amministrative

Sezione I
Principi generali

1. Principio di legalità. – Nessuno può essere assoggettato a sanzioni amministrative se non in forza di una legge che sia entrata in vigore prima della commissione della violazione.

Le leggi che prevedono sanzioni amministrative si applicano soltanto nei casi e per i tempi in esse considerati.

2. Capacità di intendere e di volere. – Non può essere assoggettato a sanzione amministrativa, chi al momento in cui ha commesso il fatto, non aveva compiuto i diciotto anni o non aveva, in base ai criteri indicati nel codice penale, la capacità di intendere e di volere, salvo che lo stato di incapacità non derivi da sua colpa o sia stato da lui preordinato.

Fuori dei casi previsti dall'ultima parte del precedente comma, della violazione risponde chi era tenuto alla sorveglianza dell'incapace, salvo che provi di non aver potuto impedire il fatto.

3. Elemento soggettivo. – Nelle violazioni cui è applicabile una sanzione amministrativa ciascuno è responsabile della propria azione od omissione, cosciente e volontaria, sia essa dolosa o colposa.

Nel caso in cui la violazione è commessa per errore sul fatto, l'agente non è responsabile quando l'errore non è determinato da sua colpa.

4. Cause di esclusione della responsabilità. – Non risponde delle violazioni amministrative chi ha commesso il fatto nell'adempimento di un dovere o nell'esercizio di una facoltà legittima ovvero in stato di necessità o di legittima difesa.

Se la violazione è commessa per ordine dell'autorità, della stessa risponde il pubblico ufficiale che ha dato l'ordine.

I comuni, le province, le comunità montane e i loro consorzi, le istituzioni pubbliche di assistenza e beneficenza (IPAB), gli enti non commerciali senza scopo di lucro che svolgono attività socio-assistenziale e le istituzioni sanitarie operanti nel Servizio sanitario nazionale ed i loro amministratori non rispondono delle sanzioni amministrative e civili che riguardano l'assunzione di lavoratori, le assicurazioni obbligatorie e gli ulteriori adempimenti, relativi a prestazioni lavorative stipulate nella forma del contratto d'opera e successivamente riconosciute come rapporti di lavoro subordinato, purché esaurite alla data del 31 dicembre 1997 (1).

(1) Comma aggiunto dall'art. 31, co. 36, l. 23/12/1998, n. 448.

5. Concorso di persone. – Quando più persone concorrono in una violazione amministrativa, ciascuna di esse soggiace alla sanzione per questa disposta, salvo che sia diversamente stabilito dalla legge.

6. Solidarietà. – Il proprietario della cosa che servì o fu destinata a commettere la violazione o, in sua vece, l'usufruttuario o, se trattasi di bene immobile, il titolare di un diritto personale di godimento, è obbligato in solido con l'autore della violazione al pagamento della somma da questo dovuta se non prova che la cosa è stata utilizzata contro la sua volontà.

Se la violazione è commessa da persona capace di intendere e di volere ma soggetta all'altrui autorità, direzione o vigilanza, la persona rivestita dell'autorità o incaricata della direzione o della vigilanza è obbligata in solido con l'autore della violazione al pagamento della somma da questo dovuta, salvo che provi di non aver potuto, impedire il fatto.

Se la violazione è commessa dal rappresentante o dal dipendente di una persona giuridica o di un ente privo di personalità giuridica o, comunque, di un imprenditore nell'esercizio delle proprie funzioni o incombenze, la persona giuridica o l'ente o l'imprenditore è obbligato in solido con l'autore della violazione al pagamento della somma da questo dovuta.

Nei casi previsti dai commi precedenti chi ha pagato ha diritto di regresso per l'intero nei confronti dell'autore della violazione.

7. Non trasmissibilità dell'obbligazione. – La obbligazione di pagare la somma dovuta per la violazione non si trasmette agli eredi.

8. Più violazioni di disposizioni che prevedono sanzioni amministrative. – Salvo che sia diversamente stabilito dalla legge, chi con una azione od omissione viola diverse disposizioni che prevedono, sanzioni amministrative o commette più violazioni della stessa disposizione, soggiace alla sanzione prevista per la violazione più grave, aumentata sino al triplo.

Alla stessa sanzione prevista dal precedente comma soggiace anche chi con più azioni od omissioni, esecutive di un medesimo disegno posto in essere in violazione di norme che stabiliscono sanzioni amministrative, commette, anche in tempi diversi, più violazioni della stessa o di diverse norme di legge in materia di previdenza ed assistenza obbligatorie. La disposizione di cui al precedente comma si applica anche alle violazioni commesse anteriormente all'entrata in vigore della legge di conversione del D.L. 2 dicembre 1985, n. 688, per le quali non sia già intervenuta sentenza passata in giudicato (1).

(1) Comma aggiunto dall'art. 1-sexies del d.l. 2/12/1985, n. 688.

8 bis. Reiterazione delle violazioni (1). – Salvo quanto previsto da speciali disposizioni di legge, si ha reiterazione quando, nei cinque anni successivi alla commissione di una violazione amministrativa, accertata con provvedimento esecutivo, lo stesso soggetto commette un'altra violazione della stessa indole. Si ha reiterazione anche quando più violazioni della stessa indole commesse nel quinquennio sono accertate con unico provvedimento esecutivo.

Si considerano della stessa indole le violazioni della medesima disposizione e quelle di disposizioni diverse che, per la natura dei fatti che le costituiscono o per le modalità della condotta, presentano una sostanziale omogeneità o caratteri fondamentali comuni.

La reiterazione è specifica se è violata la medesima disposizione.

Le violazioni amministrative successive alla prima non sono valutate, ai fini della reiterazione, quando sono commesse in tempi ravvicinati e riconducibili ad una programmazione unitaria.

La reiterazione determina gli effetti che la legge espressamente stabilisce. Essa non opera nel caso di pagamento in misura ridotta.

Gli effetti conseguenti alla reiterazione possono essere sospesi fino a quando il provvedimento che accerta la violazione precedentemente commessa sia divenuto definitivo. La sospensione è disposta dall'autorità amministrativa competente, o in caso di opposizione dal giudice, quando possa derivare grave danno.

Gli effetti della reiterazione cessano di diritto, in ogni caso, se il provvedimento che accerta la precedente violazione è annullato.

(1) Articolo aggiunto dall'art. 94 del d.lg. 30/12/1999, n. 507.

9. Principio di specialità. – Quando uno stesso fatto è punito da una disposizione penale e da una disposizione che prevede una sanzione amministrativa, ovvero da una pluralità di disposizioni che prevedono sanzioni amministrative, si applica la disposizione speciale.

Tuttavia quando uno stesso fatto è punito da una disposizione penale e da una disposizione regionale o delle province autonome di Trento e di Bolzano che preveda una sanzione amministrativa, si applica in ogni caso la disposizione penale, salvo che quest'ultima sia applicabile solo in mancanza di altre disposizioni penali.

Ai fatti puniti dagli articoli 5, 6 e 12 della legge 30 aprile 1962, n. 283, e successive modificazioni ed integrazioni, si applicano soltanto le disposizioni penali, anche quando i fatti stessi sono puniti con sanzioni amministrative previste da disposizioni speciali in materia di produzione, commercio e igiene degli alimenti e delle bevande (1).

(1) Comma sostituito dall'art. 95 del d.lg. 30/12/1999, n. 507.

10. Sanzione amministrativa pecuniaria e rapporto tra limite minimo e limite massimo. – La sanzione amministrativa pecuniaria consiste nel pagamento di una somma non inferiore a euro 10 e non superiore a euro 15.000. Le sanzioni proporzionali non hanno limite massimo (1).

Fuori dei casi espressamente stabiliti dalla legge, il limite massimo della sanzione amministrativa pecuniaria non può, per ciascuna violazione superare il decuplo del minimo.

(1) Comma modificato dall'art. 96 del d.lg. 30/12/1999, n. 507 e successivamente dall'art. 3, co. 63, d.lg. 15/7/2009, n. 94.

11. Criteri per l'applicazione delle sanzioni amministrative pecuniarie. – Nella determinazione della sanzione amministrativa pecuniaria fissata dalla legge tra un limite minimo ed un limite massimo e nell'applicazione delle sanzioni accessorie facoltative, si ha riguardo alla gravità della violazione, all'opera svolta dall'agente per l'eliminazione o attenuazione delle conseguenze della violazione, nonché alla personalità dello stesso e alle sue condizioni economiche.

12. Ambito di applicazione. – Le disposizioni di questo Capo si osservano, in quanto applicabili e salvo che non sia diversamente stabilito, per tutte le violazioni per le quali è prevista la sanzione amministrativa del pagamento di una somma di denaro, anche quando questa sanzione non è prevista in sostituzione di una sanzione penale. Non si applicano alle violazioni disciplinari.

Sezione II
Applicazione

13. Atti di accertamento. – Gli organi addetti al controllo sull'osservanza delle disposizioni per la cui violazione è prevista la sanzione amministrativa del pagamento di una somma di denaro possono, per l'accertamento delle violazioni di rispettiva competenza, assumere informazioni e procedere a ispezioni di cose e di luoghi diversi dalla privata dimora, a rilievi segnaletici, descrittivi e fotografici e ad ogni altra operazione tecnica.

Possono altresì procedere al sequestro cautelare delle cose che possono formare oggetto di confisca amministrativa, nei modi e con i limiti con cui il codice di procedura penale consente il sequestro alla polizia giudiziaria.

È sempre disposto il sequestro del veicolo a motore o del natante posto in circolazione senza essere coperto dall'assicurazione obbligatoria e del veicolo posto in circolazione senza che per lo stesso sia stato rilasciato il documento di circolazione.

All'accertamento delle violazioni punite con la sanzione amministrativa del pagamento di una somma di denaro possono procedere anche gli ufficiali e gli agenti di polizia giudiziaria, i quali, oltre che esercitare i poteri indicati nei precedenti commi, possono procedere, quando non sia possibile acquisire altrimenti gli elementi di prova, a perquisizioni in luoghi diversi dalla privata dimora, previa autorizzazione motivata del pretore del luogo ove le perquisizioni stesse dovranno essere effettuate. Si applicano le disposizioni del primo comma dell'articolo 333 e del primo e secondo comma dell'articolo 334 del codice di procedura penale.

È fatto salvo l'esercizio degli specifici poteri di accertamento previsti dalle leggi vigenti.

14. Contestazione e notificazione. – La violazione, quando è possibile, deve essere contestata immediatamente tanto al trasgressore quanto alla persona che sia obbligata in solido al pagamento della somma dovuta per la violazione stessa.

Se non è avvenuta la contestazione immediata per tutte o per alcune delle persone indicate nel comma precedente, gli estremi della violazione debbono essere notificati agli interessati residenti nel territorio della Repubblica entro il termine di novanta giorni e a quelli residenti all'estero entro il termine di trecentosessanta giorni dall'accertamento.

Quando gli atti relativi alla violazione sono trasmessi all'autorità competente con provvedimento dell'autorità giudiziaria, i termini di cui al comma precedente decorrono dalla data della ricezione.

Per la forma della contestazione immediata o della notificazione si applicano le disposizioni previste dalle leggi vigenti. In ogni caso la notificazione può essere effettuata, con le modalità previste dal codice di procedura civile, anche da un funzionario dell'amministrazione che ha accertato la violazione. Quando la notificazione non può essere eseguita in mani proprie del destinatario, si osservano le modalità previste dall'articolo 137, terzo comma, del medesimo codice (1).

Per i residenti all'estero, qualora la residenza, la dimora o il domicilio non siano noti, la notifica non è obbligatoria e resta salva la facoltà del pagamento in misura ridotta sino alla scadenza del termine previsto nel secondo comma dell'articolo 22 per il giudizio di opposizione.

L'obbligazione di pagare la somma dovuta per la violazione si estingue per la persona nei cui confronti è stata omessa la notificazione nel termine prescritto.

(1) Comma modificato dall'art. 174, co. 11, d.lg. 30/6/2003, n. 196.

15. Accertamenti mediante analisi di campioni (1). – Se per l'accertamento della violazione sono compiute analisi di campioni, il dirigente del laboratorio deve comunicare all'interessato, a mezzo di lettera raccomandata con avviso di ricevimento, l'esito dell'analisi.

L'interessato può chiedere la revisione dell'analisi con la partecipazione di un proprio consulente tecnico. La richiesta è presentata con istanza scritta all'organo che ha prelevato i campioni da analizzare, nel termine di 15 giorni dalla comunicazione dell'esito della prima analisi, che deve essere allegato all'istanza medesima.

Delle operazioni di revisione dell'analisi è data comunicazione all'interessato almeno dieci giorni prima del loro inizio.

I risultati della revisione dell'analisi sono comunicati all'interessato a mezzo di lettera raccomandata con avviso di ricevimento, a cura del dirigente del laboratorio che ha eseguito la revisione dell'analisi.

Le comunicazioni di cui al primo e al quarto comma equivalgono alla contestazione di cui al primo comma dell'articolo 14 ed il termine per il pagamento in misura ridotta di cui all'articolo 16 decorre dalla comunicazione dell'esito della prima analisi o, quando è stata chiesta la revisione dell'analisi, dalla comunicazione dell'esito della stessa.

Ove non sia possibile effettuare la comunicazione all'interessato nelle forme di cui al primo e al quarto comma, si applicano le disposizioni dell'articolo 14.

Con il decreto o con la legge regionale indicati nell'ultimo comma dell'art. 17 sarà altresì fissata la somma di denaro che il richiedente la revisione dell'analisi è tenuto a versare e potranno essere indicati, anche a modifica delle vigenti disposizioni di legge, gli istituti incaricati della stessa analisi.

(1) L'importo da versare per ogni richiesta di revisione di analisi alla competente tesoreria provinciale dello Stato è stato elevato a L. 80.500 dall'art. unico del d.m. 1/8/1984; a L. 89.000 dall'art. unico del d.m. 30/3/1985; a L. 96.700 dall'art. unico del d.m. 30/6/1986; a L. 102.600 dall'art. unico del d.m. 10/7/1987; a L. 107.300 dall'art. unico del d.m. 1/9/1988; a L. 112.700 dall'art. unico del d.m. 6/6/1989; a L. 120.200 dall'art. unico del d.m. 26/5/1990; a L. 127.530 dall'art. unico del d.m. 6/8/1991; a L. 135.690 dall'art. unico del d.m. 18/6/1992; a L. 143.020 dall'art. unico del d.m. 4/11/1993; a L. 149.030 dall'art. unico del d.m. 20/12/1994; a L. 154.840 dall'art. unico del d.m. 16/4/1996; a L. 163.200 dall'art. unico del d.m. 16/5/1997; a L. 169.600 dall'art. unico del d.m. 23/1/1998; a L. 175.600 dall'art. unico del d.m. 17/4/2000; a L. 178.400 dall'art. unico del d.m. 13/3/2001; a euro 94,53 dall'art. unico del d.m. 4/3/2002; a euro 97,08 dall'art. unico del d.m. 31/3/2003; a euro 99,40 dall'art. unico del d.m. 27/2/2004; a euro 101,88 dall'art. unico del d.m. 16/3/2005; a 103,92 dall'art. unico del d.m. 28/2/2006; a 105,69 dall'art. unico del d.m. 26/1/2007; a 107,80 dall'art. unico del d.m. 7/2/2008; a 109,63 dall'art. unico del d.m. 23/12/2008; a 113,14 dall'art. unico del d.m. 16/12/2009; a 113,93 dall'art. unico del d.m. 15/12/2010; a euro 115,75 dall'art. unico del d.m. 16/12/2011: a euro 118,88 dall'art. unico del d.m. 20/12/2012, a euro 122,45 dall'art. unico del d.m. 18/12/2013 e, da ultimo, a euro 123,80 dall'art. unico del d.m. 22/12/2014.

16. Pagamento in misura ridotta (1). – È ammesso il pagamento di una somma in misura ridotta pari alla terza parte del massimo della sanzione prevista per la violazione commessa o, se più favorevole e qualora sia stabilito il minimo della sanzione edittale, pari al doppio del relativo importo, oltre alle spese del procedimento, entro il termine di sessanta giorni dalla contestazione immediata o, se questa non vi è stata, dalla notificazione degli estremi della violazione (2).

*Per le violazioni ai regolamenti ed alle ordinanze comunali e provinciali, la Giunta comunale o provinciale, all'interno del limite edittale minimo e massimo della sanzione prevista, può stabilire un diverso importo del pagamento in misura ridotta, in deroga alle disposizioni del primo comma**.

Il pagamento in misura ridotta è ammesso anche nei casi in cui le norme antecedenti all'entrata in vigore della presente legge non consentivano l'oblazione.

(1) Vedi l'art. 56, d.lg. 11/5/1999, n. 152, l'art. 8, d.lg. 20/2/2004, n. 56, l'art. 11-bis, d.l. 14/3/2005, n. 35, l'art. 5, co. 11, d.lg. 5/12/2005, n. 252 e l'art. 1, co. 4, d.l. 24/6/2014, n. 91, conv., con modif., dalla l. 11/8/2014, n. 116.

(2) Comma modificato dall'art. 52, co. 1, d.lg. 24/6/1998, n. 213.

* Comma abrogato per la parte relativa al testo unico delle norme sulla circolazione stradale, approvato con d.P.R. 15/6/1959, n. 393, dall'art. 231, co. 1, d.lg. 30/4/1992, n. 285. Successivamente il presente comma è stato sostituito dall'art. 6-bis, d.l. 23/5/2008, n. 92.

17. Obbligo del rapporto. – Qualora non sia stato effettuato il pagamento in misura ridotta, il funzionario o l'agente che ha accertato la violazione, salvo che ricorra l'ipotesi prevista nell'art. 24, deve presentare rapporto, con la prova delle eseguite contestazioni o notificazioni, all'ufficio periferico cui sono demandati attribuzioni e compiti del Ministero nella cui competenza rientra la materia alla quale si riferisce la violazione o, in mancanza, al prefetto (1).

Deve essere presentato al prefetto il rapporto relativo alle violazioni previste dal testo unico delle norme sulla circolazione stradale, approvato con D.P.R. 15 giugno 1959, n. 393, dal testo unico per la tutela delle strade, approvato con R.D. 8 dicembre 1933, n. 1740, e dalla L. 20 giugno 1935, n. 1349, sui servizi di trasporto merci.

Nelle materie di competenza delle regioni e negli altri casi, per le funzioni amministrative ad esse delegate, il rapporto è presentato all'ufficio regionale competente (2).

Per le violazioni dei regolamenti provinciali e comunali il rapporto è presentato, rispettivamente, al presidente della giunta provinciale o al sindaco.

L'ufficio territorialmente competente è quello del luogo in cui è stata commessa la violazione.

Il funzionario o l'agente che ha proceduto al sequestro previsto dall'articolo 13 deve immediatamente informare l'autorità amministrativa competente a norma dei precedenti commi, inviandole il processo verbale di sequestro.

Con decreto del Presidente della Repubblica, su proposta del Presidente del Consiglio dei ministri, da emanare entro centottanta giorni dalla pubblicazione della presente legge, in sostituzione del D.P.R. 13 maggio 1976, n. 407, saranno indicati gli uffici periferici dei singoli Ministeri, previsti nel primo comma, anche per i casi in cui leggi precedenti abbiano regolato diversamente la competenza (1).

Con il decreto indicato nel comma precedente saranno stabilite le modalità relative alla esecuzione del sequestro previsto dall'articolo 13, al trasporto ed alla consegna delle cose sequestrate, alla custodia ed alla eventuale alienazione o distruzione delle stesse; sarà altresì stabilita la destinazione delle cose confiscate. Le regioni, per le materie di loro competenza, provvederanno con legge nel termine previsto dal comma precedente (3).

(1) Vedi il d.P.R. 29/7/1982, n. 571.

(2) Vedi l'art. 1, co. 191, l. 30/12/2004, n. 311.

(3) Vedi il d.P.R. 30/12/1995, n. 582.

18. Ordinanza-ingiunzione (1). – Entro il termine di trenta giorni dalla data della contestazione o notificazione della violazione, gli interessati possono far pervenire all'autorità competente a ricevere il rapporto a norma dell'articolo 17 scritti difensivi e documenti e possono chiedere di essere sentiti dalla medesima autorità.

L'autorità competente, sentiti gli interessati, ove questi ne abbiano fatto richiesta, ed esaminati i documenti inviati e gli argomenti esposti negli scritti difensivi, se ritiene fondato l'accertamento, determina, con ordinanza motivata, la somma dovuta per la violazione e ne ingiunge il pagamento, insieme con le spese, all'autore della violazione ed alle persone che vi sono obbligate solidalmente; altrimenti emette ordinanza motivata di archiviazione degli atti comunicandola integralmente all'organo che ha redatto il rapporto.

Con l'ordinanza-ingiunzione deve essere disposta la restituzione, previo pagamento delle spese di custodia, delle cose sequestrate, che non siano confiscate con lo stesso provvedimento. La restituzione delle cose sequestrate è altresì disposta con l'ordinanza di archiviazione, quando non ne sia obbligatoria la confisca.

Il pagamento è effettuato all'ufficio del registro o al diverso ufficio indicato nella ordinanza-ingiunzione, entro il termine di trenta giorni dalla notificazione di detto provvedimento, eseguita nelle forme previste dall'articolo 14; del pagamento è data comunicazione, entro il trentesimo giorno, a cura dell'ufficio che lo ha ricevuto, all'autorità che ha emesso l'ordinanza.

Il termine per il pagamento è di sessanta giorni se l'interessato risiede all'estero.

La notificazione dell'ordinanza-ingiunzione può essere eseguita dall'ufficio che adotta l'atto, secondo le modalità di cui alla legge 20 novembre 1982, n. 890 (2).

L'ordinanza-ingiunzione costituisce titolo esecutivo. Tuttavia l'ordinanza che dispone la confisca diventa esecutiva dopo il decorso del termine per proporre opposizione, o, nel caso in cui l'opposizione è proposta, con il passaggio in giudicato della sentenza con la quale si rigetta l'opposizione, o quando l'ordinanza con la quale viene dichiarata inammissibile l'opposizione o convalidato il provvedimento opposto diviene inoppugnabile o è dichiarato inammissibile il ricorso proposto avverso la stessa.

(1) A norma dell'art. 1, co. 1288, l. 27/12/2006, n. 296 le ordinanze-ingiunzioni emesse a norma del presente articolo, in applicazione dell'art. 1, co. 333, l. 23/12/2005, n. 266, sono inefficaci. Vedi, anche, i co. 1287 e 1289 del medesimo art. 1.

(2) Comma aggiunto dall'art. 10 della l. 3/8/1999, n. 265.

19. Sequestro. – Quando si è proceduto a sequestro, gli interessati possono, anche immediatamente, proporre opposizione all'autorità indicata nel primo comma dell'articolo 18, con atto esente da bollo. Sull'opposizione la decisione è adottata con ordinanza motivata emessa entro il decimo giorno successivo alla sua proposizione. Se non è rigettata entro questo termine, l'opposizione si intende accolta.

Anche prima che sia concluso il procedimento amministrativo, l'autorità competente può disporre la restituzione della cosa sequestrata, previo pagamento delle spese di custodia, a chi prova di averne diritto e ne fa istanza, salvo che si tratti di cose soggette a confisca obbligatoria.

Quando l'opposizione al sequestro è stata rigettata, il sequestro cessa di avere efficacia se non è emessa ordinanza-ingiunzione di pagamento o se non è disposta la confisca entro due mesi dal giorno in cui è pervenuto il rapporto e, comunque, entro sei mesi dal giorno in cui è avvenuto il sequestro.

20. Sanzioni amministrative accessorie. – L'autorità amministrativa con l'ordinanza-ingiunzione o il giudice penale con la sentenza di condanna nel caso previsto dall'articolo 24, può applicare, come sanzioni amministrative, quelle previste dalle leggi vigenti, per le singole violazioni, come sanzioni penali accessorie, quando esse consistono nella privazione o sospensione di facoltà, e diritti derivanti da provvedimenti dell'amministrazione.

Le sanzioni amministrative accessorie non sono applicabili fino a che è pendente il giudizio di opposizione contro il provvedimento di condanna o, nel caso di connessione di cui all'articolo 24, fino a che il provvedimento stesso non sia divenuto esecutivo.

Le autorità stesse possono disporre la confisca amministrativa delle cose che servirono o furono destinate a commettere la violazione e debbono disporre la confisca delle cose che ne sono il prodotto, sempre che le cose suddette appartengano a una delle persone cui è ingiunto il pagamento.

In presenza di violazioni gravi o reiterate, in materia di tutela del lavoro, di igiene sui luoghi di lavoro e di prevenzione degli infortuni sul lavoro, è sempre disposta la confisca amministrativa delle cose che servirono o furono destinate a commettere la violazione e delle cose che ne sono il prodotto, anche se non venga emessa l'ordinanza-ingiunzione di pagamento. La disposizione non si applica se la cosa appartiene a persona estranea alla violazione amministrativa ovvero quando in relazione ad essa è consentita la messa a norma e quest'ultima risulta effettuata secondo le disposizioni vigenti (1).

È sempre disposta la confisca amministrativa delle cose, la fabbricazione, l'uso, il porto, la detenzione o l'alienazione delle quali costituisce violazione amministrativa, anche se non venga emessa l'ordinanza-ingiunzione di pagamento.

La disposizione indicata nel comma precedente non si applica se la cosa appartiene a persona estranea alla violazione amministrativa e la fabbricazione, l'uso, il porto, la detenzione o l'alienazione possono essere consentiti mediante autorizzazione amministrativa.

(1) Comma inserito dall'art. 9, co. 1, d.l. 12/11/2010, n. 187.

21. Casi speciali di sanzioni amministrative accessorie. – Quando è accertata la violazione del primo comma dell'articolo 32 della legge 24 dicembre 1969, n. 990, è sempre disposta la confisca del veicolo a motore o del natante che appartiene alla persona a cui è ingiunto il pagamento, se entro il termine fissato con l'ordinanza-ingiunzione non viene pagato, oltre alla sanzione pecuniaria applicata, anche il premio di assicurazione per almeno sei mesi.

Nel caso in cui sia proposta opposizione ovvero l'ordinanza-ingiunzione, il termine di cui al primo comma decorre dal passaggio in giudicato della sentenza con la quale si rigetta l'opposizione ovvero dal momento in cui diventa inoppugnabile l'ordinanza con la quale viene dichiarata inammissibile l'opposizione o convalidato il provvedimento opposto ovvero viene dichiarato inammissibile il ricorso proposto avverso la stessa.

Quando è accertata la violazione dell'ottavo comma dell'articolo 58 del testo unico delle norme sulla circolazione stradale, approvato con D.P.R. 15 giugno 1959, n. 393, è sempre disposta la confisca del veicolo (1).

Quando è accertata la violazione del secondo comma dell'articolo 14 della legge 30 aprile 1962, n. 283, è sempre disposta la sospensione della licenza per un periodo non superiore a dieci giorni.

(1) La Corte costituzionale, con sent. 27/10/1994, n. 371, (in G.U. 2/11/1994, n. 45), ha dichiarato l'illegittimità costituzionale del presente comma, nella parte in cui prevede la confisca del veicolo privo della carta di circolazione, anche se già immatricolato.

22. Opposizione all'ordinanza-ingiunzione (1). – Salvo quanto previsto dall'articolo 133 del decreto legislativo 2 luglio 2010, n. 104, e da altre disposizioni di legge, contro l'ordinanza-ingiunzione di pagamento e contro l'ordinanza che dispone la sola confisca gli interessati possono proporre opposizione dinanzi all'autorità giudiziaria ordinaria. L'opposizione è regolata dall'articolo 6 del decreto legislativo 1° settembre 2011, n. 150 (2).

Il termine è di sessanta giorni se l'interessato risiede all'estero. L'opposizione si propone mediante ricorso, al quale è allegata l'ordinanza notificata. Il ricorso deve contenere altresì, quando l'opponente non abbia indicato un suo procuratore, la dichiarazione di residenza o la elezione di domici-*

*lio nel comune dove ha sede il giudice adito*** (3). *Se manca l'indicazione del procuratore oppure la dichiarazione di residenza o la elezione di domicilio, le notificazioni al ricorrente vengono eseguite mediante deposito in cancelleria* (4). *Quando è stato nominato un procuratore, le notificazioni e le comunicazioni nel corso del procedimento sono effettuate nei suoi confronti secondo le modalità stabilite dal codice di procedura civile***. L'opposizione non sospende l'esecuzione del provvedimento, salvo che il giudice, concorrendo gravi motivi, disponga diversamente con ordinanza inoppugnabile***.*

(1) La Corte costituzionale, con sent. 10/3/2004, n. 98 (in G.U. 24/3/2004, n. 12), ha dichiarato l'illegittimità costituzionale del presente articolo, nella parte in cui non consente l'utilizzo del servizio postale per la proposizione dell'opposizione.

• La Corte costituzionale, con sent. 5/2/1992, n. 62, (in G.U. 4/3/2004, n. 10), ha dichiarato l'illegittimità costituzionale del presente articolo, nella parte in cui non consente ai cittadini italiani appartenenti alla minoranza linguistica slovena nel processo di opposizione ad ordinanze-ingiunzioni applicative di sanzioni amministrative davanti al pretore avente competenza su un territorio dove sia insediata la predetta minoranza, di usare, su loro richiesta, la lingua materna nei propri atti, usufruendo per questi della traduzione nella lingua italiana, nonché di ricevere tradotti nella propria lingua gli atti dell'autorità giudiziaria e le risposte della controparte.

(2) Comma modificato dall'art. 97, co. 1, lett. a), d.lg. 30/12/1999, n. 507 e successivamente sostituito dall'art. 34, co. 1, lett. a), d.lg. 1/9/2011, n. 150.

* Comma abrogato dall'art. 34, co. 1, lett. a), d.lg. 1/9/2011, n. 150.

** Comma modificato dall'art. 97, co. 1, lett. b), d.lg. 30/12/1999, n. 507 e successivamente abrogato dall'art. 34, co. 1, lett. a), d.lg. 1/9/2011, n. 150.

(3) La Corte costituzionale, con sent. 15/12/2010, n. 365, ha dichiarato l'illegittimità costituzionale del presente comma, nella parte in cui non prevede, a richiesta dell'opponente, che abbia dichiarato la residenza o eletto domicilio in un comune diverso da quello dove ha sede il giudice adito, modi di notificazione ammessi a questo fine dalle norme statali vigenti, alternativi al deposito presso la cancelleria.

(4) Per la deroga alle disposizioni di cui al presente comma, vedi l'art. 6, co. 5, l. 13/8/2010, n. 136, come modificato dall'art. 7, co. 1, lett. b), d.l. 13/11/2010, n. 187.

• La Corte costituzionale, con sent. 15/12/2010, n. 365, ha dichiarato l'illegittimità costituzionale del presente comma, nella parte in cui non prevede, a richiesta dell'opponente, che abbia dichiarato la residenza o eletto domicilio in un comune diverso da quello dove ha sede il giudice adito, modi di notificazione ammessi a questo fine dalle norme statali vigenti, alternativi al deposito presso la cancelleria.

*** Commi abrogati dall'art. 34, co. 1, lett. a), d.lg. 1/9/2011, n. 150.

22 bis. Competenza per il giudizio di opposizione*. – *Salvo quanto previsto dai commi seguenti, l'opposizione di cui all'articolo 22 si propone davanti al giudice di pace. L'opposizione si propone davanti al tribunale quando la sanzione è stata applicata per una violazione concernente disposizioni in materia: a) di tutela del lavoro, di igiene sui luoghi di lavoro e di prevenzione degli infortuni sul lavoro; b) di previdenza e assistenza obbligatoria; c) urbanistica ed edilizia; d) di tutela dell'ambiente dall'inquinamento, della flora, della fauna e delle aree protette; e) di igiene degli alimenti e delle bevande; f) di società e di intermediari finanziari; g) tributaria e valutaria; g-bis) antiriciclaggio* (1). *L'opposizione si propone altresì davanti al tribunale: a) se per la violazione è prevista una sanzione pecuniaria superiore nel massimo a euro 15.493; b) quando, essendo la violazione punita con sanzione pecuniaria proporzionale senza previsione di un limite massimo, è stata applicata una sanzione superiore a euro 15.493; c) quando è stata applicata una sanzione di natura diversa da quella pecuniaria, sola o congiunta a quest'ultima, fatta eccezione per le violazioni previste dal regio decreto 21 dicembre 1933, n. 1736, dalla legge 15 dicembre 1990, n. 386 e dal decreto legislativo 30 aprile 1992, n. 285. Restano salve le competenze stabilite da diverse disposizioni di legge.*

* Articolo aggiunto dall'art. 98, co. 1, d.lg. 30/12/1999, n. 507 e successivamente abrogato dall'art. 34, co. 1, lett. c), d.lg. 1/9/2011, n. 150.

(1) Lettera aggiunta dall'art. 66, co. 8, d.lg. 21/11/2007, n. 231.

23. Giudizio di opposizione (1)*. – *Il giudice, se il ricorso è proposto oltre il termine previsto dal primo comma dell'art. 22, ne dichiara l'inammissibilità con ordinanza ricorribile per cassazione. Se il ricorso è tempestivamente proposto, il giudice fissa l'udienza di comparizione con decreto, steso in calce al ricorso, ordinando all'autorità che ha emesso il provvedimento impugnato di depositare in cancelleria, dieci giorni prima della udienza fissata, copia del rapporto con gli atti relativi all'accertamento, nonché alla contestazione o notificazione della violazione. Il ricorso ed il decreto sono notificati, a cura della cancelleria, all'opponente o, nel caso sia stato indicato, al suo procuratore, e all'autorità che ha emesso l'ordinanza. La prova scritta della conoscenza del ricorso e del decreto equivale alla notifica degli stessi* (2). *Tra il giorno della notificazione e l'udienza di comparizione devono intercorrere i termini previsti dall'art. 163-bis del codice di procedura civile* (3). *L'opponente e l'autorità che ha emesso l'ordinanza possono stare in giudizio personalmente; l'autorità che ha emesso l'ordinanza può avvalersi anche di funzionari appositamente delegati. Se alla prima udienza l'opponente o il suo procuratore non si presentano senza addurre alcun legittimo impedimento, il giudice, con ordinanza ricorribile per cassazione, convalida il provvedimento opposto, ponendo a carico dell'opponente anche le spese successive all'opposizione* (4). *Nel corso del giudizio il giudice dispone, anche d'ufficio, i mezzi di prova che ritiene necessari e può disporre la citazione di testimoni anche senza la formulazione di capitoli. Appena terminata l'istruttoria il giudice invita le parti a precisare le conclusioni ed a procedere nella stessa udienza alla discussione della causa, pronunciando subito dopo la sentenza mediante lettura del dispositivo. Tuttavia, dopo la precisazione delle conclusioni, il giudice, se necessario, concede alle parti un termine non superiore a dieci giorni per il deposito di note difensive e rinvia la causa alla udienza immediatamente successiva alla scadenza del termine per la discussione e la pronuncia della sentenza. Il giudice può anche redigere e leggere, unitamente al dispositivo, la motivazione della sentenza, che è subito dopo depositata in cancelleria. A tutte le notificazioni e comunicazioni occorrenti si provvede d'ufficio. Gli atti del processo e la decisione sono esenti da ogni tassa e imposta. Con la sentenza il giudice può rigettare l'opposizione, ponendo a carico dell'opponente le spese di procedimento o accoglierla, annullando in tutto o in parte l'ordinanza o modificandola anche limitatamente all'entità della sanzione dovuta. Nel giudizio di opposizione davanti al giudice di pace non si applica l'art. 113, secondo comma, del codice di procedura civile* (5). *Il giudice accoglie l'opposizione quando non vi sono prove sufficienti della responsabilità dell'opponente. La sentenza è inappellabile ma è ricorribile per cassazione* (6).

(1) La Corte costituzionale, con sent. 5/2/1992, n. 62 ha dichiarato l'illegittimità costituzionale del presente articolo nella parte in cui non consente ai cittadini italiani appartenenti alla minoranza linguistica slovena nel processo di opposizione ad ordinanze-ingiunzioni applicative di sanzioni amministrative davanti al pretore avente competenza su un territorio dove sia insediata la predetta minoranza, di usare, su loro richiesta, la lingua materna nei propri atti, usufruendo per questi della traduzione nella lingua ita-

liana, nonché di ricevere tradotti nella propria lingua gli atti dell'autorità giudiziaria e le risposte della controparte.

* Articolo abrogato dall'art. 34, co. 1, lett. c), d.lg. 1/9/2011, n. 150.

(2) Comma modificato dall'art. 56, co. 1, l. 18/6/2009, n. 69.

(3) Comma sostituito dall'art. 99, co. 1, lett. b), d.lg. 30/12/1999, n. 507.

(4) La Corte costituzionale, con sent. 28/11/1990, n. 534, (in G.U. 12/12/1990, n. 49), ha dichiarato l'illegittimità costituzionale del presente comma, nella parte in cui prevede che il pretore convalidi il provvedimento opposto in caso di mancata presentazione dell'opponente o del suo procuratore alla prima udienza senza addurre alcun legittimo impedimento, anche quando l'illegittimità del provvedimento risulti dalla documentazione allegata dall'opponente. Successivamente la stessa Corte costituzionale, con sent. 11/12/1995, n. 507, (in G.U. 27/12/1995, n. 53), ha dichiarato l'illegittimità costituzionale del presente comma, nella parte in cui prevede che il pretore convalidi il provvedimento opposto in caso di mancata presentazione dell'opponente o del suo procuratore alla prima udienza senza addurre alcun legittimo impedimento, anche quando l'amministrazione irrogante abbia omesso il deposito dei documenti di cui al secondo comma dello stesso art. 23.

(5) Comma modificato dall'art. 99, co. 1, lett. c), d.lg. 30/12/1999, n. 507.

(6) Articolo modificato dall'art. 99, co. 1, lett. a), d.lg. 30/12/1999, n. 507, che ha sostituito la parola "pretore", con la parola "giudice".

24. Connessione obiettiva con un reato. – Qualora l'esistenza di un reato dipenda dall'accertamento di una violazione non costituente reato, e per questa non sia stato effettuato il pagamento in misura ridotta, il giudice penale competente a conoscere del reato è pure competente a decidere sulla predetta violazione e ad applicare con la sentenza di condanna la sanzione stabilita dalla legge per la violazione stessa.

Se ricorre l'ipotesi prevista dal precedente comma, il rapporto di cui all'articolo 17 è trasmesso, anche senza che si sia proceduto alla notificazione prevista dal secondo comma dell'articolo 14, alla autorità giudiziaria competente per il reato, la quale, quando invia la comunicazione giudiziaria, dispone la notifica degli estremi della violazione amministrativa agli obbligati per i quali essa non è avvenuta. Dalla notifica decorre il termine per il pagamento in misura ridotta.

Se l'autorità giudiziaria non procede ad istruzione, il pagamento in misura ridotta può essere effettuato prima dell'apertura del dibattimento.

La persona obbligata in solido con l'autore della violazione deve essere citata nella istruzione o nel giudizio penale su richiesta del pubblico ministero. Il pretore ne dispone di ufficio la citazione. Alla predetta persona, per la difesa dei propri interessi, spettano i diritti e le garanzie riconosciuti all'imputato, esclusa la nomina del difensore d'ufficio.

Il pretore quando provvede con decreto penale, con lo stesso decreto applica, nei confronti dei responsabili, la sanzione stabilita dalla legge per la violazione.

La competenza del giudice penale in ordine alla violazione non costituente reato cessa se il procedimento penale si chiude per estinzione del reato e per difetto di una condizione di procedibilità (1).

(1) Vedi art. 1 della l. 25/6/1999, n. 205.

25. Impugnabilità del provvedimento del giudice penale. – La sentenza del giudice penale, relativamente al capo che, ai sensi dell'articolo precedente, decide sulla violazione non costituente reato, è impugnabile, oltre che dall'imputato e dal pubblico ministero, anche dalla persona che sia stata solidalmente condannata al pagamento della somma dovuta per la violazione.

Avverso il decreto penale, relativamente al capo che dichiara la responsabilità per la predetta violazione, può proporre opposizione anche la persona indicata nel comma precedente.

Si osservano, in quanto applicabili, le disposizioni del codice di procedura penale concernenti l'impugnazione per i soli interessi civili.

26. Pagamento rateale della sanzione pecuniaria. – L'autorità giudiziaria o amministrativa che ha applicato la sanzione pecuniaria può disporre, su richiesta dell'interessato che si trovi in condizioni economiche disagiate, che la sanzione medesima venga pagata in rate mensili da tre a trenta; ciascuna rata non può essere inferiore a euro 15. In ogni momento il debito può essere estinto mediante un unico pagamento.

Decorso inutilmente, anche per una sola rata, il termine fissato dall'autorità giudiziaria o amministrativa, l'obbligato è tenuto al pagamento del residuo ammontare della sanzione in un'unica soluzione.

27. Esecuzione forzata. – Salvo quanto disposto nell'ultimo comma dell'articolo 22, decorso inutilmente il termine fissato per il pagamento, l'autorità che ha emesso l'ordinanza-ingiunzione procede alla riscossione delle somme dovute in base alle norme previste per la esazione delle imposte dirette, trasmettendo il ruolo all'intendenza di finanza che lo dà in carico all'esattore per la riscossione in unica soluzione, senza l'obbligo del non riscosso come riscosso.

È competente l'intendenza di finanza del luogo ove ha sede l'autorità che ha emesso l'ordinanza-ingiunzione.

Gli esattori, dopo aver trattenuto l'aggio nella misura ridotta del 50 per cento rispetto a quella ordinaria e comunque non superiore al 2 per cento delle somme riscosse, effettuano il versamento delle somme medesime ai destinatari dei proventi.

Le regioni possono avvalersi anche delle procedure previste per la riscossione delle proprie entrate.

Se la somma è dovuta in virtù di una sentenza o di un decreto penale di condanna ai sensi dell'articolo 24, si procede alla riscossione con l'osservanza delle norme sul recupero delle spese processuali.

Salvo quanto previsto nell'articolo 26, in caso di ritardo nel pagamento la somma dovuta è maggiorata di un decimo per ogni semestre a decorrere da quello in cui la sanzione è divenuta esigibile e fino a quello in cui il ruolo è trasmesso all'esattore. La maggiorazione assorbe gli interessi eventualmente previsti dalle disposizioni vigenti.

Le disposizioni relative alla competenza dell'esattore si applicano fino alla riforma del sistema di riscossione delle imposte dirette.

28. Prescrizione (1). – Il diritto a riscuotere le somme dovute per le violazioni indicate dalla presente legge si prescrive nel termine di cinque anni dal giorno in cui è stata commessa la violazione.

L'interruzione della prescrizione è regolata dalle norme del codice civile.

(1) A norma dell'art. 103, co. 6-bis, d.l. 17/3/2020, n. 18, conv., con modif., dalla l. 24/4/2020, n. 27, il termine di prescrizione di cui al presente articolo, relativo ai provvedimenti ingiuntivi emessi in materia di lavoro e legislazione sociale è sospeso dal 23/2/2020 al 31/5/2020 e riprende a decorrere dalla fine del periodo di sospensione. Ove il decorso abbia inizio durante il periodo di sospensione, l'inizio stesso è differito alla fine del periodo.

29. Devoluzione dei proventi. – I proventi delle sanzioni sono devoluti agli enti a cui era attribuito, secondo le leggi anteriori, l'ammontare della multa o dell'ammenda.

Il provento delle sanzioni per le violazioni previste dalla legge 20 giugno 1935, n. 1349, sui servizi di trasporto merci, è devoluto allo Stato.

Nei casi previsti dal terzo comma dell'articolo 17 i proventi spettano alle regioni (1).

Continuano ad applicarsi, se previsti, i criteri di ripartizione attualmente vigenti. Sono tuttavia escluse dalla ripartizione le autorità competenti ad emanare l'ordinanza-ingiunzione di pagamento e la quota loro spettante è ripartita tra gli altri aventi diritto, nella proporzione attribuita a ciascuno di essi.

(1) Vedi l'art. 1, co. 191, l. 30/12/2004, n. 311.

30. Valutazione delle violazioni in materia di circolazione stradale. – Agli effetti della sospensione e della revoca della patente di guida e del documento di circolazione, si tiene conto anche delle violazioni non costituenti reato previste, rispettivamente, dalle norme del testo unico sulla circolazione stradale, approvato con decreto del Presidente della Repubblica 15 giugno 1959, n. 393, e dalle norme della legge 20 giugno 1935, n. 1349, sui servizi di trasporto merci.

Per le stesse violazioni, il prefetto dispone la sospensione della patente di guida o del documento di circolazione, quando ne ricorrono le condizioni, anche se è avvenuto il pagamento in misura ridotta. Il provvedimento di sospensione è revocato, qualora l'autorità giudiziaria, pronunziando ai sensi degli articoli 23, 24 e 25, abbia escluso la responsabilità per la violazione.

Nei casi sopra previsti e in ogni altro caso di revoca o sospensione del documento di circolazione da parte del prefetto o di altra autorità, il provvedimento è immediatamente comunicato al competente ufficio provinciale della motorizzazione civile (1).

(1) Gli uffici della motorizzazione civile sono stati soppressi dall'art. 106 del d.lg. 31/3/1998, n. 112, di conferimento di funzioni e compiti amministrativi alle regioni ed agli enti locali.

31. Provvedimenti dell'autorità regionale. – I provvedimenti emessi dall'autorità regionale per l'applicazione della sanzione amministrativa del pagamento di una somma di danaro non sono soggetti al controllo della Commissione prevista dall'articolo 41 della legge 10 febbraio 1953, n. 62.

L'opposizione contro l'ordinanza-ingiunzione è regolata dagli articoli 22 e 23.

Sezione III
Depenalizzazione di delitti e contravvenzioni

32. Sostituzione della sanzione amministrativa pecuniaria alla multa o alla ammenda. – Non costituiscono reato e sono soggette alla sanzione amministrativa del pagamento di una somma di denaro tutte le violazioni per le quali è prevista la sola pena della multa o dell'ammenda, salvo quanto disposto, per le violazioni finanziarie, dell'articolo 39.

La disposizione del precedente comma non si applica ai reati in esso previsti che, nelle ipotesi aggravate, siano punibili con pena detentiva, anche se alternativa a quella pecuniaria.

La disposizione del primo comma non si applica, infine, ai delitti in esso previsti che siano punibili a querela.

33. Altri casi di depenalizzazione. – Non costituiscono reato e sono soggette alla sanzione amministrativa del pagamento di una somma di denaro le contravvenzioni previste:

a) dagli articoli 669, 672, 687, 693 e 694 del codice penale;

b) dagli articoli 121 e 124 del testo unico delle leggi di pubblica sicurezza, approvato con regio decreto 18 giugno 1931, n. 773, nella parte non abrogata dall'articolo 14 della legge 19 maggio 1976, n. 398 (1);

c) dagli articoli 121, 180, 181 e 186 del regolamento di pubblica sicurezza, approvato con regio decreto 6 maggio 1940, n. 635;

d) dagli articoli 8, 58, comma ottavo, 72, 83, comma sesto, 88, comma sesto, del testo unico delle norme sulla circolazione stradale, approvato con decreto del Presidente della Repubblica 15 giugno 1959, n. 393, come modificati dalle leggi 14 febbraio 1974, n. 62, e 14 agosto 1974, n. 394, nonché dal decreto-legge 11 agosto 1975, n. 367, convertito, con modificazioni nella legge 10 ottobre 1975, n. 486;

e) dal primo comma dell'articolo 32 della legge 24 dicembre 1969, n. 990, sull'assicurazione obbligatoria della responsabilità civile derivante dalla circolazione dei veicoli a motore e dei natanti.

(1) Le violazioni di cui al presente articolo sono state depenalizzate dal d.lg. 13/7/1994, n. 480.

34. Esclusione della depenalizzazione. – La disposizione del primo comma dell'articolo 32 non si applica ai reati previsti:

a) dal codice penale, salvo quanto disposto dall'articolo 33, lettera a);

b) dall'articolo 19, secondo comma, della legge 22 maggio 1978, n. 194, sulla interruzione volontaria della gravidanza;

c) da disposizioni di legge concernenti le armi, le munizioni e gli esplosivi;

d) dall'articolo 221 del testo unico delle leggi sanitarie, approvato con regio decreto 27 luglio 1934, n. 1265;

e) dalla legge 30 aprile 1962, n. 283, modificata con legge 26 febbraio 1963, n. 441, sulla disciplina igienica degli alimenti, salvo che per le contravvenzioni previste dagli articoli 8 e 14 della stessa legge 30 aprile 1962, n. 283;

f) dalla legge 29 marzo 1951, n. 327, sulla disciplina degli alimenti per la prima infanzia e dei prodotti dietetici;

g) dalla legge 10 maggio 1976, n. 319, sulla tutela delle acque dall'inquinamento;

h) dalla legge 13 luglio 1966, n. 615, concernente provvedimenti contro l'inquinamento atmosferico;

i) dalla legge 31 dicembre 1962, n. 1860, e dal decreto del Presidente della Repubblica 13 febbraio 1964, n. 185, relativi all'impiego pacifico dell'energia nucleare;

l) dalle leggi in materia urbanistica ed edilizia;

m) dalle leggi relative ai rapporti di lavoro, anche per quanto riguarda l'assunzione dei lavoratori e le assicurazioni sociali, salvo quanto previsto dal successivo articolo 35;

n) dalle leggi relative alla prevenzione degli infortuni sul lavoro ed all'igiene del lavoro;

o) dall'articolo 108 del decreto del Presidente della Repubblica 30 marzo 1957, n. 361, e dall'articolo 89 del decreto del Presidente della Repubblica 16 maggio 1960, n. 570, in materia elettorale (1).

(1) Ai sensi dell'art. 15 della l. 24/11/1999, n. 468, al giudice di pace è devoluta la competenza per i reati che non rientrano in taluna delle materie indicate nel presente articolo ovvero nell'ambito delle violazioni finanziarie.

35. Violazioni in materia di previdenza ed assistenza obbligatorie (1). – Non costituiscono reato e sono soggette alla sanzione amministrativa del pagamento di una somma di denaro tutte le violazioni previste dalle leggi in materia di previdenza ed assistenza obbligatorie, punite con la sola ammenda.

Per le violazioni consistenti nell'omissione totale o parziale del versamento di contributi e premi, l'ordinanza-ingiunzione è emessa, ai sensi dell'articolo 18, dagli enti ed istituti gestori delle forme di previdenza ed assistenza obbligatorie, che con lo stesso provvedimento ingiungono ai debitori anche il pagamento dei contributi e dei premi non versati e delle somme aggiuntive previste dalle leggi vigenti a titolo di sanzione civile.

Per le altre violazioni, quando viene accertato che da esse deriva l'omesso o parziale versamento di contributi e premi, la relativa sanzione amministrativa è applicata con la medesima ordinanza e dagli stessi enti ed istituti di cui al comma precedente.

Avverso l'ordinanza-ingiunzione può essere proposta, nel

termine previsto dall'articolo 22, opposizione davanti al pretore in funzione di giudice del lavoro. Si applicano i commi terzo e settimo dell'articolo 22 e il quarto comma dell'articolo 23 ed il giudizio di opposizione è regolato ai sensi degli articoli 442 e seguenti del codice di procedura civile.

Si osservano, in ogni caso, gli articoli 13, 14, 20, 24, 25, 26, 27, 28, 29 e 38 in quanto applicabili (2).

L'ordinanza-ingiunzione emanata ai sensi del secondo comma costituisce titolo per iscrivere ipoteca legale sui beni del debitore, nei casi in cui essa è consentita, quando la opposizione non è stata proposta ovvero è stata dichiarata inammissibile o rigettata. In pendenza del giudizio di opposizione la iscrizione dell'ipoteca è autorizzata dal pretore se vi è pericolo nel ritardo.

Per le violazioni previste dal primo comma che non consistono nell'omesso o parziale versamento di contributi e premi e che non sono allo stesso connesse a norma del terzo comma si osservano le disposizioni delle sezioni I e II di questo Capo, in quanto applicabili.

La disposizione del primo comma non si applica alle violazioni previste dagli articoli 53, 54, 139, 157, 175 e 246 del testo unico delle disposizioni per l'assicurazione obbligatoria contro gli infortuni sul lavoro e le malattie professionali, approvato con decreto del Presidente della Repubblica 30 giugno 1965, n. 1124.

*Per la riscossione delle somme dovute ai sensi del presente articolo, nonché per la riscossione dei contributi e dei premi non versati e delle relative somme aggiuntive di cui alle leggi in materia di previdenza ed assistenza obbligatorie, gli enti ed istituti gestori delle forme di previdenza ed assistenza obbligatorie, osservate in ogni caso le forme previste dal primo comma dell'art. 18, possono avvalersi, ove opportuno, del procedimento ingiuntivo di cui agli articoli 633 e seguenti del codice di procedura civile**.

(1) In riferimento al presente articolo vedi: Circolare ENPALS 24/2/2009, n. 7.

(2) Comma modificato dall'art. 27, co. 2, d.lg. 26/2/1999, n. 46.

* Comma abrogato dall'art. 37 del d.lg. 26/2/1999, n. 46.

36. Omissione o ritardo nel versamento di contributi e premi in materia di previdenza ed assistenza obbligatorie. – La sanzione amministrativa per l'omissione totale o parziale del versamento di contributi e premi in materia assistenziale e previdenziale non si applica se il pagamento delle somme dovute avviene entro trenta giorni dalla scadenza ovvero se, entro lo stesso termine, il datore di lavoro presenta domanda di dilazione all'ente o istituto di cui al secondo comma dell'articolo precedente. Tuttavia, quando è stata presentata domanda di dilazione, la sanzione amministrativa si applica se il datore di lavoro:

a) omette anche un solo versamento alla scadenza fissata dall'ente o istituto;

b) non provvede al pagamento delle somme dovute entro venti giorni dalla comunicazione del rigetto della domanda di dilazione.

Per gli effetti previsti dalla lettera b) del precedente comma la mancata comunicazione dell'accoglimento della domanda di dilazione entro novanta giorni dalla sua presentazione equivale a rigetto della medesima.

37. Omissione o falsità di registrazione o denuncia obbligatoria (1). – 1. Salvo che il fatto costituisca più grave reato, il datore di lavoro che, al fine di non versare in tutto o in parte contributi e premi previsti dalle leggi sulla previdenza e assistenza obbligatorie, omette una o più registrazioni o denunce obbligatorie, ovvero esegue una o più denunce obbligatorie in tutto o in parte non conformi al vero, è punito con la reclusione fino a due anni quando dal fatto deriva l'omesso versamento di contributi e premi previsti dalle leggi sulla previdenza e assistenza obbligatorie per un importo mensile non inferiore al maggiore importo fra cinque milioni mensili e il cinquanta per cento dei contributi complessivamente dovuti.

2. Fermo restando l'obbligo dell'organo di vigilanza di riferire al pubblico ministero la notizia di reato, qualora l'evasione accertata formi oggetto di ricorso amministrativo o giudiziario il procedimento penale è sospeso dal momento dell'iscrizione della notizia di reato nel registro di cui all'articolo 335 del codice di procedura penale, fino al momento della decisione dell'organo amministrativo o giudiziario di primo grado.

3. La regolarizzazione dell'inadempienza accertata, anche attraverso dilazione, estingue il reato.

4. Entro novanta giorni l'ente impositore è tenuto a dare comunicazione all'autorità giudiziaria dell'avvenuta regolarizzazione o dell'esito del ricorso amministrativo o giudiziario.

(1) Articolo sostituito dall'art. 116, co. 19, l. 23/12/2000, n. 388. Per l'estinzione del delitto di cui al presente articolo, vedi l'art. 1 della l. 18/10/2001, n. 383.

• In riferimento al presente articolo vedi: Circolare Inps 7/6/2013, n. 89.

38. Entità della somma dovuta. – La somma dovuta ai sensi del primo comma dell'articolo 32 è pari all'ammontare della multa o dell'ammenda stabilita dalle disposizioni che prevedono le singole violazioni.

La somma dovuta come sanzione amministrativa è da euro 10 a euro 258 per la violazione dell'articolo 669 del codice penale e da euro 25 a euro 258 per la violazione dell'articolo 672 del codice penale.

*La somma dovuta è da lire duecentomila a lire due milioni per la violazione degli articoli 121 e 124 del testo unico delle leggi di pubblica sicurezza, da lire centomila a lire un milione per la violazione degli articoli 121, 180, 181 e 186 del regolamento di pubblica sicurezza**.

*La somma dovuta è da lire duecentomila a lire due milioni per la violazione degli articoli 8, 58, comma ottavo, 72 e 83, comma sesto, da lire centomila a lire cinquecentomila per la violazione dell'art. 88, comma sesto, del testo unico delle norme sulla circolazione stradale***.

La somma dovuta è da euro 51 a euro 516 per la violazione dell'art. 8, Legge 30 aprile 1962, n. 283, e da euro 25 a euro 103 per la violazione dell'ultimo comma dell'articolo 14 della stessa legge.

La somma dovuta è da euro 258 a euro 1.549 per la violazione del primo comma dell'articolo 32 della legge 24 dicembre 1969, n. 990.

* Commi abrogato dall'art. 13, d.lg. 13/7/1994, n. 480.

** Comma da ritenersi abrogato a seguito dell'abrogazione del T.U. delle norme sulla circolazione stradale disposta dall'art. 231, d.lg. 30/4/1992, n. 285 (nuovo codice della strada).

39. Violazioni finanziarie. – Non costituiscono reato e sono soggette alla sanzione amministrativa del pagamento di una somma di denaro le violazioni previste da leggi in materia finanziaria punite solo con la multa o con l'ammenda (1).

Se le leggi in materie finanziarie prevedono, oltre all'ammenda o alla multa, una pena pecuniaria, l'ammontare di quest'ultima si aggiunge alla somma prevista nel comma precedente e la sanzione viene unificata a tutti gli effetti (2).

Alle violazioni previste nel primo comma si applicano le disposizioni della legge 7 gennaio 1929, n. 4, e successive modificazioni, salvo che sia diversamente disposto da leggi speciali. In deroga a quanto previsto dall'art. 15 della legge 7 gennaio 1929, n. 4, per le violazioni alle leggi in materia di *dogane e di imposte di fabbricazione è consentito al trasgressore di estinguere l'obbligazione mediante il pagamento, entro trenta giorni dalla contestazione, presso l'ufficio incaricato della contabilità relativa alla violazione, dell'ammontare del tributo e di una somma pari ad un sesto del massimo della sanzione pecuniaria, o, se più favorevole, al limite minimo della sanzione medesima. In caso di mancato pagamento della sanzione pecuniaria nel termine prescritto, l'ufficio finanziario incaricato della contabilità relativa alla violazione procede alla riscossione della somma dovuti mediante esecuzione forzata, con l'osservanza delle norme del testo unico sulla riscossione delle entrate patrimoniali dello Stato, approvato con regio decreto 14 aprile 1910, n. 639. Alle violazioni finanziarie, comprese quelle originariamente punite con la pena pecuniaria, si applicano, altresì, gli articoli [27, penultimo comma, 29 e 38, primo comma]*.*

(1) Comma modificato dall'art. 2, co. 1, lett. a), l. 28/12/1993, n. 562.

(2) Comma modificato dall'art. 2, co. 1, lett. b), l. 28/12/1993, n. 562.

* Commi modificati e in seguito abrogati dall'art. 29, co. 1, lett. c), d.lg. 18/12/1997, n. 472.

Sezione IV
Disposizioni transitorie e finali

40. Violazioni commesse anteriormente alla legge di depenalizzazione. – Le disposizioni di questo Capo si applicano anche alle violazioni commesse anteriormente all'entrata in vigore della presente legge che le ha depenalizzate, quando il relativo procedimento penale non sia stato definito.

41. Norme processuali transitorie. – L'autorità giudiziaria, in relazione ai procedimenti penali per le violazioni non costituenti più reato, pendenti alla data di entrata in vigore della presente legge, se non deve pronunciare decreto di archiviazione o sentenza di proscioglimento, dispone la trasmissione degli atti all'autorità competente. Da tale momento decorre il termine di cui al secondo comma dell'articolo 14 per la notifica delle violazioni, quando essa non è prevista dalle leggi vigenti.

Le multe e le ammende inflitte con sentenze divenute irrevocabili o con decreti divenuti esecutivi alla data di entrata in vigore della presente legge sono riscosse, insieme con le spese del procedimento, con l'osservanza delle norme sull'esecuzione delle pene pecuniarie.

Restano salve le pene accessorie e la confisca, nei casi in cui le stesse sono applicabili a norma dell'articolo 20. Restano salvi, altresì, i provvedimenti adottati in ordine alla patente di guida ed al documento di circolazione, ai sensi del testo unico delle norme sulla circolazione stradale, approvato con decreto del Presidente della Repubblica 15 giugno 1959, n. 393, e della legge 20 giugno 1935, n. 1349, sui servizi di trasporto merci. Per ogni altro effetto si applica il secondo comma dell'articolo 2 del codice penale.

42. Disposizioni abrogate. – Sono abrogati la legge 3 maggio 1967, n. 317, gli articoli 4 e 5 della legge 9 ottobre 1967, n. 950, gli articoli 14 e 15 del decreto del Presidente della Repubblica 29 dicembre 1969, n. 1228, l'articolo 13 della legge 29 ottobre 1971, n. 889, la legge 24 dicembre 1975, n. 706, nonché ogni altra disposizione incompatibile con la presente legge.

43. Entrata in vigore. – Le norme di questo Capo entrano in vigore il centottantesimo giorno dalla data della pubblicazione della presente legge nella Gazzetta Ufficiale della Repubblica italiana.

Capo II
Aggravamento di pene e nuove disposizioni penali

44. Pubblicazione di discussioni o deliberazioni segrete delle Camere. – L'art. 683 del codice penale è sostituito dal seguente:

Art. 683. – (Pubblicazione delle discussioni o delle deliberazioni segrete di una delle Camere). – "Chiunque, senza autorizzazione, pubblica col mezzo della stampa o con un altro dei mezzi indicati nell'art. 662, anche per riassunto, il contenuto delle discussioni o delle deliberazioni segrete del Senato o della Camera dei deputati è punito, qualora il fatto non costituisca un più grave reato, con l'arresto fino a trenta giorni o con l'ammenda da lire duecentomila a cinquecentomila".

45. Pubblicazione arbitraria di atti di un procedimento penale. – L'art. 684 del codice penale è sostituito dal seguente:

Art. 684. (Pubblicazione arbitraria di atti di un provvedimento penale). – "Chiunque pubblica, in tutto o in parte, anche per riassunto o a guisa d'informazione, atti o documenti di un procedimento penale, di cui sia vietata per legge la pubblicazione, è punito con l'arresto fino a trenta giorni o con l'ammenda da lire centomila a cinquecentomila".

46. Indebita pubblicazione di notizie concernenti un procedimento penale. – L'art. 685 del codice penale è sostituito dal seguente:

Art. 685. (Indebita pubblicazione di notizie concernenti un procedimento penale). – "Chiunque pubblica i nomi dei giudici con l'indicazione dei voti individuali che ad essi si attribuiscono nelle deliberazioni prese in un procedimento penale, è punito con l'arresto fino a quindici giorni o con l'ammenda da lire cinquantamila a duecentomila".

47. Modifica all'articolo 697 del codice penale in materia di denuncia di armi all'autorità. – Il secondo comma dell'art. 697 del codice penale è sostituito dal seguente: "Chiunque, avendo notizia che in un luogo da lui abitato si trovano armi o munizioni, omette di farne denuncia all'autorità, è punito con l'arresto fino a due mesi o con l'ammenda fino a lire cinquecentomila".

48. Omessa trasmissione dell'elenco dei protesti cambiari. – L'art. 235 del regio decreto 16 marzo 1942, n. 267, modificato per effetto della legge 24 dicembre 1975, n. 706, è sostituito dal seguente:

Art. 235. (Omessa trasmissione dell'elenco dei protesti cambiari). – "Il pubblico ufficiale abilitato a levare protesti cambiari che, senza giustificato motivo, omette di inviare nel termine prescritto al presidente del tribunale gli elenchi dei protesti cambiari per mancato pagamento, o invia elenchi incompleti, è punito con l'ammenda fino a lire cinquecentomila.

La stessa pena si applica al procuratore del registro che nel termine prescritto non trasmette l'elenco delle dichiarazioni di rifiuto di pagamento a norma dell'art. 13, secondo comma, o trasmette un elenco incompleto".

49. Modifica dell'articolo 3 delle disposizioni relative al mercato mobiliare ed al trattamento fiscale dei titoli azionari. – L'ultimo comma dell'art. 3 del decreto-legge 8 aprile 1974, n. 95, convertito con modificazioni nella legge 7 giugno 1974, n. 216, modificato per effetto della legge 24 dicembre 1975, n. 706, è sostituito dal seguente:

"Gli amministratori, i sindaci o revisori e i direttori generali di società o enti che non ottemperano alle richieste, non si uniformano alle prescrizioni della Commissione o comunque ostacolano l'esercizio delle sue funzioni sono puniti con l'arresto fino a tre mesi o con l'ammenda da lire 2 milioni a lire 40 milioni".

50. Modifica dell'articolo 5 delle disposizioni relative al mercato mobiliare ed al trattamento fiscale dei titoli azionari. – Il sesto comma dell'art. 5 del decreto-legge 8 aprile 1974, n. 95, convertito con modificazioni nella legge 7 giugno 1974, n. 216, modificato per effetto della legge 24 dicembre 1975, n. 706, è sostituito dal seguente:

"Gli amministratori delle società sono puniti con l'arresto fino a tre mesi o con l'ammenda da lire 2 milioni a lire 20 milioni ove omettano le comunicazioni previste dal presente articolo; ove le eseguano con un ritardo non superiore a trenta giorni sono puniti con l'ammenda da lire 1 milione a lire 20 milioni; ove eseguano comunicazioni false sono puniti con l'arresto fino a tre anni, salvo che il fatto non costituisca reato più grave. Per la violazione dell'obbligo di alienazione delle azioni o quote eccedenti si applicano le pene stabilite nel secondo comma dell'art. 2630 del codice civile".

51. Modifica dell'articolo 17 delle disposizioni relative al mercato mobiliare ed al trattamento fiscale dei titoli azionari. – L'ultimo comma dell'art. 17 del decreto-legge 8 aprile 1974, n. 95, convertito con modificazioni nella legge 7 giugno 1974, n. 216, modificato per effetto della legge 24 dicembre 1975, n. 706, è sostituito dal seguente:

"I soggetti indicati nel primo comma che non eseguano le dichiarazioni e comunicazioni prescritte dal presente articolo nei termini ivi stabiliti sono puniti con l'arresto fino a tre mesi o con l'ammenda da lire 2 milioni a lire 40 milioni; ove le eseguano con un ritardo non superiore a trenta giorni sono puniti con l'ammenda da lire 1 milione a lire 20 milioni; ove eseguano dichiarazioni e comunicazioni false sono puniti con l'arresto fino a tre anni".

52. Modifica dell'articolo 18 delle disposizioni relative al mercato mobiliare ed al trattamento fiscale dei titoli azionari. – L'ultimo comma dell'art. 18 del decreto-legge 8 aprile 1974, n. 95, convertito con modificazioni nella legge 7 giugno 1974, n. 216, modificato per effetto della legge 24 dicembre 1975, n. 706, è sostituito dal seguente:

"L'omissione della comunicazione alla Commissione o la inosservanza delle prescrizioni da essa stabilite sono punite con l'ammenda da lire 4 milioni a lire 40 milioni".

Capo III
Sanzioni sostitutive delle pene detentive brevi (1)

(1) Le sanzioni sostitutive di cui al presente Capo non si applicano ai reati di competenza del giudice di pace (art. 62, d.lg. 28/8/2000, n. 274).

Sezione I
Applicazione delle sanzioni sostitutive

53. Sostituzione di pene detentive brevi (1). – Il giudice, nel pronunciare sentenza di condanna o di applicazione della pena su richiesta delle parti ai sensi dell'articolo 444 del codice di procedura penale, quando ritiene di dover determinare la durata della pena detentiva entro il limite di quattro anni, può sostituire tale pena con quella della semilibertà o della detenzione domiciliare; quando ritiene di doverla determinare entro il limite di tre anni, può sostituirla anche con il lavoro di pubblica utilità; quando ritiene di doverla determinare entro il limite di un anno, può sostituirla altresì con la pena pecuniaria della specie corrispondente, determinata ai sensi dell'articolo 56-quater.

Con il decreto penale di condanna, il giudice, su richiesta dell'indagato o del condannato, può sostituire la pena detentiva determinata entro il limite di un anno, oltre che con la pena pecuniaria, con il lavoro di pubblica utilità. Si applicano le disposizioni dei commi 1-bis e 1- ter dell'articolo 459 del codice di procedura penale.

Ai fini della determinazione dei limiti di pena detentiva entro i quali possono essere applicate pene sostitutive, si tiene conto della pena aumentata ai sensi dell'articolo 81 del codice penale.

(1) Articolo modificato dall'art. 5, co. 1, d.l. 14/6/1993, n. 187, dall'art. 4, co. 1, lett. a), l. 12/6/2003, n. 134 e successivamente sostituito dall'art. 71, co. 1, lett. a), d.lg. 10/10/2022, n. 150 a decorrere dal 30/12/2022, come disposto dall'art. 99-bis del d.lg. n. 150/2022 medesimo. Per il testo vigente fino a tale data, vedi versione previgente.

• Vedi inoltre Corte costituzionale, con sent. 15/6/1995, n. 284 (in G.U. 5/7/1995, n. 28) e Corte Costituzionale, con sent. 1/2/2022, n. 28 (in G.U. 2/2/2022, n. 5).

54. Applicabilità delle pene sostitutive*. – *La pena detentiva può essere sostituita con le pene indicate nell'articolo precedente quando si tratta di reati di competenza del pretore, anche se giudicati, per effetto della connessione, da un giudice superiore o commessi da persone minori degli anni diciotto.*

* Articolo abrogato dall'art. 5, co. 1-bis, d.l. 14/6/1993, n. 187, conv., con modif., dalla l. 12/8/1993, n. 296.

55. Semilibertà sostitutiva (1). – La semilibertà sostitutiva comporta l'obbligo di trascorrere almeno otto ore al giorno in un istituto di pena e di svolgere, per la restante parte del giorno, attività di lavoro, di studio, di formazione professionale o comunque utili alla rieducazione ed al reinserimento sociale, secondo il programma di trattamento predisposto e approvato ai sensi dei commi seguenti.

I condannati alla semilibertà sostitutiva sono assegnati in appositi istituti o nelle apposite sezioni autonome di istituti ordinari, di cui al secondo comma dell'articolo 48 della legge 26 luglio 1975, n. 354, situati nel comune di residenza, di domicilio, di lavoro o di studio del condannato o in un comune vicino. Durante il periodo di permanenza negli istituti o nelle sezioni indicate nel primo periodo, il condannato è sottoposto alle norme della legge 26 luglio 1975, n. 354, e del decreto del Presidente della Repubblica 30 giugno 2000, n. 230, in quanto compatibili. Nei casi di cui all'articolo 66, il direttore riferisce al magistrato di sorveglianza e all'ufficio di esecuzione penale esterna.

Il semilibero è sottoposto a un programma di trattamento predisposto dall'ufficio di esecuzione penale esterna ed approvato dal giudice, nel quale sono indicate le ore da trascorrere in istituto e le attività da svolgere all'esterno.

L'ufficio di esecuzione penale esterna è incaricato della vigilanza e dell'assistenza del condannato in libertà, secondo le modalità previste dall'articolo 118 del decreto del Presidente della Repubblica 30 giugno 2000, n. 230.

Si applicano, in quanto compatibili, le disposizioni previste dall'articolo 101, commi 1, 2 e da 5 a 9, del decreto del Presidente della Repubblica 30 giugno 2000, n. 230. Al condannato alla pena sostitutiva della semilibertà non si applica l'articolo 120 del decreto legislativo 30 aprile 1992, n. 285.

(1) Articolo sostituito dall'art. 71, co. 1, lett. b), d.lg. 10/10/2022, n. 150 a decorrere dal 30/12/2022, come disposto dall'art. 99-bis del d.lg n. 150/2022 medesimo. Per il testo vigente fino a tale data, vedi testo storico.

• Vedi inoltre gli art. 56 e 62 del d.lg. 28/8/2000, n. 274.

56. Detenzione domiciliare sostitutiva (1). – La detenzione domiciliare sostitutiva comporta l'obbligo di rimanere nella propria abitazione o in altro luogo di privata dimora ovvero in luogo pubblico o privato di cura, assistenza o accoglienza ovvero in comunità o in case famiglia protette, per non meno di dodici ore al giorno, avuto riguardo a comprovate esigenze familiari, di studio, di formazione professionale, di lavoro o di salute del condannato. In ogni caso, il condannato può lasciare il domicilio per almeno quattro ore al giorno, anche non continuative, per provvedere alle sue indispensabili esigenze di vita e di salute, secondo quanto stabilito dal giudice.

Il giudice dispone la detenzione domiciliare sostitutiva tenendo conto anche del programma di trattamento elaborato dall'ufficio di esecuzione penale esterna, che prende in carico il condannato e che riferisce periodicamente sulla sua condotta e sul percorso di reinserimento sociale.

Il luogo di esecuzione della pena deve assicurare le esigenze di tutela della persona offesa dal reato e non può essere un immobile occupato abusivamente. Se il condannato non ha la disponibilità di un domicilio idoneo, l'ufficio di esecuzione penale esterna predispone il programma di trattamento, individuando soluzioni abitative anche comunitarie adeguate alla detenzione domiciliare.

Il giudice, se lo ritiene necessario per prevenire il pericolo di commissione di altri reati o per tutelare la persona offesa, può prescrivere procedure di controllo mediante mezzi elettronici o altri strumenti tecnici, conformi alle caratteristiche funzionali e operative degli apparati di cui le Forze di polizia abbiano l'effettiva disponibilità. La temporanea indisponibilità di tali mezzi non può ritardare l'inizio della esecuzione della detenzione domiciliare. Si applicano, in quanto compatibili, le disposizioni di cui all'articolo 275-bis, commi 2 e 3, del codice di procedura penale.

Si applica, in quanto compatibile, l'articolo 100 del decreto del Presidente della Repubblica 30 giugno 2000, n. 230. Al condannato alla pena sostitutiva della detenzione domiciliare non si applica l'articolo 120 del decreto legislativo 30 aprile 1992, n. 285.

(1) Articolo modificato dall'art. 4-vicies bis del d.l. 30/12/2005, n. 272, conv., con modif., dalla l. 21/2/2006, n. 49 e successivamente sostituito dall'art. 71, co. 1, lett. c), d.lg. 10/10/2022, n. 150 a decorrere dal 30/12/2022, come disposto dall'art. 99-bis del d.lg. n. 150/2022 medesimo. Per il testo vigente fino a tale data, vedi versione previgente.

• Vedi inoltre gli art. 56 e 62 del d.lg. 28/8/2000, n. 274.

56 bis. Lavoro di pubblica utilità sostitutivo (1). – Il lavoro di pubblica utilità consiste nella prestazione di attività non retribuita in favore della collettività da svolgere presso lo Stato, le Regioni, le Province, le Città metropolitane, i Comuni o presso enti o organizzazioni di assistenza sociale e di volontariato.

L'attività viene svolta di regola nell'ambito della regione in cui risiede il condannato e comporta la prestazione di non meno di sei ore e non più di quindici ore di lavoro settimanale da svolgere con modalità e tempi che non pregiudichino le esigenze di lavoro, di studio, di famiglia e di salute del condannato. Tuttavia, se il condannato lo richiede, il giudice può ammetterlo a svolgere il lavoro di pubblica utilità per un tempo superiore. La durata giornaliera della prestazione non può comunque oltrepassare le otto ore.

Ai fini del computo della pena, un giorno di lavoro di pubblica utilità consiste nella prestazione di due ore di lavoro.

Fermo quanto previsto dal presente articolo, le modalità di svolgimento del lavoro di pubblica utilità sono determinate con decreto del Ministro della giustizia, d'intesa con la Conferenza unificata di cui all'articolo 8 del decreto legislativo 28 agosto 1997, n. 281.

In caso di decreto penale di condanna o di sentenza di applicazione della pena ai sensi dell'articolo 444 del codice di procedura penale, il positivo svolgimento del lavoro di pubblica utilità, se accompagnato dal risarcimento del danno o dalla eliminazione delle conseguenze dannose del reato, ove possibili, comporta la revoca della confisca eventualmente disposta, salvi i casi di confisca obbligatoria, anche per equivalente, del prezzo, del profitto o del prodotto del reato ovvero delle cose la cui fabbricazione, uso e porto, detenzione o alienazione costituiscano reato.

Al condannato alla pena sostitutiva del lavoro di pubblica utilità non si applica l'articolo 120 del decreto legislativo 30 aprile 1992, n. 285.

(1) Articolo inserito dall'art. 71, co. 1, lett. d), d.lg. 10/10/2022, n. 150 a decorrere dal 30/12/2022, come disposto dall'art. 99-bis del d.lg. n. 150/2022 medesimo.

56 ter. Prescrizioni comuni (1). – La semilibertà, la detenzione domiciliare e il lavoro di pubblica utilità comportano, in ogni caso, le seguenti prescrizioni:

1) il divieto di detenere e portare a qualsiasi titolo armi, munizioni ed esplosivi, anche se è stata concessa la relativa autorizzazione di polizia;

2) il divieto di frequentare abitualmente, senza giustificato motivo, pregiudicati o persone sottoposte a misure di sicurezza, a misure di prevenzione o comunque persone che espongano concretamente il condannato al rischio di commissione di reati, salvo si tratti di familiari o di altre persone conviventi stabilmente;

3) l'obbligo di permanere nell'ambito territoriale, di regola regionale, stabilito nel provvedimento che applica o dà esecuzione alla pena sostitutiva;

4) il ritiro del passaporto e la sospensione della validità ai fini dell'espatrio di ogni altro documento equipollente;

5) l'obbligo di conservare, di portare con sé e di presentare ad ogni richiesta degli organi di polizia il provvedimento che applica o dà esecuzione alla pena sostitutiva e l'eventuale provvedimento di modifica delle modalità di esecuzione della pena, adottato a norma dell'articolo 64.

Al fine di prevenire la commissione di ulteriori reati, il giudice può altresì prescrivere il divieto di avvicinamento ai luoghi frequentati dalla persona offesa. Si applica l'articolo 282-ter del codice di procedura penale, in quanto compatibile.

(1) Articolo inserito dall'art. 71, co. 1, lett. d), d.lg. 10/10/2022, n. 150 a decorrere dal 30/12/2022, come disposto dall'art. 99-bis del d.lg. n. 150/2022 medesimo.

56 quater. Pena pecuniaria sostitutiva (1). – Per determinare l'ammontare della pena pecuniaria sostitutiva il giudice individua il valore giornaliero al quale può essere assoggettato l'imputato e lo moltiplica per i giorni di pena detentiva. Il valore giornaliero non può essere inferiore a 5 euro e superiore a 2.500 euro e corrisponde alla quota di reddito giornaliero che può essere impiegata per il pagamento della pena pecuniaria, tenendo conto delle complessive condizioni economiche, patrimoniali e di vita dell'imputato e del suo nucleo familiare.

Alla sostituzione della pena detentiva con la pena pecuniaria si applica l'articolo 133-ter del codice penale.

(1) Articolo inserito dall'art. 71, co. 1, lett. d), d.lg. 10/10/2022, n. 150 a decorrere dal 30/12/2022, come disposto dall'art. 99-bis del d.lg. n. 150/2022 medesimo.

57. Durata ed effetti delle pene sostitutive e criteri di ragguaglio (1). – La durata della semilibertà sostitutiva e della detenzione domiciliare sostitutiva è pari a quella della pena detentiva sostituita. La durata del lavoro di pubblica utilità corrisponde a quella della pena detentiva sostituita ed è determinata sulla base dei criteri di cui all'articolo 56-bis. Per ogni effetto giuridico, la semilibertà sostitutiva, la detenzione domiciliare sostitutiva e il lavoro di pubblica utilità sostitutivo si considerano come pena detentiva della specie corrispondente a quella della pena sostituita ed un giorno di pena detentiva equivale a un giorno di semilibertà sostitutiva, di detenzione domiciliare sostitutiva o di lavoro di pubblica utilità sostitutivo.

La pena pecuniaria si considera sempre come tale, anche se sostitutiva della pena detentiva.

(1) Articolo sostituito dall'art. 71, co. 1, lett. e), d.lg. 10/10/2022, n. 150 a decorrere dal 30/12/2022, come disposto dall'art. 99-bis del d.lg. n. 150/2022 medesimo. Per il testo vigente fino a tale data, vedi testo storico.

58. Potere discrezionale del giudice nell'applicazione e nella scelta delle pene sostitutive (1). – Il giudice, nei limiti fissati dalla legge e tenuto conto dei criteri indicati nell'articolo 133 del codice penale, se non ordina la sospensione condizionale della pena, può applicare le pene sostitutive della pena detentiva quando risultano più idonee alla rieducazione del condannato e quando, anche attraverso opportune prescrizioni, assicurano la prevenzione del pericolo di commissione di altri reati. La pena detentiva non può essere sostituita quando sussistono fondati motivi per ritenere che le prescrizioni non saranno adempiute dal condannato.

Tra le pene sostitutive il giudice sceglie quella più idonea alla rieducazione e al reinserimento sociale del condannato con il minor sacrificio della libertà personale, indicando i motivi che giustificano l'applicazione della pena sostitutiva e la scelta del tipo.

Quando applica la semilibertà o la detenzione domiciliare, il giudice deve indicare le specifiche ragioni per cui ritiene inidonei nel caso concreto il lavoro di pubblica utilità o la pena pecuniaria.

In ogni caso, nella scelta tra la semilibertà, la detenzione domiciliare o il lavoro di pubblica utilità, il giudice tiene conto delle condizioni legate all'età, alla salute fisica o psichica, alla maternità, o alla paternità nei casi di cui all'articolo 47-quinquies, comma 7, della legge 26 luglio 1975, n. 354, fermo quanto previsto dall'articolo 69, terzo e quarto comma. Il giudice tiene altresì conto delle condizioni di disturbo da uso di sostanze stupefacenti, psicotrope o alcoliche ovvero da gioco d'azzardo, certificate dai servizi pubblici o privati autorizzati indicati all'articolo 94, comma 1, del decreto del Presidente della Repubblica 9 ottobre 1990, n. 309, nonché delle condizioni di persona affetta da AIDS conclamata o da grave deficienza immunitaria, certificate dai servizi indicati dall'articolo 47-quater, comma 2, della legge 26 luglio 1975, n. 354.

(1) Articolo sostituito dall'art. 71, co. 1, lett. f), d.lg. 10/10/2022, n. 150 a decorrere dal 30/12/2022, come disposto dall'art. 99-bis del d.lg. n. 150/2022 medesimo. Per il testo vigente fino a tale data, vedi testo storico.

59. Condizioni soggettive per la sostituzione della pena detentiva (1). – La pena detentiva non può essere sostituita:

a) nei confronti di chi ha commesso il reato per cui si procede entro tre anni dalla revoca della semilibertà, della detenzione domiciliare o del lavoro di pubblica utilità ai sensi dell'articolo 66, ovvero nei confronti di chi ha commesso un delitto non colposo durante l'esecuzione delle medesime pene sostitutive; è fatta comunque salva la possibilità di applicare una pena sostitutiva di specie più grave di quella revocata;

b) con la pena pecuniaria, nei confronti di chi, nei cinque anni precedenti, è stato condannato a pena pecuniaria, anche sostitutiva, e non l'ha pagata, salvi i casi di conversione per insolvibilità ai sensi degli articoli 71 e 103;

c) nei confronti dell'imputato a cui deve essere applicata una misura di sicurezza personale, salvo i casi di parziale incapacità di intendere e di volere;

d) nei confronti dell'imputato di uno dei reati di cui all'articolo 4-bis della legge 26 luglio 1975, n. 354, salvo che sia stata riconosciuta la circostanza attenuante di cui all' articolo 323-bis, secondo comma, del codice penale.

Le disposizioni del presente articolo non si applicano agli imputati minorenni.

(1) Articolo modificato dall'art. 4 della l. 12/6/2003, n. 134. A norma dell'art. 5 della medesima l. n. 134/2003 le modifiche si applicano anche ai procedimenti in corso. Da ultimo sostituito dall'art. 71, co. 1, lett. g), d.lg. 10/10/2022, n. 150 a decorrere dal 30/12/2022, come disposto dall'art. 99-bis del d.lg n. 150/2022 medesimo. Per il testo vigente fino a tale data, vedi versione previgente.

• Vedi inoltre Corte Costituzionale, con sentenza 12/2/1998, n. 16.

60. Esclusioni oggettive* (1). – *Le pene sostitutive non si applicano ai reati previsti dai seguenti articoli del codice penale:*

318 (corruzione per un atto d'ufficio);

319 (corruzione per un atto contrario ai doveri d'ufficio);

320 (corruzione di persona incaricata di un pubblico servizio);

321 (pene per il corruttore);

322 (istigazione alla corruzione);

355 (inadempimento di contratti di pubbliche forniture), salvo che si tratti di fatto commesso per colpa;

371 (falso giuramento della parte);

372 (falsa testimonianza);

373 (falsa perizia o interpretazione);

385 (evasione);

391, primo comma (procurata inosservanza dolosa di misure di sicurezza detentive);

443 (commercio o somministrazione di medicinali guasti);

444 (commercio di sostanze alimentari nocive);

445 (somministrazione di medicinali in modo pericoloso per la salute pubblica);

452 (delitti colposi contro la salute pubblica);

501 (rialzo e ribasso fraudolento di prezzi sul pubblico mercato o nelle borse di commercio);

501- bis (manovre speculative su merci);

590, secondo e terzo comma (lesioni personali colpose), limitatamente ai fatti commessi con violazione delle norme per la prevenzione degli infortuni sul lavoro o relative all'igiene del lavoro, che abbiano determinato le conseguenze previste dal primo comma, n. 2, o dal secondo comma dell'art. 583 del codice penale;

644 (usura).

Le pene sostitutive non si applicano, altresì, ai reati previsti dagli articoli 9, 10, 14, 15, 18 e 20 della legge 13 luglio 1966, n. 615 (provvedimenti contro l'inquinamento atmosferico) e dagli articoli 21 e 22 della legge 10 maggio 1976, n. 319 (norme per la tutela delle acque dall'inquinamento) (2).

Le pene sostitutive non si applicano ai reati previsti dalle leggi relative alla prevenzione degli infortuni sul lavoro e all'igiene del lavoro, nonché dalle leggi in materia edilizia ed urbanistica e in materia di armi da sparo, munizioni ed esplosivi, quando per detti reati la pena detentiva non è alternativa a quella pecuniaria.

* Articolo abrogato dall'art. 4 della l. 12/6/2003, n. 134. A norma dell'art. 5 della medesima l. n. 134/2003 le modifiche si applicano anche ai procedimenti in corso.

(1) La Corte Costituzionale, con sent. 5/5/1993, n. 249 (in G.U. 26/5/1993, n. 22), ha dichiarato l'illegittimità costituzionale del presente articolo, nella parte in cui stabilisce che le pene sostitutive non si applicano al reato previsto dall'art. 590, secondo e terzo comma, del codice penale, limitatamente ai fatti commessi con violazione delle norme per la prevenzione degli infortuni sul lavoro o relative all'igiene del lavoro, che abbiano determinato le conseguenze previste dal primo comma, n. 2, o dal secondo comma dell'art. 583 del codice penale. Successivamente la stessa Corte,

con sentenza 24/3/1997, n. 78, ha dichiarato l'illegittimità costituzionale del presente articolo nella parte in cui esclude che le sanzioni sostitutive si applichino ai reati previsti dall'art. 452, secondo comma, del codice penale.
• La Corte Costituzionale, con sent. 7/7/1998, n. 291, (in G.U., 22/7/1998, n. 29), ha dichiarato l'illegittimità costituzionale del presente articolo nella parte in cui esclude che le sanzioni sostitutive si applichino al reato di cui all'art. 444 del codice penale.

(2) La Corte Costituzionale, con sent. 20/6/1994, n. 254 (in G.U., 29/6/1994, n. 27), ha dichiarato l'illegittimità costituzionale del presente comma, nella parte in cui esclude che le pene sostitutive si applichino ai reati previsti dagli art. 21 e 22 della l. 10/5/1976, n. 319 (norme per la tutela delle acque dall'inquinamento).

61. Condanna a pena sostitutiva (1). – Nel dispositivo della sentenza di condanna, della sentenza di applicazione della pena e del decreto penale, il giudice indica la specie e la durata della pena detentiva sostituita e la specie, la durata ovvero l'ammontare della pena sostitutiva.

(1) Articolo sostituito dall'art. 71, co. 1, lett. h), d.lg. 10/10/2022, n. 150 a decorrere dal 30/12/2022, come disposto dall'art. 99-bis del d.lg. n. 150/2022 medesimo. Per il testo vigente fino a tale data, vedi testo storico.

61 bis. Esclusione della sospensione condizionale della pena (1). – Le disposizioni di cui agli articoli 163 e seguenti del codice penale, relative alla sospensione condizionale della pena, non si applicano alle pene sostitutive previste dal presente Capo.

(1) Articolo inserito dall'art. 71, co. 1, lett. i), d.lg. 10/10/2022, n. 150 a decorrere dal 30/12/2022, come disposto dall'art. 99-bis del d.lg. n. 150/2022 medesimo.

62. Esecuzione della semilibertà e della detenzione domiciliare sostitutive (1). – Quando deve essere eseguita una sentenza di condanna a pena sostitutiva della semilibertà o della detenzione domiciliare, il pubblico ministero trasmette la sentenza al magistrato di sorveglianza del luogo di domicilio del condannato. Il provvedimento di esecuzione è notificato altresì al difensore nominato per la fase dell'esecuzione o, in difetto, al difensore della fase del giudizio. Il magistrato di sorveglianza procede a norma dell'articolo 678, comma 1-bis, del codice di procedura penale e, previa verifica dell'attualità delle prescrizioni, entro il quarantacinquesimo giorno dalla ricezione della sentenza provvede con ordinanza con cui conferma e, ove necessario, modifica le modalità di esecuzione e le prescrizioni della pena. L'ordinanza è immediatamente trasmessa per l'esecuzione all'ufficio di pubblica sicurezza del comune in cui il condannato è domiciliato ovvero, in mancanza di questo, al comando dell'Arma dei carabinieri territorialmente competente. L'ordinanza è trasmessa anche all'ufficio di esecuzione penale esterna e, nel caso di semilibertà, al direttore dell'istituto penitenziario cui il condannato è stato assegnato.

Appena ricevuta l'ordinanza prevista al secondo comma, l'organo di polizia ne consegna copia al condannato ingiungendogli di attenersi alle prescrizioni in essa contenute e di presentarsi immediatamente all'ufficio di esecuzione penale esterna. Provvede altresì al ritiro e alla custodia delle armi, munizioni ed esplosivi e del passaporto ed alla apposizione sui documenti equipollenti dell'annotazione "documento non valido per l'espatrio", limitatamente alla durata della pena.

Se il condannato è detenuto o internato, l'ordinanza del magistrato di sorveglianza è trasmessa anche al direttore dell'istituto penitenziario, il quale deve informare anticipatamente l'organo di polizia della dimissione del condannato. La pena sostitutiva inizia a decorrere dal giorno successivo a quello della dimissione.

Cessata l'esecuzione della pena, le cose ritirate e custodite ai sensi del terzo comma sono restituite a cura dello stesso organo di polizia; vengono inoltre annullate le annotazioni effettuate ai sensi dello stesso terzo comma. Di tutti gli adempimenti espletati è redatto processo verbale ed è data notizia al questore e agli altri uffici interessati, nonché al direttore dell'istituto presso cui si trova il condannato alla semilibertà.

(1) Articolo sostituito dall'art. 71, co. 1, lett. l), d.lg. 10/10/2022, n. 150 a decorrere dal 30/12/2022, come disposto dall'art. 99-bis del d.lg. n. 150/2022 medesimo. Per il testo vigente fino a tale data, vedi testo storico.

63. Esecuzione del lavoro di pubblica utilità sostitutivo (1). – La sentenza penale irrevocabile o il decreto penale esecutivo che applicano il lavoro di pubblica utilità sono immediatamente trasmessi per estratto a cura della cancelleria all'ufficio di pubblica sicurezza o, in mancanza di questo, al comando dell'Arma dei carabinieri competenti in relazione al comune in cui il condannato risiede, nonché all'ufficio di esecuzione penale esterna che deve prendere in carico il condannato. La sentenza penale irrevocabile o il decreto penale esecutivo sono altresì trasmessi al pubblico ministero per gli adempimenti di cui all'articolo 70.

Appena ricevuto il provvedimento di cui al primo comma, l'organo di polizia ne consegna copia al condannato ingiungendogli di attenersi alle prescrizioni in esso contenute e di presentarsi immediatamente all'ufficio di esecuzione penale esterna. Qualora il condannato sia detenuto o internato, copia del provvedimento è comunicata altresì al direttore dell'istituto, il quale informa anticipatamente l'organo di polizia e l'ufficio di esecuzione penale esterna della dimissione del condannato. Immediatamente dopo la dimissione, il condannato si presenta all'ufficio di esecuzione penale esterna per l'esecuzione del lavoro di pubblica utilità.

Con la sentenza o con il decreto penale, il giudice incarica l'ufficio di esecuzione penale esterna e gli organi di polizia indicati al primo comma di verificare l'effettivo svolgimento del lavoro di pubblica utilità. L'ufficio di esecuzione penale esterna riferisce periodicamente al giudice che ha applicato la pena sulla condotta del condannato e sul percorso di reinserimento sociale.

Al termine del lavoro di pubblica utilità, l'ufficio di esecuzione penale esterna riferisce al giudice che, fuori dai casi previsti dall'articolo 66, dichiara eseguita la pena ed estinto ogni altro effetto penale, ad eccezione delle pene accessorie perpetue, e dispone la revoca della confisca nei casi di cui all'articolo 56-bis, quinto comma.

(1) Articolo sostituito dall'art. 71, co. 1, lett. m), d.lg. 10/10/2022, n. 150 a decorrere dal 30/12/2022, come disposto dall'art. 99-bis del d.lg. n. 150/2022 medesimo. Per il testo vigente fino a tale data, vedi testo storico.

64. Modifica delle modalità di esecuzione delle pene sostitutive (1). – Le prescrizioni imposte con l'ordinanza prevista dall'articolo 62, su istanza del condannato da inoltrare tramite l'ufficio di esecuzione penale esterna, possono essere modificate per comprovati motivi dal magistrato di sorveglianza, che procede nelle forme dell'articolo 678, comma 1-bis, del codice di procedura penale.

Le prescrizioni imposte con la sentenza che applica il lavoro di pubblica utilità, su istanza del condannato da inoltrare tramite l'ufficio di esecuzione penale esterna, possono essere modificate per comprovati motivi dal giudice che ha applicato la pena sostitutiva, il quale provvede a norma dell'articolo 667, comma 4, del codice di procedura penale.

I provvedimenti di cui al primo e al secondo comma sono immediatamente trasmessi all'ufficio di esecuzione penale esterna, all'organo di polizia o al direttore dell'istituto competenti per il controllo sull'adempimento delle prescrizioni.

Non possono essere modificate le prescrizioni di cui all'articolo 56-ter, primo comma, numeri 1, 2, 4 e 5.

(1) Articolo sostituito dall'art. 71, co. 1, lett. n), d.lg. 10/10/2022, n. 150 a decorrere dal 30/12/2022, come disposto dall'art. 99-bis del d.lg. n. 150/2022 medesimo. Per il testo vigente fino a tale data, vedi testo storico.

65. Controllo sull'adempimento delle prescrizioni [*imposte con la sentenza di condanna*] (1). – L'ufficio di pubblica sicurezza del luogo in cui il condannato sconta le pene sostitutive della semilibertà, della detenzione domiciliare o del lavoro di pubblica utilità ovvero, in mancanza di questo, il comando dell'Arma dei carabinieri territorialmente competente, e il nucleo di Polizia penitenziaria presso l'ufficio di esecuzione penale esterna verificano periodicamente che il condannato adempia alle prescrizioni impostegli e tengono un registro nominativo ed un fascicolo per ogni condannato sottoposto a controllo (2).

Nel fascicolo individuale sono custodite la sentenza di condanna che applica il lavoro di pubblica utilità sostitutivo ovvero l'ordinanza del magistrato di sorveglianza con le eventuali successive modifiche delle della semilibertà sostitutiva o della detenzione domiciliare sostitutiva, copia della corrispondenza con l'autorità giudiziaria e con le altre autorità, una cartella biografica in cui sono riassunte le condanne riportate e ogni altro documento relativo all'esecuzione della pena. Si applicano al condannato alla semilibertà le norme di cui all'articolo 26 del decreto del Presidente della Repubblica 30 giugno 2000, n. 230 (3).

Il controllo sull'osservanza dell'obbligo prescritto dal primo comma dell'articolo 55 viene effettuato dal direttore dell'istituto [*o della sezione ivi indicata*] (4).

(1) Rubrica modificata dall'art. 71, co. 1, lett. o), n. 4), d.lg. 10/10/2022, n. 150 a decorrere dal 30/12/2022, come disposto dall'art. 99-bis del d.lg. n. 150/2022 medesimo. Per il testo vigente fino a tale data, vedi testo storico.

(2) Comma modificato dall'art. 71, co. 1, lett. o), n. 1), d.lg. 10/10/2022, n. 150 a decorrere dal 30/12/2022, come disposto dall'art. 99-bis del d.lg. n. 150/2022 medesimo. Per il testo vigente fino a tale data, vedi testo storico.

(3) Comma modificato dall'art. 71, co. 1, lett. o), n. 2), d.lg. 10/10/2022, n. 150 a decorrere dal 30/12/2022, come disposto dall'art. 99-bis del d.lg. n. 150/2022 medesimo. Per il testo vigente fino a tale data, vedi testo storico.

(4) Comma modificato dall'art. 71, co. 1, lett. o), n. 3), d.lg. 10/10/2022, n. 150 a decorrere dal 30/12/2022, come disposto dall'art. 99-bis del d.lg. n. 150/2022 medesimo. Per il testo vigente fino a tale data, vedi testo storico.

66. Revoca per inosservanza delle prescrizioni (1). – Salvo quanto previsto dall'articolo 71 per la pena pecuniaria, la mancata esecuzione della pena sostitutiva, ovvero la violazione grave o reiterata degli obblighi e delle prescrizioni ad essa inerenti, ne determina la revoca e la parte residua si converte nella pena detentiva sostituita ovvero in altra pena sostitutiva più grave.

Gli ufficiali e gli agenti della polizia giudiziaria, il direttore dell'istituto a cui il condannato è assegnato o il direttore dell'ufficio di esecuzione penale esterna informano, senza indugio, il giudice che ha applicato il lavoro di pubblica utilità, ovvero il magistrato di sorveglianza che ha emesso l'ordinanza prevista dall'articolo 62, di ogni violazione degli adempimenti sui quali gli organi medesimi esercitano i rispettivi controlli.

Il magistrato di sorveglianza compie, ove occorra, sommari accertamenti e, qualora ritenga doversi disporre la revoca della semilibertà o della detenzione domiciliare e la conversione previste dal primo comma, procede a norma dell'articolo 666 del codice di procedura penale. Allo stesso modo procede il giudice che ha applicato il lavoro di pubblica utilità.

(1) Articolo sostituito dall'art. 71, co. 1, lett. p), d.lg. 10/10/2022, n. 150 a decorrere dal 30/12/2022, come disposto dall'art. 99-bis del d.lg. n. 150/2022 medesimo. Per il testo vigente fino a tale data, vedi testo storico.

67. Inapplicabilità delle misure alternative alla detenzione (1). – Salvo quanto previsto dall'articolo 47, comma 3-ter, della legge 26 luglio 1975, n. 354, le misure alternative alla detenzione di cui al capo VI del titolo I della medesima legge n. 354 del 1975, non si applicano al condannato in espiazione di pena sostitutiva.

Salvo che si tratti di minori di età al momento della condanna, le misure di cui al primo comma non si applicano altresì, prima dell'avvenuta espiazione di metà della pena residua, al condannato in espiazione di pena detentiva per conversione effettuata ai sensi dell'articolo 66 o del quarto comma dell'articolo 72.

(1) Articolo sostituito dall'art. 71, co. 1, lett. q), d.lg. 10/10/2022, n. 150, a decorrere dal 30/12/2022, come disposto dall'art. 99-bis del d.lg. n. 150/2022 medesimo. Per il testo vigente fino a tale data, vedi testo storico.

• La Corte costituzionale, con sentenza 22/41997, n. 109, ha dichiarato l'illegittimità costituzionale del presente articolo, nella parte in cui si applica ai condannati minori di età al momento della condanna.

68. Sospensione dell'esecuzione delle pene sostitutive (1). – L'esecuzione della semilibertà sostitutiva, della detenzione domiciliare sostitutiva o del lavoro di pubblica utilità sostitutivo è sospesa in caso di notifica di un ordine di carcerazione o di consegna; l'esecuzione è altresì sospesa in caso di arresto o di fermo del condannato o di applicazione, anche provvisoria, di una misura di sicurezza detentiva.

L'ordine di esecuzione della semilibertà sostitutiva, della detenzione domiciliare sostitutiva o del lavoro di pubblica utilità sostitutivo emesso nei confronti dell'imputato detenuto o internato non sospende l'esecuzione di pene detentive o l'esecuzione, anche provvisoria, di misure di sicurezza detentive, né il corso della custodia cautelare.

Nei casi previsti dal primo comma, il giudice ovvero il magistrato di sorveglianza determinano la durata residua della pena sostitutiva e trasmettono il provvedimento al direttore dell'istituto in cui si trova il condannato; questi informa anticipatamente l'organo di polizia della data in cui riprenderà l'esecuzione della pena sostitutiva.

La pena sostitutiva riprende a decorrere dal giorno successivo a quello della cessazione della esecuzione della pena detentiva ovvero dal secondo giorno successivo, in relazione alle necessità di viaggio e alle condizioni dei trasporti.

(1) Articolo sostituito dall'art. 71, co. 1, lett. r), d.lg. 10/10/2022, n. 150 a decorrere dal 30/12/2022, come disposto dall'art. 99-bis del d.lg. n. 150/2022 medesimo. Per il testo vigente fino a tale data, vedi testo storico.

69. Licenze ai condannati alla semilibertà e alla detenzione domiciliare. Sospensione e rinvio delle pene sostitutive (1). – Per giustificati motivi, attinenti alla salute, al lavoro, allo studio, alla formazione, alla famiglia o alle relazioni affettive, al condannato alla pena sostitutiva della semilibertà o della detenzione domiciliare possono essere concesse licenze per la durata necessaria e comunque non superiore nel complesso a quarantacinque giorni all'anno. Si applica il terzo comma dell'articolo 52 della legge 26 luglio 1975, n. 354. Al condannato che, allo scadere della licenza o dopo la revoca di essa, non rientra in istituto o nel luogo indicato nell'articolo

56, primo comma, è applicabile l'articolo 66, primo comma.

Per gli stessi giustificati motivi di cui al primo comma ovvero per cause riconducibili all'attività dei soggetti di cui all'articolo 56-bis, la pena sostitutiva del lavoro di pubblica utilità può essere sospesa per un periodo non superiore nel complesso a quarantacinque giorni all'anno. Al condannato che, allo scadere della sospensione, non si presenta al lavoro è applicabile l'articolo 66 secondo comma.

Per il rinvio dell'esecuzione della pena sostitutiva della semilibertà o della detenzione domiciliare nei casi di cui agli articoli 146 e 147 del codice penale si applica l'articolo 684 del codice di procedura penale. Al condannato alla semilibertà può essere applicata la pena sostitutiva della detenzione domiciliare, ove compatibile. In tal caso, l'esecuzione della pena prosegue durante la detenzione domiciliare.

Quando le condizioni di cui agli articoli 146 e 147 del codice penale non sono compatibili con la prosecuzione della prestazione lavorativa, il giudice che ha applicato il lavoro di pubblica utilità, nelle forme previste di cui all'articolo 666 del codice di procedura penale, dispone il rinvio dell'esecuzione della pena.

Nelle medesime forme di cui al terzo e al quarto comma si provvede quando occorre disporre la proroga del termine del rinvio dell'esecuzione.

(1) Articolo sostituito dall'art. 71, co. 1, lett. s), d.lg. 10/10/2022, n. 150 a decorrere dal 30/12/2022, come disposto dall'art. 99-bis del d.lg. n. 150/2022 medesimo. Per il testo vigente fino a tale data, vedi testo storico.

70. Esecuzione di pene sostitutive concorrenti (1). – Quando contro la stessa persona sono state pronunciate, per più reati, una o più sentenze o decreti penali di condanna a pena sostitutiva, si osservano, in quanto compatibili, le disposizioni degli articoli da 71 a 80 del codice penale.

Se più reati importano pene sostitutive, anche di specie diversa, e il cumulo delle pene detentive sostituite non eccede complessivamente la durata di quattro anni, si applicano le singole pene sostitutive distintamente, anche oltre i limiti di cui all'articolo 53 per la pena pecuniaria e per il lavoro di pubblica utilità.

Se il cumulo delle pene detentive sostituite eccede complessivamente la durata di quattro anni, si applica per intero la pena sostituita, salvo che la pena residua da eseguire sia pari o inferiore ad anni quattro.

Le pene sostitutive sono sempre eseguite dopo le pene detentive e, nell'ordine, si eseguono la semilibertà, la detenzione domiciliare ed il lavoro di pubblica utilità.

Per l'esecuzione delle pene sostitutive concorrenti si applica, in quanto compatibile, l'articolo 663 del codice di procedura penale.

È tuttavia fatta salva, limitatamente all'esecuzione del lavoro di pubblica utilità, anche concorrente con pene sostitutive di specie diversa, la competenza del giudice che ha applicato tale pena.

(1) Articolo sostituito dall'art. 71, co. 1, lett. t), d.lg. 10/10/2022, n. 150 a decorrere dal 30/12/2022, come disposto dall'art. 99-bis del d.lg. n. 150/2022 medesimo. Per il testo vigente fino a tale data, vedi testo storico.

71. Esecuzione della pena pecuniaria sostitutiva. Revoca e conversione per mancato pagamento (1). – Alla pena pecuniaria sostitutiva della pena detentiva si applicano le disposizioni dell'articolo 660 del codice di procedura penale.

Il mancato pagamento della pena pecuniaria sostitutiva, entro il termine di cui all'articolo 660 del codice di procedura penale indicato nell'ordine di esecuzione, ne comporta la revoca e la conversione nella semilibertà sostitutiva o nella detenzione domiciliare sostitutiva. Si applica l'articolo 58. Se è stato disposto il pagamento rateale, il mancato pagamento di una rata, alla scadenza stabilita, comporta la revoca della pena pecuniaria sostitutiva e la conversione ha luogo per la parte residua.

Quando le condizioni economiche e patrimoniali del condannato al momento dell'esecuzione rendono impossibile il pagamento entro il termine indicato nell'ordine di esecuzione, la pena pecuniaria sostitutiva è revocata e convertita nel lavoro di pubblica utilità sostitutivo o, se il condannato si oppone, nella detenzione domiciliare sostitutiva. Si applicano le disposizioni del terzo periodo del secondo comma.

(1) Articolo sostituito dall'art. 71, co. 1, lett. u), d.lg. 10/10/2022, n. 150 a decorrere dal 30/12/2022, come disposto dall'art. 99-bis del d.lg. n. 150/2022 medesimo. Per il testo vigente fino a tale data, vedi testo storico. Salvo che risultino più favorevoli al condannato, le disposizioni in materia di conversione delle pene pecuniarie, previste dal presente articolo si applicano ai reati commessi dopo la sua entrata in vigore.

72. Ipotesi di responsabilità penale e revoca (1). – Il condannato alla pena sostitutiva della semilibertà o della detenzione domiciliare che per più di dodici ore, senza giustificato motivo, rimane assente dall'istituto di pena ovvero si allontana da uno dei luoghi indicati nell'articolo 56 è punito ai sensi del primo comma dell'articolo 385 del codice penale. Si applica la disposizione del quarto comma dell'articolo 385 del codice penale.

Il condannato alla pena sostitutiva del lavoro di pubblica utilità che, senza giustificato motivo, non si reca nel luogo in cui deve svolgere il lavoro ovvero lo abbandona è punito ai sensi dell'articolo 56 del decreto legislativo 28 agosto 2000, n. 274.

La condanna a uno dei delitti di cui ai commi primo e secondo importa la revoca della pena sostitutiva, salvo che il fatto sia di lieve entità.

La condanna a pena detentiva per un delitto non colposo commesso durante l'esecuzione di una pena sostitutiva, diversa dalla pena pecuniaria, ne determina la revoca e la conversione per la parte residua nella pena detentiva sostituita, quando la condotta tenuta appare incompatibile con la prosecuzione della pena sostitutiva, tenuto conto dei criteri di cui all'articolo 58.

La cancelleria del giudice che ha pronunciato la sentenza di cui al quarto comma informa senza indugio il magistrato di sorveglianza competente per la detenzione domiciliare sostitutiva o per la semilibertà sostitutiva, ovvero il giudice che ha applicato il lavoro di pubblica utilità sostitutivo.

(1) Articolo sostituito dall'art. 71, co. 1, lett. v), d.lg. 10/10/2022, n. 150 a decorrere dal 30/12/2022, come disposto dall'art. 99-bis del d.lg. n. 150/2022 medesimo. Per il testo vigente fino a tale data, vedi testo storico.

73. Iscrizioni nel casellario giudiziale* (1). – *Nei casi previsti dall'art. 604 del codice di procedura penale i decreti e le sentenze di condanna alle pene sostitutive sono iscritti nel casellario giudiziale, anche con l'indicazione della pena sostitutiva.*

Nel casellario giudiziale sono altresì iscritte le ordinanze previste dall'art. 66, ultimo comma, e dall'art. 108, ultimo comma.

* Articolo abrogato dall'art. 52 del d.P.R. 14/11/2002, n. 313, con effetto a decorrere dalla data prevista dall'art. 55 del d.P.R. n. 313/2002 medesimo.

(1) Per la nuova disciplina vedi l'art. 3 del d.P.R. 14/11/2002, n. 313.

74. Iscrizione nel casellario giudiziale. – Dopo l'articolo 58 della legge 26 luglio 1975, n. 354, è inserito il seguente:

"Art. 58-bis. (Iscrizione nel casellario giudiziale). – Nel

casellario giudiziale sono iscritti i provvedimenti della sezione di sorveglianza relativi alla irrogazione e alla revoca delle misure alternative alla pena detentiva".

75. Disposizioni relative ai minorenni) (1). – Le disposizioni del presente Capo si applicano anche, in quanto compatibili, agli imputati minorenni. Si applica l'articolo 30 del decreto del Presidente della Repubblica 22 settembre 1988, n. 448.

(1) Articolo sostituito dall'art. 71, co. 1, lett. z), d.lg. 10/10/2022, n. 150 a decorrere dal 30/12/2022, come disposto dall'art. 99-bis del d.lg. n. 150/2022 medesimo. Per il testo vigente fino a tale data, vedi testo storico.

75 bis. Disposizioni relative ai reati militari (1). – Le disposizioni del presente Capo si applicano, in quanto compatibili, ai reati militari quando le prescrizioni risultano in concreto compatibili con la posizione soggettiva del condannato.

(1) Articolo inserito dall'art. 71, co. 1, lett. aa), d.lg. 10/10/2022, n. 150 a decorrere dal 30/12/2022, come disposto dall'art. 99-bis del d.lg. n. 150/2022 medesimo. Per il testo vigente fino a tale data, vedi testo storico.

76. Norme applicabili (1). – Alle pene sostitutive previste dal presente Capo si applicano, in quanto compatibili, gli articoli 47, comma 12-bis, 51-bis, 51-quater e 53-bis della legge 26 luglio 1975, n. 354.

(1) Articolo sostituito dall'art. 71, co. 1, lett. bb), d.lg. 10/10/2022, n. 150 a decorrere dal 30/12/2022, come disposto dall'art. 99-bis del d.lg. n. 150/2022 medesimo. Per il testo vigente fino a tale data, vedi testo storico.

Sezione II
Applicazione di sanzioni sostitutive su richiesta dell'imputato

77. Ambito e modalità d'applicazione**. – *Nel corso dell'istruzione e fino a quando non sono compiute per la prima volta le formalità di apertura del dibattimento, il giudice, quando ritiene, in seguito all'esame degli atti e agli accertamenti eventualmente disposti, che sussistono elementi per applicare per il reato per cui procede la sanzione sostitutiva della libertà controllata o della pena pecuniaria può disporre con sentenza, su richiesta dell'imputato e con il parere favorevole del pubblico ministero, l'applicazione della sanzione sostitutiva, con esclusione di ogni pena accessoria e misura di sicurezza, ad eccezione della confisca nei casi previsti dal secondo comma dell'art. 240 del codice penale. In tal caso, con la stessa sentenza, dichiara estinto il reato per intervenuta applicazione della sanzione sostitutiva su richiesta dell'imputato. Nella determinazione e nell'applicazione della sanzione sostitutiva si osservano le disposizioni della sezione I di questo capo. La sentenza produce i soli effetti espressamente previsti nella presente sezione. Contro la sentenza è ammesso soltanto ricorso per cassazione.*

* Articolo abrogato dall'art. 234 del d.lg. 28/7/1989, n. 271.

78. Competenza**. – *Sulla richiesta formulata dall'imputato prima dell'emissione del decreto di citazione a giudizio, della richiesta di citazione a giudizio o dell'ordinanza di rinvio a giudizio, provvede il pretore per i procedimenti dinanzi a lui pendenti ed il giudice istruttore negli altri casi; il parere del pubblico ministero è espresso dal procuratore della Repubblica. Se la richiesta è formulata in un momento successivo, provvede il giudice del dibattimento ed il parere è espresso dal pubblico ministero di udienza.*

* Articolo abrogato dall'art. 234 del d.lg. 28/7/1989, n. 271; vedi, comunque, l'art. 248, co. 4 dello stesso decreto.

79. Applicazione nell'ulteriore corso del procedimento**. – *Il giudice può procedere ai sensi dell'art. 77 in ogni stato e grado del procedimento, quando l'imputato ha formulato la richiesta di cui allo stesso articolo nel termine ivi previsto.*

* Articolo abrogato dall'art. 234 del d.lg. 28/7/1989, n. 271; vedi, comunque, l'art. 248, co. 4 dello stesso decreto.

80. Esclusioni soggettive** (1). – *Il provvedimento di cui all'art. 77 non può essere emesso nei confronti di chi in precedenza ne ha già beneficiato o nei confronti di chi ha riportato condanna a pena detentiva.*

* Articolo abrogato dall'art. 234 del d.lg. 28/7/1989, n. 271; vedi, comunque, l'art. 248, co. 4 dello stesso decreto.

(1) La Corte costituzionale, con sent. 16/7/1987, n. 267 (in G.U. 22/7/1987, n. 30), ha dichiarato l'illegittimità costituzionale del presente articolo nella parte in cui esclude la reiterabilità del provvedimento previsto dall'art. 77 della stessa legge quando l'imputato debba rispondere di reati che si legano con il vincolo della continuazione a quelli per i quali egli già ha beneficiato del provvedimento.

81. Iscrizione nel casellario giudiziale**. – *La sentenza pronunciata a norma dell'art. 77 è iscritta nel casellario giudiziale per i soli effetti di cui all'articolo precedente.*

* Articolo abrogato dall'art. 52 del d.P.R. 14/11/2002, n. 313, con effetto a decorrere dalla data prevista dall'art. 55, del d.P.R. n. 313/2002 medesimo.

82. Esecuzione delle sanzioni sostitutive. – Per l'esecuzione delle sanzioni sostitutive si applicano le disposizioni della Sezione I di questo Capo.

83. Violazione degli obblighi. – Colui il quale viola, in tutto o in parte, gli obblighi impostigli con la sentenza pronunciata a norma dell'articolo 77 è punito con la reclusione da sei mesi a tre anni.

In caso di condanna la pena non può essere sostituita a norma di questo Capo.

84. Comunicazione all'imputato. – Quando per il reato per il quale si procede è ammessa l'oblazione o può trovare applicazione la disposizione prevista dall'articolo 77 ne va fatta menzione nella comunicazione giudiziaria.

85. Entrata in vigore. – Le disposizioni contenute nella presente Sezione si applicano anche ai reati commessi prima dell'entrata in vigore della presente legge.

Capo IV
Estensione della perseguibilità a querela

86. Nuovo testo degli articoli 334 e 335 del codice penale. – Gli articoli 334 e 335 del codice penale sono sostituiti dai seguenti:

Art. 334. (Sottrazione o danneggiamento di cose sottoposte a sequestro disposto nel corso di procedimento penale o dall'autorità amministrativa). – "Chiunque sottrae, sopprime, distrugge, disperde o deteriora una cosa sottoposta a sequestro disposto nel corso di un procedimento penale o dall'autorità amministrativa e affidata alla sua custodia, al solo scopo di favorire il proprietario di essa, è punito con la reclusione da sei mesi a tre anni e con la multa da lire centomila a un milione.

Si applicano la reclusione da tre mesi a due anni e la multa da lire sessantamila a lire seicentomila se la sottrazione, la soppressione, la distruzione, la dispersione o il deterioramento sono commessi dal proprietario della cosa, affidata alla sua custodia.

La pena è della reclusione da un mese ad un anno e della multa fino a lire seicentomila, se il fatto è commesso dal proprietario della cosa medesima non affidata alla sua custodia".

Art. 335. (Violazione colposa di doveri inerenti alla custodia di cose sottoposte a sequestro disposto nel corso di un provvedimento penale o dall'autorità amministrativa). – "Chiunque, avendo in custodia una cosa sottoposta a sequestro disposto nel corso di un procedimento penale o dall'autorità amministrativa, per colpa ne cagiona la distruzione o la dispersione, ovvero ne agevola la sottrazione o la soppressione, è punito con la reclusione fino a sei mesi o con la multa fino a lire seicentomila".

87. Sottrazione, distruzione o danneggiamento di cose sottoposte a pignoramento, sequestro giudiziario o conservativo. – Il terzo comma dell'art. 388 del codice penale è sostituito dai seguenti commi:

"Chiunque sottrae, sopprime, distrugge, disperde o deteriora una cosa di sua proprietà sottoposta a pignoramento ovvero a sequestro giudiziario o conservativo è punito con la reclusione fino a un anno e con la multa fino a lire seicentomila.

Si applicano la reclusione da due mesi a due anni e la multa da lire sessantamila a lire seicentomila se il fatto è commesso dal proprietario su una cosa affidata alla sua custodia e la reclusione da quattro mesi a tre anni e la multa da lire centomila a un milione se il fatto è commesso dal custode al solo scopo di favorire il proprietario della cosa.

Il custode di una cosa sottoposta a pignoramento ovvero a sequestro giudiziario o conservativo che indebitamente rifiuta, omette o ritarda un atto dell'ufficio è punito con la reclusione fino ad un anno o con la multa fino a un milione.

Il colpevole è punito a querela della persona offesa".

88. Violazione colposa dei doveri inerenti alla custodia di cose sottoposte a pignoramento o sequestro giudiziario o conservativo. – Dopo l'art. 388 del codice penale è inserito il seguente:

Art. 388-bis. (Violazione colposa dei doveri inerenti alla custodia di cose sottoposte a pignoramento ovvero a sequestro giudiziario o conservativo). – "Chiunque, avendo in custodia una cosa sottoposta a pignoramento ovvero a sequestro giudiziario o conservativo, per colpa ne cagiona la distruzione o la dispersione, ovvero ne agevola la soppressione o la sottrazione, è punito, a querela della persona offesa, con la reclusione fino a sei mesi o con la multa fino a lire seicentomila".

89. Casi di perseguibilità a querela. – Dopo l'art. 493 del codice penale è inserito il seguente:

Art. 493-bis. (Casi di perseguibilità a querela). – "I delitti previsti dagli articoli 485 e 486 e quelli previsti dagli articoli 488, 489 e 490, quando concernono una scrittura privata, sono punibili a querela della persona offesa. Si procede d'ufficio, se i fatti previsti dagli articoli di cui al precedente comma riguardano un testamento olografo".

90. Modifica dell'articolo 570 del codice penale in materia di violazione degli obblighi di assistenza familiare. – All'art. 570 del codice penale dopo il secondo comma è inserito il seguente:

"Il delitto è punibile a querela della persona offesa salvo nei casi previsti dal n. 1 e, quando il reato è commesso nei confronti dei minori, dal n. 2 del precedente comma".

91. Modifica dell'articolo 582 del codice penale in materia di lesione personale. – Il secondo comma dell'art. 582 del codice penale è sostituito dal seguente:

"Se la malattia ha una durata non superiore ai venti giorni e non concorre alcuna delle circostanze aggravanti previste negli articoli 583 e 585, ad eccezione di quelle indicate nel n. 1 e nell'ultima parte dell'art. 577, il delitto è punibile querela della persona offesa".

92. Modifica dell'articolo 590 del codice penale in materia di lesioni personali colpose. – L'ultimo comma dell'art. 590 del codice penale è sostituito dal seguente:

"Il delitto è punibile a querela della persona offesa, salvo nei casi previsti nel primo e secondo capoverso, limitatamente ai fatti commessi con violazione delle norme per la prevenzione degli infortuni sul lavoro o relative all'igiene del lavoro o che abbiano determinato una malattia professionale".

93. Modifica dell'articolo 627 del codice penale in materia di sottrazione di cose comuni. – Il primo comma dell'art. 627 del codice penale è sostituito dal seguente:

"Il comproprietario, socio o coerede che, per procurare a sé o ad altri un profitto, si impossessa della cosa comune, sottraendola a chi la detiene è punito a querela della persona offesa, con la reclusione fino a due anni o con la multa da lire quarantamila a quattrocentomila".

94. Usurpazione. – L'art. 631 del codice penale è sostituito dal seguente:

"Chiunque, per appropriarsi, in tutto o in parte, dell'altrui cosa immobile, ne rimuove o altera i termini è punito, a querela della persona offesa, con la reclusione fino a tre anni e con la multa fino a lire quattrocentomila".

95. Deviazione di acque e modificazione dello stato dei luoghi. – L'art. 632 del codice penale è sostituito dal seguente:

Art. 632. (Deviazione di acque e modificazione dello stato dei luoghi). – "Chiunque, per procurare a sé o ad altri un ingiusto profitto, devia acque, ovvero immuta nell'altrui proprietà lo stato dei luoghi, è punito, a querela della persona offesa, con la reclusione fino a tre anni e con la multa fino a lire quattrocentomila".

96. Modifica dell'articolo 636 del codice penale in materia di introduzione o abbandono di animali nel fondo altrui e pascolo abusivo. – Nell'art. 636 del codice penale è aggiunto in fine il seguente comma:

"Il delitto è punibile a querela della persona offesa".

97. Casi di esclusione della perseguibilità a querela. – Dopo l'art. 639 del codice penale è inserito il seguente:

Art. 639-bis. (Casi di esecuzione della perseguibilità a querela). – "Nei casi previsti dagli articoli 631, 632, 633 e 636 si procede d'ufficio se si tratta di acque, terreni, fondi o edifici pubblici o destinati ad uso pubblico".

98. Modifica dell'articolo 640 del codice penale in materia di truffa. – Nell'art. 640 del codice penale è aggiunto in fine il seguente comma:

"Il delitto è punibile a querela della persona offesa, salvo che ricorra taluna delle circostanze previste dal capoverso precedente o un'altra circostanza aggravante".

99. Norma transitoria. – Per i reati perseguibili a querela ai sensi delle disposizioni precedenti, commessi prima del giorno dell'entrata in vigore della presente legge, il termine per presentare la querela decorre dal giorno suddetto, se la persona offesa ha avuto in precedenza notizie del fatto costituente reato.

Se è pendente il procedimento, il giudice informa la persona offesa dal reato della facoltà di esercitare il diritto di querela e il termine decorre dal giorno in cui la persona offesa è stata informata.

Capo V
Disposizioni in materia di pene pecuniarie

100. Condizioni economiche del reo; valutazione agli effetti della pena pecuniaria – Pagamento rateale della multa o della ammenda. – Dopo l'art. 133 del codice penale sono inseriti i seguenti:

Art. 133-bis. (Condizioni economiche del reo; valutazione agli effetti della pena pecuniaria). – "Nella determinazione dell'ammontare della multa o dell'ammenda il giudice deve tenere conto, oltre che dei criteri indicati dall'articolo precedente anche delle condizioni economiche del reo.

Il giudice può aumentare la multa o l'ammenda stabilite dalla legge sino al triplo o diminuirle sino ad un terzo quando, per le condizioni economiche del reo, ritenga che la misura massima sia inefficace ovvero che la misura minima sia eccessivamente gravosa".

Art. 133-ter. (Pagamento rateale della multa o dell'ammenda). – "Il giudice, con la sentenza di condanna o con il decreto penale, può disporre, in relazione alle condizioni economiche del condannato, che la multa o l'ammenda venga pagata in rate mensili da tre a trenta. Ciascuna rata tuttavia non può essere inferiore a lire trentamila. In ogni momento il condannato può estinguere la pena mediante un unico pagamento".

101. Nuovo testo degli articoli 24, 26, 66, 78, 135 e 136 del codice penale. – Gli articoli 24, 26, 66, 78, 135, 136 del codice penale sono sostituiti dai seguenti:

"Art. 24. (Multa). La pena della multa consiste nel pagamento allo Stato di una somma non inferiore a lire diecimila, né superiore a dieci milioni.

Per i delitti determinati da motivi di lucro, se la legge stabilisce soltanto la pena della reclusione, il giudice può aggiungere la multa da lire diecimila a lire quattro milioni".

"Art. 26. (Ammenda). – La pena dell'ammenda consiste nel pagamento allo Stato di una somma non inferiore a lire quattromila né superiore a lire due milioni".

"Art. 66. (Limiti degli aumenti di pena nel caso di concorso di più circostanze aggravanti). – Se concorrono più circostanze aggravanti, la pena da applicare per effetto degli aumenti non può superare il triplo del massimo stabilito dalla legge per il reato, salvo che si tratti delle circostanze indicate nel secondo capoverso dell'art. 63, né comunque eccedere;

1) gli anni trenta, se si tratta della reclusione;

2) gli anni cinque, se si tratta dell'arresto;

3) e, rispettivamente, lire venti milioni o quattro milioni, se si tratta della multa o dell'ammenda; ovvero, rispettivamente, lire sessanta milioni o dodici milioni se il giudice si avvale della facoltà di aumento indicata nel capoverso dell'art 133-bis".

"Art. 78. (Limiti degli aumenti delle pene principali). – Nel caso di concorso di reati preveduto dall'art. 73, la pena da applicare a norma dello stesso articolo non può essere superiore al quintuplo della più grave fra le pene concorrenti, né comunque eccedere:

1) trenta anni per la reclusione;

2) sei anni per l'arresto;

3) lire trenta milioni per la multa e sei milioni per l'ammenda; ovvero lire centoventicinque milioni per la multa e venticinque milioni per l'ammenda, se il giudice si vale della facoltà di aumento indicata nel capoverso dell'art. 133-bis.

Nel caso di concorso di reati preveduto dall'art. 74, la durata delle pene da applicare a norma dell'articolo stesso non può superare gli anni trenta. La parte della pena eccedente tale limite è detratta in ogni caso dall'arresto".

"Art. 135. (Ragguaglio fra pene pecuniarie e pene detentive). Quando, per qualsiasi effetto giuridico, si deve eseguire un ragguaglio fra pene pecuniarie e pene detentive, il computo ha luogo calcolando venticinquemila lire, o frazione di venticinquemila lire, di pena pecuniaria per un giorno di pena detentiva".

"Art. 136. (Modalità di conversione di pene pecuniarie). – Le pene della multa e dell'ammenda, non eseguite per insolvibilità del condannato, si convertono a norma di legge".

102. Conversione delle pene pecuniarie principali per mancato pagamento (1). – Il mancato pagamento della multa o dell'ammenda entro il termine di cui all'articolo 660 del codice di procedura penale indicato nell'ordine di esecuzione ne comporta la conversione nella semilibertà sostitutiva.

Il ragguaglio si esegue a norma dell'articolo 135 del codice penale. In ogni caso la semilibertà sostitutiva non può avere durata superiore a quattro anni, se la pena convertita è quella della multa, e durata superiore a due anni, se la pena convertita è quella dell'ammenda.

Se è stato disposto il pagamento rateale, ai sensi dell'articolo 133-ter del codice penale, la conversione ha luogo per la parte residua della pena pecuniaria.

Il condannato può sempre far cessare l'esecuzione della semilibertà pagando la multa o l'ammenda, dedotta la somma corrispondente alla durata della pena da conversione espiata; a tal fine, può essere ammesso al pagamento rateale, ai sensi dell'articolo 133-ter del codice penale.

(1) Articolo sostituito dall'art. 71, co. 1, lett. dd), d.lg. 10/10/2022, n. 150 a decorrere dal 30/12/2022, come disposto dall'art. 99-bis del d.lg. n. 150/2022 medesimo. Per il testo vigente fino a tale data, vedi versione previgente. Salvo che risultino più favorevoli al condannato, le disposizioni in materia di conversione delle pene pecuniarie, previste dal presente articolo si applicano ai reati commessi dopo la sua entrata in vigore.

103. Mancato pagamento della pena pecuniaria per insolvibilità del condannato (1). – Quando le condizioni economiche e patrimoniali del condannato al momento dell'esecuzione rendono impossibile il pagamento della multa o dell'ammenda entro il termine di cui all'articolo 660 del codice di procedura penale indicato nell'ordine di esecuzione, la pena pecuniaria è convertita nel lavoro di pubblica utilità sostitutivo ovvero, se il condannato si oppone, nella detenzione domiciliare sostitutiva.

Il ragguaglio si esegue in ogni caso a norma dell'articolo 135 del codice penale e un giorno di lavoro di pubblica utilità sostitutivo consiste nella prestazione di due ore di lavoro. In ogni caso il lavoro di pubblica utilità sostitutivo e la detenzione domiciliare sostitutiva non possono avere durata superiore a due anni, se la pena convertita è la multa, e durata superiore a un anno, se la pena convertita è l'ammenda.

Se è stato disposto il pagamento rateale, ai sensi dell'articolo 133-ter del codice penale, la conversione ha luogo per la parte residua della pena pecuniaria.

Il condannato può in ogni caso far cessare l'esecuzione del lavoro di pubblica utilità sostitutiva o della detenzione domiciliare sostitutiva pagando la multa o l'ammenda, dedotta la somma corrispondente alla durata della pena da conversione espiata. A tal fine può essere ammesso al pagamento rateale, ai sensi dell'articolo 133-ter del codice penale.

(1) Articolo sostituito dall'art. 71, co. 1, lett. ee), d.lg. 10/10/2022, n. 150 a decorrere dal 30/12/2022, come disposto dall'art. 99-bis del d.lg. n. 150/2022 medesimo. Per il testo vigente fino a tale data, vedi testo storico. Salvo che risultino più favorevoli al condannato, le disposizioni in materia di conversione delle pene pecuniarie, previste dal presente articolo si applicano ai reati commessi dopo la sua entrata in vigore.

103 bis. Inapplicabilità delle misure alternative alla detenzione (1). – Le misure alternative alla detenzione, di cui al Capo VI del Titolo I della legge 26 luglio 1975 n. 354, non si applicano al condannato alla semilibertà sostitutiva o alla detenzione domiciliare sostitutiva derivanti da conversione della pena pecuniaria ai sensi del presente Capo.

(1) Articolo inserito dall'art. 71, co. 1, lett. ff), d.lg. 10/10/2022, n. 150 a decorrere dal 30/12/2022, come disposto dall'art. 99-bis del d.lg. n. 150/2022 medesimo. Salvo che risultino più favorevoli al condannato, le disposizioni in materia di conversione delle pene pecuniarie, previste dal presente articolo si applicano ai reati commessi dopo la sua entrata in vigore.

103 ter. Disposizioni applicabili (1). – Alla semilibertà sostitutiva, alla detenzione domiciliare sostitutiva e al lavoro di pubblica utilità sostitutivo, quali pene da conversione della multa e dell'ammenda ai sensi del presente Capo, si applicano, in quanto compatibili e non espressamente derogate, le disposizioni del Capo III della presente legge e le ulteriori disposizioni di legge, ovunque previste, che si riferiscono alle corrispondenti pene sostitutive.

(1) Articolo inserito dall'art. 71, co. 1, lett. ff), d.lg. 10/10/2022, n. 150 a decorrere dal 30/12/2022, come disposto dall'art. 99-bis del d.lg. n. 150/2022 medesimo. Salvo che risultino più favorevoli al condannato, le disposizioni in materia di conversione delle pene pecuniarie, previste dal presente articolo si applicano ai reati commessi dopo la sua entrata in vigore.

103 quater. Disposizioni relative ai minorenni (1). – La pena pecuniaria, anche sostitutiva, applicata per un reato commesso da persona minore di età, in caso di mancato pagamento si converte nel lavoro di pubblica utilità sostitutivo, se vi è il consenso del minore non più soggetto ad obbligo di istruzione. In caso contrario, si converte nella detenzione domiciliare sostitutiva.

La durata della pena da conversione non può superare un anno, se la pena convertita è la multa, ovvero sei mesi, se la pena convertita è l'ammenda. Tuttavia, in caso di insolvibilità del condannato la durata massima della pena da conversione non può superare sei mesi, se la pena convertita è la multa, ovvero tre mesi, se la pena convertita è l'ammenda.

Si applicano, in quanto compatibili, gli articoli 71, 102 e 103, nonché l'articolo 103-ter. Si applica altresì, in quanto compatibile, l'articolo 660 del codice di procedura penale. Non si applica l'articolo 103-bis e il minore, nel corso dell'esecuzione della detenzione domiciliare sostitutiva, può essere affidato in prova al servizio sociale ai sensi dell'articolo 5 del decreto legislativo 2 ottobre 2018, n. 121.

(1) Articolo inserito dall'art. 71, co. 1, lett. ff), d.lg. 10/10/2022, n. 150 a decorrere dal 30/12/2022, come disposto dall'art. 99-bis del d.lg n. 150/2022 medesimo. Salvo che risultino più favorevoli al condannato, le disposizioni in materia di conversione delle pene pecuniarie, previste dal presente articolo si applicano ai reati commessi dopo la sua entrata in vigore.

104. Nuovo testo degli articoli 163, 175 e 237 del codice penale. – Gli articoli 163, 175 e 237 del codice penale sono sostituiti dai seguenti:

"Art. 163. – (Sospensione condizionale della pena). – Nel pronunciare sentenza di condanna alla reclusione o all'arresto per un tempo non superiore a due anni, ovvero a pena pecuniaria che, sola o congiunta alla pena detentiva e ragguagliata a norma dell'art. 135, sia equivalente ad una pena privativa della libertà personale per un tempo non superiore, nel complesso, a due anni, il giudice può ordinare che l'esecuzione della pena rimanga sospesa per il termine di cinque anni se la condanna è per delitto e di due anni se la condanna è per contravvenzione.

Se il reato è stato commesso da un minore degli anni diciotto, la sospensione può essere ordinata quando si infligga una pena restrittiva della libertà personale non superiore a tre anni, ovvero una pena pecuniaria che, sola o congiunta alla pena detentiva e ragguagliata a norma dell'art. 135, sia equivalente ad una pena privativa della libertà personale per un tempo non superiore, nel complesso, a tre anni.

Se il reato è stato commesso da persona di età superiore agli anni diciotto ma inferiore agli anni ventuno o da chi ha compiuto gli anni settanta, la sospensione può essere ordinata quando si infligga una pena restrittiva della libertà personale non superiore a due anni e sei mesi ovvero una pena pecuniaria che, sola o congiunta alla pena detentiva e ragguagliata a norma dell'art. 135, sia equivalente ad una pena privativa della libertà personale per un tempo non superiore, nel complesso, a due anni e sei mesi".

"Art. 175. – (Non menzione della condanna nel certificato del casellario giudiziale). – Se, con una prima condanna, è inflitta una pena detentiva non superiore a due anni, ovvero una pena pecuniaria non superiore a un milione, il giudice, avuto riguardo alle circostanze indicate nell'art. 133, può ordinare in sentenza che non sia fatta menzione della condanna nel certificato del casellario giudiziale, spedito a richiesta di privati, non per ragione di diritto elettorale.

La non menzione della condanna può essere altresì concessa quando è inflitta congiuntamente una pena detentiva non superiore a due anni ed una pena pecuniaria che, ragguagliata a norma dell'art. 135 e cumulata alla pena detentiva, priverebbe complessivamente il condannato della libertà personale per un tempo non superiore a trenta mesi.

Se il condannato commette successivamente un delitto, l'ordine di non fare menzione della condanna precedente è revocato.

Le disposizioni di questo articolo non si applicano quando alla condanna conseguono pene accessorie".

"Art. 237. (Cauzione di buona condotta). – La cauzione di buona condotta è data mediante il deposito, presso la Cassa delle ammende, di una somma non inferiore a lire duecentomila, nè superiore a lire quattro milioni.

In luogo del deposito, è ammessa la prestazione di una garanzia mediante ipoteca o anche mediante fideiussione solidale.

La durata della misura di sicurezza non può essere inferiore a un anno, né superiore a cinque, e decorre dal giorno in cui la cauzione fu prestata".

105. Lavoro sostitutivo*. – *Il lavoro sostitutivo consiste nella prestazione di un'attività non retribuita, a favore della collettività, da svolgere presso lo Stato, le regioni, le province, i comuni, o presso enti, organizzazioni o corpi di assistenza, di istruzione, di protezione civile e di tutela dell'ambiente naturale o di incremento del patrimonio forestale, previa stipulazione, ove occorra, di speciali convenzioni da parte del Ministero della giustizia, che può delegare il magistrato di sorveglianza.*

Tale attività si svolge nell'ambito della provincia in cui il condannato ha la residenza, per una giornata lavorativa per settimana, salvo che il condannato chieda di essere ammesso ad una maggiore frequenza settimanale.

* Articolo abrogato, a decorrere dal 1/11/2022, dall'art. 98, co. 1, lett. c), d.lg. 10/10/2022, n. 150. Salvo che risultino più favorevoli al condannato, le disposizioni in materia di conversione delle pene pecuniarie, previste dal presente articolo si applicano ai reati commessi dopo la sua entrata in vigore.

106. Esecuzione di pene pecuniarie*. – *L'art. 586 del codice di procedura penale è sostituito dal seguente:*

"Art. 586. (Esecuzione di pene pecuniarie). – Le condanne a pene pecuniarie sono eseguite nei modi stabiliti dalle leggi e dai regolamenti.

Per l'esecuzione delle pene pecuniarie pagabili ratealmente si osservano le disposizioni vigenti, in quanto applicabili, ma l'avviso di pagamento e il precetto debbono indicare l'importo e la scadenza delle singole rate.

Per le garanzie di esecuzione si osservano gli articoli 616, 617 e 618.

Se si tratta di pena pecuniaria applicata con decreto di

condanna emesso dal pretore, assieme al decreto è notificato il precetto con cui si ingiunge di pagare la multa o l'ammenda inflitta e le spese del procedimento entro i cinque giorni successivi alla scadenza del termine per proporre opposizione; ovvero, limitatamente alle pene pecuniarie per le quali sia stato disposto il pagamento rateale entro i cinque giorni successivi alla scadenza di ogni singola rata, sempre che l'opposizione stessa non sia stata proposta.

Quando sia decorso inutilmente il tempo fissato nel precetto per il pagamento della pena rateale, il pubblico ministero o il pretore ordina la conversione della pena pecuniaria per la parte corrispondente.

Quando sono accertate la mancanza di pagamento della pena pecuniaria e l'insolvibilità del condannato e, se ne è il caso, della persona civilmente obbligata per l'ammenda, il pubblico ministero o il pretore ordina la conversione della pena pecuniaria.

Se l'interessato dichiara di opporsi al provvedimento del pubblico ministero o del pretore, si applica il secondo capoverso dell'art. 582 senza effetto sospensivo".

* Articolo abrogato, a decorrere dal 1/11/2022, dall'art. 98, co. 1, lett. c), d.lg. 10/10/2022, n. 150. Salvo che risultino più favorevoli al condannato, le disposizioni in materia di conversione delle pene pecuniarie, previste dal presente articolo si applicano ai reati commessi dopo la sua entrata in vigore.

107. Esecuzione delle pene conseguenti alla conversione della multa o dell'ammenda (1). – Per l'esecuzione della semilibertà sostitutiva, della detenzione domiciliare sostitutiva e del lavoro di pubblica utilità sostitutivo, quali pene conseguenti alla conversione della multa o dell'ammenda, si applicano gli articoli 62, 63, 64, 65, 68 e 69. Competente è il magistrato di sorveglianza, che provvede ai sensi dell'articolo 678, comma 1-bis, del codice di procedura penale.

(1) Articolo sostituito dall'art. 71, co. 1, lett. gg), d.lg. 10/10/2022, n. 150 a decorrere dal 30/12/2022, come disposto dall'art. 99-bis del d.lg n. 150/2022 medesimo. Per il testo vigente fino a tale data, vedi testo storico. Salvo che risultino più favorevoli al condannato, le disposizioni in materia di conversione delle pene pecuniarie, previste dal presente articolo si applicano ai reati commessi dopo la sua entrata in vigore.

108. Inosservanza delle prescrizioni inerenti alle pene conseguenti alla conversione della multa o della ammenda (1). – La mancata esecuzione delle pene conseguenti alla conversione della pena pecuniaria, anche sostitutiva di una pena detentiva, ovvero la violazione grave o reiterata degli obblighi e delle prescrizioni ad esse inerenti, ne comporta la revoca e la parte residua si converte in uguale periodo di reclusione o di arresto, a seconda della specie della pena pecuniaria originariamente inflitta. La detenzione domiciliare e il lavoro di pubblica utilità, tuttavia, possono essere convertiti in altra pena sostitutiva più grave. Competente per la conversione è il magistrato di sorveglianza, che provvede ai sensi dell'articolo 678, comma 1-bis, del codice di procedura penale.

Si applicano, in quanto compatibili, il secondo e il terzo comma dell'articolo 66.

Si applicano le disposizioni di cui al primo e al secondo comma dell'articolo 72.

(1) Articolo sostituito dall'art. 71, co. 1, lett. hh), d.lg. 10/10/2022, n. 150 a decorrere dal 30/12/2022, come disposto dall'art. 99-bis del d.lg n. 150/2022 medesimo. Per il testo vigente fino a tale data, vedi testo storico. Salvo che risultino più favorevoli al condannato, le disposizioni in materia di conversione delle pene pecuniarie, previste dal presente articolo si applicano ai reati commessi dopo la sua entrata in vigore.

109. Mancata esecuzione dolosa di sanzioni pecuniarie. – Dopo l'art. 388-bis del codice penale è inserito il seguente:

"Art. 388-ter. (Mancata esecuzione dolosa di sanzioni pecuniarie). – Chiunque, per sottrarsi all'esecuzione di una multa o di una ammenda o di una sanzione amministrativa pecuniaria, compie, sui propri o sugli altrui beni, atti simulati o fraudolenti, o commette allo stesso scopo altri fatti fraudolenti, è punito, qualora non ottemperi nei termini all'ingiunzione di pagamento contenuta nel precetto, con la reclusione da sei mesi a tre anni".

110. Abrogazione di norma. – È abrogato l'art. 49 della legge 26 luglio 1975, n. 354.

111. Disposizioni transitorie. – Le norme sulla conversione delle pene pecuniarie si applicano ai reati commessi successivamente all'entrata in vigore della presente legge.

In deroga a quanto disposto dall'articolo 172 del codice penale, la pena della multa inflitta, anche congiuntamente a quella della reclusione, per reati commessi prima della entrata in vigore della presente legge, si estingue col decorso del termine di dieci anni dalla data di entrata in vigore della presente legge; tuttavia, se la sentenza di condanna è divenuta irrevocabile successivamente alla data di entrata in vigore della presente legge, la pena della multa si estingue col decorso di dieci anni dal passaggio in giudicato della sentenza.

112. Perdono giudiziale. – L'art. 19 del regio decreto-legge 20 luglio 1934, n. 1404, convertito, con modificazioni, nella legge 27 maggio 1935, n. 835, è sostituito dal seguente:

"Art. 19. (Perdono giudiziale). – Se per il reato commesso da minore degli anni diciotto il tribunale per i minorenni ritiene che si possa applicare una pena restrittiva della libertà personale non superiore a due anni, ovvero una pena pecuniaria non superiore a lire tre milioni, anche se congiunta a detta pena, può applicare il perdono giudiziale, sia quando provvede a norma dell'art. 14 sia nel giudizio".

113. Aumento delle pene pecuniarie. – Le pene pecuniarie comminate per i reati previsti dal codice penale o dalle leggi speciali, nonché le sanzioni pecuniarie comminate per le infrazioni previste dal codice di procedura penale, aumentate per effetto della legge 12 luglio 1961, n. 603, sono moltiplicate per cinque.

Sono altresì moltiplicate per cinque le pene pecuniarie comminate per reati previsti da leggi entrate in vigore dopo il 21 ottobre 1947 e prima della legge 12 luglio 1961, n. 603.

Le pene pecuniarie comminate per reati previsti da leggi entrate in vigore dopo la legge 12 luglio 1961, n. 603, e fino al 31 dicembre 1970 sono moltiplicate per tre.

Quelle comminate per reati previsti da leggi entrate in vigore dopo il 31 dicembre 1970 e fino al 31 dicembre 1975, ad eccezione delle leggi in materia di imposte dirette e di tasse ed imposte indirette sugli affari, sono moltiplicate per due.

Quando, tenuto conto degli aumenti previsti nei commi precedenti, la legge stabilisce la pena dell'ammenda inferiore nel minimo a euro 2 o nel massimo a euro 5, i limiti edittali sono elevati rispettivamente a euro 5 e a euro 12 (1).

(1) A norma dell'art. 3, co. 61, l. 15/7/2009, n. 94, la pena dell'ammenda consiste nel pagamento di una somma non inferiore a 20 euro e non superiore a euro 10.000.

114. Aumento delle sanzioni amministrative pecuniarie (1). – Le disposizioni dell'articolo precedente si applicano a tutte le sanzioni amministrative pecuniarie originariamente previste come sanzioni penali.

Le altre sanzioni amministrative pecuniarie inferiori nel minimo a euro 20 o nel massimo a euro 50 sono elevate, rispettivamente, a euro 20 e a euro 50 (2).

Le disposizioni dei precedenti commi si applicano anche alle violazioni finanziarie.

(1) Per l'interpretazione delle disposizioni di cui al presente articolo, vedi l'art. 20, co. 3, l. 24/3/1989, n. 122.

(2) Comma modificato dall'art. 3, co. 64, l. 15/7/2009, n. 94.

115. Pene proporzionali. – Le disposizioni degli articoli 113 e 114 non si applicano alle pene e sanzioni amministrative pecuniarie quando l'ammontare delle stesse o della pena base che viene assunta per la loro determinazione non è fissato direttamente dalla legge ma è diversamente stabilito.

116. Nuovo testo degli articoli 196 e 197 del codice penale. – Gli articoli 196 e 197 del codice penale sono sostituiti dai seguenti:

"Art. 196. (Obbligazione civile per le multe e le ammende inflitte a persona dipendente). – Nei reati commessi da chi è soggetto all'altrui autorità, direzione o vigilanza, la persona rivestita dell'autorità, o incaricata della direzione o vigilanza, è obbligata, in caso di insolvibilità del condannato, al pagamento di una somma pari all'ammontare della multa o dell'ammenda inflitta al colpevole, se si tratta di violazioni di disposizioni che essa era tenuta a far osservare e delle quali non debba rispondere penalmente.

Qualora la persona preposta risulti insolvibile, si applicano al condannato le disposizioni dell'art. 136".

"Art. 197. (Obbligazione civile delle persone giuridiche per il pagamento delle multe e delle ammende). – Gli enti forniti di personalità giuridica, eccettuati lo Stato, le regioni, le provincie ed i comuni, qualora sia pronunciata condanna per reato contro chi ne abbia la rappresentanza, o l'amministrazione, o sia con essi in rapporto di dipendenza, e si tratti di reato che costituisca violazione degli obblighi inerenti alla qualità rivestita dal colpevole, ovvero sia commesso nell'interesse della persona giuridica, sono obbligati al pagamento, in caso di insolvibilità del condannato, di una somma pari all'ammontare della multa o dell'ammenda inflitta.

Se tale obbligazione non può essere adempiuta, si applicano al condannato le disposizioni dell'art. 136".

117. Persona civilmente obbligata per l'ammenda e per la multa. – Tutte le disposizioni processuali relative alla persona civilmente obbligata per l'ammenda si intendono riferite anche alla persona civilmente obbligata per la multa.

Capo VI
Disposizioni in materia di pene accessorie, prescrizione, oblazione, sospensione condizionale della pena e confisca

118. Modifiche dell'articolo 19 del codice penale, in materia di pene accessorie – Specie. – I primi due commi dell'art. 19 del codice penale sono sostituiti dai seguenti:

"Le pene accessorie per i delitti sono:

1) l'interdizione dai pubblici uffici;

2) l'interdizione da una professione o da un'arte;

3) l'interdizione legale;

4) l'interdizione dagli uffici direttivi delle persone giuridiche e delle imprese;

5) l'incapacità di contrattare con la pubblica amministrazione;

6) la decadenza o la sospensione dall'esercizio della potestà dei genitori.

Le pene accessorie per le contravvenzioni sono:

1) la sospensione dall'esercizio di una professione o di un'arte;

2) la sospensione dagli uffici direttivi delle persone giuridiche e delle imprese".

119. Modifiche dell'articolo 32 del codice penale in materia di interdizione legale. – Il secondo ed il terzo comma dell'art. 32 del codice penale sono sostituiti dai seguenti:

"La condanna all'ergastolo importa anche la decadenza dalla potestà dei genitori.

Il condannato alla reclusione per un tempo non inferiore a cinque anni è, durante la pena, in stato d'interdizione legale; la condanna produce altresì, durante la pena, la sospensione dall'esercizio della potestà dei genitori, salvo che il giudice disponga altrimenti".

120. Nuove norme in materia di interdizione temporanea dagli uffici direttivi delle persone giuridiche e delle imprese e di incapacità di contrattare con la pubblica amministrazione. – Dopo l'art. 32 del codice penale sono inseriti i seguenti articoli:

"Art. 32-bis. (Interdizione temporanea dagli uffici direttivi delle persone giuridiche e delle imprese). – L'interdizione dagli uffici direttivi delle persone giuridiche e delle imprese priva il condannato della capacità di esercitare, durante l'interdizione, l'ufficio di amministratore, sindaco, liquidatore e direttore generale, nonché ogni altro ufficio con potere di rappresentanza della persona giuridica o dell'imprenditore.

Essa consegue ad ogni condanna alla reclusione non inferiore a sei mesi per delitti commessi con abuso dei poteri o violazione dei doveri inerenti all'ufficio".

"Art. 32-ter. (Incapacità di contrattare con la pubblica amministrazione). – L'incapacità di contrattare con la pubblica amministrazione importa il divieto di concludere contratti con la pubblica amministrazione, salvo che per ottenere le prestazioni di un pubblico servizio.

Essa non può avere durata inferiore ad un anno né superiore a tre anni".

"Art. 32-quater. (Casi nei quali alla condanna consegue la incapacità di contrattare con la pubblica amministrazione). – Ogni condanna per i delitti previsti dagli articoli 317, 318, 319, 320, 321, 353, 355, 356, 416, 437, 501, 501-bis, 640, n. 1 del capoverso, commessi a causa o in occasione dell'esercizio di un'attività imprenditoriale, importa l'incapacità di contrattare con la pubblica amministrazione".

121. Modifica dell'articolo 33 del codice penale in materia di condanna per delitto colposo. – Il primo comma dell'art. 33 del codice penale è sostituito dal seguente:

"Le disposizioni dell'art. 29 e del secondo capoverso dell'art. 32 non si applicano nel caso di condanna per delitto colposo".

122. Decadenza dalla potestà dei genitori e sospensione dal suo esercizio. – L'art. 34 del codice penale è sostituito dal seguente:

"Art. 34. (Decadenza dalla potestà dei genitori e sospensione dall'esercizio di essa). – La legge determina i casi nei quali la condanna importa la decadenza dalla potestà dei genitori.

La condanna per delitti commessi con abuso della potestà dei genitori importa la sospensione dall'esercizio di essa per un periodo di tempo pari al doppio della pena inflitta.

La decadenza dalla potestà dei genitori importa anche la privazione di ogni diritto che al genitore spetti sui beni del figlio in forza della potestà di cui al titolo IX del libro I del codice civile.

La sospensione dall'esercizio della potestà dei genitori importa anche l'incapacità di esercitare, durante la sospensione, qualsiasi diritto che al genitore spetti sui beni del figlio in base alle norme del titolo IX del libro I del codice civile".

123. Sospensione dall'esercizio degli uffici direttivi delle persone giuridiche e delle imprese. – Dopo l'art. 35 del codice penale è inserito il seguente:

"Art. 35-bis. (Sospensione dall'esercizio degli uffici direttivi delle persone giuridiche e delle imprese). – La sospensione dall'esercizio degli uffici direttivi delle persone giuridiche e delle imprese priva il condannato della capacità di esercitare, durante la sospensione, l'ufficio di amministratore, sindaco, liquidatore e direttore generale, nonché ogni altro ufficio con potere di rappresentanza della persona giuridica o dell'imprenditore.

Essa non può avere una durata inferiore a quindici giorni né superiore a due anni e consegue ad ogni condanna all'arresto per contravvenzioni commesse con abuso dei poteri o violazione dei doveri inerenti all'ufficio".

124. Applicazione provvisoria di pene accessorie. – L'art. 140 del codice penale è sostituito dal seguente:

"Art. 140. (Applicazione provvisoria di pene accessorie). – Il giudice, durante la istruzione, nei procedimenti per reati per i quali, in caso di condanna, può essere applicata una pena accessoria, può disporne in via provvisoria l'applicazione quando sussistano specificate, inderogabili esigenze istruttorie o sia necessario impedire che il reato venga portato a conseguenze ulteriori.

L'interdizione dai pubblici uffici può essere applicata provvisoriamente solo nei procedimenti per reati commessi con abuso dei poteri o con violazione dei doveri inerenti a una pubblica funzione o ad un pubblico servizio o a taluno degli uffici indicati nel n. 3 del capoverso dell'art. 28.

La sospensione provvisoria non si applica agli uffici elettivi ricoperti per diretta investitura popolare.

La pena accessoria provvisoriamente applicata non può avere durata superiore alla metà della durata massima prevista dalla legge ed è computata nella durata della pena accessoria conseguente alla condanna".

125. Modifica dell'articolo 157 del codice penale in materia di prescrizione e tempo necessario a prescrivere. – Il n. 6 del primo comma dell'art. 157 del codice penale è sostituito dal seguente:

"6) in due anni, se si tratta di contravvenzione per cui la legge stabilisce la pena dell'ammenda".

126. Oblazione nelle contravvenzioni punite con pene alternative. – Dopo l'art. 162 del codice penale è inserito il seguente:

"Art. 162-bis. (Oblazione nelle contravvenzioni punite con pene alternative). – Nelle contravvenzioni per le quali la legge stabilisce la pena alternativa dell'arresto o dell'ammenda, il contravventore può essere ammesso a pagare, prima dell'apertura del dibattimento, ovvero prima del decreto di condanna, una somma corrispondente alla metà del massimo dell'ammenda stabilita dalla legge per la contravvenzione commessa oltre le spese del procedimento.

Con la domanda di oblazione il contravventore deve depositare la somma corrispondente alla metà del massimo dell'ammenda.

L'oblazione non è ammessa quando ricorrono i casi previsti dal terzo capoverso dell'art. 99, dall'art. 104 o dall'art. 105, né quando permangono conseguenze dannose o pericolose del reato eliminabili da parte del contravventore.

In ogni altro caso il giudice può respingere con ordinanza la domanda di oblazione, avuto riguardo alla gravità del fatto.

La domanda può essere riproposta sino all'inizio della discussione finale del dibattimento di primo grado.

Il pagamento delle somme indicate nella prima parte del presente articolo estingue il reato".

127. Applicazione di norme. – Le disposizioni dell'art. 162-bis del codice penale si applicano anche ai reati indicati nelle lettere f), h), i), n) del primo comma dell'art. 34.

128. Obblighi del condannato. – L'art. 165 del codice penale è sostituito dal seguente:

"Art. 165. (Obblighi del condannato). – La sospensione condizionale della pena può essere subordinata all'adempimento dell'obbligo delle restituzioni, al pagamento della somma liquidata a titolo di risarcimento del danno o provvisoriamente assegnata sull'ammontare di esso e alla pubblicazione della sentenza a titolo di riparazione del danno; può altresì essere subordinata, salvo che la legge disponga altrimenti, all'eliminazione delle conseguenze dannose o pericolose del reato, secondo le modalità indicate dal giudice nella sentenza di condanna.

La sospensione condizionale della pena, quando è concessa a persona che ne ha già usufruito, deve essere subordinata all'adempimento di uno degli obblighi previsti nel comma precedente, salvo che ciò sia impossibile.

Il giudice nella sentenza stabilisce il termine entro il quale gli obblighi devono essere adempiuti".

129. Inosservanza di pene accessorie. – L'art. 389 del codice penale è sostituito dal seguente:

"Art. 389. (Inosservanza di pene accessorie). – Chiunque, avendo riportato una condanna da cui consegue una pena accessoria, trasgredisce agli obblighi o ai divieti inerenti a tale pena, è punito con la reclusione da due a sei mesi.

La stessa pena si applica a chi trasgredisce agli obblighi o ai divieti inerenti ad una pena accessoria provvisoriamente applicata".

130. Modifiche dell'articolo 200 del codice di procedura penale in materia di impugnazione di ordinanze emesse in giudizio. – Dopo il primo comma dell'art. 200 del codice di procedura penale è inserito il seguente:

"L'impugnazione dell'ordinanza che decide sulla domanda di oblazione può essere proposta soltanto con l'impugnazione contro la sentenza".

131. Applicazione provvisoria di pene accessorie o di misure di sicurezza. – L'art. 301 del codice di procedura penale è sostituito dal seguente:

"Art. 301. (Applicazione provvisoria di pene accessorie o di misure di sicurezza). – L'applicazione provvisoria delle pene accessorie, nei casi consentiti dalla legge, è disposta dal giudice, anche d'ufficio, con decreto motivato, in qualunque stato dell'istruzione, dopo l'interrogatorio dell'imputato o, se questo non è possibile, dopo la emissione di un mandato. Il decreto è immediatamente comunicato al pubblico ministero per l'esecuzione.

Le stesse disposizioni si osservano per l'applicazione provvisoria delle misure di sicurezza.

Contro il provvedimento del giudice istruttore che dispone l'applicazione provvisoria della pena accessoria o della misura di sicurezza o che non accoglie la richiesta del pubblico ministero, il procuratore della Repubblica, il procuratore generale e l'imputato possono proporre appello dinanzi alla sezione istruttoria della corte di appello.

Contro il provvedimento emesso dalla sezione istruttoria può essere proposto ricorso per cassazione.

L'impugnazione non sospende l'esecuzione del provvedimento".

132. Modificazioni dell'articolo 400 del codice di procedura penale in materia di provvedimenti per l'applicazione provvisoria di pene accessorie o di misure di sicurezza. – Dopo l'ultimo comma dell'art. 400 del codice di procedura penale sono aggiunti i seguenti commi:

"Si applicano le disposizioni previste dal terzo, quarto ed ultimo comma dell'art. 301; contro il provvedimento emesso dal pretore l'appello è proposto dinanzi al giudice istruttore; contro la decisione emessa dal giudice istruttore in grado di appello può essere proposto ricorso per cassazione.

L'impugnazione non sospende l'esecuzione del provvedimento".

133. Esecuzione provvisoria di misure di sicurezza. – L'art. 485 del codice di procedura penale è sostituito dal seguente:

"Art. 485. (Esecuzione provvisoria di misure di sicurezza). – Il giudice, quando abbia disposto una misura di sicurezza, può, nei casi consentiti dall'art. 206 del codice penale, ordinarne con la sentenza la provvisoria esecuzione.

La sentenza è impugnabile anche per il capo che dispone l'esecuzione provvisoria della misura di sicurezza; ma l'impugnazione non ne sospende l'esecuzione".

134. Appello contro sentenze del pretore. – L'art. 512 del codice di procedura penale è sostituito dal seguente:

"Art. 512. (Appello contro sentenze del pretore). – Contro le sentenze del pretore possono appellare al tribunale:

1) l'imputato nel caso di condanna per delitto o per contravvenzione punita con pena alternativa o per la quale non è ammessa la oblazione ovvero quando è stato dichiarato contravventore abituale o professionale;

2) l'imputato nel caso di proscioglimento da delitto o da contravvenzione per la quale la legge stabilisce la pena dell'arresto, qualora il proscioglimento sia pronunciato per estinzione del reato a seguito di giudizio di comparizione tra circostanze o per insufficienza di prove o per concessione del perdono giudiziale ovvero perché si tratta di persona non imputabile o di persona non punibile perché il fatto non costituisce reato, se è stata applicata o può, con provvedimento successivo, essere applicata una misura di sicurezza;

3) il rappresentante del pubblico ministero nel dibattimento davanti al pretore e il procuratore della Repubblica nel caso di proscioglimento, se l'imputazione riguardava un delitto o una contravvenzione punibile con l'arresto; e nel caso di condanna per delitto ovvero per contravvenzione punita con pena alternativa o per la quale non è ammessa l'oblazione".

135. Appello contro sentenze del tribunale e della corte d'assise. – L'art. 513 del codice di procedura penale è sostituito dal seguente:

"Art. 513. (Appello contro sentenze del tribunale e della corte di assise). – Contro le sentenze del tribunale e della corte di assise possono appellare, rispettivamente, alla corte di appello e alla corte di assise di appello, salvo che la legge disponga altrimenti:

1) l'imputato nel caso di condanna per delitto o per contravvenzione punita con pena alternativa o per la quale non è ammessa la oblazione ovvero quando è stato dichiarato contravventore abituale o professionale;

2) l'imputato nel caso di proscioglimento da delitto o da contravvenzione per la quale la legge stabilisce la pena dell'arresto, qualora il proscioglimento sia pronunziato per estinzione del reato a seguito di giudizio di comparazione tra circostanze o per insufficienza di prove o per perdono giudiziale ovvero perché si tratta di persona non imputabile o di persona non punibile perché il fatto non costituisce reato, se è stata applicata o può, con provvedimento successivo, essere applicata una misura di sicurezza;

3) il procuratore della Repubblica e il procuratore generale presso la corte di appello nel caso di proscioglimento, se la imputazione riguardava un delitto o una contravvenzione punibile con l'arresto, e nel caso di condanna per delitto ovvero per contravvenzione punita con pena alternativa o per la quale non è ammessa la oblazione".

136. Modifiche dell'articolo 522 del codice di procedura penale in materia di questioni di nullità. – All'art. 522 del codice di procedura penale è aggiunto in fine il seguente comma:

"Quando il giudice di primo grado ha respinto la domanda di oblazione, il giudice di appello, se riconosce erronea tale decisione, accoglie la domanda e sospende il dibattimento fissando un termine massimo non superiore a dieci giorni per il pagamento delle somme dovute. Se il pagamento avviene nel termine, il giudice di appello pronuncia sentenza di proscioglimento".

137. Modifiche dell'articolo 604 del codice di procedura penale in materia di provvedimenti da iscrivere nel casellario. – Nell'art. 604 del codice di procedura penale, al capoverso del n. 1, dopo le parole: "Non sono iscritti nel casellario giudiziale: le sentenze e i decreti di condanna concernenti contravvenzioni per le quali è ammessa la definizione in via amministrativa o l'oblazione, salvo che", sono inserite le seguenti: "si tratti di contravvenzioni punite con la pena alternativa dell'arresto o dell'ammenda o che".

138. Modifiche alle disposizioni di attuazione, di coordinamento e transitorie del codice di procedura penale. – Dopo l'art. 48 delle disposizioni di attuazione del codice di procedura penale, approvate con regio decreto 28 maggio 1931, n. 602, sono inseriti i seguenti articoli:

"Art. 48-bis. – Quando sono state sequestrate cose che possono essere restituite previa esecuzione di specifiche prescrizioni, il giudice, se l'interessato consente, ne ordina la restituzione impartendo le prescrizioni del caso ed imponendo una idonea cauzione o malleveria a garanzia della esecuzione delle prescrizioni nel termine stabilito.

Scaduto il termine, se le prescrizioni non sono adempiute, il giudice provvede ai sensi dell'ultimo capoverso dell'art. 345 del codice di procedura penale".

"Art. 48-ter. – Nei casi previsti dall'ultimo capoverso dell'art. 345 e dal primo capoverso dell'art. 625 del codice di procedura penale, il giudice, prima di ordinare la vendita o la distruzione delle cose sequestrate, dispone, osservate le formalità di cui agli articoli 304-bis e 304-ter del codice di procedura penale, il prelievo di campioni, quando ciò è possibile ed utile per l'ulteriore corso del procedimento".

139. Modifica dell'articolo 116 delle norme sugli assegni bancari, circolari e su titoli speciali dell'istituto di emissione, e dei Banchi di Napoli e di Sicilia. – Nell'art. 116 del regio decreto 21 dicembre 1933, n. 1736, dopo il primo comma è inserito il seguente:

"Nei casi più gravi la condanna per uno dei delitti previsti nei numeri 1 e 2 del comma precedente importa, indipendentemente dall'applicazione dell'art. 69 del codice penale, la pubblicazione della sentenza di condanna e il divieto di emettere assegni bancari o postali per un periodo da uno a tre anni".

140. Disposizioni aggiuntive alle norme in materia di assegni bancari, circolari e su titoli speciali dell'istituto di emissione, e dei Banchi di Napoli e di Sicilia. – Dopo l'art. 116 del regio decreto 21 dicembre 1933, n. 1736, è inserito il seguente:

"Art. 116-bis – Chiunque, avendo riportato la pena accessoria prevista dall'articolo precedente, trasgredisce agli obblighi ad essa inerenti è punito, per il solo fatto dell'emissione dell'assegno, ai sensi dell'art. 389 del codice penale.

Si applica la reclusione da sei mesi a due anni e la multa da lire centomila a lire due milioni, a chi, violando il divieto di emettere assegni bancari e postali, commette uno dei delitti previsti dai numeri 1 e 2 del primo comma dell'articolo precedente.

La condanna importa la pubblicazione della sentenza e il divieto di emettere assegni bancari e postali per la durata di due anni".

141. Ulteriori disposizioni aggiuntive alle norme in materia di assegni bancari, circolari e su titoli speciali dell'istituto di emissione, e dei Banchi di Napoli, e di Sicilia. – Dopo l'art. 123 del regio decreto 21 dicembre 1933, n. 1736, sono inseriti i seguenti articoli:

"Art. 124. – All'atto del rilascio di moduli di assegno bancario o postale il dipendente responsabile fa sottoscrivere al richiedente una dichiarazione dalla quale risulta che lo stesso non è interdetto dall'emissione di assegni bancari o postali.

Il richiedente che dichiara il falso è punito con la reclusione da sei mesi a due anni".

"Art. 125. – Il dipendente che consegna moduli di assegno bancario o postale senza farsi rilasciare la dichiarazione prevista nell'articolo precedente è punito, salvo che il fatto costituisca un più grave reato, con l'arresto da due a sei mesi o con l'ammenda da lire duecentomila a lire cinquecentomila.

Il dipendente che consegna moduli di assegno bancario o postale a chi abbia dichiarato di essere stato interdetto dalla emissione di assegni bancari o postali, è punito, salvo che il fatto costituisca più grave reato, con la reclusione da sei mesi a due anni".

142. Modifiche nel testo unico delle norme sulla circolazione stradale. – Dopo l'art. 80 del testo unico delle norme sulla circolazione stradale, approvato con decreto del Presidente della Repubblica 15 giugno 1959, n. 393, modificato dall'art. 2 della legge 14 febbraio 1974, n. 62, sono inseriti i seguenti articoli:

"Art. 80-bis. (Confisca e sequestro del veicolo). – Con la sentenza di condanna per i reati previsti dal dodicesimo al quattordicesimo comma dell'articolo precedente il giudice ordina la confisca del veicolo, salvo che esso appartenga a persona estranea al reato.

L'autorità giudiziaria competente e, in caso di flagranza, anche gli ufficiali e gli agenti di polizia giudiziaria devono procedere al sequestro del veicolo, osservando le norme sulla istruzione formale".

"Art. 80-ter. (Pena accessoria). – Con la sentenza di condanna per il reato previsto dal dodicesimo comma dell'art. 80 il giudice, quando non sia possibile ordinare la confisca del veicolo, dispone la sospensione della patente di guida del condannato per la stessa durata della pena principale".

143. Disposizioni aggiuntive alla legge sulla disciplina degli stupefacenti e sostanze psicotrope. – Dopo l'art. 80 della legge 22 dicembre 1975, n. 685, è inserito il seguente:

"Art. 80-bis. (Destinazione delle sostanze confiscate dal giudice e confiscabili dal Ministro della sanita). – Le sostanze confiscate e quelle da confiscare in base all'articolo precedente sono immediatamente versate al Ministero della sanità".

144. Modifica alla legge recante norme per la tutela delle acque dall'inquinamento. – Al terzo comma dell'art. 21 della legge 10 maggio 1976, n. 319, è aggiunto in fine il seguente periodo: "La condanna importa la incapacità di contrattare con la pubblica amministrazione".

145. Norma aggiuntiva alla legge recante disposizioni penali in materia di infrazioni valutarie*. *– Al quarto comma dell'art. 1 del decreto-legge 4 marzo 1976, n. 31, convertito, con modificazioni, nella legge 30 aprile 1976, n. 159, è aggiunto in fine il seguente periodo: "La condanna importa l'incapacità di contrattare con la pubblica amministrazione".*

* Articolo abrogato, con decorrenza dal 1/1/1989, dall'art. 42 del d.P.R. 31/3/1988, n. 148.

146. Norma di coordinamento. – Ogni qualvolta nel codice penale o in altre leggi ricorre l'espressione "patria potestà" la medesima è sostituita dalla espressione "potestà dei genitori".

147. Modifica dell'articolo 2638 del codice civile in materia di accettazione di retribuzione non dovuta da parte di amministratore giudiziario o commissario governativo. – Il secondo comma dell'art. 2638 del codice civile è sostituito dal seguente:

"Nei casi più gravi può inoltre essere disposta l'interdizione dagli uffici direttivi delle persone giuridiche e delle imprese".

148. Disposizioni abrogative e di coordinamento. – L'art. 2641 del codice civile è abrogato.

Quando nelle leggi speciali è richiamato l'art. 2641 del codice civile tale richiamo si intende operato all'art. 32-bis del codice penale.

D.lg. 15 gennaio 2016, n. 8

Disposizioni in materia di depenalizzazione, a norma dell'articolo 2, comma 2, della legge 28 aprile 2014, n. 67

1. Depenalizzazione di reati puniti con la sola pena pecuniaria ed esclusioni. – 1. Non costituiscono reato e sono soggette alla sanzione amministrativa del pagamento di una somma di denaro tutte le violazioni per le quali è prevista la sola pena della multa o dell'ammenda.

2. La disposizione del comma 1 si applica anche ai reati in esso previsti che, nelle ipotesi aggravate, sono puniti con la pena detentiva, sola, alternativa o congiunta a quella pecuniaria. In tal caso, le ipotesi aggravate sono da ritenersi fattispecie autonome di reato.

3. La disposizione del comma 1 non si applica ai reati previsti dal codice penale, fatto salvo quanto previsto dall'articolo 2, comma 6, e a quelli compresi nell'elenco allegato al presente decreto.

4. La disposizione del comma 1 non si applica ai reati di cui al decreto legislativo 25 luglio 1998, n. 286.

5. La sanzione amministrativa pecuniaria, di cui al primo comma, è così determinata:

a) da euro 5.000 a euro 10.000 per i reati puniti con la multa o l'ammenda non superiore nel massimo a euro 5.000;

b) da euro 5.000 a euro 30.000 per i reati puniti con la multa o l'ammenda non superiore nel massimo a euro 20.000;

c) da euro 10.000 a euro 50.000 per i reati puniti con la multa o l'ammenda superiore nel massimo a euro 20.000.

6. Se per le violazioni previste dal comma 1 è prevista una pena pecuniaria proporzionale, anche senza la determinazione dei limiti minimi o massimi, la somma dovuta è pari all'ammontare della multa o dell'ammenda, ma non può, in ogni caso, essere inferiore a euro 5.000 né superiore a euro 50.000.

2. Depenalizzazione di reati del codice penale. – 1. All'articolo 527 del codice penale sono apportate le seguenti modificazioni:

a) nel primo comma, le parole «è punito con la reclusione da tre mesi a tre anni» sono sostituite dalle seguenti: «è soggetto alla sanzione amministrativa pecuniaria da euro 5.000 a euro 30.000»;

b) nel secondo comma, le parole «La pena è aumentata da un terzo alla metà» sono sostituite dalle seguenti: «Si applica la pena della reclusione da quattro mesi a quattro anni e sei mesi.».

2. All'articolo 528 del codice penale sono apportate le seguenti modificazioni:

a) nel primo comma, le parole «è punito con la reclusione da tre mesi a tre anni e con la multa non inferiore a euro 103» sono sostituite dalle seguenti: «è soggetto alla sanzione amministrativa pecuniaria da euro 10.000 a euro 50.000»;

b) nel secondo comma, le parole «Alla stessa pena» sono sostituite dalle seguenti: «Alla stessa sanzione»;

c) nel terzo comma, le parole «Tale pena si applica inoltre» sono sostituite dalle seguenti: «Si applicano la reclusione da tre mesi a tre anni e la multa non inferiore a euro 103».

3. All'articolo 652 del codice penale sono apportate le seguenti modificazioni:

a) nel primo comma, le parole «è punito con l'arresto fino a tre mesi o con l'ammenda fino a euro 309» sono sostituite dalle seguenti: «è soggetto alla sanzione amministrativa pecuniaria da euro 5.000 a euro 15.000»;

b) nel secondo comma, le parole «è punito con l'arresto da uno a sei mesi ovvero con l'ammenda da euro 30 a euro 619» sono sostituite dalle seguenti: «è soggetto alla sanzione amministrativa pecuniaria da euro 6.000 a euro 18.000».

4. All'articolo 661 del codice penale, le parole «è punito» sono sostituite con le seguenti: «è soggetto» e le parole «con l'arresto fino a tre mesi o con l'ammenda fino a euro 1.032» sono sostituite dalle seguenti: «alla sanzione amministrativa pecuniaria da euro 5.000 a euro 15.000».

5. All'articolo 668 del codice penale sono apportate le seguenti modificazioni:

a) nel primo comma, le parole «è punito con l'arresto fino a sei mesi o con l'ammenda fino a euro 309» sono sostituite dalle seguenti: «è soggetto alla sanzione amministrativa pecuniaria da euro 5.000 a euro 15.000»;

b) nel secondo comma, le parole «Alla stessa pena» sono sostituite dalle seguenti: «Alla stessa sanzione»;

c) nel terzo comma, le parole «la pena pecuniaria e la pena detentiva sono applicate congiuntamente» sono sostituite dalle seguenti: «si applica la sanzione amministrativa pecuniaria da euro 10.000 a euro 30.000».

6. L'articolo 726 del codice penale è sostituito dal seguente: «Chiunque, in un luogo pubblico o aperto o esposto al pubblico, compie atti contrari alla pubblica decenza è soggetto alla sanzione amministrativa pecuniaria da euro 5.000 a euro 10.000».

3. Altri casi di depenalizzazione. – 1. Alla legge 8 gennaio 1931, n. 234, sono apportate le seguenti modificazioni:

a) all'articolo 8, primo comma, in fine, dopo la parola «reato» sono aggiunte le seguenti: «, o delle sanzioni amministrative pecuniarie, qualora si tratti di illeciti amministrativi»;

b) all'articolo 11:

1) al primo comma, le parole «reato più grave, con una ammenda da lire 40.000 a lire 400.000 o con l'arresto fino a due anni» sono sostituite dalle seguenti: «reato, con la sanzione amministrativa pecuniaria da euro 10.000 a euro 50.000»;

2) il secondo comma è sostituito dal seguente: «Chiunque commette la violazione indicata nel primo comma, dopo avere commesso la stessa violazione accertata con provvedimento esecutivo, è punito con l'arresto fino a tre anni o con l'ammenda da euro 30 a euro 309.»;

3) al terzo comma dell'articolo 11, le parole «Si fa luogo alla confisca, a termini del Codice di procedura penale» sono sostituite dalle seguenti: «Si fa luogo a confisca amministrativa»;

c) l'articolo 12 è abrogato.

2. Alla legge 22 aprile 1941, n. 633, sono apportate le seguenti modificazioni:

a) all'articolo 171-quater, primo comma, le parole «più grave reato, è punito con l'arresto sino ad un anno o con l'ammenda da lire un milione a lire dieci milioni» sono sostituite dalle seguenti: «reato, è soggetto alla sanzione amministrativa pecuniaria da euro 5.000 a euro 30.000»;

b) all'articolo 171-sexies, comma 2, le parole «e 171-ter e 171-quater» sono sostituite dalle seguenti: «171-ter e l'illecito amministrativo di cui all'articolo 171-quater».

3. All'articolo 3 del decreto legislativo luogotenenziale 10 agosto 1945, n. 506, sono apportate le seguenti modificazioni:

a) le parole «è punito con l'arresto non inferiore nel minimo a sei mesi o con l'ammenda non inferiore a lire 2.000.000» sono sostituite dalle seguenti: «è soggetto alla sanzione amministrativa pecuniaria da euro 10.000 a euro 50.000»;

b) le parole «la pena è dell'arresto non inferiore a tre mesi o dell'ammenda non inferiore a lire 1.000.000» sono sostituite dalle seguenti: «si applica la sanzione amministrativa pecuniaria da euro 10.000 a euro 30.000».

4. All'articolo 15 della legge 28 novembre 1965, n. 1329, secondo comma, le parole «è punito con la pena dell'ammenda da lire 150.000 a lire 600.000 o con l'arresto fino a tre mesi» sono sostituite dalle seguenti: «è soggetto alla sanzione amministrativa pecuniaria da euro 5.000 a euro 15.000».

5. L'articolo 16, quarto comma, del decreto-legge 26 ottobre 1970, n. 745, convertito, con modificazioni, dalla legge 18 dicembre 1970, n. 1034, è sostituito dal seguente: «All'installazione o all'esercizio di impianti in mancanza di concessione si applica la sanzione amministrativa pecuniaria da euro 10.000 a euro 50.000.».

6. L'articolo 2, comma 1-bis, del decreto-legge 12 settembre 1983, n. 463, convertito, con modificazioni, dalla legge 11 novembre 1983, n. 638, è sostituito dal seguente:

«1-bis. L'omesso versamento delle ritenute di cui al comma 1, per un importo superiore a euro 10.000 annui, è punito con la reclusione fino a tre anni e con la multa fino a euro 1.032. Se l'importo omesso non è superiore a euro 10.000 annui, si applica la sanzione amministrativa pecuniaria da euro 10.000 a euro 50.000. Il datore di lavoro non è punibile, né assoggettabile alla sanzione amministrativa, quando provvede al versamento delle ritenute entro tre mesi dalla contestazione o dalla notifica dell'avvenuto accertamento della violazione.».

7. All'articolo 28, comma 2, del decreto del Presidente della Repubblica 9 ottobre 1990, n. 309, le parole «è punito, salvo che il fatto costituisca reato più grave, con l'arresto sino ad un anno o con l'ammenda da lire un milione a lire quattro milioni» sono sostituite dalle seguenti: «è soggetto, salvo che il fatto costituisca reato, alla sanzione amministrativa pecuniaria da euro 5.000 a euro 30.000».

4. Sanzioni amministrative accessorie. – 1. In caso di reiterazione specifica di una delle violazioni di seguito indicate, l'autorità amministrativa competente, con l'ordinanza ingiunzione, applica la sanzione amministrativa accessoria della sospensione della concessione, della licenza, dell'autorizzazione o di altro provvedimento amministrativo che consente l'esercizio dell'attività da un minimo di dieci giorni a un massimo di tre mesi:

a) articolo 668 del codice penale;

b) articolo 171-quater della legge 22 aprile 1941, n. 633;

c) articolo 28, comma 2, del decreto del Presidente della Repubblica 9 ottobre 1990, n. 309.

2. Allo stesso modo provvede il giudice con la sentenza di condanna qualora sia competente, ai sensi dell'articolo 24 della legge 24 novembre 1981, n. 689, a decidere su una delle violazioni indicate nel comma 1.

3. Per gli illeciti amministrativi di cui al comma 1, in caso di reiterazione specifica, non è ammesso il pagamento in misura ridotta ai sensi dell'articolo 16 della legge 24 novembre 1981, n. 689.

5. Disposizione di coordinamento. – 1. Quando i reati trasformati in illeciti amministrativi ai sensi del presente decreto prevedono ipotesi aggravate fondate sulla recidiva ed escluse dalla depenalizzazione, per recidiva è da intendersi la reiterazione dell'illecito depenalizzato.

6. Disposizioni applicabili. – 1. Nel procedimento per l'applicazione delle sanzioni amministrative previste dal presente decreto si osservano, in quanto applicabili, le disposizioni delle sezioni I e II del capo I della legge 24 novembre 1981, n. 689.

7. Autorità competente. – 1. Per le violazioni di cui all'articolo 1, sono competenti a ricevere il rapporto e ad applicare le sanzioni amministrative le autorità amministrative competenti ad irrogare le altre sanzioni amministrative già previste dalle leggi che contemplano le violazioni stesse; nel caso di mancata previsione, è competente l'autorità individuata a norma dell'articolo 17 della legge 24 novembre 1981, n. 689.

2. Per le violazioni di cui all'articolo 2, è competente a ricevere il rapporto e ad irrogare le sanzioni amministrative il prefetto.

3. Per le violazioni di cui all'articolo 3, sono competenti a ricevere il rapporto e ad irrogare le sanzioni amministrative:

a) le autorità competenti ad irrogare le sanzioni amministrative già indicate nella legge 22 aprile 1941, n. 633, nel decreto-legge 12 settembre 1983, n. 463, convertito, con modificazioni, dalla legge 11 novembre 1983, n. 638, e nel decreto del Presidente della Repubblica 9 ottobre 1990, n. 309;

b) il Ministero dello sviluppo economico in relazione all'articolo 11 della legge 8 gennaio 1931, n. 234;

c) l'autorità comunale competente al rilascio dell'autorizzazione all'installazione o all'esercizio di impianti di distribuzione di carburante di cui all'articolo 1 del decreto legislativo 11 febbraio 1998, n. 32;

d) il prefetto con riguardo alle restanti leggi indicate all'articolo 3.

8. Applicabilità delle sanzioni amministrative alle violazioni anteriormente commesse. – 1. Le disposizioni del presente decreto che sostituiscono sanzioni penali con sanzioni amministrative si applicano anche alle violazioni commesse anteriormente alla data di entrata in vigore del decreto stesso, sempre che il procedimento penale non sia stato definito con sentenza o con decreto divenuti irrevocabili.

2. Se i procedimenti penali per i reati depenalizzati dal presente decreto sono stati definiti, prima della sua entrata in vigore, con sentenza di condanna o decreto irrevocabili, il giudice dell'esecuzione revoca la sentenza o il decreto, dichiarando che il fatto non è previsto dalla legge come reato e adotta i provvedimenti conseguenti. Il giudice dell'esecuzione provvede con l'osservanza delle disposizioni dell'articolo 667, comma 4, del codice di procedura penale.

3. Ai fatti commessi prima della data di entrata in vigore del presente decreto non può essere applicata una sanzione amministrativa pecuniaria per un importo superiore al massimo della pena originariamente inflitta per il reato, tenuto conto del criterio di ragguaglio di cui all'articolo 135 del codice penale. A tali fatti non si applicano le sanzioni amministrative accessorie introdotte dal presente decreto, salvo che le stesse sostituiscano corrispondenti pene accessorie.

9. Trasmissione degli atti all'autorità amministrativa. – 1. Nei casi previsti dall'articolo 8, comma 1, l'autorità giudiziaria, entro novanta giorni dalla data di entrata in vigore del presente decreto, dispone la trasmissione all'autorità amministrativa competente degli atti dei procedimenti penali relativi ai reati trasformati in illeciti amministrativi, salvo che il reato risulti prescritto o estinto per altra causa alla medesima data.

2. Se l'azione penale non è stata ancora esercitata, la trasmissione degli atti è disposta direttamente dal pubblico ministero che, in caso di procedimento già iscritto, annota la trasmissione nel registro delle notizie di reato. Se il reato risulta estinto per qualsiasi causa, il pubblico ministero richiede l'archiviazione a norma del codice di procedura penale; la richiesta ed il decreto del giudice che la accoglie possono avere ad oggetto anche elenchi cumulativi di procedimenti.

3. Se l'azione penale è stata esercitata, il giudice pronuncia, ai sensi dell'articolo 129 del codice di procedura penale, sentenza inappellabile perché il fatto non è previsto dalla legge come reato, disponendo la trasmissione degli atti a norma del comma 1. Quando è stata pronunciata sentenza di condanna, il giudice dell'impugnazione, nel dichiarare che il fatto non è previsto dalla legge come reato, decide sull'impugnazione ai soli effetti delle disposizioni e dei capi della sentenza che concernono gli interessi civili.

4. L'autorità amministrativa notifica gli estremi della violazione agli interessati residenti nel territorio della Repubblica entro il termine di novanta giorni e a quelli residenti all'estero entro il termine di trecentosettanta giorni dalla ricezione degli atti.

5. Entro sessanta giorni dalla notificazione degli estremi della violazione l'interessato è ammesso al pagamento in misura ridotta, pari alla metà della sanzione, oltre alle spese del procedimento. Si applicano, in quanto compatibili, le disposizioni di cui all'articolo 16 della legge 24 novembre 1981, n. 689.

6. Il pagamento determina l'estinzione del procedimento.

Sezione XXVI

STATO CIVILE

R.d. 9 luglio 1939, n. 1238*

Disposizioni relative alle generalità in estratti, atti e documenti, e modificazioni all'ordinamento dello stato civile

* L'intero provvedimento è abrogato con il D.P.R. n. 396/2008.

Art. 1. – *L'indicazione della paternità e della maternità sarà omessa: 1) negli estratti per riassunto e nei certificati relativi agli atti di nascita, di matrimonio, di cittadinanza, negli atti attestanti lo stato di famiglia e nelle pubblicazioni di matrimonio esposte al pubblico; 2) in tutti i documenti di riconoscimento.*

Art. 2. – *L'indicazione della paternità e della maternità sarà altresì omessa in ogni altro atto, dichiarazione, denunzia o documento in cui sia prescritta dalle norme vigenti al momento della approvazione della presente legge, e nei quali la persona sia indicata per fine diverso da quello relativo all'esercizio di doveri o diritti derivanti dallo stato di legittimità o di filiazione.*

Art. 3. – *Nei casi di cui agli articoli precedenti dovrà sempre essere indicato il luogo e la data di nascita.*

Art. 4*. – *Omissis (1).*

* Articolo abrogato dall'art. 1 del d.lg. 13/12/2010, n. 212.

(1) Modifica l'art. 186 del r.d. 9/7/1939, n. 1238.

Art. 5*. – *Le disposizioni di cui all'art. 2 entrano in vigore il trentesimo giorno dalla pubblicazione dei regolamenti di attuazione emanati dai Ministri competenti. Le altre norme entrano in vigore il trentesimo giorno dalla pubblicazione della presente legge.*

* Articolo abrogato dall'art. 1 del d.lg. 13/12/2010, n. 212.

Omissis.

Art. 14. – In ciascun ufficio di stato civile si devono tenere i seguenti registri:

1) di cittadinanza;
2) di nascita;
3) di matrimonio;
4) di morte (1);
4-bis) di unioni civili (2).

(1) Articolo abrogato dall'art. 110 del d.P.R. 3/11/2000, n. 396. Successivamente l'art. 1, co. 1, d.lg. 1/12/2009, n. 179, ha dichiarato indispensabile la permanenza in vigore del presente articolo.

(2) Numero aggiunto dall'art. 2, co. 1, lett. a), d.lg. 19/1/2017, n. 5.

L. 31 ottobre 1955, n. 1064

Disposizioni relative alle generalità in estratti, atti e documenti, e modificazioni all'ordinamento dello stato civile

Art. 1. – L'indicazione della paternità e della maternità sarà omessa:

1) negli estratti per riassunto e nei certificati relativi agli atti di nascita, di matrimonio, di cittadinanza, negli atti attestanti lo stato di famiglia e nelle pubblicazioni di matrimonio esposte al pubblico;

2) in tutti i documenti di riconoscimento.

Art. 2. – L'indicazione della paternità e della maternità sarà altresì omessa in ogni altro atto, dichiarazione, denunzia o documento in cui sia prescritta dalle norme vigenti al momento della approvazione della presente legge, e nei quali la persona sia indicata per fine diverso da quello relativo all'esercizio di doveri o diritti derivanti dallo stato di legittimità o di filiazione.

Art. 3. – Nei casi di cui agli articoli precedenti dovrà sempre essere indicato il luogo e la data di nascita.

Art. 4*. – *Omissis* (1).

* Articolo abrogato dall'art. 1 del d.lg. 13/12/2010, n. 212.

(1) Modifica l'art. 186 del r.d. 9/7/1939, n. 1238.

Art. 5*. – *Le disposizioni di cui all'art. 2 entrano in vigore il trentesimo giorno dalla pubblicazione dei regolamenti di attuazione emanati dai Ministri competenti. Le altre norme entrano in vigore il trentesimo giorno dalla pubblicazione della presente legge.*

* Articolo abrogato dall'art. 1 del d.lg. 13/12/2010, n. 212.

D.P.R. 3 novembre 2000, n. 396

Regolamento per la revisione e la semplificazione dell'ordinamento dello stato civile, a norma dell'articolo 2, comma 12, della legge 15 maggio 1997, n. 127

(*Estratto, artt. 9, 18, 64*)

9. Indirizzo e vigilanza. – 1. L'ufficiale dello stato civile è tenuto ad uniformarsi alle istruzioni che vengono impartite dal Ministero dell'interno.

2. La vigilanza sugli uffici dello stato civile spetta al prefetto.

18. Casi di intrascrivibilità. – 1. Gli atti formati all'estero non possono essere trascritti se sono contrari all'ordine pubblico.

64. Contenuto dell'atto di matrimonio. – 1. L'atto di matrimonio deve specificamente indicare:

a) il nome e il cognome, il luogo e la data di nascita, la cittadinanza e la residenza degli sposi; il nome, il cognome, il luogo e la data di nascita e la residenza dei testimoni;

b) la data della eseguita pubblicazione o il decreto di autorizzazione alla omissione, salvo il caso di cui all'articolo 101 del codice civile;

c) il decreto di autorizzazione quando ricorra alcuno degli impedimenti di legge, salvo il caso di cui all'articolo 101 del codice civile;

d) la menzione dell'avvenuta lettura agli sposi degli articoli 143, 144 e 147 del codice civile;

e) la dichiarazione degli sposi di volersi prendere rispettivamente in marito e in moglie;

f) il luogo della celebrazione del matrimonio nei casi previsti dagli articoli 101 e 110 del codice civile, ed il motivo del trasferimento dell'ufficiale dello stato civile in detto luogo;

g) la dichiarazione fatta dall'ufficiale dello stato civile che gli sposi sono uniti in matrimonio.

2. Quando contemporaneamente alla celebrazione del matrimonio gli sposi dichiarano di riconoscere figli, la dichiarazione è inserita nell'atto stesso di matrimonio. Ugualmente si provvede nel caso di scelta del regime di separazione dei beni o di scelta della legge applicabile ai loro rapporti patrimoniali ai sensi dell'articolo 30, comma 1, della legge 31 maggio 1995, n. 218 (1).

(1) Comma modificato dall'art. 1, co. 1, lett. p) del d.P.R. 30/1/2015, n. 26.

Sezione XXVII

SEPARAZIONE PATRIMONIALE

D.P.R. 22 dicembre 1986, n. 917

Approvazione del testo unico delle imposte sui redditi

(*Estratto, art. 73*)

73. Soggetti passivi. – 1. Sono soggetti all'imposta sul reddito delle società:

a) le società per azioni e in accomandita per azioni, le società a responsabilità limitata, le società cooperative e le società di mutua assicurazione, nonché le società europee di cui al regolamento (CE) n. 2157/2001 e le società cooperative europee di cui al regolamento (CE) n. 1435/2003 residenti nel territorio dello Stato (1);

b) gli enti pubblici e privati diversi dalle società, nonché i trust, residenti nel territorio dello Stato, che hanno per oggetto esclusivo o principale l'esercizio di attività commerciali (2);

c) gli enti pubblici e privati diversi dalle società, i trust che non hanno per oggetto esclusivo o principale l'esercizio di attività commerciale nonché gli organismi di investimento collettivo del risparmio, residenti nel territorio dello Stato (3);

d) le società e gli enti di ogni tipo, compresi i trust, con o senza personalità giuridica, non residenti nel territorio dello Stato (4).

2. Tra gli enti diversi dalle società, di cui alle lettere b) e c) del comma 1, si comprendono, oltre alle persone giuridiche, le associazioni non riconosciute, i consorzi e le altre organizzazioni non appartenenti ad altri soggetti passivi, nei confronti delle quali il presupposto dell'imposta si verifica in modo unitario e autonomo. Tra le società e gli enti di cui alla lettera d) del comma 1 sono comprese anche le società e le associazioni indicate nell'articolo 5. Nei casi in cui i beneficiari del trust siano individuati, i redditi conseguiti dal trust sono imputati in ogni caso ai beneficiari in proporzione alla quota di partecipazione individuata nell'atto di costituzione del trust o in altri documenti successivi ovvero, in mancanza, in parti uguali (5).

3. Ai fini delle imposte sui redditi si considerano residenti le società e gli enti che per la maggior parte del periodo di imposta hanno la sede legale o la sede dell'amministrazione o l'oggetto principale nel territorio dello Stato. Si considerano altresì residenti nel territorio dello Stato gli organismi di investimento collettivo del risparmio istituiti in Italia e, salvo prova contraria, i trust e gli istituti aventi analogo contenuto istituiti in Stati o territori diversi da quelli di cui al decreto del Ministro dell'economia e delle finanze emanato ai sensi dell'articolo 168-bis, in cui almeno uno dei disponenti ed almeno uno dei beneficiari del trust siano fiscalmente residenti nel territorio dello Stato. Si considerano, inoltre, residenti nel territorio dello Stato i trust istituiti in uno Stato diverso da quelli di cui al decreto del Ministro dell'economia e delle finanze emanato ai sensi dell'articolo 168-bis, quando, successivamente alla loro costituzione, un soggetto residente nel territorio dello Stato effettui in favore del trust un'attribuzione che importi il trasferimento di proprietà di beni immobili o la costituzione o il trasferimento di diritti reali immobiliari, anche per quote, nonché vincoli di destinazione sugli stessi (6).

4. L'oggetto esclusivo o principale dell'ente residente è determinato in base alla legge, all'atto costitutivo o allo statuto, se esistenti in forma di atto pubblico o di scrittura privata autenticata o registrata. Per oggetto principale si intende l'attività essenziale per realizzare direttamente gli scopi primari indicati dalla legge, dall'atto costitutivo o dallo statuto.

5. In mancanza dell'atto costitutivo o dello statuto nelle predette forme, l'oggetto principale dell'ente residente è determinato in base all'attività effettivamente esercitata nel territorio dello Stato; tale disposizione si applica in ogni caso agli enti non residenti.

5-bis. Salvo prova contraria, si considera esistente nel territorio dello Stato la sede dell'amministrazione di società ed enti, che detengono partecipazioni di controllo, ai sensi dell'articolo 2359, primo comma, del codice civile, nei soggetti di cui alle lettere a) e b) del comma 1, se, in alternativa:

a) sono controllati, anche indirettamente, ai sensi dell'articolo 2359, primo comma, del codice civile, da soggetti residenti nel territorio dello Stato;

b) sono amministrati da un consiglio di amministrazione, o altro organo equivalente di gestione, composto in prevalenza di consiglieri residenti nel territorio dello Stato (7).

5-ter. Ai fini della verifica della sussistenza del controllo di cui al comma 5-bis, rileva la situazione esistente alla data di chiusura dell'esercizio o periodo di gestione del soggetto estero controllato. Ai medesimi fini, per le persone fisiche si tiene conto anche dei voti spettanti ai familiari di cui all'articolo 5, comma 5 (7).

5-quater. Salvo prova contraria, si considerano residenti nel territorio dello Stato le società o enti il cui patrimonio sia investito in misura prevalente in quote o azioni di organismi di investimento collettivo del risparmio immobiliari, e siano controllati direttamente o indirettamente, per il tramite di società fiduciarie o per interposta persona, da soggetti residenti in Italia. Il controllo è individuato ai sensi dell'articolo 2359, commi primo e secondo, del codice civile, anche per partecipazioni possedute da soggetti diversi dalle società (8).

5-quinquies. I redditi degli organismi di investimento collettivo del risparmio istituiti in Italia, diversi dagli organismi di investimento collettivo del risparmio immobiliari, e di quelli con sede in Lussemburgo, già autorizzati al collocamento nel territorio dello Stato, di cui all'articolo 11-bis del decreto-legge 30 settembre 1983, n. 512, convertito, con modificazioni, dalla legge 25 novembre 1983, n. 649, e successive modificazioni, sono esenti dalle imposte sui redditi purché il fondo o il soggetto incaricato della gestione sia sottoposto a forme di vigilanza prudenziale. Le ritenute operate sui redditi di capitale sono a titolo definitivo. Non si applicano le ritenute previste dai commi 2 e 3 dell'articolo 26 del d.P.R. 29 settembre 1973, n. 600 e successive modificazioni, sugli interessi ed altri proventi dei conti correnti e depositi bancari, e le ritenute previste dai commi 3-bis e 5 del medesimo articolo 26 e dall'articolo 26-quinquies del predetto decreto nonché dall'articolo 10-ter della legge 23 marzo 1983, n. 77, e successive modificazioni (9).

(1) Lettera modificata dall'art. 1, co. 1, lett. a), d.lg. 6/11//2007, n. 199. In riferimento alla presente lettera vedi anche l'art. 1, co. 140, l. 27/12/2013, n. 147; l'art. 1, co. 940, l. 30/12/2018, n. 145, e l'art. 1, co. 696, l. 27/12/2019, n. 160.

(2) Lettera modificata dall'art. 1, co. 74, lett. a), n. 1, l. 27/12/2006, n. 296. In rifermento alla presente lettera vedi anche l'art. 1, co. 140, l. 27/12/2013, n. 147; l'art. 1, co. 940, l. 30/12/2018, n. 145 e l'art. 1, co. 696, l. 27/12/2019, n. 160.

(3) Lettera modificata dall'art. 1, co. 74, lett. a), n. 1, l. 27/12/2006, n. 296 e successivamente sostituita dall'art. 96, co. 1, lett. a), d.l. 24/1/2012, n. 1.

(4) Lettera modificata dall'art. 1, co. 74, lett. a), n. 2, l. 27/12/2006, n. 296.

• Vedi quanto disposto dall'art. 1, co. da 37 a 45, l. 23/12/2014, n. 190.

• In riferimento al presente comma vedi l'art. 1, co. 556, l. 11/12/2016, n. 232 e l'art. 1-bis, co. 1, d.l. 24/4/2017, n. 50, conv., con modif., dalla l. 21/6/2017, n. 96 e, da ultimo, l'art. 2, d.l. 30/4/2019, n. 34, conv., con modif., dalla l. 28/6/2019, n. 58.

(5) Comma modificato dall'art. 1, co. 74, lett. b), l. 27/12/2006, n. 296.

(6) Comma modificato dall'art. 1, co. 74, lett. c), l. 27/12/2006, n. 296, dall'art. 1, co. 83, lett. e), l. 24/12/2007, n. 244 e, da ultimo, dall'art. 96, co. 1, lett. b), d.l. 24/1/2012, n. 1.

(7) Comma aggiunto dell'art. 35, co. 13, d.l. 4/7/2006, n. 223.

(8) Comma inizialmente aggiunto dall'art. 82, co. 22, d.l. 25/6/2008, n. 112 e successivamente modificato dall'art. 12, co. 1, lett. a), d.lg. 4/3/2014, n. 44.

(9) Comma aggiunto, con effetto a partire dal 1/7/2011, dall'art. 2, co. 62, d.l. 29/12/2010, n. 225, successivamente sostituito, con effetto a decorrere dal 1/1/2012, dall'art. 2, co. 15, lett. b), d.l. 13/8/2011, n. 138 e dall'art. 96, co. 1, lett. c), d.l. 24/1/2012, n. 1 e, da ultimo, modificato dall'art. 12, co. 1, lett. b), d.lg. 4/3/2014, n. 44.

• Vedi inoltre l'art. 1, co. 29, lett. b), l. 30/12/2018, n. 145.

L. 16 ottobre 1989, n. 364

Ratifica ed esecuzione della convenzione sulla legge applicabile ai trusts e sul loro riconoscimento, adottata a L'Aja il 1° luglio 1985

Art. 1. – 1. Il Presidente della Repubblica è autorizzato a ratificare la convenzione sulla legge applicabile ai trusts e sul loro riconoscimento, adottata a L'Aja il 1° luglio 1985.

Art. 2. – 1. Piena ed intera esecuzione è data alla convenzione di cui all'articolo 1 a decorrere dalla sua entrata in vigore in conformità a quanto disposto dall'articolo 30 della convenzione stessa.

Art. 3. – 1. La presente legge entra in vigore il giorno successivo a quello della sua pubblicazione nella Gazzetta Ufficiale.

CONVENZIONE

Capitolo I
Campo di applicazione

Art. 1. – La presente Convenzione stabilisce la legge applicabile al trust e regola il suo riconoscimento.

Art. 2. – Ai fini della presente Convenzione, per trust s'intendono i rapporti giuridici istituiti da una persona, il costituente – con atto tra vivi o mortis causa – qualora dei beni siano stati posti sotto il controllo di un trustee nell'interesse di un beneficiario o per un fine specifico.

Il trust presenta le seguenti caratteristiche:

a) i beni del trust costituiscono una massa distinta e non fanno parte del patrimonio del trustee;

b) i beni del trust sono intestati a nome del trustee o di un'altra persona per conto del trustee;

c) il trustee è investito del potere e onerato dell'obbligo, di cui deve rendere conto, di amministrare, gestire o disporre beni secondo i termini del trust e le norme particolari impostegli dalla legge.

Il fatto che il costituente conservi alcune prerogative o che il trustee stesso possieda alcuni diritti in qualità di beneficiario non è necessariamente incompatibile con l'esistenza di un trust.

Art. 3. – La Convenzione si applica solo ai trusts costituiti volontariamente e comprovati per iscritto.

Art. 4. – La Convenzione non si applica a questioni preliminari relative alla validità dei testamenti o di altri atti giuridici, in virtù dei quali determinati beni sono trasferiti al trustee.

Art. 5. – La Convenzione non si applica qualora la legge specificata al capitolo II non preveda l'istituto del trust o la categoria di trust in questione.

Capitolo II
Legge applicabile

Art. 6. – Il trust è regolato dalla legge scelta dal costituente. La scelta deve essere espressa, oppure risultare dalle disposizioni dell'atto che costituisce il trust o portandone la prova, interpretata, se necessario, avvalendosi delle circostanze del caso.

Qualora la legge scelta in applicazione del precedente paragrafo non preveda l'istituzione del trust o la categoria del trust in questione, tale scelta non avrà valore e verrà applicata la legge di cui all'articolo 7.

Art. 7. – Qualora non sia stata scelta alcuna legge, il trust sarà regolato dalla legge con la quale ha più stretti legami.

Per determinare la legge con la quale un trust ha più stretti legami, si tiene conto in particolare:

a) del luogo di amministrazione del trust designato dal costituente;

b) della situazione dei beni del trust;

c) della residenza o sede degli affari del trustee;

d) degli obiettivi del trust e dei luoghi dove dovranno essere realizzati.

Art. 8. – La legge specificata agli articoli 6 o 7 regola la validità del trust, la sua interpretazione, i suoi effetti e l'amministrazione del trust.

In particolare, la legge dovrà regolamentare:

a) la nomina, le dimissioni e la revoca del trustee, la capacità particolare di esercitare le mansioni di trustee e la trasmissione delle funzioni di trustee;

b) i diritti e gli obblighi dei trustees tra di loro;

c) il diritto del trustee di delegare, in tutto o in parte, l'esecuzione dei suoi obblighi o l'esercizio dei suoi poteri;

d) i poteri del trustee di amministrare o disporre dei beni del trust, di darli in garanzia e di acquisire nuovi beni;

e) i poteri del trustee di effettuare investimenti;

f) le restrizioni relative alla durata del trust ed ai poteri di accantonare gli introiti del trust;

g) i rapporti tra il trustee ed i beneficiari, ivi compresa la responsabilità personale del trustee verso i beneficiari;

h) la modifica o la cessazione del trust;

i) la ripartizione dei beni del trust;

j) l'obbligo del trustee di render conto della sua gestione.

Art. 9. – Nell'applicazione del presente capitolo aspetti del trust che possono essere trattati a parte, in particolare le questioni amministrative, potranno essere regolati da una legge diversa.

Art. 10. – La legge applicabile alla validità del trust stabilisce la possibilità di sostituire detta legge, o la legge applicabile ad un elemento del trust che può essere trattato a parte, con un'altra legge.

Capitolo III
Riconoscimento

Art. 11. – Un trust costituito in conformità alla legge specificata al precedente capitolo dovrà essere riconosciuto come trust. Tale riconoscimento implica quanto meno che i beni del trust siano separati dal patrimonio personale del trustee, che il trustee abbia le capacità di agire in giudizio ed essere citato in giudizio, o di comparire in qualità di trustee davanti a un notaio o altra persona che rappresenti un'autorità pubblica.

Qualora la legge applicabile al trust lo richieda, o lo preveda, tale riconoscimento implicherà, in particolare:

a) che i creditori personali del trustee non possano sequestrare i beni del trust;

b) che i beni del trust siano separati dal patrimonio del trustee in caso di insolvenza di quest'ultimo o di sua bancarotta;

c) che i beni del trust non facciano parte del regime matrimoniale o della successione dei beni del trustee;

d) che la rivendicazione dei beni del trust sia permessa qualora il trustee, in violazione degli obblighi derivanti dal trust, abbia confuso i beni del trust con i suoi e gli obblighi di un terzo possessore dei beni del trust rimangono soggetti alla legge fissata dalle regole di conflitto del foro.

Art. 12. – Il trustee che desidera registrare i beni mobili e immobili, o i documenti attinenti, avrà facoltà di richiedere la iscrizione nella sua qualità di trustee o in qualsiasi altro modo che riveli l'esistenza del trust, a meno che ciò non sia vietato o sia incompatibile a norma della legislazione dello Stato nel quale la registrazione deve aver luogo.

Art. 13. – Nessuno Stato è tenuto a riconoscere un trust i cui elementi importanti, ad eccezione della scelta della legge da applicare, del luogo di amministrazione e della residenza abituale del trustee, sono più strettamente connessi a Stati che non prevedono l'istituto del trust o la categoria del trust in questione.

Art. 14. – La Convenzione non ostacolerà l'applicazione di norme di legge più favorevoli al riconoscimento di un trust.

Capitolo IV
Disposizioni generali

Art. 15. – La Convenzione non ostacolerà l'applicazione delle disposizioni di legge previste dalle regole di conflitto del foro, allorché non si possa derogare a dette disposizioni mediante una manifestazione della volontà, in particolare nelle seguenti materie:

a) la protezione di minori e di incapaci;

b) gli effetti personali e patrimoniali del matrimonio;

c) i testamenti e la devoluzione dei beni successori, in particolare la legittima;

d) il trasferimento di proprietà e le garanzie reali;

e) la protezione di creditori in casi di insolvibilità;

f) la protezione, per altri motivi, dei terzi che agiscono in buona fede.

Qualora le disposizioni del precedente paragrafo siano di ostacolo al riconoscimento del trust, il giudice cercherà di realizzare gli obiettivi del trust con altri mezzi giuridici.

Art. 16. – La Convenzione non pregiudica le disposizioni legislative del foro che devono essere applicate anche per situazioni internazionali indipendentemente dalla legge designata dalle regole di conflitto di leggi.

In casi eccezionali, si può altresì dare effetto alle norme della stessa natura di un altro Stato che abbia con l'oggetto della controversia un rapporto sufficientemente stretto.

Ciascuno Stato contraente potrà, mediante una riserva, dichiarare che non applicherà la disposizione del secondo paragrafo del presente articolo.

Art. 17. – Ai sensi della Convenzione il termine "legge" indica le norme di legge in vigore in uno Stato, ad eccezione delle regole di conflitto di legge.

Art. 18. – Le disposizioni della Convenzione potranno essere non osservate qualora la loro applicazione sia manifestamente incompatibile con l'ordine pubblico.

Art. 19. – La Convenzione non pregiudicherà la competenza degli Stati in materia fiscale.

Art. 20. – Ogni Stato contraente potrà, in qualsiasi momento, dichiarare che le disposizioni della Convenzione saranno estese ai trusts costituiti in base ad una decisione giudiziaria.

Tale dichiarazione sarà notificata al Ministero degli Affari Esteri del Regno dei Paesi Bassi ed entrerà in vigore dal giorno di ricevimento della notifica.

L'articolo 31 è applicabile, per analogia, al ritiro di detta dichiarazione.

Art. 21. – Ciascuno Stato contraente potrà riservarsi il diritto di applicare le disposizioni del capitolo III solo ai trusts la cui validità è regolata dalla legge di uno Stato contraente.

Art. 22. – La Convenzione è applicabile ai trusts a prescindere dalla data della loro costituzione.

Tuttavia, uno Stato contraente potrà riservarsi il diritto di non applicare la Convenzione ad un trust costituito prima dell'entrata in vigore della Convenzione per detto Stato.

Art. 23. – Ai fini di identificare la legge applicabile ai sensi della Convenzione, qualora uno Stato comprenda varie unità territoriali, ciascuna con le proprie norme di legge per quanto riguarda il trust, ogni riferimento alla legge di detto Stato sarà considerato come relativo alla legge in vigore nell'unità territoriale in questione.

Art. 24. – Uno Stato all'interno del quale varie unità territoriali hanno le proprie norme di legge in materia di trust non è tenuto ad applicare la Convenzione ai conflitti di legge che interessano unicamente queste unità territoriali.

Art. 25. – La Convenzione non deroga ad alcun altro strumento internazionale di cui uno Stato contraente è o sarà parte e che contengono disposizioni sulle materie regolamentate dalla presente Convenzione.

Capitolo V
Clausole finali

Art. 26. – Ciascuno Stato, al momento della firma, della ratifica, dell'accettazione, dell'approvazione o dell'adesione, o, al momento di una dichiarazione resa ai sensi dell'articolo 29, potrà esprimere le riserve previste agli articoli 16, 21 e 22.

Nessun'altra riserva sarà consentita.

Ciascuno Stato contraente potrà, in ogni momento, ritirare una riserva da esso espressa; tale riserva cesserà di avere effetto il primo giorno del terzo mese dopo la notifica del ritiro.

Art. 27. – La Convenzione sarà aperta alla firma degli Stati che erano membri della Conferenza de l'Aja di diritto internazionale privato al momento della sua quindicesima sessione.

Sarà ratificata, accettata o approvata e gli strumenti di ratifica, accettazione o approvazione saranno depositati presso il Ministero degli Affari Esteri del Regno dei Paesi Bassi.

Art. 28. – Ogni altro Stato potrà aderire alla Convenzione dopo la sua entrata in vigore in virtù dell'articolo 30, par. 1.

Lo strumento di adesione sarà depositato esso il Ministero degli Affari Esteri del Reo dei Paesi Bassi.

L'adesione avrà effetto solo per quanto riguarda i rapporti tra lo Stato aderente e gli Stati contraenti che non avranno mosso obiezioni alla succitata adesione entro dodici mesi dal ricevimento della notifica di cui all'articolo 32.

Ogni Stato membro potrà altresì muovere tali obiezioni al momento della ratifica, accettazione o approvazione della Convenzione, successiva all'adesione. Tali obiezioni saranno notificate al Ministero degli Affari Esteri del Regno dei Paesi Bassi.

Art. 29. – Uno Stato che comprenda due o più unità territoriali nelle quali vengono applicati sistemi giuridici diversi, potrà, al momento della firma, della ratifica, dell'accettazione, dell'approvazione o dell'adesione, dichiarare che la presente Convenzione sarà applicata a tutte le sue unità territoriali, o solamente a una o più di esse, e potrà, in qualunque momento, modificare detta dichiarazione, formulando una nuova dichiarazione. Tali dichiarazioni saranno notificate al Ministero degli Affari Esteri del Regno dei Paesi Bassi, e indicheranno espressamente le unità territoriali alle quali si applica la Convenzione.

Se uno Stato non effettuerà dichiarazioni in base al presente articolo, la Convenzione sarà applicata a tutte le unità territoriali di detto Stato.

Art. 30. – La Convenzione entrerà in vigore il primo giorno del terzo mese dopo il deposito del terzo strumento di ratifica, accettazione o approvazione previsto dall'art. 27.

Successivamente la Convenzione entrerà in vigore:

a) per ogni Stato che la ratifichi, l'accetti, o l'approvi successivamente, il primo giorno del terzo mese dopo il deposito del suo strumento di ratifica, di accettazione o di approvazione;

b) per ogni Stato aderente, il primo giorno del terzo mese dopo la scadenza del termine di cui all'articolo 28;

c) per le unità territoriali alle quali la Convenzione è stata estesa in conformità all'articolo 29, il primo giorno del terzo mese dopo la notifica di cui ha detto articolo.

Art. 31. – Ogni Stato contraente potrà denunciare la presente Convenzione mediante notifica formale per iscritto, indirizzata al Ministero degli Affari Esteri del Regno dei Paesi Bassi, depositario della Convenzione.

La denuncia entrerà in vigore dal primo giorno del mese successivo alla scadenza di un periodo di sei mesi dopo la data di ricevimento della notifica da parte del depositario, o ad ogni altra data successiva, specificata nella notifica.

Art. 32. – Il Ministero degli Affari Esteri del Regno dei Paesi Bassi notificherà agli Stati membri della Conferenza, nonché agli Stati che vi avranno aderito, in conformità alle disposizioni dell'articolo 28:

a) le firme e le ratifiche, le accettazioni e le approvazioni di cui all'articolo 27;

b) la data alla quale la Convenzione entrerà in vigore in conformità alle disposizioni dell'articolo 30;

c) le adesioni e le obiezioni alle adesioni di cui all'articolo 28;

d) le estensioni di cui all'articolo 29;

e) le dichiarazioni di cui all'articolo 20;

f) le riserve o i diritti di riserva di cui all'articolo 26;

g) le denunce di cui all'articolo 31.

In fede di che, i sottoscritti, debitamente autorizzati, hanno firmato la presente Convenzione.

Fatto a l'Aja, il 1° luglio 1985, in francese ed inglese, i due testi facenti ugualmente fede, in un unico esemplare che sarà depositato negli archivi del Governo del Regno dei Paesi Bassi, e di cui una copia autenticata sarà consegnata, per le vie diplomatiche, a ciascuno Stato membro della Conferenza de l'Aja di diritto internazionale privato al momento della sua quindicesima sessione.

D.l. 3 ottobre 2006, n. 262, conv., con modif., in l. 24 novembre 2006, n. 286

Disposizioni urgenti in materia tributaria e finanziaria

(*Estratto, art. 2, co. 47*)

47. È istituita l'imposta sulle successioni e donazioni sui trasferimenti di beni e diritti per causa di morte, per donazione o a titolo gratuito e sulla costituzione di **vincoli di destinazione**, secondo le disposizioni del testo unico delle disposizioni concernenti l'imposta sulle successioni e donazioni, di cui al decreto legislativo 31 ottobre 1990, n. 346, nel testo vigente alla data del 24 ottobre 2001, fatto salvo quanto previsto dai commi da 48 a 54.

Codice civile

Articolo inserito dall'art. 12, d.l. 27 giugno 2015, n. 83, conv., con modif., dalla l. 6 agosto 2015, n. 132

(*Estratto, art. 2929 bis c.c.*)

2929 bis. Espropriazione di beni oggetto di vincoli di indisponibilità o di alienazioni a titolo gratuito (1). – [I]. Il creditore che sia **pregiudicato** da un atto del debitore, di costituzione di vincolo di indisponibilità [2447 bis, 2645 ter], o di alienazione, che ha per oggetto beni immobili o mobili iscritti in pubblici registri, compiuto a titolo gratuito **successivamente** al sorgere del credito, può procedere, munito di titolo esecutivo [474 c.p.c.], a esecuzione forzata, ancorché non abbia preventivamente ottenuto sentenza dichiarativa di inefficacia [*1414, 1418*, 2901], se trascrive il pignoramento nel termine di un anno dalla data in cui l'atto è stato trascritto [*2915*]. La disposizione di cui al presente comma si applica anche al creditore anteriore che, entro un anno dalla trascrizione dell'atto pregiudizievole, interviene nell'esecuzione da altri promossa.

[II]. Quando il pregiudizio deriva da un atto di alienazione, il creditore promuove l'azione esecutiva nelle forme dell'espropriazione contro il terzo proprietario [602 c.p.c.].

[III]. Il debitore, il terzo assoggettato a espropriazione e ogni altro interessato alla conservazione del vincolo possono proporre le opposizioni all'esecuzione di cui al titolo V del libro III del codice di procedura civile quando contestano la sussistenza dei presupposti di cui al primo comma, nonché la conoscenza da parte del debitore del pregiudizio che l'atto arrecava alle ragioni del creditore [2901].

(1) Articolo inserito dall'art. 12 del d.l. 27/6/2015, n. 83, conv., con modif., dalla l. 6/8/2015, n. 132.

D.l. 3 maggio 2016, n. 59, conv., con modif., in l. 30 giugno 2016, n. 119

Disposizioni urgenti in materia di procedure esecutive e concorsuali, nonché a favore degli investitori in banche in liquidazione

(*Rinvio,* Parte V, Sezione IV, n. 12)

L. 22 giugno 2016, n. 112

Disposizioni in materia di assistenza in favore delle persone con disabilità grave prive del sostegno familiare

1. Finalità. – 1. La presente legge, in attuazione dei principi stabiliti dagli articoli 2, 3, 30, 32 e 38 della Costituzione, dagli articoli 24 e 26 della Carta dei diritti fondamentali dell'Unione europea e dagli articoli 3 e 19, con particolare riferimento al comma 1, lettera a), della Convenzione delle Nazioni Unite sui diritti delle persone con disabilità, fatta a New York il 13 dicembre 2006 e ratificata dall'Italia ai sensi della legge 3 marzo 2009, n. 18, è volta a favorire il benessere, la piena inclusione sociale e l'autonomia delle persone con disabilità.

2. La presente legge disciplina misure di assistenza, cura e protezione nel superiore interesse delle persone con disabilità grave, non determinata dal naturale invecchiamento o da patologie connesse alla senilità, prive di sostegno familiare in quanto mancanti di entrambi i genitori o perché gli stessi non sono in grado di fornire l'adeguato sostegno genitoriale, nonché in vista del venir meno del sostegno familiare, attraverso la progressiva presa in carico della persona interessata già durante l'esistenza in vita dei genitori. Tali misure, volte anche ad evitare l'istituzionalizzazione, sono integrate, con il coinvolgimento dei soggetti interessati, nel progetto individuale di cui all'articolo 14 della legge 8 novembre 2000, n. 328, nel rispetto della volontà delle persone con disabilità grave, ove possibile, dei loro genitori o di chi ne tutela gli interessi. Lo stato di disabilità grave, di cui all'articolo 3, comma 3, della legge 5 febbraio 1992, n. 104, è accertato con le modalità indicate all'articolo 4 della medesima legge. Restano comunque salvi i livelli essenziali di assistenza e gli altri interventi di cura e di sostegno previsti dalla legislazione vigente in favore delle persone con disabilità.

3. La presente legge è volta, altresì, ad agevolare le erogazioni da parte di soggetti privati, la stipula di polizze di assicurazione e la costituzione di trust, di vincoli di destinazione di cui all'articolo 2645-ter del codice civile e di fondi speciali, composti di beni sottoposti a vincolo di destinazione e disciplinati con contratto di affidamento fiduciario anche a favore di enti del Terzo settore iscritti nella sezione enti filantropici del Registro Unico Nazionale del Terzo settore o, che operano prevalentemente nel settore della beneficenza di cui all'articolo 5, lettere a) o u) del decreto legislativo 3 luglio 2017, n. 117, in favore di persone con disabilità grave, secondo le modalità e alle condizioni previste dagli articoli 5 e 6 della presente legge (1).

(1) Comma modificato dall'art. 89, co. 8, d.lg. 3/7/2017, n. 117 e successivamente dall'art. 31, co. 2, lett. a), d.lg. 3/8/2018, n. 105.

2. Definizione delle prestazioni assistenziali da garantire in tutto il territorio nazionale. – 1. Le regioni e le province autonome di Trento e di Bolzano assicurano, nell'ambito delle risorse disponibili a legislazione vigente, l'assistenza sanitaria e sociale ai soggetti di cui all'articolo 1, comma 2, anche mediante l'integrazione tra le relative prestazioni e la collaborazione con i comuni. Nel rispetto delle disposizioni vigenti in materia e dei vincoli di finanza pubblica, le regioni e le province autonome di Trento e di Bolzano garantiscono, nell'ambito territoriale di competenza, i macrolivelli di assistenza ospedaliera, di assistenza territoriale e di prevenzione. Nell'ambito del procedimento di determinazione dei livelli essenziali delle prestazioni (LEP) e degli obiettivi di servizio di cui all'articolo 13 del decreto legislativo 6 maggio 2011, n. 68, sono definiti i livelli essenziali delle prestazioni nel campo sociale da garantire ai soggetti di cui all'articolo 1, comma 2, della presente legge in tutto il territorio nazionale, ai sensi dell'articolo 117, secondo comma, lettera m), della Costituzione.

2. Nelle more del completamento del procedimento di definizione dei livelli essenziali delle prestazioni di cui all'articolo 13 del decreto legislativo 6 maggio 2011, n. 68, il Ministro del lavoro e delle politiche sociali e il Ministro delegato per la famiglia e le disabilità, di concerto con il Ministro dell'economia e delle finanze, previa intesa in sede di Conferenza unificata di cui all'articolo 8 del decreto legislativo 28 agosto 1997, n. 281, definiscono con proprio decreto, da emanare entro sei mesi dalla data di entrata in vigore della presente legge, gli obiettivi di servizio per le prestazioni da erogare ai soggetti di cui all'articolo 1, comma 2, nei limiti delle risorse disponibili a valere sul Fondo di cui all'articolo 3 (1).

(1) Comma modificato dall'art. 3, co. 4, lett. d), d.l. 12/7/2018, n. 86, conv., con modif., dalla l. 9/8/2018, n. 97.

3. Istituzione del Fondo per l'assistenza alle persone con disabilità grave prive del sostegno familiare (1). – 1. Per le finalità di cui all'articolo 1, commi 1 e 2, e per l'attuazione dell'articolo 2, comma 2, è istituito nello stato di previsione del Ministero del lavoro e delle politiche sociali il Fondo per l'assistenza alle persone con disabilità grave prive del sostegno familiare, di seguito denominato «Fondo». La dotazione del Fondo è determinata in 90 milioni di euro per l'anno 2016, in 38,3 milioni di euro per l'anno 2017 e in 56,1 milioni di euro annui a decorrere dal 2018.

2. L'accesso alle misure di assistenza, cura e protezione a carico del Fondo è subordinato alla sussistenza di requisiti da individuare con decreto del Ministro del lavoro e delle politiche sociali e del Ministro delegato per la famiglia e le disabilità, da emanare entro sei mesi dalla data di entrata in vigore della presente legge, di concerto con il Ministro dell'economia e delle finanze e con il Ministro della salute, previa intesa in sede di Conferenza unificata di cui all'articolo 8 del decreto legislativo 28 agosto 1997, n. 281. Con le medesime modalità il Ministro del lavoro e delle politiche sociali e il Ministro delegato per la famiglia e le disabilità provvedono annualmente alla ripartizione delle risorse del Fondo (2).

3. Le regioni adottano indirizzi di programmazione e definiscono i criteri e le modalità per l'erogazione dei finanziamenti, le modalità per la pubblicità dei finanziamenti erogati e per la verifica dell'attuazione delle attività svolte e le ipotesi di revoca dei finanziamenti concessi.

(1) Ai sensi dell'art. 1, co. 455, l. 30/12/2018, n.145 per l'anno 2019 la dotazione del Fondo di cui al presente articolo è determinata in 56,1 milioni di euro.

(2) Comma modificato dall'art. 3, co. 4, lett. d), d.l. 12/7/2018, n. 86, conv., con modif., dalla l. 9/8/2018, n. 97.

4. Finalità del Fondo. – 1. Il Fondo è destinato all'attuazione degli obiettivi di servizio di cui all'articolo 2, comma 2, e, in particolare, alle seguenti finalità:

a) attivare e potenziare programmi di intervento volti a favorire percorsi di deistituzionalizzazione e di supporto alla domiciliarità in abitazioni o gruppi-appartamento che riproducano le condizioni abitative e relazionali della casa familiare e che tengano conto anche delle migliori opportunità offerte dalle nuove tecnologie, al fine di impedire l'isolamento delle persone con disabilità grave di cui all'articolo 1, comma 2;

b) realizzare, ove necessario e, comunque, in via residuale, nel superiore interesse delle persone con disabilità grave di cui all'articolo 1, comma 2, interventi per la permanenza temporanea in una soluzione abitativa extrafamiliare per far fronte ad eventuali situazioni di emergenza, nel rispetto della volontà delle persone con disabilità grave, ove possibile, dei loro genitori o di chi ne tutela gli interessi;

c) realizzare interventi innovativi di residenzialità per le persone con disabilità grave di cui all'articolo 1, comma 2, volti alla creazione di soluzioni alloggiative di tipo familiare e di co-housing, che possono comprendere il pagamento degli oneri di acquisto, di locazione, di ristrutturazione e di messa in opera degli impianti e delle attrezzature necessari per il funzionamento degli alloggi medesimi, anche sostenendo forme di mutuo aiuto tra persone con disabilità;

d) sviluppare, ai fini di cui alle lettere a) e c), programmi di accrescimento della consapevolezza, di abilitazione e di sviluppo delle competenze per la gestione della vita quotidiana e per il raggiungimento del maggior livello di autonomia possibile delle persone con disabilità grave di cui all'articolo 1, comma 2.

2. Al finanziamento dei programmi e all'attuazione degli interventi di cui al comma 1, nel rispetto del principio di sussidiarietà e delle rispettive competenze, possono compartecipare le regioni, gli enti locali, gli enti del terzo settore, nonché altri soggetti di diritto privato con comprovata esperienza nel settore dell'assistenza alle persone con disabilità e le famiglie che si associano per le finalità di cui all'articolo 1. Le attività di programmazione degli interventi di cui al comma 1 prevedono il coinvolgimento delle organizzazioni di rappresentanza delle persone con disabilità.

5. Detraibilità delle spese sostenute per le polizze assicurative finalizzate alla tutela delle persone con disabilità grave. – 1. All'articolo 15, comma 1, lettera f), del testo unico delle imposte sui redditi, di cui al decreto del Presidente della Repubblica 22 dicembre 1986, n. 917, dopo le parole: «o di invalidità permanente.» è inserito il seguente periodo: «A decorrere dal periodo d'imposta in corso al 31 dicembre 2016, l'importo di euro 530 è elevato a euro 750 relativamente ai premi per assicurazioni aventi per oggetto il rischio di morte finalizzate alla tutela delle persone con disabilità grave come definita dall'articolo 3, comma 3, della legge 5 febbraio 1992, n. 104, accertata con le modalità di cui all'articolo 4 della medesima legge».

2. Alla copertura delle minori entrate derivanti dal comma 1, valutate in 35,7 milioni di euro per l'anno 2017 e in 20,4 milioni di euro annui a decorrere dal 2018, si provvede ai sensi dell'articolo 9.

6. Istituzione di trust, vincoli di destinazione e fondi speciali composti di beni sottoposti a vincolo di destinazione. – 1. I beni e i diritti conferiti in trust ovvero gravati da vincoli di destinazione di cui all'articolo 2645-ter del codice civile ovvero destinati a fondi speciali di cui al comma 3 dell'articolo 1, istituiti in favore delle persone con disabilità grave come definita dall'articolo 3, comma 3, della legge 5 febbraio 1992, n. 104, accertata con le modalità di cui all'articolo 4 della medesima legge, sono esenti dall'imposta sulle successioni e donazioni prevista dall'articolo 2, commi da 47 a 49, del decreto-legge 3 ottobre 2006, n. 262, convertito, con modificazioni, dalla legge 24 novembre 2006, n. 286, e successive modificazioni.

2. Le esenzioni e le agevolazioni di cui al presente articolo sono ammesse a condizione che il trust ovvero i fondi speciali di cui al comma 3 dell'articolo 1 ovvero il vincolo di destinazione di cui all'articolo 2645-ter del codice civile perseguano come finalità esclusiva l'inclusione sociale, la cura e l'assistenza delle persone con disabilità grave, in favore delle quali sono istituiti. La suddetta finalità deve essere espressamente indicata nell'atto istitutivo del trust, nel regolamento dei fondi speciali o nell'atto istitutivo del vincolo di destinazione.

3. Le esenzioni e le agevolazioni di cui al presente articolo sono ammesse se sussistono, congiuntamente, anche le seguenti condizioni:

a) l'istituzione del trust ovvero il contratto di affidamento fiduciario che disciplina i fondi speciali di cui al comma 3 dell'articolo 1 ovvero la costituzione del vincolo di destinazione di cui all'articolo 2645-ter del codice civile siano fatti per atto pubblico;

b) l'atto istitutivo del trust ovvero il contratto di affidamento fiduciario che disciplina i fondi speciali di cui al comma 3 dell'articolo 1 ovvero l'atto di costituzione del vincolo di destinazione di cui all'articolo 2645-ter del codice civile identifichino in maniera chiara e univoca i soggetti coinvolti e i rispettivi ruoli; descrivano la funzionalità e i bisogni specifici delle persone con disabilità grave, in favore delle quali sono istituiti; indichino le attività assistenziali necessarie a garantire la cura e la soddisfazione dei bisogni delle persone con disabilità grave, comprese le attività finalizzate a ridurre il rischio della istituzionalizzazione delle medesime persone con disabilità grave;

c) l'atto istitutivo del trust ovvero il contratto di affidamento fiduciario che disciplina i fondi speciali di cui al comma 3 dell'articolo 1 ovvero l'atto di costituzione del vincolo di destinazione di cui all'articolo 2645-ter del codice civile individuino, rispettivamente, gli obblighi del trustee, del fiduciario e del gestore, con riguardo al progetto di vita e agli obiettivi di benessere che lo stesso deve promuovere in favore delle persone con disabilità grave, adottando ogni misura idonea a salvaguardarne i diritti; l'atto istitutivo ovvero il contratto di affidamento fiduciario ovvero l'atto di costituzione del vincolo di destinazione indichino inoltre gli obblighi e le modalità di rendicontazione a carico del trustee o del fiduciario o del gestore;

d) gli esclusivi beneficiari del trust ovvero del contratto di affidamento fiduciario che disciplina i fondi speciali di cui al comma 3 dell'articolo 1 ovvero del vincolo di destinazione di cui all'articolo 2645-ter del codice civile siano le persone con disabilità grave;

e) i beni, di qualsiasi natura, conferiti nel trust o nei fondi speciali di cui al comma 3 dell'articolo 1 ovvero i beni immobili o i beni mobili iscritti in pubblici registri gravati dal vincolo di destinazione di cui all'articolo 2645-ter del codice civile siano destinati esclusivamente alla realizzazione delle finalità assistenziali del trust ovvero dei fondi speciali o del vincolo di destinazione;

f) l'atto istitutivo del trust ovvero il contratto di affidamento fiduciario che disciplina i fondi speciali di cui al comma 3 dell'articolo 1 ovvero l'atto di costituzione del vincolo di destinazione di cui all'articolo 2645-ter del codice civile individuino il soggetto preposto al controllo delle obbligazioni imposte all'atto dell'istituzione del trust o della stipula dei fondi speciali ovvero della costituzione del vincolo di destinazione a carico del trustee o del fiduciario o del gestore. Tale soggetto deve essere individuabile per tutta la durata del trust o dei fondi speciali o del vincolo di destinazione;

g) l'atto istitutivo del trust ovvero il contratto di affidamento fiduciario che disciplina i fondi speciali di cui al comma 3 dell'articolo 1 ovvero l'atto di costituzione del vincolo di destinazione di cui all'articolo 2645-ter del codice civile stabiliscano il termine finale della durata del trust ovvero dei fondi speciali di cui al comma 3 dell'articolo 1 ovvero del vincolo di destinazione di cui all'articolo 2645-ter del codice civile nella data della morte della persona con disabilità grave;

h) l'atto istitutivo del trust ovvero il contratto di affidamento fiduciario che disciplina i fondi speciali di cui al comma 3 dell'articolo 1 ovvero l'atto di costituzione del vincolo di destinazione di cui all'articolo 2645-ter del codice civile stabiliscano la destinazione del patrimonio residuo.

4. In caso di premorienza del beneficiario rispetto ai soggetti che hanno istituito il trust ovvero stipulato i fondi speciali di cui al comma 3 dell'articolo 1 ovvero costituito il vincolo di destinazione di cui all'articolo 2645-ter del codice civile, i trasferimenti di beni e di diritti reali a favore dei suddetti soggetti godono delle medesime esenzioni dall'imposta sulle successioni e donazioni di cui al presente articolo e le imposte di registro, ipotecaria e catastale si applicano in misura fissa.

5. Al di fuori dell'ipotesi di cui al comma 4, in caso di morte del beneficiario del trust ovvero del contratto che disciplina i fondi speciali di cui al comma 3 dell'articolo 1 ovvero del vincolo di destinazione di cui all'articolo 2645-ter del codice civile istituito a favore di soggetti con disabilità grave, come definita dall'articolo 3, comma 3, della legge 5 febbraio 1992, n. 104, accertata con le modalità di cui all'articolo 4 della medesima legge, il trasferimento del patrimonio residuo, ai sensi della lettera h) del comma 3 del presente articolo, è soggetto all'imposta sulle successioni e donazioni prevista dall'articolo 2, commi da 47 a 49, del decreto-legge 3 ottobre 2006, n. 262, convertito, con modificazioni, dalla legge 24 novembre 2006, n. 286, e successive modificazioni, in considerazione del rapporto di parentela o coniugio intercorrente tra disponente, fiduciante e destinatari del patrimonio residuo.

6. Ai trasferimenti di beni e di diritti in favore dei trust ovvero dei fondi speciali di cui al comma 3 dell'articolo 1 ovvero dei vincoli di destinazione di cui all'articolo 2645-ter del codice civile, istituiti in favore delle persone con disabilità grave come definita dall'articolo 3, comma 3, della legge 5 febbraio 1992, n. 104, accertata con le modalità di cui all'articolo 4 della medesima legge, le imposte di registro, ipotecaria e catastale si applicano in misura fissa.

7. Gli atti, i documenti, le istanze, i contratti, nonché le copie dichiarate conformi, gli estratti, le certificazioni, le dichiarazioni e le attestazioni posti in essere o richiesti dal trustee ovvero dal fiduciario del fondo speciale ovvero dal gestore del vincolo di destinazione sono esenti dall'imposta di bollo prevista dal decreto del Presidente della Repubblica 26 ottobre 1972, n. 642.

8. In caso di conferimento di immobili e di diritti reali sugli stessi nei trust ovvero di loro destinazione ai fondi speciali di cui al comma 3 dell'articolo 1, i comuni possono stabilire, senza nuovi o maggiori oneri per la finanza pubblica, aliquote ridotte, franchigie o esenzioni ai fini dell'imposta municipale propria per i soggetti passivi di cui all'articolo 9, comma 1, del decreto legislativo 14 marzo 2011, n. 23.

9. Alle erogazioni liberali, alle donazioni e agli altri atti a titolo gratuito effettuati dai privati nei confronti di trust ovvero dei fondi speciali di cui al comma 3 dell'articolo 1 si applicano le detrazioni previste dall'articolo 83, comma 1, secondo periodo, del decreto legislativo 3 luglio 2017, n. 117, e le deduzioni di cui al comma 2 del predetto articolo 83 con il limite ivi indicato elevato al 20 per cento del reddito complessivo dichiarato e comunque nella misura massima di 100.000 euro annui (1).

10. Le agevolazioni di cui ai commi 1, 4, 6 e 7 si applicano a decorrere dal 1° gennaio 2017; le agevolazioni di cui al comma 9 si applicano a decorrere dal periodo d'imposta 2016.

11. Con decreto del Ministro dell'economia e delle finanze e il Ministro delegato per la famiglia e le disabilità, da ema-

nare, di concerto con il Ministro del lavoro e delle politiche sociali, entro sessanta giorni dalla data di entrata in vigore della presente legge, sono definite le modalità di attuazione del presente articolo (2).

12. Alle minori entrate derivanti dai commi 1, 4, 6 e 7, valutate in 10 milioni di euro annui a decorrere dall'anno 2017, e dal comma 9, valutate in 6,258 milioni di euro per l'anno 2017 e in 3,650 milioni di euro annui a decorrere dall'anno 2018, si provvede ai sensi dell'articolo 9.

(1) Comma modificato dall'art. 89, co. 10, d.lg. 3/7/2017, n. 117 e successivamente sostituito dall'art. 31, co. 2, lett. b), d.lg. 3/8/2018, n. 105.

(2) Comma modificato dall'art. 3, co. 4, lett. d), d.l. 12/7/2018, n. 86, conv., con modif., dalla l. 9/8/2018, n. 97.

7. Campagne informative. – 1. La Presidenza del Consiglio dei ministri avvia, nell'ambito delle risorse umane, strumentali e finanziarie disponibili a legislazione vigente e, comunque, senza nuovi o maggiori oneri a carico della finanza pubblica, campagne informative al fine di diffondere la conoscenza delle disposizioni della presente legge e delle altre forme di sostegno pubblico previste per le persone con disabilità grave, in modo da consentire un più diretto ed agevole ricorso agli strumenti di tutela previsti per l'assistenza delle persone con disabilità prive del sostegno familiare, nonché di sensibilizzare l'opinione pubblica sulla finalità di favorire l'inclusione sociale delle persone con disabilità.

8. Relazione alle Camere. – 1. Il Ministro del lavoro e delle politiche sociali e il Ministro delegato per la famiglia e le disabilità trasmettono alle Camere, entro il 30 giugno di ogni anno, una relazione sullo stato di attuazione delle disposizioni della presente legge e sull'utilizzo delle risorse di cui all'articolo 9. La relazione illustra altresì l'effettivo andamento delle minori entrate derivanti dalle medesime disposizioni, anche al fine di evidenziare gli eventuali scostamenti rispetto alle previsioni (1).

(1) Comma modificato dall'art. 3, co. 4, lett. d), d.l. 12/7/2018, n. 86, conv., con modif., dalla l. 9/8/2018, n. 97.

9. Disposizioni finanziarie. – 1. Agli oneri derivanti dall'articolo 3, comma 1, pari a 90 milioni di euro per l'anno 2016, a 38,3 milioni di euro per l'anno 2017 e a 56,1 milioni di euro annui a decorrere dal 2018, e alle minori entrate derivanti dagli articoli 5 e 6, valutate complessivamente in 51,958 milioni di euro per l'anno 2017 e in 34,050 milioni di euro annui a decorrere dal 2018, si provvede:

a) quanto a 90 milioni di euro a decorrere dall'anno 2016, mediante corrispondente riduzione del Fondo di cui all'articolo 1, comma 400, della legge 28 dicembre 2015, n. 208;

b) quanto a 258.000 euro per l'anno 2017 e a 150.000 euro annui a decorrere dall'anno 2018, mediante corrispondente riduzione delle proiezioni dello stanziamento del fondo speciale di parte corrente iscritto, ai fini del bilancio triennale 2016-2018, nell'ambito del programma «Fondi di riserva e speciali» della missione «Fondi da ripartire» dello stato di previsione del Ministero dell'economia e delle finanze per l'anno 2016, allo scopo parzialmente utilizzando l'accantonamento relativo al medesimo Ministero.

2. Il Ministero dell'economia e delle finanze – Dipartimento delle finanze effettua il monitoraggio delle minori entrate recate dagli articoli 5 e 6. Le eventuali risorse corrispondenti all'eventuale minore esigenza di copertura delle minori entrate di cui al primo periodo, valutata in via strutturale sulla base delle risultanze del monitoraggio delle predette minori entrate e quantificata con decreto del Ministro dell'economia e delle finanze, confluiscono, a decorrere dall'anno di quantificazione, nel Fondo di cui all'articolo 3.

3. Il Ministro dell'economia e delle finanze è autorizzato ad apportare, con propri decreti, le occorrenti variazioni di bilancio.

10. Entrata in vigore. – 1. La presente legge entra in vigore il giorno successivo a quello della sua pubblicazione nella Gazzetta Ufficiale.

La presente legge, munita del sigillo dello Stato, sarà inserita nella Raccolta ufficiale degli atti normativi della Repubblica italiana. È fatto obbligo a chiunque spetti di osservarla e di farla osservare come legge dello Stato.

Sezione XXVIII

USURA

L. 7 marzo 1996, n. 108

Disposizioni in materia di usura

Art. 1. – 1. L'art. 644 del codice penale è sostituito dal seguente:

"Art. 644 (Usura). – Chiunque, fuori dei casi previsti dall'art. 643, si fa dare o promettere, sotto qualsiasi forma, per sé o per altri, in corrispettivo di una prestazione di denaro o di altra utilità, interessi o altri vantaggi usurari, è punito con la reclusione da uno a sei anni e con la multa da lire sei milioni a lire trenta milioni.

Alla stessa pena soggiace chi, fuori del caso di concorso nel delitto previsto dal primo comma, procura a taluno una somma di denaro od altra utilità facendo dare o promettere, a sé o ad altri, per la mediazione, un compenso usurario.

La legge stabilisce il limite oltre il quale gli interessi sono sempre usurari. Sono altresì usurari gli interessi, anche se inferiori a tale limite, e gli altri vantaggi o compensi che, avuto riguardo alle concrete modalità del fatto e al tasso medio praticato per operazioni similari, risultano comunque sproporzionati rispetto alla prestazione di denaro o di altra utilità, ovvero all'opera di mediazione, quando chi li ha dati o promessi si trova in condizioni di difficoltà economica o finanziaria.

Per la determinazione del tasso di interesse usurario si tiene conto delle commissioni, remunerazioni a qualsiasi titolo e delle spese, escluse quelle per imposte e tasse, collegate alla erogazione del credito.

Le pene per i fatti di cui al primo e secondo comma sono aumentate da un terzo alla metà:

1) se il colpevole ha agito nell'esercizio di una attività professionale, bancaria o di intermediazione finanziaria mobiliare;

2) se il colpevole ha richiesto in garanzia partecipazioni o quote societarie o aziendali o proprietà immobiliari;

3) se il reato è commesso in danno di chi si trova in stato di bisogno;

4) se il reato è commesso in danno di chi svolge attività imprenditoriale, professionale o artigianale;

5) se il reato è commesso da persona sottoposta con provvedimento definitivo alla misura di prevenzione della sorveglianza speciale durante il periodo previsto di applicazione e fino a tre anni dal momento in cui è cessata l'esecuzione.

Nel caso di condanna, o di applicazione di pena ai sensi dell'art. 444 del codice di procedura penale, per uno dei delitti di cui al presente articolo, è sempre ordinata la confisca dei beni che costituiscono prezzo o profitto del reato ovvero di somme di denaro, beni ed utilità di cui il reo ha la disponibilità anche per interposta persona per un importo pari al valore degli interessi o degli altri vantaggi o compensi usurari, salvi i diritti della persona offesa dal reato alle restituzioni e al risarcimento dei danni".

2. L'art. 644-bis del cod. pen. è abrogato.

Art. 2. – 1. Il Ministro del tesoro, sentiti la Banca d'Italia e l'Ufficio italiano dei cambi, rileva trimestralmente il tasso effettivo globale medio, comprensivo di commissioni, di remunerazioni a qualsiasi titolo e spese, escluse quelle per imposte e tasse, riferito ad anno, degli interessi praticati dalle banche e dagli intermediari finanziari iscritti negli elenchi tenuti dall'Ufficio italiano dei cambi e dalla Banca d'Italia ai sensi degli articoli 106 e 107 del decreto legislativo 1° settembre 1993, n. 385, nel corso del trimestre precedente per operazioni della stessa natura. I valori medi derivanti da tale rilevazione, corretti in ragione delle eventuali variazioni del tasso ufficiale di sconto successive al trimestre di riferimento, sono pubblicati senza ritardo nella Gazzetta Ufficiale (1).

2. La classificazione delle operazioni per categorie omogenee, tenuto conto della natura, dell'oggetto, dell'importo, della durata, dei rischi e delle garanzie è effettuata annualmente con decreto del Ministro del tesoro, sentiti la Banca d'Italia e l'Ufficio italiano dei cambi e pubblicata senza ritardo nella Gazzetta Ufficiale (2).

3. Le banche e gli intermediari finanziari di cui al comma 1 ed ogni altro ente autorizzato alla erogazione del credito sono tenuti ad affiggere nella rispettiva sede, e in ciascuna delle proprie dipendenze aperte al pubblico, in modo facilmente visibile, apposito avviso contenente la classificazione delle operazioni e la rileva-zione dei tassi previsti nei commi 1 e 2.

4. Il limite previsto dal terzo comma dell'articolo 644 del codice penale, oltre il quale gli interessi sono sempre usurari, è stabilito nel tasso medio risultante dall'ultima rilevazione pubblicata nella Gazzetta Ufficiale ai sensi del comma 1 relativamente alla categoria di operazioni in cui il credito è compreso, aumentato di un quarto, cui si aggiunge un margine di ulteriori quattro punti percentuali. La differenza tra il limite e il tasso medio non può essere superiore a otto punti percentuali (3).

(1) Per la rilevazione dei tassi globali medi, di cui al presente comma, vedi il d.m. 22/3/1997, il d.m. 24/6/1997, il d.m. 25/9/1997, il d.m. 23/12/1997, il d.m. 23/3/1998, il d.m. 24/6/1998, il d.m. 21/12/1998, il d.m. 26/3/1999, il d.m. 19/6/1999, il d.m. 22/9/1999, il d.m. 20/12/1999, il d.m. 23/3/2000, il d.m. 23/6/2000, il d.m. 21/9/2000, il d.m. 20/12/2000, il d.m. 23/3/2001, il d.m. 22/6/2001, il d.m. 14/12/2001, il d.m. 22/3/2002, il d.m. 20/12/2002, il d.m. 25/3/2003, il d.m. 23/6/2003, il d.m. 19/9/2003, il d.m. 18/12/2003, il d.m. 17/3/2004, il d.m. 22/6/2004, il d.m. 17/9/2004, il d.m. 17/12/2004, il d.m. 17/3/2005, il d.m. 15/6/2005, il d.m. 21/9/2005, il d.m. 20/12/2005, il d.m. 15/3/2006, il d.m. 21/6/2006, il d.m. 21/9/2006, il d.m. 19/12/2006, il d.m. 20/3/2007, il d.m. 20/6/2007, il d.m. 19/9/2007, il d.m. 20/12/2007, il d.m. 18/3/2008, il d.m. 23/6/2008, il d.m. 24/9/2008, d.m. 26/3/2009, il d.m. 24/6/2009, il d.m. 24/9/2009, il d.m. 24/12/2009, il d.m. 26/3/2010, il d.m. 18/6/2010, il d.m. 23/9/2010, il d.m. 23/12/2010, il d.m. 29/3/2011, il d.m. 27/6/2011, il d.m. 26/9/2011, il d.m. 20/12/2011, d.m. 26/3/2012, il d.m. 26/6/2012, il d.m. 26/9/2012, il d.m. 21/12/2012, il d.m. 25/3/2013, il d.m. 24/6/2013, il d.m. 24/9/2013, il d.m. 19/12/2013, il d.m. 24/3/2014, il d.m. 25/6/2014, il d.m. 30/12/2014, il d.m. 24/12/2014, il d.m. 26/3/2015, il d.m. 19/6/2015, il d.m. 24/9/2015, il d.m. 21/12/2015, il d.m. 24/3/2016, il d.m. 24/6/2016, il d.m. 26/9/2016, il d.m. 22/12/2016, il d.m. 27/3/2017, il d.m. 27/6/2017, il d.m. 25/9/2017, il d.m. 21/12/2017, il d.m. 28/3/2018, e il d.m. 27/6/2018 e da ultimo, il d.m. 25/3/2019.

(2) Per la classificazione delle operazioni creditizie di cui al presente comma, vedi il d.m. 23/9/1996, il d.m. 24/9/1997, il d.m. 22/9/1998, il d.m. 21/9/1999, il d.m. 20/9/2000, il d.m. 20/9/2001, il d.m. 16/9/2002, il d.m. 18/9/2003, il d.m. 16/9/2004, il d.m. 20/9/2005, il d.m. 20/9/2006, il d.m. 18/9/2007, il d.m. 23/9/2008, il d.m. 23/9/2009, il d.m. 25/3/2010, il d.m. 23/9/2011, il d.m. 25/9/2012, il d.m. 23/9/2013, il d.m. 29/9/2014, il d.m. 23/9/2015, il d.m. 26/9/2016 e il d.m. 25/9/2017.

(3) Comma modificato dall'art. 8, co. 5, lett. d), d.l. 13/5/2011, n. 70. Vedi, inoltre, l'art. 2, co. 2, d.m. 21/12/2015, l'art. 2, co. 2, d.m. 24/6/2016 e l'art. 2, co. 2, d.m. 21/12/2018.

Art. 3. – 1. La prima classificazione di cui al comma 2 dell'articolo 2 verrà pubblicata entro il termine di centottanta giorni dalla data di entrata in vigore della presente legge. Entro i successivi centottanta giorni sarà pubblicata la prima rilevazione trimestrale di cui al comma 1 del medesimo articolo 2. Fino alla pubblicazione di cui al comma 1 dell'articolo 2 è punito a norma dell'articolo 644, primo comma, del codice penale chiunque, fuori dei casi previsti dall'articolo 643 del codice penale, si fa dare o promettere, sotto qualsiasi forma, per sé o per altri, da soggetto in condizioni di difficoltà economica o finanziaria, in corrispettivo di una prestazione di denaro o di altra utilità, interessi o altri vantaggi che, avuto riguardo alle concrete modalità del fatto e ai tassi praticati per operazioni similari dal sistema bancario e finanziario, risultano sproporzionati rispetto alla prestazione di denaro o di altra utilità. Alla stessa pena soggiace chi, fuori del caso di concorso nel delitto previsto dall'articolo 644, primo comma, del codice penale, procura a soggetto che si trova in condizioni di difficoltà economica o finanziaria una somma di denaro o altra utilità facendo dare o promettere, a sé o ad altri, per la mediazione, un compenso che, avuto riguardo alle concrete modalità del fatto, risulta sproporzionato rispetto all'opera di mediazione.

Art. 4. – 1. Il secondo comma dell'art. 1815 del codice civile è sostituito dal seguente:

"Se sono convenuti interessi usurari, la clausola è nulla e non sono dovuti interessi".

Art. 5. – 1. Nell'art. 132, comma 1, del decreto legislativo 1° settembre 1993, n. 385, le parole: "quattro anni" sono sostituite dalle seguenti: "cinque anni".

Art. 6. – 1. Sono fatte salve le disposizioni contenute nell'articolo 12-sexies del D.L. 8 giugno 1992, n. 306, convertito, con modificazioni, dalla legge 7 agosto 1992, n. 356, introdotto dall'articolo 2 del D.L. 20 giugno 1994, n. 399, convertito, con modificazioni, dalla legge 8 agosto 1994, n. 501.

Art. 7. – 1. Nell'art. 32-quater del codice penale, dopo la parola: "640-bis," è inserita la seguente: "644,".

Art. 8. – 1. Nella lettera f) del comma 1 dell'art. 266 del codice di procedura penale, dopo le parole: "reati di ingiuria, minaccia," sono inserite le seguenti: "usura, abusiva attività finanziaria,".

2. Nel comma 1 dell'art. 10 del decreto-legge 31 dicembre 1991, n. 419, convertito, con modificazioni, dalla legge 18 febbraio 1992, n. 172, le parole: "dei delitti di cui agli articoli 629, 648-bis e 648-ter del codice penale," sono sostituite dalle seguenti: "dei delitti di cui agli articoli 629, 644, 648-bis e 648-ter del codice penale,".

Art. 9. – 1. Nel comma 1 dell'art. 14 della legge 19 marzo 1990, n. 55 e successive modificazioni, le parole: "ovvero ai soggetti indicati nel n. 2) del primo comma dell'art. 1 della legge 27 dicembre 1956, n. 1423, quando l'attività delittuosa da cui si ritiene derivino i proventi sia una di quelle previste dagli articoli 629, 630, 648-bis o 648-ter del codice penale, ovvero quella di contrabbando" sono sostituite dalle seguenti: "ovvero ai soggetti indicati nei numeri 1) e 2) del primo comma dell'art. 1 della legge 27 dicembre 1956, n. 1423, quando l'attività delittuosa da cui si ritiene derivino i proventi sia una di quelle previste dagli articoli 629, 630, 644, 648-bis o 648-ter del codice penale, ovvero quella di contrabbando".

2. All'art. 3-quater della legge 31 maggio 1965, n. 575, introdotto dall'art. 24 del decreto-legge 8 giugno 1992, n. 306, convertito, con modificazioni, dalla legge 7 agosto 1992, n. 356, sono apportate le seguenti modificazioni:

a) nel comma 1, le parole: "ovvero di persone sottoposte a procedimento penale per taluno dei delitti previsti dagli articoli 416-bis, 629, 630, 648-bis e 648-ter del codice penale," sono sostituite dalle seguenti: "ovvero di persone sottoposte a procedimento penale per taluno dei delitti indicati nel comma 2";

b) nel comma 2, le parole: "persone sottoposte a procedimento penale per taluno dei delitti previsti dagli articoli 416-bis, 629, 630, 648-bis e 648-ter del codice penale," sono sostituite dalle seguenti: "persone sottoposte a procedimento penale per taluno dei delitti previsti dagli articoli 416-bis, 629, 630, 644, 648-bis e 648-ter del codice penale".

Art. 10. – 1. Nel giudizio penale di cui all'articolo 1 della presente legge possono costituirsi parte civile anche le associazioni e le fondazioni di cui all'articolo 15.

Art. 11. – 1. Prima dell'art. 645 del codice penale è inserito il seguente:

"Art. 644-ter (Prescrizione del reato di usura). – La prescrizione del reato di usura decorre dal giorno dell'ultima riscossione sia degli interessi che del capitale".

Art. 12. – 1. Al decreto-legge 31 dicembre 1991, n. 419, convertito, con modificazioni, dalla legge 18 febbraio 1992, n. 172 e successive modificazioni, sono apportate le seguenti modificazioni:

a) nell'art. 1, comma 4, le parole: "alla data di entrata in vigore del presente decreto" sono sostituite dalle seguenti: "alla data del 1° gennaio 1990";

b) nell'art. 3, comma 3, dopo le parole: "dalla data dell'evento lesivo" sono aggiunte le seguenti: "ovvero dalla data in cui l'interessato ha conoscenza che dalle indagini preliminari sono emersi elementi dai quali appare che l'evento lesivo consegue a un fatto delittuoso commesso per taluna delle finalità indicate nell'art. 1";

c) nell'art. 4:

1) al comma 1, secondo periodo dopo le parole: "dell'ammontare del danno patrimoniale, dettagliatamente documentato" sono aggiunte le seguenti "salvo quanto previsto dal comma 2-bis";

2) dopo il comma 2, è inserito il seguente:

"2-bis. L'ammontare del danno patrimoniale è determinato comprendendo la perdita subita e il mancato guadagno. Se quest'ultimo non può essere provato nel suo preciso ammontare, è valutato con equo apprezzamento delle circostanze del caso tenendo conto anche della riduzione di valore dell'avviamento commerciale";

3) al comma 4, secondo periodo, le parole: "comprovante l'impiego delle somme già corrisposte per il ripristino dei beni distrutti o danneggiati" sono sostituite dalle seguenti: "comprovante che le somme già corrisposte non sono state impiegate per finalità estranee all'esercizio dell'attività in relazione alla quale si è verificato l'evento lesivo".

2. All'onere derivante dall'attuazione del presente articolo si provvede nei limiti della dotazione finanziaria del Fondo di solidarietà per le vittime dell'estorsione di cui all'art. 5 del citato decreto-legge n. 419 del 1991 e successive modificazioni.

Art. 13. – 1. Le domande di cui all'articolo 3 del decreto-legge 31 dicembre 1991, n. 419, convertito, con modificazioni, dalla legge 18 febbraio 1992, n. 172, e successive modificazioni, il cui termine di presentazione sia spirato alla data di entrata in vigore della presente legge, possono essere presentate, a pena di decadenza, entro novanta giorni dalla stessa data.

2. Per le domande relative a fatti verificatisi tra il 1° gennaio 1990 e il 2 novembre 1991, il termine fissato dal medesimo articolo 3 del citato decreto-legge n. 419 del 1991 decorre dalla data di entrata in vigore della presente legge.

3. Anche d'ufficio, il comitato previsto dall'articolo 5, comma 2, del citato decreto-legge n. 419 del 1991 procede al nuovo esame delle domande per le quali è stato proposto o deciso il rigetto perché presentate oltre i termini fissati a pena di decadenza.

4. Su domanda che il soggetto legittimato deve presentare, a pena di decadenza, entro novanta giorni dalla data di entrata in vigore della presente legge, il comitato di cui al comma 3 procede all'esame delle domande sulle quali ha già formulato proposta al Presidente del Consiglio dei ministri senza tener conto del lucro cessante nelle valutazioni sull'ammontare del danno patrimoniale.

Art. 14. – 1. È istituito presso l'ufficio del Commissario straordinario del Governo per il coordinamento delle iniziative anti-racket il "Fondo di solidarietà per le vittime dell'usura".

2. Il Fondo provvede alla erogazione di mutui senza interesse di durata non superiore al decennio a favore di soggetti che esercitano attività imprenditoriale, commerciale, artigianale o comunque economica, ovvero una libera arte o professione, i quali dichiarino di essere vittime del delitto di usura e risultino parti offese nel relativo procedimento penale. Il Fondo è surrogato, quanto all'importo dell'interesse e limitatamente a questo, nei diritti della persona offesa verso l'autore del reato. La concessione del mutuo è esente da oneri fiscali (1).

2-bis. Fermo quanto previsto dal comma 7, l'erogazione dei mutui di cui al comma 2 è consentita anche in favore dell'imprenditore dichiarato fallito, previo provvedimento favorevole del giudice delegato al fallimento, a condizione che il medesimo non abbia riportato condanne definitive per i reati di cui al titolo VI del regio decreto 16 marzo 1942, n. 267, e successive modificazioni, ovvero per delitti contro la pubblica amministrazione, la fede pubblica, l'amministrazione della giustizia, il patrimonio, l'economia pubblica, l'industria e il commercio, a meno di intervenuta riabilitazione ai sensi degli articoli 178 e seguenti del codice penale. Avverso il provvedimento contrario del giudice delegato è ammesso reclamo al tribunale fallimentare, del quale non può far parte il giudice che ha emanato il provvedimento reclamato (2).

2-ter. Le somme erogate a titolo di mutuo ai sensi del comma 2-bis non sono imputabili alla massa fallimentare né alle attività sopravvenute dell'imprenditore fallito e sono vincolate, quanto a destinazione, esclusivamente all'utilizzo secondo le finalità di cui al comma 5 (2).

3. Il mutuo può essere concesso, anche nel corso delle indagini preliminari, previo parere favorevole del pubblico ministero, sulla base di concreti elementi acquisiti nel corso delle indagini preliminari medesime (3).

4. L'importo del mutuo è commisurato al danno subìto dalla vittima del delitto di usura per effetto degli interessi e degli altri vantaggi usurari corrisposti all'autore del reato. Il Fondo può erogare un importo maggiore quando, per le caratteristiche del prestito usurario, le sue modalità di riscossione o la sua riferibilità a organizzazioni criminali, sono derivati alla vittima del delitto di usura ulteriori rilevanti danni per perdite o mancati guadagni.

5. La domanda di concessione del mutuo deve essere presentata al Fondo entro il termine di ventiquattro mesi dalla data di presentazione della denuncia per il delitto di usura ovvero dalla data in cui la persona offesa ha notizia dell'inizio delle indagini per il delitto di usura. Essa deve essere corredata da un piano di investimento e utilizzo delle somme richieste che risponda alla finalità di reinserimento della vittima del delitto di usura nella economia legale. In nessun caso le somme erogate a titolo di mutuo o di anticipazione possono essere utilizzate per pagamenti a titolo di interessi o di rimborso del capitale o a qualsiasi altro titolo in favore dell'autore del reato (4).

6. La concessione del mutuo è deliberata dal Commissario straordinario del Governo per il coordinamento delle iniziative anti-racket sulla base della istruttoria operata dal comitato di cui all'articolo 5, comma 2, del D.L. 31 dicembre 1991, n. 419, convertito, con modificazioni, dalla legge 18 febbraio 1992, n. 172. Il Commissario straordinario può procedere alla erogazione della provvisionale anche senza il parere di detto comitato. Può altresì valersi di consulenti.

7. I mutui di cui al presente articolo non possono essere concessi a favore di soggetti condannati per il reato di usura, anche tentato, o per taluno dei reati consumati o tentati di cui agli articoli 380 e 407, comma 2, lettera a), del codice di procedura penale, ovvero sottoposti a misure di prevenzione personali o patrimoniali ovvero alla speciale misura di cui all'articolo 34 del codice delle leggi antimafia e delle misure di prevenzione, di cui al decreto legislativo 6 settembre 2011, n. 159. Nei confronti dei soggetti indagati o imputati per taluno di detti reati ovvero proposti per le suddette misure, la concessione del mutuo non può essere con-sentita e, ove sia stata disposta, è sospesa fino all'esito dei relativi procedimenti (5).

8. I soggetti indicati nel comma 2 sono esclusi dalla concessione del mutuo se nel procedimento penale per il delitto di usura in cui sono parti offese, ed in relazione al quale hanno proposto la domanda di mutuo, hanno reso dichiarazioni false o reticenti. Qualora per le dichiarazioni false o reticenti sia in corso procedimento penale, la concessione del mutuo è sospesa fino all'esito di tale procedimento.

9. Il Fondo procede alla revoca dei provvedimenti di erogazione del mutuo e della provvisionale ed al recupero delle somme già erogate nei casi seguenti:

a) se il procedimento penale per il delitto di usura in relazione al quale il mutuo o la provvisionale sono stati concessi si conclude con provvedimento di archivia-zione, salvo quanto previsto dalla lettera a-bis), ovvero con sentenza di non luogo a procedere, di proscioglimento o di assoluzione (6);

a-bis) quando il procedimento penale non possa ulteriormente proseguire per prescrizione del reato, per amnistia o per morte dell'imputato e il giudice debba emettere per tali motivi il provvedimento di archiviazione o la sentenza, in qualsiasi fase o grado del processo, ai sensi dell'articolo 129, comma 1, del codice di procedura penale, quando allo stato degli atti non esistano elementi documentati, univoci e concordanti in ordine all'esistenza del danno subito dalla vittima per effetto degli interessi o di altri vantaggi usurari (7);

b) se le somme erogate a titolo di mutuo o di provvisionale non sono utilizzate in conformità al piano di cui al comma 5;

c) se sopravvengono le condizioni ostative alla concessione del mutuo previste nei commi 7 e 8.

10. Le disposizioni di cui al presente articolo si applicano ai fatti verificatisi a partire dal 1° gennaio 1996. Le erogazioni di cui al presente articolo sono concesse nei limiti delle disponibilità del Fondo.

11. Il Fondo è alimentato:

a) da uno stanziamento a carico del bilancio dello Stato pari a lire 10 miliardi per l'anno 1996 e a lire 20 miliardi a decorrere dal 1997; al relativo onere si provvede mediante corrispondente riduzione dello stanziamento iscritto, ai fini del bilancio triennale 1996-1998, al capitolo 6856 dello stato di previsione del Ministero del tesoro per l'anno 1996, all'uopo parzialmente utilizzando l'accantonamento relativo al Ministero della giustizia. Il Ministro del tesoro è autorizzato ad apportare, con propri decreti, le occorrenti variazioni di bilancio;

b) dai beni rivenienti dalla confisca ordinaria ai sensi dell'articolo 644, sesto comma, del codice penale;

c) da donazioni e lasciti da chiunque effettuati (8).

12. È comunque fatto salvo il principio di unità di bilancio di cui all'art. 5, legge 5 agosto 1978, n. 468, e successive modificazioni.

13. Il Governo adotta, ai sensi dell'articolo 17 della legge 23 agosto 1988, n. 400, apposito regolamento di attuazione entro sei mesi dalla data di entrata in vigore della presente legge (9).

• Per l'applicazione delle disposizioni di cui al presente articolo, vedi l'art. 6-ter del d.l. 28/12/2006, n. 300.

(1) Comma, da ultimo, così modificato dall'art. 145 della l. 23/12/2000, n. 388.

(2) Comma inserito dall'art. 1, co. 1, lett. a), l. 27/1/2012, n. 3.

(3) Comma sostituito dall'art. 1, co. 1, lett. b), l. 27/1/2012, n. 3.

(4) Comma modificato dall'art. 1, co. 1, lett. c), l. 27/1/2012, n. 3 e successivamente dall'art. 38-bis, co. 2, d.l. 4/10/2018, n. 113, conv., con modif., dalla l. 1/12/2018, n. 132.

(5) Comma sostituito dall'art. 1, co. 1, lett. d), l. 27/1/2012, n. 3.

(6) Lettera sostituita dall'art. 1, co. 1, lett. e), l. 27/1/2012, n. 3.

(7) Lettera inserita dall'art. 1, co. 1, lett. e), l. 27/1/2012, n. 3.

(8) A norma dell'art. 4, co. 19, l. 12/11/2011, n. 183, a decorrere dal 2012 gli stanziamenti per l'alimentazione del Fondo di rotazione per la solidarietà alle vittime dei reati di tipo mafioso, delle richieste estorsive e dell'usura sono fissati in euro 1.000.000.

(9) Per il regolamento di attuazione delle disposizioni di cui al presente articolo, vedi il d.P.R. 29/1/1997, n. 51.

Art. 15. – 1. È istituito presso il Ministero del tesoro il "Fondo per la prevenzione del fenomeno dell'usura" di entità pari a lire 300 miliardi, da costituire con quote di 100 miliardi di lire per ciascuno degli anni finanziari 1996, 1997 e 1998. Il Fondo dovrà essere utilizzato quanto al 70 per cento per l'erogazione di contributi a favore di appositi fondi speciali costituiti dai confidi, di cui all'articolo 13 del decreto-legge 30 settembre 2003, n. 269, e quanto al 30 per cento a favore delle fondazioni ed associazioni riconosciute per la prevenzione del fenomeno dell'usura, di cui al comma 4 (1).

2. I contributi di cui al comma 1 possono essere concessi ai Confidi alle seguenti condizioni:

a) che essi costituiscano speciali fondi antiusura, separati dai fondi rischi ordinari, destinati a garantire fino all'80 per cento le banche e gli istituti di credito che concedono finanziamenti a medio termine e all'incremento di linee di credito a breve termine a favore delle piccole e medie imprese a elevato rischio finanziario, intendendosi per tali le imprese cui sia stata rifiutata una domanda di finanziamento assistita da una garanzia pari ad almeno il 50 per cento dell'importo del finanziamento stesso pur in presenza della disponibilità del Confidi al rilascio della garanzia;

b) che i contributi di cui al comma 1 siano cumulabili con eventuali contributi concessi dalle camere di commercio, industria, artigianato e agricoltura.

3. Il Ministro del tesoro, sentito il Ministro dell'industria, del commercio e dell'artigianato, determina con decreto i requisiti patrimoniali dei fondi speciali antiusura di cui al comma 2 e i requisiti di onorabilità e di professionalità degli esponenti dei fondi medesimi (2).

4. Le fondazioni e le associazioni riconosciute per la prevenzione del fenomeno dell'usura sono iscritte in apposito elenco tenuto dal Ministro del tesoro. Lo scopo della prevenzione del fenomeno dell'usura, anche attraverso forme di tutela, assistenza ed informazione, deve risultare dall'atto costitutivo e dallo statuto.

5. Il Ministro del tesoro, sentiti il Ministro dell'interno ed il Ministro per gli affari sociali, determina con decreto i requisiti patrimoniali delle fondazioni e delle associazioni per la prevenzione del fenomeno dell'usura ed i requisiti di onorabilità e di professionalità degli esponenti delle medesime fondazioni e associazioni (2).

6. Le fondazioni e le associazioni per la prevenzione del fenomeno dell'usura prestano garanzie alle banche ed agli intermediari finanziari al fine di favorire l'erogazione di finanziamenti a soggetti che, pur essendo meritevoli in base ai criteri fissati nei relativi statuti, incontrano difficoltà di accesso al credito.

7. Fatte salve le riserve di attività previste dalla legge, le fondazioni e le associazioni per la prevenzione del fenomeno dell'usura esercitano le altre attività previste dallo statuto.

8. Per la gestione del Fondo di cui al comma 1 e l'assegnazione dei contributi, il Governo provvede, entro tre mesi dalla data di entrata in vigore della presente legge, all'istituzione di una commissione costituita da due rappresentanti del Ministero dell'economia e delle finanze, di cui uno con funzioni di presidente, da due rappresentanti del Ministero dell'interno, di cui uno nella persona del Commissario straordinario del Governo per il coordinamento delle iniziative anti-racket ed antiusura, da due rappresentanti del Ministero dello sviluppo economico e da due rappresentanti del Ministero del lavoro e delle politiche sociali. È previsto un supplente per ciascuno dei rappresentanti. I componenti effettivi e supplenti della commissione sono scelti tra i funzionari con qualifica non inferiore a dirigente di seconda fascia o equiparata.

La partecipazione alla commissione è a titolo gratuito. Le riunioni della commissione sono valide quando intervengono almeno cinque componenti, rappresentanti, comunque, le quattro amministrazioni interessate. Le deliberazioni sono adottate a maggioranza dei presenti e in caso di parità di voti prevale quello del presidente (3).

9. I contributi di cui al presente articolo sono erogati nei limiti dello stanziamento previsto al comma 1.

10. All'onere derivante dall'attuazione del comma 1 si provvede mediante riduzione dello stanziamento iscritto, ai fini del bilancio triennale 1996-1998, al capitolo 6856 dello stato di previsione del Ministero del tesoro per l'anno 1996, utilizzando parzialmente l'accantonamento relativo al medesimo Ministero.

(1) Comma modificato dall'art. 13 del d.l. 30/9/2003, n. 269.

(2) Per il regolamento di attuazione delle disposizioni di cui al presente articolo, vedi il d.P.R. 11/6/1997, n. 315. Vedi, anche, il d.m. 6/8/1996.

(3) Comma modificato dall'art. 1, co. 2, l. 27/1/2012, n. 3.

Art. 16. – *1. L'attività di mediazione o di consulenza nella concessione di finanziamenti da parte di banche o di intermediari finanziari è riservata ai soggetti iscritti in apposito albo istituito presso il Ministero del tesoro, che si avvale dell'Ufficio italiano dei cambi. 2. Con regolamento del Governo adottato ai sensi dell'articolo 17 della legge 23 agosto 1988, n. 400, sentiti la Banca d'Italia e l'Ufficio italiano dei cambi, è specificato il contenuto dell'attività di mediazione creditizia e sono fissate le modalità per l'iscrizione e la cancellazione dall'albo, nonché le forme di pubblicità dell'albo medesimo. La cancellazione può essere disposta per il venire meno dei requisiti indicati al comma 3 e per gravi violazioni degli obblighi indicati al comma 4. 3. I requisiti di onorabilità necessari per l'iscrizione nell'albo di cui al comma 1 sono i medesimi previsti dall'articolo 109 del decreto legislativo 1° settembre 1993, n. 385. 4. Ai soggetti che svolgono l'attività di mediazione creditizia si applicano, in quanto compatibili, le* *disposizioni del Titolo VI del decreto legislativo 1° settembre 1993, n. 385, e del decreto-legge 3 maggio 1991, n. 143, convertito, con modificazioni, dalla legge 5 luglio 1991, n. 197, e successive modificazioni. 5. L'esercizio dell'attività di mediazione creditizia è compatibile con lo svolgimento di altre attività professionali. 6. La pubblicità a mezzo stampa dell'attività di cui al comma 1 è subordinata all'indicazione, nella pubblicità medesima, degli estremi della iscrizione nell'albo di cui allo stesso comma 1. 7. Chiunque svolge l'attività di mediazione creditizia senza essere iscritto nell'albo indicato al comma 1 è punito con la reclusione da sei mesi a quattro anni e con la multa da quattro a venti milioni di lire. 8. Le disposizioni dei commi precedenti non si applicano alle banche, agli intermediari finanziari, ai promotori finanziari iscritti all'albo previsto dall'articolo 5, comma 5, della legge 2 gennaio 1991, n. 1, e alle imprese assicurative**.

9. Salvo che il fatto costituisca reato più grave, chi, nell'esercizio di attività bancaria, di intermediazione finanziaria o di mediazione creditizia, indirizza una persona, per operazioni bancarie o finanziarie, a un soggetto non abilitato all'esercizio dell'attività bancaria o finanziaria, è punito con la reclusione da due a quattro anni (1).

* Commi abrogati dall'art. 28, co. 1, lett. b), d.lg. 13/8/2010, n. 141.

(1) Vedi disposizioni di cui all'art. 17 della l. 28/12/2005, n. 262.

• Comma modificato dall'art. 1, co. 3, l. 27/1/2012, n. 3.

Art. 17. – 1. Il debitore protestato che abbia adempiuto all'obbligazione per la quale il protesto è stato levato e non abbia subìto ulteriore protesto ha diritto ad ottenere, trascorso un anno dal levato protesto, la riabilitazione.

2. La riabilitazione è accordata con decreto del presidente del tribunale o con atto notarile su istanza dell'interessato corredata dai documenti giustificativi (1).

3. Avverso il diniego di riabilitazione il debitore può proporre opposizione. L'opposizione è disciplinata dall'articolo 13 del decreto legislativo 1° settembre 2011, n. 150 (2).

4. Il decreto o l'atto di riabilitazione è pubblicato nel Bollettino dei protesti cambiari ed è opponibile ai sensi del comma 3 da chiunque vi abbia interesse [entro dieci giorni dalla pubblicazione] (3).

*5. Nelle stesse forme di cui al comma 4 è pubblicato il provvedimento della corte di appello che accoglie il reclamo**.

6. Per effetto della riabilitazione il protesto si considera, a tutti gli effetti, come mai avvenuto.

6-bis. Il debitore protestato e riabilitato ha diritto di ottenere la cancellazione definitiva dei dati relativi al protesto anche dal registro informatico di cui all'articolo 3-bis, del decreto legge 18 settembre 1995, n. 381, convertito, con modificazioni, dalla legge 15 novembre 1995, n. 480. La cancellazione dei dati del protesto è disposta dal responsabile dirigente dell'ufficio protesti competente per territorio non oltre il termine di venti giorni dalla data di presentazione della relativa istanza, corredata del decreto o dell'atto di riabilitazione (4).

6-ter. Ove sussistano tutte le condizioni indicate nel comma 1, è consentita la presentazione di un'unica istanza di riabilitazione anche in riferimento a più protesti, purché compresi nello spazio temporale di un triennio (5).

(1) A norma dell'art. 27, co. 4, d.lg. 13/7/2017, n. 116, a decorrere dal 31/10/2025, al presente comma le parole "presidente del tribunale" saranno sostituite dalle seguenti: "giudice di pace", come previsto dall'art. 32 del d.lg. n. 116/2017 medesimo, modificato dall'art. 8-bis, co. 1, lett. a), d.l. 30/12/2019, n. 162, conv., con modif., dalla l. 28/2/2020, n. 8.

• Comma modificato dall'art. 23, co. 1, lett. a), d.lg. 10/10/2022, n. 149, con effetto a decorrere dal 28/2/2023, come stabilito dall'art. 35, co. 1, d.lg. n. 149/2022 medesimo, come modificato dall'art. 1, co. 380, lett. a), l. 29/12/2022, n. 197.

(2) Comma sostituito dall'art. 34, co. 15, lett. a), d.lg. 1/9/2011, n. 150.

(3) Comma modificato dall'art. 34, co. 15, lett. b) e c), d.lg. 1/9/2011, n. 150 e successivamente dall'art. 23, co. 1, lett. b), d.lg. 10/10/2022, n. 149, con effetto a decorrere dal 28/2/2023, come stabilito dall'art. 35, co. 1, d.lg. n. 149/2022 medesimo, come modificato dall'art. 1, co. 380, lett. a), l. 29/12/2022, n. 197.

* Comma abrogato dall'art. 34, co. 15, lett. d), d.lg. 1/9/2011, n. 150.

(4) Comma aggiunto dall'art. 3 della l. 18/8/2000, n. 235, a decorrere dal 28/12/2000; modificato dall'art. 45 della l. 12/12/2002, n. 273 e successivamente dall'art. 23, co. 1, lett. c), d.lg. 10/10/2022, n. 149, con effetto a decorrere dal 28/2/2023, come stabilito dall'art. 35, co. 1, d.lg. n. 149/2022 medesimo, come modificato dall'art. 1, co. 380, lett. a), l. 29/12/2022, n. 197

(5) Comma aggiunto dall'art. 1, co. 4, l. 27/1/2012, n. 3.

Art. 18. – 1. Su istanza del debitore che sia parte offesa del delitto di usura il presidente del tribunale può, con decreto non impugnabile, disporre la sospensione della pubblicazione, ovvero la cancellazione del protesto elevato a seguito di presentazione per il pagamento di un titolo di credito da parte dell'imputato del predetto delitto, direttamente o per interposta persona, quando l'imputato sia stato rinviato a giudizio. Il decreto di sospensione o cancellazione perde effetto nel caso di assoluzione dell'imputato del delitto di usura con sentenza definitiva.

D.l. 29 dicembre 2000, n. 394

conv., con modif., in l. 28 febbraio 2001, n. 24

Interpretazione autentica della legge 7 marzo 1996, n. 108, recante disposizioni in materia di usura

Art. 1. – 1. Ai fini dell'applicazione dell'art. 644 del codice penale e dell'art. 1815, secondo comma, del codice civile, si intendono usurari gli interessi che superano il limite stabilito dalla legge nel momento in cui essi sono promessi o comunque convenuti, a qualunque titolo, indipendentemente dal momento del loro pagamento.

2. In considerazione dell'eccezionale caduta dei tassi di interesse verificatasi in Europa e in Italia nel biennio 1998-1999, avente carattere strutturale, il tasso degli interessi pattuito nei finanziamenti non agevolati, stipulati nella forma di mutui a tasso fisso rientranti nella categoria dei mutui, individuata con il decreto del Ministro del tesoro, del bilancio e della programmazione economica previsto dall'articolo 2, comma 2, della legge 7 marzo 1996, n. 108, in essere alla data di entrata in vigore del presente decreto, è sostituito, salvo diversa pattuizione più favorevole per il debitore, dal tasso indicato al comma 3. Il tasso di sostituzione è altresì ridotto all'8 per cento con riferimento ai mutui ovvero a quote di mutuo di importo originario non superiore a 150 milioni di lire, o all'equivalente importo in valuta al cambio vigente al

momento della stipulazione del contratto, accesi per l'acquisto o la costruzione di abitazioni, diverse da quelle rientranti nelle categorie catastali A/1, A/8 e A/9, per i quali spettano le detrazioni di cui alla lettera b) del comma 1 e al comma 1-ter dell'articolo 13-bis del testo unico delle imposte sui redditi, approvato con decreto del Presidente della Repubblica 22 dicembre 1986, n. 917, e successive modificazioni. La sostituzione di cui al presente comma non ha efficacia novativa, non comporta spese a carico del mutuatario e si applica alle rate che scadono successivamente al 2 gennaio 2001 (1).

3. Il tasso di sostituzione è stabilito, per le rate con scadenza a decorrere dal 3 gennaio 2001, in misura non superiore al valore medio per il periodo gennaio 1986-ottobre 2000 dei rendimenti lordi dei buoni del Tesoro poliennali con vita residua superiore ad un anno (2).

4. Le disposizioni legislative in materia di limiti di tassi di interesse non si applicano ai finanziamenti ed ai prestiti, in essere alla data di entrata in vigore del presente decreto, concessi o ricevuti in applicazione di leggi speciali in materia di debito pubblico di cui all'art. 104 del trattato sull'Unione europea.

(1) Comma sostituito dalla l. 28/2/2001, n. 24, in sede di conversione. La Corte costituzionale, con sent. 25/2/2002, n. 29, ha dichiarato l'illegittimità costituzionale del presente comma, nella parte in cui dispone che la sostituzione ivi prevista si applichi alle rate che scadono successivamente al 2/1/2001 anziché a quelle che scadono dal giorno stesso dell'entrata in vigore del decreto-legge.

(2) Comma sostituito dalla l. 28/2/2001, n. 24, in sede di conversione. La Corte costituzionale, con sent. 25/2/2002, n. 29, ha dichiarato l'illegittimità costituzionale del presente comma, limitatamente alle parole "per le rate con scadenza a decorrere dal 3/1/2001".

Art. 2. – 1. Il presente decreto entra in vigore il giorno successivo a quello della sua pubblicazione nella Gazzetta Ufficiale della Repubblica italiana e sarà presentato alle Camere per la conversione in legge.

L. 27 gennaio 2012, n. 3

Disposizioni in materia di usura e di estorsione, nonché di composizione delle crisi da sovraindebitamento

Capo I
Modifiche alla legislazione vigente in materia di usura e di estorsione

1. Modifiche alla legge 7 marzo 1996, n. 10. – 1. All'articolo 14 della legge 7 marzo 1996, n. 108, e successive modificazioni, sono apportate le seguenti modificazioni:

a) dopo il comma 2, sono inseriti i seguenti:

«2-bis. Fermo quanto previsto dal comma 7, l'erogazione dei mutui di cui al comma 2 è consentita anche in favore dell'imprenditore dichiarato fallito, previo provvedimento favorevole del giudice delegato al fallimento, a condizione che il medesimo non abbia riportato condanne definitive per i reati di cui al titolo VI del regio decreto 16 marzo 1942, n. 267, e successive modificazioni, ovvero per delitti contro la pubblica amministrazione, la fede pubblica, l'amministrazione della giustizia, il patrimonio, l'economia pubblica, l'industria e il commercio, a meno di intervenuta riabilitazione ai sensi degli articoli 178 e seguenti del codice penale. Avverso il provvedimento contrario del giudice delegato è ammesso reclamo al tribunale fallimentare, del quale non può far parte il giudice che ha emanato il provvedimento reclamato.

2-ter. Le somme erogate a titolo di mutuo ai sensi del comma 2-bis non sono imputabili alla massa fallimentare né alle attività sopravvenute dell'imprenditore fallito e sono vincolate, quanto a destinazione, esclusivamente all'utilizzo secondo le finalità di cui al comma 5»;

b) il comma 3 è sostituito dal seguente:

«3. Il mutuo può essere concesso, anche nel corso delle indagini preliminari, previo parere favorevole del pubblico ministero, sulla base di concreti elementi acquisiti nel corso delle indagini preliminari medesime»;

c) al comma 5, primo periodo, dopo la parola: «data» sono inserite le seguenti: «di presentazione della denuncia per il delitto di usura ovvero dalla data»;

d) il comma 7 è sostituito dal seguente:

«7. I mutui di cui al presente articolo non possono essere concessi a favore di soggetti condannati per il reato di usura, anche tentato, o per taluno dei reati consumati o tentati di cui agli articoli 380 e 407, comma 2, lettera a), del codice di procedura penale, ovvero sottoposti a misure di prevenzione personali o patrimoniali ovvero alla speciale misura di cui all'articolo 34 del codice delle leggi antimafia e delle misure di prevenzione, di cui al decreto legislativo 6 settembre 2011, n. 159. Nei confronti dei soggetti indagati o imputati per taluno di detti reati ovvero proposti per le suddette misure, la concessione del mutuo non può essere consentita e, ove sia stata disposta, è sospesa fino all'esito dei relativi procedimenti»;

e) al comma 9, la lettera a) è sostituita dalle seguenti:

«a) se il procedimento penale per il delitto di usura in relazione al quale il mutuo o la provvisionale sono stati concessi si conclude con provvedimento di archiviazione, salvo quanto previsto dalla lettera a-bis), ovvero con sentenza di non luogo a procedere, di proscioglimento o di assoluzione;

a-bis) quando il procedimento penale non possa ulteriormente proseguire per prescrizione del reato, per amnistia o per morte dell'imputato e il giudice debba emettere per tali motivi il provvedimento di archiviazione o la sentenza, in qualsiasi fase o grado del processo, ai sensi dell'articolo 129, comma 1, del codice di procedura penale, quando allo stato degli atti non esistano elementi documentati, univoci e concordanti in ordine all'esistenza del danno subito dalla vittima per effetto degli interessi o di altri vantaggi usurari».

2. All'articolo 15, comma 8, della citata legge n. 108 del 1996, le parole da: «rappresentanti» fino alla fine del comma sono sostituite dalle seguenti: «due rappresentanti del Ministero dell'economia e delle finanze, di cui uno con funzioni di presidente, da due rappresentanti del Ministero dell'interno, di cui uno nella persona del Commissario straordinario del Governo per il coordinamento delle iniziative anti-racket ed antiusura, da due rappresentanti del Ministero dello sviluppo economico e da due rappresentanti del Ministero del lavoro e delle politiche sociali. È previsto un supplente per ciascuno dei rappresentanti. I componenti effettivi e supplenti della commissione sono scelti tra i funzionari con qualifica non inferiore a dirigente di seconda fascia o equiparata.

La partecipazione alla commissione è a titolo gratuito. Le riunioni della commissione sono valide quando intervengono almeno cinque componenti, rappresentanti, comunque, le quattro amministrazioni interessate. Le deliberazioni sono adottate a maggioranza dei presenti e in caso di parità di voti prevale quello del presidente».

3. All'articolo 16, comma 9, della citata legge n. 108 del 1996, le parole da: «con l'arresto» fino alla fine del comma sono sostituite dalle seguenti: «con la reclusione da due a quattro anni».

4. All'articolo 17 della citata legge n. 108 del 1996, dopo il comma 6-bis è aggiunto il seguente:

«6-ter. Ove sussistano tutte le condizioni indicate nel comma 1, è consentita la presentazione di un'unica istanza di riabilitazione anche in riferimento a più protesti, purché compresi nello spazio temporale di un triennio».

2. Modifiche alla legge 23 febbraio 1999, n. 44. – 1. Alla legge 23 febbraio 1999, n. 44, sono apportate le seguenti modificazioni:

a) all'articolo 3:

1) il comma 1 è sostituito dal seguente:

«1. L'elargizione è concessa agli esercenti un'attività imprenditoriale, commerciale, artigianale o comunque economica, ovvero una libera arte o professione, che subiscono un evento lesivo in conseguenza di delitti commessi allo scopo di costringerli ad aderire a richieste estorsive, avanzate anche successivamente ai fatti, o per ritorsione alla mancata adesione a tali richieste, ovvero in conseguenza di situazioni di intimidazione anche ambientale. Per evento lesivo si intende qualsiasi danno a beni mobili o immobili, ovvero lesioni personali, ovvero un danno sotto forma di mancato guadagno inerente all'attività esercitata»;

2) dopo il comma 1 sono inseriti i seguenti:

«1-bis. Fermo quanto previsto dall'articolo 4, l'elargizione è consentita anche in favore del soggetto dichiarato fallito, previo parere favorevole del giudice delegato al fallimento, a condizione che il medesimo soggetto non abbia riportato condanne per i reati di cui agli articoli 216 e 217 del regio decreto 16 marzo 1942, n. 267, ovvero per delitti contro il patrimonio, l'economia pubblica, l'industria e il commercio, a meno di intervenuta riabilitazione ai sensi degli articoli 178 e seguenti del codice penale, né sia indagato o imputato per gli stessi reati. In tale ultimo caso la concessione dell'elargizione non è consentita e, ove sia stata disposta, è sospesa fino all'esito dei relativi procedimenti.

1-ter. Le somme erogate a titolo di elargizione ai sensi del comma 1-bis non sono imputabili alla massa fallimentare né alle attività sopravvenute del soggetto fallito e sono vincolate, quanto a destinazione, esclusivamente all'utilizzo secondo le finalità di cui all'articolo 15. Il ricavato netto è per la metà acquisito dal curatore quale attivo sopravveniente del fallimento, e per la residua metà deve essere impiegato a fini produttivi e di investimento»;

b) dopo l'articolo 18-bis è inserito il seguente:

«Art. 18-ter (Sostegno degli enti locali alle attività economiche a fini antiestorsivi). – 1. Al fine di sostenere e incentivare la prevenzione e la tutela delle attività economiche dalle richieste estorsive, gli enti locali possono disporre, tramite appositi regolamenti, l'esonero, parziale o totale, dal pagamento o il rimborso, parziale o totale, del pagamento effettuato di tributi locali, tariffe locali e canoni locali, in favore dei soggetti di cui all'articolo 3, comma 1.

2. All'attuazione delle disposizioni di cui al comma 1 gli enti locali provvedono, nel rispetto degli obiettivi di finanza pubblica ad essi assegnati ai fini del patto di stabilità interno, a carico dei propri bilanci»;

c) all'articolo 19, comma 1, la lettera d) è sostituita dalla seguente:

«d) da tre membri delle associazioni od organizzazioni iscritte nell'elenco di cui all'articolo 13, comma 2. I membri sono nominati ogni due anni con decreto del Ministro dell'interno su designazione degli organismi nazionali associativi maggiormente rappresentativi.

Il Ministro dell'interno, su proposta del Commissario straordinario del Governo per il coordinamento delle iniziative anti-racket ed antiusura, determina con proprio decreto i criteri per l'individuazione della maggiore rappresentatività»;

d) all'articolo 20:

1) il comma 7 è sostituito dal seguente:

«7. Le sospensioni dei termini di cui ai commi 1, 3 e 4 e la proroga di cui al comma 2 hanno effetto a seguito del provvedimento favorevole del procuratore della Repubblica competente per le indagini in ordine ai delitti che hanno causato l'evento lesivo di cui all'articolo 3, comma 1. In presenza di più procedimenti penali che riguardano la medesima parte offesa, anche ai fini delle sospensioni e della proroga anzidette, è competente il procuratore della Repubblica del procedimento iniziato anteriormente»;

2) dopo il comma 7 sono aggiunti i seguenti:

«7-bis. Il prefetto, ricevuta la richiesta di elargizione di cui agli articoli 3, 5, 6 e 8, compila l'elenco delle procedure esecutive in corso a carico del richiedente e informa senza ritardo il procuratore della Repubblica competente, che trasmette il provvedimento al giudice, o ai giudici, dell'esecuzione entro sette giorni dalla comunicazione del prefetto.

7-ter. Nelle procedure esecutive riguardanti debiti nei confronti dell'erario, ovvero di enti previdenziali o assistenziali, non sono poste a carico dell'esecutato le sanzioni dalla data di inizio dell'evento lesivo, come definito dall'articolo 3, comma 1, fino al termine di scadenza delle sospensioni e della proroga di cui ai commi da 1 a 4 del presente articolo».

3. Modifica all'articolo 1, comma 881, della legge 27 dicembre 2006, n. 296. – 1. All'articolo 1, comma 881, della legge 27 dicembre 2006, n. 296, sono aggiunte, in fine, le seguenti parole: «fatta eccezione per i soggetti di cui all'articolo 2 del regolamento di cui al decreto del Presidente della Repubblica 11 giugno 1997, n. 315, per i quali permangono i vincoli di destinazione previsti dalla legge 7 marzo 1996, n. 108».

4. Modifiche all'articolo 629 del codice penale. – 1. All'articolo 629 del codice penale sono apportate le seguenti modificazioni:

a) al primo comma, le parole: «con la multa da euro 516 a euro 2.065» sono sostituite dalle seguenti: «con la multa da euro 1.000 a euro 4.000»;

b) al secondo comma, le parole: «da euro 1.032 a euro 3.098» sono sostituite dalle seguenti: «da euro 5.000 a euro 15.000».

5. Modifica all'articolo 135 del decreto legislativo 12 aprile 2006, n. 163. – 1. All'articolo 135, comma 1, del codice dei contratti pubblici relativi a lavori, servizi e forniture, di cui al decreto legislativo 12 aprile 2006, n. 163, dopo le parole: «passata in giudicato» sono inserite le seguenti: «per reati di usura, riciclaggio nonché».

Capo II
Procedimenti di composizione della crisi da sovraindebitamento e di liquidazione del patrimonio (1)

(1) Rubrica modificata dal d.l. 18/10/2012, n. 179.

Sezione I
Procedure di composizione della crisi da sovraindebitamento (1)

(1) Sezione inserita dall'art. 18, co. 1, lett. b), d.l. 18/10/2012, n. 179.

§ 1 – *Disposizioni generali*

6. Finalità e definizioni (1). – 1. Al fine di porre rimedio alle situazioni di sovraindebitamento non soggette né assoggettabili a procedure concorsuali diverse da quelle regolate dal presente capo, è consentito al debitore concludere un accordo con i creditori nell'ambito della procedura di composizione della crisi disciplinata dalla presente sezione. Con le medesime finalità, il consumatore può anche proporre un piano fondato sulle previsioni di cui all'articolo 7, comma 1, ed avente il contenuto di cui all'articolo 8 (2).

2. Ai fini del presente capo, si intende:

a) per "sovraindebitamento": la situazione di perdurante squilibrio tra le obbligazioni assunte e il patrimonio prontamente liquidabile per farvi fronte, che determina la rilevante difficoltà di adempiere le proprie obbligazioni, ovvero la definitiva incapacità di adempierle regolarmente;

b) per 'consumatore': la persona fisica che agisce per scopi estranei all'attività imprenditoriale, commerciale, artigiana o professionale eventualmente svolta, anche se socio di una delle società appartenenti ad uno dei tipi regolati nei capi III, IV e VI del titolo V del libro quinto del codice civile, per i debiti estranei a quelli sociali (3).

(1) Rubrica sostituita dall'art. 18, co. 1, lett. d), n. 1, d.l. 18/10/2012, n. 179, conv., con modif., nella l. 17/12/2012, n. 221.

(2) Comma modificato dall'art. 18, co. 1, lett. d), n. 2, lett. a), b), e c), d.l. 18/10/2012, n. 179, conv., con modif., nella l. 17/12/2012, n. 221.

(3) Lettera sostituita dall'art. 4-ter, co. 1, lett. a), d.l. 28/10/2020, n. 137, conv., con modif., dalla l. 18/12/2020, n. 176. Vedi anche l'art. 4-ter, co. 2, d.l. n. 137/2020 medesimo.

• Comma sostituito dall'art. 18, co. 1, lett. d), n. 3, d.l. 18/10/2012, n. 179, conv., con modif., nella l. 17/12/2012, n. 221.

7. Presupposti di ammissibilità. – 1. Il debitore in stato di sovraindebitamento può proporre ai creditori, con l'ausilio degli organismi di composizione della crisi di cui all'articolo 15 con sede nel circondario del tribunale competente ai sensi dell'articolo 9, comma 1, un accordo di ristrutturazione dei debiti e di soddisfazione dei crediti sulla base di un piano che, assicurato il regolare pagamento dei titolari di crediti impignorabili ai sensi dell'articolo 545 del codice di procedura civile e delle altre disposizioni contenute in leggi speciali, preveda scadenze e modalità di pagamento dei creditori, anche se suddivisi in classi, indichi le eventuali garanzie rilasciate per l'adempimento dei debiti e le modalità per l'eventuale liquidazione dei beni. È possibile prevedere che i crediti muniti di privilegio, pegno o ipoteca possono non essere soddisfatti integralmente, allorché ne sia assicurato il pagamento in misura non inferiore a quella realizzabile, in ragione della collocazione preferenziale sul ricavato in caso di liquidazione, avuto riguardo al valore di mercato attribuibile ai beni o ai diritti sui quali insiste la causa di prelazione, come attestato dagli organismi di composizione della crisi. [In ogni caso, con riguardo ai tributi costituenti risorse proprie dell'Unione europea, all'imposta sul valore aggiunto ed alle ritenute operate e non versate, il piano può prevedere esclusivamente la dilazione del pagamento.] Fermo restando quanto previsto dall'articolo 13, comma 1, il piano può anche prevedere l'affidamento del patrimonio del debitore ad un gestore per la liquidazione, la custodia e la distribuzione del ricavato ai creditori, da individuarsi in un professionista in possesso dei requisiti di cui all'articolo 28 del regio decreto 16 marzo 1942, n. 267. Il gestore è nominato dal giudice; si applicano gli articoli 35, comma 4-bis, 35.1 e 35.2 del decreto legislativo 6 settembre 2011, n. 159 (1).

1-bis. Fermo il diritto di proporre ai creditori un accordo ai sensi del comma 1, il consumatore in stato di sovraindebitamento può proporre, con l'ausilio degli organismi di composizione della crisi di cui all'articolo 15 con sede nel circondario del tribunale competente ai sensi dell'articolo 9, comma 1, un piano contenente le previsioni di cui al comma 1 (2).

2. La proposta non è ammissibile quando il debitore, anche consumatore:

a) è soggetto a procedure concorsuali diverse da quelle regolate dal presente capo;

b) ha fatto ricorso, nei precedenti cinque anni, ai procedimenti di cui al presente capo;

c) ha subito, per cause a lui imputabili, uno dei provvedimenti di cui agli articoli 14 e 14-bis;

d) ha fornito documentazione che non consente di ricostruire compiutamente la sua situazione economica e patrimoniale (3).

d-bis) ha già beneficiato dell'esdebitazione per due volte (4);

d-ter) limitatamente al piano del consumatore, ha determinato la situazione di sovraindebitamento con colpa grave, malafede o frode (4);

d-quater) limitatamente all'accordo di composizione della crisi, risulta abbia commesso atti diretti a frodare le ragioni dei creditori (4).

2-bis. Ferma l'applicazione del comma 2, lettere b), c) e d), l'imprenditore agricolo in stato di sovraindebitamento può proporre ai creditori un accordo di composizione della crisi secondo le disposizioni della presente sezione (5).

2-ter. L'accordo di composizione della crisi della società produce i suoi effetti anche nei confronti dei soci illimitatamente responsabili (6).

(1) Comma sostituito dall'art. 18, co. 1, lett. e), n. 1, d.l. 18/10/2012, n. 179, conv., con modif., nella l. 17/12/2012, n. 221, e successivamente modificato dall'art. 4, co. 1, lett. a), d.lg. 18/5/2018, n. 54. Da ultimo il presente comma è stato modificato dall'art. 4-ter, co. 1, lett. b), d.l. 28/10/2020, n. 137, conv., con modif., dalla l. 18/12/2020, n. 176. Vedi anche l'art. 4-ter, co. 2, d.l. n. 137/2020 medesimo.

• La Corte costituzionale, con sent. 29/11/2019, n. 245 (in G.U. 4/12/2019, n. 49), ha dichiarato l'illegittimità costituzionale del terzo periodo del presente comma, limitatamente alle parole: "all'imposta sul valore aggiunto".

(2) Comma inserito dall'art. 18, co. 1, lett. e), n. 2, d.l. 18/10/2012, n. 179, conv., con modif., nella l. 17/12/2012, n. 221.

(3) Comma sostituito dall'art. 18, co. 1, lett. e), n. 3, d.l. 18/10/2012, n. 179, conv., con modif., nella l. 17/12/2012, n. 221.

(4) Lettera aggiunta dall'art. 4-ter, co. 1, lett. b), d.l. 28/10/2020, n. 137, conv., con modif., dalla l. 18/12/2020, n. 176. Vedi anche l'art. 4-ter, co. 2, d.l. n. 137/2020 medesimo.

(5) Comma inserito dall'art. 18, co. 1, lett. e), n. 4, d.l. 18/10/2012, n. 179, conv., con modif., nella l. 17/12/2012, n. 221.

(6) Comma aggiunto dall'art. 4-ter, co. 1, lett. b), d.l. 28/10/2020, n. 137, conv., con modif., dalla l. 18/12/2020, n. 176. Vedi anche l'art. 4-ter, co. 2, d.l. n. 137/2020 medesimo.

7 bis. Procedure familiari (1). – 1. I membri della stessa famiglia possono presentare un'unica procedura di composizione della crisi da sovraindebitamento quando sono conviventi o quando il sovraindebitamento ha un'origine comune.

2. Ai fini del comma 1, oltre al coniuge, si considerano membri della stessa famiglia i parenti entro il quarto grado e gli affini entro il secondo, nonché le parti dell'unione civile e i conviventi di fatto di cui alla legge 20 maggio 2016, n. 76.

3. Le masse attive e passive rimangono distinte.

4. Nel caso in cui siano presentate più richieste di composizione della crisi da sovraindebitamento riguardanti membri della stessa famiglia, il giudice adotta i necessari provvedimenti per assicurarne il coordinamento. La competenza appartiene al giudice adito per primo.

5. La liquidazione del compenso dovuto all'organismo di composizione della crisi è ripartita tra i membri della famiglia

in misura proporzionale all'entità dei debiti di ciascuno. Quando uno dei debitori non è un consumatore, al progetto unitario si applicano le disposizioni in materia di accordo di composizione della crisi

(1) Articolo inserito dall'art. 4-ter, co. 1, lett. c), d.l. 28/10/2020, n. 137, conv., con modif., dalla l. 18/12/2020, n. 176. Vedi anche l'art. 4-ter, co. 2, d.l. n. 137/2020 medesimo.

8. Contenuto dell'accordo o del piano del consumatore (1). – 1. La proposta di accordo o di piano del consumatore prevede la ristrutturazione dei debiti e la soddisfazione dei crediti attraverso qualsiasi forma, anche mediante cessione dei crediti futuri (2).

1-bis. La proposta di piano del consumatore può prevedere anche la falcidia e la ristrutturazione dei debiti derivanti da contratti di finanziamento con cessione del quinto dello stipendio, del trattamento di fine rapporto o della pensione e dalle operazioni di prestito su pegno, salvo quanto previsto dall'articolo 7, comma 1, secondo periodo (3).

1-ter. La proposta di piano del consumatore e la proposta di accordo formulata dal consumatore possono prevedere anche il rimborso, alla scadenza convenuta, delle rate a scadere del contratto di mutuo garantito da ipoteca iscritta sull'abitazione principale del debitore se lo stesso, alla data del deposito della proposta, ha adempiuto le proprie obbligazioni o se il giudice lo autorizza al pagamento del debito per capitale ed interessi scaduto a tale data (4).

1-quater. Quando l'accordo è proposto da un soggetto che non è consumatore e contempla la continuazione dell'attività aziendale, è possibile prevedere il rimborso, alla scadenza convenuta, delle rate a scadere del contratto di mutuo con garanzia reale gravante su beni strumentali all'esercizio dell'impresa se il debitore, alla data della presentazione della proposta di accordo, ha adempiuto le proprie obbligazioni o se il giudice lo autorizza al pagamento del debito per capitale ed interessi scaduto a tale data. L'organismo di composizione della crisi attesta che il credito garantito potrebbe essere soddisfatto integralmente con il ricavato della liquidazione del bene effettuata a valore di mercato e che il rimborso delle rate a scadere non lede i diritti degli altri creditori (4).

1-quinquies. L'organismo di composizione della crisi, entro sette giorni dall'avvenuto conferimento dell'incarico da parte del debitore, ne dà notizia all'agente della riscossione e agli uffici fiscali, anche degli enti locali, competenti sulla base dell'ultimo domicilio fiscale dell'istante, i quali entro trenta giorni debbono comunicare il debito tributario accertato e gli eventuali accertamenti pendenti (4).

2. Nei casi in cui i beni e i redditi del debitore non siano sufficienti a garantire la fattibilità dell'accordo o del piano del consumatore, la proposta deve essere sottoscritta da uno o più terzi che consentono il conferimento, anche in garanzia, di redditi o beni sufficienti per assicurarne l'attuabilità (5).

3. Nella proposta di accordo sono indicate eventuali limitazioni all'accesso al mercato del credito al consumo, all'utilizzo degli strumenti di pagamento elettronico a credito e alla sottoscrizione di strumenti creditizi e finanziari.

3-bis. Con riferimento alla proposta di accordo o di piano del consumatore presentata da parte di chi svolge attività d'impresa, possono prestare le garanzie di cui al comma 2 i consorzi fidi autorizzati dalla Banca d'Italia ai sensi dell'articolo 107 del testo unico delle leggi in materia bancaria e creditizia, di cui al decreto legislativo 1° settembre 1993, n. 385, e successive modificazioni, nonché gli intermediari finanziari iscritti all'albo previsto dall'articolo 106 del medesimo testo unico di cui al decreto legislativo n. 385 del 1993, e successive modificazioni, assoggettati al controllo della Banca d'Italia. Le associazioni antiracket e antiusura iscritte nell'albo tenuto presso il Ministero dell'interno possono destinare contributi per la chiusura di precedenti esposizioni debitorie nel percorso di recupero da sovraindebitamento così come definito e disciplinato dalla presente legge. Il rimborso di tali contributi è regolato all'interno della proposta di accordo o di piano del consumatore (6).

4. La proposta di accordo con continuazione dell'attività d'impresa e il piano del consumatore possono prevedere una moratoria fino ad un anno dall'omologazione per il pagamento dei creditori muniti di privilegio, pegno o ipoteca, salvo che sia prevista la liquidazione dei beni o diritti sui quali sussiste la causa di prelazione (7).

(1) Rubrica sostituita dall'art. 18, co. 1, lett. f), n. 1, d.l. 18/10/2012, n. 179, conv., con modif., nella l. 17/12/2012, n. 221.

(2) Comma modificato dall'art. 18, co. 1, lett. f), n. 2, lett. a) e b), d.l. 18/10/2012, n. 179, conv., con modif., nella l. 17/12/2012, n. 221.

(3) Comma inserito dall'art. 4-ter, co. 1, lett. d), d.l. 28/10/2020, n. 137, conv., con modif., dalla l. 18/12/2020, n. 176. Vedi anche l'art. 4-ter, co. 2, d.l. n. 137/2020 medesimo.

(4) Comma inserito dall'art. 4-ter, co. 1, lett. d), d.l. 28/10/2020, n. 137, conv., con modif., dalla l. 18/12/2020, n. 176. Vedi anche l'art. 4-ter, co. 2, d.l. n. 137/2020 medesimo.

(5) Comma modificato dall'art. 18, co. 1, lett. f), n. 3, lett. a), b) e c), d.l. 18/10/2012, n. 179, conv., con modif., nella l. 17/12/2012, n. 221.

(6) Comma inserito dall'art. 21-septies, co. 1, d.l. 27/6/2015, n. 83, conv., con modif., dalla l. 6/8/2015, n. 132.

(7) Comma sostituito dall'art. 18, co. 1, lett. f), n. 4, d.l. 18/10/2012, n. 179, conv., con modif., nella l. 17/12/2012, n. 221.

9. Deposito della proposta (1). – La proposta di accordo è depositata presso il tribunale del luogo di residenza o sede principale del debitore. Il consumatore deposita la proposta di piano presso il tribunale del luogo ove ha la residenza. La proposta, contestualmente al deposito presso il tribunale, e comunque non oltre tre giorni, deve essere presentata, a cura dell'organismo di composizione della crisi, all'agente della riscossione e agli uffici fiscali, anche presso gli enti locali, competenti sulla base dell'ultimo domicilio fiscale del proponente e contenere la ricostruzione della sua posizione fiscale e l'indicazione di eventuali contenziosi pendenti (2).

2. Unitamente alla proposta devono essere depositati l'elenco di tutti i creditori, con l'indicazione delle somme dovute, di tutti i beni del debitore e degli eventuali atti di disposizione compiuti negli ultimi cinque anni, corredati delle dichiarazioni dei redditi degli ultimi tre anni e dell'attestazione sulla fattibilità del piano, nonché l'elenco delle spese correnti necessarie al sostentamento suo e della sua famiglia, previa indicazione della composizione del nucleo familiare corredata del certificato dello stato di famiglia (3).

3. Il debitore che svolge attività d'impresa deposita altresì le scritture contabili degli ultimi tre esercizi, unitamente a dichiarazione che ne attesta la conformità all'originale.

3-bis. Alla proposta di piano del consumatore deve essere allegata una relazione dell'organismo di composizione della crisi, che deve contenere:

a) l'indicazione delle cause dell'indebitamento e della diligenza impiegata dal debitore nell'assumere le obbligazioni;

b) l'esposizione delle ragioni dell'incapacità del debitore di adempiere le obbligazioni assunte;

c) la valutazione sulla completezza e sull'attendibilità della documentazione depositata a corredo della domanda;

d) l'indicazione presunta dei costi della procedura;

e) l'indicazione del fatto che, ai fini della concessione del finanziamento, il soggetto finanziatore abbia o meno tenuto conto del merito creditizio del debitore valutato, con deduzione dell'importo necessario a mantenere un dignitoso tenore di vita, in relazione al suo reddito disponibile. A tal fine si ritiene idonea una quantificazione non inferiore all'ammontare dell'assegno sociale, moltiplicato per un parametro corrispondente al numero dei componenti del nucleo familiare della scala di equivalenza dell'ISEE prevista dal regolamento di cui al decreto del Presidente del Consiglio dei ministri 5 dicembre 2013, n. 159 (4).

3-bis.1. Alla domanda di accordo di composizione della crisi deve essere allegata una relazione particolareggiata dell'organismo di composizione della crisi, che comprende:

a) l'indicazione delle cause dell'indebitamento e della diligenza impiegata dal debitore nell'assumere le obbligazioni;

b) l'esposizione delle ragioni dell'incapacità del debitore di adempiere le obbligazioni assunte;

c) l'indicazione dell'eventuale esistenza di atti del debitore impugnati dai creditori;

d) la valutazione sulla completezza e sull'attendibilità della documentazione depositata a corredo della domanda, nonché sulla convenienza del piano rispetto all'alternativa liquidatoria;

e) l'indicazione presumibile dei costi della procedura;

f) la percentuale, le modalità e i tempi di soddisfacimento dei creditori;

g) l'indicazione dei criteri adottati nella formazione delle classi, ove previste dalla proposta (5).

3-bis.2. L'organismo di composizione della crisi, nella sua relazione, deve indicare anche se il soggetto finanziatore, ai fini della concessione del finanziamento, abbia tenuto conto del merito creditizio del debitore. Nel caso di proposta formulata da un consumatore, si applica quanto previsto alla lettera e) del comma 3-bis (5).

3-bis.3. L'organismo di composizione della crisi, entro sette giorni dall'avvenuto conferimento dell'incarico da parte del debitore, ne dà notizia all'agente della riscossione e agli uffici fiscali, anche degli enti locali, competenti sulla base dell'ultimo domicilio fiscale dell'istante, i quali entro trenta giorni debbono comunicare il debito tributario accertato e gli eventuali accertamenti pendenti (5).

3-ter. Il giudice può concedere un termine perentorio non superiore a quindici giorni per apportare integrazioni alla proposta e produrre nuovi documenti (6).

3-quater. Il deposito della proposta di accordo o di piano del consumatore sospende, ai soli effetti del concorso, il corso degli interessi convenzionali o legali, a meno che i crediti non siano garantiti da ipoteca, da pegno o privilegio, salvo quanto previsto dagli articoli 2749, 2788 e 2855, commi secondo e terzo, del codice civile (6).

(1) Rubrica sostituita dall'art. 18, co. 1, lett. g), n. 1, d.l. 18/10/2012, n. 179, conv., con modif., nella l. 17/12/2012, n. 221.

(2) Comma modificato dall'art. 18, co. 1, lett. g), n. 2, lett. a) e b), d.l. 18/10/2012, n. 179, conv., con modif., nella l. 17/12/2012, n. 221.

(3) Comma modificato dall'art. 18, co. 1, lett. g), n. 3, d.l. 18/10/2012, n. 179, conv., con modif., nella l. 17/12/2012, n. 221.

(4) Comma aggiunto dall'art. 18, co. 1, lett. g), n. 4, d.l. 18/10/2012, n. 179 e successivamente sostituito dall'art. 4-ter, co. 1, lett. e), d.l. 28/10/2020, n. 137, conv., con modif., dalla l. 18/12/2020, n. 176. Vedi anche l'art. 4-ter, co. 2, d.l. n. 137/2020 medesimo.

(5) Comma inserito dall'art. 4-ter, co. 1, lett. e), d.l. 28/10/2020, n. 137, conv., con modif., dalla l. 18/12/2020, n. 176. Vedi anche l'art. 4-ter, co. 2, d.l. n. 137/2020 medesimo.

(6) Comma aggiunto dall'art. 18, co. 1, lett. g), n. 4, d.l. 18/10/2012, n. 179, conv., con modif., nella l. 17/12/2012, n. 221.

§ 2 – *Accordo di composizione della crisi* (1)

(1) Paragrafo inserito dall'art. 18, co. 1, lett. h), d.l. 18/10/2012, n. 179.

10. Procedimento. – 1. Il giudice, se la proposta soddisfa i requisiti previsti dagli articoli 7, 8 e 9, fissa immediatamente con decreto l'udienza, disponendo la comunicazione, almeno trenta giorni prima del termine di cui all'articolo 11, comma 1, ai creditori presso la residenza o la sede legale, anche per telegramma o per lettera raccomandata con avviso di ricevimento o per telefax o per posta elettronica certificata, della proposta e del decreto [contenente l'avvertimento dei provvedimenti che egli può adottare ai sensi del comma 3 del presente articolo]. Tra il giorno del deposito della documentazione di cui all'articolo 9 e l'udienza non devono decorrere più di sessanta giorni (1).

2. Con il decreto di cui al comma 1, il giudice:

a) stabilisce idonea forma di pubblicità della proposta e del decreto, oltre, nel caso in cui il proponente svolga attività d'impresa, la pubblicazione degli stessi nel registro delle imprese;

b) ordina, ove il piano preveda la cessione o l'affidamento a terzi di beni immobili o di beni mobili registrati, la trascrizione del decreto, a cura dell'organismo di composizione della crisi, presso gli uffici competenti;

c) dispone che, sino al momento in cui il provvedimento di omologazione diventa definitivo, non possono, sotto pena di nullità, essere iniziate o proseguite azioni esecutive individuali né disposti sequestri conservativi né acquistati diritti di prelazione sul patrimonio del debitore che ha presentato la proposta di accordo, da parte dei creditori aventi titolo o causa anteriore; la sospensione non opera nei confronti dei titolari di crediti impignorabili (2).

3. All'udienza il giudice, accertata la presenza di iniziative o atti in frode ai creditori, dispone la revoca del decreto di cui al comma 1 e ordina la cancellazione della trascrizione dello stesso, nonché la cessazione di ogni altra forma di pubblicità disposta (3).

3-bis. A decorrere dalla data del provvedimento di cui al comma 2 e sino alla data di omologazione dell'accordo gli atti eccedenti l'ordinaria amministrazione compiuti senza l'autorizzazione del giudice sono inefficaci rispetto ai creditori anteriori al momento in cui è stata eseguita la pubblicità del decreto (4).

4. Durante il periodo previsto dal comma 2, lettera c), le prescrizioni rimangono sospese e le decadenze non si verificano (5).

5. Il decreto di cui al comma 1 deve intendersi equiparato all'atto di pignoramento (6).

6. Si applicano, in quanto compatibili, gli articoli 737 e seguenti del codice di procedura civile. Il reclamo si propone al tribunale e del collegio non può far parte il giudice che ha pronunciato il provvedimento.

(1) Comma modificato dall'art. 18, co. 1, lett. i), n. 1, lett. a), b), c) e d), d.l. 18/10/2012, n. 179.

(2) Comma sostituito dall'art. 18, co. 1, lett. i), n. 2, d.l. 18/10/2012, n. 179.

(3) Comma sostituito dall'art. 18, co. 1, lett. i), n. 3, d.l. 18/10/2012, n. 179.

(4) Comma inserito dall'art. 18, co. 1, lett. i), n. 4, d.l. 18/10/2012, n. 179.

(5) Comma modificato dall'art. 18, co. 1, lett. i), n. 5, d.l. 18/10/2012, n. 179.

(6) Comma sostituito dall'art. 18, co. 1, lett. i), n. 6, d.l. 18/10/2012, n. 179.

11. Raggiungimento dell'accordo. – 1. I creditori fanno pervenire, anche per telegramma o per lettera raccomandata con avviso di ricevimento o per telefax o per posta elettronica certificata, all'organismo di composizione della crisi, dichiarazione sottoscritta del proprio consenso alla proposta, come eventualmente modificata almeno dieci giorni prima dell'udienza di cui all'articolo 10, comma 1. In mancanza, si ritiene che abbiano prestato consenso alla proposta nei termini in cui è stata loro comunicata (1).

2. Ai fini dell'omologazione di cui all'articolo 12, è necessario che l'accordo sia raggiunto con i creditori rappresentanti almeno il sessanta per cento dei crediti. I creditori muniti di privilegio, pegno o ipoteca dei quali la proposta prevede l'integrale pagamento non sono computati ai fini del raggiungimento della maggioranza e non hanno diritto di esprimersi sulla proposta, salvo che non rinuncino in tutto o in parte al diritto di prelazione. Non hanno diritto di esprimersi sulla proposta e non sono computati ai fini del raggiungimento della maggioranza il coniuge del debitore, i suoi parenti e affini fino al quarto grado, i cessionari o aggiudicatari dei loro crediti da meno di un anno prima della proposta (2).

3. L'accordo non pregiudica i diritti dei creditori nei confronti dei coobbligati, fideiussori del debitore e obbligati in via di regresso.

4. L'accordo non determina la novazione delle obbligazioni, salvo che sia diversamente stabilito.

5. L'accordo cessa, di diritto, di produrre effetti se il debitore non esegue integralmente, entro novanta giorni dalle scadenze previste, i pagamenti dovuti secondo il piano alle amministrazioni pubbliche e agli enti gestori di forme di previdenza e assistenza obbligatorie. L'accordo è altresì revocato se risultano compiuti durante la procedura atti diretti a frodare le ragioni dei creditori. Il giudice provvede d'ufficio con decreto reclamabile, ai sensi dell'articolo 739 del codice di procedura civile, innanzi al tribunale e del collegio non può far parte il giudice che lo ha pronunciato (3).

(1) Comma modificato dall'art. 18, co. 1, lett. l), n. 1, d.l. 18/10/2012, n. 179.

(2) Comma sostituito dall'art. 18, co. 1, lett. l), n. 2, d.l. 18/10/2012, n. 179.

(3) Comma modificato dall'art. 18, co. 1, lett. l), n. 3, lett. a), b), c) e d), d.l. 18/10/2012, n. 179.

12. Omologazione dell'accordo. – 1. Se l'accordo è raggiunto, l'organismo di composizione della crisi trasmette a tutti i creditori una relazione sui consensi espressi e sul raggiungimento della percentuale di cui all'articolo 11, comma 2, allegando il testo dell'accordo stesso. Nei dieci giorni successivi al ricevimento della relazione, i creditori possono sollevare le eventuali contestazioni. Decorso tale ultimo termine, l'organismo di composizione della crisi trasmette al giudice la relazione, allegando le contestazioni ricevute, nonché un'attestazione definitiva sulla fattibilità del piano.

2. Il giudice omologa l'accordo e ne dispone l'immediata pubblicazione utilizzando tutte le forme di cui all'articolo 10, comma 2, quando, risolta ogni altra contestazione, ha verificato il raggiungimento della percentuale di cui all'articolo 11, comma 2, e l'idoneità del piano ad assicurare il pagamento integrale dei crediti impignorabili, nonché dei crediti di cui all'articolo 7, comma 1, terzo periodo. Quando uno dei creditori che non ha aderito o che risulta escluso o qualunque altro interessato contesta la convenienza dell'accordo, il giudice lo omologa se ritiene che il credito può essere soddisfatto dall'esecuzione dello stesso in misura non inferiore all'alternativa liquidatoria disciplinata dalla sezione seconda. Si applicano, in quanto compatibili, gli articoli 737 e seguenti del codice di procedura civile. Il reclamo, anche avverso il provvedimento di diniego, si propone al tribunale e del collegio non può far parte il giudice che ha pronunciato il provvedimento (1).

3. L'accordo omologato è obbligatorio per tutti i creditori anteriori al momento in cui è stata eseguita la pubblicità di cui all'articolo 10, comma 2. I creditori con causa o titolo posteriore non possono procedere esecutivamente sui beni oggetto del piano (2).

3-bis. L'omologazione deve intervenire nel termine di sei mesi dalla presentazione della proposta (3).

3-ter. Il creditore che ha colpevolmente determinato la situazione di indebitamento o il suo aggravamento ovvero, nel caso di accordo proposto dal consumatore, che ha violato i principi di cui all'articolo 124-bis del testo unico di cui al decreto legislativo 1° settembre 1993, n. 385, non può presentare opposizione o reclamo in sede di omologa, anche se dissenziente, né far valere cause di inammissibilità che non derivino da comportamenti dolosi del debitore (4).

3-quater. Il tribunale omologa l'accordo di composizione della crisi anche in mancanza di adesione da parte dell'amministrazione finanziaria quando l'adesione è decisiva ai fini del raggiungimento delle percentuali di cui all'articolo 11, comma 2, e quando, anche sulla base delle risultanze della relazione dell'organismo di composizione della crisi, la proposta di soddisfacimento della predetta amministrazione è conveniente rispetto all'alternativa liquidatoria (4).

4. Gli effetti di cui al comma 3 vengono meno in caso di risoluzione dell'accordo o di mancato pagamento dei crediti impignorabili, nonché dei crediti di cui all'articolo 7, comma 1, terzo periodo. L'accertamento del mancato pagamento di tali crediti è chiesto al tribunale con ricorso da decidere in camera di consiglio, ai sensi degli articoli 737 e seguenti del codice di procedura civile. Il reclamo, anche avverso il provvedimento di diniego, si propone al tribunale e del collegio non può far parte il giudice che ha pronunciato il provvedimento (5).

5. La sentenza di fallimento pronunciata a carico del debitore risolve l'accordo. Gli atti, i pagamenti e le garanzie posti in essere in esecuzione dell'accordo omologato non sono soggetti all'azione revocatoria di cui all'articolo 67 del regio decreto 16 marzo 1942, n. 267. A seguito della sentenza che dichiara il fallimento, i crediti derivanti da finanziamenti effettuati in esecuzione o in funzione dell'accordo omologato sono prededucibili a norma dell'articolo 111 del regio decreto 16 marzo 1942, n. 267 (6).

(1) Comma modificato dall'art. 18, co. 1, lett. m), n. 1, d.l. 18/10/2012, n. 179, conv., con modif., nella l. 17/12/2012, n. 221.

(2) Comma sostituito dall'art. 18, co. 1, lett. m), n. 2, d.l. 18/10/2012, n. 179, conv., con modif., nella l. 17/12/2012, n. 221.

(3) Comma inserito dall'art. 18, co. 1, lett. m), n. 3, d.l. 18/10/2012, n. 179, conv., con modif., nella l. 17/12/2012, n. 221.

(4) Comma inserito dall'art. 4-ter, co. 1, lett. f), d.l. 28/10/2020, n. 137, conv., con modif., dalla l. 18/12/2020, n. 176. Vedi anche l'art. 4-ter, co. 2, d.l. n. 137/2020 medesimo.

(5) Comma sostituito dall'art. 18, co. 1, lett. m), n. 4, d.l. 18/10/2012, n. 179, conv., con modif., nella l. 17/12/2012, n. 221.

(6) Comma modificato dall'art. 18, co. 1, lett. m), n. 5, d.l. 18/10/2012, n. 179, conv., con modif., nella l. 17/12/2012, n. 221.

§ 3 – *Piano del consumatore* (1)

(1) Paragrafo inserito dall'art. 18, co. 1, lett. n), d.l. 18/10/2012, n. 179.

12 bis. Procedimento di omologazione del piano del consumatore (1). – 1. Il giudice, se la proposta soddisfa i requisiti previsti dagli articoli 7, 8 e 9 e verificata l'assenza di atti in frode ai creditori, fissa immediatamente con decreto l'udienza, disponendo, a cura dell'organismo di composizione della crisi, la comunicazione, almeno trenta giorni prima, a tutti i creditori della proposta e del decreto. Tra il giorno del deposito della documentazione di cui all'articolo 9 e l'udienza non devono decorrere più di sessanta giorni.

2. Quando, nelle more della convocazione dei creditori, la prosecuzione di specifici procedimenti di esecuzione forzata potrebbe pregiudicare la fattibilità del piano, il giudice, con lo stesso decreto, può disporre la sospensione degli stessi sino al momento in cui il provvedimento di omologazione diventa definitivo.

3. Verificate l'ammissibilità e la fattibilità del piano nonché l'idoneità dello stesso ad assicurare il pagamento dei crediti impignorabili e risolta ogni altra contestazione anche in ordine all'effettivo ammontare dei crediti, il giudice omologa il piano, disponendo per il relativo provvedimento una forma idonea di pubblicità. Quando il piano prevede la cessione o l'affidamento a terzi di beni immobili o di beni mobili registrati, il decreto deve essere trascritto, a cura dell'organismo di composizione della crisi. Con l'ordinanza di rigetto il giudice dichiara l'inefficacia del provvedimento di sospensione di cui al comma 2, ove adottato (2).

3-bis. Il creditore che ha colpevolmente determinato la situazione di indebitamento o il suo aggravamento o che ha violato i principi di cui all'articolo 124-bis del testo unico di cui al decreto legislativo 1° settembre 1993, n. 385, non può presentare opposizione o reclamo in sede di omologa, né far valere cause di inammissibilità che non derivino da comportamenti dolosi del debitore (3).

4. Quando uno dei creditori o qualunque altro interessato contesta la convenienza del piano, il giudice lo omologa se ritiene che il credito possa essere soddisfatto dall'esecuzione del piano in misura non inferiore all'alternativa liquidatoria disciplinata dalla sezione seconda del presente capo.

5. Si applica l'articolo 12, comma 2, terzo e quarto periodo, e comma 3-bis (4).

6. L'omologazione deve intervenire nel termine di sei mesi dalla presentazione della proposta.

7. Il decreto di cui al comma 3 deve intendersi equiparato all'atto di pignoramento.

(1) Articolo inserito dall'art. 18, co. 1, lett. n), d.l. 18/10/2012, n. 179, conv., con modif., nella l. 17/12/2012, n. 221.

(2) Comma sostituito dall'art. 4-ter, co. 1, lett. g), n. 1, d.l. 28/10/2020, n. 137, conv., con modif., dalla l. 18/12/2020, n. 176. Vedi anche l'art. 4-ter, co. 2, d.l. n. 137/2020 medesimo.

(3) Comma inserito dall'art. 4-ter, co. 1, lett. g), n. 2, d.l. 28/10/2020, n. 137, conv., con modif., dalla l. 18/12/2020, n. 176. Vedi anche l'art. 4-ter, co. 2, d.l. n. 137/2020 medesimo.

(4) Comma modificato dall'art. 4-ter, co. 1, lett. g), n. 3, d.l. 28/10/2020, n. 137, conv., con modif., dalla l. 18/12/2020, n. 176. Vedi anche l'art. 4-ter, co. 2, d.l. n. 137/2020 medesimo.

12 ter. Effetti dell'omologazione del piano del consumatore (1). – 1. Dalla data dell'omologazione del piano i creditori con causa o titolo anteriore non possono iniziare o proseguire azioni esecutive individuali. Ad iniziativa dei medesimi creditori non possono essere iniziate o proseguite azioni cautelari né acquistati diritti di prelazione sul patrimonio del debitore che ha presentato la proposta di piano.

2. Il piano omologato è obbligatorio per tutti i creditori anteriori al momento in cui è stata eseguita la pubblicità di cui all'articolo 12-bis, comma 3. I creditori con causa o titolo posteriore non possono procedere esecutivamente sui beni oggetto del piano.

3. L'omologazione del piano non pregiudica i diritti dei creditori nei confronti dei coobbligati, fideiussori del debitore e obbligati in via di regresso.

4. Gli effetti di cui al comma 1 vengono meno in caso di mancato pagamento dei titolari di crediti impignorabili, nonché dei crediti di cui all'articolo 7, comma 1, terzo periodo. L'accertamento del mancato pagamento di tali crediti è chiesto al tribunale e si applica l'articolo 12, comma 4.

(1) Articolo inserito dall'art. 18, co. 1, lett. n), d.l. 18/10/2012, n. 179.

§ 4 – *Esecuzione e cessazione degli effetti dell'accordo di composizione della crisi e del piano del consumatore* (1)

(1) Paragrafo inserito dall'art. 18, co. 1, lett. o), d.l. 18/10/2012, n. 179.

13. Esecuzione dell'accordo o del piano del consumatore (1). – 1. Se per la soddisfazione dei crediti sono utilizzati beni sottoposti a pignoramento ovvero se previsto dall'accordo o dal piano del consumatore, il giudice, su proposta dell'organismo di composizione della crisi, nomina un liquidatore che dispone in via esclusiva degli stessi e delle somme incassate. Si applica l'articolo 28 del regio decreto 16 marzo 1942, n. 267 (2).

2. L'organismo di composizione della crisi risolve le eventuali difficoltà insorte nell'esecuzione dell'accordo e vigila sull'esatto adempimento dello stesso, comunicando ai creditori ogni eventuale irregolarità. Sulle contestazioni che hanno ad oggetto la violazione di diritti soggettivi e sulla sostituzione del liquidatore per giustificati motivi decide il giudice investito della procedura.

3. Il giudice, sentito il liquidatore e verificata la conformità dell'atto dispositivo all'accordo o al piano del consumatore, anche con riferimento alla possibilità di pagamento dei crediti impignorabili [e dei crediti di cui all'articolo 7, comma 1, terzo periodo], autorizza lo svincolo delle somme e ordina la cancellazione della trascrizione del pignoramento, delle iscrizioni relative ai diritti di prelazione, nonché di ogni altro vincolo, ivi compresa la trascrizione del decreto di cui agli articoli 10, comma 1 e 12-bis, comma 3, e la cessazione di ogni altra forma di pubblicità. In ogni caso il giudice può, con decreto motivato, sospendere gli atti di esecuzione dell'accordo qualora ricorrano gravi e giustificati motivi (3).

4. I pagamenti e gli atti dispositivi dei beni posti in essere in violazione dell'accordo o del piano del consumatore sono inefficaci rispetto ai creditori anteriori al momento in cui è stata eseguita la pubblicità di cui agli articoli 10, comma 2, e 12-bis, comma 3 (4).

4-bis. I crediti sorti in occasione o in funzione di uno dei procedimenti di cui alla presente sezione, compresi quelli relativi all'assistenza dei professionisti, sono soddisfatti con preferenza rispetto agli altri, con esclusione di quanto ricavato dalla liquidazione dei beni oggetto di pegno ed ipoteca per la parte destinata ai creditori garantiti (5).

4-ter. Quando l'esecuzione dell'accordo o del piano del consumatore diviene impossibile per ragioni non imputabili al debitore, quest'ultimo, con l'ausilio dell'organismo di composizione della crisi, può modificare la proposta e si applicano le disposizioni di cui ai paragrafi 2 e 3 della presente sezione (6).

(1) Rubrica sostituita dall'art. 13, co. 1, lett. p), n. 1, d.l. 18/10/2012, n. 179, conv., con modif., nella l. 17/12/2012, n. 221.

(2) Comma modificato dall'art. 18, co. 1, lett. p), n. 2, d.l. 18/10/2012, n. 179, conv., con modif., nella l. 17/12/2012, n. 221.

(3) Comma modificato dall'art. 18, co. 1, lett. p), n. 3, lett. a), b) e c), d.l. 18/10/2012, n. 179, conv., con modif., nella l. 17/12/2012, n. 221. e successivamente dall'art. 4-ter, co. 1, lett. h), n. 1, d.l. 28/10/2020, n. 137, conv., con modif., dalla l. 18/12/2020, n. 176. Vedi anche l'art. 4-ter, co. 2, d.l. n. 137/2020 medesimo.

(4) Comma modificato dall'art. 18, co. 1, lett. p), n. 4, d.l. 18/10/2012, n. 179, conv., con modif., nella l. 17/12/2012, n. 221.

(5) Comma aggiunto dall'art. 18, co. 1, lett. p), n. 5, d.l. 18/10/2012, n. 179, conv., con modif., nella l. 17/12/2012, n. 221. e successivamente modificato dall'art. 4-ter, co. 1, lett. h), n. 2, d.l. 28/10/2020, n. 137, conv., con modif., dalla l. 18/12/2020, n. 176. Vedi anche l'art. 4-ter, co. 2, d.l. n. 137/2020 medesimo.

(6) Comma aggiunto dall'art. 18, co. 1, lett. p), n. 5, d.l. 18/10/2012, n. 179, conv., con modif., nella l. 17/12/2012, n. 221.

14. Impugnazione e risoluzione dell'accordo. – 1. L'accordo può essere annullato dal tribunale su istanza di ogni creditore, in contraddittorio con il debitore, quando è stato dolosamente o con colpa grave aumentato o diminuito il passivo, ovvero sottratta o dissimulata una parte rilevante dell'attivo ovvero dolosamente simulate attività inesistenti. Non è ammessa alcuna altra azione di annullamento (1).

1-bis. Il ricorso per l'annullamento deve proporsi nel termine di sei mesi dalla scoperta e, in ogni caso, non oltre due anni dalla scadenza del termine fissato per l'ultimo adempimento previsto (2).

2. Se il proponente non adempie [regolarmente] agli obblighi derivanti dall'accordo, se le garanzie promesse non vengono costituite o se l'esecuzione dell'accordo diviene impossibile per ragioni non imputabili al debitore, ciascun creditore può chiedere al tribunale la risoluzione dello stesso (3).

3. Il ricorso per la risoluzione è proposto, a pena di decadenza, entro sei mesi dalla scoperta e, in ogni caso, entro un anno dalla scadenza del termine fissato per l'ultimo adempimento previsto dall'accordo (4).

4. L'annullamento e la risoluzione dell'accordo non pregiudicano i diritti acquistati dai terzi in buona fede.

5. Nei casi previsti dai commi 1 e 2, si applicano, in quanto compatibili, gli articoli 737 e seguenti del codice di procedura civile. Il reclamo si propone al tribunale e del collegio non può far parte il giudice che ha pronunciato il provvedimento (5).

(1) Comma modificato dall'art. 18, co. 1, lett. q), n. 1, d.l. 18/10/2012, n. 179.

(2) Comma inserito dall'art. 18, co. 1, lett. q), n. 2, d.l. 18/10/2012, n. 179.

(3) Comma modificato dall'art. 18, co. 1, lett. q), n. 3, d.l. 18/10/2012, n. 179.

(4) Comma modificato dall'art. 18, co. 1, lett. q), n. 4, d.l. 18/10/2012, n. 179.

(5) Comma modificato dall'art. 18, co. 1, lett. q), n. 5, d.l. 18/10/2012, n. 179.

14 bis. Revoca e cessazione degli effetti dell'omologazione del piano del consumatore (1). – 1. La revoca e la cessazione di diritto dell'efficacia dell'omologazione del piano del consumatore hanno luogo ai sensi dell'articolo 11, comma 5.

2. Il tribunale, su istanza di ogni creditore, in contraddittorio con il debitore, dichiara cessati gli effetti dell'omologazione del piano nelle seguenti ipotesi:

a) quando è stato dolosamente o con colpa grave aumentato o diminuito il passivo, ovvero sottratta o dissimulata una parte rilevante dell'attivo ovvero dolosamente simulate attività inesistenti;

b) se il proponente non adempie agli obblighi derivanti dal piano, se le garanzie promesse non vengono costituite o se l'esecuzione del piano diviene impossibile anche per ragioni non imputabili al debitore.

3. Il ricorso per la dichiarazione di cui al comma 2, lettera a), è proposto, a pena di decadenza, entro sei mesi dalla scoperta e, in ogni caso, non oltre due anni dalla scadenza del termine fissato per l'ultimo adempimento previsto.

4. Il ricorso per la dichiarazione di cui al comma 2, lettera b), è proposto, a pena di decadenza, entro sei mesi dalla scoperta e, in ogni caso, entro un anno dalla scadenza del termine fissato per l'ultimo adempimento previsto dall'accordo.

5. La dichiarazione di cessazione degli effetti dell'omologazione del piano non pregiudica i diritti acquistati dai terzi in buona fede.

6. Si applica l'articolo 14, comma 5.

(1) Articolo inserito dall'art. 18, co. 1, lett. r), d.l. 18/10/2012, n. 179.

Sezione II

Liquidazione del patrimonio (1)

(1) Sezione inserita dall'art. 18, co. 1, lett. s), d.l. 18/10/2012, n. 179.

14 ter. Liquidazione dei beni (1). – In alternativa alla proposta per la composizione della crisi, il debitore, in stato di sovraindebitamento e per il quale non ricorrono le condizioni di inammissibilità di cui all'articolo 7, comma 2, lettere a) e b), può chiedere la liquidazione di tutti i suoi beni.

2. La domanda di liquidazione è proposta al tribunale competente ai sensi dell'articolo 9, comma 1, e deve essere corredata dalla documentazione di cui all'articolo 9, commi 2 e 3.

3. Alla domanda sono altresì allegati l'inventario di tutti i beni del debitore, recante specifiche indicazioni sul possesso di ciascuno degli immobili e delle cose mobili, nonché una relazione particolareggiata dell'organismo di composizione della crisi che deve contenere:

a) l'indicazione delle cause dell'indebitamento e della diligenza impiegata dal debitore persona fisica nell'assumere volontariamente le obbligazioni;

b) l'esposizione delle ragioni dell'incapacità del debitore persona fisica di adempiere le obbligazioni assunte;

c) il resoconto sulla solvibilità del debitore persona fisica negli ultimi cinque anni;

d) l'indicazione della eventuale esistenza di atti del debitore impugnati dai creditori;

e) il giudizio sulla completezza e attendibilità della documentazione depositata a corredo della domanda.

4. L'organismo di composizione della crisi, entro tre giorni dalla richiesta di relazione di cui al comma 3, ne dà notizia all'agente della riscossione e agli uffici fiscali, anche presso gli enti locali, competenti sulla base dell'ultimo domicilio fiscale dell'istante.

5. La domanda di liquidazione è inammissibile se la documentazione prodotta non consente di ricostruire compiutamente la situazione economica e patrimoniale del debitore.

6. Non sono compresi nella liquidazione:

a) i crediti impignorabili ai sensi dell'articolo 545 del codice di procedura civile;

b) i crediti aventi carattere alimentare e di mantenimento, gli stipendi, pensioni, salari e ciò che il debitore guadagna con la sua attività, nei limiti di quanto occorra al mantenimento suo e della sua famiglia indicati dal giudice;

c) i frutti derivanti dall'usufrutto legale sui beni dei figli, i beni costituiti in fondo patrimoniale e i frutti di essi, salvo quanto disposto dall'articolo 170 del codice civile;

d) le cose che non possono essere pignorate per disposizione di legge.

7. Il deposito della domanda sospende, ai soli effetti del concorso, il corso degli interessi convenzionali o legali fino alla chiusura della liquidazione, a meno che i crediti non siano garantiti da ipoteca, da pegno o privilegio, salvo quanto previsto dagli articoli 2749, 2788 e 2855, commi secondo e terzo, del codice civile.

7-bis. Il decreto di apertura della liquidazione della società produce i suoi effetti anche nei confronti dei soci illimitatamente responsabili (2).

(1) Articolo inserito dall'art. 18, co. 1, lett. s), d.l. 18/10/2012, n. 179, conv., con modif., nella l. 17/12/2012, n. 221.

• In riferimento al presente articolo vedi: Messaggio INPS 24/7/2015, n. 4968.

(2) Comma aggiunto dall'art. 4-ter, co. 1, lett. i), d.l. 28/10/2020, n. 137, conv., con modif., dalla l. 18/12/2020, n. 176. Vedi anche l'art. 4-ter, co. 2, d.l. n. 137/2020 medesimo.

14 quater. Conversione della procedura di composizione in liquidazione (1). – 1. Il giudice, su istanza del debitore o di uno dei creditori, dispone, col decreto avente il contenuto di cui all'articolo 14-quinquies, comma 2, la conversione della procedura di composizione della crisi di cui alla sezione prima in quella di liquidazione del patrimonio nell'ipotesi di annullamento dell'accordo o di cessazione degli effetti dell'omologazione del piano del consumatore ai sensi dell'articolo 14-bis, comma 2, lettera a). La conversione è altresì disposta nei casi di cui agli articoli 11, comma 5, e 14-bis, comma 1, nonché di risoluzione dell'accordo o di cessazione degli effetti dell'omologazione del piano del consumatore ai sensi dell'articolo 14-bis, comma 2, lettera b), ove determinati da cause imputabili al debitore.

(1) Articolo inserito dall'art. 18, co. 1, lett. s), d.l. 18/10/2012, n. 179.

14 quinquies. Decreto di apertura della liquidazione (1). – 1. Il giudice, se la domanda soddisfa i requisiti di cui all'articolo 14-ter, verificata l'assenza di atti in frode ai creditori negli ultimi cinque anni, dichiara aperta la procedura di liquidazione. Si applica l'articolo 10, comma 6.

2. Con il decreto di cui al comma 1 il giudice:

a) ove non sia stato nominato ai sensi dell'articolo 13, comma 1, nomina un liquidatore, da individuarsi in un professionista in possesso dei requisiti di cui all'articolo 28 del regio decreto 16 marzo 1942, n. 267; si applicano gli articoli 35, comma 4-bis, 35.1 e 35.2 del decreto legislativo 6 settembre 2011, n. 159 (2);

b) dispone che, sino al momento in cui il provvedimento di omologazione diventa definitivo, non possono, sotto pena di nullità, essere iniziate o proseguite azioni cautelari o esecutive né acquistati diritti di prelazione sul patrimonio oggetto di liquidazione da parte dei creditori aventi titolo o causa anteriore;

c) stabilisce idonea forma di pubblicità della domanda e del decreto, nonché, nel caso in cui il debitore svolga attività d'impresa, l'annotazione nel registro delle imprese;

d) ordina, quando il patrimonio comprende beni immobili o beni mobili regi-strati, la trascrizione del decreto, a cura del liquidatore;

e) ordina la consegna o il rilascio dei beni facenti parte del patrimonio di liquidazione, salvo che non ritenga, in presenza di gravi e specifiche ragioni, di autorizzare il debitore ad utilizzare alcuni di essi. Il provvedimento è titolo esecutivo ed è posto in esecuzione a cura del liquidatore;

f) fissa i limiti di cui all'articolo 14-ter, comma 5, lettera b).

3. Il decreto di cui al comma 2 deve intendersi equiparato all'atto di pignoramento.

4. La procedura rimane aperta sino alla completa esecuzione del programma di liquidazione e, in ogni caso, ai fini di cui all'articolo 14-undecies, per i quattro anni successivi al deposito della domanda.

(1) Articolo inserito dall'art. 18, co. 1, lett. s), d.l. 18/10/2012, n. 179.
(2) Lettera modificata dall'art. 4, co. 1, lett. b), d.lg. 18/5/2018, n. 54.

14 sexies. Inventario ed elenco dei creditori (1). – 1. Il liquidatore, verificato l'elenco dei creditori e l'attendibilità della documentazione di cui all'articolo 9, commi 2 e 3, forma l'inventario dei beni da liquidare e comunica ai creditori e ai titolari dei diritti reali e personali, mobiliari e immobiliari, su immobili o cose mobili in possesso o nella disponibilità del debitore:

a) che possono partecipare alla liquidazione, depositando o trasmettendo, anche a mezzo di posta elettronica certificata e purché vi sia prova della ricezione, la domanda di partecipazione che abbia il contenuto previsto dall'articolo 14-septies, con l'avvertimento che in mancanza delle indicazioni di cui alla lettera e) del predetto articolo, le successive comunicazioni sono eseguite esclusivamente mediante deposito in cancelleria;

b) la data entro cui vanno presentate le domande;

c) la data entro cui sarà comunicata al debitore e ai creditori lo stato passivo e ogni altra utile informazione.

(1) Articolo inserito dall'art. 18, co. 1, lett. s), d.l. 18/10/2012, n. 179.

14 septies. Domanda di partecipazione alla liquidazione (1). – 1. La domanda di partecipazione alla liquidazione, di restituzione o rivendicazione di beni mobili o immobili è proposta con ricorso che contiene:

a) l'indicazione delle generalità del creditore;

b) la determinazione della somma che si intende far valere nella liquidazione, ovvero la descrizione del bene di cui si chiede la restituzione o la rivendicazione;

c) la succinta esposizione dei fatti e degli elementi di diritto che costituiscono la ragione della domanda;

d) l'eventuale indicazione di un titolo di prelazione;

e) l'indicazione dell'indirizzo di posta elettronica certificata, del numero di telefax o l'elezione di domicilio in un comune del circondario ove ha sede il tribunale competente.

2. Al ricorso sono allegati i documenti dimostrativi dei diritti fatti valere.

(1) Articolo inserito dall'art. 18, co. 1, lett. s), d.l. 18/10/2012, n. 179.

14 octies. Formazione del passivo (1). – 1. Il liquidatore esamina le domande di cui all'articolo 14-septies e, predisposto un progetto di stato passivo, comprendente un elenco dei titolari di diritti sui beni mobili e immobili di proprietà o in possesso del debitore, lo comunica agli interessati, assegnando un termine di quindici giorni per le eventuali osservazioni da comunicare con le modalità dell'articolo 14-sexies, comma 1, lettera a).

2. In assenza di osservazioni, il liquidatore approva lo stato passivo dandone comunicazione alle parti.

3. Quando sono formulate osservazioni e il liquidatore le ritiene fondate, entro il termine di quindici giorni dalla ricezione dell'ultima osservazione, predispone un nuovo progetto e lo comunica ai sensi del comma 1.

4. In presenza di contestazioni non superabili ai sensi del comma 3, il liquidatore rimette gli atti al giudice che lo ha nominato, il quale provvede alla definitiva formazione del passivo. Si applica l'articolo 10, comma 6.

(1) Articolo inserito dall'art. 18, co. 1, lett. s), d.l. 18/10/2012, n. 179.

14 novies. Liquidazione (1). – 1. Il liquidatore, entro trenta giorni dalla formazione dell'inventario, elabora un programma di liquidazione, che comunica al debitore ed ai creditori e deposita presso la cancelleria del giudice. Il programma deve assicurare la ragionevole durata della procedura.

2. Il liquidatore ha l'amministrazione dei beni che compongono il patrimonio di liquidazione. Fanno parte del patrimonio di liquidazione anche gli accessori, le pertinenze e i frutti prodotti dai beni del debitore. Il liquidatore cede i crediti, anche se oggetto di contestazione, dei quali non è probabile l'incasso nei quattro anni successivi al deposito della domanda. Le vendite e gli altri atti di liquidazione posti in essere in esecuzione del programma di liquidazione sono effettuati dal liquidatore tramite procedure competitive anche avvalendosi di soggetti specializzati, sulla base di stime effettuate, salvo il caso di beni di modesto valore, da parte di operatori esperti, assicurando, con adeguate forme di pubblicità, la massima informazione e partecipazione degli interessati. Prima del completamento delle operazioni di vendita, il liquidatore informa degli esiti delle procedure il debitore, i creditori e il giudice. In ogni caso, quando ricorrono gravi e giustificati motivi, il giudice può sospendere con decreto motivato gli atti di esecuzione del programma di liquidazione. Se alla data di apertura della procedura di liquidazione sono pendenti procedure esecutive il liquidatore può subentrarvi.

3. Il giudice, sentito il liquidatore e verificata la conformità degli atti dispositivi al programma di liquidazione, autorizza lo svincolo delle somme, ordina la cancellazione della trascrizione del pignoramento e delle iscrizioni relative ai diritti di prelazione, nonché di ogni altro vincolo, ivi compresa la

trascrizione del decreto di cui all'articolo 14-quinquies, comma 1, dichiara la cessazione di ogni altra forma di pubblicità disposta.

4. I requisiti di onorabilità e professionalità dei soggetti specializzati e degli operatori esperti dei quali il liquidatore può avvalersi ai sensi del comma 1, nonché i mezzi di pubblicità e trasparenza delle operazioni di vendita sono quelli previsti dal regolamento del Ministro della giustizia di cui all'articolo 107, settimo comma, del regio decreto 16 marzo 1942, n. 267.

5. Accertata la completa esecuzione del programma di liquidazione e, comunque, non prima del decorso del termine di quattro anni dal deposito della domanda, il giudice dispone, con decreto, la chiusura della procedura.

(1) Articolo inserito dall'art. 18, co. 1, lett. s), d.l. 18/10/2012, n. 179.

14 decies. Azioni del liquidatore (1). – 1. Il liquidatore, autorizzato dal giudice, esercita o, se pendente, prosegue ogni azione prevista dalla legge finalizzata a conseguire la disponibilità dei beni compresi nel patrimonio del debitore e ogni azione diretta al recupero dei crediti.

2. Il liquidatore, autorizzato dal giudice, esercita o, se pendenti, prosegue le azioni dirette a far dichiarare inefficaci gli atti compiuti dal debitore in pregiudizio dei creditori, secondo le norme del codice civile.

3. Il giudice autorizza il liquidatore ad esercitare o proseguire le azioni di cui ai commi 1 e 2, quando è utile per il miglior soddisfacimento dei creditori.

(1) Articolo inserito dall'art. 18, co. 1, lett. s), d.l. 18/10/2012, n. 179, conv., con modif., nella l. 17/12/2012, n. 221. e successivamente sostituito dall'art. 4-ter, co. 1, lett. l), d.l. 28/10/2020, n. 137, conv., con modif., dalla l. 18/12/2020, n. 176.

14 undecies. Beni e crediti sopravvenuti (1). – 1. I beni sopravvenuti nei quattro anni successivi al deposito della domanda di liquidazione di cui all'articolo 14-ter costituiscono oggetto della stessa, dedotte le passività incontrate per l'acquisto e la conservazione dei beni medesimi. Ai fini di cui al periodo precedente il debitore integra l'inventario di cui all'articolo 14-ter, comma 3.

(1) Articolo inserito dall'art. 18, co. 1, lett. s), d.l. 18/10/2012, n. 179.

14 duodecies. Creditori posteriori (1). – 1. I creditori con causa o titolo posteriore al momento dell'esecuzione della pubblicità di cui all'articolo 14-quinquies, comma 2, lettere c) e d), non possono procedere esecutivamente sui beni oggetto di liquidazione.

2. I crediti sorti in occasione o in funzione della liquidazione o di uno dei procedimenti di cui alla precedente sezione sono soddisfatti con preferenza rispetto agli altri, con esclusione di quanto ricavato dalla liquidazione dei beni oggetto di pegno ed ipoteca per la parte destinata ai creditori garantiti.

(1) Articolo inserito dall'art. 18, co. 1, lett. s), d.l. 18/10/2012, n. 179.

14 terdecies. Esdebitazione (1). – 1. Il debitore persona fisica è ammesso al beneficio della liberazione dei debiti residui nei confronti dei creditori concorsuali e non soddisfatti a condizione che:

a) abbia cooperato al regolare ed efficace svolgimento della procedura, fornendo tutte le informazioni e la documentazione utili, nonché adoperandosi per il proficuo svolgimento delle operazioni;

b) non abbia in alcun modo ritardato o contribuito a ritardare lo svolgimento della procedura;

c) non abbia beneficiato di altra esdebitazione negli otto anni precedenti la domanda;

d) non sia stato condannato, con sentenza passata in giudicato, per uno dei reati previsti dall'articolo 16;

e) abbia svolto, nei quattro anni di cui all'articolo 14-undecies, un'attività produttiva di reddito adeguata rispetto alle proprie competenze e alla situazione di mercato o, in ogni caso, abbia cercato un'occupazione e non abbia rifiutato, senza giustificato motivo, proposte di impiego;

f) siano stati soddisfatti, almeno in parte, i creditori per titolo e causa anteriore al decreto di apertura della liquidazione.

2. L'esdebitazione è esclusa:

a) quando il sovraindebitamento del debitore è imputabile ad un ricorso al credito colposo e sproporzionato rispetto alle sue capacità patrimoniali;

b) quando il debitore, nei cinque anni precedenti l'apertura della liquidazione o nel corso della stessa, ha posto in essere atti in frode ai creditori, pagamenti o altri atti dispositivi del proprio patrimonio, ovvero simulazioni di titoli di prelazione, allo scopo di favorire alcuni creditori a danno di altri.

3. L'esdebitazione non opera:

a) per i debiti derivanti da obblighi di mantenimento e alimentari;

b) per i debiti da risarcimento dei danni da fatto illecito extracontrattuale, nonché per le sanzioni penali ed amministrative di carattere pecuniario che non siano accessorie a debiti estinti;

c) per i debiti fiscali che, pur avendo causa anteriore al decreto di apertura delle procedure di cui alle sezioni prima e seconda del presente capo, sono stati successivamente accertati in ragione della sopravvenuta conoscenza di nuovi elementi.

4. Il giudice, con decreto adottato su ricorso del debitore interessato, presentato entro l'anno successivo alla chiusura della liquidazione, sentiti i creditori non integralmente soddisfatti e verificate le condizioni di cui ai commi 1 e 2, dichiara inesigibili nei suoi confronti i crediti non soddisfatti integralmente. I creditori non integralmente soddisfatti possono proporre reclamo ai sensi dell'articolo 739 del codice di procedura civile di fronte al tribunale e del collegio non fa parte il giudice che ha emesso il decreto.

5. Il provvedimento di esdebitazione è revocabile in ogni momento, su istanza dei creditori, se risulta:

a) che è stato concesso ricorrendo l'ipotesi del comma 2, lettera b);

b) che è stato dolosamente o con colpa grave aumentato o diminuito il passivo, ovvero sottratta o dissimulata una parte rilevante dell'attivo ovvero simulate attività inesistenti.

6. Si applicano, in quanto compatibili, gli articoli 737 e seguenti del codice di procedura civile. Il reclamo si propone al tribunale e del collegio non può far parte il giudice che ha pronunciato il provvedimento.

(1) Articolo inserito dall'art. 18, co. 1, lett. s), d.l. 18/10/2012, n. 179.

14 quaterdecies. Debitore incapiente (1). – 1. Il debitore persona fisica meritevole, che non sia in grado di offrire ai creditori alcuna utilità, diretta o indiretta, nemmeno in prospettiva futura, può accedere all'esdebitazione solo per una volta, fatto salvo l'obbligo di pagamento del debito entro quattro anni dal decreto del giudice nel caso in cui sopravvengano utilità rilevanti che consentano il soddisfacimento dei creditori in misura non inferiore al 10 per cento. Non sono considerati utilità, ai sensi del periodo precedente, i finanziamenti, in qualsiasi forma erogati.

2. La valutazione di rilevanza di cui al comma 1 deve essere condotta su base annua, dedotti le spese di produzione del reddito e quanto occorrente al mantenimento del debitore e della sua famiglia in misura pari all'ammontare dell'assegno sociale aumentato della metà, moltiplicato per un parametro corrispondente al numero dei componenti del nucleo familiare della scala di equivalenza dell'ISEE prevista dal regola-

mento di cui al decreto del Presidente del Consiglio dei ministri 5 dicembre 2013, n. 159.

3. La domanda di esdebitazione è presentata per il tramite dell'organismo di composizione della crisi al giudice competente, unitamente alla seguente documentazione:

a) l'elenco di tutti i creditori, con l'indicazione delle somme dovute;

b) l'elenco degli atti di straordinaria amministrazione compiuti negli ultimi cinque anni;

c) la copia delle dichiarazioni dei redditi degli ultimi tre anni;

d) l'indicazione degli stipendi, delle pensioni, dei salari e di tutte le altre entrate del debitore e del suo nucleo familiare.

4. Alla domanda deve essere allegata una relazione particolareggiata dell'organismo di composizione della crisi, che comprende:

a) l'indicazione delle cause dell'indebitamento e della diligenza impiegata dal debitore nell'assumere le obbligazioni;

b) l'esposizione delle ragioni dell'incapacità del debitore di adempiere le obbligazioni assunte;

c) l'indicazione dell'eventuale esistenza di atti del debitore impugnati dai creditori;

d) la valutazione sulla completezza e sull'attendibilità della documentazione depositata a corredo della domanda.

5. L'organismo di composizione della crisi, nella sua relazione, deve indicare anche se il soggetto finanziatore, ai fini della concessione del finanziamento, abbia tenuto conto del merito creditizio del debitore, valutato in relazione al suo reddito disponibile, dedotto l'importo necessario a mantenere un dignitoso tenore di vita; a tal fine si ritiene idonea una quantificazione non inferiore a quella indicata al comma 2.

6. I compensi dell'organismo di composizione della crisi sono ridotti della metà.

7. Il giudice, assunte le informazioni ritenute utili, valutata la meritevolezza del debitore e verificata, a tal fine, l'assenza di atti in frode e la mancanza di dolo o colpa grave nella formazione dell'indebitamento, concede con decreto l'esdebitazione, indicando le modalità e il termine entro il quale il debitore deve presentare, a pena di revoca del beneficio, ove positiva, la dichiarazione annuale relativa alle sopravvenienze rilevanti ai sensi dei commi 1 e 2.

8. Il decreto è comunicato al debitore e ai creditori, i quali possono proporre opposizione nel termine di trenta giorni.

Decorsi trenta giorni dall'ultima delle comunicazioni, il giudice, instaurato nelle forme ritenute più opportune il contraddittorio tra i creditori opponenti e il debitore, conferma o revoca il decreto. La decisione è soggetta a reclamo da presentare al tribunale; del collegio non può far parte il giudice che ha pronunciato il provvedimento.

9. L'organismo di composizione della crisi, se il giudice ne fa richiesta, compie le verifiche necessarie per accertare l'esistenza di sopravvenienze rilevanti ai sensi dei commi 1 e 2.

(1) Articolo inserito dall'art. 4-ter, co. 1, lett. m), d.l. 28/10/2020, n. 137, conv., con modif., dalla l. 18/12/2020, n. 176. Vedi anche l'art. 4-ter, co. 2, d.l. n. 137/2020 medesimo.

Sezione III
Disposizioni comuni (1)

(1) Sezione inserita dall'art. 18, co. 1, lett. s), d.l. 18/10/2012, n. 179.

15. Organismi di composizione della crisi (1). – 1. Possono costituire organismi per la composizione delle crisi da sovraindebitamento enti pubblici dotati di requisiti di indipendenza e professionalità determinati con il regolamento di cui al comma 3. Gli organismi di conciliazione costituiti presso le camere di commercio, industria, artigianato e agricoltura ai sensi dell'articolo 2 della legge 29 dicembre 1993, n. 580, e successive modificazioni, il segretariato sociale costituito ai sensi dell'articolo 22, comma 4, lettera a), della legge 8 novembre 2000, n. 328, gli ordini professionali degli avvocati, dei commercialisti ed esperti contabili e dei notai sono iscritti di diritto, a semplice domanda, nel registro di cui al comma 2.

2. Gli organismi di cui al comma 1 sono iscritti in un apposito registro tenuto presso il Ministero della giustizia.

3. I requisiti di cui al comma 1 e le modalità di iscrizione nel registro di cui al comma 2, sono stabiliti con regolamento adottato dal Ministro della giustizia, di concerto con il Ministro dello sviluppo economico ed il Ministro dell'economia e delle finanze, ai sensi dell'articolo 17, comma 3, della legge 23 agosto 1988, n. 400, entro novanta giorni dalla data di entrata in vigore del presente decreto. Con lo stesso decreto sono disciplinate le condizioni per l'iscrizione, la formazione dell'elenco e la sua revisione, la sospensione e la cancellazione degli iscritti, nonché la determinazione dei compensi e dei rimborsi spese spettanti agli organismi a carico dei soggetti che ricorrono alla procedura.

4. Dalla costituzione e dal funzionamento degli organismi indicati al comma 1 non devono derivare nuovi o maggiori oneri a carico della finanza pubblica, e le attività degli stessi devono essere svolte nell'ambito delle risorse umane, strumentali e finanziarie disponibili a legislazione vigente.

5. L'organismo di composizione della crisi, oltre a quanto previsto dalle sezioni prima e seconda del presente capo, assume ogni iniziativa funzionale alla predisposizione del piano di ristrutturazione e all'esecuzione dello stesso.

6. Lo stesso organismo verifica la veridicità dei dati contenuti nella proposta e nei documenti allegati, attesta la fattibilità del piano ai sensi dell'articolo 9, comma 2.

7. L'organismo esegue le pubblicità ed effettua le comunicazioni disposte dal giudice nell'ambito dei procedimenti previsti dalle sezioni prima e seconda del presente capo. Le comunicazioni sono effettuate a mezzo posta elettronica certificata se il relativo indirizzo del destinatario risulta dal registro delle imprese ovvero dall'Indice nazionale degli indirizzi di posta elettronica certificata delle imprese e dei professionisti e, in ogni altro caso, a mezzo telefax o lettera raccomandata.

8. Quando il giudice lo dispone ai sensi degli articoli 13, comma 1, o 14-quinquies, comma 2, l'organismo svolge le funzioni di liquidatore stabilite con le disposizioni del presente capo. Ove designato ai sensi dell'articolo 7, comma 1, svolge le funzioni di gestore per la liquidazione.

9. I compiti e le funzioni attribuiti agli organismi di composizione della crisi possono essere svolti anche da un professionista o da una società tra professionisti in possesso dei requisiti di cui all'articolo 28 del regio decreto 16 marzo 1942, n. 267, e successive modificazioni, ovvero da un notaio, nominati dal presidente del tribunale o dal giudice da lui delegato. Fino all'entrata in vigore del regolamento di cui al comma 3, i compensi sono determinati secondo i parametri previsti per i commissari giudiziali nelle procedure di concordato preventivo, quanto alle attività di cui alla sezione prima del presente capo, e per i curatori fallimentari, quanto alle attività di cui alla sezione seconda del presente capo. I predetti compensi sono ridotti del quaranta per cento.

10. Per lo svolgimento dei compiti e delle attività previsti dal presente capo, il giudice e, previa autorizzazione di quest'ultimo, gli organismi di composizione della crisi possono accedere ai dati contenuti nell'anagrafe tributaria, compresa la sezione prevista dall'articolo 7, sesto comma, del decreto del Presidente della Repubblica 29 settembre 1973, n. 605, nei sistemi di informazioni creditizie, nelle centrali rischi e nelle altre banche dati pubbliche, ivi compreso l'archivio centrale informatizzato di cui all'articolo 30-ter, comma 2, del decreto legislativo 13 agosto 2010, n. 141, nel rispetto delle disposizioni contenute nel codice in materia di

protezione dei dati personali, di cui al decreto legislativo 30 giugno 2003, n. 196, e del codice di deontologia e di buona condotta per i sistemi informativi gestiti da soggetti privati in tema di crediti al consumo, affidabilità e puntualità nei pagamenti, di cui alla deliberazione del Garante per la protezione dei dati personali 16 novembre 2004, n. 8, pubblicata nella Gazzetta Ufficiale n. 300 del 23 dicembre 2004.

11. I dati personali acquisiti a norma del presente articolo possono essere trattati e conservati per i soli fini e tempi della procedura e devono essere distrutti contestualmente alla sua conclusione o cessazione. Dell'avvenuta distruzione è data comunicazione al titolare dei suddetti dati, tramite lettera raccomandata con avviso di ricevimento o tramite posta elettronica certificata, non oltre quindici giorni dalla distruzione medesima.

(1) Articolo sostituito dall'art. 18, co. 1, lett. t), d.l. 18/10/2012, n. 179.

• Per il regolamento recante i requisiti di iscrizione nel registro degli organismi di composizione della crisi da sovraindebitamento, ai sensi del presente articolo, vedi il d.m. 24/9/2014, n. 202.

16. Sanzioni (1). – 1. Salvo che il fatto costituisca più grave reato, è punito con la reclusione da sei mesi a due anni e con la multa da 1.000 a 50.000 euro il debitore che:

a) al fine di ottenere l'accesso alla procedura di composizione della crisi di cui alla sezione prima del presente capo aumenta o diminuisce il passivo ovvero sottrae o dissimula una parte rilevante dell'attivo ovvero dolosamente simula attività inesistenti;

b) al fine di ottenere l'accesso alle procedure di cui alle sezioni prima e seconda del presente capo, produce documentazione contraffatta o alterata, ovvero sottrae, occulta o distrugge, in tutto o in parte, la documentazione relativa alla propria situazione debitoria ovvero la propria documentazione contabile;

c) omette l'indicazione di beni nell'inventario di cui all'articolo 14-ter, comma 3;

d) nel corso della procedura di cui alla sezione prima del presente capo, effettua pagamenti in violazione dell'accordo o del piano del consumatore;

e) dopo il deposito della proposta di accordo o di piano del consumatore, e per tutta la durata della procedura, aggrava la sua posizione debitoria;

f) intenzionalmente non rispetta i contenuti dell'accordo o del piano del consumatore.

2. Il componente dell'organismo di composizione della crisi, ovvero il professionista di cui all'articolo 15, comma 9, che rende false attestazioni in ordine alla veridicità dei dati contenuti nella proposta o nei documenti ad essa allegati, alla fattibilità del piano ai sensi dell'articolo 9, comma 2, ovvero nella relazione di cui agli articoli 9, comma 3-bis, 12, comma 1 e 14-ter, comma 3, è punito con la reclusione da uno a tre anni e con la multa da 1.000 a 50.000 euro.

3. La stessa pena di cui al comma 2 si applica al componente dell'organismo di composizione della crisi, ovvero al professionista di cui all'articolo 15, comma 9, che cagiona danno ai creditori omettendo o rifiutando senza giustificato motivo un atto del suo ufficio.

(1) Articolo sostituito dall'art. 18, co. 1, lett. t), d.l. 18/10/2012, n. 179.

***17. Compiti dell'organismo di composizione della crisi**.** *– 1. L'organismo di composizione della crisi, oltre a quanto previsto dagli articoli 11, 12 e 13, assume ogni opportuna iniziativa, funzionale alla predisposizione del piano di ristrutturazione, al raggiungimento dell'accordo e alla buona riuscita dello stesso, finalizzata al superamento della crisi da sovraindebitamento, e collabora con il debitore e con i creditori anche attraverso la modifica del piano oggetto della proposta di accordo. 2. Lo stesso organismo verifica la veridicità dei dati contenuti nella proposta e nei documenti allegati, attesta la fattibilità del piano ai sensi dell'articolo 9, comma 2, e trasmette al giudice la relazione sui consensi espressi e sulla maggioranza raggiunta ai sensi dell'articolo 12, comma 1. 3. L'organismo esegue la pubblicità della proposta e dell'accordo, ed effettua le comunicazioni disposte dal giudice nell'ambito del procedimento previsto dal presente capo.*

* Articolo implicitamente abrogato dall'art. 18, co. 1, lett. t), d.l. 18/10/2012, n. 179, che ha sostituito gli originari artt. 15, 16, 17, 18, 19, 20 con gli attuali artt. 15 e 16.

***18. Accesso alle banche dati pubbliche**.** *– 1. Per lo svolgimento dei compiti e delle attività previsti dal presente capo, il giudice e, previa autorizzazione di quest'ultimo, gli organismi di cui all'articolo 15 possono accedere ai dati contenuti nell'anagrafe tributaria, nei sistemi di informazioni creditizie, nelle centrali rischi e nelle altre banche dati pubbliche, nel rispetto delle disposizioni contenute nel codice in materia di protezione dei dati personali, di cui al decreto legislativo 30 giugno 2003, n. 196, e del codice di deontologia e di buona condotta per i sistemi informativi gestiti da soggetti privati in tema di crediti al consumo, affidabilità e puntualità nei pagamenti, di cui alla deliberazione del Garante per la protezione dei dati personali 16 novembre 2004, n. 8, pubblicata nella Gazzetta Ufficiale n. 300 del 23 dicembre 2004. 2. I dati personali acquisiti per le finalità di cui al comma 1 possono essere trattati e conservati per i soli fini e tempi della procedura e devono essere distrutti contestualmente alla sua conclusione o cessazione. Dell'avvenuta distruzione è data comunicazione al titolare dei suddetti dati, tramite lettera raccomandata con avviso di ricevimento o tramite posta elettronica certificata, non oltre quindici giorni dalla distruzione medesima.*

* Articolo implicitamente abrogato dall'art. 18, co. 1, lett. t), d.l. 18/10/2012, n. 179, che ha sostituito gli originari artt. 15, 16, 17, 18, 19, 20 con gli attuali artt. 15 e 16.

***19. Sanzioni**.** *– 1. Salvo che il fatto costituisca più grave reato, è punito con la reclusione da sei mesi a due anni e con la multa da 1.000 a 50.000 euro il debitore che: a) al fine di ottenere l'accesso alla procedura di composizione della crisi di cui al presente capo, aumenta o diminuisce il passivo ovvero sottrae o dissimula una parte rilevante dell'attivo ovvero dolosamente simula attività inesistenti; b) al fine di ottenere l'accesso alla procedura di composizione della crisi di cui al presente capo, produce documentazione contraffatta o alterata, ovvero sottrae, occulta o distrugge, in tutto o in parte, la documentazione relativa alla propria situazione debitoria ovvero la propria documentazione contabile; c) nel corso della procedura, effettua pagamenti non previsti nel piano oggetto dell'accordo, fatto salvo il regolare pagamento dei creditori estranei; d) dopo il deposito della proposta di accordo di ristrutturazione dei debiti, e per tutta la durata della procedura, aggrava la sua posizione debitoria; e) intenzionalmente non rispetta i contenuti dell'accordo. 2. Il componente dell'organismo di composizione della crisi che rende false attestazioni in ordine all'esito della votazione dei creditori sulla proposta di accordo formulata dal debitore ovvero in ordine alla veridicità dei dati contenuti in tale proposta o nei documenti ad essa allegati ovvero in ordine alla fattibilità del piano di ristrutturazione dei debiti proposto dal debitore è punito con la reclusione da uno a tre anni e con la multa da 1.000 a 50.000 euro. 3. La stessa pena di cui al comma 2 si applica al componente dell'organismo di composizione della crisi che cagiona danno ai creditori omettendo o rifiutando senza giustificato motivo un atto del suo ufficio.*

* Articolo implicitamente abrogato dall'art. 18, co. 1, lett. t), d.l. 18/10/2012, n. 179, che ha sostituito gli originari artt. 15, 16, 17, 18, 19, 20 con gli attuali artt. 15 e 16.

***20. Disposizioni transitorie e finali**.** *– 1. Con uno o più de-*

creti, il Ministro della giustizia stabilisce, anche per circondario di tribunale, la data a decorrere dalla quale i compiti e le funzioni che il presente capo attribuisce agli organismi di composizione della crisi di cui all'articolo 15 sono svolti in via esclusiva dai medesimi. 2. I compiti e le funzioni attribuiti agli organismi di composizione della crisi possono essere anche svolti da un professionista in possesso dei requisiti di cui all'articolo 28 del regio decreto 16 marzo 1942, n. 267, e successive modificazioni, ovvero da un notaio, nominati dal presidente del tribunale o dal giudice da lui delegato. Con decreto del Ministro della giustizia sono stabilite, in considerazione del valore della procedura e delle finalità sociali della medesima, le tariffe applicabili all'attività svolta dai professionisti, da porre a carico dei soggetti che ricorrono alla procedura. 3. Il professionista di cui al comma 2 è equiparato, anche agli effetti penali, al componente dell'organismo di composizione della crisi. 4. Il Ministro della giustizia trasmette alle Camere una relazione annuale sullo stato di attuazione della presente legge.

* Articolo implicitamente abrogato dall'art. 18, co. 1, lett. t), d.l. 18/10/2012, n. 179, che ha sostituito gli originari artt. 15, 16, 17, 18, 19, 20 con gli attuali art. 15 e 16.

Capo III
Entrata in vigore

21. Entrata in vigore. – 1. La presente legge entra in vigore il trentesimo giorno successivo a quello della sua pubblicazione nella Gazzetta Ufficiale.

La presente legge, munita del sigillo dello Stato, sarà inserita nella Raccolta ufficiale degli atti normativi della Repubblica italiana. È fatto obbligo a chiunque spetti di osservarla e di farla osservare come legge dello Stato.

Parte VI

DIRITTO DELL'EMERGENZA COVID-19

DISPOSIZIONI GENERALI

D.l. 14 gennaio 2021, n. 2

conv., con modif., dalla l. 12 marzo 2021, n. 29

Ulteriori disposizioni urgenti in materia di contenimento e prevenzione dell'emergenza epidemiologica da COVID-19 e di svolgimento delle elezioni per l'anno 2021 (1)

(1) Per le ulteriori disposizioni attuative del presente decreto, vedi il d.P.C.M. 14/1/2021.

1. Ulteriori disposizioni urgenti per il contenimento della diffusione del COVID-19. – 1. All'articolo 1, comma 1, del decreto-legge 25 marzo 2020, n. 19, convertito, con modificazioni, dalla legge 22 maggio 2020, n. 35, le parole «31 gennaio 2021» sono sostituite dalle seguenti: «30 aprile 2021».

2. All'articolo 3, comma 1, del decreto-legge 16 maggio 2020, n. 33, convertito, con modificazioni, dalla legge 14 luglio 2020, n. 74, le parole «31 gennaio 2021» sono sostituite dalle seguenti: «30 aprile 2021».

3. Dal 16 gennaio 2021 al 15 febbraio 2021, sull'intero territorio nazionale è vietato ogni spostamento in entrata e in uscita tra i territori di diverse regioni o province autonome, salvi gli spostamenti motivati da comprovate esigenze lavorative o situazioni di necessità ovvero per motivi di salute. È comunque consentito il rientro alla propria residenza, domicilio o abitazione.

4. Dal 16 gennaio 2021 al 5 marzo 2021, sull'intero territorio nazionale, ferme, per quanto non previsto nel presente decreto, le misure adottate con i provvedimenti di cui all'articolo 2, commi 1 e 2, del decreto-legge n. 19 del 2020, si applicano le seguenti misure:

a) in ambito regionale, lo spostamento verso una sola abitazione privata abitata è consentito, una volta al giorno, in un arco temporale compreso fra le ore 05:00 e le ore 22:00, e nei limiti di due persone ulteriori rispetto a quelle ivi già conviventi, oltre ai minori di anni 14 sui quali tali persone esercitino la potestà genitoriale e alle persone disabili o non autosufficienti conviventi; nelle regioni individuate ai sensi dell'articolo 1, commi 16-quater e 16-quinques del decreto-legge n. 33 del 2020, l'ambito degli spostamenti di cui al primo periodo è quello comunale, fatto salvo quanto previsto dalla lettera b);

b) qualora la mobilità sia limitata all'ambito territoriale comunale, sono comunque consentiti gli spostamenti dai comuni con popolazione non superiore a 5.000 abitanti e per una distanza non superiore a 30 chilometri dai relativi confini, con esclusione in ogni caso degli spostamenti verso i capoluoghi di provincia.

5. All'articolo 1 del decreto-legge n. 33 del 2020, dopo il comma 16-quater, sono aggiunti i seguenti:

«16-quinques. Le misure di cui al comma 16-quater previste per le regioni che si collocano in uno scenario di tipo 2 e con livello di rischio moderato si applicano, secondo la medesima procedura ed in presenza di una analoga incidenza settimanale dei contagi, anche alle regioni che si collocano in uno scenario di tipo 1 e con un livello di rischio alto.

16-sexies. Con ordinanza del Ministro della salute, adottata ai sensi del comma 16-bis sono individuate le regioni che si collocano in uno scenario di tipo 1 e con un livello di rischio basso, ove nel relativo territorio si manifesti una incidenza settimanale dei contagi, per tre settimane consecutive, inferiore a 50 casi ogni 100.000 abitanti, all'interno delle quali cessano di applicarsi le misure determinate ai sensi dell'articolo 1, comma 2, del decreto-legge 25 marzo 2020, n. 19, convertito, con modificazioni, dalla legge 22 maggio 2020, n. 35, e le attività sono disciplinate dai protocolli individuati con decreti del Presidente del Consiglio dei ministri. Con i medesimi decreti possono essere adottate, in relazione a determinate attività particolarmente rilevanti dal punto di vista epidemiologico, specifiche misure restrittive fra quelle di cui all'articolo 1, comma 2, del decreto-legge n. 19 del 2020.

2. Sanzioni. – 1. La violazione delle disposizioni dell'articolo 1 è sanzionata ai sensi dell'articolo 4 del decreto-legge n. 19 del 2020.

3. Disciplina dei sistemi informativi funzionali all'implementazione del piano strategico dei vaccini per la prevenzione delle infezioni da SARS-CoV-2. – 1. Al fine di dare piena, celere e trasparente attuazione al piano strategico dei vaccini per la prevenzione delle infezioni da SARS-CoV-2 adottato con decreto del Ministro della salute 2 gennaio 2021, ai sensi dell'articolo 1, comma 457, della legge 30 dicembre 2020, n. 178, è istituita, senza nuovi o maggiori oneri a carico della finanza pubblica, una piattaforma informativa nazionale idonea ad agevolare, sulla base dei fabbisogni rilevati, le attività di distribuzione sul territorio nazionale delle dosi vaccinali, dei dispositivi e degli altri materiali di supporto alla somministrazione, e il relativo tracciamento. A tali fini, la piattaforma di cui al periodo precedente tratta i dati relativi alle vaccinazioni esclusivamente in forma aggregata. Nell'eventualità in cui il sistema informativo vaccinale di una regione o di una provincia autonoma non risulti adeguato a gestire i volumi di dati relativi alle vaccinazioni per la prevenzione delle infezioni da SARS-CoV-2, su istanza della medesima regione o provincia autonoma, la piattaforma di cui al presente comma esegue altresì, in sussidiarietà, le operazioni di prenotazione delle vaccinazioni, di registrazione delle somministrazioni dei vaccini e di certificazione delle stesse, nonché le operazioni di trasmissione dei dati al Ministero della salute, nel rispetto delle modalità di cui ai commi 4, 5 e 6.

2. In coerenza con l'articolo 122 del decreto-legge 17 marzo 2020, n. 18, convertito, con modificazioni, dalla legge 24 aprile 2020, n. 27, le operazioni di predisposizione e gestione della piattaforma di cui al comma 1 sono affidate al Commissario straordinario per l'attuazione e il coordinamento delle misure occorrenti per il contenimento e il contrasto dell'emergenza epidemiologica Covid-19, di seguito «Commissario straordinario», il quale, in via d'urgenza, al fine di assicurare l'immediata operatività della piattaforma, in conformità all'articolo 28 del regolamento (UE) 2016/679 del Parlamento europeo e del Consiglio, del 27 aprile 2016, senza nuovi o

maggiori oneri a carico della finanza pubblica, si avvale prevalentemente del supporto di società a partecipazione pubblica che siano in grado di assicurare una presenza capillare sul territorio e che prestino tale servizio a titolo gratuito.

3. Nel rispetto dei principi stabiliti dal piano di cui al comma 1 e dal presente articolo, il Commissario straordinario si raccorda altresì con il Ministro della salute, il Ministro per gli affari regionali e le autonomie, i soggetti operanti nel Servizio sanitario nazionale e i soggetti attuatori di cui all'articolo 1 dell'ordinanza del Capo del Dipartimento della protezione civile n. 630 del 3 febbraio 2020, pubblicata nella Gazzetta ufficiale n. 32 dell'8 febbraio 2020, nonché con l'Agenzia Italiana del farmaco e con l'Istituto superiore di sanità, i quali, fermo restando quanto previsto dal comma 7, possono accedere alle informazioni aggregate presenti nella piattaforma di cui al primo periodo del comma 1, per lo svolgimento delle proprie funzioni istituzionali. Il Commissario straordinario, d'intesa con il Ministro della salute e il Ministro per gli affari regionali e le autonomie, informa periodicamente la Conferenza permanente per i rapporti tra lo Stato, le regioni e le province autonome di Trento e di Bolzano sullo stato di attuazione del piano strategico di cui al comma 1.

4. Alle regioni e alle province autonome sono affidate le diverse fasi della vaccinazione per la prevenzione delle infezioni da Sars-CoV-2, ivi inclusa l'offerta attiva alle categorie di assistiti individuate in base ai criteri indicati dal piano strategico di cui al comma 1. Le operazioni di prenotazione delle vaccinazioni, di registrazione delle somministrazioni dei vaccini e di certificazione delle stesse sono gestite dalle regioni e dalle province autonome, che le eseguono, in qualità di titolari del trattamento, attraverso i propri sistemi informativi vaccinali. Nell'eventualità di cui al terzo periodo del comma 1, ferma restando la titolarità del trattamento in capo alla regione o alla provincia autonoma richiedente, la piattaforma nazionale di cui al comma 1, gestita dal Commissario straordinario per conto della stessa ai sensi dell'articolo 28 del regolamento (UE) 2016/679, assicura tutte le funzionalità necessarie all'effettuazione delle operazioni di prenotazione, registrazione e certificazione, in regime di sussidiarietà. Il sistema Tessera Sanitaria rende disponibili alla piattaforma nazionale i dati individuali necessari alla corretta gestione delle operazioni di cui al precedente periodo, in regime di sussidiarietà.

5. Fermo restando l'obbligo informativo posto in capo alle regioni e alle province autonome ai sensi del decreto del Ministro della salute 17 settembre 2018, pubblicato nella Gazzetta Ufficiale della Repubblica Italiana n. 257 del 5 novembre 2018, istitutivo dell'Anagrafe Nazionale Vaccini, al fine di consentire il monitoraggio dell'attuazione del piano di cui al comma 1, le regioni e le province autonome, attraverso i propri sistemi informativi o, nell'eventualità di cui al terzo periodo del comma 1, attraverso la piattaforma nazionale, trasmettono al Ministero della salute tutte le informazioni, relative alle somministrazioni dei vaccini per la prevenzione dell'infezione da Sars-CoV-2 su base individuale, in conformità al predetto decreto 17 settembre 2018, con frequenza almeno quotidiana e comunque nel rispetto delle tempistiche e delle specifiche tecniche pubblicate sul sito istituzionale dello stesso Ministero. Tale trasmissione è effettuata in modalità incrementale e include anche l'informazione sull'eventuale stato di gravidanza della persona vaccinata. Le regioni e le province autonome, mediante i propri sistemi informativi o mediante la piattaforma nazionale di cui al comma 1, nei casi in cui quest'ultima operi in sussidiarietà, trasmettono altresì i dati relativi alle prenotazioni delle vaccinazioni, in forma aggregata, al Ministero della salute, il quale, tramite interoperabilità, per le finalità di cui al primo periodo del comma 1, rende disponibili alla piattaforma nazionale di cui al medesimo comma strumenti di monitoraggio sia delle prenotazioni sia delle somministrazioni dei vaccini.

6. I dati personali trattati attraverso la piattaforma di cui al comma 1 in regime di sussidiarietà, alla data di cessazione delle esigenze di protezione e prevenzione sanitaria anche a carattere transfrontaliero legate alla diffusione del COVID-19, individuata con decreto del Presidente del Consiglio dei Ministri, su proposta del Ministro della salute, e comunque entro il 31 dicembre 2021, devono essere cancellati o resi definitivamente anonimi ovvero restituiti alla regione o provincia autonoma titolare del trattamento, ai sensi dell'articolo 28, paragrafo 3, lettera g), del regolamento (UE) 2016/679.

7. Per consentire lo svolgimento di attività di sorveglianza immunologica e farmaco-epidemiologia, il Ministero della salute trasmette, in interoperabilità con la piattaforma di cui all'ordinanza del Capo del Dipartimento della protezione civile 27 febbraio 2020, n. 640, all'Istituto superiore di sanità i dati individuali relativi ai soggetti cui è somministrata la vaccinazione anti SARS-CoV-2 contenuti nell'Anagrafe Nazionale Vaccini.

8. Per il potenziamento dell'infrastruttura tecnologica e applicativa dell'Anagrafe Nazionale Vaccini è autorizzata la spesa di 966.000 euro per l'anno 2021. All'onere di cui al presente comma si provvede mediante corrispondente utilizzo del fondo di conto capitale di cui all'articolo 34-ter, comma 5, della legge 31 dicembre 2009, n. 196, iscritto nello stato di previsione del Ministero della salute per il medesimo anno.

4. Disposizioni urgenti per lo svolgimento di elezioni per l'anno 2021. – 1. In considerazione del permanere dell'emergenza da COVID-19 e del quadro epidemiologico complessivamente e diffusamente grave su tutto il territorio nazionale:

a) al comma 1 dell'articolo 31-quater del decreto-legge 28 ottobre 2020, n. 137, convertito, con modificazioni, dalla legge 18 dicembre 2020, n. 176, le parole «entro il 31 dicembre 2020» sono sostituite dalle seguenti: «entro il 28 febbraio 2021» e le parole «entro il 31 marzo 2021» sono sostituite dalle seguenti: «entro il 20 maggio 2021»;

b) al comma 4-terdecies dell'articolo 1 del decreto-legge 7 ottobre 2020, n. 125, convertito, con modificazioni, dalla legge 27 novembre 2020, n. 159, le parole «entro il 31 marzo 2021» sono sostituite dalle seguenti: «entro il 20 maggio 2021».

5. Proroga di termini in materia di permessi e titoli di soggiorno. – 1. All'articolo 3-bis, comma 3, del decreto-legge 7 ottobre 2020, n. 125, convertito con modificazioni dalla legge 27 novembre 2020, n. 159, sono apportate le seguenti modificazioni:

a) le parole «31 dicembre 2020» sono sostituite dalle seguenti: «30 aprile 2021»;

b) le parole da: «alla cessazione» fino al termine del comma, sono sostituite dalle seguenti: «alla medesima data».

6. Entrata in vigore. – 1. Il presente decreto entra in vigore il giorno stesso della sua pubblicazione nella Gazzetta Ufficiale della Repubblica italiana, contestualmente a tale pubblicazione, e sarà presentato alle Camere per la conversione in legge.

Il presente decreto, munito del sigillo dello Stato, sarà inserito nella Raccolta ufficiale degli atti normativi della Repubblica italiana. È fatto obbligo a chiunque spetti di osservarlo e di farlo osservare.

BANCHE, CREDITO E FINANZA

D.l. 8 aprile 2020, n. 23

conv., con modif., dalla l. 5 giugno 2020, n. 40.

Misure urgenti in materia di accesso al credito e di adempimenti fiscali per le imprese, di poteri speciali nei settori strategici, nonché interventi in materia di salute e lavoro, di proroga di termini amministrativi e processuali (DECRETO LIQUIDITÀ)

(*Estratto, artt. 1-bis, 4, 37-bis*)

Capo I
Misure di accesso al credito per le imprese

1. bis. Dichiarazione sostitutiva per le richieste di nuovi finanziamenti (1). – 1. Le richieste di nuovi finanziamenti effettuati ai sensi dell'articolo 1 devono essere integrate da una dichiarazione sostitutiva dell'atto di notorietà, ai sensi dell'articolo 47 del testo unico delle disposizioni legislative e regolamentari in materia di documentazione amministrativa, di cui al decreto del Presidente della Repubblica 28 dicembre 2000, n. 445, con la quale il titolare o il legale rappresentante dell'impresa richiedente, sotto la propria responsabilità, dichiara:

a) che l'attività d'impresa è stata limitata o interrotta dall'emergenza epidemiologica da COVID-19 o dagli effetti derivanti dalle misure di prevenzione e contenimento connesse alla medesima emergenza e che prima di tale emergenza sussisteva una situazione di continuità aziendale;

b) che i dati aziendali forniti su richiesta dell'intermediario finanziario sono veritieri e completi;

c) che, ai sensi dell'articolo 1, comma 2, lettera n), il finanziamento coperto dalla garanzia è richiesto per sostenere costi del personale, investimenti o capitale circolante impiegati in stabilimenti produttivi e attività imprenditoriali che sono localizzati in Italia;

d) che è consapevole che, ad eccezione dell'eventuale quota destinata al rimborso di finanziamenti erogati dai medesimi soggetti finanziatori ai sensi dell'articolo 1, comma 1, i finanziamenti saranno accreditati esclusivamente sul conto corrente dedicato i cui dati sono contestualmente indicati (2),

e) che il titolare o il legale rappresentante istante nonché i soggetti indicati all'articolo 85, commi 1 e 2, del codice delle leggi antimafia e delle misure di prevenzione, di cui al decreto legislativo 6 settembre 2011, n. 159, non si trovano nelle condizioni ostative previste dall'articolo 67 del medesimo codice di cui al decreto legislativo n. 159 del 2011;

f) che nei confronti del titolare o del legale rappresentante non è intervenuta condanna definitiva, negli ultimi cinque anni, per reati commessi in violazione delle norme per la repressione dell'evasione fiscale in materia di imposte sui redditi e sul valore aggiunto nei casi in cui sia stata applicata la pena accessoria di cui all'articolo 12, comma 2, del decreto legislativo 10 marzo 2000, n. 74.

2. Non appena ricevuta l'autodichiarazione di cui al comma 1, il soggetto al quale è chiesto il finanziamento la trasmette tempestivamente alla SACE S.p.A.

3. L'operatività sul conto corrente dedicato di cui al comma 1, lettera d), è condizionata all'indicazione, nella richiesta di utilizzo del finanziamento, del relativo codice unico identificativo del finanziamento e della garanzia e, della locuzione: "Sostegno ai sensi del decreto-legge n. 23 del 2020" (3).

4. Per la prevenzione dei tentativi di infiltrazioni criminali, con protocollo d'intesa sottoscritto tra il Ministero dell'interno, il Ministero dell'economia e delle finanze e la SACE S.p.A. sono disciplinati i controlli di cui al libro II del codice di cui al decreto legislativo 6 settembre 2011, n. 159, anche attraverso procedure semplificate. Dall'attuazione del presente comma non devono derivare nuovi o maggiori oneri per la finanza pubblica.

5. Fermi restando gli obblighi di segnalazione previsti dalla normativa antiriciclaggio, per la verifica degli elementi attestati dalla dichiarazione sostitutiva prevista dal presente articolo il soggetto che eroga il finanziamento non è tenuto a svolgere accertamenti ulteriori rispetto alla verifica formale di quanto dichiarato. Le disposizioni del presente comma si applicano anche alle dichiarazioni sostitutive allegate alle richieste di finanziamento e di garanzia effettuate ai sensi dell'articolo 13.

6. Le disposizioni del presente articolo si applicano, in quanto compatibili, anche ai soggetti che svolgono, anche in forma associata, un'attività professionale autonoma.

(1) Articolo inserito dall'art. 1, co. 1, l. 5/6/2020, n. 40, in sede di conversione.

(2) Lettera modificata dall'art. 1, co. 208, l. 30/12/2020, n. 178. Per l'applicazione vedi l'art. 1, co. 211, l. n. 178/2020 medesima.

(3) Comma modificato dall'art. 77, co. 2-bis, d.l. 14/8/2020, n. 104, conv., con modif., dalla l. 13/10/2020, n. 126.

Omissis.

Capo II
Misure urgenti per garantire la continuità delle imprese colpite dall'emergenza Covid-19

4. Sottoscrizione contratti e comunicazioni in modo semplificato (1). – 1. Ai fini degli articoli 117, 125-bis, 126-quinquies e 126-quinquiesdecies del decreto legislativo 1° settembre 1993, n. 385, ferme restando le previsioni sulle tecniche di conclusione dei contratti mediante strumenti informativi o telematici, i contratti, conclusi con la clientela al dettaglio come definita dalle disposizioni della Banca d'Italia in materia di trasparenza delle operazioni e dei servizi bancari e finanziari, nel periodo compreso tra la data di entrata in vigore del presente decreto ed il termine dello stato di emergenza deliberato dal Consiglio dei ministri in data 31 gennaio 2020 soddisfano il requisito ed hanno l'efficacia di cui all'articolo 20, comma 1-bis, primo periodo, del decreto legislativo 7 marzo 2005, n. 82, anche se il cliente esprime il proprio consenso mediante comunicazione inviata dal proprio indirizzo di posta elettronica non certificata o con altro strumento idoneo, a condizione che l'espressione del consenso sia accompagnata da copia di un documento di riconoscimento in corso di validità del contraente, faccia riferimento ad un contratto identificabile in modo certo e sia conservata insieme al contratto medesimo con modalità tali da garantirne la sicurezza, l'integrità e l'immodificabilità. Il requisito della consegna di copia del contratto è soddisfatto mediante la messa a disposizione del cliente di copia del testo del contratto su supporto durevole; l'intermediario consegna copia cartacea del contratto al cliente alla prima occasione utile successiva al termine dello stato di emergenza. Il cliente può usare il medesimo strumento impiegato per esprimere il consenso al contratto anche per esercitare il diritto di recesso previsto dalla legge.

37. bis – Sospensione temporanea delle segnalazioni a sofferenza alla Centrale dei rischi e ai sistemi di informazioni creditizie (1). – 1. Fino al 31 gennaio 2021, le segnalazioni a sofferenza effettuate dagli intermediari alla Centrale dei rischi della Banca d'Italia, di cui alla delibera del Comitato interministeriale per il credito e il risparmio del 29 marzo 1994, come modificata dal decreto del Ministro dell'economia e delle finanze 11 luglio 2012, pubblicato nella Gazzetta Ufficiale n. 174 del 27 luglio 2012, riguardanti le imprese beneficiarie delle misure di sostegno finanziario di cui all'articolo 56, comma 2, del decreto-legge 17 marzo 2020, n. 18, convertito, con modificazioni, dalla legge 24 aprile 2020, n. 27, sono sospese a decorrere dalla data dalla quale tali misure sono state concesse (2).

2. Le disposizioni del comma 1 si applicano anche ai sistemi di informazioni creditizie dei quali fanno parte altri archivi sul credito gestiti da soggetti privati e ai quali gli intermediari partecipano su base volontaria.

(1) Articolo aggiunto dall'art. 1, co. 1, l. 5/6/2020, n. 40, in sede di conversione.

(2) Comma modificato dall'art. 65, co. 4, d.l. 14/8/2020, n. 104, conv., con modif., dalla l. 13/10/2020, n. 126.

CONDOMINIO

D.l. 25 marzo 2020, n. 19

conv., con modif., dalla l. 22 maggio 2020, n. 35

Misure urgenti per fronteggiare l'emergenza epidemiologica da COVID-19

(*Estratto, art. 1, comma 2, lett. l)*)

1. Misure urgenti per evitare la diffusione del COVID-19. – 1. *Omissis.*

2. Ai sensi e per le finalità di cui al comma 1, possono essere adottate, secondo **principi di adeguatezza e proporzionalità al rischio effettivamente presente su specifiche parti del territorio nazionale ovvero sulla totalità di esso, una o più tra le seguenti misure:**

Omissis.

l) sospensione dei congressi, di ogni tipo di riunione o evento sociale e di ogni altra attività convegnistica o congressuale, salva la possibilità di svolgimento a distanza (1).

(1) Lettera modificata dall'art. 1, co. 1, l. 22/5/2020, n. 35, in sede di conversione e successivamente dall'art. 1, co. 1-bis, d.l. 30/7/2020, n. 83, conv., con modif., dalla l. 25/9/2020, n. 124.

D.l. 16 maggio 2020, n. 33

conv., con modif., dalla l. 14 luglio 2020, n. 74

Ulteriori misure urgenti per fronteggiare l'emergenza epidemiologica da COVID-19 (1)

(*Estratto, art. 1, comma 10*)

1. Misure di contenimento della diffusione del COVID-19.

… *Omissis* …

10. Le riunioni si svolgono garantendo il rispetto della distanza di sicurezza interpersonale di almeno un metro.

(1) Per le ulteriori disposizioni attuative del presente decreto, vedi il d.P.C.M. 17/5/2020, il d.P.C.M. 11/6/2020, il d.P.C.M. 14/7/2020, il d.P.C.M. 7/8/2020, il d.P.C.M. 13/10/2020, il d.P.C.M. 18/10/2020 e da ultimo il d.P.C.M. 14/1/2021.

CONTRATTI

D.l. 2 marzo 2020, n. 9

Misure urgenti di sostegno per famiglie, lavoratori e imprese connesse all'emergenza epidemiologica da COVID-19*

(*Estratto art. 28*)

*** Decreto abrogato dall'art. 1, co. 2, l. 24/4/2020, n. 27.** Restano validi gli atti ed i provvedimenti adottati e sono fatti salvi gli effetti prodottisi e i rapporti giuridici sorti sulla base del medesimo decreto. **A norma del Comunicato 2/5/2020, il presente decreto non è stato convertito in legge.**

28. Rimborso titoli di viaggio e pacchetti turistici*. *– 1. Ai sensi e per gli effetti dell'articolo 1463 del codice civile, ricorre la sopravvenuta impossibilità della prestazione dovuta in relazione ai contratti di trasporto aereo, ferroviario, marittimo, nelle acque interne o terrestre stipulati: a) dai soggetti nei confronti dei quali è stata disposta la quarantena con sorveglianza attiva ovvero la permanenza domiciliare fiduciaria con sorveglianza attiva da parte dell'autorità sanitaria competente, in attuazione dei provvedimenti adottati ai sensi dell'articolo 3 del decreto-legge 23 febbraio 2020, n. 6, con riguardo ai contratti di trasporto da eseguirsi nel medesimo periodo di quarantena o permanenza domiciliare; b) dai soggetti residenti, domiciliati o destinatari di un provvedimento di divieto di allontanamento nelle aree interessate dal contagio, come individuate dai decreti adottati dal Presidente del Consiglio dei ministri ai sensi dell'articolo 3 del decreto-legge 23 febbraio 2020, n. 6, con riguardo ai contratti di trasporto da eseguirsi nel periodo di efficacia dei predetti decreti; c) dai soggetti risultati positivi al virus COVID-19 per i quali è disposta la quarantena con sorveglianza attiva ovvero la permanenza domiciliare fiduciaria con sorveglianza attiva da parte dell'autorità sanitaria competente ovvero il ricovero presso le strutture sanitarie, con riguardo ai contratti di trasporto da eseguirsi nel medesimo periodo di permanenza, quarantena o ricovero; d) dai soggetti che hanno programmato soggiorni o viaggi con partenza o arrivo nelle aree interessate dal contagio come individuate dai decreti adottati dal Presidente del Consiglio dei ministri ai sensi dell'articolo 3 del decreto-legge 23 febbraio 2020, n. 6, con riguardo ai contratti di trasporto da eseguirsi nel periodo di efficacia dei predetti decreti; e) dai soggetti che hanno programmato la partecipazione a concorsi pubblici o procedure di selezione pubblica, a manifestazioni o iniziative di qualsiasi natura, a eventi e a ogni forma di riunione in luogo pubblico o privato, anche di carattere culturale, ludico, sportivo e religioso, anche se svolti in luoghi chiusi aperti al pubblico, annullati, sospesi o rinviati dalle autorità competenti in attuazione dei provvedimenti adottati ai sensi dell'articolo 3 del decreto-legge 23 febbraio 2020, n. 6, con riguardo ai contratti di trasporto da eseguirsi nel periodo di efficacia dei predetti provvedimenti; f) dai soggetti intestatari di titolo di viaggio, acquistati in Italia, avente come destinazione Stati esteri, dove sia impedito o vietato lo sbarco, l'approdo o l'arrivo in ragione della situazione emergenziale epidemiologica da COVID-19. 2. I soggetti di cui al comma 1 comunicano al vettore il ricorrere di una delle situazioni di cui al medesimo comma 1 allegando il titolo di viaggio e, nell'ipotesi di cui alla lettera e), la documentazione attestante la programmata partecipazione ad una delle manifestazioni, iniziative o eventi indicati nella medesima lettera e). Tale comunicazione è effettuata entro trenta giorni decorrenti: a) dalla cessazione delle situazioni di cui al comma 1, lettere da a) a d); b) dall'annullamento, sospensione o rinvio del corso o della procedura selettiva, della manifestazione, dell'iniziativa o dell'evento, nell'ipotesi di cui al comma 1, lettera e); c) dalla data prevista per la partenza, nell'ipotesi di cui al comma 1, lettera f). 3. Il vettore, entro quindici giorni dalla comunicazione di cui al comma 2, procede al rimborso del corrispettivo versato per il titolo di viaggio ovvero all'emissione di un voucher di pari importo da utilizzare entro un anno dall'emissione. 4. Le disposizioni di cui ai commi 2 e 3 trovano applicazione anche nei casi in cui il titolo di viaggio sia stato acquistato per il tramite di un'agenzia di viaggio. 5. I soggetti di cui al comma 1 possono esercitare, ai sensi dell'articolo 41 del decreto legislativo 23 maggio 2011, n. 79, il diritto di recesso dai contratti di pacchetto turistico da eseguirsi nei periodi di ricovero, di quarantena con sorveglianza attiva, di permanenza domiciliare fiduciaria con sorveglianza attiva ovvero di durata dell'emergenza epidemiologica da COVID-19 nelle aree interessate dal contagio come individuate dai decreti adottati dal Presidente del Consiglio dei ministri ai sensi dell'articolo 3 del decreto-legge 23 febbraio 2020, n. 6. In caso di recesso, l'organizzatore può offrire al viaggiatore un pacchetto sostitutivo di qualità equivalente o superiore, può procedere al rimborso nei termini previsti dai commi 4 e 6 dell'articolo 41 del citato decreto legislativo 23 maggio 2011, n. 79, oppure può emettere un voucher, da utilizzare entro un anno dalla sua emissione, di importo pari al rimborso spettante. 6. In relazione alle ipotesi disciplinate dall'articolo 1, comma 2, lettera f), del decreto-legge 23 febbraio 2020, n. 6, il rimborso può essere effettuato anche mediante l'emissione di un voucher di pari importo da utilizzare entro un anno dall'emissione. 7. Nei casi di cui ai commi 5 e 6, il vettore procede al rimborso del corrispettivo versato per il titolo di viaggio in favore dell'organizzatore ovvero all'emissione di un voucher di pari importo da utilizzare entro un anno dall'emissione. 8. Le disposizioni di cui al presente articolo costituiscono, ai sensi dell'articolo 17 della legge del 31 maggio 1995, n. 218 e dell'articolo 9 del regolamento (CE) n. 593/2008 del Parlamento europeo e del Consiglio, del 17 giugno 2008, norme di applicazione necessaria. 9. Alla sospensione dei viaggi ed iniziative d'istruzione disposta dal 23 febbraio al 15 marzo ai sensi degli articoli 1 e 2 del decreto-legge 23 febbraio 2020, n. 6, e dei conseguenti provvedimenti attuativi, si applica quanto previsto dall'articolo 41, comma 4, del decreto legislativo 23 maggio 2011, n. 79, in ordine al diritto di recesso del viaggiatore prima dell'inizio del pacchetto di viaggio nonché l'articolo 1463 del codice civile. Il rimborso può essere effettuato anche mediante l'emissione di un voucher di pari importo da utilizzare entro un anno dall'emissione.*

* Per l'applicazione delle disposizioni di cui al presente articolo, vedi l'art. 88, co. 1, d.l. 17/3/2020, n. 18. Tale disposizione non è stata confermata in sede di conversione. Articolo abrogato dall'art. 1, co. 2, l. 24/4/2020, n. 27. Restano validi gli atti ed i provvedimenti adottati e sono fatti salvi gli effetti prodottisi e i rapporti giuridici sorti sulla base del medesimo articolo.

D.l. 17 marzo 2020, n. 18

conv., con modif., dalla l. 24 aprile 2020, n. 27

Misure di potenziamento del Servizio sanitario nazionale e di sostegno economico per famiglie, lavoratori e imprese connesse all'emergenza epidemiologica da COVID-19 (DECRETO CURA ITALIA)

(*Estratto artt. 88-88-bis, 91*)

88. Rimborso di titoli di acquisto di biglietti per spettacoli, musei e altri luoghi della cultura (1). – 1. A seguito dell'adozione delle misure di cui all'articolo 2, comma l, lettere b) e d), del decreto del Presidente del Consiglio dei ministri 8 marzo 2020 e comunque in ragione degli effetti derivanti dall'emergenza da Covid-19, a decorrere dalla data di entrata in vigore del medesimo decreto e fino al 30 settembre 2020, ai sensi e per gli effetti dell'articolo 1463 del codice civile, ricorre la sopravvenuta impossibilità della prestazione dovuta in relazione ai contratti di acquisto di titoli di accesso per spettacoli di qualsiasi natura, ivi inclusi quelli cinematografici e teatrali, e di biglietti di ingresso ai musei e agli altri luoghi della cultura (2).

2. I soggetti acquirenti presentano, entro trenta giorni dalla data di entrata in vigore del presente decreto, o dalla diversa data della comunicazione dell'impossibilità sopravvenuta della prestazione, apposita istanza di rimborso al soggetto organizzatore dell'evento, anche per il tramite dei canali di vendita da quest'ultimo utilizzati, allegando il relativo titolo di acquisto. L'organizzatore dell'evento provvede alla emissione di un voucher di pari importo al titolo di acquisto, da utilizzare entro 18 mesi dall'emissione. L'emissione dei voucher previsti dal presente comma assolve i correlativi obblighi di rimborso e non richiede alcuna forma di accettazione da parte del destinatario (3).

*3. Le disposizioni di cui ai commi 1 e 2 si applicano fino alla data di efficacia delle misure previste dal decreto del Presidente del Consiglio dei ministri 8 marzo 2020 e da eventuali ulteriori decreti attuativi emanati ai sensi dell'articolo 2, commi 1 e 2, del decreto-legge 25 marzo 2020, n. 19. In tali ultimi casi, il termine utile alla presentazione dell'istanza di cui al primo periodo del comma 2 decorre dalla data di entrata in vigore dei provvedimenti successivamente adottati**.

(1) Articolo sostituito dall'art. 1, co. 1, l. 24/4/2020, n. 27.

(2) Comma modificato dall'art. 183, co. 11, lett. a), d.l. 19/5/2020, n. 34.

(3) Comma sostituito dall'art. 183, co. 11, lett. b), d.l. 19/5/2020, n. 34.

* Comma abrogato dall'art. 183, co. 11, lett. c), d.l. 19/5/2020, n. 34.

88 bis. Rimborso di titoli di viaggio, di soggiorno e di pacchetti turistici (1). – 1. Ai sensi e per gli effetti dell'articolo 1463 del codice civile, ricorre la sopravvenuta impossibilità della prestazione dovuta in relazione ai contratti di trasporto aereo, ferroviario, marittimo, nelle acque interne o terrestre, ai contratti di soggiorno e ai contratti di pacchetto turistico stipulati:

a) dai soggetti nei confronti dei quali è stata disposta la quarantena con sorveglianza attiva ovvero la permanenza domiciliare fiduciaria con sorveglianza attiva da parte dell'autorità sanitaria competente, in attuazione dei provvedimenti adottati ai sensi dell'articolo 3 del decreto-legge 23 febbraio 2020, n. 6, convertito, con modificazioni, dalla legge 5 marzo 2020, n. 13, e dell'articolo 2 del decreto-legge 25 marzo 2020, n. 19, con riguardo ai contratti da eseguire nel medesimo periodo di quarantena o permanenza domiciliare;

b) dai soggetti residenti, domiciliati o destinatari di un provvedimento di divieto di allontanamento nelle aree interessate dal contagio, come individuate dai decreti adottati dal Presidente del Consiglio dei ministri ai sensi dell'articolo 3 del decreto-legge 23 febbraio 2020, n. 6, convertito, con modificazioni, dalla legge 5 marzo 2020, n. 13, e dell'articolo 2 del decreto-legge 25 marzo 2020, n. 19, con riguardo ai contratti da eseguire nel periodo di efficacia dei predetti decreti;

c) dai soggetti risultati positivi al virus COVID-19 per i quali è disposta la quarantena con sorveglianza attiva ovvero la permanenza domiciliare fiduciaria con sorveglianza attiva da parte dell'autorità sanitaria competente ovvero il ricovero presso le strutture sanitarie, con riguardo ai contratti da eseguire nel medesimo periodo di permanenza, quarantena o ricovero;

d) dai soggetti che hanno programmato soggiorni o viaggi con partenza o arrivo nelle aree interessate dal contagio come individuate dai decreti adottati dal Presidente del Consiglio dei ministri ai sensi dell'articolo 3 del decreto-legge 23 febbraio 2020, n. 6, convertito, con modificazioni, dalla legge 5 marzo 2020, n. 13, e dell'articolo 2 del decreto-legge 25 marzo 2020, n. 19, con riguardo ai contratti da eseguire nel periodo di efficacia dei predetti decreti;

e) dai soggetti che hanno programmato la partecipazione a concorsi pubblici o procedure di selezione pubblica, a manifestazioni o iniziative di qualsiasi natura, a eventi e a ogni forma di riunione in luogo pubblico o privato, anche di carattere culturale, ludico, sportivo e religioso, anche se svolti in luoghi chiusi aperti al pubblico, annullati, sospesi o rinviati dalle autorità competenti in attuazione dei provvedimenti adottati ai sensi dell'articolo 3 del decreto-legge 23 febbraio 2020, n. 6, convertito, con modificazioni, dalla legge 5 marzo 2020, n. 13, e dell'articolo 2 del decreto-legge 25 marzo 2020, n. 19, con riguardo ai contratti da eseguire nel periodo di efficacia dei predetti provvedimenti;

f) dai soggetti intestatari di titolo di viaggio o acquirenti di pacchetti turistici, acquistati in Italia, aventi come destinazione Stati esteri, dove sia impedito o vietato lo sbarco, l'approdo o l'arrivo in ragione della situazione emergenziale epidemiologica da COVID-19.

2. I soggetti di cui al comma 1 comunicano al vettore o alla struttura ricettiva o all'organizzatore di pacchetti turistici il ricorrere di una delle situazioni di cui al medesimo comma 1

allegando la documentazione comprovante il titolo di viaggio o la prenotazione di soggiorno o il contratto di pacchetto turistico e, nell'ipotesi di cui alla lettera e) del comma 1, la documentazione attestante la programmata partecipazione ad una delle manifestazioni, iniziative o eventi indicati nella medesima lettera e). Tale comunicazione è effettuata entro trenta giorni decorrenti:

a) dalla cessazione delle situazioni di cui al comma 1, lettere da a) a d);

b) dall'annullamento, sospensione o rinvio del concorso o della procedura selettiva, della manifestazione, dell'iniziativa o dell'evento, nell'ipotesi di cui al comma 1, lettera e);

c) dalla data prevista per la partenza, nell'ipotesi di cui al comma 1, lettera f) (1).

3. Il vettore o la struttura ricettiva, entro trenta giorni dalla comunicazione di cui al comma 2, procedono al rimborso del corrispettivo versato per il titolo di viaggio e per il soggiorno ovvero all'emissione di un voucher di pari importo da utilizzare entro un anno dall'emissione.

4. In relazione ai contratti stipulati dai soggetti di cui al comma 1, il diritto di recesso può essere esercitato dal vettore, previa comunicazione tempestiva all'acquirente, quando le prestazioni non possono essere eseguite in ragione di provvedimenti adottati dalle autorità nazionali, internazionali o di Stati esteri, a causa dell'emergenza epidemiologica da COVID-19. In tali casi il vettore ne dà tempestiva comunicazione all'acquirente e, entro i successivi trenta giorni, procede al rimborso del corrispettivo versato per il titolo di viaggio oppure all'emissione di un voucher di pari importo da utilizzare entro un anno dall'emissione.

5. Le strutture ricettive che hanno sospeso o cessato l'attività, in tutto o in parte, a causa dell'emergenza epidemiologica da COVID-19 possono offrire all'acquirente un servizio sostitutivo di qualità equivalente, superiore o inferiore con restituzione della differenza di prezzo, oppure procedere al rimborso del prezzo o, altrimenti, possono emettere un voucher, da utilizzare entro un anno dalla sua emissione, di importo pari al rimborso spettante.

6. I soggetti di cui al comma 1 possono esercitare, ai sensi dell'articolo 41 del codice di cui al decreto legislativo 23 maggio 2011, n. 79, il diritto di recesso dai contratti di pacchetto turistico da eseguire nei periodi di ricovero, di quarantena con sorveglianza attiva, di permanenza domiciliare fiduciaria con sorveglianza attiva ovvero di durata dell'emergenza epidemiologica da COVID-19 nelle aree interessate dal contagio come individuate dai decreti adottati dal Presidente del Consiglio dei ministri ai sensi dell'articolo 3 del decreto-legge 23 febbraio 2020, n. 6, convertito, con modificazioni, dalla legge 5 marzo 2020, n. 13, o negli Stati dove è impedito o vietato lo sbarco, l'approdo o l'arrivo in ragione della situazione emergenziale epidemiologica da COVID-19. In tali casi l'organizzatore, in alternativa al rimborso previsto dall'articolo 41, commi 4 e 6, del codice di cui al decreto legislativo 23 maggio 2011, n. 79, può offrire al viaggiatore un pacchetto sostitutivo di qualità equivalente o superiore o inferiore con restituzione della differenza di prezzo oppure può procedere al rimborso o, altrimenti, può emettere, anche per il tramite dell'agenzia venditrice, un voucher, da utilizzare entro un anno dalla sua emissione, di importo pari al rimborso spettante. In deroga all'articolo 41, comma 6, del decreto legislativo 23 maggio 2011, n. 79, il rimborso è corrisposto e il voucher è emesso appena ricevuti i rimborsi o i voucher dai singoli fornitori di servizi e comunque non oltre sessanta giorni dalla data prevista di inizio del viaggio.

7. Gli organizzatori di pacchetti turistici possono esercitare, ai sensi dell'articolo 41, comma 5, lettera b), del codice di cui al decreto legislativo 23 maggio 2011, n. 79, il diritto di recesso dai contratti stipulati con i soggetti di cui al comma 1, dai contratti di pacchetto turistico aventi come destinazione Stati esteri ove sia impedito o vietato lo sbarco, l'approdo o l'arrivo in ragione dell'emergenza epidemiologica da COVID-19, e comunque quando l'esecuzione del contratto è impedita, in tutto o in parte, da provvedimenti adottati a causa di tale emergenza dalle autorità nazionali, internazionali o di Stati esteri. In tali casi l'organizzatore, in alternativa al rimborso previsto dall'articolo 41, commi 5 e 6, del decreto legislativo 23 maggio 2011, n. 79, può offrire al viaggiatore un pacchetto sostitutivo di qualità equivalente o superiore o inferiore con restituzione della differenza di prezzo oppure può procedere al rimborso o, altrimenti, può emettere, anche per il tramite dell'agenzia venditrice, un voucher, da utilizzare entro un anno dalla sua emissione, di importo pari al rimborso spettante. In deroga all'articolo 41, comma 6, del decreto legislativo 23 maggio 2011, n. 79, il rimborso è corrisposto e il voucher è emesso appena ricevuti i rimborsi o i voucher dai singoli fornitori di servizi e comunque non oltre sessanta giorni dalla data prevista di inizio del viaggio.

8. Per la sospensione dei viaggi e delle iniziative di istruzione disposta in ragione dello stato di emergenza deliberato dal Consiglio dei ministri il 31 gennaio 2020, si applica l'articolo 1463 del codice civile nonché quanto previsto dall'articolo 41, comma 4, del codice di cui al decreto legislativo 23 maggio 2011, n. 79, in ordine al diritto di recesso del viaggiatore prima dell'inizio del pacchetto di viaggio. Il rimborso può essere effettuato dall'organizzatore anche mediante l'emissione di un voucher di pari importo in favore del proprio contraente, da utilizzare entro un anno dall'emissione. In deroga all'articolo 41, comma 6, del decreto legislativo 23 maggio 2011, n. 79, l'organizzatore corrisponde il rimborso o emette il voucher appena ricevuti i rimborsi o i voucher dai singoli fornitori di servizi e comunque non oltre sessanta giorni dalla data prevista di inizio del viaggio. È sempre corrisposto il rimborso con restituzione della somma versata, senza emissione di voucher, quando il viaggio o l'iniziativa di istruzione riguarda la scuola dell'infanzia o le classi terminali della scuola primaria e della scuola secondaria di primo e secondo grado. Sono fatti salvi, con effetto per l'anno scolastico 2020/2021, i rapporti instaurati alla data del 24 febbraio 2020 dagli istituti scolastici committenti con gli organizzatori aggiudicatari. Nell'ambito degli stessi rapporti con ciascun organizzatore, gli istituti scolastici committenti possono modificare le modalità di svolgimento di viaggi, iniziative, scambi, gemellaggi, visite e uscite didattiche comunque denominate, anche riguardo alle classi di studenti, ai periodi, alle date e alle destinazioni.

9. Nei casi di cui ai commi 6, 7 e 8, il vettore e la struttura ricettiva procedono al rimborso del corrispettivo versato in favore del soggetto dal quale hanno ricevuto il pagamento oppure all'emissione in suo favore di un voucher di pari importo da utilizzare entro un anno dall'emissione.

10. Le disposizioni del presente articolo trovano applicazione anche nei casi in cui il titolo di viaggio o il soggiorno o il pacchetto turistico siano stati acquistati o prenotati per il tramite di un'agenzia di viaggio o di un portale di prenotazione, anche in deroga alle condizioni pattuite.

11. Fuori dei casi previsti dai commi da 1 a 7, per tutti i rapporti inerenti ai contratti di cui al presente articolo e instaurati con effetto dall'11 marzo 2020 al 30 settembre 2020 nell'intero territorio nazionale, anche per le prestazioni da rendere all'estero e per le prestazioni in favore di contraenti provenienti dall'estero, quando le prestazioni non siano rese a causa degli effetti derivanti dallo stato di emergenza epidemiologica da COVID-19, la controprestazione già ricevuta può essere restituita mediante un voucher di pari importo valido per un anno dall'emissione.

12. L'emissione dei voucher previsti dal presente articolo assolve i correlativi obblighi di rimborso e non richiede alcuna forma di accettazione da parte del destinatario.

13. Le disposizioni del presente articolo costituiscono norme di applicazione necessaria ai sensi dell'articolo 17 della legge 31 maggio 1995, n. 218, e dell'articolo 9 del regolamento (CE) n. 593/2008 del Parlamento europeo e del Consiglio, del 17 giugno 2008.

(1) Il d.l. 19/5/2020, n. 34, conv., con modif., dalla l. 17/7/2020, n. 77, ha disposto (con l'art. 183, co. 11-bis) che «Le disposizioni di cui all'articolo 88, comma 2, del decreto-legge 17 marzo 2020, n. 18, convertito, con modificazioni, dalla legge 24 aprile 2020, n. 27, come modificato dal comma 11, lett. b), del presente articolo, si applicano anche ai voucher già emessi alla data di entrata in vigore della legge di conversione del presente decreto». Il d.l. 28/10/2020, n. 137 ha disposto (con l'art. 5, co. 4) che limitatamente ai contratti di acquisto di titoli di accesso per spettacoli dal vivo, le disposizioni di cui all'art. 88, co. 1 e 2, d.l. 17/3/2020, n. 18, conv., con modif., dalla l. 24/4/2020, n. 27, si applicano anche a decorrere dalla data di entrata in vigore del d.P.C.M. 24/10/2020 e fino al 31/1/2021 e i termini di cui al medesimo co. 2 decorrono dalla data di entrata in vigore del suindicato decreto.

Omissis.

91. Disposizioni in materia di ritardi o inadempimenti contrattuali derivanti dall'attuazione delle misure di contenimento e di anticipazione del prezzo in materia di contratti pubblici (1). – 1. All'articolo 3 del decreto – legge 23 febbraio 2020, n. 6, convertito con modificazioni dalla legge 5 marzo 2020, n. 13, dopo il comma 6, è inserito il seguente: «6-bis. Il rispetto delle misure di contenimento di cui presente decreto è sempre valutata ai fini dell'esclusione, ai sensi e per gli effetti degli articoli 1218 e 1223 c.c., della responsabilità del debitore, anche relativamente all'applicazione di eventuali decadenze o penali connesse a ritardati o omessi adempimenti» (2).

2. All'articolo 35, comma 18, del decreto legislativo 18 aprile 2016, n. 50, e successive modificazioni, dopo le parole: «L'erogazione dell'anticipazione» inserire le seguenti: «, consentita anche nel caso di consegna in via d'urgenza, ai sensi dell'articolo 32, comma 8, del presente codice» (2).

(1) Rubrica modificata dall'art. 1, co. 1, l. 24/4/2020, n. 27.

(2) Comma modificato dall'art. 1, co. 1, l. 24/4/2020, n. 27.

FALLIMENTO, IMPRESE E SOCIETÀ

D.l. 8 aprile 2020, n. 23

conv., con modif., dalla l. 5 giugno 2020, n. 40

Misure urgenti in materia di accesso al credito e di adempimenti fiscali per le imprese, di poteri speciali nei settori strategici, nonché interventi in materia di salute e lavoro, di proroga di termini amministrativi e processuali (DECRETO LIQUIDITÀ)

(*Estratto, artt. 5-7*)

5. Differimento dell'entrata in vigore del Codice della crisi d'impresa e dell'insolvenza di cui al decreto legislativo 12 gennaio 2019, n. 14. – 1. All'articolo 389 del decreto legislativo 12 gennaio 2019, n. 14, il comma 1 è sostituito dal seguente:

«1. Il presente decreto entra in vigore il 1° settembre 2021, salvo quanto previsto al comma 2.» (1).

(1) Capoverso modificato dall'art. 1, co. 1, l. 5/6/2020, n. 40.

6. Disposizioni temporanee in materia di riduzione del capitale. – 1. A decorrere dalla data di entrata in vigore del presente decreto e fino alla data del 31 dicembre 2020 per le fattispecie verificatesi nel corso degli esercizi chiusi entro la predetta data non si applicano gli articoli 2446, commi secondo e terzo, 2447, 2482-bis, commi quattro, quinto e sesto, e 2482-ter del codice civile. Per lo stesso periodo non opera la causa di scioglimento della società per riduzione o perdita del capitale sociale di cui agli articoli 2484, primo comma, numero 4), e 2545-duodecies del codice civile.

6 bis. Disposizioni per il sostegno dei settori alberghiero e termale (1). – 1. Al fine di sostenere i settori alberghiero e termale, i soggetti indicati nell'articolo 73, comma 1, lettere a) e b), del testo unico delle imposte sui redditi, di cui al decreto del Presidente della Repubblica 22 dicembre 1986, n. 917, operanti nei settori alberghiero e termale che non adottano i principi contabili internazionali nella redazione del bilancio possono, anche in deroga all'articolo 2426 del codice civile e ad ogni altra disposizione di legge vigente in materia, rivalutare i beni di impresa e le partecipazioni di cui alla sezione II del capo I della legge 21 novembre 2000, n. 342, ad esclusione degli immobili alla cui produzione o al cui scambio è diretta l'attività di impresa, risultanti dal bilancio dell'esercizio in corso al 31 dicembre 2019.

2. La rivalutazione deve essere eseguita in uno o in entrambi i bilanci o rendiconti relativi ai due esercizi successivi a quello di cui al comma 1, deve riguardare tutti i beni appartenenti alla stessa categoria omogenea e deve essere annotata nel relativo inventario e nella nota integrativa.

3. Sui maggiori valori dei beni e delle partecipazioni iscritti in bilancio di cui al comma 2 non è dovuta alcuna imposta sostitutiva o altra imposta. Il maggior valore attribuito ai beni e alle partecipazioni si considera riconosciuto, ai fini delle imposte sui redditi e dell'imposta regionale sulle attività produttive, a decorrere dall'esercizio nel cui bilancio la rivalutazione è eseguita.

4. Il saldo attivo risultante dalle rivalutazioni eseguite deve essere imputato al capitale o accantonato in una speciale riserva designata con riferimento al presente comma, con esclusione di ogni diversa utilizzazione.

5. Il saldo attivo della rivalutazione può essere affrancato, in tutto o in parte, con l'applicazione in capo alla società di un'imposta sostitutiva delle imposte sui redditi, dell'imposta regionale sulle attività produttive e di eventuali addizionali nella misu-

ra del 10 per cento, da versare con le modalità indicate all'articolo 1, comma 701, della legge 27 dicembre 2019, n. 160.

6. Nel caso di cessione a titolo oneroso, di assegnazione al socio o di destinazione a finalità estranee all'esercizio dell'impresa ovvero al consumo personale o familiare dell'imprenditore dei beni rivalutati in data anteriore a quella di inizio del quarto esercizio successivo a quello nel cui bilancio la rivalutazione è stata eseguita, ai fini della determinazione delle plusvalenze o delle minusvalenze si considera il costo del bene prima della rivalutazione.

7. Si applicano, in quanto compatibili, le disposizioni degli articoli 11, 13, 14 e 15 della legge 21 novembre 2000, n. 342, del regolamento di cui al decreto del Ministro delle finanze 13 aprile 2001, n. 162, del regolamento di cui al decreto del Ministro dell'economia e delle finanze 19 aprile 2002, n. 86, e dei commi 475, 477 e 478 dell'articolo 1 della legge 30 dicembre 2004, n. 311.

8. Le disposizioni dell'articolo 14, comma 1, della legge 21 novembre 2000, n. 342, si applicano anche ai soggetti che redigono il bilancio in base ai principi contabili internazionali di cui al regolamento (CE) n. 1606/2002 del Parlamento europeo e del Consiglio, del 19 luglio 2002, anche con riferimento alle partecipazioni, in società ed enti, costituenti immobilizzazioni finanziarie ai sensi dell'articolo 85, comma 3-bis, del testo unico delle imposte sui redditi, di cui al decreto del Presidente della Repubblica 22 dicembre 1986, n. 917. Per tali soggetti, per l'importo corrispondente ai maggiori valori oggetto di riallineamento è vincolata una riserva in sospensione d'imposta ai fini fiscali, che può essere affrancata ai sensi del comma 5 del presente articolo.

9. Nel caso in cui i soggetti individuati al comma 1 del presente articolo abbiano esercitato la facoltà di cui all'articolo 1, commi 696 e seguenti, della legge 27 dicembre 2019, n. 160, gli effetti della rivalutazione e dell'eventuale affrancamento del saldo attivo ai fini delle imposte sui redditi e dell'imposta regionale sulle attività produttive si producono a decorrere dall'ultimo bilancio o rendiconto dell'esercizio in corso alla data del 31 dicembre 2020.

10. Alle minori entrate derivanti dal presente articolo, valutate in 0,85 milioni di euro per l'anno 2021, in 2,59 milioni di euro per l'anno 2022, in 1,78 milioni di euro per l'anno 2023, in 1,87 milioni di euro per l'anno 2024 e in 1,81 milioni di euro annui a decorrere dall'anno 2025, si provvede mediante corrispondente riduzione del Fondo di cui all'articolo 1, comma 200, della legge 23 dicembre 2014, n. 19.

(1) Articolo inserito dall'art. 1, co. 1, l. 5/6/2020, n. 40.

7. Disposizioni temporanee sui principi di redazione del bilancio. – 1. Nella redazione del bilancio di esercizio in corso al 31 dicembre 2020, la valutazione delle voci nella prospettiva della continuazione dell'attività di cui all'articolo 2423-bis, comma primo, n. 1), del codice civile può comunque essere operata se risulta sussistente nell'ultimo bilancio di esercizio chiuso in data anteriore al 23 febbraio 2020, fatta salva la previsione di cui all'articolo 106 del decreto-legge 17 marzo 2020, n. 18, convertito, con modificazioni, dalla legge 24 aprile 2020, n. 27, di seguito citato anche come "decreto-legge 17 marzo 2020, n. 18". Il criterio di valutazione è specificamente illustrato nella nota informativa anche mediante il richiamo delle risultanze del bilancio precedente (1).

2. Le disposizioni di cui al comma 1 si applicano anche ai bilanci chiusi entro il 23 febbraio 2020 e non ancora approvati.

2-bis. All'articolo 106, comma 1, del decreto-legge 17 marzo 2020, n. 18, convertito, con modificazioni, dalla legge 24 aprile 2020, n. 27, è aggiunto, in fine, il seguente periodo: «È facoltà delle società cooperative che applicano l'articolo 2540 del codice civile di convocare l'assemblea generale dei soci delegati entro il 30 settembre 2020» (2).

(1) Comma modificato dall'art. 1, co. 1, l. 5/6/2020, n. 40.
(2) Comma aggiunto dall'art. 1, co. 1, l. 5/6/2020, n. 40.

D.l. 19 maggio 2020, n. 34

conv., con modif., dalla l. 17 luglio 2020, n. 77

Misure urgenti in materia di salute, sostegno al lavoro e all'economia, nonché di politiche sociali connesse all'emergenza epidemiologica da COVID-19

(*Estratto, artt. 24, 28, 53-61, 65*)

TITOLO II
SOSTEGNO ALLE IMPRESE E ALL'ECONOMIA

Capo I
Misure di sostegno

24. Disposizioni in materia di versamento dell'IRAP (A). – 1. Non è dovuto il versamento del saldo dell'imposta regionale sulle attività produttive relativa al periodo di imposta in corso al 31 dicembre 2019, fermo restando il versamento dell'acconto dovuto per il medesimo periodo di imposta. Non è altresì dovuto il versamento della prima rata dell'acconto dell'imposta regionale sulle attività produttive relativa al periodo di imposta successivo a quello in corso al 31 dicembre 2019, nella misura prevista dall'articolo 17, comma 3, del decreto del Presidente della Repubblica 7 dicembre 2001, n. 435, ovvero dall'articolo 58 del decreto-legge 26 ottobre 2019, n. 124, convertito, con modificazioni, dalla legge 19 dicembre 2019, n. 157; l'importo di tale versamento è comunque escluso dal calcolo dell'imposta da versare a saldo per lo stesso periodo d'imposta.

2. Il comma 1 si applica esclusivamente ai soggetti, diversi da quelli che determinano il valore della produzione netta secondo gli articoli 7 e 10-bis del decreto legislativo 15 dicembre 1997, n. 446, nonché dai soggetti di cui all'articolo 162-bis del testo unico delle imposte sui redditi approvato con decreto del Presidente della Repubblica 22 dicembre 1986, n. 917, con ricavi di cui all'articolo 85, comma 1, lettere a) e b), dello stesso testo unico delle imposte sui redditi, o compensi di cui all'articolo 54, comma 1, del medesimo testo unico non superiori a 250 milioni di euro nel periodo d'imposta precedente a quello in corso alla data di entrata in vigore del presente decreto-legge.

3. Le disposizioni del presente articolo si applicano nel ri-

spetto dei limiti e delle condizioni previsti dalla Comunicazione della Commissione europea del 19 marzo 2020 C(2020) 1863 final "Quadro temporaneo per le misure di aiuto di Stato a sostegno dell'economia nell'attuale emergenza del COVID-19", e successive modifiche.

4. Nello stato di previsione del Ministero dell'economia e delle finanze è istituito un fondo con una dotazione di 448 milioni di euro finalizzato a ristorare alle Regioni e alle Province autonome le minori entrate derivanti dal presente articolo non destinate originariamente a finanziare il fondo sanitario nazionale. Al riparto del fondo di cui al periodo precedente tra Regioni e Province autonome si provvede con decreto del Ministro dell'economia e delle finanze, da adottarsi entro 30 giorni dalla data di entrata in vigore del presente decreto legge previa intesa in sede di Conferenza Permanente per i rapporti tra lo Staro, le Regioni e le Province Autonome di Trento e Bolzano (1).

5. Agli oneri di cui al presente articolo, valutati in 3.952 milioni di euro per l'anno 2020, si provvede ai sensi dell'articolo 265.

(A) In riferimento ad un interpello riguardante un parametro oggettivo – operazione straordinaria di riorganizzazione aziendale, vedi: Risposta Agenzia delle Entrate 27/10/2020, n. 502.

• In riferimento ad un interpello riguardante l'imposta regionale sulle attività produttive – Conferimento d'azienda, vedi: Risposta Agenzia delle Entrate 11/6/2021, n. 404.

• In riferimento alla società neocostituita con esercizio sociale "a cavallo" – esenzione dai versamenti IRAP, vedi: Risposta Agenzia delle Entrate 22/6/2021, n. 425; Risposta Agenzia delle Entrate 11/8/2021, n. 543.

• In riferimento all'esonero versamento dell'imposta regionale sulle attività produttive, vedi: Risoluzione Agenzia delle Entrate 29/9/2021, n. 58/E.

(1) In riferimento alle disposizioni di cui al presente comma, vedi il d.m. 24/7/2020.

Omissis.

27. Patrimonio destinato. – 1. Al fine di attuare interventi e operazioni di sostegno e rilancio del sistema economico-produttivo italiano in conseguenza dell'emergenza epidemiologica da "Covid-19", CDP S.p.A. è autorizzata a costituire un patrimonio destinato denominato "Patrimonio Rilancio", (di seguito il "Patrimonio Destinato") a cui sono apportati beni e rapporti giuridici dal Ministero dell'economia e delle finanze. Il Patrimonio Destinato può essere articolato in comparti. Il Patrimonio Destinato e ciascuno dei suoi comparti sono rispettivamente composti dai beni e dai rapporti giuridici attivi e passivi ad essi apportati, nonché dai beni e dai rapporti giuridici di tempo in tempo generati o comunque rivenienti dalla gestione delle loro rispettive risorse, ivi inclusi i mezzi finanziari e le passività rivenienti dalle operazioni di finanziamento. Il Patrimonio Destinato, o ciascuno dei suoi comparti, è autonomo e separato, a tutti gli effetti, dal patrimonio di CDP S.p.A. e dagli altri patrimoni separati costituiti dalla stessa. Il Patrimonio Destinato e ciascuno dei suoi comparti rispondono esclusivamente delle obbligazioni dai medesimi assunte, nei limiti dei beni e rapporti giuridici agli stessi apportati, ovvero generati o rivenienti dalla gestione. Sul Patrimonio Destinato non sono ammesse azioni dei creditori di CDP S.p.A. o nell'interesse degli stessi e, allo stesso modo, sul patrimonio di CDP S.p.A. non sono ammesse azioni dei creditori del Patrimonio Destinato o nell'interesse degli stessi. Le disposizioni del presente articolo non attribuiscono alle imprese diritti o interessi legittimi rispetto all'intervento del Patrimonio Destinato in loro favore.

2. Gli apporti del Ministero dell'economia e delle finanze sono effettuati con decreto del Ministro dell'economia e delle finanze. Gli apporti sono esenti dall'imposta di registro, dall'imposta di bollo, dalle imposte ipotecaria e catastale e da ogni altra imposta indiretta, nonché da ogni altro tributo o diritto. In caso di beni e rapporti giuridici diversi dai titoli di Stato, i relativi valori di apporto e di iscrizione nella contabilità del Patrimonio Destinato sono determinati sulla scorta della relazione giurata di stima prodotta da uno o più soggetti di adeguata esperienza e qualificazione professionale. A fronte di tali apporti, sono emessi da CDP, a valere sul Patrimonio Destinato e in favore del Ministero dell'economia e delle finanze, strumenti finanziari di partecipazione prevedendo che la loro remunerazione sia condizionata all'andamento economico del Patrimonio Destinato. Può essere restituita al Ministero dell'economia e delle finanze, con delibera del consiglio di amministrazione di CDP S.p.A., su richiesta del Ministero dell'economia e delle finanze, la quota degli apporti che risulti eventualmente eccedente, sulla base dei criteri di valutazione della congruità del patrimonio previsti dal decreto di cui al comma 5, rispetto alle finalità di realizzazione dell'affare per cui è costituito il Patrimonio Destinato come risultante dal piano economico-finanziario del Patrimonio Destinato, tempo per tempo aggiornato. Le modalità della restituzione sono stabilite nel decreto di cui al comma 5. I beni e i rapporti giuridici apportati sono intestati a CDP per conto del Patrimonio Destinato e sono gestiti da CDP a valere su di esso in conformità al presente articolo, al decreto di cui al comma 5 e al Regolamento del Patrimonio Destinato.

3. Il Patrimonio Destinato è costituito con deliberazione dell'assemblea di CDP S.p.A. che, su proposta del consiglio di amministrazione, identifica, anche in blocco, i beni e i rapporti giuridici compresi nel Patrimonio Destinato. Con la medesima deliberazione il revisore legale di CDP S.p.A. è incaricato della revisione dei conti del Patrimonio Destinato. La deliberazione è depositata e iscritta ai sensi dell'articolo 2436 del codice civile. Non si applica l'articolo 2447-quater, comma 2, del codice civile. Per ogni successiva determinazione, ivi incluse la modifica del Patrimonio Destinato, la costituzione di comparti e la relativa allocazione di beni e rapporti giuridici, nonché quelle concernenti l'apporto di ulteriori beni e rapporti giuridici da parte del Ministero dell'economia e delle finanze o di altri soggetti pubblici si procede con deliberazione del consiglio di amministrazione di CDP S.p.A. Per la gestione del comparto riguardante i beni e i rapporti giuridici relativi agli interventi a favore delle società cooperative, CDP S.p.A. adotta modalità coerenti con la funzione sociale delle società cooperative, a carattere mutualistico e senza fine di speculazione privata. Ai fini della gestione del Patrimonio Destinato, il consiglio di amministrazione di CDP S.p.A. è integrato dai membri indicati dall'articolo 7, comma 1, lettere c), d) ed t), della legge 13 maggio 1983, n. 197. Il consiglio di amministrazione di CDP S.p.A. definisce un sistema organizzativo e gestionale improntato alla massima efficienza e rapidità di intervento del Patrimonio Destinato, anche in relazione all'assetto operativo e gestionale e al modello dei poteri delegati. Il valore del Patrimonio Destinato, o di ciascuno dei comparti, può essere superiore al dieci per cento del patrimonio netto di CDP S.p.A. Di esso non si tiene conto in caso di costituzione di altri patrimoni destinati da parte di CDP S.p.A. (1).

4. Le risorse del Patrimonio Destinato sono impiegate per il sostegno e il rilancio del sistema economico produttivo italiano, secondo le priorità definite, in relazione ai settori, alle filiere e agli obiettivi di politica industriale, nel Piano nazionale di riforma di cui all'articolo 10, comma 5, della legge 31 dicembre 2009, n. 196, in apposito capitolo dedicato alla programmazione economica. Il Patrimonio Destinato opera nelle forme e alle condizioni previste dal quadro normativo dell'Unione Europea sugli aiuti di Stato adottato per fronteggiare l'emergenza epidemiologica da "Covid-19" ovvero a

condizioni di mercato. Gli interventi del Patrimonio Destinato hanno ad oggetto società per azioni, anche con azioni quotate in mercati regolamentati, comprese quelle costituite in forma cooperativa, che (2):

a) hanno sede legale in Italia;

b) non operano nel settore bancario, finanziario o assicurativo;

c) presentano un fatturato annuo superiore a euro cinquanta milioni.

4-bis. Gli interventi del Patrimonio Destinato nelle forme e alle condizioni previste dal quadro normativo dell'Unione Europea sugli aiuti di Stato adottato per fronteggiare l'emergenza epidemiologica da "Covid-19", come definiti con il decreto di cui al comma 5, sono effettuati entro il 30 giugno 2022 (3).

4-ter. Limitatamente all'operatività a condizioni di mercato di cui al comma 4, gli interventi del Patrimonio Destinato hanno ad oggetto anche le società di cui all'articolo 162-bis, comma 1, lettera c), numero 1), del testo unico delle imposte sui redditi, di cui al decreto del Presidente della Repubblica 22 dicembre 1986, n. 917 (4).

4-quater. Limitatamente all'operatività a condizioni di mercato di cui al comma 4, possono beneficiare degli interventi del Patrimonio Destinato nella forma di operazioni sul mercato primario tramite partecipazione ad aumenti di capitale e sottoscrizione di prestiti obbligazionari convertibili, come disciplinati dal decreto di cui al comma 5, anche le società che presentano un risultato operativo positivo in due dei tre anni precedenti la data di richiesta di intervento, così come riportato dal bilancio consolidato o, se non disponibile, dal bilancio d'esercizio, approvato e assoggettato a revisione legale, non anteriore di diciotto mesi rispetto alla data di richiesta di intervento, senza che, in tal caso, rilevi l'utile riportato nel bilancio della società (4).

5. I requisiti di accesso, le condizioni, criteri e modalità degli interventi del Patrimonio Destinato sono definiti con decreto del Ministro dell'economia e delle finanze, sentito il Ministro dello Sviluppo Economico. Lo schema di decreto è trasmesso al Senato della Repubblica e alla Camera dei deputati per l'espressione del parere delle competenti Commissioni parlamentari, che si pronunciano nel termine di quattordici giorni, decorso il quale il decreto può essere comunque adottato. Qualora necessario, gli interventi del Patrimonio Destinato sono subordinati all'approvazione della Commissione europea ai sensi dell'articolo 108 del Trattato sul funzionamento dell'Unione europea. In via preferenziale il Patrimonio Destinato effettua i propri interventi mediante sottoscrizione di prestiti obbligazionari convertibili, la partecipazione ad aumenti di capitale, l'acquisto di azioni quotate sul mercato secondario in caso di operazioni strategiche. Nella individuazione degli interventi, il decreto tiene in considerazione l'incidenza dell'impresa con riferimento allo sviluppo tecnologico, alle infrastrutture critiche e strategiche, alle filiere produttive strategiche, alla sostenibilità ambientale e alle altre finalità di cui al comma 86 dell'articolo 1 della legge 27 dicembre 2019, n. 160, alla rete logistica e dei rifornimenti, ai livelli occupazionali e del mercato del lavoro. Possono essere effettuati interventi relativi a operazioni di ristrutturazione di società che, nonostante temporanei squilibri patrimoniali o finanziari, siano caratterizzate da adeguate prospettive di redditività (1).

6. CDP S.p.A. adotta il Regolamento del Patrimonio Destinato nel rispetto dei criteri di cui al presente articolo e di quanto previso dal decreto di cui al comma 5. L'efficacia del Regolamento è sospensivamente condizionata all'approvazione del Ministro dell'economia e delle finanze. Il Regolamento disciplina, tra l'altro, le procedure e attività istruttorie e le operazioni funzionali al reperimento della provvista. La remunerazione di CDP S.p.A. a valere sul Patrimonio Destinato è pari ai costi sostenuti da CDP S.p.A. per la gestione del Patrimonio Destinato. Per il Patrimonio Destinato, che non contribuisce al risultato di CDP S.p.A., è redatto annualmente un rendiconto separato predisposto secondo i principi contabili internazionali IFRS e allegato al bilancio di esercizio di CDP S.p.A. I beni e i rapporti giuridici acquisiti per effetto degli impieghi del Patrimonio Destinato sono intestati a CDP S.p.A. per conto del Patrimonio Destinato e sono gestiti da CDP S.p.A. in conformità al presente articolo e al Regolamento del Patrimonio Destinato.

7. Per il finanziamento delle attività del Patrimonio Destinato o di singoli comparti è consentita, anche in deroga all'articolo 2412 del codice civile, l'emissione, a valere sul Patrimonio Destinato o su singoli comparti, di titoli obbligazionari o altri strumenti finanziari di debito. A tali emissioni non si applicano gli articoli da 2415 a 2420 del codice civile e, per ciascuna emissione, può essere nominato un rappresentante comune dei portatori dei titoli, il quale ne cura gli interessi e, in loro rappresentanza esclusiva, esercita i poteri stabiliti in sede di nomina e approva le modificazioni delle condizioni dell'operazione. Delle obbligazioni derivanti dalle operazioni di finanziamento risponde unicamente il Patrimonio Destinato. Non si applicano il divieto di raccolta del risparmio tra il pubblico previsto dall'articolo 11, comma 2, del decreto legislativo 1° settembre 1993, n. 385, e la relativa regolamentazione di attuazione, né i limiti quantitativi alla raccolta previsti dalla normativa vigente.

8. Sulle obbligazioni del Patrimonio Destinato, in caso di incapienza del Patrimonio medesimo, è concessa la garanzia di ultima istanza dello Stato. Con il decreto del Ministro dell'economia e delle finanze di cui al comma 5 sono stabiliti criteri, condizioni e modalità di operatività della garanzia dello Stato. La garanzia dello Stato è allegata allo stato di previsione del Ministero dell'economia e delle finanze, di cui all'articolo 31 della legge 31 dicembre 2009, n. 196. Può essere altresì concessa con decreto del Ministro dell'economia e delle finanze che ne determina criteri, condizioni e modalità, la garanzia dello Stato a favore dei portatori dei titoli emessi ai sensi del comma 7 nel limite massimo di euro 20 miliardi.

9. Le operazioni di impiego e di investimento effettuate da CDP a valere sul Patrimonio Destinato e tutti gli atti ad esse funzionalmente collegati non attivano eventuali clausole contrattuali e/o statutarie di cambio di controllo o previsioni equipollenti che dovessero altrimenti operare.

10. Il decreto di cui al comma 5 può prevedere ai fini della verifica della sussistenza dei requisiti di accesso la presentazione di dichiarazioni sostitutive dell'atto di notorietà ai sensi dell'articolo 47 del decreto del Presidente della Repubblica 28 dicembre 2000, n. 445. Qualora il rilascio dell'informativa antimafia, ove richiesta, non sia immediatamente conseguente alla consultazione della banca dati unica prevista dall'articolo 96 del decreto legislativo 6 settembre 2011, n. 159, le istanze di accesso agli interventi del Fondo sono integrate da una dichiarazione sostitutiva dell'atto di notorietà ai sensi dell'articolo 47 del decreto del Presidente della Repubblica 28 dicembre 2000, n. 445, con la quale il legale rappresentante attesta, sotto la propria responsabilità, di non trovarsi nelle condizioni ostative di cui all'articolo 67 del decreto legislativo 6 settembre 2011, n. 159. CDP può procedere alla attuazione di quanto previsto dal presente articolo anche prima dei termini previsti dal decreto legislativo 6 settembre 2011, n. 159. Il rilascio della informazione antimafia interdittiva comporta la risoluzione del contratto di finanziamento ovvero il recesso per tutte le azioni sottoscritte o acquistate, alle condizioni stabilite, anche in deroga agli articoli 2437 e seguenti del codice civile, nel decreto di cui al comma 5.

11. Al fine di assicurare l'efficacia e la rapidità d'intervento e di rafforzare i presidi di legalità, CDP S.p.A. può stipulare protocolli di collaborazione e di scambio di informa-

zioni con istituzioni e amministrazioni pubbliche, ivi incluse le autorità di controllo, regolazione e vigilanza e con l'autorità giudiziaria.

12. In relazione alla gestione del Patrimonio Destinato, CDP S.p.A. e i suoi esponenti aziendali operano con la dovuta diligenza professionale. Le operazioni di impiego effettuate nonché le garanzie concesse e gli atti e i pagamenti effettuati in esecuzione di tali operazioni o mediante impiego delle risorse finanziarie provenienti da tali operazioni, a valere sul Patrimonio Destinato, purché realizzati in conformità al relativo Regolamento, non sono soggetti all'azione revocatoria di cui all'articolo 67 del regio decreto 16 marzo 1942, n. 267, e di cui all'articolo 166 del decreto legislativo 12 gennaio 2019, n. 14.

13. I redditi e il valore della produzione del Patrimonio Destinato e dei suoi comparti sono esenti da imposte. Il Patrimonio Destinato e i suoi comparti non sono soggetti a ritenute e a imposte sostitutive delle imposte sui redditi sui proventi a qualsiasi titolo percepiti. Tutti gli atti, contratti, trasferimenti, prestazioni e formalità relativi alle operazioni, sotto qualsiasi forma, effettuate dal Patrimonio Destinato e dai suoi comparti, alla loro esecuzione, modificazione ed estinzione, alle garanzie anche reali di qualunque tipo da chiunque e in qualsiasi momento prestate, sono escluse dall'imposta sul valore aggiunto, dall'imposta sulle transazioni finanziarie, dall'imposta di registro, dall'imposta di bollo, dalle imposte ipotecaria e catastale e da ogni altra imposta indiretta, nonché ogni altro tributo o diritto. Gli interessi e gli altri proventi dei titoli emessi dal Patrimonio Destinato e dai suoi comparti sono soggetti al regime dell'imposta sostitutiva delle imposte sui redditi di cui al d.lgs. 1° aprile 1996, n. 239 e d.lgs. 21 novembre 1997, n. 461, nella misura applicabile ai titoli di cui all'articolo 31 del decreto del Presidente della Repubblica 29 settembre 1973, n. 601.

14. Il Patrimonio Destinato cessa decorsi dodici anni dalla costituzione. La durata del Patrimonio Destinato può essere estesa o anticipata con delibera del consiglio di amministrazione di CDP S.p.A., su richiesta del Ministero dell'economia e delle finanze, previo parere delle Commissioni parlamentari competenti per materia. L'eventuale cessazione anticipata, in tutto o con riferimento a singoli comparti, ha luogo sulla base dell'ultimo rendiconto approvato e della gestione medio tempore intercorsa fino alla data di cessazione. Alla cessazione del Patrimonio Destinato ovvero di singoli comparti, è approvato dal Consiglio di Amministrazione di CDP S.p.A. un rendiconto finale che, accompagnato da una relazione del Collegio Sindacale e del soggetto incaricato della revisione legale, è depositato presso l'Ufficio del Registro delle Imprese. La liquidazione del Patrimonio Destinato ovvero di singoli comparti e il trasferimento al Ministero dell'economia e delle finanze degli eventuali residui della gestione avvengono secondo le modalità individuate nel Regolamento del Patrimonio Destinato. I trasferimenti di cui al presente comma sono esenti dall'imposta di registro, dall'imposta di bollo, dalle imposte ipotecaria e catastale e da ogni altra imposta indiretta, nonché da ogni altro tributo o diritto (1).

15. Con decreto del Ministro dell'economia e delle finanze possono essere integrati e modificati termini e condizioni contenuti nel presente articolo al fine di tenere conto della disciplina europea in materia di aiuti di Stato tempo per tempo applicabile.

16. Ai fini dell'espletamento delle attività connesse al presente articolo, il Ministero dell'economia e delle finanze può affidare, con apposito disciplinare, un incarico di studio, consulenza, valutazione e assistenza nel limite massimo complessivo di euro 100.000 per l'anno 2020.

17. Ai fini degli apporti di cui al comma 2, è autorizzata per l'anno 2020 l'assegnazione a CDP di titoli di Stato, nel limite massimo di 44 miliardi di euro, appositamente emessi ovvero, nell'ambito del predetto limite, l'apporto di liquidità. Detti titoli non concorrono a formare il limite delle emissioni nette per l'anno 2020 stabilito dalla legge di bilancio e dalle successive modifiche. Ai fini della registrazione contabile dell'operazione, a fronte del controvalore dei titoli di Stato assegnati, il corrispondente importo è iscritto su apposito capitolo dello stato di previsione del Ministero dell'economia e delle finanze ed è regolato mediante pagamento commutabile in quietanza di entrata sul pertinente capitolo dello stato di previsione dell'entrata relativo all'accensione di prestiti. Il medesimo capitolo dello stato di previsione del Ministero dell'economia e delle finanze è utilizzato per gli apporti di liquidità. Ai maggiori oneri derivanti dal presente articolo si provvede ai sensi dell'articolo 265. I titoli di Stato eventualmente non emessi e assegnati nell'anno 2020 possono esserlo, in alternativa all'apporto di liquidità, negli anni successivi e non concorrono al limite delle emissioni nette stabilito con le rispettive leggi di bilancio (5).

18. È autorizzata l'apertura di apposito conto corrente di tesoreria centrale fruttifero su cui confluiscono le disponibilità liquide del Patrimonio destinato. La remunerazione del conto, da allineare al costo delle emissioni di titoli di Stato nel periodo di riferimento, e le caratteristiche del suo funzionamento sono disciplinate in dettaglio nel decreto di cui al comma 5.

18-bis. Il Ministro dell'economia e delle finanze, entro il 31 gennaio di ciascun anno, trasmette alle Camere una relazione sugli effetti prodotti e sui risultati conseguiti dall'applicazione delle disposizioni del presente articolo e sul programma degli interventi e delle operazioni di sostegno e di rilancio del sistema economico-produttivo che si intende attuare (6).

18-ter. Al conto corrente di cui al comma 18 possono affluire anche le disponibilità liquide dei contribuenti che intendano investire i loro risparmi a sostegno della crescita dell'economia reale, rafforzando la capitalizzazione popolare delle imprese. Le disponibilità liquide del Patrimonio Destinato così costituite sono gestite dalla CDP S.p.A. assicurando il massimo coinvolgimento anche delle società di gestione del risparmio italiane per evitare ogni possibile effetto di spiazzamento del settore del private capital. Con decreto del Ministro dell'economia e delle finanze da adottare entro sessanta giorni dalla data di entrata in vigore della legge di conversione del presente decreto, sono stabiliti termini e modalità di attuazione del presente comma (6).

18-quater. In ragione di quanto previsto al comma 18-ter, all'articolo 1, comma 2-bis, della legge 13 gennaio 1994, n. 43, le parole: "diverse dalle banche" sono soppresse (6).

(1) Comma modificato dall'art. 1, co. 1, l. 17/7/2020, n. 77, in sede di conversione.

(2) Alinea modificato dall'art. 1, co. 1, l. 17/7/2020, n. 77, in sede di conversione.

(3) Comma modificato dall'art. 17, co. 1, d.l. 25/5/2021, n. 73, conv., con modif., dalla l. 23/7/2021, n. 106 e successivamente dall'art. 5, co. 6-bis, lett. a), d.l. 21/10/2021, n. 146, conv., con modif., dalla l. 17/12/2021, n. 215.

(4) Comma aggiunto dall'art. 5, co. 6-bis, lett. b), d.l. 21/10/2021, n. 146, conv., con modif., dalla l. 17/12/2021, n. 215.

(5) Comma sostituito dall'art. 27, co. 4-bis, d.l. 14/8/2020, n. 104, conv., con modif., dalla l. 13/10/2020, n. 126. Vedi l'art. 67, co. 1, d.l. 14/8/2020, n. 104, conv., con modif., dalla l. 13/10/2020, n. 126. Da ultimo modificato dall'art. 17, co. 2, d.l. 25/5/2021, n. 73, conv., con modif., dalla l. 23/7/2021, n. 106.

(6) Comma aggiunto dall'art. 1, co. 1, l. 17/7/2020, n. 77, in sede di conversione.

28. Credito d'imposta per i canoni di locazione degli immobili a uso non abitativo e affitto d'azienda (A) (1). – Al fine di contenere gli effetti negativi derivanti dalle misure di prevenzione e contenimento connesse all'emergenza epidemiologica da COVID-19, ai soggetti esercenti attività d'impresa, arte o professione, con ricavi o compensi non superiori a 5 milioni di euro nel periodo d'imposta precedente a quello in corso alla data di entrata in vigore del presente decreto, spetta un credito d'imposta nella misura del 60 per cento dell'ammontare mensile del canone di locazione, di leasing o di concessione di immobili ad uso non abitativo destinati allo svolgimento dell'attività industriale, commerciale, artigianale, agricola, di interesse turistico o all'esercizio abituale e professionale dell'attività di lavoro autonomo.

2. Il credito d'imposta di cui al comma 1, in caso di contratti di servizi a prestazioni complesse o di affitto d'azienda, comprensivi di almeno un immobile a uso non abitativo destinato allo svolgimento dell'attività industriale, commerciale, artigianale, agricola, di interesse turistico o all'esercizio abituale e professionale dell'attività di lavoro autonomo, spetta nella misura del 30 per cento dei relativi canoni. Per le strutture turistico-ricettive, il credito d'imposta relativo all'affitto d'azienda è determinato nella misura del 50 per cento. Qualora in relazione alla medesima struttura turistico-ricettiva siano stipulati due contratti distinti, uno relativo alla locazione dell'immobile e uno relativo all'affitto d'azienda, il credito d'imposta spetta per entrambi i contratti (2) (B).

3. Il credito di imposta di cui ai commi 1 e 2 spetta alle strutture alberghiere, termali e agrituristiche, alle agenzie di viaggio e turismo e ai tour operator indipendentemente dal volume dì ricavi e compensi registrato nel periodo d'imposta precedente (3).

3-bis. Alle imprese esercenti attività di commercio al dettaglio, con ricavi o compensi superiori a 5 milioni di euro nel periodo d'imposta precedente a quello in corso alla data di entrata in vigore del presente decreto, il credito d'imposta di cui ai commi 1 e 2 spetta, rispettivamente, nelle misure del 20 per cento e del 10 per cento (4) (C).

4. Il credito d'imposta di cui al comma 1 spetta anche agli enti non commerciali, compresi gli enti del terzo settore e gli enti religiosi civilmente riconosciuti, in relazione al canone di locazione, di leasing o di concessione di immobili ad uso non abitativo destinati allo svolgimento dell'attività istituzionale.

5. Il credito d'imposta di cui ai commi 1, 2, 3, 3-bis e 4 è commisurato all'importo versato nel periodo d'imposta 2020 con riferimento a ciascuno dei mesi di marzo, aprile, maggio e giugno e per le strutture turistico ricettive con attività solo stagionale con riferimento a ciascuno dei mesi di aprile, maggio, giugno e luglio. Ai soggetti locatari esercenti attività economica, il credito d'imposta spetta a condizione che abbiano subito una diminuzione del fatturato o dei corrispettivi nel mese di riferimento di almeno il cinquanta per cento rispetto allo stesso mese del periodo d'imposta precedente. Il credito d'imposta spetta anche in assenza dei requisiti di cui al periodo precedente ai soggetti che hanno iniziato l'attività a partire dal 1° gennaio 2019 nonché ai soggetti che, a far data dall'insorgenza dell'evento calamitoso, hanno il domicilio fiscale o la sede operativa nel territorio di comuni colpiti dai predetti eventi i cui stati di emergenza erano ancora in atto alla data di dichiarazione dello stato di emergenza da COVID-19. Per le imprese turistico-ricettive, le agenzie di viaggio e i tour operator, il credito d'imposta spetta fino al 31 luglio 2021, a condizione che abbiano subito una diminuzione del fatturato o dei corrispettivi nel mese di riferimento dell'anno 2021 di almeno il 50 per cento rispetto allo stesso mese dell'anno 2019 (5).

5-bis. In caso di locazione, il conduttore può cedere il credito d'imposta al locatore, previa sua accettazione, in luogo del pagamento della corrispondente parte del canone (4).

6. Il credito d'imposta di cui ai commi precedenti è utilizzabile nella dichiarazione dei redditi relativa al periodo d'imposta di sostenimento della spesa ovvero in compensazione, ai sensi dell'articolo 17 del decreto legislativo 9 luglio 1997, n. 241, successivamente all'avvenuto pagamento dei canoni. Il credito d'imposta non concorre alla formazione del reddito ai fini delle imposte sui redditi e del valore della produzione ai fini dell'imposta regionale sulle attività produttive e non rileva ai fini del rapporto di cui agli articoli 61 e 109, comma 5, del testo unico delle imposte sui redditi di cui al decreto del Presidente della Repubblica 22 dicembre 1986, n. 917, salvo quanto previsto al comma 5-bis del presente articolo (6).

7. Al credito d'imposta di cui al presente articolo non si applicano i limiti dì cui all'articolo 1, comma 53, della legge 24 dicembre 2007, n. 244, e di cui all'articolo 34 della legge 23 dicembre 2000, n. 388.

8. Il credito d'imposta di cui al presente articolo non è cumulabile con il credito d'imposta di cui all'articolo 65 del decreto-legge 17 marzo 2020, n. 18, convertito, con modificazioni, dalla legge 24 aprile 2020, n. 27, in relazione alle medesime spese sostenute.

9. Le disposizioni del presente articolo si applicano nel rispetto dei limiti e delle condizioni previsti dalla Comunicazione della Commissione europea del 19 marzo 2020 C(2020) 1863 final "Quadro temporaneo per le misure di aiuto di Stato a sostegno dell'economia nell'attuale emergenza del COVID-19", e successive modifiche.

10. Agli oneri derivanti dal presente articolo, valutati in 1.499 milioni di euro per l'anno 2020, si provvede ai sensi dell'articolo 265 (6).

(A) In riferimento all'accesso al credito d'imposta previsto dal presente articolo da parte di un professionista conduttore in sublocazione di una stanza di un immobile, vedi: Risposta Agenzia delle Entrate 15/9/2020, n. 356.

• In riferimento al credito di imposta concesso a favore di un'associazione sportiva dilettantistica, in relazione ai canoni corrisposti sulla base di un contratto di sublocazione, di cui al presente articolo, vedi: Risoluzione Agenzia delle Entrate 20/10/2020, n. 68/E.

• In riferimento al Bonus affitti e indennità di occupazione sine titulo, vedi: Risposta Agenzia delle Entrate 11/1/2021, n. 34.

• In riferimento al credito d'imposta per i canoni di locazione degli immobili a uso non abitativo e affitto d'azienda, di cui al presente articolo, vedi: Risposta Agenzia delle Entrate 11/2/2021, n. 102; Risposta Agenzia delle Entrate 18/2/2021, n. 120; Risposta Agenzia delle Entrate 23/3/2022, n. 153.

• In riferimento alle Società in liquidazione, di cui al presente articolo, vedi: Risposta Agenzia delle Entrate 17/3/2021, n. 185.

• In riferimento al Credito d'imposta canone di locazione, vedi: Risposta Agenzia delle Entrate 24/5/2021, n. 367; Risposta Agenzia delle Entrate 21/1/2022, n. 43.

• In riferimento al Bonus affitti impresa multiattività, vedi: Risposta Agenzia delle Entrate 27/10/2021, n. 747.

• In riferimento al Contratto di affidamento, vedi: Risposta Agenzia delle Entrate 17/12/2021, n. 827.

• In riferimento all'accesso al credito d'imposta previsto dal presente articolo, vedi: Risposta Agenzia delle Entrate 1/12/2021, n. 797;

• In riferimento al Bonus affitti, vedi: Risposta Agenzia delle Entrate 12/8/2022, n. 426.

• In riferimento al credito d'imposta canone di locazione vedi Risposta Agenzia delle Entrate 16/01/2023, n. 35.

(1) In riferimento al presente articolo, vedi l'art. 5, co. 1, d.l. 27/1/2022, n. 4, conv., con modif., dalla l. 28/3/2022, n. 25.

(2) Comma modificato dall'art. 77, co. 1, lett. 0a), d.l. 14/8/2020, n. 104, conv., con modif., dalla l. 13/10/2020, n. 126.

(B) Per il calcolo della riduzione del fatturato vedi: Risposta Agenzia delle Entrate 13/10/2020, n. 466.

• In riferimento al credito d'imposta per i canoni di locazione degli immobili a uso non abitativo e affitto d'azienda: modalità di calcolo della riduzione di fatturato nel caso di cessione d'azienda con riserva di proprietà vedi: Risposta Agenzia delle Entrate 16/04/2021, n. 256.

(3) Comma modificato dall'art. 1, co. 1, l. 17/7/2020, n. 77, in sede di conversione e successivamente dall'art. 77, co. 1, lett. a), d.l. 14/8/2020, n. 104, conv., con modif., dalla l. 13/10/2020, n. 126.

(4) Comma inserito dall'art. 1, co. 1, l. 17/7/2020, n. 77, in sede di conversione.

(C) In riferimento al Credito d'imposta per i canoni di locazione degli immobili a uso non abitativo in caso di esercizio di attività di commercio al dettaglio di cui al presente comma, vedi: Risposta Agenzia delle Entrate 23/4/2021, n. 287.

(5) Comma modificato dall'art. 77, co. 1, lett. b-bis), d.l. 14/8/2020, n. 104, conv., con modif., dalla l. 13/10/2020, n. 126, dall'art. 1, co. 602, l. 30/12/2020, n. 178, successivamente dall'art. 2-bis, co. 1, d.l. 18/12/2020, n. 172, conv., con modif., dalla l. 29/1/2021, n. 6 e da ultimo dall'art. 4, co. 1, d.l. 25/5/2021, n. 73, conv., con modif., dalla l. 23/7/2021, n. 106.

(6) Comma modificato dall'art. 1, co. 1, l. 17/7/2020, n. 77, in sede di conversione.

Omissis.

Capo II
Regime quadro della disciplina degli aiuti

53. Deroga al divieto di concessione di aiuti di Stato a imprese beneficiarie di aiuti di Stato illegali non rimborsati. – 1. In deroga all'articolo 46, comma 1, della legge 24 dicembre 2012, n. 234, che vieta ai soggetti beneficiari di aiuti non rimborsati, di cui è obbligatorio il recupero in esecuzione di una decisione della Commissione europea, di ricevere nuovi aiuti, i suddetti soggetti, in ragione delle straordinarie condizioni determinate dall'epidemia di COVID-19, accedono agli aiuti previsti da atti legislativi o amministrativi adottati, a livello nazionale, regionale o territoriale, ai sensi e nella vigenza della comunicazione della Commissione europea del 19 marzo 2020, C (2020)1863, "Quadro temporaneo per le misure di aiuto di Stato a sostegno dell'economia nell'attuale emergenza del COVID-19", e successive modificazioni, al netto dell'importo dovuto e non rimborsato, comprensivo degli interessi maturati fino alla data dell'erogazione (1).

1-bis. Fino alla cessazione dello stato di emergenza nazionale, in ragione delle straordinarie condizioni determinate dall'epidemia di COVID-19, l'importo degli aiuti non rimborsati può essere rateizzato fino ad un massimo di ventiquattro rate mensili, comprensive degli interessi (2).

1-ter. L'efficacia della disposizione di cui al comma 1-bis è subordinata all'autorizzazione della Commissione europea ai sensi dell'articolo 108, paragrafo 3, del Trattato sul funzionamento dell'Unione europea (2).

1-quater. In ragione delle straordinarie condizioni economiche determinatesi a seguito della grave crisi internazionale in atto in Ucraina, la disposizione di cui al comma 1 si applica agli aiuti previsti da atti legislativi o amministrativi adottati, a livello nazionale, regionale o territoriale, ai sensi e nella vigenza della comunicazione della Commissione europea del 23 marzo 2022, C (2022) 1890, recante "Quadro temporaneo di crisi per misure di aiuto di Stato a sostegno dell'economia a seguito dell'aggressione della Russia contro l'Ucraina", e successive modificazioni (3).

(1) Comma modificato dall'art. 1, co. 1, l. 17/7/2020, n. 77, in sede di conversione.

(2) Comma inserito dall'art. 28, co. 1, lett. 0a), d.l. 22/3/2021, n. 41, conv., con modif., dalla l. 21/5/2021, n. 69.

(3) Comma aggiunto dall'art. 50, co. 5, d.l. 17/5/2022, n. 50, conv., con modif., dalla l. 15/7/2022, n. 91.

54. Aiuti sotto forma di sovvenzioni dirette, anticipi rimborsabili o agevolazioni fiscali. – 1. Le Regioni, le Province autonome, anche promuovendo eventuali azioni di coordinamento in sede di Conferenza delle Regioni e delle Province autonome, gli altri enti territoriali, le Camere di commercio possono adottare misure di aiuto, a valere sulle proprie risorse, ai sensi della sezione 3.1 della Comunicazione della Commissione europea C (2020) 1863 final – "Quadro temporaneo per le misure di aiuto di Stato a sostegno dell'economia nell'attuale emergenza del COVID-19" e successive modifiche e integrazioni, nei limiti e alle condizioni di cui alla medesima Comunicazione ed al presente articolo, fino a un importo complessivo che in qualsiasi momento non supera i 2,3 milioni di euro per impresa, salvo i diversi limiti per le imprese di cui al comma 3 (1).

2. L'aiuto può essere concesso sotto forma di sovvenzioni dirette, agevolazioni fiscali e di pagamento o in altre forme, quali anticipi rimborsabili, garanzie, prestiti e partecipazioni, a condizione che il valore nominale totale di tali misure rimanga al di sotto del massimale di 2,3 milioni di euro per impresa; tutti i valori utilizzati devono essere al lordo di qualsiasi imposta o altro onere (2).

3. Gli aiuti non possono superare in qualsiasi momento l'importo di 345.000 euro per ciascuna impresa operante nel settore della pesca e dell'acquacoltura o di 290.000 euro per impresa operante nel settore della produzione primaria di prodotti agricoli; l'aiuto può essere concesso sotto forma di sovvenzioni dirette, agevolazioni fiscali e di pagamento o in altre forme come anticipi rimborsabili, garanzie, prestiti e partecipazioni, a condizione che il valore nominale totale di tali misure non superi il massimale di 345.000 euro o 290.000 euro per impresa; tutti i valori utilizzati devono essere al lordo di qualsiasi imposta o altro onere (3).

4. Gli aiuti alle imprese attive nella produzione primaria di prodotti agricoli non devono essere fissati sulla base del prezzo o della quantità dei prodotti immessi sul mercato.

5. Gli aiuti concessi ad imprese operanti nella trasformazione e commercializzazione di prodotti agricoli devono essere subordinati alle condizioni dettate dal punto 22, lettera e) della Comunicazione di cui al comma 1.

6. Gli aiuti alle imprese attive nel settore della pesca e dell'acquacoltura non riguardano nessuna delle categorie di aiuti di cui all'articolo 1, paragrafo 1, lettere da a) a k), del regolamento (UE) n. 717/2014 della Commissione.

7. Nel caso in cui un'impresa sia attiva in diversi settori a cui si applicano importi massimi diversi, conformemente al comma 2 e al comma 3, deve essere assicurato con mezzi adeguati, quali la separazione contabile, che per ciascuna di tali attività sia rispettato il massimale pertinente e che in totale non sia superato l'importo massimo ammesso (4).

7-bis. Gli aiuti concessi in base a regimi approvati ai sensi del presente articolo e rimborsati prima della concessione di nuovi aiuti non sono presi in considerazione quando si verifica che il massimale applicabile non è stato superato (5).

7-ter. Se l'aiuto è concesso sotto forma di agevolazioni fiscali, la passività fiscale in relazione alla quale è concessa l'agevolazione deve essere sorta entro il 31 dicembre 2021 o entro la successiva data fissata dalla Commissione europea in sede di eventuale modifica della comunicazione della Commissione europea C (2020) 1863 final "Quadro temporaneo per le misure di aiuto di Stato a sostegno dell'economia nell'attuale emergenza del COVID-19", pubblicata nella Gazzetta Ufficiale dell'Unione europea C 091I del 20 marzo 2020 (6).

7-quater. Le misure concesse ai sensi della Comunicazione della Commissione europea C (2020) 1863 final – "Quadro temporaneo per le misure di aiuto di Stato a sostegno dell'economia nell'attuale emergenza del COVID-19" e successive modifiche e integrazioni, sotto forma di anticipi rimborsabili, garanzie, prestiti o altri strumenti rimborsabili possono essere convertite in altre forme di aiuto, come le sovvenzioni, purché la conversione avvenga entro il 30 giugno 2023 e siano rispettate le condizioni di cui alla sezione 3.1 della suddetta Comunicazione (7).

(1) Comma modificato dall'art. 28, co. 1, lett. a), d.l. 22/3/2021, n. 41, conv., con modif., dalla l. 21/5/2021, n. 69 e dall'art. 27, co. 1, lett. a), n. 1, l. 27/1/2022, n. 4, conv., con modif., dalla l. 28/3/2022, n. 25.

(2) Comma modificato dall'art. 28, co. 1, lett. a), d.l. 22/3/2021, n. 41, conv., con modif., dalla l. 21/5/2021, n. 69 e dall'art. 27, co. 1, lett. a), n. 2, l. 27/1/2022, n. 4, conv., con modif., dalla l. 28/3/2022, n. 25.

(3) Comma modificato dall'art. 1, co. 1, l. 17/7/2020, n. 77, in sede di conversione e successivamente sostituito dall'art. 28, co. 1, lett. b), d.l. 22/3/2021, n. 41, conv., con modif., dalla l. 21/5/2021, n. 69 e, da ultimo, dall'art. 27, co. 1, lett. a), n. 3, d.l. 27/1/2022, n. 4, conv., con modif., dalla l. 28/3/2022, n. 25.

(4) Comma modificato dall'art. 1, co. 1, l. 17/7/2020, n. 77, in sede di conversione.

(5) Comma aggiunto dall'art. 1, co. 627, lett. a), l. 30/12/2020, n. 178, successivamente modificato dall'art. 28, co. 1, lett. c), d.l. 22/3/2021, n. 41, conv., con modif., dalla l. 21/5/2021, n. 69 e dall'art. 27, co. 1, lett. a), n. 4, d.l. 27/1/2022, n. 4, conv., con modif., dalla l. 28/3/2022, n. 25.

(6) Comma aggiunto dall'art. 1, co. 627, lett. a), l. 30/12/2020, n. 178 e successivamente modificato dall'art. 28, co. 1, lett. d), d.l. 22/3/2021, n. 41, conv., con modif., dalla l. 21/5/2021, n. 69.

(7) Comma inserito dall'art. 28, co. 1, lett. e), d.l. 22/3/2021, n. 41, conv., con modif., dalla l. 21/5/2021, n. 69 e successivamente modificato dall'art. 20, co. 1, lett. a), d.l. 30/12/2021, n. 228, conv., con modif., dalla l. 25/2/2022, n. 15.

55. Aiuti sotto forma di garanzie sui prestiti alle imprese. – 1. Le Regioni, le Province autonome, anche promuovendo eventuali azioni di coordinamento in sede di Conferenza delle Regioni e delle Province autonome, gli altri enti territoriali, le Camere di commercio possono adottare misure di aiuto, a valere sulle proprie risorse, ai sensi della sezione 3.2 della Comunicazione della Commissione europea C(2020) 1863 final – "Quadro temporaneo per le misure di aiuto di Stato a sostegno dell'economia nell'attuale emergenza del COVID-19" e successive modifiche e integrazioni, nei limiti ed alle condizioni di cui alla medesima Comunicazione ed al presente articolo (1).

2. Le garanzie riguardano sia prestiti per gli investimenti sia prestiti per il capitale di esercizio e sono concesse a favore delle imprese in modo diretto o attraverso banche o altri soggetti abilitati all'esercizio del credito in Italia, nel rispetto delle condizioni di cui alle sezioni 3.2 e 3.4 della Comunicazione di cui al comma 1.

3. Per ciascun [singolo] prestito i premi di garanzia sono fissati a un livello minimo, che aumenta progressivamente all'aumentare della durata del prestito garantito, come indicato nella tabella di cui al punto 25, lettera a), della Comunicazione di cui al comma 1 (1).

4. L'importo totale dei prestiti per beneficiario non deve superare i limiti indicati al punto 25, lettera d), paragrafi i) e ii), della Comunicazione di cui al comma 1.

5. La durata della garanzia è limitata a un massimo di sei anni e la garanzia pubblica rispetta i limiti e le condizioni indicati nel punto 25, lettera f), della Comunicazione di cui al comma 1.

6. Gli aiuti di cui al presente articolo ed ogni altro aiuto concesso dagli stessi enti di cui al comma 1 o da qualsiasi altro ente, ai sensi della sezione 3.2 della Comunicazione di cui al comma 1, non possono essere cumulati con nessun altro aiuto concesso ai sensi della sezione 3.3 della Comunicazione dagli stessi enti di cui al comma 1 o da qualsiasi altro ente sotto forma di tassi d'interesse agevolati per i prestiti, per lo stesso prestito sottostante. I predetti aiuti possono essere cumulati per prestiti differenti se l'importo complessivo dei prestiti per beneficiario soggetti ad un regime di aiuto istituito ai sensi della Comunicazione di cui al comma 1 non supera le soglie di cui al comma 4 del presente articolo o all'articolo 56, comma 5. Un beneficiario può avvalersi di più aiuti concessi ai sensi della sezione 3.2 della Comunicazione di cui al comma 1, se l'ammontare complessivo dei prestiti soggetti ad aiuto non supera le soglie di cui al comma 4 (1).

7. Le garanzie di cui al presente articolo non si applicano a prestiti preesistenti, salva l'ipotesi nella quale sussiste l'obbligo giuridico di prorogare la scadenza dei prestiti esistenti per le PMI, come definite ai sensi della Raccomandazione della Commissione relativa alla definizione delle microimprese, piccole e medie imprese C(2003) 1422 del 6 maggio 2003; in tal caso non può essere addebitata alcuna commissione di garanzia. Gli enti creditizi o altri enti finanziari dovrebbero, nella misura più ampia possibile, trasferire ai beneficiari finali i vantaggi della garanzia pubblica o dei tassi di interesse agevolati sui prestiti. L'intermediario finanziario dovrà essere in grado di dimostrare l'esistenza di un meccanismo volto a garantire che i vantaggi siano trasferiti, nella misura più ampia possibile, ai beneficiari finali, sotto forma di maggiori volumi di finanziamento, maggiore rischiosità dei portafogli, minori requisiti in materia di garanzie e premi di garanzia o tassi d'interesse inferiori. Quando sussiste l'obbligo giuridico di prorogare la scadenza dei prestiti esistenti per le PMI non può essere addebitata alcuna commissione di garanzia".

8. Le garanzie sono concesse entro [e non oltre] il 30 giugno 2022 (2).

(1) Comma modificato dall'art. 1, co. 1, l. 17/7/2020, n. 77, in sede di conversione.

(2) Comma modificato dall'art. 1, co. 1, l. 17/7/2020, n. 77, in sede di conversione, modificato dall'art. 28, co. 1, lett. f), d.l. 22/3/2021, n. 41, conv., con modif., dalla l. 21/5/2021, n. 69 e successivamente dall'art. 20, co. 1, lett. b), d.l. 30/12/2021, n. 228, conv., con modif., dalla l. 25/2/2022, n. 15.

56. Aiuti sotto forma di tassi d'interesse agevolati per i prestiti alle imprese. –1. Le Regioni, le Province autonome, anche promuovendo eventuali azioni di coordinamento in sede di Conferenza delle Regioni e delle Province autonome, gli altri enti territoriali, le Camere di commercio possono adottare misure di aiuto, a valere sulle proprie risorse, ai sensi della sezione 3.3 della Comunicazione della Commissione europea C(2020) 1863 final – "Quadro temporaneo per le misure di aiuto di Stato a sostegno dell'economia nell'attuale emergenza del COVID-19" e successive modifiche e integrazioni, nei limiti ed alle condizioni di cui alla medesima Comunicazione e al presente articolo.

2. Gli aiuti riguardano i prestiti sia per il fabbisogno per gli investimenti sia per il capitale di esercizio e sono concessi a favore delle imprese in modo diretto o attraverso banche o altri soggetti abilitati all'esercizio del credito in Italia, nel rispetto delle condizioni di cui alle sezioni 3.3 e 3.4 della Comunicazione di cui al comma 1 (1).

3. I contratti di finanziamento sono firmati entro [e non oltre] il 30 giugno 2022 e sono limitati ad un massimo di sei anni (2).

4. I prestiti possono essere concessi a un tasso di interesse agevolato pari almeno al tasso di base (-31 punti base annui) applicabile il 1° gennaio 2020, più i margini per il rischio di credito indicati nella tabella di cui alla lettera a) del punto 27 della Comunicazione di cui al comma 1. In ogni caso, tale tasso di interesse agevolato non può essere inferiore a 10 punti base annui.

5. L'importo totale dei prestiti per beneficiario non deve superare i limiti indicati al punto 27, lettera d), paragrafi i) e

ii), della Comunicazione di cui al comma 1 (1).

6. Gli aiuti di cui al presente articolo ed ogni altro aiuto concesso dagli stessi enti di cui al comma 1 o da qualsiasi altro ente ai sensi della sezione 3.3 della Comunicazione di cui al comma 1, non possono essere cumulati con nessun altro aiuto concesso ai sensi della sezione 3.2 dagli stessi enti di cui al comma 1 o da qualsiasi altro ente sotto forma di garanzie sui prestiti, per lo stesso prestito sottostante. I predetti aiuti possono essere cumulati per prestiti differenti se l'importo complessivo dei prestiti per beneficiario soggetti ad un regime di aiuto istituito ai sensi della Comunicazione di cui al comma 1 non supera le soglie di cui al comma 5 del presente articolo o all'articolo 55, comma 4. Un beneficiario può avvalersi in parallelo di più aiuti concessi ai sensi della sezione 3.3 della Comunicazione di cui al comma 1, se l'ammontare complessivo dei prestiti soggetti ad aiuto non eccede le soglie di cui al comma 5 del presente articolo (1).

7. Gli aiuti di cui al presente articolo non si applicano a prestiti preesistenti, salva l'ipotesi nella quale sussiste l'obbligo giuridico di prorogare la scadenza dei prestiti esistenti per le PMI, come definite ai sensi della Raccomandazione della Commissione relativa alla definizione delle microimprese, piccole e medie imprese C(2003) 1422 del 6 maggio 2003; in tal caso non può essere addebitata alcuna commissione di garanzia. Gli enti creditizi o altri enti finanziari dovrebbero, nella misura più ampia possibile, trasferire ai beneficiari finali i vantaggi della garanzia pubblica o dei tassi di interesse agevolati sui prestiti. L'intermediario finanziario dovrà essere in grado di dimostrare l'esistenza di un meccanismo volto a garantire che i vantaggi siano trasferiti, nella misura più ampia possibile, ai beneficiari finali, sotto forma di maggiori volumi di finanziamento, maggiore rischiosità dei portafogli, minori requisiti in materia di garanzie e premi di garanzia o tassi d'interesse inferiori. Quando sussiste l'obbligo giuridico di prorogare la scadenza dei prestiti esistenti per le PMI non può essere addebitata alcuna commissione di garanzia.

(1) Comma modificato dall'art. 1, co. 1, l. 17/7/2020, n. 77, in sede di conversione.

(2) Comma modificato dall'art. 1, co. 1, l. 17/7/2020, n. 77, in sede di conversione, modificato dall'art. 28, co. 1, lett. g), d.l. 22/3/2021, n. 41, conv., con modif., dalla l. 21/5/2021, n. 69 e successivamente dall'art. 20, co. 1, lett. c), d.l. 30/12/2021, n. 228, conv., con modif., dalla l. 25/2/2022, n. 15.

57. Aiuti alle imprese per la ricerca e lo sviluppo in materia di COVID-19. – 1. Le Regioni, le Province autonome, anche promuovendo eventuali azioni di coordinamento in sede di Conferenza delle Regioni e delle Province autonome, gli altri enti territoriali, le Camere di commercio possono adottare misure di aiuto, a valere sulle proprie risorse, ai sensi della sezione 3.6 della Comunicazione della Commissione europea C (2020) 1863 final – "Quadro temporaneo per le misure di aiuto di Stato a sostegno dell'economia nell'attuale emergenza del COVID-19" e successive modifiche e integrazioni, nei limiti ed alle condizioni di cui alla medesima Comunicazione ed al presente articolo (1).

2. Gli enti di cui al comma 1 possono istituire regimi di aiuto a favore di progetti di ricerca e sviluppo in materia di COVID-19 e antivirali pertinenti.

3. Gli aiuti sono concessi sotto forma di sovvenzioni dirette, anticipi rimborsabili o agevolazioni fiscali, nel rispetto delle condizioni di cui alla sezione 3.6 della Comunicazione di cui al comma 1.

4. I costi ammissibili sono quelli definiti al punto 35, lettere b) e c) della sezione 3.6 della Comunicazione di cui al comma 1. L'intensità di aiuto per ciascun beneficiario rientra nei limiti imposti dal punto 35, lettere d) ed e) della Comunicazione di cui al comma 1.

5. Gli aiuti sono concessi entro [e non oltre] il 31 dicembre 2020.*

6. Gli aiuti di cui al presente articolo, concessi ai sensi della sezione 3.6 della Comunicazione di cui al comma 1, quelli concessi ai sensi della sezione 3.7 e quelli concessi ai sensi della sezione 3.8 della stessa Comunicazione, non possono essere cumulati tra loro, se l'aiuto riguarda gli stessi costi ammissibili. Gli aiuti di cui al presente articolo possono invece essere combinati con il sostegno proveniente da altre fonti per gli stessi costi ammissibili, a condizione che gli aiuti combinati non superino i massimali di cui alle lettere d) ed e) del punto 35 della Comunicazione di cui al comma 1.

7. Il beneficiario dell'aiuto si impegna a concedere licenze non esclusive a condizioni di mercato non discriminatorie a terzi nello Spazio economico europeo (1).

(1) Comma modificato dall'art. 1, co. 1, l. 17/7/2020, n. 77, in sede di conversione.

* Comma modificato dall'art. 1, co. 1, l. 17/7/2020, n. 77, in sede di conversione e successivamente abrogato dall'art. 28, co. 1, lett. h), d.l. 22/3/2021, n. 41, conv., con modif., dalla l. 21/5/2021, n. 69.

58. Aiuti alle imprese per gli investimenti per le infrastrutture di prova e upscaling. – 1. Le Regioni, le Province autonome, anche promuovendo eventuali azioni di coordinamento in sede di Conferenza delle Regioni e delle Province autonome, gli altri enti territoriali, le Camere di commercio possono adottare misure di aiuto, a valere sulle proprie risorse, ai sensi della sezione 3.7 della Comunicazione della Commissione europea C (2020) 1863 final – "Quadro temporaneo per le misure di aiuto di Stato a sostegno dell'economia nell'attuale emergenza del COVID-19"e successive modifiche e integrazioni, nei limiti ed alle condizioni di cui alla medesima Comunicazione e al presente articolo (1).

2. Gli enti di cui al comma 1 possono concedere aiuti agli investimenti nei limiti di cui alla lettera a) del punto 37 della Comunicazione di cui al comma 1.

3. Gli aiuti sono concessi sotto forma di sovvenzioni dirette, anticipi rimborsabili o agevolazioni fiscali e, nel rispetto delle condizioni di cui alla lettera h) del punto 37 della Comunicazione di cui al comma 1, sotto forma di garanzia a copertura delle perdite.

4. I costi ammissibili e l'intensità dell'aiuto sono definiti al punto 37, lettere c), e) ed f) della Comunicazione di cui al comma 1.

5. Il progetto d'investimento deve essere completato nei termini di cui al punto 37, lettera d), della Comunicazione di cui al comma 1.

6. Gli aiuti sono altresì subordinati al rispetto delle condizioni di cui alle lettere i) e j) del punto 37 della Comunicazione di cui al comma 1.

7. Gli aiuti di cui al presente articolo, concessi ai sensi della sezione 3.7 della Comunicazione di cui al comma 1, quelli concessi ai sensi della sezione 3.6 e quelli concessi ai sensi della sezione 3.8 della stessa Comunicazione, non possono essere cumulati tra loro, se l'aiuto riguarda gli stessi costi ammissibili. Gli aiuti di cui al presente articolo non possono essere combinati con altri aiuti agli investimenti per gli stessi costi ammissibili.

(1) Comma modificato dall'art. 1, co. 1, l. 17/7/2020, n. 77, in sede di conversione.

59. Aiuti alle imprese agli investimenti per la produzione di prodotti connessi al COVID-19. – 1. Le Regioni, le Province autonome, anche promuovendo eventuali azioni di coordinamento in sede di Conferenza delle Regioni e delle Province autonome, gli altri enti territoriali, le Camere di commercio possono adottare misure di aiuto, a valere sulle proprie risorse, ai sensi della sezione 3.8 della Comunicazione della Commissione europea C (2020) 1863 final – “Quadro temporaneo per le misure di aiuto di Stato a sostegno dell’economia nell’attuale emergenza del COVID-19” e successive modifiche e integrazioni, nei limiti ed alle condizioni di cui alla medesima Comunicazione e al presente articolo (1).

2. Gli enti di cui al comma 1 possono istituire regimi di aiuti agli investimenti nei limiti di cui alla lettera a) del punto 39 della Comunicazione di cui al comma 1.

3. Gli aiuti sono concessi sotto forma di sovvenzioni dirette, anticipi rimborsabili o agevolazioni fiscali e, nel rispetto delle condizioni di cui alla lettera h) del punto 39 della Comunicazione di cui al comma 1, di garanzie a copertura delle perdite.

4. I costi ammissibili e l’intensità dell’aiuto sono definiti al punto 39, lettere c), e) ed f) della Comunicazione di cui al comma 1.

5. Il progetto d’investimento deve essere completato nei termini di cui al punto 39, lettera d) della Comunicazione di cui al comma 1.

6. Gli aiuti di cui al presente articolo, concessi ai sensi della sezione 3.8 della Comunicazione di cui al comma 1, quelli concessi ai sensi della sezione 3.6 e quelli concessi ai sensi della sezione 3.7 della stessa Comunicazione, non possono essere cumulati tra loro, se l’aiuto riguarda gli stessi costi ammissibili. Gli aiuti di cui al presente articolo non possono essere combinati con altri aiuti agli investimenti per gli stessi costi ammissibili.

(1) Comma modificato dall’art. 1, co. 1, l. 17/7/2020, n. 77, in sede di conversione.

60. Aiuti sotto forma di sovvenzioni per il pagamento dei salari dei dipendenti per evitare i licenziamenti durante la pandemia di COVID-19. – 1. Le Regioni, le Province autonome, anche promuovendo eventuali azioni di coordinamento in sede di Conferenza delle Regioni e delle Province autonome, gli altri enti territoriali, le Camere di commercio possono adottare misure di aiuto, a valere sulle proprie risorse, ai sensi della sezione 3.10 della Comunicazione della Commissione europea C (2020) 1863 final – “Quadro temporaneo per le misure di aiuto di Stato a sostegno dell’economia nell’attuale emergenza del COVID-19” e successive modifiche e integrazioni nei limiti e alle condizioni di cui alla medesima Comunicazione ed al presente articolo (1).

2. Gli aiuti di cui al presente articolo sono concessi al fine di contribuire ai costi salariali, ivi comprese le quote contributive e assistenziali, delle imprese, compresi i lavoratori autonomi, e sono destinati ad evitare i licenziamenti durante la pandemia di COVID-19.

3. Gli aiuti di cui al presente articolo sono concessi sotto forma di regimi destinati alle imprese di determinati settori o regioni o di determinate dimensioni, particolarmente colpite dalla pandemia di COVID-19.

4. Gli aiuti individuali nell’ambito del regime di sovvenzioni salariali sono concessi entro il 30 giugno 2022, per i dipendenti che altrimenti sarebbero stati licenziati a seguito della sospensione o della riduzione delle attività aziendali dovuta alla pandemia di COVID-19 o per i lavoratori autonomi sulle cui attività commerciali la pandemia di COVID-19 ha inciso negativamente, e a condizione che il personale che ne beneficia continui a svolgere in modo continuativo l’attività lavorativa durante tutto il periodo per il quale è concesso l’aiuto, o a condizione che il lavoratore autonomo continui a svolgere la pertinente attività commerciale per tutto il periodo per il quale è concesso l’aiuto. L’imputabilità della sovvenzione per il pagamento dei salari può essere retrodatata al 1° febbraio 2020. (2).

5. La sovvenzione mensile per il pagamento dei salari non supera l’80 % della retribuzione mensile lorda, compresi i contributi previdenziali a carico del datore di lavoro, del personale beneficiario, o l’80 % del reddito mensile medio equivalente al salario del lavoratore autonomo (3).

6. La sovvenzione per il pagamento dei salari può essere combinata con altre misure di sostegno all’occupazione generalmente disponibili o selettive, purché il sostegno combinato non comporti una sovracompensazione dei costi salariali relativi al personale interessato. Le sovvenzioni per il pagamento dei salari possono essere inoltre combinate con i differimenti delle imposte e i differimenti dei pagamenti dei contributi previdenziali.

7. Gli aiuti di cui al presente articolo non possono in alcun caso consistere in trattamenti di integrazione salariale di cui al decreto legislativo 14 settembre 2015, n. 148 e degli artt. da 19 a 22 del decreto legge 17 marzo 2020, n. 18, convertito, con modificazioni, dalla legge 24 aprile 2020, n. 27.

(1) Comma modificato dall’art. 1, co. 1, l. 17/7/2020, n. 77, in sede di conversione.

(2) Comma sostituito dall’art. 28, co. 1, lett. i), d.l. 22/3/2021, n. 41, conv., con modif., dalla l. 21/5/2021, n. 69 e successivamente modificato dall’art. 20, co. 1, lett. d), d.l. 30/12/2021, n. 228, conv., con modif., dalla l. 25/2/2022, n. 15.

(3) Comma sostituito dall’art. 28, co. 1, lett. j), d.l. 22/3/2021, n. 41, conv., con modif., dalla l. 21/5/2021, n. 69.

60 bis. Aiuti sotto forma di sostegno a costi fissi non coperti (1). – 1. Le regioni, le province autonome, anche promuovendo eventuali azioni di coordinamento in sede di Conferenza delle regioni e delle province autonome, gli altri enti territoriali e le camere di commercio, industria, artigianato e agricoltura possono adottare misure di aiuto, a valere sulle proprie risorse, ai sensi della sezione 3.12 della comunicazione della Commissione europea C (2020) 1863 final “Quadro temporaneo per le misure di aiuto di Stato a sostegno dell’economia nell’attuale emergenza del COVID-19”, pubblicata nella Gazzetta Ufficiale dell’Unione europea C 091I del 20 marzo 2020, e successive modifiche e integrazioni, nei limiti e alle condizioni di cui alla medesima comunicazione e al presente articolo.

2. Gli aiuti per contribuire ai costi fissi non coperti di cui al presente articolo sono concessi purché risultino soddisfatte le seguenti condizioni:

a) l’aiuto è concesso entro il 30 giugno 2022 e copre i costi fissi non coperti sostenuti nel periodo compreso tra il 1° marzo 2020 e il 30 giugno 2022 (2);

b) l’aiuto è concesso nel quadro di un regime a favore di imprese che subiscono, durante il periodo ammissibile di cui alla lettera a), un calo del fatturato di almeno il 30 per cento rispetto allo stesso periodo del 2019. Il periodo di riferimento è un periodo del 2019, indipendentemente dal fatto che il periodo ammissibile ricada nell’anno 2020, nell’anno 2021 o nell’anno 2022 (3).

3. Ai fini del presente articolo, per costi fissi si intendono quelli sostenuti indipendentemente dal livello di produzione; per costi variabili si intendono quelli sostenuti in funzione del livello di produzione; per costi fissi non coperti si intendono i costi fissi sostenuti dalle imprese durante il periodo ammissibile di cui al comma 2, lettera a), che non sono coperti dai ricavi dello stesso periodo considerati al netto dei costi variabili e che non sono coperti da altre fonti quali assicurazioni, eventuali altri aiuti di Stato e altre misure di sostegno. Ai fini del presente comma, le perdite risultanti dal conto economico durante il periodo ammissibile sono considerate costi fissi non coperti. Le svalutazioni sono escluse dal calcolo delle perdite ai sensi del presente comma. L’intensità di aiuto non può superare il 70 per cento dei costi fissi non coperti. Per le microimprese e le piccole imprese, ai sensi dell’allegato I del regolamento (UE) n. 651/2014 della Commissione, del 17

giugno 2014, l'intensità di aiuto non può superare il 90 per cento dei costi fissi non coperti.

4. Gli aiuti riconosciuti ai sensi del presente articolo possono essere concessi provvisoriamente sulla base delle perdite previste, mentre l'importo definitivo dell'aiuto è determinato dopo che le perdite sono state realizzate, sulla base di conti certificati o, con un'adeguata giustificazione fornita dallo Stato membro alla Commissione, sulla base di conti fiscali. La parte di aiuto che risulta erogata in eccedenza rispetto all'importo definitivo dell'aiuto stesso deve essere restituita.

5. In ogni caso, l'importo complessivo dell'aiuto non può superare i 12 milioni di euro per impresa. L'aiuto può essere concesso sotto forma di sovvenzioni dirette, garanzie e prestiti, a condizione che il valore nominale totale di tali misure rimanga al di sotto del massimale di 12 milioni di euro per impresa; tutti i valori utilizzati sono al lordo di qualsiasi imposta o altro onere (4).

5-bis. Gli aiuti concessi in base a regimi approvati ai sensi del presente articolo e rimborsati prima della concessione di nuovi aiuti non sono presi in considerazione quando si verifica che il massimale applicabile non è superato (5).

6. Gli aiuti concessi per contribuire ai costi fissi non coperti di cui al presente articolo non sono cumulabili con altri aiuti per gli stessi costi ammissibili.

6-bis. Gli aiuti concessi ai sensi del presente articolo sotto forma di anticipazioni rimborsabili, garanzie, prestiti o altri strumenti rimborsabili possono essere convertiti in altre forme di aiuto come le sovvenzioni, purché la conversione avvenga entro il 30 giugno 2023 e siano rispettate le condizioni di cui al presente articolo (6).

7. La concessione degli aiuti di cui al presente articolo è subordinata all'adozione della decisione di compatibilità da parte della Commissione europea, ai sensi dell'articolo 108 del Trattato sul funzionamento dell'Unione europea.

(1) Articolo inserito dall'art. 1, co. 627, lett. b), l. 30/12/2020, n. 178.

(2) Lettera sostituita dall'art. 28, co. 1, lett. k), d.l. 22/3/2021, n. 41, conv., con modif., dalla l. 21/5/2021, n. 69 e successivamente sostituita dall'art. 20, co. 1, lett. e), n. 1, d.l. 30/12/2021, n. 228, conv., con modif., dalla l. 25/2/2022, n. 15.

(3) Lettera modificata dall'art. 20, co. 1, lett. e), n. 1, d.l. 30/12/2021, n. 228, conv., con modif., dalla l. 25/2/2022, n. 15.

(4) Comma modificato dall'art. 28, co. 1, lett. l), d.l. 22/3/2021, n. 41, conv., con modif., dalla l. 21/5/2021, n. 69 e dall'art. 27, co. 1, lett. b), n. 1, d.l. 27/1/2022, n. 4, conv., con modif., dalla l. 28/3/2022, n. 25.

(5) Comma inserito dall'art. 27, co. 1, lett. b), n. 2, d.l. 27/1/2022, n. 4, conv., con modif., dalla l. 28/3/2022, n. 25.

(6) Comma inserito dall'art. 20, co. 1, lett. e), n. 2, d.l. 30/12/2021, n. 228, conv., con modif., dalla l. 25/2/2022, n. 15.

61. Disposizioni comuni. – 1. Gli aiuti di cui agli articoli da 54 a 60-bis non possono essere concessi alle imprese che erano già in difficoltà, ai sensi dell'articolo 2, punto 18 del regolamento (UE) n. 651/2014 della Commissione, dell'articolo 2, punto 14 del regolamento (UE) n. 702/2014 della Commissione e all'articolo 3, punto 5 del regolamento (UE) n. 1388/2014 della Commissione, alla data del 31 dicembre 2019 (1).

1-bis. In deroga al comma 1 gli aiuti di cui agli articoli da 54 a 60-bis possono essere concessi alle microimprese e piccole imprese ai sensi dell'allegato I del regolamento (UE) n. 651/2014 della Commissione, del 17 giugno 2014, che risultavano in difficoltà ai sensi del medesimo regolamento già alla data del 31 dicembre 2019, purché le stesse (2):

a) non siano soggette a procedure concorsuali per insolvenza, oppure

b) non abbiano ricevuto aiuti per il salvataggio, salvo che al momento della concessione dell'aiuto l'impresa abbia rimborsato il prestito o abbia revocato la garanzia; oppure

c) non abbiano ricevuto aiuti per la ristrutturazione, salvo che al momento della concessione dell'aiuto non siano più soggette al piano di ristrutturazione (3).

2. Gli aiuti di cui agli articoli da 54 a 60-bis sono concessi entro [e non oltre] il 31 dicembre 2021 o entro la successiva data fissata dalla Commissione europea in sede di eventuale modifica della comunicazione della Commissione europea C (2020) 1863 final "Quadro temporaneo per le misure di aiuto di Stato a sostegno dell'economia nell'attuale emergenza del COVID-19", pubblicata nella Gazzetta Ufficiale dell'Unione europea C 091I del 20 marzo 2020. Per gli aiuti concessi sotto forma di agevolazioni fiscali, il termine di concessione dell'aiuto coincide con la data in cui deve essere presentata da parte del beneficiario la dichiarazione fiscale relativa all'annualità 2020, all'annualità 2021 e all'annualità 2022 (4).

3. La concessione degli aiuti di cui agli articoli da 54 a 60-bis è subordinata all'adozione della decisione di compatibilità di cui al comma 4 da parte della Commissione europea, ai sensi dell'articolo 108 del Trattato sul funzionamento dell'Unione europea e al rispetto delle condizioni e dei limiti della Comunicazione di cui al comma 1 (5).

4. Il Dipartimento delle politiche europee della Presidenza del Consiglio dei Ministri provvede, entro 7 giorni dall'entrata in vigore del presente decreto, a notificare gli articoli da 54 a 60-bis al fine di ottenere la preventiva autorizzazione della Commissione europea, ai sensi dell'articolo 107 del Trattato sul funzionamento dell'Unione europea, per tutte le successive misure che saranno adottate dagli enti di cui al comma 1. Il medesimo Dipartimento provvede altresì alla registrazione esclusivamente del regime-quadro di cui agli articoli da 54 a 60-bis nel registro di cui all'articolo 52 della legge 24 dicembre 2012, n. 234, come modificato dall'articolo 64, nonché nei registri aiuti di Stato SIAN – Sistema Informativo Agricolo Nazionale e SIPA – Sistema Italiano della Pesca e dell'Acquacoltura (5).

5. Gli enti che adottano le misure e concedono gli aiuti, ad eccezione degli aiuti nei settori agricoltura e pesca, provvedono agli adempimenti degli obblighi inerenti al registro nazionale aiuti di Stato di cui all'articolo 52 della legge 24 dicembre 2012, n. 234, come modificato dall'articolo 64. Per gli aiuti nei settori agricoltura e pesca gli enti di cui al primo periodo provvedono, in analogia con il presente comma, attraverso rispettivamente i registri SIAN – Sistema Informativo Agricolo Nazionale e SIPA – Sistema Italiano della Pesca e dell'Acquacoltura. Restano fermi in capo agli enti che adottano le misure e agli enti che concedono gli aiuti gli obblighi e le responsabilità di monitoraggio e relazione di cui alla sezione 4 della Comunicazione di cui al comma 1 (6).

6. Agli aiuti concessi ai sensi degli articoli da 54 a 60-bis si applica la disposizione di cui all'articolo 53 (1).

7. Gli aiuti di cui agli articoli da 54 a 60-bis non devono in ogni caso superare le soglie massime per beneficiario ivi previste, calcolate tenendo conto di ogni altro aiuto, da qualunque fonte proveniente, anche ove concesso da soggetti diversi da quelli di cui ai predetti articoli. A tal fine, i soggetti che concedono gli aiuti ai sensi degli articoli da 54 a 60-bis verificano, anche mediante autocertificazione, che il beneficiario non riceva aiuti di importo complessivamente superiore alle soglie massime consentite. Restano fermi gli obblighi di cui all'articolo 63 (1).

(1) Comma modificato dall'art. 1, co. 627, lett. c), l. 30/12/2020, n. 178.

(2) Alinea modificato dall'art. 1, co. 627, lett. c), l. 30/12/2020, n. 178.

(3) Comma inserito dall'art. 62, co. 1, d.l. 14/8/2020, n. 104, conv., con modif., dalla l. 13/10/2020, n. 126.

(4) Comma modificato dall'art. 1, co. 1, l. 17/7/2020, n. 77, in sede

di conversione, successivamente dall'art. 1, co. 627, lett. c) e d), l. 30/12/2020, n. 178, dall'art. 28, co. 1, lett. m), d.l. 22/3/2021, n. 41, conv., con modif., dalla l. 21/5/2021, n. 69 e, da ultimo, dall'art. 20, co. 1, lett. f), d.l. 30/12/2021, n. 228, conv., con modif., dalla l. 25/2/2022, n. 15.

(5) Comma modificato dall'art. 1, co. 1, l. 17/7/2020, n. 77, in sede di conversione e successivamente dall'art. 1, co. 627, lett. c), l. 30/12/2020, n. 178.

(6) Comma modificato dall'art. 1, co. 1, l. 17/7/2020, n. 77, in sede di conversione.

Omissis.

65. Esonero temporaneo contributi Anac (A). – 1. Le stazioni appaltanti e gli operatori economici sono esonerati dal versamento dei contributi di cui all'articolo 1, comma 65, della legge 23 dicembre 2005, n. 266 all'Autorità nazionale anticorruzione, per tutte le procedure di gara avviate dalla data di entrata in vigore del presente decreto e fino al 31 dicembre 2020. L'Autorità farà fronte alla copertura delle minori entrate mediante l'utilizzo dell'avanzo di amministrazione maturato al 31 dicembre 2019. Agli oneri di cui al presente comma, valutati in 25 milioni di euro per l'anno 2020 in termini di fabbisogno e indebitamento netto, si provvede ai sensi dell'articolo 265 (1).

(A) In riferimento agli Appalti pubblici nell'emergenza Covid-19: orientamenti europei, decreto Cura Italia e decreto Rilancio vedi: Circolare ASSONIME 22/05/2020, n. 10.

(1) Comma modificato dall'art. 1, co. 1, l. 17/7/2020, n. 77, in sede di conversione.

LAVORO

D.l. 2 marzo 2020, n. 9

Misure urgenti di sostegno per famiglie, lavoratori e imprese connesse all'emergenza epidemiologica da COVID-19

(*Estratto, artt. 5, 13-19*)

5. Sospensione dei termini per il pagamento dei contributi previdenziali e assistenziali e dei premi per l'assicurazione obbligatoria*. – *1. Nei comuni individuati nell'allegato 1 al decreto del Presidente del Consiglio dei ministri del 1° marzo 2020, sono sospesi i termini relativi agli adempimenti e ai versamenti dei contributi previdenziali e assistenziali e dei premi per l'assicurazione obbligatoria in scadenza nel periodo dal 23 febbraio 2020 al 30 aprile 2020. Non si fa luogo al rimborso dei contributi previdenziali e assistenziali e dei premi per l'assicurazione obbligatoria già versati. Gli adempimenti e i pagamenti dei contributi previdenziali e assistenziali e dei premi per l'assicurazione obbligatoria, sospesi ai sensi del presente articolo, sono effettuati a far data dal 1° maggio 2020 anche mediante rateizzazione fino a un massimo di cinque rate mensili di pari importo, senza applicazione di sanzioni e interessi.*

* Articolo abrogato dall'art. 1, co. 2, l. 24/4/2020, n. 27. Restano validi gli atti ed i provvedimenti adottati e sono fatti salvi gli effetti prodottisi e i rapporti giuridici sorti sulla base del medesimo articolo.

Omissis.

13. Norme speciali in materia di trattamento ordinario di integrazione salariale e assegno ordinario*. – *1. I datori di lavoro che presentano domanda di concessione del trattamento ordinario di integrazione salariale o di accesso all'assegno ordinario, per sospensione o riduzione dell'attività lavorativa, per unità produttive site nei comuni individuati nell'allegato 1 al decreto del Presidente del Consiglio dei ministri del 1° marzo 2020, in conseguenza dell'emergenza epidemiologica di cui al medesimo decreto, sono dispensati dall'osservanza dell'articolo 14 del decreto legislativo 14 settembre 2015 n. 148 e dei termini del procedimento previsti dagli articoli 15, comma 2, e 30, comma 2, del predetto decreto legislativo, nonché, per l'assegno ordinario, dall'obbligo di accordo, ove previsto. Le medesime condizioni si applicano alle domande presentate da datori di lavoro per unità produttive al di fuori dei comuni di cui al primo periodo, in riferimento ai lavoratori già residenti o domiciliati nei predetti comuni e impossibilitati a prestare la propria attività lavorativa. La domanda, in ogni caso, deve essere presentata entro la fine del quarto mese successivo a quello in cui ha avuto inizio il periodo di sospensione o di riduzione dell'attività lavorativa, che in ogni caso non può essere superiore a tre mesi. 2. I periodi di trattamento ordinario di integrazione salariale e assegno ordinario di cui al comma 1, esclusivamente per il riconoscimento dei medesimi, non sono conteggiati ai fini delle durate massime complessive previste dall'articolo 4, commi 1 e 2, del decreto legislativo 14 settembre 2015 n. 148 e dei limiti previsti dagli articoli 12,29 commi 3 e 4, 30, comma 1, e 39 del decreto legislativo 14 settembre 2015 n. 148. 3. Le prestazioni di sostegno al reddito di cui ai commi 1 e 2 sono riconosciute nel limite massimo di spesa pari a 5,8 milioni di euro per l'anno 2020. 4. L'assegno ordinario di cui al comma 1 è concesso anche ai lavoratori dipendenti presso datori di lavoro iscritti al Fondo di integrazione salariale (FIS) che occupano mediamente più di 5 dipendenti. Al predetto trattamento non si applica il tetto aziendale di cui all'articolo 29, comma 4, secondo periodo, del decreto legislativo n. 148 del 2015. La prestazione di cui al presente comma è riconosciuta nel limite massimo di spesa pari a 4,4 milioni di euro per l'anno 2020. 5. I lavoratori destinatari delle norme di cui al presente articolo devono risultare alle dipendenze dei datori di lavoro richiedenti la prestazione alla data del 23 febbraio 2020. 6. L'Istituto nazionale della previdenza sociale (INPS) provvede al monito-*

raggio dei limiti di spesa di cui ai commi 3 e 4. Qualora dal predetto monitoraggio emerga che è stato raggiunto anche in via prospettica il limite di spesa, l'INPS non prende in considerazione ulteriori domande. 7. Agli oneri derivanti dai commi 3 e 4, si provvede a valere sulle risorse del Fondo sociale per occupazione e formazione di cui all'articolo 18, comma 1, lettera a), del decreto-legge 29 novembre 2008, n. 185, convertito, con modificazioni, dalla legge 28 gennaio 2009, n. 2.

* Articolo abrogato dall'art. 1, co. 2, l. 24/4/2020, n. 27. Restano validi gli atti ed i provvedimenti adottati e sono fatti salvi gli effetti prodottisi e i rapporti giuridici sorti sulla base del medesimo articolo.

14. Trattamento ordinario di integrazione salariale per le aziende che si trovano già in Cassa integrazione straordinaria*. *– 1. Le aziende site nei comuni individuati nell'allegato n. 1 al decreto del Presidente del Consiglio dei Ministri del 1° marzo 2020 che alla data di entrata in vigore del decreto-legge 23 febbraio 2020, n. 6, hanno in corso un trattamento di integrazione salariale straordinario, previa adozione da parte del Ministero del lavoro e delle politiche sociali di un decreto di interruzione degli effetti del predetto trattamento, possono presentare domanda di concessione del trattamento ordinario di integrazione salariale ai sensi dell'articolo 13 riconosciuta nel limite massimo di spesa pari a 0,9 milioni di euro per l'anno 2020 e per un periodo in ogni caso non superiore a tre mesi. La concessione del trattamento ordinario di integrazione salariale è subordinata all'interruzione degli effetti della concessione della cassa integrazione straordinaria precedentemente autorizzata* (1). *2. L'INPS provvede al monitoraggio del limite di spesa di cui al comma 1. Qualora dal predetto monitoraggio emerga che è stato raggiunto anche in via prospettica il limite di spesa, l'INPS non prende in considerazione ulteriori domande. 3. Agli oneri derivanti dal comma 1, si provvede a valere sulle risorse del Fondo sociale per occupazione e formazione di cui all'articolo 18, comma 1, lettera a), del decreto-legge 29 novembre 2008, n. 185, convertito, con modificazioni, dalla legge 28 gennaio 2009, n. 2.*

* Articolo abrogato dall'art. 1, co. 2, l. 24/4/2020, n. 27. Restano validi gli atti ed i provvedimenti adottati e sono fatti salvi gli effetti prodottisi e i rapporti giuridici sorti sulla base del medesimo articolo.

(1) Comma modificato dall'art. 20, co. 6, d.l. 17/3/2020, n. 18. La modifica non è stata confermata in sede di conversione.

15. Cassa integrazione in deroga*. *– 1. I datori di lavoro del settore privato, compreso quello agricolo, con unità produttive site nei comuni individuati nell'allegato 1 al decreto del Presidente del Consiglio dei ministri del 1° marzo 2020, nonché i datori di lavoro che non hanno sede legale o unità produttiva od operativa nei comuni suddetti, limitatamente ai lavoratori in forza residenti o domiciliati nei predetti comuni, per i quali non trovino applicazione le tutele previste dalle vigenti disposizioni in materia di sospensione o riduzione di orario, in costanza di rapporto di lavoro, possono presentare domanda di cassa integrazione salariale in deroga, per la durata della sospensione del rapporto di lavoro e comunque per un periodo massimo di tre mesi a decorrere dalla data del 23 febbraio 2020. Per i lavoratori è assicurata la contribuzione figurativa e i relativi oneri accessori. 2. Sono esclusi dall'applicazione del comma 1 i datori di lavoro domestico. 3. Il trattamento di cui al presente articolo è riconosciuto nel limite massimo di spesa pari a 7,3 milioni di euro per l'anno 2020 e limitatamente ai dipendenti in forza alla medesima data del 23 febbraio 2020. 4. I trattamenti di cui al presente articolo sono concessi con decreto delle regioni interessate, da trasmettere all'INPS in modalità telematica entro quarantotto ore dall'adozione. La ripartizione del limite di spesa complessivo di cui al primo periodo del presente comma tra le regioni interessate, ai fini del rispetto del limite di spesa medesimo, è disciplinata con decreto direttoriale del Ministero del lavoro e delle politiche sociali. Le regioni, unitamente al decreto di concessione, inviano la lista dei beneficiari all'INPS, che provvede all'erogazione delle predette prestazioni. Le domande sono presentate alla regione, che le istruisce secondo l'ordine cronologico di presentazione delle stesse. L'INPS provvede al monitoraggio del rispetto del limite di spesa, fornendo i risultati di tale attività al Ministero del lavoro e delle politiche sociali e alle regioni interessate. Qualora dal predetto monitoraggio emerga che è stato raggiunto anche in via prospettica il limite di spesa, le regioni non potranno emettere altri provvedimenti concessori. 5. Il trattamento di cui al comma 1 può essere concesso esclusivamente con la modalità di pagamento diretto della prestazione da parte dell'INPS, applicando la disciplina di cui all'articolo 44, comma 6-ter, del decreto legislativo n. 148 del 2015. 6. Agli oneri derivanti dal comma 3, si provvede a valere sulle risorse del Fondo sociale per occupazione e formazione di cui all'articolo 18, comma 1, lettera a), del decreto-legge 29 novembre 2008, n. 185, convertito, con modificazioni, dalla legge 28 gennaio 2009, n. 2.*

* Articolo abrogato dall'art. 1, co. 2, l. 24/4/2020, n. 27. Restano validi gli atti ed i provvedimenti adottati e sono fatti salvi gli effetti prodottisi e i rapporti giuridici sorti sulla base del medesimo articolo.

16. Indennità lavoratori autonomi*. *– I titolari di attività di impresa, iscritti all'assicurazione generale obbligatoria e alle forme esclusive e sostitutive della medesima, nonché alla gestione separata di cui all'articolo 2, comma 26, della legge 8 agosto 1995, n. 335 e che svolgono la loro attività lavorativa alla data del 23 febbraio 2020 nei comuni individuati nell'allegato 1 al decreto del Presidente del Consiglio dei ministri del 1° marzo 2020, o siano ivi residenti o domiciliati alla medesima data è riconosciuta, ai sensi del comma 2, un'indennità mensile pari a 500 euro per un massimo di tre mesi e parametrata all'effettivo periodo di sospensione dell'attività. L'indennità di cui al presente articolo non concorre alla formazione del reddito ai sensi del decreto del Presidente della Repubblica 22 dicembre 1986, n. 917. 2. Il trattamento di cui al presente articolo è concesso con decreto della regione interessata, da trasmettere all'INPS in modalità telematica entro quarantotto ore dall'adozione, nel limite di spesa complessivo di 5,8 milioni di euro per l'anno 2020. La ripartizione del limite di spesa complessivo di cui al primo periodo del presente comma tra le regioni interessate, ai fini del rispetto del limite di spesa medesimo, è disciplinata con decreto direttoriale del Ministero del lavoro e delle politiche sociali. Le regioni, unitamente al decreto di concessione, inviano la lista dei beneficiari all'INPS, che provvede all'erogazione delle predette prestazioni. Le domande sono presentate alla regione, che le istruisce secondo l'ordine cronologico di presentazione delle stesse. L'INPS provvede al monitoraggio del rispetto del limite di spesa, fornendo i risultati di tale attività al Ministero del lavoro e delle politiche sociali e alle regioni interessate. Qualora dal predetto monitoraggio emerga che è stato raggiunto anche in via prospettica il limite di spesa, le regioni non potranno emettere altri provvedimenti concessori. 3. Agli oneri derivanti dal comma 2, si provvede a valere sulle risorse del Fondo sociale per occupazione e formazione* *di cui all'articolo 18, comma 1, lettera a), del decreto-legge 29 novembre 2008, n. 185, convertito, con modificazioni, dalla legge 28 gennaio 2009, n. 2.*

* Articolo abrogato dall'art. 1, co. 2, l. 24/4/2020, n. 27. Restano validi gli atti ed i provvedimenti adottati e sono fatti salvi gli effetti prodottisi e i rapporti giuridici sorti sulla base del medesimo articolo.

17. Cassa integrazione in deroga per Lombardia, Veneto ed Emilia-Romagna (A)*. – *1. Al di fuori dei casi di cui all'articolo 15, le regioni Lombardia, Veneto ed Emilia-Romagna con riferimento ai datori di lavoro del settore privato, compreso quello agricolo, con unità produttive ivi situate, nonché ai datori di lavoro che non hanno sede legale o unità produttiva od operativa in dette regioni, limitatamente ai lavoratori in forza residenti o domiciliati nelle predette regioni, per i quali non trovino applicazione le tutele previste dalle vigenti disposizioni in materia di sospensione o riduzione di orario, in costanza di rapporto di lavoro, possono riconoscere, limitatamente ai casi di accertato pregiudizio, in conseguenza delle ordinanze emanate dal Ministero della salute, d'intesa con le regioni, nell'ambito dei provvedimenti assunti con il decreto-legge 23 febbraio 2020, n. 6 e previo accordo con le organizzazioni sindacali comparativamente più rappresentative, trattamenti di cassa integrazione salariale in deroga, per la durata della sospensione del rapporto di lavoro e comunque per un periodo massimo di un mese e fino a un importo massimo, per l'anno 2020, pari a 135 milioni di euro per la regione Lombardia, 40 milioni di euro per la regione Veneto e a 25 milioni di euro per la regione Emilia-Romagna. Per i lavoratori è assicurata la contribuzione figurativa e i relativi oneri accessori. La prestazione di cui al presente comma, limitatamente ai lavoratori del settore agricolo, per le ore di riduzione o sospensione delle attività, nei limiti ivi previsti, non può essere equiparata a lavoro ai fini del calcolo delle prestazioni di disoccupazione agricola. 2. Sono esclusi dall'applicazione del comma 1 i datori di lavoro domestico. 3. Il trattamento di cui al presente articolo è riconosciuto nel limite massimo di un mese a valere sulle risorse, assegnate alle regioni di cui comma 1 e non utilizzate, di cui all'articolo 44, comma 6-bis, del decreto legislativo 14 settembre 2015, n. 148, anche in alternativa alle azioni di politica attiva del lavoro previste nel predetto articolo, a decorrere dal 23 febbraio 2020 e limitatamente ai dipendenti in forza alla medesima data. 4. I trattamenti di cui al presente articolo sono concessi con decreto delle regioni interessate, da trasmettere all'INPS in modalità telematica entro quarantotto ore dall'adozione, la cui efficacia è in ogni caso subordinata alla verifica del rispetto dei limiti di spesa di cui al comma 1. Le regioni, unitamente al decreto di concessione, inviano la lista dei beneficiari all'INPS, che provvede all'erogazione delle predette prestazioni, previa verifica del rispetto, anche in via prospettica, dei limiti di spesa di cui al comma 1. Le domande sono presentate alla regione, che le istruisce secondo l'ordine cronologico di presentazione delle stesse. L'INPS provvede al monitoraggio del rispetto del limite di spesa, fornendo i risultati di tale attività al Ministero del lavoro e delle politiche sociali e alle regioni interessate. Qualora dal predetto monitoraggio emerga che è stato raggiunto, anche in via prospettica il limite di spesa, le regioni non potranno in ogni caso emettere altri provvedimenti concessori. 5. Il trattamento di cui al comma 1 può essere concesso esclusivamente con la modalità di pagamento diretto della prestazione da parte dell'INPS, applicando la disciplina di cui all'articolo 44, comma 6-ter, del decreto legislativo n. 148 del 2015.*

(A) in riferimento ai trattamenti di integrazione salariale in deroga, in favore dei datori di lavoro iscritti al FIS con meno di 15 dipendenti vedi: Messaggio INPS – Istituto nazionale previdenza sociale 2/4/2020, n. 1478.

* Articolo abrogato dall'art. 1, co. 2, l. 24/4/2020, n. 27. Restano validi gli atti ed i provvedimenti adottati e sono fatti salvi gli effetti prodottisi e i rapporti giuridici *sorti sulla base del medesimo articolo.*

18. Misure di ausilio allo svolgimento del lavoro agile da parte dei dipendenti delle pubbliche amministrazioni e degli organismi di diritto pubblico*. – *1. Allo scopo di agevolare l'applicazione del lavoro agile di cui alla legge 22 maggio 2017, n. 81, quale ulteriore misura per contrastare e contenere l'imprevedibile emergenza epidemiologica, i quantitativi massimi delle vigenti convenzioni-quadro di Consip S.p.A. per la fornitura di personal computer portatili e tablet possono essere incrementati sino al 50 per cento del valore iniziale delle convenzioni, fatta salva la facoltà di recesso dell'aggiudicatario con riferimento a tale incremento, da esercitarsi entro quindici giorni dalla comunicazione della modifica da parte della stazione appaltante. 2. Nel caso di recesso dell'aggiudicatario ai sensi del comma 1 o nel caso in cui l'incremento dei quantitativi di cui al comma 1 non sia sufficiente al soddisfacimento del fabbisogno delle pubbliche amministrazioni di cui all'articolo 1, comma 2, del decreto legislativo 30 marzo 2001, n. 165, nonché degli organismi di diritto pubblico di cui all'articolo 3, comma 1, lettera d), del decreto legislativo 18 aprile 2016, n. 50, Consip S.p.A., nell'ambito del Programma di razionalizzazione degli acquisti della pubblica amministrazione, è autorizzata sino al 30 settembre 2020, ai sensi dell'articolo 63, comma 2, lettera c), del decreto legislativo 18 aprile 2016, n. 50: a) allo svolgimento di procedure negoziate senza previa pubblicazione di bandi di gara finalizzate alla stipula di convenzioni-quadro interpellando progressivamente gli operatori economici che hanno presentato un'offerta valida nella procedura indetta da Consip S.p.A. per la conclusione della vigente Convenzione per la fornitura di personal computer portatili e tablet, alle stesse condizioni contrattuali offerte dal primo miglior offerente; b) allo svolgimento di procedure negoziate senza previa pubblicazione di bandi di gara finalizzate alla stipula di convenzioni-quadro e di accordi-quadro aventi ad oggetto beni e servizi informatici, selezionando almeno tre operatori economici da consultare, se sussistono in tale numero soggetti idonei, tra gli operatori economici ammessi nella pertinente categoria del sistema dinamico di acquisizione di cui all'articolo 55, comma 14 del decreto legislativo 18 aprile 2016, n. 50. 3. Ai fini dello svolgimento delle procedure di cui al comma 2 le offerte possono essere presentate sotto forma di catalogo elettronico di cui all'articolo 57 del decreto legislativo 18 aprile 2016, n. 50, e la raccolta delle relative informazioni può avvenire con modalità completamente automatizzate. 4. Ai contratti derivanti dalle procedure di cui al comma 2 possono ricorrere le pubbliche amministrazioni di cui all'articolo 1, comma 2, del decreto legislativo 30 marzo 2001, n. 165 nonché gli organismi di diritto pubblico di cui all'articolo 3, comma 1, lettera d), del decreto legislativo 18 aprile 2016, n. 50, previa attestazione della necessità ed urgenza di acquisire le relative dotazioni al fine di poter adottare le misure di lavoro agile di cui al comma 1 per il proprio personale. 5. All'articolo 14, comma 1, della legge 7 agosto 2015, n. 124, le parole «per la sperimentazione» sono soppresse.*

* Articolo abrogato dall'art. 1, co. 2, l. 24/4/2020, n. 27. Restano validi gli atti ed i provvedimenti adottati e sono fatti salvi gli effetti prodottisi e i rapporti giuridici sorti sulla base del medesimo articolo.

***19. Misure urgenti in materia di pubblico impiego**.** – 1. Il periodo trascorso in malattia o in quarantena con sorveglianza attiva, o in permanenza domiciliare fiduciaria con sorveglianza attiva, dai dipendenti delle amministrazioni di cui all'articolo 1, comma 2, del decreto legislativo 30 marzo 2001, n. 165, dovuta al COVID-19, è equiparato al periodo di ricovero ospedaliero. 2. All'articolo 71, comma 1, del decreto-legge 25 giugno 2008, n. 112, convertito, con modificazioni, dalla legge 6 agosto 2008, n. 133, al primo periodo, dopo le parole «di qualunque durata,» sono aggiunte le seguenti: «ad esclusione di quelli relativi al ricovero ospedaliero in strutture del servizio sanitario nazionale per l'erogazione delle prestazioni rientranti nei livelli essenziali di assistenza (LEA),». 3. Fuori dei casi previsti dal comma 1, i periodi di assenza dal servizio dei dipendenti delle amministrazioni di cui all'articolo 1, comma 2, del decreto legislativo 30 marzo 2001, n. 165, imposti dai provvedimenti di contenimento del fenomeno epidemiologico da COVID-19, adottati ai sensi dell'articolo 3, comma 1, del decreto-legge 23 febbraio 2020, n. 6, costituiscono servizio prestato a tutti gli effetti di legge. L'Amministrazione non corrisponde l'indennità sostitutiva di mensa, ove prevista. 4. Per il personale delle Forze di polizia delle Forze armate e del Corpo nazionale dei Vigili del fuoco, agli accertamenti diagnostici funzionali all'applicazione delle disposizioni del comma 1 possono provvedere i competenti servizi sanitari (1). 5. Agli oneri in termini di fabbisogno e indebitamento netto derivanti dal comma 2 si provvede ai sensi dell'articolo 36.*

* Articolo abrogato dall'art. 1, co. 2, l. 24/4/2020, n. 27. Restano validi gli atti ed i provvedimenti adottati e sono fatti salvi gli effetti prodottisi e i rapporti giuridici sorti sulla base del medesimo articolo.

(1) Comma modificato dall'art. 87, co. 8, d.l. 17/3/2020, n. 18. La modifica non è stata confermata in sede di conversione.

D.l. 17 marzo 2020, n. 18

conv., con modif., dalla l. 24 aprile 2020, n. 27

Misure di potenziamento del Servizio sanitario nazionale e di sostegno economico per famiglie, lavoratori e imprese connesse all'emergenza epidemiologica da COVID-19 (DECRETO CURA ITALIA)

(*Estratto, art. 87*)

87. Misure straordinarie in materia di lavoro agile e di esenzione dal servizio e di procedure concorsuali (A). – 1. Il periodo trascorso in malattia o in quarantena con sorveglianza attiva, o in permanenza domiciliare fiduciaria con sorveglianza attiva, dai dipendenti delle amministrazioni di cui all'articolo 1, comma 2, del decreto legislativo 30 marzo 2001, n. 165, dovuta al COVID-19, è equiparato al periodo di ricovero ospedaliero e non è computabile ai fini del periodo di comporto. Fino alla cessazione dello stato di emergenza epidemiologica da COVID-2019, ovvero fino ad una data antecedente stabilita con decreto del Presidente del Consiglio dei Ministri su proposta del Ministro per la pubblica amministrazione, il lavoro agile è una delle modalità ordinarie di svolgimento della prestazione lavorativa nelle pubbliche amministrazioni di cui all'articolo 1, comma 2, del decreto legislativo 30 marzo 2001, n. 165, che, conseguentemente (1):

a) limitano la presenza del personale nei luoghi di lavoro per assicurare esclusivamente le attività che ritengono indifferibili e che richiedono necessariamente tale presenza, anche in ragione della gestione dell'emergenza (2),

b) prescindono dagli accordi individuali e dagli obblighi informativi previsti dagli articoli da 18 a 23 della legge 22 maggio 2017, n. 81.

2. La prestazione lavorativa in lavoro agile può essere svolta anche attraverso strumenti informatici nella disponibilità del dipendente qualora non siano forniti dall'amministrazione. In tali casi l'articolo 18, comma 2, della legge 22 maggio 2017, n. 81 non trova applicazione (3).

3. Qualora non sia possibile ricorrere al lavoro agile, anche nella forma semplificata di cui al comma 1, lettera b), e per i periodi di assenza dal servizio dei dipendenti delle amministrazioni di cui all'articolo 1, comma 2, del decreto legislativo 30 marzo 2001, n. 165, imposti dai provvedimenti di contenimento del fenomeno epidemiologico da COVID-19, adottati nella vigenza dell'articolo 3, comma 1, del decreto-legge 23 febbraio 2020, n. 6, convertito, con modificazioni, dalla legge 5 marzo 2020, n. 13, e dell'articolo 2, comma 1, del decreto-legge 25 marzo 2020, n. 19 le amministrazioni utilizzano gli strumenti delle ferie pregresse, del congedo, della banca ore, della rotazione e di altri analoghi istituti, nel rispetto della contrattazione collettiva. Esperite tali possibilità le amministrazioni possono motivatamente esentare il personale dipendente dal servizio. Il periodo di esenzione dal servizio costituisce servizio prestato a tutti gli effetti di legge e l'amministrazione non corrisponde l'indennità sostitutiva di mensa, ove prevista. Tale periodo non è computabile nel limite di cui all'articolo 37, terzo comma, del decreto del Presidente della Repubblica 10 gennaio 1957, n. 3 (4).

3-bis. All'articolo 71, comma 1, del decreto-legge 25 giugno 2008, n. 112, convertito, con modificazioni, dalla legge 6 agosto 2008, n. 133, al primo periodo, dopo le parole: "di qualunque durata," sono inserite le seguenti: "ad esclusione di quelli relativi al ricovero ospedaliero in strutture del Servizio sanitario nazionale per l'erogazione delle prestazioni rientranti nei livelli essenziali di assistenza (LEA),". Agli oneri in termini di fabbisogno e indebitamento netto derivanti dal presente comma si provvede ai sensi dell'articolo 126, comma 6-bis (5).

3-ter. La valutazione degli apprendimenti, periodica e finale, oggetto dell'attività didattica svolta in presenza o a distanza nell'anno scolastico 2021/2022, produce gli stessi effetti delle attività previste per le istituzioni scolastiche del primo ciclo dal decreto legislativo 13 aprile 2017, n. 62, e per le istituzioni scolastiche del secondo ciclo dall'articolo 4 del regolamento di cui al decreto del Presidente della Repubblica 22 giugno 2009, n. 122, e dal decreto legislativo 13 aprile 2017, n. 62 (6).

4. Gli organi costituzionali e di rilevanza costituzionale, nonché le autorità amministrative indipendenti, ivi comprese la Commissione nazionale per le società e la borsa e la Commissione di vigilanza sui fondi pensione, ciascuno nell'am-

bito della propria autonomia, adeguano il proprio ordinamento ai principi di cui al presente articolo.

4-bis. Fino al termine stabilito ai sensi del comma 1, e comunque non oltre il 30 settembre 2020, al fine di fronteggiare le particolari esigenze emergenziali connesse all'epidemia da COVID-19, anche in deroga a quanto stabilito dai contratti collettivi nazionali vigenti, i dipendenti delle amministrazioni pubbliche di cui all'articolo 1, comma 2, del decreto legislativo 30 marzo 2001, n. 165, possono cedere, in tutto o in parte, i riposi e le ferie maturati fino al 31 dicembre 2019 ad altro dipendente della medesima amministrazione di appartenenza, senza distinzione tra le diverse categorie di inquadramento o ai diversi profili posseduti. La cessione avviene in forma scritta ed è comunicata al dirigente del dipendente cedente e a quello del dipendente ricevente, è a titolo gratuito, non può essere sottoposta a condizione o a termine e non è revocabile. Restano fermi i termini temporali previsti per la fruizione delle ferie pregresse dalla disciplina vigente e dalla contrattazione collettiva (5).

5. Lo svolgimento delle procedure concorsuali per l'accesso al pubblico impiego, ad esclusione dei casi in cui la valutazione dei candidati sia effettuata esclusivamente su basi curriculari ovvero in modalità telematica, è sospeso per sessanta giorni a decorrere dall'entrata in vigore del presente decreto. Resta ferma la conclusione delle procedure per le quali risulti già ultimata la valutazione dei candidati, nonché la possibilità di svolgimento dei procedimenti per il conferimento di incarichi, anche dirigenziali, nelle pubbliche amministrazioni di cui al comma 1, che si istaurano e si svolgono in via telematica e che si possono concludere anche utilizzando le modalità lavorative di cui ai commi che precedono, ivi incluse le procedure relative alle progressioni di cui all'articolo 22, comma 15, del decreto legislativo 25 maggio 2017, n. 75 (7).

6. Fino al termine stabilito ai sensi del comma 1, fuori dei casi di assenza dal servizio per malattia o quarantena con sorveglianza attiva o in permanenza domiciliare fiduciaria con sorveglianza attiva dovuta al COVID-19, in considerazione del livello di esposizione al rischio di contagio da COVID-19 connesso allo svolgimento dei compiti istituzionali e nel rispetto delle preminenti esigenze di funzionalità delle amministrazioni interessate, il personale delle Forze di polizia, delle Forze armate e del Corpo nazionale dei vigili del fuoco può essere dispensato temporaneamente dalla presenza in servizio, anche ai soli fini precauzionali in relazione all'esposizione a rischio, ai sensi dell'articolo 37 del decreto del Presidente della Repubblica 10 gennaio 1957, n. 3, con provvedimento dei responsabili di livello dirigenziale degli Uffici e dei Reparti di appartenenza, adottato secondo specifiche disposizioni impartite dalle amministrazioni competenti. Tale periodo è equiparato, agli effetti economici e previdenziali, al servizio prestato, con esclusione della corresponsione dell'indennità sostitutiva di mensa, ove prevista, e non è computabile nel limite di cui all'articolo 37, terzo comma, del decreto del Presidente della Repubblica 10 gennaio 1957, n. 3 (8).

7. Fino al termine stabilito ai sensi del comma 1, il personale delle Forze armate, delle Forze di polizia e del Corpo nazionale dei vigili del fuoco assente dal servizio per malattia o quarantena con sorveglianza attiva o in permanenza domiciliare fiduciaria con sorveglianza attiva dovuta al COVID-19, è collocato d'ufficio in licenza straordinaria, in congedo straordinario o in malattia, con esclusione di tali periodi di assenza dal computo dei giorni previsti dall'articolo 37, terzo comma, del testo unico di cui al decreto del Presidente della Repubblica 10 gennaio 1957, n. 3, dal periodo massimo di licenza straordinaria di convalescenza per il personale militare in ferma e rafferma volontaria e dal periodo di assenza di cui all'articolo 4 e all'articolo 15 dei decreti del Presidente della Repubblica del 7 maggio 2008, pubblicati nel supplemento ordinario n. 173 alla Gazzetta Ufficiale n. 168 del 19 luglio 2008, di recepimento dell'accordo sindacale integrativo, rispettivamente, del personale direttivo e dirigente e del personale non direttivo e non dirigente del Corpo nazionale dei vigili del fuoco. Il periodo di assenza di cui al presente comma costituisce servizio prestato a tutti gli effetti di legge e l'amministrazione non corrisponde l'indennità sostitutiva di mensa, ove prevista (8).

8. Per il personale delle Forze di polizia, delle Forze armate e del Corpo nazionale dei vigili del fuoco, agli accertamenti diagnostici funzionali all'applicazione delle disposizioni dei commi 6 e 7 possono provvedere i competenti servizi sanitari (9) (10).

(A) In riferimento alle Misure di potenziamento del Servizio sanitario nazionale e di sostegno economico per famiglie, lavoratori ed imprese connesse all'emergenza epidemiologica da Covid 19 vedi: Circolare Presidenza del Consiglio dei Ministri (vari Dipartimenti) 01/04/2020, n. 2.

(1) Alinea modificato dall'art. 1, co. 1, l. 24/4/2020, n. 27, in sede di conversione e successivamente dall'art. 26, co. 1-quinquies, lett. a) e b), d.l. 14/8/2020, n. 104, conv., con modif., dalla l. 13/10/2020, n. 126.

(2) Lettera modificata dall'art. 1, co. 1, l. 24/4/2020, n. 27, in sede di conversione.

• Per una deroga alle disposizioni di cui alla presente lettera, vedi l'art. 263, co. 1, d.l. 19/5/2020, n. 34, conv., con modif., dalla l. 17/7/2020, n. 77.

(3) Comma modificato dall'art. 1, co. 1, l. 24/4/2020, n. 27, in sede di conversione.

(4) Per una deroga alle disposizioni di cui al presente comma, vedi l'art. 263, co. 1, d.l. 19/5/2020, n. 34, conv., con modif., dalla l. 17/7/2020, n. 77.

(5) Comma inserito dall'art. 1, co. 1, l. 24/4/2020, n. 27, in sede di conversione.

(6) Comma inserito dall'art. 1, co. 1, l. 24/4/2020, n. 27, in sede di conversione, successivamente modificato dall'art. 5, co. 3, d.l. 31/12/2020, n. 183, conv., con modif., dalla l. 26/2/2021, n. 21 e da ultimo sostituito dall'art. 9, co. 3, d.l. 24/3/2022, n. 24, conv., con modif., dalla l. 19/5/2022, n. 52.

(7) Per una deroga alle disposizioni di cui al presente comma, vedi l'art. 259, co. 5, d.l. 19/5/2020, n. 34, conv., con modif., dalla l. 17/7/2020, n. 77. Vedi anche quanto disposto dagli artt. 4, co. 1, e 5, co. 1, d.l. 8/4/2020, n. 22, conv., con modif., dalla l. 6/6/2020, n. 41.

(8) A norma dell'art. 1, co. 3, d.l. 30/7/2020, n. 83, conv., con modif., dalla l. 25/9/2020, n. 124, come modificato dall'art. 1, co. 3, d.l. 7/10/2020, n. 125, conv., con modif., dalla l. 27/11/2020, n. 159, i termini previsti dalle disposizioni legislative di cui al presente comma, sono prorogati al 31/12/2020. Successivamente a norma dell'art. 19, co. 1, d.l. 31/12/2020, n. 183, conv., con modif., dalla l. 26/2/2021, n. 21, i predetti termini, sono prorogati fino alla data di cessazione dello stato di emergenza epidemiologica da COVID-19 e comunque non oltre il 30/4/2021, e le relative disposizioni vengono attuate nei limiti delle risorse disponibili autorizzate a legislazione vigente. A norma dell'art. 11, co. 1, d.l. 22/4/2021, n. 52, conv., con modif., dalla l. 17/6/2021, n. 87, i termini previsti dalle disposizioni legislative di cui al presente comma, sono prorogati al 31/7/2021 e successivamente ulteriormente prorogati al 31/12/2021, a norma dell'art. 6, co. 1, d.l. 23/7/2021, n. 105, conv., con modif., dalla l. 16/9/2021, n. 126. Successivamente ulteriormente prorogati fino al 31/3/2022 dall'art. 16, co. 1, d.l. 24/12/2021, n. 221, conv., con modif., dalla l. 18/2/2022, n. 11.

(9) Comma sostituito dall'art. 1, co. 1, l. 24/4/2020, n. 27, in sede di conversione e successivamente modificato dall'art. 1, co. 4, d.l. 7/10/2020, n. 125, conv., con modif., dalla l. 27/11/2020, n. 159.

(10) A norma dell'art. 1, co. 3, d.l. 30/7/2020, n. 83, conv., con modif., dalla l. 25/9/2020, n. 124, come modificato dall'art. 1, co. 3, d.l. 7/10/2020, n. 125, conv., con modif., dalla l. 27/11/2020, n. 159, i termini previsti dalle disposizioni legislative di cui al presente comma, sono prorogati al 31/12/2020.

D.l. 8 aprile 2020, n. 23

conv., con modif., dalla l. 5 giugno 2020, n. 40

Misure urgenti in materia di accesso al credito e di adempimenti fiscali per le imprese, di poteri speciali nei settori strategici, nonché interventi in materia di salute e lavoro, di proroga di termini amministrativi e processuali (DECRETO LIQUIDITÀ)

(*Estratto, artt. 29-bis, 30, 34, 35, 41*)

29 bis. Obblighi dei datori di lavoro per la tutela contro il rischio di contagio da COVID-19 (1). – 1. Ai fini della tutela contro il rischio di contagio da COVID-19, i datori di lavoro pubblici e privati adempiono all'obbligo di cui all'articolo 2087 del codice civile mediante l'applicazione delle prescrizioni contenute nel protocollo condiviso di regolamentazione delle misure per il contrasto e il contenimento della diffusione del COVID-19 negli ambienti di lavoro, sottoscritto il 24 aprile 2020 tra il Governo e le parti sociali, e successive modificazioni e integrazioni, e negli altri protocolli e linee guida di cui all'articolo 1, comma 14, del decreto-legge 16 maggio 2020, n. 33, nonché mediante l'adozione e il mantenimento delle misure ivi previste. Qualora non trovino applicazione le predette prescrizioni, rilevano le misure contenute nei protocolli o accordi di settore stipulati dalle organizzazioni sindacali e datoriali comparativamente più rappresentative sul piano nazionale.

(1) Articolo inserito dall'art. 1, co. 1, l. 5/6/2020, n. 40.

Omissis.

30. Credito d'imposta per l'acquisto di dispositivi di protezione nei luoghi di lavoro*****. – *1. Al fine di incentivare l'acquisto di attrezzature volte a evitare il contagio del virus COVID-19 nei luoghi di lavoro, il credito d'imposta di cui all'articolo 64 del decreto-legge 17 marzo 2020, n. 18, trova applicazione secondo le misure e nei limiti di spesa complessivi ivi previsti, anche per le spese sostenute nell'anno 2020 per l'acquisto di dispositivi di protezione individuale e altri dispositivi di sicurezza atti a proteggere i lavoratori dall'esposizione accidentale ad agenti biologici e a garantire la distanza di sicurezza interpersonale. 2. Con il decreto del Ministro dello sviluppo economico, di concerto con il Ministro dell'economia e delle finanze, da adottare ai sensi del comma 2 dell'articolo 64 del decreto legge 17 marzo 2020, n. 18, sono stabiliti altresì i criteri e le modalità di applicazione e di fruizione del credito d'imposta di cui al presente articolo.*

* Articolo abrogato dall'art. 125, co. 5, d.l. 19/5/2020, n. 34.

Omissis.

34. Divieto di cumulo pensioni e redditi*****. – *1. Ai fini del riconoscimento dell'indennità di cui all'articolo 44 del decreto-legge 17 marzo 2020, n. 18, i professionisti iscritti agli enti di diritto privato di previdenza obbligatoria di cui al decreto legislativo 30 giugno 1994, n. 509 e al decreto legislativo 10 febbraio 1996, n. 103 devono intendersi non titolari di trattamento pensionistico e iscritti in via esclusiva.*

* Articolo abrogato dall'art. 78, co. 3, d.l. 19/5/2020, n. 34.

35. Pin Inps. – 1. Fino al termine dello stato di emergenza deliberato dal Consiglio dei ministri in data 31 gennaio 2020 e per l'intero periodo ivi considerato, l'Inps è autorizzato a rilasciare le proprie identità digitali (PIN INPS) in maniera semplificata acquisendo telematicamente gli elementi necessari all'identificazione del richiedente, ferma restando la verifica con riconoscimento diretto, ovvero riconoscimento facciale da remoto, una volta cessata l'attuale situazione emergenziale.

Omissis.

41. Disposizioni in materia di lavoro (A). – 1. 1. Le disposizioni di cui all'articolo 19 del decreto-legge 17 marzo 2020, n. 18, si applicano anche ai lavoratori assunti tra il 24 febbraio 2020 e il 17 marzo 2020 (1).

2. Le disposizioni di cui all'articolo 22 del decreto-legge 17 marzo 2020, n. 18, si applicano anche ai lavoratori assunti tra il 24 febbraio 2020 e il 17 marzo 2020.

3. Le domande presentate ai sensi del comma 4 dell'articolo 22 del decreto-legge 17 marzo 2020, n. 18, sono esenti dall'imposta di bollo.

4. Alle minori entrate derivanti dal presente articolo, valutate in 16 milioni di euro per l'anno 2020, si provvede, in termini di saldo netto e di indebitamento netto, mediante corrispondente riduzione delle somme di cui all'articolo 56, comma 6, del decreto-legge 17 marzo 2020, n. 18, e, in termini di fabbisogno, mediante utilizzo delle risorse rivenienti dall'abrogazione della disposizione di cui al comma 12 dell'articolo 13 del presente decreto (1).

4-bis. Al fine di favorire lo sviluppo di nuova imprenditoria in agricoltura, con decreto di natura non regolamentare del Ministro delle politiche agricole alimentari e forestali, previa intesa in sede di Conferenza permanente per i rapporti tra lo Stato, le regioni e le province autonome di Trento e di Bolzano, da adottare entro sessanta giorni dalla data di entrata in vigore della legge di conversione del presente decreto, sono definiti i criteri e le modalità per la concessione, da parte dell'Istituto di servizi per il mercato agricolo alimentare, di mutui a tasso zero in favore di iniziative finalizzate al sostegno di aziende agricole per la ristrutturazione di mutui in essere, per la copertura di spese di gestione o per investimenti nel settore agricolo e in quello della trasformazione e commercializzazione di prodotti agricoli. I mutui sono concessi nel limite massimo di 200.000 euro, per la durata massima di quindici anni comprensiva del periodo di preammortamento, nel rispetto della normativa in materia di aiuti di Stato per il settore agricolo e per quello della trasformazione e commercializzazione dei prodotti agricoli. Costituiscono titoli preferenziali per l'erogazione dei mutui l'avere costituito l'azienda nel biennio 2019-2020, la dimensione della superficie utile agricola e la produzione di prodotti agroalimentari tipici, sotto qualsiasi forma tutelati. Per l'attuazione delle disposizioni del presente comma, nello stato di previsione del Ministero delle politiche agricole alimentari e forestali è istituito un fondo rotativo con una dotazione finanziaria iniziale pari a 10 milioni di euro per l'anno 2020. Per la gestione del fondo rotativo è autorizzata l'apertura di un'apposita contabilità speciale presso la tesoreria dello Stato intestata al Ministero delle politiche agricole alimentari e forestali. Al relativo onere si provvede mediante corrispon-

*dente riduzione del Fondo per esigenze indifferibili connesse ad interventi non aventi effetti sull'indebitamento netto delle PA, di cui all'articolo 3, comma 3, del decreto-legge 5 febbraio 2020, n. 3, convertito, con modificazioni, dalla legge 2 aprile 2020, n. 21**.

4-ter. Al comma 1 dell'articolo 2 del decreto legislativo 21 aprile 2000, n. 185, dopo le parole: "da non oltre sessanta mesi" sono inserite le seguenti: "e nel caso di imprese agricole, anche di nuova costituzione" (2).

(A) In riferimento alle disposizioni di cui al presente articolo, vedi: Nota INL – Ispettorato nazionale del lavoro 15/5/2020, n. 64.

(1) Comma modificato dall'art. 1, co. 1, l. 5/6/2020, n. 40, in sede di conversione.

* Comma aggiunto dall'art. 1, co. 1, l. 5/6/2020, n. 40, in sede di conversione e successivamente abrogato dall'art. 20-ter, co. 1, d.l. 21/3/2022, n. 21, conv., con modif., dalla l. 20/5/2022, n. 51.

(2) Comma aggiunto dall'art. 1, co. 1, l. 5/6/2020, n. 40, in sede di conversione.

D.l. 19 maggio 2020, n. 34

conv., con modif., dalla l. 17 luglio 2020, n. 77

Misure urgenti in materia di salute, sostegno al lavoro e all'economia, nonché di politiche sociali connesse all'emergenza epidemiologica da COVID-19 (DECRETO RILANCIO)

(*Estratto, artt. 82-83*)

Capo II
Altre misure urgenti in materia di lavoro e politiche sociali

82. Reddito di emergenza (1). – 1. Ai nuclei familiari in condizioni di necessità economica in conseguenza dell'emergenza epidemiologica da COVID-19, identificati secondo le caratteristiche di cui ai commi 2 e 3, è riconosciuto un sostegno al reddito straordinario denominato Reddito di emergenza (di seguito "Rem"). Le domande per il Rem sono presentate entro il termine del mese di luglio 2020 e il beneficio è erogato in due quote, ciascuna pari all'ammontare di cui al comma 5 (2).

2. Il Rem è riconosciuto ai nuclei familiari in possesso cumulativamente, al momento della domanda, dei seguenti requisiti:

a) residenza in Italia, verificata con riferimento al componente richiedente il beneficio;

b) un valore del reddito familiare, nel mese di aprile 2020, inferiore ad una soglia pari all'ammontare di cui ál comma 5;

c) un valore del patrimonio mobiliare familiare con riferimento all'anno 2019 inferiore a una soglia di euro 10.000, accresciuta di euro 5.000 per ogni componente successivo al primo e fino ad un massimo di euro 20.000. Il predetto massimale è incrementato di 5.000 euro in caso di presenza nel nucleo familiare di un componente in condizione di disabilità grave o di non autosufficienza come definite ai fini dell'Indicatore della Situazione Economica Equivalente (ISEE), di cui al decreto del Presidente del Consiglio dei ministri 5 dicembre 2013, n. 159;

d) un valore dell'ISEE inferiore ad euro 15.000.

2-bis. Ai fini del riconoscimento del Rem ai sensi del comma 2 del presente articolo, durante lo stato di emergenza epidemiologica da COVID-19 e, comunque, non oltre il 30 settembre 2020, le disposizioni dei commi 1 e 1-bis dell'articolo 5 del decreto-legge 28 marzo 2014, n. 47, convertito, con modificazioni, dalla legge 23 maggio 2014, n. 80, non si applicano, previa autocertificazione, in presenza di persone minori di età o meritevoli di tutela, quali soggetti malati gravi, disabili, in difficoltà economica e senza dimora, aventi i requisiti di cui al citato articolo 5 del decreto-legge n. 47 del 2014, convertito, con modificazioni, dalla legge n. 80 del 2014 (3).

3. Il Rem non è compatibile con la presenza nel nucleo familiare di componenti che percepiscono o hanno percepito una delle indennità di cui agli articoli 27, 28, 29,30 e 38 del decreto-legge 17 marzo 2020, n. 18, convertito, con modificazioni, dalla legge 24 aprile 2020, n. 27, ovvero di una delle indennità disciplinate in attuazione dell'articolo 44 del medesimo decreto-legge ovvero di una delle indennità di cui agli articoli 84 e 85 del presente decreto-legge. Il Rem non è altresì compatibile con la presenza nel nucleo familiare di componenti che siano al momento della domanda in una delle seguenti condizioni:

a) essere titolari di pensione diretta o indiretta ad eccezione dell'assegno ordinario di invalidità;

b) essere titolari di un rapporto di lavoro dipendente la cui retribuzione lorda sia superiore agli importi di cui al comma 5;

c) essere percettori di reddito di cittadinanza, di cui al Capo I del decreto-legge 28 gennaio 2019, n. 4, convertito, con modificazioni, dalla legge 28 marzo 2019, n. 26, ovvero le misure aventi finalità analoghe di cui all'articolo 13, comma 2, del medesimo decreto-legge.

4. Ai fini dell'accesso e della determinazione dell'ammontare del Rem:

a) il nucleo familiare è definito ai sensi dell'articolo 3 del decreto del Presidente del Consiglio dei ministri 5 dicembre 2013, n. 159;

b) il reddito familiare è inclusivo di tutte le componenti di cui all'articolo 4, comma 2, del decreto del Presidente del Consiglio dei ministri 5 dicembre 2013, n. 159, ed è riferito al mese di aprile 2020 secondo il principio di cassa;

c) il patrimonio mobiliare è definito ai sensi dell'articolo 5, comma 4, del decreto del Presidente del Consiglio dei ministri 5 dicembre 2013, n. 159;

5. Ciascuna quota del Rem è determinata in un ammontare pari a 400 euro, moltiplicati per il corrispondente parametro della scala di equivalenza di cui all'articolo 2, comma 4, del decreto-legge 28 gennaio 2019, n. 4, convertito con modificazioni dalla legge 28 marzo 2019, n. 26, fino ad un massimo di 2, corrispondente a 800 euro, ovvero fino ad un massimo di 2,1 nel caso in cui nel nucleo familiare siano presenti componenti in condizioni di disabilità grave o non autosufficienza come definite ai fini ISEE (4).

6. Non hanno diritto al Rem i soggetti che si trovano in stato detentivo, per tutta la durata della pena, nonché coloro che sono ricoverati in istituti di cura di lunga degenza o altre strutture residenziali a totale carico dello Stato o di altra amministrazione pubblica. Nel caso in cui il nucleo familiare

beneficiario abbia tra i suoi componenti soggetti di cui al primo periodo, il parametro della scala di equivalenza non tiene conto di tali soggetti.

7. Il Rem è riconosciuto ed erogato dall'Istituto nazionale della previdenza sociale (INPS) previa richiesta tramite modello di domanda predisposto dal medesimo Istituto e presentato secondo le modalità stabilite dallo stesso. Le richieste di Rem possono essere presentate presso i centri di assistenza fiscale di cui all'articolo 32 del decreto legislativo 9 luglio 1997, n. 241, previa stipula di una convenzione con l'Istituto nazionale della previdenza sociale (INPS). Le richieste del Rem possono essere altresì presentate presso gli istituti di patronato di cui alla legge 30 marzo 2001, n. 152, e valutate come al numero 8 della tabella D allegata al regolamento di cui al decreto del Ministro del lavoro, della salute e delle politiche sociali 10 ottobre 2008, n. 193.

8. Ai fini della verifica del possesso dei requisiti di cui al comma 2, lettera c), l'INPS e l'Agenzia delle entrate possono scambiare i dati relativi ai saldi e alle giacenze medie del patrimonio mobiliare dei componenti il nucleo familiare comunicate ai sensi dell'articolo 7, sesto comma, del decreto del Presidente della Repubblica 29 settembre 1973, n. 605, e dell'articolo 11, comma 2, del decreto-legge 6 dicembre 2011, n. 201, convertito, con modificazioni, dalla legge 22 dicembre 2011, n. 214, nelle modalità previste ai fini ISEE.

9. Nel caso in cui in esito a verifiche e controlli emerga il mancato possesso dei requisiti, il beneficio è immediatamente revocato, ferma restando la restituzione di quanto indebitamente percepito e le sanzioni previste a legislazione vigente.

10. Ai fini dell'erogazione del Rem è autorizzato un limite di spesa di 966,3 milioni di euro per l'anno 2020 da iscrivere su apposito capitolo dello stato di previsione del Ministero del lavoro e delle politiche sociali denominato "Fondo per il Reddito di emergenza". L'INPS provvede al monitoraggio del rispetto del limite di spesa di cui al primo periodo del presente comma e comunica i risultati di tale attività al Ministero del lavoro e delle politiche sociali e al Ministero dell'economia e delle finanze. Qualora dal predetto monitoraggio emerga il verificarsi di scostamenti, anche in via prospettica, rispetto al predetto limite di spesa, non sono adottati altri provvedimenti concessori. Per gli oneri connessi alla stipula della convenzione di cui al comma 7 è autorizzato un limite di spesa pari a 5 milioni di euro (5).

11. Agli oneri derivanti dal presente articolo pari a 959,6 milioni di euro si provvede ai sensi dell'articolo 265.

(1) Per ulteriori disposizioni in materia di Reddito di emergenza relativamente all'anno 2021 vedi l'art. 12 del d.l. 22/3/2021, n. 41, conv., con modif., dalla l. 21/5/2021, n. 69.

(2) L'art. 2, co. 1, d.l. 16/6/2020, n. 52, abrogato dall'art. 1, co. 2, l. 17/7/2020, n. 77, di conversione del presente decreto, prevedeva, in deroga alle disposizioni di cui al presente comma, che le domande per il Reddito di emergenza potevano essere presentate entro il 31/7/2020. Restano validi gli atti e i provvedimenti adottati e sono fatti salvi gli effetti prodottisi e i rapporti giuridici sorti sulla base del medesimo d.l. n. 52/2020.

• Alinea modificato dall'art. 1, co. 1, l. 17/7/2020, n. 77, in sede di conversione.

(3) Comma inserito dall'art. 1, co. 1, l. 17/7/2020, n. 77, in sede di conversione.

(4) In riferimento al presente comma vedi anche l'art. 14 del d.l. 28/10/2020, n. 137, conv., con modif., dalla l. 18/12/2020, n. 176.

(5) Comma modificato dall'art. 1, co. 1, l. 17/7/2020, n. 77, in sede di conversione.

83. Sorveglianza sanitaria. – Fermo restando quanto previsto dall'articolo 41 del decreto legislativo 9 aprile 2008, n. 81, per garantire lo svolgimento in sicurezza delle attività produttive e commerciali in relazione al rischio di contagio da virus SARS-CoV-2, fino alla data di cessazione dello stato di emergenza per rischio sanitario sul territorio nazionale, i datori di lavoro pubblici e privati assicurano la sorveglianza sanitaria eccezionale dei lavoratori maggiormente esposti a rischio di contagio, in ragione dell'età o della condizione di rischio derivante da immunodepressione, anche da patologia COVID-19, o da esiti di patologie oncologiche o dallo svolgimento di terapie salvavita o comunque da comorbilità che possono caratterizzare una maggiore rischiosità. Le amministrazioni pubbliche provvedono alle attività previste al presente comma con le risorse umane, strumentali e finanziarie previste a legislazione vigente (2)

2. Per i datori di lavoro che, ai sensi dell'articolo 18, comma 1, lettera a), del decreto legislativo 9 aprile 2008, n. 81, non sono tenuti alla nomina del medico competente per l'effettuazione della sorveglianza sanitaria nei casi previsti dal medesimo decreto, ferma restando la possibilità di nominarne uno per il periodo emergenziale, la sorveglianza sanitaria eccezionale di cui al comma 1 del presente articolo può essere richiesta ai servizi territoriali dell'INAIL che vi provvedono con propri medici del lavoro, su richiesta del datore di lavoro, avvalendosi anche del contingente di personale di cui all'articolo 10 del decreto-legge 17 marzo 2020, n. 18, convertito, con modificazioni, dalla legge 24 aprile 2020, n. 27. Con decreto del Ministro del lavoro e delle politiche sociali, di concerto con il Ministro dell'economia e delle finanze, sentito il Ministro della Salute, acquisito il parere della Conferenza permanente per i rapporti tra lo Stato, le Regioni e le Province autonome di Trento e di Bolzano, da adottarsi entro quindici giorni dalla data di entrata in vigore del presente decreto, e' definita la relativa tariffa per l'effettuazione di tali prestazioni. Per i medici di cui al presente comma non si applicano gli articoli 25, 39,40 e 41 del decreto legislativo 9 aprile 2008, n. 81 (3) (4).

3. L'inidoneità alla mansione accertata ai sensi del presente articolo non può in ogni caso giustificare il recesso del datore di lavoro dal contratto di lavoro (5).

4. Per le finalità di cui al presente articolo atte a sostenere le imprese nella ripresa e nella prosecuzione delle attività produttive in condizioni di salubrità e sicurezza degli ambienti di lavoro e delle modalità lavorative l'INAIL è autorizzato, previa convenzione con ANPAL, all'assunzione con contratti di lavoro a tempo determinato, della durata massima di quindici mesi, di figure sanitarie, tecnico-specialistiche e di supporto di età non superiore a 29 anni, nel limite di spesa pari a euro 20.895.000 per l'anno 2020 e ad euro 83.579.000 per l'anno 2021. Ai relativi oneri si provvede, a valere sulle risorse di cui al Programma Operativo Nazionale Iniziativa Occupazione Giovani.

(1) A norma dell'art. 1, co. 3, d.l. 30/7/2020, n. 83, conv., con modif., dalla l. 25/9/2020, n. 124, come modificato dall'art. 1, co. 3, d.l. 7/10/2020, n. 125, conv., con modif., dalla l. 27/11/2020, n. 159, i termini previsti dalle disposizioni legislative di cui al presente articolo, sono prorogati al 31/12/2020. Successivamente a norma dell'art. 19, co. 1, d.l. 31/12/2020, n. 183, conv., con modif., dalla l. 26/2/2021, n. 21, i predetti termini, sono prorogati fino alla data di cessazione dello stato di emergenza epidemiologica da COVID-19 e comunque non oltre il 30/4/2021, e le relative disposizioni vengono attuate nei limiti delle risorse disponibili autorizzate a legislazione vigente. A norma dell'art. 11, co. 1, d.l. 22/4/2021, n. 52, conv., con modif., dalla l. 17/6/2021, n. 87, i termini previsti dalle disposizioni legislative di cui al presente articolo, sono prorogati al 31/7/2021 e successivamente ulteriormente prorogati al 31/12/2021, a norma dell'art. 6, co. 1, d.l. 23/7/2021, n. 105, conv., con modif., dalla l. 16/9/2021, n. 126. Successivamente ulteriormente prorogati fino al 31/3/2022 dall'art. 16, co. 1, d.l. 24/12/2021, n. 221, conv., con modif., dalla l. 18/2/2022, n. 11.

(2) A norma dell'art. 10, co. 2, d.l. 24/3/2022, n. 24, conv., con modif., dalla l. 19/5/2022, n. 52, i termini previsti dal presente comma, sono prorogati fino al 31/7/2022.

(3) Comma modificato dall'art. 1, co. 1, l. 17/7/2020, n. 77, in sede di conversione.

(4) A norma dell'art. 10, co. 2, d.l. 24/3/2022, n. 24, conv., con modif., dalla l. 19/5/2022, n. 52, i termini previsti dal presente comma, sono prorogati fino al 31/7/2022.

(5) A norma dell'art. 10, co. 2, d.l. 24/3/2022, n. 24, conv., con modif., dalla l. 19/5/2022, n. 52, i termini previsti dal presente comma, sono prorogati fino al 31/7/2022.

D.l. 16 giugno 2020, n. 52

Ulteriori misure urgenti in materia di trattamento di integrazione salariale, nonché proroga di termini in materia di reddito di emergenza e di emersione di rapporti di lavoro*

* Decreto abrogato dall'art. 1, co. 2, l. 17/7/2020, n. 77. Restano validi gli atti e i provvedimenti adottati e sono fatti salvi gli effetti prodottisi e i rapporti giuridici sorti sulla base del medesimo Decreto.

• A norma del Comunicato 17/8/2020, il presente Decreto non è stato convertito in legge nel termine di 60 giorni dalla sua pubblicazione.

1. Norme speciali in materia di trattamento ordinario di integrazione salariale e assegno ordinario. – *1. In deroga a quanto previsto dagli articoli 19, 20, 21 e 22 del decreto-legge 17 marzo 2020, n. 18, convertito, con modificazioni, dalla legge 24 aprile 2020, n. 27, e successive modificazioni e integrazioni, esclusivamente per i datori di lavoro che abbiano interamente fruito del periodo precedentemente concesso fino alla durata massima di quattordici settimane, è possibile usufruire di ulteriori quattro settimane anche per periodi decorrenti antecedentemente al 1° settembre 2020. Resta ferma la durata massima di diciotto settimane considerati i trattamenti riconosciuti cumulativamente sia ai sensi degli articoli 19, 20, 21 e 22, sia ai sensi del presente comma, mediante il riconoscimento delle medesime ulteriori massime quattro settimane, nel limite di 1.162,2 milioni di euro per l'anno 2020, da parte dell'Inps ai sensi degli articoli 22-quater e 22-quinquies del decreto-legge 17 marzo 2020, n. 18, convertito, con modificazioni, dalla legge 24 aprile 2020, n. 27, e successive modificazioni e integrazioni. L'Inps provvede al monitoraggio del rispetto del limite di spesa, fornendo i risultati di tale attività al Ministero del lavoro e delle politiche sociali e al Ministero dell'economia e delle finanze. Qualora dal predetto monitoraggio emerga che è stato raggiunto, anche in via prospettica il limite di spesa, l'Inps non potrà in ogni caso emettere altri provvedimenti concessori. Ai maggiori oneri derivanti dai primi due periodi del presente comma, pari a 1.162,2 milioni di euro per l'anno 2020, si provvede mediante utilizzo dello stanziamento di cui all'articolo 22-ter, comma 1, del decreto-legge 17 marzo 2020, n. 18, convertito, con modificazioni, dalla legge 24 aprile 2020, n. 27, e successive modificazioni e integrazioni.*

2. In deroga a quanto previsto a legislazione vigente, le domande per i trattamenti di cui agli articoli 19 e 22 del decreto-legge 17 marzo 2020, n. 18, convertito, con modificazioni, dalla legge 24 aprile 2020, n. 27, e successive modificazioni e integrazioni, devono essere presentate, a pena di decadenza, entro la fine del mese successivo a quello in cui ha avuto inizio il periodo di sospensione o di riduzione dell'attività lavorativa. In sede di prima applicazione, i termini di cui al presente comma sono spostati al trentesimo giorno successivo all'entrata in vigore del presente decreto se tale ultima data è posteriore a quella di cui al primo periodo. Per le domande riferite a periodi di sospensione o riduzione dell'attività lavorativa che hanno avuto inizio nel periodo ricompreso tra il 23 febbraio 2020 e il 30 aprile 2020, il termine è fissato, a pena di decadenza, al 15 luglio 2020. Indipendentemente dal periodo di riferimento, i datori di lavoro che abbiano erroneamente presentato domanda per trattamenti diversi da quelli a cui avrebbero avuto diritto o comunque con errori o omissioni che ne hanno impedito l'accettazione, possono presentare la domanda nelle modalità corrette entro trenta giorni dalla comunicazione dell'errore nella precedente istanza da parte dell'amministrazione di riferimento, a pena di decadenza, anche nelle more della revoca dell'eventuale provvedimento di concessione emanato dall'amministrazione competente; la predetta presentazione della domanda, nella modalità corretta, è considerata comunque tempestiva se presentata entro trenta giorni dalla data di entrata in vigore del presente decreto. Per le domande presentate ai sensi del presente comma, non opera quanto previsto dall'articolo 19, comma 2-bis del decreto-legge 17 marzo 2020, n. 18, convertito, con modificazioni, dalla legge 24 aprile 2020, n. 27, e successive modificazioni e integrazioni.

3. In caso di pagamento diretto della prestazione di cui agli articoli da 19 a 22-quinquies del decreto-legge 17 marzo 2020, n. 18, convertito, con modificazioni, dalla legge 24 aprile 2020, n. 27, e successive modificazioni e integrazioni, da parte dell'Inps, il datore di lavoro è obbligato ad inviare all'Istituto tutti i dati necessari per il pagamento o per il saldo dell'integrazione salariale entro la fine del mese successivo a quello in cui è collocato il periodo di integrazione salariale, ovvero, se posteriore, entro il termine di trenta giorni dall'adozione del provvedimento di concessione. In sede di prima applicazione, i termini di cui al presente comma sono spostati al trentesimo giorno successivo all'entrata in vigore del presente decreto se tale ultima data è posteriore a quella di cui al primo periodo. Trascorsi inutilmente tali termini, il pagamento della prestazione e gli oneri ad essa connessi rimangono a carico del datore di lavoro inadempiente.

2. Modifica dei termini per la presentazione della domanda di Rem. – *1. In deroga a quanto previsto dall'articolo 82, comma 1, del decreto-legge 19 maggio 2020, n. 34, le domande per il Reddito di emergenza possono essere presentate entro il 31 luglio 2020.*

3. Modifica dei termini per la presentazione delle domande di emersione di rapporti di lavoro irregolare e di rilascio di permesso di soggiorno temporaneo. – *1. In deroga a quanto previsto dall'articolo 103, comma 5, del decreto-legge 19 maggio 2020, n. 34, le domande di emersione di rapporti di lavoro e di rilascio di permesso di soggiorno temporaneo, di cui ai commi 1 e 2 del predetto articolo, possono essere presentate entro il 15 agosto 2020.*

4. Disposizioni in materia di allocazione delle risorse disponibili a legislazione vigente. – *1. Le risorse destinate a ciascuna delle misure previste dal decreto-legge 17 marzo 2020, n. 18, convertito, con modificazioni, dalla legge24 aprile 2020, n. 27, dal decreto-legge 8 aprile 2020, n. 23, convertito,* *con modificazioni, dalla legge 5 giugno 2020, n. 40 e dal decreto-legge 19 maggio 2020, n. 34, sono soggette ad un monitoraggio effettuato dal Ministero dell'economia e delle finanze. Il Ministro dell'economia e delle finanze, sulla base degli esiti del monitoraggio di cui al periodo precedente, al fine di ottimizzare l'allocazione delle risorse disponibili, è autorizzato, sentiti i Ministri competenti, ad apportare con propri decreti le occorrenti variazioni di bilancio, anche mediante versamento all'entrata e successiva riassegnazione alla spesa di somme gestite su conti di tesoreria, provvedendo a rimodulare le predette risorse tra le misure di cui al primo periodo, fermo restando quanto stabilito dall'articolo 169, comma 6, secondo periodo, del decreto-legge 19 maggio 2020, n. 34, ad invarianza degli effetti sui saldi di finanza pubblica.*

2. Resta in ogni caso fermo quanto stabilito dal comma 9, dell'articolo 265, del decreto-legge 19 maggio 2020, n. 34, e dal comma 8, dell'articolo 126 del decreto-legge 17 marzo 2020, n. 18, convertito, con modificazioni, dalla legge 24 aprile 2020, n. 27.

***5. Entrata in vigore.** – 1. Il presente decreto entra in vigore il giorno successivo a quello della sua pubblicazione nella Gazzetta Ufficiale della Repubblica italiana e sarà presentato alle Camere per la conversione in legge.*

Il presente decreto, munito del sigillo dello Stato, sarà inserito nella Raccolta ufficiale degli atti normativi della Repubblica italiana. È fatto obbligo a chiunque spetti di osservarlo e di farlo osservare.

D.l. 14 agosto 2020, n. 104

conv., con modif., dalla l. 13 ottobre 2020, n. 126

Misure urgenti per il sostegno e il rilancio dell'economia (DECRETO AGOSTO)

(*Estratto, artt. 1, 29*)

1. Nuovi trattamenti di cassa integrazione ordinaria, assegno ordinario e cassa integrazione in deroga (1). – 1. I datori di lavoro che, nell'anno 2020, sospendono o riducono l'attività lavorativa per eventi riconducibili all'emergenza epidemiologica da COVID-19, possono presentare domanda di concessione dei trattamenti di cassa integrazione ordinaria, assegno ordinario e cassa integrazione in deroga di cui agli articoli da 19 a 22-quinquies del decreto-legge 17 marzo 2020, n. 18, convertito, con modificazioni, dalla legge 24 aprile 2020, n. 27 e successive modificazioni, per una durata massima di nove settimane, incrementate di ulteriori nove settimane secondo le modalità previste al comma 2. Le complessive diciotto settimane devono essere collocate nel periodo ricompreso tra il 13 luglio 2020 e il 31 dicembre 2020. Con riferimento a tale periodo, le predette diciotto settimane costituiscono la durata massima che può essere richiesta con causale COVID-19. I periodi di integrazione precedentemente richiesti e autorizzati ai sensi del predetto decreto-legge n. 18 del 2020, collocati, anche parzialmente, in periodi successivi al 12 luglio 2020 sono imputati, ove autorizzati, alle prime nove settimane di cui al presente comma (2).

2. Le ulteriori nove settimane di trattamenti, di cui al comma 1, sono riconosciute esclusivamente ai datori di lavoro ai quali sia stato già interamente autorizzato il precedente periodo di nove settimane, decorso il periodo autorizzato. I datori di lavoro che presentano domanda per periodi di integrazione relativi alle ulteriori nove settimane di cui al comma 1 versano un contributo addizionale determinato sulla base del raffronto tra il fatturato aziendale del primo semestre 2020 e quello del corrispondente semestre 2019, pari (3):

a) al 9 per cento della retribuzione globale che sarebbe spettata al lavoratore per le ore di lavoro non prestate durante la sospensione o riduzione dell'attività lavorativa, per i datori di lavoro che hanno avuto una riduzione del fatturato inferiore al venti per cento;

b) al 18 per cento della retribuzione globale che sarebbe spettata al lavoratore per le ore di lavoro non prestate durante la sospensione o riduzione dell'attività lavorativa, per i datori di lavoro che non hanno avuto alcuna riduzione del fatturato.

3. Il contributo addizionale non è dovuto dai datori di lavoro che hanno subito una riduzione del fatturato pari o superiore al 20 per cento e per coloro che hanno avviato l'attività di impresa successivamente al primo gennaio 2019.

4. Ai fini dell'accesso alle ulteriori nove settimane di cui al comma 2, il datore di lavoro deve presentare all'INPS domanda di concessione nella quale autocertifica, ai sensi di quanto previsto dall'articolo 47 del decreto del Presidente della Repubblica del 28 dicembre 2000, n. 445, la sussistenza dell'eventuale riduzione del fatturato di cui al comma 3. L'INPS autorizza i trattamenti di cui al presente articolo e, sulla base della autocertificazione allegata alla domanda, individua l'aliquota del contributo addizionale che il datore di lavoro è tenuto a versare a partire dal periodo di paga successivo al provvedimento di concessione dell'integrazione salariale. In mancanza di autocertificazione, si applica l'aliquota del 18 per cento di cui al comma 2, lettera b). Sono comunque disposte le necessarie verifiche relative alla sussistenza dei requisiti richiesti e autocertificati per l'accesso ai trattamenti di integrazione salariale di cui al presente articolo, ai fini delle quali l'INPS e l'Agenzia delle entrate sono autorizzati a scambiarsi i dati.

5. Le domande di accesso ai trattamenti di cui al presente articolo devono essere inoltrate all'INPS, a pena di decadenza, entro la fine del mese successivo a quello in cui ha avuto inizio il periodo di sospensione o di riduzione dell'attività lavorativa. In fase di prima applicazione, il termine di decadenza di cui al presente comma è fissato entro la fine del mese successivo a quello di entrata in vigore del presente decreto.

6. In caso di pagamento diretto delle prestazioni di cui al presente articolo da parte dell'INPS, il datore di lavoro è tenuto ad inviare all'Istituto tutti i dati necessari per il pagamento o per il saldo dell'integrazione salariale entro la fine del mese successivo a quello in cui è collocato il periodo di integrazione salariale, ovvero, se posteriore, entro il termine di trenta giorni dall'adozione del provvedimento di concessione. In sede di prima applicazione, i termini di cui al presente comma sono spostati al trentesimo giorno successivo alla data di entrata in vigore del presente decreto se tale ultima data è posteriore a quella di cui al primo periodo. Trascorsi inutilmente tali termini, il pagamento della prestazione e gli oneri ad essa connessi rimangono a carico del datore di lavoro inadempiente.

7. I Fondi di cui all'articolo 27 del decreto legislativo 14 settembre 2015, n. 148 garantiscono l'erogazione dell'assegno ordinario di cui al comma 1 con le medesime modalità di cui al presente articolo. Il concorso del bilancio dello Stato agli oneri finanziari relativi alla predetta prestazione è stabilito nel limite massimo di 1.600 milioni di euro per l'anno 2020; tale importo è assegnato ai rispettivi Fondi con decreto del Ministro del lavoro e delle politiche sociali di concerto con il Ministro dell'economia e delle finanze. Le risorse di cui al presente comma sono trasferite ai rispettivi Fondi con uno o più decreti del Ministero del lavoro e delle politiche sociali, di concerto con il Ministero dell'economia e delle finanze, previo monitoraggio da parte dei Fondi stessi dell'andamento del costo della prestazione, relativamente alle istanze degli aventi diritto, nel rispetto del limite di spesa e secondo le indicazioni fornite dal Ministero del lavoro e delle politiche sociali (2).

8. Il trattamento di cassa integrazione salariale operai agricoli (CISOA), ai sensi dell'articolo 19, comma 3-bis, del predetto decreto-legge n. 18 del 2020, richiesto per eventi riconducibili all'emergenza epidemiologica da COVID-19, è concesso, in deroga ai limiti di fruizione riferiti al singolo lavoratore e al numero di giornate lavorative da svolgere presso la stessa azienda di cui all'articolo 8 della legge 8 agosto 1972, n. 457, per una durata massima di cinquanta giorni, nel periodo ricompreso tra il 13 luglio e il 31 dicembre 2020. La domanda di CISOA deve essere presentata, a pena di decadenza, entro la fine del mese successivo a quello in cui ha avuto inizio il periodo di sospensione dell'attività lavorativa. I periodi di integrazione precedentemente richiesti e autorizzati ai sensi del predetto decreto-legge n. 18 del 2020, collocati, anche parzialmente, in periodi successivi al 12 luglio 2020 sono imputati ai cinquanta giorni stabiliti dal presente comma. In fase di prima applicazione, il termine di decadenza di cui al presente comma è fissato entro la fine del mese successivo a quello di entrata in vigore del presente decreto. I periodi di integrazione autorizzati ai sensi dell'articolo 19, comma 3-bis, del predetto decreto-legge n. 18 del 2020, e ai sensi del presente articolo sono computati ai fini del raggiungimento del requisito delle 181 giornate di effettivo lavoro previsto dall'articolo 8 della legge 8 agosto 1972, n. 457 (2).

9. I termini decadenziali di invio delle domande di accesso ai trattamenti collegati all'emergenza COVID-19 e di trasmissione dei dati necessari per il pagamento o per il saldo degli stessi, compresi quelli differiti in via amministrativa, in scadenza entro il 31 luglio 2020, sono differiti al 31 agosto 2020 (4).

10. I termini di invio delle domande di accesso ai trattamenti collegati all'emergenza COVID-19 e di trasmissione dei dati necessari per il pagamento o per il saldo degli stessi che, in applicazione della disciplina ordinaria, si collocano tra il 1° e il 31 agosto 2020 sono differiti al 30 settembre 2020 (4).

11. I trattamenti di cui ai commi 1, 2 e 8 sono concessi nel limite massimo di spesa pari a 8.220,3 milioni di euro, ripartito in 5.174 milioni di euro per i trattamenti di cassa integrazione ordinaria e assegno ordinario di cui ai commi 1 e 2, in 2.889,6 milioni di euro per i trattamenti di cassa integrazione in deroga di cui ai commi 1 e 2 e in 156,7 milioni di euro per i trattamenti di cui al comma 8. L'INPS provvede al monitoraggio del limite di spesa di cui al presente comma. Qualora dal predetto monitoraggio emerga che è stato raggiunto anche in via prospettica il limite di spesa, l'INPS non prende in considerazione ulteriori domande.

12. Fermo restando quanto previsto dall'articolo 265, comma 9, del decreto-legge 19 maggio 2020, n. 34, convertito, con modificazioni, dalla legge 17 luglio 2020, n. 77, in relazione alle risorse di cui agli articoli da 68 a 71 del predetto decreto-legge n. 34 del 2020, a valere sulle medesime risorse possono essere riconosciuti i periodi corrispondenti alle prime nove settimane di cui al comma 1 del presente articolo.

13. All'onere derivante dal presente articolo pari a 7.804,2 milioni di euro per l'anno 2020 e a 2.016,1 milioni di euro per l'anno 2021 in termini di saldo netto da finanziare e a 4.789,3 milioni di euro per l'anno 2020 e a 1.224,6 milioni di euro per l'anno 2021 in termini di indebitamento netto e fabbisogno delle amministrazioni pubbliche si provvede quanto a 223,1 milioni di euro per l'anno 2020 e a 74,4 milioni di euro per l'anno 2021 mediante le maggiori entrate derivanti dal comma 2 del presente articolo e per la restante quota ai sensi dell'articolo 114.

(1) Per i trattamenti di integrazione salariale di cui al presente articolo, vedi l'art. 12-ter, co. 1, d.l. 28/10/2020, n. 137, conv., con modif., dalla l. 18/12/2020, n. 176.

(2) Comma modificato dall'art. 1, co. 1, l. 13/10/2020, n. 126, in sede di conversione.

(3) Alinea modificato dall'art. 1, co. 1, l. 13/10/2020, n. 126, in sede di conversione.

(4) A norma dell'art. 3, co. 1, d.l. 7/10/2020, n. 125, conv., con modif., dalla l. 27/11/2020, n. 159, i termini di cui al presente comma sono differiti al 31/10/2020.

Omissis.

29. Disposizioni urgenti in materia di liste di attesa. – 1. Al fine di corrispondere tempestivamente alle richieste di prestazioni ambulatoriali, screening e di ricovero ospedaliero non erogate nel periodo dell'emergenza epidemiologica conseguente alla diffusione del virus SARS-Cov-2, e, contestualmente allo scopo di ridurre le liste di attesa, tenuto conto delle circolari del Ministero della salute n. 7422 del 16 marzo 2020 recante «Linee di indirizzo per la rimodulazione dell'attività programmata differibile in corso di emergenza da COVID-19», n. 7865 del 25 marzo 2020 recante «Aggiornamento delle linee di indirizzo organizzative dei servizi ospedalieri e territoriali in corso di emergenza COVID-19» e n. 8076 del 30 marzo 2020 recante: «Chiarimenti: Linee di indirizzo per la rimodulazione dell'attività programmata differibile in corso di emergenza da COVID-19» e nel rispetto dei principi di appropriatezza e di efficienza dei percorsi di cura, a decorrere dalla data di entrata in vigore del presente decreto e sino al 31 dicembre 2020, le regioni e le province autonome di Trento e Bolzano e gli enti del Servizio sanitario nazionale possono avvalersi degli strumenti straordinari di cui al presente articolo, anche in deroga ai vincoli previsti dalla legislazione vigente in materia di spesa per il personale (1).

2. Per le finalità di cui al comma 1, limitatamente al recupero dei ricoveri ospedalieri, alle regioni ed alle province autonome di Trento e Bolzano nonché agli enti del Servizio sanitario nazionale dalla data di entrata in vigore del presente decreto e fino al 31 dicembre 2020, nel limite degli importi di cui all'allegato A, colonna 1, è consentito di:

a) ricorrere alle prestazioni aggiuntive di cui all'articolo 115, comma 2, del contratto collettivo nazionale di lavoro (CCNL) dell'area della sanità relativo al triennio 2016-2018 dei dirigenti medici, sanitari, veterinari e delle professioni sanitarie dipendenti del Servizio sanitario nazionale, per le quali la tariffa oraria fissata dall'articolo 24, comma 6, del medesimo CCNL, in deroga alla contrattazione, è aumentata, con esclusione dei servizi di guardia, da 60 euro a 80 euro lordi omnicomprensivi, al netto degli oneri riflessi a carico dell'Amministrazione. Restano ferme le disposizioni vigenti in materia di prestazioni aggiuntive con particolare riferimento ai volumi di prestazioni erogabili nonché all'orario massimo di lavoro e ai prescritti riposi. Conseguentemente, vengono ripristinati dal 1° gennaio 2021 i valori tariffari vigenti prima della data di entrata in vigore del presente decreto (2);

b) ricorrere alle prestazioni aggiuntive di cui all'articolo 6, comma 1, lettera d), del CCNL 2016-2018 del personale del comparto sanità dipendente del Servizio sanitario nazionale con un aumento della tariffa oraria a 50 euro lordi omnicomprensivi, al netto degli oneri riflessi a carico dell'Amministrazione. Restano ferme le disposizioni vigenti in materia di prestazioni aggiuntive con particolare riferimento ai volumi di prestazioni erogabili nonché all'orario massimo di lavoro e ai prescritti riposi. Conseguentemente, vengono ripristinati dal 1° gennaio 2021 i valori tariffari vigenti prima della data di entrata in vigore del presente decreto;

c) reclutare il personale, attraverso assunzioni a tempo determinato di personale del comparto e della dirigenza medica, sanitaria, veterinaria e delle professioni sanitarie, anche in deroga ai vigenti CCNL di settore, o attraverso forme di lavoro autonomo, anche di collaborazione coordinata e continuativa, nonché impiegare, per le medesime finalità di cui al comma 1, anche le figure professionali previste in incremento ai sensi delle disposizioni di cui agli articoli 2-bis e 2-ter, del decreto-legge 17 marzo 2020, n. 18, convertito, con modificazioni, dalla legge 24 aprile 2020, n. 27 (2).

3. Per le finalità di cui al comma 1 e limitatamente alle prestazioni di specialistica ambulatoriale e di screening, alle regioni ed alle province autonome di Trento e Bolzano nonché agli enti del Servizio sanitario nazionale è consentito, nel limite degli importi di cui all'allegato A, dalla data di entrata in vigore del presente decreto e fino al 31 dicembre 2020 di:

a) ricorrere alle prestazioni aggiuntive di cui all'articolo 115, comma 2, del CCNL 2016-2018 della dirigenza medica, sanitaria, veterinaria e delle professioni sanitarie dipendenti del Servizio sanitario nazionale per le quali la tariffa oraria fissata di cui all'articolo 24, comma 6, del medesimo CCNL è aumentata, con esclusione dei servizi di guardia, da 60 euro a 80 euro lordi omnicomprensivi, al netto degli oneri riflessi a carico dell'Amministrazione. Restano ferme le disposizioni vigenti in materia di prestazioni aggiuntive con particolare riferimento ai volumi di prestazioni erogabili nonché all'orario massimo di lavoro e ai prescritti riposi. Conseguentemente, vengono ripristinati dal 1° gennaio 2021 i valori tariffari vigenti prima dell'entrata in vigore del presente decreto;

b) ricorrere, per le prestazioni di accertamenti diagnostici, alle prestazioni aggiuntive di cui all'articolo 6, comma 1, lettera d), del CCNL 2016-2018 del personale del comparto sanità dipendente del Servizio sanitario nazionale con un aumento della tariffa oraria a 50 euro lordi omnicomprensivi, al netto degli oneri riflessi a carico dell'Amministrazione. Restano ferme le disposizioni vigenti in materia di prestazioni aggiuntive con particolare riferimento ai volumi di prestazioni erogabili nonché all'orario massimo di lavoro e ai prescritti riposi. Dal 1° gennaio 2021 sono ripristinati i valori tariffari vigenti prima della data di entrata in vigore del presente decreto;

c) incrementare, in parziale alternativa a quanto indicato alle lettere a) e b) del presente comma, rispetto a quanto disposto dall'articolo 2-sexies, del decreto-legge 17 marzo 2020, n. 18, convertito, con modificazioni, dalla legge 24 aprile 2020, n. 27, il monte ore dell'assistenza specialistica ambulatoriale convenzionata interna, ai sensi del decreto legislativo 30 dicembre 1992, n. 502, con ore aggiuntive da assegnare nel rispetto dell'Accordo collettivo nazionale vigente, nel limite di quanto riportato per ciascuna regione nella colonna 3 dell'allegato A per un totale di 10 milioni di euro.

4. Nel rispetto dell'autonomia organizzativa regionale, le regioni e le province autonome di Trento e Bolzano sono autorizzate a ricorrere in maniera flessibile agli strumenti straordinari di cui ai commi 2 e 3, limitatamente al periodo dalla data di entrata in vigore del presente decreto e fino al 31 dicembre 2020. A tal fine, il limite massimo di spesa per ciascuna regione e provincia autonoma al lordo degli oneri riflessi a carico delle Amministrazioni è indicato nell'allegato A al presente decreto e, solo se la somma degli importi ivi indicati è superiore a quelli assegnati a ciascuna regione e provincia autonoma sulla base dell'allegato B al presente decreto, il limite massimo di spesa è rappresentato dall'importo riportato nel medesimo allegato B (1).

5. Ferma restando la supervisione del tutor, tenendo altresì conto del livello di competenze e di autonomia raggiunto, dalla data di entrata in vigore del presente decreto e fino al 31 dicembre 2020, i medici iscritti all'ultimo anno del corso di formazione specialistica nonché, qualora questo abbia durata quinquennale, al penultimo anno del corso, nell'espletamento delle attività assistenziali presso le aziende ed enti del Servizio sanitario nazionale, stilano i referti delle visite, degli esami e delle prestazioni specialistiche con esclusivo riferimento alle visite, agli esami e alle prestazioni di controllo ambulatoriali. La refertazione delle prime visite, dei primi esami e delle prime prestazioni specialistiche è invece riservata al medico specialista (1).

6. Il possesso della specializzazione è comunque richiesto per le refertazioni relative alle seguenti branche specialistiche: anestesia, rianimazione, terapia intensiva e del dolore; medicina nucleare, radiodiagnostica, radioterapia (1).

7. L'attività svolta dal medico in formazione specialistica di cui al comma 5 è registrata nel libretto-diario personale delle attività formative, e costituisce elemento di valutazione per il curriculum professionale ai fini dell'accesso al Servizio sanitario nazionale (1).

8. Per l'anno 2020, per l'attuazione delle finalità di cui ai commi 2 e 3 è autorizzata rispettivamente la spesa di 112.406.980 euro e 365.811.792 euro, che include anche gli oneri previsti per l'attuazione delle disposizioni di cui al comma 3, lettera c) per un totale di 10.000.000 di euro, per complessivi 478.218.772 euro. A tal fine è conseguentemente incrementato, per l'anno 2020, il livello del finanziamento del fabbisogno sanitario nazionale standard cui concorre lo Stato per un importo corrispondente. Al finanziamento di cui al presente articolo accedono tutte le regioni e province autonome di Trento e di Bolzano, in deroga alle disposizioni legislative che stabiliscono per le autonomie speciali il concorso regionale e provinciale al finanziamento sanitario corrente, sulla base delle quote di accesso al fabbisogno sanitario indistinto corrente rilevate per l'anno 2020. La ripartizione complessiva delle somme di cui al presente articolo è riportata nella tabella di cui all'allegato B al presente decreto. Agli oneri derivanti dal presente comma per l'anno 2020, si provvede ai sensi dell'articolo 114 (1).

9. Per l'accesso alle risorse di cui al comma 8, le regioni e le province autonome di Trento e Bolzano provvedono, entro trenta giorni dalla data di entrata in vigore del presente decreto, a presentare al Ministero della salute e al Ministero dell'economia e delle finanze, nell'ambito del programma operativo previsto dall'articolo 18, comma 1, quarto periodo, del decreto-legge 17 marzo 2020, n. 18, convertito, con modificazioni, dalla legge 24 aprile 2020, n. 27 un Piano Operativo Regionale per il recupero delle liste di attesa, con la specificazione dei modelli organizzativi prescelti, dei tempi di realizzazione e della destinazione delle risorse. La realizzazione dei suddetti Piani Operativi con il raggiungimento delle finalità di cui al comma 1 sarà oggetto di monitoraggio ai sensi del richiamato articolo 18, comma 1, quarto periodo, del decreto-legge 17 marzo 2020, n. 18, convertito, con modificazioni, dalla legge 24 aprile 2020, n. 27 (1).

(1) Comma modificato dall'art. 1, co. 1, l. 13/10/2020, n. 126, in sede di conversione.

(2) Lettera modificata dall'art. 1, co. 1, l. 13/10/2020, n. 126, in sede di conversione.

LOCAZIONI

D.l. 17 marzo 2020, n. 18

conv., con modif., dalla l. 24 aprile 2020, n. 27

Misure di potenziamento del Servizio sanitario nazionale e di sostegno economico per famiglie, lavoratori e imprese connesse all'emergenza epidemiologica da COVID-19 (DECRETO CURA ITALIA)

(*Estratto, artt. 65, 95*)

65. Credito d'imposta per botteghe e negozi (1). – 1. Al fine di contenere gli effetti negativi derivanti dalle misure di prevenzione e contenimento connesse all'emergenza epidemiologica da COVID-19, ai soggetti esercenti attività d'impresa è riconosciuto, per l'anno 2020, un credito d'imposta nella misura del 60 per cento dell'ammontare del canone di locazione, relativo al mese di marzo 2020, di immobili rientranti nella categoria catastale C/1.

2. Il credito d'imposta non si applica alle attività di cui agli allegati 1 e 2 del decreto del Presidente del Consiglio dei ministri 11 marzo 2020 ed è utilizzabile, esclusivamente, in compensazione ai sensi dell'articolo 17 del decreto legislativo 9 luglio 1997, n. 241.

2-bis. Il credito d'imposta di cui al comma 1 non concorre alla formazione del reddito ai fini delle imposte sui redditi e del valore della produzione ai fini dell'imposta regionale sulle attività produttive e non rileva ai fini del rapporto di cui agli articoli 61 e 109, comma 5, del testo unico delle imposte sui redditi, di cui al decreto del Presidente della Repubblica 22 dicembre 1986, n. 917 (2).

2-ter. Al fine di accelerare l'erogazione delle risorse attribuite dalla legge 27 dicembre 2019, n. 160, per la riduzione del disagio abitativo, il riparto tra le regioni della disponibilità complessiva assegnata per l'anno 2020 al Fondo nazionale per il sostegno all'accesso alle abitazioni in locazione, di cui all'articolo 11 della legge 9 dicembre 1998, n. 431, pari a complessivi 60 milioni di euro, e il riparto dell'annualità 2020 del Fondo destinato agli inquilini morosi incolpevoli istituito dall'articolo 6, comma 5, del decreto-legge 31 agosto 2013, n. 102, convertito, con modificazioni, dalla legge 28 ottobre 2013, n. 124, attribuita dall'articolo 1, comma 2, del decreto-legge 28 marzo 2014, n. 47, convertito, con modificazioni, dalla legge 23 maggio 2014, n. 80, e pari a 9,5 milioni di euro, sono effettuati entro dieci giorni dalla data di entrata in vigore della legge di conversione del presente decreto, in deroga alle procedure ordinarie di determinazione dei coefficienti regionali e adottando gli stessi coefficienti già utilizzati per i riparti relativi all'annualità 2019 (2).

2-quater. Nel termine di trenta giorni dalla data di entrata in vigore della legge di conversione del presente decreto, le regioni attribuiscono ai comuni le risorse assegnate, anche in applicazione dell'articolo 1, comma 21, della legge 27 dicembre 2017, n. 205, con procedura di urgenza, anche secondo le quote a rendiconto o programmate nelle annualità pregresse, nonché per l'eventuale scorrimento delle graduatorie vigenti del Fondo nazionale di cui all'articolo 11 della legge 9 dicembre 1998, n. 431. I comuni utilizzano i fondi anche ricorrendo all'unificazione dei titoli, capitoli e articoli delle rispettive voci di bilancio ai fini dell'ordinazione e pagamento della spesa (2).

3. Agli oneri derivanti dal presente articolo si provvede ai sensi dell'articolo 126.

(1) Vedi l'art. 122, co. 1, lett. a), d.l. 19/5/2020, n. 34 conv., con modif., dalla l. 17/7/2020, n. 77.

(2) Comma inserito dall'art. 1, co. 1, l. 24/4/2020, n. 27.

Omissis.

95. Sospensione versamenti canoni per il settore sportivo. – 1. Per le federazioni sportive nazionali, gli enti di promozione sportiva, le società e associazioni sportive, professionistiche e dilettantistiche, che hanno il domicilio fiscale, la sede legale o la sede operativa nel territorio dello Stato, sono sospesi, dalla data di entrata in vigore del presente decreto e fino al 30 settembre 2020, i termini per il pagamento dei canoni di locazione e concessori relativi all'affidamento di impianti sportivi pubblici dello Stato e degli enti territoriali (1).

2. I versamenti dei predetti canoni sono effettuati, senza applicazione di sanzioni ed interessi, in un'unica soluzione entro il 30 settembre o mediante rateizzazione fino a un massimo di 3 rate mensili di pari importo a decorrere dal mese di settembre 2020 (2).

(1) Comma modificato dall'art. 216, co. 1, lett. a), d.l. 19/5/2020, n. 34 conv., con modif., dalla l. 17/7/2020, n. 77.

(2) Comma modificato dall'art. 216, co. 1, lett. b), d.l. 19/5/2020, n. 34 conv., con modif., dalla l. 17/7/2020, n. 77.

PROCESSO CIVILE

D.l. 8 marzo 2020, n. 11

Misure straordinarie ed urgenti per contrastare l'emergenza epidemiologica da COVID-19 e contenere gli effetti negativi sullo svolgimento dell'attività giudiziaria*

(*Estratto, artt. 1-2*)

* Decreto convertito in legge, ma abrogato dall'art. 1, co. 2, l. 24/4/2020, n. 27.

1. Differimento urgente delle udienze e sospensione dei termini nei procedimenti civili, penali, tributari e militari*. *– 1. A decorrere dal giorno successivo alla data di entrata in vigore del presente decreto e sino al 22 marzo 2020 le udienze dei procedimenti civili e penali pendenti presso tutti gli uffici giudiziari, con le eccezioni indicate all'articolo 2, comma 2, lettera g), sono rinviate d'ufficio a data successiva al 22 marzo 2020. 2. A decorrere dal giorno successivo alla data di entrata in vigore del presente decreto e sino al 22 marzo 2020 sono sospesi i termini per il compimento di qualsiasi atto dei procedimenti indicati al comma 1, ferme le eccezioni richiamate. Ove il decorso abbia inizio durante il periodo di sospensione, l'inizio stesso è differito alla fine di detto periodo. 3. Ai procedimenti nei quali le udienze sono rinviate a norma del comma 1, si applicano le disposizioni di cui all'articolo 2, commi 4 e 5. Resta ferma l'applicazione delle disposizioni di cui all'articolo 10 del decreto-legge 2 marzo 2020, n. 9. 4. Le disposizioni del presente articolo, in quanto compatibili, si applicano altresì ai procedimenti relativi alle commissioni tributarie e alla magistratura militare.*

* Articolo abrogato dapprima dall'art. 83, co. 22, d.l. 17/3/2020, n. 18, comma poi soppresso dall'art. 1, co. 1, l. 24/4/2020, n. 27; successivamente abrogato dall'art. 1, co. 2, l. 24/4/2020, n. 27, a norma del quale restano validi gli atti ed i provvedimenti adottati e sono fatti salvi gli effetti prodottisi e i rapporti giuridici sorti sulla base del medesimo decreto.

2. Misure urgenti per contrastare l'emergenza epidemiologica da COVID-19 e contenerne gli effetti in materia di giustizia*. *– 1. Ferma l'applicazione delle previsioni di cui al decreto-legge 2 marzo 2020 n. 9, per contrastare l'emergenza epidemiologica da COVID-19 e contenerne gli effetti negativi sullo svolgimento dell'attività giudiziaria, a decorrere dal 23 marzo e fino al 31 maggio 2020 i capi degli uffici giudiziari, sentiti l'autorità sanitaria regionale, per il tramite del Presidente della Giunta della Regione, e il Consiglio dell'ordine degli avvocati, adottano le misure organizzative, anche relative alla trattazione degli affari giudiziari, necessarie per consentire il rispetto delle indicazioni igienico-sanitarie fornite dal Ministero della salute, anche d'intesa con le Regioni, dal Dipartimento della funzione pubblica della Presidenza del Consiglio dei ministri, dal Ministero della giustizia e delle prescrizioni di cui all'allegato 1 al decreto del Presidente del Consiglio dei ministri 8 marzo 2020, al fine di evitare assembramenti all'interno dell'ufficio giudiziario e contatti ravvicinati tra le persone. Per gli uffici diversi dalla Corte suprema di cassazione e dalla Procura generale presso la Corte di cassazione, le misure sono adottate d'intesa con il Presidente della Corte d'appello e con il Procuratore generale della Repubblica presso la Corte d'appello dei rispettivi distretti. 2. Per assicurare le finalità di cui al comma 1, i capi degli uffici giudiziari possono adottare le seguenti misure: a) la limitazione dell'accesso del pubblico agli uffici giudiziari, garantendo comunque l'accesso alle persone che debbono svolgervi attività urgenti; b) la limitazione, sentito il dirigente amministrativo, dell'orario di apertura al pubblico degli uffici anche in deroga a quanto disposto dall'articolo 162 della legge 23 ottobre 1960, n. 1196, ovvero, in via residuale e solo per gli uffici che non erogano servizi urgenti, la chiusura al pubblico; c) la regolamentazione dell'accesso ai servizi, previa prenotazione, anche tramite mezzi di comunicazione telefonica o telematica, curando che la convocazione degli utenti sia scaglionata per orari fissi, nonché l'adozione di ogni misura ritenuta necessaria per evitare forme di assembramento; d) l'adozione di linee guida vincolanti per la fissazione e la trattazione delle udienze; e) la celebrazione a porte chiuse, ai sensi dell'articolo 472, comma 3, del codice di procedura penale, di tutte le udienze penali pubbliche o di singole udienze e, ai sensi dell'articolo 128 del codice di procedura civile, delle udienze civili pubbliche; f) la previsione dello svolgimento delle udienze civili che non richiedono la presenza di soggetti diversi dai difensori e dalle parti mediante collegamenti da remoto individuati e regolati con provvedimento del Direttore generale dei sistemi informativi e automatizzati del Ministero della giustizia. Lo svolgimento dell'udienza deve in ogni caso avvenire con modalità idonee a salvaguardare il contraddittorio e l'effettiva partecipazione delle parti. Prima dell'udienza il giudice fa comunicare ai procuratori delle parti ed al pubblico ministero, se è prevista la sua partecipazione, giorno, ora e modalità di collegamento. All'udienza il giudice dà atto a verbale delle modalità con cui si accerta dell'identità dei soggetti partecipanti e, ove trattasi di parti, della loro libera volontà. Di tutte le ulteriori operazioni è dato atto nel processo verbale; g) la previsione del rinvio delle udienze a data successiva al 31 maggio 2020 nei procedimenti civili e penali, con le seguenti eccezioni: 1) udienze nelle cause di competenza del tribunale per i minorenni relative alle dichiarazioni di adottabilità, ai minori stranieri non accompagnati, ai minori allontanati dalla famiglia ed alle situazioni di grave pregiudizio; nelle cause relative ad alimenti o ad obbligazioni alimentari derivanti da rapporti di famiglia, di parentela, di matrimonio o di affinità; nei procedimenti cautelari aventi ad oggetto la tutela di diritti fondamentali della persona; nei procedimenti per l'adozione di provvedimenti in materia di tutela, di amministrazione di sostegno, di interdizione, di inabilitazione nei soli casi in cui viene dedotta una motivata situazione di indifferibilità incompatibile anche con l'adozione di provvedimenti provvisori, e sempre che l'esame diretto della persona del beneficiario, dell'interdicendo e dell'inabilitando non risulti in-*

compatibile con le sue condizioni di età e salute; nei procedimenti di cui all'articolo 35 della legge 23 dicembre 1978, n. 833; nei procedimenti di cui all'articolo 12 della legge 22 maggio 1978, n. 194; nei procedimenti per l'adozione di ordini di protezione contro gli abusi familiari; nei procedimenti di convalida dell'espulsione, allontanamento e trattenimento di cittadini di paesi terzi e dell'Unione europea; nei procedimenti di cui all'articolo 283,351 e 373 del codice di procedura civile e, in genere, in tutti i procedimenti la cui ritardata trattazione può produrre grave pregiudizio alle parti. In quest'ultimo caso, la dichiarazione di urgenza è fatta dal capo dell'ufficio giudiziario o dal suo delegato in calce alla citazione o al ricorso, con decreto non impugnabile e, per le cause già iniziate, con provvedimento del giudice istruttore o del presidente del collegio, egualmente non impugnabile; 2) udienze di convalida dell'arresto o del fermo, udienze dei procedimenti nei quali nel periodo di sospensione scadono i termini di cui all'articolo 304 del codice di procedura penale, udienze nei procedimenti in cui sono state richieste o applicate misure di sicurezza detentive e, quando i detenuti, gli imputati, i proposti o i loro difensori espressamente richiedono che si proceda, altresì le seguenti: a) udienze nei procedimenti a carico di persone detenute, salvo i casi di sospensione cautelativa delle misure alternative, ai sensi dell'articolo 51-ter della legge 26 luglio 1975, n. 354; b) udienze nei procedimenti in cui sono state applicate misure cautelari o di sicurezza; c) udienze nei procedimenti per l'applicazione di misure di prevenzione o nei quali sono state disposte misure di prevenzione; d) udienze nei procedimenti a carico di imputati minorenni; 3) udienze nei procedimenti che presentano carattere di urgenza, per la necessità di assumere prove indifferibili, nei casi di cui all'articolo 392 del codice di procedura penale. La dichiarazione di urgenza è fatta dal giudice o dal presidente del collegio, su richiesta di parte, con provvedimento motivato e non impugnabile. h) lo svolgimento delle udienze civili che non richiedono la presenza di soggetti diversi dai difensori delle parti mediante lo scambio e il deposito in telematico di note scritte contenenti le sole istanze e conclusioni, e la successiva adozione fuori udienza del provvedimento del giudice. 3. Per il periodo di efficacia dei provvedimenti di cui al comma 2 che precludano la presentazione della domanda giudiziale è sospesa la decorrenza dei termini di prescrizione e decadenza dei diritti che possono essere esercitati esclusivamente mediante il compimento delle attività precluse dai provvedimenti medesimi. 4. Nei procedimenti penali il corso della prescrizione e i termini di cui agli articoli 303,309, comma 9, 311, commi 5 e 5-bis, e 324, comma 7, del codice di procedura penale e agli articoli 24, comma 2, e 27, comma 6, del decreto legislativo 6 settembre 2011, n. 159 rimangono sospesi per il tempo in cui il procedimento è rinviato ai sensi del comma 2, lettera g), e, in ogni caso, non oltre il 31 maggio 2020. 5. Ai fini del computo di cui all'articolo 2 della legge 24 marzo 2001, n. 89, nei procedimenti nei quali le udienze sono rinviate a norma del presente articolo non si tiene conto del periodo decorrente dalla data del provvedimento di rinvio dell'udienza alla data della nuova udienza, sino al limite massimo di tre mesi successivi al 31 maggio 2020. 6. Dalla data di entrata in vigore del presente decreto e fino al 31 maggio 2020, negli uffici che hanno la disponibilità del servizio di deposito telematico anche gli atti e documenti di cui all'articolo 16-bis, comma 1-bis, del decreto-legge 18 ottobre 2012, n. 179, convertito dalla legge 17 dicembre 2012, n. 221, sono depositati esclusivamente con le modalità previste dal comma 1 del medesimo articolo. Gli obblighi di pagamento del contributo unificato di cui all'articolo 14 del decreto del Presidente della Repubblica 30 maggio 2002, n. 115, nonché l'anticipazione forfettaria di cui all'articolo 30 del medesimo decreto, connessi al deposito degli atti con le modalità previste dal periodo precedente, sono assolti con sistemi telematici di pagamento anche tramite la piattaforma tecnologica di cui all'articolo 5, comma 2, del decreto legislativo 7 marzo 2005, n. 82. 7. Ferma l'applicazione dell'articolo 472, comma 3, del codice di procedura penale, a decorrere dal giorno successivo alla data di entrata in vigore del presente decreto e sino alla data del 31 maggio 2020, la partecipazione a qualsiasi udienza delle persone detenute, internate o in stato di custodia cautelare è assicurata, ove possibile, mediante videoconferenze o con collegamenti da remoto individuati e regolati con provvedimento del Direttore generale dei sistemi informativi e automatizzati del Ministero della giustizia, applicate, in quanto compatibili, le disposizioni di cui ai commi 3, 4 e 5 dell'articolo 146-bis del decreto legislativo 28 luglio 1989, n. 271. 8. Negli istituti penitenziari e negli istituti penali per minorenni, a decorrere dal giorno successivo alla data di entrata in vigore del presente decreto e sino alla data del 22 marzo 2020, i colloqui con i congiunti o con altre persone cui hanno diritto i condannati, gli internati e gli imputati a norma degli articoli 18 della legge 26 luglio 1975, n. 354, 37 del decreto del Presidente della Repubblica 30 giugno 2000, n. 230, e 19 del decreto legislativo 2 ottobre 2018, n. 121, sono svolti a distanza, mediante, ove possibile, apparecchiature e collegamenti di cui dispone l'amministrazione penitenziaria e minorile o mediante corrispondenza telefonica, che può essere autorizzata oltre i limiti di cui all'articolo 39, comma 2, del predetto decreto del Presidente della Repubblica n. 230 del 2000 e all'articolo 19, comma 1, del decreto legislativo n. 121 del 2018. 9. Tenuto conto delle evidenze rappresentate dall'autorità sanitaria, la magistratura di sorveglianza può sospendere, nel periodo compreso tra la data di entrata in vigore del presente decreto ed il 31 maggio 2020, la concessione dei permessi premio di cui all'articolo 30-ter della legge 26 luglio 1975, n. 354, del regime di semilibertà ai sensi dell'articolo 48 della medesima legge e del decreto legislativo 2 ottobre 2018, n. 121. 10. In deroga al disposto dell'articolo 1, comma 1, del decreto legislativo 28 febbraio 2008, n. 35, per l'anno 2020 le elezioni per il rinnovo dei componenti del consiglio giudiziario e del consiglio direttivo della Corte di cassazione si svolgono la prima domenica e il lunedì successivo del mese di ottobre. 11. Le disposizioni del presente articolo, in quanto compatibili, si applicano altresì ai procedimenti relativi alle commissioni tributarie e alla magistratura militare.

* Articolo abrogato dapprima dall'art. 83, co. 22, d.l. 17/3/2020, n. 18, comma poi soppresso dall'art. 1, co. 1, l. 24/4/2020, n. 27; successivamente abrogato dall'art. 1, co. 2, l. 24/4/2020, n. 27, a norma del quale restano validi gli atti ed i provvedimenti adottati e sono fatti salvi gli effetti prodottisi e i rapporti giuridici sorti sulla base del medesimo decreto.

D.l. 17 marzo 2020, n. 18

conv., con modif., dalla l. 24 aprile 2020, n. 27

Misure di potenziamento del Servizio sanitario nazionale e di sostegno economico per famiglie, lavoratori e imprese connesse all'emergenza epidemiologica da COVID-19 (DECRETO CURA ITALIA)

(*Estratto, artt. 83, 125*)

83. Nuove misure urgenti per contrastare l'emergenza epidemiologica da COVID-19 e contenerne gli effetti in materia di giustizia civile, penale, tributaria e militare) (A). – 1. Dal 9 marzo 2020 al 15 aprile 2020 le udienze dei procedimenti civili e penali pendenti presso tutti gli uffici giudiziari sono rinviate d'ufficio a data successiva al 15 aprile 2020 (1).

2. Dal 9 marzo 2020 al 15 aprile 2020 è sospeso il decorso dei termini per il compimento di qualsiasi atto dei procedimenti civili e penali. Si intendono pertanto sospesi, per la stessa durata, i termini stabiliti per la fase delle indagini preliminari, per l'adozione di provvedimenti giudiziari e per il deposito della loro motivazione, per la proposizione degli atti introduttivi del giudizio e dei procedimenti esecutivi, per le impugnazioni e, in genere, tutti i termini procedurali. Ove il decorso del termine abbia inizio durante il periodo di sospensione, l'inizio stesso è differito alla fine di detto periodo. Quando il termine è computato a ritroso e ricade in tutto o in parte nel periodo di sospensione, è differita l'udienza o l'attività da cui decorre il termine in modo da consentirne il rispetto. Si intendono altresì sospesi, per la stessa durata indicata nel primo periodo, i termini per la notifica del ricorso in primo grado innanzi alle Commissioni tributarie e il termine di cui all'articolo 17-bis, comma 2 del decreto legislativo 31 dicembre 1992 n. 546. Per il periodo compreso tra il 9 marzo 2020 e l'11 maggio 2020 si considera sospeso il decorso del termine di cui all'articolo 124 del codice penale (2).

3. Le disposizioni di cui ai commi 1 e 2 non operano nei seguenti casi:

a) cause di competenza del tribunale per i minorenni relative alle dichiarazioni di adottabilità, ai minori stranieri non accompagnati e ai minori allontanati dalla famiglia quando dal ritardo può derivare un grave pregiudizio e, in genere, procedimenti in cui è urgente e indifferibile la tutela di diritti fondamentali della persona; cause relative ai diritti delle persone minorenni, al diritto all'assegno di mantenimento, agli alimenti e all'assegno divorzile o ad obbligazioni alimentari derivanti da rapporti di famiglia, di parentela, di matrimonio o di affinità, nei soli casi in cui vi sia pregiudizio per la tutela di bisogni essenziali, procedimenti cautelari aventi ad oggetto la tutela di diritti fondamentali della persona; procedimenti per l'adozione di provvedimenti in materia di tutela, di amministrazione di sostegno, di interdizione e di inabilitazione nei soli casi in cui viene dedotta una motivata situazione di indifferibilità incompatibile anche con l'adozione di provvedimenti provvisori e sempre che l'esame diretto della persona del beneficiario, dell'interdicendo e dell'inabilitando non risulti incompatibile con le sue condizioni di età e salute; procedimenti di cui all'articolo 35 della legge 23 dicembre 1978, n. 833; procedimenti di cui all'articolo 12 della legge 22 maggio 1978, n. 194; procedimenti per l'adozione di ordini di protezione contro gli abusi familiari; procedimenti di convalida dell'espulsione, allontanamento e trattenimento di cittadini di paesi terzi e dell'Unione europea; procedimenti di cui agli articoli 283,351 e 373 del codice di procedura civile, procedimenti elettorali di cui agli articoli 22, 23 e 24 del decreto legislativo 1° settembre 2011, n. 150 e, in genere, tutti i procedimenti la cui ritardata trattazione può produrre grave pregiudizio alle parti. In quest'ultimo caso, la dichiarazione di urgenza è fatta dal capo dell'ufficio giudiziario o dal suo delegato in calce alla citazione o al ricorso, con decreto non impugnabile e, per le cause già iniziate, con provvedimento del giudice istruttore o del presidente del collegio, egualmente non impugnabile (3);

b) procedimenti di convalida dell'arresto o del fermo o dell'ordine di allontanamento immediato dalla casa familiare, procedimenti nei quali nel periodo di sospensione o nei sei mesi successivi scadono i termini di cui all'articolo 304, comma 6, del codice di procedura penale, procedimenti per la consegna di un imputato o di un condannato all'estero ai sensi della legge 22 aprile 2005, n. 69, procedimenti di estradizione per l'estero di cui al capo I del titolo II del libro XI del codice di procedura penale, procedimenti in cui sono applicate misure di sicurezza detentive o è pendente la richiesta di applicazione di misure di sicurezza detentive e, quando i detenuti, gli imputati, i proposti o i loro difensori espressamente richiedono che si proceda, altresì i seguenti:

1) procedimenti a carico di persone detenute, salvo i casi di sospensione cautelativa delle misure alternative, ai sensi dell'articolo 51-ter della legge 26 luglio 1975, n. 354;

2) procedimenti in cui sono applicate misure cautelari o di sicurezza;

3) procedimenti per l'applicazione di misure di prevenzione o nei quali sono disposte misure di prevenzione (4),

c) procedimenti che presentano carattere di urgenza, per la necessità di assumere prove indifferibili, nei casi di cui all'articolo 392 del codice di procedura penale. La dichiarazione di urgenza è fatta dal giudice o dal presidente del collegio, su richiesta di parte, con provvedimento motivato e non impugnabile.

3-bis. La richiesta che si proceda da parte di detenuti, imputati o proposti a norma del comma 3, lettera b), alinea, per i procedimenti pendenti dinanzi alla Corte di cassazione, può essere avanzata solo a mezzo del difensore che li rappresenta dinanzi alla Corte. Nei procedimenti pendenti dinanzi alla Corte di cassazione e pervenuti alla cancelleria della Corte nel periodo dal 9 marzo al 30 giugno il decorso del termine di prescrizione è sospeso sino alla data dell'udienza fissata per la trattazione e, in ogni caso, non oltre il 31 dicembre 2020 (5).

4. Nei procedimenti penali in cui opera la sospensione dei termini ai sensi del comma 2 sono altresì sospesi, per lo stesso periodo, il corso della prescrizione e i termini di cui agli articoli 303 e 308 del codice di procedura penale.

5. Nel periodo di sospensione dei termini e limitatamente all'attività giudiziaria non sospesa, i capi degli uffici giudiziari possono adottare le misure di cui al comma 7, lettere da a) a f) e h).

6. Per contrastare l'emergenza epidemiologica da COVID-19 e contenerne gli effetti negativi sullo svolgimento dell'attività giudiziaria, per il periodo compreso tra il 12 maggio e il 30 giugno 2020 i capi degli uffici giudiziari, sentiti l'autorità sanitaria regionale, per il tramite del Presidente della Giunta

della Regione, e il Consiglio dell'ordine degli avvocati, adottano le misure organizzative, anche relative alla trattazione degli affari giudiziari, necessarie per consentire il rispetto delle indicazioni igienico-sanitarie fornite dal Ministero della salute, anche d'intesa con le Regioni, dal Dipartimento della funzione pubblica della Presidenza del Consiglio dei ministri, dal Ministero della giustizia e delle prescrizioni adottate in materia con decreti del Presidente del Consiglio dei ministri, al fine di evitare assembramenti all'interno dell'ufficio giudiziario e contatti ravvicinati tra le persone. Per gli uffici diversi dalla Corte suprema di cassazione e dalla Procura generale presso la Corte di cassazione, le misure sono adottate d'intesa con il Presidente della Corte d'appello e con il Procuratore generale della Repubblica presso la Corte d'appello dei rispettivi distretti (6).

7. Per assicurare le finalità di cui al comma 6, i capi degli uffici giudiziari possono adottare le seguenti misure:

a) la limitazione dell'accesso del pubblico agli uffici giudiziari, garantendo comunque l'accesso alle persone che debbono svolgervi attività urgenti;

b) la limitazione, sentito il dirigente amministrativo, dell'orario di apertura al pubblico degli uffici anche in deroga a quanto disposto dall'articolo 162 della legge 23 ottobre 1960, n. 1196 ovvero, in via residuale e solo per gli uffici che non erogano servizi urgenti, la chiusura al pubblico;

c) la regolamentazione dell'accesso ai servizi, previa prenotazione, anche tramite mezzi di comunicazione telefonica o telematica, curando che la convocazione degli utenti sia scaglionata per orari fissi, nonché l'adozione di ogni misura ritenuta necessaria per evitare forme di assembramento;

d) l'adozione di linee guida vincolanti per la fissazione e la trattazione delle udienze;

e) la celebrazione a porte chiuse, ai sensi dell'articolo 472, comma 3, del codice di procedura penale, di tutte le udienze penali pubbliche o di singole udienze e, ai sensi dell'articolo 128 del codice di procedura civile, delle udienze civili pubbliche;

f) la previsione dello svolgimento delle udienze civili che non richiedono la presenza di soggetti diversi dai difensori, dalle parti e dagli ausiliari del giudice, anche se finalizzate all'assunzione di informazioni presso la pubblica amministrazione, mediante collegamenti da remoto individuati e regolati con provvedimento del Direttore generale dei sistemi informativi e automatizzati del Ministero della giustizia. Lo svolgimento dell'udienza deve in ogni caso avvenire con modalità idonee a salvaguardare il contraddittorio e l'effettiva partecipazione delle parti; il luogo posto nell'ufficio giudiziario da cui il magistrato si collega con gli avvocati, le parti ed il personale addetto è considerato aula d'udienza a tutti gli effetti di legge. Prima dell'udienza il giudice fa comunicare ai procuratori delle parti e al pubblico ministero, se è prevista la sua partecipazione, giorno, ora e modalità di collegamento. All'udienza il giudice dà atto a verbale delle modalità con cui si accerta dell'identità dei soggetti partecipanti e, ove trattasi di parti, della loro libera volontà. Di tutte le ulteriori operazioni è dato atto nel processo verbale (7),

g) la previsione del rinvio delle udienze a data successiva al 30 giugno nei procedimenti civili e penali, con le eccezioni indicate al comma 3;

h) lo svolgimento delle udienze civili che non richiedono la presenza di soggetti diversi dai difensori delle parti mediante lo scambio e il deposito in telematico di note scritte contenenti le sole istanze e conclusioni, e la successiva adozione fuori udienza del provvedimento del giudice;

h-bis) lo svolgimento dell'attività degli ausiliari del giudice con collegamenti da remoto tali da salvaguardare il contraddittorio e l'effettiva partecipazione delle parti (8).

7-bis. Fermo quanto disposto per gli incontri tra genitori e figli in spazio neutro, ovvero alla presenza di operatori del servizio socio-assistenziale, disposti con provvedimento giudiziale fino al 31 maggio 2020, dopo tale data è ripristinata la continuità degli incontri protetti tra genitori e figli già autorizzata dal tribunale per i minorenni per tutti i servizi residenziali, non residenziali e semiresidenziali per i minorenni, nonché negli spazi neutri, favorendo le condizioni che consentono le misure di distanziamento sociale. La sospensione degli incontri, nel caso in cui non sia possibile assicurare i collegamenti da remoto, può protrarsi esclusivamente in caso di taluno dei delitti di cui alla legge 19 luglio 2019, n. 69 (9).

8. Per il periodo di efficacia dei provvedimenti di cui al comma 7 che precludano la presentazione della domanda giudiziale è sospesa la decorrenza dei termini di prescrizione e decadenza dei diritti che possono essere esercitati esclusivamente mediante il compimento delle attività precluse dai provvedimenti medesimi (10).

9. Nei procedimenti penali il corso della prescrizione e i termini di cui agli articoli 303, 308, 309, comma 9, 311, commi 5 e 5-bis, e 324, comma 7, del codice di procedura penale e agli articoli 24, comma 2, e 27, comma 6, del decreto legislativo 6 settembre 2011, n. 159 rimangono sospesi per il tempo in cui il procedimento è rinviato ai sensi del comma 7, lettera g), e, in ogni caso, non oltre il 30 giugno 2020 (11).

10. Ai fini del computo di cui all'articolo 2 della legge 24 marzo 2001, n. 89, nei procedimenti rinviati a norma del presente articolo non si tiene conto del periodo compreso tra l'8 marzo e il 30 giugno 2020.

11. Dal 9 marzo 2020 al 30 giugno 2020, negli uffici che hanno la disponibilità del servizio di deposito telematico anche gli atti e documenti di cui all'articolo 16-bis, comma 1-bis, del decreto legge 18 ottobre 2012, n. 179, convertito, con modificazioni, dalla legge 17 dicembre 2012, n. 221, sono depositati esclusivamente con le modalità previste dal comma 1 del medesimo articolo. Gli obblighi di pagamento del contributo unificato di cui all'articolo 14 del decreto del Presidente della Repubblica 30 maggio 2002, n. 115, nonché l'anticipazione forfettaria di cui all'articolo 30 del medesimo decreto, connessi al deposito degli atti con le modalità previste dal periodo precedente, sono assolti con sistemi telematici di pagamento anche tramite la piattaforma tecnologica di cui all'articolo 5, comma 2, del decreto legislativo 7 marzo 2005, n. 82 (10).

11.1. Dal 9 marzo 2020 al 31 luglio 2020, nei procedimenti civili, contenziosi o di volontaria giurisdizione innanzi al tribunale e alla corte di appello, il deposito degli atti del magistrato ha luogo esclusivamente con modalità telematiche, nel rispetto della normativa anche regolamentare concernente la sottoscrizione, la trasmissione e la ricezione dei documenti informatici. È comunque consentito il deposito degli atti di cui al periodo precedente con modalità non telematiche quando i sistemi informatici del dominio giustizia non sono funzionanti (12).

11-bis. Nei procedimenti civili innanzi alla Corte di cassazione, sino al 30 giugno 2020, il deposito degli atti e dei documenti da parte degli avvocati può avvenire in modalità telematica nel rispetto della normativa anche regolamentare concernente la sottoscrizione, la trasmissione e la ricezione dei documenti informatici. L'attivazione del servizio è preceduta da un provvedimento del direttore generale dei sistemi informativi e automatizzati del Ministero della giustizia che accerta l'installazione e l'idoneità delle attrezzature informatiche, unitamente alla funzionalità dei servizi di comunicazione dei documenti informatici. Gli obblighi di pagamento del contributo unificato di cui all'articolo 14 del testo unico di cui al decreto del Presidente della Repubblica 30 maggio 2002, n. 115, nonché l'anticipazione forfettaria di cui all'articolo 30 del medesimo decreto, connessi al deposito telematico degli atti di costituzione in giudizio presso la Corte di cassazione, sono assolti con sistemi telematici di pagamento anche tramite la piattaforma tecnologica di cui all'articolo 5, comma 2, del codice di cui al decreto legislativo 7 marzo 2005, n. 82 (5).

12. Ferma l'applicazione dell'articolo 472, comma 3, del codice di procedura penale, dal 9 marzo 2020 al 30 giugno 2020, la partecipazione a qualsiasi udienza delle persone detenute, internate o in stato di custodia cautelare è assicurata, ove possibile, mediante videoconferenze o con collegamenti da remoto individuati e regolati con provvedimento del Direttore generale dei sistemi informativi e automatizzati del Ministero della giustizia, applicate, in quanto compatibili, le disposizioni di cui ai commi 3, 4 e 5 dell'articolo 146-bis delle norme di attuazione, di coordinamento e transitorie del codice di procedura penale, di cui al decreto legislativo 28 luglio 1989, n. 271 (10).

12-bis. Fermo quanto previsto dal comma 12, dal 9 marzo 2020 al 30 giugno 2020 le udienze penali che non richiedono la partecipazione di soggetti diversi dal pubblico ministero, dalle parti private e dai rispettivi difensori, dagli ausiliari del giudice, da ufficiali o agenti di polizia giudiziaria, da interpreti, consulenti o periti possono essere tenute mediante collegamenti da remoto individuati e regolati con provvedimento del direttore generale dei sistemi informativi e automatizzati del Ministero della giustizia. Lo svolgimento dell'udienza avviene con modalità idonee a salvaguardare il contraddittorio e l'effettiva partecipazione delle parti. Prima dell'udienza il giudice fa comunicare ai difensori delle parti, al pubblico ministero e agli altri soggetti di cui è prevista la partecipazione giorno, ora e modalità del collegamento. I difensori attestano l'identità dei soggetti assistiti, i quali, se liberi o sottoposti a misure cautelari diverse dalla custodia in carcere, partecipano all'udienza solo dalla medesima postazione da cui si collega il difensore. In caso di custodia dell'arrestato o del fermato in uno dei luoghi indicati dall'articolo 284, comma 1, del codice di procedura penale, la persona arrestata o fermata e il difensore possono partecipare all'udienza di convalida da remoto anche dal più vicino ufficio della polizia giudiziaria attrezzato per la videoconferenza, quando disponibile. In tal caso, l'identità della persona arrestata o formata è accertata dall'ufficiale di polizia giudiziaria presente. L'ausiliario del giudice partecipa all'udienza dall'ufficio giudiziario e dà atto nel verbale d'udienza delle modalità di collegamento da remoto utilizzate, delle modalità con cui si accerta l'identità dei soggetti partecipanti e di tutte le ulteriori operazioni, nonché dell'impossibilità dei soggetti non presenti fisicamente di sottoscrivere il verbale, ai sensi dell'articolo 137, comma 2, del codice di procedura penale, o di vistarlo, ai sensi dell'articolo 483, comma 1, del codice di procedura penale. Fermo quanto previsto dal comma 12, le disposizioni di cui al presente comma non si applicano, salvo che le parti vi acconsentano, alle udienze di discussione finale, in pubblica udienza o in camera di consiglio e a quelle nelle quali devono essere esaminati testimoni, parti, consulenti o periti (13).

12-ter. A decorrere dalla data di entrata in vigore della legge di conversione del presente decreto e sino al 30 giugno 2020, per la decisione sui ricorsi proposti per la trattazione a norma degli articoli 127 e 614 del codice di procedura penale la Corte di cassazione procede in Camera di consiglio senza l'intervento del procuratore generale e dei difensori delle altre parti, salvo che una delle parti private o il procuratore generale faccia richiesta di discussione orale. Entro il quindicesimo giorno precedente l'udienza, il procuratore generale formula le sue richieste con atto spedito alla cancelleria della Corte a mezzo di posta elettronica certificata. La cancelleria provvede immediatamente a inviare, con lo stesso mezzo, l'atto contenente le richieste ai difensori delle altre parti che, entro il quinto giorno antecedente l'udienza, possono presentare con atto scritto, inviato alla cancelleria della corte a mezzo di posta elettronica certificata, le conclusioni. Alla deliberazione si procede anche con le modalità di cui al comma 12-quinquies; non si applica l'articolo 615, comma 3, del codice di procedura penale e il dispositivo è comunicato alle parti. La richiesta di discussione orale è formulata per iscritto dal procuratore generale o dal difensore [del ricorrente] abilitato a norma dell'articolo 613 del codice di procedura penale entro il termine perentorio di venticinque giorni liberi prima dell'udienza e presentata, a mezzo di posta elettronica certificata, alla cancelleria. Le udienze fissate in data anteriore al venticinquesimo giorno successivo alla data di entrata in vigore della legge di conversione del presente decreto sono rinviate in modo da consentire il rispetto del termine previsto per la richiesta di discussione orale. Se la richiesta è formulata dal difensore del ricorrente, i termini di prescrizione e di custodia cautelare sono sospesi per il tempo in cui il procedimento è rinviato (14).

12-quater. Dal 9 marzo 2020 al 30 giugno, nel corso delle indagini preliminari il pubblico ministero e il giudice possono avvalersi di collegamenti da remoto, individuati e regolati con provvedimento del direttore generale dei sistemi informativi e automatizzati del Ministero della giustizia, per compiere atti che richiedono la partecipazione della persona sottoposta alle indagini, della persona offesa, del difensore, di consulenti, di esperti o di altre persone, nei casi in cui la presenza fisica di costoro non può essere assicurata senza mettere a rischio le esigenze di contenimento della diffusione del virus COVID-19. La partecipazione delle persone detenute, internate o in stato di custodia cautelare è assicurata con le modalità di cui al comma 12. Le persone chiamate a partecipare all'atto sono tempestivamente invitate a presentarsi presso il più vicino ufficio di polizia giudiziaria, che abbia in dotazione strumenti idonei ad assicurare il collegamento da remoto. Presso tale ufficio le persone partecipano al compimento dell'atto in presenza di un ufficiale o agente di polizia giudiziaria, che procede alla loro identificazione. Il compimento dell'atto avviene con modalità idonee a salvaguardarne, ove necessario, la segretezza e ad assicurare la possibilità per la persona sottoposta alle indagini di consultarsi riservatamente con il proprio difensore. Il difensore partecipa da remoto mediante collegamento dallo studio legale, salvo che decida di essere presente nel luogo ove si trova il suo assistito. Il pubblico ufficiale che redige il verbale dà atto nello stesso delle modalità di collegamento da remoto utilizzate, delle modalità con cui si accerta l'identità dei soggetti partecipanti e di tutte le ulteriori operazioni, nonché dell'impossibilità dei soggetti non presenti fisicamente di sottoscrivere il verbale, ai sensi dell'articolo 137, comma 2, del codice di procedura penale (5).

12-quater.1 – Sino al 31 luglio 2020, con uno o più decreti del Ministro della giustizia non aventi natura regolamentare, presso ciascun ufficio del pubblico ministero che ne faccia richiesta a norma del terzo periodo, è autorizzato il deposito con modalità telematica di memorie, documenti, richieste e istanze indicate dall'articolo 415-bis, comma 3, del codice di procedura penale, secondo le disposizioni stabilite con provvedimento del Direttore generale dei sistemi informativi e automatizzati del Ministero della giustizia, anche in deroga alle previsioni del decreto emanato ai sensi dell'articolo 4, comma 1, del decreto-legge 29 dicembre 2009, n. 193, convertito, con modificazioni, dalla legge 22 febbraio 2010, n. 24. Il deposito degli atti si intende eseguito al momento del rilascio della ricevuta di accettazione da parte dei sistemi ministeriali, secondo le modalità stabilite dal provvedimento direttoriale di cui al primo periodo. I decreti di cui al primo periodo sono adottati su richiesta degli uffici del pubblico ministero, previo accertamento da parte del Direttore generale dei sistemi informativi e automatizzati del Ministero della giustizia della funzionalità dei servizi di comunicazione dei documenti informatici (15).

12-quater.2 – Sino al 31 luglio 2020, con uno o più decreti del Ministro della giustizia non aventi natura regolamentare, presso ciascun ufficio del pubblico ministero che ne faccia richiesta a norma del terzo periodo, gli ufficiali e agenti di polizia giudiziaria sono autorizzati a comunicare agli uffici del pubblico ministero atti e documenti in modalità telematica, secondo le disposizioni stabilite con provvedimento del Direttore generale dei sistemi informativi e automatizzati del Ministero della giustizia, anche in deroga alle previsioni del decreto emanato ai sensi dell'articolo 4, comma 1, del decreto-legge 29 dicembre 2009, n. 193, convertito, con modificazioni, dalla legge 22 febbraio 2010, n. 24. La comunicazione di cui al periodo che precede si intende eseguita al momento del rilascio della ricevuta di accettazione da parte dei sistemi ministeriali, secondo le modalità stabilite dal provvedimento direttoriale di cui al periodo che precede. I decreti di cui al primo periodo sono adottati su richiesta degli uffici del pubblico ministero, previo accertamento da parte del Direttore generale dei sistemi informativi e automatizzati del Ministero della giustizia della funzionalità dei servizi di comunicazione dei documenti informatici (15).

12-quinquies. Dal 9 marzo 2020 al 30 giugno 2020, nei procedimenti civili e penali non sospesi, le deliberazioni collegiali in camera di consiglio possono essere assunte mediante collegamenti da remoto individuati e regolati con provvedimento del direttore generale dei sistemi informativi e automatizzati del Ministero della giustizia. Il luogo da cui si collegano i magistrati è considerato Camera di consiglio a tutti gli effetti di legge. Nei procedimenti penali, dopo la deliberazione, il presidente del collegio o il componente del collegio da lui delegato sottoscrive il dispositivo della sentenza o l'ordinanza e il provvedimento è depositato in cancelleria ai fini dell'inserimento nel fascicolo il prima possibile e, in ogni caso, immediatamente dopo la cessazione dell'emergenza sanitaria. Nei procedimenti penali, le disposizioni di cui al presente comma non si applicano alle deliberazioni conseguenti alle udienze di discussione finale, in pubblica udienza o in camera di consiglio, svolte senza il ricorso a collegamento da remoto (16).

13. Le comunicazioni e le notificazioni relative agli avvisi e ai provvedimenti adottati nei procedimenti penali ai sensi del presente articolo, nonché dell'articolo 10 del decreto-legge 2 marzo 2020, n. 9, sono effettuate attraverso il Sistema di notificazioni e comunicazioni telematiche penali ai sensi dell'articolo 16 del decreto-legge 18 ottobre 2012, n. 179, convertito, con modificazioni, dalla legge 17 dicembre 2012, n. 221, o attraverso sistemi telematici individuati e regolati con provvedimento del Direttore generale dei sistemi informativi e automatizzati del Ministero della giustizia.

14. Le comunicazioni e le notificazioni degli avvisi e dei provvedimenti indicati al comma 13 agli imputati e alle altre parti sono eseguite mediante invio all'indirizzo di posta elettronica certificata di sistema del difensore di fiducia, ferme restando le notifiche che per legge si effettuano presso il difensore d'ufficio.

15. Tutti gli uffici giudiziari sono autorizzati all'utilizzo del Sistema di notificazioni e comunicazioni telematiche penali per le comunicazioni e le notificazioni di avvisi e provvedimenti indicati ai commi 13 e 14, senza necessità di ulteriore verifica o accertamento di cui all'articolo 16, comma 10, del decreto-legge 18 ottobre 2012, n. 179, convertito, con modificazioni, dalla legge 17 dicembre 2012, n. 221.

16. Negli istituti penitenziari e negli istituti penali per minorenni, a decorrere dal 9 marzo 2020 e sino alla data del 22 marzo 2020, i colloqui con i congiunti o con altre persone cui hanno diritto i condannati, gli internati e gli imputati a norma degli articoli 18 della legge 26 luglio 1975, n. 354, 37 del decreto del Presidente della Repubblica 30 giugno 2000, n. 230, e 19 del decreto legislativo 2 ottobre 2018, n. 121, sono svolti a distanza, mediante, ove possibile, apparecchiature e collegamenti di cui dispone l'amministrazione penitenziaria e minorile o mediante corrispondenza telefonica, che può essere autorizzata oltre i limiti di cui all'articolo 39, comma 2, del predetto decreto del Presidente della Repubblica n. 230 del 2000 e all'articolo 19, comma 1, del decreto legislativo n. 121 del 2018.

17. Tenuto conto delle evidenze rappresentate dall'autorità sanitaria, la magistratura di sorveglianza può sospendere, nel periodo compreso tra il 9 marzo 2020 ed il 31 maggio 2020, la concessione dei permessi premio di cui all'articolo 30-ter della legge 26 luglio 1975, n. 354, e del regime di semilibertà ai sensi dell'articolo 48 della medesima legge e del decreto legislativo 2 ottobre 2018, n. 121 (10).

18. Le sessioni delle Corti di assise e delle Corti di assise di appello di cui all'articolo 7 della legge 10 aprile 1951, n. 287, in corso alla data di entrata in vigore del presente decreto, sono prorogate fino alla data del 30 giugno 2020.

19. In deroga al disposto dell'articolo 1, comma 1, del decreto legislativo 28 febbraio 2008, n. 35, per l'anno 2020 le elezioni per il rinnovo dei componenti del consiglio giudiziario e del consiglio direttivo della Corte di cassazione si svolgono la prima domenica e il lunedì successivo del mese di ottobre.

20. Dal 9 marzo 2020 al 11 maggio 2020 sono altresì sospesi i termini per lo svolgimento di qualunque attività nei procedimenti di mediazione ai sensi del decreto legislativo 4 marzo 2010, n. 28, nei procedimenti di negoziazione assistita ai sensi del decreto-legge 12 settembre 2014, n. 132, convertito, con modificazioni, dalla legge 10 novembre 2014, n. 162, nonché in tutti i procedimenti di risoluzione stragiudiziale delle controversie regolati dalle disposizioni vigenti, quando i predetti procedimenti siano stati introdotti o risultino già pendenti a far data dal 9 marzo fino al 11 maggio 2020. Sono conseguentemente sospesi i termini di durata massima dei medesimi procedimenti (17).

20-bis. Nel periodo dal 9 marzo al 30 giugno 2020, gli incontri di mediazione in ogni caso possono svolgersi in via telematica con il preventivo consenso di tutte le parti coinvolte nel procedimento. Anche successivamente a tale periodo gli incontri potranno essere svolti, con il preventivo consenso di tutte le parti coinvolte nel procedimento, in via telematica, ai sensi dell'articolo 3, comma 4, del decreto legislativo 4 marzo 2010, n. 28, mediante sistemi di videoconferenza. In caso di procedura telematica l'avvocato, che sottoscrive con firma digitale, può dichiarare autografa la sottoscrizione del proprio cliente collegato da remoto ed apposta in calce al verbale ed all'accordo di conciliazione. Il verbale relativo al procedimento di mediazione svoltosi in modalità telematica è sottoscritto dal mediatore e dagli avvocati delle parti con firma digitale ai fini dell'esecutività dell'accordo prevista dall'articolo 12 del decreto legislativo 4 marzo 2010, n. 28. Il mediatore, apposta la propria sottoscrizione digitale, trasmette tramite posta elettronica certificata agli avvocati delle parti l'accordo così formato. In tali casi l'istanza di notificazione dell'accordo di mediazione può essere trasmessa all'ufficiale giudiziario mediante l'invio di un messaggio di posta elettronica certificata. L'ufficiale giudiziario estrae dall'allegato del messaggio di posta elettronica ricevuto le copie analogiche necessarie ed esegue la notificazione ai sensi degli articoli 137 e seguenti del codice di procedura civile, mediante consegna di copia analogica dell'atto da lui dichiarata conforme all'originale ai sensi dell'articolo 23, comma 1, del codice dell'amministrazione digitale, di cui al decreto legislativo 7 marzo 2005, n. 82 (18).

[20-ter. Fino alla cessazione delle misure di distanziamento previste dalla legislazione emergenziale in materia di prevenzione del contagio da COVID-19, nei procedimenti civili la sottoscrizione della procura alle liti può essere apposta dalla parte anche su un documento analogico trasmesso al difensore, anche in copia informatica per immagine, unitamente a copia di un documento di identità in corso di validità, anche a mezzo di strumenti di comunicazione elettronica. In tal caso, l'avvocato certifica l'autografia mediante la sola apposizione della propria firma digitale sulla copia informatica della procura. La procura si considera apposta in calce, ai sensi dell'articolo 83 del codice di procedura civile, se è congiunta all'atto cui si riferisce mediante gli strumenti informatici individuati con decreto del Ministero della giustizia.] (19).

21. Le disposizioni del presente articolo, in quanto compatibili, si applicano altresì ai procedimenti relativi alle giurisdizioni speciali non contemplate dal presente decreto-legge, agli arbitrati rituali, alle commissioni tributarie e alla magistratura militare (10).

22. Sono abrogati gli articoli 1 e 2 del decreto-legge 8 marzo 2020, n. 11.*

(A) In riferimento ai primi chiarimenti in merito ai termini per il pagamento degli importi dovuti a seguito di accertamenti esecutivi, di cui al presente articolo vedi: Circolare Agenzia delle Entrate 20/3/2020, n. 5/E; Linee guida CSM – Consiglio Superiore della Magistratura 04/06/2020, n. 166614.

• In riferimento al Covid-19. Rinvio delle udienze e sospensione dei termini processuali ad ampio raggio, di cui al presente articolo, vedi: Comunicato stampa Agenzia delle Entrate 16/4/2020, n. 27/E; Circolare Agenzia delle Entrate 16/4/2020, n. 10/E.

• In riferimento alle prime indicazioni in merito alle disposizioni recate dal presente articolo come modificato dal decreto l. 8/4/2020, n. 23 «D.l. imprese» vedi: Circolare Ministero dello sviluppo economico 15/4/2020, n. 3723/C.

• In riferimento alla prevenzione della diffusione del contagio da coronavirus – informazioni riassuntive su attività svolte e prime direttive in tema di organizzative per avvio cd. "fase due", di cui al presente articolo, vedi: Circolare Ministero della Giustizia 2/5/2020, n. 166316.

• In riferimento all'Emergenza COVID-19. Chiarimenti in ordine alla sospensione dei termini in materia assistenziale ai sensi del presente articolo, vedi: Messaggio INPS – Istituto nazionale previdenza sociale 20/5/2020, n. 2097.

(1) A norma dell'art. 36, co. 1, d.l. 8/4/2020, n. 23, conv., con modif., dalla l. 5/6/2020, n. 40, il termine del 15/4/2020 previsto dal presente comma è prorogato all'11/5/2020.

(2) A norma dell'art. 36, co. 1, d.l. 8/4/2020, n. 23, conv., con modif., dalla l. 5/6/2020, n. 40, il termine del 15/4/2020 previsto dal presente comma è prorogato all'11/5/2020. Comma da ultimo modificato dall'art. 221, co. 1, d.l. 19/5/2020, n. 34, conv., con modif., dalla l. 17/7/2020, n. 77. Vedi inoltre l'art. 158, co. 1, del medesimo d.l. n. 34/2020 conv., con modif., dalla l. 17/7/2020, n. 77.

(3) Lettera modificata dall'art. 1, co. 1, l. 24/4/2020, n. 27, in sede di conversione e successivamente dall'art. 3, co. 1, lett. a), n. 1, d.l. 30/4/2020, n. 28, conv., con modif., dalla l. 25/6/2020, n. 70.

(4) Lettera modificata dall'art. 1, co. 1, l. 24/4/2020, n. 27, in sede di conversione e successivamente dall'art. 3, co. 1, lett. a), n. 2, d.l. 30/4/2020, n. 28, conv., con modif., dalla l. 25/6/2020, n. 70.

(5) Comma inserito dall'art. 1, co. 1, l. 24/4/2020, n. 27, in sede di conversione.

(6) A norma dell'art. 36, co. 1, d.l. 8/4/2020, n. 23, conv., con modif., dalla l. 5/6/2020, n. 40, il termine iniziale del periodo previsto dal comma è fissato al 12/5/2020. Comma da ultimo modificato dall'art. 3, co. 1, lett. b) e b-bis), d.l. 30/4/2020, n. 28, conv., con modif., dalla l. 25/6/2020, n. 70.

(7) Lettera modificata dall'art. 1, co. 1, l. 24/4/2020, n. 27, in sede di conversione, e successivamente dall'art. 3, co. 1, lett. c), d.l. 30/4/2020, n. 28, conv., con modif., dalla l. 25/6/2020, n. 70.

(8) Lettera aggiunta dall'art. 1, co. 1, l. 24/4/2020, n. 27, in sede di conversione.

(9) Comma aggiunto dall'art. 1, co. 1, l. 24/4/2020, n. 27, in sede di conversione, e successivamente sostituito dall'art. 3, co. 1, lett. c-bis), d.l. 30/4/2020, n. 28, conv., con modif., dalla l. 25/6/2020, n. 70.

(10) Comma modificato dall'art. 1, co. 1, l. 24/4/2020, n. 27, in sede di conversione.

(11) Comma modificato dall'art. 1, co. 1, l. 24/4/2020, n. 27, in sede di conversione.

• La Corte costituzionale, con sent. 6/7/2021, n. 140, (in G.U. 7/7/2021, n. 27), ha dichiarato l'illegittimità costituzionale del presente comma, nella parte in cui prevede la sospensione del corso della prescrizione per il tempo in cui i procedimenti penali sono rinviati ai sensi del precedente co. 7, lett. g), e in ogni caso non oltre il 30/6/2020.

(12) Comma inserito dall'art. 3, co. 1, lett. c-ter), d.l. 30/4/2020, n. 28, conv., con modif., dalla l. 25/6/2020, n. 70.

(13) Comma inserito dall'art. 1, co. 1, l. 24/4/2020, n. 27, in sede di conversione e successivamente modificato dall'art. 3, co. 1, lett. d), d.l. 30/4/2020, n. 28, conv., con modif., dalla l. 25/6/2020, n. 70.

(14) Comma inserito dall'art. 1, co. 1, l. 24/4/2020, n. 27, in sede di conversione e successivamente modificato dall'art. 3, co. 1, lett. e), d.l. 30/4/2020, n. 28, conv., con modif., dalla l. 25/6/2020, n. 70.

(15) Comma aggiunto dall'art. 3, co. 1, lett. f), d.l. 30/4/2020, n. 28, conv., con modif., dalla l. 25/6/2020, n. 70.

(16) Comma inserito dall'art. 1, co. 1, l. 24/4/2020, n. 27, in sede di conversione e successivamente modificato dall'art. 3, co. 1, lett. g), d.l. 30/4/2020, n. 28, conv., con modif., dalla l. 25/6/2020, n. 70.

(17) Comma sostituito dall'art. 1, co. 1, l. 24/4/2020, n. 27, in sede di conversione e successivamente modificato dall'art. 3, co. 1, lett. h), d.l. 30/4/2020, n. 28, conv., con modif., dalla l. 25/6/2020, n. 70.

(18) Comma aggiunto dall'art. 1, co. 1, l. 24/4/2020, n. 27, in sede di conversione e successivamente modificato dall'art. 3, co. 1, lett. h-bis), d.l. 30/4/2020, n. 28, conv., con modif., dalla l. 25/6/2020, n. 70.

(19) Comma aggiunto dall'art. 1, co. 1, l. 24/4/2020, n. 27, in sede di conversione e successivamente abrogato dall'art. 66-bis, co. 12, d.l. 31/5/2021, n. 77, conv., con modif., dalla l. 29/7/2021, n. 108.

* Comma soppresso dall'art. 1, co. 1, l. 24/4/2020, n. 27, in sede di conversione.

Omissis.

125. Proroga dei termini nel settore assicurativo e per opere di efficientamento energetico e sviluppo territoriale sostenibile dei piccoli comuni. – 1. Per l'anno 2020, i termini previsti dall'articolo 30, comma 14-bis, del decreto-legge 30 aprile 2019, n. 34, convertito, con modificazioni, dalla legge 28 giugno 2019, n. 58, sono prorogati di sei mesi.

2. Per i contratti scaduti e non ancora rinnovati e per i contratti che scadono nel periodo compreso tra il 21 febbraio 2020 e il 31 luglio 2020, il termine di cui all'articolo 170-bis, comma 1, del codice di cui al decreto legislativo 7 settembre 2005, n. 209, entro cui l'impresa di assicurazione è tenuta a mantenere operante la garanzia prestata con il contratto assicurativo fino all'effetto della nuova polizza, è prorogato di ulteriori quindici giorni (1).

2-bis. Su richiesta dell'assicurato possono essere sospesi, per il periodo richiesto dall'assicurato stesso e sino al 31 luglio 2020, i contratti di assicurazione obbligatoria per la responsabilità civile derivante dalla circolazione dei veicoli a motore e dei natanti. La sospensione opera dal giorno in cui l'impresa di assicurazione ha ricevuto la richiesta di sospensione da parte dell'assicurato e sino al 31 luglio 2020. Conseguentemente le società assicuratrici non possono applicare penali o oneri di qualsiasi tipo in danno dell'assicurato richiedente la sospensione e la durata dei contratti è prorogata di un numero di giorni pari a quelli di sospensione senza oneri per l'assicurato. La sospensione del contratto conseguita in applicazione del presente comma è aggiuntiva e non sostitutiva di analoghe facoltà contrattualmente previste in favore dell'assicurato, che restano pertanto esercitabili. Durante il periodo di sospensione previsto dal presente comma, il veicolo per cui l'assicurato ha chiesto la sospensione non può in alcun caso circolare né stazionare su strada pubblica o su area equiparata a strada pubblica in quanto temporaneamente privo dell'assicurazione obbligatoria, ai sensi dell'articolo 2054 del codice civile, contro i rischi della responsabilità civile derivante dalla circolazione (2).

3. Fino al 31 luglio 2020, i termini di cui all'art. 148, commi 1 e 2 del decreto legislativo 7 settembre 2005, n. 209, per la formulazione dell'offerta o della motivata contestazione, nei casi di necessario intervento di un perito o del medico legale ai fini della valutazione del danno alle cose o alle persone, sono prorogati di ulteriori 60 giorni.

4. In considerazione degli effetti determinati dalla situazione straordinaria di emergenza sanitaria derivante dalla diffusione dell'epidemia da COVID-19, al fine di contrastare le difficoltà finanziarie delle piccole e medie imprese e facilitarne l'accesso al credito, l'Unioncamere e le camere di commercio, industria, artigianato e agricoltura, nell'anno in corso, a valere sulle risorse disponibili dei rispettivi bilanci, possono realizzare specifici interventi, anche tramite appositi accordi con il fondo centrale di garanzia, con altri organismi di garanzia, nonché con soggetti del sistema creditizio e finanziario. Per le stesse finalità, le camere di commercio e le loro società in house sono, altresì, autorizzate ad intervenire mediante l'erogazione di finanziamenti con risorse reperite avvalendosi di una piattaforma on line di social lending e di crowdfunding, tenendo apposita contabilizzazione separata dei proventi conseguiti e delle corrispondenti erogazioni effettuate (3).

(1) Comma sostituito dall'art. 1, co. 1, l. 24/4/2020, n. 27.

(2) Comma inserito dall'art. 1, co. 1, l. 24/4/2020, n. 27.

(3) Comma modificato dall'art. 1, co. 1, l. 24/4/2020, n. 27.

D.l. 8 aprile 2020, n. 23

conv., con modif., dalla l. 5 giugno 2020, n. 40

Misure urgenti in materia di accesso al credito e di adempimenti fiscali per le imprese, di poteri speciali nei settori strategici, nonché interventi in materia di salute e lavoro, di proroga di termini amministrativi e processuali (DECRETO LIQUIDITÀ)

(*Estratto art. 36*)

Capo V
Disposizioni in materia di termini processuali e procedimentali

36. Termini processuali in materia di giustizia civile, penale, amministrativa, contabile, tributaria e militare. – 1. Il termine del 15 aprile 2020 previsto dall'articolo 83, commi 1 e 2, del decreto-legge 17 marzo 2020, n. 18 è prorogato all'11 maggio 2020. Conseguentemente il termine iniziale del periodo previsto dal comma 6 del predetto articolo è fissato al 12 maggio 2020. Le disposizioni del presente articolo si applicano, in quanto compatibili, ai procedimenti di cui ai commi 20 e 21 dell'articolo 83 del decreto-legge n. 18 del 2020.

2. La disposizione di cui al comma 1 non si applica ai procedimenti penali in cui i termini di cui all'articolo 304 del codice di procedura penale scadono nei sei mesi successivi all'11 maggio 2020.

3. Nei giudizi disciplinati dal codice del processo amministrativo, di cui all'allegato 1 al decreto legislativo 2 luglio 2010, n. 104, sono ulteriormente sospesi, dal 16 aprile al 3 maggio 2020 inclusi, esclusivamente i termini per la notificazione dei ricorsi, fermo restando quanto previsto dall'articolo 54, comma 3, dello stesso codice (1).

4. La proroga del termine di cui al comma 1, primo periodo, si applica altresì a tutte le funzioni e attività della Corte dei conti, come elencate nell'articolo 85 del decreto legge 17 marzo 2020, n. 18. Conseguentemente il termine iniziale del periodo previsto dal comma 5 del predetto articolo 85 è fissato al 12 maggio 2020.

(1) Comma modificato dall'art. 1, co. 1, l. 5/6/2020, n. 40.

D.l. 19 maggio 2020, n. 34

conv., con modif., dalla l. 17 luglio 2020, n. 77

Misure urgenti in materia di salute, sostegno al lavoro e all'economia, nonché di politiche sociali connesse all'emergenza epidemiologica da COVID-19 (DECRETO RILANCIO)

(*Estratto, art. 158*)

158. Cumulabilità della sospensione dei termini processuali e della sospensione nell'ambito del procedimento di accertamento con adesione. – 1. Ai sensi del comma 2 dell'articolo 1 della legge 27 luglio 2000, n. 212, la sospensione dei termini processuali prevista dall'articolo 83, comma 2 del decreto-legge 17 marzo 2020, n. 18, convertito, con modificazioni, dalla legge 24 aprile 2020, n. 27, si intende cumulabile in ogni caso con la sospensione del termine di impugnazione prevista dalla procedura di accertamento con adesione.

PROTEZIONE INTERNAZIONALE

D.l. 19 maggio 2020, n. 34

conv., con modif., dalla l. 17 luglio 2020, n. 77

Misure urgenti in materia di salute, sostegno al lavoro e all'economia, nonché di politiche sociali connesse all'emergenza epidemiologica da COVID-19 (DECRETO RILANCIO)

(*Estratto, art. 16*)

16. Misure straordinarie di accoglienza. – 1. I posti disponibili nelle strutture del Sistema di protezione di cui all'articolo 1-sexies del decreto-legge 30 dicembre 1989, n. 416, convertito, con modificazioni, dalla legge 28 febbraio 1990, n. 39, per un termine non superiore ai sei mesi successivi alla cessazione dello stato di emergenza di cui alla delibera del Consiglio dei Ministri del 31 gennaio 2020, possono essere utilizzati per l'accoglienza dei richiedenti protezione internazionale, fermo restando quanto previsto dal decreto-legislativo 18 agosto 2015, n. 142, e successive modificazioni, in materia di servizi per l'accoglienza. All'attuazione del presente comma, si provvede senza nuovi o maggiori oneri a carico della finanza pubblica con le risorse disponibili a legislazione vigente sui pertinenti capitoli dello stato di previsione del Ministero dell'interno.

TRIBUTI

D.l. 2 marzo 2020, n. 9

Misure urgenti di sostegno per famiglie, lavoratori e imprese connesse all'emergenza epidemiologica da COVID-19*

(*Estratto, art. 2, 4, 8*)

* Decreto abrogato dall'art. 1, co. 2, l. 24/4/2020, n. 27. Restano validi gli atti ed i provvedimenti adottati e sono fatti salvi gli effetti prodottisi e i rapporti giuridici sorti sulla base del medesimo articolo.

2. Sospensione dei termini di versamento dei carichi affidati all'agente della riscossione.* – *1. Con riferimento alle entrate tributarie e non tributarie e nei confronti delle persone fisiche che, alla data del 21 febbraio 2020, avevano la residenza ovvero la sede operativa nel territorio dei comuni individuati nell'allegato 1 al decreto del Presidente del Consiglio dei ministri del 1° marzo 2020, pubblicato nella Gazzetta Ufficiale n. 52 del 1° marzo 2020, e dei soggetti diversi dalla persone fisiche che, alla stessa data del 21 febbraio 2020, avevano nei medesimi comuni la sede legale o la sede operativa, sono sospesi i termini dei versamenti, scadenti nel periodo dal 21 febbraio al 30 aprile 2020, derivanti da cartelle di pagamento emesse dagli agenti della riscossione, nonché dagli avvisi previsti dagli articoli 29 e 30 del decreto-legge 31 maggio 2010, n. 78, convertito, con modificazioni, dalla legge 31 luglio 2010, n. 122. I versamenti oggetto di sospensione devono essere effettuati in unica soluzione entro il mese successivo al termine del periodo di sospensione. Non si procede al rimborso di quanto già versato. Si applicano le disposizioni di cui all'articolo 12 del decreto legislativo 24 settembre 2015, n. 159. 2. Le disposizioni del comma 1 si applicano anche agli atti di cui all'articolo 9, commi da 3-bis a 3-sexies, del decreto-legge 2 marzo 2012, n. 16, convertito, con modificazioni, dalla legge 26 aprile 2012, n. 44, e alle ingiunzioni di cui al regio decreto 14 aprile 1910, n. 639, emesse dagli enti territoriali, nonché agli atti di cui* *all'articolo 1, comma 792, della legge 27 dicembre 2019, n. 160. 3. Relativamente ai soggetti indicati dal comma 1, sono differiti al 31 maggio 2020 il termine di versamento del 28 febbraio 2020 di cui all'articolo 3, commi 2, lettera b) e 23 e all'articolo 5, comma 1, lettera d), del decreto-legge 23 ottobre 2018, n. 119, convertito, con modificazioni, dalla legge 17 dicembre 2018, n. 136, nonché all'articolo 16-bis, comma 1, lettera b), n. 2 del decreto-legge 30 aprile 2019, n. 34, convertito, con modificazioni, dalla legge 28 giugno 2019, n. 58, e quello del 31 marzo 2020 di cui all'articolo 1, comma 190, della legge 30 dicembre 2018, n. 145.*

* Articolo abrogato dall'art. 1, co. 2, l. 24/4/2020, n. 27. Restano validi gli atti ed i provvedimenti adottati e sono fatti salvi gli effetti prodottisi e i rapporti giuridici sorti sulla base del medesimo articolo.

Omissis.

4. Sospensione dei pagamenti delle utenze*. *– 1. L'Autorità di regolazione per energia, reti e ambiente, con riferimento ai settori dell'energia elettrica, dell'acqua e del gas, ivi inclusi i gas diversi dal gas naturale distribuiti a mezzo di reti canalizzate, e al ciclo integrato di gestione dei rifiuti urbani, con propri provvedimenti, prevede la sospensione temporanea, fino al 30 aprile 2020, dei termini di pagamento delle fatture e degli avvisi di pagamento emessi o da emettere, per i comuni individuati nell'allegato 1 al decreto del Presidente del Consiglio dei ministri del 1° marzo 2020. 2. Entro centoventi giorni dalla data di entrata in vigore del presente decreto-legge, l'Autorità di regolazione per energia, reti e ambiente, con propri provvedimenti, disciplina altresì le modalità di rateizzazione delle fatture e degli avvisi di pagamento i cui termini di pagamento sono stati sospesi ai sensi del comma 1, individuando, ove opportuno, anche le modalità per la relativa copertura nell'ambito delle componenti tariffarie, senza nuovi o maggiori oneri per la finanza pubblica. Il versamento delle somme oggetto di sospensione relative al pagamento del canone di abbonamento alle radioaudizioni di cui al regio decreto-legge 21 febbraio 1938, n. 246, convertito dalla legge 4 giugno 1938, n. 880, avviene, senza applicazione di sanzioni e interessi, in unica rata con la prima fattura dell'energia elettrica successiva al termine del periodo di sospensione.*

* Articolo abrogato dall'art. 1, co. 2, l. 24/4/2020, n. 27. Restano validi gli atti ed i provvedimenti adottati e sono fatti salvi gli effetti prodottisi e i rapporti giuridici sorti sulla base del medesimo articolo.

Omissis.

8. Sospensione di versamenti, ritenute, contributi e premi per il settore turistico-alberghiero*. *– 1. Per le imprese turistico-ricettive, le agenzie di viaggio e turismo e i tour operator, che hanno il domicilio fiscale, la sede legale o la sede operativa nel territorio dello Stato, sono sospesi, dalla data di entrata in vigore del presente decreto e fino al 30 aprile 2020: a) i termini relativi ai versamenti delle ritenute alla fonte, di cui agli articoli 23, e 24 del decreto del Presidente della Repubblica 29 settembre 1973, n. 600, che i predetti soggetti operano in qualità di sostituti d'imposta* (1)*; b) i termini relativi agli adempimenti e ai versamenti dei contributi previdenziali e assistenziali e dei premi per l'assicurazione obbligatoria. 2. I versamenti di cui al comma 1 sono effettuati, senza applicazione di sanzioni ed interessi, in un'unica soluzione entro il 31 maggio 2020. Non si fa luogo al rimborso delle ritenute, dei contributi previdenziali nonché assistenziali e dei premi per l'assicurazione obbligatoria già versati. 3. Per le imprese turistico-ricettive, le agenzie di viaggio e turismo e i tour operator che hanno il domicilio fiscale, la sede legale o la sede operativa nei comuni individuati nell'allegato 1 al decreto del Presidente del Consiglio dei ministri del 1° marzo 2020, restano ferme le disposizioni di cui all'articolo 1, comma 3, del decreto del Ministro dell'economia e delle finanze 24 febbraio 2020, pubblicato nella Gazzetta Ufficiale n. 48 del 26 febbraio 2020.*

* Articolo abrogato dall'art. 1, co. 2, l. 24/4/2020, n. 27. Re-stano validi gli atti ed i provvedimenti adottati e sono fatti salvi gli effetti prodottisi e i rapporti giuridici sorti sulla base del medesimo articolo.

• Vedi l'art. 61, co. 2, d.l. 17/3/2020, n. 18, conv., in l. 24/4/2020, n. 27.

(1) Lettera modificata dall'art. 61, co. 1, d.l. 17/3/2020, n. 18, conv., in l. 24/4/2020, n. 27.

D.l. 8 aprile 2020, n. 23

conv., con modif., dalla l. 5 giugno 2020, n. 40

Misure urgenti in materia di accesso al credito e di adempimenti fiscali per le imprese, di poteri speciali nei settori strategici, nonché interventi in materia di salute e lavoro, di proroga di termini amministrativi e processuali (DECRETO LIQUIDITÀ)

(*Estratto, artt. 18-26, 29*)

Capo IV
Misure fiscali e contabili

18. Sospensione di versamenti tributari e contributivi. – 1. Per i soggetti esercenti attività d'impresa, arte o professione, che hanno il domicilio fiscale, la sede legale o la sede operativa nel territorio dello Stato con ricavi o compensi non superiori a 50 milioni di euro nel periodo di imposta precedente a quello in corso alla data di entrata in vigore del presente decreto, che hanno subito una diminuzione del fatturato o dei corrispettivi di almeno il 33 per cento nel mese di marzo 2020 rispetto allo stesso mese del precedente periodo d'imposta e nel mese di aprile 2020 rispetto allo stesso mese del precedente periodo d'imposta, sono sospesi, rispettivamente, per i mesi di aprile e di maggio 2020, i termini dei versamenti in autoliquidazione relativi:

a) alle ritenute alla fonte di cui agli articoli 23 e 24 del decreto del Presidente della Repubblica 29 settembre 1973, n. 600, e alle trattenute relative all'addizionale regionale e comunale, che i predetti soggetti operano in qualità di sostituti d'imposta;

b) all'imposta sul valore aggiunto (1).

2. Per i soggetti di cui al comma 1 sono sospesi, altresì, per i mesi di aprile e di maggio 2020, i termini dei versamenti dei contributi previdenziali e assistenziali e dei premi per l'assicurazione obbligatoria (1).

3. Per i soggetti esercenti attività d'impresa, arte o professione, che hanno il domicilio fiscale, la sede legale o la sede operativa nel territorio dello Stato con ricavi o compensi superiori a 50 milioni di euro nel periodo di imposta precedente a quello in corso alla data di entrata in vigore del presente decreto, che hanno subito una diminuzione del fatturato o dei corrispettivi di almeno il 50 per cento nel mese di marzo 2020 rispetto allo stesso mese del precedente periodo d'imposta e nel mese di aprile 2020 rispetto allo stesso mese del precedente periodo d'imposta, sono sospesi, rispettivamente, per i mesi di aprile e di maggio 2020, i termini dei versamenti in autoliquidazione relativi:

a) alle ritenute alla fonte di cui agli articoli 23 e 24 del decreto del Presidente della Repubblica 29 settembre 1973, n. 600, e alle trattenute relative all'addizionale regionale e comunale, che i predetti soggetti operano in qualità di sostituti d'imposta;

b) all'imposta sul valore aggiunto (1).

4. Per i soggetti di cui al comma 3 sono sospesi, altresì, per i mesi di aprile e di maggio 2020, i termini dei versamenti dei contributi previdenziali e assistenziali e dei premi per l'assicurazione obbligatoria (1).

5. I versamenti di cui ai commi da 1 a 4 sono sospesi anche per i soggetti esercenti attività d'impresa, arti o professione, che hanno il domicilio fiscale, la sede legale o la sede operativa nel territorio dello Stato e che hanno intrapreso l'attività di impresa, di arte o professione, in data successiva al 31 marzo 2019. I versamenti di cui alle lettere a) dei predetti commi 1 e 3 nonché quelli di cui ai commi 2 e 4 sono altresì sospesi per gli enti non commerciali, compresi gli enti del terzo settore e gli enti religiosi civilmente riconosciuti, che svolgono attività istituzionale di interesse generale non in regime d'impresa (1).

6. La sospensione dei versamenti dell'imposta sul valore aggiunto si applica per i mesi di aprile e maggio 2020, a prescindere dal volume dei ricavi e dei compensi del periodo d'imposta precedente, ai soggetti esercenti attività d'impresa, arte o professione, che hanno il domicilio fiscale, la sede legale o la sede operativa nelle province di Bergamo, Brescia, Cremona, Lodi, Piacenza, Alessandria e Asti, che hanno subito rispettivamente una diminuzione del fatturato o dei corrispettivi di almeno il 33 per cento nel mese di marzo 2020 rispetto allo stesso mese del precedente periodo d'imposta e nel mese di aprile 2020 rispetto allo stesso mese del precedente periodo d'imposta (2).

7. I versamenti sospesi ai sensi dei commi 1, 2, 3, 4, 5 e 6 sono effettuati, senza applicazione di sanzioni ed interessi, in un'unica soluzione entro il 30 giugno 2020 o mediante rateizzazione fino a un massimo di 5 rate mensili di pari importo a decorrere dal medesimo mese di giugno 2020. Non si fa luogo al rimborso di quanto già versato.

8. Per i soggetti aventi diritto restano ferme, per il mese di aprile 2020, le disposizioni [dell'articolo 8, comma 1, del decreto-legge 2 marzo 2020, n. 9, e] dell'articolo 61, commi 1 e 2, del decreto-legge 17 marzo 2020, n. 18, e, per i mesi di aprile 2020 e maggio 2020, le disposizioni dell'articolo 61, comma 5, del decreto-legge 17 marzo 2020, n. 18. La ripresa della riscossione dei versamenti sospesi resta disciplinata dall'articolo 61, commi 4 e 5, del decreto-legge 17 marzo 2020, n. 18 (2).

8-bis. I termini per il versamento del prelievo erariale unico sugli apparecchi di cui all'articolo 110, comma 6, lettere a) e b), del testo unico delle leggi di pubblica sicurezza, di cui al regio decreto 18 giugno 1931, n. 773, e del relativo canone concessorio in scadenza entro il 30 agosto 2020 sono prorogati al 22 settembre 2020. Le somme dovute possono essere versate con rate mensili di pari importo, con applicazione degli interessi legali calcolati giorno per giorno; la prima rata è versata entro il 22 settembre 2020 e le successive entro l'ultimo giorno del mese; l'ultima rata è versata entro il 18 dicembre 2020 (3).

9. L'INPS, l'INAIL e gli enti gestori di forme obbligatorie di previdenza e assistenza di cui ai decreti legislativi 30 giugno 1994, n. 509 e 10 febbraio 1996, n. 103, comunicano all'Agenzia delle entrate i dati identificativi dei soggetti che hanno effettuato la sospensione del versamento dei contributi previdenziali e assistenziali e dei premi di assicurazione obbligatoria di cui ai commi precedenti. L'Agenzia delle entrate, nei tempi consentiti dagli adempimenti informativi fiscali previsti dalla normativa vigente, comunica ai predetti enti previdenziali l'esito dei riscontri effettuati sulla verifica dei requisiti sul fatturato e sui corrispettivi di cui ai commi 1, 2, 3, 4 e 6 con modalità e termini definiti con accordi di cooperazione tra le parti. Analoga procedura si applica con riferimento ai soggetti di cui all'articolo 62, comma 2, del decreto legge 17 marzo 2020, n. 18.

(1) Per una proroga dei termini di ripresa della riscossione dei versamenti sospesi vedi art. 126, co. 1, d.l. 19/5/2020, n. 34.

(2) Comma modificato dall'art. 1, co. 1, l. 5/6/2020, n. 40.

(3) Comma inserito dall'art. 1, co. 1, l. 5/6/2020, n. 40.

18 bis. Sospensione del versamento dei canoni per l'uso di beni immobili appartenenti allo Stato (1). – 1. Al fine di garantire la continuità delle imprese colpite dall'emergenza da COVID-19 e i livelli occupazionali, il pagamento dei canoni dovuti per il periodo dal 1° marzo 2020 al 31 luglio 2020 per l'uso, in regime di concessione o di locazione, di beni immobili appartenenti allo Stato ai sensi del regolamento di cui al decreto del Presidente della Repubblica 13 settembre 2005, n. 296, è sospeso. Al pagamento dei canoni sospesi ai sensi del primo periodo, da effettuare, anche mediante rateazione, senza applicazione di interessi, entro il 31 ottobre 2020, si provvede secondo le modalità stabilite dall'autorità concedente. Sono comunque fatti salvi i pagamenti già eseguiti alla data di entrata in vigore della legge di conversione del presente decreto.

(1) Articolo inserito dall'art. 1, co. 1, l. 5/6/2020, n. 40.

19. Proroga sospensione ritenute sui redditi di lavoro autonomo e sulle provvigioni inerenti rapporti di commissione, di agenzia, di mediazione, di rappresentanza di commercio e di procacciamento d'affari. – 1. Per i soggetti che hanno il domicilio fiscale, la sede legale o la sede operativa nel territorio dello Stato con ricavi o compensi non superiori a euro 400.000 nel periodo di imposta precedente a quello in corso alla data del 17 marzo 2020, i ricavi e i compensi percepiti nel periodo compreso tra il 17 marzo 2020 e il 31 maggio 2020 non sono assoggettati alle ritenute d'acconto di cui agli articoli 25 e 25-bis del decreto del Presidente della Repubblica 29 settembre 1973, n. 600, da parte del sostituto d'imposta, a condizione che nel mese precedente non abbiano sostenuto spese per prestazioni di lavoro dipendente o assimilato. I contribuenti, che si avvalgono della presente opzione, rilasciano un'apposita dichiarazione dalla quale risulti che i ricavi e compensi non sono soggetti a ritenuta ai sensi della presente disposizione e provvedono a versare l'ammontare delle ritenute d'acconto non operate dal sostituto in un'unica soluzione entro il 31 luglio 2020 o mediante rateizzazione fino a un massimo di 5 rate mensili di pari importo a decorrere dal mese di luglio 2020, senza applicazione di sanzioni e interessi.

2. Il comma 7, dell'articolo 62, del decreto-legge 17 marzo 2020, n. 18 è abrogato.

20. Metodo previsionale per la determinazione degli acconti da versare nel mese di giugno (1). – 1. Le disposizioni concernenti le sanzioni e gli interessi per il caso di omesso o di insufficiente versamento degli acconti dell'imposta sul reddito delle persone fisiche, dell'imposta sul reddito delle società e dell'imposta regionale sulle attività produttive non si applicano in caso di insufficiente versamento delle somme dovute se l'importo versato non è inferiore all'ottanta per cento della somma che risulterebbe dovuta a titolo di acconto sulla base della dichiarazione relativa al periodo di imposta in corso.

2. Le disposizioni di cui al comma 1 si applicano esclusivamente agli acconti dovuti per il periodo d'imposta successivo a quello in corso al 31 dicembre 2019.

(1) Rubrica sostituita dall'art. 1, co. 1, l. 5/6/2020, n. 40.

21. Rimessione in termini per i versamenti. – 1. I versamenti nei confronti delle pubbliche amministrazioni, di cui all'articolo 60 del decreto-legge 17 marzo 2020, n. 18, sono considerati tempestivi se effettuati entro il 16 aprile 2020.

22. Disposizioni relative ai termini di consegna e di trasmissione telematica della Certificazione Unica 2020. – 1. Per l'anno 2020, il termine di cui all'articolo 4, comma 6-quater, del decreto del Presidente della Repubblica 22 luglio 1998, n. 322, è prorogato al 30 aprile.

2. Per l'anno 2020, la sanzione per la tardiva trasmissione delle certificazioni uniche di cui all'articolo 4, comma 6-quinquies, del decreto del Presidente della Repubblica 22 luglio 1998, n. 322, non si applica se le certificazioni uniche di cui al comma 6-ter del medesimo articolo 4 sono trasmesse in via telematica all'Agenzia delle entrate entro il 30 aprile.

23. Proroga dei certificati di cui all'articolo 17-bis, comma 5, del decreto legislativo 9 luglio 1997, n. 241, emessi nel mese di febbraio 2020. – 1. I certificati previsti dall'articolo 17-bis, comma 5, del decreto legislativo 9 luglio 1997, n. 241, emessi entro il 29 febbraio 2020, conservano la loro validità fino al 30 giugno 2020.

24. Termini agevolazioni prima casa. – 1. I termini previsti dalla nota II-bis all'articolo 1 della Tariffa parte prima, allegata al testo unico delle disposizioni concernenti l'imposta di registro, approvato con decreto del Presidente della Repubblica 26 aprile 1986, n. 131, nonché il termine previsto dall'articolo 7 della legge 23 dicembre 1998, n. 448, ai fini del riconoscimento del credito d'imposta per il riacquisto della prima casa, sono sospesi nel periodo compreso tra il 23 febbraio 2020 e il 31 dicembre 2020.

25. Assistenza fiscale a distanza*. *– 1. Con riferimento al periodo d'imposta 2019, al fine di superare le difficoltà determinate dall'emergenza sanitaria e considerate le restrizioni volte a contrastare l'epidemia da COVID-19, fino alla cessazione dello stato di emergenza sanitaria, i soggetti titolari dei redditi di lavoro dipendente e assimilati indicati all'articolo 34, comma 4, del decreto legislativo 9 luglio 1997, n. 241, possono inviare in via telematica ai CAF e ai professionisti abilitati la copia per immagine della delega all'accesso alla dichiarazione precompilata sottoscritta e la copia della documentazione necessaria, unitamente alla copia del documento di identità. In caso di necessità, in luogo della sottoscrizione della delega, il contribuente può inviare al CAF o al professionista abilitato, in via telematica, copia per immagine di un'apposita autorizzazione predisposta in forma libera e sottoscritta. 2. Le modalità di cui al comma 1 sono consentite anche per la presentazione, in via telematica, di dichiarazioni, modelli e domande di accesso o fruizione di prestazioni all'INPS. 3. Resta fermo l'obbligo di regolarizzazione, con consegna delle citate deleghe e della documentazione, una volta cessata l'attuale situazione emergenziale.*

* Articolo soppresso dall'art. 1, co. 1, l. 5/6/2020, n. 40.

26. Semplificazioni per il versamento dell'imposta di bollo sulle fatture elettroniche. – 1. All'articolo 17 del decreto-legge 26 ottobre 2019, n. 124, convertito, con modificazioni, dalla legge 19 dicembre 2019, n. 157, il comma 1-bis è sostituito dal seguente: «1-bis. Al fine di semplificare e ridurre gli adempimenti dei contribuenti, il pagamento dell'imposta di bollo può essere effettuato, senza applicazione di interessi e sanzioni:

a) per il primo trimestre, nei termini previsti per il versamento dell'imposta relativa al secondo trimestre solare dell'anno di riferimento, qualora l'ammontare dell'imposta da versare per le fatture elettroniche emesse nel primo trimestre solare dell'anno sia inferiore a 250 euro;

b) per il primo e secondo trimestre, nei termini previsti per il versamento dell'imposta relativa al terzo trimestre solare dell'anno di riferimento, qualora l'ammontare dell'imposta da versare per le fatture elettroniche emesse nel primo e secondo trimestre solare dell'anno sia inferiore complessivamente a 250 euro.».

Omissis.

29. Disposizioni in materia di processo tributario e notifica degli atti sanzionatori relativi al contributo unificato e attività del contenzioso degli enti impositori. – 1. Gli enti impositori, gli agenti della riscossione e i soggetti iscritti nell'albo di cui all'articolo 53 del decreto legislativo 15 dicembre 1997, n. 446, e le parti assistite da un difensore abilitato che si sono costituite in giudizio con modalità analogiche, sono tenuti a notificare e depositare gli atti successivi, nonché i provvedimenti giurisdizionali, esclusivamente con le modalità telematiche stabilite dal decreto del Ministro dell'economia e delle finanze 23 dicembre 2013, n. 163, e dai successivi decreti attuativi (1).

2. All'articolo 16 del decreto del Presidente della Repubblica 30 maggio 2002, n. 115, dopo il comma 1-bis è aggiunto il seguente: «1-ter. La sanzione irrogata, anche attraverso la comunicazione contenuta nell'invito al pagamento di cui all'articolo 248, è notificata a cura dell'ufficio e anche tramite posta elettronica certificata, nel domicilio eletto o, nel caso di mancata elezione del domicilio, mediante deposito presso l'ufficio.» (1).

3. In deroga al termine fissato dall'articolo 67, comma 1, del decreto-legge 17 marzo 2020, n. 18, la proroga del termine di cui all'articolo 37, comma 1, del presente decreto si applica anche alle attività del contenzioso degli enti impositori (1).

(1) Comma modificato dall'art. 1, co. 1, l. 5/6/2020, n. 40.

SALUTE, LIBERTÀ E AUTODETERMINAZIONE

D.l. 18 dicembre 2020, n. 172

conv., con modif., dalla legge 29 gennaio 2021, n. 6, recante ulteriori disposizioni urgenti per fronteggiare i rischi sanitari connessi alla diffusione del virus COVID-19

(*Estratto, art. 1-quinquies*)

1 quinquies. Manifestazione del consenso al trattamento sanitario del vaccino anti COVID-19 per i soggetti incapaci ricoverati presso strutture sanitarie assistenziali (1). – 1. Le persone incapaci ricoverate presso strutture sanitarie assistenziali, comunque denominate, esprimono il consenso al trattamento sanitario per le vaccinazioni anti COVID-19 del piano strategico nazionale di cui all'articolo 1, comma 457, della legge 30 dicembre 2020, n. 178, a mezzo del relativo tutore, curatore o amministratore di sostegno, ovvero del fiduciario di cui all'articolo 4 della legge 22 dicembre 2017, n. 219, e comunque nel rispetto di quanto previsto dall'articolo 3 della stessa legge n. 219 del 2017 e della volontà eventualmente già espressa dall'interessato ai sensi del citato articolo 4 registrata nella banca dati di cui all'articolo 1, comma 418, della legge 27 dicembre 2017, n. 205, ovvero della volontà che avrebbe presumibilmente espresso ove capace di intendere e di volere.

2. In caso di incapacità naturale, ovvero qualora il fiduciario, il tutore, il curatore o l'amministratore di sostegno manchino o non siano in alcun modo reperibili per almeno quarantotto ore, il direttore sanitario o, in difetto, il responsabile medico della residenza sanitaria assistenziale (RSA), o dell'analoga struttura comunque denominata, in cui la persona incapace è ricoverata ne assume la funzione di amministratore di sostegno, al solo fine della prestazione del consenso di cui al comma 1. In tali casi, nel documento di cui al comma 3 si dà atto delle ricerche svolte e delle verifiche effettuate per accertare lo stato di incapacità naturale dell'interessato. In mancanza sia del direttore sanitario sia del responsabile medico della struttura, le attività previste dal presente comma sono svolte dal direttore sanitario dell'azienda sanitaria locale (ASL) competente per territorio sulla struttura stessa o da un suo delegato.

2-bis. Quando la persona in stato di incapacità naturale non è ricoverata presso strutture sanitarie assistenziali o presso analoghe strutture, comunque denominate, le funzioni di amministratore di sostegno, al solo fine della prestazione del consenso di cui al comma 1, sono svolte dal direttore sanitario della ASL di assistenza o da un suo delegato (2).

3. Il soggetto individuato ai sensi dei commi 1, 2 e 2-bis del presente articolo, sentiti, quando già noti, il coniuge, l'altra parte dell'unione civile o la persona stabilmente convivente o, in mancanza, il parente più prossimo entro il terzo grado, se accerta che il trattamento vaccinale è idoneo ad assicurare la migliore tutela della salute della persona ricoverata o della persona non ricoverata di cui al comma 2-bis, esprime in forma scritta, ai sensi dell'articolo 3, commi 3 e 4, della legge 22 dicembre 2017, n. 219, il consenso alla somministrazione del trattamento vaccinale anti COVID-19 e dei successivi eventuali richiami e ne dà comunicazione al dipartimento di prevenzione sanitaria competente per territorio (3).

4. Il consenso di cui al comma 3 del presente articolo, reso in conformità alla volontà dell'interessato espressa ai sensi degli articoli 3 e 4 della legge 22 dicembre 2017, n. 219, o, in mancanza, in conformità a quella delle persone di cui allo stesso comma 3, è immediatamente e definitivamente efficace. Il consenso non può essere espresso in difformità dalla volontà dell'interessato, espressa ai sensi dei citati articoli 3 e 4 della legge n. 219 del 2017 o, in mancanza, da quella delle persone di cui allo stesso comma 3. In caso di rifiuto di queste ultime, il direttore sanitario, il responsabile medico della struttura in cui l'interessato è ricoverato ovvero il direttore sanitario dell'ASL o un suo delegato può chiedere, con ricorso al giudice tutelare ai sensi dell'articolo 3, comma 5, della citata legge n. 219 del 2017, di essere autorizzato a effettuare comunque la vaccinazione.

5. Qualora non sia possibile procedere ai sensi del comma 4, per difetto di disposizioni di volontà dell'interessato, anticipate o attuali, e per irreperibilità o indisponibilità dei soggetti di cui al comma 3, il consenso al trattamento vaccinale sottoscritto dall'amministratore di sostegno di cui al comma 2, unitamente alla documentazione comprovante la sussistenza dei presupposti di cui ai commi 1, 2, 2-bis e 3, è comunicato immediatamente, anche a mezzo di posta elettronica certificata, dalla direzione della struttura in cui l'interessato è ricoverato o, per coloro che non siano ricoverati in strutture sanitarie assistenziali o altre strutture, dal direttore sanitario dell'ASL di assistenza al giudice tutelare competente per territorio sulla struttura stessa (4).

6. Nel termine di quarantotto ore dal ricevimento degli atti di cui al comma 5, il giudice tutelare, disposti gli eventuali accertamenti quando dai documenti ricevuti non emerge la sussistenza dei presupposti di cui al comma 3, convalida con decreto motivato, immediatamente esecutivo, il consenso espresso ai sensi del comma 5, ovvero ne rifiuta la convalida.

7. Entro le quarantotto ore successive alla scadenza del termine di cui al comma 6, il decreto di cui al medesimo comma 6 è comunicato all'interessato e al relativo rappresentante individuato ai sensi dei commi 2 e 2-bis, a mezzo di posta elettronica certificata, presso la struttura dove la persona è ricoverata ovvero, nel caso di persona non ricoverata ai sensi del comma 2-bis, presso l'ASL di assistenza. Il decorso del termine di cui al presente comma priva di ogni effetto il provvedimento del giudice tutelare che sia comunicato successivamente (5).

8. Il consenso alla somministrazione del trattamento vaccinale anti COVID-19 e dei successivi eventuali richiami è privo di effetti fino alla comunicazione del decreto di convalida.

9. Decorso il termine di cui al comma 7 senza che sia stata effettuata la comunicazione ivi prevista, il consenso espresso ai sensi del comma 5 si considera a ogni effetto convalidato e acquista definitiva efficacia ai fini della somministrazione del vaccino.

10. In caso di rifiuto della somministrazione del vaccino o del relativo consenso da parte del direttore sanitario o del responsabile medico, ovvero del direttore sanitario dell'ASL o di un suo delegato, ai sensi del comma 5, il coniuge, l'altra parte

dell'unione civile o la persona stabilmente convivente e i parenti fino al terzo grado possono ricorrere al giudice tutelare, ai sensi dell'articolo 3, comma 5, della legge 22 dicembre 2017, n. 219, affinché disponga la sottoposizione al trattamento vaccinale.

(1) Articolo inserito dall'art. 1, co. 1, l. 29/1/2021, n. 6, in sede di conversione.

• Rubrica modificata dall'art. 5, co. 1, lett. a), d.l. 1/4/2021, n. 44, conv., con modif., dalla l. 28/5/2021, n. 76.

(2) Comma inserito dall'art. 5, co. 1, lett. b), d.l. 1/4/2021, n. 44, conv., con modif., dalla l. 28/5/2021, n. 76.

(3) Comma modificato dall'art. 5, co. 1, lett. c), d.l. 1/4/2021, n. 44, conv., con modif., dalla l. 28/5/2021, n. 76.

(4) Comma modificato dall'art. 5, co. 1, lett. d), d.l. 1/4/2021, n. 44, conv., con modif., dalla l. 28/5/2021, n. 76.

(5) Comma modificato dall'art. 5, co. 1, lett. e), d.l. 1/4/2021, n. 44, conv., con modif., dalla l. 28/5/2021, n. 76.

Disposizioni sulla pubblicazione, interpretazione ed applicazione delle leggi in generale

Art. 1. Le leggi, promulgate dal re divengono obbligatorie in tutto il regno nel decimo quinto giorno dopo quello del la loro pubblicazione, salvo che nella legge promulgata sia altrimenti disposto.

La pubblicazione consiste nella inserzione della legge nella raccolta ufficiale delle leggi e decreti, e nell'annunzio di tale inserzione nella gazzetta ufficiale del regno.

Art. 2. La legge non dispone che per l'avvenire: essa non ha effetto retroattivo.

Art. 3. Nell'applicare la legge non si può attribuirle altro senso che quello fatto palese dal proprio significato delle parole secondo la connessione di esse, e dalla intenzione del legislatore.

Qualora una controversia non si possa decidere con una precisa disposizione di legge, si avrà riguardo alle disposizioni che regolano casi simili o materia analoghe: ove il caso rimanga tuttavia dubbio, si deciderà secondo i principii generali di diritto.

Art. 4. Le leggi penali e quelle che restringono il libero esercizio dei diritti o formano eccezione alle regole generali o ad altre leggi, non si estendono oltre i casi e tempi in esse espressi.

Art. 5. Le leggi non sono abrogate che da leggi posteriori per dichiarazione espressa dal legislatore, o per incompatibilità delle nuove disposizioni con le precedenti, o perché la nuova legge regola l'intera materia già regolata dalla legge anteriore.

Art. 6. Lo stato e la capacità delle persone ed i rapporti di famiglia sono regolati dalla legge della nazione a cui esse appartengono.

Art. 7. I beni mobili sono soggetti alla legge della nazione del proprietario, salve le contrarie disposizioni della legge del paese nel quale si trovano.

I beni immobili sono soggetti alle leggi del luogo dove sono situati.

Art. 8. Le successioni legittime e testamentarie però, sia quanto all'ordine di succedere, sia circa la misura dei diritti successori, e la intrinseca validità delle disposizioni, sono regolate dalla legge nazionale della persona, della cui eredità si tratta, di qualunque natura siano i beni ed in qualunque paese si trovino.

Art. 9. Le forme estrinseche degli atti tra vivi e di ultima volontà sono determinate dalla legge del luogo in cui sono fatti. È però in facoltà dei disponenti o contraenti di seguire le forme della loro legge nazionale, purché questa sia comune a tutte le parti.

La sostanza e gli effetti delle donazioni e delle disposizioni di ultima volontà si reputano regolati dalla legge nazionale dei disponenti. La sostanza e gli effetti delle obbligazioni si reputano regolati dalla legge del luogo in cui gli atti furono i fatti, e se i contraenti stranieri appartengono ad una stessa nazione, dalla loro legge nazionale. È salva in ogni caso la dimostrazione di una diversa volontà.

Art. 10. La competenza e le forme dei procedimenti sono regolate dalla legge del luogo in cui segue il giudizio.

I mezzi di prova delle obbligazioni sono determinati dalle leggi del luogo in cui l'atto fu fatto.

Le sentenze pronunziate da autorità straniere nelle materie civili avranno esecuzione nel regno, quando siano dichiarate esecutive nelle forme stabilite dal codice di procedura civile, salve le disposizioni delle convenzioni internazionali.

I modi di esecuzione degli atti e delle sentenze sono regolati dalla legge del luogo in cui si procede all'esecuzione.

Art. 11. Le leggi penali e di polizia e sicurezza pubblica obbligano tutti coloro che si trovano nel territorio nel regno.

Art. 12. Non ostante le disposizioni degli articoli precedenti, in nessun caso le leggi, gli atti e le sentenze di un paese straniero, e le private disposizioni e convenzioni potranno derogare alle leggi proibitive del regno che concernano le persone, i beni o gli atti, né alle leggi riguardanti in qualsiasi modo l'ordine pubblico ed il buon costume.

Codice civile del Regno d'Italia
(R.d. 25 giugno 1865, n. 2358)

LIBRO PRIMO
DELLE PERSONE

TITOLO I
DELLA CITTADINANZA E DEL GODIMENTO DEI DIRITTI CIVILI

Art. 1. Ogni cittadino gode dei diritti civili purché non ne sia decaduto per condanna penale.

Art. 2. I comuni, le provincie, gli istituti pubblici civili o ecclesiastici, ed in generale tutti i corpi morali legalmente riconosciuti, sono considerati come persone, e godono dei diritti civili secondo le leggi e gli usi osservati come diritto pubblico.

Art. 3. Lo straniero è ammesso a godere dei diritti civili attribuiti ai cittadini.

Art. 4. È cittadino il figlio di padre.

Art. 5. Se il padre ha perduto la cittadinanza prima del nascimento del figlio, questi è riputato cittadino, ove sia nato nel regno e vi abbia la sua residenza.

Può nondimeno entro l'anno dall'età maggiore determinata secondo le leggi del regno, eleggere la qualità di straniero facendone la dichiarazione davanti l'ufficiale dello stato civile della sua residenza, o se si trova in paese estero, davanti i regi agenti diplomatici o consolari.

Art. 6. Il figlio nato in paese estero da padre che ha perduto la cittadinanza prima del suo nascimento, è riputato straniero.

Egli può tuttavia eleggere la qualità di cittadino, purché ne faccia la dichiarazione a norma dell'articolo precedente e fissi nel regno il suo domicilio entro l'anno dalla fatta dichiarazione.

Però, se egli ha accettato un impiego pubblico nel regno, oppure ha servito o serve nell'armata nazionale di terra o di mare, od ha altrimenti soddisfatto alla leva militare senza invocarne esenzione per la qualità di straniero, sarà senz'altro riputato.

Art. 7. Quando il padre sia ignoto, è cittadino il figlio nato da madre cittadina.

Ove la madre abbia perduto la cittadinanza prima del nascimento del figlio, si applicano a questo le disposizioni dei due articoli precedenti.

Se neppure la madre è conosciuta, è cittadino il figlio nato nel regno.

Art. 8. È riputato cittadino il figlio nato nel regno da straniero che vi abbia fissato il suo domicilio da dieci anni non interrotti: la residenza per causa di commercio non basta a determinare il domicilio.

Egli può tuttavia eleggere la qualità di straniero, purché ne faccia dichiarazione nel tempo e modo stabilito dall'articolo 5.

Ove lo straniero non abbia fissato da dieci anni il suo domicilio nel regno il figlio è riputato straniero, ma gli sono applicabili le disposizioni dei due capoversi dell'articolo.

Art. 9. La donna straniera che si marita a un cittadino, acquista la cittadinanza e la conserva anche vedova.

Art. 10. La cittadinanza si acquista dallo straniero anche colla naturalità concessa per legge o per decreto reale.

Il decreto reale non produrrà effetto se non sarà registrato dallo ufficiale dello stato civile del luogo dove lo straniero intende fissare od ha fissato il suo domicilio e se non sarà da lui prestato giuramento davanti lo stesso ufficiale di essere fedele al Re e di osservare lo statuto e le leggi del regno.

La registrazione deve essere fatta sotto pena di decadenza entro sei mesi dalla data del decreto.

La moglie e i figli minori dello straniero che ha ottenuto la cittadinanza, divengono cittadini, sempreché abbiano anch'essi fissato la residenza nel regno; ma i figli possono scegliere la qualità di straniero, facendone dichiarazione a norma dell'articolo 5.

Art. 11. La cittadinanza si perde:

1. Da colui che vi rinunzia con dichiarazione davanti l'ufficiale dello stato civile del proprio domicilio, e trasferisce in paese estero la sua residenza;
2. Da colui che abbia ottenuto la cittadinanza in paese estero;
3. Da colui che senza permissione del governo, abbia accettato impiego da un governo estero, o sia entrato al servizio militare di potenza estera.

La moglie ed i figli minori di colui che ha perduto la cittadinanza, divengono stranieri, salvo che abbiano continuato a tenere la loro residenza nel regno.

Nondimeno, possono riacquistare la cittadinanza nei casi e modi espressi nel capoverso dell'articolo 14, quanto alla moglie, e nei due capoversi dell'articolo 6, quanto ai figli.

Art. 12. La perdita della cittadinanza nei casi espressi nell'articolo precedente non esime dagli obblighi del servizio militare, né dalle pene inflitte a chi porti le armi contro la Patria.

Art. 13. Il cittadino che ha perduto la cittadinanza per alcuno dei motivi espressi nell'articolo 11, la ricupera, purché:

1. Rientri nel regno con permissione speciale del governo;
2. Rinunzi alla cittadinanza straniera, all'impiego od al servizio militare accettati in paese estero;
3. Dichiari davanti l'ufficiale nello stato civile di fissare e fissi realmente entro l'anno il suo domicilio nel regno.

Art. 14. La donna cittadina che si marita a uno straniero, diviene straniera, sempreché col fatto del matrimonio acquisti la cittadinanza del marito.

Rimanendo vedova, ricupera la cittadinanza se risieda nel regno o vi rientri, e dichiari in ambedue i casi davanti l'ufficiale dello stato civile di volervi fissare il suo domicilio.

Art. 15. L'acquisto o il riacquisto della cittadinanza nei casi precedentemente espressi non ha effetto, se non dal giorno successivo a quello in cui furono adempiute le condizioni e formalità stabilite.

TITOLO II
DEL DOMICILIO CIVILE E DELLA RESIDENZA

Art. 16. Il domicilio civile di una persona è nel luogo in cui essa ha la sede principale dei propri affari ed interessi.

La residenza è nel luogo in cui la persona ha la dimora abituale.

Art. 17. Il trasferimento della residenza in un altro luogo coll'intenzione di fissarvi la sede principale produce cangiamento di domicilio.

Tale intenzione si prova colla doppia dichiarazione fatta all'uffizio dello stato civile del comune che si abbandona, e a quello del comune in cui si fissa il domicilio, o con altri fatti che valgano a dimostrarla.

Art. 18. La moglie che non sia legalmente separata, ha il domicilio del marito; divenendo vedova lo conserva, finché non ne abbia acquistato un altro.

Il minore non emancipato ha il domicilio del padre o della madre o del tutore.

Il maggiore interdetto ha il domicilio del tutore.

Art. 19. Si può eleggere domicilio speciale per certi affari od atti.

Quest'elezione deve risultare da prova scritta.

TITOLO III
DEGLI ASSENTI

Capo I
Della presunzione di assenza e dei suoi effetti

Art. 20. La persona che ha cessato di comparire nel luogo del suo ultimo domicilio dell'ultima sua residenza, senza che se ne abbiano notizie, si presume assente.

Il coniuge dell'assente, oltre ciò che gli spetta in forza delle convenzioni matrimoniali e per titolo di successione, può, in caso di bisogno, ottenere dal tribunale una pensione alimentaria da determinarsi secondo la condizione della famiglia e l'entità del patrimonio dell'assente.

Art. 21. Finché l'assenza è soltanto presunta, il tribunale civile dell'ultimo domicilio o dell'ultima residenza dell'assente, se non vi è alcun procuratore, può, sull'istanza degli interessati o degli eredi presunti o del ministero pubblico, nominar chi rappresenti l'assente in giudizio, o nella formazione degli inventari e dei conti, e nelle liquidazioni e divisioni in cui egli sia interessato, e dare gli altri provvedimenti che siano necessari alla conservazione del suo patrimonio.

Se vi è un procuratore, il tribunale provvederà soltanto per gli atti che non potessero farsi dal procuratore in forza del mandato o della legge.

Capo II
Della dichiarazione di assenza

Art. 22. Dopo tre anni continui di assenza presunta, o dopo sei, ove l'assente abbia lasciato un procuratore per amministrare, i presunti eredi legittimi, ed in loro contraddittorio i testamentari, e chiunque creda di avere sui beni dell'assente diritti dipendenti dalla morte di lui, possono domandare al tribunale che l'assenza sia dichiarata.

Art. 23. Il tribunale, se la domanda è ammissibile, ordinerà che siano assunte informazioni.

Questo provvedimento sarà pubblicato alla porta dell'ultimo domicilio o dell'ultima residenza dell'assente, e notificato alle persone in contraddittorio delle quali fu proposta la domanda ed al procuratore dell'assente.

Un estratto del provvedimento sarà pure pubblicato due volte, coll'intervallo di un mese, nel giornale degli annunzi giudiziari del distretto e nel giornale ufficiale del regno.

Art. 24. Assunte le informazioni e trascorsi almeno sei mesi dalla seconda pubblicazione, il tribunale pronunzierà sulla domanda di dichiarazione dell'assenza.

Art. 25. La sentenza che dichiara l'assenza, sarà notificata e pubblicata a norma dell'articolo 23. Capo III.

Capo III
Degli effetti della dichiarazione di assenza

Sezione I
Della immissione nel possesso temporaneo dei beni dell'assente

Art. 26. Trascorsi sei mesi dalla seconda pubblicazione della sentenza che dichiara l'assenza, il tribunale, sull'istanza di chiunque creda avervi interesse o del pubblico ministero, ordinerà l'apertura degli atti di ultima volontà dell'assente, se ve ne sono.

Gli eredi testamentari dell'assente in contraddittorio degli eredi legittimi, e in mancanza di eredi testamentari quelli che sarebbero stati eredi legittimi, se l'assente fosse morto nel giorno a cui risale l'ultima notizia della sua esistenza, ovvero i rispettivi loro eredi possono domandare al tribunale la immissione nel possesso temporaneo dei beni.

I legatari, i donatari e tutti coloro che avessero sui beni dell'assente diritti dipendenti dalla condizione della morte di lui, possono chiedere in contraddittorio degli eredi di essere ammessi all'esercizio temporaneo di quei diritti.

Tuttavia né gli eredi né le altre persone precedentemente indicate si ammetteranno al possesso dei beni od all'esercizio dei loro diritti eventuali, se non mediante cauzione nella somma che sarà determinata dal tribunale.

Art. 27. Qualora alcuno dei presunti eredi od aventi diritto sui beni dell'assente non possa dare cauzione, il tribunale può ordinare quelle altre cautele che stimerà convenienti per l'interesse dell'assente, avuto riguardo alla qualità delle persone, alla loro parentela coll'assente ed alle altre circostanze.

Art. 28. L'immissione nel possesso temporaneo attribuisce a coloro che la ottengono ed ai loro successori l'amministrazione dei beni dell'assente, il diritto di promuoverne in giudizio le ragioni, ed il godimento delle rendite dei beni dell'assente nei limiti stabiliti in appresso.

Art. 29. Coloro che hanno ottenuta l'immissione nel possesso temporaneo, devono far procedere all'inventario dei beni mobili e alla descrizione degli immobili dell'assente.

Non potranno, senza l'autorizzazione giudiziale, alienare né ipotecare i beni immobili, né fare alcun altro atto eccedente la semplice amministrazione.

Il tribunale ordinerà, ove sia d'uopo, la vendita in tutto od in parte dei beni mobili, ed in tal caso ne sarà impiegato il prezzo.

Art. 30. Gli ascendenti, i discendenti e il coniuge immessi nel possesso temporaneo dei beni ritengono a loro profitto la totalità delle rendite.

Art. 31. Se gli immessi nel possesso siano parenti entro il sesto grado, debbono riservare il quinto delle rendite nei primi dieci anni dal giorno dell'assenza, e di seguito sino ai trent'anni il decimo.

Se siano parenti in grado più remoto od estranei, debbono riservare il terzo delle rendite nei primi dieci anni, e di seguito sino ai trent'anni il sesto.

Trascorsi trent'anni, la totalità delle rendite apparterrà in ogni caso agli immessi nel possesso.

Art. 32. Se, durante il possesso temporaneo, alcuno provi di avere avuto al tempo da cui parte la presunzione di assenza, un diritto prevalente od eguale a quello del possessore, può escludere questo dal possesso o farvisi associare; ma non ha diritto ai frutti se non dal giorno della domanda giudiziale.

Art. 33. Se durante il possesso temporaneo l'assente ritorna o viene provata la sua esistenza, cessano gli effetti della dichiarazione di assenza, salve, ove sia d'uopo, le cautele di conservazione e di amministrazione del patrimonio stabilite dall'articolo 21. I possessori temporanei dei beni debbono farne restituzione con le rendite a norma dell'articolo 31.

Art. 34. Qualora durante il possesso temporaneo venga a provarsi il tempo della morte dell'assente, la successione si apre a vantaggio di coloro che a quel tempo erano suoi eredi legittimi o testamentari, o dei loro successori; e coloro che hanno goduto i beni, sono tenuti a restituirli con le rendite a norma dell'articolo 31.

Art. 35. Dopo la immissione temporanea nel possesso dei beni, chiunque ha ragioni da far valere contro l'assente, deve proporle contro coloro che hanno ottenuta l'immissione in possesso.

Sezione II
Della immissione nel possesso definitivo dei beni dell'assente

Art. 36. Se l'assenza fu continuata per lo spazio di trent'anni dopo la immissione nel possesso temporaneo, o se sono trascorsi cento anni dalla nascita dell'assente e le ultime notizie di lui risalgono almeno a tre anni addietro, il tribunale, sull'istanza delle parti interessate, pronunzia la immissione nel possesso definitivo e dichiara sciolte le cauzioni e cessate le altre cautele che fossero state imposte.

Art. 37. Pronunziata l'immissione nel possesso definitivo, cessa pure ogni vigilanza di amministrazione e ogni dipendenza dall'autorità giudiziaria, e coloro che ottennero la immissione nel possesso temporaneo, od i loro eredi e successori, possono procedere a divisioni definitive e disporre dei beni liberamente.

Art. 38. Qualora i cento anni dalla nascita dell'assente si compissero prima della dichiarazione di assenza, o dopo di essa ma prima dell'immissione nel possesso temporaneo, gli aventi diritto, premessa nel primo caso la dichiarazione di assenza, possono domandare che la immissione nel possesso e l'esercizio dei diritti dipendenti dalla condizione della morte dell'assente siano concessi in modo definitivo, purché le ultime notizie dell'assente risalgano almeno a tre anni addietro.

Art. 39. Se dopo l'immissione nel possesso definitivo l'assente ritorna od è provata la sua esistenza, egli ricupera i beni nello stato in cui si trovano, e ha diritto di conseguire il prezzo di quelli alienati, ove sia tuttora dovuto, od i beni nei quali sia stato investito.

Art. 40. I figli e i discendenti dell'assente possono egualmente, entro i trent'anni dal giorno della immissione nel possesso definitivo, far valere i diritti che loro competono sui beni dell'assente secondo le norme stabilite nell'articolo precedente, senza essere tenuti a provarne la morte.

Art. 41. Se dopo l'immissione nel possesso definitivo viene provato il tempo della morte dell'assente, coloro che a quel tempo sarebbero stati di lui eredi o legatari, od avessero acquistato un diritto in conseguenza della morte, od i loro successori, possono proporre le azioni loro competenti, salvi ai possessori i diritti acquistati colla prescrizione e gli effetti della buona fede riguardo ai frutti percepiti.

Sezione III
Degli effetti dell'assenza riguardo alle ragioni eventuali che possono competere all'assente

Art. 42. Niuno è ammesso a reclamare un diritto in no medi persona di cui si ignori la esistenza, se non provi che essa esisteva quando quel diritto è nato.

Art. 43. Aprendosi una successione alla quale sia chiamata in tutto od in parte una persona della cui esistenza non consti, la successione sarà devoluta a coloro coi quali tale persona avrebbe avuto diritto di concorrere, od a quelli a cui spetterebbe in sua mancanza, salvo il diritto di rappresentazione.

Coloro ai quali in sua mancanza è devoluta la successione, devono far procedere all'inventario dei beni mobili ed alla descrizione degli immobili.

Art. 44. Le disposizioni dei due precedenti articoli non pregiudicano la petizione di eredità, né gli altri diritti che spettassero all'assente od ai suoi rappresentanti od aventi causa; questi diritti non si estinguono se non dopo decorso il tempo stabilito per la prescrizione.

Art. 45. Finché l'assente non si presenta, o le azioni a lui competenti non sono promosse in suo nome quelli che hanno raccolta la successione, non sono obbligati a restituire i frutti da essi percepiti in buona fede.

Capo IV
Della cura e tutela dei figli minori dell'assente

Art. 46. Se il presunto assente lascia figli in età minore, la loro madre assumerà l'esercizio della patria potestà a norma dell'articolo 220.

Art. 47. Se la madre non è vivente allorché si verifica la presunzione di assenza del padre, o muore prima che l'assenza sia dichiarata, o è nell'impossibilità di esercitare la patria podestà, la cura dei figli verrà dal consiglio di famiglia conferita agli ascendenti prossimi nell'ordine stabilito dall'articolo 244, ed in mancanza di questi ad un tutore temporaneo.

Titolo IV
DELLA PARENTELA E DELLA AFFINITÀ

Art. 48. La parentela è il vincolo fra le persone che discendono da uno stesso stipite.

La legge non riconosce questo vincolo oltre il decimo grado.

Art. 49. La prossimità della parentela si stabilisce secondo il numero delle generazioni.

Ciascuna generazione forma un grado.

Art. 50. La serie dei gradi forma la linea. È linea retta la serie dei gradi tra le persone che discendono l'una dall'altra; è linea collaterale la serie de' gradi tra le persone che hanno uno stipite comune senza discendere le une dalle altre.

La linea retta si distingue in discendente ed ascendente.

La prima lega lo stipite con quelli che ne discendono: la seconda lega una persona a coloro dai quali essa discende.

Art. 51. Nella linea retta si computano altrettanti gradi quante sono le generazioni, non compreso lo stipite.

Nella linea collaterale i gradi si computano dalle generazioni, salendo da uno dei parenti fino allo stipite comune, e da questo discendendo all'altro parente, non compreso parimente lo stipite.

Art. 52. L'affinità è il vincolo fra un coniuge e i parenti dell'altro coniuge.

Nella linea e nel grado in cui taluno è parente con un coniuge, è affine dell'altro coniuge.

L'affinità non cessa per la morte, anche senza prole, del coniuge dal quale deriva, salvo che per alcuni effetti nei casi specialmente determinati dalla legge.

Titolo V
DEL MATRIMONIO

Capo I
Della promessa di matrimonio e delle condizioni necessarie per contrarlo

Sezione I
Della promessa di matrimonio

Art. 53. La promessa scambievole di futuro matrimonio, non produce obbligazione legale di contrarlo, né di eseguire ciò che si fosse convenuto pel caso di non adempimento della medesima.

Art. 54. Se la promessa fu fatta per atto pubblico o per scrittura privata da chi sia maggiore di età, o dal minore autorizzato dalle persone, il concorso delle quali è necessario per la celebrazione del matrimonio, oppure consta dalle pubblicazioni ordinate dall'ufficiale dello stato civile, il promettente che ricusi di eseguirla senza giusto motivo è obbligato a risarcire l'altra parte delle spese fatte per causa del promesso matrimonio.

La domanda però non è più ammissibile dopo un anno dal giorno in cui la promessa doveva essere eseguita.

Sezione II
Delle condizioni necessarie per contrarre matrimonio

Art. 55. Non possono contrarre matrimonio l'uomo prima che abbia compiuto gli anni diciotto, la donna prima che abbia compiuto gli anni quindici.

Art. 56. Non può contrarre altre nozze chi è vincolato da un matrimonio precedente.

Art. 57. Non può contrarre nuovo matrimonio la donna, se non decorsi dieci mesi dallo scioglimento o dall'annullamento del matrimonio precedente, eccettuato il caso espresso nell'articolo 107. Cessa questo divieto dal giorno che la donna abbia partorito.

Art. 58. In linea retta il matrimonio è vietato fra tutti gli ascendenti e discendenti legittimi o naturali e gli affini della medesima linea.

Art. 59. In linea collaterale il matrimonio è vietato: 1° tra le sorelle e i fratelli legittimi o naturali; 2° tra gli affini nel medesimo grado; 3° tra lo zio e la nipote, la zia ed il nipote.

Art. 60. Il matrimonio è proibito:

Tra l'adottante, l'adottato e i suoi discendenti;

Tra i figli adottivi della stessa persona;

Tra l'adottato ed i figli sopravvenuti all'adottante;

Tra l'adottato ed il coniuge dell'adottante, e tra l'adottante ed il coniuge dell'adottato.

Art. 61. Non possono contrarre matrimonio gli interdetti per infermità di mente.

Se l'istanza d'interdizione è soltanto promossa, si sospenderà la celebrazione del matrimonio finché l'autorità giudiziaria non abbia definitivamente pronunziato.

Art. 62. Chi fu in giudizio criminale convinto reo o complice di omicidio volontario commesso, mancato o tentato sulla persona di uno dei coniugi non può unirsi in matrimonio coll'altro coniuge.

Se fu soltanto pronunziata la sentenza di accusa ovvero ordinata la cattura, si sospenderà il matrimonio sino a che il giudizio sia terminato.

Art. 63. Il figlio che non ha compiuto gli anni venticinque, la figlia che non ha compiuto gli anni ventuno non possono contrarre matrimonio senza il consenso del padre e della madre. Se i genitori sono discordi, è sufficiente il consenso del padre.

Se uno dei genitori è morto o nell'impossibilità di manifestare la propria volontà, basta il consenso dell'altro.

Al matrimonio del figlio adottivo che non ha compiuto gli anni ventuno, è necessario, oltre il consenso dei genitori, il consenso dell'adottante.

Art. 64. Se il padre e la madre fossero morti o nella impossibilità di manifestare la loro volontà, i minori degli anni ventuno non possono contrarre matrimonio senza il consenso degli avi e delle avole: se l'avo e l'avola della medesima linea sono discordi, basta il consenso dell'avo.

Il disparere tra le due linee equivale a consenso.

Art. 65. Se non esistono genitori né adottante, né avi, né avole, se niuno di essi è nella possibilità di manifestare la propria volontà i minori degli anni ventuno non possono contrarre matrimonio senza il consenso del consiglio di famiglia.

Art. 66. La disposizione dell'articolo 63 è applicabile ai figli naturali legalmente riconosciuti. In mancanza di genitori viventi e di adottante capaci di consentire, il consenso sarà dato dal consiglio di tutela.

A questo consiglio spetterà pure di dare il consenso pel matrimonio dei figli naturali non riconosciuti, in mancanza di genitori adottivi.

Art. 67. Contro il rifiuto di consenso degli ascendenti, o del consiglio di famiglia o di tutela, il figlio maggiore di età può far richiamo alla corte di appello.

Nell'interesse della figlia e del figlio minore di età potrà farsi richiamo sia dai parenti o dagli affini, sia dal pubblico ministero.

La causa si porta a udienza fissa, e la corte provvede, sentite le parti ed il pubblico ministero a porte chiuse.

Non è ammesso l'intervento di procuratori né di altri difensori.

Il provvedimento della corte non conterrà motivi: si potrà solo farvi menzione del consenso che fosse dato davanti alla corte stessa.

Art. 68. Il re, quando concorrano gravi motivi, può dispensare dagli impedimenti indicati nei numeri 2 e 3 dell'articolo 59. Può anche dispensare dall'impedimento di età, ed ammettere al matrimonio l'uomo che ha compiuto gli anni quattordici e la donna che ha compiuto gli anni dodici.

Art. 69. Le disposizioni dell'art. 55, dei numeri 2 e 3 dell'articolo 59, e dell'articolo 67 non sono applicabili al re ed alla famiglia reale.

Per la validità dei matrimoni dei principi e delle principesse reali è richiesto l'assenso del re.

Capo II
Delle formalità preliminari del matrimonio

Art. 70. La celebrazione del matrimonio deve essere preceduta da due pubblicazioni da farsi per cura dell'ufficiale dello stato civile.

L'atto di pubblicazione indicherà il nome, il cognome, la professione, il luogo di nascita e la residenza degli sposi, se essi siano maggiori o minori di età, e il nome, il cognome, la professione e la residenza dei genitori.

Art. 71. Le pubblicazioni devono essere fatte nel comune in cui ciascuno degli sposi ha la sua residenza.

Se la residenza attuale duri da meno di un anno, le pubblicazioni devono pur farsi nel comune della residenza precedente.

Art. 72. Le pubblicazioni si fanno alla porta della casa comunale in due domeniche successive.

L'atto resterà affisso nell'intervallo tra l'una e l'altra pubblicazione, e per tre giorni successivi.

Art. 73. La richiesta delle pubblicazioni deve farsi da ambi due gli sposi personalmente, o dal padre o dal tutore, o da persona munita da essi di mandato speciale ed autentico [96].

La promessa di matrimonio fatta in conformità dell'articolo 54 autorizza la richiesta delle pubblicazioni.

Art. 74. L'ufficiale dello stato civile non può procedere alle pubblicazioni, se non gli consta del consenso degli ascendenti, o del consiglio di famiglia o di tutela, nei casi in cui tale consenso è necessario.

Art. 75. Se l'ufficiale dello stato civile non crede di poter procedere alle pubblicazioni, ne rilascerà certificato esprimente i motivi del rifiuto.

Se il richiedente crede ingiusto il rifiuto, può ricorrere al tribunale civile che provvederà, premesse le conclusioni scritte del pubblico ministero.

Art. 76. Il matrimonio non può essere celebrato prima del quarto giorno dall'ultima pubblicazione.

Art. 77. Le pubblicazioni si considerano come non avvenute, se il matrimonio non è celebrato nel termine dei cento ottanta giorni successivi.

Art. 78. Il re o le autorità a ciò delegate possono per gravi motivi dispensare da una delle pubblicazioni. In questo caso sarà fatta menzione della dispensa nell'unica pubblicazione.

Può anche essere concessa per cause gravissime la dispensa da ambedue le pubblicazioni, mediante la presentazione di un atto di notorietà col quale cinque persone, ancorché parenti degli sposi, dichiarino con giuramento davanti al pretore del mandamento di uno di essi, di ben conoscerli, indicando esattamente il nome e cognome, la professione e la residenza dei medesimi e dei loro genitori, e di poter assicurare sulla loro coscienza, che nessuno degli impedimenti stabiliti dagli articoli 56, 57, 58, 59, 60, 61 e 62 si oppone al loro matrimonio.

Il pretore deve far precedere all'atto di notorietà la lettura dei detti articoli ed una serie ammonizione ai dichiaranti sull'importanza della loro attestazione e sulla gravità delle conseguenze che ne possono derivare.

Art. 79. Gli sposi debbono presentare all'uffizio dello stato civile del comune in cui intendono di celebrare il matrimonio:

Gli estratti dei loro atti di nascita;

Gli atti di morte, o le sentenze che provino lo scioglimento o la nullità de' precedenti loro matrimoni;

Gli atti comprovanti il consenso degli ascendenti, o del consiglio di famiglia o di tutela, nei casi in cui è dalla legge richiesto;

Il certificato delle seguite pubblicazioni o il decreto di dispensa;

Tutti gli altri documenti che, nella varietà de' casi, possono essere necessari a giustificare la libertà degli sposi e la loro condizione di famiglia.

Art. 80. Se uno degli sposi fosse nella impossibilità di presentare l'atto della sua nascita, potrà supplirvi con un atto di notorietà formato dinanzi al pretore del luogo della sua nascita o del suo domicilio.

L'atto di notorietà conterrà la dichiarazione giurata di cinque testimoni dell'uno o dell'altro sesso, ancorché parenti degli sposi, in cui con tutta esattezza e precisione essi indicheranno il nome e cognome, la professione e residenza dello sposo e dei suoi genitori se conosciuti, il luogo e, per quanto sarà possibile, il tempo di sua nascita, i motivi per cui non può produrre l'atto corrispondente e le cause di scienza di ciascun testimonio.

Art. 81. Il consenso degli ascendenti, qualora non sia dato personalmente davanti l'ufficiale civile deve constare da atto autentico, il quale contenga la precisa indicazione tanto dello sposo al quale si dà il consenso, quanto dell'altro.

L'atto esprimerà pure il nome e cognome, la professione e residenza, e il grado di parentela delle persone che danno il consenso.

Il consenso del consiglio di famiglia o di tutela deve constare da una deliberazione contenente le indicazioni anzidette.

Capo III
Delle opposizioni al matrimonio

Art. 82. Il padre, la madre, e in mancanza d'ambi due, gli avi e le avole possono fare opposizione al matrimonio de' figli e discendenti per ogni causa ammessa dalla legge che osti alla celebrazione del medesimo, quand'anche i figli o discendenti maschi abbiano già compiuto gli anni venticinque e le femmine gli anni ventuno.

Art. 83. Non essendovi alcun ascendente, possono fare opposizione il fratello e la sorella, lo zio e la zia e i cugini germani maggiori di età:

1° Per mancanza del consenso richiesto dall'articolo 65;

2° Per l'infermità di mente di uno degli sposi.

Art. 84. Per le cause indicate nel precedente articolo potranno anche fare opposizione il tutore o il curatore che siano a ciò autorizzati dal consiglio di famiglia.

Art. 85. Il diritto di fare opposizione compete altresì al coniuge della persona che vuole contrarre un altro matrimonio.

Art. 86. Trattandosi del matrimonio della vedova in contravvenzione all'articolo 57, il diritto di fare opposizione spetta ai prossimi di lei ascendenti e a tutti i parenti del primo marito.

Nel caso di un precedente matrimonio annullato, il diritto di fare opposizione spetta pure a colui col quale il matrimonio aveva avuto luogo.

Art. 87. Il pubblico ministero deve sempre far opposizione al matrimonio se conosca ostarvi qualche impedimento.

Art. 88. Ogni atto di opposizione deve esprimere la qualità che attribuisce all'opponente il diritto di farla, le cause dell'opposizione, e contenere l'elezione di domicilio nel comune ove siede il tribunale nel cui territorio si deve celebrare il matrimonio.

Art. 89. L'atto sarà notificato nella forma delle citazioni agli sposi e all'ufficiale dello stato civile, dinanzi al quale il matrimonio deve essere celebrato.

Art. 90. L'opposizione fatta da chi ne ha la facoltà, per causa ammessa dalla legge, sospende la celebrazione del matrimonio sino a sentenza passata in giudicato, per la quale sia rimossa l'opposizione.

Art. 91. Se l'opposizione è respinta, l'opponente, ove non sia un ascendente od il pubblico ministero, potrà essere condannato al risarcimento dei danni.

Art. 92. Le disposizioni di questo capo e del precedente non si applicano al re ed alla famiglia reale.

Capo IV
Della celebrazione del matrimonio

Art. 93. Il matrimonio deve essere celebrato nella casa comunale e pubblicamente innanzi all'ufficiale dello stato civile del comune, ove uno degli sposi abbia il domicilio o la residenza.

Art. 94. Nel giorno indicato dalle parti l'ufficiale dello stato civile alla presenza di due testimoni, ancorché parenti, darà lettura agli sposi degli articoli 130, 131 e 132 di questo titolo; riceverà da ciascuna delle parti personalmente, l'una dopo l'altra, la dichiarazione che esse si vogliono rispettivamente prendere in marito e moglie, e di seguito pronunzierà in nome della legge che sono unite in matrimonio.

L'atto del matrimonio sarà compilato immediatamente dopo la celebrazione.

Art. 95. La dichiarazione degli sposi di prendersi rispettivamente in marito e moglie non può essere sottoposta né a termine né a condizione.

Se le parti aggiungessero un termine o una condizione e vi persistessero l'ufficiale dello stato civile non potrà procedere alla celebrazione del matrimonio.

Art. 96. Essendovi necessità o convenienza di celebrare il matrimonio in un comune diverso da quello indicato nell'articolo 93, l'ufficiale dello stato civile richiederà per iscritto l'ufficiale del luogo dove il matrimonio si deve celebrare.

La richiesta sarà menzionata nell'atto di celebrazione e in esso inserita.

Nel giorno successivo alla celebrazione del matrimonio, l'ufficiale avanti il quale fu celebrato, manderà copia autentica dell'atto all'ufficiale da cui venne la richiesta.

Art. 97. Se uno degli sposi per infermità o per altro impedimento giustificato all'uffizio dello stato civile, è nell'impossibilità di recarsi alla casa comunale, l'ufficiale si trasferisce col segretario nel luogo in cui si trova lo sposo impedito, ed ivi alla presenza di quattro testimoni seguirà la celebrazione del matrimonio giusta la disposizione dell'articolo 94.

Art. 98. L'ufficiale dello stato civile non può rifiutare la celebrazione del matrimonio se non per causa ammessa dalla legge.

In caso di rifiuto ne rilascerà certificato con indicazione dei motivi.

Se le parti credono ingiusto il rifiuto, provvederà il tribunale, sentito il pubblico ministero, salvo sempre il richiamo alla corte di appello.

Art. 99. Nei matrimoni del re e della famiglia reale l'ufficiale dello stato civile è il presidente del senato del regno.

Il re determina il luogo della celebrazione, la quale può anche farsi per procura.

Capo V
Del matrimonio dei cittadini in paese estero e degli stranieri nel regno

Art. 100. Il matrimonio seguito in paese estero tra cittadini, o tra un cittadino ed uno straniero è valido, purché sia celebrato secondo le forme stabilite in quel paese, e il cittadino non abbia contravvenuto alle disposizioni contenute nella sezione seconda del capo I di questo titolo.

Le pubblicazioni devono anche farsi nel regno a norma degli articoli 70 e 71. Se lo sposo cittadino non ha residenza nel regno, le pubblicazioni si faranno nel comune dell'ultimo domicilio.

Art. 101. Il cittadino che ha contratto matrimonio in paese estero, deve, nei tre mesi dal suo ritorno nel regno, farlo inscrivere nei registri dello stato civile del comune dove avrà fissata la sua residenza, sotto pena di una multa estendibile a lire cento.

Art. 102. La capacità dello straniero a contrarre matrimonio è determinata dalle leggi del paese a cui appartiene.

Anche lo straniero però è soggetto agli impedimenti stabiliti nella sezione seconda del capo I di questo titolo.

Art. 103. Lo straniero che voglia contrarre matrimonio nel regno deve presentare all'ufficiale dello stato civile una dichiarazione dell'autorità competente del paese a cui appartiene, dal quale consti che giusta le leggi da cui dipende nullaosta al divisato matrimonio.

Se lo straniero è residente nel regno, deve inoltre far seguire le pubblicazioni secondo le disposizioni di questo codice.

Capo VI
Delle domande per nullità di matrimonio

Art. 104. Il matrimonio contratto in contravvenzione agli articoli 55, 56, 58, 59, 60 e 62, può essere impugnato dagli sposi, dagli ascendenti prossimi, dal pubblico ministero e da tutti coloro che vi abbiano un interesse legittimo ed attuale [1171].

Dalle stesse persone può essere impugnato il matrimonio celebrato dinanzi ad un ufficiale non competente dello stato civile o senza la presenza dei voluti testimoni.

Decorso un anno dalla celebrazione del matrimonio, la domanda di nullità per incompetenza dell'ufficiale dello stato civile non è più ammessa.

Art. 105. Il matrimonio può essere impugnato da quello degli sposi del quale non sia stato libero il consenso.

Quando vi fu errore nella persona, l'azione di nullità può essere promossa da quello degli sposi che fu indotto in errore.

Art. 106. Non è più ammissibile la domanda di nullità perle cause espresse nell'articolo precedente, se vi fu coabitazione continuata per un mese dopo che lo sposo ha riacquistato la sua piena libertà o conosciuto l'errore.

Art. 107. L'impotenza manifesta e perpetua quando sia anteriore al matrimonio può essere proposta come causa di nullità dall'altro coniuge.

Art. 108. Il matrimonio contratto senza il consenso degli ascendenti, o del consiglio di famiglia o di tutela, può essere impugnato dalle persone delle quali era richiesto il consenso, e da quello degli sposi a cui il consenso era necessario.

Non può essere impugnato dal figlio che aveva compiuto gli anni ventuno quando lo contrasse.

Art. 109. L'azione di nullità nel caso dell'articolo precedente non potrà essere promossa né dai coniugi, né dai parenti dei quali fosse richiesto il consenso, quando il matrimonio sia stato da questi ultimi espressamente o tacitamente approvato, o quando dalla notizia del contratto matrimonio siano trascorsi sei mesi senza loro richiamo.

Parimente l'azione non potrà essere promossa dal coniuge che, dopo raggiunta la maggiore età, ha lasciato trascorrere sei mesi senza richiamo.

Art. 110. Il matrimonio contratto da persone delle quali anche una sola non fosse pervenuta all'età fissata non potrà più essere impugnato:

1° quando siano trascorsi sei mesi dopo compiuta la età richiesta;

2° quando la sposa, ancorché non giunta a tale età, sia rimasta incinta.

Art. 111. Il matrimonio contratto prima che gli sposi o l'uno di essi avesse l'età fissata non può essere impugnato dagli ascendenti, né dal consiglio di famiglia o di tutela, che vi abbiano consentito.

Art. 112. Il matrimonio di chi sia stato interdetto per infermità di mente può essere impugnato dall'interdetto medesimo, dal suo tutore, dal consiglio di famiglia e dal pubblico ministero, se, quando è seguito, era vi già la sentenza definitiva d'interdizione, o se la infermità per cui la interdizione fu poscia pronunziata, risulta esistente al tempo del matrimonio.

L'annullamento non potrà più pronunziarsi, se la coabitazione continuò per tre mesi dopo rivocata l'interdizione.

Art. 113. Il coniuge può in qualunque tempo impugnare il matrimonio dell'altro coniuge: se viene opposta la nullità del primo matrimonio, tale opposizione dovrà essere preventivamente giudicata.

Il matrimonio contratto dal coniuge di un assente non può essere impugnato finché dura l'assenza.

Art. 114. L'azione di nullità non può essere promossa dal pubblico ministero dopo la morte di uno dei coniugi.

Art. 115. Quando la domanda di nullità sia proposta da uno dei coniugi, il tribunale può sull'istanza di uno di essi ordinare la loro separazione temporanea durante il giudizio; può ordinarla anche d'uffizio, se ambi due i coniugi od uno di essi siano minori di età.

Art. 116. Il matrimonio dichiarato nullo, qualora sia stato contratto in buona fede, produce gli effetti civili tanto riguardo ai coniugi, quanto riguardo ai figli anche nati prima del matrimonio, purché riconosciuti prima dell'annullamento di esso.

Se uno solo dei coniugi sia in buona fede, il matrimonio non produce gli effetti civili, se non in favore di lui e dei figli.

Capo VII
Delle prove della celebrazione del matrimonio

Art. 117. Niuno può reclamare il titolo di coniuge e gli effetti civili del matrimonio, se non presenta l'atto di celebrazione estratto dai registri dello stato civile, eccettuati i casi preveduti nell'articolo 364.

Art. 118. Il possesso di stato, quantunque allegato da ambi due i coniugi, non dispensa dal presentare l'atto di celebrazione.

Art. 119. Il possesso di stato conforme all'atto di celebrazione del matrimonio sana ogni difetto di forma.

Art. 120. Non ostante la disposizione degli articoli 117 e 118, se esistono figli di due persone che abbiano pubblicamente vissuto come marito e moglie e siano morte ambedue, la legittimità dei figli non potrà essere impugnata pel solo motivo che manchi la prova della celebrazione del matrimonio, qualora la stessa legittimità sia provata da un possesso di stato che non si trovi in opposizione coll'atto di nascita.

Art. 121. Quando vi siano indizi che per dolo o per colpa del pubblico ufficiale l'atto di matrimonio non sia stato iscritto sui registri a ciò destinati, i coniugi potranno far dichiarare l'esistenza del matrimonio, secondo le regole stabilite nei casi di mancanza degli atti dello stato civile, purché concorrano le seguenti condizioni:

1° Che si presenti l'estratto delle fatte pubblicazioni o il decreto di dispensa;

2° Che vi sia prova non dubbia di un conforme possesso di stato.

Art. 122. Se la prova della legale celebrazione del matrimonio è fondata sul risultato d'un processo penale, l'iscrizione della sentenza nel registro dello stato civile sicura al matrimonio dal giorno della sua celebrazione tutti gli effetti civili riguardo tanto ai coniugi quanto ai figli.

Capo VIII
Disposizioni penali

Art. 123. Incorreranno nella multa di lire 200 estendibili a lire 1000 gli sposi e l'ufficiale dello stato civile che abbiano celebrato matrimonio senza che sia stato preceduto dalle necessarie pubblicazioni.

Art. 124. L'ufficiale dello stato civile, che ammette a celebrare matrimonio persone alle quali osti qualche impedimento o divieto di cui abbia notizia, sarà punita con multa estendibile da lire 500 a 2000 [136].

Egli incorre nella stessa multa, quando abbia proceduto alla celebrazione del matrimonio per cui non fosse competente, o nel quale le parti abbiano voluto aggiungere un termine o qualche condizione [108], ovvero senza che siano stati presentati all'uffizio dello stato civile i documenti richiesti dagli articoli 79 e 80.

Art. 125. Incorrerà nella multa di lire 100 estendibile a lire 500 l'ufficiale dello stato civile che abbia fatto procedere alla pubblicazione di un matrimonio senza la richiesta o il consenso di ambi due gli sposi, od in contravvenzione all'articolo 74.

Art. 126. Incorrerà nella multa stabilita nell'articolo precedente l'ufficiale dello stato civile che in qualunque modo contravvenga alle disposizioni degli articoli 72, 75, 76, 93, 94, 96, 98 e 103, o commetta qualsiasi altra contravvenzione per cui non sia stabilita una pena speciale in questo capo.

Art. 127. Quando il matrimonio sia stato annullato per causa di un impedimento conosciuto da uno dei coniugi e lasciato ignorare all'altro, il coniuge colpevole sarà condannato ad una multa non minore di lire 1000 estendibile a lire 3000, ed anche, secondo le circostanze, al carcere estendibile a sei mesi, oltre l'indennità al coniuge ingannato, ancorché non sia si data la prova specifica del danno sofferto.

Art. 128. La donna che contragga matrimonio contro il divieto dell'articolo 57, l'ufficiale che lo abbia celebrato e l'altro coniuge incorrono nella multa di lire 300 estendibili a lire 1000. La donna decade da ogni donazione, lucro dotale e successione che provengano dal primo marito.

Art. 129. L'applicazione delle pene stabilite nei precedenti articoli è promossa dal pubblico ministero davanti il tribunale correzionale.

Capo IX
Dei diritti e dei doveri che nascono dal matrimonio

Sezione I
Dei diritti e dei doveri dei coniugi fra loro

Art. 130. Il matrimonio impone ai coniugi la obbligazione reciproca della coabitazione, della fedeltà e della assistenza.

Art. 131. Il marito è capo della famiglia: la moglie segue la condizione civile di lui, ne assume il cognome ed è obbligata ad accompagnarlo dovunque egli creda opportuno di fissare la sua residenza.

Art. 132. Il marito, ha il dovere di proteggere la moglie, di tenerla presso di sé e somministrarle tutto ciò che è necessario ai bisogni della vita in proporzione delle sue sostanze.

La moglie deve contribuire al mantenimento del marito, se questo non ha mezzi sufficienti.

Art. 133. L'obbligazione del marito di somministrare gli alimenti alla moglie cessa quando la moglie, allontanatasi senza giusta causa dal domicilio coniugale, ricusi di ritornarvi.

Può inoltre l'autorità giudiziaria, secondo le circostanze, ordinare a profitto del marito e della prole il sequestro temporaneo di parte delle rendite parafernali della moglie.

Art. 134. La moglie non può donare, alienare i beni immobili, sottoporli ad ipoteca, contrarre mutui, cedere o riscuotere capitali, costituirsi sicurtà, né transigere o stare in giudizio relativamente a tali atti, senza l'autorizzazione del marito.

Il marito può con atto pubblico dare alla moglie l'autorizzazione in genere per tutti o per alcuni dei detti atti, salvo a lui il diritto di rievocarla.

Art. 135. L'autorizzazione del marito non è necessaria:

1° Quando egli sia minore, interdetto, assente o condannato a più di un anno di carcere, durante l'espiazione della pena;

2° Quando la moglie sia legalmente separata per colpa del marito;

3° Quando la moglie eserciti la mercatura.

Art. 136. Se il marito ricusi l'autorizzazione alla moglie, o se trattisi di atto nel quale sia vi opposizione d'interesse, ovvero se la moglie sia legalmente separata per sua colpa, o per colpa sua e del marito, o per mutuo consenso, sarà necessaria l'autorizzazione del tribunale civile.

Il tribunale non può concedere l'autorizzazione, se prima il marito non fu sentito o citato a comparire in camera di consiglio, salvi i casi di urgenza.

Art. 137. La nullità derivante dal difetto di autorizzazione non può essere opposta che dal marito, dalla moglie e dai suoi eredi od aventi causa.

Sezione II
Dei diritti e dei doveri dei coniugi riguardo alla prole, e del diritto agli alimenti fra i parenti

Art. 138. Il matrimonio impone ad ambi due i coniugi l'obbligazione di mantenere, educare ed istruire la prole.

Questa obbligazione spetta al padre ed alla madre, in proporzione delle loro sostanze, computati nel contributo della madre i frutti della dote.

Quando essi non abbiano mezzi sufficienti tale obbligazione spetterà agli altri ascendenti in ordine di prossimità.

Art. 139. I figli sono tenuti a somministrare gli alimenti ai loro genitori ed agli altri ascendenti che ne abbiano bisogno.

Art. 140. La reciproca obbligazione degli alimenti ha pure luogo tra suocero, suocera, genero e nuora.

Questa obbligazione cessa:

1° Quando la suocera o la nuora sia passata a seconde nozze;

2° Quando il coniuge da cui derivava l'affinità, ed i figli nati dalla sua unione coll'altro coniuge ed i loro discendenti siano morti.

Art. 141. Alla somministrazione degli alimenti strettamente necessari hanno diritto anche i fratelli o le sorelle, quando per un difetto di corpo o di mente, o per qualsivoglia altra causa non imputabile a loro colpa, non se li possano procacciare.

Art. 142. L'obbligo degli alimenti cade in primo luogo sopra il coniuge, in secondo luogo sopra i discendenti, in terzo luogo sopra gli ascendenti, in quarto luogo sopra il genero o la nuora, in quinto luogo sopra il suocero e la suocera, in ultimo sopra i fratelli o le sorelle.

Fra i discendenti la gradazione è regolata dall'ordine con cui essi sarebbero chiamati alla successione legittima della persona che ha diritto agli alimenti.

Art. 143. Gli alimenti debbono essere assegnati in proporzione del bisogno di chi li domanda e delle sostanze di chi deve somministrarli.

Art. 144. Se dopo l'assegnazione degli alimenti sopravviene una mutazione nelle condizioni di chi li somministra o di chi li riceve, l'autorità giudiziaria provvederà per la cessazione, la riduzione, o l'aumento secondo le circostanze.

Art. 145. Chi deve somministrare gli alimenti, ha la scelta di soddisfare a tale obbligazione o mediante una pensione alimentaria, o col ricevere e mantenere nella propria casa colui che ha diritto agli alimenti.

L'autorità giudiziaria però potrà, secondo le circostanze, determinare il modo di somministrazione degli alimenti.

In caso di urgente necessità, l'autorità giudiziaria può eziandio porre temporaneamente l'obbligazione degli alimenti a carico di un solo fra quelli che vi sono obbligati, od obbligati in sussidio, salvo il regresso verso gli altri.

Art. 146. L'obbligazione di somministrare gli alimenti cessa colla morte dell'obbligato, quantunque il medesimo li somministrasse in esecuzione di sentenza.

Art. 147. I figli non hanno azione verso il padre e la madre per obbligarli a far loro un assegnamento per causa di matrimonio o per qualunque altro titolo.

Capo X
Dello scioglimento del matrimonio e della separazione dei coniugi

Art. 148. Il matrimonio non si scioglie che colla morte di uno dei coniugi; è ammessa però la loro separazione personale.

Art. 149. Il diritto di chiedere la separazione spetta ai coniugi nei soli casi determinati dalla legge.

Art. 150. La separazione può essere domandata per causa di adulterio o di volontario abbandono, e per causa di eccessi, sevizie, minacce e ingiurie gravi.

Non è ammessa l'azione di separazione per l'adulterio del marito, se non quando egli mantenga la concubina in casa o notoriamente in altro luogo, oppure concorrano circostanze tali che il fatto costituisca una ingiuria grave alla moglie.

Art. 151. La separazione si può eziandio domandare contro il coniuge che sia stato condannato ad una pena criminale, tranne il caso che la sentenza sia anteriore al matrimonio e l'altro coniuge ne fosse consapevole.

Art. 152. La moglie può chiedere la separazione quando il marito, senza alcun giusto motivo, non fissi una residenza, od avendone i mezzi ricusi di fissarla in modo conveniente alla sua condizione.

Art. 153. La riconciliazione estingue il diritto di chiedere la separazione; essa induce pure l'abbandono della domanda che fosse stata proposta.

Art. 154. Il tribunale che pronunzia la separazione, dichiarerà quale dei coniugi debba tenere presso di sé i figli e provvedere al loro mantenimento, alla loro educazione ed istruzione.

Può il tribunale per gravi motivi ordinare che la prole sia collocata in un istituto di educazione o presso terza persona.

Art. 155. Qualunque sia la persona a cui i figli saranno affidati, il padre e la madre conservano il diritto di vigilare la loro educazione.

Art. 156. Il coniuge, per colpa del quale fu pronunziata la separazione, incorre nella perdita dei lucri dotali, di tutti gli utili che l'altro coniuge gli avesse concessi col contratto matrimoniale, ed anche dell'usufrutto legale.

L'altro coniuge conserva il diritto ai lucri e ad ogni altro utile dipendente dal contratto di matrimonio, sebbene siano stati stipulati con reciprocità.

Se la sentenza di separazione è pronunziata per colpa di ambi due i coniugi, ciascuno di essi incorre nella perdita sopra accennata, salvo sempre il diritto agli alimenti in caso di bisogno.

Art. 157. I coniugi possono di comune accordo far cessare gli effetti della sentenza di separazione, o con una espressa dichiarazione o col fatto della coabitazione, senza che sia necessario l'intervento dell'autorità giudiziaria.

Art. 158. La separazione pel solo consenso dei coniugi non può aver luogo senza l'omologazione del tribunale.

TITOLO VI
DELLA FILIAZIONE

Capo I
Della filiazione della prole concepita o nata durante il matrimonio

Art. 159. Il marito è padre del figlio concepito durante il matrimonio.

Art. 160. Si presume concepito durante il matrimonio il figlio nato non prima di cento ottanta giorni dalla celebrazione del matrimonio né dopo trecento dallo scioglimento o annullamento di esso.

Art. 161. Se il figlio è nato prima che siano trascorsi centottanta giorni dopo il matrimonio, il marito e dopo la sua morte gli eredi di lui non potranno disconoscerne la paternità nei casi seguenti:

1° Quando il marito fosse consapevole della gravidanza prima del matrimonio;

2° Quando consti dall'atto di nascita, che il marito assistette a quell'atto o personalmente, o per mezzo di altra persona da lui specialmente autorizzata per atto autentico;

3° Quando il parto fosse dichiarato non vitale.

Art. 162. Il marito può ricusare di riconoscere il figlio concepito durante il matrimonio col provare, che nel tempo decorso dal trecentesimo al centottantesimo giorno prima della nascita del figlio, egli era nella fisica impossibilità di coabitare colla moglie per causa di allontanamento o per effetto di altro accidente.

Art. 163. Il marito può anche ricusare di riconoscere il figlio concepito durante il matrimonio, se nel tempo decorso dal trecentesimo al centottantesimo giorno prima della nascita viveva legalmente separato dalla moglie.

Tale diritto non gli spetta, quando vi sia stata riunione anche soltanto temporanea fra i coniugi.

Art. 164. Il marito non può ricusare di riconoscere il figlio, allegando la sua impotenza, salvo che si tratti di impotenza manifesta.

Art. 165. Il marito non può neppure ricusare di riconoscere il figlio per causa di adulterio, fuorché quando gliene sia stata celata la nascita: nel qual caso egli è ammesso a provare con ogni genere di prova, anche nel giudizio stesso in cui propone il suo richiamo, così i fatti dell'adulterio e del colamento, come tutti gli altri tendenti ad escludere la paternità.

La sola confessione della madre non basta ad escludere la paternità del marito.

Art. 166. In tutti i casi nei quali il marito è autorizzato a far richiamo, deve proporre giudizialmente la sua domanda nei seguenti termini:

Entro due mesi quando si trovi nel luogo in cui è nato il figlio;

Entro tre mesi dopo il suo ritorno nel luogo in cui è nato il figlio, od in cui è stabilito il domicilio coniugale, se era assente;

Entro tre mesi dopo scoperta la frode, quando gli si fosse tenuto celata la nascita.

Art. 167. Se il marito muore senza aver promossa l'azione ma prima che sia decorso il termine utile, gli eredi avranno due mesi per impugnare la legittimità del figlio, computabile dal tempo in cui egli sarà entrato nel possesso dei beni del defunto, o dal tempo in cui gli eredi fossero turbati dal figlio in tale possesso.

Art. 168. L'azione diretta ad impugnare la paternità sarà proposta contro il figlio se è maggiore di età, e, se è minore od interdetto, in contraddittorio di un curatore deputato dal tribunale davanti al quale il giudizio è promosso.

Nel giudizio sarà pure in tutti i casi chiamata la madre.

Art. 169. La legittimità del figlio nato trecento giorni dopo lo scioglimento o l'annullamento del matrimonio può essere impugnata da chiunque vi abbia interesse.

Capo II
Delle prove della filiazione legittima

Art. 170. La filiazione legittima si prova coll'atto di nascita iscritto sui registri dello stato civile.

Art. 171. In mancanza di questo titolo, basta il possesso continuo dello stato di figlio legittimo.

Art. 172. Il possesso di stato risulta da una serie di fatti che nel loro complesso valgano a dimostrare le relazioni di filiazione e di parentela fra un individuo e la famiglia a cui egli pretende di appartenere.

I principali fra questi fatti sono:

Che l'individuo abbia sempre portato il cognome del padre che egli pretende di avere;

Che il padre lo abbia trattato come suo figlio, ed abbia provveduto in questa qualità al mantenimento, all'educazione ed al collocamento di lui;

Che sia stato costantemente riconosciuto come tale nella società;

Che sia stato riconosciuto in tale qualità dalla famiglia.

Art. 173. Nessuno può reclamare uno stato contrario a quello che gli attribuiscono l'atto di nascita di figlio legittimo ed il possesso conforme al medesimo.

Parimente non si potrà muovere controversia sopra lo stato legittimo di colui il quale ha un possesso conforme all'atto della sua nascita.

Art. 174. Quando mancano l'atto di nascita ed il possesso di stato, o quando il figlio fu iscritto sotto falsi nomi o come nato da genitori incerti, ovvero si tratta di supposizione o sostituzione di parto, ancorché in questi due ultimi casi vi sia un atto di nascita conforme al possesso di stato, la prova di filiazione può darsi col mezzo di testimoni.

Questa prova non può essere ammessa che allora quando vi sia un principio di prova per iscritto, o quando le presunzioni e gli indizi risultanti da fatti già certi si trovino abbastanza gravi per determinarne l'ammissione.

Art. 175. Il principio di prova per iscritto risulta dai documenti di famiglia, dai registri e dalle carte private del padre o della madre, dagli atti pubblici o privati provenienti da una delle parti impegnate nella controversia, o che vi avrebbe interesse se fosse in vita.

Art. 176. La prova contraria può darsi con tutti i mezzi propri a dimostrare che il reclamante non sia figlio della donna che egli pretende di avere per madre, oppure che non sia figlio del marito della madre, quando fosse provata la maternità.

Art. 177. L'azione per reclamare lo stato legittimo è imprescrittibile riguardo al figlio.

Art. 178. La detta azione non può essere promossa dagli eredi o discendenti del figlio, il quale non abbia reclamato, se non nel caso in cui fosse morto in età minore o nei cinque anni dopo la sua maggiore età.

Quando l'azione fu promossa dal figlio, può essere proseguita dagli eredi o discendenti, se non vi fu recesso né perenzione d'istanza.

Capo III
Della filiazione della prole nata fuori di matrimonio e della legittimazione

Sezione I
Della filiazione della prole nata fuori di matrimonio

Art. 179. Il figlio naturale può essere riconosciuto dal padre o dalla madre tanto congiuntamente, quanto separatamente.

Art. 180. Non possono però essere riconosciuti:

1° I figli nati da persone, di cui anche una soltanto fosse al tempo del concepimento legata in matrimonio con altra persona;

2° I figli nati da persone fra le quali non poteva sussistere matrimonio per vincolo di parentela, o di affinità in linea retta in infinito, o per vincolo di parentela in linea collaterale nel secondo grado.

Art. 181. Il riconoscimento di un figlio naturale si farà nell'atto di nascita, o con un atto autentico anteriore o posteriore alla nascita.

Art. 182. Il riconoscimento non ha effetto che riguardo a quello dei genitori da cui fu fatto, e non dà al figlio riconosciuto alcun diritto verso l'altro genitore.

Art. 183. Il figlio naturale di uno dei coniugi, nato prima del matrimonio e riconosciuto durante il medesimo, non può essere introdotto nella casa coniugale, se non col consenso dell'altro coniuge, salvo ché questi avesse già prestato il suo consenso al riconoscimento.

Art. 184. Il genitore che riconobbe il figlio naturale, ne ha la tutela legale durante la minore età.

Se il riconoscimento fu fatto da ambi due i genitori, la tutela compete di preferenza al padre.

Sono applicabili a questa tutela le disposizioni degli articoli 221, 222, 223, 224, 225, 226, 227 e 233.

Art. 185. Il figlio naturale assume il nome di famiglia del genitore che lo ha riconosciuto, o quello del padre, se è stato riconosciuto da ambi due i genitori.

Art. 186. Il genitore è tenuto a mantenere, educare, istruire ed avviare ad una professione o ad un'arte il figlio naturale riconosciuto, ed a somministrargli anche successivamente gli alimenti in caso di bisogno, se il figlio non ha coniuge o discendenti in condizione di somministrarglieli.

Eguale obbligazione ha il genitore verso i discendenti legittimi del figlio naturale premorto, quando la loro madre o gli ascendenti materni, non siano in grado di provvedervi.

Art. 187. Il figlio naturale deve gli alimenti al genitore, quando questi non abbia ascendenti o discendenti legittimi o coniuge che siano in grado di somministrarglieli.

Art. 188. Il riconoscimento può essere impugnato dal figlio e da chiunque vi abbia interesse.

Art. 189. Le indagini sulla paternità non sono ammesse, fuorché nei casi di ratto o di stupro violento, quando il tempo di essi risponda a quello del concepimento.

Art. 190. Le indagini sulla maternità sono ammesse.

Il figlio che reclama la madre deve provare d'essere identicamente quel medesimo che fu da lei partorito. Non è però ammessa la prova per testimoni, se non quando vi sia già un principio di prova per iscritto, o quando le presunzioni e gli indizi risultanti da fatti già certi siano abbastanza gravi per determinarne l'ammissione.

Art. 191. La domanda per dichiarazione di paternità o di maternità può essere contraddetta da chiunque vi abbia interesse.

Art. 192. La sentenza che dichiara la filiazione naturale, produce gli effetti del riconoscimento.

Art. 193. Nei casi in cui il riconoscimento è vietato, il figlio non è mai ammesso a fare indagini né sulla paternità né sulla maternità.

Tuttavia il figlio naturale avrà sempre azione per ottenere gli alimenti:

1° Se la paternità o maternità risulti indirettamente da sentenza civile o penale;

2° Se la paternità o maternità dipenda da un matrimonio dichiarato nullo;

3° Se la paternità o maternità risulti da esplicita dichiarazione per iscritto dei genitori.

Sezione II

Della legittimazione dei figli naturali

Art. 194. La legittimazione attribuisce a colui che è nato fuori di matrimonio, la qualità di figlio legittimo.

Essa si opera per susseguente matrimonio contratto fra i genitori del figlio naturale, o per decreto reale.

Art. 195. Non possono essere legittimati per susseguente matrimonio né per decreto reale i figli che non possono essere legalmente riconosciuti.

Art. 196. Può anche aver luogo la legittimazione dei figli premorti in favore dei loro discendenti.

Art. 197. I figli legittimati per susseguente matrimonio acquistano i diritti dei figli legittimi dal giorno del matrimonio, se sono stati riconosciuti da ambi due i genitori nell'atto del matrimonio od anteriormente, oppure dal giorno del riconoscimento, se questo fu posteriore al matrimonio.

Art. 198. La legittimazione può essere accordata con decreto reale, quando concorrano le seguenti condizioni:

1° Che sia domandata dai genitori stessi, o da uno di essi;

2° Che il genitore il quale la domanda, non abbia figli legittimi o legittimati per susseguente matrimonio, né discendenti da essi;

3° Che il medesimo genitore si trovi nella impossibilità di legittimare il figlio per susseguente matrimonio;

4° Che, ove il richiedente sia vincolato a matrimonio, consti del consenso dell'altro coniuge.

Art. 199. Qualora uno dei genitori abbia espressa in un testamento od in un atto pubblico la volontà di legittimare i figli naturali, questi potranno dopo la morte di lui domandare la legittimazione, sempreché al tempo della morte concorressero le condizioni stabilite dai numeri 2° e 3° dell'articolo precedente.

In questo caso la domanda sarà comunicata a due fra i prossimi parenti del genitore entro il quarto grado.

Art. 200. La domanda di legittimazione, accompagnata dai documenti giustificativi, sarà presentata alla corte di appello nel cui distretto il richiedente ha la sua residenza.

La corte, sentito il pubblico ministero, dichiarerà in camera di consiglio se concorrono le condizioni stabilite dai due precedenti articoli, e conseguentemente *potersi, o non potersi fare luogo alla domandata legittimazione*.

Se la deliberazione della corte di appello, è affermativa, il pubblico ministero la trasmetterà coi relativi documenti e colle informazioni assunte di uffizio al ministro di grazia e giustizia il quale, sentito il parere del consiglio di Stato sulla convenienza della legittimazione, ne farà relazione al re. Se il re accorda la legittimazione, il decreto reale sarà indirizzato alla corte che avrà dato il parere, sarà trascritto in apposito registro, e sarà per cura delle parti interessate annotato in margine all'atto di nascita del figlio.

Art. 201. La legittimazione per decreto reale produce gli stessi effetti, della legittimazione per susseguente matrimonio, ma soltanto dal giorno dell'ottenuto decreto e riguardo al genitore che l'ha domandata.

TITOLO VII

DELL'ADOZIONE

Capo I

Dell'adozione e dei suoi effetti

Art. 202. L'adozione è permessa alle persone dell'uno e dell'altro sesso le quali non abbiano discendenti legittimi o legittimati, abbiano compiuti i cinquant'anni e superino almeno di diciotto anni l'età di coloro che intendono di adottare.

Art. 203. Niuno può avere più figli adottivi, se non siano adottati col medesimo atto.

Art. 204. Nessuno può essere adottato da più persone, se non da due coniugi.

Art. 205. I figli nati fuori di matrimonio non possono essere adottati dai loro genitori.

Art. 206. Il minore non può essere adottato, se non ha compiuta l'età di anni diciotto.

Art. 207. Il tutore non può adottare la persona di cui ebbe la tutela, se non dopo aver reso il conto della sua amministrazione.

Art. 208. L'adozione si fa col consenso dell'adottante e dell'adottato.

Se l'adottato o l'adottante hanno padre, madre, o coniuge viventi, sarà pure necessario il loro consenso.

Art. 209. Se l'adottato è minore e non ha genitori viventi, sarà necessaria, secondo i casi, l'approvazione del consiglio di famiglia o di tutela.

Art. 210. L'adottato assume il cognome dell'adottante e l'aggiunge al proprio. I diritti dell'adottato sulla eredità dell'adottante sono determinati nel titolo *Delle successioni*.

Art. 211. Il padre e la madre adottivi hanno debito di continuare, occorrendo, l'educazione dell'adottato, e di fornirgli i sussidi e gli alimenti di cui avesse bisogno.

L'obbligazione degli alimenti, in caso di bisogno, è reciproca tra l'adottante e l'adottato. Essa però nell'adottante precede quella dei genitori legittimi o naturali, e nell'adottato concorre con quella dei figli legittimi o naturali dell'adottante.

Art. 212. L'adottato conserva tutti i diritti e doveri verso la sua famiglia naturale.

L'adozione non induce alcun rapporto civile fra l'adottante e la famiglia dell'adottato, né fra l'adottato e i parenti dell'adottante, salvo ciò che è stabilito nel titolo *Del matrimonio*.

Capo II

Delle forme dell'adozione

Art. 213. La persona che vorrà adottare e quella che vorrà essere adottata si presenteranno personalmente al presidente della corte d'appello nel cui distretto ha domicilio l'adottante, per venire all'atto del loro reciproco consenso il quale sarà ricevuto dal cancelliere della corte.

Dovranno pure intervenire in persona e per procura quelli di cui è richiesto l'assenso a norma degli articoli 208 e 209.

Art. 214. L'atto di adozione sarà presentato, entro i dieci giorni susseguenti, in copia autentica, dalla parte più diligente alla corte per l'omologazione.

Art. 215. La corte, assunte le opportune informazioni, verificherà:

1° Se tutte le condizioni della legge siano state adempite;

2° Se colui che vuole adottare, goda buona fama;

3° Se l'adozione convenga all'adottato.

Art. 216. La corte, sentito il pubblico ministero in camera di consiglio ed ommessa ogni altra formalità di procedura, senza esprimere i motivi pronunzierà in questi termini: *si fa luogo, o non si fa luogo all'adozione*.

Art. 217. L'adozione ammessa dalla corte di appello produce i suoi effetti dal giorno dell'atto di consenso; ma finché il decreto della corte non sia pronunziato, tanto l'adottante quanto l'adottato possono rivocare il loro consenso.

Se l'adottante muore, dopo la presentazione dell'atto di consenso alla corte e prima della omologazione, sarà tuttavia continuato il procedimento, e ammessa, qualora sia il caso, l'adozione.

Gli eredi dell'adottante potranno presentare alla corte col mezzo del pubblico ministero memorie ed osservazioni per dimostrare inammissibile l'adozione.

Art. 218. Il decreto della corte di appello che ammette l'adozione, sarà pubblicato ed affisso in quei luoghi ed in quel numero di copie, che la corte stimerà di prescrivere, e sarà inoltre inserito nel giornale degli annunzi giudiziari del distretto e nel giornale ufficiale del regno.

Art. 219. Nei due mesi successivi al decreto della corte l'atto di adozione sarà annotato in margine dell'atto di nascita dell'adottato nei registri dello stato civile.

L'annotazione non avrà luogo che sulla presentazione di copia autentica dell'atto di adozione e del decreto della corte di appello, coi certificati delle seguite pubblicazioni ed inserzioni.

Non venendo annotata nel suddetto termine, l'adozione non avrà effetto quanto ai terzi, se non dal giorno in cui l'annotazione sarà eseguita.

TITOLO VIII
DELLA PATRIA PODESTÀ

Art. 220. Il figlio, qualunque sia la sua età, deve onorare e rispettare i genitori.

Egli è soggetto alla podestà dei genitori sino all'età maggiore od all'emancipazione.

Durante il matrimonio tale podestà è esercitata dal padre, e, se egli non possa esercitarla, dalla madre.

Sciolto il matrimonio, la patria podestà viene esercitata dal genitore superstite.

Art. 221. Il figlio non può abbandonare la casa paterna o quella che il padre gli abbia destinata, senza permissione del medesimo, salvo per causa di volontario arruolamento nell'esercito nazionale. Ove se ne allontani senza permissione, il padre ha diritto di richiamarvelo, ricorrendo, ove sia d'uopo, al presidente del tribunale civile.

Qualora giuste cause rendessero necessario l'allontanamento del figlio dalla casa paterna, il presidente, sull'istanza dei parenti od anche del pubblico ministero, prese informazioni senza formalità giudiziali, provvede nel modo più conveniente senza esprimere nel decreto alcun motivo.

Se vi sia pericolo nel ritardo, provvede il pretore, riferendone immediatamente al presidente, il quale conferma, revoca, o modifica il dato provvedimento.

Art. 222. Il padre che non riesca a frenare i traviamenti del figlio, può allontanarlo dalla famiglia, assegnandogli secondo i propri mezzi gli alimenti strettamente necessari; e ricorrendo, ove sia d'uopo, al presidente del tribunale, collocarlo in quella casa, o in quell'istituto di educazione o di correzione, che reputi più conveniente a correggerlo e migliorarlo.

L'autorizzazione può essere chiesta anche verbalmente, ed il presidente provvederà senza formalità di atti e senza esprimere i motivi del suo decreto.

Art. 223. Nei casi indicati nei due articoli precedenti contro i decreti del presidente del tribunale è ammesso il ricorso al presidente della corte di appello e sarà sempre sentito il pubblico ministero.

Art. 224. Il padre rappresenta i figli nati e i nascituri in tutti gli atti civili, e ne amministra i beni.

Egli però non può alienare, ipotecare, dare a pegno i beni del figlio, contrarre a nome di lui mutui od altre obbligazioni eccedenti i limiti della semplice amministrazione, se non per cause di necessità o di utilità evidente del figlio stesso, e mediante l'autorizzazione del tribunale civile.

Nascendo conflitto d'interessi tra i figli soggetti alla stessa patria podestà o tra essi ed il padre, sarà nominato ai figli un curatore speciale.

La nomina del curatore sarà fatta dall'autorità giudiziaria ordinaria davanti alla quale fosse vertente il giudizio, ed in ogni altro caso dal tribunale civile.

Art. 225. Per la riscossione dei capitali, o per la vendita di effetti mobili soggetti a deterioramento basterà l'autorizzazione del pretore a condizione di nuovo impiego, la cui sicurezza sia riconosciuta dal pretore stesso.

Art. 226. Le eredità devolute ai figli soggetti alla patria podestà saranno accettate dal padre col benefizio dell'inventario.

Se il padre non possa o non voglia accettarle, il tribunale, a richiesta del figlio o di alcuno dei parenti, od anche sull'istanza fatta d'uffizio dal procuratore del re, potrà autorizzarne l'accettazione, premessa la nomina di un curatore speciale e sentito il padre.

Art. 227. La nullità degli atti fatti in contravvenzione ai precedenti articoli non può essere opposta che dal padre o dal figlio e dai suoi eredi od aventi causa.

Art. 228. Il padre ha l'usufrutto dei beni che provengono al figlio da successione, donazione o da qualunque altro titolo lucrativo, e lo conserva sino a che il figlio sia emancipato od abbia raggiunto l'età maggiore.

Art. 229. Non sono soggetti all'usufrutto legale

1° I beni lasciati o donati colla condizione che il padre non ne abbia l'usufrutto, la quale condizione però sarà senza effetto riguardo ai beni riservati al figlio a titolo di legittima;

2° I beni lasciati o donati al figlio per imprendere una carriera, un'arte o una professione;

3° I beni pervenuti al figlio per eredità, legato o donazione accettata nell'interesse del figlio contro il consenso del padre.

4° I beni acquistati dal figlio in occasione o per esercizio di milizia, uffizi, impieghi, professioni ed arti, o altrimenti col proprio lavoro e colla propria industria separata.

Art. 230. Sono inerenti all'usufrutto legale i seguenti paesi:

1° Le spese di mantenimento, educazione ed istruzione del figlio;

2° Il pagamento delle annualità o degli interessi de 'capitali che decorrono dal giorno in cui si apre l'usufrutto;

3° Tutti gli altri obblighi ai quali sono soggetti gli usufruttuari.

Art. 231. Le disposizioni dei precedenti articoli sono applicabili alla madre che esercita la patria podestà.

L'usufrutto legale passa alla madre anche quando la patria podestà è esercitata dal padre, ove questo ne sia escluso per cause a lui personali.

Art. 232. L'usufrutto legale cessa colla morte del figlio o col passaggio del genitore ad altre nozze.

Art. 233. Se il genitore abusa della patria podestà, violandone o trascurandone i doveri, o male amministrando le sostanze del figlio, il tribunale sull'istanza di alcuno dei parenti più vicini od anche del pubblico ministero, potrà provvedere per la nomina di un tutore alla persona del figlio o di un curatore ai beni di lui, privare il genitore dell'usufrutto in tutto od in parte, e dare quegli altri provvedimenti che stimerà convenienti nell'interesse del figlio.

Art. 234. Cessato l'usufrutto legale, se il genitore ha continuato a godere i beni del figlio abitante con esso senza procura ma senza opposizione, od anche con procura ma senza condizione di rendere conto dei frutti, egli ed i suoi eredi non sono tenuti che a consegnare i frutti sussistenti al tempo della domanda.

Art. 235. Il padre può per testamento o per atto autentico stabilire condizioni alla madre superstite per l'educazione dei figli e per l'amministrazione dei beni.

La madre che non voglia accettare le stabilite condizioni, può chiedere di esserne dispensata facendo convocare dal pretore un consiglio di famiglia composto a norma degli articoli252 e 253, affinché deliberi sulla chiesta dispensa.

La deliberazione del consiglio di famiglia sarà sottoposta all'omologazione del tribunale il quale provvederà, sentito il pubblico ministero.

Art. 236. Se alla morte del marito la moglie si trova incinta, il tribunale, sull'istanza di persona interessata, può nominare un curatore al ventre.

Art. 237. La madre, volendo passare a nuovo matrimonio, deve prima far convocare un consiglio di famiglia a norma degli articoli 252 e 253. Il consiglio delibererà se l'amministrazione dei beni debba essere conservata alla madre, e le potrà stabilire condizioni riguardo alla stessa amministrazione e all'educazione dei figli.

Le deliberazioni del consiglio di famiglia saranno sottoposte al tribunale per i suoi provvedimenti a norma dell'articolo 235.

Art. 238. In mancanza della convocazione richiesta dall'articolo precedente, la madre perderà di diritto l'amministrazione, e suo marito sarà responsabile in solido di quella esercitata per lo passato ed in appresso indebitamente conservata.

Il pretore, sull'istanza del pubblico ministero o di alcuna delle persone indicate negli articoli 252 e 253, od anche d'uffizio, deve convocare il consiglio di famiglia per deliberare sulle condizioni da stabilirsi per l'educazione dei figli e sulla nomina di un curatore ai loro beni.

Il consiglio di famiglia può riammettere la madre all'amministrazione dei beni.

Alle deliberazioni del consiglio di famiglia sono applicabili le disposizioni del secondo capoverso dell'articolo 237.

Art. 239. Quando la madre è mantenuta nell'amministrazione dei beni o vi fu riammessa, suo marito s'intende sempre associato alla medesima nell'amministrazione, e ne diviene responsabile in solido.

Titolo IX
DELLA MINORE ETÀ, DELLA TUTELA E DELLA EMANCIPAZIONE

Capo I
Della minore età

Art. 240. È minore la persona che non ha ancora compitogli anni ventuno.

Capo II
Della tutela

Sezione I
Dei tutori

Art. 241. Se ambi due i genitori sono morti, dichiarati assenti o sono incorsi per effetto di condanna penale nella perdita della patria podestà, si apre la tutela.

Art. 242. Il diritto di nominare un tutore parente od anche estraneo, spetta a quello dei genitori che rimane superstite.

La nomina deve essere fatta per atto notarile o per testamento.

Art. 243. Non ha effetto la nomina di un tutore fatta dal genitore, che al tempo di sua morte non era nell'esercizio della patria podestà.

Art. 244. Se non vi è tutore nominato dal genitore, la tutela spetta di diritto all'avo paterno, e in mancanza di questo all'avo materno.

Art. 245. Quando un figlio minore resta senza padre e madre, senza tutore da essi nominato, senza avo paterno e materno, come pure quando il tutore avente alcuna delle qualità sopra espresse fosse escluso o legittimamente scusato, si procederà dal consiglio di famiglia alla nomina di un tutore.

Art. 246. Qualunque sia il numero dei figli non può essere loro nominato che un solo tutore.

Nascendo conflitto d'interessi tra minori soggetti alla stessa tutela, si provvederà nel modo indicato nell'articolo 224.

Art. 247. Chiunque istituisce erede un minore, può nominargli un curatore speciale per la sola amministrazione delle sostanze che gli trasmette, sebbene il minore sia sotto la patria podestà.

Art. 248. Venendo a cessare, durante l'età minore dei figli, ma tutela legale attribuita ai genitori naturali dall'articolo 184, o trattandosi di figli minori di genitori ignoti, non ricoverati in un ospizio, sarà provveduto alla nomina di un tutore dal consiglio di tutela.

Sezione II
Del consiglio di famiglia

Art. 249. Verificandosi l'apertura della tutela, è costituito un consiglio di famiglia permanente per tutto il tempo della medesima presso il pretore del mandamento dove si trova la sede principale degli affari del minore.

Tuttavia, se il tutore fosse domiciliato o trasferisse il domicilio in altro mandamento, potrà per decreto del tribunale civile esservi trasferita la sede del consiglio.

Art. 250. L'ufficiale dello stato civile, che riceve la dichiarazione di morte di una persona che abbia lasciato figli in minore età, o davanti il quale una vedova abbia contratto matrimonio, deve informarne prontamente il pretore.

Il tutore nominato dal genitore, il tutore legittimo e quei parenti che per legge sono membri del consiglio di famiglia debbono, sotto pena dei danni in solido, denunziare al pretore il fatto che dà luogo alla tutela.

Il pretore, assunte all'uopo le opportune informazioni, convocherà nel più breve termine il consiglio di famiglia per dare i provvedimenti che occorrono nell'interesse dei minori.

Art. 251. Il consiglio di famiglia si compone del pretore, il quale lo convoca e lo presiede, e di quattro consulenti.

Faranno altresì parte del consiglio di famiglia il tutore, il protutore e pel minore emancipato il curatore.

Il minore, dopo compiuti i sedici anni avrà diritto di assistere, ma senza voto deliberativo, al consiglio di famiglia, di cui gli sarà perciò notificata la riunione.

Art. 252. Sono consulenti di diritto nell'ordine seguente, quando non fanno parte del consiglio di famiglia in altra qualità:

1° gli ascendenti maschi del minore;

2° i fratelli germani;

3° gli zii.

In ciascun ordine saranno preferiti i prossimi, ed in parità di grado i più anziani.

Art. 253. Non vi essendo i consulenti indicati nell'articolo precedente o non essendo in numero sufficiente, il pretore deve nominare allo stesso uffizio altre persone, scegliendole, per quanto sia possibile e conveniente, tra i prossimi parenti od affini del minore.

In mancanza di parenti e di affini, il pretore provvederà a norma dell'articolo 261.

Art. 254. Il pretore per ragione delle distanze o per altri gravi motivi avrà facoltà di dispensare dall'uffizio di consulente le persone che ne facciano domanda, surrogandone altre secondo le norme stabilite nei due articoli precedenti.

Il pretore surrogherà pure colle stesse norme quei consulenti che nel corso della tutela cessino dall'uffizio.

Art. 255. Le persone chiamate nei consigli di famiglia sono tenute a intervenire personalmente. L'assenza non giustificata è punita con ammenda estendibile a lire cinquanta.

Verificandosi il caso che un membro del consiglio si renda abitualmente assente, il pretore deve surrogarvi un'altra persona, ed ove non sia provata una giusta e permanente causa di assenza, ne riferirà al procuratore del re, il quale promuoverà contro di esso in giudizio civile l'applicazione di una multa estendibile a lire cinquecento.

Art. 256. Nel processo verbale della prima adunanza del consiglio di famiglia si enunceranno i fatti da cui ciascuno dei suoi membri ripete la propria qualità, e si dichiarerà se sia regolarmente costituito.

Trascorsi sei mesi dal giorno della prima convocazione, gli

atti del consiglio di famiglia non si potranno più impugnare per ragione d'incompetenza o d'irregolare sua costituzione.

Anche durante i sei mesi non si potranno tali atti annullare a pregiudizio dei terzi che siano in buona fede.

Art. 257. Nel corso della tutela il pretore deve convocare il consiglio di famiglia quando gliene facciano istanza il tutore, o il protutore, o il curatore, o due consulenti, o gli aventi un interesse legittimo.

Può eziandio convocarlo d'uffizio.

La convocazione potrà anche essere ordinata dal procuratore del re.

Art. 258. Per la validità delle deliberazioni del consiglio di famiglia si richiede la convocazione di tutti i membri di esso e la presenza almeno di tre oltre il pretore. Il consiglio delibera a maggioranza assoluta di voti. A parità di voti quello del pretore avrà la preponderanza.

Art. 259. I membri del consiglio debbono astenersi dal prender parte alle deliberazioni nelle quali hanno un interesse personale.

Il tutore non ha voto, quando si tratta della nomina, dispensa o rimozione del protutore, e il protutore non ha voto, quando si tratta della dispensa o rimozione del tutore, o della nomina di un nuovo tutore.

Art. 260. Quando la deliberazione non è presa all'unanimità, si farà menzione nel processo verbale dell'opinione di ciascun membro del consiglio di famiglia.

Il tutore, il protutore, il curatore ed anche i membri intervenuti all'adunanza potranno impugnare tale deliberazione dinanzi al tribunale in contraddittorio dei membri che furono d'avviso conforme alla medesima.

Art. 261. Nell'interesse delle persone nate fuori di matrimonio si costituisce un consiglio di tutela, eccettuato il caso di tutela legale esercitata dal genitore a norma dell'articolo 184. Se la filiazione è legalmente riconosciuta o dichiarata, il consiglio si compone del pretore e di quattro persone da lui scelte fra quelle che abbiano avuto relazioni abituali di amicizia col genitore. In caso diverso il consiglio di tutela si compone del pretore, di due consiglieri comunali o di due altre persone scelte dal pretore stesso.

Sono nel resto comuni al consiglio di tutela, in quanto siano applicabili, le disposizioni riguardanti i consigli di famiglia.

Art. 262. I fanciulli ammessi negli ospizi a qualunque titolo e sotto qualsivoglia denominazione, che non abbiano parenti conosciuti e capaci dell'uffizio di tutore, sono confidati all'amministrazione dell'ospizio in cui si trovano, la quale forma per essi il consiglio di tutela senza intervento di pretore, e può, ove le circostanze lo esigano, eleggere uno degli amministratori per esercitare le funzioni di tutore.

Art. 263. Nei consigli di famiglia o di tutela, il ministero del pretore e di qualunque altro ufficiale è gratuito come quello dei membri che li compongono.

Sezione III

Del protutore

Art. 264. Chi ha diritto di nominare il tutore può nella medesima forma nominare il protutore: in mancanza la nomina sarà fatta dal consiglio di famiglia.

Nei casi in cui il consiglio di famiglia è chiamato ad eleggere il tutore ed il protutore, l'elezione del tutore dovrà precedere quella del protutore, la quale si farà immediatamente dopo nella stessa adunanza.

Art. 265. Il tutore non può assumere l'esercizio della tutela se non vi è protutore, e non essendovi, egli deve promuoverne la nomina senza ritardo.

Se il tutore contravviene a questa disposizione, potrà essere rimosso e sarà sempre tenuto al risarcimento d'ogni danno.

Art. 266. Il protutore agisce pel minore e lo rappresenta nei casi in cui l'interesse di questo sia in opposizione con quello del tutore.

È pur tenuto di promuovere la nomina di un nuovo tutore in caso di tutela vacante od abbandonata, e frattanto egli rappresenta il minore, e può fare tutti gli atti conservativi ed anche gli amministrativi che non ammettono dilazione.

Art. 267. Il protutore cessa con la nomina di un nuovo tutore: il consiglio di famiglia lo può rieleggere.

Sezione IV

Della incapacità e della esclusione e rimozione dagli uffizi tutelari

Art. 268. Non possono essere tutori, protutori, curatori, né far parte del consiglio di famiglia, e devono cessare da questi uffizi qualora gli avessero assunti.

1° Le donne, eccettuate le ascendenti e le sorelle germane non maritate;

2° Coloro che non abbiamo la libera amministrazione del proprio patrimonio;

3° Tutti quelli che abbiano o siano per avere, o dei quali il padre, la madre, i discendenti od il coniuge abbiano o siano per avere col minore una lite, in cui si trovi messo in pericolo lo stato del minore od una parte notabile delle sue sostanze.

Art. 269. Sono esclusi dai medesimi uffizi e debbono esserne rimossi, qualora li avessero assunti.

1° I condannati ad una pena criminale;

2° I condannati alla pena del carcere per furto, frode, falso o per reato contro i buoni costumi;

3° Le persone di notoria cattiva condotta, e quelle notoriamente incapaci di amministrare, o di provata infedeltà o trascuratezza, o colpevoli di abuso di autorità nell'esercizio della tutela;

4° I falliti non riabilitati.

Art. 270. Nel caso di condanna a pena correzionale per reato non indicato nel numero 2° dell'articolo precedente, il condannato non può essere tutore finché non abbia scontata la pena.

Qualora avesse già assunta la tutela e la pena fosse maggiore di un anno di carcere, la perde, né può esservi riammesso finché dura la pena, se questa è minore di un anno, il consiglio di famiglia lo può rimuovere.

Art. 271. Le domande cui possono dar luogo le disposizioni dei due precedenti articoli, saranno proposte dinanzi al consiglio di famiglia, salvo il diritto di richiamo davanti il tribunale.

Tale richiamo potrà anche farsi dal pubblico ministero.

Quando si tratti di escludere o rimuovere il tutore o protutore, il consiglio di famiglia non potrà deliberare, se non sentiti o debitamente citati i medesimi.

Sezione V

Delle cause di dispensa dagli uffizi di tutore e protutore

Art. 272. Sono dispensati dagli uffizi di tutore e protutore:

1° I principi della famiglia reale, salvo che si tratti di tutela di altri principi della stessa famiglia;

2° I presidenti delle camere legislative;

3° I ministri segretari di stato;

4° I presidenti del consiglio di stato, della corte dei conti, delle corti giudiziarie ed i capi del pubblico ministero presso le corti medesime;

5° I segretari e direttori generali delle amministrazioni centrali del regno ed i capi delle amministrazioni provinciali.

Art. 273. Hanno diritto di essere dispensati dall'assumere o dal continuare l'esercizio della tutela e dall'uffizio di protutore.

1° Le donne che possono essere tutrici;

2° Coloro che abbiano l'età di sessantacinque anni compiti;

3° Quelli che siano affetti da grave e permanente infermità;

4° Il padre di cinque figli viventi. I figli morti in attività di servizio nell'esercito nazionale di terra o di mare saranno computati per far luogo alla dispensa;

5° Chi sia già incaricato di una tutela;

6° I militari in attività in servizio;

7° Coloro che abbiano missione dal governo fuori del regno, o che per ragione di pubblico servizio risiedano fuori del territorio del tribunale in cui si è costituita la tutela.

Art. 274. Chi non sia parente od affine del minore non può essere costretto ad accettare la tutela o l'uffizio di protutore, ogni qualvolta nel territorio del tribunale in cui si costituì la tutela, od in cui sia parte notabile delle sostanze del minore, risiedano parenti od affini capaci di assumere i detti uffizi e non dispensati per causa legittima.

Art. 275. La domanda di dispensa si propone al consiglio di famiglia.

La decisione del consiglio che rigetta la domanda, potrà essere impugnata dinanzi al tribunale dal tutore o protutore che la propose, il quale però sarà tenuto intanto a continuare l'esercizio delle sue funzioni.

In questo caso un delegato speciale del consiglio di famiglia sarà ammesso a difenderne la decisione.

Art. 276. Il consiglio di famiglia potrà in ogni tempo dispensare il tutore, il protutore ed il curatore dal loro uffizio, qualora essi consentano a rassegnarlo, e il consiglio reputi necessario un tale provvedimento nell'interesse del minore.

La deliberazione del consiglio di famiglia, ove non sia stata presa a voti unanimi, sarà sottoposta all'omologazione del tribunale.

Sezione VI
Dell'esercizio della tutela

Art. 277. Il tutore ha la cura della persona del minore, lo rappresenta negli atti civili e ne amministra i beni.

Art. 278. Il consiglio di famiglia, qualora la tutela non sia esercitata dall'avo paterno o materno, potrà deliberare sul luogo in cui il minore debba essere allevato, e sull'educazione che convenga dargli, sentito lo stesso minore, quando abbia compiuto l'età di anni dieci.

Art. 279. Il tutore che ha gravi motivi di doglianza per la cattiva condotta del minore, ne riferirà al consiglio di famiglia, il quale potrà autorizzarlo a provocare dal presidente il provvedimento indicato nell'articolo 222.

Art. 280. Il minore deve rispetto ed obbedienza al suo tutore.

Se il tutore abusa della sua autorità o trascura gli obblighi del suo uffizio, il minore potrà portare le sue doglianze al consiglio di famiglia.

Art. 281. Il tutore nei dieci giorni successivi a quello in cui abbia avuto legalmente notizia della sua qualità, farà istanza acciocché vengano tolti i sigilli che fossero stati apposti, e farà immediatamente procedere all'inventario dei beni del minore, non ostante qualunque dispensa.

Dovrà l'inventario essere terminato nello spazio di un mese, salvo al pretore di prorogare il detto termine, ove le circostanze lo richiedano.

Art. 282. L'inventario si farà coll'intervento del protutore e coll'assistenza di due testimoni da scegliersi fra i parenti o gli amici della famiglia, per mezzo del notaio nominato dal genitore o altrimenti dal consiglio di famiglia.

Il pretore o il consiglio di famiglia potrà permettere che l'inventario sia fatto senza il ministero di notaio, quando i beni non eccedono il valore di lire tremila.

L'inventario sarà depositato presso la pretura.

Nell'atto del deposito il tutore e il protutore dichiareranno con giuramento la sincerità dell'inventario.

Art. 283. Nell'inventario si indicheranno i mobili, crediti e debiti, si descriveranno le scritture, carte e note relative allo stato attivo e passivo del patrimonio, e si farà pure la designazione degli immobili.

Il pretore o il consiglio di famiglia determinerà se e come si debba procedere alla stima dei mobili e alla descrizione dello stato degli immobili.

Art. 284. Se nel patrimonio del minore fossero stabilimenti industriali o commerciali, si procederà nelle forme usate in commercio all'inventario dello stabilimento, coll'intervento del protutore e di quelle altre persone che il pretore o il consiglio di famiglia credesse opportuno di delegare.

Quest'inventario sarà pure depositato presso la pretura, ed il riepilogo di esso sarà registrato nell'inventario generale.

Art. 285. Il tutore che abbia debito, credito o altre ragioni verso il minore, deve dichiararlo sulla interpolazione del notaio prima che incomincino le operazioni relative all'inventario.

Il notaio farà menzione nell'inventario della fatta interpolazione e della data risposta.

Nel caso d'inventario senza opera di notaio l'interpolazione al tutore sarà fatta dal pretore, che farà constare delle risposte del tutore nel processo verbale di deposito.

Art. 286. Se il tutore, conoscendo il suo credito o le sue ragioni, espressamente interpellato, non ne avrà fatto dichiarazione, decadrà da ogni suo diritto.

Qualora sapendo di essere debitore non abbia dichiarato il suo debito, potrà essere rimosso dalla tutela.

Art. 287. I valori in numerario o in carte al portatore e gli oggetti preziosi, che si trovassero nel patrimonio del minore, saranno depositati nella cassa dei depositi giudiziari od in quella che sarà dal pretore designata, e vi rimarranno sino a che il consiglio di famiglia non avrà intorno a quelli deliberato.

Art. 288. Il tutore che ommette di fare l'inventario nel termine o nel modo stabilito, non ostante qualunque dispensa, o lo fa infedele, è tenuto al risarcimento dei danni e può essere rimosso dalla tutela.

Art. 289. Prima che sia compiuto l'inventario, l'amministrazione del tutore deve limitarsi agli affari che non ammettono dilazione.

Art. 290. Nel termine di due mesi successivi alla formazione dell'inventario, il tutore farà vendere ai pubblici incanti i mobili del minore.

Il consiglio di famiglia potrà autorizzare il tutore a conservare i mobili in tutto od in parte ed anche a venderli ad offerte private.

Art. 291. Compiuto l'inventario, il consiglio di famiglia, stabilirà per approssimazione l'annua spesa per il mantenimento, l'educazione e l'istruzione del minore e per l'amministrazione del patrimonio, fissando la somma da cui cominci l'obbligo al tutore di impiegare gli avanzi delle rendite, il modo dell'impiego e il tempo entro il quale debba essere fatto.

Il tutore che avrà ommesso di provocare le deliberazioni del consiglio di famiglia su questi oggetti, diventerà responsabile, alla scadenza di tre mesi, degli interessi di qualunque somma eccedente le spese strettamente necessarie.

Art. 292. Il tutore, che non sia l'avo paterno o materno, è tenuto a dare cauzione se non è dispensato dal consiglio di famiglia, con deliberazione che sarà sottoposta all'omologazione del tribunale.

Il consiglio di famiglia determinerà la somma per la quale si dovrà dare la cauzione.

Quando il tutore non preferisca un altro modo di cauzione, il consiglio di famiglia indicherà quei beni del tutore, sui quali dovrà inscriversi l'ipoteca legale, ed ove il tutore non possegga beni sufficienti, si procederà alla nomina di un nuovo tutore.

Il consiglio di famiglia delibererà intorno a ciò nella prima adunanza.

Art. 293. Il consiglio di famiglia potrà nel progresso della tutela richiedere dal tutore la cauzione da cui fosse stato dispensato, e potrà parimente liberarlo da quella che avesse dato.

Potrà pure estendere o restringere l'iscrizione dell'ipoteca che si fosse presa in luogo della cauzione, ed anche autorizzarne la cancellazione.

In tutti questi casi la deliberazione del consiglio deve essere sottoposta all'omologazione del tribunale.

Art. 294. Il consiglio di famiglia potrà eziandio stabilire cautele speciali per l'esazione e l'impiego di quella parte di rendita che ecceda la somma fissata a norma dell'articolo 291.

Art. 295. Il consiglio di famiglia, se circostanze particolari, lo richiedano, può autorizzare il tutore a farsi coadiuvare nell'amministrazione, sotto la sua responsabilità, da una o più persone stipendiate.

Art. 296. Il tutore senza l'autorizzazione del consiglio di famiglia non può riscuotere i capitali del minore, farne impiego, prendere danaro a mutuo, accordare pegni od ipoteche, alienare beni immobili o mobili, eccettuati i frutti e i mobili soggetti a facile deterioramento, cedere o trasferire crediti o carte di credito, fare acquisti di beni immobili o mobili, eccettuati gli oggetti necessari all'economia domestica od all'amministrazione del patrimonio, fare locazioni eccedenti il novennio, accettare o ripudiare eredità, accettare donazioni o legati soggetti a pesi o condizioni, procedere a divisioni o provocarle giudizialmente.

Egli non può parimente senza la detta autorizzazione far compromessi o transazioni, promuovere azioni in giudizio, se non quando si tratta di azioni possessorie o di questioni relative al conseguimento delle rendite, salvi i casi di urgenza.

Art. 297. L'autorizzazione del consiglio di famiglia non può essere data in genere, ma deve essere speciale per ciascun atto e contratto.

Nell'autorizzare vendite di immobili, il consiglio determinerà, se esse debbano farsi ai pubblici incanti o per offerte private.

Art. 298. Trovandosi nel patrimonio del minore titoli al portatore, quando il consiglio di famiglia non ne abbia deliberata la conversione in altro impiego, il tutore dovrà farli inscrivere in nome del minore.

Art. 299. Gli stabilimenti di commercio o d'industria che si trovino nel patrimonio del minore, saranno alienati e liquidati dal tutore nei modi e colle cautele che determinerà il consiglio di famiglia.

Il consiglio di famiglia potrà permettere la continuazione dell'esercizio quando vi sia l'evidente utilità del minore: questa deliberazione sarà sottoposta all'omologazione del tribunale.

Art. 300. Il tutore e il protutore non possono comprare i beni del minore, né accettare la cessione di alcuna ragione o credito verso il medesimo. Non possono neppure prenderne in affitto i beni senza l'autorizzazione del consiglio di famiglia.

Art. 301. Tutte le deliberazioni del consiglio di famiglia, per le quali siano autorizzati atti di alienazione, di pegno od ipoteca de' beni del minore, devono essere sottoposte all'omologazione del tribunale.

Saranno parimente soggette all'omologazione del tribunale le deliberazioni che autorizzano il tutore a prendere danari a prestito, e quelle relative alle transazioni, ai compromessi e alle divisioni in cui sia interessato il minore.

Sezione VII
Del rendimento dei conti della tutela

Art. 302. Ogni tutore, terminata la sua amministrazione, è tenuto a renderne il conto.

Art. 303. Il tutore, ad eccezione dell'avo paterno e materno, dovrà ogni anno presentare gli stati della sua amministrazione al consiglio di famiglia il quale, prima di deliberare, li farà esaminare da uno dei suoi membri.

Questi stati saranno stesi e rimessi senza spesa in carta non bollata e senza alcuna formalità di giudizio, e, dopo la deliberazione del consiglio di famiglia, depositati presso la pretura.

Art. 304. Qualunque esenzione dall'obbligo di rendere il conto definitivo o di presentare gli stati annuali è di nessun effetto.

Art. 305. Il conto definitivo della tutela si renderà quando il minore sia giunto alla maggiore età, o quando sia emancipato.

Le spese saranno a carico del minore, e saranno intanto anticipate dal tutore.

Si ammetteranno in favore del tutore tutte le spese che saranno sufficientemente giustificate, e riconosciute utili al minore.

Art. 306. Qualora l'amministrazione del tutore cessi prima che l'amministrato sia giunto alla maggiore età o sia emancipato, il conto dell'amministrazione dovrà rendersi a colui che succede nella tutela, ed in presenza del protutore: il rendimento del conto non sarà però definitivo, salvo che intervenga l'approvazione del consiglio di famiglia.

Se l'amministrato muore durante la minore età, il conto sarà reso ai suoi eredi.

Art. 307. Se la tutela cessi per la maggiore età dell'amministrato, il conto sarà reso all'amministrato medesimo; ma il tutore non sarà efficacemente liberato, se l'amministrato non sarà stato assistito nell'esame del conto dal protutore o da quell'altra persona che, in mancanza del protutore, sarà stata designata dal pretore.

Nessuna convenzione tra il tutore ed il minore fatto maggiore può aver luogo prima della definitiva approvazione del conto della tutela.

Art. 308. La somma a cui ascenderà il residuo debito del tutore, produrrà interesse dal giorno dell'ultimazione del conto senza che occorra di farne la domanda.

Gli interessi della somma che dal minore fosse dovuta al tutore, non decorreranno se non dal giorno della domanda giudiziale fatta dopo l'ultimazione del conto.

Art. 309. Le azioni del minore contro il tutore e il protutore, e quelle del tutore verso il minore relative alla tutela si prescrivono in dieci anni computabili dal giorno della maggiore età o della morte dell'amministrato, senza pregiudizio però delle disposizioni relative all'interruzione e sospensione del corso delle prescrizioni.

La prescrizione stabilita da questo articolo non si applica all'azione pel pagamento del residuo risultante dal conto definitivo.

Capo III
Dell'emancipazione

Art. 310. Il minore è di diritto emancipato col matrimonio.

Art. 311. Il minore che abbia compiuto gli anni diciotto, potrà essere emancipato dal genitore che eserciti la patria podestà, e in mancanza dal consiglio di famiglia.

L'emancipazione si effettuerà mediante dichiarazione fatta davanti il pretore dal genitore, o mediante deliberazione del consiglio di famiglia.

Art. 312. Il figlio naturale potrà essere emancipato dal genitore che ne abbia la tutela legale, e in mancanza dal consiglio di tutela, nelle forme stabilite dall'articolo precedente.

Art. 313. Per l'emancipazione dei minori indicati nell'articolo 262, il consiglio di tutela sarà presieduto dal pretore.

Art. 314. Dichiarata l'emancipazione, il consiglio di famiglia o di tutela nominerà un curatore al minore emancipato.

Se però l'emancipazione è fatta dal padre o dalla madre, il minore emancipato avrà per curatore il genitore emancipante.

Art. 315. Il minore emancipato per effetto del matrimonio avrà per curatore il padre, e in mancanza la madre.

Mancando ambi due i genitori, il consiglio di famiglia o di tutela gli nominerà il curatore.

La donna minore maritata ha per curatore il marito, od il curatore del marito se questo sia minore od inabilitato, ed infine il tutore del marito se questo sia interdetto.

Qualora sia vedova, ovvero separata di corpo o di beni, avrà per curatore il padre o la madre, e in loro mancanza le sarà nominato un curatore dal consiglio di famiglia o di tutela.

Art. 316. Il conto della precedente amministrazione sarà reso al minore emancipato assistito dal suo curatore, e se questo è quel medesimo che deve rendere il conto, il consiglio di famiglia o di tutela nominerà un curatore speciale.

Art. 317. L'emancipazione conferisce al minore la capacità di fare da se solo tutti gli atti che non eccedano la semplice amministrazione.

Art. 318. Il minore emancipato può con l'assistenza del curatore riscuotere i capitali sotto condizione di idoneo impiego, e stare in giudizio sia come attore sia come convenuto.

Art. 319. Per tutti gli altri atti eccedenti, la semplice amministrazione, oltre il consenso del curatore, è necessaria l'autorizzazione del consiglio di famiglia o di tutela.

Le deliberazioni del consiglio relative al patrimonio del minore emancipato saranno soggette all'omologazione del tribunale in tutti i casi accennati nell'articolo 301.

Art. 320. Nel caso in cui il curatore rifiuti di dare il suo consenso, il minore potrà far richiamo al consiglio di famiglia.

Art. 321. Il minore emancipato potrà essere privato del benefizio dell'emancipazione per deliberazione del consiglio di famiglia o di tutela, quando i suoi atti lo dimostrino incapace di amministrare.

La deliberazione del consiglio non avrà luogo che sopra la domanda del genitore, ove egli abbia concessa la emancipazione e sia vivente.

Dal giorno della rivocazione dell'emancipazione il minore rientrerà sotto la patria podestà o nello stato di tutela, e vi rimarrà sino alla maggiore età compita.

Art. 322. Le nullità degli atti fatti in contravvenzione alle disposizioni di questo titolo concernenti l'interesse del minore non possono opporsi che dal tutore, dal minore e dai suoi eredi od aventi causa.

TITOLO X

DELLA MAGGIORE ETÀ, DELLA INTERDIZIONE E DELLA INABILITAZIONE

Capo I

Della maggiore età

Art. 323. La maggiore età è fissata agli anni ventuno compiti.

Il maggiore d'età è capace di tutti gli atti della vita civile, salve le eccezioni stabilite da disposizioni speciali.

Capo II

Dell'interdizione

Art. 324. Il maggiore di età ed il minore emancipato, il quale si trovi in condizione di abituale infermità di mente che lo renda incapace di provvedere ai propri interessi, deve essere interdetto.

Art. 325. Il minore non emancipato può essere interdetto nell'ultimo anno della sua minore età.

Art. 326. L'interdizione può essere promossa da qualsiasi congiunto, dal coniuge e dal pubblico ministero.

Art. 327. L'interdizione non potrà essere pronunziata se non avuto il parere del consiglio di famiglia o di tutela, e dopo essersi proceduto all'interrogatorio della persona contro cui si promuove.

Il coniuge e i discendenti della persona di cui si domanda l'interdizione ed i parenti che l'abbiano promossa, non possono far parte del consiglio di famiglia o di tutela, né assistere alle sue deliberazioni, sino a che non sia pronunziata sentenza definitiva; essi però hanno diritto di essere sentiti per dare schiarimenti al consiglio.

Dopo l'interrogatorio il tribunale deputerà, se occorre, un amministratore provvisionale, affinché prenda cura della persona di cui fu richiesta l'interdizione e dei suoi beni.

Art. 328. L'interdizione produce il suo effetto dal giorno della sentenza.

Art. 329. L'interdetto è in istato di tutela.

Le disposizioni relative alla tutela dei minori sono comuni alla tutela degli interdetti.

Art. 330. Il coniuge maggiore di età e non separato legalmente è tutore di diritto dell'altro coniuge interdetto per infermità di mente.

È parimente tutore di diritto, dopo il coniuge, il padre dell'interdetto o, in mancanza del padre, la madre.

Mancando la tutela del coniuge, del padre e della madre, il tutore è nominato dal consiglio di famiglia o di tutela, salvo ché il genitore che sopravvisse, prevedendo il caso della interdizione del figlio, glielo abbia designato per testamento o per atto notarile.

Art. 331. Quando la tutela sia esercitata dal coniuge, dal padre o dalla madre, il consiglio di famiglia o di tutela potrà dispensare il tutore dall'obbligo di presentare gli stati annuali menzionati nell'articolo 303.

Art. 332. Il tutore dell'interdetto non sarà tenuto a far venderei mobili che servono all'abitazione della famiglia.

Art. 333. Nessuno, ad eccezione dei coniugi, degli ascendenti e dei discendenti, sarà tenuto di continuare nella tutela dell'interdetto oltre dieci anni.

Art. 334. La dote e le altre convenzioni matrimoniali dei figli di un interdetto saranno regolate dal consiglio di famiglia o di tutela.

Art. 335. Gli atti fatti dall'interdetto dopo la sentenza d'interdizione, od anche dopo la nomina dell'amministratore provvisionale sono nulli di diritto.

La nullità non può essere proposta se non dal tutore, dall'interdetto e dai suoi eredi od aventi causa.

Art. 336. Gli atti anteriori alla interdizione possono essere annullati, se la causa d'interdizione sussisteva al tempo in cui avevano luogo gli atti medesimi, e sempreché o per la qualità del contratto, o per il grave pregiudizio che ne sia derivato o ne possa derivare all'interdetto, od altrimenti risulti la mala fede di chi contrattò col medesimo.

Art. 337. Dopo la morte di un individuo, gli atti da esso fatti non potranno essere impugnati per infermità di mente, se non quando o sia si promossa l'interdizione prima della morte di esso, o la prova dell'infermità risulti dall'atto stesso che viene impugnato.

Art. 338. L'interdizione sarà rivocata ad istanza dei parenti del coniuge o del pubblico ministero, quando venga a cessare la causa che vi abbia dato luogo.

Il consiglio di famiglia o di tutela dovrà vegliare per riconoscere, se continui la causa dell'interdizione.

Capo III

Dell'inabilitazione

Art. 339. L'infermo di mente il cui stato non sia talmente grave da far luogo all'interdizione, e il prodigo potranno dal tribunale essere dichiarati inabili a stare in giudizio, fare transazioni, prendere a prestito, ricevere capitali, rilasciare liberazioni, alienare od ipotecare i suoi beni, né fare altro atto che ecceda la semplice amministrazione, senza l'assistenza di un curatore da nominarsi dal consiglio di famiglia o di tutela.

L'inabilitazione può essere promossa da coloro che hanno diritto di promuovere l'interdizione.

Art. 340. Il sordo-muto ed il cieco dalla nascita, giunti all'età maggiore, si reputeranno inabilitati di diritto, eccetto ché il tribunale li abbia dichiarati abili a provvedere alle cose proprie.

Art. 341. La nullità degli atti fatti dall'inabilitato senza l'assistenza del curatore non può essere proposta che dal inabilitato e dai suoi eredi od aventi causa.

Art. 342. L'inabilitazione sarà rivocata, come l'interdizione, quando sia cessata la causa per cui fu pronunziata.

TITOLO XI
DEI REGISTRI DELLE TUTELE DEI MINORI O DEGLI INTERDETTI, E DELLE CURE DEGLI EMANCIPATI OD INABILITATI

Art. 343. In ciascuna pretura sarà tenuto un registro delle tutele dei minori o degli interdetti, ed un altro delle cure degli emancipati od inabilitati.

Art. 344. Ogni tutore o curatore dovrà far iscrivere nel registro la tutela o la cura entro quindici giorni da quello in cui l'abbia assunta. Tutti i membri del consiglio di famiglia o di tutela dovranno vegliare perché la iscrizione venga eseguita.

Il pretore la potrà ordinare d'uffizio.

La tutela legale attribuita ai genitori dall'articolo 184 non è soggetta ad iscrizione.

Art. 345. Il registro delle tutele conterrà per ciascuna di esse un capitolo speciale nel quale si dovrà annotare:

Il nome e cognome, la condizione, l'età e il domicilio della persona soggetta alla tutela;

Il nome e cognome, la condizione e il domicilio del tutore, del protutore e degli altri membri del consiglio di famiglia o di tutela;

Il titolo che conferisce la qualità di tutore e di protutore, o la sentenza che pronunziò l'interdizione;

Il giorno in cui si è aperta la tutela;

La data dell'inventario;

La data delle adunanze del consiglio, e l'oggetto delle prese deliberazioni.

Art. 346. Nel registro si terrà nota degli stati annuali dell'amministrazione del tutore e dei loro risultati.

Art. 347. Trasferendosi la sede della tutela in altra pretura, il tutore ne farà dichiarazione nel registro di quella che abbandona e ne procurerà l'iscrizione nel registro dell'altra in cui viene trasferita.

Art. 348. Il registro delle cure degli emancipati od inabilitati avrà, per ciascuna di esse, un capitolo speciale nel quale si dovrà annotare.

Il nome, cognome, la condizione, l'età e il domicilio della persona emancipata od inabilitata;

Il nome e cognome, la condizione e il domicilio del genitore emancipante, o dei membri del consiglio di famiglia o di tutela che deliberarono l'emancipazione;

La data dell'emancipazione o della sentenza di inabilitazione;

Il nome e cognome, la condizione e il domicilio del curatore nominato all'emancipato od inabilitato e dei membri del consiglio di famiglia o di tutela.

Il titolo che conferisce la qualità di curatore;

La data delle adunanze del consiglio, e l'oggetto delle prese deliberazioni.

Art. 349. Il pretore veglierà la tenuta dei registri, e alla fine di ogni anno farà rapporto al procuratore del re circa i provvedimenti presi per ottenere l'esecuzione della legge.

I registri saranno tenuti in carta libera e le registrazioni si eseguiranno gratuitamente.

TITOLO XII
DEGLI ATTI DELLO STATO CIVILE

Capo I
Disposizioni generali

Art. 350. Gli atti di nascita, di matrimonio e di morte debbono essere formati nel comune in cui tali fatti accadono.

Art. 351. Gli atti e le dichiarazioni da farsi dinanzi agli ufficiali dello stato civile si riceveranno in presenza di due testimoni scelti dalle parti interessate i quali siano di sesso maschile, abbiano compiuto gli anni ventuno e risiedono nel comune.

Art. 352. Gli atti relativi allo stato civile enunceranno il comune, la casa, l'anno, il giorno e l'ora in cui sono formati; il nome, cognome e la qualità dell'ufficiale dinanzi a cui si formano; il nome, cognome, l'età, la professione e il domicilio o la residenza delle persone che vi sono indicate in qualità di dichiaranti e di testimoni, e i documenti presentati dalle parti.

L'ufficiale dello stato civile darà lettura dell'atto, e farà in esso menzione dell'adempimento di questa formalità.

Art. 353. Gli atti saranno sottoscritti dai dichiaranti, dai testimoni e dall'ufficiale: se i dichiaranti o i testimoni non possono sottoscrivere l'atto, si farà menzione della causa dell'impedimento.

Art. 354. Le parti interessate, nei casi in cui non siano tenute a comparire personalmente, potranno farsi rappresentare da persona munita di procura speciale ed autentica.

Art. 355. Gli ufficiali dello stato civile non potranno enunciare negli atti di cui sono richiesti, se non quelle dichiarazioni e indicazioni che sono per ciascun atto stabilite e permesse.

Art. 356. I registri dello stato civile saranno tenuti in doppio originale.

Art. 357. I registri, prima di essere posti in uso, saranno vidimati in ciascun foglio dal presidente del tribunale civile, o da un giudice del tribunale delegato dal presidente con decreto da scriversi sulla prima pagina del registro.

In questa prima pagina il presidente o giudice delegato indicherà di quanti fogli sia composto il registro.

Art. 358. Gli atti saranno iscritti sui registri di seguito e senza alcuno spazio in bianco.

Le cancellazioni e le postille saranno approvate e firmate prima della chiusa degli atti: non vi saranno abbreviature e le date saranno sempre scritte in lettere per disteso.

Art. 359. Qualunque annotazione sopra un atto già iscritto nei registri, quando sia legalmente ordinata, si farà in margine di esso, a richiesta delle parti interessate, dall'ufficiale dello stato civile nei registri correnti od in quelli depositati negli archivi del comune, e dal cancelliere del tribunale nei registri depositati presso la cancelleria. Per tale effetto l'ufficiale dello stato civile ne darà avviso entro tre giorni al procuratore del re, il quale veglierà acciocché l'annotazione sia fatta in modo uniforme sui due originali dei registri.

Art. 360. I registri saranno chiusi dagli ufficiali dello stato civile alla fine d'ogni anno con apposita dichiarazione scritta e sottoscritta immediatamente dopo l'ultimo atto iscritto sul registro; ed entro quindici giorni uno degli originali sarà depositato negli archivi del comune e l'altro presso la cancelleria del tribunale.

Art. 361. Le procure e le altre carte annesse agli atti dello stato civile saranno munite del visto dell'ufficiale pubblico, ed unite a quello degli originali che deve rimanere presso il tribunale.

Art. 362. I registri dello stato civile sono pubblici; gli ufficiali dello stato civile non possono ricusare gli estratti e i certificati negativi che vengono loro richiesti, e debbono fare le indagini che occorrono ai privati negli atti affidati alla loro custodia.

Art. 363. Gli atti dello stato civile formati secondo le disposizioni degli articoli precedenti fanno prova fino a querela di falso di ciò che l'ufficiale pubblico attesta avvenuto alla sua presenza.

Le dichiarazioni dei comparenti fanno fede sino a prova contraria.

Le indicazioni estranee all'atto non hanno alcun valore.

Art. 364. Se non si saranno tenuti i registri, o si saranno distrutti o smarriti in tutto od in parte, o vi sarà stata interruzione nella tenuta dei medesimi, sarà ammessa la prova delle nascite, dei matrimoni e delle morti, tanto per documenti o per i scritture, quanto per testimoni.

Se la mancanza e distruzione, lo smarrimento o l'interruzione fossero accaduti per dolo del richiedente, egli non sarà ammesso alla prova autorizzata con quest'articolo.

Art. 365. Il procuratore del re è incaricato di vegliare per la regolare tenuta dei registri, e potrà in ogni tempo verificarne lo stato.

Egli dovrà in ciascun anno procedere alla loro verificazione, quando vengono depositati nella cancelleria del tribunale; formerà coll'opera del cancelliere un processo verbale dei risultati della verificazione, ordinerà il deposito dei registri gli archivi del tribunale e promuoverà l'applicazione delle pene pecuniarie contro coloro che vi abbiano dato luogo, ed anche le rettificazioni richieste dall'interesse pubblico, chiamate le parti interessate.

Art. 366. Avvenendo alcuno dei casi espressi nell'articolo 364 il tribunale, sulla istanza del procuratore del re, potrà ordinare che siano rifatti, se è possibile, gli atti ommessi, distrutti o smarriti, ovvero che si supplisca alla loro mancanza con atti giudiziali di notorietà, mediante le dichiarazioni giurate almeno di quattro persone informate e degne di fede, chiamate sempre le parti interessate, e senza pregiudizio dei loro diritti.

Se venga a risultare la celebrazione di un matrimonio dinanzi ad un ufficiale dello stato civile non competente e sia perenta l'azione per impugnarlo, il tribunale, sull'istanza del procuratore del re, potrà ordinare la trasmissione di una copia autentica dell'atto all'ufficiale davanti il quale si sarebbe dovuto celebrare il matrimonio.

Art. 367. Gli atti dello stato civile seguiti in paese estero fanno fede quando si ansi osservate le forme stabilite dalle leggi del luogo.

È dovere del cittadino che ha fatto procedere ad uno di tali atti, di rimetterne entro tre mesi copia al regio agente diplomatico o consolare di più vicina residenza, salvo ché preferisca di trasmetterla direttamente all'uffizio dello stato civile indicato nell'articolo seguente.

Art. 368. È in facoltà dei cittadini che si trovano fuori del regno di far ricevere gli atti di nascita, matrimonio, o morte dai regi agenti diplomatici o consolari, purché si osservino le forme stabilite da questo codice.

I regi agenti diplomatici o consolari e gli ufficiali che ne fanno le veci, devono entro tre mesi trasmettere copia degli atti anzidetti, a loro consegnati o da loro ricevuti, dal ministero degli affari esteri, per cura del quale si faranno pervenire.

Gli atti di nascita all'uffizio dello stato civile del domicilio del padre del fanciullo, o della madre se il padre non è conosciuto;

Gli atti di matrimonio all'uffizio dello stato civile dei comuni dell'ultimo domicilio degli sposi;

Gli atti di morte all'uffizio dello stato civile del comune dell'ultimo domicilio del defunto.

Art. 369. Il presidente del senato assistito dal notaio della corona adempierà le funzioni di ufficiale dello stato civile per gli atti di nascita, di matrimonio e di morte del re e delle persone della famiglia reale.

Art. 370. Gli atti saranno iscritti sopra un doppio registro originale, l'uno dei quali sarà custodito negli archivi generali del regno e l'altro negli archivi del senato a norma dell'articolo 38 dello statuto.

Capo II
Degli atti di nascita e di ricognizione della filiazione

Art. 371. Nei cinque giorni successivi al parto si dovrà fare la dichiarazione di nascita all'ufficiale dello stato civile del luogo, a cui sarà altresì presentato il neonato.

L'ufficiale dello stato civile potrà, per circostanze gravi, dispensare dalla presentazione del neonato, accertandosi altrimenti della verità della nascita.

Art. 372. Dopo i cinque giorni dalla nascita la dichiarazione non potrà farsi se non osservato il procedimento stabilito per la rettificazione degli atti dello stato civile.

Art. 373. La dichiarazione di nascita deve essere fatta dal padre o da un suo procuratore speciale, in mancanza dal dottore di medicina o chirurgia, o dalla levatrice, o da qualche altra persona che abbia assistito al parto, o, se la puerpera era fuori della sua ordinaria abitazione, dal capo della famiglia, o dall'ufficiale delegato dello stabilimento in cui ebbe luogo il parto.

La dichiarazione può anche essere fatta dalla madre o da persona munita di suo speciale mandato.

L'atto di nascita sarà steso immediatamente dopo.

Art. 374. L'atto di nascita deve enunciare il comune, la casa, il giorno e l'ora della nascita, il sesso del neonato, e il nome che gli è stato dato.

Se il dichiarante non dà un nome al neonato, vi supplirà l'ufficiale dello stato civile.

Se il parto è gemello, se ne farà menzione in ciascuno dei due atti, esprimendo chi nacque primo, chi secondo.

Quando al momento della dichiarazione di nascita il bambino non fosse vivo, l'ufficiale dello stato civile esprimerà questa circostanza, senza tener conto della dichiarazione che si facesse dai comparenti che il bambino sia nato vivo o morto.

Art. 375. Se la nascita è da unione legittima, la dichiarazione deve inoltre enunciare il nome e cognome, la professione e il domicilio.

Art. 376. Se la nascita è da unione illegittima, la dichiarazione non può enunciare che il nome e cognome, la professione e il domicilio del genitore o dei genitori dichiaranti.

Quando la dichiarazione è fatta da altre persone non si enuncerà che il nome e cognome, la professione e il domicilio della madre, se consti per atto autentico che questa acconsente alla dichiarazione.

Art. 377. Chiunque trovi un bambino è tenuto a farne la consegna all'ufficiale dello stato civile, colle vesti e cogli altri oggetti ritrovati presso il medesimo, e a dichiarare tutte le circostanze del tempo e luogo in cui sarà stato ritrovato.

Si stenderà della consegna un circostanziato processo verbale che enuncerà inoltre l'età apparente del bambino, il sesso, il nome che gli sarà dato e l'autorità civile a cui verrà consegnato.

Questo processo verbale sarà iscritto sui registri.

Art. 378. Quando un fanciullo sia stato consegnato ad un pubblico ospizio, la direzione di esso per mezzo di uno de' suoi impiegati di ciò incaricato deve trasmetterne la dichiarazione scritta, nei tre giorni successivi, all'ufficiale dello stato civile del comune in cui è stabilito l'ospizio, indicando il giorno e l'ora in cui fu raccolto il fanciullo esposto, il sesso, l'età apparente e gli oggetti ritrovati presso il medesimo.

L'amministrazione deve pure indicare all'ufficiale dello stato civile il nome e cognome dato al fanciullo e il numero d'ordine in cui sarà iscritto.

Art. 379. Nel caso di nascita di un figlio fuori del comune in cui i genitori hanno il domicilio o la residenza, l'ufficiale che avrà ricevuto l'atto, ne trasmetterà entro dieci giorni una copia autentica all'ufficiale dello stato civile del comune suddetto, per essere inserita nei registri colla data del giorno in cui la copia gli sarà pervenuta.

Art. 380. Se nasce un bambino durante un viaggio di mare, l'atto di nascita deve formarsi entro le ventiquattro ore, sui bastimenti della regia marina, dal commissario di marina o da chi ne fa le veci, e sui bastimenti di privata proprietà, dal capitano o padrone della nave, o da chi ne fa le veci.

L'atto di nascita sarà inscritto a piè del ruolo dell'equipaggio.

Art. 381. Nel primo porto cui approderà il bastimento, se il porto è in paese estero e vi risieda un regio agente diplomatico o consolare, il commissario di marina, il capitano od il padrone sono tenuti a depositare presso di lui copia autentica degli atti di nascita che avranno fatti; e se il porto è nel regno, sono tenuti a depositare gli atti originali presso l'autorità marittima, la quale ne farà la trasmissione all'ufficiale dello stato civile indicato nell'articolo 368.

Art. 382. L'atto di riconoscimento di un figlio sarà iscritto nei registri coll'indicazione della sua data, e se ne farà menzione in margine dell'atto di nascita, quando vi sia.

Capo III
Degli atti di matrimonio

Art. 383. L'atto di matrimonio deve indicare:

Il nome e cognome, l'età e la professione, il luogo della nascita, il domicilio o la residenza degli sposi;

Il nome e cognome, il domicilio o la residenza dei loro genitori;

Il consenso degli ascendenti, o del consiglio di famiglia o di tutela nei casi in cui è necessario, ovvero il provvedimento menzionato nell'articolo 67;

La data delle eseguite pubblicazioni o il decreto di dispensa;

La data del decreto di dispensa che sia stata concessa da alcuno degli impedimenti menzionati nell'articolo 68;

La dichiarazione degli sposi di volersi unire in matrimonio;

Il luogo in cui seguì la celebrazione del matrimonio, nel caso espresso dall'articolo 97, ed il motivo del trasferimento;

La ricognizione della unione degli sposi, che l'ufficiale dello stato civile fa in nome della legge.

Art. 384. La sentenza irrevocabile che pronunzi la nullità del matrimonio, deve per cura del cancelliere del tribunale o della corte che l'ha pronunziata e a spesa dell'attore essere trasmessa in copia autentica all'uffizio di stato civile del comune in cui esso fu celebrato.

Di questa sentenza si farà annotazione in margine all'atto di matrimonio.

Capo IV
Degli atti di morte

Art. 385. Non si darà sepoltura se non precede l'autorizzazione dell'ufficiale dello stato civile, da rilasciarsi in carta non bollata e senza spesa.

L'ufficiale dello stato civile non potrà accordarla se non dopo che si sarà accertato della morte, o personalmente, o per mezzo di un suo delegato, e dopo che siano trascorse ventiquattro ore dalla morte medesima, salvi i casi espressi nei regolamenti speciali.

Art. 386. Si stenderà l'atto di morte dall'ufficiale dello stato civile, dopo la dichiarazione di due testimoni che ne siano informati.

Art. 387. L'atto di morte enuncerà il luogo, il giorno e l'ora della morte, il nome e cognome, l'età, la professione e il domicilio o la residenza del defunto; il nome e cognome del coniuge superstite, se la persona defunta era congiunta in matrimonio, o del predefunto coniuge, se era vedova; il nome e cognome, l'età, la professione e il domicilio dei dichiaranti.

Lo stesso atto enuncerà inoltre, per quanto si possano sapere, il nome e cognome, la professione e il domicilio del padre e della madre del defunto ed il luogo della sua nascita.

Art. 388. In caso di morte in un ospedale, collegio od altro qualsiasi istituto, il superiore o chi ne fa le veci è tenuto a trasmetterne l'avviso, colle indicazioni stabilite nell'articolo precedente, nel termine di ventiquattro ore, all'uffizio dello stato civile.

Art. 389. Risultando segni o indizi di morte violenta, od essendovi luogo a sospettarla per altre circostanze, non si potrà seppellire il cadavere se non dopo che l'ufficiale di polizia giudiziaria, assistito da un medico o chirurgo abbia steso il processo verbale sopra lo stato del cadavere e le circostanze relative, come anche sopra le notizie che avrà potuto raccogliere sul nome e cognome, sull'età e professione e sul luogo di nascita e domicilio del defunto.

Art. 390. L'ufficiale di polizia dovrà immantinente trasmettere all'ufficiale dello stato civile del luogo, dove sarà morta la persona, le notizie enunciate nel suo processo verbale, in conformità delle quali si stenderà l'atto di morte.

Art. 391. Nel caso di morte, senza che sia possibile di rinvenire o di riconoscere i cadaveri, il sindaco od altro pubblico ufficiale ne stenderà processo verbale, e lo trasmetterà al procuratore del re, per cura del quale, dopo ottenuta l'autorizzazione del tribunale, il detto processo sarà annesso al registro dello stato civile.

Art. 392. Quando si fosse data sepoltura ad un cadavere senza l'autorizzazione del pubblico ufficiale, non sarà ricevuto l'atto di morte, se non dopo sentenza del tribunale pronunziata ad istanza di persona interessata o del pubblico ministero.

La sentenza verrà inserita nei registri.

Art. 393. Morendo alcuno nelle prigioni, o nelle case di arresto o di detenzione, l'avviso all'ufficiale dello stato civile sarà dato immediatamente dai custodi o carcerieri.

Art. 394. I cancellieri saranno tenuti, entro ventiquattro ore dall'esecuzione di una sentenza di morte, a trasmettere all'ufficiale dello stato civile del luogo dove sarà stata eseguita, tutte le notizie enunciate nell'articolo 387, in conformità delle quali si stenderà l'atto di morte.

Art. 395. In qualunque caso di morte violenta, o nelle prigioni e case di arresto, o di esecuzione delle sentenze di morte, non si farà nei registri veruna menzione di tali circostanze, e gli atti di morte saranno semplicemente stesi nella forma stabilita dall'articolo 387.

Art. 396. Se taluno muore durante un viaggio di mare, l'atto di morte sarà formato dagli ufficiali nominati nell'articolo 380, e si osserveranno le disposizioni dell'articolo 381. Quando per naufragio di una nave fossero perite tutte le persone dell'equipaggio e tutti i passeggieri, l'autorità marittima, accertato l'infortunio, ne farà inserire una dichiarazione autentica nei registri di ciascuno dei comuni a cui appartenevano le persone morte.

Nel caso che si fosse perduta una parte soltanto dell'equipaggio o della gente imbarcata e fra coloro che perirono fossero compresi gli ufficiali sovra indicati, gli atti di morte saranno formati dai regi consoli all'estero, o dalle autorità marittime nel regno sulle dichiarazioni dei superstiti.

Art. 397. Morendo alcuno in luogo diverso da quello della sua residenza, l'ufficiale dello stato civile che riceve la dichiarazione di morte, deve trasmettere entro dieci giorni copia dell'atto all'uffizio dello stato civile del comune in cui il defunto aveva la sua residenza.

Capo V
Degli atti dello stato civile dei militari in campagna

Art. 398. Le funzioni di ufficiale dello stato civile per gli atti concernenti i militari in campagna o le persone impiegate al seguito delle armate, sono adempiute dagli impiegati designati nei regolamenti.

Art. 399. Le dichiarazioni così di nascita come di morte devono essere fatte nel più breve termine, e contenere le indicazioni stabilite nei capi precedenti di questo titolo.

Art. 400. Gli ufficiali che compiono le funzioni relative allo stato civile, sono tenuti ad inviare gli atti da essi ricevuti al ministero della guerra o della marina, per cura del quale devono essere trasmessi all'ufficiale dello stato civile indicato nell'articolo 368.

Capo VI
Della rettificazione degli atti dello stato civile

Art. 401. Le domande di rettificazione degli atti dello stato civile devono essere proposte davanti il tribunale da cui dipende l'uffizio dello stato civile ove si trova l'atto di cui si chiede la rettificazione.

Art. 402. La sentenza di rettificazione non potrà mai essere opposta a quelli che non concorsero a domandare la rettificazione, o non furono regolarmente chiamati nel giudizio.

Art. 403. Le sentenze di rettificazione passate in giudicato devono per cura di chi le ha promosse, essere depositate in copia autentica all'uffizio dello stato civile ove si trova l'atto rettificato.

L'ufficiale dello stato civile farà annotazione della rettificazione in margine dell'atto.

Capo VII
Disposizioni penali

Art. 404. Le contravvenzioni alle disposizioni contenute in questo titolo, sono punite dal tribunale civile con pena pecuniaria da lire dieci a lire duecento.

L'azione sarà promossa dal pubblico ministero.

Art. 405. Ogni alterazione od omissione colpevole negli atti e nei registri dello stato civile dà luogo all'azione di risarcimento dei danni oltre le sanzioni stabilite dalle leggi penali.

LIBRO SECONDO
DEI BENI, DELLA PROPRIETÀ E DELLE SUE MODIFICAZIONI

TITOLO I
DELLA DISTINZIONE DEI BENI

Art. 406. Tutte le cose che possono formare oggetto di proprietà pubblica o privata sono beni immobili o mobili.

Capo I
Dei beni immobili

Art. 407. I beni sono immobili o per natura, o per destinazione, o per l'oggetto a cui si riferiscono.

Art. 408. Sono immobili per loro natura i terreni, le fabbriche, i mulini ed altri edifici fissi su pilastri o formanti parte di una fabbrica.

Art. 409. Sono altresì riputati immobili i mulini, i bagni e tutti gli altri edifici galleggianti, ove siano e debbano essere con corde o catene saldamente attaccati a una riva, e su questa trovesi una fabbrica espressamente destinata al loro servizio.

I detti mulini, bagni ed edifici galleggianti si considerano come formanti una cosa sola con la fabbrica loro destinata, e col diritto che ha il proprietario di tenerli anche sopra acque non sue.

Art. 410. Gli alberi sono immobili finché non vengono atterrati.

Art. 411. Sono parimente immobili i frutti della terra e degli alberi non per anco raccolti o separati dal suolo: essi diventano mobili a misura che sono raccolti o separati dal suolo, quantunque non siano trasportati altrove, salvo che la legge disponga altrimenti.

Art. 412. Le sorgenti, i serbatoi ed i corsi d'acqua sono immobili.

I canali che deducono le acque in un edificio o fondo, sono pure immobili e fanno parte dell'edificio o del fondo, a cui le acque devono servire.

Art. 413. Sono beni immobili per destinazione le cose, che il proprietario di un fondo vi ha poste per il servizio e la coltivazione del medesimo.

Tali sono:

Gli animali addetti alla coltura;

Gli strumenti rurali;

Il fieno e le sementi somministrate agli affittuari od ai mezzaioli;

La paglia, lo strame ed il concime;

I piccioni delle colombaie;

I conigli delle conigliere;

Gli alveari;

I pesci delle peschiere;

I torchi, le caldaie, i lambicchi, i tini e le botti;

Gli utensili necessari a fucine, cartiere, mulini ed altre fabbriche.

Sono parimente immobili tutte le altre cose dal proprietario consegnate all'affittuario od al mezzaiolo per il servizio e la coltivazione del fondo.

Gli animali consegnati dal proprietario del fondo all'affittuario od al mezzaiolo per la coltivazione, ancorché siano stati stimati, si annoverano fra i beni immobili sino a che in forza della convenzione restano addetti al fondo. Invece gli animali che il proprietario consegna a soccio o soccida ad altri fuorché all'affittuario od al mezzaiolo, si reputano beni mobili.

Art. 414. Sono pure beni immobili per destinazione tutti gli oggetti mobili annessi dal proprietario ad un fondo od edificio per rimanervi stabilmente.

Tali sono quelli che vi stanno attaccati con piombo, gesso, calce, stucco od altro, o che non se ne possono staccare senza rottura o deterioramento, o senza rompere o guastare la parte del fondo o dell'edificio a cui sono attaccati.

Gli specchi, i quadri ed altri ornamenti si reputano stabilmente uniti all'edificio, quando formano corpo col tavolato, colla parete o col soffitto.

Le statue si reputano immobili quando sono collocate in una nicchia formata per esse espressamente, o quando fanno parte di un edificio nel modo sopra indicato.

Art. 415. La legge considera immobili per l'oggetto a cui si riferiscono:

I diritti del concedente e quelli dell'enfiteuta sui fondi soggetti ad enfiteusi;

Il diritto di usufrutto e di uso sulle cose immobili, e quello di abitazione;

Le servitù prediali;

Le azioni che tendono a ricuperare immobili o diritti ad essi relativi.

Capo II
Dei beni mobili

Art. 416. I beni sono mobili per loro natura o per determinazione della legge.

Art. 417. Sono mobili per loro natura i corpi che possono trasportarsi da un luogo ad un altro, o si muovano per propria forza, come gli animali, o vengano mossi da forza esteriore, come le cose inanimate, ancorché tali cose formano collezione od oggetto di commercio.

Art. 418. Sono mobili per determinazione della legge i diritti, le obbligazioni e le azioni, anche ipotecarie, che hanno per oggetto somme di danaro od effetti mobili, le azioni o quote di partecipazione nelle società di commercio o d'industria, quantunque alle medesime appartengano beni immobili.

In quest'ultimo caso tali azioni o quote di partecipazione sono riputate mobili riguardo a ciascun socio, e pel solo tempo in cui dura la società.

Sono egualmente riputate mobili le rendite vitalizie o perpetue a carico dello Stato o dei privati, salvo quanto alle rendite sullo Stato le disposizioni delle leggi relative al debito pubblico.

Art. 419. I battelli, le chiatte, le navi, i mulini e bagni su battelli, e generalmente gli edifici galleggianti non accennati nell'articolo 409 sono mobili.

Art. 420. I materiali provenienti dalla demolizione di un edificio, o raccozzati per costruirne un nuovo, sono mobili sino a che non siano adoperati alla costruzione.

Art. 421. Le espressioni *beni mobili, effetti mobili, sostanza mobile* usate sole nella disposizione della legge o dell'uomo, senz'altra aggiunta o indicazione che ne restringa il significato, comprendono generalmente tutto ciò che viene riputato mobile secondo le regole sopra stabilite.

Art. 422. La parola *mobili* usata sola nella disposizione della legge o dell'uomo, senz'altra aggiunta o indicazione che ne allarghi il significato, o senza contrapposto agli immobili, non comprende il denaro metallico o i suoi rappresentativi, le gemme, i crediti, i titoli di rendita sul debito pubblico e delle imprese commerciali od industriali, i libri, le armi, i quadri, le statue, le monete, le medaglie od altri oggetti attinenti a scienze od arti, gli strumenti propri delle scienze, delle arti e dei mestieri, le biancherie ad uso della persona, i cavalli e gli equipaggi, i grani, vini, fieni ed altre derrate, e nemmeno le cose che formano oggetto di un commercio.

Art. 423. Le parole *mobilia, mobiliare* comprendono i mobili destinati all'uso ed all'ornamento degli appartamenti, come tappezzerie, letti, sedie, specchi, pendoli, tavole, porcellane ed altri oggetti consimili.

Comprendono anche i quadri e le statue che fanno parte dei mobili di un appartamento, non però le collezioni di quadri, di statue, di porcellane ed altre che possono essere nelle gallerie o camere particolari.

Art. 424. L'espressione *casa mobiliata* comprende la sola mobilia; l'espressione *casa con tutto quello che vi si trova* comprende tutti gli oggetti mobili, ad eccezione del danaro o dei suoi rappresentativi, dei crediti od altri diritti, i cui documenti si trovano nella medesima.

Capo III
Dei beni relativamente alle persone a cui appartengono

Art. 425. I beni sono o dello Stato, o delle provincie, o dei comuni, o dei pubblici istituti ed altri corpi morali, o dei privati.

Art. 426. I beni dello Stato si distinguono in demanio pubblico e beni patrimoniali.

Art. 427. Le strade nazionali, il lido del mare, i porti, i seni, le spiagge, i fiumi e torrenti, le porte, le mura, le fosse, i bastioni delle piazze da guerra e delle fortezze fanno parte del demanio pubblico.

Art. 428. Qualsiasi altra specie di beni appartenenti allo Stato forma parte del suo patrimonio.

Art. 429. I terreni delle fortificazioni o dei bastioni delle piazze da guerra che più non abbiano tale destinazione, e tutti gli altri beni che cessino di essere destinati all'uso pubblico ed alla difesa nazionale, passano dal demanio pubblico al patrimonio dello Stato.

Art. 430. I beni del demanio pubblico sono per loro natura inalienabili; quelli del patrimonio dello Stato non si possono alienare che in conformità delle leggi che li riguardano.

Art. 431. Le miniere e le saline sono regolate da leggi speciali.

Art. 432. I beni delle province e dei comuni si distinguono in beni di uso pubblico e in beni patrimoniali [824, 826]. La destinazione, il modo e le condizioni dell'uso pubblico, e le forme di amministrazione e di alienazione dei beni patrimoniali sono determinate da leggi speciali.

Art. 433. I beni degli istituti civili od ecclesiastici e degli altri corpi morali appartengono ai medesimi, in quanto le leggi del regno riconoscano in essi la capacità di acquistare e di possedere.

Art. 434. I beni degli istituti ecclesiastici sono soggetti alle leggi civili e non si possono alienare senza l'autorizzazione del governo.

Art. 435. I beni non indicati nei precedenti articoli appartengono ai privati.

Titolo II
DELLA PROPRIETÀ

Capo I
Disposizioni generali

Art. 436. La proprietà è il diritto di godere e disporre delle cose nella maniera più assoluta, purché non se ne faccia un uso vietato dalle leggi o dai regolamenti.

Art. 437. Le produzioni dell'ingegno appartengono ai loro autori secondo le norme stabilite da leggi speciali.

Art. 438. Nessuno può essere costretto a cedere la sua proprietà od a permettere che altri ne faccia uso, se non per causa di utilità pubblica legalmente riconosciuta e dichiarata, e premesso il pagamento di una giusta indennità.

Le norme relative alla spropri azione per causa di pubblica utilità sono determinate da leggi speciali.

Art. 439. Il proprietario della cosa ha diritto di rivendicarla da qualsiasi possessore o detentore, salve le eccezioni stabilite dalle leggi.

Se il possessore o detentore, dopo che gli fu intimata la domanda giudiziale, avrà cessato per fatto proprio di possedere la cosa, è tenuto a ricuperarla per l'attore a proprie spese, e, non potendo, a risarcirgliene il valore, senza che l'attore sia pregiudicato nel diritto di proporre invece la sua azione contro il nuovo possessore o detentore.

Art. 440. Chi ha la proprietà del suolo ha pur quella dello spazio sovrastante e di tutto ciò che si trova sopra e sotto la superficie.

Art. 441. Ogni proprietario può obbligare il suo vicino a stabilire a spese comuni i termini tra le loro proprietà contigue.

Art. 442. Ciascuno può chiudere il suo fondo, salvi i diritti di servitù spettanti a terzi.

Art. 443. La proprietà di una cosa, sia mobile sia immobile, attribuisce diritto su quanto essa produce o vi si unisce naturalmente o coll'arte; questo diritto si chiama diritto d'accessione.

Capo II
Del diritto d'accessione su ciò che è prodotto dalla cosa

Art. 444. I frutti naturali e i frutti civili appartengono per diritto d'accessione al proprietario della cosa che li produce.

Sono frutti naturali quelli che provengono direttamente dalla cosa, vi concorra o non vi concorra l'industria dell'uomo, come le biade, il fieno, la legna, i parti degli animali e i prodotti delle miniere, cave e torbiere.

Sono frutti civili quelli che si ottengono per occasione dalla cosa, come gli interessi dei capitali, i proventi delle enfiteusi, dei censi, dei vitalizi ed ogni altra rendita.

I fitti e le pigioni dei fondi appartengono alla classe dei frutti civili.

Art. 445. Chi raccoglie i frutti della cosa, ha l'obbligo di rimborsare i terzi delle spese della coltura, delle sementi e delle opere da loro fatte.

Capo III
Del diritto d'accessione sopra ciò che s'incorpora, e si unisce alla cosa

Art. 446. Tutto ciò che s'incorpora e si unisce alla cosa appartiene al proprietario di essa secondo le regole stabilite in appresso.

Sezione I
Del diritto d'accessione relativamente alle cose immobili

Art. 447. Il proprietario può fare sopra il suo suolo qualsiasi costruzione e piantagione, salve le eccezioni stabilite nel capo *Delle servitù prediali.*

Parimente disotto al suolo può fare qualsiasi costruzione e scavamento, e trarne tutti i prodotti possibili, salve le disposizioni delle leggi e dei regolamenti sulle miniere e di polizia.

Art. 448. Qualsiasi costruzione, piantagione od opera sopra o disotto il suolo si presume fatta dal proprietario a sue spese ed appartenergli, finché non consti del contrario, senza pregiudizio però dei diritti legittimamente acquistati dai terzi.

Art. 449. Il proprietario del suolo che ha fatto costruzioni, piantagioni od opere con materiali altrui, deve pagarne il valore. Sarà anche tenuto in caso di malafede o di colpa grave al risarcimento dei danni; ma il proprietario dei materiali non ha diritto di levarli, salvo che lo possa senza distruggere l'opera costrutta o far perire la piantagione.

Art. 450. Allorché le piantagioni, costruzioni od opere sono state fatte da un terzo e con i suoi materiali, il proprietario del fondo ha diritto o di ritenerle, o di obbligare colui che la ha fatte a levarle.

Se il proprietario del fondo domanda che siano tolte le piantagioni e costruzioni, ciò verrà eseguito a spese di colui che le ha fatte, senza alcuna indennità a suo favore: questi potrà inoltre essere condannato al risarcimento dei danni che il proprietario del fondo avesse sofferto.

Se il proprietario preferisce di conservare le piantagioni e costruzioni, deve pagare a sua scelta il valore de' materiali e il prezzo della mano d'opera, oppure l'aumento di valore recato al fondo.

Il proprietario però non può chiedere che siano tolte le piantagioni, costruzioni od opere fatte da un terzo, che abbia sofferto evizione e per la sua buona fede sia andato esente dalla restituzione dei frutti, ma deve pagarle in uno dei modi accennati.

Art. 451. Se le piantagioni, fabbriche od altre opere siano state fatte da un terzo con materia altrui, il padrone della materia non ha diritto di rivendicarla, ma può esigere indennità dal terzo che ne ha fatto uso, ed anche dal proprietario del suolo ma soltanto sul prezzo che da questo fosse ancora dovuto.

Art. 452. Se nella costruzione di un edificio si occupasse in buona fede una porzione del fondo attiguo, e la costruzione si fosse fatta a saputa e senza opposizione del vicino, potranno l'edificio ed il suolo occupato essere dichiarati di proprietà del costruttore, il quale però sarà tenuto a pagare al proprietario del suolo il doppio valore della superficie occupata oltre al risarcimento dei danni.

Art. 453. Le unioni di terra e gli incrementi che si formano successivamente ed impercettibilmente nei fondi posti lungo le rive dei fiumi o torrenti, chiamanti alluvioni.

L'alluvione cede a favore del proprietario lungo la riva di un fiume o torrente, siano questi atti o non alla navigazione od al trasporto, coll'obbligo nel primo caso di lasciare il marciapiede o sentiero secondo i regolamenti.

Art. 454. Il terreno abbandonato dall'acqua corrente, che insensibilmente si ritira da una delle rive portandosi sull'altra, appartiene al proprietario della riva scoperta, senza che il confinante della riva opposta possa reclamare il terreno perduto.

Questo diritto non ha luogo pei terreni abbandonati dal mare.

Art. 455. Non vi ha diritto di alluvione riguardo ai laghi ed agli stagni, il proprietario dei quali conserva sempre il terreno che l'acqua copre quand'essa è all'altezza dello sbocco del lago o dello stagno, ancorché il volume dell'acqua venisse a scemare.

Parimente il proprietario del lago e dello stagno non acquista alcun diritto sopra la terra lungo la riva che l'acqua ricopre nei casi di straordinaria escrescenza.

Art. 456. Se un fiume o torrente per istantanea forza stacca una parte considerevole e riconoscibile di un fondo contiguo al suo corso, e la trasporta verso un fondo inferiore o verso l'opposta riva, il proprietario della parte staccata, può reclamarne la proprietà dentro l'anno. Scorso questo termine, la domanda non è più ammissibile, salvo che il proprietario del fondo, a cui si unì la parte staccata, non ne abbia ancora preso possesso.

Art. 457. Le isole, isolette, ed unioni di terra che si formano nei letti dei fiumi o torrenti navigabili od atti al trasporto, appartengono allo Stato, se non vi è titolo o prescrizione in contrario.

Art. 458. Le isole ed unioni di terra, che si formano nei fiumi e torrenti non navigabili né atti al trasporto, appartengono ai proprietari che fronteggiano quel lato della linea mediana del fiume o torrente dal quale si trovano. Se le isole ed unioni di terra si estendono ad ambi due i lati della linea mediana, questa segnerà il confine della proprietà dei rivieraschi delle due sponde.

La porzione dell'isola od unione di terra spettante ai proprietari della stessa sponda è determinata dalle perpendicolari che, partendo dalla linea mediana del fiume o torrente, cadono sui punti estremi delle fronti dei loro fondi.

Art. 459. Le disposizioni dei due precedenti articoli non si applicano al caso in cui l'isola si formi con terreno staccato per forza istantanea dalla riva e trasportato nel fiume o torrente.

Il proprietario del fondo dal quale fu staccato il terreno, ne conserva la proprietà; ma trattandosi di un fiume navigabile od atto al trasporto, lo Stato ha diritto di farsi cedere la proprietà, mediante pagamento di un'indennità proporzionata.

Art. 460. Se un fiume o torrente, formando un nuovo corso, attraversa e circonda, facendone un'isola, il fondo del proprietario confinante, questi conserva la proprietà del fondo, salvo ciò che è stabilito dall'articolo precedente.

Art. 461. Se un fiume o torrente si forma un nuovo letto, abbandonando l'antico, questo spetta ai proprietari confinanti alle due rive. Essi se lo dividono sino al mezzo del letto medesimo, secondo l'estensione della fronte del fondo di ciascuno.

Art. 462. I colombi, conigli e pesci che passano ad un'altra colombaia, conigliera o peschiera, si acquistano dal proprietario di queste, quando non vi siano stati attirati con arte o frode.

Sezione II
Del diritto d'accessione relativamente alle cose mobili

Art. 463. Il diritto d'accessione, quando ha per oggetto cose mobili appartenenti a diversi proprietari, è regolato dai principii dell'equità naturale.

Le seguenti disposizioni serviranno di norma al giudice per

decidere nei casi non preveduti secondo le particolari circostanze.

Art. 464. Quando due cose appartenenti a diversi proprietari sono state unite in guisa da formare un solo tutto, ma sono ambedue separabili senza notabile deterioramento, ciascuno di essi ritiene la proprietà della cosa sua, e ha diritto di ottenerne la separazione. Ove poi le due cose non possano separarsi senza notabile deterioramento d'una di esse, il tutto appartiene al proprietario della cosa che ne forma la parte principale, coll'obbligo di pagare all'altro il valore della cosa che vi fu unita.

Art. 465. È riputata parte principale quella a cui l'altra non fu unita che per uso, ornamento o compimento.

Art. 466. Ma se la cosa unita è molto più preziosa della principale, ed è stata adoperata senza assentimento del proprietario, questi ha la scelta o di appropriarsi il tutto, pagando al proprietario della cosa principale il valore di essa, ovvero di chiedere la separazione della cosa unita, ancorché potesse seguirne deterioramento dell'altra.

Art. 467. Se di due cose unite per formare un solo tutto, l'una non può essere riputata come accessoria dell'altra, si reputa principale quella che è più notabile per valore, ovvero per volume nel caso di valori approssimativamente eguali.

Art. 468. Se un artefice o altra persona abbia adoperata una materia che non gli apparteneva, per formare una cosa di nuova specie, possa o non possa questa materia riprendere la sua prima forma, il proprietario di essa ha diritto alla proprietà della cosa che se n'è formata, rimborsando l'artefice o l'altra persona del prezzo della mano d'opera.

Art. 469. Quando alcuno abbia adoperata materia in parte propria ed in parte altrui, per formare una cosa di nuova specie, senza che né l'una né l'altra delle due materie sia interamente trasformata, ma in modo che l'una non possa separarsi dall'altra senza guasto, la cosa rimane comune ai due proprietari, riguardo all'uno in ragione della materia che gli apparteneva, e riguardo all'altro in ragione della materia che gli apparteneva e del valore della mano d'opera.

Art. 470. Quando però la mano d'opera fosse tanto pregevole da sorpassare di molto il valore della materia adoperata, la mano d'opera è considerata come principale, e l'artefice ha diritto di ritenere la cosa lavorata, pagando al proprietario il prezzo della materia.

Art. 471. Quando una cosa è stata formata con la mescolanza di differenti materie spettanti a diversi proprietari, se le materie possono essere separate senza danno, quegli che non ha assentito alla mescolanza, ha diritto di ottenerne la separazione.

Se le materie non possono più separarsi o la separazione non può aver luogo senza danno, la proprietà ne diventa comune in proporzione del valore delle materie spettanti a ciascuno.

Art. 472. Se però la materia appartenente ad uno dei proprietari potesse essere riputata come principale o fosse di molto superiore all'altra in valore, e non potessero le due materie separarsi, o la separazione cagionasse deterioramento, il proprietario della materia prevalente ha diritto alla proprietà della cosa prodotta dalla mescolanza, pagando all'altro il valore della sua materia.

Art. 473. Quando la cosa rimane comune fra i proprietari delle materie con le quali è stata formata, ciascuno di essi può domandarne la vendita all'incanto a vantaggio e a spese comuni.

Art. 474. In tutti i casi, ne' quali il proprietario della materia adoperata senza il suo assentimento può reclamare la proprietà della cosa, egli ha la scelta di farsi restituire altrettanta materia della stessa qualità o il valore della medesima.

Art. 475. Coloro che hanno adoperate materie spettanti ad altri e senza l'assentimento dei proprietari, possono pure essere condannati al risarcimento dei danni, salvo l'esercizio dell'azione penale, quando sia il caso.

TITOLO III
DELLE MODIFICAZIONI DELLA PROPRIETÀ

Capo I
Dell'usufrutto, dell'uso e dell'abitazione

Art. 476. I diritti di *usufrutto*, *uso* ed *abitazione* sono regolati dal titolo da cui derivano; la legge non supplisce che a quanto non provvede il titolo, salvo che essa disponga altrimenti.

Sezione I
Dell'usufrutto

Art. 477. L'usufrutto è il diritto di godere delle cose, di cui altri ha la proprietà, nel modo che ne godrebbe il proprietario, ma coll'obbligo di conservarne la sostanza tanto nella materia quanto nella forma.

Art. 478. L'usufrutto è stabilito dalla legge o dalla volontà dell'uomo.

Può essere stabilito con determinazione di tempo o sotto condizione, e sopra qualunque specie di beni mobili od immobili.

§I - Dei diritti dell'usufruttuario

Art. 479. Spetta all'usufruttuario ogni frutto naturale o civile che può produrre la cosa di cui ha l'usufrutto.

Art. 480. I frutti naturali, che al cominciare dell'usufrutto non sono ancora separati dalla cosa che li produce, appartengono all'usufruttuario: quelli che non sono ancora separati quando l'usufrutto finisce, appartengono al proprietario, senza compenso nell'uno e nell'altro caso dei lavori e delle sementi, ma senza pregiudizio della porzione dei frutti, che potesse spettare al mezzaiolo che vi era al tempo in cui cominciò o finì l'usufrutto.

Art. 481. I frutti civili si intendono acquistati giorno per giorno, ed appartengono all'usufruttuario in proporzione della durata dell'usufrutto.

Art. 482. L'usufrutto di una rendita vitalizia attribuisce all'usufruttuario il diritto di riscuotere le pensioni che si maturano di giorno in giorno durante il suo usufrutto.

Egli deve sempre restituire il di più che avesse anticipatamente riscosso.

Art. 483. Se l'usufrutto comprende cose delle quali non si possa far uso senza consumarle, come danaro, grani, liquori, l'usufruttuario ha diritto di servirsene, coll'obbligo di pagarne il valore al termine dell'usufrutto secondo la stima che ne fosse stata fatta al cominciamento di esso. Ove tale stima non sia stata fatta, egli avrà la scelta o di restituire le cose in eguale quantità e qualità, o di pagarne il prezzo corrente al tempo della cessazione dell'usufrutto.

Art. 484. Se l'usufrutto comprende cose, che, senza consumarsi in un tratto, si deteriorano a poco a poco con l'uso, come la biancheria e la mobilia, l'usufruttuario ha diritto di servirsene per l'uso a cui sono destinate, e non è obbligato a restituirle al cessare dell'usufrutto se non nello stato in cui si trovano, con l'obbligo però di tenere indenne il proprietario se per dolo o colpa sua fossero deteriorate.

Art. 485. Se l'usufrutto comprende boschi cedui, l'usufruttuario è tenuto ad osservare l'ordine e la quantità dei tagli, giusta la distribuzione dei medesimi o la pratica costante dei proprietari; ma non ha diritto a compenso pei tagli non eseguiti, né per le piante riservate affinché crescano, né per quelle di alto fusto che non fossero state tagliate durante l'usufrutto.

Art. 486. L'usufruttuario, osservando sempre le epoche e la pratica dei precedenti proprietari, approfitta anche delle parti di bosco d'alto fusto, che sono state distribuite in tagli regolari, si facciano questi periodicamente sopra una certa quantità di terreno o sopra una determinata quantità di alberi presi indistintamente in tutta la superficie del fondo.

Art. 487. In tutti gli altri casi non può l'usufruttuario prevalersi degli alberi di alto fusto, salvo che si tratti di alberi sparsi per la campagna, i quali per consuetudine locale siano destinati ad essere periodicamente tagliati.

Art. 488. Può l'usufruttuario adoperare per le riparazioni che sono a suo carico, gli alberi svelti o spezzati per accidente. A questo fine può anche farne atterrare, se è necessario; ma ha l'obbligo di farne constare la necessità al proprietario.

Art. 489. L'usufruttuario può prendere pali nei boschi per le vigne comprese nell'usufrutto, ed anche i prodotti annuali o periodici degli alberi, osservando sempre l'uso del paese o la pratica dei proprietari.

Art. 490. Gli alberi fruttiferi che periscono, e quelli che sono svelti o spezzati per accidente, appartengono all'usufruttuario, coll'obbligo di surrogarne altri.

Art. 491. I piantoni di un semenzaio formano parte dell'usufrutto coll'obbligo all'usufruttuario di osservare gli usi locali tanto circa il tempo e modo dell'estrazione, quanto per la rimessa dei virgulti.

Art. 492. L'usufruttuario può cedere per qualsivoglia titolo oneroso o gratuito l'esercizio del suo diritto.

Art. 493. Le locazioni fatte dall'usufruttuario per un tempo eccedente i cinque anni non sono durevoli nel caso di cessazione dell'usufrutto, se non per il quinquennio che si trova in corso al tempo in cui cessa l'usufrutto, computando il primo quinquennio dal giorno in cui ebbe principio la locazione, e gli altri successivi dal giorno della scadenza del precedente quinquennio.

Le locazioni per un quinquennio e per minor tempo, che l'usufruttuario ha pattuite o rinnovate più di un anno prima della loro esecuzione, se i beni sono rustici, e più di sei mesi prima, se trattasi di case, non hanno ver un effetto, quando la loro esecuzione non abbia cominciato prima che cessasse l'usufrutto.

Se l'usufrutto doveva cessare a tempo certo e determinato, le locazioni fatte dall'usufruttuario non dureranno in ogni caso se non per l'anno, e trattandosi di fondi dei quali il principale raccolto sia biennale o triennale, per il biennio o triennio che si trova in corso al tempo in cui cessa l'usufrutto.

Art. 494. L'usufruttuario gode dei diritti di servitù inerenti al fondo di cui ha l'usufrutto, e generalmente tutti quelli di cui potrebbe godere il proprietario.

Gode pure delle miniere, delle cave e delle torbiere, che sono aperte ed in esercizio al tempo in cui comincia l'usufrutto.

Non ha però diritto sulle miniere, cave o torbiere non ancora aperte, né sul tesoro che si scoprisse durante l'usufrutto, salve le ragioni che gli potessero competere come ritrovatore.

Art. 495. Il proprietario non può in nessun modo nuocere ai diritti dell'usufruttuario; e questi o chi lo rappresenta non ha diritto in fine dell'usufrutto ad indennità per miglioramenti che avesse fatti, ancorché se ne fosse aumentato il valore della cosa.

L'aumento di valore può tuttavia compensarsi con deterioramenti che fossero seguiti senza grave colpa dell'usufruttuario.

Quando non vi sia luogo a compenso, potrà l'usufruttuario ripigliare le fatte addizioni, ove possano togliersi con qualche suo profitto e senza danno della proprietà, salvo che il proprietario preferisca di ritenerle, rimborsando all'usufruttuario una somma corrispondente al prezzo che questi ne potrebbe ritrarre staccandole dal fondo.

Potrà eziandio l'usufruttuario togliere gli specchi, i quadri ed altri ornamenti, che avesse fatto collocare nel fondo tenuto ad usufrutto, coll'obbligo però di rimettere ogni cosa nel primitivo stato.

§II - Degli obblighi dell'usufruttuario

Art. 496. L'usufruttuario prende le cose nello stato in cui si trovano: ma non può conseguirne il possesso, se non dopo aver fatto l'inventario dei mobili e la descrizione dello stato degli immobili soggetti all'usufrutto, presente o debitamente citato il proprietario.

Le spese relative sono a carico dell'usufruttuario.

Ove l'usufruttuario sia stato dispensato dal fare l'inventario, questo potrà essere richiesto dal proprietario a sue spese.

Art. 497. L'usufruttuario deve dar cauzione di godere da buon padre di famiglia, se non ne è dispensato dal titolo.

Il padre e la madre, che hanno l'usufrutto legale dei beni dei loro figli, il venditore o il donante con riserva d'usufrutto non sono obbligati a dare cauzione.

Art. 498. Se l'usufruttuario non può dare una cauzione sufficiente:

Gli immobili sono affittati o messi sotto amministrazione, salva la facoltà all'usufruttuario di farsi assegnare per la propria abitazione una casa compresa nell'usufrutto;

I danari compresi nell'usufrutto sono collocati ad interesse;

I titoli al portatore si convertono in carte nominali a favore del proprietario coll'annotazione dell'usufrutto;

Le derrate sono vendute, ed il loro prezzo è parimente collocato ad interesse.

In questi casi appartengono all'usufruttuario gli interessi dei capitali, le rendite ed i fitti.

Art. 499. Non dandosi dall'usufruttuario la cauzione, il proprietario ha diritto di chiedere che i mobili, i quali deteriorano coll'uso, siano venduti e ne sia impiegato il prezzo, come quello delle derrate; nel qual caso l'usufruttuario ha pure diritto agli interessi.

L'usufruttuario può nondimeno domandare e l'autorità giudiziaria ordinare, secondo le circostanze, che gli sia lasciata una parte dei mobili necessari pel proprio uso coll'obbligo di restituirli in fine dell'usufrutto.

Art. 500. Il ritardo nel dare cauzione non priva l'usufruttuario del diritto sui frutti.

Art. 501. L'usufruttuario è tenuto alle riparazioni ordinarie, ed anche alle straordinarie che siano state cagionate dall'inseguimento delle ordinarie dopo cominciato l'usufrutto.

Art. 502. In ogni altro caso l'usufruttuario, il quale abbia eseguite le riparazioni straordinarie, ha diritto di essere rimborsato senza interessi del valore delle opere fatte, in quanto la loro utilità sussista ancora al tempo in cui cessa l'usufrutto.

Art. 503. Se l'usufruttuario non voglia anticipare la somma occorrente per le riparazioni straordinarie, e il proprietario acconsenta di eseguirle a proprie spese, l'usufruttuario ne corrisponderà l'interesse al proprietario durante l'usufrutto.

Art. 504. Sono riparazioni straordinarie quelle dei muri maestri e delle volte, la sostituzione di travi ed il rinnovamento intero o di una parte notabile dei tetti dei solai, degli argini, degli acquedotti e dei muri di sostegno e di cinta.

Tutte le altre riparazioni sono ordinarie.

Art. 505. Le disposizioni degli articoli 502 e 503 si applicano pure quando per vetustà o per caso fortuito rovini soltanto in parte l'edificio che formava un accessorio necessario pel godimento del fondo soggetto ad usufrutto.

Art. 506. L'usufruttuario è tenuto durante l'usufrutto a tutti i carichi annuali del fondo, come sono i tributi, i canoni ed altri paesi che secondo la consuetudine gravano i frutti.

Art. 507. Al pagamento dei carichi imposti sulla proprietà durante l'usufrutto è tenuto il proprietario, ma l'usufruttuario gli deve corrispondere l'interesse della somma pagata.

Se l'usufruttuario ne anticipa il pagamento, ha diritto d'essere rimborsato del capitale alla fine dell'usufrutto.

Art. 508. I debiti pei quali il fondo sia ipotecato, i censi e le rendite semplici imposte sul medesimo, non sono a carico dell'usufruttuario di una o più cose particolari.

Se questi è costretto al loro pagamento, ha regresso contro il proprietario.

Art. 509. L'usufruttuario di un patrimonio o di una quota di patrimonio deve per intero o in proporzione della sua quota soggiacere al pagamento di tutte le annualità sì perpetue come vitalizie e degli interessi di tutti i debiti o legati, di cui il patrimonio è gravato.

Trattandosi del pagamento di un capitale, se l'usufruttuario anticipa la somma per cui il fondo deve contribuire, gli viene restituito al termine dell'usufrutto lo stesso capitale senza interesse: se l'usufruttuario non vuole fare questa anticipazione, è in facoltà del proprietario o di pagare tale somma, ed in questo caso l'usufruttuario gliene corrisponde l'interesse durante l'usufrutto, o di far vendere una porzione dei beni soggetti all'usufrutto sino alla concorrente somma dovuta.

Art. 510. L'usufruttuario è tenuto a sopportare le spese delle liti riguardanti l'usufrutto, e le condanne a cui le stesse liti potessero dar luogo.

Se le liti riguardano tanto la proprietà quanto l'usufrutto, vi saranno tenuti il proprietario e l'usufruttuario in proporzione del rispettivo interesse.

Art. 511. Se durante l'usufrutto un terzo commette qualche usurpazione sul fondo od altrimenti offende le ragioni del proprietario, l'usufruttuario è tenuto a fargliene la denuncia, e, ommettendola, è responsabile di tutti i danni che ne fossero derivati al proprietario.

Art. 512. Se l'usufrutto è stabilito sopra un animale, il quale perisca senza colpa dell'usufruttuario, questi non è tenuto a restituirne un altro né a pagarne il prezzo.

Art. 513. Se l'usufrutto è stabilito sopra una mandra o un gregge che perisca interamente senza colpa dell'usufruttario, questi non è obbligato verso il proprietario che a rendere conto delle pelli o del loro valore.

Se la mandra o il gregge non perisce interamente, l'usufruttuario è tenuto a surrogare gli animali periti sino alla concorrente quantità dei nati, dopo che la mandra o il gregge cominciò ad essere mancante del numero primitivo.

Art. 514. Trattandosi di animali che formano la dote del fondo soggetto ad usufrutto, si applicano le norme dell'articolo 483.

§III - Dei modi con cui finisce l'usufrutto

Art. 515. L'usufrutto si estingue:

Colla morte dell'usufruttuario;

Collo spirare del tempo per cui fu stabilito;

Colla consolidazione, ossia riunione nella stessa persona delle qualità di usufruttuario e di proprietario;

Col non usarne per lo spazio di trent'anni;

Col totale perimento della cosa, sulla quale fu stabilito.

Art. 516. L'usufrutto può anche cessare per l'abuso che faccia l'usufruttuario del suo diritto, o alienando i beni, o deteriorandoli, o lasciandoli andare in perimento per mancanza di ordinarie riparazioni.

L'autorità giudiziaria potrà però, secondo le circostanze, ordinare che l'usufruttuario debba dar cauzione qual ore ne fosse esente, o che i beni siano affittati, o posti sotto amministrazione a spese di lui, o dati anche in possesso al proprietario con obbligo di pagare annualmente all'usufruttuario od agli aventi causa da lui una somma determinata durante l'usufrutto.

I creditori dell'usufruttuario possono intervenire nel giudizio per conservare le loro ragioni, offrire il risarcimento dei danni e dare cauzioni per l'avvenire.

Art. 517. L'usufrutto con ceduto sino a che una terza persona sia giunta ad una determinata età, dura sino a tal tempo, ancorché quella persona sia morta prima dell'età stabilita.

Art. 518. L'usufrutto stabilito in favore di comuni o di altri corpi morali per atto tra vivi o di ultima volontà non può eccedere la durata di trent'anni.

Art. 519. Se una sola parte della cosa soggetta all'usufrutto perisce, l'usufrutto si conserva sopra ciò che rimane.

Art. 520. Se l'usufrutto è stabilito sopra un podere, del quale faccia parte un edificio, e questo venga in qualsivoglia modo a perire, l'usufruttuario avrà diritto di godere dell'area e dei materiali.

Lo stesso avrà luogo se l'usufrutto non è stabilito che sopra un edificio. In tal caso però, ove il proprietario intenda di costruire un altro edificio, avrà il diritto di occupare l'area e valersi dei materiali, pagando all'usufruttuario, durante l'usufrutto, gli interessi del valore dell'area e dei materiali.

Sezione II
Dell'uso e dell'abitazione

Art. 521. Chi ha l'uso di un fondo, non può raccoglierne i frutti, se non per quanto sia necessario a' suoi bisogni ed a quelli della sua famiglia.

Art. 522. Chi ha il diritto d'abitazione in una casa, può abitarvi colla sua famiglia.

Art. 523. Nella famiglia si comprendono anche i figli nati dopo che cominciò il diritto d'uso o di abitazione, quantunque, al tempo in cui cominciò, la persona che ne gode, non avesse contratto matrimonio.

Art. 524. Il diritto d'abitazione si limita a ciò che è necessario all'abitazione di quello a cui fu concesso e della sua famiglia, secondo la condizione del medesimo.

Art. 525. Il diritto d'uso o d'abitazione non si può esercitare se prima non si è data cauzione e formato l'inventario dei mobili e la descrizione dello stato degli immobili, come nel caso dell'usufrutto. Potrà però l'autorità giudiziaria dispensare dall'obbligo della cauzione, secondo le circostanze.

Art. 526. Chi ha il diritto d'uso o di abitazione deve goderne da buon padre di famiglia.

Art. 527. Se chi ha l'uso di un fondo, ne raccoglie tutti i frutti, o se chi ha il diritto di abitazione, occupa tutta la casa, soggiace alle spese di coltura, alle riparazioni ordinarie ed al pagamento dei tributi, come l'usufruttuario.

Se non raccoglie che una parte dei frutti o non occupa che una parte della casa, contribuisce in proporzione di ciò che gode.

Art. 528. I diritti d'uso e di abitazione non si possono cedere né affittare.

Art. 529. I diritti d'uso e d'abitazione si perdono nella stessa maniera che l'usufrutto.

Art. 530. L'uso dei boschi e delle foreste è regolato da leggi particolari.

Capo II
Delle servitù prediali

Art. 531. La servitù prediale consiste nel peso imposto sopra un fondo per l'uso e l'utilità di un fondo appartenente ad altro proprietario.

Art. 532. La servitù prediale è stabilita dalla legge o dal fatto dell'uomo.

Sezione I
Delle servitù stabilite dalla legge

Art. 533. Le servitù stabilite dalla legge hanno per oggetto l'utilità pubblica o privata.

Art. 534. Le servitù stabilite per utilità pubblica riguardano il corso delle acque, i marciapiedi lungo i fiumi e canali navigabili o atti al trasporto, la costruzione o riparazione delle strade ed altre opere pubbliche.

Tutto ciò che concerne questa specie di servitù, viene determinato da leggi o da regolamenti speciali.

Art. 535. Le servitù che la legge impone per utilità privata, sono determinate dalle leggi e dai regolamenti sulla polizia campestre, e dalle disposizioni della presente sezione.

§I - Delle servitù che derivano dalla situazione dei luoghi

Art. 536. I fondi inferiori sono soggetti a ricevere le acque che dai più elevati scolano naturalmente, senza che via sia concorsa l'opera dell'uomo.

Il proprietario del fondo inferiore non può in alcun modo impedire questo scolo.

Il proprietario del fondo superiore non può fare alcuna cosa che renda più gravosa la servitù del fondo inferiore.

Art. 537. Se le sponde o gli argini che erano in un fondo e servivano di ritegno alle acque, siano stati distrutti od atterrati, o si tratti di ripari che la variazione del corso delle acque renda necessari, ed il proprietario del fondo stesso non voglia ripararli, ristabilirli o costruirli, possono i proprietari danneggiati o che ne fossero in grave pericolo, farvi a proprie spese le occorrenti riparazioni o costruzioni. Devono però le opere eseguirsi in modo che il proprietario del fondo non ne patisca danno, premessa l'autorizzazione giudiziaria, sentiti gli interessati ed osservati i regolamenti speciali sulle acque.

Art. 538. Lo stesso ha luogo quando si tratti di togliere un ingombro formatosi in un fondo, o in un fosso, rivo, scolatoio od altro alveo per materie in essi impigliate, sicché le acque danneggiano o possano danneggiare i fondi vicini.

Art. 539. Tutti i proprietari ai quali è utile la conservazione delle sponde e degli argini, o la rimozione degli ingombri accennati nei due precedenti articoli, potranno essere chiamati ed obbligati a contribuire alla spesa in proporzione del vantaggio che ciascuno ne ricava, salvo in tutti i casi il risarcimento dei danni e delle spese verso chi avesse dato luogo alla distruzione degli argini od alla formazione degli ingombri anzidetti.

Art. 540. Chi ha una sorgente nel suo fondo, può usarne a piacimento, salvo il diritto che avesse acquistato il proprietario del fondo inferiore in forza di un titolo o della prescrizione.

Art. 541. La prescrizione in questo caso non si compie che col possesso di trent'anni, da computarsi dal giorno in cui il proprietario del fondo inferiore ha fatto e terminato nel fondo superiore opere visibili e permanenti, destinate a facilitare il declivio ed il corso delle acque nel proprio fondo e che abbiano servito all'uopo.

Art. 542. Il proprietario della sorgente non può deviarne il corso quando la medesima somministri agli abitanti di un comune o di una frazione di esso l'acqua che è loro necessaria: ma se gli abitanti non ne hanno acquistato l'uso o non l'hanno in forza di prescrizione, il proprietario ha diritto ad indennità.

Art. 543. Quello il cui fondo costeggia un'acqua che corre naturalmente e senza opere manufatte, tranne quella dichiarata demaniale dall'articolo 427, o sulla quale altri abbia diritto, può, mentre trascorre, farne uso per la irrigazione dei suoi fondi o per l'esercizio delle sue industrie, a condizione però di restituirne le colature e gli avanzi al corso ordinario.

Quello il cui fondo è attraversato da questa acqua, può anche usarne nello intervallo in cui essa vi trascorre, ma coll'obbligo di restituirla al corso ordinario mentre esce dai suoi terreni.

Art. 544. Sorgendo controversia fra i proprietari a cui l'acqua può essere utile, l'autorità giudiziaria deve conciliare l'interesse dell'agricoltura e della industria coi riguardi dovuti alla proprietà; ed in tutti i casi devono essere osservati i regolamenti particolari e locali sul corso e sull'uso dell'acque.

Art. 545. Qualunque proprietario o possessore d'acque può servirsene a suo piacimento od anche disporne a favore d'altri, ove non osti un titolo o la prescrizione; ma dopo essersene servito non può divertirle in modo che si disperdano in danno di altri fondi, a cui potessero profittare senza cagionare rigurgiti od altro pregiudizio agli utenti superiori, e mediante un equo compenso da pagarsi da chi vorrà profittarne, ove si tratti di sorgente o di altra acqua spettante al proprietario del fondo superiore.

§II - Dei muri, edifizi e fossi comuni

Art. 546. Ogni muro che serve di divisione tra edifizi sino alla sua sommità, e in caso di altezze ineguali sino al punto in cui uno degli edifizi comincia ad essere più alto, ed altresì ogni muro che serve di divisione tra cortili, giardini ed anche tra recinti ne' campi, si presume comune, se non vi è titolo o segno in contrario.

Art. 547. La proprietà del muro divisorio tra cortili, giardini, orti o campi è determinata dal piovente di esso muro ed in ragione del piovente medesimo.

Se gli sporti, quali sono le mensole, i cornicioni e simili, e i vani che si addentrano oltre la metà della grossezza del muro, appaiono costrutti con esso, si presume che il muro sia di quel proprietario dalla cui parte si presentano, ancorché vi sia soltanto qualcuno di tali segni.

Se poi uno o più di essi sono da una parte, ed uno o più dalla parte opposta, il muro è riputato comune: in ogni caso la positura del piovente prevale a tutti gli altri indizi.

Art. 548. Le riparazioni e le ricostruzioni necessarie del muro comune sono a carico di tutti quelli che vi hanno diritto, ed in proporzione del diritto di ciascuno.

Art. 549. Qualunque comproprietario di un muro comune può tuttavia esimersi dall'obbligo di contribuire alle spese delle riparazioni e ricostruzioni, rinunziando al diritto di comunione, purché il muro comune non sostenga un edificio di sua spettanza.

La rinunzia però non libera il rinunziante dall'obbligo delle riparazioni e ricostruzioni a cui avesse dato causa col fatto proprio.

Art. 550. Il proprietario che vuole atterrare un edificio sostenuto da un muro comune, può rinunziare alla comunione di questo, ma deve per la prima volta farvi le riparazioni e le opere che la demolizione rende necessarie per evitare ogni danno al vicino.

Art. 551. Ogni comproprietario può fabbricare appoggiando le sue costruzioni al muro comune, ed immettere travi e travicelli per la grossezza del medesimo, in guisa però che dall'altra parte restino ancora cinque centimetri, salvo il diritto nell'altro comproprietario di far accorciare la trave fino alla metà del muro, nel caso in cui egli volesse collocare una trave nello stesso luogo, aprirvi un incavo od appoggiarvi un camino.

Art. 552. Parimente ogni comproprietario di un muro comune può attraversarlo per intero con chiavi e capi-chiavi, e collocare bolzoni all'opposto lato per guarentigia della sua fabbrica, osservando però la distanza di cinque centimetri dalla superficie esterna del muro verso il vicino, e facendo le opere necessarie per non recar danno alla solidità del muro comune, salvo il risarcimento dei danni temporanei provenienti dal collocamento delle chiavi e dei capi-chiavi e bolzoni.

Art. 553. Ogni comproprietario può alzare il muro comune, ma sono a suo carico le spese dell'alzamento, le riparazioni pel mantenimento dell'alzata superiore al muro comune e le opere occorrenti per sostenere il maggiore peso derivante dall'alzamento, in modo che il muro riesca egualmente solido.

Art. 554. Se il muro comune non è atto a sostenere l'alzamento, chi vuole alzare, è tenuto a farlo ricostruire per intero a sue spese e sul proprio suolo quanto alla maggiore grossezza.

In questo caso e in quello espresso nel precedente articolo egli è inoltre tenuto a risarcire il vicino dei danni, che pel fatto anche temporaneo dell'alzamento o della nuova costruzione avesse a soffrire.

Art. 555. Il vicino che non ha contribuito all'alzamento, può acquistarne la comunione, pagando la metà di quanto ha costato e il valore della metà del suolo che fosse stato occupato per l'eccedente grossezza.

Art. 556. Il proprietario di un fondo contiguo ad un muro ha pure la facoltà di renderlo comune in tutto od in parte, purché lo faccia per tutta l'estensione della sua proprietà, pagando al proprietario del muro la metà dell'intero valore, o la metà del valore di quella parte che vuol rendere comune e la metà del valore del suolo sopra cui il muro è costrutto, ed eseguendo altresì le opere che occorressero per non danneggiare il vicino.

Questa disposizione non si applica agli edifici destinati all'uso pubblico.

Art. 557. Uno dei vicini non può fare alcun incavo nel muro comune, né applicarvi od appoggiarvi alcuna nuova opera senza il consenso dell'altro e, in caso di rifiuto, senza aver fatto determinare dai periti i mezzi necessari affinché l'opera non riesca di danno ai diritti dell'altro.

Art. 558. Non si può ammucchiare contro un muro comune letame, legnami, terra od altre materie, senza prendere le precauzioni necessarie affinché tali mucchi non possano nuocere con l'umidità, o con la spinta, o con la soverchia elevazione, od in qualunque altro modo.

Art. 559. Ciascuno può costringere il vicino a contribuire alle spese di costruzione o di riparazione dei muri di cinta che separano le rispettive case, i cortili e i giardini situati nelle città e nei sobborghi. L'altezza di essi sarà determinata secondo i regolamenti particolari, ed, in mancanza di questi o di una convenzione, ogni muro di cinta o divisorio tra vicini da costruirsi in avvenire a spese comuni sarà dell'altezza di tre metri.

Art. 560. Nel caso in cui nelle città o nei sobborghi un muro sia divisorio di due fondi l'uno superiore, l'altro inferiore, il proprietario del fondo superiore dovrà sopportare per intero le spese di costruzione e di riparazione del muro sino all'altezza del proprio suolo; la parte del muro che sorge dal suolo del fondo superiore sino all'altezza indicata nell'articolo precedente, sarà costrutta e riparata a spese comuni.

Art. 561. Nei casi espressi nei due articoli precedenti, il vicino che non vuol contribuire alle spese di costruzione o riparazione del muro di cinta o divisorio, se ne può esimere cedendo la metà del terreno su cui il muro di separazione deve essere costrutto e rinunziando al diritto di comunione, salva la disposizione dell'articolo 556.

Art. 562. Quando i diversi piani di una casa appartengono a più proprietari, e i titoli di proprietà non provvedono circa le riparazioni e ricostruzioni, queste devono farsi nel modo che segue:

I muri maestri e i tetti sono a carico di tutti i proprietari in proporzione del valore del piano che appartiene a ciascuno.

Lo stesso ha luogo per gli anditi, le porte, i pozzi, le cisterne, gli acquedotti e le altre cose comuni a tutti i proprietari: le latrine però sono a carico comune in proporzione del numero delle aperture d'immissione.

Il proprietario di ciascun piano o porzione di esso fa e mantiene il pavimento su cui cammina, le volte, i solai e i soffitti che coprono i luoghi di sua proprietà.

Le scale sono costrutte e mantenute dai proprietari dei diversi piani a cui servono, in ragione del valore di ciascun piano.

Si considerano come piani di una casa le cantine, i palchi morti e le soffitte o camere a tetto.

Art. 563. Le norme stabilite per la contribuzione della spesa di riparazione o ricostruzione dei tetti di una casa appartenente a più proprietari si osservano anche nei casi di riparazione dei lastrici così detti solari.

Ove l'uso dei medesimi non sia comune a tutti i proprietari della casa, quelli che hanno l'uso esclusivo di uno o più lastrici solari, per ragione del calpestio, sono tenuti a contribuire per una quarta parte della spesa delle riparazioni o ricostruzioni, e le altre tre quarte parti saranno a carico di essi e degli altri proprietari della casa, nella proporzione stabilita dall'articolo precedente, salve le particolari stipulazioni.

Art. 564. Il proprietario dell'ultimo piano di una casa non può, senza il consenso dei proprietari degli altri piani, alzare nuovi piani e nuove fabbriche, eccettuate quelle costituenti parapetto di lastrici solari, qualora possa derivarne danno al valore della proprietà degli altri.

Art. 565. Tutti i fossi tra due fondi si presumono comuni se non vi è titolo o segno contrario, e sono mantenuti a comuni spese.

Art. 566. È segno che il fosso non è comune, se si trovi da una sola parte del medesimo il getto della terra o lo spurgo ammucchiatovi da tre anni.

Il fosso si presume di proprietà esclusiva di quello dalla cui parte è il getto della terra o lo spurgo così ammucchiato.

Art. 567. È segno che il fosso non è comune quando serve agli scoli dalle terre di un solo proprietario.

Art. 568. Ogni siepe tra due fondi è riputata comune ed è mantenuta a spese comuni, eccetto ché un solo fondo sia cinto, o vi sia termine di confine o prova in contrario.

Art. 569. Gli alberi sorgenti nella siepe comune sono comuni, e ciascuno dei due proprietari può chiedere che siano atterrati.

Gli alberi sorgenti sulla linea di confine tra due proprietà si reputano comuni, quando non vi sia titolo o prova in contrario.

Gli alberi che servono di limite non possono tagliarsi, se non di comune consenso e dopo che l'autorità giudiziaria abbia riconosciuta la necessità o la convenienza del taglio.

§III - Della distanza e delle opere intermedie richieste in alcune costruzioni, scavamenti e piantagioni

Art. 570. Chi vuol fabbricare una casa, od un muro anche solo di cinta, può farlo sul confine della sua proprietà, salva sempre la facoltà al vicino di rendere il muro comune a norma dell'articolo 556.

Art. 571. Quand'anche non si fabbrichi sul confine, se non si lascia la distanza almeno di un metro e mezzo, il vicino può chiedere la comunione del muro e fabbricare sin contro il medesimo pagando, oltre il valore della metà del muro, il valore del suolo che verrebbe da lui occupato, salvo che il proprietario del suolo preferisca di estendere contemporaneamente il suo edificio sino al confine.

Non volendo il vicino profittare di tali facoltà, deve fabbricare in modo che vi sia la distanza di tre metri dal muro dell'altro.

Lo stesso ha luogo in tutti gli altri casi, in cui la fabbrica del vicino si trovi distante meno di tre metri dal confine.

Si reputa nuova fabbrica anche il semplice alzamento di una casa o di un muro già sussistente.

Art. 572. Le disposizioni dei due articoli precedenti non sono applicabili agli edifici indicati nel capoverso dell'articolo 556, né ai muri confinanti colle piazze e colle vie o strade pubbliche, pei quali debbono osservarsi le leggi ed i regolamenti particolari che li riguardano.

Art. 573. Chi vuole aprire un pozzo d'acqua viva, una cisterna, un pozzo nero, od una fossa di latrina o di concime presso un muro altrui od anche comune, deve, quando non sia altrimenti disposto dai regolamenti locali, osservare la distanza di due metri tra il confine colla contigua proprietà ed il punto più vicino del perimetro interno del muro del pozzo d'acqua viva, della cisterna, del pozzo nero o della fossa di latrina o di concime.

Quanto ai tubi di latrina, di acquaio o d'acqua cadente dai tetti, ovvero ascendente per mezzo di tromba o di qualsivoglia macchina, deve la distanza essere almeno di un metro dal confine.

Eguale distanza sarà osservata per le diramazioni di essi tubi, e sarà sempre computata dal confine al punto più vicino del perimetro esterno del tubo.

Qualora, osservate queste distanze, ne derivasse tuttavia danno al vicino, saranno stabilite maggiori distanze ed eseguite le opere occorrenti per riparare e mantenere riparata la proprietà del vicino.

Art. 574. Chi vuole fabbricare contro un muro comune o divisorio, ancorché proprio, camini, forni, fucine, stalle, magazzini di sale o di materie atte a danneggiarlo, ovvero stabilire in vicinanze della proprietà altrui macchine messe in moto dal vapore, od altri manufatti, per cui sia vi pericolo d'incendio o di scoppio o di esalazioni nocive, deve eseguire le opere e mantenere le distanze, che secondo i casi siano stabilite dai regolamenti, e, in loro mancanza, dall'autorità giudiziaria, affine di evitare ogni danno al vicino.

Art. 575. Non si possono scavare fossi o canali, se non osservando una distanza dal confine del fondo altrui eguale alla loro profondità, salve le maggiori distanze che fossero determinate ai regolamenti locali.

Art. 576. La distanza si misura dal ciglio della sponda dei fossi o canali più vicini al detto confine. Questa sponda deve inoltre essere inclinata a tutta scarpa, e in mancanza di scarpa, essere munita di opere di sostegno.

Ove il confine del fondo altrui si trovi in un fosso comune ovvero in una strada privata, ma comune o soggetta a servitù di passaggio, la distanza si misura dal ciglio anzidetto al ciglio della sponda del fosso comune, ovvero al margine o lembo esteriore della strada più vicino al nuovo fosso o canale, ferme le disposizioni relative alla scarpa.

Art. 577. Se il fosso o canale viene scavato in vicinanza di un muro comune, non è necessaria la suddetta distanza, ma devono farsi tutte le opere atte ad impedire ogni danno.

Art. 578. Quegli che vuole aprire sorgenti, stabilire capi o da ste di fonte, canali od acquedotti, oppure scavarne, profondarne od allargarne il letto, aumentarne o diminuirne il pendio, o variarne la forma, deve oltre le distanze sovra stabilite, osservare quelle maggiori distanze ed eseguire quelle opere che siano necessarie per non nuocere agli altrui fondi, sorgenti, capi od aste di fonte, canali od acquedotti preesistenti destinati all'irrigazione dei beni od al giro di edifici.

Sorgendo contestazioni fra i due proprietari l'autorità giudiziaria deve conciliare nel modo il più equo i riguardi dovuti ai diritti di proprietà, ai maggiori vantaggi che possono derivare all'agricoltura od all'industria dall'uso a cui l'acqua è destinata o vuol si destinare, assegnando, ove sia d'uopo, all'uno od all'altro dei proprietari quelle indennità che loro possono essere dovute.

Art. 579. Non è permesso di piantare alberi verso il confine del vicino a distanze minori di quelle determinate dai regolamenti locali. In mancanza di questi, devono osservarsi le distanze seguenti:

1° Tre metri per gli alberi di alto fusto.

Sono riputati, quanto alle distanze, alberi di alto fusto quelli, il cui fusto o semplice o diviso in rami sorge ad altezzâ notabile, quali sono noci, i castagni, le querce, i pini, i cipressi, gli olmi, i pioppi, i platani e simili.

Gli alberi di robinie ed i gelsi della China sono equiparati per le distanze agli alberi di alto fusto.

2° Un metro e mezzo per gli alberi di non alto fusto.

Sono riputati alberi di non alto fusto quelli il cui fusto, sorto a breve altezza, si diffonde in rami, quali sono i peri, i meli, i ciliegi ed in generale gli alberi da frutto non indicati al numero 1°, ed altresì i gelsi, i salici, le robinie a ombrello ed altri simili.

3° Un mezzo metro per le viti, gli arbusti, le siepi vive, i gelsi tenuti nani ed anche per le piante da frutto tenúte nane od a spalliera e ad altezza non maggiore di due metri e mezzo.

La distanza sarà però di un metro, qualora le siepi siano di ontano, di castagno o di altre simili piante che si recidono periodicamente vicino al ceppo, e di due metri per le siepi di robinie.

Le distanze anzidette non sono necessarie qualora il fondo sia separato da quello del vicino con un muro proprio o comune, purché le piante siano mantenute in modo da non eccedere l'altezza del muro.

Art. 580. Per le piante che nascono e pei piantamenti che si fanno nell'interno dei boschi verso i rispettivi confini, o lungo le sponde dei canali, o lungo le strade comunali, senza impedimento del corso delle acque e dei passaggi, si osserveranno in mancanza di regolamenti gli usi locali e, solo in mancanza di questi, le distanze sopra stabilite.

Art. 581. Il vicino può esigere che si estirpino gli alberi e le siepi che si piantassero o nascessero a distanze minori di quelle determinate negli articoli precedenti.

Art. 582. Quegli sul cui fondo si protendono i rami degli alberi del vicino, può costringerlo a tagliarli, e può egli stesso tagliare le radici che si addentrino nel suo fondo, salvi però in ambi due i casi i regolamenti e gli usi locali quanto agli ulivi.

§IV - Della luce e del prospetto

Art. 583. Un vicino non può senza il consenso dell'altro fare nel muro comune una finestra o altra apertura, neppure con invetriata fissa.

Art. 584. Il proprietario di un muro non comune contiguo al fondo altrui, può aprire in questo muro luci o finestre con inferriate ed invetriate fisse.

Queste finestre debbono essere munite di una grata di ferro, le cui maglie non abbiano apertura maggiore di un decimetro, e di un telaio ad invetriata fissa.

Tali finestre non impediranno al vicino di acquistare la comunione del muro: egli però non potrà chiuderle, se non appoggiandovi il suo edificio.

Art. 585. Queste luci o finestre non si possono aprire ad un'altezza minore di due metri e mezzo sopra il pavimento o suolo del luogo che si vuole illuminare, se è al piano terreno, e di due metri se è nei piani superiori.

L'altezza di due metri e mezzo dal suolo deve sempre osservarsi anche dalla parte che ha sguardo sul fondo vicino.

Art. 586. Chi ha innalzato il muro comune non può aprire luci o finestre nella maggiore altezza, a cui il vicino non abbia voluto contribuire.

Art. 587. Non si possono aprire vedute dirette o finestre a prospetto, né balconi od altri simili sporti verso il fondo chiuso o non chiuso, e neppure sopra il tetto del vicino, se tra il fondo di questo ed il muro in cui si fanno le dette opere, non vi è la distanza di un metro e mezzo.

Il divieto cessa allorquando vi è tra le due proprietà una via pubblica.

Art. 588. Non si possono parimente aprire vedute laterali ed oblique sul fondo del vicino, se non vi è la distanza di mezzo metro.

Cessa però questo divieto, quando la veduta laterale ed obliqua sul fondo del vicino formi nello stesso tempo una veduta diretta sulla via pubblica; ma dovranno in tal caso osservarsi i regolamenti locali.

Art. 589. Trattandosi di vedute dirette, la distanza si misura dalla faccia esteriore del muro, e, se vi sono balconi od altri simili sporti, dalla loro linea esteriore sino alla linea di separazione de' due fondi.

Trattandosi di vedute laterali ed oblique, si misura dal più vicino fianco della finestra, o dal più vicino sporto sino alla detta linea di separazione.

Art. 590. Quando per convenzione od altrimenti sia si acquistato il diritto di avere vedute dirette o finestre a prospetto verso il fondo vicino, il proprietario di questo non può fabbricare a distanza minore di tre metri, misurata come nell'articolo precedente.

§V - Dello stillicidio

Art. 591. Ogni proprietario deve costruire i tetti in maniera, che le acque piovane scolino sul suo terreno o sulla via pubblica in conformità ai particolari regolamenti, e non può farle cadere sul fondo del vicino.

§VI - Del diritto di passaggio, e di acquedotto

Art. 592. Ogni proprietario deve permettere l'accesso e il passaggio nel suo fondo, sempre che ne venga riconosciuta la necessità, affine di costruire o riparare un muro od altra opera propria del vicino od anche comune.

Art. 593. Il proprietario, il cui fondo è circondato da fondi altrui, e che non ha uscita sulla via pubblica né può procurarsela senza eccessivo dispendio o disagio, ha diritto di ottenere il passaggio sui fondi vicini per la coltivazione ed il conveniente uso del proprio fondo.

Questo passaggio deve stabilirsi in quella parte per cui il transito dal fondo circondato alla via pubblica sia più breve, e riesca di minor danno al fondo su cui viene concesso.

La stessa disposizione può applicarsi a chi avendo un passaggio nei fondi altrui, abbisogni al fine suddetto di ampliarlo pel transito di veicoli.

Art. 594. Sarà sempre dovuta una indennità proporzionata al danno cagionato dall'accesso o dal passaggio, di cui è cenno nei due precedenti articoli.

Art. 595. Se il fondo divenne da ogni parte chiuso per effetto di una vendita, permuta o divisione, i venditori, permutanti o condividenti sono tenuti a dare il passaggio senza alcuna indennità.

Art. 596. Il passaggio concesso ad un fondo circondato, se cessa di essere necessario per la riunione di esso ad un altro fondo contiguo alla via pubblica, può essere soppresso in qualunque tempo ad istanza del proprietario del fondo servente, mediante la restituzione del ricevuto compenso o la cessazione dell'annualità che si fosse convenuta. Lo stesso ha luogo se viene aperta una nuova strada che riesca al fondo già circondato.

Art. 597. L'azione per l'indennità indicata nell'articolo 594 è soggetta a prescrizione, e sussiste il diritto di continuare il passaggio, quantunque l'azione per l'indennità non sia più ammissibile.

Art. 598. Ogni proprietario è tenuto a dare passaggio per i suoi fondi alle acque di ogni specie che vogliano condursi da chi abbia permanentemente od anche solo temporaneamente, il diritto di servirsene per le necessità della vita o per usi agrari od industriali.

Sono esenti da questa servitù le case, i cortili, i giardini e le aie ad esse attinenti.

Art. 599. Chi domanda il passaggio deve aprire il necessario canale, senza che possa far decorrere le sue acque nei canali già esistenti e destinati al corso di altre acque.

Ma il proprietario del fondo che sia anche proprietario di un canale in esso esistente e delle acque nel medesimo scorrenti, potrà impedire che un nuovo canale sia aperto nel suo fondo, offrendo di dare il passaggio alle acque nel canale medesimo, quando ciò possa praticarsi senza notabile danno di chi domanda il passaggio.

In tal caso sarà dovuta al proprietario del canale un'indennità da determinarsi, avuto riguardo all'acqua introdotta, al valore del canale, alle opere che si rendessero necessarie pel nuovo transito ed alle maggiori spese di manutenzione.

Art. 600. Deve anche permettersi il passaggio dell'acqua a traverso i canali ed acquedotti in quel modo che si riconosca più conveniente e adatto al luogo ed al loro stato, purché non sia impedito, ritardato o accelerato né in alcun modo alterato il corso od il volume delle acque in essi scorrenti.

Art. 601. Dovendosi per la condotta delle acque attraversare strade pubbliche, ovvero fiumi o torrenti, si osserveranno le leggi ed i regolamenti speciali sulle strade ed acque.

Art. 602. Chi vuol far passare le acque sul fondo altrui, deve giustificare di poter disporre dell'acqua durante quel tempo per cui chiede il passaggio; che la medesima sia sufficiente per l'uso al quale è destinata; che il passaggio richiesto sia il più conveniente ed il meno pregiudizievole al fondo servente, avuto riguardo alle circostanze dei fondi vicini, al pendio ed alle altre condizioni per la condotta, il corso e lo sbocco delle acque.

Art. 603. Prima d'imprendere la costruzione dell'acquedotto, quegli che vuol condurre acqua per l'altrui fondo, deve pagare il valore a cui saranno stati stimati i terreni da occuparsi, senza detrazione delle imposte e degli altri carichi inerenti al fondo, e col soprappiù del quinto, oltre al risarcimento dei danni immediati, compresi quelli derivanti dalla separazione in due o più parti, o da altro deterioramento del fondo da intersecarsi.

I terreni però che venissero occupati soltanto per la risposta delle materie estratte e per il getto dello spurgo, non saranno pagati che per la metà del valore del suolo col soprappiù del quinto, e sempre senza detrazione delle imposte e degli altri carichi inerenti: ma ne' terreni medesimi il proprietario del fondo servente può piantare ed allevare alberi od altri vegetali, e rimuovere e trasportare le materie ammucchiate, purché tutto segua senza danno del canale, del suo spurgo e della sua riparazione.

Art. 604. Ove la domanda del passaggio delle acque sia per un tempo non maggiore di nove anni, il pagamento dei valori e delle indennità di cui è cenno nell'articolo precedente, sarà ristretto alla sola metà, ma coll'obbligo, dopo scaduto il termine, di rimettere le cose nel primitivo stato.

Chi ha ottenuto questo passaggio temporaneo può avanti la scadenza del termine renderlo perpetuo, pagando l'altra metà cogli interessi legali dal giorno in cui il passaggio venne praticato: scaduto il termine, non gli sarà più tenuto conto di ciò che ha pagato per la concessione temporanea.

Art. 605. Chi possiede un canale nel fondo altrui, non può immettervi maggior quantità d'acqua, se non è riconosciuto che il canale ne sia capace, e che non ne possa venir danno al fondo servente.

Se l'introduzione di una maggior quantità d'acqua esiga nuove opere, queste non possono farsi, se prima non ne è determinata la natura e la qualità, e pagata la somma dovuta per suolo da occuparsi e pei danni nel modo stabilito dall'articolo 603.

Lo stesso ha luogo, quando per il passaggio a traverso un acquedotto sia da sostituire ad un ponte-canale una tomba o viceversa.

Art. 606. Le disposizioni contenute negli articoli precedenti pel passaggio delle acque si estendono al caso in cui il passaggio venga domandato affine di scaricare acque soprabbondanti che il vicino non consentisse di ricevere nel suo fondo.

Art. 607. Sarà sempre in facoltà del proprietario del terreno servente di far determinare stabilmente il fondo del canale con l'apposizione di capisaldi o soglie da riportarsi a punti fissi. Ove però di tale facoltà egli non abbia fatto uso nella prima concessione dell'acquedotto, dovrà sopportare la metà delle spese occorrenti.

Art. 608. Ove un corso d'acqua impedisse ai padroni dei fondi contigui l'accesso ai medesimi, o la continuazione dell'irrigazione o dello scolo delle acque, coloro che si servono di quel corso sono obbligati, in proporzione del benefizio che ne ritraggono, a costruire e mantenere i ponti ed i loro accessi sufficienti per un comodo e sicuro transito, come pure le botti sotterranee, i ponti-canali od altre simili opere per la continuazione dell'irrigazione e dello scolo, salvi i diritti derivanti da convenzione o dalla prescrizione.

Art. 609. Il proprietario che intende prosciugare o bonificare le sue terre colla fognatura, con colmate od altri mezzi, ha diritto, premesso il pagamento dell'indennità e col minor danno possibile, di condurre per fogne o per fossi le acque di scolo attraverso i fondi che separano le sue terre da un corso di acqua o da qualunque altro scolatoio.

Art. 610. I proprietari dei fondi attraversati da fogne o da fossi altrui, o che altrimenti possano profittare dei lavori fatti in forza dell'articolo precedente, hanno la facoltà di servirsene per risanare i loro fondi a condizione che non ne avvenga danno ai fondi già risanati, e che essi sopportino:

1° Le nuove spese occorrenti per modificare le opere già eseguite, affinché le medesime possano servire anche ai fondi attraversati;

2° Una parte proporzionale delle spese già fatte e di quelle richieste pel mantenimento delle opere divenute comuni.

Art. 611. Nell'eseguimento delle opere indicate negli articoli precedenti sono applicabili le disposizioni del capoverso dell'articolo 598, e degli articoli 600 e 601.

Art. 612. Se al prosciugamento di un fondo paludoso si opponesse alcuno avente diritto sulle acque che ne derivano, e se, con opportune opere portanti una spesa proporzionata allo scopo, non si potessero conciliare i due interessi, si farà luogo al prosciugamento mediante una congrua indennità all'opponente.

Art. 613. Quelli che hanno diritto di derivare acque da fiumi, torrenti, rivi, canali, laghi o serbatoi, possono ove ciò sia necessario, appoggiare od infiggere una chiusa alle sponde, coll'obbligo però di pagare l'indennità, e di fare e mantenere le opere che valgano ad assicurare i fondi da ogni danno.

Art. 614. Gli aventi diritto alla derivazione ed all'uso delle acque a norma del precedente articolo, devono evitare tra gli utenti superiori e gli inferiori ogni vicendevole pregiudizio che possa provenire dallo stagnamento, dal rigurgito o dalla diversione delle medesime acque.

Coloro che vi hanno dato luogo, sono tenuti al risarcimento dei danni e soggetti alle pene stabilite dai regolamenti di polizia rurale.

Art. 615. Le concessioni di uso d'acqua da parte dello Stato s'intendono sempre fatte senza lesione dei diritti anteriori d'uso dell'acqua stessa, che si fossero legittimamente acquistati.

Sezione II
Delle servitù stabilite per fatto dell'uomo

§I - Delle diverse specie di servitù che possono stabilirsi sui fondi

Art. 616. I proprietari possono stabilire sopra i loro fondi od a benefizio di essi qualunque servitù, purché sia solamente imposta ad un fondo e a vantaggio di un altro fondo, e non sia in alcun modo contraria all'ordine pubblico.

L'esercizio e l'estensione delle servitù sono regolati dal titolo, ed in difetto dalle disposizioni seguenti.

Art. 617. Le servitù sono continue o discontinue. Continue sono quelle, il cui esercizio è o può essere continuo, senza che sia necessario un fatto attuale dell'uomo: tali sono gli acquedotti, gli stillicidi, i prospetti ed altre simili.

Discontinue sono quelle che richiedono un fatto attuale dell'uomo per essere esercitate: tali sono quelle di passare, di attinger acqua, di condurre le bestie al pascolo e simili.

Art. 618. Le servitù sono apparenti o non apparenti.

Apparenti sono quelle che si manifestano con segni visibili, come una porta, una finestra, un acquedotto.

Non apparenti sono quelle che non hanno segni visibili della loro esistenza, come il divieto di fabbricare sopra un fondo, o di non fabbricare che ad un'altezza determinata.

Art. 619. La servitù della presa d'acqua per mezzo di canale o di altra opera visibile e permanente, a qualunque uso sia destinata, cade nel novero delle servitù continue ed apparenti, ancorché la presa non si eseguisca che ad intervalli di tempo o per ruota di giorni o di ore.

Art. 620. Quando per la derivazione di una costante e determinata quantità d'acqua scorrente è stata convenuta la forma della bocca e dell'edificio derivatore, questa forma deve essere mantenuta, e non sono le parti ammesse ad impugnarla sotto pretesto di eccedenza o deficienza d'acqua, salvo che l'eccedenza o la deficienza provenga da variazioni seguite nel canale dispensatore o nel corso delle acque in esso scorrenti.

Se la forma non è stata convenuta, ma la bocca e l'edificio derivatore sono stati costruiti e posseduti pacificamente durante cinque anni, non è neppure ammesso dopo tal tempo alcun richiamo delle parti sotto pretesto di eccedenza o deficienza d'acqua, salvo nel caso di variazione seguita nel canale o nel corso delle acque come sopra.

In mancanza di convenzioni e del possesso precedentemente menzionato, la forma sarà determinata dall'autorità giudiziaria.

Art. 621. Nelle concessioni d'acqua fatte per un determinato servizio senza che ne sia espressa la quantità, s'intende concessa la quantità necessaria a quel servizio; e chi vi ha interesse può in ogni tempo fare stabilire la forma della derivazione in modo che ne venga ad un tempo assicurato l'uso necessario suddetto ed impedito l'eccesso.

Se però è stata convenuta la forma della bocca e dell'edificio derivatore, o se, in mancanza di convenzione, si è esercitata pacificamente per cinque anni la derivazione in una determinata forma, non è più ammesso alcun richiamo delle parti, se non nel caso accennato nell'articolo precedente.

Art. 622. Nelle nuove concessioni in cui è convenuta ed espressa una costante quantità di acqua, la quantità concessa deve in tutti gli atti esprimersi in relazione al modulo.

Il modulo è l'unità di misura dell'acqua corrente.

Esso è un corpo d'acqua che scorre nella costante quantità di cento litri al minuto secondo, e si divide in decimi, centesimi e millesimi.

Art. 623. Il diritto alla presa d'acqua continua si può esercitare in ogni istante.

Art. 624. Tale diritto si esercita per l'acqua estiva dall'equinozio di primavera a quello di autunno; per l'acqua iemale dall'equinozio d'autunno a quello di primavera, e per l'acqua distribuita ad intervalli d'ore, giorni, settimane, mesi od altrimenti nei tempi determinati dalla convenzione o dal possesso.

La distribuzione d'acqua per giorni e per notti si riferisce al giorno ed alla notte naturali.

L'uso delle acque nei giorni festivi è regolato dalle feste di precetto vigenti al tempo in cui l'uso fu convenuto o si è cominciato a possedere.

Art. 625. Nelle distribuzioni per ruota il tempo che impiega l'acqua per giungere alla bocca di derivazione dell'utente si consuma a suo carico, e la coda dell'acqua appartiene a quello di cui cessa il turno.

Art. 626. Nei canali soggetti a distribuzioni per ruota le acque sorgenti o sfuggite ma contenute nell'alveo del canale, non possono rattenersi o derivarsi da un utente che al tempo del suo turno.

Art. 627. Nei medesimi canali possono gli utenti variare o permutare fra loro il turno, purché tale cambiamento non rechi danno agli altri.

Art. 628. Chi ha diritto di servirsi dell'acqua come forza motrice, non può senza una espressa disposizione del titolo impedirne o rallentarne il corso, procurandone il ribocco o ristagno.

§II - Del modo in cui per fatto dell'uomo si stabiliscono le servitù

Art. 629. Le servitù continue ed apparenti si stabiliscono in forza di un titolo, o colla prescrizione di trent'anni, o per la destinazione del padre di famiglia.

Art. 630. Le servitù continue non apparenti e le servitù discontinue, siano o non siano apparenti, non possono stabilirsi che mediante un titolo.

Il possesso, benché immemorabile, non basta a stabilirle.

Art. 631. Nelle servitù affermative il possesso utile per la prescrizione si computa dal giorno in cui il proprietario del fondo dominante cominciò ad esercitarle sul fondo servente.

Nelle servitù negative il possesso comincia dal giorno della proibizione fatta con atto formale dal proprietario del fondo dominante a quello del fondo servente per contrastargli il libero uso del medesimo.

Art. 632. La destinazione del padre di famiglia ha luogo quando consta per qualunque genere di prova, che due fondi, attualmente divisi, sono stati posseduti dallo stesso proprietario, e che questi pose o lasciò le cose nello stato dal quale risulta la servitù.

Art. 633. Cessando i due fondi di appartenere allo stesso proprietario, senza alcuna disposizione relativa alla servitù, questa s'intende stabilita attivamente e passivamente a favore e sopra ciascuno dei fondi separati.

Art. 634. Nelle servitù pel cui acquisto è necessario il titolo, non si può supplire alla sua mancanza che col mezzo di un documento, il quale contenga la ricognizione della servitù e provenga dal proprietario del fondo servente.

Art. 635. Il proprietario può, senza il consenso dell'usufruttuario, imporre al fondo le servitù che non pregiudicano al diritto di usufrutto: coll'assenso dell'usufruttuario può imporvi manche quelle che lo diminuiscono.

Art. 636. La servitù, concessa da uno dei comproprietari di un fondo indiviso, non vi s'intende stabilita e realmente impressa, se non quando gli altri l'abbiano anch'essi concessa unitamente o separatamente.

Le concessioni per qualsivoglia titolo fatte dai primi rimangono sempre in sospeso sin tanto che sia seguita quella dell'ultimo.

La concessione però fatta da uno dei comproprietari, indipendentemente dagli altri, obbliga non solo il concedente, ma i suoi successori anche particolari ed aventi causa a non mettere impedimento all'esercizio del diritto concesso.

Art. 637. Gli scoli derivanti dall'altrui fondo possono costituire una servitù attiva a favore del fondo che li riceve, all'effetto d'impedire la loro diversione.

Allorché il modo d'acquisto di tale servitù è la prescrizione, questa non si ha per cominciata se non dal giorno in cui il proprietario del fondo dominante abbia fatto sul fondo servente opere visibili e permanenti destinate a raccogliere e condurre i detti scoli a proprio vantaggio, oppure dal giorno in cui il proprietario del fondo dominante abbia cominciato o continuato a goderli, non ostante un atto formale, di opposizione per parte del proprietario del fondo servente.

Art. 638. Lo spurgo regolare e la manutenzione delle sponde di un cavo aperto sul fondo altrui, destinato e servente a raccogliere e a condurre gli scoli, fa presumere che esso sia opera del proprietario del fondo dominante, quando non vi sia titolo, segno o prova in contrario.

Si reputa segno contrario l'esistenza sul cavo di edifici costrutti e mantenuti dal proprietario stesso del fondo, in cui il cavo è aperto.

Sezione III
In qual modo si esercitano le servitù

Art. 639. Il diritto di servitù comprende tutto ciò che è necessario per usarne.

Così la servitù di attingere acqua alla fonte altrui racchiude il diritto del passaggio nel fondo dove la fonte si trova.

Parimenti il diritto di far passare le acque nel fondo altrui comprende quello di passare lungo le sponde del canale per vigilare la condotta delle acque, e di farvi gli spurghi e le riparazioni occorrenti.

Nel caso in cui il fondo venisse chiuso, dovrà il proprietario lasciarne libero e comodo l'ingresso a chi esercita il diritto di servitù per l'oggetto sopra indicato.

Art. 640. Colui al quale è dovuta una servitù, nel fare le opere necessarie per usarne e conservarla, deve scegliere il tempo e il modo che sia per recare minore incomodo al proprietario del fondo servente.

Art. 641. Tali opere debbono farsi a sue spese, salvo che sia diversamente stabilito dal titolo.

Qualora però l'uso della cosa nella parte soggetta a servitù sia comune fra il proprietario del fondo dominante e quello del fondo servente, le opere suddette saranno fatte in comune, ed in proporzione dei rispettivi vantaggi, salvo che il titolo disponga altrimenti.

Art. 642. Nella servitù di presa e di condotta d'acqua, quando il titolo non disponga altrimenti, il proprietario del fondo servente può sempre domandare, che il cavo si mantenga convenientemente spurgato e le sue sponde siano in istato di buona riparazione a spese del proprietario del fondo dominante.

Art. 643. Quando pure il proprietario del fondo servente fosse tenuto in forza del titolo alle spese necessarie per l'uso o per la conservazione della servitù, può sempre liberarsene, abbandonando il fondo servente al proprietario del fondo dominante.

Art. 644. Se il fondo a cui vantaggio fu stabilita una servitù, viene diviso, la servitù è dovuta a ciascuna porzione, senza che si renda però più gravosa la condizione del fondo servente: così trattandosi di un diritto di passaggio, ciascun proprietario di una porzione del fondo dominante deve usarne nello stesso luogo.

Art. 645. Il proprietario del fondo servente non può fare cosa alcuna, che tenda a diminuire l'uso della servitù o a renderlo più incomodo.

Non può quindi variare lo stato del fondo né trasferire l'esercizio della servitù in un luogo diverso da quello dove fu originariamente stabilita.

Tuttavia, se l'originario esercizio fosse divenuto più gravoso al proprietario del fondo servente, o se gli impedisse di farvi lavori, riparazioni o miglioramenti, egli può offrire al proprietario dell'altro fondo un luogo egualmente comodo per l'esercizio de' suoi diritti, e questi non può ricusarlo.

Il cambiamento di luogo per l'esercizio della servitù può parimente ammettersi ad istanza del proprietario del fondo dominante, ove questi provi che il cambiamento riesca per lui di notabile vantaggio e non sia di danno al fondo servente.

Art. 646. Colui che ha un diritto di servitù non può usarne, se non a norma del suo titolo o del suo possesso, e senza che tanto nel fondo servente, quanto nel dominante possa fare alcuna innovazione che renda più gravosa la condizione del primo.

Art. 647. Nel dubbio circa l'estensione della servitù, il suo esercizio deve limitarsi a ciò che è necessario per la destinazione ed il conveniente uso del fondo dominante col minor danno del servente.

Art. 648. Il diritto alla condotta dell'acqua non attribuisce al conducente la proprietà del terreno laterale o sottoposto alla sorgente o al canale conduttore. Le imposte prediali e gli altri pesi inerenti al fondo sono a carico del proprietario di esso.

Art. 649. In mancanza di particolare convenzione, il proprietario od altro concedente dell'acqua di una fonte o di un canale è tenuto verso gli utenti a fare le opere ordinarie e straordinarie per la derivazione e condotta dell'acqua sino al punto in cui ne fa consegna, a mantenere in buono stato gli edifici, a conservare l'alveo e le sponde della fonte o del canale, a praticare i consueti spurghi e ad usare la dovuta diligenza, custodia e vigilanza, affinché la derivazione e la regolare condotta dell'acqua siano a tempi debiti effettuate.

Art. 650. Il concedente dell'acqua però, se giustifica essere la deficienza della medesima avvenuta naturalmente, od anche per un fatto altrui che non possa in alcun modo essere a lui né direttamente né indirettamente imputato, non è tenuto al risarcimento dei danni, ma soltanto ad una diminuzione proporzionata del fitto o prezzo pattuito, tuttora da pagarsi od anche già pagato, salvo al concedente ed al concessionario il diritto pei danni verso gli autori della deficienza.

Quando gli stessi autori siano convenuti dagli utenti, questi possono obbligare il concedente ad intervenire nel giudizio e a coadiuvarli con tutti i mezzi che sono in suo potere a conseguire il risarcimento dei danni da chi diede causa alla deficienza.

Art. 651. La deficienza dell'acqua deve sopportarsi da chi ha diritto di prenderla e di usarla nel tempo in cui accade tale deficienza, salvo il diritto al risarcimento dei danni o alla diminuzione del fitto o prezzo, come nell'articolo precedente.

Art. 652. Fra diversi utenti la deficienza dell'acqua deve sopportarsi prima da quelli che hanno titolo o possesso più recente, e fra utenti in parità di condizione dall'ultimo utente.

È sempre salvo il diritto al risarcimento dei danni verso chi diede causa alla deficienza.

Art. 653. Quando l'acqua sia concessa, riservata o posseduta per un determinato uso, coll'obbligo della restituzione al concedente o ad altri di ciò che ne sopravanza, tale uso non può variarsi a danno del fondo a cui la restituzione è dovuta.

Art. 654. Il proprietario del fondo vincolato alla restituzione degli scoli o degli avanzi d'acqua non può deviarne una parte qualunque sotto pretesto di avervi introdotto una maggiore quantità di acqua viva od un diverso corpo, ma deve lasciarli nella totalità discendere a favore del fondo dominante.

Art. 655. La servitù degli scoli non toglie al proprietario del fondo servente il diritto di usare liberamente dell'acqua a vantaggio del suo fondo, di cambiarne la coltivazione, ed anche di abbandonarne in tutto od in parte la irrigazione.

Art. 656. Il proprietario del fondo soggetto alla servitù degli scoli e degli avanzi d'acqua può sempre liberarsi da tale servitù mediante la concessione e l'assicurazione al fondo dominante di un corpo d'acqua viva, la cui quantità sarà determinata dall'autorità giudiziaria, tenuto il debito conto di tutte le circostanze.

Art. 657. Coloro che hanno interesse comune nella derivazione e nell'uso dell'acqua, o nella bonificazione o nel prosciugamento de' terreni, possono riunirsi in consorzio, affine di provvedere all'esercizio, alla conservazione ed alla difesa dei loro diritti.

L'adesione degli interessati e il regolamento del consorzio devono risultare da scritto.

Art. 658. Costituito il consorzio, le deliberazioni della maggioranza di esso nei limiti e secondo le norme stabilite nel regolamento relativo, avranno il loro effetto in conformità dell'articolo 678.

Art. 659. La formazione di tale consorzio può anche venire ordinata all'autorità giudiziaria sulla domanda della maggioranza degli interessi, e sentiti sommariamente gli altri, quando si tratti dell'esercizio, della conservazione e della difesa di diritti comuni, dei quali non sia possibile la divisione senza grave danno. In tal caso il regolamento proposto e deliberato dalla maggioranza è pure soggetto all'approvazione dell'autorità giudiziaria.

Art. 660. Lo scioglimento del consorzio non ha luogo se non quando sia deliberato da una maggioranza eccedente i tre quarti, o quando potendo la divisione effettuarsi senza grave danno, essa venga domandata da qualunque degli interessati.

Art. 661. In tutto il rimanente si osserveranno per tali consorzi le regole stabilite per la comunione, la società e la divisione.

Sezione IV
In qual modo si estinguono le servitù

Art. 662. Le servitù cessano quando le cose si trovano in tale stato che non se ne possa più far uso.

Art. 663. Le servitù risorgono, se le cose sono ristabilite in modo che se ne possa nuovamente far uso, salvo che sia già trascorso uno spazio di tempo bastante ad estinguere la servitù.

Sotto la stessa limitazione, ricostruendosi un muro od una casa, si conservano le preesistenti servitù.

Art. 664. Qualsivoglia servitù si estingue, riunendosi in una sola persona la proprietà del fondo dominante e quella del fondo servente.

Art. 665. Le servitù acquistate dal marito al fondo dotale e dall'enfiteuta al fondo enfiteutico non cessano per lo scioglimento del matrimonio né per l'estinzione dell'enfiteusi: cessano però quelle che sullo stesso fondo fossero state imposte dalle suddette persone.

Art. 666. La servitù è estinta quando non se ne usi per lo spazio di trent'anni.

Art. 667. Il trentennio, se si tratta di servitù discontinua, comincia a decorrere dal giorno in cui si è cessato di usarne, e se si tratta di servitù continua, dal giorno in cui si è fatto un atto contrario alla servitù.

Art. 668. Il modo della servitù si prescrive nella stessa guisa che la servitù medesima.

Art. 669. La sussistenza di vestigi di opere, colle quali si praticava una presa d'acqua, non impedisce la prescrizione: per impedirla si richiedono l'esistenza e la conservazione in istato di servizio dell'edificio stesso della presa ovvero del canale derivatore.

Art. 670. L'esercizio di una servitù in tempo diverso da quello determinato dalla convenzione o dal possesso non impedisce la prescrizione.

Art. 671. Se il fondo dominante appartiene a più persone in comune, l'uso della servitù fatto da alcuna di esse impedisce la prescrizione riguardo a tutte.

Art. 672. La sospensione o interruzione della prescrizione a vantaggio di uno dei comproprietari profitta anche agli altri.

Titolo IV
DELLA COMUNIONE

Art. 673. La comunione di beni, in mancanza di convenzioni o disposizioni speciali, è regolata dalle norme seguenti.

Art. 674. Le quote dei partecipanti alla comunione si presumono eguali fino a prova contraria.

Il concorso dei partecipanti, tanto nei vantaggi quanto nei pesi della comunione, sarà proporzionato alle rispettive quote.

Art. 675. Ciascun partecipante può servirsi delle cose comuni, purché le impieghi secondo la loro destinazione fissata dall'uso, e non se ne serva contro l'interesse della comunione o in modo che impedisca agli altri partecipanti di servirsene secondo il loro diritto.

Art. 676. Ciascun partecipante ha diritto di obbligare gli altri a contribuire con esso alle spese necessarie per la conservazione della cosa comune, salva a questi la facoltà di liberarsene coll'abbandono dei loro diritti di comproprietà.

Art. 677. Uno de' partecipanti non può fare innovazioni nella cosa comunque, ancorché le pretenda vantaggiose a tutti, se gli altri non vi acconsentano.

Art. 678. Per l'amministrazione e pel migliore godimento della cosa comune le deliberazioni della maggioranza de' partecipanti sono obbligatorie anche per la minorità dissenziente.

Non vi è maggioranza, se non quando i voti che concorrono alla deliberazione, rappresentano la maggiore entità degli interessi che costituiscono l'oggetto della comunione.

Se non si forma una maggioranza, o se le deliberazioni di essa risultano gravemente pregiudizievoli alla cosa comune, l'autorità giudiziaria può dare gli opportuni provvedimenti, ed anche nominare all'uopo un amministratore.

Art. 679. Ciascun partecipante ha la piena proprietà della sua quota e de' relativi utili o frutti. Egli può liberamente alienare, cedere od ipotecare tale quota, ed anche sostituire altri nel godimento di essa, se non si tratti di diritti personali. Ma l'effetto dell'alienazione o dell'ipoteca si limita a quella porzione che verrà a spettare al partecipante nella divisione.

Art. 680. I creditori o cessionari di un partecipante possono opporsi alla divisione a cui si proceda senza il loro intervento, e possono intervenirvi a proprie spese; ma non possono impugnare una divisione consumata, eccettuata il caso di frode, o di divisione eseguita non ostante una formale opposizione, e salvo sempre ad essi l'esperimento delle ragioni del debitore o cedente.

Art. 681. Nessuno può essere costretto a rimanere in comunione, e sempre se ne può da ciascuno dei partecipanti domandare lo scioglimento.

Nondimeno è valido il patto che si debba rimanere in comunione per un tempo determinato, non maggiore di anni dieci.

L'autorità giudiziaria, però, ove gravi ed urgenti circostanze lo richiedano, può ordinare lo scioglimento della comunione anche prima del tempo convenuto.

Art. 682. Nei territori i ove è stabilita la reciprocità dei pascoli, il proprietario che vuole recedere in tutto od in parte dalla comunione del pascolo, deve farne la denunzia un anno prima, e al termine dell'anno perderà il diritto di pascolo nell'altrui fondo in proporzione del terreno che ha sottratto all'uso comune.

La denunzia sarà notificata all'amministrazione comunale e pubblicata nel luogo degli affissi del comune.

Sorgendo controversie, provvederà il tribunale civile; ma la facoltà del recesso non può in ver un caso essere contraddetta, se non per un grave ed evidente motivo di utilità generale del comune in cui sono situati i terreni.

Il tribunale, ammettendo il recesso Il tribunale, ammettendo il recesso, ne regolerà nel tempo stesso il modo e gli effetti, avuto specialmente riguardo alla qualità e quantità del terreno sottratto all'uso comune.

Art. 683. Lo scioglimento della comunione non può essere domandato dai comproprietari di cose che dividendosi cesserebbero di servire all'uso a cui sono destinate.

Art. 684. Sono applicabili alle divisioni fra i partecipanti alla comunione le regole concernenti le divisioni delle eredità.

TITOLO V
DEL POSSESSO

Art. 685. Il possesso è la detenzione di una cosa o il godimento di un diritto, che uno ha o per se stesso, o per mezzo di un altro il quale detenga la cosa od eserciti il diritto in nome di lui.

Art. 686. Il possesso è legittimo quando sia continuo, non interrotto, pacifico, pubblico, non equivoco e con animo di tener la cosa come propria.

Art. 687. Si presume sempre che ciascuno possieda per se stesso ed a titolo di proprietà, quando non si provi che abbia cominciato a possedere in nome altrui.

Quando sia si cominciato a possedere in nome altrui, si presume sempre che il possesso abbia continuato con lo stesso titolo, qualora non sia vi prova in contrario.

Art. 688. Gli atti meramente facoltativi e quelli di semplice tolleranza non possono servire di fondamento all'acquisto del possesso legittimo.

Art. 689. Parimenti gli atti violenti o clandestini non possono servire di fondamento all'acquisto del possesso legittimo: esso tuttavia può cominciare quando la violenza o la clandestinità siano cessate.

Art. 690. Il possesso delle cose, di cui non si può acquistare la proprietà, non ha effetto giuridico.

Art. 691. Il possessore attuale che provi d'aver posseduto in un tempo più remoto, si presume che abbia posseduto anche nel tempo intermedio, salva la prova del contrario.

Art. 692. Il possesso attuale non fa presumere l'antico, salvo che il possessore abbia un titolo; nel qual caso si presume aver egli posseduto dalla data del suo titolo, se non è provato il contrario.

Art. 693. Il possesso continua di diritto nella persona del successore, a titolo universale.

Il successore a titolo particolare può unire al proprio possesso quello del suo autore per invocarne e goderne gli effetti.

Art. 694. Chi trovandosi da oltre un anno nel possesso legittimo di un immobile o di un diritto reale, o di una universalità di mobili, viene in tale possesso molestato, può entro l'anno dalla molestia chiedere la manutenzione del possesso medesimo.

Art. 695. Chi è stato violentemente od occultamente spogliato del possesso, qualunque esso sia, di una cosa mobile od immobile, può entro l'anno dal sofferto spoglio chiedere contro l'autore di esso di venir reintegrato nel possesso medesimo.

Art. 696. La reintegrazione deve ordinarsi dal giudice, premessa la citazione dell'altra parte, sulla semplice notorietà del fatto, senza dilazione e con la maggior celerità di procedura, contro qualsivoglia persona, fosse anche il proprietario delle cose di cui si è patito lo spoglio.

Art. 697. La reintegrazione nel possesso in caso di spoglio non esclude l'esercizio delle altre azioni possessorie da parte di qualunque legittimo possessore.

Art. 698. Chi ha ragione di temere che da una nuova opera da altri impresa così sul proprio come sull'altrui suolo, sia per derivare danno ad un immobile, ad un diritto reale o ad altro oggetto da lui posseduto, può denunziare al giudice tale nuova opera, purché non sia terminata e non sia trascorso un anno dal suo cominciamento.

Il giudice, presa sommaria cognizione del fatto, può vietare la continuazione della nuova opera, ovvero permetterla, ordinando le opportune cautele; nel primo caso pel risarcimento del danno prodotto dalla sospensione dell'opera, quando le opposizioni al suo proseguimento risultino non fondate nella definitiva decisione sul merito; e nel secondo caso per la demolizione o riduzione dell'opera, e pel risarcimento dei danni che possa soffrirne il denunziante, se questi ottenga definitiva sentenza favorevole non ostante la permessa continuazione.

Art. 699. Chi ha ragionevole motivo di temere che da qualsivoglia edificio, da un albero, o da altro oggetto sovrasti pericolo di un danno grave e prossimo ad un fondo od oggetto da lui posseduto, ha diritto di denunziare il fatto al giudice, e di ottenere, secondo le circostanze, che si provveda per ovviare al pericolo, o s'ingiunga al vicino l'obbligo di dare cauzione pei danni possibili.

Art. 700. In tutte le questioni di possesso in materia di servitù la pratica dell'anno antecedente, e, quando si tratti di servitù esercitate ad intervalli maggiori di un anno, quella dell'ultimo godimento, determina i diritti ed i doveri tanto di chi ne gode, quanto di chi la deve e di ogni altro interessato.

Art. 701. È possessore di buona fede chi possiede come proprietario in forza di un titolo abile a trasferire il dominio, del qual titolo ignorava i vizi.

Art. 702. La buona fede è sempre presunta, e chi allega la mala fede deve darne la prova.

Basta che la buona fede vi sia stata al tempo dell'acquisto.

Art. 703. Il possessore di buona fede fa suoi i frutti, e non è tenuto a restituire se non quelli che gli siano pervenuti dopo la domanda giudiziale.

Art. 704. Il possessore, ancorché di buona fede, non può pretendere alcuna indennità per causa di miglioramenti, se più non sussistono al tempo dell'evizione.

Art. 705. Il possessore tanto di buona quanto di mala fede non può pretendere pe' miglioramenti, se non la somma minore che risulterà tra lo speso e il migliorato.

Art. 706. Al solo possessore di buona fede compete la ritenzione de' beni per causa di miglioramenti in essi realmente fatti e sussistenti, se questi sono stati domandati nel corso del giudizio di rivendicazione, e già venne fornita qualche prova della sussistenza in genere dei medesimi.

Art. 707. Riguardo ai beni mobili per loro natura ed ai titoli al portatore, il possesso produce a favore dei terzi di buona fede l'effetto stesso del titolo. Questa disposizione non si applica all'universalità de' mobili.

Art. 708. Colui però che ha smarrita la cosa o che ne fu derubato, può ripeterla da quello presso cui la trova, salvo a questo il regresso per indennità contro colui dal quale l'ha ricevuta.

Art. 709. Se però l'attuale possessore della cosa sottratta o smarrita l'ha comprata in una fiera o in un mercato, ovvero all'occasione di un vendita pubblica, o da un commerciante che faccia pubblico spaccio di simili oggetti, il proprietario non può ottenere la restituzione della cosa sua, se non rimborsando il possessore del prezzo che gli è costata.

LIBRO TERZO
DEI MODI DI ACQUISTARE E DI TRASMETTERE LA PROPRIETÀ E GLI ALTRI DIRITTI SULLE COSE

DISPOSIZIONI GENERALI

Art. 710. La proprietà si acquista coll'occupazione.

La proprietà e gli altri diritti sulle cose si acquistano e si trasmettono per successione, per donazione e per effetto di convenzioni.

Possono anche acquistarsi col mezzo della prescrizione.

TITOLO I
DELL'OCCUPAZIONE

Art. 711. Le cose che non sono ma possono venire in proprietà di alcuno, si acquistano coll'occupazione. Tali sono gli animali che formano oggetto di caccia o di pesca, il tesoro e le cose mobili abbandonate.

Art. 712. L'esercizio della caccia e della pesca è regolato da leggi particolari.

Non è tuttavia lecito di introdursi nel fondo altrui per l'esercizio della caccia contro il divieto del possessore.

Art. 713. Ogni proprietario di sciami di api ha diritto d'inseguirli sul fondo altrui, ma deve risarcire il danno cagionato al possessore del fondo: quando il proprietario non li abbia entro due giorni inseguiti, od abbia cessato durante due giorni d'inseguirli, può il possessore del fondo prenderli e ritenerli.

Lo stesso diritto spetta al proprietario di animali mansuefatti, salva la disposizione dell'art. 462; ma essi appartengono a chi li avrà presi e ritenuti, se non sono reclamati entro venti giorni.

Art. 714. Il tesoro appartiene al proprietario del fondo in cui si trova. Se il tesoro è trovato nel fondo altrui, purché sia stato scoperto per solo effetto del caso, spetta per metà al proprietario del fondo ove fu trovato e per metà al ritrovatore.

Tesoro è qualunque oggetto mobile di pregio, che sia nascosto o sotterrato, e del quale nessuno possa provare di essere padrone.

Art. 715. Chi trova un oggetto mobile che non sia tesoro, deve restituirlo al precedente possessore; e se non lo conosce, deve senza ritardo consegnarlo al sindaco del luogo dove lo ha trovato.

Art. 716. Il sindaco rende nota la consegna anzidetta per mezzo di pubblicazione nelle forme consuete da rinnovarsi in due domeniche consecutive.

Art. 717. Passati due anni dal giorno della seconda pubblicazione, senza che si presenti il proprietario, la cosa oppure il suo prezzo, ove le circostanze ne abbiano richiesta la vendita, appartiene a chi l'ha ritrovata.

Tanto il proprietario quanto il ritrovatore, ripigliando la cosa o il prezzo, devono pagare le spese per essa occorse.

Art. 718. Il proprietario deve pagare a titolo di premio al ritrovatore, se questi lo richiede, il decimo della somma o del prezzo comune della cosa ritrovata. Ove tale somma o prezzo ecceda le due mila lire, il premio pel sopra più sarà solamente del vigesimo.

Art. 719. I diritti sopra le cose gettate in mare, o sopra quelle che il mare rigetta, o sopra le piante e le erbe che crescono lungo le rive del mare, sono regolati da leggi particolari.

TITOLO II
DELLE SUCCESSIONI

Art. 720. La successione si devolve per legge o per testamento. Non si fa luogo alla successione legittima se non quando manchi in tutto od in parte la testamentaria.

Capo I
Delle successioni legittime

Art. 721. La legge devolve in successione ai discendenti legittimi, agli ascendenti, ai collaterali, ai figli naturali ed al coniuge, nell'ordine e secondo le regole in appresso stabilite, ed in loro mancanza al patrimonio dello Stato.

Art. 722. La legge nel regolare la successione considera la prossimità della parentela, e non la prerogativa della linea né la origine dei beni, se non nei casi e nei modi dalla legge stessa espressamente stabiliti.

Sezione I
Della capacità di succedere

Art. 723. Tutti sono capaci di succedere, salve le eccezioni determinate dalla legge.

Art. 724. Sono incapaci di succedere:

1° Coloro che al tempo dell'apertura della successione non siano ancora concepiti;

2° Coloro che non sono nati vitali.

Nel dubbio si presumono vitali quelli di cui consta che sono nati vivi.

Art. 725. Sono incapaci, come indegni, di succedere:

1° Chi avesse volontariamente ucciso o tentato di uccidere la persona della cui successione si tratta;

2° Chi la avesse accusata di reato punibile con pena criminale, quando l'accusa sia stata dichiarata calunniosa in giudizio;

3° Chi la avesse costretta a far testamento od a cangiarlo;

4° Chi la avesse impedita di far testamento o di rivocare il già fatto, o avesse soppresso, celato od alterato il testamento posteriore.

Art. 726. Chi fosse incorso nella indegnità, può essere ammesso a succedere, quando la persona della cui successione si tratta, ve lo abbia espressamente abilitato con atto autentico o con testamento.

Art. 727. Chi fu escluso come indegno è obbligato a restituire tutti i frutti e proventi, dei quali avesse goduto dopo aperta la successione.

Art. 728. L'indegnità del genitore od ascendente non nuoce ai suoi figli o discendenti, sia che succedano per ragion propria, sia che succedano per rappresentazione.

Ma il genitore non ha sulla parte di eredità devoluta ai suoi figli i diritti di usufrutto e di amministrazione che la legge accorda ai genitori.

Sezione II

Della rappresentazione

Art. 729. La rappresentazione ha per effetto di far entrare i rappresentanti nel luogo, nel grado e nei diritti del rappresentato.

Art. 730. La rappresentazione nella linea retta discendente ha luogo in infinito e in tutti i casi, sia che i figli del defunto concorrano coi discendenti di altro figlio premorto, sia che tutti i figli del defunto essendo mancati di vita prima di lui, i discendenti di detti figli si trovino fra loro in gradi eguali od ineguali, e quantunque in parità di grado vi sia disuguaglianza di numero in alcuna stirpe di essi.

Art. 731. Tra gli ascendenti non vi ha rappresentazione: il prossimo esclude gli altri.

Art. 732. Nella linea collaterale la rappresentazione è ammessa in favore dei figli e discendenti dei fratelli e delle sorelle del defunto, sia che essi concorrono alla successione coi loro zii o zie, sia che essendo premorti tutti i fratelli e le sorelle del defunto, la successione sia devoluta ai loro discendenti in gradi eguali od ineguali.

Art. 733. In tutti i casi nei quali la rappresentazione è ammessa, la divisione si fa per stirpi.

Se uno stipite ha prodotto più rami, la suddivisione si fa per stirpi anche in ciascun ramo, e fra i membri del medesimo ramo la divisione si fa per capi.

Art. 734. Non si rappresentano le persone viventi, eccetto che si tratti di persone assenti o incapaci di succedere.

Art. 735. Si può rappresentare la persona alla cui successione si è rinunziato.

Sezione III

Della successione dei parenti legittimi

Art. 736. Al padre, alla madre e ad ogni altro ascendente succedono i figli legittimi o i loro discendenti senza distinzione di sesso e quantunque nati da matrimoni diversi.

Essi succedono per capi, quando sono tutti in primo grado; per stirpi, quando tutti o alcuni di essi succedono per rappresentazione.

Art. 737. Sotto nome di figli legittimi si intendono anche i figli legittimati, gli adottivi e i loro discendenti.

Però i figli adottivi e i loro discendenti succedono bensì all'adottante in concorso anche dei figli legittimi, ma sono estranei alla successione di tutti i congiunti dell'adottante.

Art. 738. A colui che muore senza lasciar prole, né fratelli o sorelle, né discendenti da essi, succedono il padre e la madre in eguali porzioni, o quello dei genitori che sia superstite.

Art. 739. A colui che muore senza lasciar prole, né genitori, né fratelli o sorelle, né discendenti da questi, succedono per una metà gli ascendenti della linea paterna e per l'altra metà gli ascendenti della linea materna, non avuto riguardo all'origine dei beni.

Se però gli ascendenti non sono in egual grado, l'eredità è devoluta al più vicino senza distinzione di linea.

Art. 740. Se coi genitori o con uno soltanto di essi concorrono fratelli o sorelle germani del defunto, tutti sono ammessi alla successione del medesimo per capi, purché in niuni caso la porzione, in cui succedono i genitori od uno di essi, sia minore del terzo.

Se vi sono fratelli o sorelle consanguinei od uterini, succedono anch'essi; ma, concorrano con germani o siano soli, conseguono la sola metà della quota spettante ai germani.

I discendenti da fratello o sorella succedono per stirpi a norma degli articoli 732 e 733.

La parte che spetterebbe ai genitori viventi, si devolve in loro mancanza agli altri ascendenti prossimi nel modo determinato dal precedente articolo.

Art. 741. A colui che muore senza lasciar prole, né genitori, né altri ascendenti, succedono i fratelli o le sorelle per capi e i loro discendenti per stirpi.

I fratelli però o le sorelle consanguinei od uterini e i loro discendenti, concorrendo con fratelli o sorelle germani o loro discendenti hanno diritto alla sola metà della quota che spetta ai germani.

Art. 742. Morendo alcuno senza lasciare prole, né genitori, né ascendenti, né fratelli o sorelle, né discendenti da essi, la successione si apre a favore del congiunto o dei congiunti più vicini al defunto, senza distinzione di linea paterna o materna.

La successione non ha luogo tra congiunti oltre il decimo grado.

Sezione IV

Della successione dei figli naturali

Art. 743. I figli naturali non hanno diritto alla successione dei genitori, quando la loro filiazione non sia legalmente riconosciuta o dichiarata.

Art. 744. Riconosciuta o dichiarata la filiazione, se i figli naturali concorrono coi figli legittimi o loro discendenti, hanno diritto alla metà della quota che sarebbe loro spettata se fossero legittimi.

I figli legittimi o loro discendenti hanno facoltà di pagare la quota spettante ai figli naturali in danaro o in beni immobili ereditari a giusta stima.

Art. 745. Quando il genitore non lascia superstiti figli legittimi o loro discendenti, ma il padre o la madre o l'uno di essi, od altro ascendente, oppure il coniuge, i figli naturali succedono nei due terzi dell'eredità, e il resto si devolve agli ascendenti o al coniuge.

Se i figli naturali concorrono a un tempo cogli ascendenti e col coniuge del genitore, detratto il terzo della eredità a favore degli ascendenti e il quarto a favore del coniuge, la rimanente eredità si devolve ai figli naturali.

Art. 746. I figli naturali devono imputare, alla porzione in cui succedono tutto ciò che hanno ricevuto dai genitori e sia soggetto a collazione, a norma della sezione IV decapo III di questo titolo, non ostante qualunque dispensa.

Art. 747. Quando al genitore non sopravvivano né discendenti legittimi, né ascendenti, né il coniuge, i figli naturali.

Art. 748. I discendenti legittimi del figlio naturale premorto possono reclamare i diritti stabiliti a favore di lui negli articoli precedenti.

Art. 749. Il figlio naturale, ancorché riconosciuto, non ha diritto sui beni dei congiunti del padre o della madre, né questi congiunti hanno diritto sui beni del figlio naturale.

Art. 750. Se il figlio naturale muore senza lasciar prole, né coniuge, la sua eredità è devoluta a quello dei genitori che lo abbia riconosciuto o del quale sia stato dichiarato figlio, ovvero per metà a ciascuno dei genitori se fu riconosciuto o dichiarato figlio d'ambi due.

Art. 751. Se al figlio naturale morto senza prole sia superstite anche il coniuge, l'eredità si devolve per una metà al coniuge e per l'altra metà al genitore od ai genitori, a norma dell'articolo precedente.

Art. 752. I diritti accordati dagli articoli precedenti non si estendono ai figli, di cui la legge non ammette il riconoscimento.

Questi però, nei casi indicati, nell'art. 193, hanno diritto agli alimenti, i quali saranno loro assegnati in proporzione delle sostanze del padre o della madre, e del numero e della qualità degli eredi legittimi.

Sezione V

Dei diritti del coniuge superstite

Art. 753. Quando al coniuge defunto siano superstiti figli legittimi, l'altro coniuge ha sull'eredità di lui l'usufrutto di una porzione ereditaria eguale a quella di ciascun figlio, compreso nel numero dei figli anche il coniuge.

Concorrendo figli naturali con legittimi, l'usufrutto del coniuge è di una porzione eguale a quella che tocca a ciascun figlio legittimo.

Tale porzione di usufrutto non può mai essere maggiore del quarto dell'eredità, e può essere soddisfatta nel modo stabilito dall'articolo 819.

Art. 754. Se non vi sono figli legittimi, ma ascendenti o figli naturali, o fratelli o sorelle, o loro discendenti, è devoluta in proprietà al coniuge superstite la terza parte dell'eredità.

Se però il coniuge concorre ad un tempo con ascendenti legittimi e con figli naturali, non ha diritto che al quarto della eredità.

Art. 755. Quando il defunto lasciasse altri parenti successibili, l'eredità si devolve al coniuge pei due terzi.

Gli si devolve per intero nel caso che il defunto non lasci parenti successibili entro il sesto grado.

Art. 756. Il coniuge concorrendo con altri eredi, deve imputare alla sua porzione ereditaria ciò che acquista in forza delle convenzioni matrimoniali e dei lucri dotali.

Art. 757. I diritti di successione accordati al coniuge superstite non spettano al coniuge, contro cui il defunto abbia ottenuto sentenza di separazione personale passata in giudicato.

Sezione VI

Della successione dello Stato

Art. 758. In mancanza delle persone chiamate a succedere secondo le regole stabilite nelle sezioni precedenti, l'eredità si devolve al patrimonio dello Stato.

Capo II
Delle successioni testamentarie

Art. 759. Il testamento è un atto rivocabile, col quale taluno, secondo le regole stabilite dalla legge, dispone per il tempo in cui avrà cessato di vivere, di tutte le proprie sostanze o di parte di esse in favore di una o di più persone.

Art. 760. Le disposizioni testamentarie che comprendono l'universalità od una quota dei beni del testatore, sono a titolo universale e attribuiscono la qualità di erede.

Le altre disposizioni sono a titolo particolare e attribuiscono la qualità di legatario.

Art. 761. Non si può fare un testamento da due o più persone nel medesimo atto, né a vantaggio di un terzo, né per disposizione reciproca.

Sezione I

Della capacità di disporre per testamento

Art. 762. Possono disporre per testamento tutti coloro che non sono dichiarati incapaci dalla legge.

Art. 763. Sono incapaci di testare:

1° Coloro che non hanno compiuta l'età di diciotto anni;

2° Gli interdetti per infermità di mente;

3° Quelli che, quantunque non interdetti, si provi non essere stati sani di mente nel tempo in cui fecero il testamento.

L'incapacità dichiarata nei numeri 2° e 3° nuoce alla validità del testamento, solo nel caso che sussistesse al tempo in cui fu fatto il medesimo.

Sezione II

Della capacità di ricevere per testamento

Art. 764. Sono incapaci di ricevere per testamento coloro che sono incapaci di succedere per legge.

Possono però ricevere per testamento i figli immediati di una determinata persona vivente al tempo della morte del testatore, quantunque non siano ancora concepiti.

Art. 765. I discendenti dell'indegno hanno sempre diritto alla legittima che sarebbe spettata all'escluso.

Art. 766. Sono applicabili all'indegno di ricevere per testamento le disposizioni degli articoli 726, 727, e del capoverso dell'art. 728.

Art. 767. I figli del testatore nati fuori di matrimonio, dei quali non è ammesso il riconoscimento legale, sono soltanto capaci di conseguire gli alimenti.

Art. 768. I figli naturali non legittimati, se vi sono discendenti o ascendenti legittimi del testatore, sono incapaci di ricevere per testamento più di quanto la legge attribuisce loro per successione intestata.

Art. 769. Il tutore non può mai trarre profitto dalle disposizioni testamentarie del suo amministrato, fatte prima dell'approvazione del conto definitivo, quantunque il testatore morisse dopo l'approvazione del conto.

Sono però efficaci le disposizioni fatte in favore del tutore che sia ascendente, discendente, fratello, sorella o coniuge del testatore.

Art. 770. Il binubo non può lasciare al nuovo coniuge una porzione maggiore di quella che abbia lasciato al meno favorito dei figli del precedente matrimonio.

Art. 771. Le istituzioni e i legati a favore del notaio o di altro ufficiale civile, militare, marittimo o consolare che ha ricevuto il testamento pubblico, ovvero di uno dei testimoni intervenuti al medesimo, non hanno effetto.

Art. 772. Sono parimente prive di effetto le istituzioni ed i legati a favore della persona che ha scritto il testamento segreto, salvo che la disposizione sia approvata di mano dello stesso testatore o nell'atto della consegna.

Art. 773. La disposizione testamentaria a vantaggio delle persone incapaci indicate negli articoli 767, 768, 769, 770, 771 e 772 è nulla, ancorché venga simulata sotto forma di un contratto oneroso, o sia fatta sotto nome d'interposta persona.

Sono riputate persone interposte il padre, la madre, i discendenti e il coniuge della persona incapace.

Sezione III

Della forma dei testamenti

§I - Dei testamenti ordinari

Art. 774. La legge riconosce due forme ordinarie di testamento: il testamento olografo e il testamento per atto di notaio.

Art. 775. Il testamento olografo deve essere scritto per intero, datato e sottoscritto di mano del testatore.

La data del testamento deve indicare il giorno, il mese e l'anno.

La sottoscrizione deve essere posta alla fine delle disposizioni.

Art. 776. Il testamento per atto di notaio è pubblico o segreto.

Art. 777. Il testamento pubblico è ricevuto da un notaio in presenza di quattro testimoni, o da due notai in presenza di due testimoni.

Art. 778. Il testatore dichiarerà al notaio in presenza dei testimoni la sua volontà, la quale sarà ridotta per iscritto per cura del notaio.

Il notaio darà lettura del testamento al testatore in presenza dei testimoni.

Sarà fatta espressa menzione dell'osservanza di tali formalità.

Art. 779. Il testamento deve esser sottoscritto dal testatore; se egli non sa o non può sottoscrivere, deve dichiarare la causa che glielo impedisce, e il notaio deve fare menzione di questa dichiarazione.

Art. 780. Il testamento deve pure essere sottoscritto dai testimoni e dal notaio.

Art. 781. Se il testamento è ricevuto da due notai, la dichiarazione di volontà sarà fatta ad ambi due e sarà ridotta in iscritto per cura di uno dei medesimi.

Il testamento deve essere sottoscritto dai testimoni e dai due notai.

Sono nel resto applicabili le disposizioni dei tre articoli precedenti.

Art. 782. Il testamento segreto può essere scritto dal testatore o da un terzo. Se è scritto dal testatore, deve anche essere sottoscritto da lui alla fine delle disposizioni: se è scritto in tutto o in parte da altri, deve inoltre essere sottoscritto dal testatore in ciascun mezzo foglio.

Art. 783. La carta in cui sono stese le disposizioni, o quella che serve d'involto, sarà sigillata con impronta qualunque in guisa che il testamento non si possa aprire né estrarre senza rottura od alterazione.

Il testatore in presenza di quattro testimoni la consegnerà al notaio così sigillata, o la farà sigillare nel modo sopra espresso in presenza del notaio e dei testimoni, e dichiarerà che in quella carta si contiene il suo testamento.

Sulla carta in cui è scritto o involto il testamento, per cura del notaio si scriverà l'atto di ricevimento, nel quale si indicheranno:

Il fatto della consegna e la dichiarazione del testatore;

Il numero e l'impronta dei sigilli;

L'assistenza dei testimoni a tutte le formalità sopraccennate.

L'atto sarà sottoscritto dal testatore, dai testimoni e dal notaio.

Ove il testatore non potesse per qualche impedimento sottoscrivere l'atto della consegna, si osserverà ciò che è stabilito dall'art. 779.

Tutto ciò sarà fatto di seguito e senza passare ad altri atti.

Art. 784. Il testatore che sa leggere ma non sa scrivere, o che non ha potuto porre la propria sottoscrizione quando fece scrivere le sue disposizioni, deve altresì dichiarare di averle lette, ed aggiungere la causa che gli ha impedito di sottoscriverle; di che si farà menzione nell'atto della consegna.

Art. 785. Coloro che non sanno o non possono leggere, non possono fare testamento segreto.

Art. 786. Il sordo-muto ed il muto possono testare o per testamento olografo o per testamento segreto ricevuto da notaio.

Facendo testamento segreto, devono in fronte all'atto della consegna scrivere in presenza dei testimoni e del notaio, che la carta presentata contiene il loro testamento, e se questo è stato scritto da un terzo, devono aggiungere di averlo letto.

Il notaio nell'atto della consegna esprimerà, che il testatore ha scritto le indicate parole alla presenza di lui e dei testimoni.

Nel resto si osserverà tutto ciò che è stabilito nell'art. 783.

Art. 787. Chi è privo interamente dell'udito, volendo fare testamento pubblico, oltre l'osservanza delle altre formalità richieste, deve leggere egli stesso l'atto testamentario; di che sarà fatta menzione nell'atto medesimo.

Ove il testatore sia incapace anche di leggere, devono intervenire cinque testimoni.

Se il testamento è ricevuto da due notai, bastano tre testimoni.

Art. 788. I testimoni nei testamenti devono essere maschi, maggiori di anni ventuno, cittadini del regno, o stranieri in esso residenti, e non aver perduto per condanna il godimento l'esercizio dei diritti civili.

Non sono testimoni idonei i praticanti e gli amanuensi del notaio che ha ricevuto il testamento.

§II - Di alcuni testamenti speciali

Art. 789. Nei luoghi in cui domini peste od altra malattia riputata contagiosa, è valido il testamento ricevuto in iscritto da un notaio o dal giudice o dal sindaco, o da chi ne fa le veci, o dal ministro del culto in presenza di due testimoni.

Il testamento sarà sempre sottoscritto da chi lo riceve e, se le circostanze lo permettono, dal testatore e dai testimoni: tuttavia è valido anche senza queste ultime sottoscrizioni, purché si faccia menzione della causa per cui non si è adempiuta tale formalità.

Possono in tali testamenti essere testimoni persone dell'uno e dell'altro sesso, purché maggiori di sedici anni.

Art. 790. Gli anzidetti testamenti diverranno nulli sei mesi dopo che abbia cessato di dominare la malattia nel luogo in cui trovassi il testatore, ovvero, sei mesi dopo che questi sia si trasferito in luogo immune dalla malattia.

Ove il testatore muoia nell'intervallo, il testamento sarà depositato, tosto ché sia possibile, nell'uffizio del registro del luogo ove è stato ricevuto.

Art. 791. I testamenti fatti sul mare durante un viaggio saranno ricevuti a bordo dei vascelli e d'altri bastimenti della marina militare dall'ufficiale comandante il bastimento ed insieme dal commissario di marina, ed in loro mancanza da quelli che ne fanno le veci.

A bordo dei bastimenti di commercio possono essere ricevuti dal *secondo* ed insieme dal capitano o patrone, e in loro mancanza da chi ne fa le veci.

In tutti i casi questi testamenti debbono riceversi alla presenza di due testimoni, maschi e maggiori di età.

Art. 792. Sui bastimenti della marina militare il testamento del capitano e quello del commissario di marina, e sui bastimenti di commercio, il testamento del capitano o patrone e del *secondo* possono essere ricevuti da quelli che loro succedono in ordine di servizio, osservato nel resto ciò che è stabilito nel precedente articolo.

Art. 793. Si farà sempre un doppio originale dei testamenti mentovati nei due precedenti articoli.

Art. 794. Il testamento fatto a bordo dei bastimenti della marina militare e di commercio deve essere sottoscritto dal testatore, dalle persone che l'hanno ricevuto e dai testimoni.

Se il testatore ovvero i testimoni non sanno o non possono sottoscrivere, si deve indicare il motivo che ha impedito la sottoscrizione.

Art. 795. I testamenti fatti durante il viaggio saranno conservati fra le carte più importanti di bordo, e sarà fatta menzione di essi sul giornale di bordo e sul ruolo d'equipaggio.

Art. 796. Se il bastimento approda ad un porto estero, in cui si trovi un regio agente diplomatico o consolare, coloro che hanno ricevuto il testamento, sono tenuti a consegnargli uno degli originali, e una copia dell'annotazione fatta sul giornale di bordo e sul ruolo d'equipaggio.

Al ritorno del bastimento nel regno, sia nel porto del disarmo, sia in qualunque altro, i due originali del testamento o quello che resta, nel caso che l'altro fosse stato depositato durante il viaggio, saranno consegnati all'autorità marittima locale insieme colla copia dell'annotazione anzidetta.

Della consegna ordinata nel presente articolo si rilascerà dichiarazione, di cui si farà cenno in margine all'annotazione scritta sul giornale e ruoli suddetti.

Art. 797. Gli agenti diplomatici e consolari e le autorità marittime locali devono stendere un processo verbale della consegna del testamento e trasmettere ogni cosa al ministero della marina, il quale ordinerà il deposito di uno degli originali nel suo archivio, e trasmetterà l'altro all'uffizio di registro del luogo del domicilio o dell'ultima residenza del testatore.

Art. 798. Il testamento fatto sul mare nella forma stabilita dagli articoli 791 e seguenti non avrà effetto, se non quando il testatore muoia sul mare o entro tre mesi dopo che sarà disceso in un luogo, in cui avrebbe potuto fare un nuovo testamento nelle forme ordinarie.

Art. 799. Il testamento dei militari e delle persone impiegate presso l'esercito può essere ricevuto da un maggiore, oda qualunque altro ufficiale di grado uguale o superiore, o da un intendente militare o commissario di guerra, in presenza di due testimoni aventi le qualità volute dall'art. 791; il testamento sarà ridotto in iscritto, osservando quanto alle sottoscrizioni, ciò che è stabilito dall'art. 794.

Il testamento dei militari appartenenti a corpi o posti staccati dall'esercito, può anche essere ricevuto dal capitano o da altro ufficiale subalterno che ne abbia il comando.

Art. 800. Se il testatore è ammalato o ferito, il testamento può anche essere ricevuto dall'ufficiale sanitario di servizio in presenza di due testimoni, nel modo stabilito dall'articolo precedente.

Art. 801. I testamenti di cui è cenno nei due articoli precedenti, devono essere al più presto trasmessi al quartier generale, e da questo al ministero della guerra, che ne ordinerà il deposito nell'uffizio di registro del luogo del domicilio o dell'ultima residenza del testatore.

Art. 802. Nella forma speciale stabilita dagli articoli 799 e 800, possono soltanto testare coloro, i quali sono in militare spedizione per causa di guerra, così in paese estero come nell'interno del regno, od acquartierati o di presidio fuori del regno, o prigionieri presso il nemico, o in una piazza o fortezza circondata dal nemico, od in altri luoghi dove siano interrotte le comunicazioni.

Art. 803. Il testamento fatto nella forma sopra stabilita diverrà nullo tre mesi dopo il ritorno del testatore in un luogo ove possa far testamento nelle forme ordinarie.

§III - Disposizione comune alle varie specie di testamenti

Art. 804. Le formalità stabilite negli articoli 775, 777, 778, 779, 780, 781, 782, 783, 784, 786, 787, 788, 789, 791, 793, 794, 799 e 800 devono osservarsi sotto pena di nullità.

Se però un testamento segreto ricevuto da notaio o da altro pubblico ufficiale autorizzato a riceverlo, non potesse valere come tale, varrà come testamento olografo, qualora ne abbia i requisiti.

Sezione IV
Della porzione di cui si può disporre per testamento

§I - Della porzione legittima dovuta ai discendenti ed agli ascendenti

Art. 805. Le liberalità per testamento non possono oltrepassare la metà dei beni del testatore, se questi morendo lascia figli, qualunque sia il numero dei medesimi.

L'altra metà è riservata a vantaggio dei figli, e forma la loro porzione legittima.

Art. 806. Sotto nome di figli sono compresi nell'articolo precedente i figli legittimi, i legittimati, gli adottivi e i loro discendenti.

I discendenti però non si contano che per quel figlio che rappresentano.

Art. 807. Se il testatore non lascia né figli né discendenti, ma ascendenti, non può disporre che dei due terzi dei beni.

La porzione legittima, ossia il terzo spetta al padre e alla madre per eguale porzione, ed in mancanza di uno dei genitori spetta interamente all'altro.

Non lasciando il testatore né padre, né madre, ma ascendenti nella linea paterna e materna, la porzione legittima spetta per metà agli uni e per metà agli altri, ove siano in grado eguale: ove siano in grado ineguale, spetta per intero ai prossimi dell'una o dell'altra linea.

Art. 808. La porzione legittima è quota di eredità: essa è dovuta ai figli, discendenti o ascendenti in piena proprietà e senza che il testatore possa imporvi alcun peso o condizione.

Art. 809. Il testatore che non lascia superstiti discendenti o ascendenti, può disporre di tutti i suoi beni a titolo universale o particolare.

Restano però salvi i diritti del coniuge superstite e dei figli naturali a norma del §II di questa sezione.

Art. 810. Quando il testatore dispone di un usufrutto o di una rendita vitalizia, il cui reddito eccede quello della porzione disponibile, gli eredi a vantaggio dei quali la legge riserva la porzione legittima, hanno la scelta o di eseguire tale disposizione, o di abbandonare la proprietà della porzione disponibile.

La stessa scelta spetta ai legittimari nel caso in cui si è disposto della nuda proprietà di una quota eccedente la porzione disponibile.

Art. 811. Il valore della piena proprietà dei beni alienati ad un legittimario a capitale perduto o con riserva di usufrutto, sarà imputato alla porzione disponibile, e l'eccedente sarà conferito alla massa.

Questa imputazione e questa collazione non possono essere domandate da quelli fra i legittimari che abbiano dato il loro assenso all'alienazione.

§II - Dei diritti del coniuge e dei figli naturali nelle successioni testamentarie

Art. 812. Il coniuge contro cui non sussista sentenza di separazione personale passata in giudicato, ha diritto sulla eredità dell'altro coniuge, nel caso che questo lasci figli legittimi o loro discendenti, all'usufrutto di una porzione uguale a quella che spetterebbe a ciascun figlio a titolo di legittima, comprendendo nel numero dei figli anche il coniuge.

Art. 813. Se il testatore non lascia discendenti ma ascendenti, la parte riservata al coniuge è il quarto in usufrutto.

Art. 814. La quota di usufrutto del coniuge è il terzo, quando il testatore non lascia né discendenti né ascendenti aventi diritto a legittima.

Art. 815. Quando il testatore lascia figli o ascendenti legittimi e figli naturali legalmente riconosciuti, questi ultimi hanno diritto alla metà della quota che loro sarebbe spettata se fossero legittimi.

Per il calcolo della porzione dovuta ai figli naturali fanno numero anche i figli legittimi, con facoltà a questi di soddisfarla nei modi stabiliti dall'art. 744.

Art. 816. Quando non vi sono discendenti né ascendenti legittimi, i figli naturali hanno diritto a due terzi della quota che loro sarebbe spettata se fossero legittimi.

Art. 817. I discendenti legittimi del figlio naturale premorto possono reclamare i diritti stabiliti a favore di lui negli articoli precedenti.

Art. 818. La porzione dovuta al coniuge ed ai figli natura linon porta diminuzione della legittima spettante ai discendenti legittimi od agli ascendenti, e forma così una detrazione della parte disponibile.

Art. 819. È in facoltà degli eredi di soddisfare alle ragioni del coniuge o mediante l'assicurazione di una rendita vitalizia, o mediante l'assegno dei frutti di beni immobili o capitali ereditari da determinarsi d'accordo, e altrimenti dall'autorità giudiziaria avuto riguardo alle circostanze del caso.

Sino a che il coniuge non sia soddisfatto delle sue ragioni, conserva i suoi diritti di usufrutto su tutti i beni ereditari.

Art. 820. Il coniuge superstite ed il figlio naturale, per le quote di usufrutto o di proprietà rispettivamente loro attribuite, godono degli stessi diritti e delle stesse garanzie di cui godono i legittimari riguardo alla legittima, salvo ciò che è stabilito dagli articoli

815 e 819. Ma sì il coniuge come il figlio naturale, oltre quanto sia loro lasciato per testamento, devono imputare alle rispettive quote, il primo tutto ciò che gli sia pervenuto per effetto delle convenzioni matrimoniali, il secondo tutto ciò che abbia ricevuto in vita dal genitore e che sia soggetto ad imputazione, a norma delle disposizioni contenute nella sezione IV del capo III di questo titolo.

§III - Della riduzione delle disposizioni testamentarie

Art. 821. Le disposizioni testamentarie, le quali eccedono la porzione disponibile, sono riducibili alla detta porzione al tempo in cui si apre la successione.

Art. 822. Per determinare la riduzione si forma una massa di tutti i beni del testatore al tempo della morte, detraendone i debiti.

Si riuniscono quindi fittiziamente i beni di cui è stato disposto a titolo di donazione, quanto ai beni mobili secondo il loro valore al tempo delle donazioni, e quanto ai beni immobili secondo il loro stato al tempo delle donazioni ed il loro valore al tempo della morte del donatore, e sull'asse così formato si calcola quale sia la porzione di cui il testatore ha potuto disporre, avuto riguardo alla qualità degli eredi aventi diritto a riserva.

Art. 823. Se il valore delle donazioni eccede o eguaglia la quota disponibile, tutte le disposizioni testamentarie sono senza effetto.

Art. 824. Se le disposizioni testamentarie eccedono la quota disponibile, o la porzione di questa quota, che resterebbe dopo detratto il valore delle donazioni, la riduzione si fa proporzionalmente senza alcuna distinzione fra gli eredi ed i legatari.

Art. 825. Ogni qualvolta però il testatore ha dichiarato di volere che una sua liberalità abbia effetto a preferenza delle altre, questa preferenza ha luogo, ed una tale disposizione non viene ridotta, se non in quanto il valore delle altre liberalità non fosse sufficiente a compire la porzione legittima.

Art. 826. Quando il legato soggetto a riduzione sia di un immobile, la riduzione si fa colla separazione di altrettanta parte dell'immobile medesimo, se questa può aver luogo comodamente.

Ove la separazione non possa farsi comodamente e il legatario abbia nell'immobile un'eccedenza maggiore del quarto della porzione disponibile, deve lasciare l'immobile per intero nell'eredità, salvo a lui il diritto di conseguire il valore della porzione disponibile. Se l'eccedenza è uguale al quarto o minore di esso, il legatario può ritenere tutto l'immobile, compensando in danaro coloro ai quali è riservata la porzione legittima.

Il legatario però che ha diritto alla legittima, può ritenere tutto l'immobile, purché il valore di esso non superi l'importo della porzione disponibile e della quota che gli spetta nella legittima.

Sezione V

Dell'istituzione di erede e dei legati

Art. 827. Le disposizioni testamentarie si possono fare a titolo di istituzione d'erede o di legato, o sotto qualsivoglia altra denominazione atta a manifestare la volontà del testatore.

Art. 828. Le disposizioni a titolo universale o particolare fondate sopra una causa espressa che risulti erronea, quando questa sia la sola che vi abbia determinato il testatore, non hanno alcun effetto.

§I - Delle persone e delle cose formanti l'oggetto della disposizione testamentaria

Art. 829. Non è ammessa alcuna prova che le disposizioni fatte in favore di persona dichiarata nel testamento, siano soltanto apparenti, e che realmente riguardino altra persona, non ostante qualunque espressione del testamento che la indicasse o potesse farla presumere.

Ciò non si applica al caso che l'istituzione o il legato vengano impugnati come fatti per interposta persona a favore d'incapaci.

Art. 830. È nulla ogni disposizione fatta a favore di persona che sia incerta in modo da non poter essere determinata.

Art. 831. Le disposizioni per l'anima o a favore dell'anima espresse genericamente sono nulle.

Art. 832. Le disposizioni a favore dei poveri, od altre simili espresse genericamente senza che sia determinato l'uso, l'opera pia o il pubblico istituto in cui favore siano fatte, o quando la persona incaricata dal testatore di determinarlo non possa o non voglia accettare l'incarico, s'intendono fatte in favore dei poveri del luogo del domicilio del testatore al tempo di sua morte, e sono devolute all'istituto locale di carità.

Art. 833. Sono nulle le disposizioni ordinate al fine di istituire o dotare benefizi semplici, cappellanie laicali od altre simili fondazioni.

Art. 834. È parimenti nulla ogni disposizione fatta a favore di persona incerta da nominarsi da un terzo.

Ma è valida la disposizione a titolo particolare in favore di persona da scegliersi da un terzo fra più persone determinate dal testatore od appartenenti a famiglie o corpi morali da lui determinati, ed è pur valida la disposizione a titolo particolare a favore di uno fra più corpi morali determinati parimente dal testatore.

Art. 835. È nulla la disposizione che lascia interamente all'arbitrio dell'erede o di un terzo di determinare la quantità del legato, eccettuati i legati fatti a titolo di rimunerazione per servizi prestati al testatore nell'ultima sua malattia.

Art. 836. Se la persona dell'erede o del legatario è stata erroneamente indicata, la disposizione ha il suo effetto, quando dal contesto del testamento, o da altri documenti o fatti costanti risulta quale persona il testatore abbia voluto nominare.

Lo stesso ha luogo qualora la cosa legata sia stata erroneamente indicata o descritta, ma sia certo di qual cosa il testatore abbia voluto disporre.

Art. 837. Il legato di cosa altrui è nullo, salvo che sia espresso nel testamento, che il testatore sapeva essere cosa altrui: nel qual caso è in facoltà dell'erede o di acquistare la cosa legata per rimetterla al legatario o di pagarne a questo il giusto prezzo.

Se però la cosa legata, quantunque d'altri al tempo del testamento, si trova in proprietà del testatore al tempo di sua morte, è valido il legato della medesima.

Art. 838. È valido indistintamente il legato di cosa appartenente all'erede od al legatario incaricato di darla ad un terzo.

Art. 839. Se al testatore, all'erede, od al legatario appartiene una parte della cosa legata od un diritto sulla medesima, il legato è valido soltanto relativamente a questa parte od a questo diritto, salvo che risulti della volontà del testatore di legare la cosa per intero, in conformità dell'art. 837.

Art. 840. È valido il legato di cosa mobile indeterminata di un genere o di una specie, benché nessuna di tal genere o specie ve ne fosse nel patrimonio del testatore al tempo del testamento, o nessuna se ne trovi al tempo della morte.

Art. 841. Quando il testatore ha lasciato come sua propria una cosa particolare o cadente sotto un certo genere od una certa specie, il legato non ha effetto, se la cosa non si trova nel patrimonio del testatore al tempo della sua morte.

Se la cosa si trova nel patrimonio del testatore al tempo della sua morte, ma non nella quantità determinata, il legato ha effetto per la quantità che vi si trova.

Art. 842. Il legato di cosa o di quantità da prendersi da certo luogo, ha soltanto effetto se la cosa vi si trova, e per la parte che ve ne sia nel luogo indicato dal testatore.

Art. 843. È nullo il legato di cosa che al tempo in cui fu fatto il testamento era già in proprietà del legatario.

Che se questi l'ha acquistata di poi dal testatore o da altri, ha diritto al prezzo, qualora concorrano le circostanze espresse nell'art. 837, e non ostante ciò che è stabilito dall'art. 892, salvo che la cosa in ambi due i casi fosse pervenuta al legatario a titolo meramente gratuito.

Art. 844. Il legato di un credito o di liberazione di un debito ha effetto per la sola parte che sussiste al tempo della morte del testatore.

L'erede è soltanto tenuto a rimettere al legatario i titoli del credito legato che si trovavano presso il testatore.

Art. 845. Se il testatore, senza fare menzione del suo debito, fa un legato al suo creditore, il legato non si presume fatto per pagare il legatario del suo credito.

Art. 846. Il legato d'alimenti comprende il vitto, il vestito, l'abitazione e le altre cose necessarie durante la vita del legatario, e può anche estendersi secondo le circostanze all'istruzione conveniente alla sua condizione.

Art. 847. Quando colui che ha legato la proprietà di un immobile, l'avesse accresciuta con acquisti posteriori, questi, ancorché contigui, non fanno parte del legato senza una nuova disposizione.

Ne fanno parte però gli abbellimenti, le nuove fabbriche nell'immobile legato e le ampliazioni al circuito di un recinto.

§II - Delle disposizioni condizionali o a termine

Art. 848. La disposizione a titolo universale o particolare può farsi anche sotto condizione.

Art. 849. Nel testamento si hanno per non apposte le condizioni impossibili e quelle contrarie alle leggi od al buon costume.

Art. 850. È contraria alla legge la condizione che impedisce tanto le prime nozze, quanto le ulteriori.

Il legatario però di un usufrutto od uso, di una abitazione o pensione, o d'altra prestazione periodica pel caso o pel tempo del celibato o della vedovanza, non può goderne che durante il celibato o la vedovanza.

Ha pure effetto la condizione di vedovanza apposta in qualunque disposizione testamentaria di un coniuge a favore dell'altro.

Art. 851. Si ha per non apposto ad una disposizione a titolo universale il giorno, dal quale debba la medesima cominciare o cessare.

Art. 852. È nulla la disposizione a titolo universale o particolare fatta dal testatore sotto la condizione che egli sia vicendevolmente avvantaggiato nel testamento del suo erede o legatario.

Art. 853. Ogni disposizione testamentaria fatta sotto una condizione sospensiva è priva d'effetto, se la persona a cui favore è fatta, muore prima che sia si verificata la condizione.

Art. 854. La condizione, la quale secondo la mente del testatore non fa che sospendere l'esecuzione della disposizione, non impedisce che l'erede o il legatario abbiano un diritto acquistato e trasmissibile ai propri eredi anche prima della verificata condizione.

Art. 855. Se il testatore ha lasciata l'eredità o il legato sotto obbligo all'erede o al legatario di non fare o non dare, l'erede o il legatario è tenuto a dare cauzione o altra sufficiente cautela per l'esecuzione di tale volontà a favore di quelli ai quali l'eredità o il legato dovrebbe devolversi in caso di non adempimento.

Art. 856. Se a taluno è lasciato un legato sotto condizione o dopo un certo tempo, chi è gravato del legato può essere costretto a darne cauzione od altra sufficiente cautela al legatari.

Art. 857. Se l'erede fu instituito sotto una condizione sospensiva, finché questa condizione si verifichi o sia certo che più non si possa verificare, sarà dato all'eredità un amministratore.

Lo stesso ha luogo nel caso in cui l'erede od il legatario non adempie l'obbligo della cauzione voluta dai due articoli precedenti.

Art. 858. L'amministrazione sarà affidata al coerede od ai coeredi instituiti senza condizione, quando tra essi e l'erede condizionale possa aver luogo il diritto d'accrescimento.

Art. 859. Se l'erede condizionale non ha coeredi, o tra esso ed i coeredi stessi non può aver luogo il diritto di accrescimento, l'amministrazione verrà affidata al presunto erede legittimo del testatore, salvo che l'autorità giudiziaria per giusti motivi creda conveniente di provvedere altrimenti.

Art. 860. Le disposizioni dei tre precedenti articoli hanno luogo anche nel caso in cui fosse chiamato a succedere un non concepito, figlio immediato di una determinata persona vivente, secondo l'articolo 764. Ove sia chiamato un concepito, l'amministrazione spetta al padre e in mancanza alla madre.

Art. 861. Agli amministratori mentovati nei precedenti articoli sono comuni i carichi e le facoltà dei curatori delle eredità giacenti.

§III - Degli effetti dei legati e del loro pagamento

Art. 862. Qualunque legato puro o semplice attribuisce dal giorno della morte del testatore il diritto al legatario, trasmissibile ai suoi eredi, di conseguire la cosa legata.

Art. 863. Il legatario, deve domandare all'erede il possesso della cosa legata.

Art. 864. Il legatario non può pretendere i frutti o gli interessi, che dal giorno della domanda giudiziale o dal giorno in cui la prestazione del legato fosse stata promessa.

Art. 865. Gli interessi od i frutti della cosa legata decorrono a vantaggio del legatario dal giorno della morte del testatore:

1° Quando il testatore lo abbia espressamente ordinato;

2° Quando il legato sia di un fondo o di un capitale o d'altra cosa fruttifera.

Art. 866. Se è stata legata una rendita vitalizia od una pensione, essa comincia a decorrere dal giorno della morte del testatore.

Art. 867. Nel legato di una determinata quantità da soddisfarsi a termini periodici, come in ciascun anno, in ciascun mese od in altro tempo, il primo termine comincia dalla morte del testatore, ed il legatario acquista il diritto a tutta la quantità dovuta pel termine incorso, ancorché fosse in vita soltanto al principio di esso.

Il legato però non può esigersi, se non dopo scaduto il termine. Si può tuttavia esigere al principio del termine il legato a titolo di alimenti.

Art. 868. Se fra più eredi non è stato dal testatore imposto particolarmente ad alcuno di soddisfare il legato, ciascuno è tenuto a soddisfarlo in proporzione della quota che gli spetta.

Art. 869. Se l'obbligo di pagare il legato è stato particolarmente imposto a taluno degli eredi, questo solo è tenuto a soddisfarlo.

Se è stata legata una cosa propria di un coerede, l'altro coerede o i coeredi sono tenuti a compensarlo del valore di essa con danaro o con fondi ereditari, in proporzione della loro quota ereditaria, quando non consti di una contraria volontà del testatore.

Art. 870. Nel legato di cosa indeterminata cadente sotto di un genere o di una specie, la scelta è dell'erede il quale non è obbligato di dare l'ottima, né può offrirla d'infima qualità.

Art. 871. Si osserva la stessa regola, se la scelta è lasciata all'arbitrio di un terzo.

Art. 872. Ricusando il terzo la scelta o non potendo farla per morte o per altro impedimento, essa viene fatta dall'autorità giudiziaria con la regola stessa.

Art. 873. Se la scelta della cosa è lasciata al legatario, questi può scegliere l'ottima fra quelle che si trovassero nell'eredità: non essendovene, la regola stabilita per la scelta da farsi dall'erede si applica a quella da farsi dal legatario.

Art. 874. Nel legato alternativo la scelta si presume lasciata all'erede.

Art. 875. Se l'erede o il legatario cui compete la scelta, non ha potuto farla, questo diritto si trasmette al suo erede.

La scelta fatta è irretrattabile.

Se delle cose appartenenti al genere od alla specie legata una sola ve ne è nel patrimonio del testatore, l'erede o il legatario non può pretenderne altra fuori del patrimonio, eccettuato il caso di espressa contraria disposizione.

Art. 876. La cosa legata sarà consegnata cogli accessori necessari, e nello stato in cui si trova nel giorno della morte del testatore.

Art. 877. Le spese necessarie per la prestazione del legato sono a carico dell'eredità, senza che possano diminuire la porzione riservata dalla legge.

Il pagamento della tassa di successione è a carico degli eredi, salvo il regresso di questi verso i legatari ove la cosa legata vi sia soggetta.

Art. 878. Se la cosa legata è gravata di un canone, di una rendita fondiaria, di una servitù o di altro carico inerente al fondo, il peso ne è sopportato dal legatario.

Se poi la cosa legata è vincolata per una rendita semplice, un censo od altro debito dell'eredità od anche di un terzo, l'erede è tenuto al pagamento delle annualità o degli interessi, e della somma principale secondo la natura del debito, quando il testatore non abbia diversamente disposto.

§IV - Del diritto di accrescimento fra i coeredi ed i collegatari

Art. 879. Se tra gli eredi instituiti alcuno è premorto al testatore, o rinunzia all'eredità, o è incapace, la sua porzione è devoluta al coerede o ai coeredi, qualora abbia luogo il diritto d'accrescimento, salvo ciò che è stabilito dall'art. 890.

Art. 880. Il diritto d'accrescimento ha luogo fra i coeredi, quando in uno stesso testamento e con una sola e stessa disposizione siano stati congiuntamente chiamati, senza che il testatore abbia fatta tra essi distribuzione di parti.

Art. 881. S'intende fatta distribuzione di parti soltanto nel caso, in cui il testatore ha espressamente indicata una quota per ciascuno. La semplice espressione – *per eguali parti, o ineguali porzioni* – non esclude il diritto d'accrescimento.

Art. 882. I coeredi ai quali in forza del diritto di accrescimento è devoluta la porzione dell'erede mancante, sottentrano negli obblighi e nei carichi a cui egli sarebbe sottoposto.

Art. 883. Ogniqualvolta non ha luogo il diritto di accrescimento, la porzione dell'erede mancante è devoluta agli eredi legittimi del testatore.

Questi sottentrano nei carichi e negli obblighi a cui era sottoposto l'erede mancante.

Art. 884. Quando alcuno de' legatari sia premorto al testatore, o rinunzi al legato, o ne sia incapace, o venga a mancare la condizione sotto la quale era chiamato, si fa pure luogo tra i medesimi al diritto d'accrescimento a norma degli articoli 880 e 881, e così pure quando una cosa sia stata nello stesso testamento legata a più persone, anche con separata disposizione.

Art. 885. Se a più persone è lasciato un usufrutto in modo che secondo le regole sopra stabilite vi sia fra loro il diritto di accrescimento, la porzione del mancante si accresce sempre ai superstiti, anche quando egli manchi dopo l'accettazione del legato.

Se non vi è diritto di accrescimento, la porzione del mancante si consolida con la proprietà.

Art. 886. Se fra i legatari non ha luogo il diritto di accrescimento, la porzione del mancante rimane a profitto dell'erede o del legatario personalmente gravato, o di tutti gli eredi ed in proporzione delle loro quote ereditarie quando ne sia gravata l'eredità.

Art. 887. La disposizione dell'art. 882 riguardo agli obblighi cui fosse sottoposto il coerede mancante, si estende anche al collegatario a cui favore si verifica il diritto di accrescimento, ed all'erede o al legatario a cui favore si rende caduco il legato.

§V - Della rivocazione e della inefficacia delle disposizioni testamentarie

Art. 888. Le disposizioni a titolo universale o particolare fatte da chi al tempo del testamento non aveva od ignorava di avere figli o discendenti, sono revocate di diritto per l'esistenza o la sopravvenienza di un figlio o discendente legittimo del testatore, benché postumo o legittimato o adottivo.

Lo stesso ha luogo ancorché il figlio fosse concepito al tempo del testamento, e trattandosi di figlio naturale legittimato, ancorché fosse già stato riconosciuto dal testatore prima del testamento e soltanto legittimato dopo.

La rivocazione non ha luogo qualora il testatore abbia provveduto al caso che esistessero o sopravvenissero figli o discendenti da essi.

Art. 889. Se i figli o discendenti sopravvenuti premuoiano al testatore, la disposizione ha il suo effetto.

Art. 890. Qualunque disposizione testamentaria è senza effetto, se quegli, in favore del quale è stata fatta, non è sopravvissuto al testatore o è incapace.

I discendenti però dell'erede o del legatario premorto od incapace sottentrano nell'eredità o nel legato nei casi, in cui sarebbe ammessa a loro favore la rappresentazione se si trattasse di successione intestata, eccetto ché il testatore abbia altrimenti disposto, ovvero si tratti di legato di usufrutto o di altro diritto di sua natura personale.

Art. 891. La disposizione testamentaria è caduca relativamente all'erede o al legatario che vi rinunzia.

Art. 892. Qualunque alienazione faccia il testatore del tutto o di parte della cosa legata, anche mediante vendita con patto di riscatto, revoca il legato riguardo a ciò che è stato alienato, ancorché l'alienazione sia nulla o la cosa ritorni in possesso del testatore.

Lo stesso avviene se il testatore ha trasformata la cosa legata in un'altra, in guisa che quella abbia perduta la precedente forma e la primitiva denominazione.

Art. 893. Il legato non ha effetto, se la cosa legata è interamente perita durante la vita del testatore: come neppure, se è perita dopo la morte di lui senza fatto o colpa dell'erede, benché questi sia stato costituito in mora a consegnarla, allorquando sarebbe egualmente perita presso il legatario.

Art. 894. Quando più cose siano alternativamente legate, sussiste il legato, ancorché ne rimanga una sola.

Sezione VI
Delle sostituzioni

Art. 895. Può all'erede instituito od al legatario sostituirsi un'altra persona, nel caso che alcuno di essi non possa o non voglia accettare l'eredità o il legato.

Possono sostituirsi più persone ad una sola ed una sola a più.

Art. 896. Se nella sostituzione è soltanto espresso uno dei due casi, che il primo chiamato non possa o che non voglia conseguire l'eredità o il legato, l'altro caso s'intende tacitamente incluso, purché non consti della volontà contraria del testatore.

Art. 897. I sostituti devono adempiere i pesi imposti a coloro ai quali sono sostituiti, purché non apparisca la volontà del testatore di limitare quei pesi alla persona dei primi chiamati.

Nondimeno le condizioni che riguardassero specialmente la persona dell'erede o del legatario, non si presumono ripetute a riguardo del sostituito, se ciò non è stato espressamente dichiarato.

Art. 898. Se tra più coeredi o legatari a parti disuguali è ordinata una sostituzione reciproca, la proporzione fissata nelle quote della prima disposizione si presume ripetuta anche nella sostituzione.

Se poi nella sostituzione insieme coi primi nominati è

chiamata un'altra persona, la porzione vacante appartiene in parti eguali a tutti i sostituiti.

Art. 899. Qualunque disposizione colla quale l'erede o il legatario è gravato con qualsivoglia espressione di conservare e restituire ad una terza persona, è sostituzione fedecommissaria.

Tale sostituzione è vietata.

Art. 900. La nullità della sostituzione fedecommissaria non reca pregiudizio alla validità dell'istituzione d'erede o del legato, a cui è aggiunta: ma sono prive di effetto tutte le sostituzioni anche di primo grado.

Art. 901. La disposizione, colla quale è lasciato l'usufrutto o altra annualità a più persone successivamente, ha soltanto effetto in favore dei primi chiamati a goderne alla morte del testatore.

Art. 902. Non è vietato di stabilire annualità da convertirsi in perpetuo o a tempo, in soccorsi all'indigenza, in premio alla virtù e al merito, od in altri oggetti di pubblica utilità, quantunque nella disposizione siano chiamate persone di una data qualità o di determinate famiglie.

Sezione VII
Degli esecutori testamentari

Art. 903. Il testatore può nominare uno o più esecutori testamentari.

Art. 904. Chi non può contrattare obbligazioni, non può essere esecutore testamentario.

Art. 905. Il minore non può essere esecutore testamentario, neppure coll'autorizzazione del padre, del tutore o del curatore.

Art. 906. Il testatore può concedere all'esecutore testamentario l'immediato possesso di tutti o di una parte soltanto dei suoi beni mobili, ma tale possesso non può oltrepassare un anno computabile dal giorno della sua morte.

Art. 907. L'erede può far cessare il detto possesso, offrendosi pronto a consegnare all'esecutore testamentario una quantità di danaro bastante al pagamento dei legati di beni mobili, o giustificando d'averli soddisfatti, od assicurandone il pagamento nei modi e tempi voluti dal testatore.

Art. 908. Gli esecutori testamentari faranno apporre i sigilli, quando fra gli eredi vi siano minori, interdetti o assenti od un corpo morale.

Faranno stendere l'inventario dei beni dell'eredità in presenza dell'erede presunto, o dopo averlo citato.

Non essendovi danaro bastante per soddisfare i legati, faranno istanza per la vendita dei mobili.

Vigileranno perché il testamento sia eseguito, ed in caso di controversia possono intervenire in giudizio per sostenerne la validità.

Spirato l'anno dalla morte del testatore, devono render conto della loro amministrazione.

Art. 909. Le attribuzioni dell'esecutore testamentario non passano ai suoi eredi.

Art. 910. Se vi sono più esecutori testamentari che hanno accettato, uno solo può agire in mancanza degli altri; ma sono tenuti in solido a render conto dei beni mobili loro affidati, purché il testatore non abbia diviso le loro funzioni e ciascuno di essi non sia si ristretto a quella che gli fu attribuita.

Art. 911. Le spese fatte dall'esecutore testamentario per l'inventario e il rendimento dei conti, e le altre indispensabili per l'esercizio delle sue funzioni sono a carico dell'eredità.

Sezione VIII
Del deposito dei testamenti olografi e dell'apertura e pubblicazione dei testamenti segreti

Art. 912. Il testamento olografo, sull'istanza di chiunque creda avervi interesse, sarà depositato presso un notaio del luogo in cui si è aperta la successione, alla presenza del pretore del mandamento e di due testimoni.

La carta in cui si contiene il testamento sarà vidimata in calce di ciascun mezzo foglio dai due testimoni, dal pretore e dal notaio.

Si stenderà nella forma degli atti pubblici processo verbale del deposito; nel quale il notaio descriverà lo stato del testamento trascrivendone esattamente il tenore, e farà pure menzione dell'apertura del testamento se fu presentato sigillato, e della vidimazione fattane da lui, dal pretore e dai testimoni.

Il processo verbale sarà sottoscritto dal richiedente, dai testimoni, dal pretore e dal notaio, e sarà al medesimo unita la carta che contiene il testamento, l'estratto dell'atto di morte del testatore o il provvedimento del tribunale in conformità dell'articolo 26.

Art. 913. Nel caso che il testamento olografo fosse stato dal testatore depositato presso un notaio, le formalità stabilite dall'articolo precedente saranno eseguite presso il notaio depositario.

Art. 914. Adempite le formalità stabilite dai due precedenti articoli, il testamento olografo avrà la sua esecuzione, salvi i provvedimenti conservativi che l'autorità giudiziaria davanti la quale fosse impugnato il testamento, o il pretore nell'atto del deposito, in via d'urgenza, credesse di dare a cautela degli interessati.

Art. 915. Il testamento ricevuto in forma segreta, sull'istanza di chiunque creda avervi interesse, sarà dal notaio aperto e pubblicato in presenza del pretore del mandamento di sua residenza e di due almeno dei testimoni intervenuti all'atto di consegna. Qualora questi non si trovassero, saranno chiamati due altri testimoni per riconoscere lo stato della scheda testamentaria e, se è possibile, le sottoscrizioni.

La carta che contiene il testamento, sarà vidimata in calce di ciascun mezzo foglio dai due testimoni, dal pretore e dal notaio che la conserverà insieme coll'atto di consegna.

Dell'apertura e della pubblicazione si stenderà processo verbale nella forma degli atti pubblici, nel quale il notaio descriverà lo stato del testamento, e farà menzione della vidimazione fattane da lui, dal pretore e dai testimoni.

Il processo verbale sarà sottoscritto dal richiedente, dai testimoni, dal pretore e dal notaio, e sarà al medesimo unito l'estratto o il provvedimento accennato nell'ultimo capoverso dell'articolo 912.

Sezione IX
Della rivocazione dei testamenti

Art. 916. Non si può in qualsiasi forma rinunziare alla libertà di rivocare o cangiare le disposizioni fatte per testamento: ogni clausola o condizione contraria non ha effetto.

Art. 917. I testamenti possono essere rivocati o in tutto o in parte con un testamento posteriore, o con un atto ricevuto da un notaio in presenza di quattro testimoni che lo sottoscrivano, in cui il testatore personalmente dichiari di rivocare o in tutto o in parte la disposizione anteriore.

Art. 918. Un testamento nullo non può avere l'effetto di atto notarile per rivocare i testamenti anteriori.

Art. 919. Le disposizioni rivocate nel modo espresso nell'art. 917 non si possono far rivivere, se con un nuovo testamento.

Art. 920. Il testamento posteriore che non revoca in modo espresso i precedenti, annulla in questi soltanto le disposizioni che si trovassero contrarie alle nuove o incompatibili con esse.

Art. 921. La rivocazione fatta con un testamento posteriore ha pieno effetto, ancorché questo nuovo atto resti senza esecuzione perché l'erede instituito od il legatario sia premorto, sia incapace o rinunzi all'eredità od al legato.

Art. 922. Il testamento segreto, ed anche il testamento olografo che fosse stato depositato, può in ogni tempo essere dal testatore ritirato dalle mani del notaio presso cui si trova.

Per cura del notaio si stenderà processo verbale della restituzione in presenza del testatore e di due testimoni, coll'intervento del pretore del mandamento; il pretore deve particolarmente accertarsi dell'identità della persona del testatore.

Il processo verbale di restituzione sarà sottoscritto dal testatore, dai testimoni, dal pretore e dal notaio; se il testatore non può sottoscrivere, se ne farà menzione.

Qualora il testamento fosse depositato in un pubblico archivio, il verbale sarà steso dall'ufficiale archivista con l'intervento del pretore del mandamento, e sottoscritto dal testatore, dai testimoni, dal pretore e dall'ufficiale medesimo.

Il processo verbale menzionato nelle precedenti disposizioni sarà conservato nelle forme stabilite dai regolamenti, e si apporrà nota dell'eseguita restituzione del testamento in margine o in calce dell'atto di consegna o di deposito.

Capo III
Disposizioni comuni alle successioni legittime e testamentarie

Sezione I
Dell'apertura della successione e della continuazione del possesso nell'erede

Art. 923. La successione si apre al momento della morte, nel luogo dell'ultimo domicilio del defunto.

Art. 924. Se fra due o più chiamati rispettivamente a succedersi è dubbio quale abbia pel primo cessato di vivere, chi sostiene la morte anteriore dell'uno o dell'altro, deve darmela prova; in mancanza di prova si presumono morti tutti ad un tempo, e non ha luogo trasmissione di diritto dall'uno all'altro.

Art. 925. Il possesso dei beni del defunto passa di diritto nella persona dell'erede, senza bisogno di materiale apprensione.

Art. 926. Se altri che pretenda aver diritto sopra i beni dell'eredità, ne prende possesso, gli eredi si hanno per i spogliati di fatto, e possono esercitare le azioni tutte che competono ai possessori legittimi.

Art. 927. I figli naturali, che hanno diritto ad una parte dell'eredità in concorso con figli legittimi, debbono chiederne a questi il possesso.

Art. 928. I casi e le formalità di apposizione e di rimozione dei sigilli sono determinati dal codice di procedura civile.

Sezione II
Dell'accettazione dell'eredità e della rinunzia alla medesima

§I - Dell'accettazione

Art. 929. L'eredità può essere accettata puramente e semplicemente, o col benefizio dell'inventario.

Art. 930. Le eredità devolute ai minori ed agli interdetti non si possono validamente accettare, che con le formalità stabilite nei titoli VIII e IX del libro primo di questo codice, e col benefizio dell'inventario.

Art. 931. I maggiori inabilitati non possono accettare se non col consenso del curatore e col benefizio dell'inventario.

Art. 932. Le eredità devolute ai corpi morali non possono essere accettate che coll'autorizzazione del governo da accordarsi nelle forme stabilite da leggi speciali.

Esse non possono essere accettate se non col benefizio dell'inventario secondo le forme stabilite dai rispettivi regolamenti.

Art. 933. L'effetto dell'accettazione risale al giorno in cui si è aperta la successione.

Sono però sempre salvi i diritti acquistati dai terzi per effetto di convenzioni a titolo oneroso fatte di buona fede coll'erede apparente. Se questi ha alienato in buona fede una cosa dell'eredità, è soltanto obbligato a restituire il prezzo ricevuto o a cedere la sua azione contro il compratore che non lo avesse ancora pagato.

L'erede apparente di buona fede non è tenuto alla restituzione dei frutti, se non dal giorno della domanda giudiziale.

Art. 934. L'accettazione può essere espressa o tacita.

È espressa quando si assume il titolo o la qualità di erede in un atto pubblico o in una scrittura privata.

È tacita quando l'erede fa un atto, che presuppone necessariamente la sua volontà di accettare l'eredità, e che non avrebbe il diritto di fare se non nella qualità di erede.

Art. 935. Gli atti semplicemente conservativi, di vigilanza e di amministrazione temporanea non importano accettazione di eredità, se con essi non sia si assunto il titolo o la qualità di erede.

Art. 936. La donazione, la vendita o la cessione che uno dei coeredi faccia de' suoi diritti di successione ad un estraneo, o a tutti i suoi coeredi o ad alcuno di essi, inducano dal suo canto l'accettazione dell'eredità.

Art. 937. Lo stesso ha luogo per la rinunzia fatta anche gratuitamente da uno degli eredi a vantaggio di uno o più de' suoi coeredi, come anche per quella fatta a profitto di tutti i suoi coeredi indistintamente quando per la rinunzia riceve un prezzo.

Art. 938. La rinunzia fatta da un coerede non induce accettazione di eredità, quando sia fatta gratuitamente a tutti quei coeredi legittimi o testamentari, ai quali sarebbe si devoluta la porzione del rinunziante in caso di sua mancanza.

Art. 939. Quello a cui favore si è aperta una successione, se muore senza averla accettata espressamente o tacitamente, trasmette ai suoi eredi il diritto di accettarla.

Art. 940. Se questi eredi non sono tra loro d'accordo per accettare o per rinunziare all'eredità, quello che accetta acquista solo tutti i diritti e soggiace a tutti i pesi dell'eredità, rimanendovi estraneo il rinunziante.

Art. 941. Gli eredi che hanno accettata l'eredità propria del trasmittente, possono tuttavia rinunziare all'eredità al medesimo devoluta ma non ancora da lui accettata: all'opposto la rinunzia dell'eredità propria del trasmittente in chiude quella dell'eredità al medesimo devoluta.

Art. 942. L'accettazione della eredità non si può impugnare, salvo che sia stata la conseguenza della violenza o del dolo.

Non si può neppure impugnare l'accettazione per causa di lesione.

Tuttavia, se viene a scoprirsi un testamento del quale non si aveva notizia al tempo dell'accettazione, l'erede non è tenuto a soddisfare ai legati scritti in esso, oltre il valore dell'eredità, salva la porzione legittima che gli sia dovuta.

Art. 943. La facoltà di accettare un'eredità non si prescrive che col decorso di trent'anni.

§II - Della rinunzia

Art. 944. La rinunzia ad una eredità non si presume.

Essa non può farsi che con una dichiarazione presso la cancelleria della pretura del mandamento in cui si è aperta la successione, sopra un registro tenuto all'uopo.

Art. 945. Chi rinunzia alla eredità è considerato come se non vi fosse mai stato chiamato.

La rinunzia però non lo esclude dal poter chiedere i legati a lui fatti.

Art. 946. Nelle successioni legittime la parte di colui che rinunzia, si accresce ai suoi coeredi; se è solo, la successione si devolve al grado susseguente.

Art. 947. Nessuno succede rappresentando un erede che abbia rinunziato: se il rinunziante è il solo erede nel suo grado o se tutti i coeredi rinunziano, sottentrano i figli per diritto proprio e succedono per capi.

Art. 948. Nelle successioni testamentarie la parte del rinunziante si devolve ai coeredi od agli eredi legittimi, come è stabilito negli articoli 880 e 883.

Art. 949. I creditori di colui che rinunzia ad un'eredità in pregiudizio dei loro diritti, possono farsi autorizzare giudizialmente ad accettarla in nome e luogo del loro debitore.

In questo caso la rinunzia è annullata non in favore dell'erede che ha rinunziato, ma solamente a vantaggio de' suoi creditori e per la concorrenza dei loro crediti.

Art. 950. Sino a che il diritto di accettare un'eredità non sia prescritto contro gli eredi che vi hanno rinunziato, questi possono ancora accettarla quando non sia già stata accettata da altri eredi, senza pregiudizio però delle ragioni acquistate da terzi sopra i beni dell'eredità, tanto in forza della prescrizione, quanto di atti validamente fatti col curatore dell'eredità giacente.

Art. 951. Se però un'erede testamentario o legittimo è chiamato in giudizio da chi ha interesse verso l'eredità per costringerlo a dichiarare, se accetti o rinunzi l'eredità stessa, l'autorità giudiziaria stabilirà un termine per tale dichiarazione; decorso questo termine, senza che sia si fatta la dichiarazione, l'eredità si intende ripudiata.

Art. 952. Non ostante ciò che è stabilito negli articoli precedenti, i chiamati all'eredità che si trovano nel possesso reale dei beni ereditari, perdono il diritto di rinunziarvi, decorsi tre mesi dall'apertura della successione o dalla notizia della devoluta eredità, se non si sono conformati alle disposizioni circa il benefizio dell'inventario, e sono riputati eredi puri e semplici, ancorché opponessero di possedere tali beni ad altro titolo.

Art. 953. Gli eredi che hanno sottratti o nascosti effetti spettanti all'eredità, decadono dalla facoltà di rinunziarvi, e restano eredi puri e semplici non ostante la loro rinunzia.

Art. 954. Non si può nemmeno nel contratto di matrimonio rinunziare all'eredità di una persona vivente, né alienare i diritti eventuali che si potrebbero avere a tale eredità.

§III - Del benefizio dell'inventario, dei suoi effetti e delle obbligazioni dell'erede beneficiato

Art. 955. La dichiarazione di un erede, che egli non intende di assumere questa qualità, se non col benefizio dell'inventario, debba esser fatta nella cancelleria della pretura del mandamento in cui si è aperta la successione, ed iscritta nel registro destinato a ricevere gli atti di rinunzia.

Tale dichiarazione entro un mese successivo sarà per cura del cancelliere trascritta all'uffizio delle ipoteche del luogo in cui si è aperta la successione, ed inserita per estratto nel giornale degli annunzi giudiziari.

Art. 956. L'erede può valersi del benefizio dell'inventario, non ostante qualunque divieto del testatore.

Art. 957. La dichiarazione suddetta non produce effetto se non è preceduta o susseguita dall'inventario dei beni dell'eredità nelle forme determinate dal codice di procedura civile e nei termini stabiliti in appresso.

Art. 958. Se tra più eredi taluno vuole accettare l'eredità col benefizio dell'inventario ed altri senza, l'eredità deve essere accettata col detto benefizio.

In questo caso basta che un solo faccia la dichiarazione.

Art. 959. L'erede che si trova nel possesso reale dell'eredità, deve fare l'inventario entro tre mesi dal giorno dell'aperta successione o della notizia della devoluta eredità. Ove entro questo termine lo abbia cominciato ma non possa compirlo, ricorrendo al pretore del luogo dell'aperta successione può ottenere una proroga che non ecceda però altri tre mesi, salvo che si rendesse necessario un termine maggiore per particolari gravi circostanze.

Art. 960. Ove l'erede non abbia nei tre mesi cominciato l'inventario, o, non lo abbia compito nel termine medesimo od in quello pel quale avesse ottenuto la proroga, si intende che abbia accettata puramente e semplicemente l'eredità.

Art. 961. Compiuto l'inventario, l'erede che non abbia ancora fatta la dichiarazione a norma dell'articolo 955, ha un termine di quaranta giorni da quello del compimento dell'inventario medesimo per deliberare sull'accettazione o rinunzia dell'eredità, trascorsi i quali senza che abbia deliberato, si ha per erede puro e semplice.

Art. 962. Qualora si tratti di erede il quale non sia nel possesso reale dell'eredità, né sia sì in essa ingerito, ove siano proposte istanze contro di lui, i termini sopra stabiliti per fare l'inventario e per deliberare non cominciano a decorrere che dal giorno, che sarà fissato dall'autorità giudiziaria.

Ove poi contro di lui non si propongano istanze, egli conserva sempre il diritto di fare l'inventario, finché il tempo per accettare non sia prescritto.

Art. 963. I minori, gli interdetti e gli inabilitati non s'intendono decaduti dal benefizio dell'inventario, se non al compimento dell'anno successivo alla loro maggiore età, od alla cessazione della interdizione o dell'inabilitazione, qualora entro tale termine non si siano conformati alle disposizioni del presente paragrafo.

Art. 964. Durante i termini concessi per fare l'inventario e per deliberare, colui che è chiamato alla successione, non è tenuto ad assumere la qualità di erede.

Egli è però considerato curatore di diritto dell'eredità, ed in tale qualità può essere chiamato in giudizio per rappresentarla e rispondere alle istanze contro la medesima proposte.

Ove non compaia, l'autorità giudiziaria nominerà un curatore all'eredità perché la rappresenti in tale giudizio.

Art. 965. Se si trovano nell'eredità oggetti, che non si possono conservare o la cui conservazione importa grave dispendio, l'erede può, durante i detti termini, farsi autorizzare a venderli nel modo che l'autorità giudiziaria stima più conveniente, senza che da ciò si possa indurre che egli abbia accettata l'eredità.

Art. 966. Se l'erede rinunzia all'eredità prima della scadenza dei termini sopra stabiliti o prorogati, le spese da lui fatte legittimamente fino alla rinunzia sono a carico dell'eredità.

Art. 967. L'erede, colpevole di avere scientemente e con mala fede omesso di descrivere nell'inventario qualche effetto appartenente all'eredità, decade dal benefizio dell'inventario.

Art. 968. L'effetto del benefizio dell'inventario consiste nel dare all'erede questi vantaggi:

Che non sia tenuto al pagamento dei debiti ereditari e dei legati oltre il valore dei beni a lui pervenuti, e possa liberarsi col cedere tutti i beni dell'eredità ai creditori ed ai legatari.

Che non siano confusi i suoi beni propri con quelli dell'eredità, e che gli sia conservato contro la medesima il diritto di ottenere il pagamento dei suoi crediti.

Art. 969. L'erede col benefizio d'inventario ha l'obbligo di amministrare i beni ereditari e di render conto della sua amministrazione ai creditori ed ai legatari.

Non può esser costretto al pagamento coi propri beni, che dopo essere stato posto in mora a presentare il suo conto, e quando non abbia ancora soddisfatto a questa obbligazione.

Dopo la liquidazione del conto non può essere astretto al pagamento co' suoi beni, che fino alla concorrenza delle somme di cui sia debitore.

Art. 970. L'erede con benefizio d'inventario non è obbligato che per le colpe gravi commesse nell'amministrazione di cui è incaricato.

Art. 971. I creditori e i legatari possono far assegnare un termine all'erede per il rendimento del conto.

Art. 972. L'erede a cui è dovuta la legittima, quantunque non abbia accettato col benefizio dell'inventario, può far ridurre le donazioni ed i legati fatti ai suoi coeredi.

Art. 973. L'erede decade dal benefizio dell'inventario, se vende i beni immobili dell'eredità senza l'autorizzazione giudiziale o senza le forme stabilite dal codice di procedura.

Art. 974. L'erede decade parimente dal benefizio dell'inventario, se vende i beni mobili dell'eredità senza l'autorizzazione giudiziale o senza osservare le forme stabilite dal codice di procedura civile, prima che siano decorsi cinque anni dalla dichiarazione di accettazione col benefizio dell'inventario: dopo questo termine può vendere i beni mobili senza alcuna formalità.

Art. 975. Se lo richiedono i creditori od altri aventi interesse, l'erede deve dare idonee cautele pel valore de' beni mobili compresi nell'inventario, per i frutti degli immobili e per il prezzo de' medesimi, che potesse sopravanzare al pagamento dei creditori ipotecari: quando non le dia, l'autorità giudiziaria provvederà per la sicurezza degli interessati.

Art. 976. Se all'erede sono notificate opposizioni per parte di un creditore o di altro interessato, egli non può pagare che secondo l'ordine ed il modo determinati dall'autorità giudiziaria.

Se non vi sono opposizioni, decorso un mese dalla trascrizione ed inserzione di cui è cenno nell'articolo 955, ovvero dal compimento dell'inventario quando la detta pubblicazione sia stata anteriore, l'erede paga i creditori ed i legatari a misura che si presentano, salvi però i loro diritti di poziorità.

Art. 977. I creditori non opponenti, i quali si presentano dopo esausto l'asse ereditario nel soddisfacimento degli altri creditori e dei legatari, hanno soltanto regresso contro i legatari.

Quest'azione si estingue col decorso di tre anni da computarsi dal giorno dell'ultimo pagamento.

Art. 978. Le spese dell'apposizione de' sigilli, dell'inventario e del conto sono a carico dell'eredità.

Art. 979. L'erede che ha sostenuto lite senza plausibile fondamento, deve essere condannato in proprio nelle spese.

§IV - Dell'eredità giacente

Art. 980. Quando l'erede non sia noto, o gli eredi testamentari o legittimi abbiano rinunziato, l'eredità si reputa giacente, e si provvede all'amministrazione o conservazione dei beni ereditari per mezzo di un curatore.

Art. 981. Il curatore è nominato dal pretore del mandamento in cui si è aperta la successione, sull'istanza delle persone interessate o anche d'uffizio.

Il decreto, col quale si nomina il curatore, sarà pubblicato per estratto a cura del cancelliere nel giornale degli annunzi giudiziari.

Art. 982. Il curatore è tenuto a far procedere all'inventario dell'eredità, ad esercitarne e promuoverne le ragioni, a rispondere alle istanze proposte contro la medesima, ad amministrarla, a versare nella cassa dei depositi giudiziari il danaro che vi si trovasse e si ritraesse dalla vendita dei mobili e degli immobili, e da ultimo a rendere conto della sua amministrazione.

Art. 983. Le disposizioni del §III di questa sezione, riguardanti l'inventario, il modo di amministrazione, e il rendimento dei conti per parte dell'erede con benefizio d'inventario, sono comuni ai curatori delle eredità giacenti.

Sezione III
Della divisione

Art. 984. Si può sempre domandare la divisione dell'eredità nonostante qualunque divieto del testatore.

Ciò non di meno, quando tutti gli eredi istituiti o alcuni di loro sono minori di età, il testatore può proibire la divisione dell'eredità tra i medesimi fino a che sia trascorso un anno dalla maggiore età dell'ultimo. L'autorità giudiziaria tuttavia, ove gravi ed urgenti circostanze lo richiedano, può permetterla.

Art. 985. Può domandarsi la divisione, quand'anche uno dei coeredi avesse goduto separatamente parte dei beni ereditari, salvo ché si provi che la divisione fu fatta o che vi ha un possesso sufficiente ad indurre la prescrizione.

Art. 986. Se fra i coeredi non si possa convenire per una divisione amichevole, si osservano le regole seguenti.

Art. 987. Ciascuno de' coeredi può chiedere in natura la sua parte de' beni mobili ed immobili dell'eredità. Nondimeno, se vi fossero creditori che avessero sequestrati i mobili o che vi si opponessero o se il maggior numero dei coeredi ne giudicasse necessaria la vendita per il pagamento dei debiti e pesi ereditari, i mobili saranno venduti ai pubblici incanti.

Art. 988. Se gli immobili non possono comodamente dividersi, se ne farà egualmente la vendita agli incanti giudiziali.

Quando però le parti siano tutte in età maggiore e vi consentano, gli incanti possono seguire avanti un notaio eletto di comune accordo ed anche tra i soli condividenti.

Art. 989. I patti e le condizioni della vendita, quando non si concordino dai condividenti, si stabiliranno dall'autorità giudiziaria.

Art. 990. Dopo la stima e la vendita, se ebbe luogo, dei mobili e degli immobili, l'autorità giudiziaria può, secondo le circostanze, rimettere le parti o avanti un giudice delegato, o avanti un notaio da esse eletto o nominato di uffizio, quando esse non si accordino nella scelta.

Avanti al giudice delegato od al notaio si procede ai conti che i condividenti si dovessero rendere, alla formazione dello stato attivo e passivo dell'eredità e alla determinazione delle rispettive porzioni ereditarie e dei conguagli o rimborsi che si debbano tra loro i condividenti.

Art. 991. Ciascuno dei coeredi, a norma delle regole stabilite in appresso, conferisce tutto ciò che gli è stato donato e le somme di cui è debitore.

Art. 992. Se la collazione non è fatta in natura, i coeredi ai quali è dovuta, prelevano una porzione eguale sulla massa ereditaria.

Questi prelevamenti, per quanto è possibile, si formano con oggetti della stessa natura, qualità e bontà di quelli che non sono stati conferiti in natura.

Art. 993. Fatti i prelevamenti, si procede sopra ciò che rimane in massa, alla formazione di tante parti eguali, quanti sono gli eredi o le stirpi condividenti.

Art. 994. Nella formazione e composizione delle parti si deve evitare, per quanto sia possibile, si smembrare i fondi e di recare danno colla divisione alla qualità delle coltivazioni, e fare in modo che entri possibilmente in ciascuna quota la medesima quantità di mobili, immobili, diritti o crediti di eguale natura e valore.

Art. 995. L'ineguaglianza in natura nelle quote ereditarie si compensa con un equivalente o in rendite o in denaro.

Art. 996. Le quote si formano da uno dei coeredi o da altra persona, se tutti concordano nella scelta e se colui che è stato eletto accetta la commissione: in caso contrario si formano da un perito nominato d'uffizio.

Le quote vengono in seguito estratte a sorte. Se però gli eredi non concorrono in parti eguali, l'autorità giudiziaria decide se si debba procedere per estrazione o per attribuzione in tutto o in parte.

Art. 997. Prima di procedere all'estrazione delle quote, ciascun condividente è ammesso a proporre i suoi reclami contro la formazione delle medesime.

Art. 998. Le norme stabilite per la divisione delle masse da ripartirsi si osservano egualmente nelle suddivisioni tra le stirpi condividenti.

Art. 999. Compita la divisione, si devono rimettere a ciascuno de' condividenti i documenti relativi ai beni e diritti particolarmente loro assegnati.

I documenti di una proprietà divisa rimangono a quello che ne ha la maggior parte, coll'obbligo però di comunicarli agli altri condividenti che vi abbiano interesse, ogni qualvolta ne venga richiesto.

I documenti comuni all'intera eredità si consegnano alla persona scelta a tal uopo da tutti gli eredi, la quale ha l'obbligo di comunicarli ai condividenti ad ogni loro domanda.

Se vi sia contrasto nella scelta, la persona verrà determinata dall'autorità giudiziaria.

Art. 1000. Nel rimanente e per quanto non sia provveduto nella presente sezione si osservano le norme stabilite nel titolo *Della comunione*.

Sezione IV
Della collazione e della imputazione

Art. 1001. Il figlio o discendente il quale venga alla successione, ancorché con benefizio d'inventario, insieme co' suoi fratelli o sorelle o loro discendenti, deve conferire ai suoi coeredi tutto ciò che ha ricevuto dal defunto per donazione sì direttamente come indirettamente, eccettuato il caso che il donante abbia altrimenti disposto.

Art. 1002. Ancorché il figlio o discendente fosse stato espressamente dispensato dall'obbligo di conferire, non può ritenere la donazione, se non fino alla concorrenza della quota disponibile; l'eccedente è soggetto a collazione.

Art. 1003. L'erede che rinunzia alla successione, può tuttavia ritenere la donazione o domandare il legato a lui fatto fino alla concorrenza della porzione disponibile; ma non può ritenere o conseguire nulla a titolo di legittima.

Art. 1004. Le donazioni fatte al discendente dell'erede sono sempre considerate come fatte colla dispensa dalla collazione.

L'ascendente che succede al donante, non è tenuto a conferirle.

Art. 1005. Parimente il discendente che succede per ragione propria al donante, non è tenuto a conferire le cose donate al suo ascendente, ancorché ne avesse accettata l'eredità.

Ma se egli succede per diritto di rappresentazione, deve conferire ciò che fu donato all'ascendente, anche nel caso in cui ne avesse rinunziata l'eredità.

Art. 1006. Le donazioni in favore del coniuge di un discendente sono riputate come fatte colla dispensa dalla collazione.

Se le donazioni sono state fatte congiuntamente a due coniugi, di cui uno solamente sia discendente dal donante, la sola porzione a questo donata è soggetta a collazione.

Art. 1007. È soggetto a collazione ciò che il defunto ha speso per la dote e il corredo nuziale delle discendenti, per costituire al discendente il patrimonio ecclesiastico, per procurargli qualunque uffizio o collocamento, o pagarne i debiti.

Se il dotante ha pagato la dote al marito senza le sufficienti cautele, la figlia dotata è soltanto obbligata a conferire l'azione verso il patrimonio del marito.

Art. 1008. Tutto ciò che è lasciato per testamento non è soggetto a collazione, salvo il caso di disposizione contraria, e salvo ciò che è stabilito nell'art. 1026.

Art. 1009. Non si debbono conferire le spese di mantenimento, di educazione, di istruzione e le ordinarie per abbigliamento, nozze e regali d'uso.

Art. 1010. Parimente non si conferiscono gli utili, che l'erede ha potuto conseguire da convenzioni fatte col defunto, purché queste non contenessero alcun indiretto vantaggio al momento che vennero fatte.

Art. 1011. Non è pure dovuta collazione alcuna in conseguenza delle società contratte senza frode tra il defunto ed alcuno de' suoi eredi, se le condizioni sono state regolate con un atto di data certa.

Art. 1012. L'immobile che è perito per caso fortuito e senza colpa del donatario non è soggetto a collazione.

Art. 1013. I frutti e gli interessi delle cose soggette a collazione non sono dovuti, che dal giorno in cui si è aperta la successione.

Art. 1014. La collazione è dovuta soltanto dal discendente coerede al suo coerede secondo l'art. 1001.

Essa non è dovuta né ad altri eredi, né ai legatari, né ai creditori ereditari, salvo che vi sia disposizione contraria del donante o testatore, e salvo ciò che è stabilito nell'art. 1026.

Il donatario perciò o il legatario della porzione disponibile, che sia insieme erede legittimario, può pretendere la collazione al solo effetto di stabilire la quota della sua legittima, e non mai per integrare la porzione disponibile.

Art. 1015. La collazione si fa o col presentare la cosa in natura o coll'imputarne il valore alla propria porzione, a scelta di chi conferisce.

Art. 1016. Quando il donatario d'un immobile lo ha alienato od ipotecato, la collazione si fa soltanto coll'imputazione.

Art. 1017. La collazione per imputazione si fa, avuto riguardo al valore dell'immobile, al tempo dell'aperta successione.

Art. 1018. In tutti i casi si deve dar credito al donatario delle spese colle quali ha migliorato la cosa, avuto riguardo al maggior valore di essa al tempo dell'aperta successione.

Art. 1019. Debbono egualmente computarsi a favore del donatario le spese necessarie che ha fatto per la conservazione della cosa, ancorché non l'abbia migliorata.

Art. 1020. Il donatario dal suo canto è obbligato per i guasti e deterioramenti, che per suo fatto o per sua colpa e negligenza abbiano diminuito il valore dell'immobile.

Art. 1021. Nel caso in cui l'immobile sia stato alienato dal donatario, i miglioramenti e deterioramenti fatti dall'acquirente debbono essere computati a norma dei tre articoli precedenti.

Art. 1022. Se la donazione fatta ad un discendente successibile con dispensa dalla collazione è di un immobile ed eccede la quota disponibile, il donatario deve conferire l'immobile in natura o può ritenerlo per intero, secondo le regole stabilite nell'art. 826.

Art. 1023. Il coerede conferendo un immobile in natura può ritenerne il possesso sino all'effettivo rimborso delle somme che gli sono dovute per spese e miglioramenti.

Art. 1024. La collazione de' mobili si fa soltanto per imputazione e sul ragguaglio del valore che avevano al tempo della donazione, giusta la stima annessa all'atto della medesima, ed in mancanza di tale stima a norma di quella che verrà fatta da periti.

Art. 1025. La collazione del danaro donato si fa col prendere una minore quantità del danaro che si trova nell'eredità.

Ove tale danaro non basti, il donatario può esimersi dal conferire altro danaro cedendo sino alla concorrente quantità l'equivalente in mobili, ed in mancanza di questi, in immobili ereditari.

Art. 1026. Non ostante le disposizioni degli articoli 1008 e 1014, il donatario o legatario avente diritto ad una porzione legittima, il quale domandi la riduzione delle liberalità fatte a favore di un donatario, di un coerede o di un legatario, anche estraneo, come eccedenti la porzione disponibile, deve imputare alla sua porzione legittima le donazioni e i legati a lui fatti, salvo che ne sia stato espressamente dispensato.

La dispensa però non ha effetto a danno dei donatari anteriori.

Ogni altra cosa che secondo le regole sopra stabilite è esente dalla collazione, è pure esente dall'imputazione.

Sezione V
Del pagamento dei debiti

Art. 1027. I coeredi contribuiscono tra essi al pagamento dei debiti e pesi ereditari in proporzione delle loro quote ereditarie, salvo ché il testatore abbia altrimenti determinato.

Art. 1028. Ciascun coerede, quando i beni immobili di una eredità sono gravati con ipoteca da una prestazione di rendita redimibile, può esigere che gli immobili ne siano affrancati e resi liberi prima che si proceda alla formazione delle quote ereditarie: se i coeredi dividono l'eredità nello stato in cui si trova, il fondo gravato deve stimarsi colle medesime norme, con cui si stimano gli altri beni immobili, detratto dal valore del fondo il capitale corrispondente alla prestazione.

Il solo erede nella cui quota cade questo fondo, è incaricato della prestazione medesima, coll'obbligo di guarantire i coeredi.

Art. 1029. Gli eredi sono tenuti ai debiti e pesi ereditari personalmente in proporzione della loro quota, ed ipotecaria mente per l'intero, salvo il loro regresso, se vi ha luogo, contro i coeredi in ragione della parte per cui essi debbono contribuire.

Art. 1030. Il coerede, che in forza dell'ipoteca abbia pagato un debito comune oltre la sua parte, non ha regresso contro gli altri coeredi, fuorché per quella parte che ciascuno di essi deve personalmente sostenere, quantunque il coerede che ha pagato il debito, si fosse fatto surrogare nei diritti dei creditori. Il coerede conserva per altro la facoltà di richiedere il pagamento del credito a lui personale, non altrimenti che qualunque altro creditore, detratta la parte che deve sopportare come coerede.

Art. 1031. In caso di non solvenza di un coerede, la sua quota del debito ipotecario è ripartita in proporzione sopra tutti gli altri.

Art. 1032. I creditori dell'eredità ed i legatari possono domandare la separazione del patrimonio del defunto dal patrimonio dell'erede, a norma delle disposizioni contenute nel titolo XXIV di questo libro.

Art. 1033. Il legatario non è tenuto a pagare i debiti ereditari, salva però ai creditori l'azione ipotecaria sul fondo legato e salvo altresì il diritto di separazione; ma il legatario che ha estinto il debito di cui era gravato il fondo legato, sottentra nelle ragioni del creditore contro gli eredi.

Sezione VI
Degli effetti della divisione e della garantia delle quote

Art. 1034. Ciascun coerede è riputato solo ed immediato successore in tutti i beni componenti la sua quota o a lui pervenuti per incanti fra i coeredi, e si ritiene che non abbia mai avuto la proprietà degli altri beni ereditari.

Art. 1035. I coeredi si debbono vicendevole garantita per le sole molestie ed evizioni procedenti da causa anteriore alla divisione.

La garantita non ha luogo, se la qualità della evizione sofferta è stata eccettuata con una clausola particolare ed espressa nell'atto di divisione, o se il coerede soffre l'evizione per propria colpa.

Art. 1036. Ciascun coerede è personalmente obbligato in proporzione della sua quota ereditaria a tenere indenne il suo coerede della perdita cagionata dalla evizione.

Se uno dei coeredi non è solvente, la parte per cui è obbligato, debba essere egualmente ripartita tra la persona guarantita e tutti i coeredi solventi.

Art. 1037. La garantita della solvenza del debitore di una rendita non dura oltre i cinque anni successivi alla divisione.

Non vi è luogo a garantita per la non solvenza del debitore, se questa è sopravvenuta soltanto dopo che venne fatta la divisione.

Sezione VII
Della rescissione in materia di divisione

Art. 1038. Le divisioni possono rescindersi per causa di violenza o di dolo.

Può altresì aver luogo la rescissione quando uno dei coeredi provi di essere stato leso nella divisione oltre il quarto. La semplice omissione di un oggetto dell'eredità non dà luogo all'azione di rescissione, ma soltanto ad un supplemento alla divisione.

Art. 1039. L'azione di rescissione si ammette contro qualunque atto, che abbia per oggetto di far cessare tra i coeredi la comunione degli effetti ereditari, ancorché fosse qualificato con titoli di vendita, di permuta, di transazione, od in qualunque altra maniera.

Ma, dopo la divisione o dopo l'atto fatto in luogo della medesima, l'azione di rescissione non è più ammessa contro la transazione fatta sopra le difficoltà reali che presentava il primo atto, ancorché non fosse cominciata alcuna lite sopra tale oggetto.

Art. 1040. La detta azione non è ammessa contro la vendita del diritto ereditario fatta senza frode ad uno dei coeredi, a suo rischio e pericolo, dagli altri coeredi o da uno di essi.

Art. 1041. Per conoscere se vi sia stata lesione, si fa eseguire la stima degli oggetti secondo il loro stato o valore al tempo della divisione.

Art. 1042. Quello contro cui è promossa l'azione di rescissione, può troncare il corso alla medesima ed impedire una nuova divisione, dando all'attore il supplemento della sua porzione ereditaria in danaro o in natura.

Art. 1043. Il coerede che ha alienato la sua porzione od una parte di essa, non è più ammesso a proporre l'azione di rescissione per dolo o violenza, se l'alienazione è seguita dopoché gli fu palese il dolo, o cessò la violenza.

Sezione VIII
Della divisione fatta dal padre, dalla madre o da altri ascendenti fra i loro discendenti

Art. 1044. Il padre, la madre e gli altri ascendenti possono dividere e distribuire i loro beni tra i loro figli e discendenti, comprendendo nella divisione anche la parte non disponibile.

Art. 1045. Queste divisioni possono farsi per atto tra vivi, o per testamento colle stesse formalità, condizioni e regole stabilite per le donazioni e per i testamenti.

Le divisioni fatte per atto tra vivi non possono comprendere che i beni presenti.

Art. 1046. Se nella divisione non sono stati compresi tutti i beni lasciati dall'ascendente al tempo della sua morte, i beni non compresi sono divisi in conformità della legge.

Art. 1047. È interamente nulla la divisione, nella quale non siano stati compresi tutti i figli che saranno chiamati alla successione e i discendenti dei figli premorti.

In questo caso tanto i figli o discendenti che non vi ebbero parte, quanto quelli che vi ebbero parte, possono promuoverne una nuova.

Art. 1048. La divisione fatta dall'ascendente può essere impugnata, se dalla medesima o dalle altre disposizioni fatte dall'ascendente risulta che sia leso nella porzione legittima alcuno di quelli, fra i quali sono stati divisi i beni. Se la divisione è fatta per atto tra vivi, può altresì essere impugnata per lesione oltre il quarto a norma dell'articolo 1038.

Art. 1049. Il figlio che per alcuna delle cause espresse nel precedente articolo impugna la divisione fatta dall'ascendente, deve anticipare le spese della stima, e soccombendo nel giudizio definitivo, sarà condannato nelle spese medesime e in quelle della lite.

TITOLO III
DELLE DONAZIONI

Art. 1050. La donazione è un atto di spontanea liberalità, col quale il donante si spoglia attualmente ed irrevocabilmente della cosa donata in favore del donatario che l'accetta.

Art. 1051. È donazione anche la liberalità fatta per riconoscenza, o in considerazione dei meriti del donatario, o per i speciale rimunerazione, e quella pure per cui s'imponga qualche peso al donatario.

Capo I
Della capacità di disporre e di ricevere per donazione

Art. 1052. Non può donare:

Chi non può far testamento;

L'inabilitato dal giorno in cui fu promosso il giudizio d'inabilitazione ed il minore sebbene emancipato, salve le disposizioni particolari relative al contratto di matrimonio.

Art. 1053. Non possono ricevere per donazione, neppure sotto il nome di interposte persone, gl'incapaci di ricevere per testamento nei casi e nei modi stabiliti nel capo *Delle successioni testamentarie*.

Art. 1054. I coniugi non possono durante il matrimonio farsi l'uno all'altro alcuna liberalità, salvo negli atti di ultima volontà nelle forme e secondo le regole stabilite per tali atti.

Art. 1055. Qualunque donazione a vantaggio di una persona incapace è nulla, ancorché fatta sotto apparenza di contratto oneroso.

Capo II
Della forma e degli effetti delle donazioni

Art. 1056. Tutti gli atti di donazione debbono essere fatti per atto pubblico, altrimenti sono nulli.

Art. 1057. La donazione non obbliga il donante, e non produce effetto, se non dal giorno in cui viene accettata.

L'accettazione può essere fatta nell'atto stesso, o con atto pubblico posteriore, prima però della morte del donante; ma in quest'ultimo caso la donazione non ha effetto, se non dal giorno in cui è notificato al donante l'atto di accettazione.

Art. 1058. Se il donatario è in età maggiore, l'accettazione deve essere fatta da lui, o in suo nome da persona munita di procura per atto autentico esprimente la facoltà di accettare la fattagli donazione o la facoltà in generale di accettare donazioni.

Art. 1059. La donazione fatta ad un minore non emancipato o ad un interdetto sarà accettata dal padre o dal tutore.

La madre benché sia ancora in vita il padre, e gli altri ascendenti benché siano ancora in vita i genitori, possono accettare la donazione fatta al minore e all'interdetto, quantunque non ne siano tutori; ma in tali casi è necessaria l'autorizzazione del tribunale civile.

Lo stesso ha luogo quando la donazione sia fatta dal padre o dal tutore, con facoltà in ogni caso al tribunale di nominare per tale accettazione qualunque altra persona.

Le donazioni in favore dei nascituri da una determinata persona vivente possono essere negli stessi modi accettate dal padre, dalla madre, dall'avo o da qualunque altro degli ascendenti.

Il minore emancipato ed il maggiore inabilitato può accettare la donazione col consenso del curatore.

Art. 1060. Le donazioni fatte ai corpi morali non possono essere accettate, se non coll'autorizzazione del governo menzionata nell'articolo 932.

Art. 1061. Se l'accettazione non è fatta nei modi stabiliti negli articoli precedenti, la nullità della donazione può essere opposta anche dal donante, dai suoi eredi od aventi causa.

Art. 1062. La donazione debitamente accettata è perfetta tra le parti, e la proprietà degli effetti donati s'intende trasferita nel donatario senza necessità di tradizione.

Le donazioni fatte in riguardo di un determinato futuro matrimonio, sia dagli sposi tra loro, sia da altri a favore degli sposi o della prole nascitura dai medesimi, non possono essere impugnate per mancanza di accettazione.

Art. 1063. I minori, gli interdetti, e qualsivoglia altro donatario non sono restituiti in intero per la mancanza di accettazione delle donazioni, salvo il regresso contro chi aveva l'obbligo dell'accettazione.

Art. 1064. La donazione non può comprendere che i beni presenti del donante; se comprende beni futuri, è nulla riguardo a questi.

Art. 1065. È nulla qualunque donazione fatta sotto condizioni impossibili o contrarie alla legge ed al buon costume.

Art. 1066. È nulla qualunque donazione fatta sotto condizioni, la cui esecuzione dipenda dalla sola volontà del donante.

Art. 1067. È parimente nulla se è stata fatta sotto la condizione di soddisfare ad altri debiti o pesi fuori di quelli che esistevano al tempo della donazione, o specificamente designati nella medesima.

Art. 1068. Qualunque donazione fatta in riguardo di futuro matrimonio è senza effetto, se il matrimonio non segue.

Lo stesso ha luogo se il matrimonio è annullato; ma la donazione in quanto riguarda i figli rimane efficace nei casi espressi nell'art. 116, e sono pur salvi i diritti acquistati dai terzi nel tempo intermedio.

Art. 1069. Quando il donante si è riservata la facoltà di disporre di qualche oggetto compreso nella donazione o di una determinata somma sui beni donati, e muore senza averne disposto, un tale oggetto od una tale somma appartiene agli eredi del donante, non ostante qualunque clausola o stipulazione in contrario.

Art. 1070. Qualunque donazione di cose mobili non è valida, che per quelle specificate con indicazione del loro valore nell'atto stesso della donazione, ovvero in una nota a parte sottoscritta dal donante, dal notaio, e dal donatario o da chi accetta per esso se interviene all'atto: la nota sarà unita all'originale della donazione.

Art. 1071. Il donante può stipulare la riversibilità degli effetti donati, tanto nel caso che avesse a premorire il solo donatario, quanto nel caso che avessero a premorire il donatario ed i suoi discendenti.

A questo diritto non si fa luogo che a benefizio del solo donante.

Art. 1072. Il diritto di riversibilità produce l'effetto di sciogliere tutte le alienazioni dei beni donati, e di farli ritornare al donante liberi ed esenti da ogni peso ed ipoteca, ad eccezione dell'ipoteca della dote, dei lucri dotali e delle convenzioni matrimoniali, quando gli altri beni del coniuge donatario non bastino, e nel caso soltanto in cui la donazione gli fosse stata fatta collo stesso contratto matrimoniale, da cui risultano tali diritti ed ipoteche.

Art. 1073. Nelle donazioni non sono permesse le sostituzioni, se non nei casi e ne' limiti stabiliti per gli atti di ultima volontà.

La nullità delle sostituzioni non nuoce alla validità della donazione.

Art. 1074. È permesso al donante di riservare a suo vantaggio e dopo di lui anche a vantaggio di uno o più altri, non però successivamente, l'uso o l'usufrutto dei beni donati tanto mobili quanto immobili.

Art. 1075. È nulla la donazione che ha per oggetto d'istituire o dotare benefizi semplici, cappellanie laicali od altre simili fondazioni.

Art. 1076. Se la donazione di cose mobili è stata fatta con riserva d'usufrutto, questo cessando, il donatario è tenuto a ricevere gli effetti donati che si trovassero in natura nello stato in cui saranno, ed ha azione contro il donante o i suoi eredi per gli effetti non più sussistenti sino alla concorrenza del valore ad essi attribuito nell'atto della donazione, eccetto che siano periti per solo caso fortuito.

Art. 1077. Il donante non è tenuto a garantìa verso il donatario per l'evizione che questi soffra delle cose donate.

Questa regola però, oltre il caso espresso nell'art. 1396, cessa:

1° Quando il donante abbia espressamente promesso la garantìa;

2° Quando l'evizione dipenda dal dolo o dal fatto personale del donante;

3° Quando trattasi di donazione che imponga oneri al donatario, nel qual caso la garantìa è dovuta soltanto sino a concorrenza dell'importare degli oneri.

Capo III
Della rivocazione delle donazioni

Art. 1078. La donazione può rivocarsi per effetto della condizione risolutiva, per causa d'ingratitudine e per sopravvenienza di figli.

Art. 1079. Verificandosi la condizione risolutiva apposta alla donazione, i beni donati ritornano in potere del donante liberi da qualsiasi carico e da qualunque ipoteca imposta dal donatario, e il donante ha contro i terzi detentori degli immobili donati tutti i diritti che avrebbe contro il donatario medesimo.

Art. 1080. Se la condizione risolutiva, espressa o tacita, si verifica per causa d'inadempimento dei pesi imposti al donatario, il donante può proporre la domanda di rivocazione della donazione, senza pregiudizio però dei terzi che hanno acquistati diritti sugli immobili anteriormente alla trascrizione della domanda.

Art. 1081. La rivocazione per causa d'ingratitudine non può essere proposta che nei seguenti casi:

Se il donatario abbia attentato alla vita del donante;

Se sia si reso colpevole verso di lui di altro crimine, sevizie od ingiurie gravi;

Se gli neghi indebitamente gli alimenti.

Art. 1082. La domanda di rivocazione per ingratitudine deve essere proposta entro l'anno dal giorno del fatto che vi dà luogo o dal giorno in cui il donante ha potuto averne notizia.

Tale domanda non può proporsi dal donante contro gli eredi del donatario né dagli eredi del donante contro il donatario, eccetto che l'azione in quest'ultimo caso sia stata promossa dallo stesso donante od egli fosse mancato di vita entro l'anno dal fatto avvenuto.

Art. 1083. Le donazioni fatte da persone che non avevano figli o discendenti legittimi viventi al tempo della donazione, possono essere rivocate per la sopravvenienza di un figlio legittimo del donante, benché postumo, che sia nato vivo e vitale, o per la legittimazione di un figlio naturale per susseguente matrimonio, quando però sia nato dopo la donazione.

Ove si tratti di donazioni reciproche, la rivocazione della donazione per la sopravvenienza di prole ad uno dei donanti produce anche la rivocazione della donazione fatta dall'altro.

Art. 1084. Qualunque clausola o convenzione, con cui il donante avesse rinunziato al diritto di rivocare la donazione per la sopravvenienza di figli, è nulla.

Art. 1085. La rivocazione può essere domandata ancorché il figlio del donante fosse già concepito al tempo della donazione.

Art. 1086. La donazione può essere rivocata, anche nel caso in cui il donatario sia entrato in possesso dei beni donati, ed il donante lo abbia lasciato continuare nel possesso dopo la sopravvenienza del figlio; ma il donatario non è tenuto a restituire i frutti raccolti, di qualunque natura essi siano, se non dal giorno della domanda giudiziale.

Art. 1087. Sono eccettuate dalle disposizioni precedenti, e rimangono irrevocabili tanto per causa di ingratitudine, quanto per sopravvenienza di figli, le donazioni puramente rimuneratorie e quelle fatte in riguardo di un determinato matrimonio, salvo però ai figli del donante il diritto di chiederne la riduzione in quanto eccedono la porzione disponibile.

Art. 1088. La rivocazione per ingratitudine o per sopravvenienza di figli non pregiudica ai terzi che hanno acquistati diritti sugli immobili anteriormente alla trascrizione della domanda.

Art. 1089. Rivocata la donazione, il donatario deve restituire il valore delle cose alienate, avuto riguardo al tempo della domanda, insieme coi frutti dal giorno della medesima.

Art. 1090. L'azione di rivocazione per sopravvenienza di figli al donante si prescrive col decorso di cinque anni computabili dal giorno della nascita dell'ultimo figlio.

Il donante non può proporre la detta azione dopo la morte dei figli e loro discendenti.

Capo IV
Della riduzione delle donazioni

Art. 1091. Le donazioni di qualunque natura, fatte per qualsiasi causa ed in favore di qualsiasi persona, vanno soggette a riduzione, se al tempo della morte del donante si riconoscono eccedenti la porzione dei beni di cui può disporre lo stesso donante secondo le norme stabilite nel capo II del titolo II di questo libro.

Le regole stabilite nell'articolo 810 e negli articoli 821 e seguenti per la riduzione delle disposizioni testamentarie si osservano anche per la riduzione delle donazioni.

Art. 1092. La riduzione delle donazioni non può essere domandata che da quelli, a vantaggio dei quali la legge riserva la legittima od altra quota di successione, e dai loro eredi o aventi causa. Essi non possono rinunziare a questo diritto durante la vita del donante né con dichiarazione espressa né col prestare il loro assenso alla donazione. I donatari, i legatari e i creditori del defunto non possono domandare la riduzione né approfittarne.

Art. 1093. Non si fa luogo alla riduzione delle donazioni, se non dopo che sia esausto il valore dei beni di cui fu disposto per testamento: qualora sia luogo a questa riduzione, essa si fa cominciando dall'ultima donazione e così successivamente risalendo dalle ultime alle anteriori.

Art. 1094. Il donatario deve restituire i frutti di ciò che eccede la porzione disponibile dal giorno della morte del donante, quando sia giudizialmente domandata la riduzione entro l'anno, ed in mancanza dal giorno della domanda.

Art. 1095. Gli immobili da ricuperarsi in conseguenza della riduzione saranno liberi da ogni debito ed ipoteca contratta dal donatario.

Art. 1096. L'azione per la riduzione e per la rivendicazione può promuoversi dagli eredi contro i terzi detentori degli immobili formanti parte delle donazioni ed alienati dai donatari, nel modo e nell'ordine stesso con cui potrebbe essere promossa contro i donatari medesimi e premessa l'escussione dei loro beni. Quest'azione deve promuoversi secondo l'ordine di data delle alienazioni, cominciando dall'ultima.

TITOLO IV
DELLE OBBLIGAZIONI E DEI CONTRATTI IN GENERE

Capo I
Delle cause delle obbligazioni

Art. 1097. Le obbligazioni derivano dalla legge, da contratto o quasi-contratto, da delitto o quasi-delitto.

Sezione I
Dei contratti

§I Disposizioni preliminari

Art. 1098. Il contratto è l'accordo di due o più persone per costituire, regolare o sciogliere fra loro un vincolo giuridico.

Art. 1099. Il contratto è bilaterale, quando i contraenti si obbligano reciprocamente gli uni verso gli altri.

Art. 1100. Il contratto è unilaterale, quando una o più persone si obbligano verso una o più persone, senza che queste ultime incontrino alcuna obbligazione.

Art. 1101. È a titolo oneroso quel contratto nel quale ciascuno dei contraenti intende, mediante equivalente, procurarsi un vantaggio; a titolo gratuito o di beneficenza quello in cui uno dei contraenti intende procurare un vantaggio all'altro senza equivalente.

Art. 1102. È contratto di sorte o aleatorio, quando per ambedue i contraenti o per l'uno di essi il vantaggio dipende da un avvenimento incerto.

Tali sono il contratto di assicurazione, il prestito a tutto rischio, il giuoco, la scommessa e il contratto vitalizio.

Art. 1103. I contratti abbiano o non abbiano una particolare denominazione propria, sono sottoposti a regole generali, le quali formano l'oggetto di questo titolo.

Le regole particolari a certi contratti civili sono stabilite nei titoli relativi a ciascuno di essi e quelle proprie delle contrattazioni commerciali nel codice di commercio.

§II Dei requisiti essenziali per la validità dei contratti

Art. 1104. I requisiti essenziali per la validità di un contratto sono:

La capacità di contrattare;

Il consenso valido dei contraenti;

Un oggetto determinato che possa essere materia di convenzione;

Una causa lecita per obbligarsi.

1. Della capacità delle parti contraenti

Art. 1105. Qualunque persona può contrattare, se non è dichiarata incapace dalla legge.

Art. 1106. Sono incapaci di contrattare nei casi espressi dalla legge:

I minori;

Gli interdetti;

Gli inabilitati;

Le donne maritate.

E generalmente tutti coloro ai quali la legge vieta determinati contratti.

Art. 1107. La persona capace di obbligarsi non può opporre l'incapacità del minore, dell'interdetto, dell'inabilitato o della donna maritata, con cui essa ha contrattato.

L'incapacità però derivante da interdizione per causa di pena si può opporre da chiunque vi abbia interesse.

2. Del consenso

Art. 1108. Il consenso non è valido, se fu dato per errore, estorto con violenza o carpito con dolo.

Art. 1109. L'errore di diritto produce la nullità del contratto solo quando ne è causa unica o principale.

Art. 1110. L'errore di fatto non produce la nullità del contratto, se non quando cade sopra la sostanza della cosa che ne forma l'oggetto.

Non produce la nullità, quando cade soltanto sulla persona colla quale si è contrattato, eccetto che la considerazione della persona colla quale s'intende contrattare, sia la causa principale della convenzione.

Art. 1111. La violenza usata contro colui che ha contratta l'obbligazione, è causa di nullità, ancorché sia stata usata da una persona diversa da quella, a vantaggio della quale si è fatta la convenzione.

Art. 1112. Il consenso si reputa estorto colla violenza, quando questa è di tal natura da far impressione sopra una persona sensata, e tale da poterle incutere ragionevole timore di esporre sé o le sue sostanze ad un male notabile. Si ha riguardo in questa materia all'età, al sesso ed alla condizione delle persone.

Art. 1113. La violenza è causa di nullità del contratto, anche quando il male minacciato sia diretto a colpire la persona o i beni del coniuge, di un discendente o di un ascendente del contraente. Trattandosi di altre persone, spetta al giudice di pronunziare sulla nullità secondo le circostanze.

Art. 1114. Il solo timore riverenziale, senza che sia intervenuta violenza, non basta per annullare il contratto.

Art. 1115. Il dolo è causa di nullità del contratto, quando i raggiri usati da uno dei contraenti sono stati tali, che l'altro senza di essi non avrebbe contrattato.

3. Dell'oggetto dei contratti

Art. 1116. Le sole cose che sono in commercio, possono formare oggetto di contratto.

Art. 1117. La cosa che forma l'oggetto del contratto, debba essere determinata almeno nella sua specie.

La quantità della cosa può essere incerta, purché si possa determinare.

Art. 1118. Le cose future possono formare oggetto di contratto.

Non si può rinunziare però ad una successione non ancora aperta, né fare alcuna stipulazione intorno alla medesima, sia con quello della cui eredità si tratta sia con terzi, quantunque intervenisse il consenso di esso.

4. Della causa dei contratti

Art. 1119. L'obbligazione senza causa, o fondata sopra una causa falsa o illecita non può avere alcun effetto.

Art. 1120. Il contratto è valido, quantunque non ne sia espressa la causa.

Art. 1121. La causa si presume sino a che non si prova il contrario.

Art. 1122. La causa è illecita, quando è contraria alla legge, al buon costume o all'ordine pubblico.

§III Degli effetti dei contratti

Art. 1123. I contratti legalmente formati hanno forza di legge per coloro che li hanno fatti.

Non possono essere rivocati che per mutuo consenso o per cause autorizzate dalla legge.

Art. 1124. I contratti debbono essere eseguiti di buona fede, ed obbligano non solo a quanto è nei medesimi espresso, ma anche in tutte le conseguenze che secondo l'equità, l'uso o la legge ne derivano.

Art. 1125. Nei contratti che hanno per oggetto la traslazione della proprietà o di altro diritto, la proprietà o il diritto si trasmette e si acquista per effetto del consenso legittimamente manifestato, e la cosa rimane a rischio e pericolo dell'acquirente, quantunque non ne sia seguita la tradizione.

Art. 1126. Se la cosa che taluno si è obbligato con successive convenzioni di dare o consegnare a due persone, è un mobile per natura o un titolo al portatore, quella fra esse a cui fu dato il possesso, sarà preferita all'altra, sebbene il suo titolo fosse posteriore di data, purché il possesso sia di buona fede.

Art. 1127. Si presume che ciascuno abbia contrattato per sé e per i suoi eredi ed aventi causa, quando non sia si espressamente pattuito il contrario, o ciò non risulti dalla natura del contratto.

Art. 1128. Nessuno può stipulare in suo proprio nome, fuorché per se medesimo.

Tuttavia può ciascuno stipulare a vantaggio di un terzo, quando ciò formi condizione di una stipulazione che fa per se stesso, o di una donazione che fa ad altri. Chi ha fatta questa stipulazione, non può più rivocarla, se il terzo ha dichiarato di volerne profittare.

Art. 1129. Può taluno obbligarsi verso un altro, promettendo il fatto di una terza persona. Tale promessa dà soltanto diritto ad indennità verso colui che si è obbligato, o che ha promesso la ratifica del terzo, se questi ricusa di adempiere l'obbligazione.

Art. 1130. I contratti non hanno effetto che fra le parti contraenti: essi non pregiudicano né giovano ai terzi, fuorché nei casi stabiliti dalla legge.

§IV Dell'interpretazione dei contratti

Art. 1131. Nei contratti si deve indagare quale sia stata la comune intenzione delle parti contraenti, anziché stare al senso letterale delle parole.

Art. 1132. Quando una clausola ammette due sensi, si deve intendere nel senso per cui può la medesima avere qualche effetto, piuttosto che in quello per cui non ne potrebbe avere alcuno.

Art. 1133. Le parole che possono avere due sensi, debbono essere intese nel senso più conveniente alla materia del contratto.

Art. 1134. Il patto ambiguo s'interpreta secondo ciò che si pratica nel paese dove fu stipulato il contratto.

Art. 1135. Nei contratti si debbono avere per apposte le clausole che sono d'uso, ancorché non vi siano espresse.

Art. 1136. Le clausole dei contratti s'interpretano le une per mezzo delle altre, attribuendo a ciascuna il senso che risulta dall'atto intero.

Art. 1137. Nel dubbio il contratto si interpreta contro colui che ha stipulato, ed in favore di quello che ha contratto l'obbligazione.

Art. 1138. Per quanto siano generali le espressioni di un contratto, esso non comprende che le cose sopra le quali apparisce che le parti si sono proposto di contrattare.

Art. 1139. Quando in un contratto si è espresso un caso affine di spiegare un patto, non si presume che sianesi voluti escludere i casi non espressi, ai quali secondo ragione può estendersi lo stesso patto.

Sezione II
Dei quasi-contratti

Art. 1140. Il quasi-contratto è un fatto volontario e lecito, dal quale risulta un'obbligazione verso un terzo o un'obbligazione reciproca tra le parti.

Art. 1141. Quegli che volontariamente si assume un affare altrui, contrae l'obbligazione di continuare la gestione cominciata e di condurla a termine, sino a che l'interessato non sia in grado di provvedervi da sé stesso, e deve altresì soggiacere a tutte le conseguenze del medesimo affare ed a tutte le obbligazioni, che risulterebbero da un mandato avuto dall'interessato.

Art. 1142. È pur tenuto a continuare la gestione, ancorché l'interessato muoia prima che l'affare sia terminato, sino a che l'erede possa assumerne la direzione.

Art. 1143. È parimente tenuto ad usare nella sua amministrazione tutte le cure di un buon padre di famiglia. L'autorità giudiziaria può tuttavia moderare la valutazione dei danni, che fossero derivati da colpa o negligenza dell'amministratore, secondo le circostanze che lo hanno indotto ad assumere l'affare.

Art. 1144. Se l'affare fu bene amministrato, l'interessato deve adempire le obbligazioni contratte in nome suo dall'amministratore, tenerlo indenne da quelle che ha personalmente assunto, e rimborsarlo delle spese necessarie ed utili, cogli interessi dal giorno in cui furono fatte.

Art. 1145. Chi per errore o scientemente riceve ciò che non gli è dovuto, è obbligato a restituirlo a colui dal quale lo ha indebitamente ricevuto.

Art. 1146. Chi per errore si credeva debitore, quando abbia pagato il debito, ha il diritto della ripetizione contro il creditore.

Cessa però tale diritto, se il creditore in conseguenza del pagamento si è privato in buona fede del titolo e delle cautele relative al credito; nel qual caso è salvo a colui che ha pagato, il regresso conto il vero debitore.

Art. 1147. Quegli che ha ricevuto il pagamento, se era in mala fede, è tenuto a restituire tanto il capitale, quanto gli interessi o i frutti dal giorno del pagamento.

Art. 1148. Quegli che indebitamente ha ricevuta una cosa, deve restituirla in natura, se sussiste: qualora la cosa più non sussista o sia deteriorata, quegli che l'ha ricevuta in mala fede, deve restituirne il valore, ancorché la cosa sia perita ovvero sia deteriorata per solo caso fortuito; ed avendola ricevuta in buona fede, non è tenuto alla restituzione che sino alla concorrenza di ciò che è stato rivolto in suo profitto.

Art. 1149. Chi ha venduto la cosa ricevuta in buona fede, non è tenuto che a restituire il prezzo ricavato dalla vendita od a cedere l'azione per conseguirlo.

Art. 1150. Colui al quale è restituita la cosa, deve rimborsare anche il possessore di mala fede delle spese fatte per la conservazione della cosa, e delle utili a norma dell'articolo 705.

Sezione III
Dei delitti e dei quasi-delitti

Art. 1151. Qualunque fatto dell'uomo che arreca danno ad altri, obbliga quello per colpa del quale è avvenuto, a risarcire il danno.

Art. 1152. Ognuno è responsabile del danno che ha cagionato non solamente per un fatto proprio, ma anche per propria negligenza od imprudenza.

Art. 1153. Ciascuno parimente è obbligato non solo pel danno che cagiona per fatto proprio, ma anche per quello che viene arrecato col fatto delle persone delle quali deve rispondere, o colle cose che ha in custodia.

Il padre e in sua mancanza la madre sono obbligati pei danni cagionati dai loro figli minori abitanti con essi;

I tutori pei danni cagionati dai loro amministrati abitanti con essi; i padroni ed i committenti pei danni cagionati dai loro domestici e commessi nell'esercizio delle incombenze alle quali li hanno destinati;

I precettori e gli artigiani pei danni cagionati dai loro allievi ed apprendenti nel tempo in cui sono sotto la loro vigilanza.

La detta responsabilità non ha luogo allorché i genitori, i tutori, i precettori e gli artigiani provano di non aver potuto impedire il fatto di cui dovrebbero essere responsabili.

Art. 1154. Il proprietario di un animale o chi se ne serve, pel tempo in cui se ne serve, è obbligato pel danno cagionato da esso, tanto se si trovi sotto la sua custodia, quanto se sia si smarrito o sia fuggito.

Art. 1155. Il proprietario di un edificio è obbligato pe' danni cagionati dalla rovina di esso, quando sia avvenuta per mancanza di riparazione o per un vizio nella costruzione.

Art. 1156. Se il delitto o quasi-delitto è imputabile a più persone, queste sono tenute in solido al risarcimento del danno cagionato.

Capo II
Delle diverse specie di obbligazioni

Sezione I
Delle obbligazioni condizionali

Art. 1157. È condizionale l'obbligazione, la cui sussistenza o risoluzione dipende da un avvenimento futuro ed incerto.

Art. 1158. È sospensiva la condizione che fa dipendere l'obbligazione da un avvenimento futuro ed incerto.

La condizione risolutiva è quella che, verificandosi, rimette le cose nello stato in cui erano, come se l'obbligazione non avesse mai avuto luogo.

Art. 1159. Casuale è la condizione che dipende da un evento fortuito, il quale non è in potere né del creditore, né del debitore: potestativa quella il cui adempimento dipende dalla volontà di uno dei contraenti: mista quella che dipende ad un tempo dalla volontà di una delle parti contraenti e dalla volontà di un terzo, o dal caso.

Art. 1160. Qualunque condizione contraria al buon costume od alla legge, o che impone di fare una cosa impossibile, è nulla e rende nulla l'obbligazione da essa dipendente.

Art. 1161. La condizione di non fare una cosa impossibile non rende nulla l'obbligazione contratta sotto la medesima.

Art. 1162. È nulla l'obbligazione contratta sotto una condizione, che la fa dipendere dalla mera volontà di colui che si è obbligato.

Art. 1163. Quando l'obbligazione è contratta sotto condizione sospensiva, e, prima che questa si verifichi, la cosa che ne forma l'oggetto, perisce o deteriora, si osservano le seguenti regole:

Se la cosa è interamente perita senza colpa del debitore, l'obbligazione si ha come non contratta.

Se la cosa è interamente perita per colpa del debitore, questi è tenuto al risarcimento dei danni verso il creditore.

Se la cosa è deteriorata senza colpa del debitore, il creditore deve riceverla nello stato in cui si trova, senza diminuzione del prezzo.

Se la cosa è deteriorata per colpa del debitore, il creditore ha il diritto di sciogliere l'obbligazione o di esigere la cosa nello stato in cui si trova, oltre al risarcimento dei danni.

Art. 1164. La condizione risolutiva non sospende l'esecuzione dell'obbligazione: essa obbliga soltanto il creditore a restituire ciò che ha ricevuto, ove accada l'avvenimento preveduto nella condizione.

Art. 1165. La condizione risolutiva è sempre sottintesa nei contratti bilaterali, pel caso in cui una delle parti non soddisfaccia alla sua obbligazione.

In questo caso il contratto non è sciolto di diritto. La parte verso cui non fu eseguita l'obbligazione, ha la scelta o di costringere l'altra all'adempimento del contratto, quando sia possibile, o di domandarne lo scioglimento, oltre il risarcimento dei danni in ambi due i casi.

La risoluzione del contratto deve domandarsi giudizialmente, e può essere concessa al convenuto una dilazione secondo le circostanze.

Art. 1166. Qualunque condizione debba essere adempita nel modo verisimilmente voluto ed inteso dalle parti.

Art. 1167. Quando un'obbligazione è contratta sotto la condizione che un avvenimento segua in un tempo determinato, una tale condizione si reputa mancata, se il tempo sia spirato senza che l'avvenimento sia seguito. Se non vi è tempo determinato, la condizione può sempre essere adempita, e non si ha per mancata, se non quando sia certo che l'avvenimento non seguirà.

Art. 1168. Quando un'obbligazione è contratta sotto la condizione che un avvenimento non segua in un dato tempo la condizione s'intende verificata, allorché questo tempo è spirato senza che sia seguito l'avvenimento: essa è verificata egualmente, se prima del termine sia certo che non sarà per seguire l'avvenimento; e se non vi è tempo determinato, essa è verificata solo quando sia certo che l'avvenimento non sarà più per seguire.

Art. 1169. La condizione si ha per adempita, quando lo stesso debitore obbligato sotto condizione ne abbia impedito l'adempimento.

Art. 1170. La condizione adempita ha effetto retroattivo al giorno in cui fu contratta l'obbligazione. Se il creditore è morto prima che si verifichi la condizione, le sue ragioni passano al suo erede.

Art. 1171. Il creditore può, prima che sia si verificata la condizione, esercitare tutti gli atti che tendono a conservare i suoi diritti.

Sezione II

Delle obbligazioni a tempo determinato

Art. 1172. Il termine apposto alle obbligazioni differisce dalla condizione in questo che non sospende l'obbligazione, ma ne ritarda soltanto l'esecuzione.

Art. 1173. Quando non sia apposto termine, l'obbligazione deve subito eseguirsi, sempreché, la qualità dell'obbligazione, o il modo con cui deve essere eseguita, o il luogo convenuto per la sua esecuzione non porti seco la necessità di un termine da stabilirsi dall'autorità giudiziaria.

Spetta egualmente all'autorità giudiziaria di stabilire per l'adempimento dell'obbligazione un termine conveniente, se questo sia stato rimesso alla volontà del debitore.

Art. 1174. Ciò che si deve a tempo determinato, non si può esigere prima della scadenza del termine; ma non si può ripetere ciò che si è pagato anticipatamente, ancorché il debitore ignorasse il termine.

Art. 1175. Il termine si presume sempre stipulato in favore del debitore, se non risulta dalla stipulazione o dalle circostanze, che si è stipulato egualmente in favore del creditore.

Art. 1176. Il debitore non può più reclamare il benefizio del termine, se è divenuto non solvente, o se per fatto proprio ha diminuito le cautele date al creditore, ovvero non gli ha dato le cautele promesse.

Sezione III

Delle obbligazioni alternative

Art. 1177. Chi ha contratta un'obbligazione alternativa, si libera prestando una delle cose disgiuntamente comprese nell'obbligazione; ma non può costringere il creditore a ricevere parte dell'una e parte dell'altra cosa.

Art. 1178. La scelta appartiene al debitore, se non è stata espressamente concessa al creditore.

Art. 1179. L'obbligazione è semplice quantunque contratta in modo alternativo, se una delle due cose promesse non poteva formare oggetto dell'obbligazione.

Art. 1180. L'obbligazione alternativa diviene semplice, se una delle due cose promesse perisce, o non può più essere consegnata, quantunque ciò accada per colpa del debitore.

Il prezzo della cosa non può essere offerto in luogo della medesima.

Se ambedue le cose sono perite e il debitore è in colpa riguardo ad una di esse, deve pagare il prezzo di quella che perì l'ultima.

Art. 1181. Quando, nei casi espressi nel precedente articolo, la scelta fu accordata nella convenzione al creditore:

Se una soltanto delle cose è perita ma senza colpa del debitore, il creditore deve ricevere quella che resta: ove il debitore sia in colpa, il creditore può chiedere la cosa rimasta o il prezzo della cosa perita;

Se ambedue le cose sono perite e il debitore è in colpa relativamente ad ambedue o anche ad una sola, il creditore può domandare il prezzo dell'una o dell'altra a sua scelta.

Art. 1182. Se le due cose sono perite senza colpa del debitore e prima che egli fosse in mora, l'obbligazione è estinta in conformità dell'articolo 1298.

Art. 1183. Le regole stabilite in questa sezione si applicano ai casi, nei quali più di due cose sono comprese nell'obbligazione alternativa.

Sezione IV
Delle obbligazioni in solido

§I Dell'obbligazione in solido riguardo ai creditori

Art. 1184. L'obbligazione è in solido verso più creditori, quando il titolo espressamente attribuisce a ciascuno di loro il diritto di chiedere il pagamento dell'intero credito, e il pagamento fatto ad uno di essi, libera il debitore, ancorché il benefizio dell'obbligazione si possa dividere fra i diversi creditori.

Art. 1185. Il debitore ha la scelta di pagare o all'uno o all'altro dei creditori in solido, quando non sia stato prevenuto da uno di essi con giudiziale domanda.

Ciò nondimeno la rimessione fatta da un solo dei creditori non libera il debitore se non per la porzione di questo creditore.

§II Dell'obbligazione in solido fra i debitori

Art. 1186. L'obbligazione è in solido per parte dei debitori, quando sono obbligati ad una medesima cosa, in maniera che ciascuno possa essere costretto al pagamento per la totalità, e il pagamento eseguito da un solo liberi gli altri verso il creditore.

Art. 1187. L'obbligazione può essere in solido, ancorché uno dei debitori sia obbligato in modo diverso dall'altro al pagamento della medesima cosa: come quando l'obbligazione dell'uno è condizionale e semplice quella dell'altro, ovvero se uno ha un termine a pagare che non è concesso all'altro.

Art. 1188. L'obbligazione in solido non si presume ma debba essere stipulata espressamente.

Questa regola non cessa, fuorché ne' casi nei quali l'obbligazione in solido ha luogo di diritto in forza della legge.

Art. 1189. Il creditore può rivolgersi contro uno fra i debitori a sua scelta, senza che il debitore possa opporgli il benefizio della divisione.

Art. 1190. Le istanze giudiziali promosse contro uno dei debitori non tolgono al creditore il diritto di promuoverne altre simili contro gli altri debitori.

Art. 1191. Se la cosa dovuta è perita per colpa o durante la mora di uno o più debitori in solido, gli altri condebitori non restano liberati dall'obbligo di pagarne il prezzo, ma non sono tenuti al risarcimento dei danni. Il creditore può ripetere tale risarcimento soltanto dai debitori, per colpa dei quali la cosa è perita, o che erano in mora.

Art. 1192. La domanda degli interessi proposta contro uno dei debitori in solido fa decorrere gli interessi riguardo a tutti.

Art. 1193. Il debitore in solido convenuto dal creditore può opporre tutte le eccezioni che gli sono personali, e quelle pure che sono comuni a tutti gli altri condebitori. Non può opporre le eccezioni che sono personali soltanto ad alcuno degli altri condebitori.

Art. 1194. Quando uno dei debitori diventa erede del creditore; o quando il creditore diventa erede di uno dei debitori, il credito in solido non si estingue che per la porzione di quel debitore.

Art. 1195. Il creditore che acconsente alla divisione del debito a favore di uno dei condebitori, conserva la sua azione in solido contro gli altri per l'intero credito.

Art. 1196. Il creditore che riceve separatamente la parte di uno dei debitori senza riservarsi nella quietanza l'obbligazione in solido o i suoi diritti in generale, non rinunzia all'obbligazione in solido se non riguardo a questo debitore.

Non si presume che il creditore abbia liberato il debitore dall'obbligazione in solido, quando ha ricevuto da questo una somma eguale alla sua parte, se la quietanza non dichiara che la riceve per la sua parte.

Lo stesso ha luogo per la semplice domanda fatta contro uno dei condebitori per la sua parte, se questi non vi ha aderito, o se non è stata pronunziata una sentenza di condanna.

Art. 1197. Il creditore che riceve separatamente e senza riserva da uno dei condebitori la sua porzione dei frutti maturati o degli interessi del debito, rinunzia all'azione in solido pei frutti od interessi scaduti, ma non per quelli che hanno da scadere né pel capitale, eccetto che il pagamento separato sia si continuato per dieci anni consecutivi.

Art. 1198. L'obbligazione contratta in solido verso il creditore si divide di diritto fra i debitori: questi non sono fra loro obbligati, se non ciascuno per la sua parte.

Art. 1199. Il condebitore in solido che ha pagato l'intero debito, non può ripetere dagli altri condebitori che la porzione di ciascuno di essi.

Se uno di questi fosse non solvente, la perdita cagionata dalla sua non solvenza si ripartisce per contributo sopra tutti gli altri condebitori solventi, o sopra quello che ha fatto pagamento.

Art. 1200. Nel caso in cui il creditore ha rinunziato all'azione in solido verso alcuno dei debitori, se uno o più degli altri condebitori diventano non solventi, la porzione di questi è per contributo ripartita fra tutti i debitori, ed anche fra quelli che sono stati precedentemente liberati dall'obbligazione in solido per parte del creditore.

Art. 1201. Se l'affare per cui fu contratto il debito in solido, non riguarda che uno degli obbligati in solido, questi è tenuto per tutto il debito verso gli altri, i quali relativamente ad esso non sono riputati che come suoi fideiussori.

Sezione V
Delle obbligazioni divisibili e delle indivisibili

Art. 1202. È indivisibile l'obbligazione che ha per oggetto una cosa o un fatto non capace di divisione, ed eziandio quella che ha per oggetto una cosa o un fatto, il quale è bensì di sua natura divisibile ma cessa di essere tale, avuto riguardo al modo in cui lo considerarono le parti contraenti.

Ogni altra obbligazione è divisibile.

Art. 1203. L'obbligazione stipulata in solido non acquista il carattere d'indivisibilità.

§I Dell'obbligazione divisibile

Art. 1204. L'obbligazione che è capace di divisione, deve eseguirsi fra il creditore ed il debitore come se fosse indivisibile.

La divisibilità non è applicabile che riguardo ai loro eredi, i quali non possono domandare il credito, né sono tenuti a pagare il debito che per le porzioni loro spettanti, o per quelle per cui sono obbligati come rappresentanti il creditore e il debitore.

Art. 1205. La divisibilità fra gli eredi del debitore non è ammessa:

1° Quando sia dovuto un corpo determinato;

2° Quando un solo degli eredi sia in forza del titolo incaricato dell'adempimento dell'obbligazione;

3° Quando risulti o dalla natura dell'obbligazione, o dalla cosa che ne forma l'oggetto, o dal fine che si è avuto di mira nel contratto, essere stata intenzione dei contraenti che il debito non potesse soddisfarsi partitamente.

Nei primi due casi l'erede che possiede la cosa dovuta o che è solo incaricato del debito, e nel terzo caso ciascun erede può essere convenuto per l'intero, salvo il regresso contro i coeredi.

§II Dell'obbligazione indivisibile

Art. 1206. Coloro che hanno contratto congiuntamente un debito indivisibile, vi sono obbligati ciascuno per la totalità, ancorché l'obbligazione non sia stata contratta in solido.

Lo stesso ha luogo riguardo agli eredi di colui che ha contratto una simile obbligazione.

Art. 1207. Ciascun erede del creditore può esigere l'intera esecuzione dell'obbligazione indivisibile, coll'obbligo di dar cauzione idonea per l'indennità degli altri coeredi, ma non può egli solo rimettere il debito intero né ricevere il valore invece della cosa.

Se uno solo fra gli eredi ha rimesso il debito o ricevuto il valore della cosa, il coerede non può domandare la cosa indivisibile, se non addebitandosi la porzione del coerede che ha fatto la rimessione o ricevuto il valore.

Art. 1208. L'erede del debitore, convenuto per la totalità dell'obbligazione, può domandare un termine per chiamare in causa i suoi coeredi, purché il debito non sia di tal natura che non possa essere soddisfatto se non dall'erede convenuto, il quale in tal caso può essere egli solo condannato, salvo il regresso contro i coeredi.

Sezione VI
Delle obbligazioni con clausole penali

Art. 1209. La clausola penale è quella con cui una persona, per assicurare l'adempimento di una obbligazione, si obbliga a qualche cosa nel caso che non l'adempia o ne ritardi l'esecuzione.

Art. 1210. La nullità dell'obbligazione principale produce la nullità della clausola penale.

La nullità della clausola penale non produce quella dell'obbligazione principale.

Art. 1211. Il creditore può domandare al debitore che è in mora, l'esecuzione dell'obbligazione principale, invece della pena stipulata

Art. 1212. La clausola penale è la compensazione dei danni che soffre il creditore per l'inadempimento dell'obbligazione principale.

Il creditore non può domandare nel tempo medesimo la cosa principale e la pena, quando non l'abbia stipulata pel semplice ritardo.

Art. 1213. Se l'obbligazione principale contiene un termine nel quale deve eseguirsi, la pena s'incorre quando il termine viene a scadere; se l'obbligazione non contiene un termine, la pena non s'incorre dal debitore se non quando è costituito in mora.

Art. 1214. La pena può essere diminuita dal giudice, allorché l'obbligazione principale è stata eseguita in parte.

Art. 1215. Quando l'obbligazione principale contratta con clausola penale ha per oggetto una cosa indivisibile, la pena s'incorre per la contravvenzione di un solo degli eredi del debitore, e può domandarsi o per intero contro il contravventore, ovvero contro ciascun coerede per la sua parte, e coll'azione ipotecaria pel tutto, salvo il regresso contro colui pel fatto del quale si è incorsa la pena.

Art. 1216. Quando l'obbligazione principale contratta con clausola penale è divisibile, non s'incorre la pena che da quello degli eredi del debitore che contravviene a tale obbligazione, e per la parte solamente dell'obbligazione principale per cui era tenuto, senza che si possa agire contro coloro che l'hanno eseguita.

Ciò non ha luogo allorché, essendo stata apposta la clausola penale al fine che non si potesse fare il pagamento in parte, un coerede ha impedito che l'obbligazione venisse per intero adempita. In questo caso può esigersi da esso la pena intera, e dagli altri eredi la sola porzione, salvo a questi il regresso.

Art. 1217. Quando non risulta una diversa volontà dei contraenti, ciò che si dà anticipatamente nella conclusione del contratto, si considera come una cautela per il risarcimento dei danni in caso d'inadempimento della convenzione, e si dice caparra. La parte che non è in colpa, se non preferisce di ottenere l'adempimento della convenzione, può tenersi la caparra ricevuta o domandare il doppio di quella che ha data.

Capo III
Degli effetti delle obbligazioni

Art. 1218. Chi ha contratto una obbligazione, è tenuto ad adempierla esattamente e in mancanza al risarcimento dei danni.

Art. 1219. L'obbligazione di dare include quella di consegnare la cosa e di conservarla sino alla consegna.

Se il debitore è in mora a farne la consegna, la cosa rimane a rischio e pericolo di lui, quantunque prima della mora si trovasse a rischio e pericolo del creditore.

Art. 1220. Non essendo adempita l'obbligazione di fare, il creditore può essere autorizzato a farla adempire egli stesso a spese del debitore.

Art. 1221. Se l'obbligazione consiste nel non fare, il debitore che vi contravviene, è tenuto ai danni pel solo fatto della contravvenzione.

Art. 1222. Il creditore può domandare che sia distrutto ciò che si è fatto in contravvenzione all'obbligazione di non fare, e può essere autorizzato a distruggerlo a spese del debitore, salvo il risarcimento de' danni.

Art. 1223. Se l'obbligazione consiste nel dare o nel fare, il debitore è costituito in mora per la sola scadenza del termine stabilito nella convenzione.

Se il termine scade dopo la morte del debitore, l'erede non è costituito in mora se non mediante una intimazione od altro atto equivalente, e dopo il decorso di otto giorni dalla intimazione.

Se nella convenzione non è stabilito alcun termine, il debitore non è costituito in mora che mediante un'intimazione od altro atto equivalente.

Art. 1224. La diligenza che si deve impiegare nell'adempimento dell'obbligazione, abbia questa per oggetto l'utilità di una delle parti o d'ambedue, è sempre quella di un buon padre di famiglia, salvo il caso di deposito accennato nell'articolo 1843.

Questa regola per altro si deve applicare con maggiore o minor rigore, secondo le norme contenute per certi casi in questo codice.

Art. 1225. Il debitore sarà condannato al risarcimento dei danni, tanto per l'inadempimento dell'obbligazione quanto pel ritardo dell'esecuzione, ove non provi che l'adempimento o il ritardo sia derivato da una causa estranea a lui non imputabile, ancorché non sia per sua parte intervenuta mala fede.

Art. 1226. Il debitore non è tenuto ad aver un risarcimento di danni, quando in conseguenza di una forza maggiore o di un caso fortuito fu impedito di dare o di fare ciò a cui si era obbligato, od ha fatto ciò che gli era vietato.

Art. 1227. I danni sono in genere dovuti al creditore per la perdita sofferta e pel guadagno di cui fu privato, salve le modificazioni ed eccezioni in appresso stabilite.

Art. 1228. Il debitore non è tenuto se non ai danni che sono stati preveduti, o che si sono potuti prevedere al tempo del contratto, quando l'inadempimento dell'obbligazione non derivi da suo dolo.

Art. 1229. Quantunque l'inadempimento dell'obbligazione derivi da dolo del debitore, i danni relativi alla perdita sofferta dal creditore ed al guadagno di cui fu il medesimo privato, non debbono estendersi se non a ciò che è una conseguenza immediata e diretta dell'inadempimento dell'obbligazione.

Art. 1230. Quando la convenzione stabilisce, che colui il quale mancherà di eseguirla, debba pagare una determinata somma a titolo di danni, non si può attribuire all'altra parte una somma maggiore o minore.

Lo stesso ha luogo, se l'accertamento dei danni è fatto sotto forma di clausola penale, o mediante caparra data al tempo del conchiuso contratto.

Art. 1231. In mancanza di patto speciale, nelle obbligazioni che hanno per oggetto una somma di danaro, i danni derivanti dal ritardo nell'eseguirle consistono sempre nel pagamento degli interessi legali, salve le regole particolari al commercio, alla fideiussione ed alla società.

Questi danni sono dovuti dal giorno della mora, senza che il creditore sia tenuto a giustificare alcuna perdita.

Art. 1232. Gl'interessi scaduti possono produrre altri interessi o nella tassa legale in forza di giudiziale domanda e dal giorno di questa, o nella misura che verrà pattuita in forza di una convenzione posteriore alla scadenza dei medesimi.

Nelle materie commerciali l'interesse degl'interessi è inoltre regolato dagli usi e dalle consuetudini.

L'interesse convenzionale o legale d'interessi scaduti per debiti civili non comincia a decorrere, se non quando trattasi d'interessi dovuti per una annata intera, salvo però riguardo alle casse di risparmio ed altri simili istituti quanto fosse altrimenti stabilito dai rispettivi loro regolamenti.

Art. 1233. Le rendite scadute, come i fitti, le pigioni ed i frutti maturati delle rendite perpetue o vitalizia, producono interessi dal giorno della domanda giudiziale o della convenzione.

La stessa regola si osserva per la restituzione dei frutti e per gli interessi pagati da un terzo al creditore a scarico del debitore.

Art. 1234. I creditori, per il conseguimento di quanto è loro dovuto possono esercitare tutti i diritti e tutte le azioni del debitore, eccettuati quei diritti che sono esclusivamente inerenti alla persona del debitore.

Art. 1235. Possono pure i creditori impugnare in proprio nome gli atti che il debitore abbia fatti in frode delle loro ragioni.

Trattandosi di atti a titolo oneroso, la frode deve risultare dal canto di ambi due i contraenti. Per gli atti a titolo gratuito, basta che la frode sia intervenuta per parte del debitore.

In ogni caso però la rivocazione dell'atto non produce effetto a danno dei terzi non partecipi della frode, i quali hanno acquistato diritti sugli immobili anteriormente alla trascrizione della domanda di rivocazione.

Capo IV
Dei modi con cui si estinguono le obbligazioni

Art. 1236. Le obbligazioni si estinguono:
Col pagamento,
Colla novazione,
Colla rimessione del debito,
Colla compensazione,
Colla confusione,
Colla perdita della cosa dovuta,
Coll'annullamento e colla rescissione,
Per effetto della condizione risolutiva,
Colla prescrizione.

Sezione I
Del pagamento

§I Del pagamento in genere

Art. 1237. Ogni pagamento presuppone un debito: ciò che è pagato senza essere dovuto, è ripetibile.

La ripetizione non è ammessa riguardo alle obbligazioni naturali che si sono volontariamente soddisfatte [2034].

Art. 1238. Le obbligazioni possono estinguersi col pagamento fatto da qualunque persona che vi ha interesse, come da un coobbligato o da un fideiussore.

Possono anche essere estinte col pagamento fatto da un terzo che non vi ha interesse, purché questo terzo agisca in nome e per la liberazione del debitore, e, ove agisca in nome proprio, non venga a sottentrare nei diritti del creditore.

Art. 1239. L'obbligazione di fare non può adempirsi da un terzo contro la volontà del creditore, ove questi abbia interesse che sia adempita dal debitore medesimo.

Art. 1240. Il pagamento che ha per oggetto di trasferire la proprietà della cosa pagata nel creditore, non è valido, se non è fatto da colui che sia proprietario della cosa e capace di alienarla.

Tuttavia non si può ripetere il pagamento di una somma di danaro o di cosa che si consuma coll'uso, dal creditore che l'ha consumata in buona fede, sebbene il pagamento sia stato fatto da chi non ne era proprietario o non aveva la capacità di alienarla.

Art. 1241. Il pagamento debba essere fatto al creditore, od a persona autorizzata a riceverlo dal creditore medesimo, dall'autorità giudiziaria o dalla legge.

È valido il pagamento fatto a colui che non era autorizzato a riceverlo pel creditore, quando questi lo ratifichi o ne abbia approfittato.

Art. 1242. Il pagamento fatto in buona fede a chi si trova nel possesso del credito, è valido, ancorché il possessore ne abbia in appresso sofferta l'evizione.

Art. 1243. Non è valido il pagamento fatto al creditore, se questi era incapace di riceverlo, salvo che il debitore provi che la cosa pagata fu rivolta in vantaggio del creditore.

Art. 1244. Il pagamento fatto dal debitore al suo creditore, non ostante sequestro o atto di opposizione nei modi stabiliti dalla legge, non è valido riguardo ai creditori sequestranti od opponenti: questi possono costringerlo a pagare di nuovo, per ciò che riguarda le loro ragioni, salvo in questo caso soltanto il suo regresso contro il creditore.

Art. 1245. Il creditore non può essere costretto a ricevere una cosa diversa da quella che gli è dovuta, quantunque il valore della cosa offerta fosse uguale od anche maggiore.

Art. 1246. Il debitore non può costringere il creditore a ricevere in parte il pagamento di un debito, ancorché divisibile.

Art. 1247. Il debitore di una cosa certa e determinata viene liberato rimettendola nello stato in cui si trova al tempo della consegna, purché i deterioramenti sopraggiunti non provengano da fatto o colpa di lui o delle persone di cui deve rispondere, ed egli non fosse in mora prima dei seguiti deterioramenti.

Art. 1248. Se il debito è di una cosa determinata soltanto nella sua specie, il debitore per essere liberato non è tenuto a darla della migliore qualità, ma non può darla neppure della peggiore.

Art. 1249. Il pagamento deve farsi nel luogo fissato dal contratto. Non essendo fissato il luogo e trattandosi di cosa certa e determinata, il pagamento deve farsi nel luogo ove al tempo del contratto si trovava la cosa che ne forma l'oggetto.

Fuori di questi due casi, il pagamento si deve fare al domicilio del debitore, salvo ciò che è stabilito dall'articolo 1508.

Art. 1250. Le spese del pagamento sono a carico del debitore.

§II Del pagamento con surrogazione

Art. 1251. La surrogazione nei diritti del creditore a favore di un terzo che paga, è convenzionale o legale.

Art. 1252. La surrogazione è convenzionale:

1° Quando il creditore ricevendo il pagamento da una terza persona, la surroga nei diritti, nelle azioni, ne' privilegi o nelle ipoteche che essa ha contro il debitore: questa surrogazione debba essere espressa e fatta contemporaneamente al pagamento;

2° Quando il debitore prende a prestito una somma, affine di pagare il suo debito, e di surrogare il mutuante nei diritti del creditore. Per la validità di tale surrogazione è d'uopo che l'atto di prestito e la quietanza abbiano data certa; che nell'atto di prestito si dichiari che la somma fu presa a prestito per fare il pagamento e nella quietanza si dichiari che il pagamento è stato fatto coi danari somministrati a tal effetto dal nuovo creditore. Questa surrogazione si opera senza il concorso della volontà del creditore.

Art. 1253. La surrogazione ha luogo di diritto.

1° A vantaggio di colui che, essendo egli stesso creditore, ancorché chirografario, paga un altro creditore che ha il diritto di essergli preferito in ragione dei suoi privilegi o delle sue ipoteche;

2° A vantaggio di colui che, avendo acquistato un immobile, fino alla concorrenza del prezzo del suo acquisto paga uno o più creditori, a favore dei quali il fondo è ipotecato;

3° A vantaggio di colui che, essendo obbligato con altri o per altri al pagamento del debito, aveva interesse di soddisfarlo;

4° A vantaggio dell'erede con benefizio d'inventario che ha pagato coi propri danari i debiti ereditari.

Art. 1254. La surrogazione stabilita negli articoli precedenti ha luogo tanto contro i fideiussori quanto contro i debitori.

Il creditore che fu solo in parte soddisfatto, e colui che gli fece il pagamento in parte, concorrono insieme a far valere i loro diritti in proporzione di quanto è ai medesimi dovuto.

§III Dell'imputazione dei pagamenti

Art. 1255. Chi ha più debiti della stessa specie, ha diritto di dichiarare, quando paga, qual sia il debito che intende di soddisfare.

Art. 1256. Chi ha un debito che produce frutti o interessi, non può senza il consenso del creditore imputare al capitale ciò che paga, in preferenza dei frutti e degli interessi: il pagamento fatto in conto di capitale e d'interessi, se non è integrale, s'imputa prima agli interessi.

Art. 1257. Chi ha più debiti verso una stessa persona, se accetta una quietanza per cui il creditore imputi specificamente la somma ricevuta ad uno di essi, non può più chiedere l'imputazione ad un debito differente, quando non sia vi intervenuto dolo o sorpresa per parte del creditore.

Art. 1258. Quando la quietanza non esprime alcuna imputazione, il pagamento deve essere imputato al debito che a quel tempo il debitore aveva maggior interesse di estinguere tra quelli che erano parimente scaduti; in caso diverso al debito scaduto, quantunque meno gravoso di quelli non peranco scaduti.

Se i debiti sono di egual natura, l'imputazione si fa al più antico e proporzionalmente in parità di cose.

§IV Dell'offerta di pagamento e del deposito

Art. 1259. Quando il creditore ricusa di ricevere il pagamento, il debitore può ottenere la sua liberazione mediante l'offerta reale ed il susseguente deposito della cosa dovuta.

Dal giorno del deposito legalmente eseguito cessano gli interessi, e la cosa depositata rimane a rischio e pericolo del creditore.

Art. 1260. Affinché l'offerta reale sia valida, è necessario:

1° Che sia fatta al creditore capace di esigere od a chi ha facoltà di ricevere pel medesimo;

2° Che sia fatta da persona capace di pagare;

3° Che comprenda l'intera somma od altra cosa dovuta, i frutti e gli interessi pur dovuti, le spese liquide ed una somma per le spese non liquidate, colla riserva per qualunque supplemento;

4° Che il termine sia scaduto, se fu stipulato a favore del creditore;

5° Che sia si verificata la condizione, sotto la quale fu contratto il debito;

6° Che l'offerta sia fatta nel luogo convenuto pel pagamento; e quando non vi sia convenzione speciale riguardo al luogo del pagamento, che sia fatta alla persona del creditore, o al suo domicilio o a quello scelto per l'esecuzione del contratto;

7° Che l'offerta sia fatta per mezzo di un notaio o d'altro ufficiale pubblico autorizzato a tal sorta di atti.

Art. 1261. Per la validità del deposito non è necessario che venga autorizzato dal giudice, ma basta:

1° Che sia stato preceduto da una intimazione fatta al creditore, nella quale s'indichi il giorno, l'ora e il luogo in cui la cosa offerta sarà depositata;

2° Che il debitore sia si privato del possesso della cosa offerta, consegnandola, insieme cogli interessi decorsi sino al giorno del deposito, nel luogo indicato dalla legge per ricevere tali depositi;

3° Che sia si steso dall'ufficiale pubblico un processo verbale indicante la specie delle cose offerte, il rifiuto di accettarle per parte del creditore o la sua mancanza a comparire, e finalmente il deposito;

4° Che quando il creditore non sia comparso, gli sia stato notificato il processo verbale del deposito colla intimazione di ritirare la cosa depositata.

Art. 1262. Le spese dell'offerta reale e del deposito, se questi atti sono validi, sono a carico del creditore.

Art. 1263. Finché il deposito non è stato accettato dal creditore, il debitore può ritirarlo; e quando lo ritiri, i suoi condebitori o i suoi fideiussori non restano liberati.

Art. 1264. Allorché il debitore ha ottenuto una sentenza passata in giudicato, la quale abbia dichiarato buona e valida la sua offerta ed il deposito, non può più, nemmeno col consenso del creditore, ritirare il deposito in pregiudizio dei suoi condebitori e fideiussori.

Art. 1265. Il creditore, il quale ha acconsentito che il debitore ritiri il deposito, dopo che questo fu dichiarato valido con sentenza passata in giudicato, non può più valersi, pel pagamento del suo credito, de' privilegi e delle ipoteche che vi erano annesse.

Art. 1266. Se la cosa dovuta è un determinato corpo, il quale debba essere consegnato nel luogo in cui si trova, il debitore deve con atto d'intimazione fare ingiungere al creditore di eseguirne il trasporto. Fatta questa intimazione, se il creditore non trasporta la cosa, il debitore può ottenere dal giudice la permissione di depositarla in altro luogo.

Sezione II
Della novazione

Art. 1267. La novazione ha luogo in tre maniere:

1° Quando il debitore contrae verso il suo creditore un nuovo debito, il quale viene sostituito all'antico che rimane estinto;

2° Quando un nuovo debitore è sostituito all'antico, il quale viene liberato dal creditore;

3° Quando in forza di una nuova obbligazione un nuovo creditore viene sostituito all'antico, verso cui il debitore rimane liberato.

Art. 1268. La novazione non può validamente effettuarsi se non tra persone capaci di contrattare.

Art. 1269. La novazione non si presume, ma bisogna che dall'atto chiaramente risulti la volontà di effettuarla.

Art. 1270. La novazione che si fa col sostituire un nuovo debitore, può effettuarsi senza il consenso del primo.

Art. 1271. La delegazione per cui un debitore assegna al creditore un altro debitore, il quale si obbliga verso il creditore, non produce novazione, se il creditore espressamente non ha dichiarato la sua volontà di liberare il debitore che ha fatta la delegazione.

Art. 1272. Il creditore che ha liberato il debitore da cui fu fatta la delegazione, non ha regresso contro di lui, se il delegato diviene non solvente, purché l'atto non contenga una riserva espressa, o il delegato non fosse di già in istato di non solvenza o di fallimento al momento della delegazione.

Art. 1273. La semplice indicazione fatta dal debitore di una persona che debba pagare in sua vece, non produce novazione.

Non la produce nemmeno la semplice indicazione fatta dal creditore d'una persona che debba per lui ricevere.

Art. 1274. I privilegi e le ipoteche del credito anteriore non passano in quello che gli è sostituito, se il creditore non ne ha fatta espressa riserva.

Art. 1275. Quando la novazione si effettua per la sostituzione di un nuovo debitore, i privilegi e le ipoteche primitive del credito non si trasferiscono sui beni del nuovo debitore.

Art. 1276. Se la novazione si effettua tra il creditore ed uno dei debitori in solido, i privilegi e le ipoteche pel credito anteriore non possono essere riservate che sui beni di quello che contrae il nuovo debito.

Art. 1277. Mediante la novazione fatta tra il creditore ed uno dei debitori in solido, i condebitori restano liberati.

La novazione effettuata relativamente al debitore principale libera i fideiussori.

Nondimeno se il creditore esige nel primo caso l'adesione dei condebitori, o nel secondo quella dei fideiussori, e i medesimi ricusano di aderire alla nuova convenzione, sussiste il credito anteriore.

Art. 1278. Il debitore che accettò la delegazione, non può opporre al secondo creditore le eccezioni che avrebbe potuto opporre al creditore originario, salva però la sua azione contro di questo.

Tuttavia trattandosi di eccezioni dipendenti dalla qualità della persona, il debitore può opporle, se tale qualità sussisteva ancora al tempo in cui ha acconsentito alla delegazione.

Sezione III
Della rimessione del debito

Art. 1279. La volontaria restituzione del titolo originale del credito sotto forma privata, fatta dal creditore al debitore, costituisce la prova della liberazione tanto in favore dello stesso debitore, quanto in favore dei condebitori in solido.

Art. 1280. La restituzione del pegno non basta per far presumere la rimessione del debito.

Art. 1281. Il creditore il quale, dichiarando di rimettere il debito a vantaggio di uno dei condebitori in solido, non vuole liberare tutti gli altri, deve espressamente riservarsi i suoi diritti contro di essi. Ma in tal caso non può ripetere il credito, se non colla detrazione della parte di colui al quale ha fatto la rimessione.

Art. 1282. La rimessione o liberazione convenzionale accordata al debitore principale libera i fideiussori; quella accordata al fideiussore non libera il debitore principale.

Art. 1283. La liberazione accordata dal creditore ad uno de' suoi fideiussori senza il consenso degli altri, profitta ai medesimi per la parte di quello che fu liberato.

Art. 1284. In ogni caso ciò che il creditore ha ricevuto da un fideiussore per liberarlo dalla cauzione, deve imputarsi al debito e portarsi a scarico del debitore principale e degli altri fideiussori.

Sezione IV
Della compensazione

Art. 1285. Quando due sono debitori l'uno verso l'altro, ha luogo tra essi una compensazione che estingue i due debiti nel modo e nei casi seguenti.

Art. 1286. La compensazione si fa di diritto in virtù della legge, ed anche senza saputa dei debitori, al momento stesso della contemporanea esistenza dei due debiti che reciprocamente si estinguono per le quantità corrispondenti.

Art. 1287. Non ha luogo la compensazione, se non tra due debiti che hanno egualmente per oggetto una somma di danaro o una determinata quantità di cose della stessa specie, le quali possono nei pagamenti tener luogo le une delle altre, e che sono egualmente liquide ed esigibili.

Le prestazioni non controverse di grani o di derrate, il cui valore è regolato dal prezzo dei pubblici mercati, possono compensarsi con somme liquide ed esigibili.

Art. 1288. Le dilazioni, che si fossero concesse gratuitamente dal creditore, non sono di ostacolo alla compensazione.

Art. 1289. La compensazione ha luogo, qualunque siano le cause dell'uno o dell'altro debito, eccettuati i seguenti casi:

1° Quando si tratta della domanda per la restituzione della cosa di cui il proprietario fu ingiustamente spogliato;

2° Quando si tratta della domanda per la restituzione del deposito o del comodato;

3° Quando si tratta di un debito il cui titolo deriva da alimenti dichiarati non soggetti a sequestro;

4° Quando il debitore ha preventivamente rinunziato alla compensazione.

Art. 1290. Il fideiussore può opporre la compensazione di ciò che il creditore deve al debitore principale; ma il debitore principale non può opporre la compensazione di ciò che il creditore deve al fideiussore.

Il debitore in solido non può invocare la compensazione di quanto dal creditore è dovuto al suo condebitore, se non sino alla concorrenza della parte dello stesso condebitore.

Art. 1291. Il debitore che senza condizione o riserva ha consentito alla cessione che il creditore ha fatto delle sue ragioni ad un terzo, non può opporre al cessionario la compensazione che avrebbe potuto opporre al cedente prima dell'accettazione.

La cessione però non accettata dal debitore, ma che gli fu notificata, non impedisce la compensazione, fuorché dei crediti posteriori alla notificazione.

Art. 1292. Quando i due debiti non siano pagabili nello stesso luogo, non si può opporre la compensazione, se non computate le spese di trasporto al luogo del pagamento.

Art. 1293. Quando la medesima persona abbia più debiti compensabili, si osservano per la compensazione le stesse regole che sono stabilite per l'imputazione nell'articolo 1258.

Art. 1294. La compensazione non ha luogo in pregiudizio dei diritti acquistati da un terzo. Quegli perciò che essendo debitore, divenne creditore dopo il sequestro fatto presso di sé a favore di un terzo, non può opporre la compensazione a pregiudizio di chi ottenne il sequestro.

Art. 1295. Quegli che ha pagato un debito, il quale di diritto era estinto in forza della compensazione, e poi propone il credito per cui non ha opposto la compensazione, non può, in pregiudizio dei terzi, valersi dei privilegi, delle ipoteche o cauzioni annesse al suo credito, sempreché non abbia avuto un giusto motivo d'ignorare il credito che avrebbe dovuto compensare il suo debito.

Sezione V
Della confusione

Art. 1296. Quando le qualità di creditore e di debitore si riuniscono nella stessa persona, avviene una confusione di diritto che estingue il debito e il credito.

Art. 1297. La confusione che si opera per la riunione delle qualità di creditore e di debitore principale nella stessa persona, profitta ai fideiussori.

La riunione nella persona del fideiussore della qualità di creditore e di debitore principale non produce l'estinzione dell'obbligazione principale.

La confusione nella persona di uno dei debitori in solido non profitta ai suoi condebitori, se non per la porzione di cui era debitore.

Sezione VI
Della perdita della cosa dovuta

Art. 1298. Quando una determinata cosa che formava l'oggetto dell'obbligazione perisce, od è posta fuori di commercio, o si smarrisce in modo che se ne ignori assolutamente l'esistenza, l'obbligazione si estingue, se la cosa è perita o posta fuori di commercio o smarrita senza colpa del debitore, e prima che questi fosse in mora.

Ancorché il debitore sia in mora e non abbia assunto a suo

carico il pericolo dei casi fortuiti, si estingue l'obbligazione, se la cosa sarebbe egualmente perita presso il creditore ove gli fosse stata consegnata.

Il debitore è tenuto a provare il caso fortuito che allega.

In qualunque modo sia perita o smarrita una cosa rubata, la perdita di essa non dispensa colui che l'ha sottratta, dal restituirne il valore.

Art. 1299. Allorché la cosa è perita, posta fuori commercio o smarrita senza colpa del debitore, i diritti e le azioni che gli spettavano riguardo alla medesima, passano al suo creditore.

Sezione VII
Delle azioni di nullità o di rescissione

Art. 1300. Le azioni di nullità o di rescissione di un contratto durano per cinque anni in tutti i casi, nei quali non siano state ristrette a minor tempo da una legge particolare.

Questo tempo non comincia a decorrere nel caso di violenza, se non dal giorno in cui è cessata; nel caso di errore o di dolo, dal giorno in cui furono scoperti; riguardo agli atti degli interdetti e degli inabilitati, dal giorno in cui è tolta l'interdizione o l'inabilitazione; riguardo agli atti dei minori, dal giorno della loro maggiore età; e riguardo agli atti delle donne maritate, dal giorno dello scioglimento del matrimonio.

Art. 1301. Le dette azioni si trasmettono agli eredi; ma essi non possono esercitarle, se non entro quel tempo che rimaneva ai loro autori, salve però le disposizioni relative all'interruzione o sospensione del corso delle prescrizioni.

Art. 1302. L'eccezione di nullità o di rescissione può essere opposta da chi è convenuto per l'esecuzione del contratto in tutti i casi, nei quali avrebbe potuto egli stesso agire per nullità o rescissione.

Quest'eccezione non è soggetta alla prescrizione stabilita nell'articolo 1300.

Art. 1303. Nelle obbligazioni dei minori l'azione di nullità è ammessa:

1° Allorché il minore non emancipato ha fatto da sé un atto senza l'intervento del suo legittimo rappresentante;

2° Allorché il minore emancipato ha fatto da sé un atto, pel quale la legge richiede l'assistenza del curatore;

3° Allorché non sono osservate le formalità stabilite per alcuni atti con disposizioni speciali di legge.

Art. 1304. Gli atti compiuti nel modo voluto dalla legge nell'interesse di un minore, di un interdetto o di un inabilitato hanno la forza che avrebbero, se fossero fatti da un maggiore di età pienamente capace.

Art. 1305. L'obbligazione non si può impugnare da quel minore, che con raggiri o mezzi dolosi ha occultato di essere tale. Ma a costituire in dolo il minore non basta la dichiarazione da lui fatta di essere maggiore.

Art. 1306. Il minore è pareggiato al maggiore di età per le obbligazioni nascenti da delitto o quasi-delitto.

Art. 1307. Nessuno può pretendere di essere rimborsato di ciò che ha pagato a un minore, a un interdetto o inabilitato o a una donna maritata in forza di un'obbligazione che rimanga annullata, ove non provi che quanto fu pagato, venne rivolto a vantaggio dei medesimi.

Art. 1308. L'azione di rescissione per causa di lesione non si può proporre, ancorché si tratti di minori, se non nei casi e sotto le condizioni specialmente espresse nella legge.

La detta azione, nei casi in cui è ammessa, non produce effetto a danno dei terzi, i quali hanno acquistato diritti sugli immobili anteriormente alla trascrizione della domanda di rescissione.

Art. 1309. L'atto di conferma o ratifica di una obbligazione, contro la quale la legge ammette l'azione di nullità, non è valido, se non contiene la sostanza della stessa obbligazione, il motivo che la rende viziosa e la dichiarazione che s'intende di correggere il vizio su cui tale azione è fondata.

In mancanza d'atto di conferma o ratifica, basta che l'obbligazione venga in tutto o nella maggior parte eseguita volontariamente da chi conosce il vizio dopo il tempo, in cui l'obbligazione stessa poteva essere validamente confermata o ratificata.

La conferma, ratifica o esecuzione volontaria secondo le forme e nei tempi determinati dalla legge produce la rinunzia ai mezzi ed alle eccezioni che potevano opporsi contro tale atto, salvi però i diritti dei terzi.

Le disposizioni di quest'articolo non si applicano all'azione di rescissione per causa di lesione.

Art. 1310. Non si possono sanare con verun atto confermativo i vizi di un atto nullo in modo assoluto per difetto di formalità.

Art. 1311. La conferma, ratifica o esecuzione volontaria di una donazione o disposizione testamentaria per parte degli eredi o aventi causa dal donante o testatore, dopo la morte di lui, include la loro rinunzia ad opporre i vizi delle forme e qualunque altra eccezione.

Capo V
Della prova delle obbligazioni e di quella della loro estinzione

Art. 1312. Chi domanda l'esecuzione di un'obbligazione, deve provarla, e chi pretende esserne stato liberato, deve dal suo canto provare il pagamento o il fatto che ha prodotto l'estinzione della sua obbligazione.

Sezione I
Della prova per iscritto

Art. 1313. La prova per iscritto risulta da atto pubblico o da scrittura privata.

Art. 1314. Devono farsi per atto pubblico o per scrittura privata, sotto pena di nullità:

1° Le convenzioni che trasferiscono proprietà d'immobili o di altri beni o diritti capaci d'ipoteca, salve le disposizioni relative alle rendite sopra lo stato;

2° Le convenzioni che costituiscono o modificano servitù prediali, o diritti di uso o di abitazione, o trasferiscono l'esercizio del diritto di usufrutto;

3° Gli atti di rinunzia ai diritti enunciati nei due numeri precedenti;

4° i contratti di locazione d'immobili per un tempo eccedente i nove anni;

5° i contratti di società che hanno per oggetto il godimento di beni immobili, quando la durata della società è indeterminata o eccede i nove anni;

6° Gli atti che costituiscono rendite sì perpetue come vitalizie;

7° Le transazioni;

8° Gli altri atti specialmente indicati dalla legge.

§I Dell'atto pubblico

Art. 1315. L'atto pubblico è quello che è stato ricevuto colle richieste formalità da un notaio o da altro pubblico ufficiale autorizzato, nel luogo ove l'atto è seguito, ad attribuirgli la pubblica fede.

Art. 1316. L'atto che per incompetenza od incapacità dell'ufficiale o per difetto di forma non ha forza di atto pubblico, vale come scrittura privata, quando sia stato sottoscritto dalle parti.

Art. 1317. L'atto pubblico fa piena fede della convenzione e dei fatti seguiti alla presenza del notaio o d'altro pubblico ufficiale che lo ha ricevuto.

Ciò non ostante nel caso di querela di falso in via penale,

l'esecuzione dell'atto impugnato per falso viene sospesa col mandato di cattura; sino a che non sia rilasciato il mandato di cattura, o nel caso di querela di falso in via civile, l'autorità giudiziaria può a norma delle circostanze sospendere temporaneamente l'esecuzione dell'atto.

Art. 1318. Tanto l'atto pubblico quanto la scrittura privata fanno prova tra le parti anche di quelle cose, le quali non sono state espresse che in modo enunciativo, purché l'enunciativa abbia un diretto rapporto colla disposizione.

Le enunciative estranee alla disposizione non possono servire che per un principio di prova.

Art. 1319. Le contro-dichiarazioni fatte per privata scrittura non possono avere effetto che fra le parti contraenti ed i loro successori a titolo universale.

Le enunciative estranee alla disposizione non possono servire che per un principio di prova.

§II Delle scritture private

Art. 1320. La scrittura privata riconosciuta da quello contro cui si produce, o legalmente considerata come riconosciuta, ha la stessa fede dell'atto pubblico fra quelli che l'hanno sottoscritta, e fra i loro eredi ed aventi causa.

Art. 1321. Quegli contro cui si produce un atto privato, è tenuto a riconoscere o negare formalmente il proprio carattere o la propria sottoscrizione.

I suoi eredi od aventi causa possono limitarsi a dichiarare di non conoscere il carattere o la sottoscrizione del loro autore.

Art. 1322. Quando la parte nega il proprio carattere o la propria sottoscrizione, e quando i suoi eredi e aventi causa dichiarano di non conoscerla, se ne ordina la verificazione giudiziale.

Art. 1323. Si hanno per riconosciute le sottoscrizioni autenticate da un notaio.

Il notaio non autenticherà le sottoscrizioni, che non siano apposte alla presenza sua e di due testimoni, premesso l'accertamento dell'identità delle persone dei contraenti.

Art. 1324. Quantunque il carattere o la sottoscrizione sia stata riconosciuta o sia tenuta per tale, la parte contro cui si produce un atto privato, ha sempre il diritto di proporre le sue ragioni contro il contenuto del medesimo, benché non abbia fatta alcuna riserva al momento della ricognizione.

Art. 1325. La polizza o promessa per scrittura privata, colla quale una sola delle parti si obbliga verso l'altra a pagarle una somma di danaro o a darle altra cosa valutata in quantità, debba essere scritta per intero di mano di chi la sottoscrive, o per lo meno è necessario che questi alla sua sottoscrizione aggiunga di propria mano un buono od approvato indicante in lettere per disteso la somma o la quantità della cosa.

Questa disposizione non si applica alle materie commerciali.

Art. 1326. Quando la somma espressa nel corpo dell'atto è diversa da quella espressa nel buono, si presume che l'obbligazione sia per la somma minore, ancorché l'atto come pure il buono siano scritti per intero di mano di colui che si è obbligato, ove non si provi in qual parte sia precisamente l'errore.

Art. 1327. La data delle scritture private non è certa e computabile riguardo ai terzi che dal giorno in cui esse sono state trascritte o depositate nell'uffizio di registro, dal giorno in cui è morto o posto nella fisica impossibilità di scrivere colui o uno di coloro che le hanno sottoscritte, o dal giorno in cui la sostanza delle medesime scritture è comprovata da atti stesi da ufficiali pubblici, come sarebbero i processi verbali di apposizione di sigilli o d'inventario o quando la data risulta da altre prove equipollenti.

Art. 1328. I libri dei commercianti non fanno fede delle somministrazioni che vi sono registrate, contro le persone non commercianti, ma possono autorizzare il giudice a deferire d'uffizio il giuramento all'una o all'altra parte.

Art. 1329. I libri dei commercianti fanno fede contro di essi; ma quegli che vuol trarne vantaggio non può scinderne il contenuto in ciò che gli è contrario.

Art. 1330. I registri e le carte domestiche non fanno fede a favore di colui che le ha scritte, ma la fanno contro di esso:

1° Quando enunciano formalmente la ricevuta di un pagamento;

2° Quando contengono una espressa menzione che l'annotazione è stata scritta per supplire alla mancanza di titolo a favore del creditore.

Art. 1331. Qualunque annotazione posta dal creditore in calce, in margine o nel dorso di un suo titolo di credito, la quale tenda a dimostrare la liberazione del debitore, fa fede, quantunque non porti né la data né la sottoscrizione del creditore, ed il titolo sia sempre rimasto presso di lui.

Lo stesso ha luogo per le annotazioni poste dal creditore nel dorso, in margine o in calce del duplicato di un titolo proprio del debitore o di una precedente quietanza, purché tale documento si trovi presso il debitore.

§III Delle tacche o taglie di contrassegno

Art. 1332. Le tacche o taglie di un contrassegno corrispondenti a quelle del contrassegno di riscontro fanno fede fra le persone, le quali usano di comprovare con tal mezzo le somministrazioni che fanno e ricevono al minuto.

§IV Delle copie degli atti pubblici e privati

Art. 1333. Le copie degli atti pubblici, quando sono estratte dall'atto originale e sono autenticate dal notaio o da altro pubblico ufficiale che li ha ricevuti o che è legittimamente autorizzato ad autenticarle, fanno fede come lo stesso originale.

Fanno ugualmente fede le copie delle scritture private, il cui originale si trova depositato in pubblico archivio, quando siano spedite dall'archivista in conformità dei regolamenti.

Art. 1334. Fanno la stessa fede le copie degli atti pubblici estratte in conformità dei regolamenti dall'archivista sulla copia autentica depositata nell'archivio dal notaio o da altro pubblico ufficiale, a cui sia dalla legge imposto tale obbligo.

Art. 1335. Nei casi enunciati negli articoli precedenti, le parti non possono esigere la presentazione nel luogo del giudizio dell'atto originale, né della copia depositata nell'archivio, ma possono sempre esigere la collazione della copia coll'originale, e in mancanza di questo colla copia depositata nell'archivio.

Art. 1336. In mancanza dell'originale e di una copia depositata in pubblico archivio, le copie autentiche estratte in conformità degli artt. 1333 e 1334 fanno tuttavia piena fede, purché non siano abrase né diano luogo in alcun modo a sospetti.

Art. 1337. Le copie menzionate nell'articolo precedente possono anche servire di originale, affine di estrarre altre copie, qualora si trovino in un pubblico registro, od anche in mano di privati, se d'ordine del giudice, citati gli aventi interesse o di consenso dei medesimi, vengano depositate nell'archivio a ciò destinato.

Art. 1338. Le copie che, in mancanza dell'originale o di copia depositata in pubblico archivio, fossero state estratte da pubblici ufficiali a ciò non autorizzati, possono servire di principio di prova, ove siano fatte da più di trent'anni: se sono più recenti, possono secondo le circostanze essere tenute come semplici indizi.

Art. 1339. Le copie che si trovassero solo trascritte sui pubblici registri, non possono servire che di principio di prova per iscritto.

§V Degli atti di ricognizione

Art. 1340. L'atto di ricognizione o rinnovazione fa fede contro il debitore, i suoi eredi ed aventi causa, se questi coll'esibizione del documento primitivo non dimostrano che vi è stato errore o eccesso nella ricognizione.

Tra più atti di ricognizione prevale il posteriore di data.

Sezione II
Della prova testimoniale

Art. 1341. Non è ammessa la prova per mezzo di testimoni di una convenzione sopra un oggetto, il cui valore eccede le lire cinquecento, ancorché si tratti di depositi volontari. Non è neppure ammessa tale prova contro od in aggiunta al contenuto in atti scritti, né sopra ciò che si allegasse essere stato detto avanti, contemporaneamente o posteriormente ai medesimi, ancorché si trattasse di somma o valore minore di lire cinquecento.

Resta però in vigore quanto è stabilito nelle leggi relative al commercio.

Art. 1342. La regola precedente si applica al caso in cui l'azione, oltre la domanda del capitale, contiene quella degli interessi, se questi riuniti al capitale eccedono la somma di lire cinquecento.

Art. 1343. Quegli che ha fatta una domanda per una somma eccedente le lire cinquecento, non può essere ammesso alla prova testimoniale, ancorché restringesse la sua prima domanda.

Art. 1344. Non può essere ammessa la prova testimoniale sopra la domanda di somma anche minore di lire cinquecento, quando sia dichiarato che tale somma è residuo o parte di un credito maggiore, il quale non è provato per iscritto.

Art. 1345. Se nel medesimo giudizio una parte fa più domande, delle quali non ha documento in iscritto, o che congiunte insieme eccedono la somma di lire cinquecento, la prova per testimoni non può essere ammessa, ancorché la parte allegasse che tali crediti provengono da diverse cause, e che furono formati in diversi tempi, purché simili ragioni non derivassero da diverse persone per titolo di successione, donazione od altrimenti.

Art. 1346. Tutte le domande, da qualunque causa procedano, che non sono interamente giustificate per iscritto, devono essere proposte nello stesso giudizio.

Le domande proposte in giudizi successivi non possono provarsi per testimoni.

Art. 1347. Le regole sopra stabilite soggiacciono ad eccezione, quando vi è un principio di prova per iscritto.

Questo principio di prova risulta da qualunque scritto che provenga da colui contro il quale si propone la domanda, o da quello che egli rappresenta, e che renda verosimile il fatto allegato.

Art. 1348. Le dette regole soggiacciono anche ad eccezione, ogniqualvolta non è stato possibile al creditore di procurarsi una prova scritta dell'obbligazione contratta verso di lui, ovvero il creditore ha perduto il documento che gli serviva di prova per iscritto in conseguenza di un caso fortuito impreveduto e derivante da forza maggiore.

Il primo caso si verifica:

1° Nelle obbligazioni che nascono dai quasi-contratti, dai delitti o quasi-delitti;

2° Nei depositi necessari fatti in caso d'incendio, rovina, tumulto o naufragio, ed in quelli fatti dai viaggiatori negli alberghi dove alloggiano, od ai vetturini che li conducono, e tutto ciò secondo la qualità delle persone e le circostanze del fatto;

3° Nelle obbligazioni contratte in casi d'accidenti impreveduti che non permettessero di fare atti per iscritto.

Sezione III
Delle presunzioni

Art. 1349. Le presunzioni sono le conseguenze che la legge o il giudice deduce da un fatto noto per risalire ad un fatto ignoto.

§I Delle presunzioni stabilite dalla legge

Art. 1350. La presunzione legale è quella che una legge speciale attribuisce a certi atti o a certi fatti. Tali sono:

1° Gli atti che la legge dichiara nulli per la loro qualità, come fatti in frode delle sue disposizioni;

2° i casi ne' quali la legge dichiara che la proprietà o la liberazione risulta da alcune determinate circostanze;

3° L'autorità che la legge attribuisce alla cosa giudicata.

Art. 1351. L'autorità della cosa giudicata non ha luogo, se non relativamente a ciò che ha formato il soggetto della sentenza. È necessario che la cosa domandata sia la stessa: che la domanda sia fondata sulla medesima causa; che la domanda sia tra le medesime parti, e proposta da esse e contro di esse nelle medesime qualità.

Art. 1352. La presunzione legale dispensa da qualunque prova quello a cui favore essa ha luogo.

Art. 1353. Non è ammessa veruna contro la presunzione legale, quando sul fondamento di essa si annullano certi atti o si nega l'azione in giudizio, salvo che la legge abbia riservata la prova in contrario.

§II Delle presunzioni che non sono stabilite dalla legge

Art. 1354. Le presunzioni che non sono stabilite dalla legge, sono lasciate alla prudenza del giudice, il quale non deve ammettere che presunzioni gravi, precise e concordanti, e solamente nei casi in cui la legge ammette la prova testimoniale.

Sezione IV
Della confessione delle parti

Art. 1355. La confessione è giudiziale e stragiudiziale.

Art. 1356. La confessione giudiziale è la dichiarazione che la parte o il suo procuratore speciale fa dinanzi un giudice, ancorché incompetente.

Essa forma piena prova contro colui che l'ha fatta.

Art. 1357. La confessione stragiudiziale è quella che si fa fuori di giudizio.

Art. 1358. Se la confessione stragiudiziale è fatta alla parte o a chi la rappresenta, forma una piena prova.

Se è fatta ad un terzo, non può somministrare che un semplice indizio.

Art. 1359. La confessione stragiudiziale non può provarsi per testimoni, qualora si tratti di domanda per cui la legge non ammette la prova testimoniale.

Art. 1360. La confessione giudiziale o stragiudiziale non può essere divisa in danno di chi l'ha fatta.

Non può rivocarsi, quando non si provi ch'essa fu la conseguenza di un errore di fatto.

Non può ritrattarsi sotto pretesto di un errore di diritto.

Art. 1361. Per produrre i suoi effetti la confessione deve essere fatta da persone capaci di obbligarsi.

La confessione di tutori ed amministratori non pregiudica agli amministratori, se non quando sia fatta ne' casi e modi per cui essi possono obbligare gli amministrati medesimi.

Sezione V
Del giuramento

Art. 1362. Il giuramento deve sempre prestarsi personalmente e non per mezzo di procuratore.

Art. 1363. Il giuramento è di due specie:

1° Quello che una parte deferisce all'altra per farne dipendere la decisione della controversia, e chiamassi decisorio;

2° Quello che dal giudice viene deferito d'uffizio all'una o all'altra parte.

§I Del giuramento decisorio

Art. 1364. Il giuramento decisorio può essere deferito in qualunque specie di controversia civile.

Non si può deferire sopra un fatto delittuoso, né sopra una convenzione per la cui validità la legge esiga un atto scritto, né per impugnare un fatto che un atto pubblico attesti seguito nell'atto steso avanti l'ufficiale pubblico che l'ha ricevuto.

Art. 1365. Non può essere deferito che sopra un fatto specifico proprio di colui al quale si deferisce, ovvero sulla semplice notizia d'un fatto.

Art. 1366. Può deferirsi in qualunque stato si trovi la causa, ed anche quando non vi sia alcun principio di prova della domanda o dell'eccezione sulla quale si deferisce il giuramento.

Art. 1367. Quegli a cui è deferito il giuramento, se ricusa di prestarlo o non lo riferisce all'avversario, soccombe nella domanda o nell'eccezione, e parimente soccombe l'avversario se ricusa di prestare il giuramento che gli fu riferito.

Art. 1368. La parte a cui è stato deferito il giuramento, non può riferirlo dopo che ha dichiarato di essere pronta a giurare.

Art. 1369. Il giuramento non può riferirsi quando il fatto che ne è l'oggetto, non è comune ad ambedue le parti ma soltanto proprio di quella a cui fu deferito.

Art. 1370. Se fu prestato il giuramento deferito o riferito, non si ammette l'altra parte a provarne la falsità.

Art. 1371. Chi ha deferito o riferito il giuramento, può dispensare il suo avversario che si dichiarò pronto a giurare, dal prestarlo; ma il giuramento si ha come prestato.

Art. 1372. La parte che ha deferito il giuramento, può rivocarlo sino a che la parte contraria non abbia dichiarato di accettarlo o di riferirlo, o sino a che non sia intervenuta sentenza irrevocabile sull'ammissione del medesimo.

Può rivocarlo anche dopo la sentenza, e dopoché la parte contraria abbia dichiarato di essere pronta a prestarlo, se nella sentenza fu variata la formola proposta, salvo ché abbia con qualche atto posteriore alla sentenza fatta acquiescenza alla formola variata.

La parte che ha riferito il giuramento, non può più rivocarlo, se l'altra parte ha dichiarato di essere pronta a giurare.

Art. 1373. Il giuramento ricusato o prestato non fa prova che in vantaggio o contro di colui che l'ha deferito, ed a vantaggio de' suoi eredi od aventi causa o contro di essi.

Il giuramento.

Deferito da uno dei creditori in solido al debitore, non lo libera che per la porzione dovuta a quel creditore;

Deferito al debitore principale, libera egualmente i fideiussori;

Deferito ad uno dei debitori in solido, giova ai condebitori;

Deferito al fideiussore, giova al debitore principale.

Nei due ultimi casi il giuramento del condebitore in solido o del fideiussore non giova agli altri condebitori o al debitore principale, se non quando fu deferito sul debito, e non sul fatto della obbligazione in solido o della fideiussione.

§II Del giuramento deferito d'uffizio

Art. 1374. Il giudice può deferire il giuramento ad una delle parti o per fare da esso dipendere la decisione della causa, o soltanto per determinare nella condanna la quantità dovuta.

Art. 1375. Il giudice non può deferire d'uffizio il giuramento, né sulla domanda, né sull'eccezione opposta, se non quando concorrono le seguenti due condizioni:

1° Che la domanda o l'eccezione non sia pienamente provata;

2° Che le medesime non siano mancanti totalmente di prova.

Esclusi questi due casi, il giudice deve ammettere o rigettare la domanda.

Art. 1376. Il giuramento deferito d'uffizio dal giudice ad una delle parti non può da questa riferirsi all'altra parte.

Art. 1377. Il giudice non può deferire all'attore il giuramento sul valore della cosa domandata, se non quando è impossibile di provarlo altrimenti.

Deve pure in questo caso determinare la somma sino alla concorrente quantità della quale si potrà prestar fede all'attore in conseguenza del suo giuramento.

TITOLO V
DEL CONTRATTO DI MATRIMONIO

Capo I
Disposizioni generali

Art. 1378. La società coniugale relativamente ai beni è regolata dalle convenzioni delle parti e dalla legge.

Art. 1379. Gli sposi non possono derogare né ai diritti che appartengono al capo della famiglia, né a quelli che vengono dalla legge attribuiti all'uno o all'altro coniuge, né alle disposizioni proibitive contenute in questo codice.

Art. 1380. Non possono fare alcuna convenzione o rinunzia che tenda a mutare l'ordine legale delle successioni.

Art. 1381. Non è permesso agli sposi di stipulare in modo generico che il loro matrimonio sia regolato da consuetudini locali o da leggi, alle quali non sono legalmente sottoposti.

Art. 1382. I contratti matrimoniali devono essere stipulati per atto pubblico avanti notaio prima del matrimonio.

Art. 1383. Le mutazioni nei contratti matrimoniali che occorressero prima del matrimonio, debbono farsi egualmente per atto pubblico.

Inoltre, nessuna mutazione o contro-dichiarazione è valida, quando sia fatta senza la presenza ed il simultaneo consenso di tutte le persone che sono state parti nel contratto di matrimonio.

Art. 1384. Ogni mutazione o contro-dichiarazione, quantunque rivestita delle forme stabilite nel precedente articolo, rimane senza effetto rispetto ai terzi, se in margine o in calce della minuta del contratto di matrimonio non fu fatta annotazione indicante l'atto che contiene il cangiamento o la contro-dichiarazione. Questa annotazione deve parimente essere fatta sulla copia del contratto di matrimonio rimessa al pubblico archivio a cura del notaio che lo ha ricevuto, ed anche su quella presentata all'uffizio di trascrizione, se il contratto di matrimonio fu trascritto.

Tanto il notaio quanto il pubblico archivista non possono, sotto pena dei danni verso le parti, e sotto pene più gravi, se vi è luogo, dar copia del contratto di matrimonio, senza trascrivere in fine l'annotazione suddetta.

Art. 1385. Le convenzioni matrimoniali di qualunque specie non possono cangiarsi in verun modo dopo la celebrazione del matrimonio.

Art. 1386. Il minore capace di contrarre matrimonio è pure capace di prestare il consenso per tutte le stipulazioni e donazioni che possono farsi nel relativo contratto, le quali sono valide, se egli è stato assistito dalle persone il cui consenso è necessario per la validità del matrimonio.

Art. 1387. Per la validità delle stipulazioni e donazioni fatte nel contratto di matrimonio da colui, contro il quale è stata pronunziata sentenza od anche solo promosso giudizio d'inabilitazione, è necessaria l'assistenza del curatore che sarà all'uopo per tal fine nominato.

Capo II
Della dote

Art. 1388. La dote consiste in quei beni che la moglie od altri per essa apporta espressamente a questo titolo al marito per sostenere i pesi del matrimonio.

Sezione I
Della costituzione della dote

Art. 1389. La costituzione della dote può comprendere in tutto od in parte tanto i beni presenti quanto i beni futuri della donna, oppure un oggetto determinato.

La costituzione di dote espressa in termini generici di tutti i beni della donna non comprende i beni futuri.

Art. 1390. Se la donna passa ad un secondo o ulteriore matrimonio, non s'intende ricostituita tacitamente la dote assegnata nel matrimonio precedente.

Art. 1391. La dote non si può costituire, né aumentare dai coniugi durante il matrimonio.

Art. 1392. Se il padre e la madre che ha beni stradotali, costituiscono unitamente una dote senza distinguere la parte di ciascuno, la dote s'intende costituita in parti eguali da ambi due.

Art. 1393. Se il genitore superstite costituisce una dote sui beni paterni e materni, senza specificarne le porzioni, la dote si prende primieramente sopra i diritti spettanti alla futura sposa nei beni del genitore premorto, ed il rimanente sopra i beni di chi l'ha costituita.

Art. 1394. La dote, se non vi è stipulazione in contrario, si prende dai beni dei dotanti, ancorché la figlia dotata dal padre e dalla madre abbia beni propri di cui appartenga loro l'usufrutto.

Art. 1395. Se la dote è costituita dal solo padre pei diritti paterni e materni, la madre, quantunque presente al contratto, non è obbligata, e la dote resta per intero a carico del padre.

Art. 1396. Coloro che costituiscono una dote, sono tenuti a garantire i beni assegnati in dote.

Art. 1397. Gli interessi della dote decorrono di diritto dal giorno del matrimonio contro coloro che l'hanno promessa, quantunque sia si pattuita una dilazione al pagamento, se non vi è stipulazione in contrario.

Art. 1398. Nel contratto di matrimonio possono gli sposi pattuire un lucro sull'importare della dote in favore del coniuge sopravvivente.

Il lucro si devolve in proprietà al coniuge sopravvivente se non vi sono discendenti del coniuge premorto, e nel caso contrario in semplice usufrutto, salvo ché gli sposi abbiano diversamente pattuito.

Il lucro dotale non può convenirsi sulla dote che viene da altri costituita od aumentata durante il matrimonio, e non reca mai pregiudizio agli eredi aventi diritto a porzione legittima.

Sezione II
Dei diritti del marito sulla dote, e dell'alienazione dei beni dotali

Art. 1399. Il solo marito ha l'amministrazione della dote durante il matrimonio.

Egli solo ha diritto di agire contro i debitori e detentori della medesima, di riscuoterne i frutti e gli interessi, e di esigere la restituzione dei capitali.

Ciò non ostante può convenirsi nel contratto di matrimonio, che la moglie riceverà annualmente, sopra semplice sua quietanza, una parte delle rendite dotali per le sue minute spese e pei bisogni della sua persona.

Art. 1400. Il marito non è tenuto a dare cauzione per la dote che riceve, se non vi è stato obbligato nell'atto di costituzione dotale.

Nulladimeno qualora dopo il matrimonio sia sopraggiunto nel patrimonio del marito un trasformamento o una diminuzione per cui venga la dote ad essere in pericolo, e quegli che l'ha costituita o ne è il debitore, sia nel numero delle persone che sarebbero tenute alla prestazione degli alimenti, può il tribunale civile sull'istanza del medesimo ordinare le cautele opportune per la sicurezza della dote.

Art. 1401. Se la dote o parte di essa consiste in cose mobili stimate nel contratto di matrimonio, senza la dichiarazione che tale stima non ne produce la vendita, il marito ne diviene proprietario, e non è debitore che del prezzo loro attribuito.

Art. 1402. La stima dell'immobile costituito in dote non ne trasferisce la proprietà al marito senza una espressa dichiarazione.

Art. 1403. L'immobile acquistato col danaro dotale non diviene dotale, se non quando nel contratto di matrimonio sia stata stipulata la condizione dell'impiego.

Lo stesso ha luogo relativamente all'immobile dato per pagamento della dote costituita in danaro.

Art. 1404. La dote può essere alienata o ipotecata, se nel contratto di matrimonio ne è stata permessa l'alienazione o l'ipoteca.

Art. 1405. Fuori del caso indicato nel precedente articolo, non si possono durante il matrimonio alienare od obbligare a favore di chicchessia la dote né le ragioni dotali della moglie, e non si possono neppure ridurre o restringere le ragioni medesime, se non col consenso del marito e della moglie, e mediante decreto del tribunale che può darne l'autorizzazione nei soli casi di necessità od utilità evidente.

Art. 1406. Venendo autorizzata la permuta dell'immobile dotale, quello ricevuto in permuta diviene dotale, ed è dotale anche l'avanzo del prezzo, che si deve come tale impiegare.

Sarà parimente impiegato come dotale il prezzo ricavato dalla vendita dell'immobile dotale, autorizzata per motivi di evidente utilità.

In ambi due i casi il tribunale provvederà in guisa che non si ometta l'impiego del prezzo nel modo da esso stabilito.

Art. 1407. È nulla l'alienazione o l'obbligazione della dote, quantunque vi acconsentano ambi due i coniugi, se non è stata permessa nel contratto di matrimonio, o non si adempiano le condizioni sopra stabilite.

Il marito può durante il matrimonio far rivocare l'alienazione o l'obbligazione: uguale diritto spetta alla moglie anche dopo sciolto il matrimonio. Il marito però che vi ha acconsentito, è obbligato pei danni verso colui col quale ha contrattato, se nel contratto non ha dichiarato che la cosa alienata od obbligata era dotale.

Sciolto il matrimonio, si può procedere sui beni che costituivano la dote, anche per le obbligazioni contratte dalla moglie durante il matrimonio.

Art. 1408. Il marito riguardo ai beni dotali è tenuto a tutte le obbligazioni che sono a carico dell'usufruttuario, ed è responsabile delle prescrizioni incorse e dei deterioramenti avvenuti per sua negligenza.

Sezione III
Della restituzione della dote

Art. 1409. Se la dote consiste in immobili, ovvero in mobili non stimati nel contratto nuziale o stimati con dichiarazione che la stima non ne toglie alla moglie la proprietà, il marito o i suoi eredi possono essere costretti a restituire senza dilazione la dote, sciolto che sia il matrimonio.

Art. 1410. Se la dote consiste in una somma di danaro, o in mobili stimati nel contratto, senza che sia si dichiarato che la stima non ne attribuisce la proprietà al marito, la restituzione non può domandarsi che un anno dopo lo scioglimento del matrimonio.

Art. 1411. Se i mobili la cui proprietà resta alla moglie, si sono consumati coll'uso e senza colpa del marito, egli non è tenuto a restituire che i rimanenti, e nello stato in cui si trovano.

La moglie può in qualunque caso ritenere la biancheria e ciò che serve all'ordinario e necessario suo abbigliamento, detratto però il valore di tali oggetti quando sono stati primitivamente dati con una stima.

Art. 1412. Se la dote non stimata comprende capitali o rendite costituite che abbiano sofferto perdita o diminuzione non imputabile a negligenza del marito, questi ne è liberato restituendo i relativi titoli e documenti.

Art. 1413. Se la dote è stata costituita sopra un usufrutto, sciogliendosi il matrimonio, il marito od i suoi eredi non sono tenuti che a restituire il diritto di usufrutto, non già i frutti raccolti o scaduti durante il matrimonio.

Art. 1414. Se il matrimonio ha durato dieci anni dopo la scadenza de' termini stabiliti al pagamento della dote, e se la moglie non ne è la debitrice, essa o i suoi eredi possono ripeterla dal marito o da' suoi eredi dopo lo scioglimento del matrimonio, senza essere tenuti a provare che il marito l'abbia ricevuta, ove non si giustificasse avere il medesimo usate inutilmente tutte le diligenze per procurarsene il pagamento.

Art. 1415. Se il matrimonio è sciolto per la morte della moglie, gli interessi o i frutti della dote che deve restituirsi, corrono di diritto a favore de' suoi eredi dal giorno dello scioglimento.

Se questo accade per la morte del marito, la moglie ha la scelta di esigere, durante l'anno del lutto, gli interessi o i frutti della sua dote, o di farsi somministrare gli alimenti pel tempo anzidetto dall'eredità del marito, la quale in ambi due i casi le deve inoltre fornire, durante l'anno, l'abitazione e le vesti da lutto.

Art. 1416. Sciogliendosi il matrimonio, i frutti della dote consistente tanto in immobili, quanto in danaro o nel diritto di un usufrutto, si dividono tra il coniuge superstite e gli eredi del premorto, in proporzione della durata del matrimonio nell'ultimo anno.

L'anno si computa dal giorno corrispondente a quello del matrimonio.

Art. 1417. Se l'immobile dotale fu affittato durante il matrimonio dal solo marito, si osserva quanto è stabilito per le locazioni fatte dall'usufruttuario.

Sezione IV
Della separazione della dote dai beni del marito

Art. 1418. La separazione della dote non può domandarsi se non giudizialmente dalla moglie, la quale sia in pericolo di perderla, o quando il disordine degli affari del marito lasci temere che i beni di lui non siano sufficienti per soddisfare i diritti della moglie.

La separazione della dote può anche essere domandata dalla moglie che abbia ottenuto sentenza di separazione personale contro il marito.

Ogni separazione stragiudiziale è nulla.

Art. 1419. La separazione della dote pronunziata dall'autorità giudiziaria rimane senza effetto, quando fra sessanta giorni successivi alla sentenza non sia stata eseguita mediante atto pubblico, col reale soddisfacimento dei diritti spettanti alla moglie, sino alla concorrenza dei beni del marito, od almeno nel detto termine la moglie non abbia proposte e proseguite le relative istanze.

Art. 1420. La sentenza che pronunzia la separazione dei beni, è retroattiva sino al giorno della domanda.

Le spese del giudizio di separazione e di pagamento sono a carico del marito.

Art. 1421. I creditori particolari della moglie non possono senza il suo consenso domandare la separazione della dote.

Art. 1422. I creditori del marito possono reclamare contro la separazione della dote pronunziata dall'autorità giudiziaria, ed anche eseguita in frode dei loro diritti: possono altresì intervenire al giudizio per opporsi alla domanda di separazione.

Art. 1423. La moglie che ha ottenuto la separazione della dote, deve contribuire, in proporzione delle sue sostanze e di quelle del marito, alle spese domestiche ed a quelle dell'educazione della prole.

Art. 1424. La moglie separata di beni ne ha la libera amministrazione.

La dote rimane inalienabile, e le somme che la moglie riceve in soddisfazione di essa sono dotali, e devono impiegarsi coll'autorizzazione giudiziale.

Capo III
Dei beni parafernali

Art. 1425. Sono parafernali tutti i beni della moglie, che non sono stati costituiti in dote.

Art. 1426. La moglie che ha beni parafernali, se nel contratto non fu determinata la parte per la quale deve soggiacere ai pesi del matrimonio, vi contribuisce nella proporzione stabilita nell'articolo 138.

Art. 1427. La moglie ritiene il dominio, l'amministrazione e il godimento de' suoi beni parafernali, e il marito non ha diritto di amministrarli né di esigerne i crediti, se non ne ha da essa il mandato, salve le disposizioni del capo IX, titolo V del libro primo.

Art. 1428. Se la moglie costituisce il marito procuratore ad amministrare i suoi beni parafernali, a condizione che renda conto de' frutti, egli è obbligato verso la medesima come qualunque altro procuratore.

Art. 1429. Se il marito ha goduto i beni parafernali della moglie senza procura ma senza opposizione per parte di essa, od anche con procura ma senza condizione di render conto de' frutti, egli o i suoi eredi, alla prima domanda della moglie od allo scioglimento del matrimonio, non sono tenuti che a consegnare i frutti esistenti, senza obbligo di rendere quelli già consumati.

Art. 1430. Se il marito, nonostante l'opposizione della moglie, fatta con atto anche stragiudiziale, ha goduto dei beni parafernali, egli o i suoi eredi sono tenuti a render conto alla medesima de' frutti esistenti e dei consumati.

Art. 1431. Il marito che gode i beni parafernali, è tenuto a tutte le obbligazioni dell'usufruttuario.

Art. 1432. Le disposizioni degli artt. 1428, 1429, 1430 e 1431 si applicano al caso in cui la moglie ha avuto l'amministrazione e il godimento dei beni del marito.

Capo IV
Della comunione dei beni tra coniugi

Art. 1433. Non è permesso agli sposi di contrarre altra comunione universale de' beni, fuorché quella degli utili: questa comunione può essere pattuita, quantunque vi sia costituzione dotale.

Tale convenzione debba essere fatta nel contratto di matrimonio, e non può stipularsi che abbia principio in un tempo diverso da quello della celebrazione del matrimonio.

Art. 1434. Gli sposi possono stabilire patti speciali per siffatta comunione, alla quale, in mancanza, sono applicabili le disposizioni contenute nel titolo *Della società*. In tutti i casi però si osserveranno le disposizioni seguenti.

Art. 1435. Non possono essere compresi nella comunione né l'attivo e passivo presente de' coniugi, né quello che venisse loro devoluto per successione o donazione durante la comunione; ma il godimento de' beni sì mobili come immobili, presenti e futuri dei coniugi cade nella comunione.

Art. 1436. L'effetto di questa comunione è di rendere comuni e divisibili gli acquisti fatti dai coniugi unitamente o separatamente durante la comunione, siano essi derivati dall'industria comune o da risparmi fatti sui frutti o sulle entrate de' coniugi, detratti però sempre i debiti della stessa comunione.

Art. 1437. Si farà dagli sposi prima del matrimonio una descrizione autentica de' loro beni mobili presenti, ed eguale descrizione sarà pur fatta dei beni mobili che venissero loro a devolversi durante la comunione. In mancanza di tale descrizione o di altro titolo autentico, i beni mobili sono considerati come acquisti della comunione.

Art. 1438. Il marito solo può amministrare i beni della comunione, e stare in giudizio per le azioni riguardanti la medesima; ma non può, salvo che a titolo oneroso, alienare o ipotecare i beni, la cui proprietà cade nella comunione.

Art. 1439. Alle locazioni fatte dal marito dei beni della moglie, il godimento de' quali cade nella comunione, sono applicabili le regole stabilite per le locazioni fatte dall'usufruttuario.

Art. 1440. Il patto, col quale si stabilisce che i coniugi parteciperanno in parte disuguali negli utili, ovvero che il sopravvivente preleverà su di essi una porzione, non è riguardato come una liberalità soggetta alle regole delle donazioni, né per la sostanza né per la forma.

Non può tuttavia stipularsi, che uno dei coniugi debba contribuire nel passivo una maggior parte di quella che fosse per avere nell'attivo della comunione.

Art. 1441. La comunione non si può sciogliere che per la morte di uno dei coniugi, per l'assenza dichiarata, per la separazione personale definitiva e per la separazione giudiziale de' beni.

Art. 1442. La separazione giudiziale de' beni non può pronunziarsi che in caso di cattiva amministrazione della comunione, o quando il disordine degli affari del marito metta in pericolo gli interessi della moglie.

A siffatta separazione sono applicabili le disposizioni degli articoli 1418, 1420 e 1421.

Art. 1443. Se, sciolta la comunione, i coniugi vogliono ristabilirla, possono ciò fare con un atto pubblico. In questo caso la comunione riprende il suo effetto, come se la separazione non avesse avuto luogo, senza pregiudizio delle ragioni acquistate dai terzi durante la separazione.

È nulla qualunque convenzione, colla quale si rinnovasse la comunione con patti diversi da quelli con cui essa era anteriormente regolata.

Art. 1444. Dopo lo scioglimento della comunione, la moglie od i suoi eredi hanno sempre la facoltà di rinunziare alla comunione o di accettarla con benefizio dell'inventario, uniformandosi a quanto viene stabilito per le rinunzie alle eredità, o per l'accettazione delle medesime col benefizio dell'inventario, nel capo *Delle disposizioni comuni alle successioni etc.*, e sotto le pene ivi comminate.

Art. 1445. Nella divisione della comunione i coniugi od i loro eredi, ed anche in caso di rinunzia od accettazione col benefizio dell'inventario, la moglie od i suoi eredi possono sempre, nonostante la disposizione dell'art. 1437, prelevare le cose mobili, che possono provare con tutti i mezzi autorizzati dalla legge avere loro appartenuto prima della comunione, o essere loro devolute durante la medesima a titolo di successione o donazione.

La moglie od i suoi figli eredi possono valersi della prova testimoniale, qualora si tratti di cose ad essa devolute a titolo di successione o donazione, qualunque ne sia il valore.

La moglie od i suoi eredi possono anche ripetere il valore delle cose mobili spettanti ad essa ed escluse dalla comunione, ma che non si trovassero più in natura al tempo della divisione, e possono in tal caso provare anche per notorietà il valore delle dette cose.

Art. 1446. Il prelevamento autorizzato dall'articolo precedente non può farsi a pregiudizio dei terzi, che in mancanza di descrizione o d'altro titolo autentico di proprietà avessero contrattato col marito, quale amministratore della comunione, salvo alla moglie o ai suoi eredi il regresso sulla porzione della comunione spettante al marito, ed anche sui beni di lui particolari.

TITOLO VI
DELLA VENDITA

Capo I
Della natura e della forma della vendita

Art. 1447. La vendita è un contratto, per cui uno si obbliga a dare una cosa e l'altro a pagarne il prezzo.

Art. 1448. La vendita è perfetta fra le parti, e la proprietà si acquista di diritto dal compratore riguardo al venditore, al momento che si è convenuto sulla cosa e sul prezzo, quantunque non sia seguita ancora la tradizione della cosa né sia pagato il prezzo.

Art. 1449. La vendita può essere fatta puramente e semplicemente, o sotto condizione sospensiva o risolutiva.

Può altresì avere per oggetto due o più cose alternativamente.

In tutti questi casi l'effetto di essa è regolato dai principi generali dei contratti.

Art. 1450. Quando si tratta di mercanzie non vendute in massa, ma a peso, numero o misura, la vendita non è perfetta, in quanto che le cose vendute stanno a rischio e pericolo del venditore, finché non sono pesate, numerate o misurate.

Il compratore però può chiedere o la consegna delle mercanzie, o il risarcimento dei danni in caso d'inadempimento della obbligazione.

Art. 1451. Se al contrario le mercanzie sono state vendute in massa, la vendita è immediatamente perfetta.

S'intende fatta la vendita in massa, se le cose sono state vendute per un solo e certo prezzo, senza che sia si avuto riguardo al peso, al numero o alla misura, od anche quando vi si abbia riguardo unicamente all'effetto di determinare la quantità del prezzo medesimo.

Art. 1452. Quanto al vino, all'olio ed alle altre cose delle quali si usa fare l'assaggio prima della compra, non vi è con- tratto di vendita finché il compratore non le ha assaggiate e riconosciute della qualità pattuita.

Art. 1453. La vendita col patto di precedente assaggio si presume sempre fatta sotto condizione sospensiva.

Art. 1454. Il prezzo della vendita debba essere determinato e specificato dalle parti.

Può per altro rimettersi all'arbitrio di un terzo scelto dalle parti nell'atto della vendita. Può anche pattuirsi che la scelta sia fatta posteriormente d'accordo dalle parti, purché sia espresso nella convenzione che, non concordando le parti, la scelta venga fatta dal pretore o dal conciliatore del luogo del contratto, o del domicilio o della residenza di una delle parti.

Se la persona scelta nell'atto non vuole o non può fare la dichiarazione del prezzo, la vendita è nulla.

Si può altresì pattuire, che il prezzo sia quello risultante da una certa e determinata mercuriale.

Art. 1455. Le spese degli atti e le altre accessorie alla vendita sono a carico del compratore, salve le particolari convenzioni.

Capo II
Delle persone che possono comprare o vendere

Art. 1456. Possono comprare o vendere tutti coloro ai quali la legge non lo vieta.

Art. 1457. Non possono essere compratori nemmeno all'asta pubblica, sotto pena di nullità del contratto, né direttamente, né per interposte persone:

Il genitore, dei beni dei figli soggetti alla sua potestà;

I tutori, i protutori e i curatori, dei beni delle persone soggette alla loro tutela, protutela, o cura;

I procuratori, dei beni che sono incaricati di vendere;

Gli amministratori, dei beni de' comuni o degli istituti pubblici affidati alla loro cura, salvo che, per particolari circostanze nell'atto che permette la vendita, siano autorizzati a concorrere agli incanti;

I pubblici ufficiali, dei beni che si vendono sotto la loro autorità o mediante il loro intervento.

Art. 1458. I giudici, gli ufficiali del pubblico ministero, i cancellieri, gli uscieri, gli avvocati, i procuratori o patrocinatori ed i notai non possono essere cessionari delle liti, ragioni ed azioni litigiose di competenza della corte, del tribunale o della pretura, di cui fanno parte o nella cui giurisdizione esercitano le loro funzioni, sotto pena di nullità, dei danni e delle spese.

Rimane eccettuato dalle disposizioni precedenti il caso in cui si tratti di azioni ereditarie fra i coeredi, o di cessioni in soddisfazione di crediti o per difesa di beni posseduti.

Inoltre gli avvocati e procuratori non possono né per loro, né per interposta persona stabilire coi loro clienti alcun patto, né fare coi medesimi contratto alcuno di vendita, donazione, permuta o altro simile sulle cose comprese nelle cause alle quali prestano il loro patrocinio, sotto pena di nullità, dei danni e delle spese.

Capo III
Delle cose che non si possono vendere

Art. 1459. La vendita della cosa altrui è nulla: essa può dar luogo al risarcimento dei danni, se il compratore ignorava che la cosa era d'altri.

La nullità stabilita da questo articolo non si può mai opporre dal venditore.

Art. 1460. È nulla la vendita dei diritti di successione di una persona vivente, ancorché questa vi acconsenta.

Art. 1461. La vendita è nulla, se al tempo del contratto era interamente perita la cosa venduta.

Se ne fosse perita soltanto una parte, il compratore ha la scelta o di recedere dal contratto, o di domandare la parte rimasta, facendone determinare il prezzo mediante stima proporzionale.

Capo IV
Delle obbligazioni del venditore

Art. 1462. Il venditore ha due obbligazioni principali, quella di consegnare e quella di garantire la cosa che vende.

Sezione I
Della tradizione della cosa

Art. 1463. La tradizione è la consegna della cosa venduta in potere o possesso del compratore.

Art. 1464. Il venditore adempie l'obbligazione della consegna degli immobili, quando ha rimesso i documenti della proprietà venduta, e le chiavi se trattasi di un edificio.

Art. 1465. La tradizione dei mobili si compie:

O con la loro consegna reale;

O con la consegna delle chiavi degli edifici che li contengono;

O anche col solo consenso delle parti, se la consegna non può eseguirsi al tempo della vendita, oppure se il compratore li aveva già in suo potere per altro titolo.

Art. 1466. La tradizione delle cose incorporee si eseguisce o colla consegna dei documenti, o coll'uso che ne fa il compratore di consenso del venditore.

Art. 1467. Le spese della tradizione sono a carico del venditore, e quelle del trasporto a carico del compratore, se non vi è stata stipulazione in contrario.

Art. 1468. La tradizione si deve fare nel luogo in cui la cosa si trovava al momento della vendita, quando non si è diversamente pattuito.

Art. 1469. Il venditore che non ha accordata dilazione al pagamento, non è tenuto a consegnare la cosa, se il compratore non ne paga il prezzo.

Egli non è tenuto alla consegna della cosa, ancorché avesse accordata una dilazione al pagamento, se dopo la vendita il compratore cade in istato di fallimento o di non solvenza, in guisa che il venditore si trovi in pericolo imminente di perdere il prezzo, salvo che il compratore dia cauzione di pagare nel termine pattuito.

Art. 1470. La cosa deve consegnarsi nello stato in cui si trovava al tempo della vendita.

Dal giorno della vendita tutti i frutti spettano al compratore.

Art. 1471. L'obbligo di consegnare la cosa comprende quello di consegnare i suoi accessori e tutto ciò che fu destinato al perpetuo uso di essa.

Art. 1472. Il venditore è tenuto alla consegna della cosa nella quantità che si è stipulata nel contratto, salve le modificazioni seguenti.

Art. 1473. Se la vendita di un immobile si è fatta coll'indicazione della quantità, in ragione di un tanto per ogni misura, il venditore è obbligato di consegnare al compratore che lo esige, la quantità indicata nel contratto.

Quando ciò non è possibile o il compratore non lo esige, il venditore è obbligato a soggiacere ad una proporzionata diminuzione del prezzo.

Art. 1474. Se all'opposto, nel caso dell'articolo precedente, la quantità si trova maggiore di quella espressa nel contratto, il compratore deve corrispondere il supplemento del prezzo: ha però la facoltà di recedere dal contratto, se l'eccedenza oltrepassa la vigesima parte della quantità dichiarata nel medesimo.

Art. 1475. In tutti gli altri casi in cui la vendita riguarda un corpo determinato e limitato, o fondi distinti e separati, ovvero comincia dalla misura o dall'indicazione del corpo venduto susseguita dalla misura, l'espressione della misura non dà luogo ad alcun supplemento di prezzo in favore del venditore per l'eccedenza della medesima, né ad alcuna diminuzione di prezzo in favore del compratore, se essa sia minore, salvo quando la differenza della misura reale in confronto di quella indicata nel contratto ecceda la vigesima parte in più o in meno del valore intero della cosa venduta, purché non vi sia stipulazione in contrario.

Art. 1476. Nel caso in cui, secondo il precedente articolo, vi è luogo ad accrescimento di prezzo per eccedenza di misura, il compratore ha la scelta o di recedere dal contratto, o di corrispondere il supplemento del prezzo cogli interessi, se ha ritenuto l'immobile.

Art. 1477. In tutti i casi in cui il compratore usa del di ritto di recedere dal contratto, il venditore è tenuto a restituirgli, oltre il prezzo che avesse ricevuto, le spese del contratto medesimo.

Art. 1478. Nei casi sopra espressi l'azione pel supplemento del prezzo che spetta al venditore, e quella per la diminuzione del prezzo o pel recesso dal contratto che spetta al compratore, debbono proporsi nel termine di un anno dal giorno del contratto, sotto pena della perdita delle rispettive ragioni.

Art. 1479. Se si sono venduti due fondi collo stesso contratto e per un solo e medesimo prezzo, coll'indicazione della misura di ciascuno di essi, e si trova che la quantità è minore nell'uno e maggiore nell'altro, se ne fa la compensazione fino alla debita concorrenza; e l'azione tanto pel supplemento, quanto per la diminuzione del prezzo non ha luogo se non in conformità delle regole sopra stabilite.

Art. 1480. La questione, se la perdita o il deterioramento della cosa venduta e non per anco consegnata debba essere a carico del venditore o del compratore, sarà giudicata colle regole stabilite nel titolo *Delle obbligazioni e dei contratti in genere*.

Sezione II
Della garanzia

Art. 1481. La garanzia che il venditore deve al compratore ha due oggetti: il primo riguarda il pacifico possesso della cosa venduta; il secondo riguarda i vizi o i difetti occulti della medesima.

§I Della garanzia in caso di evizione

Art. 1482. Quantunque nel contratto di vendita non sia si stipulata la garanzia, il venditore è tenuto di diritto a garantire il compratore dall'evizione che lo priva di tutto o di parte della cosa venduta, ed altresì dai pesi che si pretendono gravarla e che non furono dichiarati nel contratto.

Art. 1483. I contraenti possono con patti particolari accrescere o diminuire l'effetto di questa obbligazione di diritto, e pattuire altresì che il venditore non sarà soggetto ad alcuna garanzia.

Art. 1484. Quantunque sia si pattuito che il venditore non sarà soggetto ad alcuna garanzia, ciò nonostante egli resterà obbligato a quella che risulta da un fatto suo proprio.

Qualunque convenzione in contrario è nulla.

Art. 1485. Nello stesso caso di stipulata esclusione della garanzia, il venditore, accadendo l'evizione, è tenuto alla restituzione del prezzo, eccetto che il compratore fosse consapevole del pericolo dell'evizione all'atto della vendita o avesse comprato a suo rischio e pericolo.

Art. 1486. Se fu promessa la garanzia o nulla fu stipulato su tale oggetto, il compratore che ha sofferta l'evizione, ha diritto di domandare al venditore:

1° La restituzione del prezzo;

2° Quella de' frutti, quando sia obbligato di restituirli al proprietario, che ha rivendicato la cosa;

3° Le spese fatte in conseguenza della denunzia della lite al suo autore, e quelle fatte dall'autore principale;

4° Finalmente il risarcimento dei danni, come pure le spese ed i legittimi pagamenti fatti pel contratto.

Art. 1487. Se quando si verifica l'evizione, la cosa venduta si trova diminuita di valore o notabilmente deteriorata, tan- to per negligenza del compratore, quanto per forza maggiore, il venditore è ugualmente tenuto a restituire l'intero prezzo.

Art. 1488. Se però il compratore ha ricavato un utile dai deterioramenti da esso fatti, il venditore ha diritto di ritenere sul prezzo una somma corrispondente all'utile anzidetto.

Art. 1489. Se la cosa venduta fosse aumentata di prezzo al tempo dell'evizione, anche indipendentemente dal fatto del compratore, il venditore è tenuto a pagargli ciò che supera il prezzo della vendita.

Art. 1490. Il venditore è tenuto a rimborsare il compratore o a farlo rimborsare da chi ha rivendicato il fondo, di tutte le riparazioni e di tutti i miglioramenti utili che vi avrà fatti.

Art. 1491. Il venditore, se ha venduto in mala fede il fondo altrui, è tenuto a rimborsare il compratore di tutte le spese, anche voluttuarie, che questi avesse fatte sul fondo.

Art. 1492. Il compratore, se ha sofferta l'evizione di una parte della cosa, e questa parte è relativamente al tutto di tale entità che non avrebbe comprato il tutto senza la parte colpita dall'evizione, può fare sciogliere il contratto di vendita.

Art. 1493. Se nel caso di evizione di una parte del fondo venduto non si è sciolta la vendita, il compratore sarà rimborsato dal venditore del valore della parte colpita dall'evizione secondo la stima al tempo dell'evizione, e non in proporzione del prezzo totale della vendita, tanto se la cosa venduta sia aumentata, quanto se sia diminuita di valore.

Art. 1494. Se il fondo venduto è gravato di servitù non apparenti, senza che se ne sia fatta dichiarazione, e queste sono di tale entità da far presumere che il compratore, ove ne fosse stato avvertito, non lo avrebbe comprato, egli può domandare lo scioglimento del contratto, quando non prescelga di contentarsi di un'indennità.

Art. 1495. Le altre questioni che possono nascere pel risarcimento dei danni dovuti al compratore per l'inesecuzione della vendita, debbono essere decise secondo le regole generali stabilite nel titolo *Delle obbligazioni e dei contratti in genere*.

Art. 1496. Quando il compratore ha evitato l'evizione del fondo, mediante il pagamento di una somma di danaro, il venditore può liberarsi da tutte le conseguenze della garanzia, rimborsandolo della somma pagata, degli interessi e di tutte le spese.

Art. 1497. La garanzia per causa di evizione cessa quando il compratore si è lasciato condannare con una sentenza passata in giudicato, senza chiamare in giudizio il venditore, se questi prova che vi erano sufficienti motivi per fare respingere la domanda.

§II Della garanzia pei vizi o difetti occulti della cosa venduta

Art. 1498. Il venditore è tenuto a garantire la cosa venduta dai vizi o difetti occulti che la rendono non atta all'uso cui è destinata, o che ne diminuiscono l'uso in modo che se il compratore gli avesse conosciuti, o non l'avrebbe comprata o avrebbe offerto un prezzo minore.

Art. 1499. Il venditore non è obbligato pei vizi apparenti, e che il compratore avrebbe potuto da se stesso conoscere.

Art. 1500. È obbligato pe' vizi occulti quantunque non gli fossero noti, eccetto che avesse stipulato di non essere in questo caso tenuto ad alcuna garanzia.

Art. 1501. Il compratore nei casi indicati negli articoli 1498 e 1500 ha la scelta di rendere la cosa e farsi restituire il prezzo, o di ritenerla e di farsi restituire quella parte di prezzo, che sarà determinata dall'autorità giudiziaria.

Art. 1502. Se il venditore conosceva i vizi della cosa venduta, è tenuto, oltre alla restituzione del prezzo ricevuto, al risarcimento dei danni verso il compratore.

Art. 1503. Se il venditore ignorava i vizi della cosa, non è tenuto che alla restituzione del prezzo, e a rimborsare il compratore delle spese fatte per causa della vendita.

Art. 1504. Se la cosa che era difettosa, è perita in conseguenza dei suoi difetti, il perimento sta a carico del venditore, il quale è tenuto verso il compratore alla restituzione del prezzo, ed alle altre indennità indicate nei due articoli precedenti.

È però a carico del compratore il perimento derivante da caso fortuito.

Art. 1505. L'azione redibitoria che proviene dai vizi della cosa deve proporsi al compratore, se si tratta d'immobili, entro un anno dalla consegna.

Se si tratta di animali, deve proporsi fra i quaranta giorni, e se d'altri effetti mobili, fra tre mesi dalla consegna, salvo che da usi particolari siano stabiliti maggiori o minori termini.

L'azione redibitoria nelle vendite di animali non ha luogo che per i vizi determinati dalla legge o da usi locali.

Art. 1506. L'azione redibitoria non ha luogo nelle vendite giudiziali.

Capo V
Delle obbligazioni del compratore

Art. 1507. L'obbligazione principale del compratore è di pagare il prezzo nel giorno e nel luogo determinati nel contratto di vendita.

Art. 1508. Quando nel contratto non si è stabilito nulla in proposito, il compratore deve pagare nel luogo e nel tempo in cui deve farsi la tradizione.

Art. 1509. In mancanza di convenzione speciale, il compratore è tenuto agli interessi sino al giorno del pagamento del prezzo, ancorché non sia in mora, se la cosa venduta e consegnata produce frutti od altri proventi.

Art. 1510. Il compratore, se è o ha ragione di temere di essere molestato con un'azione ipotecaria o rivendicatoria, può sospendere il pagamento del prezzo fino a che il venditore abbia fatto cessare le molestie, sempreché questi non prescelga di dar cauzione, o non sia si convenuto che il compratore pagherà nonostante qualunque molestia.

Art. 1511. Nella vendita d'immobili la condizione risolutiva, espressa o tacita, che si verifica per l'inadempimento degli obblighi del compratore, non pregiudica ai terzi che hanno acquistati diritti sopra gli immobili anteriormente alla trascrizione della domanda di risoluzione.

Art. 1512. Trattandosi di cose mobili, lo scioglimento della vendita ha luogo di diritto nell'interesse del venditore, ove il compratore, prima che sia scaduto il termine stabilito per la consegna della cosa, non sia si presentato per riceverla, od anche presentandosi per riceverla, non ne abbia contemporaneamente offerto il prezzo, salvo che pel pagamento di questo fosse stata convenuta una maggiore dilazione.

Art. 1513. Se la vendita fu fatta senza dilazione al pagamento, il venditore può eziandio in mancanza di pagamento rivendicare le cose mobili vendute, sinché queste si trovano in possesso del compratore, od impedirne la rivendita, purché la domanda per rivendicarle venga proposta entro i quindici giorni dal rilascio, e le cose si trovino in quello stato medesimo in cui erano al tempo della consegna.

Il diritto di rivendicazione non ha però effetto in pregiudizio del privilegio accordato al locatore, quando non sia provato che al tempo dell'introduzione dei mobili che forniscono la casa od il fondo locato, egli fosse informato che ne era ancora dovuto il prezzo.

Non sono derogate le leggi e consuetudini commerciali concernenti la rivendicazione.

Capo VI
Della risoluzione e della rescissione della vendita

Art. 1514. Indipendentemente dalle cause di nullità e di risoluzione già espresse in questo titolo, e da quelle comuni a tutte le convenzioni, il contratto di vendita può essere risolto coll'esercizio del diritto di riscatto, e può essere rescisso per lesione.

§I Del riscatto convenzionale

Art. 1515. Il riscatto convenzionale è un patto, per cui il venditore si riserva di riprendere la cosa venduta, mediante la restituzione del prezzo capitale ed il rimborso di cui si tratta nell'articolo 1528.

Art. 1516. Il diritto di riscatto non può stipularsi per un tempo maggiore di cinque anni.

Quando fosse stipulato per un tempo maggiore, si riduce al termine anzidetto.

Art. 1517. Il termine fissato, è perentorio, e non può essere prorogato.

Art. 1518. Non promovendo il venditore l'azione di riscatto nel termine convenuto, il compratore rimane proprietario irrevocabile.

Art. 1519. Il termine decorre contro qualunque persona, ancorché minore di età, salvo il regresso contro chi di ragione.

Art. 1520. Il venditore che ha pattuito il riscatto, può promuoverne l'azione contro i terzi acquirenti, quantunque nei rispettivi contratti non sia stato denunziato il riscatto convenuto.

Art. 1521. Il compratore col patto di riscatto esercita tutte le ragioni del suo venditore. La prescrizione decorre a favore di lui tanto contro il vero proprietario, quanto contro coloro che pretendessero di avere ragioni od ipoteche sopra la cosa venduta.

Egli può opporre il benefizio dell'escussione ai creditori del suo venditore.

Art. 1522. Il compratore col patto di riscatto di parte indivisa di un fondo, se è divenuto aggiudicatario del fondo intero per incanto fra condividenti provocato contro di lui, può obbligare il venditore a redimere tutto il fondo quando egli voglia far uso del patto.

Art. 1523. Se più persone hanno venduto unitamente e mediante un solo contratto un fondo tra esse comune, ciascuna può promuovere l'azione di riscatto sopra la parte soltanto che le spettava.

Art. 1524. Ha luogo la stessa disposizione se chi ha venduto il fondo, ha lasciato più eredi.

Ciascuno di questi può far uso della facoltà del riscatto per la parte soltanto di cui è erede.

Art. 1525. Il compratore però nei casi espressi ne' due precedenti articoli può pretendere l'intervento in causa di tutti i venditori del fondo comune o di tutti i coeredi, affinché concordino tra loro pel riscatto del fondo intero. Se non concordano, egli sarà assoluto dalla domanda.

Tuttavia non volendo uno o più de' coeredi o dei venditori del fondo comune effettuare il riscatto, possono gli altri ed anche un solo eseguirlo nella totalità per proprio conto.

Art. 1526. Se diversi proprietari di un fondo non l'abbiano venduto unitamente e per intero, ma ciascuno abbia venduto la sola sua parte, essi possono separatamente esercitare l'azione di riscatto sopra la porzione che loro apparteneva.

Il compratore non può costringere colui che in tal modo la esercita, a ricomprare l'intero fondo.

Art. 1527. Se il compratore ha lasciato più eredi, l'azione di riscatto non si può promuovere che contro ciascuno di essi e per la parte che gli spetta, tanto nel caso in cui la cosa venduta sia ancora indivisa, quanto in quello in cui la medesima sia stata tra essi divisa.

Ma se l'eredità fu divisa e la cosa venduta è compresa nella porzione di uno degli eredi, l'azione di riscatto può essere promossa contro di lui per la totalità.

Art. 1528. Il venditore che fa uso del patto di riscatto deve rimborsare il compratore non solo del prezzo capitale, ma anche delle spese e di qualunque altro legittimo pagamento fatto per la vendita, per le riparazioni necessarie, e per quelle altresì che hanno aumentato il valore del fondo, sino all'importare dell'aumento. Egli non può rientrare in possesso se non dopo aver soddisfatto a tutte queste obbligazioni.

Il venditore che rientra in possesso del fondo in forza del patto di riscatto, lo riprende esente da tutti i pesi e da tutte le ipoteche di cui il compratore lo avesse gravato: è però tenuto a mantenere le locazioni fatte senza frode dal compratore, purché siano convenute per un tempo non maggiore di un triennio.

§II Della rescissione della vendita per causa di lesione

Art. 1529. Il venditore che è stato leso oltre la metà nel giusto prezzo di un immobile, ha il diritto di chiedere la rescissione della vendita ancorché nel contratto avesse rinunziato espressamente alla facoltà di domandare una tale rescissione, ed avesse dichiarato di donare il di più del valore.

Art. 1530. Per conoscere se vi è lesione oltre la metà, si deve stimare l'immobile secondo il suo stato e valore al tempo della vendita.

Art. 1531. La domanda non è più ammessa, spirati due anni dal giorno della vendita.

Questo termine decorre contro gli assenti, contro gli interdetti ed i minori aventi causa da un venditore di maggiore età.

Lo stesso termine decorre e non si sospende durante il tempo stipulato pel riscatto.

Art. 1532. La prova della lesione non può essere ammessa che nel caso in cui i fatti denunziati siano bastantemente verisimili e gravi per far presumere la lesione.

Art. 1533. La prova del valore si fa mediante perizia.

La prova testimoniale non può essere ammessa, se non per stabilire circostanze di fatto che la perizia non ha potuto definire.

Art. 1534. Nel caso in cui l'azione di rescissione venga ammessa, il compratore ha la scelta o di restituire la cosa, o di ritenerla pagando il supplemento al giusto prezzo.

Art. 1535. Il compratore, se presceglie di ritenere la cosa, è tenuto agli interessi del supplemento dal giorno della do- manda di rescissione.

Se presceglie di restituirla e di ritirarne il prezzo, deve i frutti dal giorno della domanda.

Gli interessi del prezzo ch'egli ha pagato, sono a lui parimente computati dal giorno della domanda, o dal giorno del pagamento se non ha raccolto alcun frutto.

Art. 1536. La rescissione a titolo di lesione non ha luogo in favore del compratore.

Essa non ha luogo neppure nelle vendite che si fanno ai pubblici incanti.

Art. 1537. Le regole espresse nel paragrafo precedente pei casi in cui più persone hanno venduto unitamente o separatamente, e per quello in cui il venditore o compratore ha lasciato più eredi, si osservano anche quando si tratta dell'azione di rescissione.

Capo VII
Della cessione dei crediti o di altri diritti

Art. 1538. La vendita o cessione di un credito, di un diritto o di una azione è perfetta, e la proprietà se ne acquista di diritto dal compratore o cessionario al momento che si è convenuto sul credito o sul diritto da cedersi e sul prezzo, quantunque non ne sia trasferito il possesso.

Il possesso si trasferisce mediante la consegna del documento che prova il credito o diritto ceduto.

Art. 1539. Il cessionario non ha diritto verso i terzi se non dopo fatta l'intimazione al debitore della seguita cessione, ovvero quando il debitore abbia accettata la cessione con atto autentico.

Art. 1540. Il debitore è validamente liberato se ha pagato al cedente, prima che questi o il cessionario gli abbia notificata la cessione.

Art. 1541. La vendita o la cessione di un credito comprende gli accessori del credito stesso, come sarebbero le cauzioni, i privilegi e le ipoteche. Non comprende però le rendite e gli interessi scaduti, salvo che sia si convenuto altrimenti.

Art. 1542. Quegli che cede un credito o altro diritto, deve garantirne la sussistenza al tempo della cessione, quantunque questa si faccia senza garanzia.

Art. 1543. Il cedente non è responsabile della solvenza del debitore che quando ne ha assunto l'obbligo, e per la concorrenza soltanto del prezzo che ha riscosso dal credito ceduto.

Art. 1544. Quando il cedente ha promesso la garanzia della solvenza del debitore e nulla fu convenuto sulla durata di tale garanzia, s'intende che l'abbia limitata ad un anno da computarsi dal tempo della cessione del credito, se il termine di questo era già scaduto.

Se il credito è pagabile fra un termine non ancora scaduto, l'anno decorre dalla scadenza.

Se il credito porta costituzione di una rendita perpetua, la garanzia della solvenza si estingue col decorso di dieci anni dalla data della cessione.

Art. 1545. Quegli che vende un'eredità senza specificarne gli oggetti, non è tenuto a garantire che la propria qualità di erede.

Se egli aveva già rivolto a proprio profitto i frutti di qualche fondo, o riscosso qualche credito appartenente a tale eredità, o venduti alcuni effetti della medesima, è tenuto a rimborsarne il compratore, qualora non gli abbia espressamente riservati nella vendita.

Il compratore deve dal canto suo rimborsare il venditore di quanto questi ha pagato pei debiti e pesi dell'eredità, e tenergli conto di quanto gli fosse dovuto sulla medesima, qualora non vi sia stipulazione in contrario.

Art. 1546. Quegli contro cui fu da altri ceduto un diritto litigioso, può farsi liberare dal cessionario, rimborsandolo del prezzo reale della cessione colle spese e coi legittimi pagamenti, e cogli interessi dal giorno in cui il cessionario ha pagato il prezzo della cessione.

Art. 1547. Il diritto si ritiene per litigioso, quando la sussistenza di esso già sia giudizialmente contestata.

Art. 1548. La disposizione dell'articolo 1546 cessa:

1° Se la cessione fu fatta ad un coerede o comproprietario del diritto ceduto;

2° Se fu fatta ad un creditore in pagamento di quanto gli è dovuto;

3° Se fu fatta al possessore del fondo soggetto al diritto litigioso.

Titolo VII
DELLA PERMUTA

Art. 1549. La permuta è un contratto, con cui ciascuna delle parti si obbliga di dare una cosa per averne un'altra.

Art. 1550. La permuta si effettua mediante il solo consenso, come la vendita.

Art. 1551. Se uno dei permutanti ha già ricevuta la cosa datagli in permuta, e prova in seguito che l'altro contraente non è proprietario della stessa cosa, non può essere costretto a consegnare quella che egli ha promesso di dare, ma solamente a restituire la cosa ricevuta.

Art. 1552. Il permutante, il quale ha sofferto l'evizione della cosa ricevuta in permuta, può a sua scelta domandare il risarcimento dei danni o ripetere la cosa data.

Art. 1553. Nei casi di risoluzione accennati nei due precedenti articoli rimangono salvi i diritti acquistati dai terzi sugli immobili prima della trascrizione della domanda di risoluzione.

Art. 1554. La rescissione per causa di lesione non ha luogo nel contratto di permuta.

Se però si è convenuto a carico di uno dei permutanti un rifacimento in danaro che supera il valore dell'immobile da lui dato in permuta, tale contratto si considera come una vendita, e l'azione di rescissione spetta a chi ha ricevuto il rifacimento.

Art. 1555. Le altre regole stabilite pel contratto di vendita, si applicano anche alla permuta.

Titolo VIII
DELL'ENFITEUSI

Art. 1556. L'enfiteusi è un contratto, col quale si concede, in perpetuo o a tempo, un fondo coll'obbligo di migliorarlo e di pagare un'annua determinata prestazione in danaro o in derrate.

Art. 1557. L'enfiteusi è regolata dalle convenzioni delle parti, in quanto non siano contrarie alle disposizioni degli.

In mancanza di convenzioni speciali si osservano le regole seguenti.

Art. 1558. Le imposte prediali e tutti gli altri pesi che gravano il fondo, sono a carico dell'enfiteuta.

Art. 1559. Non può l'enfiteuta pretendere remissione o riduzione del canone per qualunque insolita sterilità o perdita di frutti.

Art. 1560. Se il fondo enfiteutico perisce interamente, l'enfiteuta è liberato dal peso dell'annua prestazione.

Se il fondo non è distrutto che in parte, non può l'enfiteuta pretendere alcuna diminuzione di canone, ove la rendita della parte che resta, sia sufficiente per pagarlo interamente. In questo caso però, e sempreché ne sia perita una parte notabile, l'enfiteuta può rinunziare al suo diritto, retrocedendo il fondo al concedente.

Art. 1561. L'enfiteuta fa suoi tutti i prodotti del fondo e delle accessioni.

Ha gli stessi diritti che avrebbe il proprietario quanto al tesoro ed alle miniere che si scoprono nel fondo enfiteutico.

Art. 1562. L'enfiteuta può disporre tanto del fondo enfiteutico, quanto delle sue accessioni, sia per atto tra vivi, sia per atto di ultima volontà.

Per la trasmissione del fondo enfiteutico, in qualunque modo avvenga, non è dovuta alcuna prestazione al concedente. La subenfiteusi non è ammessa.

Art. 1563. Ogni ventinove anni il concedente può chiedere la ricognizione del proprio diritto da chi si trova nel possesso del fondo enfiteutico.

Per l'atto di ricognizione non è dovuta alcuna prestazione; le spese di essa sono a carico del possessore del fondo.

Art. 1564. L'enfiteuta può sempre redimere il fondo enfiteutico mediante il pagamento di un capitale in danaro corrispondente all'annuo canone sulla base dell'interesse legale, od al valore dello stesso canone, se è in derrate, sulla base del prezzo medio di queste negli ultimi dieci anni.

Le parti possono tuttavia convenire il pagamento di un capitale inferiore a quello sopra accennato.

Ove si tratti di enfiteusi concessa a tempo determinato e non eccedente i trent'anni, possono anche convenire il pagamento di un capitale superiore, che non potrà però eccedere il quarto di quello sopra stabilito.

Art. 1565. Il concedente può chiedere la devoluzione del fondo enfiteutico, qualora l'enfiteuta non preferisca di redimerlo a norma dell'articolo precedente:

1° Se dopo una legittima interpolazione l'enfiteuta non ha pagato il canone per due anni consecutivi;

2° Se l'enfiteuta deteriora il fondo o non adempie l'obbligazione di migliorarlo.

I creditori dell'enfiteuta possono intervenire nel giudizio per conservare le loro ragioni, valendosi anche all'uopo del diritto di affrancazione spettante all'enfiteuta, offrire il risarcimento dei danni e dare cauzioni per l'avvenire.

Art. 1566. Nel caso di devoluzione l'enfiteuta ha diritto al compenso pei miglioramenti da esso fatti al fondo enfiteutico.

Tale compenso è dovuto sino alla concorrenza della minor somma che risulta tra lo speso ed il migliorato al tempo del rilascio del fondo, se la devoluzione è avvenuta per colpa dell'enfiteuta.

Ove la devoluzione avvenga per la scadenza del termine fissato all'enfiteusi, il compenso è dovuto in ragione del valore dei miglioramenti al tempo del rilascio.

Art. 1567. Nel caso di devoluzione le ipoteche acquistate contro l'enfiteuta si risolvono sul prezzo dovuto pei miglioramenti.

Nel caso di affrancazione le ipoteche acquistate contro il concedente si risolvono sul prezzo dovuto per l'affrancazione.

TITOLO IX
DEL CONTRATTO DI LOCAZIONE

Capo I
Disposizioni generali

Art. 1568. Il contratto di locazione ha per oggetto le cose o le opere.

Art. 1569. La locazione delle cose è un contratto, col quale una delle parti contraenti si obbliga di far godere l'altra di una cosa per un determinato tempo, e mediante un determinato prezzo che questa si obbliga di pagarle.

Art. 1570. La locazione delle opere è un contratto, per cui una delle parti si obbliga a fare per l'altra una cosa mediante la pattuita mercede.

Capo II
Della locazione delle cose

Sezione I
Delle regole comuni alle locazioni delle case e dei beni rustici

Art. 1571. Le locazioni d'immobili non possono stipularsi per un tempo eccedente i trent'anni. Quelle che venissero fatte per un maggior tempo s'intendono ristrette ai trent'anni, computabili dal giorno in cui ebbero principio. Qualunque patto contrario è di nessun effetto.

Trattandosi di locazione di una casa per abitazione, può pattuirsi che la medesima duri tutta la vita dell'inquilino o anche sino a due anni dopo.

Le locazioni dei terreni affatto incolti, che si fanno col patto di dissodarli e di ridurli a coltura, possono anche estendersi a un tempo maggiore di trent'anni ma non oltre i cento.

Art. 1572. La locazione che eccede i nove anni, non è permessa a coloro i quali non possono fare se non gli atti di semplice amministrazione.

Art. 1573. Il conduttore ha diritto di sublocare o di cedere il suo affitto ad un altro, se tale facoltà non gli è stata vietata.

Gli può essere vietata in tutto o in parte; ma il divieto non ha luogo senza un patto speciale.

Art. 1574. Il sub conduttore non è obbligato verso il locatore che sino alla concorrenza del prezzo convenuto nella sublocazione, del quale sia debitore al tempo dell'intimazione della domanda, senza che possa opporre pagamenti fatti anticipatamente.

Non si reputano però anticipati i pagamenti eseguiti dal sub conduttore in conformità della consuetudine dei luoghi.

Art. 1575. Il locatore è tenuto per la natura del contratto e senza bisogno di speciale stipulazione:

1° A consegnare al conduttore la cosa locata;

2° A mantenerla in istato di servire all'uso per cui venne locata;

3° A garantirne al conduttore il pacifico godimento per tutto il tempo della locazione.

Art. 1576. Il locatore è tenuto a consegnare la cosa in buono stato di riparazioni d'ogni specie.

Deve farvi, durante la locazione tutte quelle riparazioni che possono essere necessarie, eccettuate le piccole riparazioni, che per uso sono a carico del conduttore.

Art. 1577. Il conduttore debba essere garantito per tutti quei vizi e difetti della cosa locata che ne impediscano l'uso, quantunque non fossero noti al locatore al tempo della locazione.

Se da questi vizi o difetti proviene qualche danno al conduttore, il locatore è tenuto a farnelo indenne salvo che provi di averli ignorati.

Art. 1578. Se durante la locazione la cosa locata è totalmente distrutta, il contratto è sciolto di diritto; se non è distrutta che in parte, il conduttore può secondo le circostanze domandare la diminuzione del prezzo o lo scioglimento del contratto. In ambi due i casi non si fa luogo a veruna indennità, se la cosa è perita per caso fortuito.

Art. 1579. Il locatore non può durante la locazione, mutare la forma della cosa locata.

Art. 1580. Se durante la locazione la cosa locata abbisogna di riparazioni urgenti e che non possono differirsi fino al termine del contratto, il conduttore deve soffrire, quantunque sia, l'incomodo che gli arrecano, quantunque nel tempo che si eseguiscono resti privato di una parte della cosa locata.

Se però tali riparazioni continuano oltre venti giorni, viene diminuito il prezzo della locazione proporzionatamente al tempo ed alla parte della cosa locata di cui il conduttore è rimasto privo.

Se le riparazioni sono di tal natura che rendano inabitabile quella parte che è necessaria per l'alloggio del conduttore e della sua famiglia, si può secondo le circostanze far luogo allo scioglimento del contratto.

Art. 1581. Il locatore non è tenuto a garantire il conduttore dalle molestie che terze persone con vie di fatto arrecano al suo godimento, quando però non pretendano qualche diritto sulla cosa locata, salva al conduttore la facoltà di agire contro di esse in suo proprio nome.

Se al contrario il conduttore è stato molestato nel suo godimento in conseguenza di un'azione relativa alla proprietà della cosa, esso ha diritto ad una diminuzione proporzionata sul prezzo della pigione o del fitto, purché la molestia e l'impedimento siano stati denunziati al locatore.

Art. 1582. Se quelli che hanno cagionate molestie con vie di fatto, pretendono di avere qualche diritto sulla cosa locata, o se il conduttore è citato in giudizio per essere condannato a rilasciare la cosa in tutto o in parte o a soffrire l'esercizio di qualche servitù, egli deve chiamare il locatore nello stesso giudizio per essere rilevato dalle molestie, e se lo chiede, deve esser posto fuori di causa, anche solo indicando il locatore nel cui nome possiede.

Art. 1583. Il conduttore ha due obbligazioni principali:

1° Deve servirsi della cosa locata da buon padre di famiglia, e per l'uso determinato nel contratto, o in mancanza di convenzione, per quello che può presumersi secondo le circostanze;

2° Deve pagare il prezzo della locazione nei termini convenuti.

Art. 1584. Se il conduttore impiega la cosa locata in uso diverso da quello a cui venne destinata o in modo che possa derivarne danno al locatore, questi può, secondo le circostanze, fare sciogliere il contratto.

Art. 1585. Il conduttore deve restituire la cosa nello stato medesimo in cui l'ha ricevuta, in conformità della descrizione, che ne sia stata fatta fra esso ed il locatore, ad eccezione di ciò che fosse perito o deteriorato per vetustà o per forza maggiore.

Art. 1586. Se non si è proceduto alla descrizione dello stato della cosa locata, si presume che il conduttore l'abbia ricevuta in buono stato di riparazioni locative, e deve restituirla nella stessa condizione, salva la prova in contrario.

Art. 1587. Il conduttore è tenuto, sotto pena dei danni e delle spese, ad avvertire prontamente il locatore delle usurpazioni che si commettessero sulla cosa locata.

Art. 1588. Il conduttore è obbligato pe' deterioramenti e per le perdite che avvengono durante il suo godimento, quando non provi che siano avvenute senza sua colpa.

È pur obbligato pe' deterioramenti e per le perdite cagionate dalle persone della sua famiglia o da' suoi sub conduttori.

Art. 1589. Egli è obbligato per l'incendio, quando non provi:

Che è avvenuto per caso fortuito o forza maggiore, o per difetto di costruzione, o non ostante la diligenza solita ad usarsi da ogni accurato padre di famiglia;

O che il fuoco si è comunicato da una casa, o da un fondo vicino.

Art. 1590. Se una casa è abitata da più inquilini, tutti sono obbligati per l'incendio in concorso col locatore, se anch'esso vi abita, e ciascuno in proporzione del valore della parte da esso occupato.

Eccetto che provino che l'incendio è cominciato nell'abitazione d'uno di essi, nel quale caso questi solo deve esserne responsabile.

O che alcuno di essi provi che l'incendio non ha potuto cominciare nella sua abitazione, nel qual caso questi non è responsabile.

Art. 1591. La locazione fatta per un tempo determinato cessa di diritto collo spirare del termine stabilito, senza che sia necessario di dare la licenza.

Art. 1592. Spirato il termine stabilito nel contratto di locazione, se il conduttore rimane ed è lasciato in possesso, si ha per rinnovata la locazione, il cui effetto è regolato dall'articolo relativo alle locazioni fatte senza determinazione di tempo.

Art. 1593. Se fu intimata la licenza, il conduttore, ancorché abbia continuato nel suo godimento, non può opporre la tacita riconduzione.

Art. 1594. Nel caso dei due articoli precedenti, la sicurtà data per la locazione non si estende alle obbligazioni risultanti dalla prolungazione del termine.

Art. 1595. Il contratto di locazione si scioglie quando la cosa è totalmente perita.

Se una delle parti manca alle sue principali obbligazioni, si può dall'altra chiedere la risoluzione del contratto in conformità dell'art. 1165.

Art. 1596. Il contratto di locazione non si scioglie per la morte del locatore, né per quella del conduttore.

Art. 1597. Se il locatore vende la cosa locata, il compratore è tenuto a stare alla locazione, quando questa sia anteriore alla vendita e consti da atto pubblico o da scrittura privata di data certa, sempreché il locatore stesso non sia si riservato il diritto di sciogliere la locazione in caso di vendita.

Art. 1598. Quantunque il conduttore non abbia un atto pubblico o una scrittura di data certa, se il suo possesso è anteriore alla vendita, il compratore è tenuto a lasciarlo continuare per tutto quel tempo per cui s'intendono fatte le locazioni senza determinazione di tempo.

Nel caso che il compratore voglia licenziare il conduttore dopo il detto tempo, è inoltre tenuto a renderlo avvertito nel termine stabilito dalla consuetudine del luogo per le denunzie di licenza.

Art. 1599. Se nel contratto di locazione si è convenuto, che nel caso di vendita il compratore possa licenziare il conduttore, questi non ha diritto ad alcuna indennità né verso il locatore né verso il compratore, salvo che sia si pattuito il contrario.

Art. 1600. Il compratore che vuole far uso della facoltà riservata nel contratto di licenziare il conduttore in caso di vendita, è tenuto a rendere anticipatamente avvertito il conduttore nel tempo fissato dalla consuetudine del luogo per le denunzie di licenza.

L'affittuario de' beni rustici debba essere avvertito almeno un anno prima.

Art. 1601. Il conduttore licenziato dall'acquirente in mancanza di locazione per atto autentico o per scrittura avente data certa, ha diritto al risarcimento dei danni verso il locatore.

Art. 1602. Il compratore con patto di riscatto non può usare della facoltà di licenziare il conduttore sino a che, collo spirare del termine fissato per il riscatto, non divenga irrevocabilmente proprietario.

Sezione II
Regole particolari alla locazione delle case

Art. 1603. L'inquilino che non fornisce la casa di mobili sufficienti, può essere licenziato da essa, se non dà cautele bastanti ad assicurare la pigione.

Art. 1604. Le riparazioni di piccola manutenzione, che stanno a carico dell'inquilino, se non vi è patto in contrario, sono determinate dalla consuetudine de' luoghi, e fra le altre sono le riparazioni da farsi:

Ai focolari, frontoni, stipiti ed architravi de' camini;

All'incrostamento del basso delle muraglie negli appartamenti e negli altri luoghi di abitazione all'altezza di un metro;

Al pavimento ed a' quadrelli delle camere, quando solamente alcuni di essi siano rotti;

Ai vetri, eccetto che siano stati rotti dalla grandine, o per qualche altro accidente straordinario e di forza maggiore, per cui l'inquilino non sia responsabile;

Alle imposte degli usci, ai telai delle finestre, alle tavole dei tramezzi o alle imposte delle botteghe, ai cardini, ai chiavistelli o alle serrature.

Art. 1605. Non sono però a carico dell'inquilino quelle fra le suddette riparazioni che siano cagionate da vetustà o da forza maggiore.

Art. 1606. Lo spurgamento dei pozzi e delle latrine è a carico del locatore.

Art. 1607. La locazione dei mobili somministrati per l'addobbo d'una casa intera, di un appartamento, di una bottega o di qualunque altro edificio, si considera fatta per quel tempo che, secondo la consuetudine dei luoghi, sogliono ordinariamente durare le locazioni delle case, degli appartamenti, delle botteghe e di altri edifici.

Art. 1608. La locazione di un appartamento mobiliato si intende fatta ad anno, se la pigione è pattuita ad un tanto per anno; a mese, se è pattuita a un tanto per mese; a giorno, se è pattuita a un tanto al giorno.

Non essendovi circostanza atta a provare che la locazione è stata fatta ad anno, a mese o a giorno, s'intende fatta secondo l'uso dei luoghi.

Art. 1609. Se la locazione è stata fatta senza determinazione di tempo, non può alcuna delle parti contraenti dare la licenza all'altra, senza osservare i termini stabiliti dalla consuetudine dei luoghi.

Art. 1610. Se un inquilino continua nel godimento della casa o dell'appartamento, spirato il termine fissato per la locazione, senza opposizione per parte del locatore, s'intende che lo ritiene alle stesse condizioni pel tempo determinato dalla consuetudine dei luoghi, e più non può dimetterlo od esserne licenziato, se non dopo una licenza data nel tempo stabilito dalla stessa consuetudine.

Art. 1611. Nel caso di risoluzione del contratto per colpa dell'inquilino, questi è obbligato a pagare la pigione pel tempo necessario ad una nuova locazione, ed a risarcire i danni che fossero derivati dall'abuso della cosa locata.

Art. 1612. Il locatore non può sciogliere il contratto, ancorché dichiari di voler abitare egli stesso la casa locata, se non vi è patto in contrario.

Art. 1613. Quando si è pattuito nel contratto di locazione che il locatore possa portarsi ad abitare la casa, egli è tenuto a dare anticipatamente la licenza all'inquilino nel tempo fissato dalla consuetudine del luogo.

Sezione III
Regole particolari alla locazione de' fondi rustici

Art. 1614. Se in un contratto d'affitto si dà ai fondi una maggiore o minore estensione di quella che realmente hanno, non si fa luogo alla diminuzione o all'aumento del fitto che nei casi, nel termine e secondo le regole spiegate nel titolo Della vendita.

Art. 1615. Se l'affittuario di un fondo rustico non lo fornisce del bestiame e degli strumenti necessari alla coltivazione, se ne abbandona la coltura, se non lo coltiva da buon padre di famiglia, se impiega il fondo locato a uso diverso da quello per cui fu destinato, o generalmente se non eseguisce i patti dell'affitto, in guisa che ne derivi danno al locatore, questi può secondo le circostanze fare sciogliere l'affitto.

In tutti i casi l'affittuario è tenuto al risarcimento dei danni derivanti dall'inadempimento del contratto.

Art. 1616. Ogni affittuario è tenuto a riporre i raccolti nei luoghi a tal fine destinati nel contratto di locazione.

Art. 1617. Se l'affitto è fatto per più anni, e durante lo stesso la totalità o almeno la metà della raccolta di un anno perisce per casi fortuiti, l'affittuario può domandare una riduzione del fitto eccetto che sia compensato dalle precedenti raccolte.

Se non è compensato, non si fa luogo a determinare la riduzione che alla fine dell'affitto; nel qual tempo si fa un conguaglio coi frutti raccolti in tutti gli anni del medesimo.

Frattanto può l'autorità giudiziaria dispensare temporaneamente l'affittuario dal pagamento di una parte del fitto, in proporzione del danno sofferto.

Art. 1618. Se l'affitto è per un anno solo ed è accaduta la perdita o della totalità o almeno della metà de' frutti, l'affittuario viene esonerato da una parte proporzionata del fitto.

Non può pretendere alcuna riduzione, se la perdita è minore della metà.

Art. 1619. L'affittuario non può conseguire la riduzione, se la perdita de' frutti accade dopo che sono separati dal suolo, eccetto che il contratto assegni al locatore una quota dei frutti in natura; nel qual caso questi deve soggiacere alla perdita per la sua parte, sempreché il conduttore non fosse in colpa né in mora per la consegna al locatore della sua porzione de' frutti.

L'affittuario non può parimente domandare una riduzione, se la causa del danno sussisteva ed era nota al tempo in cui fu stipulato l'affitto.

Art. 1620. L'affittuario può con una espressa convenzione assoggettarsi ai casi fortuiti.

Art. 1621. Tale convenzione non s'intende fatta che pei casi fortuiti ordinari, come la grandine, il fulmine, la brina.

Essa non s'intende fatta pe' casi fortuiti straordinari, come le devastazioni della guerra, o una inondazione a cui non sia d'ordinario sottoposto il paese, eccetto che l'affittuario sia si assoggettato a tutti i casi fortuiti preveduti ed impreveduti.

Art. 1622. L'affitto di un fondo rustico senza determinazione di tempo si reputa fatto pel tempo che è necessario, affinché l'affittuario raccolga tutti i frutti del fondo locato.

L'affitto di terreni colti, quando sono divisi in porzioni coltivabili alternativamente, si reputa fatto per tanti anni quante sono le porzioni.

Art. 1623. L'affitto de' fondi rustici, quantunque fatto senza determinazione di tempo, cessa di diritto collo spirare del tempo per cui s'intende fatto, a norma del precedente articolo.

Art. 1624. Se allo spirare dell'affitto di fondi rustici fatto per tempo indeterminato l'affittuario continua ed è lasciato in possesso, ne risulta un nuovo affitto, il cui effetto è determinato dall'art. 1622.

Art. 1625. L'affittuario che cessa deve lasciare a quello che gli succede nella coltivazione, i fabbricati opportuni e gli altri comodi occorrenti pe' lavori dell'anno susseguente; e reciprocamente, il nuovo affittuario deve lasciare a quello che cessa, gli opportuni fabbricati e gli altri comodi occorrenti pel consumo de' foraggi e per le raccolte che restano a farsi.

Così nell'uno come nell'altro caso si debbono osservare le consuetudini de' luoghi.

Art. 1626. L'affittuario che cessa, deve pure lasciare la paglia, lo strame ed il concime dell'annata, se li ha ricevuti al principio dell'affitto; se non li ha ricevuti, il locatore può ritenerli secondo la stima.

Capo III
Della locazione delle opere

Art. 1627. Vi sono tre principali specie di locazione di opere e d'industria:

1° Quella per cui le persone obbligano la propria opera all'altrui servizio;

2° Quella de' vetturini sì per terra come per acqua, che s'incaricano del trasporto delle persone o delle cose;

3° Quella degli imprenditori di opere ad appalto o cottimo.

Art. 1628. Nessuno può obbligare la propria opera all'altrui servizio che a tempo, o per una determinata impresa.

Art. 1629. I vetturini per terra o per acqua sono sottoposti, quanto alla custodia e conservazione delle cose loro affidate, agli stessi obblighi degli albergatori, riguardo ai quali è disposto nel titolo Del deposito e del sequestro.

Art. 1630. I vetturini sono obbligati non solo per ciò che essi hanno già ricevuto nel loro bastimento o nella loro vettura, ma altresì per ciò che è stato consegnato loro sul porto o nel luogo di ricapito, per essere riposto nel loro bastimento o nella loro vettura.

Art. 1631. Essi sono obbligati per la perdita e per i guasti o le avarie delle cose loro affidate, se non provano che si sono perdute o hanno sofferto guasto o avaria per un caso fortuito o per forza maggiore.

Art. 1632. Gl'imprenditori di pubblici trasporti per terra e per acqua e delle vetture pubbliche debbono tenere un registro del danaro e degli effetti ed involti di cui s'incaricano.

Art. 1633. Gl'imprenditori e i direttori dei trasporti e delle vetture pubbliche e i padroni di bastimenti sono inoltre soggetti a regolamenti particolari che fanno legge tra essi e quelli coi quali contrattano.

Art. 1634. Quando si commette ad alcuno di fare un lavoro, si può pattuire che egli somministri soltanto la sua opera o la sua industria, ovvero che somministri anche la materia.

Art. 1635. Nel caso in cui l'artefice somministri la materia, se la cosa viene a perire in qualsivoglia modo prima di essere consegnata, la perdita rimane a carico dell'artefice, purché il committente non fosse in mora per riceverla.

Art. 1636. Nel caso in cui l'artefice impieghi solamente il suo lavoro o l'industria, se la cosa viene a perire, l'artefice è obbligato soltanto per la sua colpa.

Art. 1637. Nel caso dell'articolo precedente, se la cosa perisce, quantunque senza colpa dell'artefice, prima che l'opera sia consegnata, e senza che il committente sia in mora a verificarla, l'artefice non ha più diritto di pretendere la mercede, purché la cosa non sia perita per un vizio della materia.

Art. 1638. Quando si tratti di un lavoro che sia di più pezzi o a misura, la verificazione può farsi in partite diverse; e si presume fatta per tutte le partite soddisfatte, se il committente paga l'artefice in proporzione del lavoro fatto.

Art. 1639. Se nel corso di dieci anni dal giorno in cui fu compiuta la fabbricazione di un edificio o di altra opera notabile, l'una o l'altra rovina in tutto o in parte, o presenta evidente pericolo di rovinare per difetto di costruzione o per vizio del suolo, l'architetto e l'imprenditore ne sono responsabili.

L'azione per l'indennità deve essere promossa entro due anni dal giorno in cui si è verificato uno dei casi sopra enunciati.

Art. 1640. Un architetto o un imprenditore che si è incaricato per appalto di costruire un edificio, in conformità di un disegno stabilito e concordato col committente, non può domandare alcun aumento del prezzo, né col pretesto che sia aumentato il prezzo della mano d'opera o dei materiali, né col pretesto che sensi fatte al disegno variazioni od aggiunte, se queste non sono state approvate in iscritto e non se ne è convenuto il prezzo col committente.

Art. 1641. Il committente può sciogliere a suo arbitrio l'accordo dell'appalto, quantunque sia già cominciato il lavoro, tenendo indenne l'imprenditore di tutte le spese, di tutti i lavori e di tutto ciò che avrebbe potuto guadagnare in tale impresa.

Art. 1642. Il contratto di locazione di un'opera si scioglie colla morte dell'artefice e dell'architetto od imprenditore incaricato di essa.

Art. 1643. Il committente è però tenuto a pagare ai loro eredi, in proporzione del prezzo fissato nella convenzione, l'importare dei lavori fatti e dei materiali preparati, allorché tali lavori o materiali possono essergli utili.

Art. 1644. L'imprenditore è responsabile dell'opera delle persone che ha impiegato.

Art. 1645. I muratori, fabbri ed altri artefici impiegati alla costruzione di un edificio o di altra opera data in appalto, non hanno azione contro il committente dei lavori, se non fino a concorrenza del debito che egli ha verso l'imprenditore nel tempo in cui promuovono la loro azione.

Art. 1646. I muratori, fabbri ed altri artefici che contrattano direttamente a prezzo fatto, sono soggetti alle regole stabilite nel presente capo, e sono riputati appaltatori per la parte di lavoro che eseguiscono.

Capo IV
Della mezzadria o masseria o colonia

Art. 1647. Colui che coltiva un fondo col patto di dividerei frutti col locatore, si chiama mezzaiolo, mezzadro, massaro o colono, e il contratto che ne risulta, si chiama mezzadria, masseria o colonia. Sono comuni a tale contratto le regole stabilite in generale per le locazioni di cose, e in particolare per le locazioni di fondi rustici colle modificazioni seguenti.

Art. 1648. La perdita per caso fortuito del tutto o di parte della raccolta dei frutti divisibili è sopportata in comune dal locatore e dal mezzaiolo, e non dà azione ad alcuna indennità in favore dell'uno verso dell'altro.

Art. 1649. Il mezzaiolo non può sublocare né cedere la masseria, se non gliene fu espressamente accordata la facoltà nel contratto. In caso di contravvenzione il locatore ha diritto di riprendere il godimento della cosa data a masseria, ed il mezzaiolo né condannato al risarcimento dei danni derivanti dall'inadempimento del contratto.

Art. 1650. Il mezzaiolo non può vendere fieno, paglia o concime, né fare carreggiature per altri senza il consenso del locatore.

Art. 1651. La colonia, in qualunque modo sia fatta, non cessa mai di diritto; ma il locatore deve dare o il colono pretendere licenza entro il tempo fissato dalla consuetudine.

Art. 1652. Può domandarsi anche fuori di tempo lo scioglimento della masseria, qualora vi siano giusti motivi, come in caso che il locatore od il massaro manchino ai loro impegni, o che una malattia abituale renda inabile il massaro alla coltivazione, ed in altri simili casi. L'apprezzamento di tali motivi è lasciato alla prudenza ed equità dell'autorità giudiziaria.

Art. 1653. Per la morte del colono la colonia si risolve col finire dell'anno agrario in corso; ma se la morte è avvenuta negli ultimi quattro mesi, compete ai figli e agli altri eredi del defunto, se con lui coabitavano, la facoltà di continuare nella colonia anche per l'anno seguente; ed in mancanza di eredi coabitanti, o se questi non possono o non vogliono usare di tale facoltà, essa compete alla vedova del colono. Nel caso in cui gli eredi e la vedova nella coltivazione del fondo non seguissero le norme di un buon padre di famiglia, sia nel restante tempo dell'anno agrario in corso, sia nell'anno susseguente, può il locatore fare coltivare il fondo a proprie spese, prelevandone poscia l'importare sulla porzione dei frutti a cui essi avrebbero diritto.

Art. 1654. In tutto ciò che non è regolato dalle disposizioni precedenti o da convenzioni espresse, si osservano nel contratto di masseria le consuetudini locali. In mancanza di consuetudini o di convenzioni espresse hanno luogo le regole seguenti.

Art. 1655. Il bestiame occorrente per coltivare e concimare il fondo, il capitale dell'invernata e gli strumenti necessari alla coltivazione del fondo stesso debbono fornirsi dal colono. La quantità del bestiame debba essere in proporzione dei mezzi che la possessione tenuta a masseria somministra per alimentarlo.

Art. 1656. Le sementi si forniscono in comune dal locatore e dal mezzaiolo.

Art. 1657. Le spese che possono occorrere al colono per l'ordinaria coltivazione dei campi o per la raccolta dei frutti sono a suo carico.

Art. 1658. Le piantagioni ordinarie, come quelle che si fanno in surrogazione delle piante morte o fortuitamente atterrate o divenute infruttifere durante la masseria, debbono farsi dal mezzaiolo, ed è a carico del locatore la somministrazione delle piante, delle fascine, dei vimini e dei pali che alle medesime occorressero. Se le piante si traggono dal semenzaio che trovassi nel fondo, non è dovuta al mezzaiolo alcuna indennità.

Art. 1659. Lo spurgo dei fossi, tanto interni quanto adiacenti alle strade pubbliche, come pure i lavori che sogliono ordinarsi dai comuni per la conservazione delle strade, sono a carico del colono. Egli ha pure l'obbligo di fare le carteggiature ordinarie sia per le riparazioni del fondo e della casa colonica, sia pel trasporto dei generi alla casa del locatore.

Art. 1660. Il colono non può raccogliere, né battere i grani, né fare la vendemmia senza avvertirne il locatore.

Art. 1661. Tutti i frutti, tanto naturali quanto industriali del fondo, si dividono per metà tra il locatore ed il mezzaiolo. È a carico del mezzaiolo il taglio dei boschi cedui per la quantità necessaria pei pali delle viti e per altri usi del fondo. Il soprappiù appartiene al locatore, restando a suo carico le spese. I tronchi degli alberi morti o atterrati sono riservati al locatore. Le opere necessarie per le potature e pel taglio dei rami degli alberi morti od atterrati sono a carico del mezzaiolo. Egli non può disporre di questi oggetti che per la quantità necessaria al servizio del fondo ed al suo proprio uso. Il soprappiù spetta al locatore.

Art. 1662. Il libro del locatore, se contiene le partite di credito e di debito con indicazione di tempo e di causa, e se le partite medesime sono state di mano in mano annotate in altro libretto da conservarsi presso il colono, fa piena prova tanto a favore del locatore quanto contro di lui, ove il colono non abbia reclamato prima della scadenza di quattro mesi dalla data dell'ultima partita. Fa la stessa prova il libretto che il colono conserva presso di sé, purché sia scritto dal locatore nella maniera sopraccennata. Non presentandosi dal locatore o dal colono il proprio libretto perché andò smarrito o non se ne ebbe cura, si sta a quello che vien presentato.

Art. 1663. Il libretto tenuto dal locatore e dal colono nella forma indicata nell'articolo precedente fa prova eziandio dei patti, che possono essersi fra loro convenuti in aggiunta o a modificazione delle regole stabilite in questo capo.

Art. 1664. La colonia senza determinazione di tempo si reputa fatta per un solo anno. L'anno comincia e termina coll'undici di novembre. Passato il mese di marzo senza che sia si data o presa licenza, si intende la colonia rinnovata per un altro anno.

Capo V
Della locazione a soccida o soccio

Sezione I
Disposizioni generali

Art. 1665. La locazione a soccida o soccio è un contratto, per cui una delle parti dà all'altra una quantità di bestiame, perché lo custodisca, lo nutrisca e ne abbia cura, a norma delle condizioni fra esse convenute.

Art. 1666. Vi sono più specie di soccida:
La soccida semplice ed ordinaria;
La soccida a metà;
La soccida coll'affittuario o col mezzaiolo;
La soccida impropriamente detta.

Art. 1667. Si può dare a soccida qualunque specie di bestiame che sia capace di accrescimento, o di utilità all'agricoltura e al commercio.

Art. 1668. Non essendovi patti particolari, tali contratti vengono regolati dai principii seguenti.

Sezione II
Della soccida semplice

Art. 1669. La locazione a soccida semplice è un contratto, per cui si dà ad altri del bestiame per custodirlo, nutrirlo ed averne cura, a condizione che il conduttore guadagni la metà nell'accrescimento. L'accrescimento consiste tanto nei parti sopravvenuti, quanto nel maggior valore che il bestiame può avere al fine del contratto in confronto con quello che aveva al principio.

Art. 1670. La stima attribuita al bestiame nel contratto di locazione non ne trasferisce la proprietà al conduttore, e non ha altro effetto che di determinare la perdita o il guadagno che può risultarne, terminata la locazione.

Art. 1671. Il conduttore deve usare la diligenza di un buon padre di famiglia per la conservazione del bestiame datogli a soccida.

Art. 1672. Egli non è obbligato pei casi fortuiti, se non quando sia imputabile di colpa precedente, senza la quale non sarebbe avvenuto il danno.

Art. 1673. Nascendo controversia, il conduttore deve provare il caso fortuito, ed il locatore la colpa da lui imputata al conduttore.

Art. 1674. Il conduttore, che non si è obbligato a risarcire i danni dei casi fortuiti, è sempre tenuto a render conto delle pelli delle bestie e di quanto altro ne possa rimanere.

Art. 1675. Se il bestiame è perito od il suo valore primitivo è diminuito senza colpa del conduttore, la perdita è a carico del locatore.

Art. 1676. Il solo conduttore profitta del latte, del concime e del lavoro del bestiame dato a soccida. La lana e l'accrescimento si dividono.

Art. 1677. Non si può stipulare:
Che il conduttore sopporti più della metà della perdita del bestiame, allorché avvenga per caso fortuito e senza sua colpa;
Che egli abbia nella perdita una parte più grande che nel guadagno;
Che il locatore prelevi in fine della locazione qualche cosa oltre il bestiame dato a soccida. Ogni convenzione di tale natura è nulla.

Art. 1678. Il conduttore non può disporre di alcuna bestia della mandra, tanto appartenente al capitale della soccida, quanto all'accrescimento, senza il consenso del locatore, e nemmeno questi può disporne senza il consenso del conduttore.

Art. 1679. Quando la locazione a soccida è contratta coll'affittuario altrui, deve essere notificata al locatore dei beni in cui egli tiene l'affitto; senza di che il locatore dei detti beni può sequestrare e far vendere il bestiame per essere soddisfatto di quanto l'affittuario gli deve.

Art. 1680. Il conduttore non può tosare le bestie date a soccida senza prima avvertirne il locatore.

Art. 1681. Se nel contratto non fu stabilito il tempo per cui deve durare la soccida, si ritiene che abbia a durano per tre anni.

Art. 1682. Il locatore può domandarne anche prima lo scioglimento se il conduttore non adempie ai suoi obblighi.

Art. 1683. Al termine della locazione od al tempo dello scioglimento si procede a nuova stima del bestiame dato a soccida. Il locatore può prelevare dalle mandre bestie d'ogni specie sino alla concorrenza della prima stima: il di più si divide.

Se non vi sono bestie sufficienti ad agguagliare la prima stima, il locatore prende quelle che rimangono senza che il conduttore debba concorrere nella perdita.

Sezione III
Della soccida a metà

Art. 1684. La soccida a metà è una società, nella quale ciascuno dei contraenti conferisce la metà del bestiame che resta comune pel guadagno o per la perdita.

Art. 1685. Il solo conduttore profitta, come nella soccida semplice, del latte, del letame e del lavoro degli animali. Il locatore non ha diritto che sopra la metà delle lane e dell'accrescimento.

Art. 1686. Nel rimanente le regole della soccida semplice si applicano alla soccida a metà.

Sezione IV
Della soccida data dal locatore al suo affittuario o al mezzaiuolo

§I - Della soccida coll'affittuario

Art. 1687. La soccida data all'affittuario, chiamata anche *soccida di ferro*, è quella per cui si concede un fondo in affitto, a condizione che al terminare della locazione l'affittuario lasci degli animali di valore eguale al prezzo della stima di quelli che ha ricevuti.

Art. 1688. La stima del bestiame consegnato all'affittuario non produce in lui la traslazione della proprietà, ma nulladimeno pone il bestiame a suo rischio.

Art. 1689. Tutti i guadagni appartengono all'affittuario durante la locazione, se non vi è patto in contrario.

Art. 1690. Nelle soccide contratte coll'affittuario il concime non cede a suo profitto particolare, ma appartiene alla possessione locata, nella cultura della quale si deve unicamente impiegare.

Art. 1691. La perdita anche totale del bestiame, avvenuta per caso fortuito, ricade interamente a danno dell'affittuario, se non si è altrimenti pattuito.

Art. 1692. Al termine della locazione l'affittuario non può ritenersi il bestiame compreso nella soccida pagando il valore della stima preventiva, ma deve lasciare bestiame di valore eguale a quello che ha ricevuto. Ogni deficienza che si verifica nel valore del bestiame è a carico dell'affittuario che la deve risarcire; ogni eccedenza è a tutto di lui vantaggio.

§II - Della soccida col mezzaiuolo

Art. 1693. Si può stipulare che il mezzaiuolo rilasci al locatore la sua parte della lana tosata a prezzo minore del valore ordinario;

Che il locatore abbia una maggiore porzione degli utili;

Che gli spetti la metà del latte.

Art. 1694. La soccida col mezzaiuolo termina col fine della locazione.

Art. 1695. Nel rimanente essa è sottoposta a tutte le regole della soccida semplice.

Sezione V
Della soccida impropriamente detta

Art. 1696. La soccida impropriamente detta ha luogo quando si danno una o più vacche, perché siano custodite ed alimentate, delle quali il locatore conserva la proprietà, avendo soltanto il guadagno dei vitelli che nascono da esse.

TITOLO X
DEL CONTRATTO DI SOCIETÀ

Capo I
Disposizioni generali

Art. 1697. La società è un contratto col quale due o più persone convengono di mettere qualche cosa in comunione, al fine di dividere il guadagno che ne potrà derivare.

Art. 1698. Qualunque società deve avere per oggetto una cosa lecita, ed essere contratta per l'interesse comune delle parti. Ciascun socio deve conferirvi o danaro, od altri beni, o la propria industria.

Capo II
Delle diverse specie di società

Art. 1699. Le società sono universali o particolari.

Sezione I
Delle società universali

Art. 1700. Si distinguono due specie di società universali: la società di tutti i beni presenti e la società universale dei guadagni.

Art. 1701. La società di tutti i beni presenti è quella, colla quale le parti pongono in comunione tutti i beni mobili ed immobili che possiedono attualmente, e gli utili che potranno ricavarne. Possono altresì comprendervi tutte le altre specie d'utili; ma i beni che le parti acquistassero per successione o donazione, non entrano in questa società, se non per essere goduti in comunione. Ogni stipulazione che tenda a render comune la proprietà di tali beni, è nulla.

Art. 1702. La società universale dei guadagni comprende tutto ciò che le parti saranno per acquistare colla loro industria, per qualsivoglia titolo, durante la società: i beni sì mobili come immobili, che ciascuno dei soci possiede al tempo del contratto, non sono compresi nella società, se non per essere goduti in comunione.

Art. 1703. Il semplice contratto di società universale, senza altra dichiarazione, non include che la società universale dei guadagni.

Art. 1704. Non può aver luogo veruna società universale, eccetto che tra persone capaci di dare o di ricevere scambievolmente l'una dall'altra, ed alle quali non sia vietato d' avvantaggiarsi reciprocamente a scapito dei diritti d'altre persone.

Sezione II
Delle società particolari

Art. 1705. La società particolare è quella, la quale non ha per oggetto se non certe determinate cose, o il loro uso, ovvero i frutti che se ne possono ritrarre.

Art. 1706. È parimente società particolare il contratto, con cui più persone si associano per una impresa determinata, o per l'esercizio di qualche mestiere o professione.

Capo III
Delle obbligazioni dei soci fra loro e relativamente ai terzi

Sezione I
Delle obbligazioni de' soci tra loro

Art. 1707. La società comincia nell'istante medesimo del contratto, se non è fissato un altro tempo.

Art. 1708. Non essendovi patto circa la durata della società, si presume contratta per tutta la vita dei soci, sotto le limitazioni espresse nell'articolo 1733; se però si tratta d'affare, il quale non duri che per un determinato tempo, la società si intende contratta per tutto il tempo in cui deve durare lo stesso affare.

Art. 1709. Ogni socio è debitore verso la società di tutto ciò che ha promesso di conferirvi. Quando ciò che si deve conferire, consiste in un determinato corpo di cui la società abbia sofferta l'evizione, il socio che l'ha conferito, ne è garante verso la società, nel modo stesso che il venditore è obbligato per l'evizione a favore del compratore.

Art. 1710. Il socio che doveva conferire alla società una somma e non l'ha conferita, è di diritto debitore degli interessi di tale somma dal giorno in cui si doveva eseguirsi il pagamento, salvo il risarcimento dei danni. Lo stesso ha luogo riguardo alle somme che avesse prese dalla cassa sociale, gli interessi delle quali decorrono dal giorno che le ha ritirate per suo particolare vantaggio.

Art. 1711. I soci che si sono obbligati ad impiegare per la società la loro industria, debbono render conto di tutti i guadagni fatti con quella specie d'industria che è l'oggetto della società.

Art. 1712. Se uno dei soci è creditore per suo conto particolare di una somma esigibile verso una persona che è pure debitrice alla società di una somma egualmente esigibile, deve imputare ciò che riceve dal debitore al credito della società e al proprio nella proporzione dei due crediti, ancorché colla quietanza avesse fatta l'intera imputazione al suo credito particolare: ma se ha dichiarato nella quietanza che l'imputazione è fatta interamente al credito della società, questa dichiarazione ha il suo effetto.

Art. 1713. Se uno dei soci ha ricevuta l'intera sua porzione di un credito comune, ed il debitore diventa in appresso non solvente questo socio deve conferire nella massa ciò che ha ricevuto, quantunque abbia rilasciato la quietanza specialmente a sconto della sua porzione.

Art. 1714. Ciascuno dei soci è obbligato verso la società dei danni cagionati alla medesima per sua colpa, senza che possa compensarli cogli utili procacciati colla sua industria in altri affari.

Art. 1715. Le cose il cui solo godimento è stato posto in società, e consistono in corpi certi e determinati che non si consumano coll'uso, rimangono a rischio e pericolo del socio che ne è proprietario. Se queste cose si consumano coll'uso, se conservandole si deteriorano, se sono state destinate ad essere vendute, o se furono poste in società sopra stima risultante da un inventario, esse rimangono a rischio e pericolo della società. Se la cosa è stata stimata, il socio non può ripetere che l'importare della stima.

Art. 1716. Un socio ha l'azione contro la società non solo per la restituzione dei capitali sborsati a conto di essa, ma altresì per le obbligazioni contratte di buona fede per gli affari sociali e dei rischi inseparabili della sua amministrazione.

Art. 1717. Se il contratto di società non determina la parte di ciascun socio nei guadagni o nelle perdite, tale parte è in proporzione di quanto ciascuno ha conferito pel fondo sociale. Riguardo a colui che non ha conferito che la propria industria, la sua parte nei guadagni o nelle perdite è regolata come la parte di colui che nella società ha conferito la somma o porzione minore.

Art. 1718. Se i soci hanno convenuto di rimettersi al giudizio di uno di essi o di un terzo per determinare le porzioni, la determinazione che sarà data, non può impugnarsi che nel caso in cui sia evidentemente contraria all'equità. Non è ammesso alcun reclamo a questo riguardo, quando sono decorsi più di tre mesi dal giorno in cui il socio che si pretende leso, ha avuto notizia della determinazione, o quando dal suo canto ha cominciato ad eseguirla.

Art. 1719. È nulla la convenzione che attribuisce ad uno dei soci la totalità dei guadagni. Parimente è nulla la convenzione, per cui i capitali o effetti posti in società da uno e da più soci si dichiarassero esenti da qualunque contributo nelle perdite.

Art. 1720. Il socio incaricato della amministrazione in forza di un patto speciale del contratto di società può fare, non ostante l'opposizione degli altri soci, tutti gli atti che dipendono dalla sua amministrazione, purché ciò segua senza frode. Questa facoltà non può essere rivocata durante la società senza una causa legittima; ma se è stata accordata con un atto posteriore al contratto di società, è rivocabile come un semplice mandato.

Art. 1721. Se più soci sono incaricati di amministrare, senza che siano determinate le loro funzioni o sia stato espresso che l'uno non possa agire senza l'altro, ciascuno di essi può fare separatamente tutti gli atti di tale amministrazione.

Art. 1722. Se fu pattuito che uno degli amministratori non possa fare cosa alcuna senza l'altro, uno solo non può, senza una nuova convenzione, agire in assenza dell'altro, quantunque questi fosse nell'attuale impossibilità di concorrere agli atti dell'amministrazione, salvo che si trattasse di un atto di urgenza, dall'omissione del quale potesse derivare un grave ed irreparabile danno alla società.

Art. 1723. In mancanza di patti speciali sul modo di amministrare si osservano le seguenti regole:

1° Si presume che i soci siensi data reciprocamente la facoltà di amministrare l'uno per l'altro. L'operato di ciascuno è valido anche per la parte dei consoci, ancorché non abbia riportato il loro consenso, salvo a questi ultimi o ad uno di essi il diritto di opporsi all'operazione, prima che sia conclusa;

2° Ciascun socio può servirsi delle cose appartenenti alla società, purché le impieghi secondo la loro destinazione fissata dall'uso, e non se ne serva contro l'interesse della società, o in modo che impedisca ai suoi soci di servirsene secondo il loro diritto;

3° Ciascun socio ha diritto di obbligare i consoci a contribuire con esso alle spese necessarie per la conservazione delle cose della società;

4° Uno de' soci non può fare innovazioni sopra gli immobili dipendenti dalla società, ancorché le reputi vantaggiose ad essa, se gli altri soci non vi acconsentano.

Art. 1724. Il socio che non è amministratore, non può né alienare né obbligare le cose, benché mobili, le quali dipendono dalla società.

Art. 1725. Ciascuno dei soci ha facoltà di associarsi, senza il consenso degli altri, una terza persona relativamente alla porzione che egli ha nella società, ma non può senza tale consenso ammetterla nella società, ancorché ne avesse l'amministrazione.

Sezione II
Delle obbligazioni dei soci verso i terzi

Art. 1726. Nelle società, escluse quelle di commercio, i soci non sono obbligati in solido pei debiti sociali, né uno dei soci può obbligare gli altri, se questi non gliene hanno data la facoltà.

Art. 1727. I soci sono obbligati verso il creditore con cui hanno contrattato, ciascuno per una somma e parte eguale, ancorché uno di essi abbia in società una porzione minore, se il contratto non ha specialmente ristretta l'obbligazione di questo in ragione della sua porzione.

Art. 1728. La stipulazione esprimente che l'obbligazione fu contratta per conto sociale, obbliga soltanto il socio che ha contrattato e non gli altri, eccetto che questi gliene abbiano data la facoltà, o che la cosa sia stata rivolta in vantaggio della società.

Capo IV
Delle diverse maniere con cui finisce la società

Art. 1729. La società, finisce:

1° Per lo spirare del tempo per cui fu contratta;

2° Per l'estinzione della cosa o pel compimento dell'affare;

3° Per la morte di alcuno dei soci;

4° Per l'interdizione, per la non solvenza o pel fallimento di alcuno dei soci;

5° Per la volontà espressa da uno o più soci di non voler continuare la società.

Art. 1730. La prorogazione di un società contratta a tempo determinata non può essere provata, che con quei mezzi coi quali si può provare il contratto di società.

Art. 1731. Se uno dei soci ha promesso di mettere in comunione la proprietà d'una cosa e questa perisce prima che sia stata realmente conferita, la società rimane sciolta riguardo a tutti i soci. Parimente rimane sciolta in qualunque caso per la perdita della cosa, quando il solo godimento fu posto in comunione e la proprietà è rimasta presso del socio. Ma non rimane sciolta per la perdita della cosa la cui proprietà fu già conferita nella società.

Art. 1732. Si può stipulare che in caso di morte di uno dei soci la società debba continuare col suo erede, ovvero che debba soltanto continuare fra i soci superstiti. Nel secondo caso l'erede del defunto non ha diritto che alla divisione della società, avuto riguardo allo stato in cui essa si trova al tempo della morte del socio, e non partecipa alle ulteriori ragioni se non in quanto sono una conseguenza necessaria delle operazioni fatte prima della morte del socio a cui succede.

Art. 1733. Lo scioglimento della società per volontà di una delle parti ha luogo soltanto in quelle società la cui durata è senza limite, e si effettua mediante una rinunzia notificata a tutti i soci, purché tale rinunzia sia fatta in buona fede e non fuori di tempo.

Art. 1734. La rinunzia non è di buona fede, quando il socio rinunzia per appropriarsi egli solo il guadagno che i soci si erano proposto di ottenere in comune. Essa è fatta fuori di tempo, quando le cose non sono più nella loro integrità, e l'interesse della società esige che ne venga differito lo scioglimento.

Art. 1735. Lo scioglimento della società contratta a tempo determinato non può domandarsi da uno de' soci prima che sia spirato il termine stabilito, se non quando vi fossero giusti motivi, come nel caso che uno dei soci mancasse ai suoi impegni, o che una malattia abituale lo rendesse inabile agli affari sociali, o in altri casi consimili. L'apprezzamento di tali motivi è lasciato alla prudenza dell'autorità giudiziaria.

Art. 1736. Son applicabili alle divisioni tra i soci le regole concernenti la divisione dell'eredità, la forma di tale divisione e le obbligazioni che ne risultano fra i coeredi.

TITOLO XI
DEL MANDATO

Capo I
Della natura del mandato

Art. 1737. Il mandato è un contratto in forza del quale una persona si obbliga gratuitamente o mediante un compenso a compiere un affare per conto di un'altra persona da cui ne ha avuto l'incarico.

Art. 1738. Il mandato può essere espresso o tacito. Anche l'accettazione può essere tacita, e risultare dall'esecuzione che vi ha dato il mandatario.

Art. 1739. Il mandato è gratuito se non vi è patto in contrario.

Art. 1740. Il mandato è speciale per un affare o per certi affari solamente, ovvero è generale per tutti gli affari del mandante.

Art. 1741. Il mandato concepito in termini generali non comprende che gli atti di amministrazione.

Quando si tratti di alienare, ipotecare o fare altri atti che eccedono la ordinaria amministrazione, il mandato debba essere espresso.

Art. 1742. Il mandatario non può fare cosa alcuna oltre i limiti del suo mandato: la facoltà di fare transazione non comprende quella di fare compromessi.

Art. 1743. Il minore emancipato può essere scelto per mandatario; ma il mandante non ha azione contro il mandatario minore, se non giusta le regole generali relative alle obbligazioni dei minori. La moglie non può accettare mandato senza l'autorizzazione del marito.

Art. 1744. Quando il mandatario agisce in suo nome, il mandante non ha azione contro coloro coi quali il mandatario ha contrattato, né i medesimi l'hanno contro il mandante. In tal caso però il mandatario è direttamente obbligato verso la persona con cui ha contrattato, come se l'affare fosse suo proprio.

Capo II
Delle obbligazioni del mandatario

Art. 1745. Il mandatario è tenuto ad eseguire il mandato sino a che ne rimane incaricato, ed è responsabile dei danni derivanti dall'inadempimento del medesimo. È parimente tenuto a terminare l'affare già cominciato al tempo della morte del mandante, se dal ritardo possa derivare pericolo.

Art. 1746. Il mandatario è responsabile non solamente pel dolo, ma anche per la colpa commessa nell'esecuzione del mandato.

Tale responsabilità riguardo alla colpa è applicata, quando il mandato è gratuito, meno rigorosamente che nel caso contrario.

Art. 1747. Ogni mandatario deve rendere conto del suo operato e corrispondere al mandante tutto quello che ha ricevuto in forza del mandato, quantunque ciò che ha ricevuto non fosse dovuto al mandante.

Art. 1748. Il mandatario è responsabile per colui che ha sostituito nell'incarico avuto:

1° Quando non gli fu concessa la facoltà di sostituire alcuno;

2° Quando una tale facoltà gli fu concessa senza indicazione della persona, e quella da lui scelta era notoriamente incapace o non solvente. In tutti i casi può il mandante direttamente agire contro la persona che venne sostituita dal mandatario.

Art. 1749. Se in un solo atto si sono costituiti più mandatari o procuratori, l'obbligazione in solido tra essi non ha luogo se non è stata pattuita.

Art. 1750. Il mandatario deve gli interessi delle somme che ha impiegate a proprio uso dalla data del fattone impiego, e gli interessi di quelle di cui è rimasto in debito dal giorno in cui fu costituito in mora.

Art. 1751. Il mandatario che ha dato alla parte, con cui ha contrattato in tale qualità, una sufficiente notizia delle facoltà ricevute, non è tenuto ad alcuna garanzia per quello che avesse operato oltre i limiti del mandato, eccetto che si fosse per ciò personalmente obbligato.

Capo III
Delle obbligazioni del mandante

Art. 1752. Il mandante è tenuto ad eseguire le obbligazioni contratte dal mandatario secondo le facoltà che gli ha date. Non è obbligato per quello che il mandatario avesse fatto oltre tali facoltà, se ciò non è stato espressamente o tacitamente ratificato.

Art. 1753. Il mandante deve rimborsare il mandatario delle anticipazioni e delle spese che questi ha fatto per l'esecuzione del mandato, e pagargli il compenso se l'ha promesso. Se non è imputabile alcuna colpa al mandatario, il mandante non può dispensarsi di tale rimborso e pagamento, ancorché l'affare non fosse riuscito, né può far ridurre la somma delle spese e delle anticipazioni, col pretesto che avrebbero potuto essere minori.

Art. 1754. Il mandante deve parimente tener indenne il mandatario delle perdite sofferte per occasione degli assunti incarichi, quando non gli si possa imputare alcuna colpa.

Art. 1755. Il mandante deve al mandatario gli interessi delle somme da questo anticipate dal giorno del provato pagamento delle medesime.

Art. 1756. Se il mandato è stato conferito da più persone per un affare comune, ciascuna di esse è tenuta in solido verso il mandatario per tutti gli effetti del mandato.

Capo IV
Delle diverse maniere colle quali si estingue il mandato

Art. 1757. Il mandato si estingue:

Per la rivocazione fattane dal mandante;

Per la rinunzia del mandatario;

Per la morte, per l'interdizione e pel fallimento sia del mandante sia del mandatario;

Per l'inabilitazione del mandatario o del mandante, se oggetto del mandato siano atti ch'essi non potrebbero fare direttamente senza l'assistenza del curatore.

Art. 1758. Il mandante può, quando vuole, rivocare il mandato e costringere il mandatario a restituirgli lo scritto che lo comprova.

Art. 1759. La rivocazione del mandato notificata soltanto al mandatario non può opporsi ai terzi, i quali ignorandola hanno agito in buona fede con esso, salvo al mandante il regresso contro il mandatario.

Art. 1760. La nomina di un nuovo mandatario per lo stesso affare produce la rivocazione del mandato conferito al precedente dal giorno in cui fu a questo notificata.

Art. 1761. Il mandatario può rinunziare al mandato notificando al mandante la sua rinunzia. Tuttavia il mandante, se tale rinunzia lo pregiudica, deve essere tenuto indenne dal mandatario, salvo ché questi non possa continuare nell'esercizio del mandato senza notabile suo danno.

Art. 1762. È valido ciò che fa il mandatario, in nome del mandante, nel tempo che ignora la morte di lui od una delle altre cause per cui cessa il mandato, purché siano in buona fede coloro coi quali contratta.

Art. 1763. In caso di morte del mandatario, i suoi eredi consapevoli del mandato debbono darne avviso al mandante, e provvedere frattanto a ciò che le circostanze richiedono per l'interesse di questo.

TITOLO XII
DELLA TRANSAZIONE

Art. 1764. La transazione è un contratto, con cui le parti, dando, promettendo o ritenendo ciascuna qualche cosa, pongono fine ad una lite già cominciata o prevengono una lite che può sorgere.

Art. 1765. Per far transazione è necessario che si abbia la capacità di disporre degli oggetti compresi in essa.

Art. 1766. Si può far transazione sopra un'azione civile che provenga da un reato. La transazione non è d'ostacolo al procedimento per parte del pubblico ministero.

Art. 1767. Nelle transazioni si può stipulare una pena contro chi non le adempie. Questa pena tiene luogo di compenso pei danni cagionati dal ritardo, fermo tuttavia l'obbligo di adempiere la transazione.

Art. 1768. La transazione non si estende oltre ciò che ne forma l'oggetto: la rinunzia fatta a tutte le ragioni ed azioni comprende soltanto ciò che è relativo alle controversie, le quali hanno dato luogo alla transazione.

Art. 1769. Le transazioni non pongono fine se non alle controversie le quali sono state indicate, sia che le parti abbiano manifestata la loro intenzione con espressioni speciali o generali, sia che risulti tale intenzione come necessaria conseguenza di ciò che è stato espresso.

Art. 1770. Colui che ha fatto transazione sopra un diritto suo proprio, se acquista in appresso simile diritto da altra persona, non resta vincolato dalla transazione precedente in quanto al diritto nuovamente acquistato.

Art. 1771. La transazione fatta da uno degli interessati non obbliga gli altri, e non può essere opposta da essi.

Art. 1772. Le transazioni hanno fra le parti l'autorità di una sentenza irrevocabile. Non possono impugnarsi per causa di errore di diritto, né per causa di lesione: ma deve essere corretto l'errore di calcolo.

Art. 1773. È però ammessa l'azione di nullità contro una transazione nei casi di dolo, di violenza o di errore sopra la persona o l'oggetto della controversia.

Art. 1774. Si può egualmente impugnare una transazione che sia stata fatta in esecuzione di un titolo nullo, salvo che le parti abbiano espressamente trattato della nullità.

Art. 1775. La transazione fatta sopra documenti, che si sono in appresso riconosciuti falsi, è interamente nulla.

Art. 1776. È parimenti nulla la transazione di una lite, che fosse finita con sentenza passata in giudicato, della quale le parti o una di esse non avesse notizia.

Art. 1777. Allorché le parti hanno fatta transazione generalmente sopra tutti gli affari che potessero esservi fra loro, i documenti che erano allora ignoti in quel tempo e che posteriormente si sono scoperti, non costituiscono un titolo per impugnare la transazione, salvo che siano stati occultati per fatto di una delle parti contraenti. Ma la transazione è nulla, quando essa non riguardi che un solo oggetto, e resti provato dai documenti posteriormente scoperti, che una delle parti non aveva alcun diritto sopra lo stesso oggetto.

TITOLO XIII
DELLA COSTITUZIONE DI RENDITA

Art. 1778. Si può stipulare una rendita ossia annua prestazione in danaro od in derrate, mediante la cessione di un immobile od il pagamento di un capitale che il cedente si obbliga a non più ripetere.

Art. 1779. La rendita si può stipulare perpetua o vitalizia. Le regole relative alla rendita vitalizia sono determinate nel titolo seguente.

Art. 1780. La rendita per prezzo d'alienazione, o come condizione di cessione d'immobili sia a titolo oneroso sia a titolo gratuito, si chiama rendita fondiaria.

Art. 1781. La cessione d'immobili accennata nell'articolo precedente trasferisce nel cessionario il pieno dominio, non ostante qualsivoglia clausola contraria. La cessione, se è fatta a titolo oneroso, è soggetta alle regole stabilite pel contratto di vendita: se è fatta a titolo gratuito, è soggetta alle regole stabilite per le donazioni.

Art. 1782. La rendita costituita mediante un capitale si chiama rendita semplice o censo, e debba essere assicurata con ipoteca speciale sopra un fondo determinato: altrimenti il capitale è ripetibile.

Art. 1783. La rendita costituita a termini dei due articoli precedenti è essenzialmente redimibile a volontà del debitore, non ostante qualunque patto contrario. Può tuttavia stipularsi, che il riscatto non si eseguisca durante la vita del cedente o prima di un certo termine, il quale nelle rendite fondiarie non può eccedere i trent'anni e nelle altre i dieci. Può anche stipularsi, che il debitore non effettuerà il riscatto senza che n'abbia avvisato il creditore, e sia trascorso da questo avviso il termine convenuto, il quale non può eccedere un anno.

Qualora sianesi convenuti maggiori termini, i medesimi saranno ridotti rispettivamente a quelli sopra stabiliti.

Art. 1784. Il riscatto della rendita semplice si opera mediante il rimborso del capitale in danaro pagato per la costituzione della medesima, ed il riscatto di una rendita fondiaria mediante il pagamento di un capitale in denaro corrispondente all'annua rendita sulla base dell'interesse legale, od al valore della stessa rendita, se è in derrate, sulla base del prezzo medio di queste negli ultimi dieci anni, sempreché non sia stato fissato nell'atto un capitale inferiore. In questo caso il debitore è liberato dall'annua rendita col pagamento del capitale fissato.

Art. 1785. Il debitore di un'annua rendita oltre i casi espressi nel contratto, può essere costretto al riscatto della medesima,

1° Se dopo una legittima interpolazione non ha pagata la rendita pel corso di due anni consecutivi;

2° Se tralascia di dare al creditore le cautele promesse nel contratto;

3° Se, venendo a mancare le cautele date, non ne sostituisce altre di eguale sicurezza;

4° Se per effetto di alienazione o divisione il fondo su cui è costituita od assicurata la rendita, viene diviso fra più di tre possessori.

Art. 1786. Si fa pure luogo al riscatto della rendita nel caso di fallimento o non solvenza del debitore. Nondimeno trattandosi di rendita fondiaria, ove il debitore prima del fallimento o della non solvenza avesse alienato il fondo obbligato per servizio della rendita, il creditore non ha diritto di chiedere il riscatto, se il possessore del fondo si offre pronto al pagamento della medesima e presenta per essa sufficienti cautele.

Art. 1787. La condizione risolutiva per inadempimento dei pesi, espressa o tacita, non può pregiudicare ai diritti acquistati dai terzi sugli immobili prima della trascrizione della domanda di risoluzione.

Art. 1788. Gli articoli 1783, 1784, 1785, e 1786 sono applicabili ad ogni altra annua prestazione perpetua costituita a qualsiasi titolo, anche per atto d'ultima volontà, ad eccezione di quella avente per causa una concessione d'acqua demaniale, e salve le speciali disposizioni riguardanti l'enfiteusi.

TITOLO XIV
DEL CONTRATTO VITALIZIO

Capo I
Delle condizioni richieste per la validità del contratto vitalizio

Art. 1789. La rendita vitalizia può essere costituita a titolo oneroso, mediante una somma di denaro od altra cosa mobile, o mediante un immobile.

Art. 1790. Può altresì essere costituita a titolo semplicemente gratuito, per donazione o per testamento ss.) e deve in tal caso essere rivestita delle forme stabilite dalla legge per tali atti.

Art. 1791. La rendita vitalizia costituita per donazione o per testamento è soggetta a riduzione, se eccede la quota di cui è permesso di disporre: è nulla, se è fatta a favore di persona incapace di ricevere.

Art. 1792. La rendita vitalizia può costituirsi tanto sulla vita di colui che somministra il prezzo, quanto su quella di un terzo che non ha diritto alla rendita.

Art. 1793. Essa può costituirsi sopra la vita di una o più persone.

Art. 1794. Può costituirsi a vantaggio di un terzo, benché un altro ne abbia somministrato il prezzo. In questo caso la rendita vitalizia, quantunque abbia il carattere di una liberalità, non richiede le formalità stabilite per le donazioni; ma va soggetta a riduzione o è nulla nei casi espressi nell'articolo.

Art. 1795. Ogni contratto di rendita vitalizia costituita sopra la vita di una persona che al tempo del contratto era già defunta, non produce alcun effetto.

Capo II
Degli effetti del contratto vitalizio tra le parti contraenti

Art. 1796. Quegli a vantaggio del quale fu costituita una rendita vitalizia mediante un prezzo, può chiedere lo scioglimento del contratto, se il costituente non gli somministra le cautele stipulate per l'esecuzione.

Art. 1797. La sola mancanza del pagamento delle pensioni maturate non autorizza quello in cui favore è costituita la rendita vitalizia, a chiedere d'essere rimborsato del capitale o a rientrare nel possesso del fondo alienato. Egli ha solo il diritto di far sequestrare e di far vendere i beni del suo debitore, e di domandare che venga ordinato, quando il debitore non vi acconsenta, che col prodotto della vendita si faccia l'impiego di una somma bastante per soddisfare alle pensioni.

Art. 1798. Il costituente non può liberarsi dal pagamento della rendita coll'offrire il rimborso del capitale, e col rinunziare alla ripetizione delle annualità pagate: egli è tenuto a pagare la rendita durante tutta la vita della persona o delle persone sopra la vita delle quali fu costituita, qualunque sia la durata della vita di tali persone, e per quanto gravosa abbia potuto divenire la prestazione della rendita.

Art. 1799. La rendita vitalizia è dovuta al proprietario in proporzione del numero dei giorni che ha vissuto. Se però fu convenuto di pagare per rate anticipate, ciascuna rata si acquista dal giorno in cui è scaduto il pagamento.

Art. 1800. Nel solo caso in cui la rendita vitalizia sia costituita a titolo gratuito, si può disporre che la medesima non sia soggetta a sequestro.

Art. 1801. La rendita vitalizia non si estingue colla perdita dei diritti civili del proprietario; ma deve essere pagata durante tutta la vita del medesimo alle persone indicate dalla legge.

TITOLO XV
DEL GIUOCO E DELLA SCOMMESSA

Art. 1802. La legge non accorda azione veruna pel pagamento di un debito di giuoco o di scommessa.

Art. 1803. Sono eccettuati i giuochi che contribuiscono all'esercizio del corpo, come sono quelli che addestrano al maneggio delle armi, alle corse a piedi o a cavallo, a quelle dei carri, al giuoco del pallone ed altri di tal natura. Nondimeno l'autorità giudiziaria può rigettare la domanda, quando la somma impegnata nel giuoco o nella scommessa sia eccessiva.

Art. 1804. Il perdente non può in verun caso ripetere quanto avesse volontariamente pagato purché per parte del vincitore non sia vi stato frode o dolo, e purché il perdente non sia minore di età, interdetto o inabilitato.

TITOLO XVI
DEL COMODATO

Capo I
Della natura del comodato

Art. 1805. Il comodato o prestito ad uso è un contratto, per cui una delle parti consegna all'altra una cosa, affinché se ne serva per un tempo od uso determinato, coll'obbligo di restituire la stessa cosa ricevuta.

Art. 1806. Il comodato è essenzialmente gratuito.

Art. 1807. Le obbligazioni che si contraggono in forza del comodato, passano negli eredi del comodante e del comodatario. Se però il prestito è stato fatto in riguardo del solo comodatario ed a lui personalmente, i suoi eredi non possono continuare a godere della cosa prestata.

Capo II
Delle obbligazioni del comodatario

Art. 1808. Il comodatario è tenuto a vegliare da buon padre di famiglia alla custodia e conservazione della cosa prestata, e non può servirsene che per l'uso determinato dalla natura della cosa o dalla convenzione, sotto pena del risarcimento dei danni.

Art. 1809. Se il comodatario impiega la cosa in un uso diverso o per un tempo più lungo di quello che dovrebbe, è responsabile della perdita avvenuta anche per caso fortuito, eccetto che provi che la cosa sarebbe ugualmente perita quando pure non l'avesse impiegata in un uso diverso o l'avesse restituita al tempo determinato nel contratto.

Art. 1810. Se la cosa prestata perisce per un caso fortuito a cui il comodatario l'avrebbe potuta sottrarre surrogandone una propria, o se egli, non potendo salvare che una delle due cose, ha preferito la propria, è responsabile della perdita dell'altra.

Art. 1811. Se la cosa fu stimata al tempo del prestito, la perdita, ancorché avvenuta per caso fortuito, è a carico del comodatario, qualora non vi sia patto in contrario.

Art. 1812. Se la cosa si deteriora a cagione unicamente dell'uso per cui fu data a prestito e senza colpa del comodatario, questi non è obbligato pel deterioramento.

Art. 1813. Il comodatario che ha fatto qualche spesa per potersi servire della cosa comodata, non può ripeterla.

Art. 1814. Se più persone hanno unitamente preso a prestito la stessa cosa, ne sono obbligate in solido verso il comodante.

Capo III
Delle obbligazioni del comodante

Art. 1815. Il comodante non può ripigliare la cosa data a prestito, fuorché decorso il termine convenuto, ovvero, in mancanza di convenzione, dopo che la cosa ha servito all'uso per cui fu prestata.

Art. 1816. Nondimeno, se durante il detto termine o prima che sia cessato il bisogno del comodatario, sopravviene al comodante un urgente impreveduto bisogno di valersi della cosa, può l'autorità giudiziaria, secondo le circostanze, obbligare il comodatario a restituirla.

Art. 1817. Se durante il prestito il comodatario è stato obbligato, per conservare la cosa, a fare qualche spesa straordinaria, necessaria ed urgente in modo da non poterne avvisare il comodante, questi è tenuto a rimborsarne il comodatario.

Art. 1818. Se la cosa comodata ha difetti tali da recar danno a colui che se ne serve, il comodante è tenuto al risarcimento del danno, qualora conoscendo i difetti della cosa non ne abbia avvertito il comodatario.

TITOLO XVII
DEL MUTUO

Capo I
Della natura del mutuo

Art. 1819. Il mutuo o prestito di consumazione è un contratto, per cui una delle parti consegna all'altra una data quantità di cose, coll'obbligo nell'ultima di restituire altrettanto della medesima specie e qualità di cose.

Art. 1820. In forza del mutuo il mutuatario diviene padrone della cosa mutuata, la quale, venendo in qualunque modo a perire, perisce per conto del medesimo.

Art. 1821. L'obbligazione risultante da un prestito in danari è sempre della medesima somma numerica espressa nel contratto. Accadendo aumento o diminuzione nelle monete prima che scada il termine del pagamento, il debitore deve restituire la somma numerica prestata, e non è obbligato a restituire questa somma che nella specie in corso al tempo del pagamento.

Art. 1822. La regola contenuta nel precedente articolo non ha luogo, quando siansi somministrate monete d'oro o d'argento, e ne sia stata pattuita la restituzione nella medesima specie e quantità. Se viene alterato il valore intrinseco delle monete, o queste non si possono ritrovare, o sono messe fuori di corso, si rende l'equivalente al valore intrinseco che le monete avevano al tempo in cui furono mutuate.

Art. 1823. Se furono prestate verghe metalliche o derrate, il debitore non deve restituire che la stessa quantità e qualità, qualunque sia l'aumento o la diminuzione del loro prezzo.

Capo II
Delle obbligazioni del mutuante

Art. 1824. Nel mutuo il mutuante è obbligato alla stessa responsabilità stabilita dall'art. 1818 pel comodato.

Art. 1825. Il mutuante non può prima del termine convenuto domandare le cose prestate.

Art. 1826. Non essendo fissato il termine della restituzione, l'autorità giudiziaria può concedere al mutuatario una dilazione secondo le circostanze.

Art. 1827. Ove sia si convenuto soltanto che il mutuatario paghi quando potrà o quando ne avrà i mezzi, l'autorità giudiziaria gli prescriverà un termine al pagamento, secondo le circostanze.

Capo III
Delle obbligazioni del mutuatario

Art. 1828. Il mutuatario è obbligato a restituire le cose ricevute a mutuo nella stessa quantità e qualità e al tempo convenuto, e in mancanza è obbligato a pagarne il valore, avuto riguardo al tempo e al luogo in cui doveva secondo la convenzione fare la restituzione delle cose. Se non è stato determinato né il tempo, né il luogo, il pagamento si deve fare dal mutuatario secondo il valore corrente nel tempo in cui egli fu costituito in mora, e nel luogo in cui fu fatto il prestito.

Capo IV
Del mutuo ad interesse

Art. 1829. È permessa la stipulazione degli interessi nel mutuo di danaro, di derrate o di altre cose mobili.

Art. 1830. Il mutuatario che ha pagato interessi non convenuti o eccedenti la misura convenuta, non può ripeterli né imputarli al capitale.

Art. 1831 (1). L'interesse è legale o convenzionale. L'interesse legale è determinato nel cinque per cento in materia civile e nel sei per cento in materia commerciale, e si applica nei casi in cui l'interesse sia dovuto e manchi una convenzione che ne stabilisca la misura. L'interesse convenzionale è stabilito a volontà dei contraenti. Nelle materie civili l'interesse convenzionale, eccedente la misura legale, deve risultare da atto scritto; altrimenti non è dovuto alcun interesse.

(1) *Legge 22 giugno 1905, n. 268, che diminuisce l'interesse legale in materia civile e commerciale.*
Art. 1. – L'art. 1831 del Codice civile è così modificato: «L'interesse è legale o convenzionale. L'interesse legale è determinato nel quattro per cento in materia civile e nel cinque per cento in materia commerciale, e si applica nei casi in cui l'interesse sia dovuto e manchi una convenzione che ne stabilisce la misura. L'interesse convenzionale è stabilito a volontà dei contraenti. Nelle materie civili l'interesse convenzionale, eccedente la misura legale, deve risultare da atto scritto, altrimenti non è dovuto alcun interesse».
Art. 2. – La riduzione del saggio dell'interesse legale stabilita nell'articolo precedente, si estende alle disposizioni di ogni altra legge che lo regoli in misura superiore a quella stabilita nella presente legge. Nondimeno resta ferma la misura di capitalizzazione del 5 per 100 per le affrancazioni, commutazioni, riscatti di ogni genere derivanti da convenzioni o da leggi anteriori alla presente.
Art. 3. – La presente legge non è applicabile agli interessi maturati nel tempo anteriore alla sua attuazione.

Art. 1832 (1). Il debitore può sempre, dopo cinque anni dal contratto, restituire le somme portanti un interesse maggiore, della misura legale (1831), non ostante qualsiasi patto contrario. Deve però darne sei mesi prima per iscritto l'avviso, il quale produce di diritto la rinunzia alla più lunga mora convenuta (1833).

(1) *Legge 17 maggio 1900, n. 173, sul credito comunale e provinciale.*
«Art. 1. – Il disposto dell'articolo 1832 del Codice Civile viene esteso ai debiti, anche se contratti prima della promulgazione della presente legge, delle Provincie, dei Comuni e degli altri enti di cui nell'articolo 2 della legge 24 aprile 1898, n. 132, e resta abrogato a riguardo di tali debiti il comma 2 dell'articolo 1833 del Codice Civile, nonché il comma 1 dell'articolo stesso, nella parte relativa ai contratti che stabiliscono la restituzione per via di annualità, quando l'interesse calcolato nelle annualità di rimborso superi la misura legale. Il preavviso di sei mesi, di cui nel citato articolo 1832, sarà dato con manifesto inserito nella *Gazzetta Ufficiale* e nel foglio degli annunzi giudiziari della Provincia».

Art. 1833. Le disposizioni dell'articolo precedente non sono applicabili ai contratti di rendite vitalizie, né a quelli che stabiliscono la restituzione per via di annualità che comprendono gl'interessi ed una quota destinata alla restituzione progressiva del capitale. Esse non sono del pari applicabili a qualunque specie di debito contratto dallo Stato, dai comuni o da altri corpi morali colle autorizzazioni richieste dalle leggi.

Art. 1834. La quietanza pel capitale rilasciata senza riserva degli interessi fa presumere il loro pagamento e ne produce la liberazione, salva la prova contraria.

TITOLO XVIII
DEL DEPOSITO E DEL SEQUESTRO

Art. 1835. Il deposito in genere è un atto, per cui si riceve la cosa altrui coll'obbligo di custodirla e di restituirla in natura.

Art. 1836. Vi sono due specie di deposito:
Il deposito propriamente detto ed il sequestro.

Capo I
Del deposito propriamente detto

Sezione I
Della essenza del deposito

Art. 1837. Il deposito propriamente detto è un contratto essenzialmente gratuito, il quale non può avere per soggetto che cose mobili. Esso non è perfetto che colla tradizione della cosa. La tradizione si compie col solo consenso, se la cosa che si conviene di lasciare in deposito, sia già presso il depositario per qualche altro titolo.

Art. 1838. Il deposito è volontario o necessario.

Sezione II
Del deposito volontario

Art. 1839. Il deposito volontario ha luogo per consenso spontaneo di chi dà e di chi riceve la cosa in deposito.

Art. 1840. Il deposito volontario non si può regolarmente fare se non dal proprietario della cosa depositata, ovvero col suo consenso espresso o tacito.

Art. 1841. Il deposito volontario non può aver luogo che fra persone capaci di contrattare. Ciò non ostante, una persona capace di contrattare che accetta il deposito fattole da una persona incapace, è tenuta a tutte le obbligazioni di un vero depositario: essa può esser convenuta in giudizio dal tutore o dall'amministratore della persona che ha fatto il deposito.

Art. 1842. Se il deposito è stato fatto da una persona capace ad una incapace, quella che ha fatto il deposito, non ha che l'azione rivendicatoria della cosa depositata, finché questa si trova presso il depositario, ovvero un'azione di restituzione sino alla concorrenza di quanto si fosse rivolto in vantaggio di quest'ultimo.

Sezione III
Degli obblighi del depositario

Art. 1843. Il depositario deve usare nel custodire la cosa depositata la stessa diligenza che usa nel custodire le cose proprie.

Art. 1844. La disposizione del precedente articolo si deve applicare con maggior rigore,

1° Quando il depositario si è offerto a ricevere il deposito;

2° Quando ha stipulato una rimunerazione per la custodia del deposito;

3° Quando il deposito si è fatto unicamente per l'interesse del depositario;

4° Quando si è convenuto espressamente che il depositario sarà obbligato per qualunque colpa.

Art. 1845. Il depositario non è responsabile in verun caso per gli accidenti prodotti da forza maggiore, eccetto che sia stato costituito in mora per la restituzione della cosa depositata.

Art. 1846. Non può servirsi della cosa depositata senza l'espresso o presunto permesso del deponente.

Art. 1847. Non può in alcun modo tentare di scoprire le cose depositate presso di sé, quando gli sono state affidate in una cassa chiusa o in un involto suggellato.

Art. 1848. Il depositario deve restituire l'identica cosa che ha ricevuto. Un deposito di danaro, quando in conformità dell'art. 1846 il depositario ne avesse fatto uso, deve restituirsi nelle medesime specie in cui fu fatto, nel caso tanto d'aumento quanto di diminuzione del loro valore.

Art. 1849. Il depositario non è tenuto a restituire la cosa depositata, che in quello stato in cui si trova al tempo della restituzione. I deterioramenti avvenuti senza sua colpa sono a carico del deponente.

Art. 1850. Il depositario, a cui la cosa depositata fu tolta per forza maggiore, e che ha ricevuto in luogo di quella una somma di denaro o qualche altra cosa, deve restituire ciò che ha ricevuto.

Art. 1851. L'erede del depositario, il quale ha venduto in buona fede la cosa che ignorava essere depositata, è obbligato soltanto a restituire, il prezzo ricevuto, o a cedere la sua azione verso il compratore nel caso che il prezzo non gli sia stato pagato.

Art. 1852. Il depositario è tenuto a restituire i frutti che la cosa depositata avesse prodotto, e che fossero stati da lui riscossi. Egli non è debitore di alcun interesse del danaro depositato, se non dal giorno in cui fu costituito in mora a farne la restituzione.

Art. 1853. Il depositario non deve restituire la cosa depositata se non a colui che glie l'ha affidata, o a colui in nome del quale fu fatto il deposito, o alla persona indicata per riceverlo, salvo il disposto dall'art. 1841.

Art. 1854. Esso non può pretendere che il deponente provi d'essere proprietario della cosa depositata. Ciò non ostante, se scopre che la cosa è stata rubata e chi ne è il vero padrone, deve denunziare a questo il deposito fatto presso di sé, intimandogli che lo reclami in un determinato e congruo termine, salve le disposizioni del codice penale. Se quegli a cui fu fatta la denunzia, è negligente nel reclamare il deposito, il depositario è validamente liberato colla consegna del deposito a colui dal quale l'ha ricevuto.

Art. 1855. In caso di morte del deponente, la cosa depositata non può restituirsi che all'erede. Se vi sono più eredi, la cosa depositata deve restituirsi ad ognuno di essi per la sua porzione. Se la cosa non è divisibile, essi debbono fra loro accordarsi sul modo di riceverla.

Art. 1856. Se per avvenuto cambiamento di stato il deponente ha perduto l'amministrazione dei suoi beni dopo il deposito, questo non può restituirsi se non a colui che ha l'amministrazione dei beni del deponente.

Art. 1857. Se il deposito è stato fatto dal tutore o da un altro amministratore in tale qualità, e la sua amministrazione è finita al tempo della restituzione, questa non si può fare che alla persona già rappresentata od al nuovo rappresentante.

Art. 1858. Se nel contratto di deposito si è indicato il luogo in cui deve farsi la restituzione, il depositario è tenuto di trasportarvi la cosa depositata. Le spese di trasporto che occorressero, sono a carico del deponente.

Art. 1859. La restituzione deve farsi, se il contratto non indica il luogo, in quello ove si trova la cosa depositata.

Art. 1860. Il deposito si deve restituire al deponente appena lo domanda, quantunque sia si fissato nel contratto un termine per la restituzione, purché non sia vi presso il depositario un atto di sequestro o di opposizione nei modi stabiliti dalla legge. Parimente il depositario può obbligare il deponente a ritirare il deposito; ma se per motivi speciali il deponente vi si oppone, spetta all'autorità giudiziaria il pronunziare.

Art. 1861. Ogni obbligazione del depositario si estingue, quando venga a scoprire e provi che a lui stesso appartiene la cosa depositata.

Sezione IV
Degli obblighi del deponente

Art. 1862. Il deponente è obbligato a rimborsare il depositario delle spese fatte per conservare la cosa depositata e a tenerlo indenne di tutte le perdite di cui il deposito può essergli stato occasione.

Art. 1863. Il depositario può ritenere il deposito sino all'intero pagamento di tutto ciò che gli è dovuto per causa del deposito stesso.

Sezione V
Del deposito necessario

Art. 1864. Il deposito necessario è quello a cui uno è costretto da qualche accidente, come un incendio, una rovina, un saccheggio, un naufragio o altro avvenimento non preveduto.

Art. 1865*. *Il deposito necessario è sottoposto a tutte le regole del deposito volontario, salvo quanto è disposto dall'art. 1348.*

* Abrogato dall'art. 15 del r.d.l. 12-10-1919, n. 2099, in base al quale gli osti e gli albergatori assumono responsabilità illimitata per sottrazione, distruzione o deterioramento delle cose apportate dalle persone a cui essi nell'esercizio della loro industria, hanno dato alloggio. In ogni altro caso la responsabilità è limitata al valore della cosa perduta o deteriorata e cessa interamente quando il danno risulti imputabile a colpa grave del cliente o sia determinato da forza maggiore o dalla natura della cosa depositata (art. 12), senza che eventuali dichiarazioni dell'albergatore valgano a escluderla (art. 14).

Art. 1866*. *Gli osti e gli albergatori sono obbligati, come depositari, per gli effetti portati entro i loro alberghi dal viandante che vi alloggia: il deposito di tali effetti deve riguardarsi come un deposito necessario.*

* V. nota (1) *sub* art. 1865.

Art. 1867*. *Essi sono obbligati pel furto e pel danno arrecato agli effetti del viandante, nel caso che il furto sia stato commesso, o che il danno sia stato arrecato dai domestici o dalle persone preposte alle direzione degli alberghi, o da estranei che li frequentano.*

* V. nota (1) *sub* art. 1865.

Art. 1868*. *Essi non sono obbligati pei furti commessi a mano armata o altrimenti con forza maggiore, o per negligenza grave del proprietario.*

* V. nota *sub* art. 1865.

Capo II
Del sequestro

Sezione I
Delle diverse specie di sequestro

Art. 1869. Il sequestro è convenzionale o giudiziario.

Sezione II
Del sequestro convenzionale

Art. 1870. Il sequestro convenzionale è il deposito di una cosa controversa fatto da due o più persone presso un terzo che si obbliga di restituirla, terminata la controversia, a colui al quale sarà dichiarato che debba appartenere.

Art. 1871. Il sequestro può non essere gratuito.

Art. 1872. Quando è gratuito, è sottoposto alle regole del deposito propriamente detto, salve le differenze indicate in appresso.

Art. 1873. Il sequestro può avere per oggetto beni mobili ed immobili.

Art. 1874. Il depositario incaricato del sequestro non può essere liberato prima che sia terminata la controversia, se non mediante il consenso di tutte le parti interessate o per una causa giudicata legittima.

Sezione III
Del sequestro o deposito giudiziario

Art. 1875. Oltre i casi stabiliti dal codice di procedura civile, l'autorità giudiziaria può ordinare il sequestro.

1° Di un immobile o di una cosa mobile la cui proprietà o il cui possesso sia controverso fra due o più persone;

2° Delle cose che un debitore offre per la sua liberazione.

Art. 1876. La destinazione di un depositario giudiziale produce fra il sequestrante o il depositario vicendevoli obbligazioni. Il depositario deve usare per la conservazione delle cose sequestrate la diligenza di un buon padre di famiglia. Deve presentarle tanto per soddisfare il sequestrante colla vendita, quanto per restituirle alla parte contro cui sono state fatte le esecuzioni, in caso di rivocazione del sequestro. L'obbligo del sequestrante consiste nel pagare al depositario la mercede stabilita dalla legge, o in mancanza dall'autorità giudiziaria.

Art. 1877. Il sequestro giudiziario viene affidato o ad una persona sulla quale le parti interessate siano fra loro d'accordo, o ad una persona nominata d'uffizio dall'autorità giudiziaria. Nell'uno e nell'altro caso, quegli a cui venne affidata la cosa, è sottoposto a tutti gli obblighi che produce il sequestro convenzionale.

TITOLO XIX
DEL PEGNO

Art. 1878. Il pegno è un contratto, col quale il debitore dà al creditore una cosa mobile per sicurezza del credito, da restituirsi in natura dopo l'estinzione del medesimo.

Art. 1879. Il pegno conferisce al creditore il diritto di farsi pagare con privilegio sulla cosa pignorata.

Art. 1880. Questo privilegio non ha luogo, se non quando vi è un atto pubblico o una scrittura privata che contenga la dichiarazione della somma dovuta, e della specie e natura delle cose date in pegno, o che abbia annessa una descrizione della loro qualità e misura e del loro peso. Tuttavia la riduzione dell'atto in scrittura non è richiesta, se non quando si tratta di un oggetto eccedente il valore di cinquecento lire.

Art. 1881. Il privilegio non ha luogo sopra i crediti, se non quando il pegno risulta da atto pubblico o da scrittura privata, e ne è fatta notificazione al debitore del credito dato in pegno.

Art. 1882. In ogni caso il privilegio non sussiste sul pegno se non in quanto lo stesso pegno è stato consegnato, ed è rimasto in potere del creditore o di un terzo eletto dalle parti.

Art. 1883. Il pegno può essere dato da un terzo pel debitore.

Art. 1884. Il creditore non può disporre del pegno pel non effettuato pagamento: ha però il diritto di far ordinare giudizialmente, che il pegno rimanga presso di lui in pagamento e fino alla concorrenza del debito secondo la stima da farsi per mezzo di periti, oppure che sia venduto all'incanto. È nullo qualunque patto, il quale autorizza il creditore, ad appropriarsi il pegno o a disporne senza le formalità sopra stabilite.

Art. 1885. Il creditore è responsabile secondo le regole stabilite nel titolo delle obbligazioni e dei contratti in genere, della perdita o del deterioramento del pegno avvenuto per sua negligenza. Il debitore deve dal canto suo rimborsare il creditore delle spese occorse per la conservazione del pegno.

Art. 1886. Se è dato in pegno un credito il quale produce interessi il creditore deve imputare tali interessi a quelli che possono essergli dovuti. Se il debito per la cui sicurezza si è dato in pegno un credito, non produce per sé stesso interessi, l'imputazione si fa al capitale del debito.

Art. 1887. Se il creditore abusa del pegno, il debitore può domandare che il medesimo sia posto sotto sequestro.

Art. 1888. Il debitore non può pretendere la restituzione del pegno, se non dopo di avere interamente pagato il capitale, gli interessi e le spese del debito, per la sicurezza del quale è stato dato il pegno. Se il medesimo debitore avesse contratto un altro debito collo stesso creditore posteriormente alla tradizione del pegno, e tale debito fosse divenuto esigibile innanzi che si facesse luogo al pagamento del primo debito, il creditore non può essere costretto a rilasciare il pegno prima che venga interamente soddisfatto per ambi due i crediti ancorché non sia si stipulato di vincolare il pegno al pagamento del secondo debito.

Art. 1889. Il pegno è indivisibile, non ostante la divisibilità di ciò che è dovuto tra gli eredi del debitore, o fra quelli del creditore. L'erede del debitore che ha pagato la sua parte del debito, non può domandare la restituzione della sua parte del pegno sino a che non sia interamente soddisfatto il debito. Vicendevolmente l'erede del creditore che ha esatto la sua parte del credito, non può restituire il pegno in pregiudizio dei suoi coeredi non ancora soddisfatti.

Art. 1890. Le precedenti disposizioni non derogano alle leggi ed ai regolamenti particolari concernenti le materie commerciali e gli istituti autorizzati a far prestiti sopra pegni.

TITOLO XX
DELL'ANTICRESI

Art. 1891. L'anticresi è un contratto, mediante il quale il creditore acquista il diritto di fare suoi i frutti dell'immobile del suo debitore, coll'obbligo di imputarli annualmente a sconto degli interessi, se gli sono dovuti, e quindi del capitale del suo credito.

Art. 1892. Il creditore, se non fu convenuto diversamente, è tenuto a pagare i tributi ed i pesi annui dell'immobile che tiene in anticresi. Deve pure, sotto pena dei danni, provvedere alla manutenzione ed alle riparazioni necessarie dell'immobile. Tutte le spese relative a tali oggetti saranno prelevate dai frutti.

Art. 1893. Il debitore non può rientrare nel godimento dell'immobile che ha dato in anticresi, prima che abbia soddisfatto interamente il debito. Ma il creditore che vuole liberarsi dagli obblighi accennati nell'articolo precedente, può sempre costringere il debitore a riprendere il godimento dell'immobile, purché non abbia rinunziato a questo diritto.

Art. 1894. Il creditore non diventa proprietario dell'immobile per la sola mancanza del pagamento nel termine convenuto: qualunque patto in contrario è nullo. In mancanza di pagamento può domandare coi mezzi legali la spropriazione del suo debitore.

Art. 1895. I contraenti possono stipulare che i frutti si compenseranno cogli interessi in tutto od in parte.

Art. 1896. Le disposizioni degli artt. 1883, 1888 e 1889 sono applicabili all'anticresi ugualmente che al pegno.

Art. 1897. L'anticresi non produce effetto che nei rapporti tra debitore e creditore e i loro eredi.

TITOLO XXI
DELLA FIDEIUSSIONE

Capo I
Della natura e dell'estensione della fideiussione

Art. 1898. Quegli che si costituisce fideiussore per un'obbligazione, si vincola verso il creditore a soddisfare alla stessa obbligazione, qualora il debitore non vi soddisfaccia.

Art. 1899. La fideiussione non può sussistere che per una obbligazione valida. Ciò non ostante può prestarsi la fideiussione per un'obbligazione, la quale possa essere annullata in forza di una eccezione meramente personale all'obbligato, siccome nel caso della minore età.

Art. 1900. La fideiussione non può eccedere ciò che è dovuto dal debitore, né essere contratta sotto condizioni più gravi. Può prestarsi per una parte soltanto del debito, ed a condizioni meno gravi. La fideiussione che eccede il debito, o che si contrae sotto condizioni più gravi, è valida soltanto sino alla misura dell'obbligazione principale.

Art. 1901. Ciascuno può rendersi fideiussore senza ordine ed eziandio senza saputa di colui pel quale si obbliga, e costituirsi fideiussore non solo del debitore principale ma anche del fideiussore di questo.

Art. 1902. La fideiussione non si presume, ma deve essere espressa, e non può estendersi oltre i limiti nei quali fu contratta.

Art. 1903. La fideiussione indefinita per una obbligazione principale si estende a tutti gli accessori del debito, e anche alle spese della prima domanda, ed a tutte quelle posteriori alla denunzia fatta al fideiussore.

Art. 1904. Il debitore obbligato a dare sicurtà deve presentare persona capace di contrattare, che possieda beni sufficienti per cautelare l'obbligazione, e che abbia il suo domicilio nella giurisdizione della corte d'appello in cui si deve prestare la sicurtà.

Art. 1905. La solvenza di un fideiussore non si misura che in ragione de' suoi beni capaci d'ipoteca, eccetto che si tratti di materia di commercio o il debito sia tenue. Pel fine accennato non si tiene conto dei beni litigiosi, né di quelli situati a tale distanza da rendere troppo difficili gli atti esecutivi sopra i medesimi.

Art. 1906. Quando il fideiussore accettato dal creditore volontariamente o giudizialmente sia divenuto in appresso non solvente, se ne deve dare un altro. Questa regola soggiace ad eccezione nel solo caso in cui il fideiussore non sia stato dato che in forza di una zione, colla quale il creditore ha voluto per fideiussore quella determinata persona.

Capo II
Degli effetti della fideiussione

Sezione I
Degli effetti della fideiussione fra il creditore ed il fideiussore

Art. 1907. Il fideiussore non è tenuto a pagare il creditore se non in mancanza del debitore principale, il quale deve preventivamente essere escusso, eccetto che il fideiussore abbia rinunziato al benefizio dell'escussione o sia si obbligato in solido col debitore; in questo caso l'effetto della sua obbligazione si regola cogli stessi principi stabiliti riguardo ai debiti in solido.

Art. 1908. Il creditore non è tenuto ad escutere il debitore principale, se non quando il fideiussore ne faccia istanza nei primi atti della causa contro di lui promossa.

Art. 1909. Il fideiussore che fa istanza per l'escussione, deve indicare al creditore i beni del debitore principale ed anticipare le spese occorrenti per l'escussione. Non si tiene conto dell'indicazione di beni del debitore principale situati fuori della giurisdizione della corte d'appello in cui si deve fare il pagamento, o di beni litigiosi, o di beni già ipotecati per cautela del debito, i quali non siano più in potere del debitore.

Art. 1910. Qualora il fideiussore abbia fatta l'indicazione dei beni in conformità dell'articolo precedente, ed abbia somministrate le spese occorrenti per la escussione, il creditore è responsabile verso il fideiussore fino alla concorrenza dei beni indicati, a cagione della non solvenza del debitore principale, sopraggiunta per essersi da lui differito il procedimento giudiziale.

Art. 1911. Se più persone hanno fatto sicurtà per un medesimo debitore e per uno stesso debito, ciascuna di esse rimane obbligata per l'intero debito.

Art. 1912. Nondimeno ciascuna delle dette persone, ove non abbia rinunziato al benefizio della divisione, può esigere che il creditore divida preventivamente la sua azione e la riduca alla parte di ciascuna. Se alcuni fideiussori erano non solventi nel tempo in cui uno dei fideiussori ha ottenuto la divisione, questi è obbligato in proporzione per tale non solvenza, ma non può essere più molestato per causa delle non solvenze sopravvenute dopo la divisione.

Art. 1913. Se il creditore ha diviso egli stesso e volontariamente la sua azione, non può recedere dalla fatta divisione, quantunque prima del tempo in cui ha dato il consenso per tale divisione, vi fossero de' fideiussori non solventi.

Art. 1914. Il fideiussore del fideiussore non è obbligato verso il creditore, se non nel caso in cui il debitore principale e tutti i fideiussori siano non solventi, o siano liberati per mezzo di eccezioni personali al debitore ed ai fideiussori.

Sezione II
Degli effetti della fideiussione fra il debitore ed il fideiussore

Art. 1915. Il fideiussore che ha pagato, ha regresso contro il debitore principale, ancorché non consapevole della prestata sicurtà. Il regresso ha luogo tanto pel capitale, quanto per gli interessi e le spese: il fideiussore però non ha regresso che per le spese da esso fatte dopo che ha denunziato al debitore principale le molestie sofferte. Egli ha regresso per gli interessi di tutto ciò che ha pagato pel debitore, ancorché il debito non producesse interessi, ed anche pei danni, quando sia il caso. Gli interessi però che non sarebbero dovuti al creditore, non decorrono a favore del fideiussore che dal giorno in cui avrà notificato il pagamento.

Art. 1916. Il fideiussore che ha pagato il debito, sottentra in tutte le ragioni che aveva il creditore contro il debitore.

Art. 1917. Se vi sono più debitori principali obbligati in solido per lo stesso debito, il fideiussore che ha fatto sicurtà per tutti, ha il regresso contro ciascuno di loro per ripetere l'intera somma pagata.

Art. 1918. Il fideiussore che ha pagato, non ha regresso contro il debitore principale che abbia pagato anch'esso, qualora il fideiussore non abbia avvertito il debitore del fatto pagamento, salva la sua azione contro il creditore per la ripetizione. Se il fideiussore ha pagato senza essere convenuto e senza avere avvertito il debitore principale, non ha alcun regresso contro di questo nel caso in cui, al tempo del pagamento, il debitore avesse avuto mezzi di far dichiarare estinto il debito, salva la sua azione contro il creditore per la ripetizione.

Art. 1919. Il fideiussore, anche prima di aver pagato, può agire contro il debitore per essere da lui rilevato:

1° Quando sia convenuto giudizialmente pel pagamento;

2° Quando il debitore sia fallito o si trovi in istato di non solvenza;

3° Quando il debitore sia si obbligato di liberarlo dalla sicurtà in un tempo determinato, e questo sia scaduto;

4° Quando il debito sia divenuto esigibile per essere scaduto il termine convenuto pel pagamento;

5° Al termine di anni dieci, quando l'obbligazione principale non abbia un termine fisso per la scadenza, purché l'obbligazione principale non fosse di tal natura da non potersi estinguere prima di un tempo determinato, come accade riguardo alla tutela, o non vi fosse convenzione in contrario.

Sezione III
Dell'effetto della fideiussione fra più fideiussori

Art. 1920. Se più persone hanno fatto sicurtà per uno stesso debitore e per un medesimo debito, il fideiussore che ha pagato il debito, ha regresso contro gli altri fideiussori per la loro rispettiva porzione. Il regresso però non ha luogo che quando il fideiussore abbia pagato in uno dei casi espressi nell'articolo precedente.

Capo III
Della fideiussione legale e della fideiussione giudiziale

Art. 1921. Qualora una persona venga obbligata dalla legge o dal giudice a dare una sicurtà, il fideiussore offerto deve adempire alle condizioni stabilite negli articoli 1904 e 1905.

Art. 1922. È in facoltà di colui che deve dare una sicurtà, il dare invece un pegno od altra cautela che sia riconosciuta sufficiente ad assicurare il credito.

Art. 1923. Il fideiussore giudiziale non può domandare l'escussione del debitore principale.

Art. 1924. Quegli che si è reso soltanto garante del fideiussore giudiziale, può domandare l'escussione del fideiussore.

Capo IV
Dell'estinzione della fideiussione

Art. 1925. L'obbligazione che nasce dalla fideiussione, si estingue per le stesse cause per cui si estinguono le altre obbligazioni.

Art. 1926. La confusione che si effettua nella persona del debitore principale e del suo fideiussore, quando divengono eredi l'uno dell'altro, non estingue l'azione del creditore contro colui che ha fatto sicurtà pel fideiussore.

Art. 1927. Il fideiussore può opporre contro il creditore tutte le eccezioni che spettano al debitore principale e che sono inerenti al debito; ma non può opporre quelle che sono puramente personali al debitore.

Art. 1928. Il fideiussore anche in solido è liberato, allorché per fatto del creditore non può aver effetto a favore del fideiussore medesimo la surrogazione nelle ragioni, nelle ipoteche e nei privilegi del creditore.

Art. 1929. Quando il creditore accetta volontariamente un immobile o qualunque altra cosa in pagamento del debito principale, il fideiussore resta liberato, ancorché il creditore ne soffra in seguito l'evizione.

Art. 1930. La semplice proroga del termine accordato dal creditore al debitore principale non libera il fideiussore, il quale tuttavia può in tal caso agire contro il debitore per costringerlo al pagamento.

Art. 1931. Il fideiussore che ha limitata la sua fideiussione allo stesso termine (1172 ss.) che fu accordato al debitore principale, rimane obbligato anche al di là di quel termine e per tutto il tempo necessario per costringerlo al pagamento, purché il creditore entro due mesi dalla scadenza del termine abbia proposte le sue istanze e le abbia con diligenza continuate.

TITOLO XXII
DELLA TRASCRIZIONE

Art. 1932. Devono essere resi pubblici col mezzo della trascrizione:

1° Gli atti tra vivi, sia a titolo gratuito sia a titolo oneroso, che trasferiscono proprietà d'immobili, o di altri beni o diritti capaci di ipoteca, ad eccezione delle rendite sopra lo Stato;

2° Gli atti tra vivi che costituiscono o modificano servitù prediali, diritto di uso o di abitazione, o trasferiscono l'esercizio del diritto di usufrutto;

3° Gli atti tra vivi di rinunzia ai diritti enunciati nei due numeri precedenti;

4° Le sentenze di vendita all'incanto di proprietà d'immobili o di altri beni o diritti capaci di ipoteca, eccettuato il caso di vendita seguita nel giudizio di purgazione a favore del terzo possessore che ha istituito il giudizio, ed eccettuante le aggiudicazioni seguite agli incanti fra condividenti;

5° I contratti di locazione d'immobili eccedenti i nove anni;

6° I contratti di società che hanno per oggetto il godimento di beni immobili, quando la durata della società eccede i nove anni o è indeterminata;

7° Gli atti e le sentenze da cui risulta liberazione o cessione di pigioni o di fitti non ancora scaduti, per un termine maggiore di tre anni;

8° Le sentenze che dichiarano l'esistenza di una convenzione verbale della natura di quelle enunciate nei numeri precedenti.

Art. 1933. Si devono pure trascrivere per gli effetti speciali stabiliti dalla legge:

1° Il precetto nei giudizi di esecuzione sopra beni immobili;

2° La dichiarazione di accettazione dell'eredità col beneficio d'inventario in conformità del capoverso dell'art. 955;

3° Le domande di rivocazione, di rescissione e di risoluzione indicate negli articoli 1080, 1088, 1233, 1308, 15111553 e 1787. La trascrizione delle dette domande sarà annotata in margine della trascrizione dell'atto di alienazione.

Art. 1934. Ogni sentenza colla quale si è pronunziato l'annullamento, la risoluzione, la rescissione o la rivocazione di un atto trascritto, deve essere annotata in margine della trascrizione dell'atto al quale si riferisce. L'annotazione sarà fatta per cura del procuratore della parte che ha ottenuta la sentenza, e in mancanza di procuratore per cura della parte stessa, entro un mese dacché la sentenza è passata in giudicato, sotto pena di una multa di lire 100 estendibile a lire 200.

Art. 1935. La trascrizione non può farsi se non in forza di sentenza, di atto pubblico, o di scrittura privata. Gli atti però risultanti da scrittura privata non possono essere trascritti, se le sottoscrizioni dei contraenti non sono state autenticate da notaio od accertate giudizialmente. Le sentenze e gli atti seguiti in paese estero devono essere debitamente legalizzati.

Art. 1936. La parte che domanda la trascrizione del titolo deve presentarne al conservatore delle ipoteche copia autentica, se si tratta di atti pubblici o di sentenza, e se si tratta di scritture private deve presentarne l'originale stesso, eccetto che questo si trovi depositato in un pubblico archivio o negli atti di un notaio; nel qual caso basta la presentazione di una copia autenticata dall'archivista o dal notaio, da cui risulti che la scrittura ha i requisiti indicati dall'articolo precedente.

Art. 1937. Il richiedente deve presentare al conservatore delle ipoteche insieme colla copia del titolo due note contenenti le seguenti indicazioni:

1° Il nome e cognome, il nome del padre e il domicilio e la residenza delle parti;

2° La natura e la data del titolo di cui si domanda la trascrizione;

3° Il nome dell'ufficiale pubblico che ha ricevuto l'atto od autenticate le firme, o l'indicazione dell'autorità giudiziaria che ha pronunziata la sentenza;

4° La natura e situazione dei beni a cui si riferisce il titolo, con le indicazioni volute dall'articolo 1979.

Per la trascrizione della dichiarazione accennata nel numero 2 dell'articolo 1933, basta che le note contengano le indicazioni espresse nella dichiarazione medesima.

Art. 1938. La trascrizione deve essere fatta a ciascun uffizio delle ipoteche del luogo in cui sono situati i beni salvo ciò che è stabilito dal capoverso dell'art. 955.

Art. 1939. Il conservatore delle ipoteche custodirà negli archivi, in appositi volumi, i titoli che gli vengono consegnati, e trascriverà nel registro particolare delle trascrizioni il contenuto della nota, indicando il giorno della consegna del titolo, il numero d'ordine assegnatogli nel registro progressivo e il numero del volume in cui ha collocato il titolo stesso. Il conservatore restituirà al richiedente una delle note, nelle quali certificherà l'eseguita trascrizione colle indicazioni sopra accennate.

Art. 1940. L'omissione o l'inesattezza di alcuna delle indicazioni volute nelle note menzionate nell'articolo 1937 non nuoce alla validità della trascrizione, eccetto che induca assoluta incertezza sul trasferimento del diritto e sull'immobile che ne è l'oggetto.

Art. 1941. La trascrizione del titolo, da chiunque si faccia, profitta a tutti coloro che vi hanno interessato.

Art. 1942. Le sentenze e gli atti enunciati nell'articolo 1932, sino a che non siano trascritti, non hanno alcun effetto riguardo ai terzi che a qualunque titolo hanno acquistato e legalmente conservato diritti sull'immobile. Parimente, sinché non sia seguita la trascrizione, non può avere effetto a pregiudizio dell'ipoteca concessa all'alienante dall'articolo 1969, alcuna trascrizione od iscrizione di diritti acquistati verso il nuovo proprietario. Seguita la trascrizione, non può avere effetto contro l'acquirente alcuna trascrizione od iscrizione di diritti acquistati verso il precedente proprietario, quantunque l'acquisto risalga a tempo anteriore al titolo trascritto.

Art. 1943. Per le donazioni la trascrizione non prende data che dal giorno in cui si è pure trascritta l'accettazione, nel caso che questa si contenga in atto separato.

Art. 1944. Coloro che hanno stipulato una convenzione, ottenuta una sentenza o proposta una domanda soggetta a trascrizione nell'interesse di persona incapace da loro rappresentata, o che le hanno prestata assistenza nella convenzione o nel giudizio, devono curare che segua la trascrizione dell'atto o della sentenza. La mancanza della trascrizione può anche essere opposta ai minori, agli interdetti e a qualsivoglia altro incapace, salvo ai medesimi il regresso contro i tutori, amministratori e curatori aventi l'obbligo della trascrizione. La mancanza della trascrizione però non può mai essere opposta dalle persone che avevano l'obbligo di farla e dai loro eredi.

Art. 1945. La cancellazione della trascrizione delle domande enunciate nel numero 3 dell'articolo 1933, e delle relative annotazioni in margine alla trascrizione dell'atto di alienazione, avrà luogo quando sia debitamente acconsentita dalle parti, interessate, ovvero ordinata giudizialmente con sentenza passata in giudicato. Sarà poi giudizialmente ordinata, se l'attore recede dalla domanda, se questa è rigettata o se è perenta l'istanza.

Art. 1946. La trascrizione può essere domandata, quantunque non sia si ancora pagata la tassa di registro a cui è soggetto il titolo, ove si tratti di atto pubblico ricevuto nel regno o di sentenza pronunziata da un'autorità giudiziaria del regno. In tal caso però il richiedente deve presentare una terza copia della nota al conservatore, la quale sarà da lui vidimata e trasmessa immediatamente all'ufficiale incaricato della riscossione della tassa suddetta.

Art. 1947. Le spese della trascrizione, se non vi è patto contrario, sono a carico dell'acquirente; debbono però anticiparsi da chi domanda la trascrizione. Se più sono gli acquirenti o interessati alla trascrizione, ciascuno di essi deve rimborsare quello che l'ha fatta, della parte di spesa corrispondente alla quota per cui è interessato.

TITOLO XXIII
DEI PRIVILEGI E DELLE IPOTECHE

Art. 1948. Chiunque sia obbligato personalmente, è tenuto ad adempiere le contratte obbligazioni con tutti i suoi beni mobili ed immobili, presenti e futuri.

Art. 1949. I beni del debitore sono la garanzia comune dei suoi creditori, e questi vi hanno tutti un eguale diritto quando fra essi non vi sono cause legittime di prelazione.

Art. 1950. Le cause legittime di prelazione sono i privilegi e le ipoteche.

Art. 1951. Se le cose soggette a privilegio od ipoteca sono perite o deteriorate, le somme dovute dagli assicuratori per indennità della perdita e del deterioramento sono vincolate al pagamento dei crediti privilegiati od ipotecari secondo il loro grado, eccetto che le medesime vengano impiegate a riparare la perdita o il deterioramento. Gli assicuratori sono però liberati, qualora paghino dopo trenta giorni dalla perdita o dal deterioramento, senza che sia si fatta opposizione.

Sono altresì vincolate al pagamento dei detti crediti le somme dovute per causa di spropriazione forzata per pubblica utilità o di servitù imposta dalla legge.

Capo I
DEI PRIVILEGI

Art. 1952. Il privilegio è un diritto di prelazione che la legge accorda in riguardo alla causa del credito.

Art. 1953. Il credito privilegiato è preferito a tutti gli altri crediti anche ipotecari. Fra più crediti privilegiati la prelazione viene dalla legge determinata secondo la qualità del privilegio.

Art. 1954. I crediti egualmente privilegiati concorrono fra loro in proporzione del loro importare.

Sezione I
Dei privilegi sopra i mobili

Art. 1955. I privilegi sopra i mobili sono generali o speciali. I primi comprendono tutti i beni mobili del debitore; i secondi colpiscono determinati mobili.

§I - Dei privilegi generali sui mobili

Art. 1956. Hanno privilegio sulla generalità dei mobili nell'ordine seguenti i crediti riguardanti:

1° Le spese di giustizia fatte per atti conservativi o di esecuzione sui mobili nell'interesse comune dei creditori;

2° Le spese funebri necessarie secondo gli usi;

3° Le spese d'infermità fatte negli ultimi sei mesi della vita del debitore;

4° Le somministrazioni di alimenti fatte al debitore per lui e per la sua famiglia negli ultimi sei mesi, ed i salari delle persone di servizio per egual tempo.

Art. 1957. Hanno pure privilegio sulla generalità dei mobili del debitore i crediti dello Stato per ogni tributo diretto dell'anno in corso e dell'antecedente, comprese le sovr'imposte comunali e provinciali. Tale privilegio non si estende al tributo fondiario.

§II - Dei privilegi sopra determinati mobili

Art. 1958. Hanno privilegio speciale:

1° I crediti dello Stato per i diritti di dogana e di registro, e per ogni altro dazio o tributo indiretto sopra i mobili che ne furono l'oggetto;

2° I crediti dei canoni sopra i frutti del fondo enfiteutico raccolti nell'anno, e sopra le derrate che si trovano nelle abitazioni e fabbriche annesse al fondo e provenienti dal medesimo. Questo privilegio ha luogo pel credito dell'anno in corso e dell'antecedente;

3° I crediti delle pigioni e dei fitti degli immobili, sopra i frutti raccolti nell'anno, sopra le derrate che si trovano nelle abitazioni e fabbriche annesse ai fondi rustici e provenienti dai fondi medesimi, e sopra tutto ciò che serve a coltivare il fondo affittato, od a fornire il fondo medesimo o la casa appigionata. Questo privilegio ha luogo pel credito dell'anno in corso, dell'antecedente e delle scadenze successive portate dai contratti di locazione, se questa ha data certa, e solo pel credito dell'annata in corso e della susseguente, se non è certa la data della locazione. In ambedue i casi gli altri creditori hanno il diritto di sottentrare nelle ragioni del conduttore, di sublocare durante il tempo pel quale il locatore esercita il suo privilegio, quantunque ciò fosse vietato nel contratto di locazione, e di esigere le pigioni e i fitti, pagando al locatore tutto ciò che gli fosse dovuto con privilegio, e cautelandolo inoltre pel credito non ancora scaduto. Lo stesso privilegio ha luogo a favore del locatore pei danni recati agli edifici e fondi locati, per le riparazioni che sono a carico del conduttore, la restituzione delle scorte e tutto ciò che concerne l'esecuzione del contratto. Il privilegio sopra attribuito al locatore sui mobili di cui è fornita la casa od il fondo locato, comprende non solo quelli di proprietà dell'inquilino od affittuario e del subinquilino o subaffittuario, ma anche quelli che fossero di proprietà altrui, finché si trovano nella casa o nel fondo locato, salvo che si tratti di cose derubate o smarrite, ovvero sia provato che il locatore, al tempo dell'introduzione, sapeva che le cose introdotte spettavano ad altri. Il privilegio sopra i frutti ha luogo anche quando essi appartengono al subaffittuario. Il privilegio sopra le cose che servono a fornire l'immobile locato od alla sua coltivazione, se esse appartengono al subaffittuario, ha luogo per ciò che questi deve, senza tener conto delle anticipazioni. Il locatore può sequestrare i mobili su cui cade il privilegio, qualora dalla casa o dal fondo locato siano stati trasportati altrove senza il suo assenso, e conserva sopra essi il privilegio, purché ne abbia promossa l'azione nel termine di quaranta giorni dal trasporto, se si tratta dei mobili di cui era fornito il fondo rustico, o nel termine di giorni quindici, se si tratta dei mobili di cui era fornita la casa, salvi però i diritti acquistati dai terzi dopo il trasporto.

4° I crediti dipendenti dal contratto di masseria, mezzadria o colonia parziaria tanto in favore dei locatori quanto dei coloni, sulla parte rispettiva dei frutti, e sui mobili di cui sono forniti il fondo e la casa concessi a masseria;

5° Le somme dovute per le sementi ed i lavori di coltivazione e raccolta dell'annata, sui frutti della raccolta;

6° Il credito della persona a cui favore fu costituito il pegno, sopra i mobili di cui il creditore è in possesso;

7° Le spese fatte per la conservazione o pel miglioramento di mobili, sopra gli stessi mobili conservati o migliorati, sempre che si trovino ancora presso coloro che fecero le dette spese;

8° Le somministrazioni e le mercedi dell'albergatore, sopra gli effetti del viandante che sono stati portati e sono tuttora nel suo albergo;

9° Le spese di trasporto, di dogana e di dazio, sopra gli effetti trasportati che rimangono ancora presso colui che li trasportò, o che sono stati da lui consegnati, sempreché in quest'ultimo caso gli effetti si trovino ancora presso il consegnatario, e l'azione venga promossa entro tre giorni dalla consegna;

10° I crediti di indennità per abusi o prevaricazioni commesse dagli ufficiali pubblici nell'esercizio delle loro funzioni, sui valori dati per malleveria e sugli interessi che ne fossero dovuti;

11° Le somme dovute dai contabili dello Stato, dei comuni o di altri corpi morali per fatti dipendenti dalle loro funzioni, sui valori dati per malleveria e relativi interessi.

§III - Dell'ordine dei privilegi sopra i mobili

Art. 1959. Il privilegio per le spese di giustizia indicato nel numero 1 dell'articolo 1956 è preferito a tutt'i privilegi speciali accennati nell'articolo 1958. Gli altri privilegi generali indicati nel detto articolo 1956 sono parimenti preferiti al privilegio generale indicato nell'articolo 1957, ed insieme con quest'ultimo sono preferiti ai privilegi speciali indicati nei numeri 2, 3 e 4 dell'articolo 1958, ma sono posposti ai rimanenti privilegi in esso articolo indicati.

Art. 1960. Se concorrono crediti aventi speciale privilegio sopra lo stesso o gli stessi mobili, la prelazione si esercita nell'ordine seguente. Il credito dello Stato è preferito ad ogni altro credito sopra i mobili che furono oggetto dei tributi indicati nel numero 1 dell'articolo 1958;

Sopra i frutti dei fondi concessi in enfiteusi, affittati o dati a colonia, sono preferiti ai crediti del locatore o del colono i crediti:

1° Per la raccolta,

2° Per la coltivazione,

3° Per le sementi,

4° Pei canoni indicati nel numero 2 dell'art. 1958;

Sopra i mobili di cui è fornita la casa o il fondo, è preferito al crediti del locatore e del colono il credito indicato nel numero 7 dell'articolo 1958;

Ai crediti indicati nel numero 9 dell'articolo 1958 sono preferiti i crediti indicati nel numero 8 dello stesso articolo.

Sezione II
Dei privilegi sopra gli immobili

Art. 1961. Il credito per le spese del giudizio di spropriazione degli immobili e di quello di graduazione, fatte nell'interesse comune dei creditori, è privilegiato sopra gli immobili spropriati, ed è preferito a qualunque altro credito.

Art. 1962 (1).

Sono parimente privilegiati i crediti dello Stato pel tributo fondiario dell'anno in corso e dell'antecedente, comprese le sovr'imposte comunali e provinciali, sopra gli immobili tutti del contribuente situati nel territorio del comune in cui il tributo si riscuote, e sopra i frutti, i fitti e le pigioni degli stessi immobili, senza pregiudizio dei mezzi speciali di esecuzione autorizzati dalla legge. Hanno pure privilegio i crediti dello Stato pei diritti, di registro e per ogni altro tributo indiretto sopra gli immobili che ne furono l'oggetto. Tale privilegio non può pregiudicare ai diritti reali di ogni genere acquistati sul fondo dai terzi prima del trasferimento soggetto alla tassa, e non può neppure farsi valere contro i terzi possessori dell'immobiliare per supplemento di tassa. Lo stesso privilegio inoltre, per quanto riguarda le tasse di successione, non ha effetto a danno dei creditori ipotecari del defunto che hanno iscritto la loro ipoteca nei tre mesi dalla morte di lui, e nemmeno a danno dei creditori che hanno esercitato il diritto di separazione del patrimonio del defunto da quello dell'erede.

(1) *Legge 27 febbraio 1908, n. 71.*
Articolo unico. Il privilegio speciale stabilito a favore dello Stato dal primo capoverso dell'art. 1962 del Codice civile, è esteso al credito dello Stato per la totalità del mutuo accordato per le migliorie, e per la totalità degli interessi di mora, e le quote di capitali e di interessi, dovutegli semestralmente, saranno riscosse dagli esattori delle imposte dirette, con le norme, la procedura e i privilegi consentiti per l'esazione delle imposte medesime. Le disposizioni contenute nella presente legge hanno effetto anche per quei mutui, comunque garantiti, che fossero stati con ceduti anteriormente alla pubblicazione di essa.

Art. 1963. I crediti indicati nell'articolo 1956 saranno collocati sussidiariamente sul prezzo degli immobili del debitore con preferenza ai crediti chirografari.

Capo II
Delle ipoteche

Art. 1964. L'ipoteca è un diritto reale costituito sopra beni del debitore o di un terzo a vantaggio di un creditore, per assicurare sopra i medesimi il soddisfacimento di un'obbligazione. Essa è indivisibile, e sussiste per intero sopra tutti i beni vincolati, sopra ciascuno di essi e sopra ogni loro parte. Essa è inerente ai beni, e li segue presso qualunque possessore.

Art. 1965. L'ipoteca non ha effetto se non è resa pubblica, e non può sussistere che sopra beni specialmente indicati e per somma determinata in danaro.

Art. 1966. L'ipoteca si estende a tutti i miglioramenti ed anche alle costruzioni ed altre accessioni dell'immobile ipotecato.

Art. 1967. Sono capaci d'ipoteca:

1° I beni immobili, che sono in commercio, coi loro accessori riputati come immobili;

2° L'usufrutto degli stessi beni coi loro accessori, ad eccezione dell'usufrutto legale degli ascendenti;

3° I diritti del concedente e dell'enfiteuta sui beni enfiteutici;

4° Le rendite sopra lo Stato nel modo determinato dalle leggi relative al debito pubblico.

Art. 1968. L'ipoteca è legale, giudiziale o convenzionale.

Sezione I
Dell'ipoteca legale

Art. 1969. Hanno ipoteca legale:

1° Il venditore od altro alienante, sopra gli immobili alienati, per l'adempimento degli obblighi derivanti dall'atto di alienazione;

2° I coeredi, i soci ed altri condividenti, sopra gli immobili caduti nell'eredità, società e comunione, per il pagamento dei rifacimenti e conguagli;

3° Il minore e l'interdetto, sui beni del tutore a norma degli articoli 292 e 293;

4° La moglie, sui beni del marito per la dote e per i lucri dotali.

Quest'ipoteca, se non è stata limitata a beni determinati nel contratto di matrimonio, ha luogo su tutti quelli che il marito possiede al momento in cui la dote è costituita, ancorché il pagamento di essa non avesse luogo che posteriormente. Riguardo alle somme dotali provenienti da successione o donazione, l'ipoteca non ha luogo che dal giorno della successione, o da quello in cui la donazione ha avuto il suo effetto, sui beni posseduti dal marito in detto giorno;

5° Lo stato sopra i beni dei condannati per la riscossione delle spese di giustizia in materia criminale, correzionale, e di polizia, compresi in essi i diritti dovuti ai funzionari ed agli ufficiali giudiziari. Quest'ipoteca può essere iscritta prima della condanna in seguito al mandato di cattura, e giova anche alle parti civili pel risarcimento dei danni aggiudicati nella sentenza di condanna. Alle spese di giustizia ed al risarcimento dei danni sono preferite quelle della difesa.

Sezione II
Dell'ipoteca giudiziale

Art. 1970. Ogni sentenza portante condanna al pagamento di una somma, alla consegna di cose mobili, o all'adempimento di un'altra obbligazione la quale possa risolversi nel risarcimento dei danni, produce ipoteca sui beni del debitore a favore di chi l'ha ottenuta.

Art. 1971. Le sentenze di condanna non producono l'ipoteca giudiziale sui beni di un'eredità giacente od accettata con benefizio d'inventario.

Art. 1972. Le sentenze degli arbitri non producono ipoteca, se non dal giorno in cui sono rese esecutive con provvedimento dell'autorità giudiziaria competente.

Art. 1973. Le sentenze pronunziate dalle autorità giudiziarie straniere non producono ipoteca sui beni situati nel regno, se non quando ne sia stata ordinata l'esecuzione della autorità giudiziaria del regno, salve le disposizioni contrarie delle convenzioni internazionali.

Sezione III
Dell'ipoteca convenzionale

Art. 1974. Coloro soltanto che hanno la capacità di alienare un immobile, possono sottoporlo ad ipoteca.

Art. 1975. I beni delle persone incapaci di alienare, e quelli degli assenti non possono essere ipotecati, fuorché per le cause e nelle forme stabilite dalla legge.

Art. 1976. Coloro che hanno sull'immobile un diritto sospeso da una condizione, o risolvibile in casi determinati, o dipendente da titolo annullabile, non possono costituire che un'ipoteca soggetta alle medesime eventualità, ad eccezione dei casi in cui la legge espressamente dispone che la risoluzione o la rescissione non è operativa a danno dei terzi.

Art. 1977. L'ipoteca convenzionale non può costituirsi sui beni futuri.

Art. 1978. L'ipoteca convenzionale deve costituirsi per atto pubblico o per scrittura privata.

Art. 1979. Nell'atto costitutivo dell'ipoteca l'immobile da sottoporvisi deve essere specificatamente designato colla indicazione della sua natura, del comune in cui si trova, del numero del catasto o delle mappe censuarie dove esistono, e di tre almeno dei suoi confini.

Art. 1980. Qualora i beni sottoposti all'ipoteca perissero, o si deteriorassero in modo che fossero divenuti insufficienti alla sicurezza del creditore, questi ha diritto ad un supplemento di ipoteca e in mancanza al pagamento del suo credito.

Sezione IV
Della pubblicità delle ipoteche

§I - Della iscrizione

Art. 1981. L'ipoteca si rende pubblica mediante iscrizione nell'uffizio della ipoteche del luogo in cui si trovano i beni gravati.

Art. 1982. L'ipoteca legale spettante alla moglie deve per cura del marito e del notaio che ha ricevuto l'atto di costituzione della dote, essere iscritta nel termine di venti giorni dalla data dell'atto. Quando l'ipoteca non sia stata ristretta a determinati beni, il notaio dove far dichiarare dal marito la situazione dei beni da lui posseduti colle indicazioni espressamente nell'articolo 1979. L'iscrizione dell'ipoteca legale spettante alla moglie può in ogni caso essere richiesta da chi ha costituito la dote, ed anche dalla moglie senza bisogno di autorizzazione.

Art. 1983. L'ipoteca legale spettante ai minori ed agli interdetti deve essere iscritta nel termine di venti giorni dalla deliberazione del consiglio di famiglia accennata negli articoli 292 e 293, per cura del tutore, del protutore e del cancelliere che ha assistito alla deliberazione medesima. L'iscrizione può anche essere richiesta dal minore o dall'interdetto senza bisogno di assistenza o di autorizzazione, come pure dai loro parenti.

Art. 1984. Le persone obbligate a prendere l'iscrizione delle ipoteche legali secondo i due articoli precedenti, se non adempiono a tale obbligo nel termine stabilito, sono tenute al risarcimento dei danni, ed incorrono in una multa estendibile a lire mille. Inoltre il tutore e protutore possono essere rimossi dalla tutela o protutela. Il procuratore del re veglierà all'esecuzione delle accennate disposizioni, promuovendo, ove ne sia il caso, l'applicazione delle pene stabilite, e può anche all'uopo richiedere l'iscrizione delle menzionate ipoteche.

Art. 1985. Il conservatore delle ipoteche, nel trascrivere un atto di alienazione deve iscrivere d'uffizio e sotto pena dei danni l'ipoteca legale spettante all'alienante in forza del numero 1 dell'articolo 1969. Tale iscrizione non avrà luogo se viene presentato un atto pubblico, od una scrittura privata autenticata da notaio od accertata giudizialmente, da cui risulti che gli obblighi furono adempiuti.

Art. 1986. L'ipoteca giudiziale si può iscrivere su qualunque degli immobili appartenenti al debitore, ma quanto a quelli che sono da lui acquistati dopo la condanna, la iscrizione non può prendersi se non a misura che essi pervengono al debitore.

Art. 1987. Per operare l'iscrizione si presentano al detto uffizio il titolo costitutivo dell'ipoteca e due note, una le quali può essere stesa in calce allo stesso titolo.

Queste note devono contenere:

1° Il nome, il cognome, il domicilio, o la residenza del creditore e del debitore e la loro professione, se ne hanno, come pure il nome del padre loro;

2° Il domicilio che sarà eletto per parte del creditore nella giurisdizione del tribunale da cui dipende l'uffizio delle ipoteche (19);

3° La data e la natura del titolo ed il nome del pubblico ufficiale che lo ha ricevuto o autenticato;

4° L'importare della somma dovuta;

5° Gli interessi o le annualità che il credito produce;

6° Il tempo dell'esigibilità;

7° La natura e la situazione de' beni gravati colle indicazioni volute dell'articolo 1979.

Art. 1988. Eseguita l'iscrizione, il conservatore restituisce al richiedente i documenti ed una delle due note, la quale deve contenere in calce il certificato da lui sottoscritto dell'effettuata iscrizione, con la data e il numero d'ordine della medesima.

Art. 1989. Quando l'ipoteca deriva da atto privato, non se ne può ottenere l'iscrizione, se la sottoscrizione di chi l'ha acconsentita, non è autenticata da notaio od accertata giudizialmente. Il richiedente deve presentare l'origine della privata scrittura coi documenti accessori, ove occorre; se l'originale si trova depositato in un pubblico archivio o negli atti di un notaio, basta la presentazione di una copia autenticata dell'archivista o dal notaio, da cui risulti che la scrittura ha i requisiti avanti indicati. Venendo presentato l'originale della scrittura privata, deve il medesimo coi relativi documenti, se ve ne sono, rimanere depositato nell'uffizio delle ipoteche.

Art. 1990. Gli atti seguiti in paese estero che si presentano per l'iscrizione, devono essere debitamente legalizzati.

Art. 1991. Se l'ipoteca deriva da un atto pubblico ricevuto nel regno o da una sentenza, pronunziata da un'autorità giudiziaria del regno, l'iscrizione può essere domandata quantunque non sia ancora pagata la tassa di registro a cui sia soggetto il titolo. In tale caso non è necessaria l'esibizione del titolo, ma le note che si presentano per l'iscrizione devono essere certificate dal notaio che ha ricevuto l'atto o dal cancelliere dell'autorità giudiziaria che ha pronunziata la sentenza, e si osservano le disposizioni del capoverso dell'articolo 1946.

Art. 1992. L'iscrizione dell'ipoteca non può farsi che per una somma di denaro a tale effetto determinata nell'atto costitutivo o dichiarativo del credito, o in un atto posteriore. La determinazione della somma, se non è fatta nel titolo costitutivo o dichiarativo del credito né con atto posteriore, può farsi dal creditore medesimo nella nota per l'iscrizione.

Art. 1993. La vitalità e la efficacia delle ipoteche e delle iscrizioni sui beni di un debitore fallito sono regolate dalle leggi commerciali.

Art. 1994. Il cessionario, la persona surrogata o il creditore che ha in pegno il credito iscritto, può far annotare in margine o in calce dell'iscrizione presa dal suo autore la cessione, surrogazione od il pegno, consegnando al conservatore l'atto relativo. Ove questo sia una scrittura privata od un atto seguito in paese estero, si osservano le disposizioni degli articoli 1989 e 1990. Dopo questa annotazione l'iscrizione non può essere cancellata senza il consenso del cessionario, surrogato o creditore pignoratizio e le intimazioni o notificazioni che occorresse di fare in dipendenza dell'iscrizione, saranno fatte al domicilio eletto dallo stesso cessionario, surrogato o creditore pignoratizio per quanto riguarda l'interesse dei medesimi.

Art. 1995. È in facoltà del creditore, del suo mandatario e del suo erede od avente causa di variare il domicilio eletto nell'iscrizione, sostituendovene un altro nella stessa giurisdizione.

Il cangiamento sarà annotato dal conservatore in margine o in calce dell'iscrizione. La dichiarazione del creditore circa il cambiamento del domicilio deve risultare da atto ricevuto o autenticato da notaio, e rimanere in deposito nell'uffizio del conservatore.

Art. 1996. Le iscrizioni sopra i beni di un defunto possono essere fatte colla semplice indicazione della sua persona e nel modo voluto per le altre iscrizioni, senz'obbligo di far menzione degli eredi. Ove però al tempo dell'iscrizione gli immobili ipotecati appariscano da tre mesi nei registri censuari passati agli eredi o ad altri aventi causa del debitore, l'iscrizione deve anche essere presa contro questi ultimi, colle indicazioni stabilite dal numero 1 dell'articolo 1987, in quanto risultano dagli stessi libri censuari.

Art. 1997. L'iscrizione non ha effetto che per la somma enunciata nella nota, ancorché si giustifichi coll'atto da cui apparisce il debito, che la somma dovuta è maggiore dell'enunciata. Se la somma enunciata è maggiore di quella che è realmente dovuta, l'iscrizione non ha effetto che per quest'ultima somma.

Art. 1998. L'ommissione o l'inesattezza d'alcuna delle volute indicazioni nel titolo costitutivo dell'ipoteca o nelle due note, non producono la nullità dell'iscrizione, fuorché nel caso in cui inducano assoluta incertezza sulla persona del creditore o del debitore, o su quella del possessore del fondo gravato quando ne è necessaria l'indicazione, o sulla identità dei singoli beni gravati, o sull'importare del credito. In caso d'altre ommissioni od inesattezze, se ne può ordinare la rettificazione ad istanza e a spese della parte interessata.

Art. 1999. Le azioni, alle quali le iscrizioni possono dar luogo contro i creditori, sono promosse avanti l'autorità giudiziaria competente per mezzo di citazione da farsi ad essi in persona propria o all'ultimo loro domicilio eletto. Lo stesso ha luogo per ogni altra notificazione relativa alle dette iscrizioni. Se non si fosse fatta l'elezione di domicilio, o fosse morta la persona o cessato l'uffizio presso cui il domicilio erasi eletto, le citazioni e notificazioni suddette possono farsi all'uffizio delle ipoteche presso cui l'iscrizione fu presa. Ma trattandosi di giudizio promosso dal debitore contro il suo creditore per la riduzione dell'ipoteca o per la cancellazione totale o parziale della iscrizione, il creditore deve essere citato nei modi ordinari stabiliti dal codice di procedura civile.

Art. 2000. Le spese dell'iscrizione e della rinnovazione sono a carico del debitore, se non vi è stipulazione in contrario.

§II - Delle rinnovazioni

Art. 2001. L'iscrizione conserva l'ipoteca per trent'anni dalla sua data. L'effetto dell'iscrizione cessa, se non è rinnovata prima della scadenza del detto termine.

Art. 2002. L'obbligo della rinnovazione delle ipoteche legali a favore dell'interdetto incombe al tutore, al protutore ed al cancelliere della pretura dove sarà a quel tempo il registro della tutela (343 ss.) dello stesso interdetto, sotto le pene comminate nell'articolo 1984.

Art. 2003. L'obbligo della rinnovazione per conservare gli effetti delle precedenti iscrizioni cessa nel caso di purgazione coll'iscrizione dell'ipoteca legale nascente del titolo di alienazione a norma dell'articolo 2042, e nel caso di spropriazione forzata coll'iscrizione dell'ipoteca legale nascente dalla vendita all'incanto contro il compratore pel pagamento del prezzo a norma dell'articolo 2089.

Art. 2004. L'iscrizione dell'ipoteca legale della moglie conserva il suo effetto senza la rinnovazione durante il matrimonio, e per un anno successivo allo scioglimento del medesimo.

Art. 2005. Per ottenere la rinnovazione si presentano al conservatore due note conformi a quelle della precedente iscrizione, contenenti la dichiarazione che s'intende rinnovare la originaria iscrizione. Tiene luogo di titolo la nota dell'iscrizione da rinnovarsi. Saranno osservate dal conservatore le disposizioni contenute nell'articolo 1988.

Art. 2006. Se al tempo della rinnovazione gli immobili ipotecati appariscono da tre mesi nei registri censuari passati agli eredi o ad altri aventi causa dal debitore, la rinnovazione deve anche essere diretta contro questi ultimi, colle indicazioni stabilite dal numero 1 dell'articolo 1987, in quanto risultano dagli stessi libri censuari.

Sezione V
Dell'ordine fra le ipoteche

Art. 2007. L'ipoteca produce effetto e prende grado dal momento della sua iscrizione, ancorché si tratti di un contratto di prestito in cui lo sborso del denaro si effettui posteriormente.

Art. 2008. Il numero d'ordine delle iscrizioni determina il grado. Nullameno se più persone presentano contemporaneamente la nota per ottenere iscrizione contro la stessa persona o sugli stessi immobili, le medesime sono iscritte sotto lo stesso numero, facendone menzione nella ricevuta spedita dal conservatore a ciascuno dei richiedenti.

Art. 2009. Le ipoteche iscritte allo stesso numero e sugli stessi immobili concorrono tra loro senza distinzione di grado.

Art. 2010. L'iscrizione del credito serve per far collocare allo stesso grado le spese dell'atto, quelle dell'iscrizione e rinnovazione, e quelle ordinarie che possono occorrere per la collocazione nel giudizio di graduazione. L'iscrizione di un capitale che produce interessi, se la misura di questi vi è enunciata, serve inoltre per far collocare allo stesso grado gli interessi dovuti per le due annate anteriori e quella in corso al giorno della trascrizione del precetto fatta a norma dell'articolo 2085, oltre agli interessi successivi, senza pregiudizio delle iscrizioni particolari prese per maggiori arretrati dovuti, le quali hanno effetto dal giorno della loro data. Le parti possono anche, con patto espresso, estendere l'ipoteca del credito e gli effetti della medesima a spese giudiziali maggiori delle sopra accennate, purché ne sia presa la corrispondente iscrizione.

Art. 2011. Il creditore avente ipoteca sopra uno o più immobili, qualora si trovi perdente per essersi sul prezzo dei medesimi soddisfatto un creditore anteriore, la cui ipoteca si estendeva ad altri beni, s'intende surrogato nell'ipoteca che apparteneva al creditore soddisfatto, e può far eseguire la relativa annotazione, come è stabilito nell'articolo 1994, all'effetto di esercitare l'azione ipotecaria sopra gli stessi beni e di essere preferito ai creditori posteriori alla propria iscrizione. Lo stesso diritto spetta ai creditori perdenti in seguito alla detta surrogazione. Questa disposizione si applica anche ai creditori perdenti per causa del privilegio stabilito dall'articolo 1962.

Art. 2012. Nei casi di purgazione e di spropriazione forzata i diritti dei creditori ipotecari rimangono inalterabilmente fissati con la iscrizione dell'ipoteca legale in favore della massa dei creditori a norma degli articoli 2042 e 2089.

Sezione VI
Degli effetti delle ipoteche riguardo al terzo possessore

Art. 2013. Il terzo possessore dell'immobile ipotecato, che non adempie alle formalità stabilite nella sezione X di questo capo per rendere libera la sua proprietà, è tenuto a rilasciare l'immobile senza alcuna riserva, qualora non preferisca di pagare i crediti iscritti ed i loro accessori a norma dell'articolo 2010.

Art. 2014. Se il terzo possessore non rilascia l'immobile né paga i crediti qualunque creditore munito di efficacia ipoteca può far vendere l'immobile. La vicenda però non avrà luogo, se non sono trascorsi trenta giorni dopo il precetto fatto al debitore di pagare, e dopo che tale precetto fu notificato al terzo possessore coll'intimazione di pagare o rilasciare l'immobile.

Art. 2015. Il terzo possessore, che ha fatto trascrivere il suo contratto d'acquisto e che non fu parte del giudizio in cui venne pronunziato la condanna del debitore, se questa è posteriore alla trascrizione, è ammesso ad opporre le eccezioni che non fossero state opposte dal debitore, purché non siano meramente personali al medesimo. Può anche, in tutti i casi, opporre le eccezioni che spetterebbero ancora al debitore dopo la condanna. Le eccezioni suddette non sospendono però il corso dei termini stabiliti per la purgazione.

Art. 2016. Il rilascio dell'immobile soggetto ad ipoteca può eseguirsi da qualunque terzo possessore, il quale non sia obbligato personalmente per il debito, ed abbia la capacità di alienare o sia debitamente autorizzato a farlo. Questo rilascio non pregiudica alle ipoteche costituite dal terzo possessore e debitamente iscritte.

Art. 2017. Le servitù, le ipoteche e gli altri diritti reali, che spettavano al terzo possessore sopra l'immobile, rivivono dopo il rilascio da lui fatto o dopo la vendita all'incanto contro di lui seguita, come gli spettavano prima del suo acquisto.

Art. 2018. Finché non sia seguita la vendita all'incanto, il terzo possessore può recuperare l'immobile da lui rilasciato, pagando i crediti a norma dell'articolo 2013 oltre le spese.

Art. 2019. Il rilascio dell'immobile si eseguisce con dichiarazione fatta alla cancelleria del tribunale competente per la subasta zione, la quale ne spedisce certificato. Sull'istanza di qualunque degli interessati il tribunale nominerà un amministratore dell'immobile rilasciato, e contro di esso si faranno o proseguiranno gli atti di vendita secondo le forme stabilite per le espropriazioni. Il terzo possessore è custode dell'immobile rilasciato, finché questo non sia consegnato all'amministratore.

Art. 2020. Il terzo possessore è tenuto a risarcire i danni cagionati all'immobile per sua grave colpa in pregiudizio dei creditori iscritti, e non può contro essi invocare alcun diritto di ritenzione per causa di miglioramenti. Egli ha però diritto di far separare dal prezzo la parte corrispondente ai miglioramenti da esso fatti dopo la trascrizione del suo titolo, sino a concorrenza della minor somma che risulterà tra lo speso ed il migliorato al tempo del rilascio o della vendita all'incanto.

Art. 2021. I frutti dell'immobile ipotecato non sono dovuti dal terzo possessore, che dal giorno in cui fu a lui intimato il precetto trascritto di fare il pagamento o il rilascio; e se la proposta istanza fosse stata abbandonata per lo spazio di un anno, sono dovuti soltanto dal giorno in cui sarà trascritta la rinnovata intimazione. Nel caso di purgazione per parte del terzo possessore i frutti sono pure dovuti dal giorno della trascrizione del precetto, o in mancanza dal giorno della notificazione fatta in conformità degli articoli 2043 e 2044.

Art. 2022. Il terzo possessore che ha pagato il crediti iscritti, rilasciato l'immobile o sofferta la sproporzione, ha ragione d'indennità verso il suo autore. Ha pure azione in via di subingresso contro i terzi possessori di altri fondi sottoposti ad ipoteca per gli stessi crediti, ma contro quelli solamente che sono a lui posteriori di data nella trascrizione del loro atto di acquisto, e può far eseguire la relativa annotazione in conformità dell'articolo 1994.

Art. 2023. Se il terzo possessore è debitore in dipendenza del suo acquisto di una somma attualmente esigibile, la quale basti al soddisfacimento di tutti i creditori iscritti contro i precedenti proprietari, ciascun di essi può obbligarlo al pagamento, purché il titolo di acquisto sia stato trascritto. Se il debito del terzo possessore non fosse attualmente esigibile, o fosse minore o diverso da ciò che è dovuto ai detti creditori, questi possono egualmente, purché di comune accordo, richiedere che venga loro pagato sino alla rispettiva concorrenza ciò che egli deve nei modi e termini della sua obbligazione. Nell'uno e nell'altro caso non si può evitare il pagamento coll'offrire il rilascio dell'immobile; ma eseguito il pagamento, l'immobile s'intende liberato da ogni ipoteca, non esclusa quella spettante al venditore, e il terzo possessore ha diritto di ottenere la cancellazione delle relative iscrizioni.

Sezione VII
Della riduzione delle ipoteche

Art. 2024. La riduzione delle ipoteche si opera col restringerla ad una parte soltanto dei beni indicati nell'iscrizione, o col ridurre a quantità minore la somma per cui l'iscrizione fu presa.

Art. 2025. Non è ammessa la domanda di riduzione delle ipoteche né riguardo alla quantità dei beni né riguardo alla somma, se l'una o l'altra sia stata determinata per convenzione o per sentenza.

Art. 2026. Le ipoteche legali, eccettuate quelle indicate nei numeri 1 e 2 dell'articolo 1969, e le ipoteche giudiziali devono ridursi sopra domanda degli interessati, se i beni compresi nell'iscrizione hanno un valore eccedente la cautela da somministrarsi, o se la somma determinata dal creditore nella iscrizione eccede di un quinto quella che è dal giudice dichiarata dovuta.

Art. 2027. Il valore dei beni è riputato eccedente, quando supera di un terzo l'importare dei crediti iscritti, accresciuti degli accessori a norma dell'articolo 2010.

Art. 2028. Le spese necessarie per la riduzione sono sempre a carico del richiedente. Se però la riduzione ha luogo per eccesso nella determinazione del credito fatta dal creditore, le spese sono a suo carico. Quelle del giudizio sopra contestazioni che venissero fatte, sono a carico del soccombente ovvero compensate secondo le circostanze.

Sezione VIII
Dell'estinzione delle ipoteche

Art. 2029. Le ipoteche si estinguono:

1° Coll'estinguersi dell'obbligazione;

2° Colla distruzione dell'immobile gravato, salvi i diritti risultanti dall'articolo 1951;

3° Colla rinunzia del creditore;

4° Col pagamento dell'intero prezzo nei modi stabiliti dalla legge nei giudizi di graduazione;

5° Collo spirare del termine a cui furono limite;

6° Col verificarsi delle condizioni risolutiva che vi fu apposta.

Art. 2030. Le ipoteche si estinguono parimente colla prescrizione, la quale riguardo ai beni posseduti dal debitore si compie con la prescrizione del credito, e riguardo ai beni posseduti dai terzi si compie anche col decorso di trent'anni, secondo le regole stabilite nel titolo.

Art. 2031. Le ipoteche rinascono col credito, se il pagamento vien dichiarato nullo.

Art. 2032. L'ipoteca ogni qual volta rinasce prende solamente grado dalla nuova iscrizione, se in precedente non è stata conservata.

Sezione IX
Della cancellazione delle iscrizioni

Art. 2033. La cancellazione consentita dalle parti interessate sarà eseguita dal conservatore in seguito alla presentazione dell'atto portante il consenso del creditore. Per quest'atto devono osservarsi le disposizioni degli articoli 1978, 1939 e 1990.

Art. 2034. Quegli che non ha la capacità per liberare il debitore, non può consentire alla cancellazione, se non coll'assistenza delle persone il cui intervento è necessario per la liberazione.

Art. 2035. Il padre, il tutore ed ogni altro amministratore, ancorché autorizzati ad esigere e liberare il debitore, non possono consentire alla cancellazione dell'iscrizione relativa al credito, se questo non viene soddisfatto.

Art. 2036. La cancellazione sarà anche seguita dal conservatore, quando viene ordinata giudizialmente con sentenza o provvedimento passati in giudicato. Essa verrà ordinata quando l'ipoteca non sussiste o l'iscrizione è nulla.

Art. 2037. Se fu convenuto od ordinato che la cancellazione non debba aver luogo che sotto condizione di nuova ipoteca, di nuovo impiego od altra, la cancellazione non sarà eseguita, se non si fa constare al conservatore che le condizioni si sono adempite.

Art. 2038. Nel caso di cancellazione totale o parziale, quegli che le richiede, deve rimettere all'uffizio del conservatore l'atto che vi fa luogo. La cancellazione di un'iscrizione o la rettificazione di essa si eseguirà in margine dell'iscrizione medesima, coll'indicazione del titolo con cui è stata consentita od ordinata, e della data in cui si eseguisce, e porterà la sottoscrizione del conservatore.

Art. 2039. Ricusando il conservatore di procedere alla cancellazione di un'iscrizione, la parte richiedente può richiamarsene al tribunale civile, il quale provvederà in camera di consiglio, sentito il pubblico ministero e sentito pure d'uffizio il conservatore nelle sue osservazioni scritte. Contro il provvedimento del tribunale è ammesso il richiamo in appello ed in cassazione, in conformità delle leggi generali, osservate le anzidette forme di procedimento. Il tribunale può ordinare che siano chiamate le persone che si presumono interessate; in questo caso, o quando la domanda di cancellazione è proposta direttamente in contraddittorio degli interessati, si osservano le norme del procedimento sommario, sentito il pubblico ministero.

Sezione X
Del modo di liberare gl'immobili dalle ipoteche

Art. 2040. Ogni acquirente, che non sia personalmente obbligato a pagare i creditori ipotecari, ha la facoltà di liberare gli immobili da ogni ipoteca iscritta anteriormente alla trascrizione del suo titolo di acquisto.

Art. 2041. Tale facoltà gli spetta anche dopo la notificazione del precetto coll'intimazione menzionata nell'articolo 2014, purché nei venti giorni successivi faccia trascrivere il suo titolo che non fosse stato trascritto, e nel termine di giorni quaranta dopo la notificazione del precetto proceda in conformità degli articoli 2043 e 2014.

Art. 2042. L'acquirente non può essere ammesso ad istituire il giudizio di purgazione, se prima non ha fatto iscrivere in favore della massa del creditore del venditore l'ipoteca legale per garanzia del pagamento del prezzo della vendita, o del valore dichiarato a norma del numero 3 dell'articolo seguente.

Art. 2043. L'acquirente farà notificare per mezzo d'usciere ai creditori iscritti, nel domicilio da essi eletto, ed al precedente proprietario:

1° La data e natura del suo titolo;

2° La qualità e situazione dei beni col numero del catasto o altra loro designazione, come risultano dallo stesso titolo;

3° Il prezzo stipulato o il valore che dichiarerà, se si tratta di fondi avuti a titolo lucrativo o il cui prezzo non fu determinato;

4° La data della trascrizione;

5° La data e il numero d'ordine dell'iscrizione menzionata nell'articolo precedente;

6° Uno stato in tre colonne di tutte le iscrizioni sopra i detti beni, prese contro i precedenti proprietari anteriormente alla trascrizione.

Nella prima colonna sarà indicata la data delle iscrizioni; nella seconda il nome e cognome dei creditori; nella terza l'importare dei creditori iscritti.

Art. 2044. Nell'atto della notificazione il terzo possessore deve eleggere domicilio nel comune ove siede il tribunale competente per la sub stazione, e offrire di pagare il prezzo od il valore dichiarato. Un estratto sommario di questa notificazione sarà inserito nel giornale degli annunzi giudiziari.

Art. 2045. Entro il termine di giorni quaranta dalla detta notificazione ed inserzione qualunque dei creditori iscritti o dei relativi fideiussori ha diritto di far vendere i beni all'incanto, purché adempia alle seguenti condizioni:

1° Che la richiesta sia per mezzo di usciere notificata al nuovo proprietario nel domicilio da lui eletto come sopra ed al proprietario precedente;

2° Che contenga l'obbligazione del richiedente di aumentare o far aumentare di un decimo il prezzo stipulato o dichiarato;

3° Che l'originale e le copie di tale richiesta siano sottoscritti dal richiedente, o dal suo procuratore munito di mandato speciale;

4° Che il richiedente offra cauzione per una somma eguale al quinto dell'intero prezzo aumentato come sopra;

5° Che la notificazione contenga citazione del nuovo e del precedente proprietario a comparire dinanzi al tribunale, perché venga pronunziato sull'ammissibilità della cauzione e sulla richiesta dell'incanto.

L'ommissione di alcuna di queste condizioni produce nullità della richiesta.

Art. 2046. Se l'incanto non è domandato nel tempo e nel modo voluti dal precedente articolo il valore dell'immobile rimane definitivamente stabilito nel prezzo stipulato nel contratto o dichiarato dal nuovo proprietario. Lo stesso immobile resta liberato dalle ipoteche relative ai crediti che non possono venire soddisfatti col detto prezzo. Riguardo alle altre ipoteche l'immobile ne è liberato a misura del pagamento dei creditori utilmente collocati o mediante deposito nei modi indicati dal codice di procedura civile.

Art. 2047. I termini fissati nei precedenti articoli non possono mai essere prorogati.

Art. 2048. Essendovi richiesta di vendita all'incanto, si osservano per gli atti preparatori e per la vendita le forme stabilite dalle leggi di procedura civile.

Art. 2049. Il compratore all'incanto, oltre al pagamento del prezzo dell'acquisito e di ogni relativa spesa, è obbligato a rimborsare l'anteriore acquirente delle spese del suo contratto, della trascrizione, dell'iscrizione voluta dall'articolo 2042, dei certificati del conservatore, della notificazione e della inserzione. Sono parimente a carico dello stesso compratore le spese fatte per ottenere l'incanto.

Art. 2050. Se il terzo possessore si rende egli stesso compratore all'incanto, non è tenuto a far trascrivere la sentenza della vendita. La liberazione dalle ipoteche a favore dei compratori all'incanto ha luogo in conformità dell'articolo 2016.

Art. 2051. La desistenza del creditore che ha richiesto l'incanto, non può impedire la subasta zione, quantunque egli pagasse l'importare dell'offerto aumento, eccetto che alla desistenza espressamente annuissero tutti gli altri creditori iscritti.

Art. 2052. L'acquirente che è divenuto compratore all'incanto, ha regresso contro il venditore pel rimborso di ciò che eccede il prezzo stipulato nel suo contratto, e per gli interessi di tale eccedenza dal giorno di ciascun pagamento.

Art. 2053. Nel caso in cui il titolo del nuovo proprietario comprendesse mobili ed immobili, ovvero più immobili, gli uni ipotecati e gli altri liberi, o non tutti gravati delle stesse iscrizioni, situati nella stessa o in diverse giurisdizioni di tribunali civili, alienati per un solo e medesima prezzo o per prezzi distinti e separati, aggregati o non aggregati nella stessa tenuta, il prezzo di ciascun immobile assoggettato a particolari e separate iscrizioni sarà dichiarato nella notificazione dal nuovo proprietario, ragguagliato sul prezzo totale espresso nel titolo. Il creditore maggior offerente non può in verun caso essere costretto ad estendere la sua offerta né ai mobili, né ad altri immobili, fuori di quelli che sono ipotecati pel suo credito, salvo il regresso del nuovo proprietario contro il suo autore pel risarcimento del danno che venisse a soffrire per la separazione degli oggetti compresi nell'acquisto e delle relative coltivazioni.

TITOLO XXIV
DELLA SEPARAZIONE DEL PATRIMONIO DEL DEFUNTO DA QUELLO DELL'EREDE

Art. 2054. Il diritto alla separazione del patrimonio del defunto da quello dell'erede, di cui è cenno nell'articolo 1032, spetta anche a quei creditori o legatari che hanno già un'altra garanzia sui beni del defunto.

Art. 2055. La separazione ha per oggetto il soddisfacimento col patrimonio del defunto, dei creditori di lui e dei legatari che l'hanno domandata, preferibilmente ai creditori dell'erede.

Art. 2056. I creditori e i legatari che avessero fatta novazione (1267 ss.) accettando l'erede per debitore, non hanno diritto alla separazione.

Art. 2057. Il diritto alla separazione non può esercitarsi che nel termine perentorio di tre mesi dal giorno dell'aperta successione.

Art. 2058. L'accettazione dell'eredità col benefizio dell'inventario non dispensa i creditori del defunto e i legatari che intendono valersi del diritto di separazione, dall'osservare quanto è stabilito in questo titolo.

Art. 2059. Il diritto alla separazione riguardo ai mobili si esercita col farne la domanda giudiziale.

Art. 2060. Lo stesso diritto riguardo agli immobili si esercita mediante l'iscrizione del credito o del legato sopra ciascuno degli immobili stessi presso l'uffizio delle ipoteche del luogo in cui sono situati. L'iscrizione si eseguisce nei modi determinati dall'articolo 1987, aggiungendovi il nome del defunto e quello dell'erede se è conosciuto, e la dichiarazione che viene presa a titolo di separazione dei patrimoni. Per tale iscrizione non è necessaria l'esibizione del titolo.

Art. 2061. Riguardo ai mobili già alienati dall'erede, il diritto alla separazione comprende soltanto il prezzo non ancora pagato.

Art. 2062. Le ipoteche iscritte sugli immobili dell'eredità a favore di creditori dell'erede, e le alienazioni anche trascritte degli immobili stessi non pregiudicano in alcun modo ai diritti dei creditori del defunto e dei legatari che ottennero la separazione nell'anzidetto termine di tre mesi.

Art. 2063. La separazione dei patrimoni non giova che a coloro che l'hanno domandata, e non altera fra di essi riguardo ai beni del defunto l'originaria condizione giuridica dei titoli rispettivi e i loro diritti di pozziorità.

Art. 2064. L'erede può impedire o far cessare la separazione pagando i creditori e i legatari, o dando cauzione per il pagamento di quelli il cui diritto fosse sospeso da condizione o a termine, o fosse contestato.

Art. 2065. Tutte le disposizioni relative alle ipoteche (1964 ss.) sono applicabili al vincolo derivante dalla separazione dei patrimoni regolarmente inscritto sopra gli immobili dell'eredità.

TITOLO XXV
DELLA PUBBLICITÀ DEI REGISTRI E DELLA RISPONSABILITÀ DEI CONSERVATORI

Art. 2066. I conservatori delle ipoteche devono a chiunque ne faccia richiesta, dare copia delle trascrizioni, delle iscrizioni e delle annotazioni o il certificato che non ve ne è alcuna. Devono altresì permettere l'ispezione dei loro registri nelle ore fissate dai regolamenti; ma non è lecito ad alcuno di prendere copia delle trascrizioni, iscrizioni od annotazioni. I conservatori devono parimente dare copia dei documenti che sono depositati presso di loro in originale, o i cui originali sono depositati negli atti di un notaio o in un pubblico archivio fuori della giurisdizione del tribunale, da cui essi dipendono.

Art. 2067. I conservatori sono responsabili per i danni risultanti:

1° Dall'ommissione nei loro registri delle trascrizioni, delle iscrizioni e delle relative annotazioni, come pure dagli errori incorsi in tali operazioni;

2° Dall'ommissione nei loro certificati di una o più trascrizioni, iscrizioni od annotazioni, come pure dagli errori incorsi nei medesimi, salvo ché l'ommissione o l'errore provenga da indicazioni insufficienti, che non possano venir loro imputate;

3° Dalle cancellazioni indebitamente operate.

Art. 2068. Nel caso di qualunque diversità fra i risultati dei registri e quelli delle copie o dei certificati rilasciati dal conservatore delle ipoteche, si starà ai risultati dei registri, ferma la responsabilità del conservatore per ogni danno che fosse derivato dalle inesattezze delle dette copie o dei detti certificati.

Art. 2069. I conservatori non possono in verun caso, e neppure sotto pretesto di irregolarità nelle note, ricusare o tardare di ricevere la consegna dei titoli presentati e di fare le trascrizioni, iscrizioni od annotazioni richieste, né di spedire le copie o i certificati, sotto pena del risarcimento dei danni arrecati alle parti. A tale effetto possono le parti far stendere immediatamente gli opportuni verbali da un notaio o da un usciere assistiti da due testimoni. Essi possono però ricusare di ricevere le note ed i titoli se non sono in carattere intelligibile, e non possono riceverli quando non hanno i requisiti voluti dagli articoli 1935, 1978, 1989 e 1990.

Art. 2070. I conservatori non possono ricevere alcuna domanda di trascrizione o di iscrizione fuorché nelle ore determinate dal regolamento, nelle quali l'uffizio è aperto al pubblico.

Art. 2071. I conservatori sono obbligati a tenere un registro generale ossia d'ordine, in cui giornalmente annoteranno al momento della consegna ogni titolo che viene loro rimesso per la trascrizione, iscrizione od annotazione. Questo registro diviso in altrettante caselle esprimerà il numero d'ordine, il giorno della richiesta, la persona dell'esibitore e quella per cui la richiesta vien fatta, i titoli presentati colle note, l'oggetto, vale a dire se per trascrizione, iscrizione o annotazione, e le persone rimpetto alle quali devono farsi. Appena seguita la consegna di un titolo o atto o di una nota, il conservatore ne darà ricevuta in carta libera all'esibitore, senza spesa: la ricevuta conterrà l'indicazione del numero d'ordine.

Art. 2072. Oltre al registro generale, devono tenersi dal conservatore registri particolari:

1° Per le trascrizioni;

2° Per le iscrizioni soggette a rinnovazione;

3° Per le iscrizioni non soggette a rinnovazione;

4° Per le annotazioni.

Gli altri registri che sono ordinati dai regolamenti.

Art. 2073. Il registro generale e i registri delle trascrizioni, delle iscrizioni e delle annotazioni saranno vidimati in ogni foglio dal presidente o da un giudice del tribunale civile nella cui giurisdizione è stabilito l'uffizio, indicando nel relativo processo verbale il numero dei fogli ed il giorno in cui sono stati vidimati. Questi registri saranno scritti di seguito senza lasciare spazi in bianco, né interlinee e senza aggiunte: le cancellature di parole devono essere approvate dal conservatore in fine di ciascun foglio colla sua firma e coll'indicazione del numero delle parole cancellate. Tali registri saranno al fine di ciascun giorno chiusi e firmati dal conservatore. In essi si deve rigorosamente osservare la serie delle date, dei fogli e dei numeri d'ordine.

Art. 2074. I registri sopra accennati non possono mai esser levati dall'uffizio del conservatore, fuorché per ordine di una corte d'appello, quando ne fosse riconosciuta la necessità, e mediante le cautele che verranno determinate dalla stessa corte.

Art. 2075. I conservatori sono tenuti di conformarsi nell'esercizio delle loro incombenze a tutte le disposizioni di questo titolo, ed alle altre disposizioni delle leggi che li riguardano, sotto pena di una multa estendibile a lire due mila.

TITOLO XXVI
DELLA SPROPRIAZIONE FORZATA DEGLI IMMOBILI, DELLA GRADUAZIONE E DELLA DISTRIBUZIONE DEL PREZZO FRA I CREDITORI

Capo I
Della spropriazione forzata

Art. 2076. Il creditore per conseguire il pagamento di ciò che gli è dovuto, può far subastare l'immobile che si trova in proprietà del suo debitore, e quando sia ipotecato a garanzia del suo credito, può anche farlo subastare dopo che è passato in proprietà altrui.

Art. 2077. La subasta zione non può esser fatta, per la parte indivisa di un immobile ad istanza di chi non è creditore di tutti i comproprietari, prima della divisione.

Art. 2078. Il creditore per procedere all'esecuzione sopra gli immobili non è tenuto ad escutere prima i beni mobili del suo debitore.

Art. 2079. Gli atti di esecuzione sopra i beni dotali debbono farsi in contraddittorio del marito e della moglie.

Art. 2080. Il creditore, senza il consenso del debitore, non può far subastare gli immobili che non sono ipotecati a suo favore, se non quando i beni ipotecati pel suo credito sono insufficienti.

Art. 2081. Non può procedersi all'esecuzione sopra gli immobili, che in forza di titolo esecutivo per un debito certo e liquido. La vendita all'incanto non può aver luogo, se il debito, di qualunque natura esso sia, non è stato prima determinato in una somma di danaro.

Art. 2082. Il cessionario di un credito non può istare per l'esecuzione, se non dopo di aver notificato la cessione al debitore.

Art. 2083. La spropriazione, benché fatta per una somma maggiore del credito, è valida, salvo il diritto al rimborso dell'eccedente.

Art. 2084. Ad ogni domanda per espropriazione di immobili deve precedere il precetto di pagare fatto a richiesta del creditore nei modi stabiliti dalle leggi di procedura civile. Il precetto deve contenere l'indicazione dei beni sui quali si vuole agire in espropriazione colle indicazioni volute dall'articolo 1979.

Art. 2085. Il precetto sarà trascritto in ciascun uffizio delle ipoteche del luogo in cui sono situati i beni da subastarsi. Dalla data della trascrizione i frutti dei beni indicati nel precetto sono distribuiti unitamente al prezzo degli stessi beni; il debitore non può alienare i beni medesimi né i frutti, e ne rimane in possesso come sequestratario giudiziale, eccetto che sull'istanza di uno o più creditori il tribunale reputasse opportuno di nominare un altro sequestratario. Il tribunale può autorizzare il sequestratario ad affittare i beni per quel tempo e a quelle condizioni che saranno da esso stabilite, sentiti il debitore, se fu nominato un altro sequestratario, e in ogni caso i creditori istanti. Se l'istanza di spropriazione è stata abbandonata per lo spazio di un anno, cessano gli effetti accennati nel primo capoverso di questo articolo.

Art. 2086. Sono altresì distribuiti unitamente al prezzo degli immobili, i frutti e gli interessi dovuti dal terzo possesso in conformità dell'articolo 2021.

Art. 2087. Il creditore avente ipoteca su vari immobili, dopo che gli venne fatta la notificazione accennata nell'articolo 2043 se si tratta del giudizio di purgazione, e dopo la notificazione del bando venale in caso di spropriazione forzata, non può sotto pena dei danni rinunziare alla sua ipoteca sopra uno di quegli immobili, né astenersi volontariamente dal proporre la sua istanza nel giudizio di graduazione all'intento di favorire un creditore a detrimento di altro creditore anteriormente iscritto.

Art. 2088. Se un creditore non avente ipoteca domanda la subasta zione di beni non compresi in una sola coltivazione, il cui valore è evidentemente superiore a quello necessario pel soddisfacimento del suo credito e dei crediti ipotecari iscritti sui medesimi beni, il tribunale sull'istanza del debitore può limitare la subasta zione a quelli che riconosce sufficienti.

Art. 2089. Seguita la vendita all'incanto, il cancelliere del tribunale è tenuto entro dieci giorni di far iscrivere a spese del compratore l'ipoteca legale risultante dal detto atto sopra i beni venduti, a favore della massa dei creditori e del creditore, sotto pena di una multa estendibile a lire mille e del risarcimento dei danni.

Capo II
Della graduazione della distribuzione del prezzo fra i creditori

Art. 2090. Coll'apertura del giudizio di graduazione si fa luogo al riscatto dei censi e delle rendite perpetue, ed i crediti con mora diventano esigibili; ove però tali crediti non producano interessi, la somma collocata sarà depositata nella cassa dei depositi giudiziali, e gli interessi saranno pagati a chi di ragione. Per le rendite o prestazioni vitalizie verrà collocata una somma i cui interessi corrispondano alle stesse rendite o prestazioni, eccetto che i creditori posteriori eleggano di cautelarne efficacemente il pagamento in altro modo. Questa somma è riversibile ai creditori dopo estinto il vitalizio.

Art. 2091. La collocazione dei crediti eventuali e condizionali non impedisce il pagamento dei creditori posteriori, sempre che questi diano cauzione di restituire all'occorrenza le somme esatte.

Art. 2092. Allorché dopo la collocazione dei crediti privilegiati e degli ipotecari sopravanza una parte di prezzo, questa sarà distribuita per contributo, salva la preferenza stabilita dall'articolo 1963, fra gli altri creditori comparsi, e in mancanza pagata al debitore. Trattandosi però di un terzo possessore spropriato, il sopravanzo sarà a lui pagato, e gli verrà imputato nelle ragioni di regresso verso il suo autore.

TITOLO XXVII
DELL'ARRESTO PERSONALE (1) (2)

(1) *Legge 6 dicembre 1877, n. 4166.*
1. – L'arresto personale per debiti in materia civile e commerciale contro nazionali e stranieri è abolito, salve le eccezioni seguenti.
2. – L'arresto personale è mantenuto per l'esecuzione delle condanne pronunziate da giudici penali contro gli autori e i complici di crimini e delitti, alle restituzioni, al risarcimento dei danni ed alle riparazioni. Nelle contravvenzioni sarà facoltativo al giudice di aggiungerlo alle condanne.
3. – L'arresto personale potrà essere pronunziato anche dai giudici civili per restituzioni, per risarcimento di danni e per riparazioni derivanti da un fatto punito dalla legge penale.
4. – Nei casi contemplati nei precedenti articoli 2 e 3 saranno osservate le disposizioni degli articoli 2096 a 2104, del codice civile; ma la durata dell'arresto non potrà eccedere un anno nelle obbligazioni nascenti da crimine; mesi sei in quelle nascenti da delitto; e in quelle nascenti da semplice contravvenzione non potrà essere minore di giorni tre, né maggiore di tre mesi.
5. – In tutti i casi non eccettuati dalla presente legge, le sentenze di condanna all'arresto personale in materia civile o commerciale non saranno più eseguite sulla persona; ogni esecuzione incominciata sarà abbandonata, e la libertà sarà immediatamente renduta ai debitori imprigionati. Le contestazioni, che sorgessero, andranno decise dal tribunale civile del domicilio dei debitori o del luogo ove si trovino arrestati.
6. – Tutte le disposizioni contrarie alla presente legge sono abrogate. Essa diverrà esecutoria in tutto il Regno dal giorno successivo alla sua pubblicazione.

(2) Istituto non previsto dal codice del 1942.

Art. 2093. L'arresto personale non può essere ordinato che sull'istanza della parte interessata, nei casi e nelle forme determinate dalla legge. Ogni stipulazione in contrario è nulla.

Art. 2094. L'arresto personale sarà ordinato:

1° Contro il debitore per l'adempimento di obbligazioni che derivano da violenza, da dolo o da spoglio, ancorché il fatto non costituisca un reato;

2° Contro colui che ha volontariamente contravvenuto ad inibizioni giudiziali, per l'adempimento delle obbligazioni assunte col fatto della trasgressione;

3° Contro colui che nell'esercizio di pubbliche funzioni, o per giudiziale incarico ha in proprio potere documenti, carte, danari od altri oggetti, per il diniego dell'ordinata esibizione, consegna e restituzione dei medesimi.

Art. 2095. L'arresto personale può anche essere ordinato dall'autorità giudiziaria, valutando le circostanze del caso, contro i contabili verso lo Stato, le provincie, i comuni, gli ospizi ed altri pubblici stabilimenti, come pure i loro agenti e preposti per danaro ed oggetti di cui fossero dichiarati responsabili, ancorché non sia vi dolo.

Art. 2096. È vietato l'arresto per una somma principale minore di lire 500.

Art. 2097. È pure vietato l'arresto:

1° Contro i minori e le donne, salve le disposizioni del codice di commercio;

2° Contro coloro che hanno compiuto l'età di anni sessantacinque;

3° Contro gli eredi del debitore.

Art. 2098. L'arresto personale non si può pronunziare contro il debitore a profitto:

1° Del coniuge,

2° Degli ascendenti e dei discendenti, dei fratelli e delle sorelle, degli affini nello stesso grado, degli zii e nipoti.

Art. 2099. L'arresto personale non può mai eseguirsi simultaneamente contro il marito e la moglie per lo stesso debito. La moglie ne è esente quando il marito si è obbligato in solido con essa.

Art. 2100. L'arresto personale non può essere ordinato per l'esecuzione delle sentenze pronunziate dagli arbitri, salve le disposizioni del codice di commercio.

Art. 2101. L'arresto personale deve essere ordinato con la stessa sentenza che pronunzia la condanna.

Art. 2102. La durata dell'arresto non può essere minore di tre mesi né maggiore di due anni. L'autorità giudiziaria, nel fissarne la durata, deve tener conto delle circostanze del fatto e del valore dell'obbligazione.

Art. 2103. Il debitore che ha subito l'arresto personale, non può più essere arrestato o ritenuto per debiti contratti prima del suo arresto ed esigibili al tempo del suo rilascio, salvo che per tali debiti sia vi luogo ad un arresto più lungo di quello che ha già sofferto, del quale però gli sarà tenuto conto nel computare la durata del nuovo arresto.

Art. 2104. Il debitore può liberarsi dall'arresto personale pagando un quarto della somma dovuta con gli accessori, e dando pel resto una cautela che sia riconosciuta sufficiente, se prima dell'arresto, dall'autorità giudiziaria che ha pronunziata la sentenza; se dopo l'arresto, dal tribunale civile nella cui giurisdizione trovassi arrestato. L'autorità giudiziaria accorderà al debitore la sospensione dell'arresto per quel termine che ravviserà necessario al pagamento del residuo debito. Decorso il detto termine, è in facoltà del creditore non soddisfatto di far procedere all'arresto del debitore per la compiuta esecuzione della condanna, e rimangono ferme le cautele dategli per la sospensione dell'arresto.

Titolo XXVIII
DELLA PRESCRIZIONE

Capo I
Disposizioni generali

Art. 2105. La prescrizione è un mezzo con cui, col decorso del tempo e sotto condizioni determinate, taluno acquista un diritto od è liberato da un'obbligazione.

Art. 2106. Per acquistare mediante la prescrizione è necessario un possesso legittimo.

Art. 2107. Non si può rinunziare alla prescrizione se non quando essa è compiuta.

Art. 2108. Chi non può alienare, non può rinunziare alla prescrizione.

Art. 2109. Il giudice non può supplire d'uffizio alla prescrizione non opposta.

Art. 2110. La prescrizione si può opporre anche in appello, se chi aveva diritto di opporla, non vi ha rinunziato.

Art. 2111. La rinunzia alla prescrizione è espressa o tacita: la rinunzia tacita risulta da un fatto, il quale sia incompatibile con la volontà di valersi della prescrizione.

Art. 2112. I creditori, o qualunque altra persona interessata a far valere la prescrizione, possono opporla, non ostante che il debitore o proprietario vi rinunzi.

Art. 2113. La prescrizione non ha luogo riguardo alle cose che non sono in commercio.

Art. 2114. Lo Stato pei suoi beni patrimoniali e tutti i corpi morali sono soggetti alla prescrizione e possono opporla come i privati.

Capo II
Delle cause che impediscono o sospendono la prescrizione

Art. 2115. Non possono prescrivere a proprio favore quelli che possiedono in nome altrui e i loro successori a titolo universale. Sono possessori in nome altrui il conduttore, il depositario, l'usufruttario e generalmente coloro che ritengono precariamente la cosa.

Art. 2116. Le persone indicate nel precedente articolo possono tuttavia prescrivere, se il titolo del loro possesso si trova mutato o per causa proveniente da un terzo, o in forza delle opposizioni da loro fatte contro il diritto del proprietario.

Art. 2117. Possono prescrivere quelli ai quali i conduttori, depositari ed altri possessori a titolo precario hanno ceduto la cosa a titolo di proprietà.

Art. 2118. Nessuno può prescrivere contro il proprio titolo in questo senso, che nessuno può cangiare riguardo a sé medesimo la causa ed il principio del suo possesso. Ciascuno può prescrivere contro il proprio titolo in questo senso, che si può colla prescrizione conseguire la liberazione dall'obbligazione.

Art. 2119. Niuna prescrizione corre:

Fra coniugi;

Fra la persona a cui spetta la patria podestà e quella che vi è sottoposta;

Fra il minore o l'interdetto e il suo tutore, fino a che non sia cessata la tutela, e ne sia reso definitivamente ed approvato il conto;

Fra il minore emancipato, il maggiore inabilitato e il curatore;

Fra l'erede e l'eredità accettata col benefizio dell'inventario;

Fra le persone che per legge sono sottoposte all'amministrazione altrui e quelle a cui l'amministrazione è commessa.

Art. 2120. Le prescrizioni non corrono:

Contro i minori non emancipati e gli interdetti per infermità di mente, né contro i militari in servizio attivo in tempo di guerra, ancorché non assenti dal regno;

Riguardo ai diritti condizionali sino a che la condizione non sia si verificata;

Riguardo alle azioni in garanzia sino a che non abbia avuto luogo la evizione;

Riguardo al fondo dotale proprio della moglie, ed al fondo specialmente ipotecato per la dote e per l'esecuzione delle convenzioni matrimoniali, durante il matrimonio;

Riguardo ad ogni altra azione, il cui esercizio è sospeso da un termine, fino a che il termine non sia scaduto.

Art. 2121. Nella prescrizione di trent'anni non hanno luogo le cause d'impedimento enunciate nel precedente articolo riguardo al terzo possessore di un immobile o di un diritto reale sopra un immobile.

Art. 2122. La sospensione della prescrizione a favore di uno dei creditori in solido non giova agli altri.

Capo III
Delle cause per cui si interrompe la prescrizione

Art. 2123. La prescrizione può essere interrotta naturalmente o civilmente.

Art. 2124. È interrotta naturalmente, quando il possessore viene privato per più d'un anno del godimento della cosa.

Art. 2125. È interrotta civilmente in forza di una domanda giudiziale, sebbene fatta davanti a giudice incompetente, di un precetto o di un atto di sequestro intimato alla persona a cui si vuole impedire il corso della prescrizione, o di qualunque altro atto che la costituisca in mora d'adempiere l'obbligazione. La chiamata o la presentazione volontaria per la conciliazione interrompe la prescrizione, sempreché la domanda giudiziale sia fatta nel corso di due mesi dalla non comparsa davanti il conciliatore o dalla non seguita conciliazione.

Art. 2126. Per interrompere la prescrizione può la domanda giudiziale venir proposta contro il terzo all'oggetto di far dichiarare la sussistenza del diritto, ancorché questo sia sospeso da termine o da condizione.

Art. 2127. L'iscrizione e la sua rinnovazione non interrompono la prescrizione dell'ipoteca.

Art. 2128. Si ha come non interrotta la prescrizione:

Se la citazione o intimazione è nulla per incompetenza dell'ufficiale che l'ha eseguita, o per effetto di forma;

Se l'attore recede dalla domanda;

Se la domanda è perenta;

Se la domanda è rigettata.

Art. 2129. La prescrizione è pure interrotta civilmente, quando il debitore o il possessore riconosce il diritto di quello contro cui era cominciata.

Art. 2130. Gli atti enunciati nell'articolo 2125 intimati ad uno dei debitori in solido o la ricognizione del diritto fatta da uno di questi interrompono la prescrizione contro gli altri ed anche contro i loro eredi. Gli atti stessi intimati ad uno degli eredi del debitore in solido, o la ricognizione del diritto fatta da questo erede non interrompono la prescrizione riguardo agli altri coeredi, quantunque il credito fosse ipotecario, se l'obbligazione non è indivisibile. Tali atti o ricognizioni non interrompono la prescrizione riguardo agli altri condebitori in solido, che per la parte di debito a carico dello stesso erede. Per interrompere totalmente la prescrizione riguardo ai condebitori in solido si richiede l'intimazione degli atti summentovati a tutti gli eredi del debitore defunto, ovvero la ricognizione per parte di tutti questi eredi.

Art. 2131. Qualunque atto che interrompe la prescrizione a favore di uno dei creditori in solido, giova egualmente agli altri creditori.

Art. 2132. L'intimazione di un atto d'interruzione al debitore principale, o la ricognizione da lui fatta del diritto interrompe la prescrizione anche contro il fideiussore.

Capo IV
Del tempo necessario a prescrivere

Sezione I
Disposizioni generali

Art. 2133. La prescrizione si computa a giorni interi e non ad ore. Nelle prescrizioni che si compiono a mesi, si computa sempre il mese di trenta giorni.

Art. 2134. La prescrizione si compie allo scadere dell'ultimo giorno del termine.

Sezione II
Delle prescrizioni di trenta e di dieci anni

Art. 2135. Tutte le azioni tanto reali quanto personali si prescrivono col decorso di trent'anni, senza che possa in contrario opporsi il difetto di titolo o di buona fede.

Art. 2136. Il debitore di una rendita o di una prestazione annua qualunque, la quale debba durare per più di trent'anni, deve a richiesta del creditore somministrargli a proprie spese un documento nuovo dopo vent'otto anni dalla data dell'ultimo documento.

Art. 2137. Chi acquista in buona fede un immobile o un diritto reale sopra un immobile in forza di un titolo, che sia stato debitamente trascritto e che non sia nullo per difetto di forma, ne compie in suo favore la prescrizione col decorso di dieci anni dalla data della trascrizione.

Sezione III
Delle prescrizioni più brevi

Art. 2138. Si prescrivono col decorso di sei mesi le azioni degli osti e dei locandieri per l'alloggio e le vivande che somministrano.

Art. 2139. Si prescrivono col decorso di un anno le azioni:

Dei professori, maestri e ripetitori di scienze, lettere ed arti, per le lezioni che danno a giorni o a mesi;

Degli uscieri, per la mercede degli atti che notificano e delle commissioni che eseguiscono;

Dei commercianti, per il prezzo delle merci vendute a persone che non ne fanno commercio;

Di coloro che tengono convitto o case di educazione e d'istruzione d'ogni specie, per il prezzo della pensione ed istruzione dei loro convittori, allievi ed apprendenti;

Dei domestici, degli operai e giornalieri, per il pagamento dei salari, delle somministrazioni e loro giornate di lavoro.

Art. 2140. Si prescrivono col decorso di tre anni le azioni:

Dei professori, maestri e ripetitori di scienze, lettere ed altri stipendiati a tempo più lungo di un mese;

Dei medici, chirurghi e speziali, per le loro visite, operazioni e medicinali;

Degli avvocati, procuratori alle liti ed altri patrocinatori, per il pagamento delle loro spese e dei loro onorari. I tre anni si computano dalla decisione della lite o dalla conciliazione delle parti, o dalla rivocazione del mandato: riguardo agli affari non terminati, essi possono domandare di essere soddisfatti delle spese e degli onorari di cui fossero creditori da tempo maggiore di cinque anni;

Dei notai pel pagamento delle spese e degli onorari. I tre anni si computano dalla data dei loro atti. Degli ingegneri, degli architetti, dei misuratori e ragionieri pel pagamento dei loro onorari. I tre anni si computano dal compimento dei lavori.

Art. 2141. La prescrizione ha luogo nei casi sopra enunciati, quantunque sia vi stata continuazione di somministrazioni, di servigi e di lavori. Non è interrotta, se non quando vi è stato un riconoscimento del debito per iscritto o una domanda giudiziale non perenta.

Art. 2142. Nondimeno quelli cui fossero opposte tali prescrizioni, possono deferire il giuramento a coloro che le oppongono, per accertare se realmente ha avuto luogo la estinzione del debito. Il giuramento può essere deferito alla vedova, se questa vi ha interesse, ed agli eredi, ovvero ai tutori di questi ultimi se sono minori, per accertare se abbiano notizia che il debito non sia estinto.

Art. 2143. I cancellieri, gli avvocati, i procuratori alle liti e gli altri patrocinatori sono liberati dal render conto delle carte relative alle liti cinque anni dopo che le medesime furono decise od altrimenti terminate. Gli uscieri dopo due anni dalla consegna degli atti sono parimenti liberati dal renderne conto. Ma anche alle persone designate in questo articolo può deferirsi il giuramento all'oggetto di far loro dichiarare, se ritengano o sappiano dove si trovano gli atti e le carte.

Art. 2144. Si prescrivono col decorso di cinque anni:

Le annualità delle rendite perpetue e vitalizie;

Quelle delle pensioni alimentari;

Le pigioni delle case e i fitti dei beni rustici;

Gl'interessi delle somme dovute e generalmente tutto ciò che è pagabile ad anno o a termine periodici più brevi.

Art. 2145. Le prescrizioni enunciate in questa sezione corrono eziandio contro i militari in servizio attivo in tempo di guerra, e contro i minori non emancipati e gli interdetti, salvo il loro regresso verso il tutore.

Art. 2146. L'azione del proprietario o possessore della cosa mobile, per riavere la cosa derubata o smarrita in conformità degli articoli 708 e 709, si prescrive nel termine di due anni.

Art. 2147. Per tutte le prescrizioni minori dei trenta anni, non menzionate in questa e nella precedente sezione, si osservano altresì le regole che particolarmente le riguardano.

Disposizioni transitorie per l'attuazione del Codice civile del Regno d'Italia

Regio Decreto 30 novembre 1865, n. 2606, contenente le disposizioni transitorie per l'attuazione del Codice civile del Regno d'Italia

Art. 1. Coloro che secondo le leggi anteriori hanno perduto la cittadinanza, possono riacquistarla uniformandosi al disposto dell'articolo 13 del nuovo codice civile. Alla moglie ed ai figli minori dello straniero che ha acquistato la cittadinanza secondo le leggi anteriori, è applicabile la disposizione dell'ultimo capoverso dell'articolo 10 del nuovo codice. Alla moglie ed ai figli minori di colui che ha acquistato la cittadinanza in paese estero prima dell'attuazione del nuovo codice, sono applicabili le disposizioni dei due capoversi dell'articolo 11 dello stesso codice, salva la disposizione dell'articolo 12 del codice medesimo.

Art. 2. Coloro che secondo le leggi anteriori sono incorsi, indipendentemente da condanna penale, nella perdita del godimento dei diritti civili, ritenendo la qualità di suddito o cittadino, possono riacquistare il godimento di tali diritti adempiendo entro l'anno all'attuazione del nuovo codice alle condizioni stabile nell'articolo 13 del medesimo. Non adempiendo a tali condizioni nel detto termine, sono riputati stranieri dal giorno dell'attuazione dello stesso codice.

Art. 3. Fino alla promulgazione di un codice penale per tutte le provincie del regno, le condanne alle pene di morte, dell'ergastolo e dei lavori forzati a vita traggono seco la perdita dei diritti politici, della potestà patria [c.c. 316] e maritale, e la interdizione legale del condannato. L'interdizione legale toglie al condannato la capacità di amministrare i suoi beni, di alienarli, ipotecarli o disporne altrimenti che per testamento. Al condannato interdetto legalmente è nominato un tutore per rappresentarlo ed amministrare i suoi beni nel modo stabilito dal nuovo codice per gli interdetti giudizialmente. Le disposizioni riguardanti i beni degli interdetti giudizialmente sono applicabili ai beni del condannato interdetto legalmente; a questo non può essere assegnato che un tenue sussidio a titolo di alimenti. L'amnistia, l'indulto o la grazia che condona o commuta la pena, fa cessare l'interdizione legale del condannato, eccetto che la commutazione abbia luogo in altra pena alla quale sia congiunta per legge l'interdizione medesima.

Art. 4. La condizione di coloro, che per effetto di condanne penali pronunziate prima dell'attuazione del nuovo codice sono incorsi nella perdita del godimento o dell'esercizio dei diritti civili, continua ad essere regolata dalle leggi anteriori; ma le incapacità civili non più ammesse dall'articolo precedente cessano di diritto dal giorno dell'attuazione del detto codice.

Art. 5. Gli eredi presunti che avessero ottenuto l'immissione nel possesso temporaneo dei beni dell'assente, o quelli che avessero diritto di esservi associati o preferiti secondo le leggi anteriori, hanno gli stessi diritti che loro comporterebbero se l'assenza fosse stata dichiarata dopo l'attuazione del nuovo codice. Essi non hanno però i diritti attribuiti dallo stesso codice sui frutti dei beni dell'assente, se non dal giorno dell'attuazione del medesimo. Il curatore od amministratore nominato giusta le leggi anteriori ai beni di un assente continuerà nel suo uffizio, senza pregiudizio però dei diritti concessi dal nuovo codice agli eredi presunti che potranno essere dai medesimi esercitati, purché siano decorsi i termini all'uopo stabiliti dal codice medesimo. I legatari, i donatori e tutti coloro che hanno sui beni dell'assente diritti dipendenti dalla morte di lui, possono parimente a norma del detto codice essere ammessi all'esercizio temporaneo di tali diritti.

Art. 6. Le cause di opposizione al matrimonio, di nullità del medesimo, o di separazione dei coniugi, che fossero pendenti davanti le autorità ecclesiastiche al giorno dell'attuazione del nuovo codice, saranno portate per cura della parte più diligente davanti il tribunale civile del luogo in cui si agita il giudizio. Se la causa già si agitasse in secondo od ulteriore grado, o vi fosse una sentenza non ancora passata in giudicato, la causa sarà proseguita e la sentenza potrà essere impugnata davanti la corte di appello del luogo in cui fu promosso il giudizio.

Art. 7. Le disposizioni degli articoli 189, 190 e della prima parte dell'articolo 193 del nuovo codice non sono applicabili ai figli nati o concepiti prima della sua attuazione; sono ai medesimi applicabili le disposizioni delle leggi anteriori.

Art. 8. I procedimenti di adozione, già iniziati al giorno dell'attuazione del nuovo codice, saranno continuati davanti la corte d'appello secondo le norme stabilite nel codice medesimo.

Art. 9. I figli di famiglia che al giorno dell'attuazione del nuovo codice avessero compiuto gli anni ventuno, od avessero contratto matrimonio, sono sciolti dalla patria potestà. Quelli che detto giorno non hanno compiuto gli anni ventuno, o non trovarsi nello stato di legale o volontaria emancipazione, sono soggetti alla patria potestà o alla tutela della giusta le disposizioni dello stesso codice.

Art. 10. L'usufrutto legale già spettante ai genitori sui beni dei loro figli, che non siano legalmente o volontariamente emancipati, è conservato e spetta ai medesimi a norma del nuovo codice. Ove l'usufrutto competesse ai genitori anche dopo la maggior età o l'emancipazione dei figli è loro conservato pel tempo che rimane a decorrere secondo le leggi anteriori; quando però tale tempo eccedesse il termine di un anno dall'attuazione del detto codice, l'usufrutto cesserà allo scadere dello stesso anno. L'usufrutto legale spettante agli atti antecedenti secondo le leggi anteriori cessa con l'attuazione del nuovo codice, e spetta ai genitori, se ve ne sono, a norma delle disposizioni in esse contenute.

Art. 11. Se giusta le leggi anteriori l'usufrutto è cessato per l'età di anni diciotto del figlio, senza che questo sia legalmente o volontariamente emancipato, i genitori lo riacquistano coll'attuazione del nuovo codice per il tempo e secondo le regole stabilite nel medesimo. Se per le leggi anteriori non competesse ai genitori l'usufrutto loro attribuito dal nuovo codice sui beni dei figli, essi lo acquistano dal giorno dell'attuazione dello stesso codice anche sui beni già pervenuti ai medesimi.

Art. 12. Coloro che a norma delle leggi anteriori avessero assunto una tutela, continuano ad esercitarla. Nei casi in cui il nuovo codice attribuisce ad un ascendente o al coniuge la tutela, se questa è esercitata da un'altra persona, o quando più siano i tutori secondo le dette leggi, il consiglio di famiglia da radunarsi giusta l'articolo 14 del presente decreto delibererà chi debba preferirsi nella tutela salvo richiamo al tribunale civile.

Art. 13. I protutori nominati secondo le leggi anteriori continuano nell'esercizio delle loro funzioni. Il tutore surrogato ed il tutore onorario sono considerati come protutori. Ove più siano i tutori onorari, si provvederà a norma del capoverso dell'articolo precedente. Quando secondo le leggi anteriori non vi fosse l'uffizio di protutore, il consiglio di famiglia nominerà un protutore.

Art. 14. Anche per le tutele già aperte al giorno dell'attuazione del nuovo codice è costituito un consiglio di famiglia permanente giusta le disposizioni del medesimo. Sono obbligati a chiedere la convocazione di tale consiglio, entro tre mesi dall'attuazione dello stesso codice, i tutori, i protutori o le altre persone indicate nell'articolo 250 del codice medesimo, sotto le pene in esso stabilite. La convocazione può anche ordinarsi d'uffizio dal pretore, o sull'istanza del pubblico ministero o del sindaco del comune.

Art. 15. Le cauzioni date dai tutori e le ipoteche competenti sui loro beni secondo le leggi anteriori continuano a sussistere, salvo ciò che è stabilito negli articoli 37, 38, 39, 40 e 41, finché l'anzidetto consiglio di famiglia non abbia provveduto giusta le disposizioni dell'articolo 292 del nuovo codice e non sianesi eseguiti i dati provvedimenti. Il consiglio di famiglia delibererà in proposito nella sua prima adunanza. Lo stesso ha luogo nel caso in cui il tutore non avesse dato cauzione o questa non fosse obbligatoria secondo le leggi anteriori.

Art. 16. Le disposizioni contenute nei precedenti articoli si osserveranno anche nelle tutele dei minori indicati negli articoli 261 e 262 del nuovo codice, in quanto possono avere applicazione.

Art. 17. I minori che al giorno dell'attuazione del nuovo codice siano emancipati od abilitati, od abbiano contratto matrimonio, saranno soggetti alle disposizioni da esso stabilite per gli emancipati.

Art. 18. Le interdizioni, le inabilitazioni e qualsiasi deputazione di tutore, curatore o consulente giudiziario, pronunziate dalle autorità giudiziarie secondo le leggi anteriori, continuano ad avere il loro effetto finché non siano altrimenti provvedute dall'autorità giudiziaria, sull'istanza di qualunque interessato o del pubblico ministero, a norma delle disposizioni stabilite del nuovo codice. Riguardo però alla capacità di disporre per testamento si osserveranno le disposizioni dello stesso codice.

Art. 19. I consigli di famiglia e di tutela, i tutori, i protutori, i curatori e gli altri amministratori accennati nei precedenti articoli, devono uniformarsi alle disposizioni del nuovo codice nell'esercizio delle funzioni loro affidate dal giorno della sua attuazione. Ogni tutore o curatore deve entro sei mesi dalla detta attuazione far iscrivere la tutela o cura nei registri indicati nell'articolo 343 dello stesso codice, sempreché la iscrizione non sia si già fatta a norma delle leggi anteriori, e salvo ciò che è stabilito nel capoverso dell'articolo 344 del codice medesimo.

Art. 20. Le piazze di spaziale e di farmacista, per le quali non sono ancora stabilite le norme di liquidazione giusta l'ultimo capoverso dell'articolo 1 della legge sarda 3 maggio 1957, n. 2185, continuano come beni ad essere regolate dalle leggi anteriori, salvo ciò che è stabilito riguardo ai privilegi e alle ipoteche inerenti alle dette piazze dagli articoli 37, 38, 39, 40 e 41 del presente decreto.

Art. 21. Le servitù continue non apparenti e le servitù discontinue, siano o non siano apparenti, le quali al giorno dell'attuazione del nuovo codice sono state acquistate col possesso secondo le leggi anteriori, sono conservate.

Art. 22. Le disposizioni del nuovo codice contenute nel titolo *delle successioni* sono anche applicabili alle femmine già dotate o maritate ed ai loro discendenti, e saranno prive di effetto le rinunzie che abbiano fatte nell'atto dotale od altrimenti in conformità delle leggi anteriori, tanto se queste escludano le femmine dalla successione, quanto se le ammettano coi maschi. Le dette disposizioni sono pure applicabili ai professi religiosi, non ostante le rinunzie fatte dai medesimi giusta le leggi anteriori. Le stesse disposizioni sono anche applicabili alle successioni tra ascendenti e discendenti legittimati, non ostante qualunque rinunzia o clausola contraria espressa nell'atto o decreto di legittimazione.

Art. 23. I testamenti per atto privato o stragiudiziale fatti a norma delle leggi anteriori, prima dell'attuazione del nuovo codice, non produrranno alcun effetto se non sono scritti, datati e sottoscritti di mano, del testatore, ove la successione si apra dopo decorsi due mesi dalla detta attuazione.

Art. 24. I fedecommessi, i maggioraschi e le altre sostituzioni fedecommissarie ordinati secondo le leggi anteriori sono sciolti dal giorno dell'attuazione del nuovo codice. La proprietà della metà dei beni è attribuita al possessore nel giorno 1° gennaio 1866, e la proprietà dell'altra metà è riservata al primo o ai primi chiamati nati o concepiti al detto giorno, salvo l'usufrutto al possessore. La divisione dei beni può essere promossa tanto dai possessori, quanto dai primi chiamati. Nei maggioraschi e fedecommessi dotati in tutto o in parte dallo Stato, la nuda proprietà della metà riservata al primo chiamato, se questo non esiste al 1° gennaio 1866, o di una quota proporzionale al concorso dello Stato nella dotazione, è devoluta al patrimonio dello Stato.

Art. 25. All'adempimento degli obblighi dei pesi inerenti al fedecommesso o maggiorasco sono tenuti i possessori anzidetti, e dopo la loro morte per una metà i loro eredi e per l'altra metà i primi chiamati; compreso lo Stato nel caso espresso nell'ultimo capoverso dell'articolo precedente. A garanzia degli accennati obblighi spetta un'ipoteca sui beni immobili del fedecommesso o maggiorasco, da inscriversi entro sei mesi dal giorno dell'attuazione del nuovo codice ove: l'ipoteca non sia iscritta nei sei mesi, non ha effetto o non prende grado che dall'iscrizione. La medesima può anche essere iscritta sulle rendite del debito pubblico che costituiscano in tutto od in parte la dote del fedecommesso o maggiorasco.

Art. 26. Le disposizioni del nuovo codice relative al benefizio d'inventario sono anche applicabili alle successioni aperte prima dell'attuazione del medesimo, quando l'erede secondo le leggi anteriori sia ancora in diritto di accettare con detto benefizio. Nondimeno gli atti già cominciati sotto le leggi anteriori si devono compiere secondo le medesime. I giudizi di ventilazione in corso, sempreché non sia ancora pronunziato il decreto di aggiudicazione della eredità, cessano di diritto coll'attuazione del nuovo codice.

Art. 27. Tutte le donazioni divenute perfette prima dell'attuazione del nuovo codice sono regolate dalle leggi anteriori, anche in ciò che riguarda la revocabilità, la risoluzione o la riduzione di esse. Se la quale legittima fissata dal nuovo codice è minore di quella stabilita dalle leggi anteriori, la riduzione ha soltanto luogo a norma dello stesso codice.

Art. 28. Le donazioni fatte ai discendenti prima dell'attuazione del nuovo codice sono soggette a collazione secondo le norme in esso stabilite. Le persone indicate nell'art. 22 del presente decreto devono anche conferire ciò che hanno ricevuto in occasione delle loro rinunzie.

Art. 29. Le rendite, le prestazioni e tutti gli oneri gravanti beni immobili a titolo di enfiteusi, subenfiteusi, censi, albergamento od altro simile, costituite sotto le leggi anteriori, sono regolate dalle leggi medesime. Il dominio utile dei beni enfiteutici si devolverà però giusta le norme di successione sì legittima come testamentaria stabilite nel nuovo codice, senza riguardo alle vocazioni in favore di un determinato ordine di persone contenute negli atti d'enfiteusi.

Art. 30. È fatta facoltà agli enfiteuti o debitori di rendite semplici o fondiarie costituite sotto le leggi anteriori di redimere il fondo o riscattare la rendita giusta le norme rispettivamente stabilite negli articoli 1564 e 1784 del nuovo codice, non ostante qualunque patto in contrario, o salvo le originarie convenzioni di affrancazione o riscatto più favorevoli agli enfiteuti o debitori. Ove si tratti di enfiteusi temporanee, il capitale da pagarsi per l'affrancazione può ricevere un aumento che in caso di contestazione è fissato dall'autorità giudiziaria, premessa una perizia e tenuto conto di ogni pregiudizio che possa derivare al direttario. Se il titolo di concessione riservasse al direttore la piena proprietà o la rendita delle piante, l'utilista deve pagargli, oltre al capitale pel canone, una somma corrispondente al valore delle piante o alla loro rendita capitalizzata nella ragione legale. L'utilità deve altresì pagare al direttario la metà di un laudemio nelle enfiteusi perpetue, e tre quarti di laudemio nelle temporanee: il laudemio è fissato secondo i titoli di concessione, e in mancanza di patto speciale, secondo le leggi sotto le quali le concessioni furono fatte.

Art. 31. Per determinare il capitale e la quota di laudemio da pagarsi per l'affrancazione secondo l'articolo precedente, sono riputate perpetue:

1° Le concessioni dichiarate perpetue nei titoli e nei documenti che ne tengono luogo;

2° Le concessioni delle quali non sia espressa la durata;

3° Le concessioni, a cui riguardo si sia riconosciuta o si possa riconoscere obbligatoria per consuetudine od altrimenti la indeterminata rinnovazione dell'investitura;

4° Le concessioni fatte a favore di una famiglia, linea o discendenza in infinito e senza limite di gradi o di generazioni;

5° Le concessioni che dovessero ancora durare per cento o più anni dall'attuazione del nuovo codice.

La concessione si presume sempre perpetua, salvo consti il contrario dal titolo costitutivo.

Art. 32. Le disposizioni dei tre articoli precedenti si applicano anche alle enfiteusi già rese affrancabili da leggi anteriori al presente decreto. Nulla però è innovato alle norme stabilite dalle dette leggi per l'affrancazione delle enfiteusi di cui spetti il dominio diretto ad un corpo morale, in quanto riguarda:

1° I modi di pagamento più favorevoli agli utilisti;

2° I criteri stabiliti per determinare se un'enfiteusi sia perpetua o temporanea.

La facoltà di consolidare l'utile col diretto dominio, spettante al direttario giusta le precedenti leggi di affrancazione, non può più esercitarsi dopo l'attuazione del nuovo codice, se la domanda non fu proposta prima secondo le stesse leggi.

Art. 33. Gli articoli 1932 e 1942 del nuovo codice non sono applicabili agli atti che hanno acquistato data certa, ed alle sentenze pronunziate prima dell'attuazione dello stesso codice. Gli effetti di tali atti e sentenze sono regolati dalle leggi anteriori, salvo ciò che è stabilito nei due articoli seguenti. Ove le leggi anteriori stabilissero per l'efficacia della traslazione riguardo ai terzi una formalità diversa dalla trascrizione, e tale formalità non fosse eseguita al giorno dell'attuazione del nuovo codice, si deve al detto effetto fa seguire la trascrizione a norma del codice medesimo.

Art. 34. Se giusta le leggi anteriori la rivocazione, rescissione o risoluzione dell'atto producesse effetto soltanto riguardo ai terzi che avessero acquistato diritti sull'immobile dopo la domanda giudiziale, indipendentemente dalla trascrizione di essa, questa deve a tale effetto trascriversi entro un mese da giorno in cui viene proposta. Ove la domanda fosse stata proposta prima dell'attuazione del nuovo codice, ma non fosse ancora pronunziata la sentenza che dichiara la rivocazione, rescissione o risoluzione, basta al detto effetto che sia trascritta la sentenza entro un mese dal giorno in cui sarà passata in giudicato.

Art. 35. Il venditore, il cui privilegio o la cui ipoteca fosse estinta al giorno dell'attuazione del nuovo codice, può conservare, riguardo ai terzi, l'azione di risoluzione che gli competesse secondo le leggi anteriori, facendo iscrivere tale azione entro sei mesi dall'attuazione del codice medesimo.

Art. 36. I privilegi, le ipoteche e le prenotazioni competenti, giusta le leggi anteriori, sono conservati in conformità delle medesime, osservate però le disposizioni stabilite in appresso.

Art. 37. I privilegi e le ipoteche che secondo le leggi anteriori fossero efficaci riguardo ai terzi ancorché non iscritti, o per la cui iscrizione competesse ancora giusta le stesse leggi un termine utile che eccedesse l'anno dal giorno dell'attuazione del nuovo codice, devono essere iscritti entro il detto anno per conservare il loro grado. Quando il termine utile per l'iscrizione non decorresse giusta le leggi anteriori nei rapporti del terzo acquirente e dei suoi aventi causa, se non dal giorno della trascrizione del titolo di acquisto, della voltura o di altra simile formalità nei pubblici registri, il privilegio e l'ipoteca devono iscriversi entro un mese dall'attuazione del nuovo codice per conservare i loro effetti secondo le leggi anteriori. Le prenotazioni concesse sotto le leggi anteriori, e non iscritte prima dell'attuazione del nuovo codice, non hanno effetto se non sono iscritte nei dieci giorni dalla detta attuazione.

Art. 38. I privilegi e le ipoteche sì generali come speciali e le prenotazioni competenti giusta le leggi anteriori, e non iscritti al giorno dell'attuazione del nuovo codice, si devono iscrivere nelle forme e colle indicazioni stabilite dallo stesso codice. I privilegi e le ipoteche che secondo le dette leggi furono iscritti senza determinazione di una somma di danaro, o senza specifica designazione degli immobili, devono essere nuovamente iscritti colle indicazioni stabilite dal nuovo codice entro un biennio dall'attuazione del medesimo per conservare il loro grado. Se al giorno dell'attuazione del nuovo codice gli immobili appariscono nei libri censuari passati agli eredi o ad altri aventi causa del debitore, i privilegi, le ipoteche e le prenotazioni, che non siano iscritti contro i detti possessori, devono essere nuovamente iscritti anche contro questi ultimi, giusta l'articolo 2006 dello stesso codice, entro, un biennio dall'attuazione del medesimo, per conservare il loro grado. Questa disposizione non si applica alle provincie toscane.

Art. 39. I privilegi e le ipoteche indicati nell'articolo 37, come pure i privilegi, le ipoteche e le prenotazioni indicate nei due capoversi dell'articolo 38, che non sia iscritte nelle forme e nei termini in essi stabiliti, non hanno effetto e non prendono grado che dall'iscrizione fatta giusta il nuovo codice. Se l'ipoteca colpisce beni futuri giusta le leggi, essa non ha effetto e non prende grado sui beni che vengono acquistati dal debitore dopo decorsi i detti termini, se non a misura che è iscritta sui beni medesimi.

Art. 40. Le nuove iscrizioni dei privilegi e delle ipoteche, indicati nei due capoversi dell'articolo 38, saranno eseguite senza pagamento di tassa e spesa di carta bollata. Le disposizioni del nuovo codice, relativamente alle persone cui incombe l'obbligo d'eseguire le iscrizioni, sono applicabili alle stesse persone, eccettuati i cancellieri e i notai, anche per le nuove iscrizioni anzidette.

Art. 41. Le rinnovazioni delle iscrizioni, prese prima dell'attuazione del nuovo codice, devono farsi nelle forme stabilite in esso, e colle indicazioni espresse negli articoli 1987 e 2006 dello stesso codice. Le dette iscrizioni si devono rinnovare nel termine stabilito dalle leggi anteriori. Se il termine fosse sospeso da legge o provvedimento speciale, le iscrizioni devono rinnovarsi nel termine stabilito dalle stesse leggi anteriori, computato il tempo decorso durante la sospensione: ove però, fatta tale computazione, il termine fosse già scaduto, o fosse per scadere prima dell'attuazione o entro l'anno dall'attuazione del nuovo codice, il termine utile per la rinnovazione resta prorogato a tutto il detto anno. Quelle fra le anzidette iscrizioni che secondo le leggi anteriori fossero dispensate dalla rinnovazione, ma vi siano soggette secondo il nuovo codice, devono rinnovarsi nel termine di quindici anni computabili dall'attuazione del medesimo. Le rinnovazioni che occorressero in appresso, si devono eseguire nel termine fissato dallo stesso codice.

Art. 42. I privilegi e le ipoteche competenti secondo le leggi anteriori possono essere ridotti nei casi e per le cause espresse nel nuovo codice. La riduzione e la cancellazione dei privilegi e delle ipoteche è sempre fatta nelle forme stabilite dallo stesso codice.

Art. 43. Il diritto o benefizio di separazione dei beni del defunto da quelli dell'erede, competente a norma delle leggi anteriori, potrà esercitarsi anche dopo l'attuazione del nuovo codice, adempiendo alle formalità da esse volute, sempreché non sia decorso il termine stabilito dalle dette leggi per esercitarlo. Quando secondo le stesse leggi non fosse stabilito o non si trovasse alcun termine, o questo eccedesse tre mesi dal giorni dell'attuazione del nuovo codice, le accennate formalità dovranno adempiersi nei tre mesi dal detto giorno.

Art. 44. Gli atti fatti giusta le leggi anteriori nei giudizi di purgazione o di espropriazione forzata, che saranno pendenti al giorno dell'attuazione del nuovo codice, sono regolati dalle stesse leggi, sia per gli effetti che possono produrre, sia per termini che si trovassero in corso al giorno anzidetto.

Art. 45. Quando secondo le leggi anteriori non fosse necessaria la trascrizione del titolo o l'iscrizione dell'ipoteca legale a favore della massa dei creditori nelle purgazioni, e del precetto di pagare o dell'atto di pignoramento nelle espropriazioni, si deve trascrivere il titolo, il precetto o l'atto di pignoramento degli immobili, od iscrivere l'ipoteca legale nei tre mesi dall'attuazione del nuovo codice. Ove però sia stata pronunziata una sentenza che secondo le dette leggi debba essere trascritta, si trascriverà la sentenza medesima.

Art. 46. L'arresto personale accordato in materia civile, prima dell'attuazione del nuovo codice, non può aver luogo se non nei casi, nei quali è permesso dal codice stesso. Ai debitori già arrestati sono altresì applicabili tutti i benefizi del nuovo codice. Il minor termine da questo fissato per la durata si computa in ogni caso dal giorno del seguìto arresto.

Art. 47. Le prescrizioni cominciate prima dell'attuazione del nuovo codice sono regolate dalle leggi anteriori. Nondimeno le prescrizioni comminate prima della detta attuazione e per le quali, secondo le leggi anteriori, si richiederebbe ancora un tempo maggiore di quello fissato dal nuovo codice, si compiono col decorso tempo fissato in esso, computabile dal giorno dell'attuazione del medesimo.

Art. 48. Nelle materie che formano soggetto del nuovo codice, cessano di aver forza dal giorno dell'attuazione del medesimo tutte le altre leggi generali o speciali, come pure gli usi e le consuetudini, a cui il codice stesso espressamente non si riferisca. Continuano ad aver forza le disposizioni vigenti nelle diverse provincie del regno, riguardanti i modi di conservare gli atti sì pubblici come.

FONTI DEL DIRITTO ROMANO

TERZA EDIZIONE AGGIORNATA E CORRETTA

FONTI DEL DIRITTO ROMANO

con traduzione

a cura di Fabiana Tuccillo

AVVERTENZA

Per la traduzione dei testi si sono tenute presenti le seguenti edizioni:

Institutiones Iustiniani: E. Nardi, *Istituzioni di diritto romano*, vol. B (Milano 1986); P. Birks, G. McLeod, *Justinian's Institutes* (Ithaca, New York 1987); O. Behrends, R. Knütel, B. Kupisch, H.H. Seiler, *Corpus iuris civilis. Text und Übersetzung*, vol. 1 (Heidelberg 1990);

Digesta: F. Foramiti, *Corpo del diritto civile*, vol. 1-2 (Venezia 1836); G. Vignali, *Corpo del diritto civile*, vol. 1-7 (Napoli 1856-1860); *The Digest of Justinian*, vol. 1-4, ed. A. Watson (Philadelphia 1985); O. Behrends, R. Knütel, B. Kupisch, H.H. Seiler, *Corpus iuris civilis. Text und Übersetzung*, vol. 1-5 (Heidelberg 1990-2012); *Iustiniani Augusti Digesta seu Pandectae*, a cura di S. Schipani, vol. 1-5.1 (Milano 2005-2014);

Codex: F. Foramiti, *Corpo del diritto civile*, vol. 3-4 (Venezia 1844); G. Vignali, *Corpo del diritto civile*, vol. 8-9 (Napoli 1860);

Novellae: F. Foramiti, *Corpo del diritto civile*, vol. 4 (Venezia 1844); G. Vignali, *Corpo del diritto civile*, vol. 10 (Napoli 1862);

Gai Institutiones: M. Strina, L. Rizzo, *Le Istituzioni di Gaio* (Roma 1952); E. Nardi, *Istituzioni di diritto romano*, vol. A (Milano 1986).

I termini inseriti tra <> indicano aggiunte rese necessarie per chiarire il senso della traduzione.

Correzioni o suggerimenti della curatrice sono indicati tra (parentesi tonda) con *n.d.r.*

[F.T.]

Corpus Iuris civilis

* R.d. 15/10/1925, n. 1860 – Modificazioni al regolamento per il concorso di ammissione in magistratura contenuto nel r.d. 19/7/1924, n. 1218. Art. 7, co 3. «[I] I concorrenti devono essere collocati ciascuno ad un tavolo separato. È loro rigorosamente inibito, durante tutto il tempo in cui si trattengono nel locale destinato per l'esame, di conferire verbalmente coi compagni, o di scambiare con questi qualsiasi comunicazione per iscritto, come pure di comunicare in qualunque modo con estranei. [II] È vietato ai concorrenti di portare seco appunti manoscritti, o libri od opuscoli di qualsiasi specie. Essi possono essere sottoposti a perquisizione personale prima del loro ingresso nella sala degli esami e durante gli esami. [III] **È loro consentito di consultare i semplici testi** dei codici, delle leggi e dei decreti dello Stato, **del *Corpus Iuris* e delle Istituzioni di Gaio**, da essi preventivamente comunicati alla commissione, e da questa posti a loro disposizione previa verifica. [IV] Nessuna spiegazione in ordine al tema potrà essere richiesta dai candidati, né data dai commissari».

Institutiones Iustiniani

Excerpta

Inst. 1.2.9. Ex non scripto ius venit, quod usus comprobavit. Nam diuturni mores consensu utentium comprobati legem imitantur [art. 1 d. prel.].

Il diritto proviene da ciò che non è scritto, che è confermato dall'uso. Invero i costumi durevoli, convalidati dal consenso degli utenti, imitano la legge.

Inst. 1.10.1. Ergo non omnes nobis uxores ducere licet: nam quarundam nuptiis abstinendum est. Inter eas enim personas, quae parentum liberorumve locum inter se optinent, nuptiae contrahi non possunt, veluti inter patrem et filiam vel avum et neptem vel matrem et filium vel aviam et nepotem et usque ad infinitum: et si tales personae inter se coierint, nefarias atque incestas nuptias contraxisse dicuntur. Et haec adeo ita sunt, ut, quamvis per adoptionem parentum liberorumve loco sibi esse coeperint, non possint inter se matrimonio iungi in tantum, ut etiam dissoluta adoptione idem iuris maneat: itaque eam, quae tibi per adoptionem filia aut neptis esse coeperit, non poteris uxorem ducere, quamvis eam emancipaveris [art. 87].

Non è lecito prendere in moglie qualunque donna: poiché con alcune, dobbiamo astenerci dalle nozze. Non si possono contrarre le nozze tra quelle persone che hanno tra loro la condizione di genitori e figli: come tra padre e figlia, o fra avo e nipote, o fra madre e figlio, o fra ava e nipote, e così all'infinito; e se tali persone si siano unite fra loro, si dice che hanno contratto nozze empie e incestuose. Al punto che, queste <persone>, sebbene comincino ad essere reciprocamente genitori e figli per effetto dell'adozione, non possono fra loro unirsi in matrimonio, nel senso che, pur disciolta l'adozione, continua a valere la stessa regola: e così, colei che ti è divenuta per adozione figlia o nipote non potrai prenderla in moglie anche se tu l'abbia emancipata.

Inst. 1.11.4. Minorem natu non posse maiorem adoptare placet: adoptio enim naturam imitatur et pro monstro est ut maior sit filius quam pater. Debet itaque is qui sibi per adrogationem vel adoptionem filium facit, plena pubertate, id est decem et octo annis praecedere [art. 291].

Pare bene che un più giovane non possa adottare un più vecchio: l'adozione, infatti, imita la natura, ed è cosa mostruosa che il figlio sia più vecchio del padre. Bisogna dunque che colui che si procura un figlio per mezzo dell'arrogazione o dell'adozione lo superi d'una pubertà piena, cioè di diciotto anni.

Inst. 1.11.10. Feminae quoque adoptare non possunt, quia nec naturales liberos in potestate sua habent: sed ex indulgentia principis ad solacium liberorum amissorum adoptare possunt [art. 291].

Anche le persone di genere femminile non possono adottare, perché non hanno in potestà nemmeno i figli naturali: ma su concessione del principe possono adottare a titolo di conforto per la perdita di figli.

Inst. 2.1.12. Ferae igitur bestiae et volucres et pisces, id est omnia animalia quae in terra mari caelo nascuntur, simulatque ab aliquo capta fuerint, iure gentium statim illius esse incipiunt: quod enim ante nullius est id naturali ratione occupanti conceditur. Nec interest, feras bestias et volucres utrum in suo fundo quisque capiat, an in alieno: plane qui in alienum fundum ingreditur venandi aut aucupandi gratia, potest a domino, si is providerit, prohiberi, ne ingrediatur. Quidquid autem eorum ceperis, eo usque tuum esse intellegitur, donec tua custodia coercetur: cum vero evaserit custodiam tuam et in naturalem libertatem se receperit, tuum esse desinit et rursus occupantis fit. Naturalem autem libertatem recipere intellegitur, cum vel oculos tuos effugerit vel ita sit in conspectu tuo, ut difficilis sit eius persecutio [art. 842, 923].

Bestie selvatiche, uccelli e pesci, cioè tutti gli animali che nascono in terra, in mare, in cielo, appena presi da qualcuno, subito per diritto delle genti divengono suoi: ciò che prima è di nessuno, lo si lascia, infatti, per diritto naturale, all'occupante. Non importa che uno le bestie selvatiche e gli uccelli li prenda nel fondo proprio e nell'altrui; certo, a chi entri nell'altrui fondo per cacciare o catturare uccelli può essere impedito l'ingresso dal proprietario che l'abbia previsto. Qualunque di quegli animali tu abbia preso, s'intende tuo finché è frenato dalla tua custodia; ma se alla tua custodia sia sfuggito, e sia ritornato alla sua naturale libertà, cessa di essere tuo e di nuovo diventa dell'occupante. S'intende che riacquisti la sua naturale libertà quando, o sia sfuggito alla tua vista, o si trovi al tuo cospetto in condizioni per cui l'inseguirlo sia difficile.

Inst. 2.1.20. Praeterea quod per alluvionem agro tuo flumen adiecit, iure gentium tibi adquiritur. Est autem alluvio incrementum latens. Per alluvionem autem id videtur adici, quod ita paulatim adicitur ut intellegere non possis, quantum quoquo momento temporis adiciatur [art. 941].

Si acquista poi per diritto delle genti ciò che il fiume aggiunge per alluvione al tuo campo. L'alluvione è un incremento nascosto. Si ritiene aggiungersi per alluvione ciò che si aggiunge così gradatamente che non ti puoi rendere conto di quanto in ogni momento si aggiunga.

Inst. 2.1.21. Quodsi vis fluminis partem aliquam ex tuo praedio detraxerit et vicini praedio appulerit, palam est eam tuam permanere. Plane si longiore tempore fundo vicini haeserit, arboresque quas secum traxerit in eum fundum radices egerint, ex eo tempore videntur vicini fundo adquisitae esse [art. 944].

Se la violenza del fiume abbia sottratto qualche parte al tuo fondo e l'abbia accostata al fondo del vicino, è evidente che rimanga tua. Chiaramente, se per lungo tempo sia attaccata al fondo del vicino, e gli alberi che ha portato con sé abbiano posto le radici in quel fondo, da quel momento si ritengono acquisiti al fondo del vicino.

Inst. 2.1.23. Quodsi naturali alveo in universum derelicto alia parte fluere coeperit, prior quidem alveus eorum est qui, prope ripam eius praedia possident, pro modo scilicet latitudinis cuiusque agri, quae latitudo prope ripam sit; novus autem alveus eius iuris esse incipit, cuius et ipsum flumen, id est publicus. Quodsi post aliquod tempus ad priorem alveum reversum fuerit flumen, rursus novus alveus eorum esse incipit, qui prope ripam eius praedia possident [art. 946].

Se, abbandonato totalmente l'alveo naturale, <il fiume> abbia cominciato a scorrere da un'altra parte, il primo alveo è di coloro che possiedono fondi sulle sponde, s'intende, in proporzione alla estensione di ciascun fondo, estensione fino alla riva, mentre l'alveo nuovo incomincia ad essere della condizione giuridica del fiume stesso, cioè è pubblico. Se, dopo qualche tempo, il fiume sia tornato all'alveo di prima, il nuovo alveo ritorna a coloro che possiedono fondi lungo le rive di quello.

Inst. 2.1.25. Cum ex aliena materia species aliqua facta sit ab aliquo, quaeri solet, quis eorum naturali ratione dominus sit, utram is qui fecerit, an ille potius qui materiae dominus fuerit: ut ecce si quis ex alienis uvis aut olivis aut spicis vinum aut oleum aut frumentum fecerit, aut ex alieno auro vel argento vel aere vas aliquod fecerit, vel ex alieno vino et melle mulsum miscuerit, vel ex alienis medicamentis emplastrum aut collyrium composuerit, vel ex aliena lana vestimentum fecerit, vel ex alienis tabulis navem vel armarium vel subsellium fabricaverit. Et post multas Sabinianorum et Proculianorum ambiguitates placuit media sententia existimantium, si ea species ad materiam reduci possit, eum videri dominum esse qui materiae dominus fuerat; si non possit reduci, eum potius intellegi dominum qui fecerit: ut ecce vas conflatum potest ad rudem massam aeris vel argenti vel auri reduci, vinum autem aut oleum aut frumentum ad uvas et olivas et spicas reverti non potest ac ne mulsum quidem ad vinum et mel resolvi potest. Quodsi partim ex sua materia, partim ex aliena speciem aliquam fecerit quisque, velut ex suo vino et alieno melle mulsum aut ex suis et alienis medicamentis emplastrum aut collyrium aut ex sua et aliena lana vestimentum fecerit, dubitandum non est, hoc casu eum esse dominum qui fecerit: cum non solum operam suam dedit, sed et partem eiusdem materiae praestavit [art. 940].

Qualora qualche oggetto sia fatto da qualcuno con materia altrui, si suole interrogarsi su chi, secondo un naturale criterio, ne sia proprietario, se colui che l'ha fatto, o piuttosto colui che era proprietario della materia: come ad esempio se uno da uve, olive, o spighe altrui abbia ottenuto vino, olio, o frumento, o dall'oro, argento o rame altrui abbia fatto un vaso, o mescolando vino altrui e miele abbia ottenuto del vino melato, o con altrui medicamenti abbia composto un impiastro o un collirio, o con lana altrui abbia tessuto un vestito, o con assi altrui abbia fabbricato una nave, un armadio o dei sedili. Dopo molte controversie tra i Sabiniani e i Proculiani, è invalsa l'opinione intermedia di coloro che ritenevano che se quell'oggetto potesse ricondursi alla materia, ne fosse proprietario chi era stato proprietario della materia, e se <la materia> non si potesse ricondurre <ad alcuno>, si considera proprietario piuttosto chi l'aveva fatto: ecco ad esempio che un vaso ottenuto per fusione può ricondursi a informe massa di rame, argento o oro, mentre vino, olio, o frumento non possono ritornare uve, olive e spighe, e nemmeno il vino melato può scindersi in vino e miele. Se qualche oggetto uno lo abbia fatto con materia in parte sua, in parte altrui, come da vino suo e vino melato e miele altrui, o da un impiastro o un collirio con medicamenti suoi e altrui, o da un vestito con lana sua e altrui, non si dubita che in questo caso è proprietario l'artefice, in quanto non solo ci ha messo l'opera sua, ma utilizzò anche una parte della materia.

Inst. 2.1.38. Sed si gregis usumfructum quis habeat, in locum demortuorum capitum ex fetu fructuarius summittere debet, ut et Iuliano visum est, et in vinearum demortuarum vel arborum locum alias debet substituere. Recte enim colere debet et quasi bonus paterfamilias uti debet [art. 994, 1001].

Se taluno abbia l'usufrutto di un gregge, l'usufrutturio deve, come ritenne anche Giuliano, sostituire i capi morti, con altri, tratti dai nati, e, alle viti o agli alberi morti, deve pure sostituirne altri. Deve infatti coltivare bene e usarne da buon padre di famiglia.

Inst. 2.1.39. Thesauros, quos quis in suo loco invenerit, divus Hadrianus naturalem aequitatem secutus ei concessit qui invenerit. Idemque statuit, si quis in sacro aut in religioso loco fortuito casu invenerit. At si quis in alieno loco non data ad hoc opera, sed fortuitu invenerit, dimidium domino soli concessit. Et convenienter, si quis in Caesaris loco invenerit, dimidium inventoris, dimidium Caesaris esse statuit. Cui conveniens est, ut, si quis in publico loco vel fiscali invenerit, dimidium ipsius esse, dimidium fisci vel civitatis [art. 932].

I tesori, che uno abbia trovato in un luogo suo, il divino Adriano, secondo l'equità naturale, li ha concessi a colui che li aveva trovati. E lo stesso dispose qualora taluno li avesse trovati per caso fortuito in un luogo sacro o religioso. Se taluno, invece, li abbia trovati, senza apposita ricerca bensì per caso fortuito, in un luogo altrui, ne concesse la metà al proprietario del suolo. E così, se taluno li abbia trovati in un luogo dell'imperatore, <il divo Adriano> stabilì che metà fosse del ritrovatore e metà dell'imperatore. È conforme a ciò che, se uno li abbia trovati in un luogo pubblico o del fisco, metà sia sua e metà del fisco o della città.

Inst. 2.1.47. Qua ratione verius esse videtur et, si rem pro derelicto a domino habitam occupaverit quis, statim eum dominum effici. Pro derelicto autem habetur, quod dominus ea mente abiecerit, ut id rerum suarum esse nollet, ideoque statim dominus esse desinit [art. 923].

Ragion per cui sembra più vero che se uno abbia occupato una cosa abbandonata dal proprietario, diventi proprietario subito. Si considera abbandonato ciò che il proprietario abbia buttato via con l'intenzione di non volere che fosse cosa sua e, per ciò, subito cessa di esserne proprietario.

Inst. 2.3.4. Si quis velit vicino aliquod ius constituere, pactionibus atque stipulationibus id efficere debet. Potest etiam in testamento quis heredem suum damnare, ne altius tollat, ne luminibus aedium vicini officiat: vel ut patiatur eum tignum in parietem immittere vel stillicidium habere: vel ut patiatur eum per fundum ire, agere aquamve ex eo ducere [art. 1031, 1058].

Se taluno voglia costituire un diritto sul vicino, lo deve fare con patti e stipulazioni. Uno può anche dichiarare nel testamento che il suo erede non sopraelevi per non recare pregiudizio alle luci della casa del vicino; o di sopportare che questo immetta una trave nella parete o che abbia verso di esso uno stillicidio; o di soppportare che egli passi per il fondo a piedi, o con bestiame e carri, o che da esso derivi acqua.

Inst. 2.4.1. ... sine testamento vero si quis velit alii usum fructum constituere, pactionibus et stipulationibus id efficere debet ... [art. 978].

... senza ricorrere al testamento, se uno vuole costituire a favore di un altro un usufrutto, deve farlo con patti e stipulazioni ...

Inst. 2.4.2. Constituitur autem ususfructus non tantum in fundo et aedibus, verum etiam in servis et iumentis ceterisque rebus exceptis his quae ipso usu consumuntur:

nam eae neque naturali ratione neque civili recipiunt usumfructum. Quo numero sunt vinum, oleum, frumentum, vestimenta. Quibus proxima est pecunia numerata: namque in ipso usu adsidua permutatione quodammodo extinguitur. Sed utilitatis causa senatus censuit, posse etiam earum rerum usumfructum constitui, ut tamen eo nomine heredi utiliter caveatur. Itaque si pecuniae ususfructus legatus sit, ita datur legatario ut eius fiat, et legatarius satisdat heredi de tanta pecunia restituenda, si morietur aut capite minuetur. Ceterae quoque res ita traduntur legatario ut eius fiant: sed aestimatis his satisdatur, ut, si morietur aut capite minuetur, tanta pecunia restituatur quanti eae fuerint aestimatae. Ergo senatus non fecit quidem earum rerum usumfructum (nec enim poterat), sed per cautionem quasi usumfructum constituit [art. 995].

L'usufrutto si costituisce non soltanto sul fondo e sulla casa, ma anche su servi e giumenti e sulle restanti cose, ad eccezione di quelle che si consumano con l'uso: queste, infatti, non ammettono usufrutto né secondo un criterio naturale né civile. Fra esse rientrano: il vino, l'olio, il frumento, i vestiti. Molto simile ad essi è il denaro contante: invero, usandolo, col continuo scambio in certo modo si estingue. Ma, per ragioni di utilità, il senato stabilì (sc. emanato sotto Tiberio [*n.d.r.*]) che si possa costituire usufrutto anche su quelle cose, purché però si dia all'erede, a tale titolo, opportuna garanzia. Di conseguenza, se sia legato un usufrutto di denaro, questo si dà al legatario affinché diventi suo, e il legatario dà garanzia all'erede per la restituzione di altrettanto denaro se morirà o subirà cambiamento di stato. Anche le restanti cose si consegnano al legatario in modo che diventino sue: ma, fattane la stima, si dà garanzia che, in caso di morte o di cambiamento di stato, sarà restituito altrettanto denaro quanto esse furono stimate. Il senato, quindi, non istituì propriamente (e, infatti, non poteva) un usufrutto di quelle cose, ma, con la cauzione, costituì un quasi usufrutto.

Inst. 2.4.3. Finitur autem ususfructus morte fructuarii et duabus capitis deminutionibus, maxima et media, et non utendo per modum et tempus. Quae omnia nostra statuit constitutio. Item finitur ususfructus, si domino proprietatis ab usufructuario cedatur (nam extraneo cedendo nihil agitur): vel ex contrario si fructuarius proprietatem rei adquisierit, quae res consolidatio appellatur. Eo amplius constat, si aedes incendio consumptae fuerint vel etiam terrae motu aut vitio suo corruerint, extingui usumfructum et ne areae quidem usumfructum deberi [art. 1014].

L'usufrutto si estingue per morte dell'usufruttuario e per cambiamento di stato, massimo e medio, e per non uso nel modo e per il tempo stabilito. Una nostra costituzione stabilì queste cose. Parimenti l'usufrutto si estingue se dall'usufruttario venga ceduto al titolare della proprietà (cedendolo ad un estraneo, invero, la cessione è inutile), oppure, al contrario, se l'usufruttuario acquisti la proprietà della cosa; queste cose sono dette consolidazione. È inoltre evidente che, se la casa è stata distrutta da un incendio o anche se sia crollata per effetto del terremoto o di un suo vizio intrinseco, l'usufrutto si estingue e l'usufrutto non è dovuto nemmeno sull'area.

Inst. 2.4.4. Cum autem finitus fuerit usus fructus, revertitur scilicet ad proprietatem et ex eo tempore nudae proprietatis dominus incipit plenam habere in re potestatem [art. 832, 1018].

Estinto l'usufrutto si consolida alla proprietà e, da quel momento, il titolare della nuda proprietà comincia ad avere sulla cosa pieno potere.

Inst. 2.5 pr. Isdem istis modis quibus ususfructus constituitur etiam nudus usus constitui solet, isdemque illis modis finitur quibus et ususfructus desinit ... [art. 1024].

In quegli stessi modi in cui si costituisce l'usufrutto, si suole costituire anche il semplice uso che si estingue in quegli stessi modi in cui cessa anche l'usufrutto.

Inst. 2.5.1. ... Namque is qui fundi nudum usum habet, nihil ulterius habere intellegetur, quam ut oleribus, pomis, floribus, feno, stramentis, lignis ad usum cottidianum utatur ... [art. 1021].

Colui infatti che del fondo ha solo l'uso si ritiene che non possa avere niente di più che il diritto di utilizzare ortaggi, frutti, fiori, fieno, paglia, legna per le necessità quotidiane ...

Inst. 2.5.5. Sed si cui habitatio legata sive aliquo modo constituta sit, neque usus videtur neque ususfructus, sed quasi proprium aliquod ius. Quam habitationem habentibus, propter rerum utilitatem secundum Marcelli sententiam, nostra decisione promulgata permisimus non solum in ea degere sed etiam aliis locare [art. 1024].

Se ad uno sia stata legata, o in qualunque modo costituita, una abitazione, si ritiene che non sia né uso né usufrutto, bensì una sorta di quasi diritto. Ai titolari di tale abitazione, secondo il parere di Marcello, abbiamo permesso, per ragioni di utilità delle cose, con una decisione nostra proposta, non solo di passarvi la vita, ma anche di locarla ad altri.

Inst. 2.7.2. Aliae autem donationes sunt quae sine ulla mortis cogitatione fiunt, quas inter vivos appellamus, quae omnino non comparantur legatis: quae si fuerint perfectae, temere revocari non possunt. Perficiuntur autem cum donator suam voluntatem scriptis aut sine scriptis manifestaverit: et ad exemplum venditionis nostra constitutio eas etiam in se habere necessitatem traditionis voluit, ut, et si non tradantur, habeant plenissimum et perfectum robur et traditionis necessitas incumbat donatori. Et cum retro principum dispositiones insinuari eas actis intervenientibus volebant, si maiores ducentorum fuerant solidorum, nostra constitutio et quantitatem usque ad quingentos solidos ampliavit, quam stare et sine insinuatione statuit, et quasdam donationes invenit quae penitus insinuationem fieri minime desiderant, sed in se plenissimam habent firmitatem. Alia insuper multa ad uberiorem exitum donationum invenimus, quae omnia ex nostris constitutionibus, quas super his posuimus, colligenda sunt. Sciendum tamen est, quod, etsi plenissimae sint donationes, tamen si ingrati existant homines in quos beneficium collatum est, donatoribus per nostram constitutionem licentiam praestavimus certis ex causis eas revocare, ne, qui suas res in alios contulerunt, ab his quandam patiantur iniuriam vel iacturam, secundum enumeratos in nostra constitutione modos [art. 782, 800].

Altre poi sono le donazioni che si fanno senza pensare per nulla alla morte, e le chiamiamo 'fra vivi'. Queste non vengono affatto paragonate ai legati, e, una volta perfette, non si possono revocare facilmente. Si perfezionano quando il donante, con scritti o senza scritti, abbia manifestato la sua volontà: e, sull'esempio della vendita, una nostra costituzione volle che contenessero anche l'obbligo della consegna, in modo che, anche se non ci sia consegna, abbiano efficacia pienissima e perfetta, e al donante incomba l'obbligo della consegna. E siccome le disposizioni degli imperatori <precedenti> volevano che, se superiori a duecento solidi, fossero registrate con apposito atto, una costituzione elevò l'ammontare a cinquecento solidi, stabilendo che fino a tale cifra fossero valide anche senza registrazione, e indicò alcune donazioni che non richiedono assolutamente la registrazione, ma hanno pienissima validità in sé e per sé. Molti altri elementi, inoltre, abbiamo trovato per incrementare le donazioni: posti tutti dalle nostre costituzioni in materia. Si deve sapere che, anche se le donazioni siano compiutissime, tuttavia, se gli uomini che ne ebbero beneficio si dimostrino ingrati, abbiamo concesso ai donanti, con una nostra costituzione, la facoltà di revocarle, in determinati casi, affinché quelli che hanno dato le cose loro agli altri, non subiscano offese o danni dei tipi elencati nella nostra costituzione.

Inst. 2.18 pr. Quia plerumque parentes sine causa liberos suos vel exheredant vel omittunt, inductum est ut de inofficioso testamento agere possint liberi, qui queruntur, aut inique se exheredatos aut inique praeteritos, hoc colore, quasi non sanae mentis fuerunt, cum testamentum ordinarent. Sed hoc dicitur non quasi vere furiosus sit, sed recte quidem fecit testamentum, non autem ex officio pietatis ... [art. 536].

Poiché il più delle volte i genitori diseredano o omettono i loro figli senza ragione, si è deciso che i figli che lamentano una iniqua diseredazione o iniqua preterizione possano agire per inofficioso testamento, sotto il pretesto che non fossero sani di mente quando fecero testamento. Ma ciò detto nel senso che il testatore il quale non sia effettivamente pazzo, ma abbia fatto testamento in modo regolare, non lo abbia però fatto in base ad esigenze etiche …

Inst. 2.18.6. Igitur quartam quis debet habere, ut de inofficioso testamento agere non possit: sive iure hereditario sive iure legati vel fideicommissi, vel si mortis causa ei quarta donata fuerit, vel inter vivos in his tantummodo casibus, quorum nostra constitutio mentionem facit, vel aliis modis qui constitutionibus continentur [art. 536, 564].

Ciascuno, dunque, deve avere un quarto perché non possa agire per testamento inofficioso: o a titolo di eredità, o a titolo di legato o di fedecommesso, o se gli fu donata la quarta a causa di morte, o tra vivi nei soli casi di cui fa menzione la nostra costituzione, o negli altri modi contenuti nelle costituzioni.

Inst. 2.19.7. ... pro herede autem gerere quis videtur, si rebus hereditariis tamquam heres utatur vel vendendo res hereditarias aut praedia colendo locandove ... [art. 477].

… uno sembra comportarsi da erede, se si serva delle cose ereditarie come un erede, o vendendole, o coltivando o locando i fondi …

Inst. 2.20.6. Si res aliena legata fuerit et eius, vivo testatore legatarius dominus factus fuerit, si quidem ex causa emptionis, ex testamento actione pretium consequi potest: si vero ex causa lucrativa, veluti ex donatione vel ex alia simili causa, agere non potest. Nam traditum est, duas lucrativas causas in eundem hominem et in eandem rem concurrere non posse. Hac ratione si ex duobus testamentis eadem res eidem debeatur, interest, utrum rem an aestimationem ex testamento consecutus est: nam si rem, agere non potest, quia habet eam ex causa lucrativa, si aestimationem, agere potest [art. 657].

Se sia stata legata una cosa altrui e il legatario, essendo in vita il testatore, ne sia divenuto proprietario, se a titolo di compera, può conseguirne il prezzo, con l'azione <che deriva dal> testamento; se invece a titolo gratuito, come per donazione o per altra causa simile, non può agire. Si tramanda, infatti, che due cause lucrative nella stessa persona e per la stessa cosa non possono concorrere. Per questa ragione, se in forza di due testamenti sia dovuta la stessa cosa alla stessa persona, interessa sapere se, in forza del testamento, abbia conseguito la cosa o la sua stima: se ha conseguito la cosa, non può agire, perché la ha per causa lucrativa, se la stima, può agire.

Inst. 2.20.13. Si quis debitori suo liberationem legaverit, legatum utile est, et neque ab ipso debitore neque ab herede eius potest heres petere, nec ab alio qui heredis loco est: sed et potest a debitore conveniri, ut liberet eum. Potest autem quis vel ad tempus iubere, ne heres petat [art. 658].

Se uno abbia legato al suo debitore la liberazione, il legato è utile, e l'erede non può chiedere <il debito> né al debitore stesso, né al suo erede, né ad altri che sia in luogo d'erede: ma può essere invece convenuto dal debitore affinché lo liberi. Uno però può anche ordinare che l'erede non chieda <il debito> per un certo periodo.

Inst. 2.20.21. Tam autem corporales res quam incorporales legari possunt. Et ideo quod defuncto debetur, potest alicui legari, ut actiones suas heres legatario praestet, nisi exegerit vivus testator pecuniam: nam hoc casu legatum extinguitur. Sed et tale legatum valet: "damnas esto heres domum illius reficere" vel "illum aere alieno liberare" [art. 658].

Si possono legare sia cose corporali che incorporali. E dunque, ciò che è dovuto al defunto si può legare a qualcuno così che l'erede ceda le sue azioni al legatario, a meno che il testatore non esiga da vivo il denaro, infatti, in tal caso il legato si estingue. Ma ha valore anche un legato come questo: "sia condannato l'erede a rifare la casa di quello" oppure "a liberare quello dai debiti".

Inst. 2.20.22. Si generaliter servus vel alia res legetur, electio legatarii est, nisi aliud testator dixerit [art. 664].

Se si lega un servo o un'altra cosa genericamente, la scelta è del legatario, a meno che il testatore non abbia disposto altrimenti.

Inst. 2.20.23. Optionis legatum, id est ubi testator ex servis suis vel aliis rebus optare legatarium iusserat, habebat in se condicionem, et ideo nisi ipse legatarius vivus optaverat, ad heredem legatum non transmittebat. Sed ex constitutione nostra et hoc in meliorem statum reformatum est et data est licentia et heredi legatarii optare, licet vivus legatarius hoc non fecit. Et diligentiore tractatu habito et hoc in nostra constitutione additum est, ut, sive plures legatarii existant, quibus optio relicta est, et dissentiant in corpore eligendo, sive unius legatarii plures heredes, et inter se circa optandum dissentiant alio aliud corpus eligere cupiente, ne pereat legatum (quod plerique prudentium contra benevolentiam introducebant), fortunam esse huius optionis iudicem et sorte esse hoc dirimendum, ut, ad quem sors perveniat, illius sententia in optione praecellat [art. 666].

Il legato d'opzione, cioè quando il testatore ordinava al legatario di scegliere fra i suoi servi o altre cose, conteneva in sé la condizione, e, pertanto, se non aveva fatto la scelta il legatario stesso da vivo, non trasferiva il legato al suo erede. Ma in forza di una nostra costituzione anche questo è stato modificato in meglio e anche all'erede del legatario è stata concessa la facoltà di scegliere, sebbene da vivo, il legatario non abbia fatto <la scelta>. Fatta una più attenta disamina, è stato aggiunto nella nostra costituzione anche questo, che, se ci siano più legatari ai quali è stata lasciata la scelta, e dissentano fra loro sulla cosa da scegliere, oppure più eredi d'un solo legatario, e non siano d'accordo sulla scelta, ognuno preferendo un'altra cosa, desideroso di scegliere un'altra cosa, affinché il legato non si estingua (cosa che sostenevano molti giureconsulti poco benevolmente), sia il caso, e la difficoltà venga composta tirando a sorte, in modo che prevalga nella scelta l'opinione di colui a cui toccherà la sorte.

Inst. 3.5.5. Hoc loco et illud necessario admonendi sumus adgnationis quidem iure admitti aliquem ad hereditatem et si decimo gradu sit, sive de lege duodecim tabularum quaeramus, sive de edicto quo praetor legitimis heredibus daturum se bonorum possessionem pollicetur. Proximitatis vero nomine his solis praetor promittit bonorum possessionem qui usque ad sextum gradum cognationis sunt, et ex septimo a sobrino sobrinaque nato nataeve [art. 572].

A questo punto dobbiamo anche necessariamente ricordare che per diritto di agnazione uno ammette qualcuno all'eredità anche se sia di decimo grado, tanto se ci riferiamo alla legge delle dodici tavole, quanto all'editto con cui il pretore promette di dare agli eredi legittimi il possesso dei beni. Invece, con riguardo alla parentela, il pretore promette il possesso dei beni solo a coloro che sono parenti entro il sesto grado, nonché al figlio o alla figlia del cugino e della cugina, che sono di settimo.

Inst. 3.13.2. Sequens divisio in quattuor species diducitur: aut enim ex contractu sunt aut quasi ex contractu aut ex maleficio aut quasi ex maleficio. Prius est, ut de his quae ex contractu sunt dispiciamus. Harum aeque quattuor species sunt: aut enim re contrahuntur aut verbis aut litteris aut consensu ... [art. 1173].

La partizione che segue riporta quattro specie: ci sono invero <obbligazioni> da contratto, da quasi contratto, da misfatto, da quasi misfatto. Il caso che prima esaminiamo è di quelle <obbligazioni> che sorgono da contratto. Di queste, pure, ci sono quattro specie: si contraggono invero mediante cosa, o con parole, o scritti, o col consenso …

Inst. 3.14.2. Item is cui res aliqua utenda datur, id est commodatur, re obligatur et tenetur commodati actione. Sed is ab eo qui mutuum accepit longe distat: namque non ita res datur ut eius fiat, et ob id de ea re ipsa restituenda tenetur. Et is quidem qui mutuum accepit, si quolibet fortuito casu quod accepit amiserit, veluti incendio, ruina, naufragio aut latronum hostiumve incursu, nihilo minus obligatus permanet. At is qui utendum accepit sane quidem exactam diligentiam custodiendae rei praestare iubetur, nec sufficit ei tantam diligentiam adhibuisse quantam suis rebus adhibere solitus est, si modo alius diligentior poterit eam rem custodire: sed propter maiorem vim maioresve casus non tenetur, si modo non huius culpa is casus intervenerit: alioquin si id quod tibi commodatum est peregre ferre tecum malueris, et vel incursu hostium praedonumve vel naufragio amiseris, dubium non est quin de restituenda ea re tenearis. Commodata autem res tunc proprie intellegitur, si nulla mercede accepta vel constituta res tibi utenda data est. Alioquin mercede interveniente locatus tibi usus rei videtur: gratuitum enim debet esse commodatum [art. 1803, 1804, 1805].

Anche colui a cui si dà in uso qualcosa perché ne usi, cioè gli si dà in comodato, è obbligato mediante cosa, ed è tenuto con l'azione di comodato. Ma questa situazione molto differisce da chi ricevette un mutuo: in quanto la cosa non gli è data perché diventi sua, e quindi è tenuto alla restituzione della cosa stessa. Colui che ricevette un mutuo, se per un qualunque caso fortuito, come incendio, rovina, naufragio, incursione di ladroni o nemici, abbia perso quello che aveva ricevuto, rimane comunque obbligato. Viceversa colui che ricevette per usarne è tenuto bensì a prestare una perfetta diligenza nel custodire la cosa, e non basta che abbia impiegato tanta diligenza quanto è solito adibire nelle cose sue, se un altro avrebbe potuto custodire quella cosa più diligentemente: ma per i casi di forza maggiore o gli eventi più gravi non è tenuto, a meno che l'evento non si sia prodotto per sua colpa; se invero tu abbia preferito portare con te all'estero la cosa comodata e per incursione di nemici o predoni o per naufragio tu l'abbia perduta, non c'è dubbio che sei tenuto a restituire la cosa. Una cosa si intende propriamente comodata, se te l'hanno data in uso senza ricevere o stabilire alcuna mercede. Se è prevista una mercede, l'uso della cosa appare esserti locato: infatti il comodato deve essere gratuito.

Inst. 3.14.3. … culpae autem nomine, id est desidiae atque neglegentiae, non tenetur: itaque securus est qui parum diligenter custoditam rem furto amisit, quia, qui neglegenti amico rem custodiendam tradidit, suae facilitati id imputare debet [art. 1780].

… a titolo di colpa cioè per inerzia o negligenza non è tenuto: è al sicuro quindi chi abbia perduto per furto la cosa poco diligentemente custodita, giacché se uno dà in custodia ad un amico negligente deve imputare la perdita alla propria leggerezza.

Inst. 3.15.2. Omnis stipulatio aut pure aut in diem aut sub condicione fit. Pure veluti "quinque aureos dare spondes?". Idque confestim peti potest. In diem, cum adiecto die, quo pecunia solvatur, stipulatio fit: veluti "decem aureos primis kalendis Martiis dare spondes?". Id autem quod in diem stipulamur statim quidem debetur, sed peti prius quam dies veniat non potest: ac ne eo quidem ipso die in quem stipulatio facta est peti potest, quia totus ille dies arbitrio solventis tribui debet. Neque enim certum est eo die in quem promissum est datum non esse, priusquam praetereat [art. 1185].

Ogni stipulazione si fa o puramente o a termine, o sotto condizione. Puramente e semplicemente, ad esempio "prometti di dare cinque aurei?", e ciò si può chiedere subito. A termine, quando la stipulazione si fa aggiungendo un termine di pagamento: ad esempio "prometti di dare dieci aurei alle prime calende di marzo?". Quello che stipuliamo a termine, è dovuto subito, ma non può essere chiesto prima che scada il termine; e non lo si può chiedere nemmeno in quello stesso giorno nel quale fu fatta la stipulazione, perché tutto quel giorno va lasciato a libera disposizione di colui che deve pagare. Non è infatti certo se il pagamento sia stato fatto nel giorno per cui era promesso, finché il giorno non sia trascorso.

Inst. 3.15.7. … Et in huiusmodi stipulationibus optimum erit poenam, subicere, ne quantitas stipulationis in incerto sit ac necesse sit actori probare, quid eius intersit [art. 1382].

… In stipulazioni del genere sarà bene aggiungere una penale, affiché il valore della stipulazione non rimanga incerto e sia necessario all'attore provare l'entità del suo interesse …

Inst. 3.16 pr. Et stipulandi et promittendi duo pluresve rei fieri possunt. Stipulandi ita si post omnium interrogationem promissor respondeat "spondeo". Ut puta cum duobus separatim stipulantibus ita promissor respondeat "utrique vestrum dare spondeo": nam si prius Titio spoponderit, deinde alio interrogante spondeat, alia atque alia erit obligatio nec creduntur duo rei stipulandi esse. Duo pluresve rei promittendi ita fiunt: "Maevi, quinque aureos dare spondes? Sei, eosdem quinque aureos dare spondes?" respondeant singuli separatim "spondeo" [art. 1292].

Possono diventare stipulanti e promittenti due o più <persone>. Stipulanti, se dopo la domanda di tutti, il promittente risponda "prometto". Pensa che, stipulando due separatamente, il promittente risponda così "prometto di dare a ciascuno di voi": se infatti abbia prima promesso a Tizio, e poi, interrogandolo un altro, prometta, l'obbligazione sarà altra, né si crede che vi siano due stipulanti. Due o più promittenti si hanno così: "Mevio, prometti di dare cinque aurei? Seio, prometti di dare gli stessi cinque aurei?", e ciascuno separatamente risponde "prometto".

Inst. 3.16.2. Ex duobus reis promittendi alius pure, alius in diem vel sub condicione obligari potest: nec impedimento erit dies aut condicio, quo minus ab eo qui pure obligatus est petatur [art. 1293].

Di due promittenti, uno può obbligarsi puramente e semplicemente, un altro a termine o sotto condizione: il termine o la condizione non sarà impedimento per chiedere a colui che è obbligato puramente e semplicemente.

Inst. 3.19.24. Quod turpi ex causa promissum est veluti si quis homicidium vel sacrilegium se facturum promittat, non valet [art. 1418].

Non è valido ciò che si è promesso per causa turpe, ad esempio se uno prometta che compirà un omicidio o un sacrilegio.

Inst. 3.23 pr. Emptio et venditio contrahitur simulatque de pretio convenerit, quamvis nondum pretium numeratum sit ac ne arra quidem data fuerit. Nam quod arrae nomine datur, argumentum est emptionis et venditionis contractae. Sed haec quidem de emptionibus et venditionibus quae sine scriptura consistunt, obtinere oportet: nam nihil a nobis in huiusmodi venditionibus innovatum est. In his autem quae scriptura conficiuntur non aliter perfectam esse emptionem et venditionem constituimus, nisi et instrumenta emptionis fuerint conscripta vel manu propria contrahentium, vel ab alio quidem scripta, a contrahente autem subscripta et, si per tabellionem fiunt, nisi et completiones acceperint et fuerint partibus absoluta. Donec enim aliquid ex his deest, et paenitentiae locus est et potest emptor vel venditor sine poena recedere ab emptione. Ita tamen impune recedere eis concedimus, nisi iam arrarum nomine aliquid fuerit datum: hoc etenim subsecuto, sive in scriptis sive sine scriptis venditio celebrata est, is qui recusat adimplere contractum, si quidem emptor est, perdit quod dedit, si vero venditor, duplum restituere compellitur, licet nihil super arris expressum est [art. 1385].

La compravendita si contrae appena si è convenuto il prezzo, anche se il prezzo non sia stato ancora pagato, e nemmeno sia concessa un'arra. Invero ciò che si dà a titolo di arra, è prova che si sia contratta una compravendita. Ma ciò avviene per le compravendite che si fanno senza scrittura: perché per esse nulla viene innovato. Per quelle, invece, che si fanno per iscritto, abbiamo stabilito che la compravendita non sia perfetta se gli strumenti della compera non siano stati scritti, o di propria mano dai contraenti, o scritti da un altro ma sottoscritti dal contraente, e, qualora li rediga un notaio, se non abbiano avuto compimento e non siano stati completati dalle parti. Finché, infatti, manca qualcosa di ciò, può esservi pentimento, e il compratore o il venditore possono senza pena recedere dalla compera. Ma concediamo loro di recedere impunemente, se non sia già stato dato qualche cosa a titolo di arra: se infatti la vendita sia stata posta in essere con uno scritto o senza scritto, colui che si rifiuta di adempiere il contratto, se è il compratore, perde quel che ha dato, se è il venditore, è costretto a restituire il doppio, anche se a proposito delle arre nulla è stato detto espressamente.

Inst. 4.12 pr. Hoc loco admonendi sumus, eas quidem actiones quae ex lege senatusve consulto sive ex sacris constitutionibus proficiscuntur, perpetuo solere antiquitus competere, donec sacrae constitutiones tam in rem quam personalibus actionibus certos fines dederunt: eas vero quae ex propria praetoris iurisdictione pendent, plerumque intra annum vivere (nam et ipsius praetoris intra annum erat imperium) … [art. 2964].

Dobbiamo qui ricordare che le azioni derivanti da legge, senatoconsulto o costituzioni imperiali, anticamente solevano competere in perpetuo, finché le costituzioni imperiali posero precisi limiti tanto alle azioni reali quanto alle azioni personali; da qui le azioni che discendono dalla giurisdizione propria del pretore durano un anno (lo stesso imperio del pretore durava infatti un anno) …

Digesta Iustiniani Augusti
Excerpta

D. 1.3.1 (Pap. 1 def.). Lex est commune praeceptum, virorum prudentium consultum, delictorum quae sponte vel ignorantia contrahuntur coercitio, communis rei publicae sponsio [art. 2 d. prel.].

La legge è un precetto comune, un parere di uomini prudenti, una repressione dei delitti che si commettono intenzionalmente, o per ignoranza; una comune stipulazione della repubblica.

D. 1.3.12 (Iul. 15 dig.). Non possunt omnes articuli singillatim aut legibus aut senatus consultis comprehendi: sed cum in aliqua causa sententia eorum manifesta est, is qui iurisdictioni praeest ad similia procedere atque ita ius dicere debet [art. 12 d. prel.].

Non si possono comprendere nelle leggi e nei senatoconsulti tutte le circostanze singolarmente: ma quando il loro senso è chiaro in relazione a qualche causa, colui che è preposto alla giurisdizione deve procedere per similitudine e deve dire il diritto in tal senso.

D. 1.3.16 (Paul. l.s. de iure sing.). Ius singulare est, quod contra tenorem rationis propter aliquam utilitatem auctoritate constituentium introductum est [art. 14 d. prel.].

Il diritto singolare è quello che è stato introdotto dall'autorità di coloro che lo hanno statuito in deroga al tenore della ragione per una particolare utilità.

D. 1.3.29 (Paul. l.s. ad l. Cinc.). Contra legem facit, qui id facit quod lex prohibet, in fraudem vero, qui salvis verbis legis sententiam eius circumvenit [art. 1344].

Contravviene alla legge colui che fa ciò che la legge proibisce; invece, opera in frode colui che, fatte salve le parole, ne raggira la sostanza.

D. 1.3.32 pr.-1 (Iul. 84 dig.). De quibus causis scriptis legibus non utimur, id custodiri oportet, quod moribus et consuetudine inductum est: … 1. Inveterata consuetudo pro lege non immerito custoditur, et hoc est ius quod dicitur moribus constitutum. Nam cum ipsae leges nulla alia ex causa nos teneant, quam quod iudicio populi receptae sunt, merito et ea, quae sine ullo scripto populus probavit, tenebunt omnes: nam quid interest suffragio populus voluntatem suam declaret an rebus ipsis et factis? Quare rectissime etiam illud receptum est, ut leges non solum suffragio legislatoris, sed etiam tacito consensu omnium per desuetudinem abrogentur [art. 8 d. prel.].

Per le cause per le quali non facciamo uso di leggi scritte, bisogna che venga osservato ciò che è stato introdotto dai costumi e dalla consuetudine: … 1. La consuetudine inveterata è osservata come legge a torto, e questo è il diritto che viene detto costituito dai costumi. Infatti, poiché le leggi stesse non ci vincolano per nessun altro motivo se non per ciò, che sono state recepite per decisione del popolo, tutti saranno tenuti <a rispettare> a buon diritto anche quelle che il popolo ha approvato senza alcuno scritto: infatti, che differenza c'è se il popolo dichiari la propria volontà con il voto oppure attraverso le cose stesse e i fatti? Perciò, molto giustamente, è stato recepito anche ciò, che le leggi siano abrogate non solo col voto del legislatore ma anche con il tacito consenso di tutti, per desuetudine.

D. 1.3.33 (Ulp. 1 de off. procons.). Diuturna consuetudo pro iure et lege in his quae non ex scripto descendunt observari solet [art. 8 d. prel.].

La consuetudine diuturna suole essere osservata come diritto e legge, nei casi in cui non vi sia diritto scritto.

D. 1.5.12 (Paul. 19 resp.). Septimo mense nasci perfectum partum iam receptum est propter auctoritatem doctissimi viri Hippocratis: et ideo credendum est eum, qui ex iustis nuptiis septimo mense natus est, iustum filium esse [art. 232].

È ormai recepito che la prole nasce perfetta al settimo mese, per merito dell'autorità di Ippocrate, uomo dottissimo: e pertanto, si deve reputare figlio legittimo colui che sia nato da giuste nozze al settimo mese.

D. 1.5.14 (Paul. 4 sent.). Non sunt liberi, qui contra formam humani generis converso more procreantur: veluti si mulier monstrosum aliquid aut prodigiosum enixa sit. Partus autem, qui membrorum humanorum officia ampliavit, aliquatenus videtur effectus et ideo inter liberos connumerabitur [art. 1].

Non sono figli coloro che sono procreati in modo contrario all'aspetto del genere umano, contrariamente alla tradizione: come se una donna abbia partorito un essere mostruoso o strano. Invece, con funzioni ampliate delle membra umane, è considerato in qualche misura formato e quindi verrà annoverato tra i figli.

D. 1.5.26 (Iul. 69 dig.). Qui in utero sunt, in toto paene iure civili intelleguntur in rerum natura esse. Nam et legitimae hereditates his restituuntur: et si praegnas mulier ab hostibus capta sit, id quod natum erit postliminium habet, item patris vel matris condicionem sequitur … [art. 1].

In quasi tutto il diritto civile coloro che sono nell'utero si intendono venuti ad esistenza. Infatti, anche le eredità legittime vengono a loro restituite: e se una donna incinta è stata catturata dai nemici, chi sarà nato gode del postliminio, e dunque segue la condizione del padre o della madre ...

D. 1.7.15.2 (Ulp. 26 ad Sab.). In adrogationibus cognitio vertitur, num forte minor sexaginta annis sit qui adrogat, quia magis liberorum creationi studere debeat: nisi forte morbus aut valetudo in causa sit aut alia iusta causa adrogandi, veluti si coniunctam sibi personam velit adoptare [art. 291].

Nelle arrogazioni la cognizione è indirizzata a conoscere se colui che arroga abbia meno di sessant'anni, poiché dovrebbe cercare piuttosto la procreazione di figli, a meno che non ci sia una malattia o lo stato di salute o qualche altra giusta causa per arrogare, come ad esempio se voglia adottare una persona a lui congiunta.

D. 1.7.40.1 (Mod. 1 diff.). Non tantum cum quis adoptat, sed et cum adrogat, maior esse debet eo, quem sibi per adrogationem vel per adoptionem filium facit, et utique plenae pubertatis: id est decem et octo annis eum praecedere debet [art. 291].

Non solamente quando qualcuno adotta, ma anche quando arroga, deve essere maggiore <di età>, rispetto a colui che egli rende figlio suo per mezzo dell'arrogazione o dell'adozione, e lo deve precedere del tempo della piena pubertà, cioè di diciotti anni.

D. 1.8.1 pr. (Gai. 2 inst.). … nam res hereditariae, antequam aliquis heres existat, nullius in bonis sunt [art. 528].

… infatti le cose ereditarie, prima che vi sia un erede, non sono nel patrimonio di alcuno.

D. 1.8.2.1 (Marc. 3 inst.). Et quidem naturali iure omnium communia sunt illa: aer, aqua profluens, et mare, et per hoc litora maris [art. 822].

Sono comuni a tutti, secondo il diritto naturale, queste cose: l'aria, l'acqua corrente, il mare e, perciò, i lidi del mare.

D. 1.8.4.1 (Marc. 3 inst.). Sed flumina paene omnia et portus publica sunt [art. 822].

Ma quasi tutti i fiumi e i porti sono pubblici.

D. 2.4.5 (Paul. 4 ad ed.). Quia semper certa est, etiam si vulgo conceperit: pater vero is est, quem nuptiae demonstrant [art. 231].

Perché <la madre> è sempre certa, anche se abbia concepito al di fuori del matrimonio: il padre è, invece, colui che giuste nozze dimostrano essere tale.

D. 2.8.2 pr.-1 (Ulp. 5 ad ed.). Fideiussor in iudicio sistendi causa locuples videtur dari non tantum ex facultatibus, sed etiam ex conveniendi facilitate. 1. Si quis his personis, quae agere non potuerunt, fideiussorem iudicio sistendi causa dederit, frustra erit datio [art. 1943].

Il fideiussore <garante> della comparizione in giudizio è considerato solubile non solo per le sue sostanze, ma anche per la facilità di essere convenuto. 1. Se qualcuno abbia dato un fideiussore per la comparizione in giudizio a persone che non potevano agire in giudizio, l'avrà dato inutilmente.

D. 2.14.1.1-3 (Ulp. 4 ad ed.). Pactum autem a pactione dicitur (inde etiam pacis nomen appellatum est) 2. et est pactio duorum pluriumve in idem placitum et consensus. 3. Conventionis verbum generale est ad omnia pertinens, de quibus negotii contrahendi transigendique causa consentiunt qui inter se agunt: nam sicuti convenire dicuntur qui ex diversis locis in unum locum colliguntur et veniunt, ita et qui ex diversis animi motibus in unum consentiunt, id est in unam sententiam decurrunt. Adeo autem conventionis nomen generale est, ut eleganter dicat Pedius nullum esse contractum, nullam obligationem, quae non habeat in se conventionem, sive re sive verbis fiat: nam et stipulatio, quae verbis fit, nisi habeat consensum, nulla est [art. 1321, 1418].

Ora patto è detto da pattuizione (da cui anche la denominazione della pace) 2. e la pattuizione consiste nel consenso di due o più sul medesimo oggetto. 3. Convenzione è parola generale che si riferisce a ogni cosa intorno alla quale sono d'accordo coloro che acconsentono tra loro a contrarre un negozio o transigere: infatti come sono detti convenire coloro che si raccolgono e pervengono in un unico luogo da luoghi diversi, così anche coloro che, spinti da differenti moti dell'animo, acconsentono alla medesima cosa, e cioè si trovano d'accordo. Il nome poi di convenzione è così generale che, come dice Pedio con precisione, è nullo il contratto, nulla l'obbligazione che non abbia in sé l'elemento dell'accordo, sia che si contragga mediante cosa, sia mediante parole, in quanto anche la stipulazione, che è contratto verbale, se non ha il consenso risulta nulla.

D. 2.14.2.1 (Paul. 3 ad ed.). Et ideo si debitori meo reddiderim cautionem, videtur inter nos convenisse ne peterem, profuturamque ei conventionis exceptionem placuit [art. 1237].

Perciò se io abbia restituito al mio debitore la cauzione, si considera che tra di noi si sia convenuto che io non agisca giudizialmente e parve bene che il debitore potesse avvalersi dell'eccezione basata su tale convenzione.

D. 2.14.7.1-2 (Ulp. 4 ad ed.). Quae pariunt actiones, in suo nomine non stant, sed transeunt in proprium nomen contractus: ut emptio venditio, locatio conductio, societas, commodatum, depositum et ceteri similes contractus. 2. Sed et si in alium contractum res non transeat, subsit tamen causa, eleganter Aristo Celso respondit esse obligationem. Ut puta dedi tibi rem ut mihi aliam dares, dedi ut aliquid facias: hoc συνάλλαγμα esse et hinc nasci civilem obligationem [art. 1322].

<Fra le convenzioni>, quelle che generano azioni non sono designate con il loro nome, ma passano ad assumere il nome specifico di un contratto: come compravendita, locazione-conduzione, società, comodato, deposito, e altri simili contratti. 2. Ma anche se <la convenzione> non transiti in un altro contratto, e tuttavia permane la causa, Aristone ha elegantemente risposto a Celso che vi è obbligazione. Come se io ti abbia dato una cosa affinché tu me ne dessi un'altra, abbia dato qualcosa affinché tu faccia qualcosa: questo è un sinallagma e da qui sorge un'obbligazione civile ...

D. 2.14.7.4 (Ulp. 4 ad ed.). Sed cum nulla subest causa, propter conventionem hic constat non posse constitui obligationem: igitur nuda pactio obligationem non parit, sed parit exceptionem [art. 1418].

Ma quando non sussiste alcuna causa, qui è certo che non può costituirsi un'obbligazione a seguito della convenzione: quindi una nuda pattuizione non genera un'obbligazione, ma genera un'eccezione.

D. 2.14.21.5 (Paul. 3 ad ed.). In his, qui eiusdem pecuniae exactionem habent in solidum, vel qui eiusdem pecuniae debitores sunt, quatenus alii quoque prosit vel noceat pacti exceptio, quaeritur. Et in rem pacta omnibus prosunt, quorum obligationem dissolutam esse eius qui paciscebatur interfuit. Itaque debitoris conventio fideiussoribus proficiet [art. 1239].

Relativamente a coloro ai quali spetta il diritto di esigere in solido una stessa somma di denaro, ovvero che siano debitori di una stessa somma di denaro, si pone la questione fino a che punto l'eccezione di patto di uno giovi o danneggi <anche gli altri>. E i patti sulla cosa giovano a tutti coloro che avevano interesse a che fosse estinta l'obbligazione di chi pattuiva. E così la convenzione del debitore gioverà ai fideiussori.

D. 2.14.39 (Pap. 5 quaest.). Veteribus placet pactionem obscuram vel ambiguam venditori et qui locavit nocere, in quorum fuit potestate legem apertius conscribere [art. 1370].

Pare bene agli antichi giuristi che una pattuizione oscura o ambigua nuoccia al venditore e a colui che locò, nei quali fu il potere di redigere più chiaramente il regolamento contrattuale.

D. 2.14.58 (Nerat. 3 membr.). Ab emptione venditione, locatione conductione ceterisque similibus obligationibus quin integris omnibus consensu eorum, qui inter se obligati sint, recedi possit, dubium non est [art. 1373].

Da una compravendita, da una locazione-conduzione e da tutte le altre obbligazioni di questo tipo, non c'è dubbio che si possa recedere in forza del consenso di coloro che si siano fra loro obbligati, sempre che non si sia dato inizio alla loro esecuzione.

D. 2.15.1 (Ulp. 50 ad ed.). Qui transigit, quasi de re dubia et lite incerta neque finita transigit. Qui vero paciscitur, donationis causa rem certam et indubitatam liberalitate remittit [art. 1965].

Chi fa una transazione è come se transigesse su una questione dubbia e su una lite incerta e non definita. Chi invece conclude un patto per una donazione, rimette qualcosa certa e indubbia per liberalità.

D. 3.2.1 (Iul. 1 ad ed.). Praetoris verba dicunt: "infamia notatur ... qui eam, quae in potestate eius esset, genero mortuo, cum eum mortuum esse sciret, intra id tempus, quo elugere virum moris est, antequam virum elugeret, in matrimonium collocaverit: eamve sciens quis uxorem duxerit non iussu eius, in cuius potestate est: et qui eum, quem in potestate haberet, eam, de qua supra comprehensum est, uxorem ducere passus fuerit ..." [art. 140].

Le parole del pretore dicono: "è colpito con nota di infamia … chi, morto il genero, essendo a conoscenza della morte di lui ed essendo <la vedova> nella sua potestà, l'abbia data in matrimonio durante il tempo in cui è costume che porti il lutto per il marito, prima che fosse trascorso il periodo di lutto: colui che, sapendolo, l'abbia presa in moglie non per ordine di colui nella cui potestà si trova, e colui che abbia permesso che colui, che aveva in potestà, prendesse in moglie colei della quale sopra si è fatto riferimento …".

D. 3.2.10 pr.-1 (Paul. 8 ad ed.). Solet a principe impetrari, ut intra legitimum tempus mulieri nubere liceat. 1. Quae virum eluget, intra id tempus sponsam fuisse non nocet [art. 89].

Si suole ottenere dal principe che alla donna sia lecito sposarsi prima della scadenza del tempo stabilito. 1. A colei che porta il lutto per il marito, non nuoce aver fatto promessa entro quel periodo di tempo.

D. 3.2.11.2 (Ulp. 6 ad ed.). Pomponius eam, quae intra legitimum tempus partum ediderit, putat statim posse nuptiis se collocare: quod verum puto [art. 89].

Pomponio reputa che possa essere data subito in matrimonio colei che abbia partorito nel corso del tempo stabilito; il che reputo vero.

D. 3.4.1.1 (Gai. 3 ad ed. prov.). Quibus autem permissum est corpus habere collegii societatis sive cuiusque alterius eorum nomine, proprium est ad exemplum rei publicae habere res communes, arcam communem et actorem sive syndicum, per quem tamquam in re publica, quod communiter agi fierique oporteat, agatur fiat [art. 16].

Per coloro, poi, ai quali è stato permesso di costituirsi un corpo di un collegio o di una società o di qualche <altra organizzazione> dello stesso tipo, è proprio avere, sull'esempio della repubblica, beni comuni, una cassa comune e un rappresentante o sindaco, per mezzo del quale, come nella repubblica, venga attuato e fatto tutto ciò che occorre attuare e fare in comune.

D. 3.5.18(19).4 (Paul. 2 ad Nerat.). Non tantum sortem, verum etiam usuras ex pecunia aliena perceptas negotiorum gestorum iudicio praestabimus, vel etiam quas percipere potuimus. Contra quoque usuras, quas praestavimus vel quas ex nostra pecunia percipere potuimus quam in aliena negotia impendimus, servabimus negotiorum gestorum iudicio [art. 2031].

Nell'azione di gestione di affari daremo non solo il capitale, ma anche gli interessi riscossi sul danaro altrui, e inoltre quelli che avremmo potuto percepire. Viceversa, poi, con l'azione di gestione di affari conseguiremo gli interessi che procurammo o che avremmo potuto percepire dal nostro denaro speso nella gestione di affari altrui.

D. 3.5.19(20) (Ulp. 10 ad ed.). Sin autem apud hostes constitutus decessit, et successori et adversus successorem eius negotiorum gestorum directa et contraria competit [art. 2028].

Se poi egli morì mentre si trovava presso i nemici, spetta l'azione di gestione di affari diretta e contraria in favore e contro il suo successore.

D. 3.5.38(39) (Gai. 3 de verb. obl.). Solvendo quisque pro alio licet invito et ignorante liberat eum: quod autem alicui debetur, alius sine voluntate eius non potest iure exigere. Naturalis enim simul et civilis ratio suasit alienam condicionem meliorem quidem etiam ignorantis et inviti nos facere posse, deteriorem non posse [art. 1180].

Chiunque adempiendo un obbligo per un altro, lo libera, anche se l'altro non voglia o non ne sia a conoscenza; ma ciò che è dovuto a uno non può essere preteso secondo diritto da un altro senza la sua volontà. Infatti, in base ad un principio razionale, allo stesso tempo di ordine naturale e civile, noi possiamo rendere migliore la condizione di un altro, anche se questi lo ignori e sia contrario, ma non possiamo renderla peggiore.

D. 4.2.5 (Ulp. 11 ad ed.). Metum accipiendum Labeo dicit non quemlibet timorem, sed maioris malitatis [art. 1435].

Labeone dice che per timore non debba intendersi un qualsiasi timore, ma quello di un male maggiore.

D. 4.2.21.5 (Paul. 11 ad ed.). Si metu coactus adii hereditatem, puto me heredem effici, quia quamvis si liberum esset noluissem, tamen coactus volui: sed per praetorem restituendus sum, ut abstinendi mihi potestas tribuatur [art. 482, 526].

Se, costretto, ho accettato un'eredità per timore, reputo di essere diventato erede poiché, se fossi stato libero non l'avrei voluta, tuttavia, costretto, l'ho voluta; ma devo essere reintegrato per mezzo del pretore, in modo tale che mi riconosca la possibilità di astenermi dall'eredità.

D. 4.3.1.2-3 (Ulp. 11 ad ed.). Dolum malum Servius quidem ita definiit machinationem quandam alterius decipiendi causa, cum aliud simulatur et aliud agitur. … itaque ipse sic definiit dolum malum esse omnem calliditatem fallaciam machinationem ad circumveniendum fallendum decipiendum alterum adhibitam. Labeonis definitio vera est. 3. Non fuit autem contentus praetor dolum dicere, sed adiecit malum, quoniam veteres dolum etiam bonum dicebant et pro sollertia hoc nomen accipiebant, maxime si adversus hostem latronemve quis machinetur [art. 1439].

Servio poi definì il dolo come una qualche macchinazione per ingannare un altro, quando si simula una cosa e se ne fa un'altra. ... perciò egli stesso definì così il dolo come ogni astuzia, inganno e macchinazione usata per circuire, far cadere in errore, ingannare un altro. La definizione di Labeone è vera. 3. Il pretore poi non si accontentò di dire dolo, ma vi aggiunse malevolo, poiché gli antichi parlavano anche di dolo buono, e intendevano con questo nome l'abilità, soprattutto se fosse congeniata contro il nemico o contro il brigante.

D. 4.3.8 (Gai. 4 ad ed. prov.). Quod si cum scires eum facultatibus labi, tui lucri gratia adfirmasti mihi idoneum esse, merito adversus te, cum mei decipiendi gratia alium falso laudasti, de dolo iudicium dandum est [art. 1439].

Se però tu per ricavarne un lucro, pur sapendo che i suoi affari erano in rovina, mi dichiarasti che era idoneo, a buon diritto mi sia concessa contro di te l'azione di dolo, poiché per ingannarmi lodasti falsamente un altro.

D. 4.3.9.1 (Ulp. 11 ad ed.). Si autem mihi persuaseris, ut repudiem hereditatem, quasi minus solvendo sit, vel ut optem servum, quasi melior eo in familia non sit: dico de dolo dandam, si callide hoc feceris [art. 526].

D'altra parte se mi avrai persuaso a rifiutare l'eredità, come se fosse di valore non sufficiente a soddisfare il credito, oppure mi avrai persuaso a scegliere un servo, come se non ne esista uno migliore nel patrimonio familiare, dico che, se tu avrai fatto questo scaltramente, sarà concessa contro di te l'azione di dolo.

D. 4.3.40 (Fur. Anth. 1 ad ed.). Is, qui decepit aliquem, ut hereditatem non idoneam adiret, de dolo tenebitur, nisi fortasse ipse creditor erat et solus erat: tunc enim sufficit contra eum doli mali exceptio [art. 482].

Colui che ingannò qualcuno, perché accettasse un'eredità passiva, sarà tenuto per dolo, salvo che fosse egli stesso creditore <dell'eredità> e il solo: allora, infatti, è sufficiente contro di lui l'eccezione di dolo malevolo.

D. 4.6.23.2 (Ulp. 12 ad ed.). Item ei, qui per captivitatem fundi possessionem vel usus fructus quasi possessionem amisit, succurrendum esse Papinianus ait, et fructus quoque medio tempore ab alio ex usu fructu perceptos debere captivo restitui aequum putat [art. 982].

Nel medesimo modo Papiniano dice che chi, a causa della prigionia, perdette il possesso di un fondo o il quasi possesso di un usufrutto, deve essere soccorso, e reputa giusto che debbano essere restituiti al prigioniero anche i frutti nel frattempo percepiti da un altro dall'usufrutto.

D. 5.2.25 pr. (Ulp. 2 disp.). Si non mortis causa fuerit donatum, sed inter vivos, hac tamen contemplatione, ut in quartam habeatur: potest dici inofficiosi querellam cessare, si quartam in donatione habet aut, si minus habeat, quod deest viri boni arbitratu repleatur: aut certe conferri oportere id quod donatum est [art. 564].

Se non fu donato a causa di morte ma tra vivi, ma con l'indicazione che <la donazione> si consideri nella quota del quarto <della Falcidia>, si può affermare che l'azione di testamento inofficioso non si applica se <il donatario> nella donazione ha il quarto, o, se ha meno, si debba integrare quanto manca secondo il parere di un uomo onesto: oppure certamente occorrerà conferire quanto è stato donato.

D. 5.3.9 (Ulp. 15 ad ed.). Regulariter definiendum est eum demum teneri petitione hereditatis, qui vel ius pro herede vel pro possessore possidet vel rem hereditariam [art. 533].

Si deve stabilire regolarmente che è tenuto con la petizione di eredità soltanto colui che o possiede un diritto come erede o come possessore di una cosa ereditaria.

D. 5.3.10 pr.-1 (Gai. 6 ad ed. prov.). Licet minimam. 1. Itaque qui ex asse vel ex parte heres est, intendit quidem hereditatem suam esse totam vel pro parte, sed hoc solum ei officio iudicis restituitur quod adversarius possidet, aut totum, si ex asse sit heres, aut pro parte ex qua heres est [art. 533].

Benché piccolissima. 10. Perciò chi è erede dell'asse ereditario o di parte di esso, formula la pretesa che l'eredità è sua in tutto o in parte, ma in forza dell'ufficio del giudice, gli viene restituito solo ciò che l'avversario possiede, o il tutto, se egli sia erede dell'asse ereditario, oppure per la parte per la quale sia erede.

D. 5.3.28 (Paul. 20 ad ed.). Post senatus consultum enim omne lucrum auferendum esse tam bonae fidei possessori quam praedoni dicendum est [art. 535].

Dopo il senatoconsulto <Giuvenziano>, infatti, si deve dire che ogni lucro <tratto dall'eredità> deve essere restituito tanto dal possessore di buona fede, quanto dal predone.

D. 5.3.39.1 (Gai. 6 ad ed. prov.). Videamus tamen, ne et ad picturarum quoque et marmorum et ceterarum voluptariarum rerum impensas aeque proficiat nobis doli exceptio, si modo bonae fidei possessores simus: nam praedoni probe dicetur non debuisse in alienam rem supervacuas impensas facere: ut tamen potestas ei fieret tollendorum eorum, quae sine detrimento ipsius rei tolli possint [art. 986].

Vediamo, però, se l'eccezione di dolo ci rechi vantaggio ugualmente nelle spese sia per pitture e marmi che per tutte le altre cose voluttuarie, se per altro siamo possessori di buona fede: infatti, si dirà giustamente al predone che egli non avrebbe dovuto fare spese superflue sulla cosa altrui, purché però gli si lasci la potestà di togliere quelle cose che possono essere tolte senza danno della cosa stessa.

D. 5.4.3 (Paul. 17 ad Plaut.). Antiqui libero ventri ita prospexerunt, ut in tempus nascendi omnia ei iura integra reservarent: sicut apparet in iure hereditatium, in quibus qui post eum gradum sunt adgnationis, quo est id quod in utero est, non admittuntur, dum incertum est, an nasci possit ... [art. 1].

Gli antichi badarono al concepito libero in tal modo che gli conservavano tutti i diritti integri fino al momento della nascita, così come risulta nel diritto ereditario, nel quale coloro che sono in un grado di agnazione dopo di quello che è nell'utero, non sono ammessi finché è incerto se possa nascere ...

D. 6.1.9 (Ulp. 16 ad ed.). Officium autem iudicis in hac actione in hoc erit, ut iudex inspiciat, an reus possideat: nec ad rem pertinebit, ex qua causa possideat: ubi enim probavi rem meam esse, necesse habebit possessor restituere, qui non obiecit aliquam exceptionem. ... Denique ait ab eo, apud quem deposita est vel commodata vel qui conduxerit aut qui legatorum servandorum causa vel dotis ventrisve nomine in possessione esset vel cui damni infecti nomine non cavebatur, quia hi omnes non possident, vindicari non posse. Puto autem ab omnibus, qui tenent et habent restituendi facultatem, peti posse [art. 948].

In ciò sarà l'ufficio del giudice in questa azione: che il giudice esamini se il convenuto possieda, non sarà pertinente alla cosa a quale titolo possieda; infatti, non appena io abbia provato che la cosa è mia, il possessore dovrà necessariamente restituirla se non ha alcuna eccezione da opporre. ... Infine, <Pegaso> dice che non si possa rivendicare da colui presso il quale sia stata depositata, o sia stata prestata, o da chi l'abbia in locazione-conduzione, o da chi sia nel possesso per conservare a titolo di legato o di dote o in nome di colui che è nel ventre o da chi non abbia dato cauzione per il danno temuto, perché tutti questi non possiedono. Penso poi che si possa rivendicare contro tutti coloro che tengono la <cosa> e hanno la facoltà di restituirla.

D. 6.1.38 (Cels. 3 dig.). In fundo alieno, quem imprudens emeras, aedificasti aut conseruisti, deinde evincitur: bonus iudex varie ex personis causisque constituet ... [art. 986].

Hai edificato o seminato su un fondo altrui che avevi comperato ignaro, si ha poi evizione: il buon giudice stabilirà in varia maniera in base alle persone e alle circostanze …

D. 6.1.67 (Scaev. 1 resp.). A tutore pupilli domum mercatus ad eius refectionem fabrum induxit: is pecuniam invenit: quaeritur ad quem pertineat. Respondi, si non thensauri fuerunt, sed pecunia forte perdita vel per errorem ab eo ad quem pertinebat non ablata, nihilo minus eius eam esse, cuius fuerat [art. 927].

Un tale, acquistata dal tutore di un pupillo una casa, fece venire un artigiano per ripararla; costui trovò del denaro: si chiede a chi appartenga. Risposi che, se non fu un tesoro, ma un denaro perduto per caso e non portato via per errore da colui al quale apparteneva, esso è, ciononostante, di quello del quale era stato.

D. 6.2.11.1 (Ulp. 16 ad ed.). Si de usu fructu agatur tradito, Publiciana datur: itemque servitutibus urbanorum praediorum per traditionem constitutis vel per patientiam (forte si per domum quis suam passus est aquae ductum transduci): item rusticorum, nam et hic traditionem et patientiam tuendam constat [art. 1031].

Se si agisce riguardo ad un usufrutto consegnato, è data l'azione Publiciana: così pure per le servitù dei fondi urbani costituite mediante consegna, o mediante tolleranza (come per esempio, se uno abbia tollerato che qualcuno facesse passare l'acquedotto per la sua casa); allo stesso modo per le servitù dei fondi rustici, infatti anche qui consta che debbano essere tutelati la consegna e la tolleranza.

D. 6.3.3 (Paul. 21 ad ed.). Idem est et si ad tempus habuerint conductum nec tempus conductionis finitum sit [art. 958].

È lo stesso anche se la conduzione sia a tempo determinato e il termine della conduzione non sia scaduto.

D. 7.1.7.2 (Ulp. 17 ad Sab.). Quoniam igitur omnis fructus rei ad eum pertinet, reficere quoque eum aedes per arbitrum cogi Celsus scribit Celsus libro octavo decimo digestorum, hactenus tamen, ut sarta tecta habeat: si qua tamen vetustate corruissent, neutrum cogi reficere, sed si heres refecerit, passurum fructuarium uti. Unde Celsus de modo sarta tecta habendi quaerit, si quae vetustate corruerunt reficere non cogitur: modica igitur refectio ad eum pertinet, quoniam et alia onera adgnoscit usu fructu legato ... [art. 1005].

Poiché dunque ogni frutto della cosa a lui appartiene, Celso, nel libro diciottesimo dei *Digesti* scrive che <l'usufruttuario> è costretto anche, attraverso il giudice, a restaurare la casa, ma solo quel tanto che abbia l'obbligo di manutenere: ma se alcune cose cadessero in rovina per vecchiaia, non si potrebbe costringere a restaurarle, ma se l'erede le abbia restaurate, dovrà tollerare che l'usufruttuario se ne serva. Quindi Celso chiede in quale misura ci sia l'obbligo di manutenzione, se cadessero in rovina per vecchiaia non si costringe <l'usufruttuario> a restaurare: dunque la modica riparazione spetta a lui poiché nel legato di usufrutto assume anche altri oneri …

D. 7.1.9.2 (Ulp. 17 ad Sab.). Sed si lapidicinas habeat et lapidem caedere velit vel cretifodinas habeat vel harenas, omnibus his usurum Sabinus ait quasi bonum patrem familias: quam sententiam puto veram [art. 1001].

Ma se <il fondo> ha cave di pietra e <l'usufruttuario> voglia estrarne della pietra, o abbia cave di creta o di sabbia, Sabino dice che potrà servirsi di tutte queste cose come un buon padre di famiglia: e reputo vera questa opinione.

D. 7.1.9.4 (Ulp. 17 ad Sab.). Huic vicinus tractatus est, qui solet in eo quod accessit tractari: et placuit alluvionis quoque usum fructum ad fructuarium pertinere. Sed si insula iuxta fundum in flumine nata sit, eius usum fructum ad fructuarium non pertinere Pegasus scribit, licet proprietati accedat: esse enim veluti proprium fundum, cuius usus fructus ad te non pertineat. Quae sententia non est sine ratione: nam ubi latitet incrementum, et usus fructus augetur, ubi autem apparet separatum, fructuario non accedit [art. 983].

Vicina a questa è la questione che suole essere trattata su ciò che costituisce accessione: e parve bene che spettasse all'usufruttuario anche l'usufrutto <degli incrementi> per alluvione. Ma Pegaso scrive che, se sia nata un'isola nel fiume vicino al fondo, l'usufrutto di essa non spetta all'usufruttuario, sebbene acceda alla proprietà: perché è come un fondo a sé, il cui usufrutto non spetta a te. Questo parere non è senza ragione: infatti, quando l'incremento è impercettibile, anche l'usufrutto si accresce, quando invece appare separato, non accede all'usufruttuario.

D. 7.1.9.6 (Ulp. 17 ad Sab.). Seminarii autem fructum puto ad fructuarium pertinere ita tamen, ut et vendere ei et seminare liceat: debet tamen conserendi agri causa seminarium paratum semper renovare quasi instrumentum agri, ut finito usu fructu domino restituatur [art. 993].

Credo poi che il frutto del semenzaio spetti all'usufruttuario, ma in modo che gli sia permesso sia venderlo che usarlo e seminarlo; per le esigenze di semina del terreno, deve tuttavia rinnovare sempre il semenzaio come strumento necessario per il terreno, affinché sia restituito <integro> al proprietario estinto l'usufrutto.

D. 7.1.9.7 (Ulp. 17 ad Sab.). Instrumenti autem fructum habere debet: vendendi tamen facultatem non habet. Nam et si fundi usus fructus fuerit legatus et sit ager, unde palo in fundum, cuius usus fructus legatus est, solebat pater familias uti, vel salice vel harundine, puto fructuarium hactenus uti posse, ne ex eo vendat, nisi forte salicti ei vel silvae palaris vel harundineti usus fructus sit legatus: tunc enim et vendere potest. Nam et Trebatius scribit silvam caeduam et harundinetum posse fructuarium caedere, sicut pater familias caedebat, et vendere, licet pater familias non solebat vendere, sed ipse uti: ad modum enim referendum est, non ad qualitatem utendi [art. 992].

<L'usufruttuario> deve avere, poi, il godimento delle cose strumentali: ma non ha la facoltà di vendere. Infatti, anche se sia stato legato l'usufrutto di un fondo e vi sia un terreno di cui il padre di famiglia era solito far uso per i pali o salici o canne nel fondo di cui è stato legato l'usufrutto, credo che l'usufruttuario possa farne uso, ma non lo venda, purché non sia stato legato per caso l'usufrutto del saliceto o del bosco di pali o del canneto, poiché, allora, può anche venderne. E in verità, Trebazio, scrive che l'usufruttuario può tagliare anche il bosco ceduo o il canneto, così come ne tagliava il padre di famiglia e vendere <quanto tagliato>, anche se il padre di famiglia non era solito venderlo, ma usarlo egli stesso; infatti, bisogna avere riguardo al modo, non alla qualità dell'uso.

D. 7.1.10 (Pomp. 5 ad Sab.). Ex silva caedua pedamenta et ramos ex arbore usufructuarium sumpturum: ex non caedua in vineam sumpturum, dum ne fundum deteriorem faciat [art. 989].

L'usufruttuario prenderà dal bosco ceduo tronchi e rami d'albero, da quello non ceduo ne prenderà per la vigna, purché non renda deteriore il fondo.

D. 7.1.12 pr. (Ulp. 17 ad Sab.). Arboribus evolsis vel vi ventorum deiectis usque ad usum suum et villae posse usufructuarium ferre Labeo ait: nec materia eum pro ligno usurum, si habeat unde utatur ligno usurum ... [art. 990].

Labeone dice che l'usufruttuario può prendere <legna> dagli alberi sradicati o abbattuti dalla forza dei venti solo per uso proprio o della villa rustica <del fondo in usufrutto>, e non userà la legna da costruzione come legna da ardere se avrà da dove prendere la legna …

D. 7.1.12.2 (Ulp. 17 ad Sab.). Usufructuarius vel ipse frui ea re vel alii fruendam concedere vel locare vel vendere potest: nam et qui locat utitur, et qui vendit utitur. Sed et si alii precario concedat vel donet, puto eum uti atque ideo retinere usum fructum, et hoc Cassius et Pegasus responderunt et Pomponius libro quinto ex Sabino probat. Non solum autem si ego locavero, retineo usum fructum, sed et si alius negotium meum gerens locaverit usum fructum, Iulianus libro trigensimo quinto scripsit retinere me usum fructum. Quid tamen si non locavero, sed absente et ignorante me negotium meum gerens utatur quis et fruatur? Nihilo minus retineo usum fructum (quod et Pomponius libro quinto probat) per hoc, quod negotiorum gestorum actionem adquisivi [art. 999].

L'usufruttuario può fruire della cosa per sé o concedere ad ad altri di fruirne o locarla o venderla: infatti, anche chi dà in locazione ne usa, così come chi la vende. Ma, anche se conceda ad altri <l'usufrutto> a titolo di precario o lo doni, reputo che egli usi e quindi conservi l'usufrutto; e ciò risposero Cassio e Pegaso, e lo approva Pomponio, nel libro quinto *Da Sabino*. Non solo, dunque, se io avrò locato, conservo l'usufrutto, ma anche se un altro, gestendo un mio affare, abbia locato l'usufrutto, Giuliano, nel libro trentacinquesimo, scrisse che io conserverò l'usufrutto. Cosa <accade> invece se non avrò locato <l'usufrutto>, ma in mia assenza e a mia insaputa qualcuno gerendo un mio affare, ne usi e fruisca? Nondimeno conservo l'usufrutto (come anche Pomponio nel quinto libro approva) per questo motivo, ho acquistato l'azione di gestione di affari.

D. 7.1.13.4 (Ulp. 18 ad Sab.). Fructuarius causam proprietatis deteriorem facere non debet, meliorem facere potest ... [art. 981, 985].

L'usufruttuario non deve rendere deteriore lo stato della proprietà, ma può migliorarla …

D. 7.1.13.5 (Ulp. 18 ad Sab.). Inde est quaesitum, an lapidicinas vel cretifodinas vel harenifodinas ipse instituere possit: et ego puto etiam ipsum instituere posse, si non agri partem necessariam huic rei occupaturus est. Proinde venas quoque lapidicinarum et huiusmodi metallorum inquirere poterit: ergo et auri et argenti et sulpuris et aeris et ferri et ceterorum fodinas vel quas pater familias instituit exercere poterit vel ipse instituere, si nihil agriculturae nocebit. Et si forte in hoc quod instituit plus reditus sit quam in vineis vel arbustis vel olivetis quae fuerunt, forsitan etiam haec deicere poterit, si quidem ei permittitur meliorare proprietatem [art. 981, 987].

Quindi, è stato posto il quesito, se lo stesso <usufruttuario> possa aprire cave di pietra o di creta o di sabbia; e io penso che lo stesso possa aprirne, se non occuperà una parte del terreno necessaria. Perciò potrà anche cercare vene di giacimenti di pietra e allo stesso modo di metalli: dunque potrà occuparsi delle miniere di oro e di argento, di zolfo, di rame e di ferro e di altri minerali a cui il padre di famiglia si era già dedicato, oppure dare inizio egli stesso, se non arrechi nocumento all'agricoltura. E, se per caso in ciò a cui si era dedicato vi sia un guadagno maggiore di quello delle vigne o delle piantagioni o degli oliveti che già c'erano, forse potrà anche portare via questi ultimi, dal momento che gli è permesso di migliorare la proprietà.

D. 7.1.15 pr. (Ulp. 18 ad Sab.). Sed si quid inaedificaverit, postea eum neque tollere hoc neque refigere posse: refixa plane posse vindicare [art. 986].

Ma se <l'usufruttuario> abbia edificato qualcosa, poi non può né toglierlo né staccarlo: ma certamente può rivendicare le cose staccate.

D. 7.1.15.7 (Ulp. 18 ad Sab.). Sed nec servitutem imponere fundo potest proprietarius nec amittere servitutem: adquirere plane servitutem eum posse etiam invito fructuario Iulianus scripsit. Quibus consequenter fructuarius quidem adquirere fundo servitutem non potest, retinere autem potest … [art. 1060].

Ma il proprietario non può né imporre una servitù sul fondo, né perdere la servitù: Giuliano ha scritto che egli può certamente acquistare una servitù anche contro la volontà dell'usufruttuario. In conseguenza di ciò, l'usufruttuario certo non può acquistare al fondo una servitù, ma può mantenerla …

D. 7.1.16 (Paul. 3 ad Sab.). Nisi per quam deterior fructuarii condicio non fiat, veluti si talem servitutem vicino concesserit ius sibi non esse altius tollere [art. 1060].

Se la condizione dell'usufruttuario non sia resa deteriore, come, per esempio, se abbia concesso al vicino una servitù di questo tipo, che egli non abbia il diritto di sopraelevare.

D. 7.1.18 (Paul. 3 ad Sab.). Agri usu fructu legato in locum demortuarum arborum aliae substituendae sunt et priores ad fructuarium pertinent [art. 991].

Legato l'usufrutto di un terreno, gli alberi morti devono essere sostituiti da altri e i precedenti spettano all'usufruttuario.

D. 7.1.19 (Pomp. 5 ad Sab.). Proculus putat insulam posse ita legari, ut ei servitus imponatur, quae alteri insulae hereditariae debeatur, hoc modo: "si ille heredi meo promiserit per se non fore, quo altius ea aedificia tollantur, tum ei eorum aedificiorum usum fructum do lego" vel sic: "aedium illarum, quoad altius, quam uti nunc sunt, aedificatae non erunt, illi usum fructum do lego" [art. 1058].

Proculo crede che una casa possa essere legata così, che sia imposta ad essa una servitù che sia dovuta nei riguardi di un'altra casa ereditaria, in questo modo: "Se <il legatario> abbia promesso al mio erede che non sopraeleverà per se stesso quegli edifici, allora do e lego a lui l'usufrutto di quegli edifici", oppure così: "gli do e lego l'usufrutto di quelli, fino a quando non saranno edificati più alti di quanto ora sono o saranno".

D. 7.1.27 pr. (Ulp. 18 ad Sab.). Si pendentes fructus iam maturos reliquisset testator, fructuarius eos feret, si die legati cedente adhuc pendentes deprehendisset: nam et stantes fructus ad fructuarium pertinent [art. 984].

Se il testatore avesse lasciato frutti pendenti già maturi, l'usufruttuario li perderebbe se, nel giorno di scadenza del legato, li avesse raccolti mentre erano ancora pendenti: infatti, i frutti esistenti spettano all'usufruttuario.

D. 7.1.27.3 (Ulp. 18 ad Sab.). Si quid cloacarii nomine debeatur vel si quid ob formam aquae ductus, quae per agrum transit, pendatur, ad onus fructuarii pertinebit: sed et si quid ad collationem viae, puto hoc quoque fructuarium subiturum: ergo et quod ob transitum exercitus confertur ex fructibus … [art. 1008].

Se sia dovuto qualcosa per il tributo per lo spurgo delle cloache o se si paghi qualcosa per il canale di un acquedotto che attraversa il campo, l'onere graverà sull'usufruttuario: ma anche se qualcosa <sia dovuto> per il mantenimento di una via pubblica, reputo che l'usufruttuario dovrà subire anche questo: e dunque dai frutti prendere ciò <che serve> per il passaggio dell'esercito …

D. 7.1.48.1 (Paul. 9 ad Plaut.). Silvam caeduam, etiamsi intempestive caesa sit, in fructu esse constat, sicut olea immatura lecta, item faenum immaturum caesum in fructu est [art. 989].

Il bosco ceduo, anche se sia stato tagliato fuori stagione, è tra i frutti, così come sono tra i frutti le olive raccolte non ancora mature e allo stesso modo il fieno tagliato prima del tempo.

D. 7.1.52 (Mod. 9 reg.). Usu fructu relicto si tributa eius rei praestentur, ea usufructuarium praestare debere dubium non est, nisi specialiter nomine fideicommissi testatori placuisse probetur haec quoque ab herede dari [art. 1008].

Non c'è dubbio che, lasciato per testamento un usufrutto, se si paghino dei tributi sulla cosa debba pagarli l'usufruttuario, a meno che non si provi che è parso bene al testatore che, a titolo di fedecommesso, anche questi siano dati dall'erede.

D. 7.1.65 pr. (Pomp. 5 ex Plaut.). Sed cum fructuarius debeat quod suo suorumque facto deterius factum sit reficere, non est absolvendus, licet usum fructum derelinquere paratus sit: debet enim omne, quod diligens pater familias in sua domo facit, et ipse facere [art. 1001, 1004].

Ma quando l'usufruttuario debba riparare ciò che è stato reso deteriore per fatto proprio e dei suoi, non può essere assolto, anche se lecitamente offre di abbandonare l'usufrutto: egli stesso deve infatti fare ogni cosa che un diligente padre di famiglia fa nella sua casa.

D. 7.1.68 pr. (Ulp. 17 ad Sab.). Vetus fuit quaestio, an partus ad fructuarium pertineret: sed Bruti sententia optinuit fructuarium in eo locum non habere: neque enim in fructu hominis homo esse potest ... [art. 984].

È stata un'antica questione, quella se colui che venga partorito spetti all'usufruttuario: ma è prevalsa l'opinione di Bruto, che l'usufruttuario non ha diritto su quello: infatti, un uomo non può essere il frutto di un altro uomo ...

D. 7.1.68.2 (Ulp. 17 ad Sab.). Plane si gregis vel armenti sit usus fructus legatus, debebit ex adgnatis gregem supplere, id est in locum capitum defunctorum [art. 994].

Chiaramente, se sia stato legato l'usufrutto di un gregge o di un armento, <l'usufruttuario> dovrà sostituire il gregge con i nuovi nati, cioè al posto dei capi morti.

D. 7.2.3.2 (Ulp. 17 ad Sab.). Non solum autem si duobus usus fructus legetur, est ius adcrescendi, verum et si alteri usus fructus, alteri fundus legatus est: nam amittente usum fructum altero, cui erat legatus, magis iure adcrescendi ad alterum pertinet quam redit ad proprietatem. Nec novum: nam et si duobus usus fructus legetur et apud alterum sit consolidatus, ius adcrescendi non perit neque ei, apud quem consolidatus est, neque ab eo, et ipse quibus modis amitteret ante consolidationem, isdem et nunc amittet, et ita et Neratio et Aristoni videtur et Pomponius probat [art. 1014].

Non solo, poi, ha luogo il diritto di accrescimento se l'usufrutto è stato legato a due, ma anche se ad uno è stato legato l'usufrutto, ad un altro il fondo: infatti, qualora l'uno perda l'usufrutto che era stato legato, questo spetta all'altro per diritto di accrescimento piuttosto che tornare alla nuda proprietà. E ciò non è nuovo: perché, anche se l'usufrutto sia stato legato a due e si sia consolidato solo presso uno di questi, il diritto di accrescimento non viene meno né a favore di colui presso il quale si è consolidato né a favore dell'altro: egli stesso (il legatario [*n.d.r.*]) nello stesso modo lo perderebbe prima della consolidazione, nel modo medesimo lo perderà anche ora, e così sembra <il parere> di Nerazio e Aristone e Pomponio lo approva.

D. 7.4.3.3 (Ulp. 17 ad Sab.). Morte quoque amitti usum fructum non recipit dubitationem, cum ius fruendi morte extinguatur, sicuti si quid aliud, quod personae cohaeret [art. 1014].

Non vi è dubbio che l'usufrutto si perda anche per morte, in quanto con la morte si estingue il diritto di fruire, così come ogni altro diritto che sia inerente alla persona.

D. 7.4.5.2 (Ulp. 17 ad Sab.). Rei mutatione interire usum fructum placet: veluti usus fructus mihi aedium legatus est, aedes corruerunt vel exustae sunt: sine dubio extinguitur. An et areae? Certissimum est exustis aedibus nec areae nec caementorum usum fructum deberi. Et ita et Iulianus [art. 1018].

È parso giusto che l'usufrutto venga meno in seguito al mutamento della cosa: come se mi è stato legato l'usufrutto di una casa e questa è crollata o bruciata, senza dubbio <l'usufrutto> si estingue. E riguardo all'area? È certo che, bruciata la casa, non è dovuto l'usufrutto né dell'area né dei materiali. E così <pensa> anche Giuliano.

D. 7.4.13 (Paul. 3 ad Sab.). Si fructuarius messem fecit et decessit, stipulam, quae in messe iacet, heredis eius esse Labeo ait, spicam, quae terra teneatur, domini fundi esse fructumque percipi spica aut faeno caeso aut uva adempta aut excussa olea, quamvis nondum tritum frumentum aut oleum factum vel vindemia coacta sit. Sed ut verum est, quod de olea excussa scripsit, ita aliter observandum de ea olea, quae per se deciderit, Iulianus ait: fructuarii fructus tunc fieri, cum eos perceperit, bonae fidei autem possessoris, mox quam a solo separati sint [art. 984].

Labeone dice che, se l'usufruttuario ha tagliato la messe e poi è morto, gli steli tagliati che giacciono come raccolto, appartengono al suo erede, le spighe, congiunte al suolo, appartengono al proprietario del fondo e <dice> che i frutti sono percepiti allorché le spighe o il fieno vengano tagliati o l'uva staccata o le olive fatte cadere, sebbene il frumento non sia stato ancora macinato, o fatto l'olio o l'uva spremuta. Ma, come è vero quello che egli ha scritto riguardo alle olive fatte cadere, Giuliano dice che si deve osservare diversamente riguardo a quelle olive che sono cadute da sole: i frutti diventano dell'usufruttuario allora quando li abbia percepiti, mentre invece il possessore di buona fede li fa suoi se siano separati dal suolo.

D. 7.4.31 (Pomp. 4 ad Quint. Muc.). Cum gregis usus fructus legatus est et usque eo numerus pervenit gregis, ut grex non intellegatur, perit usus fructus [art. 1016].

Quando venga legato l'usufrutto di un gregge e il numero dei suoi capi diminuisca al punto da non potersi più considerare un gregge, l'usufrutto si estingue.

D. 7.6.1.1, 4 (Ulp. 18 ad Sab.). Usus fructus legatus adminiculis eget, sine quibus uti frui quis non potest: et ideo si usus fructus legetur, necesse est tamen ut sequatur eum aditus, usque adeo, ut, si quis usum fructum loci leget ita, ne heres cogatur viam praestare, inutiliter hoc adiectum videatur: item si usu fructu legato iter ademptum sit, inutilis est ademptio, quia semper sequitur usum fructum. 4. Sed an et alias utilitates et servitutes ei heres praestare debeat, puta luminum et aquarum, an vero non? Et puto eas solas praestare compellendum, sine quibus omnino uti non potest: sed si cum aliquo incommodo utatur, non esse praestandas [art. 1064].

Il legato di usufrutto esige quegli ammennicoli senza i quali uno non può usare e fruire. E perciò, se sia legato un usufrutto, è altresì necessario che lui (l'usufruttuario [*n.d.r.*]) consegua l'accesso, a tal punto che, se si lasci in legato l'usufrutto di un luogo con la disposizione che l'erede non sia costretto a dare la via d'accesso, ciò si considera inutilmente aggiunto; parimenti se, legato l'usufrutto, sia tolto il passaggio, tale esclusione è inutile, poiché <il passaggio> segue sempre l'usufrutto. 4. Ma l'erede deve o non eseguire anche altri servigi e servitù, come ad esempio quelle delle luci e dell'acqua? E io reputo che egli vada costretto a eseguire solamente quegli <ammenicoli> senza i quali non si può del tutto usare <dell'usufrutto>; ma, se possa usare pur con qualche disagio, essi non devono essere eseguiti.

D. 7.6.3 (Iul. 7 dig.). Qui usum fructum traditum sibi ex causa fideicommissi desiit in usu habere tanto tempore, quanto, si legitime eius factus esset, amissurus eum fuerit, actionem ad restituendum eum habere non debet: est enim absurdum plus iuris habere eos, qui possessionem dumtaxat usus fructus, non etiam dominium adepti sint [art. 982].

Colui che ha cessato di avere in uso l'usufrutto di cui gli era stata fatta consegna a causa di fedecommesso, per tanto tempo quanto <necessario> per perderlo, se esso fosse divenuto suo in modo legittimo, non deve avere azione per ottenere la restituzione: è infatti assurdo avere un diritto maggiore di quelli che hanno acquisito solamente il possesso dell'usufrutto non anche la proprietà.

D. 7.6.5 pr. (Ulp. 17 ad ed.). ... nec enim potest ei suus fundus servire: de suo enim, non de alieno iure quemque agere oportet [art. 1027].

... né, infatti il fondo può essere soggetto a servitù <a favore dello stesso proprietario>: è infatti opportuno che ciascuno agisca per un proprio diritto e non per un diritto altrui.

D. 7.8.4 pr. (Ulp. 17 ad Sab.). Ceterum sine eo ne hos quidem habitare posse. Proculus autem de inquilino notat non belle inquilinum dici, qui cum eo habitet. Secundum haec et si pensionem percipiat, dum ipse quoque inhabitat, non erit ei invidendum: quid enim si tam spatiosae domus usus sit relictus homini mediocri, ut portiuncula contentus sit? Sed et cum his, quos loco servorum in operis habet, habitabit, licet liberi sint vel servi alieni [art. 1023].

Senza di lui questi non possono abitarvi. Ma Proculo, a proposito dell'inquilino, osserva che non con eleganza si dice inquilino colui che abita con lui. In considerazione di ciò, anche se <l'usuario> percepisca un canone, non si dovrà muovergli rimprovero, fino a che vi abiti anche egli stesso. Che cosa <dire> poi se è stato lasciato ad un uomo di modeste condizioni il diritto d'uso di una casa tanto spaziosa che quello si accontenterebbe solo di una piccola parte? Ma vi abiteranno anche con coloro che fa lavorare nella casa in mansioni servili, quand'anche siano persone libere o servi altrui.

D. 7.8.11 (Gai. 2 rer. cott.). Inque eo fundo hactenus ei morari licet, ut neque domino fundi molestus sit neque his, per quos opera rustica fiunt, impedimento sit: nec ulli alii ius quod habet aut vendere aut locare aut gratis concedere potest [art. 1024].

Poi <all'usuario> è consentito permanere nell'esercizio dell'uso del fondo fino a che non risulti di ostacolo al proprietario o di impedimento a coloro per mezzo dei quali vengano svolte le attività produttive, <l'usuario>non può neppure vendere, locare o concedere gratuitamente il diritto che nessun altro ha.

D. 7.8.12.1 (Ulp. 17 ad Sab.). Praeter habitationem quam habet, cui usus datus est deambulandi quoque et gestandi ius habebit. Sabinus et Cassius et lignis ad usum cottidianum et horto et pomis et holeribus et floribus et aqua usurum, non usque ad compendium, sed ad usum, scilicet non usque ad abusum: idem Nerva, et adicit stramentis et sarmentis etiam usurum, sed neque foliis neque oleo neque frumento neque frugibus usurum. Sed Sabinus et Cassius et Labeo et Proculus hoc amplius etiam ex his quae in fundo nascuntur, quod ad victum sibi suisque sufficiat sumpturum et ex his quae Nerva negavit: Iuventius etiam cum convivis et hospitibus posse uti: quae sententia mihi vera videtur: aliquo enim largius cum usuario agendum est pro dignitate eius, cui relictus est usus. Sed utetur his, ut puto, dumtaxat in villa: pomis autem et oleribus et floribus et lignis videndum, utrum eodem loco utatur dumtaxat an etiam in oppidum ei deferri possint: sed melius est accipere et in oppidum deferenda, neque enim grave onus est horum, si abundent in fundo [art. 1021].

Oltre all'abitazione che ha colui al quale è stato dato l'uso, questi avrà pure il diritto di passeggiare e di essere portato in lettiga. Sabino e Cassio affermano che egli può servirsi della legna, del giardino, della frutta da albero, degli ortaggi, dei fiori e dell'acqua per l'uso quotidiano, non già per trarne profitto, ma per l'uso, cioè non fino ad abusarne; lo stesso <pensa> Nerva, e aggiunge che <l'usuario> potrà usare anche della paglia e dei rami secchi, ma non potrà usare delle foglie, dell'olio, del frumento e delle messi. Ma Sabino, Cassio, Labeone e Proculo <affermano> ulteriormente che <può usare> delle cose che nascono dal fondo e di quelle che siano sufficienti per il vitto proprio e dei familiari e anche di quelle cose che Nerva aveva escluso: Giuvenzio <reputa> che possa usarne anche con i commensali e con gli ospiti, parere che mi sembra vero: infatti con qualche usuario, occorre agire con maggiore larghezza in rapporto alla dignità di quello a cui fu lasciato l'uso. Ma egli userà di queste cose, come io penso, solo nella villa rustica: quanto poi alla frutta da albero, agli ortaggi, ai fiori e alla legna, occorre vedere se possa servirsene solo nel luogo stesso in cui si trovano o se possano essergli portati anche in città, ma è meglio dire che siano da portare anche in città e infatti non è un peso eccessivo, qualora questi abbondino nel fondo.

D. 7.8.22 pr. (Pomp. 5 ad Quint. Muc.). Divus Hadrianus, cum quibusdam usus silvae legatus esset, statuit fructum quoque eis legatum videri, quia nisi liceret legatariis caedere silvam et vendere, quemadmodum usufructuariis licet, nihil habituri essent ex eo legato [art. 989].

Il divo Adriano stabilì che, legato ad alcuni l'uso di un bosco, si dovesse considerare legato ad essi anche il frutto, perché, se non fosse consentito ai legatari di tagliare il bosco e vendere <la legna>, come è consentito agli usufruttuari, essi nulla otterrebbero da quel legato.

D. 7.9.1.3 (Ulp. 79 ad ed.). Cavere autem debet viri boni arbitratu perceptu iri usum fructum, hoc est non deteriorem se causam usus fructus facturum ceteraque facturum, quae in re sua faceret [art. 1015].

Si deve inoltre prestare garanzia di percepire l'usufrutto secondo il giudizio di un uomo onesto, cioè di non rendere deteriore la condizione della cosa in usufrutto e di fare tutte le altre cose che uno farebbe riguardo a una cosa propria.

D. 7.9.2 (Paul. 75 ad ed.). Nam fructuarius custodiam praestare debet [art. 1004].

L'usufruttuario, infatti, deve garantire la custodia.

D. 7.9.9.3 (Ulp. 51 ad ed.). Si vestis usus fructus legatus sit, scripsit Pomponius, quamquam heres stipulatus sit finito usu fructu vestem reddi, attamen non obligari promissorem, si eam sine dolo malo adtritam reddiderit [art. 996].

Se è stato legato l'usufrutto di una veste, Pomponio scrisse che, pur avendo l'erede stipulato che, finito l'usufrutto, sia restituita la veste, tuttavia il promittente non rimane obbligato se, senza dolo malevolo, l'avrà restituita molto logora.

D. 8.1.2 (Ulp. 17 ad ed.). Unus ex dominis communium aedium servitutem imponere non potest [art. 1059].

Uno solo dei proprietari della casa comune non può imporre una servitù.

D. 8.1.8 pr. (Paul. 15 ad Plaut.). Ut pomum decerpere liceat et ut spatiari et ut cenare in alieno possimus, servitus imponi non potest [art. 1028].

Non può essere imposta una servitù per consentire di raccogliere un frutto e per poter passeggiare o mangiare su un fondo altrui.

D. 8.1.9 (Cels. 5 dig.). Si cui simplicius via per fundum cuiuspiam cedatur vel relinquatur, in infinito, videlicet per quamlibet eius partem, ire agere licebit, civiliter modo: nam quaedam in sermone tacite excipiuntur. Non enim per villam ipsam nec per medias vineas ire agere sinendus est, cum id aeque commode per alteram partem facere possit minore servientis fundi detrimento [art. 1065, 1068].

Se a qualcuno venga ceduta o lasciata una via <per accedere> più semplicemente al fondo di qualcun altro, sarà consentito passare e far passare con bestiame e con carri senza limiti, cioè per qualunque parte del fondo, purché lo si faccia in maniera civile: infatti, nell'esprimersi a parole, sono tacitamente escluse alcune cose. Non si deve consentire, infatti, il passaggio di persone e il passaggio di bestiame e carri attraverso la villa rustica stessa o in mezzo alla vigna, quando si possa fare ciò con pari comodità attraverso un'altra parte e con minor danno per il fondo servente.

D. 8.1.10 (Cels. 18 dig.). Si iter legatum sit, qua nisi opere facto iri non possit, licere fodiendo substruendo iter facere Proculus ait [art. 1069].

Se è stato legato un passaggio di persone attraverso il quale non si possa passare se non eseguita l'opera, Proculo dice che è lecito fare la strada scavando e provvedendo alle fondamenta.

D. 8.1.12 (Iav. 4 epist.). Non dubito, quin fundo municipum per servum recte servitus adquiratur [art. 1058].

Non dubito che si acquisti regolarmente una servitù per mezzo di un servo a favore di un fondo dei cittadini di un municipio.

D. 8.1.13 (Pomp. 14 ad Quint. Muc.). Si tam angusti loci demonstratione facta via concessa fuerit, ut neque vehiculum neque iumentum ea inire possit, iter magis quam via aut actus adquisitus videbitur: sed si iumentum ea duci poterit, non etiam vehiculum, actus videbitur adquisitus [art. 1065].

Se, assegnato un luogo tanto angusto che non possa passarvi né un carro né un animale da soma, sia stata concessa una servitù di via, si considererà costituito un passaggio di persone piuttosto che una via o un passaggio di bestiame e carri: ma, se possa esservi fatto passare un animale da soma, non anche un carro, si considererà costituito un passaggio di bestiame e carri.

D. 8.1.14 pr. (Paul. 15 ad Sab.). Servitutes praediorum rusticorum etiamsi corporibus accedunt, incorporales tamen sunt et ideo usu non capiuntur: vel ideo, quia tales sunt servitutes, ut non habeant certam continuamque possessionem: nemo enim tam perpetuo, tam continenter ire potest, ut nullo momento possessio eius interpellari videatur. Idem et in servitutibus praediorum urbanorum observatur [art. 1061, 1066].

Le servitù prediali rustiche, sebbene accedano a cose corporali, tuttavia sono incorporali e pertanto non si usucapiscono, perché sono servitù tali che non hanno un possesso certo e continuo: nessuno infatti può passare in modo così permanente, continuativamente che il suo possesso non sembri interrotto in qualche momento. Lo stesso si osserva anche nelle servitù prediali urbane.

D. 8.1.15 pr.-1 (Pomp. 33 ad Sab.). Quotiens nec hominum nec praediorum servitutes sunt, quia nihil vicinorum interest, non valet, veluti ne per fundum tuum eas aut ibi consistas: et ideo si mihi concedas ius tibi non esse fundo tuo uti frui, nihil agitur: aliter atque si concedas mihi ius tibi non esse in fundo tuo aquam quaerere minuendae aquae meae gratia. 1. Servitutium non ea natura est, ut aliquid faciat quis, veluti viridia tollat aut amoeniorem prospectum praestet, aut in hoc ut in suo pingat, sed ut aliquid patiatur aut non faciat [art. 1027, 1030].

Qualora le servitù non siano né degli uomini né dei fondi, non hanno valore, perché non vi è alcun interesse dei vicini, come ad esempio che tu non passeggi per il tuo fondo o che ivi non ti trattenga; e quindi, se tu mi concedi che tu non abbia il diritto di usare e percepire i frutti del tuo fondo, non si realizza nulla; altrimenti se mi concedi di impedire che tu attinga l'acqua nel tuo fondo così da non diminuire la mia. 1. La natura delle servitù non è che qualcuno faccia qualcosa, come per esempio togliere piante di giardino o rendere più amena la veduta o, dipingere nel proprio <fondo>, ma che sopporti o non faccia alcunché.

D. 8.1.18 (Paul. not. ad Pap. 31 quaest.). In omnibus servitutibus, quae actione confusae sunt, responsum est doli exceptionem nocituram legatario, si non patiatur eas iterum imponi [art. 1072].

Si diede il responso che, per tutte le servitù che <si estinsero> per confusione a seguito dell'azione, l'eccezione di dolo avrebbe nociuto al legatario, se non avesse tollerato che fossero nuovamente imposte.

D. 8.2.6 (Gai. 7 ad ed. prov.). Haec autem iura similiter ut rusticorum quoque praediorum certo tempore non utendo pereunt: nisi quod haec dissimilitudo est, quod non omnimodo pereunt non utendo, sed ita, si vicinus simul libertatem usucapiat [1073].

Questi diritti, poi, in modo simile a quelli dei fondi rustici, si estinguono per non essere stati usati nell'arco di tempo determinato; con questa differenza però: che non si estinguono soltanto per non essere stati usati, ma se il vicino, contemporaneamente, abbia usucapito la libertà <del suo fondo>.

D. 8.2.10 (Marcell. 4 dig.). … non autem semper simile est itineris argumentum, quia sine accessu nullum est fructus legatum, habitare autem potest et aedibus obscuratis. Ceterum usu fructu loci legato etiam accessus dandus est, quia et haustu relicto iter quoque ad hauriendum praestaretur [art. 1051].

… non è infatti sempre simile la motivazione relativa al passaggio, poiché senza l'accesso è nullo il legato di usufrutto; al contrario, si può anche abitare in una casa con luci oscurate. Del resto, legato l'usufrutto di un luogo si deve dare anche l'accesso, poiché per attingere l'acqua deve essere concesso altresì il passaggio per attingerla.

D. 8.2.13 pr.-1 (Proc. 2 epist.). Quidam Hiberus nomine, qui habet post horrea mea insulam, balnearia fecit secundum parietem communem: non licet autem tubulos habere admotos ad parietem communem, sicuti ne parietem quidem suum per parietem communem: de tubulis eo amplius hoc iuris est, quod per eos flamma torretur paries: qua de re volo cum Hibero loquaris, ne rem illicitam faciat. Proculus respondit: nec Hiberum pro ea re dubitare puto, quod rem non permissam facit tubulos secundum communem parietem extruendo. 1. Parietem communem incrustare licet secundum Capitonis sententiam, sicut licet mihi pretiosissimas picturas habere in pariete communi … [art. 1102].

Un tale di nome Ibero, che ha un casamento situato dietro il mio magazzino, costruì delle terme lungo la parete comune: però, non è lecito avere delle condotte per il riscaldamento a ridosso della parete comune, così come non si può avere una parete propria aderente alla parete comune: e ciò a maggior ragione è di diritto riguardo alle condotte <del riscaldamento>, poiché il fuoco brucia la parete; della qual cosa voglio che tu parli con Ibero, affinché non faccia una cosa illecita. Proculo rispose: non reputo che Ibero abbia dubbi su questa cosa, che costruendo lungo la parete comune delle condotte faccia una cosa non permessa. 1. Secondo l'opinione di Capitone, è lecito rivestire la parete comune: così come avere nella parete comune pitture molto preziose …

D. 8.2.19.1-2 (Paul. 6 ad Sab.). Iuxta communem parietem

cameram ex figlino opere factam, si ita retineatur, ut etiam sublato pariete maneat, si modo non impediat refectionem communis parietis, iure haberi licet. 2. Scalas posse me ad parietem communem habere Sabinus recte scribit, quia removeri hae possunt [art. 1102].

È lecito avere secondo diritto, una volta costruita in mattoni a ridosso della parete comune, purché sia tenuta saldamente in modo che possa sussistere anche eliminata la parete, e che non impedisca la manutenzione della parete comune. 2. Sabino scrive correttamente che io posso tenere delle scale lungo la parete comune, purché esse possano essere rimosse.

D. 8.2.20.3-5 (Paul. 15 ad Sab.). Si servitus stillicidii imposita sit, non licet domino servientis areae ibi aedificare, ubi cassitare coepisset stillicidium. 4. Si antea ex tegula cassitaverit stillicidium, postea ex tabulato vel ex alia materia cassitare non potest. 5. Stillicidium quoquo modo adquisitum sit, altius tolli potest: levior enim fit eo facto servitus, cum quod ex alto, cadet lenius et interdum direptum nec perveniat ad locum servientem: inferius demitti non potest, quia fit gravior servitus, id est pro stillicidio flumen. Eadem causa retro duci potest stillicidium, quia in nostro magis incipiet cadere, produci non potest, ne alio loco cadat stillicidium, quam in quo posita servitus est: lenius facere poterimus, acrius non. Et omnino sciendum est meliorem vicini condicionem fieri posse, deteriorem non posse, nisi aliquid nominatim servitute imponenda immutatum fuerit [art. 1066, 1067].

Se sia stata imposta una servitù di stillicidio, non è lecito al proprietario del fondo servente edificare nell'area in cui cominciò a cadere lo stillicidio. 4. Se prima lo stillicidio cadeva dalle tegole, in seguito non potrà cadere da un tavolato o da altro materiale. 5. Lo stillicidio, in qualsiasi modo sia stato acquisito, può essere innalzato: in modo che la servitù sia resa meno onerosa, giacché ciò che cade dall'alto <cade> più leggermente e talvolta viene sviato e non giunge al luogo servente; non può essere posto più in basso, perché la servitù diventerebbe più gravosa, cioè uno scolo invece di uno stillicidio. Per lo stesso motivo, può arretrarsi lo stillicidio, perché inizia a cadere più sopra la nostra proprietà; non può avanzarsi, perché lo stillicidio non cada in luogo diverso da quello su cui si era imposta la servitù: possiamo rendere più lieve, non più gravosa <la servitù>. E invero bisogna sapere che si può rendere migliore la condizione del vicino, non renderla deteriore salvo che non si sia prevista un'espressa modifica, nell'imporre la servitù.

D. 8.2.22 (Iul. 2 ex Min.). Qui aedificium habet, potest servitutem vicino imponere, ut non solum de his luminibus, quae in praesentia erunt, sed etiam de his quae postea fuerint, caveat [art. 1029].

Colui che ha un edificio può imporre una servitù al vicino affinché garantisca, non solo per le luci che sono presenti in quel momento, ma anche per quelle che vi saranno in seguito.

D. 8.2.23 pr.-1 (Pomp. 33 ad Sab.). Si servitus imposita fuerit "lumina quae nunc sunt, ut ita sint", de futuris luminibus nihil caveri videtur: quod si ita sit cautum "ne luminibus officiatur", ambigua est scriptura, utrum ne his luminibus officiatur quae nunc sint, an etiam his quae postea quoque fuerint: et humanius est verbo generali omne lumen significari, sive quod in praesenti sive quod post tempus conventionis contigerit. 1. Futuro quoque aedificio, quod nondum est, vel imponi vel adquiri servitus potest [art. 1029].

Se sia imposta una servitù "le luci che vi sono ora, così restino", non sembra che sia data alcuna garanzia per le luci future; se, invece, si sia garantito così: "che non si oscurino le luci", la scrittura è ambigua: se non si debbano oscurare le luci che ora esistono o anche quelle che sussisteranno poi. Ed è cosa più benigna che con la parola generale si intenda ogni luce: sia quelle esistenti che quelle che si avranno dopo il momento dell'accordo. 1. Si può imporre o acquisire una servitù per un edificio futuro che ancora non esiste.

D. 8.2.26 (Paul. 15 ad Sab.). ... In re communi nemo dominorum iure servitutis neque facere quicquam invito altero potest neque prohibere, quo minus alter faciat: nulli enim res sua servit. Itaque propter immensas contentiones plerumque res ad divisionem pervenit. Sed per communi dividundo actionem consequitur socius, quo minus opus fiat aut ut id opus quod fecit tollat, si modo toti societati prodest opus tolli [art. 1027, 1059, 1108, 1111].

... Nessuno dei proprietari, in base ad un diritto di servitù, può fare alcunché nella cosa comune contro la volontà dell'altro, né può proibire che l'altro faccia: infatti nessuno può essere servente di una cosa propria. Perciò a causa delle numerose dispute si giunge per lo più alla divisione della cosa. Ma con l'azione di divisione della comunione il comproprietario ottiene che l'opera non si faccia o che sia eliminata l'opera già fatta, sempre che all'intera comunione giovi che l'opera sia eliminata.

D. 8.2.27.1 (Pomp. 33 ad Sab.). ... Si in area communi aedificare velis, socius prohibendi ius habet, quamvis tu aedificandi ius habeas a vicino concessum, quia invito socio in iure communi non habeas ius aedificandi [art. 1059].

... Se tu vuoi edificare in un'area comune, il contitolare ha il diritto di proibirlo, benché tu abbia ottenuto dal vicino il diritto di edificare, poiché tu non hai il diritto di edificare contro la volontà del socio in una cosa comune.

D. 8.2.32.1 (Iul. 7 dig.). ... natura enim servitutium ea est, ut possideri non possint, sed intellegatur possessionem earum habere, qui aedes possidet [art. 1066].

... La natura delle servitù, infatti, è tale che esse non possono essere possedute, ma s'intende che ha il possesso di esse chi possiede la casa.

D. 8.2.36 (Pap. 7 quaest.). Binas quis aedes habebat una contignatione tectas: utrasque diversis legavit. Dixi, quia magis placeat tignum posse duorum esse ita, ut certae partes cuiusque sint contignationis, ex regione cuiusque domini fore tigna nec ullam invicem habituros actionem ius non esse immissum habere: nec interest, pure utrisque an sub condicione alteri aedes legatae sint [art. 1062].

Un tale aveva due case coperte da un unico tetto: lasciò in legato entrambe a due diverse <persone>. Dissi che, poiché per lo più pare bene che la trave possa essere di due <persone> in modo che ciascuno abbia parti determinate, le travi apparterranno ai singoli proprietari secondo la parte <di ciascuno>, né essi avranno reciprocamente alcuna azione <in base alla quale pretendere> che non sia lecito immettere; né importa che le case siano legate ai due puramente o ad uno dei due sotto condizione.

D. 8.2.39 (Paul. 1 man.). Nemo enim propriis aedificiis servitutem imponere potest, nisi et is qui cedit et is cui ceditur in conspectu habeant ea aedificia, ita ut officere alterum alteri possit [art. 1027].

Nessuno, infatti, può imporre una servitù a carico dei suoi edifici, a meno che, sia colui che costituisce <la servitù>, sia colui a favore del quale è costituita, non abbiano gli edifici vicendevolmente in vista, talché l'uno possa danneggiare l'altro.

D. 8.3.1.2 (Ulp. 2 inst.). Traditio plane et patientia servitutium inducet officium praetoris [art. 1031].

Chiaramente la consegna e la tolleranza delle servitù saranno applicate in forza dell'ufficio del pretore.

D. 8.3.11 (Cels. 27 dig.). Per fundum, qui plurium est, ius mihi esse eundi agendi potest separatim cedi. Ergo suptili ratione non aliter meum fiet ius, quam si omnes cedant et novissima demum cessione superiores omnes confirmabuntur: benignius tamen dicetur et antequam novissimus cesserit, eos, qui antea cesserunt, vetare uti cesso iure non posse [art. 1031, 1059].

Attraverso un fondo, che è di più persone, mi può essere costituito il diritto di passare e di passare con bestiame e carri con atti separati. Perciò, per una ragione sottile, il diritto non diverrà mio in altro modo che se tutti lo costituiscano, e soltanto con l'ultima costituzione tutte le precedenti saranno confermate: con maggiore generosità, però, si dirà che, anche prima che l'ultimo abbia costituito, quelli che lo hanno costituito per primi non possono vietare l'uso del diritto <da loro> costituito.

D. 8.3.13.1 (Iav. 10 ex Cass.). Si totus ager itineri aut actui servit, dominus in eo agro nihil facere potest, quo servitus impediatur, quae ita diffusa est, ut omnes glaebae serviant, aut si iter actusve sine ulla determinatione legatus est: modo determinabitur et qua primum iter determinatum est, ea servitus constitit, ceterae partes agri liberae sunt: igitur arbiter dandus est, qui utroque casu viam determinare debet [art. 1071].

Se tutto il fondo <rustico> è soggetto alla servitù di passaggio di persone o di passaggio di bestiame e di carri, il proprietario non può fare in quel fondo nulla che impedisca la servitù, che è così diffusa che tutte le zolle di terra sono soggette alla servitù. Ma se il passaggio di persone o il passaggio di bestiame e carri sia stato legato senza alcuna determinazione, sarà subito dopo determinato, e, per il luogo nel quale per primo è stato determinato il passaggio, lì è costituita la servitù; le altre parti del fondo sono libere. Pertanto si deve assegnare un arbitro che in entrambi i casi deve determinare la via.

D. 8.3.18 (Ulp. 14 ad Sab.). Una est via et si per plures fundos imponatur, cum una servitus sit. Denique quaeritur, an, si per unum fundum iero, per alium non per tantum tempus, quanto servitus amittitur, an retineam servitutem? Et magis est, ut aut tota amittatur aut tota retineatur: ideoque si nullo usus sum, tota amittitur, si vel uno, tota servatur [art. 1075].

La via è una sola, anche se è imposta su più fondi, essendo la servitù una. E, pertanto, ci si chiede se io conservi la servitù passando per un solo fondo e non per un altro per il periodo di tempo in cui si perde la servitù. Ed è preferibile che o si perda per intero o si conservi per intero: e perciò se non ne ho fatto uso si perde per intero, ma se <ne ho fatto uso> su uno, si conserva per intero.

D. 8.3.20.1 (Pomp. 33 ad Sab.). Servitus naturaliter, non manu facto laedere potest fundum servientem: quemadmodum si imbri crescat aqua in rivo aut ex agris in eum confluat aut aquae fons secundum rivum vel in eo ipso inventus postea fuerit [art. 1067].

La servitù, per natura, non può danneggiare il fondo servente mediante un'attività umana: come, per esempio, se per la pioggia si accresca l'acqua del canale, o dai campi confluisca in questo, o una sorgente d'acqua sia poi scoperta lungo il canale o nello stesso.

D. 8.3.23.3 (Paul. 15 ad Sab.). … Si tamen fundus, cui servitus debetur, certis regionibus inter plures dominos divisus est, quamvis omnibus partibus servitus debeatur, tamen opus est, ut hi, qui non proximas partes servienti fundo habebunt, transitum per reliquas partes fundi divisi iure habeant aut, si proximi patiantur, transeant [art. 1071].

… Se però il fondo, al quale è dovuta la servitù, è diviso tra più proprietari in determinate zone, sebbene la servitù sia dovuta ad ogni parte <del fondo>, tuttavia bisogna anche che quelli che non avranno le parti vicine al fondo servente, abbiano, secondo diritto, il transito attraverso le rimanenti parti del fondo diviso, o transitino, se i vicini lo tollerino.

D. 8.3.24 (Pomp. 33 ad Sab.). Ex meo aquae ductu Labeo scribit cuilibet posse me vicino commodare … [art. 1080].

Labeone scrive che io posso concedere la presa d'acqua dal mio acquedotto a chiunque ...

D. 8.3.25 (Pomp. 34 ad Sab.). Si partem fundi mei certam tibi vendidero, aquae ductus ius, etiamsi alterius partis causa plerumque ducatur, te quoque sequetur: neque ibi aut bonitatis agri aut usus eius aquae ratio habenda est ita, ut eam solam partem fundi, quae pretiosissima sit aut maxime usum eius aquae desideret, ius eius ducendae sequatur, sed pro modo agri detenti aut alienati fiat eius aquae divisio [art. 1071].

Se ti avrò venduto una determinata parte del mio fondo, spetterà anche a te il diritto di acquedotto, anche se <l'acqua> sia condotta per lo più per un'altra parte <del fondo stesso>: né in questo caso si deve tenere conto della buona qualità del campo o dell'uso di quell'acqua in modo che il diritto di condurla segua quella che sia di maggior valore, o che abbia più bisogno di usare quell'acqua, ma la divisione di quell'acqua si farà in ragione del fondo rustico conservato o alienato.

D. 8.3.27 (Iul. 7 dig.). Si communi fundo meo et tuo serviat fundus Sempronianus et eundem in commune redemerimus, servitus extinguitur, quia par utriusque domini ius in utroque fundo esse incipit [art. 1072].

Se il fondo Semproniano sia servente a favore del fondo comune mio e tuo, e avremo comprato in comune quello stesso fondo, la servitù si estingue, perché il diritto di ciascun proprietario comincia a diventare uguale sopra l'uno e l'altro fondo.

D. 8.3.34 pr. (Pap. 7 quaest.). Unus ex sociis fundi communis permittendo ius esse ire agere nihil agit: et ideo si duo praedia, quae mutuo serviebant, inter eosdem fuerint communicata, quoniam servitutes pro parte retineri placet, ab altero servitus alteri remitti non potest: quamvis enim unusquisque sociorum solus sit, cui servitus debetur, tamen quoniam non personae, sed praedia deberent, neque adquiri libertas neque remitti servitus per partem poterit [art. 1031, 1059].

Uno dei contitolari del fondo comune, accordando il diritto di passare e di far passare con bestiame e carri, non compie nulla: e, perciò, se due fondi, che erano vicendevolmente serventi, fossero diventati comuni tra <i proprietari>, poiché pare bene che le servitù siano conservate per parti, non può rimettersi la servitù dall'uno all'altro: sebbene, infatti, ciascuno dei contitolari sia il solo al quale la servitù è dovuta, tuttavia, poiché essa è dovuta non alle persone, ma ai fondi, non potrà né essere acquistata parzialmente la libertà <dei fondi serventi>, né si può ad essa rinunciare in parte.

D. 8.3.35 (Paul. 15 ad Plaut.). Et Atilicinus ait Caesarem Statilio Tauro rescripsisse in haec verba: "Hi, qui ex fundo Sutrino aquam ducere soliti sunt, adierunt me proposueruntque aquam, qua per aliquot annos usi sunt ex fonte, qui est in fundo Sutrino, ducere non potuisse, quod fons exaruisset, et postea ex eo fonte aquam fluere coepisse: petieruntque a me, ut quod ius non neglegentia aut culpa sua amiserant, sed quia ducere non poterant, his restitueretur. Quorum mihi postulatio cum non iniqua visa sit, succurrendum his putavi. Itaque quod ius habuerunt tunc, cum primum ea aqua pervenire ad eos non potuit, id eis restitui placet" [art. 1073].

E Atilicino dice che Cesare emanò un rescritto a Statilio Tauro con queste parole: "Coloro che erano soliti condurre l'acqua dal fondo Sutrino, si presentarono a me e mi esposero che avevano usato l'acqua per più anni dalla sorgente, che è nel fondo Sutrino, ma che non poterono condurre più l'acqua poiché la sorgente si era prosciugata, e che dopo, l'acqua aveva ricominciato a sgorgare da quella sorgente: e mi domandarono che fosse loro restituito quel diritto che, non per loro negligenza o colpa, avevano perduto, ma poiché non potevano più condurre l'acqua. Poiché la loro domanda mi era sembrata non iniqua, ho pensato che bisognava aiutarli. Perciò, pare bene che sia loro restituito quel diritto che avevano allorquando l'acqua per la prima volta non poté più pervenire ad essi".

D. 8.4.1.1 (Ulp. 2 inst.). Ideo autem hae servitutes praediorum appellantur, quoniam sine praediis constitui non possunt: nemo enim potest servitutem adquirere vel urbani vel rustici praedii, nisi qui habet praedium nec quisquam debere, nisi qui habet praedium [art. 1027].

Ma queste servitù perciò si chiamano prediali, perché non possono essere costituite senza i fondi: nessuno, infatti, può acquistare una servitù su un fondo urbano o rustico, se non chi ha un fondo, né ne deve una, se non ha un fondo.

D. 8.4.5 (Iav. 2 epist.). Proprium solum vendo an servitutem talem iniungere possim, ut mihi et vicino serviat? Similiter si commune solum vendo, ut mihi et socio serviat, an consequi possim? Respondi: servitutem recipere nisi sibi nemo potest: adiectio itaque vicini pro supervacuo habenda est, ita ut tota servitus ad eum, qui receperit, pertineat. Solum autem communem vendendo ut mihi et socio serviat, efficere non possum, quia per unum socium communi solo servitus adquiri non potest [art. 1031, 1059].

Vendendo un terreno che è soltanto mio, potrei aggiungere una servitù tale che il terreno sia fondo servente in favore mio e del vicino? Similmente, se vendo un terreno comune, posso ottenere che questo sia servente in favore mio e del contitolare? Risposi: nessuno può dedurre una servitù se non per se stesso: pertanto, l'aggiunta a favore del vicino deve ritenersi inutile, così che la servitù appartiene per intero a colui che l'ha dedotta. Se poi io da solo vendo un terreno comune non posso imporre che sia servente per me e per il socio, perché una servitù non può essere acquistata al fondo comune da un solo socio.

D. 8.4.6.1 (Ulp. 28 ad Sab.). Si quis partem aedium tradet vel partem fundi, non potest servitutem imponere, quia per partes servitus imponi non potest, sed nec adquiri. Plane si divisit fundum regionibus et sic partem tradidit pro diviso, potest alterutri servitutem imponere, quia non est pars fundi, sed fundus. Quod et in aedibus potest dici, si dominus pariete medio aedificato unam domum in duas diviserit, ut plerique faciunt: nam et hic pro duabus domibus accipi debet [art. 1031, 1058].

Se taluno trasferirà una parte della casa o una parte del fondo non può imporre una servitù, perché la servitù non può imporsi per parti ma neppure acquistarsi per parti. Certamente, se ha diviso il fondo in parti e ne ha trasferito una parte così divisa, può imporre una servitù all'una e all'altra parte, perché non è una parte del fondo, ma un fondo. Ciò può dirsi anche per le case, se il proprietario, costruita una parete nel mezzo, abbia diviso in due una sola casa, come molti fanno: infatti, anche in questo caso deve ricevere due case.

D. 8.4.8 (Pomp. 8 ad Sab.). Si cum duas haberem insulas, duobus eodem momento tradidero, videndum est, an servitus alterutris imposita valeat, quia alienis quidem aedibus nec imponi nec adquiri servitus potest. Sed ante traditionem peractam suis magis adquirit vel imponit is qui tradit ideoque valebit servitus [art. 1058].

Se io, avendo due casamenti, li avrò consegnati nello stesso momento a due persone, bisogna vedere se la servitù imposta sopra l'uno o l'altro sia valida, perché non può imporsi né acquistarsi una servitù su una casa altrui. Ma, prima che la consegna sia stata compiuta, colui che consegna, acquista o impone <una servitù> per lo più su una propria <casa>, renderà valida la servitù.

D. 8.4.10 (Ulp. 10 ad Sab.). ... quia nemo ipse sibi servitutem debet: quin immo et si debita fuit servitus, deinde dominium rei servientis pervenit ad me, consequenter dicitur extingui servitutem [art. 1027].

... poiché nessuno deve a se stesso una servitù anzi, anche se prima fu dovuta una servitù e poi la proprietà della cosa servente pervenga a me, si dice, di conseguenza che la servitù si estingue.

D. 8.4.11 pr.-1 (Pomp. 33 ad Sab.). Refectionis gratia accedendi ad ea loca, quae non serviant, facultas tributa est his, quibus servitus debetur, qua tamen accedere eis sit necesse, nisi in cessione servitutis nominatim praefinitum sit, qua accederetur ... 1. Si prope tuum fundum ius est mihi aquam rivo ducere, tacita haec iura sequuntur, ut reficere mihi rivum liceat, ut adire, qua proxime possim, ad reficiendum eum ego fabrique mei, item ut spatium relinquat mihi dominus fundi, qua dextra et sinistra ad rivum adeam et quo terram limum lapidem harenam calcem iacere possim [art. 1064].

Allo scopo di effettuare delle riparazioni su quei luoghi che non sono serventi è attribuita la facoltà di accedere a coloro che devono una servitù, tuttavia per quei luoghi per i quali sia loro necessario accedere, a meno che nella costituzione della servitù sia stato specificamente stabilito per quali luoghi si debba accedere. ... 1. Se io ho il diritto di condurre l'acqua attraverso il tuo fondo, tacitamente seguono questi diritti: che mi sia permesso di riparare il canale e a me e ai miei fabbri di accedere quanto più vicino possibile <al luogo della riparazione>; parimenti, che il proprietario del fondo mi lasci uno spazio a destra e uno a sinistra per accedere al canale e dove io possa accumulare la terra, il fango, le pietre, la sabbia e la calce.

D. 8.4.16 (Gai. 2 rer. cott.). Potest etiam in testamento heredem suum quis damnare, ne altius aedes suas tollat, ne luminibus aedium vicinarum officiat, vel ut patiatur eum tignum in parietem immittere, vel stillicidia adversus eum habere, vel ut patiatur vicinum per fundum suum vel heredis ire agere aquamve ex eo ducere [art. 1031].

Anche nel testamento uno può obbligare il proprio erede a non sopraelevare la propria casa, a non oscurare le luci della casa vicina, a tollerare che quello immetta una trave nella parete, o che abbia uno stillicidio verso il proprio <fondo>, o a tollerare che il vicino passi e faccia passare bestiame e carri per il fondo proprio o dell'erede, o che conduca l'acqua da questo.

D. 8.5.1 (Ulp. 14 ad ed.). Actiones de servitutibus rusticis sive urbanis eorum sunt, quorum praedia sunt ... [art. 1079].

Le azioni relative alle servitù sia rustiche che urbane sono di coloro dei quali sono i fondi ...

D. 8.5.2 pr.-1 (Ulp. 17 ad ed.). De servitutibus in rem actiones competunt nobis ad exemplum earum quae ad usum fructum pertinent, tam confessoria quam negatoria, confessoria ei qui servitutes sibi competere contendit, negatoria domino qui negat. 1. Haec autem in rem actio confessoria nulli alii quam domino fundi competit: servitutem enim nemo vindicare potest quam is qui dominium in fundo vicino habet, cui servitutem dicit deberi [art. 1079].

Riguardo alle servitù, ci competono le azioni reali, sull'esempio di quelle che riguardano l'usufrutto, sia l'azione confessoria che quella negatoria; la confessoria compete a colui che pretende per sé le servitù; la negatoria al proprietario che le nega. 1. L'azione confessoria è reale, non compete a nessun altro se non al proprietario del fondo: nessuno, infatti, può rivendicare una servitù se non colui che ha la proprietà del fondo vicino, al quale dice doversi la servitù.

D. 8.5.2.2 (Ulp. 17 ad ed.). Recte Neratius scribit, si medii loci usus fructus legetur, iter quoque sequi (per ea scilicet loca fundi, per quae qui usum fructum cessit constitueret) quatenus est ad fruendum necessarium: namque sciendum est iter, quod fruendi gratia fructuario praestatur, non esse servitutem, neque enim potest soli fructuario servitus deberi: sed si fundo debeatur, et ipse fructuarius ea utetur [art. 949, 1064].

Giustamente Nerazio scrive che, se si leghi l'usufrutto di un luogo posto nel mezzo, ne consegue anche il passaggio di persone (si intende, per quelle parti del fondo attraverso le quali lo costituirebbe colui che costituì l'usufrutto), dal momento che è necessario al godimento: e, in verità, si deve sapere che il passaggio di persone che viene garantito all'usufruttuario per godere dei frutti non è una servitù, né la servitù può essere dovuta a favore dell'usufruttuario del terreno; se però <una servitù> sia dovuta al fondo, anche lo stesso usufruttuario ne userà.

D. 8.5.4.2 (Ulp. 17 ad ed.). In confessoria actione, quae de servitute movetur, fructus etiam veniunt. Sed videamus, qui esse fructus servitutis possunt: et est verius id demum fructuum nomine computandum, si quid sit quod intersit agentis servitute non prohiberi. Sed et in negatoria actione, ut Labeo ait, fructus computantur, quanti interest petitoris non uti fundi sui itinere adversarium: et hanc sententiam et Pomponius probat [art. 1079].

Nell'azione confessoria che si promuove per una servitù si includono anche i frutti. Ma vediamo quali possono essere i frutti di una servitù: ed è più vero che sia da calcolarsi a titolo di frutto se vi sia un qualche interesse dell'attore a che non gli venga proibito l'esercizio della servitù. Ma anche nell'azione negatoria, come dice Labeone, è calcolato come frutto quanto sia l'interesse dell'attore a che la controparte non eserciti il passaggio di persone attraverso il suo fondo; e questa opinione la approva anche Pomponio.

D. 8.5.5 (Paul. 21 ad ed.). Et ideo si inter meas et Titii aedes tuae aedes intercedant, possum Titii aedibus servitutem imponere, ne liceat ei altius tollere, licet tuis non imponatur: quia donec tu non extollis, est utilitas servitutis [art. 1027].

E perciò, se tra la mia casa e quella di Tizio sia in mezzo la tua casa, posso imporre alla casa di Tizio la servitù che non sia lecito sopraelevare, benché questa non sia imposta alla tua <casa>, poiché, finché tu non sopraelevi, vi è una utilità della servitù.

D. 8.5.6 pr. (Ulp. 17 ad ed.). Et si forte qui medius est, quia servitutem non debebat, altius extulerit aedificia sua, ut iam ego non videar luminibus tuis obstaturus, si aedificavero, frustra intendes ius mihi non esse ita aedificatum habere invito te: sed si intra tempus statutum rursus deposuerit aedificium suum vicinus, renasceretur tibi vindicatio [art. 1074].

E, se per caso colui che è in mezzo, poiché non doveva la servitù, sopraelevò il suo edificio di modo che non sembri già che io potrò oscurare le tue finestre, se avrò innalzato, invano pretenderai che io non abbia diritto di avere così edificato senza il tuo consenso; ma se, prima che sia decorso il tempo stabilito <per l'estinzione della servitù>, di nuovo il vicino abbia abbassato il suo edificio, risorgerà per te la rivendica.

D. 8.5.6.2 (Ulp. 17 ad ed.). Etiam de servitute, quae oneris ferendi causa imposita erit, actio nobis competit, ut et onera ferat et aedificia reficiat ad eum modum, qui servitute imposita comprehensus est. Et Gallus putat non posse ita servitutem imponi, ut quis facere aliquid cogeretur, sed ne me facere prohiberet: nam in omnibus servitutibus refectio ad eum pertinet, qui sibi servitutem adserit, non ad eum, cuius res servit. Sed evaluit Servi sententia, in proposita specie ut possit quis defendere ius sibi esse cogere adversarium reficere parietem ad onera sua sustinenda. Labeo autem hanc servitutem non hominem debere, sed rem, denique licere domino rem derelinquere scribit [art. 1030, 1069, 1070].

Anche riguardo alla servitù che sarà imposta per sostenere un peso, spetta a noi l'azione, affinché sopporti il peso e restauri l'edificio in quel modo che, imposta la servitù, è <in essa> incluso. E Gallo crede non potersi imporre una servitù tale, che uno sia costretto a fare qualcosa, ma non che mi proibisca di fare qualcosa: infatti, in tutte le servitù la manutenzione appartiene a colui che si presenta come <proprietario> della servitù, non di colui la cui cosa è servente. Ma, nel caso di specie proposto, prevalse il parere di Servio che uno possa difendere il diritto che è suo, costringere l'avversario a restaurare la parete, perché possa sostenere gli oneri. Labeone, poi, scrive che non è l'uomo che deve questa servitù, ma la cosa, e pertanto al proprietario è lecito abbandonare la cosa.

D. 8.5.6.3 (Ulp. 17 ad ed.). Haec autem actio in rem magis est quam in personam et non alii competit quam domino aedium et adversus dominum, sicuti ceterarum servitutium intentio [art. 1079].

Questa azione, peraltro, è più reale che personale e non compete ad altri che al proprietario della casa e contro il proprietario, come la pretesa delle altre servitù.

D. 8.5.8.5 (Ulp 17 ad ed.). Aristo Cerellio Vitali respondit non putare se ex taberna casiaria fumum in superiora aedificia iure immitti posse, nisi ei rei servitutem talem admittit. Idemque ait: et ex superiore in inferiora non aquam, non quid aliud immitti licet: in suo enim alii hactenus facere licet, quatenus nihil in alienum immittat, fumi autem sicut aquae esse immissionem: posse igitur superiorem cum inferiore agere ius illi non esse id ita facere. Alfenum denique scribere ait posse ita agi ius illi non esse in suo lapidem caedere, ut in meum fundum fragmenta cadant. Dicit igitur Aristo eum, qui tabernam casiariam a Minturnensibus conduxit, a superiore prohiberi posse fumum immittere, sed Minturnenses ei ex conducto teneri: agique sic posse dicit cum eo, qui eum fumum immittat, ius ei non esse fumum immittere. Ergo per contrarium agi poterit ius esse fumum immittere: quod et ipsum videtur Aristo probare. Sed et interdictum uti possidetis poterit locum habere, si quis prohibeatur, qualiter velit, suo uti [art. 844].

Aristone rispose a Cerennio Vitale di non reputare che dal caseificio possa immettere il fumo nell'edificio soprastante con diritto, a meno che non sia ammessa una tale servitù della cosa. Infatti dice anche che non è lecito immettere acqua o qualsiasi altra cosa dal <caseificio> soprastante nell'inferiore: sebbene nella sua <proprietà> sia lecito fare entro i limiti dell'altro affinché nulla immetta nella proprietà altrui, i fumi, così come l'acqua, sono immissioni: e che perciò quello più in alto può agire contro quello più in basso affinché non faccia così. Afferma, infine, che Alfeno scrive che si può agire così, che quel tale non ha il diritto di cavare pietre nella sua <proprietà> in modo che cadano schegge nel mio fondo. Perciò Aristone dice che colui che ha preso in conduzione un caseificio della comunità dei cittadini di Minturno, a lui può essere vietato dal <proprietario del fondo> superiore di immettere il fumo, ma i Minturnesi sono tenuti nei suoi confronti in base all'azione di conduzione; e dice che si può agire contro colui che immette quel fumo così: egli non ha diritto di immettere il fumo. Perciò in senso contrario potrà agire chi ha il diritto di immettere il fumo: anche Aristone sembra approvare questa stessa cosa. Ma, se a qualcuno sia proibito di usare <della sua proprietà> quanto vuole, potrà avere luogo anche l'interdetto "come possedete".

D. 8.6.1 (Gai. 7 ad ed. prov.). Servitutes praediorum confunduntur, si idem utriusque praedii dominus esse coeperit [art. 1072].

Le servitù prediali si estinguono per confusione, se una stessa persona abbia cominciato ad essere proprietario di entrambi i fondi.

D. 8.6.2 (Paul. 21 ad ed.). Qui iter et actum habet, si statuto tempore tantum ierit, non perisse actum, sed manere Sabinus Cassius Octavenus aiunt: nam ire quoque per se eum posse qui actum haberet [art. 1075].

Sabino, Cassio e Ottaveno affermano che, se colui che abbia il passaggio di persone e il passaggio di bestiame e carri avesse esercitato soltanto il diritto di passaggio di persone per il tempo stabilito, il passaggio di bestiame e carri non si estingue, ma rimane: infatti, colui che abbia il passaggio di bestiame e carri, potrebbe anche esercitare solamente il diritto di passaggio di persone.

D. 8.6.4 (Paul. 27 ad ed.). Iter sepulchro debitum non utendo numquam amittitur [art. 1073].

La servitù di passaggio per l'accesso al sepolcro non si perde mai per non uso.

D. 8.6.8.1 (Paul. 15 ad Plaut.). Is qui per partem itineris it totum ius usurpare videtur [art. 1075].

Colui che usa il diritto di passaggio di persone per una parte, si considera usare integralmente il diritto.

D. 8.6.9 (Iav. 3 ex Plaut.). Aqua si in partem aquagi influxit, etiamsi non ad ultima loca pervenit, omnibus tamen partibus usurpatur [art. 1075].

Se l'acqua scorse in una parte della condotta, sebbene non arrivò ai punti più lontani di essa, tuttavia <la servitù di acquedotto> è usata per tutte le parti.

D. 8.6.10.1 (Paul. 15 ad Plaut.). Si is, qui nocturnam aquam habet, interdiu per constitutum ad amissionem tempus usus fuerit, amisit nocturnam servitutem, qua usus non est. Idem est in eo, qui certis horis aquae ductum habens aliis usus fuerit nec ulla parte earum horarum [art. 1076].

Se colui che ha <la servitù> di acqua notturna, ne fece uso durante il giorno, per il tempo stabilito per la perdita <di essa>, perderà la servitù notturna della quale non ha usato. È lo stesso per colui che avendo <la servitù di> acquedotto per ore determinate, ne avesse fatto uso in altre, ma in nessuna di quelle ore <per le quali ha la servitù>.

D. 8.6.11 pr. (Marcell. 4 dig.). Is cui via vel actus debebatur, ut vehiculi certo genere uteretur, alio genere fuerat usus: videamus ne amiserit servitutem et alia sit eius condicio, qui amplius oneris quam licuit vexerit, magisque hic plus quam aliud egisse videatur: sicuti latiore itinere usus esset aut si plura iumenta egerit quam licuit aut aquae admiscuerit aliam. Ideoque in omnibus istis quaestionibus servitus quidem non amittitur, non autem conceditur plus quam pactum est in servitute habere [art. 1076].

Colui al quale era dovuta la via o il passaggio di bestiame e carri, affinché ne usasse con un determinato genere di carro, fece uso di un altro genere <di carro>: vediamo se non abbia perso la servitù e se la condizione sia un'altra di colui che abbia trasportato un peso maggiore di quello permesso; sembra che questo abbia fatto passare di più, piuttosto che qualcos'altro: come se si fosse servito di un passaggio più largo, o se avesse fatto passare più animali da soma di quelli che gli fu consentito, o avesse unito all'acqua altra. E pertanto, in tutte queste questioni, non si perde affatto la servitù, non viene concesso di avere nella servitù più di quello che si è pattuito.

D. 8.6.14 pr. (Iav. 10 ex Cass.). Si locus, per quem via aut iter aut actus debebatur, impetu fluminis occupatus esset et intra tempus, quod ad amittendam servitutem sufficit, alluvione facta restitutus est, servitus quoque in pristinum statum restituitur: quod si id tempus praeterierit, ut servitus amittatur, renovare eam cogendus est [art. 1074].

Se il luogo, attraverso il quale era dovuta la via o il passaggio di persone o il passaggio di bestiame e carri, fosse stato occupato dalla piena di un fiume e, nel periodo di tempo che è sufficiente a perdere la servitù, è stato restituito per alluvione, anche la servitù è restituita nel precedente stato; se invece fosse trascorso quel tempo affinché la servitù si perda, si dovrà rinnovarla.

D. 8.6.19.1 (Pomp. 32 ad Sab.). Si per fundum meum viam tibi legavero et adita mea hereditate per constitutum tempus ad amittendam servitutem ignoraveris eam tibi legatam esse, amittes viam non utendo. Quod si intra idem tempus, antequam rescires tibi legatam servitutem, tuum fundum vendideris, ad emptorem via pertinebit, si reliquo tempore ea usus fuerit, quia scilicet tua esse coeperat: ut iam nec ius repudiandi legatum tibi possit contingere, cum ad te fundus non pertineat [art. 649].

Se ti avrò legato la via attraverso il mio fondo e, adita la mia eredità, tu, per tutto il tempo stabilito per perdere la servitù, non sapevi che essa ti era stata legata, perderai la via per il non uso. Se, entro il medesimo periodo di tempo, prima che tu venissi a sapere che ti era stata legata la servitù, avrai venduto il tuo fondo, la via spetterà al compratore, qualora abbia fatto uso di essa nel tempo rimasto, poiché certo essa aveva cominciato ad essere tua: così che non ti può più spettare il diritto di rifiutare il legato, dal momento che non spetta a te il fondo.

D. 8.6.20 (Scaev. 1 reg.). Usu retinetur servitus, cum ipse cui debetur utitur quive in possessionem eius est aut mercennarius aut hospes aut medicus quive ad visitandum dominum venit vel colonus aut fructuarius [art. 1074].

La servitù si conserva con l'uso, quando la usi colui al quale è dovuta o chi ne ha il possesso, o un mercenario, o un ospite, o un medico, o chi venga a far visita al proprietario, o il colono, o l'usufruttuario.

D. 9.2.3 (Ulp. 18 ad ed.). Si servus servave iniuria occisus occisave fuerit, lex Aquilia locum habet. Iniuria occisum esse merito adicitur: non enim sufficit occisum, sed oportet iniuria id esse factum [art. 2043].

Se il servo o la serva siano uccisi ingiustamente, trova applicazione la legge Aquilia. A buon diritto si aggiunge che sia ucciso ingiustamente: infatti, non è sufficiente che sia ucciso, ma è necessario che ciò sia fatto ingiustamente.

D. 9.2.5 pr. (Ulp. 18 ad ed.). Sed et si quemcumque alium ferro se petentem quis occiderit, non videbitur iniuria occidisse: et si metu quis mortis furem occiderit, non dubitabitur, quin lege Aquilia non teneatur. Sin autem cum posset adprehendere, maluit occidere, magis est ut iniuria fecisse videatur: ergo et Cornelia tenebitur [art. 2044].

Anche se poi taluno abbia ucciso qualcuno che, armato, lo aggredisce, non si considererà che lo abbia ucciso ingiustamente; e se per timore della morte, taluno abbia ucciso un ladro, non si dubiterà che non sia tenuto in base alla legge Aquilia. Se invece, potendolo prendere, preferì ucciderlo, si crede piuttosto che egli abbia commesso ingiuria; quindi sarà tenuto anche in base alla legge Cornelia.

D. 9.2.5.2 (Ulp. 18 ad ed.). Et ideo quaerimus, si furiosus damnum dederit, an legis Aquiliae actio sit? Et Pegasus negavit: quae enim in eo culpa sit, cum suae mentis non sit? Et hoc est verissimum. Cessabit igitur Aquiliae actio, quemadmodum, si quadrupes damnum dederit, Aquilia cessat, aut si tegula ceciderit. Sed et si infans damnum dederit, idem erit dicendum. Quodsi impubes id fecerit, Labeo ait, quia furti tenetur, teneri et Aquilia eum: et hoc puto verum, si sit iam iniuriae capax [art. 2047, 2052].

E pertanto ci interroghiamo se sussiste l'azione della legge Aquilia se un pazzo abbia arrecato il danno. E Pegaso lo ha negato: infatti, quale colpa vi è in lui, se non è sano di mente? E ciò è verissimo. Verrà meno dunque l'azione della <legge> Aquilia, come se un quadrupede abbia arrecato il danno, o se sia caduta una tegola, viene meno <l'applicabilità> della legge Aquilia. Ma, anche ove un infante abbia arrecato un danno, si dovrà dire lo stesso. E se un impubere abbia fatto ciò, Labeone dice che, poiché è tenuto per il furto, egli è tenuto anche per la <legge> Aquilia; e stimo ciò vero, se sia già capace di ingiuria.

D. 9.2.11 pr. (Ulp. 18 ad ed.). Item Mela scribit, si, cum pila quidam luderent, vehementius quis pila percussa in tonsoris manus eam deiecerit et sic servi, quem tonsor habebat, gula sit praecisa adiecto cultello: in quocumque eorum culpa sit, eum lege Aquilia teneri. Proculus in tonsore esse culpam: et sane si ibi tondebat, ubi ex consuetudine ludebatur vel ubi transitus frequens erat, est quod ei imputetur: quamvis nec illud male dicatur, si in loco periculoso sellam habenti tonsori se quis commiserit, ipsum de se queri debere [art. 2050, 2056].

Parimenti Mela scrive che, giocando taluni a palla, se uno, colpitala in modo più violento, l'abbia scagliata contro la mano di un barbiere e sia stata tagliata la gola del servo che stava radendo avendo il rasoio ad essa accostato, quello fra loro che sia in colpa sarà tenuto con la legge Aquilia. Proculo <pensa> che la colpa sia nel barbiere; e certamente, se radeva là dove abitualmente si giocava o dove il passaggio era molto frequentato, e ciò è quanto gli si imputa; sebbene neppur questo sarebbe detto male, che, se taluno si affida ad un barbiere che ha la poltrona in un luogo pericoloso, egli deve lamentarsi di se stesso.

D. 9.2.13 pr. (Ulp. 18 ad ed.). Liber homo suo nomine utilem Aquiliae habet actionem: directam enim non habet, quoniam dominus membrorum suorum nemo videtur [art. 5].

Un uomo libero a proprio nome ha l'azione utile della legge Aquilia: infatti egli non ha l'azione diretta, poiché nessuno si considera proprietario delle sue membra. Il padrone, invece, ha <l'azione> in nome di un servo fuggitivo.

D. 9.2.33 pr.-1 (Paul. 2 ad Plaut.). Si servum meum occidisti, non affectiones aestimandas esse puto, veluti si filium tuum naturalem quis occiderit quem tu magno emptum velles, sed quanti omnibus valeret. Sextus quoque Pedius ait pretia rerum non ex affectione nec utilitate singulorum, sed communiter fungi ... In lege enim Aquilia damnum consequimur: et amisisse dicemur, quod aut consequi potuimus aut erogare cogimur. 1. In damnis, quae lege Aquilia non tenentur, in factum datur actio [art. 2056].

Se tu hai ucciso un mio servo, credo che non si debbano considerare nella stima i valori d'affezione, come nel caso in cui uno abbia ucciso un tuo figlio naturale che tu avresti voluto comprare ad alto prezzo, ma <si deve considerare> quanto vale per tutti. Anche Sesto Pedio dice che i prezzi delle cose non si valutano sull'affezione né sull'utilità dei singoli, ma su quella comune … In base alla legge Aquilia, infatti, conseguiamo il valore del danno, e si dirà che abbiamo perduto quanto o avremmo potuto conseguire o siamo costretti a spendere. 1. Per i danni per i quali non si è tenuti in base alla legge Aquilia, è data l'azione di fatto.

D. 9.2.49.1 (Ulp. 9 disp.). Quod dicitur damnum iniuria datum Aquilia persequi, sic erit accipiendum, ut videatur damnum iniuria datum, quod cum damno iniuriam attulerit: nisi magna vi cogente fuerit factum, ut Celsus scribit circa eum, qui incendii arcendi gratia vicinas aedes intercidit: nam hic scribit cessare legis Aquiliae actionem: iusto enim metu ductus, ne ad se ignis perveniret, vicinas aedes intercidit: et sive pervenit ignis sive ante extinctus est, existimat legis Aquiliae actionem cessare [art. 2045].

Si dice che con l'azione della legge Aquilia si persegue il danno arrecato ingiustamente, si deve intendere così, che è da considerarsi un danno arrecato ingiustamente quando con il danno si arrecò ingiustizia: salvo che sia stato fatto sotto la costrizione di una forza maggiore, come Celso scrive riguardo a colui il quale abbatte la casa vicina per allontanare un incendio: infatti, in questo caso, scrive che viene meno l'azione della legge Aquilia, poiché ha distrutto la casa vicina indotto a ciò da giusto timore, affinché il fuoco non giungesse a lui, e sia che il fuoco giunga sia che venga spento prima, <Celso> pensa che viene meno l'azione in base alla legge Aquilia.

D. 9.2.51 pr.-1 (Iul. 86 dig.). … Rursus Aquilia lege teneri existimati sunt non solum qui ita vulnerassent, ut confestim vita privarent, sed etiam hi, quorum ex vulnere certum esset aliquem vita excessurum. Igitur si quis servo mortiferum vulnus inflixerit eundemque alius ex intervallo ita percusserit, ut maturius interficeretur, quam ex priore vulnere moriturus fuerat, statuendum est utrumque eorum lege Aquilia teneri. 1. Idque est consequens auctoritati veterum, qui, cum a pluribus idem servus ita vulneratus esset, ut non appareret cuius ictu perisset, omnes lege Aquilia teneri iudicaverunt [art. 2055].

… D'altra parte, si considerano tenuti in base alla legge Aquilia non solo coloro che avessero ferito in modo da privare subito della vita, ma anche coloro per le ferite dei quali fosse certo che uno avrebbe cessato di vivere. Dunque, se taluno abbia inflitto ad un servo una ferita mortale, e un altro, dopo un intervallo, lo avesse colpito in modo che sarebbe perito prima di quando sarebbe morto per la prima ferita, si deve stabilire che entrambi sono tenuti in base alla legge Aquilia. 1. E ciò è conforme all'autorità degli antichi, i quali giudicarono che quando un servo fosse stato ferito da più <colpi> in modo che non si riconoscesse per il colpo di chi fosse perito, tutti fossero tenuti in base alla legge Aquilia.

D. 9.2.52.2 (Alf. 2 dig.). In clivo Capitolino duo plostra onusta mulae ducebant: prioris plostri muliones conversum plostrum sublevabant, quo facile mulae ducerent: inter superius plostrum cessim ire coepit et cum muliones, qui inter duo plostra fuerunt, e medio exissent, posterius plostrum a priore percussum retro redierat et puerum cuiusdam obtriverat: dominus pueri consulebat, cum quo se agere oporteret. Respondi in causa ius esse positum: nam si muliones, qui superius plostrum sustinuissent, sua sponte se subduxissent et ideo factum esset, ut mulae plostrum retinere non possint atque onere ipso retraherentur, cum domino mularum nullam esse actionem, cum hominibus, qui conversum plostrum sustinuissent, lege Aquilia agi posse: nam nihilo minus eum damnum dare, qui quod sustineret mitteret sua voluntate, ut id aliquem feriret: veluti si quis asellum cum agitasset non retinuisset, aeque si quis ex manu telum aut aliud quid immisisset, damnum iniuria daret [art. 2043].

Lungo la salita del Campidoglio, delle mule trainavano due carri carichi: i mulattieri del primo carro lo sollevavano da dietro affinché le mule lo trainassero più agevolmente; frattanto il carro superiore cominciò ad andare retrocedendo, levatisi di mezzo i mulattieri che erano fra i due carri, il carro posteriore, urtato dal primo, arretrò a sua volta schiacciando il ragazzo di un tale: il padrone del ragazzo chiedeva contro chi dovesse agire. Risposi che la soluzione giuridica dipende dalle modalità del caso concreto: infatti se i mulattieri che sostenevano il carro superiore si sono allontanati spontaneamente ed è per questo che le mule, non potendo trattenere il carro, sono state trascinate indietro per la forza stessa del peso, non c'è alcuna azione contro il proprietario delle mule, contro gli uomini che avevano cominciato a sostenere il carro che si era girato si può agire in base alla legge Aquilia: infatti cagiona nondimeno un danno chi lascia volontariamente andare la cosa che stava sostenendo, in modo che questa ferisca qualcuno; così ad esempio chi, avendo spronato un asinello, non provvedesse poi a trattenerlo, o ugualmente, avendo scagliato un dardo o qualcos'altro con la propria mano cagionerebbe un danno ingiusto.

D. 10.1.2 pr.-1 (Ulp. 19 ad ed.). Haec actio pertinet ad praedia rustica, quamvis aedificia interveniant: neque enim multum interest, arbores quis in confinio an aedificium ponat. 1. Iudici finium regundorum permittitur, ut, ubi non possit dirimere fines, adiudicatione controversiam dirimat: et si forte amovendae veteris obscuritatis gratia per aliam regionem fines dirigere iudex velit, potest hoc facere per adiudicationem et condemnationem [art. 950].

Questa azione riguarda i fondi rustici, ancorché vi siano presenti edifici: infatti, non vi è molta differenza se qualcuno ponga sul confine degli alberi o un edificio. 1. Al giudice del regolamento di confini è permesso, quando non possa definire i confini, dirimere la controversia attraverso l'aggiudicazione: e nel caso il giudice, per rimuovere un antico dubbio, voglia spostare i confini in un'altra zona, può farlo tramite l'aggiudicazione e la condanna.

D. 10.2.1 pr. (Gai. 7 ad ed. prov.). Haec actio proficiscitur e lege duodecim tabularum: namque coheredibus volentibus a communione discedere necessarium videbatur aliquam actionem constitui, qua inter eos res hereditariae distribuerentur [art. 713].

Questa azione proviene dalla legge delle dodici tavole: e infatti, per i coeredi che volessero ritirarsi dalla comunione, sembrava necessario istituire una qualche azione con la quale venissero distribuite fra loro le cose ereditarie.

D. 10.2.22.3 (Ulp. 19 ad ed.). Sed etiam cum adiudicat, poterit imponere aliquam servitutem, ut alium alii servum faciat ex iis quos adiudicat: sed si pure alii adiudicaverit fundum, alium adiudicando amplius servitutem imponere non poterit [art. 1032].

Ma anche quando aggiudica, potrà imporre una qualche servitù affinché uno sia servente dell'altro, fra i fondi che aggiudica: ma se abbia aggiudicato un fondo ad uno, puramente e semplicemente, non potrà più, aggiudicando un altro fondo, imporre una servitù.

D. 10.3.7.1 (Ulp. 20 ad ed.). Neratius scribit arbitrum, si regionibus fundum non vectigalem divisum duobus adiudicaverit, posse quasi in duobus fundis servitutem imponere [art. 1032].

Nerazio scrive che, se l'arbitro abbia aggiudicato a due <persone> un fondo non vettigale, avendolo diviso in appezzamenti, può imporre una servitù come fossero due fondi.

D. 10.3.12 (Ulp. 71 ad ed.). Si aedes communes sint aut paries communis et eum reficere vel demolire vel in eum immittere quid opus sit, communi dividundo iudicio erit agendum, aut interdicto uti possidetis experimur [art. 1104].

Se la casa sia comune o sia comune la parete e sia necessario restaurarla o demolirla o immettervi alcunché, si dovrà agire con l'azione di divisione della comunione, o esperiremo l'interdetto "come possedete".

D. 10.3.14.2-3 (Paul. 3 ad Plaut.). Si conveniat, ne omnino divisio fiat, huiusmodi pactum nullas vires habere manifestissimum est. Sin autem intra certum tempus, quod etiam ipsius rei qualitati prodest, valet. 3. Si inter socios convenisset, ne intra certum tempus societas divideretur, quin vendere liceat ei, qui tali conventione tenetur, non est dubium: quare emptor quoque communi dividundo agendo eadem exceptione summovebitur, qua auctor eius summoveretur [art. 1111].

Se si convenga che non vi sia alcuna divisione, è del tutto manifesto che un patto di questo tipo non abbia nessuna forza. Se invece per un certo tempo <il patto> vale, poiché arreca vantaggio anche alla condizione della cosa stessa. 3. Se si sia convenuto, tra i contitolari, che la società non sia divisa per un certo tempo, non c'è dubbio che, a chi sia tenuto da tale convenzione, sia possibile vendere <la sua quota>: per la qual cosa anche il compratore che agisca sarà respinto con la stessa eccezione con la quale sarebbe respinto il suo dante causa.

D. 10.3.18 (Iav. 2 epist.). Ut fundus hereditarius fundo non hereditario serviat, arbiter disponere non potest, quia ultra id quod in iudicium deductum est excedere potestas iudicis non potest [art. 1032].

Il giudice <della divisione> non può disporre che un fondo ereditario sia gravato da servitù a favore di un fondo non ereditario, poiché il potere del giudice non può andare oltre ciò che viene dedotto in giudizio.

D. 11.7.2.8 (Ulp. 25 ad ed.). Locum qui servit nemo religiosum facit, nisi consentiat is cui servitus debetur. Sed si non minus commode per alium locum servitute uti potest, non videtur servitutis impediendae causa id fieri, et ideo religiosus fit: et sane habet hoc rationem [art. 1067].

Nessuno può rendere religioso un luogo soggetto a servitù prediale, senza il consenso di colui al quale è dovuta la servitù. Ma se egli può esercitare la servitù non meno comodamente per un altro luogo, ciò non si considererà fatto per ostacolarne l'esercizio, e di conseguenza<il luogo> diviene religioso; e certo ciò è ragionevole.

D. 11.7.12 pr. (Ulp. 25 ad ed.). Si quis sepulchrum habeat, viam autem ad sepulchrum non habeat et a vicino ire prohibeatur, imperator Antoninus cum patre rescripsit iter ad sepulchrum peti precario et concedi solere, ut quotiens non debetur, impetretur ab eo, qui fundum adiunctum habeat ... [art. 1051].

Se taluno abbia un sepolcro, ma non abbia la <servitù di> via per il sepolcro e il vicino gli impedisca di passare, l'imperatore Antonino con suo padre stabilì con un rescritto che il passaggio di persone per il sepolcro suole essere richiesto e concesso a titolo precario, dimodoché, ogniqualvolta non sia dovuto, sia ottenuto da colui che ha il fondo contiguo ...

D. 12.1.2 pr. (Paul. 28 ad ed.). Mutuum damus recepturi non eandem speciem quam dedimus (alioquin commodatum erit aut depositum), sed idem genus: nam si aliud genus, veluti ut pro tritico vinum recipiamus, non erit mutuum [art. 1813].

Diamo a mutuo allo scopo di vederci restituita non la medesima cosa che abbiamo dato (altrimenti si tratterà di comodato o di deposito), ma <piuttosto> cose dello stesso genere: infatti, se <è data> una cosa di altro genere, per esempio vino in cambio di grano, non si tratterà di un mutuo.

D. 12.1.2.1 (Paul. 28 ad ed.). Mutui datio consistit in his rebus, quae pondere numero mensura consistunt, quoniam eorum datione possumus in creditum ire, quia in genere suo functionem recipiunt per solutionem quam specie: nam in ceteris rebus ideo in creditum ire non possumus, quia aliud pro alio invito creditori solvi non potest [art. 1197].

La dazione a mutuo ha ad oggetto quelle cose che consistono in peso, numero, misura, dal momento che possiamo costituire un credito con la dazione di quelle cose che si restituiscono con il pagamento per il loro genere, piuttosto che per lo specifico oggetto: infatti, per le altre cose non possiamo costituire un credito, poiché non è possibile, contro la volontà del creditore, adempiere con una cosa al posto di un'altra.

D. 12.1.18 pr. (Ulp. 7 disp.). Si ego pecuniam tibi quasi donaturus dedero, tu quasi mutuam accipias, Iulianus scribit donationem non esse: sed an mutua sit, videndum. Et puto nec mutuam esse magisque nummos accipientis non fieri, cum alia opinione acceperit. Quare si eos consumpserit, licet condictione teneatur, tamen doli exceptione uti poterit, quia secundum voluntatem dantis nummi sunt consumpti [art. 1429].

Giuliano scrive che non è donazione se io ti ho dato del denaro per donartelo, e tu lo riceva come fosse un mutuo: ma bisogna capire se sia un mutuo. E io reputo che non sia nemmeno un mutuo, e soprattutto che le monete non divengano dell'accipiente, poiché questi le ha ricevute con un'altra intenzione. Perciò qualora egli le abbia consumate, sebbene sia lecito che le tenga sotto condizione, tuttavia potrà <esercitare> l'eccezione di dolo, perché le monete sono state consumate secondo la volontà di chi le ha date.

D. 12.6.7 (Pomp. 9 ad Sab.). Quod indebitum per errorem solvitur, aut ipsum aut tantundem repetitur [art. 2033].

Se si paga per errore un indebito, si ripete o la cosa stessa o l'equivalente.

D. 12.6.10 (Paul. 7 ad Sab.). In diem debitor adeo debitor est, ut ante diem solutum repetere non possit [art. 1185].

Un debitore <la cui prestazione sia sottoposta> a termine iniziale è a tal punto debitore che non può ripetere ciò che paghi prima della scadenza.

D. 12.6.14 (Pomp. 21 ad Sab.). Nam hoc natura aequum est neminem cum alterius detrimento fieri locupletiorem [art. 2041].

Certamente è equo per natura che nessuno si arricchisca con danno.

D. 12.6.19.1 (Pomp. 22 ad Sab.). Quamvis debitum sibi quis recipiat, tamen si is qui dat non debitum dat, repetitio competit: veluti si is qui heredem se vel bonorum possessorem falso existimans creditori hereditario solverit: hic enim neque verus heres liberatus erit et is quod dedit repetere poterit: quamvis enim debitum sibi quis recipiat, tamen si is qui dat non debitum dat, repetitio competit [art. 2036].

Sebbene taluno riceva ciò che gli è dovuto, tuttavia, se colui che dà, dà una cosa non dovuta, gli spetta la ripetizione: come se colui che, credendo erroneamente di essere erede o possessore di beni <ereditari>, abbia pagato ad un creditore ereditario: infatti, neanche il vero erede sarà liberato e colui che ha dato potrà ripetere ciò: infatti, sebbene taluno riceva ciò che gli è dovuto, tuttavia colui che dà, dà una cosa non dovuta, gli spetta la ripetizione.

D. 12.6.26.1 (Ulp. 26 ad ed.). Supra duplum autem usurae et usurarum usurae nec in stipulatum deduci nec exigi possunt ... [art. 1815].

Invero, in una stipulazione non si possono né dedurre né esigere interessi oltre il doppio <della somma capitale> né interessi degli interessi ...

D. 12.6.65.9 (Paul. 17 ad Plaut.). Indebitum est non tantum, quod omnino non debetur, sed et quod alii debetur, si alii solvatur, aut si id quod alius debebat alius quasi ipse debeat solvat [art. 1189].

Indebito non è solamente ciò che non si deve in alcun modo, ma anche ciò che, dovuto ad uno, si paghi ad un altro, o se ciò che uno doveva lo paghi ad un altro, come se lo debba proprio lui.

D. 12.7.5 pr. (Pap. 11 quaest.). Avunculo nuptura pecuniam in dotem dedit neque nupsit: an eandem repetere possit, quaesitum est. Dixi, cum ob turpem causam dantis et accipientis pecunia numeretur, cessare condictionem et in delicto pari potiorem esse possessorem: quam rationem fortassis aliquem secutum respondere non habituram mulierem condictionem: sed recte defendi non turpem causam in proposito quam nullam fuisse, cum pecunia quae daretur in dotem converti nequiret: non enim stupri, sed matrimonii gratia datam esse [art. 2035].

Una nipote, che stava per sposare uno zio materno, gli diede a titolo di dote una somma e non si ebbero le nozze; si discute se possa ripetere tale somma. Dissi che, nel caso in cui sia dato denaro contante per causa turpe sia del dante che dell'accipiente, l'azione <di ripetizione> viene meno e che, in una situazione di eguale illiceità, il possessore si trova in una posizione migliore; seguendo questo ragionamento, si potrebbe forse rispondere che la donna non avrà l'azione: ma, giustamente, si potrebbe sostenere che, nel caso proposto, non vi fosse una causa illecita, bensì nulla, non potendo convertirsi in dote il denaro dato: esso, infatti, non è stato dato per un adulterio, ma in previsione del matrimonio.

D. 13.1.8.1 (Ulp. 27 ad ed.). Si ex causa furtiva res condicatur, cuius temporis aestimatio fiat, quaeritur. Placet tamen id tempus spectandum, quo res umquam plurimi fuit, maxime cum deteriorem rem factam fur dando non liberatur: semper enim moram fur facere videtur [art. 1219].

Se, a causa di furto, si agisca per la restituzione della cosa, ci si interroga riguardo a quale momento si faccia la stima del suo valore. Tuttavia, pare bene che si debba aver riguardo al tempo in cui la cosa ebbe il maggior valore, soprattutto perché il ladro, consegnando la cosa resa deteriore, non viene liberato: difatti, si considera che il ladro sia sempre in mora.

D. 13.4.2.3 (Ulp. 27 ad ed.). Scaevola libro quinto decimo quaestionum ait non utique ea, quae tacite insunt stipulationibus, semper in rei esse potestate, sed quid debeat, esse in eius arbitrio, an debeat, non esse. Et ideo cum quis Stichum aut Pamphilum promittit, eligere posse quod solvat, quamdiu ambo vivunt: ceterum ubi alter decessit, extingui eius electionem, ne sit in arbitrio eius, an debeat, dum non vult vivum praestare, quem solum debet ... Proinde mixta, inquit, rerum alternatio locorum alternationi ex necessitate facit actoris electionem et in rem propter locum: alioquin tollis ei actionem, dum vis reservare reo optionem [art. 1288].

Scevola, nel libro quindicesimo *Delle questioni*, dice che non sono sempre nella potestà del debitore le determinazioni che si inseriscono tacitamente nelle stipulazioni; ma che rientra nella sua scelta quale cosa debba o non debba <dare>. E quindi, quando promise Stico o Panfilo, finché vivano entrambi, può scegliere chi dei due dare; qualora però uno dei due sia morto, si estingue la sua <facoltà di> scelta affinché non sia in suo arbitrio se deve, mentre non vuole dare quello vivo, che solo deve ... Quindi disse, quando l'alternatività delle cose <oggetto dell'obbligazione> unita con quella dei luoghi attribuisce necessariamente la scelta dell'attore anche sulla cosa accanto al luogo; diversamente, se vuoi riservare la scelta al debitore, privi <il creditore> dell'azione.

D. 13.6.8 (Pomp. 5 ad Sab.). Rei commodatae et possessionem et proprietatem retinemus [art. 1803].

Della cosa comodata conserviamo sia il possesso che la proprietà.

D. 13.6.10 pr. (Ulp. 29 ad Sab.). Eum, qui rem commodatam accepit, si in eam rem usus est in quam accepit, nihil praestare, si eam in nulla parte culpa sua deteriorem fecit, verum est: nam si culpa eius fecit deteriorem, tenebitur [art. 1807].

È vero che colui che ha accettato una cosa in comodato, se ha usato quella cosa come la ha ricevuta, di nulla risponde se non l'ha in alcuna parte resa deteriore per sua colpa: e certo sarà tenuto se per sua colpa l'ha resa deteriore.

D. 13.6.18 pr. (Gai. 9 ad ed. prov.). In rebus commodatis talis diligentia praestanda est, qualem quisque diligentissimus pater familias suis rebus adhibet, ita ut tantum eos casus non praestet, quibus resisti non possit, veluti mortes servorum quae sine dolo et culpa eius accidunt, latronum hostiumve incursus, piratarum insidias, naufragium, incendium, fugas servorum qui custodiri non solent … [art. 1804].

Nelle cose comodate deve prestarsi una diligenza tale qual è quella che osserva il padre di famiglia più diligente nelle proprie cose, tanto che egli non risponde solo per quei casi cui non si può resistere, come le morti dei servi che avvengono senza dolo e colpa di lui, le incursioni dei briganti o dei nemici, le insidie dei pirati, il naufragio, l'incendio, la fuga dei servi che non si è soliti custodire …

D. 13.6.18.3 (Gai. 9 ad ed. prov.). Item qui sciens vasa vitiosa commodavit, si ibi infusum vinum vel oleum corruptum effusumve est, condemnandus eo nomine est [art. 1812].

Allo stesso modo, chi ha dato in comodato dei vasi difettosi consapevolmente, va condannato a tale titolo se il vino o l'olio in essi versato si è guastato o disperso.

D. 13.7.1 pr. (Ulp. 40 ad Sab.). Pignus contrahitur non sola traditione, sed etiam nuda conventione, etsi non traditum est [art. 2786].

Il pegno si contrae non solo con la consegna, ma pure con un nudo accordo, anche se la consegna non c'è stata.

D. 13.7.3 (Pomp. 18 ad Sab.). … et, si agente te contraria pigneraticia excipiat debitor de pignore sibi reddito, replicabitur de dolo et fraude, per quam nec redditum, sed per fallaciam ablatum id intellegitur [art. 2794].

… e, se alla tua azione pignoratizia contraria il debitore ponga l'eccezione per il pegno a lui restituito, potrà replicarsi per il dolo e la frode, attraverso i quali il pegno s'intende non restituito, bensì sottratto con l'inganno.

D. 13.7.8.5 (Pomp. 35 ad Sab.). Cum pignus ex pactione venire potest, non solum ob sortem non solutam venire poterit, sed ob cetera quoque, veluti usuras et quae in id impensa sunt [art. 2796].

Quando il pegno si può vendere, in virtù di accordo, esso potrà essere venduto non solo per la somma non pagata, ma anche per tutto il resto, come per gli interessi e per le spese per la cosa <pignorata>.

D. 13.7.11.5 (Ulp. 28 ad ed.). Solutam autem pecuniam accipiendum non solum, si ipsi, cui obligata res est, sed et si alii sit soluta voluntate eius, vel ei cui heres exstitit, vel procuratori eius, vel servo pecuniis exigendis praeposito. Unde si domum conduxeris et eius partem mihi locaveris egoque locatori tuo pensionem solvero, pigneraticia adversus te potero experiri (nam Iulianus scribit solvi ei posse): et si partem tibi, partem ei solvero, tantundem erit dicendum. Plane in eam dumtaxat summam invecta mea et illata tenebuntur, in quam cenaculum conduxi: non enim credibile est hoc convenisse, ut ad universam pensionem insulae frivola mea tenebuntur [art. 1188].

Si intende pagato il debito non solo quando il pagamento sia stato effettuato proprio a colui a favore del quale la cosa è stata vincolata, ma anche quando si sia pagato a un altro per volontà di quello, o a chi divenne suo erede, o al suo procuratore, o al servo preposto ad esigire denaro. Quindi, se avrai preso in locazione una casa e avrai locato a me una parte della stessa e io avrò pagato il canone al tuo locatore, potrò esperire l'<azione> pignoratizia contro di te (infatti Giuliano scrive che si può pagare a lui): e, se avrò pagato una parte a te, un'altra a lui, si dovrà dire lo stesso. Certamente, le cose e trasportate e introdotte da me, saranno tenute <come garanzia> solo per la casa presa in conduzione: infatti, non appare credibile che si sia convenuto che le poche cose siano trattenute <come garanzia> della casa.

D. 13.7.24.1 (Ulp. 30 ad ed.). Qui reprobos nummos solvit creditori, an habet pigneraticiam actionem quasi soluta pecunia, quaeritur: et constat neque pigneraticia eum agere neque liberari posse, quia reproba pecunia non liberat solventem, reprobis videlicet nummis reddendis [art. 1277].

Ci si interroga se colui che pagò al creditore in moneta non buona abbia l'azione pignoratizia come se avesse pagato il debito; e consta che egli non può né agire con l'<azione> pignoratizia, né essere liberato, poiché la moneta non buona non libera chi paga; deve, però, restituire le monete non buone.

D. 14.1.1.24 (Ulp. 28 ad ed.). Haec actio ex persona magistri in exercitorem dabitur, et ideo, si cum utro eorum actum est, cum altero agi non potest. Sed si quid sit solutum, si quidem a magistro, ipso iure minuitur obligatio: sed et si ab exercitore, sive suo nomine, id est propter honorariam obligationem, sive magistri nomine solverit, minuetur obligatio, quoniam et alius pro me solvendo me liberat [art. 1180].

Questa azione sarà data contro l'armatore a causa del comandante, e dunque, se si è agito contro uno di essi, non si può agire contro l'altro. Ma, se sia stato pagato qualcosa dal comandante, l'obbligazione si riduce per diritto stesso: ma anche se avrà pagato l'armatore, sia a proprio nome, a causa dell'obbligazione di diritto onorario, sia a nome del comandante, l'obbligazione si ridurrà, perché, anche pagando un altro per me, mi libera.

D. 16.2.1 (Mod. 6 pand.). Compensatio est debiti et crediti inter se contributio [art. 1241].

La compensazione è il vicendevole bilanciamento di un debito e di un credito.

D. 16.3.1 pr. (Ulp. 30 ad ed.). Depositum est, quod custodiendum alicui datum est, dictum ex eo quod ponitur: praepositio enim de auget depositum, ut ostendat totum fidei eius commissum, quod ad custodiam rei pertinet [art. 1766].

Deposito è ciò che è stato dato a qualcuno per essere custodito, detto così perché si pone; il prefisso '*de*', infatti, accresce il deposito, per mostrare che si rimette alla buona fede <del depositario> tutto ciò che attiene alla custodia della cosa.

D. 16.3.1.7 (Ulp. 30 ad ed.). Illud non probabis, dolum non esse praestandum si convenerit: nam haec conventio contra bonam fidem contraque bonos mores est et ideo nec sequenda est [art. 1229].

Non approverai ciò, che non si debba garantire per dolo, qualora sia così convenuto: infatti, questo accordo è contro la buona fede e contro i buoni costumi, e dunque non deve essere osservato.

D. 16.3.12 pr. (Pomp. 22 ad Sab.). Si in Asia depositum fuerit, ut Romae reddatur, videtur id actum, ut non impensa eius id fiat apud quem depositum sit, sed eius qui deposuit [art. 1774].

Se si sia depositato in Asia, affinché si restituisse a Roma, si ritiene che ciò venga fatto non a spese di colui presso cui fu depositato, ma di colui che depositò.

D. 16.3.26 pr. (Paul. 4 resp.). Publia Maevia cum proficisceretur ad maritum suum, arcam clusam cum veste et instrumentis commendavit Gaiae Seiae et dixit ei: "cum sana salvave venero, restitues mihi: certe, si aliquid mihi humanum contigerit, filio meo, quem ex alio marito suscepi". Defuncta ea intestata desidero res commendatae cui restitui debeant, filio an marito. Paulus respondit filio [art. 1777].

Publia Mevia, mentre stava partendo per raggiungere suo marito, affidò a Gaia Seia una cassa chiusa con vesti ed ornamenti e le disse: "la restituirai a me, quando sarò tornata sana e salva; se però mi sarà accaduto qualcosa in sorte, <la restituirai> a mio figlio, che ebbi da un altro marito". Essendo ella morta senza fare testamento, chiedo a chi debbano essere restituite le cose affidate, se al figlio o al marito. Paolo rispose: al figlio.

D. 16.3.31.1 (Tryph. 9 disp.). … Exempli loco latro spolia quae mihi abstulit posuit apud Seium inscium de malitia deponentis: utrum latroni an mihi restituere Seius debeat? Si per se dantem accipientemque intuemur, haec est bona fides, ut commissam rem recipiat is qui dedit: si totius rei aequitatem, quae ex omnibus personis quae negotio isto continguntur impletur, mihi reddenda sunt, quo facto scelestissimo adempta sunt. … Si tamen ignorans latro cuius filio vel servo rem abstulisset apud patrem dominumve eius deposuit ignorantem, nec ex iure gentium consistet depositum, cuius haec est potestas, ut alii, non domino sua ipsius res quasi aliena, servanda detur. Et si rem meam fur, quam me ignorante subripuit, apud me etiamnunc delictum eius ignorantem deposuerit, recte dicetur non contrahi depositum, quia non est ex fide bona rem suam dominum praedoni restituere compelli. Sed et si etiamnunc ab ignorante domino tradita sit quasi ex causa depositi, tamen indebiti dati condictio competet [art. 1778].

… Per esempio, un brigante depositò presso Seio, che non era a conoscenza della malizia del depositante, quelle cose di cui mi aveva spogliato e che aveva portato via: Seio deve restituirle al brigante o a me? Se guardiamo a chi dà e a chi riceve per se stesso, la buona fede è questa, che colui che diede deve riprendere la cosa affidata; se guardiamo all'equità di tutta la situazione, che soddisfa tutte le persone che sono coinvolte in questo affare, si devono restituire a me, cui furono tolte a seguito di un fatto molto scellerato. … E approvo che questa sia la giustizia, quella che dà a ciascuno il suo, affinché le cose non vengano tolte da una richiesta di ripetizione più giusta di qualche altra persona. Perciò, se io non venga a richiederle in giudizio, si devono ugualmente restituire a chi le depositò, sebbene le abbia depositate dopo averle acquisite infelicemente. E ciò anche Marcello scrive riguardo ad un predone e al ladro. Se però, il brigante, non conoscendo la persona al cui figlio o servo egli avesse sottratto la cosa, la depositò presso tale padre o padrone, ignaro di ciò, nemmeno in base al diritto delle genti esisterà un deposito, la cui efficacia è tale, che dia da conservare ad un altro, e non al proprietario, la cosa propria come fosse cosa altrui. E, se un ladro abbia depositato presso di me, ancora ignaro del suo delitto, la mia cosa, che mi sottrasse senza che io me ne accorgessi, giustamente si dirà che non si è contratto un deposito, poiché la buona fede non consiste nel fatto che il padrone sia costretto a restituire una cosa propria al predone. Ma, anche se <la cosa> sia stata restituita dal proprietario, ancora ignaro, come a causa di deposito, gli competerà tuttavia l'azione <di ripetizione> della cosa data indebitamente.

D. 17.1.1 pr. (Paul. 32 ad ed.). Obligatio mandati consensu contrahentium consistit [art. 1703].

L'obbligazione di mandato si basa sul consenso dei contraenti.

D. 17.1.1.4 (Paul. 32 ad ed.). Mandatum nisi gratuitum nullum est: nam originem ex officio atque amicitia trahit, contrarium ergo est officio merces: interveniente enim pecunia res ad locationem et conductionem potius respicit [art. 1709].

Non c'è alcun mandato se non è gratuito: infatti, esso trae origine dalla fedeltà e dall'amicizia; e dunque una mercede è contraria al dovere: infatti, se interviene denaro, la cosa concerne piuttosto la locazione-conduzione.

D. 17.1.2 pr. (Gai. 2 rer. cott.). Mandatum inter nos contrahitur, sive mea tantum gratia tibi mandem sive aliena tantum sive mea et aliena sive mea et tua sive tua et aliena. Quod si tua tantum gratia tibi mandem, supervacuum est mandatum et ob id nulla ex eo obligatio nascitur [art. 1703].

Tra noi si contrae il mandato sia che io te lo conferisca avendo riguardo solo a me, sia che te lo conferisca avendo riguardo solo ad un altro, sia avendo riguardo a me e ad un altro, sia a me e a te, sia a te e ad un altro. Se io ti conferisca mandato solo nei tuoi confronti, è inutile e a causa di ciò non ne nasce alcuna obbligazione.

D. 17.1.5 pr.-2 (Paul. 32 ad ed.). Diligenter igitur fines mandati custodiendi sunt: 1. Nam qui excessit, aliud quid facere videtur et, si susceptum non impleverit, tenetur. 2. Itaque si mandavero tibi, ut domum Seianam centum emeres tuque Titianam emeris longe maioris pretii, centum tamen aut etiam minoris, non videris implesse mandatum [art. 1711].

Si devono quindi osservare diligentemente i limiti del mandato: 1. Infatti, colui che li abbia superati si considera fare qualcos'altro, ed è tenuto, se non abbia adempiuto a quanto è assunto. 2. Dunque, se io ti avrò conferito mandato di comprare per cento la casa Seiana, e tu abbia comprato la casa Tiziana, di un valore di gran lunga maggiore, per cento o anche per meno, si considera che tu non abbia eseguito il mandato.

D. 17.1.26.2 (Paul. 32 ad ed.). Abesse intellegitur pecunia fideiussori etiam si debitor ab eo delegatus sit creditori, licet is solvendo non fuerit, quia bonum nomen facit creditor, qui admittit debitorem delegatum [art. 1268].

Si ritiene che manchi il denaro al fideiussore anche se egli abbia delegato al creditore un proprio debitore, seppure non sarà stato solvibile, poiché il creditore che accetta un debitore delegato rende buono tale titolo.

D. 17.1.27.2 (Gai. 9 ad ed. prov.). Qui mandatum suscepit, si potest id explere, deserere promissum officium non debet, alioquin quanti mandatoris intersit damnabitur: si vero intellegit explere se id officium non posse, id ipsum cum primum poterit debet mandatori nuntiare, ut is si velit alterius opera utatur: quod si, cum possit nuntiare, cessaverit, quanti mandatoris intersit tenebitur: si aliqua ex causa non poterit nuntiare, securus erit [art. 1727].

Chi ha assunto il mandato, se lo può adempiere, non deve venir meno al dovere assunto, altrimenti sarà condannato nella misura dell'interesse <del mandante>; ma se egli si rende conto di non poter eseguire tale ufficio, deve quanto prima annunciare ciò al mandante affinché, se egli lo voglia, possa avvalersi dell'opera di un altro: perché se, potendo avvisarlo, non lo abbia fatto, sarà tenuto nella misura dell'interesse del mandante; se, per una qualunque causa, non avrà potuto avvisarlo, potrà stare tranquillo.

D. 17.1.27.3 (Gai. 9 ad ed. prov.). Morte quoque eius cui mandatum est, si is integro adhuc mandato decesserit, solvitur mandatum et ob id heres eius, licet exsecutus fuerit mandatum, non habet mandati actionem [art. 1728].

Il mandato si estingue anche per morte di colui al quale fu conferito, se sia morto quando l'esecuzione dell'incarico non era ancora iniziata, e dunque il suo erede, sebbene abbia eseguito il mandato, non ha l'azione di mandato.

D. 17.1.27.4 (Gai. 9 ad ed. prov.). Impendia mandati exsequendi gratia facta si bona fide facta sunt, restitui omnimodo debent, nec ad rem pertinet, quod is qui mandasset potuisset, si ipse negotium gereret, minus impendere [art. 1720].

Le spese fatte per eseguire il mandato, se furono fatte in buona fede, devono essere comunque restituite, e non importa che colui che poteva dare l'incarico avrebbe potuto spendere di meno qualora avesse gestito lui stesso l'affare.

D. 17.1.52 (Iavol. 1 epist.). Fideiussorem, si sine adiectione bonitatis tritici pro altero triticum spopondit, quodlibet triticum dando reum liberare posse existimo: a reo autem non aliud triticum repetere poterit, quam quo pessimo tritico liberare se a stipulatore licuit … [art. 1178].

Credo che, se il fideiussore abbia garantito con promessa solenne del frumento per un altro senza aggiunta della buona qualità, egli possa liberare il debitore dando qualsiasi frumento; non potrà, però, ripetere dal debitore altro frumento che quello, quantunque pessimo, mediante il quale egli poté liberarsi dallo stipulante ...

D. 17.2.29 pr. (Ulp. 30 ad Sab.). Si non fuerint partes societati adiectae, aequas eas esse constat. Si vero placuerit, ut quis duas partes vel tres habeat, alius unam, an valeat? Placet valere, si modo aliquid plus contulit societati vel pecuniae vel operae vel cuiuscumque alterius rei causa [art. 2263].

Se non siano state definite le quote nella società, consta che esse siano uguali. Ma, se sia stato pattuito che uno abbia due terzi o tre quarti e l'altro un terzo o un quarto, forse che è valida <una tale società>? Pare bene che sia valida, purché il <primo> abbia conferito qualcosa in più alla società o in denaro o in attività lavorativa o in qualunque altra cosa.

D. 17.2.29.2 (Ulp. 30 ad Sab.). Aristo refert Cassium respondisse societatem talem coiri non posse, ut alter lucrum tantum, alter damnum sentiret, et hanc societatem leoninam solitum appellare: et nos consentimus talem societatem nullam esse, ut alter lucrum sentiret, alter vero nullum lucrum, sed damnum sentiret: iniquissimum enim genus societatis est, ex qua quis damnum, non etiam lucrum spectet [art. 2265].

Aristone riporta che Cassio diede il responso che non può costituirsi una società tale che uno dei due percepisca solo gli utili e l'altro le perdite, e che questa società si suole chiamare leonina. Anche noi concordiamo sul fatto che sia nulla una tale società nella quale un socio percepisce gli utili, mentre l'altro senza percepire alcun utile, sopporta il danno: infatti, è un genere di società assai iniquo quello in cui a qualcuno spetta il danno, non anche l'utile.

D. 17.2.52.10 (Ulp. 31 ad ed.). Idem respondit: socius, qui cessantis cessantiumve portiones insulae restituerit, quamvis aut sortem cum certis usuris intra quattuor menses, postquam opus refectum erit, recipere potest exigendoque privilegio utetur aut deinceps propriam rem habebit, potest tamen pro socio agere ad hoc, ut consequatur quod sua intererat. Finge enim malle eum magis suum consequi quam dominium insulae. Oratio enim divi Marci idcirco quattuor mensibus finit certas usuras, quia post quattuor dominium dedit [art. 1110].

Lo stesso <Papiniano> ha dato il responso che il socio, che abbia ricostruito le porzioni di un casamento del socio o dei soci che cessarono <di farlo>, quantunque possa recuperare la somma con determinati interessi entro quattro mesi, dopo che fu eseguita l'opera, usando a tal fine un privilegio nell'esazione oppure avrà successivamente <il casamento> come proprio, può tuttavia agire con l'azione a favore del socio per ottenere quanto corrispondeva al suo interesse. Supponi, infatti, che egli preferisca ottenere il proprio <denaro> piuttosto che la proprietà del casamento. Infatti, un'orazione del divo Marco Aurelio stabilì in quattro mesi gli interessi determinati perché, dopo quattro mesi, concesse la proprietà.

D. 17.2.63.10 (Ulp. 31 ad ed.). Societas solvitur ex personis, ex rebus, ex voluntate, ex actione. Ideoque sive homines sive res sive voluntas sive actio interierit, distrahi videtur societas. Intereunt autem homines quidem maxima aut media capitis deminutione aut morte: res vero, cum aut nullae relinquantur aut condicionem mutaverint, neque enim eius rei quae iam nulla sit quisquam socius est neque eius quae consecrata publicatave sit. Voluntate distrahitur societas renuntiatione [art. 2272].

La società si scioglie per ragioni attinenti alle persone, alle cose, alla volontà e all'azione. Quindi, quando vengono meno gli uomini, o le cose, o la volontà o <si intenta> l'azione, la società si considera estinta. Gli uomini, poi, vengono meno per un cambiamento di stato, massimo o medio, o per morte; le cose, invece, o quando non ne rimangano più, o quando abbiano mutato la condizione <giuridica>: infatti nessuno è contitolare di una cosa che non esiste più o che sia stata resa sacra o confiscata. Con riguardo alla volontà, la società si scioglie per rinunzia.

D. 18.1.1.2 (Paul. 33 ad ed.). Est autem emptio iuris gentium, et ideo consensu peragitur et inter absentes contrahi potest et per nuntium et per litteras [art. 1470].

Il contratto di compravendita è proprio del diritto delle genti; perciò viene in essere con il consenso e può contrarsi tra persone assenti oltreché tramite un nuncio e per lettera.

D. 18.1.8 pr. (Pomp. 9 ad Sab.). Nec emptio nec venditio sine re quae veneat potest intellegi. Et tamen fructus et partus futuri recte ementur, ut, cum editus esset partus, iam tunc, cum contractum esset negotium, venditio facta intellegatur: sed si id egerit venditor, ne nascatur aut fiant, ex empto agi posse [art. 1348, 1472].

Non si può concepire una compravendita, se non vi è una cosa che sia venduta. E tuttavia, si possono comperare validamente i frutti e i parti futuri, in modo che, quando il parto venga in essere, la compravendita si intenda avvenuta già nel momento in cui il negozio è stato concluso. Ma, se il venditore avrà fatto in modo che il parto non venga in essere o che i frutti non si producano, si potrà agire con l'azione di compera.

D. 18.1.8.1 (Pomp. 9 ad Sab.). Aliquando tamen et sine re venditio intellegitur, veluti cum quasi alea emitur. Quod fit, cum captum piscium vel avium vel missilium emitur: emptio enim contrahitur etiam si nihil inciderit, quia spei emptio est: et quod missilium nomine eo casu captum est si evictum fuerit, nulla eo nomine ex empto obligatio contrahitur, quia id actum intellegitur [art. 1472].

Talvolta, tuttavia, la vendita si può intendere anche senza la cosa, come nei casi in cui, per così dire, si compera con l'alea. Ciò accade, quando si compera una presa di pesci o di uccelli o i doni lanciati: la compera, infatti, si contrae anche se nulla sia stato preso, perché è compera di cosa sperata; e se vi sarà stata evizione delle cose prese dei doni lanciati in tale circostanza, non vi è titolo per un'obbligazione fondata sulla compravendita, perché si intende che così è stato convenuto.

D. 18.1.9 pr., 2 (Ulp. 28 ad Sab.). In venditionibus et emptionibus consensum debere intercedere palam est: ceterum sive in ipsa emptione dissentient sive in pretio sive in quo alio, emptio imperfecta est. Si igitur ego me fundum emere putarem Cornelianum, tu mihi te vendere Sempronianum putasti, quia in corpore dissensimus, emptio nulla est. Idem est, si ego me Stichum, tu Pamphilum absentem vendere putasti: nam cum in corpore dissentiatur, apparet nullam esse emptionem. 2. Inde quaeritur, si in ipso corpore non erratur, sed in substantia error sit, ut puta si acetum pro vino veneat, aes pro auro vel plumbum pro argento vel quid aliud argento simile, an emptio et venditio sit. Marcellus scripsit libro sexto *Digestorum* emptionem esse et venditionem, quia in corpus consensum est, etsi in materia sit erratum. Ego in vino quidem consentio, quia eadem prope οὐσία est, si modo vinum acuit: ceterum si vinum non acuit, sed ab initio acetum fuit, ut embamma, aliud pro alio venisse videtur. In ceteris autem nullam esse venditionem puto, quotiens in materia erratur [art. 1429, 1431].

Nelle compravendite è risaputo che debba intervenire il consenso: ove, invece, le parti siano in disaccordo sia sulla stessa compravendita, sia sul prezzo, sia su qualche altro elemento, la compravendita non è perfezionata. Se, dunque, io credessi di comperare il fondo Corneliano, mentre tu hai ritenuto di vendere quello Semproniano, poiché siamo in disaccordo sull'oggetto, la compravendita è nulla. Lo stesso deve dirsi se io credessi di comperare Stico, mentre tu hai ritenuto di vendere Panfilo, assente: essendo in disaccordo sull'oggetto, infatti, sembra nulla la compravendita. 2. Ci si interroga poi, se vi sia compravendita nel caso in cui non vi sia errore sull'oggetto, ma errore sulla sostanza, come, ad esempio, se si venda aceto per vino, bronzo per oro ovvero piombo per argento, o per qualcos'altro simile all'argento. Marcello, nel libro sesto dei *Digesti*, scrisse che sussiste la compravendita, perché c'è il consenso sull'oggetto, benché si sia errato sulla materia. Io sono d'accordo certamente <per quanto concerne> il vino, poiché la sostanza è quasi la stessa, quando il vino è divenuto aceto. Invece, se il vino non è divenuto aceto, ma era aceto fin dall'inizio, come <quella salsa di aceto detta embamma>, si considera sia stata venduta una cosa per un'altra. Negli altri casi, poi, penso che la vendita sia nulla, ogni qualvolta vi sia errore sulla materia.

D. 18.1.21 (Paul. 5 ad Sab.). Labeo scripsit obscuritatem pacti nocere potius debere venditori qui id dixerit quam emptori, quia potuit re integra apertius dicere [art. 1370].

Labeone ha scritto che la mancanza di chiarezza di un patto deve nuocere il venditore che lo ha dichiarato piuttosto che il compratore, poiché avrebbe potuto parlare più chiaramente, prima della conclusione del contratto.

D. 18.1.28 (Ulp. 41 ad Sab.). Rem alienam distrahere quem posse nulla dubitatio est: nam emptio est et venditio: sed res emptori auferri potest [art. 1478].

Non vi è alcun dubbio sul fatto che si può alienare una cosa altrui: infatti vi è la compera e la vendita, ma la cosa può essere <poi> portata via al compratore.

D. 18.1.34.1 (Paul. 33 ad ed.). Omnium rerum, quas quis habere vel possidere vel persequi potest, venditio recte fit: quas vero natura vel gentium ius vel mores civitatis commercio exuerunt, earum nulla venditio est [art. 823].

La vendita di tutte quelle cose che uno può avere o possedere o perseguire giudizialmente è fatta correttamente: è nulla, invece, la vendita delle cose che per la loro natura, per il diritto delle genti o per i costumi di una città sono fuori commercio.

D. 18.1.40.2 (Paul. 4 epit. Alf. dig.). Qui agrum vendebat, dixit fundi iugera decem et octo esse, et quod eius admensum erit, ad singula iugera certum pretium stipulatus erat: viginti inventa sunt. Pro viginti deberi pecuniam respondit [art. 1537].

Colui che vendeva un fondo dichiarò che era di diciotto iugeri e ha stipulato un prezzo determinato per ciascun iugero che era stato misurato: sono stati riscontrati venti iugeri. <Il giurista> rispose doversi pagare per venti iugeri.

D. 18.1.55 (Paul. 2 ad ed. aed. cur.). Nuda et imaginaria venditio pro non facta est et ideo nec alienatio eius rei intellegitur [art. 1414].

Una vendita nuda e apparente è come non avvenuta, e conseguentemente non si può ritenere che vi sia l'alienazione della cosa.

D. 18.1.65 (Iav. 11 epist.). Convenit mihi tecum, ut certum numerum tegularum mihi dares certo pretio quod ut faceres: utrum emptio sit an locatio? Respondit, si ex meo fundo tegulas tibi factas ut darem convenit, emptionem puto esse, non conductionem: totiens enim conductio alicuius rei est, quotiens materia, in qua aliquid praestatur, in eodem statu eiusdem manet: quotiens vero et immutatur et alienatur, emptio magis quam locatio intellegi debet [art. 1470, 1571].

Ho concordato con te che tu mi dessi ad un dato prezzo un certo numero di tegole che tu dovevi fabbricare: si tratta di compera o di locazione? <Il giurista> rispose: penso che, se si sia convenuto che ti dessi tegole fabbricate per te nel mio fondo, sia compera e non conduzione. Si ha, infatti, conduzione di fare qualcosa, ogni qual volta la materia, sulla quale si deve eseguire una prestazione, conservi lo stesso stato e la proprietà sia della stessa persona; ogni qual volta, invece, <la materia> venga modificata e alienata, si deve intendere che vi sia compera più che locazione.

D. 18.4.1 (Pomp. 9 ad Sab.). Si hereditas venierit eius, qui vivit aut nullus sit, nihil esse acti, quia in rerum natura non sit quod venierit [art. 458].

Se sia stata venduta l'eredità di quello che è vivo o che non esiste, nulla è concluso, poiché non esiste in natura ciò che sarebbe stato venduto.

D. 18.4.2.18 (Ulp. 49 ad Sab.). Cum quis debitori suo heres exstitit, confusione creditor esse desinit … [art. 1253].

Quando taluno succede come erede al proprio debitore, a causa della confusione, cessa di essere creditore …

D. 18.4.6 (Paul. 5 quaest.). Emptori nominis etiam pignoris persecutio praestari debet eius quoque, quod postea venditor accepit: nam beneficium venditoris prodest emptori [art. 1263].

Al compratore di un credito deve essere concessa anche l'azione per ottenere il pegno, pure di quello che <il venditore> abbia ricevuto dopo: infatti il beneficio del venditore giova al compratore.

D. 18.4.13 (Paul. 14 ad Plaut.). Quod si sit hereditas et si non ita convenit, ut quidquid iuris haberet venditor emptor haberet, tunc heredem se esse praestare debet: illo vero adiecto liberatur venditor, si ad eum hereditas non pertineat [art. 1542].

Se l'eredità esista e non si sia concordato che il compratore abbia qualsiasi diritto che ha il venditore, allora <il venditore> deve garantire di essere egli erede; invece aggiunto ciò il venditore è liberato se l'eredità non gli spetti.

D. 18.6.1 pr.-1 (Ulp. 28 ad Sab.). Si vinum venditum acuerit vel quid aliud vitii sustinuerit, emptoris erit damnum, quemadmodum si vinum esset effusum vel vasis contusis vel qua alia ex causa. Sed si venditor se periculo subiecit, in id tempus periculum sustinebit, quoad se subiecit: quod si non designavit tempus, eatenus periculum sustinere debet, quoad degustetur vinum, videlicet quasi tunc plenissime veneat, cum fuerit degustatum. Aut igitur convenit, quoad periculum vini sustineat, et eatenus sustinebit, aut non convenit et usque ad degustationem sustinebit. Sed si nondum sunt degustata, signata tamen ab emptore vasa vel dolia, consequenter dicemus adhuc periculum esse venditoris, nisi si aliud convenit. 1. Sed et custodiam ad diem mensurae venditor praestare debet: priusquam enim admetiatur vinum, prope quasi nondum venit. Post mensuram factam venditoris desinit esse periculum: et ante mensuram periculo liberatur, si non ad mensuram vendidit, sed forte amphoras vel etiam singula dolia [art. 1520].

Se il vino venduto sia inacetito o sopravvenne qualche altro vizio, il danno sarà del compratore, come se il vino sia stato versato perché i vasi <che lo contenevano> si fossero rotti o per qualsiasi altra causa. Ma se il venditore si è assunto il rischio, egli sopporterà tale rischio per tutto il periodo per il quale se lo è assunto. Se, invece, egli non ha fissato un termine, deve sopportare il rischio fino a che avrà assaggiato il vino, come se fosse avvenuta la vendita quando si fosse assaggiato. O, quindi, si è convenuto fino a quando <il venditore> debba sopportare il rischio del vino e lo sopporterà fino a quel momento o non si è convenuto e lo sopporterà fino all'assaggio. Se, poi, non sono stati ancora assaggiati, ma vasi e giare sono state segnate dal compratore, conseguentemente diremo che il rischio è ancora del venditore, se non si è convenuto in altro modo. 1. Ma il venditore deve garantire anche per la custodia fino al giorno della misurazione: il vino, infatti, non è, per così dire, ancora venduto, prima che venga misurato. Dopo la misurazione, il rischio cessa di essere del venditore; è liberato dal rischio anche prima della misurazione se non ha venduto il vino a misura, ma ha venduto ciò che è nelle anfore o nelle giare.

D. 18.6.8 pr. (Paul. 33 ad ed.). Necessario sciendum est, quando perfecta sit emptio: tunc enim sciemus, cuius periculum sit: nam perfecta emptione periculum ad emptorem respiciet … [art. 1476].

È necessario sapere quando la compera sia perfetta: allora sapremo, infatti, di chi è il rischio. Perfezionata la compera, il rischio grava sul compratore …

D. 18.6.19(18).1 (Pap. 3 resp.). Ante pretium solutum dominii quaestione mota pretium emptor solvere non cogetur, nisi fideiussores idonei a venditore eius evictionis offerantur [art. 1481].

Essendo stata sollevata la questione sulla proprietà <della cosa venduta>, prima che sia pagato il prezzo, il compratore non sarà costretto a pagarlo, a meno che non gli vengano offerti dal venditore fideiussori solventi per l'evizione della cosa.

D. 19.1.6.9 (Pomp. 9 ad Sab.). Si venditor sciens obligatum aut alienum vendidisset et adiectum sit "neve eo nomine quid praestaret", aestimari oportet dolum malum eius, quem semper abesse oportet in iudicio empti, quod bonae fidei sit [art. 1439, 1487].

Se un venditore, avendone conoscenza, avesse venduto ciò per cui si era obbligato o qualcosa di un altro e sia stata aggiunta la clausola "né a tale titolo garantirà alcunché", è necessario che venga valutato il suo dolo, il quale è necessario che sia sempre assente nell'azione di compera che è di buona fede.

D. 19.1.11.2 (Ulp. 32 ad ed.). Et in primis ipsam rem praestare venditorem oportet, id est tradere: quae res, si quidem dominus fuit venditor, facit et emptorem dominum, si non fuit, tantum evictionis nomine venditorem obligat, si modo pretium est numeratum aut eo nomine satisfactum. Emptor autem nummos venditoris facere cogitur [art. 1498].

E, per prima cosa, è necessario che il venditore garantisca la cosa stessa, vale a dire che la consegni: se invero il venditore fu proprietario, rende anche il compratore proprietario; se non lo fu, obbliga il venditore solo a titolo di evizione, purché il prezzo sia stato pagato in contanti o egli sia stato soddisfatto a tale titolo. Invece, il compratore è costretto a rendere il denaro del venditore.

D. 19.1.13 pr. (Ulp. 32 ad ed.). Iulianus libro quinto decimo inter eum, qui sciens quid aut ignorans vendidit, differentiam facit in condemnatione ex empto: ait enim, qui pecus morbosum aut tignum vitiosum vendidit, si quidem ignorans fecit, id tantum ex empto actione praestaturum, quanto minoris essem empturus, si id ita esse scissem: si vero sciens reticuit et emptorem decepit, omnia detrimenta, quae ex ea emptione emptor traxerit, praestaturum ei: sive igitur aedes vitio tigni corruerunt, aedium aestimationem, sive pecora contagione morbosi pecoris perierunt, quod interfuit idonea venisse erit praestandum [art. 1490].

Giuliano, nel libro quindicesimo <*All'editto*> fa una differenza tra colui che è consapevole o inconsapevole <di un vizio> della cosa che ha venduto, nella condanna all'azione da compera; infatti, dice che colui il quale vendette del bestiame malato o una trave difettosa, se lo fece senza saperlo, può agire con l'azione di compera, nella misura in cui l'acquirente avrebbe pagato di meno se fosse stato a conoscenza <di detto difetto>; se, invece, sapendolo tacque e ingannò il compratore, dovrà garantire per tutti i danni che il compratore abbia subito da quella compera: pertanto, se la casa cadde per il difetto della trave, dovrà garantire il valore della casa, se il gregge morì per il contagio della pecora malata, dovrà garantire la misura dell'interesse a che fosse venduta sana.

D. 19.1.13.20 (Ulp. 32 ad ed.). Veniunt autem in hoc iudicium infra scripta. In primis pretium, quanti res venit. Item usurae pretii post diem traditionis: nam cum re emptor fruatur, aequissimum est eum usuras pretii pendere [art. 1499].

In questa azione vengono in considerazione, inoltre, le cose scritte qui di seguito. Innanzitutto il prezzo a cui fu venduta la cosa. E così pure gli interessi sul prezzo dopo il giorno della consegna: infatti, è molto equo che il compratore, fruendo della cosa, paghi <al venditore> gli interessi sul prezzo.

D. 19.1.21.3 (Paul. 33 ad ed.). Cum per venditorem steterit, quo minus rem tradat, omnis utilitas emptoris in aestimationem venit, quae modo circa ipsam rem consistit: neque enim si potuit ex vino puta negotiari et lucrum facere, id aestimandum est, non magis quam si triticum emerit et ob eam rem, quod non sit traditum, familia eius fame laboraverit: nam pretium tritici, non servorum fame necatorum consequitur. Nec maior fit obligatio, quod tardius agitur, quamvis crescat, si vinum hodie pluris sit, merito, quia sive datum esset, haberem emptor, sive non, quoniam saltem hodie dandum est quod iam olim dari oportuit [art. 1222].

Quando non fu consegnata la cosa a causa del venditore, nella stima viene in considerazione ogni utilità del compratore che si riferisca alla cosa stessa: infatti, se, ad esempio, avrebbe potuto fare degli affari con il vino e ricavarne un lucro, ciò non deve essere stimato, non più del fatto che, se abbia comperato del grano e per la ragione che non fu consegnato, la sua famiglia servile avrà sofferto la fame. Infatti, <il compratore> consegue il prezzo del grano, non quello dei servi morti a causa della fame. Né, per il fatto che si agisce giudizialmente più tardi, l'obbligazione diventa maggiore, sebbene essa cresca se il vino oggi costi di più; perché se esso fosse stato dato, il compratore lo avrebbe, se non <fosse stato dato>, deve essere dato oggi ciò che occorreva dare già da tempo.

D. 19.1.50 (Labeo 4 post. a Iav. epit.). Bona fides non patitur, ut, cum emptor alicuius legis beneficio pecuniam rei venditae debere desisset antequam res ei tradatur, venditor tradere compelletur et re sua careret. Possessione autem tradita futurum est, ut rem venditor aeque amitteret, utpote cum petenti eam rem petitor <emptor exceptionem rei venditae et traditae opponere possit nec perinde sit, quasi eam rem [edd.]> ei neque vendidisset neque tradidisset [art. 1463].

La buona fede non tollera che quando un compratore, per il beneficio di una qualche legge, non debba più il denaro della cosa vendutagli, prima che la cosa <stessa> gli sia stata consegnata, il venditore sia costretto a consegnarla e a perdere la sua cosa. Invece, una volta trasferito il possesso, il venditore perderebbe ugualmente la cosa, dal momento che a lui che rivendichi la cosa, il compratore potrebbe opporre l'eccezione di una cosa venduta e consegnata e non sarebbe come se colui che rivendichi non l'avesse né venduta né consegnata.

D. 19.2.2 pr. (Gai. 2 rer. cott.). Locatio et conductio proxima est emptioni et venditioni isdemque iuris regulis constitit: nam ut emptio et venditio ita contrahitur, si de pretio convenerit, sic et locatio et conductio contrahi intellegitur, si de mercede convenerit [art. 1571].

La locazione-conduzione è affine alla compravendita e consiste delle stesse regole di diritto: infatti, come si contrae la compravendita se ci sia accordati sul prezzo, così si intende conclusa la locazione-conduzione se ci sia accordati sulla mercede.

D. 19.2.11.1 (Ulp. 32 ad ed.). Si hoc in locatione convenit "ignem ne habeto" et habuit, tenebitur etiam si fortuitus casus admisit incendium, quia non debuit ignem habere. Aliud est enim ignem innocentem habere: permittit enim habere, sed innoxium, ignem [art. 1588].

Se nella locazione si è concordato ciò: "Non si accenda il fuoco", e lo abbia acceso, sarà tenuto anche se un caso fortuito provocò l'incendio, poiché non avrebbe dovuto accendere il fuoco. Infatti, altro è accendere un fuoco innocuo, poiché permette di accendere un fuoco ma non dannoso.

D. 19.2.15 pr. (Ulp. 32 ad ed.). Ex conducto actio conductori datur [art. 1575].

Al conduttore è data l'azione di conduzione.

D. 19.2.15.2 (Ulp. 32 ad ed.). Si vis tempestatis calamitosae contigerit, an locator conductori aliquid praestare debeat, videamus. Servius omnem vim, cui resisti non potest, dominum colono praestare debere ait, ut puta fluminum graculorum sturnorum et si quid simile acciderit, aut si incursus hostium fiat: si qua tamen vitia ex ipsa re oriantur, haec damno coloni esse, veluti si vinum coacuerit, si raucis aut herbis segetes corruptae sint. Sed et si labes facta sit omnemque fructum tulerit, damnum coloni non esse, ne supra damnum seminis amissi mercedes agri praestare cogatur. Sed et si uredo fructum oleae corruperit aut solis fervore non adsueto id acciderit, damnum domini futurum: si vero nihil extra consuetudinem acciderit, damnum coloni esse. Idemque dicendum, si exercitus praeteriens per lasciviam aliquid abstulit. Sed et si ager terrae motu ita corruerit, ut nusquam sit, damno domini esse: oportere enim agrum praestari conductori, ut frui possit [art. 1584].

Se si sia verificata per forza <maggiore> una calamità, vediamo se il locatore debba garantire qualcosa al conduttore. Servio dice che il proprietario deve rispondere verso il colono per ogni forza alla quale non può resistere, come, per esempio, la forza dei fiumi, delle cornacchie, degli stormi, e se si sia verificato qualcosa di simile, oppure se avvenga l'invasione dei nemici; se, però, qualche vizio si è originato dalla cosa stessa, questo è a danno del colono, come, ad esempio, se il vino sia divenuto aceto o se le messi si siano guastate per erbacce o vermi. Ma anche se sia avvenuta una frana e abbia portato via ogni frutto, il danno non è del colono, affinché non sia costretto a pagare il canone del campo, oltre il danno per la perdita della semenza. E anche se una malattia abbia guastato i frutti dell'ulivo o se ciò sia accaduto per un calore del sole insolito, il danno sarà del proprietario; se poi non sia accaduto nulla al di fuori del consueto, il danno è del colono. E bisogna dire lo stesso se un esercito, passando, per indisciplina, portò via qualche cosa. Ma anche se il campo per un terremoto abbia ceduto in modo tale da non esistere più, il danno è del proprietario. Infatti, egli deve garantire al conduttore che possa fruire del campo.

D. 19.2.19.1 (Ulp. 32 ad ed.). Si quis dolia vitiosa ignarus locaverit, deinde vinum effluxerit, tenebitur in id quod interest nec ignorantia eius erit excusata: et ita Cassius scripsit. Aliter atque si saltum pascuum locasti, in quo herba mala nascebatur: hic enim si pecora vel demortua sunt vel etiam deteriora facta, quod interest praestabitur, si scisti, si ignorasti, pensionem non petes, et ita Servio Labeoni Sabino placuit [art. 1578].

Se qualcuno, ignorandolo, avrà locato giare difettose e poi il vino sarà uscito fuori, sarà tenuto nella misura dell'interesse <del conduttore>, né la sua ignoranza sarà scusata; e così scrisse Cassio. Se invece hai locato un terreno da pascolo nel quale nasceva dell'erba velenosa: in tal caso se il gregge è morto o anche ha subito un danno, si darà garanzia di ciò che corrisponde all'interesse <del conduttore>, se lo hai saputo, se <invece> lo hai ignorato, non richiederai il canone. E così parve bene a Servio, Labeone, Sabino.

D. 19.2.19.4 (Ulp. 32 ad ed.). Si inquilinus ostium vel quaedam alia aedificio adiecerit, quae actio locum habeat? Et est verius Labeo scripsit competere ex conducto actionem, ut ei tollere liceat, sic tamen, ut damni infecti caveat, ne in aliquo dum aufert deteriorem causam aedium faciat, sed ut pristinam faciem aedibus reddat [art. 1593].

Se l'inquilino abbia aggiunto una porta o qualche altra cosa all'edificio, quale azione ha luogo? Ed è più vero ciò che scrisse Labeone, che compete l'azione di conduzione, affinché gli sia permesso di portare via, purché tuttavia dia garanzia per danno temuto, affinché, nel portare via qualcosa, non deteriori la condizione della casa, ma ripristini lo stato precedente della casa.

D. 19.2.20 pr. (Paul. 34 ad ed.). Sicut emptio ita et locatio sub condicione fieri potest ... [art. 1353].

Come la compravendita, così anche la locazione può essere fatta sotto condizione ...

D. 19.2.25.1 (Gai. 10 ad ed. prov.). Qui fundum fruendum vel habitationem alicui locavit, si aliqua ex causa fundum vel aedes vendat, curare debet, ut apud emptorem quoque eadem pactione et colono frui et inquilino habitare liceat: alioquin prohibitus is aget cum eo ex conducto [art. 1599].

Colui che locò a qualcuno un fondo per fruirne o un'abitazione, se venda il fondo o la casa per una qualche causa, deve occuparsi che anche presso il compratore <si mantengano> le stesse condizioni pattuite, e cioè che sia il colono possa fruire, sia l'inquilino abitare <la casa>, altrimenti, se impediti, agiranno contro di lui con l'azione di conduzione.

D. 19.2.31 (Alf. 5 dig. a Paul. epit.). ... Idem iuris esse in deposito: nam si quis pecuniam numeratam ita deposuisset, ut neque clusam neque obsignatam traderet, sed adnumeraret, nihil alius eum debere apud quem deposita esset, nisi tantundem pecuniae solveret... [art. 1782].

... Lo stesso principio di diritto vale per il deposito: infatti, se taluno avesse depositato denaro in contanti in modo tale che lo consegnò né chiuso, né sigillato, ma lo diede in contanti, nient'altro deve a colui presso il quale è depositato, se non pagare l'equivalente di quel denaro ...

D. 19.3.1 pr. (Ulp. 32 ad ed.). Actio de aestimato proponitur tollendae dubitationis gratia: fuit enim magis dubitatum, cum res aestimata vendenda datur, utrum ex vendito sit actio propter aestimationem, an ex locato, quasi rem vendendam locasse videor, an ex conducto, quasi operas conduxissem, an mandati. Melius itaque visum est hanc actionem proponi: quotiens enim de nomine contractus alicuius ambigeretur, conveniret tamen aliquam actionem dari, dandam aestimatoriam praescriptis verbis actionem: est enim negotium civile gestum et quidem bona fide. Quare omnia et hic locum habent, quae in bonae fidei iudiciis diximus [art. 1556].

L'azione che nasce da contratto estimatorio viene proposta al fine di eliminare qualunque incertezza. Infatti, nel caso in cui viene data da vendere una cosa estimata, si è dubitato molto se vi fosse l'azione di compravendita, a causa della stima, o di locazione, quasi che si consideri che io abbia locato per vendere la cosa, o di conduzione, come se io avessi preso in conduzione le opere, oppure di mandato. Sembrò più opportuno, pertanto, proporre questa azione: ogni qualvolta, infatti, sia controverso il nome di qualche contratto e si convenga tuttavia di concedere una qualche azione, deve essere concessa l'azione estimatoria con le parole prescritte. È stato, infatti, concluso un affare secondo il diritto civile e in buona fede. Dunque, anche in queste ha luogo quanto abbiamo detto sulle azioni di buona fede.

D. 19.4.1 pr. (Paul. 32 ad ed.). Sicut aliud est vendere, aliud emere, alius emptor, alius venditor, ita pretium aliud, aliud merx. At in permutatione discerni non potest, uter emptor veluter venditor sit, multumque differunt praestationes. Emptor enim, nisi nummos accipientis fecerit, tenetur ex vendito, venditori sufficit ob evictionem se obligare possessionem tradere et purgari dolo malo, itaque, si evicta res non sit, nihil debet: in permutatione vero si utrumque pretium est, utriusque rem fieri oportet, si merx, neutrius. Sed cum debeat et res et pretium esse, non potest permutatio emptio venditio esse, quoniam non potest inveniri, quid eorum merx et quid pretium sit, nec ratio patitur, ut una eademque res et veneat et pretium sit emptionis [art. 1476, 1498].

Siccome altro è vendere, altro comperare, altro è il venditore, altro il compratore, così altro è il prezzo, altro la merce. Ma nella permuta non si può discernere quale <dei due contraenti> sia il compratore e quale il venditore e le prestazioni si differenziano molto. Il compratore, infatti, se non avrà reso proprietario del denaro colui che lo riceve, è tenuto con l'azione di vendita, mentre al venditore basta obbligarsi per l'evizione, consegnare il possesso ed essere privo di dolo malevolo; cosicché, se la cosa non sia stata evitta, non deve nulla; viceversa, nella permuta, se l'una e l'altra cosa sono prezzo, è necessario che se ne faccia acquistare la proprietà ad entrambe le parti, se invece sono merce, a nessuna delle due. Ma poiché devono esserci sia la cosa sia il prezzo, la permuta non può essere una compravendita, in quanto non si può sapere quale sia la merce e quale il prezzo, la ragione non tollera che una stessa cosa sia contemporaneamente venduta e costituisca il prezzo della compera.

D. 19.4.1.2 (Paul. 32 ad ed.). Item emptio ac venditio nuda consentientium voluntate contrahitur, permutatio autem ex re tradita initium obligationi praebet: alioquin si res nondum tradita sit, nudo consensu constitui obligationem dicemus, quod in his dumtaxat receptum est, quae nomen suum habent, ut in emptione venditione, conductione, mandato [art. 1552].

Così pure, la compravendita si contrae con la mera volontà dei contraenti, mentre la permuta nasce con la consegna della cosa; invece, se la cosa non sia stata ancora consegnata, dovremmo dire che l'obbligazione si costituisce con il mero consenso, il che è stato accettato soltanto per quei <contratti> che hanno un proprio nome, come la compravendita, la conduzione, il mandato.

D. 19.5.12 (Procul. 11 epist.). Si vir uxori suae fundos vendidit et in venditione comprehensum est convenisse inter eos, si ea nupta ei esse desisset, ut eos fundos si ipse vellet, eodem pretio mulier transcriberet viro: in factum existimo iudicium esse reddendum idque et in aliis personis observandum [art. 1500].

Se un marito ha venduto alla propria moglie dei fondi, e hanno convenuto fra loro sulla vendita che, se la stessa avesse cessato di essere sua moglie, e se egli lo avesse voluto, la moglie avrebbe trasferito quei fondi al marito al medesimo prezzo: penso che debba essere data un'azione in fatto e che lo stesso si debba osservare anche per le altre persone.

D. 19.5.22 (Gai. 10 ad ed. prov.). Si tibi polienda sarciendave vestimenta dederim, si quidem gratis hanc operam te suscipiente, mandati est obligatio, si vero mercede data aut constituta, locationis conductionisque negotium geritur [art. 1571].

Se io ti abbia dato dei vestiti da pulire o da rammendare, se ciò è avvenuto assumendo tu gratuitamente l'opera, si ha l'obbligazione da mandato; se, invece, è stata data o stabilita una mercede, si è posto in essere un negozio di locazione-conduzione.

D. 20.1.16.9 (Marc. l.s. ad form. hypoth.). Potest ita fieri pignoris datio hypothecaeve, ut, si intra certum tempus non sit soluta pecunia, iure emptoris possideat rem iusto pretio tunc aestimandam: hoc enim casu videtur quodammodo condicionalis esse venditio. Et ita divus Severus et Antoninus rescripserunt [art. 2744].

La dazione del pegno o dell'ipoteca può essere fatta in modo che, se entro un tempo stabilito non sia pagato il denaro, <il creditore> possegga, come se fosse un compratore, la cosa che deve stimarsi allora al giusto prezzo: in questo caso, infatti, si ritiene vi sia una vendita condizionata. E così hanno stabilito con rescritto i divi <Settimio> Severo e Antonino <Caracalla>.

D. 21.1.1.2 (Ulp. 1 ad ed. aed. cur.). Causa huius edicti proponendi est, ut occurratur fallaciis vendentium et emptoribus succurratur, quicumque decepti a venditoribus fuerint: dummodo sciamus venditorem, etiamsi ignoravit ea quae aediles praestari iubent, tamen teneri debere. Nec est hoc iniquum: potuit enim ea nota habere venditor: neque enim interest emptoris, cur fallatur, ignorantia venditoris an calliditate [art. 1491].

La causa dell'emanazione di questo editto sta nel rimediare agli inganni dei venditori e soccorrere quei compratori che siano stati ingannati dai venditori; sappiamo che il venditore, anche se non conosceva quei <vizi> che gli edili ordinano che si debbano garantire, tuttavia deve essere tenuto. E ciò non è iniquo: il venditore, infatti, avrebbe potuto conoscerli; né, infatti, interessa al compratore di essere ingannato per ignoranza o per astuzia del venditore.

D. 21.2.8 (Iul. 15 dig.). Quare sive partus ancillae sive hereditas, quam servus iussu emptoris adierit, evicta fuerit, agi ex empto potest: et sicut obligatus est venditor, ut praestet licere habere hominem quem vendidit, ita ea quoque quae per eum adquiri potuerunt praestare debet emptori, ut habeat [art. 1483].

Pertanto se siano stati evitti il parto di un'ancella oppure l'eredità che il servo avesse adito dietro autorizzazione del compratore, questi può intentare l'azione da compera; e il venditore come ha l'obbligo di garantire la pacifica disponibilità del servo che ha venduto, così deve garantire al compratore di avere anche le cose che per mezzo di esso avrebbero potuto essere acquisite.

D. 21.2.68.1 (Pap. 11 resp.). Creditor, qui pro pecunia nomen debitoris per delegationem sequi maluit, evictis pignoribus quae prior creditor accepit nullam actionem cum eo qui liberatus est habebit [art. 1275].

Al creditore che, in luogo del denaro preferì un credito delegato dal debitore, essendogli stati evitti i pegni che il primo creditore <delegante> aveva accettato, non spetterà alcuna azione contro colui che è stato liberato.

D. 22.1.25 pr. (Iul. 7 dig.). Qui scit fundum sibi cum alio communem esse, fructus, quos ex eo perceperit invito vel ignorante socio, non maiore ex parte suos facit quam ex qua dominus praedii est: nec refert, ipse an socius an uterque eos severit, quia omnis fructus non iure seminis, sed iure soli percipitur: et quemadmodum, si totum fundum alienum quis sciens possideat, nulla ex parte fructus suos faciet, quoquo modo sati fuerint, ita qui communem fundum possidet, non faciet suos fructus pro ea parte, qua fundus ad socium eius pertinebit [art. 1101].

Colui che è a conoscenza che un fondo è comune a sé e ad un altro, non fa suoi tanta parte dei frutti che da detto fondo avrà percepito senza il consenso o ad insaputa del socio, quanta è la parte nella quale egli è proprietario del fondo; e non importa se il socio o entrambi li abbiano seminati, poiché ogni frutto si acquista non per il diritto sulla semente, ma per quello sul suolo; e come taluno, se possieda scientemente un intero fondo altrui, non acquisterà nessuna parte dei frutti, in qualunque modo essi siano stati seminati; così colui che possiede un fondo comune non farà suoi i frutti relativi alla quota per la quale il fondo apparterrà al suo socio.

D. 22.1.25.1 (Iul. 7 dig.). … Cum fructuarii quidem non fiant, antequam ab eo percipiantur, ad bonae fidei autem possessorem pertineant, quoquo modo a solo separati fuerint, sicut eius qui vectigalem fundum habet fructus fiunt, simul atque solo separati sunt [art. 959].

... Mentre <i frutti>, infatti, non divengono dell'usufruttuario prima che siano percepiti, essi appartengono al possessore di buona fede in qualunque modo siano stati separati dal suolo, così come i frutti divengono di colui che ha un fondo soggetto a imposta non appena siano stati separati dal suolo.

D. 22.1.32.2 (Marc. 4 reg.). In bonae fidei contractibus ex mora usurae debentur [art. 1224].

Nei contratti di buona fede, gli interessi sono dovuti dal momento della mora.

D. 23.1.1 (Flor. 3 inst.). Sponsalia sunt mentio et repromissio nuptiarum futurarum [art. 79].

Gli sponsali sono la proposta e la corrispondente promessa di future nozze.

D. 23.1.2 (Ulp. l.s. de sponsal.). Sponsalia autem dicta sunt a spondendo: nam moris fuit veteribus stipulari et spondere sibi uxores futuras [art. 79].

Essi, poi, sono detti sponsali dal 'promettere solennemente': presso gli antichi, infatti, fu costume che venisse fatta solenne domanda e venisse promesso solennemente <di darle e prenderle> con sé come future mogli.

D. 23.2.4 (Pomp. 3 ad Sab.). Minorem annis duodecim nuptam tunc legitimam uxorem fore, cum apud virum explesset duodecim annos [art. 117].

La minore di dodici anni, che abbia contratto nozze, diventa moglie legittima avendo compiuto dodici anni presso il marito.

D. 23.2.5 (Pomp. 4 ad Sab.). Mulierem absenti per litteras eius vel per nuntium posse nubere placet, si in domum eius deduceretur: eam vero quae abesset ex litteris vel nuntio suo duci a marito non posse: deductione enim opus esse in mariti, non in uxoris domum, quasi in domicilium matrimonii [art. 45].

Pare bene che una donna possa sposare uno assente o per mezzo di lettera di questi o di un nuncio, purché venga condotta nella casa di lui; mentre colei che sia assente non può essere sposata dal marito per lettera o per mezzo di un suo nuncio: infatti, è necessario che la deduzione sia nella casa del marito, come domicilio coniugale, e non in quella della moglie.

D. 23.2.10 (Paul. 35 ad ed.). Si ita pater absit, ut ignoretur ubi sit et an sit, quid faciendum est, merito dubitatur. Et si triennium effluxerit, postquam apertissime fuerit pater ignotus ubi degit et an superstes sit, non prohibentur liberi eius utriusque sexus matrimonium vel nuptias legitimas contrahere [art. 48].

Se il padre sia assente in modo che non si abbia conoscenza di dove sia e se sia in vita, a ragione si dubita su cosa si debba fare. E se sia decorso un triennio da quando, in maniera del tutto chiara, non si sappia più nulla del padre, dove si trovi e se sia ancora in vita, non si proibisce ai suoi figli, di ambedue i sessi, di contrarre matrimonio o nozze legittime.

D. 23.2.16.2 (Paul. 35 ad ed.). Furor contrahi matrimonium non sinit, quia consensu opus est, sed recte contractum non impedit [art. 85].

La pazzia non consente che si contragga matrimonio, perché è necessario il consenso, ma non è di impedimento a quello correttamente contratto.

D. 23.2.30 (Gai. 2 ad l. Iul. et Pap.). Simulatae nuptiae nullius momenti sunt [art. 123].

Le nozze simulate non hanno alcun valore.

D. 24.2.1 (Paul. 35 ad ed.). Dirimitur matrimonium divortio morte captivitate vel alia contingente servitute utrius eorum [art. 149].

Il matrimonio si scioglie per effetto del divorzio, della morte, della prigionia <di guerra> o per la servitù in cui cada uno dei coniugi.

D. 24.3.22.8 (Ulp. 33 ad ed.). ... tunc licentiam habeat vel curator furiosae vel cognati adire iudicem competentem, quatenus necessitas imponatur marito omnem talem mulieris sustentationem sufferre et alimenta praestare et medicinae eius succurrere et nihil praetermittere eorum, quae maritum uxori adferre decet secundum dotis quantitatem [art. 433].

... in tal caso, sia lecito al curatore della pazza o ai parenti <di lei> adire il giudice competente per imporre al marito la necessità di farsi carico di tutto quanto il sostentamento della moglie, di prestarle gli alimenti, di provvedere alle sue cure mediche e di non trascurare nulla di ciò che conviene che un marito procuri alla moglie, in relazione all'ammontare della dote.

D. 25.3.5.1 (Ulp. 2 de off. cons.). ... Et magis puto, etiamsi non sunt liberi in potestate, alendos a parentibus et vice mutua alere parentes debere [art. 433].

... E reputo preferibile che, anche se non sono figli in potestà, essi debbano essere mantenuti dai genitori e, altrettanto reciprocamente, essi debbano mantenere i genitori.

D. 25.3.5.19 (Ulp. 2 de off. cons.). Alimenta autem pro modo facultatium erunt praebenda, egentibus scilicet patronis: ceterum si sit unde se exhibeant, cessabunt partes iudicis [art. 438].

Gli alimenti, poi, dovranno essere somministrati in base alle facoltà economiche, e cioè ai patroni indigenti; invece, se ci sia di che essi possano mantenersi, cesseranno i compiti del giudice.

D. 26.1.1 pr.-1 (Paul. 38 ad ed.). Tutela est, ut Servius definit, vis ac potestas in capite libero ad tuendum eum, qui propter aetatem sua sponte se defendere nequit, iure civili data ac permissa. 1. Tutores autem sunt qui eam vim ac potestatem habent, exque re ipsa nomen ceperunt: itaque appellantur tutores quasi tuitores atque defensores, sicut aeditui dicuntur qui aedes tuentur [art. 357].

La tutela è, come la definisce Servio, il potere e la potestà, accordata e permessa dal diritto civile, su una persona libera, per tutelare colui che, a causa dell'età, non può difendersi da sé. 1. Tutori, poi, sono coloro che hanno tale potere e potestà e da questa situazione presero il nome: pertanto, sono detti tutori, quasi fossero protettori e difensori, così come si dicono custodi del tempio coloro che tutelano gli edifici sacri.

D. 26.1.6.4 (Ulp. 38 ad Sab.). Ei cuius pater in hostium potestate est tutorem dari non posse palam est: sed si datus sit, an in pendenti sit datio, quaeri potest. Et non puto dationem valere: sic enim post patris regressum reccidit in potestatem, atque si numquam pater ab hostibus captus fuisset. Immo curator substantiae dari debet, ne in medio pereat [art. 48].

È noto che non si può dare un tutore a colui il cui padre è in potestà dei nemici; ma, se sia stato nominato, ci si può chiedere se la nomina rimanga in stato di pendenza. E io non ritengo che la nomina sia valida: dopo il ritorno del padre, infatti, egli ricade nella <sua> potestà come se il padre non fosse mai stato catturato dai nemici. Anzi, si deve nominare un curatore per il patrimonio, affinché nel frattempo non cada in rovina.

D. 26.7.22 (Paul. 3 ad ed.). Tutor ad utilitatem pupilli et novare et rem in iudicium deducere potest: donationes autem ab eo factae pupillo non nocent [art. 777].

Se sia utile al pupillo, il tutore può sia novare, sia dedurre una pretesa in giudizio; ma le donazioni da lui compiute non danneggiano il pupillo.

D. 26.7.27 (Paul. 7 ad Plaut.). Tutor, qui tutelam gerit,

quantum ad providentiam pupillarem domini loco haberi debet [art. 357].

Il tutore che amministra la tutela, per quanto riguarda la gestione del patrimonio pupillare, deve essere considerato come proprietario.

D. 27.10.1 pr. (Ulp. 1 ad Sab.). Lege duodecim tabularum prodigo interdicitur bonorum suorum administratio, quod moribus quidem ab initio introductum est. Sed solent hodie praetores vel praesides, si talem hominem invenerint, qui neque tempus neque finem expensarum habet, sed bona sua dilacerando et dissipando profudit, curatorem ei dare exemplo furiosi … [art. 414].

Nella legge delle dodici tavole si interdice al prodigo l'amministrazione dei suoi beni, il che agli inizi era stato introdotto invero dalle costumanze. Ma oggi i pretori o i presidi <delle province> sono soliti nominare un curatore sull'esempio di quello del pazzo, se trovano un tale uomo, che non abbia consapevolezza né del momento né del limite delle spese, ma disperse i propri beni dilapidandoli e dissipandoli …

D. 27.10.2 (Paul. 1 de off. procons.). Sed et aliis dabit proconsul curatores, qui rebus suis superesse non possunt, vel dari iubebit, nec dubitabit filium quoque patri curatorem dari [art. 414].

Ma il proconsole nominerà, o ordinerà di nominare curatori anche ad altri che non sono capaci di <gestire> le proprie cose, né dubiterà che sia nominato pure il figlio come curatore del padre.

D. 28.1.1 (Mod. 2 pand.). Testamentum est voluntatis nostrae iusta sententia de eo, quod quis post mortem suam fieri velit [art. 587].

Il testamento è una giusta manifestazione della nostra volontà su ciò che uno voglia che si faccia dopo la sua morte.

D. 28.1.2 (Labeo 1 post. a Iav. epit.). In eo qui testatur eius temporis, quo testamentum facit, integritas mentis, non corporis sanitas exigenda est [art. 591].

In colui che dispone per testamento deve richiedersi, per quel tempo in cui fa testamento, l'integrità di mente, non la salute del corpo.

D. 28.5.60(59).3 (Cels. 16 dig.). Cum quis ex institutis, qui non cum aliquo coniunctim institutus sit, heres non est, pars eius omnibus pro portionibus hereditariis adcrescit, neque refert, primo loco quis institutus an alicui substitutus heres sit [art. 674].

Quando uno degli istituiti, che non sia stato istituito con alcuno congiuntamente, non è erede, la parte di lui si accresce a tutti, secondo le porzioni ereditarie; né importa, se uno sia stato istituito erede in primo grado, o sostituito ad alcuno.

D. 29.2.2 (Ulp. 4 ad Sab). Sed et si quis ex pluribus partibus in eiusdem hereditate institutus sit, non potest quasdam partes repudiare, quasdam adgnoscere [art. 520].

Ma, anche se uno sia stato istituito in più parti per eredità di una medesima persona, non può a talune parti rinunciare, talune accettarne.

D. 29.2.20 pr. (Ulp. 61 ad ed.). Pro herede gerere videtur is, qui aliquid facit quasi heres. Et generaliter Iulianus scribit eum demum pro herede gerere, qui aliquid quasi heres gerit: pro herede autem gerere non esse facti quam animi: nam hoc animo esse debet, ut velit esse heres [art. 476].

Sembra agire come erede colui che fa qualche cosa nella qualità di erede. E in generale Giuliano scrive che agisce come erede soltanto chi fa qualche cosa nella qualità di erede: agire da erede, peraltro, è cosa non tanto di fatto, quanto d'intenzione: giacché deve avere in animo di essere erede.

D. 29.2.27 (Pomp. 3 ad Sab.). Neminem pro herede gerere posse vivo eo, cuius in bonis gerendum sit, Labeo ait [art. 456].

Labeone dice che nessuno può agire da erede quando sia vivo colui in relazione ai cui beni si ingerisce.

D. 29.2.39 (Ulp. 46 ad ed.). Quam diu potest ex testamento adiri hereditas, ab intestato non defertur [art. 457].

Finché un'eredità può essere accettata per testamento, non si deferisce senza testamento.

D. 29.2.51.2 (Afr. 4 quaest.). Sed et si quis ita dixerit: "Si solvendo hereditas est, adeo hereditatem", nulla aditio est [art. 475].

Ma anche se taluno dirà così: "Se l'eredità è solvibile, adisco l'eredità", l'adizione è nulla.

D. 29.2.54 (Flor. 8 inst.). Heres quandoque adeundo hereditatem iam tunc a morte successisse defuncto intellegitur [art. 459].

L'erede, quando stia per adire l'eredità, si intende essere succeduto al defunto sin dalla morte.

D. 29.2.85 (Pap. 30 quaest.). Si metus causa adeat aliquis hereditatem, fiet ut, quia invitus heres existat, detur abstinendi facultas [art. 482].

Se taluno adisce l'eredità per timore, poiché diviene erede contro la sua volontà, gli sarà data facoltà di astenersi.

D. 29.2.95 (Paul. 4 sent.). Recusari hereditas non tantum verbis, sed etiam re potest et alio quovis indicio voluntatis [art. 519].

L'eredità può rifiutarsi non solo con parole, ma anche con fatti <concludenti> e con qualunque altra manifestazione di volontà.

D. 29.3.2.4-4a (Ulp. 50 ad ed.). Si dubitetur, utrum vivat an decesserit is, cuius quis quod ad causam testamenti pertinet inspici describique postulat, dicendum est praetorem causa cognita statuere id debere, ut, si liquerit eum vivere, non permittat. 4a. Inspici tabulas est, ut ipsam scripturam quis inspiciat et sigilla et quid aliud ex tabulis velit spectare [art. 456].

Se si dubiti se sia vivo o morto colui del quale uno domandi di esaminare e copiare <le tavole> del testamento, si deve dire che il pretore deve stabilire ciò con cognizione di causa: in modo che, se sia certo che egli è vivo, non lo permetta. 4a. Esaminare le tavole vuol dire osservare la scrittura stessa nonché i sigilli e qualunque altra cosa delle tavole si voglia prendere in considerazione.

D. 30.4 pr. (Ulp. 5 ad Sab.). Si quis in fundi vocabulo erravit et Cornelianum pro Semproniano nominavit, debebitur Sempronianus: sed si in corpore erravit, non debebitur. Quod si quis, cum vellet vestem legare, suppellectilem adscripsit, dum putat suppellectilis appellatione vestem contineri, Pomponius scripsit vestem non deberi, quemadmodum si quis putet auri appellatione electrum vel aurichalcum contineri vel, quod est stultius, vestis appellatione etiam argentum contineri. Rerum enim vocabula immutabilia sunt, hominum mutabilia [art. 1429].

Se taluno errò nel nome del fondo, e in luogo del Semproniano lo chiamò Corneliano, sarà dovuto il Semproniano. Ma se errò sull'oggetto, non sarà dovuto. Se, infatti, uno volendo legare una veste, scrisse suppellettile, poiché crede che nella denominazione di suppellettile si comprenda la veste, Pomponio scrisse, che la veste non è dovuta, così come nel caso in cui uno creda che nella denominazione di oro si contenga l'ambra o l'ottone; o, il che è più insensato, che nella denominazione di veste si contenga anche l'argento. I nomi delle cose sono, infatti, immutabili, mutabili quelli degli uomini.

D. 30.39.5 (Ulp. 21 ad Sab.). Heres cogitur legati praedii

solvere vectigal praeteritum vel tributum vel solarium vel cloacarium vel pro aquae forma [art. 668].

L'erede è tenuto a pagare le precedenti imposizioni o il tributo o il solario o il cloacario o lo scolo dell'acqua del fondo legato.

D. 30.44.1 (Ulp. 22 ad Sab.). Si quis rem, sibi legatam ignorans adhuc, legaverit, postea cognoverit et voluerit ad se pertinere, legatum valebit, quia, ubi legatarius non repudiavit, retro ipsius fuisse videtur, ex quo hereditas adita est: si vero repudiaverit, retro videtur res repudiata fuisse heredis [art. 649].

Se uno avrà legato una cosa, non sapendo che essa fosse stata a sé legata ed, avendolo successivamente appreso, volle farla sua, il legato sarà valido, perché ove il legatario non rinunciò al legato, la cosa si considera essere sua retroattivamente, da quando fu accettata l'eredità; ma se la ripudiò, la cosa ripudiata si considera essere dell'erede retroattivamente.

D. 30.69.3 (Gai. 2 de leg. ad ed. praet.). Si fundus qui legatus est servitutem debeat impositam, qualis est, dari debet: quod si ita legatus sit "uti optimus maximusque", liber praestandus est [art. 668].

Se il fondo che fu legato sia gravato da una servitù, deve consegnarsi così come è. Se fu, però, legato in questi termini: "nella massima e ottima qualità", lo si dovrà dare libero.

D. 30.86.3 (Iul. 34 dig.). Si fundus ab omnibus heredibus legatus sit, qui unius heredis esset, is quidem cuius fundus esset non amplius quam partem suam praestabit, ceteri in reliquas partes tenebuntur [art. 663].

Se sia stato legato a carico di tutti gli eredi un fondo che sia di un solo erede, quegli di cui sia il fondo, non dovrà dare più che la sua parte; per le restanti parti saranno tenuti gli altri.

D. 30.108.10 (Afr. 5 quaest.). Qui quinque in arca habebat ita legavit vel stipulanti promisit "decem quae in arca habeo": et legatum et stipulatio valebit, ita tamen, ut sola quinque vel ex stipulatione vel ex testamento debeantur. Ut vero quinque quae deerunt ex testamento peti possint, vix ratio patietur: nam quodammodo certum corpus, quod in rerum natura non sit, legatum videtur. Quod si mortis tempore plena summa fuerat et postea aliquod ex ea deperierit, sine dubio soli heredi deperit [art. 655].

Colui che aveva cinque in cassa, li legò o li promise ad uno stipulante così: "i dieci che ho in cassa"; il legato o la stipulazione saranno validi, in modo però che si debbano solo cinque. Ma in vero, poi, la ragione sopporterà a mala pena che in forza del testamento si possano domandare i cinque che mancheranno: giacché in un qualche modo sembra legato un corpo determinato, che non esiste più in natura. Se, invece, al tempo della morte la somma era piena, e in seguito una parte di essa deperì, senza dubbio deperisce a danno del solo erede.

D. 31.8.2 (Paul. 9 ad Plaut.). Si quis legaverit ex illo dolio amphoras decem, etsi non decem, sed pauciores inveniri possint, non exstinguitur legatum, sed hoc tantummodo accipit, quod invenitur [art. 654].

Se alcuno avrà legato dieci anfore da una certa botte, anche se non se ne possano ritrovare dieci, ma di meno, il legato non si estingue: <il legatario> riceve, però, soltanto ciò che si trova.

D. 31.15 (Cels. 6 dig.). Si quis duobus heredibus institutis ita legaverit: "Stichum aut decem heredes danto", non potest alter heredum quinque, alter partem Stichi dare, sed necesse est utrumque aut Stichum totum aut decem solvere [art. 1285].

Se taluno, istituiti due eredi, avrà legato così: "Gli eredi diano Stico o dieci", non può uno degli eredi dare cinque e l'altro una parte di Stico; ma è necessario che entrambi, o diano tutto Stico o dieci.

D. 31.33 pr. (Mod. 9 resp.). Respondit: legatorum petitio adversus heredes pro partibus hereditariis competit, nec pro his qui solvendo non sunt onerari coheredes oportet [art. 662].

Rispose: la domanda (giudiziale [*n.d.r.*]) di legati contro gli eredi è data secondo le parti ereditarie, né, per quelli che non sono solvibili conviene che siano obbligati i coeredi.

D. 31.87.3 (Paul. 14 resp.). "Imperator Alexander Augustus Claudiano Iuliano praefecto urbi. Si liquet tibi, Iuliane carissime, aviam intervertendae inofficiosi querellae patrimonium suum donationibus in nepotem factis exinanisse, ratio deposcit id, quod donatum est, pro dimidia parte revocari" [art. 555].

"L'imperatore <Severo> Alessandro Augusto a Claudiano Giuliano prefetto urbano: Se è evidente a te, carissimo Giuliano, che la nonna, per evitare la querela di inofficioso <testamento>, abbia esaurito il suo patrimonio con donazioni fatte al nipote, la ragione richiede, che quanto fu donato, sia revocato per la metà".

D. 33.1.4 (Paul. 62 ad ed.). Si in singulos annos alicui legatum sit, Sabinus, cuius sententia vera est, plura legata esse ait et primi anni purum, sequentium condicionale: videri enim hanc inesse condicionem "si vivat" et ideo mortuo eo ad heredem legatum non transire [art. 670].

Se a qualcuno sia legato per ciascun anno, Sabino, la cui opinione è vera, dice esserci più legati, e che quello del primo anno sia puro, condizionale quello dei seguenti: perché sembra essere implicita la condizione "se viva", e perciò, alla sua morte, il legato non passa all'erede.

D. 33.2.15.1 (Marcell. 13 dig.). Qui duos fundos habebat, unum legavit et alterius fundi usum fructum alii legavit: quaero, si fructuarius ad fundum aliunde viam non habeat quam per illum fundum qui legatus est, an fructuario servitus debeatur. Respondit, quemadmodum, si in hereditate esset fundus, per quem fructuario potest praestari via, secundum voluntatem defuncti videtur id exigere ab herede, ita et in hac specie non aliter concedendum esse legatario fundum vindicare, nisi prius ius transeundi usufructuario praestet, ut haec forma in agris servetur, quae vivo testatore optinuerit, sive donec usus fructus permanet sive dum ad suam proprietatem redierit [art. 1051, 1054].

Colui che aveva due fondi: uno lo legò, e dell'altro fondo legò ad un altro l'usufrutto. Chiedo, se, nel caso in cui l'usufruttuario non abbia per il fondo altra strada che quella per il fondo che fu legato, sia a lui dovuta una servitù. Rispose, che, così come se vi fosse nell'eredità un fondo attraverso il quale si possa dare l'accesso all'usufruttuario, sembrerebbe potersi esigere ciò dall'erede secondo la volontà del defunto, così anche in questo caso non deve concedersi al legatario di vendicare il fondo, se non prima che questo conceda all'usufruttuario il diritto di passaggio: in modo tale che si mantenga lo stato dei fondi qual era vivente il testatore, finché dura l'usufrutto, o per quando sarà ritornato nella sua proprietà.

D. 33.2.43 (Ven. 10 act.). Nihil interest, utrum bonorum quis an rerum tertiae partis usum fructum legaverit: nam si bonorum usus fructus legabitur, etiam aes alienum ex bonis deducetur, et quod in actionibus erit, computabitur. At si certarum rerum usus fructus legatus erit, non idem observabitur [art. 1010].

Non fa differenza se uno leghi l'usufrutto sulla terza parte dei suoi beni o delle sue cose. Poiché se si legherà l'usufrutto dei beni, da questo si dedurranno i debiti, e si computerà ciò che è nelle azioni: ma se si sarà legato l'usufrutto su cose determinate, non si osserverà lo stesso.

D. 33.3.1 (Iul. 1 ex Min.). Qui duas tabernas coniunctas habebat, eas singulas duobus legavit: quaesitum est, si quid ex superiore taberna in inferiorem inaedificatum esset, num inferior oneri ferundo in superioris tabernae loco contineretur. Respondit servitutem impositam videri. IULIANUS *notat*: videamus, ne hoc ita verum sit, si aut nominatim haec servitus imposita est aut ita legatum datum est: "tabernam meam uti nunc est do lego" [art. 1062].

Colui che aveva due botteghe contigue, le legò singolarmente a due <persone>. Se fosse stata realizzata qualcosa dalla bottega superiore sulla inferiore si è posta la questione, se <nel legato> fosse compreso che la inferiore dovesse sopportare il peso della superiore. Rispose, che si considera imposta una servitù. Giuliano osserva: vediamo, che ciò non sia vero soltanto nel caso in cui tale servitù sia espressamente imposta o quando sia dato un legato in questa forma: "Do, lego la mia bottega così come ora è".

D. 33.3.4 (Iav. 9 epist.). Si is qui duas aedes habebat unas mihi, alteras tibi legavit et medius paries, qui utrasque aedes distinguat, intervenit, eo iure cum communem nobis esse existimo, quo, si paries tantum duobus nobis communiter esset legatus, ideoque neque me neque te agere posse ius non esse alteri ita immissas habere <trabes [edd.]>: nam quod communiter socius habet, et in iure eum habere constitit: itaque de ea re arbiter communi dividundo sumendus est [art. 1062].

Se colui che aveva due case ne legò una a me, un'altra a te, e vi è una parete in mezzo che divida l'una e l'altra casa, credo che questa sia a noi comune per diritto nel caso in cui a noi due fosse stata legata soltanto la parete comune; perciò né io né tu possiamo agire per impedire che l'altro immetta delle travi: fu infatti stabilito che quanto il condomino ha in comune, egli lo ha anche giuridicamente; perciò, per una tale questione, deve prendersi un arbitro per la divisione della cosa comune.

D. 33.6.4 (Paul. 4 ad Sab.). Cum certum pondus olei non adiecta qualitate legatur, non solet quaeri, cuius generis oleo uti solitus fuerit testator aut cuius generis oleum istius regionis homines in usu habeant: et ideo liberum est heredi, cuius vellet generis oleum legatario solvere [art. 1178].

Quando si lega una determinata quantità di olio senza menzione della qualità, non si è soliti chiedere di che genere d'olio si servisse usualmente il testatore, o che genere d'olio abbiano in uso gli uomini di quella zona; e perciò l'erede ha la facoltà di dare al legatario olio della qualità che vorrà.

D. 34.3.3 pr. (Ulp. 23 ad Sab.). Liberationem debitori posse legari iam certum est [art. 658].

È ormai certo che al debitore si possa legare la liberazione <dal debito>.

D. 34.3.11 (Iul. 36 dig.). Si debitor fideiussorem suum ab herede suo liberari iusserit, an fideiussor liberari debeat? Respondi debere. Item quaesitum est, an, quia mandati actione heredes tenerentur, inutile legatum esset, quemadmodum inutile legatum est quod debitor creditori suo legat. Respondi, quotiens debitor creditori suo legaret, ita inutile esse legatum, si nihil interesset creditoris ex testamento potius agere quam ex pristina obligatione. Nam et si Titius mandaverit Maevio, ut pecuniam promitteret, deinde liberari eum iusserit a stipulatore, manifestum est, quantum intersit promissoris liberari potius quam praestare ex stipulatu, deinde mandati agere [art. 659].

Se il debitore dispose che il suo fideiussore fosse liberato dal suo erede, il fideiussore deve essere liberato? Rispose che deve esserlo. Del pari si domandò se un legato fosse inefficace, in quanto gli eredi erano tenuti con l'azione di mandato, così come inefficace è quel legato che il debitore lega al suo creditore. Rispose che, quando un debitore leghi al suo creditore, il legato è inefficace ogniqualvolta non vi sia interesse del creditore di agire in forza del testamento, piuttosto che dell'obbligazione precedente. Infatti, anche se Tizio avrà dato mandato a Mevio di promettere una somma e poi avrà ordinato che quello sia liberato dallo stipulatore, è manifesto quanto interessi al promittente essere liberato, piuttosto che eseguire la stipulazione e poi agire con l'azione di mandato.

D. 34.3.24 pr. (Pap. 8 resp.). Cum heres rogatur debitorem suum liberare, de eo tantum cogitatum videtur, quod in obligatione manserit ... [art. 658].

Quando l'erede viene pregato di liberare il suo debitore, si reputa che abbia avuto in mente <di legare> soltanto ciò che sia rimasto nell'obbligazione ...

D. 34.4.4 (Ulp. 33 ad Sab.). Quod si iterum in amicitiam redierunt et paenituit testatorem prioris offensae, legatum vel fideicommissum relictum redintegratur: ambulatoria enim est voluntas defuncti usque ad vitae supremum exitum [art. 458, 466].

Tuttavia se <le parti> tornarono di nuovo in amicizia e il testatore si pentì della precedente offesa, il legato o fedecommesso lasciato, riprendono la loro forza: la volontà del defunto è, infatti, mutevole fino all'ultimo istante di vita.

D. 34.5.12(13) (Iul. 50 dig.). Quotiens in actionibus aut in exceptionibus ambigua oratio est, commodissimum est id accipi, quo res de qua agitur magis valeat quam pereat [art. 1367].

Ogniqualvolta, nelle azioni o nelle eccezioni, il tenore letterale è ambiguo, è più appropriato intendere in modo che la cosa della quale si tratta abbia validità, piuttosto che si perda.

D. 34.5.20(21) (Paul. 12 ad Plaut.). Cum senatus temporibus divi Marci permiserit collegiis legare, nulla dubitatio est, quod, si corpori cui licet coire legatum sit, debeatur: cui autem non licet si legetur, non valebit, nisi singulis legetur: hi enim non quasi collegium, sed quasi certi homines admittentur ad legatum [art. 17].

Poiché ai tempi del divo imperatore Marco il senato ha permesso di legare ai collegi, non sussiste alcun dubbio che se si sia legato ad una corporazione che ha facoltà giuridica di riunirsi, sia dovuto <il legato>; se, invece, si sia legato ad una <corporazione> cui ciò non è consentito, esso non sarà valido, salvo che non si leghi ai singoli, perché questi saranno ammessi al legato, non come collegio, ma come persone determinate.

D. 34.9.3 (Marc. 5 reg.). Indignum esse divus Pius illum decrevit, ut et Marcellus libro duodecimo digestorum refert, qui manifestissime comprobatus est id egisse, ut per neglegentiam et culpam suam mulier, a qua heres institutus erat, moreretur [art. 463].

Come riferisce anche Marcello nel libro dodicesimo dei *Digesti*, il divo imperatore <Antonino> Pio decretò che fosse indegno colui che, manifestamente, si fosse provato aver procurato, per sua negligenza e colpa, la morte di quella donna dalla quale era stato istituito erede.

D. 34.9.17 (Pap. 13 resp.). Heredem, qui sciens defuncti vindictam insuper habuit, fructus omnes restituere cogendum existimavi nec probe desideraturum actionem confusam restitui: deceptum autem ignoratione facti bonae fidei possessoris defensionem habiturum ante motam scilicet controversiam si ratio fructuum subducatur, nec improbe confusam actionem reddi postulaturum [art. 464].

Ho ritenuto che un erede, il quale consapevolmente ritenne superflua la vendetta del defunto, debba essere costretto a restituire tutti i frutti e che non possa desiderare a ragione la restituzione di un'azione confusa. Se, invece, fosse ingannato per ignoranza del fatto, certamente avrà la difesa di un possessore di buona fede, se il conto dei frutti sia avvenuto prima dell'insorgere della controversia, e non sarà erroneamente richiesta la restituzione delle azioni confuse in maniera ingiusta.

D. 35.2.9.1 (Pap. 19 quaest.). ... partus nondum editus homo non recte fuisse dicitur [art. 1].

... non si dice a ragione che un parto non ancora compiuto sia un uomo.

D. 35.2.69 (Pomp. 5 ad Sab.). Usu fructu bonorum legato aes alienum ex omnibus rebus deducendum est, quoniam post senatus consultum nulla res est, quae non cadit in usus fructus legatum [art. 1010].

Nel caso in cui si leghi l'usufrutto dei beni, i debiti si debbono dedurre da tutte le cose: poiché dopo il senatoconsulto (innominato [*n.d.r.*]) non vi è alcuna cosa, che non cada nel legato di usufrutto.

D. 38.10.1 pr. (Gai. 8 ad ed. prov.). Gradus cognationis alii superioris ordinis sunt, alii inferioris, alii ex transverso sive a latere. Superioris ordinis sunt parentes, inferioris liberi, ex transverso sive a latere fratres et sorores liberique eorum [art. 74].

I gradi di parentela alcuni sono di ordine superiore, altri d'inferiore, altri trasversali, o in linea collaterale. Di ordine superiore sono i genitori, d'inferiore i figli, trasversali ossia in linea collaterale, i fratelli e le sorelle, e i loro figli.

D. 38.10.4 pr. (Mod. 12 pand.). Non facile autem, quod ad nostrum ius attinet, cum de naturali cognatione quaeritur, septimum gradum quis excedit, quatenus ultra eum fere gradum rerum natura cognatorum vitam consistere non patitur [art. 77].

Non facilmente, poi, per quanto concerne il nostro diritto, quando ci si interroga sulla parentela naturale, qualcuno oltrepassa il settimo grado, in quanto la natura delle cose non permette alla vita dei parenti di estendersi al di là di quel grado.

D. 38.10.4.3, 5 (Mod. 12 pand.). Sed quoniam quaedam iura inter adfines quoque versantur, non alienum est hoc loco de adfinibus quoque breviter disserere. Adfines sunt viri et uxoris cognati, dicti ab eo, quod duae cognationes, quae diversae inter se sunt, per nuptias copulantur et altera ad alterius cognationis finem accedit: namque coniugendae adfinitatis causa fit ex nuptiis. 5. Gradus autem adfinitati nulli sunt [art. 78].

Ma poiché certe relazioni sussistono anche tra gli affini, non sarà inopportuno in questo luogo parlare brevemente anche degli affini. Sono affini i parenti del marito e della moglie, detti così perché due parentele, che sono diverse tra loro, si uniscono mediante le nozze, e una si avvicina al limite dell'altra parentela; e infatti l'unione per affinità avviene con le nozze ... 5. Non vi sono poi gradi di affinità.

D. 38.10.10.2 (Paul. l.s. de grad. et adfin.). Cognati sunt et quos adgnatos lex duodecim tabularum appellat, sed hi sunt per patrem cognati ex eadem familia: qui autem per feminas coniunguntur, cognati tantum nominantur [art. 74].

Sono cognati anche quelli che la legge delle dodici tavole chiama agnati; ma quelli sono, mediante il padre, cognati di una stessa famiglia. Quelli che, invece, sono uniti in linea femminile vengono chiamati soltanto cognati.

D. 38.10.10.9-10 (Paul. l.s. de grad. et adfin.). Nam quotiens quaeritur, quanto gradu quaeque persona sit, ab eo incipiendum est cuius de cognatione quaerimus: et si ex inferioribus aut superioribus gradibus est, recta linea susum versum vel deorsum tendentium facile inveniemus gradus, si per singulos gradus proximum quemque numeramus: nam qui ei, qui mihi proximo gradu est, proximus est, secundo gradu est mihi: similiter enim accedentibus singulis crescit numerus. Idem faciendum in transversis gradibus: sic frater secundo gradu est, quoniam patris vel matris persona, per quos coniungitur, prior numeratur. 10. Gradus autem dicti sunt a similitudine scalarum locorumve proclivium, quos ita ingredimur, ut a proximo in proximum, id est in eum, qui quasi ex eo nascitur, transeamus [art. 76].

Infatti, quante volte ci si domandi in quale grado <di parentela> sia qualche persona, dovrà cominciarsi da colui della cui parentela ci si interroghi; e se è dei gradi discendenti o ascendenti, andando in linea retta verso su o verso giù, facilmente ritroviamo i gradi, se per ogni singolo grado contiamo il più prossimo; infatti colui che è prossimo a quello che a me sta nel prossimo grado, è a me in secondo grado, e così, similmente, con l'aggiunta di ciascuno, cresce il numero <dei gradi>. Lo stesso si faccia nei gradi trasversali; così il fratello è in secondo grado, perché dalla persona del padre o della madre, attraverso cui si è uniti, si conta il primo <grado>. 10. Sono detti, poi, gradi dalla somiglianza con le scale e con i luoghi in pendenza, nei quali entriamo in modo da passare dall'uno al prossimo, cioè a quello che quasi nasce da esso.

D. 38.16.3.11 (Ulp. 14 ad Sab.). Post decem menses mortis natus non admittetur ad legitimam hereditatem [art. 232, 462].

Il nato dopo dieci mesi dalla morte non verrà ammesso all'eredità legittima.

D. 39.1.1 pr. (Ulp. 52 ad ed.). Hoc edicto promittitur, ut, sive iure sive iniuria opus fieret, per nuntiationem inhiberetur, deinde remitteretur prohibitio hactenus, quatenus prohibendi ius is qui nuntiasset non haberet [art. 1171].

Con questo editto si promette che, se si stia portando avanti un'opera secondo diritto o ingiustamente, essa venga inibita dalla denuncia <di nuova opera>; che, poi, tale divieto in tanto venga rimosso, in quanto colui che abbia denunciato non avesse diritto di proibire.

D. 39.2.1 (Ulp. 1 ad ed.). Cum res damni infecti celeritatem desiderat et periculosa dilatio praetori videtur, si ex hac causa sibi iurisdictionem reservaret, magistratibus municipalibus delegandum hoc recte putavit [art. 1172].

Quando la materia <del contendere> richiede la celerità del rimedio del danno temuto e al pretore sembra pericoloso un differimento, se per questa causa si riservasse la giurisdizione, egli ha ritenuto giustamente di delegarla ai magistrati municipali.

D. 39.2.2 (Gai. 28 ad ed. prov.). Damnum infectum est damnum nondum factum, quod futurum veremur [art. 1172].

È danno temuto quello non avvenuto ancora, ma che temiamo stia per avvenire.

D. 39.2.9.5 (Ulp. 53 ad ed.). Celsus certe scribit, si aedium tuarum usus fructus Titiae est, damni infecti aut dominum repromittere aut Titiam satisdare debere ... [art. 1015].

Celso, giustamente, scrive che se l'usufrutto della tua casa è di Tizia, per il danno temuto, o il proprietario deve ripromettere, o Tizia dare cauzione ...

D. 39.2.18 pr. (Paul. 48 ad ed.). Damni infecti stipulatio competit non tantum ei, cuius in bonis res est, sed etiam cuius periculo res est [art. 1172].

La stipulazione di danno temuto compete non soltanto a colui nei cui beni è la cosa, ma anche a colui a rischio del quale è la cosa.

D. 39.2.32 (Gai. 28 ad ed. prov.). Si aedibus meis proximae sint aedes meae et tuae, quaeritur, an, si hae vitium mihi faciant, cavere mihi debeas pro damno propriarum mearum aedium, scilicet pro qua parte dominus existes. Et hoc plerisque placet: sed movet me, quod ipse meas aedes reficere possim et impensas pro socio aut communi dividundo iudicio pro parte consequi. Nam et si unas aedes communes tecum habui eaeque vitium faciant et circa refectionem earum cessare videaris, nostri praeceptores negant cavere te debere, quia ipse reficere possim recepturus pro parte, quod impenderim, iudicio societatis aut communi dividundo: ideo et interpositam cautionem minus utilem futuram, quia alia ratione damnum mihi posset sarciri ... [art. 1104].

Se vicino alla mia casa vi siano una casa mia e tua, ci si chiede, qualora queste mi cagionino un danno, se tu mi debba dare cauzione per danno della casa mia propria, si intende, per quella parte di cui sei proprietario. E a molti pare bene così: ma mi fa riflettere la circostanza che io possa rifare la mia casa, e conseguirne parzialmente le spese con un'azione a favore del socio o <un'azione di> divisione. Infatti, anche se avessi solo una casa in comune con te e questa arrecasse vizio, e tu sembrassi negligente nella sua riparazione, i nostri maestri negano che tu debba dare cauzione, perché io stesso posso rifarla, e quindi ricevere la parte che avrò speso, con un giudizio di società o di divisione di comunione: e perciò la interposta cauzione sarebbe meno utile, perché per altra via mi si potrebbe risarcire il danno.

D. 39.3.21 (Pomp. 32 ad Quint. Muc.). Si in meo aqua erumpat, quae ex tuo fundo venas habeat, si eas venas incideris et ob id desierit ad me aqua pervenire, tu non videris vi fecisse, si nulla servitus mihi eo nomine debita fuerit, nec interdicto quod vi aut clam teneris [art. 1094].

Se nel mio fondo sgorghi dell'acqua che abbia delle vene nel tuo: se tagliasti quelle vene e perciò l'acqua cessi di giungere a me, non sembra che tu abbia fatto violenza, se nessuna servitù fu a me dovuta a tale titolo; né sarai tenuto in base all'interdetto "ciò che è fatto violentemente o clandestinamente".

D. 39.5.1 pr. (Iul. 17 dig.). Donationes complures sunt. Dat aliquis ea mente, ut statim velit accipientis fieri nec ullo casu ad se reverti, et propter nullam aliam causam facit, quam ut liberalitatem et munificentiam exerceat: haec proprie donatio appellatur. Dat aliquis, ut tunc demum accipientis fiat, cum aliquid secutum fuerit: non proprie donatio appellabitur, sed totum hoc donatio sub condicione est. Item cum quis ea mente dat, ut statim quidem faciat accipientis, si tamen aliquid factum fuerit aut non fuerit, velit ad se reverti, non proprie donatio dicitur, sed totum hoc donatio est, quae sub condicione solvatur. Qualis est mortis causa donatio [art. 769, 791].

Esistono diversi tipi di donazione. Taluno dà con lo scopo che divenga immediatamente di chi riceve, e che in nessun caso ritorni a sé e non lo fa per alcun'altra causa, che per esercitare una liberalità e una munificenza, questa si chiama propriamente donazione. Taluno dà con lo scopo che allora divenga di chi riceve, quando qualcos'altro segua, non si chiamerà propriamente donazione, ma tutto ciò è una donazione sotto condizione. Del pari quando uno dà con quello scopo, che subito divenga di chi riceve; se però qualche cosa sarà o non sarà avvenuta, allora vuole che ritorni a sé, non si dice propriamente donazione, ma tutto ciò è donazione sotto condizione: quale è la donazione per causa di morte.

D. 40.7.9.2 (Ulp. 28 ad Sab.). Illud tractatum est, an liberatio contingat ei qui noxae dederit statuliberum. Et Octavenus putabat liberari: et idem dicebat et si ex stipulatu Stichum deberet eumque statuliberum solvisset: nam et si ante solutionem ad libertatem pervenisset, extingueretur obligatio tota: ea enim in obligatione consistere, quae pecunia lui praestarique possunt, libertas autem pecunia lui non potest nec reparari potest. Quae sententia mihi videtur vera [art. 1174].

Si è discusso se la liberazione <dall'obbligazione> si avveri per colui che abbia dato in nossa uno di stato libero. E Ottaveno stimava che si liberasse; e diceva lo stesso anche se si dovesse Stico in base ad una stipulazione e avesse pagato lo stato libero; infatti, anche se fosse pervenuto alla libertà prima del pagamento, l'obbligazione si sarebbe estinta del tutto: poiché nell'obbligazione stanno quelle cose che si possono adempiere con denaro, mentre la libertà non può riscattarsi con denaro, né compensarsi. Reputo vera questa opinione.

D. 40.7.39.5 (Iav. 4 ex post. Lab.). Si servus operas extraneo dare iussus esset, nullus nomine servi suas operas dando liberare servum potest: quod in pecunia aliter observatur, utpote cum extraneus pro eo servo dando pecuniam servum liberaret [art. 1180].

Se un servo avesse avuto l'ordine di eseguire delle opere ad un estraneo, nessuno, dando le sue opere a nome del servo, lo può liberare; il che non è così per quanto concerne il denaro, perché un estraneo, dandolo per quel servo, lo libera.

D. 41.1.1.1 (Gai. 2 rer. cott.). Omnia igitur animalia, quae terra mari caelo capiuntur, id est ferae bestiae et volucres pisces, capientium fiunt [art. 923].

Dunque tutti gli animali che si catturano in terra, in mare, in cielo, cioè animali selvatici e uccelli e pesci, diventano di chi li cattura.

D. 41.1.3 (Gai. 2 rer. cott.). Quod enim nullius est, id ratione naturali occupanti conceditur [art. 923].

Perciò ciò che non è di nessuno, per ragione naturale, si concede a colui che lo occupa.

D. 41.1.4 (Flor. 6 inst.). Nisi si mansuefacta emitti ac reverti solita sunt [art. 924].

Salvo se, addomesticate, <le bestie> sono solite uscire e ritornare.

D. 41.1.5.5 (Gai. 2 rer. cott.). Pavonum et columbarum fera natura est nec ad rem pertinet, quod ex consuetudine avolare et revolare solent: nam et apes idem faciunt, quarum constat feram esse naturam: cervos quoque ita quidam mansuetos habent, ut in silvas eant et redeant, quorum et ipsorum feram esse naturam nemo negat. In his autem animalibus, quae consuetudine abire et redire solent, talis regula comprobata est, ut eo usque nostra esse intellegantur, donec revertendi animum habeant, quod si desierint revertendi animum habere, desinant nostra esse et fiant occupantium. Intelleguntur autem desisse revertendi animum habere tunc, cum revertendi consuetudinem deseruerint [art. 925].

Selvaggia è la natura dei pavoni e delle colombe, né è rilevante che siano soliti volare via e tornare indietro. Infatti, anche le api, la cui natura si sa essere selvaggia, fanno lo stesso. I cervi che sono addomesticati vanno e tornano dai boschi; nessuno nega che la loro natura sia selvaggia. Per quegli animali poi, che sono soliti andare e ritornare, è valida la regola che si considerano appartenere a noi, finché hanno l'istinto di ritornare; che, qualora cessino di avere l'istinto di ritorno, cessino di essere nostri, e divengano degli occupanti. Si crede, inoltre, che cessino di avere l'istinto di ritornare, allorché abbandonino l'uso del ritorno.

D. 41.1.7.10 (Gai. 2 rer. cott.). Cum in suo loco aliquis aliena materia aedificaverit, ipse dominus intellegitur aedificii, quia omne quod inaedificatur solo cedit. Nec tamen ideo is qui materiae dominus fuit desiit eius dominus esse: sed tantisper neque vindicare eam potest neque ad exhibendum de ea agere propter legem duodecim tabularum, qua cavetur, ne quis tignum alienum aedibus suis iunctum eximere cogatur, sed duplum pro eo praestet. Appellatione autem tigni omnes materiae significantur, ex quibus aedificia fiunt. Ergo si aliqua ex causa dirutum sit aedificium, poterit materiae dominus nunc eam vindicare et ad exhibendum agere [art. 934, 935].

Quando qualcuno abbia edificato in luogo suo con materiali altrui, egli si considera proprietario dell'edificio, perché tutto ciò che si edifica cede al suolo. Né, però, quegli che fu proprietario del materiale cessa di esserne proprietario: ma non può rivendicarlo né agire per la esibizione, in virtù della legge delle dodici tavole in base alla quale si presta garanzia che nessuno sia tenuto a togliere la trave altrui unita alla sua casa, ma per essa si dia il doppio. Con il termine trave si accenna, in verità, a tutte le materie con cui si fanno edifici. Dunque se per qualche motivo l'edificio andasse in rovina, il proprietario dei materiali potrà rivendicarli e agire per l'esibizione.

D. 41.1.7.12 (Gai. 2 rer. cott.). Ex diverso si quis in alieno solo sua materia aedificaverit, illius fit aedificium, cuius et solum est et, si scit alienum solum esse, sua voluntate amisisse proprietatem materiae intellegitur: itaque neque diruto quidem aedificio vindicatio eius materiae competit. Certe si dominus soli petat aedificium nec solvat pretium materiae et mercedes fabrorum, poterit per exceptionem doli mali repelli, utique si nescit qui aedificavit alienum esse solum et tamquam in suo bona fide aedificavit: nam si scit, culpa ei obici potest, quod temere aedificavit in eo solo, quod intellegeret alienum [art. 936].

Al contrario, se taluno avrà edificato in suolo altrui con suoi materiali, l'edificio diverrà di colui del quale è il suolo; e, se sia consapevole che il suolo sia altrui, si considera aver perso la proprietà della materia di sua volontà; perciò, nemmeno in caso di rovina dell'edificio gli competerà la rivendicazione di quel materiale. Certamente, se il proprietario del suolo chieda l'edificio, e non paghi il prezzo dei materiali né le mercedi degli artigiani, potrà essere respinto con l'eccezione di dolo malevolo, specialmente se colui che edificò non sapeva che si trattasse di suolo altrui e, come in suolo suo, vi edificò in buona fede; invece, se lo sapeva, gli si potrà opporre la colpa di avere temerariamente edificato su quel suolo che sapeva essere di altri.

D. 41.1.12 pr. (Call. 2 inst.). Lacus et stagna licet interdum crescant, interdum exarescant, suos tamen terminos retinent ideoque in his ius alluvionis non adgnoscitur [art. 943].

I laghi e gli stagni, benché delle volte crescano e delle volte decrescano, tuttavia mantengono i loro confini; e perciò per essi non si riconosce il diritto dell'alluvione.

D. 41.1.31.1 (Paul. 31 ad ed.). Thensaurus est vetus quaedam depositio pecuniae, cuius non exstat memoria, ut iam dominum non habeat: sic enim fit eius qui invenerit, quod non alterius sit. Alioquin si quis aliquid vel lucri causa vel metus vel custodiae condiderit sub terra, non est thensaurus: cuius etiam furtum fit [art. 932].

Il tesoro è un antico deposito di denaro di cui non resti memoria, tale che ormai non abbia un proprietario: così avviene, infatti, che sia di colui che lo avrà trovato, in quanto non è di un altro. Altrimenti, se uno sotterra qualche cosa, o per causa di lucro, o di timore, o per custodirlo, non si tratta di un tesoro: e si commette furto <se lo si rende proprio>.

D. 41.2.1 pr. (Paul. 54 ad ed.). Possessio appellata est, ut et Labeo ait, a sedibus quasi positio, quia naturaliter tenetur ab eo qui ei insistit, quam Graeci κατοχήν dicunt [art. 1140].

Il possesso fu chiamato così, come dice anche Labeone, da *sedes*, porre la sede; perché è tenuto naturalmente da colui che vi sta sopra; ciò che i Greci definiscono possesso (κατοχή).

D. 41.2.1.1 (Paul. 54 ad ed.). Dominiumque rerum ex naturali possessione coepisse Nerva filius ait eiusque rei vestigium remanere in his, quae terra mari caeloque capiuntur: nam haec protinus eorum fiunt, qui primi possessionem eorum adprehenderint. Item bello capta et insula in mari enata et gemmae lapilli margaritae in litoribus inventae eius fiunt, qui primus eorum possessionem nanctus est [art. 923].

E Nerva figlio dice che la proprietà abbia inizio dal possesso naturale delle cose; e un segno di ciò resta in quelle cose che si prendono in terra, in mare, o nell'aria; perché tali cose divengono immediatamente di coloro che per primi ne prendono il possesso. Del pari le cose prese in guerra, e un'isola nata in mare e le gemme, e le pietre preziose, e le perle ritrovate nei lidi divengono di colui che, per primo, ne prese il possesso.

D. 41.2.3 pr. (Paul. 54 ad ed.). Possideri autem possunt, quae sunt corporalia [art. 1140].

Possono poi possedersi le cose che sono corporali.

D. 41.2.3.14 (Paul. 54 ad ed.). Item feras bestias, quas vivariis incluserimus, et pisces, quos in piscinas coiecerimus, a nobis possideri. Sed eos pisces, qui in stagno sint, aut feras, quae in silvis circumseptis vagantur, a nobis non possideri, quoniam relictae sint in libertate naturali: alioquin etiam si quis silvam emerit, videri eum omnes feras possidere, quod falsum est [art. 926].

Similmente possediamo quegli animali selvatici che avremo chiuso nei vivai e i pesci che avremo posto nelle piscine. Non possediamo, invece, i pesci che sono in uno stagno o le fiere che vagano per boschi recintati, poiché sono lasciati alla libertà naturale. Altrimenti anche se uno comprasse un bosco, si considera possedere tutte le fiere: il che è falso.

D. 41.2.3.19 (Paul. 54 ad ed.). Illud quoque a veteribus praeceptum est neminem sibi ipsum causam possessionis mutare posse [art. 1141, 1164].

Gli antichi ritenevano, inoltre, che nessuno potesse cambiare a se stesso la causa del suo possesso.

D. 41.2.3.20 (Paul. 54 ad ed.). Sed si is, qui apud me deposuit vel commodavit, eam rem vendiderit mihi vel donaverit, non videbor causam possessionis mihi mutare, qui ne possidebam quidem [art. 1141].

Ma, se colui che depositò o lasciò in comodato qualche cosa presso di me, poi mi vendesse o donasse la stessa cosa, non credo cambi la causa del mio possesso, in quanto nemmeno prima possedevo la cosa.

D. 41.2.6 pr. (Ulp. 70 ad ed.). Clam possidere eum dicimus, qui furtive ingressus est possessionem ignorante eo, quem sibi controversiam facturum suspicabatur et, ne faceret, timebat. Is autem qui, cum possideret non clam, se celavit, in ea causa est, ut non videatur clam possidere: non enim ratio optinendae possessionis, sed origo nanciscendae exquirenda est: nec quemquam clam possidere incipere, qui sciente aut volente eo, ad quem ea res pertinet, aut aliqua ratione bonae fidei possessionem nanciscitur. Itaque, inquit Pomponius, clam nanciscitur possessionem, qui futuram controversiam metuens ignorante eo, quem metuit, furtive in possessionem ingreditur [art. 1163].

Diciamo che possiede clandestinamente colui che furtivamente è entrato nel possesso all'insaputa di colui che egli sospettava potesse fargli opposizione e temeva che ciò non potesse accadere. Quegli, invece, che, pur non possedendo clandestinamente, si nascose, è in una situazione tale che non si considera possedere clandestinamente: non bisogna, infatti, investigare il modo in cui si tiene il possesso, ma l'origine di esso; né comincia a possedere clandestinamente chi acquista il possesso consapevolmente e con la volontà di colui a cui la cosa appartiene o in virtù di qualche motivo di buona fede. Pomponio, pertanto, dice che acquisisce il possesso clandestinamente chi entra in possesso furtivamente, temendo una futura controversia e all'insaputa di colui che egli teme.

D. 41.2.9 (Gai. 25 ad ed. prov.). Generaliter quisquis omnino nostro nomine sit in possessione, veluti procurator hospes amicus, nos possidere videmur [art. 1140].

In generale saremo ritenuti possessori, allorché chiunque, e in qualunque modo a nostro nome, sia in possesso <della cosa>, come un procuratore, un ospite, un amico.

D. 41.2.19.1 (Marcell. 17 dig.). Quod scriptum est apud veteres neminem sibi causam possessionis posse mutare, credibile est de eo cogitatum, qui et corpore et animo possessioni incumbens hoc solum statuit, ut alia ex causa id possideret, non si quis dimissa possessione prima eiusdem rei denuo ex alia causa possessionem nancisci velit [art. 1141].

Appare credibile che quanto fu scritto dagli antichi, che nessuno può cambiare il titolo del proprio possesso, sia stato pensato per colui che, essendo già in possesso in animo e corpo, abbia voluto semplicemente possedere ad altro titolo; non <si applica, invece> se colui, abbandonato il precedente possesso, volesse ottenere il possesso della stessa cosa ad altro titolo.

D. 41.2.23 pr. (Iav. 1 epist.). Cum heredes instituti sumus, adita hereditate omnia quidem iura ad nos transeunt, possessio tamen nisi naturaliter comprehensa ad nos non pertinet [art. 460].

Essendo stati istituiti eredi, tutti i diritti passano a noi con l'adizione dell'eredità; tuttavia, il possesso non ci appartiene, se non è preso secondo natura.

D. 41.2.30.1 (Paul. 15 ad Sab.). Possessionem amittimus multis modis, veluti si mortuum in eum locum intulimus, quem possidebamus: namque locum religiosum aut sacrum non possumus possidere, etsi contemnamus religionem et pro privato eum teneamus, sicut hominem liberum [art. 1145].

Perdiamo il possesso in molti modi: ad esempio, nel caso in cui seppelliamo un defunto nel luogo da noi posseduto: infatti, non possiamo possedere un luogo religioso, o sacro, quantunque disprezziamo la religione e riteniamo <quel luogo> privato, allo stesso modo <non possiamo possedere> l'uomo libero.

D. 41.2.41 (Paul. 1 inst.). Qui iure familiaritatis amici fundum ingreditur, non videtur possidere, quia non eo animo ingressus est, ut possideat, licet corpore in fundo sit [art. 1144].

Chi entra nel fondo dell'amico in ragione della loro intimità, non sembra possederlo, perché vi entrò non con l'animo di possederlo, benché con il corpo si trovasse nel fondo.

D. 41.3.2 (Paul. 54 ad ed.). Usurpatio est usucapionis interruptio: oratores autem usurpationem frequentem usum vocant [art. 1167].

L'usurpazione è una interruzione dell'usucapione: gli oratori qualificano usurpazione anche un uso frequente.

D. 41.3.3 (Mod. 5 pand.). Usucapio est adiectio dominii per continuationem possessionis temporis lege definiti [art. 1158].

L'usucapione è l'acquisto della proprietà attraverso la continuità del possessso per un tempo stabilito dalla legge.

D. 41.3.4.26(27) (Paul. 54 ad ed.). Si viam habeam per tuum fundum et tu me ab ea vi expuleris, per longum tempus non utendo amittam viam, quia nec possideri intellegitur ius incorporale nec de via quis id est mero iure detruditur [art. 1066].

Se io abbia <una servitù> di passaggio attraverso il tuo fondo e tu mi abbia da esso espulso con la forza, perderò il diritto di passaggio non utilizzandolo per un periodo di tempo prolungato, poiché un diritto incorporale non è suscettibile di essere posseduto, né alcuno viene espulso per mero diritto dalla <servitù> di passaggio.

D. 41.3.4.28(29) (Paul. 54 ad ed.). Libertatem servitutium usucapi posse verius est, quia eam usucapionem sustulit lex Scribonia, quae servitutem constituebat, non etiam eam, quae libertatem praestat sublata servitute. Itaque si, cum tibi servitutem deberem, ne mihi puta liceret altius aedificare, et per statutum tempus altius aedificatum habuero, sublata erit servitus [art. 1031].

È più vero che la libertà dalle servitù possa usucapirsi, in quanto la legge Scribonia abolì l'usucapione che costituisce la servitù, non anche quella che garantisce la libertà con la rimozione della servitù. E così, qualora ad esempio ti dovessi una servitù di non costruire più in alto, e, nel tempo fissato, avrò edificato più in alto, la servitù sarà estinta.

D. 41.3.5 (Gai. 21 ad ed. prov.). Naturaliter interrumpitur possessio, cum quis de possessione vi deicitur vel alicui res eripitur. Quo casu non adversus eum tantum, qui eripit, interrumpitur possessio, sed adversus omnes. Nec eo casu quicquam interest, is qui usurpaverit dominus sit nec ne: ac ne illud quidem interest, pro suo quisque possideat an ex lucrativa causa [art. 1167].

Il possesso si interrompe naturalmente quando qualcuno con violenza è cacciato dal possesso, o quando si sottragga ad altro la cosa. In tal caso il possesso si interrompe non soltanto nei confronti di chi ha sottratto ma contro tutti. Né, in tal caso, interessa se colui che ha usurpato sia o meno il proprietario, e nemmeno importa se uno possegga per sé, o per causa lucrativa.

D. 41.3.26 (Ulp. 29 ad Sab.). Numquam superficies sine solo capi longe tempore potest [art. 953].

La superficie senza il suolo non è mai suscettibile di essere acquisita in virtù della prescrizione di lungo tempo.

D. 41.3.30 pr. (Pomp. 30 ad Sab.). Rerum mixtura facta an usucapionem cuiusque praecedentem interrumpit, quaeritur. Tria autem genera sunt corporum, unum, quod continetur uno spiritu et Graece ἡνωμένον vocatur, ut homo tignum lapis et similia: alterum, quod ex contingentibus, hoc est pluribus inter se cohaerentibus constat, quod συνημμένον vocatur, ut aedificium navis armarium: tertium, quod ex distantibus constat, ut corpora plura non soluta, sed uni nomini subiecta, veluti populus legio grex. Primum genus usucapione quaestionem non habet, secundum et tertium habet [art. 816].

Ci si chiede se l'avvenuta confusione delle cose interrompa la precedente usucapione di ciascuna. Esistono tre generi di corpi: l'uno, che si comprende in un solo spirito, e dai Greci è detto unitario (ἡνωμένον): ad esempio, un uomo, una trave, una pietra e simili; l'altro, che si compone di cose che sono connesse, cioè di più cose unite tra loro, che viene detto connesso (συνημμένον): ad esempio, un edificio, una nave, un armadio; il terzo, che si compone di entità distanti, come più corpi non separati, ma compresi sotto un solo nome: ad esempio, il popolo, la legione, il gregge. Il primo genere non produce questioni ai fini della usucapione; ne producono il secondo e il terzo.

D. 42.4.8 (Ulp. 60 ad ed.). Si diu incertum sit, heres extaturus nec ne sit, causa cognita permitti oportebit bona rei servandae causa possidere, et, si ita res urgueat vel condicio bonorum, etiam hoc erit concedendum, ut curator constituatur [art. 528].

Se sia a lungo incerto, se vi sarà o meno un erede, con cognizione di causa si dovrà permettere il possesso dei beni perché siano conservati; e se l'affare o la condizione dei beni lo richiedano, dovrà anche concedersi che sia costituito un curatore.

D. 43.8.2.21 (Ulp. 68 ad ed.). Viam publicam eam dicimus, cuius etiam solum publicum est: non enim sicuti in privata via, ita et in publica accipimus: viae privatae solum alienum est, ius tantum eundi et agendi nobis competit: viae autem publicae solum publicum est, relictum ad directum certis finibus latitudinis ab eo, qui ius publicandi habuit, ut ea publice iretur commearetur [art. 822].

Diciamo strada pubblica quella il cui suolo sia anche pubblico: non trattiamo infatti la via pubblica come la privata. Il suolo di una via privata è di altri; ci compete soltanto il diritto di passare e condurre bestiame o carri; mentre il suolo di una via pubblica è pubblico, lasciato (o? [*n.d.r.*]) stabilito in una certa direzione con determinati confini in larghezza da colui che ebbe il diritto di farla pubblica, affinché per essa pubblicamente si andasse e passasse.

D. 43.8.3 pr. (Cels. 39 dig.). Litora, in quae populus Romanus imperium habet, populi Romani esse arbitror [art. 822].

Ritengo che i lidi sui quali il popolo romano ha l'impero, siano del popolo romano.

D. 43.12.1.2-3 (Ulp. 68 ad ed.). Item fluminum quaedam sunt perennia, quaedam torrentia. Perenne est, quod semper fluat, ἀέναος, torrens χειμάρρους: si tamen aliqua aestate exaruerit, quod alioquin perenne fluebat, non ideo minus perenne est. 3. Fluminum quaedam publica sunt, quaedam non. Publicum flumen esse Cassius definit, quod perenne sit: haec sententia Cassii, quam et Celsus probat, videtur esse probabilis [art. 822].

Del pari, alcuni fiumi sono perenni, altri torrentizi. È perenne quello che sempre scorre, <presso i Greci> perenne (ἀέναος), e il torrente che scorre d'inverno (χειμάρρους). Se, però, in qualche estate si sia prosciugato quello che, altrimenti, correva perenne, non per questo non è più perenne. 3. Dei fiumi alcuni sono pubblici, altri no. Cassio sostiene che sia pubblico il fiume che sia perenne: questa opinione di Cassio, che anche Celso approva, sembra essere verosimile.

D. 43.16.1 pr. (Ulp. 69 ad ed.). Praetor ait: "Unde tu illum vi deiecisti aut familia tua deiecit, de eo quaeque ille tunc ibi habuit tantummodo intra annum, post annum de eo, quod ad eum qui vi deiecit pervenerit, iudicium dabo" [art. 1168].

Dice il pretore: "Per quel luogo da cui tu scacciasti con la violenza o la famiglia servile lo scacciò, e per quelle cose che egli aveva allora in quel luogo, darò un giudizio solamente entro l'anno, e decorso l'anno, per tutto ciò che sarà pervenuto a colui che abbia scacciato con la violenza".

D. 43.16.1.28 (Ulp. 69 ad ed.). Vi possidere eum definiendum est, qui expulso vetere possessore adquisitam per vim possessionem optinet aut qui in hoc ipsum aptatus et praeparatus venit ut contra bonos mores auxilio, ne prohiberi possit ingrediens in possessionem, facit. Sed qui per vim possessionem suam retinuerit, Labeo ait non vi possidere [art. 1163].

Si deve decidere che possieda con violenza colui che, scacciato l'antico possessore, occupi il possesso acquistato con violenza; o colui che venga attrezzato e preparato in modo contrario ai buoni costumi, in modo tale che non gli possa essere impedito di entrare nel possesso. Labeone dice che colui che, invece, trattenga con violenza il suo possesso, non possiede con violenza.

D. 43.17.1 pr. (Ulp. 69 ad ed.). Ait praetor: "Uti eas aedes, quibus de agitur, nec vi nec clam nec precario alter ab altero possidetis, quo minus ita possideatis, vim fieri veto" [art. 1170].

Il pretore dice: "Vieto farsi violenza per impedire che possediate quella casa per cui si agisce e che non possedete né con violenza, né clandestinamente, né a titolo di precario, l'uno dall'altro".

D. 43.17.3.7 (Ulp. 69 ad ed.). … semper enim superficie solo cedere … [art. 952].

… la superficie cede sempre al suolo …

D. 43.18.1.3 (Ulp. 70 ad ed.). Quod ait praetor "si actio de superficie postulabitur, causa cognita dabo", sic intellegendum est, ut, si ad tempus quis superficiem conduxerit, negetur ei in rem actio. Et sane causa cognita ei, qui non ad modicum tempus conduxit superficiem, in rem actio competet [art. 953].

Il pretore dice ciò: "Se si domanderà l'azione per la superficie, la darò con cognizione di causa", si deve intendere così, che se uno ebbe in conduzione la superficie per un periodo di tempo, gli si neghi l'azione reale. Ma, con cognizione di causa, competerà l'azione reale a colui che ebbe in conduzione la superficie per un tempo non breve.

D. 43.20.1.2 (Ulp. 70 ad ed.). Cottidiana autem aqua non illa est, quae cottidie ducitur, sed ea, qua quis cottidie uti, si vellet: quamquam cottidianam interdum hieme ducere non expediat, etsi possit duci [art. 1080].

L'acqua quotidiana non è quella che si usa giornalmente, ma quella che uno può usare giornalmente se vuole: sebbene d'inverno non si convenga di condurla ogni giorno, benché si possa condurla.

D. 43.20.2 (Pomp. 32 ad Sab.). Si diurnarum aut nocturnarum horarum aquae ductum habeam, non possum alia hora ducere, quam qua ius habeam ducendi [art. 1076].

Se io ho il diritto di acquedotto per le ore diurne o per quelle notturne, non posso condurre acqua in altre ore che in quelle nelle quali ho diritto di condurla.

D. 43.20.3 pr. (Pomp. 34 ad Sab.). Hoc iure utimur, ut etiam non ad irrigandum, sed pecoris causa vel amoenitatis aqua duci possit [art. 1028].

È adottato questo diritto che l'acqua si possa condurre non solo per irrigare, ma anche per il bestiame o per causa di amenità.

D. 43.20.5 pr.-1 (Iul. 4 ex Min.). Cum constet non solum temporibus, sed etiam mensuris posse aquam dividi, potest eodem tempore alius cottidianam, alius aestivam aquam ducere, ita ut aestate dividatur inter eos aqua, hieme solus ducat is qui cottidianae ius habeat. 1. Inter duos, qui eodem rivo aquam certis horis separatim ducebant, convenit, ut permutatis inter se temporibus aqua uterentur: quaero, cum amplius tempore servitutibus praefinito ita duxissent, ut neuter eorum suo tempore usus esset, num ius utendi amisissent. Negavit amisisse [art. 1076, 1088].

Essendo chiaro che l'acqua si possa dividere non solo per tempi, ma anche per misura, si può <disporre> che l'acqua sia condotta, allo stesso tempo, da uno quotidianamente e da un altro d'estate; così che d'estate l'acqua si divida tra loro e d'inverno la conduca soltanto colui che ha diritto all'acqua quotidiana. 1. Tra due che conducevano separatamente l'acqua dallo stesso ruscello ad ore determinate, si convenne di usare l'acqua cambiando i tempi; chiedo, se avendola così condotta più del tempo stabilito dalla servitù, in modo tale che nessuno di essi ne avesse usato nelle ore in cui dovevano, avessero forse perso il diritto di usarne. Negò che lo abbiano perso.

D. 43.21.1 pr., 6-7 (Ulp. 70 ad ed.). Praetor ait: "Rivos specus septa reficere purgare aquae ducendae causa quo minus liceat illi, dum ne aliter aquam ducat, quam uti priore aestate non vi non clam non precario a te duxit, vim fieri veto". 6. Deinde ait praetor "reficere purgare". Reficere est quod corruptum est in pristinum statum restaurare. Verbo reficiendi tegere substruere sarcire aedificare, item advehere adportareque ea, quae ad eandem rem opus essent, continentur. 7. Purgandi verbum plerique quidem putant ad eum rivum pertinere, qui integer est: et palam est et ad eum pertinere, qui refectione indiget: plerumque enim ut refectione, et purgatione indiget [art. 1091].

Il pretore dice: "Vieto farsi violenza per impedire a qualcuno di rifare o purgare i ruscelli, i canali sotterranei o le cateratte, al fine di condurre l'acqua; purché non conduca l'acqua altrimenti che nella precedente estate, ma la si conduca da te senza violenza, non clandestinamente, né a titolo di precario". 6. Dunque il pretore dice "rifare (o [*n.d.r.*]) purgare". Per rifare si intende riportare nel pristino stato ciò che fu guasto. Nella parola rifare si comprende il fare coperture, lastricare, riparare, costruire, come anche trasportare e apportare quelle cose che servissero a tale scopo. 7. Molti credono che la parola purgare si riferisca ad un ruscello, che sia intatto; ed è, invece, chiaro che si riferisca anche a quel <ruscello> che ha bisogno di riparazione, perché spesso vi è bisogno tanto di riparazione, che di spurgo.

D. 43.25.1.4 (Ulp. 71 ad ed.). Item Iuliano placet fructuario vindicandarum servitutium ius esse ... [art. 1012].

Del pari Giuliano è dell'avviso che l'usufruttuario abbia diritto a rivendicare le servitù ...

D. 43.28.1 pr. (Ulp. 71 ad ed.). Ait praetor: "Glandem, quae ex illius agro in tuum cadat, quo minus illi tertio quoque die legere auferre liceat, vim fieri veto" [art. 843].

Il pretore dice: "Vieto farsi violenza per impedire ad uno di raccogliere e portare via, ogni tre giorni, quel frutto che dal suo campo cade nel tuo".

D. 44.2.25.1 (Iul. 51 dig.). Est in potestate emptoris intra sex menses, redhibitoria agere mallet an ea quae datur, quanti minoris homo cum veniret fuerit. Nam posterior actio etiam redhibitionem continet, si tale vitium in homine est, ut eum ob id actor empturus non fuerit: quare vere dicetur eum, qui alterutra earum egerit, si altera postea agat, rei iudicatae exceptione summoveri [art. 1492].

È in facoltà del compratore agire, a sua scelta, entro sei mesi, con la redibitoria o con quella <azione> che si conceda per il valore minore che aveva il servo al momento della vendita. Infatti, l'azione posteriore contiene anche la redibitoria se nel servo vi è un vizio tale per cui l'attore non l'avrebbe comprato: perciò ben si dirà, che colui il quale agì con una di esse, se poi agisce con l'altra, sarà respinto con l'eccezione di cosa giudicata.

D. 44.7.1 pr. (Gai. 2 aur.). Obligationes aut ex contractu nascuntur aut ex maleficio aut proprio quodam iure ex variis causarum figuris [art. 1173].

Le obbligazioni o nascono da contratto, o da delitto, o da un proprio diritto, secondo varie specie di cause.

D. 44.7.1.5 (Gai. 2 aur.). Is quoque, apud quem rem aliquam deponimus, re nobis tenetur: qui et ipse de ea re quam acceperit restituenda tenetur. Sed is etiamsi neglegenter rem custoditam amiserit, securus est: quia enim non sua gratia accipit, sed eius a quo accipit, in eo solo tenetur, si quid dolo perierit: neglegentiae vero nomine ideo non tenetur, quia qui neglegenti amico rem custodiendam committit, de se queri debet. Magnam tamen neglegentiam placuit in doli crimine cadere [art. 1768].

Anche colui presso il quale depositiamo una cosa è tenuto verso di noi per la cosa: egli è infatti tenuto a restituire quella cosa che ricevette. Tuttavia, qualora per negligenza perdesse la cosa depositata, sarebbe al sicuro, perché infatti, non ricevendola nel suo interesse ma per interesse di colui dal quale la riceve, è tenuto soltanto se per dolo qualche cosa perisca. Non sarà, invece, tenuto per negligenza, poiché chi affida la custodia di una cosa ad un amico negligente, deve dolersi di se stesso. Parve bene, però, che una grande negligenza potesse essere compresa nell'accusa per dolo.

D. 44.7.1.6 (Gai. 2 aur.). Creditor quoque, qui pignus accepit, re tenetur: qui et ipse de ea ipsa re quam accepit restituenda tenetur [art. 2962].

Anche il creditore che ha ricevuto un pegno è tenuto in forza della cosa ed è tenuto a restituire quella stessa cosa che ha ricevuto.

D. 44.7.3 pr. (Paul. 2 inst.). Obligationum substantia non in eo consistit, ut aliquod corpus nostrum aut servitutem nostram faciat, sed ut alium nobis obstringat ad dandum aliquid vel faciendum vel praestandum [art. 1173].

La sostanza delle obbligazioni non consiste in ciò, che renda un qualche bene materiale nostro o che renda nostra una servitù, ma che costringa un altro nei nostri confronti a dare, a fare o a prestare qualcosa.

D. 44.7.8 (Pomp. 16 ad Sab.). Sub hac condicione "si volam" nulla fit obligatio: pro non dicto enim est, quod dare nisi velis cogi non possis: nam nec heres promissoris eius, qui numquam dare voluerit, tenetur, quia haec condicio in ipsum promissorem numquam exstitit [art. 1355].

Sotto questa condizione "se vorrò", l'obbligazione è nulla; poiché si ha come non detto ciò che non si può essere costretti a dare a meno che non si voglia: infatti non è tenuto neanche l'erede di quel promissore che mai volle dare, perché questa condizione non è mai esistita nemmeno contro lo stesso promissore.

D. 44.7.31 (Marc. 2 fideic.). Non solum stipulationes impossibili condicioni adplicatae nullius momenti sunt, sed etiam ceteri quoque contractus, veluti emptiones locationes, impossibili condicione interposita aeque nullius momenti sunt, quia in ea re, quae ex duorum pluriumve consensu agitur, omnium voluntas spectetur, quorum procul dubio in huiusmodi actu talis cogitatio est, ut nihil agi existiment adposita ea condicione, quam sciant esse impossibilem [art. 1354].

Non solo le stipulazioni dipendenti da una condizione impossibile sono di nessun valore, ma anche gli altri contratti, come le compravendite, le locazioni interposte sotto condizione impossibile, sono del pari di nessun valore, perché, negli affari che si fanno con il consenso di due o più persone, si guarda alla volontà di tutti, il pensiero dei quali senza dubbio in questi atti è tale che, aggiungendo una condizione che essi sanno essere impossibile, credano che nulla sia fatto.

D. 44.7.52 pr.-10 (Mod. 2 reg.). Obligamur aut re aut verbis aut simul utroque aut consensu aut lege aut iure honorario aut necessitate aut ex peccato. 1. Re obligamur, cum res ipsa intercedit. 2. Verbis, cum praecedit interrogatio et sequitur congruens responsio. 3. Re et verbis pariter obligamur, cum et res interrogationi intercedit, consentientes in aliquam rem. 4. Ex consensu obligari necessario ex voluntate nostra videmur. 5. Lege obligamur, cum obtemperantes legibus aliquid secundum praeceptum legis aut contra facimus. 6. Iure honorario obligamur ex his, quae edicto perpetuo vel magistratu fieri praecipiuntur vel fieri prohibentur. 7. Necessitate obligantur, quibus non licet aliud facere quam quod praeceptum est: quod evenit in necessario herede. 8. Ex peccato obligamur, cum in facto quaestionis summa constitit. 9. Etiam nudus consensus sufficit obligationi, quamvis verbis hoc exprimi possit. 10. Sed et nutu solo pleraque consistunt [art. 1173].

Siamo obbligati o realmente o verbalmente, o nell'uno o nell'altro modo, o con il consenso o per legge, o per diritto onorario, o per necessità, o per delitto. 1. Siamo obbligati realmente quando interviene la cosa stessa. 2. Verbalmente quando la domanda precede e ne segue una congruente risposta. 3. Realmente e verbalmente del pari siamo obbligati quando, acconsentendo in qualche cosa, anche la cosa interviene nella domanda. 4. In forza del consenso, siamo ritenuti necessariamente obbligati per volontà nostra. 5. Per legge siamo obbligati quando in obbedienza alle leggi facciamo qualche cosa secondo quanto disposto dalla legge, o <quando facciamo> il contrario. 6. Per diritto onorario siamo obbligati quando qualcosa ci venga ordinato o vietato di fare dall'editto perpetuo o dal magistrato. 7. Per necessità sono obbligati coloro ai quali non è consentito fare altro che quel che è prescritto; il che avviene per l'erede necessario. 8. Da delitto siamo obbligati quando nel fatto sta la parte principale della questione. 9. Anche il nudo consenso è sufficiente per un'obbligazione, purché ciò si possa esprimere con parole. Ma molti <contratti> consistono nel solo cenno.

D. 45.1.1.5 (Ulp. 48 ad Sab.). Sed si mihi Pamphilum stipulanti tu Pamphilum et Stichum spoponderis, Stichi adiectionem pro supervacuo habendam puto: nam si tot sunt stipulationes, quot corpora, duae sunt quodammodo stipulationes, una utilis, alia inutilis, neque vitiatur utilis per hanc inutilem [art. 1419].

Ma se stipulando io Panfilo, tu prometterai Panfilo e Stico, credo che l'aggiunta di Stico si debba intendere superflua; infatti, se tante sono le stipulazioni quanti i corpi, in un certo modo le stipulazioni sono due, una utile, l'altra inutile; né l'utile è viziata da quella inutile.

D. 45.1.26 (Ulp. 42 ad Sab.). Generaliter novimus turpes stipulationes nullius esse momenti [art. 1418].

In generale sappiamo che le stipulazioni turpi sono di nessun valore.

D. 45.1.38.1-2. (Ulp. 49 ad Sab.). Sed si quis promittat per alium non fieri, praeter heredem suum dicendum est inutiliter eum promittere factum alienum. 2. At si quis velit factum alienum promittere, poenam vel quanti ea res sit potest promittere. Sed quatenus habere licere videbitur? Si nemo controversiam faciat, hoc est neque ipse reus, neque heredes eius heredumve successores [art. 1381].

Ma se uno promette che qualcuno non faccia per altri, eccetto che per il suo erede, bisogna dire che egli promette inutilmente un fatto altrui. 2. Ma se uno vuole promettere il fatto altrui, può promettere una penale, o il valore di quella cosa. Ma che cosa si intende per: sia lecito avere? <Si intende> se nessuno gli muova questione, cioè né il debitore stesso, né i suoi eredi o i successori degli eredi.

D. 45.1.38.16 (Ulp. 49 ad Sab.). Inter incertam certamque diem discrimen esse ex eo quoque apparet, quod certa die promissum vel statim dari potest: totum enim medium tempus ad solvendum liberum promissori relinquitur: at qui promisit "si aliquid factum sit" vel "cum aliquid factum sit", nisi cum id factum fuerit, dederit, non videbitur fecisse quod promisit [art. 1184].

Che tra un termine certo e incerto vi sia differenza emerge da ciò, che una cosa promessa per un giorno certo può darsi anche subito; perché tutto il tempo intermedio si lascia libero al promittente per adempiere. E chi promise "se qualche cosa sarà fatta" o "quando sarà fatta qualche cosa", se non la darà quando quella cosa sarà fatta, non si ritiene che abbia fatto ciò che promise.

D. 45.1.41.1 (Ulp. 50 ad Sab.). Quotiens autem in obligationibus dies non ponitur, praesenti die pecunia debetur, nisi si locus adiectus spatium temporis inducat, quo illo possit perveniri. Verum dies adiectus efficit, ne praesenti die pecunia debeatur: ex quo apparet diei adiectionem pro reo esse, non pro stipulatore [art. 1184].

Quante volte poi nelle obbligazioni non si stabilisce il termine, la somma è dovuta subito, a meno che il luogo aggiunto non richieda uno spazio di tempo affinché vi si possa arrivare. Invero il termine aggiunto fa sì che la somma non sia dovuta subito. Dal che emerge che l'aggiunta del termine sia a favore del convenuto e non già dell'attore.

D. 45.1.61 (Iul. 2 ad Urs. Fer.). Stipulatio hoc modo concepta: "si heredem me non feceris, tantum dare spondes?" inutilis est, quia contra bonos mores est haec stipulatio [art. 1354].

Una stipulazione concepita in tal modo "se non mi farai erede, prometti di dare tanto?", è inutile, poiché questa stipulazione è contraria al buon costume.

D. 45.1.82.1 (Ulp. 78 ad ed.). Si post moram promissoris homo decesserit, tenetur nihilo minus, proinde ac si homo viveret [art. 1221].

Se il servo morì dopo la mora del promittente, nondimeno egli è tenuto come se quel servo fosse vivo.

D. 45.1.83.5 (Paul. 72 ad ed.). ... ea dumtaxat, quae natura sui possibilia sunt, deducuntur in obligationem [art. 1347].

... Soltanto quelle cose, che per loro natura sono possibili, sono dedotte nell'obbligazione.

D. 45.1.91.6 (Paul. 17 ad Plaut.). Effectus huius constitutionis ille est, ut adhuc homo peti possit: sed et acceptum ei posse ferri creditur et fideiussorem accipi eius obligationis nomine. Novari autem an possit haec obligatio, dubitationis est, quia neque hominem qui non est neque pecuniam quae non debetur stipulari possumus. Ego puto novationem fieri posse, si hoc actum inter partes sit, quod et Iuliano placet [art. 1234].

Effetto di questa costituzione è quello che può domandarsi finanche il servo; ma si crede di potergliene fare quietanza e accettare un fideiussore a titolo di tale obbligazione. È dubbio poi se questa obbligazione possa novarsi, perché non possiamo stipulare né il servo che non esiste più, né una somma che non è dovuta. Io credo si possa fare la novazione, se di ciò si sia trattato tra le parti; il che pare bene a Giuliano.

D. 45.1.105 (Iav. 2 epist.). Stipulatus sum Damam aut Erotem servum dari: cum Damam dares, ego quo minus acciperem, in mora fui: mortuus est Dama: an putes me ex stipulatu actionem habere? Respondit: secundum Massurii Sabini opinionem puto te ex stipulatu agere non posse: nam is recte existimabat, si per debitorem mora non esset, quo minus id quod debebat solveret, continuo eum debito liberari [art. 1206].

Ho stipulato che mi desse il servo Dama, o Erote: mentre tu mi davi Dama, io fui in mora nel riceverlo. Dama è morto: credi forse che io abbia azione in forza di quanto stipulato? Rispose: secondo l'opinione di Masurio Sabino, credo che tu non possa agire in forza di quanto stipulato; infatti egli giustamente stimava che se il debitore non fosse moroso nell'adempiere ciò che doveva, subito era liberato da tale debito.

D. 45.1.112 pr. (Pomp. 15 ad Quint. Muc.). Si quis stipulatus sit Stichum aut Pamphilum, utrum ipse vellet: quem elegerit, petet et is erit solus in obligatione. An autem mutare voluntatem possit et ad alterius petitionem transire, quaerentibus respiciendus erit sermo stipulationis, utrumne talis sit, "quem voluero" an "quem volam": nam si talis fuerit "quem voluero", cum semel elegerit, mutare voluntatem non poterit ... [art. 1286].

Se uno abbia stipulato Stico o Panfilo, chi dei due egli volesse, domanderà quello che egli avrà scelto e questo solo rimarrà nell'obbligazione. Chi si chiede se poi possa cambiare volontà e passare a chiedere l'altro, si risponde che dovrà tenersi presente il tenore letterale della stipulazione, se si sia detto "quello che avrò voluto" ovvero "quel che vorrò"; infatti se sia stato "quello che vorrò", avendo scelto una volta, non potrà cambiare volontà ...

D. 45.1.137 pr. (Venul. 1 stipul.). Continuus actus stipulantis et promittentis esse debet (ut tamen aliquod momentum naturae intervenire possit) et comminus responderi stipulanti oportet. Ceterum si post interrogationem aliud acceperit, nihil proderit, quamvis eadem die spopondisset [art. 1326].

L'atto dello stipulante e del promittente deve essere continuo (in modo però che possa passare un breve intervallo naturale), quanto è necessario allo stipulante per rispondere; del resto, se dopo la domanda si sia agito in altro modo a niente gioverà, sebbene avesse promesso nello stesso giorno.

D. 45.2.2 (Iav. 3 ex Plaut.). Cum duo eandem pecuniam aut

promiserint aut stipulati sunt, ipso iure et singuli in solidum debentur et singuli debent: ideoque petitione acceptilatione unius tota solvitur obligatio [art. 1293].

Quando due promisero o stipularono una medesima somma, per diritto a ciascuno è dovuto in solido e ciascuno deve; e perciò con la domanda mediante accettilazione di uno si estingue tutta l'obbligazione.

D. 45.2.3.1 (Ulp. 47 ad Sab.). Ubi duo rei facti sunt, potest vel ab uno eorum solidum peti: hoc est enim duorum reorum, ut unusquisque eorum in solidum sit obligatus possitque ab alterutro peti. Et partes autem a singulis peti posse nequaquam dubium est, quemadmodum et a reo et fideiussore petere possumus. Utique enim cum una sit obligatio, una et summa est, ut, sive unus solvat, omnes liberentur, sive solvatur, ab altero liberatio contingat [art. 1292].

Laddove due sono diventati debitori, si può domandare l'intero anche ad uno solo di essi, perché questo è proprio di due debitori, che ciascuno di essi sia obbligato per l'intero e si possa domandare all'uno o all'altro; e non vi è alcun dubbio che si possa domandare a ciascuno la sua parte; siccome possiamo ancora domandare al debitore e al fideiussore, perché essendo una sola l'obbligazione, una sola è anche la somma, in modo tale che anche se uno solo paghi, sono liberati tutti, o se il pagamento è stato fatto da un altro, avviene la liberazione.

D. 45.2.10 (Pap. 37 quaest.). Si duo rei promittendi socii non sint, non proderit alteri, quod stipulator alteri reo pecuniam debet [art. 1302].

Se due debitori promittenti non sono soci, all'uno non gioverà che lo stipulante debba all'altro una somma.

D. 45.2.16 (Gai. 3 de verb. obl.). Ex duobus reis stipulandi si semel unus egerit, alteri promissor offerendo pecuniam nihil agit [art. 1296].

Se fra due debitori stipulanti uno abbia agito, il promittente, offrendo la somma all'altro, non fa nulla.

D. 45.2.19 (Pomp. 37 ad Quint. Muc.). Cum duo eandem pecuniam debent, si unus capitis deminutione exemptus est obligatione, alter non liberatur. Multum enim interest, utrum res ipsa solvatur an persona liberetur. Cum persona liberatur manente obligatione, alter durat obligatus: et ideo si aqua et igni interdictum est alicui fideiussor postea ab eo datus tenetur [art. 1297].

Quando due devono una medesima somma, se uno per cambiamento di stato fu esentato dall'obbligazione, l'altro non viene liberato; infatti vi è una grande differenza se la cosa stessa viene pagata o la persona liberata. Quando la persona è liberata, rimanendo l'obbligazione, l'altro rimane obbligato: e perciò, se vi fu condanna all'esilio, il fideiussore da lui dato, è responsabile.

D. 46.1.6.2 (Ulp. 47 ad Sab.). Adhiberi autem fideiussor tam futurae quam praecedenti obligationi potest, dummodo sit aliqua vel naturalis futura obligatio [art. 1938].

Si può aggiungere poi il fideiussore a un'obbligazione tanto futura quanto precedente; purché vi sia una qualche futura obbligazione naturale.

D. 46.1.8.6 (Ulp. 47 ad Sab.). Et generaliter omnium obligationum fideiussorem accipi posse nemini dubium est [art. 1941].

E in generale nessuno dubita che si possa ricevere un fideiussore di tutte le obbligazioni.

D. 46.1.15.1 (Iul. 51 dig.). Si ex duobus, qui apud te fideiusserant in viginti, alter, ne ab eo peteres, quinque tibi dederit vel promiserit, nec alter liberabitur et, si ab altero quindecim petere institueris, nulla exceptione summoveris: reliqua autem quinque si a priore fideiussore petere institueris, doli mali exceptione submoveris [art. 1240].

Se fra due, i quali presso di te prestarono fideiussione per venti, uno, per far sì che tu non reclamassi da lui, ti diede o promise cinque, l'altro non sarà liberato, e se reclamerai quindici all'altro, con nessuna eccezione sarai respinto; ma se reclamerai i restanti cinque al primo fideiussore, sarai respinto con l'eccezione di dolo malevolo.

D. 46.1.16.4 (Iul. 53 dig.). Naturales obligationes non eo solo aestimantur, si actio aliqua eorum nomine competit, verum etiam cum soluta pecunia repeti non potest: nam licet minus proprie debere dicantur naturales debitores, per abusionem intellegi possunt debitores et, qui ab his pecuniam recipiunt, debitum sibi recepisse [art. 2034].

Le obbligazioni si considerano naturali non solo se qualche azione compete a titolo di esse, ma anche quando la somma pagata non si può ripetere; infatti, sebbene non in senso proprio si dica che i debitori naturali debbano, in senso lato si possono intendere debitori, e chiunque riceva da essi una somma, si ritiene che abbia ricevuto <il pagamento di> un suo debito.

D. 46.1.17 (Iul. 89 dig.). Fideiussoribus succurri solet, ut stipulator compellatur ei, qui solidum solvere paratus est, vendere ceterorum nomina [art. 1954].

Si è soliti concedere sollievo ai fideiussori richiedendo allo stipulatore di cedere i debiti di tutti gli altri a quello di loro pronto a pagare l'intero.

D. 46.1.22 (Flor. 8 inst.). Mortuo reo promittendi et ante aditam hereditatem fideiussor accipi potest, quia hereditas personae vice fungitur, sicuti municipium et decuria et societas [art. 528].

Morto il debitore promittente, anche prima di adirsi l'eredità, può riceversi un fideiussore, perché l'eredità fa le veci della persona; così come il municipio, la decuria e la società.

D. 46.1.30 (Gai. 5 ad ed. prov.). Fideiubere pro alio potest quisque, etiamsi promissor ignoret [art. 1936].

Chiunque può rendersi fideiussore di un altro, anche se il promittente non lo sa.

D. 46.1.32 (Ulp. 76 ad ed.). Ex persona rei et quidem invito reo exceptio et cetera rei commoda fideiussori ceterisque accessionibus competere potest [art. 1945].

L'eccezione per la persona del debitore e anche contro la volontà del debitore, e altri vantaggi, possono competere al fideiussore e agli altri obbligati che hanno acceduto.

D. 46.1.36 (Paul. 14 ad Plaut.). Cum is qui et reum et fideiussores habens ab uno ex fideiussoribus accepta pecunia praestat actiones, poterit quidem dici nullas iam esse, cum suum perceperit et perceptione omnes liberati sunt. Sed non ita est: non enim in solutum accipit, sed quodammodo nomen debitoris vendidit, et ideo habet actiones, quia tenetur ad id ipsum, ut praestet actiones [art. 1949].

Quando colui che, avendo sia un debitore che fideiussori, ricevuta la somma da uno solo dei fideiussori ceda le azioni, potrà dirsi che già siano nulle, perché ha ricevuto il suo e con ciò che ha ricevuto sono stati tutti liberati. Ma non è così: non ha ricevuto infatti in pagamento, ma in un certo modo ha venduto il debito del debitore, e perciò ha le azioni, perché è tenuto a ciò stesso, ossia a cederle.

D. 46.1.71 pr. (Paul. 4 quaest.). ... Et quidem si unus debitor fuisset, non dubitabam sicut fideiussorem, ita et mandatorem liberatum esse: quamvis enim iudicio convento principali debitore mandator non liberetur, tamen ubi successit creditor debitori, veluti solutionis iure sublata obligatione etiam mandator liberatur, vel quia non potest pro eodem apud eundem quis mandator esse. Sed cum duo rei promittendi sint et alteri heres exstitit creditor, iusta dubitatio est, utrum alter quoque liberatus est, ac si soluta fuisset pecunia, an persona tantum exempta confusa obligatione. Et puto aditione hereditatis confusione obligationis eximi personam: sed et accessiones ex eius persona liberari propter illam rationem, quia non possunt pro eodem apud eundem obligati esse, ut quemadmodum incipere alias non possunt, ita nec remaneant. Igitur alterum reum eiusdem pecuniae non liberari et per hoc nec fideiussorem vel mandatorem eius. Plane quia is mandati iudicio eligere potest vel creditorem, competituram ei exceptionem doli mali, si coeperit conveniri. Cum altero autem reo vel in solidum, si non fuerit societas, vel in partem, si socii fuerunt, posse creditorem agere. Quod si creditor fideiussori heres fuerit vel fideiussor creditori, puto convenire confusione obligationis non liberari reum [art. 1303].

... Ed invero, se il debitore fosse stato uno solo, io non dubitavo che, così come il fideiussore, anche il mandante era stato liberato; infatti, sebbene, sia convenuto in giudizio il debitore principale, il mandante non è liberato, tuttavia quando il creditore succedette al debitore, come per diritto di pagamento, estinta l'obbligazione, anche il mandante è liberato, perché uno non può essere mandante per la stessa persona presso la medesima. Ma quando ci sono due debitori e il creditore è divenuto erede dell'altro, è giusto dubitare se anche l'altro sia stato liberato, come se la somma fosse stata pagata, o se la persona sia rimasta esente mediante la confusione dell'obbligazione. E credo che, con l'adizione di eredità, con la confusione dell'obbligazione sia esente la persona; ma che anche gli obbligati necessari siano liberati mediante la sua persona, per la ragione secondo la quale non possono essere obbligati presso la stessa persona per la medesima persona: come non possono cominciare <ad obbligarsi>, così nemmeno debbano restare <obbligati>. Dunque non è liberato l'altro debitore della stessa somma, e perciò nemmeno il fideiussore o il suo mandante: e ciò perché egli con un'azione di mandato può scegliere anche il creditore, e gli potrà competere l'eccezione di dolo malevolo se sarà convenuto. Il creditore può poi agire contro l'altro debitore, o per l'intero, se non vi era società, o parzialmente, se erano soci. Se il creditore sia stato erede del fideiussore, o il fideiussore del creditore, ritengo si possa convenire che con la confusione dell'obbligazione il debitore non è liberato.

D. 46.2.1 pr. (Ulp. 46 ad Sab.). Novatio est prioris debiti in aliam obligationem vel civilem vel naturalem transfusio atque translatio, hoc est cum ex praecedenti causa ita nova constituatur, ut prior perematur. Novatio enim a novo nomen accepit et a nova obligatione [art. 1230].

È novazione il trasferimento del primo debito in altra obbligazione o civile o naturale; cioè quando sulla precedente causa se ne costituisce un'altra e si estingua la prima. Perciò la novazione prende il nome da ciò che è nuovo e dalla nuova obbligazione.

D. 46.2.11 pr. (Ulp. 27 ad ed.). Delegare est vice sua alium reum dare creditori vel cui iusseri [art. 1268, 1269].

Delegare è dare al creditore o a colui che è indicato un altro debitore in propria vece.

D. 46.2.14.1 (Ulp. 7 disp.). Sed si quod sub condicione debetur, pure quis novandi causa stipuletur, nec nunc quidem statim novat, licet pura stipulatio aliquid egisse videatur, sed tunc novabit, cum exstiterit condicio: etenim existens condicio primam stipulationem committit commissamque in secundam transfert. Et ideo si forte persona promissoris pendente condicione fuerit deportata, Marcellus scribit ne quidem existente condicione ullam contingere novationem, quoniam nunc, cum extitit condicio, non est persona quae obligetur [art. 1357].

Ma se uno, allo scopo di novare, stipuli puramente ciò che gli è dovuto sotto condizione, non nova subito, benché si reputi che una stipulazione pura produca qualche effetto; ma la novazione avrà luogo quando si avvererà la condizione, perché la condizione avverata rende operativa la prima stipulazione, e la trasferisce sulla seconda. E perciò, se mai la persona del promittente in pendenza della condizione sia stata deportata, Marcello scrive che nemmeno avverandosi la condizione avrà luogo alcuna novazione, perché quando la condizione si verifica, non vi è alcuna persona che sia obbligata.

D. 46.2.18 (Paul. 57 ad ed.). Novatione legitime facta liberantur hypothecae et pignus, usurae non currunt [art. 1232].

Mediante una novazione fatta legittimamente, si liberano le ipoteche e il pegno; gli interessi non decorrono.

D. 46.3.1 (Ulp. 43 ad Sab.). Quotiens quis debitor ex pluribus causis unum debitum solvit, est in arbitrio solventis dicere, quod potius debitum voluerit solutum, et quod dixerit, id erit solutum: possumus enim certam legem dicere ei quod solvimus. Quotiens vero non dicimus, in quod solutum sit, in arbitrio est accipientis, cui potius debito acceptum ferat, dummodo in id constituat solutum, in quod ipse, si deberet, esset soluturus quoque debito se exoneraturus esset, si deberet, id est in id debitum, quod non est in controversia, aut in illud, quod pro alio quis fideiusserat, aut cuius dies nondum venerat: aequissimum enim visum est creditorem ita agere rem debitoris, ut suam ageret. Permittitur ergo creditor constituere, in quod velit solutum, dummodo sic constituamus, ut in re sua constitueret, sed constituere in re praesenti, hoc est statim atque solutum est [art. 1193].

Quante volte un debitore per più cause paga un solo debito, è a discrezione di chi paga dire quale debito vorrà pagare; e quel che dirà, così sarà pagato: infatti possiamo dare una causa certa a quel che paghiamo. Quante volte poi non diciamo a quale debito si deve imputare, è in arbitrio di chi riceve a quale debito piuttosto imputarlo; purché imputi il pagamento a ciò che egli stesso pagherebbe e a quel debito di cui si libererebbe se fosse debitore, cioè a quel debito che non è controverso, o a quello per cui nessuno prestò fideiussione per un altro, o a quello che ancora non è scaduto; perché parve cosa giustissima che il creditore agisse per il debitore come agirebbe per sé. Si permette, dunque, al creditore di costituire il pagamento in ciò che vuole; purché lo costituisca così come lo costituirebbe per una cosa propria; ma deve imputarlo al momento, cioè appena il pagamento è stato eseguito.

D. 46.3.12.4 (Ulp. 30 ad Sab.). Sed et si non vero procuratori solvam, ratum autem habeat dominus quod solutum est, liberatio contingit: rati enim habitio mandato comparatur [art. 1188].

Se io non paghi al vero procuratore, ma il titolare dell'affare abbia ratificato il pagamento, avviene la liberazione, perché la ratifica equivale ad una procura.

D. 46.3.16 (Pomp. 15 ad Sab.). Sub condicione debitori si acceptum feratur, postea condicione existente intellegitur iam olim liberatus. Et hoc etiam si solutio re fiat, accidere Aristo dicebat. Scripsit enim, si quis, qui sub condicione pecuniam promisit, dedit eam ea condicione, ut, si condicio exstitisset, in solutum cederet, existente condicione liberari eum nec obstare, quod ante eius pecunia facta est [art. 1357].

Se a un debitore sotto condizione si faccia quietanza, successivamente, verificatasi la condizione, si intende essere stato liberato fin d'allora. E Aristone diceva che ciò avviene anche qualora il pagamento si faccia con una cosa, infatti scrisse che se colui che promise una somma sotto condizione e la diede a patto che la condizione si avverasse, effettua il pagamento, avveratasi la condizione egli viene liberato, e non osta che la somma sia divenuta sua precedentemente.

D. 46.3.18 (Ulp. 41 ad Sab.). Si quis servo pecuniis exigendis praeposito solvisset post manumissionem, si quidem ex contractu domini, sufficiet, quod ignoraverit manumissum: quod si ex causa peculiari, quamvis scierit manumissum, si tamen ignoraverit ademptum ei peculium, liberatus erit. Utroque autem casu manumissus si intervertendi causa id fecerit, furtum domino facit: nam et si debitori meo mandavero, ut Titio pecuniam solveret, deinde Titium vetuero accipere idque ignorans debitor Titio simulanti se procuratorem solverit, et debitor liberabitur et Titius furti actione tenebitur [art. 1270].

Se taluno abbia pagato al servo preposto all'esazione delle somme dopo la manomissione, se lo fece in conformità a un contratto del proprietario, basterà che egli avesse ignorato che era stato manomesso. Ma se lo fece per causa peculiare, benché sapesse che era stato manomesso, anche se ignorò che il peculio gli fosse stato tolto, sarà liberato. Nell'uno e nell'altro caso poi il manomesso, se fece ciò per appropriarsi <della somma>, ha commesso un furto nei confronti del proprietario, perché anche se al mio debitore darò incarico di pagare una somma a Tizio, e in seguito a Tizio vietai di ricevere e il debitore, ignorando ciò, avrà pagato a Tizio che si fingeva procuratore, sarà liberato il debitore e Tizio sarà tenuto all'azione di furto.

D. 46.3.30 (Ulp. 51 ad ed.). Si debitor offerret pecuniam, quae peteretur, creditor nollet accipere, praetor ei denegat actiones [art. 1220].

Qualora il debitore facesse offerta della somma che si domanda e il creditore non la volesse ricevere, il pretore gli nega le azioni.

D. 46.3.49 (Marc. l.s. ad hypoth. form.). Solutam pecuniam intellegimus utique naturaliter, si numerata sit creditori. Sed et si iussu eius alii solvatur, vel creditori eius vel futuro debitori vel etiam ei cui donaturus erat, absolvi debet. Ratam quoque solutionem si creditor habuerit, idem erit. Tutori quoque si soluta sit pecunia vel curatori vel procuratori vel cuilibet successori vel servo actori, proficiet ei solutio … [art. 1188].

Per 'denaro pagato' intendiamo, in senso materiale, ogni volta che ci sia stata una consegna <delle monete> al creditore. Ma anche se per ordine di lui si paga ad un altro, o al suo creditore, o ad un futuro debitore, o ancora a colui al quale egli desiderava fare un dono, deve essere liberato. Anche se il creditore avrà ratificato un pagamento, sarà lo stesso. Anche se la somma sia stata pagata al tutore o al curatore o al procuratore o a qualunque altro successore, o al servo fattore, il pagamento sarà valido …

D. 46.3.70 (Cels. 26 dig.). Quod certa die promissum est, vel statim dari potest: totum enim medium tempus ad solvendum promissori liberum relinqui intellegitur [art. 1184].

Ciò che fu promesso per un giorno determinato, può darsi anche subito, perché tutto il tempo intermedio si intende lasciato libero al promittente per il pagamento.

D. 46.3.72 pr. (Marcell. 20 dig.). Qui decem debet, si ea optulerit creditori et ille sine iusta causa ea accipere recusavit, deinde debitor ea sine sua culpa perdiderit, doli mali exceptione potest se tueri, quamquam aliquando interpellatus non solverit: etenim non est aequum teneri pecunia amissa, quia non teneretur, si creditor accipere voluisset. Quare pro soluto id, in quo creditor accipiendo moram fecit, oportet esse. Et sane si servus erat in dote eumque optulit maritus et is servus decessit, aut nummos optulit eosque non accipiente muliere perdiderit, ipso iure desinet teneri [art. 1206].

Chi deve dieci, se li offrì al creditore e questo senza giusta causa rifiutò di riceverli, e in seguito il debitore senza sua colpa li perdette, <il debitore> può difendersi con l'eccezione di dolo malevolo, benché una volta interpellato non abbia pagato, perché non è giusto essere tenuto per il denaro perduto, mentre non sarebbe tenuto se il creditore lo avesse voluto accettare. Si deve ritenere pagato ciò nel ricevere il quale il creditore fu in mora. E infatti, se in una dote era compreso un servo e il marito l'offrì e quel servo sia morto, o offrì denaro il quale non fu accettato dalla donna e questo sia andato perduto, di pieno diritto egli cesserà di essere obbligato.

D. 46.3.72.4 (Marcell. 20 dig.). Stichum aut Pamphilum stipulatus sum, cum esset meus Pamphilus: nec si meus esse desierit, liberabitur promissor Pamphilum dando: neutrum enim videtur in Pamphilo homine constitisse nec obligatio nec solutio. Sed ei, qui hominem dari stipulatus est, unum etiam ex his, qui tunc stipulatoris servi erant, dando promissor liberatur: vi quidem ipsa et hic ex his dari stipulatus est, qui eius non erant. Fingamus ita stipulatum: "Hominem ex his, quos Sempronius reliquit, dare spondes?", cum tres Sempronius reliquisset, eorumque aliquem stipulatoris fuisse: num mortuis duobus, qui alterius erant, super erit ulla obligatio, videamus. Et magis est deficere stipulationem, nisi ante mortem duorum desierit esse reliquus servus stipulatoris [art. 1288].

Ho stipulato Stico e Panfilo, mentre Panfilo era mio; né, se cesserà di essere mio, il promittente sarà liberato dandomi Panfilo; perché né l'una né l'altra cosa, né l'obbligazione né il pagamento, furono valide riguardo al servo Panfilo. Ma a colui che stipulò darsi un servo, il promittente dando anche uno solo tra coloro che allora erano servi dello stipulante, il promittente viene liberato e con forza ha stipulato darsi quello che non era suo. Fingiamo di avere stipulato così: "prometti di dare un servo fra quelli che Sempronio lasciò?". Avendone Sempronio lasciati tre ed essendo uno di questi dello stipulante, forse, morti i due che erano di un altro, riteniamo che non resterà alcuna obbligazione. Ed è meglio che la stipulazione manchi, salvo che prima della morte dei due il servo rimasto non abbia cessato di essere dello stipulante.

D. 46.3.91 (Labeo 6 pith. a Paul. epit.). Si debitor tuus non vult a te liberari et praesens est, non potest invitus a te solvi. PAULUS: immo debitorem tuum etiam praesentem etiam invitum liberare ita poteris supponendo, a quo debitum novandi causa stipuleris … [art. 1236].

Se il tuo debitore non vuole essere da te liberato ed è presente, non può essere da te liberato contro la sua volontà. Paolo <disse così>: potrai liberare il tuo debitore che è presente anche contro la sua volontà, supponendo di stipulare il debito con una novazione soggettiva.

D. 46.3.102 pr. (Scaev. 5 resp.). Creditor oblatam a debitore pecuniam ut alia die accepturus distulit: mox pecunia, qua illa res publica utebatur, quasi aerosa iussu praesidis sublata est: item pupillaris pecunia, ut possit idoneis nominibus credi servata, ita interempta est: quaesitum est, cuius detrimentum esset. Respondi secundum ea quae proponerentur nec creditoris nec tutoris detrimentum esse [art. 1277].

Il creditore differì ad un altro giorno di accettare una somma offertagli dal debitore: poco dopo quella moneta della quale la comunità cittadina faceva uso, come se fosse adulterata, fu soppressa per ordine del governatore provinciale: quindi il denaro pupillare dato a credito con titoli idonei fu soppresso. Si domanda a carico di chi sarebbe il danno. Risposi che, secondo le cose esposte, il danno non sarebbe né del creditore né del tutore.

D. 46.3.107 (Pomp. 2 ench.). Verborum obligatio aut naturaliter resolvitur aut civiliter: naturaliter veluti solutione aut cum res in stipulationem deducta sine culpa promissoris in rebus humanis esse desiit: civiliter veluti acceptilatione vel cum in eandem personam ius stipulantis promittentisque devenit [art. 1253, 1256].

Un'obbligazione verbale si scioglie o naturalmente o civilmente. Naturalmente mediante il pagamento, o quando la cosa dedotta in stipulazione cessò di esistere senza colpa del promittente. Civilmente con l'accettazione o quando il diritto dello stipulante e del promittente si riunirono nella medesima persona.

D. 46.4.16 pr. (Ulp. 7 disput.). Si ex pluribus obligatis uni accepto feratur, non ipse solus liberatur, sed et hi, qui secum obligantur: nam cum ex duobus pluribusque eiusdem obligationis participibus uni accepto fertur, ceteri quoque liberantur, non quoniam ipsis accepto latum est, sed quoniam velut solvis se videtur is, qui acceptilatione solutus est [art. 1301].

Se tra più obbligati si fa accettilazione ad uno solo, è liberato non soltanto egli, ma anche quelli che insieme con lui sono obbligati, perché di due o più partecipi di una medesima obbligazione, facendosi accettilazione ad uno solo, vengono liberati anche gli altri, non perché ad essi si sia fatta accettilazione, ma perché si ritiene che abbia pagato colui che fu svincolato mediante accettilazione.

D. 47.8.6 (Venul. 17 stipul.). Quod vi possessum raptumve sit, antequam in potestatem domini heredisve eius perveniat, usucapi lex vetat [art. 1163].

La legge vieta che sia usucapito ciò che con violenza sia stato posseduto o rubato, prima che sia entrato nel potere del proprietario o dell'erede.

D. 47.10.13.7 (Ulp. 57 ad ed.). … Et quidem mare commune omnium est et litora, sicuti aer, et est saepissime rescriptum non posse quem piscari prohiberi: sed nec aucupari, nisi quod ingredi quis agrum alienum prohiberi potest. Usurpatum tamen et hoc est, tametsi nullo iure, ut quis prohiberi possit ante aedes meas vel praetorium meum piscari: quare si quis prohibeatur, adhuc iniuriarum agi potest. In lacu tamen, qui mei dominii est, utique piscari aliquem prohibere possum [art. 841].

… E in verità il mare è comune a tutti e anche i lidi, così come l'aria. E molto spesso fu disposto con rescritto che non si può impedire ad alcuno la pesca; così come non si può impedire la caccia ad alcuno, purché non entri in un fondo altrui. Però è uso anche ciò, benché senza alcun diritto, che si possa impedire di pescare davanti alla mia casa, o al mio cortile: pertanto, se ad alcuno viene impedito, si può anche agire d'ingiuria contro di lui. Invero in un lago che sia di mia proprietà, posso certamente impedire di pescare.

D. 47.22.3 pr. (Marc. 2 iud. publ.). Collegia si qua fuerint illicita, mandatis et constitutionibus et senatus consultis dissolvuntur: sed permittitur eis, cum dissolvuntur, pecunias communes si quas habent dividere pecuniamque inter se partiri [art. 31].

Se mai vi siano stati collegi illeciti, vengono sciolti attraverso mandati, costituzioni e senatoconsulti. Ma quando sono sciolti ad essi si permette di ripartire tra loro il denaro comune, se mai ne abbiano.

D. 48.20.7.4 (Paul. l.s. de port.). … Cui consequenter illud idem princeps constituit, cum filia familias veneno necasse convinceretur eum, a quo heres instituta erat: quamvis iussu patris, cuius in potestate erat, hereditatem eam adiisset, tamen fisco eam vindicandam esse [art. 463].

… E così di conseguenza il medesimo principe <imperatore Pio> dispose con rescritto, che qualora la figlia di famiglia fosse convinta di aver fatto morire con il veleno colui dal quale era stata istituita erede, sebbene ella avesse adito l'eredità per ordine del padre alla cui potestà era soggetta, quell'eredità sarebbe stata reclamata dal fisco.

D. 50.1.3 (Ulp. 25 ad Sab.). Placet etiam filios familias domicilium habere posse [art. 45].

Pare bene che anche il figlio di famiglia possa avere un domicilio.

D. 50.1.4 (Ulp. 39 ad ed.). Non utique ibi, ubi pater habuit, sed ubicumque ipse domicilium constituit [art. 45].

Non già ove il padre lo aveva, ma ovunque egli abbia costituito il domicilio.

D. 50.1.5 (Paul. 45 ad ed.). Labeo indicat eum, qui pluribus locis ex aequo negotietur, nusquam domicilium habere: quosdam autem dicere refert pluribus locis eum incolam esse aut domicilium habere: quod verius est [art. 47].

Labeone dice che colui il quale fa affari contemporaneamente in due luoghi, non ha domicilio in nessuno di quei luoghi. E riferisce che alcuni sostengono che quel tale è un abitante o ha il domicilio in più luoghi; e questa opinione è più vera.

D. 50.1.20 (Paul. 24 quaest.). Domicilium re et facto transfertur, non nuda contestatione: sicut in his exigitur, qui negant se posse ad munera ut incolas vocari [art. 44].

Il domicilio si trasferisce sia in virtù della cosa sia di fatto, non già mediante la nuda contestazione della volontà; ciò si esige in coloro che pretendono di non poter essere chiamati <a ricoprire> incarichi pubblici come abitanti.

D. 50.1.22.1 (Paul. 1 sent.). Vidua mulier amissi mariti domicilium retinet exemplo clarissimae personae per maritum factae: sed utrumque aliis intervenientibus nuptiis permutatur [art. 45].

La vedova mantiene il domicilio che aveva il marito quando morì, al pari il titolo di chiarissima acquistato grazie al marito; ma l'uno e l'altro cambiano passando ad altre nozze.

D. 50.1.31 (Marcell. 1 dig.). Nihil est impedimento, quo minus quis ubi velit habeat domicilium, quod ei interdictum non sit [art. 43].

Nulla impedisce che ognuno abbia dove vuole il domicilio che non gli sia interdetto.

D. 50.12.1.1 (Ulp. l.s. de off. curat. r. p.). Non semper autem obligari eum, qui pollicitus est, sciendum est. Si quidem ob honorem promiserit decretum sibi vel decernendum vel ob aliam iustam causam, tenebitur ex pollicitatione: sin vero sine causa promiserit, non erit obligatus. Et ita multis constitutionibus et veteribus et novis continetur [art. 1987].

Bisogna sapere che non sempre colui che promise rimane obbligato. E invero, se per un onore a lui conferito o da conferirsi o per altra giusta causa, qualcuno promise, egli sarà tenuto in forza della promessa, ma se promise senza causa, non sarà obbligato. Così è stabilito da molte costituzioni antiche e nuove.

D. 50.16.6.1 (Ulp. 3 ad ed.). Verbum "ex legibus" sic accipiendum est: tam ex legum sententia quam ex verbis [art. 12 d. prel.].

L'espressione "dalle leggi" va intesa: tanto dal dettato, quanto dalle parole delle leggi.

D. 50.16.49 (Ulp. 59 ad ed.). "Bonorum" appellatio aut naturalis aut civilis est. Naturaliter bona ex eo dicuntur, quod beant, hoc est beatos faciunt: beare est prodesse. In bonis autem nostris computari sciendum est non solum, quae dominii nostri sunt, sed et si bona fide a nobis possideantur vel superficiaria sint. Aeque bonis adnumerabitur etiam, si quid est in actionibus petitionibus persecutionibus: nam haec omnia in bonis esse videntur [art. 810].

La parola beni ha un significato sia naturale che civile. Naturalmente questa parola beni deriva da *beare* (rendere felice): cioè fare le persone beate; *beare* (rendere felice) significa giovare. Bisogna sapere poi che tra i nostri beni si devono computare non soltanto le cose che sono di nostra proprietà ma anche quelle cose che possediamo in buona fede, anche se consistono nella superficie. Egualmente si annovera tra i beni anche ciò che consiste in azioni, petizioni, persecuzioni, perché tutte queste cose si reputano essere comprese nei beni.

D. 50.16.102 (Mod. 7 reg.). "Derogatur" legi aut "abrogatur". Derogatur legi, cum pars detrahitur: abrogatur legi, cum prorsus tollitur [art. 15 d. prel.].

Si deroga alla legge o si abroga <la legge>. Si deroga alla legge quando se ne toglie una parte; si abroga la legge quando la si toglie del tutto.

D. 50.16.129 (Paul. 1 ad leg. Iul. et Pap.). Qui mortui nascuntur, neque nati neque procreati videntur, quia numquam liberi appellari potuerunt [art. 1].

Coloro che escono morti dall'utero non si reputano né nati né procreati, perché non hanno mai potuto essere chiamati figli.

D. 50.16.151 (Ter. Clem. 5 ad leg. Iul. et Pap.). "Delata" hereditas intellegitur, quam quis possit adeundo consequi [art. 457].

Per eredità "deferita" si intende quella che taluno può conseguire con l'adirla.

D. 50.16.178.1 (Ulp. 49 ad Sab.). "Hereditas" iuris nomen est, quod et accessionem et decessionem in se recipit: hereditas autem vel maxime fructibus augetur [art. 528].

L'"eredità" è un termine di diritto che comprende in sé sia l'accrescimento che la diminuzione. L'eredità è accresciuta massimamente dai frutti.

D. 50.16.236.1 (Gai. 4 ad leg. XII tab.). "Glandis" appellatione omnis fructus continetur, ut Iavolenus ait, exemplo Graeci sermonis, apud quos omnes arborum species ἀκρόδρυα appellantur [art. 843].

La parola "ghianda", come dice Giavoleno, comprende qualunque frutto; ad imitazione della lingua dei Greci presso i quali tutte le specie di alberi sono dette frutti (ἀκρόδρυα).

D. 50.16.238.2 (Gai. 6 ad leg. XII tab.). "Pignus" appellatum a pugno, quia res, quae pignori dantur, manu traduntur. Unde etiam videri potest verum esse, quod quidam putant, pignus proprie rei mobilis constitui [art. 2784].

"Pegno" è così chiamato da pugno, perché le cose che vengono date in pegno si consegnano con la mano. Dunque è vero ciò che alcuni pensano, cioè che il pegno si costituisce propriamente sulla cosa mobile.

D. 50.17.7 (Pomp. 3 ad Sab.). Ius nostrum non patitur eundem in paganis et testato et intestato decessisse: earumque rerum naturaliter inter se pugna est "testatus" et "intestatus" [art. 457].

Il nostro diritto non tollera che i cittadini muoiano nel medesimo tempo con testamento o senza testamento; e l'aver egli testato e il non aver testato sono due cose che contrastano naturalmente tra loro.

D. 50.17.12 (Paul. 3 ad Sab.). In testamentis plenius voluntates testantium interpretamur [art. 1184].

Nei testamenti diamo un'interpretazione più piena alla volontà dei testatori.

D. 50.17.14 (Pomp. 5 ad Sab.). In omnibus obligationibus, in quibus dies non ponitur, praesenti die debetur [art. 1183].

In tutte le obbligazioni nelle quali non è posto un termine, il debito è dovuto nel giorno presente.

D. 50.17.29 (Paul. 8 ad Sab.). Quod initio vitiosum est, non potest tractu temporis convalescere [art. 1423].

Ciò che è viziato sin dall'origine non può essere convalidato con il passare del tempo.

D. 50.17.34 (Ulp. 45 ad Sab.). Semper in stipulationibus et in ceteris contractibus id sequimur, quod actum est: aut, si non pareat quid actum est, erit consequens, ut id sequamur, quod in regione in qua actum est frequentatur. Quid ergo, si neque regionis mos appareat, quia varius fuit? ad id, quod minimum est, redigenda summa est [art. 1368].

Nelle stipulazioni e negli altri contratti dobbiamo attenerci sempre a quanto fu posto in essere. Se ciò che fu fatto non risulti evidente, sarà necessario che si segua ciò che è solito farsi nel luogo in cui si è agito. Se neppure il costume di quel luogo sia evidente, perché fu vario, in tal caso bisogna ridurre la somma al minimo.

D. 50.17.40 (Pomp. 34 ad Sab.). Furiosi vel eius, cui bonis interdictum sit, nulla voluntas est [art. 85].

È nulla la volontà del furioso e di colui il quale è interdetto dai beni.

D. 50.17.55 (Gai. 2 de test. ad ed. urb.). Nullus videtur dolo facere, qui suo iure utitur [art. 834].

Non si considera agire con dolo chi esercita un suo diritto.

D. 50.17.67 (Iul. 87 dig.). Quotiens idem sermo duas sententias exprimit, ea potissimum excipiatur, quae rei gerendae aptior est [art. 1369].

Ogniqualvolta il medesimo discorso esprima due significati, è meglio adottare quello che è più adatto all'affare da gestire.

D. 50.17.77 (Pap. 28 quaest.). Actus legitimi, qui non recipiunt diem vel condicionem, veluti emancipatio, acceptilatio, hereditatis aditio, servi optio, datio tutoris, in totum vitiantur per temporis vel condicionis adiectionem. Nonnumquam tamen actus supra scripti tacite recipiunt, quae aperte comprehensa vitium adferunt. Nam si acceptum feratur ei, qui sub condicione promisit, ita demum egisse aliquid acceptilatio intellegitur, si obligationis condicio exstiterit: quae si verbis nominatim acceptilationis comprehendatur, nullius momenti faciet actum [art. 475].

Gli atti legittimi nei quali si inserisce il termine o la condizione, come la mancipazione, l'accettilazione, l'adizione di eredità, l'opzione del servo, la dazione del tutore, sono interamente viziati dall'aggiunta del termine o della condizione. Tuttavia qualche volta gli atti suindicati tacitamente ammettono che le cose apertamente inserite <la condizione e il termine> rendano viziati gli atti stessi. E, invero, se io faccio l'accettilazione a colui che promise sotto condizione, l'accettilazione si intende aver prodotto il suo effetto soltanto se si avverò la condizione dell'obbligazione; che se poi <la condizione> è esplicitamente compresa dalle parole dell'accettilazione, essa rende nullo l'atto.

D. 50.17.161 (Ulp. 77 ad ed.). In iure civili receptum est, quotiens per eum, cuius interest condicionem non impleri, fiat quo minus impleatur, perinde haberi, ac si impleta condicio fuisset. Quod ad libertatem et legata et ad heredum institutiones perducitur. Quibus exemplis stipulationes quoque committuntur, cum per promissorem factum esset, quo minus stipulator condicioni pareret [art. 1359].

Nel diritto civile è recepito che: ogniqualvolta colui che abbia interesse a che la condizione non si realizzi, fa sì che non si avveri, si ritiene come se la condizione si fosse adempiuta. Ciò vale con riguardo alla libertà e ai legati e alle istituzioni di eredi. Nei medesimi casi anche le stipulazioni hanno luogo quando il promissore fece in modo che lo stipulatore non rispettasse la condizione.

D. 50.17.165 (Ulp. 53 ad ed.). Cum quis possit alienare, poterit et consentire alienationi. Cui autem donare non conceditur, probandum erit nec, si donationis causa consenserit, ratam eius voluntatem habendam [art. 774].

Quando qualcuno può alienare una cosa, potrà acconsentire anche all'alienazione. Riguardo poi colui a cui non è concessa la facoltà di donare, non si dovrà considerare ratificata la sua volontà anche se abbia acconsentito alla donazione.

D. 50.17.185 (Cels. 8 dig.). Inpossibilium nulla obligatio est [art. 1346].

Le condizioni impossibili rendono nulla l'obbligazione.

D. 50.17.203 (Pomp. 8 ad Quint. Muc.). Quod quis ex culpa sua damnum sentit, non intellegitur damnum sentire [art. 1227].

Colui che subisce per propria colpa un danno non si reputa che abbia subito alcun danno.

Codex Iustinianus

Excerpta

Codex 1.14.5 pr. Impp. Theodosius et Valentinianus AA. Florentio pp. [a. 439]. … nullum enim pactum, nullam conventionem, nullum contractum inter eos videri volumus subsecutum, qui contrahunt lege contrahere prohibente [art. 1418].

Gli Imperatori Teodosio e Valentiniano Augusti a Florenzio, prefetto del pretorio [a. 439]. … e invero non vogliamo che nessun patto, nessuna convenzione, nessun contratto consegua tra coloro che contraggono in presenza di una legge che proibisca di contrarre.

Codex 2.3.6. Imp. Antoninus A. Iuliae Basiliae [a. 213]. Pacta, quae contra leges constitutionesque vel contra bonos mores fiunt, nullam vim habere indubitati iuris est [art. 1343].

L'Imperatore Antonino Augusto a Giulia Basilia [a. 213]. È diritto certo che i patti, che si concludono in violazione di leggi e di costituzioni o dei buoni costumi, non abbiano alcuna forza.

Codex 2.4.19. Impp. Diocletianus et Maximianus AA. et CC. Irenaeo [a. 293]. Sub praetextu instrumenti post reperti transactionem bona fide finitam rescindi iura non patiuntur. Sane si eam per se vel per alium subtractis, quibus veritas argui potuit, decisionem litis extorsisse probetur, si quidem actio superest, replicationis auxilio doli mali pacti exceptio removetur, si vero iam perempta est, infra constitutum tempus tantum actionem de dolo potes exercere [art. 1975].

Gli Imperatori Diocleziano e Massimiano Augusti e i Cesari a Ireneo [a. 293]. Il diritto non consente che una transazione conclusa in buona fede possa essere invalidata con il pretesto di un documento rinvenuto successivamente. Qualora però si provi che quella decisione transattiva sia stata estorta, essendo stati sottratti – in prima persona o per mezzo di altri – <documenti> dai quali poteva essere mostrata la verità, laddove sussista un'azione, l'eccezione basata sul patto sarà respinta con l'ausilio di una replica di dolo malevolo; qualora <l'azione> sia invece già perenta, potrai esercitare soltanto l'azione di dolo nel periodo di tempo prestabilito.

Codex 2.4.42. Impp. Leo et Anthemius AA. Erythrio pp. [a. 472]. Si ex falsis instrumentis transactiones vel pactiones initae fuerint, quamvis iusiurandum his interpositum sit, etiam civiliter falso revelato eas retractari praecipimus: ita demum ut, si de plurimis causis vel capitulis eaedem pactiones initae fuerint, illa tantummodo causa vel pars retractetur, quae ex falso instrumento composita convicta fuerit, aliis capitulis firmis manentibus: nisi forte etiam de eo, quod falsum dicitur, controversia orta decisa sopiatur [art. 1973].

Gli Imperatori Leone e Antemisio Augusti a Eritrio, prefetto del pretorio [a. 472]. Qualora delle transazioni o dei patti siano stati conclusi sulla base di documenti falsi, quand'anche sia intervenuto un giuramento, qualora il falso sia stato accertato civilmente, riteniamo che essi debbano essere invalidati, in modo che se questi patti e transazioni riguardino più cause o articoli, siano annullati in quella parte sulla base del documento falso, restando fermi gli altri articoli; salvo che anche la controversia insorta in relazione a quanto si dica falso sia stata decisa e non desti più contesa.

Codex 2.5.1. Impp. Diocletianus et Maximianus AA. et CC. Aurelio Quarto [a. 293]. Errorem calculi, sive ex uno contractu sive ex pluribus emerserit, veritati non adferre praeiudicium saepe constitutum est: unde rationes etiam saepe computatas denuo retractari posse, si res iudicatae non sunt vel transactio non intervenit, explorati iuris et. Sed et si per errorem calculi velut debitam quantitatem, cum esset indebita, promisisti, condictio liberationis tibi competit [art. 1430].

Gli Imperatori Diocleziano e Massimiano Augusti e i Cesari ad Aurelio Quarto [a. 293]. È stato spesso stabilito con costituzioni che un errore di calcolo, sia che si presenti in un solo contratto o in più <contratti>, non possa recare pregiudizio alla verità. È infatti diritto consolidato che i calcoli, spesso anche già svolti, possano essere rivisti di nuovo, ove non si tratti di cosa giudicata o non sia intervenuta una transazione. E anche qualora tu, per errore di calcolo, abbia promesso una somma come dovuta quando non lo era, ti spetterà un'azione per essere liberato.

Codex 2.55(56).5.3. Imp. Iustinianus A. Iuliano pp. [a. 530]. Licet non ignoramus Iulii Pauli opinionem et aliorum prudentium certorum, qui tetigerunt quidem huiusmodi quaestionem, quam in praesenti adgredimur, non autem perfectissime peregerunt, sed usque ad quasdam temporales actiones standum esse existimaverunt, plenius tamen et generaliter definimus conventum in scriptis apud compromissum iudicem factum ita temporis interruptionem inducere, quasi in ordinario iudicio lis fuisset inchoata [art. 2943].

L'Imperatore Giustiniano Augusto a Giuliano, prefetto del pretorio [a. 530]. Per quanto non ignoriamo l'opinione di Giulio Paolo e di certi altri giureconsulti, che hanno in qualche modo toccato la questione di cui ci occupiamo adesso, tuttavia essi non l'affrontarono in maniera del tutto esauriente, ritenendo che ci si dovesse attenere ad azioni temporali. Invece, noi stabiliamo, in maniera più completa e generale, che la convenzione per iscritto davanti ad un giudice arbitrale comporti l'interruzione della prescrizione, come se fosse stata introdotta in un giudizio ordinario.

Codex 3.28.35.1. Imp. Iustinianus A. Iohanni pp. [a. 531]. Illud etiam sancimus, ut, si quis a patre certas res vel pecunias accepisset et pactus fuisset, quatenus de inofficiosi querella adversus testamentum paternum minime ab eo moveretur, et post obitum patris filius cognito paterno testamento non agnoverit eius iudicium, sed oppugnandum putaverit, vetere iurgio exploso huiusmodi pacto filium minime gravari secundum Papiniani responsum, in quo definivit meritis filios ad paterna obsequia provocandos quam pactionibus adstringendos [art. 557].

L'Imperatore Giustiniano Augusto a Giovanni, prefetto del pretorio [a. 531]. Stabiliamo anche che, se un figlio abbia ricevuto dal padre determinate cose o una certa somma di denaro con l'accordo di non proporre querela di inofficiosità contro il testamento paterno, e lo stesso, morto il padre e avuto conoscenza del suo testamento, non si adatti alle sue disposizioni, ma creda di impugnarlo, posta in essere l'antica azione, un patto di questo tipo non graverà il figlio secondo il responso di Papiniano, in cui si afferma che i figli debbano essere indotti con benefici al rispetto nei confronti del padre piuttosto che vincolati da tali patti.

Codex 3.28.35.2. Imp. Iustinianus A. Iohanni pp. [a. 531]. Et generaliter definimus, quando pater minus legitima portione filio reliquerit vel aliquid dederit vel mortis causa donatione vel inter vivos sub ea condicione, ut haec inter vivos donatio in quartam ei computetur, si filius post obitum patris hoc quod relictum vel datum est simpliciter agnoverit, forte et securitatem heredibus fecerit quod ei relictum est accepisse, non adiciens nullam sibi superesse de repletione quaestionem, nullum filium sibi facere praeiudicium, sed legitimam partem repleri … [art. 564].

L'Imperatore Giustiniano Augusto a Giovanni, prefetto del pretorio [a. 531]. E stabiliamo in generale che, quando un padre abbia lasciato al figlio meno della sua quota di legittima oppure gli abbia attribuito qualcosa, o a titolo di donazione per causa di morte oppure tra vivi, a condizione che tale donazione venga computata come porzione della quarta, se il figlio, dopo la morte di suo padre, riceva quanto gli sia stato lasciato o dato, puramente e semplicemente, e abbia, per caso, accertato che gli eredi abbiano accettato quanto gli è stato dato, senza aggiungere nessuna questione sulla sussistenza per sé del completamento <della somma>, egli non dovrà essere in alcun modo pregiudicato e la sua quota legale dovrà essere integrata …

Codex 3.29.5. Impp. Diocletianus et Maximianus AA. Cottabeo [a. 286]. Si totas facultates tuas per donationes vacue fecisti, quas in emancipatos filios contulisti, id, quod ad submovendas inofficiosi testamenti querellas non ingratis liberis relinqui necesse est, ex factis donationibus detractum, ut filii vel nepotes, qui postea ex quocumque legitimo matrimonio nati sunt, debitum bonorum subsidium consequantur, ad patrimonium tuum revertetur [art. 557].

Gli Imperatori Diocleziano e Massimiano Augusti a Cottabeo [a. 286]. Se hai esaurito tutto il tuo patrimonio in donazioni nei confronti dei tuoi figli emancipati, la parte che si dovrà lasciare ai figli non ingrati per evitare querele di inofficiosità del testamento, detratta dalle donazioni fatte, rientrerà nel tuo patrimonio, così che i figli e nipoti successivamente nati da qualsiasi matrimonio legittimo, possano ricevere la quantità di beni dovuta.

Codex 3.33.7. Imp. Gord. A. Ulpiano militi [a. 243]. Eum, ad quem usus fructus pertinet, sarta tecta suis sumptibus praestare debere explorati iuris est. Proinde si quid ultra quam impendi debeat erogatum potes docere, sollemniter reposces [art. 1004].

L'Imperatore Gordiano Augusto a Ulpiano, milite [a. 243]. È diritto consolidato che l'usufrutto appartenga a colui che debba riparare l'abitazione a proprie spese. Di conseguenza, qualora tu possa dimostrare di aver pagato più di quanto dovevi, potrai recuperarlo nei modi opportuni.

Codex 3.37.5. Impp. Diocletianus et Maximianus AA. et CC. Secundino [a. 294]. In communionem vel societatem nemo compellitur invitus detineri: quapropter aditus praeses provinciae ea, quae communia tibi cum sorore perspexerit, dividi providebit [art. 1111].

Gli Imperatori Diocleziano e Massimiano Augusti e i Cesari a Secondino [a. 294]. Nessuno è tenuto a restare in una comunione o in una società contro la propria volontà: perciò, adito il governatore della provincia, egli provvederà a dividere la proprietà di quelle cose che ha in comune con tua sorella.

Codex 4.15.5. Impp. Diocletianus et Maximianus AA. et CC. Nanidiae [a. 294]. In solutum nomine dato non aliter nisi mandatis actionibus ex persona sui debitoris adversus eius debitores creditor experiri potest. Suo autem nomine utili actione recte utetur [art. 1198].

Gli Imperatori Diocleziano e Massimiano Augusti e i Cesari a Nanida [a. 294]. Nel caso in cui venga dato in pagamento un credito, il creditore non potrà esperire l'azione in nome del suo debitore nei confronti dei debitori di quest'ultimo se le azioni non gli furono trasmesse con mandati. Tuttavia si servirà correttamente di un'azione utile a nome proprio.

Codex 4.32.2. Impp. Severus et Antoninus AA. Lucio. Usuras emptor, cui possessio rei tradita est, si pretium venditori non obtulerit, quamvis pecuniam obsignatam in depositi causa habuerit, aequitatis ratione praestare cogitur [art. 1499].

Gli Imperatori Severo e Antonino Augusti a Lucio. Il compratore cui sia stato trasmesso il possesso della cosa, se non dovesse offrire il prezzo al venditore, sarà tenuto a pagare interessi per ragione di equità, anche laddove abbia posto in deposito la individuata somma di denaro dovuto.

Codex 4.37.6. Imp. Iustinianus A. Iohanni pp. [a. 531]. … sancimus societatem contrahi posse non solum pure, sed etiam sub condicione: voluntates etenim legitime contrahentium omnimodo conservandae sunt [art. 1353].

L'Imperatore Giustiniano Augusto a Giovanni, prefetto del pretorio [a. 531]. … stabiliamo che una società possa essere contratta non soltanto puramente, ma anche sotto condizione: le volontà dei contraenti comunque legittime dovranno essere in ogni caso osservate.

Codex 4.52.3. Impp. Diocletianus et Maximianus AA. et CC. Aurelio Eusebio. Falso tibi persuasum est communis praedii portionem pro indiviso, antequam communi dividundo iudicium dictetur, tantum socio, non etiam extraneo posse distrahi [art. 1103].

Gli Imperatori Diocleziano e Massimiano Augusti e i Cesari ad Aurelio Eusebio. Sei stato falsamente convinto che una porzione di un fondo comune indiviso, prima del giudizio di divisione, possa essere ceduta solo ad un socio e non anche ad un estraneo.

Codex 4.64.1. Imp. Gordianus A. Thraseae militi [a. 238]. Si, cum patruus tuus venalem possessionem haberet, pater tuus pretii nomine, licet non taxata quantitate, aliam possessionem dedit, idque quod comparavit non iniuria iudicis nec patris tui culpa evictum est, ad exemplum ex empto actionis non immerito id quod tua interest, si in patris iura successisti, consequi desideras. At enim si, cum venalis possessio non esset, permutatio facta est idque, quod ab adversario praestitum est, evictum est, quod datum est (si hoc elegeris) cum ratione restitui postulabis [art. 1553].

L'Imperatore Gordiano Augusto a Trasea, milite [a. 238]. Avendo tuo zio paterno messo in vendita un terreno, qualora tuo padre abbia dato a titolo di prezzo un altro terreno, posto che l'importo non sia stabilito, e tuo padre sia stato evitto del terreno ricevuto, senza ingiustizia del giudice e senza colpa propria, qualora tu succeda nei diritti di tuo padre, non a torto chiederai l'azione di vendita per la salvezza del tuo interesse. Ma se, invece, non essendo in vendita il terreno, sia stata effettuata una permuta e ci sia stata evizione di quanto dato dalla controparte, a ragione domanderai (qualora lo vorrai) la restituzione di quanto dato.

Codex 4.65.6. Imp. Alexander A. Lucilio Victorino [a. 224]. Nemo prohibetur rem quam conduxit fruendam alii locare, si nihil aliud convenit [art. 1594].

L'Imperatore Alessandro Augusto a Lucilio Vittorino [a. 224]. A nessuno è proibito, se non sia convenuto in altro modo, di locare ad altro la cosa il cui godimento ha preso in conduzione.

Codex 4.66.1. Imp. Zeno A. Sebastiano pp. [a. 476-484]. Ius emphyteuticarium neque conductionis neque alienationis esse titulis addicendum, sed hoc ius tertium sit constitutum ab utriusque memoratorum contractuum societate seu similitudine separatum, conceptionem definitionemque habere propriam et iustum esse validumque contractum, in quo cuncta, quae inter utrasque contrahentium partes super omnibus vel etiam fortuitis casibus pactionibus scriptura interveniente habitis placuerint, firma illibataque perpetua stabilitate modis omnibus debeant custodiri ... [art. 960].

L'Imperatore Zeno Augusto a Sebastiano, prefetto del pretorio [a. 476-484]. Il diritto di enfiteusi non deve essere qualificato come un diritto di conduzione né di vendita, ma è costituito come una specie di diritto terzo, distinto dalla società o dal confronto con i contratti appena menzionati; esso ha una natura e un carattere propri; si tratta di un contratto legittimo e valido, nel quale quanto concordato tra i contraenti per iscritto dovrà essere osservato da tutti anche per caso fortuito con costanza e rigorosamente in tutti i casi ...

Codex 5.4.19. Impp. Arcadius et Honorius AA. Eutychiano pp. [a. 405]. Celebrandis inter consobrinos matrimoniis licentia huius legis salubritate indulta est, ut revocata prisci iuris auctoritate restinctisque calumniarum fomentis matrimonium inter consobrinos habeatur legitimum, sive ex duobus fratribus sive ex duabus sororibus sive ex fratre et sorore nati sunt, et ex eo matrimonio editi legitimi et suis patribus successores habeantur [art. 87].

Gli Imperatori Arcadio e Onorio Augusti a Eutichiano, prefetto del pretorio [a. 405]. Il permesso di celebrare matrimonio tra cugini di primo grado è accordato dall'utilità della legge, così che, abolita l'autorità dell'antico diritto ed estinte le ragioni delle accuse, dichiariamo legittimo il matrimonio tra cugini di primo grado, sia che essi siano figli di due fratelli, o di due sorelle, sia di un fratello e di una sorella; e i figli nati da un tale matrimonio saranno legittimi ed eredi dei loro padri.

Codex 5.27.10 pr. Imp. Iustinianus A. Demostheni pp. [a. 529]. Cum quis a muliere libera et cuius matrimonium non est legibus interdictum cuiusque consuetudine gaudebat aliquos liberos habuerit, minime dotalibus instrumentis compositis, postea autem ex eadem adfectione etiam ad nuptialia pervenerit instrumenta et alios iterum ex eodem matrimonio liberos procreaverit, ne posteriores liberi, qui post dotem editi sunt, sibi omne paternum patrimonium vindicare audeant quasi iusti et in potestate effecti, fratres suos, qui ante dotem fuerant nati, ab hereditate paterna repellentes, huiusmodi iniquitatem non esse ferendam censemus [art. 567].

L'Imperatore Giustiniano Augusto a Demostene, prefetto del pretorio [a. 529]. Avendo qualcuno dei figli da una donna libera e alla quale non sia proibito dalla legge il matrimonio e con la quale conviveva senza aver disposto dei beni dotali, e in seguito in ragione dello stesso sentimento, avendo contratto anche matrimonio e avuti altri figli da questo matrimonio, quei figli che siano nati dopo il matrimonio non reclamino per sé tutto il patrimonio paterno in quanto figli legittimi e sotto la potestà, estromettendo dall'eredità paterna i loro fratelli nati prima della dote. Tale ingiustizia non consentiamo di sopportare.

Codex 5.60.3. Imp. Iustinianus A. Menae pp. [a. 529]. Indecoram observationem in examinanda marum pubertate resecantes iubemus: quemadmodum feminae post impletos duodecim annos omnimodo pubescere iudicantur, ita et mares post excessum quattuordecim annorum puberes existimentur, indagatione corporis inhonesta cessante [art. 84].

L'Imperatore Giustiniano Augusto a Mena, prefetto del pretorio [a. 529]. Rimuovendo l'indecorosa osservazione nell'esame della pubertà maschile, ordiniamo che – così come si ritiene che gli individui di genere femminile raggiungano in ogni caso la pubertà al compimento del loro dodicesimo anno – dovrà ritenersi che gli individui di genere maschile raggiungano la pubertà al compimento del quattordicesimo anno, e l'immorale indagine fisica dovrà così cessare.

Codex 6.18.1. Impp. Theodosius et Valentinianus AA. Hierio pp. [a. 428]. Maritus et uxor ab intestato invicem sibi in solidum pro antiquo iure succedant, quotiens deficit omnis parentium liberorum seu propinquorum legitima vel naturalis successio, fisco excluso [art. 583].

Gli Imperatori Teodosio e Valentiniano Augusti a Ierio, prefetto del pretorio [a. 428]. Secondo l'antico diritto, il marito e la moglie ereditano senza testamento vicendevolmente l'intero qualora non vi siano genitori, figli o congiunti che succedano per legge o per natura; e il fisco è escluso.

Codex 6.29.3. Imp. Iustinianus A. Iuliano pp. [a. 530]. ... Cum igitur is qui in ventre portabatur praeteritus fuerat, qui, si ad lucem fuisset redactus, suus heres patri existeret, si non alius eum antecederet et nascendo ruptum testamentum faciebat, si postumus in hunc quidem orbem devolutus est, voce autem non emissa ab hac luce subtractus est, dubitabatur, si is postumus ruptum facere testamentum potest. Veteres animi turbati sunt, quid de paterno elogio statuendum sit. Cumque Sabiniani existimabant, si vivus natus est, etsi vocem non emisit, ruptum testamentum, apparet, quod et si mutus fuerat, hoc ipsum faciebat, eorum etiam nos laudamus sententiam et sancimus, si vivus perfecte natus est, licet ilico postquam in terram cecidit vel in manibus obstetricis decessit, nihilo minus testamentum corrumpi, hoc tantummodo requirendo, si vivus ad orbem totus processit ad nullum declinans monstrum vel prodigium [art. 1].

L'Imperatore Giustiniano Augusto a Giuliano, prefetto del pretorio [a. 530]. ... Infatti quando sia preterito colui che è in grembo, se fosse venuto alla luce, sarebbe stato erede del padre se nessun altro avesse avuto precedenza su di lui, e, nascendo, avrebbe rotto il testamento. Ma se postumo fosse stato effettivamente portato alla luce, ma fosse morto senza emettere un suono, si discuteva se <il postumo> potesse causare l'invalidità del testamento. Gli antichi erano divisi su cosa si dovesse statuire in merito alla volontà paterna. I Sabiniani pensavano che, qualora il figlio fosse nato vivo, il testamento sarebbe stato invalido, anche qualora non avesse emesso alcun suono, il che sarebbe accaduto anche se fosse nato muto. Noi approviamo questa opinione e stabiliamo che, qualora esso sia nato perfettamente vivo, quand'anche sia morto immediatamente dopo cadendo a terra o nelle mani dell'ostetrica, il testamento sarà comunque invalido, dovendosi ricercare se fosse nato vivo e non come mostro o prodigio.

Codex 6.31.4. Impp. Diocletianus et Maximianus AA. et CC. Modestino militi [a. 293]. Sicut maior quinque et viginti annis, antequam adeat, delatam repudians successionem post quaerere non potest, ita quaesitam renuntiando nihil agit, sed ius quod habuit retinet nec, quod confessos pro iudicatis habere placuit, ad vocem repudiantis hereditatem, sed ad certam quantitatem deberi confitentem pertinet [art. 483].

Gli Imperatori Diocleziano e Massimiano Augusti e i Cesari a Modestino, milite [a. 293]. Così come una persona di età superiore ai venticinque anni, che ripudi un'eredità prima di accettarla, non potrà in seguito reclamarla, allo stesso modo dopo averla acquisita non può più rinunziare, ma conserverà il diritto che già possiede; né la regola secondo cui chi confessa equivale ad un giudicato si applicherà a colui che abbia ripudiato un'eredità, ma soltanto a colui il quale confessi di essere debitore di una certa quantità.

Codex 6.34.2. Impp. Diocletianus et Maximianus AA. Nicagorae [a. 285]. Eos, qui, ne testamentum ordinetur, impedimento fuisse monstrantur, velut indignas personas a successionis compendio removeri celeberrimi iuris est [art. 463].

Gli Imperatori Diocleziano e Massimiano Augusti a Nicagora [a. 285]. È notorio in diritto che coloro i quali si siano rivelati come ostacoli alla confezione di un testamento <da parte di qualcuno>, siano rimossi come persone indegne dal vantaggio della successione.

Codex 6.35.10.1. Impp. Diocletianus et Maximianus AA. et CC. Silvanae [a. 294]. Secundum quae, si fiduciam innocentiae geris et neque dolo malo tuo maritum necatum neque alias indignam te successione posse probari confidis, adversus omnem calumniam maximam habes securitatem [art. 463].

Gli Imperatori Diocleziano e Massimiano Augusti e i Cesari a Silvana [a. 294]. Qualora tu sia certa della tua innocenza e di poter dimostrare che tuo marito non sia stato volontariamente ucciso da te oppure che tu non sia altrimenti indegna a succedere, sarai allora perfettamente indenne da ogni calunnia.

Codex 6.43.1.1. Imp. Iustinianus A. Demostheni pp. [a. 529]. Rectius igitur esse censemus in rem quidem missionem penitus aboleri, omnibus vero tam legatariis quam fideicommissariis unam naturam imponere et non solum personalem actionem praestare, sed etiam in rem, quatenus eis liceat easdem res, vel per quodcumque genus legati vel per fideicommissum fuerint derelictae, vindicare in rem actione instituenda, et insuper utilem Servianam (id est hypothecariam) super his quae fuerint derelicta in res mortui praestare [art. 649].

L'Imperatore Giustiniano Augusto a Demostene, prefetto del pretorio [a. 529]. Riteniamo dunque più opportuno abolire completamente l'immissione nella cosa, imporre la stessa natura a tutti i legatari e fedecommissari e accordare loro non soltanto un'azione personale, ma anche un'azione reale, in modo che sia lecito vendicare le cose stesse lasciate in qualsivoglia forma di legato o di fedecommesso, e <di dare in aggiunta> un'azione Serviana (cioè un'azione ipotecaria) in relazione alle cose lasciate dal defunto.

Codex 7.39.7.5a. Imp. Iustinus A. Archelao pp. [a. 525]. Sed et si quis debitorum ad agnoscendum suum debitum secundam cautionem in creditorem exposuerit, tempora memoratarum praescriptionum interrupta esse videbuntur, quantum ad priorem cautionem pertinet, quae scilicet innovata permansit, tam in personalibus quam in hypothecariis actionibus. Namque improbum est debitorem contradicere, qui, ne sub accusatione creditoris fiat, secundam in eum super eo debito cautionem exposuit [art. 2944].

L'Imperatore Giustino Augusto ad Archelao, prefetto del pretorio [a. 525]. Ma, qualora un debitore fornisca al creditore una seconda garanzia a ricognizione del suo debito, il periodo di prescrizione si interrompe con riferimento alla prima cauzione, che resta in vigore, sia in relazione alle azioni personali che a quelle ipotecarie. Infatti sarebbe disonesto respingere il debitore, che abbia dato una seconda cauzione per lo stesso debito senza essere costretto dal creditore.

Codex 7.40.1.1. Imp. Iustinianus A. Iuliano pp. [a. 530]. Primum etenim naturae eius observatio cum omni scrupulositate et difficultate composita est, cum multa concurrere debent, ut ea nascatur [art. 2936].

L'Imperatore Giustiniano Augusto a Giuliano, prefetto del pretorio [a. 530]. In primo luogo, infatti, l'osservanza della regola (della eccezione annuale per i contratti italici [*n.d.r.*]) è caratterizzata da molto tecnicismo e difficoltà, dovendo concorrere molti fattori perché essa possa essere applicata.

Codex 8.10.4. Imp. Philippus A. et Philippus C. Victori [a. 245]. Si, ut proponis, socius aedificii ad refectionem eius sumptus conferre detractat, non necessarie extra ordinem tibi subveniri desideras. Etenim si solus aedificaveris nec intra quattuor mensuum tempora cum centesimis nummus pro portione socii erogatus restitutus fuerit vel, quominus id fieret, per socium id stetisse constiterit, ius dominii pro solido vindicare vel obtinere iuxta placitum antiquitus poteris [art. 1110].

L'Imperatore Filippo Augusto e Filippo Cesare a Vittore [a. 245]. Se, come tu affermi, il socio si rifiuta di pagare le spese di riparazione dell'edificio, non è necessario che, come tu chiedi, tu abbia tutela in via straordinaria, in quanto, qualora tu solo edificasti e il socio non ti restituì la somma per la tua parte entro quattro mesi con gli interessi, ovvero sia chiaro che ciò non sia avvenuto per colpa del socio, secondo l'antico diritto potrai rivendicare il diritto di proprietà in solido e ottenerlo.

Codex 8.37(38).12. Imp. Iustinianus A. Menae pp. [a. 529]. Magnam legum veterum obscuritatem, quae protrahendarum litium maximam occasionem usque adhuc praebebat, amputantes sancimus, ut, si quis certo tempore facturum se aliquid vel daturum se stipuletur vel quae stipulator voluit promiserit et addiderit, quod, si statuto tempore minime haec perfecta fuerint, certam poenam dabit, sciat minime posse ad evitandam poenam adicere, quod nullus eum admonuit: sed etiam citra ullam admonitionem eidem poenae pro tenore stipulationis fiet obnoxius, cum ea quae promisit ipse in memoria sua servare, non ab aliis sibi manifestari poscere debeat [art. 1219].

L'Imperatore Giustiniano Augusto a Mena, prefetto del pretorio [a. 529]. Rimuovendo un punto oscuro delle antiche leggi, che ha dato occasione a liti protrattesi fino ai nostri tempi, prescriviamo che, qualora qualcuno prometta tramite stipulazione di fare o di dare qualcosa entro un certo lasso di tempo, o di fare quanto il promissario desidera, impegnandosi a pagare una penale qualora la promessa non sia soddisfatta nel tempo stabilito, questi dovrà sapere che per evitare la penale, non potrà obiettare che nessuno glielo abbia intimato, ma dovrà sottostare alla penale, secondo il tenore della stipulazione, senza necessità di un'intimazione, in quanto egli stesso dovrà tenere a mente la promessa fatta e non potrà pretendere che gli altri gliela facciano ricordare.

Codex 8.38(39).2. Imp. Alexander A. Menophilo [a. 223]. Libera matrimonia esse antiquitus placuit. Ideoque pacta, ne liceret divertere, non valere et stipulationes, quibus poenae inrogarentur ei qui divortium fecisset, ratas non haberi constat [art. 149].

L'Imperatore Alessandro Augusto a Menofilo [a. 223]. Nei tempi antichi parve bene che i matrimoni fossero liberi. È chiaro, pertanto, che i patti fatti affinché non sia lecito divorziare, non sono validi né le stipulazioni che prevedano una penale per chi facesse divorzio, potranno ritenersi valide.

Codex 8.38(39).4. Impp. Diocletianus et Maximianus AA. et CC. Domnae [a. 293]. Ex eo instrumento nullam vos habere actionem, quia contra bonos mores de successione futura interposita fuit stipulatio, manifestum est, cum omnia, quae contra bonos mores vel in pacto vel in stipulatione deducuntur, nullius momenti sint [art. 458].

Gli Imperatori Diocleziano e Massimiano Augusti e i Cesari a Domna [a. 293]. È manifesto che non avrete azione sulla base di quel documento, in quanto, contrariamente al buon costume, è stata interposta una stipulazione su una eredità futura; infatti tutto quanto contrario al buon costume sia dedotto in un patto o in una stipulazione, è invalido.

Codex 8.41(42).1. Imp. Alexander A. Quintiano et Timotheo [a. 223]. Delegatio debiti nisi consentiente et stipulanti promittente debitore iure perfici non potest: nominis autem venditio et ignorante vel invito eo, adversus quem actiones mandantur, contrahi solet [art. 1260].

L'Imperatore Alessandro Augusto a Quinziano e Timoteo [a. 223]. La delegazione di debito non può avere effetto se non con il consenso dello stipulante, oltre che con la promessa del <nuovo> debitore; la vendita del credito si può, invece, fare anche all'insaputa o contro la volontà di colui contro il quale vengono trasferite le azioni.

Codex 8.41(42).7. Impp. Diocletianus et Maximianus AA. et CC. Zoilo [a. 294]. Si solvere tibi pecuniam delegatus Eucarpus dare spopondit vel debitum constituit, suo nomine conveniri potest. Alioquin adversus eum experiri pro chirographario debitore tuo frustra conaris [art. 1269].

Gli Imperatori Diocleziano e Massimiano Augusti e i Cesari a Zoilo [a. 294]. Se Eucarpo, delegato dal tuo debitore, si sia impegnato per stipulazione a pagarti una somma di denaro, oppure si sia costituito debitore, potrà essere chiamato in giudizio a suo nome. Altrimenti potrai esercitare infruttuosamente contro di lui l'azione che hai contro il tuo debitore chirografario.

Codex 8.41(42).8 pr. Imp. Iustinianus A. ad senatum [a. 530]. Novationum nocentia corrigentes volumina et veteris iuris ambiguitates resecantes sancimus, si quis vel aliam personam adhibuerit vel mutaverit vel pignus acceperit vel quantitatem augendam vel minuendam esse crediderit vel condicionem seu tempus addiderit vel detraxerit vel cautionem iuniorem acceperit vel aliquid fecerit, ex quo veteris iuris conditores introducebant novationes, nihil penitus priori cautelae innovari, sed anteriora stare et posteriora incrementum illis accedere, nisi ipsi specialiter remiserint quidem priorem obligationem et hoc expresserint, quod secundam magis pro anterioribus elegerint [art. 1231].

L'Imperatore Giustiniano Augusto al senato [a. 530]. Correggendo una letteratura dannosa in materia di novazione e rimuovendo i dubbi dell'antico diritto, stabiliamo che, se qualcuno abbia aggiunto o cambiato persona, o abbia accettato un pegno, oppure abbia aumentato o diminuito una quantità, o abbia aggiunto o rimosso una condizione o un termine, o abbia accettato delle garanzie minori, o abbia compiuto qualcos'altro per cui i fondatori dell'antico diritto avevano introdotto le novazioni, nessuno di questi atti dovrà in alcun modo innovare la precedente obbligazione, ma dovranno restare ferme le pattuizioni anteriori e tutte le successive dovranno accedere ad esse come addizione, salvo che gli stessi non abbiano rimessa la precedente obbligazione e stabilito che essi scelgano l'obbligazione successiva in luogo della precedente.

Codex 8.42(43).1. Imp. Antoninus A. Aristaenetae [a. 212]. In potestate eius est, qui ex pluribus contractibus pecuniam debet, tempore solutionis exprimere, in quam causam reddat. Quod si debitor id non fecit, convertitur electio ad eum qui accepit. Si neuter voluntatem suam expressit, prius in usuras id quod solvitur, deinde in sortem accepto feretur [1194].

L'Imperatore Antonino Augusto ad Aristeneta [a. 212]. È in facoltà di colui che sia debitore pecuniario in forza di diversi contratti, di dichiarare, al momento del pagamento, per quale causa egli paga. Qualora il debitore non faccia <questa dichiarazione>, la scelta spetterà alla persona che ha ricevuto. Qualora nessuno di loro esprima la sua volontà, ciò che viene pagato si imputerà prima agli interessi e poi al capitale.

Codex 8.42(43).18. Impp. Diocletianus et Maximianus AA. et CC. Domitio Aphobio [a. 294]. Inquisitio veritatis tolli non potuit, quod chirographa, quae fecerat procurator tuus, recepta tibique restituta ab ipsius herede proponas cum subscriptione procuratoris significante, quod nihil creditoribus debeatur, cum nihil prohibeat et creditoribus satisfactum et non vestrae pecuniae, sed ipsius, cui negotium gerendum mandaveras, processisse solutionem [art. 1237].

Gli Imperatori Diocleziano e Massimiano Augusti e i Cesari a Domizio Afobio [a. 294]. Un accertamento della verità non può essere escluso per via della circostanza che, come tu affermi, i chirografi fatti dal tuo procuratore, gli siano stati restituiti dal suo erede, con una annotazione del procuratore, secondo cui nulla era dovuto ai creditori, poiché non si può escludere che i creditori fossero stati soddisfatti, non già col vostro denaro, ma con quello della persona che avevi investito della gestione dell'affare.

Codex 8.44(45).30. Impp. Diocletianus et Maximianus AA. et CC. Hastio [a. 294]. Non ex eo, quod duplam qui a matre tua mancipium comparavit evictionis nomine stipulatus est, alienae rei scientia convincitur, nec opinio eius ex hoc laeditur, ut malae fidei emptor existimetur. Aliis itaque hoc indiciis, si vis, probare debes [art. 1147].

Gli Imperatori Diocleziano e Massimiano Augusti e i Cesari ad Astio [a. 294]. Colui che comprò da tua madre lo schiavo non viene convinto di aver saputo che <lo schiavo> appartenesse a qualcun altro, perché stipulò il doppio a titolo di evizione, né la sua opinione è lesa da ciò perchè non è reputato compratore di mala fede. Qualora tu voglia, dovrai dimostrare questa circostanza con altre prove.

Codex 8.55(56).8. Impp. Constantius et Constans AA. ad Orfitum pu. [a. 355]. Si umquam libertis patronus filios non habens bona omnia vel partem aliquam facultatum fuerit donatione largitus et postea susceperit liberos, totum quidquid largitus fuerit revertatur in eiusdem donatoris arbitrio ac dicione mansurum [art. 803].

Gli Imperatori Costanzo e Costante Augusti a Orfito, prefetto urbano [a. 355]. Se un patrono senza figli elargisca una donazione di tutti i suoi beni o di una parte del patrimonio ai suoi liberti, e successivamente dovesse avere dei figli, tutto ciò che ha elargito dovrà ritornare a lui e restare sotto il giudizio e il potere del donante.

Codex 8.55(56).10 pr.-2. Imp. Iustinianus A. Iuliano pp. [a. 530]. Generaliter sancimus omnes donationes lege confectas firmas illibatasque manere, si non donationis acceptor ingratus circa donatorem inveniatur, ita ut iniurias atroces in eum effundat vel manus impias inferat vel iacturae molem ex insidiis suis ingerat, quae non levem sensum substantiae donatoris imponit vel vitae periculum aliquid ei intulerit vel quasdam conventiones sive in scriptis donationi impositas sive sine scriptis habitas, quas donationis acceptor spopondit, minime implere voluerit. 1. Ex his enim tantummodo causis, si fuerint in iudicio dilucidis argumentis cognitionaliter adprobatae, etiam donationes in eos factas everti concedimus, ne sit cuidam licentia et alienas res capere et fragilitatem ridere donatoris et iterum ipsum donatorem suasque res perdere et praefatis malis ab ingrato donationis acceptore adfici. 2. Haec tamen usque ad primas personas tantummodo stare censemus, nulla licentia concedenda donatoris successoribus huiusmodi querimoniarum primordium instituere. Etenim si ipse qui haec passus est tacuit, silentium eius maneat semper et non a posteritate eius suscitari concedatur vel adversus ipsum qui ingratus esse dicitur vel adversus eius successionem [art. 801].

L'Imperatore Giustiniano Augusto a Giuliano, prefetto del pretorio [a. 530]. Stabiliamo in generale che tutte le donazioni effettuate secondo la legge debbano restare valide e illibate salvo che il donatario dovesse rivelarsi ingrato nei confronti del donante, in quanto egli abbia compiuto delle atroci ingiurie nei suoi confronti, abbia portato su di lui le sue mani empie, abbia praticato insidie tali per cui il patrimonio del donante abbia sofferto grave danno, abbia posto in pericolo la sua vita, non abbia voluto minimamente adempiere ad alcune convenzioni imposte per iscritto alla donazione ovvero fatte senza scrittura e che il donatario della donazione promise. 1. Per queste cause soltanto, se con cognizione di causa siano portate in giudizio, con argomenti chiari, le donazioni a loro effettuate dovranno essere revocate, così che nessuno possa avere la possibilità di prendere la proprietà altrui e ridere della debolezza del donante affinché il donante perda le sue cose di nuovo e non soffra tanti danni a causa dell'ingrato donatario. 2. Stabiliamo che tali prescrizioni siano applicate, comunque, soltanto alle parti originali e che i successori del donante non abbiano diritto di intraprendere per primi delle querele. Infatti, laddove colui che subisce tali <azioni>, resti in silenzio, il suo silenzio dovrà restare permanente e non dovrà essere interrotto dai suoi posteri, né contro la persona ritenuta indegna, né contro i suoi successori.

Codex 9.25.1. Impp. Diocletianus et Maximianus AA. et CC. Iuliano [a. 293]. Sicut initio nominis cognominis praenominis recognoscendi singulos impositio privatim libera est, ita horum mutatio innocentibus periculosa non est. Mutare itaque nomen sive praenomen sine aliqua fraude licito iure, si liber es, secundum ea quae saepe statuta sunt minime prohiberis, nulli ex hoc praeiudicio futuro [art. 7].

Gli Imperatori Diocleziano e Massimiano Augusti e i Cesari a Giuliano [a. 293]. Così come ciascuno è libero di scegliere individualmente nome, cognome e prenome che desideri ai fini del riconoscimento, allo stesso modo un cambiamento non sarà pericoloso per le persone oneste. Infatti, se sei un uomo libero e non hai intenti fraudolenti, non ti è vietato, come è stato di frequente stabilito, di cambiare il nome o il prenome, senza pregiudizio per ciò.

Codex 10.40.7.1. Impp. Diocletianus et Maximianus AA. et CC. Aurelio. Et in eodem loco singulos habere domicilium non ambigitur, ubi quis larem rerumque ac fortunarum suarum summam constituit, unde rursus non sit discessurus, si nihil avocet, unde cum profectus est, peregrinari videtur, quo si rediit, peregrinari iam destitit [art. 43].

Gli Imperatori Diocleziano e Massimiano Augusti e i Cesari ad Aurelio. E non vi è alcun dubbio che ognuno abbia il suo domicilio nel luogo in cui ha il suo nume tutelare e abbia posto la somma dei suoi beni e delle sue fortune, da cui non si allontani se qualcosa non lo chiami altrove; e quando da esso si sia allontanato, si reputi peregrinare, e quando ritornato ad esso, smetta di peregrinare.

Novellae

Excerpta

Nov. 115.3 ... Causas autem iustas ingratitudinis has esse decernimus: 1). Si quis parentibus suis manus intulerit. 2). Si gravem et inhonestam iniuriam eis ingesserit. 3). Si eos in criminalibus causis accusaverit, quae non sunt adversus principem seu rempublicam. 4). Si cum maleficis ut maleficus versatur, 5). Vel vitae parentum suorum per venenum aut alio modo insidiari temptaverit ... [art. 463].

Distinguiamo quali giuste cause di ingratitudine: 1) <il figlio> che abbia messo le mani sui propri genitori; 2) se abbia commesso una grave e spregevole ingiuria; 3) se li abbia accusati in cause criminali che non riguardino il principe o la repubblica; 4) se, come persona dedita alla magia, abbia frequentato gente dedita alla magia; 5) <il figlio> che abbia insidiato la vita dei genitori col veleno o in altro modo.

Nov. 118.1. Si quis igitur descendentium fuerit ei qui intestatus moritur cuiuslibet naturae aut gradus, sive ex masculorum genere sive ex feminarum descendens, et sive suae potestatis sive sub potestate sit, omnibus ascendentibus et ex latere cognatis praeponatur. Licet enim defunctus sub alterius potestate fuerit, tamen eius filios, cuiuslibet sexus sint aut gradus, etiam ipsis parentibus praeponi praecipimus, quorum sub potestate fuit qui defunctus est, in illis videlicet quae secundum alias nostras leges patribus non adquiruntur. Nam in usu earum rerum, qui debet adquiri aut servari, nostras de his leges parentibus custodimus, sic tamen ut si quem horum descendentium filios relinquentem mori contigerit, illius filios aut filias aut alios descendentes in proprii parentis loco succedere, sive sub potestate defuncti sive suae potestatis inveniantur, tantam de hereditate morientis accipientes partem, quanticumque sint, quantam eorum parens si viveret habuisset: quam successionem in stirpes vocavit antiquitas. In hoc enim ordine gradum quaeri non volumus, sed cum filiis et filiabus ex praemortuo filio aut filia nepotes vocari sancimus, nulla. Introducenda differentia sive masculi seu feminae sint, et sive ex masculorum seu feminarum prole descendant, sive suae potestatis seu sub potestate sint constituti. Et haec quidem de successione descendentium disposuimus: consequens autem esse perspeximus et de ascendentibus constituere, quomodo ad descendentium successionem vocantur [art. 468].

Se colui che muore senza testamento avrà un discendente di qualsiasi natura e grado, sia di genere maschile, sia di genere femminile, sia di proprio diritto che in potestà altrui, venga costui anteposto a tutti gli ascendenti, anche ai cognati collaterali. Anche se, poi, il defunto fosse sotto la potestà di un altro, tuttavia prescriviamo che i suoi discendenti, di qualunque sesso o grado, siano anteposti anche ai genitori del defunto sotto la cui potestà egli si trovava, riguardo quelle cose che secondo altre nostre costituzioni non sono acquisite dai genitori. Osserviamo infatti nelle nostre costituzioni relative all'usufrutto quelle cose che si debbono acquisire o conservare. Se tuttavia morisse qualcuno di questi discendenti lasciando dei figli, i suoi figli o figlie o altri discendenti succederanno in luogo dei genitori, tanto se erano sotto la potestà del defunto, tanto se erano soggetti di proprio diritto; e riceveranno la parte di eredità di colui che è morto, in qualunque numero essi siano, nella misura in cui l'avrebbe avuta il genitore se fosse stato vivo; gli antichi chiamavano per stirpi questo tipo di successione. Non vogliamo che in questo ordine si proceda per gradi, ma stabiliamo che qualora i figli e le figlie siano premorti al figlio o alla figlia, dovranno chiamarsi poi i nipoti, senza alcuna differenza se siano di genere maschile, o di genere femminile, sia che discendano da prole di sesso maschile o femminile, sia se siano di proprio diritto che in potestà altrui. Questo abbiamo disposto in relazione alle successioni dei discendenti. Fatte queste prescrizioni sulle successioni dei discendenti passeremo alla successione degli ascendenti.

Nov. 118.3. Si igitur defunctus neque descendentes neque ascendentes reliquerit, primum ad hereditatem vocamus fratres et sorores ex eodem patre et ex eadem matre natos, quos etiam cum patribus ad hereditatem vocavimus. His autem non existentibus in secundo ordine illos fratres ad hereditatem vocamus qui ex uno parente coniuncti sunt defuncto, sive per patrem solum seu per matrem. Si autem defuncto fratres fuerint et alterius fratris aut sororis praemortuorum filii, vocabuntur ad hereditatem isti cum de patre et matre thiis masculis et feminis, et quanticumque fuerint, tantam ex hereditate portionem percipient, quantam eorum parens futurus esset accipere si superstes esset. Unde consequens est, ut si forte praemortuus frater, cuius filii vivunt, per utrumque parentem nunc defunctae personae iungebatur, superstites autem fratres per patrem solum forsan aut matrem ei iungebantur, praeponantur istius filii propriis thiis, licet tertio sint gradu (sive a patre sive a matre sint thii, et sive masculi sive feminae), sicut eorum parens praeponebatur, si viveret. Et e diverso, si quidem superstes frater ex utroque parente coniungitur defuncto, praemortuus autem per unum parentem iungebatur, huius filios ab hereditate excludimus, sicut ipse si viveret excludebatur ... [art. 463, 468].

Se dunque il defunto non avrà lasciato né discendenti né ascendenti, saranno chiamati all'eredità in primo luogo i fratelli e le sorelle nate da parte dello stesso padre e da parte della stessa madre, i quali sono anche chiamati all'eredità insieme con i genitori. Non esistendo tali fratelli, in secondo ordine chiamiamo all'eredità quei fratelli che sono congiunti al defunto tramite un solo genitore, mediante il solo padre o la madre. Se poi al defunto sopravvissero fratelli e figli di un altro fratello o sorella premorti, questi saranno chiamati all'eredità con gli zii paterni e materni, siano di genere maschile e di genere femminile e, quanti che siano, si dividerà tra di loro quella porzione di eredità che avrebbe percepito il loro genitore se fosse sopravvissuto. Di conseguenza, ove sia premorto un fratello di cui sono vivi i figli, che era unito alla persona defunta per mezzo di entrambi i genitori, superstiti gli altri fratelli uniti allo stesso defunto mediante il solo padre o la madre, saranno anteposti i figli di questo ai propri zii, benché siano di terzo grado (sia che siano zii da parte del padre che della madre, sia che siano di genere maschile o di genere femminile) così come sarebbe anteposto il loro genitore se fosse sopravissuto. Viceversa, se è superstite un fratello congiunto al defunto per parte di entrambi i genitori e il premorto era congiunto <al defunto> attraverso un solo genitore, i figli di quest'ultimo saranno esclusi dall'eredità come sarebbe escluso egli stesso se fosse sopravvissuto ...

Gai Institutiones

Excerpta

Gai 1.1-7. Omnes populi, qui legibus et moribus reguntur, partim suo proprio, partim communi omnium hominum iure utuntur: nam quod quisque populus ipse sibi ius constituit, id ipsius proprium est vocaturque ius civile, quasi ius proprium civitatis; quod vero naturalis ratio inter omnes homines constituit, id apud omnes populos peraeque custoditur vocaturque ius gentium, quasi quo iure omnes gentes utuntur. Populus itaque Romanus partim suo proprio, partim communi omnium hominum iure utitur. Quae singula qualia sint, suis locis proponemus. 2. Constant autem iura populi Romani ex legibus, plebiscitis, senatusconsultis, constitutionibus principum, edictis eorum, qui ius edicendi habent, responsis prudentium. 3. Lex est quod populus iubet atque constituit. Plebiscitum est quod plebs iubet atque constituit. Plebs autem a populo eo distat, quod populi appellatione universi cives significantur connumeratis et patricidi, plebis autem appellatione sine patriciis ceteri cives significantur: unde olim patricii dicebant plebiscitis se non teneri, quia sine auctoritate eorum facta essent; sed postea lex Hortensia lata est, qua cautum est, ut plebiscita universum populum tenerent: itaque eo modo legibus exaequata sunt. 4. Senatusconsultum est quod senatus iubet atque constituit; idque legis vicem optinet, quamvis fuerit quaesitum. 5. Constitutio principis est quod imperator decreto vel edicto vel epistula constituit; nec umquam dubitatum est, quin id legis vicem optineat, cum ipse imperator per legem imperium accipiat. 6. Ius autem edicendi habent magistratus populi Romani. Sed amplissimum ius est in edictis duorum praetorum, urbani et peregrini, quorum in provinciis iurisdictionem praesides earum habent; item in edictis aedilium curulium, quorum iurisdictionem in provinciis populi Romani quaestores habent: nam in provincias Caesaris omnino quaestores non mittuntur, et ob id hoc edictum in his provinciis non proponitur. 7. Responsa prudentium sunt sententiae et opiniones eorum, quibus permissum est iura condere. Quorum omnium si in unum sententiae concurrunt, id, quod ita sentiunt, legis vicem optinet; si vero dissentiunt, iudici licet quam velit sententiam sequi: idque rescripto divi Hadriani significatur [art. 1, 2 d. prel.].

Tutti i popoli retti da leggi e costumi, si servono, in parte di un diritto loro proprio, in parte di un diritto comune a tutti gli uomini: invero quel diritto che ogni popolo stabilisce per sé è suo proprio ed è detto diritto civile, cioè diritto proprio di quei cittadini; mentre quello che la ragione naturale ha stabilito fra tutti gli uomini, ciò è osservato da tutti i popoli nello stesso modo ed è detto diritto delle genti, cioè quel diritto di cui si servono tutte le genti. Perciò il popolo romano fa uso, in parte di un diritto proprio, in parte di un diritto comune a tutti gli uomini. Quali rispettivamente siano, esporremo a suo luogo. 2. <Le fonti del diritto> del popolo romano consistono in leggi, plebisciti, senatoconsulti, costituzioni dei principi, editti di coloro che hanno il potere di emanarli, responsi dei giureconsulti. 3. Legge è ciò che prescrive e stabilisce il popolo. Plebiscito è ciò che prescrive e stabilisce la plebe. La plebe si distingue dal popolo, in quanto col termine popolo si indicano tutti i cittadini, compresi anche i patrizi; invece col termine plebe si indicano gli altri cittadini con esclusione dei patrizi. Per cui, una volta, i patrizi dicevano di non essere vincolati dai plebisciti, perché fatti senza la loro ratifica; ma poi fu emanata una legge Ortensia, la quale dispose che i plebisciti vincolassero tutto il popolo; e così, vengono equiparati alle leggi. 4. Senatoconsulto è ciò che il senato prescrive e stabilisce, e ha valore di legge, anche se se ne sia discusso. 5. Costituzione del principe è ciò che l'imperatore stabilisce con decreto, editto o lettera. Né mai si è dubitato che ciò abbia valore di legge, dal momento che lo stesso imperatore è investito dell'imperio attraverso la legge. 6. Editti sono i precetti di coloro che hanno il diritto di emanare editti. Hanno questo diritto i magistrati del popolo romano: amplissimo lo si rinviene negli editti dei due pretori, urbano e peregrino, la cui giurisdizione nelle province compete ai presidi delle stesse; allo stesso modo negli editti degli edili curuli, la cui giurisdizione nelle province del popolo romano compete ai questori, mentre nelle province di Cesare i questori non vengono inviati, e, per ciò, questo editto in tali province non è proposto. 7. I responsi dei giureconsulti sono i pareri e le opinioni di coloro ai quali è consentito fare diritto. Se i loro pareri siano tutti concordi, ciò che quelli pensano ha valore di legge; se invece siano in disaccordo, può il giudice seguire l'opinione che vuole: e ciò è indicato in un rescritto del divino Adriano.

Gai 1.62. Fratris filiam uxorem ducere licet, idque primum in usum venit, cum divus Claudius Agrippinam fratris sui filiam uxorem duxisset; sororis vero filiam uxorem ducere non licet. Et haec ita principalibus constitutionibus significantur [art. 87].

È lecito prendere in moglie la figlia del fratello, e ciò è venuto in uso avendo il divino Claudio preso in moglie Agrippina figlia di suo fratello; invece non è lecito prendere in moglie la figlia della sorella. E questo è così dichiarato nelle costituzioni dei principi.

Gai 1.132. Praeterea emancipatione desinunt liberi in potestate parentum esse. Sed filius quidem tribus mancipationibus, ceteri vero liberi sive masculini sexus sive feminini una mancipatione exeunt de parentium potestate: lex enim XII tabularum tantum in persona filii de tribus mancipationibus loquitur his verbis: “si pater ter filium venum duit, a patre filius liber esto” [art. 390].

Inoltre i figli cessano di essere in potestà dei genitori con l’emancipazione. Ma il figlio esce dalla potestà con tre mancipazioni, e i restanti discendenti, invece, sia di sesso maschile sia femminile, con una sola: infatti la legge delle dodici tavole parla di tre mancipazioni soltanto per la persona del figlio, con queste parole: “se il padre abbia venduto il figlio tre volte, il figlio sia libero dal padre”.

Gai 1.156. Sunt autem agnati per virilis sexus personas cognatione iuncti, quasi a patre cognati, veluti frater eodem patre natus, fratris filius neposve ex eo, item patruus et patrui filius et nepos ex eo. At hi, qui per feminini sexus personas cognatione coniunguntur, non sunt agnati, sed alias naturali iure cognati. Itaque inter avunculum et sororis filium non agnatio est, sed cognatio. Item amitae, materterae filius non est mihi agnatus, sed cognatus, et invicem scilicet ego illi eodem iure coniungor, quia qui nascuntur, patris, non matris familiam secuntur [art. 74].

Sono dunque agnati i congiunti attraverso persone di sesso maschile, quasi nati da padre, come il fratello nato dallo stesso padre, il figlio del fratello e il nipote nato da lui, e così lo zio paterno e il di lui figlio e il nipote nato da questo. Invece i congiunti attraverso persone di sesso femminile non sono agnati, bensì parenti a diverso titolo per diritto naturale. Pertanto, fra lo zio materno e il figlio della sorella non c’è agnazione, ma cognazione. Allo stesso modo, il figlio della zia paterna e della zia materna non mi è agnato, ma cognato, e viceversa si capisce, io gli sono congiunto allo stesso titolo, perché quelli che nascono seguono la famiglia del padre, e non della madre.

Gai 2.38-39. Obligationes quoquo modo contractae nihil eorum recipiunt: nam quod mihi ab aliquo debetur, id si velim tibi deberi, nullo eorum modo, quibus res corporales ad alium transferuntur, id efficere possum, sed opus est, ut iubente me tu ab eo stipuleris; quae res efficit, ut a me liberetur et incipiat tibi teneri. Quae dicitur novatio obligationis. 39. Sine hac vero novatione non poteris tuo nomine agere, sed debes ex persona mea quasi cognitor aut procurator meus experiri [art. 1260].

Le obbligazioni contratte in qualunque modo non ammettono niente di tutto ciò. Infatti, se voglio che sia dovuto a te ciò che da qualcuno è dovuto a me, con nessuno dei modi di quelli con i quali le cose corporali si trasferiscono ad un altro, lo posso fare, ma è necessario che tu, su mio ordine, stipuli da lui; il che fa sì che lui si liberi da me e cominci ad essere obbligato rispetto a te. Questa è chiamata novazione dell’obbligazione. 39. Senza tale novazione non potrai invero agire a tuo nome, ma devi esperire <l’azione> per me quale cognitore o procuratore mio.

Gai 2.72. At si in medio flumine insula nata sit, haec eorum omnium communis est, qui ab utraque parte fluminis prope ripam praedia possident; si vero non sit in medio flumine, ad eos pertinet, qui ab ea parte, quae proxuma est, iuxta ripam praedia habent [art. 945].

Se sia nata un’isola in mezzo al fiume, questa è comune a tutti coloro che possiedono terreni presso la riva dall’una e dall’altra parte del fiume: se non sia in mezzo al fiume, spetta a coloro che dalla parte più vicina hanno fondi presso la riva.

Gai 2.73. Praeterea id quod in solo nostro ab aliquo aedificatum est, quamvis ille suo nomine aedificaverit, iure naturali nostrum fit, quia superficies solo cedit [art. 952].

Inoltre, ciò che è edificato da qualcuno sul nostro suolo, sebbene egli abbia edificato per sé, diventa nostro per diritto naturale, poiché la superficie accede al suolo.

Gai 2.109. Sed haec diligens observatio in ordinandis testamentis militibus propter nimiam inperitiam constitutionibus principum remissa est: nam quamuis neque legitimum numerum testium adhibuerint neque vendiderint familiam neque nuncupauerint testamentum, recte nihilo minus testantur [art. 617].

Da questa rigorosa osservanza nel fare testamento furono da costituzioni dei principi dispensati i soldati per la loro troppa inesperienza. Infatti anche se non abbiano impiegato il numero legale di testimoni né venduto la famiglia, né nuncupato il testamento, tuttavia fanno regolarmente testamento.

Gai 2.138. Si quis post factum testamentum adoptaverit sibi filium aut per populum eum, qui sui iuris est, aut per praetorem eum, qui in potestate parentis fuerit, omni modo testamentum eius rumpitur quasi agnatione sui heredis [art. 687].

Se uno dopo aver fatto testamento abbia adottato come figlio o per mezzo del popolo chi sia giuridicamente autonomo o per mezzo del pretore chi era in potestà del genitore, comunque il suo testamento si rompe quasi per sopravvenienza di un erede proprio.

Gai 2.144. Posteriore quoque testamento, quod iure factum est, superius rumpitur [art. 680].

Un testamento precedente è rotto anche da uno posteriore legalmente fatto.

Gai 2.152. Heredes autem aut necessarii dicuntur aut sui et necessarii, aut extranei [art. 459].

Gli eredi si dicono necessari o propri e necessari, o estranei.

Gai 2.166. … si pro herede gerat, id est, si rebus hereditariis tamquam heres utatur [art. 476].

... che egli si comporti come erede, cioè che si serva delle cose ereditarie alla stregua di un erede.

Gai 2.167. At is, qui sine cretione heres institutus sit aut qui ab intestato legitimo iure ad hereditatem vocatur, potest aut cernendo aut pro herede gerendo vel etiam nuda voluntate suscipiendae hereditatis heres fieri: eique liberum est, quocumque tempore voluerit, adire hereditatem; sed solet praetor postulantibus hereditariis creditoribus tempus constituere, intra quod, si velit, adeat hereditatem, si minus, ut liceat creditoribus bona defuncti vendere [art. 474, 480-481].

Colui che invece sia istituito erede senza termine di accettazione o chi è chiamato all’eredità senza testamento per diritto legittimo, può diventare erede o decidendo espressamente, o comportandosi da erede, o anche con la semplice volontà di prendere l’eredità: ed è libero di adire l’eredità in qualsiasi momento voglia. Ma su richiesta dei creditori ereditari, il pretore suole fissare un termine entro il quale, se voglia, adisca la eredità, se non voglia, permetta ai creditori di vendere i beni del defunto.

Gai 3.7. Igitur cum filius filiave et ex altero filio nepotes neptesve extant, pariter ad hereditatem vocantur; nec qui gradu proximior est, ulteriorem excludit. Aequum enim videbatur nepotes neptesve in patris sui locum portionemque succedere. Pari ratione et si nepos neptisve sit ex filio et ex nepote pronepos proneptisve, simul omnes vocantur ad hereditatem [art. 467].

Quando ci sono un figlio o una figlia e nipoti maschi o femmine nati da un altro figlio, sono chiamati all'eredità insieme; chi ha un grado più prossimo <di parentela> esclude quello di grado ulteriore. Infatti sembrava equo che i nipoti o le nipoti succedessero nel luogo e nella porzione del loro padre. Con lo stesso criterio, se ci sono un nipote o una nipote figli d'un figlio, e un pronipote o una pronipote figli d'un nipote, sono chiamati tutti insieme all'eredità.

Gai 3.88. Nunc transeamus ad obligationes. Quarum summa divisio in duas species diducitur: omnis enim obligatio vel ex contractu nascitur vel ex delicto [art. 1173].

Ora passiamo alle obbligazioni. La somma partizione delle quali le divide in due specie: ogni obbligazione infatti nasce da contratto o da delitto.

Gai 3.90. Re contrahitur obligatio veluti mutui datione; mutui autem datio proprie in his fere rebus contingit, quae res pondere, numero, mensura constant, qualis est pecunia numerata, vinum, oleum, frumentum, aes, argentum, aurum; quas res aut numerando aut metiendo aut pendendo in hoc damus, ut accipientium fiant et quandoque nobis non eaedem, sed aliae eiusdem naturae reddantur. Unde etiam mutuum appellatum est, quia quod ita tibi a me datum est, ex meo tuum fit [art. 1813].

L'obbligazione si contrae mediante cosa, come ad esempio, dando a mutuo. La dazione a mutuo è propriamente su quelle cose che sono misurabili per peso, numero o misura, quali il denaro contante, il vino, l'olio, il frumento, il rame, l'argento, l'oro. Queste cose, contandole o misurandole o pesandole, le diamo affinché diventino di chi le riceve, e ci vengano restituite un giorno, non le stesse, bensì altre della stessa natura. Per questo è detto mutuo, perché quel che ti è dato da me, diventa da mio tuo.

Gai 3.106. Furiosus nullum negotium gerere potest quia non intellegit quid agat [art. 85].

Il pazzo non può compiere alcun negozio, perché non capisce ciò che fa.

Gai 3.107. Pupillus omne negotium recte gerit, ut tamen, sicubi tutoris auctoritas necessaria sit, adhibeatur, velut si ipse obligetur; nam alium sibi obligare etiam sine tutoris auctoritate potest [art. 165].

Il pupillo compie regolarmente ogni negozio purché, ogni volta che sia necessaria l'autorizzazione del tutore, il tutore venga impiegato ad esempio se lui stesso si obblighi; infatti obbligare un altro verso di sé lo può anche senza l'autorizzazione del tutore.

Gai 3.137. Item in his contractibus alter alteri obligatur de eo, quod alterum alteri ex bono et aequo praestare oportet, cum alioquin in verborum obligationibus alius stipuletur alius promittat et in nominibus alius expensum ferendo obliget alius obligetur [art. 1321].

In questi contratti ciascuno si obbliga verso l'altro per quello che ciascuno deve garantire all'altro secondo onestà ed equità; mentre viceversa nelle obbligazioni verbali uno stipula e l'altro promette; e nei crediti letterali uno obbliga portando in conto come versato e l'altro viene obbligato.

Gai 3.141. Item pretium in numerata pecunia consistere debet. Nam in ceteris rebus an pretium esse possit, veluti homo aut toga aut fundus alterius rei pretium esse possit, valde quaeritur. Nostri praeceptores putant etiam in alia re posse consistere pretium; unde illud est, quod vulgo putant per permutationem rerum emptionem et venditionem contrahi, eamque speciem emptionis venditionisque vetustissimam esse; argumentoque utuntur Graeco poeta Homero ... Diversae scholae auctores dissentiunt aliudque esse existimant permutationem rerum, aliud emptionem et venditionem; alioquin non posse rem expediri permutatis rebus, quae videatur res venisse et quae pretii nomine data esse, sed rursus utramque rem videri et venisse et utramque pretii nomine datam esse absurdum videri. Sed ait Caelius Sabinus, si rem tibi venalem habenti, veluti fundum, pretii nomine hominem forte dederim, fundum quidem videri venisse, hominem autem pretii nomine datum esse, ut fundus acciperetur [art. 1552].

Inoltre il prezzo deve consistere in denaro contante. È assai discusso se il prezzo possa consistere anche nelle restanti cose, e ad esempio, se un uomo o una toga o un fondo possano essere prezzo d'una cosa diversa. I nostri maestri reputano che il prezzo possa consistere anche in un'altra cosa. Quindi comunemente si ritiene contrarsi compravendita con la permuta delle cose, e questa specie di compravendita è antichissima, e si argomenta dal poeta greco Omero ... Gli esponenti della opposta scuola sono in disaccordo, e ritengono che altro sia la permuta di cose, altro la compravendita; se così non fosse non sarebbe possibile distinguere, scambiati i beni, quale cosa debba ritenersi venduta e quale data a titolo di prezzo, e d'altra parte sarebbe assurdo che entrambe le cose fossero considerate sia vendute sia date a titolo di prezzo. Ma Celio Sabino dice che, se a te che hai una cosa da vendere, ad esempio un fondo, io abbia per avventura dato a titolo di prezzo un uomo, il fondo deve ritenersi venduto, e l'uomo dato a titolo di prezzo per avere il fondo.

Gai 3.148. Societatem coire solemus aut totorum bonorum aut unius alicuius negotii, veluti mancipiorum emendorum aut vendendorum [art. 2247].

Siamo soliti metterci insieme in società, o con tutti i beni, o per qualche singolo negozio, ad esempio per la compravendita di schiavi.

Gai 3.155. Mandatum consistit, sive nostra gratia mandemus sive aliena; itaque sive ut mea negotia geras sive ut alterius, mandaverim, contrahitur mandati obligatio, et invicem alter alteri tenebimur in id, quod vel me tibi vel te mihi bona fide praestare oportet [art. 1703].

Si ha mandato sia che diamo incarico in favore nostro che in favore altrui. Perciò sia che ti abbia incaricato di gerire i negozi miei, sia quelli d'un altro, si contrae l'obbligazione di mandato, e saremo tenuti l'uno all'altro reciprocamente per ciò che, o io a te, o tu a me, debba eseguire secondo buona fede.

Gai 3.169. Item per acceptilationem tollitur obligatio. Acceptilatio autem est veluti imaginaria solutio. Nam quod ex verborum obligatione tibi debeam, id si velis mihi remittere, poterit sic fieri, ut patiaris haec verba me dicere: "Quod tibi ego promisi, habesne acceptum?". Et tu respondeas: "Habeo" [art. 1236].

L'obbligazione si estingue anche attraverso la accettilazione. L'accettilazione è come un pagamento immaginario; infatti, se vuoi rimettermi ciò che ti debbo per un'obbligazione verbale, si potrà fare così: che tu permetta ch'io dica queste parole: "quello che io ti promisi, l'hai ricevuto?", e che tu risponda "l'ho ricevuto".

Gai 3.174. Interdum duos pluresue gradus heredum facimus, hoc modo: L. TITIVS HERES ESTO CERNITOQVE IN DIEBVS CENTVM PROXIMIS, QVIBVS SCIES POTERISQVE. QVOD NI ITA CREVERIS, EXHERES ESTO.

TVM MEVIVS HERES ESTO CERNITOQVE IN DIEBVS CENTVM et reliqua; et deinceps in quantum velimus, substituere possumus [art. 688].

A volte stabiliamo due o più gradi di eredi così: «sia erede L. Tizio, ed accetta nei successivi 100 giorni in cui saprai e potrai. Se così non avrai accettato sii diseredato. Allora sia erede Mevio ed accetta nei 100 giorni» ed il resto. E ulteriormente possiamo sostituire fin quando vogliamo.

Gai 3.175. Et licet nobis uel unum in unius locum substituere pluresue, et contra in plurium locum uel unum uel plures substituere [art. 689].

E ci è consentito sia sostituire uno o più in luogo di uno sia per converso uno o più in luogo di più.

Gai 3.176. Praeterea novatione tollitur obligatio veluti si quod tu mihi debeas, a Titio dari stipulatus sim; nam interventu novae personae nova nascitur obligatio et prima tollitur translata in posteriorem, adeo ut interdum, licet posterior stipulatio inutilis sit, tamen prima novationis iure tollatur, veluti si quod mihi debes, a Titio post mortem eius vel a muliere pupillove sine tutoris auctoritate stipulatus fuero; quo casu rem amitto; nam et prior debitor liberatur, et posterior obligatio nulla est [art. 1235].

Inoltre l'obbligazione si estingue per novazione; ad esempio se io, quel che tu mi devi, abbia stipulato che mi sia dato da Tizio. Con l'intervento di una nuova persona nasce infatti una nuova obbligazione e la prima si estingue, trasferita nella seconda, al punto che, talvolta, per quanto la stipulazione posteriore sia inutile, tuttavia la prima si estingue per diritto di novazione; come se ciò che tu mi devi, io lo abbia stipulato da Tizio dopo la sua morte oppure da una donna o da un pupillo senza l'autorizzazione del tutore. In questo caso perdo la cosa: infatti il primo debitore è liberato e l'obbligazione posteriore è nulla.

Gai 3.206-207. Quae de fullone aut sarcinatore diximus, eadem transferemus et ad eum cui rem commodavimus: nam, ut illi mercedem capiendo custodiam praestant, ita hic quoque utendi commodum percipiendo similiter necesse habet custodiam praestare. 207. Sed is, apud quem res deposita est, custodiam non praestat, tantumque in eo obnoxius est, si quid ipse dolo <malo [ed.]> fecerit: <qua de causa [ed.]> si res ei subrepta fuerit, quia restituendae eius nomine depositi non tenetur, nec ob id eius interest rem salvam esse: furti itaque agere non potest; sed ea actio domino competit [art. 1177].

Quel che abbiamo detto a proposito del lavapanni o del sarto, lo applicheremo anche a colui cui abbiamo dato in comodato la cosa. Come quelli, infatti, ricevendo la mercede, rispondono della custodia, così anche questo <il comodatario>, ricevendo il vantaggio dell'uso, deve similmente rispondere della custodia. 207. Ma colui presso il quale la cosa fu depositata non risponde della custodia, ed è responsabile soltanto se egli stesso abbia fatto qualcosa con dolo malevolo. Per questa ragione, se gli è stata rubata la cosa, poiché per il deposito non è tenuto alla restituzione a suo nome e quindi non gli importa l'incolumità della cosa, lui non può agire per furto, ma questa azione compete al proprietario.

Gai 4.3. In rem actio est, cum aut corporalem rem intendimus nostram esse aut ius aliquod nobis competere, veluti utendi aut utendi fruendi, eundi, agendi aquamve ducendi vel altius tollendi prospiciendive, aut cum actio ex diverso adversario est negativa [art. 949].

È reale l'azione quando sosteniamo che una cosa corporale sia nostra, o che ci spetti qualche diritto su di essa, come di uso o di usufrutto, di passare in proprio e con bestiame e carri, o di condurre acqua, di sopraelevare, di avere sporto; o quando all'opposto spetti all'avversario l'azione negatoria.

Gai 4.66. Inter compensationem autem, quae argentario opponitur, et deductionem, quae obicitur bonorum emptori, illa differentia est, quod in compensationem hoc solum vocatur, quod eiusdem generis et naturae est; veluti pecunia cum pecunia conpensatur, triticum cum tritico, vinum cum vino, adeo ut quibusdam placeat non omni modo vinum cum vino aut triticum cum tritico conpensandum, sed ita si eiusdem naturae qualitatisque sit. In deductionem autem vocatur et quod non est eiusdem generis; itaque si <vero [ed.]> pecuniam petat bonorum emptor et invicem frumentum aut vinum is debeat, deducto quanti id erit, in reliquum experitur [art. 1243].

Fra la compensazione opposta all'argentario e la deduzione opposta al compratore dei beni c'è però questa differenza: che in compensazione è compreso solo ciò che è dello stesso genere e natura; si compensa ad esempio denaro con denaro, grano con grano, vino con vino: tanto che alcuni ritengono non doversi compensare vino con vino o grano con grano in ogni caso, ma solo se siano della stessa natura e qualità. In deduzione è compreso invece anche ciò che non è del medesimo genere. Quindi in verità se il compratore dei beni chieda del denaro, e a sua volta debba grano o vino, dedotto il relativo valore, chiederà il resto.

Gai 4.151. Sed in utrubi interdicto non solum sua cuique possessio prodest, sed etiam alterius, quam iustum est ei accedere, veluti eius, cui heres extiterit, eiusque, a quo emerit vel ex donatione aut dotis nomine acceperit. Itaque si nostrae possessioni iuncta alterius iusta possessio exsuperat adversarii possessionem, nos eo interdicto vincimus. Nullam autem propriam possessionem habenti accessio temporis nec datur nec dari potest. Nam ei, quod nullum est, nihil accedere potest. Sed et si vitiosam habeat possessionem, id est aut vi aut clam aut precario ab adversario adquisitam, non datur accessio; nam ei <possessio [ed.]> sua nihil prodest [art. 1146].

Ma nell'interdetto "presso quello dei due" a ciascuno è utile non solo il suo possesso, ma anche quello di un altro che sia giusto gli si aggiunga, come quello di colui del quale è divenuto erede, o di colui dal quale abbia comperato o ricevuto in donazione o a titolo di dote. Quindi se, unito al nostro, il giusto possesso altrui sia superiore al possesso dell'avversario, noi, in quella procedura interdittale, vinciamo. A chi però non abbia un proprio possesso, non è dato né si può dare uno spazio temporale: infatti, a ciò che non esiste, niente può accedere. Ma anche se egli abbia un possesso viziato, cioè acquisito rispetto all'avversario con la violenza o clandestinamente o precariamente, non si dà accessione: il suo possesso, infatti, non è per niente utile.

Gai 4.153. Possidere autem videmur non solum, si ipsi possideamus, sed etiam si nostro nomine aliquis in possessione sit, licet is nostro iuri subiectus non sit, qualis est colonus et inquilinus. Per eos quoque, apud quos deposuerimus aut quibus commodaverimus aut quibus gratuitam habitationem praestiterimus, ipsi possidere videmur. Et hoc est, quod vulgo dicitur retineri possessionem posse per quemlibet, qui nostro nomine sit in possessione [art. 1140].

Si ritiene che siamo in possesso, non solo se possediamo noi stessi, ma anche se qualcuno sia nel possesso a nome nostro, anche se non sia soggetto al nostro potere come l'affittuario e l'inquilino. Si ritiene che siamo in possesso anche tramite coloro presso i quali abbiamo depositato, o ai quali abbiamo dato in comodato, o fornito gratuita abitazione. E ciò secondo quanto comunemente si dice, potersi ritenere il possesso per mezzo di chiunque sia nel possesso a nome nostro.

INDICE CRONOLOGICO
DELLE LEGGI COMPLEMENTARI

INDICE CRONOLOGICO DELLE LEGGI COMPLEMENTARI

pag.

INDICE ANALITICO

INDICE ANALITICO *

* I numeri indicati accanto alle voci, se non diversamente segnalato, si riferiscono agli articoli del Codice civile.

A

B

M

N

O

Q

Finito di stampare nel mese di aprile 2023
nella Stamperia Artistica Nazionale S.p.A. – Torino